DER KLEINE Wahrig WÖRTERBUCH DER DEUTSCHEN SPRACHE

Herausgegeben von Gerhard Wahrig
in Zusammenarbeit mit zahlreichen Wissenschaftlern
und anderen Fachleuten

Mosaik Verlag

An diesem Werk haben mitgearbeitet:
Veronika Bürki-von Planta lic. phil. – Kurt Cron – Ulf Graefe M. A. – Dr. phil. Gudrun Guckler – Hildegard Krämer – Marta Kučerová prom. Fil. – Cornelia Lessenich-Drucklieb M. A. – Dipl.-Übers. Irmgard Pflaum – Heide Rebel M. A. – Prof. Dr. phil. Gerhard Wahrig – Stefan Wahrig – Charlotte Warneke u. a.

Dieses Wörterbuch ist als Datenbank für elektronische Auswertung gespeichert und bildete die Grundlage für ein am Institut für Vergleichende Sprachwissenschaft der Johannes Gutenberg-Universität Mainz eingerichtetes, von der Deutschen Forschungsgemeinschaft gefördertes Projekt zur Beschreibung der Bedeutungsstrukturen der deutschen Sprache.

Lizenzausgabe der Mosaik Verlag GmbH, München 1982/54321
mit Genehmigung der Deutschen Taschenbuch Verlag
GmbH & Co. KG, München
Titel der Originalausgabe: Wahrig, dtv-Wörterbuch der deutschen Sprache

Datenverarbeitung und Lichtsatz: Satz-Rechen-Zentrum Berlin
Druck und Bindung: Welsermühl, Wels

ISBN 3-570-04964-7

VORWORT

Mit diesem Wörterbuch wird das Ziel verfolgt, die Wechselwirkung zwischen grammatischen Kategorien und der Bedeutung sprachlicher Ausdrücke (der Wörter und Wendungen) möglichst ausführlich darzustellen, damit die methodische Trennung überwunden wird, die bisher zwischen grammatischer und lexikalischer Beschreibung einer Sprache bestanden hat.
Die deutsche wie die internationale Sprachwissenschaft setzt sich seit den letzten Jahrzehnten lebhaft mit Fragen der sprachlichen Formen und Inhalte auseinander. Die Untersuchungen zum Inhalt der sprachlichen Zeichen waren jahrzehntelang eine Domäne der deutschen Sprachwissenschaft; seit dem Ende der 60er Jahre werden sie nun auch in der internationalen Linguistik ausführlicher diskutiert als in den Jahren zuvor. Verbunden damit ist der Versuch, bei der Darstellung der Grammatiken einzelner Sprachen in größerem Maße als in den letzten hundert Jahren logisch konsistente Methoden zu verwenden. Auf diesem Hintergrund, gekennzeichnet durch die Schlagwörter „generative Transformationsgrammatik", „Strukturalismus" und „Sprachinhaltsforschung", wird es verständlich, daß die Lehrer in den Schulen nach Lehrmitteln und Nachschlagewerken suchen, in denen diese Modelle der Sprachbeschreibung angewendet werden.

Dieses dtv-Wörterbuch ist der Versuch, die bisherigen Diskussionsergebnisse für die Darstellung des deutschen Wortschatzes zu nutzen.
Es informiert daher über

1. die verschiedenen Formen der Wörter, wie sie in der Flexion (Beugung) der Substantive, Adjektive, Pronomen und Verben zum Ausdruck kommen;
2. die verschiedenen Möglichkeiten, ein Wort im Rahmen der syntaktischen Regeln der deutschen Sprache zu verwenden;
3. die verschiedenen Situationen, in denen eine sprachliche Äußerung auftreten kann;
4. die verschiedenen Wörter, mit denen ein Stichwort zusammen auftreten und dann u. U. einen anderen Inhalt zum Ausdruck bringen kann.

Das Wörterbuch enthält also nicht nur die Wörter mit Angabe aller ihrer möglichen Bedeutungen, sondern immer auch Hinweise darauf, in welchen Situationen ein Wort in einer bestimmten Bedeutung sinnvoll angewendet werden kann. Es ist ganz selbstverständlich, daß auch die übrigen Informationen, die man von einem Wörterbuch erwartet, in ihm enthalten sind, z. B. zu

5. Rechtschreibung;
6. Silbentrennung;
7. Betonung und Aussprache;
8. Stil;
9. mundartlichem Gebrauch;
10. fachsprachlichem Gebrauch.

Für dieses Wörterbuch wurden diejenigen deutschen Wörter (einschließlich der sogenannten „Fremdwörter") ausgewählt, die nicht mit allen ihren Bedeutungen und Gebrauchsweisen als Dialekt- oder Fachwörter anzusehen oder einem besonders gehobenen Stil zuzurechnen sind oder deren Bedeutung sich - z.B. bei Wortzusammensetzungen - nicht aus ihren Bestandteilen ergibt. Diesen Kriterien entsprechen ca. 16.000 Stichwörter; sie wurden ausführlich - mit allen ihren Bedeutungen - beschrieben; besonderer Wert wurde dabei u.a. auf die Wörter gelegt, die wie die Fürwörter, Umstandswörter und Verhältniswörter überwiegend grammatische

Funktionen haben. Die lexikographische Beschreibung dieser Wörter ist ausführlicher als bisher üblich und liefert eine große Anzahl zusätzlicher Informationen zu den bisher vorliegenden Wörterbüchern - einschließlich des von mir herausgegebenen, umfangreicheren „Deutschen Wörterbuches" (Gütersloh: Bertelsmann 1966, Neuauflage 1975), das als Grundlage dieses Werkes anzusehen ist.

Alle in diesem dtv-Wörterbuch enthaltenen Wortartikel sind nach anderen Gesichtspunkten als im „Deutschen Wörterbuch" neu bearbeitet und bilden somit eine Weiterentwicklung jenes Werkes. Die sprachwissenschaftlichen, theoretischen und methodischen Grundsätze zur Bearbeitung dieses Wörterbuches sind in meiner „Anleitung zur grammatisch-semantischen Beschreibung lexikalischer Einheiten" (Tübingen: Niemeyer 1973) ausführlich erörtert worden. Es wurde besonderer Wert darauf gelegt, daß Wörter, die der Erklärung (Definition) dienen, selbst als Stichwörter vorkommen und ihrerseits erklärt werden. Um dieser Forderung zu entsprechen, wurden auch Methoden der datenverarbeitenden Linguistik angewandt.

Dieses Wörterbuch wendet sich an alle, die mit der deutschen Sprache sinnvoll umgehen wollen, besonders an diejenigen, die Texte produzieren als Sekretärinnen, Chefs, Redakteure, Werbefachleute, Übersetzer und Dolmetscher, überhaupt alle, denen daran gelegen ist, sich korrekt und unmißverständlich auszudrücken.
Von besonderem Interesse ist das Wörterbuch für alle, die ihre deutsche Muttersprache noch besser kennenlernen wollen oder die Deutsch als Fremdsprache lernen und lehren.

Für die große Mühe der Bearbeitung dieses Werkes danke ich allen den im Impressum genannten Mitarbeitern. Darüber hinaus gilt mein Dank allen Benutzern, Kollegen und Freunden sowie den Teilnehmern an meinen Lehrveranstaltungen an der Universität Mainz, die mich auf Möglichkeiten, das „Deutsche Wörterbuch" (Neuauflage 1975) zu verbessern, hingewiesen und die hier praktizierte Methode der Wörterbucharbeit mit mir diskutiert haben.

In diesem Wörterbuch ist zum ersten Male ein größerer Teil des deutschen Wortschatzes mit Hilfe einer integrierten grammatisch-semantischen Methode beschrieben worden. Es liegt in der Natur eines solchen komplexen Unternehmens, daß noch manche Einzelheiten ergänzt oder methodische Grundsätze geändert werden können. Verlag und Herausgeber werden allen denen Dank wissen, die ihnen ihre Beobachtungen beim Gebrauch des Wörterbuches mitteilen.

Der Herausgeber

INHALT

DER AUFBAU DER WÖRTERBUCHARTIKEL

Die Aufgabe eines Wörterbuchartikels liegt darin, die Bedeutung der Wörter in ihrem jeweiligen im System der deutschen Sprache vorkommenden Zusammenhang zu erläutern. (Dabei verkennen wir nicht, daß die Sprache außer diesen „standardisierten" Verwendungsweisen noch eine Unzahl von freien Erfindungen zuläßt, die hier nicht registriert werden können.) Die Artikel dieses Werkes sind so aufgebaut, daß die Bedeutungen eines Wortes relativ vollständig beschrieben sind. Aus der Tatsache, daß wir die Wörter unserer Sprache mittels derselben Sprache erläutern und beschreiben müssen, lassen sich Zirkeldefinitionen nicht immer vermeiden, d.h. wenn man ein zur Erklärung eines Wortes verwendetes Wort nachschlägt, findet man in dessen Erklärung vielleicht schon das Wort wieder, von dem man ausgegangen ist. Eine Lösung dieses Problems ist nicht möglich, wenn man für alle Wörter eine Erklärung geben will.

Die Artikel dieses Wörterbuches wurden nach einem einheitlichen System aufgebaut, um damit ein größtmögliches Maß an Objektivität zu erreichen. Im folgenden wird dieses System, in der Reihenfolge der Teile eines Artikels dargestellt, erläutert und durch Beispiele illustriert.

Das Stichwort

Die *Anordnung der Stichwörter* geschieht streng nach dem ABC, wobei die Umlaute ä, ö, ü wie die nicht umgelauteten Buchstaben eingeordnet wurden.

Mehrgliedrige Ausdrücke sind unter dem ersten sinntragenden Wort nachzuschlagen, z.B. „absoluter Alkohol" unter „absolut".

Die Rechtschreibung folgt den Empfehlungen der Kultusminister der deutschen Länder. Die Redaktion hat sich an diese Regeln gehalten.

Die Silbentrennung wird bei jedem Wort angegeben. Zu ihrer Kennzeichnung werden die Zeichen ·, | und ' verwendet, die gleichzeitig auch noch andere Funktionen haben; z.B.:

da'zwi·schen (wird getrennt: da-zwischen)

De'bat·te (wird getrennt: De-bat-te)

her'um|ste·hen (wird getrennt: her-um-ste-hen)

Es ist zu beachten, daß durch das Anfügen einer Beugungsendung sich auch die Silbentrennung ändert; z.B. Tag, Tage (wird getrennt: Ta-ge).

Abtrennbare Vorsilben. Der senkrechte Strich im o.a. Stichwort „herum|stehen" bedeutet darüber hinaus, daß die Vorsilbe „herum..." vom Verbum abgetrennt und nachgestellt wird, wenn das Verbum in einer finiten Form (mit den Merkmalen der 1., 2., 3. Person) in Mittelstellung steht („er steht hier immer nur herum"). In den infiniten Formen („herumstehend, herumgestanden") und in Endstellung der finiten Formen („wer hier herumsteht...") bleibt die Vorsilbe vor dem Verb.

Die Betonung ist bei allen mehrsilbigen Wörtern durch einen kleinen, freistehenden Akzent (') angegeben, der vor der zu betonenden Silbe steht. Dieser Akzent gibt auch an, daß ein Wort an dieser Stelle getrennt werden kann; z.B.:

'ab·blät·tern wird auf der ersten Silbe betont,

ex'akt auf der letzten Silbe.

(Können Betonung und Silbentrennung nicht in Übereinstimmung gebracht werden, wird die Betonung innerhalb der spitzen Klammer angegeben; s.u.)

Die Homographen

Homographen, d.h. Stichwörter, die gleich geschrieben werden, aber auf Grund unterschiedlicher Herkunft, verschiedener Flexion oder unterschiedlicher Aussprache verschiedene Bedeutungen haben, werden durch hochgestellte Indexziffern bezeichnet; z.B.:

Kiefer[1] ⟨m.; -s, -⟩
Kiefer[2] ⟨f.; -, -n⟩
Mensch[1] ⟨m.; -en, -en⟩
Mensch[2] ⟨n.; -s, -er; umg.⟩
hängen[1] ⟨hing, gehangen⟩
hängen[2] ⟨hängte, gehängt⟩

Die Bedeutungsstellennummer

Viele Wörter haben (trotz gleicher Herkunft und Flexion im Gegensatz zu den Homographen) zwei oder mehr Bedeutungen. Um diese verschiedenen Bedeutungen innerhalb eines Wörterbuchartikels sauber zu trennen, erhielt jede von ihnen eine halbfett gedruckte Nummer **1, 2** usw.

Die Anordnung der einzelnen Bedeutungen ist nicht willkürlich, sondern entweder liegt 1) eine gleichberechtigte Nebenordnung oder 2) eine hierarchische Unterordnung vor. Dies ist an den Bedeutungsstellennummern erkennbar:

1. Nebenordnung. Hat ein Wort zwei oder

mehr voneinander unabhängige Bedeutungen, erhalten diese die Nummern **1**, **2** usw.; z. B.:

'**un·wirt·lich** ⟨Adj.⟩ **1** *ungastlich, unfreundlich*; ein ~es Haus **2** *einsam, unfruchtbar*; eine ~e Gegend **3** *regnerisch u. kalt*; ~es Wetter

2. Unterordnung. Sind zwei (oder mehr) Bedeutungen inhaltlich miteinander eng verknüpft, so werden sie der übergeordneten Bedeutung durch Nummern in der zweiten (oder dritten) Stelle untergeordnet: 1, 1.1, 1.2, 1.2.1 usw.; z. B.:

'**Bru·der** ⟨m.; -s, ¨er⟩ **1** *von demselben Elternpaar abstammender männl. Verwandter* **2** *Freund, Genosse, Mitglied derselben Vereinigung od. Gemeinschaft* 2.0.1 das Bild ist unter Brüdern 500 Mark wert ⟨umg.⟩ *billig gerechnet in ehrlichem, freundschaftl. Handel* 2.1 *Mönch* 2.2 *Kamerad, Kerl* 2.2.1 gleiche Brüder, gleiche Kappen ⟨Sprichw.⟩ *einer wie der andere, gleich u. gleich gesellt sich gern* 2.2.2 ~ Liederlich ⟨umg.; scherzh.⟩ *liederlicher, unordentlicher Bursche (bes. als Anrede)* 2.2.3 ~ Saufaus ⟨umg.; scherzh.⟩ *Trunkenbold (bes. als Anrede)* 2.2.4 ~ Lustig ⟨umg.; scherzh.⟩ *lustiger Mensch* 2.2.5 → a. *naß(3), warm(5)*

Die spitze Klammer

Die spitze Klammer ⟨⟩ steht immer direkt hinter dem Stichwort, der Bedeutungsstellennummer, dem semantisch relevanten Kontext (s. u.) oder dem zu erläuternden Anwendungsbeispiel (s. u.). Sie enthält eine Reihe von Angaben zum Stichwort, die im folgenden beschrieben werden.

Die Silbentrennung

Bei manchen Wörtern ergeben sich Besonderheiten der Silbentrennung, die nicht im Stichwort angegeben werden können. Diese Besonderheiten werden in der spitzen Klammer angegeben; z. B.

'**Decke** ⟨-k·k-⟩
'**stille·gen** ⟨-ll·l-⟩
'**Schiffahrt** ⟨-ff·f-⟩
'**Bettuch** ⟨-tt·t-⟩

Die Aussprache

Können in einem Stichwort Schreibsilben und Sprechsilben nicht in Übereinstimmung gebracht werden, werden die Sprechsilben (innerhalb der spitzen Klammern) in eckigen Klammern durch Bindestriche dargestellt. Das Stichwort selbst steht in der korrekten Rechtschreibung, aber ohne Betonungszeichen; z. B.:

Adres·se ⟨[-'--]⟩

Gibt es für ein Stichwort mehrere Möglichkeiten der Betonung, so wird die weniger gebräuchliche in den eckigen Klammern angegeben, die häufigere im Stichwort; z. B.:

ak'tiv ⟨a. ['--]⟩ (a. = auch)

Ist zu einem Wort die Aussprache in Lautschrift angegeben, so wird hier zur Angabe der Betonung ebenfalls das Zeichen ' verwendet. Die Aussprache (in eckigen Klammern [ ]) ist mit den Zeichen der internationalen phonetischen Umschrift dargestellt, wenn sie von den Regeln der deutschen Aussprache abweicht. Wird die Aussprache nur zu einem Teil eines Wortes gegeben, so steht für den übrigen Teil des Wortes ein Bindestrich; z. B.:

chan·gie·ren ⟨[ʃã'ʒi:-]⟩

Die Tabelle mit den Zeichen der hier verwendeten Lautschrift befindet sich auf S. 13.

Die grammatischen Angaben

Grundsätzlich wird bei jedem Stichwort gesagt, zu welcher Wortart es gehört.

Bei Substantiven geschieht diese Angabe durch das grammatische Geschlecht: m. = Maskulinum (männlich), f. = Femininum (weiblich), n. = Neutrum (sächlich).

Darauf folgen der Genitiv des Singulars (2. Fall Einzahl) und der Nominativ des Plurals (1. Fall Mehrzahl); z. B.:

Arm ⟨m.; -es, -e⟩

Wenn der Plural einen Umlaut hat, so stehen über dem Bindestrich zwei Punkte; z. B.:

Mutter ⟨f.; -, ¨-⟩

Der Plural lautet „Mütter".

Auf die adjektivische oder nominale Deklination der Substantive wird durch die Ziffern 1-3 auf die Tabellen 1-3 verwiesen. Dort finden sich die entsprechenden Muster für die Deklination. Im Deklinationsmuster 7 wird die Verwendung von Formen des Plurals bei Maß- und Mengenangaben erläutert. Zusammengesetzte Substantive erhalten diese Angaben nicht. Um die Deklination eines solchen Wortes zu erfahren, muß man also immer beim Grundwort nachschlagen; z. B.:

Johannisbeere ⟨f.⟩

Hier muß man bei „Beere" nachschlagen, wo man den Hinweis „⟨f.; -, -n⟩" findet.

Weiterhin ist bei Substantiven durch die Abkürzung „unz." angegeben, wenn sie „unzählbar" sind, d. h., wenn sie keinen Plural bilden. Andere Wörter wiederum kennen keinen Singular, z. B. „Leute". Darauf bezieht sich die Angabe „nur Pl.".

Die Adjektive werden gewöhnlich nach Ziffer 10 und 21 bzw. 11 der Tabellen dekliniert und gesteigert. Auf Abweichungen wird durch die Ziffern 22-26 hingewiesen.

Sie können im allgemeinen innerhalb eines

Satzes attributiv, prädikativ oder adverbial verwendet werden (vgl. Ziffer 30-34 der Tabellen). Als Attribute werden sie dekliniert, prädikativ und adverbial bleiben sie unverändert. Einschränkungen dieser drei Möglichkeiten werden unter den Ziffern 40-90 der Tabellen vermerkt.
Bei dieser Gelegenheit wird auch mit angegeben, ob ein Adjektiv eine besondere Ergänzung fordert.
In den Artikeln über *Verben* folgen nach der Angabe der Wortart mehrere Ziffern. Sie geben Hinweise auf 1) die Konjugation des Verbs und 2) auf das oder die Satzmuster, denen ein Verb angehört.

1. Die Konjugation. Schwach konjugierte Verben werden als der Regelfall angesehen und erhalten daher keinen Hinweis auf eine Tabelle. Sie können jedoch auf S. 20 unter Ziffer 100 nachgesehen werden. Folgt auf das Verb eine Ziffer zwischen 101 und 294, so wird das Verb stark, gemischt oder unregelmäßig konjugiert. Die Konjugationsformen können auf den Seiten 20-29 unter der jeweiligen Ziffer nachgeschlagen werden.
Für das Partizip des Perfekts ist in den meisten Fällen nur die Stammform des Verbums, die mit „ge..." gebildet wird, in der Tabelle aufgeführt. Diese Vorsilbe „ge..." fällt weg, wenn das Verb durch eine nicht trennbare Vorsilbe (z.B. „be...") erweitert wird; die Partizipien des Perfekts zu „retten" und „erretten" lauten also „gerettet" und „errettet".
Die meisten Verben bilden das Perfekt mit „haben". Da dies als Regel angesehen werden kann, wurde lediglich die Abweichung davon angegeben. Verben, die das Perfekt mit „sein" bilden, sind mit (s.) gekennzeichnet. Verben, die das Perfekt sowohl mit „haben" als auch mit „sein" bilden können, sind mit (h. od. s.) gekennzeichnet.

2. Die Satzmuster. Bei schwach konjugierten Verben folgt auf die Angabe „V." direkt, bei stark konjugierten Verben hinter der Hinweisziffer auf die Konjugation und einem Querstrich (/) eine Ziffer zwischen 300 und 850 sowie gegebenenfalls eine Kombination von R und den Ziffern 1-8. Mit ihnen wird auf Satzmuster in den Tabellen S. 30ff. hingewiesen. Diese Satzmuster beschreiben, mit welchen grammatischen Kategorien (d.h. Objekten und adverbialen Bestimmungen) zusammen das Verb einen grammatisch als vollständig u. richtig empfundenen Satz bilden kann. Sie wurden nach rein formal-grammatischen Kriterien aufgestellt. In ihnen werden 1) obligatorische Satzglieder, d.h. solche, die notwendig sind, um mit dem betreffenden Verb einen grammatisch richtigen Satz zu erzeugen, 2) fakultative Satzglieder (in runden Klammern), d.h. solche Objekte, die in der angegebenen Form im Satz stehen können, aber nicht notwendig für die Bildung eines grammatisch richtigen Satzes sind, angegeben.
Innerhalb des Satzmusters ist die Reihenfolge der Satzglieder beliebig. Reflexivpronomina gelten als Satzglieder.
Prinzipiell ist es im Deutschen möglich, zusätzlich zu den obligatorischen und fakultativen Satzgliedern eine beliebige Zahl freier Angaben (Adverbialbestimmungen und Attribute) in einem Satz zu verwenden (s. u.).

Die folgenden Adverbialbestimmungen wurden unterschieden:

1. Adl/lok	Ort
2. Adl/temp	Zeit
3. Adl/art	Art und Weise
4. Adl/kaus	Grund, Ursache
5. Adl/fin	Ziel, Zweck
6. Adl/instr	Mittel
7. Adl/junkt	gemeinsames Vorkommen
8. Adl/äquiv	Gleichsetzung

Angaben zum Stil

Wegen der vielen Redewendungen, die dieses Wörterbuch enthält, kann man es gleichzeitig auch als Stilwörterbuch ansehen.
Wörter oder Redewendungen, zu denen keine besonderen Hinweise gegeben sind, betrachten wir als hochsprachlich. Davon abweichende Wörter oder Phrasen werden durch Hinweise auf den Stil, besonders auf die Sprachebene, markiert. Stil wird dabei weit gefaßt. Neben den Angaben umg., vulg., geh., poet., scherzh., u.a. wird auch figürlicher ⟨fig.⟩ Gebrauch angezeigt; weiterhin Einschränkungen wie i. e. S., i. w. S., selten, verstärkend u.a.
Wie schon im Vorwort gesagt, wird die Umgangssprache möglichst ausführlich dargestellt. Als *Umgangssprache* ⟨umg.⟩ werden alle die sprachlichen Elemente bezeichnet, die in einer aufgelockerten Unterhaltung verwendet werden. Über die Grenze zwischen Umgangssprache und Hochsprache gibt es allerdings keine einheitliche Meinung. Die Bearbeiter dieses Wörterbuches mußten hierzu nach eigenem Ermessen entscheiden. Meist ist die Umgangssprache plastischer und volkstümlicher als die Hochsprache und stärker dem Wandel unterworfen. Sie ist auch unbekümmert gegenüber den Regeln der Grammatik, aber nicht vulgär.
Zur *Vulgärsprache* ⟨vulg.⟩ werden diejenigen Wörter und Wendungen gerechnet, die sich hauptsächlich auf Nahrungsmittelaufnahme und -ausscheidung sowie auf das Geschlecht-

liche beziehen oder Vergleiche damit eingehen und einem gewissen Tabu unterliegen.
In der „Ranghöhe" über der Hochsprache stehen noch die gehobene Ausdrucksweise ⟨geh.⟩ und die Dichtersprache, die durch ⟨poet.⟩ gekennzeichnet ist. Die Verwendung ihrer Elemente in der Hoch- oder Umgangssprache wirkt oft lächerlich.

Angaben zum Fachgebiet

Neben den schon erwähnten stilistischen Ebenen wurden in diesem Wörterbuch Wörter aus Sondersprachen (Jargon) und Fachgebieten gesondert markiert.
Als *Sondersprache* oder *Jargon* wird die Redeweise gewisser gesellschaftlicher Gruppen und Berufsstände verstanden. Der Jargon ist durch den Hinweis auf die entsprechenden Gruppen gekennzeichnet; z. B. ⟨kaufmannsspr.⟩, ⟨schülerspr.⟩, ⟨jägerspr.⟩ usw.
Im Unterschied zum Jargon gibt es noch die *Fachsprachen*, die durch den Hinweis auf ein Fachgebiet gekennzeichnet sind, z. B. ⟨Arch.⟩ = Architektur, Bauwesen; ⟨Math.⟩ = Mathematik; ⟨Gramm.⟩ = Grammatik; ⟨Jagdw.⟩ = Jagdwesen usw.

Angaben zur geographischen Verbreitung

Neben stilistisch, sonder- und fachsprachlich markierten gibt es Wörter und Wendungen, die nur in Österreich oder in der Schweiz, im Gebiet eines Dialektes oder einer Landschaft üblich sind. Auch in den beiden Teilen Deutschlands, in der DDR und in der Bundesrepublik, haben sich verschiedene sprachliche Besonderheiten entwickelt, auf die im Wörterbuch jeweils hingewiesen wird.

Die spitze Klammer und die Bedeutungsstellen

Wie oben erwähnt, kann die spitze Klammer entweder hinter dem Stichwort oder hinter einer Bedeutungsstellennummer stehen. Steht eine spitze Klammer direkt hinter dem Stichwort, so gilt ihr Inhalt für den gesamten Artikel, also auch für alle Bedeutungen. Steht die spitze Klammer hinter einer Bedeutungsstellennummer, so gilt ihr Inhalt nur für die darauf folgende Bedeutung (und für deren untergeordnete Bedeutungsstellen). Der Inhalt der direkt hinter dem Stichwort stehenden Klammer wird durch die spitze Klammer in der Bedeutungsstelle entweder eingeschränkt oder erweitert; z. B.:

ver'ges·sen ⟨V. 275/500⟩ **1** j m d n. od. e t w a s ~ *aus dem Gedächtnis verlieren, sich nicht mehr an jmdn. od. etwas erinnern, nichts mehr von jmdm. od. etwas wissen*... **4** ⟨R3⟩ s i c h ~ *unüberlegt sein, einer Gefühlsaufwallung nachgeben;* wie konnte er sich so weit ~, so etwas tun

'Frech·heit ⟨f.; -, -en⟩ **1** ⟨unz.⟩ *das Frechsein, freches Benehmen;* er treibt es mit seiner ~ zu weit; die ~ auf die Spitze treiben **2** *freche Handlung od. Äußerung, Unverschämtheit, Dreistigkeit, Anmaßung;* diese ~ lasse ich mir nicht gefallen; das ist eine unerhörte, unglaubliche ~!

Der semantisch relevante Kontext

Nach der spitzen Klammer folgt bei vielen Artikeln der gerade gedruckte semantisch (d. h. für die Bedeutung des Stichwortes) relevante Kontext. Er wird durch eine Phrase ausgedrückt, die die semantische und grammatische Umgebung eines Wortes darstellt.

Bei Verben

Der „semantisch relevante Kontext" ist die einem bestimmten Verb angepaßte Verbalisierung des Satzmusters (s. o.). Es wird nicht nur der formal-grammatische, sondern auch der semantische Aspekt des Verbs berücksichtigt, d. h., es wird angegeben, welche semantischen Merkmale die Satzglieder haben müssen, damit sie mit dem Verb im Satz verwendet werden dürfen.
In der Phrase wird das unflektierte Stichwort durch eine Tilde (~) ersetzt, das flektierte ausgeschrieben.
Es wurde bei der Bearbeitung versucht, diese Satzglieder so allgemein wie möglich und so speziell wie nötig zu formulieren, d. h., es wurde nach Oberbegriffen als Repräsentanten eines Begriffsfeldes gesucht. Dabei fanden, neben speziellen Oberbegriffen, besonders „jmd." = Person od. intelligentes Lebewesen und „etwas" = unbelebtes, konkretes oder abstraktes Ding Verwendung.
Bei Verben, die nur mit einem sächlichen Subjekt als Handlungsträger sinnvoll verwendet werden können, wurde dies mit der finiten Verbform angegeben; z. B.:

'we·hen ⟨V.⟩ **1** ⟨400⟩ W i n d weht *bläst*

Bei allen anderen Wortarten

Im wesentlichen gilt auch hier das, was für die Verben ausgeführt wurde. Jedoch wird hier kein vorgegebenes Satzmuster wiederholt, sondern es werden übliche Redewendungen, Sprichwörter, festgelegte Wendungen u. ä. angegeben; z. B.:

Gold... 1.0.1 es ist nicht alles ~, was glänzt ⟨Sprichw.⟩ *oft täuscht der Schein*

'gol·den... 1.3.1 das ~e K a l b anbeten ⟨fig.; umg.⟩ *das Geld zu sehr schätzen*

Die Bedeutungserklärung

Sie steht, kursiv gedruckt, hinter der spitzen Klammer oder, wenn vorhanden, hinter dem semantisch relevanten Kontext. Sie enthält die Erklärung der Bedeutung eines Wortes. Ist ein semantisch relevanter Kontext vorhanden, wird er in der Bedeutungserklärung berücksichtigt.

Verweise auf andere Stichwörter

Dieses Wörterbuch enthält ein umfangreiches System von Verweisen, die es dem Benutzer ermöglichen, sich im Wörterbuch zu orientieren. Die Verweise (orthographische Variante, Synonym und Gegensatz) werden im allgemeinen an die Bedeutungserklärung angehängt. Gelten sie jedoch für alle Bedeutungsstellen eines Artikels mit mehreren Bedeutungen, werden sie vorangestellt.

Die orthographische Variante

Verweise auf Wörter, die bei gleicher Bedeutung geringfügig in der Schreibung oder Wortbildung abweichen, sind durch „oV" gekennzeichnet; z. B.:

'brenz·lig ⟨Adj.⟩ oV *brenzlich*...

Das Synonym

Verweise auf bedeutungsgleiche Wörter sind durch „Sy" gekennzeichnet; z. B.:

Astro·lo'gie ⟨f.; -; unz.⟩...; Sy *Sterndeutung*

Der Gegensatz

Verweise auf Wörter, die einen dem Stichwort entgegengesetzten Inhalt haben; z. B.:

Tag. . . **4**. . .; Ggs *Nacht*

oder sich in einem Merkmal deutlich vom Stichwort unterscheiden; z. B.:

Ast ⟨m.; -(e)s, ¨e⟩ **1**...; Ggs *Zweig*

werden durch „Ggs" gekennzeichnet.

Siehe auch!
(→ a.)

Dieses Zeichen verweist neben „Sy" und „Ggs" auf ein Wort, das einen Begriffsbereich vervollständigt; z. B.:

labil...; Ggs *stabil*; → a. *indifferent*

Weiterhin verweist es auf Redewendungen, in denen das Stichwort enthalten ist; z. B.:

Bahn... 6.2 → a. *recht (6.0.1), schief (1.2)*

Siehe!
(→)

Der Verweis mit „→" wird statt einer Erklärung eingesetzt. Er verweist auf ein Wort, das einen Oberbegriff od. einen parallelen Begriff beinhaltet und unter dem eine Wortgruppe exemplarisch abgehandelt wurde; z. B.:

'ban·gen... 1.1 → *hangen*

Ist bedeutungsgleich mit
(=)

Dieses Zeichen ist der Rückverweis auf ein „oV" oder „Sy"; z. B.:

Bü'fett...; oV *Buffet, Büffet*
Buf·fet... = *Büfett*
Büf·fet... = *Büfett*
Al'ka·li...; Sy *Base²*
'Ba·se²... = *Alkali*

Die Anwendungsbeispiele

Die Anwendungsbeispiele folgen auf die Bedeutungserklärung und/oder die Verweise. Sie sind gerade gedruckt. In ihnen wurden beliebige Möglichkeiten der Anwendung eines Stichwortes ausgewählt, um es so zu illustrieren. Oft wurden auch Sprichwörter und Redensarten aufgenommen, die dann durch Angaben in einer spitzen Klammer als solche gekennzeichnet wurden.

TABELLE DER AUSSPRACHEZEICHEN

Vokale

[:] der Doppelpunkt bezeichnet die Länge eines Selbstlautes; Selbstlaute ohne Doppelpunkt sind kurz bis halblang zu sprechen
[a] kurzes a (wie in k*a*nn)
[a:] langes a (wie in H*ah*n)
[æ] sehr offenes, kurzes, dem [a] zuneigendes ä (wie in G*a*ngway ['gæŋwe:])
[ʌ] dumpfes, kurzes a (wie in R*u*sk [rʌsk])
[ã] kurzes, nasaliertes a (wie in Ren*an* [rə'nã])
[ai] Diphthong a + i (wie in Br*ei*, L*ai*b)
[au] Diphthong a + u (wie in k*au*m)
[e] kurzes, geschlossenes e (wie in D*e*bauche)
[e:] langes, geschlossenes e (wie in R*eh*; auch der englische Diphthong, der exakt wie [ei], e + i, gesprochen wird, wird mit [e:] dargestellt (G*ai*tskell ['ge:tskəl])
[ə] kurzes, dumpfes e (wie in Pini*e* [-iə], G*e*birg*e*)
[ə:] langes, dumpfes e (wie in *Ea*rl [ə:rl])
[ɛ] kurzes, offenes e (wie in F*e*st, G*ä*nse)
[ɛ:] langes, offenes e (wie in B*ä*r)
[ɛi] Diphthong ä + i (wie in portugies. Eça de Qu*ei*ros ['ɛsa dəkɛi'ro:ʃ] und niederl. *Ij*muiden [ɛi'mœydən]
[ɛ̃] nasaliertes e (wie in französ. Jard*in* [ʒar'dɛ̃])
[i] kurzes i (wie in b*i*n)
[i:] langes i (wie in W*ie*n)
[ɔ] kurzes, offenes o (wie in R*o*ß)
[ɔ:] langes, offenes o, ein dem a genähertes o (wie in engl. W*a*llstreet ['wɔ:lstri:t])
[ɔ̃] offenes, nasales o (wie in M*on*t Blanc [mɔ̃'blã])
[ɔi] Diphthong o + i (wie in L*eu*te)
[o] kurzes, geschlossenes o (wie in V*o*kativ)
[o:] langes, geschlossenes o (wie in L*oh*n, L*o*s)
[œ] kurzes ö (wie in K*ö*ln)
[ø:] langes ö (wie in K*öh*ler)
[œ̃] nasales ö (wie in Verd*un* [vɛr'dœ̃])
[u] kurzes u (wie in r*u*nd)
[u:] langes u (wie in Gr*u*ß)
[y] kurzes ü (wie in J*ü*nger)
[y:] langes ü (wie in f*ü*hren)

Konsonanten

[ç] ch (wie in i*ch*)
[ŋ] ng (wie in Lä*ng*e, B*an*k [baŋk])
[s] stimmloses s (wie in mü*ss*en)
[ʃ] stimmloses sch (wie in *Sch*af)
[ʒ] stimmhafter sch-Laut (wie in Eta*g*e [e'ta:ʒə])
[θ] stimmloser Lispellaut (wie in Fir*th* [fə:rθ])
[ð] stimmhafter Lispellaut (wie in Galswor*th*y ['gɔ:lzwə:rði])
[ɫ] hartes polnisches ł (wie in Z*ł*oty)
[v] w (wie in *W*asser)
[w] mit stark vorgewölbten Lippen gesprochenes englisches w (wie in *W*ells [welz])
[x] ch (wie in ma*ch*en)
[z] stimmhaftes s (wie in Wei*s*e)

Buchstaben, die zwei Laute wiedergeben, werden in der Lautschrift durch zwei Zeichen dargestellt, z. B.

[ts] wie z in rei*z*en ['raitsən]
[ks] wie x in He*x*e ['hɛksə]

TABELLEN ZUR FORMENBILDUNG UND SYNTAX

Deklination der Nomen und Pronomen

Adjektivische Deklination des Substantivs

	Sing.	Pl.
1 Maskulinum		
gemischt		
Nom.	Abgeordneter	Abgeordnete
Gen.	Abgeordneten	Abgeordneter
Dat.	Abgeordnetem	Abgeordneten
Akk.	Abgeordneten	Abgeordnete
schwach		
Nom.	der Abgeordnete	die Abgeordneten
Gen.	des Abgeordneten	der Abgeordneten
Dat.	dem Abgeordneten	den Abgeordneten
Akk.	den Abgeordneten	die Abgeordneten
2 Femininum		
gemischt		
Nom.	Illustrierte	Illustrierte
Gen.	Illustrierter	Illustrierter
Dat.	Illustrierter	Illustrierten
Akk.	Illustrierte	Illustrierte
schwach		
Nom.	die Illustrierte	die Illustrierten
Gen.	der Illustrierten	der Illustrierten
Dat.	der Illustrierten	den Illustrierten
Akk.	die Illustrierte	die Illustrierten
3 Neutrum		
gemischt		
Nom.	Geräuchertes	Isomere
Gen.	Geräucherten	Isomerer
Dat.	Geräuchertem	Isomeren
Akk.	Geräuchertes	Isomere
schwach		
Nom.	das Geräucherte	die Isomeren
Gen.	des Geräucherten	der Isomeren
Dat.	dem Geräucherten	den Isomeren
Akk.	das Geräucherte	die Isomeren

Deklination des unbestimmten Artikels und der Possessivpronomen

4 Bei folgendem Substantiv

	Mask.	Fem.	Neutr.	Pl.
Nom.	ein	eine	ein	(entfällt)
	mein	meine	mein	meine
Gen.	eines	einer	eines	(entfällt)
	meines	meiner	meines	meiner
Dat.	einem	einer	einem	(entfällt)
	meinem	meiner	meinem	meinen
Akk.	einen	eine	ein	(entfällt)
	meinen	meine	mein	meine

Besonderheiten
Bei *unser* und *euer* kann vor den Endungen -*e* und -*er* das *e* wegfallen: *unsre, eurer.* Bei den Endungen -*es*, -*em*, -*en* kann alternativ das *e* der Endung wegfallen: *unsers, unseres, euerm, eurem, unsern, unseren*

Wie ein Adjektiv schwach dekliniert werden die Possessivpronomen bei vorangehendem Artikel (vgl. Tab. Ziff. 10)

Wem gehört das Buch? Es ist das *meine.*

Nicht oder stark dekliniert (vgl. Ziff. 10) wird das allein stehende Possessivpronomen nach der Kopula:

Wem gehört das Buch? Es ist *mein* (od.) *mein(e)s.*

Deklination des bestimmten Artikels

5

	Mask.	Fem.	Neutr.	Pl.
Nom.	der	die	das	die
Gen.	des	der	des	der
Dat.	dem	der	dem	den
Akk.	den	die	das	die

Deklination des Demonstrativpronomens

6 *einfach*

	Mask.	Fem.	Neutr.	Pl.
Nom.	dieser	diese	dies(es)	diese
Gen.	dieses	dieser	dieses	dieser
Dat.	diesem	dieser	diesem	diesen
Akk.	diesen	diese	dies(es)	diese

zusammengesetzt

	Mask.	Fem.	Neutr.	Pl.
Nom.	derjenige	diejenige	dasjenige	diejenige
Gen.	desjenigen	derjenigen	desjenigen	derjenigen
Dat.	demjenigen	derjenigen	demjenigen	denjenigen
Akk.	denjenigen	diejenige	dasjenige	diejenige

Deklination der Substantive, die Mengen (Zähl- u. a. Maße, Gewichte und Währungseinheiten) bezeichnen

7 a) Das Substantiv wird im Singular dekliniert, z. B.

wegen eines Pfennigs od. wegen einem Pfennig
wegen eines Pfundes od. einem Pfund Sterling

Ein darauffolgendes Substantiv, das die Substanz der bezeichneten Menge angibt, steht im Nominativ, veraltet auch im Genetiv, z. B.

mit einem Stück Zucker (Zuckers)
der Inhalt eines Glases Wasser

b) Feminina u. a. Wörter mit der Endung -*e* im Nominativ Singular bilden immer die Form des Plurals, z. B.

20 Tonnen; einige Tonnen Stahl

c) Maskulina und Neutra, die stark dekliniert im Genitiv Singular auf -*(e)s*, im Nominativ Plural auf -e enden, sowie Feminina, die nicht auf -*e* enden, bilden keinen Plural, z. B.

wegen zwei Mark
mit drei Lot Butter
fünf Schock Tomaten

d) Maskulina und Neutra, die stark dekliniert werden und deren Formen von Nominativ Singular und Nominativ Plural identisch sind (mit der Endung -*er* oder -*el* im Nominativ Singular) zeigen schwankenden Gebrauch des Dativs im Plural, z.B.

eine Strecke von zwölf Meter(n)
ein Grundstück von zehn Ar(en) Ackerland

e) Maskulina und Neutra, die Gegenstände - z. B. Behältnisse - bezeichnen, welche als Maßangaben dienen, zeigen schwankenden Gebrauch in den Formen des Plurals: die Flexionsendung wird angegeben, wenn es sich darum handelt, eine Zahl von einzelnen Gegenständen zu bezeichnen, z. B.

Es standen zwei Gläser Bier da.
Elf Fässer mit Wein wurden abgeladen.

Die Flexionsendung des Plurals fällt weg, wenn der wesentliche Gehalt einer Mitteilung die Angabe eines Maßes oder einer Menge ist:

Bitte zwei Glas Wein!
Liefern Sie 40 Faß Bier!

f) Währungs- und Maßeinheiten usw. aus fremden Sprachen bilden den Plural wie in der Sprache, aus der sie stammen; ein *-s* im Plural wird im Deutschen wahlweise angefügt, z.B.

20 Cent(s)
12 Inch(es)
17 Centavo(s)
6000 Lire (Singular: Lira)
500 Barrel(s) Öl

Deklination der Adjektive und unbestimmten Pronomen

		Sing.	Pl.
10	Maskulinum		
	stark		
	Nom.	kalter Regen	schöne Tage
	Gen.	kalten Regens	schöner Tage
	Dat.	kaltem Regen	schönen Tagen
	Akk.	kalten Regen	schöne Tage
	schwach		
	Nom.	der schöne Tag	die schönen Tage
	Gen.	des schönen Tages	der schönen Tage
	Dat.	dem schönen Tag	den schönen Tagen
	Akk.	den schönen Tag	die schönen Tage
	Femininum		
	stark		
	Nom.	helle Nacht	helle Nächte
	Gen.	heller Nacht	heller Nächte
	Dat.	heller Nacht	hellen Nächten
	Akk.	helle Nacht	helle Nächte
	schwach		
	Nom.	die helle Nacht	die hellen Nächte
	Gen.	der hellen Nacht	der hellen Nächte
	Dat.	der hellen Nacht	den hellen Nächten
	Akk.	die helle Nacht	die hellen Nächte
	Neutrum		
	stark		
	Nom.	rotes Heft	rote Hefte
	Gen.	roten Heftes	roter Hefte
	Dat.	rotem Heft	roten Heften
	Akk.	rotes Heft	rote Hefte
	schwach		
	Nom.	das rote Heft	die roten Hefte
	Gen.	des roten Heftes	der roten Hefte
	Dat.	dem roten Heft	den roten Heften
	Akk.	das rote Heft	die roten Hefte

Besonderheiten
Endet der Stamm auf unbetontes *-el,* so fällt vor der Flexionsendung das *e* aus:
dunkel → dunkle ...
...abel → ...able ...
Endet der Stamm auf unbetontes *-en* oder *-er,* so k a n n das *e* ausfallen:
munter → muntre ... oder muntere ...
teuer → teure ... oder teuere ...
entschieden → entschiedne ... oder entschiedene ...
Endet der Stamm des Adj. auf unbetontes *-er* und folgt darauf eine weitere unbetonte, auf Konsonant ausgehende Endung (*-em, -en* od. *-es*), so sind die Formen
munteres (-em, -en) oder
muntres (-em, -en) oder
munterm (-n)
möglich.

11 Einige Adj. werden nicht dekliniert und bilden auch keine Vergleichsformen (Komparation) (vgl. 24)
lila, rosa, beige, prima

Komparation (Steigerung) der Adjektive

21 Komparativ und Superlativ werden mit den Endungen *-er* und *-st* gebildet
klein, kleiner, am kleinsten
Adjektive, deren Auslautsilbe betont ist und auf *-s, -ß, -x, -z, -t* oder *-d* endet, bilden den Superlativ mit *-est*
am heißesten, am mildesten; aber: am größten
Adj., deren Auslautsilbe auf *-h* oder Vokal endet, bilden den Superlativ mit *-st* oder *-est*
am rauh(e)sten, am frei(e)sten
Bei Adj., die auf unbetontes *-el* enden, fällt das *-e* im Komparativ aus; bei den unbetonten Endungen *-en* und *-er* kann es wegfallen
edel, edler, edelst
bitter, bitt(e)rer, am bittersten
verwegen, verweg(e)ner, am verwegensten

22 Der Stamm einiger Adj. wird bei der Steigerung umgelautet
lang, länger, am längsten
groß, größer, am größten
jung, jünger, am jüngsten

23 Bei anderen Adj. wird der Stamm entweder umgelautet oder nicht
glatt, glätter, am glättesten
oder
glatter, am glattesten

fromm, frömmer, am frömmsten
oder
frommer, am frommsten

gesund, gesünder, am gesündesten
oder
gesunder, am gesundesten

24 Einige Adj. bilden weder Komparativ noch Superlativ (vgl. 11)
dreieckig, jährlich, tot, stumm,
links, rechts, rosa, beige, prima

25 Einige Adj. bilden nur den Komparativ, keinen Superlativ
oft, öfter

26 Einige Adj. bilden nur den Superlativ, keinen Komparativ
möglich, möglichst

Satzmuster für Adjektive

Adjektive, die keine Ziffer erhalten haben, werden syntaktisch so verwendet, wie in Ziff. 30-34 angegeben ist.

Satzmuster ohne Einschränkungen

30 S + Vb + Adj **31** Vb → Kopula die Flamme ist hell (das Adj. wird prädikativ verwendet) **32** Vb → nicht Kopula die Flamme leuchtet hell (das Adj. wird adverbial verwendet) **33** Vb → Partizip = Adj. die hell leuchtende Flamme (das Adj. wird adverbial zu einem Adj. verwendet)	das Adj. wird nicht dekliniert
34 Vb → Ø die helle Flamme (das Adj. wird attributiv verwendet) Bei der Deklination trägt das Adj. die Merkmale Genus, Numerus und Kasus des folgenden Substantivs	das Adj. wird dekliniert

Satzmuster mit Einschränkungen und Ergänzungen

40 Nur prädikativ verwendete Adj. (vgl. 31)
das ist *schade*
ich bin *schuld*
(etwas ist blink und blank, fix und fertig, gang und gäbe)
41 Prädikativ verwendete Adj. der Rektion Adverbialbestimmung
(bei jmdm.) (wegen etwas od. jmdm.) vorstellig werden
mit jmdm. handgemein werden
42 Prädikativ verwendete Adj. mit der Rektion AkkO
eine Sache gewahr werden
43 Prädikativ verwendete Adj. mit der Rektion DatO
er ist mir feind
er wurde mir freund
ich bin ihm gram
etwas ist mir gewärtig
mir ist angst
etwas ist jmdm. eigen
es ist mir erinnerlich
44 Prädikativ verwendete Adj. mit der Rektion GenO
dessen bin ich gewärtig
jmds. od. einer Sache habhaft werden
einer Sache teilhaftig werden
einer Sache eingedenk sein
einer Sache ansichtig sein
45 Prädikativ verwendete Adj. mit der Rektion DatO (+ PräpO)
ich bin mir [über etwas] schlüssig
einer Sache nahe sein
46 Prädikativ verwendete Adj. mit der Rektion PräpO
zu etwas nütze sein
um etwas verlegen sein
nahe an die Zwanzig sein
50 Nur adverbial verwendete Adj. (vgl. 32)
51 Adverbial verwendete Adj. mit der Rektion AkkO
etwas ausfindig machen
jmdn. abspenstig machen
sich anheischig machen

52 Adverbial verwendete Adj. mit der Rektion AkkO (+ DatO)
(jmdm.) etwas kund tun

53 Adverbial verwendete Adj. mit der Rektion DatO
du tust mir leid
du machst mir angst
er tritt ihr zu nahe ⟨fig.⟩

54 Adverbial verwendete Adj. mit der Rektion GenO
einer Sache verlustig gehen

55 Adverbial verwendete Adj. mit der Rektion AkkO + DatO
jmdm. etwas streitig machen

56 Adverbial verwendete Adj. mit der Rektion AkkO + PräpO
sich über jmdn. lustig machen

60 In einem besonderen Sinnzusammenhang oder überhaupt nur attributiv verwendete Adj. (vgl. 34)
die goldene Hochzeit
ein eisernes Gitter
die hiesigen Zeitungen

70 Nur attributiv und prädikativ verwendete Adj. (vgl. 31 u. 34)
der beliebte Lehrer
der Lehrer ist beliebt

71 Attributiv und prädikativ verwendete Adj. mit der Rektion AkkO
die Kiste ist einen Meter hoch
→ die einen Meter hohe Kiste

72 Attributiv und prädikativ verwendete Adj. mit der Rektion DatO
ein Mitarbeiter ist mir behilflich
→ ein mir behilflicher Mitarbeiter

73 Attributiv und prädikativ verwendete Adj. mit der Rektion GenO
der Sportler war seines Sieges sicher
der seines Sieges sichere Sportler

74 Attributiv und prädikativ verwendete Adj. mit der Rektion PräpO
der Nachbar ist auf seinen Vorteil bedacht
die Nahrung ist arm an Vitaminen
→ die an Vitaminen arme Nahrung

80 Prädikativ und adverbial verwendete Adj.
jmd. ist [gegen etwas] allerg
jmd. reagiert allerg

82 Prädikativ und adverbial verwendete Adj. mit der Rektion DatO
jmdm. angst machen
jmdm. ist angst

86 Prädikativ und adverbial verwendete Adj. mit der Rektion PräpO
jmd. ist gegen etwas immun
jmdn. gegen etwas immun machen

90 Attributiv und adverbial verwendete Adj.
etwas abschließend sagen
abschließende Worte

TABELLE DER

	Infinitiv	Indikativ Präsens	Indikativ Präteritum
100	machen	mach/e, ~st, ~t	macht/e, ~est, ~e
	achteln	achtel/e, ~st, ~t	achtelt/e, ~est, ~e
	Wenn der Verbstamm auf unbetontes ~el od. ~er endet, werden (a) Infinitiv und 1., 3. Person Plural Präsens auf ~n, der Imperativ des Singulars auf ~e gebildet; kann (b) in der 1. Person Singular Indikativ Präsens das unbetonte ~e~ des Stammes ausfallen: ich angle, zittre od. angele, zittere		
	rasen	ras/e, ~t, ~t	rast/e, ~est, ~e
	schweißen	schweiß/e, ~t, ~t	schweißt/e, ~est, ~e
	salzen	salz/e, ~t, ~t	salzt/e, ~est, ~e
	ritzen	ritz/e, ~t, ~t	ritzt/e, ~est, ~e
	hexen	hex/e, ~t, ~t	hext/e, ~est, ~e
	Wenn der Stamm des Verbs auf [z] od. [s] = s, ß, z, x endet, fällt in der 2. Pers. Sing. Präs. das ~s~ aus, veraltet lautet die Form auch ras/est (schweißest, salzest, ritzest, hexest)		
	prassen	prasse, praßt	praßt/e, ~est, ~e
	Wenn der Stamm des Verbs auf ~ss endet, gilt die vorangegangene Regel, und das ~ss vor t wird zu ß		
	retten	rett/e, ~est, ~e	rettet/e, ~est, ~e
	rechnen	rechn/e, ~est, ~e	rechnet/e, ~est, ~e
	Wenn der Stamm des Verbs auf ~d, ~t, Konsonant +m, Konsonant +n endet, wird in der 2. Pers. Sing. und vor dem ~t~ des Präteritums ein ~e~ eingefügt		
101	backen	backe, bäckst, bäckt	buk, ~(e)st backte
102	befehlen	befehle, befiehlst, befiehlt	befahl
103	befleißen	befleiß/e, ~(es)t, ~t	befliß, beflissest
104	beginnen	beginn/e, ~st, ~t	begann
105	beißen	beiß/e, ~(es)t, ~t	biß, bissest
106	bergen	berge, birgst, birgt	barg
107	bersten	berste, birst (berstest), birst (berstet)	barst (borst, berstete), ~est
108	bewegen	beweg/e, ~st, ~t	bewegte (bewog)
	wird in der ursprünglichen Bedeutung schwach konjugiert, im übertragenen Sinn dagegen stark		
109	biegen	bieg/e, ~st, ~t	bog
110	bieten	biet/e, ~(e)st, ~et	bot, ~(e)st
111	binden	bind/e, ~est, ~et	band, ~(e)st
112	bitten	bitt/e, ~est, ~et	bat, ~(e)st
113	blasen	blase, bläs(es)t, bläst	blies, ~est
114	bleiben	bleib/e, ~st, ~t	blieb, ~(e)st
115	braten	brate, brätst, brät	briet, ~(e)st
116	brechen	breche, brichst, bricht	brach
117	brennen	brenn/e, ~st, ~t	brannte
118	bringen	bring/e, ~st, ~t	brachte
119	denken	denk/e, ~st, ~t	dachte
120	dingen	ding/e, ~st, ~t	dang (dingte)
121	dreschen	dresche, drisch(e)st, drischt	drosch (drasch), ~(e)st
122	dringen	dring/e, ~st, ~t	drang, ~(e)st
123	dünken	mich dünkt (deucht)	dünkte (deuchte)
124	dürfen	darf, ~st, ~; dürfen	durfte

KONJUGATIONEN

Konjunktiv Präteritum	Imperativ	Partizip des Perfekts	
machte	mach(e)	gemacht	**100**
achtelte	achtele	geachtelt	
raste	rase	gerast	
schweißte	schweiße	geschweißt	
salzte	salze	gesalzt	
ritzte	ritze	geritzt	
hexte	hexe	gehext	
praßte	prasse	gepraßt	
rettete	rette	gerettet	
rechnete	rechne	gerechnet	
büke	back(e)	gebacken	**101**
beföhle (befähle)	befiehl	befohlen	**102**
beflisse	befleiß(e)	beflissen	**103**
begönne (begänne)	beginn(e)	begonnen	**104**
bisse	beiß(e)	gebissen	**105**
bürge (bärge)	birg	geborgen	**106**
börste (bärste)	birst	geborsten	**107**
bewöge	beweg(e)	bewegt (bewogen)	**108**
böge	bieg(e)	gebogen	**109**
böte	biet(e)	geboten	**110**
bände	bind(e)	gebunden	**111**
bäte	bitte	gebeten	**112**
bliese	blas(e)	geblasen	**113**
bliebe	bleib(e)	geblieben	**114**
briete	brat(e)	gebraten	**115**
bräche	brich	gebrochen	**116**
brennte	brenne	gebrannt	**117**
brächte	bring(e)	gebracht	**118**
dächte	denk(e)	gedacht	**119**
ding(e)te (dünge, dänge)	ding(e)	gedungen (gedingt)	**120**
drösche	drisch	gedroschen	**121**
dränge	dring(e)	gedrungen	**122**
—	—	gedünkt (gedeucht)	**123**
dürfte	—	gedurft	**124**

	Infinitiv	Indikativ Präsens	Indikativ Präteritum
125	empfehlen	emp/fehle, ~fiehlst, ~fiehlt	empfahl
126	erbleichen	erbleich/e, ~st, ~t	erbleichte (erblich)
127	erkiesen	erkies/e, ~(es)t, ~t	erkor (erkieste)
128	erlöschen	erlösche, erlisch(e)st, erlischt	erlosch, ~est
129	essen	esse, issest (ißt), ißt	aß, ~est
130	fahren	fahre, fährst, fährt	fuhr, ~(e)st
131	fallen	falle, fällst, fällt	fiel
132	fangen	fange, fängst, fängt	fing
133	fechten	fechte, fichtst, ficht	focht, ~(e)st
134	finden	find/e, ~est, ~et	fand, ~(e)st
135	flechten	flechte, flichtst, flicht	flocht, ~est
136	fliegen	flieg/e, ~st, ~t	flog, ~(e)st
137	fliehen	flieh/e, ~st, ~t	floh, ~(e)st
138	fließen	fließ/e, ~(es)t, ~t	floß, flossest
139	fressen	fresse, frissest (frißt), frißt	fraß, ~est
140	frieren	frier/e, ~st, ~t	fror
141	gären	gär/e, ~st, ~t	gor (gärte)
142	gebären	gebäre, gebierst, gebiert	gebar
143	geben	gebe, gibst, gibt	gab
144	gedeihen	gedeih/e, ~st, ~t	gedieh
145	geh(e)n	geh/e, ~st, ~t	ging
146	gelingen	es gelingt	es gelang
147	gelten	gelte, giltst, gilt	galt, ~(e)st
148	genesen	genes/e, ~(es)t, ~t	genas, ~est
149	genießen	genieß/e, ~(es)t, ~t	genoß, genossest
150	geschehen	es geschieht	es geschah
151	gewinnen	gewinn/e, ~st, ~t	gewann, ~(e)st
152	gießen	gieß/e, ~(es)t, ~t	goß, gossest
153	gleichen	gleich/e, ~(e)st, ~t	glich, ~(e)st
154	gleißen	gleiß/e, ~(es)t, ~t	gleißte (gliß), glissest
155	gleiten	gleit/e, ~est, ~et	glitt, ~(e)st
156	glimmen	glimm/e, ~st, ~t	glomm (glimmte)
157	graben	grabe, gräbst, gräbt	grub, ~(e)st
158	greifen	greif/e, ~st, ~t	griff, ~(e)st
159	haben	habe, hast, hat	hatte
160	halten	halte, hältst, hält	hielt, ~(e)st
161	hängen (hangen)	hänge (hange), hängst, hängt	hing, ~(e)st
162	hauen	hau/e, ~st, ~t	hieb (haute)
163	heben	heb/e, ~st, ~t	hob (hub), ~(e)st
164	heißen	heiß/e, ~(es)t, ~t	hieß, ~est
165	helfen	helfe, hilfst, hilft	half, ~(e)st
166	kennen	kenn/e, ~st, ~t	kannte
167	klimmen	klimm/e, ~st, ~t	klomm, ~(e)st
168	klingen	kling/e, ~st, ~t	klang, ~(e)st
169	kneifen	kneif/e, ~st, ~t	kniff
170	kommen	komm/e, ~st, ~t	kam
171	können	kann, ~st, ~; können	konnte
172	kreischen	kreisch/e, ~st, ~t	kreischt/e, ~est
	Veraltet und mundartlich:		krisch, ~est
173	kriechen	kriech/e, ~st, ~t	kroch

Konjunktiv Präteritum	Imperativ	Partizip des Perfekts	
empföhle	empfiehl	empfohlen	**125**
erbleichte	erbleich(e)	erbleicht	**126**
(erbliche)		(erblichen)	
erköre	erkies(e)	erkoren	**127**
erlösche	erlisch	erloschen	**128**
äße	iß	gegessen	**129**
führe	fahr(e)	gefahren	**130**
fiele	fall(e)	gefallen	**131**
finge	fang(e)	gefangen	**132**
föchte	ficht	gefochten	**133**
fände	find(e)	gefunden	**134**
flöchte	flicht	geflochten	**135**
flöge	flieg(e)	geflogen	**136**
flöhe	flieh(e)	geflohen	**137**
flösse	fließ(e)	geflossen	**138**
fräße	friß	gefressen	**139**
fröre	frier(e)	gefroren	**140**
göre (gärte)	gär(e)	gegoren	**141**
		(gegärt)	
gebäre	gebier	geboren	**142**
gäbe	gib	gegeben	**143**
gediehe	gedeih(e)	gediehen	**144**
ginge	geh(e)	gegangen	**145**
es gelänge	geling(e)	gelungen	**146**
gölte (gälte)	gilt	gegolten	**147**
genäse	genese	genesen	**148**
genösse	genieß(e)	genossen	**149**
es geschähe	–	geschehen	**150**
gewönne (gewänne)	gewinn(e)	gewonnen	**151**
gösse	gieß(e)	gegossen	**152**
gliche	gleich(e)	geglichen	**153**
glisse	gleiß(e)	gegleißt	**154**
		(geglissen)	
glitte	gleit(e)	geglitten	**155**
glömme	glimm(e)	geglommen	**156**
		(geglimmt)	
grübe	grab(e)	gegraben	**157**
griffe	greif(e)	gegriffen	**158**
hätte	hab(e)	gehabt	**159**
hielte	halt(e)	gehalten	**160**
hinge	häng(e)	gehangen	**161**
hiebe	hau(e)	gehauen	**162**
höbe (hübe)	heb(e)	gehoben	**163**
hieße	heiß(e)	geheißen	**164**
hülfe	hilf	geholfen	**165**
kennte	kenn(e)	gekannt	**166**
klömme	klimm(e)	geklommen	**167**
klänge	kling(e)	geklungen	**168**
kniffe	kneif(e)	gekniffen	**169**
käme	komm(e)	gekommen	**170**
könnte	–	gekonnt	**171**
kreischte	kreische	gekreischt	**172**
krische	kreische	gekrischen	
kröche	kriech(e)	gekrochen	**173**

	Infinitiv	Indikativ Präsens	Indikativ Präteritum
174	laden	lad/e, ~est (lädst), ~et (lädt)	lud (ladete), ~(e)st
175	lassen	lasse, lässest (läßt), läßt	ließ, ~est
176	laufen	laufe, läufst, läuft	lief, ~(e)st
177	leiden	leid/e, ~est, ~et	litt, ~(e)st
178	leihen	leih/e, ~st, ~t	lieh, ~(e)st
179	lesen	lese, lies(es)t, liest	las, ~est
180	liegen	lieg/e, ~st, ~t	lag
181	lügen	lüg/e, ~st, ~t	log, ~(e)st
182	mahlen	mahl/e, ~st, ~t	mahlt/e, ~est
183	meiden	meid/e, ~est, ~et	mied, ~(e)st
184	melken	melk/e, ~st (milkst), ~t (milkt)	melkte (molk)
185	messen	messe, missest (mißt), mißt	maß, ~est
186	mißlingen	es mißlingt	es mißlang
187	mögen	mag, ~st, ~; mögen	mochte
188	müssen	muß, ~t, ~; müssen, müßt (müsset), müssen	mußte
189	nehmen	nehme, nimmst, nimmt	nahm, ~(e)st
190	nennen	nenn/e, ~st, ~t	nannte
191	pfeifen	pfeif/e, ~st, ~t	pfiff, ~(e)st
192	pflegen	pfleg/e, ~st, ~t	pflegte (pflog), ~st
	wird meist schwach konjugiert		
193	preisen	preis/e, ~(es)t, ~t	pries, ~est
194	quellen	quelle, quillst, (quellst), quillt (quellt)	quoll (quellte)
	mit Akkusativobjekt schwach konjugiert		
195	raten	rate, rätst, rät	riet, ~(e)st
196	reiben	reib/e, ~st, ~t	rieb, ~(e)st
197	reihen	reih/e, ~(e)st, ~t	rieh, ~est
	mit Akkusativobjekt immer, ohne Akkusativobjekt zuweilen schwach dekliniert		
198	reißen	reiß/e, ~(es)t, ~t	riß, rissest
199	reiten	reit/e, ~est, ~et	ritt, ~(e)st
200	rennen	renn/e, ~st, ~t	rannte
201	riechen	riech/e, ~st, ~t	roch
202	ringen	ring/e, ~st, ~t	rang
203	rinnen	rinn/e, ~st, ~t	rann, ~(e)st
204	rufen	ruf/e, ~st, ~t	rief, ~(e)st
205	saufen	saufe, säufst, säuft	soff, ~(e)st
206	saugen	saug/e, ~st, ~t	sog (saugte), ~(e)st
207	schaffen	schaff/e, ~st, ~t	schuf, ~(e)st
	wird in der Bedeutung „arbeiten“ und in Ableitung mit ver- und an- schwach konjugiert		
208	schallen	schall/e, ~st, ~t	schallte (scholl)
209	scheiden	scheid/e, ~est, ~et	schied, ~(e)st
210	scheinen	schein/e, ~st, ~t	schien, ~(e)st
211	scheißen	scheiß/e, ~(es)t, ~t	schi/ß, ~ssest
212	schelten	schellte, schiltst, schilt	schalt, ~(e)st
213	scheren	schere, schierst (scherst), schiert (schert)	schor (scherte)
214	schieben	schieb/e, ~st, ~t	schob, ~(e)st
215	schießen	schieß/e, ~(es)t, ~t	schoß, schossest
216	schinden	schind/e, ~est, ~et	schund, ~(e)st
217	schlafen	schlafe, schläfst, schläft	schlief, ~(e)st
218	schlagen	schlage, schlägst, schlägt	schlug, ~(e)st
219	schleichen	schleich/e, ~st, ~t	schlich, ~(e)st

Konjunktiv Präteritum	Imperativ	Partizip des Perfekts	
lüde (ladete)	lad(e)	geladen	**174**
ließe	laß (lasse)	gelassen	**175**
liefe	lauf(e)	gelaufen	**176**
litte	leid(e)	gelitten	**177**
liehe	leih(e)	geliehen	**178**
läse	lies	gelesen	**179**
läge	lieg(e)	gelegen	**180**
löge	lüg(e)	gelogen	**181**
mahlte	mahle	gemahlen	**182**
miede	meid(e)	gemieden	**183**
mölke	melk(e)	gemelkt (gemolken)	**184**
mäße	miß	gemessen	**185**
es mißlänge	–	mißlungen	**186**
möchte	–	gemocht	**187**
müßte	–	gemußt	**188**
nähme	nimm	genommen	**189**
nennte	nenn(e)	genannt	**190**
pfiffe	pfeif(e)	gepfiffen	**191**
pflegte (pflöge)	pfleg(e)	gepflegt (gepflogen)	**192**
priese	preis(e)	gepriesen	**193**
quöllc	quill (quelle)	gequollen (gequellt)	**194**
riete	rat(e)	geraten	**195**
riebe	reib(e)	gerieben	**196**
riehe	reih(e)	geriehen	**197**
risse	reiß(e)	gerissen	**198**
ritte	reit(e)	geritten	**199**
rennte	renn(e)	gerannt	**200**
röche	riech(e)	gerochen	**201**
ränge	ring(e)	gerungen	**202**
ränne (rönne)	rinn(e)	geronnen	**203**
riefe	ruf(e)	gerufen	**204**
söffe	sauf(e)	gesoffen	**205**
söge	saug(e)	gesogen (gesaugt)	**206**
schüfe	schaff(e)	geschaffen	**207**
schallete (schölle)	schall(e)	geschollen (geschallt)	**208**
schiede	scheid(e)	geschieden	**209**
schiene	schein(e)	geschienen	**210**
schisse	scheiße	geschissen	**211**
schölte	schilt	gescholten	**212**
schöre	schier, scher(e)	geschoren	**213**
schöbe	schieb(e)	geschoben	**214**
schösse	schieß(e)	geschossen	**215**
schünde	schind(e)	geschunden	**216**
schliefe	schlaf(e)	geschlafen	**217**
schlüge	schlag(e)	geschlagen	**218**
schliche	schleich(e)	geschlichen	**219**

	Infinitiv	Indikativ Präsens	Indikativ Präteritum
220	schleifen	schleif/e, ~st, ~t	schliff, ~(e)st
	wird in der Bedeutung „zerstören“ schwach konjugiert		
221	schleißen	schleiß/e, ~(es)t, ~t	schliß (schleißte), schlissest
222	schließen	schließ/e, ~(es)t, ~t	schloß, schlossest
223	schlingen	schling/e, ~st, ~t	schlang, ~(e)st
224	schmeißen	schmeiß/e, ~(es)t, ~t	schmiß, schmissest
225	schmelzen	schmelze, schmilz(es)t, schmilzt	schmolz, ~est (schmelzte)
	mit Akkusativobjekt häufig schwach konjugiert		
226	schnauben	schnaub/e, ~st, ~t	schnaubte (schnob)
	meist schwach konjugiert		
227	schneiden	schneid/e, ~est, ~et	schnitt, ~(e)st
228	schrauben	schraub/e, ~st, ~t	schraubte
229	schrecken	schrecke, schrickst (schreckst), schrickt (schreckt)	schrak, ~(e)st (schreckte)
	mit Akkusativobjekt schwach konjugiert		
230	schreiben	schreib/e, ~st, ~t	schrieb, ~(e)st
231	schreien	schrei/e, ~st, ~t	schrie
232	schreiten	schreit/e, ~est, ~et	schritt, ~(e)st
233	schweigen	schweig/e, ~st, ~t	schwieg, ~(e)st
234	schwellen	schwelle, schwillst (schwellst), schwillt (schwellt)	schwoll, ~(e)st (schwellte)
	mit Akkusativobjekt schwach konjugiert		
235	schwimmen	schwimm/e, ~st, ~t	schwamm, ~(e)st
236	schwinden	schwind/e, ~est, ~et	schwand, ~(e)st
237	schwingen	schwing/e, ~st, ~t	schwang, ~(e)st
238	schwören	schwör/e, ~st, ~t	schwur (schwor), ~(e)st
239	sehen	sehe, siehst, sieht	sah, ~st
240	sein	bin, bist, ist; sind, seid, sind	war, ~st
241	senden	send/e, ~est, ~et	sandte (sendete), ~st
242	sieden	sied/e, ~est, ~et	sott (siedete)
	mit Akkusativobjekt schwach konjugiert		
243	singen	sing/e, ~st, ~t	sang, ~(e)st
244	sinken	sink/e, ~(e)st, ~t	sank, ~(e)st
245	sinnen	sinn/e, ~st, ~t	sann, ~(e)st
246	sitzen	sitz/e, ~(e)st, ~t	saß, ~est
247	sollen	soll, ~st	sollte
248	speien	spei/e, ~st, ~t	spie
249	spinnen	spinn/e, ~st, ~t	spann, ~(e)st
250	spleißen	spleiß/e, ~(es)t	spli/ß, ~ssest
251	sprechen	spreche, sprichst, spricht	sprach, ~(e)st
252	sprießen	sprieß/e, ~(es)t, ~t	sproß, sprossest
253	springen	spring/e, ~st, ~t	sprang, ~(e)st
254	stechen	steche, stichst, sticht	stach, ~(e)st
255	stecken	steck/e, ~st, ~t	stak
	mit Akkusativobjekt schwach konjugiert		

Konjunktiv Präteritum	Imperativ	Partizip des Perfekts	
schliffe	schleif(e)	geschliffen	**220**
schlisse	schleiß(e)	geschlissen	**221**
schlösse	schließ(e)	geschlossen	**222**
schlänge	schling(e)	geschlungen	**223**
schmisse	schmeiß(e)	geschmissen	**224**
schmölze	schmilz	geschmolzen (geschmelzt)	**225**
schnaubte (schnöbe)	schnaub(e)	geschnaubt (geschnoben)	**226**
schnitte	schneid(e)	geschnitten	**227**
schraubte	schraub(e)	geschraubt	**228**
schräke (schreckte)	schrick (schrecke)	erschrocken	**229**
schriebe	schreib(e)	geschrieben	**230**
schriee	schrei(e)	geschrie(e)n	**231**
schritte	schreit(e)	geschritten	**232**
schwiege	schweig(e)	geschwiegen	**233**
schwölle (schwellte)	schwill (schwelle)	geschwollen (geschwellt)	**234**
schwömme (schwämme)	schwimm(e)	geschwommen	**235**
schwände	schwind(e)	geschwunden	**236**
schwänge	schwing(e)	geschwungen	**237**
schwüre	schwör(e)	geschworen	**238**
sähe	sieh(e)	gesehen	**239**
wäre Präsens: sei, sei(e)st, sei; seien, seiet, seien	sei; seid	gewesen	**240**
sendete	send(e)	gesandt (gesendet)	**241**
sötte (siedete)	sied(e)	gesotten (gesiedet)	**242**
sänge	sing(e)	gesungen	**243**
sänke	sink(e)	gesunken	**244**
sänne (sönne)	sinn(e)	gesonnen	**245**
säße	sitz(e)	gesessen	**246**
sollte	—	gesollt	**247**
spiee	spei(e)	gespie(e)n	**248**
spönne (spänne)	spinn(e)	gesponnen	**249**
splisse	spleiße	gesplissen	**250**
spräche	sprich	gesprochen	**251**
sprösse	sprieß(e)	gesprossen	**252**
spränge	spring(e)	gesprungen	**253**
stäche	stich	gestochen	**254**
stäke	steck(e)	gesteckt	**255**

	Infinitiv	Indikativ Präsens	Indikativ Präteritum
256	steh(e)n	steh/e, ~st, ~t	stand, ~(e)st
257	stehlen	stehle, stiehlst, stiehlt	stahl
258	steigen	steig/e, ~st, ~t	stieg, ~(e)st
259	sterben	sterbe, stirbst, stirbt	starb
260	stieben	stieb/e, ~st, ~t	stob, ~(e)st
261	stinken	stink/e, ~st, ~t	stank, ~(e)st
262	stoßen	stoße, stöß(es)t, stößt	stieß, ~est
263	streichen	streich/e, ~st, ~t	strich, ~(e)st
264	streiten	streit/e, ~est, ~et	stritt, ~(e)st
265	tragen	trage, trägst, trägt	trug
266	treffen	treffe, triffst, trifft	traf, ~(e)st
267	treiben	treib/e, ~st, ~t	trieb
268	treten	trete, trittst, tritt	trat, ~(e)st
269	triefen	trief/e, ~st, ~t	troff (triefte), ~(e)st
270	trinken	trink/e, ~st, ~t	trank, ~(e)st
271	trügen	trüg/e, ~st, ~t	trog, ~(e)st
272	tun	tue, tust, tut; tun	tat, ~(e)st
273	verderben	verderbe, verdirbst, verdirbt	verdarb
274	verdrießen	verdrieß/e, ~(es)t, ~t	verdroß, verdrossest
275	vergessen	vergesse, vergissest (vergißt), vergißt	vergaß, ~est
276	verlieren	verlier/e, ~st, ~t	verlor
277	wachsen	wachse, wächs(es)t, wächst	wuchs, ~est
278	wägen	wäg/e, ~st, ~t	wog (wägte)
279	waschen	wasche, wäsch(e)st, wäscht	wusch, ~(e)st
280	weben	web/e, ~st, ~t	webte (wob, wobest)
281	weichen	weich/e, ~st, ~t	wich, ~est
282	weisen	weis/e, ~(es)t, ~t	wies, ~est
283	wenden	wend/e, ~est, ~et	wandte (wendete)
284	werben	werbe, wirbst, wirbt	warb
285	werden	werde, wirst, wird	wurde (ward)
	das Partizip des Hilfsverbs lautet „worden“		
286	werfen	werfe, wirfst, wirft	warf, ~(e)st
287	wiegen	wieg/e, ~st, ~t	wog
288	winden	wind/e, ~est, ~et	wand, ~(e)st
289	wissen	weiß, ~t, ~; wissen, wißt, wissen	wußte
290	wollen	will, ~st, ~; wollen	wollte
291	wringen	wring/e, ~st, ~t	wrang
292	zeihen	zeih/e, ~st, ~t	zieh, ~(e)st
293	ziehen	zieh/e, ~st, ~t	zog, ~(e)st
294	zwingen	zwing/e, ~st, ~t	zwang, ~(e)st

Konjunktiv Präteritum	Imperativ	Partizip des Perfekts	
stände (stünde)	steh(e)	gestanden	**256**
stöhle (stähle)	stiehl	gestohlen	**257**
stiege	steig(e)	gestiegen	**258**
stürbe	stirb	gestorben	**259**
stöbe	stieb(e)	gestoben	**260**
stänke	stink(e)	gestunken	**261**
stieße	stoß(e)	gestoßen	**262**
striche	streich(e)	gestrichen	**263**
stritte	streit(e)	gestritten	**264**
trüge	trag(e)	getragen	**265**
träfe	triff	getroffen	**266**
triebe	treib(e)	getrieben	**267**
träte	tritt	getreten	**268**
tröffe (triefte)	trief(e)	getroffen (getrieft)	**269**
tränke	trink(e)	getrunken	**270**
tröge	trüg(e)	getrogen	**271**
täte	tu(e)	getan	**272**
verdürbe	verdirb	verdorben (verderbt)	**273**
verdrösse	verdrieß(e)	verdrossen	**274**
vergäße	vergiß	vergessen	**275**
verlöre	verlier(e)	verloren	**276**
wüchse	wachs(e)	gewachsen	**277**
wöge (wägte)	wäg(e)	gewogen (gewägt)	**278**
wüsche	wasch(e)	gewaschen	**279**
webte (wöbe)	web(e)	gewebt (gewoben)	**280**
wiche	weich(e)	gewichen	**281**
wiese	weis(e)	gewiesen	**282**
wendete	wende	gewandt (gewendet)	**283**
würbe	wirb	geworben	**284**
würde	werd(e)	geworden	**285**
würfe	wirf	geworfen	**286**
wöge	wieg(e)	gewogen	**287**
wände	wind(e)	gewunden	**288**
wüßte	wisse	gewußt	**289**
wollte	wolle	gewollt	**290**
wränge	wring(e)	gewrungen	**291**
ziehe	zeih(e)	geziehen	**292**
zöge	zieh(e)	gezogen	**293**
zwänge	zwing(e)	gezwungen	**294**

Satzmuster für Verben

Verben mit kopulativen Ergänzungen

300 S + Vb* + PN
die Blumen sind bunt; Karl ist Lehrer
301 S („es") + Vb* + PN
es wird Frühling, Abend
311 S + Vb* + Adl/lok
ich bin zu Tisch
312 S + Vb* + Adl/temp
heute ist Mittwoch
313 S + Vb* + Adl/art
der Tisch ist aus Eichenholz
314 S + Vb* + Adl/kaus
es war wegen des Unwetters
315 S + Vb* + Adl/fin
die Summe bleibt zur Verrechnung
330 S + Vb* + DatO
das Buch ist mir
340 S + Vb* + GenO
er ist deutscher Abstammung
380 S + Vb* + „zu" + Infinitiv
das scheint zu gehen

Verben ohne Objekt oder mit fakultativem Objekt

400 S + Vb
der Regen rinnt
401 S („es") + Vb
es regnet
402 S + Vb + (AkkO)
sie gewinnt (etwas); er blufft (ihn); sie streiten (sich)
403 S + Vb + (DatO)
das Rezept gerät (ihm)
404 S + Vb + (GenO)
er starb (eines schönen Todes)
405 S + Vb + (PräpO)
er lebt (von seinem Geld); er spekuliert (auf Baisse)
410 S + Vb + Adl
die Unterschlagung geschah heute, aus Liebe, hier, raffiniert
411 S + Vb + Adl/lok
er wohnt in Mainz, in einem Hochhaus
412 S + Vb + Adl/temp
das Bild datiert aus dem 13. Jahrhundert
413 S + Vb + Adl/art
er geriet außer sich; der Diamant spielt in allen Farben
414 S + Vb + Adl/kaus
sie besticht durch ihr Aussehen
415 S + Vb + Adl/fin
er zieht auf Rache aus
416 S + Vb + Adl/instr
sie blinkt mit den Augen
417 S + Vb + Adl/junkt
er geht mit ihr

Vb* - zu dieser Gruppe gehören nur die Verben bleiben, heißen(1-1.4), scheinen(2-2.1), sein, werden

418 S + Vb + Adl/äquiv
Karl arbeitet als Dreher
470 S + Vb + Infinitiv
alle wollen kommen
480 S + Vb + „zu“ + Infinitiv
er beliebt zu scherzen

Verben mit obligatorischem Akkusativobjekt

500 S + Vb + AkkO
er wiederholt die Frage
503 S + Vb + AkkO + (DatO)
er beweist (dem Vater) das Gegenteil
504 S + Vb + AkkO + (GenO)
er beraubt ihn (seines Geldes)
505 S + Vb + AkkO + (PräpO)
sie befragt ihn (über den Vorfall)
507 S + Vb + AkkO + (Infinitiv)
ich höre ihn (kommen)
510 S + Vb + AkkO + Adl
wir glaubten ihn im Urlaub, verraten, hier
511 S + Vb + AkkO + Adl/lok
sie goß den Kaffee in die Tasse
512 S + Vb + AkkO + Adl/temp
das Gespräch zog sich eine Stunde hin
513 S + Vb + AkkO + Adl/art
die Kälte macht den Aufenthalt ungemütlich
514 S + Vb + AkkO + Adl/kaus
er fand vor Überraschung keine Worte
515 S + Vb + AkkO + Adl/fin
er gibt sich zu dieser Sache her
516 S + Vb + AkkO + Adl/instr
er bringt die Zeit mit Lesen hin
517 S + Vb + AkkO + Adl/junkt
sie hat sich mit ihm eingelassen
518 S + Vb + AkkO + Adl/äquiv
er erweist sich als Freund
520 S + Vb + AkkO + AkkO
der Lehrer lehrt ihn die finnische Sprache
530 S + Vb + AkkO + DatO
er gibt ihm das Buch
531 S + Vb + AkkO + DatO + Adl/lok
sie warf ihm das Buch an den Kopf
533 S + Vb + AkkO + DatO + Adl/art
sie zog ihm die Ohren lang
534 S + Vb + AkkO + DatO + Adl/kaus
wir versprechen uns einiges von diesen Maßnahmen
535 S + Vb + AkkO + DatO + Adl/fin
wir machen es uns zu eigen
540 S + Vb + AkkO + GenO
er enthebt ihn seines Amtes; er besinnt sich eines Besseren
550 S + Vb + AkkO + PräpO
er hält ihn für einen Freund
553 S + Vb + AkkO + PräpO + Adl/art
meine Zuhörer machten mich auf Widersprüche aufmerksam
570 S + Vb + AkkO + Infinitiv
wir lehren ihn schreiben
580 S + Vb + AkkO + „zu“ + Infinitiv
sie schickt sich an zu gehen, es genügt, ihn zu sehen

Verben mit obligatorischem Dativobjekt

600 S + Vb + DatO
er ähnelt seinem Vater

601 S („es“) + Vb + DatO
es langt mir

602 S + Vb + DatO + (AkkO)
er glaubt dem Vater (die Geschichte)

605 S + Vb + DatO + (PräpO)
der Hut steht ihr (zu Gesicht)

607 S + Vb + DatO + (Infinitiv)
er hilft dem Freund (arbeiten)

608 S + Vb + DatO + („zu“ + Infinitiv)
er riet mir (zu gehen)

611 S + Vb + DatO + Adl/lok
ich klopfe meinem Freund auf die Schulter

613 S + Vb + DatO + Adl/art
sein Benehmen dünkt mir seltsam

616 S + Vb + DatO + Adl/instr
er folgt ihr mit den Augen

650 S + Vb + DatO + PräpO
es graut mir vor dir; er gefällt sich in Anspielungen

680 S + Vb + DatO + „zu“ + Infinitiv
sie weiß sich zu helfen

Verben mit obligatorischem Genitivobjekt

700 S + Vb + GenO
wir gedenken des Verstorbenen

701 S („es“) + Vb + GenO
es lohnt nicht der Mühe

717 S + Vb + GenO + Adl/junkt
ich pflegte mit ihm Rats

Verben mit obligatorischem Präpositionalobjekt

800 S + Vb + PräpO
seine Aussage beruht auf Wahrheit

801 S („es“) + Vb + PräpO
es wimmelt von Ameisen

802 S + Vb + PräpO + (AkkO)
das berechtigt (ihn) zum Rücktritt

803 S + Vb + PräpO + (DatO)
sie bürgen (uns) für die Schulden

805 S + Vb + PräpO + (PräpO)
er tritt (mit einer Forderung) an sie heran

813 S + Vb + PräpO + Adl/art
sie steht mit ihm auf Kriegsfuß

850 S + Vb + PräpO + PräpO
er schließt von sich auf andere

Reflexiver und reziproker Gebrauch von Verben

Einige der in den o. a. Satzmustern angeführten Objekte müssen oder können durch ein Reflexivpronomen (mir, mich; dir, dich; uns; euch; sich) ersetzt werden, und zwar
a) obligatorisch: das Reflexivpronomen muß anstelle eines Objektes stehen bei „echten" reflexiven Verben

R1 DatO → Reflexivpronomen mit reflexiver Funktion
ich bilde mir ein

R2 DatO → Reflexivpronomen mit reziproker Funktion
die Tatsachen widersprechen sich

R3 AkkO → Reflexivpronomen mit reflexiver Funktion
ich erinnere mich; es ereignete sich

R4 AkkO → Reflexivpronomen mit reziproker Funktion
die Meinungen polarisieren sich

b) fakultativ: das Reflexivpronomen kann anstelle eines Objektes stehen bei Verben mit AkkO oder DatO

R5 DatO → Reflexivpronomen mit reflexiver Funktion
ich gönne mir etwas

R6 DatO → Reflexivpronomen mit reziproker Funktion
sie geben sich die Hand
Anne und Franz schreiben sich heute noch

R7 AkkO → Reflexivpronomen mit reflexiver Funktion
er wäscht sich

R8 AkkO → Reflexivpronomen mit reziproker Funktion
sie schlugen sich (einer den anderen)

ABKÜRZUNGEN UND ZEICHEN

a.	auch
Abk.	Abkürzung
Adj.	Adjektiv, Eigenschaftswort
Adl	Adverbial(bestimmung), Umstandsbestimmung
Adv.	Adverb, Umstandswort
adv.	adverbial
Akk.	Akkusativ
AkkO	Akkusativobjekt
allg.	allgemein
Anat.	Anatomie
Anthrop.	Anthropologie
äquiv	äquivalent (eine Gleichsetzung ausdrückend)
Arch.	Architektur
Archäol.	Archäologie, Altertumskunde
art	die Art und Weise ausdrückend
Art.	Artikel, Geschlechtswort
Astr.	Astronomie
Astrol.	Astrologie
AT	Altes Testament
attr.	attributiv
Ausspr.	Aussprache
Bakt.	Bakteriologie
Bankw.	Bankwesen
Bauw.	Bauwesen
bes.	besonders
Bez.	Bezeichnung
Bgb.	Bergbau
Bibliotheksw.	Bibliothekswesen
Biol.	Biologie
Bot.	Botanik, Pflanzenkunde
Buchw.	Buchwesen
bzw.	beziehungsweise
Chem.	Chemie
Chir.	Chirurgie
Dat.	Dativ
DatO	Dativobjekt
d. h.	das heißt
dt.	deutsch
Dtschld.	Deutschland
EDV	elektronische Datenverarbeitung
ehem.	ehemalig
eigtl.	eigentlich
Eisenb.	Eisenbahn
El.	Elektrotechnik
erg.	ergänze
europ.	europäisch
ev., evang.	evangelisch
f.	Femininum, weiblich
Fem.	Femininum, weibliches Geschlecht
fig.	figürlich, im übertragenen Sinne
Finanzw.	Finanzwesen
finn.	finnisch
finn.-ugr.	finnisch-ugrisch
Flugw.	Flugwesen
Forstw.	Forstwirtschaft
frz.	französisch
Funkw.	Funkwesen
Fußb.	Fußball(spiel)
gallorom.	galloromanisch
Gartenb.	Gartenbau
gegr.	gegründet
geh.	gehoben (Stil)
Gen.	Genitiv
GenO	Genitivobjekt
Geogr.	Geographie, Erdkunde
Geol.	Geologie, Erdgeschichte
Geom.	Geometrie
gest.	gestorben
Ggs	Gegensatz
Gramm.	Grammatik
h.	zur Bildung des Perfekts dient das Verb „haben"
Hdl.	Handel
Her.	Heraldik, Wappenkunde
i. allg.	im allgemeinen
i. e. S.	im engeren Sinne
Imp.	Imperativ
Ind.	Industrie
Inf.	Infinitiv, Nennform
insbes.	insbesondere
instr.	instrumental (das Mittel ausdrückend)
Int.	Interjektion
intr.	intransitiv, nichtzielend
i. w. S.	im weiteren Sinne
Jagdw.	Jagdwesen
Jh.	Jahrhundert
jmd.	jemand
jmdm.	jemandem
jmdn.	jemanden
jmds.	jemandes
junkt.	junktiv (das gemeinsame Vorkommen ausdrückend)
Kart.	Kartenspiel
Kartogr.	Kartographie
kath.	katholisch
kaus.	kausal (den Grund ausdrückend)
Kochk.	Kochkunst
Konj.	Konjunktion, Bindewort
Kunstw.	Kunstwort
Kurzw.	Kurzwort
Kyb.	Kybernetik
Landw.	Landwirtschaft

Lit.	Literatur, Literaturwissenschaft
lok	lokal (den Ort bestimmend)
Luftf.	Luftfahrt
m.	Maskulinum, männlich
MA	Mittelalter
Mal.	Malerei
Mar.	Marine, Schiffahrt
Mask.	Maskulinum, männliches Geschlecht
Math.	Mathematik
Med.	Medizin
Met.	Metallurgie, Hüttenwesen
Meteor.	Meteorologie, Wetterkunde
Mil.	Militärwesen
mil.	militärisch
Min.	Mineralogie, Gesteinskunde
Ms.	Manuskript, Handschrift
Mss.	Manuskripte, Handschriften
Mus.	Musik
Myth.	Mythologie, Mythus, Aberglaube, Sage
n.	Neutrum, sächlich
Nachs.	Nachsilbe
Naturw.	Naturwissenschaft
Neutr.	Neutrum, sächliches Geschlecht
Nom.	Nominativ
NT	Neues Testament
Num.	Numerale, Zahlwort
o. a.	oben angeführt
o. ä.	oder ähnliche(s)
Obj.	Objekt
od.	oder
Opt.	Optik
österr.	österreichisch
oV	rechtschreibliche oder Formvariante
Päd.	Pädagogik, Erziehungswesen
Part.	Partizip, Mittelwort
Path.	Pathologie, Krankheitslehre
Perf.	Perfekt
Pharm.	Pharmazie, Arzneikunde
Pharmakol.	Pharmakologie, Arzneimittelkunde
Philat.	Philatelie, Briefmarkenwesen
Philos.	Philosophie
Phon.	Phonetik
Phot.	Photographie
Phys.	Physik
Physiol.	Physiologie
Pl.	Plural
PN	Prädikatsnomen
Pol.	Politik
präd.	prädikativ
Präf.	Präfix
Präp.	Präposition, Verhältniswort
PräpO	Präpositionalobjekt
Präs.	Präsens, Gegenwart
Pron.	Pronomen, Fürwort
Psych.	Psychologie
rd.	rund, etwa
Rechtsw.	Rechtswesen
Rel.	Religion
relig.	religiös
Rhet.	Rhetorik, Redekunst
rotw.	Rotwelsch
S	Subjekt
s.	zur Bildung des Perfekts dient das Verb „sein“
Sch.	Schulwesen
scherzh.	scherzhaft
schweiz.	schweizerisch
Sg., Sing.	Singular, Einzahl
Soziol.	Soziologie
Sp.	Sport
Spr., ... spr.	Sprache, ...sprache, ...sprachlich
Sprachw.	Sprachwissenschaft, Linguistik
Sprichw.	Sprichwort
Subj.	Subjekt
Subst.	Substantiv, Dingwort
süddt.	süddeutsch
Sy	Synonym (Wort gleicher Bedeutung)
Tech.	Technik
Tel.	Telegraphie u. Telephonie, Fernmeldewesen
temp	temporal (die Zeit bestimmend)
Text.	Textilwesen
Theat.	Theaterwesen
Typ.	Typographie, Buchdruck
u.	und
u. a.	unter anderem, und anderes
u. ä.	und ähnliche(s)
übl.	üblich
u. dgl.	und dergleichen
umg.	umgangssprachlich
unz.	unzählbar (von Substantiven, die keinen Plural haben)
urspr.	ursprünglich
usw.	und so weiter
V., Vb	Verb, Zeitwort
veralt.	veraltet
Verk.	Verkehrswesen
Vet.	Veterinärmedizin
vgl.	vergleiche
Völkerk.	Völkerkunde, Ethnologie

Abkürzungen und Zeichen

Volksk.	Volkskunde, Folklore	Ztgsw.	Zeitungswesen
Vors.	Vorsilbe	Zus.	Zusammensetzung(en)
vulg.	vulgär	Zusschr.	Zusammenschreibung
Waffenk.	Waffenkunde	zw.	zwischen
Web.	Weberei	→	1. siehe; 2. wird ersetzt durch
Wirtsch.	Wirtschaft	→ a.	siehe auch
wiss.	wissenschaftlich	→ Ø	ist zu tilgen
Wissth.	Wissenschaftstheorie	=	Hinweis auf ein Wort mit gleicher Bedeutung
zählb.	zählbar (von Substantiven, die einen Plural haben)		
z. B.	zum Beispiel		
Zool.	Zoologie, Tierkunde		

Die Endung ... isch ist oft weggelassen worden, ... lich wurde durch ... l. abgekürzt.

A

Aal ⟨m.; -(e)s, -e⟩ **1** ⟨i.e.S.⟩ (Europäischer) ~ *langer, schlangenähnlicher Speisefisch aus der Familie der Aale(1.1), der im Ozean wandert u. in Binnengewässern gefangen wird: Anguilla anguilla;* geräucherter ~; frischer ~; grüner ~ (als Speise) **1.0.1** (Amerikanischer) ~ *: Anguilla rostrata* **1.0.2** (Japanischer) ~ *: Anguilla japonica* **1.1** ⟨i.w.S.⟩ (Echte) ~e *Familie von Fischen mit echtem Knochenskelett: Anguillidae* **2** jmd. ist geschmeidig wie ein ~ *sehr wendig und geschickt* **2.1** jmd. windet sich wie ein ~ *versucht (mit allen Mitteln), aus einer unangenehmen Lage herauszukommen*

Aas[1] ⟨n.; -es; unz.⟩ **1** *verwesende Tierleiche;* Sy *Kadaver* **1.1** wo ~ ist, sammeln sich die Geier ⟨fig.⟩ *wo leicht etwas zu bekommen ist, werden Habgierige aktiv*

Aas[2] ⟨n.; -es, Äser; umg.⟩ **1** kein ~ war zu sehen *niemand* **2** jmd. ist ein ~ *gerissen, hinterhältig*

ab ⟨Adv. od. (wenn ein Subst. folgt) Präp. m. Dat.⟩ **1** von diesem Ort ~ *an diesem Ort beginnend;* Sy *von ... an;* Ggs *bis zu* **1.1** ~ Ort der Lieferung *abzuholen von, geliefert werdend von, Transport bezahlt bis;* ~ Bahnstation, Bord, Waggon; ~ Fabrik, Werk, Lager; ~ Hamburg, Berlin **1.1.1** Verkauf ~ Hof, Produzent *direkt vom Produzenten* **1.2** ⟨Ortsadverb⟩ ~ hier, dort, da, da drüben od. von hier (usw.) ~ *beginnend, ausgehend von;* Ggs *bis* **1.3** → a. *auf*[2]*(1.1-1.1.3)* **1.4** ~ nach links, rechts, hinten ⟨Theat.⟩ *abgehen, die Bühne verlassen in Richtung* **2** von einem Zeitpunkt ~ *seit;* Sy *von ... an;* Ggs *bis (zu);* ~ zweitem Mai; ~ zweiten Mai ⟨umg.⟩; ~ 12 Uhr, heute, gestern od. vom 2. Mai, von 12 Uhr (usw.) ~; von da ~ **2.1** ~ und an, ~ und zu *manchmal, zuweilen* **3** von einer bestimmten Menge ~ *beginnend bei, mit, ebensoviel und mehr;* Sy *von ... an;* Ggs *bis (zu);* ~ 3 DM, 200 kg, 0,5 V; ~ fünf Glas Bier od. von 3 DM ~ (usw.) **4** ~ Kosten ⟨kaufmannsspr.⟩ *vermindert um, minus;* Ggs *zusätzlich, plus;* ~ Diskont, Rabatt, Unkosten, Mehrwertsteuer **5** → a. *absein*

ab... ⟨Vors.; bei Verben trennbar⟩ **1** *trennend, beseitigend;* abschaben, abwaschen, abschaffen **2** *vermindernd;* abtragen, abziehen **3** *beginnend;* abreisen, abfahren **4** *sich nach unten bewegend;* abspringen **4.1** *nach unten gerichtet;* abfallen **5** *verneinend, rückgängig machend;* absagen, ablehnen **6** *verstärkend;* abbetteln, abängstigen **7** *nachahmend;* abschreiben, abmalen

'Ab·art ⟨f.; -, -en⟩ *Abweichung von einer Art, Spielart*

'Ab·bau ⟨m.; -(e)s, -e⟩ **1** ⟨unz.⟩ ~ von Bodenschätzen usw. *das Abbauen* **2** *Stelle, an der Bodenschätze abgebaut werden, Grubenbau*

'ab|bau·en ⟨V.⟩ **1** ⟨500⟩ Bodenschätze, Kohle, Eisenerz ~ *gewinnen, ausbeuten* **2** ⟨500⟩ **2.1** Bauwerke, Maschinen ~ *in Bestandteile zerlegen* **2.2** organische Stoffe, Eiweiß, Stärke ~ ⟨Chem.; Biochem.⟩ *in andere Stoffe umwandeln* **3** ⟨500⟩ **3.1** Kosten, Preise, Löhne, Steuern ~ *verringern* **3.2** Warenlager ~ *verkleinern* **3.3** (Arbeitnehmer), Mitarbeiter, Angestellte ~ ⟨verhüllend für⟩ *entlassen* **3.4** Rechte, (Gefühle), Haß, Gewalt ~ *verringern, um sie zu beseitigen* **4** ⟨400⟩ jmd. baut ab *läßt in der Leistung nach*

'ab|bil·den ⟨V. 500⟩ Personen od. Gegenstände ~ *in einem Bild wiedergeben*

'ab|bla·sen ⟨V. 113/500⟩ **1** etwas ~ *durch Blasen entfernen;* Staub, Schaum ~ **2** Gas ~ *ausströmen lassen* **3** Jagd ~ *durch ein geblasenes Signal beenden* **4** eine Veranstaltung ~ ⟨fig.⟩ *absagen*

'ab|bre·chen ⟨V. 116⟩ **1** ⟨500⟩ etwas ~ *durch Brechen abtrennen;* ich habe den Henkel von der Tasse abgebrochen **1.1** Blumen ~ *pflükken* **1.2** einer Sache die Spitze ~ ⟨fig.⟩ *die Schärfe nehmen* **2** ⟨400(s.)⟩ etwas bricht ab *trennt sich (von selbst) ab;* ein Ast von unserem Birnbaum ist abgebrochen **3** ⟨500⟩ ein Gebäude, Bauwerk ~ *nieder-, abreißen;* ein Lager ~ **4** ⟨500⟩ etwas ~ *unterbrechen (vorzeitig) beenden, einstellen;* eine Erzählung, Rede ~; die Beziehungen, Verhandlungen ~; den Umgang mit jmdm. ~ **5** ⟨400 od. 500⟩ *unvermittelt, vorzeitig aufhören;* wir wollen hier ~ **5.1** das bricht nicht ab ⟨fig.⟩ *geht immer weiter* **5.2** abgebrochene Worte *verstümmelte, undeutliche Rede*

'Ab·bruch ⟨m.; -(e)s, ¨-e⟩ **1** *das Abbrechen(1-5)* **1.1** *Niederreißen, Abreißen;* ~ eines Gebäudes **1.1.1** ein Haus auf ~ (ver)kaufen *ein Haus unter der Bedingung (ver)kaufen, daß es niedergerissen wird* **1.1.2** ~ eines Lagers *Vorbereitung zum Verlegen eines L., Einpakken der Sachen u. Geräte* **1.2** *Beendigung, Einstellung;* ~ der Beziehungen; ~ einer Reise **2** *Schaden;* ~ erleiden; das tut der Liebe keinen ~

'ab|da·chen ⟨V. 500⟩ **1** etwas ~ *schräg machen, abschrägen* **2** ⟨R3⟩ sich ~ *sich schräg nach unten senken*

'Ab·druck[1] ⟨m.; -(e)s, -e⟩ **1** *Wiederholung eines anderen Druckes* **2** *Wiedergabe durch Druck, Stempel usw.*

'Ab·druck[2] ⟨m.; -(e)s, ¨-e⟩ *Form, die ein Körper in einem Material hinterläßt;* Finger ~, Gips ~

'ab|drucken ⟨-k·k-; V. 500⟩ **1** *im Druck wiedergeben* **2** *einen Abdruck (von einem körperl. Gegenstand) anfertigen*

'ab|drücken ⟨-k·k-; V. 500⟩ **1** ⟨402⟩ (eine Schußwaffe) ~ *durch Hebeldruck (Schuß) auslösen* **2** jmdn. ~ ⟨umg.⟩ *herzlich umarmen, an die Brust drücken* **3** ⟨530⟩ es drückt ihm das Herz ab ⟨fig.⟩ *es tut ihm sehr leid, belastet ihn seelisch stark* **4** ⟨500/R3⟩ sich ~ *(in einem Material) als Abdruck entstehen;* sein Fuß hat sich im weichen Boden abgedrückt

'abend ⟨Adv.⟩ gestern, heute, morgen ~ *zur Zeit des Abends(1);* Ggs *morgen(1);* sich auf, für heute ~ verabreden

'Abend ⟨m.; -s, -e⟩ **1** *Teil des Tages, von Sonnenuntergang bis Mitternacht, Zeit der Dunkelheit;* Ggs *Morgen;* einen gemütlichen ~ verbringen; ein literarischer, musikalischer ~;

jmdm. einen schönen ~ wünschen; am ~, am ~ vor(her); bis in den späten ~ hinein; gegen ~ 1.1 ~ für ~ *jeden A.* 1.2 zu ~ essen *die abendliche Mahlzeit einnehmen* 1.3 guten ~! *(Gruß)* 1.4 → a. *heilig(3.2.1)* 1.5 du kannst mich mal am ~ besuchen ⟨verhüllend für⟩ *am Arsch lecken* 2 ⟨fig.⟩ *Ende;* Lebens ~; ~ des Lebens 2.1 noch ist nicht aller Tage ~, man soll den Tag nicht vor dem ~ loben *das Ende ist noch unbekannt* 3 nach ~, in Richtung auf den ~ *Sonnenuntergang, Westen*

'Abend·es·sen ⟨n.⟩ *Mahlzeit am Abend(1)*

'Abend·mahl ⟨n.⟩ **1** *abendl. Mahlzeit* **2** ⟨Theol.⟩ das (hl.) ~ *Tisch des Herrn, Altarsakrament, in den christl. Kirchen gottesdienstl. Handlung zur Erinnerung an das letzte Mahl Christi mit seinen Jüngern*

'abends ⟨Adv.⟩ *am Abend;* ~ (um) 8 Uhr; (um) 8 Uhr ~; ~ spät; spät ~; ~ ist er müde

'Aben·teu·er ⟨n.; -s, -⟩ **1** *gefährl., verwegenes Unternehmen;* ~ bestehen; sich in ~ stürzen **2** *außergewöhnliches Erlebnis;* auf ~ ausgehen **3** *unverbindliches Liebeserlebnis*

aber 1 ⟨Konj.: vor Sätzen u. Satzteilen steht immer ein Komma⟩ *(zwei Sätze od. Satzteile als gegensätzlich bezeichnend, wobei meist ein Zugeständnis eingeräumt wird);* er wird kommen, kann ~ nicht lange bleiben; klein, ~ fein; Hans schrieb, Jochen ~ spielte Schach ⟨Stellung auch nach dem Subjekt⟩ 1.1 oder ~ *(schließt Alternative ein)* 1.2 wohl ~ *(betont das Zugeständnis);* er ist nicht klug, wohl ~ fleißig 1.3 ~ dennoch, doch *trotz allem* **2** ⟨Int.; (verstärkt Adj. od. Pron.)⟩; das ist ~ schrecklich!; das war ~ schön! 2.1 nun ~! *(drückt Verwunderung aus)* 2.2 ~ ja! *natürlich!, selbstverständlich!* 2.3 ~ nein! *keineswegs!* 2.4 ~, ~! *(drückt Tadel, Erstaunen aus)* **3** ⟨Adv.⟩ ~ und abermals *immer wiederholt, immer noch einmal* 3.1 tausend und ~ tausend, Tausende und ~ Tausende *unzählbare Tausende (von)* 3.2 ⟨verstärkt ein Adj. od. Pron.⟩; ~ sicher!; du ~, Daniel, gehe hin ...; ~ das ist schön; ~ den hab ich verhauen!

'Aber·glau·be ⟨m.⟩ **1** *rückständiger Glaube an Übernatürliches, der nicht dem gegenwärtigen Wissen entspricht* **2** *rückständiger, der Lehrmeinung der Kirche widersprechender Glaube*

'ab|er·ken·nen ⟨V. 166/530; Vors. entweder trennbar od. untrennbar; ich erkenne es ihm ab; ich aberkenne es ihm⟩ jmdm. etwas ~ **1** ⟨Rechtsw.⟩ *jmdm. ein Recht, einen Besitz, eine Eigenschaft absprechen* **2** ⟨fig.⟩ *etwas Gutes absprechen, urteilen, daß jmdm. etwas nicht zusteht*

'aber·ma·lig ⟨Adj. 60⟩ *nochmalig, wiederholt*

'aber·mals ⟨Adv.⟩ *noch einmal*

'ab|fah·ren ⟨V. 130⟩ **1** ⟨400(s.)⟩ *eine Fahrt beginnen* 1.1 *sterben;* jmd. wird bald ~, ist abgefahren **2** ⟨500⟩ 2.1 Gegenstände, Erde, Holz, Abfall ~ *mittels Fahrzeug abtransportieren;* Ggs *anfahren(3)* 2.2 ⟨(h.) od. (s.)⟩ eine Strecke, ein Gebiet ~ *fahrend absuchen, prüfen, beobachten* 2.3 einen Fahrschein, Fahrgeld ~ *völlig ausnützen* **3** ⟨500⟩ 3.1 ⟨505⟩ einen Teil eines Gegenstandes ~ *durch (unvorsichtiges) Fahren abbrechen, abtrennen;* den Rückspiegel vom Lastwagen, eine Radkappe vom Wagen ~ 3.2 ein Fahrzeug, die Reifen ~ *durch Fahren abnützen;* die Reifen fahren sich ungleichmäßig ab 3.3 ⟨530/R5 od. R6⟩ jmdm. einen Körperteil ~ *durch Überfahren abtrennen;* der Zug fuhr ihm ein Bein ab **4** ⟨400(s.); fig.⟩ 4.1 jmd. ist abgefahren *hat sich eine Abfuhr(3) geholt* 4.2 jmdn. ~ lassen *jmdm. eine Abfuhr(3) erteilen*

'Ab·fahrt ⟨f.⟩ **1** *das Abfahren(1), Beginn einer Fahrt;* Ggs *Ankunft* **2** ⟨Schisp.⟩ 2.1 *Talfahrt* 2.2 *Abhang*

'Ab·fall ⟨m.; -(e)s, ¨e⟩ **1** ⟨unz.⟩ *Loslösung;* ~ vom Glauben; ~ von einer Partei 1.1 ~ von Ländern *Unabhängigkeit von dem sie beherrschenden Land* **2** *unbrauchbarer Rest* **3** *Minderung, Abnahme;* Leistungs ~

'ab|fal·len ⟨V. 131/400(s.)⟩ **1** *sich von etwas lösen u. fallen;* die Blätter fallen ab **2** *niedriger werden;* das Gelände fällt ab **3** *sich loslösen, abtrünnig werden;* vom Glauben ~; die Kunden fallen ab **4** *als Gewinn, Verdienst übrig bleiben;* ein Trinkgeld wird ~; etwas fällt für dich ab **5** *an Gewicht verlieren* **6** ⟨800⟩ gegen jmdn. ~ *weniger gut sein* **7** ⟨seemannsspr.⟩ *den Kurs eines Segelschiffes so ändern, daß der Wind voller in die Segel fällt;* wir fallen ab

'ab|fer·ti·gen ⟨V. 500⟩ **1** etwas ~ ⟨Post; Eisenb.⟩ *zur Beförderung, zum Versand fertigmachen;* Gepäck ~; eine Sendung ~ 1.1 ein Fahrzeug, Flugzeug, Schiff ~ *zur Abfahrt, zum Abflug vorbereiten* **2** jmdn. ~ *der Reihe nach bedienen;* Kundschaft ~ **3** jmdn. ~ ⟨umg.⟩ *unfreundlich behandeln, abweisen;* jmdn. kurz ~ 3.1 *einer Forderung durch minderwertige Leistung nur unzulänglich nachkommen;* jmdn. mit Geld ~

'ab|fin·den ⟨V. 134⟩ **1** ⟨500⟩ jmdn. ~ *jmds. Ansprüche (teilweise) befriedigen;* jmdn. mit Geld ~ **2** ⟨550/R3⟩ sich mit etwas od. jmdm. ~ *sich (widerwillig) mit etwas od. jmdm. zufriedengeben*

'Ab·fluß ⟨m.⟩ **1** *Zustand, Tätigkeit des Abfließens* **2** *Rohr, Rinne, Flußbett usw., wodurch etwas abfließt od. abgeleitet wird* **3** ⟨fig.⟩ *Abgang, Verminderung;* ~ von Kapital, Arbeitskräften

'Ab·fuhr ⟨f.; -, -en⟩ **1** *das Abfahren(2.1);* Ggs *Anfahrt(1)* **2** ⟨Fechten⟩ *Fehlschlag, Niederlage* **3** ⟨fig.⟩ *grobe Ablehnung, Zurechtweisung;* jmdm. eine ~ erteilen; sich eine ~ holen

'Ab·ga·be ⟨f.⟩ **1** *das Abgeben* 1.1 *Verkauf* 1.1.1 *gezogener Wechsel* **2** *Überlassung* **3** *Auslieferung, Aushändigung* **4** *Miete, Pacht* 4.1 ⟨meist Pl.⟩ *Steuer* **5** ⟨Fußb.⟩ *das Zuspielen des Balles*

'Ab·gang ⟨m.⟩ **1** *Abfahrt;* 5 Minuten vor ~ des Zuges, Schiffes **2** *Verlust, Schwund* **3** *Aufgeben, Verlassen einer Tätigkeit* **4** ⟨Theat.⟩ *Abtreten von der Bühne* **5** ⟨Med.⟩ 5.1 *Ausscheidung, z. B. von Nierensteinen od. Sekret* 5.2 *Abort* **6** ⟨fig.⟩ *Sterben, Tod* **7** *Verkauf* 7.0.1 einen guten ~ haben *gut verkauft werden*

'ab|ge·ben ⟨V. 143⟩ **1** ⟨503 od. 505⟩ etwas ~ *weggeben;* etwas an jmdn. ~; jmdm. etwas ~ 1.1 *etwas dem zuständigen Empfänger übergeben, abliefern;* (bestellte) Ware ~ 1.2 *zurückgeben;* entliehene Bücher in der Stadtbücherei ~ 1.3 *zur Aufbewahrung geben;* das Handgepäck ~ 1.4 (jmdm.) etwas ~ *jmdm. einen Teil von etwas geben;* von seinem Überfluß ~ 1.5 *jmdm. etwas überschreiben;* sein Geschäft ~ 1.6 *gegen Bezahlung geben, verkaufen* 1.6.1 etwas auf Wechsel ~ *als Be-*

zahlung W. annehmen **2** ⟨500⟩ *äußern, mitteilen;* seine Meinung ~ **3** ⟨500; Funktionsverb⟩ → a. *Schuß(1), Stimme(5.2.1)* 3.1 den Vermittler ~ *vermitteln, als V. tätig sein* 3.2 er gibt einen guten Soldaten ab *ist geeignet als S.* **4** ⟨550/R3⟩ sich mit etwas od. jmdm. ~ ⟨umg.⟩ *sich beschäftigen* **5** ⟨400; schweiz.⟩ *hinfällig werden;* der alte Mann hat abgegeben

'ab·ge·brüht ⟨Adj.⟩ **1** *gewitzigt, schlau, gerissen;* ein ~er Geschäftsmann **2** *(durch schlimme Erfahrungen) unempfindlich (geworden);* er ist gegen alles ~ **3** *ohne moral. Grundsätze*

'ab·ge·dro·schen ⟨Adj.⟩ *oft wiederholt, durch zu häufige Wiederholung inhalts-, bedeutungslos (geworden), banal;* eine ~e Redensart

'ab|ge·hen ⟨V. 145(s.)⟩ **1** ⟨400⟩ *sich wegbewegen, sich entfernen, abfahren;* der Zug, das Schiff geht ab 1.1 eine Sendung ~ lassen *auf den Weg bringen, wegschicken* **2** ⟨800⟩ 2.1 *aus einem Amt, einer Stellung scheiden* 2.1.1 von der Schule ~ *sie verlassen, entlassen werden* 2.2 von einer Sache, vom rechten Wege, von der Wahrheit ~ ⟨fig.⟩ *abweichen* 2.2.1 von einer Absicht, Meinung ~ *sie ändern, nachgeben* 2.2.2 von Forderungen ~ *sie herabmindern, aufgeben* 2.3 der Weg geht nach rechts ab *biegt ab* **3** ⟨400⟩ Schauspieler gehen ab ⟨Theat.⟩ *verlassen die Bühne* **4** ⟨400; Med.⟩ 4.1 die Würmer gehen ab *werden abgeführt* 4.2 Eiter geht ab *fließt ab* **5** ⟨430⟩ mit dem Tode ~ ⟨fig.⟩ *sterben* **6** ⟨400; Hdl.⟩ 6.1 ⟨413⟩ die Waren gehen gut, schlecht ab *verkaufen sich gut, schlecht* 6.2 ⟨405⟩ (von einer Summe) ~ *abgezogen, abgerechnet werden;* davon gehen 2% ab; davon geht nichts ab **7** ⟨600⟩ *fehlen;* du gehst mir sehr ab 7.1 es geht ihm nichts ab *er hat alles, was er braucht* 7.2 ⟨R1⟩ er läßt sich nichts ~ *er leistet sich alles, er lebt gut* **8** ⟨400⟩ *sich lösen;* die Farbe, der Knopf geht ab **9** ⟨413; unpersönl.⟩ *ab-, verlaufen, enden* 9.1 es wird (nicht) ohne Streit ~ *S. wird sich (nicht) vermeiden lassen* 9.2 das ist noch mal gut abgegangen *gutgegangen, es ist nichts passiert* **10** ⟨500⟩ einen Platz ~ *abschreiten, um den ganzen P. herumgehen*

'ab·ge·le·gen ⟨Adj.⟩ *entfernt, schwer zugänglich, einsam;* ein ~er Ort

'ab·ge·ris·sen **1** ⟨Part. Perf. von⟩ *abreißen* **2** ⟨Adj.⟩ 2.1 *unzusammenhängend;* eine ~e Rede 2.2 *plötzlich unterbrochen;* den ~en Faden (des Gesprächs) wieder aufnehmen 2.3 *zerlumpt, schäbig;* ein ~er Rock

'ab·ge·stan·den **1** ⟨Part. Perf. von⟩ *abstehen* **2** ⟨Adj.⟩ 2.1 *durch langes Stehen geschmacklos od. faulig geworden;* ~es Wasser, Bier 2.2 ⟨fig.⟩ *durch häufigen Gebrauch fad, inhaltslos geworden;* ~e Redensarten

'ab|ge·wöh·nen ⟨V. 530⟩ **1** jmdm. etwas ~ *jmdn. so beeinflussen, daß er eine Gewohnheit ablegt* **2** ⟨R5⟩ sich etwas ~ *eine Gewohnheit ablegen* **3** noch einen zum Abgewöhnen trinken ⟨scherzh.⟩ *Entschuldigung, wenn man weitertrinken will*

'ab|gra·ben ⟨V. 157/500⟩ etwas ~ **1** *durch Graben ableiten;* Wasser ~ **2** *durch Graben entfernen;* Hügel, Erde ~ **3** ⟨530⟩ jmdm. das Wasser ~ ⟨fig.⟩ *seine Existenz gefährden od. vernichten*

'Ab·grund ⟨m.⟩ **1** *(unermeßlich) große Tiefe;* jäher ~ **2** ⟨fig.⟩ *moral. Tiefstand* **3** am Rande des ~es ⟨fig.⟩ *kurz vor dem Untergang, der Vernichtung*

'Ab·guß ⟨m.⟩ **1** *Abformung durch einen später erhärtenden Stoff* **2** *die so entstandene Form, Nachbildung* **3** *Flüssigkeit, die von anderen od. einem Rückstand abgegossen wurde*

'ab|hal·ten ⟨V. 160⟩ **1** ⟨505⟩ etwas ~ *fernhalten;* Nässe, Kälte ~; Tiere vom Rasen ~ **2** ⟨505/R8⟩ jmdn. ~ *hindern;* das kann uns nicht ~ von ...; sich ~ lassen; lassen Sie sich nicht ~! (Höflichkeitsformel) 2.1 jmdn. von der Arbeit ~ *hindern zu arbeiten* **3** ⟨500⟩ Fest, Versammlung, Besprechung, Gottesdienst ~ *durchführen, veranstalten* **4** ⟨500⟩ ein Kind ~ *zur Verrichtung der Notdurft halten* **5** ⟨411⟩ vom Lande ~ *Kurs vom Lande weg nehmen*

'ab|han·deln ⟨V.⟩ **1** ⟨500⟩ ein Thema ~ *erschöpfend behandeln* **2** ⟨530⟩ jmdm. etwas ~ *(durch Herunterhandeln des Preises) von jmdm. etwas erstehen*

'Ab·hand·lung ⟨f.⟩ **1** *Aufsatz, schriftl. wissenschaftl. Arbeit;* Sy *Traktat(1);* gelehrte, wissenschaftliche ~ **2** *amtl. Bericht*

'Ab·hang ⟨m.⟩ *geneigte Fläche des Erdbodens;* jäher, steiler, sanfter ~

'ab|han·gen ⟨V.; selten für⟩ *abhängen[1]*

'ab|hän·gen[1] ⟨V. 161⟩ oV *abhangen* ⟨selten⟩ **1** ⟨400(s.)⟩ Fleisch hängt ab *hängt eine Zeitlang, bis es genießbar ist* **2** ⟨800⟩ eine Sache hängt von jmdm. od. etwas ab *wird von jmdm. bestimmt* 2.1 *ist durch etwas bedingt* 2.2 *ist auf jmdn. od. etwas bezogen;* es hängt davon ab, ob, daß ...

'ab|hän·gen[2] ⟨V. 500⟩ **1** etwas ~ *entfernen* 1.0.1 ein Bild von der Wand ~ *vom Haken nehmen* 1.0.2 einen Anhänger ~ *vom Triebwagen lösen* **2** jmdn. ~ *hinter sich lassen, sich von jmdm. entfernen* 2.1 er hängte alle Mitschüler ab *übertraf sie an Leistung* 2.2 einen unerwünschten Begleiter ~ *sich von ihm lösen, ihm entfliehen*

'ab|här·ten ⟨V. 505/R7⟩ **1** den Körper ~ *an Strapazen, an Kälte gewöhnen* **2** sich gegen Gefühle, schädl. Einflüsse usw. ~ *sich ihnen gegenüber hart machen*

'ab|he·ben ⟨V. 163⟩ **1** ⟨500⟩ etwas ~ *durch Heben wegnehmen* 1.1 Geld ~ *vom Bankkonto holen* 1.2 die Karten ~ ⟨Kart.⟩ *einen Teil der Karten wegnehmen u. den Rest obenauf legen* 1.3 das Dach ~ *das zum Dekken verwendete Material entfernen* **2** ⟨800⟩ auf etwas ~ *hinweisen, darauf aufmerksam machen* **3** ⟨505/R3⟩ sich (von etwas) ~ *sich abzeichnen, unterscheiden;* Farben, Umrisse, Leistungen heben sich voneinander ab **4** ⟨400⟩ ein Flugzeug hebt ab *erhebt sich in die Luft*

'ab|hel·fen ⟨V. 165/600⟩ **1** einem Übel ~ *ein Ü. beseitigen* **2** dem muß abgeholfen werden *das muß man ändern;* dem ist nicht abzuhelfen

'ab|het·zen ⟨V. 500⟩ **1** *bis zur Erschöpfung hetzen;* Wild ~ **2** ⟨R3⟩ sich ~ *sich bis zur Erschöpfung beeilen*

'Ab·hil·fe ⟨f.; -; unz.⟩ **1** *Beseitigung eines Übels;* auf ~ dringen 1.1 ~ schaffen *Schwierigkeiten, Mißstände beseitigen*

'ab|ho·len ⟨V.⟩ **1** ⟨500⟩ etwas (von einem Ort) ~ *herbringen* 1.1 ⟨R8⟩ jmdn. (von einem

Treffpunkt) ~ *nach hier begleiten* **2** ⟨500⟩ jmdn. ~ ⟨verhüllend⟩ *verhaften*

'ab|hor·chen ⟨V. 500⟩ **1** ein Gespräch ~ *unter Schwierigkeiten od. heimlich anhören, belauschen* **2** Geräusche und deren Ursachen ~ *durch Horchen zu ergründen suchen* **3** jmdn. ~ ⟨Med.⟩ *Geräusche im Körper eines Patienten mit dem Ohr (mit Hilfe eines Stethoskops) feststellen* **4** jmdn. ~ ⟨schülerspr.⟩ *durch Fragen kontrollieren, ob jmd. seine Aufgaben gelernt hat*

'ab|hö·ren ⟨V. 500⟩ **1** eine Funksendung, Schallplatte ~ *eine F., S. aufmerksam anhören* **2** ein Gespräch ~ *heimlich mit anhören* **3** eine Lektion ~ *Fragen zu einer L. stellen*

Ab·itur ⟨[--'-] n.; -s, (selten) -e⟩ *Reifeprüfung (an Oberschule u. Gymnasium), Hochschulreife*

Ab·itu·ri'ent ⟨m.; -en, -en⟩ *jmd., der die Reifeprüfung ablegen will od. abgelegt hat*

'ab|kap·seln ⟨V. 500⟩ **1** etwas ~ *in eine Kapsel einschließen* **2** ⟨R3⟩ sich ~ **2.1** *sich mit einer Kapsel umgeben;* Parasiten, Tumoren kapseln sich ab **2.2** ⟨fig.⟩ *sich von der Umwelt abschließen*

'ab|kau·fen ⟨V. 530⟩ **1** jmdm. etwas ~ *von jmdm. etwas kaufen* **2** das kaufe ich dir nicht ab! ⟨fig.; umg.⟩ *das glaube ich dir nicht* **3** jmdm. die Courage ~ ⟨fig.⟩ *ihn einschüchtern*

'ab|keh·ren[1] ⟨V. 500⟩ etwas ~ **1** *mit dem Besen entfernen;* Schmutz ~ **2** *mit dem Besen säubern;* einen Gegenstand ~

'ab|keh·ren[2] ⟨V. 550/R3⟩ sich von jmdm. od. etwas ~ **1** *sich abwenden, sich umwenden, um etwas od. jmdn. nicht zu sehen* **2** *sich um etwas od. jmdn. nicht mehr kümmern*

'ab|klem·men ⟨V. 500⟩ etwas ~ **1** *durch eine Klemme unterbrechen, verschließen;* eine Leitung ~; Arterien, Venen ~ ⟨Med.⟩ **2** ⟨fig.; schweiz.⟩ *abbrechen, beenden;* ein Geschäft, eine Unterredung, Beziehung ~

'ab|klin·gen ⟨V. 168/400(s.)⟩ **1** *leiser werden;* der Ton klingt ab **2** ⟨fig.⟩ *nachlassen, schwächer werden;* die Krankheit, die Erscheinung klingt ab

'ab|klop·fen ⟨V.⟩ **1** ⟨503/R5 od. R6⟩ *durch Klopfen entfernen;* den Schmutz, den Staub vom Rock ~; er klopft sich den Staub ab **2** ⟨500/R7 od. 530/R5⟩ *durch Klopfen reinigen;* ein Kleidungsstück ~ **2.1** Dampfkessel ~ *den Kesselstein aus dem D. entfernen* **3** ⟨500⟩ einen Kranken ~ ⟨Med.⟩ *durch Klopfen feststellen, ob sich im Körperinnern Flüssigkeit angesammelt hat* **3.1** ⟨550⟩ einen Sachverhalt auf etwas ~ *prüfen, ob ein S. bestimmte Bedingungen erfüllt;* Argumente auf ihre Stichhaltigkeit hin ~ **4** ⟨400; Mus.⟩ *Zeichen geben zum Unterbrechen des Spiels;* bei Musikproben ~

'ab|kom·men ⟨V. 170/405(s.)⟩ **1** *sich ungewollt von der eingeschlagenen Richtung entfernen;* vom Wege ~; vom Thema ~ ⟨fig.⟩ **1.1** *sein Ziel verfehlen;* beim Schuß ~ **2** *frei-, loskommen;* das Flugzeug kommt vom Boden ab; ein aufgelaufenes Schiff kommt ab **2.1** ~ können *sich (von einer Tätigkeit) für eine bestimmte Zeit freimachen können* **3** ⟨Sp.⟩ *starten;* der Schwimmer, Läufer ist gut, schlecht abgekommen **4** ⟨fig.⟩ *etwas nicht mehr wollen;* von einer Absicht ~; von einem Brauch ~ **5** ⟨400⟩ jmd. ist abgekommen *hat an Gewicht verloren*

'Ab·kom·men ⟨n.; -s, -⟩ **1** *Übereinkunft, Vereinbarung;* ein ~ treffen, brechen **2** *eine durch eine Vereinbarung verbundene Gruppierung;* einem ~ beitreten

'Ab·kömm·ling ⟨m.; -s, -e⟩ **1** *Nachkomme, Nachfahre* **2** ⟨Chem.⟩ *chem. Verbindung, die aus einer anderen durch Ersatz von Atomen durch andere Atome od. Atomgruppen abgeleitet u. dargestellt wird*

'ab|krat·zen ⟨V.⟩ **1** ⟨503/R5 od. R6⟩ etwas ~ **1.1** ⟨R5⟩ *durch Kratzen entfernen;* Schmutz, Flecke ~ **1.2** ⟨500/R7 od. 530/R5⟩ *durch Kratzen säubern;* Schuhe ~ **2** ⟨400; umg.⟩ **2.1** *sterben* **2.2** *davonlaufen* **2.2.1** kratz ab! *mach, daß du fortkommst!*

'ab|küh·len ⟨V.⟩ **1** ⟨402/R3⟩ etwas kühlt (sich) ab *etwas wird kühl(er);* die Suppe muß (sich) abkühlen **1.1** Gefühle kühlen (sich) ab ⟨fig.⟩ *werden ruhiger, gehen vorüber;* seine Leidenschaften kühlen ab; seine Aufregung kühlt sich ab **2** ⟨500⟩ etwas ~ *kühl(er) machen;* die Suppe durch Rühren, Pusten ~ **2.1** Gefühle ~ ⟨fig.⟩ *beruhigen;* das kühlte seinen Zorn ab **3** ⟨500/R3⟩ jmd. kühlt sich ab *erfrischt sich*

'ab|kür·zen ⟨V. 500⟩ **1** den Weg ~ *einen kürzeren W. nehmen* **2** ein Wort ~ *die Kurzform eines Wortes bilden* **3** einen Vorgang ~ *zeitlich verkürzen*

'Ab·kür·zung ⟨f.; -, -en⟩ **1** *abkürzender Weg;* eine ~ gehen, nehmen **2** *gekürzte Form von häufig vorkommenden Wörtern u. Wortverbindungen;* z. B. ist die ~ für „zum Beispiel" **3** *das Abkürzen(3);* die ~ des Prozesses, der Tagung

'ab|la·den ⟨V. 174/505⟩ **1** ein Fahrzeug ~ *entleeren* **2** Gegenstände ~ *von (aus) einem Fahrzeug nehmen* **3** Arbeit, Aufgaben, eine Schuld auf jmdn. ~ *jmdn. m. A., A., einer S. belasten* **4** Gefühlsäußerungen, Groll, Ärger bei jmdm. ~ *sich mit jmdm. aussprechen*

'Ab·la·ge ⟨f.; -, -n⟩ **1** *Aufbewahrungsstelle für Schriftsachen, bes. in Büros* **2** ⟨schweiz.⟩ *Agentur zur Annahme u. Abholung von Gegenständen für bestimmte Zwecke, z. B. chem. Reinigung*

'ab|la·gern ⟨V. 500⟩ **1** Güter ~ *abstellen, aufs, ins Lager bringen* **1.1** Nahrungs- u. Genußmittel ~ lassen *zur Verbesserung liegen lassen* **2** Schutt ~ *abladen* **3** feste Stoffe ~ *Sedimente bilden;* der Fluß lagert Sand ab **3.1** ⟨500/R3⟩ feste Stoffe lagern sich ab *bilden Sedimente*

'Ab·laß ⟨m.; -s·ses, -̈s·se⟩ **1** *das, was abgelassen wird* **2** *Ort od. Vorrichtung zum Ablassen* **3** ⟨kath. Kirche⟩ *Erlassen, Nachlaß zeitl. Strafen für begangene Sünden;* jmdm. ~ gewähren **4** ~ vom Preis *Ermäßigung*

'ab|las·sen ⟨V. 175⟩ **1** ⟨500⟩ etwas ~ *abgehen lassen* **1.1** Flüssigkeit ~ *ablaufen lassen* **1.2** Dampf ~ *entweichen lassen* **1.3** einen Zug ~ *abfahren lassen* **1.4** *leerlaufen lassen;* einen Teich ~ **2** ⟨530⟩ jmdm. etwas ~ *überlassen, abgeben, verkaufen* **3** ⟨550⟩ etwas vom Preis ~ *den P. senken* **4** ⟨800⟩ von etwas ~ *etwas aufgeben, mit etwas aufhören;* von seinem Vorhaben ~

'Ab·lauf ⟨m.⟩ **1** *Stelle, an der Flüssigkeit aus*

einem Teich, Rohr od. dgl. austritt **2** *Vorrichtung zum Austritt von Flüssigkeit, Abfluß* **3** *Ende einer Zeitdauer, einer Frist;* nach ~ von 2 Tagen **4** *Verlauf einer Handlung* **5** *Startplatz*

'ab|lau·fen ⟨V. 176⟩ **1** ⟨400(s.)⟩ **1.1** ein Film, eine Schallplatte läuft ab *wird vorgeführt* **1.1.1** ein Programm läuft ab ⟨fig.⟩ *geht vonstatten* **1.2** ein Kabel läuft ab *rollt ab* **1.3** Flüssigkeit läuft ab *fließt ab* **1.4** die Uhr läuft ab *die U. bleibt stehen, wenn die Feder nicht aufgezogen wird* **1.5** die Zeit läuft ab *vergeht* **1.6** eine Frist, ein Vertrag läuft ab *geht zu Ende* **1.6.1** ein Wechsel läuft ab *wird fällig* **2** ⟨413(s.)⟩ etwas läuft gut ab *endet günstig* **3** ⟨500 od. 530/R1⟩ **3.1** Schuhe, Sohlen, Absätze ~ *durch vieles Laufen abnützen* **3.2** sich die Beine nach etwas ~ *sich sehr um etwas bemühen* **3.3** Geschäfte, Straßen ~ *durch viele G., S. laufen, um etwas od. jmdn. zu finden* **4** ⟨530⟩ jmdm. den Rang ~ ⟨fig.⟩ *jmdn. übertreffen* **5** ⟨500/R3⟩ sich ~ *sich müde laufen*

'ab|lecken ⟨-k·k-; V. 500/R7 od. 503/R5⟩ **1** etwas ~ *an etwas mit der Zunge entlanggleiten* **2** etwas ~ *durch wiederholtes Lecken säubern* **3** sich die Zunge nach etwas ~ ⟨fig.⟩ *etwas heftig begehren*

'ab|le·gen ⟨V.⟩ **1** ⟨500⟩ etwas ~ *von sich weglegen* **1.1** Kleider ~ *ausziehen;* den Mantel, die Jacke ~; bitte legen Sie ab! (Aufforderung an einen Besucher) **1.1.1** die Maske ~ ⟨fig.⟩ *aufhören zu heucheln, sich offen u. ehrlich zeigen* **1.2** den Drucksatz ~ ⟨Typ.⟩ *einschmelzen od. die einzelnen Typen wieder in den Setzkasten einordnen* **1.3** Karten ~ ⟨Kart.⟩ *nicht benötigte K. beiseite legen* **2** ⟨500⟩ etwas ~ *nicht mehr tragen;* den abgelegten Anzug hat sie dem Roten Kreuz gegeben **2.1** ⟨fig.⟩ *endgültig mit etwas aufhören, etwas aufgeben, sich von etwas freimachen;* die Trauer ~; einen Fehler ~; Vorurteile, Gewohnheiten ~ **3** ⟨500⟩ eine Sache ~ *leisten, machen* **3.0.1** ein Bekenntnis, Gelübde ~ *bekennen, geloben, versprechen* **3.0.2** einen Eid ~ *schwören, leisten* **3.0.3** eine Probe ~ *eine P. als Beispiel seines Könnens, Tuns zeigen* **3.0.4** eine Prüfung ~ *sich einer P. unterziehen* **3.0.5** Rechenschaft ~ (über) *Auskunft über sein Tun u. Lassen geben* **3.0.6** Zeugnis ~ von etwas, für, gegen jmdn. *über etwas aussagen, für, gegen jmdn. zeugen* **4** ⟨400⟩ eine Pflanze legt ab ⟨Bot.⟩ *vermehrt sich vegetativ, durch Ableger* **4.1** ein Schiff legt ab *entfernt sich von der Anlegestelle;* Ggs *anlegen(8)*

'Ab·le·ger ⟨m.; -s, -⟩ **1** *Pflanzenteil zur vegetativen Vermehrung;* Sy *Senker(3)* **2** ⟨fig.⟩ *Zweigunternehmen* **3** ⟨Landw.⟩ *Teil eines Getreidemähers, der die abgeschnittenen Halme in Bündeln neben der Fahrspur ablegt*

'ab|leh·nen ⟨V. 500⟩ etwas ~ **1** *zurückweisen, ausschlagen;* Ggs *annehmen(1);* mit Dank ~ **2** *verweigern;* eine Antwort ~

'ab|lei·ten ⟨V. 500⟩ **1** etwas ~ *von einer eingeschlagenen Richtung abbringen, wegführen* **1.1** eine Flüssigkeit ~ *abfließen lassen* **1.2** einen Fluß ~ *in ein anderes Bett legen* **1.3** den Zorn von sich ~ ⟨fig.⟩ *weglenken* **2** jmdn. vom Ziel ~ ⟨fig.⟩ *so beeinflussen, daß er das Ziel nicht erreicht* **3** eine Sache ~ *die Ursache einer S. feststellen, nachweisen* **3.1** ⟨Sprachw.⟩ **3.1.1** *die sprachl. Verwandtschaft feststellen von;* ein deutsches Wort vom Griechischen ~ **3.1.2** ein Wort von einem anderen ~ *es durch Anfügen von Silben, Lauten, durch Ablaut od. Zusammensetzung aus einem Wort bilden* **3.2** ⟨Math.⟩ *den Differentialquotienten (die Ableitung) bilden von* **3.3** Vergünstigungen aus einem Gesetz ~ *V. auf Grund eines Gesetzes feststellen*

'ab|len·ken ⟨V. 500⟩ **1** etwas ~ *aus der ursprünglichen Richtung lenken;* ein Schiff vom Kurs ~; ein Gespräch vom Thema ~ ⟨fig.⟩; den Verdacht auf jmdn. ~ ⟨fig.⟩ **2** jmdn. ~ *jmdn. so beeinflussen, daß er die ursprüngliche Richtung seiner Gedanken ändert;* jmdn. von einem Vorhaben, Ziel ~

'Ab·len·kung ⟨f.; -, -en⟩ **1** ⟨Phys.⟩ *durch elektromagnet. Felder bewirkte Änderung der Bewegungsrichtung elektr. geladener Teilchen* **2** ⟨fig.⟩ *Zerstreuung;* ~ suchen, brauchen

'ab|le·sen ⟨V. 179⟩ **1** ⟨500⟩ etwas ~ *vom beschriebenen, bedruckten Blatt lesen* **1.1** ⟨531⟩ jmdm. etwas am Gesicht ~ ⟨fig.⟩ *die Gefühle, Wünsche eines anderen erkennen* **1.2** *die Anzeige auf einer Skala feststellen;* die Temperatur ~ **2** ⟨500⟩ Beeren ~ *vom Strauch einzeln abpflücken* **2.1** ⟨530 od. 550⟩ jmdm. od. von etwas Ungeziefer ~ *U. (in größerer Menge) einzeln entfernen*

'ab|lie·fern ⟨V. 500⟩ etwas ~ *abgeben, pflichtgemäß überreichen, aushändigen*

'ab|lö·sen ⟨V. 500⟩ **1** etwas ~ *vorsichtig (von einer Unterlage) entfernen;* eine Briefmarke ~; einen Verband ~ **2** ⟨R3⟩ etwas löst sich ab *geht von selbst ab;* der Fingernagel löst sich ab **3** ⟨R8⟩ jmdn. ~ *die Tätigkeit eines anderen übernehmen;* die Wache ~ **4** eine Sache löst eine andere ab ⟨fig.⟩ *folgt einer anderen unmittelbar;* ein Zustand löst einen anderen ab; der Tag löst die Nacht ab **5** eine Verpflichtung ~ *durch Zahlung tilgen;* eine Schuld ~ **5.1** Rente ~ *durch Kapitalabfindung ersetzen* **5.2** Pfand ~ *gegen Zahlung zurückerhalten* **5.3** eine rechtl. Verpflichtung auf Grund gesetzl. Bestimmung ~ *gegen Entschädigung beseitigen*

'ab|ma·chen ⟨V.⟩ **1** ⟨505⟩ ein Ding, etwas, was haftet, umwickelt, angenäht, angewachsen ist, (von einem Gegenstand) ~ *entfernen* **2** (eine Zeitdauer) ~ **2.1** ein Jahr bei (einer Beschäftigung) ~ *dienen, arbeiten;* zwei Jahre als Lehrling ~ **2.2** ⟨511⟩ sechs Monate im Gefängnis ~ *verbringen* **3** ⟨500 od. 517⟩ eine Angelegenheit, einen Preis, Termin mit jmdm. ~ *vereinbaren, zu Ende führen;* etwas mit sich selbst ~; sie haben abgemacht, sich am Dienstag zu treffen **3.1** abgemacht *beschlossen;* eine abgemachte Sache

'Ab·ma·chung ⟨f.; -, -en⟩ **1** *Vereinbarung, Verabredung* **1.1** ~en treffen *etwas abmachen, vereinbaren*

'ab|ma·gern ⟨V. 400(s.)⟩ *mager werden*

'ab|mel·den ⟨V. 500/R7⟩ **1** jmdn. ~ *melden, daß jmd. weggeht, ausscheidet;* sich polizeilich ~; sich beim Meister ~; jmdn. von der Schule ~ **2** etwas ~ *melden, daß etwas nicht mehr benutzt wird;* das Auto, Telephon ~

'ab|mes·sen ⟨V. 185/500⟩ **1** etwas ~ *die Maße von etwas feststellen* **2** seine Worte genau ~ ⟨fig.⟩ *genau überlegen, was man sagt*

3 etwas nach etwas anderem ~ ⟨fig.⟩ *einer Sache genau anpassen*
'Ab·mes·sung ⟨f.⟩ **1** ⟨unz.⟩ *das Abmessen(1)* **2** *Ausmaße;* die ~en eines Gegenstandes
'Ab·nah·me ⟨f.; -, -n⟩ **1** *das Ab-, Wegnehmen, Entfernen;* ~ eines Verbandes 1.1 ⟨Chir.⟩ = *Amputation* **2** *Verringerung, Verfall, Verlust, Rückgang;* Ggs *Zunahme;* eine schnelle ~ des Gewichtes, der Kräfte 2.1 ~ zeigen *zurückgehen* 2.2 ~ des Mondes *Übergang vom Vollmond zum Neumond* **3** *Kauf;* ~ einer Ware 3.1 ~ finden *verkauft werden* **4** *Entgegen-, Annahme;* bei ~ eines größeren Postens ⟨kanzleispr.⟩ 4.1 ~ eines Bauwerks *(amtl.) Anerkennung der richtigen Fertigstellung* 4.2 ~ einer Ladung *Abholung u. Anerkennung der richtigen Lieferung*
'ab|neh·men ⟨V. 189⟩ **1** ⟨505⟩ etwas (von etwas) ~ *wegnehmen, entfernen;* einen Deckel, den Hut, die Maske, den Vorhang, das Bild (von der Wand), den Hörer (von der Gabel), die Wäsche (von der Leine) ~ 1.1 den Verband (vom Finger) ~ *abwickeln* 1.2 den Besatz vom Kleid ~ *abtrennen* 1.3 den Bart ~ *abrasieren* 1.4 ein Körperglied ~ ⟨Chir.⟩ *abtrennen, amputieren* 1.5 Obst ~ *pflücken, ernten* 1.6 Maschen ~ *durch Zusammenstricken ihre Zahl verringern* 1.7 Bauwerke, Maschinen ~ *prüfen, ob ihre Herstellung den gesetzlichen Vorschriften entspricht* 1.8 eine Prüfung ~ *veranstalten, jmdn. prüfen* 1.9 eine Rechnung ~ *anerkennen, annehmen* **2** ⟨530⟩ jmdm. etwas ~ *(mit Gewalt, List) wegnehmen, beschlagnahmen* 2.1 jmdm. viel Geld für eine Sache ~ *einen hohen Preis nehmen* 2.2 jmdm. eine Ware ~ *abkaufen* 2.3 jmdm. die Maske ~ ⟨fig.⟩ *seinen wahren Charakter enthüllen* 2.4 jmdm. eine Verpflichtung ~ *jmdn. verpflichten, jmdn. von einer V. befreien* 2.5 jmdm. ein Versprechen ~ *sich etwas versprechen lassen* 2.6 jmdm. die Beichte ~ *jmds. B. anhören* 2.7 jmdm. eine Last ~ ⟨a. fig.⟩ *übernehmen und weitertragen* 2.8 jmdm. die Arbeit ~ *für jmdn. die A. tun* 2.9 die Sache wird dir niemand ~ *glauben* **3** ⟨400⟩ etwas nimmt ab *wird weniger, kleiner, geringer, verringert sich;* der Mond, der Regen, das Fieber nimmt ab; die Aussichten nehmen ab; um 10% ~; an Kräften, Bedeutung ~; von außen her ~ 3.1 ein Lebewesen nimmt ab *verliert an Gewicht, Umfang;* im Gesicht, an den Hüften ~
'Ab·neh·men ⟨n.; -s; unz.⟩ *Spiel zwischen mehreren Personen mit einem Faden*
'Ab·neh·mer ⟨m.; -s, -⟩ **1** *jmd., der eine Ware abnimmt* 1.1 eine Ware findet viele, wenige ~ *wird gern, nicht gern gekauft*
'Ab·nei·gung ⟨f.⟩ **1** *Widerwille;* Ggs *Zuneigung;* ~ gegen etwas od. jmdn. haben, fühlen, verspüren; er flößt mir ~ ein 1.1 unüberwindliche gegenseitige ~ *(Scheidungsgrund bei zweiseitiger Erklärung)*
'ab|nut·zen ⟨V. 500⟩ oV *abnützen* **1** etwas ~ *durch Gebrauch schadhaft machen, Wert od. Brauchbarkeit verringern von, beschädigen* **2** ⟨R3⟩ sich ~ *schadhaft, unbrauchbar werden;* diese Geräte nutzen sich ab
'ab|nüt·zen ⟨V. 500⟩ = *abnutzen*
Abon·ne·ment ⟨[-n(ə)'mã], schweiz. a. [-'ment] n.; -s, -s⟩ **1** *Bezug von Waren (meist Zeitungen, Zeitschriften, Büchern) auf bestimmte Zeit* **2** *Bezug von Theater-, Kino-, Konzertkarten für die Dauer einer Spielzeit;* Sy *Anrecht(2)* **3** *Dauerfahrkarte (Zeitkarte)*
Abon'nent ⟨m.; -en, -en⟩ *Inhaber eines Abonnements*
'ab|ord·nen ⟨V. 500⟩ jmdn. ~ *jmdn. mit einem Auftrag (zu jmdm.) schicken*
'Ab·ort[1] ⟨m.; -(e)s, -e⟩ *Ort zur Verrichtung der Notdurft;* Sy *Abtritt, Klosett, Toilette*
Ab·ort[2] ⟨[a'bort]; m.; -(e)s, -e; Med.⟩ = *Fehlgeburt*
'ab|pral·len ⟨V. (s.)⟩ **1** ⟨400⟩ *beim Auftreffen auf einen Gegenstand zurückgeworfen werden* **2** ⟨800⟩ das prallt an ihm ab ⟨fig.⟩ *das macht keinen Eindruck auf ihn*
'ab|ra·ten ⟨V. 196/605⟩ jmdm. (von etwas) ~ *jmdm. raten, etwas nicht zu tun*
'Ab·raum ⟨m.; -(e)s; unz.⟩ **1** ⟨Bgb.⟩ *Erdschicht über Bodenschätzen* **2** ⟨fig.⟩ *Schutt, Abfall*
'ab|räu·men ⟨V. 500⟩ etwas ~ **1** *(von einer Oberfläche) wegräumen;* das Geschirr ~ **2** *die Oberfläche eines Gegenstandes von etwas befreien;* den Tisch ~
'ab|rech·nen ⟨V.⟩ **1** ⟨500⟩ etwas ~ 1.1 etwas von einer Zahl ~ *abziehen* 1.2 *eine (endgültige) Rechnung aufstellen u. bezahlen;* die Unkosten ~; Schulden u. Guthaben ~ **2** ⟨400⟩ 2.1 *Rechenschaft ablegen* 2.2 ⟨405⟩ 2.2.1 mit jmdm. ~ *Rechenschaft über die Ausgaben ablegen (erhalten) u. das nicht verbrauchte Geld zurückgeben (zurückerhalten)* 2.2.2 mit jmdm. ~ ⟨fig.⟩ *die moral. Schuld eines andern feststellen u. ihn zur Rechenschaft ziehen*
'Ab·rech·nung ⟨f.⟩ **1** *das Abrechnen* **2** *Zusammenfassung mehrerer Rechnungen;* Sy *Rechnung(2)* ⟨schweiz.⟩ **3** *Auseinandersetzung, Vergeltung* 3.1 ~ halten mit jmdm. *mit jmdm. abrechnen(2.2.2)*
'Ab·re·de ⟨f.⟩ **1** *Verabredung, Abkommen;* das ist wider die ~! 1.1 gegen eine ~ handeln *eine Vereinbarung nicht einhalten* 1.2 nach ~ *entsprechend der Vereinbarung* **2** etwas in ~ stellen *leugnen, sagen, daß etwas nicht wahr sei*
'ab|rei·ben ⟨V. 196⟩ **1** ⟨500⟩ etwas ~ *durch Reiben entfernen;* die Schale einer Zitrone ~ 1.1 *durch Reiben abnützen* **2** ⟨500/R7 od. R8⟩ etwas od. jmdn. ~ *gehörig reiben, um etwas od. jmdn. zu trocknen od. zu säubern;* sich, jmdn. mit dem Badetuch ~; ich habe mir die Hände abgerieben; die Kartoffeln ~ **3** ⟨500⟩ jmdn. ~ ⟨fig.; veralt.⟩ 3.1 *scharf tadeln* 3.2 *prügeln*
'Ab·rei·se ⟨f.; unz.⟩ *Beginn einer Reise*
'ab|rei·sen ⟨V. 400(s.)⟩ *eine Reise antreten;* Sy *starten(1.3)* ⟨umg.⟩; er reist heute ab
'ab|rei·ßen ⟨V. 198⟩ **1** ⟨500⟩ etwas ~ *durch Reißen abtrennen;* einen Faden ~ 1.1 ein Glied ~ *durch Verletzung abtrennen* 1.2 ein Gebäude ~ *niederreißen, abbrechen* 1.3 Kleider ~ *abnutzen* **2** ⟨400⟩ etwas reißt ab *trennt sich durch Reißen* 2.1 ein Faden reißt ab *zerreißt* 2.2 etwas Angefügtes reißt ab *löst sich;* der Knopf reißt ab **3** ⟨400⟩ ein Vorgang reißt ab *endet, hört auf;* die Musik riß nicht ab
'ab|rich·ten ⟨V. 500⟩ **1** Tiere ~ *bewirken, daß sie sich so verhalten, wie es der Mensch wünscht;* Sy *dressieren(1)* **2** ein Geschütz ~ *in Schußrichtung bringen* **3** Bretter, Hölzer

~ *durch Glätten in eine exakte Form bringen* **4** jmdn. zu etwas ~ *unterweisen, wie er sich in einem bestimmten Fall zu verhalten hat*
'ab|rie·geln ⟨V. 500⟩ **1** etwas ~ *durch einen Riegel absperren* 1.1 Zugangswege ~ *sperren* **2** ⟨R7⟩ jmdn. ~ *einschließen* 2.1 Truppen ~ *von ihren Verbindungen trennen* **3** ⟨fig.⟩ *Schluß machen mit, unterbinden*
'Ab·riß ⟨m.⟩ **1** *das Abreißen;→ abreißen(1.2)* **2** *etwas Zerrissenes* **3** *kurze Darstellung, Entwurf, Schema* 3.1 *wissenschaftl. Übersicht* **4** ⟨schweiz.⟩ *(schamlose) Überforderung*
'ab|rol·len ⟨V.⟩ **1** ⟨500⟩ etwas ~ *auf Rollen fortbewegen* 1.1 *mit dem Fahrzeug einer Spedition abholen od. wegschaffen;* Waren ~ 1.2 *von einer Rolle abwickeln;* ein Seil, eine Spule ~ 1.3 *abspulen u. zugleich abspielen;* einen Film, ein Tonband ~ **2** ⟨400(s.)⟩ 2.1 *sich rollend fortbewegen;* der Güterzug rollt ab 2.2 ⟨Volleyball⟩ *mit aufgefangenem Ball über den Rücken rollen* 2.3 ⟨fig.⟩ *vor sich gehen;* das Programm rollt ab
'ab|rücken ⟨-k·k-; V.⟩ **1** ⟨500⟩ etwas ~ *von dem ursprüngl. Standort wegschieben;* das Bett vom Fenster ~ **2** ⟨400(s.)⟩ *wegziehen, abmarschieren;* Truppen rücken ab **3** ⟨500(s.)⟩ von jmdm. od. etwas ~ ⟨a. fig.⟩ *sich distanzieren, nichts mehr mit jmdm. od. etwas zu tun haben wollen*
'ab|ru·fen ⟨V. 204/500⟩ **1** Ware ~ ⟨Hdl.⟩ *zur Teillieferung anweisen* **2** den Zug ~ ⟨Eisenb.⟩ *die Abfahrt eines Zuges melden* **3** die Stunde ~ *ankündigen* **4** jmdn. ~ *von einer Tätigkeit wegrufen;* den Chef aus einer Sitzung ~ 4.1 *von einem Posten entfernen;* einen (hohen) Beamten, Diplomaten ~ 4.2 (vom Herrn, Gott, in die Ewigkeit) abgerufen werden ⟨fig.⟩ *sterben*
'ab|run·den ⟨V. 500⟩ etwas ~ **1** *rund machen;* die Ecken ~ **2** *die Endziffer(n) durch Null(en) ersetzen;* eine Zahl ~ **3** ⟨fig.⟩ *(zusammenfassend) ergänzen, gut durcharbeiten, vervollkommnen;* seinen Stil, seine Bildung ~
'ab|rut·schen ⟨V. 400(s.)⟩ **1** *den Halt verlieren, abgleiten;* das Auto rutscht auf dem Schnee ab; er rutschte beim Klettern ab 1.1 *seitwärts nach unten gleiten;* das Flugzeug rutscht ab 1.2 ⟨Schisp.⟩ *seitlich abgleiten* **2** ⟨fig.⟩ *an gesellschaftlichem Ansehen verlieren* **3** ⟨fig.⟩ *auf die schiefe Bahn geraten, etwas Unrechtes tun*
'ab|sa·gen ⟨V.⟩ **1** ⟨500⟩ etwas ~ *mitteilen, daß etwas nicht stattfindet;* den Ausflug ~ **2** ⟨602⟩ jmdm. (etwas) ~ *seine Anmeldung für etwas zurückziehen;* ich muß dir leider ~
'ab|sä·gen ⟨V. 500⟩ **1** etwas ~ *durch Sägen abtrennen* **2** jmdn. ~ ⟨fig.; umg.⟩ *jmdn. um eine Stellung bringen, jmdm. kündigen, jmdn. fortschicken*
'ab|sah·nen ⟨V. 500⟩ **1** Milch ~ *Sahne von der M. abschöpfen* **2** das Beste für sich ~ ⟨fig.; umg.⟩ *ohne Mühe od. Bezahlung erwerben*
'Ab·satz ⟨m.; -es, ⸚e⟩ **1** *Unterbrechung, Ruhepause;* er sprach in Absätzen 1.1 *mit einer neuen Zeile beginnender Abschnitt in einem geschriebenen od. gedruckten Text;* neuer ~; ohne ~ 1.2 ⟨Rechtsw.; Abk.: Abs.⟩ *Abschnitt, Paragraph, Teil eines Paragraphen (in Gesetzestexten)* 1.3 *Treppenpodest;* ~ an der Treppe **2** *verstärkter u. erhöhter Teil der Schuhsohle unter der Ferse;* hohe, flache Absätze **3** ⟨unz.⟩ *Ablagerung von im Wasser befindlichen gelösten od. festen Stoffen;* ~ von Kesselstein **4** ⟨unz.; Hdl.⟩ *Gesamtheit der verkauften Waren;* diese Güter haben (keinen) guten ~
'ab|scha·ben ⟨V.⟩ **1** ⟨503/R5 od. R6⟩ etwas ~ *durch Schaben beseitigen, entfernen, abkratzen;* Schmutz ~; die Farbe schabt sich ab **2** ⟨500/R7 od. R8⟩ etwas od. jmdn. ~ *durch Schaben säubern, glätten;* Häute ~
'ab|schaf·fen ⟨V. 500⟩ **1** etwas ~ *aufgeben, verzichten auf* 1.1 *außer Kraft setzen, aufheben;* Steuern, Gesetze ~ 1.2 *etwas nicht mehr halten;* die Gänse ~ **2** jmdn. ~ *entlassen;* den Koch ~ **3** ⟨R3; umg.⟩ sich ~ *bis zum Ende der Kräfte arbeiten;* er schafft sich für die Familie ab
'ab|schal·ten ⟨V.⟩ **1** ⟨500⟩ etwas ~ *durch Schalten unterbrechen;* Strom, Licht ~ **2** ⟨400; umg.⟩ *nicht mehr zuhören od. mitmachen;* er hat abgeschaltet
'ab|schät·zen ⟨V. 500⟩ **1** etwas ~ *nach seinem Wert, Umfang, seiner Größe schätzen, feststellen, taxieren* **2** die geistige Leistungsfähigkeit ~ ⟨fig.⟩ *einschätzen*
'Ab·schaum ⟨m.; unz.⟩ **1** *Schaum, der sich auf kochenden Flüssigkeiten od. schmelzenden Metallen bildet* **2** ⟨fig.⟩ *die (moralisch) minderwertigsten Menschen;* der ~ der Gesellschaft
'ab|schei·den ⟨V. 209⟩ **1** ⟨500⟩ etwas scheidet etwas ab *sondert etwas ab;* der Körper scheidet bestimmte Stoffe ab; die Lösung scheidet Kupfer ab 1.1 ⟨500 od. 505/R3⟩ etwas scheidet sich ab *sondert sich ab, trennt sich von, wird ausgeschieden aus;* ein Tier scheidet sich von der Herde ab; in der Lösung scheidet sich Kupfer ab **2** ⟨400(s.)⟩ jmd. scheidet ab ⟨geh.; verhüllend⟩ *stirbt*
'Ab·scheu ⟨m.; -(e)s; unz. od. (selten) f.; -; unz.⟩ **1** *Ekel, heftiger Widerwille;* jmdm. ~ einflößen; ~ haben vor jmdm. od. etwas 1.1 er ist mir ein Gegenstand des ~s *mich ekelt vor ihm*
ab'scheu·lich ⟨Adj.⟩ **1** *ekelhaft, grauenhaft* **2** *gehässig, häßlich, böse;* der ~e Bengel **3** *verabscheuenswürdig, scheußlich;* ein ~es Verbrechen
'ab|schie·ben ⟨V. 214⟩ **1** ⟨500⟩ etwas ~ *von dem ursprüngl. Platz wegschieben, abrücken;* den Stuhl vom Tisch ~ 1.1 ⟨fig.⟩ *von sich auf andere übertragen;* die Schuld, die Verantwortung, die Arbeit ~ 1.2 jmdn. ~ *polizeilich ausweisen;* unerwünschte Personen ~ 1.2.1 ⟨fig.⟩ *einen lästigen Menschen kaltstellen;* aus der leitenden Position ~ **2** ⟨400(s.); umg.⟩ *(ein wenig widerwillig) weggehen;* er schob beleidigt ab 2.1 schieb ab! *mach, daß du fortkommst!, du hast hier nichts zu suchen!*
'Ab·schied ⟨m.; -(e)s, (selten) -e⟩ **1** von jmdm. ~ nehmen *sich von jmdm. verabschieden* **2** *Entlassung* 2.0.1 jmdm. den ~ geben *jmdn. entlassen* 2.0.2 der Beamte, Offizier bekommt, erhält seinen ~ *wird entlassen* 2.0.3 seinen ~ nehmen, einreichen *um seine Entlassung bitten*
'ab|schie·ßen ⟨V. 215/500⟩ **1** ein Geschoß ~ *abfeuern, losschießen;* eine Rakete, ein Torpedo ~; einen Pfeil ~ **2** eine Schußwaffe ~ *einen Schuß abgeben aus einer S.;* ein Gewehr ~ **3** einen Körperteil ~ *durch Schießen abtrennen* **4** ⟨R8⟩ jmdn. od. etwas ~ *durch einen Schuß kampfunfähig machen,*

töten; ein Flugzeug, einen Panzer ~; Wild ~ 4.1 Flugzeuge, Panzer ~ *kampfunfähig schießen* 4.2 → a. *Vogel(1.0.3)* 4.3 jmdn. ~ 4.3.1 *auf gemeine Art od. hinterlistig erschießen* 4.3.2 ⟨fig.; umg.⟩ *durch Intrigen aus einer Stellung entfernen*

'Ab·schlag ⟨m.; -(e)s, ¨-e⟩ **1** *Teil einer Zahlung* 1.1 *Teillohn, Vorschuß* 1.2 auf ~ *auf Raten, mittels Teilzahlung* **2** *Senkung des Preises* **3** ⟨Bankw.⟩ *Betrag, um den ein Kurs unter dem Nennwert liegt* **4** ⟨Forstw.⟩ 4.1 *das Fällen der Bäume* 4.2 *Ort, an dem alle Bäume gefällt worden sind* **5** *Abzugskanal der Mühle* **6** ⟨Jagdw.⟩ *Teil des Balzgesanges beim Auerhahn* **7** ⟨Hockey⟩ *Beginn od. (nach einem Tor) Wiederbeginn des Spiels* **8** ⟨Typ.⟩ *Probedruck* **9** ~ auf die Seligkeit ⟨fig.⟩ *Vorgeschmack*

'ab|schla·gen ⟨V. 218/500⟩ **1** etwas ~ *durch Schlagen gewaltsam abtrennen;* Nüsse mit Stöcken ~; die Ecken ~; den Kopf ~ 1.1 die Glieder sind mir wie abgeschlagen *vor Erschöpfung spüre ich meine G. nicht mehr* 1.2 Holz, Bäume ~ *fällen* **2** ein Zelt, Lager, Gerüst ~ *abbauen, niederreißen;* Ggs *aufschlagen(5)* **3** *weniger berechnen;* Ggs *aufschlagen(6);* etwas vom Preis ~ **4** einen Angriff ~ *zurückschlagen* **5** ⟨530⟩ jmdm. etwas ~ *verweigern, nicht bewilligen, versagen;* schlag es mir nicht ab!; ein Gesuch, eine Bitte ~ **6** ⟨500⟩ sein Wasser ~ ⟨umg.; veralt.⟩ *urinieren*

'ab·schlä·gig ⟨Adj.⟩ *ablehnend;* ~e Antwort

'ab|schlei·fen ⟨V. 220/500/R7⟩ **1** etwas ~ *durch Schleifen beseitigen;* den Rost ~ 1.1 ⟨fig.⟩ *sich abgewöhnen;* schlechte Gewohnheiten, Fehler ~ **2** etwas ~ *eine Oberfläche durch Schleifen od. Reiben glätten;* Edelsteine ~ 2.1 ⟨R3⟩ sich ~ ⟨a. fig.⟩ *durch Reibung glatt werden*

'ab|schlep·pen ⟨V. 500⟩ **1** ein Fahrzeug ~ *nicht mehr fahrfähiges F. abtransportieren* **2** ⟨505/R3⟩ sich (mit etwas) ~ *durch schweres Tragen abplagen, sich mit einer zu großen Last abmühen*

'ab|schlie·ßen ⟨V. 222⟩ **1** ⟨500⟩ etwas ~ 1.1 einen Gegenstand, Raum, Tür ~ *mit Schlüssel verschließen* 1.2 Dampf ~ *absperren* 1.3 einen Vorgang, eine Sitzung ~ *beenden;* eine ~de Bemerkung; so können wir ~d sagen, daß ... 1.3.1 eine Vorlage im Parlament ~d behandeln *endgültig* 1.4 einen Vertrag ~ *rechtlich bindend vereinbaren;* ein Geschäft, einen Tarif, eine Versicherung ~; eine Anleihe ~ 1.5 eine Rechnung, ein Konto ~ *eine Schlußabrechnung machen* **2** ⟨800⟩ mit etwas ~ *etwas beenden, als erledigt betrachten;* mit der Vergangenheit ~ 2.1 mit einem Saldo ~ ⟨Buchführung⟩ *einen Unterschied zwischen Soll und Haben ausweisen* 2.2 mit jmdm. ~ *keine Verbindung mit jmdm. haben wollen* **3** ⟨550/R7⟩ jmdn. od. etwas von, gegen jmdn. od. etwas ~ *abtrennen, absondern, isolieren;* er hat sich gegen alle abgeschlossen

'Ab·schluß ⟨m.; -s·ses, ¨-s·se⟩ **1** *abschließende Trennung (oft als Verzierung);* der ~ der Tapete **2** ⟨unz.⟩ *Ende, Beendigung;* ein günstiger ~; ~ eines Geschäftes; etwas zum ~ bringen; zum ~ ein Lied singen; das war ein schöner ~ des Abends 2.1 ⟨Hdl.⟩ *Schlußabrechnung;* Jahres~; Konto~; Rechnungs~; ~ der Bücher **3** *Vereinbarung;* Vertrags~ 3.1 ⟨meist Pl.⟩ *Kaufvertrag;* günstige Abschlüsse tätigen 3.1.1 mit jmdm. zum ~ kommen *handelseinig werden*

'ab|schmecken ⟨-k·k-; V. 500⟩ **1** etwas ~ *auf den Geschmack prüfen;* Getränke, Speisen ~ 1.1 ein Gericht mit Salz u. Pfeffer ~ *Salz u. Pfeffer nach Geschmack hinzufügen*

'ab|schmie·ren ⟨V. 500⟩ **1** etwas ~ 1.1 ⟨Tech.⟩ *mit Schmieröl versehen, einölen* 1.2 ⟨schülerspr.⟩ *unsauber abschreiben* **2** jmdn. ~ ⟨umg.⟩ *verprügeln*

'ab|schnei·den ⟨V. 227⟩ **1** ⟨503/R5 od. R6⟩ (jmdm.) etwas ~ *durch Schneiden abtrennen, entfernen;* ein Stück Wurst ~; eine Rose ~; die Haare ~; die Mutter schnitt ihm ein Stück Kuchen ab; du mußt dir die Fingernägel ~ 1.1 Kupons ~ ⟨fig.⟩ *vom Kapitalertrag leben* **2** ⟨500⟩ etwas ~ *absperren, unterbinden;* Dampf ~ ⟨veralt.⟩ 2.1 die Zufuhr der Lebensmittel ~ *(durch Blockierung der Zufahrtswege) unmöglich machen* 2.2 *verhindern, unterbrechen;* den Verkehr ~; jmdm. den Rückzug ~ **3** ⟨505⟩ jmdn. od. etwas (von etwas) ~ *abtrennen, isolieren;* die Truppen vom Hinterland ~; die Bewohner waren vier Tage lang (durch die Schneemassen) von der Umwelt abgeschnitten **4** ⟨402⟩ den Weg ~ *verkürzen;* hier schneiden wir ab **5** ⟨530⟩ jmdm. etwas ~ ⟨fig.⟩ 5.1 jmdm. den Weg ~ *jmdm. zuvorkommen u. sich in den Weg stellen* 5.2 jmdm. das Wort ~ *jmdn. nicht ausreden lassen* 5.3 jmdm. die Ehre ~ *nehmen, rauben* **6** ⟨430⟩ bei einem Wettbewerb, einer Prüfung gut, schlecht ~ ⟨umg.⟩ *ein gutes, schlechtes Ergebnis haben, erreichen* **7** → a. *Scheibe(1.2.1)*

'Ab·schnitt ⟨m.⟩ **1** *Stück vom Ganzen, Teil;* Kugel~ **2** *abtrennbarer Teil eines Formulars;* der ~ der Zahlkarte ist gut aufzubewahren **3** *Teil eines Kapitels, Absatz;* er las den ersten ~ **4** ⟨Abk.: Abschn.⟩ *Teil eines Paragraphen;* ~ im Gesetzbuch **5** *Teil einer Strecke;* Autobahn~; Eisenbahn~ **6** ⟨Metrik⟩ *Einschnitt, kurze Pause* **7** ⟨Mil.⟩ *Operationsbezirk* **8** *Zeiteinheit, zusammengefaßter Zeitraum, Epoche;* ein ~ im Jahr

'ab|schnü·ren ⟨V. 500⟩ **1** etwas ~ *mit einer Schnur ganz fest umwickeln* 1.1 einen Körperteil ~ ⟨Med.⟩ *den Blutkreislauf in einem K. unterbrechen* **2** ⟨fig.⟩ *drosseln;* den Handel ~; man hat diese Entwicklung abgeschnürt 2.1 → a. *Luft(5.4)* **3** ⟨Handwerk⟩ *eine gerade Linie mit Hilfe einer Schnur markieren*

'ab|schöp·fen ⟨V. 500⟩ **1** etwas ~ *durch Schöpfen wegnehmen;* Schaum ~ 1.1 das Fett ~, den Rahm ~ ⟨fig.⟩ *sich das Beste aussuchen*

'ab|schrecken ⟨-k·k-; V. 500⟩ **1** jmdn. von etwas ~ *abbringen, indem man ihm die unangenehmen Seiten der Sache zeigt;* das schreckt mich nicht ab!; sich ~ lassen; ein ~des Beispiel **2** jmdn. ~ *verscheuchen;* sein Benehmen hat schon viele abgeschreckt **3** erhitzte Stoffe ~ ⟨Chem.; Met.⟩ *plötzlich abkühlen, um gewünschte Eigenschaften zu erzielen;* den glühenden Stahl ~ **4** Speisen ~ ⟨Kochk.⟩ *nach dem Kochen mit kaltem Wasser übergießen;* Eier ~

'Ab·schreckung ⟨-k·k-; f.; -, -en⟩ **1** *das Abschrecken(1-2)* 1.1 Strategie der ~ *strate-*

gische Theorie, nach der ein Verteidiger seine militär. Macht so stark macht, daß ein Angreifer, um nicht selbst vernichtet zu werden, einen Angriff unterläßt

'ab|schrei·ben ⟨V. 230/500⟩ **1** ein Schriftstück ~ *unter Benutzung der Vorlage nochmals schreiben* **2** (etwas) ~ *unerlaubt übernehmen, Diebstahl an geistigem Eigentum begehen;* er hat (die Aufgaben) von seinem Nachbarn abgeschrieben **3** etwas ~ ⟨kaufmannsspr.⟩ *streichen* 3.1 einen Betrag ~ *wegen Wertminderung streichen* 3.1.1 Geldbeträge ~ *vom Bankkonto abziehen* 3.2 einen Auftrag ~ *für ungültig erklären, aufgeben* **4** jmdn. od. etwas ~ ⟨fig.⟩ *auf jmdn. od. etwas nicht mehr rechnen;* ich hatte ihn längst abgeschrieben **5** ⟨600⟩ jmdm. ~ *schriftlich absagen;* ich muß Ihnen leider ~ **6** ⟨500/R3⟩ etwas schreibt sich ab *nutzt sich durch Schreiben ab;* die Feder, das Farbband hat sich stark abgeschrieben **7** ⟨530/R1⟩ sich die Finger ~ ⟨fig.; umg.⟩ *sehr viel (erfolglos) schreiben*

'Ab·schrift ⟨f.⟩ *eine durch Abschreiben hergestellte, dem Urtext genau entsprechende zweite Ausfertigung eines Schriftstückes;* Sy *Kopie(1), Zweitschrift(2);* eine beglaubigte ~ anfertigen

'Ab·schuß ⟨m.⟩ **1** *das Abschießen;* der ~ der Rakete **2** ⟨unz.⟩ *das Zerstören, die Vernichtung durch Schießen;* der ~ von zehn Flugzeugen **3** ⟨unz.; jägerspr.⟩ *eine bestimmte Zahl von Wild, die in einem Revier geschossen werden soll od. abgeschossen ist;* Wild zum ~ freigeben; den jährlichen ~ regeln **4** ⟨Mil.⟩ *Ergebnis des Abschießens;* man meldete drei Abschüsse

'ab·schüs·sig ⟨Adj.⟩ *steil, stark abfallend;* ~es Gelände

'ab|schüt·teln ⟨V. 500⟩ **1** etwas ~ *durch Schütteln abwerfen;* den Schnee (von sich) ~; Früchte vom Baum ~ **2** etwas od. jmdn. ~ ⟨fig.⟩ *zu etwas od. jmdm. keine Beziehung haben wollen, jmdn. od. etwas loswerden;* er hat die Erinnerung daran (von sich) abgeschüttelt; endlich konnte er seine Verfolger ~

'ab|schwei·fen ⟨V.⟩ **1** ⟨405(s.)⟩ (von etwas) ~ 1.1 *abkommen, abgehen;* vom Weg ~ 1.2 ⟨fig.⟩ *abweichen;* vom Thema ~ **2** ⟨500⟩ etwas ~ 2.1 Textilien ~ *vor dem Färben kochen, damit sie die Farbe besser annehmen* 2.2 Holz ~ *mit der Schweifsäge trennen*

'ab|schwö·ren ⟨V. 238/600⟩ jmdm. od. einer Sache ~ *sich durch Schwur von jmdm. od. einer Sache lossagen, jmdn. od. eine Sache verneinen, verleugnen;* dem Teufel ~; einem Glauben, einer Weltanschauung ~; Schuld ~; seinen Rechten ~; dem Branntwein ~ ⟨fig.⟩

'ab|se·hen ⟨V. 239⟩ **1** ⟨530⟩ jmdm. etwas ~ *beobachtend erlernen, durch Zusehen übernehmen;* er hat ihm diesen Kunstgriff abgesehen **2** ⟨410⟩ *nach Hinsehen abschreiben;* der Schüler hat von seinem Nachbarn abgesehen **3** ⟨531⟩ jmdm. etwas an den Augen, an der Nase, am Gesicht ~ *von den A., von der N., vom G. ablesen, einen Wunsch erraten, ohne daß er ausgesprochen wurde* **4** ⟨500⟩ etwas ~ *erkennen;* das Ende von etwas ~; es ist nicht abzusehen, wie ... 4.1 *abschätzen können;* die Folgen ~ **5** ⟨650/R1⟩ sich die Augen nach etwas ~ *lange vergeblich ausschauen* **6** ⟨800⟩ von etwas ~ ⟨fig.⟩ *etwas ausnehmen, nicht berücksichtigen, auf etwas verzichten;* er sah von einer Bestrafung, Anzeige ab; abgesehen davon, daß ... **7** ⟨550⟩ es auf jmdn. od. etwas abgesehen haben ⟨umg.⟩ *es auf jmdn. od. etwas abzielen;* sie hat es auf ihn, sein Geld abgesehen

'ab|sein ⟨V. 240/400(s.)⟩ → a. *sein[3](1.9)* **1** ein Gegenstand ist ab *abgegangen, nicht mehr befestigt* **2** jmd. ist (ganz) ab ⟨umg.; norddt.⟩ *müde, erschöpft;* → a. *sein[3](1.9)*

'ab|sen·den ⟨V. 241/500⟩ jmdn. od. etwas ~ *wegschicken;* jmdn. od. etwas ~ nach; er hat das Geld mit der Post abgesandt, abgesendet

'Ab·sen·der ⟨m.; Abk.: Abs.⟩ **1** *jmd., der etwas abschickt* **2** *Vermittler zwischen Kaufleuten u. Fuhrunternehmern*

'ab|sen·gen ⟨V. 500⟩ **1** etwas ~ *durch Sengen entfernen;* Federn ~ **2** etwas ~ *durch Sengen von Federresten befreien;* Geflügel ~

'ab|sen·ken ⟨V. 500⟩ **1** Bauwerke ~ *mit Senkblei die Vertikale bestimmen von B.* **2** den Stand einer Flüssigkeit ~ *senken, niedriger machen;* den Grundwasserstand ~ **3** einen Brunnenmantel ~ ⟨Brunnenbau⟩ *nach unten bringen* **4** Senk- od. Schwimmkästen ~ ⟨Betonbau⟩ *für Gründungen unter Wasser auf tragfähigen Baugrund bringen* **5** ⟨500/R3⟩ sich ~ *sich nach unten senken;* das Gelände senkt sich ab **6** Pflanzen ~ ⟨Gartenbau; Weinbau⟩ *durch Senker vermehren*

'ab|set·zen ⟨V. 500⟩ **1** etwas ~ *von einer Stelle wegnehmen;* das Glas (vom Mund) ~ 1.1 *abheben, abnehmen;* den Hut ~; die Brille ~ 1.2 *(auf den Boden) hinstellen, niederlegen;* eine Last ~; den Koffer ~ 1.3 Geweih ~ ⟨jägerspr.⟩ *verlieren* **2** jmdn. ~ 2.1 einen Reiter ~ *aus dem Sattel heben, abwerfen* 2.2 jmdn. (an einer bestimmten Stelle) ~ *aussteigen lassen (u. weiterfahren);* du kannst mich hier, jetzt, am Bahnhof ~ 2.3 eine Amtsperson, einen Herrscher ~ ⟨fig.⟩ *des Amtes entheben, entlassen, entthronen;* den König ~; vom Amt ~ **3** ⟨kaufmannsspr.⟩ *verkaufen;* Waren ~; vom Lager ~ **4** *herstellen* 4.1 Schriftsatz ~ = *setzen(6.4)* 4.2 den Kurs ~ *auf der Karte einzeichnen* 4.3 eine Mauer, ein Schmiedestück ~ *in Absätzen dünner werden lassen* **5** etwas setzt etwas ab *sondert etwas ab;* der Fluß setzt Sand ab; Bier setzt Hefe ab 5.1 ⟨R3⟩ etwas setzt sich ab *schlägt sich nieder, lagert sich ab;* im Wasser hat sich Eisen abgesetzt; in der Lunge setzt sich Staub ab **6** ⟨505⟩ einen Betrag (von einer Summe) ~ *abziehen;* einen Posten von der Rechnung ~; von der Steuer ~ **7** ⟨505⟩ jmdn. od. etwas (von einer Liste) ~ *streichen, nicht mehr aufführen;* vom Programm, vom Spielplan ~ **8** Säugetiere ~ ⟨Landw.⟩ *entwöhnen* **9** ⟨umg.⟩ *geben(14);* es wird gleich etwas ~!; es wird Schläge, Hiebe ~ **10** ⟨400⟩ *aufhören, unterbrechen;* sie trank, sang, las, ohne abzusetzen **11** ⟨500/R3⟩ sich ~ *heimlich weggehen, seinen Wohnsitz verlegen;* sich nach dem Westen (nach Westdtschld.) ~; er hat sich rechtzeitig abgesetzt **12** ⟨505/R3⟩ etwas (mit etwas) ~ *abheben, abschließen;* Farben (voneinander) ~; die Tapete, eine Täfelung mit einer Leiste ~; einen Saum mit einer Borte ~; ein Kleid mit farblich abgesetztem Kragen **12.1** sich von od. gegen etwas ~ *sich abheben, deutlich unterscheiden von;* die hellen Möbel setzen sich gegen die dunklen Tapeten ab **13** eine Zeile ~ *mit einer neuen Z. beginnen*

'Ab·sicht ⟨f.; -, -en⟩ **1** *Wille, etwas zu tun, um ein Ziel zu erreichen, Bestreben;* ohne böse ~; in der besten ~; es war nicht meine ~, das zu tun; in der ~, etwas zu tun **1.1** *Vorsatz, Vorhaben;* die ~ hegen, etwas zu tun; jmd. hat eine ~; es besteht die ~, zu ... **1.1.1** mit ~ *vorsätzlich* **1.2** in welcher ~? *zu welchem Zweck?* **2** ⟨meist Pl.⟩ *Plan, Ziel;* jmd. hat ~en; jmds. ~en vereiteln; seine ~en erreichen; die ~en des Feindes **2.1** → a. *ernst(3.1)*

ab'sicht·lich ⟨schweiz. ['---]; Adj. 90⟩ *mit Absicht, vorsätzlich;* eine ~e Täuschung; etwas ~ nicht sagen

'ab|sin·gen ⟨V. 243/500⟩ **1** ein Lied ~ **1.1** *vom Blatt singen* **1.2** *ohne Ausdruck singen* **1.3** *von Anfang bis Ende singen* **2** die Stimme ~ *durch vieles Singen verbrauchen*

'ab|sit·zen ⟨V. 246⟩ **1** ⟨500⟩ eine Zeit ~ ⟨umg.⟩ *so lange sitzen, bis eine Z. zu Ende ist* **1.1** Strafe ~ *in der Strafanstalt verbüßen* **1.2** die Arbeitszeit ~ *ohne rechte Beschäftigung (im Büro) sitzen, bis die A. zu Ende ist* **2** ⟨500⟩ etwas ~ ⟨umg.⟩ *durch vieles Sitzen abschaben;* eine Hose ~; abgesessene Samtsessel **3** ⟨400(s.)⟩ *absteigen;* vom Pferd, Fahr-, Motorrad ~ **4** ⟨410⟩ von jmdm. od. etwas ~ *weit entfernt sitzen* **5** ⟨405⟩ sitzen Sie ab! ⟨schweiz.⟩ *nehmen Sie Platz!*

ab·so'lut ⟨Adj.⟩ **1** *unabhängig, losgelöst, für sich, einzeln betrachtet;* Ggs *relativ(1)* **1.1** ~e Bewegung *(physikalisch nicht denkbare) B. ohne Bezugssystem* **1.2** ~es Gehör *Fähigkeit, ohne vergleichbare Töne die Höhe eines Tones zu erkennen* **1.3** ~e Feuchtigkeit *Feuchtigkeitsgehalt der Luft ohne Rücksicht auf Temperatur* **1.4** ~e Helligkeit *H. eines Sternes, ungeachtet der durch seine Entfernung bedingten Sichtbarkeit am Himmel* **1.5** ~e Mehrheit *M. von mehr als 50 %* **2** *unbeschränkt, völlig* **2.1** ~er Superlativ *S., der keine weitere Steigerung zuläßt* **2.2** ~e Monarchie *Alleinherrschaft durch einen Monarchen, der Staatsoberhaupt, oberster Richter und Gesetzgeber ist* **2.3** ~es Vertrauen *unbedingtes V. ohne jede Einschränkung* **2.4** ~es Maßsystem ⟨veralt.⟩ *System der gesetzlich festgelegten Maßeinheiten* **2.5** ~e Atmosphäre ⟨veralt.; Zeichen: ata⟩ = *Atmosphäre(2)* **2.6** ~er Nullpunkt *die tiefste erreichbare Temperatur (−273,16° C)* **2.7** ~e Temperatur *auf den absoluten Nullpunkt bezogene T.* **2.8** ~e Zahl *eine ohne Vorzeichen betrachtete Z.* **3** *unbedingt* **3.1** ~e Kunst *ungegenständl., abstrakte K.* **3.2** ~e Musik *M., der keine außermusikalischen Vorstellungen zugrunde liegen* **3.3** ~e Rechte *R., die gegenüber jedem wirksam sind* **3.4** ~er Scheidungsgrund *S., der ein Verlangen nach Scheidung rechtfertigt, ohne Rücksicht darauf, ob die Ehe zerrüttet ist* **3.5** *rein* **3.5.1** ~er Alkohol *wasserfreier Äthylalkohol* **4** ⟨50⟩ *durchaus, gänzlich, überhaupt, völlig;* das ist ~ unmöglich

ab·sol·vie·ren ⟨[ˈviː-]; V. 500⟩ **1** jmdn. ~ *befreien, los-, freisprechen* **2** eine Ausbildung, das Gymnasium, einen Lehrgang, Studien, ein Pensum ~ *durchlaufen, erfolgreich beenden, abschließen* **2.1** absolvierter Konservatorist *jmd., der sein Studium am Konservatorium erfolgreich abgeschlossen hat* **3** ein Gastspiel ~ *geben, beenden, ableisten*

ab'son·der·lich ⟨Adj.⟩ *merkwürdig, eigentümlich, besonders, gesondert, seltsam, sonderbar;* ein ~es Benehmen; ein ~er Mensch

'ab|son·dern ⟨V. 500⟩ **1** ⟨R7⟩ etwas od. jmdn. ~ *trennen, abseits halten;* Sy *isolieren(1);* Kranke, Häftlinge ~; er sondert sich von seinen Bekannten ab; die Kälber von den Kühen ~ **2** etwas ~ *ausscheiden;* Nadelhölzer sondern Harz ab; Drüsen sondern Sekret ab **2.1** ⟨R3⟩ etwas sondert sich ab *wird ausgeschieden;* Eiter sondert sich ab

ab·sor'bie·ren ⟨V. 500⟩ **1** etwas ~ *einsaugen, aufsaugen, aufzehren* **2** jmdn. ~ *völlig in Anspruch nehmen*

'ab|span·nen ⟨V. 500⟩ **1** *Spannung vermindern* **2** Zugtiere, Pferde ~ *ihnen das Geschirr abnehmen* **3** hochragende Bauten ~ ⟨Tech.⟩ *mit Spannseil sichern;* einen Schornstein ~

'Ab·span·nung ⟨f.⟩ **1** *Nachlassen, Verminderung der Spannung* **2** *Spannseil* **3** *Ermüdung, Erschöpfung;* körperliche ~

'ab|spei·sen ⟨V.⟩ **1** ⟨500⟩ jmdn. ~ *mit Speise versorgen* **2** ⟨505⟩ jmdn. ~ (mit) ⟨fig.; umg.⟩ *mit etwas Minderwertigem abfertigen;* sich mit Redensarten ~ lassen

'ab·spen·stig ⟨Adj. 52⟩ jmdm. jmdn. ~ machen *entfremden, weglocken, wegnehmen;* er hatte ihm seine Geliebte, seine Freunde ~ gemacht

'ab|sper·ren ⟨V. 500⟩ **1** *abschließen, (ver)sperren;* ich habe vergessen (, das Haus) abzusperren **1.1** den Dampf ~ *(mit Hilfe eines Ventils) am Ausströmen hindern* **2** *für den Verkehr sperren;* den Weg, die Straße, den Hafen ~ **3** Telephon ~ *außer Betrieb setzen* **4** ⟨R7⟩ jmdn. ~ ⟨a. fig.⟩ *jmdn. einschließen, absondern;* du sperrst dich von der Welt ab

'ab|spie·len ⟨V. 500⟩ **1** *vom Anfang bis zum Ende spielen, ablaufen lassen, vorführen;* eine Schallplatte, ein Tonband ~ **2** ein Musikstück ~ *nach Noten spielen, ohne vorher geübt zu haben* **3** den Ball ~ ⟨Ballspiele⟩ *an einen (freien) Spieler der eigenen Mannschaft abgeben, weiterleiten* **3.1** Billardball von der Bande ~ *von der Bande aus abstoßen* **4** ⟨R3⟩ etwas spielt sich ab *ereignet sich, findet statt;* folgende Szene spielte sich vor unseren Augen ab

'Ab·spra·che ⟨f.⟩ *Abrede, Verabredung, Vereinbarung;* nach vorheriger ~

'ab|spre·chen ⟨V. 251⟩ **1** ⟨500/R8⟩ etwas (mit jmdm.) ~ *verabreden, abmachen;* wir müssen das noch (mit ihm) ~; wir haben uns abgesprochen, daß ... **2** ⟨530/R5⟩ jmdm. etwas ~ *in Abrede stellen, aberkennen;* jmdm. Kenntnisse od. Fähigkeiten ~ **2.1** jmdm. das Recht ~, etwas zu tun *versagen, verweigern* **2.2** ⟨Part. Präs.⟩ ~d *abfällig;* in ~der Weise; ein ~des Urteil

'ab|sprei·zen ⟨V. 500/R7⟩ **1** Wände von Baugruben od. Schächten ~ *durch Stützen gegen Einsturz sichern* **2** *spreizen, wegdrehen;* den kleinen Finger (von den übrigen) ~

'ab|sprin·gen ⟨V. 253/400(s.)⟩ **1** *herunterspringen;* von einem (fahrenden) Fahrzeug ~; vom Pferd ~ 1.1 mit dem Fallschirm aus einem Flugzeug ~ *(während des Fluges) aussteigen* **2** *empor-, wegschnellen, losspringen, sich abstoßen;* er springt mit dem linken Fuß ab **3** ein Teil springt ab *trennt sich springend ab;* mehrere Splitter sind schon abgesprungen **4** etwas springt ab *schlägt auf und springt zurück;* der Ball sprang von der Torlatte ab **5** ⟨fig.⟩ *(aus einer Gemeinschaft) austreten, sich distanzieren, sich von etwas lossagen;* gegen Ende des Kurses sind mehrere Teilnehmer abgesprungen

'Ab·sprung ⟨m.⟩ **1** *das Los-, Abspringen;* der ~ mit Anlauf; ~ von einer Partei ⟨fig.⟩ **2** *das Herunterspringen;* ~ aus dem Flugzeug **3** ⟨meist Pl.⟩ Absprünge ⟨Bot.⟩ *durch Pflanzenkrankheit verursachtes Abbrechen der Kieferntriebe des vergangenen Jahres*

'ab|stam·men ⟨V. 411(s.)⟩ **1** von jmdm. ~ *jmds. Nachkomme sein* **2** von etwas ~ *sich ableiten;* dieses Wort stammt vom Lateinischen ab

'Ab·stam·mung ⟨f.; -; unz.⟩ **1** *Herkunft;* er ist von edler ~ 1.1 ~ eines Wortes ⟨Sprachw.⟩ *etymolog. Herkunft* **2** *Stammbaum*

'Ab·stand ⟨m.; -(e)s, ¨-e⟩ **1** *Entfernung, Zwischenraum* 1.0.1 ~ halten von etwas od. jmdm. *in einer bestimmten Entfernung bleiben, Distanz wahren, sich etwas od. jmdm. nicht zu sehr nähern* 1.1 in Abständen *mit räumlichen od. zeitlichen Zwischenräumen* **2** von etwas ~ nehmen ⟨kanzleispr.⟩ *auf etwas verzichten, von etwas absehen* **3** ⟨unz.⟩ *Zahlung für die Überlassung einer Sache*

'ab|stat·ten ⟨V. 530; Funktionsverb⟩ **1** ⟨R6⟩ jmdm. einen Besuch ~ *jmdn. besuchen* **2** jmdm. seinen Dank ~ *sich bedanken*

'ab|stau·ben ⟨V. 500⟩ **1** ⟨R7⟩ Gegenstände ~ *den Staub von etwas entfernen;* oV *abstäuben;* sie staubte die Bücher, die Bilder ab **2** etwas ~ ⟨umg.⟩ *stehlen, heimlich wegnehmen, mitgehen lassen;* Geld ~; er hat ein Päckchen Zigaretten abgestaubt **3** jmdn. ~ ⟨umg.⟩ *ausschimpfen* **4** ein Tor ~ ⟨umg.; Fußb.⟩ *ein T. durch Ausnutzen eines Zufalls ohne Mühe schießen*

'ab|stäu·ben ⟨V. 500/R7⟩ = *abstauben(1)*

'ab|ste·chen ⟨V. 254⟩ **1** ⟨500⟩ etwas ~ *durch Stechen (mit einem scharfen Gerät) abtrennen* 1.1 Rasen ~ *mit dem Spaten abteilen* 1.2 Stahlstangen, -rohre ~ *nach der Fertigstellung mit dem Abstechmeißel auf der Drehbank vom Rohrstück abtrennen* **2** ⟨500⟩ etwas ~ *ausfließen, ablaufen lassen;* den Hochofen ~; einen Teich ~ 2.1 Wein ~ *den Faßwein vom Bodensatz trennen* **3** ⟨500⟩ Tiere ~ *durch einen Stich töten* **4** ⟨500⟩ den Gegner ~ ⟨Fechten⟩ *besiegen* **5** ⟨500⟩ einen Kupferstich ~ *nachbilden* **6** ⟨800⟩ vom Lande ~ ⟨Mar.⟩ *in See gehen* **7** ⟨800⟩ von jmdm. od. etwas, gegen jmdn. od. etwas ~ *deutlich anders sein als jmd. od. etwas, sich abheben gegen jmdn. od. etwas, sich unterscheiden von jmdm. od. etwas* 7.1 unvorteilhaft ~ gegen jmdn. od. etwas *schlecht abschneiden im Vergleich mit jmdm. od. etwas*

'ab|stecken ⟨-k·k-; V. 500 od. 503/R6⟩ **1** eine Fläche, Strecke ~ *durch Zeichen (an den Grenzen) markieren;* einen Bauplatz ~; sie haben den Platz für das Lager abgesteckt **2** *etwas Zusammengestecktes lösen;* eine Brosche ~ **3** ein Kleid ~ *mit Hilfe von Nadeln der Figur anpassen*

'ab|ste·hen ⟨V. 256⟩ **1** ⟨400⟩ etwas steht ab *strebt vom Ansatzpunkt weg;* die Haare standen ihm vom Kopf ab; ~de Ohren **2** ⟨410⟩ *entfernt stehen;* er stand zu weit ab, um etwas sehen zu können; der Kühlschrank muß etwas von der Wand ~ **3** ⟨800⟩ von einer Forderung, einem Vorhaben ~ ⟨geh.⟩ *auf eine F., ein V. verzichten* **4** ⟨530/R1⟩ sich die Beine ~ ⟨umg.⟩ *lange stehen müssen*

'ab|stel·len ⟨V. 500⟩ **1** etwas ~ *wegstellen, hinstellen, niederlegen;* sein Glas auf der Fensterbank ~ 1.1 *aufbewahren;* das Fahrrad kannst du im Hof ~ **2** etwas ~ *aufhören lassen zu gehen, außer Betrieb setzen* 2.1 *ausschalten, ausdrehen;* eine Maschine, Uhr ~; den Wecker ~ 2.2 *die Zuleitung von etwas unterbrechen;* Gas, Licht, Wasser ~ **3** einen Mißstand, Schaden ~ *beseitigen* **4** ⟨550⟩ etwas auf eine Sache ~ *etwas nach einer S. ausrichten, orientieren;* das Programm ist ganz auf den Publikumsgeschmack abgestellt

'ab|ster·ben ⟨V. 259/400(s.)⟩ **1** etwas stirbt ab *geht langsam ein;* der Baum stirbt ab **2** ⟨Med.⟩ *immer weniger, geringer werden, zugrunde gehen;* das Gewebe stirbt ab **3** *nichts mehr empfinden, gefühllos sein;* meine Beine sind wie abgestorben; meine Füße sterben ab

'Ab·stich ⟨m.⟩ *das Abstechen(1-2)*

'Ab·stieg ⟨m.; -(e)s, -e⟩ **1** ⟨meist unz.⟩ *das Ab-, Hinabsteigen;* wir wurden durch einen Schneesturm zum ~ gezwungen **2** *bergab führender Weg;* ein steiler, gefährlicher ~ 2.1 ⟨fig.⟩ *Verschlechterung, Niedergang;* wirtschaftlicher ~; unsere Fußballmannschaft ist vom ~ bedroht

'ab|stim·men ⟨V.⟩ **1** ⟨400 od. 800⟩ *durch Abgeben seiner Stimme zu einer Entscheidung beitragen;* über eine Gesetzesvorlage ~ **2** ⟨500⟩ etwas ~ *im Ton (überein)stimmend machen* 2.1 Instrumente ~ *stimmen* 2.2 das Radio ~ *genau auf eine Wellenlänge einstellen* **3** ⟨505⟩ Sachen (aufeinander, miteinander) ~ *übereinstimmend, zueinander passend machen;* wir müssen noch unsere Urlaubswünsche (aufeinander) ~ **4** ⟨517/R3⟩ sich mit jmdm. ~ *absprechen;* wegen des Urlaubs hat er sich mit seinen Kollegen abgestimmt

'Ab·stim·mung ⟨f.⟩ **1** *Anpassung, Angleichung, Übereinstimmung;* die ~ der Farben ist gut **2** *Wahl, Stimmabgabe;* eine geheime, öffentliche ~; die ~ ergab nur eine knappe Mehrheit 2.1 zur ~ bringen *abstimmen lassen über* 2.2 zur ~ schreiten *(feierlich) mit der Stimmabgabe beginnen* **3** ~ der Wellenlänge ⟨Funkw.⟩ *Einstellung der W.*

'Ab·stoß ⟨m.⟩ **1** *Stoß, der von einer Sache weg gerichtet ist* **2** ⟨Fußb.⟩ *Abschuß des Balles (vom Tor)*

'ab|sto·ßen ⟨V. 262⟩ **1** ⟨500/R7⟩ jmdn. od. etwas ~ *wegstoßen, mit einem Stoß wegbe-*

wegen; er stieß sich mit beiden Füßen vom Rand ab 1.1 den Ball ~ ⟨Fußb.⟩ *vom Tor ins Spiel bringen* 2 ⟨400⟩ ein Schiff stößt ab *entfernt sich vom Land* 3 ⟨500⟩ etwas ~ *durch einen Stoß od. durch wiederholtes Anstoßen beschädigen, abnutzen, abschlagen, abbrechen;* die Möbel sind abgestoßen; das Obst ist abgestoßen; die Ecken ~; die Schnauze von einer Kanne ~ 3.0.1 → a. *Horn[1](4.1)* 3.1 ⟨R3⟩ etwas stößt sich ab *nutzt sich durch wiederholte Stöße ab;* die Schuhkappen stoßen sich leicht ab 4 ⟨500/R8⟩ jmdn. od. etwas ~ *zurückstoßen;* Wachs stößt Wasser ab; gleichnamige Pole stoßen einander ab 4.1 jmdn. ~ ⟨fig.⟩ *jmds. Widerwillen, Ekel, Abscheu erregen;* sein Benehmen stößt mich ab 5 ⟨500⟩ Ware ~ *(schnell) verkaufen, (billig) absetzen* 5.1 Ware mit Verlust ~ *verschleudern, unter Preis verkaufen* 6 ⟨500⟩ Töne (kurz) ~ *staccato spielen*

ab'strakt ⟨Adj.⟩ 1 *von der Wirklichkeit abgetrennt, begrifflich verallgemeinert, nur gedacht, unanschaulich;* Ggs *konkret* 1.1 ~e Kunst *Kunstrichtung, die durch frei erfundene Formen Eigenes schaffen will, das seine Vorlage nicht in der uns umgebenden Wirklichkeit finden muß* 1.2 ~es Rechtsgeschäft *ein selbständiges, vom Rechtsgrund (Gesetz, Vertrag) unabhängiges R.*

'ab|strei·chen ⟨V. 263⟩ 1 ⟨500⟩ etwas ~ *durch Streichen entfernen;* die Asche von der Zigarre ~ 2 ⟨500⟩ etwas ~ *durch Streichen von etwas säubern;* die Füße ~ 2.1 ein Meßglas ~ *abnehmen, was über das Maß hinausgeht* 2.2 ein Rasiermesser ~ *abwischen, abziehen* 3 ⟨550⟩ etwas von etwas ~ *abziehen;* von den Neuerungen wurde die Hälfte abgestrichen 4 ⟨500⟩ etwas ~ *durch Darüberstreichen absuchen;* die Scheinwerfer strichen das Ufer ab 4.1 der Raubvogel streicht das Feld ab ⟨jägerspr.⟩ *sucht das F. nach Beute ab* 5 ⟨400⟩ Federwild streicht ab *fliegt weg*

'ab|strei·fen ⟨V. 500⟩ 1 befestigte Gegenstände ~ *durch Streifen von etwas entfernen;* Beeren (von den Stielen) ~ 1.1 ⟨503/R5 od. R6⟩ etwas ~ *durch streifende Bewegung säubern;* sich die Füße ~ 2 einen Aal ~ *einem A. die Haut abziehen* 3 ⟨503/R5 od. R6⟩ etwas ~ *durch Herunterstreifen von sich entfernen, ablegen;* (jmdm. od. sich) Handschuhe, Kleider ~ 3.0.1 die Schlange streift die Haut ab *häutet sich* 3.1 Fehler, Gewohnheiten ~ *ablegen*

'ab|strei·ten ⟨V. 264/500⟩ 1 etwas ~ *in Abrede stellen, bestreiten, leugnen;* er streitet es ab, dabeigewesen zu sein; es läßt sich nicht ~, daß ... 1.1 ⟨530/R5⟩ jmdm. etwas ~ *nicht zugestehen wollen;* Sy *absprechen(2);* das lasse ich mir nicht ~!

'Ab·strich ⟨m.; -(e)s, -e⟩ 1 *Strich nach unten (beim Schreiben)* 2 *Verringerung, Abzug;* am Haushaltsplan wurden einige ~e gemacht 3 ⟨Met.⟩ *bei der trockenen Raffination des Bleis entstehende Verbindungen, die sich in der Schmelze an der Oberfläche sammeln u. von dort entfernt (abgestrichen) werden können* 4 ⟨Med.⟩ *Entnahme von Absonderungen aus Wunden und von der Schleimhaut zur mikroskop. od. bakteriolog. Untersuchung* 4.1 *der entnommene Schleim selbst*

'ab|stu·fen ⟨V. 500⟩ 1 etwas ~ ⟨a. fig.⟩ *stufenförmig gliedern, stufenförmig einteilen;* Gelände ~ 1.1 eine Skala ~ *in verschiedene Meßbereiche einteilen* 2 Farbtöne ~ ⟨fig.⟩ *in verschiedenen Schattierungen gegeneinander absetzen, abschattieren*

'ab|stump·fen ⟨V.⟩ 1 ⟨500⟩ etwas ~ *stumpf machen;* eine Schneide, Kante, Spitze ~ 1.1 jmdn. od. etwas ~ ⟨fig.⟩ *jmdn. od. etwas gefühllos machen;* sein Schicksal hat ihn völlig abgestumpft; die lange Zeit im Gefängnis hat seine Gefühle abgestumpft 2 ⟨400(s.)⟩ etwas stumpft ab *etwas wird stumpf;* die Klinge stumpfte ab 2.1 jmd. od. etwas stumpft ab ⟨fig.⟩ *jmd. od. etwas wird unempfindlich, träge, gleichgültig;* der Kranke war schon abgestumpft; ihr Empfinden war abgestumpft

'ab|stür·zen ⟨V. 400(s.)⟩ 1 *herunterfallen, in die Tiefe stürzen;* ein Flugzeug ist abgestürzt; er stürzte beim Klettern ab 2 an dieser Stelle stürzt der Berg (jäh) ab *fällt steil ab*

ab'surd ⟨Adj.⟩ 1 *abwegig, widersinnig* 2 *unsinnig, unvernünftig*

Abt ⟨m.; -(e)s, ⸚e⟩ *Vorsteher eines Klosters*

'ab|ta·keln ⟨V. 500⟩ 1 ein Schiff ~ ⟨Mar.⟩ *die Takelage vom Schiff abbauen, ein Schiff außer Dienst stellen* 2 jmdn. ~ ⟨fig.⟩ *des Amtes entheben*

Ab'tei ⟨f.; -, -en⟩ *Kloster, dem ein Abt od. eine Äbtissin vorsteht*

Ab'teil ⟨a. ['--] n.; -(e)s, -e⟩ 1 *abgetrennter Raum im Eisenbahnwagen;* Sy *Coupé(1)* ⟨veralt.; noch österr.⟩ 2 *Schrankfach*

'ab|tei·len ⟨V. 500⟩ 1 etwas ~ *einteilen, trennen;* in Portionen ~ 1.1 ein Wort ~ *nach Silben trennen* 2 ⟨R7⟩ *absondern* 3 Haare ~ *scheiteln*

'Ab·tei·lung[1] ⟨f.; -; unz.⟩ *das Abteilen, Abtrennung, Loslösung, Zerlegung*

Ab'tei·lung[2] ⟨f.; -, -en⟩ 1 *Abschnitt, Teil eines gegliederten Ganzen* 2 ⟨Biol.⟩ *Merkmal der Einteilung in der systemat. Biologie, zwischen Gruppe u. Klasse angeordnet* 3 ⟨Geol.⟩ *Abschnitt der Erdgeschichte zwischen Formation u. Stufe* 4 ⟨Mil.⟩ *Einheit von 2 bis 4 Kompanien od. Batterien* 5 *Zweig eines Betriebes mit bestimmtem Aufgabengebiet;* ~ einer Behörde, einer Bank, eines Betriebes 6 ⟨Forstw.⟩ *Teil eines Waldes*

'ab|tö·ten ⟨V. 500⟩ 1 ⟨R7 od. R8⟩ etwas ~ *töten, vernichten;* Bakterien ~; einen Nerv ~ 2 Schmerz ~ ⟨fig.⟩ *stillen, mit Hilfe eines Medikamentes unterdrücken* 3 Begierden ~ ⟨fig.⟩ *unterdrücken* 3.1 ⟨Rel.⟩ *sich kasteien*

'ab|tra·gen ⟨V. 265/500⟩ etwas ~ 1 ⟨geh.⟩ *vom Tisch abräumen;* die Speisen ~ 2 *Stein für Stein abbrechen;* Gebäude ~ 3 *einebnen;* Gelände ~ 4 *nach u. nach fortschaffen, beseitigen;* eine Geschwulst (operativ) ~ 5 eine Schuld ~ ⟨geh.⟩ *(in Raten) abzahlen* 6 Kleider ~ *durch Tragen abnutzen* 7 ⟨505/R3⟩ sich (mit etwas) ~ ⟨umg.⟩ *(etwas) mühsam tragen, schleppen*

'ab·träg·lich ⟨Adj.⟩ *schädlich, nachteilig;* das ist seinem Ruf ~

'ab|trei·ben ⟨V. 267⟩ 1 ⟨500⟩ etwas treibt jmdn. od. etwas ab *bringt jmdn. od. etwas vom Weg, Kurs ab;* die Strömung hat den Schwimmer abgetrieben 2 ⟨400⟩ *durch Wind od. Seegang vom Kurs abkommen;* das Boot treibt ab **3** ⟨500⟩ Weidevieh ~ *von der Weide zu Tal treiben* **4** ⟨500⟩ etwas ~ *aus dem Körper heraustreiben* 4.1 die Leibesfrucht ~ *im Mutterleib abtöten* 4.2 Würmer ~ *zur Ausscheidung bringen* **5** ⟨500⟩ ein Reit-, Zugtier ~ *zu sehr antreiben* **6** ⟨530/R6⟩ jmdm. seine Beute ~ *abjagen* **7** ⟨500⟩ Edelmetalle ~ ⟨Met.⟩ *von Bleibeimengungen abtrennen* **8** ⟨500⟩ eine Galerie ~ ⟨Bgb.⟩ *Stollen anlegen*

'Ab·trei·bung ⟨f.; -, -en⟩ *Beseitigung des Embryos;* eine ~ vornehmen

'ab|tren·nen ⟨V. 500⟩ **1** etwas ~ *(los)lösen;* eine Briefmarke von dem Bogen ~; Gebietsteile ~ ⟨fig.⟩ **2** etwas Angenähtes ~ *ablösen, abschneiden;* den Besatz eines Kleides ~ **3** Glieder ~ ⟨Chir.⟩ *amputieren* **4** etwas ~ *absondern, abteilen;* die Duschecke ist durch eine Wand vom übrigen Badezimmer abgetrennt

'ab|tre·ten ⟨V. 268⟩ **1** ⟨500⟩ etwas ~ *durch Treten ablösen, abbrechen* **2** ⟨530/R1⟩ sich die Füße ~ *durch festes Auftreten säubern* **3** ⟨530⟩ jmdm. etwas ~ *überlassen;* jmdm. seine Geschäfte, Rechte ~ **4** ⟨400(s.)⟩ *einen bestimmten Ort verlassen;* von der Bühne ~ 4.1 ~ lassen ⟨Mil.⟩ *wegtreten lassen* **5** ⟨800(s.)⟩ *sich von etwas zurückziehen;* aus dem öffentlichen Leben ~; vom Amte ~ **6** ⟨400(s.)⟩ *den Abort aufsuchen*

'Ab·tre·tung ⟨f.; -, -en⟩ **1** *Überlassung* **2** ~ an Zahlungs Statt *Hergabe von Sachen od. Rechten anstelle einer Z.*

'Ab·tritt ⟨m.⟩ **1** ~ eines Schauspielers *Abgang von der Bühne* **2** ⟨fig.⟩ *Tod* **3** ⟨umg.⟩ *Abort*[1] **4** *Ausscheiden aus einer Position;* ~ eines Beamten, Politikers

'ab|trock·nen ⟨V.⟩ **1** ⟨500/R7 od. 530/R6⟩ jmdn. od. (jmdm.) etwas ~ *trocken machen;* das Geschirr ~; sich die Füße ~; das nasse Kind ~; ich habe mich noch nicht abgetrocknet 1.1 etwas trocknet etwas ab *macht etwas trocken;* die Sonne hat die Wege gut abgetrocknet **2** ⟨400(s.)⟩ etwas trocknet ab *wird trocken;* der Weg ist bei der Hitze schnell abgetrocknet

'ab·trün·nig ⟨Adj.; geh.⟩ **1** *treulos* **2** *von einer Partei, Glaubensrichtung abgefallen*

'ab|tun ⟨V. 272/500⟩ **1** etwas ~ ⟨umg.⟩ *ablegen;* Kleider ~; Gewohnheiten ~ **2** eine Sache ~ ⟨veralt.⟩ *beendigen, erledigen;* ein Geschäft, eine Angelegenheit ~; Streit ~ 2.0.1 das ist damit nicht abgetan *noch nicht beendet, noch nicht genug* 2.1 Mißbrauch ~ *abstellen, abschaffen* **3** eine Sache ~ *geringschätzig ablehnen, sich mit einer S. zu befassen;* einen Vorschlag mit der Bemerkung „unmöglich" ~ **4** ein Tier ~ *töten*

'ab|wä·gen ⟨V. 278/500⟩ **1** etwas ~ *bedächtig überlegen, abschätzend erwägen;* die Worte ~ **2** zwei Dinge gegeneinander ~ *die Vorzüge und Nachteile zweier D. vergleichen*

'ab|wäl·zen ⟨V. 505⟩ **1** eine Last ~ *von sich wälzen, abschieben* **2** Steuern auf den Verbraucher ~ ⟨fig.⟩ *S. durch Preiserhöhung den V. zahlen lassen* **3** Arbeit, Bürde von sich ~ ⟨fig.⟩ *anderen auferlegen* **4** Schuld, Verdacht von sich ~ ⟨fig.⟩ *sich von S., V. unberechtigt befreien*

'ab|wan·deln ⟨V. 500⟩ **1** etwas ~ *umwandeln, abändern;* das Thema ist hier leicht abgewandelt **2** ein Nomen, Verb ~ ⟨Gramm.⟩ = *beugen(6)*

'Ab·wan·de·lung ⟨f.; Gramm.⟩ *Beugung;* oV *Abwandlung*

'ab|wan·dern ⟨V. 400⟩ **1** ⟨(s.)⟩ *von einem Ort an einen anderen ziehen;* die Bevölkerung wandert vom Lande in die Städte ab; ein Hochdruckgebiet wandert nach Osten ab **2** ⟨(s.)⟩ *die Arbeitsstelle verlassen;* die Arbeitskräfte wandern aus der Landwirtschaft in die Industrie ab **3** ⟨(s.)⟩ *einem Betrieb od. Industriezweig entzogen werden;* Kapital, Devisen wandern ins Ausland ab **4** ⟨500⟩ *eine Gegend wandernd durchqueren;* bei seinen Ausflügen hat er das ganze Gebiet abgewandert

'Ab·wand·lung ⟨f.⟩ = *Abwandelung*

'ab|war·ten ⟨V.⟩ **1** ⟨500⟩ etwas od. jmdn. ~ *auf etwas od. jmdn. warten;* einen günstigen Augenblick ~; den Postboten ~ **2** ⟨400⟩ *geduldig bleiben, bis etwas geschieht;* warten Sie ab!; ~ und Tee trinken! ⟨fig.; umg.⟩ 2.1 ~! ⟨umg.⟩ *man wird schon sehen*

'ab·wärts ⟨Adv.⟩ **1** ⟨Getrenntschreibung in der ursprünglichen Bedeutung⟩ *nach unten, talwärts;* die Bergsteiger werden ~ gehen **2** ⟨Zusammenschreibung mit Verben im übertragenen Sinne⟩ mit der Firma wird es ~gehen *wird es schlechter* **3** Kinder von 3 Jahren ~ *von 3 Jahren u. jünger*

'ab|wa·schen ⟨V. 279⟩ **1** ⟨503/R5 od. R6⟩ (jmdm. od. sich) etwas ~ *mit Hilfe von Wasser (u. Seife) entfernen;* sich das Blut vom Gesicht ~; die alte Farbe ~ **2** ⟨500/R7 od. R8⟩ etwas od. jmdn. ~ *mit Hilfe von Wasser u. Seife reinigen;* das Auto ~; das Kind ~ **3** ⟨500⟩ 3.1 Geschirr ~ *spülen* 3.2 Boden ~ *wegschwemmen;* die Flut hat die Ufer abgewaschen **4** alles in einem Abwaschen erledigen ⟨fig.; umg.⟩ *alles auf einmal (ohne Rücksicht auf den Einzelfall)*

'ab|wech·seln ⟨V.⟩ **1** ⟨505/R3 od. R4⟩ sich (mit jmdm.) ~ *wechselweise handeln, vorgehen;* sich am Lenkrad ~ 1.1 *eine Tätigkeit im regelmäßigen Wechsel mit einem andern tun;* sich bei der Arbeit, im Dienst ~ **2** ⟨410⟩ mit etwas ~ *wechselweise auftreten, vorkommen;* Wälder wechseln mit Wiesen ab 2.1 in seiner Beschäftigung ~ *die Art der B. häufig wechseln*

'Ab·wech·se·lung ⟨f.; -, -en⟩ = *Abwechslung*

'Ab·wechs·lung ⟨f.; -, -en⟩ oV *Abwechselung* **1** *unterhaltsame Unterbrechung (des Alltags), Zerstreuung;* in eine Sache ~ bringen; das ist eine nette ~; der ~ wegen; zur ~ 1.1 in einen Raum ~ bringen *einen R. vielfältig, bunt usw. gestalten* 1.2 in eine Gesellschaft ~ bringen *zur Unterhaltung einer G. beitragen*

'ab·we·gig ⟨Adj.⟩ **1** *sonderbar, unwirklich;* das kommt mir alles ziemlich ~ vor **2** *falsch, schädlich;* ein ~er Gedanke 2.1 das ist gänzlich ~ *unvorstellbar*

'Ab·wehr ⟨f.; -; unz.⟩ **1** ⟨a. fig.; Sp.⟩ *Zurückweisung eines Angriffs, Verteidigung;* ~ einer Krankheit; eine starke ~; sich auf ~ konzentrieren **2** *Schutz;* Wind~ **3** *Schutzmittel;* Mükken~ **4** ⟨Mil.⟩ *Geheimdienst gegen Spionage* **5** ⟨Mil.; Sp.⟩ *Einheit zur Verteidigung;* Flieger~, Luft~; unsere ~ spielte heute sehr schwach **6** *Widerstand, Ablehnung;* auf ~ stoßen

'ab|weh·ren ⟨V. 500⟩ **1** j m d n. od. e t w a s ~ ⟨a. fig.⟩ *zurückweisen;* den Feind ~; Dank, Lob ~; Gefahr ~; eine Krankheit ~; üble Folgen ~ 1.1 einen H i e b, S c h l a g ~ *verhindern, daß ein H., S. trifft* 1.2 ⟨Fechten⟩ = *parieren(1)* **2** j m d n. od. e t w a s ~ *fernhalten, sich dagegen schützen;* Kälte ~; die Besucher ~; die neugierigen Fragen ~ 2.1 *verscheuchen;* die Mücken ~

'ab|wei·chen[1] ⟨V.⟩ **1** ⟨500⟩ e t w a s ~ *ablösen durch Einweichen;* eine Briefmarke von einem Umschlag ~ **2** ⟨400⟩ e t w a s weicht ab *löst sich durch Feuchtigkeit ab;* das Etikett ist abgeweicht

'ab|wei·chen[2] ⟨ V. 281(s.)⟩ **1** ⟨400 od. 800⟩ v o n e t w a s ~ *sich von einer Richtung entfernen;* vom Kurs ~; vom Weg ~ 1.0.1 → a. *recht(6.0.3)* 1.1 von der R e g e l ~ *eine Ausnahme bilden* 1.2 vom T h e m a ~ *abkommen, nicht bei einem T. bleiben* **2** ⟨800⟩ v o n j m d m. od. e t w a s ~ *anders, verschieden sein, nicht gleichen;* unsere Ansichten weichen in dieser Frage voneinander ab

'ab|wei·sen ⟨V. 282/500⟩ **1** j m d n. od. e t w a s ~ *ablehnen, zurückweisen;* ein Anerbieten ~; eine Bitte ~; eine Erbschaft ~; Klage ~; einen Liebhaber ~; Wechsel ~; sich nicht ~ lassen; jmdn. barsch, höflich, kurz, schroff ~; ein ~des Gesicht machen; sich ~d verhalten **2** einen A n g r i f f ~ *zurückschlagen*

'ab|wen·den ⟨V. 283/500⟩ **1** ⟨505/R7⟩ s i c h od. e t w a s (v o n e t w a s) ~ *nach einer anderen Seite wenden;* den Blick ~; sich vom Wege ~ 1.1 sich von etwas od. jmdm. od. einem Vorhaben ~ *sich zurückziehen* 1.2 seine Hand von jmdm. ~ ⟨fig.⟩ *jmdm. seine Gunst (Fürsorge) entziehen* **2** eine S a c h e ~ ⟨geh.⟩ *verhindern, beseitigen, abwehren;* Gefahr ~; einen Hieb ~; Nachteile ~

'ab|wer·fen ⟨V. 286/500⟩ **1** e t w a s od. j m d n. ~ *nach unten, zur Erde werfen;* den Reiter ~ (vom Pferd); die Bettdecke ~ 1.1 das G e w e i h ~ ⟨jägerspr.⟩ *zu einer bestimmten Jahreszeit verlieren* 1.2 die M a s k e ~ ⟨fig.⟩ *sein wahres Gesicht zeigen* 1.3 K a r t e n ~ *ablegen* **2** ⟨fig.⟩ *sich von etwas befreien;* ein Joch ~ **3** e t w a s wirft e t w a s ab *bringt etwas ein;* Gewinn, Zinsen ~

'ab·we·send ⟨Adj. 24⟩ **1** *nicht anwesend, nicht da, ferngeblieben;* ~ sein; 3 Schüler sind ~ 1.1 seit 2 Tagen (von zu Hause usw.) ~ sein *seit 2 T. nicht mehr dagewesen sein* **2** ⟨fig.⟩ *zerstreut, mit den Gedanken nicht bei der Sache sein;* geistes~; er saß stumm und ~ da

'Ab·we·sen·heit ⟨f.; -, (selten) -en⟩ **1** *Nicht-gegenwärtig-Sein, Nichtanwesenheit;* kurze, ständige, zeitweilige ~ 1.1 d u r c h ~ g l ä n z e n ⟨fig.; umg.⟩ *durch Fernbleiben auffallen* 1.2 j m d n. i n ~ v e r u r t e i l e n *ihn verurteilen, ohne daß er beim Gerichtsverfahren gegenwärtig ist;* in ~ Verurteilter

'ab|wickeln ⟨-k·k-; V. 500/R7⟩ **1** e t w a s ~ *etwas von einer Rolle wickeln, abrollen(1.2);* Binde, Garn, Knäuel ~ **2** e t w a s ~ ⟨fig.⟩ *etwas ordnungsgemäß erledigen;* Geschäfte, Aufträge ~ 2.1 ⟨R3⟩ s i c h ~ *sich abspielen;* die Ereignisse wickeln sich ab

'Ab·wick·lung ⟨f.⟩ *ordnungsgemäße, schrittweise Erledigung*

'ab|wi·schen ⟨V.⟩ **1** ⟨503/R5 od. R6⟩ (j m d m.) e t w a s ~ *durch Wischen entfernen;* den Staub ~; das Blut (vom Gesicht) ~ **2** ⟨503/R5 od. R6⟩ j m d n. od. e t w a s ~ *durch Wischen säubern, putzen;* den Tisch ~; sich die Lippen (mit dem Taschentuch) ~

'ab|wür·gen ⟨V. 500⟩ **1** ein L e b e w e s e n ~ *zu ersticken versuchen, ihm die Kehle zudrücken;* der Marder würgte die Hühner ab 1.1 j m d n. ~ ⟨fig.; umg.⟩ *vernichten;* die Gegner, die Opponenten ~ **2** e t w a s ~ ⟨fig.; umg.⟩ *im Keim ersticken, unmöglich machen;* ein Unternehmen, eine Sache ~ 2.1 den M o t o r ~ *durch falsche Bedienung von Kupplung u. Bremse zum Stillstand bringen*

'ab|zah·len ⟨V. 500⟩ e t w a s ~ *in Raten zahlen, allmählich bezahlen;* Schuld ~; Möbel ~; wöchentlich, monatlich, vierteljährlich ~

'ab|zäh·len ⟨V.⟩ **1** ⟨500⟩ j m d n. od. e t w a s ~ *zählen(1);* die Anwesenden, die Schüler ~; Flaschen, Kisten ~ 1.1 das Geld abgezählt bereithalten *passend* 1.2 ⟨511 od. 531/R5⟩ (s i c h) e t w a s a n d e n F i n g e r n ~ *mit Hilfe der F. zählen* 1.2.1 das kannst du dir doch an den fünf Fingern ~ ⟨fig.⟩ *das ist doch selbstverständlich, leicht durchschaubar* **2** ⟨400⟩ *durch Zählen auswählen u. für eine Aufgabe bestimmen;* die Kinder zählten ab, wer fangen sollte **2.1** ⟨405⟩ z u v i e r e n ~! ⟨Kommando⟩ *bis vier zählen, indem jeder in der Reihe die nächste Zahl nennt, und dann wieder von vorn beginnen*

'Ab·zah·lung ⟨f.⟩ *Teilzahlung, Rate;* etwas auf ~ (ver)kaufen

'ab|zap·fen ⟨V.⟩ **1** ⟨500⟩ e t w a s ~ *durch ein Bohrloch abfließen lassen;* Bier, Wein (aus einem Faß) ~; Harz (aus Bäumen) ~ **2** ⟨530/R5 od. R6⟩ j m d m. e t w a s ~ *allmählich abnehmen* 2.1 j m d m. B l u t ~ *aus den Adern entnehmen* 2.2 j m d m. G e l d ~ ⟨fig.; umg.⟩ *durch unbescheidenes Fordern von jmdm. erhalten*

'ab|zeich·nen ⟨V. 500⟩ **1** e t w a s ~ *nach einer Vorlage zeichnen;* ein Bild ~ **2** ein S c h r i f t s t ü c k ~ *mit dem abgekürzten Namenszug unterschreiben;* Sy *signieren(1)* **3** ⟨R3⟩ e t w a s zeichnet s i c h ab *hebt sich ab, ist deutlich sichtbar;* die Umrisse der Türme zeichnen sich gegen den Himmel ab 3.1 ⟨fig.⟩ *sich andeuten;* die Entwicklung zeichnet sich deutlich ab

'ab|zie·hen ⟨V. 293⟩ **1** ⟨500⟩ e t w a s ~ *ziehend entfernen, wegnehmen* 1.0.1 den Hut vor jmdm. ~ *grüßend abnehmen* 1.0.2 den Schlüssel ~ *aus dem Schloß ziehen* 1.1 ⟨550⟩ e t w a s v o n j m d m. od. e t w a s ~ *abwenden;* die Blicke von der erfreulichen Erscheinung ~ 1.1.1 seine Hand von jmdm. ~ ⟨fig.⟩ *jmdm. weiteren Schutz, weitere Hilfe versagen* **2** ⟨500⟩ e t w a s ~ *durch Herunterziehen von etwas befreien* 2.1 ein B e t t ~ *Bettbezüge abnehmen* 2.2 ein T i e r ~ *Fell (Haut) von einem T. ziehen* **3** ⟨500⟩ e t w a s ~ *herausziehen, (saugend) entnehmen;* Wasser ~ 3.1 W e i n ~ *vom Faß entnehmen u. in Flaschen füllen* **4** ⟨505⟩ e t w a s (v o n e i n e m B e t r a g) ~ *abrechnen, subtrahieren;* Steuern vom Lohn ~; eine Summe vom Preise ~ **5** ⟨500⟩ M e s s e r ~ *glättend nachschleifen* **6** ⟨500⟩ e t w a s ~ *übertragen* 6.1 B i l d e r ~ *kopieren, vervielfältigen* 6.2 ⟨Typ.⟩ *einen Andruck, Abzug von etwas machen* **7** ⟨550⟩ e t w a s mit e t w a s ~ ⟨Kochk.⟩ *sämig machen;* eine Suppe mit Ei ~ **8** ⟨550⟩ j m d n.

von einer Sache ~ *ablenken, abbringen;* jmdn. von seinen Gedanken ~; jmdn. von einem Plan ~ **9** ⟨400(s.)⟩ *sich ziehend entfernen* 9.1 *abrücken, abmarschieren;* die Wache zieht ab 9.2 *weg-, davongehen;* er zog beschämt ab 9.2.1 zieh ab! ⟨umg.⟩ *fort mit dir!* 9.3 etwas zieht ab *zieht weg;* der Rauch zieht gut ab; das Gewitter zog ab

'ab|zie·len ⟨V. 800⟩ **1** auf etwas ~ *etwas beabsichtigen, auf etwas gerichtet sein;* auf was zielst du damit ab? **2** auf jmdn. ~ *jmdn. meinen;* auf wen zielt das ab?

'Ab·zug ⟨m.; -(e)s, ¨-e⟩ **1** *das Abziehen(4)* 1.0.1 etwas in ~ bringen *abziehen(4), vermindern* 1.0.2 nach ~ der Kosten *nachdem ein Betrag um die Kosten gekürzt wurde* 1.0.3 ohne ~ *zum vollen Rechnungsbetrag* **2** ⟨Mil.⟩ *Rückzug, Abmarsch (von Truppen)* **3** *Vorrichtung, durch die etwas abziehen(9.3) kann* 3.1 ⟨Tech., Chem.⟩ *Vorrichtung zum Ableiten von Dämpfen u. Gasen* 3.2 *Graben oder Rohr zum Ableiten von Flüssigkeit* 3.3 ~ von Wein *das Abziehen(3.1)* **4** ⟨Phot.⟩ *positive Kopie von einem Negativ;* Kontakt~ **5** ⟨Typ.⟩ *Einzelabdruck vom Schriftsatz* **6** *Vorrichtung an Schußwaffen zum Auslösen des Schusses*

'ab|zwei·gen ⟨V.⟩ **1** ⟨400 od. 500/R3⟩ ein Weg zweigt (sich) ab *gabelt, spaltet sich ab;* der Weg zweigt hier ab **2** ⟨515⟩ etwas (für sich) ~ *heimlich wegschaffen*

'Ab·zwei·gung ⟨f.; -, -en⟩ **1** *Verzweigung in zwei Arme;* ~ der Straße, Eisenbahn; bei der ~ rechts bleiben **2** ⟨Eisenb.⟩ *von der Hauptstrecke zu kleinen Orten führende Strecke* **3** *Nebenleitung*

ach ⟨Int.⟩ **1** *(drückt Erstaunen, Schmerz usw. aus)* 1.1 ~ Gott! *nein, so was!* 1.2 ~ ja! *na ja, ja schon, gewiß doch* 1.3 ~ nein! *gewiß nicht!, ich glaube kaum!, was du nicht sagst* 1.4 ~ so! *so ist das!* 1.5 ~ was? *wirklich?, wie ist das möglich?* 1.6 ~ was! *keine Rede davon, keine Spur!, kommt nicht in Frage!* 1.7 ~ und weh schreien *laut jammern*

Ach·se ⟨['aksə]; f.; -, -n⟩ **1** ⟨Tech.⟩ *längl. Vorrichtung zum Aufhängen der Räder eines Fahrzeugs* 1.1 etwas auf od. per ~ schicken, befördern ⟨kaufmannsspr.⟩ *durch ein Fahrzeug auf dem Landwege* 1.1.1 ständig auf (der) ~ sein ⟨fig.; umg.⟩ *unterwegs, immerzu auf Reisen* **2** ⟨Astr.; Phys.⟩ *gedachte, gerade Linie, um die sich ein (Himmels-)Körper dreht* **3** ⟨Math.⟩ *Gerade, die bei einer Drehung ihre Lage nicht verändert;* Koordinaten~, Symmetrie~ **4** ⟨Opt.⟩ *gedachte Gerade, die durch den Mittelpunkt der Krümmung eines Spiegels od. einer Linse verläuft* **5** ⟨fig.⟩ *wichtige Verbindungslinie;* Nord-Süd-~ **6** ⟨Bot.⟩ *Stengel, Schaft, Stamm u. Wurzelstock einer Pflanze*

Ach·sel ⟨['aksəl]; f.; -, -n⟩ **1** ⟨i. w. S.⟩ *Schulter* 1.1 etwas auf die leichte ~ nehmen ⟨fig.⟩ *sich wenig darum sorgen* 1.2 jmdn. über die ~ ansehen ⟨fig.⟩ *auf jmdn. herabschauen, jmdn. geringschätzen* **2** ⟨i. e. S.⟩ *Höhle zwischen Brust, Oberarm u. Schulterblatt*

acht ⟨Num. 11; in Ziffern: 8⟩ → a. *vier* **1** *die Zahl 8* **2** ~ Tage *eine Woche (eigtl. sieben Tage);* in ~ Tagen, vor ~ Tagen, über ~ Tage

Acht[1] ⟨f.; -, -en⟩ **1** *die Zahl, Ziffer 8;* eine ~ drucken **2** ⟨umg.⟩ *Straßenbahn, Buslinie Nr. 8;* in die ~ (um)steigen, mit der ~ fahren

Acht[2] ⟨f.; -; unz.⟩ **1** ⟨mit Großschreibung (nur wenn ein Artikel od. Attribut davor steht)⟩ *Aufmerksamkeit, Fürsorge* 1.1 etwas aus der, aus aller ~ lassen *versäumen, von etwas absehen;* die Vorschriften außer aller ~ lassen **2** ⟨mit Kleinschreibung⟩ etwas außer acht lassen *versäumen, nicht beachten;* ihren Wunsch ließ er außer acht 2.1 sich, etwas in acht nehmen *vorsichtig sein, gut achten auf, aufpassen auf;* nimm deine Gesundheit in acht! 2.2 sich vor etwas od. jmdm. in acht nehmen *vorsehen vor, vorsichtig sein bei;* nimm dich (vor dem Menschen) in acht!

Acht[3] ⟨f.; -; unz.⟩ Ggs *Bann(1)* **1** *Ausschluß von jedem Rechtsschutz;* die ~ aussprechen über jmdn., jmdn. in die ~ erklären, tun **2** ⟨fig.⟩ *aus der Gesellschaft ausstoßen;* jmdn. in ~ und Bann tun

'ach·tel ⟨Num. 11; in Ziffern: $^1/_8$⟩ *der achte Teil;* ein ~ Zentner

'Ach·tel ⟨n.; schweiz. m.; -s, -⟩ **1** *der achte Teil;* ein ~ vom Kuchen; drei ~ Wurst **2** ⟨Mus.⟩ *Achtelnote;* die Geige beginnt zwei ~ später als die Flöte; im Dreiachteltakt ($^3/_8$-Takt)

'ach·ten ⟨V.⟩ **1** ⟨500/R7 od. R8⟩ jmdn. od. etwas ~ *Achtung(2) vor jmdm. od. etwas haben;* Ggs *verachten(1);* jmdn. od. etwas gering ~, hoch ~ 1.1 eine geachtete Firma, Persönlichkeit *geschätzt, von gutem Ruf, von hohem Ansehen* 1.2 Ansichten, Gesetze ~ *respektieren, darauf Rücksicht nehmen, sich danach richten* **2** ⟨700⟩ jmds. od. einer Sache ~ ⟨veralt.⟩ *auf jmdn. od. eine S. aufpassen;* er achtet ihrer **3** ⟨800⟩ auf jmdn. od. etwas ~ *seine Aufmerksamkeit auf jmdn. od. etwas gerichtet haben;* Sy *achtgeben, achthaben(2);* ohne auf ihn zu ~ **4** ⟨550/R7⟩ jmdn. od. etwas für nichts ~ *geringschätzen*

'äch·ten ⟨V. 500⟩ **1** jmdn. ~ *in die Acht erklären, tun* **2** ⟨fig.⟩ *aus einer Gemeinschaft ausstoßen* **3** *mißachten*

'acht|ge·ben ⟨V. 143/800⟩ auf jmdn. od. etwas ~ = *achten(3);* hast du achtgegeben?

'acht|ha·ben ⟨V. 159⟩ **1** ⟨400⟩ hab acht! *paß auf!, sieh dich vor!* 1.1 habt acht! ⟨Mil.; bes. österr.⟩ *stillgestanden! (Kommando)* **2** ⟨800⟩ auf etwas od. jmdn. ~ = *achten(3)*

'Ach·tung ⟨f.; -; unz.⟩ **1** *Aufmerksamkeit* 1.1 ⟨Mil.⟩ *(Kommando) aufgepaßt!, Vorsicht!* **2** *Wertschätzung, Hochschätzung;* jmdm. ~ einflößen, erweisen, gebieten, zollen; jmdm. wird ~ zuteil; sich ~ verschaffen; die schuldige ~ beobachten; in hoher ~ bei jmdm. stehen; aus ~ vor jmdm.; es an ~ gegen jmdn. fehlen lassen

'acht·zehn ⟨Num. 11; in Ziffern: 18⟩ *zehn plus acht;* um (das Jahr) ~hundert (1800); im Jahre (neunzehnhundert)~ (1918)

'acht·zig ⟨Num. 11; in Ziffern: 80⟩ *achtmal zehn;* er ist ~ (Jahre alt); über ~, unter ~

'Acht·zig ⟨f.; -, -en⟩ **1** *die Zahl 80* **2** *ein Alter von 80 Jahren;* jmd. ist Mitte, Ende (der) ~, über die ~

'acht·zi·ger ⟨Adj. 11⟩ → *vierziger*

'Acht·zi·ger ⟨m.; -s, -⟩ **1** → *Vierziger(1);* er ist ein rüstiger ~ 1.1 hoch in den ~n *weit über 80 Jahre alt* **2** ⟨nur Pl.⟩ → *Vierziger(2)*

'Acht·zi·ger·in ⟨f.; -, -n·nen⟩ → *Vierzigerin;* sie ist eine rüstige ~

'äch·zen 〈V. 400〉 **1** *stöhnen, seufzen;* vor Hunger, Schmerz ~ **2** *klagen, wehklagen*
'Acker 〈-k·k-; m.〉 **1** 〈-s, ¨-er〉 *landwirtschaftl. bebauter Boden, Feld;* den ~ bestellen, pflügen; auf dem ~ arbeiten **2** 〈7; -s, -〉 *altes Feldmaß (landschaftl. verschieden gemessen, zwischen 19,065 a in Hessen u. 64,43 a in Sachsen-Altenburg)*
'Acker·bau 〈m.; -s; unz.〉 **1** 〈i. e. S.〉 *systemat. Bebauen des Bodens mit Nutzpflanzen;* ~ treiben **2** 〈i. w. S.〉 *auch die Viehhaltung*
'ackern 〈-k·k-; V. 400〉 **1** *den Acker bestellen, pflügen* **2** 〈fig.〉 *schwer arbeiten, sich plagen, sich hart mühen*
'Adam 〈m.; -s, unz.〉 **1** 〈nach bibl. Überlieferung〉 *der erste Mensch* 1.0.1 eine Geschichte bei ~ und Eva zu erzählen anfangen *weitschweifig erzählen, ganz von vorn anfangen* **2** 〈fig.〉 *der Mensch (schlechthin) mit all seinen Schwächen* 2.0.1 den alten ~ ausziehen *ein neuer Mensch werden* 2.0.2 der alte ~ in ihm regt sich *der sündhafte Mensch in ihm, der Mensch, der der Versuchung zugänglich ist*
ad'die·ren 〈V. 500〉 etwas ~ **1** *hinzufügen* **2** *zusammenzählen;* 20 und 30 ~
ade 〈[-'-] Int.; umg.〉 *adieu, leb wohl;* Winter ~, Scheiden tut weh; jmdm. ~ sagen
'Adel 〈m.; -s; unz.〉 **1** *in einer nach Ständen gegliederten Gesellschaftsordnung der oberste, mit besonderen Vorrechten ausgestattete Stand, auf Grund von Landbesitz od. von besonderen Verdiensten durch Verleihung;* Feudal~, Geburts~, Brief~, Verdienst~; alter, hoher, niedriger ~ 1.1 von altem ~ sein *aus einem alten adligen Geschlecht stammen* **2** *Adelstitel;* den ~ verleihen; gekaufter ~ **3** 〈fig.; geh.〉 *vornehme edle Gesinnung, geistige Kultiviertheit;* Seelen~, Geistes~; innerer ~
'ad·eln 〈V. 500〉 **1** jmdn. ~ *in den Adelsstand erheben, jmdm. einen Adelstitel verleihen* **2** jmdn. od. etwas ~ 〈fig.; geh.〉 *edler machen, bes. hervorheben, auszeichnen;* seine Gesinnung adelt sein Handeln, seine Tat; ihr häßliches Gesicht wurde durch Güte u. Vornehmheit geadelt
'Ader 〈f.; -, -n〉 **1** *der Beförderung von Blut dienendes Organ von Menschen u. Tieren;* Sy *Blutgefäß;* mir erstarrte vor Schreck das Blut in den ~n 1.0.1 jmdn. zur ~ lassen 〈Med.〉 *jmdm. Blut abnehmen* **2** *sich verzweigende Linie* 2.1 〈Bot.〉 *Blattnerv, Rippe;* Blatt~ 2.2 〈Geol.〉 *Minerallagerstätte, Gang;* Erz~ 2.3 *Linie der Maserung;* Marmor~ 2.4 〈Tech.〉 *stromführender Teil eines Kabels* **3** *Wesenszug, Veranlagung;* eine poetische ~; es ist keine gute ~ an ihm
'Ader·laß 〈m.; -s·ses, ¨-s·se〉 **1** 〈Med.〉 *Öffnung einer Blutader (Vene) zur Entziehung von Blut* **2** 〈fig.〉 *Verlust, Einbuße*
'ädern 〈V. 500〉 Gegenstände ~ **1** *mit Adern versehen* **2** *mit einem aderähnl. Muster verzieren*
adieu 〈[a'djø] Adj. 50; Abschiedsgruß〉 *lebe wohl, auf Wiedersehen;* jmdm. ~ sagen
'Ad·jek·tiv 〈n.; -s, -e; Gramm.〉 *Wortart, die ein Substantiv oder Verb näher bestimmt u. die gebeugt werden kann;* Sy *Eigenschaftswort*
'Ad·ler 〈m.; -s, -〉 **1** 〈Zool.〉 *Angehöriger einer Gattung großer Greifvögel mit kräftigem Schnabel: Aquila* **2** *Sinnbild für Stärke u. Kühnheit* **3** *Wappentier;* der österreichische ~ **4** 〈Astr.〉 *Sternbild der Äquatorzone des Himmels*
'ad·lig 〈Adj. 24〉 **1** *von Adel;* ein ~es Fräulein 1.1 ~en Standes *dem Adel zugehörig* **2** 〈a. fig.; geh.〉 *edel, vornehm*
Ad·mi'ral 〈m.; -s, -e od. (österr.) -'räle〉 **1** *Offizier der Seestreitkräfte im Generalsrang* **2** *Tagschmetterling mit rotem Band u. weißen Flecken auf schwarzen Flügeln: Vanessa atalanta* **3** *Rotwein mit Vanille (od. anderen Gewürzen) erhitzt u. mit Eigelb verquirlt*
ad·op'tie·ren 〈V. 500〉 **1** etwas ~ *sich aneignen* **2** ein Kind ~ = *annehmen(2.4)*
Adres·se 〈[-'--] f.; -, -n〉 **1** *Angabe (des Namens u.) der Wohnung (des Ortes, der Straße u. der Hausnummer) einer bestimmten Person;* Sy *Anschrift* 1.1 per ~ 〈auf Briefen; Abk.: p. A., p. adr.〉 *an die Anschrift (einer dritten Person), zu erreichen über;* Herrn Heinrich Schulze, p. A. Familie Müller **2** *schriftl. Kundgebung, Eingabe* **3** *Glückwunschschreiben;* Glückwunsch~; eine ~ an jmdn. richten
adrett 〈[-'-] Adj.〉 *hübsch u. zugleich nett, sauber;* ein ~es Mädchen; ~ angezogen sein
Ad·vent 〈[-'vɛnt] m.; -(e)s, -e〉 **1** *Zeit vor Weihnachten* **2** erster ~ *der erste der vier Sonntage vor Weihnachten, Beginn des Kirchenjahres*
Af'fä·re 〈f.; -, -n〉 **1** *Angelegenheit, (unangenehmer) Vorfall, Streitsache* **2** *Liebesverhältnis, -abenteuer;* Liebes~
'Af·fe 〈m.; -n, -n〉 **1** *Angehöriger einer Unterordnung der Herrentiere (Primates) mit Greifhand u. gut entwickeltem Gehirn: Simiae;* er kann klettern wie ein ~ 1.0.1 ich dachte, mich laust, kratzt der ~ 〈umg.〉 *ich war überrascht* 1.0.2 rennen wie ein vergifteter ~ 〈umg.〉 *außerordentlich schnell, hastig, eilig* 1.0.3 du bist wohl vom ~n gebissen? 〈umg.〉 *du bist wohl verrückt?* **2** *dummer (eingebildeter) Mensch (als Schimpfwort);* du ~!; so ein eingebildeter ~ **3** 〈umg.〉 *Rausch;* einen ~n haben 3.0.1 sich einen ~n kaufen 〈fig.〉 *sich einen Rausch antrinken* **4** 〈soldatenspr.〉 *Tornister*
'äf·fen 〈V. 500; geh.〉 **1** jmdn. od. etwas ~ *nachahmen* **2** jmdn. ~ *narren*
'af·fig 〈Adj.; fig.; umg.〉 *geziert, gekünstelt, eitel;* Sy *äffisch(2)*
'äf·fisch 〈Adj.〉 **1** *wie ein Affe* **2** 〈fig.; geh.〉 = *affig*
'Af·ter 〈m.; -s, -〉 *Öffnung des Mastdarms nach außen*
Agent 〈[-'-] m.; -en, -en〉 **1** *Vertreter, Vermittler, Beauftragter* **2** *Spion*
Ag·gre'gat 〈n.; -(e)s, -e〉 **1** *Anhäufung, mehrgliedriges Ganzes* **2** 〈Math.〉 *durch + od. − verbundene mehrgliedrige Größe* **3** 〈Tech.〉 *Koppelung mehrerer Maschinen, bes. von Kraft- u. Arbeitsmaschinen*
Ag·gre'gat·zu·stand 〈m.〉 *eine der drei Erscheinungsformen der Materie;* gasförmiger, flüssiger, fester ~
Ag·gres·si'on 〈f.; -, -en〉 *Angriff, Überfall*
ag·gres'siv 〈Adj.〉 **1** *angreifend* **2** *angriffslustig, streitsüchtig*
Agi·ta·ti'on 〈f.; -, -en〉 *aggressive polit. Werbung, polit. Propaganda*
ah 〈Int.〉 **1** *(Ausruf des Staunens, der Verwun-*

derung, Bewunderung od. Erleichterung) **2** ~ so! *also so ist das!*

aha ⟨[-'-, '--] Int.⟩ **1** *Ausruf des plötzlichen Verstehens* **2** *Ausruf der Genugtuung*

'Ah·le ⟨f.; -, -n⟩ *spitzes Werkzeug zum Stechen von Löchern in Leder od. Pappe;* Sy *Pfriem, Pfriemen, Ort(5)*

Ahn ⟨m.; -(e)s od. -en, -en⟩ **1** ⟨geh.⟩ *Vorfahre;* die ~en, unsere ~en **2** ⟨oberdt.⟩ *Groß-, Urgroßvater*

'Ah·ne ⟨m.; -n, -n od. f.; -, -n⟩ **1** ⟨geh.⟩ *Ahn, Ahnin, männl. od. weibl. Vorfahr* **2** ⟨oberdt.⟩ *Groß-, Urgroßvater, Groß-, Urgroßmutter*

'äh·neln ⟨V. 600⟩ jmdm. od. etwas ~ *(so) ähnlich sein, ähnlich (aus)sehen, ähnlich klingen (wie);* das Bild ähnelt einem anderen, das ich kenne; er ähnelt seinem Vater; die Geschwister ~ sich, einander

'ah·nen ⟨V.⟩ **1** ⟨500⟩ etwas ~ *vorher-, vorausfühlen;* ich habe es doch (fast) geahnt, daß du heute kommen würdest; du ahnst nicht, wie schwer es ist; ich ahne Böses, nichts Gutes; deine Andeutung läßt ~, was nun kommt 1.1 ach, du ahnst es nicht! ⟨umg.⟩ *(Ausruf der unangenehmen Überraschung)* **2** ⟨530⟩ jmdm. ahnt etwas ⟨umg.⟩ *jmd. befürchtet etwas;* mir ahnt, daß ...

'ähn·lich ⟨Adj.⟩ **1** *in entsprechenden Merkmalen übereinstimmend;* sie ist ihrem Bruder ~, wird ihm immer ~er; täuschend, sprechend ~; ~ sein, schmecken, riechen, klingen; sich ~ anfühlen; etwas Ähnliches; er heißt N. oder so ~; eine meinem Bruder ~e Person; er ist meinem B. ~; sie reagiert ~ wie ihre Schwester; er sieht ihr ~; sie sehen sich ~ 1.0.1 und ~es ⟨Abk.: u. ä.⟩ *u. anderes, was dem Genannten, Erwähnten entspricht* 1.1 ⟨Math.; Zeichen: ~⟩ *in entsprechenden Winkeln übereinstimmend* 1.2 ⟨53⟩ das sieht ihm ~ *das habe ich ihm zugetraut*

'Ähn·lich·keit ⟨f.; -, -en⟩ *das Ähnlichsein, Übereinstimmung in wesentl. Merkmalen;* er, sie, es hat (einige) ~ mit ...; die ~ zwischen beiden ist auffallend, täuschend, verblüffend

'Ah·nung ⟨f.; -, -en⟩ **1** *Vorgefühl, Vermutung, gefühlsmäßige Erwartung;* meine ~ hat sich (nicht) erfüllt; ich habe eine ~, als ob ...; meine ~ hat mich (nicht) getrogen; bange, böse, dunkle, schlimme ~en **2** ⟨unz.; umg.⟩ *Begriff, Vorstellung;* hast du eine ~, wo ich meine Brille hingelegt habe?; ich habe keine blasse ~, wo er ist; du hast ja keine ~, wie schrecklich das ist!; ich habe nicht die leiseste ~, ob ..., wie ... 2.1 hast du eine ~! ⟨umg.⟩ *was du dir so (darunter) vorstellst* 2.2 keine ~! ⟨umg.⟩ *ich weiß es nicht!* 2.3 ich habe keine ~ davon *ich weiß es absolut nicht*

'Ahorn ⟨m.; -s, -e⟩ *ein Baum od. Strauch aus der Gattung der Ahorngewächse (Aceraceae) der nördl. Halbkugel: Acer*

'Äh·re ⟨f.; -, -n⟩ **1** ⟨Bot.⟩ *Blütenstand mit ungestielten Einzelblüten an der verlängerten Hauptachse* **2** *der fruchttragende Teil des Getreidehalms;* reife, schwere, taube ~n; in die ~n schießen; ~n lesen

Air[1] ⟨[ɛ:r] n.; -s, -s⟩ **1** *Aussehen, Haltung, Benehmen* **2** sich ein ~ geben *vornehm tun, sich wichtig machen, angeben;* sich ein ~ von Künstlertum geben

Air[2] ⟨['ɛ:r] n.; -s, -s⟩ **1** *Lied, Arie* **2** *liedartiges Instrumentalstück*

Aka·de'mie ⟨f.; -, -n⟩ **1** *Vereinigung, Gesellschaft von Gelehrten, Dichtern, Künstlern u. ä.;* Dichter~, Sprach~; ~ der schönen Künste; ~ der Wissenschaften **2** ⟨veralt.⟩ *Fachschule od. Hochschule für Künste od. Bergbau;* Berg~, Kunst~, Musik~ **3** ⟨österr.⟩ *literar. od. musikal. Veranstaltung*

Aka'de·mi·ker ⟨m.; -s, -⟩ **1** ⟨selten⟩ *Mitglied einer Akademie* **2** ⟨allg.⟩ *jmd., der auf einer Akademie, bes. auf der Universität, studiert hat*

aka'de·misch ⟨Adj.⟩ **1** *eine Akademie betreffend, zu ihr gehörig, auf ihr beruhend* **2** *einer Hochschule zukommend, von einer H. stammend, zu einer H. gehörend;* eine ~e Bildung; ~ ausgebildet 2.1 ~e Freiheit 2.1.1 *Freiheit des Studierenden, sich seinen Studienplan selbst zusammenzustellen u. sich die Hochschule auszuwählen* 2.1.2 *die Lehrfreiheit des Dozenten* 2.2 ~er Grad *Stufe in der Laufbahn des Hochschullehrers nach bestimmten Prüfungen, z. B. Doktor* 2.3 ~e Jugend *die Studenten* 2.4 ~es Viertel *Viertelstunde nach der (für den Beginn der Vorlesungen) angegebenen Zeit* **3** ⟨fig.⟩ *weltfremd, trocken* 3.1 *überlieferungstreu*

ak·kli·ma·ti'sie·ren ⟨V. 500/R3⟩ sich ~ *an veränderte Klima- od. Umweltbedingungen gewöhnen, sich diesen anpassen*

Ak'kord ⟨m.; -(e)s, -e⟩ **1** *Übereinstimmung* **2** ⟨Rechtsw.⟩ *Vergleich, Vereinbarung (mit Gläubigern);* einen ~ abschließen **3** ⟨Mus.⟩ *Zusammenklang von drei od. mehr Tönen verschiedener Höhe;* einen ~ anschlagen, greifen **4** ⟨unz.⟩ *nach der Menge der geleisteten Arbeit bemessener Lohn;* im ~ arbeiten

Ak·ku·mu'la·tor ⟨m.; -s, -'to·ren; Kurzw.: Akku⟩ **1** *Gerät zum Speichern elektr. Energie mittels elektrochem. Vorgänge* **2** *ein Druckwasserbehälter mit konstantem Wasserdruck für hydraulische Pressen*

ak·ku'rat ⟨Adj.⟩ **1** *genau, sorgfältig, sehr ordentlich;* Ggs *inakkurat;* ~ arbeiten **2** ⟨50⟩ es ist ~ so ⟨umg.⟩ *genauso ist es*

'Ak·ne ⟨f.; -, -n⟩ *eine von den Talgdrüsen ausgehende, bes. in den Entwicklungsjahren vorkommende eitrige Hauterkrankung: Acne vulgaris*

Akro'bat ⟨m.; -en, -en⟩ **1** *Turner, der besondere körperl. Kraft, Gewandtheit u. Beweglichkeit erfordernde Übungen vollbringt* **2** *Turnkünstler, Schlangenmensch, Seil-, Trapezkünstler*

Akt[1] ⟨m.; -(e)s, -en⟩ = *Akte(1);* suchen Sie mir bitte den ~ „Meyer" heraus

Akt[2] ⟨m.; -(e)s, -e⟩ **1** *Handlung, Vorgang, Tätigkeit, Tat;* ein ~ der Menschlichkeit, Höflichkeit, Verzweiflung; ein symbolischer, feierlicher ~ **2** *Vorführung;* Zirkus~ **3** *Teil eines Bühnenwerkes;* Sy *Aufzug(4);* ein Drama mit fünf ~en **4** *Darstellung des nackten menschl. Körpers;* einen ~ zeichnen, malen; ein männlicher, weiblicher ~ **5** *Begattung, Koitus;* Geschlechts~

'Ak·te ⟨f.; -, -n⟩ **1** *schriftl. Unterlagen eines geschäftl. od. gerichtl. Vorgangs;* oV *Akt*[1]*;* Gerichts~, Polizei~, Prozeß~ 1.1 jmdn. in den ~n führen *Unterlagen über jmdn. besitzen* **2** etwas zu den ~n legen 2.1 ⟨Abk.: z.d.A.⟩ *zu den schon vorhandenen, gesammelten Schrift-*

stücken über den gleichen Vorgang **2.2** 〈fig.〉 *als erledigt ablegen*

'Ak·tie 〈[-tsiə] f.; -, -n〉 **1** *Anteil am Grundkapital einer Aktiengesellschaft;* die ~n stehen (nicht) gut, steigen (fallen) **1.1** *Anteilschein;* sein Geld in ~n anlegen **2** die ~n stehen gut (schlecht) 〈fig.〉 *die Aussichten sind gut (schlecht)*

'Ak·ti·en·ge·sell·schaft 〈f.; Abk.: AG, AG., A.G., A.-G.〉 *Handelsgesellschaft, deren Grundkapital aus den Einlagen der Gesellschafter besteht, mit denen diese (beschränkt od. voll) haften u. aus denen sie in Form von Dividenden Erträge beziehen*

Ak·ti'on 〈f.; -, -en〉 **1** *Handlung, Vorgehen, Unternehmung;* eine gemeinsame ~ starten **1.1** in ~ treten *zu handeln, zu wirken beginnen* **2** *Maßnahme, Ereignis, Geschehnis*

ak'tiv 〈a. ['--] Adj.〉 **1** *tätig, wirksam, unternehmend;* Ggs *passiv;* sich ~ beteiligen an, bei etwas **1.1** ~es Wahlrecht *das Recht zu wählen* **1.2** ~e Immunisierung 〈Med.〉 *I. durch Übertragung lebender od. abgetöteter Krankheitserreger, wobei der Körper selbst Antikörper bildet* **1.3** ~er Widerstand *W. mit Anwendung von Gewalt* **1.4** ~er Wortschatz *W., den ein Sprecher selbst anwendet;* → a. *passiver Wortschatz* **1.5** 〈Gramm.〉 *zum Aktiv[1] gehörig, im A. stehend* **2** 〈Mil.〉 *ständig im Dienst stehend;* Ggs *inaktiv;* ~er Offizier; die ~e Truppe

'Ak·tiv[1] 〈n.; -s, unz.〉 *grammatische Kategorie, bei der ein Subjekt formal als Träger eines Geschehens anzusehen ist*

Ak'tiv[2] 〈n.; -s, -s od. -e; DDR〉 *Gruppe von Personen, die gemeinsam eine gesellschaftl. Aufgabe erfüllen*

Ak·tua·li'tät 〈f.; -, -en〉 *Bedeutung für die Gegenwart*

ak·tu'ell 〈Adj.〉 *für die Gegenwart bedeutsam, zeitgemäß;* eine ~e Frage, ein ~es Theaterstück

Aku·stik 〈[-'--] f.; -; unz.〉 **1** *Lehre vom Schall* **1.1** 〈Mus.〉 *Lehre von den Tönen* **2** *Klangwirkung, Beschaffenheit eines Raumes bezügl. des Widerhalls von Klang;* der Saal hat eine gute, schlechte ~

akut 〈[-'-]; Adj.〉 **1** 〈70〉 ~e Gefahr *plötzlich auftretende G.* **1.1** ~e Schmerzen *heftige S.* **1.2** ~e Probleme, Fragen *dringend zu lösende P., F.* **2** ~e Krankheiten *rasch auftretende u. plötzlich verlaufende K.;* Ggs *chronisch*

Ak'zent 〈m.; -s, -e〉 **1** *Zeichen für Betonung, Qualität od. Quantität eines Lautes;* einen Buchstaben mit einem ~ versehen **2** *Betonung, Nachdruck;* auf ein Wort, eine Aussage besonderen ~ legen; ~e setzen; der ~ liegt auf der ersten Silbe, dem ersten Wort **2.1** den ~ eines Satzes verschieben *den Sinn ändern* **3** *Aussprache, Tonfall, Sprachmelodie;* mit ausländischem, englischem, süddeutschem ~ sprechen

ak·zep'tie·ren 〈V. 500〉 einen Vorschlag, Wechsel ~ *annehmen*

Ala'ba·ster 〈m.; -s, -〉 **1** *marmorähnliche, feinkörnige, reinweiße, durchscheinende Abart des Gipses, monoklin, chem. Formel* $CaSO_4 \cdot 2H_2O$ **2** *weißer od. gelber, durchscheinender Kalksinter, härter als Gips, Werkstoff für Schalen, Vasen u. a. Kunstgegenstände*

Alarm 〈[-'-] m.; -(e)s, -e〉 **1** *Ruf zur Bereitschaft, Warnung, Gefahrenmeldung, Gefahrensignal;* Feind~, Feuer~, Flieger~; ~ blasen, geben, läuten, schlagen; blinder, falscher ~ **2** 〈im 2. Weltkrieg〉 *die Zeit der Gefahr, vom Signal bis zur Entwarnung;* dreistündiger, kurzer, langer ~

Alaun 〈[-'-] m.; -s, -e〉 **1** 〈nur Pl.〉 ~e 〈i. w. S.〉 *Doppelsulfat mit ein- u. dreiwertigen Metallen, z.B.* $KCr(SO_4)_2 \cdot 12H_2O$*;* Kaliumchrom~ **2** 〈i. e. S.〉 *natürlich vorkommendes Kalium-Aluminium-Sulfat,* $KAl(SO_4)_2 \cdot 12H_2O$*, als Beizmittel in der Färberei, als Gerbmittel, zum Leimen von Papier u. zum Blutstillen verwendet*

Alb[1] 〈f.; -, -en; in geograph. Namen Schreibung für〉 *Alp;* Fränkische ~, Schwäbische ~

Alb[2] 〈m.; -(e)s, -e; germ. Myth.〉 **1** = *Elf[2]* **2** = *Alp[2]*

'Al·ba·tros 〈m.; - od. -s·ses, -s·se〉 *Angehöriger einer Familie der Sturmvögel, vorzügliche, ausdauernde Segelflieger der südl. Ozeane: Diomedeidae*

'al·bern[1] 〈Adj.〉 **1** *dumm, einfältig, kindisch;* ~es Benehmen, Gerede, Getue; ein ~er Film, ~es Theaterstück; sein ~es Wesen geht mir auf die Nerven; ~es Zeug schwatzen; ~ daherreden, ~ kichern, lachen; sei nicht so ~! **1.1** ~e Gänse 〈umg.〉 *grundlos kichernde Mädchen*

'al·bern[2] 〈V. 400〉 *kind. Possen treiben, sich albern benehmen;* mit den Kindern ~

'Al·bum 〈n.; -s, -ben〉 *Gedenkbuch, Sammelbuch;* Photo~, Poesie~

'Al·ge 〈f.; -, -n〉 *Angehörige einer sehr arten- u. formenreichen Gruppe chlorophyllhaltiger niederer Pflanzen: Phycophyta*

'Ali·bi 〈n.; -s, -s〉 *Nachweis der Abwesenheit vom Tatort zur Tatzeit;* ein (kein) ~ haben; sein ~ nachweisen

Ali'ment 〈n.; -(e)s, -e; meist Pl.〉 ~e **1** *Unterhaltsbeitrag* **1.1** 〈i.e.S.〉 *Beitrag zum Unterhalt nichtehelicher Kinder*

Al'ka·li 〈n.; -s, -li·en〉 *aus einem in der ersten Gruppe des Periodensystems stehenden Element od. Ammonium u. je einem Atom Wasserstoff u. Sauerstoff entstandene chem. Verbindung, deren wässerige Lösung alkalisch (basisch) reagiert;* Sy *Base[2]*

'Al·ko·hol 〈m.; -s, -e〉 **1** 〈i. w. S.〉 *organ. chem. aliphat. od. aromat. Verbindung, in der ein oder mehrere Wasserstoffatome durch ein oder mehrere Hydroxyl-(OH-)Gruppen ersetzt sind,* $C_nH_{2n+1}\text{-}OH$*, Ausgangsprodukt für organ. Synthesen, gute Lackzusätze, Lösungsmittel* **2** 〈unz.; i. e. S.〉 = *Äthylalkohol*

all 〈Indefinitpronomen〉 **1** *eine Gesamtheit bildend, ohne Ausnahme;* ~es hat seine Grenzen; ~es hat seine zwei Seiten; ~e beide; ~e fünf; ~es Ding währt seine Zeit; ~es eingerechnet; ~es oder nichts; was ~es noch?; ich habe ~ mein Geld verloren; ~es, ~ mein Hab und Gut; er will ~es für sich haben; Gebrauchsgegenstände ~er Art; wieviel davon hast du ihm gegeben? ~es!; ~es auf einmal; ~e Kinder, Menschen, Tiere; ~e Leute; ~e, die kommen wollen; wir, ihr, sie ~e; ~e aussteigen; ~er Augen waren auf ihn gerichtet; wer war ~es da?; ~e auf einmal; ~e Arbeit allein tun; ich will ~es tun, was ich kann; ~es, was ich gehört, gesehen, getan habe; ~es das hat keinen Sinn; das ist ~es nicht wahr; ~es Fremde, Neue, Ungewohnte; ~er Anfang ist schwer; ~es übrige erledigen wir; diese Städte habe ich ~e gesehen; sie kamen aus ~en Ländern; die Ursache ~en Leides, Übels; er hat ~en Grund dazu; es sind ~e gekommen; man kann es nicht ~en recht machen; wie viele sind gekommen? ~e!; ~es, was Odem hat, lobet den Herren **1.0.1** ~e Welt *jedermann* **1.0.2** seid ihr ~e da? *(Frage des Kaspers an das Publikum beim Puppenspiel)* **1.0.3** ~er Orten ⟨veralt.⟩ *überall* **1.1** ⟨prädikativ⟩ das ist ~es **1.1.1** *mehr gibt es nicht, mehr ist nicht zu berichten* **1.1.2** *ich brauche nichts mehr* **1.2** ist das ~es? **1.2.1** *hast du noch mehr zu sagen?* **1.2.2** *ist es nichts Schlimmeres?* **1.2.3** *genügt das?, brauchen Sie noch etwas?* **1.3** das ist ~es schön und gut, aber ... *das mag zutreffen, trotzdem habe ich Einwände* **1.4** ~es mögliche tun *sehr viel Verschiedenes* **1.5** ~e und jeder *jedermann, viel zu viele* **1.6** mein ein und ~es *für mich das Liebste auf der Welt, etwas, das mir am meisten in der Welt bedeutet* **1.7** Mädchen für ~es **1.7.1** *M. für jede Arbeit* **1.7.2** ⟨fig.⟩ *jmd., der die verschiedensten Arbeiten tun muß* **2** ~es, was recht ist! *das geht wirklich nicht!* **2.1** ~es andere als *gar nicht;* er ist ~es andere als dumm **2.2** da hört doch ~es auf! *das ist unerhört!* **3** ⟨mit Präp. u. Abstraktum; intensivierend⟩; ~en Mahnungen zum Trotz; bei ~em seinem Leichtsinn ist er doch ein liebenswerter Kerl; bei ~edem; auf ~e Fälle; für ~e Fälle; für ~e Zeiten; in ~em und jedem etwas Schlechtes sehen; in ~er Eile; in ~er Frühe; in ~er Ruhe; in ~er Stille; was in ~er Welt haben Sie da getan?; wo in ~er Welt sind Sie gewesen?; mit ~er Gewalt, Kraft, Liebe; ohne ~e Gefahr; ohne ~en Zweifel; trotz ~em, ~edem; trotz ~em Zureden; ein gutes Buch geht mir über ~es; jmdn. über ~es lieben; über ~e Zweifel, ~en Zweifel erhaben; unter ~en Umständen; vor ~en Dingen; zu ~edem kommt hinzu; zu ~en Zeiten; zu ~em Unglück **3.1** ~es in ~em *insgesamt;* ~es in ~em kostet es 2000 Mark **3.1.1** ~es in ~em war es doch schön *von Einzelheiten abgesehen* **3.2** zu ~em fähig sein *zu jeder, auch zu einer schrecklichen Tat* **3.3** vor ~em *hauptsächlich, zuerst* **3.4** um ~es in der Welt (nicht) *auf jeden (gar keinen) Fall* **4** ~e, ~er ⟨mitteldt.⟩ *immer wiederkehrend;* ~e Tage, ~e Augenblicke, ~e fünf Meter, ~e 200 km; ~e Jahre wieder; wir treffen uns ~e paar Monate; ~e acht Tage; ~e paar Schritte stolperte er

All ⟨n.; -s; unz.; geh.⟩ **1** *Weltall, Weltraum* **2** *alles Seiende*

'al·le ⟨Adj. 80; umg.; mitteldt.⟩ **1** *zu Ende, verbraucht;* ~ sein; das Brot, mein Geld ist ~ **1.1** ~ werden *nahezu verbraucht sein, zur Neige gehen;* die Kartoffeln, die Vorräte werden allmählich ~ **1.2** ~ machen *verbrauchen, aufessen;* kannst du nicht das Gemüse noch ~ machen? **2** jmd. ist (ganz) ~ ⟨fig.⟩ *erschöpft* **3** jmdn. ~ machen ⟨vulg.⟩ *umbringen* **3.1** jmd. macht's ~ *er stirbt*

Al'lee ⟨f.; -, -n⟩ *von Bäumen gesäumte Straße, von Bäumen eingefaßter Weg*

Al·le·go'rie ⟨f.; -, -n; bildende Kunst, Dichtung⟩ *bildhafte Darstellung eines Begriffs od. Vorgangs mit enger, erkennbarer Verbindung zu diesem, z. B. Frau mit verbundenen Augen für „Gerechtigkeit“;* → a. *Sinnbild, Symbol(4), Gleichnis*

al'lein 1 ⟨Adv.⟩ *getrennt, für sich;* Ggs *zusammen mit (jmdm. od. einer Sache);* er war ~ im Zimmer; ich muß jetzt (mit mir) ~ sein; ~ leben; ich lasse Sie jetzt ~; das Haus steht (ganz) ~; ein Klavierstück mit jeder Hand ~ spielen, üben; ein Unglück kommt selten ~ ⟨Sprichw.⟩; der Starke ist am mächtigsten ~ (Schiller, Tell, 1,3) **1.0.1** er will mit jedem ~ sprechen *einzeln* **1.1** *ohne Zeugen;* kann ich dich einen Augenblick ~ sprechen?; ich habe ihn (nicht) ~ angetroffen; er war ~ mit ihr (im Zimmer) **1.2** *ohne Hilfe;* ich mache alle Arbeit ~; das Kind kann schon, noch nicht ~ laufen; er steht ganz ~ (im Leben); danke, ich kann es ~; ich werde ~ damit fertig; ich kann das Kind nicht ~ lassen **1.3** *nur, ausschließlich;* er ~ ist an allem schuld; du ~ bist meine Hilfe; ~ (schon) der Gedanke daran macht mich schaudern; einzig und ~ seine Geistesgegenwart hat uns gerettet; nicht ~ ..., sondern auch **1.4** *einsam;* sie ist sehr oft ~; ich bin so ~; einsam und ~ **1.4.1** er fand sich plötzlich ~ *alle anderen hatten ihn verlassen* **2** ⟨Konj.; meist poet.⟩ *aber, doch;* ich wollte dem Bettler etwas geben, ~ ich hatte nichts bei mir; die Botschaft hör ich wohl, ~ mir fehlt der Glaube (Goethe, Faust I, „Nacht“)

'al·le·mal ⟨a. [--'-] Adv.⟩ **1** *jedes Mal, immer* **1.1** das kannst du ~ noch tun ⟨umg.; mitteldt.⟩ *immer noch, auch später noch* **1.2** ein für ~ *einmal, (das) für immer (gilt)* **1.2.1** ich sage dir das ein für ~! *ich möchte das nicht noch einmal sagen müssen* **1.3** ~, wenn ⟨umg.; mitteldt.⟩ *immer, wenn* **2** *auf jeden Fall* **2.1** ~! ⟨umg.; mitteldt.⟩ *auf jeden Fall!, ohne Bedenken!*

'al·len·falls ⟨Adv.⟩ **1** *vielleicht, gegebenenfalls, eventuell;* du kannst mich ~ noch einmal anrufen, wenn du nicht warten willst, bis ich Bescheid sage **2** *höchstens, gerade noch;* sie hat ~ ein Kopfnicken für mich übrig; er kümmert sich kaum um die Kinder, ~ sieht er sie beim Abendbrot **3** ⟨veralt.⟩ *auf alle Fälle, jedenfalls*

'al·ler..., 'Al·ler... ⟨in Zus.⟩ *(verstärkt den Superlativ);* er ist der Allergeschickteste von ihnen

'al·ler·beste(r, -s) ⟨Adj. 60; verstärkend; Superlativ von⟩ *gut;* ich wünsche Ihnen das Allerbeste (zum Geburtstag usw.); du bist meine Allerbeste; das gefällt mir am ~n; von der ~n Sorte

'al·ler·dings ⟨Adv.⟩ **1** *in der Tat, selbstverständlich, gewiß, freilich* **1.1** bist du denn selbst dort gewesen? ~! *aber sicher!* **1.2** *ich muß zugeben, daß ...;* das hat er ~ nicht gesagt, nicht erlaubt; das ist ~ richtig, aber es ist nicht die volle Wahrheit; sein Vortrag war ganz gut, ich muß ~ sagen, daß seine Sprechweise mich störte **1.3** *jedoch, aber;* ich komme gern, ~ möchte ich eine Bedingung stellen; die Mutter hat uns nicht verboten wegzugehen, sie hat ~ gesagt, wir sollen den Kleinen nicht allein lassen

Al·ler'gie ⟨f.; -, -n; Med.⟩ *Überempfindlichkeit*

gegen bestimmte Stoffe; eine ~ gegen Koffein, Oxalsäure haben

al'ler·gisch ⟨Adj.⟩ **1** ~e Reaktion *auf Allergie beruhende R.* **2** ~e Person *gegen bestimmte Stoffe überempfindliche P.;* ~ gegen Koffein sein

'al·ler·hand ⟨Adj. 11/60⟩ **1** *allerlei, verschiedenerlei;* ~ hübsche Dinge, Kleinigkeiten; ich habe ~ erlebt **2** ⟨[--'-] umg.⟩ *ziemlich stark, unerhört;* Sy *allerlei(2);* das ist wirklich ~!

'al·ler·lei ⟨Adj. 11/60⟩ **1** *verschiedenes, verschiedene Dinge;* ~ gute Sachen **2** = *allerhand(2)*

'al·ler·seits ⟨Adv.⟩ *alle, alle zusammen;* gute Nacht, guten Tag, auf Wiedersehen ~!; haben Sie sich schon ~ bekannt gemacht?

'al·les ⟨unbestimmtes Pron.⟩ → *all*

'all·ge·mein ⟨a. [--'-] Adj.⟩ **1** *(fast) alle od. alles betreffend;* Ggs *besonders, besondere(r, -s);* die ~e (politische, wirtschaftliche usw.) Lage; ~ gesprochen, verhält es sich so, daß ... **1.1** im ~en *im großen und ganzen, meist, fast immer u. überall, grundsätzlich* **1.2** jmdn. mit ~en Redensarten abspeisen *sich mit häufig gebrauchten R. zu nichts verpflichten* **1.3** *(fast) alle Personen betreffend;* das ist ~ bekannt; er ist ~ beliebt **1.3.1** *für alle bestimmt;* ~e Dienstpflicht, ~es Wahlrecht; um 11 Uhr war ~er Aufbruch; das Museum ist ~ zugänglich **1.3.2** ~er Studentenausschuß ⟨Abk.: Asta⟩ *gewählte Interessenvertretung der Studenten an Hoch- u. Fachhochschulen* **1.3.3** *von allen geäußert;* ~e Entrüstung, Zustimmung; der Abend verlief zur ~en Zufriedenheit; sein Verhalten rief ~es Erstaunen hervor; der Vorschlag fand ~e Zustimmung; die Empörung war ~; seine Tüchtigkeit wird ~ anerkannt: man sagt ~, daß ... **1.3.4** das Allgemeine ⟨Philos.⟩ *Denkkategorie eines hohen Grades der Abstraktion;* vom Besonderen auf das Allgemeine, vom Allgemeinen auf das Besondere schließen **2** *überall (verbreitet, bekannt);* das hört man ~ **2.1** ~ verständlich *überall, von allen zu verstehen;* ist mein Sprechen (durch das Mikrophon) ~ verständlich?

Al·li·ance ⟨[ali'ãs] f.; -, -n⟩ = *Allianz*

Al·li'anz ⟨f.; -, -en⟩ oV *Alliance* **1** *Bündnis, Vereinigung, Interessengemeinschaft* **1.1** die Heilige ~ *Bündnis zwischen Preußen, Rußland u. Österreich 1815*

Al·li'ier·te(r) ⟨f. 2 (m. 1)⟩ **1** *Angehörige(r) einer Allianz* **1.1** die ~n *die gegen Dtschld. verbündeten Länder im Ersten u. Zweiten Weltkrieg*

all'jähr·lich ⟨schweiz. ['---] Adj. 24⟩ *jedes Jahr (stattfindend, sich wiederholend)*

all'mäch·tig ⟨Adj. 24⟩ *Allmacht habend;* der ~e Gott, Vater

all'mäh·lich ⟨Adj.⟩ **1** *langsam u. stetig fortschreitend;* eine ~e Entwicklung **2** *schrittweise, nach u. nach;* ich begreife ~, was das für dich bedeutet; sein Befinden bessert sich ~; ~ näherkommen

Al'lo·tria ⟨Pl. od. n.; -s; unz.⟩ **1** ⟨urspr.⟩ *nicht zur Sache gehörige Dinge* **2** ⟨allg.⟩ *Unfug, Unsinn, Dummheiten;* ~ treiben

'all·sei·tig ⟨Adj. 24⟩ Ggs *einseitig(3);* → a. *vielseitig* **1** *alle Seiten berücksichtigend, vielseitig;* eine ~e Bildung, Ausbildung besitzen; ~ gebildet sein **2** *von allen Seiten, nach allen Seiten;* eine Sache, Angelegenheit ~ betrachten **3** *in jeder Beziehung*

'all·seits ⟨Adv.⟩ *überall, nach, von allen Seiten;* er war ~ beliebt

'All·tag ⟨m.⟩ **1** *Tag, der kein Sonntag od. Feiertag ist* **2** ⟨unz.⟩ *gleichförmiger Tagesablauf;* dem ~ entfliehen; sich den ~ verschönern; der graue ~

all'täg·lich ⟨Adj.⟩ **1** *zum Alltag gehörend, für den Alltag bestimmt;* ~e Kleidung **2** *täglich, jeden Tag (stattfindend, sich wiederholend);* ~e Pflichten; ich gehe ~ an seinem Haus vorüber **3** ⟨fig.⟩ *durchschnittlich, nicht ausgeprägt, fad;* ein ~er Mensch **3.1** etwas Alltägliches *etwas, was alle Tage vorkommt od. vorkommen kann, nichts Besonderes*

Al'lü·re ⟨f.; -, -n⟩ **1** *Gangart des Pferdes* **2** ⟨nur Pl.⟩ ~n *(ungewöhnl.) Benehmen, (auffallende) Umgangsformen, Gewohnheiten*

'all·zu ⟨Adv.⟩ **1** *viel zu;* die Last ist ~ schwer **2** *in zu großem Maße, übertrieben;* er macht ~ viele Fehler

'all·zu·viel ⟨Adv.⟩ **1** *übertrieben viel;* du überlegst ~; das ist nicht ~ **1.1** ~ ist ungesund *man soll nichts übertreiben*

'Al·mo·sen ⟨n.; -s, -⟩ **1** *Gabe an Arme, Bedürftige;* jmdm. ein ~ geben **2** *milde Gabe;* um ~ bitten; auf ~ angewiesen sein **3** ⟨fig.; abwertend⟩ *herablassend gegebenes kleines (Geld)-geschenk;* ich will von ihm kein ~ haben

Alp[1] ⟨f.; -, -en⟩ *Weide im Hochgebirge;* oV *Alpe*

Alp[2] ⟨m.; -(e)s, -e⟩ *nach dem Volksglauben Gespenst, das sich dem Schläfer auf die Brust setzt u. dadurch schwere Träume verursacht;* oV *Alb*[2]*(2)*

'Alp·drücken ⟨-k·k-; n.; -s; unz.⟩ *(mit Angstträumen verbundenes) Gefühl der Beklemmung (im Schlaf)*

'Al·pe ⟨f.; -, -n⟩ = *Alp*[1]

'Al·pen·ro·se ⟨f.⟩ *unter Naturschutz stehende, in den Hochalpen vorkommende Art immergrüner Sträucher mit trichterförmigen Blüten;* Rauhblättrige ~; Rostblättrige ~

Al·pha'bet ⟨n.; -(e)s, -e⟩ **1** *die geordnete Folge der Buchstaben einer Sprache;* Sy *Abc;* Wörter, Namen nach dem ~ ordnen **2** musikalisches ~ *die Buchstabenfolge zur Bezeichnung der 7 Stammtöne c, d, e, f, g, a, h oder ut (do), re, mi, fa, so (sol), la, si*

al·pha'be·tisch ⟨Adj.⟩ *nach dem Alphabet, in der Ordnung des Alphabets;* Namen, Wörter in ~er Reihenfolge aufschreiben

al'pin ⟨Adj. 70⟩ **1** *die Alpen, das Hochgebirge betreffend, in den Alpen, im Hochgebirge vorkommend, Alpen-, Hochgebirgscharakter zeigend, in der Art der Alpen* **1.1** ⟨60⟩ ~e (Dreier-)Kombination ⟨Schisp.⟩ *Abfahrtslauf, Torlauf (u. Riesentorlauf)* **1.2** ⟨60⟩ ~e Rasse *hauptsächl. in Mittelfrankreich, den Westalpen, im südwestl. Dtschld. u. im Osten Mitteleuropas verbreitete Menschenrasse, die kleinwüchsig, untersetzt, dunkelhaarig, dunkeläugig u. kurzköpfig ist, ein breites u. niedriges Gesicht u. eine kleine Nase hat* **1.3** ⟨60⟩ ~es Rettungswesen *alle Maßnahmen u. Einrichtungen zur Rettung in Not geratener Bergsteiger u. zur Verhütung von Unglücksfällen im Hochgebirge*

'Alp·traum ⟨m.⟩ *durch Alpdrücken hervorgerufener, schwerer, beängstigender Traum*

als[1] ⟨Konj.⟩ **1** *(ein Merkmal tragend, das als Gleichsetzung dient)* 1.1 ⟨mit Subst.⟩; ~ Zeuge vor Gericht erscheinen; ~ Fachmann wußte er genau, daß ...; ~ Künstler leistet er Hervorragendes, aber ~ Mensch ist er wenig erfreulich; ~ Außenstehender kann ich das nicht beurteilen; ~ dein Freund möchte ich dir raten, es nicht zu tun; ~ Kind bin ich oft dort gewesen; ich komme ~ Bittender zu Ihnen; er hat ~ wahrer Freund gehandelt; sie hatte ~ „Maria Stuart" großen Erfolg; in meiner Eigenschaft ~ Leiter dieses Betriebes muß ich dagegen protestieren, daß ...; jmdm. ~ Führer dienen; jmdn. ~ Sohn annehmen; man darf nicht die Serviette ~ Taschentuch benutzen; ich schenke dir die Kette ~ Andenken; ich erwähne das nur ~ Beispiel; 100,-- Mark ~ Belohnung, Unterstützung erhalten; mit diesen Worten ~ Einleitung 1.2 ⟨mit Adj.⟩; ich empfinde seine Bemerkung ~ sehr unhöflich; sich ~ tauglich, untauglich, brauchbar, unbrauchbar erweisen; die Nachricht hat sich ~ falsch, richtig, wahr herausgestellt; dieses Bild gilt ~ das beste des ganzen Museums; der Krug ~ solcher ist sehr praktisch, aber Farbe und Muster sind häßlich **2** *(Ausdruck zur Bezeichnung eines Vergleichs);* er ist heute ganz anders ~ sonst; ~ wie ⟨umg.⟩ 2.0.1 niemand (anderer) ~ ich allein *nur ich* 2.1 ⟨nach Komparativ⟩; er ist älter ~ ich; sie ist hübscher ~ ihre Schwester; dieses Buch ist teurer ~ jenes; eins ist größer, höher, schöner ~ das andere; das ist besser ~ nichts; man braucht länger ~ zwei Stunden; es sind bis dorthin nicht mehr ~ zwei Stunden; ich verlange nichts (anderes) ~ dies; sie ist mehr schön ~ klug; das Haus ist mehr breit ~ hoch; davon habe ich mehr ~ genug 2.1.1 ich bin darüber mehr ~ froh *ich bin glücklich* 2.1.2 ich komme so bald ~ möglich ⟨umg.⟩ *so bald wie möglich* 2.1.3 ⟨zur Einleitung von komparativen Nebensätzen⟩; er ist jünger, ~ er aussieht; es ging viel schneller, ~ ich dachte 2.1.4 ich komme so schnell, ~ ich kann ⟨umg.⟩ *so schnell, wie* **3** sowohl ~ auch *der (die, das) eine und auch der (die, das) andere;* sowohl Zwetschen ~ auch Birnen; sowohl der Lehrer ~ auch die Schüler **4** ~ da sind: ... *wie, zum Beispiel;* wir haben eine Menge Obst im Garten, ~ da sind: Äpfel, Pflaumen usw. **5** ⟨zur Einleitung von Nebensätzen⟩ 5.1 *gleichzeitig mit, zu der Zeit, da;* ~ ich ihm sagte, ich könne nicht mitkommen, war er sehr enttäuscht; ~ ich krank war, hatte ich viel Zeit zum Lesen; wir waren kaum daheim angekommen, ~ es auch schon zu regnen anfing; ich war gerade beim Kochen, ~ er kam; damals, ~ das geschah; gerade ~ ich gehen wollte, klingelte das Telephon; ~ ich noch ein Kind war, bin ich oft bei den Großeltern gewesen 5.2 ⟨mit Konjunktiv⟩ ~, ~ ob, ~ wenn ⟨umg.⟩ *einen Sachverhalt annehmend, vortäuschend;* er stellte sich, ~ hörte er nichts, ~ ob er nichts hörte; es war mir doch, ~ hätte es geläutet, ~ ob es geläutet hätte; tu nicht so, ~ ob du das nicht könntest, wüßtest, ~ könntest du das nicht; ~ wenn ich dir überhaupt nicht geholfen hätte ⟨umg.⟩ 5.3 zu ..., ~ daß *so ..., daß nicht;* er ist zu anständig, ~ daß er so etwas tun könnte 5.4 um so mehr, ~ ... *insbesondere, weil, vor allem weil;* ich möchte das Konzert sehr gern hören, um so mehr, ~ ich den Dirigenten nicht kenne

als[2] ⟨Adv.; alemann.⟩ *immer wieder, manchmal;* ich habe ihn ~ in der Stadt gesehen; er ist ~ dort gewesen

als'bald ⟨Adv.; veralt.⟩ *sofort, sogleich*

'al·so 1 ⟨Konj.⟩ 1.1 *aus diesem Grund, folglich;* du kommst ~ nicht mit?; ~ los, gehen wir!; ich habe ihn nicht gesehen, ~ ist er weggefahren 1.2 *endlich, schließlich;* er ist ~ doch gekommen 1.2.1 na ~! *ich habe es doch gleich gesagt* 1.2.2 ~ doch! *es ist doch so, wie ich es gesagt habe, siehst du!* 1.3 ~ gut, ~ schön! *nun gut!, es sei* **2** ⟨Adv.⟩ *auf diese Weise, so;* ~ hat Gott die Welt geliebt; ~ sprach Zarathustra

alt ⟨Adj. 22; die substantivierte Form wird klein geschrieben, wenn sie nicht in der Bedeutung (1) - (1.1.6) gebraucht wird⟩ **1** eine Sache ist ~ *besteht seit vielen Jahren, ist seit vielen Jahren vorhanden;* Ggs *neu;* ein ~es Bauwerk; ~e Überlieferungen 1.1 jmd. ist ~ *lebt seit vielen Jahren;* Ggs *jung;* die ~en Leute, die ~e Generation; eine ~e Frau; sich (noch nicht) ~ fühlen 1.1.1 älter als seine Jahre sein *älter aussehen als man ist* 1.1.2 auf seine ~en Tage *im Alter* 1.1.3 (Eigenname) der ~e Schmidt ⟨umg.⟩ *Herr S. senior* 1.1.4 der ~e Goethe *in seinen letzten Lebensjahrzehnten* 1.1.5 ~ wie Methusalem ⟨umg.; scherzh.⟩ *sehr alt* 1.1.6 ein ~es Weib ⟨a. fig.; umg.⟩ *zimperlicher, feiger Mensch* **2** ⟨60⟩ *erfahren, bewährt;* ein ~er Soldat 2.1 ein ~er Hase (auf diesem Gebiet) ⟨fig.⟩ *ein erfahrener Fachmann* 2.2 ~er Kämpfer *langjähriger, bewährter Angehöriger einer polit. Partei* 2.3 ein Mensch von ~em Schrot und Korn *ein tüchtiger, zuverlässiger Mensch, einer, der sich bewährt hat* 2.4 ~er Bursche!, ~es Haus!, ~er Junge!, ~er Knabe! ⟨umg.; scherzh.⟩ *lieber (langjähriger) Freund!* 2.5 ~es Mädchen ⟨umg.; scherzh.⟩ *liebe (langjährige) Freundin!* 2.6 mein ~er Herr ⟨umg.⟩ *mein Vater* 2.7 meine ~e Dame ⟨umg.⟩ *meine Mutter* 2.8 der Alte Fritz *Beiname Friedrichs II. v. Preußen (1740-86)* 2.8.1 das tue ich doch nicht für den Alten Fritz ⟨fig.⟩ *ohne Sinn und Zweck für jmdn., der längst tot ist* **3** ⟨60⟩ ~er Bekannter, Freund, Verwandter *seit vielen Jahren vertraut, lieb* 3.1 ~er Freund, so geht das nicht! ⟨umg.; scherzh.⟩ *du Schelm!* **4** ⟨60⟩ 4.0.1 eine ~e Liebe (zu jmdm. od. einer Sache) *frühere od. seit langer Zeit bis jetzt anhaltende L.* 4.0.2 eine ~e Liebe *jmd., den man in der Jugend geliebt hat (und noch heute liebt)* 4.1 ⟨70⟩ jmd. ist, bleibt (immer) der ~e *derselbe, unverändert, ein guter Freund* 4.2 ⟨60⟩ *unverändert, nach überkommenem Brauch;* seinen ~en Gang gehen; in ~er Weise; ~e Gewohnheiten 4.3 ⟨70⟩ immer die ~e Geschichte, Leier, Platte! ⟨fig.; umg.⟩ *immer dasselbe, oft Wiederholtes!* 4.4 ~e Sitten und Gebräuche *überlieferte, seit langem gepflegte S. u. G.;* Jahrhunderte ~ 4.4.1 ⟨substantiviert⟩ am ~en hängen, beim ~ bleiben, es beim ~en lassen *nichts ändern, das Überlieferte, Althergebrachte pflegen* 4.5 ⟨70⟩ ~e Dinge, Möbel, Bilder *aus früheren Zeiten stammende* 4.5.1 in ~en Zeiten *in längst vergangener Zeit* 4.5.2 ein ~er Schlager *überholter, nicht mehr moderner*

S. **4.5.3** Alter Mann ⟨Bgb.⟩ *abgebaute Teile einer Grube* **4.6** ⟨60⟩ ein ~er Lehrer (Schüler) von mir *ein früherer L. (S.), jmd., der vor langer Zeit mein L. (S.) war* **4.6.1** ~er Herr ⟨studentenspr.⟩ *ehem. aktives Mitglied einer student. Verbindung* **4.7** ⟨60⟩ **4.7.1** ~e Völker *V. des Altertums;* die ~en Germanen, Griechen, Römer **4.7.2** ~e Sprachen *die S. des klassischen Altertums, Griechisch u. Latein;* Ggs *neuere Sprachen* **4.7.3** (die) ~e Geschichte *G. des Altertums;* Ggs *neuere Geschichte* **4.7.4** ~er Orient *die Kultureinheit Ägyptens, Palästinas u. Syriens, Kleinasiens, Mesopotamiens und der iran. Hochebene zwischen 3000 v. Chr. bis etwa zur Zeitwende* **4.7.5** die Alte Welt *das seit dem Altertum bekannte Europa;* Ggs *Neue Welt (Amerika)* **4.7.6** ~er Stil ⟨seit der Kalenderreform durch Gregor XIII. (1582) übliche Bez.; Abk.: a. St.⟩ *Datum nach dem Julianischen Kalender* **4.7.7** ein ~er Meister *Künstler des Mittelalters* **4.7.8** das Alte Testament ⟨Abk.: AT⟩ *der erste, ältere, hebräisch geschriebene Teil der Bibel, der die Zeit der Propheten vor der Geburt Jesu beschreibt;* Ggs *das Neue Testament* **4.7.9** das ~e Jahr *das vergangene Jahr beim Jahreswechsel;* Ggs *das neue Jahr* **4.8** ⟨60⟩ **4.8.1** ~er Wein *gut abgelagerter W.;* Ggs *junger Wein* **4.8.2** ~e Kartoffeln *Kartoffeln der vorjährigen Ernte (wenn es schon neue gibt)* **4.8.3** ~es Brot *altbackenes, nicht mehr frisches B.* **4.8.4** ~e Dienste ⟨Arch.⟩ *Dienst(7) größeren Durchmessers* **5** (Zeitmaß) er ist 20 Jahre ~ *lebt seit 20 J.;* das Kind ist noch nicht 1 Jahr ~; ein 1000 Jahre ~er Baum; ~ an Jahren sein; er starb, noch nicht 30 Jahre ~; wie ~ sind Sie?; für wie ~ halten Sie ihn? **5.1** dieses Buch ist schon 100 Jahre ~ *vor 100 J. hergestellt* **6** etwas ~ kaufen *bereits gebrauchte Sachen k., aus zweiter Hand k.;* Ggs *neu* **6.1** ⟨60⟩ ~es Eisen *unbrauchbare Gegenstände* **6.1.1** zum ~en Eisen gehören ⟨fig.; umg.⟩ *nicht mehr arbeitsfähig sein, ausgedient haben* **6.1.2** jmdn. od. etwas zum ~en Eisen werfen ⟨fig.; umg.⟩ *als verbraucht ausscheiden* **7** ⟨substantiviert; Kleinschreibung⟩ **7.1** aus ~ mach neu ⟨umg.⟩ *alte Gegenstände, bes. Kleider geschickt umändern, so daß sie wie neu aussehen* **7.2** ~ für neu *Abzug von der Entschädigung wegen Wertminderung durch Abnutzung* **8** ⟨60⟩ **8.1** eine ~e Jungfer, ein ~es Mädchen ⟨umg.⟩ *älteres Fräulein mit Eigenheiten im Benehmen* **8.2** ein ~er Schwätzer, Widersacher *hartnäckiger, unverbesserlicher S., W.* **9** ~ und jung, Alt und Jung, Alte und Junge *jedermann;* bei ~ und jung beliebt sein

Alt ⟨m.; -s; unz.⟩ **1** *die tiefere Stimmlage bei Frauen u. Knaben;* sie hat einen sehr schönen ~; sie singt (im) ~ **2** *Sänger od. Sängerin, der od. die Partien für Altstimme singt*

Al'tar ⟨m.; -(e)s, -'tä·re⟩ **1** ⟨urspr.⟩ *erhöhter block- od. tischartiger Platz zur Darbringung von Opfern* **1.1** sein Leben auf dem ~ des Vaterlandes opfern ⟨poet.; geh.⟩ *im Krieg fallen* **2** ⟨christl. Kirche⟩ *Stätte des Abendmahles* **2.1** ein Mädchen zum ~ führen ⟨fig.; geh.⟩ *heiraten*

'alt·backen ⟨-k·k-; Adj.⟩ *nicht mehr frisch, einige Tage alt;* ~es Brot

'Al·ten·teil ⟨n.⟩ *rechtl. gesicherte Leistungen auf Lebenszeit an den Bauern, der seinen Hof dem Nachfolger übergibt, z. B. Wohnung, Naturalleistungen;* sich aufs ~ setzen, zurückziehen

'Al·te(r)[1] ⟨f. 2 (m. 1)⟩ **1** *alte Frau, Greisin bzw. alter Mann, Greis;* Alte und Junge; er redet wie ein Alter **2** der Alte ⟨umg.⟩ *der Chef, Meister* **3** mein Alter ⟨umg.⟩ *mein Mann* **4** die Alte *letzte Garbe, die am Schluß der Ernte auf dem Feld bleibt od. feierlich eingebracht wird* **5** die Alten *die alten Leute* **6** die Alten ⟨umg.⟩ *die Eltern, die Vorfahren* **6.1** wie die Alten sungen, so zwitschern die Jungen ⟨Sprichw.⟩ **6.1.1** *oft reden Kinder kritiklos nach, was sie von den Eltern hören* **6.1.2** *die Kinder sind, handeln wie die Eltern* **7** die Alten *die Völker des Altertums*

'Al·ter[2] ⟨n.; -s; unz.⟩ Ggs *Jugend* **1** *Zeitdauer, die seit der Entstehung (eines Lebewesens od. Gegenstandes) verstrichen ist, Lebenszeit, Zeit des Bestehens;* in welchem ~ ist er ungefähr?; in meinem ~ kann ich mir das nicht mehr leisten; im ~ von 85 Jahren starb er; im zarten ~ von fünf Jahren; ein ehrwürdiges ~ (erreichen); im reifen ~; ein Herr mittleren ~s; noch im hohen ~; bis ins hohe ~ rüstig sein; das ~ eines Baumes, einer Münze, eines Kunstwerkes **1.1** man sieht dir dein ~ nicht an *du siehst jünger aus als du bist* **1.2** er ist in meinem ~ *so alt wie ich* **1.3** für sein ~ recht gewandt sein *wenn man seine Jugend berücksichtigt* **1.4** → a. *beste(1.0.2), gefährlich(2.1)* **2** Ggs *Jugend(1) Lebenszeit des alten Menschen;* ~ schützt vor Torheit nicht ⟨Sprichw.⟩ **3** *alte Leute;* Ggs *Jugend(4);* dem ~ den Vortritt lassen; das ~ muß man ehren ⟨Sprichw.⟩

'al·tern ⟨V.⟩ **1** ⟨400(s.)⟩ jmd. altert *wird (sichtlich) alt;* er ist früh gealtert; er ist in den letzten Jahren sehr (rasch) gealtert **2** ⟨400(s.)⟩ Stoffe ~ *verändern ihre ursprüngl. Beschaffenheit;* Metalle, Aromen, Weine ~ **2.1** ⟨500⟩ Stoffe ~ *veranlassen, daß sie ihre ursprüngl. Beschaffenheit verändern;* Metalle, Aromen, Weine (künstlich) ~

al·ter'nie·ren ⟨V. 400⟩ **1** *wechseln, abwechseln zwischen zweien;* ~d singen **1.1** der Versfuß alterniert ⟨Metrik⟩ *wechselt regelmäßig zwischen einsilbiger Hebung und Senkung* **1.2** mathematische Ausdrücke ~ ⟨Math.⟩ *wechseln das Vorzeichen* **1.2.1** ~de Reihe *Reihe mit wechselnden Vorzeichen der einzelnen Glieder* **1.3** ~der Strom *Wechselstrom* **1.4** ~des Fieber *Wechselfieber*

'Al·ter·tum ⟨n.; -s, -tü·mer⟩ **1** ⟨unz.⟩ *der Zeitraum von den Anfängen menschl. Kultur bis etwa zum Untergang des weström. Reiches;* Ggs *Neuzeit* **1.1** klassisches ~ *das griech.-röm. A. vom 5. Jh. v. Chr. bis zum 5. Jh. n. Chr.;* Sy *Antike(1)* **2** ⟨nur Pl.⟩ Altertümer *Kunstgegenstände aus diesem Zeitraum;* die Altertümer im Museum besichtigen

'alt·klug ⟨Adj.⟩ *frühreif u. vorlaut;* ein ~es Kind; das Kind schien ihm ~ zu sein

'alt·mo·disch ⟨Adj.⟩ *nicht der augenblickl. Mode entsprechend, nicht modern, rückständig, veraltet;* ~e Möbel, Kleidung, Ansichten; er war ~ gekleidet

Alt'wei·ber·som·mer ⟨m.⟩ Sy *fliegender Sommer* **1** *vom Wind getragene Spinnfäden im Spätsommer* **2** *durch das Auftreten dieser Fäden charakterisierter Nachsommer*

Alu'mi·ni·um ⟨n.; -s; unz.; Zeichen: Al⟩ *chem. Element, silberweißes Leichtmetall, Ordnungszahl 13*

am ⟨Präp. + schwach betonter Artikel⟩ = *an dem* **1** ⟨zur Bildung des Superlativs⟩; das ist ~ schönsten; er hat ~ besten gespielt **2** ⟨örtlich⟩; Frankfurt ~ Main ⟨Abk.: a. M.⟩ 2.1 ~ angeführten Ort ⟨Abk.: a.a.O.⟩ *in einem bereits genannten Werk* **3** ⟨durativ⟩ er ist ~ Schreiben *beschäftigt mit, beim Schreiben, er schreibt gerade*

Ama·teur ⟨[-'tør]; m.; -s, -e⟩ *jmd., der nicht beruflich, sondern nur aus Freude an der Sache auf einem künstler., wissenschaftl. od. sportl. Gebiet tätig ist;* Sy *Liebhaber(2);* ~photograph; Photo~

'Am·boß ⟨m.; -s·ses, -s·se⟩ **1** *eiserner Block mit ebener Fläche, auf dem der Schmied das Eisen schmiedet* **2** ⟨Anat.⟩ *das mittlere der drei Gehörknöchelchen*

am·bu'lant ⟨Adj. 24⟩ **1** *herumziehend, wandernd* 1.1 ~es Gewerbe *das im Umherziehen von Ort zu Ort betriebene G.;* ~er Handel **2** ⟨Med.⟩ *zur Behandlung jeweils den Arzt aufsuchend;* Ggs *stationär(4)* 2.1 ~e Behandlung *B. während der ärztl. Sprechstunde*

'Amei·se ⟨f.; -, -n⟩ *als fleißig geltende Angehörige einer zur Ordnung der Hautflügler gehörenden Familie staatenbildender Insekten: Formicidae;* geflügelte ~; fleißig wie eine ~

'Amen ⟨n.; -s, -⟩ **1** ⟨Liturgie⟩ *Zustimmung der Gemeinde u. Schlußformel zu Rede, Segen, Gebet usw.* **2** sein ~ zu etwas geben ⟨fig.⟩ *sein Einverständnis erklären* 2.1 zu allem ja und amen sagen ⟨fig.⟩ *mit allem einverstanden sein, sich allem fügen* **3** das ist so sicher wie das ~ in der Kirche ⟨Sprichw.⟩ *ganz sicher, bestimmt*

'Am·me ⟨f.; -, -n⟩ *Mutter, die ein fremdes Kind stillt*

Am'mo·ni·um ⟨n.; -s; unz.⟩ *das den Alkalimetallen entsprechende Radikal* NH_4

amorph ⟨[-'-] Adj.⟩ **1** *formlos, gestaltlos, ohne Kristallform;* Ggs *kristallin, kristallisch* **2** ~e Sprachen = *isolierende Sprachen*

'Am·pel ⟨f.; -, -n⟩ **1** *von der Decke eines Zimmers herabhängende Lampe in Form einer Schale* **2** *hängende Schale für Blumen* **3** *als Signal zur Regelung des Straßenverkehrs dienende Lampe mit rotem, gelbem u. grünem Licht*

Am·pere ⟨[am'pɛ:r] n.7; -(s), -; Zeichen: A⟩ *Maßeinheit der elektr. Stromstärke*

'Amp·fer ⟨m.; -s, -⟩ *artenreiche Gattung aus der Familie der Knöterichgewächse, zur Herstellung von Oxalsäure u. als Gewürz verwendet: Rumex*

Am'phi·bie ⟨[-'fi:biə]; f.; -, -n⟩ *Tier, das im Wasser und auf dem Land leben kann;* oV *Amphibium;* Sy *Lurch*

Am'phi·bi·um ⟨n.; -s, -bi·en⟩ = *Amphibie*

Am·pu·ta·ti'on ⟨f.; -, -en⟩ *operative Entfernung;* Sy *Abnahme(1.1);* ~ eines Körpergliedes

am·pu'tie·ren ⟨V. 500⟩ ein Körperglied ~ *durch Operation entfernen*

'Am·sel ⟨f.; -, -n⟩ *ein Singvogel aus der Familie der Drosseln, Männchen schwarz mit gelbem Schnabel, Weibchen graubraun mit braunem Schnabel: Turdus merula;* Sy *Schwarzdrossel;* Köhler~

Amt ⟨n.; -(e)s, ¨er⟩ **1** *fester, dauernder Aufgabenkreis im Dienste anderer, Stellung, Beruf sowie damit verbundene Amtsgewalt, Rechte und Pflichten;* ein verantwortungsvolles ~; sich um ein ~ bewerben; ein ~ antreten, ausüben, bekleiden, innehaben, versehen, behalten, niederlegen; das ~ des Bürgermeisters, das ~ eines Treuhänders ausüben; im ~ sein, bleiben, sich befinden; jmdn. in ein ~ einsetzen, einweisen, einführen; etwas von ~s wegen bekannt machen, untersagen, verbieten, verkünden 1.1 jmdn. seines ~es entheben *absetzen* 1.2 ich bin von ~s wegen hier *amtlich, in öffentl. Auftrag* 1.3 kraft seines ~es *auf Grund seiner Amtsgewalt* 1.4 in ~ und Würden sein *eine feste, gute Stellung (bekommen) haben* **2** ⟨fig.⟩ *Aufgabe, Pflicht* 2.0.1 seines ~es walten *seine amtlichen Pflichten ausüben* 2.1 das ist nicht meines ~es *das ist nicht meine Aufgabe, Pflicht* **3** *staatl. Verwaltungsbereich aus mehreren Gemeinden* **4** *behördliche Institution;* Finanz~, Post~; Auswärtiges ~ **4.1** *Vermittlungsstelle des Fernmeldedienstes der Post;* Fern~; hier ~ **4.1.1** das Fräulein vom ~ *Angestellte in der Fernsprechvermittlung* **4.1.2** kann ich bitte ein ~ haben? *eine Amtsverbindung (beim Telephonieren)* **4.2** *das Gebäude, in dem ein Amt(4) untergebracht ist;* aufs ~ gehen; zum ~ gehen **5** ⟨veralt.; kath. Kirche⟩ *Messe mit Gesang* 5.1 ⟨ev. Kirche⟩ *Abendmahl*

'amt·lich ⟨Adj.⟩ **1** *auf einem Amt beruhend, von einem Amt stammend;* ~e Bescheinigung; ein ~es Schreiben 1.1 ist das ~? ⟨umg.⟩ *offiziell, verbürgt, gewiß, feststehend* **2** *von Amts wegen, nicht privat;* ich teile Ihnen dies ~ mit **3** *auf Grund der Rechte eines Amtes;* etwas ~ verfügen, befehlen

amü'sant ⟨Adj.⟩ *unterhaltsam, belustigend*

amü'sie·ren ⟨V. 505/R3⟩ (sich über jmdn. od. etwas) ~ *unterhalten, belustigen, vergnügen;* die Geschichte hat mich amüsiert; wir haben uns prächtig, königlich über ihn (über seine Späße) amüsiert

an[1] ⟨Präp.⟩ → a. *am* **1** ⟨m. Akk.⟩ 1.1 ~ einen Ort *in Richtung auf, bis hin zu einem Ort;* etwas ~ die Tafel schreiben; ~ die Tür klopfen; sich ~ die Wand lehnen; bis ~ den Hals im Wasser stehen 1.1.1 jmdn. ~ die Wand stellen ⟨fig.⟩ *zum Erschießen* 1.2 ~ jmdn. *auf jmdn. gerichtet, bezogen, bestimmt für;* ein Brief ~ seine Frau; einen Gruß ~ deine Mutter!; eine Bitte, Frage ~ jmdn. haben, richten; ich habe gerade ~ dich gedacht; ~ Gott glauben; ~ Konto x ... ⟨Buchhaltung⟩ 1.3 ~ eine Tätigkeit, etwas Abstraktes *gerichtet auf;* das Lied „An die Freude"; geh ~ deine Aufgaben! **2** ⟨Präp. m. Dat.⟩ 2.1 ~ einem Ort *dicht bei, nahe;* (nahe) ~ der Autobahn; dort steht Haus ~ Haus; ~ einer Stelle im Wald; ~ der Ecke warten; der Ort, ~ dem er starb; Frankfurt ~ der Oder ⟨Abk.: a. d. O.⟩ **2.1.1** 14.30 Uhr ~ München ⟨auf Fahrplänen⟩ *Ankunft in München um ...* 2.1.2 ⟨landschaftl., bes. schweiz.⟩ *auf;* ~ der Erde liegen; es liegt alles ~ einem Haufen 2.1.3 er wohnt ~ der Bahnhofstraße ⟨schweiz.⟩ *in der B.* 2.1.4 ~ einer Behörde, einem Unternehmen sein *beruflich tätig in,* *bei;* Dekan ~ der Philos. Fakultät 2.2 du bist ~ der Reihe *der nächste* 2.2.1 jetzt ist es ~ dir, zu handeln *es ist deine Aufgabe* 2.3 ~ einer Sache, Tätigkeit sein *beschäftigt mit;* ~ einem Theaterstück schreiben; ~ der Arbeit sein 2.3.1 man hat es ~ der Rede ⟨schweiz.⟩ *man spricht davon* 2.4 *den Teil einer Menge betreffend;* reich (arm) ~ Erzen; haben Sie etwas ~ Sommerstoffen da?; jung ~ Jahren sein; es fehlt ihm ~ der nötigen Ausdauer 2.4.1 es ist (nicht) ~ dem ⟨umg.⟩ *es ist (nicht) wahr, es entspricht (nicht) den Tatsachen* 2.5 *infolge, verursacht durch;* jmdn. ~ der Stimme erkennen; ich seh dir's ~ der Nasenspitze an, daß ...; ~ einer Krankheit leiden; ~ Entkräftung sterben; ~ den Folgen des Krieges wirtschaftl. zugrunde gehen 2.5.1 es liegt nur ~ ihm *er ist schuld* 2.6 *mittels, mit Hilfe;* ~ einem Teller Suppe habe ich genug; sich ~ Obst satt essen; ~ den Fingern herzählen; ~ Krücken gehen 2.7 ~ einem Zeitpunkt *zu eben dieser Zeit;* der Tag, ~ dem ...; ~ einem heißen Sommertag; ~ seinem letzten Geburtstag; es ist ~ der Zeit, zu ... 2.8 eine bestimmte Eigenschaft, ein Merkmal ~ sich haben *durch eine E., ein M. gekennzeichnet sein;* ~ der Sache ist kein wahres Wort; ich weiß nicht, was du ~ ihm findest 2.8.1 ~ dem Theaterstück ist nicht viel (dran) *es taugt nicht viel*

an[2] ⟨Adv.⟩ **1** von ... ~ Sy *von ... ab* 1.1 von einem Ort ~ *beginnend;* von hier ~; von unten ~ 1.2 von einem Zeitpunkt ~ *beginnend (am, um, mit);* von dem Tage ~, als (da) ...; von nächster Woche ~; von Jugend, Kindheit ~; von heute ~ 1.3 von einer bestimmten Menge ~ *beginnend bei, mit ebensoviel und mehr;* von 5 Mark ~ aufwärts; von 0,5 V ~ **2** → a. *ab(2.1)* **3** ~ sich, ~ und für sich *eigentlich, von Rechts wegen, genau genommen* **4** ⟨das auf „an" folgende Substantiv steht im Kasus des Satzgliedes, es wird nicht von „an" regiert⟩ (Menge, Maß, Gewicht, Anzahl) ~ (die) 50 Mark *etwa, ungefähr;* mit ~ (die) 50 Schulkindern; ~ (die) 220 V **5** ⟨kurz für:⟩ 5.1 ⟨umg.⟩ *angezogen, bekleidet* 5.1.1 ohne etwas ~ *unbekleidet* 5.1.2 wenig ~ *nur dürftig bekleidet;* → *anhaben(1)* 5.2 *anschalten, angeschaltet;* bitte Motor ~!; das Licht ist ~

an... ⟨Vors.; bei Verben trennbar⟩ **1** *befestigend;* anbinden **2** *sich nähernd, berührend;* angrenzen, anhängen **3** *Richtung auf etwas od. jmdn. hin nehmend;* jmdn. anschreiben; etwas anpeilen **4** *beginnend;* anstimmen, anfaulen **5** *verstärkend, vergrößernd;* anschwellen, anbauen, anhäufen **6** *längere Zeit gründlich tuend;* etwas anhören, ansehen

Ana·lo'gie ⟨f.; -, -n⟩ **1** *Beziehung zwischen Dingen, Vorstellungen, Relationen und komplexen Systemen, die in gewisser Hinsicht übereinstimmen;* Sy *Entsprechung* **2** *sinngemäße Anwendung, Übertragung*

Ana'ly·se ⟨f.; -, -n⟩ Ggs *Synthese* **1** *Zergliederung eines Ganzen in seine Teile, genaue Untersuchung der Einzelheiten, Auflösung* **2** ⟨Chem.⟩ 2.1 qualitative ~ *Bestimmung eines Stoffes nach der Art seiner Bestandteile* 2.2 quantitative ~ *Bestimmung eines Stoffes nach der mengenmäßigen Zusammensetzung*

ana·ly'sie·ren ⟨V. 500⟩ jmdn. od. etwas ~ *eine Analyse von jmdm. od. etwas machen, jmdn. od. etwas zergliedern*

ana'ly·tisch ⟨Adj. 24⟩ **1** *die Analyse betreffend, auf ihr beruhend, mit ihrer Hilfe;* Ggs *synthetisch* 1.1 ~es Urteil *U., das durch Zergliederung der in einem Begriff enthaltenen Merkmale gewonnen wird* **2** ~e Chemie *der Teil der C., der die Analyse zum Gegenstand hat* **3** ~e Geometrie *rechner. G., die geometr. Gebilde, wie Kurven u. Flächen, untersucht u. mit Hilfe von Funktionsgleichungen darstellt*

An·ar'chie ⟨f.; -, -n⟩ **1** *die vom Anarchismus geforderte Gesellschaftsordnung* **2** *Zustand der Gesetzlosigkeit, (polit.) Unordnung*

an'ar·chisch ⟨Adj.⟩ *auf Anarchie(2) beruhend*

An·ar'chis·mus ⟨m.; -; unz.⟩ *polit. Lehre, die jede staatl. Ordnung ablehnt u. das menschl. Zusammenleben nur vom Willen u. von der Einsicht des einzelnen bestimmt wissen will*

Ana·to'mie ⟨f.; -, -n⟩ **1** ⟨unz.⟩ *Wissenschaft, Lehre vom Körperbau der Lebewesen;* ~ der Pflanzen, Tiere u. des Menschen **2** *wissenschaftl. Institut für anatom. Studien* **3** ⟨i. w. S.⟩ *Strukturbestimmung*

'an|bah·nen ⟨V. 500; fig.⟩ **1** etwas ~ *beginnen, den Weg bereiten für;* eine Verbindung ~ **2** ⟨R3⟩ etwas bahnt sich an *eröffnet sich, zeichnet sich ab;* neue Möglichkeiten bahnen sich an

'an|ban·deln ⟨V.⟩ = *anbändeln*

'an|bän·deln ⟨V. 405; umg.⟩ oV *anbandeln* **1** mit jmdm. ~ *eine Liebesbeziehung anknüpfen, einen Annäherungsversuch machen;* sie hat mit ihm angebändelt **2** mit jmdm. Streit ~ ⟨selten⟩ *S. anfangen*

'an|bau·en ⟨V. 500⟩ **1** etwas ~ *(in größerem Umfang) pflanzen, säen, aufziehen;* Feldfrüchte ~; Wein ~ **2** etwas ~ *dazu-, hinzubauen, -stellen;* Bücherregale zum Anbauen 2.1 *ein Gebäude durch ein anderes vergrößern;* eine Garage (an ein Haus) ~

'an|be·hal·ten ⟨V. 160/500; umg.⟩ ein Kleidungsstück ~ *am Körper behalten, nicht ausziehen, nicht ablegen;* ich behalte die neuen Schuhe gleich an

'an|beißen ⟨V. 105⟩ **1** ⟨500⟩ etwas ~ *in etwas zum ersten Mal beißen, hineinbeißen;* ein Stück Brot, Wurst ~ 1.1 sie ist zum Anbeißen ⟨fig.; umg.; scherzh.⟩ *hübsch u. adrett, appetitlich* **2** ⟨400⟩ *den Köder annehmen;* der Fisch will nicht ~; hat was angebissen? (am Angelhaken) 2.1 ⟨fig.; umg.⟩ *sich verlocken, überreden lassen;* als wir ihm Geld boten, hat er sofort angebissen; er will nicht ~

'an|be·ten ⟨V. 500⟩ **1** jmdn. od. etwas ~ *durch Gebet verehren, zu jmdm. od. etwas beten;* die Götter ~; die Sonne, den Mond ~ 1.1 ⟨fig.⟩ *sehr verehren, vergöttern;* er betet seine Frau an

'An·be·tracht ⟨nur noch in der Wendung⟩ in ~ *mit Rücksicht auf, im Hinblick auf;* in ~ der kritischen Situation; in ~ dessen, daß ...

'an|bie·ten ⟨V. 110⟩ **1** ⟨530⟩ jmdm. etwas ~ *vorschlagen, etwas zu nehmen, fragen, ob jmd. etwas haben will;* jmdm. ein Glas Wein, eine Tasse Kaffee ~; seine Hilfe, seine Dienste, eine Stellung ~; Waren zum Kauf, Verkauf ~; er bot mir an, mich im Wagen mitzunehmen 1.1 jmdm. Prügel ~ *mit P. bedrohen* **2**

⟨580/R7⟩ sich ~, etwas zu tun *seine Dienste zur Verfügung stellen*

'An·blick ⟨m.⟩ **1** ⟨unz.⟩ *das Anblicken;* beim ersten ~ **2** *Bild, das man beim Anblicken wahrnimmt;* ein herrlicher, furchtbarer ~; in den ~ einer Blume versunken sein 2.1 → a. *Gott(1.0.2)*

'an|blicken ⟨-k·k-; V. 500/R7 od. R8⟩ jmdn. od. etwas ~ *ansehen, anschauen, den Blick hinwenden auf;* er blickte sie fragend, stumm, fassungslos, dankbar an

'an|bre·chen ⟨V. 116⟩ **1** ⟨500⟩ etwas ~ *zu verbrauchen beginnen;* Vorrat ~ 1.1 Brot ~ *das erste Stück abbrechen* 1.2 eine Tafel Schokolade ~ *zu essen beginnen* 1.3 eine Flasche Wein ~ *das erste Glas ausschenken* **2** ⟨500⟩ etwas ~ *nicht ganz durchbrechen;* einen Holzstab, Knochen ~; ein Bein ~ **3** ⟨400(s.); geh.⟩ etwas bricht an *beginnt, fängt an;* der Tag, der Frühling bricht an; ein angebrochener Abend

'an|bren·nen ⟨V. 117⟩ **1** ⟨400⟩ etwas brennt an *fängt an zu brennen;* das Holz brannte endlich an **2** ⟨400(s.)⟩ etwas brennt an *setzt sich am Boden des Kochtopfes an;* Milch brennt leicht an; etwas (versehentlich) ~ lassen; angebrannt riechen, schmecken **3** ⟨500⟩ etwas ~ *zum Brennen, Glühen, Leuchten bringen;* Sy *anzünden;* eine Kerze, Lampe ~ 3.1 ⟨530/R5 od. R6⟩ jmdm. etwas ~ *anzünden;* sich eine Zigarette, Pfeife ~

'an|brin·gen ⟨V. 118/500⟩ **1** jmdn. od. etwas ~ *herbeibringen, herbeitragen;* der Hund brachte das erlegte Wild an **2** etwas ~ *befestigen, festmachen, anmachen, installieren;* an der Wand muß noch eine Lampe angebracht werden 2.1 ⟨fig.⟩ *machen, hinzufügen;* Änderungen, Verbesserungen ~ **3** etwas ~ *vortragen, äußern, mitteilen;* eine Klage, Beschwerde ~; eine Bemerkung gesprächsweise ~; ich konnte meine Bitte nicht ~ **4** Waren ~ *absetzen, verkaufen*

'An·bruch ⟨m.; -(e)s, ¨-e⟩ **1** ⟨unz.; geh.⟩ *Beginn, Anfang;* der ~ einer Epoche; bei ~ der Nacht **2** ⟨Forstw.⟩ *krankes, fauliges Holz* **3** ⟨jägerspr.⟩ *in Fäulnis übergehendes totes Wild* **4** ⟨Bgb.⟩ *angebrochene Masse nutzbarer Mineralien*

'An·dacht ⟨f.; -, -en⟩ **1** ⟨unz.⟩ *geistige u. seel. Versenkung;* jmds. ~ (nicht) stören; in stille ~ versunken 1.1 ⟨unz.; Rel.⟩ *Besinnung auf Gott;* mit frommer ~ die Kirche betreten **2** ⟨unz.⟩ *feierl., ehrfürchtige Stimmung, innere Sammlung;* etwas mit ~ lesen, hören, betrachten **3** ⟨Rel.⟩ *kurzer Gottesdienst;* Abend~, Morgen~; eine ~ halten 3.1 *stille, religiöse Feier;* Haus~

'an|dau·ern ⟨V. 400⟩ etwas dauert an *dauert lange, hört nicht auf, hält an;* der Regen dauert an; die Verhandlungen dauern an

'An·den·ken ⟨n.; -s, -⟩ **1** ⟨unz.⟩ *Gedenken, Gedächtnis, Erinnerung;* ich schicke dir das Photo zum ~ an unsere Reise **2** *Gegenstand zur Erinnerung;* Sy *Souvenir;* der Ring ist ein ~ an meine Mutter

'an·de·re(r, -s) ⟨Indefinitpronomen 10⟩ **1** *nicht diese Sache(n) od. Person(en) sondern (eine) davon verschiedene;* ein ~s Kleid anziehen; mit ~n Worten: ...; entweder das eine oder das ~!; und ~(s) ⟨Abk.: u. a.⟩; und ~s mehr ⟨Abk.: u. a. m.⟩; und vieles ~ mehr; das ist etwas ~s!; spielen wir etwas ~s!; reden wir von etwas ~m!; es war ein ~r 1.1 das haben ~ auch schon gesagt *nicht nur du sagst das* 1.2 das kannst du ~n erzählen, aber nicht mir! *ich glaube es nicht!* 1.3 ich habe ihn eines ~n belehrt *ich habe ihm seinen Irrtum nachgewiesen* 1.4 ~n Leuten in die Töpfe gucken ⟨fig.; umg.⟩ *sich neugierig für die Angelegenheiten anderer interessieren* **2** *etwas od. jmd. aus einer Reihenfolge;* einer schrie lauter als der ~; es kam eins zum ~n, am Schluß war das Unglück passiert; ein ~s Mal komme ich mit; ich bin von einem Geschäft zum ~n gelaufen 2.1 ~n Tags, am ~n Tag *am nächsten Tag* 2.1.1 er erzählte eine Geschichte nach der ~n *immer wieder eine neue* 2.2 ein Wort gab das ~, und schon war der Streit im Gange *die Diskutierenden widersprachen einander ständig* 2.3 immer einer (eins) nach dem ~n! *immer der Reihe nach!* 2.4 ein Mal um das ~ *jedes zweite Mal* 2.4.1 einen Tag um den ~n *jeden zweiten Tag* 2.5 zum einen habe ich keine Zeit und zum ~n auch gar keine Lust *erstens ..., zweitens ...* **3** *in wesentlichen Merkmalen verschieden;* ich bin ~r Meinung; ~n Sinnes werden 3.0.1 sich eines ~n besinnen *seine Meinung ändern* 3.1 ~ Saiten aufziehen ⟨fig.; umg.⟩ *strenger werden* 3.1.1 dort herrscht ein ~r Ton *ein strengerer Ton* 3.2 in ~n Umständen *schwanger* **4** der (das) eine oder ~ *irgend jemand (etwas), manches, einiges* **5** unter ~m ⟨Abk.: u. a.⟩ *außerdem* **6** nichts ~s als jmd. od. etwas *nur dieses (dieser, diese);* es blieb ihm nichts ~s übrig, als zu ... **7** alles ~ als *das Gegenteil von;* alles ~ als gut 7.1 sie verdient alles ~ als ein Lob *Tadel*

'an·de·rer·seits ⟨Adv.; leitet einen Satz oder Satzteil ein, der dem vorausgegangenen inhaltlich entgegengesetzt ist⟩ *auf der anderen Seite, hingegen, wenn man (aber) berücksichtigt;* oV *anderseits, andrerseits;* → a. *einerseits;* auf der einen Seite möchte ich ins Kino gehen, ~ müßte ich aber noch arbeiten; einerseits gefällt mir dieser Stoff, ~ ist er mir zu teuer

'än·dern ⟨V. 500⟩ **1** etwas ~ *anders machen;* die Richtung ~; seine Meinung, seine Pläne ~; das ändert die Sache; ich kann es auch nicht ~ 1.1 das ist nicht zu ~, das ändert nichts an der Tatsache, daß ... *trotzdem bleibt die T. bestehen, daß ..., damit muß man sich abfinden* 1.2 ⟨503/R5⟩ (jmdm.) ein Kleidungsstück ~ *anders nähen* 1.3 ⟨500⟩ etwas (an etwas) ~ *einen Teil von etwas anders machen;* an einem Kleid den Ausschnitt ~ **2** ⟨R3⟩ sich ~ *anders werden;* das Wetter ändert sich; die Zeiten ~ sich; das läßt sich nicht ~; es hat sich seitdem nichts geändert; er hat sich schon sehr geändert; du mußt dich gründlich ~

'an·ders ⟨Adv.⟩ **1** *nicht so;* sie sieht ~ aus als ihre Schwester; ich denke ~ (als ihr); das macht man ~; jmd. od. etwas ist ~ (geworden); er verhält sich (ganz) ~ 1.1 ~ ausgedrückt *mit anderen Worten* 1.2 sich eine Sache ~ überlegen *den Entschluß ändern* 1.3 sich ~ besinnen *seine Pläne ändern* 1.4 er spricht jetzt ganz ~ als früher ⟨fig.⟩ *er hat seine Gesinnung od. sein Verhalten geändert* 1.5 das klingt schon ~ ⟨umg.⟩ *besser* 1.6 erstens kommt es ~ und zweitens als man denkt ⟨umg.; scherzh.⟩

es kommt meist nicht wie erwartet **2** wo ~ *außer, außerdem;* wo ~ könnte er gewesen sein?; irgendwo ~ gewesen sein **3** nicht ~ *nur so;* ich habe es nicht ~ erwartet; so und nicht ~ (wird es gemacht)!; wenn es nicht ~ geht ...; wenn ~ nicht möglich, müssen wir schon um 5 Uhr abreisen 3.1 ich konnte nicht ~ als ihn (höflich) empfangen *nur*

'an·ders·wo ⟨Adv.⟩ *an einem anderen Ort*

'an·ders·wo·her ⟨Adv.⟩ *von einem anderen Ort, aus einer anderen Richtung*

'an·ders·wo·hin ⟨Adv.⟩ *an einen anderen Ort, in eine andere Richtung*

an·dert'halb ⟨Num.; in Ziffern: $1^1/_2$⟩ *einundeinhalb;* ~ Stunden; dieses Haus ist ~mal so groß wie jenes

'Än·de·rung ⟨f.; -, -en⟩ *das Ändern;* ~en vorbehalten (im Programm); eine ~ an einem Kleid vornehmen lassen; ist eine ~ im Befinden des Kranken eingetreten?

'an·der·weit ⟨Adv.⟩ *in anderer Hinsicht, in anderer, auf andere Weise;* wenn Sie die Ware nicht binnen einer Woche abnehmen, werden wir ~ darüber verfügen

'an|deu·ten ⟨V. 500⟩ etwas ~ **1** *vorsichtig, durch einen versteckten Hinweis zu verstehen geben, ahnen lassen, vorsichtig, versteckt ankündigen;* er hat so etwas angedeutet, als ob er heute abend kommen wollte; die Wolken deuten ein Gewitter an **2** *flüchtig, unvollständig angeben;* den Weg durch kleine Fähnchen auf der Landkarte ~; die Punkte im Bild sollen Vögel ~; ich möchte meinen Lebenslauf nur kurz ~

'An·deu·tung ⟨f.; -, -en⟩ **1** *Anspielung, Hinweis;* eine geheimnisvolle, leise ~ machen; sich in ~en ergehen **1.1** *kurze Bemerkung, Erwähnung;* einige ~en fallen lassen; in ~en reden **2** *Anzeichen, Vorzeichen(3);* die ~en einer Krankheit **3** *schwache Bezeichnung;* die ~ der Umrisse auf der Skizze ist zu schwach

'An·drang ⟨m.; -(e)s; unz.⟩ **1** *das heftige An-, Herandrängen, -strömen;* Wellen~ **2** *Wallung, heftiger Zustrom;* Blut~ **3** *Gedränge, drängender Zustrom einer Menschenmenge;* es herrschte großer ~ an der Kasse

'an|dre·hen ⟨V. 500⟩ **1** eine Kurbel ~ *zu drehen beginnen* **2** etwas ~ *durch Drehen (eines Schalters) anstellen;* das Licht, Radio ~; würdest du bitte das Fernsehen ~? **3** ⟨530⟩ jmdm. etwas ~ ⟨umg.⟩ *jmdm. etwas betrügerisch od. wider dessen Willen verkaufen* 3.1 jmdm. eine Arbeit ~ ⟨umg.⟩ *jmdn. zu einer Arbeit überreden, zu der man selbst keine Lust hat* **4** etwas ~ ⟨umg.⟩ *anfangen, zuwege, zustande bringen, bewerkstelligen;* wie willst du das ~?

'an|ecken ⟨-k·k-; V. 400(s.)⟩ **1** *an eine Ecke stoßen, anstoßen;* paß auf, daß du mit dem Tablett nicht aneckst! **2** ⟨fig.; umg.⟩ *Anstoß, Mißfallen erregen;* ich bin bei ihm angeeckt

'an|eig·nen ⟨V. 530/R1⟩ **1** sich etwas ~ *sich etwas zu eigen machen, etwas in Besitz nehmen, Besitz von etwas ergreifen;* sich etwas widerrechtlich ~; sich eine Gewohnheit ~; sich gute Kenntnisse ~ 1.1 sich eine Sprache ~ *lernen*

an·ein'an·der ⟨Adv.⟩ **1** *einer an den anderen;* wir haben oft ~ gedacht; sie müssen sich ~ gewöhnen **2** *einer an dem anderen;* ~ vorbeigehen; sich ~ festhalten 2.1 ~ vorbeireden *sich gegenseitig mißverstehen*

'an·er·kannt 1 ⟨Part. Perf. von⟩ *anerkennen* **2** ⟨Adj.⟩ 2.1 *bewährt, von gutem Ruf, unbestritten;* ein ~er Fachmann **2.2** *zugelassen, bestätigt;* eine staatlich ~e Prüfung

'an|er·ken·nen ⟨V. 166/500⟩ **1** jmdn. od. etwas ~ *gelten lassen;* eine Forderung, Meinung ~ 1.1 ein Kind ~ *als das eigene bestätigen* 1.2 ⟨R8⟩ Staaten erkennen einander an *nehmen diplomat. Beziehungen auf;* die beiden afrikanischen Staaten haben einander anerkannt **2** *loben, würdigen;* die Leistung eines anderen ~; sich ~d äußern (über); ~de Worte finden (für)

'An·er·ken·nung ⟨f.; -, -en⟩ **1** ⟨unz.⟩ *Lob, Billigung;* jmdm. seine ~ aussprechen; ~ ernten, finden **2** *Bestätigung;* ~ der Vaterschaft **3** ⟨unz.⟩ *Würdigung;* in ~ seiner Verdienste

'an|fah·ren ⟨V. 130⟩ **1** ⟨400(s.)⟩ *anfangen zu fahren;* der Wagen fuhr plötzlich an; der Wagen gibt beim Anfahren ein Geräusch **2** ⟨400(s.)⟩ *mit einem Fahrzeug ankommen;* er kam in einem veralteten Auto angefahren **3** ⟨500⟩ etwas ~ *mit einem Fahrzeug heranschaffen;* Ggs *abfahren(2.1)* **4** ⟨500⟩ jmdn. od. etwas ~ *gegen jmdn. od. etwas fahren;* einen Fußgänger ~ **5** ⟨500⟩ jmdn. ~ ⟨fig.⟩ *heftig u. unfreundl. zu jmdm. sprechen;* er hat ihn grob, tüchtig angefahren

'An·fahrt ⟨f.⟩ **1** *das Heran-, Herbei-, Näherfahren;* Ggs *Abfuhr(1);* die ~ von Waren **2** *die Zeit, die man zum Heranfahren braucht;* die ~ dauerte zwei Stunden **3** *der Weg od. die Straße, die man zum Heranfahren benutzt;* eine lange ~ zur Arbeit haben **4** ⟨Mar.⟩ *Landeplatz, Kai*

'An·fall ⟨m.⟩ **1** *plötzliches Auftreten einer krankhaften Erscheinung;* einen ~ von Fieber, Schwindel; der Patient hatte nachts einen schweren ~ 1.1 ⟨fig.⟩ *Ausbruch(1);* in einem ~ von Schwermut, Jähzorn, Eifersucht **2** ⟨unz.⟩ *Ertrag;* der ~ an Milch **3** *das, was anfällt, vorkommt, zu erledigen ist;* Arbeits~; der ~ von Korrespondenz ist kaum zu bewältigen

'an|fal·len ⟨V. 131⟩ **1** ⟨500⟩ jmdn. ~ *(plötzlich) angreifen, überfallen;* den Feind von hinten ~; der Hund fiel den Mann an **2** ⟨500⟩ etwas fällt jmdn. an ⟨fig.; geh.⟩ *ergreift jmdn.;* Fieber, Krankheit, Wut fiel ihn an **3** ⟨400(s.)⟩ etwas fällt an *etwas entsteht nebenbei, kommt vor;* in der nächsten Zeit wird viel Arbeit ~ ⟨fig.⟩; die ~den Gebühren, Zinsen, Arbeiten; der ~de Müll; bei der Produktion fallen viele Nebenprodukte an

'An·fang ⟨m.; -(e)s, ¨e⟩ **1** *etwas Erstes, Ursprüngliches;* Sy *Beginn;* Ggs *Ende(1);* am ~; der ~ einer Strecke, der Straße; ~ nächster Woche; ~ März kommt er; es ist ~ Mai; am ~ des Jahres; sie ist ~ Dreißig; von ~ an; der ~ einer Erzählung; wir haben den ~ des Theaterstücks versäumt; im ~ war das Wort (NT, Joh. 1,1); zu ~ hatte ich noch Schwierigkeiten; aller ~ ist schwer ⟨Sprichw.⟩ 1.1 das ist der ~ vom Ende *damit ist das E. schon abzusehen* 1.2 wer macht den ~? *wer fängt an?* 1.3 von ~ bis (zu) Ende *vollständig, ganz* **2** die Anfänge von etwas *Ausgangspunkte, Grundlagen;* die Anfänge einer Wissenschaft

'an|fan·gen ⟨V. 132⟩ Sy *beginnen* **1** ⟨400⟩ *einen*

Anfang haben, nehmen; Ggs *enden, aufhören(1);* ein Zeitraum, eine Strecke, ein Vorgang fängt an; der Unterricht fängt um 8.00 Uhr an 1.1 jmd. fängt an *ist der erste* 1.2 ⟨500 od. 800⟩ eine Tätigkeit, mit einer T. ~ *den Anfang machen mit einer Tätigkeit;* Ggs *beenden, aufhören(1.1);* hast du den Brief schon angefangen?; einen Bericht ~; mit einer Arbeit ~; von vorn, von neuem ~; sie fängt an, alt zu werden; zu weinen ~; ich fange an zu verstehen; es hat angefangen zu regnen **2** ⟨500⟩ eine Sache ~ *tun, unternehmen;* sie weiß gar nicht, was sie vor Freude ~ soll; was fangen wir nun an?; etwas geschickt, schlau ~; ich weiß nicht, wie ich es ~ soll **3** ⟨516 + Modalverb⟩ mit jmdm. od. einer Sache etwas ~ können (sollen) *ein Ziel erreichen* 3.1 mit einem Gegenstand etwas ~ können *(zu einem Zweck) verwenden, nutzen;* was soll ich mit den Schrauben ~?; mit der Rechenmaschine kann ich nichts ~ 3.2 mit jmdm. etwas ~ können 3.2.1 *jmdm. eine Arbeit übertragen können* 3.2.2 *sich mit jmdm. verstehen, mit jmdm. harmonieren;* mit dir kann man heute wirklich nichts ~

'An·fän·ger ⟨m.; -s, -⟩ **1** *jmd., der anfängt, etwas zu lernen, jmd., der auf einem Gebiet nur geringe Kenntnisse besitzt;* Kurse für ~ 1.1 ~! ⟨umg.; abwertend⟩ *ungeschickter Mensch*

'an·fangs 1 ⟨Adv.⟩ *zu Anfang, zuerst, anfänglich;* ~ waren die Kinder noch schüchtern; ~ ging alles gut **2** ⟨Präp. m. Gen.⟩ *im Anfang;* ~ der dreißiger Jahre

'an|fas·sen ⟨V. 500⟩ **1** ⟨R8⟩ jmdn. od. etwas ~ *mit der Hand berühren;* Sy *angreifen(1);* faß mal an, ob der Teig weich genug ist; das Kind hat den heißen Ofen angefaßt; man faßt einen heißen Topf mit einem Topflappen an **2** *zupacken, Hand anlegen, helfen;* wenn alle mit ~, ist der Tisch schnell gedeckt **3** etwas ~ *in Angriff nehmen, unternehmen;* ihm glückt alles, was er anfaßt 3.1 = *angreifen(3)* **4** ⟨513⟩ jmdn. od. etwas in bestimmter Weise ~ *behandeln, mit jmdm. od. etwas umgehen;* jmdn. hart ~; eine Sache richtig, verkehrt ~

'an|fech·ten ⟨V. 133/500⟩ **1** etwas ~ *die Gültigkeit von etwas bestreiten, nicht anerkennen, Einspruch gegen etwas erheben;* ein Testament, ein Urteil ~ **2** etwas ficht jmdn. an ⟨fig.; geh.⟩ *bekümmert, beunruhigt jmdn.;* das ficht mich nicht an

'An·fech·tung ⟨f.; -, -en⟩ **1** *Einspruch gegen die Gültigkeit einer rechtlichen Handlung;* die ~ eines Urteils **2** *Versuchung;* einer ~ erliegen, standhalten; allen ~en zum Trotz

'an|fer·ti·gen ⟨V. 500⟩ etwas ~ *herstellen, (kunstgerecht) machen;* Kleider, Arznei nach Rezept, ein Schriftstück ~

'an|feu·ern ⟨V. 500⟩ **1** etwas ~ *in etwas Feuer machen, etwas zum Brennen bringen;* den Ofen ~ **2** ⟨R7 od. R8⟩ jmdn. od. etwas ~ ⟨fig.⟩ *kräftig ermuntern, ermutigen, durch Zuruf antreiben, anreizen;* den Kämpfer, die Mannschaft ~

'an|flie·gen ⟨V. 136⟩ **1** ⟨500⟩ etwas ~ *ein Ziel fliegend ansteuern;* den Flugplatz, eine Stadt ~ 1.1 die Lufthansa fliegt Bangkok an *hat eine Fluglinie nach B.* 1.2 ⟨Part. Perf.⟩ angeflogen kommen *sich fliegend nähern;* drei Vögel kamen angeflogen **2** ⟨600(s.)⟩ etwas fliegt jmdm. an ⟨fig.⟩ *jmd. eignet sich etwas leicht an;* diese Kenntnisse sind ihm angeflogen; ich weiß nicht, wo ich mir die Erkältung geholt habe, sie ist mir eben angeflogen 2.1 es fliegt ihm nur so an *mit müheloser Leichtigkeit schafft er es* **3** ⟨500⟩ etwas fliegt jmdn. an ⟨fig.; geh. od. veralt.⟩ *etwas befällt jmdn.;* Angst flog ihn an

'An·flug ⟨m.; -(e)s, ¨e⟩ **1** *das Heranfliegen (von Vögeln, Flugzeugen);* beim ~; die Maschine ist im ~ **2** ⟨fig.⟩ *Hauch, Spur, Andeutung, Schatten;* mit dem ~ eines Lächelns; ein ~ von Bärtchen auf der Oberlippe; mit einem ~ von Heiterkeit **3** ⟨Forstw.⟩ *aus vom Wind verbreitetem Samen entstandener Baumbestand* **4** ⟨Min.⟩ *dünner Überzug bei manchen Mineralien*

'an|for·dern ⟨V. 500⟩ jmdn. od. etwas ~ *(dringend) verlangen, bestellen;* Lieferung, Zusendung ~; einen Bericht ~; mehr Personal ~; Polizeiverstärkung ~

'An·fra·ge ⟨f.⟩ **1** *Frage, Bitte um Auskunft, Ersuchen;* darf ich mir eine ~ erlauben; eine ~ richten an; eine parlamentarische ~; eine ~ einbringen (im Parlament) 1.1 große ~ *durch bes. Wichtigkeit u. größere Anzahl von Unterzeichnern gekennzeichnete parlamentar. A.* 1.2 kleine ~ *kurze parlamentar. A., die schriftl. beantwortet werden kann*

'an|fra·gen ⟨V. 400⟩ *fragen, sich erkundigen (bei), um Auskunft bitten, ersuchen (a. im Parlament);* ich möchte bei Ihnen ~, ob ...

'an|fü·gen ⟨V. 500⟩ etwas ~ *als Anlage im Brief beifügen, hinzufügen*

'an|füh·len ⟨V.⟩ **1** ⟨500⟩ etwas ~ *fühlend anfassen, untersuchen;* jmds. Stirn ~; fühl den Stoff einmal an, wie weich er ist **2** ⟨530⟩ jmdm. (etwas) ~ ⟨fig.⟩ *(etwas) durch Gefühl merken;* man fühlt (es) ihm an, daß er unglücklich ist **3** ⟨513/R3⟩ sich ~ *ein bestimmtes Gefühl vermitteln;* sich weich, hart, rauh ~

'an|füh·ren ⟨V. 500/R7⟩ **1** jmdn. od. etwas ~ *jmdm. od. etwas führend vorangehen;* einen Faschingszug, eine Polonäse ~ 1.1 *der Anführer sein von jmdm. od. etwas, befehligen, leiten;* ein Heer, eine Expedition ~ **2** etwas ~ *mitteilen, vorbringen;* Gründe ~; etwas als Beispiel ~; was können Sie zu Ihrer Rechtfertigung ~? 2.1 *erwähnen, sich auf etwas berufen;* ein Buch, Schriftwerk ~; am angeführten Ort (in wissenschaftl. Arbeiten bei Zitaten) ⟨Abk.: a. a. O.⟩ 2.1.1 *wörtlich wiederholen;* Sy *zitieren(1);* eine Textstelle, einen Ausspruch ~; ich möchte hier ein Wort von Goethe ~ **3** jmdn. ~ *absichtl. irreführen, zum besten haben, foppen, listig hintergehen;* da hat er dich schön angeführt

'An·ga·be ⟨f.; -, -n⟩ **1** *das Angeben(1,2,4,5)* 1.1 *Aussage, Mitteilung;* können Sie genaue ~n machen über ...?; können Sie zu dem Vorfall nähere ~n machen?; weitere ~n kann ich nicht machen; ich habe in dem Buch eine ~ gefunden über ...; laut ~n von ...; nach seinen ~n verhält es sich so ...; wir bitten um ~ von Einzelheiten, um ~ der Preise 1.2 *Anweisung;* das Haus ist nach meinen eigenen ~n gebaut worden 1.3 ⟨umg.⟩ *Prahlerei, Aufschneiderei;* ~ ist auch eine Gabe! ⟨scherzh.⟩; es ist alles nur ~, was er erzählt 1.4 ⟨Sp.⟩ *Aufschlag, erster*

Schlag, z. B. beim Tennis, Tischtennis; wer hat die ~?

'an|ge·ben ⟨V. 143⟩ **1** ⟨500⟩ etwas ~ *sagen, aussagen, nennen, mitteilen, Auskunft geben über etwas;* Namen, Gründe ~; er kann nicht ~, wer ihn niedergeschlagen hat; bitte geben Sie Ihre Anschrift an; etwas genau ~ (können); die Uhr gibt die Minuten u. Sekunden an; er gibt an, krank gewesen zu sein **2** ⟨500⟩ etwas ~ *bestimmen, festsetzen;* gib mir bitte das A an! ⟨Mus.⟩ 2.0.1 den Ton ~ ⟨a. fig.⟩ *in einer Gesellschaft, Gemeinschaft bestimmen, führen* **3** ⟨500⟩ jmdn. od. etwas ~ *anzeigen, verraten, melden;* das gebe ich (dem Lehrer) an, daß du von mir abgeschrieben hast; er hat ihn bei der Polizei (als Zeugen) angegeben **4** ⟨400; umg.⟩ *sich wichtig tun, prahlen, aufschneiden;* gib nicht so an! **5** ⟨400⟩ *ein Spiel eröffnen;* wer gibt an?

'An·ge·ber ⟨m.; -s, -⟩ **1** *jmd., der einen anderen angibt (anzeigt)* **2** *jmd., der (beim Spiel) angibt* **3** *jmd., der angibt, sich wichtig tut*

'an·geb·lich ⟨Adj. 24⟩ **1** ⟨60⟩ *vermeintlich, vorgeblich;* der ~e Verfasser des Buches **2** ⟨80⟩ *wie man behauptet, vorgibt;* er hat sich ~ nicht gemeldet; er ist ~ Musiker

'an·ge·bo·ren ⟨Adj. 24/70⟩ *von Geburt an, von Natur aus, als Veranlagung vorhanden;* ~e Eigenschaft, Krankheit; sein Taktgefühl ist ~, nicht anerzogen

'An·ge·bot ⟨n.; -(e)s, -e⟩ **1** *etwas Angebotenes, Vorschlag, etwas zu nehmen;* ein ~ annehmen, ausschlagen, ablehnen 1.1 *Vorschlag zur Zahlung eines Geldbetrages;* Honorar~, Preis~; höchstes ~ (bei Auktionen); machen Sie mir ein ~! 1.2 *Vorschlag zur Annahme einer Stelle in einem Unternehmen;* Stellen~; ein sehr günstiges ~ bekommen 1.3 ~ von Waren *Gesamtheit der zum Verkauf stehenden W.;* Waren~; ~ und Nachfrage regeln die Preise; ein reichhaltiges ~ (von Möbeln usw.) 1.4 ~, (für jmdn.) etwas zu tun *Vorschlag*

'an|ge·hen ⟨V. 145⟩ **1** ⟨500⟩ jmdn. od. etwas ~ *an jmdn. od. etwas herangehen, angreifen, in Angriff nehmen;* einen Feind, eine Arbeit ~ 1.1 ⟨800(s.)⟩ gegen jmdn. od. etwas ~ *jmdn. od. etwas bekämpfen;* gegen eine Krankheit ~ **2** ⟨550(s.)⟩ jmdn. um etwas ~ *bitten;* jmdn. um Geld, eine Unterstützung ~ **3** ⟨500⟩ etwas geht jmdn. od. etwas an *etwas betrifft jmdn. od. etwas;* derjenige, den es angeht, ist leider nicht da; das geht mich nichts an; was mich angeht, ich bin bereit; was deinen Vorschlag angeht, so muß ich folgendes sagen **4** ⟨400(s.)⟩ etwas geht an ⟨geh.⟩ *ist möglich, schicklich, vertretbar;* daß er nicht gekommen ist, mag noch ~, aber daß er sich nicht entschuldigt hat, ärgert mich sehr **4.1** *leidlich, erträglich sein;* wie gefällt dir deine neue Arbeit? es geht an **5** ⟨400(s.)⟩ etwas geht an *fängt an;* das Theater, die Vorstellung geht um 20.00 Uhr an **5.1** *anfangen zu brennen;* abends, wenn die Lichter ~; das Feuer geht nicht an **6** ⟨400(s.)⟩ Fleisch, Obst geht an *geht in Fäulnis über;* der Pfirsich ist schon etwas angegangen

'an·ge·hend 1 ⟨Part. Präs. von⟩ *angehen* **2** ⟨Adj. 60⟩ *noch nicht am Ende der Entwicklung, jedoch die Vollendung schon ahnen lassend;* sie ist eine ~e junge Dame; ein ~er Künstler 2.1 ~es Wild ⟨jägerspr.⟩ *sich dem Ende seiner Entwicklung näherndes W.* **2.1.1.** ein ~es Schwein *Keiler von 4 Jahren*

'an|ge·hö·ren ⟨V. 600⟩ **1** einer Gruppe, einem Zeitraum ~ *zu einer bestimmten G. od. zu einem bestimmten Z. gehören;* einer Partei (als Mitglied) ~ **2** jmdm. ~ ⟨geh.⟩ *(mit) jmdm. eng verbunden sein;* einem Mann ~

'An·ge·hö·ri·ge(r) ⟨f. 2 (m. 1)⟩ **1** *jmd., der einer Gemeinschaft angehört, Mitglied;* Staatsangehöriger; er ist ~r des Männerchors 1.1 *Verwandter;* Familienangehöriger **1.1.1** meine ~n *meine nächsten Verwandten*

'An·ge·klag·te(r) ⟨f. 2 (m. 1)⟩ *jmd., der einer Straftat beschuldigt ist und gegen den das Gericht die Eröffnung des Hauptverfahrens beschlossen hat*

'An·gel ⟨f.; -, -n⟩ **1** *Zapfen, an dem Tür od. Fenster drehbar befestigt ist;* Tür~; die Tür quietscht in den ~n; die Tür aus den ~n heben **1.0.1** die Welt aus den ~n heben ⟨fig.⟩ *die Welt erschüttern, grundlegend ändern* 1.0.2 → a. *Tür(7.2)* **2** *Fischfanggerät aus Rute, Schnur, Vorfach u. Haken, an dem der Köder befestigt wird u. der Fisch beim Anbeißen hängenbleiben soll;* einen Fisch an der ~ haben **3** *Vorrichtung zum Schwimmenlernen aus einem vom Beckenrand über das Wasser ragenden Gerüst, Seil u. Schwimmgürtel* **4** ⟨Jagdw.⟩ *Verlängerung der Klinge bei blanken Waffen, die in den Griff hineinragt* **5** ⟨Film, Fernsehen⟩ *peitschenförmig gebogener Ständer, der über die Szene reicht*

'An·ge·le·gen·heit ⟨f.; -, -en⟩ **1** *Begebenheit, Geschehen;* eine peinliche ~; das ist meine ~!; kann ich Sie in einer dringenden, privaten ~ sprechen?; diese ~ muß heute noch erledigt, geregelt werden; misch dich nicht in fremde ~en!; kümmere dich um deine eigenen ~en!; ich will mit der ganzen ~ nichts zu tun haben; wir wollen über diese ~ nicht mehr sprechen **2** ⟨nur Pl.⟩ auswärtige ~en *Tätigkeitsbereich der Außenpolitik*

'an·ge·le·gent·lich ⟨Adj. 50; geh.⟩ *dringend, eindringlich, nachdrücklich, eifrig;* sich ~ mit etwas beschäftigen; sich ~ erkundigen

'an·geln ⟨V.⟩ **1** ⟨402⟩ *mit der Angel fischen;* Fische ~; er angelt leidenschaftlich gern **2** ⟨503/R5⟩ (sich) etwas od. jmdn. ~ ⟨fig.; scherzh.⟩ *mit Mühe erreichen, erwischen, für sich gewinnen;* den Hut aus dem Wasser ~; sie hat sich einen reichen Witwer geangelt **3** ⟨800⟩ nach etwas od. jmdm. ~ ⟨fig.⟩ *versuchen zu greifen, zu bekommen;* nach einem Ehemann ~; mit dem Fuß nach dem Schuh ~

'an·ge·mes·sen 1 ⟨Part. Perf. von⟩ *anmessen* **2** ⟨Adj.⟩ *passend, entsprechend;* eine ~e Belohnung, Frist, Strafe; ein ~es Gehalt; in ~er Weise; er war ~ gekleidet

'an·ge·nehm ⟨Adj.⟩ **1** *gern (gehabt), erwünscht* 1.1 *erfreulich, willkommen;* ~er Besuch; eine ~e Abwechslung, Beschäftigung, Pflicht; es ist mir sehr ~, daß ...; das Angenehme mit dem Nützlichen verbinden; Ihr Besuch ist uns jederzeit ~; ich wünsche ~e Unterhaltung!; es ist ~ frisch draußen 1.1.1 (sehr) ~! *(als überflüssig angesehene Äußerung dessen, der jmdm. vorgestellt wird)* 1.1.2 ~e Ruhe! *(Grußformel beim Schlafengehen)* 1.2 ~es Wesen, Benehmen *verbindlich, freundlich,* *unaufdringlich;* er ist von ~em Wesen 1.3 ~es Wetter *mild, heiter* 1.4 ~es Äußeres *fein, hübsch, gepflegt* 1.5 ~er Geschmack *köstlich* 1.6 ~e Kühle *wohltuend;* es ist ~ kühl hier 1.7 sich (bei) jmdm. ~ machen *sich einschmeicheln*

'An·ge·sicht ⟨n.; -(e)s, -er (österr.) -e; poet.⟩ **1** *Gesicht;* jmdm. von ~ zu ~ gegenüberstehen; holdes ~ **2** im ~ ⟨fig.⟩ *Anblick;* im ~ des Todes, des Feindes

'an·ge·sichts ⟨Präp. m. Gen.⟩ *gegenüber, im Hinblick (auf);* ~ dieser Tatsache ist es besser; ~ der erdrückenden Last von Beweisen

'An·ge·stell·te(r) ⟨f. 2 (m. 1)⟩ *jmd., der gegen ein festes Gehalt bei einer Firma, Behörde (überwiegend geistig) arbeitet*

'an|ge·wöh·nen ⟨V. 530/R5⟩ jmdm. etwas ~ *zur Gewohnheit machen;* sich das Rauchen ~; gewöhne dir das gar nicht erst an!; ich habe ihm angewöhnt, pünktlich zu sein

An'gi·na ⟨f.; -, -nen⟩ *entzündl., fieberhafte Erkrankung des Halses mit Schwellung;* Sy *Bräune(2.2) des Rachens u. der Mandeln*

'an|glei·chen ⟨V. 153/500/R7 od. R8⟩ jmdn. od. etwas ~ *jmdm. od. etwas anderem ähnl. od. gleich machen, anpassen;* die beiden Eheleute haben sich einander sehr angeglichen; die Gehälter den Lebenshaltungskosten ~

'an|grei·fen ⟨V. 158/500⟩ **1** jmdn. od. etwas ~ *mit der Hand berühren, in die Hand nehmen;* Sy *anfassen(1);* einen Gegenstand ~ 1.1 *tastend erkunden;* greif doch mal den Ofen an, ob er schon warm ist! 1.2 ⟨R3⟩ sich ~ *sich anfühlen;* der Stoff greift sich hart (weich) an **2** ⟨R8⟩ jmdn. od. eine Gruppe von Personen ~ *einen Kampf gegen jmdn. beginnen;* einen Feind ~; jmdn. mit dem Messer ~; unser Sturm greift (den Gegner) unentwegt an ⟨Ballspiel⟩ 2.1 ⟨fig.⟩ *scharf kritisieren, anklagen;* der Redner wurde heftig angegriffen **3** ⟨500⟩ eine Sache ~ *eine S. zu tun beginnen;* Sy *anfassen(3.1);* eine Arbeit geschickt ~; was er auch angreift, es gelingt ihm alles **4** Geld, Werte ~ *zu verbrauchen beginnen;* Ersparnisse, Vorräte ~ 4.1 Firmengelder ~ *veruntreuen* **5** etwas greift etwas od. jmdn. an 5.1 etwas greift ein Organ (Herz, Nerven, Gesundheit) an *schwächt, ermüdet, strengt es an;* das helle Licht greift meine Augen an 5.2 Umwelteinflüsse greifen Gegenstände an *beschädigen, zersetzen sie;* Säuren greifen Metalle an; Witterungseinflüsse greifen Gebäude an 5.3 ein Geschehen greift jmdn. an *versetzt ihn in Gemütsbewegung;* ich kann das Buch nicht lesen, es greift mich zu sehr an

'An·grei·fer ⟨m.; -s, -⟩ *jmd., der einen anderen angreift;* den ~ zurückschlagen

'An·griff ⟨m.; -(e)s, -e⟩ **1** *das Angreifen(2), Beginn, Eröffnung des Kampfes, a. des sportl. Wettkampfes;* ein ~ gegen jmdn.; einen ~ abwehren, zurückschlagen; sich gegen jmds. ~e wehren; zum ~ übergehen 1.1 ~ auf (gegen) jmdn. od. etwas *Beleidigung, Beschimpfung, scharfer Vorwurf, heftige Kritik;* das war ein ~ auf seine Ehre **2** etwas in ~ nehmen *beginnen;* ein Werk in ~ nehmen

angst ⟨Adj. 11/82⟩ **1** jmdm. ~ machen *jmdn. mit Angst erfüllen* **2** jmdm. ist ~ *jmd. hat Angst;* mir ist ~ und bange

Angst ⟨f.; -, ¨-e⟩ **1** *große Sorge, Unruhe, unbestimmtes, oft grundloses Gefühl, bedroht zu sein;* aus ~ vor Strafe nicht schlafen können; jmd. ist, gerät, schwebt in ~; in tausend Ängsten schweben; die ~ (in sich) bekämpfen, unterdrücken; jmdm. ~ einflößen, einjagen; es mit der ~ zu tun bekommen; vor ~ nicht schlafen können 1.1 etwas aus ~ tun *weil man sich ängstigt* 1.2 jmd. hat, bekommt ~ *ist, wird ängstlich* 1.3 ~ um jmdn. od. etwas haben *befürchten, daß jmdm. od. einer Sache ein Unglück geschieht* 1.4 ~ vor jmdm. od. etwas haben *befürchten, daß jmd. od. etwas einen Schaden verursacht*

'äng·sti·gen ⟨V. 500⟩ **1** jmdn. ~ *in Angst versetzen, jmdm. Angst machen;* ein Hund hat das Kind geängstigt **2** ⟨505/R3⟩ sich (vor jmdm. od. etwas) ~ *Angst haben, sich große Sorgen machen;* sich ~ um jmdn. od. etwas; sich ~ vor jmdm. od. etwas 2.1 sich zu Tode ~ ⟨fig.⟩ *sich sehr ängstigen*

'ängst·lich ⟨Adj.⟩ **1** *Angst habend, innerlich unruhig, sehr besorgt;* eine ~e Person; jmd. ist ~; ~ antworten; mir wurde ~ zumute 1.1 *peinlich genau, übertrieben gewissenhaft (aus Angst, etwas falsch zu machen);* ~ darauf bedacht sein, daß ... **2** ⟨40⟩ nicht ~ sein ⟨umg.⟩ *nicht dringend sein, nicht eilen;* mit dem Zurückgeben des Buches ist es nicht so ~

'an|ha·ben ⟨V. 159⟩ **1** ⟨500⟩ etwas ~ *ein Kleidungsstück am Körper haben, tragen, angezogen haben;* du hast noch immer die nassen Sachen an!; Schuhe und Strümpfe ~ **2** ⟨530⟩ jmdm. od. einer Sache etwas (nichts) ~ können, wollen *(nicht) schaden können, wollen;* er kann dir nichts ~; der Wind kann dem Boot nichts ~

'an|haf·ten ⟨V. 600⟩ **1** etwas haftet einer Sache an *haftet fest an etwas, ist fest mit etwas verbunden;* den Kleidungsstücken haftet ein unangenehmer Geruch an **2** eine Sache haftet jmdm. an ⟨fig.; geh.⟩ *jmd. wird etwas nicht los, kann sich nicht von etwas befreien;* ihm haftet immer noch etwas von seiner früheren Depression an

'an|hal·ten ⟨V. 160⟩ **1** ⟨400⟩ 1.1 *eine Bewegung beenden, stehenbleiben;* ein Fahrzeug hält an 1.1.1 halten Sie an! *(Aufforderung an den Fahrer eines Fahrzeugs)* 1.2 ein Vorgang od. Zustand hält an *geht weiter, wird nicht beendet;* Regen und Kälte halten an; die Spannung hielt den ganzen Film hindurch an; lang ~der Beifall **2** ⟨800⟩ um ein Mädchen, die Hand eines M.s ~ *sich um ein M. bewerben, einem M. einen Heiratsantrag machen* **3** ⟨500⟩ einen bewegten Gegenstand, eine bewegte Person ~ *an der Weiterbewegung hindern, zum Stehen bringen;* eine Maschine, ein Fahrzeug, die Uhr ~; einen Spaziergänger ~ 3.1 den Atem, die Luft ~ *vorübergehend aufhören zu atmen* 3.2 einen Ton, Akkord ~ *aushalten, weiterklingen lassen* **4** ⟨550⟩ jmdn. zu etwas ~ *ermahnen zu etwas, dafür sorgen, daß jmd. etwas tut;* die Mutter hält die Kinder zur Höflichkeit an; jmdn. zur Arbeit ~ **5** ⟨530/R5 od. R6 od. 511⟩ jmdm. ein Kleidungsstück, einen Schmuck ~ *vor den Körper, an die Kleidung halten;* halt dir doch bitte mal die Brosche an!; halte den Vorhangstoff an die Stores an! **6** ⟨511/R3⟩ sich an etwas od. jmdm. ~ *festhalten;* sich fest am Geländer ~

'An·hang ⟨m.; -(e)s, ¨e⟩ **1** ⟨Pl. selten; Abk.: Anh.⟩ *Zusatz zu Schriftstücken, (erläuterndes od. ergänzendes) Schlußkapitel;* den ~ zu einem Vertrag zusammenstellen; im ~ des Buches suchen **2** ⟨Anat.⟩ *Endstück;* Knochen~ **3** ⟨unz.; fig.⟩ *Anhängerschaft* 3.1 *ein Kreis von Freunden;* einen starken ~ haben; er kann mit einem großen ~ nicht rechnen 3.2 *Verwandtschaft;* er ist Witwer ohne ~

'an|hän·gen¹ ⟨V. 161/600⟩ **1** etwas hängt jmdm. an *belastet jmdn.;* diese alte Geschichte hängt ihm immer noch an **2** jmdm. od. einer Sache ~ ⟨geh.⟩ *ergeben sein;* er hing einem fernöstlichen Glauben an

'an|hän·gen² ⟨V. 500⟩ **1** etwas ~ *so an etwas befestigen, daß es hängt;* etwas an einen Haken ~; einen Wagen an den Zug ~ 1.1 *hinzufügen;* eine Endung an ein Wort ~ ⟨Gramm.⟩ **2** ⟨530/R8⟩ jmdm. etwas ~ ⟨fig.⟩ *jmdm. etwas Unangenehmes nachsagen*

'An·hän·ger ⟨m.; -s, -⟩ **1** *ein Fahrzeug ohne Motor, das an ein anderes angehängt wird;* ein Lastkraftwagen mit ~ **2** *an einer Kette od. einem Band zu tragendes Schmuckstück;* ein ~ aus Gold **3** *ein Zettel mit einem Namen od. einer Nummer, der an Gepäckstücke angehängt wird;* Koffer~ **4** ⟨fig.⟩ *jmd., der einer Person od. Sache ergeben ist;* ~ einer Theorie, Bewegung, eines Politikers, Königshauses; seine Lehre fand viele ~

'an|hau·chen ⟨V. 500⟩ **1** jmdn. ~ *seinen Atem gegen jmdn. richten;* er hauchte sie an **2** etwas ~ *auf etwas hauchen;* die Brille, die Fensterscheibe ~ **3** jmdn. ~ ⟨fig.; umg.; scherzh.⟩ *jmdn. schelten, grob anfahren;* der Chef hat ihn ganz schön angehaucht **4** jmd. ist romantisch (englisch, komödiantisch) angehaucht ⟨fig.⟩ *mit einem Anflug von romant. (engl., komödiant.) Wesen, sich wie ein Romantiker (Engländer, Komödiant) gebärdend* 4.1 jmd. ist vom Tod angehaucht *jmd. weist die ersten Anzeichen des Todes auf*

'an|häu·fen ⟨V. 500⟩ **1** etwas ~ *in Mengen sammeln, in Haufen zusammentragen;* Geld, Reichtümer, Schätze, Vorräte, Waren ~ **2** ⟨R3⟩ etwas häuft sich an *sammelt sich an, wird immer mehr;* die neuen Bücher häufen sich an

'an|he·ben ⟨V. 163⟩ **1** ⟨500⟩ etwas ~ *ein kleines Stück in die Höhe heben;* den Schrank ~; ein Glas ~ 1.1 ⟨fig.⟩ *erhöhen;* das Niveau ~; die Preise ~ **2** ⟨400⟩ jmd. od. etwas hebt an ⟨geh.; veralt.⟩ *fängt an, beginnt;* der neue Tag hebt an; zu sprechen, singen ~; er hob (hub) an zu lachen

'an|hei·meln ⟨V. 500⟩ etwas heimelt jmdn. an *kommt jmdm. heimisch, vertraut vor, gibt jmdm. das Gefühl des Vertrautseins;* das Zimmer, die Atmosphäre heimelt mich an

'an|hö·ren ⟨V. 500⟩ **1** ⟨R7 od. R8⟩ jmdn. ~ *eine Sache vorbringen lassen u. zuhören, jmdm. Gehör schenken;* ich habe ihn bis zu Ende angehört **2** etwas ~ *bei etwas (aufmerksam) zuhören;* ein Musikstück ~; (sich) jmds. Klagen ~ 2.1 dieser Lärm ist nicht anzuhören *der L. ist unerträglich* **3** ⟨530⟩ jmdm. etwas ~ *an jmds. Sprechweise etwas merken;* man hört ihm die ausländische Herkunft an **4** ⟨513/R3⟩ etwas hört sich gut, schlecht an *klingt gut, schlecht*

ani'mie·ren ⟨V. 505/R7 od. R8⟩ jmdn. (zu einer Handlung) ~ *beleben, ermuntern, anregen, in Stimmung bringen (etwas zu tun);* jmdn. zu einem Streich ~

'Anis ⟨a. [-'-] m.; -es, -e⟩ *Gewürz- u. Arzneipflanze: Pimpinella anisum*

'An·kauf ⟨m.⟩ *Erwerb durch Kauf, Kauf in größeren Mengen;* der ~ von Aktien, Grundstücken; Ankäufe tätigen, machen, vermitteln

'an|kau·fen ⟨V. 500⟩ **1** etwas ~ *käuflich erwerben;* ein Haus, Geschäft ~ **2** ⟨R3⟩ sich ~ *sich durch Kauf eines Hauses od. Grundstükkes an einem Ort niederlassen*

'An·ker¹ ⟨m. 7; -s, -⟩ **1** ⟨früher⟩ *Flüssigkeitsmaß (bes. für Wein) in Deutschland und auch Nordeuropa (33—45 l)* **2** ⟨heute⟩ *engl. Flüssigkeitsmaß (USA), 10 Gallons = 37,85 l*

'An·ker² ⟨m.; -s, -⟩ **1** ⟨Mar.⟩ *an Kette od. Tau befestigter schwerer Doppelhaken zum Festmachen von Schiffen auf dem Meeresgrund;* die ~ lichten, hieven; ~ werfen, fieren; vor ~ gehen; vor ~ liegen 1.1 ⟨a. fig.⟩ 1.1.1 vor ~ gehen *seßhaft werden, an einem Ort bleiben* 1.1.2 ~ werfen *anfangen, seßhaft zu werden, an einem Ort zu bleiben* 1.1.3 ~ lichten *mit der Abreise beginnen* **2** ⟨Arch.⟩ *Eisenstange od. -schiene mit Öse, durch die ein Querstück (Splint) zum Zusammenhalten von Bauteilen gesteckt wird* **3** ⟨Tech.⟩ *hin u. her bewegter Teil der Hemmung einer Uhr* **4** ⟨Elektrotechnik⟩ *derjenige Teil einer umlaufenden elektr. Maschine, in dessen Wicklungen der Hauptstrom läuft, der die Maschine in Drehung versetzt*

'An·kla·ge ⟨f.⟩ **1** *eine bei Gericht erhobene Beschuldigung einer bestimmten Person wegen einer bestimmten Straftat;* die ~ lautet Mord; die ~ gegen jmdn. erheben 1.1 unter ~ stehen (wegen) *vor Gericht angeklagt sein* 1.2 jmdn. unter ~ stellen *jmdn. vor Gericht anklagen* **2** *die Vertretung der Anklage;* die ~ vertritt ...; ein Zeuge der ~ **3** ⟨geh.⟩ *Beschuldigung, Vorwurf;* sie schrie ihm ihre ~ ins Gesicht

'an|kla·gen ⟨V.⟩ **1** ⟨514 od. 504/R7 od. R8⟩ jmdn. (wegen) einer Sache ~ *gegen jmdn. vor Gericht Klage erheben;* er wurde wegen Mordes od. des Mordes angeklagt **2** ⟨500; geh.⟩ jmdn. od. etwas ~ *beschuldigen;* wer sich entschuldigt, klagt sich an ⟨Sprichw.⟩

'An·klang ⟨m.⟩ **1** ⟨geh.⟩ *leichte Ähnlichkeit, flüchtige Spur von Übereinstimmung;* in dieser Oper findet man Anklänge an Wagner **2** ~ finden, haben ⟨fig.⟩ *(freundliche) Zustimmung, Anerkennung, Beifall finden, haben;* seine Musik, Rede, Idee fand viel ~

'an|kle·ben ⟨V.⟩ **1** ⟨503/R5 od. R6⟩ etwas (jmdm.) ~ *mit Klebstoff an etwas (sich) befestigen;* Plakate, Tapeten ~; sich falsche Wimpern ~ **2** ⟨411(s.)⟩ etwas klebt an, auf etwas an *an etwas kleben, fest haften;* der Teig klebt an der Schüssel an

'an|klei·den ⟨V. 500/R7⟩ jmdn. ~ ⟨geh.⟩ *anziehen;* jmdm. beim Ankleiden helfen; sich (zum Ausgehen) ~

'an|klin·geln ⟨V. 500 od. 411⟩ jmdn. ~, bei jmdm. ~ ⟨umg.⟩ *jmdn. (telephon.) anrufen, mit*

jmdm. telephonieren; ich kling(e)le dich morgen an; er hat heute bei mir angeklingelt
'an|klin·gen ⟨V. 168/400⟩ **1** etwas klingt an *deutet sich an;* die Idee der Freiheit klingt immer wieder an 1.1 Erinnerungen klingen an *werden wach* **2** etwas klingt an etwas an ⟨geh.⟩ *erinnert im Klang, Stil, Wortlaut an etwas;* hier klingt noch (schon) manches aus seinen früheren (späteren) Werken an; das Gedicht klingt an Goethe an
'an|knüp·fen ⟨V. ⟩ **1** ⟨500⟩ etwas ~ *durch Knüpfen an etwas befestigen* **2** ⟨800⟩ an, bei etwas ~ *sich auf etwas beziehen, eine Verbindung herstellen mit, zu etwas, etwas als Ausgangspunkt für etwas anderes benutzen;* er knüpfte in seinem Vortrag an ein Ereignis an **3** ⟨500⟩ Beziehungen ~ *aufnehmen;* mit jmdm. ein Gespräch ~
'an|kom·men ⟨V. 170⟨s.⟩⟩ **1** ⟨411⟩ an (in) einem Ort od. bei jmdm. ~ *eintreffen, anlangen;* → a. *abfahren(1);* sie sind gestern (in München) angekommen; bist du gut angekommen?; am Bahnhof ~; ich bin in dem Roman an der Stelle angekommen, wo ... 1.1 bei Müllers ist ein Baby angekommen *geboren worden* 1.2 bei einer Firma, Behörde ~ *angestellt werden* **2** ⟨413⟩ gut, schlecht (bei jmdm.) ~ *(von jmdm.) aufgenommen werden* 2.1 seine Witze kommen bei den Zuhörern nicht an *zünden nicht, finden kein Echo* 2.2 damit kommst du bei mir nicht an *damit hast du kein Glück bei mir* **3** ⟨800⟩ gegen jmdn. od. etwas ~ *jmdn. od. etwas überwinden, stärker sein als jmd. od. etwas* 3.1 er kommt nicht gegen ihn an *er ist ihm unterlegen* **4** ⟨500 od. 508⟩ eine Sache kommt jmdn. an *ergreift, übermannt jmdn.;* eine leichte Rührung kam ihn an; es kam mich das Verlangen an, zu ... 4.1 ⟨unpersönl.⟩ es kommt ihn schwer an, zu ... *es fällt ihm schwer* **5** ⟨800/⟨s.⟩⟩ es kommt auf jmdn. od. etwas an *hängt von jmdm. od. etwas ab, geht nicht ohne jmdn. od. etwas;* das kommt darauf an, daß, ob, wie jmd. arbeitet 5.1 darauf kommt es ja gerade an! *das ist ja das Entscheidende!* 5.2 wenn es d(a)rauf ankommt, ist er stets zur Stelle *im entscheidenden Augenblick, wenn er wirklich gebraucht wird* 5.3 ⟨650⟩ es kommt ihm gar nicht darauf an *das ist ihm gar nicht wichtig, es ist ihm gleichgültig* 5.4 ⟨650⟩ es kommt mir sehr darauf an *es ist mir sehr wichtig* 5.5 ⟨650⟩ es kommt mir bei dieser Arbeit mehr auf Genauigkeit als auf Schönheit an *Genauigkeit ist mir wichtiger als Schönheit* 5.6 es darauf ~ lassen *eine Sache sich entwickeln lassen, ohne einzugreifen*
'an|kot·zen ⟨V. 500; vulg.⟩ **1** ⟨R7 od. R8⟩ jmdn. od. etwas ~ *mit Erbrochenem schmutzig machen* **2** etwas kotzt jmdn. an ⟨fig.⟩ *widert jmdn. an, erregt jmds. Widerwillen;* das kotzt mich an; ihr Verhalten kotzte ihn an **3** jmdn. ~ ⟨fig.⟩ *grob anfahren;* der Leutnant hat ihn schön angekotzt
'an|krei·den ⟨V. 500⟩ **1** etwas ~ ⟨veralt.⟩ *mit Kreide auf einer Tafel anmerken;* Schulden, Waren ~ **2** (etwas) ~ lassen ⟨umg.⟩ *Schulden machen, sich (im Gasthaus) ohne gleich zu zahlen bewirten lassen;* die Zeche ~ lassen **3** ⟨530⟩ jmdm. etwas ~ ⟨fig.⟩ *übelnehmen, nicht vergessen*
'an|kün·di·gen ⟨V. 500⟩ **1** ⟨R7⟩ jmdn. ~ *jmds. baldiges Erscheinen anmelden;* einen bekannten Sänger ~; sich bei Freunden fürs Wochenende ~ **2** etwas ~ *etwas demnächst Kommendes bekanntgeben;* ein Konzert, Schauspiel in der Zeitung ~; er hat seinen Besuch bereits angekündigt; der Wind kündigte ein Gewitter an ⟨fig.⟩ **3** ⟨R3⟩ etwas kündigt sich an ⟨fig.⟩ *macht sich in Anzeichen bemerkbar;* der Herbst kündigte sich an; die schwere Krankheit kündigte sich seit langem an
'An·kunft ⟨f.; -; unz.⟩ *Eintreffen, Ankommen(1);* Ggs *Abfahrt(1);* jmds. ~ erwarten; seine ~ mitteilen; bei, nach meiner ~
'an|la·chen ⟨V.⟩ **1** ⟨500/R8⟩ jmdn. ~ *lachend anblicken;* er lachte sie freundlich an; der Himmel lachte uns an ⟨fig.⟩ **2** ⟨500⟩ etwas lacht jmdn. an ⟨fig.⟩ *bietet einen einladenden, appetitanregenden Anblick;* das Stück Kuchen lacht mich an **3** ⟨530/R1⟩ sich jmdn. ~ ⟨umg.⟩ *freundschaftliche Beziehungen zu jmdm. aufnehmen;* er hat sich auf dem Ausflug ein Mädchen angelacht
'An·la·ge ⟨f.; -, -n⟩ **1** *Tätigkeit des Anlegens, Gründung, Bereitstellung* **2** *Keim, Ansatz* **3** *Nutzbau, bebautes Gelände* 3.1 *Gesamtheit eines Betriebes;* Fabrik~, Befestigungs~ **4** *Plan, Aufbau;* ~ eines Dramas, Romans **5** *Veranlagung, Begabung, angeborene Fähigkeit;* gute geistige ~n haben; er hat eine natürliche ~ zum Singen **6** ⟨Med.⟩ *angeborene Neigung (zu Krankheiten);* eine ~ zu nervösen Störungen haben **7** *Einsatz von Geld, Kapital;* Kapital~; Schmuck, Gold, Pfandbriefe als ~ des Kapitals **8** *Beilage, etwas Beigelegtes, Beigefügtes (im Brief);* die Rechnung legen wir Ihnen als ~ bei; in der ~ senden wir Ihnen ... **9** *Park, mit Blumen bepflanzte Grünfläche*
'An·laß ⟨m.; -s·ses, ¨s·se⟩ **1** *Veranlassung, Grund, (äußerer) Anstoß;* zum Klagen ~ geben; der Vorfall hat ~ zu drastischen Maßnahmen gegeben; ohne allen ~; es ist kein ~ zu klagen 1.1 aus ~ *veranlaßt durch, anläßlich;* aus ~ seines 75. Geburtstages 1.2 aus diesem ~ *deshalb* **2** *Gelegenheit;* das ist ein willkommener ~ 2.0.1 ~ nehmen, etwas zu tun ⟨förml.⟩ *die Gelegenheit ergreifen* **3** ⟨schweiz.⟩ *Veranstaltung*
'an|las·sen ⟨V. 175/500⟩ **1** etwas ~ *in Gang setzen;* den Motor, Wagen ~ **2** etwas ~ ⟨umg.⟩ *nicht ablegen, ausziehen, sondern anbehalten;* das Kleid, die Schuhe ~ **3** etwas ~ ⟨umg.⟩ *angeschaltet lassen, brennen, laufen lassen;* das Licht, den Motor ~ **4** Stahl ~ *nach dem Härten allmählich ein wenig erwärmen* **5** ⟨513/R3⟩ sich gut, schlecht ~ *sich bei Beginn als gut, schlecht erweisen;* der neue Mitarbeiter läßt sich gut an; das Wetter läßt sich ja schlecht an **6** ⟨513/R8⟩ jmdn. hart ~ *hart anfahren, ausschelten*
'an·läß·lich ⟨Präp. m. Gen.⟩ *aus Anlaß des, der ..., bei der Gelegenheit des, der ..., zum, zur;* ~ des 50. Geburtstages unseres Vaters
'An·lauf ⟨m.; -(e)s, ¨e⟩ **1** ⟨Sp.⟩ *kurzer, rascher Lauf, um Schwung für den Sprung oder Wurf zu bekommen;* einen schnellen ~ nehmen 1.1 *Abfahrt beim Schispringen auf der Sprungschanze* **2** *Strecke für das Anlaufen;* den ~ verlängern **3** ⟨fig.⟩ *Ansetzen zu einer Leistung, Versuch;* er hat mehrere vergebliche Anläufe

gemacht; er bestand erst beim zweiten ~ **4** *Beginn;* auf den ~ des neuen Planes warten **5** ⟨Arch.⟩ *konkaver unterster Teil eines Säulenschaftes od. einer Wand, der die Verbindung zum vorspringenden Sockel herstellt*

'an|lau·fen ⟨V. 176⟩ **1** ⟨400(s.); Sp.⟩ *durch kurzen Lauf Schwung nehmen* **2** ⟨400(s.)⟩ angelaufen kommen *heran, herbeilaufen;* die Kinder kamen angelaufen **3** ⟨411(s.)⟩ gegen jmdn. od. etwas ~ *mit Schwung gegen jmdn. od. etwas laufen* **4** ⟨500⟩ etwas ~ ⟨Mar.⟩ *ansteuern;* einen Hafen ~ **5** ⟨400(s.)⟩ Wild läuft an ⟨jägerspr.⟩ *kommt schußgerecht vor den Jäger* **6** ⟨400(s.)⟩ etwas läuft an *beginnt zu laufen, kommt in Gang;* die Maschine, der Motor läuft an; der Versuch, die Versuchsreihe ist angelaufen **6.1** ein neuer Film ist angelaufen *wird seit kurzem gezeigt* **7** ⟨400(s.)⟩ etwas läuft an *wächst an, häuft sich;* Kosten, Zinsen sind angelaufen **8** ⟨400(s.)⟩ etwas läuft an *bedeckt sich mit einer dünnen Schicht Wasserdampf, beschlägt* **9** ⟨413(s.)⟩ *sich verfärben;* blau ~ (vor Kälte); rot ~ (vor Scham od. Zorn) **9.1** Stahl blau (usw.) ~ lassen *erhitzen, bis er sich blau (usw.) färbt, als Zeichen dafür, daß eine bestimmte Temperatur erreicht ist* **10** ⟨411(s.)⟩ bei jmdm. schlecht ~ *schlechten Empfang finden, schlecht aufgenommen werden*

'an|le·gen ⟨V.⟩ **1** ⟨500⟩ jmdn. od. etwas ~ *an jmdn. od. etwas legen;* beim Domino od. Kartenspiel einen Stein od. eine Karte ~ **1.1** einen Säugling ~ *an die Brust legen, stillen* **1.2** einen Hund ~ *anketten, an einer Kette befestigen* **1.3** eine Leiter ~ *anlehnen* **1.4** Holz, Kohlen ~ (im Ofen) *nachfüllen, nachlegen* **1.5** das Gewehr ~ *mit dem Gewehr zielen;* legt an (erg.: das Gewehr)! (militär. Kommando) **1.6** Feuer ~ *etwas (verbrecherisch) in Brand stecken* **1.7** (mit) Hand ~ *bei einer Arbeit selbst mit zupacken* **1.7.1** letzte Hand ~ *eine Arbeit zum letzten Male überprüfen, eine Sache abschließend ordnen* **1.8** Hand ~ an jmdn. *jmdm. Gewalt antun, jmdn. mißhandeln, jmdm. nach dem Leben trachten* **2** ⟨500⟩ etwas ~ ⟨geh.⟩ = *anziehen(1.1);* ein Kleid, eine Rüstung ~ **3** ⟨530/R5 od. R6⟩ jmdm. etwas ~ *umbinden, etwas an jmdm. befestigen;* jmdm. einen Verband ~ **3.1** jmdm. Fesseln ~ *jmdn. fesseln, mit Fesseln binden* **3.2** → a. *Zügel(2.7)* **4** ⟨500⟩ etwas ~ *neu schaffen, einrichten, errichten;* eine Bahnstrecke, Straße, Stadt ~; einen Garten ~ **4.1** *zusammenstellen, aufstellen, zusammentragen, aufbauen;* ein Verzeichnis, eine Sammlung ~ **4.2** *in den Grundzügen festlegen, entwerfen;* der Plan ist so angelegt, daß ...; der Roman ist breit, groß angelegt **5** ⟨500⟩ Geld ~ *nutzbringend verwenden* **5.1** *festlegen, mit Nutzen unterbringen;* sein Kapital (in Pfandbriefen, in Schmuck) ~ **5.2** *ausgeben;* so viel möchte ich nicht dafür ~ **6** ⟨550⟩ es auf etwas od. jmdn. ~ *abgesehen haben;* du hast es wohl darauf angelegt, mich zu ärgern! **7** ⟨517/R3⟩ sich mit jmdm. ~ *mit jmdm. in Streit geraten* **8** ⟨400⟩ ein Schiff legt an *landet;* Ggs *ablegen(4.1);* am Ufer, im Hafen ~

'an|leh·nen ⟨V. 500⟩ **1** ⟨R7⟩ etwas od. sich ~ *gegen etwas lehnen, gegen etwas stützen;* die Leiter ~; den Rücken ~; auf diesem Stuhl kann man sich nicht ~; nicht ~! (Aufschrift an frisch gestrichenen Wänden od. Geländern) **1.1** ⟨550/R3⟩ sich an jmdn. ~ *Hilfe, Unterstützung bei jmdm. finden;* sie konnte sich in ihrem Unglück an einen starken Freund ~ **1.2** etwas ~ *nicht ganz schließen, nicht einklinken;* das Fenster, die Tür ~ **2** ⟨550/R3⟩ sich ~ ⟨fig.⟩ *sich jmdn. od. etwas zum Vorbild nehmen;* der Verfasser lehnt sich in seinem Buch stark an die Lehre Kants an

'An·leh·nung ⟨f.; -, (selten) -en⟩ **1** ~ suchen bei, in *Unterstützung, Hilfe, Anschluß suchen bei, in* **2** in, unter ~ an ⟨fig.⟩ *nach dem Vorbild von;* in ~ an die Lehre Kants; die ~ an die Gotik ist unverkennbar

'An·lei·he ⟨f.; -, -n⟩ **1** *(langfristige) Aufnahme einer größeren Geldsumme;* eine ~ aufnehmen, machen; eine staatliche ~ **1.1** ich muß bei dir eine ~ machen ⟨umg.; scherzh.⟩ *sich Geld borgen* **2** ⟨umg.; fig.⟩ *Verwendung fremden geistigen Eigentums;* in diesem Gedicht hat er eine ~ bei Goethe gemacht

'an|lei·ten ⟨V.⟩ **1** ⟨500⟩ jmdn. ~ *zeigen, wie etwas zu tun ist, unterweisen, anlernen;* der Lehrer leitet die Schüler bei der Arbeit an; Lehrlinge ~ **2** ⟨505⟩ jmdn. (zu etwas) ~ *anhalten;* sie leitete das Kind zur Ordnung an

'an|ler·nen ⟨V. 500⟩ **1** jmdn. ~ *einen Anfänger für eine Tätigkeit, einen Beruf ausbilden;* der Meister lernt ihn als Schuster an; neue Arbeiter ~ **2** ⟨530/R1⟩ sich etwas ~ *sich etwas durch Lernen oberflächlich aneignen;* sein Benehmen ist nicht natürlich, sondern angelernt

'an|lie·gen ⟨V. 180⟩ **1** ⟨400⟩ etwas liegt an **1.1** *etwas schmiegt sich eng an den Körper an;* die Hose liegt knapp an; sie trug ein anliegendes Kleid **1.2** *beigefügt, (in Briefen) beigelegt sein;* siehe anliegende Prospekte! **1.3** ⟨umg.⟩ *etwas ist noch zu erledigen;* was liegt heute noch an? **2** ⟨600⟩ jmdm. ~ ⟨fig.; geh.⟩ *jmdn. mit Bitten, Wünschen bedrängen;* sie liegt ihm seit Tagen wegen dieses Vorschlags an **2.1** etwas liegt jmdm. an ⟨geh.⟩ *etwas ist jmdm. wichtig;* mir liegt es sehr an, ihr zu helfen **3** ⟨400⟩ ein genau gesteuerter Kurs liegt an (am Kompaß) ⟨Mar.⟩ *ein genauer K. wird eingehalten*

'An·lie·gen ⟨n.; -s, -⟩ *Wunsch, Bitte;* ein ~ vorbringen; ich habe ein ~ an Sie

'an|locken ⟨-k·k-; V. 500/R8⟩ jmdn. od. etwas ~ *zum Näherkommen zu bewegen suchen;* die Musik hat viele Gäste angelockt; das Licht lockte die Mücken an

'an|ma·chen ⟨V. 500⟩ etwas ~ **1** einen Gegenstand (an einem anderen) ~ *festmachen, befestigen;* Gardinen ~ **1.1** Bilder ~ *aufhängen* **2** *durch Rühren vermengen* **2.1** Speisen ~ *mit den Zutaten vermischen, zubereiten;* Salat ~ **2.2** Mörtel ~ *anrühren* **3** etwas ~ *in Gang setzen* **3.1** eine Maschine, Energiequelle ~ *einschalten;* das Licht, Radio ~; die Heizung ~ **3.2** Feuer ~ *anzünden*

'An·marsch ⟨m.⟩ **1** ⟨unz.⟩ *das Herannahen;* den ~ des Feindes aufhalten **1.1** auf dem, im ~ sein *sich nähern, kommen* **2** ⟨umg.⟩ *Weg zum Arbeitsplatz;* sie hat einen langen ~

'an|ma·ßen ⟨V. 530/R1⟩ sich etwas ~ *sich etwas ohne Berechtigung zuerkennen, zutrauen, für sich in Anspruch nehmen;* sich Fähigkeiten, Vorrechte ~; ich maße mir nicht an, darüber zu urteilen

'an·ma·ßend **1** ⟨Part. Präs. von⟩ *anmaßen* **2** ⟨Adj.⟩ *ohne Berechtigung selbstbewußt, überheblich, eingebildet;* sehr ~ auftreten; von ~em Wesen sein

'An·ma·ßung ⟨f.; -, -en⟩ **1** *unberechtigter Anspruch;* eine ~ von Rechten **2** *Überheblichkeit;* etwas im Ton der ~ sagen; eine unglaubliche ~

'an|mel·den ⟨V. 500⟩ **1** ⟨R7⟩ jmdn. od. etwas ~ *ankündigen;* jmds. Ankunft, Besuch, Konkurs ~; sich ~ lassen (von der Sekretärin); würden Sie mich bitte ~; sich schriftlich, telegraphisch ~ **1.1** ⟨R7⟩ jmdn. ~ *vormerken lassen;* sich beim Arzt ~; sich zu einem Kursus ~ **1.2** eine Sache ~ *geltend machen, vorbringen;* Ansprüche ~ **1.3** ein Spiel ~ ⟨Kart.⟩ *den Wert des Spieles nennen, das man spielen will* **2** jmdn. od. etwas ~ *bei einer amtl. Stelle melden;* ein Kind in der, zur Schule ~; sich polizeilich ~; ein Patent ~

'An·mel·dung ⟨f.⟩ **1** *Ankündigung, Mitteilung der Anwesenheit od. Ankunft;* ohne vorherige ~ können wir den Arzt nicht sprechen; die ~ eines Besuches **1.1** *Bitte um Vormerkung;* Ihre ~ können wir nicht mehr berücksichtigen **2** *das Anmelden bei einer zuständigen amtlichen Stelle;* polizeiliche ~; die ~ eines Gewerbes; ein Kind zur ~ in die Schule bringen **3** *das Geltendmachen, Vorbringen;* die ~ von Ansprüchen bei Gericht **4** *Raum, in dem man sich anmelden muß;* wo ist die ~?

'an|mer·ken ⟨V. 500⟩ **1** ⟨530/R6⟩ jmdm. etwas ~ *an jmdm. etwas bemerken;* man merkt ihm seine Unruhe, Verlegenheit usw. (deutlich) an **1.1** sich etwas ~ lassen *die andern etwas merken, sehen lassen;* er läßt sich seinen Kummer nicht ~; laß es dir nicht ~, daß du davon weißt **2** etwas ~ *anstreichen, mit einem Zeichen versehen;* einen Tag im Kalender (rot) ~ **3** etwas ~ ⟨geh.⟩ *erläuternd od. ergänzend bemerken;* dazu ist noch folgendes anzumerken

'An·mer·kung ⟨f.; -, -en⟩ **1** ⟨veralt.⟩ *(kurze) Bemerkung;* eine bissige ~ über etwas machen **2** *erläuternde od. ergänzende Bemerkung, kurze Erläuterung;* einen Text mit ~en versehen; ~en des Verlags **2.1** ⟨Abk.: Anm.⟩ *Fußnote*

'An·mut ⟨f.; -; unz.; geh.⟩ **1** *Liebreiz, liebliche Schönheit;* ihr Gesicht war von außerordentlicher ~; sie ist voller natürlicher ~ **1.1** *harmonische Schönheit;* die ~ der abendlichen Landschaft **2** *zarte, angenehme Schönheit der Bewegung, Haltung;* die ~ ihrer Bewegungen; sie tanzte mit ~ **2.1** *Beschwingtheit;* ~ der Form **3** *heitere, gewandte Leichtigkeit;* ~ des Stils

'an|nä·hern ⟨V.⟩ **1** ⟨530⟩ etwas einer Sache ~ *sehr ähnlich, fast gleich machen;* seine Lebensweise der der Eingeborenen ~ **2** ⟨503/R3⟩ sich ~ *sehr ähnlich, fast gleich werden;* das Ergebnis näherte sich dem Grenzwert an **3** ⟨503/R3 od. R4⟩ sich ~ *sich einem Ort, Ziel nähern* **3.1** ⟨fig.⟩ *sich anfreunden*

'An·nä·he·rung ⟨f.; -, -en⟩ **1** *das Näherkommen;* die ~ des Flugzeuges **2** *Angleichung;* es kam zu keiner ~ der Ansichten **3** ⟨fig.⟩ *Anfreundung, Besserung der Beziehungen;* die ~ der beiden Völker macht Fortschritte

'An·nah·me ⟨f.; -, -n⟩ **1** *Stelle, an der etwas angenommen wird;* Ggs *Ausgabe(3.1);* Paket~, Gepäck~ **2** ⟨unz.⟩ *das Annehmen(1-2)* **2.1** ~ an Kindes Statt ⟨veralt.⟩ *Adoption* **2.2** ~ als Kind *Adoption* **3** die ~, daß ... od. die ~, es sei ... *Voraussetzung, Vermutung*

'an|neh·men ⟨V. 189⟩ **1** ⟨500⟩ etwas Angebotenes ~ *nehmen, entgegennehmen;* Ggs *ablehnen(1);* Geschenk, Paket, Erbschaft, Dienst, Rat, Anerbieten, Auftrag, Einladung ~ **1.1** *zu sich nehmen, essen;* der Kranke hat heute keine Speise angenommen **1.2** ein Manuskript, ein Theaterstück ~ *zur Veröffentlichung, Aufführung übernehmen* **1.3** einen anderen Namen, einen Titel ~ *anfangen zu führen* **1.3.1** angenommener Name *Name, den man sich selbst gibt* **1.4** eine Gewohnheit, Meinung, einen Glauben ~ *sich zu eigen machen;* nimm doch Vernunft an! **1.5** einen Wechsel ~ *bestätigen* **2** ⟨500⟩ jmdn. ~ *vor-, zulassen* **2.1** Besucher, Patienten, Klienten ~ *empfangen* **2.2** Bewerber für eine Stellung ~ *in Dienst nehmen* **2.3** Studienbewerber, Schüler ~ *zum Studium, Schulbesuch zulassen* **2.4** ein Kind ~ *als eigenes K. aufnehmen;* Sy *adoptieren* **3** ⟨500⟩ Wild nimmt die Hunde an ⟨jägerspr.⟩ *stellt sich dem Angriff der Hunde* **4** ⟨500⟩ der Hund nimmt die Fährte an ⟨jägerspr.⟩ *findet und verfolgt sie* **5** ⟨500⟩ ein Gegenstand nimmt eine Eigenschaft an *erhält eine neue E.;* Aussehen, Gestalt, Umfang, Form ~; der Stoff nimmt die Farbe gut an; der Tabak nimmt den Geschmack von Seife an **6** ⟨540/R3⟩ jmd. nimmt sich jmds. od. einer Sache an *kümmert sich um jmdn., unterstützt eine Sache;* sich jmds. hilfreich, liebevoll ~ **7** ⟨500⟩ jmd. nimmt an, daß ... od. jmd. nimmt an, es sei ... *setzt voraus, vermutet;* man nimmt allgemein an, daß ...; nehmen wir an, es sei so, wie er sagt; etwas als richtig, wahr ~; angenommen, (daß) ...

An'non·ce ⟨[-'nɔ̃sə] f.; -, -n⟩ = *Anzeige(1)*

an·non·cie·ren ⟨[-'si:-] V.⟩ **1** ⟨500⟩ etwas ~ *durch Annonce veröffentlichen, ausschreiben;* eine Stelle ~ **2** ⟨400⟩ *eine Zeitungsanzeige veröffentlichen lassen, aufgeben*

an·nul'lie·ren ⟨V. 500⟩ eine Sache ~ **1** *für ungültig, für nichtig erklären* **2** *außer Kraft setzen*

'ano·mal ⟨Adj. 24⟩ *nicht der Regel entsprechend, regelwidrig, nicht normal*

Ano·ma'lie ⟨f.; -, -n⟩ **1** *Regelwidrigkeit, Abweichung von der Regel* **1.1** ~ des Wassers *Erscheinung, daß das W. im Unterschied zu allen anderen Stoffen seine größte Dichte bei 4° C hat*

an·onym ⟨[--'-] Adj. 24⟩ **1** *ungenannt, namenlos, ohne Namensangabe* **1.1** ~er Brief *B., der vom Absender nicht unterschrieben ist* **1.2** das Buch ist ~ erschienen *ohne Angabe des Verfassers*

'an|ord·nen ⟨V. 500⟩ etwas ~ **1** *eine bestimmte Ordnung, Reihenfolge herstellen;* Blumen in einer Vase ~ **2** *befehlen, bestimmen, festsetzen;* der Arzt ordnete Bettruhe an

'An·ord·nung ⟨f.; -, -en⟩ **1** *Reihenfolge, Gliederung;* die ~ der Bücher ist sehr übersichtlich

2 *Befehl, Erlaß, Verfügung;* sich den ~en widersetzen; seine ~en treffen
'an·or·ga·nisch ⟨Adj. 24⟩ **1** *unbelebt, nicht von Lebewesen stammend, nicht durch Lebewesen entstanden, nicht Kohlenstoff enthaltend;* Ggs *organisch(2)* 1.1 ~e Chemie *Lehre von den Verbindungen, die keinen Kohlenstoff enthalten, von den Oxiden und Metallverbindungen, aber einschließlich der Karbide, der Oxide des Kohlenstoffs, der Kohlensäure u. ihrer Salze*
'an|pas·sen ⟨V. 530⟩ **1** etwas jmdm. od. einer Sache ~ *(zu etwas Vorhandenem) passend machen;* einen Mantel der Figur ~; ein Werkstück ist dem anderen genau angepaßt **2** etwas ~ *anprobieren;* jmdm. ein Kleid ~; Schuhe ~ **3** etwas einer Sache ~ *mit einer S. abstimmen, in Einklang bringen;* die Handlung der Situation ~; die Kleider der Jahreszeit ~ **4** ⟨503/R3⟩ sich (jmdm. od. einer Sache) ~ *sich seiner Umwelt gut einfügen, sich nach den jeweiligen Umständen richten;* sich den Gewohnheiten anderer ~; sich den Verhältnissen ~; er kann sich schlecht, nicht gut ~
'An·pfiff ⟨m.; -(e)s, -e⟩ **1** ⟨Sp.⟩ *Pfiff zum Zeichen des Beginns eines Spieles* **2** ⟨fig.; umg.⟩ *Rüffel, strenger Tadel*
'An·prall ⟨m.; -(e)s, (selten) -e⟩ *heftiger Stoß, Schlag gegen etwas;* ~ der Wogen an, gegen das Ufer
'an|pral·len ⟨V. 411(s.)⟩ ~ an *heftig gegen etwas stoßen, schlagen;* an einen Fels ~
'an|prei·sen ⟨V. 193/500/R7⟩ jmdn. od. etwas ~ *öffentl. rühmen, loben (u. empfehlen);* eine Ware ~; einen Sänger ~
'An·pro·be ⟨f.⟩ **1** *Anpassen eines Kleidungsstückes;* zur ~ kommen; die erste, zweite ~ **2** *der Raum für die Anprobe(1) (bei der Schneiderin)*
'an|pro·bie·ren ⟨V. 503/R5 od. R6⟩ (jmdm.) ein Kleidungsstück ~ *anziehen, um zu sehen, wie es paßt;* der Schneider probierte ihr das Kleid an
'An·recht ⟨n.⟩ **1** *Recht, Anspruch auf etwas;* ein ~ auf etwas erwerben, haben **2** ⟨Theat.⟩ = *Abonnement;* ein ~ für die Oper haben
'An·re·de ⟨f.; -, -n⟩ **1** *persönl. Ansprechen;* eine vertraute ~ **2** *Bezeichnung für den, den man anredet, z. B. Ihr, Sie, Frau, Mademoiselle, Herr Professor;* „du" ist eine vertrauliche ~; „Signor" ist die italien. ~ für den Herrn; wie ist die richtige ~ für einen Bischof?
'an|re·den ⟨V. 500⟩ **1** jmdn. ~ *ansprechen, um mit ihm ein Gespräch zu beginnen;* jmdn. auf der Straße ~; ich habe ihn auf seinen Freund hin, auf den Unfall hin angeredet **2** ⟨513⟩ jmdn. ~ *eine Anrede für jmdn. wählen;* jmdn. mit „du", mit „Herr Direktor" ~; jmdn. höflich ~
'an|re·gen ⟨V. 500/R8⟩ **1** etwas ~ *den Anstoß zu etwas geben;* dieses Buch regt zum Nachdenken an; können Sie nicht einmal ~, daß ... **2** jmdn. od. etwas ~ *reger machen, ermuntern, beleben;* dieses Mittel wirkt ~d auf den Kreislauf; ein den Kreislauf ~des Mittel; Wein, Kaffee regt an; er ist ein ~der Mensch
'An·re·gung ⟨f.; -, -en⟩ **1** *das Anregen, Anstoß, Impuls;* die ~ geben, etwas zu tun; neue ~en erhalten 1.1 *Veranlassung, Vorschlag;* auf ~ von; die ~ zu den neuen Methoden ist von ihm ausgegangen **2** *Belebung, Ermunterung;* ein Mittel zur ~ der Herztätigkeit; zur ~ Kaffee trinken
'an|rei·hen[1] ⟨V. 511⟩ **1** etwas ~ *in einer Reihe ordnen, einer Reihe hinzufügen;* neue Häuser an die alten ~ **2** ⟨R3⟩ sich ~ ⟨geh.⟩ *sich an eine Reihe anschließen;* sich hinten, hinter den anderen ~; ein Unglück reihte sich ans andere
'an|rei·hen[2] ⟨V. 197 od. schwach konjugiert/500⟩ etwas ~ **1** *leicht reihen;* die Gardine ist dicht angereiht, angeriehen **2** *lose an etwas heften;* Futter ~
'An·rei·se ⟨f.⟩ **1** *Fahrt zu einem bestimmten Ziel;* die ~ dauert 20 Stunden **2** *Ankunft;* nach der ~ legte er sich schlafen
'an|rei·ßen ⟨V. 198/500⟩ **1** etwas ~ *einen kleinen Riß anbringen in etwas;* Stoff, Papier ~ **2** etwas ~ ⟨umg.⟩ *zu verbrauchen beginnen;* Vorrat ~; eine Tafel Schokolade ~; den Notgroschen reiß ich nicht an **3** die Saiten ~ *leicht ziehen u. loslassen* **4** einen Außenbordmotor ~ *in Gang bringen* **5** ein Streichholz, Feuerzeug ~ ⟨umg.⟩ *anzünden* **6** Arme, Beine ~ *mit einem Ruck anziehen* **7** etwas ~ ⟨Tech.⟩ *mit einem spitzen Gerät Linien auf etwas aufzeichnen, einritzen;* eine Linie auf Metall od. Holz ~; Blech nach Schablonen ~ **8** jmdn. ~ ⟨umg.⟩ *mit aufdringlichen Mitteln anlocken;* Kunden, Käufer ~
'An·reiz ⟨m.⟩ *Reiz, Ansporn, Versuchung;* die Anerkennung war ihm ein ~ zu weiterer eifriger Arbeit; einen materiellen ~ bieten
'an|rei·zen ⟨V. 500⟩ **1** etwas ~ *in jmdm. einen Reiz zu etwas wecken;* die Neugier, Begierde ~ 1.1 *steigern, anregen;* den Appetit ~ **2** ⟨505⟩ jmdn. (zu etwas) ~ *jmdm. einen Anreiz bieten, geben, jmdn. (zu etwas) herausfordern, verlocken, anspornen;* er hat ihn zu dieser Tat angereizt; jmdn. zum Spiel, zum Trinken ~
'an|rem·peln ⟨V. 500/R8; umg.⟩ jmdn. ~ **1** *(absichtlich) heftig, grob anstoßen;* der Bursche rempelte alle Passanten an **2** ⟨fig.⟩ *mit jmdm. Streit suchen, jmdn. beschimpfen, belästigen*
'an|rich·ten ⟨V. 500⟩ etwas ~ **1** *zum Essen fertigmachen u. auftragen od. bereitstellen;* Speisen ~; einen Salat mit Petersilie ~ 1.1 es ist angerichtet! *das Essen ist bereit, bitte zu Tisch!* **2** ⟨fig.⟩ *etwas Negatives verursachen, zustande bringen;* Schaden ~; ein Unheil, Blutbad ~ 2.1 da hast du ja etwas Schönes angerichtet! *du hast etwas Schlimmes getan!*
'an·rü·chig ⟨Adj.⟩ **1** *übel beleumdet, von schlechtem Ruf;* ein ~es Lokal, Haus; eine ~e Person, Familie **2** *nicht einwandfrei, nicht in Ordnung;* eine ~e Angelegenheit; ein ~er Lebenswandel **3** *leicht anstößig;* ein ~es Lied; er erzählte eine ~e Geschichte
'An·ruf ⟨m.⟩ **1** *laute Anrede, Zuruf;* auf, bei ~ stehenbleiben **2** *Telephongespräch;* einen ~ bekommen
'an|ru·fen ⟨V. 204/500⟩ **1** ⟨R8⟩ jmdn. ~ *laut anreden, durch Rufen jmds. Aufmerksamkeit erwecken* 1.1 *telephonisch sprechen (wollen);* ruf mich doch morgen nachmittag an! **2** Gott, ein Gericht ~ *um Beistand, Hilfe bitten*
'an|rüh·ren ⟨V. 500⟩ **1** etwas ~ *etwas mit etwas mischen;* Teig ~; die Soße mit Mehl ~ 1.1 *mit Flüssigkeit vermengen;* Farben, Klei-

ster, Kalk, Zement mit Wasser ~ **2** jmdn. od. etwas ~ *berühren, mit der Hand anfassen;* rühr mich nicht an!; im Museum darf man nichts ~ 2.1 etwas nicht ~ ⟨fig.⟩ *keinen Gebrauch von etwas machen;* das Essen nicht ~; keinen Alkohol mehr ~; das Geld auf der Bank nicht ~; das Buch nicht ~; die Frage nicht ~ **3** jmdn. ~ ⟨fig.; geh.⟩ *innerlich rühren, seelisch beeindrucken;* sein Kummer hat mich angerührt; das Lied rührte sie zutiefst an

'An·sa·ge ⟨f.; -, -n⟩ **1** *Ankündigung, bes. einer (künstler.) Darbietung;* Zeit~; ~ einer Sendung im Rundfunk, Fernsehen, Varieté; eine heitere, witzige ~ machen **2** *Diktat;* einen Text nach ~ schreiben

'an|sa·gen ⟨V. 500⟩ **1** etwas ~ *ankündigen, vorher mitteilen;* Programm ~; er hat seinen Besuch für heute angesagt; es ist schlechtes Wetter angesagt; dem Feind den Kampf ~ **2** ⟨R7⟩ jmdn. ~ *anmelden;* unser Freund hat sich für vier Uhr angesagt **3** ⟨530⟩ jmdm. etwas ~ *diktieren;* bitte schreiben Sie, was ich Ihnen ansage

'An·sa·ger ⟨m.; -s, -⟩ *jmd., der (im Rundfunk, Fernsehen) etwas ansagt;* Sy *Sprecher(3)*

'an|sam·meln ⟨V. 500⟩ **1** etwas ~ *sammeln u. aufbewahren, zusammentragen;* Vorräte, Schätze ~ **2** ⟨R3⟩ etwas sammelt sich an ⟨a. fig.⟩ *häuft sich an, wird immer mehr;* in großen Behältern sammelte sich die Flüssigkeit an; Wut und Zorn haben sich schon lange in ihm angesammelt **3** ⟨R3⟩ sich ~ *sich versammeln, in großen Mengen zusammenkommen;* bei dem Brand sammelten sich viele Neugierige an; die Menschen sammeln sich schon an

'An·samm·lung ⟨f.⟩ **1** *das Ansammeln* **2** *das, was sich angesammelt hat;* eine ~ von Gerümpel **3** *massenhaftes Zusammenkommen, Häufung*

'an·säs·sig ⟨Adj. 24⟩ **1** *an einem bestimmten Ort wohnend, ständig beheimatet* 1.1 sich ~ machen *festen Wohnsitz nehmen*

'An·satz ⟨m.; -es, ¨-e⟩ **1** *das Ansetzen(5-8 u. 10)* 1.1 *Schätzung, Festsetzung (von Preisen, Summen)* 1.1.1 in ~ bringen *in Rechnung stellen* 1.2 *Anlauf, Anfang;* die ersten Ansätze zu schriftstellerischer Arbeit 1.3 ⟨Pharm.⟩ *Zusammenstellung aller notwendigen Bestandteile für ein Präparat* 1.4 *(bei Rechenaufgaben) Umsetzung von gegebenen Tatsachen in Rechengrößen* **2** *Maschinenteil, Werkstück, an das ein anderes angesetzt werden kann* **3** *Schicht, die sich angesetzt hat;* Fett~ **4** *Stelle, an der ein zum Körper gehörender Teil beginnt;* Haar~, Brust~ **5** *Art der Tonerzeugung (bei Bläsern, Streichern, Sängern);* einen weichen, harten, reinen, unreinen ~ haben

'an|schaf·fen ⟨V. 503/R5⟩ **1** (sich) etwas ~ *etwas (käuflich) erwerben, sich zulegen;* sich neue Möbel ~; er hat für die Bibliothek viele neue Bücher angeschafft; teuere Maschinen ~; er muß sich einen Hund ~ 1.1 (sich) jmdn. ~ ⟨fig.; umg.⟩ *bekommen;* wir wollen uns keine Kinder mehr ~; sie hat sich einen Liebhaber angeschafft **2** ⟨530⟩ jmdm. etwas ~ ⟨österr.⟩ *anordnen, befehlen;* wer hat dir angeschafft, das zu tun?

'An·schaf·fung ⟨f.; -, -en⟩ *Erwerbung, Kauf;* wir können noch keine großen ~en machen

'an|schal·ten ⟨V. 500⟩ etwas ~ **1** *mittels Schalters in Gang setzen;* den Motor ~ **2** *einschalten, Stromkreis schließen;* das Licht ~

'an|schau·en ⟨V. 500⟩ **1** ⟨500/R7 od. R8⟩ jmdn. od. etwas ~ *ansehen, den Blick richten auf jmdn. od. etwas;* einen Menschen freundlich, böse ~; ein Buch ~; sie schaute sich im Spiegel an; laß dich mal ~! **2** ⟨530/R1⟩ sich etwas od. jmdn. ~ *prüfend betrachten, untersuchen;* ich will mir den Patienten einmal ~; du sollst dir das Buch nochmals ~; schau dir mal die Tiere an!

'an·schau·lich ⟨Adj.⟩ *deutlich, lebendig;* → a. *plastisch(4);* ein ~es Beispiel für ...; eine ~e Schilderung; etwas ~ erzählen

'An·schau·ung ⟨f.; -, -en⟩ **1** ⟨unz.⟩ *das Anschauen, Betrachtung;* ~sunterricht; er war ganz in ~ versunken 1.1 *Erfahrung durch Anschauen;* etwas aus eigener ~ kennen; das weiß ich aus eigener ~ **2** ⟨unz.⟩ *innere Versenkung, Schau;* ~ Gottes **3** *Meinung, Auffassung, Vorstellung;* jmds. ~ teilen; ich habe davon, darüber eine andere ~; seine politischen ~en; nach meiner ~ verhält es sich so

'An·schein ⟨m.; -(e)s; unz.⟩ *Schein, äußerer Eindruck;* es erweckt den ~, als ob ...; er gibt sich den ~, als könne er alles; es hat den ~, als ob ...; allem ~ nach ist er weggefahren

'an·schei·nend ⟨Adv.⟩ *dem Anschein nach, offensichtlich, offenbar, wie man sieht;* Ggs *scheinbar(1);* ~ ist er nicht zu Hause; sie hat ~ keine Zeit

'an|schicken ⟨-k·k-; V. 508 od. 550/R3⟩ sich zu etwas ~ ⟨geh.⟩ *etwas beginnen, anfangen, im Begriff sein, etwas zu tun;* er schickte sich an, den Baum abzusägen; sich zum Ausgehen ~

'an|schie·ßen ⟨V. 215⟩ **1** ⟨500/R7 od. R8⟩ jmdn. od. etwas ~ *durch einen Schuß treffen u. verwunden, aber nicht töten;* bei dem Gefecht ist er nur angeschossen worden; der Jäger schoß den Hirsch an **2** ⟨400⟩ Kristalle schießen an ⟨Chem.⟩ *setzen sich fest, kristallisieren* **3** ⟨Part. Perf.⟩ angeschossen kommen *mit großer Geschwindigkeit näherkommen;* er kam angeschossen; das Wasser kam angeschossen

'An·schlag ⟨m.; -(e)s, ¨-e⟩ **1** ⟨unz.⟩ *das Anschlagen(3 u. 6-9)* 1.1 *Art u. Weise des Anschlagens(3);* einen harten, weichen ~ haben (auf dem Klavier) 1.2 *Berühren des Beckenrandes beim Wettschwimmen* 1.3 *Versteckspiel der Kinder, bei dem der Entdeckte an einer bestimmten Stelle mit Anschlagen der Hand ausgerufen wird* **2** ⟨unz.⟩ *schußfertige Haltung (des Gewehres);* das Gewehr im ~ haben **3** *etwas, das angeschlagen worden ist;* ein ~ an einer Mauer, am Schwarzen Brett **4** *Überschlag, ungefähre Vorberechnung der Kosten;* Kosten~ 4.0.1 in ~ bringen *auf den Kostenanschlag setzen, in Rechnung stellen* **5** *Überfall, Angriff;* einen ~ verüben, vorhaben auf; einem ~ zum Opfer fallen **6** ⟨Tech.⟩ *vorspringender Teil, Hemmung an einer Maschine als Begrenzung;* bis zum ~ gleiten, ausschlagen 6.1 *verstellbare Kante an Schneid- und Hobelmaschinen zur Einführung eines Werkstückes* **7** ⟨Arch.⟩ *Mauervorsprung zur Aufnahme von Blendrahmen für Fenster od. Türen* **8** *die erste Maschenreihe beim Häkeln u. Stricken*

'an|schla·gen ⟨V. 218⟩ **1** ⟨500⟩ etwas ~ *befe-*

stigen; ein Brett, Plakat ~ 1.1 Blendrahmen ~ ⟨Arch.⟩ *an Fenster- u. Türöffnung befestigen* 1.2 Förderwagen ~ ⟨Bgb.⟩ *an Seil od. Kette befestigen* 1.3 Segel ~ ⟨Mar.⟩ *an Rundhölzern festmachen* **2** ⟨500⟩ eine Schußwaffe ~ *anlegen, auf jmdn. od. etwas richten;* das Gewehr ~ **3** ⟨500⟩ eine Taste ~ *mit dem Finger niederdrücken* **4** ⟨500⟩ etwas ~ *durch einen Schlag zum Tönen bringen;* eine Glocke ~ 4.1 einen Ton ~ *erklingen lassen* 4.1.1 ein Thema ~ *auf etwas zu sprechen kommen* **5** ⟨500/R8⟩ jmdn. od. etwas ~ *durch Schlagen beschädigen* 5.1 Geschirr ~ *Ecken vom G. abschlagen* 5.2 den Gegner ~ *durch Schläge an den Rand einer Niederlage bringen* **6** ⟨500⟩ den Ball ~ *durch einen Schlag ins Spiel bringen* **7** ⟨500⟩ ein Faß ~ *anzapfen* **8** ⟨510⟩ eine Sache hoch, niedrig ~ ⟨fig.⟩ *veranschlagen, einschätzen, bewerten;* ich schlage seine Leistung sehr hoch an **9** ⟨411⟩ *an etwas schlagen;* die Wellen schlagen am Kai an **10** ⟨400⟩ etwas schlägt an *hat Erfolg, wirkt;* die Kur, Arznei hat gut angeschlagen **11** ⟨400⟩ ein Hund schlägt an *gibt Laut, bellt warnend*

'an|schlie·ßen ⟨V. 222⟩ **1** ⟨500⟩ jmdn. od. etwas ~ *mit einem Schloß sichern;* das Fahrrad ~; das Rad an einen Zaun ~; einen Hund ~; einen Gefangenen ~ **2** ⟨500⟩ etwas ~ *an etwas anbringen u. dadurch eine Verbindung herstellen;* einen Schlauch ~ 2.1 ⟨El.⟩ *mit einem Stromkreis verbinden;* eine Lampe ~ **3** ⟨500⟩ etwas ~ *(einer Reihe) anfügen;* das Institut ist der Universität angeschlossen **4** ⟨500/R3⟩ sich ~ *unmittelbar folgen;* an den offiziellen Teil des Abends schloß sich ein geselliger Teil mit Tanz an 4.0.1 ⟨400⟩ bitte ~! *in der Reihe eng aneinanderrücken, aufrücken* 4.1 etwas schließt sich an *liegt unmittelbar daneben;* an unser Grundstück schließt sich ein anderes an **5** ⟨530/R3⟩ sich jmdm. od. einer Sache ~ *zugesellen, mit jmdm. od. einer Sache mitgehen;* darf ich mich Ihnen ~? 5.0.1 ⟨513/R3⟩ sich schwer ~ *schwer Anschluß finden, verschlossen sein* 5.0.2 ⟨550/R3⟩ sich an jmdn. ~ *mit jmdm. vertraut werden, sich anfreunden* 5.1 sich einer Partei ~ *Mitglied werden* 5.2 sich einer oder jmds. Meinung ~ *ihr zustimmen, sie sich zu eigen machen* **6** ⟨410⟩ etwas schließt ... an *liegt ... an;* der Halsausschnitt schließt eng an

'An·schluß ⟨m.; -s·ses, ⸚s·se⟩ **1** ⟨unz.⟩ *das Anschließen(3), Sichanschließen(5);* ~ an eine Partei 1.1 der ~ Österreichs *die Besetzung u. Einverleibung Ö. 1938 in das Dt. Reich* **2** ⟨Tech.⟩ *Verbindung mit einem Netz od. innerhalb eines Netzes* 2.1 *Verbindung mit dem Versorgungsnetz;* Licht~, Gas~, Wasser~; die Wohnung hat noch keinen elektrischen ~ 2.2 *Verbindung im Verkehrsnetz;* der Zug hat um 13.30 Uhr ~ nach München; Zug~; ~ haben; den ~ verpassen; erreichen wir den ~ nach Berlin noch? 2.3 *Verbindung im od. mit dem Telephonnetz;* Telephon~; keinen ~ bekommen (beim Telephonieren); (telephonischen) ~ verlangen nach Berlin **3** ⟨umg.⟩ *Verbindung zu jmdm.* 3.0.1 ~ finden *Bekanntschaft machen* 3.0.2 den ~ verpassen ⟨a. fig.; umg.; scherzh.⟩ *keinen Mann finden* **4** im ~ an *(unmittelbar) nach;* bitte kommen Sie im ~ an den Vortrag zu mir; in unmittelbarem ~ daran ...

'an|schnei·den ⟨V. 227/500⟩ etwas ~ **1** *das erste Stück von etwas abschneiden;* das Brot ~ 1.1 Hunde od. Raubwild schneiden erlegtes Wild an ⟨jägerspr.⟩ *fressen es an* **2** ⟨fig.⟩ *zur Sprache bringen, von etwas zu sprechen beginnen;* ein Thema, eine Frage ~ **3** *nicht ganz durchschneiden;* die Tomaten vor dem Brühen etwas ~ 3.1 ein Geschwür ~ *durch einen kleinen Schnitt öffnen* 3.2 angeschnittene Ärmel *Ä., die mit dem Oberteil eines Kleidungsstücks in einem Stück zugeschnitten wurden* **4** einen Punkt ~ ⟨Vermessungsw.⟩ *die Visierlinie auf einen P. einstellen*

'An·schnitt ⟨m.⟩ **1** *erstes abgeschnittenes Stück;* der ~ des Brotes, Kuchens; der erste ~ von einem Stoffballen **2** *Schnittfläche;* der ~ war nicht gleichmäßig

'an|schrei·ben ⟨V. 230/500⟩ **1** etwas ~ *an eine senkrechte Fläche, z. B. Wandtafel, Aushängeschild, schreiben* **2** ~ lassen *auf die laufende Rechnung setzen lassen* **3** ⟨510; Passiv⟩ bei jmdm. gut angeschrieben sein ⟨fig.; umg.⟩ *geschätzt werden, beliebt sein* **4** jmdn. ~ ⟨förml.⟩ *an jmdn. schreiben*

'An·schrift ⟨f.; -, -en⟩ = *Adresse(1)*

'an|schul·di·gen ⟨V. 504⟩ jmdn. (wegen) einer Sache ~ ⟨Rechtsw.⟩ *öffentl. vor Gericht anklagen, nachdem das Hauptverfahren eröffnet ist;* einen unschuldigen Menschen ~; er ist des Mordes angeschuldigt; man hat ihn wegen Diebstahls angeschuldigt

'an|schwär·zen ⟨V.⟩ **1** ⟨503/R5 od. R6⟩ (sich) etwas ~ *ein wenig schwarz machen;* du hast dir die Hände angeschwärzt; die Wand am Ofen ist angeschwärzt **2** ⟨500⟩ jmdn. (bei jmdm.) ~ ⟨fig.; umg.⟩ *verdächtigen, verleumden;* Sy *denunzieren;* er hat ihn beim Chef angeschwärzt

'an|schwel·len ⟨V. 234/400(s.)⟩ **1** etwas schwillt an *wird dicker, nimmt an Umfang zu;* seine Füße schwollen an; die Knospen schwellen an; die unbeantworteten Briefe schwellen langsam an 1.1 ein Fluß schwillt an *führt immer mehr Wasser, steigt an* **2** Geräusche schwellen an ⟨fig.⟩ *werden lauter;* der Lärm, der Gesang schwillt an; die Musik, die Stimme schwillt an

'an|se·hen ⟨V. 239⟩ **1** ⟨500/R7 od. R8⟩ jmdn. od. etwas ~ *die Augen auf jmdn. od. etwas richten;* jmd. sieht jmdn. an; sieh mich an!; jmdn. od. etwas aufmerksam, böse, freundlich, neugierig usw. ~ 1.1 ⟨513⟩ etwas auf eine bestimmte Art und Weise ~ ⟨fig.⟩ *beurteilen, bewerten;* ich sehe die Sache anders an; du kannst die Sache ~, wie du willst, es ändert sich nichts 1.1.1 etwas nicht ~ *nicht beachten* 1.1.2 er sieht das Geld nicht an *er gibt es leicht, gern aus, ist nicht kleinlich* **2** ⟨518/R7⟩ etwas als od. für etwas ~ *für etwas halten;* etwas als beendet ~; ich sehe es als meine Pflicht an, ihm zu helfen **3** ⟨530/R6 od. 531⟩ jmdm. od. einem Gegenstand etwas ~, es jmdm. an etwas ~ *anmerken, erkennen, daß jmd. (etwas) ...;* man sieht ihm seine Krankheit noch an; man sieht ihm sein Alter nicht an; man sieht ihm an, daß er überarbeitet ist, wie er gearbeitet hat, ob er gesund ist; man sieht der Sache den Preis nicht an; man sieht es seinem Gesicht an, daß ...; ich sehe es dir an den Augen, an der Nasenspitze an, daß du schwindelst **4** ⟨530/R1⟩ sich jmdn. od. etwas ~ *jmdn. od. etwas untersuchen;* sich einen Patienten, Kandidaten ~; sich etwas gründlich ~; das muß ich mir schon genauer ~ **4.1** sich eine Sehenswürdigkeit, Kirche, Stadt ~ *besichtigen* **4.2** sich seine Aufgaben noch einmal ~ *nachprüfen* **5** ⟨517 od. 537/R1⟩ (sich) etwas mit ~ *Zeuge, Zuschauer sein* **5.1** ⟨fig.⟩ *dulden, ertragen;* ich kann (es) nicht länger mit ~, wie das Pferd geschlagen wird; ich sehe es mir noch eine Weile mit an, aber dann ... **6** etwas ist ... anzusehen *sieht ... aus;* das ist lustig, schön, schrecklich usw. anzusehen **7** ⟨Imperativ⟩ sieh (mal einer) an! *wer hätte das gedacht!, nicht zu glauben!*

'An·se·hen ⟨n.; -s, unz.⟩ **1** ⟨nur in den Wendungen⟩ **1.1** jmdn. nur vom ~ kennen *vom Sehen kennen, ohne mit ihm gesprochen zu haben* **1.2** ohne ~ der Person ⟨fig.; geh.⟩ *ohne Berücksichtigung der Stellung, des Ranges der P.* **2** *Würde, Geltung, Hochachtung, Wertschätzung;* das ~ unserer Familie, unseres Hauses; seine Stellung verleiht ihm ~; ~ genießen; sich ~ verschaffen; an ~ verlieren; in hohem ~ stehen **3** ⟨umg.⟩ *Aussehen, Äußeres;* dem ~ nach urteilen; ein anderes ~ gewinnen

'an·sehn·lich ⟨Adj. 70⟩ **1** *von gutem, angenehmem Äußeren, stattlich, groß;* er ist ein ~er Mann; ein ~es Gebäude **2** *bedeutend, beträchtlich;* eine ~e Summe, Mitgift; ein ~es Vermögen

'an|set·zen ⟨V. 500⟩ **1** etwas ~ *an eine bestimmte Stelle setzen, führen* **1.1** die Flöte, das Glas ~ *an den Mund setzen* **2** etwas ~ *ein zusätzliches Stück anfügen;* an einen Rock ein Stück ~ **3** etwas ~ *festlegen, bestimmen;* einen Termin, eine Besprechung ~ **4** jmdn. od. ein Tier ~ *einsetzen, mit etwas beauftragen* **4.1** ⟨550⟩ einen Hund auf die Fährte ~ *einen H. auf die Fährte bringen, die er verfolgen soll* **5** etwas ~ *aus sich heraus entwickeln, hervorbringen;* Knospen ~ **5.0.1** Fett ~ *dick, fett werden* **5.1** die Erdbeeren haben gut angesetzt *versprechen, viele Früchte zu bringen* **6** ⟨R3⟩ sich ~ *sich bilden, festsetzen;* am Eisen hat sich Rost angesetzt; Kristalle setzen sich an **7** ⟨515⟩ zu etwas ~ *im Begriff sein, etwas zu tun;* zum Sprung ~ **8** etwas ~ *mischen, (eine Mischung) vorbereiten* **8.1** eine Bowle ~ *Früchte mit Zucker bestreuen u. mit Alkohol übergießen als Vorbereitung zur B.* **9** etwas ~ ⟨mundartl.⟩ *zum Kochen auf den Herd setzen;* Wasser, Kartoffeln ~ **10** eine Gleichung ~ *einen Ansatz(1.4) machen* **11** sich ~ ⟨jägerspr.⟩ *sich an den Ort begeben, wo man sitzend auf das Erscheinen von Wild wartet;* der Jäger setzt sich auf den Bock an

'An·sicht ⟨f.; -, -en⟩ **1** ⟨unz.⟩ *das Ansehen, Betrachten;* können Sie mir die Ware zur ~ schicken? **2** *Wiedergabe eines Anblicks, Abbildung, Bild;* eine ~ des Straßburger Münsters; Postkarte mit ~ der Stadt Danzig **3** *Anblick, Blickwinkel, Seite, von der man etwas sieht;* Vorder~, Seiten~; eine ~ von vorn, von der Seite **4** ⟨fig.⟩ *Anschauung, Auffassung, Meinung;* eine ~ haben, vertreten; der ~ sein, daß ...; meiner ~ nach verhält es sich anders; verschiedener ~ über etwas sein; er hat sehr vernünftige ~en; der gleichen ~ sein **4.1** jmds. ~ teilen *derselben Meinung sein*

'an|sie·deln ⟨V. 500⟩ **1** jmdn. ~ *jmdm. Grund u. Boden zur ständigen Bearbeitung überlassen, jmdn. seßhaft machen;* Einwanderer ~ **2** ⟨R3⟩ sich ~ *eine Siedlung gründen, seßhaft werden, sich niederlassen;* sich in Kanada ~; hier haben sich Bakterien angesiedelt ⟨fig.⟩

'An·sin·nen ⟨n.; -s, -; geh.⟩ **1** *kaum annehmbare Forderung od. Vorschlag;* ein ~ an jmdn. stellen, richten; ein ~ ablehnen **2** *Zumutung;* ein freches, dreistes ~

'an|span·nen ⟨V. 500⟩ **1** Zugtiere ~ *vor dem Wagen festmachen;* die Pferde ~; lassen Sie bitte (die Pferde) ~! **1.1** den Wagen ~ *mit einem Gespann versehen* **2** etwas ~ *spannen, straff machen;* die Muskeln ~; ein Seil ~ **3** ⟨R7⟩ jmdn. od. jmds. Kräfte ~ *anstrengen;* einen Schüler zu sehr ~; seine Aufmerksamkeit ~; angespannt arbeiten

'An·span·nung ⟨f.⟩ **1** *Anstrengung;* eine seelische, körperliche ~ **2** *Zusammennehmen aller Kräfte;* mit, trotz ~

'an|spie·len ⟨V. 500⟩ **1** jmdn. ~ ⟨Sp.⟩ *jmdm. den Ball zuspielen;* den Stürmer ~ **2** ein Instrument ~ ⟨Mus.⟩ *einige Töne darauf spielen* **3** ein Musikstück ~ ⟨Mus.⟩ *den Anfang probeweise spielen* **4** eine Karte ~ ⟨Kart.⟩ *zur Eröffnung des Spiels hinlegen;* er hat Herz angespielt **4.1** ⟨400; Kart.⟩ *ein Spiel beginnen;* wer spielt an? **5** ⟨800⟩ auf jmdn. od. etwas ~ *versteckt hinweisen;* in der Antwort spielte er auf seinen Bruder an; er spielte auf den Vorfall von gestern an

'An·spie·lung ⟨f.; -, -en⟩ *versteckter Hinweis, absichtsvolle Andeutung;* eine ~ machen auf etwas; sie ging auf seine ~ ein

'An·sporn ⟨m.; -(e)s; unz.⟩ *Antrieb, Anreiz;* Belohnung ist ein ~ zu höheren Leistungen

'an|spor·nen ⟨V. 500⟩ **1** ein Pferd ~ *antreiben, einem P. die Sporen geben* **2** jmdn. od. etwas ~ ⟨fig.⟩ *anreizen, den Ehrgeiz anstacheln, geistigen Antrieb geben;* jmdn. durch Lob, Vorbild zu guten Leistungen ~; ihr Lob spornte seinen Ehrgeiz an

'An·spra·che ⟨f.; -, -n⟩ **1** *kleine förml. Rede;* eine ~ halten **2** ⟨unz.; süddt., österr.⟩ *Möglichkeit für ein Gespräch, eine Unterhaltung;* er hat in seinem neuen Wirkungskreis keinerlei ~; ~ suchen, finden

'an|spre·chen ⟨V. 251⟩ **1** ⟨500/R8⟩ jmdn. ~ *anreden, das Wort an jmdn. richten* **1.1** ⟨550⟩ jmdn. um etwas ~ *bitten* **1.2** ⟨550⟩ jmdn. auf etwas ~ *jmds. Stellungnahme zu etwas erbitten;* ich sprach ihn auf den gestrigen Vorfall an **2** ⟨518⟩ jmdn. od. etwas ~ als *bezeichnen, beurteilen als;* man kann seine Leistung als zufriedenstellend ~ **3** ⟨500⟩ ein Ziel ~ *erkennen, seine Lage bestimmen* **3.1** ein Wild ~ ⟨jägerspr.⟩ *Standort, Art, Geschlecht, Alter usw. eines W. feststellen* **3.2** eine Fährte ~ ⟨jägerspr.⟩ *aus einer F. die Wildart, das Alter u. die Beschaffenheit des Wildes ermitteln* **4** ⟨500⟩ etwas spricht jmdn. an *gefällt jmdm., nimmt jmdn. für sich ein;* der Vortrag hat angesprochen **5** ⟨800⟩ auf etwas ~ *wirksam werden, reagieren;* der Apparat spricht auf die leiseste Berührung an **6** ⟨410⟩ etwas spricht leicht, schwer an ⟨Mus.⟩ *läßt sich leicht,* *schwer zum Tönen bringen;* die Flöte spricht leicht, schwer an

'an|sprin·gen ⟨V. 253⟩ **1** ⟨500/R8⟩ jmdn. ~ *sich mit einem Sprung auf jmdn. stürzen, an jmdm. hochspringen;* der Hund sprang den Einbrecher an; der Hund sprang mich freudig bellend an **2** ⟨400(s.)⟩ angesprungen kommen *heran-, herbeispringen, sich springend nähern;* die Kinder kamen angesprungen **3** ⟨400(s.)⟩ *mit einem Sprung zum Lauf ansetzen;* der Schiläufer sprang an u. sauste den Berg hinunter **4** ⟨400(s.)⟩ etwas springt an *kommt in Gang, beginnt zu laufen;* der Motor springt nicht an **4.1** er ließ den Motor ~ *setzte den M. in Gang*

'An·spruch ⟨m.; -(e)s, ¨-e⟩ **1** *Forderung;* berechtigter, begründeter ~; seine Ansprüche geltend machen; allen Ansprüchen gerecht werden, genügen **1.1** Ansprüche stellen *etwas fordern* **1.1.1** er stellt große Ansprüche *er ist unbescheiden, erwartet von seinen Mitmenschen zuviel* **1.2** (keinen) ~ erheben (auf etwas) *etwas (nicht) haben wollen, (nicht) beanspruchen;* dieses Buch erhebt keinen ~ auf Vollständigkeit **2** *Recht, Anrecht (auf etwas);* einen ~ haben auf etwas; den ~ auf etwas verlieren **3** jmdn. od. etwas in ~ nehmen *beanspruchen* **3.1** jmdn. in ~ nehmen *beschäftigen;* ich bin augenblicklich sehr, stark in ~ genommen **3.2** etwas in ~ nehmen *Gebrauch von etwas machen, etwas verwenden, benutzen;* er nimmt das Recht für sich in ~, zu kommen u. zu gehen, wann er will; darf ich Ihre Hilfe, Ihre Liebenswürdigkeit einmal in ~ nehmen? **3.2.1** etwas nimmt etwas in ~ *erfordert etwas;* es nimmt viel Zeit in ~; ihre Aufmerksamkeit war von den Vorgängen auf der Straße völlig in ~ genommen

'an|sta·cheln ⟨V. 505⟩ jmdn. od. etwas (zu einer Leistung) ~ *heftig antreiben, anspornen, ermuntern;* das Lob stachelte ihn zu neuen Taten an; jmds. Ehrgeiz ~

'An·stalt ⟨f.; -, -en⟩ **1** *(öffentliche) Einrichtung* **1.0.1** ~ des öffentlichen Rechts *selbständige Zusammenfassung von Personen u. Sachen zur Erfüllung bestimmter Aufgaben der öffentl. Hand* **1.1** *Schule;* Unterrichts~, Lehr~ **1.2** *Heilstätte;* Heil~, Irren~, Pflege~; in eine ~ eingewiesen werden **1.3** *Betrieb (meist des graph. Gewerbes);* Verlags~; lithographische ~ **2** *der Wohlfahrt od. Bildung dienendes öffentl. Gebäude;* Besserungs~, Erziehungs~ **3** (keine) ~en zu etwas machen, treffen *sich (nicht) anschicken, etwas zu tun;* er machte keine ~en, seinen Koffer zu packen

'An·stand[1] ⟨m.; -(e)s, ¨-e⟩ **1** ⟨unz.⟩ *der guten Sitte entsprechendes Benehmen;* die Regeln des ~s beachten; den ~ verletzen; den ~ wahren; er hat keinen ~; du hast wohl gar kein Gefühl für ~?; sich mit ~ von einer Sache zurückziehen **1.1** mit ~ verlieren können *mit Würde* **2** ⟨süddt., österr.⟩ *Schwierigkeit, Ärger;* keine Anstände haben (bei); ich will keine Anstände mit ihm bekommen **3** (keinen) ~ an etwas nehmen ⟨geh.⟩ *(keinen) Anstoß nehmen, (keine) Bedenken haben;* er nahm an ihrem merkwürdigen Verhalten keinen ~

'An·stand[2] ⟨m.; -(e)s, ¨-e; Jagdw.⟩ *Ort, wo der Jäger auf das Wild wartet;* Sy *Kanzel(4);* auf den ~ gehen

'an·stän·dig ⟨Adj.⟩ **1** *dem Anstand*[1]*(1), den Sitten, sozialen Regeln, Normen u. Gewohnheiten entsprechend;* ~es Benehmen; benimm dich ~!; iß ~!; ~ gekleidet sein **1.1** ~e Gesinnung, ~er Charakter *moralisch, sittlich einwandfrei;* das war nicht ~ von ihm; ~ handeln **1.2** ein ~er Mensch, eine ~e Firma *ehrbar, ordentlich;* er ist ein ~er Kerl **2** ~e Waren ⟨umg.⟩ *gute, brauchbare W.;* gibt es bei euch einen ~en Wein?; ~e Kleidung **3** *angemessen;* ein ~es Gehalt **3.1** eine ~e Menge *viel, reichlich* **3.2** ein ~er Preis *nicht zu hoch, aber auch nicht zu niedrig* **4** ⟨50⟩ *ziemlich, heftig, tüchtig, kräftig;* jetzt schneit es aber (ganz) ~; er hat ~ zugeschlagen

an'statt → a. *statt* **1** ⟨Präp. mit Gen.⟩ *anstelle (an Stelle) von;* ~ des Hutes hättest du lieber eine Mütze aufsetzen können; ~ seiner kam sein Freund; er traf den Baum ~ der Zielscheibe **2** ⟨Konj.⟩ = *statt(2);* du solltest lieber arbeiten, ~ dich herumzutreiben **2.1** ~ daß er arbeitete, ~ zu arbeiten, trieb er sich draußen herum *er arbeitete nicht, sondern ...*

'an|stecken ⟨-k·k-; V.⟩ **1** ⟨500⟩ etwas ~ *mit einer Nadel befestigen;* eine Brosche ~ **2** ⟨500⟩ einen Ring ~ *an den Finger stecken* **3** ⟨500⟩ etwas ~ *in Brand setzen, anzünden;* ein Haus ~; eine Kerze, Zigarette ~ **4** ⟨505/R7 od. R8⟩ jmdn. (mit einer Krankheit od. Stimmung) ~ *eine K. od. S. auf jmdn. übertragen;* Sy *infizieren;* er hat mich mit seiner Erkältung angesteckt; er hat uns alle mit seiner Fröhlichkeit angesteckt ⟨fig.⟩; ich bin (von ihm) angesteckt worden **4.1** ⟨R3⟩ sich ~ *sich eine Krankheit zuziehen, eine Stimmung übernehmen;* ich habe mich (bei ihm) angesteckt **5** ⟨400⟩ etwas steckt an *ist übertragbar, ansteckend;* diese Krankheit steckt an; Lachen, Gähnen steckt an

'an|ste·hen ⟨V. 256⟩ **1** ⟨405⟩ (nach etwas) ~ *stehend in einer Reihe warten, sich anstellen, Schlange stehen;* man muß nach Theaterkarten lange ~ **2** ⟨580⟩ nicht ~, etwas zu tun *nicht zögern, keine Bedenken haben, etwas zu tun;* ich stehe nicht an, zu behaupten ... **3** ⟨600⟩ etwas steht jmdm. an *kommt jmdm. zu, geziemt sich für jmdn.;* die Ehrerbietung stand ihm wohl an **4** etwas ~ lassen *sich sammeln lassen, unerledigt lassen;* Rechnungen, Schulden ~ lassen; Zahlungen ~ lassen

'an|stei·gen ⟨V. 258/400(s.)⟩ etwas steigt an **1** *führt in die Höhe, aufwärts;* der Weg steigt langsam an; das Gelände stieg steil an; eine stark ~de Straße **2** *wird höher;* die Flut steigt an; die Temperatur stieg an **3** ⟨fig.⟩ *nimmt zu, wächst;* die Preise steigen ständig an; der Fremdenverkehr ist in den letzten Jahren auf das Vierfache angestiegen

'an|stel·len ⟨V. 500⟩ **1** einen Gegenstand ~ *anlehnen, heranrücken;* eine Leiter an die Hauswand ~ **2** ein Gerät ~ *in Gang setzen, einschalten;* das Radio, die Heizung ~ **3** ⟨511 od. 550/R3⟩ sich ~ *sich an eine Reihe wartend anschließen, Schlange stehen;* sich an der Kasse ~; sich nach Theaterkarten ~; hinten ~! **4** jmdn. ~ *beschäftigen* **4.1** *in Dienst nehmen, in ein Arbeitsverhältnis aufnehmen;* jmdn. als Verkäufer ~; er ist bei der Firma X. fest angestellt **4.2** *zur Arbeit heranziehen;* ich lasse mich von dir nicht ~ **5** etwas ~ *machen, ausführen, tun, versuchen;* eine Dummheit ~;

alles mögliche ~, um etwas zu erreichen; Versuche ~; ich weiß nicht, wie ich es ~ soll 5.0.1 Betrachtungen ~ (über) etwas *etwas überlegend, nachdenklich betrachten* 5.0.2 es läßt sich nichts damit ~ *es ist zu nichts zu gebrauchen* 5.0.3 was soll ich nur mit dir ~? ⟨umg.⟩ *was soll ich nur mit dir machen?, du bist aber auch zu gar nichts zu gebrauchen!* 5.0.4 was habt ihr da wieder angestellt? *was habt ihr da wieder für Dummheiten gemacht?* **6** ⟨R3⟩ sich ~ ⟨umg.⟩ *sich verhalten, sich benehmen;* sich geschickt ~; er stellt sich an, als ob er nicht bis drei zählen könnte ⟨umg.⟩; sich ~ wie ein Verrückter **6.0.1** stell dich nicht so dumm an! ⟨umg.⟩ *tu nicht, als ob du so dumm wärst!* **6.0.2** stell dich nicht so an! *zier dich nicht so!, spiel kein Theater!, sei nicht so zimperlich!*

'An·stel·lung ⟨f.; -, -en⟩ **1** ⟨Pl. selten⟩ *Einstellung;* die ~ neuer Mitarbeiter; zur Zeit erfolgt keine ~ **2** *Posten, Amt, Stelle;* eine neue ~ suchen, finden, erhalten

'An·stieg ⟨m.; -(e)s, -e⟩ **1** ⟨Pl. selten⟩ *Steigung;* der steile ~ des Berges **2** ⟨Pl. selten⟩ *Erhöhung, Zunahme;* der plötzliche ~ der Temperatur; der unmerkliche ~ der Preise **3** *das Hinaufsteigen, der Aufstieg;* einen langen, beschwerlichen ~ hinter sich haben **3.1** *Weg bergauf;* der letzte ~ bis auf den Gipfel; das ist einer der beliebtesten ~e

'an|stif·ten ⟨V.⟩ **1** ⟨505⟩ jmdn. (zu etwas) ~ *verleiten, verlocken;* sie hat ihn zum Diebstahl, Mord angestiftet; wer hat euch dazu angestiftet? **2** ⟨500⟩ etwas ~ *(etwas Übles) veranlassen;* furchtbares Unheil ~; eine Verschwörung ~

'an|stim·men ⟨V. 500⟩ **1** etwas ~ *zu singen od. zu spielen beginnen;* ein Lied ~; das Orchester stimmte die Ouvertüre an **1.1** immer wieder das alte Lied ~ ⟨fig.; umg.⟩ *immer wieder dasselbe erzählen* **1.2** ein Klagelied über jmdn. od. etwas ~ ⟨fig.; umg.⟩ *über jmdn. od. etwas sehr klagen* **1.3** ein Loblied auf jmdn. od. etwas ~ ⟨fig.; umg.⟩ *jmdn. od. etwas sehr loben* **2** etwas ~ ⟨fig.⟩ *in etwas ausbrechen, etwas laut zu äußern beginnen;* lautes Wehklagen ~; Geheul, Geschrei ~

'An·stoß ⟨m.; -es, ¨-e⟩ **1** ⟨Pl. selten; Fußb.⟩ *der erste Schuß;* den ~ ausführen, haben **2** ⟨fig.⟩ *Anlaß, Impuls;* den ersten ~ geben; einen kräftigen ~ bekommen **2.1** *Ermunterung;* es bedurfte nur eines neuen ~es **3** ⟨geh.⟩ *Ärgernis, Ärger;* sein Benehmen ist ein Stein des ~es für alle **3.1** an etwas (keinen) ~ nehmen *etwas (miß)billigen;* sie nahm an seiner Kleidung keinen ~ **3.2** (keinen) ~ erregen *(keine) Mißbilligung hervorrufen;* seine Bemerkungen haben ~ erregt

'an|sto·ßen ⟨V. 262⟩ **1** ⟨500/R8⟩ jmdn. od. etwas ~ *jmdm. od. etwas einen (kleinen) Stoß geben* **1.1** etwas ~ *durch einen Stoß in Bewegung setzen, ins Rollen bringen;* einen Ball ~ **1.2** jmdn. ~ *jmdm. durch einen Stoß ein Zeichen geben;* jmdn. mit dem Ellbogen, Fuß ~ **2** ⟨411(s.)⟩ *an, gegen etwas stoßen;* ich bin mit dem Kopf angestoßen **2.0.1** angestoßenes Obst *beim Transport gedrücktes, beschädigtes Obst* **2.1** mit der Zunge ~ *beim Sprechen der Zischlaute mit der Zunge zwischen die Zähne geraten, lispeln* **3** ⟨400⟩ *zur Bekräftigung eines Wunsches die Gläser aneinanderklingen lassen und einander zutrinken;* auf gutes Gelingen, auf jmds. Wohl ~; darauf wollen wir ~! **4** ⟨411(s.)⟩ bei jmdm. (mit einer Bemerkung, Handlung) ~ *jmds. Mißfallen, Unwillen erregen* **5** ⟨411(s.)⟩ an etwas ~ *angrenzen;* unser Haus stößt an sein Grundstück an; das ~de Zimmer

'an·stö·ßig ⟨Adj.⟩ *Anstoß(3) erregend, den Anstand verletzend, peinlich, schlüpfrig;* ~es Benehmen; ~e Geschichten erzählen; das wirkte ~

'an|strei·chen ⟨V. 263/500⟩ **1** ⟨R7 od. R8⟩ etwas ~ *Farbe auf etwas streichen* **2** *mit einem Strich kenntlich machen, hervorheben;* Fehler ~; eine Stelle im Buch ~; den heutigen Tag muß man rot im Kalender ~ ⟨fig.⟩ **3** ⟨530/R5 od. R6⟩ jmdm. etwas ~ ⟨umg.⟩ *vergelten, heimzahlen wollen;* das werde ich dir ~! **4** ein Streichholz ~ *anzünden* **5** eine Saite ~ ⟨Mus.⟩ *mit dem Bogen probeweise darüberstreichen*

'an|stren·gen ⟨V.⟩ **1** ⟨500/R3⟩ sich ~ *sich Mühe geben, sich sehr bemühen, sein Bestes zu leisten;* du mußt dich in der Schule mehr ~; er hat sich vergeblich angestrengt **1.1** die Gastgeber haben sich heute besonders angestrengt *haben sich viel Mühe u. Kosten gemacht* **2** ⟨500⟩ etwas ~ *zu einer besonderen Leistung steigern;* da muß man schon seinen Verstand, Geist ~; sie strengte ihre Phantasie an **3** ⟨500⟩ jmdn. od. etwas ~ *stark beanspruchen, ermüden;* das Gehen strengte ihn noch an; diese Arbeit strengt das Herz an; angestrengt aussehen; die Reise war sehr anstrengend **3.1** ⟨400⟩ etwas strengt an *ermüdet;* Turnen, Rennen strengt an **4** ⟨500⟩ einen Prozeß ~ ⟨Rechtsw.⟩ *einen P. beginnen;* er will gegen ihn einen Prozeß wegen Betrugs ~

'An·stren·gung ⟨f.; -, -en⟩ **1** *das Anstrengen, Bemühung, Aufwand der Kräfte;* seine ~en verdoppeln; mit der letzten ~ hat er es erreicht; geistige ~en **1.1** große ~en machen *sich sehr bemühen;* er machte keinerlei ~en, um sein Ziel zu erreichen **2** *Strapaze, Belastung;* der Aufstieg war für ihn eine einzige ~

'An·strich ⟨m.; -(e)s, -e⟩ **1** ⟨unz.⟩ *das Anstreichen;* er hat den ~ des Hauses selbst gemacht **2** *aufgetragene Farbe;* der helle ~ gefällt mir gut; das Haus hat einen weißen ~ **3** ⟨unz.; fig.⟩ *Anschein, Aussehen, Note;* der Veranstaltung einen künstlerischen ~ geben; sich einen ~ von Gelehrsamkeit geben

'An·sturm ⟨m.; -(e)s, ¨-e⟩ **1** *Angriff, Sturm;* eine Stadt beim ersten ~ erobern; der ~ der Wellen **2** *(heftiger) Andrang, starke Nachfrage;* dem ~ nicht gewachsen sein; der ~ auf die Theaterkarten ist jedesmal sehr groß

'an|stür·men ⟨V.⟩ **1** ⟨400 (s.)⟩ angestürmt kommen *stürmisch herbeirennen, in großer Eile kommen;* die Kinder kamen angestürmt **2** ⟨800 (s.)⟩ gegen jmdn. od. etwas ~ ⟨a. fig.⟩ *zum Angriff vorwärts stürmen, heftig angreifen;* der Wind stürmte gegen das Boot an; gegen die gegnerische Mannschaft ~; gegen Vorurteile ~

'An·su·chen ⟨n.; -s, -; förml.⟩ *Bitte, Gesuch;* ein ~ stellen an; auf mein ~ hin; auf ~ von Herrn X.

'an|ta·sten ⟨V. 500/R7 od. R8⟩ **1** jmdn. od. etwas ~ ⟨a. fig.⟩ *vorsichtig berühren;* den

Verletzten hat keiner angetastet; du hast das Essen noch nicht angetastet; ein Thema nur ~ **2** etwas ~ ⟨fig.⟩ *unberechtigt berühren, verletzen;* mein Recht, meine Ehre lasse ich von niemandem ~; die Unabhängigkeit unseres Staates darf nicht angetastet werden

'An·teil ⟨m.; -(e)s, -e⟩ **1** *jmdm. zustehender, zufallender Teil;* Geschäfts~, Gewinn~; wie hoch ist mein ~ an den Kosten?; er hat seinen ~ schon bekommen; unser ~ an dem Erbe **2** ⟨unz.⟩ *(innere) Teilnahme, Beteiligung;* lebhaften, herzlichen, starken ~ nehmen an jmds. Schicksal; er hat an diesem Ergebnis keinen ~ 2.1 ⟨fig.⟩ *Interesse;* auch während der langen Krankheit hat er noch regen ~ an der Politik genommen

'An·teil·nah·me ⟨f.; -; unz.⟩ **1** *Beteiligung;* die Beisetzung fand unter starker ~ der Bevölkerung statt **2** ⟨fig.⟩ *innere Beteiligung, Teilnahme, Mitgefühl;* seine ~ an ihrem Kummer ist groß, herzlich, warm 2.1 *Beileid;* seine ~ bei einem Todesfall ausdrücken, aussprechen 2.2 *Interesse;* etwas mit wacher, kritischer, steigender ~ verfolgen

An'ten·ne ⟨f.; -, -n⟩ **1** *ein od. mehrere elektr. Leiter zum Empfangen od. Senden elektromagnet. Wellen* **2** ⟨Zool.⟩ *Fühler* **3** keine ~ für etwas haben ⟨fig.; umg.⟩ *keinen Sinn*

An'ti·ke ⟨f.; -, -n⟩ **1** ⟨unz.⟩ = *klassisches Altertum* **2** ⟨nur Pl.⟩ ~n *Altertümer, antike Kunstwerke*

An·ti'mon ⟨a. ['---] n.; -s; unz.; Zeichen: Sb⟩ *chem. Element, ein Metall, silberweiß, glänzend, in Legierungen von Letternmetall u. für lichtelektr. Zellen verwendet, Ordnungszahl 51*

an·ti'qua·risch ⟨Adj.⟩ *alt, gebraucht, aus zweiter Hand*

An·ti·qui'tät ⟨f.; -, -en⟩ *altertüml. Kunstwerk, altertüml. (kostbarer) Gegenstand*

'An·trag ⟨m.; -(e)s, ¨-e⟩ **1** *schriftlich gerichtete Bitte an eine Behörde, Gesuch;* einen ~ einreichen; einen ~ ablehnen, annehmen; einem ~ stattgeben 1.1 *Formular für einen Antrag(1);* Anträge gibt es am Schalter **2** *zur Abstimmung eingereichter Vorschlag;* einen ~ (im Parlament) einbringen; für, gegen einen ~ stimmen; auf ~ einer Partei **3** *Frage, ob jmd. (bes. ein Mädchen) den Fragenden heiraten will;* Heirats~; einem Mädchen einen ~ machen

'an|tra·gen ⟨V. 265⟩ **1** ⟨530⟩ jmdm. etwas ~ *anbieten, vorschlagen;* jmdm. das „Du" ~; einem Mädchen die Ehe, seine Hand ~; jmdm. seine Hilfe ~ **2** ⟨500⟩ eine Kugel ~ ⟨jägerspr.⟩ *schießen, abschießen*

'an|tref·fen ⟨V. 266/500⟩ jmdn. od. etwas ~ *an einem bestimmten Ort, in einem bestimmten Zustand vorfinden;* er ist nie, nur selten anzutreffen; von 9 bis 12 triffst du mich immer im Büro an; ich habe ihn (nicht) zu Hause angetroffen; wann und wo kann ich dich ~?; die Situation, die ich da antraf,...

'an|trei·ben ⟨V. 267⟩ **1** ⟨500/R7 od. R8⟩ ein Tier ~ *zu rascher Bewegung veranlassen;* die Pferde mit der Peitsche ~; die Hunde ~ 1.1 etwas ~ *in Bewegung setzen;* den Wagen ~; das Boot wird elektrisch angetrieben; der Wind treibt die Windmühle an **2** ⟨550/R8⟩ jmdn. zu etwas ~ *drängen, zwingen;* sie trieb ihn zur Eile, Arbeit an 2.1 etwas treibt jmdn. zu etwas an *veranlaßt, drängt zu etwas;* die Angst trieb ihn an, das Zimmer zu verlassen; die Neugier trieb sie dazu an **3** etwas od. jmdn. (ans Ufer) ~ *treiben, spülen;* die Wellen trieben ihn ans Ufer an; eine Leiche ist gestern angetrieben worden; mit der Flut sind Bäume angetrieben worden

'an|tre·ten ⟨V. 268⟩ **1** ⟨500⟩ etwas ~ *mit etwas beginnen;* eine Reise ~; den Rückzug ~; er hat sein achtzigstes Jahr angetreten ⟨geh.⟩ 1.0.1 seine letzte Reise ~ ⟨geh.⟩ *sterben* 1.1 *eine Arbeit aufnehmen;* wann können Sie die Stelle ~?; er muß den Dienst pünktlich ~ 1.2 *etwas übernehmen;* die Herrschaft, die Regierung ~; jmds. Nachfolge, Erbe ~ 1.3 den Beweis ~ *beweisen* **2** ⟨500⟩ etwas ~ *durch Treten in Gang setzen;* das Motorrad ~ **3** ⟨500⟩ Erde, Sand ~ *ein wenig festtreten* **4** ⟨500⟩ jmdn. ~ ⟨veralt.⟩ *sich jmdm. nähern;* der Tod trat ihn rasch an **5** ⟨415(s.)⟩ zu etwas ~ *erscheinen;* zur Schicht, zum Dienst ~ **6** ⟨410 (s.)⟩ *sich in einer bestimmten Ordnung aufstellen;* der Größe nach ~; in Reih und Glied ~; in Linie ~!; angetreten! ⟨militär. Kommando⟩ **7** ⟨800(s.)⟩ gegen jmdn. od. etwas ~ ⟨Sp.⟩ *den (Wett)kampf aufnehmen;* die deutsche Mannschaft tritt gegen die englische an; er ist nicht gegen den Weltmeister angetreten **8** ⟨800(s.)⟩ etwas tritt an etwas an ⟨Sprachw.⟩ *schließt sich an;* die Endung ist an die Wurzel angetreten

'An·trieb ⟨m.⟩ **1** ⟨Tech.⟩ *bewegende Kraft, Triebkraft;* Maschine mit elektrischem, hydraulischem, mechanischem ~ 1.1 *Bewegungsenergie, der zugeführte Impuls;* den ~ übertragen 1.2 *Teil einer Maschine, der diese Energie liefert od. überträgt;* Strahl~; ein ~ für Raketen **2** ⟨fig.⟩ *diejenigen Kräfte, die die Ursache einer bestimmten Handlung od. eines bestimmten Verhaltens sind;* er spürte den ~ zu flüchten; einem starken ~ folgen; aus eigenem, freiem ~; aus innerem ~ (heraus) **2.1** *äußerer Anreiz;* einen neuen ~ erhalten, geben

'An·tritt ⟨m.; -(e)s; unz.⟩ **1** *das Antreten(1-1.3);* bei ~ der Reise; der ~ eines Amtes, Dienstes **2** *Übernahme;* ~ einer Erbschaft

'an|tun ⟨V. 272/500⟩ **1** ⟨530/R5 od. R6⟩ jmdm. etwas ~ *zufügen, bereiten;* jmdm. Leid, Schaden ~; tu uns keine Schande an!; gib acht, daß er dem Kind nichts (Böses) antut!; wenn du wüßtest, was er mir alles (Böses) angetan hat!; das wirst du mir doch nicht ~! 1.0.1 du würdest uns (eine) große Ehre ~, wenn ... *du würdest uns eine große Ehre erweisen* **1.0.2** tu mir die Liebe an und komm bald! *bereite mir doch die Freude, bald zu kommen* 1.0.3 er mußte sich Gewalt, Zwang ~, um ruhig zu bleiben *er mußte sich sehr beherrschen* 1.0.4 bitte tun Sie sich keinen Zwang an! ⟨halb iron.⟩ *benehmen Sie sich ganz so, wie es Ihnen gefällt* 1.0.5 tun Sie mir das nicht an! *verschonen Sie mich damit!* 1.1 sich etwas ~ *Selbstmord begehen;* ich habe Angst, daß sie sich etwas antut **2** ⟨530⟩ es jmdm. angetan haben *jmdm. gefallen;* diese Landschaft, dieser Wein hat es mir angetan; das Mädchen hat es ihm angetan **3** etwas ~ *anziehen;* ein Kleid ~ 3.1 angetan *festl. gekleidet;* sie erschien, mit einem neuen Kleid angetan

'Ant·wort ⟨f.; -, -en⟩ **1** *Erwiderung, Entgegnung*

(auf eine Äußerung); eine ausweichende, bejahende, dumme, freundliche, verneinende ~ geben; du hast, weißt auch auf alles eine ~; auf ~ warten (beim Überbringen einer Botschaft); „Nein", gab er zur ~; jmdn. keiner ~ würdigen 1.1 um ~ wird gebeten (Abk.: u. A. w. g.) *Zusage bzw. Absage erbeten* 1.2 die ~ schuldig bleiben *nicht antworten* 1.3 gib ~! *antworte!* 1.4 ~ auf ein Gesuch, eine Eingabe *Bescheid* 1.5 keine ~ ist auch eine ~ *auch Schweigen ist eine A.* 1.6 Rede und ~ stehen *Rechenschaft geben* **2** (fig.) *Gegenhandlung, Reaktion;* er drehte ihm als ~ nur verächtlich den Rücken zu; lautes Lachen war die ~; energisches Vorgehen ist die richtige ~ auf seine Herausforderung

'ant·wor·ten ⟨V. 402 od. 403 od. 405⟩ (jmdm. etwas auf etwas) ~ *erwidern, entgegnen; „Ja",* antwortete er; was hast du (ihm) geantwortet?; höflich, kurz, schriftlich ~; der Teilnehmer antwortet nicht (Tel.); kannst du nicht ~?; auf eine Frage ~; was sollte ich darauf ~?; er antwortet mit „ja"

'an|ver·trau·en ⟨V. 530⟩ **1** jmdm. od. einer Sache jmdn. od. etwas ~ *zu treuen Händen überlassen, übergeben;* jmdm. Geld, ein Geschäft ~; er vertraute dem Lehrer seine Tochter an; die sterbliche Hülle der Erde ~ ⟨fig.; geh.⟩ 1.1 ⟨R3⟩ sich jmdm. od. einer Sache ~ *sich in jmds. Obhut geben;* wir haben uns Gottes Führung anvertraut; er hat sich seiner Pflege anvertraut; er hat sich dem Arzt anvertraut **2** jmdm. etwas ~ *vertraulich, im geheimen mitteilen;* jmdm. ein Geheimnis ~; jmdm. seinen Kummer ~; ich vertraue dir eine Neuigkeit an 2.1 ⟨R3⟩ sich jmdm. ~ *sich vertrauensvoll an jmdn. wenden u. ihm Persönliches od. Geheimes mitteilen;* er vertraute sich seiner Frau an; du kannst dich mir ruhig ~

'an|wach·sen ⟨[-waks-] V. 277/400(s.)⟩ **1** *sich wachsend mit etwas fest verbinden;* der angenähte Finger ist wieder fest angewachsen **2** *Wurzel schlagen;* die Pflanzen sind (gut, noch nicht) angewachsen **3** ⟨fig.⟩ *zunehmen, immer mehr werden, anschwellen;* seine Ersparnisse waren inzwischen auf 10 000 DM angewachsen; die Bevölkerung ist um das Doppelte angewachsen; die Arbeit wuchs von Tag zu Tag mehr an

'An·walt ⟨m.; -(e)s, ¨e⟩ **1** *Rechtsanwalt;* sich einen ~ nehmen; sich durch einen ~ vertreten lassen; sich als ~ niederlassen **2** ⟨fig.⟩ *Fürsprecher, Verfechter;* sich für jmdn. od. etwas zum ~ machen; er ist ein guter ~ für unsere Sache

'an|wan·deln ⟨V.⟩ **1** ⟨500⟩ etwas wandelt jmdn. an ⟨geh.⟩ *erfaßt jmdn., überkommt jmdn. vorübergehend;* Furcht wandelte mich an; mich wandelte die Lust an, zu ...; es wandelte mich die Versuchung an, zu ... **2** ⟨400; meist Part. Perf.⟩ *langsam, gemächlich herankommen;* der alte Herr kam angewandelt

'An·wand·lung ⟨f.; -, -en⟩ *plötzlich auftretendes Gefühl, Laune;* war seine Großzügigkeit echt oder nur eine plötzliche ~?; in einer ~ von Freigebigkeit

'An·wär·ter ⟨m.⟩ *jmd., der Anspruch od. Aussicht auf ein Recht od. Amt hat;* ~ auf einen Posten, auf den Thron

'An·wart·schaft ⟨f.; -; unz.⟩ *Anspruch, Aussicht (auf ein Amt usw.)*

'an|we·hen ⟨V. 500⟩ **1** etwas weht jmdn. an ⟨geh.⟩ *etwas weht gegen jmdn.;* er ließ sich vom Winde ~; ein warmer Luftzug wehte mich an 1.1 ⟨fig.⟩ *etwas überkommt jmdn., berührt jmdn.;* es wehte mich heimatlich an; eine düstere Ahnung wehte sie an; ein Schauer wehte ihn an **2** der Wind weht etwas an *treibt etwas zusammen;* der Wind hat Sand, Schnee, Blätter angeweht **3** ⟨400(s.)⟩ etwas weht an *wird zusammengeweht;* hier wehen immer viele Blätter an

'an|wei·sen ⟨V. 282/500⟩ **1** ⟨580⟩ jmdn. ~, etwas zu tun *beauftragen, etwas zu tun;* er hat mich angewiesen, die Sachen wegzubringen; bitte weisen Sie Ihre Leute an, mit den Kisten vorsichtig umzugehen; man hat mich angewiesen, ich bin angewiesen, Ihnen zu helfen **2** jmdn. ~ ⟨geh.⟩ *anleiten;* jmdn. bei einer neuen Arbeit ~ **3** jmdm. etwas ~ *zuteilen;* jmdm. einen Platz ~; man hat mir dieses Zimmer angewiesen **4** Geld ~ *überweisen;* jmdm. einen Betrag (durch die Bank, die Post) ~

'An·wei·sung ⟨f.⟩ **1** *Anordnung, Befehl;* ich habe strenge ~, niemanden einzulassen; einer ~ folgen; laut ~ vom Chef; Tropfen nur nach ärztlicher ~ einnehmen **2** *Anleitung;* ich bitte um genaue ~, wie ich es machen soll; eine ~ ist dabei **3** *Zuweisung;* auf die ~ eines Platzes im Heim warten **4** ⟨Bankw.⟩ 4.1 *Anordnung zur Auszahlung an jmdn.;* Zahlungs~; die ~ des Honorars, des Gehalts ist noch nicht erfolgt 4.2 *Überweisung;* die ~ des Gewinns erfolgt durch die Post; die ~ des Geldes auf ein Konto im Ausland 4.3 *Schriftstück zur Abhebung od. Überweisung einer Geldsumme;* Bank~, Post~; eine ~ auf 10 000 DM ausstellen, ausschreiben

'an|wen·den ⟨V. 283/500⟩ **1** ⟨505⟩ etwas (auf etwas od. jmdn.) ~ *verwenden, gebrauchen;* Heilmittel ~; etwas falsch, geschickt, gut, schlecht, richtig ~ 1.0.1 Vorsicht ~ *sich vorsehen* **2** *zur Wirkung bringen, in die Tat umsetzen;* eine Regel, Methode, Wissenschaft ~; kann man die Regel auch in diesem, auf diesen Fall ~?; die angewandte Mathematik; das angewendete Verfahren 2.1 angewandte Kunst *Gebrauchskunst, Kunstgewerbe;* Ggs *freie Kunst*

'An·wen·dung ⟨f.; -, -en⟩ *Verwendung, Gebrauch, Umsetzung in die Tat;* ~ der Theorie auf die Praxis; zur ~ bringen; ~ finden

'an|wer·fen ⟨V. 286/500⟩ **1** etwas ~ *an etwas anderes werfen;* Kalk, Mörtel (an die Mauer) ~ **2** einen Motor ~ ⟨Tech.⟩ *anlassen, in Gang setzen*

'An·we·sen ⟨n.; -s, -; geh.⟩ *Haus mit Grundbesitz*

'an·we·send ⟨Adj. 24/70⟩ **1** *sich an einem bestimmten Ort (wo man erwartet wird) befindend, da sein;* bitte teilen Sie den heute nicht ~en Mitgliedern mit, daß ...; er war bei der Feier (nicht) ~ 1.1 Verzeihung, ich war eben nicht ganz ~ ⟨umg.; scherzh.⟩ *ich habe nicht aufgepaßt* **2** die Anwesenden *alle, die anwesend sind, die Versammelten*

'An·we·sen·heit ⟨f.; -; unz.⟩ **1** *das Anwesendsein, Gegenwart;* die ~ feststellen (bei Versammlungen); in ~ von; es ist während seiner ~ passiert **2** *das Vorhandensein;* die ~ von Gift ist erwiesen worden

'an|wi·dern ⟨V. 500⟩ jmdn. ~ *jmdm. widerlich sein, jmds. Ekel erregen;* er fühlt sich von dem Geruch angewidert; dieses Buch widert mich an; das Essen widert den Kranken an

'an|win·keln ⟨V. 500⟩ etwas ~ *so biegen, daß es einen Winkel bildet;* ein Rohr, den Arm ~

'An·wurf ⟨m.⟩ **1** *der erste Wurf;* den ~ haben **2** *Verputz;* Kalk~, Mörtel~ **3** ⟨fig.⟩ *Verleumdung, Beleidigung;* heftige Anwürfe gegen jmdn. richten; ich kann deine Anwürfe nicht länger hinnehmen

'an|wur·zeln ⟨V. 400⟩ **1** *Wurzeln schlagen, anwachsen;* die Pflanzen sind gut angewurzelt **2** wie angewurzelt dastehen, stehen (bleiben) *starr, regungslos*

'An·zahl ⟨f.; -; unz.⟩ **1** *eine gewisse aber nicht genannte Zahl, Menge, Gesamtzahl;* die ~ der Teilnehmer steht noch nicht fest; die ~ der Mitglieder ist stark angestiegen; die große ~ der Gäste kam erst viel später **2** *eine unbestimmte Zahl von der Gesamtzahl, einige;* eine ~ Häuser; eine beträchtliche, große, stattliche ~; eine ~ Kinder spielte(n) dort; eine ~ von Kindern spielte auf der Straße ⟨umg.⟩

'an|zah·len ⟨V. 500⟩ **1** eine Ware ~ *zunächst einen Teilbetrag zahlen für eine W.;* die Möbel ~; die Waschmaschine ~ **2** Geld ~ *als ersten Teil des ganzen Betrags zahlen;* wieviel muß ich ~?; 1000 DM ~

'an|zap·fen ⟨V. 500⟩ **1** etwas ~ *durch ein Bohrloch öffnen, um eine Flüssigkeit entnehmen zu können;* ein Faß ~; Bäume (zur Harzgewinnung) ~ **1.1** ⟨400⟩ der Wirt hat angezapft *den Zapfen eines Fasses geöffnet* **1.2** eine Leitung ~ ⟨El.⟩ *zwischen Anfang u. Ende eines Stromkreises Anschlüsse herstellen* **1.2.1** eine Teléphonleitung ~ ⟨fig.; umg.⟩ *Gespräche heimlich abhören* **2** jmdn. ~ ⟨scherzh.⟩ *jmdm. Blut entnehmen* **3** jmdn. ~ ⟨fig.; umg.⟩ **3.1** *von jmdm. Geld borgen;* er wollte ihn wieder (um 100 DM) ~ **3.2** *jmdn. ausfragen, um etwas zu erfahren*

'An·zei·chen ⟨n.⟩ **1** *Zeichen, das etwas Kommendes ankündigt, Vorzeichen, erster Hinweis auf etwas;* ein Windstoß als ~ eines Gewitters; es gibt keine ~ für eine schwere Krise **1.1** = *Symptom* ⟨Med.⟩; Fieber ist oft das erste ~ einer Krankheit **2** *Zeichen für etwas Vorhandenes;* es sind alle ~ dafür vorhanden, gegeben, daß ...; sie kam ohne jegliches ~ der Erschöpfung

'An·zei·ge ⟨f.; -, -n⟩ **1** *schriftl., gedruckte Ankündigung, Mitteilung, Bekanntmachung;* Sy *Annonce, Inserat;* Heirats~, Todes~; Zeitungs~; eine ~ (bei der Zeitung) aufgeben; ich habe es in der Zeitung unter „Kleine ~n" gelesen; eine ~ (in die Zeitung) einrücken lassen; auf eine ~ antworten **1.1** *an einem Zeiger ablesbarer Wert eines Meßgerätes* **1.2** *Meldung, Mitteilung (an die Behörde, Polizei wegen eines Verstoßes gegen die Gesetze);* eine ~ (bei der Polizei) machen, erstatten **2** ⟨Med.⟩ *Anzeichen;* bei dem Patienten ist die ~ für eine Gehirnerschütterung gegeben

'an|zei·gen ⟨V. 500⟩ **1** einen Gegenstand (zum Verkauf), ein Ereignis ~ *schriftlich od. durch eine Zeitungsanzeige ankündigen, mitteilen, bekanntmachen;* ein Buch, seine Vermählung ~ **2** ein Meßgerät zeigt Maßeinheiten an *läßt durch Zeiger o. ä. M. sichtbar werden;* das Thermometer zeigt 10° an; die Armbanduhr zeigt die Sekunden an **3** ein Vergehen ~ *angeben, der Polizei melden;* einen Diebstahl ~ **4** jmdn., einen Dieb ~ *jmdn., der vermutlich die Gesetze verletzt hat, verklagen, beschuldigen* **5** ⟨Part. Perf.⟩ es scheint angezeigt *alle Anzeichen deuten darauf hin, es ist ratsam*

'an|zet·teln ⟨V. 500⟩ **1** den Aufzug eines Gewebes ~ ⟨Text.⟩ *auf dem Webstuhl vorbereiten, Kettenfäden dafür spannen* **2** etwas ~ ⟨fig.⟩ *im geheimen vorbereiten, anstiften;* eine Verschwörung ~

'an|zie·hen ⟨V. 293⟩ **1** ⟨500/R7⟩ jmdn., ein Lebewesen, eine Puppe ~ *jmds. Körper mit Kleidung versehen;* Sy *ankleiden* ⟨geh.⟩ Ggs *ausziehen;* ein Kind ~; sich zum Ausgehen ~; sich fürs Theater ~; das Kind kann sich schon, noch nicht allein ~; sich elegant, festlich, gut, sauber, warm ~; er ist (geht) immer gut angezogen **1.1** Kleidung ~ *überstreifen, überziehen;* Sy *anlegen(2)* ⟨geh.⟩; ein Kleid, Handschuhe, Strümpfe ~ **1.1.1** den bunten Rock ~ ⟨veralt.⟩ *Soldat werden* **2** ⟨500/R8⟩ jmd. od. etwas zieht jmdn. od. etwas an *zieht an sich heran;* der Magnet zieht Eisen an; ungleiche Pole ziehen sich an **2.1** Käufer, Besucher ~ ⟨fig.⟩ *heran-, anlocken, anreizen* **2.2** einen Geruch, Geschmack ~ *aufnehmen, annehmen* **2.3** Wasser ~ *an-, aufsaugen* **2.4** jmd. od. etwas zieht jmdn. sehr (stark) an ⟨fig.⟩ *jmd. od. etwas ist sehr sympathisch, gefällt sehr gut;* ihr heiteres Wesen zieht alle an; jeder fühlt sich von seiner Fröhlichkeit angezogen **2.5** Saite, Schraube, Bremse ~ *anspannen, straffer ziehen* **2.6** ein Zitat ~ ⟨veralt.⟩ *zitieren, ein Z. verwenden* **3** ⟨400⟩ **3.1** ein Zugtier, der Motor zieht an *setzt sich in Bewegung und zieht gleichzeitig ein Fahrzeug;* das Pferd zog an **3.2** ⟨Part. Perf.⟩ angezogen kommen *sich nähern;* das feindliche Heer kam angezogen **3.3** Preise, Börsenkurse ziehen an *steigen, erhöhen sich* **3.4** ein Spieler, eine Figur zieht an ⟨Brettspiel⟩ *beginnt mit dem Spiel*

'an·zie·hend ⟨Adj.⟩ *gewinnend, reizvoll, angenehm, sympathisch;* ein ~es Wesen; ein ~er Mensch

'An·zug ⟨m.⟩ **1** *Hose mit dazugehöriger Jacke (u. Weste);* Herren~; im dunklen ~ erscheinen; zweireihiger ~; sonntäglicher ~; sich einen ~ vom Schneider machen lassen; der ~ sitzt, paßt (nicht) **2** *die Art, sich zu kleiden, Kleidung;* dieser Rock mit dem Pullover zusammen ist ein hübscher ~ **3** ⟨unz.⟩ jmd. od. etwas ist im ~ *nähert sich, rückt (bedrohlich) heran;* ein Gewitter ist im ~; die Truppen sind im ~ **3.1** jmd. ist im ~ ⟨bes. Brettspiele⟩ *hat den ersten Zug, beginnt*

'an·züg·lich ⟨Adj.⟩ **1** *auf etwas Peinliches anspielend, leicht boshaft;* er machte eine ~e Bemerkung; ~ lächeln, zwinkern **1.1** ~ werden *eine spitze, beziehungsvolle Bemerkung machen* **2** *zweideutig, anstößig;* ~e Witze, Geschichten erzählen

'an|zün·den ⟨V. 500⟩ Sy *anbrennen(3-3.1)* **1**

etwas ~ *zum Brennen, Glühen, Leuchten bringen;* ein Licht, ein Feuer, ein Streichholz, eine Kerze ~ 1.1 *in Brand setzen;* die Kinder zündeten beim Spiel das Haus an; das Holz im Herd ~ **2** ⟨530/R5⟩ jmdm. etwas ~ *anstekken;* sich eine Zigarette ~; sie zündete ihm die Pfeife an

'Ap·fel ⟨m.; -s, ⸚⟩ **1** *Frucht des Apfelbaumes* 1.1 kein ~ konnte zur Erde fallen ⟨fig.⟩ *es war sehr voll, die Menschen standen dicht gedrängt* 1.2 der ~ fällt nicht weit vom Stamm ⟨Sprichw.⟩ *wie der Vater, so der Sohn, das liegt in der Familie* 1.3 → a. *sauer(1.1)* **2** *einem Apfel(1) ähnliches Produkt;* Erd~, Kien~, Pferde~ **3** ⟨unz.⟩ = *Apfelbaum*

'Ap·fel·baum ⟨m.⟩ *rötlich-weiß blühendes Kernobstgewächs der Familie der Rosaceae mit fleischigen, rundl. Früchten: Malus;* Sy *Apfel(3)*

Ap·fel'si·ne ⟨f.; -, -n⟩ *Frucht des Apfelsinenbaumes;* Sy *Orange*[1]

Ap·fel'si·nen·baum ⟨m.⟩ *aus China stammendes Zitrusgewächs: Citrus sinensis*

Apo·stel ⟨[-'--] m.; -s, -⟩ **1** *Sendbote, Verkünder einer neuen Lehre, Vorkämpfer* **2** ⟨i. e. S.⟩ *Jünger Jesu*

Apo'the·ke ⟨f.; -, -n⟩ **1** *Verkaufs- u. Herstellungsstelle für Arzneimittel* **2** ⟨umg.⟩ *Geschäft mit hohen Preisen*

Ap·pa'rat ⟨m.; -(e)s, -e⟩ **1** *aus mehreren Teilen zusammengesetztes Gerät* 1.1 *Telephon;* bleiben Sie bitte am ~!; wer ist am ~?; (ich bin selbst) am ~!; sie werden am ~ verlangt 1.2 *Photoapparat;* nimmst du deinen ~ mit? **2** kritischer ~ *Anmerkungsteil der wissenschaftl. Ausgabe eines Werkes mit den verschiedenen Lesarten, Auslegungen usw.* **3** ⟨fig.⟩ *Gesamtheit aller für eine Tätigkeit od. Arbeit nötigen Hilfsmittel u. Personen;* Verwaltungs~

Ap'pell ⟨m.; -s, -e⟩ **1** *Aufruf, Mahnruf;* einen ~ an jmdn. richten **2** ⟨Mil.⟩ *Ruf zum Versammeln, Antreten;* Fahnen~; zum ~ blasen, antreten **3** ⟨jägerspr.⟩ *Gehorsam des Hundes;* guten, schlechten, keinen ~ haben

Ap·pe'tit ⟨m.; -(e)s, -e⟩ *Verlangen nach einer Speise;* den ~ anregen; der ~ kommt beim Essen; Bewegung und frische Luft machen ~; ich lasse mir nicht von dir den ~ verderben; da vergeht einem ja der ~!; den ~ verlieren; einen gesegneten, großen, gar keinen ~ haben; guten ~!; ~ auf etwas Bestimmtes haben; worauf haben Sie ~?

ap·pre'tie·ren ⟨V. 500⟩ Textilien ~ *bearbeiten, um ihnen besseres Aussehen, Glanz, höhere Festigkeit zu verleihen*

Ap·pre'tur ⟨f.; -, -en⟩ **1** ⟨unz.⟩ *das Appretieren* **2** *einem Gewebe nachträglich verliehene Glätte, Festigkeit* **3** *Ort, an dem Textilien appretiert werden*

Ap·pro·ba·ti'on ⟨f.; -, -en⟩ **1** *Genehmigung, Bewilligung, Zuerkennung* **2** *staatl. Genehmigung zur Berufsausübung für Ärzte u. Apotheker* **3** ⟨kath. Kirche⟩ 3.1 *Bestätigung eines Priesters, Ordens usw.* 3.2 *amtl. kirchl. Erlaubnis zum Druck von Schriften*

ap·pro'bie·ren ⟨V. 500⟩ **1** etwas ~ *genehmigen, bewilligen* **2** einen Arzt, Apotheker ~ *zur Berufsausübung zulassen;* approbierter Arzt

Apri'ko·se ⟨f.; -, -n⟩ **1** *eiförmige, orangefarbene Frucht des Aprikosenbaumes* **2** ⟨unz.⟩ = *Aprikosenbaum*

Apri'ko·sen·baum ⟨m.⟩ *aus dem Kaukasus od. Ostasien stammender Baum mit Kernobst, das der Pflaume ähnelt: Prunus armeniaca;* Sy *Aprikose(2)*

April ⟨[-'-] m.; - od. -s, -e; Abk. : Apr.⟩ **1** *der vierte Monat im Jahr;* der unbeständige, launische ~ **2** ~, ~! ⟨umg.⟩ *Hereingefallen! (Ausruf nach einem Aprilscherz)* 2.1 der erste ~ ⟨fig.⟩ *Tag, an dem man andere zum besten hat, foppt* 2.2 jmdn. in den ~ schicken ⟨fig.⟩ *jmdn. am 1. April foppen*

Äqua·tor ⟨[-'--]; m.; -s, (selten) -'to·ren⟩ **1** *größter Breitenkreis auf der Erd- od. Himmelskugel;* Sy *Linie(6)* **2** ⟨i.w.S.⟩ *dem Äquator(1) entsprechende Linie auf einem anderen Himmelskörper*

äqui·va'lent ⟨[-v-] Adj. 24⟩ *gleichwertig*

'Ära ⟨f.; -, Ären⟩ *Zeitalter, Zeitabschnitt, Amtszeit;* die ~ Adenauer; eine neue ~ zieht herauf; die Wilhelminische ~

'Ar·beit ⟨f.; -, -en⟩ **1** *körperl. od. geistige Tätigkeit, Beschäftigung, Betätigung;* Garten~, Haus~, Forschungs~; ~ macht das Leben süß; eine Menge ~; die ~ einstellen; produktive ~ leisten; eine anstrengende, einträgliche, geistige, harte, körperliche, leichte, schriftliche, schwere, wissenschaftliche ~; an die ~, an eine ~ gehen; sich an die ~ machen; sich vor keiner ~ scheuen; bei einer ~ sitzen; nach des Tages ~ 1.0.1 vor ~ nicht aus den Augen sehen können *zuviel A. haben* 1.0.2 gründliche ~ leisten ⟨a. fig.⟩ *energisch aufräumen, rücksichtslos durchgreifen* 1.0.3 er hat die ~ nicht erfunden ⟨scherzh.⟩ *arbeitet nicht gern* 1.0.4 der ~ aus dem Wege gehen *nicht gern arbeiten* 1.1 *Beruf, berufl. Tätigkeit, Stellung;* die ~ aufgeben; ~ finden; ~ suchen; berufliche ~; haben Sie keine ~ für mich?; er hat ~ als Tischler gefunden; ohne ~ sein 1.1.1 *auf dem Weg zur ~ Arbeitsstelle* 1.1.2 in ~ stehen *ein Arbeitsverhältnis haben* 1.1.3 Arbeiter gehen zur, auf ~ ⟨umg.⟩ *sind beruflich tätig* 1.1.4 von seiner Hände ~ leben *sich seinen Lebensunterhalt durch körperl. Leistung selbst verdienen* 1.1.5 jmdn. in ~ nehmen *anstellen, in Dienst nehmen* 1.2 *Mühe, Anstrengung;* eine Menge ~; ein schönes Stück ~; es kostet viel ~; unnötige ~; viel ~ 1.3 *schriftl. od. prakt. Prüfung;* Prüfungs~, Mathematik~, Schul~; seine ~ abgeben; eine ~ schreiben **2** ⟨Mechanik⟩ *Produkt aus der an einem Körper angreifenden Kraft u. dem von ihm zurückgelegten Weg* **3** *Produkt* 3.1 *(fertiges) Ergebnis einer zielgerichteten Tätigkeit;* saubere ~ leisten; seine ~en vorlegen, zeigen; seine ~en auf diesem Gebiet erregten Aufsehen 3.2 *Ausführung, Gestaltung eines hergestellten Gegenstandes;* Einlege~, Goldschmiede~, durchbrochene, eingelegte, erhabene ~ (auf Metall), getriebene ~ 3.3 *Herstellung;* ein Stück in ~ geben, in ~ haben, in ~ nehmen; ein Stück ist (noch) in ~

'ar·bei·ten ⟨V.⟩ **1** ⟨400⟩ *Arbeit leisten, Arbeit verrichten;* arbeitet er (nach seinem Unfall) schon wieder?; körperlich, geistig, wissenschaftlich ~; angestrengt, fleißig, flink, gut, ordentlich, sauber, schlecht, schnell, sorgfältig, tüchtig ~; er arbeitet als Tischler; mit dem Kopf ~; er arbeitet für die Firma XY; ~ und nicht verzweifeln (Zitat nach Carlyle) 1.1 wie ein Pferd, mit aller Kraft ~ *sehr angestrengt, mit großer Mühe* 1.2 er arbeitet für zwei *tüchtig, viel* 1.3 es arbeitet sich schlecht bei dieser Hitze *man kann schlecht arbeiten* 1.4 ⟨411⟩ an einer Arbeitsstelle, in, bei einer Firma ~ *ständig beschäftigt, angestellt sein;* am Schraubstock ~; auf dem Feld ~; er arbeitet bei der Post; er arbeitet im Verlag 1.5 ⟨417⟩ mit jmdm. ~ *zusammenarbeiten, Beziehungen pflegen;* Hand in Hand ~ mit jmdm.; mit einer Firma ~ 1.5.1 es arbeitet sich gut mit ihm (zusammen) *man kann gut mit ihm zusammenarbeiten* 1.6 ⟨500⟩ (ein Produkt), Kleid, Möbelstück ~ *anfertigen, herstellen;* ich habe mir einen Anzug ~ lassen; der Ring, das Wörterbuch ist gut gearbeitet 1.6.1 bei welchem Schneider lassen Sie (Ihre Kleider) ~? *welcher Schneider näht für Sie?* 1.6.2 ⟨800⟩ an etwas ~ *gegenwärtig etwas anfertigen, herstellen, sich mit etwas beschäftigen;* woran arbeitest du gerade?; an einer Erfindung ~; an einem Bild ~ **2** ⟨800⟩ an jmdm. ~ *sich intensiv mit jmdm. beschäftigen, um ihn zu fördern od. ihn (bes. charakterlich) zu vervollkommnen;* an sich selbst ~ 2.1 ⟨550/R3⟩ sich durch etwas ~ *sich bemühen, anstrengen;* → a. *durcharbeiten(3);* sich durch den Schnee, das Gestrüpp, ein wissenschaftl. Werk ~ 2.2 ⟨650⟩ jmdm. in die Hände ~ *jmds. Tätigkeit erleichtern* **3** ⟨400⟩ etwas arbeitet *bewegt sich, ist in Gang;* eine Maschine, sein Herz, der Motor arbeitet einwandfrei, normal 3.1 Teig arbeitet *treibt, geht auf* 3.2 Most arbeitet *gärt* 3.3 Holz arbeitet *verändert seine Form* 3.4 Geld arbeitet *trägt Zinsen, bringt Gewinn* 3.5 ⟨800; unpersönl.⟩ es arbeitet in jmdm. *jmd. ist erregt, bewegt, kämpft mit sich;* man sah seinem Gesicht an, wie es in ihm arbeitete 3.6 ⟨800⟩ die Zeit arbeitet für (gegen) uns *unsere Ziele werden (nicht) durch Abwarten erreicht*

'Ar·bei·ter ⟨m.; -s, -⟩ **1** *jmd., der arbeitet, jeder, der einen Beruf ausübt* 1.1 er ist ein guter ~ *er ist tüchtig* **2** ⟨i. e. S.⟩ *jmd., der gegen Lohn körperl. Arbeit leistet;* Berg~, Industrie~, Metall~

'Ar·beit·ge·ber ⟨m.⟩ *jmd., der Arbeitnehmer gegen Lohn od. Gehalt beschäftigt*

'Ar·beit·neh·mer ⟨m.⟩ *jmd., der für einen Arbeitgeber gegen Lohn od. Gehalt arbeitet*

Ar'chiv ⟨[-'çi:f] n.; -s, -e⟩ **1** *Sammlung von Urkunden* **2** *Raum zum Aufbewahren einer Urkundensammlung*

Are'al ⟨n.; -s, -e⟩ **1** *Fläche, Bezirk* **2** *Siedlungsgebiet* **3** *Verbreitungsgebiet;* von Tieren od. Pflanzen besiedeltes, bewachsenes ~

Are·na ⟨[-'--] f.; -, -nen⟩ **1** *mit Sand bestreuter Kampfplatz im Amphitheater* **2** *Sportplatz mit Zuschauersitzen* **3** ⟨Zirkus⟩ = *Manege(2)* **4** ⟨österr.⟩ *Sommerbühne*

arg ⟨Adj.⟩ **1** *schlimm, böse, bösartig;* jmdm. einen ~en Blick zuwerfen; ~e Gedanken haben; damit machst du alles ja nur noch ärger!; jmdm. ~ mitspielen; ihr treibt es aber auch gar zu ~!; das ist denn doch zu ~!; vor dem Ärgsten bewahrt bleiben; das Ärgste dabei ist, daß ... 1.1 *unangenehm groß, stark, heftig;* er ist ein ~er Spötter; ~e Schmerzen haben; ~es Pech haben **2** ⟨80; oberdt.⟩ *sehr;* ich bin ~ froh; er läuft ~ schnell; das ist ~ teuer **3** ⟨43⟩ es ist jmdm. ~, daß ... *es tut jmdm. sehr leid*

'Är·ger ⟨m.; -s; unz.⟩ **1** *ein Gefühl des Gereiztseins, das durch Mißfallen, Unzufriedenheit u. a. hervorgerufen wird, Verdruß, Unwille;* seinen ~ an jmdm. auslassen; du bereitest, machst mir ~; seinem ~ Luft machen; grün sein, werden vor ~ ⟨umg.; scherzh.⟩; ich bin ganz krank vor ~; ich könnte platzen vor ~ ⟨umg.; scherzh.⟩ **2** *Unannehmlichkeit;* beruflichen ~ haben; ich habe schweren ~ gehabt; ich habe damit, mit ihm, ihr noch viel ~ gehabt; nichts als ~ und Verdruß hat man damit!

'är·ger·lich ⟨Adj.⟩ **1** *voller Ärger, verärgert, verdrossen, leicht zornig;* er war darüber sehr ~; er ist auf sie sehr ~; etwas ~ sagen, beobachten; ~ sein, werden **2** *Ärgernis erregend, unangenehm;* ein ~er Vorfall; das ist wirklich sehr ~

'är·gern ⟨V.⟩ **1** ⟨500/R7 od. R8⟩ jmdn. ~ *jmdm. Ärger, Verdruß bereiten, jmdn. ärgerlich machen, in Zorn versetzen;* es ärgert ihn, daß...; jmdn. bis aufs Blut, zu Tode, ins Grab, krank ~ ⟨fig.; umg.⟩ 1.1 jmdn. ärgert die Fliege an der Wand ⟨fig.; umg.⟩ *jede Kleinigkeit* 1.2 *boshaft necken;* du darfst deine kleine Schwester, den Hund nicht immer ~; Mensch ärgere dich nicht (Würfelspiel) **2** ⟨505/R3⟩ sich ~ über jmdn. od. etwas *ärgerlich über etwas od. jmdn. sein, werden;* sich krank ~; ich habe mich sehr darüber, über dich geärgert; sich schwarz, grün u. blau ~ ⟨fig.; umg.⟩

'Är·ger·nis ⟨n.; -s·ses, -s·se⟩ **1** *kleiner Ärger, Unannehmlichkeit;* es ist jedesmal ein ~ für mich; die ~se des Alltags **2** *eine Anstoß erregende Handlung, Verletzung des religiösen od. sittlichen Gefühls;* ~ erregen; an etwas ~ nehmen ⟨veralt.⟩

'Arg·list ⟨f.; -; unz.; geh.⟩ *Heimtücke, hinterlistiges Wesen;* voll ~ sein; ohne ~

'arg·los ⟨Adj.⟩ **1** *ohne böse Absicht, nichts Böses vorhabend;* er machte eine ~e Bemerkung; sie fragte ihn ganz ~ **2** *nichts Böses ahnend, vertrauensselig, ahnungslos;* er stellte sich ganz ~; sie folgte ihm ganz ~

Ar·gu'ment ⟨n.; -(e)s, -e⟩ **1** *stichhaltige Entgegnung, Beweis, Beweisgrund;* das ist kein ~ (gegen meine Behauptung)!; ein schwerwiegendes ~ für, gegen **2** ⟨Math.⟩ *unabhängige Veränderliche einer Funktion*

ar·gu·men'tie·ren ⟨V. 417 od. 800⟩ (mit jmdm. über etwas) ~ *Argumente vorbringen, durch Schlüsse beweisen*

'Arg·wohn ⟨m.; -(e)s; unz.; geh.⟩ *schlimme Vermutung, Verdacht, Mißtrauen;* jmds. ~ beschwichtigen, zerstreuen; jmds. ~ erregen; ~ (bei jmdm.) erwecken; ~ hegen (gegen); begründeter, unbegründeter ~

'arg·wöh·nen ⟨V. 500⟩ etwas ~ ⟨geh.⟩ *einen Argwohn gegen jmdn. od. etwas haben, etwas befürchten, (Schlimmes) vermuten;* einen Einbruch ~; ich argwöhne, daß ...

'arg·wöh·nisch ⟨Adj.; geh.⟩ *voller Argwohn, mißtrauisch;* jmdn. ~ machen; ein ~er Blick

'Arie ⟨[-riə] f.; -, -n⟩ *kunstvolles Sologesangsstück mit Instrumentalbegleitung*

arm ⟨Adj. 22⟩ **1** jmd. ist, wird ~ *wenig besitzend, mittellos, bedürftig;* Ggs *reich(1);* ein

~er Mensch; jmd. kauft sich ~; ~er Kerl, Schlucker, Teufel, Tropf; du ißt mich (ja noch) ~! (umg.; scherzh.); mildtätig gegen die Armen sein **1.0.1** ich bin um 10 Mark ärmer geworden (umg.; scherzh.) *ich habe 10 Mark ausgegeben, man hat mich um 10 Mark betrogen* **1.0.2** ~ und reich *jedermann, die Armen und die Reichen* **1.1** *unglücklich, beklagenswert, bedauernswert;* du ~es Kind!; das ~e Ding, Geschöpf; ~e Seele; du Arme, Armer **1.1.1** der, die Ärmste! *(Ausruf des Mitleids)* **1.2** geistig ~ *sehr anspruchslos* **1.3** (60) ~e Ritter (Kochk.) *in Milch eingeweichte, in Ei gewendete, in Fett gebackene / Weißbrotscheiben mit Zucker bestreut* **1.4** (60) es ist ja nicht wie bei ~en Leuten (umg.; scherzh.) *es ist ja alles Nötige vorhanden* **1.5** ~er Sünder **1.5.1** (früher) *zum Tode Verurteilter* **1.5.2** (heute allg.) *seiner Strafe gewärtiger Missetäter* **2** etwas ist ~ *dürftig, kümmerlich, gering* **2.1** welch ein Glanz in meiner ~en Hütte! *(scherzh. Willkommensgruß für einen seltenen Gast)* **3** (74) etwas od. jmd. ist ~ an einer Sache *leidet Mangel, enthält wenig;* ~ an Vitaminen; sie ist ~ an Freude(n); sie führt ein an Freude ~es Leben **3.1** (50) ~ dran sein *bedauernswert*

Arm (m.; -(e)s, -e) **1** ~ eines Menschen, Affen od. anderen Tieres *Vordergliedmaße;* die ~e ausbreiten; die ~e (nach jmdm.) ausstrecken; sich den ~ brechen; jmdm. die ~e entgegenstrecken; jmdm. den ~ reichen (um ihn zu führen, zu stützen); jmdn. am ~ packen; mit verschränkten, gekreuzten ~en dastehen, zuschauen; jmdn. in die ~e nehmen, schließen; ~ in ~ gehen; ein Paket unter den ~ nehmen; mit deiner Feindseligkeit gegen ihn treibst du ihm das Mädchen erst recht in die ~e **1.1** ~e beugt, streckt! *(Kommando beim Turnen)* **1.2** jmdn. unter den ~ nehmen (umg.) *jmdm. den Arm reichen, um ihn zu führen, zu begleiten* **1.3** jmdn. im ~, in den ~en halten *umarmt halten* **1.3.1** sich jmdm. in die ~e werfen *ihn umarmen* **1.3.2** einander in die ~e sinken *einander umarmen* **1.4** jmdm. in den ~ fallen *ihn hindern, etwas zu tun* **1.4.1** jmdm. in die ~e fallen *jmdn. umarmen* **1.5** jmdm. in die ~e laufen *zufällig begegnen* **1.6** jmdn. mit offenen ~en empfangen *sehr freundlich aufnehmen* **1.7** die Beine unter den ~, unter die ~e nehmen (umg.) *rasch davonlaufen, sich beeilen* **1.8** jmdn. auf den ~ nehmen (a. fig.; scherzh.) *necken, verspotten* **1.9** jmdm. unter die ~e greifen (fig.) *helfen* **2** (fig.) *Arbeitskraft, Hilfskraft;* wir können hier noch zwei starke ~e gebrauchen **2.1** *Machtbefugnis, Gewalt;* der ~ des Gesetzes **3** *armähnlicher Teil eines Gegenstandes, Gerätes;* zwei ~e eines Leuchters **3.1** *beweglicher Maschinenteil;* Hebel~, Kraft~, Last~ **3.2** *Abzweigung;* ~ eines Flusses

'Arm·brust (f.) *aus dem Pfeilbogen hervorgegangene mechanische Schußwaffe des Mittelalters, bestehend aus Schaft mit Kolben u. Bogen;* die ~ spannen

Ar'mee (f.; -, -n) **1** *Gesamtheit der Land-, Luft- u. Seestreitkräfte* **1.1** = *Heer* **1.2** *Truppenverband aus mehreren Divisionen* **2** *große Menge von Menschen;* eine ~ von Reportern

'Är·mel (m.; -s, -) **1** *den Arm ganz od. teilweise bedeckender Teil eines Kleidungsstückes;* Hemd~, Mantel~; kurzer, langer, angeschnittener ~; ein Kleid ohne ~; die ~ kürzen, einsetzen **1.1** jmdn. am ~ zupfen *verstohlen mahnen* **2** sich die ~ hochkrempeln (fig.; umg.) *bei einer Arbeit tüchtig zupakken* **3** etwas aus dem ~ schütteln (fig.; umg.) *etwas spielend erledigen, mit Leichtigkeit zustande bringen;* er schüttelt die Witze nur so aus dem ~

...ar·mig (Adj. 24/70) *mit einer bestimmten Zahl von Armen versehen;* ein dreiarmiger Leuchter

'ärm·lich (Adj.) **1** *im Äußeren von materieller Armut zeugend, dürftig;* ein ~es Zimmer, Kleid; ~ gekleidet; er lebt sehr ~ **2** *mangelhaft, kümmerlich;* seine Kenntnisse in Französisch waren recht ~

'arm·se·lig (Adj.) **1** *von großer materieller Armut zeugend, elend;* ein ~er Bettler; er hatte einen ~en Anzug an; ~ wirken **2** *mangelhaft, unzulänglich;* eine ~e Mahlzeit; ~e Ausflüchte, Worte **2.1** *unfähig;* ein ~er Geiger wirkte beim Konzert mit

'Ar·mut (f.; -; unz.) **1** *materielle Not, Mangel am Notwendigsten;* tiefe, bittere, bedrückende ~; ~ ist keine Schande; ~ schändet nicht (Sprichw.); in ~ geraten, leben, sterben **2** *Bedürftigkeit, Mangel;* geistige, innere ~; die ~ eines Landes an Rohstoffen; die ~ des Gefühls

'Ar·muts·zeug·nis (n.) **1** (Rechtsw.) *amtl. Bescheinigung über die Bedürftigkeit, Nachweis der Armut* **2** (fig.) *Beweis der Unfähigkeit;* sich ein ~ ausstellen, geben

'Ar·ni·ka (f.; -, -s) *einer Gattung gelbblühender Korbblütler angehörende Heilpflanze mit anregender Wirkung: Arnica*

Aro·ma ([-'--] n.; -s, -men od. -s) **1** *würziger Wohlgeruch od. Wohlgeschmack* **2** *künstl. hergestellter Geschmacksstoff für Speisen*

aro'ma·tisch (Adj.) **1** *voller Aroma, wohlriechend, wohlschmeckend, würzig* **1.1** ~e Wässer *Auszüge von Blüten u. Kräutern mit Duftstoffen* **2** ~e Verbindungen (Chem.) *ringförmig angeordnete Kohlenwasserstoffe mit bestimmter Anordnung der Bindungen innerhalb des Ringes;* ~e Kohlenwasserstoffe

'Ar·rak (m.; -s, -s od. -e) *Branntwein aus Reis, Zuckerrohr u. Palmwein*

Ar'rest (m.; -(e)s, -e) **1** ~ für Personen *Haft, Freiheitsentzug, leichte Freiheitsstrafe;* jmd. bekommt drei Tage leichten, schweren, verschärften ~ **1.1** ~ für Schüler *Entzug der Freiheit durch Nachsitzen* **1.2** persönlicher ~ *Verhaftung eines Schuldners* **2** ~ von Sachen *vorläufige Beschlagnahme;* ein Schiff, Waren mit ~ belegen **2.1** dinglicher ~ **2.1.1** *vorläufige Pfändung* **2.1.2** *Eintragung einer Zwangshypothek zur Sicherung von Forderungen eines Gläubigers*

ar·re'tie·ren (V. 500) **1** jmdn. ~ *mit Arrest belegen, in Arrest nehmen;* Sy *festnehmen, verhaften, einsperren* **2** (R7 od. R8) bewegl. Teile eines Gerätes ~ (Tech.) *sperren, blokkieren*

ar·ro'gant (Adj.) *anmaßend, dünkelhaft, eingebildet, hochnäsig*

Ar·ro'ganz (f.; -; unz.) *Anmaßung, Dünkel*

Arsch (m.; -(e)s, Är·sche; vulg.) **1** *Gesäß* **1.1** du kannst mich mal (kreuzweise) am ~ lecken, leck mich am ~! *(Ausdruck der Verachtung, Ablehnung)* **2** jmd. ist ein ~ *ein verachtenswerter, gemeiner Mensch;* du ~!

Ar'sen ⟨n.; -s; unz.; Zeichen: As⟩ *ein chem. Grundstoff, Ordnungszahl 33, gefährliches Gift*

Art ⟨f.; -, -en⟩ **1** *Einheit von Sachen (Dingen, Lebewesen, Vorgängen, Angelegenheiten), die gemeinsame Merkmale haben;* diese ~ Leute ist unangenehm; er gehört zu der ~ von Menschen, die ...; Gemüse aller ~(en); verschiedene ~en von Gewebe **1.1** ⟨Biol.⟩ *Ordnungseinheit, die alle diejenigen Individuen umfaßt, die miteinander fruchtbare Nachkommen erzeugen können: Species;* Sy *Spezies(2)* **2** *etwas Ähnliches wie;* eine ~ Professor; sie besitzen eine ~ Sommerhaus; der Stoff ist (so) eine ~ Taft **3** *Eigenart, Eigentümlichkeit;* nach ~ der Kinder; er zeigt seine Dankbarkeit auf seine ~; es ist eigentlich nicht seine ~, so zu handeln; auf gute ~ mit jmdm. auskommen, fertigwerden **3.1** aus der ~ schlagen *sich anders entwickeln, als zu erwarten war (von Lebewesen)* **3.2** ~ läßt nicht von ~ *bestimmte Merkmale werden vererbt* **4** *Beschaffenheit, Wesen;* Spaghetti nach Mailänder ~; diese Möbel sind von derselben ~ wie unsere **4.1** dieses Gebäude ist einzig in seiner ~ *ein solches G. gibt es nur einmal* **5** ~ (und Weise) *Gewohnheit im Verhalten u. Benehmen;* er hat (so) eine heitere, gewinnende ~, daß man ihn gern haben muß; er hat eine ~ zu sprechen, zu lachen wie sein Vater; er hat eine ~, mit Menschen umzugehen, die ihm sofort Freunde gewinnt; die beste, einfachste ~, etwas zu tun; auf diese ~ (und Weise) geht es nicht; kannst du es nicht auf andere ~ versuchen? **5.1** das ist keine ~! *das ist kein Benehmen, so etwas tut man nicht* **5.2** er hat ihn verprügelt, daß es (nur so) eine ~ hatte ⟨umg.⟩ *er hat ihn tüchtig verprügelt* **6** Adverb der ~ und Weise *A., das eine Eigenschaft eines Geschehens bezeichnet und mit „wie geschieht etwas?" erfragt werden kann*

'ar·ten ⟨V.(s.)⟩ **1** ⟨413⟩ *ähnlich beschaffen sein (wie jmd. od. etwas);* anders geartet als ...; gut, schlecht geartet; er ist (nun einmal) so geartet, daß ... **1.1** ⟨800⟩ nach jmdm. od. etwas ~ *geraten, ähnlich werden;* er ist nach seinem Vater geartet

Ar'te·rie ⟨[-riə] f.; -, -n⟩ *vom Herzen wegführendes Blutgefäß;* Ggs *Vene*

'ar·tig ⟨Adj.⟩ **1** *brav, folgsam, gehorsam;* sei ~!; der Kleine war heute sehr ~ **2** ⟨geh.; veralt.⟩ *höflich, zuvorkommend, gut erzogen;* jmdm. ein ~es Kompliment machen; er ist ihr gegenüber sehr ~ **3** ⟨veralt.⟩ *hübsch, nett, niedlich;* er sang recht ~; sie hatte ein ~es Kleidchen an

...ar·tig ⟨Adj.⟩ *in einer bestimmten Art, in der Art von, so wie;* holzartig, samtartig, andersartig, gleichartig

Ar'ti·kel ⟨m.; -s, -⟩ **1** *das grammat. Geschlecht bezeichnende Wortart;* bestimmter, unbestimmter ~ **2** *kleiner Aufsatz;* Zeitungs~; einen ~ schreiben **3** ~ eines Gesetzes, Vertrages *Abschnitt* **4** ⟨Rel.⟩ *Glaubenssatz;* Glaubens~ **5** ⟨Wirtsch.⟩ *Warengattung;* ein billiger, rarer ~; einen ~ führen

ar·ti·ku'lie·ren ⟨V. 500⟩ **1** Laute ~ ⟨Phon.⟩ *(deutlich) aussprechen* **2** Töne ~ ⟨Mus.⟩ *(sinnvoll) gliedern, verbinden, betonen* **3** Gedanken ~ *mit Worten wiedergeben;* Sy *ausdrükken, formulieren* **3.1** ⟨R3⟩ sich ~ *seine Gedanken in Worte fassen*

Ar·til·le'rie ⟨f.; -, -n⟩ **1** *Ausrüstung mit Geschützen* **2** *mit Geschützen ausgerüstete Truppe;* leichte, schwere, reitende ~

Ar·ti'schocke ⟨-k·k-; f.; -, -n⟩ *in wärmeren Ländern angebaute, zu den Korbblütlern gehörende Gemüsepflanze: Cynara scolymus*

Ar'tist ⟨m.; -en, -en⟩ *Varieté- od. Zirkuskünstler*

Arz'nei ⟨f.; -, -en⟩ **1** *Heilmittel, Medikament;* eine ~ einnehmen, verordnen, verschreiben **1.1** eine bittere, heilsame ~ ⟨fig.⟩ *eine bittere, heilsame Lehre*

Arzt ⟨m.; -es, ¨-e⟩ **1** *jmd., der an einer Hochschule Medizin studiert hat, eine Approbation besitzt und Kranke heilt;* den ~ konsultieren; zum ~ gehen; den ~ holen (lassen) **1.1** → a. *praktisch(3)*

'ärzt·lich ⟨Adj.⟩ *den Arzt betreffend, mit seiner Hilfe, durch den Arzt;* ~e Hilfe; die ~e Tätigkeit; eine ~e Untersuchung, Verordnung; ~es Zeugnis; sich ~ behandeln, beraten lassen

As ⟨n.; -s·ses, -s·se⟩ **1** ⟨urspr.⟩ *die Eins auf dem Würfel* **2** *Spielkarte mit dem höchsten Wert;* Sy *Daus[1](1)* **3** ⟨fig.⟩ *Spitzenkönner auf einem Gebiet, bes. im Sport;* ein, das ~ im Boxen, auf der Geige

As'best ⟨m.; -es, -e⟩ *faseriges, grausilbernes Mineral, Verwitterungsprodukt von Hornblende od. Serpentinstein, wärmedämmend*

'Asche ⟨f.; -, -n⟩ **1** *pulveriger Rückstand eines verbrannten Stoffes;* glühende, heiße ~; zu ~ verbrennen **1.1** Friede seiner ~! ⟨geh.⟩ *der Tote ruhe in Frieden* **1.2** sich ~ aufs Haupt streuen ⟨fig.; geh.; veralt.⟩ *sich schuldig bekennen, bereuen, büßen* **1.3** wie ein Phoenix aus der ~ steigen, erstehen ⟨fig.; geh.⟩ *verjüngt, neubelebt wieder erstehen* **1.4** → a. *Sack (1.0.6), Schutt (1.1), Staub (2.1)*

'Aschen·put·tel ⟨n.; -s, -⟩ **1** *weibl. Märchengestalt* **2** ⟨fig.⟩ *Mädchen, das niedrigste Küchenarbeit verrichten muß;* sie macht für die Familie nur das ~

As'ke·se ⟨f.; -; unz.⟩ *streng enthaltsame Lebensweise, Selbstüberwindung, Entsagung, Bußübung, um Begierden abzutöten u. Laster zu überwinden*

As'ket ⟨m.; -en, -en⟩ *jmd., der Askese übt*

Aspekt ⟨[-'-]; m.; -(e)s, -e⟩ **1** *Blickrichtung, Ansicht, Gesichtspunkt* **2** ⟨Gramm.⟩ *Aktionsart des Verbums, die einen Vorgang danach bezeichnet, ob er vollendet ist oder nicht* **3** ⟨Astr.⟩ *bestimmte Stellung von Sonne, Mond u. Planeten zur Erde*

Aspi·ra·ti'on ⟨f.; -, -en⟩ **1** *Streben, Bestrebung* **2** *Ehrgeiz, Hoffnung, ehrgeiziger Plan* **3** *Ansaugung von Luft, Flüssigkeiten usw.* **4** ~ eines Lautes ⟨Phon.⟩ *Behauchung, behauchte Aussprache*

aspi'rie·ren ⟨V. 500⟩ **1** eine Sache ~ *erstreben, anstreben, erhoffen* **2** Luft, Flüssigkeiten ~ *ansaugen* **3** einen Konsonanten ~ ⟨Phon.⟩ *behaucht aussprechen* **4** ⟨800⟩ auf etwas ~ ⟨österr.⟩ *sich um etwas bewerben, etwas anstreben*

As·si·mi·la·ti'on ⟨f.; -, -en⟩ **1** *Anpassung, An-*

gleichung **2** ⟨Biol.⟩ *die Bildung körpereigener organischer aus von außen aufgenommener anorgan. Substanz* **3** ⟨Pol.⟩ *das Aufgehen einer nationalen Minderheit in einem anderen Volk* **4** ⟨Psych.⟩ *Verschmelzung einer Vorstellung mit einer anderen, bereits vorhandenen* **5** ⟨Phon.⟩ *Angleichung eines Lautes an den benachbarten, z. B. mhd. „zimber" an „Zimmer"*

As·si'stent ⟨m.; -en, -en⟩ **1** *(bes. wissenschaftl.) Helfer, Mitarbeiter* **2** *Nachwuchswissenschaftler mit bes. Aufgaben*

As·so·zia·ti'on ⟨f.; -, -en⟩ **1** *Vereinigung, Zusammenschluß* 1.1 ⟨Psych.⟩ *(unwillkürl.) Aneinanderreihung, Verknüpfung von Vorstellungen* 1.2 ⟨Chem.⟩ *Vereinigung mehrerer Moleküle in Flüssigkeiten zu größeren Gebilden, die durch zwischen den Molekülen wirkende Kräfte zusammengehalten werden* **2** ⟨Bot.⟩ *Pflanzengesellschaft* **3** ⟨Astr.⟩ *Gruppe von dicht beieinanderstehenden Sternen mit ähnl. Eigenschaften*

as·so·zi'ie·ren ⟨V.⟩ **1** ⟨405/R8⟩ *eine Assoziation(1-2) bilden;* Sy *verbinden, verknüpfen* **2** sich ~ *zu einer Handelsgesellschaft vereinigen*

Ast ⟨m.; -(e)s, ¨-e⟩ **1** ~ eines Baumes, Strauches *unmittelbar aus dem Stamm bzw. der Wurzel hervorgehender Teil des Baumes bzw. Strauches;* Ggs *Zweig;* Äste beschneiden, verschneiden; von ~ zu ~ springen 1.1 ~ eines Brettes, Balkens *Stelle, an der ein Ast(1) ansetzt* **2** *Verzweigung, astartiges Glied, astartiger Teil;* Nerven~ **3** *Höcker, Buckel* 3.1 sich einen ~ lachen ⟨fig.⟩ *sehr lachen* **4** einen ~ haben ⟨umg.; schweiz.⟩ *schläfrig, müde sein, einen Kater haben* **5** einen ~ durchsägen ⟨fig.; scherzh.⟩ *laut schnarchen* **6** ⟨fig.⟩ *Grundlage des Lebens* 6.1 den ~ absägen, auf dem man sitzt ⟨fig.⟩ *sich selbst schädigen, sich seine Existenz nehmen* 6.2 auf dem absteigenden ~ sein, sich befinden ⟨fig.⟩ *im Niedergang begriffen sein*

Äs'the·tik ⟨f.; -; unz.⟩ *Lehre von den Gesetzen u. Grundlagen des Schönen, bes. in Natur u. Kunst*

äs'the·tisch ⟨Adj.⟩ **1** *die Ästhetik betreffend, ihren Forderungen entsprechend, zu ihr gehörig, auf ihr beruhend* **2** *in den Proportionen schön, geschmackvoll* **3** *ansehnlich, ansprechend*

'Asth·ma ⟨n.; -s; unz.⟩ *anfallsweise auftretende Atemnot, Kurzatmigkeit infolge einer Erkrankung entweder der Bronchien od. des Herzens;* Bronchial~, Herz~

Astro·lo'gie ⟨f.; -; unz.⟩ *Lehre vom (angebl.) Einfluß der Gestirne auf das menschl. Schicksal*

Astro·no'mie ⟨f.; -; unz.⟩ *Wissenschaft von den Himmelskörpern*

astro'no·misch ⟨Adj. 24⟩ **1** *die Astronomie betreffend, zu ihr gehörig, auf ihr beruhend* 1.1 ~e Einheit ⟨Abk.: AE⟩ *mittlere Entfernung der Erde von der Sonne, 1 AE = 149,6 Mill. km* 1.2 ~e Zeichen *Z. für Tage, Himmelskörper, Sternbilder, Konstellationen u. Mondphasen* 1.3 ~e Navigation *Standort- und Richtungsbestimmung von Schiffen und Flugzeugen durch Beobachtung der Gestirne* 1.4 ~er Ort *Richtung nach einem Gestirn vom Erdmittelpunkt aus;* Sy *Position(3.2)* 1.5 ~e Uhr *Präzisionsuhr für Sternwarten usw.* **2** ⟨fig.⟩ *riesenhaft, ungeheuer, sehr hoch;* er nannte für die Verluste ~e Zahlen; eine ~e Miete zahlen ⟨scherzh.⟩

Asyl ⟨[a'zy:l] n.; -s, -e⟩ **1** *Freistätte, Zufluchtsort (für Verfolgte)* 1.1 politisches ~ *Obdach für polit. Flüchtlinge;* um ~ bitten, nachsuchen; jmdm. ~ gewähren **2** *Heim, Obdach (für Obdachlose)*

Ate·lier ⟨[-'lje:] n.; -s, -s⟩ **1** ~ eines Künstlers *Werkstatt;* Photo~ **2** *Raum für Filmaufnahmen;* Film~ **3** *Modegeschäft, in dem Damenkleidung nach Maß angefertigt wird;* Mode~

'Atem ⟨m.; -s; unz.⟩ **1** *das Atmen(1);* sein ~ ging stoßweise; mit verhaltenem ~ lauschen 1.0.1 den ~ anhalten *kurze Zeit keine Luft holen (vor Spannung, Schreck)* 1.0.2 jmdn. in ~ halten *jmdn. nicht zur Ruhe kommen lassen* 1.1 einen kurzen, langen ~ haben *in kurzem, langem Abstand atmen* 1.1.1 der Sänger hat einen langen ~ *kann die Töne lange aushalten* **2** *Luft zum Atmen;* die kalte Luft oder der Schreck benahm ihm den ~ ⟨fig.⟩; der ~ ist mir ausgegangen 2.0.1 (tief) ~ holen, schöpfen *Luft einziehen, einatmen* 2.0.2 nach ~ ringen *mühsam Luft einatmen* 2.0.3 außer ~ geraten, kommen *sich abhetzen, anfangen zu keuchen (bei Anstrengungen)* 2.0.4 außer ~ sein *keuchen, atemlos sein* 2.0.5 wieder zu ~ kommen *nach einer Anstrengung sich erholen, zu keuchen aufhören* **3** *ausgeatmete Luft;* den ~ vor dem Munde sehen (bei großer Kälte) 3.1 ⟨fig.⟩ *Hauch;* der ~ des Todes hatte ihn gestreift ⟨poet.⟩; der ~ Gottes ⟨poet.⟩ **4** in einem ~ *außerordentlich schnell, ohne Pause, nacheinander*

'atem·be·rau·bend ⟨Adj.⟩ *den Atem nehmend, so ungewöhnlich erregend, daß man den Atem anhalten muß;* eine ~e Spannung, Geschwindigkeit; sie war ~ schön

'Äther ⟨m.; -s; unz.⟩ **1** *Himmel, Luft des Himmels* **2** ⟨Chem.⟩ *organ. Verbindung, bei der zwei gleiche od. verschiedene Alkyle über ein Sauerstoffatom miteinander verbunden sind* 2.1 ⟨Med.⟩ *Narkosemittel;* Äthyl~

äthe·risch ⟨[-'--] Adj.⟩ **1** ⟨24⟩ *ätherhaltig, flüchtig* 1.1 ~e Öle ⟨Chem.⟩ *meist stark aromat. riechende, vollständig verdunstende, aus Pflanzen zu gewinnende Öle* **2** *himmlisch* **3** ⟨fig.⟩ *hauchzart, durchgeistigt*

Ath'let ⟨m.; -en, -en⟩ **1** *Kraftmensch* **2** *Wettkämpfer;* Leicht~, Schwer~

ath'le·tisch ⟨Adj.⟩ *stark, starkknochig, kraftvoll, muskulös*

Äthyl·al·ko·hol ⟨[-'----]; m.⟩ *brennbare Flüssigkeit, trinkbar, wenn mit Wasser verdünnt, wirkt berauschend, Formel C_2H_5OH;* Sy *Weingeist, Spiritus, Alkohol(2)*

'At·las[1] ⟨m.; - od. -las·ses, -'lan·ten od. -las·se⟩ **1** *Sammlung von Landkarten in Buchform* **2** *umfangreiches Buch mit Abbildungen aus einem Wissensgebiet;* Anatomie~

'At·las[2] ⟨m.; -; unz.⟩ *der oberste, den Kopf tragende Halswirbel der höheren Wirbeltiere*

'At·las[3] ⟨m.; - od. -las·ses, -las·se⟩ **1** ⟨unz.; Web.⟩ *Bindung mit glänzender Oberseite, auf der nur Kette od. Schuß sichtbar sind, u. matter, glatter Rückseite* **2** *Gewebe, meist Seide, in dieser Bindung*

'at·men ⟨V.⟩ **1** ⟨400⟩ *Luft mit den Lungen ein-*

ziehen u. ausstoßen; der Verunglückte atmete noch (schwach); tief, mühsam, unruhig ~; durch die Nase, den Mund ~; hier kann man frei ~ ⟨fig.⟩ **2** ⟨500⟩ etwas ~ *einatmen;* mit jmdm. die gleiche Luft ~; tief die reine, frische Luft ~ **3** etwas atmet etwas ⟨fig.; geh.⟩ *etwas strömt etwas aus, ist von etwas erfüllt;* dieser Ort atmet Frieden u. Stille

At·mo'sphä·re ⟨f.; -, -n⟩ **1** *Gashülle eines Planeten, bes. die Lufthülle der Erde* **2** ⟨7; Abk.: atm⟩ *Maßeinheit für den Druck, entspricht dem durchschnittlichen Luftdruck auf der Höhe des Meeresspiegels, etwa 1 kg/cm²;* physikalische ~, technische ~ **3** ⟨fig.⟩ *Umwelt, Einfluß, Stimmung;* eine ~ des Friedens, der Harmonie, der Kameradschaft; zwischen den beiden herrscht eine gespannte ~

'At·mung ⟨f.; -, (selten) -en⟩ **1** *das Atmen* 1.1 künstliche ~ *Erweiterung u. Verengung der Lungen durch Zusammenpressen des Brustkorbes von Hand oder maschinell (bei Verunglückten, an Kinderlähmung Erkrankten usw.)*

Atom ⟨[-'-] n.; -(e)s, -e⟩ **1** *kleinstes Teilchen eines chem. Elements* **2** ⟨fig.⟩ *winziges Teilchen, Winzigkeit*

Atom·bom·be ⟨[-'---] f.⟩ **1** *Bombe mit Kernsprengstoff als Ladung* **2** ⟨i. e. S.⟩ *Bombe, deren Wirkung auf der Spaltung von Atomkernen beruht*

At'tacke ⟨-k·k-; f.; -, -n⟩ **1** ⟨urspr.⟩ *Angriff mit der blanken Waffe, Reiterangriff;* eine ~ reiten (gegen) **2** *Angriff, Anfall, bes. Krankheitsanfall;* Herz~

at·tackie·ren ⟨-k·k-; [--'--]; V. 500/R8⟩ jmdn. ~ **1** *angreifen* **2** ⟨fig.⟩ *jmdm. zusetzen, jmdn. stark bedrängen*

At·ten'tat ⟨a. ['---] n.; -(e)s, -e⟩ **1** *(polit.) Mordanschlag, Gewalttat;* ein ~ auf jmdn. verüben **2** ein ~ auf jmdn. vorhaben ⟨umg.; scherzh.⟩ *jmdn. um einen (großen) Gefallen bitten wollen*

At'test ⟨n.; -es, -e⟩ *schriftl. (bes. ärztl.) Bescheinigung, Zeugnis*

At·trak·ti'on ⟨f.; -, -en⟩ **1** *Anziehung* 1.1 *Anziehungskraft* **2** ⟨Theat.⟩ *Zugstück* 2.1 ⟨Zirkus⟩ *Glanznummer* **3** *bes. gut gehende Ware*

At'trap·pe ⟨f.; -, -n⟩ **1** *Falle, Schlinge* **2** *(täuschend ähnl.) Nachbildung, Schaupackung* **3** *trüger. Schein*

At·tri'but ⟨n.; -(e)s, -e⟩ **1** *wesentl. Merkmal* 1.1 *bleibende Eigenschaft* **2** *Kennzeichen, Abzeichen, Beigabe, sinnbildl. zugehöriges Zeichen;* der Dreizack als ~ Neptuns **3** ⟨Gramm.⟩ *zu einem Nomen od. Verbum tretendes Wort, Satzteil od. Satz*

'ät·zen ⟨V. 500⟩ **1** etwas ~ ⟨Chem.⟩ *die Oberfläche von Stoffen durch chem. hochaktive Verbindungen verändern od. entfernen;* Salzsäure ätzt Löcher in Zinn; ein ~des Gift **2** ⟨Part. Präs.⟩ ~d ⟨fig.⟩ *kränkend, verletzend;* er sprach mit ~der Ironie; jmdn. mit ~dem Spott behandeln **3** Gewebe ~ ⟨Med.⟩ *zu Heilzwecken durch chem. Mittel zerstören;* eine Wucherung auf der Haut ~ **4** eine Zeichnung ~ ⟨Typ.⟩ *auf einer Druckplatte durch Einwirkung von Säure eine Z. erhaben od. vertieft herausarbeiten;* ein Bild auf, in die Kupferplatte ~

au ⟨Int.⟩ **1** *(Ausruf des Schmerzes);* ~, das tut weh! **2** ⟨scherzh.⟩ *(Ausruf bei einem faulen Witz)* **3** ~ Backe! ⟨umg.⟩ *(Ausruf des Erstaunens od. in Erwartung von etwas Unangenehmem)*

auch ⟨Partikel⟩ **1** ⟨attr. u. adv.⟩ 1.1 *(verstärkend);* aber ~ nur dieses eine Mal!; ~ nicht einer; warum ~?; wann ~ immer du kommst; wie sehr er ~ lief; wie reich er ~ sei (ist); wozu ~ schreiben?; den Teufel ~!; kommst du ~ schon? ⟨iron.⟩; das fehlte ~ noch! ⟨iron.⟩ 1.2 *ebenfalls, gleichfalls;* Gutes und ~ Schlechtes; ~ das nicht; seine Schwester ist ~ dabei; kennst du ~ seine Tochter?; ich ~ nicht; ~ ich war dabei; vorher und ~ hinterher; das kann ~ dir passieren; er wußte es ~ schon; kommst du ~ mit?; kannst du das ~?; ich glaube (es) ~; ich gehe jetzt, du ~?; Ich ~!; das kann dir ~ passieren; so ist es ~ gut, recht 1.3 *zugleich;* sie ist schön und ~ klug; man kann darüber ~ anders denken 1.4 *tatsächlich, wirklich;* das hat ~ niemand behauptet!; das Kleid war ganz billig! So sieht es ~ aus!; er hat schon immer das Unheil befürchtet, das dann ~ geschah; kommst du ~ (wirklich)?; wie dem ~ sei; du bist ja ganz außer Atem! ich bin ja ~ gelaufen; so ist es ~!; kann ich mich ~ darauf verlassen?; das ist (aber) ~ wahr!; du hast aber ~ gar keine Geduld; er weiß ~ (rein) gar nichts; du bist ~ immer der letzte!; ach was, man muß ~ nicht alles glauben 1.5 *selbst, sogar;* ohne ~ nur zu fragen; und wenn ich ~ alles hergeben müßte; was er ~ (immer) sagen mag; zu dem Grundstück gehört ein Haus und ~ ein Garten; die Sache hat aber ~ einen Vorteil; ~ dieses Mal; ~ heute schon; ~ der Klügste kann sich irren; ~ der kleinste Fehler kann ernste Folgen haben; er fragte ~ dann noch weiter, als ich ... **2** ⟨Konj.⟩ 2.1 *(verstärkend);* oder ~; nicht nur ..., sondern ~; sowohl gestern als ~ heute 2.2 wenn ~ *obwohl, selbst wenn;* wenn du mir ~ sagst, daß ...; und wenn er ~ noch so bescheiden ist; ~ wenn du noch so sehr bittest 2.2.1 und wenn ~! *was tut's, was schadet es? (als Antwort)*

'Au·er·hahn ⟨m.; -(e)s, ¨e od. (jägerspr.) -en⟩ *männl. Auerhuhn;* Sy *großer Hahn* ⟨jägerspr.⟩

'Au·er·huhn ⟨n.⟩ *größtes Waldhuhn Europas: Tetrao urogallus*

'Au·er·och·se ⟨m.⟩ *ausgestorbenes Wildrind, Ur: Bos primigenius*

auf[1] ⟨Präp.⟩ **1** ⟨m. Akk.⟩ *in die Richtung* 1.1 ~ einen Ort 1.1.1 ~ den oberen Teil eines Gegenstandes, eines Lebewesens, einer Person *hinauf, empor auf;* Ggs *unter, herunter, hinunter, hinab;* ~ den Schrank legen; ~ den Tisch schlagen; ~ den Kopf setzen; ~ einen Berg steigen 1.1.2 ~ eine Fläche *nach, hin, zu;* ~ die Erde fallen; etwas ~ die Seite legen; ~s Land ziehen; ~ seinen Landsitz reisen; das Fenster geht ~ den Hof (hinaus); ~ den Fluß (zu) 1.1.3 ~ einen räumlichen Gegenstand, ein Lebewesen, Gebäude (zu) *hin zu, in;* ~ den Bahnhof, die Post, den Markt usw. gehen; sich das Frühstück ~s Zimmer bringen lassen (meist bei Hotelzimmern); ~ jmdn. od. etwas stoßen; sich ~ den Weg machen 1.1.4 das Wort endet ~ „z" *sein letzter Buchstabe ist z* 1.2 ~ Arbeit gehen *zum Arbeitsplatz gehen u. arbeiten* 1.2.1 ~ die (höhere) Schule gehen *die S. besuchen, um zu lernen;* ~ die Universität, das Gymnasium gehen 1.3 (Zeit) 1.3.1

während; Sy *für;* ~ einen Augenblick verschwinden; ~ Lebenszeit; ~ immer; ~ (längere) Sicht; ~ einen Monat 1.3.1.1 ~ Monate, Jahre hinaus *für lange Zeit* 1.3.2 kommst du heute ~ die Nacht zu mir? ⟨oberdt.⟩ *heute abend* 1.3.3 *zu, für;* jmdn. ~ eine Tasse Kaffee, ein Glas Wein einladen; jmdn. ~ den Abend einladen 1.3.4 (alle, alles) ~ einmal *zur gleichen Zeit* 1.3.5 ~ morgen! *(als Abschiedsgruß);* ~ Wiedersehen 1.3.6 drei Viertel ~ acht (Uhr) ⟨mundartl.⟩ *dreiviertel acht, ein Viertel vor acht;* Sy *bis* 1.3.7 es geht ~ drei Uhr *es ist bald drei Uhr;* Sy *gegen* 1.3.8 ~ die Minute, Sekunde *genau, pünktlich* 1.3.9 *in wiederholter Folge, eins nach dem andern;* Monat ~ Monat verging; es ging Schlag ~ Schlag; es folgte Unglück ~ Unglück 1.4 (Abstraktes) *in die Richtung eines Zieles;* ~ Ihr Wohl!; im Hinblick ~ 1.4.1 *eine Art und Weise betreffend;* ~ diese Weise; ~s höchste überrascht; ~ gut Glück; jmdn. ~s beste unterbringen; einen Satz ~ deutsch sagen 1.4.1.1 ~ einmal *plötzlich* 1.4.1.2 ~ der Stelle *sofort* 1.4.1.3 ~ neu herrichten ⟨umg.⟩ *neu herrichten* 1.4.1.4 ~s neue *wieder, von vorn, neu* 1.4.2 ~ ... (hin), ~ ... (von) *einen Grund betreffend, verursacht durch;* Sy *infolge (von);* ~ höheren Befehl; ~ seinen Rat (hin); ~ meinen Wunsch (hin); ~ die Nachricht (hin), daß ...; ~ Bitten (von); ~ Grund (von) 1.4.3 *ein Mittel betreffend;* ein Kampf ~ Leben und Tod; ~ Raten kaufen; ~ Kosten von, des, der; ~ eigene Rechnung und Gefahr (hin) 1.4.3.1 Zweikampf ~ Pistolen *mit P.* 1.4.3.2 ~ den ersten Blick *beim ersten B.* 1.4.4 ~ daß *mit dem Ziel, Zweck, daß;* Sy *damit* 1.4.5 *ein Maß betreffend;* sein Vermögen wird ~ 100.000 DM geschätzt; 3 Äpfel gehen ~ ein Pfund 1.4.5.1 ~ ihn entfallen 500 DM *sein Anteil beträgt* 1.4.6 ⟨im Präpositionalobjekt, vgl. die Artikel zu den Verben⟩; ~ jmdn. od. etwas bauen, vertrauen; ~ jmdn. od. etwas achten; ~ etwas hoffen; ~ jmds. Gesundheit trinken; ~ den Namen „Heinrich" taufen; die Wahl fiel ~ ihn; ~ jmdn. ein Loblied singen; eine Last, eine Verantwortung ~ sich nehmen; ~ jmdn. (losgehen) stoßen; ~ jmdn. od. etwas schimpfen; ~ jmdn. od. etwas warten; ~ etwas (hin) untersuchen 1.5 bis ~ ... 1.5.1 bis ~ *außer, ausschließlich;* bis ~ die Hälfte; bis ~ die Grundmauern niedergebrannt; alle bis ~ einen; bis ~ die Haut naß werden; jmdn. bis ~s Hemd ausplündern 1.5.2 bis ~ *einschließlich* 1.5.2.1 bis ~ den letzten Mann *alle* 1.5.3 jmdm. ~s Haar gleichen *genau* 2 ⟨m. Dat.⟩ *zeitl., räuml. Lage betreffend* 2.1 ~ einem Ort 2.1.1 ~ dem oberen Teil eines Gegenstandes, einer Person usw. *dort befindlich;* Ggs *unter;* ~ dem Baum, dem Dach; ~ der Insel; ~ Rügen, Sizilien; den Hut ~ dem Kopf behalten; ~ dem Wasser schwimmen; ~ der Stelle treten, gehen; Fettaugen ~ der Suppe; ~ dem Bauch, ~ dem Rücken (liegen) 2.1.2 (Fläche) *an;* ~ der Straße; ~ der Landstraße nach ...; der Ort liegt ~ der Strecke nach Stuttgart; ~ dieser Seite; ~ der anderen Seite, ~ beiden Seiten des Weges 2.1.3 (Raum) *in;* ~ dem Schloß; ~ dem Hof; ~ der (ganzen) Welt 2.2 (Tätigkeit) *während;* Sy *bei;* ~ dem Ball; ~ der Flucht; ~ der Jagd; ~ Reisen; ~ der Reise; ~ der Suche (nach) 2.3.1 (Mittel) *mit;* ~ einem Fuß hinken; ~ beiden Augen blind 2.3.2 etwas beruht ~ einem Irrtum *wurde verursacht durch*

auf[2] ⟨Adv.⟩ 1 (Ort) 1.1 ~ und ab *(sich) abwechselnd nach oben und unten (bewegend);* ~ und ab schwingen 1.1.1 vor dem Haus ~ und ab gehen *hin und her* 1.1.2 es geht mit ihm ~ und ab ⟨fig.⟩ *er erlebt Gutes und Schlechtes* 1.1.3 das Auf und Ab des Lebens ⟨fig.⟩ *die Licht- und Schattenseiten des L.* 1.2 ~ und nieder *hinauf und hinunter* 1.3 ~ und davon *weg, spurlos verschwunden;* er ist ~ und davon (gelaufen, gegangen) 2 (Zeit) von ... ~ *seit;* Sy *von ... an;* von Jugend ~; von klein ~; von Kind ~ 3 ⟨kurz für⟩ 3.1 jmd. ist ~ *aufgestanden;* er ist noch ~; bist du schon ~? 3.2 der Deckel war ~ *offen* 3.3 ⟨Imperativ⟩ 3.3.1 ~! *vorwärts! fang an!;* ~, an die Arbeit! 3.3.2 Augen ~! *paß auf!, gib acht!* 3.3.3 ~ geht's! *es geht los, wir gehen*

auf... ⟨Vors.; in Zus. mit Verben trennbar⟩ 1 *hinauf, empor, nach oben;* aufblicken, auffliegen 2 *öffnend;* aufbrechen, aufschließen 3 *zu Ende gehend, beendend;* aufbrauchen, aufessen, auflesen 4 *plötzlich u. kurze Zeit geschehend;* aufflammen, aufschreien

'auf|at·men ⟨V. 400⟩ 1 *einmal hörbar u. tief atmen;* aus tiefster Brust ~; ein Aufatmen der Erleichterung ging durch den Saal 2 ⟨fig.⟩ *erleichtert sein, einen Seufzer der Erleichterung ausstoßen;* nach der schweren Zeit konnte er endlich frei ~; nach dem Sieg atmete er glücklich auf

'Auf·bau ⟨m.; -(e)s, -ten⟩ 1 ⟨unz.⟩ *das Aufbauen, Aufstellen;* der ~ eines Gebäudes, einer Fabrik; der ~ eines Zeltes, Lagers, Gerüstes 1.1 *Wiedererrichtung von Zerstörtem;* der neue ~ der zerbombten Stadt 2 ⟨unz.⟩ *Errichtung, Schaffung;* der ~ eines Unternehmens; den wirtschaftlichen ~ leiten 3 ⟨unz.⟩ *innere Gliederung, Anordnung der Teile;* der ~ eines Dramas, Bildes, Musikstückes; der architektonische ~ eines Schlosses; der innere ~ eines Atoms, Moleküls 4 ⟨Tech.⟩ *der Teil eines Kraftfahrzeugs, der auf das Fahrgestell aufgesetzt ist* 5 ⟨Bauw.⟩ *aufgesetztes Stockwerk;* ein turmartiger ~ 5.1 ⟨Schiffbau⟩ *auf dem Deck befindl. Schiffsräume;* Deck ~

'auf|bau·en ⟨V.⟩ 1 ⟨500⟩ etwas ~ *bauen* 1.1 wieder ~ *nach Zerstörung wiedererrichten;* der Stadtkern ist nach alten Plänen wieder aufgebaut worden; ein Gebäude, eine Stadt wieder ~ 1.2 *etwas aus Einzelteilen zusammensetzen;* die Leute bauten ihre Buden für den Jahrmarkt auf 1.3 *(geschmackvoll) anordnen, hinlegen;* Geschenke auf dem Geburtstagstisch ~; Waren im Schaufenster ~ 1.4 *nach künstler. Gesichtspunkten gliedern, anlegen;* ein Drama, Bild, Musikstück ~ 1.5 *errichten, schaffen;* eine neue Industrie, ein Unternehmen ~ 2 ⟨800⟩ auf einer Sache ~ *sich auf eine S. stützen, auf einer S. gründen;* das Drama baut auf den Regeln der antiken Dramentechnik auf 3 ⟨500/R3⟩ sich ~ *aufstellen* 3.1 ⟨511/R3⟩ sich vor jmdm. ~ ⟨fig.; umg.⟩ *sich drohend od. Aufmerksamkeit heischend vor jmdn. hinstellen* 3.2 sich ~ ⟨Mil.⟩ *Haltung annehmen;* er baute sich vorschriftsmäßig auf und salutierte **4** ⟨500⟩ jmdn. ~ ⟨fig.; umg.⟩ *auf eine Karriere vorbereiten, an jmds. Aufstieg arbeiten*

'auf|bäu·men ⟨V. 500⟩ **1** Kettenfäden ~ ⟨Web., Wirkerei⟩ *am Kettenbaum befestigen* **2** ⟨R3⟩ sich ~ *sich heftig hoch aufrichten;* sein Körper bäumte sich unter den Schlägen auf 2.1 *sich auf die Hinterbeine stellen;* das Pferd bäumte sich vor dem Hindernis auf **3** ⟨550/R3⟩ sich gegen etwas ~ ⟨fig.⟩ *sich heftig gegen etwas wehren;* das Volk bäumte sich gegen die Tyrannei auf; sein Stolz bäumte sich gegen diese Forderung auf

'auf|be·geh·ren ⟨V. 400; geh.⟩ **1** *hochfahren, aufbrausen;* er begehrt immer gleich auf **2** ⟨800⟩ gegen jmdn. od. etwas ~ *sich gegen jmdn. od. etwas wehren;* er begehrte gegen sein Schicksal, seine Unterdrücker auf

'auf|be·rei·ten ⟨V. 500⟩ **1** etwas ~ *für die Benutzung, Verwendung vorbereiten, geeignet machen;* das für die Herstellung von Baustoffen benötigte Material ~ 1.1 Rohstoffe ~ ⟨Keramik⟩ *zerkleinern u. mit Wasser mischen, so daß eine formbare Masse entsteht* 1.2 die aus der Erde gewonnenen Rohstoffe ~ ⟨Bgb.⟩ *von fremden Bestandteilen, die nicht benötigt werden, reinigen* 1.3 Wasser ~ *reinigen* 1.4 gebrauchte Mineralöle ~ ⟨Chem.; Tech.⟩ *regenerieren*

'auf|bes·sern ⟨V. 500⟩ **1** etwas ~ *Qualität od. Quantität von etwas erhöhen, verbessern;* das Gehalt, die Renten, das Taschengeld ~; den Speisezettel ~; seine Kenntnisse ~ **2** jmdn. ~ ⟨umg.⟩ *jmds. Gehalt erhöhen*

'auf|be·wah·ren ⟨V. 500; geh.⟩ etwas ~ *(für die Zukunft) verwahren, hüten, lagern;* Sy *aufheben(2);* ein Andenken, Wertgegenstände ~; etwas gut, sicher, sorgfältig ~; (sich) etwas ~ lassen; Gepäck auf dem Bahnhof ~ lassen; etwas für jmdn. ~

'Auf·be·wah·rung ⟨f.; -, -en⟩ **1** ⟨unz.⟩ *das Aufbewahren;* jmdm. etwas zur ~ übergeben, anvertrauen **2** *Ort, an dem etwas aufbewahrt wird;* Gepäck~

'auf|bie·ten ⟨V. 110/500⟩ **1** etwas ~ *zusammennehmen, -raffen, sammeln, aufwenden;* alle Kräfte ~; seinen ganzen Einfluß ~ **2** jmdn. od. etwas ~ *einberufen, zusammenbringen, aufstellen, auf die Beine bringen;* Streitkräfte, Truppen ~; die Beteiligten zu einer Sitzung, einem Fußballspiel ~ ⟨schweiz.⟩ **3** ein Brautpaar ~ *die beabsichtigte Heirat eines Brautpaars öffentlich, von der Kanzel od. durch Aushang bekanntgeben, um mögliche Ehehindernisse zu ermitteln*

'auf|bin·den ⟨V. 111/500⟩ **1** etwas ~ *in die Höhe binden;* Pflanzen, Zweige ~; Haar ~; einem Pferd den Schwanz ~; sie trägt ihr Haar zum Pferdeschwanz aufgebunden **2** ⟨500/R5⟩ etwas ~ *etwas Zugebundenes, Verschnürtes lösen, entwirren;* einen Knoten, eine Schleife ~; ich wollte dir die Krawatte ~; ich muß mir die Schnürsenkel ~ **3** Bücher ~ *binden* **4** ⟨530⟩ jmdm. etwas ~ ⟨fig.; umg.⟩ *jmdm. etwas weismachen, ihn beschwindeln;* er hat ihr ein Märchen, eine Lüge aufgebunden; dir kann man auch alles ~! 4.1 → a. *Bär (1.1-1.2)*

'auf|bla·sen ⟨V. 113/500⟩ **1** etwas ~ *durch Hineinblasen anschwellen lassen;* einen Ball, ein Luftkissen, eine Luftmatratze ~; die Backen ~ **2** ⟨R3⟩ sich ~ ⟨fig.; umg.⟩ *sich wichtig tun;* blas dich nicht so auf!; er ist ein aufgeblasener Kerl 2.1 jmd. ist aufgeblasen *eitel, hochnäsig, wichtigtuerisch;* ein aufgeblasener Kerl; aufgeblasen daherreden

'auf|blei·ben ⟨V. 114/400(s.)⟩ **1** *nicht schlafen gehen;* die Kinder dürfen heute bis 9 Uhr ~; er ist die ganze Nacht aufgeblieben **2** etwas bleibt auf ⟨umg.⟩ *bleibt offen;* das Fenster soll ~; die Tür bleibt auf!

'auf|brau·sen ⟨V. 400(s.)⟩ **1** etwas braust auf *steigt brausend empor;* das Meer brauste plötzlich auf 1.1 *beim Kochen Blasen bilden;* das Wasser braust schon auf 1.2 *schäumen;* beim Ausschenken brauste der Sekt, die Limonade auf 1.3 ⟨fig.⟩ *plötzlich brausend ertönen;* ein weiterer Beifall brauste auf **2** ⟨fig.⟩ *sich schnell, heftig erregen, zornig hochfahren;* du mußt nicht immer gleich ~; er hat ein ~des Temperament

'auf|bre·chen ⟨V. 116⟩ **1** ⟨500⟩ etwas ~ *durch Brechen öffnen;* eine Kiste ~; ein Schloß ~; die Tür ~; einen Brief, ein Siegel ~ 1.1 Pflaster ~ *mit Brechwerkzeug auseinanderbrechen, vom Boden lösen* 1.2 Wild ~ ⟨jägerspr.⟩ *die Bauchdecke des erlegten W. öffnen u. das Eingeweide herausnehmen* 1.3 Schwarzwild bricht die Erde auf ⟨jägerspr.⟩ *wühlt die Erde auf* **2** ⟨400(s.)⟩ etwas bricht auf *bricht auseinander, öffnet sich;* Eis, die Eisdecke bricht auf; ein Geschwür bricht auf; eine Knospe bricht auf; eine Wunde bricht auf **3** ⟨400(s.)⟩ *den bisherigen Aufenthaltsort verlassen, fortgehen, abreisen;* sie sind vor einer Stunde aufgebrochen; am Aufbrechen sein; im Begriff sein aufzubrechen

'auf|brin·gen ⟨V. 118/500⟩ **1** etwas ~ ⟨umg.⟩ *öffnen können;* eine Kiste, Tür ~; ich bringe den Kasten, das Schloß, die Tür nicht auf **2** ein junges Tier ~ *aufziehen, zum Gedeihen bringen* **3** etwas ~ *beschaffen, herschaffen;* Geldmittel, Truppen ~ **4** eine Sache ~ *haben, ermöglichen;* Verständnis, Mut ~; er hat nicht den Mut aufgebracht, seine Tat einzugestehen; ich kann dafür kein Verständnis ~ **5** etwas ~ *einführen, in Umlauf setzen;* eine Mode, ein Gerücht, ein neues Wort ~ **6** eine Schicht von etwas ~ *auftragen;* Farbe ~ **7** ein Schiff ~ *kapern* **8** jmdn. ~ *erzürnen, erregen;* dein ständiger Widerspruch bringt ihn auf 8.1 ⟨Part. Perf.⟩ er war sehr aufgebracht *sehr zornig, erregt;* eine aufgebrachte Menge; aufgebracht schimpfen

'Auf·bruch ⟨m.; -(e)s, ¨-e⟩ **1** ⟨unz.⟩ *das Aufbrechen, das Weggehen, Abreise;* um 11 Uhr war allgemeiner ~; ~ zur Jagd, zur Wanderung; das Zeichen zum ~ geben; die dritte Welt ist im ~ ⟨fig.⟩ **2** ⟨jägerspr.⟩ *die inneren Organe des aufgebrochenen Wildes* **3** ⟨Geol.⟩ *aufgebrochene Stelle;* durch Wasser und Frost entstandene Aufbrüche

'auf|bür·den ⟨V. 530/R5⟩ jmdm. etwas ~ ⟨a. fig.⟩ *eine Bürde aufladen, auferlegen;* dem Gepäckträger die Koffer ~; jmdm. die ganze Arbeit, die Schuld, die Verantwortung ~; ich habe mir viel Sorgen aufgebürdet

'auf|decken ⟨-k·k-; V.⟩ **1** ⟨500/R7⟩ jmdn. od. etwas ~ *die Bedeckung von jmdm. od. etwas abnehmen;* das Bett ~; den Topf ~; den

Kranken zur Untersuchung ~ 1.1 sich ~ *die Bettdecke wegschieben;* das Kind hat sich im Schlaf aufgedeckt **2** ⟨500⟩ die Karten ~ *offen hinlegen* **3** ⟨500⟩ ein Geheimnis, Verbrechen ~ ⟨fig.⟩ *enthüllen* **4** ⟨500⟩ das Tischtuch ~ *auflegen* 4.1 ⟨400; umg.⟩ *den Tisch decken;* soll ich schon ~?

'auf|drän·gen ⟨V.⟩ **1** ⟨530⟩ jmdm. etwas ~ *jmdm. etwas aufzwingen, aufnötigen, jmdn. drängen, etwas gegen seinen Willen anzunehmen;* jmdm. Essen, eine Ware, seine Freundschaft, Hilfe, Meinung ~ **2** ⟨503/R3⟩ sich (jmdm.) ~ *sich zudringlich jmdm. beigesellen, (jmdm.) unaufgefordert seine Dienste anbieten;* ich möchte mich nicht ~; er hat sich den Touristen als Führer aufgedrängt **3** ⟨530/R3⟩ etwas drängt sich jmdm. auf *wird jmdm. zwingend bewußt;* der Gedanke, der Verdacht drängt sich mir auf

'auf|dre·hen ⟨V.⟩ **1** ⟨500⟩ etwas ~ *durch Drehen öffnen;* den Leitungshahn ~ 1.1 eine Schraube ~ *durch Drehen lockern* 1.2 einen Strick ~ *durch Drehen (in einzelne Fäden) auflösen* **2** ⟨500⟩ etwas ~ *durch Drehen in Gang setzen, aufziehen;* ein Uhrwerk ~ **3** ⟨400; umg.⟩ *Gas geben, schnell fahren;* er hat auf der Heimfahrt mächtig aufgedreht **4** ⟨400(s.)⟩ *lustig, fidel werden;* wenn sie in Stimmung ist, kann sie mächtig ~; du bist ja heute abend so aufgedreht!

'auf·dring·lich ⟨Adj.⟩ **1** *zudringlich, lästig;* Sy *penetrant(2);* sie ist eine ~e Person; die Musik ist sehr ~ **2** ~ gekleidet sein *überladen, auffällig*

'Auf·druck ⟨m.⟩ **1** *kurzer aufgedruckter Text (auf Briefen, Karten usw.);* Firmen~; Preis~ **2** ⟨Philat.⟩ *nachträgl. angebrachter Druck, der das Postwertzeichen für einen besonderen Zweck bestimmt;* eine Briefmarke mit ~ versehen

'auf|drücken ⟨-k·k-; V.⟩ **1** ⟨500⟩ etwas ~ *durch Drücken öffnen;* der Wind hat die Tür aufgedrückt 1.1 ⟨503/R5⟩ (jmdm. od. sich) etwas ~ *durch Druck aufgehen lassen;* eine Pustel, einen Verschluß ~; er drückte sich die Pickel auf **2** ⟨530⟩ einem Gegenstand etwas ~ *etwas auf etwas anderes drücken;* einem Papier einen Stempel, ein Siegel ~ 2.1 jmdm. od. einer Sache seinen Stempel ~ ⟨fig.; geh.⟩ *jmdn. od. eine S. nach seiner Art prägen* 2.2 jmdm. einen ~ ⟨umg.⟩ *einen Kuß geben* **3** ⟨400⟩ *in bestimmter Weise auf etwas drücken;* du drückst mit der Feder (die Feder) zu stark auf

auf·ein'an·der ⟨Adv.⟩ **1** *einer auf den anderen;* ~ achten; ~ warten; ~ einwirken **2** *einer gegen den anderen;* ~ losgehen, losschlagen

'Auf·ent·halt ⟨m.; -(e)s, -e⟩ **1** *Zeit, während deren man sich an einem Ort aufhält;* angenehmer, dauernder, kurzer, längerer, ständiger, vorübergehender ~; wir wollen dir den ~ bei uns so schön wie möglich machen 1.1 *Pause, Unterbrechung einer Fahrt;* warum haben wir so lange ~?; der Zug hat 10 Minuten ~; ohne ~ weiterfahren **2** *Ort des Verweilens;* ich wählte Verona als ~ 2.1 in einem Hotel, einer Stadt ~ nehmen ⟨geh.⟩ *sich aufhalten*

'auf|er·le·gen ⟨V. 530/R5; geh.⟩ jmdm. etwas ~ *zu tragen geben, aufbürden;* dem Lehrer die Verantwortung für die Erziehung ~; dem Volk neue Steuern ~; jmdm. eine Geldbuße, eine Strafe ~; du hast dir viele Entbehrungen ~ müssen; sich Zwang ~ müssen

'auf|er·ste·hen ⟨V. 256/400(s.)⟩ **1** *wieder zum Leben erwachen;* vom Tode ~; Christus ist auferstanden; als Christus auferstand 1.1 *wieder gesund werden;* er ist von langer Krankheit wieder auferstanden **2** ⟨fig.; geh.⟩ *neu entstehen;* den (Geist des) Militarismus (nicht) wieder ~ lassen; die Stadt war nach dem Krieg aus den Ruinen auferstanden

'auf|fä·deln ⟨V. 500⟩ etwas ~ *auf einen Faden ziehen;* Perlen, Pilze ~

'auf|fah·ren ⟨V. 130⟩ **1** ⟨411(s.)⟩ auf etwas ~ *auf, gegen etwas fahren;* das Auto ist auf ein anderes aufgefahren; das Schiff ist auf Grund, auf eine Sandbank aufgefahren **2** ⟨400(s.)⟩ *vorfahren;* die Wagen der königlichen Familie fahren auf **3** ⟨500⟩ etwas ~ *heranfahren;* Erde, Kies ~ 3.1 *in Stellung bringen;* ein Geschütz ~ 3.2 ⟨umg.⟩ *reichlich auftischen;* Wein, Speisen ~; am späten Abend ließ er noch Sekt u. Kaviar ~ **4** ⟨400(s.); Rel.⟩ *in den Himmel aufsteigen;* Christus ist gen Himmel aufgefahren **5** ⟨400(s.); Bgb.⟩ *hinauffahren;* aus dem Schacht ~ **6** ⟨400(s.)⟩ *sich plötzlich u. schnell aufrichten, aufspringen, emporschnellen;* aus dem Schlaf ~; aus tiefen Gedanken ~; er fuhr von seinem Sitz auf 6.1 ⟨410⟩ *zornig werden;* er fährt immer gleich auf, wenn man davon spricht

'Auf·fahrt ⟨f.⟩ **1** *das Auf-, Heran-, Hinauffahren, Fahrt nach oben, bergauf;* die ~ zur Burg war sehr kurvenreich **2** ⟨Pl. selten; süddt. u. schweiz.⟩ *Himmelfahrt* **3** *breite ansteigende Straße, Weg zum Auffahren;* die ~ zur Autobahn ist gesperrt 3.1 = *Rampe(1)*

'auf|fal·len ⟨V. 131 (s.)⟩ **1** ⟨411⟩ auf jmdn. od. etwas ~ *fallen, aufschlagen u. abprallen;* der Körper ist erst auf einen Felsvorsprung aufgefallen und dann in die Tiefe gestürzt **2** ⟨403⟩ (jmdm.) ~ ⟨fig.⟩ *(jmds.) Aufmerksamkeit erregen;* angenehm, unangenehm ~; durch schlechtes Benehmen ~; nur nicht ~!; es fällt (mir) auf, daß...

'auf·fal·lend **1** ⟨Part. Präs. von⟩ *auffallen* **2** ⟨Adj.⟩ *so, daß es auffällt, außer-, ungewöhnlich, aus dem Rahmen des Üblichen fallend;* Sy *auffällig;* ~es Benehmen; sich ~ kleiden; ein ~ schönes Mädchen; es ist heute ~ still hier

'auf·fäl·lig ⟨Adj.⟩ = *auffallend(2)*

'auf|fan·gen ⟨V. 132/500⟩ **1** jmdn. od. etwas ~ *im Fallen, in einer Bewegung fassen, festhalten;* einen Ball ~; Maschen, Schwingungen, Wellen ~; fang auf! 1.1 etwas ~ *in etwas sammeln;* Blut, Tropfen in einer Schüssel ~ 1.2 jmdn. ~ *vorübergehend (in Lagern) aufnehmen;* Flüchtlinge, Auswanderer ~ **2** etwas ~ *abfangen;* einen Hieb, Stoß ~ 2.1 *zufällig od. durch List erhalten u. nicht weiterbefördern;* eine Nachricht, Briefe ~ 2.2 *zufällig u. nur unvollständig hören, aufschnappen;* einige Worte aus einem Gespräch ~

'auf|fas·sen ⟨V. 500⟩ **1** Perlen ~ *auffädeln* **2** Maschen ~ *auffangen* **3** ⟨518⟩ etwas (als etwas) ~ ⟨fig.⟩ *etwas in einer bestimmten Weise auslegen, deuten;* eine Bemerkung lustig, übel, falsch ~; er hat seine Frage als Beleidigung aufgefaßt; der Schauspieler hat die Rolle anders aufgefaßt als der Regisseur **4**

⟨402⟩ (etwas) ~ ⟨fig.⟩ *begreifen, verstehen;* das Kind faßt mit seinen drei Jahren schon sehr gut auf; etwas schnell ~

'Auf·fas·sung ⟨f.⟩ **1** *Vorstellung von etwas, Ansicht, Anschauung, Meinung;* er ist der ~, daß ...; seine ~ ändern; jmds. ~ (nicht) teilen; ich habe davon eine andere ~ als Sie; meine ~ ist folgende; er hat eine strenge ~ seiner Pflicht, der Moral; meiner ~ nach; nach ~ meines Vorgesetzten; eine ~ von etwas haben; darüber gibt es verschiedene ~en, kann man verschiedener ~ sein **1.1** *Auslegung, Deutung;* diese Passage läßt mehrere ~en zu

'auf|for·dern ⟨V. 550 od. 508⟩ **1** jmdn. zu etwas ~ *(nachdrücklich) bitten, ermahnen etwas zu tun;* jmdn. ~ mitzuwirken, teilzunehmen; jmdn. zu zahlen ~; er forderte ihn auf, seinen Ausweis zu zeigen **1.1** *einladen;* jmdn. ~, zu Besuch zu kommen; er forderte sie zu einem Essen, einem Ausflug auf **1.2** *befehlen;* er forderte die Stadt zur Übergabe auf; die Verteidiger der Festung wurden aufgefordert, sich zu ergeben; sie hat ihn energisch aufgefordert, die Wahrheit zu sagen **1.3** *zum Tanz bitten;* er forderte die Unbekannte zum Walzer auf; ein junger Mann forderte sie auf

'auf|fri·schen ⟨V.⟩ **1** ⟨500⟩ etwas ~ *erneuern, wieder ansehnlich machen;* ein altes Gemälde ~; seine Garderobe ~; die Möbel mit einer neuen Politur ~ **1.1** ⟨fig.⟩ *wieder lebendig machen;* eine alte Bekanntschaft ~; er frischte seine Kenntnisse in der französischen Sprache auf **2** ⟨500/R3⟩ sich ~ ⟨fig.⟩ *sich frisch machen, erquicken;* er frischte sich durch eine Kur auf **3** ⟨400(s.)⟩ der Wind frischt auf *weht stärker;* eine ~de Brise aus Nordwest

'auf|füh·ren ⟨V. 500⟩ **1** etwas ~ *vor einem Publikum spielen, darstellen, vorführen, zeigen;* ein Drama, eine Oper ~ **2** ⟨513/R3⟩ sich gut, schlecht ~ ⟨umg.⟩ *sich gut, schlecht benehmen, verhalten;* sich anständig, unmöglich ~; du hast dich ja gut, schön aufgeführt ⟨iron.⟩ **3** ⟨R7 od. R8⟩ jmdn. od. etwas ~ *anführen, nennen;* Namen, Zahlen ~; dein Name ist in der Liste nicht aufgeführt **4** etwas ~ ⟨geh.⟩ *errichten, in die Höhe führen, aufbauen;* einen Bau, eine Mauer ~

'Auf·füh·rung ⟨f.; -, -en⟩ **1** *das Aufführen* **1.1** *Dar-, Vorstellung, Vorführung;* die ~ war gut, schlecht besucht, ausverkauft; eine ~ der „Zauberflöte"; eine ausgezeichnete, gute, schlechte ~; als nächste ~ bringen wir ...; eine ~ vorbereiten **1.1.1** zur ~ bringen *aufführen(1)* **1.1.2** zur ~ gelangen *aufgeführt werden* **2** ⟨unz.⟩ *Betragen, Benehmen, Verhalten;* deine ~ war lobenswert

'Auf·ga·be ⟨f.; -, -n⟩ **1** ⟨unz.⟩ ~ eines Auftrages, einer Anzeige, eines Briefes, des Gepäcks *Übergabe (an andere) zur weiteren Veranlassung* **2** ⟨unz.⟩ ~ einer Tätigkeit *Beendigung;* ~ eines Amtes, des Dienstes **2.1** ~ eines Unternehmens Geschäftes *Schließung* **2.2** ~ eines Zieles, Wunsches *Verzicht auf ein Z.;* ~ des Rennens **3** *etwas, was erledigt werden muß;* eine leichte, schwere, schwierige ~ **3.1** *Pflicht, Sendung;* Lebens~; ich betrachte es als meine ~, ihm zu helfen; es sich zur ~ machen, etwas zu tun; im Leben eine ~ haben **3.2** *Arbeit, Anforderung;* auf dich warten große ~n; das ist nicht deine ~; sich vor eine ~ gestellt sehen; jmdn. vor eine ~ stellen **3.3** *Übung, Übungsstück;* eine ~ lösen; eine schriftliche ~ **3.3.1** *Schul-, Klassen-, Hausarbeit;* Schul~; seine ~n machen

'auf|ga·beln ⟨V. 500⟩ **1** etwas ~ *auf eine Gabel spießen* **2** jmdn. ~ ⟨fig.; umg.; scherzh.⟩ *zufällig treffen, kennenlernen;* wo hat er dieses Mädchen aufgegabelt?; sie gabelte ihn irgendwo auf **3** etwas ~ ⟨fig.; umg.; abwertend⟩ *finden, entdecken;* wo hast du wieder diese Weisheit aufgegabelt?

'Auf·gang ⟨m.; -(e)s, ¨-e⟩ **1** ⟨unz.⟩ *das Aufgehen, Erscheinen der Gestirne;* Sonnen~; auf den ~ des Mondes warten **2** *aufwärts führender Eingang, Treppe;* das Haus hat zwei Aufgänge; der rechte ~ ist für Lieferanten bestimmt **3** *Weg nach oben;* der ~ zur Hütte war sehr steil **4** ~ der Jagd ⟨Jagdw.⟩ *Zeitpunkt, an dem nach der Schonzeit die Jagd aufgeht (beginnt)*

'auf|ge·ben ⟨V. 143/500⟩ **1** etwas ~ *jmdm. etwas zur Weiterleitung übergeben;* eine Bestellung ~ **1.1** *zur Beförderung (durch Post od. Bahn) geben;* ein Paket, Telegramm ~; einen Brief ~; das Gepäck ~ **1.2** *zur Veröffentlichung, zum Druck geben;* eine Zeitungsanzeige ~ **2** ⟨530/R6⟩ jmdm. etwas ~ *auftragen, zur Erledigung od. Lösung geben;* Rätsel, Schularbeiten ~; jmdm. etwas zu lernen, zu raten ~; Schülern einen Aufsatz ~; unser Lehrer gibt (uns) immer zuviel auf **3** etwas ~ *auf die Fortführung von etwas verzichten;* die Hoffnung ~; den Kampf ~; eine Stellung ~; seinen Beruf, seine Tätigkeit (als ...) ~; ein Amt ~; das Rennen, die Partie ~; ein Geschäft ~ **3.0.1** gib's auf! ⟨umg.; oft abwertend⟩ *hör auf!, laß sein!* **3.1** den Geist ~ *sterben* **4** ⟨R7 od. R8⟩ jmdn. od. etwas ~ *als verloren ansehen;* einen Kranken ~ **5** etwas ~ ⟨landschaftl.⟩ *auflegen, auf den Teller tun;* Fleisch, Suppe ~; darf ich Ihnen noch etwas Gemüse ~?

'Auf·ge·bot ⟨n.⟩ **1** ⟨unz.⟩ *das Aufbieten(1-3)* **1.1** *Aufwendung;* mit (dem) ~ aller Kräfte **1.2** *Aufruf* **1.2.1** ⟨Rechtsw.⟩ *Aufforderung, Ansprüche u. Rechte anzumelden, z. B. bei Erbschaften* **1.2.2** ⟨Mil.⟩ *Aufforderung zur Landesverteidigung, Einziehung zum Wehrdienst;* das ~ des Landsturms **1.3** *amtl. Bekanntgabe, Veröffentlichung einer beabsichtigten Eheschließung;* das ~ bestellen **2** *das, was aufgeboten wird;* ein ungeheures ~ an Menschen und Material **2.1** *aufgebotene Wehrfähige*

'auf·ge·dun·sen ⟨Adj.⟩ **1** *aufgeschwollen, ungesund aufgequollen;* ein ~es Gesicht; er sah ~ aus **1.1** *aufgetrieben;* ein ~er Leib

'auf|ge·hen ⟨V. 145(s.)⟩ **1** ⟨400⟩ etwas geht auf *öffnet sich;* das Geschwür geht auf; der Knopf, die Knospe ist aufgegangen; die Tür ging nicht auf; das Fenster geht schwer auf; der Vorhang geht auf ⟨Theat.⟩ **1.0.1** mir sind die Augen aufgegangen (über ...) *ich habe die Wahrheit erkannt, ich lasse mich nicht mehr täuschen* **1.0.2** das Herz geht mir auf, wenn ich sehe, wie ... *das Herz wird mir frei, ich freue mich, bin glücklich* **1.1** das Eis geht auf *wird rissig, bricht* **1.2** das Haar, der Knoten, die Naht, die Schleife geht auf *löst sich* **1.3** ⟨600⟩ jmdm. geht etwas auf *wird etwas klar, jmd. versteht etwas;* mir ist erst jetzt der Sinn deiner Bemerkung aufgegangen **1.3.1** jetzt geht mir ein

Licht auf *jetzt wird es mir endlich klar, auf einmal verstehe ich es* 1.3.2 mir geht ein (ganzer) Kronleuchter auf ⟨umg.; scherzh.; Steigerung von⟩ *jetzt geht mir ein Licht auf* **2** ⟨400⟩ ein Gestirn geht auf *steigt empor, wird über dem Horizont sichtbar;* der Mond ist aufgegangen **3** ⟨400⟩ die Saat geht auf *beginnt aus der Erde zu sprießen, keimt* **4** ⟨400⟩ der Teig geht auf *treibt, geht in die Höhe* **5** ⟨400⟩ die Gleichung, die Rechnung geht auf *stimmt, bleibt ohne Rest* **6** ⟨800⟩ in einer Sache ~ *von einer Sache gänzlich aufgenommen werden* 6.1 *sich einer Sache ganz widmen;* er geht völlig in seinem Beruf, seiner Arbeit auf 6.2 etwas geht in etwas auf *wird mit etwas verschmolzen;* ein Unternehmen ist in einem größeren aufgegangen **7** ⟨800⟩ etwas geht in etwas auf *löst sich in etwas auf* 7.1 in Rauch ~ *verbrennen* 7.1.1 seine Hoffnungen, Pläne sind in Rauch aufgegangen ⟨fig.⟩ *haben sich in nichts aufgelöst, sind zunichte geworden* **8** ⟨400⟩ die Jagd geht auf *beginnt nach der Schonzeit neu*

'auf·ge·kratzt 1 ⟨Part. Perf. von⟩ *aufkratzen* **2** ⟨Adj.; fig.⟩ *gut gelaunt, gut aufgelegt, fröhlich, fidel;* du bist heute sehr ~

'auf·ge·legt 1 ⟨Part. Perf. von⟩ *auflegen* **2** ⟨Adj. 24/70; fig.⟩ *sich in einer bestimmten Laune befindend;* gut, schlecht ~; wie sind Sie heute ~? 2.1 ⟨74⟩ zu etwas ~ sein *in der Stimmung sein, etwas zu tun;* nicht zum Scherzen ~ sein; er war den ganzen Abend zum Tanzen ~ 2.2 ⟨60; umg.; abwertend⟩ *offenkundig;* das war ein ~er Schwindel, Unsinn

'auf·ge·schlos·sen 1 ⟨Part. Perf. von⟩ *aufschließen* **2** ⟨Adj.; fig.⟩ *empfänglich, interessiert, zugänglich für alle Eindrücke, Anregungen;* er ist ein ~er Mensch; sie ist für Probleme ~

'auf·ge·weckt 1 ⟨Part. Perf. von⟩ *aufwecken* **2** ⟨Adj.; fig.⟩ *lebhaft u. klug, intelligent;* ein ~es Kind; der Schüler zeigte sich sehr ~

'Auf·guß ⟨m.⟩ **1** *durch Aufgießen (Überbrühen) entstandene Flüssigkeit;* Tee~, Kaffee~; einen ~ von Kamille verwenden; der erste, zweite ~ vom Kaffee, Tee **2** ⟨fig.; abwertend⟩ *Nachahmung ohne eigenen Wert;* dieses Bild ist ein schlechter ~ von Dürer

'auf|ha·ben ⟨V. 159/500⟩ **1** etwas ~ *auf dem Kopf tragen;* er hat einen neuen Hut auf; sie hat die Brille nicht auf **2** etwas ~ ⟨umg.⟩ *offen haben;* jetzt mußt du die Augen ~; den Mund ~; das Fenster, die Tür ~ **3** etwas ~ ⟨schülerspr.⟩ *eine (Schul)aufgabe bekommen, zu Hause erledigen müssen;* wir haben heute viel, wenig, nichts auf; was habt ihr für morgen auf? **4** etwas ~ *aufgegessen haben;* hast du die Suppe schon auf? **5** ⟨400; umg.⟩ *geöffnet sein;* die Post hat noch auf; die Gaststätte hat bis 24 Uhr auf

'auf|hal·ten ⟨V. 160/500⟩ **1** ⟨R7 od. R8⟩ jmdn. od. etwas ~ *bewirken, daß jmd. od. etwas nicht mehr vorankommt;* die durchgehenden Pferde ~; ich komme etwas später, ich bin aufgehalten worden; ich will Sie nicht (länger) ~; lassen Sie sich bitte (durch mich, uns) nicht ~; den Ansturm des Feindes ~ 1.1 ⟨550/R3⟩ sich mit etwas ~ *seine Zeit mit etwas verschwenden;* ich kann mich nicht mit Kleinigkeiten ~ **2** etwas ~ *offen, geöffnet halten;* ich kann den schweren Sack nicht länger ~ 2.1 die Hand ~ *die H. geöffnet hinhalten (damit etwas hineingelegt werden kann)* **3** ⟨R3⟩ sich ~ *an einem Ort sein, bleiben, verweilen;* er hält sich zur Zeit bei seinem Onkel auf; du solltest dich mehr im Freien ~; wollen Sie sich länger in unserer Stadt ~?; ich kann mich (gar) nicht lange ~ **4** ⟨550/R3⟩ sich über etwas od. jmdn. ~ *sich tadelnd od. spöttisch äußern;* er hat sich lange über die schlechten Gewohnheiten seines Sohnes aufgehalten

'auf|hän·gen ⟨V. ⟩ **1** ⟨500⟩ jmdn. od. etwas ~ *veranlassen, daß jmd. od. etwas hängt;* ein Bild, einen Mantel ~ 1.0.1 Wäsche ~ *zum Trocknen auf die Leine hängen* 1.1 jmdn. ~ *durch Hängen, Erhängen töten;* Sy *henken* 1.1.1 ⟨R3⟩ sich ~ *Selbstmord durch Erhängen begehen* **2** ⟨530⟩ jmdm. etwas ~ ⟨umg.⟩ *jmdm. etwas Falsches oder Wertloses geben;* sich einen rechten Schund, einen schlechten Stoff ~ lassen 2.1 *etwas Lästiges od. Mühevolles zuteilen;* er hat mir noch eine zusätzliche Arbeit aufgehängt; jmdm. den Hund zum Hüten ~

'auf|he·ben ⟨V. 163⟩ **1** ⟨500⟩ jmdn. od. etwas ~ *in die Höhe heben;* einen Gestürzten ~; etwas od. jmdn. vom Boden ~ 1.1 die Hand ~ *erheben* 1.2 einen Deckel ~ *abheben* **2** ⟨503/R5⟩ (jmdm.) etwas ~ *etwas (für jmdn.) an einem dafür vorgesehenen Ort verwahren;* jmdm. etwas zum Aufheben geben 2.1 bestellte od. verkaufte Waren, Theaterkarten ~ *zurücklegen;* können Sie mir das Buch bis morgen ~? 2.2 ⟨nur Part. Perf.⟩ gut (schlecht) aufgehoben sein *gut (schlecht) versorgt, behandelt werden;* hier ist man gut aufgehoben 2.2.1 das Geld ist bei ihm gut aufgehoben *sicher aufbewahrt, in guten Händen* **3** ⟨500⟩ eine Sache ~ *außer Kraft setzen, für ungültig erklären;* eine Anweisung, ein Recht, eine Strafe ~ 3.1 die Tafel ~ *das gemeinsame Essen beenden, das Zeichen zum Aufstehen geben* 3.2 → a. *aufschieben(3.1)* **4** ⟨500/R4⟩ Werte, Kräfte heben sich auf *kommen einander an Wert od. Wirkung gleich und verlieren somit an Wert und Wirkung;* Druck und Gegendruck heben sich auf; das eine hebt das andere (nicht) auf

'Auf·he·ben ⟨n.; -s; unz.⟩ *Erregung von Aufmerksamkeit;* um jmdn. od. etwas, von jmdm. od. etwas (großes od. viel) ~(s) machen

'auf|hei·tern ⟨V. 500⟩ **1** jmdn. ~ *heiter machen, froh stimmen;* er hatte Mühe, sie aufzuheitern; niemand konnte ihn mehr ~ **2** ⟨402/R3⟩ etwas heitert (sich) auf *wird heiter, freundlicher;* sein Gesicht, sein Blick heiterte sich langsam auf; das Wetter, der Himmel heitert (sich) auf; allmählich aufheiternd

'auf|hel·len ⟨V. 500⟩ **1** etwas ~ *heller machen;* die Schatten im Bild, im Photo ~; vergilbte Wäsche ~; Haar ~ 1.1 ⟨fig.⟩ *aufklären;* jmds. Vergangenheit ~; eine dunkle Angelegenheit ~ 1.2 jmds. Stimmung ~ ⟨fig.⟩ *aufheitern* **2** ⟨R3⟩ etwas hellt sich auf ⟨a. fig.⟩ *wird heller, freundlicher;* der Himmel hellt sich auf; sein Blick, seine Stimmung hat sich aufgehellt 2.1 ⟨fig.⟩ *sich klären, durchschauen lassen;* das Problem, das Geheimnis wird sich ~

'auf|ho·len ⟨V.⟩ **1** ⟨500⟩ etwas ~ *durch (große) Anstrengung u. Leistung einen Rückstand verringern;* der Zug hat die Verspätung aufgeholt; er muß den Zeitverlust ~ 1.1 *wettma-*

chen, gutmachen; den Verlust, den Rückstand ~ **2** ⟨400⟩ *den Vorsprung eines anderen verringern;* der Läufer holt mächtig auf; er hat im letzten halben Jahr stark aufgeholt 2.1 ⟨Börse⟩ *besser werden, im Preise steigen;* Kohle und Zucker haben jetzt stark aufgeholt **3** ⟨500; seemannsspr.⟩ *heraufziehen;* Anker, Segel ~

'**auf|hö·ren** ⟨V. ⟩ **1** ⟨400⟩ etwas hört auf *hat, nimmt ein Ende;* Sy *enden(1 u. 4);* Ggs *beginnen(1), anfangen(1);* ein Vorgang, eine Strecke hört auf; der Regen hört gleich auf 1.1 ⟨800⟩ mit einer Tätigkeit ~ *eine T. zu Ende bringen;* Sy *beenden;* mit einer Arbeit ~; wenn er nur damit ~ wollte; ~ zu heulen, singen, lachen **2** ⟨400⟩ da hört (sich) doch alles auf! *das geht über alles Maß hinaus, das ist unerhört!* 2.1 da hört (bei mir) die Gemütlichkeit auf *das lasse ich mir nicht gefallen, dulde ich nicht*

'**Auf·kauf** ⟨m.⟩ **1** *Kauf (einer Gesamtheit von Gegenständen, Grundstücken, eines Unternehmens usw.)* 1.1 *Massenkauf (zu Wucherzwecken)*

'**auf|kau·fen** ⟨V. 500⟩ **1** etwas ~ *alles von einer bestimmten Ware kaufen, ohne einen Rest zurückzulassen;* er kaufte eine Sammlung Bilder, Waffen auf; Aktien, Anteile ~ 1.1 *massenhaft zu Wucherzwecken kaufen;* Eier, Getreide, Vorräte ~

'**auf|klä·ren** ⟨V. 500⟩ **1** jmdn. ~ *über Zusammenhänge belehren;* jmdn. über einen Irrtum ~ 1.1 ein Kind ~ *über die geschlechtl. Vorgänge belehren;* ist, habt ihr eure Tochter schon aufgeklärt? **2** eine Sache ~ *die Wahrheit darüber ans Licht bringen, Klarheit darüber schaffen, ihr auf den Grund gehen;* die Sache muß aufgeklärt werden 2.1 ⟨R3⟩ eine Sache klärt sich auf *wird durchschaubar u. kann geordnet werden;* die Sache hat sich aufgeklärt **3** feindl. Gelände, feindl. Stellungen ~ ⟨Mil.⟩ *erkunden, erforschen, auskundschaften* **4** eine Flüssigkeit ~ *aufhellen, die Trübung verschwinden lassen* **5** ⟨R3⟩ etwas klärt sich auf *wird klar, sonnig;* der Himmel, das Wetter hat sich aufgeklärt

'**Auf·klä·rung** ⟨f.; -, -en⟩ **1** *das Aufklären(1-3)* 1.1 *Belehrung, Unterrichtung, bes. über polit., weltanschaul., geschlechtl. Fragen* 1.2 ⟨unz.⟩ *völlige Klärung einer Angelegenheit* 1.3 ⟨Mil.⟩ *Erkundung* **2** ⟨unz.⟩ *Bestreben, das Denken von Vorurteilen zu befreien u. auf Vernunft zu gründen* 2.1 ⟨i. e. S.⟩ *die im Europa des 18. Jh.s herrschende Bewegung zur Erneuerung von Wissenschaft u. Bildung, die gegen Willkürherrschaft, religiösen Aberglauben u. Unwissenheit auftrat*

'**auf|ko·chen** ⟨V.⟩ **1** ⟨500⟩ etwas ~ *kurz kochen (lassen);* die Soße nur ~ (lassen); die Milch ~ 1.1 *kurz kochen (u. dadurch genießbar halten);* Kompott noch einmal ~, damit es nicht sauer wird **2** ⟨400⟩ *zum Kochen kommen u. kurz aufwallen;* wenn die Soße aufkocht, nimm sie vom Feuer; das Wasser kocht schon auf **3** ⟨400; süddt.; österr.⟩ *aus besonderem Anlaß reichlich kochen u. auftischen*

'**auf|kom·men** ⟨V. 170(s.)⟩ **1** ⟨410⟩ *aufstehen, gesund werden;* er ist von seiner Krankheit nur langsam, schwer wieder aufgekommen **2** ⟨400⟩ etwas kommt auf *entsteht, entwickelt sich;* ein Gewitter kommt auf; wir wollen kein Mißtrauen ~ lassen; ich möchte keinen Zweifel darüber ~ lassen, daß ...; eine neue Mode, Sitte kommt auf **3** ⟨400⟩ ein Schiff kommt auf *wird am Horizont sichtbar* **4** ⟨400⟩ ein Geldbetrag kommt auf *geht ein, kommt zusammen;* bei der Sammlung ist eine beträchtliche Summe aufgekommen **5** ⟨800⟩ für jmdn. od. etwas ~ *einstehen, zahlen, haften;* ich komme für nichts auf; er muß für den Schaden, den Verlust ~ **6** ⟨800⟩ gegen jmdn. od. etwas ~ *etwas tun können, sich gegen jmdn. od. etwas durchsetzen;* er kommt gegen ihn (in seiner Leistung) nicht auf; die Polizei kommt gegen die nächtl. Ruhestörungen nicht auf; ich komme gegen seinen Einfluß nicht auf **7** ⟨400⟩ niemanden neben sich ~ lassen *niemanden neben sich hochkommen, sich emporarbeiten lassen, keinen Gleichberechtigten, Mitbewerber usw. neben sich dulden*

'**auf|krat·zen** ⟨V.⟩ **1** ⟨500/R7 od. 503/R5⟩ (sich) etwas ~ *durch Kratzen verletzen;* eine Wunde ~; ich habe mir die Haut aufgekratzt; das Kind hat sich das Gesicht aufgekratzt **2** ⟨500⟩ Wolle (mit der Rauhmaschine) ~ ⟨Text.⟩ *die Oberfläche der W. aufrauhen* **3** → a. *aufgekratzt(2)*

'**auf|krem·peln** ⟨V. 500⟩ etwas ~ *mehrmals umschlagen od. aufrollen u. dadurch kürzer machen;* die Ärmel ~; er krempelte die Hosenbeine auf

'**auf|la·den** ⟨V. 174⟩ **1** ⟨500⟩ etwas ~ *auf etwas anderes laden;* Holz, Heu, Kohlen (auf ein Fahrzeug) ~ **2** ⟨530/R5⟩ jmdm. od. sich etwas ~ ⟨a. fig.⟩ *eine Last jmdm. geben od. auf sich nehmen, aufbürden;* er lud sich den Koffer auf; du hast dir zuviel Arbeit aufgeladen; jmdm. die Schuld ~ **3** ⟨500/R7⟩ etwas ~ ⟨Phys.⟩ *elektrisch laden;* eine Batterie, einen Kondensator ~ **3.1** etwas lädt sich auf *etwas lädt sich elektrisch;* die Autobatterie lädt sich beim Fahren auf

'**Auf·la·ge** ⟨f.; -, -n⟩ **1** *etwas, was man auf etwas legt;* die neue ~ aus Roßhaar macht den Sitz wieder bequem 1.1 *Überzug (aus Metall);* Metall~, Gold~; die ~ des Silberbestecks ist schon sehr abgenutzt **2** ⟨Abk.: Aufl.⟩ *Gesamtzahl der auf einmal hergestellten od. ausgelieferten Exemplare eines Buches od. einer Zeitung;* die ~ beträgt 10 000 Exemplare; das Buch erscheint in einer ~ von 10 000 Exemplaren; erste, zweite, neu bearbeitete, überarbeitete, unveränderte, verbesserte ~ **3** *geforderte Leistung, Verpflichtung für einen Zeitabschnitt;* Steuer~; als ~ bekommen (etwas zu tun, zu zahlen)

'**auf|las·sen** ⟨V. 175/500⟩ **1** etwas ~ ⟨umg.⟩ *offen, geöffnet lassen;* den Hahn, die Tür ~; das Geschäft ~ **2** den Hut ~ ⟨umg.⟩ *auf dem Kopf behalten, nicht abnehmen* **3** jmdn. ~ ⟨umg.⟩ *aufbleiben lassen, nicht ins Bett schikken;* ein Kind, einen Kranken ~ **4** etwas ~ ⟨Rechtsw.⟩ *das Eigentum an etwas aufgeben, auf jmdn. übertragen;* ein Grundstück, Grab ~ **5** etwas ~ *stillegen, außer Betrieb setzen;* ein Bergwerk ~

'**auf|lau·ern** ⟨V. 600⟩ jmdm. ~ *in einem Versteck hinterlistig auf jmdn. warten (um ihn zu überfallen);* er lauerte mir die ganze Nacht auf; dem Feind, seinem Opfer ~

'**Auf·lauf** ⟨f.; -(e)s, ⸚e⟩ **1** *(rechtswidrige) Ansammlung von Menschen auf öffentlichen*

Straßen od. Plätzen **2** ⟨Kochk.⟩ *in einer Form überbackene, lockere Speise, die durch Zusatz von Eierschnee beim Backen an Umfang zunimmt (aufläuft);* Grieß ~, Kartoffel ~, Kirschen ~, Nudel ~, Reis ~

'auf|lau·fen ⟨V. 176⟩ **1** ⟨411(s.)⟩ auf jmdn. od. etwas ~ *im Laufen auf jmdn. od. etwas prallen;* auf den Vordermann ~ **1.1** *auf Grund stoßen, geraten;* das Schiff ist auf eine Sandbank, ein Riff aufgelaufen; das Boot lief auf den Strand auf **1.2** ⟨411; Sp.⟩ *während eines Wettlaufs Anschluß nach vorn gewinnen;* er ist beim Rennen zur Spitze aufgelaufen **2** ⟨405(s.)⟩ ein Guthaben läuft (auf eine Million) auf *wird größer u. erreicht den Betrag von einer M.;* Post, Schulden ~ lassen **3** ⟨400(s.)⟩ das Wasser läuft auf ⟨seemannsspr.⟩ *steigt* **4** ⟨530/R1⟩ sich die Füße ~ ⟨umg.⟩ *wundlaufen*

'auf|le·ben ⟨V. 400(s.)⟩ **1** *zu neuem Leben erwachen;* die Blumen lebten nach dem Regen auf **1.1** *wieder munter, fröhlich werden, neue Kraft bekommen;* der Kranke lebte durch den Besuch wieder auf; seit er bei uns wohnt, ist er richtig aufgelebt **2** ⟨fig.⟩ *wieder auftreten, erneut aus-, hervorbrechen;* der Kampf lebte wieder auf; der alte Haß lebte wieder auf **2.1** *wieder lebhafter werden;* am Nachmittag lebt der Verkehr immer auf

'auf|le·gen ⟨V. 500⟩ **1** etwas ~ *auf etwas anderes legen, offen hinlegen;* ein Gedeck mehr ~; Karten (zur Patience) ~; ein Pflaster (auf eine Wunde) ~; Puder, Rot, Schminke ~; ein frisches Tischtuch ~; Waren ~ **1.1** den (Telephon-)Hörer ~ *den H. auf die Gabel legen u. damit die Verbindung abbrechen* **1.1.1** er hat (den Hörer) einfach aufgelegt *das Gespräch kurz u. unhöflich beendet* **1.2** ⟨530/R5 od. R6⟩ jmdm. od. einem Tier eine Last ~ *aufbürden, zu tragen geben;* dem Pferd den Sattel ~ **1.2.1** jmdm. Steuern ~ *jmdn. zum Zahlen der S. verpflichten* **2** ein Buch (neu) ~ *eine (neue) Auflage herausbringen;* das Buch wird nicht wieder aufgelegt **3** eine Anleihe ~ *den Verkauf von Anteilscheinen für eine A. ankündigen, damit beginnen* **4** ein Schiff ~ *zeitweilig außer Dienst stellen, zur Werft geben*

'auf|leh·nen ⟨V. 500/R3⟩ **1** sich ~ *sich stützen;* er lehnte sich auf das Fensterbrett auf **2** ⟨505/R3⟩ sich gegen jmdn. od. etwas ~ *sich empören, Widerstand leisten;* er lehnte sich gegen den Diktator auf; sich gegen die Tyrannei, den Staat, das Gesetz, das Schicksal, ein Verbot ~

'auf|le·sen ⟨V. 179/500⟩ **1** etwas ~ *vom Boden, vom Tisch einzeln aufheben, sammeln;* Steine, Scherben, Obst, Perlen ~ **2** ⟨503/R1⟩ (sich) etwas ~ ⟨fig.; umg.⟩ *(sich) etwas holen, unfreiwillig bekommen;* Ungeziefer ~; eine Krankheit ~; wo hast du dir bloß diesen Schnupfen aufgelesen? **3** jmdn. od. ein Haustier ~ ⟨fig.; umg.⟩ *finden u. mitnehmen;* einen Hund (von der Straße) ~; er hat sie in einer Bar aufgelesen

'auf|lö·sen ⟨V. 500⟩ **1** etwas ~ *flüssig machen, in einer Flüssigkeit zerfallen lassen;* Zukker ~; eine Tablette in Wasser ~ **1.1** ⟨R3⟩ sich ~ *zergehen;* Salz löst sich im Wasser auf **1.1.1** er fand sie in Tränen aufgelöst ⟨fig.⟩ *heftig, haltlos weinend* **1.2** ⟨550/R3⟩ sich in etwas ~ *sich in etwas verwandeln, in etwas übergehen;* der Schnee hat sich in Matsch aufgelöst **1.2.1** sich in Wohlgefallen ~ ⟨fig.⟩ *von selbst zu Ende gehen, verschwinden;* seine Schwierigkeiten haben sich in Wohlgefallen aufgelöst **2** etwas ~ ⟨geh.⟩ *lösen, entwirren, aufknüpfen;* Verschlungenes, einen Knoten ~; sie erschien mit aufgelöstem Haar **2.1** ⟨fig.⟩ *von einem Zusammenhang, von einer Bindung befreien;* in aufgelöster Marschordnung **3** ⟨R7⟩ etwas ~ *nicht länger bestehen lassen, beenden, außer Kraft setzen;* einen Kontrakt, eine Versammlung, Ehe ~; eine Firma ~ **3.1** ein Kreuz, ein b ~ ⟨Mus.⟩ *(durch Auflösungszeichen) ungültig machen, aufheben* **4** etwas ~ *eine Lösung für etwas finden;* eine Gleichung ~; ein Rätsel ~ **4.1** eine Chiffre, Geheimschrift ~ *entziffern*

'Auf·lö·sung ⟨f.⟩ *das Auflösen;* die ~ einer Verlobung, eines Geschäfts; das Parlament war in ~; ~ der Rätsel auf S. 90; das Heer war in voller ~ begriffen

'auf|ma·chen ⟨V. 500⟩ **1** etwas ~ *öffnen;* die Tür, das Fenster ~; den Mantel ~; die Augen ~ **1.0.1** mach doch die, deine Ohren auf! ⟨umg.⟩ *hör besser zu!* **1.1** einen Knoten ~ *lösen* **1.2** Dampf ~ *einer Dampfmaschine mehr D. zuführen, um die Leistung zu erhöhen* **2** ein Geschäft ~ *eröffnen* **3** etwas ~ *ausstatten, verzieren;* ein Buch, eine Ware, eine Theaterinszenierung hübsch, geschmackvoll, prächtig ~ **4** etwas ~ *aufhängen, anbringen;* Gardinen ~ **5** eine Rechnung ~ *aufstellen* **5.1** die Havarie ~ *einen Seeschaden berechnen* **6** ⟨R3⟩ sich ~ *sich auf den Weg machen, aufbrechen, weggehen;* der Wanderer hatte sich schon vor Sonnenaufgang aufgemacht **6.1** ein leichter Wind hat sich aufgemacht *hat sich erhoben*

'Auf·ma·chung ⟨f.; -, -en⟩ **1** *Ausstattung, äußere Gestaltung;* altertüml., geschmackvolle, großartige, prächtige, sorgfältige, schäbige ~; die Zeitung erscheint in großer ~ **1.1** ⟨umg.⟩ *Kleidung;* wohin willst du in dieser ~ gehen? **1.1.1** in großer ~ erscheinen *in großer Toilette, in Gala*

'Auf·marsch ⟨m.⟩ **1** *Heranmarschieren u. Aufstellung zum Gefecht, zur Kundgebung o. ä.;* der ~ des Heeres vollzog sich in Viererreihen **2** *feierl. Vorbeimarsch, festlicher, prunkvoller Zug;* der ~ der Sportler bei den Olympischen Spielen

'auf·merk·sam ⟨Adj.⟩ **1** *Sinneswahrnehmungen gut, scharf aufnehmend, scharf beobachtend;* ~ zuhören, zusehen; einen Vorgang ~ verfolgen **1.1** *geistig wach, gespannt, wachsam;* ~er Zuhörer, Zuschauer; in der Schule ~ sein **2** *auf jmdn. od. etwas gerichtet, gesammelt* **2.1** auf jmdn. od. etwas ~ machen *hinweisen;* darf ich Sie darauf ~ machen, daß ... **3** *liebenswürdig, höflich, zuvorkommend, rücksichtsvoll;* ein ~er junger Mann; einen Kunden ~ bedienen, er ist gegen Damen und Ältere sehr ~ **3.1** vielen Dank, sehr ~! *(als Antwort auf eine kleine Hilfeleistung)*

'Auf·merk·sam·keit ⟨f.; -, -en⟩ **1** ⟨unz.⟩ *die Fähigkeit, Sinneswahrnehmungen gut aufzunehmen, geistige Spannung, Sammlung* **1.1** *Gerichtetsein aller Gedanken auf etwas;* die ~ lenken auf; (größte) ~ auf etwas verwenden; einer Sache besondere ~ widmen; etwas od.

jmdm. ~ schenken **2** *liebenswürdige u. höfliche, rücksichtsvolle, zuvorkommende Behandlung;* seine zarte ~ tat ihr wohl; jmdm. ~en erweisen **2.1** *kleines Geschenk;* die Blumen für sie waren nur eine kleine ~

'Auf·nah·me ⟨f.; -, -n⟩ *das Aufnehmen(1-5.5)* **1** ⟨unz.⟩ ~ von Stoffen, Flüssigkeiten od. Gasen in anderen Stoffen *das Aufsaugen* **1.1** ~ von Nahrung *das Essen, Fressen;* Nahrungs~ **2.1** ~ von Geld, Hypotheken *das Leihen, Verpfänden* **2.2** ~ einer Nachricht, von Gedanken, Vorschlägen *das Erfassen, Begreifen, Ansprechen, Eingehen auf;* die ~ eines neuen Romans durch das Publikum **3** *das Einfügen in etwas Vorhandenes;* ~ eines Theaterstücks in den Spielplan; ~ eines modernen Malers in ein Lexikon **3.1** ~ einer Person in, bei *beginnende Mitgliedschaft in einer Gemeinschaft, Zulassung;* ~ in ein Krankenhaus, eine Schule, Universität usw.; um ~ in eine Partei, einen Verein usw. bitten; ~ als Mitglied **3.1.1** ~ gewähren *aufnehmen* **3.2** *Empfangsraum im Krankenhaus;* melden Sie sich bitte in der ~! **3.3** ⟨unz.⟩ *Unterkunft, Obdach, Empfang;* ~ als Gast; freundliche, kühle, liebenswürdige ~; sich für die herzliche ~ bedanken **3.3.1** ~ finden *(gut) aufgenommen werden* **4** ~ einer Tätigkeit *Beginn;* ~ der Arbeit, eines Gespräches, von Beziehungen zu ... **5** ~ von Bildern, Personen, Geräuschen, Vorgängen *das Aufnehmen(5), das Aufgenommene;* ~ auf Platte, Tonband, Schallplatte; ~ mit der Kamera, mit dem Tonbandgerät; eine Film~, photographische ~ verwackeln; ~n (fürs Fernsehen, für den Film) machen; eine gute, schlechte, scharfe, unscharfe, über- oder unterbelichtete, vorteilhafte ~; ich habe von ihr zwei ~n gemacht **5.1** ~ von Nachrichten, Äußerungen *Notiz, Niederschrift;* ~ eines Telegramms; stenographische ~ **5.1.1** ~ eines Geländes *Vermessung* **5.1.2** *Ort, an dem etwas notiert wird;* Telegramm~

'auf|neh·men ⟨V. 189/500⟩ **1** etwas ~ *in sich fassen* **1.1** ein Behälter nimmt 5 l Flüssigkeit auf *faßt, kann enthalten* **1.2** Lebewesen nehmen Nahrung auf *ernähren sich* **2** eine Sache ~ *entgegennehmen* **2.1** Geld ~ *sich G. leihen;* einen Kredit, eine Anleihe ~ **2.1.1** eine Hypothek auf ein Grundstück, Haus ~ *ein G., H. für Geld verpfänden* **2.2** Gedanken, Vorschläge ~ *weiterführen, zu verwirklichen suchen;* einen Eindruck in sich ~ **2.2.1** ⟨513⟩ eine Nachricht (gut, günstig, schlecht, übel) ~ *als (gut usw.) betrachten, verstehen;* etwas als Beleidigung ~; das Stück ist vom Publikum gut aufgenommen worden **3** ⟨550⟩ jmdn. od. etwas in etwas Vorhandenes ~ *einfügen, mit dazunehmen;* ein Theaterstück in den Spielplan ~; ein Wort in ein Wörterbuch ~; wollen Sie bitte diese Aussage noch ins Protokoll ~ **3.1** ⟨511⟩ jmdn. (bei, in ...) ~ *zum Angehörigen einer Gemeinschaft machen;* einen Schüler in die Klasse ~; jmdn. in ein Krankenhaus ~ **3.1.1** ⟨520⟩ jmdn. als Mitglied in einen Verein, eine Partei ~ *Eintritt, Zutritt, Teilnahme gewähren* **3.1.2** *beherbergen, Obdach, Zuflucht gewähren;* jmdn. als Gast ~; Flüchtlinge ~; jmdn. freundlich, herzlich, kühl, unfreundlich ~ **4** eine Tätigkeit ~ *beginnen;* die Arbeit, ein Gespräch, den Kampf ~; das Studium (an der Universität) ~; Beziehungen ~ (zu) **4.1** ein Gespräch od. den Faden eines Gesprächs wieder ~ *fortsetzen* **4.2** die Spur ~ *finden und verfolgen* **5** Bilder, Töne, Zeichen ~ *durch mechanische, optische, elektr. o. a. Verfahren für spätere Wiedergabe festhalten;* eine Fernsehsendung ~ **5.1** Sichtbares ~ *photographieren* **5.2** Hörbares ~ *die Schallwellen mechan. od. elektr. aufzeichnen;* ein Musikstück auf Platten, auf Tonband ~ **5.3** das gesprochene Wort ~ *aufschreiben, schriftlich festhalten;* eine Ansage, einen Brief, ein Telegramm, ein Stenogramm ~; einen Brief stenographisch ~ **5.4** Fakten ~ *sich Notizen über F. machen;* den Bestand ~; die Polizei nahm den Unfall auf **5.5** ein Gelände ~ *vermessen* **6** jmdn. od. etwas ~ *nach oben wegnehmen* **6.1** Schmutz (mit einem Lappen) ~ *aufwischen* **6.2** eine Masche ~ *auffangen, festhalten, mehr dazustricken* **7** ⟨550; unpersönl.⟩ es mit jmdm. ~ *es jmdm. in einer Fertigkeit, Fähigkeit gleich tun;* im Schwimmen kann er es mit jedem ~

'auf|pas·sen ⟨V.⟩ **1** ⟨405⟩ (auf etwas od. jmdn.) ~ *Aufmerksamkeit aufbringen, seine Aufmerksamkeit auf etwas od. jmdn. richten;* paß doch auf!; aufgepaßt; in der Schule gut, nicht ~; an der Kreuzung bitte genau ~! **1.1** auf jmdn. ~ *jmdn. fürsorglich, genau beobachten* **2** ⟨500⟩ einen Gegenstand ~ *auf etwas anderes setzen, um zu sehen, ob er paßt;* einen Hut, Deckel ~

'auf|peit·schen ⟨V. 500/R7 od. R8⟩ **1** etwas peitscht etwas auf ⟨fig.⟩ *etwas wühlt etwas auf;* der Sturm, der Wind peitscht die Wellen, die Wogen, das Meer auf **2** jmdn. od. etwas ~ ⟨fig.⟩ *durch ein Reizmittel stark erregen;* die laute Musik peitschte seine Sinne, Nerven auf; sich durch Kaffee, Narkotika ~; er wurde durch den Rhythmus aufgepeitscht

'auf|pflan·zen ⟨V. 500⟩ **1** etwas ~ *etwas deutlich sichtbar, bes. als Merkzeichen, aufstellen, aufrichten;* eine Fahne, Flagge, einen Mast ~ **2** das Seitengewehr ~ *auf den Gewehrlauf aufstecken* **3** ⟨511/R3⟩ sich vor jmdm. od. etwas ~ *sich herausfordernd od. als Wächter vor jmdn. od. etwas hinstellen;* er pflanzte sich am Eingang auf; er hatte sich vor ihm aufgepflanzt

'auf|plu·stern ⟨V. 500⟩ **1** die Federn ~ *aufrichten, sträuben;* die Henne plustert ihr Gefieder auf **1.1** ⟨R3⟩ sich ~ *(durch Aufstellen der Federn) scheinbar seinen Umfang vergrößern;* die Tauben plusterten sich auf **2** ⟨R3⟩ sich ~ ⟨fig.; umg.; abwertend⟩ *sich wichtig tun;* du sollst dich nicht so ~

'auf|put·schen ⟨V. 500/R7 od. R8; abwertend⟩ **1** jmdn. od. etwas ~ *zum Putsch aufhetzen;* die Zuhörer, die Bevölkerung ~; die Massen mit Hetzreden ~ **2** jmdn. od. etwas ~ ⟨fig.⟩ *mit Reizmitteln aufpeitschen;* Alkohol putschte ihn immer auf; er putschte sich mit Kaffee auf; er versuchte, die Nerven mit Narkotika aufzuputschen

'auf|raf·fen ⟨V. 500⟩ **1** etwas ~ *schnell, eilig sammeln u. hastig, gierig aufheben, an sich nehmen;* er raffte die Papiere vom Schreibtisch auf; sie hat das auf dem Fußboden liegende

Geld aufgerafft **2** ⟨R3⟩ **2.1** sich ~ *mit Mühe aufstehen, sich erheben;* beim Laufen fiel er, raffte sich aber wieder auf **2.2** sich ~ ⟨fig.⟩ *alle seine Kräfte zusammennehmen u. sich mühsam entschließen, etwas zu tun;* er raffte sich auf und antwortete auf die Frage; er konnte sich nicht zur Tat ~; er half ihr, sich aus der Enttäuschung aufzuraffen

'**auf|räu·men** ⟨V.⟩ **1** ⟨500⟩ etwas ~ *in Ordnung bringen;* die Wohnung, den Keller, das Zimmer ~; die Kinder räumten ihre Spielsachen auf **1.1** ⟨400; fig.⟩ *die Zustände ändern;* jetzt wird aber aufgeräumt! **2** ⟨411; fig.; umg.⟩ *Opfer fordern;* die Pest hat unter der Bevölkerung aufgeräumt **3** ⟨800⟩ mit jmdm. od. etwas ~ ⟨umg.⟩ *Schluß machen, beseitigen;* der Staat hat endgültig mit den Verbrechern aufgeräumt; mit den Lügen, Vorurteilen ~; sie hat mit der Vergangenheit aufgeräumt

'**auf·recht** ⟨Adj.⟩ **1** *gerade, in aufgerichteter Haltung;* ~ gehen, stehen; einen Kranken ~ halten; diese Hoffnung hält sie noch ~ ⟨fig.⟩; sich vor Müdigkeit nicht mehr ~ halten können **2** ⟨fig.⟩ *aufrichtig, rechtschaffen, unbestechlich;* ein ~er Mensch, Charakter; eine ~e Gesinnung haben

'**auf|re·gen** ⟨V.⟩ **1** ⟨500/R7⟩ jmdn. od. sich ~ *erregen;* viel Besuch regt den Kranken auf; regen Sie sich nicht auf; die Kinder sind vor Freude, Spannung ganz aufgeregt; sich wegen jeder Kleinigkeit aufregen; er kam aufgeregt ins Zimmer gestürzt; ein ~des Buch, Theaterstück **1.1** deine Leistungen sind nicht sehr ~d ⟨umg.; scherzh.⟩ *sind durchschnittlich* **2** ⟨550/R3⟩ sich über jmdn. od. etwas ~ ⟨umg.⟩ *sich empören;* das ganze Dorf regt sich über sie auf; die Nachbarn haben sich über ihr Kleid aufgeregt **3** ⟨500⟩ etwas ~ ⟨geh.; veralt.⟩ *aufwühlen;* Gedanken, Gefühle in jmdm. ~

'**Auf·re·gung** ⟨f.⟩ **1** *heftige innerliche Bewegung der Gefühle;* er konnte vor ~ kaum sprechen; wir müssen dem Kranken jede ~ ersparen; sie machte in der ~ alles verkehrt; in ~ geraten; in ~ bringen **2** *Unruhe, Durcheinander;* nach dieser Nachricht entstand eine große ~; er fand die Gesellschaft in heller ~

'**auf|rei·ben** ⟨V. 196/500/R7⟩ **1** ⟨530⟩ jmdm. od. einem Lebewesen etwas ~ *wund reiben;* der Sattel hat dem Pferd die Haut aufgerieben **2** ⟨R8⟩ jmdn. od. etwas ~ *vernichten;* die Truppen des Feindes wurden völlig aufgerieben **3** ⟨R7 od. R8⟩ jmdn. od. etwas ~ *überbeanspruchen u. völlig verbrauchen;* seine Kräfte ~; du reibst dich für deine Familie auf; sie reibt sich bei der Pflege für den Kranken (völlig) auf; eine ~de Tätigkeit **4** den Boden ~ ⟨österr.⟩ *mit Seife (und Scheuerbürste) säubern*

'**auf|rei·ßen** ⟨V. 198⟩ **1** ⟨500⟩ etwas ~ *durch Reißen öffnen;* einen Brief ~ **1.1** *auseinanderreißen, zerreißen;* eine Naht, ein Kleid ~ **1.2** *aufbrechen, aufhacken;* den Fußboden, das Pflaster, die Straße ~ **1.3** ⟨fig.⟩ *schnell u. weit öffnen;* die Augen, den Mund ~ **2** ⟨400⟩ etwas reißt auf *öffnet sich durch Druck od. Schlag, platzt auf, spaltet sich;* die Haut, Naht, Wunde ist aufgerissen **3** ⟨500⟩ etwas ~ *einen Aufriß von etwas zeichnen*

'**auf|rei·zen** ⟨V. 505⟩ **1** jmdn. ~ *aufhetzen, zur Auflehnung veranlassen;* jmdn. zum Widerstand ~; die Massen mit Hetzreden ~ **2** jmdn. od. etwas ~ *mutwillig, absichtlich erregen;* das Bild reizte seine Phantasie stark auf; sie reizte mit ihrem Lächeln die Männer auf; eine ~de Farbe, Musik; deine Gleichgültigkeit ist (geradezu) ~d

'**auf|rich·ten** ⟨V. 500⟩ **1** ⟨R7⟩ jmdn. od. etwas ~ *geraderichten u. senkrecht stellen;* einen Kranken, Gestürzten ~; sich langsam, mühsam kerzengerade ~ ; den Oberkörper, den Rücken ~; die Blumen richten sich nach dem Regen auf **2** etwas ~ *errichten;* ein Denkmal, ein Gebäude, eine Mauer ~ **2.1** = *aufstellen(1);* einen Mast, einen Pfahl, ein Zeichen ~ **3** ⟨R7⟩ jmdn. od. etwas ~ ⟨fig.⟩ *trösten, seelisch stärken, Mut zusprechen;* sie hat ihn durch freundlichen Zuspruch aufgerichtet; er richtete sich in seiner Verzweiflung an ihr auf; er hat ihr Selbstvertrauen wieder aufgerichtet

'**auf·rich·tig** ⟨Adj.⟩ *ehrlich, ohne Falsch, offen;* ~en Dank!; ein ~er Mensch; ~e Teilnahme!; es tut ihm ~ leid; ~ zu jmdm., gegen jmdn. sein; ~ seine Meinung sagen

'**auf|rol·len** ⟨V. 500⟩ **1** etwas ~ *auf eine Rolle wickeln;* Garn ~; ein Seil ~ **2** Zusammengerolltes ~ *öffnen, entrollen;* eine Papierrolle ~ **2.1** ⟨R3⟩ etwas rollt sich auf *wikkelt sich von einer Rolle ab;* das Band hat sich aufgerollt **3** eine Sache ~ ⟨fig.⟩ *einer Sache nachgehen, eine Sache gründlich untersuchen, umfassend behandeln;* wir müssen die Frage, das Problem noch einmal ~ **4** die Front ~ ⟨fig.; Mil.⟩ *von der Seite angreifen u. einnehmen*

'**Auf·ruf** ⟨m.⟩ *das Aufrufen;* ~ des Namens; bei od. nach ~ bitte vortreten; ~ von Lebensmittelrationen; ~ zur Aussage (vor Gericht); ~ zum Widerstand

'**auf|ru·fen** ⟨V. 204/500⟩ **1** jmdn. od. etwas ~ *(öffentl.) beim Namen nennen* **1.1** jmdn. ~ *durch Rufen zum Erheben od. Sichmelden veranlassen;* einen Schüler (im Unterricht) ~; Sie müssen warten, bis Sie aufgerufen werden **1.2** Banknoten ~ *für ungültig erklären* **2** ⟨550/R8⟩ jmdn. zu etwas ~ *zu einem bestimmten Zwecke rufen, auffordern;* einen Zeugen (zur Aussage) ~; zur Teilnahme, zum Widerstand ~ **3** etwas ~ ⟨geh.⟩ *wachrufen, an etwas appellieren;* die Einbildungskraft, jmds. Gewissen ~

'**Auf·ruhr** ⟨m.; -(e)s, (selten) -e⟩ **1** *starke innere Erregung;* ~ der Gefühle; jmdn., jmds. Gefühle in ~ bringen; sein Herz war in ~ **2** ⟨geh.⟩ *heftige Unruhe, Bewegtheit;* der ~ der (Natur)-Elemente; die ganze Natur war in ~ **3** *Erhebung gegen die Staatsgewalt, Empörung;* einen ~ stiften, unterdrücken; der ~ brach im ganzen Land aus; die Soldaten stehen in ~

'**auf|rüt·teln** ⟨V. 500/R7 od. R8⟩ **1** jmdn. ~ *durch Rütteln aufwecken;* einen Schläfer ~; jmdn. aus dem Schlaf ~ **2** ⟨fig.⟩ *energisch zum Tun ermahnen;* jmdn. aus seinen Träumereien, seiner Gleichgültigkeit ~ **2.1** *zu einer Einsicht bringen;* die öffentliche Meinung ~; eine ~de Rede

'**auf·säs·sig** ⟨Adj.⟩ **1** *ungehorsam, widerspenstig, trotzig;* ein ~es Kind; ein ~er Schüler **2** *rebellisch;* man hörte ihn ~e Reden halten; eine Gruppe ~er Soldaten **3** ⟨veralt.⟩ jmdm.

~ sein *feindselig gegen jmdn. sein;* der König war den Städten ~, weil ... 3.1 der Chef ist mir ~ ⟨schweiz.⟩ *ich kann ihm nichts recht machen*

'Auf·satz ⟨m.; -es, ·̈e⟩ **1** *aufgesetztes Stück, Aufbau;* ein Schreibtisch mit einem ~ für Bücher; Altar ~ **2** ⟨Mil.⟩ *Teil der Visiereinrichtung von Geschützen, mit dem die Stellung des Rohrs zur Waagerechten eingestellt wird;* Gewehr ~ **3** *mehrere an einem Stab übereinander angeordnete Schalen od. Teller für Obst, Konfekt o. ä.;* Porzellan-, Obst-, Tafel ~ **4** *kurze schriftliche Arbeit mit einem vom Lehrer gestellten Thema;* der beste ~ wird den Schülern vorgelesen; die Aufsätze wurden vom Lehrer korrigiert; Schul ~ **5** *wissenschaftliche Abhandlung;* einen kritischen, polemischen ~ schreiben, in der Zeitung bringen; dieses Buch enthält mehrere Aufsätze über das Thema Rauschgift; Zeitschriften ~

'auf|schie·ben ⟨214/500⟩ **1** etwas ~ *durch Schieben öffnen;* eine (Schiebe)tür, ein Fenster ~ 1.1 *zurückschieben;* den Riegel ~ **2** ⟨Bgb.⟩ *in den Förderkorb schieben;* Förderwagen ~ **3** etwas ~ ⟨fig.⟩ *auf einen späteren Zeitpunkt verlegen, verzögern;* eine Reise, ein Vorhaben ~; etwas von einem Tage zum anderen ~; die Operation läßt sich nicht länger ~ 3.1 aufgeschoben ist nicht aufgehoben ⟨Sprichw.⟩ *wenn man etwas verschoben hat, braucht es noch nicht ungültig zu sein*

'auf|schie·ßen ⟨V. 215⟩ **1** ⟨400⟩ etwas schießt auf ⟨a. fig.⟩ *etwas schießt in die Höhe, bewegt sich rasch nach oben;* eine riesige Flamme schoß aus dem Dach auf; die Vögel schossen nach dem Schuß in alle Richtungen auf; er schoß vom Sessel auf; eine wilde Angst schoß in ihm auf 1.1 ⟨fig.⟩ *rasch (aus dem Boden) wachsen, größer werden;* die Saat, das Unkraut schoß nach dem Regen üppig auf; in der Gegend sind die Häuser wie Pilze aus der Erde aufgeschossen; ein hoch aufgeschossener Junge **2** ⟨500; Mar.⟩ 2.1 Tauwerk ~ *in regelmäßigen Buchten in der Hand od. an Deck gebrauchsfertig zusammennehmen* 2.2 ein Segelschiff ~ *mit dem Bug in den Wind drehen, um es zum Stehen zu bringen*

'Auf·schlag ⟨m.⟩ **1** *das Aufschlagen, heftiger Fall auf eine Fläche;* das Flugzeug explodierte nach dem ~; man hörte den dumpfen ~ des Körpers **2** ⟨Tennis⟩ *erster Schlag;* er hat einen harten, weichen ~; den ~ haben, verlieren **3** *nach oben umgeschlagener od. aufgesetzter Rand an Kleidungsstücken;* eine Jacke mit roten Aufschlägen; eine Hose mit breiten Aufschlägen **4** *Erhöhung des Preises, Verteuerung;* für die Sondermarken muß ein ~ gezahlt werden; der ~ bei Luxusartikeln beträgt 50 % **5** ⟨Weberei⟩ *Kette* **6** ⟨Forstw.⟩ *die aus schwerem, ungeflügeltem Samen, wie von Bucheckern, Eicheln, Kastanien, ohne menschl. Nachhelfen entstandenen Bäume u. Sträucher*

'auf|schla·gen ⟨V. 218⟩ **1** ⟨400(s.)⟩ *auf einer Fläche auftreffen, aufprallen;* der Körper des Stürzenden schlug auf dem Boden auf; das Geschoß schlug auf der Hauswand auf **2** ⟨500⟩ etwas ~ *zerschlagen* 2.1 *durch einen Schlag öffnen;* ein Ei, eine Nuß ~ 2.1.1 ein Faß ~ *anzapfen* 2.2 *durch einen Aufprall verletzen;* den Kopf ~; sich das Knie ~ **3** ⟨500⟩ etwas ~ *öffnen* 3.1 ein Buch ~ *aufblättern* 3.2 eine Seite, Stelle (im Buch) ~ *aufsuchen, nachschlagen* 3.3 Karten ~ *aufdecken, offen hinlegen (um daraus wahrzusagen)* 3.4 die Bettdecke ~ *umschlagen, zurückschlagen, aufdecken* 3.5 die Augen ~ *die Lider öffnen* 3.5.1 die Augen zu jmdm. ~ *zu jmdm. emporblicken* **4** ⟨500⟩ etwas ~ *in die Höhe schlagen* 4.1 die Ärmel ~ *aufkrempeln, umschlagen* 4.2 den Kragen ~ *emporstellen, hochschlagen* **5** ⟨500⟩ etwas ~ *aufstellen, errichten, aufbauen;* Ggs *abschlagen(2);* ein Bett ~; ein Lager, ein Zelt ~; die Truppe schlug ihr Quartier in einem Bauernhof auf; seinen Wohnsitz ~ **6** ⟨402 od. 405⟩ (etwas) ~ *den Preis erhöhen;* → a. *abschlagen(3);* der Lebensmittelhändler hat (den Preis, mit dem Preis) aufgeschlagen 6.1 ⟨400⟩ etwas schlägt auf *wird teurer, erhöht sich (im Preis);* eine Ware schlägt auf; die Preise haben wieder aufgeschlagen **7** ⟨400(s.)⟩ etwas schlägt auf *schlägt in die Höhe;* die Flammen schlugen hoch auf **8** ⟨400; Tennis⟩ *den ersten Schlag tun;* wer schlägt auf? **9** ⟨500⟩ Maschen ~ *die ersten M. für eine Strickerei od. Häkelei auf die Nadel nehmen*

'auf|schlie·ßen ⟨V. 222/500⟩ **1** etwas ~ *mit einem Schlüssel öffnen;* eine Tür, ein Schubfach ~ **2** ⟨530/R7⟩ jmdm. sich od. etwas ~ ⟨fig.; geh.⟩ *offenbaren* 2.1 jmdm. sein Herz ~ *sich jmdm. anvertrauen* 2.2 ⟨R3⟩ sich ~ *sich anvertrauen, andere am eigenen Erlebten teilnehmen lassen* **3** eine Mine ~ ⟨Bgb.⟩ *abbaureif machen, den Abbau eröffnen* **4** Erde ~ *aufbereiten, zerkleinern* **5** wasserunlösliche Stoffe ~ ⟨Chem.⟩ *in Stoffe umwandeln, die in Wasser löslich sind* 5.1 die Verdauungssäfte schließen die Nahrung auf *lösen sie auf, wandeln sie chemisch um* **6** ⟨400 od. 411⟩ *sich an den Vorder- od. Nebenmann anschließen, nachrücken;* in der Schlange ~

'Auf·schluß ⟨m.; -s·ses, ·̈s·se⟩ **1** *Aufklärung, Auskunft;* ~ erhalten (über); jmdm. ~ geben (über); sich ~ verschaffen (über) **2** ⟨Geol.⟩ *Stelle, an der ein sonst verborgenes Gestein zutage tritt* **3** ⟨Bgb.⟩ 3.1 *Fundstelle jeder Lagerstätte* 3.2 *Grubenbau, der (noch) nicht der Förderung von Bodenschätzen dient*

'auf|schnap·pen ⟨V.⟩ **1** ⟨500⟩ etwas ~ *mit dem Maul auffangen;* der Hund schnappt die Wurst auf 1.1 ⟨fig.; umg.⟩ *zufällig hören, zufällig erfahren;* Kinder schnappen aus den Gesprächen der Erwachsenen manches auf **2** ⟨400(s.)⟩ *sich öffnen;* die Tür schnappte endlich auf

'auf|schnei·den ⟨V. 227⟩ **1** ⟨500⟩ etwas ~ *durch Schneiden öffnen;* einen Briefumschlag, einen Knoten ~; der Arzt hat ihm ein Geschwür aufgeschnitten; sie hat sich die Pulsadern aufgeschnitten; dem Verletzten den Verband ~ 1.1 ein Buch ~ *seine außen zusammenhängenden Seiten trennen* 1.2 etwas ~ *in Scheiben schneiden;* Brot, Wurst ~; aufgeschnittener Braten **2** ⟨400; fig.; umg.; abwertend⟩ *prahlen, übertreiben;* er hat ziemlich aufgeschnitten

'Auf·schnei·der ⟨m.; -s, -; umg.; abwertend⟩ *jmd., der aufschneidet, übertreibt*

'Auf·schnitt ⟨m.; -(e)s; unz.⟩ **1** *in Scheiben geschnittenes, verschiedenartiges Fleisch (Wurst, Schinken, Braten);* kalter, gemischter ~ **2** ⟨schweiz.⟩ *Prahlerei, Aufschneiderei*

'auf|schrecken ⟨-k·k-; V.⟩ **1** ⟨500⟩ jmdn. ~

durch einen Schreck jäh auffahren lassen; ein Aufschrei hat ihn aufgeschreckt; die seltsamen Geräusche in der Nacht schreckten ihn auf 1.1 ein Tier ~ ⟨jägerspr.⟩ *aus dem Lager scheuchen u. wegjagen;* einen Hasen durch Lärm ~ **2** ⟨a. 229 Part. Perf. aufgeschreckt; 400(s.)⟩ *plötzlich vor Schreck auffahren, sich aufrichten;* aus dem Schlaf, aus tiefem Sinnen ~; das Kind schrak nachts aus einem bösen Traum auf

ˈ**auf|schrei·en** ⟨V. 231/400⟩ *plötzlich einen kurzen Schrei ausstoßen;* vor Freude, Schmerz, Schreck ~; die Zuschauer schrie(e)n auf

ˈ**Auf·schub** ⟨m.⟩ **1** *Zeit, für od. um die etwas aufgeschoben wird, Verzögerung, Frist;* ~ gewähren ⟨geh.⟩; um ~ bitten; die Sache duldet keinen ~ ⟨geh.⟩ 1.1 ohne ~ *sofort, unverzüglich*

ˈ**auf|schwin·gen** ⟨V. 237⟩ **1** ⟨500/R3⟩ sich ~ *sich in die Höhe schwingen;* der Vogel schwang sich auf **2** ⟨550/R3⟩ sich zu etwas ~ ⟨fig.; umg.⟩ *sich mit Mühe entschließen, etwas zu tun, sich aufraffen zu etwas;* ich kann mich nicht (dazu) ~, dieses Buch zu lesen **3** ⟨400⟩ etwas schwingt auf *öffnet sich schwingend;* das Tor schwang weit auf

ˈ**Auf·schwung** ⟨m.⟩ **1** ⟨Sp.⟩ *Wechsel der Position an einem Gerät, vom Hang mit Schwung in den Stütz, wobei der Körper eine volle Drehung um seine Querachse ausführt;* ~ am Reck, am Barren **2** ⟨fig.; geh.⟩ *stimmungsmäßiger Auftrieb;* die Reise gab ihr neuen ~; ~ der Phantasie, aller Kräfte **3** ⟨Wirtsch.⟩ *eine Phase der Konjunktur, die dem unteren Wendepunkt folgt, Aufstieg;* die Industrie, Wirtschaft erlebte, nahm einen bedeutenden, großen, ungeheueren ~ 3.1 etwas nimmt einen ~ *entwickelt sich schnell u. gut*

ˈ**auf|se·hen** ⟨V. 239⟩ **1** ⟨400⟩ *in die Höhe sehen, emporblicken;* zum Himmel, zu den Sternen ~; fragend, dankend, lächelnd zu jmdm. ~; er arbeitete, ohne aufzusehen; er sah kaum, nicht von der Arbeit auf **2** ⟨800⟩ zu jmdm. ~ ⟨fig.⟩ *jmdn. bewundern, verehren;* sie sah ehrfürchtig, mit Bewunderung zu ihm auf; er ist jemand, zu dem man ~ kann

ˈ**Auf·se·hen** ⟨n.; -s; unz.⟩ *durch ein besonderes Ereignis hervorgerufene starke allgemeine Aufmerksamkeit;* Sy *Sensation(1);* seine Heirat erregte großes ~; die Sache ging ohne ~ vor sich; ~ machen, verursachen; ~ vermeiden

ˈ**auf|sein** ⟨V. 240/400(s.)⟩ **1** *geöffnet sein, offen sein;* der Laden ist bis 7 Uhr auf; die Tür ist immer auf **2** *aus dem Bett sein, aufgestanden sein;* sie ist immer als erste auf und macht für andere Frühstück; der Kranke ist heute zum erstenmal auf **3** *wach sein;* die Kinder sind noch auf; bist du schon auf? **4** → a. *sein³(1.9)*

ˈ**auf|set·zen** ⟨V.⟩ **1** ⟨500⟩ etwas ~ *auf etwas anderes setzen;* ein Stockwerk (auf ein Haus) ~; Taschen auf einen Mantel ~ 1.0.1 die Brille ~ *auf die Nase setzen* 1.0.2 den Hut ~ *auf den Kopf setzen* 1.1 *zum Kochen auf den Herd stellen;* Essen, Kartoffeln, Wasser ~ 1.2 ein Lächeln, eine Miene ~ *bewußt zeigen;* eine mürrische, unfreundliche Miene, eine Amtsmiene ~ 1.2.1 seinen Dickkopf, Trotzkopf ~ ⟨fig.⟩ *eigensinnig, trotzig sein* 1.3 → a. *Horn(6), Krone(1.1; 5.2), Licht(2.1)* **2** ⟨400⟩ *auf etwas treffen, eine Unterlage, den Boden berühren;* das Flugzeug setzte hart, weich (auf dem Boden) auf **3** ⟨500/R3⟩ sich ~ *sich (aus dem Liegen) zum Sitzen aufrichten;* zum Essen mußt du dich ~ **4** ⟨500⟩ etwas ~ *(vorläufig schriftlich) abfassen, entwerfen, aufstellen, ins unreine schreiben;* eine Rechnung ~; den Text für eine Rede ~ **5** ⟨400⟩ Hirsche, Rehe setzen auf ⟨jägerspr.⟩ *bilden Gehörn, Geweih neu*

ˈ**Auf·sicht** ⟨f.; -, -en⟩ **1** ⟨unz.⟩ *Überwachung, Beaufsichtigung;* Bau~, Rechts~; die ~ führen, haben (über); unter jmds. ~ stehen; jmdn. unter polizeiliche ~ stellen; das Kind darf nicht ohne ~ sein, bleiben; in der großen Pause hat der neue Lehrer ~ auf dem Schulhof **2** ⟨unz.; umg.⟩ *Person od. Stelle, die die Aufsicht hat;* melden Sie sich bitte bei der ~!; er fragte bei der ~ **3** ⟨Math.⟩ *Sicht von oben;* einen Gegenstand, Körper in ~ zeichnen

ˈ**auf|sit·zen** ⟨V. 246⟩ **1** ⟨400(s.)⟩ *sich auf ein Reittier, ein Fahrzeug setzen;* er hat ihn auf dem Wagen, auf dem Motorrad (hinten) ~ lassen 1.0.1 aufgesessen! *zu Pferde! (Kommando)* **2** ⟨400⟩ *nicht zu Bett gehen, aufbleiben;* er hat die ganze Nacht aufgesessen **3** ⟨400(s.); seemannsspr.⟩ *auf Grund geraten, auf-, festlaufen, stranden* **4** ⟨600(s.)⟩ jmdm. ~ *beschwerlich fallen, lästig werden* **5** ⟨600(s.)⟩ jmdm. od. einer Sache ~ *sich von jmdm. od. einer S. täuschen lassen;* er ist ihm (schön) aufgesessen **6** ⟨Inf.⟩ jmdn. ~ lassen ⟨fig.; umg.⟩ *jmdn. versetzen, jmdn. durch Nichteinhalten einer Verabredung od. Zusage in eine unangenehme Lage bringen*

ˈ**auf|sper·ren** ⟨V. 500⟩ **1** etwas ~ ⟨landschaftl.⟩ *mittels Schlüssels od. Riegels öffnen, aufschließen;* eine Tür, ein Schubfach ~ **2** etwas ~ ⟨umg.⟩ *weit öffnen, aufmachen;* den Schnabel, den Rachen ~; Türen und Fenster weit ~, damit frische Luft reinkommt 2.1 Mund u. Nase (Mund, Maul u. Augen) ~ ⟨fig.; umg.⟩ *sehr verwundert, überrascht sein* 2.2 die Ohren ~ ⟨fig.; umg.⟩ *genau, aufmerksam zuhören*

ˈ**auf|spie·len** ⟨V.⟩ **1** ⟨500⟩ *Musik machen;* los, spiel eins auf!; zum Tanz ~ **2** ⟨430; Sp.⟩ *in einer bestimmten Weise spielen;* groß, glanzvoll ~ **3** ⟨500/R3⟩ sich ~ ⟨fig.; umg.⟩ *sich wichtig tun, angeben, prahlen;* spiel dich nicht so auf; er spielte sich vor ihr gern auf 3.1 ⟨518⟩ sich als jmd. ~ *so tun, als ob man jmd. wäre;* sich als feiner Mann ~; sich als Sachverständiger ~

ˈ**auf|spü·ren** ⟨V. 500⟩ **1** jmdn. od. ein Tier ~ *durch Verfolgen der Spur entdecken, im Versteck finden;* der Hund hat zwei Hasen aufgespürt; die Polizei spürte den Verbrecher auf 1.1 ⟨fig.⟩ *entdecken;* neue, junge Talente ~

ˈ**Auf·stand** ⟨m.⟩ *Empörung, Erhebung gegen eine bestehende Ordnung;* Sy *Revolte;* ~ der Massen; ein ~ bricht aus; bewaffneter ~

ˈ**auf|stecken** ⟨-k·k-; V. 500⟩ **1** etwas ~ *auf etwas stecken, daraufstecken;* eine Flagge ~ **2** etwas ~ *hochstecken;* seinen Rock, ein Kleid ~; sich das Haar ~ **3** eine Sache ~ ⟨fig.; umg.⟩ *aufgeben, damit aufhören, darauf verzichten;* die Arbeit, einen Beruf ~; sie hat das Klavierspielen aufgesteckt; das Rauchen ~

ˈ**auf|ste·hen** ⟨V. 256⟩ **1** ⟨400(s.)⟩ *sich auf die Füße stellen, sich zum Stehen aufrichten;* Sy *erheben(2-2.1)* ⟨geh.⟩; vom Boden, vom Stuhl ~; beim Aufstehen schmerzt mich der Fuß noch 1.1 ⟨400⟩ (aus dem Bett) ~ *das Bett verlassen;* früh, spät ~; das Aufstehen am Morgen fällt mir schwer; ich stehe jeden Tag um 6 Uhr auf; nach einer Krankheit wieder ~ 1.1.1 da mußt du (schon) früher ~ (wenn du mich übers Ohr hauen willst)! *da mußt du dich beeilen, besser aufpassen* 1.1.2 → a. *linke(3.1)* 1.2 ⟨800⟩ 1.2.1 in der Straßenbahn vor alten Leuten ~ *ihnen seinen Platz anbieten* 1.2.2 er ist (höflich) vor der alten Dame aufgestanden *hat ihr durch Aufstehen seine Ehrerbietung bezeigt* 1.2.3 von der Mahlzeit, vom Essen, vom Tisch ~ *die M. beenden* **2** ⟨400(s.)⟩ ein Prophet ist aufgestanden ⟨fig.⟩ *hat sich erhoben, ist an die Öffentlichkeit getreten* 2.1 ⟨800⟩ ~ gegen *sich auflehnen, empören, erheben gegen* **3** ⟨411⟩ auf etwas ~ *auf einem Untergrund stehen;* der Schrank steht mit der Unterseite auf dem Boden auf **4** ⟨400⟩ Fenster, Türen, Schubfächer stehen auf *stehen offen*

'**auf|stei·gen** ⟨V. 258/400(s.)⟩ **1** *auf ein Reittier, ein Fahrzeug steigen;* er hatte Mühe aufzusteigen 1.1 jmdn. ~ lassen *mit dem Fahrzeug mitnehmen* **2** *in die Höhe steigen;* Nebel, Rauch steigt auf; ein Flugzeug, Vogel steigt auf; die Gestirne steigen am Horizont auf; einen Drachen ~ lassen; ein Gewitter steigt auf; die Tränen stiegen ihr auf; gegen die ~den Tränen ankämpfen; Übelkeit stieg in mir auf 2.0.1 sich auf dem ~den Ast befinden ⟨fig.⟩ *vorwärtskommen* 2.0.2 Blutsverwandte in der ~den Linie *alle Vorfahren von jmdm.* 2.1 ⟨403 od. 410⟩ eine Sache steigt auf ⟨fig.; geh.⟩ *taucht auf, kommt hoch;* mir stieg der Gedanke auf; ein Bild stieg vor mir, vor meinem inneren Auge auf; Erinnerungen steigen in mir auf **3** *aufrücken, eine höhere Stellung erreichen* 3.1 ⟨Sp.⟩ *in eine höhere Leistungsklasse eintreten*

'**auf|stel·len** ⟨V. 500⟩ **1** jmdn. od. etwas ~ *in eine aufrechte Stellung bringen;* ein Denkmal, Zelt ~; etwas Umgefallenes wieder ~ 1.1 eine Vorrichtung ~ *so hinstellen, daß sie richtig arbeiten, wirken kann;* eine Maschine, eine Falle ~ 1.1.1 ein Bett ~ *zusammensetzen, aufschlagen* 1.2 (eine Gruppe von) Personen ~ *für einen bestimmten Zweck auswählen u. ihnen (ihr) eine Aufgabe zuweisen;* Posten, Wachen ~; eine Mannschaft ~ ⟨bes. Sp.⟩ 1.2.1 Truppen ~ *einziehen u. kampfbereit machen* 1.2.2 Kandidaten ~ *nennen u. zur Wahl vorschlagen;* jmdn. als (Wahl)kandidaten ~; sich als Kandidaten ~ lassen 1.2.3 ⟨R3⟩ sich ~ *antreten, sich (wartend) hinstellen* **2** etwas (in einer Ordnung) ~ *(schriftl.) zusammenstellen, zusammenfassen, ordnen;* eine Liste, Rechnung ~; in Reihen ~ 2.1 einen Rekord ~ *erreichen* 2.2 (neue) Systeme, Theorien, Grundsätze, Regeln ~ *erdenken (u. veröffentlichen od. anwenden);* den Beweis ~, daß ... 2.2.1 einen Tarif ~ *festsetzen, schaffen* 2.2.2 eine Behauptung ~ *etwas behaupten*

'**Auf·stel·lung** ⟨f.; -, -en⟩ **1** *das Aufstellen, Errichtung;* die ~ eines Denkmals, eines Gerüstes; die ~ einer Wache, eines Beobachters 1.1 ~ nehmen *sich aufstellen;* die Soldaten nahmen ~ im Wald **2** *das Zusammenstellen, Formierung;* die ~ eines Heeres, einer Armee, eines Orchesters 2.1 ⟨Sp.⟩ *vorgeschriebene Verteilung der Spieler am Anfang eines sportl. Spieles od. nach einer Unterbrechung* **3** *Nominierung für eine Wahl;* die ~ der Kandidaten **4** *Liste;* eine ~ beifügen, einreichen, machen, vorlegen; laut ~; er nahm die ~ der Waren mit **5** *Ausarbeitung u. Formulierung;* die ~ einer Theorie, einer Regel

'**Auf·stieg** ⟨m.; -(e)s, -e⟩ **1** ⟨unz.⟩ *das Aufsteigen(1-3);* ein leichter, schwerer, rascher ~; beim ~ auf den Berggipfel; nach seinem ~ zum Leiter des Unternehmens; der ~ zum führenden Staat Europas **2** *aufwärts führender Weg;* ein bequemer, steiler, steiniger ~

'**auf|stocken** ⟨-k·k-; V. 500⟩ **1** ein Gebäude ~ *ein Stockwerk aufsetzen, um ein Stockwerk erhöhen* **2** ⟨fig.; Wirtsch.⟩ *ein Kapital durch einen Zuschuß vergrößern;* ein Bankkonto um 10 000 DM ~; die Finanzierung des Projekts durch öffentliche Anleihen ~

'**auf|sto·ßen** ⟨V. 262⟩ **1** ⟨500⟩ etwas ~ *durch einen Stoß, ruckartig öffnen;* das Fenster, die Tür ~ **2** ⟨500 od. 530/R5⟩ etwas ~ *heftig mit etwas auf eine Oberfläche stoßen, heftig etwas auf etwas anderes setzen, stellen;* er hat sich den Kopf aufgestoßen; sein Glas (auf den Tisch) ~; seinen Stock (auf den Boden) ~ 2.1 ⟨411(s.)⟩ auf etwas ~ *mit etwas zusammenstoßen, gegen etwas anstoßen;* er ist (mit dem Kopf) auf den Boden, die Kante aufgestoßen **3** ⟨400(s.)⟩ *auf Grund stoßen, stranden, auflaufen;* das Schiff ist aufgestoßen **4** ⟨400⟩ *Luft aus dem Magen heraufdringen lassen;* nach dem Essen hat er mehrere Male aufgestoßen 4.1 ⟨600⟩ etwas stößt jmdm. auf *dringt aus dem Magen herauf;* das Bier stößt mir auf; an saurem Aufstoßen leiden 4.1.1 das stößt mir sauer auf ⟨fig.⟩ *stört mich sehr, ärgert mich* **5** ⟨600(s.)⟩ etwas stößt jmdm. auf *fällt jmdm. (als bemerkenswert) auf;* mir ist aufgestoßen, daß ...; bei der Durchsicht der Bücher sind mir einige Dinge aufgestoßen, über die wir sprechen müssen

'**auf|stre·ben** ⟨V. 400; geh.⟩ **1** *in die Höhe streben;* die Pappel strebt besonders hoch auf; die ~den gotischen Kirchen **2** ⟨meist im Part. Präs.; fig.⟩ *nach oben, vorwärts streben;* sie ist eine junge ~de Frau; die rasch ~de Industrie 2.1 das ~de Bürgertum *das aufblühende, zur Macht strebende B.* 2.2 ~de Jugend *sich gut entwickelnde, geistig bemühte J.* 2.3 zu etwas ~ *sich um ein höheres Ziel bemühen*

'**Auf·strich** ⟨m.⟩ **1** *das auf etwas Aufgestrichene, aufgestrichene Schicht;* Farb~ **2** ⟨Pl. selten⟩ *alles, was aufs Brot gestrichen wird, z. B. Butter, Fett, Wurst;* Brot~ **3** ⟨Mus.; Zeichen: V⟩ *Bogenstrich zu den Saiten hin (bei Streichinstrumenten)* **4** *aufwärts führender Strich, Haarstrich (beim Schreiben)*

'**auf|stül·pen** ⟨V. 500⟩ **1** ⟨503/R5⟩ etwas (jmdm. auf etwas) ~ *achtlos, nachlässig auf etwas anderes setzen, legen;* (sich) den Hut, die Mütze (auf den Kopf) ~; einen Deckel (auf den Topf) ~ **2** *nach oben umschlagen;* die Ärmel, die Hutkrempe ~ 2.1 aufgestülpte Nase ⟨fig.⟩ *nach oben gebogene Nase(nspitze)* 2.2 die Lippen ~ *vorschieben, schürzen, einen Schmollmund machen;* aufgestülpte Lippen

'**auf|su·chen** ⟨V. 500⟩ **1** ⟨R8⟩ jmdn. od. etwas ~ *(aus einem bestimmten Grund) zu jmdm. od. etwas gehen;* er suchte gleich nach seiner Ankunft seine Freunde, seine Verwandten, seine

Bekannten auf; eine Bar, ein Gasthaus, eine Toilette ~ 1.1 *besuchen;* darf ich Sie heute abend ~?; wann darf ich Sie einmal ~? 1.2 den Arzt ~ *konsultieren* 1.3 sein Zimmer ~ *in sein Z. gehen, sich in sein Z. zurückziehen* 2 etwas ~ *an einer bestimmten Stelle suchen, nachsehen;* eine Straße auf dem Stadtplan ~; jmds. Telephonnummer, Adresse im Notizbuch ~ 3 etwas ~ *suchend auflesen;* die Glassplitter, das Kleingeld vom Fußboden ~

'auf|ta·keln ⟨V. 500⟩ 1 ein Schiff ~ ⟨Mar.⟩ *mit Takelwerk versehen;* sie takelte die Jacht nach dem Winter auf 2 ⟨R3⟩ sich ~ ⟨fig.; umg.; abwertend⟩ *sich übertrieben anziehen, schminken, mit Schmuck behängen usw.;* sie ist aufgetakelt wie eine Fregatte; heute hat sie sich mächtig aufgetakelt

'Auf·takt ⟨m.⟩ 1 ⟨Mus.⟩ *unvollständiger Takt zu Beginn eines Musikstückes;* die Sinfonie beginnt mit einem ~ 2 ⟨Metrik⟩ *unbetonter Teil eines Verses vor der ersten Hebung* 3 ⟨fig.⟩ *Beginn, Vorbereitung, Eröffnung (eines besonderen Ereignisses);* der unmittelbare ~ zum ersten Weltkrieg war...; die Vorstellung war ein guter ~ zu den diesjährigen Festspielen

'auf|tau·chen ⟨V. 400(s.)⟩ 1 *aus dem Wasser hervorkommen, über dem Wasser sichtbar werden;* der Wal taucht in regelmäßigen Abständen auf, um Luft zu holen; wieder, nach einer Weile, nicht mehr ~ 2 ⟨fig.⟩ *erscheinen, plötzlich u. unerwartet da sein;* nach langer Zeit tauchte er wieder bei uns auf; immer wieder tauchte der Gedanke, tauchten Zweifel auf; ein fremdes Schiff tauchte am Horizont auf; die Gipfel der Berge tauchten in der Ferne auf

'auf|ti·schen ⟨V.⟩ 1 ⟨503⟩ etwas ~ *auf den Eßtisch bringen, auftragen;* mehrere Gerichte ~; sie tischte ihren Gästen ein vorzügliches Mahl auf 2 ⟨530⟩ jmdm. etwas ~ ⟨fig.; umg.⟩ *jmdm. etwas Unwahres erzählen;* er tischt ihr nur Lügen, Ausreden auf; sie hat ihm das übliche Märchen von der Verspätung des Zuges aufgetischt

'Auf·trag ⟨m.; -(e)s, ¨-e⟩ 1 *zugeteilte Arbeit, Anweisung zur Ausführung einer Arbeit;* jmdm. einen ~ erteilen, geben; einen ~ (pünktlich) erledigen; eine Arbeit in ~ nehmen; einen ~ ausführen; ein diplomatischer, ehrenvoller ~; einen ~ ausrichten 1.2 *Anweisung;* ich komme im ~ von Herrn XY; in jmds. ~ handeln; ich habe den ~, Ihnen mitzuteilen, daß ... 2.1 im ~ ⟨Abk.: i. A.⟩ *nicht vom Bevollmächtigten, sondern von einem anderen Beauftragten einer Firma, Behörde usw. unterzeichnet* 3 ⟨Rechtsw.⟩ *Vertrag zur unentgeltlichen Besorgung eines Geschäftes* 4 *Aufstrich, aufgetragene Schicht;* Farb~

'auf|tra·gen ⟨V. 265⟩ 1 ⟨500⟩ etwas ~ *auf eine Oberfläche streichen, aufstreichen;* Farbe, Lack, Puder, Schminke ~; Salbe dick, dünn ~ 2 ⟨500⟩ Speisen ~ *auf den Eßtisch bringen;* Sy *servieren(1);* das Essen ist aufgetragen 3 ⟨500⟩ Kleidungsstücke ~ *durch Tragen völlig abnutzen;* die Schuhe sind aufgetragen; das Kleid kann ich noch daheim ~ 4 ⟨530/R6⟩ jmdm. etwas ~ *einen Auftrag geben, jmdn. mit etwas beauftragen, jmdn. anweisen, etwas zu tun;* jmdm. eine Arbeit ~; jmdm. Grüße ~ (an); ich habe ihm aufgetragen, auf dich zu warten 5 ⟨400⟩ etwas trägt auf ⟨umg.⟩ *läßt jmdn. dick erscheinen;* dieser Stoff, diese Jacke trägt sehr auf

'auf|trei·ben ⟨V. 267/500⟩ 1 jmdn. od. etwas ~ *hochtreiben* 1.1 jmdn. ~ *aufstören, aufjagen, aufscheuchen;* der Hunger trieb sie auf 1.2 etwas ~ *aufwirbeln;* der Wind trieb Staub und Blätter auf 2 etwas ~ *blähen, durch inneren Druck erweitern;* Verdauungsgase treiben den Leib auf; Hefe treibt den Teig auf 3 jmdn. od. etwas ~ *nach mühevollem Suchen ausfindig machen u. herbeischaffen;* wo hast du das Buch aufgetrieben?; das ist alles, was ich an Eßbarem, an Geld usw. ~ konnte 4 einen Gang ~ ⟨Bgb.⟩ *aufwärts hauen* 5 Reifen auf ein Faß ~ *hämmernd befestigen*

'auf|tre·ten ⟨V. 268(s.)⟩ 1 ⟨413⟩ *auf den Boden treten, den Fuß aufsetzen;* laut, leise, energisch, kräftig, vorsichtig ~ 2 ⟨410⟩ *in Erscheinung treten, sich (öffentlich) zeigen;* als Bewerber ~; als Zeuge (vor Gericht) ~; öffentlich ~ 2.1 gegen jmdn. ~ *gegen jmdn. Partei ergreifen, Stellung nehmen* 2.2 *vorkommen;* Pocken treten in Europa nur noch selten auf; vereinzelt auftretende Bodenfröste 2.3 *sich in einer bestimmten (guten) Weise benehmen;* würdevoll ~; für diesen Posten brauchen wir jmdn., der ~ kann; ein sicheres, gewandtes Auftreten haben 2.4 *die Bühne betreten, auf der Bühne erscheinen;* das war heute sein erstes Auftreten; als jugendl. Liebhaber ~; in einem Theater, einem Stück ~; er tritt im Zirkus mit seiner Hundegruppe auf

'Auf·trieb ⟨m.⟩ 1 *Hinauftreiben (des Viehs) auf die Alm* 2 ⟨Phys.⟩ *eine der Schwerkraft entgegen, nach oben wirkende Kraft;* das Flugzeug erhält ~ 2.1 → a. *dynamisch(1.1), statisch(1.1)* 3 ⟨fig.⟩ *Aufschwung, Schwung, Schaffenskraft;* die Wirtschaft erhielt (einen) neuen ~; ich habe heute gar keinen ~ (etwas zu tun) 3.0.1 jmdm. ~ geben *jmdn. (zu einer Leistung) anregen, ermuntern, anspornen*

'Auf·tritt ⟨m.⟩ 1 *das Auftreten, Erscheinen auf einem Schauplatz, bes. auf der Bühne;* der Präsident hatte einen glänzenden ~ im Fernsehen; die Schauspieler warten in der Garderobe auf ihren ~ 2 ⟨Theat.⟩ = *Szene(1);* 1. Akt, 3. ~; im letzten Akt sind zwei ~e gestrichen; im ersten ~ des zweiten Aktes erscheint die berühmte Schauspielerin 3 ⟨fig.⟩ *heftiger Streit, Wortwechsel;* ein häßlicher, peinlicher, unangenehmer ~; es kam zu einem fürchterlichen ~ zwischen den beiden; er haßte ihre ständigen ~e; einen ~ mit jmdm. haben 4 ⟨selten⟩ *Tritt(brett), Stufe, Podest*

'auf|tun ⟨V. 272⟩ 1 ⟨500⟩ etwas ~ ⟨umg.⟩ *öffnen;* den Mund nicht ~; er hat Angst, den Mund aufzutun; er lügt, sobald er den Mund auftut; eine Tür, ein Fenster ~ ⟨landschaftl.⟩ 1.1 einen Laden, ein Geschäft o. ä. ~ ⟨landschaftl.⟩ *eröffnen* 1.2 tu die Augen auf! *paß auf!, schau dich ordentlich um!* 2 ⟨500/R3⟩ sich ~ ⟨geh.⟩ *sich öffnen;* die Tür, die Pforte, der Vorhang tat sich langsam auf; ihre Augen taten sich weit auf 3 ⟨530/R3⟩ etwas tut sich jmdm. auf ⟨fig.; geh.⟩ *ist plötzlich deutlich zu sehen, zu erkennen;* vor unseren Augen tat sich ein herrliches Bild auf; ein schönes Tal tat sich vor uns auf; neue Möglichkeiten taten sich ihm auf **4** ⟨500⟩ jmdn. od. etwas ~ ⟨fig.; umg.⟩ *(etwas Günstiges) entdecken, finden;* ich habe hier neue Bekannte aufgetan; ich habe einen tollen Friseur, ein preiswertes Lokal, einen billigen Schuhladen aufgetan **5** ⟨530/R5⟩ jmdm. etwas ~ ⟨umg.⟩ *auf den Teller tun;* er tat sich noch 3 Scheiben vom Braten auf; die Serviererin tat der alten Dame (die Suppe) zuerst auf; du mußt dir noch eine Portion ~

'auf|wa·chen ⟨V. 400(s.)⟩ **1** *wach werden* 1.1 *vom Schlaf erwachen;* ich bin (heute) früh, spät aufgewacht; ich wache jeden Morgen gegen 6 Uhr auf 1.2 aus der Ohnmacht ~ *das Bewußtsein wiedererlangen* 1.3 ⟨411⟩ etwas wacht in jmdm. auf *wird in jmdm. lebendig;* Kindheitserinnerungen wachten in mir auf **2** ⟨fig.⟩ *Interesse an der Umwelt gewinnen, lebhafter, vernünftiger werden;* der Junge ist trotz seinen 12 Jahren noch gar nicht aufgewacht

'auf|wach·sen ⟨V. 277/400(s.)⟩ **1** *größer, älter werden, vom Kind zum Erwachsenen heranwachsen;* er ist auf dem Land, in der Stadt, in Südamerika aufgewachsen; ich bin in einer kinderreichen Familie aufgewachsen; er ist unter der Obhut seines Onkels aufgewachsen; wir sind zusammen aufgewachsen **2** ⟨fig.; geh.⟩ *auftauchen;* am Horizont wuchsen die Gipfel der Berge aus dem Nebel auf

'auf|wal·len ⟨V. 400(s.)⟩ **1** *aufkochen;* die Suppe nur einmal, kurz ~ lassen; das Wasser wallt schon auf **2** ⟨geh.⟩ *wallend in die Luft steigen;* der Rauch ist langsam aufgewallt **3** ⟨fig.; geh.⟩ *plötzlich aufsteigen (von Gefühlen);* der Haß, der Zorn wallte in ihm auf; in ~der Freude

'Auf·wand ⟨m.; -(e)s; unz.⟩ **1** *das Aufwenden, Einsatz;* ~ an Energie, Geld, Kraft, Material, Zeit; mit großem, geringem, viel, wenig ~; etwas mit dem geringsten ~ (an Material) zuwege bringen **2** *das, was aufgewendet worden ist, die Kosten;* der finanzielle ~ hatte sich (nicht) gelohnt; der ~ war beträchtlich **3** *Luxus, unnötige Verschwendung;* großen, viel ~ treiben; ohne großen ~ leben, sich kleiden

'auf|wär·men ⟨V. 500⟩ **1** etwas ~ *wieder warm machen;* den Tee, die Suppe, das Essen, die Milch ~ **2** ⟨R3⟩ sich ~ ⟨umg.⟩ *sich wieder wärmen, weil einem kalt ist;* die Straßenarbeiter wärmten sich am Feuer auf; zu Hause hat er sich mit heißem Tee aufgewärmt 2.1 ⟨Sp.⟩ *sich durch Laufen, leichte Übungen usw. auf Höchstleistungen vorbereiten* **3** etwas ~ ⟨fig.⟩ *eine unerfreuliche, schon vergessene od. erledigte Angelegenheit wieder erzählen od. an sie erinnern;* alte Geschichten immer wieder ~; mußt du den alten Kohl wieder ~? ⟨umg.⟩

'auf|war·ten ⟨V.⟩ **1** ⟨600⟩ jmdm. ~ ⟨geh.; veralt.⟩ *jmdn. bedienen;* bei Tisch, bei einer Festtafel ~; den Gästen bei der Feier ~ **2** ⟨803⟩ (jmdm.) mit etwas ~ ⟨geh.; veralt.⟩ *etwas anbieten, auftischen;* sie wartete den Gästen mit einem Imbiß auf; die Gastgeberin hat der Gesellschaft mit verschiedenen Delikatessen aufgewartet; dem Gast mit einer Tasse Kaffee und Kuchen ~ 2.1 damit kann ich ihm ~! ⟨fig.; umg.; iron.⟩ *das soll er haben!* **3** ⟨800⟩ mit etwas ~ ⟨fig.⟩ *etwas bieten;* das Kaufhaus wartete mit einem Sonderangebot auf; mit einer Überraschung, vielen Neuigkeiten, einer großen Sensation ~ **4** ⟨600⟩ jmdm. ~ ⟨veralt.⟩ *einen höflichen, kurzen Besuch abstatten;* er wartete ihr auf; er bat sie, ihr ~ zu dürfen

'auf·wärts ⟨Adv.⟩ **1** *empor, nach oben, in die Höhe;* ~ fahren, fliegen, gehen, steigen; der Weg führt ~ **2** es geht ~ ⟨fig.⟩ *es geht allmählich besser, vorwärts*

'Auf·war·tung ⟨f.; -, -en⟩ **1** ⟨unz.⟩ *das Aufwarten(1 u. 4)* 1.1 die ~ übernehmen, machen (bei jmdm.) *bei jmdm. regelmäßig gegen Entgelt die Wohnung saubermachen* 1.2 jmdm. seine ~ machen *einen förml. Besuch abstatten* **2** *Aufwartefrau;* ich habe, suche eine neue ~

'Auf·wasch ⟨m.; -(e)s; unz.⟩ **1** *schmutziges Geschirr, das aufgewaschen werden soll;* in der Küche steht noch der (ganze) ~; ich habe heute viel, wenig ~ **2** *das Aufwaschen;* den ~ machen; heute mußt du dich beim ~ beeilen 2.1 das geht in einem ~ ⟨fig.; umg.⟩ *das kann man alles mit einem Male erledigen*

'auf|wa·schen ⟨V. 279/500 od. 400⟩ Geschirr ~ *spülen;* Teller, Tassen, Bestecke ~; die Mutter ist in der Küche und wäscht auf

'auf|wecken ⟨-k·k-; V. 500⟩ **1** jmdn. ~ *wach machen;* sei leise, damit du das Kind nicht aufweckst!; dieser Krach weckt ja Tote wieder auf! ⟨umg.; scherzh.⟩ **2** → *a. aufgeweckt(2)*

'auf|wei·chen ⟨V.⟩ **1** ⟨500⟩ etwas ~ *durch Flüssigkeit weich machen, erweichen;* hartes Brot in Wasser, Kaffee, Suppe ~; der Regen hat den Weg aufgeweicht 1.1 *(durch Wärme) schmelzen;* die Sonne weicht die Eisschicht langsam auf **2** ⟨500⟩ etwas ~ ⟨fig.⟩ *allmählich von innen her zerstören, aushöhlen;* eine Partei ideologisch ~; ein Bündnis, eine Front ~ **3** ⟨400(s.)⟩ *durch Flüssigkeit weich werden;* das Brötchen weichte in der Milch auf; die Wege sind vom Regen aufgeweicht 3.1 *(durch Wärme) erweichen;* der Asphalt weicht unter der prallen Sonne auf

'auf|wei·sen ⟨V. 282/500⟩ **1** etwas ~ *auf etwas weisen, zeigen;* er weist alle Anzeichen von Masern auf; die Bilanz weist einen Gewinn auf; der Lehrer wies den Schülern neue Methoden auf **2** etwas ~ *erkennen lassen;* der Apparat weist viele Mängel auf; der Sand wies frische Spuren auf **3** etwas aufzuweisen haben *über etwas verfügen, etwas besitzen;* die Forschung hat neue Ergebnisse, große Erfolge aufzuweisen; haben Sie keine Referenzen aufzuweisen?

'auf|wen·den ⟨V. 283/500⟩ **1** etwas ~ *für einen Zweck, für ein Ziel aufbringen, aufbieten, verwenden;* große Energie, viel Mühe, alle Kräfte für ein Unternehmen ~; für eine Arbeit viel Fleiß, Zeit ~; es lohnt nicht die aufgewendete Mühe; er hat für sie seine ganze Freizeit aufgewendet/aufgewandt 1.1 *zahlen, ausgeben;* er mußte für den Umbau des Hauses viel Geld ~; eine halbe Million wurde für den Plan bereits aufgewendet/aufgewandt

'auf|wer·fen ⟨V. 286⟩ **1** ⟨500⟩ etwas ~ *in die Höhe werfen;* Schnee, Erde ~ 1.1 ⟨400⟩ Schalenwild (außer Schwarzwild) wirft auf ⟨jägerspr.⟩ *hebt plötzlich rasch u. aufmerksam den Kopf* **2** ⟨500⟩ die Lippen ~ *vorschieben, schürzen* 2.1 aufgeworfene Lippen *sehr breite L.* **3** ⟨500⟩ etwas ~ *aufhäufen, aufschütten;* einen Wall, Erdhaufen ~; Kohlen ~ **4** ⟨500⟩

eine Frage ~ *zur Sprache bringen;* ein Problem ~ **5** ⟨550/R3⟩ sich zu etwas ~ *sich eigenmächtig zu etwas erklären, eine angemaßte Rolle übernehmen;* sich zum Richter ~

'auf|wickeln ⟨-k·k-; V. 500/R7⟩ **1** etwas ~ *auf etwas wickeln;* die Wolle auf einen Knäuel ~; die Schnur, die Wäscheleine auf eine Rolle ~ 1.1 Haar ~ *auf Lockenwickler drehen* **2** etwas ~ *die Verpackung von etwas entfernen, auseinander wickeln;* ein Päckchen ~; er wickelte vorsichtig das Papier auf 2.1 ein Kind ~ *aus den Windeln wickeln*

'auf|wie·geln ⟨V. 500⟩ jmdn. ~ *zur Empörung, Auflehnung, zum Aufstand anstiften;* die Soldaten gegen die Regierung ~; die Kollegen gegen den Chef ~

'auf|wie·gen ⟨V. 287/500⟩ **1** etwas ~ *ausgleichen, ein Gegengewicht herstellen;* die Vorteile wiegen die Nachteile kaum, nicht, bei weitem auf; der große Erfolg wog alle Mühe und Anstrengungen auf 1.1 *Ersatz bieten für;* das Geld, das er bekam, wog den Verlust des Bildes nicht auf **2** etwas od. jmd. ist nicht mit Gold aufzuwiegen ⟨umg.⟩ *ist unbezahlbar, unersetzlich;* ihr Fleiß ist nicht mit Gold aufzuwiegen; ihr Mann ist nicht mit Gold aufzuwiegen

'auf|wir·beln ⟨V.⟩ **1** ⟨500⟩ etwas ~ *drehend in die Höhe wehen;* der Wind wirbelte den Staub auf; der Sturm hat dürre Blätter, Schnee, Sand aufgewirbelt 1.1 Staub ~ ⟨fig.; umg.⟩ *Aufsehen in der Öffentlichkeit erregen, Aufregung bringen;* der Prozeß, der Skandal, die Affäre hat eine Menge Staub aufgewirbelt **2** ⟨400⟩ etwas wirbelt auf *steigt wirbelnd in die Höhe;* die trockenen Blätter wirbelten im Sturm auf; Schnee, Sand wirbelt auf

'auf|wüh·len ⟨V. 500⟩ **1** etwas ~ *durch Wühlen an die Oberfläche bringen;* Kartoffeln, Steine ~ **2** die Erde ~ *durch Wühlen aufreißen;* die Wildschweine wühlten den Acker auf **3** jmdn. ~ ⟨fig.⟩ *in starke innere Bewegung versetzen, erschüttern;* das Buch, das Theaterstück, die Nachricht hat mich tief, bis ins Innerste aufgewühlt

'auf|zeich·nen ⟨V. 500⟩ **1** etwas ~ *auf etwas zeichnen;* eine Skizze, einen Plan auf ein Papier ~; ein Monogramm auf Stoff ~ 1.1 *erklärend hinzeichnen;* jmdm. einen Plan, einen Weg ~ **2** etwas ~ *schriftlich festhalten, notieren;* du solltest deine Erinnerungen, Erlebnisse einmal ~; er hat in dem Buch seine langen Beobachtungen der Tiere aufgezeichnet 2.1 ⟨Fernsehen⟩ *auf einem Film, Magnetband festhalten;* eine Sendung, eine Übertragung ~

'Auf·zeich·nung ⟨f.⟩ **1** *das Aufzeichnen;* die ~ im Studio hat gerade begonnen; die ~ des Musters auf Stoff muß sorgfältig gemacht werden **2** *das Aufgezeichnete;* seine ~en veröffentlichen; ~en eines Malers (Untertitel von Lebenserinnerungen); es sind geheime ~en gefunden worden

'auf|zei·gen ⟨V.⟩ **1** ⟨500⟩ etwas ~ *deutlich vor Augen führen, darlegen, deutlich auf etwas hinweisen;* die Entwicklung eines Lebewesens (in einem Vortrag o. ä.) ~; der Lehrer zeigte die Fehler, die Probleme auf; der Erfolg hat die Bedeutung der neuen Methode aufgezeigt **2** ⟨500⟩ jmdn. ~ ⟨österr.⟩ *anzeigen* **3** ⟨400⟩ *die Hand heben, sich melden;* der Schüler zeigt auf

'auf|zie·hen ⟨V. 293⟩ **1** ⟨500⟩ etwas ~ *in die Höhe ziehen;* eine Flagge, Jalousie, Schleuse, Zugbrücke ~ **2** ⟨500⟩ etwas ~ *durch Ziehen öffnen;* eine Schublade, den Vorhang ~ **3** ⟨500⟩ etwas ~ *auf etwas spannen;* eine Landkarte, ein Photo auf Pappe ~; die Leinwand ~; einen Reifen ~; Saiten ~; die Kette auf dem Webstuhl ~ ⟨Web.⟩ **4** ⟨500⟩ etwas ~ *die Feder von etwas spannen;* die Uhr, ein Uhrwerk ~; die Uhr ist (noch nicht) aufgezogen 4.1 er redete wie aufgezogen *als ob er aufgezogen sei (wie ein Uhrwerk), ununterbrochen u. lebhaft* 4.2 den Hahn einer Schußwaffe ~ ⟨veralt.⟩ *den Verschluß spannen* **5** ⟨500⟩ etwas ~ *durch Ziehen (des Fadens) auftrennen;* eine Häkelei, Strickerei, einen Pullover (wieder) ~ **6** ⟨500⟩ ein Kind, ein Tier, eine Pflanze ~ *großziehen, zum Gedeihen bringen;* ein Tier mit der Flasche ~ **7** ⟨500⟩ etwas ~ *organisieren, ins Werk setzen;* ein Fest, einen bunten Abend ~; ein Unternehmen (ganz) groß ~; ein Theaterstück als Posse, Schwank ~ **8** ⟨500/R8⟩ jmdn. ~ ⟨fig.; umg.⟩ *necken, foppen, zum besten haben* 8.1 jmdn. mit einer Angewohnheit ~ *wegen einer A. hänseln* **9** ⟨400(s.)⟩ *heranziehen, näherkommen;* ein Gewitter zieht auf; Wolken ziehen auf 9.1 *(in militär. Ordnung) heranmarschieren u. sich aufstellen;* in Marschordnung ~; der Posten, die Wache zieht auf

'Auf·zug ⟨m.⟩ **1** *das Aufziehen(9);* in feierlichem ~ erscheinen, einherschreiten; den ~ der Wachen beobachten **2** *Vorrichtung zur Beförderung von Personen od. Lasten nach oben od. unten;* Sy *Fahrstuhl(1), Lift[1];* Lasten ~, Personen ~ **3** *äußere Erscheinung, Art der Kleidung, Aufmachung;* in einem solchen ~ kannst du dich nirgends sehen lassen **4** = *Akt[2](3);* 1. ~, 3. Auftritt; Tragödie in 5 Aufzügen **5** ⟨Web.⟩ *das Aufziehen(3) der Kette auf dem Webstuhl* 5.1 *die beim Aufzug(5) befestigte Kette*

'auf|zwin·gen ⟨V. 294/530⟩ **1** jmdm. etwas ~ *gewaltsam aufdrängen, jmdn. nötigen, etwas entgegenzunehmen;* zwing dem Kind das Essen nicht auf; jmdm. seinen Willen ~; einem Volk eine Staatsform, eine fremde Kultur ~; ich lasse mir diese Lösung nicht ~ **2** ⟨R3⟩ etwas zwingt sich jmdm. auf ⟨geh.⟩ *wird jmdm. zwingend bewußt;* ihr zwang sich immer der Gedanke, die Ahnung auf, daß...

'Aug·ap·fel ⟨m.⟩ **1** *fast kugelförmiger, beweglicher Teil des menschlichen (zum Teil a. tierischen) Auges: Bulbus oculi* **2** ⟨fig.; geh.⟩ *etwas Kostbares;* jmdn. od. etwas wie seinen ~ hüten, hegen

'Au·ge ⟨n.; -s, -n⟩ **1** *Sinnesorgan des Menschen u. der Tiere zur Wahrnehmung von Lichtwellen;* blaue, braune, graue ~n; ein künstliches ~; die ~n öffnen, aufschlagen, niederschlagen; mit den ~n rollen; einen Fremdkörper im ~ haben; mir ist etwas ins ~ gekommen, geflogen; die ~n brennen, tränen mir; jmdm. ein ~ ausschlagen; mit den ~n zwinkern 1.0.1 ~n rechts!, ~n geradeaus!, die ~n links! ⟨Mil.⟩ *(Kommando)* 1.1 gute, schlechte ~n haben *gut, schlecht sehen können* 1.2 so weit das ~ reicht *so weit man sehen kann* 1.3 die ~n anstrengen *angestrengt auf etwas schauen* 1.4 sich die ~n verderben *einen Teil der Seh-*

kraft verlieren 1.5 die ~n richten auf *blikken auf, ansehen* 1.5.1 sich nach jmdm. die ~ ausschauen *jmdn. angestrengt zu entdekken suchen* 1.5.2 ein ~ riskieren *einen raschen, vorsichtigen Blick auf etwas werfen* 1.6 er konnte kein ~ von ihr (ab)wenden *er mußte sie immer ansehen* 1.7 etwas fürs ~ ⟨fig.⟩ *etwas, woran das A. sich erfreut, etwas, was hübsch hergerichtet, appetitlich zurechtgemacht ist* 1.8 jmdm. wie aus den ~n geschnitten sein *jmdm. äußerlich sehr ähnlich sein* 1.9 → a. *bloß(2.1), Faust(1.1), Luchs(1.1)* **2** *Organ der bewußten Wahrnehmung* 2.1 kein ~ zutun *nicht schlafen können* 2.2 schwere, verschlafene ~n haben, bekommen *müde sein, werden* 2.3 mir wurde schwarz vor den ~n *mir wurde übel, ich drohte ohnmächtig zu werden* 2.4 es schwimmt mir (alles) vor den ~n *mir ist schwindelig* 2.5 ich kann vor Arbeit nicht mehr aus den ~ sehen *die A. kaum bewältigen* 2.6 da bleibt kein ~ trocken ⟨fig.; umg.⟩ *das ist sehr anstrengend, aufregend, lustig* **3** *Organ der Beobachtung* 3.1 seine ~n überall haben *gut beobachten, sich nichts entgehen lassen, umsichtig sein* 3.2 mit offenen ~n durch die Welt gehen, die ~n offenhalten *aufmerksam sein, die Umwelt gut beobachten* 3.2.1 die ~n aufmachen ⟨fig.⟩ *sich umschauen, auf alles achten* 3.3 jmdn. od. etwas (fest, scharf) ins ~ fassen *ansehen* 3.4 jmdn. od. etwas (genau) im ~ behalten *(genau) beobachten* 3.5 jmdn. nicht aus den ~n lassen *ständig beobachten* 3.6 ein ~ haben auf etwas od. jmdn. *etwas od. jmdn. sorglich beobachten, darauf od. auf ihn achtgeben, aufpassen* **4** *Organ zur aufmerksamen Wahrnehmung* 4.1 wo hattest du denn deine ~n?, hast du keine ~n (im Kopf)? *das mußt du doch gesehen haben* 4.2 die ~n in die Hand nehmen ⟨fig.; umg.⟩ *genau hinschauen, etwas zu erkennen suchen, bes. bei Dunkelheit* 4.3 es fällt, springt in die ~n *fällt sofort auf, erregt die Aufmerksamkeit* 4.4 jmdn. aus den ~n verlieren *nichts mehr von jmdm. hören* 4.4.1 aus den ~n, aus dem Sinn *nicht mehr gesehen, schon vergessen* 4.5 ~n auf(gemacht)! *aufgepaßt!* 4.6 ein wachsames ~ haben auf *aufpassen, achtgeben auf* 4.7 du schläfst wohl mit offenen ~n? *du paßt nicht auf!* 4.8 das ~ des Herrn macht das Vieh fett ⟨Sprichw.⟩ *was gut gedeihen soll, muß gut beaufsichtigt werden* 4.9 das ~ des Gesetzes *die Polizei* **5** *Organ des Erkenntnisvermögens* 5.1 das ~ der Vernunft *die menschliche Erkenntnisfähigkeit* 5.2 er hat dafür keine ~n *sieht es, merkt es nicht, ist blind dafür* 5.3 jmdm. die ~n öffnen ⟨fig.⟩ *jmdn. aufklären über* 5.4 ein (sicheres) ~ haben *bestimmte Eindrücke besonders gut aufnehmen, das Wesentliche von etwas schnell erfassen* 5.4.1 *gut schießen können* 5.5 jetzt gehen mir die ~n auf! *jetzt erst erkenne ich die Zusammenhänge* 5.6 sich eine Tatsache vor ~n halten *eine T. bedenken, nicht vergessen, beherzigen* 5.7 jmdm. etwas vor ~n führen *jmdn. auf etwas aufmerksam machen* 5.8 was die ~n sehen, glaubt das Herz ⟨Sprichw.⟩ *das Herz läßt sich durch den äußeren Schein täuschen* 5.9 ich traute meinen ~n nicht, als ich das sah *ich wollte es nicht glauben* 5.9.1 die ~n (vor einer Tatsache) verschließen *(etwas) nicht sehen wollen* 5.9.2 ein ~ zudrücken ⟨fig.⟩ *etwas nicht genau nehmen, (wohlwollend) nicht bemerken (wollen)* 5.9.3 → a. *eigen(1.2.4), Schuppe(2.1)* **6** *Organ des Vorstellungsvermögens* 6.1 etwas vor ~n haben *sich deutlich vorstellen* 6.2 etwas vor seinem geistigen ~ sehen *sich vorstellen* 6.3 geistiges, inneres ~ *Vorstellung;* vor meinem geistigen ~ **7** *Organ der Urteilsfähigkeit* 7.1 etwas mit anderen ~n ansehen *von einem anderen Gesichtspunkt aus beurteilen* 7.2 in meinen ~n ist er ein Schuft *meiner Ansicht nach* 7.3 meine ~n waren größer als der Magen ⟨umg.; scherzh.⟩ *ich habe mir mehr auf den Teller genommen, als ich essen kann* 7.4 → a. *Sand(1.3), Splitter(1.1)* **8** etwas im ~ haben ⟨a. fig.⟩ *beabsichtigen, erstreben;* ich habe einen anderen Weg im ~ (den wir gehen können); ich habe ein bestimmtes Kleid im ~ (das ich kaufen möchte); (nur) seinen eigenen Vorteil im ~ haben 8.1 eine Sache ins ~ fassen *in Erwägung ziehen, beabsichtigen, sich vornehmen* 8.2 ein ~ auf etwas werfen *etwas gern besitzen wollen* 8.3 er hat ein ~ auf sie geworfen *es kann sein, daß er sich in sie verliebt* 8.4 mit den ~n verschlingen *begehrlich betrachten* 8.5 einer Sache ins ~ blicken, sehen *einer unangenehmen S. mutig begegnen;* einer Gefahr ins ~ blicken 8.6 dem Tod ins ~ sehen *in Todesgefahr sein* 8.7 jmdm. etwas an den ~n ablesen, absehen *einen unausgesprochenen Wunsch erraten* 8.8 → a. *Daumen(1.6)* **9** *Organ zum Ausdruck von Gefühlen;* blitzende, funkelnde, glänzende, strahlende, sanfte, schöne, treue ~n; ihre ~n blitzten, funkelten, strahlten, schossen Blitze; jmdn. od. etwas mit scheelen ~n ansehen; ihm quollen (vor Staunen) fast die ~n aus dem Kopf 9.1 mit niedergeschlagenen ~n *verschämt, verlegen* 9.1.1 um seiner schönen ~n willen *nur wegen seines Aussehens, nicht wegen seiner persönlichen Verdienste* 9.2 verquollene ~n *(vom Weinen) angeschwollene A.* 9.3 die ~n gingen ihm über 9.3.1 *er begann zu weinen* 9.3.2 ⟨fig.⟩ *er war stark beeindruckt (von einem Anblick)* 9.4 da blieb kein ~ trocken 9.4.1 *alle waren sehr gerührt* 9.4.2 ⟨umg.⟩ *alle waren begeistert* 9.5 jmdm. zu tief in die ~n sehen *sich in jmdn. verlieben* 9.6 jmdm. ins ~ sehen können *keine Hintergedanken, ein reines Gewissen jmdm. gegenüber haben;* jmdm. fest, scharf ins ~ sehen 9.7 jmdm. (nicht mehr) unter die ~n treten können *ein gutes (schlechtes) Gewissen jmdm. gegenüber haben, sich vor jmdm. nicht zu schämen brauchen (schämen müssen)* 9.8 sich die ~n aus dem Kopf weinen *sehr weinen* 9.9 → a. *Dorn[1](1.0.2), groß(1.3.1), lachen(1.3), Schalk(2.2), schön(1.3), verlieben(1.1.2)* **10** zwei ~n *eine Person* 10.1 eine Sache auf zwei ~n stellen *die Verantwortlichkeit einer einzigen Person übertragen* 10.2 jmdm. etwas unter vier ~n sagen, etwas unter vier ~n besprechen *jmdm. allein sagen, zu zweit, ohne Zeugen besprechen* 10.3 vier ~n sehen mehr als zwei *zwei Personen erledigen eine Sache besser als eine* 10.4 vor, unter meinen ~n *vor mir, in meiner Gegenwart* 10.4.1 vor aller ~n *öffentlich, vor allen anderen* 10.5 geh mir aus den ~n *ich will dich nicht mehr sehen* 10.6 ~ in ~ *von Angesicht zu Angesicht, einander fest ansehend* 10.7 er war ganz ~ (und Ohr) *schaute (und lauschte) gespannt, voller Aufmerksamkeit* 10.8 die ~n schließen, zutun ⟨fig.⟩ *sterben* 10.8.1 seine ~n brechen *er stirbt;* mit brechenden ~n **11** *unersetzliches Organ des Menschen* 11.1 ich könnte ihm die ~n auskratzen *bin wütend auf ihn, kann ihn nicht leiden* 11.2 das wäre fast ins ~ gegangen! *wäre fast schlimm ausgegangen* 11.3 ~ um ~, Zahn um Zahn (2. Mose 21, 24) *Gleiches muß mit Gleichem vergolten werden* 11.4 → a. *Krähe(2)* **12** *ein runder Gegenstand, eine runde Figur* 12.1 ⟨Spiel⟩ *Punkt, Figur, Zahl (auf Würfeln, Dominosteinen, Spielkarten);* sechs ~n werfen (beim Würfeln) 12.2 ~ auf der Suppe, Soße *schwimmender Fetttropfen;* Fett~ 12.3 *kreisrunde, farbige Zeichnung in den Schwanzfedern des Pfaus* 12.4 ⟨Bot.⟩ *ruhende Knospe, Knospenansatz;* Pfropf~; schlafendes ~ 12.5 ⟨Maschinenbau⟩ *Verdickung am Bohrungsende* **13** *eine runde Öffnung, Luke* 13.1 ⟨Web.⟩ *Öffnung an den Litzen des Webgeschirrs, durch die die Kettfäden gezogen werden* 13.2 ⟨Müllerei⟩ *Einfüllöffnung am Mühlstein* 13.3 ⟨Arch.⟩ *Kuppelöffnung* 13.4 ⟨Meteor.⟩ *Zentrum eines Tiefdruckgebietes* **14** ⟨Geom.⟩ *Projektionszentrum bei perspektivischen Darstellungen*

'Au·gen·blick ⟨a. [--'-] m.⟩ **1** *sehr kurze Zeit (-spanne);* ein entscheidender ~; ein unangenehmer ~, der große, erwartete ~ war gekommen; schreckliche ~e durchleben 1.1 lichte ~e haben 1.1.1 *kurze Zeitspannen klaren Bewußtseins (bei Krankheit)* 1.1.2 ⟨fig.; meist scherzh.⟩ *schöpferische, einfallsreiche Zeiten* 1.2 einen kleinen ~, bitte! *bitte noch ein (klein) wenig Geduld* 1.3 es geschah in einem ~ *sehr schnell, zu gleicher Zeit* **2** *Zeitpunkt* 2.1 alle ~e *sehr oft, häufig wiederholt* 2.2 jeden ~ *unmittelbar bevorstehender Zeitpunkt;* Sy *sofort, sogleich;* er muß jeden ~ da sein 2.3 im ~ *zur Zeit, gerade jetzt, soeben;* ich bin im ~ sehr beschäftigt; im ~ ist er fortgegangen 2.4 *bestimmter Zeitpunkt;* im schönsten ~; er erschien im ungeeignetsten ~; bis zu diesem ~; (gerade) in dem ~, als ...; einen günstigen ~ erwischen ⟨umg.⟩ 2.4.1 er kam im letzten ~ *gerade noch rechtzeitig* 2.4.2 im nächsten ~ *unmittelbar darauf* 2.4.3 im ersten ~ dachte ich ... *zuerst*

'Au·gen·licht ⟨n.; geh.⟩ **1** *Sehkraft* 1.1 das ~ verlieren *blind werden*

'Au·gen·merk ⟨n.; unz.; geh.⟩ **1** ⟨in festen Wendungen⟩ *Aufmerksamkeit;* sein ~ auf jmdn. od. etwas richten; jmds. ~ auf jmdn. od. etwas lenken; jmdm. od. etwas sein ~ zuwenden **2** ⟨veralt.⟩ *Ziel*

'Au·gen·schein ⟨m.; unz.⟩ **1** *das Anschauen, äußerer Anschein;* dem ~ nach; wie der ~ lehrt, zeigt; der ~ trügt in diesem Falle; nach dem ~ zu urteilen; der bloße ~ genügt **2** ⟨a. Rechtsw.⟩ *Prüfung durch (eigene) Besichtigung;* sich durch ~ von etwas überzeugen; einen (gerichtlichen) ~ vornehmen 2.1 jmdn. od. etwas in ~ nehmen *durch eigene Besichtigung prüfen*

'Au·gen·zeu·ge ⟨m.⟩ *jmd., der einen Vorfall mit angesehen hat (u. ihn schildern kann);* er hat es als ~ berichtet; ~ bei einem Unfall sein

Au'gust[1] ⟨m.; - od. -(e)s, -e; Abk.: Aug.⟩ *der achte Monat im Jahr;* ein heißer, verregneter, trockener ~

'Au·gust[2] ⟨m.; -(e)s, -e⟩ (dummer) ~ = *Clown*

Auk·ti'on ⟨f.; -, -en⟩ *Versteigerung*

aus[1] ⟨Präp. m. Dat.⟩ **1** ~ einem Ort, einer Gegend *herkommend von;* er hat mir ~ München geschrieben; einen Brief ~ Leipzig bekommen; er ist ~ der Tschechoslowakei gekommen 1.0.1 er stammt ~ Berlin *ist in B. geboren, aufgewachsen* 1.1 ~ einem (Innen)-Raum, Hohlraum (heraus) *von einem R. her, sich wegbewegend;* ~ dem Haus gehen, kommen, treten; ~ dem Fenster fallen; etwas ~ dem Fenster werfen; ~ einem Glase trinken 1.1.1 ich kann das Buch nicht ~ der Hand geben *weggeben, verleihen* 1.1.2 das Tier frißt ~ der Hand *holt sich das Futter von der H.* 1.1.2.1 ⟨fig.⟩ *das T. ist zahm* **2** (Zeit) *von früher her;* ein Lied ~ alten Zeiten; ein Schrank ~ dem Biedermeier; das Bild stammt ~ dem vorigen Jahrhundert **3** (Sachverhalt) *aus ... heraus, weg von;* jmdm. ~ einer Verlegenheit (heraus) helfen 3.1 geh mir ~ den Augen! ⟨fig.⟩ *ich will dich nicht mehr sehen, verschwinde!* 3.2 jmdn. od. etwas ~ den Augen verlieren ⟨fig.⟩ *nichts mehr von jmdm. od. einer Sache sehen und hören* 3.3 er ist ganz ~ dem Häuschen ⟨fig.⟩ *sehr aufgeregt* 3.4 ~ ihm spricht der Haß ⟨fig.⟩ *er spricht haßerfüllt, man merkt ihm seinen Haß an* 3.5 ~ der Mode kommen *unmodern werden* 3.6 ~ vollem Hals lachen, schreien *laut lachen, schreien* 3.7 ~ Leibeskräften schreien *mit aller Kraft* 3.8 ⟨im Präpositionalobjekt⟩ → *bestehen ~, erwachsen ~, folgen ~ usw.* **4** ~ einer Menge, Anzahl *als Teil einer M., A.;* er stammt ~ guter Familie; der Roman besteht ~ mehreren Teilen; ein Gegenstand ~ meinem Besitz; das läßt sich nur ~ dem Zusammenhang entnehmen 4.1 einer ~ unserer Mitte *einer von uns* 4.2 ~ einem Stoff, Material bestehen *als einzigen oder hauptsächlichen Bestandteil haben;* ~ Glas, ~ Gold; ein Kleid ~ Wolle; ~ Holz geschnitzt 4.2.1 er hat ein Herz ~ Stein ⟨fig.⟩ *er ist unbarmherzig* **5** (Instrument) *mittels;* das habe ich ~ einem Buch gelernt; wie Sie ~ der beigefügten Rechnung ersehen; etwas ~ dem Gedächtnis wiederholen; etwas ~ Erfahrung kennen, wissen 5.1 etwas ~ dem Kopf wissen, hersagen *auswendig* 5.2 ~ der Not eine Tugend machen *eine unangenehme Lage geschickt ausnützen* **6** ~ einem Grund *(infolge) von;* ~ welchem Grunde?; ~ verschiedenen Gründen; ~ Liebe; ~ Verzweiflung; ~ bester Absicht (heraus); ~ diesem Anlaß; ~ Furcht

aus[2] ⟨Adv.⟩ von ... ~ **1** von einem Ort ~ *ausgehend von;* von hier ~ kann man es sehen **2** von Grund ~ 2.1 von Grund ~ verdorben *von Anfang an, durch und durch* 2.2 von Grund ~ erneuern *vollständig* **3** von mir ~ ⟨umg.⟩ *ich bin einverstanden, meinetwegen* **4** ein und ~ 4.1 ein und ~ gehen *durch die Tür hereinkommen und hinausgehen* 4.2 bei jmdm. ein und ~ gehen ⟨fig.⟩ *mit jmdm. häufig und ungezwungen verkehren* 4.3 weder ein noch ~ wissen *völlig ratlos sein* **5** ⟨kurz für⟩ 5.1 *ausgeschaltet, ausschalten;* Ggs *ein*[1]*(2-2.2);* Licht ~!; das Licht ist ~ **5.2** jmd. ist ~ ⟨umg.⟩ *ausgegangen* 5.3 ~! *Schluß!, Ruhe!*

Aus ⟨n.; -; unz.⟩ **1** *Ende, Abschluß;* das ~ kam kurz nach dem zweiten Tor **2** *Raum außerhalb eines Spielfeldes;* der Ball flog ins ~

aus... ⟨abtrennbare, betonte, verbale Vors.⟩ **1** *weg von, hinaus;* ausgehen, aussenden, ausrufen, ausstellen **2** *hervor, heraus;* ausbrechen, ausgraben **3** *gründl. Vollendung;* ausstrecken, auskochen, ausweinen **4** *Wahl unter mehreren;* auslesen, auswählen aus ... **5** →a. *hinaus..., heraus...*

'aus|ar·bei·ten ⟨V. 500⟩ **1** etwas ~ *schriftl. zusammenstellen, in gültige Form bringen, (ausführlich) verfassen;* einen Vortrag, ein Gesetz, eine Zeichnung, einen Plan ~ 1.1 *vervollkommnen, verbessern, den letzten Schliff geben* 1.1.1 *handwerkl. die Feinheiten herausholen;* Ornamente ~ **2** ⟨R3⟩ sich ~ *sich durch Arbeit körperl. Bewegung schaffen, seine Kräfte in körperl. Bewegung anstrengen;* sich im Garten tüchtig ~; ausgearbeitete Hände

'aus|ar·ten ⟨V. 405(s.)⟩ **1** etwas artet aus in od. zu etwas *etwas geht über das übliche Maß hinaus zu etwas Negativem, entwickelt sich schlecht;* ihr Streit artete plötzlich in eine Schlägerei aus; die Demonstration ist in eine Straßenschlacht ausgeartet; deine Großzügigkeit darf nicht zu unbegrenzter Verschwendung ~ **2** jmd. artet aus *jmd. verliert das rechte Maß, benimmt sich schlecht;* die Kinder arten aus; in seiner Betrunkenheit, seinem Zorn artet er immer aus **3** ⟨veralt.⟩ *aus der Art schlagen, entarten;* ein ausgearteter Mensch

'aus|ba·den ⟨V. 500; umg.⟩ etwas ~ *die Folgen von etwas (meist nicht selbst) Verschuldetem tragen;* er muß diese Dummheit, diese Sache, diesen Fehler jetzt ~

'aus|bau·en ⟨V. 500⟩ etwas ~ **1** *aus einem Bau, einem Gefüge herausnehmen;* ein Maschinenteil, den Motor ~ **2** *durch Bauen erweitern, vergrößern;* den Hafen ~; ein Geschäft ~ 2.1 *die Einzelheiten von etwas vollenden, vervollständigen, die Inneneinrichtung von etwas fertigstellen;* den Dachstuhl ~ **3** ⟨fig.⟩ *planvoll weiterentwickeln;* Beziehungen ~; ein System ~; eine Theorie ~; eine Abhandlung zur Doktorarbeit ~

'aus|be·din·gen ⟨V. 120/530/R1; geh.⟩ sich etwas ~ *zur Bedingung machen, sich vorbehalten, verlangen;* ich bedinge mir aus, daß...; sich das Recht ~, etwas zu tun

'aus|bes·sern ⟨V. 500⟩ **1** etwas ~ *Schäden beseitigen an, etwas instand setzen, reparieren;* ein Dach, ein Gebäude, ein Gerät, eine Straße ~ 1.1 *flicken, stopfen;* alte Kleidung, Wäsche ~ 1.2 *restaurieren;* ein altes Gemälde ~

'aus|beu·ten ⟨V. 500⟩ **1** Bodenschätze, Naturkräfte ~ *fördern, gewinnen, nutzbringend anwenden, verwerten;* ein Bergwerk, eine Grube ~ **2** jmdn. od. etwas ~ ⟨abwertend⟩ *zum eigenen Vorteil skrupellos ausnutzen;* er beutet die Arbeiter schamlos aus; das römische Imperium beutete die besetzten Gebiete aus; jmds. Notlage, Unkenntnis ~

'aus|bil·den ⟨V. 500/R7 od. R8⟩ **1** jmdn. ~ *schulen, unterrichten;* Schüler, Lehrlinge, Nachwuchs ~; er ist am Konservatorium ausgebildet (worden); sie ist ausgebildete Röntgenassistentin; sie läßt sich als, zur Schauspielerin ~; sich an einem Instrument, in der Malerei ~ (lassen) **2** etwas ~ *entwickeln, weiterbilden, vervollkommnen;* Fähigkeiten ~; seine Stimme ~ **3** ⟨R3⟩ etwas bildet sich aus *entwickelt sich, entsteht;* im 19. Jh. bildete sich der histor. Roman aus

'Aus·bil·dung ⟨f.⟩ **1** *das Ausbilden* **2** *Ergebnis des Ausbildens*

'aus|bit·ten ⟨V. 112/530/R1⟩ **1** sich (von jmdm.) etwas ~ *etwas durch Bitten erreichen, verlangen od. zu erreichen versuchen;* sich vom Chef eine Bedenkzeit ~; ich habe mir von ihm ein Buch ausgebeten; sich von den Eltern eine Erlaubnis ~ **2** sich (von jmdm.) etwas ~ *etwas mit Nachdruck fordern, verlangen;* ich bitte mir aus, daß Sie pünktlich sind; ich bitte mir anständiges Benehmen aus!; ich bitte mir aus, daß du um elf Uhr zu Hause bist! 2.1 das möchte ich mir (auch) ausgebeten haben! *das habe ich auch nicht anders erwartet!*

'Aus·blick ⟨m.⟩ **1** *Blick in die Ferne, Aussicht;* vom Turm hat man einen schönen, weiten, herrlichen ~ auf die Landschaft; ein Zimmer mit ~ aufs Meer; die Bäume versperren den ~ **2** ⟨fig.⟩ *Blick in die Zukunft;* der modernen Medizin eröffnen sich durch diese Methode neue ~e

'aus|bre·chen ⟨V. 116⟩ **1** ⟨500⟩ etwas ~ *losbrechen, herausbrechen;* Mauersteine, Zähne ~ **2** ⟨500⟩ den Mageninhalt ~ *erbrechen* **3** ⟨400(s.)⟩ *sich mit Gewalt befreien;* der Häftling ist ausgebrochen; aus dem Gefängnis ~; der Löwe ist aus dem Käfig ausgebrochen **4** ⟨400(s.)⟩ etwas bricht aus *beginnt plötzlich, setzt heftig ein;* ein Brand, Feuer, Krieg bricht aus; eine Seuche brach aus; ein Streik ist ausgebrochen **4.1** ein Vulkan bricht aus *wird plötzlich tätig, beginnt zu arbeiten* **4.2** der Schweiß brach mir aus *ich begann heftig zu schwitzen* **5** ⟨800(s.)⟩ in Gefühlsbewegungen ~ *plötzlich heftige G. zeigen;* in Gelächter ~; in Schmähungen ~; in Tränen ~; in Zorn ~; mit plötzlich ~ dem Zorn

'aus|brei·ten ⟨V. 500/R7⟩ **1** etwas ~ *auf eine Fläche verteilt hinlegen, nebeneinanderlegen;* die Karten ~; Ware zur Ansicht, zum Verkauf ~; Wäsche zum Trocknen ~ **2** etwas ~ *auseinanderbreiten, entfalten;* eine Decke, ein Tischtuch ~; sie breitete ihre ganze Lebensgeschichte vor mir aus ⟨fig.⟩ **3** etwas ~ *nach den Seiten ausstrecken;* die Arme, Flügel ~ **4** ⟨R3⟩ etwas breitet sich aus **4.1** *vergrößert seine Ausdehnung, verbreitet sich;* ein Gerücht, eine Nachricht breitet sich aus; die Panik hat sich ausgebreitet; der Fleck, das Feuer hat sich ausgebreitet **4.2** *erstreckt sich;* jenseits des Gebirges breitet sich die Ebene aus

'aus|bren·nen ⟨V. 117⟩ **1** ⟨500⟩ etwas ~ *durch Brennen entfernen, vernichten;* eine Warze ~ **2** ⟨500⟩ eine Wunde ~ *reinigen, keimfrei machen* **3** ⟨400(s.)⟩ etwas brennt aus *brennt zu Ende;* das Feuer, die Kerze, die Batterie ist ausgebrannt 3.1 ein ausgebrannter Vulkan *ein erloschener, nicht mehr tätiger V.* **4** ⟨400(s.)⟩ *im Innern völlig verbrennen, leer brennen;* das Gebäude ist gänzlich ausgebrannt 4.1 jmd. ist ausgebrannt ⟨fig.⟩ *hat seine seelischen Kräfte völlig verbraucht*

'aus|brin·gen ⟨V. 118/500⟩ etwas ~ **1** einen Trinkspruch ~ *mit, bei einem Trunk aussprechen;* einen Trinkspruch auf jmdn., auf jmds. Gesundheit ~ **2** ein Geheimnis ~ ⟨schweiz.⟩ *ausplaudern* **3** eine Zeile ~ ⟨Typ.⟩ *die Wortzwischenräume so vergrößern, daß es eine Zeile mehr ergibt* **4** Eier ~ ⟨jägerspr.⟩ *ausbrüten*

'Aus·bruch ⟨m.⟩ **1** *das Ausbrechen(3-5);* Vulkan~; ~ aus einem Gefängnis; ~ einer Seuche; bei ~ des Krieges; ~ der Freude, des Zorns 1.0.1 zum ~ kommen *ausbrechen(4)* **2** *süßer Wein aus überreifen, am Stock halb eingetrockneten Beeren, aus denen die geeigneten ausgebrochen (ausgelesen) werden*

'aus|brü·ten ⟨V. 500⟩ **1** Eier ~ *so lange brüten, bis der junge Vogel ausschlüpft;* die Henne brütet die Küken aus 1.1 eine Krankheit ~ ⟨fig.; scherzh.⟩ *einige Zeit undeutliche Symptome aufweisen, ehe sich die Krankheit zeigt;* ich brüte eine Grippe, einen Schnupfen aus **2** etwas ~ ⟨fig.; umg.⟩ *so lange über etwas grübeln, bis ein Ergebnis zustande kommt;* einen Plan ~; finstere, seltsame Gedanken ~

'Aus·dau·er ⟨f.; unz.⟩ **1** *Fähigkeit, etwas über längere Zeit auszuhalten, Zähigkeit;* er hat fast keine ~; sie beweist, zeigt in diesem Falle große, bewundernswerte ~; die Entwicklung wird von uns mit ~ verfolgt; sie wurde für ihre ~ belohnt 1.1 *anhaltender Fleiß;* mit ~ arbeiten

'aus·dau·ernd 1 ⟨Part. Präs. von⟩ *ausdauern* **2** ⟨Adj.⟩ *beharrlich, zäh, geduldig* 2.1 ⟨Bot.⟩ *mehrere Jahre hindurch fortlebend;* ~e Pflanzen

'aus|deh·nen ⟨V. 500⟩ **1** ⟨R7⟩ etwas ~ *den Umfang von etwas vergrößern;* dehne mir meine Handschuhe nicht aus! 1.1 ⟨R3⟩ etwas dehnt sich aus *etwas vergrößert seinen Umfang;* Metall dehnt sich durch Erwärmung aus; die Stadt dehnt sich immer mehr, immer weiter aus **2** etwas ~ *(zeitlich) verlängern;* eine Frist, Lieferzeit ~; eine Reise übers Wochenende ~ 2.0.1 wir wollen den Abend nicht zu lange ~ *nicht zu spät auseinandergehen* 2.0.2 ein ausgedehnter Spaziergang *ein weiter, langer S.* 2.1 ⟨R3⟩ etwas dehnt sich aus *etwas zieht sich in die Länge, zieht sich hin;* die Feier dehnte sich bis in den Morgen aus **3** eine Sache ~ *erweitern;* seinen Einfluß ~ 3.0.1 ausgedehnte Beziehungen *weitverzweigte, weitläufige, weitreichende B.* 3.0.2 eine ausgedehnte Praxis haben *eine große P.* **4** ⟨550⟩ ein Gesetz, Verbot auf jmdn. od. etwas ~ *in seinem Anwendungsbereich auf jmdn. od. etwas erweitern;* Vorschriften auf einen größeren Personenkreis ~

'Aus·deh·nung ⟨f.⟩ **1** *das Ausdehnen* 1.1 *Zunahme, Vergrößerung des Volumens od. der Länge;* isotrope, lineare, kubische ~ ⟨Phys.⟩ 1.2 *räumliche Ausweitung;* die ~ eines Hochs über Deutschland; die ~ einer Epidemie verhindern 1.3 ⟨fig.⟩ *Vergrößerung;* das Land bemühte sich um ~ seiner Macht, seines Einflusses; die weitere ~ des Handels anstreben 1.4 *zeitliche Verlängerung;* die ~ der Tagung auf mehrere Tage; die ~ der Besuchszeit **2** ⟨Math.⟩ = *Dimension(1)* 2.1 *Größe, Umfang;* die Stadt hat eine ~ von 10 km²; die Hauptstadt hat eine gewaltige, beträchtliche ~ erreicht; hier kann man den See in seiner vollen ~ sehen

'aus|den·ken ⟨V. 119/500 od. 530/R1⟩ **1** (sich) etwas ~ *(sich) durch Denken etwas zurechtlegen od. schaffen;* er hat (sich) einen Plan ausgedacht; sich eine Überraschung für jmdn. ~; sich einen Scherz, einen Trick, einen Spaß, ein Spiel ~; ist das wahr, oder hast du es dir nur ausgedacht?; du denkst dir immer neue Ausreden aus 1.1 da mußt du dir schon etwas anderes ~ *das glaube ich dir nicht* **2** etwas ist nicht auszudenken *etwas ist unvorstellbar;* die Folgen, die Auswirkungen sind nicht auszudenken

'Aus·druck ⟨m.; -(e)s, ¨e⟩ **1** ⟨unz.⟩ *die Art, sich auszudrücken, zu sprechen, zu singen, zu spielen;* dein Aufsatz ist inhaltl. gut, aber der ~ muß noch besser werden; mit leidenschaftlichem ~ singen, spielen, sprechen **2** ⟨unz.⟩ *äußerl. Zeichen, Kundgeben inneren Erlebens;* Gefühls~; seinen Gefühlen ~ geben; einer Hoffnung ~ geben; eine Äußerung mit dem ~ des Bedauerns zurücknehmen; mit dem ~ vorzüglicher Hochachtung (veralteter Briefschluß); in seinem Vortrag kam (deutlich) zum ~, daß ... 2.0.1 etwas zum ~ bringen *(deutlich) sagen, ausdrücken, in Worte fassen* 2.1 *Miene, Mienenspiel;* Gesichts~; der ~ seines Gesichts wechselte ständig; ihr Gesicht hatte einen mitleidigen ~; in seinem Gesicht lag ein ~ von Güte, Haß, Mitleid 2.2 *Betonung, Nachdruck;* ein Gedicht mit ~ vortragen; einem Lied (beim Singen) mehr ~ geben; er spielt, singt ohne (jeden) ~ 2.3 *künstlerische Gestalt(ung), Form(ung);* dieses Porträt hat gar keinen ~ **3** *Wort, Bezeichnung, Redensart, Redewendung;* Fach~, Kraft~; beleidigende Ausdrücke; den richtigen ~ nicht finden; „pürschen" ist ein ~ aus der Jägersprache; nach dem richtigen, einem geeigneten ~ suchen; kannst du mir einen anderen ~ für „romantisch" sagen?; beschönigender, bildlicher, falscher, geläufiger, mundartlicher, neuer, neugeprägter, richtiger, treffender, veralteter, verhüllender, volkstümlicher ~; „weeß Knöbbchen" ist ein sächsischer ~ 3.1 Ausdrücke gebrauchen *vulgäre Wörter, Schimpfwörter*

'aus|drücken ⟨-k·k-; V. 500⟩ **1** etwas ~ *durch Drücken die Flüssigkeit aus etwas entfernen;* ein Kleidungsstück ~; einen Schwamm ~; eine Zitrone ~ 1.1 Flüssigkeit ~ *durch Drücken herausholen;* Saft ~ **2** eine Zigarette ~ *durch Drücken auslöschen* **3** etwas ~ *in einer bestimmten Art formulieren;* es ist nicht auszudrücken, wie schön es war; ich will es noch anders od. besser ~; man kann es nicht anders ~ als „unverantwortlich"; etwas in, mit Worten, Gesten ~ 3.1 ⟨R3⟩ sich ~ *sich in einer bestimmten Art äußern;* sich derb, deutlich, falsch, gewählt, gut, klar, richtig, unklar ~; habe ich mich richtig ausgedrückt?; ich weiß nicht, wie ich mich ~ soll 3.1.1 seine Art, sich auszudrücken, ist erheiternd *seine Redeweise* 3.1.2 = *artikulieren(3)* 3.2 ⟨550⟩ etwas in etwas ~ *angeben;* einen Sachverhalt in Zahlen ~; in Zahlen oder Quadratmetern ausgedrückt beträgt die Größe des Grundstücks 350 m² **4** etwas ~ *in Worte fassen, aussprechen;* Gefühle, seinen Dank ~; seine Freude

~ (über etwas) 4.1 ⟨530⟩ jmdm. etwas ~ *äußerlich zeigen, kundtun;* jmdm. seine Hochachtung ~

'aus·drück·lich ⟨a. [-'--] Adj.⟩ *besonders betont, bestimmt, deutlich, klar;* ~e Erlaubnis, ~es Verbot; auf ~en Wunsch; mit ~em Vorbehalt; ich habe ~ gesagt, daß er kommen soll; etwas ~ verbieten, erklären; auf etwas ~ hinweisen, verzichten

'aus|dun·sten ⟨V. 500⟩ = *ausdünsten*

'aus|dün·sten ⟨V. 500⟩ *einen unangenehmen Dunst od. Geruch absondern, ausscheiden;* oV *ausdunsten;* der modrige Teich dünstete üble Gerüche aus; die Tiere haben einen scharfen Geruch ausgedünstet

aus·ein'an·der ⟨Adv.⟩ **1** *einer vom anderen getrennt, abgesondert, weg;* der Lehrer setzte die zwei Schüler ~; die Dörfer liegen im Gebirge weit ~; diese Ereignisse liegen um einige Tage ~; die Geschwister sind fast 15 Jahre ~; dieses Wort schreibt man ~ **1.1** wir sind schon lange ~ ⟨umg.⟩ *nicht mehr befreundet* **2** *eines aus dem anderen;* etwas theoretisch ~ ableiten

aus·ein'an·der|set·zen ⟨V.; fig.⟩ **1** ⟨530⟩ jmdm. etwas ~ *darlegen, erklären;* er hat ihm seine Pläne, seine Gründe klar auseinandergesetzt **2** ⟨550/R3⟩ **2.1** sich mit etwas ~ *sich mit etwas kritisch befassen, gründlich beschäftigen;* sich mit einer Lehre, einer anderen Meinung, einem Problem ~ **2.2** sich mit jmdm. ~ *mit jmdm. einen Sachverhalt in einem ernsten Gespräch klären;* der Autor dieses Romans hat versucht, sich mit dem Leser auseinanderzusetzen; er setzt sich mit dem Gegner auseinander **3** ⟨500/R4; Rechtsw.⟩ *sich über die Aufteilung von gemeinsamem Besitz einigen;* die Erben müssen sich ~

Aus·ein'an·der·set·zung ⟨f.; -, -en⟩ **1** *eingehende Erklärung von etwas, kritische Beschäftigung mit etwas;* ohne eine ~ mit dieser Frage wird es nicht gehen; wir müssen uns der ~ mit den Problemen stellen **2** *Meinungsaustausch, Diskussion;* eine wissenschaftliche, kritische, politische ~; es gab mehrere fruchtbare ~en über dieses Thema **3** *Streit;* wir hatten eine (heftige) ~ zu Hause; es kam zu blutigen, dramatischen, scharfen ~en zwischen den Anwesenden **4** ⟨Rechtsw.⟩ *Aufteilung gemeinsamen Besitzes;* die ~ bei einer Erbschaft

'aus|fah·ren ⟨V. 130⟩ **1** ⟨400(s.)⟩ *nach draußen fahren* 1.1 die Bauern fahren aus *fahren (zum ersten Male im Jahr) zur Arbeit auf den Acker* 1.2 Bergleute fahren aus *verlassen das Bergwerk;* Ggs *einfahren(1.1)* 1.3 Verkehrsmittel, ein Zug, ein Schiff fährt aus *verläßt den Bahnhof, den Hafen;* → a. *einfahren(1)* **2** ⟨500⟩ 2.1 jmdn. ~ *spazierenfahren;* ein Kind im Wagen, einen Kranken im Rollstuhl ~ 2.2 ⟨(h.) od. (s.)⟩ ein Rennen ~ ⟨Sp.⟩ *an einem R. teilnehmen, an einem R. bis zum Ende mitfahren* 2.3 ⟨(h.) od. (s.)⟩ Kurven ~ *in der K. am rechten Straßenrand fahren;* Ggs *schneiden(9)* 2.3.1 einen Wagen ~ *bis zur höchsten Geschwindigkeit beschleunigen* 2.4 Gleise, einen Weg ~ *durch Fahren abnutzen* 2.4.1 er bewegt sich in ausgefahrenen Gleisen ⟨fig.⟩ *wiederholt nur längst Bekanntes* 2.5 Dachs u. Fuchs fahren Erde aus ⟨jägerspr.⟩ *werfen E. aus dem Bau* **3** ⟨Part. Präs.⟩ ~de Bewegungen ⟨Med.⟩ *plötzl., unwillkürliche B.* **4** ~d werden ⟨veralt.⟩ *beleidigend, unverschämt*

'Aus·fahrt ⟨f.⟩ **1** *das Ausfahren, Spazierfahrt;* eine ~ unternehmen **2** *Ausgang für Fahrzeuge;* Tor ~, Hafen ~; ~ freihalten! **3** *Erlaubnis zum Ausfahren;* der Zug hat noch keine ~

'Aus·fall ⟨m.⟩ **1** *das Ausfallen* 1.1 ⟨Fechten⟩ *rasches Vorsetzen des rechten Fußes mit Beugen des Knies u. Vorschnellen des Körpers sowie der damit verbundene Stoß od. Hieb* **2** ⟨fig.⟩ *beleidigender Angriff gegen jmdn.*

'aus|fal·len ⟨V. 131/400(s.)⟩ **1** etwas fällt aus *fällt heraus;* die Haare, Zähne fallen aus **2** etwas fällt aus *fällt unerwartet weg;* mein Lohn fällt für diese Zeit aus; der fahrplanmäßige Zug fällt aus 2.1 eine Sitzung fällt aus *findet nicht statt;* der Unterricht fällt heute aus **3** ⟨413⟩ etwas fällt gut, schlecht aus *hat ein gutes, schlechtes Ergebnis;* die Ernte ist gut ausgefallen; die Prüfung fiel nicht so besonders aus; die Arbeit wird gut od. schlecht ~; wie ist das Spiel ausgefallen? **4** ⟨veralt.⟩ *aus einer Verteidigungsstellung zum Angriff vorgehen*

'aus·fin·dig ⟨Adj. 24/51⟩ jmdn. od. etwas ~ machen *nach langem, angestrengtem Suchen od. Nachdenken finden;* den Täter ~ machen; er hat ein nettes Lokal ~ gemacht; seine Spur wurde ~ gemacht

'Aus·flucht ⟨f.; -, ⸚e⟩ *Ausrede, mit der etwas unglaubwürdig entschuldigt wird;* immer eine ~ haben; Ausflüchte machen, gebrauchen; sich hinter Ausflüchten verstecken

'Aus·flug ⟨m.⟩ **1** *das Wegfliegen;* ~ der Bienen, der Vögel **2** *eine (kurze) Wanderung od. Fahrt zum Vergnügen od. zur Erholung;* einen ~ (ins Grüne, nach X. usw.) machen; ein schöner, großer, gemeinsamer ~ aufs Land, in die Berge; es war ein ~ in die Vergangenheit, in die Mythologie ⟨fig.⟩

'Aus·fluß ⟨m.; -s·ses, ⸚s·se⟩ **1** *Stelle, an der eine Flüssigkeit ausfließt, Öffnung für den Abfluß;* der ~ eines Teiches, Sees **2** ⟨Med.⟩ *krankhafte Absonderung von Flüssigkeit aus der Scheide;* eitriger, blutiger ~ **3** ⟨unz.; fig.; geh.⟩ *Ergebnis, Folge;* es war ein ~ seiner Phantasie, schlechter Laune, augenblicklicher Stimmung

'aus|fres·sen ⟨V. 139/500⟩ **1** etwas ~ *leer fressen;* die Schweine haben den Trog ausgefressen **2** etwas ~ *aus etwas herausfressen;* die Säure hat ein Loch ausgefressen **3** etwas ausgefressen haben ⟨fig.; umg.⟩ *etwas angestellt haben, sich etwas zuschulden haben kommen lassen;* was hast du denn ausgefressen?

'aus|frie·ren ⟨V. 140⟩ **1** ⟨400(s.)⟩ 1.1 *zu Eis erstarren, erfrieren;* zum Trocknen aufgehängte Wäsche ~ lassen; im vorigen Winter fror die Saat aus 1.2 *vor Kälte durch u. durch frieren;* ich bin ganz ausgefroren **2** ⟨500⟩ ein Gemisch ~ ⟨Tech.⟩ *durch Abkühlen in seine Bestandteile trennen*

'Aus·fuhr ⟨f.; -; unz.⟩ *der Verkauf von Waren ins Ausland;* Sy *Export;* Ggs *Einfuhr*

'aus|füh·ren ⟨V. 500⟩ **1** jmdn. ~ *jmdn. zu einer Veranstaltung, in ein Lokal führen u. freihalten* **2** den Hund ~ *spazierenführen* **3** Waren ~ *ins Ausland bringen, verkaufen* **4** eine Arbeit ~ *durchführen, vollenden* **5** Gedanken ~ *(mündl. od. schriftl.) darlegen, auseinandersetzen, ausführl. erklären;* er führte seine Theorien, Ideen weitschweifig aus; wie ich oben ausgeführt habe

aus'führ·lich ⟨schweiz. ['---]; Adj.⟩ *bis ins einzelne gehend, eingehend, sehr genau, breit darstellend;* ein ~er Brief, Bericht; ein Thema ~ behandeln; etwas ~ erklären, beschreiben, erzählen

'Aus·füh·rung ⟨f.; -, -en⟩ **1** *Durchführung, Vollendung;* die ~ der Bauarbeiten dauert drei Wochen **2** *Ausarbeitung;* die weitere ~ einer Zeichnung **3** *Art der Herstellung, Ausstattung;* die ~ des Einbandes war mangelhaft; in sorgfältiger ~ **4** *ausführliche Erklärung, Darlegung;* gelehrte ~en; wie ich Ihren ~en entnommen habe; wir danken dem Redner für seine interessanten ~en

'aus|fül·len ⟨V.⟩ **1** ⟨505⟩ etwas (mit etwas) ~ *etwas Leeres od. Hohles vollständig füllen;* einen Zahn mit einer Plombe ~; eine Grube mit Sand ~; eine Lücke in seiner Bildung ~ ⟨fig.⟩ 1.1 etwas od. jmd. füllt etwas aus *bedeckt od. nimmt nur einen begrenzten Raum od. Platz ein;* die zwei Schränke füllen den ganzen Flur aus; die Bilder füllten die ganze Wand aus; sie hat mit ihrem dicken Körper den ganzen Sessel ausgefüllt **2** etwas ~ *alle erforderlichen Angaben in ein Schriftstück eintragen, in einem Schriftstück gestellte Fragen beantworten;* einen Fragebogen, ein Formular, eine Anmeldung in Druckschrift ~; füllen Sie bitte diesen Meldezettel deutlich aus! **3** eine begrenzte Zeit (mit etwas) ~ *verbringen;* sie füllte die Wartezeit mit Lesen aus; die Pause unterhaltsam ~; ihr ganzes Leben war mit Arbeit ausgefüllt **4** einen Posten ~ ⟨fig.⟩ *bekleiden, einer Aufgabe gewachsen sein;* er füllt seine Stellung, seinen Platz gut, gewissenhaft aus **5** etwas füllt jmdn. aus ⟨fig.⟩ *etwas erfüllt jmdn., nimmt jmdn. voll in Anspruch;* ein Gedanke, eine Idee, ein Vorhaben füllt ihn gänzlich aus; das unvorstellbare Glück füllte ihn aus 5.1 *befriedigen;* die Arbeit füllte sie nicht aus; seine Tätigkeit hat ihn ganz ausgefüllt

'Aus·ga·be ⟨f.⟩ **1** *Zahlung, Geldaufwand;* kleine, große, viele ~n haben, machen; laufende ~n; keine ~n scheuen; ~n u. Einnahmen **2** ~ von Schriftwerken ⟨Abk.: Ausg.⟩ *Veröffentlichung;* Abend~, Erst~ 2.1 ~ letzter Hand *letzte vom Verfasser selbst autorisierte Veröffentlichung eines Werkes* 2.2 *Ausstattung, Form eines Druckwerkes;* Pracht~, Liebhaber~, Sonder~, Taschen~; erweiterte, verkürzte ~ 2.3 *Nummer einer Zeitung;* in welcher ~ stand die Nachricht? **3** ⟨unz.⟩ *das Herausgeben(2);* Waren~, Essen~; Befehls~ 3.1 *Stelle, an der etwas herausgegeben wird;* Ggs *Annahme(1);* Handgepäck~; fragen Sie an der ~!

'Aus·gang ⟨m.⟩ **1** *Öffnung eines Raumes zum Hinausgehen;* Ggs *Eingang(1);* alle Ausgänge besetzen!; den ~ versperren 1.1 *Tür zum Hinausgehen, Tür ins Freie;* bitte den ~ an der Seite benutzen!; am ~ des Theaters 1.2 ~ eines Stollens, unterirdischen Ganges usw. *Öffnung, Loch* **2** ~ eines Geschehens, Zeitraumes, einer Abfolge *Ende;* eine Geschichte mit bösem, glücklichem, gutem ~; tödlicher ~ einer Krankheit, eines Unfalls; am ~ des 19. Jh.s; der ~ eines Romans, Wortes, Verses, einer Zeile 2.1 ~ einer Verhandlung, eines Unternehmens *Erfolg bzw. Mißerfolg* 2.2 ~ eines Konflikts *Lösung* **3** *Ergebnis einer Bearbeitung* 3.1 ~ einer Datenverarbeitungsanlage *derjenige Teil einer D., der das Ergebnis einer Berechnung bekannt gibt;* Ggs *Eingang(1.1)* 3.2 ⟨meist Pl.⟩ Ausgänge *an einem Tag gelieferte Waren, abgesandte Briefe usw.* **4** *das Ausgehen(1);* es war sein erster ~ nach der Krankheit **4.1** *(bes. von Dienstboten u. Soldaten) Ausgehtag, freier Tag od. Nachmittag;* das Personal hat heute ~

'aus|ge·ben ⟨V. 143/500⟩ **1** etwas ~ *weg-, her-, fortgeben;* Geld ~ 1.1 mit vollen Händen Geld ~ *verschwenderisch sein* 1.2 einen Schnaps ~ ⟨umg.⟩ *spendieren* 1.3 eine Runde ~ *für jeden im geselligen Kreis ein Getränk spendieren* **2** etwas ~ *verteilen, übergeben;* Essen, Gepäck ~ 2.1 etwas (zum Verkauf) ~ *herausgeben, herausbringen, in Umlauf setzen;* Aktien, Briefmarken, Fahrscheine, Eintrittskarten ~ 2.2 Befehle, Parolen ~ *bekanntgeben* **3** ⟨R3⟩ sich ~ *sich verausgaben, seine Kraft verbrauchen* **4** ⟨518/R7⟩ jmdn. od. etwas als, für jmdn. od. etwas ~ *fälschlich als jmdn. od. etwas vorstellen, für jmdn. od. etwas gelten (lassen) wollen;* er gibt sich für den Sohn des X aus; er gibt sich als Deutscher aus (ist es aber nicht) **5** ⟨413⟩ etwas gibt viel (wenig) aus *bringt (keinen) Ertrag, reicht (nicht) weit, lange;* diese Wolle gibt viel aus

'Aus·ge·burt ⟨f.; fig.; abwertend⟩ *(übles) Erzeugnis;* ~ der Hölle; eine ~ seiner krankhaften Phantasie

'aus·ge·fal·len **1** ⟨Part. Perf. von⟩ *ausfallen* **2** ⟨Adj. 70⟩ *nicht alltäglich, merkwürdig;* eine ~e Idee!; eine ~e Angelegenheit

'aus·ge·gli·chen **1** ⟨Part. Perf. von⟩ *ausgleichen* **2** ⟨Adj.⟩ *gleichbleibend, ohne Schwankungen, schwer zu erschüttern, gleichmäßig;* ein ~er Charakter, ein ~es Gemüt, Wesen; ein ~es Klima, Spiel

'aus|ge·hen ⟨V. 145(s.)⟩ **1** ⟨400⟩ *nach draußen gehen, seine Wohnung verlassen, um einer Beschäftigung od. einem Vergnügen nachzugehen;* nicht gern ~ **2** ⟨400⟩ etwas geht aus *wird weniger;* der Atem ging ihm aus; jetzt geht ihm die Geduld aus 2.1 Geld, Waren gehen aus *gehen zur Neige, brauchen sich auf* 2.2 Haare gehen aus *fallen aus* 2.3 Farben gehen aus *laufen (beim Waschen) ineinander, laufen aus* 2.4 das Feuer geht aus *erlischt;* das Feuer ~ lassen **3** einen Befehl, ein Verbot ~ lassen *verkünden, verbreiten, aussenden* **4** ⟨800⟩ in eine Spitze ~ = *auslaufen(6.1)* **5** ⟨413⟩ eine Sache wird gut od. schlecht ~ *ein gutes od. schlechtes Ergebnis haben* **6** ⟨430⟩ frei, leer ~ *durch etwas Unangenehmes, Angenehmes nicht betroffen werden* **7** ⟨800⟩ 7.1 auf etwas ~ *nach etwas heftig streben;* auf Abenteuer, Beute, Raub, seinen Vorteil ~ 7.2 von etwas ~ *etwas zum Ausgangspunkt nehmen;* von bestimmten Voraussetzungen ~

'aus·ge·las·sen **1** ⟨Part. Perf. von⟩ *auslassen* **2** ⟨Adj.⟩ *übermütig, sehr fröhlich u. wild;* ein ~es Kind; die Gesellschaft war gegen Mitternacht schon sehr ~; in ~er Laune sein

'aus·ge·macht **1** ⟨Part. Perf. von⟩ *ausmachen* **2** ⟨Adj. 24/70⟩ 2.1 *gewiß, bestimmt, sicher;* es ist schon ~, daß...; es galt als ~, daß... 2.2 ⟨60⟩ eine ~e Sache ⟨umg.⟩ *er-, bewiesene S., feststehende Tatsache;* es ist eine ~e Sache, daß sie gewinnen wird 2.2.1 ⟨verstärkend; umg.⟩ *sehr groß, ausgesprochen, vollkommen;* das ist ein ~er Blödsinn; er ist ein ~er Schurke

'aus·ge·nom·men ⟨Präp. (oft nachgestellt) m. Akk.⟩ *außer, nicht enthaltend;* wir alle, mich ~; Anwesende ~; ~ die letzten beiden Tage

'aus·ge·rech·net 1 ⟨Part. Perf. von⟩ *ausrechnen* **2** ⟨Adj.⟩ 2.1 ⟨24/50⟩ *gerade (so, wie es nicht zu erwarten war);* ~ mir muß das passieren!; mußt du ~ jetzt kommen? 2.2 ⟨Adj. 60⟩ ein ~er Mensch ⟨schweiz.⟩ *ein berechnender, auf seinen geldlichen Vorteil bedachter M.*

'aus·ge·schlos·sen 1 ⟨Part. Perf. von⟩ *ausschließen* **2** ⟨Adj. 80⟩ *unmöglich;* das ist ganz ~; das halte ich für ~ 2.1 ~! *kommt nicht in Frage*

'aus·ge·spro·chen 1 ⟨Part. Perf. von⟩ *aussprechen* **2** ⟨Adj.⟩ 2.1 ⟨60⟩ *unverkennbar, besonders ausgeprägt;* er hat einen ~en Sinn für Humor; er hat eine ~e Trinkernase; er hat eine ~e Vorliebe für Musik; das ist ein ~es Pech 2.2 ⟨50; verstärkend; umg.⟩ *sehr, ganz besonders;* ich mag ihn ~ gern; ein ~ hübsches Kind; es war ein ~ heißer Sommer; das finde ich ~ komisch

'aus·ge·zeich·net ⟨a. [--'--]⟩ **1** ⟨Part. Perf. von⟩ *auszeichnen* **2** ⟨Adj.⟩ *sehr gut, vorzüglich, ganz hervorragend (a. als Zensur);* ein ~er Wein; danke, es geht (mir) ~; das hast du ~ gemacht; ganz ~!; sie kann ~ kochen, tanzen

'aus·gie·big ⟨Adj.⟩ **1** ⟨umg.⟩ *reichlich;* eine ~e Mahlzeit; ~ frühstücken; ~ schlafen; in der Nacht hat es ~ geregnet **2** ⟨veralt.⟩ *ergiebig;* das Fett, die Wolle ist sehr ~

'aus|gie·ßen ⟨V. 152/500⟩ **1** eine Flüssigkeit (aus etwas) ~ *gießen;* die Milch (aus der Kanne) ~; er goß das Bier (aus der Flasche) in ein Glas aus **2** ein Gefäß ~ *durch Gießen leeren;* einen Eimer, eine Flasche, eine Vase, ein Glas ~ **3** ein Feuer, eine Flamme ~ *durch Übergießen löschen* **4** ⟨516⟩ etwas mit etwas ~ *mit einer flüssigen (später erstarrenden) Masse ausfüllen;* eine Spur, eine Form mit Gips ~; er hat die Risse mit Zement ausgegossen; die Löcher in der Straßendecke mit Asphalt ~ **5** ⟨550⟩ Zorn, Hohn, Verachtung, Spott über jmdn. ~ ⟨fig.⟩ *ausschütten;* er goß seine Verachtung über ihn aus

'Aus·gleich ⟨m.; -(e)s, -e⟩ *das Ausgleichen;* Lasten~; zum ~ Ihres Kontos; einen ~ schaffen für etwas; einen ~ vornehmen

'aus|glei·chen ⟨V. 153/500⟩ **1** etwas Ungleiches ~ *einander angleichen, gleich machen* 1.1 ⟨R7⟩ Unterschiede ~ *durch gegenseitiges Ausgleichen aufheben;* Unebenheiten des Bodens ~ 1.1.1 ein Konto ~ *Soll- und Habenseite auf den gleichen Stand bringen* 1.2 Gegensätze ~ *durch Vermitteln versöhnen;* Spannungen, gegensätzliche Meinungen ~ 1.3 Mängel ~ *wiedergutmachen, ersetzen;* den Schaden ~; Verluste ~ 1.4 eine Rechnung ~ ⟨kaufmannsspr.⟩ *begleichen, bezahlen*

'aus|glei·ten ⟨V. 155; geh.⟩ **1** ⟨400⟩ jmd. gleitet aus *verliert durch plötzl., unerwartetes Gleiten das Gleichgewicht;* sie ist auf der vereisten Straße, auf dem nassen Gras ausgeglitten **2** ⟨600⟩ etwas gleitet jmdm. aus *rutscht, fällt nach unten;* das Messer, die Tasse glitt ihm aus

'aus|glü·hen ⟨V. 500⟩ **1** eine Nadel ~ ⟨Med.⟩ *durch Glühen reinigen* **2** Metalle ~ *auf hohe Temperatur erwärmen u. langsam abkühlen, um sie weich u. dehnbar zu machen* **3** Glasgefäße ~ *bis zum Glühen erhitzen, um Spuren von Verunreinigungen zu beseitigen*

'aus|gra·ben ⟨V. 157/500⟩ **1** jmdn. od. etwas ~ *durch Graben aus der Erde holen;* den Toten wieder ~; die Pflanzen muß man mit den Wurzeln ~; ein Lawinenhund hat die Verschütteten ausgegraben 1.1 ⟨Archäol.⟩ *freilegen;* einen griechischen Tempel ~; Waffen, Urnen ~ 1.2 das Kriegsbeil ~ ⟨fig.; umg.; scherzh.⟩ *einen Streit beginnen* **2** etwas (längst) Vergessenes ~ ⟨fig.⟩ *neu hervorbringen, neu beleben;* mußt du den alten Zwist immer wieder ~?; das Bild grub er irgendwo in einem Archiv aus; er hat einen Roman aus dem vorigen Jahrhundert ausgegraben

'Aus·guß ⟨m.; -s·ses, ¨-s·se⟩ **1** *Becken mit Abfluß zum Ausgießen von schmutzigem Wasser, z. B. in der Küche;* der ~ war verstopft **2** ~ an Kannen, Krügen *als Röhre od. Mulde geformter Teil eines Gefäßes, der das Ausgießen von Flüssigkeit erleichtern soll;* Sy *Schnauze(3)*

'aus|ha·ben ⟨V. 159; umg.⟩ **1** ⟨500⟩ etwas ~ *ausgelesen, ausgetrunken, ausgezogen haben usw.;* hast du das Buch schon aus?; ich habe das Glas Milch schon aus; hat er schon den Mantel aus? **2** ⟨400⟩ *dienstfrei, schulfrei haben;* wann hast du heute aus?

'aus|hal·ten ⟨V. 160⟩ **1** ⟨500⟩ etwas ~ *ertragen;* Schmerzen, Lärm, Kälte ~; ich halte es vor Hunger nicht mehr aus; das ist nicht auszuhalten; es ist nicht zum Aushalten **2** ⟨412⟩ *durchhalten, ausharren;* sie hielt bei ihm bis zum Ende aus; er hält in keiner Stellung lange aus **3** ⟨500⟩ jmdn. ~ ⟨abwertend⟩ *jmds. Lebensunterhalt bezahlen;* eine Geliebte ~ **4** ⟨500⟩ etwas ~ *lange tönen lassen, anhalten;* eine Note, einen Ton ~

'aus|hän·di·gen ⟨V. 530⟩ jmdm. etwas ~ *jmdm. etwas (offiziell) überreichen, übergeben;* er händigte ihm den Brief, das restliche Geld, die Autoschlüssel aus

'aus|hän·gen[1] ⟨V. 161/400⟩ **1** etwas hängt aus *ist irgendwo öffentlich zur allgemeinen Information angebracht;* die Bekanntmachung, die Anzeige hing 4 Wochen aus **2** jmd. hängt aus ⟨umg.⟩ *jmds. Name od. Bild ist irgendwo öffentlich aus bestimmtem Anlaß angebracht;* die Kandidaten hingen am Rathaus aus 2.1 das Brautpaar hängt aus *wird aufgeboten*

'aus|hän·gen[2] ⟨V. 500⟩ **1** etwas ~ *irgendwo öffentlich zur allgemeinen Information anbringen;* die neuen Waren im Schaufenster ~ **2** jmdn. ~ ⟨umg.⟩ *jmds. Name od. Bild aus einem bestimmten Anlaß irgendwo öffentlich anbringen;* man hat alle Kandidaten vor der Wahl ausgehängt **3** eine Tür, ein Fenster ~ *aus den Angeln od. Scharnieren herausheben* **4** ⟨530/R5⟩ jmdm. od. sich etwas ~ ⟨umg.⟩ *verrenken;* ich habe mir den linken Arm ausgehängt **5** ⟨500/R3⟩ sich ~ *durch Hängen wieder glatt werden;* das Kleid, der Anzug hängt sich wieder aus; die Falten haben sich noch nicht ausgehängt

'aus|he·ben ⟨V. 163/500⟩ **1** etwas ~ *graben, ausschachten;* Gräben ~ **2** etwas ~ *grabend aus der Erde holen;* Bäume ~; Erdreich ~ **3** etwas ~ *aus einer Haltevorrichtung heben;* die Tür, das Fenster ~ **4** ein Nest ~ *die Eier herausnehmen* 4.1 ein Diebesnest ~ ⟨fig.⟩ *ausfindig u. die Diebe unschädlich machen* **5** jmdn. ~ *zum Wehrdienst verpflichten;* Rekruten ~ **6** ⟨530/R5⟩ jmdm. etwas ~ *ausrenken;* sich den Arm ~ **7** jmdm. den Magen ~ ⟨umg.⟩ *auspumpen* **8** den Guß ~ *das gegossene Stück aus der Gußform nehmen* **9** einen Briefkasten ~ ⟨österr.⟩ *leeren* **10** jmdn. ~ ⟨Ringen⟩ *durch Heben zu Fall bringen*

'Aus·he·bung ⟨f.; -, Pl. selten -en⟩ *das Ausheben;* Erd~; die ~ des Diebesnestes; die ~ von Rekruten; die ~ des Briefkastens ⟨österr.⟩

'aus|hel·fen ⟨V. 165/600 od. 411⟩ **1** jmdm. ~ *aus einer vorübergehenden Notlage helfen;* könntest du mir mit zehn Mark ~?; ich werde ihm schon ~ **2** *bei einer Arbeit helfen, einspringen;* sie arbeitet nicht mehr, hilft aber gelegentlich noch bei uns aus

'aus|höh·len ⟨V. 500⟩ **1** etwas ~ *eine Höhlung in etwas machen;* eine Melone ~; ein ausgehöhlter Baum, Felsen 1.1 *untergraben, auswaschen;* der starke Strom hat die Flußufer ausgehöhlt **2** jmdn. od. etwas ~ *innerlich schwächen;* die Krankheit hat ihn stark ausgehöhlt; diese Kräfte versuchen, das demokratische System auszuhöhlen

'aus|ho·len ⟨V.⟩ **1** ⟨400⟩ *mit einer schwungvollen Bewegung zu etwas ansetzen;* mit der Hand ~; zum Schlag, zum Wurf ~ **1.1** *ausgreifen, große Schritte machen;* die Pferde holten rascher aus **2** ⟨410⟩ *(beim Erzählen) weit zurückgehen, weitschweifig erzählen;* wenn ich das erzählen will, muß ich weit ~ **3** ⟨500/R8⟩ jmdn. ~ *ausfragen, aushorchen*

'aus|hun·gern ⟨V.⟩ **1** ⟨500⟩ jmdn. ~ *hungern lassen* 1.1 ⟨Mil.⟩ *durch Hunger zum Nachgeben, zur Aufgabe zwingen;* die Bewohner einer belagerten Stadt, die Besatzung einer Festung ~ **2** ⟨400 Passiv⟩ ausgehungert sein *sehr hungrig sein, durch Hunger geschwächt sein* 2.1 ⟨800 Passiv⟩ nach etwas ausgehungert sein ⟨fig.⟩ *stark nach etwas verlangen;* er war nach Liebe, Sonne ausgehungert

'aus|ken·nen ⟨V. 166/500/R3⟩ sich ~ *sich zurechtfinden, Bescheid wissen;* sich in einem Gebiet, Fach, einer Gegend, Stadt ~; kennst du dich hier aus?

'aus·klam·mern ⟨V. 500⟩ **1** einen Faktor ~ ⟨Math.⟩ *den bei mehreren Summanden sich wiederholenden F. herausziehen u. ihn vor od. hinter eine Klammer, die die veränderte algebraische Summe einschließt, setzen, z. B.* $ab + ac = a(b + c)$ **2** jmdn. od. etwas ~ ⟨fig.⟩ *ausschließen;* man darf den Menschen bei solchen Problemen nicht ~

'Aus·klang ⟨m.⟩ **1** *letzter Ton eines Musikstücks;* der fröhliche ~ eines Liedes **2** ⟨fig.⟩ *langsamer Abschluß, Ende;* der ~ eines Festes, einer Geschichte

'aus|klin·gen ⟨V. 168/400(s.); geh.⟩ **1** ein Ton klingt aus *hört auf zu klingen, verhallt;* ein Lied, ein Musikstück klingt harmonisch aus **2** etwas klingt aus ⟨fig.⟩ *schließt (langsam, harmonisch) ab, endet;* seine Rede klang mit einer Mahnung aus; die Feier klang aus in einem gemeinsamen Lied

'aus|klin·ken ⟨V. 500/R7⟩ **1** etwas od. sich ~ *etwas od. sich durch Druck auf eine Klinke aus der Verbindung lösen (u. fallen lassen);* das Schlepp-, Startseil vom Segelflugzeug ~; der Segelflieger hat (seine Maschine) zu spät ausgeklinkt; die erste Stufe der Rakete klinkt sich automatisch aus; Bomben aus dem Flugzeug ~ **1.1** *mit Druck auf die Klinke öffnen;* laß die Tür bitte ausgeklinkt! **2** eine Druckplatte ~ ⟨Typ.⟩ *ein Stück aus einer D. herausnehmen*

'aus|klü·geln ⟨V. 500⟩ etwas ~ *scharfsinnig, bis in die letzten Feinheiten ausdenken;* er hat seinen Plan, seine Methode bis ins kleinste ausgeklügelt; nach einem ausgeklügelten Plan arbeiten

'aus|knei·fen ⟨V. 169/400(s.); umg.⟩ **1** *ausreißen, heimlich weglaufen;* er ist aus der Schule, aus dem Gefängnis ausgekniffen; in seiner Jugend kniff er mehrmals seinen Eltern aus **2** ⟨fig.⟩ *sich einer Verpflichtung entziehen*

'aus|ko·chen ⟨V. 500⟩ **1** etwas ~ *durch Kochen Nährstoffe, Fett usw. herauslösen;* Knochen, ein Stück Fleisch für eine Suppe ~ **2** etwas ~ *Schmutz aus etwas durch Kochen lösen u. entfernen;* Wäsche, Hemden, Handtücher ~; einen neuen Topf ~ **2.1** Instrumente ~ ⟨Med.⟩ *durch Kochen sterilisieren* **3** etwas Übles ~ ⟨fig.; umg.⟩ *ausbrüten;* einen Streich ~; der ist für dich viel zu ausgekocht; ein ausgekochter Bursche

'aus|kom·men ⟨V. 170(s.)⟩ **1** ⟨417⟩ mit jmdm. od. etwas, ohne jmdn. od. etwas ~ *zurechtkommen;* wir kommen gut miteinander aus; mit ihm kann man nicht ~; mit seinem Geld gut, nicht ~; mit seinen Vorräten ~; ich muß nun ohne es, ohne ihn ~ **2** ⟨400⟩ etwas kommt aus ⟨landschaftl.⟩ *kommt heraus* 2.1 ein Gerücht kommt aus ⟨selten⟩ *entsteht* 2.2 sich nichts ~ lassen ⟨süddt.⟩ *sich nichts entgehen lassen, nichts hergeben, geizig sein;* ihm kommt nichts aus

'Aus·kom·men ⟨n.; -s; unz.⟩ **1** *Lebensunterhalt;* Sy *Existenz(2);* er fand ein bescheidenes, sicheres ~; sein gutes ~ haben **2** mit jmdm. ist kein ~ *jmd. ist unerträglich;* mit ihm ist kein ~ (möglich)

Aus·kul·ta·ti'on ⟨f.; -, -en; Med.⟩ *Abhorchen der Körpergeräusche mit Ohr od. Hörrohr;* ~ von Herz u. Lunge

'aus|kund·schaf·ten ⟨V. 500⟩ jmdn. od. etwas ~ *durch Nachforschen herausfinden, erkunden;* die Polizei hat bald ausgekundschaftet, wo er wohnt; dieses Geheimnis müssen wir ~; jmds. Meinung zu etwas ~; ein Versteck, die feindlichen Stellungen ~

'Aus·kunft ⟨f.; -, ¨-e⟩ **1** *aufklärende Mitteilung, Belehrung, Unterrichtung, Antwort (auf eine Anfrage);* ich hätte gern eine ~; darüber kann, darf ich keine ~ geben; Auskünfte einziehen; können Sie mir ~ geben über ...?; um ~ bitten; er gibt keine ~ **2** *Ort, an dem Auskunft(1) erteilt wird;* Bahnhofs~; wo ist bitte die ~?

'aus|la·chen ⟨V. 500⟩ **1** jmdn. ~ *jmdn. durch Lachen verspotten, sich über jmdn. lustig machen;* man hat ihn oft wegen seiner großen Nase, seiner Dummheit, seiner schlecht sitzenden Kleidung ausgelacht **1.1** laß dich nicht ~! *so ein Unsinn!, mach dich nicht lächerlich!* **2**

⟨R3⟩ sich ~ *lange, bis zur Genüge lachen;* wir warten ab, bis du dich ausgelacht hast

'aus|la·den ⟨V. 174/500⟩ **1** etwas ~ *eine Ladung, eine Fracht aus einem Fahrzeug herausnehmen;* Holz, Sand, Kisten mit Bier ~ **1.1** Truppen ~ *aussteigen lassen* **2** ein Fahrzeug ~ *leeren;* den Kahn, den Waggon, den Lastkraftwagen ~ **3** jmdn. ~ ⟨umg.⟩ *eine bereits ausgesprochene Einladung wieder rückgängig machen;* wir mußten die Gäste leider wieder ~ **4** ⟨400⟩ Bauteile laden aus ⟨Arch.⟩ *ragen aus der Wand, die ihnen als Stütze dient, heraus;* die Konsolen laden aus; das Haus hat einen weit ~den Erker **4.1** mit weit ~den Gesten, Gebärden ⟨fig.⟩ *weit ausholenden G., G.*

'Aus·la·ge ⟨f.; -, -n⟩ **1** *(in einem Schaufenster) ausgestellte Ware;* eine geschmackvolle, reiche ~; die ~en des Juweliers **1.1** ⟨süddt.; österr.⟩ *Stelle, wo die Ware ausgelegt wird, Schaufenster;* ich möchte das Hemd aus Ihrer ~ haben; Geschäft mit großen ~en **2** ⟨nur Pl.⟩ ~n *ausgelegtes Geld;* die ~n werden erstattet, vergütet, ersetzt; Bar~n; Porto~n **3** ⟨Sp.⟩ *Grund-, Ausgangsstellung beim Fechten, Boxen, Rudern;* steile, verhängte ~ ⟨Fechten⟩; der Boxer wechselte die ~; Links-, Rechts~ **4** ⟨Jagdw.⟩ *der größte Abstand der beiden Stangen eines Geweihs;* eine Trophäe mit guter ~ **5** ⟨Tech.⟩ *maximale Reichweite für die zugelassene Belastung;* ein Kran mit einer ~ von 10 m

'Aus·land ⟨n.; -(e)s; unz.⟩ Ggs *Inland* **1** *das nicht zum eigenen Staat gehörige Gebiet, fremdes Land;* Pressestimmen aus dem ~; sich im ~ aufhalten; ins ~ gehen **2** *die Bewohner des Auslands(1);* Handel mit dem ~; die Meinung des ~es

'aus|las·sen ⟨V. 175/500⟩ **1** etwas ~ *weglassen, überschlagen;* ein Wort im Satz, eine Zahl ~ **2** etwas ~ *herauslaufen, -fließen lassen, ablassen;* Wasser ~ **3** ⟨550⟩ eine Stimmung an jmdm. ~ *einer S. (ungehemmt, zügellos) Ausdruck geben u. sie jmdn. anderen spüren lassen;* seinen Zorn, seine schlechte Laune an jmdm. ~ **4** ⟨550/R3⟩ sich über etwas od. jmdn. ~ *seine Meinung sagen über etwas od. jmdn.;* sich anerkennend ~ über die Neuerungen; sich lang und breit über etwas ~ **5** etwas ~ *durch Auftrennen der Naht od. des Saums erweitern, verlängern;* Kleider ~ **6** etwas ~ *ausschmelzen, flüssig werden lassen;* Butter, Speck ~ **7** jmdn. od. ein Tier ~ ⟨österr.⟩ *freilassen, loslassen;* den Hund von der Leine ~ **7.1** jmdn. ~ ⟨österr.⟩ *jmdn. in Ruhe lassen*

'Aus·las·sung ⟨f.; -, -en⟩ **1** *das Weglassen;* ~ eines Wortes im Satz, eines Lautes im Wort **2** ⟨nur Pl.;⟩ ~en ⟨fig.; abwertend⟩ *(weitschweifige) Äußerung, Bemerkung;* seine ~en über ...; die neuesten ~en der Presse

'aus|la·sten ⟨V. 500⟩ etwas od. jmdn. ~ *Trag-, Arbeitsfähigkeit ausnutzen;* einen Wagen voll ~; die Kapazität einer Fabrik, die neuen Maschinen ~; die Arbeitskräfte ~; ausgelastete Fahrzeuge; ich bin in, mit meiner Arbeit (nicht) voll ausgelastet

'Aus·lauf ⟨m.⟩ **1** *das Auslaufen(1)* **2** *Stelle, an der eine Flüssigkeit auslaufen kann, Abflußöffnung* **3** *Spielraum zum Stoppen des Laufs;* ~strecke **4** *Raum, der ausreichendes Laufen ermöglicht, Bewegungsfreiheit;* Kinder, Hunde, Pferde brauchen ~; genügend ~ haben

'aus|lau·fen ⟨V. 176⟩ **1** ⟨400(s.)⟩ ein Schiff läuft aus *fährt aus dem Hafen hinaus, sticht in See* **2** ⟨400(s.)⟩ eine Flüssigkeit läuft aus *fließt aus (einem Behälter);* das Öl ist ausgelaufen **3** ⟨400(s.)⟩ ein Behälter läuft aus *läuft leer;* der Tank ist ausgelaufen **4** ⟨400(s.)⟩ Farben laufen aus *laufen ineinander, verwischen sich;* die Farben des Stoffes sind beim Waschen ausgelaufen **5** ⟨400(s.)⟩ *langsamer werdend bis zum Stillstand laufen;* die Maschine läuft aus **6** ⟨400(s.)⟩ etwas läuft aus *geht zu Ende, endet;* wir lassen das Programm, diese Serie jetzt ~ und fangen dann etwas Neues an; ist die Sache noch gut ausgelaufen? **6.1** ⟨800(s.)⟩ in etwas ~ *enden, zulaufen;* Sy *ausgehen(4);* die Straße läuft in einen Park aus; die Säule läuft in eine flache Spitze aus **7** eine Kurve ~ *genau auf der vorgeschriebenen Bahn durchlaufen;* alle Kurven ~ **8** ⟨500⟩ Schuhe ~ *durch Laufen ausweiten* **9** ⟨500/R3⟩ sich ~ ⟨umg.⟩ *sich müde laufen, weit umherlaufen, seine Wanderlust befriedigen;* im Urlaub habe ich mich einmal tüchtig ausgelaufen

'aus|le·gen ⟨V. 500⟩ **1** etwas ~ *hinlegen, in die für einen bestimmten Zweck notwendige Lage bringen;* Minen, Schlingen ~ **1.1** *ausgebreitet, offen zur Ansicht hinlegen;* Waren, Zeitschriften ~ **2** ⟨516⟩ einen Raum mit etwas ~ *den Boden eines Raumes mit etwas ganz bedecken;* ein Schubfach mit Papier ~; ein Zimmer mit Teppichen ~ **3** Geld ~ *leihweise bezahlen;* kannst du den Betrag für mich ~? **4** einen Text, Ausspruch ~ *deuten, erklären;* den Text der Bibel ~; das hast du falsch, richtig ausgelegt **5** ⟨R3⟩ sich ~ ⟨Fechten⟩ *sich vorbeugen*

'aus|lei·hen ⟨V. 178⟩ **1** ⟨503/R5 od. R6⟩ (jmdm.) etwas ~ *leihen;* diese Bibliothek leiht Bücher aus; Geld auf Zinsen ~; ich habe ihm mein Fahrrad ausgeliehen; an ihn werde ich nie etwas ~ **2** ⟨530/R1⟩ sich etwas (von jmdm.) ~ *sich leihen;* ich habe mir ein Buch ausgeliehen; er hat sich das Geld von seinem Freund ausgeliehen

'Aus·le·se ⟨f.; -, -n⟩ **1** *Auswahl (der Besten);* eine ~ treffen; eine natürliche, strenge, bewußte ~ **2** *die Besten aus einer Anzahl von Personen od. Dingen, die Elite;* nur eine ~ der Sportler kann an diesem Wettkampf teilnehmen **3** *aus überreifen Trauben bereiteter Wein;* Trockenbeeren~ **4** *Auswahl von (vorbildl.) Prosawerken verschiedener Schriftsteller, bes. für den Unterricht;* eine ~ aus den Werken deutscher Klassiker

'aus|le·sen ⟨V. 179/500⟩ **1** etwas ~ ⟨umg.⟩ *zu Ende lesen;* hast du das Buch schon ausgelesen?; ich muß erst diesen Roman ~ **2** jmdn. od. etwas ~ *nach einer bestimmten Beschaffenheit auswählen;* die besten Schüler ~; die faulen Kartoffeln, Pilze ~; wir haben die reifsten Früchte ausgelesen

'aus|lie·fern ⟨V.⟩ **1** ⟨500⟩ Waren ~ *zum Verkauf an den Handel liefern;* Ware, Bücher ~; die erste Auflage wird im Mai ausgeliefert **1.1** jmdn. ~ ⟨Rechtsw.⟩ *dem Heimatstaat, der zuständigen Gerichtsbarkeit übergeben;* einen geflohenen Verbrecher ~; politische Flüchtlinge ~ **2** ⟨503/R7 od. R8⟩ jmdn. od. etwas ~

in jmds. Gewalt geben, übergeben; die Stadt dem Feinde ~ 2.1 jmdm. od. einer Sache ausgeliefert sein *schutzlos preisgegeben sein;* wir waren dem Unwetter völlig ausgeliefert

'Aus·lie·fe·rung ⟨f.⟩ *das Ausliefern;* die ~ der Waren, der Bücher; die ~ der Unterlagen fordern; die ~ des Verbrechers, des Flüchtlings an die Gerichte wurde beschlossen

'aus|lie·gen ⟨V. 180/400⟩ etwas liegt aus *ist zur Ansicht od. zum Verkauf ausgelegt, ausgestellt;* in den Schaufenstern liegen schöne Juwelen aus; im Zeitschriftensaal liegen folgende Zeitungen u. Zeitschriften aus

'aus|lö·schen ⟨V. 500⟩ **1** etwas ~ *ab-, auswischen, beseitigen;* Schrift ~ 1.1 Feuer, Licht ~ *(vollständig) löschen* **2** jmdn. od. jmds. Leben ~ *jmdn. töten*

'aus|lö·sen ⟨V. 500⟩ **1** jmdn. od. etwas ~ *zurückkaufen, loskaufen* 1.1 Gefangene ~ *durch Lösegeld befreien* 1.2 Verpfändetes ~ *wieder eintauschen* **2** einen Mechanismus ~ *in Gang setzen, betätigen;* den Kameraverschluß ~ **3** eine Sache ~ *hervorrufen, veranlassen;* großen Beifall ~; der Scherz löste allgemeine Heiterkeit aus

'aus|ma·chen ⟨V. 500⟩ **1** etwas ~ *löschen, auslöschen;* das Licht, Feuer ~ 1.1 *ausschalten;* mach bitte das Licht aus! **2** etwas ~ *mit jmdm. zum Abschluß bringen* 2.1 *verabreden, vereinbaren;* einen Termin ~; wir haben ausgemacht, daß ... 2.2 ⟨413⟩ *klären, erledigen;* etwas in Güte ~; das machen wir unter uns aus! **3** jmdn. od. etwas ~ *das Wesentliche von jmdm. od. etwas darstellen, bilden;* das macht den Zauber dieser Landschaft aus 3.1 etwas macht etwas aus *beträgt, beläuft sich auf;* die Kosten machen zehn Mark aus; wieviel macht es aus? **4** etwas macht (nichts) aus *fällt (nicht) ins Gewicht, spielt (k)eine Rolle;* das macht nichts aus 4.1 wenn es Ihnen nichts ausmacht *wenn es Sie nicht stört* **5** jmdn. od. etwas ~ ⟨schweiz.; mitteldt.⟩ *erkennen, wahrnehmen* 5.1 ⟨jägerspr.⟩ *aufspüren, entdecken* **6** etwas ~ *ausgraben, aus der Erde holen;* Kartoffeln ~

'Aus·maß ⟨n.; es, -e⟩ **1** ~e *Größe, räumliche Ausdehnung;* die ~e des Übungsgeländes, des Kraters, des neuen Gebäudes sind gewaltig **2** ⟨fig.⟩ *Umfang, Grad, in dem etwas geschieht;* die Sache hat ein ~ angenommen, das sich nicht mehr übersehen läßt; das ganze ~ der Katastrophe ist noch nicht zu übersehen; in, von großem, geringem ~

'aus|mer·zen ⟨V. 500⟩ **1** ⟨urspr.⟩ Tiere ~ *zur Zucht untaugl. T. aussondern* **2** jmdn. od. etwas ~ *als untauglich od. falsch restlos beseitigen, tilgen, ausrotten;* er hat ihn aus seinem Gedächtnis ausgemerzt; Schädlinge ~; Fehler aus einer (schriftl.) Arbeit ~; eine Stelle im Text ~

'aus|mu·stern ⟨V. 500⟩ **1** nicht mehr Verwendetes ~ *musternd auswählen, aussortieren;* sie musterte einige Sachen für das Rote Kreuz aus **2** ⟨Mil.⟩ jmdn. ~ 2.1 *jmdn. als untauglich ausscheiden* 2.2 ⟨umg.⟩ *jmdn. für tauglich befinden*

'Aus·nah·me ⟨f.; -, -n⟩ **1** *Abweichung von gleichgearteten Fällen, Sonderfall;* Ggs *Regel(1);* eine ~ machen, bilden; darin ist er keine ~; seltene ~n; keine Regel ohne ~; ~n bestätigen die Regel; als ~ ansehen, daß ... **2** mit ~ (von) *ausgenommen, nicht enthalten;* mit ~ von zwei Schülern; mit ~ zweier Schüler

'aus|neh·men ⟨V. 189/500⟩ **1** etwas ~ *aus etwas den Inhalt herausnehmen* 1.0.1 die Ladenkasse ~ ⟨umg.⟩ *das in der L. befindliche Geld stehlen* 1.1 ein Tier ~ *einem T. die Innereien entfernen* 1.2 ein Vogelnest ~ *die Eier od. jungen Vögel aus einem V. herausnehmen* **2** jmdn. ~ ⟨fig.; umg.⟩ *jmdm. etwas entlocken* 2.1 *von jmdm. durch geschicktes Fragen etwas in Erfahrung bringen* 2.2 *jmdm. durch listiges Vorgehen Geld abnehmen* **3** ⟨505⟩ jmdn. od. etwas (von etwas) ~ *ausschließen, nicht berücksichtigen;* ihn muß ich natürlich von dieser Behauptung ~; bitte nehmt mich davon aus; ich möchte diesen Vorfall bei der Beurteilung ~ **4** ⟨513/R3⟩ sich gut (schlecht) ~ *gut (schlecht) wirken*

'aus|nut·zen ⟨V. 500⟩ oV *ausnützen* **1** etwas ~ *Vorteil aus etwas ziehen, ganz nutzen;* seinen Einfluß ~; eine Gelegenheit ~; den Sieg ~ 1.1 *nutzbringend verwenden;* die Zeit (gut) ~; die Konjunktur ~; die Errungenschaften der modernen Technik ~; den Boden, den Raum besser ~ **2** jmdn. od. etwas ~ *rücksichtslos gebrauchen, unberechtigt für seine Zwecke in Anspruch nehmen;* er nutzt sie gewissenlos aus; er hat ihre Schwäche, finanzielle Notlage bedenkenlos ausgenutzt; jmds. Gutmütigkeit ~

'aus|nüt·zen ⟨V. 500⟩ = *ausnutzen*

'aus|packen ⟨-k·k-; V.⟩ etwas ~ **1** ⟨500⟩ *aus der Verpackung herausnehmen;* Gegenstände ~ **2** ⟨500⟩ *durch Herausnehmen des Verpackten leeren;* ein Paket, einen Koffer ~; ich will zuerst ~ **3** ⟨402⟩ etwas Geheimes ~ ⟨fig.; umg.⟩ *bereitwillig, ausführlich erzählen;* ein Geheimnis, Neuigkeiten ~; pack aus! **4** ⟨400 od. 410; fig.; umg.⟩ *gründl. seine Meinung sagen;* er hat (bei mir) einmal richtig ausgepackt

'aus|plau·dern ⟨V. 500; umg.⟩ **1** etwas ~ *leichtsinnig, gedankenlos etwas Geheimes verraten;* einen Plan, ein Geheimnis ~; er plaudert alles aus **2** ⟨R3⟩ sich ~ *sich nach Herzenslust unterhalten, bis der Gesprächsstoff erschöpft ist;* wir haben uns einmal richtig ~ können

'aus|prä·gen ⟨V. 500⟩ **1** Münzen, Medaillen ~ *prägen;* Gold, Silber zu Münzen ~; eine Medaille aus Bronze ~ lassen **2** ⟨R3⟩ etwas prägt sich aus ⟨fig.⟩ *etwas bildet sich heraus, formt sich;* seine Charakterzüge haben sich immer mehr ausgeprägt; er hat einen stark ausgeprägten Sinn für Familie; sie hat eine ausgeprägte Neigung zu ...; er ist eine ausgeprägte Persönlichkeit; ausgeprägte Gesichtszüge **3** ⟨550/R3⟩ etwas prägt sich in etwas aus ⟨fig.⟩ *zeigt sich deutlich, wird offenbar;* sein Denken, sein Charakter prägt sich in seinem künstler. Schaffen aus; Angst und Leid prägen sich in seinem Gesicht aus; Melancholie prägte sich in ihrem Wesen aus

'Aus·puff ⟨m.; -(e)s, -e; Tech.⟩ **1** *bei Verbrennungsmotoren Ausstoß von Abgasen* **2** *die Vorrichtung zur Wegleitung der Abgase;* der ~ ist durchgerostet und muß erneuert werden

'aus|ran·gie·ren ⟨[-raŋ'ʒiːrən] V. 500⟩ etwas ~ **1** ⟨Eisenb.⟩ *durch Rangieren entfernen, ab-,* *wegschieben* **2** ⟨fig.⟩ *aussondern, aussortieren, wegwerfen;* alte Kleider, unbrauchbares Hausgerät ~

'aus|räu·chern ⟨V. 500⟩ **1** Lebewesen ~ *L. durch Rauch od. Gas vertreiben od. vernichten;* Ungeziefer, Wanzen, Schaben ~; Ratten ~; die Polizisten räucherten die Verbrecher in ihrem Versteck aus ⟨fig.⟩ **1.1** ⟨Jagdw.⟩ *einen Dachs, Fuchs od. Marder aus einem Bau (durch Anzünden eines Feuers in einer Röhre) vertreiben* **2** etwas ~ *durch Rauch od. Gas von etwas befreien;* ein verwanztes Zimmer ~; ein Wespennest ~; ein Diebesnest, einen Schlupfwinkel der Verbrecher ~ ⟨fig.⟩ **3** eine Kirche mit Weihrauch ~ ⟨selten⟩ *mit Wohlgerüchen ausstatten*

'aus|räu·men ⟨V. 500⟩ **1** etwas ~ *ganz vom Inhalt befreien, leeren;* ein Zimmer, eine Wohnung, einen Schrank ~; eine verstopfte Leitung ~; den Magen, Darm ~ **1.1** ⟨fig.; umg.⟩ *plündern;* Einbrecher haben ihm die ganze Wohnung, das Geschäft ausgeräumt; ein Dieb räumte in der Nacht den Tresor aus **2** etwas ~ *völlig aus etwas herausnehmen;* alte Bücher ~; alle Sachen aus dem Schrank ~; vor dem Tapezieren müssen wir die Möbel ~ **3** etwas ~ ⟨fig.⟩ *ein Hindernis aus dem Wege räumen, beseitigen;* alle Unklarheiten, Mißverständnisse, Schwierigkeiten ~

'aus|rech·nen ⟨V. 503/R5⟩ **1** (sich) etwas ~ *durch Rechnen herausfinden;* den Preis, das Gewicht, die Höhe genau ~; kannst du bitte ~, wieviel es kostet?; ich rechnete mir aus, wieviel Zeit ich noch habe **1.1** eine Aufgabe ~ *lösen* **2** ⟨530/R1⟩ sich etwas ~ **2.1** ⟨fig.⟩ *etwas durch genaues Überlegen ermitteln;* du kannst dir deine Chancen, Möglichkeiten ~ **2.2** ⟨umg.⟩ *sich etwas von selbst denken, etwas erwarten;* das kann ich mir ~, was er dazu sagen wird; das kannst du dir an den (fünf) Fingern ~ **3** → *ausgerechnet*

'Aus·re·de ⟨f.⟩ *Entschuldigung, bei der der wahre Grund verschwiegen, dafür aber ein anderer genannt wird;* faule ~n ⟨umg.; abwertend⟩; immer eine ~ bei der Hand, bereit haben; nach einer ~ suchen; nie um eine ~ verlegen sein

'aus|re·den ⟨V.⟩ **1** ⟨400⟩ *zu Ende, fertig reden;* jmdn. ~ lassen; laß mich doch erst ausreden! **2** ⟨530/R5 od. R6⟩ jmdm. etwas ~ *jmdn. durch Reden umstimmen, zu einer anderen Meinung über etwas bringen, ihn von einer Meinung, einem Vorhaben abbringen;* das lasse ich mir nicht ~; kannst du es ihm nicht ~, dorthin zu gehen?; ich habe vergeblich versucht, ihm den Gedanken auszureden **3** ⟨500/R3⟩ sich ~ *sein Herz ausschütten, sich aussprechen* **4** ⟨500/R3⟩ sich ~ ⟨selten⟩ *sich herausreden, Ausflüchte machen*

'aus|rei·chen ⟨V.⟩ **1** ⟨400⟩ etwas reicht aus *reicht, genügt;* wird das Geld, das Essen, der Stoff, die Zeit ~?; seine Kenntnisse reichen völlig aus, um ...; die Kredite haben nicht ausgereicht, um ... **2** ⟨417⟩ mit etwas ~ *auskommen;* sie werden mit den Vorräten nicht ~; die Tochter reichte mit dem Taschengeld nicht aus

'aus·rei·chend ⟨Adj. 24⟩ **1** *genügend, genug;* er bekam ~ Geld, Essen, Zeit; über ~e Beweise, Mittel, Kenntnisse verfügen; etwas ~ erklären, begründen **2** → *Note(2.4)*

'aus|rei·fen ⟨V.⟩ **1** ⟨400(s.)⟩ Pflanzen reifen aus *reifen zu Ende, fertig, werden ganz reif;* Früchte am Baum ~ lassen; die Tomaten sind noch nicht ausgereift **1.1** einen Plan ~ lassen ⟨fig.⟩ *erst in allen Einzelheiten vorbereiten* **2** ⟨500⟩ etwas ~ *zur Reife bringen, ganz reif werden lassen;* die Herbstsonne wird die Trauben gut ~

'Aus·rei·se ⟨f.⟩ **1** *Reise ins Ausland;* die ~ mit dem Auto, mit dem Zug; es ist während der ~ passiert **2** *Grenzübertritt ins Ausland;* Geldmittel bei der ~ angeben; bei der ~ wird der Paß kontrolliert **3** *Genehmigung zur Ausreise;* die ~ beantragen, verweigern

'aus|rei·sen ⟨V. 400(s.)⟩ *sich gerade auf der Ausreise befinden;* ~ nach; er will mit der Bahn aus Frankreich ~

'aus|rei·ßen ⟨V. 198⟩ **1** ⟨500⟩ etwas ~ *herausreißen, durch Reißen entfernen;* Unkraut, Federn ~; ausgerissenes Blatt (aus einem Buch); er fühlt sich schon wieder so kräftig, als könne er Bäume ~ **2** ⟨400(s.)⟩ etwas reißt aus *geht durch Reißen entzwei, löst sich, trennt sich;* der Stoff, die Naht ist ausgerissen **3** ⟨400(s.); umg.⟩ *die Flucht ergreifen, fliehen, davonlaufen*

'aus|ren·ken ⟨V. 530/R5⟩ **1** jmdm. od. sich ein Glied ~ *so aus dem Gelenk drehen, daß der Knochen herausspringt;* beim Sturz renkte ich mir den Arm, den Knöchel, das Bein, den Fuß aus; bei der Schlägerei hat man ihm den Kiefer ausgerenkt **2** ⟨530/R1 m. PräpO⟩ sich den Hals nach jmdm. od. etwas ~ ⟨fig.; umg.⟩ *jmdn. od. etwas mit Blicken verfolgen od. suchen;* ich habe mir fast den Hals ausgerenkt, um das Bild besser sehen zu können; jeder konnte sich nach ihr den Hals ~

'aus|rich·ten ⟨V. 500⟩ **1** ⟨R7⟩ jmdn. od. etwas ~ *(gerade) richten* **1.1** jmdn. ~ *gerade richten, genau in eine Reihe stellen;* ~! (als Kommando) **1.2** einen Gegenstand ~ *in eine vorgegebene Lage bringen;* einen Zeiger auf einen Punkt ~ **1.3** jmdn. od. eine Sache ~ ⟨fig.⟩ *in eine bestimmte gesinnungsmäßige Richtung lenken;* kommunistisch ausgerichtete Jugendgruppen **2** eine Nachricht ~ *bestellen, übermitteln, weitergeben;* einen Auftrag, eine Botschaft, einen Gruß ~; ich werde es ihm ~; ich soll einen Gruß von ihm ~ **3** etwas ~ *erreichen, erwirken, durchsetzen;* ich konnte bei ihm nichts ~; weder mit Geld noch mit guten Worten kannst du in dieser Angelegenheit etwas ~; mit Güte kannst du bei ihm viel ~ **4** ein Fest ~ *veranstalten, gestalten (u. die Kosten tragen);* ein Fest ~; jmdm. eine Hochzeit ~ **5** ⟨schweiz.⟩ **5.1** einen Betrag ~ *zahlen* **5.2** Geld ~ *ausgeben* **5.3** einen Preis ~ *aussetzen*

'aus|rot·ten ⟨V. 500/R8⟩ **1** Lebewesen ~ *völlig u. für immer vernichten, alle töten;* die Feinde ~; im Krieg wurde das ganze Volk ausgerottet; diese Tierrasse ist schon längst ausgerottet worden; Mäuse, Fliegen ~ **2** etwas ~ ⟨fig.⟩ *restlos beseitigen;* den Aberglauben, die schlechte Gewohnheit, das Verbrechertum ~; etwas mit Stumpf und Stiel ~; das Übel mit der Wurzel ~

'aus|rücken ⟨-k·k-; V.⟩ **1** ⟨400(s.)⟩ *aus-, hinaus-*

marschieren; die Truppe rückt aus **2** ⟨400(s.); umg.⟩ *ausreißen, davonlaufen;* das Kind ist von zu Hause ausgerückt **3** ⟨500⟩ etwas ~ *vom Mittelpunkt wegrücken* 3.1 Zeilen ~ ⟨Typ.⟩ *vorrücken, vor dem linken Rand beginnen* 3.2 ⟨Tech.⟩ *abkoppeln, vom Antrieb trennen*

'Aus·ruf ⟨m.; -(e)s, -e⟩ **1** *plötzl. kurze, laute Äußerung;* ein ~ der Freude, der Bewunderung, des Erstaunens; ein zorniger, empörter ~; ~e des Mitleids, des Entsetzens wurden laut **2** ⟨unz.⟩ *das Ausrufen* 2.1 *öffentl. mündl. Bekanntmachung*

'aus|ru·fen ⟨V. 204/500⟩ **1** jmdn. od. etwas ~ *durch Rufen öffentlich verkünden;* die Republik ~; der Nachtwächter ruft die Stunden aus; einen verlorenen Gegenstand ~; jmdn. durch (über) Lautsprecher ~ (lassen) **2** Waren, Zeitungen ~ *laut anpreisen, feilbieten* **3** etwas ~ *sich plötzlich laut, kurz äußern, leise (auf)schreien;* „nein!" rief er aus **4** ⟨550⟩ jmdn. zu etwas ~ *in ein Amt einsetzen (nach einer Wahl od. laut Gesetz);* jmdn. zum König ~

'aus|ru·hen ⟨V. 500⟩ **1** etwas ~ *ruhen lassen;* die Beine, die Hände, die Nerven, die Augen ~; seine müden Knochen ~ ⟨umg.⟩ **2** ⟨R3⟩ sich ~ *sich durch Ruhe erholen;* willst du dich nicht eine Weile ~?; er muß sich von, nach den Anstrengungen des Tages, der Arbeit ~; er ruhte sich zu Hause, im Garten, bei einem Glas Wein aus; wir sind gut, schlecht ausgeruht; jetzt hat er endlich einen ausgeruhten Kopf 2.1 (sich) auf seinen Lorbeeren ~ ⟨umg.; scherzh.⟩ *(sich) nach einem Erfolg od. Lob nicht mehr anstrengen*

'aus|rü·sten ⟨V. 500⟩ **1** ⟨R7 od. R8⟩ jmdn. od. etwas ~ *mit allem Nötigen versehen, ausstatten;* eine Expedition, ein Schiff ~; Truppen ~; sportlich gut ausgerüstet sein; sich für eine Reise ~; mit Waffen, Werkzeug, Mannschaften ~ **2** jmdn. ~ ⟨fig.⟩ *mit dem nötigen (geistigen) Rüstzeug versehen;* mit guten Vorsätzen ausgerüstet sein **3** Gewebe ~ *mechan. u. chem.-physikal. nachbehandeln*

'Aus·sa·ge ⟨f.; -, -n⟩ **1** *sprachl. gefaßte Mitteilung, kurzer Bericht, Erklärung vor einer Behörde, bes. vor Gericht;* Zeugen~; eine ~ machen; die ~ verweigern; laut, nach ~ von; er blieb bei seiner ~ **2** ⟨fig.; geh.⟩ *geistiger Inhalt, der durch ein Kunstwerk ausgedrückt wird, innerer Gehalt;* ein Bild, Film mit einer starken ~; dem Bild fehlt die ~ **3** ⟨Gramm.⟩ = *Prädikat;* Satz~

'aus|sa·gen ⟨V.⟩ **1** ⟨500⟩ etwas ~ *sprachl. mitteilen, berichten;* ein altes Sprichwort, das aussagt, daß...; etwas über die Beschaffenheit, das Wesen der Dinge ~ 1.1 ⟨fig.⟩ *Inhalt, inneren, geistigen Gehalt haben u. ausdrücken;* das Bild, der Film sagt etwas aus **2** ⟨400 od. 410⟩ *eine Aussage vor Gericht machen, sagen, was man über jmdn. od. etwas weiß;* wollen Sie ~? (als Frage an den Zeugen); alle sagen übereinstimmend aus; unter Eid ~; er hat falsch, gegen ihn, zu seinen Gunsten ausgesagt

'Aus·satz ⟨m.; -es; unz.; Med.⟩ = *Lepra*

'aus·sät·zig ⟨Adj.; Med.⟩ *an Lepra erkrankt*

'aus|schach·ten ⟨V. 500⟩ **1** Erde, Boden ~ *ausheben, herausholen;* den Boden bis zu einem Meter Tiefe ~ 1.1 *durch Herausholen von Erde Raum für etwas schaffen od. etwas herstellen;* einen Kanal, einen Keller, einen Bunker, ein Fundament ~; eine Grube, einen Schacht ~

'aus|schal·ten ⟨V. 500⟩ **1** etwas ~ *durch Schalten abstellen, den Stromkreis unterbrechen;* den Strom, das Licht, Radio, eine Maschine ~ **2** jmdn. od. etwas ~ ⟨fig.⟩ *ausschließen, beseitigen;* eine Fehlerquelle, alle Zweifel ~; einen Rivalen ~

'Aus·schank ⟨m.; -(e)s, -e od. ¨e⟩ **1** *Ausgabe von Getränken;* der ~ von Bier, alkoholischer Getränke; heute kein ~ 1.1 ~ auch über die Straße *zum Mitnehmen* **2** *Schankwirtschaft, Kneipe;* wir trafen uns im ~; als er den ~ betrat **3** *Schanktisch;* noch drei Betrunkene saßen beim ~; vom ~ aus konnte er das ganze Lokal übersehen

'Aus·schau ⟨f.; -; unz.; nur in der Wendung⟩ nach jmdm. od. etwas ~ halten *nach jmdm. od. etwas erwartend sehen;* er hielt ~ nach seiner Frau, nach seinen Koffern

'aus|schei·den ⟨V. 209⟩ **1** ⟨500⟩ etwas ~ *ohne Hilfsmittel aus dem Körper entfernen, absondern;* Kot durch den Darm ~ 1.1 ⟨Met.⟩ *aus einer Legierung lösen* 1.2 jmdn. od. etwas ~ *(als untauglich) aussondern;* geknickte Blumen ~ **2** ⟨400(s.)⟩ etwas scheidet aus *kommt nicht in Betracht;* das scheidet (von vornherein) aus 2.1 *nicht mehr mitwirken, -spielen, -arbeiten, den Dienst, die Stellung verlassen;* aus einem Amt, aus dem Dienst ~; aus einem Rennen ~

'Aus·schei·dung ⟨f.; -, -en⟩ **1** *das Ausscheiden(1), Absondern* 1.1 ⟨Zool.⟩ *das Entleeren von Stoffen, die im Körper keine Aufgaben mehr haben;* die ~ der Stoffwechselprodukte; die ~ von Harn, Schweiß 1.2 ⟨Bot.⟩ *Abgabe überflüssiger od. nutzloser Stoffe od. Aussonderung von Substanzen, die bestimmten Zwekken dienen, z. B. der Anlockung von Insekten* **2** = *Exkret* 2.1 menschliche, tierische ~en *Kot, Harn, Schweiß* **3** ⟨Sp.⟩ *ein Kampf, bei dem die besten für den Endkampf ermittelt werden;* die ~skämpfe haben schon begonnen **4** ⟨Met.⟩ *das Ausscheiden von Kristallen aus einer Schmelze*

'aus|schen·ken ⟨V. 500⟩ **1** Getränke ~ *am Ausschank einfüllen u. ausgeben od. verkaufen;* Bier, Wein, Schnaps ~; Alkohol darf an Jugendliche nicht ausgeschenkt werden **2** Kaffee, Tee, Suppe ~ ⟨umg.⟩ *ausgießen;* der Tee ist schon ausgeschenkt

'aus|schlach·ten ⟨V. 500⟩ **1** ein Tier ~ *seine Eingeweide entfernen, herausnehmen u. es in Einzelteile zerlegen;* ein Schwein, ein Kalb ~ **2** etwas ~ ⟨fig.; umg.⟩ *die brauchbaren Teile aus etwas ausbauen;* ein altes Auto, ein Schiff, eine Maschine ~ **3** etwas ~ ⟨fig.; umg.; abwertend⟩ *für seine Zwecke ausnutzen, ausbeuten;* für sein Buch hat er eine ähnliche wissenschaftliche Abhandlung ausgeschlachtet; der Spionagefall wurde von der Presse politisch ausgeschlachtet

'aus|schla·fen ⟨V. 217⟩ **1** ⟨400 od. 500/R3⟩ *so lange schlafen, bis man völlig erfrischt ist;* im Urlaub will ich morgens mal richtig ~; ich habe, bin heute nicht ausgeschlafen; er mußte sich einmal ordentlich ~ 1.1 na, hast du endlich ausgeschlafen? ⟨fig.; umg.⟩ *gibst du jetzt acht?, bist du endlich aufmerksam?* **2** ⟨500⟩ etwas ~

⟨umg.⟩ *durch Schlaf beseitigen, vergehen lassen;* seinen Rausch, Ärger ~

'Aus·schlag ⟨m.⟩ **1** *krankhafte Veränderung der Haut;* einen ~ bekommen, haben **2** *das Ausschlagen(4);* der ~ der Waage, des Zeigers bei Meßinstrumenten 2.1 *Schwingungsweite (eines Pendels)* 2.2 *das Gewicht, die Menge, die bei der Waage das Sinken einer Waagschale veranlaßt* **3** den ~ geben ⟨fig.⟩ *entscheidend sein*

'aus|schla·gen ⟨V. 218⟩ **1** ⟨500 od. 503⟩ etwas ~ *herausschlagen, durch Schlag entfernen, zerstören;* jmdm. ein Auge ~ 1.1 → a. *Faß(1.4)* **2** ⟨400⟩ etwas schlägt aus *schlägt zu Ende, hört auf zu schlagen;* die Uhr hat ausgeschlagen **3** ⟨400⟩ *um sich schlagen;* er schlug vor Wut mit Händen u. Füßen aus 3.1 das Pferd schlägt aus *stößt mit den Hinterhufen* **4** ⟨400(s. od. h.)⟩ etwas schlägt aus *weicht von der Ruhe-, Gleichgewichtslage ab, schwingt;* die Waage, ein Pendel, der Zeiger eines Meßinstrumentes schlägt aus **5** ⟨400 (s. od. h.)⟩ Knospen, Bäume schlagen aus *treiben, sprossen, grünen;* der Mai ist gekommen, die Bäume schlagen aus (Volkslied) **6** ⟨500⟩ einen Innenraum ~ *auskleiden, bedecken;* einen Raum schwarz ~; ein Zimmer mit Stoff ~; Kisten mit Papier ~ **7** ⟨500⟩ ein Angebot ~ *zurückweisen, ablehnen;* eine Einladung, Erbschaft ~; wie konnte er nur dieses günstige Angebot ~? **8** ⟨800(s.)⟩ eine Sache schlägt zum Guten, Schlechten aus ⟨geh.⟩ *entwikkelt sich zum Guten, Schlechten;* das wird dir zum Nutzen ~

'aus|schlie·ßen ⟨V. 222/500⟩ **1** jmdn. ~ *von etwas fernhalten* 1.1 ⟨R7 od. R8⟩ *durch Zuschließen aussperren;* er hat sich selbst ausgeschlossen 1.2 ⟨550⟩ *aus einer Gemeinschaft entfernen, nicht teilnehmen lassen;* wir müssen ihn davon ~ **2** eine Sache ~ *nicht berücksichtigen, nicht für möglich halten;* einen Sachverhalt, einen Fall ~; etwas von vornherein ~ **3** eine Sache ~ ⟨Logik⟩ *durch logische Schlußfolgerungen als nicht möglich od. nicht zutreffend erkennen* **4** eine Zeile ~ ⟨Typ.⟩ *die Wortzwischenräume einer Zeile mit Ausschluß(2) füllen u. ihr dadurch die gewünschte Länge geben*

'aus·schließ·lich ⟨a. [-'--]⟩ **1** ⟨Adj.⟩ *alleinig, ungeteilt, uneingeschränkt, nur, nichts anderes als;* sein ~es Recht; sie ist jetzt ~ Hausfrau und Mutter; sich ~ mit ... beschäftigen; ~ von vegetarischer Kost leben **2** ⟨Präp. m. Gen.⟩ *nicht mitgerechnet, ungerechnet;* wir sehen uns täglich ~ des Sonntags; Preise ~ Mehrwertsteuer

'Aus·schluß ⟨m.⟩ **1** *das Ausschließen;* der ~ eines Mitgliedes; unter ~ der Öffentlichkeit; nach ~ dieses Falles **2** ⟨Typ.⟩ *nicht mitdrukkendes, niedriges Material zum Setzen (ohne Schriftbild), mit dem die Wortzwischenräume ausgefüllt werden*

'aus|schnei·den ⟨V. 227/500⟩ etwas ~ **1** *(formgerecht) herausschneiden;* Schattenbilder, Scherenschnitte ~; Figuren aus Papier ~; ein Inserat aus der Zeitung ~ **2** *durch Schneiden erweitern;* den Ausschnitt, das Armloch am Kleid ~; tief ausgeschnittenes Kleid **3** Bäume ~ *von überflüssigen Zweigen befreien* **4** Stoff ~ *kleine Stücke S. abschneiden u. verkaufen*

'Aus·schnitt ⟨m.⟩ **1** *das Ausschneiden(3-4)* 1.0.1 Stoffe im ~ verkaufen *im Kleinverkauf* **2** *ausgeschnittene Stelle;* Kleid-, Ärmel~; sie trug ein Kleid mit einem gewagten ~ **2.1** *Loch, Lücke, z. B. am Visier für die Augen* **3** *das Ausgeschnittene;* Zeitungs~ 3.1 ⟨Math.⟩ *Kreisausschnitt* **4** ⟨fig.⟩ *Einzelheit, Teil;* einen ~ aus einem Film zeigen; ein ~ aus dem Gemälde wurde in diesem Buch reproduziert

'aus|schrei·ben ⟨V. 230/500⟩ etwas ~ **1** *mit (allen) Buchstaben schreiben, nicht abkürzen;* den Vornamen bitte ~! **1.1** *nicht in Ziffern schreiben;* der Betrag muß ausgeschrieben werden **2** *ausfüllen, ausfertigen, ausstellen;* ein Formular ~; ein Rezept, eine Rechnung ~ **3** *durch Inserat bekanntmachen, veröffentlichen;* in der Zeitung Stellen ~ **4** *durch langes, vieles Schreiben zügig machen, ausprägen;* eine ausgeschriebene Handschrift haben

'Aus·schrei·bung ⟨f.; -, -en⟩ **1** *das Ausschreiben(3)* **2** ⟨Rechtsw.⟩ *öffentl. Aufforderung, für Leistungen od. Lieferungen Angebote zu machen;* eine öffentliche, beschränkte ~ **3** ⟨Sp.⟩ *Ankündigung eines Wettkampfs mit allen festgelegten Einzelheiten*

'Aus·schrei·tung ⟨f.; -, -en⟩ **1** ⟨meist nur Pl.⟩ ~en *Gewalttätigkeit;* ~en begehen; wegen ~en gegen jmdn. verurteilt werden; es kam zu schweren ~en **2** ⟨geh.; veralt.⟩ *Ausschweifung*

'Aus·schuß ⟨m.⟩ **1** ⟨unz.⟩ *als fehlerhaft, mangelhaft ausgesonderte Ware* **2** *Stelle, an der ein Geschoß aus dem Körper wieder ausgetreten ist;* ~öffnung **3** *für besondere Aufgaben ausgewählte Gruppe von Personen;* Sy *Kommission(2);* Prüfungs~; geschäftsführender, ständiger, vorbereitender ~; erweiterter ~

'aus|schüt·ten ⟨V.⟩ **1** ⟨505⟩ etwas (aus etwas) ~ *durch Schütten entfernen;* Kartoffeln, Getreide (aus einem Sack) ~; Wasser (aus der Vase) ~ 1.1 → a. *Kind* **2** ⟨530⟩ jmdm. seinen Kummer, seine Sorgen, seinen Schmerz ~ ⟨fig.⟩ *jmdm. von seinem K., seinen S., seinem S. erzählen* 2.1 jmdm. sein Herz ~ ⟨fig.⟩ *jmdm. das erzählen, was einen bewegt* **3** ⟨500⟩ etwas ~ *durch Schütten leeren;* einen Korb, einen Mülleimer, einen Aschenbecher ~; eine Vase, einen Kübel ~ **4** ⟨550/R3⟩ sich ~ vor Lachen ⟨fig.⟩ *sehr lachen, laut, herzhaft u. anhaltend lachen* **5** ⟨500⟩ Geldsummen ~ *nach einem bestimmten Schlüssel verteilen;* Prämien, Gewinn, Dividenden ~

'aus|schwei·fen ⟨V.⟩ **1** ⟨500⟩ etwas ~ *mit einer nach außen gebogenen Linie versehen;* der Tischler hat die Rundung ausgeschweift **2** ⟨400(s.); fig.⟩ *das rechte Maß, den Rahmen überschreiten;* eine ~de Phantasie besitzen 2.1 *abschweifen, vom Thema abkommen* 2.2 ein ~des Leben führen *ein moral. u. gesundheitl. nicht mehr zu rechtfertigendes Leben voller Genuß führen*

'Aus·schwei·fung ⟨f.; -, -en⟩ **1** *das normale Maß überschreitender Genuß;* er lebte ein Leben ohne ~en 1.1 ~ der Phantasie *übertriebenes Gebilde der P.* 1.2 *sexuelle Zügellosigkeit;* er hat ihn zu wüsten ~en verleitet; sinnliche ~en

'aus|se·hen ⟨V. 239⟩ **1** ⟨413⟩ gut (schlecht) ~ *ein gutes (schlechtes) Äußeres, Erschei-*

nungsbild haben; schön, häßlich, hübsch, vergnügt ~; wie siehst du denn aus? 1.0.1 bei mir sieht es aus ...! ⟨umg.⟩ *bei mir ist es sehr unordentlich* 1.1 *auf Grund von (sichtbaren) Anzeichen vermuten lassen;* er sieht jünger (älter) aus (als er ist); er sieht krank aus; er sieht aus, als ob er krank sei; es sieht nach Regen, Schnee aus; so od. danach sieht er gar nicht aus; es sieht danach aus, als ob ... 1.1.1 wie sieht es geschäftlich aus? *wie stehen die Geschäfte?, wie geht es geschäftlich?* 1.1.2 die Sache sieht nicht gut aus *scheint bedenklich, gefährlich* 1.2 wie etwas od. jmd. ~ *den Eindruck machen, ähnlich sein;* das sieht wie Gold aus; er sieht (genau) aus wie sein Vater; er ist nicht so jung, wie er aussieht; er sieht nicht aus wie 70 1.3 ⟨813⟩ (gut) zu etwas ~ ⟨umg.⟩ *(gut) passen;* der Pullover sieht zu dem Rock gut aus 1.4 ⟨800⟩ nach etwas ~ ⟨umg.⟩ *mehr od. besser scheinen, als es ist, den Anschein von etwas Besserem od. Größerem haben* 1.4.1 nach nichts ~ *nicht besonders gut od. ansprechend scheinen, unansehnlich sein* 1.5 so siehst du (gerade) aus! ⟨umg.⟩ *das könnte dir so passen!, das hast du dir gedacht!, da hast du dich (aber) geirrt!* 2 ⟨800⟩ nach jmdm. od. etwas ~ *ausschauen, Ausschau halten (nach)* 3 ⟨530/R1 m. PräpO⟩ sich die Augen nach jmdm. ~ *lange vergeblich nach jmdm. Ausschau halten*

'aus|sein ⟨V. 240(s.)⟩ → a. *sein³(1.9)* 1 *beendet sein* 2 ⟨800⟩ auf etwas ~ *eine Absicht verfolgen, etwas verfolgen;* der Löwe ist auf Beute aus; sie ist nur auf Männer aus; wer nur darauf aus ist, Geld zu verdienen ...

'au·ßen ⟨Adv.⟩ 1 *außerhalb eines Raumes, an der äußeren Seite;* Ggs *innen;* die Tür von ~ streichen; das Fenster ist nach ~ zu öffnen; von ~ (her) kam ein kalter Wind ins Zimmer; ~ am Topf, ~ an der Tür; einen Mantel von innen nach ~ kehren, drehen, wenden; das Haus sieht von ~ nicht schön aus 2 nach ~ hin wahrt er den Schein ⟨fig.⟩ *anderen Personen gegenüber*

'aus|sen·den ⟨V. 241/500⟩ 1 jmdn. ~ ⟨geh.⟩ *(mit einem Auftrag) wegschicken;* die Regierung sandte/sendete einen Kundschafter aus; die katholische Kirche hat Missionare zu den heidnischen Stämmen ausgesandt/ausgesendet; man hat einen Boten nach ihm ausgesandt/ausgesendet 2 ⟨Funkw.⟩ *senden* 3 Energie ~ ⟨Phys.⟩ *E. von sich geben, ausstrahlen;* Radium sendet radioaktive Strahlen aus; das Gerät sendete elektromagnetische Wellen aus

'Au·ßen·po·li·tik ⟨f.⟩ *Politik der zwischenstaatl. Beziehungen, Verkehr eines Staates mit anderen*

'au·ßer 1 ⟨Präp. m. Dat.⟩ 1.1 (Ort) *nicht (mehr) dort befindlich* 1.1.1 jmd. ist ~ Haus(e) *ausgegangen, nicht zu Hause* 1.1.2 ~ Landes gehen ⟨nur m. Gen.⟩ *ins Ausland gehen, auswandern* 1.2 ~ der Zeit *nicht zur rechten Zeit, unpassend, ungelegen* 1.3 (Tätigkeit) *eine T. nicht (mehr) ausübend;* die Maschine ist ~ Betrieb, ~ Tätigkeit; ein Schiff ~ Dienst stellen 1.3.1 ~ Gefecht setzen *kampfunfähig machen* 1.3.2 ~ Fassung geraten *die Beherrschung verlieren* 1.3.3 ~ Dienst ⟨Abk.: a. D.⟩ *pensioniert, im Ruhestand;* Beamter, Offizier ~ Dienst 1.4 (Zustand) *nicht (mehr) in einem Z. befindlich;* er ist ~ Gefahr 1.4.1 Geld, Wertpapiere ~ Kurs setzen *für ungültig erklären* 1.5 jmdn. ~ der Reihe bedienen *bevorzugt* 1.6 es steht ~ Frage, ~ (allem) Zweifel *es steht fest, daran ist nicht zu zweifeln* 1.7 ~ sich sein *erregt, empört, zornig, unbeherrscht (vor Empörung, Zorn) sein* 1.7.1 ~ sich geraten *sich sehr erregen, die Beherrschung verlieren* 1.8 *ohne, nicht mit (enthalten)* 1.8.1 ~ Atem sein *atemlos sein, keuchen* 1.8.2 ~ acht lassen *nicht beachten* 1.8.3 *mit Ausnahme von, ausgenommen, abgesehen von;* ich esse alles gern ~ Fisch; alle ~ mir; ~ dir wird niemand kommen; das Kind schreit nie, ~ in der Nacht; ich bin immer zu Hause, ~ nachmittags 1.8.4 *noch dazu, darüber hinaus, neben;* ~ dem Gehalt bekommt er noch Provision; ~ den beiden Jungen haben sie noch ein kleines Mädchen 2 ⟨Konj.⟩ *es sei denn (daß);* du wirst wohl noch lange auf Hilfe warten müssen, ~ du hilfst dir selbst 2.1 ~ daß *ausgenommen, daß, abgesehen davon, daß, wenn nicht;* der Urlaub war sehr schön, ~ daß ich mich erkältet habe 2.2 ~ wenn *nur nicht, wenn, es sei denn, daß;* ich komme, ~ wenn es regnet

'au·ßer·dem ⟨a. [--'-] Konj.⟩ *(noch) dazu, überdies, darüber hinaus, ferner;* fünf Kühe, zwei Schweine u. ~ (noch) Hühner u. Enten; ich habe keine Zeit mitzukommen, u. ~ bin ich auch gar nicht eingeladen

'äu·ße·re(r, -s) ⟨Adj. 70⟩ 1 *außen(1) befindlich;* Ggs *innere(r, -s)(1)* 1.1 *an der Außenseite, an der Oberfläche (befindlich), von außen sichtbar;* die ~ Seite 1.2 ⟨60⟩ ~ Mission *Vereinigung zur Aussendung von Missionaren in nichtchristliche Länder* 1.3 ⟨60⟩ die ~n Angelegenheiten eines Staates *die auswärtigen, die außenpolitischen A.* 1.4 ⟨60⟩ der ~ Mensch *die Erscheinungsform des Menschen, sein Aussehen betreffend* 1.4.1 du mußt etwas für deinen ~n Menschen tun ⟨umg.⟩ *dich mehr pflegen* 2 ⟨60⟩ *nur für andere Personen bestimmt, um der Wirkung willen gezeigt;* der ~ Eindruck; dem ~n Anschein nach zu urteilen

Äu·ße·res ⟨n. 3; unz.⟩ Ggs *Inneres* 1 *Außenseite, Oberfläche;* das Äußere des Hauses ist recht hübsch 2 ⟨fig.⟩ *äußere Erscheinung, äußere Ansicht, Anblick von außen, Aussehen;* ein gepflegtes, anziehendes, vornehmes ~; er hält, gibt viel auf sein ~; Wert auf (sein) ~ legen; ein angenehmes ~ haben; man soll nicht (nur) nach dem Äußeren urteilen 3 Minister des Äußeren *Außenminister*

'au·ßer·ge·wöhn·lich ⟨Adj.⟩ *über das Gewöhnliche, Gewohnte weit hinausgehend, auffallend, ungewöhnlich, hervorstechend;* eine ~e Leistung; ~ heiß, kalt, gut, schlecht; ein ~ schönes Mädchen

'au·ßer·halb 1 ⟨Präp. m. Gen.⟩ *nicht in einem bestimmten Raum od. Zeitraum;* Ggs *innerhalb;* ~ des Hauses; ~ der Stadt; ~ der Arbeitszeit 2 ⟨Adv.⟩ *draußen, auswärts;* er wohnt ~; Briefe nach ~; sie kommen von ~

'äu·ßer·lich ⟨Adj.⟩ 1 ⟨24⟩ *das Äußere betreffend, von außen;* Ggs *innerlich;* das ist ~ nicht erkennbar 1.1 (nur) ~! ⟨Aufschrift auf Rezepten od. Arzneiflaschen⟩ *nur zum Einreiben oder Baden, nicht zum Einnehmen* 2 ⟨fig.⟩ *den* *äußeren Schein betreffend, auf ihm beruhend, oberflächlich, nicht wesentlich, scheinbar;* rein ~ betrachtet; das ist nur ~ 2.1 ⟨80⟩ dieser Mensch ist sehr ~ *legt Wert darauf, einen guten Eindruck zu machen, ohne entsprechende geistige od. seelische Qualitäten zu haben*

'äu·ßern ⟨V.⟩ **1** ⟨500⟩ etwas ~ *sagen, aussprechen;* er hat eine Bitte, einen Wunsch geäußert; Gefühle ~; eine Meinung, einen Verdacht ~ **1.1** ⟨R3⟩ sich ~ *seine Meinung sagen;* bitte ~ Sie sich dazu; sich über jmdn. od. etwas abfällig, lobend, vorsichtig ~; zu diesem Thema kann ich mich nicht ~ **2** ⟨550/R3⟩ etwas äußert sich durch, in, als etwas *zeigt sich, wird in bestimmter Weise sichtbar;* die Krankheit äußert sich durch hohes Fieber; ihre Nervosität äußerte sich im Zittern ihrer Hände

'au·ßer·or·dent·lich ⟨a. [--'---] Adj.⟩ **1** *ungewöhnlich, außerhalb der gewöhnlichen Ordnung stehend, stattfindend;* eine ~e Gelegenheit; ein ~es Ereignis; eine ~e Versammlung des Kabinetts; ich muß dir etwas Außerordentliches mitteilen **2** *sich aus dem Übrigen heraushebend, hervorstechend, einzigartig;* eine ~e Leistung; ein ~er Mensch; sie ist von ~er Schönheit **3** ⟨50; verstärkend⟩ *sehr, ganz besonders;* er ist ~ begabt, klug; ich habe mich ~ gefreut; sie ist ~ hübsch **4** ⟨60⟩ *Sonder...;* ein ~es Gericht; eine ~e Vollmacht; ein ~er Gesandter **4.1** ⟨Abk.: a. o.⟩ ~er Professor *planmäßiger P. an einer Universität, oft ohne eigenes Institut*

'äu·ßerst ⟨Adj.; Superlativ⟩ **1** *am weitesten von einem Punkt entfernt, außen liegend;* am ~en Ende der Stadt, des Landes, des Bezirks; die Eisbären leben im ~en Norden **1.1** die ~e Linke, Rechte ⟨Pol.⟩ *Partei mit radikalem extremistischem Programm* **2** *größte, stärkste;* eine Sache von ~er Bedeutung, Wichtigkeit; er war in ~er Gefahr; er wurde mit ~em Nachdruck gebeten; hier ist ~e Vorsicht geboten **3** ⟨50; verstärkend bei Adj.⟩ *sehr, im höchsten Grade;* ~ erregt; ~ wichtig; er ist ~ liebenswürdig, unzufrieden, streng; es war ihm ~ peinlich, angenehm, verdächtig, sie dort anzutreffen; sie war ~ elegant, schlampig gekleidet **4** ⟨60⟩ **4.1** *letztmöglich;* das ist der ~e Termin, Preis; das Äußerste wagen, tun; etwas aufs Äußerste ankommen lassen; bis zum Äußersten gehen; jmdn. bis zum Äußersten reizen **4.2** *schlimmste;* im ~en Fall; das Äußerste befürchten, verhindern; er muß aufs Äußerste gefaßt sein

'au·ßer·stan·de ⟨a. [--'--] Adv.; nur in Verbindung mit bestimmten Verben⟩ **1** ~ sein, etwas zu tun *nicht imstande, nicht in der Lage sein, etwas zu tun, etwas nicht tun können;* er war ~, ihm zu helfen; er ist ~, sich daran zu erinnern **1.1** sich ~ fühlen, etwas zu tun *glauben, daß man etwas nicht tun kann;* er fühlte sich ~, ihm zu antworten **1.2** sich od. jmdn. ~ sehen, etwas zu tun *sehen, daß man od. jmd. etwas nicht tun kann;* er sah sich ~, den Fall zu übernehmen **1.3** jmdn. ~ setzen, etwas zu tun *jmdm. etwas unmöglich machen;* durch diese Ereignisse wurde er ~ gesetzt, ...

'aus|set·zen ⟨V.⟩ **1** ⟨500⟩ jmdn. od. etwas ~ *hinaussetzen* **1.1** ein Kind ~ *irgendwo hinlegen und hilflos liegenlassen* **1.2** ein Boot ~ *ins Wasser lassen, setzen (bes. vom Schiff aus)* **1.3** Wild ~ *gekaufte Tiere im Wald freilassen (um den Bestand aufzufrischen od. eine neue Wildart einzubürgern)* **1.4** Pflanzen ~ *ins Freie setzen* **1.5** das Allerheiligste ~ *zur Anbetung ausstellen* **1.6** den Ball ~ ⟨Billard⟩ *zum Anspiel hinlegen* **2** ⟨530/R7 od. R8⟩ jmdn. od. etwas einer Sache ~ *preisgeben, ausliefern;* sich od. jmdn. der Ansteckung ~; sich od. jmdn. einer Gefahr ~; sich, jmdn. od. etwas (dem) Wind u. Wetter ~; du setzt dich mit deinem Verhalten dem Gelächter, dem Spott der andern aus; auf diesem Platz sind wir zu sehr den Blicken der andern ausgesetzt **3** ⟨400⟩ *vorübergehend, unerwartet aufhören, stocken;* der Puls, Motor setzte aus; die Atmung des Kranken hat ausgesetzt **3.1** ⟨800⟩ mit etwas ~ *etwas unterbrechen;* mit der Arbeit, dem Unterricht ~ **3.2** ich muß (ein paar Minuten) ~ *eine Pause machen* **4** ⟨500⟩ eine Prämie ~ *als Belohnung festsetzen, festlegen, ausschreiben, zur Verfügung stellen;* auf seinen Kopf sind 10 000 DM (Belohnung) ausgesetzt **5** ⟨500⟩ einen Vorgang ~ *unterbrechen, verschieben;* den Unterricht ~; das Verfahren aussetzen bis ... ⟨Rechtsw.⟩ **6** ⟨550⟩ an jmdm. od. einer Sache etwas ~ *tadeln, bemängeln;* er hat an allem etwas auszusetzen; es ist nichts daran auszusetzen **7** ⟨500⟩ Sägeblätter ~ *die Zähne von Sägeblättern abwechselnd nach rechts u. links abbiegen*

'Aus·set·zung ⟨f.; -, -en⟩ **1** *das Aussetzen;* ~ eines Verfahrens; ~ eines Kindes; ~ einer Belohnung, Rente, eines Preises; ~ einer Strafe **1.1** Amt mit ~ ⟨kath. Kirche⟩ *feierliche Messe mit Gesang, bei der das Allerheiligste ausgesetzt wird*

'Aus·sicht ⟨f.; -, -en⟩ **1** *begründete Hoffnung, Möglichkeit, Chance, daß ein Ereignis eintritt;* günstige, ungünstige, berufliche ~en; es besteht (keine) ~; es ist ~ vorhanden, daß ...; er hat (keine) ~ zu gewinnen; ~ auf Erfolg, Gewinn; die sichere ~ auf Befreiung; jmdm. ~en machen auf; er hat (keine) ~ auf den ersten Preis **1.1** in ~ *möglicherweise, wahrscheinlich;* etwas in ~ haben; eine Überraschung steht in ~ **1.1.1** etwas in ~ nehmen *planen, beabsichtigen* **1.1.2** (jmdm.) etwas in ~ stellen *versprechen* **2** ⟨unz.⟩ *Blick, Rund-, Aus-, Fern-, Weitblick;* eine gute, schöne, weite ~ bietet sich; die ~ aus dem Fenster; die ~ vom Berggipfel, Fenster, Zimmer (aus); ~ auf den Hof, auf die Straße, aufs Meer; die ~ (weit) über den See, übers Land

'aus|söh·nen ⟨V. 550/R7 od. R8⟩ **1** jmdn. od. sich (mit jmdm.) ~ *die Feindschaft nach einem Streit einstellen u. Frieden schließen, sich versöhnen;* er söhnte sie mit ihrem Vater aus; die Mutter hat die streitenden Brüder ausgesöhnt; hast du dich mit deinem Freund ausgesöhnt? **2** sich mit etwas ~ ⟨geh.⟩ *sich damit abfinden, zufriedengeben;* ich habe mich mit dem schlechten Wetter ausgesöhnt; er söhnte sich mit seinem Schicksal aus

'aus|son·dern ⟨V. 500⟩ jmdn. od. etwas ~ *prüfend aus einer Menge heraussuchen (u. entfernen);* für den Kursus hat man die Nichtschwimmer ausgesondert; schimmelige Erdbeeren, schlechte Kartoffeln ~; alte Kleider für eine Sammlung des Roten Kreuzes ~

'aus|span·nen ⟨V.⟩ **1** ⟨500⟩ 1.1 ein Seil, eine Leine ~ *straff zwischen zwei Punkten spannen* 1.2 ein Netz, ein Tuch ~ *gestreckt, gespannt aufhängen od. aufstellen;* die Fischer spannten ihre Netze zum Trocknen aus **1**.3 ein Zugtier od. etwas ~ *aus einem Gespann lösen;* der Kutscher spannte die Pferde aus; der Bauer hat den Wagen, den Pflug ausgespannt **1**.4 etwas (aus etwas) ~ *etwas Eingespanntes herausnehmen;* einen Bogen (aus der Schreibmaschine) ~; eine Stickerei (aus dem Rahmen) ~; ein Werkstück (aus dem Schraubstock) ~ **2** ⟨530⟩ jmdm. jmdn. ~ ⟨fig.; umg.⟩ *abspenstig machen, wegschnappen;* er hat ihm die Freundin ausgespannt 2.1 darf ich dir heute abend deine Frau ~? ⟨scherzh.⟩ *darf ich mit ihr heute abend ausgehen?* **2**.2 jmdm. etwas ~ ⟨fig.; umg.⟩ *nach langem Bitten od. durch List od. Schmeicheln von jmdm. bekommen;* den Schirm hat sie ihrer Freundin ausgespannt; die Uhr spannte er seinem Vater aus 2.3 ich möchte dir heute abend deine goldene Kette ~ ⟨scherzh.⟩ *sie mir leihen* **3** ⟨400⟩ *für einige Zeit nicht arbeiten u. sich dadurch erholen;* sie muß jetzt ein paar Wochen richtig ~; du sollst einmal von der Arbeit ~

'aus|sper·ren ⟨V. 500⟩ **1** jmdn. ~ *die Tür vor jmdm. zuschließen, jmdn. nicht hereinlassen;* sie sperrte ihn nach dem Streit aus; ich habe mich gestern versehentlich ausgesperrt **2** jmdn. ~ ⟨fig.⟩ *jmdn. von etwas ausschließen, bes. von der Arbeit, nicht zulassen zu etwas;* Fabrikarbeiter ~

'Aus·sper·rung ⟨f.; -, -en⟩ **1** *das Aussperren* **2** ⟨fig.⟩ *Ausschließung (bes. von der Arbeit)* **3** ⟨fig.⟩ *zeitweise Entlassung von Arbeitnehmern*

'aus|spie·len ⟨V.⟩ **1** ⟨402⟩ eine Karte ~ *als erster (eine K.) hergeben, anfangen zu spielen* 1.1 ⟨Kart.⟩ *das Spiel eröffnen;* wer spielt aus? 1.2 ⟨500⟩ etwas ~ *ins Spiel bringen;* eine Karte, einen Trumpf, ein As, einen König ~ 1.2.1 den letzten Trumpf ~ ⟨a. fig.⟩ *die letzte Entgegnung aussprechen, den letzten Versuch unternehmen* **2** ⟨402⟩ (eine Rolle) ~ *zu Ende spielen;* er hat ausgespielt 2.1 ausgespielt haben ⟨fig.⟩ *nichts mehr ausrichten können, nichts mehr zu sagen haben* **3** ⟨500⟩ etwas ~ *als Spielgewinn festsetzen;* in der Lotterie wird ein hoher Betrag ausgespielt

'Aus·spra·che ⟨f.⟩ **1** *das Aussprechen(1);* gute, schlechte, (un)deutliche, falsche, richtige, reine ~; englische ~; dieses Wort hat mehrere ~n 1.1 → a. *feucht(1.0.1)* **2** *das Aussprechen(6);* eine ~ mit jmdm. haben; jmdn. zu einer ~ bitten

'aus|spre·chen ⟨V. 251⟩ **1** ⟨500⟩ Wörter, Sätze, Laute ~ *mit den Sprechwerkzeugen bilden;* etwas deutlich, falsch, richtig ~; wie spricht man dieses Wort aus? **2** ⟨500⟩ eine Sache ~ *(durch Sprechen) zum Ausdruck bringen, äußern, in Worte fassen, vorbringen;* eine Bitte, einen Tadel, einen Wunsch ~; du sprichst ein großes Wort gelassen aus 2.1 ⟨503⟩ (jmdm.) seine Anteilnahme, sein Bedauern, seinen Dank, sein Mitgefühl ~ *mitteilen, bezeugen* **3** ⟨400⟩ *zu Ende sprechen;* lassen Sie ihn (doch) ~!; er hatte kaum ausgesprochen, als die Tür aufging **4** ⟨513 od. 550/R3⟩ sich ~ (über jmdn. od. etwas) *wertend Stellung nehmen, seine Meinung äußern;* er hat sich darüber nicht ausgesprochen; sich offen, anerkennend über jmdn. ~ **4**.1 ⟨550/R3⟩ sich für etwas ~ *sich zu etwas bekennen, für etwas Partei ergreifen* **4**.2 ⟨550/R3⟩ sich gegen etwas ~ *gegen etwas stimmen, gegenteilige Meinung äußern über etwas* **5** ⟨500/R3⟩ sich ~ *über eigene Probleme mit einem anderen sprechen;* sie wollte sich einmal ~; sprich dich (ruhig) aus! ⟨a. iron.⟩ **6** ⟨500/R4⟩ sich ~ *eine Unterredung, ein klärendes Gespräch (über Meinungsverschiedenheiten) führen*

'Aus·spruch ⟨m.⟩ *(meist kürzere) Äußerung mit bedeutendem Inhalt;* ein ~ Bismarcks; (gesammelte) Aussprüche großer Männer (als Untertitel)

'Aus·stand ⟨m.; -(e)s, -̈e⟩ **1** ⟨unz.⟩ *Streik* 1.1 im ~ sein, sich im ~ befinden, in den ~ treten *streiken* **2** ⟨nur Pl.⟩ Ausstände ⟨veralt.⟩ *ausstehende Geldforderung;* ich habe noch einige Ausstände

'aus|stat·ten ⟨V. 500⟩ **1** ⟨516⟩ jmdn. ~ *jmdm. eine Ausstattung geben, jmdn. mit einer A., mit allem Notwendigen versehen, ausrüsten;* jmdn. mit Kleidern, Geräten, Lebensmitteln ~ 1.1 mit guten, reichen Anlagen ausgestattet sein *gute, reiche A. besitzen* **2** einen Raum (mit etwas) ~ *einrichten;* einen Raum prunkvoll ~ **3** etwas ~ *mit einer besonderen äußeren Aufmachung versehen;* ein gut ausgestattetes Buch

'Aus·stat·tung ⟨f.; -, -en⟩ **1** ⟨unz.⟩ *das Ausstatten;* die ~ des neuen Krankenhauses übernahm eine ausländische Firma **2** ⟨unz.⟩ *äußere Gestaltung, Aufmachung;* künstlerische ~ von Büchern **3** *Sachen, Geräte od. ähnliches, mit denen jmd. od. etwas ausgestattet wird* 3.1 *Zuwendungen, die ein Kind von seinen Eltern od. einem Elternteil zum Aufbau einer selbständigen Existenz od. anläßlich seiner Verheiratung erhält;* Sy *Aussteuer;* einer Braut eine reichliche, vollständige ~ mitgeben 3.2 *Einrichtung (von Räumen) jeder Art, bes. Möbel;* die ~ des Raumes; ~ einer ärztlichen Praxis 3.3 *Ausrüstung;* technische ~ der Autos 3.4 ⟨Theat.⟩ *Gesamtheit aller Gegenstände, die bei der Aufführung eines Stückes verwendet wurden, z. B. Kulissen, Requisiten, Kostüme usw.;* ein Theaterstück, ein Film in großer ~

'aus|ste·chen ⟨V. 254/500⟩ **1** ⟨530/R5 od. R6⟩ jmdm. etwas ~ *durch einen Stich zerstören;* jmdm. ein Auge ~ **2** etwas ~ *durch Stechen, durch Spatenstiche entfernen bzw. entnehmen;* Pflanzen, Rasen ~ **3** Teig ~ *durch Stechen formen;* kleines Gebäck, Plätzchen (mit Ausstechformen) ~ **4** jmdn. ~ ⟨fig.⟩ *jmdn. übertreffen;* einen Nebenbuhler, Mitbewerber ~ **4**.1 ⟨511⟩ jmdn. bei einem andern ~ *jmdn. aus jmds. Gunst verdrängen;* er hat mich bei ihr ausgestochen

'aus|ste·hen ⟨V. 256⟩ **1** ⟨500⟩ etwas ~ *erleiden, erdulden, ertragen, aushalten;* ich habe große Angst ausgestanden; er hat viel (Böses) ~ müssen; Schmerzen ~; er hat hier, bei ihm nichts auszustehen 1.1 jmdn. od. etwas nicht ~ können *nicht leiden können, (ganz u. gar) nicht mögen* **2** ⟨400⟩ etwas steht aus *fehlt;* seine Antwort steht noch aus; die Entscheidung steht noch aus 2.1 *nicht bezahlt sein;* ~de Forderungen; ~de Zahlungen

'aus|stei·gen ⟨V. 258/411(s.)⟩ **1** aus einem Fahrzeug ~ *ein F. verlassen;* beim Aussteigen bitte beeilen! **2** aus einem Unternehmen ~ ⟨umg.⟩ *nicht mehr mitmachen*

'aus|stel·len ⟨V. 500⟩ **1** etwas ~ *zur Schau stellen, zur Ansicht hinstellen, hinlegen;* Waren, Bilder, Hunde ~; im Schaufenster einen Mantel ~ **2** ein Schriftstück ~ *ausschreiben, ausfertigen;* Paß, Quittung, Rechnung, Zeugnis ~ **3** etwas od. jmdn. ~ *an einen geeigneten Platz stellen;* Wachen ~; Fallen, ein Signal ~ **4** ⟨550⟩ an jmdm. etwas ~ ⟨veralt.⟩ *an jmdm. etwas zu tadeln, zu bemängeln haben*

'Aus·stel·lung ⟨f.⟩ **1** *zur Ansicht zusammengestellte Sammlung;* Bilder~, Hunde~, Möbel~; ~ alter Meister; in eine ~ gehen; eine ~ besuchen, veranstalten; sich eine ~ ansehen **2** *das Ausstellen(2);* ~ von Pässen, Wechseln, Rechnungen **3** ⟨nur Pl.⟩ ~en ⟨veralt.⟩ *Beanstandung, das Ausstellen(4);* ~en machen

'aus|ster·ben ⟨V. 259/400(s.)⟩ **1** *sich nicht mehr fortpflanzen u. dadurch aufhören, auf der Erde zu existieren;* Pflanzen, Tiere, Menschen, Völker sterben aus 1.1 die Dummen sterben nicht aus ⟨umg.; scherzh.⟩ *die D. wird es immer geben* **2** etwas stirbt aus ⟨fig.⟩ *wird vergessen, verschwindet allmählich;* eine Sprache, Mundart, ein Brauch stirbt aus **3** ⟨Part. Perf.⟩ wie ausgestorben ⟨fig.⟩ *menschenleer;* die Stadt war wie ausgestorben

'Aus·steu·er ⟨f.; -; unz.⟩ = *Ausstattung(3.1);* einem Mädchen eine kostbare, reiche, vollständige ~ (in die Ehe) mitgeben

'aus|steu·ern ⟨V. 500⟩ **1** jmdn. ~ *mit einer Aussteuer versehen, ausstatten;* er konnte seine Tochter reich ~ **2** jmdn. ~ ⟨Rechtsw.⟩ *Unterstützung (aus einer Versicherung) beenden;* seine Kasse hat ihn ausgesteuert 2.1 er ist ausgesteuert *er hat nach Gewährung der höchstzulässigen Leistungen keine Ansprüche mehr an die Sozialversicherung, Krankenkasse*

'Aus·stieg ⟨m.; -(e)s, -e⟩ **1** *das Aussteigen(1);* der ~ ging schnell **2** *Tür, Öffnung zum Aussteigen;* ~ an Straßenbahnen, Autobussen; bitte den hinteren ~ benutzen, frei machen

'Aus·stoß ⟨m.; -es, ¨e⟩ **1** ⟨unz.⟩ *das Ausstoßen(1-3)* **2** *Produktion eines Industriebetriebes, einer Maschine;* die Maschine hat einen ~ von 100 000 Flaschen täglich; Jahres-, Monats-, Produktions~ **3** *das Anstechen eines Bierfasses*

'aus|sto·ßen ⟨V. 262/500⟩ **1** etwas ~ *durch Stoßen entfernen* 1.1 ein Auge ~ *durch einen Stoß zerstören* 1.2 *(die Haut geschlachteter Tiere) vom Tierkörper lösen* **2** etwas ~ *durch Innendruck heraustreiben, hervorbringen;* Dampf, Rauchwolken ~; die Leibesfrucht ~ **3** Laute ~ *von sich geben, (heftig) äußern;* Flüche, Schreie, Verwünschungen ~; einen Seufzer ~ **4** ⟨511/R8⟩ jmdn. od. etwas aus einer Gemeinschaft, einem Verband ~ *ausschließen;* jmdn. aus der Kirche, Armee ~; von aller Welt ausgestoßen sein; ein Wort stößt im Lauf seiner Entwicklung einen Vokal, Konsonanten aus ⟨Sprachw.⟩

'aus|strah·len ⟨V.⟩ **1** ⟨500⟩ etwas ~ ⟨a. fig.⟩ *in od. durch Strahlen nach allen Richtungen verbreiten;* der Ofen strahlt Wärme, eine starke Hitze aus; die Lampe strahlte ein gelbes Licht aus; das Bild strahlt eine unsagbare Harmonie aus ⟨fig.; geh.⟩; die Frau, ihr Wesen, ihr Gesicht strahlt Ruhe, Güte, Heiterkeit, eisige Kälte aus 1.1 ⟨Funkw.⟩ *senden;* die Sendung wird ausgestrahlt von Radio Luxemburg; das Fernsehen hat dann ein anderes Programm ausgestrahlt **2** ⟨411(s.)⟩ 2.1 von etwas ~ ⟨a. fig.⟩ *sich in Strahlen verbreiten;* vom Ofen strahlt Wärme aus; von ihrem Wesen strahlte Ruhe aus ⟨fig.; geh.⟩ 2.2 auf jmdn. od. etwas ~ ⟨fig.⟩ *einwirken, Einfluß haben;* von ihm strahlte Ruhe auf sie aus; seine Werke strahlten auf die Werke seiner Nachfolger aus

'aus|strecken ⟨-k·k-; V. 500⟩ **1** ein Glied (des Körpers) ~ *ein G. in seiner ganzen Länge strecken;* die Hände, die Arme (nach jmdm. od. etwas) ~ 1.1 ⟨550⟩ die Hand nach jmdm. od. etwas ~ ⟨a. fig.⟩ *jmdn. begehren, etwas haben wollen* 1.2 → a. *Finger(1.1)* **2** ⟨R3⟩ sich ~ *sich hinlegen, den ganzen Körper der Länge nach im Liegen strecken;* er streckte sich auf dem Bett, im Gras aus; sie lag ausgestreckt am Strand

'aus|strei·chen ⟨V. 263/500⟩ **1** etwas Geschriebenes od. Gedrucktes ~ *einen Strich hindurchziehen u. dadurch ungültig machen;* ein (falsches) Wort, eine Zahl ~; er strich mehrere Sätze aus 1.1 etwas aus dem Gedächtnis ~ ⟨fig.⟩ *völlig vergessen* **2** Falten, Nähte ~ *oberflächlich bügeln, glattstreichen* **3** Teig ~ *breit streichen* 3.1 ⟨Med.⟩ *etwas im dünnen Film verteilen;* Blutstropfen auf einer Glasplatte zum Mikroskopieren ~; Bakterien auf Nährboden ~ **4** etwas (mit etwas) ~ *innen ausschmieren, Zwischenräume ausfüllen;* sie hat die Backform (mit Butter) ausgestrichen; Mauerfugen, Risse in der Wand (mit Zement) ~ **5** ⟨Jagdw.⟩ 5.1 einen Hund ~ lassen *einen H. weit hinaus suchen lassen* 5.2 ⟨400⟩ ein Tier streicht aus *verläßt seinen Bau, sein Nest;* der Fuchs ist schon ausgestrichen

'aus|strö·men ⟨V.⟩ **1** ⟨500⟩ etwas ~ *abgeben u. nach allen Richtungen verbreiten;* die Blume strömt einen wunderbaren Duft aus; der Ofen strömte Wärme aus **2** ⟨500 od. 411(s.); fig.; geh.⟩ *ausstrahlen;* ihr Zimmer strömte Behaglichkeit aus; von ihm strömte Ruhe, Wärme, Zufriedenheit aus **3** ⟨400(s.)⟩ etwas strömt aus *etwas kommt strömend in größeren Mengen heraus u. verbreitet sich dabei;* Gas strömt (aus der Leitung) aus; an dieser Stelle ist der Dampf, das Wasser ausgeströmt; durch ~des Gas getötet, vergiftet werden

'aus|su·chen ⟨V. 503/R5⟩ **1** (sich) jmdn. od. etwas ~ *aus einer Menge prüfend heraussuchen u. auswählen;* er suchte für seine Frau einen schönen Ring aus; du hast dir für die Bedienung ein nettes Mädchen ausgesucht; ich muß mir ein Buch, ein Kleid ~; sich einen guten Platz ~; du darfst dir etwas (Schönes) ~ 1.1 Beeren ~ *auslesen, die guten von den schlechten trennen* 1.2 ⟨Part. Perf.⟩ ausgesucht ⟨umg.⟩ *nicht mehr viel Auswahl bietend;* die Bestände, Lager waren schon sehr ausgesucht **2** etwas ~ ⟨veralt.⟩ *durchsuchen;* alle Taschen, Schubladen ~

'Aus·tausch ⟨m.; -(e)s; unz.⟩ **1** *das Austau-*

schen; etwas im ~ für etwas anderes geben od. erhalten; ~ von Waren; Waren ~; Weizen im ~ gegen Öl erhalten; Kultur ~ 1.1 *Aufenthalt im Ausland, der auf Gegenseitigkeit beruht;* Schüler ~, Studenten ~ 2 ⟨fig.⟩ *wechselseitige Mitteilung;* Gedanken ~, Meinungs ~, Erfahrungs ~; ~ von Gedanken, von Meinungen, von Erfahrungen

'aus|tau·schen ⟨V. 500⟩ **1** jmdn. od. etwas ~ *sich wechselseitig jmdn. od. etwas schicken, übergeben;* Gefangene, Verwundete ~; Schüler, Studenten, Professoren ~; Botschafter ~; ich tausche mit ihm Briefmarken, Briefe, Bilder aus **2** etwas ~ ⟨fig.⟩ *sich wechselseitig etwas mitteilen;* Gedanken, Höflichkeiten, Erlebnisse, Erinnerungen, Erkenntnisse, Meinungen ~; sie tauschten bedeutungsvolle Blicke aus **2.1** ⟨517/R4⟩ sich mit jmdm. (über etwas) ~ *einer dem anderen seine Meinung mitteilen* **3** jmdn. od. etwas ~ *gegen jmdn. od. etwas (in gleicher Qualität) tauschen, auswechseln;* der Trainer mußte den Torwart ~ lassen; Maschinenteile, einen Motor ~ **3.1** er war plötzlich wie ausgetauscht ⟨fig.⟩ *völlig verändert*

'aus|tei·len ⟨V. 500⟩ **1** etwas ~ *an bestimmte Personen geben, verteilen;* Geschenke an die Kinder ~; der Lehrer teilte die Hefte an die Schüler aus; Karten für die Vorstellung ~; das Sakrament ~ **1.1** bei Tisch ~ *Speisen vorlegen* **1.2** Schläge, Prügel, Ohrfeigen ~ ⟨fig.⟩ *schlagen* **1.3** mit vollen Händen ~ *verschwenderisch leben* **1.4** → a. *Korb(2.1)*

'aus|to·ben ⟨V.⟩ **1** ⟨500/R7⟩ sich od. seine Gefühle ~ *seinen Gefühlen freien Lauf lassen, seine G. ungezügelt entladen;* habt ihr euch nun ausgetobt? ⟨umg.⟩; er hat seinen Zorn, Ärger, seine Wut ausgetobt **2** ⟨500/R3⟩ sich ~ *bis zum Erschöpfen seiner Kräfte toben;* laß ihn sich ~, dann ist er wieder vernünftig; das Gewitter hat sich (endlich) ausgetobt ⟨fig.⟩ **2.1** *tollen, überschüssige Kraft durch Toben erschöpfen lassen;* Jugend will sich ~; auf dem Spielplatz können sich die Kinder (nach Herzenslust) ~; er tobt sich beim Tanzen immer aus **2.2** sich vor der Ehe ~ ⟨fig.; umg.⟩ *das Leben vor der E. ohne Hemmungen genießen*

'Aus·trag ⟨m.; -(e)s, ¨e⟩ **1** ⟨unz.⟩ *das Austragen(3);* gerichtlicher ~; einen Streit zum ~ bringen; zum ~ kommen **2** ⟨Pl. selten; süddt., österr.⟩ *Altenteil;* der alte Bauer lebte im ~

'aus|tra·gen ⟨V. 265/500⟩ **1** etwas ~ *den Empfängern, Kunden ins Haus tragen, austeilen;* Briefe, Zeitungen, Waren ~ **1.1** Klatsch, Neuigkeiten ~ ⟨fig.⟩ *verbreiten* **2** ein Kind ~ *bis zur (normalen) Niederkunft im Mutterleib tragen, ausreifen lassen;* sie hat das Kind nicht ausgetragen **3** einen Streit, Wettkampf ~ ⟨fig.⟩ *bis zur Entscheidung führen*

'aus|trei·ben ⟨V. 267/500⟩ **1** Vieh ~ *auf die Weide treiben* **2** jmdn. ~ *vertreiben, verdrängen, verstoßen, verbannen;* die Bevölkerung aus einem Gebiet ~ **3** etwas ~ *aus dem Körper ausstoßen, hervorbringen;* die Leibesfrucht ~ **4** etwas ~ *durch Beschwörung verbannen;* den Teufel (aus einem Besessenen) ~; Geister ~ **5** ⟨530⟩ jmdm. eine Unart ~ *abgewöhnen* **6** zwei Zeilen ~ ⟨Typ.⟩ *den Text erweitern, so daß er um zwei Z. länger wird*

'aus|tre·ten ⟨V. 268⟩ **1** ⟨400(s.)⟩ *heraustreten, einen Raum verlassen;* Blut tritt aus den Gefäßen aus **1.1** ein Eingeweideteil tritt (bei einem Bruch) aus *drängt sich heraus* **1.2** Wild tritt aus dem Wald aus ⟨jägerspr.⟩ *tritt ins Freie* **1.3** ⟨umg.⟩ *die Toilette aufsuchen* **2** ⟨411(s.)⟩ aus etwas ~ *eine Gemeinschaft, Vereinigung verlassen, die Mitgliedschaft, Zugehörigkeit aufgeben;* aus einem Geschäft, einer Partei ~; aus der Kirche ~; aus einem Verein ~ **3** ⟨500⟩ etwas ~ *durch Darauftreten auslöschen;* Feuer ~; eine Zigarette ~ **4** ⟨500⟩ etwas ~ *durch häufiges Treten abnutzen* **4.1** Stufen ~ *durch häufiges Darauftreten abnutzen* **4.2** Schuhe ~ *durch vieles Tragen ausweiten, abnutzen;* ausgetretene Schuhe **4.2.1** → a. *Kinderschuh(2.1)* **4.3** (sich) einen Fuß ~ *durch Überbeanspruchung breittreten, durchtreten* **4.4** einen Weg ~ *durch vieles Treten, Begehen bahnen, festtreten;* ein ausgetretener Pfad, Weg **4.4.1** ausgetretene Pfade, Wege gehen ⟨fig.⟩ *Altbekanntes wiederholen, nichts Neues wagen*

'Aus·tritt ⟨m.⟩ **1** ⟨unz.⟩ *das Austreten aus einem Raum;* der ~ des Wassers, des Gases **1.1** ⟨jägerspr.⟩ *das Ziehen des Wildes aus der Dekkung ins Freie;* ~ des Wildes aus dem Wald **2** *das Verlassen einer Gemeinschaft, der man als organisiertes Mitglied angehört;* ~ eines Teilhabers; seinen ~ erklären (aus der Kirche, aus einer Partei) **3** *Platz in der Art eines kleinen Balkons, der das Hinaustreten aus dem Zimmer ins Freie ermöglicht* **3.1** *Absatz einer Treppe*

'aus|trock·nen ⟨V.⟩ **1** ⟨400(s.)⟩ etwas trocknet aus *wird völlig trocken;* der Bach, Boden, Sumpf trocknet aus; der Neubau muß noch ~; meine Kehle ist (vor Durst) ausgetrocknet **2** ⟨500⟩ etwas ~ *(innen) trocken machen, trocknen;* Gläser innen gut ~; die Sonne hat die Pfützen ausgetrocknet; Sümpfe ~

'aus|üben ⟨V. 500⟩ **1** eine Tätigkeit ~ *betreiben, gewohnheitsmäßig verrichten;* einen Beruf, ein Gewerbe ~; er hat Musik studiert, übt sie aber nicht aus; eine Pflicht ~; einen erlernten Beruf, eine Fähigkeit praktisch ~ **1.0.1** ~der Arzt = *praktizierender A.* **1.0.2** ~der Künstler *(auf seinem Gebiet) tätiger K.* **2** etwas ~ *innehaben u. anwenden;* die Macht, die Herrschaft ~ **2.0.1** ~de Gewalt = *Exekutive* **3** ⟨550⟩ etwas auf jmdn. od. etwas ~ *wirksam werden lassen;* Druck, Einfluß auf jmdn. ~; großen Reiz ~ (auf); eine starke Wirkung (auf jmdn. od. etwas) ~

'Aus·ver·kauf ⟨m.⟩ *(meist verbilligter) Verkauf einer Ware, um die Lager zu leeren;* das Kleid hat sie im ~ erworben; ~ wegen Aufgabe des Geschäfts

'aus|ver·kau·fen ⟨V. 500⟩ **1** etwas ~ *bis zum letzten Stück verkaufen;* die Ware ist ausverkauft; wir müssen die alten Ladenhüter ~ **1.1** das Haus ist ausverkauft ⟨Theat.⟩ *alle Eintrittskarten sind verkauft* **1.2** vor ausverkauftem Hause spielen ⟨Theat.⟩ *vor vollbesetztem H.*

'aus|wach·sen ⟨V. 277⟩ **1** ⟨550/R3⟩ sich zu etwas ~ *zu etwas werden, sich zu etwas entwickeln;* der unscheinbare Junge hat sich zu einem hübschen, großen jungen Mann ausgewachsen; die anfängliche Spielerei hat sich ja zu regelrechter Arbeit ausgewachsen ⟨umg.; scherzh.⟩ **2** ⟨500⟩ Kleidungsstücke ~ ⟨umg.⟩ *aus K. herauswachsen;* das Kind hat das Kleid (schon wieder) ausgewachsen **3** ⟨400(s.)⟩ Korn wächst aus *keimt (wegen feuchter Witterung) auf dem Halm* **4** ⟨400(s.); umg.⟩ *die Geduld verlieren;* dabei kann man ja ~!; das ist ja zum Auswachsen!

'Aus·wahl ⟨f.; -; unz.⟩ **1** *das Auswählen;* eine ~ der, des Besten, Schönsten; die ~ unter den vielen schönen Kleidern war schwer; etwas zur ~ stellen **1.1** eine ~ treffen *auswählen;* haben sie schon ihre ~ getroffen? **1.2** die ~ haben *die Möglichkeit zu wählen* **2** *Menge von Waren, aus der man wählen kann;* eine reiche ~; große, kleine, gute ~ **3** *das Ausgewählte;* eine repräsentative ~ aus Schillers Werken **3.1** ⟨Sp.⟩ *ausgewählte Mannschaft;* in der ~ mitspielen

'aus|wäh·len ⟨V. 503/R5⟩ **1** (sich) jmdn. od. etwas ~ *aus einer Menge wählen, sich durch Wahl für jmdn. od. etwas entscheiden;* er hat schon einen Nachfolger, Bewerber ausgewählt; das Beste, die Besten ~; er wählte schnell noch ein Buch aus; du hast dir das schönste Mädchen ausgewählt; ich habe mir den günstigsten Augenblick ausgewählt **1.1** etwas ~ *passend zusammenstellen;* Bilder, Bücher für eine Sammlung ~; ausgewählte Werke, Gedichte, Beispiele

'aus|wal·zen ⟨V. 500⟩ **1** etwas ~ ⟨Tech.⟩ *durch Walzen in der Länge u. Breite strecken, flach machen;* Stahl, Blech ~ **1.1** Teig ~ *ausrollen* **2** etwas ~ ⟨fig.; umg.⟩ *unnötig viele Worte machen (über, um etwas);* der Redner hat die ganze Geschichte viel zu breit, zu sehr ausgewalzt; das Ereignis wurde in der Zeitung breit ausgewalzt

'aus|wan·dern ⟨V. 400(s.)⟩ *seine Heimat für immer verlassen;* er wanderte aus politischen Gründen nach Amerika aus

'aus·wär·tig ⟨Adj. 24/70⟩ **1** *außerhalb des eigenen ständigen (Wohn)ortes befindlich;* ein ~es Unternehmen **2** *von auswärts (her)kommend;* ein ~er Schüler; wir haben ~en Besuch **3** *die Beziehungen mit dem Ausland betreffend;* ~e Politik, Angelegenheiten **3.1** Auswärtiges Amt *zentrale Behörde der Bundesrepublik Deutschland für auswärtige Angelegenheiten* **3.2** Bundesminister für Auswärtiges *Leiter des Auswärtigen Amtes in der BRD*

'aus·wärts ⟨Adv.⟩ **1** *außerhalb des Hauses;* ~ schlafen, essen **2** *außerhalb des Wohnortes;* ~ studieren; von ~ kommen; jmdn. nach ~ schicken; Besuch von ~ haben **3** *nach außen (gerichtet);* die Tür ist ~ zu öffnen; die Füße ~ setzen

'aus|wa·schen ⟨V. 279/500⟩ etwas ~ **1** *durch Waschen (aus einem Gewebe usw.) entfernen;* einen Fleck ~ **2** *durch Waschen (Spülen) säubern;* Gläser, Wäsche ~; eine Wunde ~ **3** *durch Wassereinwirkung abnutzen, aushöhlen;* die Felsen, das Ufer ~

'aus|wech·seln ⟨V. 500⟩ **1** jmdn. od. etwas ~ *gegen jmdn. od. etwas (in gleicher Qualität) austauschen;* der Trainer mußte den Torwart ~; zwei Dinge miteinander ~; ein Teil, ein Stück gegen ein anderes ~ **1.1** *etwas nicht mehr Brauchbares durch Neues ersetzen;* ein Rad ~; er hat die Zündkerzen, die Glühbirne ausgewechselt **1.2** er war wie ausgewechselt ⟨fig.⟩ *plötzlich ganz anders*

'Aus·weg ⟨m.⟩ *Möglichkeit, sich aus einer schwierigen od. unangenehmen Lage zu befreien, rettende Lösung in der Notlage;* jmdm. den (letzten) ~ abschneiden, verbauen; einen (rettenden) ~ finden; es ist kein ~ mehr offen; einen ~ suchen; es gibt keinen anderen ~ (als)

'aus|wei·chen ⟨V. 281/600/R6(s.)⟩ **1** jmdm. od. etwas ~ *aus dem Wege gehen, Platz machen;* er konnte dem Wagen gerade noch ~; rechts, links, seitlich, rückwärts ~; der Fahrer wich dem Betrunkenen in der letzten Minute aus **2** jmdm. od. einer Sache ~ *zu entgehen suchen, indem man zur Seite weicht;* der Boxer wich geschickt dem Gegner aus; einem Hieb, Stoß, Tritt ~; sie weicht einer Begegnung mit ihm aus; er konnte dem Kampf nicht mehr ~ **3** einer Sache ~ ⟨fig.⟩ *etwas (Unangenehmes) vermeiden;* er wich ihren neugierigen Fragen mit einem Scherz aus; einer Bitte, Gefahr, Versuchung ~; sie weicht seinen Blikken aus **3.1** eine ~de Antwort geben *Ausflüchte machen* **4** ⟨411⟩ auf etwas ~ *sich für etwas anderes entscheiden;* von der Autobahn auf die Bundesstraße ~; die Verbraucher weichen auf billigere Produkte aus

'Aus·weis ⟨m.; -es, -e⟩ **1** *Urkunde, die etwas beglaubigt* **1.1** *Urkunde, die bescheinigt, daß ihr Inhaber eine bestimmte Person ist;* Personal~; einen ~ ausstellen, beantragen, vorzeigen **1.2** *Urkunde, die bescheinigt, daß eine Person einer bestimmten Gemeinschaft angehört;* Mitglieds~, Schüler~, Studenten~, Betriebs~ **1.3** *Urkunde, die bescheinigt, daß ihr Inhaber bestimmte Rechte hat;* Fahrt~, Theater~ **2** nach ~ *wie gezeigt wird (durch);* nach ~ der Statistik **2.1** nach ~ des Kontos *laut Kontostand, Kontoauszug*

'aus|wei·sen ⟨V. 282/500⟩ **1** jmdn. ~ *jmdn. aus dem Lande weisen* **2** ⟨R3⟩ sich ~ *den Nachweis über seine Person erbringen;* sich durch Vorlegen des Passes ~; sich als Vertreter einer Firma, als Besitzer eines Wagens ~ **3** ⟨550/R3⟩ sich über Kenntnisse ~ ⟨schweiz.⟩ *K. nachweisen*

'Aus·wei·sung ⟨f.; -, -en⟩ **1** *das Ausweisen(1)* **1.1** *das Ausgewiesenwerden*

'aus·wen·dig[1] ⟨Adj.; veralt.; österr.⟩ *außen, außenseitig, auf, an der Außenseite;* Ggs *inwendig*

'aus·wen·dig[2] ⟨Adv.⟩ **1** *aus dem Gedächtnis, ohne auf eine Vorlage zu sehen;* ein Gedicht ~ lernen; ein Musikstück ~ spielen; etwas ~ können od. wissen **2** das weiß ich schon ~! ⟨a. fig.; umg.⟩ *das habe ich nun oft genug gehört!*

'aus|wer·fen ⟨V. 286/500⟩ **1** etwas ~ *zu einem bestimmten Zweck heraus-, hinausschleudern, -werfen;* die Angel, das Netz ~; den Anker ~; einen Köder ~ **2** etwas wirft etwas aus *schleudert etwas nach außen;* der Vulkan wirft Lava aus **3** etwas ~ *aushusten, ausspucken;* Blut, Schleim ~ **4** etwas ~ *durch Herausschaufeln von Erde anlegen;* einen Graben ~ **5** ⟨530⟩ jmdm. ein Auge ~ *durch (Stein)wurf ein Auge verletzen, zerstören* **6** eine Geldsumme ~ ⟨fig.⟩ *festsetzen, bestimmen (für), zur Verfügung stellen, vertei-*

len; einen Betrag ~ (für einen bestimmten Zweck); Gewinne ~

'aus|wer·ten ⟨V. 500⟩ **1** etwas ~ *dem Wert nach bestimmen, den Wert von etwas ermitteln;* Vorschläge, Erfahrungen, Kenntnisse ~; Material, Zahlen für eine Arbeit ~ **1.1** etwas Gesammeltes ~ *durch Ordnen wertvoll, nutzbar machen, verwerten;* die Polizei wertete die Berichte aus; die Bilder vom Mond sind noch nicht ausgewertet worden; ich habe die eingegangenen Briefe ausgewertet

'aus|wir·ken ⟨V.⟩ **1** ⟨500⟩ Teig ~ *(durch)kneten* **2** ⟨505/R3⟩ sich ~ (auf etwas) *seine Wirkung zeigen, bestimmte Folgen haben;* der Regen hat sich günstig, ungünstig ausgewirkt; der Klimawechsel hat sich vorteilhaft, nachteilig auf seine Gesundheit ausgewirkt; die Krise in der Automobilindustrie wirkt sich auf die Wirtschaft aus **3** ⟨530/R5⟩ jmdm. etwas ~ ⟨veralt.; geh.⟩ *jmdm. etwas erwirken, für jmdn. etwas erreichen;* sie hat ihm eine Unterstützung ausgewirkt

'aus|wi·schen ⟨V.⟩ **1** ⟨500⟩ etwas ~ **1.1** *durch Wischen säubern;* einen Schrank ~; Gläser, Tassen ~; sich die Augen ~ **1.2** *durch Wischen entfernen;* Schrift, eine Zeichnung ~ **2** ⟨600(s.)⟩ jmdm. ~ *entweichen, ausreißen, entkommen* **3** ⟨530⟩ jmdm. eins ~ ⟨fig.⟩ *einen bösen Streich spielen, eine Bosheit antun, willkürlich Schaden zufügen*

'Aus·wuchs ⟨m.; -es, ⸚e⟩ **1** *etwas krankhaft Herausgewachsenes, Wucherung, Geschwulst, Buckel;* er hat einen ~ an der Stirn; bei vielen Bäumen sind knollenartige Auswüchse zu finden **2** ⟨unz.; Landw.⟩ **2.1** *Keimen des Getreides auf dem Halm (infolge Feuchtigkeit)* **2.2** *derart keimendes Getreide* **3** ⟨nur Pl.; fig.⟩ *Mißstand, unangenehme Nebenerscheinung;* Auswüchse einer Entwicklung; die Auswüchse der Bürokratie bekämpfen **4** ~ der Phantasie ⟨fig.⟩ *krankhafte Übertreibung*

'Aus·wurf ⟨m.; -(e)s, ⸚e⟩ **1** *das Auswerfen(1-4)* **1.1** ⟨Med.⟩ *aus den Atmungswegen entleerte Stoffe (Schleim, Blut);* blutiger, eitriger ~ **1.2** *vom Vulkan bei einer Eruption ausgeworfene Masse* **2** ~ der Menschheit ⟨fig.; abwertend⟩ *Abschaum der M.*

'aus|zah·len ⟨V.⟩ **1** ⟨530⟩ jmdm. etwas ~ *eine bestimmte Menge Bargeld geben;* jmdm. seinen Anteil (in bar) ~; den Arbeitern ihren Lohn ~; dem Gewinner 50 DM ~; Prämien, Gehälter ~ **1.1** sich etwas ~ lassen *sich den Betrag, der einem zukommt, aushändigen lassen;* er ließ sich die Rente, die Versicherung ~; ich habe mir mein Erbteil ~ lassen **2** ⟨500⟩ jmdn. ~ *jmdn. mit einer ihm zustehenden Summe abfinden;* er hat die Erben ausbezahlt; er zahlte seinen Teilhaber aus **3** ⟨500/R3⟩ etwas zahlt sich aus ⟨fig.; umg.⟩ *lohnt sich;* das zahlt sich nicht aus; diese Arbeit, Mühe hat sich ausgezahlt

'aus|zäh·len ⟨V. 500⟩ **1** etwas ~ *durch Zählen genau feststellen;* die abgegebenen Stimmen nach der Wahl ~ **2** jmdn. ~ ⟨landschaftl.⟩ *durch Zählen auswählen u. für eine Aufgabe bestimmen (bei Kinderspielen)* **3** ⟨Boxsp.⟩ *durch Zählen bis 10 Niederlage (des am Boden liegenden Kämpfers) feststellen;* der Titelverteidiger wurde schon in der vierten Runde ausgezählt

'aus|zeich·nen ⟨V. 500⟩ **1** Waren ~ *mit Preis(schild) versehen;* Bücher, Schuhe ~ **2** jmdn. (durch etwas) ~ *ehren, mit Vorzug behandeln;* der hohe Besuch wurde durch besonderen Applaus ausgezeichnet **2.1** jmdn. mit einem Orden, Titel usw. ~ *jmdn. durch Verleihen eines Ordens, Titels usw. ehren, ihm einen Orden, Titel zuteil werden lassen;* er wurde mit dem Eisernen Kreuz, mit dem Nobelpreis ausgezeichnet **3** etwas zeichnet etwas od. jmdn. aus *hebt etwas od. jmdn. (aus einer Menge) hervor, läßt etwas od. jmdn. hervorragen;* sein Mut zeichnet ihn (vor anderen) aus **4** ⟨R3⟩ sich ~ *sich hervortun, sich (aus einer Menge) herausheben;* er hat sich durch Entschlossenheit, Liebenswürdigkeit ausgezeichnet; er hat sich in der Mathematik, im Sport besonders ausgezeichnet **5** einen Text, ein Manuskript ~ *Schriftarten u. -größen angeben, anzeichnen* **6** ein Wort (im Text) ~ *durch Sperrung, andere Schriftart od. -größe hervorheben*

'Aus·zeich·nung ⟨f.⟩ **1** *Preisangabe (bei Waren)* **2** *Ehrung, Belobigung;* eine Prüfung mit ~ bestehen **2.0.1** mit ~ (als Prüfungsnote) *hervorragend* **2.1** *auszeichnendes Abzeichen, Kennzeichen, Orden, Titel;* er hat mehrere ~en erhalten **3** ⟨Typ.⟩ *Auszeichnungsschrift;* Kapitälchen als, zur ~ verwenden **4** ⟨Typ.⟩ *Hinweis auf die Schriftart;* der Text ist mit viel(en) ~(en) versehen

'aus|zie·hen ⟨V. 293⟩ **1** ⟨400(s.)⟩ *wegziehen, herausgehen;* die Soldaten sind aus den besetzten Gebieten ausgezogen **1.1** *die Wohnung mit Hab und Gut verlassen;* aus einem Haus ~; sie sind vor einem Jahr ausgezogen **1.2** ⟨415(s.)⟩ ~ auf, zu *fortgehen, fortziehen, um etwas zu finden od. zu tun;* auf Raub ~; auf Abenteuer ~; zum Kampf ~ **2** ⟨500⟩ etwas ~ **2.1** *in die Länge ziehen, auseinanderziehen;* der Tisch war ganz, halb ausgezogen; ein Fernrohr, Stativ ~ **2.2** Gummiband, Seil ~ *dehnen, spannen, straffziehen* **2.3** Nagel ~ *aus einem Körper ziehen* **2.4** Stoffe, flüchtige Bestandteile von Pflanzen ~ *einen Extrakt daraus herstellen* **2.5** eine Abhandlung, ein Werk ~ *das Wichtigste daraus zusammenstellen;* Sy *exzerpieren;* Stellen aus einem Buch ~ **2.6** die Luft, Sonne zieht die Feuchtigkeit aus *verflüchtigt sie* **2.7** die Sonne zieht die Farben aus *macht sie blasser* **2.8** eine Linie mit Tusche ~ *(nach)ziehen, (nach)zeichnen* **3** ⟨500/R7⟩ jmdn. ~ *jmdm. die Kleider abnehmen;* Ggs *anziehen(1);* hast du das Kind schon ausgezogen?; es hat sich selbst ausgezogen **3.1** ⟨fig.⟩ *ausplündern, sein Eigentum wegnehmen;* sie haben ihn bis aufs Hemd ausgezogen **4** ⟨503/R5⟩ ein Kleidungsstück ~ *ablegen;* jmdm. etwas ~; Handschuhe, Kleid, Mantel, Schuhe ~ **4.1** die Uniform ~ ⟨a. fig.⟩ *den Abschied nehmen, aufhören, Soldat zu sein* **4.2.** → a. *Kinderschuhe(2.4), Stiefel(1.1)*

'Aus·zug ⟨m.; -(e)s, ⸚e⟩ **1** ⟨unz.⟩ *das Ausziehen(1);* ~ aus einer Wohnung; ~ aus einem besetzten Gebiet; ~ der Kinder Israel **2** ⟨unz.⟩ *Altenteil;* die Großeltern sitzen auf dem ~ **3** ⟨unz.; schweiz.⟩ *die wehrfähige männl. Bevölkerung zwischen 20 u. 32 Jahren* **4** *Teil, den man ausziehen, verlängern kann;* Kamera~ **5** *Teilabschrift;* Konto~ **5.1** ~ aus einem Buch, einer Abhandlung *herausgeschriebene Stelle, kurze Zusammenfassung;* Rede im ~ wiedergeben 5.2 *Bearbeitung eines Orchesterstückes für ein einzelnes Instrument;* Klavier~ **6** ~ aus Heilkräutern *herausgezogener Stoff;* Sy *Extrakt* 6.1 *beste Sorte;* ~mehl

aut·ark ⟨[-'-]; Adj.⟩ *unabhängig, selbständig;* ~e Wirtschaft

'Au·to[1] ⟨n.; -s, -s; Kurzw. für⟩ *Automobil*

'Au·to[2] ⟨n.; -s, -s⟩ *einaktiges religiöses Schauspiel in Spanien u. Portugal, bes. im 12./13. Jh., bis zum 18. Jh.*

Au·to'mat ⟨m.; -en, -en⟩ **1** ⟨Kyb.⟩ *ein System (z. B. Maschine), das Informationen aus der Umgebung aufnimmt, speichert, verarbeitet u. Informationen an die Umgebung abgibt* **1.1** *selbsttätige Maschine* **2** *selbsttätiger Arbeits- od. Verkaufsapparat;* Musik~, Waren~

Au·to·mo'bil ⟨n.; -s, -e; Kurzw.: Auto⟩ *Personenkraftwagen*

au·to'nom ⟨Adj.⟩ **1** *selbständig, unabhängig, nach eigenen Gesetzen lebend* **2** ⟨24⟩ ~es Nervensystem = *vegetatives Nervensystem*

'Au·tor ⟨m.; -s, -'to·ren⟩ *Verfasser, Urheber;* ~ eines Kunst- od. Schriftwerkes

au·to·ri'tär ⟨Adj.⟩ **1** *auf Autorität beruhend* **2** *mit (unumschränkter) Autorität herrschend;* ein ~es Regime, ~er Staat

Au·to·ri'tät ⟨f.; -, -en⟩ **1** ⟨unz.⟩ *Geltung, Ansehen, maßgebender Einfluß;* jmds. ~ untergraben; sich ~ verschaffen; seine ~ wahren **2** *Person mit maßgebendem Einfluß, Person, deren Wissen u. Urteil allgemein anerkannt wird, anerkannter Fachmann;* eine ~ auf einem Gebiet sein

Axt ⟨f.; -, ⸚e⟩ **1** *Hauwerkzeug zum Fällen von Bäumen, Spalten u. Zurichten von Holz, mit langem Stiel u. schmaler, zweiseitig geschliffener Schneide;* eine scharfe, stumpfe ~; die ~ schleifen, schärfen; die ~ schwingen; die ~ im Haus erspart den Zimmermann ⟨Sprichw. nach Schillers „Wilhelm Tell"⟩; jmdn. mit der ~ erschlagen **1.1** sich wie eine ~ im Walde benehmen ⟨fig.; umg.⟩ *rücksichtslos vorgehen* **1.2** die ~ an die Wurzel(n) legen ⟨fig.; Bibel⟩ *ein Übel von Grund auf beseitigen*

Aza·lee ⟨[-'le:ə] f.; -, -n⟩ *Angehörige einer Gattung der Erikagewächse, meist immergrüne Sträucher, mit dem Rhododendron verwandt: Azalea*

B

Ba·by ⟨['be:bi] n.; -s, -s⟩ *Säugling*

Bach ⟨m.; -(e)s, ¨-e⟩ *kleiner Fluß, Rinnsal;* Dorf ~, Gebirgs ~, Wald ~, Mühl ~; ein heller, klarer, murmelnder, rauschender, reißender ~; ein ~ windet, schlängelt sich durch das Tal; Bäche von Blut, Schweiß, Tränen ⟨fig.; geh.⟩

'Backe[1] ⟨-k·k-; f.; -, -n⟩ **1** *Teil des Gesichts, Seitenwand der Mundhöhle, Wange;* die ~n aufblasen; dicke, rote, runde ~n haben; Sy *Wange(1)* ⟨geh. eine geschwollene ~ haben; mit vollen ~n kauen⟩ 1.1 über beide ~n strahlen ⟨umg.⟩ *überaus glücklich sein* **2** ⟨fig.⟩ *Seitenflächen, die meist paarweise auftreten;* ein Lehnstuhl mit großen ~n; die ~n an der Schibindung **2.1** *eine der beiden verstellbaren Flächen eines Werkzeugs (Schraubstocks u. ä.), zwischen denen ein Werkstück zum Bearbeiten festgeklemmt wird* **2.2** *Fläche der Bremsvorrichtung, die an die Räder des Fahrzeugs angedrückt wird;* Brems ~ **2.3** *Stelle des Gewehrschafts, die an die Backe(1) angelegt wird*

'Backe[2] ⟨-k·k-; f.; -, -n⟩ **1** ⟨Mar.⟩ 1.1 *die Rundung an beiden Seiten des Bugs eines Schiffes* 1.2 *Vorbau am oberen Teil eines Mastes* **2** *einer der beiden Teile des Gesäßes;* oV *Backen;* Hinter ~, Sitz ~ 2.1 → a. *auf(3)*

'backen[1] ⟨-k·k-; V. 101⟩ **1** ⟨500⟩ (etwas aus Teig) ~ *durch trockene Hitze (im Ofen) garmachen;* Brot, Eierkuchen, Kuchen ~; die Semmeln sind braun, leicht knusprig, scharf gebacken; frisch gebackenes Brot 1.1 *Gebäck herstellen;* ich backe gern; haben Sie das Bakken gelernt? 1.2 ⟨530/R1⟩ sich etwas od. jmdn. ~ lassen ⟨fig.; umg.⟩ *in einer Sonderanfertigung herstellen lassen;* sein Ideal muß man sich ~ lassen 1.3 frisch gebacken sein ⟨fig.⟩ *gerade den neuen Status erhalten haben;* ein frisch gebackener Ehemann; frisch gebakkene Eheleute; ein frisch gebackener Doktor **2** ⟨500⟩ etwas ~ *in heißem Fett (in der Pfanne) garmachen, braten;* Eier, Fleisch ~; gebakkener Fisch **3** ⟨500⟩ Obst ~ *dörren, trocknen* **4** ⟨400⟩ etwas bäckt *wird im Ofen od. in der Pfanne gar;* der Kuchen bäckt noch; der Kuchen muß 40 Minuten ~

'backen[2] ⟨-k·k-; V. 411; bes. norddt.⟩ *kleben, sich zusammenballen;* Schmutz backt an den Schuhen; der Schnee backt an den Schiern, an den Schuhsohlen

'backen[3] ⟨-k·k-; V. 400; seemannsspr.⟩ **1** *Essen fassen* 1.1 ~ und banken! *zu Tisch!, zum Essen!*

'Backen ⟨-k·k-; m.; -s, -⟩ = *Backe²(2)*

Bad ⟨n.; -(e)s, ¨-er⟩ **1** *das Baden(1);* ein Brause ~, Wannen ~; ein belebendes ~; ein ~ nehmen; ein heißes, kaltes ~ **2** *(Behälter mit) Wasser zum Baden(1);* jmdm. ein ~ bereiten; das ~ ist fertig, gerichtet; ins ~ steigen 2.1 *Wasser mit Zusätzen von Mineralien u. a. Stoffen mit stärkender od. heilender Wirkung auf den Menschen;* Kohlensäure ~, Moor ~ 2.2 *(Behälter mit) Flüssigkeit zur chem. od. physikal. Bearbeitung;* Wasser ~; Fixier ~ ⟨Phot.⟩; galvanisches ~ 2.3 → a. *Kind(5.8)* **3** *Anlage, Gebäude, Raum zum Baden;* Schwimm ~, Hallen ~, Frei ~; das städtische ~; ins ~ gehen 3.1 *Raum zum Baden in einer Wohnung;* ein gekacheltes ~; Wohnung mit Küche u. ~ **4** *Ort mit Heil- od. Seebad;* ~ Elster, ~ Nauheim; ins ~ reisen

'ba·den ⟨V. 500/R7 od. 400⟩ **1** (jmdn. od. etwas) ~ *zur Reinigung, Erfrischung od. zu Heilzwecken in Wasser od. eine heilkräftige Flüssigkeit tauchen;* ich habe mich gebadet; ein Kind ~; sich die Füße ~; kalt, warm, heiß ~; täglich ~; im Meer ~ **2** ~ gehen ⟨a. fig.⟩ *einen Mißerfolg haben, scheitern* **3** wie eine gebadete Maus aussehen ⟨fig.⟩ *völlig durchnäßt sein*

Ba·ga'tel·le ⟨f.; -, -n⟩ **1** *kurzes, leicht spielbares Musikstück* **2** *Kleinigkeit, Geringfügigkeit*

Bahn ⟨f.; -, -en⟩ **1** *glatter Weg;* Rodel ~, Fahr ~ 1.1 *ebene, nach bestimmten Regeln vorbereitete Fläche für Wettrennen;* Renn ~, Kampf ~, Eis ~ **2** *durch Schienen befestigter Weg u. (od.) die dazu gehörigen Fahrzeuge;* Eisen ~, Straßen ~; wann fährt die letzte ~?; die ~ nehmen; der Weg verläuft unmittelbar neben der ~; mit der ~ fahren; die ~ verpassen **2.1** *Eisenbahn;* etwas per ~, mit der ~ schicken; er ist bei der ~ beschäftigt 2.1.1 an, von der ~ *am, an den, vom Bahnhof;* er war an der ~, um mich abzuholen; jmdn. an die ~ bringen; jmdn. von der ~ abholen 2.1.2 eine Sendung frei ~ schicken *kostenlos bis zum Bahnhof* **3** ~ eines Geschosses, eines Gestirns *Weg, Verlauf* **4** ~ aus Stoff, Papier *langer Streifen;* Tapeten ~, Zelt ~; ein Rock aus mehreren ~en **5** ~ eines Hammers, Ambosses *ebene Seite zum Schlagen od. Formen eines Werkstücks* **6** die ~ für eine Entwicklung, für einen Menschen ⟨fig.⟩ *Weg, Lebensweg;* eine Bewegung, Tätigkeit in die richtigen ~en lenken; freie ~ dem Tüchtigen!; aus der ~ geschleudert werden ⟨a. fig.⟩ 6.1 sich ~ brechen ⟨fig.⟩ *Widerstände überwinden, sich durchsetzen* 6.2 einer Idee, einer neuen Entwicklung ~ brechen *helfen, sie durchzusetzen* 6.3 → a. *recht(6.0.1), schief(1.2)*

'bahn·bre·chend ⟨Adj. 70⟩ *umwälzend, eine neue Entwicklung beginnend, neue Möglichkeiten weisend;* eine ~e Erfindung, Tat, Leistung

'bah·nen ⟨V. 530/R5⟩ **1** jmdm. einen Weg ~ (durch etwas) *ebnen, freie Bahn schaffen;* er mußte sich einen Weg durch die wartende Menschenmenge ~; er bahnte ihr mühsam den Weg durch den Schnee; es waren gut gebahnte Wege; der Fluß hat sich ein neues Bett gebahnt **2** jmdm. od. einer Sache den Weg ~ ⟨fig.; geh.⟩ *jmdn. od. eine Sache fördern;* der Freiheit eine Gasse ~ ⟨poet.⟩

'Bahn·hof ⟨m.⟩ **1** ⟨i. w. S.⟩ *Anlage zur Abwicklung des Personen- u. Güterverkehrs (der Eisenbahn);* Sy *Station(1.2)* 1.1 ⟨i.e.S.⟩ *Haltestelle der Eisenbahn;* Personen ~, Güter ~; Kopf ~, Durchgangs ~; in den ~ einfahren; jmdn. vom ~ abholen; jmdn. zum ~ begleiten, bringen; der Zug hält auf einem ~ 1.2 *Anlage zur Abwicklung des Personenverkehrs mit Omnibussen;* Omnibus ~; Gummi ~

⟨scherzh.⟩ 2 großer ~ ⟨umg.⟩ *festlicher Empfang für eine bedeutende Person des öffentl. Lebens auf dem Bahnsteig od. Flugplatz;* der Präsident wurde mit einem großen ~ empfangen 3 (immer) nur ~ verstehen ⟨fig.; umg.⟩ *überhaupt nichts verstehen*

'Bah·re ⟨f.; -, -n⟩ 1 *längl. Gestell zum Tragen von Kranken, Verletzten od. Toten;* Trag~, Toten~; der Kranke wurde auf einer ~ weggetragen 1.1 von der Wiege bis zur ~ ⟨fig.; geh.⟩ *von Anfang bis Ende des Lebens*

Bak'te·rie ⟨[-riə] f.; -, -n; umg.⟩ = *Bakterium*

Bak'te·ri·um ⟨n.; -s; -ri·en⟩ *einzelliges, stäbchenförmiges, pflanzl. Lebewesen, Gärungs-, Fäulnis-, Krankheitserreger;* oV *Bakterie* ⟨umg.⟩ Sy *Spaltpilz*

Ba·lan·ce ⟨[ba'lãnsə] f.; -, -n⟩ *Gleichgewicht;* die ~ halten; die ~ verlieren

bald ⟨Adv.⟩ 1 *wenig später, kurz danach;* ich werde ~ kommen; komm ~ zurück!; ~ danach, ~ darauf 1.1 *innerhalb kurzer Zeit, in kurzem, schnell;* sehr ~, möglichst ~, so ~ wie möglich; komm ~!; er wird so ~ nicht kommen 1.1.1 das ist nicht so ~ getan *das geht nicht so schnell* 1.1.2 (all)zu ~ *(all)zu schnell, (all)zu rasch* 2 *beinahe, fast;* er wäre ~ verzweifelt; ich wäre ~ hingefallen 2.1 ich hätte ~ etwas gesagt *wäre fast unhöflich od. energisch geworden* 3 ~ so, ~ so *abwechselnd, einmal so, einmal anders* 3.1 ~ lachte, ~ weinte sie vor Freude *manchmal, abwechselnd*

Balg[1] ⟨m.; -(e)s, ¨-e⟩ 1 *abgezogenes Fell, abgezogene Haut (von Tieren);* einem Tier den ~ abziehen 1.0.1 jmdm. auf den ~ rücken ⟨vulg.⟩ *(zu) nahe rücken* 1.1 ⟨oberdt.⟩ *Hülse (von Hülsenfrüchten)* 2 *ausgestopfter Körper, Strohmann, Rumpf;* den ~ (der Puppe) neu ausstopfen 2.1 ⟨westdt.⟩ *Wanst, Fettbauch* 3 *Behälter für Luft u. Wind (bei Dudelsack, Orgel, Harmonium, Ziehharmonika);* Blase~ 3.0.1 die Bälge treten (bei der Orgel, um ihr Luft zuzuführen) ⟨fig.⟩ *geistlose, untergeordnete Hilfsarbeit leisten* 4 *harmonikaartig ausziehbare Hülle, z. B. an Photoapparaten* 4.1 *ausziehbares Verbindungsteil zwischen D-Zug-Wagen*

Balg[2] ⟨n. od. (umg.) m.; -(e)s, ¨-e(r)⟩ *(ungezogenes, lästiges) Kind;* freches, unerzogenes ~; ein süßes kleines ~

'bal·gen ⟨V. 500/R3 od. R4⟩ sich ~ *sich (spielend) raufen, sich miteinander auf dem Boden herumwälzen*

'Bal·ken ⟨m.; -s, -⟩ 1 *vierkantig gesägtes Bauholz zum Tragen u. Stützen von Bauteilen;* Quer~, Stütz~ 1.0.1 das Wasser hat keine ~ *im Wasser kann man sich nicht festhalten* 1.0.2 lügen, daß sich die ~ biegen *sehr lügen, so daß es jeder merkt* 1.0.3 → a. *Splitter(1.1)* 2 *einer der beiden Arme der Waage* 3 *vom Pflug aufgeworfene Erde* 4 ⟨Anat.⟩ *Nervenbrücke zwischen den Großhirnhälften: Corpus callosum* 5 ⟨Her.⟩ *durch zwei waagerechte Linien begrenzter Streifen im Wappen;* roter ~ im weißen Feld

Bal·kon ⟨[bal'kõ] od. [bal'ko:n]; m.; -s, -s od. -e⟩ 1 *durch Gitter od. Brüstung abgeschlossener Vorbau eines Hauses* 2 *erster Rang (im Theater);* Mittel~, Seiten~

Ball[1] ⟨m.; -(e)s, ¨-e⟩ 1 *kugelförmiges Spielzeug od. Sportgerät;* Fuß~, Tennis~, Wasser~, Gummi~, Leder~; ~ spielen; den ~ (auf)fangen, abgeben, einwerfen, schlagen, stoßen, werfen, jmdm. zuspielen 1.1 jmdm. die Bälle zuwerfen, zuspielen ⟨a. fig.⟩ *jmdn. (im Gespräch) durch geschicktes Fragen zum Sprechen ermuntern* 1.2 am ~ bleiben ⟨a. fig.⟩ *eine dem eigenen Nutzen dienende Sache weiterhin betreiben* 2 *etwas, was in seiner Form an einen Ball(1) erinnert;* Signal~, Sonnen~

Ball[2] ⟨m.; -(e)s, ¨-e⟩ *Tanzveranstaltung (größeren Umfanges);* einen ~ eröffnen, veranstalten; auf einen ~ gehen

'Bal·last ⟨a.[-'-]; österr. nur so; m.; -(e)s, (selten) -e⟩ 1 *wertlose Fracht zum Ausgleich des Gewichts od. (bei Schiffen) des Tiefgangs;* ~ abgeben, ab- od. auswerfen (um das Gewicht od. den Tiefgang zu verringern); mit ~ beladen od. beschweren 2 ⟨fig.⟩ *unnützes Beiwerk, unnötige Belastung, Bürde;* jmdn. od. etwas als ~ empfinden; überflüssigen ~ mitschleppen

'bal·len ⟨V.⟩ 1 ⟨500⟩ etwas ~ *zusammendrükken, verdichten u. in eine ballähnliche Form bringen;* die Faust, die Fäuste ~; die Hand zur Faust ~; mit geballter Faust; Schnee ~ 1.1 geballte Ladung *mehrere zusammengebundene Handgranaten zum Sprengen von Hindernissen* 2 ⟨500/R3⟩ etwas ballt sich *bildet eine dichte Masse, einen Klumpen;* der Schnee, die Erde ballt sich (zu Klumpen) 2.1 Menschen in geballten Massen, geballten Klumpen ⟨scherzh.⟩ *dichte Menschengruppen, sehr viele Menschen auf einmal* 3 ⟨400; selten⟩ *mit dem Ball spielen;* die Kinder ballen vor dem Haus

'Bal·len ⟨m. 7; -s, -⟩ 1 *in Leinwand o. ä. fest verpacktes Frachtstück in bestimmter, meist rundlicher Form;* ein ~ Baumwolle, Stroh, Tabak 2 *Maßeinheit für Papier, Tuch u. Leder;* ein ~ Papier 3 *zusammengerollte od. auf Pappe gewickelte Stoffbahn;* Stoff~ 4 ⟨Zool.⟩ *verdickte Stellen an den Laufflächen der Gliedmaßen der Säugetiere sowie unter Daumen u. Zehen beim Menschen;* auf den ~ gehen 4.1 *(krankhafte) Verdickung an der Innenseite des ersten Mittelfußknochens*

Bal'lett ⟨n.; -(e)s, -e⟩ 1 *auf einer Bühne vorgeführter Tanz* 2 *Tänzer u. Tänzerinnen, die Ballett(1) tanzen*

Bal·lon ⟨[ba'lõ] od. [ba'lo:n]; m.; -s, -s od. -e⟩ 1 *mit Gas gefülltes, ballförmiges Luftfahrzeug, leichter als Luft;* Frei~, Fessel~ 1.1 *mit Gas gefüllter Ball aus dünner Gummihaut, Kinderspielzeug;* Luft~ 2 *große, bauchige Flasche (zum Aufbewahren von Säuren, Herstellen von Most usw.)*

'Bal·sam ⟨m.; -s, -e⟩ 1 *natürl. Gemisch von Harzen u. ätherischen Ölen;* ein Tropfen ~ 2 ⟨fig.; poet.⟩ *Linderung, Wohltat;* deine Worte sind ~ für meine Seele, mein verwundetes Herz 2.1 ~ auf jmds. Wunde träufeln *jmds. seel. Schmerz lindern, jmdn. trösten*

Balz ⟨f.; -, (selten) -en; jägerspr.⟩ 1 *Paarungsspiel gewisser Vögel, das aus Gesängen, bestimmten Bewegungen u. Flügen besteht u. bei manchen Arten an bestimmte Plätze gebunden ist;* ~ des Auerhahnes, der Wildtauben, Kraniche, Waldhühner, Fasane, Trappen, Schnepfen 2 *Paarungszeit gewisser Vögel;* die ~ der Auerhähne geht zu Ende 3 auf die ~ gehen *in der Balz(2) Vögel jagen*

ba'nal ⟨Adj.⟩ *alltäglich, geistlos, abgedroschen, nichtssagend, fade*

Ba'na·ne ⟨f.; -, -n⟩ **1** *Angehörige einer Gattung trop. Pflanzen, die Früchte od. Fasern liefern: Musa* 1.1 ⟨i. e. S.⟩ *krautartige, z. T. holzige Pflanze, die längliche gelbe Früchte liefert: Musa paradisiaca* **2** *Frucht der Banane(1.1)*.
Ba'nau·se ⟨m.; -n, -n⟩ *Mensch ohne Kunstverständnis, ohne Sinn für Kunst, Spießbürger*
Band¹ ⟨n.; -(e)s, ¨er⟩ **1** *biegsamer, schmaler Streifen aus Stoff o. ä. Material* 1.1 *schmaler Streifen Stoff mit festen Rändern;* ein ~ annähen; ein ~ im Haar tragen 1.2 *Lederstreifen als Treibriemen* 1.3 *metallener Reifen um ein Faß* 1.4 *Metallstreifen, der zwei Teile fest u. zugleich beweglich verbindet* 1.5 ⟨Anat.⟩ *faseriger Strang aus Bindegewebe zur Befestigung der gegeneinander bewegl. Knochen: Ligamentum* 1.6 *Streifen aus Kunststoff zur magnetischen Aufzeichnung u. Wiedergabe;* Ton~; Informationen auf ~ speichern; ein ~ besprechen, bespielen; etwas auf ~ aufnehmen 1.7 *mechanisch bewegter Streifen, der einzelne Werkstücke von einem Arbeitsplatz zum anderen befördert;* Fließ~; laufendes ~ 1.7.1 am laufenden ~ arbeiten ⟨a. fig.⟩ *ohne Unterbrechung* **2** ⟨Rundfunk⟩ *Frequenz- od. Wellenbereich, der für einen bestimmten Zweck freigegeben ist*
Band² ⟨m.; -(e)s, ¨e; Abk.: Bd.⟩ **1** *gebundenes Buch (als Teil eines Gesamtwerkes);* Sy *Volumen(2);* Leder~, Leinen~; gebunden in 5 Bänden; Schillers Werke in 10 Bänden 1.1 darüber könnte man Bände erzählen, schreiben ⟨fig.⟩ *sehr viel erzählen, schreiben* 1.2 das spricht Bände! ⟨fig.⟩ *das sagt genug*
Band³ ⟨n.; -(e)s, -e; meist Pl.⟩ **1** ⟨veralt. od. poet.⟩ *Fessel;* zu Mantua in ~en ... (Anfang eines Gedichtes auf Andreas Hofer von Julius Mosen) 1.1 in ~e(n) schlagen *fesseln* 1.2 in ~en liegen *gefangen, eingekerkert, gefesselt sein* **2** ⟨fig.⟩ *durch Gesetz, Überlieferung od. inniges Gefühl bewirkte enge Verbindung zweier od. mehrerer Menschen;* zarte ~e; ~e der Freundschaft, Liebe; das ~ der Ehe; frei von ~en 2.1 → a. *Rand(2.3)*
Band⁴ ⟨[bænd]; f.; -, -s⟩ *Kapelle für Tanzmusik od. Jazz*
'Ban·de¹ ⟨f.; -, -n⟩ **1** *organisierte Vereinigung von Verbrechern unter einem Anführer;* eine bewaffnete, berüchtigte ~; eine ~ terrorisiert die ganze Stadt **2** ⟨fig.; umg.; abwertend od. scherzh.⟩ *ausgelassene Schar von Kindern od. jungen Leuten;* ihr seid ja eine ~! die ganze ~ zog mit
Ban·de² ⟨f.; -, -n⟩ **1** *innere Umrandung des Billardtisches* **2** *Einfassung der Reitbahn u. der Zirkusmanege* 2.1 *seitl. Begrenzung einer Kegel- od. Eisbahn*
'bän·di·gen ⟨V. 500⟩ **1** ein Tier ~ *zähmen, unterwerfen;* das Pferd war kaum zu ~ **2** jmdn. ~ *zur Ruhe, zum Gehorsam bringen, beruhigen;* ich weiß nicht, wie ich das wilde Kind ~ soll; der sich wehrende Gefangene war kaum zu ~ **3** ein Gefühl ~ *bezwingen, unterdrücken;* er konnte seine Wut nicht ~
'Ban·dit ⟨m.; -en, -en⟩ **1** *gewerbsmäßiger Verbrecher, Räuber* **2** ⟨fig.⟩ *zügelloser Herumtreiber*
'ban·ge ⟨Adj.⟩ **1** *furchtsam, ängstlich, beklommen, besorgt;* ~ Erwartungen; ~ Stunden durchleben; von ~r Sorge erfüllt 1.1 ⟨50⟩ jmdm. ~ machen *jmdn. ängstlich machen;* du machst mir ~ 1.1.1 ~ machen gilt nicht! *nur keine Angst, nicht einschüchtern lassen!* 1.2 ⟨40⟩ jmdm. ist ~ *jmd. hat Angst, ist ängstlich, besorgt;* mir ist ~ um ihn; mir ist angst und ~ geworden; vor ihm ist mir nicht ~ 1.3 ⟨40⟩ jmdm. ist ~ nach jmdm. ⟨veralt.; geh.⟩ *jmd. sehnt sich nach jmdm.;* mir ist ~ nach ihm
'ban·gen ⟨V.⟩ **1** ⟨802/R7⟩ (sich) um jmdn. od. etwas ~ ⟨geh.⟩ *Angst, Furcht, Sorge haben;* ich bange um sein Leben; er bangt um seine Stellung; ich bange mich um ihn 1.1 ⟨650/R5⟩ (sich) vor etwas ~ *sich fürchten;* mir bangt, es bangt mir (vor); er bangt sich vor dem Tode; ihm bangt vor der Zukunft **2** ⟨803/R7⟩ (sich) nach jmdm. od. etwas ~ ⟨norddt.⟩ *sich angstvoll sehnen nach;* die Kinder ~ nach der Mutter; sie bangte sich nach ihm
Bank¹ ⟨f.; -, ¨e⟩ **1** *(meist ungepolstertes) Sitzmöbel für mehrere Personen;* Ofen~ 1.0.1 (alle) durch die ~ ⟨fig.⟩ *allesamt, alle miteinander, alle ohne Ausnahme* 1.0.2 → a. *lang(4.9), leer(3.3)* 1.1 ⟨Turnen⟩ *kombiniertes Turngerät in Form einer Bank(1), die umgekehrt als Schwebebalken dient;* Turn~ **2** *fester, schwerer Tisch als Arbeitsgerät für Handwerker;* Werk~, Hobel~ 2.1 ⟨meist in Zus.⟩ *Ort zum sachgerechten Aufbewahren od. Speichern von Organen, Daten u. a.;* Organ~, Blut~, Daten~ **3** *geringe Tiefe in Gewässern* 3.1 *Kies- od. Sandablagerungen in bewegten Gewässern;* Sand~, Kies~ 3.2 *Ansammlung von Ablagerungen der Meereslebewesen;* Korallen~ 3.3 *gehäuftes Vorkommen von Schalentieren in seichten Gewässern od. im Watt;* Austern~ **4** ⟨Geol.⟩ *Gesteinsschicht, die von einem anderen Gestein eingefaßt ist* **5** ⟨Sp.⟩ *Stellung eines Sportlers mit angezogenen Beinen, ausgestreckten Armen und dem Gesicht zum Boden*
Bank² ⟨f.; -, -en⟩ **1** *Anstalt, Unternehmen für den Geldverkehr;* Geld von der ~ holen; Geld auf der ~ einzahlen; ein Konto bei einer ~ eröffnen 1.1 bei der ~ sein *Angestellter einer Bank sein* **2** ⟨Glücksspiel⟩ *die vom Bankhalter verwaltete Kasse* 2.1 die ~ halten *das Amt des Bankhalters ausüben, gegen alle Mitspieler spielen, setzen* 2.2 die ~ sprengen *das gesamte Geld des Bankhalters gewinnen*
'Bän·kel·sang ⟨m.; -(e)s, ¨e; im 17./18. Jh.⟩ *einförmiger, kunstloser Vortrag von Liedern über meist schaurige Ereignisse, bes. auf Jahrmärkten*
'Bank·no·te ⟨f.⟩ *von der Notenbank ausgegebenes Geld in Form eines Papierscheines*
Bank'rott ⟨m.; -(e)s, -e⟩ **1** *Zahlungsunfähigkeit, finanzieller Zusammenbruch;* Sy *Pleite* ⟨umg.⟩; seinen ~ erklären 1.1 ~ machen *zahlungsunfähig werden* 1.2 betrügerischer ~ *strafbare Bankrotterklärung mit der Absicht, seine Gläubiger zu benachteiligen, indem man noch vorhandenes Vermögen verheimlicht*
Bann ⟨m.; -(e)s, -e⟩ **1** *gegen Personen, Orte od. Gegenstände verhängtes Gebot des Meidens;* mit dem ~ belegen 1.0.1 den ~ brechen *den Eid brechen, den der Verbannte schwören mußte, nicht vor Ablauf des Bannes zurückzukehren* 1.1 *Ausschluß aus einer kirchl. od. weltl. Gemeinschaft, Verbannung;* Sy *Acht³;* jmdn. in den ~ tun **2** ⟨MA⟩ *königl. bzw. gräfl.*

Regierungsgewalt, die sich auf das Recht des Grundherrn stützt, Verbote zu erlassen u. Strafen zu verhängen; Heer~, Gerichts~ 2.1 *Bereich, in dem der Bann(2) des Bannherrn gilt* **3** ⟨fig.⟩ *Zauber, Verzauberung, Fessel;* die Zuhörer standen noch ganz im ~e der Erzählung, der Musik; jmdn. in ~ schlagen 3.0.1 den ~ brechen ⟨fig.⟩ *eine Befangenheit, eine verlegene Stimmung überwinden* 3.1 *Kreis, Bereich, in dem ein solcher Zauber wirkt;* jmdn. in seinen ~ ziehen, zwingen

'ban·nen ⟨V. 500⟩ **1** jmdn. ~ ⟨früher⟩ *mit dem Bann belegen, aus der Kirche ausschließen;* der Papst bannte den abtrünnigen Kaiser; einen Ketzer ~ **2** jmdn. od. etwas ~ ⟨geh.⟩ *mit magischer Kraft an einem Ort od. in einem Zustand festhalten, zu bleiben zwingen;* wie gebannt lauschen, zuhören; er blieb wie gebannt stehen; er bannte die Zuhörer mit seiner Stimme 2.1 jmd. ist ans Bett gebannt ⟨fig.⟩ *ist bettlägerig* 2.2 ⟨fig.⟩ *im Bild od. Ton festhalten;* ein Bild auf den Film, auf die Platte ~; eine Stimme auf die Schallplatte, auf das Tonband ~ **3** jmdn. od. etwas ~ ⟨geh.⟩ *mit magischer Kraft abwehren, vertreiben;* eine Gefahr ~ ⟨fig.⟩; Geister, den Teufel ~; die Not war fürs erste gebannt

'Ban·ner ⟨n.; -s, -⟩ **1** *an einer mit dem Fahnenschaft verbundenen, frei beweglichen Querstange befestigte Fahne;* Heer~, Herzogs~; Lilien~, Sternen~; das ~ aufrollen, aufpflanzen; ein seidenes, rotes ~ **2** *Feldzeichen, unter dem sich das Aufgebot des Befehlshabers versammelte;* unter einem ~ stehen 2.1 ⟨fig.⟩ *das unter dem Banner(2) stehende Aufgebot;* „Das ~ der freiwilligen Sachsen"

bar ⟨Adj. 24⟩ **1** ⟨90; früher⟩ *in Geldscheinen od. Münzen (nicht in Schecks od. Wechseln, nicht durch Überweisung);* ~ bezahlen; nur gegen ~ verkaufen; in ~ bezahlen; in ~em Gelde 1.1 ⟨heute⟩ *bar(1) od. mit Scheck, durch Überweisung, nicht auf Raten* 1.2 eine Bemerkung, Behauptung, einen Scherz für ~e Münze nehmen ⟨fig.⟩ *als wahr hinnehmen, glauben* **2** ⟨60; geh.⟩ *nackt, unbekleidet, bloß, entblößt;* er ging mit ~em Haupt **3** ⟨44; fig.⟩ *ohne etwas, entblößt von etwas;* ~ aller Hoffnung; ~ allen, jeden Schamgefühls **4** ⟨60⟩ *rein, lauter, offensichtlich;* das ist ~er Unsinn

Bar[1] ⟨n. 7; -, -; Zeichen: bar, b⟩ *Maßeinheit für Druck*

Bar[2] ⟨f.; -, -s⟩ **1** *Gaststätte od. Raum mit erhöhter Theke zur Einnahme von Getränken* 1.1 *intimes Nachtlokal* 1.2 *der Schanktisch einer Bar(1)* **2** *engl. Anwaltskammer*

Bär ⟨m.; -en, -en⟩ **1** *Angehöriger einer meist als Einzelgänger lebenden Raubtierfamilie mit dickem Pelz u. von gedrungener Gestalt: Ursidae;* Braun~; Eis~; Brillen~; Kragen~; Lippen~; Höhlen~; brummig, unbeholfen, ungeschickt wie ein ~ 1.1 jmdm. einen ~en aufbinden ⟨fig.⟩ *jmdm. eine Lügengeschichte erzählen, jmdn. neckend verspotten* 1.2 sich einen ~en aufbinden lassen ⟨fig.⟩ *eine Lügengeschichte glauben, sich veralbern lassen* **2** ⟨Astr.⟩ *eins der beiden ähnl. Sternbilder des nördl. Himmels;* Großer ~, Kleiner ~ **3** *eisernes Fallgewicht an Schmiedehämmern u. Rammen;* Schlag~, Ramm~

...bar ⟨Nachs. für Adj.⟩ *so, daß man etwas Bestimmtes damit tun kann;* heilbar; auswechselbar

Ba'racke ⟨-k·k-; f.; -, -n⟩ *einfacher, flacher, nicht unterkellerter Bau (als Notwohnung od. Schuppen)*

Bar'bar ⟨m.; -en, -en⟩ *Ungebildeter, Rohling*

'bar·fuß ⟨Adj. 24/80⟩ *mit bloßen Füßen, ohne Schuhe u. Strümpfe;* ~ gehen, laufen

'Bar·geld ⟨n.⟩ *vorhandene Geldscheine u. Münzen;* Ggs *Scheck, Wechsel*[1]*(2);* er hatte nicht viel ~ zu Hause

'Ba·ri·ton ⟨m.; -s, -e⟩ **1** *Männerstimme in der Mittellage* **2** *Sänger mit Bariton(1)*

'Bar·ke ⟨f.; -, -n; a. poet.; bes. in mittelmeer. Ländern⟩ *kleines Boot, Kahn*

barm'her·zig ⟨Adj.⟩ **1** ⟨geh.⟩ *mitleidig u. hilfreich;* er ist ein ~er Mensch; mit jmdm., gegen jmdn. ~ sein **2** ⟨60⟩ 2.1 ~er Himmel, Gott! *Ausruf des Erstaunens, des Schreckens* 2.2 Barmherzige Brüder ⟨kath. Kirche⟩ *urspr. Laienvereinigung zur Pflege männl. Kranker, seit 1572 Orden* 2.3 Barmherzige Schwestern ⟨kath. Kirche⟩ *alle Mitglieder weibl. Orden u. Kongregationen, die sich der Pflege der Armen u. Kranken widmen* 2.4 Barmherzige Schwester ⟨ev. Kirche⟩ *Gemeindeschwester, die Kranke u. Arme pflegt*

ba'rock ⟨Adj.⟩ **1** *zum Barock gehörend, aus ihm stammend* **2** ⟨fig.⟩ *verschnörkelt, überladen*

Ba'rock ⟨n. od. m.; -s; unz.⟩ **1** *schmuckreicher, schwungvoller Kunststil vom Anfang des 17. bis zur Mitte des 18. Jh.s* **2** *das Zeitalter des Barocks(1)*

Ba·ro'me·ter ⟨n.⟩ *Gerät zum Messen des Luftdrucks*

Ba'ron ⟨m.; -s, -e⟩ **1** *ein Adelstitel;* Sy *Freiherr* 1.1 ⟨urspr.⟩ *Adliger, der sein Lehen unmittelbar vom König erhalten hat* **2** ⟨fig.⟩ *jmd., der als Besitzender in einem Wirtschaftszweig führend ist;* Kohlen~

'Bar·ren ⟨m.; -s, -⟩ **1** *Gußform (Stangen, Ziegel) der Edelmetalle als Zahlungsmittel;* Gold~, Silber~ **2** *Turngerät aus zwei feststehenden, waagerechten Stangen*

Bar·ri'ere ⟨f.; -, -n⟩ *Schranke, Schlagbaum, Sperre*

Bar·ri'ka·de ⟨f.; -, -n⟩ **1** *Schanze, Hindernis, Straßensperre (bes. zur Verteidigung)* **2** *Sinnbild der Revolution* 2.1 auf die ~n gehen, steigen ⟨fig.⟩ *sich erheben, empören* 2.2 dafür würde ich auf die ~n gehen *dafür würde ich meine ganze Kraft u. mein Leben einsetzen*

barsch ⟨Adj.⟩ *grob, unfreundlich;* eine ~e Antwort; jmdn. ~ anreden

Bart ⟨m.; -(e)s, ¨-e⟩ **1** *Haarwuchs im Gesicht u. am Hals bei Menschen u. Säugetieren;* sich den ~ abnehmen, schneiden (lassen); sich den ~ raufen (vor Zorn, Verzweiflung); sich einen ~ stehen, wachsen lassen; beim ~e des Propheten! (Ausruf der Moslems zum Bekräftigen einer Behauptung) 1.0.1 der ~ ist ab ⟨fig.; umg.⟩ *es ist zu Ende, es ist aus* 1.0.2 das hat so einen ~! *das ist doch längst bekannt!* 1.0.3 etwas in seinen ~ brummen, murmeln *undeutlich vor sich hin sprechen* 1.0.4 jmdm. um den ~ gehen ⟨fig.⟩ *jmdn. umschmeicheln* 1.0.5 sich um des Kaisers ~ streiten ⟨fig.⟩ *sich um Nichtigkeiten streiten* 1.1 *(bei Hunden, Katzen u. a. Tieren) Schnauzhaare* 1.2 *zottiges Anhängsel,*

Fleischlappen an Schnauze od. Schnabel **2** *der das Schloß bewegende Teil des Schlüssels*

'bär·tig ⟨Adj.⟩ *mit einem Bart versehen, einen Bart tragend;* er traf einen ~en Mann; ein ~es Gesicht; ~ herumlaufen ⟨umg.⟩; ~es Moos, ~e Fichten ⟨fig.⟩

Ba'salt ⟨m.; -(e)s, -e⟩ *schwärzl. Vulkangestein in charakterist. säulenförmigen Absonderungen*

'Ba·se[1] ⟨f.; -, -n⟩ **1** *Tochter des Onkels od. der Tante;* Sy *Cousine, Kusine;* meine ~ kam zu Besuch **2** ⟨schweiz. a.⟩ *Tante* **3** ⟨veralt.⟩ *Nachbarin*

'Ba·se[2] ⟨f.; -, -n⟩ = *Alkali*

ba'sie·ren ⟨V. 800⟩ ~ a u f *beruhen, sich gründen, sich stützen auf*

Ba'si·li·ka ⟨f.; -, -en⟩ **1** *altgriech. Amtsgebäude, altröm. Markt- u. Gerichtshalle* **2** *altchristl. Versammlungsraum der Gemeinde, Kirche mit Mittelschiff u. zwei niedrigeren Seitenschiffen, später vielfach abgewandelt*

'Ba·sis ⟨f.; -, -sen⟩ **1** *Grundlage, Ausgangspunkt* 1.1 *Unterlage, Stützpunkt* **2** ⟨Math.⟩ *Grundzahl;* ~ einer Potenz, eines Logarithmus 2.1 ⟨Geom.⟩ *Grundlinie, Grundfläche* **3** ⟨Arch.⟩ *Grundlage, Sockel, Unterbau* **4** ⟨Sprachw.⟩ *Grundwort, Wurzel eines Wortes* **5** ⟨histor. Materialismus⟩ *die ökonom. Struktur einer Gesellschaftsordnung;* Ggs *Überbau(4)*

'ba·sisch ⟨Adj.; Chem.⟩ **1** *zu den Alkalien gehörig* **2** ~es G e s t e i n ⟨Geol.⟩ *mit sehr niedrigem Kieselsäuregehalt*

Baß ⟨m.; -s·ses, ¨-s·se⟩ **1** ⟨kurz für⟩ *Kontrabaß* **2** *tiefste Tonlage bei Musikinstrumenten;* ~flöte, ~klarinette, ~trompete **3** *tiefe Stimmlage begleitender Instrumente* 3.1 b e z i f f e r t e r ~ *Baß(3) mit Ziffern über oder unter den einzelnen Noten zur Ausführung auf einem Tasteninstrument* **4** *tiefste Tonlage der männl. Stimme* **5** *Sänger der tiefsten Stimmlage, Bassist* **6** *Gesamtheit der tiefen Stimmen bzw. Instrumente im Chor bzw. Orchester*

Bast ⟨m.; -(e)s, -e⟩ **1** *unter der Rinde liegendes pflanzl. Fasergewebe, zum Flechten od. Binden geeignet;* eine Tasche, Matte, Teppich aus ~ **2** *äußere, gelbliche Schicht der Naturseide* **3** ⟨jägerspr.⟩ *behaarte Haut am wachsenden Geweih od. Gehörn;* der Hirsch ist (noch) im ~

'Ba·stard ⟨m.; -(e)s, -e⟩ **1** ⟨Biol. ⟩ *Nachkomme von Eltern unterschiedl. Rasse, Gattung od. Art;* Sy *Mischling* **2** ⟨veralt.⟩ *unehel. Kind, bes. von Eltern verschiedener Gesellschaftsschichten*

'ba·steln ⟨V. 400 od. 503/R5 od. R6⟩ **1** *spielerisch zusammenbauen, aus Liebhaberei handwerklich fertigen;* Weihnachtsarbeiten ~; sich ein Radio ~; er bastelt gern **2** ⟨veralt.⟩ *Flickarbeit machen*

Ba·tail·lon ⟨[bata'ljo:n] n.; -s, -e; Abk.: Bat.⟩ *Truppenabteilung, Teil eines Regimentes*

Bat·te'rie ⟨f.; -, -n⟩ **1** ⟨Abk.: Batt(r).⟩ *aus mehreren Geschützen (mit Bedienungsmannschaft) bestehende kleinste Einheit der Artillerie* **2** ⟨Tech.⟩ *mehrere gleichartige Geräte, die hinter- od. nebeneinander gekuppelt od. zusammengeschlossen werden, um ihre Leistung zusammenzufassen;* Koksofen~, Dampfkessel~ 2.1 *zu einer Stromquelle zusammengeschlossene elektr. Elemente;* Akkumulatoren~, Taschenlampen~

'Bat·zen ⟨m.; -s, -⟩ **1** ⟨umg.⟩ *Klumpen, Haufen;* ein ~ Erde, Lehm 1.1 ein ~ G e l d ⟨fig.; umg.⟩ *sehr viel G.;* das wird einen schönen ~ Geld kosten; er verdient, besitzt, erbt einen hübschen ~ Geld **2** ⟨histor.⟩ *alte Münze, in Dtschld. 4 Kreuzer, in der Schweiz 10 Rappen;* ein Heller und ein ~

Bau[1] ⟨m.; -(e)s, -ten⟩ **1** ⟨unz.⟩ *das Bauen, das Errichten, die Bauarbeit;* der ~ eines Hauses, eines Schiffes, einer Straße; (noch) im ~; mit dem ~ beginnen 1.1 a u f d e m ~ *auf einer Baustelle;* auf dem ~ arbeiten 1.2 *Aufbau, Struktur, Gestalt* 1.2.1 j m d. ist v o n starkem, zartem, kräftigem, schlankem ~ *Körperbau, Gestalt, Wuchs* 1.2.2 der ~ einer Blüte, eines Dramas, einer Maschine *Anordnung der einzelnen Teile* 1.3 *Anbau (von Früchten, Getreide);* Acker~, Feld~ **1.4** j m d. ist v o m ~ *ist Fachmann, hat reichlich Erfahrungen* **2** *Gebäude, Bauwerk;* ein düsterer, gewaltiger, mächtiger, schöner, solider, stattlicher ~ **3** ⟨unz.; umg.; Mil.⟩ *Arrestlokal;* in den ~ wandern 3.1 *Arrest, Freiheitsstrafe;* drei Tage ~

Bau[2] ⟨m.; -(e), -e⟩ **1** *Erdhöhle, Tierwohnung unter der Erde;* ein ~ von Fuchs, Dachs, Otter, Kaninchen, Wildkatze u. a. 1.1 nicht aus dem ~ kommen ⟨fig., umg.⟩ *nicht aus der Wohnung, nicht unter Menschen kommen* 1.2 → a. *Fuchs* **2** *Bergwerksanlage;* Gruben~, Tage~

Bauch ⟨m.; -(e)s, ¨-e⟩ **1** *unterer Teil des Rumpfes;* auf dem ~ liegen; sich auf den ~ legen; auf dem ~ kriechen; den ~ einziehen; einen ~ bekommen, haben; ein dicker, fetter, spitzer ~; der ~ tut mir weh 1.1 sich den ~ vollschlagen (mit) ⟨umg.⟩ *viel essen (von)* 1.2 sich den ~ halten vor Lachen ⟨fig.⟩ *sehr heftig lachen* 1.3 (eine) W u t i m ~ haben ⟨umg.⟩ *äußerst wütend sein (u. dabei nichts äußern dürfen)* 1.4 vor jmdm. auf dem ~e kriechen ⟨fig.⟩ *jmdm. gegenüber unterwürfig, kriecherisch sein* 1.5 → a. *Loch (7.5), voll (1.0.7)* **2** *Hohl-, Innenraum;* Schiffs~; die Ladung verschwand im ~ des Schiffes **3** ⟨fig.⟩ *Wölbung, gewölbter Teil eines Gegenstandes;* Flaschen~

'Bauch·fell ⟨n.⟩ **1** ⟨Anat.⟩ *glatte, feuchte Haut, die die innere Wand der Bauchhöhle u. die Oberfläche der meisten Bauchorgane überkleidet: Peritoneum* **2** *Fell auf der Bauchseite bei den Pelztieren*

'bäuch·lings ⟨Adv.⟩ **1** *auf dem Bauch;* ~ auf dem Bett liegen **2** *auf den Bauch, mit dem Bauch voran;* ~ ins Wasser fallen

'bau·en ⟨V. 503/R5⟩ **1** e t w a s ~ *planmäßig zusammenfügen, errichten, aufbauen;* Wege, Straßen, eine Brücke, ein Haus, eine Maschine, ein Schiff, Nester, Höhlen, eine Geige ~; an einer Sache ~ 1.1 sich einen A n z u g ~ lassen ⟨umg.; scherzh.⟩ *(vom Schneider) anfertigen lassen* 1.2 sein B e t t ~ ⟨soldatenspr.⟩ *sein B. machen* **2** eine S a c h e ~ ⟨umg.⟩ *aktiv an einer S. beteiligt sein* 2.1 einen U n f a l l ~ *einen U. verursachen* 2.2 sein E x a m e n ~ *ablegen* 2.2.1 den D o k t o r ~ *promovieren* **3** F e l d f r ü c h t e ~ *anpflanzen, anbauen;* Getreide, Gemüse, Obst ~ **4** *ein Haus bauen(1);* hoch, teuer ~ **5** breit, kräftig, schmal, stark gebaut sein *einen breiten usw. Bau*[1]*(1.2) haben* 5.1 so wie du gebaut bist, schaffst du es leicht ⟨a. fig.;

umg.⟩ *du hast die Kraft, Fähigkeit dazu* **6** ⟨800⟩ auf jmdn. ~ *jmdm. vertrauen, sich auf jmdn. verlassen;* ich baue auf dich

'Bau·er[1] ⟨m.; -n, -n⟩ **1** *jmd., der berufsmäßig ein eigenes od. gepachtetes Stück Land bebaut;* Acker~; Wein~ 1.1 die dümmsten ~n haben die größten Kartoffeln ⟨Sprichw.⟩ *diejenigen haben das meiste Glück, die es am wenigsten verdienen* **2** *kleinste Schachfigur;* Sy *Soldat(2)* **3** ⟨Kart.⟩ *Bube*

'Bau·er[2] ⟨n.; -s, -⟩ *Käfig für Vögel;* Vogel~

...bau·er ⟨m.; -s, -; in Zus.⟩ *jmd., der etwas baut;* Brückenbauer; Häuserbauer; Straßenbauer; Instrumentenbauer; Ofenbauer

'bäue·risch ⟨Adj.⟩ oV *bäurisch* **1** *wie ein Bauer* **2** ⟨abwertend⟩ *plump, urwüchsig, nicht verfeinert;* seine Kleider waren ~; ~e Sitten; sich ~ benehmen

'bäu·er·lich ⟨Adj.⟩ *den Bauern betreffend, zu ihm gehörend, von ihm stammend;* das ~e Leben; die ~e Kunst; ein Zimmer ~ einrichten; ~e Schlauheit

'bau·fäl·lig ⟨Adj.⟩ *dem Zusammenbruch nahe;* ein ~es Haus, Gebäude; die Brücke war ~ geworden

'Bau·ka·sten ⟨m.⟩ *Spielzeug für Kinder, Kasten mit Einzelteilen zum Bauen;* er bekam zum Geburtstag einen ~

'bau·lich ⟨Adj. 24/90⟩ *den Bau betreffend;* ~e Veränderungen anbringen, vornehmen

Baum ⟨m.; -(e)s, ⸚e⟩ **1** *Holzgewächs aus Stamm u. verzweigtem Wipfel (Krone) mit Blättern od. Nadeln;* der ~ blüht, nadelt, schlägt aus; der Sturm hat viele Bäume entwurzelt; einen ~ fällen, pflanzen, veredeln, verschneiden; ein alter, belaubter, blühender, hoher junger, morscher ~; der Junge ist groß, kräftig wie ein ~ **1.0.1** Bäume ausreißen ⟨fig.; umg.⟩ *viel leisten können;* ich fühle mich wieder so gesund, als könnte ich Bäume ausreißen **1.0.2** einen alten ~ soll man nicht verpflanzen ⟨fig.⟩ *einen alten Menschen soll man in seiner gewohnten Umgebung lassen* 1.0.3 es ist immer dafür gesorgt, daß die Bäume nicht in den Himmel wachsen ⟨Sprichw.⟩ *daß alles seine Grenze findet* **1.0.4** das ist ja, um auf die Bäume zu klettern! *das ist ja zum Verzweifeln!* **1.0.5** das steigt ja auf die Bäume! *das ist unerhört* 1.0.6 vom ~ der Erkenntnis essen *sich seiner Geschlechtlichkeit od. sich seiner selbst als geschlechtl. Wesen bewußt werden (nach dem verbotenen Apfelbaum im Paradies)* 1.0.7 → a. *Hieb(3.2), Wald(1.0.1)* 1.1 *Tanne, Fichte, die zum Weihnachtsfest geschmückt wird;* den (Weihnachts)~ anzünden, schmücken **2** *Balken, dicke Stange;* Hebe~, Lade~, Schlag~ 2.1 *Walze am Webstuhl, auf die die Kettfäden od. das fertige Gewebe gewickelt werden;* Kett~, Zug~ 2.2 *Rundholz der Takelung;* Klüver~, Mast~

'bau·meln ⟨V. 400; umg.⟩ **1** *lose schwingend hängen;* an einem Ast baumelt ein Affe, ein Schild, ein Seil; er ließ die Beine ins Wasser ~ 1.1 er wird ~ müssen *er wird gehenkt werden;* er soll am Galgen, Strick ~ **2** mit den Beinen, Füßen ~ *sie hin u. her bewegen, schaukeln*

'bäu·men ⟨V. 500/R3⟩ **1** *sich erregt od. erschrocken ruckartig aufrichten;* die Schlange bäumte sich vor ihm; der getroffene Soldat hat sich noch einmal gebäumt... 1.1 ein Pferd bäumt sich *stellt sich auf die Hinterbeine* **2** ⟨fig.; geh.⟩ *sich widersetzen, sich empören;* ihr Stolz bäumte sich gegen ein solches Angebot

'Baum·gren·ze ⟨f.⟩ *Grenze im Hochgebirge od. polwärts, an der noch einzelne aufrecht stehende Bäume vorkommen;* die ~ lag schon hinter uns

'Baum·schu·le ⟨f.⟩ *Gärtnerei für Bäume*

'Baum·wol·le ⟨f.⟩ **1** *meist einjährige Pflanze der Tropen u. Subtropen, mit behaartem Stengel, großen Blättern u. walnußgroßen, kapselartigen Früchten, in denen die mit langen Haaren besetzten Samen sitzen: Gossypium;* ~ anpflanzen **2** *die Samenhaare der Baumwolle(1);* ~ pflücken **3** *Gewebe od. Garne, die aus Baumwolle(2) hergestellt sind;* dieses Kleid ist aus ~; es fehlen noch 3 m ~

'bäu·risch ⟨Adj.⟩ = *bäuerisch*

Bausch ⟨m.; -(e)s, ⸚e⟩ **1** *locker zusammengedrehtes Bällchen aus einem leichten Material;* Watte~ 1.1 ⟨österr.⟩ *Umschlag, Kompresse* **2** in ~ und Bogen ⟨fig.⟩ *alles in einem (genommen), ohne es genau zu nehmen;* etwas in ~ und Bogen verurteilen 2.1 Waren in ~ und Bogen kaufen, berechnen *Waren insgesamt kaufen, ohne zu zählen, zu messen od. zu wiegen*

'bau·schen ⟨V. 500⟩ **1** etwas ~ *aufblähen, prall u. rund machen;* der Wind bauscht die Segel, die Gardinen, die Vorhänge **2** ⟨R3⟩ sich ~ *Falten schlagen, abstehen, sich blähen;* der Ärmel bauscht sich; das Kleid sitzt nicht gut, es bauscht sich über den Hüften; ein Kleid mit gebauschten Ärmeln

'bau·schig ⟨Adj.⟩ *in lockeren Falten hervortretend, abstehend, weit, gebläht;* ein ~es Gewand; ~e Falten

'Bau·stein ⟨m.⟩ **1** *ein Stein zum Bauen;* ~e transportieren, brechen **2** ⟨fig.⟩ *Beitrag, Unterstützung;* ein ~ zum Gelingen des Plans

'Bau·werk ⟨n.⟩ **1** *das Erbaute* **2** *größerer, bes. künstler. bedeutender Bau;* ein gotisches ~; historische ~e

'Bau·we·sen ⟨n.; -s; unz.⟩ *alle Vorgänge u. Einrichtungen, die mit dem Bauen zusammenhängen;* die Mechanisierung im ~

Ba'zil·lus ⟨m.; -, -len⟩ *stäbchenförmiger Spaltpilz, sporenbildendes Bakterium*

be'ab·sich·ti·gen ⟨V. 500⟩ etwas ~ *vorhaben, tun wollen;* ich beabsichtige, nächste Woche nach Rom zu fahren; ich hatte nicht beabsichtigt, ihn zu beleidigen; das war (doch) nicht beabsichtigt!; was ~ Sie damit?

be'ach·ten ⟨V. 500/R8⟩ jmdn. od. etwas ~ *auf jmdn. od. etwas achten, seine Aufmerksamkeit richten;* einen Ratschlag, ein Verbot, Verkehrszeichen ~; ~ Sie bitte die Farben dieses Bildes; er hat sie, ihr Geschenk überhaupt nicht beachtet; ich beachtete das gar nicht weiter

be'ackern ⟨-k·k-; V. 500⟩ **1** ein Feld ~ *mit Pflug und Egge bearbeiten* **2** ⟨fig.; umg.⟩ *gründl. durcharbeiten, genau bearbeiten;* ein Thema, eine Frage ~

Be'am·te(r) ⟨m.1⟩ *Inhaber eines öffentl. Amtes, entweder im Staats- od. Kommunaldienst od. im Dienst privatwirtschaftl. Unternehmen;* Staats~, städtischer ~

Be'am·tin ⟨f.; -, -n·nen⟩ *weibl. Beamter*

be'äng·sti·gen ⟨V. 500/R7⟩ jmdn. ~ *jmdm. Angst machen, jmdn. beklemmen;* der Traum, die Ungewißheit beängstigte sie; sein schlechtes Aussehen ist ~d; er sieht ~d bleich aus; der Junge wird ja geradezu ~d groß! ⟨scherzh.⟩
be'an·spru·chen ⟨V. 500/R8⟩ **1** etwas ~ *(zu Recht od. Unrecht) fordern, verlangen;* Körperbehinderte können einen Sitzplatz ~; er beanspruchte sein Erbe 1.1 *brauchen, nötig haben;* die neuen Möbel ~ viel Platz; viel Raum, Zeit ~ **2** jmdn. od. etwas ~ *große Anforderungen an jmdn. od. etwas stellen;* meine Arbeit beansprucht meine ganze Kraft, Zeit; ich bin zur Zeit stark beansprucht; er wird von seiner Familie sehr beansprucht 2.1 *belasten;* die Maschinen, die Bremsen, die Reifen sind zu stark beansprucht worden **3** etwas ~ *in Anspruch nehmen, von etwas Gebrauch machen;* jmds. Gastfreundschaft nicht länger ~ wollen; ich möchte Ihre Hilfe noch weiter ~
be'an·stan·den ⟨V. 500⟩ etwas ~ *tadeln, etwas auszusetzen haben an, sich beschweren über, reklamieren;* eine Rechnung, Ware ~; das einzige, was ich an der Sache zu ~ habe, ist...; es gab nichts zu ~; die Behörde beanstandete den Paß
be'an·tra·gen ⟨V. 500⟩ **1** jmdn. od. etwas ~ *einen Antrag auf jmdn. od. etwas stellen, förmlich um jmdn. od. etwas bitten;* zwei neue Mitarbeiter ~; einen Sonderurlaub, seine Versetzung, Pensionierung ~; ein Visum, einen Paß ~ 1.1 ⟨Rechtsw.⟩ *fordern;* eine polizeiliche Untersuchung ~; der Verteidiger hat Freispruch beantragt; der Staatsanwalt beantragte die Höchststrafe **2** jmdn. od. etwas ~ *vorschlagen;* einen Kandidaten ~; eine Änderung der Tagesordnung ~; die beantragte Unterstützung
be'ant·wor·ten ⟨V. 503/R5 od. R6⟩ **1** etwas ~ *antworten auf, eine Antwort geben auf;* einen Brief, eine Frage ~; das kann ich nicht ~ 1.1 ⟨fig.⟩ *reagieren;* die Regierung beantwortet die Provokation mit der Verhängung des Ausnahmezustands
be'ar·bei·ten ⟨V. 500⟩ **1** etwas ~ *an etwas körperlich arbeiten* 1.1 Land ~ *bebauen;* den Boden ~; ein Stück Land ~ 1.2 Rohstoffe ~ *zurichten, zurechtmachen, Rohstoffen eine bestimmte Form geben;* Holz, Metall, Stein ~; Metall mit dem Hammer, Stein mit dem Meißel ~ **2** eine Sache ~ *an einer S. geistig arbeiten* 2.1 Schriftstücke ~ *durchsehen u. sachgemäß erledigen;* einen Antrag, ein Gesuch ~ 2.2 *(zu einem bestimmten Zweck) überarbeiten, einer S. eine neue Form geben;* ein Buch, einen Text ~; neu bearbeitete Auflage (eines Buches); ein Theaterstück für die Bühne ~; ein Musikstück für ein anderes Instrument ~; ein Musikstück für Orchester ~ **3** ⟨516⟩ jmdn. od. etwas mit etwas ~ *heftig schlagen, verprügeln;* jmdn. mit den Fäusten ~ **4** ⟨R8⟩ jmdn. ~ ⟨fig.⟩ *jmdn. zu beeinflussen versuchen;* er hat mich so bearbeitet, daß ich nicht nein sagen konnte
be'auf·sich·ti·gen ⟨V. 500/R8⟩ jmdn. od. etwas ~ *Aufsicht führen über, überwachen, kontrollieren;* Kinder ~; Schularbeiten ~; jmdn. beim Arbeiten ~
be'auf·tra·gen ⟨V. 580 od. 550⟩ jmdn. ~ *jmdm. (od. einer Institution) einen Auftrag erteilen, ihm etwas zu tun aufgeben;* ich habe ihn beauftragt, die Bücher abzuholen; jmdn. mit einer Arbeit ~; ich bin beauftragt, die Sachen abzuholen
be'bau·en ⟨V. 500⟩ **1** Gelände ~ *mit Gebäuden versehen;* dieses Gebiet wird bebaut; ein Grundstück mit Häusern ~ **2** Land ~ *bestellen, etwas darauf anpflanzen;* ein Feld haben wir mit Kartoffeln bebaut; er bebaut seinen Garten mit Gemüse; alle Felder müssen bebaut werden
'be·ben ⟨V.⟩ **1** ⟨400⟩ etwas bebt *wird heftig erschüttert;* die Erde bebte; das Haus bebte beim Einschlag der Bombe **2** ⟨400; geh.⟩ *heftig zittern;* die Knie bebten mir; seine Stimme bebte; er bebte am ganzen Leib; mit ~der Stimme; vor Erregung, Furcht, Kälte, Wut, Zorn ~ **3** ⟨800⟩ 3.1 vor jmdm. ~ *große Angst vor jmdm. haben* 3.2 um jmdn. ~ *um jmdn. Angst haben, sich sehr sorgen*
'Be·cher ⟨m.; -s, -⟩ **1** *Trinkgefäß, bes. ohne Fuß u. ohne Henkel;* ein ~ Eis, Milch, Wein; den ~ füllen, heben, leeren, kreisen lassen, die Runde machen lassen; den ~ an den Mund setzen; den ~ des Leidens bis zur Neige leeren ⟨fig.; poet.⟩ 1.0.1 den (Gift) ~ nehmen, trinken ⟨poet.⟩ *Selbstmord begehen* **2** *etwas Becherförmiges, z. B. Fruchthülle, unterster Teil der Holzblasinstrumente, Gefäß zum Würfeln;* Würfel~ 2.1 *Gefäß am Förderband zum Aufnehmen des Materials;* Förder~
'Becken ⟨-k·k-; n.; -s, -⟩ **1** *große, flache Schüssel, Schale;* Tauf~, Spül~, Wasch~ **2** *großer, eingefaßter, ausgemauerter Wasserbehälter;* Schwimm~ **3** *Mulde, Vertiefung in der Erdoberfläche* **4** *Schlaginstrument aus zwei flachgewölbten Metallscheiben* **5** ⟨Anat.⟩ *Knochenring der höheren Wirbeltiere u. des Menschen, der aus einem Teil der Wirbelsäule, Kreuz- u. Schambein gebildet ist: Pelvis*
be'dacht 1 ⟨Part. Perf. von⟩ *bedenken* **2** ⟨Adj. 24⟩ 2.1 ⟨74⟩ ~ auf etwas *nach etwas strebend;* der auf seinen Vorteil ~e Heiratskandidat; er war darauf ~ 2.2 *von Überlegung zeugend, mit Überlegung handelnd;* sie handelte stets ~; sein ~es Auftreten machte allgemein Eindruck; das Vorgehen in dieser Angelegenheit ist sehr ~
Be'dacht ⟨m.; -(e)s; unz.; nur in den Wendungen⟩ **1** mit, ohne, voll ~ *Überlegung, Ruhe, Umsicht;* etwas mit ~ tun; mit (gutem) ~ vorgehen; er sagte es ohne ~ **2** auf etwas ~ nehmen *auf etwas bedacht sein;* auf seinen Vorteil (keinen) ~ nehmen
be'däch·tig ⟨Adj.⟩ *langsam, vorsichtig, ruhig, besonnen;* ~ gehen, handeln, sprechen; mit ~em Schritt; er nickte ~; sie ist ein ~er Mensch
be'dan·ken ⟨V. 505/R3⟩ **1** sich (bei jmdm. für etwas) ~ *jmdm. Dank sagen, jmdm. (für etwas) danken;* er bedankte sich bei ihm für die Einladung; vergiß nicht, dich zu ~! 1.1 sei (von Herzen) bedankt! ⟨geh.⟩ *Dank sei dir gesagt* 1.2 dafür bedanke ich mich! ⟨fig.; umg.; iron.⟩ *das lehne ich ab, das will ich nicht!* 1.3 dafür wird sich jeder ~ ⟨fig.; umg.; iron.⟩ *das will niemand*
Be'darf ⟨m.; -(e)s; unz.⟩ **1** *Bedürfnis, Erfordernis, erforderl. Menge;* einem ~ abhelfen; sei-

nen ~ decken; nach ~ auswählen, einkaufen; bei ~ bitte wieder nachbestellen; wir haben über unseren ~ (hinaus) Vorräte 1.1 mein ~ ist gedeckt ⟨a. fig.; umg.⟩ *danach habe ich kein Bedürfnis, dazu habe ich keine Lust mehr* **2** ~ an *Verbrauch, Nachfrage;* (dringender) ~ an Lebensmitteln, Obst, Kohlen

be'dau·er·lich ⟨Adj.⟩ *unerfreulich, zu bedauern(2), schade*

be'dau·ern ⟨V. 500⟩ **1** jmdn. ~ *bemitleiden;* der arme Kerl ist zu ~ **2** einen Vorgang, etwas Vergangenes ~ *wünschen, daß es nicht geschehen sei, nicht gern sehen, als schade empfinden;* den Vorfall ~; jmd. bedauert, daß etwas geschehen ist; ich bedauere (sehr), daß ich nicht mitkommen kann 2.1 ⟨400⟩ bedaure! *(als Ausdruck des Ablehnens, Abweisens) tut mir leid, kein Bedarf*

Be'dau·ern ⟨n.; -s; unz.⟩ **1** *Mitgefühl, ein wenig Mitleid* **2** *Wunsch, daß etwas nicht geschehen sein möge;* jmdm. sein ~ ausdrücken; mit ~ zur Kenntnis nehmen 2.1 zu meinem größten ~ *leider*

be'decken ⟨-k·k-; V. 500/R7⟩ jmdn. od. etwas ~ **1** *zudecken (und dadurch unsichtbar machen);* Schnee bedeckt die Erde; der Rock bedeckt (gerade noch) die Knie; der Garten war mit Blütenblättern bedeckt; das Gesicht mit den Händen ~; der Himmel hat sich bedeckt; der Himmel ist bedeckt; bei bedecktem Himmel; einen Toten mit einem Tuch ~ 1.0.1 jmds. Gesicht mit Küssen ~ *überschütten, heftig küssen* 1.1 ⟨R3⟩ sich ~ ⟨veralt.⟩ *den Hut aufsetzen* 1.2 das Haupt ~ ⟨geh.⟩ *eine Kopfbedeckung aufsetzen* **2** ⟨Mil.⟩ *zum Schutz geleiten*

be'den·ken ⟨V. 119/500⟩ **1** etwas ~ *über etwas nachdenken, etwas überlegen, etwas erwägen;* es ist zu ~, daß ...; ich gab es zu ~; du solltest die Folgen ~; das hast du nicht gründlich genug bedacht; wenn man es recht bedenkt **2** ⟨R3⟩ sich ~ *eine Entscheidung überlegend aufschieben;* ich muß mich erst ~; ohne mich lange zu ~ **3** ⟨505/R7 od. R8⟩ jmdn. (mit etwas) ~ *jmdm. etwas vermachen, schenken;* er hat sie in seinem Testament bedacht; zum Jubiläum wurde er mit großen Ehrungen bedacht; jmdn. mit einem Geschenk ~

Be'den·ken ⟨n.; -s, -⟩ **1** *Überlegung, Besinnung, Nachdenken;* nach langem ~, ohne ~ zustimmen **2** *Zweifel, Einwendung;* ~ äußern, anmelden; es bestehen ~; ~ haben, hegen, tragen; es kommen ~; jmds. ~ teilen, zerstreuen; schwerwiegende ~; zu ~ Anlaß geben

be'denk·lich ⟨Adj.⟩ **1** *Bedenken(2) hervorrufend, besorgniserregend;* der Zustand des Patienten ist ~; das Wetter sieht ~ aus; er befindet sich in einer ~en Lage **2** *zweifelhaft;* das wirft ein ~es Licht auf seinen Charakter; es handelt sich um ein ~es Unternehmen; das scheint mir recht ~; die ganze Angelegenheit macht einen ~en Eindruck **3** *zweifelnd, voll Sorge, Vorbehalt, besorgt;* er machte ein ~es Gesicht, als er den Vorschlag hörte; das stimmt, macht mich ~

be'deu·ten ⟨V. 500⟩ **1** etwas bedeutet etwas *hat einen bestimmten Sinn, ist ein Zeichen für etwas, ist gleichzusetzen mit etwas;* „Hobbyraum" bedeutet soviel wie „Werkraum, Bastelzimmer"; es bedeutet folgendes; was soll das eigentlich ~? 1.1 sprachliche Ausdrücke ~ etwas ⟨Sprachw.⟩ *ordnen einem od. mehreren Zeichen (z. B. Wörtern) einen Inhalt zu, bezeichnen sie, benennen Begriffe;* Aphasie bedeutet „Verlust des Gedächtnisses" **2** etwas bedeutet eine Sache *ist ein Anzeichen für eine S., hat eine S. zur Folge;* diese Wolken ~ Sturm; das bedeutet nichts Gutes; das hat etwas (nichts) zu ~; das bedeutet eine erhebliche Einbuße für uns **3** ⟨530 od. 550⟩ jmdm. od. für jmdn. etwas (viel, wenig) ~ *wichtig sein;* die Kinder ~ ihr alles; das Mädchen bedeutet mir wenig; seine Anteilnahme bedeutet mir sehr viel; hundert Mark ~ viel für mich **4** ⟨530 (od. veralt. 520)⟩ jmdm. (veralt. jmdn.) etwas ~ *jmdm. etwas zu verstehen geben, andeuten, befehlen;* er bedeutete ihm zu gehen; mir wurde bedeutet, meine Haltung in dieser Angelegenheit zu ändern; sich etwas ~ lassen

Be'deu·ten ⟨n.; -s; unz.; nur in der Wendung⟩ mit dem ~, daß ... *unter der Voraussetzung, Bedingung daß ...*

be'deu·tend ⟨Adj.⟩ **1** *umfangreich, groß, beträchtlich;* er hat bereits ~e Erfolge erzielt; er konnte ~e Geschäfte machen; ein ~es Kapital hat sich angesammelt; das Vermögen, das er hinterließ, war ~ **2** *wichtig;* ein ~es Ereignis; dieser Vortrag war recht ~; sein Anteil daran ist ~; es war nichts Bedeutendes **3** *bekannt, berühmt, einflußreich;* er ist ein ~er Gelehrter; es handelt sich um eine ~e Persönlichkeit; er gehört zu den ~sten Vertretern seines Faches; auf diesem Gebiet ist er am ~sten; er war der Bedeutendste (von allen) 3.1 *künstlerisch wertvoll;* ein ~es Buch, Werk **4** ⟨50; verstärkend bei Verben u. vor dem Komparativ⟩ *sehr;* er erhielt ~ weniger, als er erwartet hatte; in letzter Zeit hat er sich ~ verbessert

Be'deu·tung ⟨f.; -, -en⟩ **1** *das Bedeuten(1-3);* die ~ eines Begriffes erläutern; die ~ eines Wortes kennen 1.1 *der durch das Bedeuten(1) entstandene Inhalt;* dieses Wort hat mehrere ~en; dieser Ausdruck wird in übertragener ~ verwendet; die ursprüngliche ~ eines Wortes; die wörtliche ~ lautet; in der wahren ~ des Wortes **2** *Wichtigkeit;* einer Sache ~ beimessen; erst nach seinem Tode hat man die ~ seiner Forschungen erkannt; an ~ gewinnen; dieser Angelegenheit kommt keinerlei ~ zu; es ist von ~ **3** *Tragweite, Auswirkung;* seine Arbeit hat große ~ auf dem Gebiet der Elektronik erlangt; bist du dir über die ~ deiner Aussage im klaren?; ein Ereignis von historischer ~ **4** jmd. von ~ *eine einflußreiche, große Persönlichkeit;* ein Mann von ~

be'die·nen ⟨V. 500⟩ **1** jmdn. ~ *jmdm. Dienste leisten;* er läßt sich immer von seiner Frau ~ 1.1 Kunden ~ *als Verkäufer dem K. Dienste leisten;* hier wird die Kundschaft gut bedient; werden Sie schon bedient? 1.2 Gäste ~ *den G. Speisen u. Getränke reichen;* die Gäste aufmerksam ~ 1.3 ⟨R3⟩ sich ~ *sich nehmen, zugreifen;* bitte ~ Sie sich; das Kind bedient sich schon selbst beim Essen 1.4 ich bin bedient! ⟨fig.; umg.⟩ *ich habe genug davon, meine schlechten Erfahrungen reichen mir* **2** eine Maschine, ein Gerät ~ *handhaben, steuern, betätigen* **3** Farbe, Trumpf ~ ⟨Kart.⟩

die gleiche F. od. den gleichen T. ausspielen **4** ⟨540/R3⟩ sich einer Sache ~ *sie nehmen u. benutzen, Gebrauch davon machen;* bitte ~ Sie sich des Fahrstuhls; darf ich mich Ihres Angebots ~?

be'dien·stet ⟨Adj. 24/70⟩ bei jmdm. ~ sein *in jmds. Dienst stehen, beschäftigt sein*

Be'die·nung ⟨f.; -, -en⟩ **1** ⟨unz.⟩ *das Bedienen;* schlechte ~; Selbst~; die ~ der Küchenmaschine ist einfach; prompte, schnelle ~ **1.1** *Geld für das Bedienen, ein Zuschlag von 10 - 20 % auf den Preis von Restaurant- u. Hotelrechnungen;* ~ ein-, inbegriffen **1.2** zur freien ~ *zum Mitnehmen (ohne Bezahlung)* **2** *jmd., der bedient, z. B. Kellner(in), Verkäufer(in);* wo bleibt die ~?; die ~ läßt auf sich warten **3** ⟨Mil.⟩ *Einheit, die größere Schußwaffen u. technische Geräte bedient*

be'din·gen[1] ⟨V. 120/530/R1⟩ sich etwas ~ *durch Kontrakt od. andere bindende Abmachung festsetzen;* der bedungene Lohn

be'din·gen[2] ⟨V. 500/R8⟩ **1** ein Vorgang bedingt einen anderen *hat einen anderen notwendig zur Folge;* eine Untersuchung bedingt die nächste **2** eine Sache bedingt eine andere *hängt von einer anderen als Voraussetzung ab;* diese Tätigkeit bedingt Einfühlungsvermögen

be'dingt **1** ⟨Part. Perf. von⟩ *bedingen*[2] **2** ⟨Adj.24⟩ **2.1** *eingeschränkt;* ein ~es Lob **2.2** *an Bedingungen geknüpft, von Bedingungen abhängig* **2.2.1** ~e Annahme, ~es Akzept ⟨kaufmannsspr.⟩ *Anerkennung einer nicht in bar erfolgenden Zahlung unter der Voraussetzung, daß Deckung vorhanden ist* **2.2.2** ~e Strafaussetzung, ~er Straferlaß ⟨Rechtsw.⟩ *Straferlaß, unter der Bedingung, daß sich der Straffällige für eine bestimmte Zeit (Bewährungsfrist) gut führt* **2.3** *von den Verhältnissen abhängig* **2.3.1** ~e Reflexe ⟨Physiol.⟩ *diejenigen R., die durch Dressur od. Gewohnheit entstanden sind* **2.3.2** = *relativ(1)*

Be'din·gung ⟨f.; -, -en⟩ **1** *Voraussetzung;* viel Ruhe und Schonung sind unumgängliche ~en für ihre baldige Genesung; unter jeder ~ **2** *Verpflichtung, Bestimmung, Abmachung;* die ~en anerkennen, einhalten; jmdm. ~en auferlegen, stellen, vorschreiben; wir müssen noch die ~en vereinbaren, unter denen ...; günstige, harte, (un)annehmbare, (un)vorteilhafte ~en stellen; sich an die ~en halten; laß dich auf diese ~en nicht ein; ich kann auf seine ~en nicht eingehen; mit der ~, daß; mit der ~ nicht einverstanden sein **3** ⟨meist Pl.⟩ *Umstände, Verhältnisse;* unter diesen ~en könnte ich nicht leben; unter guten, schlechten ~en arbeiten **4** ⟨Philos.⟩ *Zutreffen einer Sache, wenn gleichzeitig eine andere Sache ebenfalls zutrifft;* a ist ~ für b

be'drän·gen ⟨V. 500/R8⟩ **1** jmdn. (mit etwas) ~ *jmdn. unter Druck setzen, in eine Notlage drängen, um ein bestimmtes Handeln zu erzwingen;* jmdn. hart, heftig ~; die Gläubiger haben ihn von allen Seiten bedrängt; jmdn. mit seinen Bitten, Wünschen ~; von Hunger, Not, Sorgen bedrängt werden **1.1** ein Mädchen ~ *belästigen* **2** eine Stellung, eine Stadt ~ *stürmen* **3** sich in einer bedrängten Lage, bedrängten Umständen befinden *in Schwierigkeiten, in Not sein* **4** ⟨fig.⟩ *seelisch bedrücken;* ich muß meinem bedrängten Herzen Luft machen; Zweifel, Sorge, Gedanken haben ihn bedrängt

Be'dräng·nis ⟨f.; -, -s·se; geh.⟩ *(materielle od. seelische) Notlage;* in ~ geraten; sich in (einer) ~ befinden

be'dro·hen ⟨V. 500/R8⟩ **1** jmdn. ~ *jmdm. mit Anwendung von Gewalt drohen;* er bedrohte ihn mit dem Messer; jmdn. mit einer Waffe ~; sich bedroht fühlen **1.1** tätlich ~ ⟨Rechtsw.⟩ *(ungesetzl.) Anwendung von Gewalt ankündigen* **1.2** mit Strafe ~ *S. ankündigen* **2** etwas bedroht jmdn. od. etwas *etwas ist für jmdn. od. etwas gefährlich;* eine Seuche bedroht die Bevölkerung; das steigende Wasser bedrohte die Stadt; sein Leben ist bedroht

be'droh·lich ⟨Adj.⟩ *gefährlich, unheildrohend;* das Unwetter rückt in ~e Nähe; am politischen Horizont sieht es ~ aus; die Sache nimmt einen ~en Charakter an

be'drücken ⟨-k·k-; V. 500⟩ **1** jmdn. ~ *jmdm. Zwang auferlegen, jmdn. unterdrücken, quälen* **2** etwas bedrückt jmdn. *läßt jmdn. seelisch leiden, macht jmdn. traurig, niedergeschlagen;* Geldschwierigkeiten ~ ihn; was bedrückt euch?; die Krankheit des Kindes bedrückt sie **2.1** ⟨Part. Perf.⟩ bedrückt *niedergeschlagen;* er ist bedrückt; wegen geschäftl. Schwierigkeiten ist er augenblicklich sehr bedrückt; sie wirkt heute so bedrückt; sie machte einen bedrückten Eindruck

be'dür·fen ⟨V. 124/700⟩ jmds. od. einer Sache ~ ⟨geh.⟩ *jmdn. od. eine Sache nötig haben;* der Verunglückte bedarf dringend des Arztes; sie ~ unserer Hilfe; es bedurfte nur geringer Mühe; der Patient bedarf äußerster Schonung; es hat ihrer ganzen Überredungskunst bedurft, damit er ...; die schwierige Abhandlung bedarf einer ausführl. Erläuterung; das bedarf einer Erklärung; es bedarf keines weiteren Wortes

Be'dürf·nis ⟨n.; -s·ses, -s·se⟩ **1** *Notwendigkeit od. Wunsch, einem Mangel abzuhelfen, Verlangen;* ein ~ fühlen nach; es besteht ein allgemeines, dringendes, geringes, großes ~ nach ...; es ist mir ein ~, Ihnen mitzuteilen, daß ... **1.0.1** es ist mir ein angenehmes ~ ⟨Höflichkeitsformel⟩ *ich tue es gern, aus eigenem Antrieb* **1.0.2** ich habe das ~ (zu) *ich möchte gern* ... **1.0.3** einem ~ abhelfen, ein ~ befriedigen *einer Notwendigkeit (einem Wunsch) entsprechend einen Mangel, Mißstand beseitigen* **1.1** ⟨geh.⟩ *Notdurft;* ein ~ haben

be'dürf·tig ⟨Adj.⟩ **1** *Mangel leidend, arm;* einer ~en Frau helfen; ~e Familien; wir müssen für die Bedürftigen sammeln **2** ⟨73⟩ jmds. od. einer Sache ~ sein *jmdn. od. eine Sache nötig haben, brauchen;* seiner Freundschaft ~ sein; des Trostes ~ sein

be'ein·drucken ⟨-k·k-; V. 500⟩ **1** jmdn. ~ *auf jmdn. Eindruck machen, jmdm. imponieren;* das Theaterstück hat mich sehr beeindruckt; die Begegnung beeindruckte ihn zutiefst **1.1** beeindruckt sein *berührt, ergriffen sein;* er war von ihrer Schönheit sichtlich beeindruckt; ich bin von ihrer Kunst sehr beeindruckt

be'ein·flus·sen ⟨V. 500/R8⟩ jmdn. od. etwas ~ *auf jmdn. od. etwas Einfluß nehmen, einwirken;* er ist leicht zu ~; beeinflußt sein von; jmdn. günstig, ungünstig ~; dieses Ereignis hat seine Arbeit beeinflußt

be'en·den ⟨V. 500⟩ etwas ~ *zu Ende bringen, fertig machen, vollenden, Schluß machen mit etwas;* oV *beendigen;* Sy *aufhören(1.1);* Ggs *anfangen(1.2), beginnen(1.2);* die Arbeit, den Streit ~

be'en·di·gen ⟨V. 500⟩ = *beenden*

be'en·gen ⟨V. 500/R8⟩ **1** jmdn. od. etwas ~ *im Raum beschränken, einengen;* die niedrige Decke beengte sie; die Kleider ~ mich; der steife Kragen beengt seinen Hals; die Familie wohnt sehr beengt 1.1 ⟨fig.⟩ *die Bewegungsfreiheit einschränken;* er fühlt sich durch Gesetze, Verbote beengt; er konnte das beengende Gefühl auf der Brust nicht loswerden

be'er·di·gen ⟨V. 500⟩ jmdn. ~ *begraben, bestatten, zur letzten Ruhe betten;* der Verstorbene wurde auf dem alten Friedhof beerdigt; kirchlich ~; sie hatte gerade ihren Bruder beerdigt

'Bee·re ⟨f.; -, -n⟩ *kleine runde od. ovale Frucht mit völlig fleischiger Fruchtwand u. meist mehreren Samenkernen;* Heidel~, Him~, Johannis~, Preisel~, Erd~, Stachel~; eine reife, saftige, rote, süße ~; ~n pflücken, essen; ~n reifen, fallen ab

'Beet ⟨n.; -(e)s, -e⟩ *begrenztes, gärtner. bearbeitetes Stück Boden;* Blumen~, Gemüse~, Mist~; ein ~ mit Blumen, Gemüse anlegen, bepflanzen; ein langes, gepflegtes, erhöhtes ~; in ~e unterteilen

be'fä·hi·gen ⟨V. 515⟩ jmdn. zu etwas ~ *jmdn. in die Lage versetzen, etwas zu tun, jmdm. etwas ermöglichen;* seine Kenntnisse ~ ihn zu dieser Arbeit; das befähigte ihn auszuhalten

be'fah·ren[1] ⟨V. 130/500⟩ **1** Straßen, Wege ~ *mit dem Fahrzeug benutzen, auf S., Wegen fahren;* eine stark ~e Straße **2** etwas ~ ⟨bergmannsspr.⟩ *in etwas zum Abbau fahren;* das Bergwerk wird nicht mehr ~ **3** ⟨540/R3⟩ sich einer Sache ~ ⟨veralt.⟩ *eine Sache befürchten*

be'fah·ren[2] **1** ⟨Part. Perf. von⟩ *befahren[1]* **2** ⟨Adj. 70⟩ 2.1 ⟨jägerspr.⟩ *bewohnt;* ein ~er Bau 2.2 ⟨seemannsspr.⟩ *in der Seefahrt erprobt;* ~es Volk

be'fal·len ⟨V. 131/500⟩ etwas befällt jmdn. od. etwas *etwas ergreift, überkommt plötzlich jmdn. od. etwas;* Sorge befiel mich; vom Fieber ~ sein; von Schlaf ~ werden; plötzlich von Furcht ~ werden; die Obstbäume sind von Schädlingen ~; das Land wurde von einer Seuche ~

be'fan·gen ⟨Adj.⟩ **1** *gehemmt, schüchtern, verlegen;* eine ~e Konversation; die neue Umgebung macht das Kind ganz ~; er antwortete ihr ~; er machte einen ~en Eindruck **2** *voreingenommen, nicht objektiv;* ein ~er Gutachter, Kritiker; ~ an eine Sache herangehen 2.1 ⟨Rechtsw.⟩ *parteiisch;* einen Geschworenen als ~ ablehnen; jmdn. für ~ erklären; ein ~er Richter **3** ⟨74⟩ in etwas ~ sein ⟨geh.⟩ *sich in etwas befinden, in etwas verstrickt sein;* in einem Irrtum, einer Illusion, einer Täuschung ~ sein

be'fas·sen ⟨V. 550⟩ **1** ⟨R3⟩ sich mit jmdm. od. etwas ~ *sich mit jmdm. od. etwas beschäftigen, abgeben;* ich befaßte mich oft mit ihr; mit dieser Angelegenheit haben wir uns nun lange genug befaßt; er befaßt sich gerade mit Literatur; damit muß ich mich erst noch ~; die Zeitung befaßte sich mit dem gestrigen Fußballspiel **2** jmdn. mit etwas ~ ⟨kanzleispr.⟩ *jmdn. dazu bewegen, daß er sich mit etwas beschäftigt;* einen Beamten mit einer Angelegenheit ~; das Gericht mit einer Anklage ~

Be'fehl ⟨m.; -(e)s, -e⟩ **1** *Aufforderung, etwas sofort u. ohne Widerrede zu tun;* ein dienstlicher, mündlicher, schriftlicher, strenger ~; einen ~ ausführen, befolgen, verweigern, bekommen, empfangen, erhalten, erlassen, erteilen; einem ~ Folge leisten, gehorchen, nachkommen; sich einem ~ widersetzen; ~ zum Angriff geben; unter dem ~ von; mein Vorgehen geschah auf seinen ~ (hin); auf höheren ~; ~ ausgeführt! 1.1 zu ~! ⟨Mil.⟩ *jawohl, ich gehorche* 1.2 ~ ist ~ *einem Befehl muß gehorcht werden* **2** ⟨unz.⟩ *Befugnis, Befehle zu erteilen;* Sy *Kommando(1);* den ~ über jmdn. haben

be'feh·len ⟨V. 102⟩ **1** ⟨400⟩ *die Befugnis haben, Befehle zu erteilen;* hier habe ich zu ~! **2** ⟨500⟩ etwas ~ *etwas anordnen;* „komm her!" befahl er; der Oberst hat befohlen, daß ... **3** ⟨530⟩ jmdm. etwas ~ *einen Befehl od. Befehle erteilen;* du hast mir gar nichts zu ~!; von dir lasse ich mir nichts ~! **3.1** ⟨511⟩ jmdn. zu sich ~ *zu sich kommen lassen* **4** ⟨530⟩ jmdm. eine Sache ~ ⟨poet.⟩ *anvertrauen, empfehlen;* seine Seele Gott ~; Gott befohlen! **5** ⟨402⟩ (etwas) ~ ⟨veralt.⟩ *wünschen;* bitte ~ Sie!; ~ Sie sonst noch etwas?; wie Sie ~!

be'feh·li·gen ⟨V. 500; Mil.⟩ jmdn. od. etwas ~ *über jmdn. od. etwas den Befehl haben, jmdn. od. etwas kommandieren;* der General befehligte die Truppen; eine Kompanie ~

be'fe·sti·gen ⟨V. 500⟩ **1** etwas (an, durch, in, mit etwas) ~ *festmachen, mit etwas fest verbinden;* ein Schild an der Tür ~; etwas mit Klebstoff, Nägeln, Schrauben ~ **2** etwas ~ *haltbar machen;* einen Deich, einen Weg, ein Ufer ~ 2.1 jmdn. od. etwas ~ ⟨fig.; geh.⟩ *stärken;* die Freundschaft, das Vertrauen zu jmdm. ~; jmdn. in seinem Vorhaben ~ **3** etwas ~ ⟨Mil.⟩ *zur Verteidigung bereiten, ausbauen;* eine Stadt, eine Grenze ~; eine befestigte Burg

be'feu·ern ⟨V. 500⟩ **1** eine Heizung (mit Kohlen, Öl) ~ *heizen* **2** ⟨Mar.⟩ Seewege ~ *die wichtigen Punkte zur Orientierung der Schiffe mit Strahlungsquellen (Leuchtfeuern od. Funkfeuern) versehen;* die Küste, die Hindernisse ~ **3** ⟨Flugw.⟩ die Luftstraßen, Landebahnen ~ *mit Leuchtfeuern, Funkfeuern u. Lampen versehen* **4** jmdn. ~ ⟨fig.; geh.⟩ *anspornen;* diese Aufgabe befeuert mich

be'fin·den ⟨V. 134⟩ **1** ⟨511/R3⟩ sich ~ *sich aufhalten, (anwesend) sein;* sich auf dem Land, in der Stadt, im Zimmer ~; befindet sich jmd. unter Ihnen, der ...; wir befanden uns in einer schwierigen Lage; er befindet sich häufig auf Reisen; meine Wohnung befindet sich im zweiten Stock(werk); sich in einem Buche, einem Katalog, einer Liste ~; sich im Zustand völliger Erschöpfung ~ **2** ⟨513/R3⟩ sich ~ *sich fühlen;* sich unpäßlich, wohl ~; wie ~ Sie sich? **3** ⟨800⟩ über jmdn. od. etwas ~ *urtei-*

len, entscheiden; hierüber hat nur der Arzt zu ~; nur der Richter hat über diese Sache zu ~; ich habe nicht darüber zu ~ **4** ⟨513⟩ jmdn. od. etwas für gut, schlecht ~ *für gut, schlecht ansehen, halten;* der Verräter wurde schuldig befunden

Be'fin·den ⟨n.; -s; unz.⟩ **1** *gesundheitlicher Zustand;* wie ist Ihr ~? ⟨geh.⟩; mein ~ läßt sehr zu wünschen übrig; sich nach jmds. ~ erkundigen **2** ⟨geh.⟩ *Urteil, Gutachten;* nach meinem ~ verhält es sich so ...; man muß nach eigenem ~ entscheiden

be'flecken ⟨-k·k-; V. 500/R7 od. R8⟩ jmdn. od. etwas ~ **1** *mit Flecken versehen, fleckig machen, beschmutzen;* er befleckte sich mit Obstsaft; das Tischtuch ist schon wieder befleckt; die mit Blut befleckte Kleidung verriet den Mörder; mit Farbe, Ruß ~ **2** ⟨fig.⟩ *entehren, entweihen;* jmds. Ehre ~; seinen Ruf ~

be'flis·sen ⟨Adj.⟩ *eifrig bemüht;* dienst~; kunst~; er ist sehr ~; um jmds. Wohlergehen ~ sein

be'flü·geln ⟨V. 500; geh.⟩ **1** jmdn. od. etwas ~ *beschleunigen;* er beflügelte seine Schritte; beflügelten Schrittes eilte er zu ihr ⟨poet.⟩ **2** jmdn. od. etwas ~ ⟨fig.⟩ *beleben, antreiben;* die Hoffnung beflügelte ihn; der Wein hat seine Phantasie beflügelt

be'fol·gen ⟨V. 500⟩ etwas ~ *sich nach etwas richten, nach etwas handeln;* Befehle, Gebote, Gesetze, Vorschriften, einen Rat, Vorschläge ~; einen Wink ~

be'för·dern ⟨V. 500⟩ **1** jmdn. od. etwas ~ *an einen anderen Ort bringen, fortschaffen;* Sy *transportieren;* Briefe, Gepäck, Güter, Pakete, Waren ~; die Fähre befördert täglich etwa 100 Fahrgäste; dieser Brief muß durch Eilboten, durch Luftpost befördert werden; die Fahrgäste mit (dem) Bus, Flugzeug, Schiff ~ 1.0.1 jmdn. an die (frische) Luft ~ ⟨fig.; umg.⟩ *hinauswerfen* **2** ⟨505⟩ jmdn. ~ (zu) ... *im Rang erhöhen, in eine höhere Stellung aufrücken lassen;* zum Oberleutnant ~; er ist zum Oberregierungsrat befördert worden

be'frach·ten ⟨V. 500⟩ etwas ~ *mit Fracht beladen;* ein Schiff mit Erz ~

be'fra·gen ⟨V.⟩ **1** ⟨500⟩ jmdn. ~ *an jmdn. Fragen richten, um Auskunft bitten;* er hat den Arzt, den Rechtsanwalt befragt; jmdn. über seine Herkunft, Vergangenheit ~; er wurde um seine Meinung befragt 1.1 ein Buch, Wörterbuch, Lexikon ~ ⟨fig.⟩ *darin nachschlagen* **2** ⟨R3⟩ sich ~ *sich erkundigen, Erkundigungen einziehen;* ich muß mich erst ~; ich habe mich in dieser Sache überall befragt; du befragst dich bei ihr

be'frei·en ⟨V. 500/R7 od. R8⟩ **1** jmdn. ~ *frei machen, in Freiheit setzen;* Gefangene ~; jmdn. unter großen Opfern, Mühen, Schwierigkeiten aus der Gefangenschaft ~; jmdn. aus einer Gefahr, aus einer unangenehmen Lage ~; Sklaven gegen Lösegeld ~; nach den Jahren der Knechtschaft atmete das befreite Volk auf **2** ⟨550⟩ jmdn. od. etwas von etwas ~ *von etwas Störendem, Unangenehmem frei machen, erlösen, entlasten, erretten;* die Stadt vom Tyrannen ~ (Schiller, Bürgschaft); jmdn. von Abgaben, einer Arbeit, einer Krankheit, Sorgen ~; sein Gewissen von Vorwürfen ~; er ist von Steuern befreit; jmdn. vom Militärdienst ~; sich endlich von Schulden ~; das Beet von Unkraut ~

be'frem·den ⟨V. 500⟩ etwas befremdet jmdn. *setzt jmdn. in Erstaunen, macht jmdn. stutzig, berührt ihn unangenehm;* ihr Verhalten hat ihn befremdet; er blickte sie befremdet an; etwas befremdend finden

be'freun·den ⟨V. 550/R3⟩ **1** sich mit jmdm. ~ *mit jmdm. Freundschaft schließen, jmds. Freund werden;* ich habe mich schnell mit ihm befreundet; es bleibt abzuwarten, ob sie sich miteinander ~ 1.1 ⟨Part. Perf.⟩ befreundet *in Freundschaft verbunden, nahestehend;* befreundete Familien, Staaten **2** sich mit etwas ~ *sich an etwas gewöhnen, mit etwas vertraut werden;* ich kann mich nicht mit dem Gedanken ~, daß ...; es hat lange gedauert, bis ich mich mit seinen Plänen ~ konnte

be'frie·di·gen ⟨V. 500/R7 od. R8⟩ **1** jmdn. od. eine Sache ~ *zufriedenstellen, jmdm. od. einer Sache Genüge tun, genügen;* jmds. Ansprüche, Forderungen, Verlangen, Wünsche ~; seinen Appetit, Durst, Hunger ~; um ein dringendes Bedürfnis zu ~, ...; die Gläubiger müssen befriedigt werden; hast du deine Neugierde befriedigt?; er sinnt darauf, seinen Rachedurst zu ~; er ist leicht, schwer zu ~; mit dieser Antwort wird er doch befriedigt sein?; bist du nun endlich befriedigt?; mit seinen Leistungen bin ich vollkommen, vollauf befriedigt 1.1 ⟨Part. Präs.⟩ befriedigend *zufriedenstellend, genügend;* ~e Verhältnisse 1.1.1 → *Note(2.3)*

Be'frie·di·gung ⟨f.; -; unz.⟩ **1** *das Befriedigen;* die ~ der Wünsche, aller Forderungen; die soziale ~ **2** *Zufriedenheit, Genugtuung;* jmdm. volle ~ bieten; diese Arbeit gewährt ihm nicht die gewünschte ~; mir fehlt dabei die ~; dauernde, volle, wahre ~ finden in ...; die erhoffte, ersehnte ~ in einem neuen Beruf suchen; mit ~ feststellen, daß ...; das könnte zu unserer ~ beitragen

be'fruch·ten ⟨V. 500⟩ **1** *die Befruchtung vollziehen, indem der männl. Same auf die weibl. Eizelle übertragen wird u. sich mit dieser vereinigt, begatten;* aus dem befruchteten Ei entwickelt sich der Embryo; Blüten werden von Insekten oder vom Wind befruchtet **2** ⟨fig.⟩ *zu fruchtbarer Tätigkeit anregen;* seine Ausführungen haben meine eigene Arbeit (geistig) befruchtet; das Ideengut der Klassik hat auf sein Lebenswerk ~d gewirkt

be'fu·gen ⟨V. 550⟩ **1** jmdn. zu etwas ~ *ermächtigen, berechtigen* **2** zu etwas befugt sein *zu etwas berechtigt, ermächtigt sein;* zu einer Auskunft bin ich nicht befugt; ich bin nicht befugt zu entscheiden, ob ...; amtlich, dienstlich befugt sein, darüber zu entscheiden

Be'fug·nis ⟨f.; -, -s·se⟩ *Erlaubnis, Berechtigung, Ermächtigung;* jmdm. ~se einräumen, erteilen, vergeben; besondere ~se besitzen, erhalten, erlangen, haben; ich kenne meine ~!; seine ~se überschreiten; dazu hast du keine ~!

Be'fund ⟨m.; -(e)s, -e⟩ **1** *Feststellung, Ergebnis einer Untersuchung;* wir müssen noch den ~ abwarten; der ~ war negativ, positiv; der ~ liegt noch nicht vor; wie lautet der ärztliche ~?; je nach ~; nach dem ~ des Sachverständigen 1.1 ohne ~ ⟨Med.; Abk.: o. B.⟩ *die Untersuchung hat nichts ergeben*

be'fürch·ten ⟨V. 500⟩ etwas ~ *etwas Unangenehmes fürchten, besorgt ahnen;* ich befürchte das Schlimmste; es ist zu ~, daß ...; er hat von ihm nichts zu ~

be'für·wor·ten ⟨V. 500⟩ etwas ~ *wohlwollend unterstützen, empfehlen, für etwas eintreten;* eine Bitte, ein Gesuch (warm) ~; der Plan wurde von ihm befürwortet

Be'ga·bung ⟨f.; -, -en⟩ **1** *angeborene Befähigung, Anlage zu besonderen geistigen Fähigkeiten, die aber nicht schöpferisch wie beim Genie sind;* Sy *Talent(2);* eine ~ für Sprachen haben; eine musikalische, dichterische ~; seine ~ entfalten **2** *begabter Mensch;* er ist eine große ~

be'gat·ten ⟨V. 500/R8⟩ jmdn. od. sich ~ *sich paaren mit, sich geschlechtl. vereinigen mit*

be'ge·ben ⟨V. 143/500⟩ **1** ⟨511/R3⟩ sich irgendwohin ~ ⟨geh.⟩ *gehen;* sich nach Hause ~; sich zu jmdm. ~ 1.1 sich in Gefahr ~ *sich einer G. aussetzen;* du sollst dich nicht unnötig in Gefahr ~! 1.2 sich zur Ruhe ~ *sich schlafen legen* 1.3 sich in jmds. Schutz ~ *sich unter jmds. S. stellen;* er hat sich in dessen Schutz ~ **2** ⟨550/R3⟩ sich an etwas ~ ⟨geh.⟩ *mit etwas beginnen;* sich an die Arbeit ~ **3** ⟨R3⟩ etwas begibt sich ⟨geh.⟩ *geschieht, ereignet sich;* es begab sich aber zu der Zeit, ... (Lukas 2, 1); da begab es sich, daß ... **4** ⟨540/R3⟩ sich einer Sache ~ ⟨geh.⟩ *sich um eine Sache bringen, auf eine Sache verzichten;* damit hat er sich seines Anrechts, dieses Vorteils ~ **5** etwas ~ ⟨kaufmannsspr.⟩ *ausgeben, in Umlauf setzen, weitergeben;* Anleihen, einen Wechsel, Wertpapiere ~

Be'ge·ben·heit ⟨f.; -, -en⟩ *Ereignis, Geschehnis, Geschehen*

be'geg·nen ⟨V. 600/R6(s.)⟩ **1** jmdm. od. etwas ~ *auf jmdn. od. etwas unerwartet treffen;* in dieser kleinen Stadt begegnet man sich oft; jmdm. unterwegs, zufällig ~; wir werden diesem Ausdruck in dem Roman noch oft ~; ihr ist das Glück begegnet 1.1 ⟨R2⟩ sich ~ 1.1.1 ihre Blicke begegneten sich *trafen aufeinander* 1.1.2 unsere Wünsche ~ sich *stimmen überein* **2** einer Sache ~ *gegen eine S. etwas tun;* einem Fehler, einer Gefahr, drohendem Unheil ~ **3** ⟨613⟩ jmdm. in bestimmter Weise ~ *jmdn. auf eine bestimmte W. behandeln;* jmdm. hochmütig, abweisend, (un)freundlich ~; jmdm. mit Achtung, Rücksicht ~

Be'geg·nung ⟨f.; -, -en⟩ **1** *Zusammentreffen;* eine unangenehme, zufällige, erfreuliche ~ **2** ⟨Sp.⟩ *Wettkampf;* die ~ der deutschen Nationalmannschaft mit einer englischen Auswahlmannschaft verlief 1:1

be'ge·hen ⟨V. 145/500⟩ etwas ~ **1** *zu Fuß benutzen;* ein häufig begangener Weg 1.1 *prüfend abschreiten, entlanggehen;* eine Eisenbahnstrecke, Felder ~ **2** *(etwas Schlechtes) tun, verüben;* eine Dummheit, einen Fehler, eine Sünde, Unrecht, ein Verbrechen ~; er beging Selbstmord 2.0.1 er beging die Unvorsichtigkeit, seine Pläne zu verraten *er war so unvorsichtig, ...* **3** ⟨geh.⟩ *feiern;* ein Fest, seinen 75. Geburtstag, ein Jubiläum ~

be'geh·ren ⟨V.⟩ **1** ⟨500/R8 (od. veralt. 700)⟩ jmdn. od. jmds., etwas od. einer Sache ~ *sehnlich wünschen, heftig verlangen, Verlangen haben nach jmdm. od. etwas;* du sollst nicht ~ ... (2. Mose, 20, 17); ein Mädchen zur Frau ~; (man kann nicht) alles haben, was das Herz begehrt; sie war eine begehrte Partnerin, Tänzerin; eine begehrte Rolle für Charakterschauspieler 1.1 jmdn. ~ *geschlechtl. Verlangen nach jmdm. haben;* eine Frau ~ **2** ⟨500⟩ etwas ~ ⟨geh.⟩ *verlangen, um etwas fordernd bitten;* etwas zu wissen ~

be'gei·stern ⟨V. 500⟩ **1** ⟨R8⟩ jmdn. ~ *zur Begeisterung bringen, mit Begeisterung erfüllen;* jmdn. für eine Sache ~; er ist für nichts zu ~; die Zuhörer waren von dem Konzert begeistert; das begeisterte Publikum rief die Darsteller immer wieder vor den Vorhang; der Präsident wurde von der Bevölkerung begeistert empfangen; ein begeisterter Verehrer ihrer Kunst; er schilderte begeistert seine Reiseerlebnisse **2** ⟨R3⟩ sich ~ *in Begeisterung geraten;* dafür könnte ich mich (nicht) ~; sich für jmds. Kunst ~

Be'gei·ste·rung ⟨f.; -; unz.⟩ **1** *freudige Erregung, Jubel;* einen Sturm der ~ entfesseln; die Wogen der ~ gingen hoch; ~ auslösen, entfachen, erwecken, hervorrufen; die ~ hielt nicht lange an; die ~ kannte keine Grenzen; die ~ ließ schnell nach; in glühende, große, helle ~ geraten; es herrscht allgemein ~ über ... **2** *leidenschaftl. Eifer;* voller ~ ans Werk gehen

Be'gier ⟨f.; -; unz.⟩ = *Begierde*

Be'gier·de ⟨f.; -, -n⟩ *heftiges Verlangen (a. geschlechtl.) nach etwas, leidenschaftl. Wunsch, Gelüst;* oV *Begier;* seine ~ (nicht) bezähmen können; sich in der ~ verzehren, zu ...; große, heftige, wachsende ~ haben, verspüren nach ...; voller ~ seine Augen schweifen lassen

be'gie·ßen ⟨V. 152/500⟩ **1** jmdn. od. etwas ~ *Flüssigkeit auf jmdn. od. etwas gießen;* man hat ihn mit kaltem Wasser begossen; sie begoß gerade die Blumen; den Braten ~ 1.1 wie ein begossener Pudel abziehen, dastehen, umherlaufen ⟨fig.; umg.⟩ *kleinlaut, sehr beschämt, verlegen* **2** etwas ~ ⟨fig.; umg.⟩ *mit Alkohol feiern;* ein Ereignis, ein Wiedersehen, einen Kauf ~; das müssen wir ~! ⟨scherzh.⟩ 2.1 ⟨530/R1⟩ sich die Nase ~ ⟨fig.; umg.; scherzh.⟩ *trinken, sich betrinken*

Be'ginn ⟨m.; -(e)s; unz.⟩ *Anfang;* ~ des Schuljahres, der Vorlesungen; ~ der Vorstellung ist 20 Uhr; ich kam zu spät und versäumte den ~; den ~ des Urlaubs (vor)verlegen auf den ...; pünktlicher, verfrühter, verspäteter ~; am ~, bei ~, zu ~ der Sendung; seit ~ dieses Jahrhunderts; eine Entwicklung von ihrem ~ an verfolgen; gleich zu ~

be'gin·nen ⟨V. 104⟩ Sy *anfangen* **1** ⟨400⟩ *seinen Anfang haben, nehmen;* Ggs *enden, aufhören(1);* ein Zeitraum, eine Strecke, ein Vorgang beginnt; der Unterricht beginnt um 8.00 Uhr; eine ~de Verschlechterung der Beziehungen 1.1 jmd. beginnt *ist der erste;* wer beginnt? 1.2 ⟨500 od. 800⟩ eine Tätigkeit od. mit einer T. ~ *den Anfang machen mit einer T.;* Ggs *beenden;* hast du den Brief schon begonnen?; einen Bericht ~; etwas geschickt, schlau ~; ich weiß nicht, wie ich es ~ soll; mit einer Arbeit ~; von vorn, von neuem ~; sie beginnt, alt zu werden; zu weinen ~; ich beginne zu verstehen; es hat zu schneien begonnen **2** ⟨500⟩

etwas ~ *tun, unternehmen;* was ~ wir nun?; sie weiß nicht, was sie vor Freude ~ soll **3** ⟨516 m. Modalverb⟩ mit jmdm. od. einer Sache etwas ~ können (sollen) *ein Ziel erreichen* **3.1** mit einer Sache etwas ~ können *(zu einem Zweck) verwenden, nutzen;* was soll ich mit den Schrauben ~?; mit der Rechenmaschine kann ich nichts ~ **3.2** mit jmdm. etwas ~ können **3.2.1** *jmdm. eine Arbeit übertragen können* **3.2.2** *sich mit jmdm. verstehen, mit jmdm. harmonieren;* mit dir kann man heute wirklich nichts ~

be'glau·bi·gen ⟨V. 500⟩ etwas ~ *glaubhaft machen, (amtl.) bestätigen, bezeugen;* die Abschrift vom Zeugnis durch die Polizei ~ lassen; deine gute Absicht beglaubige ich dir gern; eine Unterschrift, Urkunden, Vollmachten ~; eine notariell beglaubigte Abschrift vorlegen

be'glei·chen ⟨V. 153/500; geh.⟩ etwas ~ ⟨a. fig.⟩ *tilgen, bezahlen;* eine Rechnung ~; die Summe ist noch nicht beglichen

be'glei·ten ⟨V. 500⟩ **1** jmdn. ~ *mit jmdm. mitgehen;* darf ich Sie ~?; wir werden dich ins Konzert ~; jmdn. nach Hause ~ **2** etwas begleitet etwas od. jmdn. *ist mit etwas od. jmdm. verbunden, geht mit etwas od. jmdm. einher;* die ~den Umstände waren sehr unerfreulich; jede Rolle, die sie spielt, ist von Erfolg begleitet; das Glück begleitete ihn während der ganzen Reise **3** jmdn. ~ *zum Gesang od. zu einem melodieführenden Instrument auf einem anderen Instrument spielen;* er begleitete die Sängerin auf dem Klavier; kannst du mich beim Flötenspiel ~?

Be'glei·tung ⟨f.; -; -en⟩ **1** *das Begleiten(1);* wäre Ihnen meine ~ angenehm?; ich habe ihr meine ~ angeboten; sich jmds. ~ anvertrauen **1.1** in ~ *in Gesellschaft;* ich bin in ~ von Freunden hier; der Präsident erschien in großer ~; sie wird häufig in ~ von Herrn X. gesehen **1.2** ⟨Mil.⟩ *Begleit-, Bedeckungsmannschaft* **2** ⟨Mus.⟩ *das Begleiten(3);* die ~ der Sängerin übernahm Herr K. **2.1** *begleitende Stimme*

be'glücken ⟨-k·k-; V. 505/R7 od. R8⟩ jmdn. (mit etwas) ~ *jmdn. glücklich machen, jmdm. eine Freude machen;* jmdn. mit einem Buch, einem Geschenk ~; womit kann ich dich ~?; ein ~des Erlebnis, Gefühl; es ist ~d zu wissen, daß ...; beglückt aussehen; beglückt sein über etwas; er hat uns mit seiner Gegenwart, seinem Besuch beglückt ⟨umg.; a. iron.⟩

be'glück·wün·schen ⟨V. 505/R7 od. R8⟩ jmdn. (zu etwas) ~ *jmdm. seine Mitfreude, Anerkennung aussprechen;* Sy *gratulieren(1);* jmdn. feierlich, herzlich, offiziell ~; jmdn. zum Geburtstag, zum Jubiläum, zur bestandenen Prüfung ~

be'gna·di·gen ⟨V. 500⟩ jmdn. ~ *jmds. Strafe vermindern od. erlassen;* einen zum Tode Verurteilten ~

be'gnü·gen ⟨V. 505/R3⟩ sich (mit etwas) ~ *mit etwas zufrieden sein, sich mit etwas zufriedengeben;* ich begnüge mich damit; sie hat sich mit der Mitteilung begnügt

be'gra·ben ⟨V. 157/500⟩ **1** ⟨Abk. für das Part. Perf.: begr.⟩ jmdn. ~ *beerdigen, bestatten, zu Grabe tragen;* gestern haben sie ihn auf dem Südfriedhof ~; jmdn. in aller Stille ~; wo ist, liegt er ~? **1.0.1** ⟨R3⟩ sich ~ lassen können ⟨fig.; umg.⟩ *zu nichts zu gebrauchen sein* **1.0.2** an einem Ort nicht ~ sein wollen ⟨fig.; umg.⟩ *sich an einem O. unter keinen Umständen aufhalten wollen* **1.1** in den Wellen ~ sein ⟨poet.⟩ *ertrunken* **2** ⟨511⟩ jmdn. od. etwas unter etwas ~ *verschütten, mit etwas bedecken;* unter den Trümmern eines Hauses ~ werden **3** eine Sache ~ *aufgeben, auf eine S. verzichten;* Feindschaft, Freundschaft, Liebe ~; diese Hoffnung habe ich längst ~; laß uns unseren Streit endlich ~; längst ~e Hoffnungen werden dadurch wieder wach

be'grei·fen ⟨V. 158/500⟩ **1** ⟨R7 od. R8⟩ jmdn. od. eine Sache ~ *verstehen, eine Sache od. jmds. Verhalten nachvollziehen können;* etwas allmählich, langsam, leicht, mühsam, schnell, schwer ~; hast du es endlich begriffen?; können Sie ihn ~?; es ist einfach nicht zu begreifen **2** ⟨550⟩ etwas in sich ~ *enthalten, einschließen;* die Frage begreift die Antwort in sich **3** einen Gegenstand ~ ⟨veralt.⟩ *anfassen, betasten*

be'gren·zen ⟨V. 500⟩ etwas ~ **1** *in Grenzen einschließen, mit Grenzen versehen, umranden;* den Garten durch eine Hecke ~; die Fahrrinne durch Seezeichen ~ **1.1** etwas begrenzt etwas *bildet die Grenze zu etwas, schließt an etwas an;* im Norden ~ Berge das Land **2** ⟨505; fig.⟩ *beschränken, einengen;* ein Arbeitsgebiet, ein Thema ~ auf ...; die Redezeit der Diskussionsteilnehmer auf fünf Minuten ~; meine Zeit ist begrenzt **2.1** er hat einen begrenzten Horizont ⟨fig.; umg.⟩ *er ist geistig wenig rege, er hat geringe geistige Interessen*

Be'griff ⟨m.; -(e)s, -e⟩ **1** *meist mit einem Wort benannte, von den sinnlichen Empfindungen u. Wahrnehmungen abgeleitete Verallgemeinerung des Inhalts von Sachen der Außenwelt u. der menschlichen Vorstellung;* mathematischer ~; ein deutlicher, eindeutiger, falscher ~; ich muß diesen ~ umschreiben, da mir das rechte Wort dafür fehlt; ich weiß diesen ~ nicht klar zu benennen, bezeichnen **2** *Vorstellungsvermögen, Fähigkeit, etwas zu verstehen;* sich einen ~ von etwas machen; einen, keinen deutlichen ~ von etwas haben; das geht über meine ~e; langsam, leicht, schwer von ~ sein ⟨umg.⟩ **2.1** für meine ~e, nach unseren ~n *Ansichten, Meinungen* **2.2** sich einen (keinen) ~ von etwas machen *(nicht) ahnen, (k)einen Eindruck bekommen;* du machst dir keinen ~ davon, was da los war; du wirst ja einen schönen ~ von meiner Ordnungsliebe bekommen haben! ⟨umg.; iron.⟩ **2.3** ein ~ sein *bekannt, berühmt sein;* ist dir das ein ~?; ein ~ für Qualität **2.4** über alle ~e *außerordentlich* **3** im ~ sein, stehen, etwas zu tun *gerade anfangen, beginnen;* ich bin im ~ zu gehen

be'grif·fen 1 ⟨Part. Perf. von⟩ *begreifen* **2** ⟨Adj. 24/40; nur in der Wendung⟩ in etwas ~ sein *mit etwas beschäftigt sein, (gerade) dabeisein;* der Plan ist noch in der Entwicklung ~; er ist mitten in den Vorbereitungen ~; die Pflanzen sind im Wachstum ~

be'grün·den ⟨V. 500⟩ etwas ~ **1** *den Grund legen für etwas, gründen;* eine neue Lehre ~; ein Geschäft, einen Hausstand ~ **2** *(durch Gründe) erklären;* seine Ablehnung, seine Abwesenheit, seinen Antrag, sein Verhalten ~; eine Behauptung ~; sie begründete ihr

Fehlen mit Krankheit; wie willst du das ~?; womit begründest du das?; eine begründete Abneigung gegen etwas haben, hegen; es besteht begründete Hoffnung, daß ...; ein begründeter Verdacht; das halte ich für nicht begründet 2.1 etwas ist in etwas begründet *hat seinen Grund in etwas, erklärt sich aus etwas;* das ist in seiner schlechten Erziehung begründet **3** ⟨Part. Präs.⟩ ~d = *kausal(2)*

be'grü·ßen ⟨V. 500⟩ **1** ⟨R8⟩ jmdn. ~ *bei einer Begegnung, beim Empfang grüßen, willkommen heißen;* jmdn. freundlich, herzlich, kühl, liebenswürdig, offiziell, unfreundlich ~; jmdn. mit großer Herzlichkeit, mit freundlichen Worten ~ **2** eine Sache ~ ⟨fig.⟩ *billigen, für erfreulich, gut, richtig halten;* wir ~ es sehr, daß ...; auch ich würde es ~, wenn ...; wir ~ seinen Entschluß, seinen Plan, sein Verhalten, sein Vorhaben **3** jmdn., bes. eine Behörde ~ ⟨schweiz.⟩ *sich an jmdn. wenden, um seine Meinung zu erfahren, seine Unterstützung zu erhalten*

be'gün·sti·gen ⟨V. 500/R8⟩ **1** jmdn. od. etwas ~ *vorziehen, bevorzugen;* seine Mutter hat ihn vor den anderen Geschwistern begünstigt; er war vom Schicksal begünstigt; sein Unternehmen ist vom Glück begünstigt; meistbegünstigt, steuerbegünstigt; begünstigt durch das milde Klima **2** jmdn. od. etwas ~ *fördern, Beihilfe leisten;* ein Verbrechen ~; die Flucht eines Verbrechers ~

be'gü·ti·gen ⟨V. 500⟩ jmdn. ~ *jmdm. gut zureden, jmdn. beruhigen, besänftigen, beschwichtigen;* er versuchte, den aufgebrachten Mann zu ~; sie war durch das Geschenk schnell begütigt; begütigend lächeln; auf jmdn. ~d einreden

be'haa·ren ⟨V. 500/R3⟩ sich ~ *Haare bekommen;* die behaarten Stellen des Körpers; dicht, spärlich, stark behaart

be'hä·big ⟨Adj.⟩ **1** *beleibt, dicklich u. dabei bequem;* ein ~er Herr; er ist im Alter recht ~ geworden; ein ~es Leben führen 1.1 ⟨fig.⟩ *umfangreich, breit;* ein alter ~er Sessel; die Möbel wirkten ~ und gediegen **2** *langsam, schwerfällig;* ~ daherkommen; in ~er Ruhe; mit ~er Stimme **3** ⟨schweiz.⟩ *wohlhabend*

be'haftet ⟨Adj. 46⟩ mit etwas ~ sein *mit etwas Unangenehmem versehen, belastet sein;* er war mit einer ansteckenden Krankheit ~; die Sache ist mit einem Fehler, Makel ~

be'ha·gen ⟨V. 600⟩ etwas behagt jmdm. ⟨geh.⟩ *etwas gefällt jmdm., sagt jmdm. zu, ist jmdm. angenehm;* der Unbekannte behagte mir nicht; ihm scheint dein Vorhaben zu ~

Be'ha·gen ⟨n.; -s; unz.; geh.⟩ *Zufriedenheit, Wohlgefallen;* sein ~ finden an, in ...; außerordentliches, äußerstes, nur geringes, größtes ~; mit ~ essen; den Wein mit ~ schlürfen; voller ~ lauschen, zuhören

be'hag·lich ⟨Adj.⟩ **1** *Behagen verbreitend, gemütlich, angenehm;* ein ~es Leben führen; ~e Wärme verbreitend; ein ~es Zimmer; die Wohnung ~ einrichten; obwohl er nur eine kleine Wohnung besitzt, hat er es sich doch recht ~ gemacht **2** *Behagen empfindend, bequem;* er lachte ~; bei dir fühlt man sich stets ~; ~ seine Pfeife rauchen; hier sitzt man ~

be'hal·ten ⟨V. 160/500⟩ **1** jmdn. od. etwas ~ *nicht weg-, hergeben, zurückhalten, bei sich lassen;* wir haben unseren Gast über Nacht bei uns ~; etwas widerrechtlich ~; eine Ware auf Lager ~ 1.1 den Hut auf dem Kopf ~ *nicht abnehmen* **2** jmdn. od. etwas (im Gedächtnis) ~ *im Bewußtsein, im Gedächtnis bewahren, sich merken, nicht vergessen;* ich habe von seinen Ausführungen nichts ~; ich kann seinen Namen einfach nicht ~; jmdn. in gutem Andenken ~; im Kopf ~ 2.1 ein Geheimnis für sich ~ *es nicht ausplaudern* **3** etwas ~ *unverändert lassen, bleiben, weiterhin haben;* er hat sein jugendliches Aussehen ~; Schmuck wird im allgemeinen seinen Wert ~; du hast wieder einmal recht ~; er konnte seine Stellung (nicht) ~ 3.1 → a. *Auge(3.4), Kopf(6.2)*

Be'häl·ter ⟨m.; -s, -⟩ *ein (meist verschließbarer) Hohlkörper, der zur Aufbewahrung od. zum Transport von festen, flüssigen u. gasförmigen Stoffen dient, z. B. Becken, Etui, Kasten, Topf, Tank, Truhe usw.;* ein großer, kleiner ~; ein ~ für Öl, Wasser, Kohlen; einen ~ öffnen, leeren; Metall~, Holz~; Benzin~, Gas~; Brief~; Versand~

be'han·deln ⟨V. 500⟩ **1** ⟨513/R8⟩ jmdn. od. etwas ~ (mit) *sich beschäftigen mit jmdm. od. etwas, um auf ihn od. es einzuwirken;* die Apparate, Maschinen usw. müssen mit größter Sorgfalt behandelt werden; mit Säure, Wärme ~; jmdn. mit ausgesuchter Höflichkeit, mit Hochachtung ~; er hat ihn als Freund behandelt; er ist leicht, schwierig zu ~; jmdn. gut, freundlich, liebevoll, schlecht, schonend, ungerecht, unwürdig, verständnisvoll ~ 1.1 ⟨R7 od. R8⟩ einen Kranken od. eine Krankheit ~ *auf einen Kranken od. eine Krankheit (als Arzt) heilend u. helfend einwirken;* sich gegen Kreislaufbeschwerden ~ lassen; sich ärztlich ~ lassen; das Geschwür muß vom Arzt behandelt werden; von wem werden Sie behandelt?; wer hat Sie bisher behandelt?; ~der Arzt ist Dr. X **2** ein Thema, einen Gegenstand ~ *einem Vortrag, einer Lehrveranstaltung zu Grunde legen, darüber sprechen u. diskutieren;* etwas ausführlich, erschöpfend, fachmännisch, falsch, flüchtig, kurz, sorgfältig ~; das Drama, der Roman behandelt die Bauernkriege 2.1 eine Angelegenheit (bevorzugt) ~ *erledigen, mit einer A. fertigwerden*

Be'hang ⟨m.; -(e)s, ¨e⟩ **1** *das, was an jmdm. od. etwas hängt* 1.1 *Wandteppich;* Wand~; gestickte Behänge **2** ⟨jägerspr.⟩ *Ohren des Jagdhundes*

be'hän·gen ⟨V. 517/R7 od. R8⟩ **1** jmdn. od. etwas mit etwas ~ *mit etwas, was man aufhängen kann, versehen, ausstatten;* die Wände mit Bildern, Photographien, Gemälden, Teppichen ~; den Christbaum mit bunten Kugeln und Lametta ~; die Tür mit Girlanden ~ 1.1 ⟨R3⟩ sich mit Schmuck ~ ⟨umg.; abwertend⟩ *zuviel S. tragen;* sich mit Perlen ~ **2** ⟨500⟩ einen Leit- od. Schweißhund ~ ⟨jägerspr.⟩ *ihn an der Leine abrichten*

be'har·ren ⟨V. 800⟩ **1** auf, bei etwas ~ *an etwas festhalten, auf etwas bestehen;* auf einer Ansicht, einem Entschluß, einer Meinung ~; er beharrte bei seinem Irrtum **2** in etwas ~ *bleiben, standhaft in etwas sein;* er beharrte in seinem Trotz; in Liebe, Treue ~

be'haup·ten ⟨V. 500⟩ **1** etwas ~ *etwas für wahr, zutreffend erklären (ohne es zu bewei-*

sen); er behauptete, mich (nicht) gesehen zu haben; das kannst du nicht einfach ~, wenn du es nicht beweisen kannst; du willst doch nicht etwa ~, daß ... **2** etwas ~ *erfolgreich verteidigen, aufrechterhalten;* seine Meinung, seinen Standpunkt, seine Stellung ~; das Feld ~ ⟨a. fig.⟩ **3** ⟨R3⟩ sich ~ *standhaft bleiben, sich durchsetzen;* es gelang ihm mühelos, nicht, schnell, sich in seiner neuen Stellung zu ~

Be'haup·tung ⟨f.; -, -en⟩ **1** *bestimmte, aber nicht bewiesene Äußerung einer Ansicht;* eine ~ aufstellen, vorbringen, zurücknehmen; die Tatsachen beweisen, widerlegen deine ~; wir wollen die ~ gelten lassen; eine gewagte, kühne, unhaltbare, unverschämte ~; bei seiner ~ bleiben; er geht von seiner ~ nicht ab; wie kommst du zu dieser ~? **2** ⟨unz.; geh.⟩ *das (Sich)behaupten(3);* die ~ des Rechtes, der Freiheit; Macht ~; Selbst ~

be'he·ben ⟨V. 163/500⟩ **1** etwas ~ *beseitigen;* einen Mangel, einen Schaden ~; er hat rasch alle Zweifel, Schwierigkeiten behoben **2** Geld ~ ⟨österr.⟩ *von der Bank, von seinem Konto abheben*

be'hel·fen ⟨V. 165/500/R3⟩ **1** sich (mit etwas) ~ *sich zu helfen wissen, sich (einstweilen) einen Ersatz nehmen;* du mußt dich vorübergehend mit diesem alten Mantel ~; ich habe mich mit einem Sofa beholfen; sich kümmerlich, notdürftig mit etwas ~ **2** sich ohne jmdn. od. etwas ~ *ohne jmdn. od. etwas auskommen;* er mußte sich ohne sein Auto ~; du wirst dich schon ohne uns zu ~ wissen; er hat sich ohne Geld ~ müssen

be'hel·li·gen ⟨V. 505/R8⟩ jmdn. ~ *belästigen;* darf ich Sie mit einer Bitte, Frage ~?; sein Nachbar hat ihn ständig mit verschiedenen Angelegenheiten behelligt

be'hend ⟨Adj.⟩ = *behende*

be'hen·de ⟨Adj.⟩ *flink u. geschickt, gewandt;* oV *behend;* sie ist ~ wie eine Katze; mit einem ~n Sprung warf er sich zur Seite

be'her·ber·gen ⟨V. 500⟩ **1** jmdn. ~ *jmdm. Unterkunft geben, jmdn. unterbringen;* er hat sie in seinem Haus beherbergt; ich beherbergte den Gast einige Tage **2** etwas ~ ⟨fig.; geh.⟩ *bei sich, in sich haben, den Raum bieten für;* eine Hoffnung, einen Gedanken, ein Gefühl ~; das ehemalige Schloß beherbergt jetzt ein Museum

be·herr·schen ⟨V. 500⟩ **1** jmdn. od. etwas ~ *über jmdn. od. etwas herrschen, Macht haben, regieren;* sie beherrscht ihn völlig; ein Land ~; er ist von dem Wunsch beherrscht, ... **2** ⟨R7⟩ etwas od. sich ~ *in der Gewalt haben, zügeln;* seine Leidenschaften, seine Miene, seinen Zorn ~; sie weiß sich zu ~; er kann sich gut, schlecht, schwer ~; ein beherrschter Mensch; sehr beherrscht erscheinen, sein; beherrscht sprechen 2.1 ⟨R3⟩ ich kann mich ~! ⟨umg.⟩ *ich denke nicht daran, ich werde mich hüten!* **3** etwas ~ *können, meistern, sehr bewandert sein in etwas;* eine Kunst, eine Sprache, eine Technik, ein Thema, ein Wissenschaftsgebiet ~ **4** etwas beherrscht etwas *überragt etwas (wirkungsvoll);* der Berg beherrscht die Insel; der Kirchturm beherrscht die ganze Stadt; der ~de Gedanke seiner Ausführungen war ...

be'her·zi·gen ⟨V. 500⟩ etwas ~ *sich zu Herzen nehmen, sich merken u. danach richten;* einen Rat, seine Worte ~; ich habe deine Warnung beherzigt

be'herzt ⟨Adj.⟩ *mutig, tapfer, unerschrocken, entschlossen;* seinem ~en Handeln, Vorgehen war es zu danken, daß ...; ~ vorgehen, zupakken, an etwas herangehen

be'hilf·lich ⟨Adj. 40; nur in der Verbindung⟩ jmdm. ~ sein *jmdm. helfen;* würden Sie mir dabei ~ sein?; er ist gern, jederzeit ~; er war mir beim Umzug ~

be'hin·dern ⟨V. 505/R7 od. R8⟩ **1** jmdn. od. etwas ~ *jmdn. od. etwas an etwas hindern, Hindernisse in den Weg legen;* ein Hustenanfall behinderte ihn beim Sprechen; die Kinder haben ihn bei seiner Arbeit behindert; er ist durch seine Verwundung schwer behindert; die Militärkolonne behindert den Verkehr; jmdn. in seinem Fortkommen ~ **1.1** jmdn. ~ ⟨Sp.⟩ *jmdm. den Wettkampf unfair erschweren;* am, beim Laufen ~; er hat den Gegner durch Festhalten, Versperren des Weges behindert

Be'hör·de ⟨f.; -, -n⟩ **1** *Organ zur Erledigung von Amtsgeschäften in Bund, Land, Gemeinde u. Kirche, bestehend aus Verwaltungsapparat u. Bediensteten;* die hierfür zuständige ~; meine vorgesetzte ~; ein Vertreter der ~ sprach zu den Versammelten **2** *der Raum, das Gebäude, in dem diese Bediensteten untergebracht sind*

be'hü·ten ⟨V.⟩ **1** ⟨500⟩ jmdn. od. etwas ~ *in seinen Schutz nehmen, bewachen;* er hat in unserer Abwesenheit die Kinder, das Haus behütet; einen Schatz ~; jmdn. liebevoll, fürsorglich, sorgsam ~; jmdn. wie seinen Augapfel ~ ⟨geh.⟩ 1.1 behüt' dich Gott ⟨veralt.; geh.⟩ *Gruß zum Abschied* **2** ⟨505⟩ jmdn. od. etwas (vor jmdm. od. etwas) ~ *bewahren;* sie hat das Kind davor behütet, daß ...; jmdn. vor jmds. Einfluß, vor Gefahr, vor Unheil ~; ein Geheimnis ~ 2.1 Gott behüte (mich davor)! ⟨umg.⟩ *Ausruf der entschiedenen Ablehnung*

be'hut·sam ⟨Adj.⟩ *sorgsam, vorsichtig, umsichtig, zart;* jmdm. eine Nachricht ~ beibringen; ein Problem ~ anfassen; wir müssen ~ vorgehen; eine ~e Hand, Stimme

bei ⟨Präp.⟩ **1** ~ einem Ort *in der Nähe von, neben;* in der Schlacht ~ Leuthen; Borsdorf ~ Leipzig; gleich ~m Flugplatz befindet sich ...; dicht ~ der Fabrik gelegen 1.1 hier steht Haus ~ Haus *stehen die Häuser dicht nebeneinander* 1.2 ~ einem Arbeitgeber, einer Firma, einer Behörde sein *als Arbeitnehmer tätig, dort beschäftigt, angestellt;* er arbeitet ~ der Firma ...; er dient ~ der Bundeswehr; er ist ~ der Bahn, ~ der Post; Botschafter ~m Vatikan 1.3 ~m Verlag, ~m Kaufmann *in den Geschäftsräumen von;* gedruckt ~ (auf Buchtiteln) 1.3.1 ~ wem lassen Sie arbeiten? *wer ist Ihr Schneider, Ihre Schneiderin usw.* 1.4 ~ jmdm. sein *in der Wohnung, im Haus von jmdm.;* er wohnt ~ einer netten, alten Dame; er ist heute ~ meinem Bruder; wollen Sie ~ uns zu Mittag essen?; wollen wir nicht alle zusammen ~ uns Silvester feiern?; ~ Hofe war es üblich, daß ...; wir werden ~ ihm auf euch warten; ~ mir, ~ uns zu Hause 1.5 ~ einem Volk, einer Gruppe von Personen *in dem Land, im Gebiet von;* ~ den Germanen war es Brauch; ~ den Engländern wird Weihnachten so gefeiert: ... 1.6 ~ Goethe *in* *den Werken von G.* **1.7** Unterricht haben ~ jmdm. *veranstaltet durch jmdn.;* Vorlesungen hören ~ Professor ...; sie nimmt Gesangsstunden ~ Frau ... **1.8** *(Teil eines Gegenstandes, einer Person);* Sy *an;* ~ der Hand nehmen; jmdn. ~ den Ohren ziehen; ~m Henkel anfassen; den Hund ~m Schwanz packen **1.8.1** die Gelegenheit ~m Schopfe fassen ⟨fig.⟩ *eine günstige Gelegenheit schnell wahrnehmen* **1.8.2** etwas ~ der Hand haben *griffbereit* **1.8.3** sie sind schon ~ Tisch *sie essen bereits* **2** ⟨mit Reflexivpronomen⟩ **2.1** jmd. (hat etwas) ~ sich *besitzt etwas, trägt etwas in seiner Hand, an seinem Körper;* der flüchtige Verbrecher hat eine Schußwaffe ~ sich; genügend, kein Geld ~ sich haben; ich habe die Wagenpapiere nicht ~ mir **2.2** jmd. denkt ~ sich *im Inneren, ohne es zu äußern;* ich dachte ~ mir **2.3** jmd. sagt etwas ~ sich *kaum verständlich* **2.4** jmd. ist (nicht) ~ sich *ist sich einer Sache nicht bewußt* **3** (Zeit, Dauer) *während, als, zur Zeit von;* ~ Tage, Nacht, ~ Sonnenaufgang; ~ Lebzeiten meiner Eltern **3.1** sich ~ Tag und Nacht sorgen um ... *ständig* **4** *in Verbindung mit;* ~ dieser Präposition steht der Genitiv; hast du nichts Ungewöhnliches ~ ihm bemerkt?; kommt das oft ~ ihm vor? **4.1** alles ~m alten lassen *nichts ändern* **4.2** ~ bestimmten Umständen *in Anbetracht, angesichts, wenn es so u. so ist;* ~ (nächster) Gelegenheit werde ich ...; ~ derartigen Unglücksfällen; ~ näherer Betrachtung; nicht ~ Besinnung sein; ~ Appetit sein; ~ (guter) Laune sein; (noch nicht) wieder ~ Kräften sein; der Tenor ist heute nicht ~ Stimme; ~ einer Flasche, einem Glas Wein gemütlich zusammensitzen; feierlich ~ Kerzenlicht essen **4.2.1** ~ Wasser und Brot sitzen *eine Gefängnisstrafe verbüßen* **4.2.2** du bist nicht recht ~ Trost ⟨fig.⟩ *nicht recht mit Verstand begabt* **4.2.3** gut, schlecht ~ Kasse sein ⟨umg.⟩ *mit Geld versehen* **5** ~ einer Tätigkeit, einem Vorgang *augenblicklich beschäftigt mit, stattfindend;* ~ Regen bleiben wir zu Hause; ~ meiner Abfahrt, Ankunft, meinem Aufenthalt in ...; ~ der Arbeit; ~m Frühstücken, ~m Waschen; ~ den Reisevorbereitungen; ~m Erwachen; Vorsicht ~m Einlaufen des Zuges, Vorsicht ~m Aussteigen! **5.1** ~ einem Zustand *bestehend;* ~ fünf Grad unter dem Gefrierpunkt **6** (Ursache, Grund) ~ *auf Grund von, unter Berücksichtigung von, angesichts;* ~ dieser Nachricht, diesen Worten; ~ seinen Fähigkeiten sollte es ihm gelingen; ~ so vielen Schwierigkeiten sehe ich lieber davon ab; ~ so vielen Besuchern, Teilnehmern, Zuschauern wird es möglich sein; ~ diesem Regen, ~ deiner Erkältung bleiben wir zu Hause; das Unangenehme ~ dieser Angelegenheit ist ...; ~ alledem; ~ seiner Jugend **6.1** ~ all seiner Klugheit konnte er doch nicht verhindern ... *trotz* **6.2** Betreten ~ Strafe verboten *B. wird bestraft* **6.3** jmdn. ~ seinem Namen rufen *mittels, mit Hilfe* **7** *(zur Einleitung von Formeln zur Beteuerung);* ~ Gott! (Schwurformel); ~ meiner Ehre!; ~m Barte des Propheten (schwören) ⟨umg.; scherzh.⟩ **8** ~ 3000 Mann ⟨veralt.; vor Mengenangaben⟩ *ungefähr* **9** ~ weitem *überaus, viel, ganz und gar;* ~ weitem nicht zufrieden sein; das ist ~ weitem besser, schöner

'bei|brin·gen ⟨V. 118⟩ **1** ⟨530/R5 od. R6⟩ jmdm. etwas ~ *jmdn. etwas lehren, jmdn. in etwas unterweisen;* jmdm. gutes Benehmen, das Tennisspielen, die Zeichensetzung ~; ich werde dir schon noch die Flötentöne ~! ⟨fig.; umg.⟩ **2** ⟨530⟩ jmdm. etwas ~ *schonend mitteilen, zu verstehen geben* **3** ⟨530⟩ jmdm. etwas ~ *zufügen;* jmdm. eine Niederlage, einen Schlag, Verluste, eine Wunde ~ **3.1** jmdm. eine Arznei, Gift ~ *einflößen* **4** ⟨500⟩ jmdn. od. etwas ~ *herbeiholen, beschaffen;* Zeugen, Zeugnisse ~

'Beich·te ⟨f.; -, -n⟩ **1** *Geständnis, Bekenntnis;* er hörte sich die ~ seines Freundes, seines Kindes an; ich muß dir eine ~ ablegen ⟨umg.; scherzh.⟩ **2** ⟨christl. Rel.⟩ *öffentl. od. geheimes Aussprechen seiner Sünden;* die ~ ablegen; die ~ abnehmen, hören; zur ~ gehen; allgemeine ~ ⟨ev. Kirche⟩ **2.1** der Geistliche hört, sitzt ~ *der G. sitzt im Beichtstuhl u. hört die Beichte an*

'beich·ten ⟨V.⟩ **1** ⟨503/R6⟩ (jmdm.) etwas ~ *etwas Bedrückendes bekennen, gestehen;* ich muß dir etwas ~; er hat seiner Mutter alles gebeichtet **2** ⟨402; christl. Rel.⟩ *öffentl. od. geheim Sünden bekennen;* in Demut, voller Reue ~; beim Pfarrer, beim Kaplan ~; ~ gehen; seine Sünde ~

'bei·de ⟨Pron. 10 (Pl.)⟩ **1** *alle zwei* **1.1** mit ~n Beinen, Füßen auf der Erde stehen ⟨fig.⟩ *das Leben richtig anpacken, Wirklichkeitssinn haben*

bei·ein'an·der ⟨Adv.⟩ *einer beim anderen, nahe zusammen;* am Sonntag muß die ganze Familie beieinander sein

bei·ein'an·der... ⟨Zusammenschreibung in Verbindung mit Verben, wenn ein neuer Begriff entsteht und die Betonung auf dem ersten Glied der Zusammensetzung liegt⟩ *einer, eines beim anderen;* eine Summe endlich beieinanderhaben; seine fünf Sinne, seine Gedanken (nicht) beieinanderhaben; der Karte nach müssen alle diese Dörfer beieinanderliegen; auf der Bank beieinandersitzen; müßt ihr dauernd beieinanderstehen?

bei·ein'an·der|sein ⟨V. 240/400; umg.⟩ *gesund, rüstig;* er ist mit seinen 80 Jahren noch gut beieinander

'Bei·fall ⟨m.; -s; unz.⟩ **1** *Billigung, Zustimmung;* ~ äußern, ernten, finden, haben, klatschen, zollen; das Stück fand bei den Zuschauern großen ~; der Vorschlag findet allgemein ~ **2** *Händeklatschen (als Ausdruck der Zustimmung, Begeisterung);* ein Sturm des ~s brach los; anhaltender, begeisterter, brausender, herzlicher, jubelnder, nicht enden wollender, spärlicher, starker, tosender, verdienter ~; ~ für eine Darbietung, für einen Künstler; unter dem ~ von Tausenden; vom ~ umbrandet, umwogt

'bei·fäl·lig ⟨Adj. 90⟩ *billigend, zustimmend;* ~ nicken; eine ~e Äußerung, Bemerkung

'bei|fü·gen ⟨V. 530⟩ einer Sache etwas ~ *beilegen, hinzufügen;* einer Sendung etwas ~; dem Geschenk war eine Karte beigefügt; das beigefügte Gutachten

beige ⟨[bɛ:ʒ] Adj. 11⟩ *von der natürlichen Farbe der Wolle, sandfarben, gelbbraun*

'bei|ge·ben ⟨V. 143/530⟩ **1** einer Sache etwas ~ *als Ergänzung geben, hinzufügen;* dem Gulasch noch Paprika ~; dem Reiseführer eine Landkarte ~ **2** jmdm. jmdn. ~ *jmdm. jmdn. zur Unterstützung, zur Hilfe zur Verfügung stellen;* den Bergsteigern einen Bergführer ~; dem Fahrer einen Helfer ~ **3** ⟨410⟩ klein ~ ⟨fig.; umg.⟩ *sich fügen, den Widerstand aufgeben;* nachdem er lange gedroht hatte, gab er schließlich klein bei

'Bei·ge·schmack ⟨m.; unz.⟩ **1** *Nebengeschmack, der den eigentl. Geschmack verdrängt;* ein bitterer, süßlicher ~; der Wein hat einen merkwürdigen ~ **2** ⟨fig.⟩ *störende Nebeneigenschaft;* diese Angelegenheit hat einen unangenehmen ~

'Bei·hil·fe ⟨f.⟩ **1** *kleine finanzielle Hilfe, Unterstützung, z. B. für Beamte;* ~ des Landes Hessen für seine Beamten; jmdn. mit einer ~ unterstützen **1.1** *Stipendium;* Studien~ **2** ⟨Rechtsw.⟩ *wissentliche Hilfe bei einer Straftat;* die Anklage lautet auf ~ zum Mord; ~ zu einem Verbrechen leisten

'Bei·klang ⟨m.⟩ **1** *Nebenton, mitschwingender Klang;* die Musik hat einen fremdartigen ~ **2** ⟨unz.; fig.⟩ *herauszuhörendes Gefühl;* seine Worte haben einen ~ von Unbehagen

'bei|kom·men ⟨V. 170/600(s.)⟩ **1** jmdm. ~ *jmdn. zu fassen bekommen;* ihm ist nicht beizukommen **1.1** ⟨fig.⟩ *aus der Zurückhaltung herauslocken* **2** einer Sache ~ *eine S. meistern, mit einer S. fertig werden;* ich weiß nicht, wie ich der Sache ~ soll **3** sich etwas ~ lassen ⟨umg.⟩ *sich einfallen lassen*

Beil ⟨n.; -(e)s, -e⟩ **1** *Hauwerkzeug mit kurzem Stiel u. breiter, einseitiger Schneide zum Be- u. Zerhauen von Holz u. Fleisch;* mit dem ~ zerhacken, zerkleinern, spalten; ein kleines, scharfes, stumpfes ~; ein ~ schleifen, schärfen; Feuerwehr~, Fleischer~, Henker(s)~, Kriegs~ **1.1** *Gerät zur Hinrichtung;* durch das ~ hinrichten; Fall~

'Bei·la·ge ⟨f.; -, -n⟩ **1** *etwas, was zu einem Druckwerk beigelegt wird;* die literarische ~ einer Zeitung; diese Zeitschrift erscheint mit einer wissenschaftlichen ~; Mode~, Reklame~, Roman~ **2** *etwas, was einem Gericht beigegeben wird;* Kartoffeln, Reis als ~ zum Fleisch; Salat als ~ zum Braten; Gemüse~ **3** ⟨Tech.⟩ *Streifen aus Blech zum Ausgleichen von Spielräumen bei Maschinen*

'bei·läu·fig ⟨Adj. 90⟩ **1** *nebenbei gesagt, wie zufällig geäußert;* eine ~e Bemerkung machen; ein paar ~e Fragen stellen; etwas ~ erwähnen, erzählen, fragen **2** ⟨österr. a.⟩ *etwa, ungefähr;* ~ 10 Schilling

'bei|le·gen ⟨V.⟩ **1** ⟨530⟩ einem Gegenstand etwas ~ *zu etwas Vorhandenem als Ergänzung beifügen, hinzulegen;* einem Brief ein Photo, das Rückporto ~ **2** ⟨500⟩ Auseinandersetzungen ~ *im guten beenden, schlichten;* eine Meinungsverschiedenheit, einen Streit ~ **3** ⟨530/R5 od. R6⟩ jmdm. od. sich eine Bezeichnung ~ ⟨fig.⟩ *jmdm. od. sich ohne Berechtigung eine B. geben;* er hat sich den Titel Konsul beigelegt **4** ⟨500⟩ einer Angelegenheit etwas ~ ⟨fig.⟩ *beimessen, zuschreiben;* wir haben der Sache weiter keine Bedeutung beigelegt; er legt ihren Worten einen anderen Sinn bei

bei'lei·be ⟨Adv.; nur in Verneinungen⟩ ~ nicht **1** *bestimmt nicht, wirklich nicht;* das hat er ~ nicht getan; das ist ~ nicht das erste Mal **1.1** *auf keinen Fall, um keinen Preis;* er ist ~ kein großer Künstler!; du darfst ~ nicht daran denken; frage ~ niemals danach **2** ~ nicht! *(dies ist) um jeden Preis zu vermeiden!*

'Bei·leid ⟨n.; -(e)s; unz.⟩ *Anteilnahme an jmds. Trauer;* mein ~!; herzliches ~!; sein ~ ausdrücken, aussprechen, bezeigen

'bei|lie·gen ⟨V. 180/600⟩ **1** etwas liegt einer Sache bei *etwas ist einer Sache beigefügt, beigelegt;* Zeugnisse liegen dem Schreiben bei; die Rechnung lag der Sendung bei; die beiliegenden Formulare, Prospekte, Unterlagen **2** jmdm. ~ ⟨veralt.; geh.⟩ *mit jmdm. Geschlechtsverkehr haben;* einer Frau ~ **3** ⟨400; Mar.⟩ *vor dem Wind liegen*

beim ⟨Präp. + Art.⟩ *bei dem*

'bei|mes·sen ⟨V. 185/530⟩ jmdm. od. einer Sache Bedeutung, Wichtigkeit, Wert, Gewicht ~ *zuschreiben, jmdn. od. eine Sache für bedeutend, wichtig, wertvoll, gewichtig halten;* einer Angelegenheit besondere, geringe, große, keine, nur wenig, zuviel Bedeutung ~; jmdm. die Schuld an etwas ~; sie mißt dieser Tatsache kein Gewicht bei

Bein ⟨n.; -(e)s, -e⟩ **1** *eine der meist paarigen Gliedmaßen von Tieren;* die ~e des Kraken, des Krebses, des Storches, der Kuh **2** *eine der beiden unteren, der Fortbewegung dienenden Gliedmaßen des Menschen;* gerade, dicke, krumme, kurze, lange, schlanke, schöne ~e haben; ein gebrochenes, geschientes ~; ein künstliches ~; das linke, rechte ~ heben; mit den ~en baumeln; die ~e anziehen, ausstrekken; mit gekreuzten, übergeschlagenen ~en dasitzen; mit gespreizten ~en dastehen; sich kräftig mit den ~en abstoßen (beim Schwimmen, beim Springen); auf einem ~ hüpfen; sich ans ~ stoßen **3** *Mittel der Bewegung* **3.1** auf den ~en sein *unterwegs;* die ganze Stadt war auf den ~en; den ganzen Tag, von früh an auf den ~en sein **3.2** alles, was ~e hat ⟨umg.⟩ *jedermann;* alles, was ~e hatte, war zum Wochenende unterwegs **3.3** sich die ~e (ein wenig) vertreten *sich Bewegung machen* **3.4** sich die ~e nach etwas ablaufen *viele Wege machen, um etwas zu bekommen* **3.5** sich die ~e in den Leib (Bauch) stehen ⟨fig.; umg.⟩ *lange warten müssen* **3.6** ich muß mich jetzt auf die ~e machen *ich muß weggehen* **3.7** jmdm. ~e machen ⟨fig.; umg.⟩ *jmdn. wegjagen, antreiben;* soll ich dir ~e machen? **3.8** die ~e in die Hand (unter den Arm) nehmen *schnell entwischen* **3.9** meine Geldbörse hat ~e bekommen ⟨fig.; umg.⟩ *ist abhanden gekommen, gestohlen worden* **4** *(Tätigkeit, Aktivität)* **4.1** sich kein ~ ausreißen ⟨fig.; umg.⟩ *sich nicht übermäßig anstrengen* **4.2** etwas auf die ~e stellen *zustande bringen* **4.3** tausend Mann auf die ~e bringen *zusammenbringen, aufstellen* **4.4** von einem ~ aufs andere treten *ungeduldig sein* **4.5** über seine eigenen ~e stolpern *ungeschickt sein* **4.6** → a. *Kopf(3.1.1)* **5** *(Bestandteil menschlichen Daseins)* **5.1** noch gut auf den ~en sein ⟨fig.⟩ *noch rüstig sein* **5.1.1** nach langer Krankheit wieder auf die ~e kommen *gesund werden, genesen* **5.1.2** jmdm. (einem Gestürzten) wieder auf die ~e helfen ⟨a. fig.⟩

jmdn. aufrichten, jmdm. so helfen, daß er weiterhin ohne fremde Hilfe leben kann **5.1.3** er hat das Geschäft wieder auf die ~e gebracht ⟨fig.⟩ *wieder hochgebracht, ihm neuen Aufschwung gegeben* **5.1.4** einen Kranken wieder auf die ~e bringen ⟨fig.⟩ *zu seiner Genesung, Kräftigung beitragen* **5.2** jmdm. ein ~ stellen **5.2.1** *versuchen, ihn zu Fall zu bringen* **5.2.2** ⟨a. fig.⟩ *ihm absichtlich Schaden zufügen* **5.3** sich etwas ans ~ binden ⟨a. fig.; umg.⟩ *sich mit etwas belasten* **5.4** mit einem ~ im Grabe stehen ⟨fig.⟩ *dem Tode nahe sein* **5.5** die ~e unter den Tisch strecken ⟨fig.⟩ *sich ernähren lassen, nichts tun* **5.6** auf einem ~ kann man nicht stehen ⟨fig.⟩ *Aufforderung, noch ein Glas (Schnaps) zu trinken* **5.7** → a. *beide(1.1), eigen(1.2.2), Klotz(1.0.2), Knüppel(3.1), linke(3.1), Lüge(1.1)* **6** ~ eines Möbelstückes *senkrechte Stütze aus Holz, Metall o. ä.;* Tisch~, Stuhl~; ein Schemel mit drei ~en **7** ⟨veralt.⟩ *Knochen;* Elfen~; von meinem ~e (in alten Zauberformeln) **7.1** der Schreck ist mir in die ~e gefahren ⟨fig.; umg.⟩ *ich bin sehr erschrocken* **7.2** → a. *Mark[3](3.1), Stein(2.6-2.7)*

'bei·nah ⟨a. [-'-] Adv.⟩ = *beinahe*

'bei·na·he ⟨a. [-'--] Adv.⟩ *fast;* oV *beinah*

'Bei·na·me ⟨m.⟩ *Name, den jmd. zu seinem eigtl. Namen später bekommen hat, z. B. Ehrenname, Spitzname;* Friedrich I. mit dem ~n „Barbarossa"; Kaiser Karl erhielt den ~n „der Große"; Zar Iwan bekam den ~n „der Schreckliche"

'Bein·bruch ⟨m.⟩ **1** ⟨veralt.⟩ *Bruch eines Beinknochens* **2** ⟨Geol.⟩ *Kalkstein, der durch Ablagerung aus kalkhaltigem Wasser entstanden ist* **3** das ist kein ~ ⟨fig.⟩ *das ist nicht schlimm* **4** → a. *Hals(2.1)*

'bei|ord·nen ⟨V.⟩ **1** ⟨530⟩ jmdm. jmdn. ~ *beigeben, zur Seite stellen;* dem Minister waren Fachleute als Berater beigeordnet **2** ⟨500⟩ etwas ~ *gleichberechtigt nebeneinanderstellen* **2.1** ⟨Gramm.⟩ Wörter, Wortgruppen u. Sätze ~ *als gleichwertig bzw. von gleichem strukturellem Rang nebeneinanderstellen* **2.2** ⟨Part. Perf.⟩ beigeordnet *einer anderen Ordnung angepaßt, koordiniert*

'bei|pflich·ten ⟨V. 600/R6⟩ jmdm. od. einer Sache ~ *recht geben, zustimmen;* du mußt mir ~, daß ...; er hat ihr in diesem Punkt beigepflichtet; einer Ansicht, Bemerkung, Meinung ~; er pflichtete diesem Vorschlag bei

'Bei·rat ⟨m.⟩ **1** ⟨veralt.⟩ *beigeordneter Berater* **2** *beratende Körperschaft;* eine Sitzung des ~(e)s einberufen; er ist Mitglied verschiedener Beiräte

be'ir·ren ⟨V. 500/R7 od. R8⟩ jmdn. ~ *irre machen, verwirren;* laß dich dadurch nicht ~; diese Tatsache konnte ihn nicht ~; sich durch etwas, von jmdm. (nicht) ~ lassen

bei'sam·men ⟨Adv.⟩ **1** *zusammen, beieinander;* sobald ich alle Unterlagen ~ habe; wir waren gestern abend noch lange gemütlich ~ **1.1** für diese Arbeit muß ich meine Gedanken ~ haben *muß ich mich konzentrieren* **1.2** er kann doch seinen Verstand, seine fünf Sinne nicht recht ~ haben! *er muß geistig beschränkt sein* **1.3** ich bin heute nicht ganz ~ ⟨umg.⟩ *fühle mich nicht wohl* **1.4** gut ~ sein ⟨umg.⟩ *gesund sein, gut aussehen*

'Bei·schlaf ⟨m.; -(e)s; unz.; allg. veralt.; Rechtsw.⟩ *Geschlechtsverkehr;* den ~ ausüben, vollziehen

bei'sei·te ⟨Adv.⟩ **1** *auf die Seite, zur Seite, weg;* einen Tisch ~ schieben, rücken; ein Buch, eine Brille ~ legen; ~ springen, gehen, treten; etwas ~ lassen, schaffen, setzen **1.1** jmdn. ~ nehmen ⟨fig.⟩ *allein mit jmdm. sprechen* **1.2** Geld ~ legen ⟨fig.; umg.⟩ *G. sparen* **1.3** Spaß, Scherz ~! ⟨fig.; umg.⟩ *es ist ernst gemeint* **2** *auf der Seite, seitlich;* er stand, er hielt sich immer ~ **2.1** ~ sprechen ⟨fig.; Theat.⟩ *nur für die Zuschauer sprechen, nicht für die Mitspieler;* der Schauspieler sprach ~ **2.2** ~ stehen ⟨fig.⟩ *sich an etwas nicht beteiligen*

'bei|set·zen ⟨V.⟩ **1** ⟨503⟩ (einer Sache) etwas ~ *hinzufügen, dazusetzen* **2** ⟨500⟩ jmdn. ~ ⟨geh.⟩ *(feuer)bestatten, begraben, beerdigen;* jmdn. in aller Stille, mit militärischen Ehren ~; die Urne mit der Asche des Verstorbenen wurde in der Familiengruft beigesetzt

'Bei·sit·zer ⟨m.; -s, -⟩ **1** *Mitglied eines kollegialen Organs, z. B. eines Gerichts, das nicht den Vorsitz führt, Nebenrichter* **2** *Mitglied eines Vorstands, das nicht den Vorsitz führt*

'Bei·spiel ⟨n.; -(e)s, -e⟩ **1** *Vorbild, Muster;* dies kann uns als ~ dienen; ein gutes, lehrreiches, schlechtes, treffendes ~; ein abschreckendes, warnendes ~; nimm dir ein ~ an deinem Bruder!; nach dem ~ von; ein ~ (ab)geben; ich folge seinem ~; schlechte ~e verderben gute Sitten ⟨Sprichw.⟩; mit gutem ~ vorangehen **2** *einzelner Fall, der zur Veranschaulichung anderer, ähnlicher Fälle dient;* etwas an einem ~ klarmachen; ein ~ geben, nennen; zum ~ ⟨Abk.: z. B.⟩; wie zum ~; nehmen wir zum ~ an, daß ...

'bei·spiel·los ⟨Adj.⟩ *ohne Beispiel, noch nie dagewesen, unerhört;* ein ~er Erfolg; er hat sich ~ mutig geschlagen

'bei|sprin·gen ⟨V. 253/600(s.)⟩ jmdm. ~ *jmdm. zu Hilfe kommen;* jmdm. in Gefahr, im Notfall ~; einem Verwundeten, Kranken schnell ~

'bei·ßen ⟨V. 105⟩ **1** ⟨405/R7 od. R8⟩ jmdn. od. etwas ~ *mit den Zähnen erfassen (u. zerkleinern);* Hunde ~ sich; jmdn. in die Hand ~; ins Brot ~; auf einen Kirschkern ~; sich auf die Zunge ~; der alte Mann kann das Brot nicht mehr ~ **1.0.1** nichts zu ~ und zu brechen haben *nichts zu essen haben, Not leiden* **1.0.2** sich auf die Zunge, auf die Lippen ~ ⟨fig.⟩ *das Lachen od. ein Wort der Entgegnung zurückhalten* **1.0.3** → a. *Gras(3.0.3), letzte(1.0.2)* **1.1** ⟨400⟩ manche Lebewesen ~ *greifen gewöhnlich Menschen od. andere Lebewesen mit den Zähnen an od. stechen sie;* beißt dieser Hund? die Flöhe, Läuse, Wanzen ~ **2** ⟨410⟩ etwas beißt *verursacht ein brennendes Gefühl, ist scharf;* Säure, das Essen, Pfeffer beißt auf der Zunge; der Rauch beißt in die Augen; der scharfe Wind beißt einem ins Gesicht; ein ~der Geruch; eine ~d scharfe Soße **2.1** ~der Hohn, Spott *verletzender, scharfer H., S.* **3** ⟨500/R4⟩ die Farben ~ sich *passen nicht zueinander, vertragen sich nicht*

'Bei·stand ⟨m.; -(e)s, ¨e⟩ **1** ⟨unz.; geh.⟩ *Hilfe, Stütze, Unterstützung;* (keinen) ~ haben, finden; jmdm. ~ leisten; ich habe meinen Freund um ~ gebeten; ärztlicher, militärischer ~ **2**

⟨Rechtsw.⟩ *Helfer* 2.1 *Helfer des Angeklagten im Prozeß;* Rechts~ 2.2 *ein von dem Vormundschaftsgericht einem alleinstehenden Elternteil zugeteilter Helfer* **3** *Sekundant (im Duell)* **4** ⟨österr.; veralt.⟩ *Trauzeuge*

'bei|ste·hen ⟨V. 256/600⟩ **1** jmdm. ~ *jmdm. helfen, jmdn. unterstützen;* Gott steh(e) mir bei!; er hat mir in der Not beigestanden; jmdm. mit Rat und Tat ~ 1.1 einer Frau in ihrer schweren Stunde ~ *bei der Entbindung helfen*

'bei|steu·ern ⟨V. 505⟩ etwas (zu einer Sache) ~ ⟨a. fig.⟩ *seinen Beitrag zu einer S. geben;* seinen Anteil ~; sein Scherflein ~; etwas zum Programm ~; er hat zu der Sammlung seinen Anteil beigesteuert

'bei|stim·men ⟨V. 600⟩ jmdm. od. einer Meinung ~ *recht geben, zustimmen, beipflichten;* ich stimme Ihnen bei; einem Vorschlag, einem Beschluß ~

'Bei·trag ⟨m.; -(e)s, ¨e⟩ **1** *Anteil, Mitarbeit eines einzelnen an der Verwirklichung eines größeren Vorhabens, Werkes;* ~ zu einem Programm, einer Sammlung, einem Thema, einer Zeitschrift 1.1 seinen ~ leisten (zu etwas) *seinen Anteil geben (zu etwas), zum Gelingen von etwas beitragen* 1.1.1 einen ~ zu einem Literaturwerk leisten *ein Teilgebiet des Werkes bearbeiten* **2** *Artikel, Aufsatz (in Sammelschriften);* einer Zeitung Beiträge einschicken, liefern; einen ~ (für eine Zeitschrift, ein Werk) schreiben; ein belehrender, literarischer ~ 2.1 Beiträge zu ... (als Titel eines wissenschaftl. Werkes) *gesammelte Aufsätze, Abhandlungen zu ...* **3** *regelmäßige Zahlung eines Mitglieds an einen Verein od. eine Organisation;* Jahres~, Monats~, Mitglieds~

'bei|tra·gen ⟨V. 265/505 od. 800⟩ (etwas) zu etwas ~ ⟨a. fig.⟩ *seinen Beitrag (zu etwas) leisten, (bei etwas) mithelfen;* sein Äußeres hat sehr viel zu seiner Popularität beigetragen; er trug zur Unterhaltung (mit) bei; etwas zum Gelingen des Abends ~

'bei|trei·ben ⟨V. 267/500; Rechtsw.⟩ ausstehende Forderungen ~ *einziehen;* Geld, Schulden, Steuern ~

'bei|tre·ten ⟨V. 268/600(s.)⟩ **1** einer Organisation ~ *Mitglied einer O. werden, sich einer O. anschließen;* er ist diesem Verein, Klub, dieser Partei, Gewerkschaft, Genossenschaft beigetreten; die Bundesrepublik Deutschland trat der NATO bei **2** einer Meinung, einem Plan, einem Vorschlag ~ ⟨fig.⟩ *beipflichten, zustimmen*

'Bei·werk ⟨n.; -(e)s; unz.⟩ *etwas, was ergänzend od. schmückend zu etwas hinzukommt, Zutat;* alles überflüssige, unwichtige, nebensächliche, dekorative ~ weglassen; modisches ~

'bei|woh·nen ⟨V. 600⟩ **1** einer Sache ~ ⟨geh.⟩ *an etwas als Gast od. Zuschauer teilnehmen, bei etwas zugegen sein;* einer Feier, einer Gerichtsverhandlung ~; der Autor wohnte der Premiere bei **2** einer Frau ~ ⟨veralt.⟩ *mit einer F. Geschlechtsverkehr haben*

'Bei·ze ⟨f.; -, -n⟩ **1** *(chemisches) Mittel zur Behandlung der Oberfläche von verschiedenem Material* 1.1 *färbendes Mittel für Holz* 1.2 ⟨Met.⟩ *Flüssigkeit, die Metalle vor Korrosion schützt od. einen bestimmten Farbton hervorruft* 1.3 ⟨Landw.⟩ *Chemikalie zur Desinfektion des Saatgutes* 1.4 ⟨Gerberei⟩ *Mittel zum Gerben* 1.5 ⟨Text.⟩ *Flüssigkeit, die Stoffe zur Aufnahme von Farbstoff vorbereitet* 1.6 ⟨Kochk.⟩ *gewürzter Aufguß mit Salz u. Essig* 1.7 *konzentrierte Lösung des Kochsalzes zum Salzen von Käse* **2** ⟨unz.; jägerspr.⟩ *Jagd mit abgerichteten Raubvögeln, bes. Falken;* Falken~

bei'zei·ten ⟨Adv.⟩ *zur rechten Zeit, bevor es zu spät ist;* ich möchte ~ da sein; morgen müssen wir ~ aufstehen

'bei·zen ⟨V. 500⟩ **1** etwas ~ *mit Beize behandeln* 1.1 Holz ~ *die Oberfläche färben, wobei die Maserung sichtbar bleibt od. verstärkt wird;* einen Schrank, Tisch ~ 1.2 Metall ~ ⟨Met.⟩ *nichtmetallische anorganische Schichten der Oberfläche, z. B. Oxide, Rost, beseitigen;* Zink in alkalischer Lösung ~; elektrolytisch ~ 1.3 Saatgut ~ ⟨Landw.⟩ *S. mit Chemikalien zum Schutz gegen anhaftende, schmarotzende Pilze behandeln* 1.4 Tabak ~ *T. mit Lösungen scharfer Säuren od. Laugen behandeln, die ihm scharfe u. brenzlige od. bittere Bestandteile entziehen* 1.5 Leder ~ *enthaarte Häute mit Eiweiß abbauenden Fermenten behandeln, um sie weich zu machen* 1.6 Textilien ~ ⟨Text.⟩ *T. mit Salzen behandeln, um sie besser zur Aufnahme von Farbstoffen vorzubereiten* 1.7 Schmucksteine ~ *S. durch Einlegen in Lösungen, z. T. nach Erhitzen, verfärben* 1.8 Fisch, Fleisch ~ ⟨Kochk.⟩ *in eine Beize(1.6) legen* 1.9 Käse ~ *den geformten K. in eine starke Kochsalzlösung legen* 1.10 eine Wunde ~ *ätzen, ausbrennen* **2** etwas beizt etwas *etwas wirkt auf etwas mit ätzender Schärfe ein;* der Rauch, Qualm beizte uns die Augen; ~der Geruch **3** ⟨jägerspr.⟩ *mit abgerichteten Greifvögeln jagen;* man beizt mit Falken; Enten ~

be'ja·hen ⟨V. 500⟩ **1** etwas ~ *ja sagen zu etwas;* Ggs *verneinen;* eine Frage ~; etwas lebhaft, zögernd ~; ~de Antwort **2** etwas ~ ⟨fig.⟩ *zu etwas positiv eingestellt sein, etwas billigen;* jmds. Handeln ~; das Leben ~; ein (lebens)~der Mensch

be'jahrt ⟨Adj. 24⟩ *alt, in die (höheren) Jahre gekommen, reiferen Alters;* ein ~er Herr, Mann; sie war schon ~, als er sie kennenlernte

be'kämp·fen ⟨V. 500/R8⟩ **1** jmdn. od. etwas ~ *gegen jmdn. od. etwas kämpfen;* einander (bis aufs Blut) ~; einen politischen Gegner ~; Schädlinge, Ungeziefer ~; 1.1 *gegen etwas vorgehen;* eine Krankheit ~; eine falsche Meinung ~

be'kannt ⟨Adj.⟩ **1** ⟨70⟩ etwas ist ~ *von jmdm. (od. vielen) gewußt, nicht neu;* das ist mir ~; es ist allgemein ~, daß ...; ich darf wohl als ~ voraussetzen, daß ...; eine ~e Tatsache; das darf nicht ~ werden **2** ⟨70⟩ jmd. ist ~ *man kennt ihn, viele kennen ihn;* er ist in M. ~; er ist durch seine letzten Veröffentlichungen ~ geworden; er ist für seine Gewissenhaftigkeit ~ 2.1 er ist ~ wie ein bunter (scheckiger) Hund ⟨umg.; scherzh.⟩ *ungewöhnlich viele kennen ihn* 2.2 ich bin in München ~ *ich kenne mich in M. aus, bin mit der Stadt vertraut* **3** ⟨46⟩ mit jmdm. ~ sein *kennen, den Namen wissen, vertraut sein;* mit jmdm. ~ machen; wir sind gut ~ (miteinander)

Be'kann·te(r) ⟨f. 2 (m. 1)⟩ **1** *jmd., mit dem man bekannt(3) ist;* sie begrüßten sich wie alte ~;

ein ~r von mir; ein alter, flüchtiger, guter ~r; ich habe eine(n) ~(n) getroffen 1.1 der ~ meiner Schwester *der Freund meiner S.*

be'kannt·ma·chen ⟨V.⟩ **1** ⟨500⟩ etwas ~ *öffentl. wissen lassen, behördl. mitteilen;* die Presse machte die Nachricht bekannt; das neue Gesetz wird nächste Woche bekanntgemacht **2** ⟨550/R7 od. R8⟩ jmdn. od. sich mit etwas ~ *jmdn. od. sich mit etwas vertraut machen;* er hat ihn mit der neuen Verordnung bekanntgemacht; du mußt dich mit dem neuen Gesetz ~; die Wähler werden noch heute mit den Ergebnissen der Wahl bekanntgemacht

Be'kannt·machung ⟨f.; -, -en⟩ **1** *amtl. öffentl. Mitteilung, Veröffentlichung* **2** *Anzeige, Anschlag* **3** *Zettel, Plakat, auf dem etwas bekanntgemacht wird*

Be'kannt·schaft ⟨f.; -, -en⟩ **1** ⟨unz.⟩ *das Bekanntwerden, Bekanntsein mit jmdm. od. etwas;* unsere ~ besteht schon seit Jahren; meine ~ mit ihm ist schon alt; meine ~ mit der engl. Literatur währt noch nicht lange 1.1 jmds. ~ machen, ~ schließen mit jmdm. *jmdn. kennenlernen;* ich freue mich, ihre ~ zu machen **2** *Bekannte(r), Bekanntenkreis;* er hatte zahlreiche ~en; eine nette kleine ~; in meiner ~ ist neulich folgendes passiert

be'keh·ren ⟨V. 505/R7 od. R8⟩ **1** jmdn. od. sich (zu etwas) ~ *von etwas überzeugen, dazu bringen, etwas zu glauben od. zu tun;* sich zu einer Ansicht ~; sie bekehrte ihn zu einer anderen Weltanschauung; du kannst mich nicht (dazu) ~!; er wollte mich zu seiner Überzeugung ~ 1.1 ⟨Rel.⟩ *bei jmdm. od. sich durch innere Wandlung die religiöse Einstellung ändern;* sich zu einem anderen Glauben ~; jmdn. od. sich zum Christentum ~; Heiden ~

be'ken·nen ⟨V. 166⟩ **1** ⟨500⟩ etwas ~ *gestehen, zugeben, offen sagen;* seinen Fehler, seine Schuld ~; ich bekenne, daß ich es getan habe; die Wahrheit ~ 1.1 Farbe ~ 1.1.1 ⟨Kart.⟩ *eine Karte gleicher Farbe ausspielen* 1.1.2 ⟨fig.⟩ *seine wahre Meinung offenbaren* 1.2 ⟨513/R3⟩ sich schuldig ~ *sich für schuldig erklären* **2** ⟨550/R3⟩ sich zu jmdm. od. etwas ~ *für jmdn. od. etwas eintreten, zu jmdm. od. etwas stehen;* sich zu einer Auffassung, einem Glauben, einer Lehre ~; sich zum Christentum ~ **3** ⟨402⟩ (seinen Glauben) ~ *(für seinen Glauben) Zeugnis ablegen;* öffentlich ~

Be'kennt·nis ⟨n.; -s·ses, -s·se⟩ **1** *das Bekennen;* ~ einer Auffassung, des Glaubens; ~ zur Demokratie **2** *Geständnis, Eingeständnis, Beichte;* Sünden~; ein ~ ablegen **3** *Glaubenssätze einer Religionsgemeinschaft;* Glaubens~ **4** *(Zugehörigkeit zu einer) Religionsgemeinschaft;* evangelisches, katholisches, religiöses ~

be'kla·gen ⟨V.⟩ **1** ⟨500⟩ jmdn. od. etwas ~ ⟨geh.⟩ *um, über jmdn. od. etwas klagen, jmdn. od. etwas schmerzlich bedauern;* er beklagte den Toten; den Tod des Freundes ~; einen Verlust ~ 1.1 Menschenleben sind (nicht) zu ~ *es gab (keine) Tote(n)* **2** ⟨550/R3⟩ sich über jmdn. od. über (wegen) etwas ~ *sich beschweren, Klage führen;* Sie können sich nicht ~; ich habe mich (bei seinen Eltern) über seine Worte/wegen seiner Worte beklagt; der Lehrer beklagte sich über die Störung **3** ⟨Part. Perf.⟩ die beklagte Partei, Person ⟨Rechtsw.⟩ *Partei od. Person, gegen die im Zivilprozeß die Klage gerichtet ist*

be'klei·den ⟨V. 500⟩ **1** ⟨R7⟩ jmdn. od. sich ~ *mit Kleidern versehen, anziehen;* er bekleidete den Bettler; in der Eile hat sie sich nur notdürftig bekleidet 1.1 ⟨meist in der Verbindung⟩ (mit etwas) bekleidet sein *etwas anhaben;* er war nur leicht, mit Hemd und Hose bekleidet; das vermißte Kind ist mit einem blauen Kleid bekleidet **2** etwas ~ ⟨fig.; geh.⟩ *etwas innehaben;* er bekleidet ein hohes Amt; während des Krieges hat er den Rang eines Oberleutnants bekleidet; seit langem bekleidet sie eine wichtige Stelle, einen bedeutenden Posten **3** ⟨516⟩ jmdn. mit Macht, Würde, einem Amt ~ ⟨fig.; geh.⟩ *jmdn. mit M., W., einem A. versehen* **4** ⟨516⟩ etwas mit etwas ~ *beziehen, bedecken;* eine Wand mit Papier, Stoff, Tapete ~

be'klem·men ⟨V. 503⟩ **1** etwas beklemmt jmdn. od. (jmdm.) etwas *etwas bedrückt, beengt jmdn. od. (jmdm.) etwas;* der schreckliche Gedanke beklemmte ihn; Angst, Sorge beklemmt mich, mein Herz; eine bange Ahnung beklemmte (mir) mein Herz, meine Brust; der Kragen beklemmt mich; ein ~des Angstgefühl; eine ~de Stille trat ein 1.1 etwas beklemmt jmdm. den Atem *etwas nimmt jmdm. den A.;* der Nebel, die Hitze beklemmt mir den Atem

be'klom·men ⟨Adj.; geh.⟩ *bedrückt, ängstlich;* sie stieg ~en Herzens die Treppe hinauf; sie schwieg ~; mir war ~ zumute; sie wartete mit ~em Herzen

be'kom·men ⟨V. 170⟩ **1** ⟨500⟩ jmd. bekommt etwas *es wird bewirkt, daß jmd. etwas hat;* ich bekomme noch drei Mark; einen Brief ~; Gehalt, Geld ~; eine Nachricht ~; die Mitteilung ~, daß ...; er hat seinen Teil ~; (keine) Antwort ~; die Erlaubnis ~ (etwas zu tun); (telephon.) Verbindung ~; Zähne, Besuch, vier Wochen Urlaub ~ 1.1 was ~ Sie bitte? *was wünschen Sie, was möchten Sie kaufen?* 1.2 was ~ Sie? *was habe ich zu zahlen?, was bin ich Ihnen schuldig?* 1.3 ⟨400⟩ ~ Sie schon? *werden Sie schon bedient?;* danke, ich bekomme schon! 1.4 sie bekommt ein Kind *sie erwartet ein K., ist schwanger* 1.5 sie hat ein Kind ~ *sie hat ein K. geboren, zur Welt gebracht* 1.6 ⟨580 od. mit Part. Perf.⟩ *erfahren, erhalten;* was kann ich zu essen ~?; du wirst es noch zu hören ~; kann ich etwas anderes zu tun ~?; ich habe nichts davon zu sehen ~; ich habe das Buch geborgt ~; wir ~ es zugeschickt; etwas geschenkt ~ **2** ⟨500⟩ jmd. od. etwas bekommt etwas (anderes) *unterliegt einer Änderung;* graue Haare ~; die Mauer bekommt Risse; wir ~ Kälte; wir ~ anderes Wetter; Übung (im Autofahren o. ä.) ~; Hunger, einen Schrecken, Herzklopfen, Schläge, Angst ~; Lust ~, etwas zu tun; einen Wutanfall ~; (die nötige) Sicherheit (im Auftreten usw.) ~ 2.1 einen Bauch ~ *dick werden* 2.2 Farbe ~ *allmählich gesünder, frischer aussehen* 2.3 eine Krankheit ~ *erkranken (an), sich eine K. zuziehen;* die Masern, den Schnupfen ~ 2.4 ⟨550 + Inf.⟩ es mit der Angst zu tun ~ *ängstlich werden* 2.5 ⟨550 + Inf.⟩ es mit jmdm. zu tun ~ *jmdn. von* *der unangenehmen Seite kennenlernen;* benimm dich anständig, sonst bekommst du es mit mir zu tun! **2.6** ⟨513⟩ **2.6.1** etwas od. jmdn. in seine Gewalt ~ *sich einer Sache od. einer Person bemächtigen* **2.6.2** ⟨550⟩ etwas od. jmdn. zu Gesicht ~ *sehen, erblicken* **2.7** ⟨513⟩ etwas fertig ~ *beenden (können)* **2.8** → a. *kalt(3.3), satt(4.2)* **3** ⟨600(s.)⟩ etwas bekommt jmdm. *ist jmdm. bekömmlich, tut jmdm. gut;* es bekommt mir gut (schlecht); der Klimawechsel ist mir schlecht ~; das Essen ist mir nicht ~; ist Ihnen der gestrige Abend gut ~?; die Luft, die Ruhe wird ihm gut ~; wie ist Ihnen das Bad ~?; wohl bekomm's! (Wunsch beim Essen od. Trinken)

be'kömm·lich ⟨Adj.⟩ *gesund, zuträglich;* ein ~es Essen, Getränk; eine ~e Mahlzeit; fette Speisen sind schwer ~

be'kräf·ti·gen ⟨V. 505⟩ **1** etwas mit od. durch etwas ~ *nachdrücklich bestätigen;* die Meinung eines anderen ~; einen Vorschlag ~; er hat die Aussage durch seinen Eid, mit seiner Unterschrift bekräftigt **2** ⟨R8⟩ jmdn. od. etwas (in etwas) ~ ⟨geh.⟩ *unterstützen, bestärken;* diese Ereignisse haben mich in meinem Vorhaben bekräftigt; jmds. Plan ~

be'kreu·zi·gen ⟨V. 500/R3⟩ **1** sich ~ ⟨christl. Kirche außer evang.⟩ *das Zeichen des Kreuzes mit einer Bewegung der Hand über Stirn u. Brust andeuten;* sie bekreuzigte sich beim Eintreten in die Kirche; er hat sich vor dem Altar bekreuzigt **1.1** ⟨550/R3⟩ sich vor jmdm. od. einer Sache ~ ⟨umg.⟩ *sich aus Abscheu od. abergläubischer Furcht vor jmdm. od. einer Sache hüten*

be'krie·gen ⟨V. 500/R8⟩ **1** jmdn. od. ein Land ~ *gegen jmdn. od. ein L. Krieg führen;* den Feind ~ **1.1** ⟨R4⟩ sich od. einander ~ *sich gegenseitig bekämpfen*

be'küm·mern ⟨V. 500⟩ **1** etwas bekümmert jmdn. *etwas macht jmdm. Sorge, betrübt jmdn.;* das bekümmert ihn gar nicht; dein Leichtsinn, dein Zustand, deine Haltung bekümmert mich; das braucht dich nicht zu ~ **1.1** was bekümmert Sie das? *was geht Sie das an?* **2** ⟨550/R3⟩ sich um jmdn. od. etwas ~ *sich um jmdn. od. etwas kümmern, sorgen, sich für jmdn. od. etwas einsetzen;* ich werde mich um die Angelegenheit ~; bitte bekümmere dich ein wenig um die Kinder!

be'küm·mert **1** ⟨Part. Perf. von⟩ *bekümmern* **2** ⟨Adj.⟩ *betrübt, besorgt, bedrückt;* ein ~es Gesicht machen; er schwieg ~

be'kun·den ⟨V. 500⟩ **1** etwas ~ ⟨geh.⟩ *etwas deutlich zeigen, zum Ausdruck bringen;* er bekundete keinerlei Absicht, Neigung, zu ...; sein Beileid, Mitgefühl ~; seine Reue, Unwissenheit ~ **1.1** etwas vor Gericht ~ ⟨Rechtsw.⟩ *bezeugen* **1.2** ⟨R3⟩ etwas bekundet sich ⟨geh.⟩ *zeigt sich, wird deutlich;* sein Verdacht bekundete sich schon am nächsten Tag

be'la·den ⟨V. 174/505⟩ **1** ein Transportmittel, Behältnis, Möbelstück (mit Gegenständen) ~ *G. hinbringen u. sie dort niederlegen, stapeln od. befestigen;* ein Lasttier mit Gepäck ~; einen Wagen (mit Kohle, Holz) ~; ein hoch mit Heu ~es Fuhrwerk **2** ⟨R7 od. R8⟩ jmdn. mit seinen Sorgen ~ ⟨fig.⟩ *jmdm. von seinen S. berichten u. ihn damit (seelisch) belasten* **2.1** ⟨Part. Perf.⟩ mit Sorgen, Sünden ~ (sein) *voller Sorgen, Sünden (sein);* kommt alle zu mir, die ihr mühselig und ~ seid (Matth. 11,28)

Be'lag ⟨m.; -(e)s, ¨e⟩ **1** *das Aufgelegte;* ~ aus Brettern (auf dem Boden); den ~ der Bremsen erneuern **1.1** *dünne Schicht, mit der etwas überzogen ist;* ~ auf der Fensterscheibe; ~ auf dem Spiegel; einen ~ auf den Mandeln, auf der Zunge haben ⟨Med.⟩ **1.2** *Aufstrich, Aufschnitt auf dem Brot;* Brot~ **1.3** ⟨Schneiderei⟩ **1.3.1** = *Besatz(1)* **1.3.2** *Aufschlag (an Jacke, Kleid od. Mantel)*

be'la·gern ⟨V. 500⟩ **1** etwas ~ *mit einem Heer umschlossen halten;* eine Festung, Stadt ~ **2** jmdn. od. etwas ~ ⟨fig.; umg.⟩ *sich um jmdn. od. etwas drängen, jmdn. od. etwas von allen Seiten bedrängen, bestürmen;* die Theaterkasse, einen Verkaufsstand ~; die Reporter belagerten die Schauspielerin

Be'lang ⟨m.; -(e)s, -e⟩ **1** ⟨nur Pl.⟩ *Interessen;* wirtschaftl. ~e; jmds. ~e vertreten, wahren **2** ⟨nur in den Wendungen⟩ (nicht) von, ohne ~ *(nicht) ohne Bedeutung, (nicht) unwichtig;* das ist für mich nicht von ~; diese Frage ist für dich (nicht) von ~ **2.1** nichts von ~! *nichts Wichtiges!*

be'lan·gen ⟨V. 500⟩ **1** jmdn. ~ *zur Verantwortung ziehen, verklagen;* jmdn. gerichtl. ~; jmdn. wegen Diebstahls ~ **2** was jmdn. od. etwas belangt *was jmdn. od. etwas betrifft;* was mich belangt, so ist es mir gleichgültig

be'las·sen ⟨V. 175/505⟩ **1** jmdn. od. etwas ~ *im gegenwärtigen Zustand, ohne Änderung lassen;* die Möbel vorläufig in einem Raum ~; jmdn. in seiner Stellung (noch) ~; alles beim alten ~ **1.1** wir wollen es dabei ~ *bewenden lassen*

be'las·ten ⟨V. 500⟩ **1** etwas ~ *mit einer Last beladen, beschweren;* eine Brücke, einen Fahrstuhl (zu sehr) ~ **2** ⟨505/R7 od. R8⟩ jmdn. od. etwas (mit etwas) ~ *stark beanspruchen;* ich will dich nicht mit meinen Sorgen ~; ich kann mich nicht mit Kleinigkeiten, Kleinkram ~ **2.1** etwas belastet jmdn. *bedrückt jmdn., macht jmdm. zu schaffen;* sein Unglück belastet mich sehr; ein Kummer belastet ihn **2.1.1** erblich belastet sein *eine bestimmte (krankhafte) Erbanlage haben;* er ist von seines Vaters Seite her erblich belastet **3** ⟨R7 od. R8⟩ jmdn. ~ *schuldig erscheinen lassen;* den Angeklagten durch eine Aussage ~; ~de Aussagen machen; seine Aussagen, seine Worte fallen ~d ins Gewicht; ein ~der Umstand **4** ⟨550/R7⟩ jmdn. od. etwas mit einer Verpflichtung ~ *jmdm. od. etwas eine finanzielle Belastung auferlegen;* wir müssen Sie mit den Kosten ~; ein Konto mit einem Betrag ~; ein Haus mit Hypotheken ~

be'lä·sti·gen ⟨V. 500/R8⟩ **1** jmdn. ~ *jmdm. unangenehm sein, jmdn. stören;* jmdn. mit seiner Anwesenheit, mit seinen Besuchen ~; jmdn. mit Fragen ~; ich möchte Sie nicht ~, aber darf ich fragen ... **1.1** *sich jmdm. aufdrängen, jmdn. behelligen;* jmdn. auf der Straße ~; bitte ~ Sie mich nicht länger!

Be'la·stung ⟨f.; -, -en⟩ **1** *das Belasten, Belastetwerden;* zulässige ~ eines Fahrstuhls, einer Brücke, Maschine; finanzielle ~; steuerliche ~; ~ eines Hauses, eines Kontos **2** *Eintra-*

gung auf der Sollseite **3** *Last, Druck;* eine große seelische ~
be'lau·fen ⟨V. 176⟩ **1** ⟨500⟩ ein Gebiet ~ ⟨umg.⟩ *prüfend, suchend abgehen* **2** ⟨550/R3⟩ etwas beläuft sich auf etwas *etwas beträgt, ergibt etwas;* sein Alter belief sich auf 60 Jahre; die Kosten ~ sich auf 300 Mark; die Zahl der Teilnehmer beläuft sich auf 200
be'le·ben ⟨V. 500⟩ **1** jmdn. od. etwas ~ *(wieder) Leben geben;* einen Erschöpften durch stärkende Getränke ~; ein ~der Regen **1.1** ⟨Part. Perf.⟩ belebt *organisches Leben habend;* die belebte Welt **2** jmdn. od. etwas ~ *lebhafter machen, anregen;* den Geschäftsgang ~ **3** ⟨R3⟩ sich ~ *(wieder) lebhaft, lebendiger werden;* die Straße, der Verkehr belebt sich; seine (Gesichts)züge ~ sich **3.1** ⟨Part. Perf.⟩ belebt *mit Leben, Bewegung erfüllt;* eine belebte Straße **4** etwas ~ *lebendig(er) gestalten;* ein kahles Zimmer durch Bilder, Vorhänge ~
Be'leg ⟨m.; -(e)s, -e⟩ **1** *etwas, was als Beweis dient;* einen schriftlichen ~ finden, vorzeigen; kann ich für die Zahlung einen ~ haben? **1.1** *Originalunterlage (Rechnung, Quittung) für die Buchung;* Rechnungs~ **2** *Nachweis;* ~e suchen; für diese Form gibt es im Germanischen keinen ~; ~exemplar; ~stelle
be'le·gen ⟨V. 500⟩ **1** etwas ~ *(mit einem Belag) bedecken;* den Boden mit Brettern, Dielen, Fliesen, Matten ~; Brote (mit Wurst-, Käsescheiben) ~; ein Brot mit Käse ~; belegte Brötchen; seine Zunge ist belegt; eine belegte Zunge **1.1** belegte Stimme *heisere S.* **1.1.1** seine Stimme klingt belegt *gedämpft, nicht frei* **1.2** ⟨516⟩ eine Stadt mit Bomben ~ *bombardieren* **2** etwas ~ *besetzen, sich ein Anrecht auf etwas sichern* **2.1** im Gasthaus sind alle Zimmer belegt *besetzt* **2.2** ⟨516⟩ ein Haus. eine Stadt mit Truppen ~ *Truppen einquartieren in einem H., einer S.* **2.3** einen Platz ~ *sich einen P. (durch Drauflegen eines Gegenstandes) sichern, freihalten* **2.4** ein Kolleg ~, einen Kursus ~ *sich als Hörer, Teilnehmer dafür einschreiben* **3** etwas ~ *mit einem Schriftstück beweisen, mit einem schriftl. Zeugnis nachweisen;* eine Behauptung ~; Ausgaben (durch Quittungen) ~; dieses Wort ist schon bei Walther von der Vogelweide belegt; diese Form ist schon (ist nicht) im Germanischen belegt **4** ⟨516⟩ jmdn. mit etwas ~ *jmdm. etwas auferlegen;* jmdn. mit einer Geldstrafe ~; eine Stadt mit Abgaben ~ **5** ein weibliches Tier ~ *begatten, decken* **6** ein Boot ~ *an Land festmachen* **7** ⟨516⟩ eine Sache mit einem Namen ~ *einer S. einen Namen geben*
Be'leg·schaft ⟨f.; -, -en⟩ *alle Beschäftigten eines Betriebes*
be'leh·ren ⟨V. 505/R8⟩ **1** jmdn. ~ *jmdn. etwas lehren, jmdn. etwas wissen lassen;* er hat ihn belehrt, wie er sich zu verhalten hat; ein ~des Buch, Gespräch; ~de Schriften **1.2** jmdn. über etwas ~ *jmdn. über etwas aufklären;* er belehrte uns über die Vorschriften; das Buch belehrte mich über die Pflege der Zimmerpflanzen **2** jmdn. ~ *jmdn. von seiner (irrigen) Ansicht abbringen, jmds. Meinung ändern;* er ist nicht zu ~; du brauchst dich nicht von ihm ~ zu lassen; ich habe mich ~ lassen (müssen) **2.1** ⟨504/R7 od. R8⟩ jmdn. (eines Besseren, anderen) ~ *jmdn. von der Richtigkeit einer (besseren, anderen) Auffassung überzeugen*
be'leibt ⟨Adj.⟩ *dick, dickbäuchig, korpulent;* eine ~e ältere Dame; er war ganz schön ~
be'lei·di·gen ⟨V. 500/R8⟩ **1** jmdn. od. etwas ~ *verletzen, kränken;* dieser Anblick beleidigt das Auge; solche Klänge ~ das Ohr; sie ist leicht, schnell beleidigt; sich beleidigt fühlen; beleidigt sein: einen ~den Brief schreiben; ~de Worte sprechen **1.0.1** die beleidigte Leberwurst spielen ⟨fig.; umg.⟩ *lange gekränkt sein, schmollen*
be'le·sen ⟨Adj.⟩ *durch vieles Lesen gut unterrichtet, gelehrt;* ein ~er Schüler; er ist sehr ~
be'leuch·ten ⟨V. 500⟩ **1** etwas ~ *in helles Licht setzen, anstrahlen;* der Platz, die Straße ist gut, schlecht beleuchtet; einen Saal festlich ~ **2** eine Angelegenheit ~ ⟨fig.⟩ *genau untersuchen, betrachten, behandeln;* das müssen wir etwas näher ~; einen Gegenstand einseitig, von allen Seiten ~
be'leum·det ⟨Adj. 24/70⟩ *im Ruf stehend;* oV *beleumundet;* gut, schlecht, übel ~; eine gut ~e Familie
be'leu·mun·det ⟨Adj. 24/70⟩ = *beleumdet*
be'lie·ben ⟨V.⟩ **1** ⟨400 od. 408⟩ *wünschen;* ~ der Herr Graf, Eure Majestät zu speisen?; wie Sie ~ **1.1** was beliebt? *was wünschen Sie?, was steht zu Diensten?* **2** ⟨480⟩ *geneigt sein, sich (gnädig) herbei-, herablassen (etwas zu tun);* er beliebt zu scherzen **3** ⟨600⟩ es beliebt jmdm. *es gefällt jmdm.;* schreiben Sie, wann es Ihnen beliebt
be'lie·big ⟨Adj. 24⟩ **1** ⟨70⟩ *irgendein;* ein ~es Beispiel herausgreifen; ein ~er Gegenstand; einen ~en Zuhörer bitten, auf die Bühne zu kommen **2** ⟨50⟩ *nach Wunsch, nach Wahl;* du kannst hier ~ spazierengehen; ~ lange, ~ viel, ~ oft
be'liebt **1** ⟨Part. Perf. von⟩ *belieben* **2** ⟨Adj.⟩ **2.1** *allgemein u. überall gern gesehen u. geschätzt;* ein ~er Lehrer, Schauspieler; er ist bei allen Kollegen ~; beim Volke ~ **2.1.1** sich ~ machen *sich durch etwas die Zuneigung anderer verschaffen;* wenn du dich bei mir ~ machen willst, dann hilf mir bitte ⟨scherzh.⟩ **2.2** *gern u. oft gebraucht;* eine ~e Ausrede; das ist ein ~er Scherz; ein ~er Vorwand **2.2.1** *oft besucht;* dieses Lokal war bei den Gästen sehr ~
'bel·len ⟨V. 400⟩ **1** *Laut geben;* Hunde, Füchse, Wölfe ~ **1.1** → a. *Hund(3.1)* **2** ⟨fig.; umg.⟩ *heftig u. hart, trocken husten;* ~der Husten
be'loh·nen ⟨V. 505/R7⟩ jmdn. (für etwas) ~ *jmdm. einen Gegenwert als Dank (für eine nicht bestellte Leistung) geben;* Ggs *bestrafen;* jmdn. mit Undank ~; jmdn. für seine Hilfe, seine Mühe ~; jmdn. reichlich ~
Be'loh·nung ⟨f.; -, -en⟩ *Gegenwert als Dank für eine (nicht bestellte) Leistung;* Ggs *Strafe, Bestrafung;* eine hohe ~ aussetzen für etwas; als od. zur ~ für ...; einen verlorenen Gegenstand gegen ~ abgeben
be'lu·sti·gen ⟨V.⟩ **1** ⟨500/R7 od. R8⟩ jmdn. od. sich ~ *jmdn. od. sich zum Lachen bringen, bei jmdm. od. sich Heiterkeit hervorrufen;* er belustigte mit seinen Reden die ganze Gesellschaft; sein Benehmen hat sie belustigt; es hat

mich belustigt, ihn anzusehen; er fand es äußerst belustigend, daß ... 2 ⟨550/R3⟩ sich über jmdn. od. etwas ~ *lustig machen;* die ganze Stadt hat sich über seine Manieren belustigt 3 ⟨500/R3⟩ sich ~ ⟨veralt.⟩ *sich amüsieren;* die jungen Leute belustigen sich beim Tanz

be'mäch·ti·gen ⟨V. 540/R3; geh.⟩ **1** sich einer Sache ~ *sich etwas mit Gewalt nehmen, sich gewaltsam etwas aneignen;* sich einer Stadt, eines Landes ~; er bemächtigte sich plötzlich der Waffe **2** sich jmds. ~ *jmdn. in seine Gewalt bekommen;* sich des Kindes ~ (um es zu entführen); die Polizisten bemächtigten sich des Entflohenen 2.1 etwas bemächtigt sich jmds. ⟨fig.⟩ *etwas ergreift, überkommt jmdn.;* Furcht, Angst bemächtigte sich meiner

be'ma·len ⟨V. 500/R7⟩ **1** etwas ~ *mit Farbe anstreichen, bunt machen;* er bemalte die Teller mit Blümchen; eine bemalte Truhe **2** sich ~ ⟨umg.; scherzh.⟩ *sich schminken*

be'män·geln ⟨V. 500⟩ etwas ~ *etwas tadeln, es jmdm. als Fehler vorhalten;* jmds. Verhalten ~; ich muß ~, daß ...; an allem etwas zu ~ haben

be'man·nen ⟨V. 500⟩ etwas ~ *etwas mit einer Mannschaft versehen;* ein Schiff, Flugzeug ~; ein mit acht Ruderern bemanntes Boot

be'män·teln ⟨V. 500⟩ etwas ~ *etwas verbergen, verhüllen, beschönigen;* einen Fehler, einen Fehltritt ~; er versuchte, seine wahren Absichten zu ~

be'mer·ken ⟨V. 500⟩ **1** ⟨R8⟩ jmdn. od. etwas ~ *jmdn. od. etwas wahrnehmen, darauf aufmerksam werden;* ich bemerkte ein leises Geräusch, eine Bewegung im Gebüsch; einen Schaden rechtzeitig, zu spät ~; jmdn. nicht ~ **2** etwas ~ *mit wenigen Worten äußern, sagen;* er tat den Einwand mit dem Bemerken ab, er sei unwichtig; nebenbei bemerkt, ich habe ihn gar nicht gesehen; haben Sie noch etwas dazu zu ~?; ich möchte dazu ~, daß ...; „..." bemerkte er

Be'mer·kung ⟨f.; -, -en⟩ **1** *kurze mündl. od. schriftl. Äußerung;* eine kritische, spöttische, treffende, unpassende, zynische ~; eine ~ machen über **2** ⟨veralt.⟩ *Wahrnehmung, Beobachtung*

be'mes·sen ⟨V. 185/500⟩ etwas ~ *etwas nach Schätzung od. bestimmtem Maß (Größe, Menge, Dauer usw.) zuteilen, abmessen;* er hat das Geld zu knapp ~; eine genau ~e Dosis; unsere Zeit ist kurz ~

be'moost ⟨Adj.⟩ **1** *mit Moos bewachsen, bedeckt;* ~e Felsen, Bäume; alte Dächer sind ~ **2** ⟨fig.; scherzh.⟩ *alt* 2.1 ein ~es Haupt 2.1.1 ⟨urspr.⟩ *Student, der schon sehr lange studiert* 2.1.2 ⟨allg.⟩ *alter Mann, alter Herr*

be'mü·hen ⟨V. 500⟩ **1** jmdn. ~ ⟨geh.⟩ *bitten, veranlassen, etwas zu tun;* darf ich Sie noch einmal wegen dieser Sache ~ 1.1 *jmdm. Mühe, Arbeit bereiten;* es tut mir leid, daß ich Sie vergeblich bemüht habe **2** ⟨500/R3⟩ sich ~ *sich Mühe geben, sich anstrengen;* du solltest dich ~, deine Aufgaben sorgfältiger zu machen; bitte, ~ Sie sich nicht (als höfl. Ablehnung einer Dienstleistung) 2.1 ⟨515⟩ sich für jmdn. ~ *an jmds. Stelle tätig werden* 2.2 ⟨550⟩ sich um etwas ~ *nach etwas streben* 2.3 ⟨550⟩ sich um jmdn. ~ *jmds. Gunst, Freundschaft zu gewinnen suchen* **3** ⟨511/R3⟩ sich an einen Ort ~ (Höflichkeitsformel) *sich an einen Ort begeben, an einen Ort gehen;* ich danke Ihnen, daß Sie sich hierher bemüht haben; wenn Sie sich bitte ins Nebenzimmer ~ würden

be'mü·ßigt ⟨Adj. 50/24 nur in den Wendungen⟩ sich ~ fühlen, sehen, finden ⟨abwertend⟩ *sich genötigt, veranlaßt fühlen, sehen, finden;* ich fühlte mich bemüßigt, sie nach Hause zu begleiten

be'mut·tern ⟨V. 500⟩ jmdn. ~ *wie eine Mutter für jmdn. sorgen, jmdn. sanft bevormunden;* er bemutterte gern seine jüngeren Geschwister

be'nach·rich·ti·gen ⟨V. 505/R8⟩ **1** jmdn. ~ *jmdm. eine Nachricht übermitteln;* wir haben seine Schwester benachrichtigt; die Polizei ~ 1.1 jmdn. von etwas ~ *jmdn. von etwas unterrichten, ihm etwas mitteilen;* er benachrichtigte die Eltern von der Geburt des Kindes; ich muß ihn von meinem Vorhaben ~

be'nach·tei·li·gen ⟨V. 500/R7 od. R8⟩ jmdn. ~ *jmdn. zurücksetzen, jmdm. (zugunsten eines anderen) nicht das gleiche zugestehen;* Ggs *bevorzugen;* er benachteiligt nur die Mädchen; warum fühlst du dich benachteiligt?

be'ne·beln ⟨V. 500/R7⟩ **1** jmdn. od. sich ~ *jmdm. od. sich den Verstand trüben;* der Erfolg benebelte seinen Kopf 1.1 ⟨umg.⟩ *jmdn. od. sich ein wenig betrunken machen;* der Wein hatte ihn, hatte ihm die Sinne benebelt 1.2 benebelt sein ⟨umg.⟩ *leicht betrunken sein;* er war ganz schön benebelt

be'neh·men ⟨V. 189⟩ **1** ⟨530⟩ etwas benimmt jmdm. etwas ⟨geh.⟩ *nimmt jmdm. etwas;* der Wind, der Schreck benahm ihm den Atem; der Alkohol benahm ihm den klaren Blick **2** ⟨513/R3⟩ sich ~ *sich betragen, sich verhalten;* sich anständig, gut, schlecht, tadellos ~; er hat sich unmöglich benommen ⟨umg.⟩ 2.1 ⟨500/R3⟩ *sich gut, anständig, betragen, verhalten;* bitte benimm dich!; er weiß sich zu ~

Be'neh·men ⟨n.; -s; unz.⟩ **1** *Art, wie sich jmd. benimmt;* albernes, anständiges, bescheidenes, feines, gewandtes, höfliches, tadelloses, unverschämtes ~; sein ~ war einwandfrei **2** sich mit jmdm. ins ~ setzen *sich mit jmdm. aussprechen über etwas, mit jmdm. übereinkommen*

be'nei·den ⟨V. 500⟩ **1** ⟨R8⟩ jmdn. ~ *jmdm. etwas nicht gönnen* 1.1 *sein wollen wie jmd., an jmds. Stelle sein wollen;* ich habe dich glühend beneidet, als dir die Leute zujubelten; der arme Kerl ist nicht zu ~ 1.2 ⟨550/R8⟩ jmdn. um etwas ~ *dasselbe haben wollen wie jmd.;* ich beneide ihn um seine Energie; ich beneide ihn nicht um sein Schicksal

be'nen·nen ⟨V. 190/505/R7 od. R8⟩ **1** jmdn. od. etwas (nach jmdm. od. einer Sache) ~ *jmdm. od. einer Sache (nach jmdm. od. einer Sache) einen Namen geben, jmdn. od. etwas bezeichnen;* die Mutter benannte die Tochter nach ihrer Freundin; den Platz hat man nach dem berühmten Schriftsteller benannt; das Meer wurde nach seiner Farbe benannt 1.1 einen Begriff ~ ⟨Sprachw.⟩ *einen B., einen sprachl. Ausdruck (z. B. ein Wort) zuordnen;*

→ a. *bezeichnen(3)* **2** j m d n. ~ *jmds. Namen angeben;* jmdn. als Kandidaten, Zeugen ~

'Ben·gel¹ ⟨m.; -s, -; veralt.⟩ **1** *kurzes Stück Holz, Prügel, Knüppel* **2** *mittelalterl. Waffe, Keule mit Kopf, der Stacheln trägt*

'Ben·gel² ⟨m.; -s, - od. (umg.) -s⟩ *(frecher) Junge;* kleiner, hübscher, süßer ~; er ist ein fauler, ungezogener ~

be'nom·men **1** ⟨Part. Perf. von⟩ *benehmen* **2** ⟨Adj.⟩ *verwirrt, leicht betäubt;* er befand sich in einem ~en Zustand; vom Alkoholgenuß, von einem Schlafmittel (noch) ~ sein; er ist von dem Schrecken, dem Unfall noch ganz ~; sie lag ~ im Bett

be'nö·ti·gen ⟨V. 500/R8; geh.⟩ j m d n. od. e t w a s ~ *jmdn. od. etwas notwendig brauchen, dringend nötig haben;* Geld, Kleidung ~; ich benötige deine Hilfe; wir ~ weitere Mitarbeiter

be'nut·zen ⟨V. 500⟩ **1** ein W e r k z e u g, H i l f s m i t t e l ~ *gebrauchen;* einen Schraubenzieher ~; ein Buch, Nachschlagewerk ~ **2** einen Z e i t r a u m ~ *vorteilhaft verbringen* **3** eine G e l e g e n h e i t ~ *Nutzen ziehen aus einer G.*

Ben'zin ⟨n.; -s, -e⟩ *die bis 200° C siedenden Bestandteile des Erdöls, als Motorentreibstoff, Fleckenentferner u. Lösungsmittel verwendet*

be'ob·ach·ten ⟨V. 500⟩ **1** ⟨R7 od. R8⟩ j m d n. od. e t w a s ~ *eine Zeitlang genau betrachten, mit den Augen verfolgen u. bewußt wahrnehmen, bemerken, feststellen;* einen Vorgang ~; eine, keinerlei Veränderung ~; das habe ich noch nie an ihr beobachtet; ich habe schon oft beobachtet, daß ...; genau, gut, scharf, unausgesetzt ~; aus der Nähe ~; von weitem ~; jmdn. aus den Augenwinkeln, bei einer Beschäftigung ~; jmdn. ärztlich ~ (lassen) **2** R e g e l n, Gesetze, Vorschriften ~ ⟨geh.⟩ *beachten;* bitte ~ Sie genau meine Anweisungen; eine Diät ~; strengste Zurückhaltung ~; den nötigen Abstand ~ **2.1** S t i l l s c h w e i g e n ~ *schweigen*

be'quem ⟨Adj.⟩ **1** *angenehm;* ein ~er Weg; ein ~es Leben führen **2** *behaglich;* ein ~er Sessel; sitzt du ~?; mach es dir ~! **3** *gut passend;* ~e Schuhe, ~es Kleid **4** *leicht, mühelos;* man kann den Ort ~ in einer halben Stunde erreichen; ein Werkzeug ~ zur Hand haben; eine ~e Ausrede **5** *träge, jeder Mühe abgeneigt;* er wird im Alter etwas ~ **6** ⟨50⟩ bitte s t e h e n Sie (doch) ~! ⟨Mil.⟩ *(Aufforderung an einen Untergebenen, die stramme Haltung zu lockern)*

be'que·men ⟨V.⟩ **1** ⟨505/R3⟩ s i c h ~ ⟨veralt.⟩ *sich in etwas fügen, sich anpassen* **2** ⟨580/R3⟩ s i c h z u e t w a s ~ ⟨geh.; abwertend⟩ *sich (endlich) bereitfinden, anschicken, etwas zu tun;* er bequemte sich schließlich, die Sache zu erklären; du wirst dich dazu ~ müssen, aufzustehen

Be'quem·lich·keit ⟨f.; -, -en⟩ **1** *Einrichtung, die das Leben angenehmer, behaglicher macht;* ein Zimmer mit allen ~en ausstatten **1.1** ⟨umg.; veralt.⟩ *Abtritt, Abort;* die ~ finden Sie auf halber Treppe **2** ⟨unz.⟩ *angenehme, behagliche Lebensweise;* er liebt die ~; brauchen Sie noch etwas zu Ihrer ~? **3** ⟨unz.⟩ *Faulheit, Nachlässigkeit;* er hat aus ~ die Tür nicht abgeschlossen

be'ra·ten ⟨V. 195/500⟩ **1** ⟨R8⟩ j m d n. ~ *jmdm. einen Rat geben, ratend beistehen;* jmdn. gut, schlecht, übel ~; sich von jmdm. ~ lassen; jmdm. ~d beistehen; ~des Mitglied einer Körperschaft, Vereinigung **1.0.1** damit bist du gut, wohl ~ *das ist ein guter Rat* **2** ⟨R7⟩ *sich besprechen (über etwas), gemeinsam überlegen, sich gegenseitig raten;* wir haben den neuen Plan, das neue Projekt ~; sie haben stundenlang ~, ob u. wie es geschehen soll; sich mit jmdm. ~; ich habe mich mit ihm darüber ~, ob ..., wie ...; sie haben über die Ausführung des Planes ~

be'rau·ben ⟨V. 500⟩ **1** j m d n. ~ *jmdm. etwas (mit Gewalt durch einen Überfall) wegnehmen;* jmdn. seines Geldes, seiner gesamten Habe ~; ich möchte Sie nicht ~ (als höfl. Dank bei zögernder Annahme eines Angebotes) **2** ⟨540/R7 od. R8⟩ j m d n. einer S a c h e ~ *jmdm. eine S. entziehen;* jmdn. des Rechtes ~, etwas zu tun; jmdn. seiner Freiheit ~ **2.1** sich eines V e r g n ü g e n s ~ *einem V. entsagen* **2.2** aller H i l f e beraubt *ohne jede Hilfe*

be'rau·schen ⟨V. 500⟩ **1** e t w a s berauscht j m d n. *macht jmdn. betrunken;* der Wein hatte ihn berauscht; in berauschtem Zustand **1.1** leicht, schwer, stark berauscht sein *betrunken sein* **1.2** ⟨Part. Präs.⟩ ~d *in Rausch versetzend, trunken machend;* ~de Getränke, Mittel, Gifte; ~der Duft von Rosen **2** eine S a c h e berauscht j m d n. ⟨fig.⟩ *versetzt jmdn. in Begeisterungstaumel;* ich war von der (Schönheit der) Musik ganz berauscht **2.1** ⟨Part. Präs.⟩ n i c h t ~d ⟨umg.; iron.⟩ *mittelmäßig, nicht bes. gut, schön;* wie war es auf dem Fest? — Nicht ~d!; dein Zeugnis ist nicht gerade ~d **3** ⟨505/R3⟩ s i c h (a n e t w a s) ~ ⟨fig.⟩ *in Begeisterungstaumel geraten (über etwas);* sich an einem Anblick ~ **3.1** sich an seinen eigenen W o r t e n ~ *sich gern reden hören*

be'rech·nen ⟨V. 500⟩ **1** e t w a s ~ *ausrechnen;* Kosten, den Preis, Zinsen ~; den Umfang eines Kreises ~; die Wirkung eines Geschosses ~ **2** eine S a c h e ~ *vorher genau überlegen, erwägen, berücksichtigen, planen;* bestimmte Umstände ~; alles, was er sagt u. tut, ist nur auf Effekt, auf Wirkung berechnet **3** ⟨530/R6⟩ j m d m. e t w a s ~ *in Rechnung stellen, anrechnen, Bezahlung verlangen (für etwas);* für die Verpackung, die Zutaten berechne ich Ihnen nichts; wieviel ~ Sie mir?

be'rech·nend **1** ⟨Part. Präs. von⟩ *berechnen* **2** ⟨Adj.⟩ *stets vorausschauend, auf seinen Vorteil bedacht;* sie ist sehr ~; ein (kalt, kühl) ~er Mensch

Be'rech·nung ⟨f.; -, -en⟩ **1** *das Berechnen;* eine mathematische, statistische ~; genaue, ungefähre ~; seine ~en stimmen; nach meiner ~ müssen wir in 10 Minuten da sein **1.1** ~en a n s t e l l e n *berechnen* **2** ⟨fig.⟩ *vorherige genaue, nüchterne Überlegung;* nach menschlicher ~; alle ~en wurden zunichte; es liegt außerhalb aller ~ **2.1** ⟨abwertend⟩ *auf eigenen Vorteil bedachte Überlegung;* aus ~ (heraus) handeln; etwas nur aus ~ tun

be'rech·ti·gen ⟨V.⟩ **1** ⟨550/R8⟩ j m d n. z u e t w a s ~ *jmdm. das Recht geben, etwas zu tun;* der Ausweis berechtigt (nicht) zum kostenlosen Eintritt **1.1** berechtigt sein, etwas zu tun, berechtigt sein zu *das Recht, die Befugnis, Vollmacht haben;* ich bin nicht berechtigt, Sie hereinzulassen **2** ⟨800⟩ seine Anlagen ~ zu den schönsten Hoffnungen *lassen das Beste hoffen*

be're·den ⟨V.⟩ **1** ⟨505⟩ etwas (mit jmdm.) ~ *besprechen;* er muß die Sache mit ihr ~; ich wollte den Fall erst mit meinem Freund ~ **2** ⟨505/R3⟩ sich (mit jmdm.) ~ *beraten;* ich habe mich mit ihm noch nicht beredet; wir müssen uns noch ~ **3** ⟨505 od. 580⟩ jmdn. zu etwas ~ *überreden, veranlassen, etwas zu tun;* er beredete mich, die Reise mitzumachen; er ließ sich nicht ~ **4** ⟨500⟩ jmdn. od. etwas ~ ⟨umg.⟩ *abfällig, schlecht über jmdn. od. etwas reden;* jmds. Verhalten ~; es gibt Leute, die alles und jeden ~ müssen

be'red·sam ⟨Adj.⟩ = *beredt*

be'redt ⟨Adj.⟩ oV *beredsam* **1** *redegewandt, viel redend, wortreich, viele Worte machend;* ein ~er Anwalt; er ist sehr ~ **2** ⟨fig.⟩ *eindringlich, ausdrucksvoll, vielsagend;* ein ~es Schweigen; diese Tat ist ein ~es Zeugnis für seine Kameradschaftlichkeit

Be'reich ⟨m. od. (selten) n.; -(e)s, -e⟩ **1** *Bezirk, Umgebung, Gebiet;* im ~ der Stadt; in nördlichen ~en; das Flugzeug befand sich im ~ der Berge; Küsten~, Hafen~ **2** *einer Sache od. jmdm. zukommende Sphäre, Sachgebiet;* ein Problem aus dem ~ der Mathematik, Physik; diese Aufgabe fällt nicht in meinen ~; Interessen~; Arbeits~ **2.1** das liegt durchaus (nicht) im ~ der Möglichkeiten *das ist durchaus (nicht) möglich* **3** *Wirkungskreis, -feld;* im privaten, politischen, öffentlichen ~; im ~ seiner Macht; Einfluß~; Wellen~, Frequenz~ ⟨Phys.⟩

be'rei·chern ⟨V. 500⟩ **1** etwas ~ *etwas reicher machen, vergrößern;* ich konnte meine Sammlung um einige wertvolle Stücke ~; seine Kenntnisse, sein Wissen, seinen Wortschatz ~ **2** etwas bereichert jmdn. *etwas macht jmdn. innerlich reicher, vervollkommnet jmdn.;* sie fühlte sich durch dieses Gespräch sehr bereichert; das neue Erlebnis hat ihn bereichert **3** ⟨505/R3⟩ sich (an jmdm. od. etwas) ~ *sich ohne Skrupel auf Kosten anderer Gewinn verschaffen;* er hat sich während des Krieges ungeheuer bereichert; sich am Eigentum anderer ~

be'rei·ni·gen ⟨V. 500⟩ etwas ~ *etwas in Ordnung bringen, klären, lösen, beseitigen;* eine Angelegenheit, Schwierigkeiten ~

be'reit ⟨Adj. 24/70⟩ **1** *fertig, vorbereitet;* wir sind (der Zug ist) zur Abfahrt ~; seid ihr ~?; ~ (sein) zu gehen, zu sterben **2** *geneigt, gewillt;* wärst du ~, mir zu helfen?; sich ~ finden, erklären, etwas zu tun

be'rei·ten[1] ⟨V. 500⟩ **1** ⟨503/R5 od. R6⟩ (jmdm.) etwas ~ *zubereiten, herstellen;* Speisen ~; das Essen ~; jmdm. ein Bad ~ **1.1** Häute ~ *gerben* **2** ⟨505/R3⟩ sich (zu etwas) ~ *bereitmachen, fertig machen, zurichten;* sich zum Sterben ~ **3** ⟨530/R5 od. R6⟩ jmdm. eine Sache ~ *verursachen, zuteil werden lassen;* jmdm. Freude, Kummer, Schmerz ~; jmdm. einen guten Empfang ~; jmdm. Schwierigkeiten ~; das Spiel bereitet mir großes Vergnügen

be'rei·ten[2] ⟨V. 199/500⟩ **1** ein Pferd ~ *ausbilden, bewegen* **2** ein Gebiet, eine Strecke ~ *zu Pferde durchmessen*

be'reits ⟨Adv.⟩ = *schon;* ich habe ~ gegessen; ich bin ~ fertig

Be'reit·schaft ⟨f.; -, -en⟩ **1** ⟨unz.⟩ *das Bereitsein;* militärische ~; ~ zum Kampf; Alarm~, Abwehr~ **1.1** jmdn. od. etwas in ~ halten *jmdn. od. etwas zum sofortigen Einsatz bereit halten;* der Polizist hielt seine Waffe in ~ **1.2** etwas od. jmd. ist (liegt, steht) in ~ *ist (liegt, steht) zur Verfügung* **1.3** etwas in ~ haben *etwas bereit haben* **1.4** *Bereitwilligkeit;* ~ zur Verteidigung, zu Verhandlungen zeigen; seine ~ erklären; Hilfs~; Kompromiß~ **2** ⟨unz.⟩ ~ haben *Bereitschaftsdienst;* der Arzt hat die ganze Nacht ~ **3** *eine Einheit der Polizei, die für den Einsatz bereit ist;* Polizei~ **3.1** *Gruppe der Schutzpolizei;* ~spolizei

be'reit·wil·lig ⟨Adj.⟩ *gern bereit (zu etwas), geneigt, entgegenkommend;* er sagte seine Hilfe ~ zu; eine ~e Auskunft; sie fand ~e Unterstützung

be'reu·en ⟨V. 500⟩ **1** etwas ~ *Reue über etwas empfinden, etwas ungeschehen wünschen;* seine Sünden ~; eine Tat ~; etwas bitter ~; eine Geldausgabe ~ **1.1** *bedauern;* ich bereue es nicht, mitgekommen zu sein

Berg ⟨m.; -(e)s, -e⟩ **1** *deutlich sichtbare, größere Geländeerhebung;* Ggs *Tal;* einen ~ besteigen; auf einen ~ steigen; die ~e (~ und Tal) kommen nicht zusammen, wohl aber die Menschen **1.1** der Glaube kann ~e versetzen ⟨Sprichw.⟩ *Gewaltiges leisten* **1.2** wenn der ~ nicht zum Propheten kommt, muß der Prophet wohl zum ~e kommen ⟨Sprichw.⟩ *man muß sich selbst bemühen u. den ersten Schritt tun* **1.3** über alle ~e *unerreichbar weit fort;* er ist schon über alle ~e **1.4** hinter dem ~e wohnen auch Leute *es gibt noch andere Leute, die etwas vermögen, andere können auch etwas* **1.5** die Haare stehen jmdm. zu ~e *sträuben sich (vor Schreck)* **1.6** der ~ kreißt und gebiert eine Maus *ein großer Aufwand hat ein lächerlich kleines Ergebnis* **1.7** mit etwas hinter dem ~e halten ⟨fig.⟩ *etwas verheimlichen* **1.8** über den ~ *über das Schlimmste, Schwierigste hinweg;* wir sind mit den Schwierigkeiten nocht nicht über den ~; der Kranke ist über den ~; jmdm. über den ~ helfen **1.9** → a. *Ochse(1.1)* **2** ⟨nur Pl.⟩ die ~e *das Gebirge;* in die ~e fahren **3** ⟨umg.⟩ *große, sich auftürmende Menge;* einen ~ Briefe zu beantworten haben; einen ~ von Arbeit **3.1** → a. *golden(1.1)* **4** ⟨nur Pl.; Bgb.⟩ ~e *taubes Gestein*

berg'ab ⟨Adv.⟩ **1** *den Berg hinunter, abwärts, talwärts;* ~ fahren, fließen, steigen **2** es geht mit jmdm. od. etwas (immer mehr) ~ ⟨fig.; umg.⟩ *jmds. (Gesundheits)zustand od. der Zustand einer Sache verschlechtert sich, die finanzielle, wirtschaftliche Lage wird schlechter*

berg'auf ⟨Adv.⟩ **1** *den Berg hinauf, aufwärts;* ~ gehen; der Pfad führt steil ~ **2** es geht mit jmdm. od. etwas (wieder) ~ ⟨fig.; umg.⟩ *jmds. (Gesundheits)zustand od. der Zustand einer Sache bessert sich, die finanzielle, wirtschaftliche Lage wird besser*

'Berg·bau ⟨m.; -(e)s; unz.⟩ *industrielle Gewinnung von Bodenschätzen;* viele Gastarbeiter arbeiten im ~; ~ betreiben

'ber·gen ⟨V. 106/500⟩ **1** ⟨R7⟩ jmdn. od. etwas ~ *in Sicherheit bringen, retten;* Tote, Verunglückte ~ (nach Unfällen) **1.1** sich geborgen fühlen *sich zu Hause fühlen, sich geschützt, behaglich fühlen* 1.2 geborgen sein *in Sicherheit sein;* hier bist du geborgen (vor deinen Feinden) 1.3 die Segel ~ *niederholen, einziehen* 2 etwas ~ ⟨geh.⟩ *verbergen, verhüllen;* er barg das Päckchen unter seinem Mantel **3** etwas birgt etwas ⟨geh.⟩ *etwas enthält etwas;* die Erde birgt viele Schätze; der Wald birgt ein Geheimnis 3.1 ⟨550⟩ etwas birgt etwas in sich *faßt, schließt etwas in sich;* das Unternehmen birgt Gefahren in sich

'Berg·mann ⟨m.; -(e)s, -leu·te⟩ *jmd., der im Bergwerk arbeitet*

'Berg·werk ⟨n.⟩ *Einrichtung für Bergbau, Anlage zur Gewinnung von Bodenschätzen*

Be'richt ⟨m.; -(e)s, -e⟩ *schriftl. od. mündl. sachliche Darstellung von Sachverhalten u. Tatsachen;* Bild~, Erlebnis~, Tatsachen~; ~ erstatten (über); einen ~ schreiben, verfassen, anfordern; laut ~ vom 10. 1.; nach ~en unserer Mitarbeiter

be'rich·ten ⟨V. 410 od. 503 od. 803/R8⟩ **1** (jmdm.) von od. über etwas od. jmdn. ~ *erzählen, etwas sachlich darstellen;* ausführlich, atemlos, genau, stockend ~; „..." berichtete er; (über) ein Erlebnis ~; von einer Reise ~; nun berichte (von dir), wie es dir geht; über einen Vorgang ~; man hat mir berichtet, daß ...; an seine Dienststelle ~ **2** ⟨417⟩ miteinander ~ ⟨schweiz.⟩ *sich unterhalten* **3** ⟨Zustandspassiv⟩ jmd. ist falsch berichtet *falsch unterrichtet*

be'rich·ti·gen ⟨V. 500/R7 od. R8⟩ jmdn. od. sich, etwas ~ *richtigstellen, richtigmachen, verbessern, korrigieren;* bitte ~ Sie mich, wenn ich etwas Falsches sage; einen Fehler, einen Irrtum ~; wir müssen uns ~

'ber·sten ⟨V. 107⟩ **1** ⟨400(s.)⟩ etwas birst ⟨geh.⟩ *etwas zerspringt, bricht mit großer Gewalt auseinander;* die Erde, das Eis birst; beim Erdbeben barsten die Häuser, die Wände; ich bin zum Bersten voll ⟨umg.; scherzh.⟩; geborstene Mauer 1.1 der Saal, der Bus war zum Bersten voll *überfüllt* 1.2 ⟨800⟩ vor etwas ~ ⟨fig.⟩ *von etwas übervoll sein;* er hätte vor Ungeduld, vor Wut, vor Ärger, vor Neid ~ mögen 1.2.1 wir sind vor Lachen fast geborsten *haben unmäßig gelacht*

be'rüch·tigt ⟨Adj.; abwertend⟩ **1** *übel beleumdet, in schlechtem Ruf stehend, verrufen, auf traurige Weise berühmt;* ein ~er Ausbilder, Schinder; eine ~e Kneipe; die ganze Gegend ist ~ 1.1 *gefürchtet;* er war für seine od. wegen seiner Grausamkeit ~

be'rücken ⟨-k·k-; V. 500; geh.⟩ jmdn. od. etwas ~ *jmdn. od. etwas entzücken, bezaubern;* ihre Anmut berückte ihn; sich ~ lassen von etwas od. jmdm.; das schöne Mädchen berückte sein Herz; ein ~des Lächeln; ein Mädchen von ~der Schönheit

be'rück·sich·ti·gen ⟨V. 500⟩ **1** jmdn. od. etwas ~ *jmdn. od. etwas beachten, jmdn. od. etwas zu seinem Recht kommen lassen;* jmds. Verdienste entsprechend ~; ein Gesuch ~; sie muß bei der Erbschaft berücksichtigt werden **2** jmdn. od. etwas ~ *auf jmdn. od. etwas Rücksicht nehmen, in Betracht ziehen;* die besonderen Umstände, Verhältnisse ~; man muß dabei ~, daß...; jmds. Eigenart(en), Gesundheitszustand ~

Be'ruf ⟨m.; -(e)s, -e⟩ **1** *gewerblich ausgeübte od. auszuübende, meist dem Erwerb des Lebensunterhaltes dienende Tätigkeit;* keinen (festen) ~ haben; er hat seinen ~ verfehlt; was sind Sie von ~?; er ist von ~ Lehrer; einen ~ ausüben, erlernen; ausgeübter, erlernter ~; seinen ~ an den Nagel hängen; seinem ~ nachgehen; welchen, was für einen ~ willst du einmal ergreifen? 1.1 → a. *frei(1.1.1)* **2** *Berufung, innere Bestimmung, Aufgabe, Sendung;* den ~ zum Politiker, Geistlichen, Arzt, Lehrer, Maler, Musiker in sich fühlen

be'ru·fen ⟨V. 204⟩ **1** ⟨510⟩ jmdn. ~ *jmdm. ein Amt anbieten, jmdn. in ein Amt einsetzen;* einen Professor an eine Universität ~; er ist zum Nachfolger des Verstorbenen ~ worden; er ist als Ordinarius nach Göttingen ~ worden **2** ⟨550/Passiv⟩ 2.1 sich zu etwas ~ fühlen *sich zu etwas ermächtigt fühlen;* ich fühle mich nicht dazu ~, hier einzugreifen 2.2 zu etwas ~ sein *besonders befähigt sein;* er ist dazu ~, anderen Menschen zu helfen **3** ⟨550/R3⟩ sich auf jmdn. od. etwas ~ *stützen, jmdn. od. etwas als Zeugen od. als Beweis nennen* **4** ⟨500⟩ jmdn. ~ ⟨veralt.⟩ *bestellen, kommen lassen;* jmdn. zu sich ~; viele sind ~, aber wenige sind auserwählt (Matth. 20,16) 4.1 *beschwören;* Geister, ein Unglück ~ **4.2** wir wollen es nicht ~ *wir wollen nicht davon sprechen aus (abergläubischer) Furcht, daß es dadurch gefährdet wird od. eintritt*

be'rufs·tä·tig ⟨Adj. 24/70⟩ *im Beruf tätig, einen B. ausübend, erwerbstätig;* ~e Frauen; er war nicht mehr ~

Be'ru·fung ⟨f.; -, -en⟩ **1** *das Berufen, Sichberufen;* ~ eines Professors an eine Universität 1.1 eine ~ an eine Universität erhalten *einen Ruf erhalten* 1.2 unter ~ auf ⟨förml.⟩ *unter Hinweis auf* **2** ⟨fig.⟩ *innere Bestimmung für einen Beruf od. eine Tätigkeit, Aufgabe, Sendung;* die ~ zum Arzt in sich fühlen **3** *Einspruch, Rechtsmittel zur Nachprüfung od. Änderung eines gerichtl. Urteils* 3.0.1 ~ einlegen gegen (bei) ⟨Rechtsw.⟩ *Einspruch erheben gegen*

be'ru·hen ⟨V. 800⟩ **1** etwas beruht auf etwas *etwas gründet, stützt sich auf etwas, hat seine Ursache in etwas;* die Abneigung, Zuneigung beruht auf Gegenseitigkeit; seine Furcht beruht auf einem Schock, den er als Kind erlitten hat; seine Behauptungen ~ auf Wahrheit, auf einem Irrtum **2** etwas auf sich ~ lassen *etwas nicht weiterverfolgen, etwas so lassen, wie es ist;* er wollte die Sache auf sich ~ lassen

be'ru·hi·gen ⟨V. 500⟩ **1** ⟨R7 od. R8⟩ jmdn. od. etwas ~ *ruhig machen* 1.1 jmdn. ~ *zur Ruhe, zum Schweigen bringen, beschwichtigen, trösten;* ich habe das Kind nur mit Mühe ~ können; ~de Worte sprechen 1.1.1 beruhigt (sein) *ohne Sorge, unbesorgt (sein);* beruhigt einschlafen; bitte sieh noch einmal nach, damit ich beruhigt bin; seien Sie ganz beruhigt! **2** ⟨R3⟩ sich ~ *ruhig werden;* mein Gewissen hat sich wieder beruhigt 2.0.1 das aufgeregte Meer hat sich wieder beruhigt *hat sich geglättet* 2.1 *sich legen;* der Sturm, die Aufregung hat sich beruhigt

be'rühmt ⟨Adj. 70⟩ **1** *weithin bekannt, überall sehr angesehen;* ein ~er Dichter, Musiker, Politiker; er ist durch seine Theaterstücke ~ geworden; er ist wegen seiner Mildtätigkeit ~; ein ~es Buch, Werk **2** nicht (gerade) ~ ⟨iron.⟩ *nicht besonders gut, mittelmäßig;* dein Aufsatz ist nicht ~

Be'rühmt·heit ⟨f.; -, -en⟩ **1** ⟨unz.⟩ *weitreichender Ruf, Ruhm;* ~ erlangen; er hat durch seine geschickten Einbrüche eine traurige ~ erlangt **2** ⟨umg.⟩ *berühmte Persönlichkeit;* er ist in den letzten Jahren eine ~ geworden; bei der Tagung sah man einige ~en

be'rüh·ren ⟨V. 500⟩ **1** ⟨R7 od. R8⟩ jmdn. od. etwas ~ *in Kontakt mit jmdm. od. etwas kommen;* die Figuren, Waren usw. bitte nicht ~!; mit der Hand ~; die Tangente berührt den Kreis in einem Punkt; sie standen so nahe beisammen, daß sie sich fast berührten; die Figuren ~ sich; jmd. berührt sich mit der Hand; Grundstücke ~ sich; ihre Interessen ~ sich; wir haben (auf unserer Fahrt) Berlin nur berührt; das Berühren (der Gegenstände, Waren usw.) ist verboten **2** eine Sache berührt jmdn. od. etwas *betrifft jmdn. od. etwas, hat eine Wirkung auf jmdn. od. etwas;* dein Vorschlag berührt meine Gedanken, Bestrebungen; das berührt uns nicht, kaum **2.1** ⟨513⟩ eine Sache berührt jmdn. *weckt in jmdm. Gefühle;* es berührt mich angenehm, schmerzlich, unangenehm, wohltuend; jmd. ist von etwas (un)angenehm berührt **2.2** eine Sache ~ *(flüchtig) erwähnen;* ein Thema ~; eine Angelegenheit gesprächsweise ~

Be'rüh·rung ⟨f.; -, -en⟩ **1** *das Berühren;* er empfindet bei jeder, bei der kleinsten ~ Schmerzen; Ansteckung durch ~ **2** ⟨fig.⟩ *Kontakt, das Zusammentreffen mit jmdm. od. einer Sache;* zwei Dinge miteinander in ~ bringen; der Kranke darf nicht mit Gesunden in ~ kommen; ich war mit ihm (durch die Arbeit) in ~ gekommen **3** ⟨fig.⟩ *Erwägung;* die ~ dieser Frage war ihm peinlich

be'sa·gen ⟨V. 500⟩ etwas besagt etwas *etwas bringt etwas zum Ausdruck, bedeutet etwas;* der Abschnitt besagt folgendes; diese Bemerkung will ~, daß ...; das hat nichts zu ~

be'sagt 1 ⟨Part. Perf. von⟩ *besagen* **2** ⟨Adj. 60⟩ *erwähnt, bereits genannt;* der Besagte; ~er Schüler hat ...; in dem ~en Ort **2.1** um auf den ~en Hammel zurückzukommen ⟨fig.⟩ *um zur Sache zurückzukommen*

be'sänf·ti·gen ⟨V. 500/R7 od. R8⟩ jmdn. od. etwas ~ *beruhigen, beschwichtigen, mildern;* einen Wütenden ~; er versuchte, ihren Zorn zu ~

Be'satz ⟨m.; -es, ¨-e⟩ **1** *Teile, mit denen ein Kleidungsstück zur Verzierung besetzt ist;* Sy *Belag(1.3.1);* ein Kleid mit schwarzem ~; Spitzen, Bänder, Borten sind als ~ sehr beliebt **2** ⟨unz.; Jagdw.⟩ *Bestand eines Reviers an Niederwild od. einer Niederwildart;* Hühner~ **3** ⟨unz.; Landw.⟩ *die Zahl der Tiere je Flächeneinheit Weideland* **4** ⟨unz.; Fischerei⟩ *die Menge der Fische, die in einem Teich ausgesetzt werden können*

Be'sat·zung ⟨f.; -, -en⟩ **1** *Truppen, die zur Bedienung einer festen Anlage bestimmt sind;* die ~ einer Festung, einer Burg, einer Radarstation **2** *Bemannung eines Schiffes, eines Flugzeugs od. eines Kampffahrzeugs;* Boots~; Panzer~ **3** ⟨unz.⟩ *Truppen, die fremdes Staatsgebiet besetzt halten;* die ~ zog ab; die ~ wurde verstärkt **4** ⟨unz.⟩ *Zustand des Besetztseins;* die ~ dauerte schon 10 Jahre

be'schä·di·gen ⟨V. 500⟩ **1** etwas ~ *etwas schadhaft machen;* das Haus wurde vom Blitz schwer beschädigt; ein beschädigtes Buch, Glas **2** ⟨R7 od. R8⟩ jmdn. od. sich ~ ⟨veralt.⟩ *sich verletzen*

be'schaf·fen[1] ⟨V. 530/R5 od. R6⟩ jmdm. etwas ~ *herbeibringen, herbeischaffen, besorgen, kaufen;* sich das Geld für etwas ~; das nötige Material für eine Arbeit ~; es ist nicht zu ~

be'schaf·fen[2] ⟨Adj. 40⟩ **1** *geartet, veranlagt, in einem bestimmten Zustand;* ich bin nun einmal so ~; der Gegenstand ist so ~ daß ...; so ~ wie (etwas anderes) **1.0.1** wie ist es mit deiner Gesundheit ~? *wie steht es mit deiner G.?*

Be'schaf·fen·heit ⟨f.; -; unz.⟩ **1** *das Beschaffensein, Sosein, Natur, natürl. Eigenart, Zustand;* Boden~; ~ eines Materials, eines Stoffes; ~ einer Ware; von eigentümlicher ~ **1.1.** *Veranlagung, Disposition;* Körper~; seelische, körperl. ~

be'schäf·ti·gen ⟨V. 500⟩ **1** ⟨R7 od. R8⟩ jmdn. ~ *arbeiten, tätig sein lassen;* die Kinder ~ **1.1** ein Arbeitgeber beschäftigt Arbeitnehmer *läßt sie gegen Bezahlung arbeiten;* er beschäftigt in seinem Betrieb 50 Arbeiter; in der Fabrik sind 100 Arbeiter beschäftigt **1.2** er ist bei der Firma X. beschäftigt *angestellt* **2** ⟨516/R7⟩ jmdn. mit einer Arbeit ~ *jmdn. eine A. tun lassen* **2.1** ⟨R3⟩ sich mit einem Zeitvertreib ~ *(zum Vergnügen) tätig sein;* sich mit Gartenarbeit, mit seinen Gedanken, mit einem Problem ~; sie war gerade damit beschäftigt, Gardinen aufzuhängen, als ich kam; er kann sich gut, nicht (allein) ~ **2.2** ⟨R3⟩ sich mit jmdm. ~ *sich um jmdn. kümmern, jmdn. fördern;* die Eltern ~ sich viel, wenig mit den Kindern **3** ⟨500⟩ die Angelegenheit beschäftigt mich sehr ⟨fig.⟩ *gibt mir sehr zu denken* **3.1** sehr, stark beschäftigt sein *emsig, tätig, sehr in Anspruch genommen sein, viel Arbeit haben*

Be'schäf·ti·gung ⟨f.; -, -en⟩ **1** *Tätigkeit, Zeitvertreib;* eine interessante, gesunde, dauernde, geregelte ~; er muß eine ~ haben, damit er sich nicht langweilt **2** *Beruf, Arbeit;* einer ~ nachgehen; er sucht eine ganztägige ~; bisherige ~ (auf Fragebogen); ohne ~ sein **3** ⟨unz.⟩ *das Beschäftigen;* die ~ von Kindern ist nicht erlaubt **4** ⟨unz.⟩ *das Beschäftigtsein;* die ~ bei der Bahn nimmt zu **5** ⟨unz.⟩ ~ mit etwas *das Sichbeschäftigen (Studium, Nachdenken);* die ~ mit der englischen Sprache; die ~ mit diesem Thema

be'schä·men ⟨V. 500⟩ jmdn. ~ **1** *in jmdm. Scham über (s)ein Fehlverhalten erwecken;* sie schlug beschämt die Augen nieder; ein ~des Gefühl; dein Verhalten ist ~d **1.1** beschämt sein *sich schämen* **2** *jmdn. durch das Unerwartete u. Unverdiente einer Wohltat irritieren;* ich bin von seiner Güte (tief) beschämt; deine Güte beschämt mich

be'schat·ten ⟨V. 500⟩ **1** ⟨R7 od. R8⟩ etwas ~ *vor Sonne schützen, in Schatten bringen, einen Schatten werfen auf;* ein großer Hut beschattete ihr Gesicht; eine alte Linde beschattet das Haus **1.1** ⟨fig.; geh.⟩ *betrüben;* die Feier war durch diese traurige Nachricht beschattet **2**

⟨R8⟩ jmdn. ~ ⟨fig.⟩ *jmdn. heimlich verfolgen u. beobachten, überwachen;* jmdn. von Kriminalbeamten, Detektiven ~ lassen

be'schau·en ⟨V. 500/R7 od. R8 od. 503/R1; landschaftl.⟩ jmdn. od. etwas ~ *jmdn. od. etwas prüfend anschauen, genau betrachten, besichtigen;* er beschaute (sich) mißtrauisch die Bilder; das muß ich mir genauer, näher, gründlich ~; sich im Spiegel ~

be'schau·lich ⟨Adj.⟩ **1** *behaglich, friedlich;* ein ~es Dasein führen; ~ auf einer Bank sitzen; in ~er Ruhe **2** *verträumt, besinnl. in Betrachtungen versunken, ruhig sinnend;* ein ~er Mensch, Roman; über etwas ~ schreiben; ich bin mehr fürs Beschauliche

Be'scheid ⟨m.; -(e)s, -e⟩ **1** ⟨unz.⟩ *Antwort, Nachricht, Auskunft;* Sie bekommen (noch) ~; auf ~ warten **1.1** jmdm. ~ geben *Auskunft erteilen, jmdn. benachrichtigen* **1.2** jmdm. ~ sagen *jmdm. etwas mitteilen, jmdn. von etwas in Kenntnis setzen;* bitte sagen Sie mir ~, wann ich aussteigen muß **1.3** jmdm. ordentlich ~ sagen, stoßen ⟨umg.⟩ *jmdm. deutlich die Meinung sagen* **2** *(behördl.) Entscheidung;* abschlägiger ~; der endgültige ~ geht Ihnen schriftl. zu; vorläufiger ~; wann kann ich mir den ~ holen? **3** ~ wissen *Kenntnis haben von etwas, etwas gut kennen, sich zurechtfinden (in);* danke, ich weiß ~!; bitte geh ins Zimmer, du weißt ja ~!; in einer Stadt ~ wissen; in, auf einem Fachgebiet ~ wissen; ich weiß über seinen Plan nicht ~; damit du ~ weißt! (als Drohung) **3.0.1** ich weiß hier nicht ~ *ich bin hier fremd* **3.0.2** er weiß überall ~ *er findet sich in jeder Lage schnell zurecht, kennt sich in jedem Handwerk aus* **4** jmdm. (beim Trinken) ~ tun *für Zutrinken mit einem Trunk danken*

be'schei·den[1] ⟨V. 209/500⟩ **1** ⟨505/R3⟩ sich (mit etwas) ~ ⟨geh.⟩ *sich (mit etwas) begnügen;* mit dieser Antwort mußte ich mich ~; sich mit wenigem ~ **2** ⟨530⟩ jmdm. etwas ~ ⟨geh.⟩ *zuteil werden lassen, geben;* Gott hat ihm beschieden, zu ..., daß ...; ihm war kein Erfolg beschieden **2.1** jmdm. ist es nicht beschieden *es ist jmdm. nicht vergönnt, es sollte nicht sein, daß jmd. ...;* es war ihm nicht beschieden, ein großer Künstler zu werden **3** ⟨511⟩ jmdn. an einen Ort ~ ⟨geh.⟩ *bestellen, kommen lassen;* jmdn. vor Gericht ~ **3.1** jmdn. zu sich ~ *zu sich bitten, zu sich kommen lassen* **4** jmdn. ~ *jmdm. etwas mitteilen, einen Bescheid geben* **4.1** ⟨513⟩ jmdn. abschlägig ~ *jmdm. eine Absage mitteilen, etwas ablehnen, absagen*

be'schei·den[2] ⟨Adj.⟩ **1** *genügsam, anspruchslos;* ein ~er Mensch; ~ leben **2** *einfach, gering, mäßig, mittelmäßig;* ~e Ansprüche, Forderungen; ein ~es Gehalt, Einkommen beziehen; deine Leistungen sind ja sehr ~; etwas zu einem ~en Preis einkaufen; er drängt sich nie vor, dazu ist er viel zu ~ **2.1** wie geht es dir? ~! *mäßig* **2.1.1** ⟨a. verhüllend für⟩ *beschissen*

be'schei·ni·gen ⟨V. 503/R6⟩ (jmdm.) etwas ~ *schriftl. bestätigen, bezeugen;* den Empfang eines Briefes, einer Sendung ~; das muß ich mir vom Arzt ~ lassen

be'sche·ren ⟨V.⟩ **1** ⟨530/R6⟩ jmdm. etwas ~ *jmdm. zu Weihnachten etwas schenken;* was hat dir das Christkind beschert?; was hast du zu Weihnachten beschert bekommen? **2** ⟨400⟩ *Geschenke austeilen (bes. zu Weihnachten);* wir ~ erst morgens am 25. Dezember; bei uns wird nachmittags um fünf Uhr beschert (am Heiligen Abend); dem Gesinde wird vorher beschert **3** ⟨530/R7 od. R8⟩ jmdm. jmdn. od. etwas ~ *zuteil werden lassen, bringen;* das Schicksal bescherte ihnen viele Kinder; der Besuch hat uns eine böse Überraschung beschert; was wird uns die Zukunft ~?

Be'sche·rung ⟨f.; -, -en⟩ **1** *(feierliches) Austeilen, Überreichen von Geschenken (bes. am Heiligen Abend);* am 24. Dezember abends ist (die) ~; Kinder~ **2** ⟨unz.; fig.; umg.; scherzh.⟩ *unangenehme Überraschung;* da haben wir die ~!; das ist ja eine schöne ~!

be'schicken ⟨-k·k-; V. 500⟩ **1** eine Messe, eine Ausstellung ~ *Waren od. Ausstellungsgegenstände auf eine M., A. schicken;* der Aussteller hat die Messe mit Mustern beschickt; der Markt war reich beschickt **2** eine Versammlung, einen Kursus ~ *durch Vertreter besuchen lassen;* die Tagung wurde international beschickt **3** einen Hochofen od. metallurgischen Ofen (mit etwas) ~ ⟨Techn.; Met.⟩ *mit einem Material, das be- od. verarbeitet werden soll, füllen;* einen Hochofen mit Erzen, Zuschlägen und Brennmaterial ~ **4** sein Haus ~ ⟨veralt.⟩ *(abschließend) seine Angelegenheiten besorgen, ordnen*

be'schla·fen ⟨V. 217/500⟩ **1** eine Frau ~ ⟨veralt.⟩ *mit einer Frau geschlechtlich verkehren* **2** eine Sache ~ ⟨umg.⟩ *eine Nacht schlafen, bevor man die Sache entscheidet, eine Entscheidung bis zum Morgen aufschieben, sie sich gründlich vorher überlegen;* deinen Vorschlag muß ich (mir) noch einmal ~; ich werde (mir) den Plan erst ~

Be'schlag ⟨m.; -(e)s, ¨-e⟩ **1** *Metallstück zum Zusammenhalten von bewegl. Teilen (z. B. von Fenstern, Türen), zum Schutz (z. B. der Ecken eines Buchdeckels, des Pferdehufes), zur Verzierung (z. B. an Schränken, Schubfächern)* **2** *feiner Niederschlag, Hauch, Überzug (auf Fensterscheiben, Metallflächen usw.)* **3** ⟨unz.; jägerspr.⟩ *das Beschlagen[1](3)* **4** ⟨nur in der Wendung⟩ jmdn. od. etwas in ~ nehmen, mit ~ belegen *ganz für sich allein beanspruchen;* einen Raum mit ~ belegen; jmds. Zeit mit ~ belegen

be'schla·gen[1] ⟨V. 218⟩ **1** ⟨500⟩ ein Tier od. etwas ~ *einen Metallbeschlag anbringen an etwas, bes. an den Hufen eines Tieres;* ein Pferd ~; mit Eisen ~; mit Nägeln ~e Schuhe **2** ⟨400⟩ etwas beschlägt *überzieht sich mit einem Beschlag;* Glas, Metall beschlägt leicht; die Fensterscheibe beschlägt **2.1** das Eisen ist mit Rost ~ *überzogen, bedeckt* **3** ⟨500⟩ weibl. Tiere des Schalenwilds ~ ⟨jägerspr.⟩ *begatten, befruchten* **3.1** das Tier ist ~ *befruchtet* **4** ⟨500⟩ Segel ~ ⟨seemannsspr.⟩ *befestigen*

be'schla·gen[2] **1** ⟨Part. Perf. von⟩ *beschlagen[1]* **2** ⟨Adj. 70⟩ *in etwas erfahren, reich an Kenntnissen;* auf, in einem Fachgebiet gut, sehr ~ sein

be'schlag·nah·men ⟨V. 500⟩ etwas ~ *jmdm. im behördlichen Auftrag das Verfügungsrecht über etwas entziehen, etwas behördlich wegnehmen;* die Polizei beschlagnahmte die Schmuggelware

be'schleu·ni·gen ⟨V.⟩ **1** ⟨500⟩ etwas ~ *etwas schneller werden lassen;* eine Bewegung ~; die Fahrt ~; er beschleunigte seine Schritte; beschleunigter Puls; mit beschleunigter Geschwindigkeit **1.1** ⟨500/R3⟩ etwas beschleunigt sich *wird schneller;* das Tempo, der Puls beschleunigt sich **1.2** ⟨413⟩ ein Fahrzeug beschleunigt leicht, gut, schnell, sofort *ein F. erhöht leicht usw. die Geschwindigkeit* **2** ⟨500; Phys.⟩ *die Geschwindigkeit innerhalb einer Zeiteinheit (Maßeinheit m/sec²) heraufsetzen* **2.1** negativ ~ *bremsen, verzögern* **3** ⟨500⟩ etwas ~ ⟨fig.⟩ *dafür sorgen, daß etwas früher geschieht, schneller eintritt od. vorangeht;* die Vorbereitungen, die Abreise ~; er wollte die Hochzeit ~; die Entwicklung, das Wachstum ~ **3.1** beschleunigtes Verfahren ⟨Rechtsw.⟩ *ein Verfahren, bei dem das Zwischenverfahren (die Einreichung der Anklageschrift) wegfällt*

be'schlie·ßen ⟨V. 222/500⟩ **1** etwas ~ *einen Beschluß(1) fassen;* wir haben beschlossen, noch heute abzureisen; es ist noch nichts (endgültig) beschlossen; was habt ihr beschlossen?; es ist beschlossene Sache **2** etwas ~ *etwas beenden, mit etwas Schluß machen;* seine Tage, sein Leben in beschaulicher Ruhe ~; ich möchte meinen Vortrag mit dem Wunsch ~, daß ...

Be'schluß ⟨m.⟩ **1** *Entscheidung, etwas zu tun als Ergebnis einer Beratung;* einen ~ fassen; einstimmiger ~; laut ~ der Versammlung; einen Antrag zum ~ erheben **2** ⟨unz.⟩ *Ende, Schluß, Abschluß;* zum ~ wollen wir noch ein Lied singen; den ~ einer Kolonne, Reihe machen

be'schnei·den ⟨V. 227/500⟩ **1** etwas ~ *den Rand glatt schneiden (von Papier, Leder, Stoff usw.);* die Bogen eines Buches ~ **2** etwas ~ *kürzer machen, stutzen, zurückschneiden;* Äste, Bäume, Finger-, Fußnägel ~; einen Bart ~; einem Vogel die Flügel ~ **3** eine Sache ~ ⟨fig.⟩ *herabsetzen, einschränken, schmälern;* die Ausgaben, Löhne ~; jmds. Freiheit, jmdm. die Freiheit ~ **4** Knaben ~ *bei K. die Vorhaut entfernen*

be'schö·ni·gen ⟨V. 500⟩ **1** etwas ~ *etwas Negatives in einem besseren Licht erscheinen lassen, etwas harmloser darstellen, als es in Wirklichkeit ist;* er beschönigt seine Fehler, Schwächen; jmds. Handlung, Tun, Verhalten ~ **1.1** ~der Ausdruck = *Euphemismus*

be'schrän·ken ⟨V.⟩ **1** ⟨500⟩ etwas ~ *etwas begrenzen, einer Sache Schranken setzen;* den Export ~; die Zahl der Studienbewerber ~; jmds. Rechte ~; seine Ausgaben ~ **1.1** ⟨550⟩ jmdn. in etwas ~ *jmdn. in etwas einengen;* jmdn. in seinen Rechten, in seiner (Handlungs)-freiheit ~ **1.2** ⟨550⟩ etwas auf ein bestimmtes Maß ~ *ein Maß nicht überschreiten lassen;* er hat seine Ausgaben auf ein Mindestmaß beschränkt; sie muß ihre Rede auf 30 Minuten ~ **2** ⟨550/R3⟩ sich auf jmdn. od. etwas ~ *sich mit jmdm. od. einer Sache begnügen;* wir müssen uns auf das Notwendigste, das Wesentliche ~; wir wollen versuchen, die Vergiftung (das Feuer) auf den Krankheitsherd (Brandherd) zu ~ **2.1** etwas beschränkt sich auf jmdn. od. etwas *etwas ist nur für jmdn. od. etwas gültig;* sein Einfluß beschränkte sich nicht nur auf die Politik; diese Bräuche beschränken sich auf die Naturvölker; die Maßnahme beschränkt sich auf die Rentner

be'schränkt **1** ⟨Part. Perf. von⟩ *beschränken* **1.1** *räumlich begrenzt, knapp;* unser Platz ist ~; ~er Raum **1.2** *zeitlich begrenzt;* meine Zeit ist ~ **1.3** *gering;* seine Möglichkeiten sind ~; wir haben nur ~e Mittel zur Verfügung **1.3.1** in ~en Verhältnissen leben *in ärmlichen V. leben* **1.4** *in seiner Geltung begrenzt;* Gesellschaft mit ~er Haftung; er hat nur ~e Vollmachten **2** ⟨Adj.; fig.; abwertend⟩ *geistig begrenzt, von geringer Intelligenz, einfältig;* einen ~en geistigen Horizont haben; er ist geistig etwas ~; ein ~er Mensch

be'schrei·ben ⟨V. 230/500⟩ **1** etwas ~ *mit Schriftzeichen versehen, vollschreiben;* ein Stück Papier, eine Tafel ~; die Seiten waren dicht, eng beschrieben; ein beschriebenes Stück Papier **2** jmdn. od. etwas ~ *durch Worte einen Eindruck von jmdm. od. etwas vermitteln;* eine Person ~; etwas anschaulich, ausführlich, genau, näher ~; sein Glück war nicht zu ~; wer beschreibt mein Erstaunen, meine Freude, meinen Schrecken, als ... **3** etwas beschreibt einen Kreis, eine Kurve *führt einen K., eine K. aus;* das Flugzeug, der Wagen beschrieb einen Kreis, Bogen

Be'schrei·bung ⟨f.; -, -en⟩ **1** *das mündliche od. schriftliche Beschreiben;* nach einer Pause fuhr sie in ihrer ~ fort; ich kenne ihn nur aus ihrer ~; er wurde in seiner ~ unterbrochen **1.1** etwas spottet jeder, aller ~ ⟨umg.⟩ *etwas ist unbeschreiblich, übersteigt jedes Maß;* seine Frechheit spottet jeder ~; der Zustand des Zimmers spottete jeder ~ **2** *genaue Angaben über etwas od. jmdn.;* eine ~ des Täters, einer Person geben; Personen~; eine ~ für den Gebrauch

be'schul·di·gen ⟨V. 504/R7 od. R8⟩ **1** jmdn. od. sich (einer Sache) ~ *jmdm. od. sich die Schuld an etwas geben;* jmdn. des Betruges, des Diebstahls ~; man hat ihn beschuldigt, Geld gestohlen zu haben; jmdn. falsch, zu Unrecht ~ **1.1** ⟨Rechtsw.⟩ *jmdn. wegen einer Straftat bei Gericht anzeigen (vor der öffentl. Klage)*

Be'schwer·de ⟨f.; -, -n⟩ **1** *Mühe, Last, Mühsal, Mühseligkeit;* der Weg, die Arbeit macht mir viel(e) ~(n) **2** ⟨Pl.⟩ ~n *körperl. Leiden, Schmerzen;* die ~n des Alters; das Treppensteigen macht, verursacht mir ~n; keinerlei ~n (mehr) haben; über ~n (beim Atmen, bei der Verdauung usw.) klagen; wo haben Sie ~n? **3** *an zuständiger Stelle vorgebrachte Klage über jmdn. od. etwas;* große, kleine ~n; jmdm. Grund zur ~ geben; was haben Sie für ~n?; eine ~ vorbringen **3.0.1** ~ führen *sich beschweren* **3.1** *Rechtsmittel gegen Beschlüsse (von Verwaltungsbehörden)* **3.1.1** ~ einlegen *einreichen*

be'schwe·ren ⟨V. 500⟩ **1** etwas ~ *belasten, schwerer machen;* Schriftstücke ~ (damit sie nicht weggeweht werden); den Magen mit fetten Speisen ~ **2** ⟨550/R7 od. R8⟩ jmdn. mit etwas ~ *seelisch belasten;* jmdn. mit Sorgen, Nöten, einer schlimmen Nachricht ~ **3** ⟨R3⟩ sich ~ *eine Beschwerde(3) vorbringen, sich beklagen;* Sy *reklamieren(2);* sich beim Geschäftsführer ~; sich über ungerechte Behandlung, schlechte Bedienung ~

be'schwer·lich ⟨Adj.⟩ **1** *Beschwerde(n) bereitend, mühselig, mühsam, ermüdend;* ~e Arbeit; ein ~er Weg; die Reise war lang und ~ 1.1 jmd. od. etwas fällt jmdm. ~ *wird jmdm. lästig*

be'schwich·ti·gen ⟨V. 500/R7 od. R8⟩ jmdn. od. etwas ~ *beruhigen;* jmds. Erregung, Zorn ~; sein Gewissen ~; einen Zornigen ~; eine ~de Geste

be'schwingt ⟨Adj.; fig.⟩ *leicht, schwungvoll, heiter, beflügelt, freudig eilend;* ~e Melodie, ~er Rhythmus; ~en Schrittes, mit ~en Schritten; ~ nach Hause gehen

be'schwö·ren ⟨V. 238/500⟩ **1** eine Aussage ~ *durch Schwur bekräftigen, beeiden* **2** ⟨580⟩ jmdn. ~, etwas (nicht) zu tun *flehentlich bitten;* sie beschwor ihn, sie nicht zu verlassen **3** Dämonen, Geister, Naturmächte ~ *herbeizaubern, -rufen od. bannen, wegzaubern, austreiben* 3.1 Erinnerungen ~ *ins Gedächtnis rufen*

be'se·hen ⟨V. 239/500/R7 od. R8 od. 503/R1⟩ **1** (sich) jmdn. od. etwas ~ *(sich) jmdn. od. etwas genau beschauen, jmdn. od. etwas betrachten, ansehen;* er besah sie (sich) aufmerksam, von oben bis unten; ich besah mich im Spiegel; ich will mir den Schaden ~; ich habe (mir) Bilder ~ 1.1 bei Licht(e), in der Nähe, genau, recht ~ ⟨fig.; umg.⟩ *genaugenommen, in Wirklichkeit, recht überlegt;* bei Lichte ~, ist es doch anders

be'sei·ti·gen ⟨V. 500⟩ **1** etwas ~ ⟨a. fig.⟩ *etwas entfernen, zum Verschwinden bringen;* Schmutz, Abfälle, Flecken ~; Fehler, Hindernisse, Schwierigkeiten, Störung, Ursache, Vorteil ~ **2** jmdn. ~ ⟨verhüllend⟩ *ermorden, umbringen;* einen Mitwisser ~; man hat ihn beseitigt, weil er zuviel wußte

Be·sen ⟨m.; -s, -⟩ **1** *Werkzeug zum Kehren;* Hand~, Kehr~ 1.1 ich fresse einen ~, wenn das stimmt ⟨umg.; scherzh.⟩ *ich glaube es nicht, das kann nicht stimmen* 1.2 jmdn. auf den ~ laden ⟨fig.⟩ *täuschen, foppen, zum besten haben* 1.3 → a. *neu(1.0.2); eisern(2.2)* **2** *Gerät zum Schaumschlagen;* Schnee~ **3** ⟨umg.; scherzh.⟩ *Mann, Mensch;* du alter ~!; so ein alter ~! 3.1 ⟨studentenspr.; schweiz.⟩ *Mädchen* 3.2 ⟨umg.; abwertend⟩ *zänkische Frau*

be'ses·sen **1** ⟨Part. Perf. von⟩ *besitzen* **2** ⟨Adj.⟩ 2.1 *von bösen Geistern beherrscht, ergriffen, irr, wahnsinnig;* er ist vom Teufel ~; wie ~ herumspringen, schreien, davonrennen 2.2 *von etwas übermäßig erfüllt, begeistert sein;* von einer Idee, Vorstellung, einem Wunsch ~ sein; sie war von ihrer Arbeit ~ 2.2.1 *leidenschaftlich;* ein ~er Spieler, Rennfahrer

be'set·zen ⟨V. 500⟩ **1** einen Platz ~ *belegen, freihalten;* alle Plätze waren schon besetzt; einen Stuhl für jmdn. ~; das Theater war (dicht, voll) besetzt; die Straßenbahn war (voll) besetzt; Besetzt (Aufschrift auf den Schlössern von Toilettentüren) 1.1 ein Sitzmöbel ~ *sich darauf setzen* 1.2 einen Tisch mit Speisen ~ *S. darauf stellen* **2** einen Staat, Teil eines Staates ~ *der eigenen Herrschaft unterstellen;* die besetzten Gebiete; ein Land, eine Stadt ~ **3** eine (offene) Stelle ~ *einen Arbeitnehmer für eine S. einstellen;* die guten Posten waren schon besetzt 3.1 Rollen ~ ⟨Theat.⟩ *auf einzelne Schauspieler verteilen;* das Stück war mit guten Schauspielern besetzt **4** ⟨516⟩ Stoff mit etwas ~ *auf etwas etwas nähen;* das Kleid war mit Borte besetzt; ein mit Pelz besetzter Mantel **5** ein Beet ~ *bepflanzen;* die Rabatte mit Tulpen ~

be'sich·ti·gen ⟨V. 500⟩ etwas ~ *etwas zwecks Bildung od. Prüfung bei einem Rundgang ansehen, anschauen;* ein Bauwerk, ein Museum, eine Stadt ~; ein Krankenhaus, eine Schule, Truppen ~; etwas durch Sachverständige ~ lassen

be'sie·geln ⟨V. 500⟩ etwas ~ **1** ⟨veralt.⟩ *mit Siegel versehen, durch Siegel versiegeln, fest verschließen* **2** ⟨505; geh.⟩ *bekräftigen, bindend bestätigen;* er hat seine Treue mit seinem Blut, seinem Tod besiegelt; ein Versprechen mit Handschlag ~; eine Liebeserklärung mit einem Kuß ~ 2.1 besiegelt sein *entschieden sein, unverrückbar feststehen;* sein Schicksal ist (damit, durch das Urteil usw.) besiegelt

be'sie·gen ⟨V. 500/R7 od. R8⟩ **1** jmdn. od. sich, etwas ~ *den Sieg erringen über, im Kampf gewinnen gegen;* jmdn. im Wettkampf, im Spiel ~; den Gegner (geistig) ~; sich selbst ~ ist der schönste Sieg (F. von Logau); ein besiegtes Land; wehe den Besiegten! (Ausspruch des Galliers Brennus, als er 390 v. Chr. Rom eroberte) 1.1 seine Leidenschaften ~ *zügeln, bezähmen* 1.2 *überwinden;* Schwierigkeiten, Furcht, Zweifel ~ 1.3 sich für besiegt erklären *sich zum Verlierer erklären, den Kampf aufgeben*

be'sin·nen ⟨V. 245/500/R3⟩ **1** sich ~ *überlegen, nachdenken;* sich einen Augenblick ~; ich muß mich erst ~; ohne sich zu ~ 1.1 ⟨513 od. 540⟩ sich anders, eines Besseren ~ *sich etwas anders, besser überlegen* **2** ⟨505⟩ sich (auf jmdn. od. etwas) ~ *sich (an jmdn. od. etwas) erinnern;* ich kann mich nicht (mehr) ~, wie er ausgesehen hat 2.0.1 wenn ich mich recht besinne *wenn ich nicht irre, wenn mich meine Erinnerung nicht täuscht* 2.0.2 jetzt besinne ich mich wieder *jetzt fällt es mir wieder ein*

be'sinn·lich ⟨Adj.⟩ *nachdenklich, beschaulich;* eine ~e Stunde verbringen; ~e Worte; sie schaute ~ zum Himmel auf

Be'sin·nung ⟨f.; -; unz.⟩ **1** *Bewußtsein* 1.0.1 die ~ verlieren *bewußtlos werden, in Ohnmacht fallen* 1.0.2 wieder zur ~ kommen *aus der Bewußtlosigkeit erwachen* **2** *ruhige Überlegung, ruhiges Nachdenken;* in dem Rummel kommt man nicht zur ~ 2.0.1 jmdn. zur ~ bringen *jmdn. zur Vernunft bringen* **3** ⟨geh.⟩ *Erinnerung;* die ~ auf den Ursprung des Weihnachtsfestes

be'sin·nungs·los ⟨Adj.⟩ **1** *bewußtlos, ohnmächtig;* sie stürzte ~ zu Boden; der ~e Mann war verletzt **2** *außer sich, aufs höchste erregt, nicht bei Vernunft;* ~ vor Wut sein; sie war ~ vor Schreck; sich ~ in die Arbeit stürzen **3** *maßlos;* ~e Furcht, Angst, Eile

Be'sitz ⟨m.; -es; unz.⟩ **1** ⟨Rechtsw.⟩ *tatsächl. Herrschaft, Gewalt über eine Sache;* Ggs *Eigentum* 1.0.1 → a. *unmittelbar(2.1)* 1.1 *die Sache selbst, deren Gebrauchs- u. Nutzungsrecht man hat;* das Haus ist sein rechtmäßiger ~ **2** *alles, worüber man (begrenzt) verfügen darf;* → a. *Eigentum* ⟨umg.⟩; an seinen Erinnerungen einen kostbaren, köstlichen, unverlierbaren (geistigen) ~ haben; das Gut ging vor einigen Jahren in seinen ~ über 2.1 *Besitzung, Grundstück, Landgut;* er hat in Italien einen sehr schönen ~ 3 *das Besitzen;* unerlaubter ~ (z. B. von Waffen) 3.0.1 in den ~ einer Sache kommen *etwas bekommen* 3.0.2 von etwas ~ ergreifen, etwas in ~ nehmen *sich etwas aneignen* 3.1 im ~ einer Sache sein *eine S. besitzen* 3.1.1 ich bin im ~ Ihres Schreibens *ich habe Ihr Schreiben erhalten*

be'sit·zen ⟨V. 246/500⟩ etwas ~ **1** *in Besitz haben, darüber herrschen, verfügen;* einen Gegenstand ~; ein Grundstück, ein Haus, viel Geld, großen Reichtum ~ 1.1 die ~de Klasse *Gesellschaftsklasse mit viel Besitz;* die Besitzenden **2** ⟨geh.⟩ *haben;* Mut, Phantasie, ein Talent, Temperament ~; er hat die Frechheit besessen, zu behaupten, ... **3** *teilhaben an;* jmds. Liebe, Vertrauen, Zuneigung ~

Be'sit·zung ⟨f.; -, -en⟩ *größeres Grundstück, Landgut, Grundbesitz;* er wohnt auf seinen ~en

be'son·dere(r, -s) ⟨Adj. 24/60⟩ **1** *einzeln, nicht allgemein, nicht auf alle zutreffend, nicht für alle geeignet, für sich;* Ggs *allgemein(1);* im allgemeinen und im ~n; ~ Kennzeichen, Umstände, Wünsche **2** *außerordentlich, außergewöhnlich;* ein ganz ~r Fall; das ist etwas ganz Besonderes, nichts Besonderes 2.1 *speziell;* zur ~n Verwendung ⟨Mil.; Abk.: z. b. V.⟩ **3** *eigen, eigenartig, eigentümlich;* ein ganz ~s Gefühl

be'son·ders ⟨Adv.⟩ **1** *getrennt, gesondert, abseits, für sich;* Ggs *allgemein(1);* einen Gegenstand ~ aufstellen, legen, stellen **2** *hauptsächlich, vor allem;* ich rechne ihm seine Haltung hoch an, ~ wenn man bedenkt, daß ...; ich habe mich ~ darüber gefreut, daß ...; ich habe dabei ~ an dich gedacht **3** *in hohem Maße, sehr (hervorragend);* wie geht es dir? nicht ~; (nicht) ~ gut, schön, schlecht **4** *ausdrücklich, nachdrücklich;* ich möchte ~ betonen, hervorheben 4.1 *speziell;* er eignet sich ~ zum Lehrer

be'son·nen[1] ⟨V. 500⟩ **1** jmdn. od. etwas ~ *mit Sonne bescheinen* 1.1 besonnt ⟨geh.⟩ *von Sonne beschienen*

be'son·nen[2] **1** ⟨Part. Perf. von⟩ *besinnen* **2** ⟨Adj.⟩ *überlegt, bedächtig, vorsichtig, umsichtig;* ein ~er Mensch; ~ handeln; ~ zu Werke gehen

be'sor·gen ⟨V. 500⟩ **1** etwas ~ *erledigen;* Botengang, Einkauf, Geschäft ~ **2** ⟨530/R5⟩ jmdm. etwas ~ *kaufen, einkaufen, beschaffen, verschaffen, holen;* jmdm. eine Theaterkarte, ein Zimmer ~; bitte besorge mir ein Taxi; sich etwas ~ lassen **3** jmdn. od. etwas ~ *betreuen, pflegen, versorgen, sich um jmdn. od. etwas kümmern;* Kranke, Kinder, das Hauswesen ~ **4** ⟨530; umg.⟩ es jmdm. ~ *vergelten, heimzahlen* 4.1 dem habe ich es (aber) besorgt! *dem habe ich deutlich die Meinung gesagt* **5** ~, daß ... *Sorge haben (um od. daß ...), befürchten, argwöhnen;* ich besorge, daß er einen Unfall gehabt hat **6** ⟨Part. Perf.⟩ besorgt sein (um) *sich Sorgen machen, in Sorge sein;* eine besorgte Mutter; um jmds. Gesundheit besorgt sein

be'spre·chen ⟨V. 251/500⟩ **1** etwas ~ *erörtern, beraten, über etwas sprechen;* die Ereignisse der Woche (im Radio) ~; eine Frage, ein Problem, einen Vorfall ~; etwas eingehend, gründlich ~; ich habe folgendes mit ihm besprochen ... **2** ⟨517/R3⟩ sich mit jmdm. ~ *mit jmdm. über etwas sprechen, Meinungen austauschen;* er besprach sich mit seinem Steuerberater **3** jmdn. od. etwas ~ *beurteilen, eine Kritik schreiben über jmdn. od. etwas;* ein neuerschienenes Buch ~; eine Theateraufführung ~ **4** jmdn. od. etwas ~ *durch Zauberworte zu heilen suchen;* eine Krankheit, Warzen ~ **5** eine Schallplatte, ein Tonband ~ *etwas auf eine S., auf T. sprechen, gesprochene Worte auf eine S., auf T. aufnehmen (lassen)*

be'sprin·gen ⟨V. 253/500; umg.⟩ ein weibl. Tier (vom Rind, Pferd, Edelwild u. a.) ~ *auf es aufsteigen, um es zu begatten*

'bes·ser ⟨Adj.⟩ **1** ⟨Komparativ von⟩ *gut;* ich komme wieder, wenn du ~e Laune hast; fühlst du dich (wieder) ~?; geht es dir finanziell, gesundheitlich wieder ~?; meine Kinder sollen es einmal ~ als ich haben; du kannst das ~ als ich; das kann man ~ machen; er ist zu faul zum Arbeiten, ~ gesagt: er will gar nicht arbeiten; es ist ~, du kommst sofort, daß du sofort kommst; ihre Leistungen sind ~ als deine; es wäre ~, wenn du sofort kämst; es muß doch einmal (wieder) ~ werden; er will immer alles ~ wissen; ~ spät als nie; das ist ~ als nichts; auf ~es Wetter warten; auf ~e Zeiten hoffen; desto ~!; für ein ~es Leben arbeiten; es kommt noch ~! (beim Erzählen eines Ereignisses); um so ~! 1.0.1 ~ ist ~! *lieber vorbeugen!* 1.0.2 ⟨60⟩ er ist nur ein ~er Hilfsarbeiter *kaum mehr als ein H., etwas Ähnliches wie ein H.* 1.1 ⟨60⟩ meine ~e Hälfte ⟨umg.; scherzh.⟩ *meine Frau* 1.2 ⟨60⟩ mein ~es Ich *mein Gewissen* 1.3 ⟨60⟩ in ~en Kreisen verkehren *in höheren Gesellschaftsschichten* 1.4 ⟨60⟩ das ~e Teil gewählt haben *sich richtig entschieden haben*

'Bes·se·res ⟨n. 3⟩ **1** *etwas, das besser ist als anderes;* ich habe ~ zu tun, als ...; etwas ~ ist dir wohl nicht eingefallen?; haben Sie nicht noch etwas ~? (beim Einkaufen); ich kann im Augenblick nichts ~ tun als ...; wenn du nichts ~ vorhast, komm doch heute abend; in Ermangelung von etwas Besserem; eine Wendung zum Besseren 1.0.1 jmdn. eines Besseren belehren *jmdn. von einer falschen Meinung abbringen* 1.0.2 sich eines Besseren besinnen *es sich anders (besser) überlegen*

bes·sern ⟨V. 500⟩ **1** jmdn. od. etwas ~ *besser machen, verbessern;* wir müssen ihn zu ~ suchen; die Strafe hat ihn nicht gebessert; an den Verhältnissen war viel zu ~; ein Kleidungsstück ~ ⟨geh.⟩ **2** ⟨R3⟩ sich ~ *besser werden;* du mußt dich ~; die Kurse ~ sich; deine Leistungen müssen sich noch ~; seine Krankheit, sein Leiden bessert sich zusehends; er hat versprochen, sich zu ~

'Bes·se·rung ⟨f.; -; unz.⟩ **1** *das Besserwerden, Sichbessern, Hinwendung zum Guten, Bessseren;* die frische Luft hat viel zur ~ seiner Krankheit beigetragen 1.0.1 es ist eine (merkliche) ~ eingetreten *es ist (merkl.) besser geworden* 1.0.2 gute ~! *möge sich deine Krankheit bald bessern!, alles Gute für deine Gesundung!, werde bald wieder gesund!* 1.0.3 sich auf dem Wege der ~ befinden *der Gesundung entgegengehen*

Be'stand ⟨m.; -(e)s, ⸚e⟩ **1** ⟨unz.⟩ *das Bestehen, Fortbestehen, Dauer;* das ist nicht von ~ **1.0.1** das hat keinen ~ *ist nicht von Dauer* **2** *das Vorhandene* 2.1 *augenblickl. Vorrat;* Kassen~, Waren~; der ~ der Bibliothek beträgt 10 000 Bände; der ~ an Büchern, an Kleidern 2.2 *immer verfügbarer Vorrat;* den ~ auffüllen, erneuern; in meinen Beständen wird sich schon etwas Passendes finden **3** ⟨Forstw.⟩ *Gesamtheit der Nutzbäume eines Reviers*

be'stan·den **1** ⟨Part. Perf. von⟩ *bestehen* **2** ⟨Adj. 24/70⟩ *bewachsen;* der Garten war mit Bäumen ~; ein dünn ~er Wald

be'stän·dig ⟨Adj.⟩ **1** *andauernd, ständig, ununterbrochen;* der ~e Regen macht einen ganz trübselig; ~es Wetter; in ~er Angst, Sorge, Unruhe leben 1.1 ⟨50⟩ *immer(zu), in einem fort;* es hat heute ~ geregnet; er hat ~ etwas auszusetzen, zu klagen; er kommt ~ zu mir gelaufen **2** *dauerhaft, widerstandsfähig;* wetter~; der Stoff ist sehr ~ gegen Wasser, Witterungseinflüsse **3** *beharrlich, treu, nicht wankelmütig;* ein ~er Mensch; er ist sehr ~ in seiner Arbeit, seinem Fleiß

Be'stand·teil ⟨m.⟩ **1** *Teil einer größeren Einheit;* die Methodik ist ein wesentl. ~ der Pädagogik; die ~e einer Uhr, Maschine, eines Motors; Haupt~; einen Gegenstand in seine ~e zerlegen 1.1 das Stück hat sich in seine ~e aufgelöst ⟨umg.; scherzh.⟩ *ist entzweigegangen*

be'stär·ken ⟨V. 505/R8⟩ j m d n. (i n e t w a s) ~ *bestätigen, unterstützen;* jmdn. in seiner Meinung, in einem Vorsatz ~; seine Antwort bestärkte meinen Verdacht

be'stä·ti·gen ⟨V. 500⟩ **1** e t w a s ~ *als richtig anerkennen, für zutreffend, gültig erklären;* jmds. Ansicht, Meinung ~; eine Aussage ~; eine Behauptung ~; eine Urkunde ~; eidlich, unterschriftlich ~ **1.1** e t w a s bestätigt e t w a s *zeigt die Richtigkeit von etwas;* das bestätigt meinen Verdacht; damit sehe ich meine Auffassung bestätigt **1.2** ⟨R3⟩ e t w a s bestätigt s i c h *stellt sich als richtig, zutreffend heraus;* es hat sich bestätigt, daß ...; meine Befürchtungen haben sich bestätigt **2** den E m p f a n g einer Sendung ~ ⟨kaufmannsspr.⟩ *mitteilen, daß eine S. angekommen ist* **3** e t w a s ~ *als rechtskräftig anerkennen;* jmds. Amtseinsetzung ~; Beschlüsse ~

be'stat·ten ⟨V. 500; geh.⟩ j m d n. ~ *jmdn. begraben, beerdigen, einäschern;* man hat ihn feierlich, kirchlich, mit militärischen Ehren in seiner Heimat, im fremden Land bestattet

be'ste·chen ⟨V. 254⟩ **1** ⟨500/R8⟩ j m d n. ~ *jmdn. durch unerlaubte Geschenke für sich gewinnen, beeinflussen;* Beamte ~; einen Richter, Zeugen ~; er ließ sich leicht ~ **2** ⟨414⟩ j m d n. ~ *für sich einnehmen, einen gewinnenden, günstigen Eindruck auf jmdn. machen;* sie besticht durch ihr gutes Aussehen; das Buch hat mich durch seine hübsche Ausstattung bestochen; sie hat ein ~des Lächeln; sein Auftreten hat etwas Bestechendes

Be'steck ⟨n.; -(e)s, -e⟩ **1** ⟨umg. Pl. auch -s⟩ *Gerät, mit dem eine Person Essen zu sich nimmt od. mit Hilfe dessen sie das Essen zerkleinert od. serviert (Löffel, Messer, Gabel);* ein ~ mehr auflegen; bringe noch ein ~!; die ~e waren aus Silber, Alpaka; Eß~, Tisch~, Vorlege~; Obst~, Kuchen~ **2** ⟨Med.⟩ *eine Zusammenstellung von Instrumenten für den Arzt, handlich u. staubdicht verpackt;* anatomisches, chirurgisches ~; mikroskopisches ~ **3** ⟨Mar.⟩ *Stand eines Schiffes auf See, nach Längen- u. Breitengrad;* geschätztes, beobachtetes ~; nautisches ~ 3.1 das ~ n e h m e n *den Standort eines Schiffes bestimmen*

be'ste·hen ⟨V. 256⟩ **1** ⟨400 od. 410⟩ *vorhanden sein, dasein, existieren;* ~ irgendwelche Bedenken gegen meinen Vorschlag?; seit Bestehen des Geschäfts; die Firma besteht schon seit 10 Jahren; das Geschäft besteht nicht mehr; dein Vorwurf besteht zu Recht; darüber besteht kein Zweifel 1.1 *in Kraft, gültig sein;* die ~den Gesetze 1.2 ⟨401⟩ e s besteht ... *es gibt;* es besteht ein Gesetz, eine Vorschrift, daß ... **1.3** ⟨mit Modalverb⟩ *leben;* mit so wenig Nahrung kann niemand ~ **2** ⟨400⟩ etwas b l e i b t ~, besteht weiter *dauert fort, verschwindet nicht;* Schönheit vergeht, Tugend besteht ⟨Sprichw.⟩ **3** ⟨800⟩ 3.1 v o r j m d m. ~ *jmds. Zweifel od. Ansprüchen standhalten;* vor jmds. Kritik, kritischem Blick ~; er hat glänzend vor uns bestanden 3.2 a u f e t w a s ~ *beharren, etwas energisch verlangen;* ich bestehe auf meinem Recht; er bestand hartnäckig auf seiner Forderung; wenn du darauf bestehst, muß ich es dir sagen; ich bestehe darauf, daß mir der Schlüssel ausgehändigt wird; er besteht auf seinem Willen **3.2.1** er besteht a u f s e i n e m K o p f ⟨umg.⟩ *er ist unnachgiebig, eigensinnig* **3.3** ~ a u s *zusammengesetzt sein aus;* dieser Gegenstand besteht aus Gummi, Holz, Silber **3.4** ~ i n *ausgefüllt sein mit, gebildet werden durch;* sein Leben bestand in Hilfe u. Aufopferung für andere; die Ursache besteht in ...; der Unterschied besteht darin, daß ...; meine Aufgabe besteht darin ... **4** ⟨500⟩ e t w a s ~ *erfolgreich durchstehen, siegreich überstehen;* Abenteuer, Kampf, Probe, Prüfung ~; er hat die Probe gut, schlecht, nicht bestanden; eine Prüfung mit Auszeichnung ~; nach bestandenem Examen **4.1** ⟨800⟩ in einer G e f a h r, einem Kampf ~ *sich behaupten, bewähren*

be'stel·len ⟨V.⟩ **1** ⟨503/R5⟩ (j m d m.) e t w a s ~ *verlangen, daß (jmdm.) etwas gebracht wird;* Lieferungen, Waren ~; ein Taxi (telephonisch) ~; eine Flasche Wein ~; ich habe bei der Firma X 100 Stück bestellt; ich habe das Essen für (auf) 12 Uhr bestellt **1.1** das ist bestellte Arbeit *im Auftrag verrichtete A.* **1.2** unser Junge hat sich ein Geschwisterchen bestellt ⟨umg.⟩ *er möchte ein G. haben, d. h. wir bekommen bald ein Kind* **2** ⟨500⟩ j m d n. ~ *verlangen, daß jmd. kommt;* jmdn. an einen Ort ~; er hat mich auf, für Montag bestellt; jmdn. zu sich ~; ich bin hierher bestellt worden 2.1 er stand wie bestellt und nicht abgeholt ⟨umg.; scherzh.⟩ *er stand wartend da u. wußte nicht, was er tun sollte* **3** ⟨800⟩ jmdn. z u m Richter, zum Vormund ~ *amtlich als R., V. einsetzen, zum R., V. ernennen;* amtlich bestellter Vormund **4** ⟨500⟩ das F e l d ~ *bearbeiten, bebauen;* die Felder sind gut, schlecht bestellt **5** ⟨500⟩ sein H a u s ~ *(abschließend) versorgen, ordnen* **6** ⟨500⟩ einen B r i e f ~ *zur Post geben, überbringen, zustellen* **7** ⟨530⟩ j m d m. e t w a s (eine Nachricht) ~ *ausrichten, eine Botschaft* *überbringen;* bestelle deinem Vater einen schönen Gruß von mir; ich soll Ihnen ~, daß meine Mutter nicht kommen kann; haben Sie mir etwas zu ~? 7.1 ⟨530 od. 550⟩ jmdm. od. an jmdn. einen Gruß (von jmdm.) ~ *jmdn. grüßen lassen*

'be·stens ⟨Adv.⟩ **1** *aufs beste, so gut wie möglich, sehr gut, ausgezeichnet;* wie geht es dir? ~!; wir werden Sie ~ bedienen, es ~ erledigen **1.1** danke ~! ⟨iron.⟩ *ich denke nicht daran (etwas zu tun)!* **2** *sehr herzlich;* ich danke Ihnen ~ für ...; ich empfehle mich ~ als Ihr XY (förml. Briefschluß)

'be·ste(r, -s) ⟨Adj.⟩ **1** ⟨Superlativ von⟩ *gut;* der ~ Freund, Schüler; ~r Freund, so geht das nicht!; er hat den ~n Willen dazu, aber er schafft es nicht; das ~ seiner Werke; es ist am ~n, du kommst sofort; das gefällt mir am ~n; er hat am ~n gesungen; das mußt du selbst am ~n wissen; er ist auf dem ~n Wege, ein großer Künstler zu werden; ich halte es für das ~, du kommst gleich mit; es wird das ~ sein, wenn wir gleich hingehen; er ist im ~n Alter für einen Berufswechsel; im ~n Sinne des Wortes; nach ~m Wissen handeln; das Leben von der ~n Seite sehen; sich von seiner ~n Seite zeigen; nein, mein Bester!; du bist doch meine Beste!; ich kaufe stets nur das Beste; man muß aus jeder Lebenslage das Beste machen; ich will doch nur dein Bestes; der, die Beste (in) der Klasse; es geschieht zu deinem Besten; das Beste vom Besten **1.0.1** das geht beim ~n Willen nicht *wirklich nicht, mit aller Mühe nicht* **1.0.2** er ist im ~n Alter, in den ~n Jahren *im mittleren Alter, zwischen 45 und 55, in den Lebensjahren, in denen man schon gereift, aber noch rüstig u. unternehmend ist* **1.0.3** er war im ~n Zuge (beim Reden, Spielen, Arbeiten) *mittendrin* **1.0.4** es war alles aufs ~ bestellt, geordnet *so gut wie möglich, sehr gut* **1.0.5** mit seiner Gesundheit steht es nicht zum ~n *nicht gut* **1.0.6** ein Lied, einen Witz zum ~n geben *zur Unterhaltung vortragen, erzählen* **1.0.7** jmdn. zum ~n haben, halten *zum Scherz täuschen* **1.0.8** sein Bestes tun *sich alle Mühe geben* **1.0.9** ein Konzert zum Besten notleidender Künstler *zugunsten, für* **1.1** der, die, das erste, nächste ~ *der, die, das nächste;* ich habe den ersten ~n gefragt, der mir begegnete; wenn du einen Mantel kaufen willst, darfst du nicht den ersten ~n nehmen; die erste ~ Gelegenheit ergreifen; ich könnte mich vor Verzweiflung am nächsten ~n Baum aufhängen

be'steu·ern ⟨V. 500⟩ jmdn. od. etwas ~ *mit einer Steuer belegen;* ein Einkommen ~; die Regierung besteuert die Luxusartikel, ihre Bürger zu hoch; Importe sind zu hoch besteuert

'Be·stie ⟨[-stiə] f.; -, -n⟩ **1** *wildes Tier* **2** ⟨fig.⟩ *roher, grausamer Mensch*

be'stim·men ⟨V. 500⟩ **1** etwas ~ *festsetzen, entscheiden;* den Ort, den Preis, die Zeit ~; er bestimmte, daß ...; einen Tag, einen Termin ~; du hast hier nichts zu ~! **1.1** *verfügen, entscheiden können;* hier habe ich zu ~!; hier bestimme ich! **2** ⟨518 od. 517/R7 od. R8⟩ jmdn. od. etwas (als, zu etwas) ~ *als, zu etwas vorsehen;* einen Nachfolger ~; jmdn. als, zum Nachfolger ~ **2.1** ⟨530⟩ jmdm. etwas ~ *festsetzen, daß jmd. etwas bekommt;* ihm war eine große Zukunft (vom Schicksal) bestimmt **3** jmdn. od. etwas ~ *ermitteln, feststellen;* den Standort ~; den Gewinner durch das Los ~ **3.1** Pflanzen ~ ⟨Bot.⟩ *nach Art, Familie, Gattung ermitteln u. einordnen* **4** ⟨R8⟩ jmdn. od. etwas ~ *entscheidend beeinflussen;* sich von seinen Launen, Neigungen ~ lassen **4.1** ~den Einfluß auf jmdn. haben *entscheidenden E.* **5** ⟨550/R7⟩ jmdn. zu etwas ~ *bewirken, daß jmd. etwas tut;* ich habe mich dazu ~ lassen, das Amt zu übernehmen; jmdn. ~, etwas zu tun

be'stimmt ⟨Adj.⟩ **1** ⟨60⟩ *genau festgesetzt, festgelegt, begrenzt;* ich suche etwas Bestimmtes; ich brauche es für einen ~en Zweck; zur ~en Zeit **1.1** der ~e Artikel ⟨Gramm.⟩ *der, die, das* **1.2** ~es Pronomen ⟨Gramm.⟩ *durch Person und Numerus festgelegtes Pronomen, z. B. ich, mein* **2** *entschieden, energisch, stark ausgeprägt;* eine sehr ~e Anordnung; seine Rede war sehr ~; er sprach sehr ~ **3** ⟨50⟩ *sicher, gewiß;* wir kommen ~ (nicht); ich kann es nicht ~ sagen

Be'stim·mung ⟨f.; -, -en⟩ **1** *das Bestimmen;* Begriffs~; ein Adjektiv als nähere ~ zum Subjekt, Objekt ⟨Gramm.⟩ **2** *Anordnung, Vorschrift;* den ~en gemäß; gesetzliche ~en; ich muß mich nach den (geltenden) ~en richten **3** *Ziel;* das Schiff war mit ~ nach Hamburg unterwegs **4** *Schicksal, Los;* es war wohl ~, daß alles so kommen mußte **5** *Aufgabe, Sendung;* seiner ~ getreu; es ist die natürliche ~ jedes Menschen, einem Bedürftigen zu helfen

be'stra·fen ⟨V. 500⟩ jmdn. ~ *jmdm. eine Strafe auferlegen;* jmdn. mit Gefängnis, mit dem Tode ~

be'strah·len ⟨V. 500/R7 od. R8⟩ **1** jmdn. od. etwas ~ *hell beleuchten, mit Strahlen bescheinen, Strahlen aussetzen;* die Sonne bestrahlt die Erde; die Scheinwerfer ~ die Szene **1.1** ⟨Med.⟩ *mit Strahlen behandeln;* jmdn. mit Höhensonne, mit Kurzwellen, mit radioaktiven Substanzen ~; bösartige Geschwülste ~

be'stre·ben ⟨V. 508/R3; geh.⟩ **1** sich ~, etwas zu tun *sich bemühen, ernstl. versuchen, etwas zu tun;* er bestrebt sich, noch mehr zu leisten; ich habe mich bestrebt, keinem Unrecht zu tun **1.1** ⟨meist Part. Perf.⟩ bestrebt sein, etwas zu tun *bemüht sein, etwas zu tun;* er ist bestrebt, ihr jeden Wunsch zu erfüllen

be'strei·ten ⟨V. 264/500⟩ etwas ~ **1** *für falsch erklären, in Zweifel ziehen, anzweifeln, nicht glauben, das Gegenteil von etwas behaupten;* eine Aussage, Behauptung, Tatsache, ein Urteil ~; du kannst doch nicht ~, daß ...; das hat ja auch gar niemand bestritten!; ich will seine gute Absicht gar nicht ~, aber ...; ich bestreite entschieden, daß ... **2** *bezahlen, finanzieren, aufbringen, aufkommen für etwas;* die Kosten von etwas ~; den Unterhalt einer Familie ~; sein Studium aus eigener Tasche ~ **3** *für eine Veranstaltung, Unterhaltung nötigen Aufwand übernehmen;* einen Teil des Programms ~; er hat die Unterhaltung allein bestritten; ein Spiel um einen Pokal ~

be'stricken ⟨-k·k-; V. 500/R8⟩ **1** jmdn. ~ *jmdn. bezaubern, auf jmdn. einen gewinnenden Eindruck machen;* sie hat ihn durch ihren Charme bestrickt; ein ~des Wesen haben; er ist ~d liebenswürdig; sie ist von ~der Liebenswürdigkeit **2** jmdn. ~ ⟨umg.; scherzh.⟩ *viel für jmdn. stricken, jmdn. mit selbstgestrickter Kleidung versorgen;* ein Kind, eine Puppe mit Pullovern, Handschuhen, Mützen usw. ~

be'stür·zen ⟨V. 500⟩ **1** etwas bestürzt jmdn. *etwas erschreckt jmdn., bringt jmdn. aus der Fassung, macht jmdn. ratlos;* die Nachricht hat mich sehr, tief bestürzt 1.1 ⟨meist Part. Perf.⟩ bestürzt *fassungslos, ratlos, erschreckt;* sie war über die unbeabsichtigte Wirkung ihrer Worte ganz bestürzt; „...?" fragte sie bestürzt

Be'such ⟨m.; -(e)s, -e⟩ **1** *das Besuchen;* jmdm. einen ~ machen od. abstatten; einen Kunden, Vertreter um seinen ~ bitten; er hat seinen ~ für Montag angekündigt; ~ einer Schule, eines Theaters, einer Versammlung; ~ einer Stadt 1.0.1 jmds. ~ erwidern *einen Gegenbesuch machen* **2** *Aufenthalt als Gast;* seinen ~ absagen, abbrechen, ausdehnen; seine häufigen, vielen ~e werden uns allmählich lästig; ein kurzer, langer ~; bei jmdm. auf, zu ~ sein; während meines ~s bei den Freunden, Verwandten; bei Freunden zu ~ sein **3** *Anzahl derer, die etwas besuchen;* der ~ der Versammlung läßt zu wünschen übrig; starker, schwacher, mäßiger ~ (einer Versammlung) **4** *jmd., der jmdn. besucht, Gast, Gäste;* ~ empfangen, erwarten; wir haben heute ~; es kommt ~; wir wollen unserem ~ die Stadt zeigen; lieber ~; hoher ~; wir haben viel ~

be'su·chen ⟨V. 500⟩ **1** ⟨R8⟩ jmdn. ~ *aufsuchen (u. bei jmdm. zu Gast sein);* ~ Sie mich bald einmal, bald wieder!; einen Freund, einen Kranken ~; unsere Vertreter ~ die Kunden einmal im Monat; jmdn. häufig, regelmäßig ~; jmdn. gern, oft ~; jmdn. im Krankenhaus ~ **2** etwas ~ *aufsuchen um sich etwas anzusehen od. anzuhören;* ein Konzert, Museum, Theater ~; eine Stadt ~ 2.0.1 etwas ist gut, schlecht besucht *viele, wenige Leute waren in etwas;* das Theater war gut, schlecht besucht; ein gut besuchter Kurort; eine stark besuchte Aufführung 2.1 *an etwas teilnehmen;* die Schule ~; eine Versammlung ~; Vorlesungen ~

be'su·deln ⟨V. 516/R7 od. R8⟩ jmdn. od. sich, etwas ~ *stark schmutzig machen, beflecken;* mit Blut, Schmutz besudelt; ich habe mich mit Farbe besudelt; seine od. jmds. Ehre, guten Namen, Ruf ~ ⟨fig.⟩

be'tagt ⟨Adj.⟩ *alt, hoch an Jahren;* ein ~er Rentner; ein Mann, schon etwas ~, kam vorbei

be'tä·ti·gen ⟨V. 500⟩ **1** ⟨R3⟩ sich ~ *arbeiten, sich beschäftigen, eine Tätigkeit ausführen;* sich politisch ~; du kannst dich ruhig etwas (mit) ~!; sich im Garten, im Haushalt ~; er betätigt sich in seiner Freizeit als Gärtner **2** etwas ~ *zur Wirkung bringen, bedienen;* einen Hebel, Mechanismus ~; die Bremse, ein Signal ~ **3** eine Sache ~ ⟨geh.⟩ *in die Tat umsetzen;* seine Gesinnung ~

be'täu·ben ⟨V. 500⟩ **1** ⟨R7⟩ jmdn. od. etwas ~ *gegen Schmerz unempfindlich machen;* jmdn. durch, mittels Narkose ~; ein Glied, eine Stelle des Körpers, einen Zahn ~; ein Glied örtl. ~ **2** ⟨R7⟩ jmdn. ~ *jmds. Bewußtsein trüben, jmdn. benommen machen;* jmdn. durch einen Schlag auf den Kopf ~; sie war vor Schreck ganz betäubt, wie betäubt 2.1 ein ~der Duft von Blüten *berauschender, starker D.* 2.2 ~der Lärm *sehr starker, unerträgl. L.* **3** eine Sache ~ ⟨fig.⟩ *die Schmerzlichkeit einer Sache weniger fühlbar machen;* er suchte seinen Kummer durch Alkohol, durch Arbeit zu ~

be'tei·li·gen ⟨V. 550⟩ **1** ⟨R3⟩ sich an etwas ~ *an etwas teilnehmen, mitwirken;* sich an einem Gespräch ~; sich an, bei einem Unternehmen, einem Wettbewerb ~ 1.1 sich finanziell an einem Geschäft ~ *seinen Anteil beisteuern, einen Teil der Finanzierung übernehmen* 1.2 an etwas beteiligt sein *teilhaben, in etwas verwickelt sein;* mit wieviel Prozent ist er an dem Geschäft beteiligt?; waren Sie an dem Unfall, dem Vorgang beteiligt? **2** jmdn. an etwas ~ *jmdm. einen Anteil geben von etwas;* Arbeiter am Gewinn ~

'be·ten ⟨V.⟩ **1** ⟨405⟩ (zu Gott) ~ *sich mit einem persönlichen Anliegen im Gebet an Gott wenden, zu Gott sprechen;* bete und arbeite!; sie betete innig und lange; laßt uns ~!; um die Ernte ~ 1.1 Not lehrt ~ ⟨Sprichw.⟩ *in der Not wendet sich auch der Ungläubige an Gott* 1.2 für etwas ~ *Gott um etwas bitten* 1.3 für jmdn. ~ *Gott um Schutz od. Hilfe für jmdn. bitten* 1.4 vor bzw. nach Tisch ~ *das Tischgebet sprechen* **2** ⟨500⟩ ein Gebet ~ *ein G. sagen;* das Ave-Maria, den Rosenkranz, das Vaterunser ~

be'teu·ern ⟨V. 503/R6⟩ (jmdm.) etwas ~ *feierlich, nachdrückl. versichern, erklären;* seine Unschuld ~; er beteuerte (hoch u. heilig), es nicht getan zu haben

Be·ton ⟨[be'tõ] od. [be'to:n]; m.; -s, -s od. -e⟩ *Mörtel aus Sand mit Zement, meist in Schalungen od. Formen eingebracht, ein Baustoff*

be'to·nen ⟨V. 500⟩ **1** etwas ~ *mit Nachdruck aussprechen od. spielen;* eine Note, Silbe, ein Wort ~; stark, schwach ~; eine schwach, stark, wenig betonte Silbe, Note; betonter Taktteil; er betonte fast alle Fremdwörter falsch **2** etwas ~ ⟨a. fig.⟩ *auf etwas Nachdruck legen, etwas nachdrücklich mit Worten unterstreichen;* ich möchte ~, daß ich mit der Sache nichts zu tun habe; er betont seine vornehme Abstammung allzu deutlich; er hat noch einmal seinen Standpunkt betont 2.1 ⟨fig.⟩ *auf etwas Gewicht legen, etwas für den Schwerpunkt halten;* die neue Mode betont die elegante Linie; diese Schule betont die naturwissenschaftlichen Fächer 2.1.1 ⟨Part. Perf.⟩ betont *bewußt (zur Schau getragen);* er verhält sich ihr gegenüber betont höflich; sich mit betonter Einfachheit kleiden

be·to'nie·ren ⟨V. 500⟩ etwas ~ *mit Beton befestigen, ausfüllen*

be'tö·ren ⟨V. 505/R8⟩ jmdn. (mit, durch etwas) ~ *zu törichtem Handeln verleiten, durch verführerisches Benehmen um den klaren Verstand bringen;* sie hat ihn durch ihren Liebreiz betört; er hat sich von ihrer Koketterie ~ lassen; jmdn. ~d anlächeln; sie hat eine Stimme von ~dem Wohllaut

Be'tracht ⟨m.; -(e)s; unz.; nur in den Wendungen⟩ **1** in ~ kommen *in Frage kommen, erwogen, berücksichtigt werden;* es kommen auch noch andere Möglichkeiten in ~; das kommt nicht in ~; er, sie kommt für diese Arbeit, diesen Posten nicht in ~ **2** etwas in ~

ziehen *etwas erwägen, berücksichtigen* **3** außer ~ bleiben *unberücksichtigt bleiben* **4** jmdn. od. eine Sache außer ~ lassen *von jmdm. od. einer Sache absehen, nicht berücksichtigen*

be'trach·ten ⟨V. 500/R7 od. R8⟩ **1** jmdn. od. etwas ~ *längere Zeit u. nachdenklich od. genußvoll ansehen, anschauen, beobachten;* ein Bild, eine Landschaft ~; jmdn. forschend, heimlich, prüfend, sinnend, verstohlen, wohlgefällig, wohlwollend ~; das muß ich mir einmal genauer, näher ~; wenn man die Sache aus der Nähe betrachtet, erscheint sie doch etwas anders; etwas in aller Ruhe ~; sich im Spiegel ~; etwas mit Muße, mit Wohlgefallen ~ **2** ⟨518⟩ jmdn. od. etwas als etwas ~ *als etwas ansehen, für etwas halten;* eine Angelegenheit als erledigt ~; ich betrachte ihn als den größten Dichter unserer Zeit; er betrachtet ihn als seinen Freund, Feind; er betrachtet sie als seine Tochter

be'trächt·lich ⟨Adj.⟩ **1** ⟨60⟩ *erheblich, beachtlich, ziemlich groß;* eine ~e Entfernung, Summe; ein ~es Stück; ~e Verluste; ein Gegenstand von ~en Ausmaßen **2** ⟨50; verstärkend⟩ *sehr, um vieles;* die Preise sind um ein ~ es gestiegen; ~ größer, schneller, weiter als ...

Be'trag ⟨m.; -(e)s, ⸚e⟩ **1** *Geldsumme;* Geld~, Gesamt~; ~ dankend erhalten (auf Quittungen, Rechnungen); ein ~ von 50 DM steht noch offen; überweisen Sie den ~ bitte auf mein Konto; ein bestimmter, geringfügiger, großer, hoher, kleiner ~; eine Quittung über den bezahlten ~ ausstellen 1.1 eine Rechnung im ~(e) von 100 DM *in Höhe von 100 DM*

be'tra·gen ⟨V. 265/500⟩ **1** etwas beträgt etwas *beläuft sich auf etwas, erreicht die Summe von etwas;* die Breite, Höhe, Länge beträgt 1,50 m; die Gebühr, Miete, Rechnung beträgt DM 40,--; die Kosten ~ mehr als der Gewinn; wieviel beträgt es? **2** ⟨R3⟩ sich ~ *sich benehmen, sich verhalten;* betrage dich anständig!; sich artig, unartig, freundl., unfreundl., gut, schlecht, höfl., unhöfl. ~; er hat sich dem Fremden gegenüber sehr liebenswürdig ~

be'tref·fen ⟨V. 266/500⟩ **1** jmdn. od. etwas ~ *angehen, anbelangen, sich auf jmdn. od. etwas beziehen;* das betrifft dich!; was mich betrifft; was meine Arbeit betrifft, so kann ich sagen, daß ...; es betrifft unsere Verabredung; alle den Unfall ~den Hinweise; Betrifft: (am Anfang von Geschäftsbriefen) 1.1 der ~de Kollege *der genannte, zuständige K.* **2** etwas betrifft jmdn. ⟨geh.⟩ *etwas Unangenehmes stößt jmdm. zu;* ihn hat ein schweres Unglück, ein schmerzlicher Verlust betroffen; sie wurden von einer Epidemie betroffen; von einem (schmerzlichen) Verlust betroffen; die von der Überschwemmung betroffenen Häuser **3** ⟨510⟩ jmdn. ~ ⟨veralt.⟩ *ertappen, erwischen, antreffen;* ich habe ihn betroffen, als er ...; ein Kind beim Naschen ~

be'trei·ben ⟨V. 267/500⟩ etwas ~ **1** *sich mit etwas beschäftigen;* Studien ~; Ackerbau ~; Handel mit gebrauchten Büchern ~; eine Liebhaberei ~; das Photographieren eifrig ~; einen Sport nicht länger ~ 1.1 eine berufl. Tätigkeit ~ *ausüben, leiten, führen;* ein Handwerk ~; ein Geschäft ~ **2** eine Sache ~ *vorantreiben, versuchen, etwas zu beschleunigen, weiterführen;* Pläne, Angelegenheiten ~; auf Betreiben von X. hin geht es jetzt vorwärts **3** Geld ~ ⟨schweiz.⟩ *eintreiben, pfänden* **4** ⟨500 od. 516⟩ *antreiben;* eine Maschine, Lokomotive elektrisch ~; einen Motor mit Benzin ~; eine Heizung mit Gas ~

be'tre·ten[1] ⟨V. 268/500⟩ etwas ~ **1** *auf etwas treten (u. darauf weitergehen wollen);* den Rasen ~; ein häufig ~er Weg; nach einer Schiffsreise wieder festen Boden ~; das Betreten der Baustelle, des Grundstücks ist verboten; eine Brücke ~ **2** *in etwas treten;* einen Raum ~; ein Haus ~; kaum hatte ich das Zimmer ~, als ... **3** der Hahn betritt die Henne ⟨jägerspr.⟩ *begattet sie*

be'tre·ten[2] ⟨Adj.⟩ *verlegen, verwirrt, peinlich berührt, beschämt;* ein ~es Gesicht machen; ~ dastehen, dreinschauen

be'treu·en ⟨V. 500⟩ **1** jmdn. od. etwas ~ *sich um jmdn. od. etwas kümmern, für jmdn. od. etwas sorgen;* einen Säugling, eine Kranke ~; er betreute in ihrer Abwesenheit das Geschäft, die Praxis 1.1 ein Arbeits-, Sachgebiet ~ *bearbeiten*

Be'trieb ⟨m.; -(e)s, -e⟩ **1** *Einheit von zusammenwirkenden Personen u. Produktionsmitteln zum Hervorbringen von Gütern u. Leistungen;* einen ~ aufbauen, stillegen; einen ~ leiten; in dem ~ sind 200 Arbeiter beschäftigt 1.1 ⟨i. e. S.⟩ *die zum Betrieb(1) nötigen Räume (u. techn. Anlagen) im Unterschied zur wirtschaftl. Einheit des Unternehmens* 1.2 *Fabrik, größere Werkstatt, Geschäft;* Industrie~, Schneiderei~; Vater ist noch im ~, geht jeden Morgen in den, in seinen ~ **2** ⟨unz.⟩ *das Arbeiten, Wirken eines Betriebes(1.1) od. einer Maschine, Wirksamkeit;* elektrischer ~; die Maschine ist in ~; einen Mechanismus, eine neue Maschine in ~ nehmen, setzen; ~ mit Gas, Dampf 2.0.1 die Firma hat den ~ aufgenommen *hat zu arbeiten begonnen* 2.0.2 etwas dem ~ übergeben *in Dienst stellen* 2.0.3 die Maschine, Fabrik ist außer ~ *wird nicht mehr benutzt, arbeitet nicht mehr* **3** ⟨unz.; fig.⟩ *Verkehr, lebhaftes Treiben, Rummel;* auf der Straße, im Geschäft war lebhafter ~; hier herrscht viel, wenig, gar kein ~; in dem Lokal ist jeden Abend viel ~ 3.1 *Trubel, Heiterkeit, Stimmung;* er kann ungeheuer ~ machen

be'trieb·sam ⟨Adj.⟩ **1** *tätig, emsig, unternehmend, rührig;* er ist ein ~er Mensch; in der Nacht wurde er immer ~ 1.1 ⟨abwertend⟩ *übertrieben rührig*

be'trin·ken ⟨V. 270/500/R3⟩ sich ~ *sich durch reichlichen Genuß von Alkohol berauschen;* sich (aus Kummer) ~; betrunken sein; er ist schwer, völlig betrunken; er kommt oft betrunken nach Hause

be'trof·fen 1 ⟨Part.Perf. von⟩ *betreffen* **2** ⟨Adj.⟩ 2.1 *bestürzt;* es herrschte ein ~es Schweigen; sie schwieg ~; er machte ein ~es Gesicht 2.2 *unangenehm od. schmerzlich überrascht;* jmdn. ~ ansehen; sein letzter Vorschlag machte mich ~

be'trü·ben ⟨V. 500/R7 od. R8⟩ jmdn. ~ *jmdn. traurig machen, bekümmern;* diese Nachricht hat uns sehr betrübt; betrübt sein; ich bin sehr betrübt darüber; meine Seele ist betrübt bis an den Tod (bibl.; Matth. 26,38); ein betrübtes Gesicht machen; „...", sagte sie betrübt; sich über etwas ~ ⟨veralt.⟩

Be'trug ⟨m.; -(e)s; unz.⟩ **1** *die wissentliche Täuschung eines anderen mit dem Ziel, einen Vorteil zu erlangen od. dem Getäuschten Schaden zuzufügen;* einen ~ von vornherein durchschauen; einen ~ aufdecken; Selbst~; einen ~ begehen **1.1** → a. *fromm(3)*

be'trü·gen ⟨V. 271/500/R8⟩ **1** jmdn. od. etwas ~ *hintergehen, täuschen, übervorteilen, beschwindeln;* bei diesem Geschäft hat er ihn betrogen **1.0.1** jmd. sieht sich in (allen) seinen Erwartungen, Hoffnungen betrogen, jmd. ist in seinen Erwartungen, Hoffnungen betrogen worden *seine E., H. haben sich nicht erfüllt, jmd. hat vergebens gehofft* **1.1** seinen Ehepartner ~ *Ehebruch begehen;* er hat seine Frau, sie hat ihren Mann betrogen; er hat seine Frau mit ihrer Freundin betrogen **1.2** ⟨R3⟩ sich (selbst) ~ *sich nicht die Wahrheit eingestehen, sich etwas vormachen, sich Illusionen hingeben* **2** ⟨400⟩ *einen Betrug begehen, sich einen Vorteil erschleichen* **2.1** beim, im Spiel ~ *falschspielen* **3** ⟨550/R8⟩ jmdn. um etwas ~ *arglistig um etwas bringen;* jmdn. um sein Geld, sein Vermögen ~

Bett ⟨n.; -(e)s, -en⟩ **1** *Möbelstück, auf das man sich zum Ruhen u. Schlafen legt;* Eisen~; Ehe~; Kinder~; ein ~ aufschlagen, aufstellen **1.1** *Nachtlager;* das ~ (frisch) beziehen; jmdm. das Frühstück ans ~ bringen; aus dem ~ springen; ins ~ fallen, sinken (vor Müdigkeit); wann gehst du abends ins ~?; ins ~ kriechen; sich ins ~ legen **1.1.1** das ~, die ~en machen *das Laken glattziehen, die Kissen aufschütteln u. ordentl. hinlegen* **1.1.2** morgens nicht aus dem ~ finden *schwer, ungern aufstehen* **1.1.3** sich ins gemachte ~ legen ⟨fig.⟩ *sich seine Existenz nicht selbst aufbauen* **1.1.4** ein Kind zu ~ bringen *schlafen legen* **1.1.5** zu ~ gehen *schlafen gehen* **1.1.6** → a. *Huhn(5.3)* **1.2** *Krankenlager;* nimm dein ~ und gehe hin (Joh. 5,8); ans ~ gefesselt sein (durch Krankheit) **1.2.1** das ~ hüten *wegen Krankheit im Bett(1) bleiben* **1.3** *Lager der Liebe u. Ehe* **1.3.1** mit jmdm. ins ~ gehen ⟨fig.; umg.⟩ *Geschlechtsverkehr haben* **1.3.2** → a. *Tisch(1.1.1)* **2** *großes Federkissen zum Zudecken;* Feder~; das ~, die ~en aufschütteln; die ~en lüften **3** ⟨jägerspr.⟩ *Lager des Hochwildes* **4** *von fließendem Gewässer ausgespülte Rinne, Vertiefung;* Bach~, Fluß~; einen Fluß in ein neues ~ leiten **5** *waagerechter Hauptteil, Träger einer Werkzeugmaschine, z. B. einer Drehbank, auf dem die übrigen Teile befestigt sind*

'bet·teln ⟨V.⟩ **1** ⟨400⟩ *öffentl. (auf der Straße u. in Häusern) um Almosen bitten;* ~ gehen; Betteln und Hausieren verboten!; um etwas ~ **2** ⟨408 od. 800; fig.⟩ *unaufhörl., dringl., flehentl. bitten (bes. von Kindern);* der Junge hat so (darum) gebettelt, mitkommen zu dürfen; er bettelte um Verzeihung, um ihre Liebe

'bet·ten ⟨V.⟩ **1** ⟨500/R7⟩ jmdn. od. etwas ~ *behutsam, sorglich (zur Ruhe) hinlegen, in eine bequeme Lage bringen;* jmdn. auf eine Bahre ~; den Kopf des Verletzten auf ein Kissen ~ **1.0.1** nicht auf Rosen gebettet sein *es im Leben nicht leicht haben* **1.1** ⟨R3⟩ sich ~ *sich zur Ruhe legen, sich (bequem) hinlegen* **1.1.1** wie man sich bettet, so liegt, schläft man ⟨Sprichw.⟩ *wie man sein Leben gestaltet, so muß man es dann auch ertragen* **2** ⟨400⟩ *die Betten machen*

'bett·lä·ge·rig ⟨Adj. 70⟩ *(wegen Krankheit) gezwungen, im Bett zu liegen;* er war schon lange ~; ein ~er Patient

'beu·gen ⟨V. 500⟩ **1** jmdn. od. etwas ~ *(nach unten) biegen, krümmen;* den Kopf, Rumpf ~; die Arme, Knie ~; den Nacken, den Rücken ~; unter einer Last gebeugt; vom Alter gebeugt **1.0.1** der Kummer hat ihn gebeugt *niedergedrückt* **1.1** ⟨511/R3⟩ sich ~ *neigen;* sich aus dem Fenster ~; sich nach vorn ~; sich über ein Geländer ~ **2** ⟨530 od. 550/R3⟩ sich (vor) jmdm. ~ ⟨fig.⟩ *sich jmdm. unterordnen, fügen, unterwerfen;* sich dem Stärkeren, dem Schicksal ~ **3** jmds. Stolz ~ *jmdn. zwingen, in seinem S. nachzugeben* **4** das Recht ~ *mißachten od. unehrl. anwenden* **5** Strahlen ~ ⟨Phys.⟩ *vom geradlinigen Strahlengang ablenken* **6** Nomen, Verben ~ ⟨Gramm.⟩ *durch die Veränderung der Wortform die verschiedenen grammatischen Funktionen eines Wortes, wie Fall, Geschlecht, Zahl usw. ausdrücken*

'Beu·le ⟨f.; -, -n⟩ **1** *Schwellung, Vorwölbung der Haut;* sich eine ~ fallen, schlagen; eine ~ am Kopf, an der Stirn **2** *durch Stoß od. Schlag entstandene Wölbung nach außen (od. innen);* ein Kessel, Topf voller ~n; ~n im Hosenbein **2.1** *kleiner Blechschaden an einem Kraftfahrzeug*

be'un·ru·hi·gen ⟨V. 500⟩ **1** jmdn. ~ *jmdm. Unruhe verursachen, Sorge bereiten;* sein schlechtes Aussehen beunruhigt mich; den Feind durch Geschützfeuer ~; eine ~de Nachricht; es ist sehr ~d, daß er nicht kommt **2** ⟨R3⟩ sich ~ *sich sorgen, sich Sorgen machen;* bitte ~ Sie sich nicht!; sich um etwas, um jmdn. ~; sich des Vaters wegen ~

be'ur·tei·len ⟨V. 500/R7 od. R8⟩ jmdn. od. etwas ~ *sich über jmdn. od. etwas ein Urteil bilden, ein Urteil abgeben;* jmds. Arbeit, Leistung ~; ein Buch, ein Theaterstück, einen Kunstgegenstand ~; einen Menschen, einen Schüler ~; etwas od. jmdn. abfällig, falsch, gerecht, günstig, richtig, streng ~; das kann man nur schwer ~; ich kann die Dinge nur danach ~, was ich in der Zeitung darüber lese; das kann ich nicht ~; wie ~ Sie den Wert dieses Bildes?

'Beu·te[1] ⟨f.; -; unz.⟩ **1** *Gewinn bei Jagd, Krieg, Plünderung, Einbruch u. Diebstahl;* Diebes~, Jagd~, Kriegs~; Heil und Sieg und fette ~! (scherzh. Wunsch für Jäger usw.); die ~ der Einbrecher konnte sichergestellt werden; auf ~ ausgehen (von Raubtieren, Verbrechern); einem Dieb seine ~ wieder abjagen, abnehmen **1.0.1** ~ machen *etwas erbeuten* **1.0.2** das Munitionslager wurde eine ~ des Feindes *fiel dem Feind in die Hände* **1.0.3** der Schmuck war für den Dieb eine leichte ~ *fiel ihm leicht in die Hände* **2** ⟨fig.⟩ *Opfer;* das Haus wurde eine ~ der Flammen; er wurde eine ~ der wilden Tiere

'Beu·te[2] ⟨f.; -, -n; mitteldt.⟩ **1** *Trog, in dem der Teig zum Backen vorbereitet wird;* Back~ **2** *ausgehöhlter Baumstamm als Bienenstock;* Klotz~; Bienen~

'Beutel[1] ⟨m.; -s, -⟩ **1** *Behälter in der Form eines kleineren Sackes;* Leinwand~, Schuh~, Wäsche~ 1.1 *Geldbörse, Geldtasche;* Geld~; arm am ~, krank am Herzen (Goethe, „Der Schatzgräber") 1.1.1 seinen ~ füllen ⟨fig.⟩ *sich bereichern* 1.1.2 der eine hat den ~, der andere hat das Geld ⟨Sprichw.⟩ *niemand hat alles, was er braucht, dem einen fehlt dies, dem anderen das* 1.1.3 den ~ ziehen *die Geldbörse öffnen (um etwas zu bezahlen)* 1.1.4 den ~ zuhalten *nichts bezahlen (wollen)* 1.1.5 mein ~ ist leer *ich habe kein Geld* 1.1.6 die Hand auf dem ~ haben *nichts bezahlen (wollen), geizig sein* 1.1.7 (tief) in den ~ greifen (müssen) *(viel) bezahlen (müssen)* 1.1.8 das reißt ein großes, schönes Loch in meinen ~ *das kostet mich viel* 2 *der Brutsack der Beuteltiere;* ein Känguruh mit seinem Jungen im ~

'Beu·tel[2] ⟨m.; -s, -⟩ **1** *Stechwerkzeug für Holzbearbeitung* **2** *Rundholz zum Klopfen des Flachses vor dem Brechen*

'beu·teln ⟨V.⟩ **1** ⟨500⟩ jmdn. ~ *schütteln;* er packte den Jungen im Nacken u. beutelte ihn ein wenig, tüchtig 1.1 Mehl ~ *mit dem Beutel sieben* 1.2 Flachs ~ *klopfen* **2** ⟨402/R3⟩ etwas beutelt (sich) *etwas bildet einen Beutel, bauscht sich, wirft Falten;* das Kleid beutelt (sich)

be'völ·kern ⟨V. 500⟩ **1** etwas ~ *die Bevölkerung von etwas bilden;* die Erde ~; dicht, stark bevölkerte Gebiete 1.1 ⟨505⟩ ein Land (mit Menschen) ~ *Einwohner in einem L. ansiedeln;* Amerika war mit Indianern bevölkert **2** etwas ~ ⟨fig.⟩ *etwas in großer Zahl, in Scharen füllen, beleben;* das Theater war besonders von jungen Leuten bevölkert; Tausende von Vögeln ~ die Insel; der Spielplatz ist von Kindern bevölkert 2.1 ⟨R3⟩ etwas bevölkert sich *füllt sich mit Menschen;* die Straßen, die Lokale bevölkerten sich allmählich

Be'völ·ke·rung ⟨f.; -, -en⟩ *Gesamtheit der Bewohner eines bestimmten Gebietes*

be'voll·mäch·ti·gen ⟨V. 580 od. 515/R8⟩ jmdn. ~ *jmdm. (od. einer Institution) eine Vollmacht erteilen;* ich bevollmächtigte ihn, das Geld abzuholen; jmdn. zum Abschluß eines Kaufs, eines Vertrages ~

be'vor ⟨Konj.⟩ *ehe, früher als;* ~ ich nicht weiß, was geschehen ist, kann ich nicht helfen; komm noch einmal zu mir, ~ du gehst; Tür nicht öffnen, ~ der Wagen hält (Aufschrift an Eisenbahn- u. Straßenbahntüren)

be'vor·mun·den ⟨V. 500⟩ **1** jmdn. ~ *unter Vormundschaft stellen* **2** ⟨R8⟩ jmdn. ~ ⟨fig.⟩ *nicht selbständig entscheiden lassen;* ich lasse mich von dir nicht ~

be'vor·ste·hen ⟨V. 256/403⟩ etwas steht (jmdm.) bevor *etwas ist zu erwarten, etwas wird bald geschehen;* ihr steht jetzt allerlei Erfreuliches bevor; wer weiß, was uns alles noch bevorsteht!; das ~de Ereignis; die ~de Gefahr

be'vor·zu·gen ⟨V. 500/R8⟩ **1** jmdn. od. etwas ~ *jmdm. od. etwas den Vorzug geben, jmdn. bevorrechten, begünstigen, günstiger behandeln;* ein Kind, einen Schüler ~; ich bevorzuge Seefische; einen Freund vor anderen ~; bevorzugte Lage eines Ortes; bevorzugter Schüler; eine bevorzugte Stellung einnehmen 1.0.1 jmdn. bevorzugt abfertigen *vor den anderen, früher als die anderen*

be'waff·nen ⟨V. 500/R7 od. R8⟩ **1** jmdn. od. etwas ~ *mit Waffen versehen;* er bewaffnete sich mit einem Messer, einer Pistole; ein bewaffneter Dieb; leicht, schwer bewaffnet; bis an die Zähne bewaffnet **2** ⟨fig.; umg.; scherzh.⟩ *ausrüsten;* mit einem Fernglas bewaffnet; er bewaffnete sich mit Hacke u. Spaten u. ging daran, den Garten umzugraben **2.1** etwas nur mit bewaffnetem Auge sehen können *mit Hilfe einer Brille, Lupe, eines Fernglases*

be'wah·ren ⟨V.⟩ **1** ⟨550/R7 od. R8⟩ jmdn. od. etwas vor etwas ~ *schützen, behüten;* jmdn. od. etwas vor einer Gefahr ~; einen Gegenstand vor Feuchtigkeit ~; jmdn. od. etwas vor Schaden ~; möge uns der Himmel vor Unheil ~; Gott bewahre mich davor! **1.1** i bewahre!, Gott bewahre! ⟨umg.⟩ *absolut nicht!, gar nicht daran zu denken!, aber nein!* **2** ⟨500⟩ Gegenstände ~ ⟨geh.⟩ *verwahren, für längere Zeit aufheben;* bewahre es mir gut, bis ich wiederkomme!; etwas Anvertrautes treu ~ **3** ⟨500⟩ Worte (bei sich) ~ *behalten, nicht vergessen;* jmds. Worte bei sich ~; jmds. Worte im Gedächtnis, im Herzen ~ **4** ⟨505⟩ über eine Sache Stillschweigen ~ *weiterhin beibehalten, wahren* **4.1** ⟨530⟩ jmdm. die Treue, das Andenken ~ *weiterhin entgegenbringen* **4.2** ⟨530/R1⟩ sich eine Eigenschaft ~ *erhalten;* sich seine Unabhängigkeit ~; dieser Volksstamm hat sich seine Bräuche rein bewahrt **4.3** ⟨500/R3⟩ etwas bewahrt sich *hält sich;* dieser Brauch hat sich bis heute bewahrt

be'wäh·ren ⟨V. 500/R3⟩ sich ~ *sich als zuverlässig erweisen, sich als geeignet herausstellen, sich erproben, eine Probe bestehen;* er hat sich als treuer Freund, als guter Schwimmer bewährt; er muß sich erst ~, ehe wir ihm größere Aufgaben übertragen können; diese Einrichtung hat sich nicht bewährt; dieser Mantel hat sich schon sehr bewährt; ein bewährtes Mittel gegen Heuschnupfen; unter seiner bewährten Führung

Be'wäh·rung ⟨f.; -, -en⟩ **1** *das Sichbewähren, Nachweis der Fähigkeit;* er hat die ~ gut, glänzend, nicht bestanden **1.1** eine Strafe zur, auf ~ aussetzen ⟨Rechtsw.⟩ *die Vollstreckung der S. aufschieben u. bei guter Führung erlassen, Bewährungsfrist;* jmdn. zu drei Jahren Gefängnis ohne ~ verurteilen

be'wäl·ti·gen ⟨V. 500⟩ **1** etwas ~ *mit Mühe, nach großer Anstrengung mit etwas fertig werden, etwas meistern;* die Arbeit ~; ich weiß kaum, wie ich alles ~ soll; man konnte den Andrang kaum ~ **1.1** ein Problem ~ *lösen* **1.2** die Portion kann ich nicht allein ~ *nicht allein aufessen* **1.3** ⟨fig.⟩ *seelisch überwinden;* die Vergangenheit, die große Enttäuschung ~

be'wan·dern ⟨V. 500⟩ eine Gegend ~ *wandernd begehen, wandernd kennenlernen, ansehen*

be'wan·dert 1 ⟨Part. Perf. von⟩ *bewandern* **2** ⟨Adj. 74⟩ **2.1** ⟨46⟩ in etwas, auf einem Gebiet ~ sein *in etwas, auf einem G. gut Bescheid wissen;* er ist in der Musik, Technik sehr ~; er ist auf dem Gebiet der Biologie gründlich ~ **2.2** *erfahren, versiert;* in allen Büroarbeiten ~e Sekretärin

Be'wandt·nis ⟨f.; -; unz; nur in der Wendung⟩ **1** mit jmdm. od. etwas hat es eine besondere od. (s)eine eigene od. folgende ~ *für jmdn. od. etwas sind besondere od. folgende Umstände maßgebend, für jmdn. od. etwas steht es so ...;* mit ihrem Mann hat es eine besondere ~; mit diesem Ereignis hat es seine eigene ~ 1.1 was hat es damit für eine ~? *was ist damit los?, wie hat man das zu verstehen?*

be'we·gen[1] ⟨V. 500⟩ **1** etwas od. jmdn. ~ *veranlassen, daß etwas od. jmd. seine Lage verändert;* die Arme, die Füße ~; er konnte kein Glied ~; ich kann den Schrank nicht allein von der Stelle ~ 1.1 Pferde ~ *reiten, laufen lassen;* Pferde sollen regelmäßig bewegt werden 1.2 ⟨R3⟩ sich ~ *seine Lage verändern;* der Zug bewegte sich durch die Straßen; der Raum war so überfüllt, daß man sich kaum ~ konnte; er bewegte sich nicht vom Fleck, von der Stelle; die Erde bewegt sich um die Sonne; er wird bewacht, kann sich aber frei ~; sich anmutig, geziert, unbeholfen ~; langsam bewegte er sich auf uns zu 1.2.1 ich muß mich noch etwas ~ *an die frische Luft gehen* 1.2.2 sich in einer bestimmten Weise in Gesellschaft ~ *in G. verkehren, auftreten;* sie bewegt sich auf dem Parkett (in der Öffentlichkeit) genauso sicher u. unbefangen wie zu Hause; sich in feinen, gehobenen, schlechten Kreisen ~ 1.2.3 Werte ~ sich *verändern sich;* Preise, Kurse ~ sich geringfügig 1.3 ⟨511⟩ Gedanken im Herzen ~ *gründlich über etwas nachdenken;* Maria aber behielt alle diese Worte u. bewegte sie in ihrem Herzen (Luk. 2,19) **2** jmdn. ~ ⟨fig.⟩ *rühren, innerl. ergreifen, erregen, jmds. Gemüt beeindrucken;* das Lied, der Vortrag, sein Tod, seine Worte haben mich sehr, tief bewegt; es war ein ~der Moment

be'we·gen[2] ⟨V. 108/580 od. 515⟩ jmdn. ~ etwas zu tun, jmdn. zu einer Handlung ~ *bestimmen, veranlassen;* er bewog ihn, das Haus zu verkaufen, zum Verkauf des Hauses; ich fühlte mich bewogen, etwas dazu zu sagen; durch die dringenden Mahnungen des Arztes (dazu) bewogen, habe ich meine Reise verschoben; was hat dich dazu bewogen, so schnell abzureisen?; er war nicht dazu zu ~; ich habe mich dazu ~ lassen, einzugreifen

be'weg·lich ⟨Adj.⟩ **1** *so beschaffen, daß man es bewegen kann;* die einzelnen Teile des Spielzeugs sind ~; einen Gegenstand an einem anderen ~ befestigen; ~e Güter; ~e Habe, ~es Kapital (im Unterschied zum Grund- u. Hausbesitz) 1.1 ⟨60⟩ ~e Feste *F., die sich nach dem Mondjahr richten u. nicht jedes Jahr auf den gleichen Tag fallen, z. B. Ostern* **2** ⟨fig.⟩ *gelenk, behende, regsam, lebhaft;* ihr Geist ist auch im Alter ~ geblieben **3** ⟨veralt.⟩ *rührend, herzergreifend;* in ~e Klagen ausbrechen

be'wegt **1** ⟨Part. Perf. von⟩ *bewegen* **2** ⟨Adj.⟩ 2.1 *unruhig;* ~e See, ~es Meer 2.2 *unruhig, voller Ereignisse;* ein ~es Leben führen; eine ~e Vergangenheit hinter sich haben; wir leben in einer ~en Zeit 2.3 ⟨fig.⟩ *ergriffen;* freudig, tief ~; „...", sagte er mit ~er Stimme; mit ~en Worten danken; von Freude, Furcht, Sorge ~

Be'we·gung ⟨f.; -, -en⟩ **1** *das Bewegen;* Kreis~, Pendel~, Vorwärts~; er wies ihn mit einer ~ der Hand, des Kopfes zurück; anmutige, eckige, geschmeidige, unbeholfene ~en haben (von Personen od. Tieren); (gleichförmig) beschleunigte ~ (beim freien Fall); eine hastige, unbedachte, unvorsichtige ~ machen; du hast zuwenig ~; jeder war in emsiger, geschäftiger ~; (körperliche) ~ in frischer Luft 1.0.1 ich werde ihn schon in ~ bringen! ⟨fig.; umg.⟩ *ich werde schon dafür sorgen, daß er etwas arbeitet, hilft, tut* 1.0.2 sich in ~ setzen *sich zu bewegen beginnen, in Gang kommen, vorwärtsgehen, -fahren;* der Zug setzte sich in ~ 1.0.3 sich ~ machen *sich körperl. (zur Erhaltung der Gesundheit) bewegen, spazierengehen, körperl. arbeiten* **2** ⟨fig.⟩ *Rührung, innere Anteilnahme, Ergriffenheit;* sich seine (innere) ~ nicht anmerken lassen; (tiefe) innere ~; seine Stimme zitterte vor (innerer) ~; er konnte vor tiefer ~ nicht sprechen **3** *geistiges od. weltanschaul. Bestreben mehrerer od. einer Masse;* Arbeiter~, Freiheits~, künstlerische, literarische, politische, religiöse ~

Be'weis ⟨m.; -es, -e⟩ **1** *Darlegung von Zeugnissen, Gründen u. ä. zur Sicherung, Bestätigung der Richtigkeit einer Behauptung od. Erkenntnis, Nachweis;* ~ des Gegenteils; unter der Last der ~e zusammenbrechen; den ~ antreten, führen, liefern für; ein schlagender, sprechender, untrüglicher ~; als ~ für meine Behauptung kann ich anführen, daß ...; einen Angeklagten aus Mangel an ~en freisprechen 1.1 eine Behauptung, eine Fähigkeit unter ~ stellen *beweisen* 1.2 → a. *indirekt(2.6)* **2** *Zeichen, sichtbarer Ausdruck;* sie errötete - ein ~, daß sie geschwindelt hatte; als ~ seiner Verehrung; als ~ dafür, daß ich es ernst meine, werde ich ...; ihre Verlegenheit war ein ~ für ihre Lüge; dieses Versagen ist ein ~ von Unfähigkeit; zum ~ für **3** ⟨Philos.⟩ *Schluß, Bestätigung;* logischer ~

be'wei·sen ⟨V. 282/503/R6⟩ (jmdm.) etwas ~ *einen Beweis liefern für, durch Beweise glaubhaft machen, sichern, bestätigen, bezeugen;* jmdm. ~, daß er unrecht hat; dieses Argument, diese Tatsache beweist noch gar nichts!; er hat seine Aufrichtigkeit, seinen Mut oft bewiesen; eine Behauptung ~; jmds. Schuld, Unschuld ~; er hat ihr seine Verehrung bewiesen, indem er ...; sein Verhalten beweist (mir, uns) seinen ehrlichen Willen; etwas durch Belege, Urkunden ~; das mußt du mir erst ~!; diese Behauptung ist durch nichts zu ~; es ist längst bewiesen, daß ...; dieser Lehrsatz braucht nicht bewiesen zu werden, weil er unmittelbar einleuchtet

be'wen·den ⟨V.; nur als Inf. in der Wendung⟩ **1** es bei od. mit etwas ~ lassen *es mit etwas gut sein lassen, die Sache nicht weiterverfolgen od. -besprechen;* wir wollen es dabei ~ lassen 1.1 und damit soll es sein Bewenden haben *damit soll die Sache erledigt sein*

be'wer·ben ⟨V. 284⟩ **1** ⟨500/R3⟩ sich ~ *seine Arbeitskraft anbieten;* ich habe mich schon mehrmals (vergeblich) beworben; sich als Buchhalter ~ (bei); sich an der Universität (um Zulassung) ~ **2** ⟨550/R3⟩ sich um jmdn. od. etwas ~ *sich um jmdn. od. etwas bemühen;* sich um ein Amt, eine Kandidatur, einen Posten, eine Stelle ~ 2.1 sich um ein Mädchen ~ *einem M. einen Heiratsantrag machen*

be'wer·fen ⟨V. 286/516/R8⟩ **1** jmdn. od. etwas mit etwas ~ *mit etwas nach jmdm. od. etwas anderem werfen;* die Kinder bewarfen sich mit Schneebällen; der Karnevalszug wurde mit Konfetti beworfen 1.1 jmdn. ~ ⟨fig.⟩ *jmdn. verleumden, häßlich über jmdn. reden;* er hat ihn mit Schmutz beworfen **2** ⟨Bauw.⟩ *mit Mörtel bedecken, verputzen;* die Wände, eine Mauer mit Kalk ~

be'werk·stel·li·gen ⟨V. 500⟩ etwas ~ *zustande bringen, ausführen;* ich werde es schon ~, daß er ...; ich weiß nicht, wie ich das ~ soll

be'wer·ten ⟨V. 513/R7 od. R8⟩ jmdn. od. etwas ~ ⟨a. fig.⟩ *jmdn. od. etwas (seinem Werte nach) (ein)schätzen, bestimmen, würdigen;* etwas hoch, niedrig, günstig, ungünstig, gut, schlecht ~; ein Schmuckstück mit 500 Mark ~; die Arbeit wurde mit „vorzüglich" bewertet; man soll Menschen nicht nach ihrem Äußeren ~; es ist besonders hoch zu ~, daß ...; wie ~ Sie seine Leistung?

be'wil·li·gen ⟨V. 503⟩ (jmdm.) jmdn. od. etwas ~ *offiziell genehmigen, gewähren;* Gelder, Kredite, Zuschüsse ~; eine Gehaltserhöhung ~; eine Summe ~ (für); jmdm. eine Unterstützung ~; man hat ihm zwei Mitarbeiter bewilligt

be'wir·ken ⟨V. 500⟩ **1** eine Sache ~ *zustande bringen, hervorbringen, hervorrufen, herbeiführen, veranlassen;* Vitamin C bewirkt eine größere Widerstandsfähigkeit des Körpers gegen Erkältungen 1.1 ~des Zeitwort ⟨Sprachw.⟩ *Verbum, das eine Tätigkeit bezeichnet, durch die ein Vorgang veranlaßt wird, z. B. fällen = fallen machen*

be'wir·ten ⟨V. 500⟩ **1** einen Gast ~ *ihm zu essen u. zu trinken geben;* Sy *traktieren(2)* ⟨veralt.⟩; jmdn. festlich, gastlich, reichlich ~ **2** ein Landgut ~ ⟨schweiz.⟩ *bewirtschaften*

be'wöl·ken ⟨V. 500/R3⟩ sich ~ **1** der Himmel bewölkt sich *bedeckt sich mit Wolken;* der Himmel bewölkte sich (allmählich, plötzlich, rasch); ein leicht, stark, schwer bewölkter Himmel; tagsüber leicht bewölkt **2** ⟨fig.⟩ jmds. Miene bewölkt sich *wird finster, unfreundlich;* seine Stirn bewölkte sich; mit bewölkter Stirn

be'wun·dern ⟨V. 500/R7 od. R8⟩ jmdn. od. etwas ~ *jmdn. od. etwas als außergewöhnlich mit Staunen anerkennen u. die entsprechende Hochachtung äußern;* jmds. Leistung, Mut ~; jmdn. od. etwas aufrichtig, ehrlich, glühend, heimlich, neidlos ~; sie ließ sich in ihrem neuen Kleid ~; seine Ausdauer ist zu ~; sie möchte gern bewundert werden; bewundernde Blicke; ein bewundertes Beispiel

be'wußt ⟨Adj.⟩ **1** *von etwas wissend* 1.1 *klaren Geistes, klar erkennend, geistig wach;* ein ~er Mensch 1.2 ⟨73⟩ sich einer Sache ~ sein, werden *sich über eine S. klar sein, werden, eine S. in ihrer vollen Bedeutung erkennen;* sich eines Fehlers, Irrtums ~ sein; ich bin mir keiner Schuld ~; ich bin mir meines Fehlers genau, sehr wohl ~; sich seiner selbst ~ werden (von Kindern, Heranwachsenden) 1.3 ⟨44⟩ *ins Bewußtsein gedrungen, im B. vorhanden, bekannt;* mir ist nicht ~, daß ...; dir ist anscheinend gar nicht ~, was du angerichtet hast! **2** *gewollt, absichtlich;* ~e Irreführung; du hast mich ~ betrogen; das habe ich wirklich nicht ~ getan **3** ⟨60⟩ *genannt, erwähnt, bekannt;* dies ist das ~e Haus (von dem ich sprach) 3.0.1 der Bewußte *der Genannte, Erwähnte* 3.0.2 das ~e Örtchen ⟨umg.; scherzh.; verhüllend⟩ *Toilette*

be'wußt·los ⟨Adj. 24⟩ *ohne Bewußtsein, besinnungslos, ohnmächtig;* jmd. bricht ~ zusammen; sie war nur ganz kurz ~; der ~e Körper

Be'wußt·sein ⟨n.; -s; unz.⟩ **1** *geistige Klarheit, Besinnung;* das ~ verlieren; das ~ wiedererlangen; er starb, ohne das ~ wiedererlangt zu haben; er ist (nicht) bei ~; jmdn. ins ~ zurückrufen; wieder zu ~ kommen **2** *das Wissen um etwas;* im ~ seiner Stärke; die Tat geschah bei, mit vollem ~; jmdm. etwas zum ~ bringen 2.1 mir ist erst jetzt zum ~ gekommen, daß ... *mir ist erst jetzt klar geworden, daß ...*

be'zah·len ⟨V. 500⟩ **1** eine Ware od. Leistung ~ *für eine W. od. L. den Gegenwert in Geld geben;* eine Arbeit ~; eine Ware (in) bar, mit Scheck ~; das kann ich gar nicht ~; wenn es ans Bezahlen geht, zieht er sich zurück 1.0.1 → a. *Geld(1.2.3)* 1.1 das macht sich (nicht) bezahlt *das ist sein Geld, seinen Preis (nicht) wert, das lohnt sich (nicht)* 1.2 eine Sache ~ müssen *büßen müssen;* das habe ich teuer ~ müssen; er hat es mit dem Leben ~ müssen **2** ⟨R8⟩ jmdn. ~ *jmdm. für eine Leistung Geld geben, jmdn. entlohnen;* sich ~ lassen; ein gut, schlecht bezahlter Posten 2.0.1 er ißt, als ob er's bezahlt bekäme ⟨umg.; scherzh.⟩ *sehr schnell, sehr viel* 2.1 bezahlte Kräfte *gegen Entgelt (Lohn) Arbeitende* 2.2 bezahlter Urlaub *U. mit ununterbrochener Lohnzahlung* **3** Geld ~ *als Gegenwert für etwas zahlen;* ich habe hundert Mark bezahlt **4** eine Schuld ~ *sich durch das Zahlen von Geld von einer S. befreien;* die Rechnung, Schuld ist (noch nicht) bezahlt **4.1** → a. *Zeche(1.1)*

be'zäh·men ⟨V. 500/R7⟩ **1** jmdn. od. sich, etwas ~ *bezwingen, bändigen, im Zaum halten, beherrschen;* Leidenschaften ~; seine Neugier, Ungeduld, seinen Zorn ~; ich konnte mich nicht länger ~ **2** ein Tier ~ ⟨veralt.⟩ *zahm machen*

be'zau·bern ⟨V. 500/R8⟩ jmdn. od. etwas ~ ⟨fig.⟩ *einen Zauber auf jmdn. od. etwas ausüben, jmdn. entzücken, begeistern;* die Sprache dieser Dichtung bezaubert mich; seine Musik bezauberte das Publikum; sie hat uns alle durch ihren Liebreiz bezaubert; er ist von ihrer Schönheit ganz bezaubert

be'zeich·nen ⟨V. 500⟩ **1** etwas ~ *durch ein Zeichen kenntlich machen;* einen Buchstaben mit einem Akzent ~; die Sitzplätze sind mit Nummern bezeichnet **2** ⟨R7 od. R8⟩ jmdn. od. etwas ~ *nennen, angeben, näher beschreiben, kennzeichnen, charakterisieren;* diese Tat bezeichnet ihren Mann!; kannst du mir den Ort ~, an dem ...; kannst du den Ort nicht genauer, näher ~?; im einzelnen ~; ich weiß nicht, wie ich es ~ soll 2.1 ⟨518⟩ etwas od. jmdn. ~ als *benennen (mit), nennen;* jmdn. als Betrüger ~; er hat ihn als den größten Politiker unserer Zeit bezeichnet; diese Leistung kann, muß man als hervorragend ~ **3** ein sprachlicher Ausdruck bezeichnet einen Begriff *wird einem B. zugeordnet;* → a. *benennen(1.1);* dieses Wort bezeichnet verschiedene Dinge

be'zei·gen ⟨V.; geh.⟩ **1** ⟨530⟩ jmdm. etwas ~ *jmdm. etwas bekunden, ausdrücken;* → a. *bezeugen(3);* jmdm. Achtung, Ehre, Gnade ~;

jmdm. seine Dankbarkeit, Hochachtung, Teilnahme ~ **2** ⟨500⟩ etwas ~ *etwas zeigen, zu erkennen geben;* Freude, Furcht, Schmerz ~ **3** ⟨513/R3⟩ sich ~ *sich zeigen;* sich dankbar, unruhig ~

be'zeu·gen ⟨V. 500⟩ eine Sache ~ **1** *auf Grund eigenen Augenscheins, eigenen Wissens bestätigen;* er konnte ~, daß der Angeklagte die Wahrheit gesprochen hatte; ich kann (ihm) seine Aufrichtigkeit ~ **2** *(durch Zeugen, durch Zeugnisse, urkundlich) nachweisen;* die Wahrheit ~; das Auftreten dieses Wortes ist für das 16. Jh. bezeugt **3** ⟨530/R6⟩ jmdm. etwas ~ *bezeigen, ausdrücken;* jmdm. seine Achtung ~

be'zich·ti·gen ⟨V. 580 od. 540/R7 od. R8⟩ jmdn. od. sich einer Sache ~ *beschuldigen;* jmdn. eines Vergehens ~; er wurde bezichtigt, den Diebstahl begangen zu haben

be'zie·hen ⟨V. 293/500⟩ **1** etwas ~ *etwas auf, über etwas ziehen* 1.1 *einen Überzug darüberziehen;* ein Bett, Kissen ~; Polstermöbel ~; ein Bett frisch, neu ~ 1.2 *bespannen (bes. mit Saiten);* ein Saiteninstrument, einen Tennisschläger ~ 1.3 ⟨R3⟩ der Himmel bezieht sich *bedeckt sich mit Wolken* **2** Räume ~ *in etwas einziehen;* ein Haus, eine Wohnung ~ 2.1 die Universität ~ *mit dem Studium an der U. beginnen* 2.2 Quartier ~ *nehmen* 2.3 (einen) Posten ~ ⟨Mil.⟩ *sich auf (s)einem P. aufstellen* 2.4 (die) Wache ~ ⟨Mil.⟩ *auf W. ziehen, den Wachtposten einnehmen* **3** etwas ~ *(regelmäßig) erhalten bekommen;* ein Gehalt ~; Prügel ~ ⟨umg.⟩; eine Rente ~; Waren ~; eine Zeitschrift ~; Waren aus dem Ausland ~; zu ~ durch alle Buchhandlungen; wir haben unsere Möbel von der Firma X bezogen; woher beziehst du deine Informationen? 3.1 Steuern ~ ⟨schweiz.⟩ *einfordern* **4** ⟨550/R3⟩ sich auf jmdn. od. etwas ~ *berufen, auf jmdn. od. etwas verweisen, anspielen;* er bezieht sich bei, mit dieser Bemerkung auf einen bestimmten Vorfall; wir ~ uns auf Ihr Schreiben vom 10. 1. u. teilen Ihnen mit **4.1** ⟨R3⟩ etwas bezieht sich auf jmdn. od. etwas *betrifft jmdn. od. etwas;* seine Äußerung bezieht sich auf unser gestriges Gespräch **4.2** etwas auf jmdn. od. etwas ~ *mit jmdm. od. etwas in Zusammenhang bringen;* diese Regel kann man nicht auf diesen Fall ~; diese Bemerkung brauchst du nicht auf dich zu ~

Be'zie·hung ⟨f.; -, -en⟩ **1** *Verbindung;* die ~en zu jmdm. abbrechen, wiederaufnehmen; ~en anknüpfen (mit, zu); die ~en (zu jmdm.) einschlafen lassen; die ~en (zu jmdm.) pflegen; diplomatische ~en (zu einem Staat) aufnehmen; freundschaftliche, verwandtschaftliche, wirtschaftliche ~en; langjährige ~en (zwischen, zu); geschlechtliche, intime ~en mit jmdm. haben 1.1 (gute) ~en haben ⟨umg.⟩ *einflußreiche Bekannte haben, die einem nützlich sein können* **2** *innerer Zusammenhang, wechselseitiges Verhältnis;* zwei Dinge miteinander in ~ bringen; eine Sache, Tatsache zu einer anderen in ~ setzen; mit jmdm. oder einer Sache in ~ stehen; in freundschaftlichen ~en zu jmdm. stehen; die beiden Dinge stehen in keiner ~ zueinander; mit, zu jmdm. in freundschaftliche ~en treten **3** in dieser ~ *Hinsicht;* in dieser, in gewisser, in mancher ~ muß ich dir recht geben; es ist in jeder ~ zu begrüßen, daß ...; es ist in keiner ~ zu vertreten, daß ...; es wäre in vielen ~en zu begrüßen, wenn ... **4** *Bezug(nahme);* mit ~ auf unser gestriges Telephongespräch

Be'zirk ⟨m.; -(e)s, -e⟩ **1** *abgegrenztes Gebiet;* Wohn~ **2** ⟨Abk.: Bez.⟩ *Verwaltungseinheit in Ländern, Städten, Gemeinden;* Stadt~ **3** ⟨DDR; seit 1952⟩ *anstelle der Länder geschaffene Verwaltungseinheit, die kleiner als ein Land ist;* ~ Dresden, Rostock **4** ⟨fig.⟩ *Bereich;* das Buch stammt aus dem religiösen ~ der Literatur

Be'zug ⟨m.⟩ **1** ⟨unz.⟩ *das Beziehen(3);* der ~ von Waren, Zeitungen; bei ~ von mehr als 10 Stück **2** ⟨nur Pl.⟩ Bezüge *Einnahmen, Gehalt;* wie hoch sind Ihre Bezüge? **3** *Überzug;* einen ~ für Betten, Polstermöbel; die Bezüge der Betten waschen, wechseln; die Couch mit einem neuen ~ versehen **4** ⟨unz.; Kleinschreibung nur in der Wendung⟩ in bezug auf *hinsichtlich, was ... betrifft;* in bezug auf die Lage war unser altes Haus schöner **4.0.1** ~ nehmen auf *sich beziehen auf* 4.0.2 mit ~ auf unser Schreiben vom 10. 1. teilen wir Ihnen mit *wir beziehen uns auf unser S. vom 10. 1. u. teilen Ihnen mit*

be'züg·lich **1** ⟨Adj.⟩ *(auf etwas) bezogen, Beziehung habend (zu etwas)* 1.1 ~es Fürwort *F., das in einem untergeordneten Gliedsatz anstelle der Benennung einer Person od. Sache steht* **2** ⟨Präp. m. Gen.; Abk.: bez.⟩ *mit Beziehung auf;* ~ Ihres Schreibens; ~ unserer Verabredung möchte ich noch sagen ...

be'zwin·gen ⟨V. 294/500⟩ **1** jmdn. od. etwas ~ *besiegen, überwinden;* eine Festung, einen Gegner ~; er wollte etwas Heftiges erwidern, aber er bezwang sich 1.1 Tiere ~ *zähmen, unterwerfen, im Zaum halten* 1.2 eine Schwierigkeit ~ *mit einer S. fertig werden, eine S. bewältigen;* den letzten Anstieg eines Berges, einen Berg ~; er hat die Strecke in wenigen Tagen (zu Fuß) bezwungen 1.3 Leidenschaften ~ *in Schranken halten, unterdrücken, beherrschen;* seine Enttäuschung, Ungeduld, seinen Schmerz, Zorn ~

'Bi·bel ⟨f.; -, -n⟩ **1** *von den christlichen Kirchen als Wort Gottes anerkannte Schriften, die das Alte u. das Neue Testament umfassen, Buch der Bücher;* Sy *Heilige Schrift;* die ~ auslegen, übersetzen; auf die ~ schwören; Familien~, Bilder~, Taschen~ 1.1 das steht schon in der ~ ⟨umg.⟩ *das ist eine alte Weisheit* 1.2 ⟨fig.⟩ *ein bedeutsames Buch;* der „Faust" ist seine ~

'Bi·ber[1] ⟨m.; -s, -⟩ **1** *Angehöriger einer Familie der Nagetiere, an fließenden Gewässern u. Uferzonen mit Laubholz heimisch: Castoridae;* der Europäische ~; der Kanada~ 1.1 *dessen Pelz*

'Bi·ber[2] ⟨m. od. n.; -s, -⟩ *rauhes Baumwollgewebe in Köperbindung*

Bi·blio'thek ⟨f.; -, -en⟩ Sy *Bücherei* **1** *Büchersammlung* **2** *Raum od. Gebäude, in dem die Büchersammlung aufbewahrt wird;* Fach~, Leih~, Universitäts~, Werks~

'bie·der ⟨Adj.⟩ **1** *rechtschaffen, ehrenwert;* eine ~e Hausfrau; er spielte den ~en Bürger **2** *brav, aufrichtig, verläßlich, treuherzig;* brav u. ~ wie er war, hat er ...

'bie·gen ⟨V. 109⟩ **1** ⟨500⟩ etwas ~ *aus seiner bisherigen (geraden) Form in eine andere Richtung krümmen;* Zweige zur Seite ~; mit vor Alter krumm gebogenem Rücken **1.0.1** mag es ~ oder brechen, auf Biegen oder Brechen *auf jeden Fall, um jeden Preis, unter allen Umständen* **1.0.2** es geht auf Biegen oder Brechen ⟨fig.⟩ *hart auf hart, es wird rücksichtslos vorgegangen* **1.1** ⟨R3⟩ sich ~ *eine gekrümmte Form annehmen, krumm werden;* die Zweige ~ sich unter der Last der Früchte, des Schnees; die Bäume ~ sich im Wind **1.1.1** sich ~ vor Lachen *heftig, sehr lachen* **1.1.2** lieber (erg.: sich) ~ als brechen ⟨fig.⟩ *lieber nachgeben als gezwungen werden* **2** ⟨411(s.)⟩ um etwas ~ *eine Krümmung, Kurve gehen od. fahren;* um die Ecke ~ **3** ⟨500; Gramm.⟩ = *beugen(6)*

'Bie·ne ⟨f.; -, -n⟩ **1** *Angehörige einer Familie der Hautflügler, zuweilen „staaten"bildend: Apidae;* emsig, fleißig wie eine ~; die ~n schwärmen, summen; Honig ~ **2** ⟨fig.; umg.⟩ *Mädchen;* eine flotte, hübsche, kesse ~

'Bie·nen·stock ⟨m.⟩ *Kasten mit kleiner Öffnung (Flugloch) als Unterkunft für Bienen mit Vorrichtungen zum Wabenbau, Futterstelle usw.;* es wimmelt wie in einem ~!

Bier ⟨n.; -(e)s, -e⟩ **1** *aus Hopfen, Malz, Hefe u. Wasser durch Gärung gewonnenes alkohol. Getränk;* ein Glas, ein Krug ~; ein Liter, ein Maß ~; ~ ausschenken, brauen, zapfen; ein ~, ein halbes ~ trinken; dunkles, helles, Pilsner ~; beim ~ (im Gasthaus) sitzen; eine Maß ~ ⟨bair.⟩ **2** das ist (nicht) mein ~ ⟨fig.; umg.⟩ *(nicht) meine Angelegenheit*

Biest ⟨n.; -(e)s, -er⟩ **1** ⟨niederdt.⟩ *Vieh, bes. Rinder* **2** ⟨fig.⟩ *schreckl. od. unangenehmes, lästiges Tier;* nehmen Sie das ~ an die Leine! **3** ⟨fig.⟩ *verwünschter Gegenstand;* das ~ funktioniert nicht mehr **4** ⟨umg.; Schimpfw.⟩ *gemeiner Mensch, hinterhältige, intrigante Person;* so ein elendes ~!

'bie·ten ⟨V. 500⟩ **1** ⟨530⟩ jmdm. etwas ~ *jmdn. vor die Wahl stellen, etwas zu nehmen;* jmdm. Geld, eine Stellung ~; jmdm. eine Belohnung, eine Entschädigung ~ (für etwas); jmdm. Gelegenheit ~, etwas zu tun **1.0.1** wir müssen unserem Besuch, Gast doch etwas ~ *etwas Gutes (zu essen) vorsetzen sowie ihn unterhalten, ihm etwas zeigen* **1.1** *ein Angebot machen (bei Versteigerungen);* er hat mir 800 Mark für das Bild geboten; 100 Mark sind geboten (worden), wer bietet mehr? **1.1.1** ⟨Skat⟩ *reizen* **1.2** ⟨503/R3⟩ etwas bietet sich (jmdm.) *bietet sich an, zeigt sich, kommt vor;* unseren Augen bot sich ein herrlicher Anblick; es hat sich mir noch keine Gelegenheit dazu geboten; wenn sich eine Handhabe (gegen ihn), ein Vorwand böte, dann könnten wir ...; bei der nächsten sich ~den Gelegenheit **2** ⟨530⟩ jmdm. etwas ~ ⟨geh.⟩ *(dar)reichen, anbieten, entgegenhalten;* jmdm. den Arm ~ (als Stütze, zum Unterhaken); jmdm. die Hand ~; jmdm. die Lippen, die Wange zum Kuß ~ **2.1** → a. *Blöße(2.0.1), Schach(2.1), Spitze(1.2), Stirn(1.1)* **3** etwas ~ *zeigen, darbieten;* die beiden Kinder boten ein hübsches Bild; der Künstler bot ein ausgezeichnetes Programm **3.1** die Arbeit bietet keine Schwierigkeiten *macht keine S.* **4** ⟨530/R6⟩ jmdm. einen guten Morgen, guten Tag ~ *wünschen, jmdn. grüßen* **5** ⟨530/R5⟩ jmdm. etwas ~ *zumuten* **5.1** das darf, kann man sich nicht ~ lassen *das darf, kann man sich nicht gefallen lassen*

Bi'lanz ⟨f.; -, -en⟩ **1** *Übersicht über zwei verschiedene Zahlenreihen* **1.1** *das durch den Vergleich beider gewonnene Ergebnis* **1.2** *jährl. Kontenabschluß* **2** ⟨fig.⟩ *abschließender Überblick;* die ~ aufstellen **2.1** die ~ ziehen ⟨a. fig.⟩ *sich einen Überblick (über Vergangenes, Geschehenes) verschaffen, die Auswirkungen betrachten*

Bild ⟨n.; -(e)s, -er⟩ **1** *Darstellung von etwas od. jmdm. auf einer Fläche, z. B. Gemälde, Zeichnung, Druck, Photographie od. plastisch, z. B. Relief, Statue;* Licht ~, Öl ~; Marmor ~, Stand ~; ein ~ aufhängen, betrachten, malen, zeichnen; ein buntes, farbenfrohes, gelungenes, herrliches, meisterhaftes ~; ein gerahmtes, ungerahmtes ~; ein ~ auf Glas, Holz, Leinwand; ein ~ aus, von Erz, Marmor, Stein; ein ~ aus dem vorigen Jh.; ein ~ von Dürer; ein ~ aufnehmen ⟨Phot.⟩; ein scharfes, unscharfes, verwackeltes ~ ⟨Phot.⟩ **1.1** → a. *leben(1.7)* **2** ⟨Opt.⟩ *Abbildung* **3** *Darstellung einer Sache durch eine andere, Zeichen, Symbol;* Sinn ~ **3.1** in ~ern sprechen *Gleichnisse, übertragene Ausdrücke gebrauchen* **4** *Erscheinungsform;* Krankheits ~ **5** *Ebenbild;* er ist ganz das ~ seines Vaters; und Gott schuf den Menschen ihm (sich) zum ~e (1. Mose, 1,27) **6** *Anblick;* als wir ins Zimmer traten, bot sich uns ein überraschendes ~ **6.1** ein ~ für Götter ⟨umg.; scherzh.⟩ *ein köstl., komischer Anblick* **6.2** ein ~ des Jammers sein *einen bejammernswürdigen Anblick bieten* **6.3** ein ~ von einem Mädchen, Manne sein *sehr schön sein* **7** *Vorstellung von etwas;* die ~er meiner Phantasie, meiner Träume; in meiner Erinnerung, vor meinem geistigen Auge stiegen alle alten ~er auf; er entwarf ein ~ des Lebens im 18. Jh.; er vermittelte uns ein anschauliches, fesselndes, genaues, wahrheitsgetreues ~ (von ...); ein deutliches, flüchtiges klares ~ (in der Erinnerung); ein falsches, richtiges ~ von etwas haben **7.0.1** sich ein ~ (von etwas) machen können *sich etwas vorstellen können* **7.0.2** sein ~ ist mir gut im Gedächtnis geblieben *ich kann mich gut an ihn erinnern* **7.1** *genaue Vorstellung, aufgrund deren eine Beurteilung der Lage möglich ist* **7.1.1** sich ein ~ von etwas machen *sich eine Meinung über etwas bilden* **7.1.2** im ~e sein *sich über etwas im klaren sein, die Zusammenhänge kennen;* damit Sie im ~e sind; ich bin darüber nicht im ~e **7.1.3** jmdn. ins ~ setzen *jmdn. genau unterrichten*

'bil·den ⟨V.⟩ **1** ⟨500⟩ etwas ~ *erzeugen, machen, hervorbringen, schaffen;* die Fälle, Verbformen (von Wörtern) ~; die Kinder bildeten einen Kreis; das Wort „Vieh" bildet keinen Plural; aus zehn Buchstaben ein Wort ~ (bei Buchstabenrätseln); sich eine Meinung, ein Urteil über etwas ~; eine Regierung ~ **1.1** ⟨R3⟩ etwas bildet sich *entsteht, entwickelt sich;* Nebel, Rauch, Staub bildet sich; Geschwüre haben sich gebildet **2** ⟨500⟩ etwas ~ *formen, gestalten;* eine Gestalt, Figur aus, in Marmor, Ton ~ **2.1** ~de Kunst ⟨Sammelbez. für⟩ *Baukunst, Plastik, Malerei, Graphik* **3** ⟨500⟩ etwas ~ *sein;* der Vorfall von gestern bildete den ganzen Abend das Gesprächsthema; die Straße bildet hier die Grenze; sein Vortrag bildete den Höhepunkt des Abends **4** ⟨500/R7⟩ jmdn. od. etwas ~ *belehren, erziehen, jmdm. od. etwas Bildung geben;* jmds. Charakter, Verstand ~ **4.0.1** gebildet sein *Bildung besitzen;* wissenschaftlich gebildet sein **4.0.2** ein gebildeter Mensch, Gebildeter *Mensch mit Bildung* **4.1** ⟨R3⟩ sich ~ *sich Bildung aneignen;* sich geistig, wissenschaftlich ~ **4.2** ⟨400⟩ etwas bildet *vermittelt Bildung;* Bücher können ~ **4.2.1** ~de Bücher *Bildung vermittelnde B.*

'Bild·flä·che ⟨f.⟩ **1** *bei unbewegtem Auge überschaubarer Raum (bes. beim Übertragen vom Räumlichen auf eine Fläche);* die Gestalt nimmt die ganze ~ ein **2** *Leinwand für Licht-bild- od. Filmvorführung;* eine große, kleine ~ **3** ⟨fig.; umg.⟩ **3.1** auf der ~ erscheinen *plötzlich auftreten, kommen, sichtbar werden* **3.2** von der ~ verschwinden *sich plötzlich entfernen, in Vergessenheit geraten*

'Bild·hau·er ⟨m.; -s, -⟩ *ein Künstler, der aus festen Werkstoffen, bes. aus Stein, Plastiken herstellt*

'bild·lich ⟨Adj. 90⟩ **1** *in Bildern, mit Hilfe eines Bildes od. von Bildern;* die ~ dargestellte Entwicklung des Embryos **2** ~er Ausdruck *A., der ein Bild gebraucht, um einen Gegenstand od. Sachverhalt anschaul. od. poet. darzustellen, z. B. „Segler der Lüfte" für „Wolken" (Schiller);* eine Sache ~ darstellen; ein ~er Vergleich; er hat mich veralbert, ~ gesprochen: er hat mich auf den Besen geladen

'Bild·nis ⟨n.; -s·ses, -s·se; geh.⟩ *bildl. Darstellung eines Menschen;* Sy *Porträt;* ein ovales, auf Holz gemaltes ~; Jugend~, Selbst~

'Bil·dung ⟨f.; -, -en⟩ **1** ⟨unz.⟩ *das Bilden, Sichbilden;* ~ eines Ausschusses, einer Regierung; ~ einer Geschwulst; ~ einer Form, ~ eines Wortes; ~ von Nebel, Rauch, Schaum, Staub **2** *etwas, was in bestimmter Weise gebildet ist, Form, Gestalt;* Wolken~; Gesichts~, Körper~ **3** ⟨unz.⟩ *geistige u. innere Formung, Vervollkommnung, geistiges u. inneres Geformtsein des Menschen, vielseitige Kenntnisse, verbunden mit Geschmack, Urteil, Sinn für Wert;* sich ~ aneignen; jmdm. ~ beibringen; eine gediegene, vielseitige ~ genossen haben; (keine) ~ haben; ein Mann von ~; zur Vervollkommnung seiner ~ eine Weltreise machen **3.0.1** das zu wissen gehört zur allgemeinen ~ *das muß man wissen, wenn man für gebildet gelten will* **3.1** *Anstand, Takt u. Herzensgüte;* Herzens~

'Bil·lard ⟨[-lj-] österr. [bi'ja:r] n.; -s, -e⟩ **1** *Spiel, bei dem Kugeln mit Hilfe eines Stabes (Queue) auf stoffbezogenem Tisch mit federndem Rand (Bande) gestoßen werden* **2** *der Tisch für das Billard(1)*

'bil·lig ⟨Adj.⟩ **1** *wohlfeil, preiswert, nicht teuer;* ~e Waren; eine Ware ~ kaufen, verkaufen; hier kann man sehr ~ leben **2** ⟨70⟩ *gerecht, berechtigt, angemessen, vernünftig;* eine ~e Forderung; dein Verlangen ist nur ~, ist nicht mehr als ~ **2.1** → a. *recht(6.1)* **3** *minderwertig, dürftig;* ein ~es Kleid **4** *abgedroschen, nichtssagend;* eine ~e Ausrede, Redensart; ein ~er Trost

'bil·li·gen ⟨V. 500⟩ etwas ~ *gutheißen, genehmigen, einverstanden sein mit;* jmds. Verhalten, einen Vorschlag ~; ich kann deinen Entschluß nicht ~

'Bil·lig·keit ⟨f.; -; unz.⟩ **1** *billige Beschaffenheit* **2** *Dürftigkeit* **3** *Angemessenheit, Berechtigung*

'bim·sen ⟨V.⟩ **1** ⟨500⟩ *mit Bimsstein putzen, abreiben, schleifen* **2** ⟨500 od. 400⟩ (etwas) ~ ⟨fig.; umg.⟩ *sich mit einem Wissensstoff plagen, ihn mühsam lernen;* Vokabeln, das Einmaleins ~; vor einer Prüfung tüchtig (Latein) ~ müssen **3** ⟨500⟩ jmdn. ~ ⟨soldatenspr.⟩ *scharf exerzieren, drillen*

'Bin·de ⟨f.; -, -n⟩ **1** *Streifen aus Verbandstoff zum Verbinden;* Mull~; ein verletztes Glied mit einer ~ umwickeln **2** *Stoffstreifen als Schmuck, Krawatte od. Abzeichen;* Arm~; Stirn~, Hals~ **2.0.1** einen hinter die ~ gießen ⟨umg.; scherzh.⟩ *einen Schnaps trinken* **3** *Tuch zum Zubinden, Festhalten, Stützen od. Wärmen;* Leib~; den Arm in der ~ tragen **3.0.1** plötzlich fiel mir die ~ von den Augen ⟨fig.; umg.⟩ *plötzlich erkannte, merkte ich*

'Bin·de·ge·we·be ⟨n.; Med.⟩ *Stützgewebe aus Zellen u. Fasern, das zum Aufbau des Körpers dient u. Bänder u. Sehnen bildet*

'Bin·de·haut ⟨f.; Med.⟩ *schleimige, die Innenseite der Augenlider u. die Vorderseite des Augapfels überziehende Haut*

'bin·den ⟨V. 500⟩ **1** jmdn. od. etwas ~ *mit Band, Faden, Riemen, Kette o. ä. festmachen, verbinden, verknüpfen, zusammenfügen;* einen Baum an einen Pfahl ~; Korn in Garben ~; Blumen zum Kranz, zum Strauß ~ **1.0.1** → a. *Nase(1.10), Seele(1.08)* **1.1** ein Band an, in, um etwas ~ *an, in etwas befestigen, um etwas herumführen u. festbinden;* ein Band ins Haar ~; jmdm. ein Tuch um die Augen ~; eine Schnur um ein Paket ~ **1.1.1** die Krawatte, eine Schleife ~ *formgerecht schlingen* **2** etwas ~ *durch Zusammenbinden herstellen;* Besen ~; Fässer ~; einen Kranz aus Blumen ~ **3** jmdn. od. etwas ~ *fesseln;* einem Gefangenen die Hände (u. Füße) ~; einen Gefangenen mit gebundenen Händen vorführen **3.0.1** → a. *Hand(2.6.13)* **4** ⟨R7 od. R8⟩ jmdn. od. etwas ~ ⟨fig.⟩ *verpflichten, festlegen, abhängig machen;* sich durch ein Versprechen ~ **4.0.1** sich als gebunden betrachten *sich durch Abmachung, Zusage verpflichtet fühlen* **4.0.2** eine ~de Abmachung, Zusage *eine verpflichtende A., Z.* **4.0.3** an einen Zeitpunkt, an feste Preise gebunden sein *sich an eine bestimmte Zeit, an feste Preise halten müssen* **4.1** ⟨R3⟩ sich ~ *sich verloben* **4.1.1** ist sie schon gebunden? *ist sie schon verlobt?* **4.1.2** sich an eine Frau ~ *mit ihr ein festes Verhältnis eingehen, sich verloben* **4.2** gebundene Rede *R. in Gedichtform, in Versen* **4.3** gebundenes System ⟨Arch.⟩ *Konstruktionsart roman. Basiliken mit dem Quadrat der Vierung als grundlegender Maßeinheit* **5** etwas ~ *zusammenhalten, festhalten;* gebundene Wärme, Elektrizität **5.1** feindliche Kräfte ~ *kämpfend festhalten, an der Bewegung hindern* **5.2** eine Soße mit Mehl ~ ⟨Kochk.⟩ *dickflüssiger machen* **5.3** Stoffe ~ ⟨Chem.⟩ *miteinander vereinigen* **5.4** Bücher ~ *mit Rücken u. Deckeln versehen* **5.5** Laute, Töne ~ ⟨Phon.; Mus.⟩ *miteinander verbinden, ohne Unterbrechung aufeinan-*

der folgen lassen; mehrere Töne ~; mehrere Töne gebunden singen, spielen

'Bin·der ⟨m.; -s, -⟩ **1** *jmd., der etwas bindet;* Besen~ **2** ⟨Landw.⟩ *Maschine, die etwas bindet;* Garben~, Mäh~ **3** = *Krawatte(1);* ein bunter, einfarbiger, geschmackloser ~ **4** ⟨Arch.⟩ **4.1** *auf den Mauern ruhender Balken, der den Dachstuhl trägt od. versteift;* Dach~ **4.2** *Mauerstein, der mit der Schmalseite nach außen liegt;* Ggs *Läufer(9)* **5** ⟨süddt., österr.⟩ *Böttcher;* Faß~

'Bind·fa·den ⟨m.⟩ **1** *Faden zum Binden, dünne Schnur, dünner Strick;* eine Rolle ~ **2** es regnet Bindfäden ⟨fig.; umg.; scherzh.⟩ *sehr stark*

'Bin·dung ⟨f.; -, -en⟩ **1** ⟨fig.⟩ *das enge innere Verbundensein, verpflichtende Beziehung;* eine starke, lose ~; eine menschliche, politische, konfessionelle ~; eine vertragliche ~; er löste alle alten ~en; sie will keine neuen ~en eingehen **2** ⟨Sp.⟩ *eine Vorrichtung zur Verankerung des Schischuhs auf dem Schi;* die ~ geht, springt (nicht) auf; Sicherheits~ **2.1** ⟨Wasserschi⟩ *eine verstellbare, pantoffelförmige Halterung aus Gummi auf den Schiern* **3** ⟨Text.⟩ *die Art, wie sich in einem Gewebe die Fäden kreuzen;* Leinwand~, Kreuz~, Tuch~, Köper~, Atlas~ **4** ⟨Chem., Phys.⟩ *Art des Zusammenhalts der Atome u. der Bausteine des Atomkerns* **5** ⟨Mus.⟩ *die möglichst lückenlose Verbindung zweier od. mehrerer Töne*

'bin·nen ⟨Präp. mit Dativ, seltener u. geh. mit Genitiv⟩ **1** *innerhalb, im Laufe von;* ~ Jahresfrist; ~ 10 Minuten; ~ zweier Tage; ~ 24 Stunden **1.1** ~ kurzem *bald*

'Bin·nen·land ⟨n.⟩ *das weit von der Küste entfernte Land*

'Bin·se ⟨f.; -, -n⟩ **1** *zur Familie der Binsengewächse (Juncaceae) gehörige Pflanzengattung mit stengelähnl., Pflanzenmark enthaltenden Blättern, die für Geflechte verwendet werden: Juncus;* er hat aus ~n Körbe und Matten geflochten; Sumpf~, Wasser~ **2** in die ~n gehen ⟨fig.; umg.⟩ *verloren-, entzwei-, schiefgehen;* das Geschäft, das Gerät ist in die ~n gegangen

Bio·lo'gie ⟨f.; -; unz.⟩ *Wissenschaft vom Leben u. von den Lebewesen*

bio'lo·gisch ⟨Adj.⟩ **1** *die Biologie betreffend, zu ihr gehörig, auf ihr beruhend* **1.1** ~e Waffen *Bakterien, Viren u. a. seuchenverbreitende Mittel einer (bisher nicht angewendeten) Kriegführung* **2** *naturbedingt, natürlich* **2.1** ~es Gleichgewicht *G. zwischen Entstehen u. Vergehen der Lebewesen*

'Bir·ke ⟨f.; -, -n⟩ *Laubbaum aus der Familie der Birkengewächse (Betulaceae) mit weißer Borke, Kätzchenblüten u. geflügelten Früchten: Betula;* Weiß~, Zwerg~

'Birn·baum ⟨m.⟩ *weiß blühendes Kernobstgewächs mit längl. gelben Früchten: Pyrus communis;* Sy *Birne(1)*

'Bir·ne ⟨f.; -, -n⟩ **1** = *Birnbaum* **1.1** *längliche, süße, saftige Frucht des Birnbaums;* eine gelbe, reife, grüne ~ **2** *elektr. Glühkörper;* Glüh~; eine 100-Watt-~; die ~ ist durchgebrannt; eine neue ~ einsetzen, einschrauben **3** *birnenförmiges Glasgefäß* **4** ⟨umg.; scherzh.⟩ *Kopf* **4.1** eine weiche ~ haben *nicht ganz richtig im Kopf sein* **4.2** jmdm. eins auf, vor die ~ geben *jmdn. auf den Kopf schlagen*

bis ⟨Präp. mit Akk., meist mit einer weiteren Präp.⟩ **1** ~ an, zu einem Ort *hin zu dem O. als Endpunkt einer Strecke;* von Berlin ~ München, ~ nach Hannover; ~ an die Knie im Wasser stehen; der Ball ist ~ aufs Dach geflogen; ~ dahin, hierher begleite ich dich; ~ vor die Tür; ~ hinter die Garage; ~ zum Ende der Straße; ~ wohin fahren Sie? **2** ~ zu einem Zeitpunkt *hin zu dem Z. als Ende eines Zeitraumes;* ~ drei Uhr warten; Sprechzeit von 10 ~ 12 Uhr; vom Morgen ~ zum Abend; von morgens ~ abends; von Dienstag ~ Donnerstag; ~ gegen Mitternacht; ~ um sechs; ~ in den Abend; ~ nach Weihnachten; ~ vor hundert Jahren; Kinder ~ sechs Jahre, ~ zu sechs Jahren; ~ dahin vergeht noch viel Zeit; ~ auf Widerruf; sie wartet, ~ er kommt, ~ es zu spät ist, ~ sie weiß, was geschehen ist ⟨als Konjunktion⟩; ~ daß der Tod uns scheidet **2.1** ~ bald, gleich, später ⟨umg.⟩ *auf (baldiges usw.) Wiedersehen* **2.2** ~ auf weiteres *eine unbestimmte Zeitlang* **2.3** ~ mit *bis(2) einschließlich;* Sy *mit(3.1)* ⟨bes. schweiz.⟩; der Film läuft ~ Donnerstag **3** ~ auf *außer;* die Wohnung ~ auf die Küche herrichten; sie gingen alle ~ auf einen oder zwei **3.1** *einschließlich;* sie wurden ~ auf den letzten Mann gerettet **4** ~ ins kleinste, letzte *sehr genau;* wir müssen das Programm ~ auf das i-Tüpfelchen durchtesten **5** ein Wert (von) ~ *mit einem unteren W. beginnend u. einem oberen W. endend;* vier ~ fünf Mark; 20 ~ 40 Küken; 10 ~ 12 Prozent; eine Arbeit mit der Note „zwei ~ drei" bewerten; das Konzert war mittelmäßig ~ schlecht

'Bi·schof ⟨m.; -s, ¨-e⟩ **1** *leitender Geistlicher in christlichen Kirchen* **1.1** ⟨kath. Kirche⟩ *Leiter einer Diözese, eines Bistums, der vom Papst ernannt wird;* jmdn. zum ~ weihen; Weih~ **1.2** ⟨ev. Kirche⟩ *der oberste Geistliche einer Landeskirche* **2** *kaltes Getränk aus Rotwein, Zucker u. Pomeranzenschalen*

bis'her ⟨schweiz. a. ['--] Adv.⟩ *bis jetzt, bislang*

bis'lang ⟨Adv. 80; landschaftl.⟩ *bisher, bis jetzt*

Biß ⟨m.; -s·ses, -s·se⟩ **1** *das Hineinbeißen mit den Zähnen;* ein scharfer, giftiger ~; sich vor dem ~ des Hundes schützen **1.1** ⟨fig.; geh.⟩ *stechender Schmerz, Reue;* Gewissensbisse **2** *die durch Beißen entstandene Verletzung;* der ~ wollte nicht verheilen; er hat einen ~ am Bein

'biß·chen ⟨unbestimmtes Num.⟩ **1** *wenig;* ihr ~ Schmuck; das ~ Schnee, das heute gefallen ist **2** ein ~ *ein wenig, eine Kleinigkeit, etwas;* ein ~ Brot, Geld, Liebe; gib dir ein ~ Mühe; komm ein ~ näher; sei ein ~ netter zu mir!; geh ein ~ schneller!; tut es weh? Nicht ein ~! **3** kein ~ *gar nicht(s), überhaupt nicht(s), gar kein;* es ist kein ~ Wurst mehr da; das Kind hat kein ~ geweint

'Bis·sen ⟨m.; -s, -⟩ **1** *die Menge, die man auf einmal abbeißen kann, Mundvoll;* ein ~ Brot; einen großen ~ machen, nehmen; ihm blieb vor Schreck der ~ im Halse stecken; sie brachte vor Aufregung keinen ~ hinunter **1.0.1** jmdm. keinen ~ Brot gönnen ⟨fig.⟩ *neidisch, mißgünstig sein* **1.0.2** jmdm. jeden ~ in den Mund zählen *aufpassen, wieviel er ißt, neidisch beim Essen zusehen* **1.0.3** er hat sich für seine Familie jeden ~ vom Munde abgespart *er hat auf vieles verzichtet, um die Fa-*

milie ernähren zu können **2** ⟨fig.⟩ *eine Kleinigkeit zu essen, Happen;* ich muß rasch erst einen ~ essen; keinen ~ anrühren; ein leckerer ~ 2.0.1 iß doch einen ~ mit uns! ⟨umg.⟩ *komm od. bleib zu einer kleinen zwanglosen Mahlzeit bei uns* 2.0.2 → a. *fett(1.0.1)*

'bis·sig ⟨Adj.⟩ **1** ⟨70⟩ *schnell, gern beißend, durch Beißen angreifend;* Vorsicht, ~er Hund! (Warnungsschild an Hof- od. Gartentüren); das Pferd war sehr ~ **2** ⟨fig.⟩ *scharf, höhnisch, auf barsche Weise verletzend;* eine ~e Bemerkung, Kritik

'Bis·tum ⟨n.; -s, ¨er; kath. Kirche⟩ *Verwaltungsbereich eines Bischofs, bischöfl. Sprengel;* Sy *Diözese*

bis'wei·len ⟨Adv. 50; geh.⟩ *manchmal, ab u. zu;* ~ habe ich das Gefühl, daß ...

'bit·te ⟨Adv.; Höflichkeitsformel⟩ **1** *wenn ich dich od. Sie darum bitten darf!, sei od. seien Sie so freundlich!;* sieh dir das ~ an!; hören Sie ~!; entschuldigen Sie ~!; würden Sie mir ~ helfen?; sagen Sie mir ~ ...; komm ~ etwas später; Herr Ober, ~ (einen) Kaffee!; Möchten Sie Wurst oder Käse? ~ Wurst!; ~ Tür schließen! (auf Türschildern); ~ Füße abtreten od. abstreifen (auf Schildern an Türen od. Treppen); ~ lauter! (Aufforderung an einen Redner); ach, ~, können Sie mir sagen ...; ~, langen Sie zu, nehmen Sie sich! 1.0.1 ~ wenden! ⟨Abk.: b. w.⟩ *(Aufforderung am Ende einer Seite, eines Formulars o. ä.)* 1.1 (wie) ~? *(Rückfrage bei nichtverstandener Äußerung)* **2** *gern, selbstverständlich, ja;* vielen Dank! ~!; darf ich mir das Buch einmal ansehen? ~ sehr!; ist der Platz hier frei? ~!, ja, ~! 2.1 oh, Verzeihung! ~! *es macht nichts, schadet nichts* 2.2 kann ich das Telephonbuch haben? ~! (beim Überreichen) *hier* **3** ja, ~? *(Meldung am Telephon)* **4** ~! *das war schon immer meine Meinung, ich habe es gewußt;* ~! hab' ich's nicht gesagt?

'Bit·te ⟨f.; -, -n⟩ **1** *Mitteilung eines Wunsches, Wunsch, höfl. Verlangen, Gesuch, Ersuchen;* jmdm. eine ~ abschlagen; eine ~ aussprechen, äußern; eine ~ erfüllen, gewähren; ich habe eine ~; jmds. ~n nachgeben, nachkommen; die sieben ~n des Vaterunsers; eine dringende, flehentliche, inständige, vergebliche ~; ich habe, hätte eine ~ an Sie; auf seine dringende ~ hin bin ich gekommen 1.1 an jmdn eine ~ richten, stellen *jmdn. bitten*

'bit·ten ⟨V.⟩ **1** ⟨800⟩ (um etwas) ~ *eine Bitte aussprechen (um etwas zu erhalten);* „...!" bat er; auf Bitten von Herrn X; sich aufs Bitten verlegen; durch vieles Bitten hat er schließlich erreicht, daß ...; du kannst ~ und betteln, soviel du willst, ich tue es doch nicht; wenn ich ~ darf; ich bitte Sie (herzlich) darum; ich bitte (tausendmal) um Entschuldigung; um Geduld, Hilfe, Nachsicht, Schonung, Verzeihung ~; darf ich um das Salz ~? (bei Tisch); darf ich um den nächsten Tanz ~? 1.0.1 → a. *Wort(2.5.4)* 1.1 da muß ich doch sehr ~! *das gehört sich nicht!* 1.2 darum möchte ich gebeten haben! *das bitte ich mir aus, das verlange ich* **2** ⟨500⟩ jmdn. ~ *höfl. auffordern, ersuchen;* ich bitte Sie, mir zu helfen; sich lange ~ lassen; jmdn. dringend, flehentlich, fußfällig, inständig ~; ich hatte ihn gebeten, zu warten; er will immer erst gebeten sein 2.1 ich bitte Sie! *aber nein!, so etwas!, hält man das für möglich!; kaum zu glauben!* 2.2 aber ich bitte dich! *aber selbstverständlich!, das ist doch keine Frage!* **3** ⟨550⟩ jmdn. zu etwas ~ ⟨geh.⟩ *einladen;* dürfen wir Sie für morgen zum Essen, zum Tee ~? 3.0.1 eine Dame zum Tanz ~ *auffordern* 3.0.2 jmdn. zu Tisch ~ *auffordern, zum Essen zu kommen* 3.1 jmdn. irgendwohin ~ *jmdn. höflich auffordern, irgendwohin zu kommen;* jmdn. ins Sprechzimmer ~ 3.1.1 jmdn. zu sich ~ *jmdn. einladen, jmdn. zu sich kommen lassen* 3.1.2 ich lasse ~! (bei der Meldung eines Besuchers) *der Besucher kann eintreten* **4** ⟨800⟩ für jmdn. ~ *eintreten, zu jmds. Gunsten sprechen*

'bit·ter ⟨Adj.⟩ **1** ~er Geschmack *sehr herb;* Ggs *süß(1);* einen ~en Geschmack im Munde haben; ~e Mandel, Medizin, Schokolade 1.1 ein Bitterer *stark mit bitteren Kräutern gewürzter Likör* **2** ⟨fig.⟩ *hart, schmerzlich;* ~e Tränen weinen; ~e Not leiden; jmdm. ~e Vorwürfe machen; aus dem harmlosen Streit wurde ~er Ernst 2.1 ein ~er Tropfen im Becher der Freude *ein wenig Bitterkeit, Trauer bei aller Freude* 2.2 ⟨40⟩ *verbittert, unfroh, an nichts mehr Freude habend;* ~ werden; er ist durch böse Erfahrungen ~ geworden **3** ⟨50; fig.; verstärkend⟩ *sehr, tüchtig, heftig;* ~ arm sein; es ist ~ kalt; es ist mir ~ ernst damit!; eine Tat ~ bereuen; er hat das Geld ~ nötig

bi'zarr ⟨Adj.⟩ **1** *seltsam, ungewöhnlich* **2** *wunderlich, verschroben*

'Bi·zeps ⟨m.; -es, -e⟩ *zweiköpfiger Muskel, z. B. am Oberarm u. am Oberschenkel*

'blä·hen ⟨V.⟩ **1** ⟨400⟩ eine Speise bläht *eine S. bildet übermäßig viel Gas in Darm u. Magen;* Hülsenfrüchte, Kohl, Zwiebeln ~ **2** ⟨500/R7⟩ etwas bläht etwas od. sich *etwas macht etwas od. sich prall u. füllig, füllt etwas od. sich mit Luft;* der Wind bläht die Segel, die Vorhänge; die Gardine, der Rock blähte sich (im Wind) **3** ⟨500/R3⟩ sich ~ ⟨fig.; abwertend⟩ *sich wichtig tun, angeben, prahlen;* du blähst dich wie ein Pfau

Bla'ma·ge ⟨[-ʒə] f.; -, -n⟩ *beschämende, peinl. Bloßstellung, Schande*

bla'mie·ren ⟨V. 500⟩ jmdn. ~ = *bloßstellen;* da habe ich mich ja schön blamiert; jmdn. vor allen Leuten ~

blank ⟨Adj.⟩ **1** *blinkend, glänzend, hell;* ~e Augen, Fensterscheiben; ~es Metall; mit ~en Talern bezahlen 1.0.1 ~e Waffen *Hieb- u. Stichwaffen* 1.1 *sauber, rein;* Fenster, Schuhe ~ putzen, reiben; den Fußboden, Tisch ~ scheuern; ~ gewichste Stiefel 1.2 *abgegriffen, abgewetzt;* ein ~er Hosenboden, ~e Ärmel; Hosen ~ wetzen **2** ⟨60⟩ *unbedeckt, bloß;* er drang mit ~em Degen auf ihn ein; Prügel auf den ~en Hintern bekommen ⟨umg.⟩; er trug die Jacke auf dem ~en Körper; auf der ~en Erde schlafen 2.1 ⟨50⟩ ~ gehen ⟨schweiz. u. österr.⟩ *ohne Mantel gehen* 2.2 eine Farbe ~ haben ⟨Kart.⟩ 2.2.1 *nur eine Karte von einer Farbe haben* 2.2.2 *die letzte, unstechbare Karte haben* 2.3 ⟨40⟩ ~ sein *kein Geld haben;* ich bin völlig ~ **3** ⟨60; umg.⟩ *offensichtlich, rein;* ~er Unsinn **4** ⟨60⟩ der ~e Hans ⟨poet.⟩ *die Nordsee (bei Sturm)*

'blan·ko ⟨Adj. 11⟩ *leer, nicht vollständig ausgefüllt;* Formulare, Schecks ~ unterschreiben

'Bla·se ⟨f.; -, -n⟩ **1** *mit Luft od. Flüssigkeit gefüllter Hohlraum* 1.1 *häutiges Hohlorgan bei Menschen u. Tieren für Flüssigkeit od. Luft;* Gallen~, Harn~; Schwimm~; die ~ entleeren; sich die ~ erkälten 1.2 *mit Schwellung verbundene Flüssigkeitsansammlung unter der obersten Schicht der Haut;* Brand~; eine ~ aufstechen; sich ~n (an den Füßen) laufen; eine ~ am Fuß, an der Hand haben 1.3 *Ansammlung von Gas od. Flüssigkeit unter der Oberfläche von etwas od. freischwebend mit feiner Haut;* Seifen~, Wasser~; der Teig, das Wasser schlägt ~n 1.3.1 ~n werfen ⟨fig.; umg.⟩ *Aufsehen erregen* 1.3.2 ~n ziehen ⟨fig.; umg.⟩ *Folgen haben* 1.4 *Behälter zum Verdampfen od. Destillieren* **2** ⟨unz.; vulg.⟩ *Bande, Pack, Gesindel;* das ist eine ~!; er und seine ganze ~

'bla·sen ⟨V. 113⟩ **1** ⟨400⟩ *Luft aus dem Munde ausstoßen u. dadurch eine Luftbewegung (in einer bestimmten Richtung) erzeugen;* in die Hände ~ (um sie zu erwärmen) 1.1 ⟨500⟩ etwas ~ *durch Ausstoßen der Luft kühlen;* den Kaffee ~ 1.2 ⟨500⟩ etwas ~ *durch Ausstoßen der Luft erzeugen;* Ringe ~ (beim Rauchen) **2** ⟨500⟩ ein Blasinstrument ~ *zum Tönen bringen, spielen;* Flöte, Trompete ~ 2.0.1 ⟨530⟩ jmdm. den Marsch, die Meinung ~ *jmdm. die Meinung sagen, jmdn. energisch zurechtweisen* 2.0.2 ⟨530⟩ ich werde dir was ~! ⟨umg.⟩ *ich denke nicht daran!* 2.0.3 ⟨418⟩ mit jmdm. ins gleiche Horn ~ ⟨fig.⟩ *jmds. Meinung vertreten, nachreden* 2.0.4 ⟨500⟩ Trübsal ~ *trübe gestimmt, trübselig, hoffnungslos sein* 2.0.5 → a. *tuten(1.1)* **3** ⟨515⟩ zum Angriff, zum Rückzug, zum Sammeln ~ *mittels Blasinstruments Signal zum A., R., S. geben* **4** ⟨400⟩ der Wind bläst *weht heftig;* ein eisiger Wind blies mir ins Gesicht 4.0.1 daher bläst der Wind! *also das steckt dahinter!* 4.0.2 woher bläst der Wind? ⟨fig.⟩ *was steckt dahinter?, wer ist der Anstifter?* **5** ⟨500⟩ Glas ~ *mittels Luftstroms u. Glasbläserpfeife Gegenstände aus Glas herstellen* **6** ⟨400; Brettspiel⟩ *einen feindl. Stein entfernen*

'Blä·ser ⟨m.; -s, -⟩ **1** *jmd., der etwas bläst;* Glas~ **2** *Musiker, der ein Blasinstrument spielt;* Blech~, Flöten~, Holz~; die Bläser im Orchester

blaß ⟨Adj. 70⟩ **1** *bleich, farblos, fahl, weißlich;* ein blasses Blau; ein blasses Gesicht; blasse Haut; ~ aussehen; ~ werden (vor Schreck usw.); diese Farbe macht dich ~ **2** ⟨fig.⟩ *schwach, unklar;* ich habe nur noch eine blasse Erinnerung an ihn; ich habe keine blasse Ahnung, keinen blassen Dunst, Schimmer, was das heißen soll

'Bläs·se ⟨f.; -; unz.⟩ **1** ⟨geh.⟩ *das Blaßsein, Farblosigkeit;* die ~ seines Gesichts war auffallend **2** ⟨fig.⟩ *Langweiligkeit*

Blatt ⟨n.; -(e)s, ¨er⟩ **1** *flächig ausgebildetes, durch Blattgrün gefärbtes Organ höherer Pflanzen;* Baum~; Blüten~; die Bäume treiben Blätter; ein frisches, gelbes, grünes, trokkenes, verwelktes ~; die Blätter fallen, knospen, sprießen 1.0.1 kein ~ vor den Mund nehmen ⟨fig.⟩ *deutlich u. offen seine Meinung sagen* **2** ⟨n. 7⟩ *(gleichmäßig beschnittenes) Stück Papier;* 50 ~ Papier; fliegende Blätter; ein neues ~ beginnen (beim Schreiben) 2.0.1 das ~ hat sich gewendet ⟨fig.⟩ *die Umstände haben sich geändert* 2.0.2 das steht auf einem anderen ~ ⟨fig.⟩ *das ist eine andere Sache, das gehört nicht hierher* 2.1 vom ~ singen, spielen ⟨Mus.⟩ *ohne vorheriges Üben nach Noten singen, spielen* 2.2 (graphisches) ~ *Holzschnitt, Radierung, Kupfer- od. Stahlstich, Zeichnung* 2.3 *Zeitung, Zeitschrift;* Tage~, Wochen~; es hat im ~ gestanden 2.4 ein neues ~ der Weltgeschichte ⟨fig.⟩ *ein neuer Zeitabschnitt* **3** ⟨Kart.⟩ *Spielkarte* 3.1 *Gesamtheit der ausgeteilten Karten eines Spielers* 3.1.1 ein gutes (schlechtes) ~ haben *eine günstige (ungünstige) Zusammenstellung von Spielkarten* **4** *fein ausgewalztes Blech, Folie* **5** *(breiter, flacher, blattförmiger) Teil eines Gerätes, Werkzeugs, einer Klinge;* Ruder~; Säge~ 5.1 *breites, flaches Ende eines Riemens für Ruderboote* 5.2 ⟨Luftf.⟩ *Flügel einer Luftschraube od. eines Hubschraubers* 5.3 ⟨Web.⟩ *bewegl. Teil des Webstuhls, durch den die Kettfäden geführt sind und mit dem der Schuß an das fertige Gewebe angedrückt wird* 5.4 *Teil des Schuhs über dem Spann* **6** *Rumpfteil bei Tieren;* Schuß aufs ~ 6.1 *Schulterstück vom Rind* 6.2 *vorderer Rumpfteil mit Schulterblatt beim Schalenwild*

'blät·te·rig ⟨Adj.⟩ oV *blättrig* **1** *voll Blätter, belaubt, blattreich* **2** ⟨fig.⟩ *Blättern ähnl.* **3** *abblätternd, in dünnen Schichten auseinanderfallend;* ~er Teig

'blät·tern ⟨V.⟩ **1** ⟨411⟩ in etwas ~ *bedruckte od. beschriebene Blätter umschlagen, ohne alles zu lesen;* er blätterte in einem Buch, in einer Zeitschrift **2** ⟨400(s.)⟩ etwas blättert 2.1 *etwas löst sich in dünnen Schichten;* die Farbe, der Rost blättert; der Verputz blättert von den Wänden 2.2 *etwas teilt sich in dünne Schichten;* Schiefer, Teig blättert **3** ⟨511⟩ Geldscheine auf den Tisch ~ *in einzelnen Blättern hinlegen* **4** ⟨500⟩ Rüben ~ ⟨Landw.⟩ *einzelne Blätter von den R. entfernen*

'blätt·rig ⟨Adj.⟩ = *blätterig*

blau ⟨Adj.⟩ **1** *von der Farbe des Himmels;* ~e Augen haben; der ~e Himmel; ein ~es Kleid; das ~e Meer; die Blaue Grotte auf Capri 1.1 ⟨60⟩ das Blaue Band *Auszeichnung für das schnellste Passagierschiff zwischen Amerika u. Europa* 1.2 ⟨60⟩ ~e Bohnen *Gewehrkugeln* 1.3 ⟨60⟩ ein ~er Brief ⟨allg.⟩ *Kündigungsbrief* 1.3.1 ⟨60; schülerspr.⟩ *eine Mitteilung über schlechte Leistungen;* einen ~en Brief bekommen 1.4 ⟨60⟩ ~e Jung(en)s *Matrosen* 1.5 ⟨60⟩ ~er Lappen ⟨fig.; umg.⟩ *Hundertmarkschein* 1.6 ⟨60⟩ ~e Zone *Stadtgebiet, in dem Kraftfahrzeuge nur für eine bestimmte Zeit parken dürfen* **2** *von der Farbe des durch die Haut hindurchschimmernden (venösen) Blutes* 2.1 *blutunterlaufen;* ein ~es Auge, ~er Fleck 2.1.1 mit einem ~en Auge davonkommen *noch glimpflich davonkommen* 2.1.2 → a. *grün(1.0.3)* 2.2 *blutleer;* ~e Lippen haben; ~ vor Kälte sein 2.3 ⟨60⟩ ~es Blut in den Adern haben *adlig sein* **3** ⟨fig.; umg.; scherzh.⟩ *betrunken;* er war schon am Nachmittag völlig ~ **4** ⟨90⟩ ~er Montag ⟨fig.; umg.⟩ *über den Sonntag hinaus bis einschließlich Montag verlängerte Arbeitsruhe;* ~en Montag machen; zwei Tage ~ machen **5** ⟨60⟩ *von der Farbe des*

Horizontes, der unbestimmten Ferne **5.0.1** die ~e Blume *nach Novalis Sinnbild der Romantik* **5.0.2** die ~e Stunde *(stimmungsvolle S. in der) Dämmerung* **5.1** ins Blaue ⟨umg.⟩ *ins Unbestimmte, ohne bestimmtes Ziel;* eine Fahrt ins Blaue; ins Blaue hineinfahren **5.1.1** *ohne Plan u. Zweck;* ins Blaue hineinreden **6** ⟨60; fig.⟩ *lügnerisch, täuschend* **6.1** jmdm. ~en Dunst vormachen ⟨fig.⟩ *jmdm. etwas Falsches sagen, etwas vorspiegeln* **6.2** sein ~es Wunder erleben ⟨fig.; umg.⟩ *eine unangenehme, peinliche Überraschung erleben;* du wirst noch dein ~es Wunder erleben! **6.3** das Blaue vom Himmel herunter lügen, reden ⟨fig.; umg.⟩ *hemmungslos Lügen erzählen* **6.4** jmdm. das Blaue vom Himmel versprechen *Unerfüllbares versprechen*

Blau ⟨n.; -s, -s⟩ **1** *Farbe des wolkenlosen Himmels;* das ~ des Himmels **1.1** sie ging ganz in ~ *sie war blau gekleidet* **1.2** das Zimmer war überwiegend in ~ gehalten *war überwiegend mit blauen Tapeten, Vorhängen, Polstermöbeln usw. ausgestattet*

'Blau·strumpf ⟨m.; veralt.; abwertend⟩ *gelehrte, aber weltfremde Frau, die ohne weiblichen Charme ist*

Blech ⟨n.; -(e)s, -e⟩ **1** *zu Tafeln od. Folien ausgewalztes Metall;* dünnes, starkes, verzinktes ~; ~e biegen, schneiden, hämmern; eine Kiste aus ~ machen; Silber~, Gold~ **2** *Backblech, Kuchenblech;* das ~ in den Ofen schieben; den Kuchen vom ~ nehmen **3** ⟨unz.; Mus.⟩ *die Blechblasinstrumente im Orchester;* im 2. Satz trat das ~ stärker hervor **3.1** *die Bläser von Blech(3)* **4** ⟨unz.; fig.; umg.⟩ *Unsinn;* so ein ~!; red nicht solches ~!

'ble·chern ⟨Adj.⟩ **1** ⟨60⟩ *aus Blech;* ein ~er Topf **2** ⟨fig.⟩ *wie Blech, metallisch klappernd, dünn;* sie hat eine ~e Stimme; er lachte ~

Blei[1] ⟨m.; -(e)s, -e⟩ *bleigrauer Karpfenfisch mit rötl. Flossen: Abramis brama*

Blei[2] ⟨n.; -(e)s, -e⟩ **1** ⟨unz.; Zeichen: Pb⟩ *chem. Element, weißglänzendes Metall, das an der Luft grau anläuft, leicht schmelzbar, weich u. schwer ist, Ordnungszahl 82;* reines ~; ~ schmelzen; die Füße waren ihm schwer wie ~ ⟨fig.⟩; die Müdigkeit lastet wie ~ auf mir ⟨fig.⟩; das Gefühl, ~ in den Gliedern zu haben ⟨fig.⟩ **1.1** ~ gießen ⟨Volksk.⟩ *geschmolzenes B. in kaltes Wasser gießen u. die dadurch entstandenen Figuren als Orakel deuten* **2** *Lot;* Senk~, Richt~

Blei[3] ⟨m. od. (südwestdt.) n.; -(e)s; unz.; umg.⟩ *Bleistift;* mit einem weichen ~ schreiben

'Blei·be ⟨f.; -; unz.; umg.⟩ *Unterkunft, Herberge, Obdach;* keine ~ haben; jmdm. eine ~ anbieten

'blei·ben ⟨V. 114(s.)⟩ **1** ⟨311⟩ an einem Ort ~, eine Zeitlang ~ *den Standort nicht verändern;* bei den Kindern, bei den Kranken ~; die Nacht über im Hotel ~; in Berlin ~; eine Zeitlang ~; kannst du nicht noch etwas, eine Weile ~?; wie lange kannst du (bei uns) ~?; ich kann nicht länger ~ **1.1** hier ist meines Bleibens nicht länger *hier kann ich mich nicht länger aufhalten* **1.2** wo ~ Sie denn? *warum kommen Sie nicht?* **1.3** im Krieg ~ *fallen, sterben;* auf dem Schlachtfeld ~; tot auf dem Platze ~ **1.4** das bleibt unter uns! *darüber sprechen wir nicht zu anderen* **2** ⟨313⟩ in einer Lage, Stellung, Verfassung ~ *einen Zustand nicht verändern;* wach, gesund, nüchtern, ruhig, gefaßt ~; ~ Sie gesund!; offen, geschlossen ~; diese Tat kann nicht verborgen ~; so kann es nicht ~; von ~dem Wert; wir ~ Freunde!; ein ~der Erfolg, Gewinn; die Sache wird nicht ohne Folgen, ohne Nachspiel, ohne Wirkung ~; jmdm. od. etw. treu ~; seinen Grundsätzen treu ~ **2.1** ⟨300⟩ er ist derselbe geblieben *er hat sich (im Lauf der Jahre) nicht verändert* **2.2** ⟨300⟩ wir ~ die alten! *wir wollen u. werden uns nicht verändern* **2.3** ⟨313⟩ hier ist alles beim alten geblieben *hier hat sich nichts verändert* **2.4** bleibt! (bei Korrekturen) *nichts ändern!* **2.5** ⟨330/R1; unpersönl.⟩ es bleibt sich gleich *es ist eines wie das andere, es kommt auf dasselbe heraus* **2.6** ⟨313⟩ am Leben ~ *nicht sterben* **2.7** ⟨330⟩ es ist mir im Gedächtnis geblieben *ich habe es nicht vergessen* **3** ⟨313⟩ bei einer Meinung ~ *seine M. nicht ändern* **3.1** ⟨unpersönl.⟩ es bleibt dabei! *abgemacht, wie besprochen!;* es bleibt dabei, daß ... **3.2** ich bleibe dabei, daß er ein Betrüger ist *ich behaupte weiterhin* **3.3** (nicht) bei der Wahrheit ~ *(nicht) die Wahrheit sagen* **3.4** bei einer Tätigkeit ~ *eine T. nicht unterbrechen, nicht aufhören mit einer T.;* ich kann nie bei meiner Arbeit ~; in Bewegung, in Gang ~ **4** ⟨313⟩ das Gesetz bleibt in Kraft bis ... *wird weiterhin angewendet* **5** ⟨300⟩ etwas od. jmd. aus einer Anzahl (Menge) bleibt *bildet einen Rest;* ihr ist von ihren Kindern keines geblieben **5.1** ⟨300⟩ 10 weniger 7 bleibt 3 ⟨veralt.⟩ *ist gleich* **6** ⟨300 mit Part. Perf. od. Infinitiv⟩ **6.1** dahingestellt ~ *nicht entschieden werden* **6.2** das bleibt abzuwarten *das muß (noch) abgewartet werden* **6.3** es bleibt mir nichts weiter (zu tun), als ... *ich kann nichts anderes mehr tun, als ...*

'blei·ben|las·sen ⟨V. 175/500; umg.⟩ etwas ~ *etwas sein lassen, nicht beginnen, nicht in Angriff nehmen, mit etwas aufhören;* das werde ich schön ~; laß das bleiben!

bleich ⟨Adj.⟩ **1** *sehr blaß aussehend, fast ohne Farbe;* ein ~es Gesicht; ihre Lippen waren ganz ~; die Farben sind ~ geworden; sie war ~ wie Wachs, wie die Wand, wie der Tod; er wurde vor Schreck, vor Wut ~ **2** ⟨geh.⟩ *fahl;* das ~e Licht des Mondes; der ~e Morgenhimmel **2.1** ⟨fig.⟩ *bleichmachend;* das ~e Entsetzen, die ~e Furcht befiel ihn

'blei·chen[1] ⟨V. 500⟩ **1** etwas ~ *bleich, weiß machen;* die Wäsche, die Leinwand ~; ein gebleichtes Hemd **2** das Haar ~ *grau, weiß machen, blondieren;* die Sonne hat ihr Haar gebleicht; ich lasse mir das Haar vom Friseur ~; vom Alter gebleichtes Haar

'blei·chen[2] ⟨V. wie 126/400; geh.⟩ etwas bleicht *etwas wird farblos, etwas entfärbt sich;* die gesunde Farbe auf ihren Wangen blich; ihr Haar ist von der Sonne geblichen; geblichene Knochen

'blei·ern ⟨Adj.⟩ **1** *aus Blei;* ~e Gewichte, Rohre **1.1** wie eine ~e Ente schwimmen ⟨umg.; scherzh.⟩ *überhaupt nicht od. schlecht schwimmen* **2** *bleifarben;* ein ~es Grau; ~er Himmel **3** ⟨fig.⟩ *wie Blei, schwer, lastend;* ~e Müdigkeit; ~er Schlaf

'Blei·stift ⟨m.⟩ *Graphitstift mit Holzfassung*

'Blen·de ⟨f.; -, -n⟩ **1** *abschirmende Vorrichtung*

1.1 *Panzerung, Schutzwand (z. B. am Schießstand)* 1.2 *innerer Laden des Bullauges* 1.3 *Farbglas an der Signallaterne* 2 ⟨Phot.⟩ 2.1 *Einrichtung in der Kamera zur Verkleinerung u. Vergrößerung der Objektivöffnung* 2.2 *durch Zahl bezeichnete Öffnungsweite des Objektivs;* die ~ einstellen 3 *angesetzter Streifen am Kleid* 4 *zur Verzierung od. Gliederung der Mauer eingesetzter Bauteil, blinde Tür, blindes Fenster, blinder Bogen o. ä.* 5 *sulfidisches Mineral mit oft starkem Glanz*

'blen·den ⟨V.⟩ 1 ⟨402⟩ (jmdn. od. etwas) ~ *durch übermäßige Helligkeit das Sehvermögen beeinträchtigen;* das helle Licht blendet mich, meine Augen 1.1 *unmittelbar, schmerzhaft ins Auge strahlen;* die Sonne (auf dem Schnee, auf der Wasserfläche) blendet 2 ⟨500⟩ etwas blendet jmdn. ⟨fig.⟩ *beeindruckt jmdn. so stark, daß der Betreffende nichts anderes mehr wahrnimmt;* er war von ihrer Schönheit geblendet; sich durch den schönen, äußeren Schein ~ lassen 3 ⟨402⟩ (jmdn.) ~ *jmdm. erfolgreich Gutes vortäuschen;* er blendete (sie) durch sein sicheres Auftreten 3.1 *mehr scheinen, als man ist;* er blendet durch seine geistreichen Einfälle, sein liebenswürdiges Benehmen 4 ⟨500; jägerspr.⟩ Wild ~ *durch aufgehängte Lappen zurückscheuchen* 5 ⟨500⟩ jmdn. ~ *jmdm. die Augen ausstechen, jmdn. blind machen (als Strafe);* einen Verurteilten ~; auf beiden Augen geblendet sein 6 ⟨500⟩ etwas ~ *mit einer Blende(1) versehen* 6.1 ⟨Mil.⟩ *tarnen, verdecken, dem Einblick entziehen* 7 ⟨500⟩ Pelzwerk ~ ⟨Kürschnerei⟩ *dunkel färben*

'blen·dend 1 ⟨Part. Präs. von⟩ *blenden* 2 ⟨Adj. 90; umg.⟩ *großartig, ausgezeichnet, hervorragend;* wie hat es dir gefallen? ~!; ein ~er Redner, Schauspieler; eine Frau von ~er Schönheit; wir haben uns ~ amüsiert; du siehst heute ~ aus; sie haben ~ gespielt

'Bles·se ⟨f.; -, -en⟩ 1 *weißer Fleck auf der Stirn eines Tieres;* ein Kalb mit einer ~ 2 *Tier (bes. Kuh, Pferd) mit weißem Stirnfleck*

Blick ⟨m.; -(e)s, -e⟩ 1 *Wahrnehmung mit dem Auge, (kurzes) Hinschauen;* mit einem ~ eine Sachlage erfassen; ein flüchtiger ~ genügte, um festzustellen ...; den ~ abwenden 1.1 den ~ auf etwas od. jmdn. richten *etwas od. jmdn. ansehen* 1.2 einen Gegenstand od. jmdn. mit den ~en verfolgen *lange u. gründlich ansehen* 1.3 einen ~ auf jmdn. od. etwas werfen *sich etwas kurz ansehen* 1.4 einen ~ in ein Buch tun *es kurz betrachten, durchblättern* 1.5 den ~ auf jmdn. od. etwas lenken *bewirken, daß etwas od. jmd. angesehen wird* 1.6 etwas od. jmdn. auf den ersten ~ erkennen *sofort, unverzüglich* 1.7 Liebe auf den ersten ~ *L. beim ersten Ansehen* 2 *Sicht, Blickfeld;* das Flugzeug entschwand unseren ~en 2.1 *Aussicht, Fernsicht;* Aus~, Rund~; ein Zimmer mit ~ aufs Meer; ~ ins Grüne, in die Weite; von hier aus hat man einen herrlichen, weiten ~ 3 *Ausdruck der Augen (als Folge einer seelischen Regung od. Einstellung);* er hat einen offenen ~; ein dankbarer, finsterer, freundlicher, heimlicher, rascher, verstohlener ~; jmdn. mit bösen ~en bedenken; ein durchdringender, scharfer, stechender ~ 3.1 wenn ~e töten könnten ...! *jmd. blickt äußerst feindselig* 3.2 jmdn. mit ~en durchbohren *durchdringend (u. feindselig) ansehen* 3.3 jmdn. mit seinen ~en verschlingen *aufdringlich ansehen* 3.4 jmds. ~ ausweichen *Unsicherheit od. schlechtes Gewissen vor jmdm. zeigen* 3.5 → a. *böse(2.1)* 4 ⟨a. fig.⟩ *Zeichen (des Einverständnisses);* jmdm. einen ~ zuwerfen; er begegnete ihrem ~; einen ~ (des Einverständnisses mit jmdm.) wechseln 5 *Wahrnehmungsvermögen;* etwas mit sicherem ~ erkennen 5.1 jmdm. den ~ schärfen *jmds. Wahrnehmungsvermögen verbessern* 5.2 einen guten oder keinen ~ für etwas haben *Fähigkeit zu beurteilen* 5.3 sich (durch Einzelheiten) den ~ (aufs Ganze) trüben lassen *in seinem Urteil unsicher werden* 5.4 einer Sache od. jmdm. (k)einen ~ schenken, eine Sache od. jmdn. keines ~es würdigen (als Zeichen der Verachtung) *(nicht) ansehen, (nicht) beachten*

'blicken ⟨-k·k-; V. 400⟩ 1 ⟨411⟩ *die Augen, den Blick auf ein Ziel richten;* er blickte gespannt aus dem Fenster, in die Zeitung, zu ihr; die Sonne blickt ins Zimmer ⟨fig.⟩; sie blickt zur Seite, zu Boden, geradeaus, vor sich hin, von einem zum anderen; von hier aus kann man weit in die Ferne ~ 1.1 → a. *Auge(8.5)* 1.2 → a. *Kulisse(2.2)* 2 ⟨413⟩ *in bestimmter Weise schauen;* böse, finster, freundlich, scheu ~; ihre Augen blickten fragend, vorwurfsvoll, heiter 2.1 → a. *tief(8.6)* 3 ⟨413; a. fig.⟩ *sichtbar sein;* das Haus blickt durch die Bäume; die Sonne blickte durch die Wolken; das Glück blickte ihm aus den Augen 3.1 sich ~ lassen ⟨umg.⟩ *zu Besuch kommen;* er hat sich nie mehr bei uns ~ lassen; laß dich ja nicht wieder hier ~!

'Blick·feld ⟨n.⟩ *das durch Augenbewegungen erweiterte Gesichtsfeld;* das ~ beträgt für das einzelne Auge allseits etwa 45°

'Blick·win·kel ⟨m.⟩ 1 *der imaginäre Winkel, den das Auge beschreibt, wenn der Blick von einem Objekt zum anderen wandert* 2 ⟨fig.⟩ *Gesichtspunkt, Standpunkt;* Sy *Perspektive(4);* unter diesem ~; aus dem ~ des Freundes

blind ⟨Adj. 24⟩ 1 *kein Sehvermögen habend;* von Geburt an ~ sein; die Augen ~ vom vielen Weinen ⟨fig.⟩ 1.0.1 ~er Fleck *Stelle, an der der Sehnerv ins Auge eintritt u. an der die Sehzellen fehlen* 1.0.2 ein ~es Huhn findet auch ein Korn ⟨Sprichw.⟩ *auch ein Dummer hat zuweilen Erfolg* 1.1 jmd. ist ~ für etwas *sieht etwas nicht, will etwas nicht sehen;* er war ~ für die Schönheit der Landschaft 1.2 *ohne hinzusehen;* eine Arbeit ~ machen können; ~ auf der Maschine schreiben, Schach spielen 1.2.1 ~er Schuß *nicht gezielter Sch.* 2 ⟨fig.⟩ *ohne Einsicht, ohne Überlegung;* er war ~ vor Eifersucht, Zorn; ~e Wut; ~er Eifer schadet nur ⟨Sprichw.⟩ 2.0.1 ⟨50⟩ Liebe macht ~ *Liebende sehen nicht die Fehler des geliebten Menschen* 2.1 *bedingungslos, uneingeschränkt;* ~er Glaube; ~es Vertrauen; jmdm. ~ vertrauen 2.2 ~er Gehorsam *Befolgung von Befehlen unter Ausschaltung der eigenen Urteilskraft* 3 *angelaufen, nicht spiegelnd, nicht durchsichtig;* ein ~es Glas; ein ~er Spiegel 4 ⟨60⟩ *nicht sichtbar;* eine ~e Naht 4.1 ~er Passagier *P., der heimlich u. ohne Fahrkarte mitfährt* 5 ⟨90⟩ *vorgetäuscht, falsch;* ~er Alarm, ~es Fenster 5.1 ~e Rotte *R. einer Marschkolonne, die nicht voll besetzt ist* 6 ⟨50⟩

die Straße endet ~ *als Sackgasse* **7** ⟨60⟩ ~er Schacht ⟨Bgb.⟩ *nicht bis zu Tage gehender S.*

'Blind·darm ⟨m.⟩ **1** ⟨Med.⟩ *blind endender Teil des Dickdarms* **2** ⟨umg.; fälschl. für⟩ *Wurmfortsatz des Blinddarms*

'Blin·de(r) ⟨f. 2 (m. 1)⟩ **1** *jmd., der blind ist* 1.1 das sieht doch ein ~ im Dunkeln (mit dem Krückstock)! ⟨umg.; scherzh.⟩ *das sieht doch jeder sofort* 1.2 unter ~n ist der Einäugige König ⟨Sprichw.⟩ *der Mittelmäßige ist unter Schlechten der Beste* 1.3 du redest davon wie der ~ von der Farbe *ohne Urteilsvermögen, ohne etwas davon zu verstehen*

'Blind·heit ⟨f.; -; unz.⟩ **1** *das Blindsein, fehlendes Sehvermögen;* die völlige ~; seine ~ war angeboren; Farben~, Nacht~ 1.1 wie mit ~ geschlagen sein *verblendet sein, die Tatsachen, die Lage nicht erkennen* **2** ⟨fig.⟩ *Verblendung, Mangel an Urteilskraft;* politische, geistige ~

'blind·lings ⟨Adv.⟩ **1** *ohne hinzusehen, ohne Vorsicht;* er stürmte ~ drauflos; er rannte ~ in sein Verderben; er schlug ~ um sich **2** ⟨fig.⟩ *ohne jede Überlegung, ohne Bedenken, Kritik;* jmdm. ~ gehorchen, vertrauen, folgen; etwas ~ tun

'Blind·schlei·che ⟨f.; -, -n⟩ *nützliche, ungiftige, lebendgebärende fußlose Echse aus der Familie der Schleichen: Anguis fragilis*

'blin·ken ⟨V. ⟩ **1** ⟨400⟩ etwas blinkt *etwas blitzt, glänzt funkelnd;* die Sterne ~ am Himmel; in der Ferne blinkte ein Licht; der Spiegel blinkt in der Sonne **2** ⟨400⟩ *in kurzen u. regelmäßigen Abständen ein Licht aufleuchten lassen, ein Lichtsignal geben;* er blinkte mit einer Lampe; der Leuchtturm blinkt; der Wagen vor mir blinkte links 2.1 ⟨500⟩ Notsignale ~ *N. durch Blinken übermitteln;* SOS ~ **3** ⟨416⟩ mit den Augen ~ *blinzeln*

'Blink·feu·er ⟨n.⟩ = *Leuchtfeuer(1)*

'blin·zeln ⟨V. 400⟩ **1** *die Augenlider bis auf einen Spalt zusammenkneifen u. rasch auf u. ab bewegen;* sie blinzelt in die Sonne, ins Licht; er blinzelte verschlafen 1.1 *die Augenlider absichtlich rasch bewegen u. dadurch heimlich jmdm. ein Zeichen geben;* er verstand nicht, warum sie blinzelte; als Antwort blinzelte er mit beiden Augen; listig ~

Blitz ⟨m.; -es, -e⟩ **1** *elektr. Entladung bei Gewitter;* der ~ hat eingeschlagen; zuckende ~e; vom ~ erschlagen werden; ein vom ~ getroffener Baum 1.1 wie ein ~ *plötzlich;* er verschwand wie der ~; wie vom ~ getroffen zu Boden stürzen 1.2 wie ein ~ aus heiterem Himmel *plötzlich u. völlig unerwartet* 1.3 mit den Augen ~e schießen *zornig um sich blikken* 1.4 → a. *ölen(1.2)*

'Blitz·ab·lei·ter ⟨m.⟩ **1** *eine aus einer hochragenden Metallstange mit Drahtverbindung zur Erde bestehende Anlage an Gebäuden, Fahrzeugen, Hochspannungsleitungen u. a., die Blitze unschädlich ableiten soll* 1.1 jmdn. als ~ benutzen, vorschieben ⟨fig.⟩ *eine unangenehme Sache, einen Zornausbruch o. ä. auf einen anderen ablenken*

'blit·zen ⟨V. 400⟩ **1** es blitzt *Blitze sind am Himmel zu sehen;* es blitzte schon; es blitzt und donnert 1.1 bei dir blitzt es ⟨fig.; umg.; scherzh.⟩ *der Unterrock guckt vor* **2** etwas blitzt *etwas leuchtet plötzlich auf, glänzt funkelnd im Licht;* ein Brillant blitzte in ihrem Ring; ein Messer blitzt in seiner Hand; ein Licht blitzte durch die Bäume; Wut, Leidenschaft blitzt aus, in ihren Augen; ~des Metall, ~de Edelsteine 2.1 die ganze Wohnung, die Küche, 'alles blitzt (vor Sauberkeit) ⟨umg.⟩ *ist peinlich sauber*

'blitz·schnell ⟨Adj. 24⟩ *schnell wie ein Blitz, außerordentl. schnell;* eine ~e Antwort; sich ~ entscheiden

Block ⟨m.; -(e)s, ¨e od. -s⟩ **1** ⟨Pl. nur ¨e⟩ *großes, ungefüges Stück aus Holz, Metall od. Stein;* Fels~, Marmor~; roher, unbehauener ~ 1.1 *kurzer Baumstamm, Klotz* 1.2 *viereckiges Holzstück mit Vorrichtungen zum Befestigen der Glieder als Folterwerkzeug;* einen Verurteilten an, in den ~ schließen 1.3 *großes, würfelähnl. Stück Holz od. Stein zum Auflegen des Kopfes für den zum Tod durch das Beil Verurteilten;* Richt~, Henkers~ 1.4 *in Formen mit rechteckigem Querschnitt gegossene Masse aus Rohmetall* 1.5 *Einrichtung zum Sperren von Eisenbahnstrecken durch Signale;* ~system 1.6 *Gehäuse für die Rollen des Flaschenzuges* 1.7 *Gebirgsmassiv* 1.8 ⟨Geol.⟩ *ursprüngl. Anlage eines Kontinents* **2** *aus gleichartigen Teilen bestehendes Ganzes* 2.1 *Gesamtheit mehrerer zusammengebauter Mietshäuser;* Häuser~, Wohn~; die Familie X wohnt mit uns im gleichen ~; abends noch einmal um den ~ gehen 2.2 ⟨Pol.⟩ *von mehreren Staaten od. Parteien, die in einer bestimmten polit. Zielsetzung übereinstimmen, gebildete Einheit;* Ost~ **3** *an einer Seite od. an allen vier Seiten zusammengeklebte od. -geheftete Papierbogen, die man abreißen kann;* Notiz~, Schreib~, Stenogramm~, Zeichen~

Blocka·de ⟨-k'k-; f.; -, -n⟩ **1** *Absperrung eines Staatsgebietes von jegl. Zufuhr;* Hunger~ **2** ⟨Med.⟩ *Ausschaltung von Teilen des Nervensystems zu Heilzwecken* **3** ⟨Typ.⟩ *blockierte Stelle*

'Block·flö·te ⟨f.; Mus.⟩ *ein Blasinstrument aus Holz, bei dem das Blasrohr oben bis auf einen Spalt durch einen Block verschlossen ist*

blockie·ren ⟨-k'k-; V. 500⟩ **1** jmdn. od. etwas ~ *sperren, absperren* 1.1 Eisenbahnstrekken ~ ⟨Eisenb.⟩ *durch Block(1.5) sperren* **2** eine fehlende Stelle im Wort od. Satz ~ ⟨Typ.⟩ *durch auf den Kopf gestellte Typen od. schwarze Felder kennzeichnen*

'Block·schrift ⟨f.; Typ.⟩ *lat. Druckschrift aus Großbuchstaben mit gleichmäßig starken Strichen*

'blö·de ⟨Adj.⟩ **1** ⟨Med.⟩ *schwachsinnig;* ein von Geburt an ~s Kind **2** ⟨umg.; abwertend⟩ *langweilig, einfallslos, sinnlos, närrisch;* ein ~s Buch; ein ~r Kerl, Hund ⟨vulg.⟩; laß die ~n Bemerkungen! **3** ⟨umg.⟩ *dumm, ungeschickt;* sei nicht so ~!; stell dich nicht so ~ an!; er ist gar nicht so ~, wie er aussieht **4** ⟨umg.⟩ *ärgerlich, unangenehm;* es war ein ~s Gefühl; er machte einen ~n Fehler; so etwas Blödes! **5** ⟨veralt.⟩ *schüchtern;* ein ~r Bursche

'blö·deln ⟨V. 400; umg.⟩ *sich absichtl. albern benehmen, bewußt Unsinn reden;* den ganzen Abend hat sie mit ihm nur geblödelt

'Blöd·sinn ⟨m.⟩ **1** ⟨Med.⟩ = *Schwachsinn* **2** ⟨umg.; abwertend⟩ *Unsinn, Dummheit, dummes*

Zeug; ~ machen, reden; so ein ~!; mach keinen solchen ~!

'blö·ken ⟨V. 400⟩ das Schaf, Rind blökt *stößt langgezogene Schreie aus;* eine ~de Herde

blond ⟨Adj. 70⟩ **1** *hell, gelblich;* ~es Haar 1.1 *hellhaarig;* ein ~es Mädchen 1.2 ein ~es Gift ⟨umg.; scherzh.⟩ *eine verführerische Frau mit blondem Haar* **2** ein (kühles) Blondes ⟨umg.; scherzh.⟩ *ein Glas helles Bier*

blon'die·ren ⟨V. 500⟩ Haar ~ *künstl. aufhellen*

bloß ⟨Adj. 24⟩ **1** *nackt, unbekleidet;* mit der ~en Hand eine Flamme löschen; mit ~en Füßen herumlaufen; nackt und ~ 1.1 ⟨60⟩ mit ~em Kopf spazierengehen *ohne Kopfbedekkung* 1.2 ⟨60⟩ im ~en Hemd dastehen *nur mit dem H., mit sonst nichts bekleidet* 1.3 ⟨60⟩ auf der ~en Erde *ohne Unterlage* **2** ⟨60⟩ *alleinig, nichts weiter als;* vom ~en Hinschauen wird mir schon schwindlig; auf den ~en Verdacht hin; das sind ~e Redensarten; der ~e Anblick macht mich schaudern 2.1 mit ~em Auge *ohne Brille, Fernglas od. Lupe* 2.2 das kann ich, weiß ich aus dem ~en Kopf ⟨umg.; scherzh.⟩ *auswendig, von selbst* **3** ⟨24/50⟩ *nur, doch (als Verstärkung);* nimm ~ einmal an, ich hätte ...; was kann dort ~ passiert sein?; ich habe ~ noch fünf Mark; ~ nicht!; geh ~ nicht hin!

'Blö·ße ⟨f.; -, -n⟩ **1** *Nacktheit;* seine ~ bedecken **2** *Mangel an Deckung* 2.0.1 dem Gegner eine ~ bieten *eine Gelegenheit zum Angriff geben* 2.0.2 sich eine ~ geben *es an Deckung fehlen lassen, einen Angriffspunkt bieten* 2.1 ⟨fig.⟩ *schwache Stelle, Schwäche* 2.1.1 ich möchte mir keine ~ geben ⟨fig.⟩ *ich möchte mich nicht bloßstellen, schwach zeigen* **3** *Lichtung (im Wald)* **4** ⟨Gerberei⟩ *gereinigte, ungegerbte Lederhaut*

'bloß|stel·len ⟨V. 500/R7 od. R8⟩ jmdn. od. sich ~ *bei jmdm. od. sich eine schwache Seite od. Stelle zeigen, jmdn. od. sich zum Gespött machen;* Sy *blamieren*

Bluff ⟨a. [blʌf] m.; -s, -s⟩ **1** *auf Prahlerei beruhende Irreführung* **2** *durch dreistes Auftreten, Verblüffung erzielte Täuschung*

'bluf·fen ⟨a. [blʌfən]; V. 402⟩ (jmdn.) ~ *durch prahlerische Behauptungen, dreistes Auftreten, Verblüffung irreführen, täuschen;* er blufft ja nur; damit hat er uns geblufft

'blü·hen ⟨V.⟩ **1** ⟨400⟩ Pflanzen ~ *haben (offene) Blüten;* ~de Bäume, Sträucher, Felder **2** ⟨400⟩ Mineralien ~ *sind an der Oberfläche der Erde sichtbar* **3** ⟨400⟩ *gedeihen, günstig, rege sein;* das Geschäft, der Handel blüht 3.1 sie sieht ~d aus ⟨fig.⟩ *frisch, rotwangig, gesund* 3.2 im ~den Alter von 18 Jahren ⟨fig.⟩ *im jugendlichen A.* 3.3 du hast eine ~de Phantasie ⟨fig.⟩ *große Einbildungskraft* **4** ⟨600⟩ jmdm. blüht etwas *jmd. hat etwas zu erwarten;* wer weiß, was uns noch (alles) blüht; das blüht uns noch 4.1 wer weiß, wo mir mein Glück noch blüht *wer weiß, wo ich mein G. noch finden werde*

'Blu·me ⟨f.; -, -n⟩ **1** *Pflanze, die Blüten treiben kann;* Sommer~; Herbst~; Garten~; Wiesen~; ~n gießen, pflanzen **2** *blühende Pflanze;* ~n pflücken, schneiden; frische, künstliche, verwelkte ~n; eine ~ am Hut, im Knopfloch tragen; ~n in Vasen ordnen; (bei einer Hochzeit) ~n streuen 2.1 jmdm. ~n auf den Weg streuen ⟨a. fig.⟩ *jmdm. Angenehmes bereiten* 2.3 vielen Dank für die ~n ⟨umg.; iron.⟩ *das möchte ich ganz u. gar nicht, das ist mir unangenehm* **3** die ~ des Weines *kennzeichnender Duft;* Sy *Bukett(2)* 3.1 *Schaum (auf frisch eingeschenktem Bier)* **4** etwas durch die ~ sagen *in Andeutungen, verhüllt sagen;* → *blumenreich(2)* **5** *Keule vom Rind* **6** ⟨jägerspr.⟩ *der kurze, weiße Schwanz des Hasen, die weiße Schwanzspitze von Fuchs u. Wolf*

'Blu·men·kohl ⟨m.⟩ *Kreuzblütler mit einer dickfleischigen, kopfförmigen weißen Blütensprosse, die als Gemüse dient: Brassica oleracea var. botrytis subvar. cauliflora*

'blu·men·reich ⟨Adj.⟩ **1** ⟨geh.⟩ *reich an Blumen;* ein ~er Garten **2** ⟨fig.⟩ *reich an schmückenden Beiwörtern u. Vergleichen;* ~er Stil

'Blu·men·topf ⟨m.⟩ **1** *ein Topf aus Ton, Kunststoff, Porzellan o. ä. zum Einpflanzen eines Ziergewächses;* die Pflanze braucht einen größeren ~; ein Untersatz für den ~ **2** damit kannst du keinen ~ gewinnen ⟨fig.; umg.⟩ *damit kannst du nichts erreichen, das ist nicht viel wert*

'Blu·se ⟨f.; -, -n⟩ **1** *lose sitzendes Kleidungsstück für den Oberkörper (bes. für Damen);* Hemd~; Seiden~ 1.1 *kurze Windjacke;* Wind~ 1.2 *kurzes Oberteil einer Uniform;* Matrosen~, Flieger~

Blut ⟨n.; -(e)s, (Pl. nur Med.) -e⟩ **1** *Flüssigkeit zum Transport für Sauerstoff u. Nährstoffe im Körper der Menschen u. Tiere;* jmdm. ~ ablassen, abzapfen ⟨Med.⟩; ein Tropfen ~; ~ spenden; seine Jacke war mit ~ befleckt, besudelt; der Verletzte hat viel ~ verloren; ~ übertragen ⟨Med.⟩; das ~ pocht (in den Adern, den Schläfen); ~ konservieren ⟨Med.⟩; das ~ fließt, quillt, schießt, sickert, strömt aus einer Wunde **2** *zum Leben notwendige Flüssigkeit, die bei Verletzung ausfließt* 2.1 in seinem ~e liegen *schwer verletzt sein* 2.2 ~ vergießen *töten;* im Kampfe wurde viel ~ vergossen; wir wollen kein unnötiges ~ vergießen 2.3 dieser Boden ist mit ~ getränkt *hier ist jmd. (sind viele Menschen) getötet worden* 2.4 an seinen Händen klebt ~ ⟨a. fig.⟩ *er hat jmdn. ermordet* 2.5 eine Schande mit ~ abwaschen ⟨poet.⟩ *durch Kampf u. Tod rächen* 2.6 sein ~ schreit nach Rache ⟨fig.; poet.⟩ *der Tote muß gerächt werden* 2.7 jmdn. bis aufs ~ peinigen *bis zum letzten peinigen* 2.8 ~ geleckt haben ⟨a. fig.⟩ *auf den Geschmack gekommen sein* 2.9 das ~ Christi *Wein beim Abendmahl* **3** ⟨fig.⟩ *Gemütslage, Temperament;* nur ruhig ~! 3.1 feuriges, heißes ~ haben *leicht erregbar, sehr temperamentvoll sein* 3.2 das ~ schoß, stieg ihm vor Scham, vor Zorn in den Kopf, zu Kopfe *er wurde rot vor Scham, vor Zorn* 3.3 sie stand da wie mit ~ übergossen *heftig errötet vor Scham od. Zorn* 3.4 alles ~ war aus ihrem Gesicht gewichen *sie war totenblaß* 3.5 das ~ erstarrte in meinen Adern *mich packte Entsetzen* 3.6 ~ schwitzen (vor Angst, Aufregung) *große Angst haben, sehr aufgeregt sein* 3.7 → a. *böse(3.2), kalt(3.1.1)* **4** ⟨fig.⟩ *Abstammung, Herkunft;* sein ~ komme über uns und unsere Kinder (NT; Matth. 27,25); sein eigen Fleisch und ~ 4.1 von edlem ~ *adelig* 4.1.1 → a. *blau(2.3)* 4.2 die Bande des ~es *die B.*

der Familie, Verwandtschaft 4.3 die Stimme des ~es ⟨fig.⟩ *die Abstammung, die sich nicht verleugnen läßt* 4.4 etwas liegt jmdm. im ~e *ist jmds. Veranlagung* 5 ⟨Tierzucht⟩ *Eigenart eines Tieres hinsichtlich seiner gezüchteten Eigenschaften;* Kalt~, Voll~, Warm~ 6 ⟨poet.⟩ *Mensch;* ein junges ~; ein lustiges ~

'Blut·bild ⟨n.; Med.⟩ 1 *mikroskop. Untersuchung hinsichtl. der Zahl der roten u. weißen Blutkörperchen, des Blutfarbstoffes usw.;* ein ~ machen 2 *die so festgestellte Beschaffenheit des Blutes;* ein schlechtes ~ haben

'Blü·te ⟨f.; -, -n⟩ 1 *Fortpflanzungsorgan höherer Pflanzen* 1.0.1 ~n treiben *Knospen bilden* 1.1 ⟨fig.⟩ *das Beste, die Besten;* die ~ der Jugend fiel dem Krieg zum Opfer 2 ⟨unz.⟩ *das Blühen;* die Bäume standen in (voller) ~ 2.0.1 in der ~ seiner Jahre *in der Mitte des Lebens;* er steht in der ~ seiner Jahre; sein Vater starb in der ~ seiner Jahre 2.1 ⟨fig.⟩ *Höhepunkt einer Entwicklung;* eine neue ~ der Malerei, Literatur 3 *falsche Banknote* 4 ⟨Med.⟩ *krankhafte Hauterscheinung, Pickel*

'Blut·egel ⟨m.⟩ *10—15 cm langer, blutsaugender Kieferegel, der medizinisch zur Blutentziehung u. Steuerung der Blutgerinnung verwendet wird: Hirudo medicinalis*

'blu·ten ⟨V. 400⟩ 1 *Blut verlieren;* an der Hand ~; aus der Nase ~; stark ~de Wunden 1.0.1 das Herz blutet mir dabei *es tut mir unendlich leid, mein Kummer ist unermeßlich* 1.0.2 mit ~dem Herzen *mit großem Kummer, sehr ungern* 2 ein Baum blutet *läßt Harz ausfließen* 3 eine Rebe blutet *verliert Saft* 4 Beton blutet *stößt Wasser auf der Oberfläche ab* 5 die Farbe des Untergrundes blutet *durchdringt einen neu aufgetragenen Farbanstrich* 6 ⟨mit Modalverb; fig.⟩ *zahlen, büßen;* er wird schön ~ müssen!

'Blü·ten·stand ⟨m.; Bot.⟩ *der Blüten tragende, blattlose Teil des Pflanzensprosses*

'Blut·ge·fäß ⟨n.; Med.⟩ = *Ader(1)*

'blu·tig ⟨Adj.⟩ 1 *voller Blut, mit Blut vermischt, mit Blut befleckt;* ~e Hände; ein ~er Verband; sich die Hände ~ machen 2 *mit körperl. Verletzungen u. Töten verbunden;* ein ~er Kampf; ein ~es Drama; ~e Rache nehmen 2.1 ~es Handwerk ⟨fig.⟩ *mit Mord od. Kampf u. Tod zusammenhängende Tätigkeit* 3 ⟨60; verstärkend⟩ 3.1 ein ~er Anfänger, Laie *jmd., der von einer Sache (noch) nicht das geringste versteht* 3.2 es ist mein ~er Ernst *völliger, tiefer E.* 3.3 ~e Tränen weinen *bittere, schmerzl. T. weinen*

'Blut·kör·per·chen ⟨n.; Anat.⟩ *freie Zelle, die ein geformter Bestandteil des Blutes ist;* → a. *rotes Blutkörperchen; weißes Blutkörperchen*

'Blut·pro·be ⟨f.⟩ 1 ⟨Med.⟩ *Blutentnahme für Blutuntersuchung* 1.1 *Untersuchung des Blutes auf den Gehalt an Alkohol*

'blut·rün·stig ⟨Adj.⟩ 1 *Freude an Grausamkeiten habend, die mit körperl. Verletzungen u. Töten verbunden sind;* ein ~er Mensch 2 *von viel Mord u. Totschlag handelnd;* er erzählte eine ~e Geschichte; ein ~es Buch

'Blut·sau·ger ⟨m.⟩ 1 ⟨Zool.⟩ 1.1 *Tiere, die anderen lebenden Tieren od. Menschen das Blut durch die Haut entziehen u. sich dadurch ernähren: Haematophagen (z. B. Mücken, Flöhe usw.)* 1.2 *eine baumbewohnende südasiatische Echsenart der Agamen mit langen Hinterbeinen u. dünnem Schwanz: Calotes versicolor* 1.3 = *Vampir(1)* 2 ⟨Volksglauben⟩ = *Vampir(2)* 3 ⟨fig.; umg.; abwertend⟩ *jmd., der sich auf Kosten anderer rücksichtslos bereichert;* Sy *Vampir(3)*

'Bluts·bru·der ⟨m.⟩ *Freund, mit dem man Blutsbrüderschaft geschlossen hat*

'Bluts·brü·der·schaft ⟨f.⟩ *durch feierl. Mischen des eigenen Blutes mit dem des Freundes u. Trinken dieser Mischung besiegelte Männerfreundschaft*

'Blut·schan·de ⟨f.⟩ *extremer Fall der Inzucht, Geschlechtsverkehr zwischen Verwandten u. Verschwägerten auf- u. absteigender Linie u. zwischen Geschwistern*

'Blut·sen·kung ⟨f.; Med.⟩ 1 *das Absinken der roten Blutkörperchen in ungerinnbar gemachtem Blut, wobei die Geschwindigkeit auf bestimmte Krankheiten schließen läßt* 2 *die Untersuchung selbst;* eine ~ machen

'Blut·ver·giftung ⟨f.; Med.⟩ *Erkrankung durch Eintritt von Bakterien in die Blutbahn*

'Blut·wurst ⟨f.⟩ *Wurst aus Schweinefleisch u. -speckstückchen mit viel Blut*

Bö ⟨f.; -, -en⟩ *heftiger Windstoß;* oV *Böe*

Bob ⟨m.; -s, -s; Kurzw. für⟩ *Bobsleigh*

'Bob·sleigh ⟨[-sle:] m.; -s, -s; Kurzw.: Bob⟩ *lenkbarer Rennschlitten für 2—4 Personen*

Bock ⟨m.; -(e)s, ¨e⟩ 1 *männl. Tier, bes. bei geweih- od. gehörntragenden Arten, auch beim Kaninchen;* Reh~, Schaf~, Ziegen~ 1.0.1 die Böcke von den Schafen scheiden *die Bösen von den Guten (Matth. 25,32)* 1.0.2 einen ~ schießen ⟨fig.⟩ *einen Fehler machen, einen Mißgriff begehen* 1.0.3 jmdn., bes. ein Kind, stößt der ~ *jmd. ist trotzig, aufsässig* 1.0.4 den ~ zum Gärtner machen ⟨fig.⟩ *jmdn. am falschen Platze einsetzen* 2 *vierbeiniges Gestell, Gerät* 2.1 *Gestell, Stützkonstruktion zum Auflegen von Werkstücken;* Rüst~, Säge~ 2.2 *hochbeiniger Schemel* 2.3 *gepolsterter, lederbezogener Holzkasten auf vier ausziehbaren Beinen als Turngerät für Springübungen;* über den ~ springen 2.3.1 den ~ machen *sich gebückt hinstellen, so daß der andere darüberspringen kann* 3 *Sitz des Kutschers auf dem Wagen;* Kutsch~; auf dem ~ sitzen 4 *Ramme, Rammbalken zum Einbrechen von Mauern beim Sturm auf Befestigungen;* Sturm~ 5 *Folterwerkzeug zum kreuzweisen Zusammenschrauben von Daumen u. großen Zehen*

'bocken ⟨-k·k-; V.⟩ 1 ⟨400⟩ ein Tier bockt *bäumt sich auf u. will nicht weitergehen;* das Pferd, der Esel bockte 1.1 ein Kind bockt ⟨fig.; umg.⟩ *ist widerspenstig, störrisch, trotzig* 1.2 etwas bockt ⟨fig.; umg.⟩ *etwas funktioniert nicht;* der Wagen, der Motor bockt 2 ⟨400⟩ Ziegen, Schafe ~ *verlangen nach dem Bock* 3 ⟨500/R3⟩ sich ~ ⟨landschaftl.⟩ *sich langweilen;* ich habe mich bei dem Vortrag gebockt

'bockig ⟨-k·k-; Adj.⟩ 1 *trotzig, störrisch, widerspenstig;* ein ~es Tier, Kind; er gab eine ~e Antwort; ~ stehenbleiben 2 ⟨landschaftl.⟩ *langweilig;* ein ~er Vortrag

'Bo·den ⟨m.; -s, ¨⟩ 1 *äußere (nutzbare) Schicht der Erde, Erdoberfläche;* den ~ bearbeiten, bebauen; fruchtbarer, guter, sandiger, schwerer, steiniger ~ 1.0.1 den ~ (vor)bereiten ⟨fig.⟩

für ein Ziel vorarbeiten 1.0.2 günstigen ~ (für ein Vorhaben) vorfinden *günstige Stimmung od. Bedingungen* 1.0.3 seine Vorschläge fielen auf fruchtbaren ~ *fanden Anklang, wurden aufgenommen* 1.1 *(Stück) Land;* auf eigenem ~ stehen 1.1.1 auf deutschem ~ *innerhalb Deutschlands, auf rechtl. zu Deutschland gehörendem Gebiet* 1.1.2 → a. *Grund(1.1.1-1.2)* **2** *Fläche, auf der man geht u. steht;* auf den ~ fallen; auf dem ~ liegen; zu ~ stürzen; zu ~ werfen; sie hätte vor Verlegenheit in den ~ (ver)sinken mögen 2.0.1 der ~ wird jmdm. zu heiß, der ~ brennt jmdm. unter den Füßen ⟨fig.⟩ *jmd. ist nicht mehr sicher, muß fliehen* 2.0.2 am ~ zerstört sein ⟨fig.; umg.; scherzh.⟩ *völlig erschöpft sein (nach den Flugzeugen im 2. Weltkrieg, die am Boden vernichtet wurden, ohne im Einsatz gewesen zu sein)* 2.0.3 wie aus dem ~ gewachsen *plötzlich, unerwartet, ohne daß man das Kommen (von jmdm. od. etwas) gesehen hätte;* da stand wie aus dem ~ gewachsen ein Mann vor ihm 2.0.4 etwas aus dem ~ stampfen *aus dem Nichts schaffen* 2.0.5 zu ~ gehen ⟨Boxsp.⟩ *niederstürzen* 2.0.6 die Augen zu ~ schlagen (vor Scham, vor Verlegenheit) *nach unten blicken* 2.0.7 etwas drückt jmdn. zu ~ ⟨fig.⟩ *macht jmdn. niedergeschlagen;* Kummer, Schuldgefühl drückte ihn zu ~; die Sorgen drückten sie zu ~ 2.0.8 → a. *Grund(1.1.1 - 1.1.3)* 2.1 ⟨fig.⟩ *sichere Grundlage, fester Grund* 2.1.1 ~ gewinnen ⟨fig.⟩ *Sicherheit gewinnen, andere für seine Ziele gewinnen, andere überzeugen;* er konnte in seinem Beruf noch keinen ~ gewinnen 2.1.2 auf dem ~ der Tatsachen stehen *real denken, sachlich sein, Wirklichkeitssinn besitzen* 2.1.3 festen ~ unter den Füßen haben, unter die Füße bekommen *sicher sein, werden, eine sichere Existenzgrundlage haben, sich schaffen* 2.1.4 den ~ unter den Füßen verlieren ⟨fig.⟩ *den inneren Halt, die Sicherheit verlieren* 2.1.5 jmdm. den ~ unter den Füßen wegziehen ⟨fig.⟩ *jmdm. die Existenzgrundlage nehmen* **3** *untere abschließende Fläche eines Raumes od. Hohlgefäßes;* Fuß~, Küchen~; Faß~, Flaschen~; ein Koffer mit doppeltem ~ 3.1 → a. *Faß(1.2 u. 1.4), Handwerk(1.2)* **4** *unbewohnter Raum unter dem Dach eines Hauses;* Dach~, Korn~, Trocken~, Wäsche~; auf den ~ gehen, steigen; Wäsche auf den ~ hängen

'bo·den·los ⟨Adj. 70⟩ **1** *unergründl. tief;* der Abgrund war, schien (ihm) ~; die ~e Tiefe; sich ins Bodenlose verlieren **2** ⟨fig.; umg.⟩ *unerhört;* eine ~e Frechheit, Gemeinheit

'Bo·den·satz ⟨m.⟩ *feste Teilchen in einer Flüssigkeit, die sich auf dem Boden des Gefäßes abgesetzt haben;* ein dicker ~

'Bo·den·schatz ⟨m.; nur Pl.⟩ Bodenschätze *Werte im Erdboden, wichtige Rohstoffe für die Industrie, z. B. Kohle, Metalle usw.;* dieses Land ist reich an Bodenschätzen

Böe ⟨['bø:ə] f.; -, 'Bö·en⟩ = *Bö*

'Bo·gen ⟨m.; -s; - od. süddt. ⸚⟩ **1** *Teil einer gekrümmten Linie, Krümmung, Kurve;* Kreis~, Regen~, U-~; einen ~ beschreiben, zeichnen; in hohem ~ hinausfliegen, hinausgeworfen werden 1.0.1 den ~ heraushaben ⟨fig.⟩ *auf geschickte Weise mühelos etwas erreichen, zustande bringen* 1.0.2 große ~ spucken *prahlen, angeben, aufschneiden* 1.0.3 → a. *Bausch(2)* 1.1 *Umweg* 1.1.1 einen ~ um jmdn. od. etwas machen *jmdm. od. etwas aus dem Wege gehen* 1.2 ⟨Mus.⟩ 1.2.1 *Zeichen über zwei Noten gleicher Höhe zur Verlängerung des ersten Tones um die Länge des zweiten* 1.2.2 *Zeichen für die Bindung von Noten ungleicher Höhe* **2** *gekrümmtes tragendes Teil eines Bauwerkes aus verbundenen Steinen zum Überbrücken einer Öffnung, Wölbung;* Gewölbe~, Rund~, Spitz~, Tor~, Brükken~; gotischer, romanischer ~ **3** *Holzgerüst des Sattels, Sattelbaum;* Sattel~ **4** *aus einem biegsamen, mit einer Sehne bespannten Holzstab bestehende Waffe zum Abschießen von Pfeilen;* mit Pfeil und ~ schießen **4.0.1** man soll den ~ nicht überspannen ⟨fig.⟩ *keine übertrieben hohen Forderungen stellen, nichts übertreiben* **5** *biegsamer, mit Roß- od. künstl. Haaren bespannter Holzstab zum Streichen der Saiten von Streichinstrumenten;* Fiedel~, Geigen~ **6** *rechteckig beschnittenes Schreib- od. Packpapier;* Papier~ 6.1 ⟨Typ.⟩ *ungefaltetes großes Blatt Papier, auf das in der Regel mehrere Seiten eines Buches od. einer Zeitung gedruckt werden;* Druck~; ein Druckwerk aus, von 60 ~ 6.2 ⟨Typ.⟩ *durch den Umbruch in Druckseiten eingeteilter Satz*

'Boh·le ⟨f.; -, -n⟩ **1** *dickes Brett, Planke;* schwere, dicke ~; etwas mit ~en verschalen; Eichen~, Tannen~ **2** ⟨veralt.; schweiz.⟩ *Anhöhe*

'Boh·ne ⟨f.; -; -n⟩ **1** *Gattung der Schmetterlingsblütler als Gemüsepflanze, deren Früchte grün u. der Samen getrocknet als Nahrung dienen: Phaseolus* **2** *längliche Hülsenfrucht der Bohne(1);* grüne ~n **3** *nierenförmiger Samen der Bohne(1);* weiße ~n **3.0.1** keine ~ davon verstehen *nichts davon verstehen* **3.0.2** nicht die ~! *kein Gedanke daran!, absolut nicht!, nichts!* 3.0.3 → a. *blau(1.2)* **4** *Frucht von Kaffee od. Kakao;* Kaffee~, Kakao~ **5** *Vertiefung an der Reibfläche des Schneidezahns beim Pferd, aufschlußreich für die Altersbestimmung*

'Boh·ner ⟨m.; -s, -⟩ *dichte, kurze, schwere Bürste mit langem Stiel zur Pflege des Fußbodens*

'Boh·ner·bür·ste ⟨f.⟩ = *Bohner*

'boh·nern ⟨V. 500⟩ etwas ~ *mit Wachs einreiben u. mit der Bohnerbürste blankreiben;* den Fußboden, das Parkett ~; die Treppe ist frisch gebohnert

'boh·ren ⟨V.⟩ **1** ⟨400 od. 402 od. 411⟩ (etwas) ~ *mit dem Bohrer, Finger od. einem spitzen Gegenstand drehend ein Loch machen od. in einem Loch suchen, prüfend umhertasten;* einen Brunnen, Gang, Schacht ~; ein Loch ~; jmdm. ein Messer in den Leib ~; (mit dem Finger) in der Nase ~ 1.0.1 ⟨500⟩ Gewinde ~ *ein G. in die Wände eines Loches schneiden* 1.1 ⟨511/R3⟩ sich in etwas ~ *bohrend eindringen;* das abstürzende Flugzeug bohrte sich tief in den Erdboden; das Schiff bohrte sich in den Grund **2** ⟨515⟩ nach Öl, Wasser ~ *mittels Bohrern in der Erde nach Ö., W. suchen* **3** ⟨400⟩ etwas bohrt *peinigt;* ein ~der Schmerz **4** ⟨400; fig.⟩ *drängen, inständig bitten;* er hat so lange gebohrt, bis er es erfahren hat

'Boh·rer ⟨m.; -s, -⟩ **1** *spitzes, spiralförmiges Werkzeug zum Bohren;* den ~ auswechseln; ein feiner, spitzer ~; Gewinde~, Metall~ **2**

jmd., der bohrt, Arbeiter an der Bohrmaschine; Tief ~, Glas ~

'Bo·je ⟨f.; -, -n⟩ *verankerter Schwimmkörper, Seezeichen*

'Boll·werk ⟨n.⟩ **1** *Bauwerk zum Schutz gegen Angriffe;* ein ~ errichten **1.1** = *Bastion* **2** ⟨fig.⟩ *Schutz vor einem Übel;* ein ~ des Friedens (gegen den Krieg) errichten **3** = *Kai*

'Bol·zen ⟨m.; -s, -⟩ **1** ⟨Maschinenbau⟩ *runder Metallstift zur unmittelbaren Verbindung von Maschinenteilen;* einen ~ mit dem Hammer einschlagen; Niet ~, Schrauben ~, Gelenk ~ **2** *Geschoß für Armbrust od. Luftgewehr;* ein tödlicher, vergifteter ~; einen ~ schnitzen **3** ⟨landschaftl.⟩ *längl., spitz zulaufendes Metallstück, Keil, Pflock, Zapfen, z. B. bei alten Bügeleisen die im Ofen zum Glühen gebrachte Einlage;* Plätt ~

Bom'bast ⟨m.; -es; unz.⟩ **1** ⟨urspr.⟩ *Baumwollstoff zum Aufbauschen der Kleider* **2** *Schwulst (des Rede- od. Schreibstils), Wortschwall* **3** *Prunk, Überladenheit*

bom'ba·stisch ⟨Adj.⟩ **1** *mit viel Bombast, schwülstig, hochtrabend* **2** *prunkvoll, überladen*

'Bom·be ⟨f.; -, -n⟩ **1** *mit Sprengstoff gefüllter geschlossener Metallbehälter mit Zünder;* Brand ~; Spreng ~; ~n abwerfen, zünden; eine ~ platzt, schlägt ein, detoniert **1.1** eine Stadt mit ~n belegen *bombardieren* **2** ⟨fig.⟩ *runder Gegenstand;* Eis ~ **3** *unerhörtes, unerwartetes Ereignis;* die Nachricht schlug wie eine ~ ein **3.1** die ~ ist geplatzt, ging hoch ⟨a. fig.⟩ *es hat einen Skandal gegeben, die Wahrheit ist ans Licht gekommen* **3.2** ~n und Granaten! ⟨veralt.; umg.⟩ *das ist erstaunlich!*

Bon·bon ⟨[bɔ̃'bɔ̃] n.; -s, -s (österr. u. schweiz. nur so) od. m.; -s, -s⟩ *kleines Zuckerzeug, Zukkerware*

Boot ⟨n.; -(e)s, -e (landschaftl. a.) Böte⟩ **1** *kleines, meist offenes Wasserfahrzeug;* ein schnelles, leichtes, schwankendes ~; das ~ sticht in See ⟨seemannsspr.⟩; das ~ klarmachen ⟨seemannsspr.⟩; Paddel ~, Ruder ~, Segel ~, Motor ~; das ~ ist leck, reparaturbedürftig; wir fahren gern ~; wir sind in, mit einem ~ (über den See) gefahren **1.1** ein (Rettungs) ~ aussetzen *von einem größeren Schiff herablassen u. aufs Meer setzen* **1.2** wir sitzen alle in einem ~ ⟨fig.; umg.⟩ *sind alle in der gleichen Lage, der gleichen Gefahr ausgesetzt*

'Boots·mann ⟨m.; -(e)s, -leute⟩ **1** ⟨Handelsmarine⟩ *Gehilfe des wachhabenden Offiziers* **2** ⟨Kriegsmarine⟩ *Soldat im Range eines Feldwebels(1)*

Bord[1] ⟨n.; -(e)s, -e⟩ *Gestell, Regal, Brett;* Bücher ~, Wand ~

Bord[2] ⟨m.; -(e)s, -e⟩ **1** *Deckplatte, Seitenplatte, Rand, Einfassung;* ~stein **2** *oberster Rand des Schiffes;* über ~ gespült werden; über ~ fallen, gehen; eine Flasche über ~ werfen **2.0.1** Mann über ~! *Hilfe! jmd. ist aus dem Schiff ins Wasser gefallen* **2.0.2** eine Sache über ~ werfen ⟨fig.⟩ *sich von einer S. freimachen;* die Sorgen über ~ werfen; die Vorsicht über ~ werfen **2.1** ⟨in bestimmten Zus.⟩ *Schiff, Flugzeug* **2.1.1** an ~ *auf dem Schiff, im Flugzeug;* alle Passagiere befinden sich an ~ **2.1.2** an ~ bringen, gehen, nehmen *aufs Schiff, ins Flugzeug* **2.1.3** von ~ gehen *das Schiff, Flugzeug verlassen* **2.1.4** von ~ aus telegraphieren *vom Schiff aus* **3** ⟨Her.⟩ *Schildrand*

Bor'dell ⟨n.; -s, -s⟩ *Einrichtung zur Ausübung der Prostitution;* Sy *Freudenhaus*

'bor·gen ⟨V. 530⟩ **1** jmdm. etwas ~ *jmdm. etwas unter dem Versprechen der Rückgabe vorübergehend geben;* ich borge dir dieses Buch; würdest du mir bitte dieses Buch ~? er borgt nicht gern **2** ⟨R1⟩ sich (von jmdm.) etwas ~ *sich etwas (von jmdm.) mit dem Versprechen der Rückgabe für eine bestimmte Zeit geben lassen;* dieses Buch hatte ich mir von dir geborgt; ich muß mir Geld ~; ich habe (mir) (von meinem Bruder) 50 DM geborgt; diese Ideen hat er sich geborgt ⟨fig.⟩; Borgen macht Sorgen ⟨Sprichw.⟩

'Bor·ke ⟨f.; -, -n⟩ **1** *Rinde des Baumes;* die ~ abschälen; glatte ~ **2** ⟨niederdt.⟩ *Wundschorf*

bor'niert ⟨Adj.⟩ *geistig beschränkt, engstirnig;* ein ~er Mensch; ich finde ihn ausgesprochen ~; er galt als ~

'Bör·se ⟨f.; -, -n⟩ **1** ⟨geh.; veralt.⟩ *Geldbeutel, Geldtäschchen;* eine kleine, volle, lederne ~; seine ~ verlieren, suchen, zücken **1.1** eine dicke ~ *viel Geld bei sich haben* **2** ⟨Wirtsch.⟩ *regelmäßige Zusammenkunft von Händlern bestimmter Warengattungen od. Effekten zu Geschäftsabschlüssen;* Waren ~, Wertpapier ~; auf die ~ gehen; an der ~ handeln, (ver)kaufen, spekulieren; an der ~ zugelassen (Wertpapier) **3** *Gebäude für Börse(2);* neben der ~ ist das Rathaus; die ~ liegt im Zentrum der Stadt

'Bor·ste ⟨f.; -, -n⟩ **1** *steifes, dickes Haar einiger Säugetiere;* die ~n des Schweines, Ebers; eine schwarze, braune ~; Natur ~, Kunst ~; Rükken ~, Schwanz ~ **1.1** ⟨fig.; umg.; scherzh.⟩ *Haar*

'bor·stig ⟨Adj.⟩ **1** *mit Borsten versehen;* ein ~es Tier **1.1** ⟨fig.⟩ *struppig, zerzaust;* er hat ~es Haar; die Haare stehen ~ ab **2** ⟨fig.; umg.⟩ *grob, unhöflich, mürrisch, kratzbürstig;* eine ~e Antwort; sich ~ benehmen

'Bor·te ⟨f.; -, -n⟩ *schmales, dicht gewebtes, einfarbiges od. mehrfarbiges, auch mit Stickerei verziertes Band mit od. ohne Musterung, das zur Verzierung auf Stoff aufgenäht wird;* ein Kleid mit goldenen ~n; einen Rock mit breiten ~n besetzen

'bös·ar·tig ⟨Adj.⟩ **1** *von böser Art, tückisch, hinterhältig;* ein ~er Charakter, Mensch; ~ lachen, handeln **2** *überaus gefährlich;* eine ~e Krankheit **2.1** ~e Geschwulst ⟨Med.⟩ *G., z. B. Karzinom od. Sarkom, die durch Druck, Einbruch u. Absiedelung von Tochtergeschwülsten Körpergewebe verdrängt u. zerstört;* Ggs *gutartige Geschwulst*

'Bö·schung ⟨f.; -, -en⟩ *befestigter Abhang, schräge Grabenwand;* eine steile, betonierte, bepflanzte ~; die ~ der Autobahn

'bö·se ⟨Adj.⟩ **1** *schlimm, schlecht, unangenehm, Übles herbeiführend;* ein ~s Wetter; das ist eine ~ Angelegenheit, Sache; wir haben ~ Zeiten erlebt; der Kranke ist ~ dran; sich zum Bösen wenden **1.1** eine ~ Ecke *eine gefährliche Straßenecke, eine E., an der viele Unfälle passieren* **1.2** ⟨60⟩ die ~ Sieben *Unglückszahl (nach der alten dt. Spielkarte „7", die alle anderen stach, mit dem Bild eines alten Weibes)* **2** *boshaft, schädigend;* Ggs *gut(5);* er ist ein durch u. durch ~r Mensch; er hat es nicht ~ gemeint; etwas Böses sagen, tun, vorhaben; jmdm. etwas Böses wünschen; man soll Böses nicht mit Bösem vergelten 2.1 ⟨60⟩ der ~ Blick *angebl. Zauberkraft, durch den Blick andere zu behexen od. ihnen zu schaden* 2.2 ⟨60⟩ der ~ Feind ⟨verhüllend⟩ *der Teufel* 2.3 ⟨60⟩ ein ~r Geist *Kobold, Teufel* 2.4 ⟨60⟩ er ist mit einer ~n Sieben verheiratet *mit einem zänkischen Weib* 2.5 ⟨60⟩ jmdm. ~ Worte geben *jmdn. beschimpfen* 2.6 ⟨60⟩ sie hat eine ~ Zunge *sie spricht gehässig über andere* 2.7 im Bösen *mit Gewalt, erzwungenermaßen;* etwas nur im Bösen erreichen; wenn es im Guten nicht geht, dann im Bösen **3** *zornig, wütend;* ~ sein (auf jmdn., mit jmdm.); wenn ich das höre, könnte ich ~ werden! 3.1 im Bösen auseinandergehen, sich trennen *ohne sich zu einigen, im Unfrieden* 3.2 ⟨60⟩ das wird ~s Blut machen ⟨fig.⟩ *Unwillen erregen* **4** *sündhaft;* sich vom Bösen abwenden; das Gute stets vom Bösen trennen; vom Bösen verführt; jenseits von Gut und Böse 4.1 ⟨60⟩ er sieht aus wie das ~ Gewissen ⟨umg.⟩ *schuldbeladen* **5** *schlimm, entzündet, schmerzend;* einen ~n Fuß, ein ~s Knie haben; die Verletzung sieht ~ aus

'Bö·se·wicht ⟨m.; -(e)s, -er od. (österr. nur so) -e⟩ **1** ⟨veralt.⟩ *schlechter, böser Mensch, Verbrecher* **2** ⟨umg.; scherzh.⟩ *Schlingel, kleiner Übeltäter;* wer war der ~?

'bos·haft ⟨Adj.⟩ *schadenfroh, hinterlistig, höhnisch;* sie ist eine ~e Person; er machte ~e Bemerkungen; er lachte, grinste ~

bos·se'lie·ren ⟨V. 500⟩ etwas ~ = *bossieren*

'bos·seln ⟨V.⟩ **1** ⟨800⟩ an einer Sache ~ *an einer S. leichte kleine Arbeiten genauestens ausführen;* lange Zeit an etwas ~; ich habe an der elektrischen Eisenbahn gebosselt **2** ⟨400⟩ *kegeln, Eisschießen spielen* **3** ⟨500⟩ = *bossieren*

bos'sie·ren ⟨V. 500⟩ oV *bosselieren, bosseln(3)* **1** Stein ~ *grob behauen, meißeln* **2** weiches Material ~ *formen*

Bo'ta·nik ⟨f.; -; unz.⟩ *Pflanzenkunde*

bo'ta·nisch ⟨Adj. 24⟩ **1** *die Botanik betreffend, zu ihr gehörig* 1.1 ~er Garten *G., in dem Pflanzen aus allen Erdteilen gezogen u. zu Unterrichtszwecken verwendet werden* 1.2 ~es Institut *I. zur Erforschung des Lebens der Pflanzen*

'Bo·te ⟨m.; -n, -n⟩ **1** *Überbringer von Dingen od. Nachrichten;* Post~, Zeitungs~; ein reitender, schneller, zuverlässiger ~ 1.1 ~ bezahlt! (Aufschrift auf überbrachten Sendungen) *ein Botenlohn ist unnötig* 1.2 → a. *hinken(3 u. 4)* **2** ⟨poet.⟩ *Gesandter, Abgesandter, Verkünder;* Schneeglöckchen als erste ~n des Frühlings; ein ~ des Todes

'bot·mä·ßig ⟨Adj. 43; veralt. geh.⟩ jmdm. ~ sein *tributpflichtig, untertan sein, pflichtgemäß gehorsam;* ein fremdes Volk ~ machen

'Bot·schaft ⟨f.; -, -en⟩ **1** *Nachricht, Meldung;* eine ~ bekommen, erhalten, hören, vernehmen; jmdm. eine ~ senden, überbringen, übermitteln, zukommenlassen; eine ~ durch Rundfunk u. Fernsehen verbreiten 1.0.1 → a. *froh(2.1)* 1.1 *feierl. amtl. Verlautbarung, polit. Kundgebung;* eine ~ des Bundespräsidenten **2** *ständige diplomat. Vertretung 1. Ranges;* zur deutschen ~ in Paris gehen; sich an die französische ~ in London wenden 2.1 *das ihr zur Verfügung stehende Gebäude*

'Bot·schaf·ter ⟨m.; -s, -⟩ **1** *Gesandter 1. Klasse, oberste Rangstufe eines diplomat. Vertreters;* der deutsche ~ in Washington 1.1 päpstlicher ~ *Nuntius*

'Bött·cher ⟨m.; -s, -⟩ *Handwerker, der (große) Gefäße aus Holz herstellt*

'Bot·tich ⟨m.; -(e)s, -e⟩ *ein großes, offenes hölzernes Daubengefäß von meist zylindrischer Form;* die Wäsche in einem ~ einweichen; Brau~, Gär~; Bier~, Kalk~, Fisch~

Bouil·lon ⟨[bul'jɔ̃], österr. [bu'jɔ̃]; f.; -, -s⟩ *Fleischbrühe*

Bour·geoi·sie ⟨[burʒwa'zi:] f.; -, -n⟩ *das (besitzende) Bürgertum (als Klasse)*

Bow·le ⟨['bo:lə]; f.; -, -n⟩ **1** *Getränk aus Wein, Früchten, Gewürzen, Zucker mit Sekt* **2** *Gefäß, in dem das Getränk angesetzt wird*

'bo·xen ⟨V.⟩ **1** ⟨400⟩ *den sportl. Faustkampf nach bestimmten Regeln ausüben* **2** ⟨500/R8⟩ jmdn. ~ *schlagen, prügeln*

Boy'kott ⟨[bɔi-] m.; -(e)s, -e⟩ *wirtschaftl., soziale od. polit. Ächtung, Absperrung, Weigerung des Warenein- od. -verkaufs;* jmdm. den ~ erklären; den ~ über etwas verhängen; jmdn. mit ~ belegen

brach ⟨Adj. 24/90⟩ **1** *unbebaut, unbestellt;* der ~e Acker; die ~en Länder **2** ⟨fig.⟩ *ungenutzt;* die ~en Kräfte

'Bra·che ⟨f.; -, -n⟩ **1** *gepflügter, unbebauter Acker;* Sy *Brachland;* auf der ~ pflügen **2** *Zeit, während der ein Acker unbestellt bleibt;* während der ~ kann sich der Boden erholen

'Brach·land ⟨n.⟩ = *Brache(1)*

'Brack·was·ser ⟨n.⟩ *Mischung von Süß- u. Salzwasser, bes. in Flußmündungen*

'Bran·che ⟨[brã:ʃə] f.; -, -n⟩ **1** ⟨kaufmannsspr.⟩ *Geschäfts-, Wirtschaftszweig* **2** *Fachgebiet*

Brand ⟨m.; -(e)s, ¨e⟩ **1** *Feuer, Feuersbrunst;* Dachstuhl~; die Feuerwehr konnte den ~ schnell eindämmen, löschen; trockenes Stroh kann leicht in ~ geraten 1.0.1 in ~ stehen *brennen;* der Dachstuhl stand in ~ 1.0.2 ein Haus in ~ stecken, setzen *anzünden* **2** *das Brennen, Ausglühen (von Porzellan, Ziegeln)* **3** *Feuerung, Heizmaterial* **4** *Brandmal, eingebrannte Marke, z. B. Gestütszeichen* **5** ⟨umg.⟩ *Durst;* nach dem Fischgericht hatte ich einen tüchtigen ~; ich muß erst einmal meinen ~ löschen **6** ⟨Path.⟩ *Absterben von Körperzellen* **7** ⟨Bot.; Bez. für⟩ *verschiedene Pflanzenkrankheiten, die Ähnlichkeit mit äußerer Verbrennung haben;* Mais~

'bran·den ⟨V. 400 od. 411⟩ die Wellen ~ ⟨geh.⟩ *prallen tosend an etwas u. strömen schäumend zurück, brechen sich;* das Meer brandet an die Küste, an die Felsen; die Wogen der Empörung brandeten um den Attentäter ⟨fig.⟩

'bran·dig ⟨Adj.⟩ **1** ⟨geh.⟩ *verbrannt aussehend, riechend, schmeckend;* ein ~er Geruch **2** ⟨Path.⟩ *vom Brand(6) befallen;* die ~en Zellen; ~es Gewebe **3** ⟨Bot.⟩ *vom Brand(7) befallen;* ~es Getreide

'Brand·mal ⟨n.; -(e)s, -e od. (selten) -mä·ler⟩ **1** ⟨im MA⟩ *in die Haut gebranntes Schandmal für Verbrecher* **2** *angeborener roter Fleck auf der Haut, Muttermal* **3** *eingebranntes Zeichen bei Zuchtvieh*

'brand·mar·ken ⟨V. 500⟩ **1** ⟨urspr.⟩ *ein Schandmal einbrennen* **2** ⟨heute⟩ jmdn. ~ ⟨fig.; abwertend⟩ *jmdn. öffentl. bloßstellen, anprangern, scharf kritisieren, verurteilen;* man hat ihn für sein ganzes Leben gebrandmarkt

'Brand·stif·tung ⟨f.⟩ *fahrlässige od. vorsätzl. Beschädigung od. Zerstörung von Gegenständen, bes. Gebäuden, durch Verbrennen;* ihm wird ~ vorgeworfen

'Bran·dung ⟨f.; -, -en⟩ *das Brechen, Überstürzen der Wellen an der Küste;* die tobende, tosende ~; er schwamm durch die ~

'Brannt·wein ⟨m.⟩ *aus gegorenen Flüssigkeiten durch Destillation („Brennen") gewonnenes alkohol. Getränk;* eine Flasche ~; reiner ~

'bra·ten ⟨V. 115⟩ **1** ⟨500⟩ etwas ~ ⟨Kochk.⟩ *(in der Pfanne) in wenig heißem Fett garen;* Fisch, Fleisch, Kartoffeln ~; etwas braun, goldgelb, knusprig, kräftig, leicht, scharf ~; Hähnchen am Spieß ~; auf dem Herd, auf dem Rost ~; in Butter, Öl, zerlassenem Speck ~; in der Pfanne, in der Röhre ~; ich darf nichts Gebratenes essen **1.0.1** Gebratenes und Gesottenes ⟨fig.; bes. im Märchen⟩ *viel gutes Essen* **1.1** ⟨530⟩ nun brate mir einer einen Storch! ⟨fig.; umg.⟩ *das ist ja merkwürdig!, ich muß mich wundern* **1.2** die gebratenen Tauben fliegen einem nicht ins Maul, in den Mund ⟨fig.; umg.⟩ *man muß etwas tun, um etwas zu bekommen* **2** ⟨400⟩ etwas brät *gart in ein wenig heißem Fett;* das Fleisch brät schon in der Pfanne **3** ⟨410; umg.⟩ *sich starker Hitze, Sonnenbestrahlung aussetzen (um braun zu werden);* am Strand werde ich in der Sonne ~

'Bra·ten ⟨m.; -s, -⟩ **1** *größeres gebratenes od. zum Braten bestimmtes Stück Fleisch;* Schweine~; den ~ anbrennen lassen; am Abend kalten ~ zum Brot essen **1.0.1** den ~ riechen ⟨fig.; umg.⟩ *etwas Unangenehmes frühzeitig bemerken od. ahnen* **1.1** → a. *fett(1.0.1)*

'Bra·tsche ⟨f.; -, -n⟩ *das Alt-Instrument im Streichquartett;* Sy *Viola(1), Viola da braccio*

Bräu ⟨n.; -(e)s, -e od. -s⟩ **1** *Brauereierzeugnis, das gebraute Getränk* **2** *Biermenge, die mit einem Male gebraut wird* **3** *Brauerei, Brauhaus* **4** *Schenke, brauereieigene Gastwirtschaft*

Brauch ⟨m.; -(e)s, 'Bräu·che⟩ **1** *(aus früherer Zeit) überkommene Sitte, Gewohnheit;* Seemanns~, Weidmanns~; Advents~, Hochzeits~; Volks~, Orts~; alte Bräuche am Leben erhalten; das ist bei uns so ~; es ist alter ~, daß ...; etwas (nicht) außer ~ kommen lassen; Ostern, Pfingsten, Weihnachten nach altem ~ feiern **2** ⟨veralt.⟩ *Gebrauch;* Miß~

'brauch·bar ⟨Adj.⟩ **1** *zur Benutzung, Verwendung gut geeignet;* ~es Material; die Jacke ist noch ganz gut ~ **1.1** *nützlich;* er ist ein ~er Mensch; ~e Vorschläge

'brau·chen ⟨V.⟩ **1** ⟨500⟩ jmdn. od. etwas ~ *nötig haben, seiner bedürfen;* einen Freund, Pflege, Ruhe, Zeit ~; Beistand, Erholung, Geld, Unterstützung ~; der moderne Mensch braucht mehr Bewegung; er braucht deine Hilfe nicht; eine Geschäftsgründung braucht zunächst Kapital; etwas dringend, rasch, sofort, später ~; sie braucht viel Geld für ... **1.0.1** ⟨550⟩ der Zug braucht für diese Strecke zwei Stunden *der Zug fährt zwei Stunden lang* **1.0.2** ⟨550⟩ er hat 6 Jahre zum Studium gebraucht *er ist erst nach 6 Jahren mit dem Studium fertig geworden* **1.0.3** ⟨513⟩ wieviel Zeit braucht man, um zu ... *wie lange dauert es, um zu* **1.1** ⟨700⟩ es braucht einer Sache ⟨geh.⟩ *es bedarf einer S.;* es braucht keiner Überredung, um ...; was braucht es da noch vieler Erklärungen? **1.2** ⟨480 od. (umg.) 470⟩ etwas (nicht) zu tun ~ *etwas (nicht) tun müssen;* bei diesem Gerät braucht man nur den Knopf zu drücken; Sie ~ gar nicht erst hinzugehen; du brauchst es ihr nicht zu sagen; das braucht nicht so zu sein!; es braucht wohl nicht erst gesagt zu werden, daß ...; ich brauche nur zu wissen, ob ... **1.2.1** deshalb brauchtest du doch nicht gleich zu kündigen! *das war doch kein Grund dafür!* **1.2.2** Sie ~ es mir nur zu sagen *es genügt, wenn Sie es mir sagen* **1.2.3** er hätte es nicht zu wissen ~ *es wäre besser gewesen, er hätte es nicht gewußt* **2** ⟨500⟩ jmdn. od. etwas ~ *verwenden, gebrauchen;* ich kann dich jetzt nicht ~; ich kann es ~ als ...; dieses Buch kann ich gut für meine Arbeit ~

'Brauch·tum ⟨n.; -s; unz.; geh.⟩ *Gesamtheit der Bräuche eines Volkes, die Volksbräuche;* das alte ~ pflegen; jagdliches ~

'Braue ⟨f.; -, -n⟩ *feiner Haarwuchs über dem Auge in Form eines Bogens;* Augen~; schwarze, dichte ~n; die ~n runzeln

'brau·en ⟨V.⟩ **1** ⟨500⟩ ein Getränk ~ *aus mehreren Zutaten herstellen, zubereiten;* Bier ~; einen Punsch ~; wir wollen uns einen guten Trunk ~ **2** ⟨400⟩ etwas braut *brodelt, wallt;* Nebel braut im Tal

Braue'rei ⟨f.; -, -en⟩ **1** ⟨unz.⟩ *das Brauen (von Bier), Bierherstellung;* er versteht viel von der ~ **2** *Braugewerbe* **3** *Unternehmen, in dem Bier hergestellt wird;* er arbeitet in einer ~; Kloster~, Stadt~

braun ⟨Adj.⟩ **1** *gelb-rot-schwarz gemischt in der Farbe;* Erde, Holz ist ~; ~e Augen, ~es Haar haben **1.1** *sonnengebräunt;* er hat ~e Haut; von der Sonne ~ gebrannt sein **1.2** ⟨60⟩ ~e Butter *durch Erhitzen flüssig gemachte u. gebräunte B.*

Braun ⟨n.; -s, - od. (umg.) -s⟩ **1** *braune Farbe;* ein schönes, dunkles, helles ~ **2** Meister ~ *der Bär (in der Tierfabel)*

'Bräu·ne ⟨f.; -; unz.⟩ **1** *braune Tönung der Haut, bräunlicher Teint;* die tiefe ~ ihrer Haut **2** ⟨veralt.; umg.⟩ **2.1** = *Diphtherie* **2.2** = *Angina*

'bräu·nen ⟨V.⟩ **1** ⟨500/R7⟩ jmdn. od. sich, etwas ~ *braun machen, braun färben;* das Fleisch, das Omelett, die Zwiebeln in der Pfanne ~; die Sonne bräunt die Haut; mein Gesicht hat sich schnell gebräunt; im Herbst ~ sich die Wälder **2** ⟨400(s.)⟩ *braun werden;* ich bräune langsam, leicht, schnell, schwer; der Braten bräunt gleichmäßig

'Braun·koh·le ⟨f.⟩ *dem geolog. Alter nach zwischen dem Torf u. der Steinkohle liegende, hell- bis dunkelbraun gefärbte Kohle von holziger od. erdiger Beschaffenheit u. meist hohem Wassergehalt*

'Brau·se ⟨f.; -, -n⟩ **1** *siebartig durchlöcherter, trichterförmiger Aufsatz zur Wasserverteilung, z. B. bei Gießkannen u. Duschen;* die ~ aufstecken, reinigen; ein Blumenbeet mit der ~ gießen **2** = *Dusche* **3** ⟨kurz für⟩ *Brauselimonade;* eine kalte ~ trinken

'brau·sen ⟨V. 400⟩ **1** Wasser braust *wallt ge-*

räuschvoll auf **2** Töne ~ *ertönen rauschend, sausend;* der Wind braust; die Brandung braust; die Wellen ~; der Künstler erntete ~den Beifall 2.1 es braust mir in den Ohren *es saust, rauscht mir in den Ohren* **3** ⟨500/R7 od. R8⟩ jmdn. od. sich ~ *die Brause benutzen, duschen;* ich brause mich täglich kalt **4** ⟨411(s.); umg.⟩ *geräuschvoll u. mit hoher Geschwindigkeit fahren;* plötzlich brauste ein Motorrad um die Ecke

Braut ⟨f.; -, ¨e⟩ **1** *Frau, die vor der Hochzeit steht, Verlobte;* er stellte seine ~ seinen Eltern vor; sich nach einer ~ umsehen ⟨umg.⟩ 1.1 ~ werden *sich verloben, heiraten* **2** *Frau an ihrem Hochzeitstag;* er führte die ~ in die Kirche, zum Altar; das Gefolge der ~ **3** ~ Christi ⟨Rel.⟩ *Nonne* **3** ~ in Haaren ⟨Bot.⟩ *im Mittelmeergebiet verbreitete Hahnenfußart mit hellblauen, von einer vielteiligen Hülle umgebenen Blüten: Nigella damascena*

'Bräu·ti·gam ⟨m.; -s, -e⟩ **1** *Mann, der vor der Hochzeit steht, Verlobter* **2** *(junger) Mann an seinem Hochzeitstag;* ~ und Braut **3** der himmlische ~ ⟨Rel.; Bez. für⟩ *Christus*

brav ⟨[-f]; Adj.⟩ **1** *gehorsam, artig;* das Kind ist sehr ~ gewesen **2** *bieder;* sie ist ~er Leute Kind **3** ⟨90⟩ *tüchtig, tapfer, wacker;* der ~e Mann denkt an sich selbst zuletzt (Schiller) 3.1 sich ~ halten *sich wacker halten, tapfer sein* **4** *ordentlich, schulmäßig* 4.0.1 ⟨50⟩ er hat das Stück ~ (herunter)gespielt *zwar fehlerlos, aber ohne eine bes. Leistung zu zeigen*

'bra·vo ⟨[-vo] Adj. 11⟩ ~! *gut! (als Beifallskundgebung)*

'Brech·ei·sen ⟨n.⟩ *kurze Eisenstange, am Ende etwas abgebogen, zum Heben von Lasten, Ausreißen von Haken usw.*

'bre·chen ⟨V. 116⟩ **1** ⟨500⟩ etwas ~ *durch Druck in Stücke teilen;* einen Stock, Zweig ~ 1.0.1 → a. *beißen(1.0.1), Knie(1.2), Lanze(2), Stab(1.2), Zaun(2), Herz(2.6.1-2.6.2 u. 3.1)* 1.1 Papier ~ *falten, knicken* 1.2 Flachs ~ *bearbeiten, Holzteilchen daraus entfernen* 1.3 Nüsse ~ *knacken, zerknacken* 1.4 Körner ~ *schroten* 1.5 Steine ~ *im Steinbruch gewinnen, abschlagen;* Marmor ~ 1.6 Blumen ~ ⟨poet.⟩ *pflücken;* er brach eine Rose für sie 1.6.1 Herzen ~ ⟨fig.⟩ *andere in sich verliebt machen* 1.7 Teig ~ *durchkneten* 1.8 den Acker ~ *pflügen, umpflügen* 1.9 ⟨530/R1⟩ sich etwas ~ *sich durch Druck od. Sturz einen Knochen verletzen;* er brach sich den Arm, ein Bein; der gebrochene Arm muß geschient werden 1.9.1 → a. *Genick(1.0.1)* **2** ⟨400⟩ etwas bricht *geht unter Druck in Stücke;* der Ast brach 2.0.1 → a. *Eis(2.1.1-2.1.2), biegen(1.0.1-1.0.2)* 2.1 jmds. Augen ~ ⟨geh.⟩ *werden im Tode starr, jmd. stirbt;* ~den Auges sagte er ...; ihre Augen sind gebrochen 2.2 ⟨600⟩ jmdm. bricht das Herz ⟨geh.⟩ *ein großer Kummer überwältigt jmdn.;* das Herz brach ihr vor Heimweh 2.2.1 an gebrochenem Herzen stirbt man nicht ⟨fig.⟩ *selbst an großem Kummer stirbt man nicht* 2.3 ⟨530⟩ jmdm. ~ die Knie *die Knie geben unter jmdm. nach* 2.4 ⟨400⟩ jmds. Stimme bricht *setzt aus* 2.4.1 *verändert sich während der Pubertät, nimmt eine andere Klangfarbe an* 2.4.2 *versagt;* seine Stimme brach; ihm brach die Stimme 2.4.3 mit gebrochener Stimme *mit einer durch heftige Erschütterung klanglos gewordenen Stimme* 2.5 ⟨400⟩ Milch bricht ⟨schweiz.⟩ *gerinnt* 2.6 ⟨400⟩ Wein bricht *wird trübe* 2.7 es war ~d, zum Brechen voll *überfüllt;* der Versammlungsraum war ~d voll **3** ⟨511/R3⟩ etwas bricht sich an etwas *wird zurückgeworfen, weicht von der ursprüngl. Richtung ab;* die Wellen ~ sich am Felsen 3.1 ⟨500⟩ etwas ~ *die ursprüngl. Richtung von etwas verändern, von der Richtung abweichen lassen, zurückwerfen;* Lichtstrahlen ~; der Felsen bricht die Wellen; die Wellen werden an der Küste gebrochen 3.2 eine gebrochene Linie *L., die plötzlich ihre Richtung ändert* **4** ⟨500⟩ eine Sache ~ ⟨fig.⟩ *bezwingen, überwinden;* jmds. Trotz, Widerstand, Zorn ~; die Gewalt des Stromes ~; die Blockade ~ **4.0.1** Reichsrecht bricht Landesrecht ⟨früher⟩ *Reichsrecht geht vor Landesrecht* 4.1 einen Rekord ~ *überbieten* **5** ⟨800⟩ mit jmdm. od. einer Sache ~ *die Verbindung zu jmdm. od. einer S. aufgeben;* mit dem Elternhaus ~ 5.1 mit einer lieben Gewohnheit ~ müssen *eine liebe G. aufgeben müssen* **6** ⟨500⟩ eine Sache ~ ⟨fig.⟩ *nicht (ein)halten, einer S. zuwiderhandeln;* einen Eid, ein Gelübde ~; einen Vertrag ~; sein Wort ~ 6.1 die Ehe ~ *Ehebruch begehen* 6.2 das Fasten ~ *das Fastengebot nicht einhalten* 6.3 das Gesetz ~ *übertreten* 6.4 das Schweigen ~ *es beenden, wieder reden* 6.5 den Streik ~ *sich nicht an ihn halten, trotzdem arbeiten* 6.6 die Treue ~ *untreu werden* **7** ⟨411⟩ aus, durch etwas ~ *gewaltsam aus etwas hervorkommen;* das Wild bricht aus dem Gebüsch; plötzlich brach der Mond aus den Wolken (hervor); laut schreiend brachen die Kinder aus dem Versteck (hervor); durch die Reihen des Gegners ~; die Sonne bricht durch die Wolken 7.1 → a. *Bahn(6.1 - 6.2)* **8** ⟨400; umg.⟩ *den Magen durch den Mund entleeren, sich erbrechen;* ich muß ~ 8.0.1 ich fand diese ordinäre Darbietung zum Brechen ⟨fig.⟩ *abscheulich* 8.1 ⟨500⟩ etwas ~ *durch den Mund aus dem Magen wieder herausbringen;* nur Schleim ~ **9** ⟨400⟩ Schwarzwild bricht ⟨jägerspr.⟩ *wühlt den Boden auf*

'Bre·cher ⟨m.; -s, -⟩ **1** *hohe, sich überstürzende Welle* **2** *Maschine zur Zerkleinerung von festem Gestein;* Marmor ~; Kegel ~, Hammer ~

Brei ⟨m.; -(e)s, -e⟩ **1** *dickflüssige, pflanzliche Speise;* Sy *Mus;* ein süßer, heißer, dünner ~; einen ~ kochen, essen; die Kleinkinder bekommen Milch ~, Grieß ~, Bananen ~, Reis ~ **2** *unförmige weiche Masse;* ein ~ von tauendem Schnee; etwas zu ~ zerstampfen, zermalmen; Lehm ~ 2.1 jmdn. zu ~ schlagen ⟨fig.; umg.⟩ *jmdn. windelweich prügeln* **3** um den ~ herumreden ⟨fig.; umg.⟩ *nicht über das Wesentliche reden* **4** → a. *Koch(3)*

breit ⟨Adj.⟩ **1** *in der Querrichtung gemessen;* dieser Stoff liegt 90 cm ~ **2** *seitl. ausgedehnt, geräumig;* Ggs *schmal(1);* ein ~er Graben versperrte den Weg; er hat ~e Schultern 2.0.1 er hat einen ~en Buckel, Rücken ⟨fig.; umg.⟩ *er verträgt viel, er läßt sich nicht so leicht aus der Ruhe bringen* 2.1 ~ dastehen *breitbeinig* **3** *groß, ausgedehnt;* die ~e Öffentlichkeit 3.0.1 die Volkshochschule will auf ~ester Grundlage arbeiten *so arbeiten, daß jeder Nutzen* *davon haben kann* 3.0.2 ⟨60⟩ ~e Schichten der Bevölkerung *der Allgemeinheit, ein großer Teil der Bevölkerung* 3.0.3 → a. *weit(1.2.1)* **4** ⟨fig.⟩ *weitschweifig, umständlich* **4**.1 eine Angelegenheit des ~en darlegen *sehr ausführlich* **4**.1.1 → a. *lang(4.6)* **5** *behäbig, unakzentuiert;* die Ostpreußen haben eine ~e Aussprache **6** ⟨Mus.⟩ *langsam u. ausdrucksvoll*

'Brei·te ⟨f.; -, -n⟩ **1** *meßbare Ausdehnung in der Querrichtung;* die Fahrbahn hat eine ~ von fünf Metern; die ~ des Stoffes beträgt 140 cm 1.1 der ~ nach *in der Querrichtung* **2** *große seitl. Ausdehnung;* die ~ der Straßen und die Weite der Plätze erstaunte die Touristen 2.0.1 sie ist in letzter Zeit sehr in die ~ gegangen ⟨umg.⟩ *dick geworden* 2.1 ⟨fig.⟩ *Weitschweifigkeit;* einen Vorgang in aller, in großer ~ schildern **3** ⟨Pl.⟩ ~n *Gegend;* in unseren ~n ist das nicht üblich **4** ⟨unz.; Geogr.⟩ *Abstand (eines Ortes) vom Äquator, Polhöhe;* → a. *Länge(2-2.1);* geographische ~; nördliche ~ ⟨Abk.: n. Br. od. nördl. Br.⟩; südliche ~ ⟨Abk.: s. Br. od. südl. Br.⟩; der Ort liegt auf 34 Grad südlicher Breite **5** ⟨unz.; Astr.⟩ *Abstand eines Sternortes vom Himmelsäquator*

'Brei·ten·grad ⟨m.; Geogr.⟩ *in Winkelgrad aus dem gedachten Erdmittelpunkt gemessener Breitenkreis;* der nördliche, südliche ~; jede Halbkugel der Erde hat 90 ~e

'Brei·ten·kreis ⟨m.; Geogr.⟩ *parallel zum Äquator um die Erde laufende gedachte Linie;* Ggs *Längenkreis*

'breit|schla·gen ⟨V. 218/500; fig.; umg.⟩ **1** jmdn. ~ *überreden, durch Überredung beeinflussen;* er schlug ihn endlich breit **2** sich ~ lassen *sich überreden lassen;* warum hast du dich von ihm ~ lassen?

'breit|tre·ten ⟨V. 268/500; fig.; umg.⟩ etwas ~ *etwas (Unangenehmes) in allen Einzelheiten weitschweifig erzählen od. verbreiten;* er hat die alte Geschichte unnötig breitgetreten; in dem Vortrag wurde das Thema zu sehr breitgetreten

'Brem·se[1] ⟨f.; -, -n⟩ **1** *eine Vorrichtung, die die Bewegung eines umlaufenden Maschinenteils (Welle, Rad) u. damit verbundener Teile verlangsamen, ganz aufheben od. den stillgesetzten Teil festhalten soll;* Hinterrad~, Vorderrad~; Scheiben~, Backen~; Druckluft~, Kurzschluß~, Magnet~; Hand~, Not~; eine zuverlässige ~; die ~ anziehen, betätigen, ziehen; die ~ funktioniert nicht; auf die ~ treten (im Auto); hydraulische, automatische, elektromagnetische ~ **2** ⟨fig.⟩ *Hemmung;* seine Bedenken gegen unseren Plan wirkten als ~ 2.1 ziehe die ~ an! ⟨umg.⟩ *hör auf!, übertreibe nicht!* **3** *eine Vorrichtung zur Bändigung von Pferden, seltener Rindern, meist in der Form einer Klemme;* Nasen~, Lippen~, Schenkel~

'Brem·se[2] ⟨f.; -, -n⟩ *kräftige Fliege mit dickem, meist graubraunem Hinterleib: Tabanidae;* Rinder~, Schaf~, Vieh~; Regen~; die Weibchen von ~n saugen Blut

'brem·sen ⟨V.⟩ **1** ⟨400⟩ *die Bremse[1](1) betätigen;* der Fahrer bremste scharf; der Wagen mußte plötzlich ~; durch plötzliches Bremsen des Busses wurde ein Fahrgast verletzt **2** ⟨500⟩ etwas ~ *verlangsamen, anhalten;* der Fahrer konnte die Straßenbahn noch rechtzeitig ~ 2.1 etwas ~ ⟨fig.⟩ *aufhören lassen, hemmen, dämpfen, drosseln;* die Entwicklung, die Begeisterung ~; jmds. Redestrom zu ~ suchen; sein Arbeitstempo wird sich von selbst ~ 2.2 ⟨R7⟩ jmdn. ~ ⟨fig.; umg.⟩ *zurückhalten, hindern, zu weit zu gehen;* man muß ihn ~; ich kann mich nicht ~!

'bren·nen ⟨V. 117⟩ **1** ⟨400⟩ etwas brennt *fängt Feuer, steht in Flammen, wird von Feuer verzehrt;* der Dachstuhl brannte lichterloh; das Streichholz brennt nicht 1.1 ⟨401⟩ es brennt *Feuer ist ausgebrochen;* es brennt! (Alarmruf bei Ausbruch eines Feuers); im Nebenhaus brennt es; wo brennt es? 1.1.1 es brennt! (bei Suchspielen) *du bist der Lösung ganz nah, das Versteckte ist ganz in deiner Nähe* 1.1.2 wo brennt's denn? ⟨fig.; umg.⟩ *warum so eilig?, was ist eigentlich los?* 1.2 *hat bestimmte Brenneigenschaften;* Öl brennt am besten **2** ⟨500⟩ etwas ~ *von Feuer verzehren lassen, als Heizstoff verwenden;* Briketts ~; wir ~ nur Koks 2.1 ⟨veralt.⟩ *Brand stiften, Feuer anlegen, verwüsten;* morden und ~, sengen und ~ **3** ⟨400⟩ die Sonne brennt *scheint heiß wie Feuer;* die Sonne brannte über den Dächern der Stadt; die ~de Glut der Mittagssonne **4** ⟨400⟩ eine Lichtquelle brennt *leuchtet;* die Lampe brennt; auch über Nacht lasse ich im Flur (das) Licht ~; im Wohnzimmer brennt noch Licht **4**.1 ⟨500⟩ etwas ~ *als Beleuchtung verwenden;* zum Abendessen ~ wir gern Kerzen **5** ⟨511⟩ etwas auf, in etwas ~ *einbrennen;* ein Muster in das Holz ~; er hat mir mit der Zigarette ein Loch ins Tischtuch gebrannt 5.0.1 ⟨531⟩ jmdm. eins auf den Pelz ~ ⟨fig.; umg.⟩ *auf jmdn. schießen u. ihn treffen* 5.1 Vieh ~ *mit einem Brandmal versehen, brandmarken* 5.1.1 die Pferde wurden gebrannt *mit dem Gestütszeichen versehen* **6** ⟨500/R7⟩ jmdn. ~ *durch starke Hitze verletzen;* ich habe mich am Bügeleisen gebrannt 6.0.1 was dich nicht brennt, das blase nicht ⟨fig.; umg.⟩ *kümmere dich nicht um Dinge, die dich nichts angehen* 6.0.2 (ein) gebranntes Kind scheut das Feuer ⟨Sprichw.⟩ *wenn einem einmal ein Mißgeschick passiert ist, sieht man sich beim nächsten Mal vor* 6.1 *jmdm. einen stechenden Schmerz auf der Hautoberfläche zufügen, z. B. durch Berührung mit Brennesseln;* am Wegrand brennt man sich leicht an den Brennesseln **7** ⟨400⟩ etwas brennt *ist heiß u. schmerzt prickelnd u. stechend;* meine Fußsohlen ~; meine Haut brennt (vom Sonnenbad); die Wunde brennt heftig, wie Feuer 7.1 ⟨600/R1⟩ jmdm. brennt etwas *jmd. spürt einen prickelnden, stechenden Schmerz in etwas;* mir ~ die Augen (vom vielen Lesen, vor Kälte); mir ~ die Füße vom vielen Gehen **8** ⟨400 od. 410⟩ etwas brennt *ist glühend heiß, so daß man sich daran verbrennen kann* **8**.0.1 dem Verbrecher brennt der Boden unter den Füßen ⟨fig.⟩ *er möchte fliehen* 8.0.2 die Arbeit brennt mir auf den Nägeln, Nähten ⟨fig.⟩ *es ist eilig, dringend* 8.0.3 das Geheimnis brennt mir auf der Zunge ⟨fig.⟩ *ich möchte ein G. loswerden* 8.0.4 ein ~des Geheimnis *ein schwer zu bewahrendes Geheimnis* 8.1 *verursacht einen beißenden, stechenden Schmerz;* das Jod brennt in der Wunde 8.2 *ist scharf, verursacht einen beißenden Reiz;* der Pfeffer brannte auf der Zunge; der Paprika brennt im Mund **9** ⟨400 od. 410;

fig.⟩ *tief ergriffen sein, leidenschaftl. erregt sein;* er brennt vor Begierde, Ehrgeiz, Erwartung, Liebe, Neugier, Ungeduld; sein ~der Ehrgeiz treibt ihn zu weit; das Gefühl ~der Scham ließ ihn heftig erröten; mit ~der Sorge ... (Pius XII.) 9.1 ⟨800⟩ auf etwas ~ ⟨fig.⟩ *begierig, neugierig sein auf etwas, es kaum erwarten können;* ich brenne darauf, sie zu sehen **10** ⟨500⟩ etwas ~ *mit Feuer, Hitze behandeln, herstellen;* Holz zu Kohlen ~; Kohlen ~ (im Meiler); aus Getreide, Kartoffeln, Obst, Wein kann man Branntwein ~ **10.1** gebrannte Wasser ⟨schweiz.⟩ *Schnäpse* **10.2** Kaffee ~ *rösten* **10.3** gebrannte Mandeln *gezuckerte u. geröstete M.* **10.4** Glas ~ *schmelzen* **10.5** Porzellan, Ziegel ~ *härten* **10.6** Haare ~ ⟨früher⟩ *mit der Brennschere kräuseln;* es ist nicht mehr üblich, das Haar zu ~

'Brennes·sel ⟨-nn·n-; f.; -, -n⟩ *mit Brennhaaren ausgestattetes Kraut der Nesselgewächse: Urtica;* Sy *Nessel(1)*

'Brenn·punkt ⟨m.⟩ **1** ⟨Opt.⟩ *der Punkt, in dem sich parallele Lichtstrahlen nach der Brechung durch eine Linse od. Reflexion an einem Hohlspiegel annähernd vereinigen;* den ~ einer Linse bestimmen; der Abstand jedes ~es vom Mittelpunkt heißt Brennweite **2** ⟨Math.⟩ *ein Punkt, um den Kegelschnitte konstruiert werden* **3** ⟨fig.⟩ *zentraler Punkt, Mittelpunkt, Stelle, auf die die allgemeine Aufmerksamkeit gerichtet ist*

'Brenn·stoff ⟨m.⟩ *leicht entzündl. u. bei der Verbrennung Wärme abgebender Stoff, bes. zur Heizung;* feste, flüssige ~e; die Versorgung mit ~

'brenz·lich ⟨Adj.; österr.⟩ = *brenzlig*

'brenz·lig ⟨Adj.⟩ oV *brenzlich* ⟨österr.⟩ **1** *nach Brand riechend;* einen ~en Geruch wahrnehmen **2** ⟨fig.; umg.⟩ *bedenklich, gefährlich, heikel;* in eine ~e Situation geraten; die Sache wird mir zu ~

'Bre·sche ⟨f.; -, -n⟩ **1** ⟨Mil.⟩ *Lücke (in einer Befestigung od. Front), an der man angreifen kann* 1.1 eine ~ schlagen ⟨a. fig.⟩ *Widerstand überwinden, sich Bahn brechen* 1.2 in die ~ springen ⟨fig.⟩ *einspringen, zu Hilfe kommen*

Brett ⟨n.; -(e)s, -er⟩ **1** *aus einem Baumstamm geschnittene, flache Holzplatte;* eine Kiste mit ~ern vernageln 1.0.1 das ~ bohren, wo es am dünnsten ist ⟨fig.⟩ *den Weg des geringsten Widerstandes gehen, sich eine Sache leichtmachen* 1.0.2 durch drei (od. mehr) ~er sehen ⟨fig.; umg.⟩ *sehr klug, pfiffig sein* 1.0.3 ein ~ vorm Kopfe haben ⟨fig.; umg.⟩ *begriffsstutzig, beschränkt sein* 1.0.4 → a. *Welt(2.0.3)* 1.1 *Bord, flacher Holzträger für Bücher, Geschirr usw.;* Bücher~; ein ~ für die Bücher über dem Schreibtisch anbringen 1.2 *Holztafel zum Aufhängen von kleinen Gegenständen;* Schlüssel~ 1.3 *umränderte Platte, Spieltafel;* Schach~; stell schon die Figuren auf das ~ 1.3.1 er hat bei ihr einen Stein im ~ ⟨fig.; umg.⟩ *er steht bei ihr in Gunst (eigtl. „einen Stein auf dem Spielbrett haben")* 1.4 *lange, schmale, federnde Holztafel;* Sprung~ 1.5 *Schalttafel zur Bedienung von Maschinen, Kraftfahrzeugen usw.;* Schalt~ 1.6 *Anschlagtafel für Bekanntmachungen, bes. in der Universität;* Schwarzes ~ 1.7 ⟨veralt.⟩ *Tablett;* Auftrage~ 1.8 *Griffbrett an Lauten usw.* **2** ⟨nur Pl.⟩ ~er *Schier;* sich die ~er anschnallen; die ~er gut wachsen; noch nicht sicher auf den ~ern sein, stehen **3** ⟨nur Pl.⟩ ~er ⟨fig.⟩ *Bühne;* auf den ~ern, die die Welt bedeuten, stehen 3.0.1 das Musical ging ein Jahr lang über die ~er *wurde ein Jahr lang gespielt*

Bre·vier ⟨[-'vi:r] n.; -s, -e⟩ **1** *Gebetbuch der kath. Geistlichen* **2** *kleine Auswahl aus den Werken eines Dichters;* Goethe~

'Bre·zel ⟨f.; -, -n⟩ *Gebäck etwa in Form einer 8;* Salz~, Kümmel~, Zucker~

Brief ⟨m.; -(e)s, -e⟩ **1** *schriftl., bes. durch die Post zugestellte Mitteilung;* einen ~ frankieren, freimachen; ein einfacher, doppelter, eingeschriebener ~ 1.1 → a. *blau(1.3-1.3.1), offen(1.3.4)* **2** *Urkunde;* Gesellen~ 2.0.1 ~ und Siegel auf etwas geben ⟨fig.⟩ *etwas fest zusichern* **3** *kleines Päckchen od. Heftchen mit einer Ware, bes. Nadeln;* ein ~ Nähnadeln, Streichhölzer **4** ⟨Börse⟩ *Wertpapier, Wechsel* 4.1 ⟨Abk.: B.⟩ *Kurswert von angebotenen Aktien*

'Brief·mar·ke ⟨f.⟩ *von der Post herausgegebenes, käufliches, aufklebbares Wertzeichen zum Freimachen von Postsendungen;* ~n sammeln; einen Satz ~n kaufen; eine wertvolle ~

Bri'kett ⟨n.; -(e)s, -s od. -e⟩ *in Form gepreßte Braun- od. Steinkohle*

bril·lant ⟨[bri'ljant] Adj.⟩ *glänzend, hervorragend*

Bril·lant ⟨[bri'ljant]; m.; -en, -en⟩ **1** *geschliffener Edelstein, bes. Diamant* **2** ⟨Typ.⟩ *ein Schriftgrad (3 Punkt)*

'Bril·le ⟨f.; -, -n⟩ **1** *Vorrichtung zum Ausgleich von Augenfehlern od. zum Schutz gegen Licht, Funken, Staub u. ä.;* Schutz~, Sonnen~; eine schärfere, schwächere ~ brauchen; eine ~ für die Ferne, für die Nähe; eine ~ mit dunklen Gläsern gegen grelles Sonnenlicht; eine ~ zum Lesen 1.1 → a. *rosig(2.4), schwarz(3.6.1)* **2** *ringförmige Zeichnung um die Augen von Tieren;* ~nschlange **3** *ringförmiger Rand um eine runde Öffnung;* Abort~

'brin·gen ⟨V. 118/500⟩ **1** jmdn. od. etwas ~ *an einen Ort tragen, befördern, bewegen* 1.1 *holen, herbeischaffen, überbringen, übermitteln;* ~ Sie es mir!; jmdm. eine Erfrischung ~; jmdm. einen Stuhl ~; sich eine Tasse Tee ~ lassen; der Postbote hat ein Paket gebracht; jmdm. eine Botschaft, Mitteilung, Nachricht ~; was ~ Sie mir? 1.1.1 was ~ Sie Neues? *haben Sie Neuigkeiten für mich?* 1.2 ⟨511⟩ jmdn. od. einen Gegenstand an eine bestimmte Stelle ~ *schaffen, hinschaffen, fortbewegen;* den Kranken ins Krankenhaus ~; das bringt Devisen ins Land 1.2.1 → a. *zehn(1.1)* **2** ⟨511⟩ jmdn. irgendwohin ~ *begleiten, führen;* jmdn. nach Hause ~; den Gast zur Bahn, zum Bahnhof, zum Wagen ~ **3** etwas ~ *veröffentlichen, erscheinen lassen;* die heutige Zeitung bringt einen Artikel über ...; unser Theater bringt zur Zeit eine neue Oper von ...; das Fernsehprogramm bringt heute abend ...; was brachte die Tagesschau, der Wetterbericht, die Zeitung? **4** ⟨530⟩ jmdm. eine Sache ~ *darbieten, zuteil werden lassen;* jmdm. ein Opfer ~; jmdm. Hilfe, Trost, Unterstützung ~; dem Jubilar ein

Ständchen ~ **4.1** etwas bringt (jmdm.) eine Sache *ruft eine S. hervor, zeitigt eine S., verursacht (jmdm.) eine S., hat (für jmdn.) eine S. zur Folge;* das wird uns Ehre, Nutzen, Schaden, Verluste ~; das wird uns noch viel Ärger, Verdruß ~; der Luftröhrenschnitt hat dem Patienten sofort Erleichterung gebracht; der Talisman soll Glück ~; Neid kann nichts Gutes ~ **5** etwas bringt etwas *ergibt, erzielt etwas, gibt einen Ertrag;* Gewinn, Zinsen ~; die Felder ~ in diesem Jahr reiche Ernte; was bringt das Haus monatlich an Miete? **5.1** die Masse muß es ~ *durch großen Absatz kommt der Verdienst* **6** etwas ~ *erreichen, schaffen* **6.1** ⟨umg.⟩ *(leisten) können, schaffen, vermögen;* das bringe ich nicht **6.2** ⟨550⟩ es dahin ~, daß ..., *erreichen, daß ...* **6.3** ⟨550; unpersönl.⟩ es zu etwas ~ *etwas erreichen, eine gute Stellung erlangen;* wenn er weiter so wenig Initiative entwickelt, wird er es zu nichts ~; er hat es bis zum Oberregierungsrat gebracht; es zu Weltruf ~ **6.3.1** → a. *weit(4.0.1)* **6.4** ⟨550⟩ es auf etwas ~ *eine (hohe) Zahl von etwas erreichen* **6.4.1** er hat es auf 90 Jahre gebracht *er hat das hohe Alter von 90 J. erreicht* **6.4.2** dieser Wagen bringt es auf 160 Stundenkilometer *erreicht die Geschwindigkeit von 160 S.* **7** ⟨550⟩ jmdn. um etwas ~ *schuld sein, daß jmd. etwas verliert, jmdm. etwas nehmen;* er hat sie um ihre gesamten Ersparnisse gebracht; du hast mich um die Freude, das Vergnügen, die Vorfreude gebracht **7.1** jmdn. ums Leben ~ *töten* **7.2** er hat sich um Lohn und Brot gebracht *durch eigenes Verschulden seine Stellung verloren* **8** ⟨517⟩ etwas bringt etwas mit sich *ist eine Begleiterscheinung von etwas;* sein Alter bringt es mit sich, daß ...; die Umstände ~ es so mit sich; diese Expedition wird Gefahren mit sich ~; das bringt Nachteile mit sich **9** ⟨511/R8⟩ jmdn. od. etwas irgendwohin ~ *dafür sorgen, daß jmd. od. etwas irgendwohin kommt;* ein Buch auf den Index ~; einen neuen Artikel auf den Markt ~; dieser Hinweis brachte die Polizei auf die Spur des Verbrechers; das Gespräch unauffällig auf ein anderes Thema ~; das Essen auf den Tisch ~; sein Leichtsinn wird ihn noch ins Gefängnis ~; etwas in seinen Besitz, in seine Hand ~; in seine Gewalt ~; Leben in die Bude ~; etwas in die Zeitung ~; unter seine Gewalt, Herrschaft ~; etwas vor Gericht, vor den Richter ~; die Kinder zu Bett ~ **9.1** etwas an sich ~ *sich etwas aneignen* **9.2** zwei aneinander ~ *Streit zwischen ihnen entfachen, Zwietracht säen* **9.3** jmdn. auf etwas ~ *jmdm. einen Gedanken eingeben, ihm zu einem Plan u. ä. verhelfen;* ich brachte ihn darauf, einen Abendkursus zu besuchen **9.4** etwas hinter sich ~ *etwas bewältigen* **9.5** jmdn. wieder zu sich ~ *jmdm. helfen, wieder zu Bewußtsein, zu Vernunft, zur Besinnung zu kommen* **9.6** → a. *Beine(4.3), Erde(2.2.1), Galgen(1.0.1), Grab(1.2), Haube(4.1), Herz(2.4.4), Höhe(6.2), Hut(2.1), Leute(6.2-6.3), Licht(3.2.4-3.2.5), Lippe(2.1.1), Mann(3.0.1 u. 4.7), Nenner(1.1), Papier(1.1), Seite(6.8 - 6.9, 10.2.1), Tapet(2), Welt(3.0.1)* **10** ⟨550/R7 od. R8⟩ jmdn. od. etwas in einen, aus einem Zustand ~ *versetzen, geraten lassen;* jmdn. in Aufregung, Erregung, Unruhe, Verlegenheit, Wut, Zorn ~; jmdn. ins Elend, in Not ~; etwas in Gang ~; in Gefahr ~; etwas in Ordnung, ins reine ~; in Sicherheit ~; du wirst dich noch ins Unglück ~; die Kinder ~ schnell alles in Unordnung; in Verbindung ~ mit; er war nicht aus der Fassung zu ~ **10.0.1** → a. *Konzept(3), Trab(2.3)* **10.1** ⟨850⟩ vom Leben zum Tode ~ *hinrichten* **10.2** du kannst mich zur Verzweiflung ~ ⟨fig.⟩ *bis zur Verzweiflung reizen* **11** ⟨513⟩ etwas in eine bestimmte Form ~ *etwas (einer Sache) eine bestimmte F. geben;* etwas in Reime, Verse ~ **12** ⟨550⟩ jmdn. od. etwas zu etwas ~ *zu einem Verhalten, einer Entwicklung veranlassen;* zum Schweigen ~; er war nur mit Mühe zum Sprechen zu ~; etwas zur Entfaltung ~ **12.1** ⟨514⟩ etwas od. jmdn. dahin ~, daß ..., jmdn. dazu ~, daß ... *veranlassen, zu ...;* ich habe mich im Zorn dazu ~ lassen; ich habe mich von euch dazu ~ lassen **12.2** → a. *Fall(1.1.1 - 1.1.2), Sprache²(3.1 - 3.2)* **13** ⟨550; Funktionsverb⟩ **13.1** zum Abschluß, zu Ende ~ *beenden* **13.2** in Ansatz, Anschlag ~ *berechnen, veranschlagen* **13.3** zur Anwendung ~ *anwenden* **13.4** etwas zum Ausdruck ~ *ausdrücken* **13.5** eine Tatsache zum Bewußtsein ~ *bewußt machen, bewußt werden lassen* **13.6** konntest du in Erfahrung ~, ob ...? *konntest du feststellen, hast du erfahren, ob ...?* **13.7** etwas zur Kenntnis ~ *mitteilen* **13.8** in Erinnerung ~ *erinnern an* **13.9** jmdn. in Verdacht ~ *verdächtig machen*

bri'sant ⟨Adj.⟩ *zermalmend, mit großer Sprengkraft*

'Bri·se ⟨f.; -, -n⟩ *gleichmäßiger Wind mittlerer Geschwindigkeit, guter Segel-, Fahrwind;* eine frische, steife ~

'bröckeln ⟨-k·k-; V.⟩ **1** ⟨400(s.)⟩ etwas bröckelt *etwas zerfällt in kleine Stücke;* der Putz brökkelt von den Wänden; das Brot bröckelt sehr stark **2** ⟨500⟩ etwas ~ *etwas in kleinen Stükken abbrechen;* er bröckelt das Brot in die Suppe

'Brocken ⟨-k·k-; m.; -s, -⟩ **1** *verhältnismäßig großes abgebrochenes Stück;* Brot~, Fels~ **1.0.1** jmdm. ein paar ~ hinwerfen ⟨fig.; umg.⟩ *jmdn. mit ein paar Worten abfertigen* **1.0.2** → a. *dick(1.2), fett(1.0.1), hart(4.4)* **2** ⟨jägerspr.⟩ *Köder einer Fangvorrichtung* **3** ⟨fig.; umg.⟩ *großer, breiter, schwerfälliger Mensch* **4** ⟨fig.⟩ *zusammenhangloses einzelnes Teil* **4.0.1** ein paar ~ Französisch können ⟨fig.⟩ *einige Sätze* **4.0.2** mit gelehrten ~ um sich werfen ⟨fig.; umg.⟩ *gelehrt tun*

'bro·deln ⟨V. 400⟩ **1** etwas brodelt *kocht wallend, sprudelnd;* das Wasser, die Suppe brodelte im Topf; ~de Lava **1.1** *dampfend aufsteigen;* ~der Nebel füllte das Tal; ~de Dämpfe, Fluten **2** es brodelt ⟨fig.⟩ *Unruhe, Aufruhr breitet sich aus;* in der Masse brodelte es; es brodelt in der Bevölkerung

'Brom·bee·re ⟨f.⟩ **1** *Angehörige einer Gattung der Rosengewächse; Rubus* **1.1** Echte ~ *Brombeere(1) mit glänzend schwarzen Früchten: Rubus fructicosus* **2** *Frucht der Brombeere(1.1)*

Bron·ze ⟨['brɔ̃sə] f.; -, -n⟩ **1** *Legierung aus Kupfer und Zinn* **1.1** ⟨i. w. S.⟩ *Legierung aus Kupfer und einem anderen Metall;* Aluminium~, Mangan~, Silizium~ **2** *Gegenstand*

(der bildenden Kunst) aus Bronze(1) **3** ⟨unz.⟩ *rotbrauner Farbton* **4** *Mischung von Metallstaub mit Anstrichmitteln zur Erzielung eines Metalleffektes*

'Bro·sa·me ⟨f.; -, -n; meist Pl.; geh.⟩ **1** *kleines Stück von zerbröckeltem Brot od. Gebäck, Krümel;* den Vögeln ~n streuen; die ~n vom Kuchen auf der Tischdecke 1.1 die ~n, die von des Reichen Tische fallen (nach Matth. 15,27) *der Abfall vom Überfluß*

'Bro·sche ⟨f.; -, -n⟩ *Schmuckstück mit Nadel zum Anstecken*

Bro'schü·re ⟨f.; -, -n⟩ **1** *geheftetes Buch* 1.1 *kleine nicht eingebundene Druckschrift od. Flugschrift*

Brot ⟨n.; -(e)s, -e⟩ **1** *Gebäck aus Mehl, Wasser, etwas Salz u. einem Mittel zum Auflockern;* ein Laib, eine Schnitte, eine Scheibe, ein Stück ~; ~ backen, brechen, schneiden; altbackenes, frisches, geriebenes, geröstetes, gesäuertes, hausbackenes, trockenes, ungesäuertes ~ 1.0.1 er kann mehr als ~ essen ⟨fig.; umg.⟩ *er ist ein tüchtiger, zu vielen Arbeiten geschickter Mensch* 1.0.2 → a. *Huhn(5.2), lieb(8.6.-8.7), schießen(4.2), Wasser (1.0.2)* 1.1 ~ und Salz ⟨fig.⟩ *die unentbehrlichsten Nahrungsmittel* 1.2 ~ und Wein ⟨Rel.⟩ *Hostie u. Wein beim Abendmahl, Leib u. Blut Jesu* **2** *eine Scheibe Brot(1);* ein gut belegtes ~; ein ~ streichen; ein ~ schmieren ⟨umg.⟩ 2.0.1 → a. *Butter(1.1 - 1.2)* **3** ⟨fig.⟩ *Nahrung, Unterhalt;* sein ~ verdienen; unser täglich ~ (im Vaterunser) 3.0.1 jmdn. ums ~ bringen *jmdn. um seinen Verdienst, seine Stellung bringen* 3.0.2 das ist ein hartes, saures ~ ⟨fig.⟩ *schwere, mühsame Arbeit* 3.0.3 wes ~ ich ess', des Lied ich sing' ⟨Sprichw.⟩ *in wessen Dienst ich stehe, auf dessen Seite muß ich mich stellen* 3.0.4 → a. *Lohn(2.1)*

'Bröt·chen ⟨n.; -s, -⟩ **1** *kleines Gebäck aus Weizenmehl, Wasser od. Milch u. Hefe;* Sy *Semmel(1)* 1.1 belegtes ~ *Brötchen mit Butter u. Wurst od. Käse* **2** seine ~ verdienen *ein bescheidenes Gehalt beziehen*

'brot·los ⟨Adj. 24⟩ **1** ⟨80⟩ *ohne Arbeit, Verdienst, erwerbslos;* er ist plötzlich ~ geworden 1.1 jmdn. ~ machen ⟨fig.⟩ *jmdm. seinen Verdienst nehmen, ihn um seine Stellung bringen* **2** ~e Kunst *eine Fertigkeit, die nichts einbringt*

Bruch[1] ⟨m.; -(e)s, ¨-e⟩ **1** *das Brechen(1-2, 5-6)* 1.1 *Auseinandergehen, das Zerbrechen durch Druck, Stoß, Schlag usw.;* Achsen~, Damm~ 1.1.1 zu ~ gehen *zerbrechen* 1.2 ⟨fig.⟩ *Lösung einer Beziehung, eines Verhältnisses, Verletzung eines Abkommens u. ä.;* Vertrags~; der ~ eines Ehrenwortes, Eides, Gesetzes, Gelübdes, Vertrages; der ~ einer Freundschaft, einer Geschäftsverbindung, eines Verlöbnisses; ein ~ mit der Vergangenheit 1.2.1 es kam zwischen ihnen zum ~ ⟨fig.⟩ *sie verkehren nicht mehr miteinander* 1.2.2 er will es nicht zum völligen ~ kommen lassen ⟨fig.⟩ *die Verbindung nicht völlig abbrechen* 1.3 *Unterbrechung, Abgehen von einer bestimmten Darstellungsweise;* Stil~ **2** *das Gebrochene* 2.1 *Scherben, Trümmer* 2.1.1 ~ machen ⟨fliegerspr.⟩ *so landen, daß das Flugzeug dabei beschädigt wird;* bei der Landung machte das Flugzeug ~ 2.1.2 etwas geht in die Brüche *zerbricht, wird zerbrochen, mißlingt;* Geschirr kann leicht in die Brüche gehen; unser Plan ist in die Brüche gegangen ⟨fig.⟩; ihre Ehe ist in die Brüche gegangen ⟨fig.⟩ 2.2 *entzweigegangene, zerbrochene, minderwertige Ware;* ~schokolade; der ~ von Keks, Schokolade, Waffeln 2.2.1 da hast du dir ~ aufschwatzen lassen ⟨umg.⟩ *minderwertige Ware* **3** *Stelle, an der etwas gebrochen ist od. gebrochen wird;* ein gezackter, glatter, rauher, unebener ~ 3.1 ⟨Med.⟩ *Knochenbruch;* der ~ eines Arms, Beins, Fingers, Wirbels, Zehs; ein einfacher, glatter, komplizierter ~ 3.2 ⟨Med.⟩ *Heraustreten von Eingeweide od. Gewebe durch eine schwache Stelle im bedeckenden Gewebe;* Eingeweide~; einen ~ operieren; sich am ~ operieren lassen; sich einen ~ heben, zuziehen 3.3 *Steinbruch* **4** *durch Faltung entstandene Kante, Knick, Falte, Bügelfalte;* einen scharfen ~ in die Hose bügeln; der Faltenrock hat keine Brüche mehr **5** ⟨Math.⟩ *Verhältnis zwischen zwei ganzen Zahlen;* einen ~ erweitern, kürzen, verwandeln; rechnet ihr in der Schule schon mit Brüchen? 5.0.1 → a. *echt(6)* **6** ⟨Forstw.⟩ *Beschädigung von Bäumen durch Wind od. Schnee;* Wind~ **7** ⟨Geol.⟩ *Verwerfung* **8** ⟨jägerspr.⟩ *ein als Kennzeichen auf erlegtes Wild od. auf die Fährte gelegter grüner Zweig* 8.1 *Zweig als Hutschmuck des erfolgreich gewesenen Jägers* **9** *Milchgerinnsel bei der Käseherstellung* **10** *Weinfehler* **11** ⟨gaunerspr.⟩ = *Einbruch(1.1)*

Bruch[2] ⟨m. od. (selten) n.; -(e)s, ¨-e od. (landschaftl.) ¨-er⟩ *Moor, Sumpfland, -wald;* den (das) ~ austrocknen

'brü·chig ⟨Adj.⟩ **1** *(leicht) zerbrechlich, Brüche*[1] *aufweisend;* ~es Gestein; ~er Knochen 1.1 ~er Lehm *rissiger L.* 1.2 ~e Seide *zerfallende S.* **2** ~e Stimme ⟨fig.⟩ *ungleichmäßige, klanglose S.* **3** ~e Moral ⟨fig.⟩ *nicht einwandfreie, uneinheitliche M.*

'Bruch·stück ⟨n.⟩ **1** *von einem Ganzen abgebrochenes Stück;* die ~e der Vase zusammenkleben; sie konnte nur einzelne ~e ihrer Unterhaltung hören ⟨fig.⟩ **2** = *Fragment(1-2);* nur ~e seines Werkes sind uns erhalten **3** ⟨Bildhauerei⟩ *unvollständiger Körper*

'Bruch·teil ⟨m.⟩ **1** *ein bestimmter Teil eines Ganzen;* der ~ eines Millimeters, einer Sekunde, einer Summe, eines Wertes 1.1 im ~ einer Sekunde ⟨fig.⟩ *äußerst schnell* **2** *sehr kleiner Teil;* nur ein ~ der Arbeit konnte heute geleistet werden; nur ein ~ des Schadens wurde von der Versicherung ersetzt

'Brücke ⟨-k·k-; f.; -, -n⟩ **1** *Bauwerk zur Führung von Verkehrswegen über Straßen, Eisenbahnlinien, Flüsse, Schluchten usw.;* eine ~ abbrechen, bauen, konstruieren, schlagen, sprengen; eine aufklappbare, breite, drehbare, hochziehbare, hölzerne, provisorische, schmale, schwankende, stählerne, steinerne ~; auf der ~ stehen und in den Fluß hinabschauen; eine ~ über eine Eisenbahnlinie, einen Fluß, ein Tal; über die ~ fahren, gehen 1.1 alle ~n hinter sich abbrechen ⟨fig.⟩ *alle Verbindungen lösen, sich eine Rückkehr unmöglich machen* 1.2 → a. *golden(4.0.1)* **2** *Haltevorrichtung für künstl. Zähne an den benachbarten, gesunden Zähnen;* Zahn~ **3** ⟨Mar.⟩ *Kommandosteg auf dem Oberdeck von Schiffen;* Kommando~;

auf der ~ stehen und Befehle geben; von der ~ aus das Gefecht beobachten **4** ⟨Theat.⟩ *Arbeitssteg über der Bühne;* Beleuchter~ **5** ⟨Tech.⟩ *Querleitung bei Meßschaltungen;* Wheetstone~ **6** ⟨Sp.⟩ *Rückbeuge des Körpers, bis die Hände den Boden erreichen, als turner. Übung;* die ~ machen **7** ⟨Sp.⟩ *Verteidigungsstellung beim Ringen* **8** *kleiner schmaler Teppich;* zwischen Wohnzimmer und Eßecke liegt eine ~ **9** ⟨schweiz.⟩ *Fußbank* **10** ⟨schweiz.⟩ *Heuboden* **11** ⟨österr.⟩ *Schlachthof*

'Bru·der ⟨m.; -s, ¨⟩ **1** *von demselben Elternpaar abstammender männl. Verwandter;* ich habe noch einen ~; er ist ihr ~; mein älterer, großer, kleiner, jüngerer, leiblicher ~; der ~ mütterlicherseits, väterlicherseits; der Schlaf ist der ~ des Todes ⟨poet.⟩ **2** *Freund, Genosse, Mitglied derselben Vereinigung od. Gemeinschaft;* Bundes~, Kegel~, Vereins~ 2.0.1 das Bild ist unter Brüdern 500 Mark wert ⟨umg.⟩ *billig gerechnet in ehrlichem, freundschaftl. Handel* 2.1 *Mönch;* Kloster~, Laien~, Ordens~; Barmherzige Brüder; ein geistlicher ~ 2.2 *Kamerad, Kerl;* ein finsterer ~ 2.2.1 gleiche Brüder, gleiche Kappen ⟨Sprichw.⟩ *einer wie der andere, gleich u. gleich gesellt sich gern* 2.2.2 ~ Liederlich ⟨umg.; scherzh.⟩ *liederlicher, unordentlicher Bursche (bes. als Anrede)* 2.2.3 ~ Saufaus ⟨umg.; scherzh.⟩ *Trunkenbold (bes. als Anrede)* 2.2.4 ~ Lustig ⟨umg.; scherzh.⟩ *lustiger Mensch* 2.2.5 → a. *naß(3), warm(5)*

'Brü·der·schaft ⟨f.; -, -en⟩ **1** *enge Freundschaft, brüderl. Verhältnis;* in ~ zusammenleben 1.1 jmdm. ~ antragen, anbieten *die Anrede mit Du anbieten* 1.2 ~ schließen, trinken *in der Anrede vom Sie zum Du übergehen* **2** *Zusammenschluß von Gleichgesinnten*

'Brü·he ⟨f.; -, -n⟩ **1** *durch Kochen von Nahrungsmitteln (bes. von Fleisch u. Knochen) gewonnene Flüssigkeit;* Fleisch~, Knochen~; eine heiße, klare, kräftige, würzige ~ trinken; ~ mit Ei veredeln; ~ von Geflügel, Gemüse, Knochen, Rindfleisch kochen 1.0.1 die ~ kostet mehr als der Braten ⟨fig.⟩ *das Drum u. Dran ist kostspieliger als die Sache selbst* 1.0.2 → a. *körnen(1.1)* **2** *schmutzige, trübe Flüssigkeit;* diese dünne ~ soll Kaffee sein? **3** ⟨fig.; umg.⟩ *unangenehme, nutzlose Sache* 3.1 ~ machen *Umstände, überflüssige Worte machen;* keine große, nicht viel ~ machen; du machst viel zu viel ~ mit ihm; er hat eine lange ~ um die Angelegenheit gemacht 3.2 in der ~ sitzen, stecken *in der Klemme, in Verlegenheit, Bedrängnis sein*

'brü·hen ⟨V. 500⟩ etwas ~ *mit kochendem Wasser übergießen, auf etwas kochendes Wasser einwirken lassen;* Reis, Gemüse, Mandeln ~; die neue Wäsche ~; ich brühte das Huhn

'brüh·warm ⟨Adj.; umg.⟩ **1** ⟨70⟩ *ganz frisch, neu;* eine ~e Neuigkeit; die Geschichte ist noch ~ **2** ⟨50⟩ etwas ~ weitererzählen *sofort, umgehend;* etwas jmdm. ~ auftischen

'brül·len ⟨V.⟩ **1** ⟨400 od. 410⟩ *dumpf, laut schreien;* der Ochse brüllte; die Raubtiere brüllten; die Kinder ~ auf dem Hof; wie am Spieß ~ ⟨umg.⟩; vor Schmerz, Wut, Zorn ~ 1.1 vor Dummheit ~ ⟨umg.⟩ *sehr dumm sein* 1.2 das ist ja zum Brüllen ⟨umg.⟩ *so komisch, daß man laut darüber lachen muß* **2** ⟨500⟩ etwas ~ *laut schreiend rufen;* er brüllte die Kommandos; „das ist eine Frechheit!" brüllte er

'brum·men ⟨V.⟩ **1** ⟨400⟩ *tiefe, dumpfe Laute von sich geben;* der Bär brummt; die Fliege, der Käfer, ein Kreisel, eine tiefe Stimme brummt **2** ⟨600⟩ jmdm. brummt der Kopf *jmd. hat (dumpfe) Kopfschmerzen;* mir brummt der Kopf, der Schädel vor lauter Lernen **3** ⟨410; fig.⟩ *mürrisch sein, schmollen;* er brummt in letzter Zeit sehr oft **4** ⟨400⟩ ~ müssen ⟨fig.; umg.⟩ *eine Strafe absitzen müssen* **4**.1 *im Gefängnis eine Strafe abbüßen müssen;* er muß vier Wochen ~ **4**.2 ⟨schülerspr.⟩ *nachsitzen;* ich muß heute in der sechsten Stunde ~ **5** ⟨500⟩ etwas ~ *undeutlich (u. ärgerlich) sagen;* „das hättest du besser machen können", brummte er; was brummst du vor dich hin?; was brummst du da in deinen Bart?

'Brum·mer ⟨m.; -s, -⟩ **1** ⟨i. e. S.⟩ *ein Insekt, das beim Flug brummende Geräusche verursacht, z. B. Schmeißfliege, Hummel* **2** ⟨i. w. S.⟩ *jedes brummende Tier, bes. Stier* **3** ⟨umg.; scherzh.⟩ *schlechter Sänger* **4** ⟨umg.⟩ *etwas (Großes, Dickes u. Schwerfälliges), was ein brummendes Geräusch erzeugt* **4**.1 *schweres Geschoß;* ein großer, dicker ~ **4**.2 *Bombenflugzeug* **4**.3 *Lastkraftwagen mit großer Motorleistung*

'Brun·nen ⟨m.; -s, -⟩ **1** *Anlage zur Förderung von Grundwasser durch Schöpfeimer od. Pumpe;* Zieh~; einen ~ anlegen, bohren, graben; ein artesischer, künstlicher, natürlicher ~ 1.0.1 den ~ zudecken, wenn das Kind hineingefallen ist ⟨fig.⟩ *erst dann Maßnahmen treffen, wenn ein Unglück geschehen ist* **2** *Wasser einer natürl. Quelle, bes. Heilquelle;* Mineral~; ~ trinken; ein heißer, kohlensäurehaltiger, salziger, warmer ~ **3** *Badeort* **4** ⟨süddt.⟩ *Wasserhahn (u. Ausguß)* **5** einen ~ machen ⟨süddt.⟩ *Wasser lassen*

'Brun·nen·ver·gif·tung ⟨f.⟩ **1** *vorsätzl. Vergiftung von Trinkwasser* **2** ⟨fig.; abwertend⟩ *Verleumdung*

Brunst ⟨f.; -, ¨e; Zool.⟩ *der bei vielen Säugetieren periodisch über einen längeren od. kürzeren Zeitraum (Brunstzeit) auftretende Zustand geschlechtl. Erregung*

Brust ⟨f.; -, ¨e⟩ **1** ⟨unz.⟩ *die vordere Hälfte des Rumpfes des Menschen u. der Wirbeltiere;* eine breite, schmale ~; sich an jmds. ~ ausweinen; jmdn. an die ~ drücken; an jmds. ~ sinken 1.0.1 die ~ schwillt ihm vor Freude, Glück, Stolz ⟨fig.⟩ *er ist sehr glücklich, stolz* 1.0.2 jmd. hat es auf der ~ ⟨umg.⟩ *leidet an Bronchitis, ist lungenkrank* 1.0.3 schwach auf der ~ sein ⟨fig.; umg.⟩ *zahlungsunfähig sein, wenig Geld bei sich haben* 1.0.4 aus voller ~ singen *kräftig, laut, mit voller Lungenkraft* 1.0.5 sich in die ~ werfen ⟨fig.⟩ *sich ein Ansehen geben, prahlen* **2** *beim weiblichen Oberkörper (milchgebendes) paariges Organ von halbkugeliger Form;* dem Säugling die ~ geben; der Säugling nimmt die ~; den Säugling von der ~ entwöhnen 2.0.1 an den Brüsten der Weisheit saugen ⟨poet.⟩ *studieren, eifrig lernen*

'Brust·drü·se ⟨f.⟩ *bei Menschen u. Säugetieren vorkommende paarige Drüse mit äußerer Sekretion (Milchbildung)*

'Brust·fell ⟨n.⟩ **1** *die den Brustraum der Wirbeltiere innen auskleidende Membran: Pleura;*

Sy *Rippenfell* **2** *Fell auf der Brustseite eines Tieres*
'Brust·korb ⟨m.⟩ *das knöcherne korbförmige Gerüst der Brust bei Menschen u. höheren Tieren, das aus den Rippen, der oberen Wirbelsäule u. dem Brustbein gebildet wird*
'Brü·stung ⟨f.; -, -en⟩ *eine bis zur Brust od. halben Höhe eines Menschen reichende Ausmauerung einer Fensteröffnung od. Schutzwand einer Terrasse;* Fenster~, Balkon~; eine Marmor~, Holz~; er beugte sich über die ~; sie lehnte sich an die ~
Brut ⟨f.; -, -en⟩ **1** ⟨unz.⟩ *das Brüten(1);* die erste, zweite ~ **2** *Nachkommenschaft aller brutpflegenden Tiere, bes. der eierlegenden;* die ~ der Fische, Fliegen, Insekten, Vögel; die ~ aufziehen, ausrotten **3** ⟨fig.⟩ *Gezücht, Gesindel* **4** *Pflanzenteile zur Aufzucht neuer Pflanzen* **5** *ungeschliffene Edelsteine*
bru'tal ⟨Adj.⟩ *roh, gewaltsam, rücksichtslos*
'brü·ten ⟨V.⟩ **1** ⟨400⟩ *die Eier durch eigene Körperwärme erwärmen bis zum Ausschlüpfen der Jungen;* die Glucke brütet **2** ⟨400; Atomphys.⟩ *im Brutreaktor spaltbares Material erzeugen* **3** ⟨400⟩ etwas brütet *lastet drückend auf etwas;* die Hitze, der Mittag, die Sonne brütet über dem Tal; ~de Hitze; es ist ~d heiß **4** ⟨800⟩ über etwas ~ ⟨fig.⟩ *über etwas nachgrübeln, nachsinnen;* über den Schulaufgaben ~; über einem Entschluß ~ **5** ⟨500⟩ etwas ~ *auf etwas sinnen, nach etwas trachten;* Rache ~
'Brut·ka·sten ⟨m.⟩ **1** ⟨Med.⟩ *Gerät zur Aufzucht von Frühgeburten* **2** ⟨fig.; umg.⟩ *sehr heißer Ort;* hier ist es wie im ~!
'Brut·stät·te ⟨f.⟩ **1** *Brutplatz, Ort zum Ausbrüten der Eier* **2** ⟨fig.; abwertend⟩ *Ort, an dem sich Seuchen, Ungeziefer, Verbrechen usw. bes. günstig entwickeln können;* eine ~ des Lasters, Unheils
'brut·to ⟨Adj. 11; kaufmannsspr.⟩ Ggs *netto* **1** *einschließl. Verpackung* **2** *ohne Abzug* 2.1 *ohne Rabatt* 2.2 *ohne Steuerabzug;* ein Gehalt von 2.000 DM ~
Bub ⟨m.; -en, -en; süddt., österr., schweiz.⟩ = *Bube*
'Bu·be ⟨m.; -n, -n⟩ **1** oV *Bub* ⟨süddt., österr., schweiz.⟩ 1.1 *Junge, Knabe;* ein lieber, fleißiger, aufgeweckter, wilder ~; ~ oder Mädchen; Laus~; Schul~ 1.2 ⟨veralt.⟩ *Lehrling, Auszubildender;* Lehr~ 1.3 ⟨früher⟩ *junger Ritter vor dem Ritterschlag;* Stahl~ 1.4 ⟨Kart.⟩ *französische vierthöchste Spielkarte;* → a. *Unter, Wenzel;* den ~n ausspielen **2** ⟨veralt., abwertend; nord- u. mitteldt.⟩ *Schurke;* ein feiger, böser, hinterlistiger ~; jmdn. einen ~n nennen, heißen, schelten
Buch ⟨n.; -(e)s, ¨er⟩ **1** ⟨früher⟩ *zusammengebundene Schreibtafeln aus Buchenholz* **2** *größeres (Schrift- od.) Druckwerk aus miteinander verbundenen Papierbogen u. einem festen Einband;* ein ~ wieder auflegen, binden, erscheinen lassen, verlegen, vertreiben; ein antiquarisches ~ kaufen; ein gutes, interessantes, langweiliges, spannendes ~ lesen; dieses ~ ist vergriffen, nicht mehr erhältlich; ein ~ für anspruchsvolle, junge Leser; in einem ~ blättern, lesen 2.0.1 steck deine Nase ins ~! ⟨umg.⟩ *lerne!* 2.0.2 du solltest öfter ein ~ in die Hand nehmen! ⟨umg.⟩ *du solltest mehr lesen!* 2.0.3 über den Büchern sitzen ⟨umg.⟩ *fleißig lernen* **2.0.4** er redet wie ein ~ *gewandt u. pausenlos* 2.0.5 in jmds. Seele wie in einem ~ lesen können ⟨fig.⟩ *jmdn. genau kennen* **2.0.6** das ist für mich ein ~ mit 7 Siegeln ⟨fig.⟩ *das ist mir unverständlich, ein großes Geheimnis* **2.0.7** → a. *Monat(1.1)* 2.1 wie es im ~e steht! ⟨fig.⟩ *besonders typisch;* ein Geschäftsmann, wie er im ~e steht! 2.2 das ~ zum Film, zu einer Oper *Drehbuch, Textbuch* **3** *Teil eines größeren Schriftwerkes, z. B. der Bibel;* das ~ Hiob **4** *eine in einem Umschlag od. Einband zusammengefaßte meist größere Anzahl von leeren Papierblättern, die für bestimmte Eintragungen benutzt werden;* Tage~ **4.0.1** ~ führen (über) *systemat. Ausgaben, Vorfälle usw. aufschreiben* 4.0.2 damit hat er sich ins ~ der Geschichte eingetragen ⟨fig.⟩ *unsterbl. Ruhm verdient* **4.0.3** → a. *golden(2.3)* **4.1** ⟨meist Pl.⟩ Bücher ⟨Wirtsch.⟩ *die der Buchführung dienenden Unterlagen in Form von gebundenen Büchern(4) od. losen Blättern;* jmdm. die Bücher führen; die Bücher prüfen 4.1.1 das Haus steht mit 80 000 Mark zu ~ ⟨kaufmannsspr.⟩ *ist mit dem Wert eingetragen* **5** ⟨Sp.⟩ *Wettliste bei Pferderennen* 5.0.1 ~ machen *Rennwetten eintragen* **6** ein ~ Spielkarten *ein Satz S.* **7** *Mengenmaß für Papierbogen u. für Blattgold u. -silber* 7.1 ein ~ Papier *100 Bogen* 7.2 ein ~ Blattgold od. -silber *250 Blatt*
'Bu·che ⟨f.; -, -n⟩ *ein Laubbaum mit silberglatter Rinde u. rötl. Holz aus der Familie der Buchengewächse, die in Europa nur durch eine Art vertreten ist: Fagus silvatica;* ein Wald mit alten ~n
'bu·chen ⟨V. 500⟩ **1** ⟨kaufmannsspr.⟩ etwas ~ *etwas in Geschäftsbuch od. Liste eintragen;* eine Summe auf ein Konto ~; die Bank buchte die Zinsen, Gewinne **2** etwas (als etwas) ~ ⟨fig.⟩ *etwas Vorteilhaftes für sich od. jmdn. registrieren;* er hat es zu seinen Gunsten gebucht; er bucht es als Erfolg, Gewinn **3** etwas ~ *bei einem Reiseunternehmen od. -büro einen Platz für eine Reise rechtsverbindlich bestellen;* einen Platz im Flugzeug, auf dem Schiff, im Schlafwagen ~; er hat einen Flug nach Madrid gebucht; schon 100 Urlauber haben für die Nebensaison gebucht
Bü·che·'rei ⟨f.; -, -en⟩ = *Bibliothek*
'Bü·cher·wurm ⟨m.⟩ **1** *in Büchern lebende Art der Bohrkäfer* **2** ⟨fig.; umg.; scherzh.⟩ *jmd., der ständig u. eifrig Bücher liest, Bücherliebhaber;* er ist ein richtiger ~
'Buch·füh·rung ⟨f.⟩ **1** *systemat. Aufschreiben aller Geschäftseinnahmen u. -ausgaben;* Sy *Buchhaltung(1)* 1.1 → a. *doppelt(1.0.2), einfach(2.2)*
'Buch·hal·tung ⟨f.⟩ **1** = *Buchführung* **2** *die für die Buchführung zuständige Abteilung eines Betriebes;* sie arbeitet in der ~
'Buch·ma·cher ⟨m.; -s, -⟩ *jmd., der gewerbsmäßig bei Pferderennen Wetten vermittelt*
'Büch·se ⟨['byksə]; f.; -, -n⟩ **1** *kleiner Behälter aus Holz, Metall od. ä., Dose, Schachtel;* Blech~, Konserven~ 1.1 *Konservendose;* eine ~ Ananas, Gulasch, Milch, Thunfisch, Würstchen; das Fleisch in der ~ erwärmen 1.2 *Sammelbüchse;* ein Scherflein in die ~ werfen **2** ⟨früher⟩ *jede Art Handfeuerwaffe od. Ge-*

schütz 2.1 ⟨später⟩ *Gewehr mit gezogenem Lauf;* die ~ knallt; die ~ laden, spannen, umhängen 2.2 ⟨heute meist⟩ *Jagdgewehr;* Wild vor die ~ bekommen

'Buch·sta·be ⟨m.; -ns, -n⟩ **1** *Schriftzeichen für einen Sprachlaut;* A, der erste ~ des Alphabets; deutsche, griechische, kyrillische, lateinische ~n; ein gedruckter, geschriebener, großer, kleiner ~ 1.0.1 eine Zahl in ~n schreiben *nicht in Ziffern angeben, sondern als Wort ausschreiben* 1.1 → a. *vier(2.2)* **2** ⟨fig.⟩ *Wortlaut, formale Vorschrift;* sich zu sehr an den ~n halten; man darf nicht nur nach dem ~n gehen!; nur nach dem ~n richten, verurteilen; etwas nur nach dem ~n des Gesetzes erfüllen **3** seine d r e i (f ü n f) ~n ⟨verhüllend⟩ = *Arsch*

buch·sta'bie·ren ⟨V. 500⟩ **1** ein W o r t ~ *die Buchstaben eines Wortes in der Reihenfolge einzeln nennen;* seinen Namen am Telefon ~; ein fremdes Wort ~ 1.1 j e d e s W o r t ~ *langsam, schülerhaft lesen* **2** eine unleserliche S c h r i f t ~ *mit Mühe entziffern*

'buch·stäb·lich ⟨Adj.⟩ **1** ⟨90⟩ *dem Wortlaut, nicht dem Sinn entsprechend, genau dem Buchstaben nach;* eine Textstelle ~ übersetzen, auslegen **2** ⟨50; fig.⟩ *tatsächlich, im wahrsten Sinne des Wortes, wirklich;* er wurde ~ in Stücke gerissen

Bucht ⟨f.; -, -en⟩ **1** *ins Land eingreifender Teil von Meeren od. Binnengewässern* **2** *in ein Gebirge eingreifender Teil des Flachlandes;* Tiefland~ **3** *in den Bürgersteig eingreifender, als Parkplatz od. Haltestelle gekennzeichneter Teil der Straße;* Park~ **4** ⟨Mar.⟩ 4.1 *seitl. Krümmung des Schiffsdecks* 4.2 *Biegung, Schleife, Windung in einem Tau od. einer Leine* **5** *Schweinekoben, Verschlag;* Sau~

'Buch·wei·zen ⟨m.⟩ *Gattung der Knöterichgewächse, deren dreikantige Früchte den Bucheckern ähneln u. deren Mehl als Grütze gegessen wird: Fagopyrum;* Gemeiner ~; Tatarischer ~

'Buckel ⟨-k·k-; m.; -s, -⟩ **1** ⟨umg.⟩ *Rücken* 1.0.1 er kann mir den ~ hinunterrutschen! ⟨fig.; umg.⟩ *er ist mir ganz gleichgültig* 1.0.2 jmdm. den ~ zudrehen ⟨fig.; umg.⟩ *jmdn. nicht beachten* 1.0.3 den ~ voll kriegen ⟨umg.⟩ *eine Tracht Prügel* 1.0.4 er hat schon seine 90 Jahre auf dem ~ ⟨fig.; umg.⟩ *ist schon 90 Jahre alt* 1.0.5 er hat schon genug auf seinem ~ ⟨fig.; umg.⟩ *er hat es schon schwer genug* 1.0.6 etwas auf seinen ~ nehmen ⟨fig.⟩ *die Verantwortung auf sich nehmen* 1.0.7 ihr lief es kalt den ~ hinunter ⟨fig.; umg.⟩ *ihr schauderte* 1.0.8 → a. *breit(2.0.1), krumm(1.1)* **2** *Wölbung der Wirbelsäule nach hinten;* sie hat einen ~ 2.0.1 sich einen ~ lachen ⟨fig.; umg.⟩ *tüchtig lachen* **3** *Höcker, Beule, Ausbuchtung* 3.1 *erhabene Metallverzierung*

'bücken ⟨-k·k-; V. 500/R3⟩ s i c h ~ *sich den Rücken krumm machen, nach vorne u. gleichzeitig nach unten beugen;* sich schnell, tief ~; sich zur Erde, zu Boden ~; ich bückte mich nach einem Pilz; sie geht gebückt am Stock; das Bücken strengt an

'Bück·ling[1] ⟨m.; -s, -e⟩ *Verbeugung, Diener;* er verabschiedete sich mit vielen ~en; sie machten einen tiefen ~

'Bück·ling[2] ⟨m.; -s, -e⟩ *warm geräucherter Hering*

'bud·deln ⟨V.; umg.⟩ **1** ⟨400⟩ *wühlen, graben, im Sand spielen;* Kinder ~ gern im Sand **2** ⟨500⟩ K a r t o f f e l n ~ *mit der Hacke aus der Erde graben*

'Bu·de ⟨f.; -, -n⟩ **1** *leichtes Bretterhäuschen, bes. als Verkaufsstelle;* Bretter~ **2** *Verschlag od. Zelt auf dem Jahrmarkt mit öffentl. Darbietungen;* Schau~ **3** *kleines baufälliges Haus, alte behelfsmäßig eingerichtete Wohnung, Spelunke* **4** ⟨umg.; abwertend⟩ *Laden, Geschäft* 4.0.1 die ~ zumachen ⟨fig.; umg.⟩ *sein Geschäft schließen (bes. wegen Zahlungsunfähigkeit)* **5** ⟨umg.; scherzh.⟩ *Stube, Heim, Büro u. ä.;* Studenten~ 5.0.1 jmdm. die ~ einlaufen, einrennen ⟨fig.; umg.⟩ *ihn wiederholt aufsuchen u. mit Wünschen belästigen* 5.0.2 jmdm. auf die ~ rücken ⟨umg.⟩ *ihn aufsuchen (bes. um ihn zur Rede zu stellen)* 5.0.3 die ~ auf den Kopf stellen ⟨umg.; scherzh.⟩ *Unsinn treiben* 5.0.4 er kam mir unerwartet, unverhofft in die ~ geschneit ⟨fig.; umg.⟩ *unangemeldet, mich zu besuchen* 5.0.5 Leben in die ~ bringen ⟨fig.; umg.⟩ *in einer Gesellschaft die Unterhaltung beleben* 5.0.6 → a. *sturmfrei(2)*

Bü'fett ⟨n.; -(e)s, -e od. österr. -s⟩ oV *Buffet, Büffet* **1** *Anrichte, Porzellan- u. Glasschrank* **2** *Schanktisch* **3** *Tisch mit Speisen zum Selbstbedienen* 3.1 *die am Büfett(3) gereichten Speisen;* kaltes ~, warmes ~

'Büf·fel ⟨m.; -s, -⟩ *Angehöriger einer Gruppe der Rinder Afrikas mit langen, im Querschnitt fast dreieckigen Hörnern mit Ringen an der Basis, Schulterhöhe 180 cm*

Buf·fet ⟨österr. [by'fe:] od. [by'fɛ], schweiz. ['byfe:] od. [by'fɛ] n.; -(e)s, -s od. -e⟩ = *Büfett*

Büf·fet ⟨[by'fe:] n.; -s, -s; österr.⟩ = *Büfett*

Bug ⟨m.; -(e)s, ¨-e od. (Mar. nur so) -e⟩ **1** ⟨Mar.; Luftfahrt⟩ *vorderer Teil eines Schiffes od. Flugzeugs;* vorn am ~ stehen; der Pilot sitzt im ~ **2** ⟨Zool.⟩ *Schulterteil bei Pferd, Rind u. Hochwild* **3** ⟨Kochk.⟩ *Schulterstück (vom Schlachttier)* **4** ⟨Arch.⟩ *kurze Strebe am oberen Ende eines Pfostens im Fachwerk, die meist paarweise vorkommt*

'Bü·gel ⟨m.; -s, -⟩ **1** *gebogene Leiste aus Holz od. Kunststoff mit einem nach oben greifenden Haken zum Aufhängen von Kleidungsstücken;* Kleider ~; nimm das grüne Kleid vom ~!; er hängte den Mantel auf den ~ **2** = *Steigbügel(1);* in den ~ steigen; dem Reiter den ~ halten **3** *Teil der Brille, das über die Ohren gelegt wird;* Brillen~; der rechte ~ ist verbogen **4** *gebogene metallene Einfassung des Verschlusses der Handtasche;* den ~ zuklappen **5** *Stromabnehmer bei elektrischen Bahnen;* der ~ hat keinen Kontakt **6** *gebogene federnde Metallklammer zum Anpressen des Deckels auf das Glas beim Einkochen* **7** *gebogenes Teil der Säge über dem Sägeblatt;* eine Säge mit hölzernem ~

'bü·geln ⟨V. 402⟩ (K l e i d u n g s s t ü c k e u. W ä s c h e) ~ *mit dem Bügeleisen glätten;* Sy *plätten;* ich muß noch (die Hosen) ~

'buh·len ⟨V. 800⟩ **1** m i t j m d m. ~ ⟨veralt.; poet.⟩ *jmdm. seine Liebe zeigen (u. Zärtlichkeiten austauschen)* 1.1 ⟨heute abwertend⟩ *eine Liebschaft haben* **2** u m e t w a s od. j m d n. ~ ⟨veralt.⟩ *sich um etwas od. jmdn. bemühen, mit Schmeichelei werben;* um jmds. Gunst, Anerkennung ~ 2.1 (mit jmdm.) um etwas ~ *wetteifern*

'Büh·ne ⟨f.; -, -n⟩ **1** *der nach dem Zuschauerraum hin geöffnete, für die Aufführung bestimmte Teil des Theaters;* die ~ der Oper, des Schauspielhauses; eine drehbare, große, kleine ~ **1.0.1** die ~ betreten *auftreten* **1.0.2** ein Stück auf die ~ bringen *aufführen* **1.0.3** ein Stück geht über die ~ *wird aufgeführt* **1.1** ⟨fig.⟩ *Schauplatz* **1.1.1** von der ~ abtreten ⟨fig.⟩ *sich (von der Öffentlichkeit) zurückziehen* **2** ⟨fig.⟩ *Theater;* die städtischen ~n, die ~n der Stadt Hamburg **2.0.1** sich von der ~ zurückziehen *nicht mehr Theater spielen* **2.0.2** er will zur ~ gehen *Schauspieler werden* **3** *Podium, erhöhter Teil des Fußbodens, Tribüne;* Redner~

Bu'kett ⟨n.; -(e)s, -e⟩ **1** *Blumenstrauß* **2** = *Blume(3)*

'Bull·au·ge ⟨n.⟩ *rundes Fenster an Schiffen*

'Bul·le¹ ⟨m.; -n, -n⟩ *geschlechtsreifes männl. Rind, Zuchtstier;* ein großer, starker ~ **2** ⟨fig.; umg.⟩ *großer, starker Mann;* er ist ein richtiger ~ **3** ⟨derb; abwertend⟩ *Polizei- od. Kriminalbeamter;* die ~n waren hinter ihm her

'Bul·le² ⟨f.; -, -n⟩ **1** *Kapsel für das Siegel einer Urkunde* **1.1** *das Siegel einer Urkunde* **2** *Urkunde mit Metallsiegel* **2.1** → a. *golden(1.2)* **3** *päpstl. Erlaß*

'Bum·mel¹ ⟨m.; -s, -; umg.⟩ *gemütl. Spaziergang ohne ein bestimmtes Ziel;* Schaufenster~; auf einem ~ durch die Geschäftsstraßen sein; einen ~ durch die Stadt machen

'Bum·mel² ⟨f.; -, -n; umg.⟩ *Quaste, Troddel* ⟨norddt.⟩; eine Mütze mit großer ~

'bum·meln ⟨V. 410; umg.⟩ **1** ⟨(s.)⟩ *ohne ein bestimmtes Ziel gemütl. spazierengehen, umherschlendern;* durch die Hauptgeschäftsstraßen ~; ich bin durch ganz Paris gebummelt **2** *trödeln, sehr langsam arbeiten;* bumm(e)le nicht, beeile dich ein bißchen! **3** *nichts tun, leichtsinnig leben;* in den ersten Semestern hat er nur gebummelt

Bund¹ ⟨m.; -(e)s, ¨e⟩ **1** *enge dauernde Verbindung zwischen gleichgesinnten Personen;* Ehe~; ein ~ der Freundschaft; ein dauerhafter, enger, fester, langjähriger ~; einen ~ eingehen, erneuern, festigen, lösen, schließen; jmdm. die Hand zum ~ reichen ⟨fig.⟩ **1.0.1** den ~ fürs Leben schließen *heiraten* **1.0.2** im ~e mit jmdm. sein *mit jmdm. verbündet sein, ihn unterstützen* **2** *Vereinigung, Gemeinschaft, Vereinsverband;* Jugend~; politischer ~ **2.1** *Partei;* ~ der Heimatvertriebenen **2.2** *Standesvereinigung;* Lehrer~ **2.3** ⟨Pol.⟩ *Zusammenschluß von Staaten;* Staaten~ **2.3.1** ⟨Kurzw.; umg.⟩ *die obersten staatl. Instanzen der Bundesrepublik Deutschland* **2.3.2** ⟨soldatenspr.⟩ *die Streitkräfte der Bundesrepublik Deutschland, Bundeswehr* **3** ⟨Rel.⟩ *das Verhältnis zwischen Gott u. seinem Volk;* der Alte, Neue ~ **4** *zusammenhaltendes Element* **4.1** *eingefaßter oberer Rand an Hose od. Rock;* Hosen~, Rock~; der ~ an der Hose, am Rock ist 70 cm weit **4.2** ⟨Buchw.⟩ *die Schnüre am Buchrücken* **4.3** ⟨Mus.⟩ *Querleiste auf dem Griffbrett bei Zupfinstrumenten* **4.4** ⟨Techn.⟩ *ringförmige Auflage zur Begrenzung od. Verstärkung bei Achsen u. Wellen*

Bund² ⟨n. 7; -(e)s, -e⟩ **1** *etwas Zusammengebundenes, -gefaßtes;* Stroh~; Schlüssel~ **1.1** *Maßeinheit für Zusammengebundenes;* ein ~ Karotten; ein ~ Radieschen, Spargel, Schnittlauch

'Bün·del ⟨n. 7; -s, -⟩ **1** *etwas Zusammengebundenes;* Reisig~, Stroh~ **1.1** sie ist nur ein ~ Nerven ⟨fig.; umg.⟩ *übernervöser Mensch* **2** *Gepäck, Paket;* Akten~; ein festes, großes, leichtes, loses, schweres ~ **2.0.1** sein ~ schnüren ⟨fig.; umg.⟩ *sich zum Aufbruch fertig machen* **2.0.2** auch er hat sein ~ zu tragen ⟨fig.; umg.⟩ *auch er hat Sorgen* **3** *Maßeinheit für Garn* **4** ⟨Math.⟩ *unendl. Schar von Geraden od. Ebenen im Raum, die sich in einem Punkt od. einer Geraden schneiden*

'Bun·des·rat ⟨m.⟩ **1** *aus den Vertretern der Gliedstaaten bestehendes Organ eines Bundesstaates* **2** *Regierung der Schweizer. Eidgenossenschaft*

'Bun·des·tag ⟨m.⟩ **1** *gesetzgebendes Organ der Bundesrepublik Deutschland* **2** Deutscher ~ ⟨1815–1866 nicht offizielle Bez. für⟩ *das in Frankfurt a. Main tagende Organ der 38 Staaten des Deutschen Bundes*

'bün·dig ⟨Adj.⟩ **1** *überzeugend, treffend, klar;* ein ~er Beweis, Schluß; etwas kurz und ~ beantworten, erklären **2** ⟨Arch.⟩ *auf gleicher Ebene liegend;* ~e Balken; die Dielenbretter liegen ~

'Bünd·nis ⟨n.; -s·ses, -s·se⟩ **1** *feste Verbindung zwischen gleichgesinnten Personen od. Gruppen;* ein ~ schließen, eingehen, lösen; ein freundschaftliches, enges ~ **2** *völkerrechtl. Vertrag zwischen Staaten zur Verfolgung gemeinsamer Interessen;* ein ~ beraten, erneuern; ein ~ zweier Staaten, zwischen zwei Staaten

Bun·ga·low ⟨['buŋgalo:] m.; -s, -s⟩ **1** *leicht gebautes, einstöckiges Haus der Europäer in Indien* **2** ⟨i. w. S.⟩ *ein- od. anderthalbstöckiges Wohnhaus mit flachem Dach*

'Bun·ker ⟨m.; -s, -⟩ **1** *Schutzraum, betonierter Unterstand;* Luftschutz~ **2** *Sammelbehälter für Kohle, Getreide, Öl usw.* **3** *Sandloch beim Golfspiel*

bunt ⟨Adj.⟩ **1** *farbig, nicht nur schwarz-weiß;* die Gärten boten ein ~es Bild **1.0.1** in schreiendes Bunt gekleidet sein *geschmacklos grelle Farben tragen* **1.1** der ~e Rock ⟨veralt.⟩ *Soldatenrock* **1.1.1** den ~en Rock anziehen *in den Militärdienst treten* **1.1.2** den ~en Rock ausziehen *aus dem Militärdienst ausscheiden* **2** *mehrfarbig;* ~e Blumen, Fahnen, Kleider, Tücher **2.1** ~es Laub *herbstl. gefärbtes L.* **2.2** *gefleckt;* eine ~e Kuh **2.2.1** wie ein ~er Hund bekannt sein ⟨fig.⟩ *überall bekannt sein* **3** ⟨fig.⟩ *gemischt, mannigfaltig, vielgestaltig, abwechslungsreich* **3.1** ⟨60⟩ ~er Abend *Veranstaltung mit verschiedenen unterhaltsamen Darbietungen;* zu einem ~en Abend gehen **3.2** ⟨60⟩ ~e Platte *P. mit Aufschnitt* **3.3** ⟨60⟩ ~er Teller *T. mit verschiedenem Gebäck u. Süßigkeiten* **3.4** ⟨60⟩ in ~er Reihe sitzen *immer abwechselnd ein Herr neben einer Dame* **4** *wirr, ungeordnet;* im Schubkasten lag alles ~ durcheinander **4.1** treibt es nicht zu ~! *werdet nicht übermütig!* **4.2** hier geht es aber ~ zu! ⟨fig.⟩ *bes. lebhaft* **4.3** ⟨40⟩ jetzt wird mir das Lärmen der Kinder aber zu ~! *zu arg*

'Bür·de ⟨f.; -, -n; geh.⟩ **1** *schwere Traglast;* die Äste brachen unter der ~ des Schnees; eine drückende, leichte, schwere ~; eine ~ tragen, abwerfen **2** ⟨fig.⟩ *seel. Last, Mühe, Kummer;* mit dieser Aufgabe hast du mir eine große ~ aufgeladen; eine ~ auf sich nehmen; schwer unter der ~ des Alters leiden; unter einer ~ zusammenbrechen; etwas als ~ empfinden 2.1 die ~ seiner Jahre spüren *das Alter spüren*

Burg ⟨f.; -, -en⟩ **1** *meist aus Stein errichtete, befestigte Gebäudeanlage, die im MA als Wohnsitz eines Territorialherrn diente;* Flieh~, Wohn~; Wasser~, Felsen~, Vor~; Hof~, Ritter~, Stamm~; die ~ wurde belagert, erstürmt, zerstört; eine mittelalterliche ~ besteht aus Bergfried, Palas, Kemenate und Kapelle **2** *Bau aus Sand, bes. am Strand;* Sand~ **3** ⟨jägerspr.⟩ *hoch über das Wasser hinausgebauter Bau der Biber;* Biber~ **4** die ~ ⟨umg.; kurz für⟩ *Wiener Burgtheater*

'bür·gen ⟨V. 800⟩ **1** für jmdn. od. etwas ~ *haften, Sicherheit leisten;* ich bürge für meinen Bruder; für jmds. Ehrlichkeit, Zuverlässigkeit ~; er bürgt für die Echtheit der Unterschrift 1.1 ⟨803⟩ (jmdm.) für jmdn. od. etwas ~ *sich für jmdn. od. etwas verbürgen;* wer bürgt mir dafür, daß er die Schulden bezahlt?; dafür bürge ich dir mit meinem Wort

'Bür·ger ⟨m.; -s, -⟩ **1** *Bewohner einer Stadt od. eines Staates;* Staats~; ein ~ der Vereinigten Staaten **2** *Angehöriger des 3. Standes, des besitzenden Bürgertums, der Bourgeoisie;* ein angesehener ~

'Bür·ger·krieg ⟨m.⟩ *mit den Waffen ausgetragener Machtkampf streitender Parteien innerhalb eines Staates*

'bür·ger·lich ⟨Adj.⟩ **1** ⟨60⟩ *den Staatsbürger betreffend* 1.1 Bürgerliches Gesetzbuch ⟨Abk.: BGB⟩ *einheitl. dt. Gesetzbuch zur Regelung des bürgerl. Rechts* 1.2 ~es Recht *das allgemeine, jeden Bürger betreffende Privatrecht;* Sy *Zivilrecht* **2** *den 3. Stand, das Bürgertum betreffend, ihm zugehörig* 2.1 ⟨fig.⟩ *spießig, eng;* ~e Ansichten; das sind ~e Vorurteile! 2.2 *nach hergebrachter Art, nicht überfeinert;* ~e Küche 2.3 *nicht militärisch;* Sy *zivil(1)*

'Bür·ger·mei·ster ⟨m.⟩ *Oberhaupt einer Stadt od. Gemeinde;* man ernannte ihn zum ~; einen neuen ~ wählen

'Bür·ger·steig ⟨m.⟩ *für Fußgänger bestimmter Weg neben der Fahrbahn*

'Burg·frie·de ⟨m.⟩ **1** ⟨veralt.; MA⟩ 1.1 *Hoheitsbezirk eines Burgherrn sowie der rechtl. Schutz innerhalb dieses Bezirks* 1.2 *Verbot der Fehde in einem ummauerten Bezirk (Burg od. Stadt)* **2** ⟨fig.; heute⟩ *zeitweilige Einstellung eines parlamentar. Parteikampfes;* mit jmdm. einen ~n schließen

'Bürg·schaft ⟨f.; -, -en⟩ **1** *Sicherheit, Haftung für jmdn. durch einen Bürgen;* Sy *Kaution(1);* eine ~ leisten, stellen, übernehmen für jmdn. **2** *der Vertrag über die Bürgschaft(1)*

Bü'ro ⟨n.; -s, -s⟩ **1** *ein od. mehrere Räume, in denen schriftl. Arbeiten erledigt werden* 1.1 *kleine Firma;* Schreib~ 1.2 *Geschäftsstelle* **2** *Gesamtheit der in einem Büro(1) Tätigen*

Bü·ro·kra'tie ⟨f.; -, -n⟩ **1** *Beamtenherrschaft* **2** *die Gesamtheit einer aus Beamten u. Angestellten bestehenden Verwaltung* **3** ⟨fig.⟩ *von geistig wenig beweglichen Beamten beherrschte Verwaltung*

'Bur·sche ⟨m.; -n, -n⟩ **1** *junger Mann, Halbwüchsiger;* ein flinker, frischer, hübscher, strammer ~; die jungen ~n; er ist ein leichtsinniger ~ **2** ⟨umg.; abwertend⟩ *Spitzbube, ein Taugenichts;* ein sauberer ~! 2.0.1 ich werde mir den ~n noch kaufen ⟨umg.⟩ *ich werde ihn zur Rede stellen* **3** *Diener, Gehilfe* 3.1 ⟨Mil.⟩ *Diener eines Offiziers;* Offiziers~ 3.2 *Hoteldiener, Hausdiener;* Hotel~ 3.3 *Botenjunge;* Lauf~ 3.4 *Geselle;* Müller~ **4** ⟨studentenspr.⟩ *älteres Mitglied einer Studentenverbindung*

bur·schi'kos ⟨Adj.⟩ **1** *jungenhaft ungezwungen, formlos* **2** ⟨veralt.⟩ *studentisch flott*

'Bür·ste ⟨f.; -, -n⟩ **1** *Reinigungsgerät mit Borsten* **2** ⟨El.⟩ *beim Elektromotor Kohlestückchen zum Zu- u. Ableiten des Stroms* **3** ⟨Tech.⟩ *Gerät zum Glätten u. Rauhen*

'Bür·zel ⟨m.; -s, -⟩ **1** *Schwanzwurzel der Vögel mit oft auffallender Färbung u. einer paarigen Drüse* **2** ⟨jägerspr.⟩ *Schwanz des Bären, des Schwarzwildes u. des Dachses*

Bus ⟨m.; -s·ses, -s·se; Kurzw. für⟩ *Autobus, Omnibus*

Busch ⟨m.; -es, ¨-e⟩ **1** *dicht belaubter einzelner Strauch* 1.1 (bei jmdm.) auf den ~ klopfen ⟨fig.; umg.⟩ *jmdn. auszuhorchen versuchen* 1.2 (mit einer Sache) hinter dem ~ halten ⟨fig.; umg.⟩ *eine S. verheimlichen, nicht preisgeben* 1.3 sich (seitwärts) in die Büsche schlagen ⟨fig.; umg.⟩ *heiml. verschwinden* **2** ⟨unz.⟩ *dichter halbhoher Wald;* im afrikanischen ~ jagen **3** *großer Strauß, großes Büschel;* Feder~

'Bü·schel ⟨m.; -s, -⟩ **1** *viele, zu einem Bündel zusammengeraffte lange, dünn gewachsene Dinge gleicher Art;* ein ~ Haare, Gras, Stroh **2** ⟨Geom.⟩ 2.1 *eine unendliche Schar von Geraden einer Ebene, die sich alle in einem Punkt schneiden;* Geraden~ 2.2 *eine unendliche Schar von Ebenen, die sich alle in einer Geraden schneiden;* Ebenen~

'bu·schig ⟨Adj.⟩ **1** *dicht wie ein Busch wachsend (meist von Haaren);* ~es Haar, ~e Wimpern, ~er Bart; der Schwanz des Fuchses ist ~ **2** *mit Gebüsch bewachsen;* ein ~es Gelände, Ufer

'Bu·sen ⟨m.; -s, -⟩ **1** *weibl. Brust;* ein schöner ~ **2** ⟨poet.⟩ *menschl. Brust;* am ~ des Freundes ruhen 2.1 einen Brief in den ~ stecken *in den Halsausschnitt* 2.2 am ~ der Natur *im Freien* **3** ⟨fig.⟩ *das Innere des Menschen, Gesinnung;* einen Wunsch im ~ hegen 3.0.1 jmdm. seinen ~ öffnen *sich ihm anvertrauen* 3.0.2 ein Geheimnis in seinem ~ verschließen *geheimhalten* **4** *Bucht, bes. tief in die Küste einschneidende Meeresbucht;* Meer~

'Bu·ße ⟨f.; -, -n⟩ **1** *religiöse Handlung zur Wiedergutmachung einer Tat od. zur Besserung, z. B. Fasten, Beten, Wallfahrten;* jmdm. für ein Vergehen eine ~ auferlegen; ~ tun; das Sakrament der ~ ⟨kath. Kirche⟩ **2** *Einsicht, vor Gott schuldig zu sein, Reue u. Wille zur Besserung;* den Sünder zur ~ ermahnen **3** ⟨Rechtsw.⟩ *Strafe für geringfügige Rechtsverletzungen, Entschädigung, Schadensersatz;* Geld~; jmdn. mit ~ belegen; ~ entrichten, leisten, zahlen; die ~ wird ihm erlassen

'bü·ßen ⟨V.⟩ **1** ⟨400⟩ *Buße tun, eine Schuld sühnen, wiedergutmachen;* die ~de Magdalena **2**

⟨500 od. 800⟩ (für) etwas ~ *eine Strafe für etwas auf sich nehmen, erleiden;* lange, schwer für etwas ~ müssen; das soll er mir ~! (Drohung); er wird seine Vertrauensseligkeit noch einmal ~ müssen **3** ⟨550⟩ etwas mit etwas ~ *mit etwas bezahlen;* er mußte seinen Leichtsinn mit dem Tode ~ **4** ⟨500⟩ seine Lust ~ ⟨veralt.⟩ *befriedigen, sein Verlangen stillen*

'buß·fer·tig ⟨Adj.⟩ *zur Buße bereit*

'Bü·ste ⟨f.; -, -n⟩ **1** *plast. Darstellung des Menschen vom Kopf bis zur Brust;* eine ~ aus Marmor, Gips aufstellen; die ~ des Königs **2** ⟨Schneiderei⟩ *Nachbildung des Oberkörpers zum Anprobieren;* Schneider~ **3** *weibl. Brust;* eine gut geformte ~

'But·te ⟨f.; oberdt.⟩ = *Bütte*

'Büt·te ⟨f.; -, -n⟩ **1** *ein offenes hölzernes Daubengefäß, das nach unten etwas enger wird;* oV *Butte* ⟨oberdt.⟩; Most~, Trag~; eine ~ mit Trauben auf dem Rücken tragen; eine ~ mit Wasser füllen **2** *Holzfaß für den Papierbrei bei der Papierherstellung* **3** *Rednerpult des Karnevalredners;* die ~ besteigen

'Büt·tel ⟨m.; -s, -⟩ **1** ⟨veralt.⟩ *Gerichtsbote, der Bekanntmachungen verbreitet u. Vorladungen austrägt;* Sy *Häscher(1)* **2** ⟨abwertend⟩ *Polizist* **3** ⟨abwertend⟩ *jmd., der zu Handlangerdiensten mißbraucht wird*

'But·ter ⟨f.; -; unz.⟩ **1** *aus Milch gewonnenes Speisefett;* frische, gesalzene, ranzige, ungesalzene ~; in ~ braten, dünsten; mit ~ backen; eine Scheibe Brot mit ~ bestreichen **1.0.1** jmd. ist weich wie ~ *sanft u. nachgiebig* **1.0.2** ihm zerrinnt das Geld wie ~ an der Sonne *er kann nicht sparsam leben* **1.1** jmdm. die ~ vom Brot nehmen ⟨fig.⟩ *jmdm. zuvorkommen, jmdn. hemmen, lahmlegen* **1.1.1** jmd. sieht aus, als hätte man ihm die ~ vom Brot genommen ⟨fig.; umg.⟩ *sieht sehr enttäuscht aus* **1.2** jmdm. ist die ~ vom Brot gefallen ⟨fig.; umg.⟩ *jmd. ist bestürzt, enttäuscht* **1.3** alles in ~! ⟨fig.; umg.⟩ *alles in Ordnung* **1.4** → a. *braun(1.2), Kamm(14.3)*

'But·ter·brot ⟨n.⟩ **1** *mit Butter bestrichene Scheibe Brot* **1.1** belegtes ~ *Butterbrot mit Wurst, Käse u. ä.* **2** jmdm. etwas aufs ~ schmieren ⟨fig.; umg.⟩ *sehr deutlich u. immer wieder zu verstehen geben, vorwerfen* **3** etwas für ein ~ bekommen, kaufen, verkaufen ⟨fig.; umg.⟩ *spottbillig, weit unter dem Preis* **4** für ein ~ arbeiten ⟨fig.; umg.⟩ *fast umsonst*

'but·tern ⟨V.⟩ **1** ⟨400⟩ *aus Milch Butter herstellen;* die Bäuerin hat gerade gebuttert **1.1** *zu Butter werden;* der Rahm will heute nicht ~ **2** ⟨400⟩ etwas buttert ⟨fig.; umg.⟩ *etwas geht gut vonstatten* **3** ⟨400⟩ eine Wunde buttert ⟨umg.⟩ *eitert* **4** ⟨500⟩ eine Speise ~ *mit Butter versehen;* den Kuchen ~ **5** ⟨511⟩ Geld in ein Unternehmen ~ ⟨fig.; umg.⟩ *G. für ein U. geben*

'but·ter·weich ⟨Adj.⟩ **1** *sehr weich, knetbar* **2** ⟨fig.; umg.⟩ *mitleidig, teilnahmsvoll, nachgiebig*

C

cam·pen ⟨['kæm-] V. 400⟩ *im Zelt übernachten, mit einem Z. verreisen*
Cam·ping ⟨['kæm-] n.; -s; unz.⟩ *Freizeit- u. Feriengestaltung mit Zelt od. Wohnwagen*
Cape ⟨[ke:p] n.; -s, -s⟩ = *Umhang*
Chan·ce ⟨['ʃãs(ə)]; f.; -, -n [-se3n]⟩ **1** *günstige Gelegenheit, Aussicht auf einen glücklichen Zufall;* ~n haben; eine ~ ausnutzen, wahrnehmen, verpassen, versäumen; eine ~ haben, das Spiel zu gewinnen; geringe, große, keine, wenig ~n; ~n auf einen Gewinn, bei einem Wettkampf 1.1 jmdm. eine ~ bieten *Möglichkeit zur Bewährung geben* 1.2 bei jmdm. (keine) ~n haben ⟨fig.⟩ *einen gewünschten Einfluß auf jmdn. (nicht) ausüben können*
chan·gie·ren ⟨[ʃã'ʒi:-] V. 400⟩ **1** etwas changiert *schillert* **2** ⟨Reitsp.⟩ *vom Rechtsgalopp in den Linksgalopp (od. umgekehrt) übergehen* **3** Jagdhunde ~ ⟨jägerspr.⟩ *wechseln von einer Fährte auf eine andere*
Cha·os ⟨['ka:ɔs]; n.; -; unz.⟩ **1** ⟨Myth.⟩ *der ungeordnete Urstoff vor der Weltschöpfung* **2** ⟨i. w. S.⟩ *Durcheinander, Wirrwarr*
Cha'rak·ter ⟨[ka-] m.; -s, -e [--'--]⟩ **1** ⟨unz.⟩ *Merkmal, Gepräge, Eigenart;* der ~ einer Landschaft 1.0.1 die Geschwulst hat einen bösartigen ~ angenommen *ist bösartig geworden* 1.0.2 die Besprechungen trugen vertraulichen ~ *waren vertraulich* 1.1 ~ einer Schrift *Art u. Weise der Gestaltung einer S.* **2** ⟨unz.⟩ *sittl. Veranlagung, Wesensart;* einen ausgeprägten, edlen, guten, haltlosen, schwierigen, starken ~ haben 2.1 ein Mann von ~ *ein M., der zu seiner Meinung steht* 2.1.1 ~ beweisen *eine feste Haltung einnehmen* 2.2 er hat keinen ~ *ist wankelmütig* 2.3 ⟨veralt.⟩ *Rang* **3** *Mensch von ausgeprägter Eigenart;* er ist ein ~ **4** *Schriftzeichen*
Char·ge[1] ⟨['ʃarʒə] f.; -, -n⟩ **1** *Würde, Rang, Amt;* ~ in einer Studentenverbindung **2** ⟨Mil.⟩ *Dienstgrad* 2.1 ⟨nur Pl.⟩ die ~n *die Unteroffiziere* **3** ⟨Tech.⟩ *Beschickung eines metallurg. Ofens, z. B. des Hochofens*
Char·ge[2] ⟨['ʃarʒə] f.; -, -n; Theat.⟩ *kleine Rolle*
Char·ta ⟨['kar-] f.; -, -s⟩ **1** ⟨im Altertum⟩ *Papierblatt zum Schreiben* **2** ⟨im MA⟩ *Urkunde* **3** ⟨heute⟩ *Verfassungsurkunde;* ~ der Vereinten Nationen
char·tern ⟨['ʃar-]; V. 500⟩ ein Schiff, Flugzeug ~ *zur Beförderung von Fracht od. Personen mieten*
Chauf·feur ⟨[ʃɔ'fø:r]; m.; -s, -e⟩ *Kraftwagenfahrer (als Beruf)*
Chaus·see ⟨[ʃɔ'se:]; f.; -, -n⟩ *Landstraße*
Chau·vi'nis·mus ⟨[ʃovi-] m.; -; unz.⟩ *übertriebene Liebe zum eigenen Vaterland, verbunden mit Haß u. Verachtung gegen andere Völker*
Chef ⟨[ʃɛf] m.; -s, -s⟩ **1** *Vorgesetzter* 1.1 *Vorsteher, Leiter einer Dienststelle* **2** *Arbeitgeber, Unternehmer*
Che·mie ⟨[çe'mi:] f.; -; unz.⟩ *Wissenschaft von den chem. Grundstoffen u. den chem. Verbindungen sowie deren Veränderungen, soweit sie nicht auf Atomkernreaktionen beruhen*
Che·mi'ka·lie ⟨[çe-]; f.; -, -i·en⟩ *auf chem. Weg hergestelltes Erzeugnis*
'che·misch ⟨Adj. 24⟩ **1** *die Chemie betreffend, mit Stoffumwandlung verbunden* **2** ~es Element, ~er Grundstoff *einer der mit Hilfe chem. Methoden nicht weiter in einfachere Stoffe zerlegbaren Grundbestandteile der Materie* **3** ~e Formel *symbol. Darstellung der chem. Verbindungen* **4** ~e Gleichung *in Form einer Gleichung geschriebene symbol. Darstellung einer chem. Reaktion* **5** ~e Reaktion *Vorgang, durch den verschiedene chem. Stoffe od. Verbindungen ineinander übergeführt werden* **6** ~es Zeichen *für chem. Grundstoffe verwendete(r) Buchstabe(n)* **7** ~e Verbindung *Vereinigung der Atome mehrerer chem. Elemente zu einem Molekül* **8** ~e Reinigung *R. von Kleidungsstücken durch chem. Lösemittel*
…chen ⟨Nachs.; Verkleinerungssilbe⟩; Herzchen, Häuschen, Bettchen, Kleidchen
Chif·fre ⟨['ʃifər] f.; -, -n⟩ **1** *Ziffer, Zahl* **2** *Namenszeichen, Monogramm* **3** *Geheimzeichen* **4** *Kennziffer in Anzeigen;* unter einer ~ annoncieren
chif'frie·ren ⟨[ʃi-]; V. 500⟩ einen Text ~ *in Geheimschrift schreiben, verschlüsseln*
Chir·ur'gie ⟨[çi-] f.; -; unz.⟩ **1** *Heilkunst durch operative Eingriffe* **2** *Klinik für Chirurgie(1)*
Chor[1] ⟨[ko:r] m.; -(e)s, ¨e⟩ **1** ⟨Antike⟩ *Platz für kultische Gesänge u. Tänze* **2** *Gruppe, die kultische Tänze vorführt* **3** ⟨griech. Theat.⟩ *derjenige Teil der Tragödie, der — von mehreren Sprechern gleichzeitig gesprochen — die Meinung des Volkes ausdrücken soll* **4** ⟨Mus.⟩ 4.1 *mehrstimmige Gesangsgemeinschaft, größere Sängergruppe;* Knaben~; gemischter ~ 4.2 *eine Vereinigung gleicher od. verwandter Instrumente;* Bläser~ 4.3 *gemeinsamer, meist mehrstimmiger Gesang* 4.4 *Musikstück für eine Sängergruppe*
Chor[2] ⟨m. od. n.; -(e)s, ¨e od. -e⟩ *den Geistlichen vorbehaltener, das Kirchenschiff abschließender Raum mit Hochaltar u. Chorgestühl*
Cho'ral ⟨[ko-] m.; -(e)s, ¨e⟩ **1** Gregorianischer ~ *einstimmiger, unbegleiteter Chorgesang der röm. Kirche* 1.1 *protestant. Kirchenlied*
Cho·reo·gra'phie ⟨[ko-] f.; -, -n⟩ **1** *Schrift zum Beschreiben von Tänzen* **2** *Entwurf von Tänzen in einem Ballett*
Christ ⟨[krist]; m.⟩ **1** ⟨-; unz.; volkstüml. für⟩ *Christus* 1.1 der heilige ~ *Christkind* **2** ⟨-en, -en⟩ *Anhänger des Christentums*
Chri·sten·tum ⟨['kri-]; n.; -s, unz.⟩ **1** *relig., auf Jesus Christus zurückgeführte Lehre;* das ~ annehmen, verbreiten; sich zum ~ bekennen; vom ~ abfallen **2** *christl. Glaube, die gelebte Lehre Christi;* ein echtes, weltoffenes, praktisches ~
christ·lich ⟨['krist-]; Adj.⟩ **1** *auf Christus od. dessen Lehre zurückgehend, von Christus*

stammend; die ~e Religion, Lehre, Taufe; der ~e Glaube **2** *zu Christus u. dem Christentum gehörig, an Christus glaubend;* eine ~e Gemeinde, Bevölkerung, Kirche **3** *vom Christentum geprägt, auf Christus gerichtet;* eine ~e Kunst, Kultur, Moral, Ethik; das ~e Abendland **4** *dem Christentum entsprechend;* ein ~es Leben führen; ~ denken, handeln; ~e Güte, Nächstenliebe **5** *kirchlich;* ~es Begräbnis; jmdn. ~ trauen, bestatten **6** Christlich-Demokratische Union (Deutschlands) ⟨Abk.: CDU⟩ *1945 gegründete polit. Partei auf christl. Grundlage* **7** Christlicher Verein Junger Männer ⟨Abk.: CVJM⟩ *1883 gegründeter evangel. Jugendverband mit relig. u. sozialen Zielen* **8** Christliche Wissenschaft *eine von Mary Baker-Eddy 1876 gegründete Glaubensgemeinschaft mit relig. Weltanschauung u. Heilmethode* **9** Christlich-Soziale Union ⟨Abk.: CSU⟩ *polit. Partei in Bayern*

chro'ma·tisch ⟨[kro-] Adj. 24⟩ **1** ⟨Mus.⟩ *in Halbtönen fortschreitend;* Ggs *diatonisch(2)* 1.1 ~e Tonleiter *aus den 12 Halbtönen gebildete Tonleiter* **2** ⟨Opt.⟩ *auf Zerlegung von Farben beruhend*

Chro·nik ⟨['kro:] f.; -, -en⟩ *Bericht über geschichtl. Vorgänge in der Reihenfolge ihres Geschehens*

chro·nisch ⟨['kro:-]; Adj. 24⟩ ~e Krankheiten *langsam verlaufende, schleichende K.;* Ggs *akut(2)*

Chro'nist ⟨[kro-]; m.; -en, -en⟩ *Verfasser einer Chronik*

Chro·no·lo'gie ⟨[kro-] f.; -, -n⟩ **1** *Zeitkunde* **2** *Zeitfolge, zeitl. Ablauf*

cir·ca ⟨Adv.; Abk.: ca.⟩ = *zirka*

Clan ⟨[klæn] od. [kla:n]; m.; -s, -s od. -e⟩ **1** *alter schott. u. ir. Sippenverband* **2** ⟨Völkerkunde⟩ *Stammesgruppe*

Cli·que ⟨['klikə] od. ['kli:kə]; f.; -, -n⟩ *durch gemeinsame Interessen verbundene (selbstsüchtige) Gruppe, Sippschaft, Bande, Klüngel*

Clou ⟨[klu:] m.; -s, -s⟩ **1** *Höhepunkt;* der ~ vom Ganzen **2** *Zugstück, Schlager;* das war der ~!; der ~ des Abends, der Saison, der Vorstellung

Clown ⟨[klaun] m.; -s, -s⟩ **1** ⟨urspr.⟩ *die lustige Person der engl. Bühne* **2** ⟨heute⟩ *Spaßmacher im Zirkus u. Varieté;* Sy *August*[2]

Club ⟨m.; -s, -s⟩ = *Klub*

'Cock·pit ⟨n.; -s, -s⟩ **1** ⟨Mar.⟩ *tiefgelegener Sitz des Steuermanns* **2** *Vorratsraum des Schiffes* **3** ⟨Luftf.⟩ *Sitz des Piloten*

Cock·tail ⟨['kɔkte:l] m.; -s, -s⟩ *alkohol. Mischgetränk*

Code ⟨[ko:d] m.; -s, -s⟩ **1** = *Kode* **2** *Gesetzbuch;* → a. *Codex* 2.1 ~ civil ⟨[si'vil]; --; unz.⟩ *auf Veranlassung von Napoleon 1804 geschaffenes französ. bürgerl. Gesetzbuch* 2.2 ~ Napoléon ⟨[napole'ɔ̃] --; unz.; im ersten u. zweiten frz. Kaiserreich⟩ = *Code(2.1)*

'Co·dex ⟨m.; -, -di·ces; [-tse:s]⟩ **1** *handgeschriebenes Buch aus dem MA* 1.1 ~ argenteus *got. Bibelhandschrift des Wulfila (6. Jh.) in silberverziertem Einband* 1.2 ~ aureus *mittelalterl. Prachthandschrift mit goldverziertem Einband* **2** = *Kodex(2)* 2.1 ~ Iuris Canonici ⟨Abk.: CIC⟩ *Gesetzbuch der kath. Kirche von 1917* 2.2 ~ Rubricarum *ein von Papst Johannes XXIII. veröffentlichtes Reformwerk zur Vereinfachung der Rubriken ab 1. 1. 1961*

Com·pu·ter ⟨[-'pju:-] m.; -s, -⟩ *elektron. Datenverarbeitungsmaschine*

Con·tai·ner ⟨[kɔn'te:nər] m.; -s, -⟩ *Großbehälter zur Güterbeförderung*

Co·py·right ⟨['kɔpirait] n.; -s, -s⟩ *Urheberrecht*

Couch ⟨[kautʃ]; f.; -, -es; [-tʃiz]⟩ *breites Liegesofa mit niedriger Lehne*

Coup ⟨[ku:] m.; -s, -s⟩ **1** *Schlag, Hieb* **2** *Trick, Kunstgriff* **3** *überraschendes Vorgehen* 3.1 ~ d'Etat ⟨[-de'ta] --, -s-⟩ *Staatsstreich*

Cou·pé ⟨[ku'pe:] n.; -s, -s⟩ **1** ⟨veralt.; noch österr.⟩ *Eisenbahnabteil* **2** *geschlossener Wagen (Auto od. Kutsche)* 2.1 *sportl. Personenkraftwagen mit abgeflachtem Dach*

Cou·ra·ge ⟨[ku'ra:ʒə] f.; -; unz.⟩ *Mut, Schneid;* dazu gehört ~!; er hat dabei viel ~ gezeigt

Cou·sin ⟨[ku'zɛ̃] m.; -s, -s⟩ = *Vetter*

Cou'si·ne ⟨[ku-] f.; -, -n⟩ = *Kusine*

Cow·boy ⟨['kaubɔi]; m.; -s, -s⟩ *berittener nordamerikan. Rinderhirt*

Cre·me ⟨[krɛ:m]; f.; -, -s⟩ **1** *steife, die Form haltende, schlagsahne- od. salbenähnl. Flüssigkeit* 1.1 *feine, mit Sahne zubereitete Süßspeise als Füllung für Süßigkeiten u. Torten;* ~schnittchen 1.2 *Hautsalbe* **2** ⟨unz.; fig.⟩ *das Erlesenste* 2.1 die ~ der Gesellschaft *gesellschaftl. Oberschicht*

Cup ⟨[kʌp] m.; -s, -s⟩ **1** *Pokal* **2** *Ehrenpreis bei Sportwettkämpfen* **3** *der Wettkampf um einen Cup(2);* Davis~

D

da[1] ⟨Adv.⟩ **1** ⟨örtlich⟩ 1.1 *dort, an jener Stelle;* der Mann ~ kommt mir verdächtig vor; das Unglück geschah ~, wo die Straße stark abfällt; ~ habe ich vor Jahren einmal gewohnt; ~ kommt er endlich!; laß das ~ liegen!; ~ sehen Sie die höchste Erhebung des Taunus; sieh ~!; ~ draußen, drinnen, drüben wartet er; der Weg führt ~ durch, entlang, hinauf, hinüber, hinunter; ~ hinten, oben, unten, vorn liegt das Buch; hier und ~, ~ und dort sahen wir Pilze im Walde; von ~ ging es weiter zur Raststätte; wer ist ~?; hallo, du ~, ...! ⟨umg.⟩; bitte von dieser Sorte Wurst ~ ⟨umg.⟩ 1.1.1 (halt), wer ~? ⟨Mil.⟩ *(Ruf des Postens)* 1.2 *hier, an dieser Stelle;* ~ hast du das Gewünschte; ~, nimm den Brief mit!; er wird bald wieder ~ sein 1.3 nichts ~! ⟨umg.⟩ *das gibt es nicht, das kommt nicht in Frage* **2** ⟨zeitlich⟩ *zu dieser Zeit, in diesem Augenblick;* haben wir ~ alle gelacht!; doch ~ sagte er plötzlich, ...; von ~ an war nicht mehr mit ihm zu reden 2.1 hier und ~ *zuweilen* 2.2 ~ siehst du, ... *(erst) jetzt merkst du, stellst du fest ...* **3** ⟨folgend⟩ *unter diesen Umständen, in diesem Fall;* ~ haben Sie unrecht!; was kann ich ~ machen?; ~ kann man nur noch resignieren; ~ muß man vorsichtig sein!; und ~ wagst du noch zu behaupten ... 3.1 ~ hast du's *jetzt mußt du auch einsehen, was ich vorausgesehen habe* **4** ⟨abstrakt⟩ als ~ sind (bei Aufzählungen) *nämlich* 4.1 ~ schau her! *(Ausruf des Erstaunens)* **5** ⟨Relativadv.; veralt.; noch poet.⟩; die Stelle, ~ er begraben liegt; der Tag, ~ die Wende eintrat

da[2] ⟨kausale Konj.; im Unterschied zu „weil" häufig dann verwendet, wenn das Geschehen im kausalen Gliedsatz als bekannt vorausgesetzt wird⟩ *aus dem Grunde, daß ...;* ~ es doch nicht mehr zu ändern ist, müssen wir uns darein schicken; ~ ich nicht kommen kann, wird mein Bruder mich vertreten; ~ aber, ~ doch, ~ ja, ~ jedoch, ~ nun einmal ...

da'bei ⟨a. ['--], bes. bei betonten Hinweisen auf etwas Bestimmtes; Pronominaladv.⟩ **1** *nahe, in der Nähe, daneben;* ein Haus mit Garten ~; ganz nahe ~ befindet sich ...; nahe ~ sein 1.1 *dazu;* eine Suppe mit Fleisch ~ **2** *bei dieser Tätigkeit, diesem Vorgang, Zustand, währenddessen, zudem;* er arbeitete und hörte ~ Radio; er stürzte und verletzte sich ~; er ist taub und ~ gelähmt; ~ kann man nichts lernen; ohne sich etwas ~ zu denken; er fühlt sich wohl ~; stell dir doch zum Bügeln das Bügelbrett möglichst niedrig ein, damit du ~ sitzen kannst; manche können besser bügeln, wenn sie ~ stehen 2.0.1 ~ kommt nichts heraus *das führt zu nichts* 2.0.2 es bleibt ~! *wie vereinbart, es wird nichts geändert* **3** *was das betrifft;* du bekommst das Geld, aber ~ handelt es sich nur um einen Zuschuß; das ist ~ noch nicht einmal das Schlimmste **4** *entgegengesetzt zu dem, wovon gerade gesprochen wird, doch;* bei ihm zeigen sich schon früh Alterserscheinungen, und ~ hat er stets seiner Gesundheit gelebt; er ist reich und ~ bescheiden **5** ~ bleiben *darauf beharren;* er bleibt ~, daß er Bescheid gesagt habe **6** ~ sein, finden ⟨umg.⟩ *daran bedenklich sein, finden;* was ist denn schon ~?; es ist doch nichts ~, wenn man ...; ich kann ~ nichts finden

da'bei|blei·ben ⟨V. 114/400(s.)⟩ **1** *bei einer Person, Sache, Tätigkeit bleiben;* auch als die anderen gingen, blieb sie dabei; er war als Bäcker tätig und ist dabeigeblieben **2** ⟨aber getrennt⟩ 'dabei 'bleiben → *dabei(5)*

da'bei|sein ⟨V. 240/400(s.)⟩ **1** *anwesend, beteiligt sein;* der Junge ist dabeigewesen; er ist immer dabei, wenn ein Streich geplant ist; dabeizusein bedeutet mir viel 1.1 ich bin dabei! ⟨umg.⟩ *bin einverstanden, mache mit* **2** ⟨580⟩ ~, etwas zu tun *damit beschäftigt sein;* ihr könntet schon lange ~, den Koffer zu packen 2.1 ⟨412⟩ ich bin schon dabei! *ich habe schon damit begonnen* **3** → a. *sein*[3]*(1.9)*

'da|blei·ben ⟨V. 114/400(s.)⟩ **1** *nicht fortgehen, hierbleiben;* könnt ihr noch eine Weile ~?; du kannst die Nacht über ~; bleib doch noch einen Augenblick da! 1.1 *nachsitzen in der Schule* **2** ⟨aber getrennt⟩ da 'bleiben → *da(1)*

Dach ⟨n.; -(e)s, ¨er⟩ **1** *oberer Abschluß eines Gebäudes;* Flach~, Ziegel~; ein abgeschrägtes, flaches, spitzes ~; ein ~ abtragen, aufsetzen, ausbessern, decken 1.0.1 mit jmdm. unter einem ~ wohnen *in demselben Haus* 1.0.2 unterm ~ wohnen *im obersten Stockwerk, in einer Mansarde* 1.0.3 noch kein ~ überm Kopf haben ⟨fig.⟩ *noch nirgends untergekommen sein* 1.0.4 die Ernte unter ~ bringen *einbringen, sichern* 1.0.5 die Spatzen pfeifen es schon vom ~, von den Dächern ⟨fig.⟩ *es ist allgemein bekannt* 1.1 unter ~ und Fach *in Sicherheit, geschützt;* unter ~ und Fach sein; eine Angelegenheit unter ~ und Fach bringen 1.2 jmdm. aufs ~ steigen, geben ⟨fig.; umg.⟩ *jmdn. rügen, tadeln, schelten* 1.3 eins aufs ~ bekommen ⟨fig.; umg.⟩ *gerügt, zurechtgewiesen werden* **2** *Bedeckung, Wetterschutz;* Schirm~; Wagen~; Wetter~ **3** ⟨meist in Zus.⟩ *Zentrale, übergeordnete Organisation;* ~organisation; ~verband **4** ⟨Bgb.⟩ *über dem Abbau überhängendes Gestein* **5** das ~ der Welt ⟨fig.⟩ *das Hochland von Pamir*

'Dach·or·ga·ni·sa·ti·on ⟨f.; fig.⟩ *übergeordnete Organisation, die verschiedene Organisationen zusammenfaßt u. einheitlich leitet*

Dachs ⟨[daks]; m.; -es, -e⟩ **1** *Angehöriger einer Unterfamilie der Familie der Marder, plumpes Tier mit fast rüsselförmiger Schnauze, Vorderbeine mit starken, zum Graben dienenden Krallen: Meles meles* 1.1 schlafen wie ein ~ *sehr fest u. lange schlafen* **2** ⟨fig.; umg.⟩ *unerfahrener, junger Bursche;* so ein junger ~!

Dachs·hund ⟨['daks-]; m.⟩ *zur Dachs- u. Fuchsjagd bes. gut geeignete krumm- u. kurzbeinige Hunderasse mit Hängeohren;* Sy *Dackel*

'Dach·stuhl ⟨m.; Bauw.⟩ *das tragende Gerüst des Daches;* den ~ aufsetzen

'Dackel ⟨-k·k-; m.; -s, -⟩ oV *Teckel* ⟨nddt.⟩ = *Dachshund*

da'durch ⟨a. ['--] Pronominaladv.⟩ **1** *durch diesen Umstand;* ~ geriet er in Rückstand; er hatte ~ große Verluste **1.1** ~, daß ... *durch den Umstand, daß ...;* ~, daß mein Zug Verspätung hatte, konnte ich nicht rechtzeitig kommen; er genießt viele Vorteile ~, daß er der Älteste ist **2** ⟨nur ['--]⟩ *durch diese Öffnung, Gegend usw.;* soll ich durch diese Tür gehen od. ~? **3** ⟨aber getrennt⟩ 'da 'durch ⟨umg.⟩ → *da¹(1)*

da'für ⟨a. ['--], bes. bei betonten Hinweisen auf etwas Bestimmtes; Pronominaladv.⟩ **1** *für dieses;* Ggs *dagegen(2)* **1.0.1** ich werde ~ sorgen, daß bald mit der Arbeit begonnen wird *ich werde mich darum kümmern, daß ...* **1.0.2** alles spricht ~, daß es sich so zugetragen hat *alles bestätigt, daß ...* **1.0.3** er ist kein Fachmann, hält sich aber ~ *für einen solchen* **1.1** *für diesen Umstand, hinsichtl. dieser Sache;* er ist ~ bestraft worden, daß er ...; um hier mitzumachen, ~ ist er noch zu jung; er ist bekannt ~, stets schnell zu handeln **1.1.1** das Kind kann nichts ~ ⟨umg.⟩ *hat keine Schuld daran* **1.2** ~ sein *zustimmen, einverstanden sein, einer bestimmten Ansicht sein;* Ggs *dagegen(2);* wer ist ~?; alle sind ~; er ist ~, umzuziehen; er ist ~, daß wir umziehen **1.2.1** *zugunsten dieser Sache;* ~! (bei Abstimmungen); wer stimmt ~? **1.3** *als Gegenwert, Ausgleich für dieses;* ~ bekommt man nichts **1.3.1** *als Preis, Entgelt für dieses;* ~ will er nur ein paar Pfennige berechnen; und dies ist nun der Dank ~! ⟨iron.⟩ **1.3.2** *als Ersatz für dieses, anstatt dessen;* er beherrscht die französische Sprache nur schlecht, ~ aber die englische um so besser **1.4** *für diesen Zweck, diese Bestimmung;* ~ hat er nicht die geringsten Voraussetzungen **2** ⟨umg.⟩ *dagegen(2.1);* wenn er nicht essen will, ~ habe ich einen guten Rat; ~ gibt es kein Mittel **3** ⟨umg.⟩ *auf Grund bestimmter Umstände;* er wurde nicht seekrank, ~ war er ja Seemann

da'für|hal·ten ⟨V. 160/500; veraltet.⟩ **1** etwas ~ *der Meinung sein, meinen;* ich halte dafür, daß es besser sei, es zu sagen; nach meinem Dafürhalten **2** ⟨aber getrennt⟩ 'dafür 'halten → *dafür(1.0.3)*

da'ge·gen ⟨a. ['---], bes. bei betonten Hinweisen auf etwas Bestimmtes; Pronominaladv.⟩ **1** ⟨räuml.⟩ *gegen das Erwähnte, Bezeichnete* **1.0.1** als er an der Mauer stand, lehnte er sich ~ *an sie an* **1.0.2** ein Felsbrocken lag im Weg, und er fuhr ~ *auf ihn auf* **2** *gegen dieses;* Ggs *dafür(1.2);* wir wenden uns ~; sie kämpfen ~, solange sie können **2.1** *zum Schutz, zur Abwehr, Abhilfe;* was kann man ~ tun?; gibt es kein Mittel ~? **2.1.1** ~ ist nichts zu machen *damit muß man sich abfinden* **2.2** *zuungunsten dieser Sache;* ~! (bei Abstimmungen); er hat 1000 Einwendungen ~; er sagte nichts ~, aber auch nichts dafür **2.2.1** wenn Sie nichts ~ haben, würde ich gern ... *wenn Sie einverstanden sind* **2.3** ~ sein *nicht zustimmen, nicht einverstanden sein;* wer ist ~?; ich bin ~; die öffentliche Meinung ist ~ **2.4** *hierauf, hierzu;* ~ ist nichts einzuwenden **2.5** *jedoch, im Gegensatz dazu, indessen;* ich habe stets Zeit für dich, du ~ nie; er tanzt großartig, ~ bist du nur ein Anfänger **2.6** *dafür(1.3), als Gegenwert, Ersatz für dieses;* im Tausch ~ versprach er ihr ein neues Auto

da'ge·gen|hal·ten ⟨V. 160/500⟩ **1** etwas ~ *etwas vergleichen, daneben-, nebeneinanderstellen;* man müßte zum Vergleich einmal den Originaltext ~ **2** ⟨503⟩ (jmdm.) etwas ~ *entgegnen, antworten;* was hast du ihm dagegengehalten? **3** ⟨aber getrennt⟩ da'gegen 'halten → *dagegen(1)*

da'heim ⟨Adv.⟩ **1** *zu Hause;* ~ bleiben, sein; ~ bei mir ...; wir wollen es uns ~ gemütlich machen; bitte fühlen Sie sich hier wie ~!; auf eine Nachricht von ~ warten **1.1** für niemanden ~ sein *nicht zu sprechen sein* **1.2** ~ ist ~! *zu Hause fühlt man sich am wohlsten* **1.3** wie geht's ~? ⟨umg.⟩ *den nächsten Angehörigen* **2** auf einem Gebiet ~ sein ⟨fig.; umg.⟩ *es beherrschen*

'da·her ⟨Pronominaladv.⟩ **1** ⟨räuml.⟩ *(von) dort her, aus dieser bestimmten Richtung;* von ~ muß er gekommen sein **1.0.1** ~ weht also der Wind ⟨fig.; umg.⟩ *so ist das also, jetzt merke ich die Absicht* **2** *(von) diesem Umstand her, deshalb, deswegen, darum;* von ~ rührt seine Abneigung gegen ...; ~ also!; ~ kommt es, daß er sich benachteiligt fühlt; das kommt nur ~, weil du nicht genug gearbeitet hast; ~ hat er seine Geschicklichkeit; er hat sich jahrelang mit diesem Problem beschäftigt, ~ kann er es am besten beurteilen; ich war Augenzeuge und kann ~ den Unfall genau beschreiben

da'her|re·den ⟨V. 410 od. 500; umg.; abwertend⟩ *planlos, ohne Sinn u. Gehalt reden;* du solltest nicht so viel ~!; er hat nur Unsinn dahergeredet

da'hin ⟨a. ['--], bes. bei betonten Hinweisen auf etwas Bestimmtes; Pronominaladv.⟩ **1** *an diesen Ort, zu dieser bestimmten Stelle;* auf diesem Weg kommen wir nie ~; ~ und dorthin blicken; bis ~ kannst du fahren, den Rest des Weges mußt du gehen **2** *in diese Richtung;* meine Meinung geht ~, daß ... **2.0.1** seine Bemühungen gehen ~, daß ... *zielen darauf* **3** *so weit, bis zu diesem Zustand;* ~ hat ihn seine Trägheit nun gebracht; schließlich ist es ~ gekommen, daß ...; mußte es ~ mit dir kommen? **3.1** jmdn. ~ bringen, daß ... *so beeinflussen, daß ...* **3.2** jmd. bringt es ~ *erreicht es* **4** bis ~ *bis zu diesem Zeitpunkt;* es ist noch genug Zeit bis ~; bis ~ müssen wir warten **4.1** ich freue mich auf unser Wiedersehen, bis ~ viele Grüße *inzwischen* **5** ⟨nur [-'-] Adv.; fig.⟩ *vergangen, verloren, vorbei;* alles Geld ist ~; Jugend und Schönheit sind schnell ~; sein Leben ist ~; sein guter Ruf ist endgültig ~ **5.1** jmd. ist ~ *tot*

da'hin|ei·len ⟨V. 400(s.)⟩ **1** *sich schnell fortbewegen;* er eilte dahin, um ... **2** etwas eilt dahin ⟨fig.⟩ *verfliegt, vergeht schnell;* die Zeit eilt nur so dahin

'da·hin·ge·gen ⟨Konj.⟩ *jedoch;* sie ~ wollte ...

da'hin|ge·hen ⟨V. 145/400(s.)⟩ **1** *seines Weges gehen* **2** etwas geht dahin ⟨fig.⟩ *vergeht;* wie schnell sind doch die letzten Jahre dahingegangen; die Zeit geht dahin **3** ⟨poet.⟩ *sterben;* er ist dahingegangen **4** ⟨aber getrennt⟩ 'dahin 'gehen → *dahin(1)*

da'hin|stel·len ⟨V. 500; nur Part. Perf. in der Wendung⟩ **1** etwas dahingestellt sein lassen *etwas unentschieden, offen sein lassen;*

das wollen wir einstweilen dahingestellt sein lassen **2** etwas bleibt, ist, sei dahingestellt *etwas ist offen, fraglich;* es bleibe dahingestellt, ob ... **3** ⟨aber getrennt⟩ 'dahin 'stellen → *dahin(1)*
da'hin·ten ⟨Adv.⟩ *dort hinten;* ~ siehst du das Haus; ~ kannst du deine Tasche abstellen
da'hin·ter ⟨Pronominaladv.⟩ **1** *hinter diesem, hinter diese(n, -s);* Ggs *davor(1);* bald kommen Sie an den Ortsausgang und ~ beginnt gleich der Wald; das Papier liegt auf dem Schreibtisch, der Bleistift ist ~ gefallen **1.1** ⟨fig.⟩ *als Grundlage* **1.1.1** er schießt zwar auf das Tor, aber da steckt keine Kraft ~ *aber nicht kraftvoll* **1.1.2** nichts, nicht viel ~ ⟨umg.⟩ *wert;* viel Aufhebens und nichts ~
da'hin·ter|kom·men ⟨V. 170/400 od. 410(s.); fig.; umg.⟩ **1** *entdecken, erfassen, ausfindig machen;* ich konnte einfach nicht ~, was das bedeuten soll; wir werden ~, was er vorhat **2** ⟨aber getrennt⟩ da'hinter 'kommen → *dahinter(1)*
'da·mals ⟨Adv.⟩ *zu einem bestimmten vergangenen Zeitpunkt, zu jener Zeit;* das war schon ~ der Fall; ~ war sie noch ledig; es ging ihm ~ nicht besonders
Da'mast ⟨m.; -(e)s, -e⟩ *Gewebe mit eingewebtem gleichfarbigem Muster*
'Da·me ⟨f.; -, -n⟩ **1** ⟨urspr.⟩ *Frau von Adel* **2** ⟨danach⟩ *gebildete Frau mit gepflegtem Äußeren u. Benehmen (aus guter bürgerl. Familie);* eine ~ der besten Gesellschaft; die vornehme ~ hervorkehren, spielen **3** ⟨höfl. für⟩ *Frau, Fräulein;* ~nfußball; ~nriege; eine alte, ältere, junge, jüngere, vornehme, würdige ~; eine junge ~ möchte Sie sprechen; ich habe ihn mit einer mir unbekannten ~ gesehen; die ~ seines Herzens ⟨scherzh.⟩; meine ~n und Herren! (Anrede); (für) ~n (Aufschrift an Toiletten) **3.1** meine alte ~ ⟨umg.⟩ *meine Mutter* **3.2** die ~ des Hauses *Hausherrin, Gastgeberin* **3.3** nach dem Tanz führt der Herr seine ~ an ihren Platz zurück *seine Tischnachbarin, Tanzpartnerin* **4** ⟨Schachspiel⟩ *für den Angriff die stärkste Figur, die geradlinig u. schräg ziehen u. schlagen kann;* Sy *Königin(6);* mit der ~ ziehen **5** *Damespiel, ein Brettspiel;* ~ spielen **5.1** *Doppelstein im Damespiel* **6** ⟨Kart.⟩ *dritthöchste Spielkarte;* die ~ ausspielen
da'mit ⟨a. ['--], bes. bei betonten Hinweisen auf etwas Bestimmtes; Pronominaladv.⟩ **1** *mit diesem;* du sollst endlich ~ aufhören!; er kann nicht ~ umgehen; ~ ist es jetzt aus! **1.0.1** wie steht's ~ ? *wie weit ist diese Angelegenheit gediehen?* **1.0.2** und ~ basta! ⟨umg.⟩ *Schluß jetzt!* **1.0.3** es ist aus ~ *die Angelegenheit hat sich erledigt, wurde beendet, ich will nichts mehr mit dieser Sache zu tun haben* **1.0.4** es ist nichts ~ *es taugt nichts* **1.0.5** her ~! ⟨umg.⟩ *gib es mir!* **1.0.6** heraus ~! ⟨umg.⟩ *nun sag' schon!* **1.0.7** ~ anfangen zu arbeiten *mit der Arbeit anfangen* **1.0.8** er rechnet ~, den ersten Preis zu gewinnen *mit dem Gewinn des ersten Preises* **1.1** *mittels dieses Gegenstands, mit dessen Hilfe;* er nahm den Hammer und zerschlug ~ die Scheibe **1.2** *mit diesem ausgestattet, versehen;* er hat sein Gehalt, ~ muß er auskommen **1.3** *dadurch, infolgedessen, somit;* er hat ihn zum Arzt gebracht und ihm ~ das Leben gerettet; sie hätte langsamer und ~ gründlicher arbeiten müssen; der Franzose hatte die höchste Punktzahl erreicht und war ~ Sieger; ~, daß er weiter lügt, schadet er sich selbst; das Haus ist baufällig und ~ unbewohnbar **1.4** *zugleich mit diesem, unmittelbar darauf;* der Vorhang öffnete sich und ~ begann das Spiel **2** ⟨nur [-'-] Konj.⟩ *in der Absicht, zu dem Zweck, daß ...;* Sy *daß(3.6);* → a. *auf(1.4.4);* ich sage es, ~ ihr Bescheid wißt; ~ wir uns recht verstehen, ich ...
Damm ⟨m.; -(e)s, ¨-e⟩ **1** *aufgeschütteter, fester Erdkörper als Unterbau von Eisenbahnlinien, Straßen usw. zum Schutz gegen Hochwasser (Deich), gemauert zur Sicherung von Hafenanlagen usw.;* Bahn~, Erd~, Straßen~; Hafen~; einen ~ aufschütten, errichten **1.1** jmdn. wieder auf den ~ bringen ⟨fig.; umg.⟩ *jmdm. helfen, jmdn. aufrichten, ermuntern, gesundmachen* **1.2** wieder auf dem ~ sein ⟨fig.; umg.⟩ *gesund, munter sein* **1.3** ⟨veralt.; noch landschaftl.⟩ *befestigte Fahrstraße;* Kurfürsten~ **2** ⟨fig.⟩ *Widerstand, innerl. Absperren gegen etwas;* der Willkür einen ~ entgegensetzen **3** ⟨Anat.⟩ *Gegend zwischen After u. Geschlechtsteilen: Perineum* **4** ⟨Orgelbau⟩ *Holz, auf dem der Stimmstock liegt*
'däm·men ⟨V. 500⟩ **1** das Wasser, den Fluß ~ *stauen, durch einen Damm aufhalten* **1.1** Räume gegen Wärme (Kälte) ~ ⟨Tech.⟩ *vor Temperatureinflüssen schützen* **2** etwas ~ ⟨fig.⟩ *einschränken, hemmen;* jmds. Zorn ~; die Seuche war nicht zu ~
'däm·me·rig ⟨Adj.⟩ **1** *halbdunkel, schwach hell, vom Tageslicht zum Dunkel od. von der Finsternis ins Helle übergehend;* ein ~er Hof, Flur; ein ~er Tag, Nachmittag **1.1** es wird ~ *der Abend bzw. der Tag bricht an*
'däm·mern ⟨V. 400⟩ **1** der Morgen, Abend dämmert *es wird langsam hell, bzw. dunkel* **1.0.1** ⟨401⟩ es dämmert *der Morgen bzw. Abend bricht an* **2** ⟨405⟩ jmd. dämmert (vor sich hin) *befindet sich im Halbschlaf, träumt;* der Kranke dämmerte den ganzen Tag vor sich hin **3** ⟨403; unpersönl.⟩ es dämmert (jmdm.) ⟨fig.; umg.⟩ *etwas wird jmdm. klar* **3.0.1** ⟨412; unpersönl.⟩ dämmert's endlich? *wird es dir endlich klar?, verstehst du es endlich?*
'Däm·me·rung ⟨f.; -, -en⟩ **1** *Übergang zwischen Nacht u. Tag, Halbdunkel;* die ~ brach herein, breitete sich aus; es geschah in der ~; bei Eintritt der ~; Morgen~, Abend~ **2** ⟨Astr.⟩ *Zeit zwischen Sonnenuntergang u. Sternenaufgang bzw. vom Verblassen der Sterne bis Sonnenaufgang*
'Dä·mon ⟨m.; -s, -'mo·nen⟩ **1** *Teufel, böser Geist* **2** *übermenschliches Wesen, guter od. böser Geist;* vom seinem ~ getrieben
dä'mo·nisch ⟨Adj.⟩ **1** *teuflisch* **2** *urgewaltig* **3** *unheimlich, im Besitz übernatürl. Kräfte* **4** *besessen*
Dampf ⟨m.; -(e)s, ¨-e⟩ **1** ⟨Phys.⟩ *Materie in gasförmigem Zustand;* in ~ verwandeln **2** *unter Druck stehendes Wasser in gasförmigem Zustand;* eine Maschine mit ~ betreiben; im ~ gar machen ⟨Kochk.⟩; einen Kessel unter ~ halten; eine Lokomotive, ein Schiff steht unter ~ **3** ⟨fig.⟩ *Druck, Nachdruck, Spannung* **3.1** ~ ablassen ⟨a. fig.; umg.⟩ *seiner Erregung freien Lauf lassen, Spannung abbauen* **3.2** ~ hinter etwas machen, setzen *etwas mit Nachdruck betreiben* **3.3** jmdm. ~ machen *jmdn. unter*

Druck setzen **4** *feinst verteilte Flüssigkeit, feuchte Luft, Nebel, Dunst;* dicker ~ quillt aus der Waschküche; die giftigen Dämpfe verflüchtigen sich **5** der Hirsch liegt im ~ ⟨jägerspr.⟩ *er bricht im Gewehrfeuer verendet zusammen* **6** Hansdampf in allen Gassen sein ⟨fig.; umg.; abwertend⟩ *überall dabeisein u. den Anschein erwecken, sich überall auszukennen* **7** ~ haben, bekommen ⟨fig.; umg.⟩ *Hunger* **8** vor jmdm. od. etwas ~ haben ⟨fig.; umg.⟩ *Angst haben*

'damp·fen ⟨V. 400⟩ **1** etwas dampft *entwickelt Dampf, stößt D. aus;* das Essen dampfte noch, als es aufgetragen wurde; die Täler, die Wiesen ~; das Wasser dampft bereits auf dem Herd **2** ⟨411(s.); umg.⟩ *mit einem von Dampf betriebenen Fahrzeug fahren;* vor 2 Jahren ist er nach Australien gedampft **3** ⟨411(s.)⟩ etwas dampft ⟨umg.⟩ *fährt unter Dampfentwicklung;* die Lokomotive, der Zug dampft aus dem Bahnhof

'dämp·fen ⟨V. 500⟩ **1** Gegenstände ~ *mit Wasserdampf behandeln;* Fasern, Stoffe ~ **1.1** Kleidungsstücke ~ *feucht bügeln;* eine Hose, einen Mantel ~ **1.2** Nahrungsmittel ~ ⟨Kochk.⟩ *etwas mit Dampf im geschlossenem Topf gar machen, mit wenig Fett im eigenen Saft kochen, dünsten;* Fleisch, Gemüse ~ **3** ⟨fig.⟩ **3.1** Licht ~ *weniger hell machen;* gedämpfte Farben **3.2** den Schall ~ *Geräusche verringern;* Lärm ~; gepolsterte Türen ~ den Schall; mit gedämpften Trompeten spielen **3.3** einen Aufprall, Stoß ~ *die Wirkung eines A., S. abschwächen* **3.4** Erwartungen ~ *verringern, niedriger einschätzen;* seinen Optimismus ~ **3.5** seine Gefühle ~ *nicht voll zum Ausdruck bringen;* seine Wut, seinen Eifer ~

'Damp·fer ⟨m.; -s, -⟩ **1** *Dampfschiff;* einen Ausflug mit, auf einem ~ machen; der ~ legt an, fährt ab; Fisch~, Fluß~, Luxus~, Passagier~, Schrauben~, Post~ **2** auf dem falschen ~ sein, sitzen ⟨fig.; umg.⟩ *auf einem Irrtum beharren, eine falsche Auffassung vertreten*

'Dämp·fer ⟨m.; -s, -⟩ **1** ⟨Mus.⟩ *eine Vorrichtung zum Abschwächen der Tonstärke u. gleichzeitig zur Veränderung der Klangfarbe;* den ~ aufsetzen; mit ~ spielen **1.1** *beim Klavier das die Hämmer verschiebende Pedal* **1.2** *Streichinstrumente: ein auf die Saiten zu setzender Bügel* **1.3** *bei Blasinstrumenten ein durchbohrter Kegel* **2** ⟨Mech.⟩ *Vorrichtung an Kraftfahrzeugen zum Auffangen von Stößen durch Unebenheiten des Bodens* **3** ⟨Kochk.⟩ *Gerät zum Dämpfen von Speisen u. Futter;* die Kartoffeln im ~ kochen; Kartoffel~ **4** jmdm. einen ~ aufsetzen ⟨fig.; umg.⟩ *jmds. Überschwang zügeln, mäßigen*

'Dampf·ma·schi·ne ⟨f.⟩ *eine Kraftmaschine, die mit gespanntem Wasserdampf betrieben wird*

da'nach ⟨a. ['--], bes. bei betonten Hinweisen auf etwas Bestimmtes; Pronominaladv.⟩ **1** *in diese(r) Richtung* **1.1** *nach diesem hin;* sie streckte schon die Hand ~ aus **1.2** *auf dieses abzielend, gerichtet;* sein Streben, Verlangen, Wunsch ~ war stärker; er trachtet ~, dich zu übervorteilen **1.3** *dieses betreffend;* ich fragte ihn wiederholt ~, ohne eine Antwort zu erhalten; ich habe mich noch nicht ~ erkundigt **2** *hierauf folgend;* Ggs *davor(2)* **2.1** *hinterher, dann, hierauf, später;* wir fahren zuerst in die Bayerischen Alpen u. ~ halten wir uns noch einige Tage in München auf; gleich ~ begann die Vorstellung **2.2** *im Anschluß daran, dahinter;* am Weg stehen erst Erlen und ~ Weiden **2.3** *als nächster in der Rangfolge, an nächster Stelle;* Sieger in dem Wettbewerb war ein Schwede, ~ kam ein Finne **3** *diesem entsprechend, so;* er sieht ganz ~ aus, als ob ...; er hat früher verschwenderischer gelebt und heute geht es ihm auch ~ ⟨umg.⟩; du solltest ~ handeln **3.1** die Ware ist billig, aber sie ist auch ~ ⟨umg.⟩ *entsprechend schlecht* **3.2** das Wetter ist heute nicht ~ ⟨umg.⟩ *es ist ungünstig für ein Vorhaben* **3.3** richten Sie sich bitte ~! *verhalten Sie sich dementsprechend!*

da'ne·ben ⟨a. ['---], bes. bei betonten Hinweisen auf etwas Bestimmtes; Pronominaladv.⟩ **1** *(räuml.) neben diesem, in unmittelbarer Nähe von diesem, neben diese(n, -s);* sein Haus befindet sich gleich ~; vor dem Fenster steht mein Schreibtisch, ~ das Tischchen mit der Schreibmaschine; ich stand ~, als es geschah; die breite Tür führt ins Konferenzzimmer, die rechts ~ in den Zeichenraum, die links ~ in den Musiksaal; er sitzt in der ersten Reihe, setze dich doch ~ **2** *außerdem, ferner, gleichzeitig;* wir tranken Wein, ~ einen Kognak und zum Schluß Sekt; wir einigten uns über etliche Fachfragen, doch ~ fanden wir noch Zeit für ein persönliches Gespräch; ~ fielen auch unsachliche Äußerungen

da'ne·ben|hau·en ⟨V. 400⟩ **1** ⟨schwach od. (im Perfekt nur so) 162⟩ *neben das Ziel hauen, nicht treffen;* er haute (hieb) mit der Axt, dem Hammer daneben; er hat mit dem Stock danebengehauen **2** ⟨nur im Perfekt 162; fig.; umg.⟩ *etwas falsch machen, eine falsche Antwort geben, sich irren, nicht das richtige Wort treffen;* mit dieser Behauptung haute er kräftig daneben; du hast mit deiner Schätzung ziemlich danebengehauen

da'nie·der|lie·gen ⟨V. 180/400⟩ **1** ⟨geh.⟩ *krank, bettlägerig sein;* an einer Lungenentzündung ~ **2** ⟨fig.⟩ *brachliegen, nicht ausgeübt werden;* er läßt seine Fähigkeiten ~; der Handel darf nicht ~

dank ⟨Präp. mit Dat. od. Gen. im Sing., im Pl. meist mit Gen.⟩ *durch, mit Hilfe von, infolge;* ~ seinem guten Willen gelang es; ~ seines raschen Handelns verhinderte er den Unfall; ~ seiner großen Erfahrungen hat er die Stelle bekommen

Dank ⟨m.; -(e)s; unz.⟩ **1** *Gefühl, Ausdruck der Anerkennung für eine erwiesene Wohltat, Hilfe usw.;* jmdm. seinen ~ abstatten, ausdrükken, aussprechen; ich vermag meinen ~ kaum in Worte zu fassen; Ihre freundliche Hilfe nehme ich mit ~ an; auf ~ verzichten; nicht auf, mit ~ rechnen; keinen ~ für etwas beanspruchen, erfahren, erhalten, ernten; ist das der ~ dafür?; zum ~ für Ihre Bemühungen erlaube ich mir, Ihnen ...; jmdm. ~ schulden, wissen; jmdm. zu ~ verpflichtet sein; von ~ erfüllt sein; Lob und ~!; Gott sei ~! **1.0.1** es ist Gott sei ~ noch einmal gut gegangen *glücklicherweise* **1.0.2** jmdm. ~ sagen *danken* **1.0.3** haben Sie vielen ~! *ich danke Ihnen sehr!*

1.0.4 aufrichtigen, besten (vielen), herzlichen, innigen, verbindlichen ~! *ich bedanke mich aufrichtig, sehr, herzlich, innig, verbindlich*
'dank·bar ⟨Adj.⟩ **1** *von Dank erfüllt;* ein ~es Publikum, Kind; jmdm. einen ~en Blick zuwerfen; jmds. Hilfe ~ annehmen; er drückte ihm ~ die Hand **2** *stets zu Dank bereit, erkenntlich;* ich wäre dir ~, wenn ...; ein ~es Wesen haben; sich jmdm. gegenüber ~ erweisen, zeigen; jmdm. ~ sein; er ist stets ~ für Hinweise, Kritik **3** ⟨70; fig.⟩ *ergiebig, lohnend, befriedigend;* eine ~e Aufgabe, Rolle 3.1 eine ~e Qualität *haltbare Q.* 3.2 eine ~e Pflanze *P., die ohne viel Pflege gedeiht*
'dan·ken ⟨V.⟩ **1** ⟨605⟩ jmdm. (für etwas) ~ *Dank aussprechen;* jmdm. herzlich, innig, wiederholt ~; er läßt von Herzen ~; sie dankte ihm für seine Teilnahme; im voraus ~; eine Einladung ~d ablehnen, annehmen; Ihr Schreiben habe ich ~d erhalten 1.0.1 ⟨400 od. 430⟩ danke! *ich bedanke mich!;* danke bestens, schön, sehr, vielmals!; wie geht es Ihnen? danke, gut!; danke, gleichfalls! (Antwort auf einen Wunsch); ja (nein) danke!; danke, ja (nein)!; 1.0.2 nichts zu ~! *es ist nicht notwendig, sich zu bedanken* 1.1 ⟨400⟩ *den Gruß erwidern;* er grüßte sie, u. sie dankte freundlich 1.2 ⟨a. fig.; umg.⟩ *nicht wollen* 1.2.1 na, ich danke, mir reicht es! *ich habe genug davon, ich will nicht mehr davon wissen!* 1.2.2 ⟨800⟩ für solche Aufgaben danke ich! *ich weise solche A. zurück* **2** ⟨530⟩ jmdm. etwas ~ *mit Dank vergelten;* wie kann ich dir das jemals ~?; diese Aufopferung wird man dir niemals ~! all die Mühe dankt dir keiner **3** ⟨530⟩ jmdm. od einer Sache etwas ~ *verdanken;* meine Ausbildung danke ich meinen Eltern; ihren Erfolg dankt sie ihrem Talent und ihrem Fleiß; seine Position dankt er allein dem Einfluß seines Vaters
dann ⟨Adv.⟩ **1** *nachher, später, danach;* erst überlegen, ~ sprechen 1.0.1 und was ~? *u. was soll danach geschehen?* **2** *ferner, außerdem;* ~ müßte man noch besprechen, ob ...; und ~ sagte er noch ...; erst belügst du mich u. ~ versuchst du auch noch ... **3** *in dem Falle, zu dem Zeitpunkt, (wenn eine bestimmte Voraussetzung erfüllt ist);* wenn du wieder gesund bist, ~ ruf mich bitte einmal an; selbst ~ ist er noch nicht damit einverstanden, wenn ...; wenn du Hilfe brauchst, ~ sage es mir; ~ (also) nicht!; ich werde erst ~ eurem Plan zustimmen, wenn ... **4** *zu einem nicht näher bestimmten Zeitpunkt* 4.1 ~ und wann *ab und zu, gelegentlich, manchmal;* ~ und wann schaute ich aus dem Fenster 4.2 ~ und ~ *zu einem bestimmten (an dieser Stelle nicht zu benennenden) Zeitpunkt;* er sagte, er käme ~ und ~
'dan·nen ⟨Adv.; veralt. nur noch bibl. u. poet. in der Wendung⟩ von ~ *von dort (weg);* aufgefahren in den Himmel, von ~ er kommen wird ... (Glaubensbekenntnis); von ~ eilen, gehen, ziehen
dar'an ⟨a. ['--], bes. bei betonten Hinweisen auf etwas Bestimmtes; Pronominaladv.⟩ oV *dran* ⟨umg.⟩ **1** *an dieses, an diesem;* ich muß immer ~ denken; ~ ist keinem etwas gelegen; man erkennt ~, daß es gar nicht so einfach ist; ich erkenne ihn ~, daß er einen Schirm trägt; ich zweifle ~, daß er immer die Wahrheit gesagt hat; du hast recht ~ getan zu ...; es ist etwas Wahres ~; ~ bin ich nicht beteiligt; er ist nicht schuld ~ 1.0.1 er hat jung ~ glauben müssen ⟨umg.⟩ *er ist jung gestorben* 1.0.2 ich denke gar nicht ~! ⟨umg.⟩ *ich weigere mich, daß zu tun, das kommt gar nicht in Frage* 1.0.3 mir liegt gar nicht, viel, wenig ~ *ich lege keinen, großen, geringen Wert darauf* 1.1 *(räuml.) an dieses (heran), an diesem, mit diesem verbunden;* zunächst kommt man an Feldern und Wiesen vorbei, ~ schließt sich gleich der Wald an; ein Hut mit einer Feder ~ 1.1.1 er will nicht recht ~ ⟨fig.; umg.⟩ *er hat keine Lust dazu, will sich nicht damit befassen* 1.1.2 komm nicht ~! *berühre es nicht!* 1.1.3 da ist aber alles ~! ⟨fig.; umg.⟩ *alle Vorzüge, Nachteile sind hier vereint* 1.1.4 es ist nichts ~ ⟨fig.; umg.⟩ *es ist völlig belanglos, es ist nicht wahr (was behauptet wird)* 1.2 nahe ~ sein zu ... *im Begriff sein zu ...;* er war nahe ~ zu sterben; das Licht ist nahe ~ auszugehen 1.2.1 → a. *drauf(1.2)*
dar'an|machen ⟨V. 500/R3; umg.⟩ **1** sich ~ *beginnen, anfangen;* sich ~, etwas zu tun **2** ⟨aber getrennt⟩ 'daran 'machen → *daran(1)*
dar'auf ⟨a. ['--], bes. bei betonten Hinweisen auf etwas Bestimmtes; Pronominaladv.⟩ oV *drauf* ⟨umg.⟩ **1** *auf diesem, auf dieses;* ~ basieren, beruhen, fußen, daß ...; du hättest mich ~ aufmerksam machen sollen!; ich freue mich schon ~, wenn du kommst; wir haben ausdrücklich ~ hingewiesen; Sie können sich ~ verlassen; ich werde noch ~ zurückkommen 1.0.1 nichts, viel ~ geben *davon halten* 1.0.2 es kommt (jmdm., für jmdn.) ~ an *das ist wichtig (für jmdn.), hängt davon ab;* ~ kommt es mir nicht an; es kommt ~ an, ob schönes Wetter ist 1.0.3 ich muß ~ bestehen, daß ... *ich gehe nicht davon ab* 1.0.4 er ging verständnisvoll ~ ein *er zeigte Verständnis dafür* 1.0.5 ich möchte mich nicht ~ einlassen *ich möchte damit nichts zu tun haben* 1.0.6 ~ steht Freiheitsstrafe nicht unter 2 Jahren *diese Tat wird mit F. nicht unter 2 Jahren bestraft* 1.1 *auf dieses Ziel, dieses Ergebnis;* er geht nur ~ aus, sich überall einladen zu lassen; sie ist nur ~ aus, ... 1.1.1 ~ wollte ich hinaus *das hatte ich beabsichtigt, im Sinn gehabt* 1.1.2 die Sache wird schließlich ~ hinauslaufen, daß ... *so enden, daß ...* 1.2 *oben auf diesem, auf dieses herauf;* das Grundstück ist verkauft, und es steht bereits ein Haus ~; stell die Vase ~!; das Grab sieht kahl aus, wir wollen Stiefmütterchen ~ pflanzen; was nützt ein Sparbuch, wenn kein Geld ~ ist? 1.2.1 die Hand ~! ⟨fig.⟩ *versprich es mir mit Handschlag* **2** *danach, dann, später* 2.1 ⟨zeitl.⟩; am Tag ~; eine Woche ~; ~ sagte er: ...; gleich ~; ~ ereignete sich folgendes: ... 2.2 ⟨räuml.⟩; vornweg ging die Musikkapelle, ~ kamen die Wagen mit den Tieren vom Zirkus
dar·auf'hin ⟨a. ['---] Adv.⟩ **1** *unter einem bestimmten Gesichtspunkt, Aspekt, im Hinblick darauf;* etwas ~ analysieren, untersuchen, prüfen; sieh deine Sachen ~ durch, was du noch gebrauchen kannst **2** *deshalb, im Anschluß daran, auf Grund dessen;* es begann zu regnen, ~ gingen alle Zuschauer nach Hause; die Sache wurde ihm zu gefährlich, ~ änderte er seinen Plan

dar'aus ⟨a. ['--], bes. bei betonten Hinweisen auf etwas Bestimmtes; Pronominaladv.⟩ oV *draus* ⟨umg.⟩ **1** *(räuml.) aus diesem, dieser heraus;* die Kasse war verschlossen, trotzdem ist ~ Geld verschwunden **2** ⟨auf die inhaltl. od. materielle Herkunft verweisend⟩ *aus, von diesem, dieser* **2.0.1** ~ folgt, daß ... *aus dem Gesagten, diesem Umstand* **2.0.2** das ist mißlungen, u. ~ solltest du lernen *aus dieser Tatsache, diesem Umstand* **2.0.3** das ist zu ungenau, ~ läßt sich nichts ablesen *aus dem Vorliegenden, dieser Quelle* **2.0.4** es ist noch Stoff übrig, ~ kann man einen Rock nähen *aus diesem Material* **2.0.5** → a. *Strick(3.2)* **2.0.6** was soll ~ werden? *wie soll die Sache weitergehen?* **2.0.7** ich werde nicht klug ~ *ich verstehe es nicht* **2.0.8** ich mache mir nichts ~ *es bekümmert mich nicht, ich ärgere mich nicht darüber* **2.0.9** ich mache mir nichts ~ (z. B. aus einer Speise) *ich mag das nicht, ich habe keine Freude daran*

'dar·ben ⟨V. 400; geh.⟩ *entbehren, Mangel an etwas haben, Mangel leiden;* sie haben gehungert u. gedarbt; er darbte, um Geld zu sparen

'dar·bie·ten ⟨V. 110; geh.⟩ **1** ⟨530⟩ jmdm. etwas ~ *jmdm. etwas reichen, anbieten, hinhalten;* den Gästen wurde Konfekt dargeboten; er bot ihr die Hand zum Gruß dar **2** ⟨500⟩ etwas ~ **2.1** *künstl. od. unterhaltende Werke zeigen, aufführen;* es wurden Lieder und Tänze dargeboten; die dargebotene Szene, Probe **2.2** *etwas vortragen;* der Lehrer bot den Lehrstoff in anschaulicher Form dar; die dargebotenen Gedichte **3** ⟨530/R3⟩ sich jmdm. ~ *sich zeigen, sichtbar werden;* ein herrlicher Anblick bot sich uns dar **3.1** *sich anbieten;* es bot sich ihm eine günstige Gelegenheit, Möglichkeit dar **3.2** ⟨scherzh.⟩ *sich zur Schau stellen;* er bot sich uns in seiner vollen Größe dar

dar'ein ⟨a. ['--], wenn mit bes. Nachdruck auf etwas hingewiesen wird; Pronominaladv.; poet.⟩ *in dieses, in diesen Zustand;* oV *drein* ⟨umg.⟩; sich ~ schicken, fügen, daß...

dar'in ⟨a. ['--], bes. bei betonten Hinweisen auf etwas Bestimmtes; Pronominaladv.⟩ **1** *hierin, in diesem (Punkt);* er wird es ~ nie weit bringen; ~ irrst du dich gründlich!; ~ ist er mir überlegen; ~, daß wir dem Plan zustimmen, sind wir uns also einig **1.1** *an diesem Ort, in diesem;* oV *drin* ⟨umg.⟩; ist etwas ~?; ein Nest mit zwei Jungen ~; ich habe die Zeitung schon gelesen, es steht nichts Neues ~

'dar|le·gen ⟨V. 503⟩ (jmdm.) etwas ~ *erklären, klärend ausführen;* etwas im einzelnen ~; er versuchte vor Gericht darzulegen, wie es dazu kam

'Dar·le·hen ⟨n.; -s, -⟩ *Summe, die man gegen Zahlung von Zinsen von jmdm. geliehen bekommt od. die man jmdm. leiht;* Sy *Kredit*[1]; ein ~ aufnehmen, bekommen; jmdn. um ein ~ bitten; ein hohes, staatliches, verzinsliches ~; die Tilgung, Gewährung eines ~s

Darm ⟨m.; -(e)s, ¨-e⟩ **1** *ein Röhren- u. Hohlraumsystem im Inneren der Tiere u. des Menschen, das zur Aufnahme u. Verdauung der Nahrung dient;* eine Erkrankung des ~s; Dünn~, Mast~ **2** *verarbeitetes Eingeweide von Schlachttieren (Wursthaut, Saiten)*

'Dar·re ⟨f.; -, -n⟩ **1** *Draht- od. Holzgitter, auch Schuppen zum Trocknen od. Rösten von Obst, Getreide, Hopfen usw.* **1.1** *das Rösten selbst* **2** *Erkrankungen junger Tiere (bes. Fohlen), die mit chronischer Ernährungsstörung einhergehen*

'dar|stel·len ⟨V. 500⟩ **1** *vor Augen stellen* **1.1** etwas ~ *beschreiben, schildern;* er kann die Angelegenheit nicht objektiv ~; er versuchte es so darzustellen, als ob ... **1.2** jmdn. od. etwas ~ *wiedergeben, anschaulich machen (in Bild od. Nachbildung);* das Gemälde stellt den Künstler selbst in jungen Jahren dar; der Bildhauer versuchte, in seinem Werk die Lebensfreude darzustellen; die zunehmende Berufstätigkeit der Frau graphisch ~ **1.2.1** die ~den Künste *auf der Bühne, in Film und Fernsehen ausgeübte Kunst* **1.2.2** ~de Geometrie *G., die die Abbildung geometrischer Gebilde auf der Bild- od. Zeichenebene behandelt* **1.3** jmdn. od. etwas ~ *(als Schauspieler) verkörpern;* er vermag den Faust ebenso überzeugend darzustellen wie den Mephisto **1.3.1** etwas ~ ⟨umg.⟩ *den Eindruck einer gehobenen gesellschaftl. Stellung erwecken;* Sy *repräsentieren(2);* man muß schon etwas ~, um in die Kreise des Adels aufgenommen zu werden **2** *sein, bedeuten;* diese Arbeit stellt eine vollendete Leistung dar **3** ⟨Chem.⟩ *herstellen;* im Labor kann die Substanz bereits rein dargestellt werden **4** ⟨503/R3⟩ sich (jmdm.) ~ *sich zeigen, erscheinen;* so, wie sich das Problem mir darstellt, gibt es nur eine Lösung

'Dar·stel·ler ⟨m.; -s, -⟩ *Schauspieler, Opernsänger;* der ~ des Hamlet; Charakter~

dar'über ⟨a. ['---], bes. bei betonten Hinweisen auf etwas Bestimmtes; Pronominaladv.⟩ oV *drüber* ⟨umg.⟩ **1** *(räuml.) über, auf, oberhalb von diesem, über, auf dieses;* Ggs *darunter(1);* ein kleines Haus mit einem flachen Dach ~; die Toreinfahrt ist für den Mieter ungünstig, denn das Zimmer ~ ist sehr kalt; ~ stand als Überschrift zu lesen: ...; die Rosenstöcke sind vom Frost bedroht, nimm die alten Säcke und decke sie ~ **1.0.1** sie sitzt schon lange ~, trotzdem wird die Arbeit nicht fertig ⟨fig.⟩ *sie beschäftigt sich schon lange damit* **1.1** ~ (hinaus, hinweg) *über dieses hinaus, hinweg;* der Ball flog weit ~ hinaus; der Fluß bildet eine Trennungslinie, aber die Grenze läuft ~ (hinaus, hinweg); ~ hinweggehen, hinwegkommen, hinwegsehen ⟨a. fig.⟩; ich bin ~ hinaus ⟨a. fig.⟩ **1.1.1** ⟨fig.⟩ *außerdem;* ~ hinaus möchte ich noch folgendes bemerken: ... **1.1.2** ⟨fig.⟩ *mehr (als dieses);* Ggs *darunter(1.1);* 20 DM und keinen Pfennig ~! **2** *über dieses, was diese Sache betrifft;* ich dachte, wir sind uns ~ einig?; er beschwert sich ~, daß ...; ~ ließe sich diskutieren, reden, streiten, verschiedener Meinung sein; mehr konnte ich nicht ~ erfahren; ich freue mich sehr ~, daß Sie ...; er ist weit in der Welt herumgekommen, und ~ will er jetzt ein Buch schreiben; ~ bin ich nicht unterrichtet; sich keine Gedanken ~ machen; in der nächsten Ausgabe einer Zeitschrift ~ schreiben **3** *währenddessen;* Jahre gingen ~ hin; er ist ~ gestorben; sie erzählte u. erzählte, u. ~ verging die Zeit; er kam mit seinen Untersuchungen nie zu einem Ende, er ist alt ~ geworden **3.1** ~ (hinaus) *über dieses hinaus, länger, später;* der Zug sollte um Mitternacht einlaufen, jetzt ist es schon eine Stunde ~

dar'über|ste·hen ⟨V. 256/400⟩ **1** *geistig überlegen sein;* ihr solltet doch ~! **2** ⟨aber getrennt⟩ 'darüber 'stehen → *darüber(1)*

dar'um ⟨a. ['--], bes. bei betonten Hinweisen auf etwas Bestimmtes; Pronominaladv.⟩ oV *drum* ⟨umg.⟩ **1** *um dieses;* es handelt sich allein ~, daß er mehrfach unentschuldigt gefehlt hat; es handelt sich ~, zu erfahren, ob ...; er bat mich ~, ihn zu entschuldigen **1.0.1** ~ geht es ja gerade! ⟨umg.⟩ *eben um diese Angelegenheit handelt es sich!* **1.1** jmdm. ist (es) ~ zu tun *jmdm. liegt daran, jmd. strebt danach;* ist es dir wirklich nur ~ zu tun?; es ist mir sehr ~ zu tun, zu erfahren ... **1.2** jmd. weiß ~ *weiß darüber Bescheid;* wer weiß noch ~? **1.3** *in Beziehung darauf, was das betrifft;* wir wollen ~ losen; wollt ihr euch wirklich ~ streiten?; er hatte den Sieg verdient, aber er wurde ~ betrogen; nur weil du plötzlich keine Lust mehr hast, ~ kannst du doch nicht gleich den ganzen Plan fallenlassen **1.3.1** ich gäbe etwas ~, wenn ich wüßte ... ⟨umg.⟩ *ich möchte zu gerne wissen, ob ...* **2** ~ (herum) *(räuml.) um dieses herum, dort herum;* ein Park mit einer hohen Mauer ~; dieses Päckchen ist gut verpackt, binde das Band lieber ~; fahre nicht durch die Einbahnstraße, sondern ~ herum!; rede doch nicht ~ herum ⟨fig.⟩; man wird kaum ~ herumkommen ⟨fig.⟩ **3** *deshalb, aus diesem Grunde, zu diesem Zweck;* ~ muß ich immer wieder vor den Schwierigkeiten warnen, die das Unternehmen mit sich bringt; und ~ weise ich erneut auf diese Gefahr hin; er hat es nur ~ getan, weil er keinen anderen Ausweg wußte; ~ ziehen wir alle an einem Strang **3.0.1** warum? ~! ⟨umg.⟩ *das geht dich gar nichts an, warum das so ist!* **3.1** ⟨vor Verneinungen⟩ *dennoch, trotzdem;* das Haus ist alt, aber ~ nicht baufällig; er war vorsichtig, aber ~ doch nicht feige

dar'un·ter ⟨a. ['---], bes. bei betonten Hinweisen auf etwas Bestimmtes; Pronominaladv.⟩ oV *drunter* ⟨umg.⟩ **1** *unter, unterhalb von diesem, unter dieses;* Ggs *darüber(1);* ein Tisch mit einem Teppich ~; unsere Wohnung ist im ersten Stock, ~ befinden sich die Geschäftsräume; wenn du den Zettel auf dem Tisch nicht findest, dann sieh doch einmal ~ nach **1.1** *unter diese(r) Grenze;* Ggs *darüber(1.1.2);* ich habe Ihnen den Preis genannt, ~ kann ich nicht gehen; es betrifft nur Gehälter von 600 DM und ~ **2** *unter diesem, diesbezüglich;* ihre Überreiztheit wird allmählich unerträglich, die ganze Familie leidet ~ **2.0.1** was verstehen Sie ~? *was meinen Sie damit?* **3** *dazwischen, dabei;* eine große Menschenmenge, ~ viele Kinder; mitten ~; sie sind ~ geraten

dar'un·ter|fal·len ⟨V. 131/400(s.); fig.⟩ *zu etwas gerechnet werden, (von etwas) betroffen sein;* diese Regelung ist neu, es wird sich zeigen, ob er darunterfällt

das ⟨n. 5⟩ **1** ⟨bestimmter Artikel⟩; ~ Haus, ~ Kind **2** ⟨Demonstrativpron.; Gen. a. dessen, Gen. Pl. a. deren⟩ *dies, dieses, dasjenige;* ~ habe ich nicht behauptet!; von wem hast du denn ~ gehört?; ja, ~ ist es!; ~ ist der Gesuchte!; ~ ist der berühmte Schauspieler X.; ich bin krank, ~ bist du nicht; ich habe ausdrückl. davon abgeraten, ~ ist die Wahrheit; ~ ist sehr freundl. von Ihnen; ~ war eine erholsame Zeit für uns; er hat ihn weiterempfohlen u. ~ auf meine Bitte hin; ~ da, dort, hier; nur ~ nicht!; ~ heißt ⟨Abk.: d. h.⟩; ~ ist ⟨Abk.: d. i.⟩ **2.1** ⟨als Korrelat mit dem Relativpronomen „was" zur Einleitung eines Relativsatzes⟩; ~, was ich dir soeben gesagt habe, muß noch unter uns bleiben **3** ⟨Relativpron.; Gen. dessen, Gen. Pl. deren⟩; sein Vorgesetzter, von dessen (falsch: dessem) Wohlwollen, unser Plan abhing, ...; ein Kind, ~ so faul ist, wird das Klassenziel nicht erreichen; es ist das beste Theaterstück, ~ ich in letzter Zeit gesehen habe

'da|sein ⟨V. 240(s.)⟩ **1** ⟨400⟩ *anwesend, gegenwärtig, zugegen sein, vorhanden;* ich komme erst, wenn er da ist, da war; ist jemand da?; es ist niemand da; wäre er nicht da, so hätte ich ...; es ist kein Brot mehr da **1.0.1** ⟨412⟩ ich bin gleich wieder da *gleich wieder zurück* **2** ⟨515⟩ für, zu etwas ~ *vorgesehen, bestimmt sein;* du kannst das Geld verbrauchen, dazu ist es ja da; dafür bin ich nicht da, daß ich diese Arbeit erledige **3** ⟨400⟩ *leben, bestehen, existieren;* ich will nur für dich ~; es hängt davon ab, daß feste Bindungen da sind **4** ⟨Part. Perf.⟩ das ist noch nicht dagewesen! *noch nicht vorgekommen* **5** ⟨aber getrennt⟩ da sein → *da[1](1)* **6** → a. *sein[3](1.9)*

'Da·sein ⟨n.; -s; unz.⟩ **1** *Leben, bes. die einfachsten Voraussetzungen dafür;* Bettler~, Junggesellen~, Emigranten~, Rentner~, Sklaven~; ein besseres ~ erstreben; ein elendes, trauriges ~ führen, haben; für ein besseres ~ eintreten, kämpfen; der Kampf ums ~ **1.1** ins ~ treten *geboren werden* **2** *das Vorhandensein;* Sy *Existenz(1);* das ~ Gottes leugnen; sie hat noch eine Schwester, von deren ~ er bisher nichts wußte **3** *Anwesenheit;* sein bloßes ~ erregte allerseits Interesse

'das·je·ni·ge ⟨Demonstrativpron.; n. 6⟩ → *derjenige*

daß ⟨Konj. zur Einleitung eines Nebensatzes, der für ein Satzglied od. Attribut steht⟩ **1** ⟨als Subjekt⟩; ~ du kommst, ist doch wohl sicher **2** ⟨als Objekt⟩; ich hoffe, ~ ich bald mit der Arbeit fertig bin; ich weiß, ~ er kommen wollte **3** ⟨als Adverbialbestimmung⟩ **3.1** ⟨temporal⟩; kaum ~ er da war, begann er schon Streit; bis ~ der Tod euch scheidet ⟨veralt.⟩ **3.2** ⟨modal⟩; er grüßte mich nicht mehr, ohne ~ ich einen Grund dafür wüßte **3.3** ⟨kausal⟩; sein schlechtes Gewissen mir gegenüber zeigt sich daran, ~ er mir aus dem Wege geht; er war zu gutmütig, als ~ er mir etwas hätte abschlagen können **3.4** ⟨konditional⟩; das kommt davon, ~ du ihn nicht streng genug erzogen hast **3.5** ⟨konsekutiv⟩; er war so gut, ~ er nicht zu schlagen war **3.6** ⟨final⟩ beeil dich doch, ~ du endlich damit fertig wirst = *damit(2)* **3.6.0.1** so ~ ⟨immer getrennt, österr. immer zusammen (sodaß) geschrieben⟩; er war sehr entgegenkommend, so ~ es leicht war, ihn für unseren Plan zu gewinnen **3.6.1** auf ~ ⟨veralt.⟩ *damit;* du sollst Vater und Mutter ehren, auf ~ dir's wohl ergehe ⟨veralt.⟩ **3.7** ⟨instrumental⟩; dadurch, ~ er jetzt den Lehrstoff wiederholt, wird er das Versäumte bald nachgeholt haben; er verbrachte Jahre seines Lebens damit, ~ er an seiner Erfindung arbeitete **4** ⟨als Attribut⟩; die Angelegenheit hat den großen Nachteil, ~ sie sich nun schon über Jahre hinzieht; ich habe die Hoffnung, ~ sich alles noch zum Guten wenden wird **5** ⟨als Gliedsatz, der einen Imperativ vertritt; umg.⟩; ~ dich der Teufel (hole)!; ~ du mir ja nicht daran gehst!; ~ du nicht etwa auf den Gedanken kommst, zu ihm zu gehen!; o ~ es endlich so weit wäre!

das'sel·be ⟨Demonstrativpron.; n. 6⟩ → *selbe* **1** ein und ~, genau ~; es ist ~ Haus, in dem ich meine Kindheit verbracht habe; es läuft auf ~ hinaus **2** ⟨umg.⟩ *das gleiche;* sie hat sich gestern ~ Kleid gekauft wie ich

'da|ste·hen ⟨V. 256/400⟩ **1** *stehen;* du sollst nicht so krumm ~!; wie versteinert ~ **1.1** ~ und Maulaffen feilhalten ⟨fig.⟩ *tatenlos herumstehen* **2** ⟨fig.⟩ *vorkommen;* das ist eine einmalig ~de Unverschämtheit! **3** ⟨430; fig.; umg.⟩ *leben;* glänzend, gut, mittellos ~ **3.0.1** wenn der Vater stirbt, wird sie ganz allein ~ *keine Angehörigen mehr haben* **4** ⟨430; fig.⟩ *Geltung haben* **4.0.1** jetzt steht er ganz anders da *jetzt genießt er weit mehr Ansehen* **4.0.2** wie stehe ich nun da! *habe ich das nicht gut gemacht?* **4.0.3** wie stehe ich nun vor meinen Freunden da! *was müssen meine F. jetzt von mir halten!, ich bin blamiert* **5** ⟨aber getrennt⟩ 'da 'stehen → *da¹(1)*

da'tie·ren ⟨V.⟩ **1** ⟨500⟩ einen Brief ~ *mit Datum versehen* **2** ⟨500⟩ geolog. od. histor. Funde ~ *die Entstehungszeit bestimmen* **3** ⟨412⟩ ~ von, aus *stammen, herrühren von*

'Dat·tel ⟨f.; -, -n⟩ *saftige, zuckerreiche, z. T. mehlige dickfleischige Frucht der Dattelpalme*

'Da·tum ⟨n.; -s, -ten⟩ **1** *bestimmter Zeitpunkt;* die Daten der Weltgeschichte; Daten aus dem Leben eines Künstlers **1.1** *Angabe eines Tages nach dem Kalender;* ~ des Poststempels; ein früheres ~ angeben; unter dem heutigen ~; welches ~ haben wir heute? **2** ⟨meist Pl.⟩ Daten **2.1** *Tatsachen, Angaben* **2.2** ⟨Informatik⟩ *Informationen über Größen u. Werte*

'Dau·be ⟨f.; -, -n⟩ **1** *gebogenes Brett des Fasses* **2** ⟨Sp.⟩ *Zielwürfel beim Eisschießen*

'Dau·er ⟨f.; -; unz.⟩ **1** *das begrenzte Fortbestehen in einem Zustand, bestimmte Zeitspanne;* Jahres~, Monats~, Arbeits~, Aufenthalts~, Lebens~; die ~ seines Aufenthaltes steht noch nicht fest; er erhielt eine Aufenthaltsgenehmigung für die ~ von zwei Wochen; für die ~ eines Augenblicks **1.1** etwas ist nur von kurzer, nicht von langer ~ *etwas wird nicht lange bestehen* **1.2** für die ~ von *für die Zeitspanne von;* er bekam die Genehmigung für die ~ von 5 Jahren **2** *das unbegrenzte Fortbestehen in einem Zustand, lange Zeit;* es war nicht für die ~ so vorgesehen **2.1** auf die ~ *für lange Zeit;* auf die ~ ist es unerträglich **2.2** etwas ist von ~ *etwas hat Bestand;* ihr Glück war nicht von ~

'dau·er·haft ⟨Adj.⟩ *sich lange Zeit erhaltend, fest, beständig, widerstandsfähig über einen längeren Zeitraum;* ein ~es Material; einen ~en Frieden schließen; diese Tapete ist nicht sehr ~

'dau·ern¹ ⟨V. 400⟩ **1** ⟨412⟩ etwas dauert eine Zeitlang *währt, hält an;* die Krankheit dauert nun schon drei Wochen; wie lange dauert der Flug?; es kann nur noch einige Minuten ~; es dauerte nicht lange **2** etwas dauert *bleibt unverändert, dauert an;* sein Nachruhm wird ~; eine ~de Gefahr **2.0.1** er ist ~d unterwegs *ständig unterwegs*

'dau·ern² ⟨V. 500⟩ jmdn. ~ *jmdm. leid tun;* er dauert mich; der Kranke dauert ihn; mich dauert mein schönes Geld, das ich dafür ausgegeben habe; all die Mühe und Zeit, die er darauf verwendet hat, dauert ihn jetzt

'Dau·er·wel·le ⟨f.⟩ *durch Einwirkung bestimmter Chemikalien gekraustes Haar, das über einen längeren Zeitraum die Kräuselung behält*

'Dau·men ⟨m.; -s, -⟩ **1** *zweigliedriger, stärkster Finger der Hand, der sich gegen die übrigen vier Finger bewegen läßt;* ich habe mich in den ~ geschnitten; am ~ lutschen **1.1** jmdn. über den ~ drehen ⟨fig.; umg.⟩ *jmdn. betrügen* **1.2** etwas über den ~ peilen ⟨fig.⟩ *etwas ganz grob überschlagen, ungefähr bestimmen;* die Entfernung, den Kostenaufwand über den ~ peilen **1.3** jmdm. den ~ drücken, halten ⟨fig.⟩ *jmdm. zu einer Entscheidung Erfolg wünschen* **1.4** die ~ drehen ⟨fig.⟩ *faul sein, sich langweilen* **1.5** den ~ daraufdrücken ⟨a. fig.; umg.⟩ *mit Nachdruck auf etwas bestehen* **1.6** → a. *Auge(1.7)* ⟨fig.; umg.⟩ *jmdn. zwingen, ihm hart zusetzen* **2** ⟨Tech.⟩ *Griffhebel*

'Dau·ne ⟨f.; -, -n⟩ **1** ⟨i. w. S.⟩ *Flaumfeder der Vögel, bei der die Äste der Federn locker angeordnet sind u. sich nicht zu einer Federfahne zusammenschließen* **2** ⟨i. e. S.⟩ *Flaumfeder der Gans od. Ente zum Füllen von Kissen u. Dekken;* eine Steppdecke mit ~n füllen

Daus¹ ⟨m.; -es, -e od. 'Däu·ser; dt. Kartenspiel⟩ **1** = *As(2)* **2** ⟨Würfelspiel⟩ *zwei Augen*

Daus² ⟨m.; -es, -e; veralt.; nur in den Wendungen⟩ ei der ~!, was der ~! ⟨Hüllwort für⟩ *Teufel*

da'von ⟨a. ['--], bes. bei betonten Hinweisen auf etwas Bestimmtes; Pronominaladv.⟩ **1** *von diesem;* selbst wenn ich ~ absehe, daß mir das Geld für ein solches Unternehmen fehlt, ...; was habe ich ~? er hält nicht viel ~; reden, sprechen wir nicht mehr ~; wenn du 2 ~ abziehst, bleiben dir noch 10; ~ bleiben drei Viertel übrig; ~ lassen wir noch 50 Stück anfertigen; ~ machen wir weitere Abzüge **1.1** *von diesem, was das betrifft;* das nächste Mal mehr ~; genug ~! **1.1.1** nichts mehr ~! *sprechen wir nicht mehr darüber!* **1.2** *(räuml.) von diesem, von dort (entfernt, weg);* hier ist die Schule, und die Haltestelle ist nicht weit ~ (entfernt); auf und ~ gehen, laufen; ich bin weit ~ entfernt, das zu glauben ⟨fig.⟩; weg ~; könnt ihr euch nicht ~ losreißen? ⟨a. fig.⟩ **1.2.1** ⟨Adv. ohne pronominale Funktion; umg.⟩ *weg, fort;* er ist auf und ~ (gegangen) **1.3** *von dieser Menge, Anzahl;* wer will noch etwas ~? (z. B. von dieser Speise); hundert Preise waren zu gewinnen, aber ~ sind nur noch wenige übrig; ~ fahren zehn nach Frankreich; fünf ~ gehen mit uns zu Fuß **1.4** *mit diesen Mitteln, daraus, aus diesem Material;* es sind nur noch ein paar Bohnen da, ~ kann ich keine Suppe kochen; ~ kann kein Mensch existieren **1.5** *dadurch, daher;* das kommt ~, daß du nicht auf meine Warnung hören wolltest; er wurde nicht gesund ~

da'von|kom·men ⟨V. 170/410(s.)⟩ **1** ⟨fig.⟩ *einer drohenden Gefahr entgehen, sich vor einer Gefahr retten können;* mit dem Leben, mit heiler Haut, mit dem Schrecken ~; glimpflich, gut, heil ~; wir sind noch einmal glücklich da-

vongekommen!; er kam mit einer Geldstrafe davon; er ist mit einem blauen Auge davongekommen ⟨a. fig.; umg.⟩ **2** ⟨aber getrennt⟩ 'davon 'kommen → *davon(1.5)*
da'von|tra·gen ⟨V. 265/500⟩ **1** j m d n. od. e t w a s ~ *durch Tragen von einem Ort entfernen, weg-, forttragen;* sie fiel in Ohnmacht und wurde davongetragen; ihr sollt nicht alles ~, laßt noch etwas hier **2** e t w a s ~ ⟨fig.⟩ 2.1 *etwas erringen;* diesmal konnten wir den Sieg ~ 2.2 *etwas erleiden, als Folge bekommen;* er hat von dem Unfall schwere Verletzungen davongetragen
da'vor ⟨a. ['--], bes. bei betonten Hinweisen auf etwas Bestimmtes; Pronominaladv.⟩ **1** ⟨räuml.⟩ Ggs *dahinter(1)* 1.1 *vor dem eben Erwähnten;* ein Haus mit einem Baum ~; ein Park mit einem Brunnen ~; da ist das Geschäft und ~ ist die Haltestelle 1.2 *vor das eben Erwähnte;* hier ist der Eingang, stell dich ~! **2** ⟨zeitl.⟩ *vor der betreffenden Zeit, vorher;* Ggs *danach(2);* fünf Minuten ~ mußte ich feststellen ...; kurz, unmittelbar, einige Stunden ~ **3** *im Hinblick auf die betreffende Sache, vor der eben erwähnten Sache;* ich habe Angst, Ekel, Furcht ~; ~ behüte dich Gott!; hüte dich ~!; er hat mich ~ gewarnt
da'zu ⟨a. ['--], bes. bei betonten Hinweisen auf etwas Bestimmtes; Pronominaladv.⟩ **1** *zu diesem* 1.1 *zu diesem, was das betrifft;* ~ will ich mich nicht äußern; was meinen, sagen Sie ~?; ich muß Ihnen ~ folgendes schreiben 1.1.1 ich kann nichts ~ tun *ich kann dabei nicht helfen* 1.2 *zu (mit) diesem Ergebnis, Ziel, Zweck, hierfür;* man sollte es gar nicht erst ~ kommen lassen!; und ~ brauche ich ...; er ist kein Fachmann, aber man könnte ihn ~ ausbilden; wenn ich einen Nagel einschlagen soll, mußt du das Brett ~ halten; was können wir ~ tun? 1.2.1 jmdn. ~ bringen, daß er ... *so beeinflussen, daß ...* 1.2.2 er ist ~ da, um ... *das ist seine Aufgabe, ...* 1.2.3 ~ bin ich ihm wohl gut genug! *das glaubt er mir zumuten zu können* 1.3 *zu diesem, da hinzu;* ich gehöre nicht ~, sondern zu einer anderen Gruppe; wir könnten ihn doch ~ einladen 1.4 *(ergänzend) zu diesem, außerdem, überdies;* sie sang, und er begleitete sie ~; ~ gehört noch mehr; ich brauche hierfür Draht, ~ Bast und Klebstoff; sie ist nicht sehr begabt, ~ ist sie noch faul; noch ~, wo (doch) ... 1.4.1 wollen wir nicht Bekkers noch mit ~ einladen *noch außer den übrigen, zusätzlich*
da'zu|kom·men ⟨V. 170/400(s.)⟩ **1** *zu einem Geschehen kommen, eintreffen;* er kam gerade dazu, als ... **2** *zu dem eben Erwähnten noch zusätzlich hinzukommen, hinzugefügt werden;* folgendes wird noch ~; wenn noch mehr Ausgaben ~, wird das Geld nicht reichen **3** kommt noch etwas dazu? *wollen Sie noch mehr kaufen?* **4** ⟨aber getrennt⟩ 'dazu 'kommen → *dazu(1.2)*
da'zwi·schen ⟨a. ['---] bei betonten Hinweisen auf etwas Bestimmtes; Pronominaladv.⟩ **1** ⟨räuml.⟩ 1.1 *zwischen den eben erwähnten Sachen od. Personen;* zwei Felder mit einer Hecke ~; es war viel Unkraut ~; die Gäste saßen im Garten, ~ spielten die Kinder; ~ kommen Wiesen und Wälder 1.2 *zwischen die eben erwähnten Sachen od. Personen;* der Tisch steht links und das Fenster ist rechts, ~ muß der Schrank gestellt werden; er drängte, quetschte sich ~ **2** ⟨zeitl.⟩ *zwischen diese(n) Zeiten, Ereignisse(n), ab und zu;* ~ liegen immerhin fünf Jahre; er wanderte lange Zeit u. ruhte sich ~ einige Male aus; am Nachmittag gibt es Verkehrsmeldungen und ~ Musik; und was geschah ~?; ~ reden Vertreter beider Parteien; ~ riefen die Sirenen zur Mittagspause **3** *darunter, unter diese(r) Menge, dabei;* man hat ihm alle gefundenen Sachen gezeigt, sein Regenschirm war nicht ~; er hat viele Fragen gehabt, einige ~ waren sehr unangenehm
De'bat·te ⟨f.; -, -n⟩ **1** *Erörterung* 1.1 z u r ~ s t e h e n *erörtert werden* 1.2 etwas z u r ~ s t e l l e n *veranlassen, daß etwas erörtert wird* 1.3 *Wortgefecht;* eine erregte, lebhafte, stürmische, unsachliche ~; sich in eine ~ einlassen **2** *Verhandlung vor einem Parlament;* Bundestags~; eine ~ eröffnen
De·büt ⟨[de'by:] n.; -s, -s⟩ **1** *erstes öffentl. Auftreten, bes. auf der Bühne;* sein ~ geben, liefern **2** *erste Vorstellung bei Hofe*
Deck ⟨n.; -(e)s, -s od. (selten) -e⟩ **1** *die waagerechte Unterteilung des Schiffsraumes durch Stahlplatten od. Planken, Stockwerk im Schiff, bes. das oberste;* das ~ scheuern, waschen; alle Mann an ~!; auf ~ promenieren; von ~ gehen 1.1 k l a r ~ *fertig auf dem D.* **2** n i c h t (recht) a u f ~ s e i n ⟨fig.; umg.⟩ *sich gesundheitl. nicht wohl fühlen*
'Decke ⟨-k·k-; f.; -, -n⟩ **1** *flächiger schmiegsamer Gegenstand, der zum Zudecken, Bedekken geeignet ist (meist aus Textil);* Bett~; Tisch~; Woll~; eine dicke, dünne, karierte, warme, weiche, wollene ~; sich in eine ~ hüllen, wickeln; eine ~ über etwas breiten, legen; eine ~ auflegen 1.1 mit jmdm. unter einer ~ stecken ⟨fig.; umg.⟩ *gemeinsame Sache machen* 1.2 sich nach der ~ strecken ⟨fig.; umg.⟩ *sich anpassen, sparen* **2** *Auflage, (obere) Schicht;* Schnee~; Straßen~; das Eis bildet eine feste ~ zum Schlittschuhlaufen 2.1 *Mantel des Radreifens;* Reifen~ 2.2 *Bucheinband* 2.3 ⟨Geol.⟩ *durch Bewegungen der Erdkruste aufgeschobene Gesteinsmasse von bedeutender Länge u. Breite* 2.4 ⟨Geol.⟩ *flächenhafter, vulkanischer Lavaerguß* **3** ⟨jägerspr.⟩ *behaarte Haut (der wiederkäuenden Huftiere u. der großen Raubtiere)* **4** *oberer Abschluß eines Raumes;* Zimmer~; die Räume haben getäfelte, hohe, kräftig getönte, mit Stuck verzierte, niedrige ~n 4.1 an die ~ gehen ⟨fig.; umg.⟩ *jähzornig sein, aufbrausen* 4.2 vor Freude bis an die ~ springen ⟨fig.⟩ *sich sehr freuen*
'Deckel ⟨-k·k-; m.; -s, -⟩ **1** *oberer Verschluß (eines Behälters od. Gerätes);* Topf~; Koffer~; Klavier~; Sarg~; den ~ aufklappen, zuklappen, öffnen, schließen; den ~ vom Topf abnehmen, abheben; mit einem ~ schließen, versehen, verschließen; der ~ paßt auf diesen Topf; einen ~ auf den Topf geben, setzen, tun 1.1 sie passen zusammen wie Topf und ~ ⟨fig.; umg.⟩ *sehr gut* **2** *vorderer od. hinterer fester Teil des Bucheinbands* **3** ⟨umg.; scherzh.⟩ *Hut* 3.0.1 jmdm. eins auf den ~ geben *jmdn. zurechtweisen* 3.0.2 eins auf den ~ kriegen *zurechtgewiesen werden*
'decken ⟨-k·k-; V. 500⟩ **1** G e g e n s t ä n d e od.

Personen ~ *mit einer (schützenden, verhüllenden) Schicht versehen* 1.1 einen Gegenstand (mit etwas) ~ *bedecken, zudecken, belegen;* das Dach (mit Schiefer, Ziegeln) ~; ein Grab (mit Tannenzweigen) ~ 1.1.1 den Tisch (für 6 Personen) ~ *Geschirr u. Bestecke für eine Mahlzeit auflegen* 1.1.2 sich an den gedeckten Tisch setzen ⟨fig.⟩ *nicht für das Essen zu sorgen brauchen, ernährt, versorgt werden* 1.2 ⟨511⟩ etwas über etwas od. jmdn. ~ *auf etwas od. jmdn. legen;* sie deckte ein Tuch über den Käfig **2** etwas deckt jmdn. od. etwas *liegt über etwas od. jmdm.;* der Schnee deckt die junge Saat 2.0.1 auch ihn deckt nun schon der grüne Rasen ⟨poet.⟩ *er ruht im Grab* 2.1 die Farbe deckt (etwas) *bildet eine undurchsichtige Schicht (über etwas), verdeckt (etwas);* ich habe ein gut ~ des Rot verwendet; diese Farbe deckt den hellen Untergrund (nicht) gut **3** ⟨R3 od. R4⟩ etwas deckt sich (mit etwas) *stimmt (mit etwas) überein;* unsere Ansichten, Interessen ~ sich nicht völlig; ihre Aussage deckt sich nicht mit der seinen; die beiden Begriffe ~ sich nicht 3.1 ⟨R3⟩ geometrische Figuren ~ sich *sind deckungsgleich, kongruent;* die beiden Dreiecke müssen sich ~ **4** ⟨R7 od. R8⟩ jmdn. od. etwas ~ *schützen, sichern;* gegen diese Beschuldigung müßte ich ihn ~; jmdn. mit dem eigenen Leibe ~; er wird von seinen Komplizen gedeckt; du mußt dich gegen seine Versuche, dir zu schaden, besser ~; die Flanke, den Rückzug ~ ⟨Mil.⟩; du mußt deinen König besser ~ ⟨Schachspiel⟩; der Boxer deckt sich (sein Gesicht) gegen einen Haken des Gegners **4**.1 sich ~ ⟨jägerspr.⟩ *Deckung aufsuchen* 4.2 ⟨Sp.⟩ *bewachen (in Mannschaftssportarten);* den eigenen Torraum ~ 4.2.1 einen gegnerischen Spieler ~ *am Einsatz, in seiner Bewegungsfreiheit behindern;* ihr müßt die Stürmer besser ~ **5** die Nachfrage, den Bedarf ~ ⟨Hdl.⟩ *befriedigen;* ~ Sie rechtzeitig Ihren Bedarf an Weihnachtsartikeln! **5**.1 mein Bedarf ist gedeckt! ⟨umg.; iron.⟩ *ich habe es satt* **6** ⟨505; Wirtsch.⟩ einen Wert (durch einen Gegenwert) ~ *sichern;* der Scheck ist nicht gedeckt; das Darlehen ist durch Hypotheken gedeckt; der Schaden wird durch die Versicherung voll gedeckt 6.1 einen Fehlbetrag, ein Soll ~ *ausgleichen, begleichen;* Kosten, Schulden, einen Verlust ~ **7** ein weibl. Haustier ~ *begatten;* er hat die Stute ~ lassen; ein Rüde mit Stammbaum soll die Hündin ~ **8** Hunde ~ ein Wild ⟨jägerspr.⟩ *packen u. halten ein W. fest*

'Deck·man·tel ⟨m.; -s; unz.; fig.⟩ *vorgetäuschte Eigenschaft od. Tätigkeit, Vorwand für ein schlechtes Verhalten;* das dient ihm nur als ~!; unter dem ~ der Freundschaft hat er uns sehr geschadet

'Deck·na·me ⟨m.⟩ *angenommener Name, den eine Person od. eine Sache zur Geheimhaltung trägt;* Sy *Pseudonym*

'Deckung ⟨-k·k-; f.; -, -en⟩ **1** *Übereinstimmung, Gleichsein;* es ist unmöglich, alle Vorstellungen zur ~ zu bringen **2** *Sicherung* 2.1 ⟨bes. Mil.⟩ *Schutz (vor feindl. Feuer od. gegen Sicht);* über eine aussichtsreiche, schwache, starke ~ verfügen; dieses Gelände bietet genügend, gute, keine ~; für die ~ des Rückzuges sorgen; die Stellung ohne ~ lassen; in ~ gehen; volle ~! (mil. Kommando); volle ~ nehmen; ~ suchen vor dem feindl. Feuer 2.1.1 ~ geben *Schutz (durch Schießen auf den Gegner) bieten* 2.2 ~ des eigenen Tors ⟨Sp.⟩ *Verteidigung (im Mannschaftsspiel)* 2.2.1 *Gesamtheit der Spieler, die in der Deckung(2.2) spielen;* die ~ konnte dem Gegner nicht standhalten 2.3 ~ der gegnerischen Spieler ⟨Sp.⟩ *Bewachung, Verhinderung eines erfolgreichen Spiels (im Mannschaftsspiel);* die ~ des Linksaußen ließ viel zu wünschen übrig 2.4 ⟨Sp.⟩ *Schutz des Körpers durch Fäuste u. Arme (beim Boxen);* die ~ durchschlagen 2.5 ⟨Schachspiel⟩ *vor dem Zugriff des Gegners schützende Figur(en);* die Dame ohne ~ lassen **3** ~ von Nachfrage, Bedarf ⟨Hdl.⟩ *Befriedigung* **4** ⟨Wirtsch.⟩ *Sicherung durch einen Gegenwert;* für diesen Scheck ist keine ~ vorhanden; ~ in bar **4**.1 *Ausgleich, Begleichung eines Fehlbetrags, eines Solls;* als, zur ~ von ...; zur ~ der Kosten beitragen **5** ~ eines weibl. Haustiers (Säugetier) *das Decken(7);* der Bulle wurde zur ~ zugelassen

'deckungs·gleich ⟨-k·k-; Adj.; Geom.⟩ *in allen Merkmalen übereinstimmend;* Sy *kongruent(2);* die beiden Dreiecke sind ~

de'fekt ⟨Adj.⟩ **1** *fehlerhaft, mangelhaft* **2** *beschädigt, schadhaft*

De'fekt ⟨m.; -(e)s, -e⟩ **1** *Mangel, Fehler, Gebrechen;* ein körperlicher, geistiger ~ **2** *Beschädigung, Schaden;* Motor~, Reifen~ **3** *Ausfall, Fehlbetrag*

de·fen'siv ⟨Adj.⟩ *abwehrend, verteidigend;* Ggs *offensiv(1)*

de·fi'nie·ren ⟨V. 500⟩ eine Sache ~ *(genau) erklären, begriffl. bestimmen, festlegen*

De·fla·ti'on ⟨f.; -, -en⟩ **1** *starke Einschränkung des Geldumlaufs ohne entsprechende Verringerung der Produktion;* Ggs *Inflation* **2** ⟨Geol.⟩ *Abtragung von lockerem Gestein u. Sand durch Wind*

'De·gen[1] ⟨m.; -s, -; veralt.; poet.⟩ *tüchtiger Kriegsmann, Gefolgsmann, Held*

'De·gen[2] ⟨m.; -s, -⟩ *Hieb- u. Stichwaffe mit langer, schmaler, zweischneidiger Klinge;* den ~ ziehen; zum ~ greifen; die ~ kreuzen

de·ge·ne'rie·ren ⟨V. 400⟩ *sich zurückbilden, entarten;* Ggs *regenerieren*

de·gra'die·ren ⟨V. 500⟩ **1** jmdn. ~ ⟨Mil.⟩ *im Rang herabsetzen;* einen Offizier zum Gefreiten ~ **2** den Boden ~ *durch Entzug wertvoller Nährstoffe verschlechtern* **3** Energie ~ ⟨Phys.⟩ *zerstreuen*

'deh·nen ⟨V. 500⟩ **1** etwas ~ *durch Ziehen verlängern, strecken, spannen, weiten;* → a. *stauchen(1.1);* du darfst das Gummiband, den Stoff nicht zu sehr ~ 1.1 Laute, Vokale, Sätze ~ ⟨Gramm.⟩ *langziehen, langgezogen aussprechen;* eine Silbe, ein Wort beim Sprechen ~; in gedehntem Ton sprechen 1.2 Töne ~ *lange aushalten, klingen lassen* **2** ⟨R3⟩ sich ~ *größer, weiter, länger werden;* die Ärmel des Pullovers haben sich sehr gedehnt 2.1 *sich recken, die Glieder strecken;* sich nach dem Schlaf recken und ~ **3** ⟨R3⟩ Flächen ~ sich *erstrecken sich, breiten sich aus;* die Felder ~ sich bis zum Horizont

'Deh·nung ⟨f.; -, -en⟩ *das Dehnen(1-2);* Vokal ~; durch die starke ~ zerriß das Gummiband

Deich ⟨m.; -(e)s, -e⟩ *Schutzdamm gegen Hochwasser am Meer od. Flußufer;* einen ~ bauen, verstärken

'Deich·sel ⟨[-ks-]; f.; -, -n⟩ *an der Vorderachse eines Wagens angebrachte Stange od. Doppelstange zum Ziehen, Lenken u. Anschirren der Zugtiere;* ein Pferd an die ~ spannen

'deich·seln ⟨[-ks-] V. 500⟩ etwas ~ ⟨fig.; umg.⟩ *etwas Schwieriges durch Geschick zuwege bringen, geschickt durchführen;* ich werde die Sache schon ~

dein[1] ⟨Possessivpron. 4; 2. Person Sg.; in Briefen Großschreibung⟩ → a. *mein(1.1 - 3.4)* **1** ~ Buch (usw.) *du hast ein B. (usw.)* 1.1 *dir gehörend, aus deinem Eigentum od. Besitz stammend* 1.1.1 das Deine *dein Eigentum* 1.2 *mit dir verwandt, bekannt, befreundet* 1.2.1 die Deinen *deine (engen) Verwandten* 1.3 *einen Teil von dir bildend* 1.4 *von dir ausgehend, bei dir Ursprung habend* 1.5 *dir zukommend* **2** *eine Eigenschaft von dir darstellend* 2.1 *dir zur Gewohnheit geworden* **3** *von dir getan* 3.1 *von dir verursacht* 3.2 *von dir vertreten, gerechtfertigt* 3.3 *dir erwünscht* 3.4 *von dir benutzt* **4** es grüßt Dich Dein(e) ... *(vertrauliche Schlußformel in Briefen)*

dein[2] ⟨Gen. von⟩ *du*

'dei·ner ⟨Gen. von⟩ *du*

'dei·ner·seits ⟨Adv.⟩ *von dir, von dir aus, von deiner Seite;* du mußt auch ~ etwas unternehmen

dei·nes'glei·chen ⟨a. ['----] Pron.⟩ *wie du, Leute wie du;* du und ~

de·ka'dent ⟨Adj.⟩ *angekränkelt, heruntergekommen, entartet*

de·kla'mie·ren ⟨V.⟩ **1** ⟨500⟩ ein Gedicht ~ *ausdrucksvoll vortragen* **2** ⟨400⟩ beim Gesang ~ *deutlich sprechen* 2.1 ⟨umg.; scherzh.⟩ *übertrieben pathetisch sprechen*

De·ko·ra·ti'on ⟨f.; -, -en⟩ **1** *Ausschmückung, Schmuck* **2** *Ausstattung;* Bühnen~ **3** *Orden, Ehrenzeichen*

de·ko'rie·ren ⟨V. 500⟩ **1** etwas ~ *schmücken, verzieren* **2** jmdn. ~ *auszeichnen, jmdm. einen Orden verleihen;* er ist mit einem Orden dekoriert worden

De'kret ⟨n.; -(e)s, -e⟩ *behördl. Verordnung, Verfügung;* ein ~ erlassen

De·le·ga·ti'on ⟨f.; -, -en⟩ **1** *Abordnung* **2** ⟨Rechtsw.⟩ *Übertragung;* ~ einer Vollmacht, Befugnis, Schuld

de·li'kat ⟨Adj.⟩ **1** ~e Speisen *köstlich, lecker* **2** ein ~er Mensch *empfindlich, zartfühlend* **3** ~e Angelegenheiten *heikel, behutsam zu behandeln*

De'likt ⟨n.; -(e)s, -e; Rechtsw.⟩ *strafbare Handlung*

De·lin'quent ⟨m.; -en, -en⟩ *Misse-, Übeltäter, Verbrecher*

'del·phisch ⟨Adj.⟩ **1** *Delphi betreffend, zu Delphi gehörig, von, in Delphi* 1.1 das Delphische Orakel *das in Delphi bestehende O.* **2** ⟨fig.⟩ *doppelsinnig, rätselhaft;* ein ~es Orakel; eine ~e Weisheit

'Del·ta[1] ⟨n.; -s, od. -, -s; Zeichen: , ⟩ **1** *vierter Buchstabe des griech. Alphabets* **2** ⟨Math.⟩ *Symbol für das Dreieck od. den Zuwachs einer Größe*

'Del·ta[2] ⟨n.; -s, -s od. -ten⟩ **1** *dreieckförmige Flußmündung* **2** *das von den äußeren Mündungsarmen umschlossene Gebiet*

dem ⟨Dat. von⟩ **1** *der*[1] **2** *das*

Dem·ago·ge ⟨[--'--]; m.; -n, -n⟩ **1** ⟨urspr.⟩ *Volksführer* 1.1 ⟨heute abwertend für⟩ *Aufwiegler, Volksverführer*

de·mas'kie·ren ⟨V. 500⟩ **1** jmdn. ~ 1.1 *jmdm. die Maske abnehmen* 1.2 ⟨fig.⟩ *jmdn. entlarven* **2** Geschütze ~ *die Tarnung von G. entfernen*

de·men'tie·ren ⟨V. 500⟩ eine Nachricht ~ **1** *leugnen, bestreiten* **2** *widerrufen* **3** *berichtigen*

De·mis·si'on ⟨f.; -, -en⟩ oV *Dimission* ⟨veralt.⟩ **1** = *Rücktritt(1)* **2** *Entlassung, Verabschiedung*

de·mis·sio'nie·ren ⟨V. 400⟩ *seine Demission annehmen, abdanken;* oV *dimissionieren* ⟨veralt.⟩

'dem·je·ni·gen ⟨Dat. von⟩ **1** *derjenige* **2** *dasjenige*

'dem·nach ⟨Adv. od. konsekutive Konj.⟩ *also, infolgedessen, auf Grund des Gesagten;* es ist ~ aussichtslos, noch auf Besserung zu hoffen; ~ warst du gestern dort?

De·mo'krat ⟨m.; -en, -en⟩ *Anhänger der Demokratie*

De·mo·kra'tie ⟨f.; -, -n⟩ *Volksherrschaft, Staatsform, bei der ein Staat nach dem Willen des Volkes regiert wird*

de·mo'kra·tisch ⟨Adj.⟩ *der Demokratie entsprechend, nach den Grundsätzen der Demokratie verfahrend*

de·mo'lie·ren ⟨V. 500⟩ **1** etwas ~ *niederreißen, zerstören* 1.1 eine Festung ~ *schleifen*

De·mon·stra·ti'on ⟨f.; -, -en⟩ **1** *Beweisführung, Darlegung* **2** *anschaul. Schilderung, Schau, Vorführung;* Flotten~ **3** ⟨Politik⟩ *Massenkundgebung* 3.1 *Protestkundgebung*

de·mon·stra'tiv ⟨Adj.⟩ **1** *beweisend* **2** *anschaulich darlegend* **3** *absichtlich, auffallend, betont;* ~er Beifall; ~ zustimmen **4** ⟨Gramm.⟩ *hinweisend*

de·mon'strie·ren ⟨V.⟩ **1** ⟨500⟩ eine Sache ~ *anschaul. vorführen* 1.1 etwas ad oculos ~ *etwas anschaulich vor Augen führen* 1.2 *darlegen, beweisen* **2** ⟨400⟩ *eine Demonstration(3) veranstalten, an ihr teilnehmen*

De·mon'ta·ge ⟨[-ʒə] f.; -, n⟩ *Abbau, Abbruch, bes. von Industrieanlagen*

de·mon'tie·ren ⟨V. 500⟩ etwas ~ ⟨Tech.⟩ **1** *in seine Bestandteile zerlegen* **2** *abbauen, abtragen;* industrielle Anlagen wurden nach dem 2. Weltkrieg demontiert

dem'sel·ben ⟨Demonstrativpron.; Dat. m. u. n.⟩ → *selbe*

'De·mut ⟨f.; -; unz.⟩ *Liebe u. Bereitschaft zum Dienen, tiefe Bescheidenheit, Unterwürfigkeit, Ergebenheit;* christliche, wahre, echte ~; in ~ dienen

'de·mü·tig ⟨Adj.⟩ *von Demut erfüllt, ergeben, ohne Geltungsbedürfnis;* eine ~e Bitte; ~ blicken

den 1 ⟨Akk. von⟩ *der*[1] **2** ⟨Dat. von⟩ *die*[2]

'de·nen 1 ⟨Dat. Pl. von der[1](2)⟩ *diesen, denjenigen;* ~, die unter diese Bestimmung fallen, wird geraten ... **2** ⟨Dat. Pl. von der[1](3)⟩ *welchen;* er gab es den Freunden, ~ er schon lange vertraute **3** ⟨Dat. Pl. von der[1](4); umg.⟩ *ihnen;* wie konntest du ~ nur vertrauen!

'den·je·ni·gen 1 ⟨Akk. von⟩ *derjenige* 2 ⟨Dat. von⟩ *diejenigen*

'den·ken ⟨V. 119⟩ 1 ⟨400⟩ *geistig arbeiten, überlegen;* der Mensch als ~des Wesen; die latein. Sprache wird als eine gute Schulung für das Denken betrachtet; erst ~, (und) dann handeln; lernen zu ~; das Denken lernen; logisch, scharf, vernunftgemäß ~; ich dachte mir nichts Böses dabei 1.0.1 das gibt zu ~ *das ist bedenklich, hier heißt es vorsichtig sein* 1.0.2 ⟨550⟩ einen Gedanken zu Ende ~ *bis zu Ende verfolgen* 1.0.3 du sollst nicht so viel ~ ⟨umg.⟩ *nicht so viel grübeln* 1.0.4 und wenn ich denke, daß ... *wenn ich mir vorstelle, daß ...* 1.0.5 ⟨410⟩ bei sich ~ *(heimlich) überlegen* 1.0.6 ⟨412 m. Modalverb⟩ solange ich ~ kann, ... *so weit meine Erinnerung zurückreicht, ...* 1.0.7 gedacht, getan *kaum war der Plan gefaßt, so wurde schon mit seiner Ausführung begonnen* 1.0.8 ~ Sie mal an! ⟨umg.⟩ *ist es möglich!, so etwas!, was Sie nicht sagen!* 2 ⟨500⟩ etwas ~ *glauben, meinen, annehmen;* das hätte ich nicht von ihm gedacht!; ich dachte, wunder wie reich er wäre!; man sollte denken, daß ...; sie dachte, es sei ihre Pflicht; du denkst wohl, du brauchst dir jetzt keine Mühe mehr zu geben?; ich dächte, es wäre besser für dich, erst einmal dein Studium abzuschließen; wann ist er mit dem Studium fertig? ich denke, in einem Jahr etwa; ~ wir einmal, wir wären in ...; ganz wie Sie ~! 2.0.1 ⟨550⟩ was ~ Sie von ...? *was halten Sie von ...?, wie beurteilen Sie ...?* 2.0.2 wer hätte das gedacht! *das hätte niemand für möglich gehalten!* 2.0.3 machen Sie es, wie Sie ~ *wie Sie es für richtig halten* 3 ⟨700 od. 800⟩ an jmdn. od. etwas, jmds. od. einer Sache ~ ⟨geh.⟩ *seine Gedanken auf jmdn. od. etwas richten;* wir denken auch an die Kosten; ich denke oft an dich; er denkt deiner in Sehnsucht 3.0.1 daran ist im Augenblick überhaupt noch nicht zu ~! *dafür besteht jetzt noch nicht die geringste Aussicht!* 3.0.2 nicht daran ~ *(etwas) nicht in Betracht ziehen, sich weigern;* er denkt gar nicht daran zu antworten; ich denke nicht daran! 3.0.3 denke an deine Verpflichtungen! *vergiß deine V. nicht!* 3.1 *sich an jmdn., etwas erinnern, jmds., einer Sache gedenken;* ~ wir doch einmal an die Revolution 3.1.1 ~ Sie noch daran? *erinnern Sie sich noch gelegentlich?, haben Sie es noch nicht vergessen?* 3.2 *an jmdn., einer Sache interessiert, um jmdn., etwas bemüht, auf jmdn., etwas bedacht sein;* bei allem dachte er nur an seine Familie 3.2.1 du mußt endlich auch an dich selbst ~! *du darfst nicht zu selbstlos, uneigennützig sein!* 4 ⟨530/R1⟩ sich jmdn. od. etwas ~ *(im Geiste) vorstellen;* ich kann es mir ~; ich denke ihn mir groß und blond; ich dachte mir die Sache so: ...; sie können sich sicher ~, daß ..., wie sehr ...; ich hatte mir das ganz anders gedacht!; er hatte sich das so, zu leicht gedacht 4.0.1 das habe ich mir beinahe gedacht! *das habe ich vermutet* 4.0.2 ich habe es mir gleich gedacht! *ich habe es kommen sehen!; ich habe es gleich vermutet* 4.0.3 etwas läßt sich ~ *versteht sich von selbst* 4.0.4 das hast du dir gedacht! ⟨umg.⟩ *da hast du dich gründlich getäuscht!* 4.0.5 was ~ Sie sich eigentlich? ⟨umg.⟩ *was erlauben Sie sich?* 4.0.6 ich denke mir mein Teil dabei ⟨umg.⟩ *ich habe da meine eigene Meinung* 4.0.7 ⟨mit Modalverb⟩ das hätte ich mir ~ können! *das hätte mich nicht überraschen sollen, denn es war zu erwarten gewesen* 4.0.8 dacht' ich mir's doch! *das vermutete ich!* 5 ⟨505/R3⟩ sich (in etwas) ~ *sich im Geiste (in etwas) versetzen;* wir dachten uns in seine Situation 5.0.1 ~ Sie sich an meine Stelle! *versetzen Sie sich in meine Lage!* 6 ⟨480 od. 500⟩ *gesonnen sein, beabsichtigen, gedenken;* wir ~ noch ein wenig zu bleiben; ich denke, wir warten noch ein paar Minuten 6.0.1 ⟨400⟩ der Mensch denkt, und Gott lenkt ⟨Sprichw.⟩ *des Menschen Pläne vermögen nichts gegen Gottes Wollen* 7 ⟨413⟩ auf bestimmte Art ~ *gesinnt sein;* edel, engstirnig, freundschaftlich, kleinlich, gemein ~ 7.0.1 sein großherziges Denken erlaubte keine Lüge *seine großherzige Gesinnung* 8 ⟨550⟩ von jmdm. od. einer Sache, über jmdn. od. etwas in bestimmter Weise ~ *eine bestimmte Meinung von jmdm. od. einer Sache haben, jmdn. od. etwas in bestimmter W. beurteilen;* gering, gut, häßlich, niedrig von jmdm. ~; ~ Sie nicht schlecht von mir!

'Denk·mal ⟨n.; -(e)s, ¨er od. (selten) -e⟩ 1 ⟨i. w. S.⟩ *denk- u. erhaltungswürdiger Gegenstand der Kunst, Geschichte, Natur;* Natur~; ein literarisches, historisches ~ 2 ⟨i. e. S.⟩ *Bildwerk, Gedenkstein zur Erinnerung an ein Ereignis od. eine Person;* ein ~ aus Marmor, Granit; ein ~ bauen, errichten, enthüllen 2.1 jmdm. ein ~ setzen eine Persönlichkeit u. ihre Verdienste in einem Kunstwerk (meist literar.) verewigen 2.2 sich ein ~ setzen ⟨fig.⟩ *etwas Hervorragendes von bleibendem Wert leisten*

'Denk·zet·tel ⟨m.; fig.; umg.⟩ *fühlbare, handgreifl. Lehre, die man nicht so leicht vergessen kann, exemplarische Strafe;* einen ~ bekommen, erhalten; jmdm. einen ~ geben; er hat einen ~ verdient

denn[1] ⟨Konj. zur Verbindung zweier Hauptsätze⟩ 1 *(Ausdruck, der eine Begründung einleitet);* → a. *weil;* beende erst deine Ausbildung, ~ das bringt dich beruflich weiter 2 ⟨norddt. für die temporale Konj.⟩ *dann;* na, ~ geht es eben nicht

denn[2] ⟨Adv.⟩ 1 ⟨einräumend⟩ es sei ~, daß ... *außer ..., außer, wenn;* ich lasse dich nicht, du segnest mich ~ ⟨biblisch⟩ 2 ⟨verstärkend⟩ *nur, bloß;* wo kann er ~ sein?; was ist ~ eigentlich geschehen? 2.1 auf, nun, wohlauf ~! *jetzt soll es aber beginnen!* 3 ⟨identifizierend⟩ *genau(er), bestimmt(er);* wann, welcher, wer, wo, weshalb ~?

denn[3] ⟨Vergleichspartikel⟩ 1 ⟨veralt.⟩ *als* 1.1 ⟨noch in der formelhaften Wendung⟩; mehr ~ je; er war der Aufklärung des Verbrechens näher ~ je 1.2 ⟨mitunter noch, um zu vermeiden, daß zwei „als" nebeneinanderstehen⟩; er berät ihn mehr als Freund ~ als Vormund; er war größer als Künstler ~ als Mensch

'den·noch ⟨Konj.⟩ *trotz des vorher Gesagten, doch, trotzdem;* er ist schon mehrmals abgewiesen worden, ~ will er es noch einmal versuchen; ich werde es ~ tun

den'sel·ben ⟨Demonstrativpron.; Akk. m.⟩ → *selbe*

de·nun'zie·ren ⟨V. 500⟩ jmdn. od. etwas ~ *aus niedrigen Beweggründen anzeigen;* Sy *anschwärzen* ⟨fig.; umg.⟩

De·pot ⟨[de'po:] n.; -s, -s⟩ **1** *Niederlage, Aufbewahrungsort;* Bank~ **1.1** *die im Depot(1) einer Bank aufbewahrten Gegenstände* **2** *Straßenbahnhof;* Straßenbahn~ **3** *Archiv, Magazin, Lager* **4** ⟨Med.⟩ *Speicher, Ansammlung, Ablagerung* **5** ⟨Med.⟩ *Behandlung mit Arzneien, die über längere Zeit wirken* **6** ⟨schweiz.⟩ = *Pfand(2);* Flaschen~

De·pres·si'on ⟨f.; -, -en⟩ **1** ⟨meist Pl.⟩ ~en *Niedergeschlagenheit, gedrückte Stimmung;* Sy *Tief(3)* ⟨umg.⟩ **2** ⟨Wirtsch.⟩ *Phase des Rückgangs der Konjunktur, wobei das reale Bruttosozialprodukt fällt;* Sy *Tief(4)* ⟨umg.⟩ **3** ⟨Meteor.⟩ *Gebiet niedrigen Luftdrucks;* Sy *Tief(1)* **4** ⟨Geogr.⟩ *unter dem Meeresspiegel liegendes Land* **5** ⟨Astr.⟩ *der unter dem Horizont liegende Teil des Höhenkreises eines Gestirns* **6** ⟨Bgb.⟩ *Unterdruck bei der Grubenbewetterung* **7** ⟨Phys.⟩ *Absinken unter einen Normalwert*

de·pri'mie·ren ⟨V. 500⟩ jmdn. ~ *niederdrükken, entmutigen;* das deprimiert mich; jmd. ist deprimiert

der[1] ⟨m. 5⟩ **1** ⟨bestimmter Artikel⟩; ~ Mann; ~ Baum; ~ Peter ⟨umg. a. vor Eigennamen⟩ **1.1** er ist der Komponist unserer Zeit *der bedeutendste K.* **1.2** ~ Meier *männliches Mitglied der Familie M.* **2** ⟨Demonstrativpron.; Gen. a. dessen, Gen. Pl. a. deren⟩ *dieser, derjenige;* ~, den ich gesehen habe, hatte ...; ~ da, dort, hier war es! **2.1** ~ und ~ soll auch dabeigewesen sein! (als Ersatz für Eigennamen) *ein bestimmter Herr X.* **3** ⟨Relativpron.; Gen. dessen, Gen. Pl. deren⟩ *welcher;* er war der erste, ~ die Erde umkreiste **4** ⟨umg. für das Personalpron.⟩ *er;* wie konnte ~ nur dein Vertrauen gewinnen!

der[2] **1** ⟨Gen., Dat. von⟩ *die*[1] **2** ⟨Gen. von⟩ *die*[2]

derb ⟨Adj.⟩ **1** *rauh, grob, hart;* ~er Stoff, ~es Schuhwerk, ~e Kost; ~ zugreifen, anfassen **1.1** ⟨Geol.⟩ *grobkörnig, unregelmäßig;* ~es Mineral, Gestein **1.2** *kräftig, heftig;* ~er Stoß; jmdm. ~ die Hand schütteln **1.3** *urwüchsig, bäurisch;* ein ~er Bursche, Junge **2** *grob, offen, ohne jede Rücksicht, nicht salonfähig, unfein;* eine ~e Antwort; ~e Witze, Reden; sich ~ ausdrücken; jmdn. ~ anfahren

der'einst ⟨Adv.⟩ **1** ⟨veralt.; geh.⟩ *künftig* **2** *früher einmal*

'de·ren ⟨Gen. Pl. von⟩ **1** *der*[1]*(2,3)* **2** *das(2,3)* **3** *die*[1]*(2,3)*

der'glei·chen ⟨Demonstrativpron. 11; Abk.: dgl.⟩ **1** *so beschaffen, ähnlich geartet;* ~ Dinge hielt er für unvermeidlich; ~ Fälle kommen immer wieder vor **1.1** und ~ mehr ⟨Abk.: u. dgl. m.⟩ *mehr von dieser Art* **1.2** nichts ~ *nichts davon, es ist nichts in dieser Art geschehen* **2** nicht ~ tun *etwas od. jmdn. nicht beachten, nicht reagieren;* er tat nicht ~

'der·je·ni·ge ⟨Demonstrativpron. m. 6; in Relativsätzen verstärkend für⟩ **1** *der*[1]*(2), die*[1]*(2), das(2);* ~ Gast, den wir gestern trafen **1.1** du bist also ~, welcher! ⟨iron.⟩ *der, von dem die Rede ist, der verantwortlich ist*

'der·je·ni·gen **1** ⟨Gen.; Dat. von⟩ *diejenige* **2** ⟨Gen. Pl. von⟩ *diejenigen;* → *derjenige*

der'sel·be ⟨Demonstrativpron.; m. 6⟩ Sy *derselbige* ⟨veralt.⟩ → *selbe*

der'sel·bi·ge ⟨Demonstrativpron.; m. 10⟩ = *derselbe*

der'weil ⟨veralt.⟩ oV *derweilen* **1** ⟨Adv.⟩ *inzwischen;* sie merkte nicht, daß es ~ dunkel wurde; er wollte noch Blumen kaufen, ~ waren die Geschäfte zu **2** ⟨Konj.⟩ *während;* sie arbeitete, ~ das Kind schlief

der'wei·len ⟨Adv.; Konj.⟩ = *derweil*

'der·zeit ⟨Adv.⟩ **1** *jetzt, augenblicklich, zur Zeit;* ~ ist die Lage kritisch; die ~ beste Methode **2** *damals, seinerzeit;* der ~ beste Tänzer; ~ sah die Stadt anders aus

des ⟨Gen. von⟩ **1** *der*[1] **2** *das*

de·ser'tie·ren ⟨V. 400⟩ Soldaten ~ **1** *entfernen sich von ihrer Truppe, um nicht wieder zurückzukehren, begehen Fahnenflucht* **2** *laufen zum Gegner über, um sich zu ergeben;* Sy *überlaufen*[1]*(3)*

des'glei·chen **1** ⟨Adv.; Abk.: desgl.⟩ *das gleiche, so, ebenso;* tue ~! **2** ⟨Konj.⟩ *ebenso, auch;* aufgerufen wurden zunächst die Nummern eins bis zehn, ~ noch einige dringende Fälle

'des·halb ⟨Adv.⟩ *aus diesem Grunde, darum;* Sy *deswegen;* dieses Buch wendet sich nur an den Fachmann, ~ habe ich kein Interesse daran; er kommt nur ~, weil er dich nicht enttäuschen will ⟨als Ergänzung zur Konj. „weil"⟩

Des·in·fek·ti'on ⟨f.; -, -en⟩ *Vernichtung von Krankheitserregern mit chem. od. physikal. Mitteln*

Des·in'fek·tor ⟨m.; -s, -'to·ren⟩ **1** *jmd., der (von Berufs wegen) desinfiziert* **2** *Gerät zum Desinfizieren*

des·in·fi'zie·ren ⟨V. 500⟩ jmdn. od. etwas ~ *durch Desinfektion keimfrei machen*

'des·je·ni·gen ⟨Gen. von⟩ **1** *derjenige* **2** *dasjenige*

Des'pot ⟨m.; -en, -en⟩ *Gewaltherrscher, Willkürherrscher*

des'po·tisch ⟨Adj.⟩ **1** *herrisch, rücksichtslos* **2** *gewalttätig, willkürlich*

'des·sen ⟨Gen. von⟩ **1** *der*[1]*(2.3)* **2** *das(2.3)*

Des·sert ⟨[dɛ'sɛ:r] n.; -s, -s⟩ = *Nachtisch*

De·stil·la·ti'on ⟨f.; -, -en⟩ **1** *Schankwirtschaft* **2** ⟨Chem.⟩ *Verdampfung u. anschließende Kondensation (Wiederverflüssigung durch Abkühlen) einer Flüssigkeit zur Abtrennung einer Flüssigkeit von darin gelösten Feststoffen u. zur Trennung verschiedener Flüssigkeiten*

de·stil'lie·ren ⟨V. 500⟩ etwas ~ *durch Destillation(2) trennen*

'de·sto ⟨proportionale Konj., steht nur vor einem Komparativ⟩ **1** *um so;* ~ früher kann ich kommen!; je mehr hierbei mitarbeiten, ~ schneller wird die Arbeit beendet sein **2** ~ besser! *(Ausruf der Erleichterung)*

'des·we·gen ⟨Konj.⟩ = *deshalb;* sie ist krank, ~ kann sie nicht kommen

De·tail ⟨[de'taj] n.; -s, -s⟩ *etwas einzelnes, Einzelheit;* ~s angeben; sich an alle ~s erinnern; auf jedes ~ eingehen; auf ~s verzichten; sich auf jedes ~ einlassen; ins ~ gehen; bis ins kleinste ~ berichten; mit ~s ausschmücken

De·tek'tiv ⟨m.; -s, -e⟩ *privater, berufsmäßiger Ermittler von Straftaten u. zivilrechtl. Angelegenheiten*

De·to·na·ti'on ⟨f.; -, -en⟩ *eine mit Knall u. unter Gasentwicklung sehr rasch, aber langsamer als eine Explosion verlaufende chem. Reaktion;* → a. *Explosion(1.1)*

de·to'nie·ren ⟨V. 400⟩ **1** *in Form einer Deto-*

nation verbrennen; → a. *explodieren(1.1)* **2** *unrein singen, spielen*
'det·to ⟨Adv.; österr.⟩ = *dito*
'deu·ten ⟨V.⟩ **1** ⟨500⟩ etwas ~ *etwas auslegen, erklären, erläutern;* ich kann es mir nicht ~; ein Gleichnis, Handlinien, die Sterne, einen Text, ein Zeichen ~; etwas falsch, richtig ~; wir haben es in unserem Sinn gedeutet **2** ⟨411⟩ (mit etwas) auf etwas od. jmdn. ~ *auf etwas od. jmdn. deutlich zeigen;* sie deutete auf ihn; mit dem Finger, der Hand, dem Zeigestock auf etwas ~ **2.1** etwas deutet auf etwas ⟨fig.⟩ *etwas läßt etwas erkennen, erwarten;* alles deutet auf eine baldige Wetteränderung; das deutet auf nichts Gutes!; alles deutet darauf, daß ...
'deut·lich ⟨Adj.⟩ **1** *klar (erkennbar);* ich kann den Ort am Horizont ~ erkennen, sehen, wahrnehmen **2** *akustisch gut verständlich;* ein Wort ~ aussprechen; du sollst klar u. ~ reden! **3** *leicht lesbar;* er hat eine ~e Schrift **4** ⟨a. fig.⟩ *leicht festzustellen;* es war ~ seine Absicht **5** *eindeutig;* das war aber eine ~e Antwort!; du mußt dich ~er ausdrücken! **5.1** *nachdrücklich;* jmdm. einen ~en Wink geben **5.2** *rücksichtslos offen, grob;* eine ~e Sprache mit jmdm. sprechen; das war aber ~!; er wurde ziemlich ~
'Deut·lich·keit ⟨f.; -, -en⟩ **1** ⟨unz.⟩ *Verständlichkeit, Eindeutigkeit, Erkennbarkeit, Klarheit;* die ~ seiner Erklärung, Aussprache; etwas gewinnt an ~ **1.1** etwas mit aller ~ sagen ⟨fig.⟩ *mit allem Nachdruck, rücksichtslos offen* **2** ⟨fig.; umg.⟩ *grobe Antwort, derb Gesprochenes;* jmdm. eine ~ sagen; diese ~en waren nicht nötig!
deutsch ⟨Adj. 24⟩ **1** ⟨70⟩ *zu Deutschland gehörig, Deutschland betreffend;* die ~e Außenpolitik; die ~en Grenzen **1.0.1** die ~e Bundesrepublik ⟨ungenaue Bez. für⟩ *Bundesrepublik Deutschland* **1.1** ⟨Großschreibung in Titeln, Namen⟩; die Deutsche Bibliothek (in Frankfurt a. M.); die Deutsche Bücherei (in Leipzig); der Deutsche Bund; Deutsche Bundesbahn ⟨Abk.: DB⟩; Deutsches Bundesgebrauchsmuster ⟨Abk.: DBGM⟩; Deutsches Bundespatent ⟨Abk.: DBP⟩; Deutsche Bundespost ⟨Abk.: DBP⟩; Deutsche Demokratische Republik ⟨Abk.: DDR⟩; Deutscher Gewerkschaftsbund ⟨Abk.: DGB⟩; Deutsche Mark ⟨Abk.: DM⟩; Deutsches Reichspatent ⟨Abk.: DRP⟩; Deutsches Rotes Kreuz ⟨Abk.: DRK⟩ **1.1.1** der Deutsch-Französische Krieg *der K. von 1870/71* **1.1.2** ⟨aber⟩ ein deutsch-französischer Krieg *irgendein Krieg zwischen Deutschland u. Frankreich* **1.1.3** Deutsches Reich **1.1.3.1** ⟨962-1806⟩ *die deutschsprachigen Fürstentümer des Heiligen Römischen Reiches (Deutscher Nation)* **1.1.3.2** ⟨1871-1945; amtl. Bez. für⟩ *Deutschland* **1.1.4** Deutscher Orden *Ritterorden seit 1190* **1.1.5** Deutsche Dogge *große schlanke D.* **2** *für Deutschland u. seine Bevölkerung eigentümlich;* nach alter ~er Sitte; die ~e Sprache **3** *in der Sprache der Bevölkerung Deutschlands;* dieses Fremdwort kann man auch ~ aussprechen; er hat ~ geschrieben, gesprochen; wir haben uns ~ unterhalten **3.1** auf, in, zu ~ *in dt. Text, Wortlaut;* wie heißt das auf ~? **3.2** ~ mit jmdm. reden ⟨50; fig.⟩ *jmdm. ohne Umschweife die Wahrheit sagen* **3.3** auf gut ~ ⟨fig.; umg.⟩ *einfach u. deutlich (gesagt), unmißverständlich;* das heißt auf gut ~, daß du nicht kommen willst **3.4** die ~e Schweiz *die deutschsprechende S.* **4** ⟨60⟩ *aus Deutschland stammend, in Deutschland hergestellt;* der ~e Arbeiter; ~e Erzeugnisse **4.1** Deutsche Schabe *bis 13 mm lange, weltweit verbreitete Schabe[1] mit zwei dunklen Streifen auf dem gelbl. Halsschild: Blattella germanica*
Deutsch ⟨n.; - od. -s; unz.⟩ **1** *die dt. Sprache als Sprache eines einzelnen od. einer bestimmten Gruppe od. wenn sie sonstwie näher bestimmt ist;* sein ~ ist akzentfrei, einwandfrei, gut, schlecht; im heutigen ~ gibt es viele amerikanische Wendungen; wir legen Wert auf gutes ~ **2** ⟨ohne Art.⟩ *die dt. Sprache im allgemeinen;* er kann, lehrt, lernt, spricht, versteht (kein) ~; er versteht kein Wort ~; Unterricht in ~ erhalten, erteilen, geben, haben, nehmen **2.1** du verstehst wohl kein ~? ⟨fig.; umg.⟩ *kannst du nicht gehorchen, nicht hören?* **3** ⟨ohne Art.⟩ *die dt. Sprache u. Literatur als Unterrichtsfach;* er hat in ~ eine 3; wer hat hier den Lehrstuhl für ~?
'Deut·sche ⟨n. 3; unz.; nur mit bestimmtem Artikel⟩ das ~ **1** *die deutsche Sprache;* etwas aus dem ~n ins Französische übersetzen, übertragen **2** ⟨in Zus.⟩ *einzelner Zweig der dt. Sprache;* das Nieder-, Mittelhochdeutsche **3** *für Deutschland u. die Deutschen bezeichnende Eigenart;* das typisch ~ an ihm
'Deut·sche(r) ⟨f. 2 (m. 1)⟩ **1** *jmd., der nach Abstammung u. Muttersprache dem deutschen Volk angehört;* alle ~n; sie ist (eine) ~; sie hat einen ~n geheiratet; ihr Mann ist (ein) ~r **2** *jmd., der deutscher Staatsbürger ist;* sie spricht nur französisch, ist aber ~
De·vi·se ⟨[-'vi:-]; f.; -, -n⟩ **1** = *Wahlspruch* **2** ⟨nur Pl.⟩ ~n *Zahlungsmittel in ausländ. Währung*
De'zem·ber ⟨m.; -s od. -, -; Abk.: Dez.⟩ *der 12. Monat des Jahres*
de·zi'mal ⟨Adj. 24⟩ *auf der Zahl zehn beruhend*
de·zi'mie·ren ⟨V. 500⟩ ein Volk, eine Truppe ~ **1** ⟨eigtl.⟩ *jeden zehnten Mann töten* **2** ⟨fig.⟩ *stark vermindern, große Verluste zufügen*
Dia'gno·se ⟨f.; -, -n⟩ **1** ⟨Med.⟩ ~ einer Krankheit *Erkennung, Feststellung;* eine ~ stellen **2** ⟨Bot.; Zool.⟩ *Bestimmung der systemat. Stellung einer Tier- od. Pflanzenart nach ihren Merkmalen*
dia·go'nal ⟨Adj. 24⟩ **1** *zwei nicht benachbarte Ecken eines Vielecks od. eines durch fünf od. mehr ebene Flächen begrenzten geometrischen Körpers geradlinig verbindend* **2** *weder waagerecht noch senkrecht, sondern schräg laufend* **3** ein Buch ~ lesen ⟨umg.⟩ *sehr flüchtig*
Dia'lekt ⟨m.; -(e)s, -e⟩ = *Mundart*
dia'lek·tisch ⟨Adj.⟩ **1** ⟨veralt.⟩ *mundartlich* **2** *die Dialektik betreffend* **2.1** ~er Materialismus ⟨Kurzw.: Diamat; umg.⟩ *philosoph. Anschauung, nach der jede Entwicklung als Ergebnis der sich auf Grund von Gegensätzen u. Widersprüchen ständig wandelnden, in Wechselbeziehung zueinander stehenden Formen der Materie anzusehen ist*
Dia'log ⟨m.; -(e)s, -e⟩ **1** *Gespräch zwischen zweien od. mehreren, Wechselrede;* Ggs *Monolog(1)* **2** *philosoph. Erörterung*
Dia'mant[1] ⟨m.; -en, -en⟩ **1** *aus reinem Kohlen-*

stoff bestehendes, härtestes Mineral, ein wertvoller Edelstein wegen der hohen Lichtbrechung seiner Kristalle; ~en facettieren, schleifen, fassen; ein ~ von 3 Karat **2** ~en tragen *Schmuck mit D. tragen* **3** hart wie (ein) ~ ⟨a. fig.⟩ *sehr hart* **4** → a. *schwarz(1.5)*
Dia'mant² ⟨f.; -; unz.; Typ.⟩ *ein Schriftgrad, 4 Punkt(3)*
Di'ät ⟨f.; -; unz.⟩ *eine der Konstitution (des Kranken) gemäße Lebens- u. Ernährungsweise;* Sy *Schonkost;* (strenge) ~ (ein)halten; eine ~ verordnen; ~ für Gallen-, Magen-, Zuckerkranke; nach einer bestimmten ~ leben
dia'to·nisch ⟨Adj. 24⟩ **1** *sich überwiegend durch Ganztonschritte bewegend* **2** *in der Tonfolge einer Dur- od. Molltonleiter;* Ggs *chromatisch(1)*
dich ⟨Akk. von⟩ *du;* → a. *sich*
dicht ⟨Adj.⟩ **1** *undurchlässig;* das Boot ist ~; die Fenster schließen nicht ~; die Schuhsohlen sind nicht mehr ~; ~ halten, bleiben **2** ⟨50⟩ *nahe, eng;* er stand ~ dabei, als der Unfall geschah; ~ neben dem Haus befand sich ... **2.1** jmdm. ~ auf den Fersen sein *jmdm. unmittelbar folgen* **3** *ohne od. mit geringem Zwischenraum zusammengefügt;* ein ~es Gewebe; er hat ~es Haar **3.1** *schwer zu durchdringen;* eine ~e Hecke umsäumte das Grundstück; ~er Nebel behinderte den Verkehr; ein ~er Wald
'Dich·te ⟨f.; -; unz.⟩ **1** ⟨allg.⟩ *die Menge eines Stoffes in der Raumeinheit* **1.1** *Menge od. Anzahl von Organismen je Flächeneinheit, dichtes Nebeneinander, Enge, Nähe;* Bevölkerungs~, Einwohner~, Verkehrs~; die ~ der Bevölkerung, des Straßenverkehrs **2** ⟨Phys.⟩ *die in der Raumeinheit od. Flächeneinheit enthaltene Masse eines Stoffes, das Verhältnis der Masse eines Körpers zu seinem Volumen;* Gas~, Strom~, Luft~; Raum~, Flächen~, Linien~ **2.1** → a. *relativ(1.7)*
'dich·ten¹ ⟨V. 402⟩ (etwas) ~ **1** *ein sprachliches Kunstwerk (insbes. in Versen) schaffen, verfassen, ausdenken;* ein Gedicht, ein Drama, ein Lied ~; er dichtet; er hat diese Ballade gedichtet **2** ⟨umg.⟩ *schwindeln, erträumen* **3** sein Dichten und Trachten war darauf gerichtet *seine Gedanken, Absichten, Wünsche zielten auf...*
'dich·ten² ⟨V. 500⟩ etwas ~ *dicht, undurchlässig machen;* eine Tür, ein Fenster ~; das Dach, den Wasserhahn ~; ein Leck mit Teer ~
'Dich·ter ⟨m.; -s, -⟩ **1** *Schöpfer von Sprachkunstwerken* **2** *Träumer, Schwärmer, phantasievoller Mensch, der die Welt beseelt sieht*
'dich·te·risch ⟨Adj.⟩ **1** *zum Dichter, zur Dichtung gehörig, auf sie bezüglich;* ein glänzender ~er Einfall; seine ersten ~en Versuche **1.1** ~e Freiheit *die F. des Dichters, aus künstler. Gründen vom Herkömmlichen (sprachlich) u. Wirklichen abzuweichen* **2** *in formvollendeter Sprache abgefaßt;* der Roman ist eine große ~e Leistung **3** *seelen-, phantasievoll;* wahrhaft ~e Worte finden
'dicht·hal·ten ⟨V. 160/400; umg.⟩ **1** *etwas für sich behalten, schweigen;* du mußt ~; er hat (nicht) dichtgehalten **2** ⟨aber getrennt⟩ 'dicht 'halten → *dicht(1)*
'Dich·tung¹ ⟨f.; -, -en⟩ **1** *Werk eines Dichters, sprachliches Kunstwerk;* Roman~, Balladen~; Heimat~; eine lyrische, epische, romantische, dramatische ~; die ~ der Romantik; geistliche, weltliche ~ **2** ⟨fig.; umg.⟩ *Schwindel, Phantasiegebilde;* das ist doch reine ~!
'Dich·tung² ⟨f.; -, -en⟩ **1** ⟨unz.⟩ *das Undurchlässigmachen, Verstopfen* **2** ⟨Tech.⟩ *flaches Zwischenstück an Verbindungsstellen technischer Geräte u. Maschinen zum Abdichten;* Schlauch~; Gummi~, Filz~; eine neue ~ in den Wasserhahn einlegen; die ~ erneuern
dick ⟨Adj.⟩ **1** *eine große Masse aufweisend, umfangreich;* ein ~er Ast **1.1** die ~e Berta ⟨umg.⟩ *dt. 42-cm-Mörser, im Ersten Weltkrieg das schwerste Steilfeuergeschütz im Landkampf* **1.2** ein ~er Brocken ⟨a. fig.; umg.⟩ *ein schweres Geschoß* **1.3** ~er Bruder ⟨fig.; umg.; schweiz.⟩ *Mann mit sehr viel Geld* **1.4** einen ~en Schädel haben ⟨a. fig.; umg.⟩ *eigensinnig, hartnäckig sein* **1.5** es ~ hinter den Ohren haben ⟨fig.; umg.⟩ *gewitzt, gerissen sein* **1.6** ein ~er Hund ⟨a. fig.⟩ *ein starkes Stück* **2** *mit großem Leibesumfang;* ein ~er Mann **2.1** sich ~ und rund essen ⟨umg.⟩ *sehr viel e.* **2.2** ~ machen ⟨derb⟩ *schwängern* **2.3** eine Hündin, Raubwild ist, geht, wird ~ ⟨jägerspr.⟩ *trächtig* **3** *(krankhaft) geschwollen;* eine ~e Backe; einen ~en Finger haben **4** *im Querschnitt von großer Ausdehnung;* ein ~es Buch; ein ~er Stoff **4.0.1** ein ~es Fell haben ⟨a. fig.; umg.⟩ *unempfindlich sein* **4.1** *in reichlicher Menge, kräftig;* ein Brot ~ mit Butter bestreichen **4.1.1** jmdm. etwas ~ ankreiden ⟨fig.; umg.⟩ *nicht vergessen, bes. nachtragen* **4.1.2** ~ auftragen ⟨a. fig.; umg.⟩ *übertreiben* **4.2** *im Querschnitt stark;* das Brett war 3 cm ~ **5** *dicht, in gedrängter Masse;* im ~sten Verkehr; die Katze hat sich im ~sten Gestrüpp verkrochen; aus der Küche kam ~er Rauch **5.1** durch ~ und dünn ⟨fig.; umg.⟩ *durch alle Schwierigkeiten hindurch* **5.1.1** die beiden gehen durch ~ und dünn miteinander *stehen einander bei allen Gefahren zur Seite* **5.2** die Luft ist zum Schneiden ~ *verbraucht, sehr stickig* **5.3** hier ist ~e Luft *verbrauchte L.* **5.3.1** ⟨fig.; umg.⟩ *gespannte Stimmung, Gefahr* **5.4** *zähflüssig;* ein ~er Brei **5.5** ~e Milch *geronnene M.* **6** ⟨fig.; umg.⟩ *groß, gewichtig* **6.1** das ~e Ende kommt nach *das Schlimmste steht noch bevor* **6.2** ~e Gelder *viel Geld* **6.3** ein ~es Geschäft machen *ein sehr einträgliches G.* **6.4** ein ~es Lob ernten *sehr gelobt werden* **6.5** eine ~e Rechnung *eine hohe R.* **6.6** ~e Töne spucken *prahlen* **7** ⟨90; fig.; umg.⟩ *eng, innig, vertraut;* die beiden sind ~e Freunde **7.1** mit jmdm. ~e Freundschaft halten *eng befreundet sein* **7.2** ~e Beziehungen haben *gute B. zu einflußreichen Personen* **8** ⟨50⟩ eine Sache ~ haben ⟨fig.; umg.⟩ *einer S. überdrüssig sein*
'Dickicht ⟨-k·k-; n.; -s, -e⟩ *dichtes Gebüsch, dichter, junger Wald, Gestrüpp;* ein ~ von Fichten; das finstere ~ des Waldes; das undurchdringliche ~ des Urwaldes
'Dick·kopf ⟨m.; fig.⟩ **1** *eigensinniger, starrsinniger Mensch;* so ein ~!; du ~! **2** seinen ~ haben, aufsetzen *trotzig sein*
die¹ ⟨f. 5⟩ **1** ⟨bestimmter Artikel⟩; ~ Mutter, ~ Schule; ~ Grete ⟨umg. a. vor Eigennamen⟩ **1.1** sie ist die (betont) Schriftstellerin der engl.

Kriminalliteratur *die bedeutendste S.* **1.2** nach der und der Zeit *nach einer bestimmten Z.* **2** ⟨Demonstrativpron.; Gen. a. deren⟩ *diese, diejenige;* ~, welche ich gesehen habe, hatte ...; ~ da, dort, hier war es! **2.1** ~ und ~ soll auch dabei gewesen sein *eine bestimmte Frau X. (als Ersatz für Eigennamen)* **3** ⟨Relativpron.; Gen. deren⟩ *welche;* sie war die erste, ~ eintrat; die Tochter, ~ im Garten spielt **4** ⟨umg. für das Personalpron.⟩ *sie;* wie konnte ~ nur dein Vertrauen gewinnen!

die² ⟨Pl. von⟩ *der, die, das*

Dieb ⟨m.; -(e)s, -e⟩ *jmd., der stiehlt;* einen ~ bestrafen, ertappen, fangen, festnehmen; ein vorbestrafter ~; haltet den ~! (Alarmruf, um einen flüchtenden Dieb zu fassen)

'die·bisch ⟨Adj.⟩ **1** ⟨60⟩ *zum Stehlen neigend, gern stehlend;* ein ~er Kerl; sie ist eine ~e Person **1.1** ~e Elster ⟨fig.⟩ *Person, die gern stiehlt* **2** ⟨90; umg.⟩ *sehr groß, mit Schadenfreude vermischt;* eine ~e Freude an, auf, über etwas haben; ein ~es Vergnügen daran haben; ich freue mich ~

'Dieb·stahl ⟨m.; -(e)s, ¨-e⟩ **1** *die heimliche, unrechtmäßige Aneignung fremden Eigentums, das Stehlen;* einen ~ aufdecken, begehen, beobachten, bestrafen, entdecken; einfacher, schwerer ~; sich des ~s schuldig machen; sich gegen ~ versichern; Auto~, Geld~, Juwelen~ **1.1** geistiger ~ = *Plagiat*

'die·je·ni·ge ⟨Demonstrativpron.; f. 6⟩ → *derjenige*

'die·je·ni·gen ⟨Pl. von⟩ → *derjenige, dasjenige, diejenige*

'Die·le ⟨f.; -, -n⟩ **1** *langes Brett, das als Belag für den Fußboden verwendet wird;* eine knarrende ~; ~n schneiden, legen **2** *Vorraum einer Wohnung;* durch die ~ gehen; in der ~ warten, ablegen **3** *Gaststätte, Vergnügungsstätte;* in der ~ wird getanzt; Tanz~, Eis~

'die·nen ⟨V.⟩ **1** ⟨600⟩ jmdm. od. einer Institution ~ *für jmdn. od eine I. (gegen Entgelt) arbeiten;* er hat ihm sein Leben lang treu gedient; als Beamter dient er dem Staat **1.1** ~der Bruder *Laienbruder, Mönch, der die Hausarbeit im Kloster verrichtet* **1.2** ⟨Mil.⟩ *Soldat sein, Dienst tun;* bei der Luftwaffe, Marine ~ **2** ⟨600⟩ Gott, Göttern ~ *Gott, G. untertan sein u. seinen, ihren Vorschriften gemäß leben;* falschen Götzen ~ **3** ⟨600⟩ jmdm. od. einer Sache ~ *jmdn. od. eine Sache fördern, indem man sich für ihn od. etwas einsetzt;* der Allgemeinheit, der Bequemlichkeit, dem Fortschritt, der Gerechtigkeit, seiner Karriere, dem Mitmenschen, dem Wohl der Menschheit ~; niemand kann zwei Herren ~ ⟨Sprichw.⟩ **3.1** zu ~! ⟨eigtl.⟩ *zu Diensten bereit, ja, bitte sehr* **4** ⟨413 od. 416⟩ als, zu etwas ~ *brauchbar, nützlich sein;* als, zur Ausschmückung, Zierde ~; als Ersatz, als Hilfe ~ für; deine Erfahrungen werden mir als Richtschnur ~; es dient ihm als, zum Zeitvertreib; die Burgruine dient heute als beliebtes Ausflugsziel; ein Holzklötzchen dient dem Kind als Schiff; dieser Posten dient ihm nur als Sprungbrett für weiteres Vorwärtskommen; er kann dir als Vorbild ~; laß dir das als, zur Warnung ~!; wozu soll das ~?; er dient ihm als Blitzableiter für seinen Zorn ⟨umg.⟩ **4.1** jmdm. zum Spott ~ *zum Gegenstand seines Spotts werden* **5** ⟨416⟩ jmdm. mit etwas ~ *behilflich sein;* wenn Ihnen damit gedient ist ...; damit ist mir nicht gedient; kann ich Ihnen mit etwas ~? **5.1** damit können wir (Ihnen) leider nicht ~ ⟨kaufmannsspr.⟩ *das haben wir leider nicht vorrätig, das führen wir nicht*

'Die·ner ⟨m.; -s, -⟩ **1** *Hausangestellter;* ein treuer ~ seines Herrn **2** *jmd., der sich jmdm. od. einer Sache widmet, sich ganz od. für bestimmte Aufgaben zur Verfügung stellt;* ein ~ Gottes, der Kirche, des Staates, des Fortschritts **2.1** ergebenster ~!, Ihr ~! *(Höflichkeitsformel)* **2.2** gehorsamster ~ ⟨veralt.; österr.⟩ *(Begrüßung in Gaststätten seitens des Personals od. des Inhabers)* **3** *Verbeugung* **3.1** einen ~ machen ⟨kinderspr.⟩ *sich verbeugen*

Dienst¹ ⟨m.; -(e)s, -e⟩ **1** *abhängiges Arbeitsverhältnis;* in jmds. ~(e) treten; in jmds. ~(en) stehen; bei jmdm. in ~ stehen; einen Beamten seines ~es entheben; mit Vollendung seines 65. Lebensjahres wird er aus dem ~ ausscheiden **1.0.1** jmdn. in ~, in seine ~e nehmen *an-, einstellen* **1.0.2** den ~ kündigen, quittieren (als Arbeitnehmer) *sein Arbeitsverhältnis aufgeben* **1.0.3** jmdm. den ~ kündigen (als Arbeitgeber) *jmdn. entlassen* **2** *Ausübung der Berufs-, Amtspflicht;* er wird seinen ~ am 1. März antreten; seinen ~ gewissenhaft, gut, schlecht versehen; er vernachlässigt seinen ~; im ~ ergrauen ⟨fig.⟩; im ~ sein **2.0.1** ich muß um 8 Uhr im ~ sein *in der Dienststelle* **2.0.2** ~ ist ~ (, und Schnaps ist Schnaps) ⟨Sprichw.⟩ *man muß die Arbeit vom Persönlichen trennen* **2.0.3** ein Beamter außer ~ ⟨Abk.: a. D.⟩ *in Pension* **2.1** Offizier vom ~ ⟨Mil.⟩ *diensttuender O.* **2.2** Chef vom ~ ⟨Zeitungswesen⟩ *leitender Redakteur* **2.3** des ~es immer gleichgestellte Uhr (Schiller, Piccolomini) ⟨fig.⟩ *die immer wiederkehrenden Anforderungen der Pflicht* **3** *Erfüllung einer Funktion, Aufgabe* **3.0.1** das tut noch seinen ~ *erfüllt noch seinen Zweck* **3.0.2** ein Schiff wieder in ~ stellen *in Gebrauch nehmen* **3.0.3** ein veraltetes Verkehrsmittel außer ~ stellen *aus dem Verkehr ziehen* **3.0.4** unsere neue Ölheizung wird uns im nächsten Winter gute ~e leisten *großen Nutzen bringen* **4** *Organisation mit der Zuständigkeit für bestimmte Arbeiten;* Abschlepp~, Fähr~, Funk~, Nachrichten~, Warn~; öffentlicher ~ **5** *Hilfe, freiwillige Unterstützung;* jmdm. seine ~e anbieten; jmdm. einen guten, schlechten, üblen ~ erweisen; Sie würden mir einen großen ~ erweisen, wenn ...; jmds. ~e in Anspruch nehmen; ich stehe zu Ihren ~en! **5.0.1** ~ am Kunden *kleine, unentgeltl. Gefälligkeiten des Geschäftsmannes gegenüber dem Kunden* **5.0.2** was steht zu ~en? *was wünschen Sie?* **5.1** im ~ einer Sache *im Interesse, zur Förderung einer S.;* ärztliche Forschung im ~e der Menschheit; im ~ einer guten, schlechten Sache stehen **6** ⟨kurz für⟩ *Gottesdienst, bes. Messe* **7** ⟨Arch.⟩ *dünne Säule als Bestandteil eines Bündel- od. Wandpfeilers;* junge, alte ~e

Dienst² ⟨m.; -en, -en; meist Pl.; veralt.; mundartl.⟩ *Hausangestellter*

'Diens·tag ⟨m.; -(e)s, -e; Abk.: Di⟩ *der zweite Tag der Woche;* gestern war ~, der 20. Mai; jeden ~ im Monat; am ~ abend, morgen, nachmittag; der kommende, nächste ~

Diens·tag'abend ⟨m.⟩ *Abend eines od. jeden Dienstags;* am ~

diens·tag'abends ⟨Adv.⟩ *am Abend jeden Dienstags;* ~ gehen wir immer schwimmen

'diens·täg·lich ⟨Adj.⟩ *jeden Dienstag stattfindend*

'diens·tags ⟨Adv.⟩ *an jedem Dienstag;* ~ abends, nachts, morgens

'Dienst·lei·stung ⟨f.⟩ **1** *Dienst, den jmd. auftragsgemäß od. freiwillig leistet;* seine ~ anbieten; persönliche, freundliche, kleine ~ **2** ⟨meist Pl.⟩ ~en *Arbeiten, Leistungen in der Wirtschaft, die nicht der Produktion von Sachgütern dienen;* die kommunalen ~en; Reparaturen, chemische Reinigung sind ~en **3** ⟨Mil.⟩ *vorübergehende Einstellung eines Offiziers bei einer anderen Waffe od. Behörde für eine besondere Aufgabe;* zur ~ kommandiert sein

'dienst·lich ⟨Adj.⟩ **1** *den Dienst betreffend, zu ihm gehörig, amtlich, streng;* eine ~e Angelegenheit; ein ~er Befehl; ein ~es Schreiben 1.1 ~ verhindert sein (am Kommen) *durch den Dienst* **2** ⟨fig.; umg.⟩ *unpersönlich, betont offiziell;* er wurde wieder ~

dies ⟨Demonstrativpron.; unreflektiert vor allem, wenn es alleinstehend verwendet wird⟩ **1** *dieser, dieses* 1.1 ~ und das *verschiedenes*

'dies·be·züg·lich ⟨Adj. 90⟩ *sich hierauf beziehend, das Erwähnte betreffend, in dieser Hinsicht, hierzu, dazu;* die ~e Vereinbarung; ~ möchte ich noch sagen ...

die'sel·be ⟨Demonstrativpron.; f. 6⟩ → *selbe*

'Die·sel·mo·tor ⟨m.⟩ *eine Verbrennungskraftmaschine, ein Zwei- od. Viertaktmotor, in dessen Zylinder nur reine Luft eingesaugt u. erst im Moment der höchsten Verdichtung der Kraftstoff (meist Leichtöl) eingespritzt wird, der sich ohne Zündvorrichtung selbst entzündet*

'die·se(r, -s) ⟨Demonstrativpron. 6; alleinstehend od. attributiv⟩ **1** *(Hinweis auf etwas dem Sprecher, Hörer od. Schreiber näher Befindliches od. Näherliegendes);* → a. *jene(r, -s);* ~r hohe Baum; ... ein Kind. Dieses sagte ...; ist es ~?; ~(r, -s) ist es!; ~ hier; sich aller ~r Kinder annehmen; ~s Jahr, ~ Woche; ~r Tage, in ~n Tagen **2** ~(r, -s) und jene(r, -s) *manche(r, -s)*

'die·sig ⟨Adj.⟩ *dunstig, regnerisch;* ~es Wetter; es ist ~ und feucht

'dies·jäh·rig ⟨Adj. 60⟩ *in diesem Jahre stattfindend, aus diesem Jahr stammend;* die ~e Ernte; sein ~er Urlaub

'dies·mal ⟨Adv.⟩ *dies, dieses eine Mal*

'dies·sei·tig ⟨Adj. 24⟩ Ggs *jenseitig* **1** *auf dieser Seite gelegen* **2** *das Diesseits betreffend*

'dies·seits ⟨Adv.⟩ *auf dieser Seite;* Ggs *jenseits;* ~ der Alpen, des Flusses, des Gebirges, der Grenze; wir wohnen ~ des Stromes

'Dies·seits ⟨n.; -; unz.; geh.⟩ *die Welt, das irdische Leben;* Ggs *Jenseits;* im ~

dif·fa'mie·ren ⟨V. 500⟩ jmdn. ~ *herabsetzen, verleumden, jmdm. Übles nachreden*

Dif·fe'renz ⟨f.; -, -en⟩ **1** ⟨allg.⟩ *Unterschied* **2** ⟨Math.⟩ *Ergebnis einer Subtraktion;* die ~ zwischen 10 u. 15 ist 5 2.1 ⟨kaufmannsspr.⟩ *Rest, Restposten, Fehlbetrag;* bei einer Revision ~en feststellen **3** *Meinungsverschiedenheit;* es gab ~en 3.1 *Streit;* dauernd ~en mit jmdm. haben

dif'fus ⟨Adj.⟩ **1** *zerstreut* **2** ~es Gerede *nicht klar abgegrenztes, wirres, verschwommenes G.*

Dik'tat ⟨n.; -s, -e⟩ **1** *Ansage (zum Nachschreiben)* **2** *Nachschrift nach Ansage (als Rechtschreibeübung in der Schule);* ein ~ schreiben **3** ⟨fig.⟩ *aufgezwungene Verpflichtung* 3.1 *aufgezwungener Vertrag*

Dik'ta·tor ⟨m.; -s, -'to·ren⟩ **1** ⟨im alten Rom⟩ *in Notzeiten für sechs Monate eingesetztes Regierungsoberhaupt mit höchster Gewalt* **2** ⟨allg.⟩ *Herrscher mit unbeschränkter Gewalt*

dik'tie·ren ⟨V. 530⟩ jmdm. etwas ~ **1** *zum Nachschreiben vorsprechen;* jmdm. einen Brief ~ **2** *aufzwingen, befehlen;* jmdm. einen Vertrag, Bedingungen ~

Di'lem·ma ⟨n.; -s, -s od. -ta⟩ *schwierige Wahl (zwischen zwei Übeln);* → a. *Zwangslage*

Di·let'tant ⟨m.; -en, -en⟩ **1** ⟨meist abwertend⟩ *jmd., der eine Tätigkeit nicht berufsmäßig, sondern aus Liebhaberei betreibt, Laie, Liebhaber* **2** *jmd., der eine Arbeit ohne die nötigen Kenntnisse u. Fähigkeiten nachlässig erledigt*

Di·men·si'on ⟨f.; -, -en⟩ **1** *Richtungserstreckung eines Körpers (Breite, Höhe, Tiefe);* Sy *Ausdehnung(2);* vierte ~ **2** ⟨a. fig.⟩ *Erstreckung, Abmessung;* ein Raum von ungeheuren ~en

Di·mis·si'on ⟨f.; -, -en; veralt.⟩ = *Demission*

di·mis·sio'nie·ren ⟨V. 400; veralt.⟩ = *demissionieren*

Ding[1] ⟨n.; -(e)s, -e⟩ **1** *(namentl. nicht bestimmte) Sache, Angelegenheit;* bedeutende, beunruhigende, erfreuliche, nützliche, schöne, unangenehme ~e; es gab allerhand gute, leckere ~e (zu essen); bei Gott ist kein ~ unmöglich; reden wir lieber von anderen, erfreulichen ~en!; ich habe noch tausend ~e zu erledigen 1.0.1 das ~ beim rechten Namen nennen *offen über eine Sache sprechen, seine Meinung offen äußern* 1.0.2 jedes ~ hat (seine) zwei Seiten *man kann alles von zwei Seiten betrachten* 1.0.3 das ist ein ~ der Unmöglichkeit *ist unmöglich* 1.0.4 das ~ an sich *nach Kant eine Wirklichkeit hinter den Erscheinungen, die unabhängig vom erkennenden Subjekt ist* 1.0.5 er hat immer andere ~e im Kopf als seine Schularbeiten *er denkt an anderes, arbeitet nicht* 1.0.6 ich habe andere ~e im Kopf als ... *ich muß an Wichtigeres denken als an ...* 1.0.7 gut ~ will Weile haben ⟨Sprichw.⟩ *ein gutes Ergebnis benötigt Zeit zur Vorbereitung* 1.0.8 aller guten ~e sind drei ⟨Sprichw.⟩ *die Anzahl, Folge dreier Gegenstände od. Geschehnisse verheißt Gutes* **2** ⟨nur Pl.⟩ ~e *Gesamtheit von (namentl. nicht bestimmten) Sachen, Zuständen, Ereignissen;* von künstlerischen ~en versteht er nicht viel; wir müssen den ~en nun ihren Lauf lassen 2.0.1 so, wie die ~e (nun einmal) liegen *so, wie es (nun einmal) ist* 2.0.2 das geht nicht mit rechten ~en zu *das geschieht nicht auf natürl. od. rechtmäßige Weise* 2.0.3 es müßte nicht mit rechten ~en zugehen, wenn er heute noch käme *unvorstellbar, daß er heute noch kommt* 2.0.4 so wie ich die ~e sehe *so, wie ich die Lage beurteile* 2.0.5 das ist der Lauf der ~e *der Lauf der Welt, wie es nun einmal zu kommen pflegt* 2.0.6 vor allen ~en *vor allem, hauptsächlich* 2.0.7 unverrichteter ~e ⟨österr. u. schweiz.⟩ *unverrichteterdinge,*

ohne etwas erreicht zu haben 2.1 (munter und) guter ~e sein *frohen Mutes, guter Laune sein*
Ding[2] ⟨n.; -(e)s, -er⟩ **1** *Sache, (die nicht genauer benannt werden soll od. kann);* was sind denn das für komische ~er?; gib mir mal das ~(s) da! ⟨umg.⟩ **1.1** ⟨umg.⟩ *wertloser od. unbrauchbarer Gegenstand;* was soll ich mit den ~ern? **1.2** jmdm. ein ~ verpassen *einen Schlag versetzen, etwas Unangenehmes zufügen, eins auswischen* **1.3** ein ~ drehen ⟨umg.⟩ *ein Verbrechen begehen (bes. Einbruch, Raubüberfall), etwas Unerlaubtes, etwas Ungewöhnliches anstellen* **1.4** ~ mit ('nem) Pfiff *tolle Sache* **2** ⟨fig.⟩ *kleines Mädchen, junges Mädchen, Kind, ganz junges Tier;* das arme ~!; du dummes ~!; diese jungen ~er; sie ist ein hübsches, junges, niedliches ~
Ding[3] ⟨n.; -(e)s, -e⟩ *german. Volks- u. Gerichtsversammlung;* oV *Thing;* ein ~ abhalten, einberufen
'din·gen ⟨V. 120/500⟩ **1** jmdn. ~ ⟨veralt.⟩ *jmdn. in Dienst nehmen;* einen Arbeiter, Dienstboten ~ **2** jmdn. ~ ⟨geh.⟩ *jmdn. durch Lohn zu jmds. Verfügung gewinnen;* einen Mörder ~
'ding·fest ⟨Adj. 51; nur in der Wendung⟩ jmdn. ~ machen *verhaften*
Di·öze·se ⟨[--'--] f.; -, -n⟩ = *Bistum*
Diph·the'rie ⟨f.; -, -n⟩ *infektiöse Hals- u. Rachenerkrankung;* Sy *Bräune(2.1)* ⟨veralt.; umg.⟩
Di'plom ⟨n.; -(e)s, -e; Abk.: Dipl.⟩ **1** ⟨urspr.⟩ *amtl. Schriftstück* **2** ⟨heute⟩ *Zeugnis, Urkunde über eine Auszeichnung od. abgelegte Prüfung, bes. von einer höheren Schule od. Universität*
Di·plo'mat ⟨m.; -en, -en⟩ **1** ⟨urspr.⟩ *Hersteller von Diplomen* **2** ⟨heute⟩ *Staatsmann, höherer Beamter des auswärtigen Dienstes* **3** ⟨fig.; umg.⟩ *geschickt u. vorsichtig verhandelnder Mensch*
Di·plo·ma'tie ⟨f.; -; unz.⟩ **1** *Regelung zwischenstaatl. Beziehungen* **2** *Gesamtheit der Diplomaten* **3** ⟨fig.⟩ *geschickte Berechnung, vorsichtiges Verhandeln*
di·plo'ma·tisch ⟨Adj.⟩ **1** *die Diplomatie betreffend, zu ihr gehörig, auf ihr beruhend* **2** *zwischenstaatlich* **2.1** ~es Korps *die zur Vertretung eines Staates bevollmächtigten Vertreter in einem anderen Staat*
dir ⟨Dat. von⟩ *du;* → a. *sich*
di'rekt ⟨a. ['--] Adj.⟩ **1** *geradlinig, ohne Umweg;* eine ~e Verbindung von H. nach M.; wenden Sie sich ~ an den Chef; ich komme ~ von zu Hause **2** *ganz nahe bei;* ~ am Flugplatz **3** ⟨24/60⟩ *unmittelbar, unabhängig;* Ggs *indirekt* **3.1** ~e Rede *wörtlich (in Anführungszeichen) angeführte R.* **3.2** ~e Steuer *von einer Person od. Gruppe von Personen erhobene S.* **3.3** ~e Wahl *W. eines Kandidaten ohne Mittelspersonen* **4** ⟨24/50⟩ *geradezu;* du hast ja ~ einen Roman erlebt; das ist mir ~ peinlich **4.1** *genau;* der Ball flog mir ~ ins Gesicht
Di'rek·tor ⟨m.; -s, -'to·ren; Abk.: Dir.⟩ *Leiter, Vorsteher;* Bank~, Fabrik~, Schul~
Di·ri'gent ⟨m.; -en, -en⟩ *Leiter eines Orchesters od. Chores*
di·ri'gie·ren ⟨V.⟩ **1** ⟨400⟩ *den Takt schlagen* **2** ⟨500⟩ ein Unternehmen ~ *leiten, verwalten* **2.1** Orchester od. Chor ~ *leiten* **2.2** jmdn. ~ ⟨umg.⟩ *in eine Richtung, an einen Ort weisen*
'Dir·ne ⟨f.; -, -n⟩ **1** ⟨veralt.⟩ *(derbes) junges Mädchen, bes. vom Lande, Magd;* eine schmucke ~ **2** ⟨abwertend⟩ *Freudenmädchen, Prostituierte;* eine öffentliche, käufliche ~
Dis·kre'panz ⟨f.; -, -en⟩ *Abweichung, Unstimmigkeit, Zwiespalt, Widerspruch, Mißverhältnis*
dis'kret ⟨Adj.⟩ **1** *verschwiegen, taktvoll, unauffällig;* Ggs *indiskret;* ~es Benehmen; ~e Behandlung; ~en Gebrauch von einer Mitteilung machen; eine Angelegenheit ~ behandeln **2** ⟨24⟩ **2.1** ⟨Math.⟩ *nicht zusammenhängend, vereinzelt, gesondert* **2.2** ⟨Phys.⟩ *unstetig, in endlichen Schritten*
dis·kri·mi'nie·ren ⟨V. 500⟩ **1** etwas ~ *aussondern, unterschiedlich behandeln* **2** jmdn., jmds. Arbeit ~ *herabsetzen, herabwürdigen*
'Dis·kus ⟨m.; - od. -s·ses, -ken od. -kus·se⟩ *hölzerne Wurfscheibe mit Metallbeschlag*
Dis·kus·si'on ⟨f.; -, -en⟩ *lebhafte Erörterung, Meinungsaustausch*
'Dis·kus·wer·fen ⟨n.; -s; unz.; Sp.⟩ *sportl. betriebenes Werfen mit dem Diskus*
dis·ku'ta·bel ⟨Adj.⟩ *so beschaffen, daß man darüber diskutieren kann od. sollte, erwägenswert, annehmbar;* Ggs *indiskutabel*
dis·ku'tie·ren ⟨V. 500 od. 800⟩ (über) ein Thema ~ *es lebhaft erörtern, Meinungen darüber austauschen*
dis·pen'sie·ren ⟨V.⟩ **1** ⟨550⟩ jmdn. von einer Veranstaltung ~ *befreien, beurlauben* **2** ⟨500⟩ Arzneien ~ *zubereiten u. abgeben*
dis·po'nie·ren ⟨V.⟩ **1** ⟨500⟩ etwas ~ *ordnen, gliedern, einteilen* **2** ⟨800⟩ über jmdn. od. etwas ~ *verfügen* **3** ⟨Part. Perf.⟩ disponiert sein *bereit, imstande sein* **3.1** der Sänger ist heute nicht disponiert *nicht gut bei Stimme;* Ggs *indisponiert* **3.2** zu einer Krankheit disponiert *für eine bestimmte Krankheit empfänglich*
Dis·po·si·ti'on ⟨f.; -, -en⟩ **1** *Plan, Einteilung, Gliederung, Anordnung von gesammeltem Material* **2** *phys. u. psych. Verfassung, Anlage, Empfänglichkeit;* ~ für eine Krankheit **3** zur ~ stellen ⟨Abk.: z. D.⟩ *in den Wartestand od. einstweiligen Ruhestand versetzen*
Dis'put ⟨m.; -(e)s, -e⟩ *Streit mit Worten, heftiges, hitziges Gespräch;* Sy *Wortgefecht*
dis·qua·li·fi'zieren ⟨V. 500⟩ **1** jmdn. ~ *für untauglich erklären* **2** einen Sportler ~ *vom Wettkampf (zur Strafe) ausschließen*
Dis·so'nanz ⟨f.; -, -en⟩ **1** *Mißklang* **2** ⟨fig.⟩ *Unstimmigkeit*
Di'stanz ⟨f.; -, -en⟩ **1** *Abstand, Entfernung;* einen Gegenstand auf eine ~ von 10 m erkennen; das Rennen geht über eine ~ von 5000 m **2** ~ wahren (von, zu jmdm.) *Vertraulichkeit vermeiden*
di·stan'zie·ren ⟨V.⟩ **1** ⟨500⟩ jmdn. (im Wettkampf) ~ *überbieten, hinter sich lassen* **2** ⟨550/R3⟩ sich von etwas od. jmdm. ~ *von etwas od. jmdm. abrücken, nichts damit od. mit ihm zu tun haben wollen*
'Di·stel ⟨f.; -, -n⟩ *zwei Gattungen der Korbblütler (Compositae) angehörende, mehr od. weniger stachelige Pflanze: Carduus, Cirsium;* Esels~, Marien~, Kratz~, Wollkratz~
Dis·zi'plin ⟨f.; -, -en⟩ **1** ⟨unz.⟩ *Zucht, Ordnung, Einordnung, Unterordnung;* Ggs *Indisziplin;* ~ halten; die ~ wahren; eiserne, strenge ~; jmdn., sich an ~ gewöhnen; für ~ sorgen **2**

wissenschaftl. od. sportl. Fachrichtung, Fachgebiet

'di·to ⟨Adv.; bei wiederholtem Vorkommen derselben Wörter od. Posten auf Rechnungen u. a. Listen; Abk.: do.⟩ *gleichfalls, ebenso;* oV *detto* ⟨österr.⟩

di·vers ⟨[-'vɛrs] Adj. 24; kaufmannsspr.⟩ **1** *verschieden* **2** ⟨Pl.⟩ ~e *mehrere* **3** Diverses *verschiedene Gegenstände, die man (in Aufstellungen usw.) nicht in die gegebenen Rubriken einordnen kann*

di·vi'die·ren ⟨[-v-] V. 505; Math.⟩ Zahlen ~ *der Division(1) unterziehen;* Sy *teilen;* 20 ist durch 5 zu ~

Di·vi·si'on ⟨[-v-] f.; -, -en⟩ **1** ⟨Math.⟩ *Aufteilung einer Zahl (Dividend) in so viele gleiche Teile, wie eine andere Zahl (Divisor) angibt;* Sy *Teilung* **2** ⟨Mil.⟩ *aus mehreren Waffengattungen bestehender Truppenverband* **3** ⟨Mar.⟩ **3.1** *Verband von 3-5 Kriegsschiffen als Teil eines Geschwaders* **3.2** *Teil der Schiffsbesatzung in Stärke einer Kompanie*

doch[1] **1** ⟨Partikel⟩ *(Ausdruck der entgegengesetzten od. verstärkenden Antwort);* du hast ihn sicher nicht gesehen? ~!; komm endlich! ja ~!; nein ~! nicht ~! warst du nicht dabei? o ~! **2** ⟨Adv.⟩ **2.1** *ja, eben;* ich habe es ~ gleich gesagt; ich habe es dir ~ schon dreimal gesagt; das ist ~ die Höhe!; du bist ~ kein Kind mehr! **2.2** *Ausdruck zur Verbindung von Gegensätzen;* wenn er auch nicht reich ist, so ist er ~ (auch) nicht arm; die Luft ist kalt und ~ angenehm **2.2.1** *wirklich, trotzdem, dennoch, wenn es auch schwierig ist;* und er kommt ~!; das war denn ~ zuviel; er kann ~ nicht kommen **2.2.2** also ~! *ich habe es ja gleich gesagt!* **2.3** *(Ausdruck der Ungewißheit);* er hat dir ~ geschrieben(?); er wird ~ wohl kommen?; das ist ~ nicht dein Ernst!; du weißt ~, daß ... **2.4** ⟨in Wunschsätzen; bittend, verstärkend⟩ *tatsächlich, wahrhaftig, wirklich;* besuch uns ~ einmal!; bring mir ~ bitte die Zeitung!; daß dich ~ der Teufel hole!; komm ~!; wenn er ~ bald käme; laß das ~ (sein); wenn er nicht will, so laß ihn ~; sei ~ bitte so nett; wäre ich ~ noch einmal 20 Jahre!; tun Sie es ~!; warte ~!

doch[2] ⟨Konj. zum Anknüpfen eines Hauptsatzes an einen anderen⟩ *aber;* ich wurde eingeladen, ~ wir hatten schon etwas anderes vor; wir warteten lange, ~ er kam nicht

Docht ⟨m.; -(e)s, -e⟩ *Faden aus besonders saugfähiger Baumwolle, der durch eine Kerze od. Lampe verläuft, der der Flamme durch Kapillarwirkung den Brennstoff zuführt u. gleichzeitig selbst verbrennt*

Dock ⟨n.; -(e)s, -s od. -e⟩ *als Schwimmkörper od. Becken konstruierte Anlage, die leergepumpt werden kann u. es gestattet, Schiffe ins Trockene zu setzen;* Schwimm~; Trocken~; ins ~ gehen

'Dog·ge[1] ⟨f.; -, -n⟩ *Angehörige einer Gruppe von Hunderassen, große, schlanke bis kurzbeinige, schwere Arten;* Bull~; deutsche ~

'Dog·ge[2] ⟨f.; -, -n⟩ *Fassung für Edelsteine während des Schleifens*

'Dog·ma ⟨n.; -s, -men⟩ **1** *festgelegte Meinung, die nicht angezweifelt wird* **1.1** *systematisch formulierte, aber nicht bewiesene Anleitung zum Handeln* **2** *von einer Glaubensgemeinschaft formulierte u. offiziell proklamierte Grundlage eines Bekenntnisses*

dog'ma·tisch ⟨Adj.⟩ **1** *ein Dogma betreffend, zu ihm gehörig, darauf beruhend, daran gebunden* **2** ⟨fig.⟩ *ohne Prüfung der Voraussetzungen, unkritisch, starr an einem Dogma festhaltend*

'Dok·tor ⟨m.; -s, -'to·ren; Abk.: Dr.⟩ **1** *akadem. Grad u. Titel nach besonderer Prüfung* **1.01** Dr. agr. (agronomiae), Dr. sc. agr. (scientiarum agrarium) *Dr. der Landwirtschaft* **1.02** Dr. disc. pol. (disciplinarum politicarum) *Dr. der Sozialwissenschaften* **1.03** Dr. forest. (scientiae rerum forestalium) *Dr. der Forstwirtschaft* **1.04** Dr. habil. (habilitatus) *habilitierter Dr.;* Dr. phil. habil. ⟨seit ca. 1950 nur noch in der DDR verliehen⟩ **1.05** Dr. h. c. (honoris causa) *Doktor ehrenhalber, Ehrendoktor (nur verliehener Titel)* **1.06** Dr.-Ing. *Dr. der Ingenieurwissenschaften* **1.07** Dr. jur. (juris) *Dr. der Rechte* **1.08** Dr. j. u., Dr. jur. utr. (juris utriusque) *Dr. beider Rechte* **1.09** Dr. med. (medicinae) *Dr. der Medizin* **1.10** Dr. med. dent. (medicinae dentariae) *Dr. der Zahnheilkunde* **1.11** Dr. med. univ. (medicinae universae) ⟨österr.⟩ *Dr. der gesamten Medizin* **1.12** Dr. med. vet. (medicinae veterinariae) *Dr. der Tierheilkunde* **1.13** Dr. nat. techn. (rerum naturalium technicarum) ⟨österr.⟩ *Dr. der Bodenkultur* **1.14** Dr. oec. (oeconomiae) *Dr. der Betriebswirtschaft* **1.15** Dr. oec. publ. (oeconomiae publicae) *Dr. der Volkswirtschaft* **1.16** Dr. paed. (paedagogiae) *Dr. der Pädagogik* **1.17** Dr. pharm. (pharmaciae) *Dr. der Pharmazie* **1.18** Dr. phil. (philosophiae) *Dr. der Philosophie* **1.19** Dr. phil. nat. (philosophiae naturalis), Dr. rer. nat. (rerum naturalium), Dr. sc. nat. (scientiarum naturalium) *Dr. der Naturwissenschaften* **1.20** Dr. rer. camer. (rerum cameralium) ⟨schweiz.⟩ *Dr. der Staatswissenschaften* **1.21** Dr. rer. comm. (rerum commercialium) ⟨österr.⟩ *Dr. der Handelswissenschaften* **1.22** Dr. rer. hort. (rerum hortensium) *Dr. der Gartenbauwissenschaft* **1.23** Dr. rer. mont. (rerum montanarum) *Dr. der Bergbauwissenschaften* **1.24** Dr. rer. oec. (rerum oeconomicarum) *Dr. der Wirtschaftswissenschaften* **1.25** Dr. rer. pol. (rerum politicarum), Dr. sc. pol. (scientiarum politicarum) *Dr. der Staatswissenschaften* **1.26** Dr. rer. publ. (rerum publicarum) *Dr. der Zeitungswissenschaft* **1.27** Dr. rer. soc. oec. (rerum socialium oeconomicarumque) ⟨österr.⟩ *Dr. der Sozial- u. Wirtschaftswissenschaften* **1.28** Dr. sc. math. (scientiarum mathematicarum) *Dr. der mathemat. Wissenschaften* **1.29** Dr. rer. techn. (rerum technicarum), Dr. sc. techn. (scientiarum technicarum) *Dr. der techn. Wissenschaften* **1.30** Dr. theol. (theologiae) *Dr. der Theologie* **2** *Doktorprüfung* **2.1** den ~ machen ⟨umg.⟩ *die Doktorprüfung ablegen* **3** ⟨umg.⟩ *Arzt*

Dok'trin ⟨f.; -, -en⟩ **1** = *Lehrsatz* **2** ⟨fig.⟩ *starre Meinung*

Do·ku'ment ⟨n.; -(e)s, -e⟩ **1** *Aufzeichnung, Schriftstück, das als Grundlage für weitere Arbeiten dienen kann* **2** *Urkunde, amtl. Bescheinigung, amtl. Schriftstück* **3** *als Beweis dienendes Schriftstück*

Dolch ⟨m.; -(e)s, -e⟩ *kurze, meist zweischneidige Stichwaffe mit feststehender Klinge;* den ~ ziehen, zücken

'Dol·de ⟨f.; -, -n; Bot.⟩ *büscheliger Blütenstand;* Doppel~; ~ntraube, ~nrispe; Blüten~

'Dol·met·scher ⟨m.; -s, -⟩ *jmd., der mündl. übersetzt, das Gespräch zwischen Sprechern übermittelt, die nicht dieselbe Sprache sprechen*

Dom[1] ⟨m.; -(e)s, -e⟩ **1** *große Kirche* 1.1 *Bischofskirche* 1.2 *Hauptkirche einer Stadt* **2** *Weihnachtsmarkt am Domplatz in Hamburg* **3** der ~ des Himmels ⟨poet.⟩ *Himmelswölbung*

Dom[2] ⟨m.; -(e)s, -e⟩ **1** *gewölbte Decke* **2** *gewölbter Aufsatz, Kappe, Haube (auf Dampfkesseln)*

Do'mä·ne ⟨f.; -, -n⟩ **1** *staatl. od. landesherrliches Landgut* **2** jmds. ~ ⟨fig.⟩ *Arbeitsgebiet, Wissensgebiet, auf dem jmd. bes. gut Bescheid weiß*

do·mi'nant ⟨Adj.⟩ **1** *vorherrschend, beherrschend* **2** ⟨24/90; Biol.⟩ *andere Erbanlagen überdeckend*

do·mi'nie·ren ⟨V. 405⟩ *herrschen, vorherrschen*

'Do·mi·no[1] ⟨m.; -s, -s⟩ **1** *Maskenanzug mit langem, weitem Mantel u. Kapuze* **2** *Person in diesem Anzug*

'Do·mi·no[2] ⟨n.; -s, -s⟩ *Spiel mit 28 Steinen, von denen jeder zwei Felder (mit 0-6 Augen) hat, die jeweils mit der gleichen Augenzahl aneinandergelegt werden müssen*

Domi'zil ⟨n.; -s, -e⟩ **1** = *Wohnsitz(1)* **2** *Zahlungsort (bei Wechseln)*

Domp·teur ⟨[-'tør] m.; -s, -e⟩ *jmd., der wilde Tiere dressiert u. Dressurakte vorführt*

'Don·ner ⟨m.; -s, -⟩ **1** *beim Gewitter dem Blitz folgendes rollendes, krachendes Geräusch infolge plötzl. Ausdehnens u. Zurückschlagens der vom Blitz erhitzten Luft;* der ~ grollt, kracht, rollt 1.0.1 wie vom ~ gerührt stehenbleiben od. dastehen *regungslos vor Überraschung* 1.1 ⟨umg.⟩ *(Ausruf der Verwunderung, des Unwillens);* ~ und Doria! (Fluch des Gianettino Doria in Schillers „Verschwörung des Fiesco"); Blitz und ~! **2** ⟨fig.⟩ *rollendes Krachen;* der ~ der Geschütze

'don·nern ⟨V.⟩ **1** ⟨401⟩ es donnert *ein Donner ist zu hören;* in der Ferne hat es schwach gedonnert 1.1 ⟨400⟩ etwas donnert ⟨a. fig.⟩ *gibt ein donnerndes Geräusch von sich, macht bei einer Bewegung dem Donner ähnl. Lärm;* die Züge ~ über die Brücke; die Maschinen donnerten in der Halle; er hat mit der Faust an die Tür gedonnert; die Lawine war zu Tal gedonnert; ~der Applaus, ~des Gelächter **2** ⟨511⟩ etwas irgendwohin ~ ⟨umg.⟩ *etwas mit Wucht, heftig irgendwohin schleudern;* er donnerte die Bücher in die Ecke; er hat den Ball ins Tor gedonnert **3** ⟨400 od. 410; umg.⟩ *laut, brüllend schelten;* Vater hat mächtig wegen unseres Zuspätkommens gedonnert

'Don·ners·tag ⟨m.; -(e)s, -e; Abk.: Do⟩ *der vierte Tag der Woche;* heute ist ~, der 20. Juli; am nächsten ~

'don·ners·tags ⟨Adv.⟩ *an jedem Donnerstag*

'Don·ner·wet·ter ⟨n.⟩ **1** *Gewitter* **2** ⟨umg.; scherzh.⟩ *heftige, laute Schelte, heftige Auseinandersetzung;* wenn du heimkommst, gibt's od. setzt's ein ~!; ein ~ ging auf ihn nieder **3** ~! *(Ausruf der Anerkennung, der bewundernden Überraschung)* **4** *(Ausruf des Unwillens, der Ungeduld, des Zorns);* zum ~ (noch einmal)!; da soll doch das (heilige) ~ dreinfahren!; ja, zum ~, wo bleibt er denn? **4**.1 das ~ soll ihn holen! *er soll sich zum Teufel scheren!* **4**.2 das ~ soll mich holen, wenn ... *das kann doch nicht sein, daß ...*

'dop·pel·deu·tig ⟨Adj.⟩ *mit zwei Bedeutungen, mit zwei Möglichkeiten der Auslegung, zweideutig;* eine ~e Bemerkung machen

'Dop·pel·gän·ger ⟨m.; -s, -⟩ *jmd., der einem anderen täuschend ähnlich sieht;* einen ~ haben

'Dop·pel·le·ben ⟨n.; nur in der Wendung⟩ ein ~ führen *zwei verschiedene Lebensstile nebeneinander führen (oft in der Absicht zu täuschen)*

'dop·peln ⟨V. 500⟩ etwas ~ **1** *Schuhsohle an den Rahmen od. Zwischensohle an die Sohle nähen* 1.1 ⟨österr.⟩ *besohlen* **2** Lochkarten ~ *Duplikate von L. herstellen*

'Dop·pel·punkt ⟨m.⟩ **1** ⟨Gramm.⟩ *aus zwei Punkten bestehendes Satzzeichen (:) vor der direkten Rede, vor angekündigten Sätzen, Satzstücken, Aufzählungen* **2** ⟨Mus.⟩ *zwei Punkte nebeneinander hinter einer Note, der 1. Punkt verlängert die Note um die Hälfte ihres Wertes, der 2. um ein weiteres Viertel* **3** ⟨Mus.⟩ *zwei Punkte übereinander vor dem doppelten Taktstrich am Ende eines Teilstückes zum Zeichen der Wiederholung*

'dop·pelt ⟨Adj. 24⟩ **1** *noch einmal (soviel), zweimal (so sehr);* dieses Grundstück ist ~ so groß wie das andere; ~ sehen (bei Trunkenheit); das macht mir ~ so viel Arbeit; mit ~er Kraft; das freut mich ~; das kostet das Doppelte; das Buch besitze ich ~; ~ genäht hält besser ⟨Sprichw.⟩; geteilte Freude ist ~e Freude ⟨Sprichw.⟩ 1.0.1 in ~er Ausführung *in zwei gleichen Ausführungen* 1.0.2 ~e Buchführung *zweifache Aufzeichnung, so daß jede Minderung auf einem Konto zugleich als Mehrung auf einem anderen erscheint* 1.0.3 einen ~en Haushalt führen *zwei Haushalte nebeneinander führen* 1.0.4 dieser Mantel ist um das Doppelte teurer als dieser *ist noch einmal so teuer* **2** *zweideutig, betrügerisch;* ein ~es Spiel spielen 2.0.1 ~e Moral, Moral mit ~em Boden *M. mit je nach Situation u. Interesse verschiedenen Maßstäben* **3** ⟨heute a.⟩ *zweifach* 3.1 ~ und dreifach ⟨umg.⟩ *über das normale Maß hinaus;* ein Paket ~ und dreifach verschnüren; das zählt, wiegt ~ und dreifach

'dop·pel·zün·gig ⟨Adj.⟩ *falsch, je nach Bedarf anderes sprechend;* ein ~er Mensch

Dorf ⟨n.; -(e)s, ¨er⟩ **1** *kleinere ländl. Siedlung mit zumeist landwirtschaftl. Produktion* 1.1 → a. *Kirche(2.1-2.2)* **2** *Gesamtheit der Bewohner eines Dorfes(1);* das halbe ~ spricht schon davon; das ganze ~ war auf den Beinen

Dorn[1] ⟨m.; -(e)s, -en⟩ **1** *aus dem äußeren Gewebe mancher Pflanzen wachsende harte Spitze;* eine Pflanze mit ~en; sich einen ~ in den Fuß treten 1.0.1 sein Lebensweg war voller ~en ⟨fig.⟩ *sein L. war beschwerlich, mühsam* 1.0.2 es war ihm ein ~ im Auge ⟨fig.⟩ *es störte ihn sehr*

Dorn² ⟨m.; -(e)s, -e; Tech.⟩ **1** *spitzer Stahlstab als Werkzeug zum Erweitern von Löchern* **2** *dünner spitzer Metallstift (an Schnallen)*

'dor·nen·voll ⟨Adj.⟩ **1** *voller Dornen* **2** ⟨fig.; geh.⟩ *voller Mühsal u. Leid;* ein ~er Weg

'dör·ren ⟨V.⟩ **1** ⟨500⟩ etwas ~ *am Feuer od. an der Luft austrocknen;* die sengende Hitze dörrte die Steppe; sie hat die Pflaumen im Backofen gedörrt; gedörrtes Obst; gedörrter Fisch, gedörrtes Fleisch **2** ⟨400⟩ *dürr werden, vertrocknen;* das Gras dörrte in der Sonne

dort ⟨Adv.⟩ **1** *da (weiter weg);* gib mir bitte das Buch ~!; wo ist das Buch? ~ liegt es! er reist viel umher und ist bald hier, bald ~; ~ hinten, oben, unten, vorn; ~ in der Ecke; ich komme soeben von ~; wer ist ~? (am Telephon) 1.1 *an dem Ort, von dem ich spreche;* Ggs *hier;* wir treffen uns dann ~!; von ~ aus sind es noch 10 km; kennst du Berlin? Ja, ich war schon ~

'dort·hin ⟨Pronominaladv.⟩ *an den erwähnten Ort hin, in diese Richtung, dahin;* geh nicht ~!; er lief da- und ~ und fand den Weg nicht

'dor·tig ⟨Adj. 60⟩ *dort befindlich;* der ~e Bürgermeister wird das Weitere veranlassen

'Do·se ⟨f.; -, -n⟩ **1** *kleiner, meist runder od. ovaler, verschließbarer Behälter aus Holz od. Metall usw., Büchse;* Blech~, Butter~, Puder~, Tabaks~, Zucker~; eine flache, vergoldete, leere ~; etwas aus der ~ nehmen **2** *luftdicht verschlossener Blechbehälter für Lebensmittel;* Konserven~; zwei ~en Milch, Bohnen; eine ~ öffnen, verschließen **3** ⟨umg.⟩ = *Dosis(1.1)* **4** ⟨El.⟩ *Zapfstelle für elektrischen Strom;* Steck~; den Stecker aus der ~ ziehen

'dö·sen ⟨V. 400; umg.⟩ **1** *schlummern, halb schlafen;* sie hat im Liegestuhl etwas gedöst **2** *nicht aufmerksam sein, im Wachen träumen;* du döst vor dich hin

do'sie·ren ⟨V. 500⟩ etwas ~ *zumessen, zuteilen*

'Do·sis ⟨f.; -, -sen⟩ **1** *bestimmte Menge eines die Gesundheit beeinflussenden Stoffes* 1.1 *ärztl. verordnete Menge für die jeweilige Einzelgabe einer Arznei;* oV *Dose(3);* eine kleine, hohe, geringe ~ Chinin **2** jmdm. eine Nachricht, eine Wahrheit in kleinen Dosen beibringen ⟨fig.⟩ *nach u. nach, schonend, vorsichtig mitteilen*

do'tie·ren ⟨V.⟩ **1** ⟨530⟩ jmdm. etwas ~ *schenken, zuwenden, mit Einkünften versehen* **2** ⟨550⟩ einen Preis mit 5000 DM ~ *ausstatten*

'Dot·ter ⟨m. od. n.; -s, -⟩ **1** *das Gelbe im Ei, das dem Keimling zur Nahrung dient;* Sy *Eigelb;* Ei~; das Eiweiß vom ~ trennen (beim Bakken) **2** ⟨Bot.⟩ *selten angebaute Ölpflanze, Gattung gelb blühender Kreuzblütler: Camelina;* Lein~, Flachs~

Do'zent ⟨m.; -en, -en⟩ *Lehrer an einer Hochschule od. Volkshochschule*

'Dra·che ⟨m.; -n, -n⟩ **1** *riesiges schlangen- od. echsenartiges Ungeheuer (meist mit mehreren Köpfen, die Feuer speien), Fabeltier* **2** = *Drachen(2)*

'Dra·chen ⟨m.; -s, -⟩ **1** *als Spielzeug dienendes Fluggerät mit einem aus Papier od. Stoff bespannten Holzgerüst als Tragfläche, das bei Schrägstellen gegen den Wind in die Höhe steigt u. dabei an einer langen Schnur gehalten wird;* Papier~, Kasten~; einen ~ steigen lassen **2** ⟨fig.; umg.⟩ *zänkische (bes. weibl.) Person;* oV *Drache(2);* Haus~; sie ist ein (richtiger) ~

Dra·gée ⟨[-'ʒe:] n.; -s, -s od. f.; -, -n⟩ **1** *überzuckerte Frucht* **2** *mit Zuckermasse überzogene Pille*

Dra'go·ner ⟨m.; -s, -⟩ **1** ⟨Mil.⟩ *leichter Reiter* 1.1 ⟨urspr.⟩ *berittener Infanterist* 1.2 ⟨dann⟩ *Kavallerist* **2** ⟨österr.⟩ *Rückenspange an Rock od. Mantel* **3** ⟨fig.; umg.; scherzh.⟩ *sehr energische, derbe Person*

Draht ⟨m.; -(e)s, ¨e⟩ **1** *schnurartig ausgewalztes od. ausgezogenes Metall;* mit ~ einzäunen 1.1 ⟨umg.⟩ *Fernsprech-, Fernschreibleitung;* eine Nachricht per ~ übermitteln 1.2 auf ~ sein ⟨fig.⟩ *in Ordnung, einsatzbereit, in Schwung, gesund sein;* der Junge ist auf ~; ich bin heute nicht auf ~ **2** *mit Pech getränktes Hanfgarn als Nähfaden des Schuhmachers*

'drah·tig ⟨Adj.⟩ **1** *wie Draht, fest, stark, hart;* sein Haar ist ~ **2** ⟨fig.⟩ *kräftig, sehnig, körperl. gewandt, sportlich trainiert;* ein ~er Mann

'Draht·zie·her ⟨m.; -s, -⟩ **1** *Drahthersteller* **2** ⟨fig.; abwertend⟩ *jmd., der durch andere seinen Willen ausführen läßt u. dabei selbst im Hintergrund bleibt;* die ~ sind noch nicht gefaßt worden

dra'ko·nisch ⟨Adj.⟩ *sehr streng, rücksichtslos;* ~e Maßnahmen ergreifen

drall ⟨Adj.⟩ *derb, stämmig, rund u. fest, stramm, pausbäckig (von Personen, bes. Mädchen od. Kindern);* sie ist derb und ~; eine ~e Kellnerin

Drall ⟨m.; -(e)s, -e⟩ **1** *Drehung, Drehbewegung;* die Kugel hat einen deutlichen ~ nach links 1.1 *die durch eine Drehbewegung entstehende Abweichung nach der Seite* 1.1.1 ⟨fig.⟩ *starke Neigung, Tendenz;* politisch hat er einen ~ nach rechts, links **2** *Windung der Züge im Rohr von Feuerwaffen* 2.1 *durch die Züge den Geschossen verliehene Drehbewegung um ihre Längsachse nach rechts od. links, um das Überschlagen zu verhindern;* Rechts~; Links~ **3** ⟨Phys.⟩ *zurückstrebende Kraft eines am Faden hängenden Körpers, der aus seiner Ruhelage verdreht wurde* **4** ⟨Spinnerei⟩ *bei Garn die Anzahl der Drehungen auf eine bestimmte Fadenlänge*

'Dra·ma ⟨n.; -s, -men⟩ **1** *Schauspiel;* ein ~ aufführen, schreiben, inszenieren; ~ in fünf Akten; ein ~ von Shakespeare; das deutsche ~; das ~ zur Zeit Goethes **2** *aufregendes (trauriges) Geschehen;* das ist das reinste ~!

dra'ma·tisch ⟨Adj.⟩ **1** *das Schauspiel od. die Dramatik betreffend, dazu gehörig, darauf beruhend* **2** ⟨fig.⟩ *spannend, bewegt, lebendig, mitreißend*

dran ⟨Pronominaladv.; umg.⟩ **1** = *daran* **2** *an der Reihe;* ich bin (noch nicht) ~ **3** → a. *drauf(1.2), drum(1.2-1.3)*

Drang ⟨m.; -(e)s, (selten) ¨e⟩ **1** ⟨selten⟩ *Druck, Zwang;* im ~ der Geschäfte, der Zeit, der Arbeit **2** *dringendes körperl. Bedürfnis;* ~ zum Wasserlassen ⟨Med.⟩; Harn~, Stuhl~ **3** ⟨fig.⟩ *innerer Trieb, starkes Bedürfnis nach etwas, Sehnsucht;* ~ nach Freiheit, Rache; etwas aus innerem ~ tun; einen unwiderstehlichen, plötzlichen, heftigen ~ in sich fühlen, verspüren; von einem ~ nach etwas ergriffen, besessen sein **4** → a. *Sturm(6)*

'drän·geln ⟨V.; umg.⟩ **1** ⟨402⟩ (jmdn.) ~ *in einer Menge unablässig drücken (u. zur Seite schieben), um rasch irgendwohin zu gelangen;* nicht so ~!; wer drängelt da so?; er drängelte ihn in eine Ecke; die Leute drängelten ihn an ihre Seite, aus der Tür **1.1** ⟨500/R3⟩ sich ~ *sich unablässig schiebend u. drückend zu einem Ziel bewegen;* du drängelst dich umsonst; ich habe mich an die Kasse gedrängelt; die Leute ~ sich in dem überfüllten Zug **2** ⟨402⟩ (jmdn.) ~ *auf jmdn. hartnäckig u. unablässig einreden, um ihn zu bewegen, etwas zu tun;* das Kind hat so lange gedrängelt, bis ich nachgegeben habe; der Gastwirt drängelte (die Gäste) zum Aufbruch

'drän·gen ⟨V.⟩ **1** ⟨400⟩ *in einer Menge schieben u. drücken, um ein Ziel zu erreichen;* die Leute drängten so, daß die Türen nicht geöffnet werden konnten; Tausende drängten sich vor den Kinoeingängen; der Saal war gedrängt voll **2** ⟨500/R7 od. R8⟩ jmdn. ~ *schiebend u. drückend vorwärtsbewegen;* die Polizei drängt die Demonstranten von der Straße; sich durch die Menge ~ **2.1** ⟨511/R3⟩ sich in den Vordergrund ~ ⟨a. fig.⟩ *die Aufmerksamkeit auf sich lenken (wollen)* **2.2** ⟨511 od. 550/R3⟩ sich zwischen die Streitenden ~ ⟨a. fig.⟩ *zwischen S. zu vermitteln suchen* **2.3** ⟨550/R3⟩ sich an die Wand ~ lassen ⟨a. fig.⟩ *sich zurücksetzen lassen, zu bescheiden sein* **3** ⟨500⟩ jmdn. ~ ⟨fig.⟩ *antreiben, zur Eile mahnen;* ~ Sie mich nicht!; ich lasse mich nicht ~; einen Schuldner ~ **3.1** ⟨580 od. 515⟩ jmdn. zu etwas ~ *antreiben, etwas zu tun;* er drängte ihn zu unterschreiben; laß dich nicht zu dieser Entscheidung ~ **3.1.1** ⟨580/R3⟩ es drängt mich, Ihnen zu sagen ... *ich muß Ihnen sagen ...* **4** ⟨800⟩ auf etwas ~ *etwas fordern;* die Politiker ~ auf eine Entscheidung; auf Drängen von Herrn X **5** ⟨400⟩ etwas drängt *eilt, erfordert schnelles Handeln;* die Zeit drängt; es drängt nicht; das Geschehen drängt zur Entscheidung

'Drang·sal ⟨f.; -, -e od. (veralt.) n.; -(e)s, -e; geh.⟩ *Leiden, Not, bedrängte Lage, Qual;* die ~e des Krieges; ~ des Lebens

'drang·voll ⟨Adj.⟩ **1** *(räuml.) sehr gedrängt* **2** ⟨fig.⟩ *voll von Bedrängnis, sehr bedrückend;* in ~ fürchterlicher Enge ⟨poet.⟩

'dra·stisch ⟨Adj.⟩ **1** ~e Arznei *schnell wirkende A.* **2** ~e Maßnahmen *sehr wirksam;* Mißstände mit ~en Mitteln beseitigen; zu ~en Maßnahmen greifen **3** *derb, deutlich, handgreiflich;* einen Sachverhalt ~ ausdrükken, erklären

drauf ⟨Adv.; umg.⟩ **1** = *darauf* **1.1** ~! *(Ruf zur Ermunterung bei Raufereien);* immer feste ~! **1.2** ~ und dran sein *unmittelbar bereit, schon entschlossen sein;* ich war ~ und dran aufzugeben

'Drauf·gän·ger ⟨m.; -s, -⟩ *jmd., der viel wagt, ohne sich zu besinnen;* er war schon immer ein ~; ein kühner ~

drauf'los ⟨Adv.⟩ *in Richtung auf etwas, gegen etwas;* immer ~!

draus ⟨Pronominaladv.; umg.⟩ = *daraus*

'drau·ßen ⟨Adv.⟩ **1** *außerhalb, nicht in diesem Raum;* Ggs *drinnen;* bleib ~!; ich warte solange ~; wer ist ~? **1.1** er ist wieder ~ ⟨fig.; umg.⟩ *aus der Strafanstalt entlassen* **2** *nicht hier, weit entfernt;* ~ in der Welt; ~ auf dem Lande **2.1** unsere Brüder und Männer ~ ⟨umg.⟩ *an der Front* **2.2** die Fischer sind noch ~ *auf dem Meer*

'drech·seln ⟨[-ks-]; V. 500⟩ **1** etwas ~ *aus Holz, Horn u. a. auf der Drehbank u. mit Schneidwerkzeugen herstellen;* einen Becher ~; gedrechselte Tischbeine **2** ⟨fig.⟩ *kunstvoll formen;* ein Gedicht ~; Schmeicheleien ~; gedrechselte Worte, Sätze **2.1** wie gedrechselt *steif, künstlich, ohne Leben*

Dreck ⟨m.; -(e)s; unz.; umg.⟩ **1** *Schmutz, Schlamm;* in den ~ fallen; etwas in den ~ schmeißen ⟨vulg.⟩ **1.1** voll ~ und Speck *sehr schmutzig* **1.2** du hast wohl ~ in den Ohren? ⟨vulg.⟩ *du bist wohl schwerhörig* **1.3** jmdn. wie ~ (am Stiefel) behandeln *sehr schlecht, verächtl. behandeln* **1.4** der hat selber ~ am Stekken ⟨fig.⟩ *der hat selbst kein reines Gewissen (u. soll also nicht schlecht über andere reden)* **1.5** etwas in den ~ ziehen ⟨fig.⟩ *abfällig, häßlich über etwas sprechen* **1.6** jmdn. mit ~ bewerfen ⟨a. fig.⟩ *etwas Häßliches von jmdm. sagen* **1.7** → a. *Karre(3.2-3.3)* **2** *Kehricht* **3** *Kot;* Fliegen~; Mäuse~ **4** ⟨fig.; umg.⟩ *Schwierigkeit, Notlage* **4.0.1** jetzt sind wir aus dem gröbsten, ärgsten, schlimmsten ~ heraus *jetzt haben wir die größten Schwierigkeiten überwunden* **4.0.2** da sitzen wir schön im ~! ⟨fig.⟩ *da sind wir mitten in den Schwierigkeiten drin* **5** ⟨fig.⟩ *wertlose, verächtl. Kleinigkeit, Plunder;* ich muß mich um jeden ~ (selbst) kümmern **5.0.1** jmdn. wie den letzten ~ behandeln *sehr schlecht, verächtlich behandeln* **5.0.2** anderen Leuten ihren ~ nachräumen od. wegräumen ⟨vulg.⟩ *von anderen Liegengelassenes aufräumen* **5.1** mach deinen ~ allein! ⟨vulg.⟩ *mach deine Arbeit allein, mach was du willst, ich kümmere mich nicht mehr darum!* **6** einen ~ ⟨fig.; vulg.⟩ *sehr wenig, gar nichts;* du verstehst einen ~ davon; das geht dich einen ~ an; das kümmert mich einen ~; die Sache ist einen ~ wert

'dreckig ⟨-k·k-; Adj.; umg.⟩ **1** *voller Dreck, schmutzig;* ~e Hände, Schuhe; eine ~e Wohnung; er hat sich bei der Arbeit ~ gemacht; die Straße ist ~ **1.1** ~ und speckig ⟨umg.⟩ *schmutzig u. unappetitlich;* seine Kleidung war ~ und speckig **2** ⟨fig.; umg.⟩ *eklig, obszön, unanständig;* eine ~e Bemerkung; einen ~en Witz erzählen **3** ⟨50⟩ *hämisch, unangenehm;* er lachte, grinste ~ **4** ⟨50⟩ jmdm. geht es ~ ⟨umg.⟩ *jmdm. geht es (finanziell) schlecht*

Dreh ⟨m.; -(e)s, -s od. -e⟩ **1** *Drehung, Drehbewegung;* einem Gegenstand einen ~ nach rechts, links geben **2** ⟨fig.; umg.⟩ *entscheidender Handgriff, Kunstgriff, Weg zur Lösung eines Problems;* übler ~; auf einen ~ verfallen **2.1** den ~ heraushaben, weghaben *wissen, wie man etwas machen muß, wie man zu etwas kommt* **2.2** er wird schon den rechten ~ finden *er wird schon merken, wie er es machen muß;* ich habe den richtigen ~ noch nicht gefunden, noch nicht weg **2.3** auf den ~ wäre ich nicht gekommen! *auf diese Idee* **3** im ~ sein ⟨fig.; umg.⟩ *in der Arbeit stecken*

'Dreh·bank ⟨f.; Tech.⟩ *Werkzeugmaschine, die ein Werkstück um eine horizontale Achse in*

Drehung versetzt, das dann mit Schneidwerkzeugen bearbeitet wird

'Dreh·buch ⟨n.⟩ *Manuskript für Filmaufnahmen, in dem die Szenen in Einstellungen (kleinste Aufnahmeeinheiten) geteilt u. mit Hinweisen für Akustik u. Optik versehen sind*

'dre·hen ⟨V.⟩ **1** ⟨500⟩ jmdn. od. etwas ~ *um eine Achse od. einen Punkt bewegen;* er dreht seine Partnerin im Walzertakt; eine Kurbel, einen Handgriff ~; einen Kreisel ~; einen Gegenstand in ~de Bewegung versetzen **1.0.1** → a. *Daumen(1.1, 1.4), Ding²(1.3)* **1.1** ⟨411⟩ an etwas ~ *etwas od. einen Teil von etwas anfassen, so daß es sich um seine Achse bewegt;* nervös drehte sie an ihrem Knopf; er dreht am Radio, um den gesuchten Sender einzustellen **1.1.1** da muß doch jmd. daran gedreht haben ⟨a. fig.⟩ *darauf eingewirkt, etwas verändert, etwas entzwei gemacht haben* **1.2** ⟨500⟩ den Leierkasten ~ *durch Drehen der Kurbel zum Ertönen bringen* **2** ⟨500/R3⟩ sich ~ *sich in Bewegung um einen Punkt außerhalb seiner selbst od. um die eigene Achse befinden;* dreh dich bitte mal (beim Anprobieren); die Räder ~ sich; der Wetterhahn dreht sich im Wind; die Erde dreht sich um die Sonne; sich im Tanze ~ **2.1** ⟨531/R3⟩ jmdm. dreht sich alles vor den Augen, im Kreis *jmdm. ist schwindlig* **2.2** ⟨Part. Präs.⟩ jmdm. ist ganz ~d (im Kopf) *jmdm. ist schwindlig* **2.3** ⟨513/R3⟩ etwas od. jmd. dreht sich im Kreise ⟨a. fig.⟩ *kommt nicht vorwärts* **2.4** ⟨500/R3⟩ sich ~ u. winden ⟨fig.⟩ *Ausflüchte machen* **3** ⟨550/R3 unpersönl.⟩ es dreht sich um jmdn. od. etwas ⟨fig.⟩ *es handelt sich um jmdn. od. etwas;* in dem Roman dreht es sich um einen Politiker; es dreht sich darum, daß er pünktlich ist **3.1** ⟨550/R3⟩ alles dreht sich um ihn *er ist Mittelpunkt, jeder kümmert sich nur um ihn* **4** ⟨500/R7 od. R8⟩ jmdn. od. etwas (in eine bestimmte Richtung) ~ *jmdm. od. etwas eine andere Richtung geben;* er drehte sie auf ihrem Stuhl nach rechts; er dreht seinen Kopf nach rechts; der Arzt versuchte, den Verletzten seitwärts zu ~ **4.0.1** der Fahrer drehte (sein Fahrzeug) *lenkte sein Fahrzeug in die Gegenrichtung* **5** ⟨530⟩ jmdm. den Rücken ~ *zudrehen, zuwenden* **6** ⟨513; fig.⟩ *verdrehen, (in der Bedeutung) verändern* **6.1** er dreht alles, alle Worte so, wie er es braucht *legt es so aus, versteht es nur so* **6.2** wie man es auch dreht und wendet ⟨fig.⟩ *von welcher Seite man die Angelegenheit auch betrachtet* **7** ⟨411 od. 511/R3⟩ (sich) ~ *seine Stellung durch eine Bewegung um die eigene Achse verändern;* er drehte sich in die falsche Richtung; der Wind hat (sich) gedreht **7.0.1** das Schiff dreht (sich) nach Backbord *wechselt den Kurs in Richtung B. (nach rechts)* **8** Gegenstände ~ *durch eine kreisende Bewegung herstellen, ver- od. bearbeiten* **8.1** einen Film ~ *produzieren, herstellen* **8.2** Stricke ~ *flechten, winden* **8.2.1** → a. *Strick(3.1)* **8.3** Pillen ~ *rund formen* **8.4** eine Zigarette ~ *herstellen, indem Zigarettenpapier um Tabak gerollt wird* **8.5** ein Werkstück ~ *auf der Drehbank (aus Metall) anfertigen;* eine kupferne Hülse ~; ein Schraubengewinde ~ **8.6** Fleisch durch den Wolf ~ *im Fleischwolf zerkleinern* **8.6.1** jmdn. durch den Wolf ~ ⟨derb⟩ *fürchterlich verprügeln*

'Dre·her ⟨m.; -s, -⟩ **1** *Arbeiter an einer Drehbank* **2** *Handgriff zum Drehen, bes. Türgriff* **3** ⟨Anat.⟩ *zweiter Wirbel der Landwirbeltiere: Epistropheus, Axis* **4** *volkstüml. Tanz, Ländler*

'Dreh·or·gel ⟨f.⟩ *fahr- od. tragbare Kleinorgel, bei der eine Kurbel den Blasebalg sowie eine Walze mit Stiften betätigt, die die Ventile der Pfeifen öffnen;* Sy *Leierkasten*

'Dreh·schei·be ⟨f.⟩ **1** *drehbare Scheibe mit Schiene zum Wenden u. Umsetzen von Schienenfahrzeugen* **2** *früher mit dem Fuß, heute mechanisch drehbare Töpferscheibe, auf der Gegenstände aus Ton geformt werden*

drei ⟨Num.; Gen. -er, wenn kein vorangehendes Wort den Kasus kennzeichnet; in Ziffern: 3⟩ → a. *vier* **1** *erste ungerade Primzahl* **2** ⟨fig.⟩ **2.1** wir haben keine ~ Worte miteinander gewechselt *wir kennen uns kaum* **2.2** nicht bis ~ zählen können *sehr dumm sein* **2.3** ehe man bis ~ zählen konnte, war er wieder da *sehr schnell, im Nu* **2.4** ich will es in ~ Worten erklären *kurz erklären* **2.5** ~ Kreuze hinter jmdm. od. einer Sache machen ⟨umg.⟩ *froh sein, daß jmd. fort od. eine S. vorüber ist* **3** unter ein Schriftstück ~ Kreuze machen *ein Zeichen in dieser Form anstelle der Unterschrift machen, wenn man des Schreibens unkundig ist*

Drei ⟨f.; -, -en⟩ **1** *die Ziffer 3* **1.1** ⟨umg.⟩ *die Straßenbahn-, Buslinie Nr. 3;* mit der ~ fahren; in die ~ umsteigen **2** → *Note(2.3);* eine ~ schreiben; eine Prüfung mit (einer) „~" bestehen

'drei·fach ⟨Adj. 24⟩ **1** *dreimal(ig), dreifältig;* ein ~es Hoch auf das Geburtstagskind!; eine Decke, ein Stück Papier ~ falten, legen; ein Schriftstück in ~er Ausfertigung; dieser Hut kostet das Dreifache von jenem **2** → a. *doppelt(3.1)*

Drei'kö·nigs·fest ⟨n.⟩ *Fest der Heiligen Drei Könige, 6. Januar*

drein ⟨Adv.; umg.⟩ = *darein;* ich füge, schicke mich ~

'drein|re·den ⟨V. 600; umg.⟩ jmdm. ~ *unaufgefordert dazwischenreden, unterbrechen, sich einmischen, es anders haben wollen;* ich lasse mir in meine Arbeit nicht, von niemandem ~

'drei·ßig ⟨Num. 11; in Ziffern: 30⟩ *dreimal zehn;* er ist ~ (Jahre alt); über ~, unter ~

'Drei·ßig ⟨f.; -, -en⟩ **1** *die Zahl 30* **2** *ein Alter von 30 Jahren;* jmd. ist Mitte, Ende (der) ~, über die ~

dreist ⟨Adj.⟩ *keck, unverfroren, anmaßend, frech;* ein ~es Benehmen; eine ~e Bemerkung; etwas ~ fordern, sagen, behaupten; ein ~es Kind

'drei·zehn ⟨Num. 11; in Ziffern: 13⟩ **1** *drei und zehn;* um (das Jahr) ~hundert (1300); im Jahre (neunzehnhundert)~ (1913) **2** jetzt schlägt's ~! ⟨fig.; umg.⟩ *jetzt habe ich aber genug!, jetzt wird es mir zu bunt!*

'Dre·sche ⟨f.; -; unz.; umg.⟩ *Schläge, Prügel;* ~ bekommen

'dre·schen ⟨V. 121/500⟩ **1** Getreide ~ *durch Schlagen die Körner des Getreides aus den Ähren od. Hülsenfrüchte aus den Schoten lösen;* auf dem Felde, auf der Tenne ~; du drischst den Weizen mit der Dreschmaschine; die Bauern sind beim Dreschen **1.1** → a. *leer(3.2)* **1.2** Phrasen ~ ⟨fig.⟩ *mit großen*

Worten leere Redensarten vorbringen 1.3 Skat ~ ⟨fig.; umg.⟩ *eifrig S. spielen* 2 ⟨R8⟩ jmdn. ~ ⟨fig.; umg.⟩ *jmdn. prügeln;* er hat ihn grün und blau gedroschen; sie droschen sich windelweich 3 etwas ~ ⟨fig.; umg.⟩ *mit Wucht irgendwohin schlagen;* er drischt auf die Tasten; das Klavier ~

dres'sie·ren ⟨V. 500⟩ **1** Tiere ~ = *abrichten(1)* 1.1 ⟨550⟩ einen Hund auf den Mann ~ *so abrichten, daß er auf Zuruf Menschen angreift* **2** Speisen ~ *gefällig anrichten* **3** Filzhüte ~ *in eine Form pressen*

'dril·len ⟨V. 500⟩ **1** etwas ~ *mit dem Drillbohrer bohren* **2** die Saat ~ ⟨Landw.⟩ *mit der Drillmaschine in Reihen, Furchen säen* **3** ⟨R7⟩ jmdn. ~ *streng erziehen, hart ausbilden;* die Schüler für die Prüfung ~ 3.1 ⟨Mil.⟩ *jmdm. besondere Bewegungen u. Handgriffe mit der Waffe, die im Ernstfall Zeit u. Verluste sparen sollen, mechanisch u. monoton u. gleichzeitig hart einüben;* Rekruten ~

'Dril·ling[1] ⟨m.; -s, -e⟩ *Triebrad, Getriebe einer Mühle*

'Dril·ling[2] ⟨m.; -s, -e⟩ **1** *mit zwei andern gleichzeitig im Mutterleib entwickeltes Kind* **2** *Jagdgewehr mit drei Läufen für Kugel u. Schrot*

drin ⟨Adv.; umg.⟩ **1** = *darin* 1.1 (nicht) ~ sein ⟨a. fig.⟩ *(nicht) gehen, (nicht) möglich sein, (keinen) Sinn, Zweck haben, sich (nicht) lohnen;* er sagt, das sei nicht ~; da ist noch alles ~; das ist in dieser Angelegenheit einfach nicht ~

'drin·gen ⟨V. 122⟩ **1** ⟨411(s.)⟩ *sich einen Weg bahnen, drängen;* Flüssigkeit dringt aus einem undichten Behälter; aus dem Kessel ~ Dämpfe; das Gerücht, der Lärm drang bis zu uns; durch das Gebüsch ~; die Kälte drang uns durch die Kleider; der Feind drang durch unsere Stellungen; die Kugel drang ihm ins Herz 1.0.1 aus dem Zimmer drang Geschrei *ertönte, klang* 1.0.2 das Lied dringt zu Herzen *geht nahe, berührt innerlich* 1.0.3 es dringt mir durchs Herz ⟨fig.⟩ *es verursacht mir tiefen Schmerz* **2** ⟨800 (s.)⟩ in jmdn. ~ ⟨fig.⟩ *jmdn. mit Bitten u. ä. bedrängen, bestürmen;* versuche nicht, in mich zu ~, denn das wäre aussichtslos **3** ⟨800⟩ auf etwas ~ *etwas mit Nachdruck verlangen, auf etwas bestehen;* auf Antwort ~; auf Zahlung ~

'drin·gend ⟨Adj.⟩ **1** *eilig, drängend, keinen Aufschub duldend;* ein ~er Brief; ein ~es Geschäft; eine ~e Verpflichtung; ich brauche das Buch ~; die Sache ist sehr ~; es ist ~ erforderlich, notwendig, daß ... 1.0.1 ~e Gefahr *unmittelbar drohende G.* **2** *sehr wichtig, nachdrücklich;* einem ~en Bedürfnis abhelfen; hier handelt es sich um eine ~e Notwendigkeit 2.1 ein ~es Ferngespräch, Telegramm *ein vorrangiges F., T. (zu erhöhter Gebühr)* 2.2 es besteht der ~e Verdacht, daß ... *der eindeutige, begründete, zwingende V.* 2.3 er ist der Tat ~ verdächtig *es scheint eindeutig, daß er die Tat begangen hat* 2.4 ich kann im Augenblick nur das Dringendste erledigen *das Notwendigste, Wichtigste, bes. Eilige* **3** *inständig, flehentlich, eindringlich;* seine ~e Mahnung fand kein Gehör; ich möchte Sie ~ darum bitten

'dring·lich ⟨Adj.⟩ eine ~e Angelegenheit *dringende A.*

'drin·nen ⟨Adv.⟩ *innerhalb, in etwas darin;* Ggs *draußen(1);* er ist ~! (im Zimmer)

dritt ⟨Num. 11; nur in der Wendung⟩ zu ~ *drei (Personen) zusammen;* → a. *dritte(r, -s)*

dritt··· ⟨Adj. 11; in Zus.⟩ *an dritter Stelle stehend;* der dritthöchste, drittgrößte, drittletzte

'drit·te(r, -s) ⟨Num. 24; Zeichen: 3.⟩ **1** ⟨Ordinalzahl von⟩ *drei;* der ~ Mann beim Skat; zum ersten, zum zweiten, zum ~n! (Ruf des Auktionators bei Versteigerungen vor dem Zuschlag); der Dritte im Bunde (nach Schiller, „Die Bürgschaft“); ein Verwandter ~n Grades 1.1 das Dritte Reich ⟨nationalsozialist. Sprachgebrauch⟩ *die Zeit des Nationalsozialismus in Dtschld. 1933–1945* 1.2 der ~ Stand *das Bürgertum (nach Adel u. Geistlichkeit)* 1.3 die ~ Welt *die Entwicklungsländer* 1.4 das ist sein ~s Wort *das sagt er dauernd, wiederholt er immer wieder* 1.5 Dritten abschlagen (spielen) *jeweils einen dritten Spieler durch ein Spielerpaar zu fangen suchen* 1.6 der ~ Teil einer Summe *ein Drittel* 1.7 es gibt kein Drittes *nur zwei Möglichkeiten* 1.8 die ~n Zähne ⟨umg.; scherzh.⟩ *Zahnersatz, falsche Z. (nachdem die natürl. Z. im Alter ausgefallen od. gezogen sind)* **2** ⟨fig.⟩ *fernstehend, unbeteiligt, fremd;* sprich mit keinem Dritten davon! 2.1 das habe ich von ~r Seite erfahren *von Unbeteiligten* 2.2 ~ Kraft ⟨meist Pol.⟩ *K., die sich nicht einer von zwei starken, einander entgegengesetzten Parteien od. Weltanschauungen anschließt, sondern einen neuen Weg sucht* 2.3 ~r Ort *neutraler O.;* sich an einem ~n Ort treffen 2.4 → a. *lachen(2.3), zwei(2.1)*

'Dro·ge ⟨f.; -, -n⟩ **1** *pflanzl. od. tier. Erzeugnis, das zu Arzneien verwendet wird* 1.1 *das daraus hergestellte Präparat* **2** = *Rauschgift*

Dro·ge'rie ⟨f.; -, -n⟩ *Ladengeschäft für Chemikalien, Kosmetika, Putzmittel, Kerzen u. ä. Haushaltwaren*

'dro·hen ⟨V.⟩ **1** ⟨600⟩ jmdm. ~ *jmdm. ankündigen, etwas für ihn Unangenehmes zu tun, als Hilfsmittel einzusetzen;* der Fußgänger drohte dem Autofahrer, ihn anzuzeigen; sie drohte ihm mit der Polizei, als er sie belästigte; jmdm. mit dem Finger, mit der Faust ~ 1.0.1 eine ~de Haltung einnehmen *eine H. einnehmen, die jmdn. etwas Unangenehmes erwarten läßt* **2** ⟨403⟩ *als Unannehmlichkeit, Gefahr, Unheil bevorstehen* 2.1 ⟨501⟩ es droht etwas *es ist zu befürchten, daß etwas eintritt;* es droht zu regnen; es droht eine Inflation 2.2 ⟨600⟩ etwas droht jmdm. *etwas steht jmdm. bevor;* ihm droht Gefängnis, Strafe, der Tod **3** ⟨480⟩ etwas droht zu geschehen *steht im Begriff, sich als etwas Unangenehmes zu ereignen;* das Haus droht einzustürzen; vor Müdigkeit drohte er einzuschlafen

'dröh·nen ⟨V. 400⟩ **1** etwas dröhnt *schallt, tönt laut, durchdringend;* die Motoren dröhnten; Schritte ~ auf der Straße; ein ~des Gelächter; die Musik dröhnt mir in den Ohren; er lachte ~d; mit ~der Stimme schreien **2** etwas dröhnt *ist von lautem, vibrierendem Schall erfüllt, erzittert durch Lärm;* der ganze Saal dröhnte von der Musik; mir dröhnt der Kopf von all dem Lärm

'drol·lig ⟨Adj.⟩ *lustig, spaßig, komisch;* eine ~e Geschichte; ein ~es Kind, Bild; das war so ~, daß ...; mir ist etwas Drolliges passiert

Drosch·ke ⟨f.; -, -n⟩ **1** *leichtes Pferdefahrzeug, Pferdekutsche, die man mieten kann;* Pferde~ **2** ⟨veralt.⟩ *Mietauto, Taxi;* Auto~

'Dros·sel[1] ⟨f.; -, -n⟩ **1** *Angehörige einer Familie insekten- u. beerenfressender Singvögel, die über die ganze Erde verbreitet ist: Turdidae* **2** Eigentliche ~ *Angehörige der Gattung der Drosseln, die etwa 200 Arten umfaßt: Turdus;* Schwarz~, Ring~, Mistel~, Sing~, Wacholder~, Rot~

'Dros·sel[2] ⟨f.; -, -n⟩ **1** ⟨jägerspr.⟩ *Luftröhre, Kehle des Wildes* **2** ⟨Tech.⟩ *Vorrichtung zum Regeln der Menge von Flüssigkeiten od. Gasen, die durch eine Rohrleitung strömen*

'dros·seln ⟨V. 500⟩ **1** etwas ~ *die Zufuhr von etwas verhindern, hemmen;* den Dampf, den Strom ~ **1.1** den Motor ~ ⟨Tech.⟩ *den M. langsamer laufen lassen u. dadurch seine Leistung verringern* **2** eine Sache ~ ⟨a. fig.⟩ *verringern, beschränken;* den Handel, die Einfuhr, die Ausgaben ~; das Tempo ~

'drü·ben ⟨Pronominaladv.; umg.⟩ **1** *auf der anderen od. auf die andere Seite;* da ~ steht ein Haus; dort ~ beginnt der Wald **2** *jenseits der Grenze, des Ozeans;* ihre Tochter lebt ~ in Amerika; nach ~ gehen, fahren **2.1** ⟨umg.⟩ *jenseits der Grenze zwischen beiden Teilen Deutschlands;* sie sind von ~ gekommen **3** → a. *hüben*

'drü·ber ⟨Pronominaladv.; umg.⟩ = *darüber*

Druck[1] ⟨m.; -(e)s, ¨-e⟩ **1** ⟨unz.⟩ *das Drücken, Zusammenpressen;* Hände~; der feste ~ seiner Hand gab ihr wieder Mut; ein ~ auf den Knopf (zum Einschalten eines Apparates) **2** *die senkrecht auf eine Fläche wirkende Kraft, Belastung;* Gas~; Luft~; Wasser~; das Material hält auch starken Drücken stand; hoher, niedriger ~ **3** ⟨unz.; fig.⟩ *Bedrückung, Belastung, unangenehm Lastendes;* es ist mir unmöglich, unter diesem ~ zu arbeiten **3.0.1** einen ~ im Kopf, im Magen haben, verspüren *ein drückendes Gefühl* **3.1** *Zwang, starker Einfluß;* einen ~ ausüben; unter dem ~ der Verhältnisse **3.1.1** auf den ~ der öffentl. Meinung hin *erzwungen durch die ö. M.* **3.2** ⟨umg.⟩ *Bedrängnis, Zeitnot* **3.2.1** jmdn. unter ~ setzen *mit Forderungen bedrängen, mit Drohungen einschüchtern* **3.2.2** jmdn. unter ~ halten *nicht selbständig handeln lassen, in Angst u. Sorge halten* **3.2.3** hinter etwas ~ machen, setzen *etwas zu beschleunigen suchen* **3.2.4** in, im ~ sein *in Bedrängnis sein, es sehr eilig haben*

Druck[2] ⟨m.; -(e)s, -e⟩ **1** *das Drucken, Abdruck;* die Zensur verbietet den ~ des Artikels **1.0.1** das Manuskript geht in ~ *mit dem Abdruck des Manuskripts wird begonnen* **1.0.2** seinen Aufsatz in ~ geben *einen A. drucken lassen* **1.0.3** ~ und Verlag von ... *gedruckt u. verlegt bei ...* **2** *Erzeugnis des Druckens, das Gedruckte;* ein alter, kostbarer, seltener ~ **2.1** *gedruckter Text, Buch;* diese alten ~e sind kaum noch zu lesen **2.1.1** *Auflage, Ausgabe;* Nach~; Neu~ **2.2** *gedrucktes Bild;* der ~ hat farblich keine gute Qualität **3** ⟨unz.⟩ *die Art, wie ein Buch, eine Schrift gedruckt ist, Schriftart;* großer, klarer, kleiner, gut (schlecht) leserlicher ~; schlechter, sorgfältiger ~

'drucken ⟨-k·k-; V. 500⟩ etwas ~ **1** *im Abdruck herstellen, wiedergeben;* Muster auf Stoffe ~ **2** *durch Druck*[2] *vervielfältigen;* einen Aufsatz ~ lassen; ein Buch in 1.000 Exemplaren ~ **2.1** er lügt wie gedruckt *er lügt mit unglaubl. Gewandtheit*

'drücken ⟨-k·k-; V.⟩ **1** ⟨402⟩ (jmdn. od. etwas) ~ *einen Druck ausüben (auf jmdn. od. etwas)* **1.1** ⟨511⟩ etwas aus etwas ~ *durch Druck bewirken, daß etwas aus etwas herauskommt, herauspressen;* den Saft aus der Zitrone ~; sich das Wasser aus den Haaren ~ **1.2** ⟨511⟩ etwas auf, in etwas ~ ⟨a. fig.⟩ *bewirken, daß etwas auf, in etwas gepreßt wird;* das Siegel auf den Brief ~; das Erlebnis hat sich mir tief ins Herz, ins Gedächtnis gedrückt **1.2.1** jmdm. einen Kuß auf die Lippen, die Stirn ~ ⟨geh.⟩ *geben* **1.3** ⟨511⟩ etwas od. jmdn. an, in etwas ~ *bewirken, daß etwas, jmd. ganz dicht an etwas herangebracht wird;* das Taschentuch an die Augen ~; das Gesicht schluchzend in die Kissen ~; sich in eine Ecke ~; jmdn. an die Brust ~ **1.4** ⟨500⟩ jmdn. od. etwas ~ *pressen, belasten;* bitte Knopf ~! (als Aufschrift an Klingeln, Automaten u. ä.); jmdn. od. ein Land mit Steuern ~ **1.4.1** jmdn. ~ ⟨umg.⟩ *herzlich, fest umarmen* **1.4.2** ⟨530⟩ jmdm. etwas ~ *zusammenpressen;* jmdm. die Hand ~ **1.5** ⟨402⟩ etwas drückt (jmdn.) *verursacht bei jmdm. unangenehme Druckgefühle;* der Schuh drückt; eine Speise drückt (im Magen); die Hitze drückt; ~de Hitze **1.5.1** ~d heiß *übermäßig warm* **1.6** ⟨500⟩ etwas drückt jmdn. ⟨geh.⟩ *lastet schwer auf jmdm., bedrückt jmdn.;* es drückt mich, daß ...; die (Last der) Verantwortung drückt mich; ihn drückt die Sorge, daß ... **1.7** ⟨500⟩ Blech ~ ⟨Tech.⟩ *durch einen auf der Druckbank ausgeübten Druck umformen* **2** ⟨500⟩ etwas ~ *bewirken, daß etwas niedriger wird, nach unten pressen, herabsetzen;* Preise, Löhne ~ **2.1** Rekorde ~ *unterbieten* **3** ⟨500/R3⟩ sich ~ ⟨umg.⟩ *unauffällig weggehen, sich davonmachen;* um elf Uhr habe ich mich aus dem Saal gedrück **3.1** ⟨505/R3⟩ sich (von, vor, um etwas) ~ *etwas aus dem Wege gehen, sich einer Verpflichtung od. Aufforderung entziehen;* sie haben sich gedrückt; sich von, vor der Arbeit, sich um die Arbeit ~; sich vor einer Einladung ~; sich vor einer Verpflichtung ~ **4** ⟨500⟩ Gewichte ~ ⟨Sp.⟩ *ohne mit dem Körper Schwung zu holen heben* **5** ⟨500⟩ Spielkarten ~ ⟨Kart.⟩ *verdeckt ablegen* **6** ⟨500⟩ Wild ~ ⟨jägerspr.⟩ *bei der Drückjagd vor die Schützen treiben*

'Drücker ⟨-k·k-; m.; -s, -⟩ **1** *Türklinke* **2** *selbsttätig einschnappendes Türschloß* **3** *Abzug am Jagdgewehr* **4** *Bedienungsknopf für elektr. Anlagen, z. B. zur Türöffnung, Klingelknopf* **5** *drei- od. vierkantiger Schraubenschlüssel* **6** am ~ ⟨fig.; umg.⟩ *an der maßgeblichen, auslösenden Stelle* **6.0.1** die Hand am ~ haben ⟨fig.; umg.⟩ *jeden Augenblick bereit sein, Maßnahmen zu ergreifen* **6.0.2** am ~ sitzen ⟨fig.; umg.⟩ *eine einflußreiche Stellung haben* **7** auf den letzten ~ ⟨fig.; umg.⟩ *im letzten Augenblick, gerade noch rechtzeitig*

'Druck·sa·che ⟨f.⟩ *offene Postsendung, die nur einen gedruckten od. mechanisch vervielfältigten, keinen geschriebenen Text als Inhalt hat, zu ermäßigter Gebühr;* eine Sendung als ~ schicken

'Druck·schrift ⟨f.⟩ **1** *jeder gedruckte, bes. nicht*

gebundene Text, Broschüre u. ä. **2** *Schrift aus Druckbuchstaben;* Ggs *Schreibschrift;* etwas in ~ schreiben

'Druck·stock ⟨m.; Typ.⟩ *eine dünne Platte aus Zink od. Kupfer mit eingeätztem Satz od. Bild für Hochdruck, die auf einer Holz- od. Metallunterlage befestigt wird;* Sy *Klischee(1)*

'Druck·werk ⟨n.⟩ *Erzeugnis eines Druckverfahrens, z. B. Buch, Zeitung usw.*

drum ⟨Pronominaladv.; umg.⟩ **1** = *darum* 1.1 sei's ~ *es macht nichts, nehmen wir's in Kauf, es soll uns nicht stören* 1.2 mit allem, was ~ und dran hängt ⟨umg.⟩ *mit allem, was damit zusammenhängt, was dazugehört* 1.3 das Drum und Dran *das Zubehör, alles, was dazugehört*

'drun·ten ⟨Adv.⟩ *dort unten, da unten*

'drun·ter ⟨Pronominaladv.; umg.⟩ **1** = *darunter* 1.1 es geht (alles) ~ und drüber *es geht (alles) durcheinander, es herrscht keine Ordnung mehr*

'Drü·se ⟨f.; -, -n⟩ *ein- od. mehrzelliges Organ bei Mensch u. Tier, das Sekrete nach außen od. in die Blut- od. Lymphbahn absondert;* Speichel ~, Schild ~, Schweiß ~, Milch ~; exokrine, endokrine ~n

du ⟨Personalpron., 2. Person Sg.; Gen. dein(er), Dat. dir, Akk. dich; in Briefen Großschreibung⟩ **1** *(Anrede für Verwandte, Freunde, Kinder, Tiere u. Gegenstände);* ~ gehst; wir erinnern uns deiner; das sieht dir ähnlich; sie liebt dich; ~ Dummkopf!; nun leb wohl, ~ kleine Gasse; ~ mein Heimatland!; ~ armes, gutes Tier; geh ~ (betont) doch zu ihr; und wenn ~ glaubst (wenn man glaubt), es geht nicht mehr weiter, dann kommt doch plötzlich irgendwoher eine Hilfe **2** und hast ~, was kannst ~ (meist norddt.: haste, was kannste) lief er davon *eilig, schleunigst, so schnell er konnte* **3** und hast ~ nicht gesehen, war er fort *im Nu war er fort* **4** jmdn. ~ nennen, zu jmdm. ~ sagen *jmdn. vertraulich anreden* 4.1 mit jmdm. auf ~ und ~ stehen *mit jmdm. sehr vertraut sein* **5** wie ~ mir, so ich dir *Gleiches wird mit Gleichem vergolten*

Du ⟨n.; -; unz.⟩ **1** *(vertrauliche Anrede)* 1.1 jmdm. das ~ anbieten *Brüderschaft schließen wollen*

'Dü·bel ⟨m.; -s, -⟩ *Pflock aus Holz, Metall, Kunststoff od. ähnl. Material, der zur Befestigung von Schrauben, Haken, Nägeln usw. in die Wand eingegipst wird;* Holz ~, Stahl ~

'ducken ⟨-k·k-; V. 500⟩ **1** ⟨R3⟩ sich ~ *sich rasch beugen, Kopf u. Schultern einziehen, um sich zu verbergen od. einem Schlag o. ä. auszuweichen;* ich duckte mich, um nicht gesehen zu werden; die Katze hat sich zum Sprung geduckt; ein Hase duckte sich in die, der Furche; in geduckter Stellung verharren 1.1 den Kopf ~ *einziehen* 1.2 jmdn. ~ ⟨veralt.⟩ *jmdm. den Kopf nach unten drücken;* er duckte mich unter Wasser **2** ⟨R3⟩ sich ~ ⟨fig.; umg.; abwertend⟩ *sich ängstlich fügen, sich unterwerfen;* du duckst dich vor der Gewalt; vor ihm ducke ich mich nicht; sich unter jmds. Willen, Joch ~ 2.1 jmdn. ~ *jmdn. demütigen, fügsam machen;* er duckt die ganze Familie

'Duck·mäu·ser ⟨m.; -s, -; umg.; abwertend⟩ *jmd., der sich sofort beim geringsten Widerstand fügt, der seine Meinung nicht zu sagen wagt, nicht offen ist;* Sy *Leisetreter*

'du·deln ⟨V. 402; umg.; abwertend⟩ **1** (etwas) ~ *auf Blas- od. mechanischen Musikinstrumenten eintönige u. ermüdende Töne erzeugen, monoton od. leise vor sich hin singen od. summen;* er dudelt den ganzen Tag (Lieder) (auf seiner Flöte); sie hat heute schon genug Lieder gedudelt **2** Musikinstrumente ~ (etwas) *spielt ununterbrochen;* sein Radio dudelt den ganzen Tag; ständig dudelte eine Klarinette im Nachbarzimmer

'Du·del·sack ⟨m.⟩ *altes schott. u. südosteurop. Blasinstrument, bei dem aus einem mittels Mundstücks aufgeblasenen Windsack durch Druck mit dem Arm Luft in mehrere Pfeifen (mit u. ohne Grifflöcher) gedrückt wird;* Sy *Sackpfeife;* den ~ spielen, blasen

Du'ell ⟨n.; -s, -e⟩ *Kampf zwischen zwei Personen;* ein ~ auf Pistolen, Säbel; Rede ~

Du'ett ⟨n.; -(e)s, -e⟩ *Musikstück für zwei Singstimmen od. zwei gleiche Instrumentalstimmen;* → a. *Duo(1);* Flöten ~

Duft ⟨m.; -(e)s, ¨-e⟩ **1** *zarter, meist angenehmer Geruch;* ein ~ verfliegt; einen aromatischen ~ verbreiten, ausströmen, von sich geben **2** ⟨poet.⟩ *leichter Nebel, Dunst* **3** ⟨fig.⟩ *besondere Atmosphäre, eigenartiger Reiz;* der ~ der weiten Welt **4** ⟨schweiz.⟩ = *Rauhreif*

'duf·ten ⟨V.⟩ **1** ⟨400⟩ *Duft verbreiten;* süß, berauschend, betäubend ~; das Essen duftet angenehm; duftende Rosen 1.1 ⟨iron.⟩ *stinken;* der Käse duftet **2** ⟨800⟩ nach etwas ~ *nach etwas riechen;* hier duftet es nach Flieder; er duftete stark nach Branntwein ⟨scherzh.⟩

'duf·tig ⟨Adj.; fig.⟩ **1** *wie ein Duft, hauchzart, hauchfein;* ~e Spitzen; eine ~e Frisur; sie war ~ gekleidet **2** ⟨poet.⟩ *in feinen Dunst gehüllt;* in ~er Ferne

'dul·den ⟨V.⟩ **1** ⟨400⟩ *still leiden;* er duldet schweigend, standhaft **2** ⟨500⟩ etwas Unangenehmes ~ *ertragen, über sich ergehen lassen;* er duldet große Schmerzen **3** ⟨500⟩ etwas ~ *erlauben, zulassen;* ich dulde es nicht, daß ...; die Sache duldet keinen Aufschub; ich kann dein Betragen nicht länger ~; er duldet keinen Widerspruch 3.1 ⟨R8⟩ jmdn. ~ *jmdn. in seiner Nähe sich aufhalten lassen;* sie duldete seine Verwandten nicht in ihrem Haus 3.1.1 er ist hier nur geduldet *nicht gern gesehen*

dumm ⟨Adj.⟩ **1** *ohne Vernunft, Intelligenz, Können* 1.1 *unwissend, unerfahren;* ein ~es Kind; du behandelst mich wie einen ~en Jungen 1.2 *einfältig, töricht;* sich ~ anstellen; er sucht nur einen Dummen, der ihm die Arbeit machen soll; du bist ja dümmer als die Polizei erlaubt!; er ist so ~ wie die Nacht (finster ist); du bist gar nicht so ~ wie du aussiehst!; ein ~es Gesicht machen; du ~es Ding, ~er Kerl, du ~e Gans! 1.2.1 der ~e August *der Clown im Zirkus* 1.2.2 tu das nicht, sonst bist du bloß der Dumme! *sonst fällst du herein, hast den Schaden davon* 1.2.3 ich lasse mich doch nicht für ~ verkaufen *ich lasse mir nichts vormachen, mich nicht irreführen, nicht verspotten* 1.3 *unverständig, unvernünftig, unbegabt;* er ist nicht ~, sondern nur faul; red' nicht so ~ (daher)!; sei doch nicht so ~; ~es Zeug! (Ausdruck der ungeduldigen Ablehnung) **2** *ärger-*

lich, unangenehm, peinlich, heikel; eine ~e Angelegenheit, Lage; es war ein ~es Gefühl; eine ~e Sache; so was Dummes!; das ist aber wirklich ~!; ich habe etwas Dummes angestellt **2.0.1** die Sache wäre beinahe ~ ausgegangen *schiefgegangen* **2.0.2** er ist mir ~ gekommen *ist frech, zudringlich, unverschämt geworden* **2.0.3** jetzt wird's mir aber zu ~ *jetzt bin ich mit meiner Geduld am Ende* **2.1** ~er Witz *unpassender W.* **2.1.1** ~e Witze machen *(etwas) in unpassender Weise sagen od. tun* **3** ⟨43; umg.⟩ *schwindlig;* mir ist von dem Lärm ganz ~ im Kopf

'Dumm·heit ⟨f.; -, -en⟩ **1** ⟨unz.⟩ *Mangel an Einsicht u. Urteilskraft, das Dummsein;* gegen ~ ist kein Kraut gewachsen; mit der ~ kämpfen Götter selbst vergebens (Schiller, Die Jungfrau von Orleans, 3,6) **1.1** mit ~ geschlagen sein ⟨umg.⟩ *sehr dumm sein* **1.2** ~ und Stolz wachsen auf einem Holz ⟨Sprichw.⟩ *ein Dummer ist oft auch stolz* **2** *unüberlegte Handlung, törichter Streich;* eine ~ machen, begehen; er hat nur ~en im Kopf

dumpf ⟨Adj.⟩ **1** *den Atem beklemmend;* eine ~e Schwüle lastete auf der Stadt **2** *muffig, modrig;* das Brot schmeckt, riecht ~; ~e Kellerluft **3** *hohl, tief u. undeutlich, gedämpft, erstickt (klingend);* der ~e Schlag von Trommeln; der Donner rollt, grollt ~; mit ~er Stimme **4** *unbestimmt, unklar, nicht bewußt;* ihn beschlich eine ~e Ahnung; ein ~er Schmerz **5** *benommen;* der Alkohol machte ihn ganz ~ im Kopf **6** *geistig unbeweglich, stumpf(sinnig);* in ~em Schweigen dasitzen, verharren; er versank in ein ~es Brüten

'Dü·ne ⟨f.; -, -en⟩ *vom Wind zusammengewehter Sandhügel;* Sand~, Wander~; kahle, bewachsene ~n; die ~n wandern

'Dün·ger ⟨m.; -s, -⟩ **1** *Stoffe, die dem Boden zur Verbesserung seiner Fruchtbarkeit u. zur Ernährung der Pflanzen zugeführt werden;* Blumen~; ~ fahren, streuen, untergraben **1.1** anorganischer od. künstlicher ~ *bergmännisch gewonnener od. chem. hergestellter Stoff, der zur Düngung verwendet wird;* Mineral~, Kali~, Phosphor~, Stickstoff~ **1.2** organischer od. natürlicher ~ *vorwiegend tierische Ausscheidungsstoffe;* Stall~, Kuh~; Wirtschafts~

'dun·kel ⟨Adj.⟩ **1** ⟨70⟩ *lichtlos, finster;* Ggs *hell;* eine dunkle Ecke, Straße, ein dunkler Winkel; im Sommer wird es spät ~; ihm wurde ~ vor den Augen **2** ⟨70⟩ *in der Färbung (mehr od. weniger) dem Schwarz angenähert;* Ggs *hell;* eine dunkle Gestalt kam auf uns zu; einen dunklen Anzug anhaben; dunkle Augen, dunkles Haar; ein dunkles Rot, Blau, Grün **2.1** *gelblich, bräunlich;* dunkler Teint **3** *tief, gedämpft;* Ggs *hell;* eine dunkle Stimme; ein dunkler Ton; das Radio, den Plattenspieler auf „~" stellen **4** ⟨fig.⟩ *unklar, nicht zu durchschauen* **4.1** *unklar, nebelhaft, unbestimmt, verschwommen, verworren;* die Herkunft dieses Wortes ist ~; der Sinn dieses Ausspruches ist mir ~; er redete allerlei dunkles Zeug daher; ich kann mich ~ daran erinnern **4.1.1** eine dunkle Stelle (in einem Text) *unklare, nicht gedeutete S.* **4.1.2** er hat mich darüber im ~n gelassen *im ungewissen, er hat mich nicht darüber unterrichtet* **4.1.3** das liegt noch im ~n *ist noch ungewiß* **4.1.4** im ~n tappen *vergeblich forschen, im unklaren sein* **4.2** *ungewiß, geheimnisvoll, rätselhaft;* er erging sich in dunklen Andeutungen; eine dunkle Ahnung stieg in ihm auf **4.3** *fragwürdig, zweifelhaft, das Licht des Tages, die Öffentlichkeit scheuend, ehrenrührig;* eine dunkle Existenz; dunkle Geschäfte, Machenschaften; seine Nachrichten aus dunklen Quellen beziehen; dunkle Pläne schmieden; eine dunkle Vergangenheit haben; in seinem Leben gibt es einen dunklen Punkt **5** *unerfreulich, traurig, schwer;* die ~sten Stunden seines Lebens

'Dün·kel ⟨m.; -s; unz.⟩ *übertrieben hohe Meinung von sich selbst, Hochmut bei innerer Hohlheit*

'Dun·kel·heit ⟨f.; -; unz.⟩ *Lichtlosigkeit, Finsternis;* Ggs *Helligkeit;* die ~ brach herein, bei einbrechender ~; bei Eintritt der ~

'dun·keln ⟨V. 400⟩ **1** ⟨401⟩ es dunkelt *es wird dunkel, es dämmert;* es dunkelte schon, als er kam **2** etwas dunkelt *wird in der Farbe dunkler;* das Holz des Fußbodens dunkelt langsam; ihr Haar ist gedunkelt **3** ⟨poet.⟩ *dunkel leuchten*

'dün·ken ⟨V. 123⟩ **1** ⟨601 od. 501⟩ es dünkt jmdm., jmdn. *jmd. glaubt, etwas annehmen zu dürfen;* mich deucht ⟨poet.⟩; wenn es Ihnen gut dünkt; sein Benehmen dünkt mich seltsam **2** ⟨500/R3; abwertend⟩ sich ~ *sich vorkommen (wie), sich halten für, sich einbilden, etwas zu sein;* er dünkt sich etwas Großes, etwas Besseres als wir; er dünkt sich sehr geschickt

dünn ⟨Adj.⟩ **1** *von geringem Durchmesser;* ein ~es Blech; der ~e Ast **1.0.1** ~e Bretter bohren ⟨fig.⟩ *es sich bequem machen, nicht viel leisten* **1.1** *(fast) durchscheinend;* eine ~e Stelle im Stoff (am Ellbogen, Knie); ein ~er Schleier **1.2** *schmal, sehr schlank, mager;* eine ~e Frau; ein Kind mit ~en Beinen; sie will ~er werden; er ist ~ wie ein Faden **1.2.1** sich ~ machen *versuchen, wenig Platz einzunehmen* **2** *wenig konzentriert, nicht dicht (beieinander);* der ~en Luft wegen geriet er außer Atem; ~e Nebel ziehen über das Land; das Land ist ~ besiedelt; die Rüben sind ~ gesät **2.0.1** Kameradschaft ist bei euch anscheinend ~ gesät ⟨fig.⟩ *wenig vorhanden* **2.0.2** sein ~es Haar *sein schütteres H.* **2.0.3** es fällt ein ~er Regen *es nieselt* **2.1** *wässerig, verdünnt, wenig gehaltvoll;* eine ~e Suppe; die Milch ist recht ~ **2.2** *(verhältnismäßig) flüssig;* der Teig ist zu ~ geraten **3** ⟨fig.⟩ *schwach;* mit ~er Stimme; er brachte nur ein ~es Lächeln zustande **4** ⟨fig.; umg.⟩ *wenig gehaltvoll, inhaltl. unzureichend;* ein ~es Argument, Buch; was er sagt, ist ziemlich ~

'dün·ne|ma·chen ⟨V. 500/R3; umg.⟩ **1** sich ~ *heiml. od. rasch verschwinden, weglaufen, ausreißen;* ehe man sie fassen konnte, haben sie sich dünnegemacht **2** ⟨aber getrennt⟩ sich dünne machen → *dünn(1.2.1)*

Dunst ⟨m.; -es, ⸚e⟩ **1** *Lufttrübung;* über der Stadt, den Wiesen liegt ein leichter, schwacher ~; die Berge liegen im ~ **1.1** *Qualm, Rauch;* blauer ~ umhüllte die Raucher **1.1.1** → a. *blau(6.1)* **1.1.2** in ~ aufgehen ⟨fig.⟩ *zunichte werden* **2** *Ausdünstung, Hauch;* die Tiere strömten einen warmen, scharfen ~ aus **3** ⟨jägerspr.⟩ *feinster Schrot;* Vogel~ **4** keinen (blassen) ~ haben (von etwas) ⟨fig.; umg.⟩

keine Ahnung haben (von etwas), nichts wissen (von etwas)

'dun·sten ⟨V. 400⟩ *Dunst ausströmen, Dunst verbreiten, dampfen;* oV *dünsten(1);* die feuchte Erde dunstet

'dün·sten ⟨V. ⟩ **1** ⟨400⟩ = *dunsten* **2** ⟨500⟩ Speisen ~ ⟨Kochk.⟩ *in einem verschlossenen Gefäß durch Dampf im eigenen Saft u. wenig Fett ohne Bräunung gar machen, dämpfen;* Fleisch, Gemüse ~

'Dunst·kreis ⟨m.; bes. fig.⟩ *Atmosphäre, Wirkungsbereich;* im ~ seiner Berühmtheit, ihrer Fürsorge

'Dü·nung ⟨f.; -, -en⟩ *Seegang vor u. nach Sturm mit gleichmäßig langen Wellen (trotz Windstille);* eine leichte, schwere, flache ~; das Schiff hebt und senkt sich in der ~

'Duo ⟨n.; -s, -s⟩ **1** *Musikstück für zwei selbständige, meist verschiedene Instrumentalstimmen* **2** *die beiden ein Duo(1) spielenden Musiker*

Du·pli'kat ⟨n.; -(e)s, -e⟩ **1** ~ einer Urkunde *doppelte Ausfertigung* **2** *Abschrift, Kopie, Durchschlag*

du·pli'zie·ren ⟨V. 500⟩ etwas ~ *verdoppeln*

Dur ⟨n.; -, -⟩ *(männl.) Tongeschlecht mit großer Terz im Dreiklang der Tonika;* Ggs. *Moll*

durch 1 ⟨Präp. m. Akk.⟩ **1.1** ~ etwas (hindurch) *auf der einen Seite in etwas hinein u. auf der anderen wieder hinaus;* einen Ball ~s Fenster werfen; ~ das Fernrohr sehen; der Schuß ging ihm ~s Herz; ~ die Nase sprechen; der Fluß fließt ~ einen See; er ist ~s Examen gefallen ⟨fig.⟩; jmdn. ~ den Kakao ziehen ⟨fig.⟩; warum willst du mit dem Kopf ~ die Wand? ⟨fig.⟩ **1.2** ~ etwas *(kreuz u. quer) in einer Sache (herum);* ~ ein Land reisen; ein Ruf scholl ~ den Wald; ein Fisch schwimmt ~ das Wasser; sich ~ das Dunkel tasten; ihm war etwas ~ den Kopf gegangen ⟨fig.⟩ **1.2.1** (alle) ~ die Bank *(alle) ohne Ausnahme (eigtl. in der Reihenfolge, wie sie auf der B. sitzen)* **1.3** ~ einen Zeitraum (hindurch) *während eines Zeitraums, einen Z. hindurch, über einen Z. hin;* unsere Freundschaft hat ~ das ganze Leben gehalten; die Krankheit begleitete ihn ~ viele Wochen; das ganze Jahr ~; die ganze Nacht ~; den Winter ~ **1.4** *mit Hilfe von, mittels, durch Vermittlung von, infolge (von);* er hat mich ~ stichhaltige Argumente überzeugt; ~ Ausdauer, Erfahrungen, Fleiß, Wissen vorwärtskommen; einen Brief ~ Boten, Eilboten senden; einen Kasten ~ Drücken des Knopfes öffnen; ich habe ihn ~ Freunde kennengelernt; den Gewinner ~ das Los ermitteln; ~ das viele Rauchen wirst du noch krank werden; ich habe den Posten ~ seine Vermittlung erhalten; ich bin ~ einen Kunden länger aufgehalten worden; ~ die Blume sprechen ⟨fig.⟩ **2** ⟨Adv.; umg.⟩ **2.1** ~ und ~ *vollkommen, ganz u. gar;* ~ und ~ naß; er ist ~ und ~ ehrlich **2.1.1** ich kenne ihn, sie, das Land usw. ~ und ~ *sehr genau* **2.1.2** der Schrei ging mir ~ und ~ *traf, erschreckte mich bis ins Innerste* **2.2** (bei jmdm.) unten ~ sein *es mit jmdm. verdorben haben, von jmdm. nicht geschätzt werden;* er ist bei mir unten ~ **2.3** *vorbei;* darf ich bitte ~?

'durch|ar·bei·ten ⟨V.⟩ **1** ⟨400⟩ *(eine gewisse Zeit) ohne Pause arbeiten;* die ganze Nacht ~ **1.0.1** wir arbeiten heute durch *machen keine Mittagspause* **2** ⟨500⟩ etwas ~ *sich eingehend u. bis zu Ende mit etwas beschäftigen, etwas sehr gründl. lesen, sorgsam studieren;* ein Buch, ein Wissensgebiet ~ **3** ⟨500/R3⟩ sich ~ *mit Anstrengung hindurchdringen, alle Schwierigkeiten überwindend bis zum Ende vordringen;* sich durchs Gestrüpp, durch ein Wissensgebiet ~ **4** ⟨500⟩ eine zähe Masse ~ *durchkneten;* Knetmasse, Ton, Teig ~

durch'aus ⟨a. ['--] Adv.⟩ **1** ⟨verstärkend in verneinenden Sätzen⟩ *unbedingt, völlig, absolut;* ich habe ~ keinen Grund, das zu denken; er möchte ~ mitkommen; wenn du ~ willst ...; würde Ihnen das Freude machen? Oh, ~!; ich bin ~ nicht bereit, das zu tun; ich bin damit ~ nicht einverstanden; ich bin mir ~ klar darüber, daß ..., aber ... **1.0.1** ~ nicht! *bestimmt nicht, sicher nicht, keinesfalls*

'durch|bei·ßen[1] ⟨V. 105/500⟩ **1** etwas ~ *in zwei Teile zerbeißen, durch Beißen trennen;* er hat seine Fesseln durchgebissen; der Hund hat dem Huhn die Kehle durchgebissen **2** ⟨R3⟩ sich ~ ⟨fig.; umg.⟩ *hart kämpfen (im Leben), Widerstände überwinden;* er hat sich tüchtig ~ müssen

durch'bei·ßen[2] ⟨V. 105/500⟩ etwas ~ *beißend durchdringen, zerbeißen, mit den Zähnen durchbohren;* der Hund hat dem Huhn die Kehle durchbissen

'durch|bil·den ⟨V. 500⟩ **1** etwas ~ *vollständig ausbilden* **1.1** ein gut durchgebildeter Körper *schön ausgebildeter, schön gewachsener, gut entwickelter K.*

'durch|blicken ⟨-k·k-; V.⟩ **1** ⟨411⟩ durch etwas ~ *hindurchsehen, hindurchschauen;* durch eine Lupe, ein Mikroskop ~; laß mich auch einmal ~! **2** ⟨400; Inf.⟩ etwas ~ lassen *andeuten, zu verstehen geben;* er ließ sein Einverständnis ~

'durch|bre·chen[1] ⟨V. 116⟩ **1** ⟨500⟩ etwas ~ *entzweibrechen, durch Brechen in Teile zerlegen;* ein Brett, einen Stab ~ **2** ⟨400⟩ etwas bricht durch *geht durch Brechen entzwei;* der Steg über den Bach ist durchgebrochen **3** ⟨500⟩ etwas ~ *gewaltsam einen Durchgang schlagen durch;* eine Wand ~ **4** ⟨400(s.); fig.⟩ *sich (gewaltsam) einen Weg bahnen, sich Bahn brechen;* wir müssen versuchen, durch die feindlichen Stellungen durchzubrechen; das Magengeschwür ist durchgebrochen; die ersten Zähne brechen durch; erst am Nachmittag ist die Sonne durchgebrochen **4.1** *zum Ausbruch kommen, in Erscheinung treten;* seine alte Wildheit brach durch **5** ⟨411(s.)⟩ durch eine Fläche ~ *durch etwas, das zerbricht, nach unten sinken, fallen, stürzen;* beim Schlittschuhlaufen ist der Junge durch die dünne Eisdecke durchgebrochen

durch'bre·chen[2] ⟨V. 116/500⟩ **1** etwas ~ *sich gewaltsam einen Weg durch etwas bahnen, durch etwas durchstoßen;* die Verbände ~ die Front; die Polizeikette wurde von den Demonstranten durchbrochen **2** eine Sache ~ ⟨fig.⟩ *etwas übertreten, einer Sache zuwiderhandeln;* Gesetze, Vorschriften, Abkommen ~; seine Gewohnheit ~ **3** etwas ~ *mit Zwischenräumen versehen* **3.1** durchbrochene Arbeit (in Metall, Holz usw.) *Gegenstand mit Verzierung durch ausgeschnittene od. ausge-*

sägte Muster 3.2 durchbrochene Stickerei *bestimmte Art von Lochstickerei*

'durch|bren·nen ⟨V. 117⟩ **1** ⟨400(s.)⟩ etwas brennt durch *schmilzt, geht durch zu starke Strombelastung entzwei;* eine elektr. Birne, eine Sicherung brennt durch **2** ⟨500⟩ etwas ~ *mittels Feuers zerteilen;* er brannte die Schnur durch, die ihn fesselte **3** ⟨400(s.)⟩ *bis zum Glühen brennen, ganz glühend werden;* den Ofen zuschrauben, wenn die Kohlen durchgebrannt sind **4** ⟨400(s.); fig.; umg.⟩ *heimlich davonlaufen;* er ist seinen Eltern durchgebrannt; mit der Kasse ~; von zu Hause ~

'durch|brin·gen ⟨V. 118/500; umg.⟩ **1** jmdn. ~ *jmdm. helfen, eine Krankheit od. Schwierigkeiten zu überwinden, eine Prüfung zu bestehen;* der Arzt meinte, er könne den Kranken ~ **2** ⟨R7⟩ jmdn. ~ *(mit Mühe) ernähren, für jmds. Lebensunterhalt sorgen;* er weiß nicht, wie er seine Familie ~ soll; er muß seinen alten Vater mit ~; er bringt sich mühsam mit Stundengeben durch **3** eine Sache ~ *durchsetzen, gegen den Widerstand anderer zur Geltung, Anerkennung bringen;* die Fraktion konnte ihren Antrag nicht ~ **4** etwas ~ ⟨fig.⟩ *vergeuden, verschleudern, sinnlos ausgeben;* er hat sein ganzes Erbteil, Geld durchgebracht

'Durch·bruch ⟨m.⟩ **1** *das Durchbrechen, gewaltsames Durchdringen, Durchstoßen;* ~ durch die feindlichen Linien; ~ von Eigenschaften; ~ einer Krankheit; ~ eines Magengeschwürs, einer inneren Vereiterung; ~ der Zähne; einer Idee, einer Sache zum ~ verhelfen 1.1 zum ~ kommen *durchbrechen[1](4.1);* die Pubertätserscheinungen kommen bei ihm verspätet, aber um so heftiger zum ~ **2** *durchgebrochene Öffnung;* ein ~ in der Mauer

'durch|dre·hen ⟨V.⟩ **1** ⟨500⟩ etwas ~ *mit einer Drehbewegung durch eine Maschine laufen lassen;* Gemüse, Obst, Fleisch (durch den Wolf) ~; Wäsche (durch die Wringmaschine) ~ **2** ⟨400; umg.⟩ *die Nerven, die Fassung, den Verstand verlieren;* ich habe Angst, er dreht noch durch 2.1 durchgedreht sein *durcheinander, am Ende seiner Nervenkräfte sein;* er ist völlig durchgedreht

'durch|drin·gen[1] ⟨V. 122/400(s.)⟩ **1** etwas dringt durch *gelangt (gegen Widerstände durch etwas) hindurch;* der Regen ist uns bis auf die Haut durchgedrungen; das Gerücht, die Nachricht ist bis zu uns durchgedrungen 1.1 ~de Kälte, Nässe *eine K., N., die durch alle schützenden Hüllen dringt* 1.2 ein ~der Blick *scharfer B.;* er maß ihn mit einem ~den Blick 1.3 ein ~der Verstand *ein scharfer, zum Wesentlichen vorstoßender V., Scharfsinn* 1.4 ein ~der Ton, Schrei *alles übertönender, gellender T., S.* 1.5 ~der Geruch *starker, intensiver G.* **2** etwas dringt durch ⟨fig.⟩ *gewinnt gegen anfängl. Widerstand Zustimmung;* sein Vorschlag ist durchgedrungen; mit seiner Meinung ~

durch'drin·gen[2] ⟨V. 122/500⟩ **1** etwas ~ *durchbrechen, durchstoßen, eindringen in etwas;* den Urwald ~; ein Licht durchdrang die Dunkelheit; Röntgenstrahlen ~ feste Körper 1.1 eine Aufgabenstellung, ein Problem (geistig) ~ *geistig verarbeiten* **2** etwas durchdringt jmdn. *erfüllt jmdn. völlig;* ein Gefühl der Freundschaft durchdrang ihn 2.1 ⟨Passiv⟩ von etwas durchdrungen sein *erfüllt, überzeugt sein von;* von dem stolzen Bewußtsein durchdrungen, daß ...; vom Gefühl der Verantwortung durchdrungen; von seiner eigenen Tüchtigkeit tief durchdrungen sein ⟨iron.⟩

Durch'drin·gung ⟨f.; -; unz.⟩ **1** *das Durchdringen[2]* **2** friedliche ~ *kampflose Eroberung, tiefgreifende Veränderung, Beeinflussung eines schwachen od. abhängigen Staates durch einen stärkeren* **3** ⟨Math.⟩ *Aufeinandertreffen zweier Körper, z. B. eines Prismas u. eines Kegels, die eine Durchdringungsfigur bilden, deren Oberfläche sowohl dem einen als auch dem anderen Körper angehört*

'durch|drücken ⟨-k·k-; V. 500⟩ **1** etwas ~ *durchpressen, durchtreiben;* Quark, Fruchtbrei durch ein Sieb ~ **2** etwas ~ *bis zum Widerstand drücken;* einen Hebel ~ 2.1 das Kreuz, den Ellbogen ~ *nach hinten drükken, gerade biegen, strecken;* mit durchgedrückten Knien **3** eine Sache ~ ⟨fig.; umg.⟩ *etwas gegen Widerstand durchsetzen;* seine Meinung, einen Antrag, Vorschlag ~

durch·ein'an·der ⟨Adv.⟩ **1** *aus Reihe u. Ordnung gekommen, unordentlich, regellos (wechselnd);* alles ~ essen, trinken **2** ~ sein ⟨umg.⟩ *verwirrt, aufgeregt sein;* ich bin noch ganz ~

durch·ein'an·der|brin·gen ⟨V. 118/500⟩ **1** etwas ~ *in Unordnung bringen;* Papiere, Bücher ~; wer hat meine Sachen durcheinandergebracht? **2** Sachen ~ *verwechseln;* Begriffe, Vorstellungen ~ **3** ⟨R8⟩ jmdn. ~ ⟨fig.⟩ *nervös machen, aufregen;* der Schreck hat mich ganz durcheinandergebracht

'Durch·fahrt ⟨f.⟩ **1** ⟨unz.⟩ *das Durchfahren, Passieren(1);* freie ~ gewährleisten, haben; ~ verboten!; Torweg zur ~ freihalten! 1.1 auf der ~ sein *nur eine Zwischenstation machen, nicht bleiben wollen* **2** *Öffnung zum Durchfahren, Strecke, auf der passiert werden kann;* ein altes Stadttor bildet die ~; die ~ zum Hotel ist sehr eng

'Durch·fall ⟨m.⟩ **1** ⟨Med.⟩ *rasche u. häufige dünnflüssige Darmentleerung;* einen ~ mit Fieber bekommen **2** ⟨fig.⟩ *Mißerfolg;* das Stück erlebte bei der Premiere einen ~; ~ im Examen

'durch|fal·len ⟨V. 131(s.)⟩ **1** ⟨400⟩ *durch eine Öffnung hinunterfallen* **2** ⟨400; fig.⟩ *Mißerfolg haben;* das Stück ist bei der Premiere durchgefallen 2.1 *eine Prüfung nicht bestehen;* einen Prüfling ~ lassen; er ist (im Examen) durchgefallen 2.2 ⟨411⟩ bei einer Wahl ~ *nicht gewählt werden*

'durch|fech·ten ⟨V. 133/500⟩ **1** eine Sache ~ *für eine S. bis zum Erfolg, Sieg kämpfen, für eine S. energisch eintreten u. sie zum Ziel führen;* er focht seinen Prozeß in allen Instanzen durch **2** ⟨R3⟩ sich ~ ⟨fig.; landschaftl.⟩ *sich seinen Weg mühsam (durchs Leben) bahnen* 2.1 *seinen Lebensunterhalt bettelnd verdienen*

'durch|flie·gen[1] ⟨V. 136/400 od. 405(s.)⟩ **1** *durch etwas hindurchfliegen, sich hindurchbewegen;* der Ball flog (durch das Fenster) durch; die feindlichen Flugzeuge sind durchgeflogen, ohne ...; die Zugvögel sind durchgeflogen; das Tal ist eng, aber das Flugzeug ist trotzdem

durchgeflogen **2** ⟨fig.; umg.⟩ *durchfallen (im Examen);* er ist im Abitur durchgeflogen
durch'flie·gen² ⟨V. 136/500⟩ **1** eine Strecke ~ *von einem Ende bis zum anderen fliegend zurücklegen;* das Flugzeug durchflog die Strecke Paris—New York in 8 Stunden, in Rekordzeit; die Störche haben die Strecke Mitteleuropa—Nordafrika in 5 Tagen durchflogen 1.1 *fliegend durchqueren;* die Rakete hat die Atmosphäre durchflogen; das Flugzeug durchflog die Wolken **2** Schriftstücke ~ ⟨fig.; umg.⟩ *eilig u. flüchtig lesen;* ich habe den Brief nur durchflogen
durch'flu·ten ⟨V. 500⟩ etwas ~ **1** *flutend, strömend durchdringen;* ein breiter Strom durchflutet das Land **2** ⟨fig.⟩ *erfüllen;* Licht durchflutet den Raum
'durch|füh·ren ⟨V. 500⟩ **1** jmdn. ~ *durch etwas hindurchführen, führend begleiten durch;* darf ich Sie rasch ~? (durch eine Ausstellung usw.) **2** etwas ~ ⟨fig.⟩ *verwirklichen, in die Tat umsetzen;* eine Arbeit, Untersuchung, einen Auftrag, Versuch, ein Gesetz, Unternehmen ~; eine begonnene Arbeit bis zu Ende ~
'durch|ge·hen ⟨V. 145(s.)⟩ **1** ⟨400⟩ *durch etwas gehen, sich gehend (durch etwas) hindurch bewegen;* das Museum ist nicht groß, man kann bequem in einer Stunde ~; Sie können gleich hier ~ **2** ⟨400⟩ *(bei Kontrollen) unbeanstandet weitergeleitet werden od. weitergehen, passieren;* Nachrichten gehen ohne Zensur durch; Wertgegenstände gehen beim Zoll nicht durch **3** ⟨411⟩ an dieser Stelle, hier, dort geht es durch *ist der Durchgang, der richtige Weg;* geht es hier zum Nachbarhaus durch? **4** ⟨400⟩ *sich durch etwas hindurchschieben, -stekken lassen;* die Löcher sind so klein, daß die Schrauben nicht ~ **5** ⟨411⟩ durch etwas ~ *durch etwas hindurchdringen;* die Nässe, Kälte ist durch die Jacke durchgegangen **6** ⟨400⟩ etwas geht durch *findet Zustimmung, wird angenommen, bewilligt;* der Antrag, das Gesetz ist glatt durchgegangen **7** ⟨400⟩ etwas ~ lassen *jmdm. etwas nachsehen, es dulden, ohne zu tadeln od. zu strafen;* das solltest du den Kindern nicht ~ lassen; einen Fehler ~ lassen 7.1 das kann ich nicht ~ lassen *nicht dulden* **8** ⟨400⟩ *fortlaufen, außer Kontrolle geraten* 8.1 *wild werden u. davonstürmen;* die Pferde sind mit der Kutsche durchgegangen 8.2 *heimlich davonlaufen, fliehen, ausreißen;* seine Frau ist mit einem andern durchgegangen; er ist mit der Kasse durchgegangen 8.3 ein Atomreaktor geht durch *die Kernreaktion gerät außer Kontrolle* 8.4 ⟨600⟩ die Nerven gehen jmdm. durch *jmd. verliert die Beherrschung* 8.5 ⟨800⟩ etwas geht mit jmdm. durch *etwas überwältigt jmdn., reißt jmdn. mit;* sein Temperament, seine Leidenschaft, Wut geht mit ihm durch **9** ⟨400⟩ etwas geht durch *ist von Anfang bis Ende vorhanden, führt ohne Unterbrechung entlang-, hindurch;* die Heizrohre gehen von unten bis oben durch 9.1 der Zug geht durch bis ... *ein u. derselbe Zug fährt bis ...* **10** ⟨500 (s. od. h.)⟩ etwas ~ *prüfend durchsehen, durchlesen, (kurz) besprechen, sich mit etwas befassen;* eine Liste, einen Wissensstoff ~; seine Aufgaben noch einmal ~
'durch|grei·fen ⟨V. 158/400⟩ **1** *durch etwas hindurchgreifen, fassen;* das Gitter ist zu eng, man kann nicht ~ **2** ⟨fig.⟩ *Ordnung schaffen, einen Übelstand durch energische Maßnahmen beseitigen;* hier muß man energisch ~; die Polizei hat gegen die Übeltäter scharf durchgegriffen 2.1 ~de Änderungen, Maßnahmen *einschneidend, äußerst wirksam*
'durch·hal·ten ⟨V. 160/402⟩ (eine Sache) ~ *aushalten, etwas bis zuletzt ertragen;* er hat eisern, standhaft durchgehalten; einen Streik, Kampf ~; wir haben bis zum letzten Mann durchgehalten
'durch|hau·en¹ ⟨V. 162/500⟩ **1** etwas ~ *durch Hauen in (zwei) Teile spalten, zerschlagen;* der Fleischer haute/hieb den Knochen durch; er hat einen Ast durchgehauen **2** ⟨R3⟩ sich ~ ⟨umg.⟩ *sich durch Hauen einen Weg bahnen;* ich habe mich durch das Gestrüpp durchgehauen **3** ⟨R8⟩ jmdn. ~ ⟨umg.⟩ *verprügeln;* sie haben ihn tüchtig durchgehauen; der Vater haute das Kind durch
durch'hau·en² ⟨V. 162/500⟩ **1** etwas ~ = *durchhauen¹(1);* der Fleischer durchhieb/durchhaute den Knochen; er hat den Ast durchhauen **2** den Wald ~ ⟨Forstw.⟩ *einen Weg durch den W. schlagen*
'durch|hö·ren ⟨V. 500⟩ etwas ~ ⟨umg.⟩ **1** *durch etwas hindurch hören, vernehmen, wahrnehmen;* die Tür war geschlossen, aber ich konnte die Stimmen ~ **2** *aus Andeutungen heraushören, der Redeweise anmerken;* er hat es nicht deutlich ausgesprochen, aber ich konnte doch ~, daß ...
'durch|käm·men¹ ⟨V. 500⟩ **1** ⟨R7 od. R8⟩ das Haar, Fell ~ *gründlich u. kräftig kämmen;* ich kämmte mir das Haar durch; ich habe dem Hund das Fell durchgekämmt **2** etwas ~ ⟨fig.⟩ *(ein Gebiet) systematisch mit einer Kette von nebeneinandergehenden Menschen durchsuchen, einzeln kontrollieren;* die Polizei kämmte den Wald nach entflohenen Sträflingen durch; die Einwohner haben den Sumpf durchgekämmt
durch'käm·men² ⟨V. 500⟩ etwas ~ ⟨fig.⟩ = *durchkämmen¹(2);* die Polizei durchkämmte den Wald nach entflohenen Sträflingen; die Einwohner haben den Sumpf durchkämmt
'durch|kämp·fen ⟨V. 500⟩ **1** eine Sache ~ *mit aller Kraft durchsetzen* **2** ⟨R3⟩ sich ~ *kämpfend hindurchdringen;* die Übermacht der Feinde war groß, aber er kämpfte sich durch; sich durch unwegsames Gebiet ~; er hat sich bis zum Eingang durchgekämpft 2.1 ⟨fig.⟩ *sich mit Mühe behaupten;* sich im Leben ~ müssen
'durch|kom·men ⟨V. 170(s.)/402 od. 405 od. 411⟩ **1** *durch etwas hindurchkommen, vorbei-, entlangkommen;* der Präsident muß hier (durch diese Straße) ~ **2** *(hin)durchdringen, sich hindurchzwängen;* ich versuche seit einer Stunde, München anzurufen, aber ich komme nicht durch; das Gitter ist eng, aber ich werde versuchen durchzukommen; die ersten Knospen, die ersten grünen Spitzen kommen schon durch **3** ⟨fig.⟩ *(durch etwas) unbeschadet hindurchgelangen;* sieh zu, daß du (irgendwie, allein) durchkommst; er ist heil und unversehrt durchgekommen 3.1 *fertig werden (mit);* ich werde sehen, ob, wie ich durchkomme (bei, mit

einer Arbeit) 3.2 *(Prüfung) bestehen;* die Prüfung war so einfach, daß jeder durchgekommen ist 3.3 *gesund werden, überleben;* wird er ~? 3.4 *gewählt werden;* bei einer Wahl ~ 3.5 ⟨805⟩ mit etwas (bei jmdm.) nicht ~ *keinen Erfolg haben, Anstoß erregen;* mit Schwindeln kommst du bei mir nicht durch; damit werden Sie nicht ~ **4** ⟨416⟩ *auskommen;* mit 500 DM im Monat kannst du ~

'Durch·laß ⟨m.; -s·ses, ‥s·se⟩ **1** ⟨unz.⟩ *das Durchlassen durch einen dafür freigegebenen Raum;* jmdm. ~ geben, gewähren **2** *Öffnung, um etwas od. Personen durchzulassen, enger Durchgang;* der ~ für Autos ist zu schmal **3** ⟨Bauw.⟩ *Mauerwerk zur Unterführung eines Wasserlaufs mit freiem Gefälle unter einem Verkehrsweg*

'durch·läs·sig ⟨Adj.⟩ **1** *etwas (Licht, Luft, Flüssigkeit) durchlassend, undicht;* licht~, luft~, wasser~; ~e Schuhe **1.1** *porös;* ~es Gestein

'durch|lau·fen[1] ⟨V. 175(s.)⟩ **1** ⟨500 od. 411⟩ einen Ort ~, durch einen Ort ~ *sich laufend hindurchbewegen;* der Bach ist seicht, man kann ~; ich hatte keine Zeit, ich bin (durch die Ausstellung) nur rasch durchgelaufen **2** ⟨410⟩ *bis zum Ziel od. eine gewisse Zeit laufen, ohne Rast zu machen;* er ist zehn Stunden durchgelaufen; wollen wir bis zum nächsten Dorf ~? **3** ⟨400⟩ eine Flüssigkeit läuft durch *fließt hindurch, sickert durch;* das Dach ist undicht, das Wasser läuft durch; Kaffee ~ lassen (durch den Filter) **4** ⟨400⟩ *bearbeitet werden;* das Werkstück usw. läuft nebenher mit durch **5** ⟨500⟩ Fußbekleidung ~ *durch vieles Laufen abnutzen, schadhaft machen;* die Schuhe, Strümpfe ~ 5.1 ⟨530/R1⟩ sich die Füße ~ *wund laufen, auflaufen*

durch'lau·fen[2] ⟨V. 500⟩ **1** eine Strecke ~ *in sehr eiligem Schritt durchqueren;* einen Weg in kurzer Zeit ~ **2** ein Gedanke durchläuft jmdn. *erfüllt jmdn. plötzlich* 2.1 es durchlief mich eiskalt (siedendheiß) *ich fühlte ein kaltes (heißes) Schauern* **3** eine Ausbildung ~ *mitmachen, hinter sich bringen;* die Schule, Universität, eine Lehre ~ 3.1 *arbeitend kennenlernen;* er hat jetzt alle Abteilungen des Betriebes ~

'durch|leuch·ten[1] ⟨V. 400⟩ das Licht leuchtet durch (durch etwas) *das L. scheint (durch etwas) durch;* die Sonne hat (durch die Gardinen) durchgeleuchtet, leuchtete durch

durch'leuch·ten[2] ⟨V. 500⟩ **1** jmdn. od. etwas ~ *mit Hilfe von Röntgen- od. Lichtstrahlen untersuchen;* der Arzt hat den Kranken durchleuchtet; ein Werkstück ~; seine Lunge muß durchleuchtet werden; Eier (elektrisch) ~; ich bin morgen zum Durchleuchten bestellt **2** eine Sache ~ ⟨fig.⟩ *kritisch untersuchen;* jmds. Charakter, Verhalten ~; die dunkle Angelegenheit muß durchleuchtet werden

'durch|ma·chen ⟨V.; umg.⟩ **1** ⟨500⟩ etwas ~ *erdulden, erleiden, erleben;* er hat viel durchgemacht 1.1 *überstehen, hinter sich bringen;* eine Krankheit ~ **2** ⟨500⟩ *durchlaufen[2](3)* **3** ⟨400⟩ *ohne Unterbrechung fortfahren* 3.1 (bis zum Morgengrauen) ~ *die ganze Nacht hindurch feiern, durchfeiern* 3.2 wir müssen bis zum Abend ~, um mit der Arbeit fertigzuwerden *bis zum Abend hin arbeiten, durcharbeiten*

'Durch·marsch ⟨m.; -(e)s, ‥e⟩ **1** *Durchquerung, Marsch durch etwas* **2** ⟨unz.; umg.; scherzh.⟩ *Durchfall*

'durch|peit·schen ⟨V. 500⟩ **1** jmdn. ~ *mit der Peitsche züchtigen* **2** eine Sache ~ ⟨fig.⟩ *sehr nachdrücklich u. eilig gegen Widerstand durchsetzen;* ein Gesetz ~

durch'que·ren ⟨V. 500⟩ etwas ~ *in seiner Ausdehnung (in gerader Richtung) überwinden, sich durch etwas hindurchbewegen;* einen Fluß, See, Raum ~; ein Land, einen Kontinent ~

'durch|rech·nen ⟨V. 500⟩ etwas ~ *gründl. rechnen, bis zu Ende rechnen, durch Rechnen prüfen;* ich muß das Projekt erst ~, ehe ich darüber etwas sagen kann; ich habe es noch einmal durchgerechnet

'durch|rei·sen[1] ⟨V. 400(s.)⟩ *ohne längere Unterbrechung durch einen Ort od. ein Gebiet reisen, weiterfahren u. nicht bleiben;* wir reisten nur durch; die Stadt kenne ich nicht, ich bin nur durchgereist

durch'rei·sen[2] ⟨V. 500⟩ etwas ~ *reisend durchqueren, reisend kennenlernen;* Länder ~; er durchreiste die ganze Welt; ich habe schon ganz Europa durchreist

'durch|rin·gen ⟨V. 202/550/R3⟩ sich zu etwas ~ *sich nach inneren Kämpfen zu etwas entschließen;* er hat sich zum Verzicht durchgerungen; ich habe mich dazu durchgerungen, es zu tun

'durch|schau·en[1] ⟨V. 400 od. 411⟩ *(durch etwas) hindurchschauen;* die Fenster sind so schmutzig, man kann kaum noch ~; laß mich mal ~! (durchs Fernrohr)

durch'schau·en[2] ⟨V. 500; fig.⟩ **1** jmdn. od. etwas ~ *den wahren Kern von jmdm. od. etwas erkennen, sich über jmdn. od. etwas klarwerden;* jetzt durchschaue ich dich; sie durchschaute seinen Trick sofort 1.1 ⟨400⟩ endlich schaue ich durch! *jetzt verstehe ich die Sache!* 1.1.1 ich schaue (noch) nicht durch *habe noch keinen Überblick*

'durch|schie·ßen[1] ⟨V. 211/500 od. 511⟩ eine Kugel, einen Pfeil (durch etwas) ~ *(durch etwas) hindurchsenden*

durch'schie·ßen[2] ⟨V. 211/500⟩ **1** Gegenstände ~ *mit einem Schuß durchbohren;* er hat ihm die Hand durchschossen **2** ⟨Typ.⟩ Drucksatz ~ *die Abstände der Zeilen vergrößern, mit Durchschuß versehen;* durchschossener Satz **3** ⟨Buchbinderei⟩ Bücher ~ *weiße Papierblätter zwischen die Buchblätter heften;* ein durchschossenes Exemplar

'Durch·schlag ⟨m.; -(e)s, ‥e⟩ **1** *auf der Schreibmaschine hergestellte Durchschrift;* Sy *Kopie(2.1);* einen Brief mit zwei Durchschlägen tippen; den ~ eines Briefes abheften **2** *großes Sieb zum Durchschlagen von Kartoffeln, Quark u. ä.;* gekochte Kartoffeln durch den ~ rühren **3** *spitzes Stahlgerät zum Schlagen von Löchern* **4** *plötzliche elektr. Entladung starker Spannung durch einen Isolator*

'durch|schla·gen[1] ⟨V. 218⟩ **1** ⟨500⟩ etwas ~ *durch Schlag trennen, teilen, zerschlagen, entzweischlagen;* ein Stück Holz ~ **2** ⟨500⟩ *durch Schlag ganz hindurchdringen lassen;* einen Nagel durch ein Brett ~ **3** ⟨500⟩ eine Öffnung, ein Loch (durch etwas) ~ *eine Ö., ein L. (in etwas) durch die Wirkung von Schlägen erzeugen;* er begann, ein Loch durch die Mauer durchzuschlagen **4** ⟨500⟩ etwas ~ *durch ein Sieb rühren, streichen;* Kartoffeln, Früchte, Quark ~ **5** ⟨500⟩ ein Manuskript, einen Brief ~ *mit einem od. mehreren Durchschlägen schreiben* **6** ⟨400(s.)⟩ etwas schlägt durch *dringt (durch etwas) hindurch;* die Bombe ist von oben bis unten durchgeschlagen **6.0.1** die Tinte schlägt durch *dringt auf die Rückseite des Papiers durch* **7** ⟨405⟩ etwas schlägt (auf etwas) durch *wird wirksam (in etwas);* die Kostensteigerungen schlagen voll auf die Preise durch **8** ⟨400(s.)⟩ Erbanlagen schlagen durch in od. bei jmdm. *treten deutlich bei jmdm. hervor* **8.0.1** in dem Jungen ist der Großvater durchgeschlagen *treten die Erbanlagen des Großvaters bes. hervor* **9** ⟨500/R3⟩ sich ~ **9.1** *sich einen Weg bahnen, erkämpfen;* sich mit wenigen Leuten durch die Reihen des Feindes ~; er konnte sich bis in die Heimat ~ **9.2** ⟨fig.⟩ *sein Leben mit dem notwendigen Unterhalt fristen;* er hat sich im Leben immer so eben ~ können; sich mit Gelegenheitsarbeiten ~

durch'schla·gen² ⟨V. 218/500⟩ ein Gegenstand durchschlägt einen anderen *dringt durch Schlag in einen G. ein und wieder hinaus;* die Kugel hat die Bretterwand ~

'durch|schlep·pen ⟨V. 500; umg.⟩ **1** *durch etwas hindurchschleppen, schleppend hindurchtragen, -ziehen* **2** jmdn. (mit) ~ ⟨fig.⟩ *mühsam für jmds. Unterhalt mitsorgen, einen Teil der Arbeit von jmdm. miterledigen;* die Klasse hat den Schüler bis zum Abitur durchgeschleppt **3** ⟨R3⟩ sich mühsam ~ *sich mühsam durchschlagen, sich mühsam nur das Notwendigste zum Leben verschaffen*

'durch|schleu·sen ⟨V. 500⟩ **1** ein Schiff ~ *mittels Schleuse durch etwas hindurchbringen, in ein tieferes od. höheres Flußbett leiten* **2** jmdn. od. etwas ~ *durch etwas leiten;* Passanten rasch durch den Verkehr ~; eine Autokolonne durch das Stadtzentrum ~ **3** ⟨R8⟩ jmdn. ~ ⟨a. fig.⟩ *durch eine Kontrolle, Sperre bringen;* Reisende durch eine Kontrolle ~

'durch|schlüp·fen ⟨V. 400(s.)⟩ **1** *durch etwas schlüpfen, hindurchkriechen, unbemerkt hinein- u. wieder hinauskommen;* die Katze schlüpfte durch den Zaun durch; die Öffnung war groß genug zum Durchschlüpfen; er schlüpfte durch die Büsche durch; er versuchte, durch die Menge durchzuschlüpfen **1.1** ⟨fig.⟩ *entkommen;* der Dieb ist der Polizei (zwischen den Fingern) durchgeschlüpft

'Durch·schnitt ⟨m.⟩ **1** *das Durchschneiden, Schnitt durch etwas* **1.1** *Querschnitt;* den ~ der Maschine zeichnen **2** *Mittelwert (mehrerer gleichartiger Größen);* über, unter dem ~ liegen **2.1** im ~ *den Mittelwert gerechnet, im allgemeinen;* die Kuh gibt im ~ täglich 15 l Milch; er arbeitet im ~ 9 Stunden am Tag **2.2** → a. *gut(1.3.1)*

'durch·schnitt·lich ⟨Adj.⟩ **1** *dem Durchschnitt entsprechend, im Durchschnitt, im Mittelwert (gerechnet), mittelmäßig, weder gut od. viel noch bes. schlecht od. wenig;* das ~e Einkommen unserer Angestellten beträgt ...; seine Leistungen sind ~; der Stoff ist von ~er Qualität; sie ist ein ~er Mensch **2** ⟨50; umg.⟩ *im allgemeinen;* er kommt uns ~ einmal in der Woche besuchen; der Bus fährt diese Strecke ~ dreimal täglich

'Durch·schrift ⟨f.⟩ *mit Durchschlagpapier u. Kohlepapier hergestellte zweite Ausfertigung eines (handgeschriebenen) Schriftstücks;* Sy *Kopie(2)*

'durch|se·hen ⟨V. 239⟩ **1** ⟨400⟩ *durch etwas (hindurch)sehen;* laß mich einmal ~! (durchs Fernrohr); die Berge durch den Dunst ~ **2** ⟨500⟩ etwas ~ *prüfend ansehen, nachprüfen, überprüfen;* Papiere, die Post, Rechnungen ~; einen Apparat, einen Motor ~; eine Arbeit noch einmal auf Schreibfehler ~ **3** ⟨500⟩ ein Druckwerk ~ *flüchtig anschauen, durchblättern;* ein Buch ~

'durch|sein ⟨V. 240/400(s.); umg.⟩ → a. *sein³(1.9)* **1** *(hin)durchgekommen sein, vorbeigekommen sein;* der Zug nach Berlin ist schon durch **2** *vorüber, vergangen sein;* es ist schon sechs (Uhr) durch **3** *genehmigt, wirksam sein* **3.1** das Gesetz ist schon durch *verabschiedet* **4** ⟨400 od. 411⟩ durch etwas ~ *etwas überwunden haben, mit etwas fertiggeworden sein;* sie ist durch das Gröbste durch **4.1** durch eine Gefahr ~ *außer G. sein, eine G. überwunden haben;* er war sehr krank, aber jetzt ist er durch **4.2** durch eine Prüfung ~ *eine P. bestanden haben;* hätte ich mich richtig auf die Prüfung vorbereitet, könnte ich schon ~ **5** Speisen sind durch *gar, durchgebraten;* das Fleisch ist durch **5.1** der Käse ist durch *reif, weich* **6** Kleidungsstücke sind durch *durchgelaufen, -gescheuert, -gerissen;* die Schuhsohlen, Strümpfe sind durch

'durch|set·zen¹ ⟨V. 500⟩ **1** etwas ~ *nach Überwindung von Widerstand erreichen, verwirklichen;* ich habe es durchgesetzt, daß ...; einen Plan ~; seinen Willen ~ **1.1** seinen Kopf ~ *unnachgiebig seinen Willen geltend machen* **2** ⟨R3⟩ sich ~ *sich behaupten, seinen Willen geltend machen, Anerkennung erreichen*

durch'set·zen² ⟨V. 550⟩ etwas mit etwas anderem ~ *etwas mit etwas anderem vermischen, einer Masse etwas beimengen;* das Gestein ist mit Erzen durchsetzt

'durch·sich·tig ⟨Adj.⟩ **1** *so beschaffen, daß man hindurchsehen kann;* ~es Papier, Gewebe; der Stoff der Bluse war ~ **2** ⟨fig.⟩ *sehr zart, blaß, blutarm;* ihr Gesicht war fast ~ **3** ⟨fig.⟩ *leicht durchschaubar, leicht erkennbar;* sein Plan ist allzu ~; ~e Absichten, Vorwände

'durch|spre·chen ⟨V. 251⟩ **1** ⟨411⟩ durch etwas ~ *hindurchsprechen;* er sprach durch das Fenster am Schalter durch **2** ⟨500⟩ ein Telegramm ~ *telephon. durchgeben, durchsagen, weiterleiten* **3** ⟨500⟩ eine Sache ~ *erörtern, besprechen;* eine Frage, Rolle, einen Plan, Vorfall ~; wir haben dieses Problem, Thema in aller Ruhe durchgesprochen

'durch|sto·ßen¹ ⟨V. 262⟩ **1** ⟨400(s.)⟩ *sich gewaltsam einen Weg bahnen;* der Feind ist an der Front durchgestoßen; die Tunnelbauer stießen endlich ins Freie durch; unsere Armee ist durch die feindlichen Linien durchgestoßen **1.1** *durch etwas stoßen, stoßend ein- u. auf der anderen Seite wieder hinausdringen;* er hat den Stock (durch den Schnee) durchgestoßen;

die Arbeiter stießen (durch die Wand) durch 1.2 zu jmdm. ~ ⟨bes. Mil.⟩ *vordringen* **2** ⟨500⟩ etwas ~ *durch häufigen Gebrauch schadhaft machen;* er hat die Ärmel an den Ellbogen durchgestoßen; die Knie sind schon durchgestoßen 2.1 ⟨R3⟩ etwas stößt sich durch *nutzt sich durch vielen Gebrauch ab;* der Kragen hat sich durchgestoßen

durch'sto·ßen² ⟨V. 262/500⟩ jmdn. od. etwas ~ *etwas mit Gewalt durchbrechen, jmdn. stoßend durchdringen;* er durchstieß ihn mit einem Dolch; die Sonne durchstieß langsam den Nebel; das Flugzeug hat die Wolkenschicht durchstoßen; unsere Armee hat die feindliche Stellung ~

'durch|strei·chen¹ ⟨V. 263/500⟩ etwas ~ **1** *einen Strich durch etwas Geschriebenes od. Gedrucktes ziehen u. es dadurch ungültig machen;* Nichtgewünschtes, Nichtzutreffendes bitte ~!; er strich den letzten Satz durch; sie hat die falsche Zahl durchgestrichen **2** ⟨Kochk.⟩ *durch ein Sieb streichen, treiben;* Erbsen ~; die Mutter strich das Obst (durch ein Sieb) durch

durch'strei·chen² ⟨V. 263/500⟩ ein Gebiet ~ ⟨geh.⟩ *durch Wandern gründlich kennenlernen;* er durchstrich das ganze Land; wir haben die ganze Gegend durchstrichen

durch'su·chen ⟨V. 500/R8⟩ jmdn. od. etwas ~ *gründl. untersuchen, absuchen, um jmdn. od. etwas Bestimmtes zu finden;* jmds. Gepäck, Taschen, Wohnung ~; das Haus polizeilich ~ (lassen); eine Wohnung nach Waffen ~

durch'trie·ben ⟨Adj.; abwertend⟩ *listig, verschlagen, schlau, pfiffig;* er ist ein ganz ~er Bursche; paß auf, sie ist ~!

'durch|wach·sen¹ ⟨V. 277/400 od. 411(s.)⟩ etwas wächst (durch etwas) durch *durchdringt (etwas), während es wächst;* der Strauch wuchs (durch den Zaun) durch; die Blumen sind durch das Fenstergitter durchgewachsen

durch'wach·sen² ⟨V. 277/500⟩ etwas ~ *etwas wachsend überall durchdringen, sich wachsend durch etwas verbreiten;* Gestrüpp durchwuchs den Baumbestand; der Urwald ist von Schlingpflanzen ~; das Erdreich ist ganz von Pflanzen, Wurzeln ~

durch'wach·sen³ **1** ⟨Part. Perf. von⟩ *durchwachsen²* **2** ⟨Adj.⟩ 2.1 *durchsetzt mit Pflanzen;* ein von Gebüsch ~er Hochwald; ein Sumpf von Röhricht ~ **2.2** ~es Fleisch *von Fett, Sehnen, Knorpeln durchzogenes F.* 2.3 ~er Speck *S. mit Schichten aus Fett u. Fleisch* 2.4 „Wie geht es dir?" „Danke, ~!" ⟨fig.; umg.⟩ *mal gut, mal schlecht*

'durch|wär·men¹ ⟨V. 500/R3⟩ sich ~ *sich gründlich wärmen;* er hat sich am Feuer durchgewärmt

durch'wär·men² ⟨V. 500⟩ jmdn. od. etwas ~ *gründlich, vollständig erwärmen, wieder ganz warm machen, mit Wärme erfüllen;* der heiße Kaffee wird dich wieder ~; der Ofen hat das Zimmer gut durchwärmt; der Glühwein hat uns gut durchwärmt; der Tee durchwärmte ihn gut; ein wohlig durchwärmtes Zimmer; das Bett ist angenehm durchwärmt

'durch|we·ben¹ ⟨V. 500⟩ etwas ~ *so einweben, daß es auf beiden Seiten gleich erscheint;* ein durchgewebter Teppich; sie kaufte Stoff mit durchgewebten Rosen

durch'we·ben² ⟨V. 280/500⟩ etwas ~ *etwas in etwas einweben, mit Mustern od. anderen Fäden versehen;* einen Stoff mit Goldfäden ~; der Wald ist von Sonnenstrahlen durchwoben ⟨poet.⟩; der Roman ist von vielen romant. Zügen durchwoben ⟨fig.⟩

'durch·weg ⟨Adv.⟩ *(fast) ohne Ausnahme, überall, in allen Fällen;* oV *durchwegs* ⟨österr., schweiz.⟩; die latein. Bezeichnungen können wir ~ streichen; es haben ~ alle zugestimmt

'durch·wegs ⟨Adv.; österr., schweiz.⟩ = *durchweg*

'durch|win·den ⟨V. 288⟩ **1** ⟨511/R3⟩ sich an einer Stelle ~ *in Windungen hindurchbewegen;* der Fluß muß sich hier durch eine enge Schlucht ~ **2** ⟨511/R3⟩ sich ~ *sich mühsam hindurchdrängen, -zwängen;* der Fisch hat sich durch die Maschen des Netzes durchgewunden 2.1 sich durch Schwierigkeiten ~ *S. geschickt überwinden od. umgehen* **3** ⟨500⟩ etwas ~ *durch eine Presse hindurchdrehen*

'durch|wüh·len¹ ⟨V. 500/R3⟩ sich ~ *sich wühlend durch etwas hindurcharbeiten;* der Maulwurf wühlte sich langsam (durch die Erde) durch; ich habe mich endlich durch die alten Akten durchgewühlt ⟨fig.⟩

durch'wüh·len² ⟨V. 500⟩ etwas ~ **1** *etwas (suchend) aufgraben, aufwerfen, wühlend durchdringen;* der Maulwurf durchwühlte die Erde; die Schweine haben die Beete, das Feld durchwühlt **2** *energisch, rücksichtslos durchsuchen, beim Suchen in Unordnung bringen;* Gepäck, Schränke ~ ; die Koffer, die Wohnung nach Diebesgut ~

'durch|zie·hen¹ ⟨V. 293⟩ **1** ⟨411(s.)⟩ (durch etwas) ~ *sich (durch etwas) hindurchbewegen;* seit 3 Tagen ziehen Soldaten durch das Dorf durch; ~de Soldaten 1.1 Vögel ziehen durch *fliegen (in Scharen) vorbei;* ~de Vögel; im Herbst ziehen hier die Kraniche durch 1.2 ~ lassen *Durchzug machen, durch Zugluft lüften* **2** ⟨500⟩ etwas (durch etwas) ~ *(hindurch-)ziehen;* den Faden (durch ein Öhr) ~ **3** ⟨500⟩ Linien ~ *ohne Unterbrechung ziehen, zeichnen* **4** ⟨500⟩ etwas ~ *bis zum Anschlag ziehen;* die Ruder, die Säge ~ **5** ⟨511/R3⟩ sich (durch etwas) ~ ⟨fig.⟩ *durchgehend (in etwas) vorhanden sein;* es ist nicht sicher, ob sich die Risse durch die ganze Mauer ~ **6** ⟨400(s.)⟩ etwas zieht durch ⟨bes. Kochk.⟩ *etwas bekommt durch langes Liegen in einer Flüssigkeit den erwünschten Geschmack;* die Gurken ziehen durch; der Sauerbraten ist gut durchgezogen

durch'zie·hen² ⟨V. 293/500⟩ **1** etwas ~ *wandernd, fahrend durchqueren;* die Werber des Königs durchzogen das Land **2** etwas durchzieht etwas ⟨fig.⟩ *erstreckt sich durch etwas, breitet sich in od. auf etwas aus, durchdringt etwas;* Wälder u. Flüsse ~ das Land; der Duft einer Rose durchzieht den Raum 2.1 etwas durchzieht jmdn. *erfüllt jmdn. nach u. nach;* ein Gefühl des Stolzes durchzog ihn **3** ⟨516⟩ etwas mit etwas ~ *bedecken, durchweben, durchwirken;* einen Stoff mit bunten Fäden ~; den Acker mit Furchen ~

durch'zucken ⟨-k·k-; V. 500⟩ **1** ein Blitz

durchzuckt den Himmel, die Wolken *ein B. bewegt sich schnell durch den H., die W.* **2** etwas durchzuckt jmdn. ⟨a. fig.⟩ *etwas durchfährt, durchläuft jmdn. plötzlich;* ein Gedanke durchzuckte mich; ein wilder Schmerz durchzuckte seinen Körper

'Durch·zug ⟨m.⟩ **1** *das Durchziehen, Durchfliegen, Durchmarschieren, Durchmarsch;* ~ der Zugvögel; beim ~ durch die Stadt **1.1** (freien) ~ gewähren ⟨Mil.⟩ *unbehinderten friedl. Durchmarsch fremder Truppen g.* **2** *sich durch einen Raum bewegende Luft* **2.1** ~ machen *durch Gegenzug, Luftzug lüften* **3** *umgebogene Kante, Saum zum Durchziehen von Band, Gummi;* ~ an Gardinen, Hosen, Kleidern

'dür·fen ⟨V. 124/470; Modalverb⟩ **1** *die Erlaubnis, Einwilligung haben, erlaubt, berechtigt, befugt sein zu;* das darf man nicht tun; darf ich etwas fragen?; darf ich, darf man eintreten?; kommst du mit? Nein, ich darf nicht; er hat nicht kommen ~; darf ich um das Salz bitten?; ich bitte, mich verabschieden zu ~; ein bißchen rasch, wenn ich bitten darf! **2** *können, Grund haben, begründet sein zu;* wie darf er es wagen, das zu tun?; es dürfte ratsam sein, jetzt zu gehen; Sie ~ es mir glauben **3** (nicht) ~ *(nicht, auf keinen Fall) sollen;* das darf nicht sein; er darf nichts davon erfahren; das hättest du nicht tun ~ **3.1** darüber darf man sich nicht wundern *darüber sollte man sich nicht wundern* **3.2** was darf es sein? *was wünschen Sie, was soll ich Ihnen zeigen? (als Frage des Verkäufers)* **4** etwas dürfte sein *ist wahrscheinlich;* das dürfte wohl möglich sein; es dürfte allen bekannt sein, daß ... **5** nur, bloß ~ ⟨meist süddt.⟩ *brauchen;* Sie ~ es nur sagen **6** ⟨411 mit Adv.; Zusammenschreibung nur in den infiniten Formen⟩; darf ich durch?; wenn er weg darf

'dürf·tig ⟨Adj.⟩ **1** *ärmlich, kümmerlich, armselig;* eine ~e Wohnung; ~ leben, wohnen; sie war ~ gekleidet **2** *knapp, kärglich, unzureichend;* das Essen war ~; das Geschäft brachte nur ~e Einnahmen **3** *unzulänglich, wenig gehaltvoll;* sein Vortrag war ~; ein ~es Ergebnis

dürr ⟨Adj.⟩ **1** *trocken, ausgetrocknet, abgestorben;* ein ~er Ast; die Blätter sind schon ~ **2** *unfruchtbar, ärmlich, unergiebig;* auf dem ~en Boden wächst wenig **3** *mager, abgemagert, sehr dünn;* ein ~er Mensch; ~ wie ein Skelett sein; ein ~es Pferd **4** in ~en Worten *in wenigen, knappen, kurzen, nüchternen W.*

'Dür·re ⟨f.; -, -n⟩ **1** ⟨unz.⟩ *große Trockenheit, das Dürrsein;* ein Land von trostloser ~ **1.1** ⟨fig.⟩ *Unergiebigkeit, Unfruchtbarkeit;* eine geistige ~ **2** *Zeit der großen Trockenheit;* langanhaltende ~; das Land wurde von verheerenden ~n heimgesucht

Durst ⟨m.; -(e)s; unz.⟩ **1** *Bedürfnis zu trinken;* ~ erregen, haben, leiden, machen; seinen ~ löschen, stillen; brennender, großer, quälender ~; an ~ leiden; ~ auf Bier, Kaffee **1.1** einen über den ~ trinken ⟨umg.⟩ *sich betrinken* **1.2** umkommen, vergehen vor ~ *sehr durstig sein* **2** ⟨fig.⟩ *drängendes Verlangen, unbezwingl. Sehnsucht;* ~ nach Ruhm, Liebe, Wissen

'dur·sten ⟨V. 400⟩ *Durst haben, Durst leiden;* er hat zwei Tage lang ~ müssen

'dür·sten ⟨V.⟩ **1** ⟨501⟩ jmdn. dürstet (es) ⟨poet.; veralt.⟩ *jmd. hat Durst;* mich dürstete; es hat ihn gedürstet **2** ⟨550; unpersönl.⟩ jmdn. dürstet (es) nach etwas ⟨fig.; geh.⟩ *jmd. verlangt heftig nach etwas;* es dürstete ihn nach Rache, Vergeltung

'dur·stig ⟨Adj.⟩ **1** *Durst verspürend, von Durst geplagt;* ich bin sehr ~; ein ~es Kind **1.1** ~e Erde ⟨fig.; geh.⟩ *trockene, Regen brauchende E.* **1.2** eine ~e Kehle ⟨fig.⟩ *jmd., der gern trinkt*

'Du·sche ⟨f.; -, -n⟩ **1** *eine (bewegliche) Vorrichtung, die zur körperlichen Reinigung od. für Heilzwecke meist von oben her kaltes, warmes, heißes od. wechselwarmes Wasser fein od. in hartem Strahl versprüht;* Sy *Brause(2);* sich im Bad eine ~ einbauen lassen; unter die ~ gehen; sich unter die ~ stellen **2** *Bad unter der Dusche(1), das Duschen;* eine warme, kalte ~; eine tägliche ~; schottische ~n; eine ~ nehmen **2.1** → a. *kalt(3.4)*

'du·schen ⟨V. 400 od. 500/R7⟩ (jmdn.) ~ *jmdn. unter die Dusche(1) stellen, ein Duschbad nehmen;* (sich) kalt, warm ~; er duschte sich, nachdem er im Meer geschwommen war

'Dü·se ⟨f.; -, -n⟩ **1** *Rohrleitung mit allmählich kleiner werdendem Querschnitt, wodurch sich die Geschwindigkeit eines hindurchströmenden Mediums erhöht, sein statischer Druck dagegen abnimmt;* Leerlauf~; eine verstopfte ~ reinigen **2** *Vorrichtung zum Zerstäuben von Flüssigkeit*

'dü·ster ⟨Adj.⟩ **1** *ohne Licht u. dadurch unfreundlich u. bedrückend wirkend;* ~e Gassen; ein ~es Haus, Zimmer; im Wald wird es langsam ~ **1.1** ⟨fig.⟩ *unheilverkündend, unheimlich, verdächtig;* eine ~e Ahnung von etwas haben; eine ~e Sache, Angelegenheit **2** ⟨fig.⟩ *finster u. unheimlich;* ein ~er Mensch; er hat einen ~en Blick; ~e Augen; er sah ihn ~ an **3** ⟨fig.⟩ *schwermütig, verdrießlich, niedergedrückt, unerfreulich;* ~e Gedanken; es herrschte ~es Schweigen; ~e Stimmung

'Dut·zend ⟨n. 7; -s, -e; Abk.: Dtzd.⟩ **1** *12 Stück von einer Art;* ein, ein halbes ~ frische, frischer Eier; zwei ~ Handtücher; im ~ ist die Ware billiger **1.1** davon gehen zwölf auf(s) ein ~ ⟨umg.⟩ *das ist nichts Besonderes* **2** ~e (von) *eine Anzahl in unbestimmter Größe;* ~e große Autos; ~e von Passanten **2.1** zu, in ~en *in großer Zahl;* die Tiere starben zu, in ~en

'du·zen ⟨V. 500/R8 od. 550/R3 od. R4⟩ jmdn. ~, sich mit jmdm. ~ *jmdn. mit du anreden;* Ggs *siezen;* er hat ihn geduzt; er duzte mich; sie ~ sich; wollen wir uns ~?; ich duze mich mit ihm; die beiden ~ sich miteinander

Dy'na·mik ⟨f.; -; unz.⟩ **1** ⟨Phys.⟩ *Lehre von der Bewegung von Körpern unter Einfluß von Kräften;* Ggs *Statik* **2** ⟨Mus.⟩ *Lehre von der Abstufung der Tonstärke* **2.1** *die Abstufung selbst* **3** ⟨fig.⟩ *Triebkraft, Kraftentfaltung, Schwung, Lebendigkeit, lebendige, lebhafte, rhythm. Bewegung*

dy'na·misch ⟨Adj.⟩ **1** *die Dynamik betreffend, auf ihr beruhend;* Ggs *statisch(1)* **1.1** ~er Auftrieb ⟨Phys.⟩ *durch die besondere Form eines sich horizontal bewegenden Körpers (z. B. Flügels) senkrecht zur Bewegung nach oben wirkende Kraft (z. B. bei Flugzeugen, Vögeln)* **2** ⟨fig.⟩ *triebkräftig, voll innerer Kraft, lebendig* *wirksam, lebendig, lebhaft, bewegt;* eine ~e Persönlichkeit

Dy·na'mit ⟨n.; -s; unz.⟩ **1** *Sprengstoff auf der Basis von Glyzerintrinitrat;* der Felsbrocken wurde mit ~ gesprengt **2** mit ~ spielen ⟨fig.; umg.⟩ *sich leichtsinnig in eine lebensgefährliche Lage bringen*

Dy·na'stie ⟨f.; -, -n⟩ *Herrscherhaus, Herrscherfamilie*

D-Zug ⟨m.⟩ **1** *Zug mit Durchgangswagen, der nur auf wenigen Stationen hält* **2** ein alter Mann, eine alte Frau ist doch kein ~ ⟨umg.; scherzh.⟩ *kann nicht so schnell sein*

E

'Eb·be ⟨f.; -, -n⟩ **1** *regelmäßig zweimal täglich wiederkehrendes Absinken des Meeresspiegels, das im Wechsel der Gezeiten nach einem Ansteigen des Wassers folgt;* Ggs *Flut(1);* es ist ~; in 2 Stunden tritt die ~ ein **2** in der Kasse, im Geldbeutel herrscht ~ ⟨fig.; umg.⟩ *es ist wenig od. fast nichts drin*

'eben ⟨Adj.⟩ **1** *gleichmäßig hoch, gerade, flach, platt, glatt;* eine ~e Fläche, Straße; der Weg läuft ganz ~ (dahin); etwas ~ machen 1.0.1 zu ~er Erde *in Höhe der Straße, des Erdbodens;* zu ~er Erde wohnen, Fenster zu ~er Erde 1.1 *gleichmäßig, ohne Erschütterungen;* das Pferd hat einen ~en Gang; der Wagen hat eine ~e Fahrt **2** ⟨40; als Füllwort od. betonend⟩ 2.1 *gerade in diesem Augenblick, soeben, gerade jetzt;* Sy *soeben;* er ist ~ abgereist; ~ (erst) angekommen, schrieb er mir ...; der ~ erwähnte Vorfall; ~ kommt er!; ~ habe ich mit ihm gesprochen; ~ wollte er fortgehen, als ...; ~ da ich schreibe, klingelt das Telephon; wann ist er hiergewesen? jetzt ~, vor fünf Minuten 2.2 ⟨umg.⟩ *schnell einmal;* sag doch bitte mal ~ dem Jungen, daß er kommen soll; kann ich ~ mal das Buch haben? 2.3 *gerade (dies), genau (dies);* ~ das wollte er; ~ diesem Umstand verdanken wir es, daß ...; ~ hier; das ~ nicht! 2.3.1 das ist es ja ~! *davon rede ich ja die ganze Zeit!, das meine ich ja!* 2.3.2 ~! ⟨als verstärkende Bestätigung⟩ *das sage ich ja, das ist es ja gerade, genau das, genauso ist es* 2.4 *gerade passend, gerade noch, kaum, knapp;* das ist ~ (noch) gut genug; er kommt ~ recht; das reicht (so) ~ aus 2.4.1 so ~ ⟨umg.⟩ *leidlich* 2.5 *gerade, besonders;* sie ist nicht ~ hübsch, aber ein guter Kerl; fünf Mark sind nicht ~ viel 2.6 *nun, ja, nun einmal, einfach;* du bist ~ ein Künstler; das ist ~ seine Schwäche; es ist ~ doch wahr; wenn du nicht mitkommen willst, dann bleibst du ~ hier; gut, dann ~ nicht!; ich hätte ~ nicht hingehen sollen; er will ~ nicht; es ist ~ so und läßt sich nicht ändern

'Eben·bild ⟨n.⟩ *Abbild, ganz ähnl. Wesen;* er ist dein ~; er ist das ~ seines Vaters

'eben·bür·tig ⟨Adj.⟩ **1** *gleichwertig;* ein ~er Gegner, Konkurrent; er ist ihm an Kraft, Geist ~; sie war ihm geistig ~ **2** ⟨früher⟩ *vom gleichen Stand, von gleicher Herkunft;* ~e Familien

'Ebe·ne ⟨f.; -, -n⟩ **1** *gleichmäßig flaches Land;* Hoch~, Tief~ **2** ⟨Geom.; Phys.⟩ *unbegrenzte, nicht gekrümmte Fläche;* eine schiefe ~ **3** auf der ~ ⟨fig.⟩ *Stufe eines hierarchisch geordneten Systems;* eine Sache auf der mittleren, unteren, oberen ~ beraten

'eben·er·dig ⟨Adj.⟩ **1** *in Straßen-, Bodenhöhe* **2** *im Erdgeschoß, zu ebener Erde;* ein Haus mit ~er Terrasse

'eben·falls ⟨Adv.⟩ *auch, gleichfalls;* er hat ~ ein Buch geschenkt bekommen; danke, ~!

'eben·mä·ßig ⟨Adj.⟩ *formschön, gleichmäßig, regelmäßig;* von ~em Wuchs

'eben·so ⟨vergleichende Konj.; a. als Korrelat der Konj. „wie" im Vergleichssatz⟩ *genauso, auch so;* ich mußte ~ lange wie vergeblich warten; er hat es mir ~ oft wie eindringlich gesagt; wir haben ~ viel wie gut gegessen; er hat ein ~ großes Zimmer; er hat eine ~ umfangreiche Briefmarkensammlung; heute sind es ~ viele Zuschauer wie gestern; er denkt hierüber ~ wie ich

'Eber ⟨m.; -s, -⟩ *männl. Schwein*

'eb·nen ⟨V. 500⟩ **1** etwas ~ *flach, glatt machen, glätten;* Gartenwege ~; den Boden ~ **2** ⟨530⟩ jmdm. den Weg ~ ⟨fig.⟩ *alle Schwierigkeiten aus dem Weg räumen*

Echo ⟨['εço] n.; -s, -s⟩ **1** *reflektierte Schallwellen, die an ihrem Ausgangspunkt wieder wahrgenommen werden;* Sy *Widerhall(1);* ein einfaches, dreifaches, mehrfaches ~ **2** *Name mehrerer US-amerikan. Nachrichtensatelliten, deren Oberfläche Radiowellen reflektieren soll* **3** *Beachtung, Anteilnahme;* der Vortrag fand begeistertes, lebhaftes ~; der Zwischenfall fand sein ~ in der Presse 3.1 ⟨fig.⟩ *Anklang, Zustimmung;* das Stück fand kein ~ bei den Zuschauern **4** ⟨fig.; umg.⟩ *jmd., der fremde Meinungen nachbetet;* sie ist nur das ~ ihres Mannes

'Ech·se ⟨f.; -, -n⟩ *Angehörige einer Unterordnung der Schuppenkriechtiere mit ungefähr 3000 Arten, die sich von den verwandten Schlangen durch die feste Verbindung der Schädelknochen u. besonders der Teile des Unterkiefers unterscheidet: Sauria;* Brücken~, Panzer~, Krusten~, Wühl~

echt ⟨Adj.⟩ **1** ⟨70⟩ *unverfälscht;* ~er Schmuck; ein ~es Dokument, Kunstwerk; Bestecke aus ~em Silber; ~ versilbert; eine Perücke aus ~em Haar; sie trägt nur ~en Schmuck, keinen Modeschmuck; sind es ~e Perlen?; diese Unterschrift ist nicht ~ 1.0.1 ein ~er Rembrandt *wirklich von Rembrandt gemaltes Bild* 1.0.2 ~es Wachs ⟨umg.⟩ *Bienenwachs* 1.1 *reinrassig;* ein ~er Schäferhund **2** ⟨70⟩ *aufrichtig, wahr;* ein ~er Freund in der Not; ihre Gefühle sind nicht ~; ihre Trauer ist nicht ~ **3** ⟨90⟩ *bezeichnend (für);* das ist wieder einmal ~ Franz!; das ist ~ Rembrandt! **4** ⟨70⟩ *wirklich;* ~e Bedürfnisse; ein ~es Anliegen **5** ⟨60⟩ ~e Farbe *beständige F.;* farb~, licht~ **6** ein ~er Bruch ⟨Math.⟩ *ein B., bei dem der Zähler kleiner als der Nenner ist, z. B. 2/3*

'Ecke ⟨-k·k-; f.; -, -n⟩ **1** *Stelle, an der Seiten od. Flächen zusammentreffen* 1.1 *vorspringende Spitze;* das Buch hat umgebogene ~n; ich habe mich an der ~ des Tisches gestoßen 1.2 *Winkel;* den Besen in die ~ stellen; ein Kind in die ~ stellen (als Strafe) **2** *Stelle, an der zwei Häuserreihen, zwei Straßen zusammentreffen;* ein Eisverkäufer steht an der ~; in schneller Fahrt bog, kam der Wagen um die ~; das ist eine böse, gefährliche ~ 2.1 er wohnt gleich um die ~ ⟨umg.⟩ *in nächster Nähe* **3** ⟨fig.⟩ *Gegend;* in einer entfernten ~ der Welt **4** ⟨fig.; umg.⟩ 4.1 von allen ~n und Enden *von überall her;* sie kommen von allen ~n und Enden 4.2 an allen ~n und Enden, Kanten *überall;* es fehlt noch an allen ~n und Enden **4.3** um ein paar ~n herum mit jmdm. verwandt sein *nicht geradlinig, weitläufig;* wir sind um mehrere ~n miteinander verwandt **4.4** jmdn. um die ~ bringen *umbringen, töten, ermorden* **5** ⟨Math.⟩ *Punkt, an dem zwei Seiten eines Vielecks od. mindestens drei Kanten eines Körpers zusammentreffen;* die ~n eines Dreiecks, eines Würfels **6** ⟨Sp.⟩ *Freistoß aus einer Ecke(1.2) des Spielfeldes, wenn der Ball von einem Spieler über die eigene Torlinie gespielt wurde;* die ~ wird vom Linksaußen getreten ⟨Fußball⟩ **6.1** → a. *neutral(1.1)*

'eckig ⟨-k·k-; Adj.⟩ **1** *mit Ecken versehen, nicht rund, spitz, kantig;* ein ~er Turm, Tisch; eine ~e Stirn, Gestalt **2** ⟨fig.⟩ *unbeholfen, ungeschickt;* ~e Bewegungen; er grüßte ~ **3** ⟨51⟩ sich ~ lachen ⟨fig.; umg.; scherzh.⟩ *heftig, hemmungslos lachen*

'Eck·pfei·ler ⟨m.⟩ **1** ⟨Arch.⟩ *äußerster Pfeiler an der Ecke eines Gebäudes* **1.1** *Pfeiler am Ende einer Brücke* **2** ⟨fig.⟩ *starke Stütze, Grundsatz;* die beiden ~ seiner Lehre

'Eck·stein ⟨m.⟩ **1** ⟨Arch.⟩ *eine Mauer begrenzender Stein* **1.1** *behauener Stein* **2** *Prellstein an Straßenecken* **3** *Grenzstein einer Gemarkung* **4** ⟨fig.⟩ *Hauptstütze, Grundsatz* **5** ⟨eindeutschend; Kart.⟩ = *Karo(3)*

'edel ⟨Adj.⟩ **1** *kostbar, vortrefflich;* ein edler Wein **1.1** ⟨60⟩ edle Metalle *Platin, Gold, Silber u. a.* **2** ⟨60⟩ *rassig;* ein edles Pferd **3** *menschenfreundlich, hilfsbereit, großherzig;* ein edler Mensch; eine edle Tat **4** *ritterlich, vornehm;* von edler Gesinnung **5** ⟨60; veralt.⟩ *adlig, von vornehmer Herkunft;* die ~sten Geschlechter

'Edel·mann ⟨m.; -(e)s, -leu·te⟩ **1** *Adliger;* ein deutscher ~ **2** ⟨fig.; geh.⟩ *Mensch von edler hochherziger Gesinnung*

'Edel·mut ⟨m.; geh.⟩ *Selbstlosigkeit, Groß-, Hochherzigkeit, Anständigkeit;* aus ~ handeln; seinen ~ beweisen

'Edel·stein ⟨m.⟩ *durch Schönheit u. Klarheit der Farbe, Durchsichtigkeit, Glanz, Härte u. hohe Lichtbrechung ausgezeichnetes Mineral;* ein echter, synthetischer ~; eine mit ~en besetzte Brosche; der Schliff, die Fassung eines ~es

Ef'fekt ⟨m.; -(e)s, -e⟩ **1** *Wirkung, Eindruck, Ergebnis, Erfolg* **1.1** *(erstaunliche) Wirkung;* Beleuchtungs~ **2** ⟨Phys.⟩ *Arbeitsleistung*

Ef'fek·te ⟨f.; -, -n; nur Pl.⟩ ~n **1** *Wertpapiere* **1.1** *Urkunden über langfristige Kapitalanlagen* **2** *bewegl. Habe, Besitz (an Waren)*

ef·fek'tiv ⟨Adj.⟩ **1** *tatsächlich, wirklich* **1.1** ~e Leistung (bei Maschinen) *die nutzbare Leistung* **1.2** ~e Temperatur *die T. eines Sterns, die ein Schwarzer Körper haben müßte, der pro Flächeneinheit u. Zeiteinheit die gleiche Energiemenge ausstrahlt wie der Stern* **2** *wirksam*

egal ⟨[-'-] Adj. 24/40⟩ **1** *gleichmäßig, gleichförmig;* die Schuhe, Strümpfe sind nicht ganz ~ **2** ⟨90⟩ *gleichgültig, einerlei;* das ist mir ganz ~ **3** ⟨sächs. ['--] 50⟩ *fortwährend, immerzu;* im Urlaub hat es ~ geregnet

'Eg·ge[1] ⟨f.; -, -n; Web.⟩ *der (meist verstärkte) seitliche Rand eines Gewebes*

'Eg·ge[2] ⟨f.; -, -n; Landw.⟩ *kammartiges Gerät zum Lockern, Zerkrümeln u. Einebnen des Ackerbodens*

Ego'is·mus ⟨m.; -, -men⟩ *selbstsüchtige Haltung, selbstsüchtiges Handeln*

ego·istisch ⟨[--'--] Adj.⟩ = *selbstsüchtig*

eh 1 ⟨Konj.; umg.⟩ = *ehe* **2** ⟨Adv.⟩ **2.1** (seit) ~ und je *schon immer* **2.2** wie ~ und je *wie jeher* **2.3** ⟨österr.⟩ *sowieso;* das nützt ~ nichts!

'ehe ⟨temporale Konj.⟩ *bevor;* oV *eh* ⟨umg.⟩; ~ wir gehen, wollen wir noch schnell ...

'Ehe ⟨f.; -, -n⟩ **1** *(durch Sitte od. Gesetz anerkannte) Geschlechts- u. Lebensgemeinschaft zwischen Mann u. Frau;* die ~ eingehen, vollziehen, schließen; in den Stand der heiligen ~ treten; eine Frau, einen Mann zur ~ nehmen; die Eltern gaben ihm die Tochter zur ~; in harmonischer ~ leben; eine glückliche, unglückliche ~ führen; Kinder, Grundbesitz usw. in die ~ bringen; Kinder aus erster ~; in zweiter ~ verheiratet; eine ~ auflösen, scheiden, trennen, für ungültig erklären; die ~ brechen **1.1** → a. *linke(3.3), wild(2.1)* **2** ⟨Verhaltensforschung⟩ *Geschlechts- u. Lebensgemeinschaft zwischen weibl. u. männl. Tier* **3** ⟨fig.; bes. poet.⟩ *Verbindung;* bei ihm waren Klugheit u. Güte eine gute ~ eingegangen

ehe... ⟨in Zus.; urspr. Präp.⟩ *vor, bevor;* ehedem; ehedes, ehedessen ⟨selten⟩

'ehe·lich ⟨Adj. 24⟩ **1** *zur Ehe gehörig, in der Ehe üblich;* ~e Pflichten, Rechte **1.1** ~es Güterrecht *gesetzl. Regelung der vermögensrechtl. Beziehungen zwischen Eheleuten* **2** *aus einer gültigen Ehe stammend;* ~e Kinder

'ehe·ma·lig ⟨Adj. 24/60⟩ *einstig, früher;* mein ~er Lehrer, Freund; das ~e Rathaus

'ehe·mals ⟨Adv.; geh.⟩ *einst, früher;* ~ konnte er gut turnen

'eher ⟨Adv.; Komparativ von⟩ *ehe* **1** *früher, nach einer kürzeren Zeit;* ich konnte leider nicht ~ kommen; komm doch ein paar Minuten ~; je ~ du kommst, um so lieber ist es mir; sie war ~ da als er; je ~, desto besser, lieber; je ~, je lieber **2** *lieber, leichter;* ich würde es um so ~ tun, als ...; ~ will ich verzichten, als daß ...; alles andere ~ als das!; ~ heute als morgen **2.1** morgen würde es ~ passen! *besser* **3** *mehr, vielmehr;* er ist von mittlerem, ~ kleinerem Wuchs **3.1** das könnte man schon ~ sagen! *das könnte man schon mit mehr Berechtigung sagen (als etwas anderes)*

'ehest ⟨Adj.; Superlativ von⟩ *ehe* **1** *frühest, schnellst;* bei ~er Gelegenheit; ich war am ~en hier **1.1** mit ~em ⟨kaufmannsspr.⟩ *in nächster Zeit, frühestmöglich* **2** so geht es am ~en *am leichtesten*

'Eh·re ⟨f.; -, -n⟩ **1** *Achtung od. Bewunderung, die jmdm. od. einer Sache entgegen gebracht wird, Ansehen;* ~, wem ~ gebührt; seine ~ stand auf dem Spiel; auf seine ~ achten, bedacht sein, halten; ein Mann von ~; das bringt ihm keine ~; er wird es zu ~n bringen; etwas zu ~n bringen; jmdn. wieder zu ~n bringen; jmdn. um seine ~ bringen; jmdm. die ~ abschneiden; er wollte damit ~ einlegen **1.1** jmdm. ~ machen *Anerkennung einbringen;* das Werk macht seinem Meister ~; mit dieser Angelegenheit machst du mir wenig ~ **1.2** auf dem Felde der ~ fallen *auf dem Schlachtfeld sterben* **2** ⟨unz.⟩ *Gefühl der eigenen Würde, das von der Achtung durch andere abhängt;* keine ~ im Leibe haben; bei meiner ~! (Beteuerung); du mußt ihn bei seiner ~ packen; seine

~ dareinsetzen, die Prüfung gut zu bestehen 2.1 auf ~ und Gewissen ⟨umg.⟩ *wirklich u. wahrhaftig* **3** *Ausdruck der Achtung od. Bewunderung, die jmdm. od. einer Sache entgegengebracht wird, Auszeichnung;* jmdn. mit militär. ~n empfangen; es ist mir eine besondere ~ ...; es ist eine große ~ für mich!; habe die ~! (als Gruß); was verschafft mir die ~ (Ihres Besuches)?; in, mit allen ~n bestehen **3.1** jmdm. ~ erweisen *jmdm. ein sichtbares Zeichen der Achtung geben* **3.1.1** → a. *letzte(1.4.4)* **3.2** sich etwas zur ~ anrechnen *sich geehrt, ausgezeichnet fühlen* **3.3** einer Sache alle ~ antun *sie ehrenvoll behandeln* **3.4** etwas in ~n halten *treu, sorglich bewahren;* jmds. Andenken in ~n halten **3.5** das ist aller ~n wert *es ist sehr anständig, lobenswert* **3.6** um der Wahrheit die ~ zu geben, muß ich gestehen, daß ... *um ehrlich zu sein* **4** ⟨unz.⟩ sich die ~ geben, die ~ haben, zu ... ⟨Höflichkeitsformel⟩ *sich erlauben;* ich habe die ~, zu ...; wir geben uns die ~, Sie zu ... einzuladen **4.1** mit wem habe ich die ~? ⟨steife Höflichkeitsfloskel⟩ *mit wem spreche ich?* **5** ⟨unz.; Rel.⟩ *Ruhm, Lobpreisung, Ehrung;* ~ sei Gott in der Höhe!; zur größeren ~ Gottes **5.1** Gott die ~ geben *Gott anbeten*

'eh·ren ⟨V. 500⟩ **1** jmdn. od. etwas ~ *jmdm. od. etwas Achtung, Bewunderung entgegenbringen, jmdn. od. etwas achten, verehren;* du sollst deine Eltern ~; jmds. Verdienste ~; sehr geehrter Herr! (Anrede im Brief) **2** jmdn. ~ *jmdm. seine Achtung od. Bewunderung zeigen, jmdn. auszeichnen;* Ihr Vertrauen ehrt mich; er fühlt sich durch die Einladung sehr geehrt; man ehrte ihn durch einen Nachruf; er wurde mit einer Festschrift, Rede geehrt; jmdn. nach Verdienst ~ **3** etwas ehrt jmdn. *verdient Anerkennung;* Ihre Bescheidenheit ehrt Sie

'Eh·ren·amt ⟨n.⟩ *unentgeltlich ausgeübtes Amt;* ein ~ bekleiden

'Eh·ren·recht ⟨n.; nur Pl.⟩ ~e **1** bürgerliche ~e *eine Summe von Befugnissen u. rechtlichen Eigenschaften, die dem Bürger in seiner Stellung als Mitglied des Staates zustehen* **2** Aberkennung der bürgerlichen ~e **2.1** ⟨in der BRD bis 1970⟩ *eine Nebenstrafe, die im Verhältnis zur Dauer der Hauptstrafe begrenzt ist* **2.2** *Verlust der bürgerl. E. während dieser Zeit*

'eh·ren·rüh·rig ⟨Adj.⟩ *beleidigend, das Ehrgefühl verletzend;* ~e Worte, Taten; eine ~e Behauptung

'Eh·ren·sa·che ⟨f.⟩ **1** *die Ehre betreffende Angelegenheit;* es ging um eine ~; Diskretion ist ~ **2** ⟨umg.⟩ *selbstverständlich, freudig u. stolz erfüllte Pflicht;* es ist uns ~, daran teilzunehmen; macht ihr mit? ~! (bekräftigende Zusage) ⟨scherzh.⟩

'Eh·ren·wort ⟨n.; -(e)s; unz.⟩ **1** ⟨urspr.⟩ *Verpfändung der Ehre für eine bestimmte Leistung;* jmdm. sein ~ geben; jmdn. auf ~ freilassen **2** ⟨danach⟩ *feierl. Versprechen, feierl. Bekräftigung einer Aussage;* mein ~!

'Ehr·furcht ⟨f.; -; unz; geh.⟩ *Scheu, die auf tiefer Achtung, heiligem Respekt vor jmdm. od. etwas beruht;* jmdm. seine ~ bezeigen; vor jmdm. oder etwas ~ haben, hegen; eine ~ einflößende Persönlichkeit; sich einem Künstler, einem Kunstwerk mit ~ nahen

'Ehr·geiz ⟨m.; -es; unz.⟩ *starkes Streben nach Erfolg, Ruhm u. Ehren;* brennender, heftiger, krankhafter, übertriebener ~; er tut es aus ~; er ist vom, von ~ besessen

'ehr·lich ⟨Adj.⟩ **1** *das fremde Eigentum achtend, zuverlässig (bes. in Geldsachen), nicht betrügerisch;* ein ~er Finder; er hat alles ~ bezahlt; er war immer ~; ~ spielen **1.1** ein ~er Makler ⟨nach Bismarcks Ausspruch in seiner Reichstagsrede vom 19. 2. 1878⟩ *uneigennütziger Vermittler* **2** *ohne Falsch, redlich;* sei ~!; er meint es ~ mit ihr; ein ~er Mensch; die ~e Absicht haben **2.1** ⟨60⟩ ~e Haut ⟨umg.⟩ *ein rechtschaffener, biederer Mensch* **2.2** ⟨50⟩ *sehr;* sich ~ um etwas bemühen; er war ~ erstaunt, verzweifelt **2.3** ⟨umg.; bekräftigend⟩ *wirklich;* ich muß ~ sagen ...; ich habe ihn ~ nicht gesehen; aber ~! **3** *anständig, ohne Schande;* einen ~en Namen tragen; ein ~es Handwerk

'ehr·wür·dig ⟨Adj.; geh.⟩ *Ehrfurcht einflößend, verehrungswürdig, achtunggebietend, durch Alter respektgebietend;* ein ~er Greis; er erreichte ein ~es Alter; (in der Anrede) ~er Herr Pfarrer

ei ⟨Int.⟩ **1** *(Ausruf des Erstaunens, Ärgers, Spottes, der Zärtlichkeit);* ~ du meine Güte!; ~ der Daus! **1.1** ~ machen ⟨kinderspr.⟩ *jmdn. streicheln* **1.2** ei, ei! ⟨kinderspr.⟩ *(scherzhafte Drohung)* **2** ~ freilich, ~ gewiß *(Bekräftigung einer Bejahung)*

Ei ⟨n.; -(e)s, -er⟩ **1** ⟨Biol.⟩ *die weibl. Fortpflanzungszelle der vielzelligen Lebewesen, Eizelle: Ovum, Ovulum;* ~erstock **1.1** *von einer zerbrechl. Schale umgebene Keimzelle der Vögel;* die Henne hat ein ~ gelegt; die ~er ausbrüten; ein angebrütetes ~; die Küken kriechen, schlüpfen aus dem ~; **1.1.1** wie auf ~ern gehen ⟨fig.; umg.⟩ *sehr vorsichtig* **1.1.2** die Zwillinge gleichen sich wie ein ~ dem anderen *sind sich zum Verwechseln ähnlich* **1.1.3** du bist ja kaum aus dem ~ gekrochen! ⟨fig.; umg.⟩ *noch ganz unerfahren* **1.1.4** das ~ will klüger sein als die Henne ⟨Sprichw.⟩ *die unerfahrenen Jungen meinen, sie seien den erfahrenen Älteren überlegen* **1.1.5** → a. *roh(1.1)* **2** *Hühnerei (als Nahrungsmittel);* ein angeschlagenes, faules, frisches, gebackenes, gebratenes, gefärbtes ~; die ~er aufschlagen, backen, braten, kochen, schälen; zum Frühstück ein hart, weich gekochtes ~ essen; die ~er abschrecken; den Redner mit faulen ~ern bewerfen (als Mißfallenskundgebung); pochierte, verlorene, russische ~er ⟨Kochk.⟩ **2.1** ein ~ trennen *Eiweiß u. Eidotter trennen* **2.2** wie aus dem ~ gepellt ⟨umg.⟩ *sauber u. sorgfältig angezogen, gepflegt* **3** ⟨meist Pl.⟩ ~er ⟨umg.⟩ *Geld, Geldstücke, Mark;* das kostet seine 100 ~er **4** ⟨nur Pl.⟩ ~er ⟨fig.; umg.⟩ *Schwierigkeiten;* das hat seine ~er **5** das ~ des Kolumbus ⟨fig.⟩ *überraschend einfache Lösung einer Schwierigkeit*

'Ei·che ⟨f.; -, -n⟩ **1** *einer Gattung der Buchengewächse angehörender Laubbaum: Quercus;* Stiel~, Sommer~, Winter~, Trauben~, Flaum~, Kork~ **1.1** eine ~ fällt nicht auf einen Streich ⟨Sprichw.⟩ *jedes Ding braucht seine Zeit*

'Ei·chel ⟨f.; -, -n⟩ **1** *Frucht der Eiche;* grüne, reife ~n; ~n sammeln **2** ⟨meist Pl.; Kart.⟩ *Farbe der dt. Spielkarte, entspricht dem Kreuz* *der französ. Spielkarte;* ~as, ~daus **3** ⟨Anat.⟩ *der vorderste Teil des männl. Gliedes u. des Kitzlers*

'ei·chen ⟨V.⟩ **1** ⟨500⟩ Maße ~ *amtlich daraufhin prüfen, ob sie den vorgeschriebenen Werten entsprechen;* geeichte Fässer, Gefäße, Gewichte, Gläser, Maße **2** auf etwas geeicht sein ⟨fig.; umg.⟩ *für etwas bes. geeignet sein, sich auf etwas bes. gut verstehen*

'Eich·horn ⟨n.; -(e)s, ¨er⟩ = *Eichhörnchen*

'Eich·hörn·chen ⟨n.; -s, -⟩ *ein ausgezeichnet kletterndes u. springendes Nagetier mit langem, buschigem Schwanz: Sciurus vulgaris;* Sy *Eichhorn*

Eid ⟨m.; -(e)s, -e⟩ **1** *feierl. Versicherung, die Wahrheit gesagt u. nichts verschwiegen zu haben;* einen ~ ablegen, leisten, schwören; ich kann einen ~ darauf ablegen!; jmdm. einen ~ abnehmen; den ~ brechen; den ~ verweigern; einen falschen ~ schwören; den ~ auf die Verfassung ablegen; etwas auf seinen ~ nehmen; etwas durch (einen) ~ bekräftigen; durch einen ~ gebunden sein; unter ~ vor Gericht aussagen; jmdn. zum ~ zulassen **1.1** Erklärung an ~es Statt *E., die jederzeit beschworen werden kann*

'Ei·dech·se ⟨f.; -, -n⟩ *Angehörige einer Familie der Echsen mit langem, leicht abbrechendem Schwanz, schlankem, mit Schuppen bedecktem Körper u. 4 kräftigen Beinen mit je 5 Zehen: Lacertidae;* Zaun~, Berg~, Wald~, Perl~

'Ei·er·be·cher ⟨m.⟩ *Gefäß zum Aufstellen eines weichgekochten Eies*

'Ei·er·tanz ⟨m.⟩ **1** *Geschicklichkeitstanz mit od. zwischen Eiern* **2** ⟨fig.⟩ *äußerst vorsichtiges Verhalten in einer heiklen Lage* **2.1** einen ~ aufführen *sich um eine heikle Angelegenheit drücken*

'Ei·fer ⟨m.; s; unz.⟩ **1** *ernsthaftes, emsiges Streben, Bemühen, schwungvoller, lebhafter Fleiß;* einen lobenswerten, löblichen ~ zeigen; mit großem, neuem, kindlichem ~ ans Werk gehen; sein ~ ist schon erkaltet, erlahmt; sein ~ hat bereits nachgelassen; etwas mit ~ anfassen, betreiben, unternehmen; mit großem ~ bei der Sache sein; mit übertriebenem ~ etwas beginnen; sich vor ~ überschlagen wollen ⟨umg.⟩ **1.1** → a. *blind(2)* **2** *Tatendrang, Heftigkeit, Schwung;* beim Reden in ~ geraten; sich in ~ reden **2.1** etwas im ~ des Gefechts übersehen, vergessen ⟨fig.; umg.⟩ *vor Aufregung*

'Ei·fer·sucht ⟨f.; -; unz.⟩ *leidenschaftliches u. neidisches Streben, jmdn. od. etwas allein zu besitzen (bes. in der Liebe), das oft auch krankhafte Symptome aufweist;* rasende, lächerliche, blinde ~; ~ empfinden, erregen; aus ~ handeln; er verfolgte sie mit seiner ~

'eif·rig ⟨Adj.⟩ **1** *mit Eifer tätig, strebend bemüht, emsig;* ein ~er Angestellter, Arbeiter, Beamter, Schüler, Student; ~ arbeiten, lernen, studieren; ~ um etwas bemüht sein **2** *leidenschaftlich, lebhaft, heftig;* ein ~er Anhänger einer Lehre; er vertritt ~ seinen Standpunkt; ~ für etwas od. jmdn. eintreten

'Ei·gelb ⟨n.7; -s, -e⟩ = *Dotter(1);* man nehme drei ~ (Rezept)

'ei·gen ⟨Adj.⟩ **1** ⟨60⟩ *mit einer Person od. Sache eng verknüpft, ihr zugehörig;* → a. *fremd;* man kann nur seinen ~en Augen trauen; er hat die Folgen seiner Tat am ~en Leibe zu spüren bekommen; sein ~ Fleisch und Blut ⟨poet.⟩; etwas auf ~e Gefahr, Rechnung, Verantwortung tun; sein ~es Nest beschmutzen ⟨fig.⟩; es ist zu deinem ~en Nutzen, Schaden, Vorteil; in ~er Sache sprechen; ich habe es aus ~er Tasche bezahlt; sein ~er Vater hat ihn verstoßen ⟨verstärkend⟩; man kann ja vor Lärm sein ~es Wort nicht verstehen! ⟨umg.⟩ **1.0.1** aus ~er Kraft etwas erreichen *ohne fremde Hilfe* **1.0.2** jmdm. etwas zu ~en Händen übergeben *dem Betreffenden persönlich* **1.1** *jmdm. selbst gehörend (als Eigentum);* ein ~es Haus, eine ~e Wohnung, ein ~es Zimmer haben; auf ~em Boden stehen; etwas zu ~ haben; jmdm. etwas zu ~ geben **1.1.1** das ist sein ~ *sein Eigentum;* etwas sein ~ nennen **1.1.2** ich habe es mir zu ~ gemacht *mir geistig angeeignet, es gelernt* **1.2** *selbständig, unabhängig;* er hat es aus ~em Antrieb getan; keine ~e Meinung haben; das ist doch nicht deine ~e Meinung! **1.2.1** in ~er Person *selbst* **1.2.2** auf ~en Beinen, Füßen stehen ⟨fig.⟩ *selbständig sein;* trotz seiner Jugend steht er schon auf ~en Füßen **1.2.3** sein ~er Herr sein *selbst bestimmen können, niemandem unterstellt sein, sich nach niemandem richten müssen* **1.2.4** er wollte es mit ~en Augen sehen *sich selbst davon überzeugen* **1.2.5** etwas auf ~e Faust unternehmen ⟨fig.⟩ *von sich aus, ohne zu fragen* **1.2.6** mit ~er Hand *selbst* **1.2.7** seine ~en Wege gehen ⟨fig.⟩ *sich nichts vorschreiben lassen, sich nicht um andere kümmern* **1.3** *besondere(r, -s);* eine Landschaft von ~em Reiz; es ist eine ~e Sache damit; damit hat es seine ~e Bewandtnis **1.3.1** *getrennt;* Sy *separat;* ein Zimmer mit ~em Eingang **2** ⟨72⟩ jmdm. od. einer Sache ~ *(als Eigenschaft) eigentümlich, innewohnend;* dies ist ihm ~; das ihm ~e Verantwortungsgefühl; mit der ihm ~en Tatkraft; ich erkenne ihn von weitem an dem ihm ~en Gang **2.1** *wunderlich, sonderbar, merkwürdig, eigentümlich, eigenartig;* mir ist so ~ zumute **2.2** *peinlich genau, bes. sorgsam;* er ist darin sehr ~ **2.3** *anspruchsvoll, wählerisch;* sie ist in ihrer Arbeit, Kleidung sehr ~; ein sehr ~er Mensch

'Ei·gen·art ⟨f.⟩ **1** *Gesamtheit der typischen Merkmale, besondere (Wesens)art;* eine ~ dieser Pflanze besteht darin, daß ... **2** *Eigentümlichkeit, charakterist. Kennzeichen;* dies ist eine ~ von ihm; er kannte alle ihre ~en

'ei·gen·ar·tig ⟨Adj.⟩ **1** *kennzeichnend* **2** *merkwürdig, sonderbar, ungewöhnlich, seltsam;* eine ~e Vorliebe, Veranlagung; ein ~es Wesen

'Ei·gen·bröt·ler ⟨m.; -s, -⟩ = *Sonderling;* er ist im Alter ein seltsamer, störrischer ~ geworden

'Ei·gen·lie·be ⟨f.⟩ = *Selbstsucht;* jmds. ~ kränken, sich in seiner ~ verletzt fühlen

'ei·gen·mäch·tig ⟨Adj.⟩ **1** *unbefugt, nach eigenem Ermessen, ohne den Zuständigen zu fragen;* ~es Handeln, Vorgehen; er hat ~ gehandelt **2** ~e Abwesenheit ⟨Mil.⟩ *unerlaubtes Fernbleiben eines Soldaten von seiner Truppe über 3 Tage, Straftatbestand des Wehrstrafgesetzes*

'Ei·gen·na·me ⟨m.⟩ *Nomen, das ein zu Benen-*

nendes als Einzelwesen begreift, z. B. Fluß-, Stadt-, Personenname

'Ei·gen·nutz ⟨m.; -es; unz.⟩ **1** *der eigene Vorteil* **2** = *Selbstsucht;* aus ~ handeln

'ei·gens ⟨Adv.⟩ **1** *ausschließlich, nur;* ich bin ~ gekommen, um mich mit dir auszusöhnen; seine Worte waren ~ dafür berechnet, mich zu täuschen; es ist ~ für dich bestimmt; ~ zu diesem Zweck **2** *besonders, ausdrücklich, speziell;* ich habe es ihm ~ gesagt; das ist im Vertrag nicht ~ erwähnt

'Ei·gen·schaft ⟨f.; -, -en⟩ **1** *Wesen, Beschaffenheit* 1.1 *zum Wesen eines Menschen gehörendes Merkmal;* diese ~ schätze ich wenig an ihm; die hierfür notwendigen ~en fehlen ihm; gute, schlechte ~en haben 1.2 *zur Beschaffenheit einer Sache gehörendes Merkmal;* die grüne Farbe ist eine ~ vieler frischer Pflanzen **2** j m d s. ~ a l s *Stellung, Amt, Aufgabe;* in meiner ~ als Vorsitzender erlaube ich mir ...

'Ei·gen·sinn ⟨m.; -(e)s; unz.; abwertend⟩ **1** *zähes Festhalten an einer Meinung, einem Vorhaben usw., Starrsinn, Trotz, Hartnäckigkeit;* sein ~ verärgerte die andern; laß doch diesen ~!; das ist nur ~ von ihm 1.1 dieser kleine ~! ⟨fig.; umg.⟩ *trotziges Kind*

'ei·gent·lich ⟨Adj.; 24; Abk.: eigtl.⟩ **1** *tatsächlich, wirklich, in Wirklichkeit;* sein ~er Name ist ...; sein ~er Beruf ist Schlosser; die ~e Frage ist ja die: ...; das ist ihr Künstlername, ~ heißt sie ... **2** ⟨60⟩ *ursprünglich;* die ~e Bedeutung dieses Wortes war ... **3** ⟨50⟩ *im Grunde genommen;* ~ hast du recht; ~ sollte man sich nicht darum kümmern; ~ wollen wir nur ein Stündchen bleiben **4** ⟨50; verstärkend⟩ *überhaupt, denn;* was will er ~?; was ist ~ mit dir los?; was ist ~ geschehen?

'Ei·gen·tum ⟨n.; -s; unz.⟩ *rechtl. Herrschaft über eine Sache mit voller Nutzungs- u. Verfügungsgewalt;* → a. *Besitz* ⟨Rechtsw.⟩; geistiges ~; persönliches, privates, öffentliches ~; das ist mein ~

'ei·gen·tüm·lich ⟨Adj.⟩ **1** ⟨43⟩ *eigen, jmdm. od. einer Sache innewohnend, zugehörig;* es ist ihm ~; der ihm ~e Stil; die den Tropen ~e Vegetation **2** ⟨meist [--'--]⟩ *merkwürdig, sonderbar;* eine ~e Sache!; ein ~es Lächeln; sein Verhalten berührte mich ~; sie war ein ~er Mensch

'ei·gen·wil·lig ⟨Adj.⟩ *nach eigenen Grundsätzen denkend u. handelnd, eigensinnig;* ein ~es Kind; eine ~e Auffassung, Begabung, Persönlichkeit

'eig·nen ⟨V.⟩ **1** ⟨600⟩ e t w a s eignet j m d m. ⟨geh.⟩ *etwas ist jmdm. eigentümlich, gehört jmdm.;* ihm eignet eine große Güte, viel Verständnis **2** ⟨517 od. 518/R3⟩ s i c h z u, a l s, f ü r e t w a s ~ *tauglich, geeignet sein, sich verwenden lassen;* dieser Stoff eignet sich nicht für eine Bluse; dieses Buch eignet sich gut als, zum Geschenk; dieser Film eignet sich nicht für Kinder; er eignet sich nicht für diese Aufgabe, diesen Beruf; sie eignet sich zur Schauspielerin; für etwas besonders geeignet sein; ein geeignetes Mittel finden für, gegen

'Eig·nung ⟨f.; -, (selten)-en⟩ *Tauglichkeit, Befähigung;* (keine) ~ haben für etwas; die fachliche, körperliche, persönliche ~

'Ei·le ⟨f.; -; unz.⟩ **1** *Bemühen, etwas schnell zu machen;* er ist immer in ~; in der ~ habe ich das vergessen; in (aller) ~ möchte ich dir mitteilen, daß ... **2** *zeitl. Druck;* in größter ~ etwas erledigen; er hat ~; es hat ~; damit hat es keine ~

'ei·len ⟨V. 400⟩ **1** ⟨(s.)⟩ *sich schnell fortbewegen, schnell kommen, gehen;* nach Hause, nach der Unglücksstelle ~; jmdm. zu Hilfe ~; zum Arzt ~ 1.1 ~den Fußes aufbrechen *sofort* 1.2 ⟨430⟩ eile mit Weile! ⟨Sprichw.⟩ *handle rasch, doch nicht unüberlegt!* **2** e t w a s eilt *muß schnell erledigt werden;* eilt! (auf Briefen, Bestellungen usw.); die Sache eilt!; es eilt mir damit; damit eilt es noch nicht **3** ⟨500/R3⟩ s i c h ~ ⟨umg.⟩ *sich bemühen, etwas schnell zu machen*

'ei·lends ⟨Adv.⟩ *schnell, schleunigst, sofort;* er machte sich ~ auf; man holte ~ einen Arzt herbei

'ei·lig ⟨Adj.⟩ **1** *in Eile befindlich, rasch, schnell;* nur nicht so ~!; ~ davonlaufen; hast du es ~?; er hörte ~e Schritte **2** *dringend, dringlich;* es handelt sich um eine ~e Angelegenheit, Mitteilung; die Sache ist sehr ~; wenn du nichts Eiligeres zu tun hast ...

'Ei·mer ⟨m.; -s, -⟩ **1** *Gefäß mit Henkel zum Tragen od. Aufbewahren von Flüssigkeiten, Abfällen usw.;* Müll~; Wasser~; ein ~ voll Wasser; ein ~ aus Blech, Kunststoff; den ~ mit Abfällen ausleeren 1.1 es gießt wie aus ~n ⟨fig.; umg.⟩ *es regnet heftig* 1.2 ⟨früher in Dtschld., Österreich u. der Schweiz⟩ *Flüssigkeitsmaß (56 bis 77 l)* **2** in den ~ gucken ⟨fig.; umg.⟩ *das Nachsehen haben* 2.1 etwas ist im ~ ⟨fig.; umg.⟩ *ist entzwei, verloren, vorbei, zerstört*

ein[1] ⟨Adv.⟩ **1** *hinein, herein* **2** ~ und aus 2.1 bei jmdm. ~ und aus gehen *bei jmdm. häufiger Gast sein* 2.2 nicht mehr ~ noch aus wissen *sich in einer ausweglosen Situation befinden*

ein[2] ⟨unbestimmter Artikel 4⟩ **1** ~ Mann, ~e Frau, ~ Kind; ~e andere; ~ jedes; ~ jeglicher; ~en Eid ablegen; das Amt ~es Vorsitzenden übernehmen; es gab ~e Zeit, da ...; in ~em derartigen Fall; gibt es ~e günstigere Gelegenheit als ...; es ist ~ wahres Glück; bei ~em so wichtigen Geschäft 1.1 ⟨vor Eigennamen⟩ *ein Mann (eine Frau), der (die) die Eigenschaft eines ... hat;* das konnte nur ein(e) X. schaffen

ein[3] ⟨Indefinitpron. 6; alleinstehend stark, nach bestimmtem Artikel schwach dekliniert⟩ **1** *jemand, man;* ~er, ~e, ~(e)s, der ~e, die ~e, das ~e; noch so ~(e)s; sie stören ~er den anderen; sie helfen ~er dem anderen; es war ~er von ihnen; ~er von vielen; mit ~em dieser Burschen; ~er meiner Freunde; die ~en sagen ...; wie kann ~er nur so unklug sein!; das kann ~em leid tun; sie ist sein ~ und alles; ~er will immer mehr als der andere; ~s geht ins andere über; immer ~s hübsch nach dem andern!; weder der ~e noch der andere; ~er oder der andere; ~en (Tag) um den andern; der ~e und der andere; ~er ist so viel wert wie der andere; hier und da ~es; es ist ~ und dasselbe; ~(e)s schickt sich nicht für alle; in ~em und demselben Augenblick; was für ~e?; ~er von beiden; ~(e)s ist wichtig; das ~e, was not tut; und das soll ~er glauben! ⟨umg.⟩; was man nicht weiß, macht ~en nicht heiß ⟨Sprichw.⟩; was dem ~en sin Uhl (Eule) ist, ist dem andern sin Nachtigall ⟨Sprichw.⟩ 1.1

~er für alle, alle für ~en ⟨Sprichw.⟩ *jeder hilft jedem* **2** das ist ~er! *jmd., den man tadelt od. bewundert* 2.1 er ist geschickt wie nur ~er *sehr geschickt* **3** sich ~en genehmigen, ~en heben ⟨umg.⟩ *einen Schnaps od. ein anderes alkoholisches Getränk trinken* **4** jmdm. ~e kleben, reinhauen ⟨umg.⟩ *eine Ohrfeige geben* **5** das tut ~em wohl *mir*

ein[4] ⟨Num. 4; immer betont; Zeichen: 1⟩ **1** → a. *eins*[1]; ~ Buch; ~es Buches; des ~en Buches; mit ~em Paar Strümpfe; ~ Herz und ~e Seele; ~er Meinung sein; zwei neue Anzüge und ~ alter; ~ Drittel mal ~ Viertel; dieser ~e Schüler; sein ~er Sohn; er war nicht ~en einzigen Tag krank; zwei Augen sehen mehr als ~(e)s; der Eine Gott **1.1** ⟨nicht flektiert⟩; um ~ Uhr; nach ~ Uhr; es wird ~ bis zwei Tage dauern **2** etwas ~ für allemal sagen *eine Anordnung, einen Befehl, der für immer gilt, nur ein einziges Mal äußern* **2.1** damit ist ~ für allemal Schluß *endgültig* **2.2** merk dir das ~ für allemal *merk dir das für künftige Fälle* **3** in ~em fort *ohne Unterbrechung;* → a. *Zug(1.2.1), Schlag(1.1)* **4** mit ~em Wort *kurzgesagt*

ein'an·der ⟨reziprokes Pron.; geh.⟩ *einer dem od. den anderen, (sich) gegenseitig;* sie hatten ~ so lieb; sie helfen ~

'ein|ar·bei·ten ⟨V. 500⟩ **1** ⟨R7⟩ jmdn. ~ *in eine Arbeit einführen;* ich muß meinen Nachfolger noch ~; er ist gut eingearbeitet 1.1 ⟨505/R3⟩ sich ~ (in) *mit einer Arbeit vertraut machen;* es wird noch einige Zeit dauern, bis ich mich in meine neuen Aufgaben eingearbeitet habe **2** etwas ~ *in eine Arbeit sinnvoll einfügen;* fehlende Stichwörter in ein Wörterbuch ~

'ein|äschern ⟨V. 500⟩ **1** ein Gebäude ~ *(zu Asche) verbrennen;* durch den Brand wurden mehrere Häuser eingeäschert; der Brand äscherte das ganze Dorf ein **2** einen Leichnam ~ *durch Feuerbestattung beisetzen;* die Leiche ~; sie ist bereits vorige Woche eingeäschert worden

'Ein·band ⟨m.; -(e)s, ¨e⟩ *Rücken u. Deckel eines Buches;* Leder~, Leinen~; Original~; ein Buch mit prächtigem, haltbarem, zerrissenem, ledernem ~;

'ein|bau·en ⟨V. 500⟩ **1** etwas (in etwas) ~ *hineinbauen, als Zusatz einfügen;* einen Motor (in ein Auto, Boot) ~; ein Bad (in eine Wohnung) ~; eine Kamera mit eingebautem Belichtungsmesser; in den eingebauten Schränken kann man sehr viel unterbringen **2** ⟨511⟩ etwas in etwas ~ ⟨fig.⟩ *(nachträglich) sinnvoll einfügen;* Zitate in einen Vortrag ~

'Ein·baum ⟨m.; -(e)s, ¨e⟩ *aus einem ausgehöhlten Baumstamm hergestellter Kahn;* Sy *Kanu(1)*

'ein·be·grif·fen ⟨Adj. 40; geh.⟩ *umschlossen, dazugenommen, -gezählt, eingeschlossen, mit enthalten;* im Preis ~ sind ...

'ein|be·ru·fen ⟨V. 204/500⟩ **1** jmdn. od. etwas ~ *zu einer Versammlung zusammenrufen;* das Parlament, den Parteitag, Bundestag ~; die Abgeordneten wurden zu einer Sitzung einberufen **2** jmdn. ~ *zum Heeresdienst rufen, auffordern;* Rekruten zum Militärdienst ~; man berief ihn zu einer Reserveübung ein

'ein|be·zie·hen ⟨V. 293/511/R7 od. R8⟩ jmdn. od. etwas in etwas (mit) ~ *einschließen, mit aufnehmen, hinzunehmen, -rechnen, -zählen;* wir sollten dieses neueste Forschungsergebnis mit in unseren Bericht ~; jmdn. in eine Unterhaltung (mit) ~; sie wurde mit in sein Vertrauen einbezogen

'ein|bie·gen ⟨V. 109⟩ **1** ⟨411(s.)⟩ *von der bisherigen Richtung abgehen u. um die Ecke in einer anderen Richtung weitergehen od. -fahren;* das Auto bog in einen Seitenweg ein; er wollte nach rechts ~ **1.1** etwas biegt in etwas ein *mündet in etwas;* diese Straße biegt in die Hauptstraße ein **2** ⟨500⟩ etwas ~ *nach innen biegen, falten;* die Hutkrempe ein wenig ~ **2.1** ⟨R3⟩ etwas biegt sich ein *biegt sich nach innen;* das Dach hat sich unter dem Schnee leicht eingebogen

'ein|bil·den ⟨V. 530/R1⟩ **1** sich etwas ~ *sich unbegründete, falsche Vorstellungen machen, sich einreden;* ich bilde mir nicht ein, schön zu sein; bilde dir ja nicht ein, daß ich dir das glaube!; er hat sich fest und steif eingebildet, daß ...; sie bildet sich ein, unheilbar krank zu sein; sich allerlei ~ **1.1** der eingebildete Kranke *Mensch, der sich einredet, krank zu sein* **2** sich etwas (auf jmdn. od. etwas) ~ *übermäßig stolz sein;* er ist bescheiden geblieben und bildet sich nichts auf seinen Erfolg ein; sich auf seinen Reichtum etwas ~; er bildet sich viel darauf ein

'Ein·bil·dung ⟨f.⟩ **1** *Vorstellung, die nicht der Wirklichkeit entspricht;* das sind ~en!; ein Kranker ist er nur in seiner ~; das gibt es, existiert nur in deiner ~!; das ist nur in deiner ~ vorhanden **2** ⟨unz.; umg.⟩ *Überheblichkeit, Dünkel;* er platzt vor ~; an ~ leiden **2.1** ~ ist auch eine Bildung ⟨umg.⟩ *jmd. ist dünkelhaft und sonst gar nichts*

'ein|bin·den ⟨V. 111/505⟩ **1** etwas (in etwas) ~ *zum Schutz in etwas hineinbinden;* seine Sachen in ein Tuch ~; die verletzte Hand ~ **2** ein Buch ~ *ein B. mit Deckel u. Rücken (Einband) versehen;* Bücher in Leinen, Leder ~ lassen

'ein|blen·den ⟨V.; Funkw., Film, Fernsehen⟩ **1** ⟨402/R7⟩ (etwas) ~ *eine Filmaufnahme od. eine Funksendung od. -szene in eine andere (allmählich stärker werdend) einschalten;* Geräusche, Musik ~; wir blenden in das Stadion ein **2** ⟨500/R3⟩ sich ~ *sich in eine laufende Sendung einschalten;* wir blenden uns in wenigen Minuten wieder ein

'Ein·blick ⟨m.⟩ **1** *Blick in etwas hinein;* der ~ in den Garten **2** *Kenntnis durch eigenen Augenschein;* einen ~ bekommen, gewinnen; jmdm. einen ~ geben, gewähren; nur einen flüchtigen, einen gründlichen ~ haben; ~ nehmen, tun; ich habe mir ~ in die Unterlagen verschafft; mir wurde der ~ in die Unterlagen verweigert

'ein|bre·chen ⟨V. 116⟩ **1** ⟨411⟩ bei jmdm., in einen Raum ~ *gewaltsam eindringen;* in unsere(r) Wohnung wurde letzte Nacht eingebrochen; in ein Land ~ **2** ⟨(s.)⟩ *durchbrechen u. nach unten stürzen;* er ist beim Schlittschuhlaufen auf dem Eis eingebrochen **3** ⟨400(s.)⟩ Dunkelheit bricht ein *beginnt plötzlich;* bei ~der Dämmerung muß ich zu Hause sein; mit ~der Nacht

'ein|bren·nen ⟨V. 117/500⟩ **1** ⟨503/R5 od. R6⟩

(jmdm. od. einem Lebewesen) etwas ~ *mit glühendem Eisen o. ä. eindrücken;* ein Brandmal ~; einem Tier ein Zeichen ~; ein Ornament auf eine Holzplatte ~ **2** ⟨530/R3⟩ etwas brennt sich jmdm. ein ⟨fig.; geh.⟩ *etwas prägt sich jmdm. fest ein;* das Bild hat sich mir ins Gedächtnis eingebrannt **3** Mehl ~ ⟨Kochk.⟩ *rösten, bräunen*

'**ein|brin·gen** ⟨V. 118/500⟩ **1** die Ernte ~ *hineinschaffen, -bringen;* das Getreide, Heu ~ (in die Scheune) **2** eine Sache bringt etwas ein *bringt Nutzen, Gewinn;* sein Geld so anlegen, daß es Zinsen einbringt; das Haus ist so alt und reparaturbedürftig, daß es seinem Besitzer nichts mehr einbringt **3** *ausgleichen, wettmachen;* die Verluste konnten wieder eingebracht werden; die verlorene Zeit ist nicht wieder einzubringen **4** zwei Zeilen ~ ⟨Typ.⟩ *so eng setzen od. so viel streichen, daß zwei Zeilen weniger auf einer Seite stehen* **5** ⟨511⟩ Werte in eine Gemeinschaft ~ *mitbringen;* 50 000 Mark in eine Firma ~; sie hat ein großes Mietshaus und noch 20 000 Mark bar in die Ehe eingebracht **6** Vorschläge (in einer Versammlung) ~ *vorlegen, vorbringen;* einen Antrag im Parlament ~; in der Vorstandssitzung eine Entschließung ~

'**ein|brocken** ⟨-k·k-; V.⟩ **1** ⟨500⟩ etwas ~ *brockenweise hineintun;* Brot in die Suppe ~ **2** ⟨530/R5 od. R6⟩ jmdm. etwas ~ ⟨fig.; umg.⟩ *Unannehmlichkeiten verursachen, jmdn. in eine unangenehme Situation bringen* 2.1 da hast du dir aber etwas Schönes eingebrockt! *da hast du dich in eine dumme Situation gebracht!*

'**Ein·bruch** ⟨m.; -(e)s, ¨-e⟩ **1** *gewaltsames Eindringen;* ~ in ein feindliches Land; den Truppen gelang ein ~ in die feindliche Front; der durch den ~ von Wasser entstandene Schaden 1.1 *gewaltsames Eindringen in ein Gebäude (um etwas zu stehlen);* Sy *Bruch(11)* ⟨Gaunerspr.⟩; einen ~ in ein Haus, in eine Wohnung verüben **2** ⟨unz.; fig.; geh.⟩ *plötzl. Beginn;* bei, mit ~ der Dämmerung, Nacht **3** ⟨fig.⟩ *plötzl. Veränderung;* ein ~ in seine gewohnte Lebensweise **4** ⟨Geol.⟩ *durch Bruch der Erdrinde entstandene Vertiefung* **5** ⟨Bgb.⟩ *herausgesprengte Vertiefung, die bei der Anlage eines Grubenbaus weitere Sprengungen erleichtert*

'**ein|buch·ten** ⟨V. 500; umg.⟩ jmdn. ~ *einsperren*

'**ein|bür·gern** ⟨V. 500⟩ **1** jmdn. ~ *jmdm. die Staatsangehörigkeit verleihen;* Sy *nationalisieren(1), naturalisieren;* Ggs *ausbürgern* **2** ⟨R3⟩ etwas bürgert sich ein ⟨fig.⟩ *wird üblich;* es hat sich so eingebürgert; dieser Brauch hat sich vor Jahrhunderten hier eingebürgert; in unserer Sprache haben sich viele Fremdwörter eingebürgert

'**Ein·bu·ße** ⟨f.; -, -n⟩ *Verlust, Schaden;* eine beträchtliche, schwere ~; (keine) ~ erleiden; ~ an Ansehen, Einfluß, Vermögen

'**ein|bü·ßen** ⟨V.⟩ **1** ⟨500⟩ etwas ~ *verlieren;* sein Ansehen, seinen guten Ruf ~; bei einem Unfall ein Bein, sein Leben ~; sein Vermögen bei einer Inflation ~ 1.1 ⟨800⟩ an etwas ~ *ein Teil von etwas verlieren;* dadurch hat er sehr an Ansehen eingebüßt; die Ware hat an Güte, Haltbarkeit, Wert eingebüßt

'**ein|däm·men** ⟨V. 500⟩ **1** das Hochwasser, den Fluß ~ *aufhalten, mit einem Damm stauen* **2** eine Sache ~ ⟨fig.⟩ *einschränken, beschränken, einer S. Einhalt tun;* jmds. Redeschwall, Übermut ~; es wurde alles getan, um die Seuche einzudämmen

'**ein|decken** ⟨-k·k-; V. 500⟩ **1** etwas ~ *mit etwas bedecken;* die Rosen für den Winter (mit Stroh) ~; ein Dach (mit Schiefer) ~ ⟨Bauw.⟩ **2** ⟨550/R7 od. R8⟩ jmdn. od. etwas mit etwas ~ ⟨a. fig.; umg.⟩ *überhäufen, überschütten;* er hat ihn mit Fragen, Aufgaben eingedeckt; ich bin mit Arbeit reichlich eingedeckt **3** ⟨R3⟩ sich ~ *sich für den Notfall mit Vorräten versorgen;* wir haben uns für den Winter ausreichend mit Koks eingedeckt; ich bin gut eingedeckt

'**ein·deu·tig** ⟨Adj.⟩ **1** *nur eine Bedeutung habend, nur eine Deutung zulassend, unmißverständlich, sehr klar;* einen ~en Beweis liefern; eine ~e Sprache sprechen; einen ~en Befehl geben 1.1 ⟨fig.⟩ *grob, unmißverständlich, derb;* seine Absage war ~; er bekam eine ~e Abfuhr

'**ein|drin·gen** ⟨V. 122/410(s.)⟩ **1** in etwas ~ *gegen Widerstand hineingelangen;* der Splitter ist tief in die Haut eingedrungen; wenn das Hochwasser steigt, wird es noch in unseren Keller ~; in die Wunde sind Bakterien, ist Schmutz eingedrungen 1.1 *mit Gewalt hineingelangen, sich gewaltsam Zutritt verschaffen;* in eine Gemeinschaft ungebeten ~; der Dieb drang durch ein Fenster in das Haus, die Wohnung ein; bewaffnete Streitkräfte drangen in das benachbarte Land ein 1.2 ⟨800⟩ *sich vertraut machen mit, kennenlernen, erforschen;* es ist schwer, in seine Gedankenwelt einzudringen; er versucht, in das Geheimnis einzudringen; in den Geist einer Sprache ~; forschend in medizinisches Neuland ~; ich bin noch nicht tief in dieses Problem eingedrungen; in die Zusammenhänge ~ **2** ⟨800⟩ auf jmdn. ~ *jmdn. bedrängen;* mit Worten auf jmdn. ~

'**ein·dring·lich** ⟨Adj.⟩ *nachdrücklich, dringend, mahnend;* eine ~e Bitte, Warnung; ~ sprechen; seine Rede war sehr ~; jmdn. auf das eindringlichste warnen

'**Ein·druck**[1] ⟨m.; -(e)s, ¨-e⟩ **1** *durch Druck hervorgerufene Vertiefung;* der ~ des Fußes war im weichen Boden noch deutlich zu erkennen **2** *Einwirkung auf Fühlen u. Denken;* du solltest einmal neue Eindrücke sammeln; auf meiner letzten Reise habe ich unvergeßliche Eindrücke gesammelt; er stand noch unter dem ~ des Unglücks, als ...; und dieser ~ bleibt haften, dauert an, hat sich noch verstärkt; ich hatte zunächst keinen guten ~ von ihm; deine Warnung hat ihren ~ nicht verfehlt; der erste ~ ist immer der beste ⟨Sprichw.⟩; einen guten, schlechten ~ machen; sein Verhalten hat einen ausgezeichneten, (un)günstigen, guten, schlechten ~ auf mich gemacht; er will ~ schinden ⟨umg.⟩

'**Ein·druck**[2] ⟨m.; -(e)s, -e⟩ **1** ⟨unz.⟩ *das Bedrucken (von Stoffen)* **2** *zusätzlicher Druck;* ~ in ein Scheckformular

'**ein|drucken** ⟨-k·k-; V. 500⟩ etwas ~ *in Stoff drucken;* Muster ~

'**ein|drücken** ⟨-k·k-; V.⟩ **1** ⟨500⟩ etwas ~ *nach innen drücken u. es dadurch verbiegen, beschädigen od. zerstören, zerbrechen;* die Fensterscheiben wurden von den Dieben eingedrückt; einen Kotflügel ~; die gegnerische Front ~; eingedrückter Brustkorb, eingedrückte Nase; beim Unfall wurden ihm die Rippen eingedrückt **2** ⟨511⟩ etwas in einen Gegenstand ~ *hineindrücken, so daß ein Abdruck entsteht;* Ornamente in Tongefäße ~ 2.1 ⟨R3⟩ 2.1.1 etwas drückt sich in einen Gegenstand ein *hinterläßt einen Abdruck, Eindruck;* die Spuren hatten sich in den Boden eingedrückt 2.1.2 etwas drückt sich ins Gedächtnis ein *wird nicht vergessen;* dieses Erlebnis, ihr Anblick hatte sich tief in ihre Erinnerung eingedrückt

ein·ein'halb ⟨Numerale; in Ziffern: $1^1/_2$⟩ *ein(e, -er, -es) u. noch ein(e) halb(e, -er, -es);* oV *eineinhalb;* es hat ~ Stunden gedauert; ~ Pfund Mehl

'ein|en·gen ⟨V. 500⟩ **1** etwas ~ *eng, enger machen;* der Raum ist durch die Schränke sehr eingeengt **2** ein Kleidungsstück engt jmdn. ein *beschränkt jmdn. in seiner Bewegungsfreiheit;* dieses Kleid engt mich ein; die Bluse engt sie ein **3** etwas ~ ⟨fig.⟩ *begrenzen, einschränken;* einen Begriff noch mehr ~; jmds. Freiheit ~; etwas engt jmdm. das Herz, den Atem ein

'ei·ner·lei ⟨Adj. 11; umg.⟩ **1** ⟨40⟩ *gleich, gleichgültig;* das ist (mir) ~; ~, was er tut, es glückt ihm auf jeden Fall **2** *gleichartig, abwechslungsarm, eintönig;* es gab immer nur ~ Kost; ~ Stoff, Tuch; Kleider von ~ Farbe

'ei·ner·seits ⟨Adv.⟩ *bei Berücksichtigung bestimmter Dinge, auf der einen Seite, zwar, aber;* ~ ..., andererseits, andrerseits, anderseits; ~ bin ich deiner Meinung, anderseits hat er recht

'ein·fach ⟨Adj.⟩ **1** ⟨90⟩ *nicht zusammengesetzt, aus nur einem (od. aus gleichartigen Teilen) bestehend;* ein ~er Bruch; ~e Zahlen 1.1 ~er Satz ⟨Gramm.⟩ *nur aus Subjekt u. Prädikat bestehender Hauptsatz* **2** ⟨90⟩ *einmal vorhanden, gemacht* 2.1 ~e Fahrt ⟨Eisenb.⟩ *nur eine F., ohne Rückfahrt* 2.2 ~e Buchführung *B., bei der die Geschäftsvorgänge nur einmal aufgezeichnet werden* 2.3 ~e Mehrheit *M., die weniger als 50 % der stimmberechtigten Stimmen umfaßt* **3** *leicht (verständlich), mühelos;* etwas in ~en Worten erklären; das ist nicht ganz ~ zu verstehen; die Sache ist gar nicht so ~!; das ist sehr ~ zu bewerkstelligen, zu erledigen, zu machen **4** *bescheiden, schlicht, anspruchslos;* der ~e Mann von der Straße; er bevorzugt eine ~e Lebensweise; sich ~ kleiden; sie ist sehr ~ gekleidet; ~ essen, leben, wohnen **5** ⟨50; verstärkend⟩ *geradezu;* es war ~ großartig, herrlich, wunderschön; die Lage ist ~ hoffnungslos 5.1 *überhaupt;* ich verstehe dich ~ nicht! 5.2 *kurzum;* die Sache ist ~ die, daß ... 5.3 *ohne weiteres;* er ist ~ davongelaufen; du kannst doch jetzt nicht ~ absagen!

'ein|fä·deln ⟨V. 500⟩ **1** einen Faden ~ *durch ein Nadelöhr ziehen;* den Faden in die Nadel ~ **2** etwas ~ ⟨fig.; umg.⟩ *etwas geschickt anbahnen, vorbereiten;* eine Intrige ~; einen Plan geschickt, schlau ~ **3** ⟨R3⟩ sich ~ *sich (auf einer stark befahrenen Straße) in eine Kolonne von Autos einreihen*

'ein|fah·ren ⟨V. 130⟩ **1** ⟨400(s.) od. 410⟩ *fahrend (in etwas) hineingelangen;* Ggs *ausfahren(1.3);* das Schiff fuhr in den Hafen ein; der D-Zug aus München wird in wenigen Minuten auf dem Bahnsteig 5 ~; der Zug ist bereits (in den Bahnhof) eingefahren 1.1 ⟨Bgb.⟩ *zur Arbeit (in den Schacht) fahren;* Ggs *ausfahren(1.2);* die Bergleute sind um 8 Uhr in die Grube eingefahren 1.2 ein Zug fährt ein *fährt in den Bahnhof;* Ggs *ausfahren(1.3)* 1.3 ⟨jägerspr.⟩ *in den Bau kriechen;* der Fuchs, Dachs fährt ein **2** ⟨500⟩ etwas ~ *hineinfahren (in etwas);* den Wagen vorsichtig ~ (in die Garage) **2.1** *durch Hineinfahren beschädigen, zertrümmern;* ein Schaufenster ~; unser Zaun wurde in der vergangenen Nacht von einem Wagen eingefahren **2.2** *mit einem Fahrzeug einbringen;* die Ernte ~; wir wollen morgen das Getreide ~ **2.3** *durch Fahren allmähl. leistungsfähig machen;* der Wagen ist noch nicht eingefahren 2.4 ⟨R3⟩ sich ~ *sich im Fahren üben;* ich muß mich erst noch ~ **2.4.1** eine Sache fährt sich ein ⟨fig.; umg.⟩ *wird zur Gewohnheit, spielt sich ein;* die Sache hat sich gut eingefahren

'Ein·fahrt ⟨f.⟩ **1** *das Hineinfahren;* die Bergleute machen sich zur ~ bereit; Vorsicht bei ~ des Zuges! 1.1 ⟨Eisenb.⟩ *Erlaubnis zum Einfahren in einen Bahnhof;* der Zug hat noch keine ~ **2** *Öffnung zum Hineinfahren;* Hafen~, Hof~; bitte die ~ freihalten; vor der ~ darf nicht geparkt werden **3** ⟨jägerspr.⟩ *die zum Bau eines Wildes führende Röhre*

'Ein·fall ⟨m.⟩ **1** *plötzlicher Gedanke, ungewöhnliche Idee;* es war nur so ein ~ von mir; ein genialer, glänzender, glücklicher, launiger, seltsamer, witziger, wunderlicher ~; er kam auf den ~, sie anzurufen 1.1 Einfälle wie ein altes Haus ⟨umg.⟩ *sonderbare E.* **2** *Eindringen (aus einer bestimmten Richtung);* der ~ des Lichtes durch die Fenster **3** *gewaltsames Eindringen;* ~ feindlicher Truppen **4** ⟨Mus.⟩ *Einsetzen beim Mitspiel;* ~ der Bläser **5** *Einsturz*

'ein|fal·len ⟨V. 131(s.)⟩ **1** ⟨600⟩ etwas fällt jmdm. ein *kommt jmdm. (plötzlich) in den Sinn;* da fällt mir gerade folgendes ein; plötzlich fiel ihm ein, daß ...; mir fällt nichts Besseres ein; mir fällt zu diesem Thema nichts mehr ein; sein Name will mir nicht ~; da hättest du dir aber etwas Besseres ~ lassen können! 1.0.1 das fällt mir gar nicht, nicht im Traume ein! ⟨umg.⟩ *ich habe keineswegs die Absicht, das zu tun!* 1.0.2 lassen Sie sich ja nicht ~ zu ... *versuchen Sie nicht, ...* 1.0.3 was fällt ihm ein ? *was erlaubt er sich?* 1.1 jmdm. ~ *ins Gedächtnis kommen;* es wird mir schon wieder ~ **2** ⟨400⟩ Licht fällt ein *strömt, dringt herein;* die ~den Lichtstrahlen werden in der Linse gebrochen **3** ⟨405⟩ Federwild fällt (auf etwas) ein ⟨jägerspr.⟩ *läßt sich nieder;* die Enten fallen auf dem Teich ein **4** ⟨411⟩ in etwas ~ *gewaltsam eindringen;* plündernd und mordend ins Land ~ **5** ⟨417⟩ *in etwas einstimmen;* mit dem Chor ~ **6** ⟨400⟩ *einstürzen, zusammenfallen;* die alte Mauer wird bald ~ **7** ⟨400⟩ *mager werden, abmagern, einsinken;* seine Wangen sind ganz eingefallen 7.1 eingefallene Augen *tiefliegende A.* **8** ⟨400; Part. Präs.⟩ ~d ⟨Bgb.⟩ *sich in einer Richtung senkend;* ~des Gestein

'Ein·falt ⟨f.; -; unz.⟩ **1** ⟨geh.⟩ *Einfachheit u. Reinheit des Gemüts, Naivität;* die ~ des Herzens, eines Kindes; reine, fromme, kindliche ~ **2** *arg-*

lose, gutmütige Beschränktheit 2.1 die liebe ~! *einfältige Person*

'Ein·falts·pin·sel ⟨m.; ; umg.; abwertend⟩ *törichter, beschränkter Mensch;* so ein ~!

'ein|fas·sen ⟨V. 500⟩ **1** etwas (mit etwas) ~ *umrahmen, mit einem (festen) Rand umgeben;* einen Garten mit einer Hecke, einer Mauer ~; das Wasserbecken mit Steinen ~ 1.1 eine Naht, ein Kleid ~ *mit Borte versäubern, besetzen* 1.2 Edelsteine ~ *E. mit einer Fassung (aus Gold u. a.) versehen* **2** Heringe ~ *in Fässer legen, schichten*

'ein|fin·den ⟨V. 134/500/R3⟩ sich ~ *eintreffen, kommen;* wir fanden uns zum verabredeten Zeitpunkt pünktlich ein

'ein|flech·ten ⟨V. 135/500⟩ **1** ⟨505⟩ etwas (in etwas) ~ *durch Flechten dazwischenbringen;* ein Band ins Haar ~ **2** eine Sache ~ ⟨fig.⟩ *erwähnen, einfügen, einwerfen (im Gespräch);* er hatte einige Zitate in seine Rede eingeflochten; er flocht ein, daß er bald abreisen wollte

'ein|flie·gen ⟨V. 136⟩ **1** ⟨500⟩ ein Flugzeug ~ *ein neues F. durch Fliegen ausprobieren od. kontrollieren u. es dadurch zur vollen Leistung bringen;* er hat die neue Maschine eingeflogen **2** ⟨500⟩ jmdn. od. etwas ~ ⟨bes. Mil.⟩ *in ein gefährdetes Gebiet od. in einen eingeschlossenen Ort mit dem Flugzeug transportieren;* das Rote Kreuz hat Lebensmittel in die überschwemmten Gebiete eingeflogen; neue Verbände, Reservisten in die Stadt ~ **3** ⟨400 od. 411(s.)⟩ *hineinfliegen;* feindl. Kampfflugzeuge sind in unser Gebiet eingeflogen

'ein|flie·ßen ⟨V. 138/400(s.)⟩ **1** etwas fließt ein *etwas fließt in etwas hinein;* schädliche Abwässer fließen in den Kanal ein; kalte Polarluft ist von Norden eingeflossen ⟨Meteor.⟩; einfließende Kaltluft ⟨Meteor.⟩; größere Gelder sind in den Wohnungsbau eingeflossen ⟨fig.⟩ **2** etwas ~ lassen ⟨fig.⟩ *etwas (unauffällig) bemerken, beiläufig einflechten;* er ließ ~, daß er verreisen muß; gesprächsweise ~ lassen

'ein|flö·ßen ⟨V. 530/R5 od. R6⟩ **1** jmdm. etwas ~ *jmdm. eine Flüssigkeit vorsichtig zu trinken geben;* einem Kranken Medizin, Tropfen, Arznei ~ **2** jmdm. ein Gefühl ~ ⟨fig.⟩ *in jmdm. ein G. hervorrufen;* er flößte mir Achtung, Bewunderung, Vertrauen ein; seine Worte haben ihm Furcht, Angst eingeflößt

'Ein·fluß ⟨m.⟩ **1** *das Münden, Einfließen* **2** ⟨fig.⟩ *bestimmende Einwirkung auf das Verhalten von jmdm. od. etwas;* sein ~ wächst ständig; sein ~ schwindet immer mehr; du brauchst seinen ~ nicht zu fürchten, solltest ihn aber auch nicht unterschätzen; ich habe meinen ganzen ~ aufbieten müssen, um das zu verhindern; du mußt deinen ~ auch geltend machen; er versteht es nicht, sich ~ zu verschaffen; keiner ist fremden Einflüssen völlig unzugänglich; ein Mann von großem ~; das ist von großem, gutem, nachteiligem, unheilvollem ~ für uns; er steht völlig unter ihrem ~; ~ auf etwas od. jmdn. ausüben, haben, nehmen; ~ gewinnen; der ~ des Wetters auf seine Stimmung; ich habe keinen ~ auf seine Entscheidungen; dieses neue Forschungsergebnis ist von bedeutendem ~ auf unsere weitere Arbeit; der ~ polarer Kaltluft auf unsere Wetterlage; ich habe leider keinen ~ darauf

'ein·för·mig ⟨Adj.⟩ *wenig Abwechslung bietend, immer gleichbleibend, langweilig, eintönig;* eine ~e Arbeit; ein ~es Leben führen

'ein|frie·den ⟨V. 500⟩ etwas ~ *einzäunen, schützend umgeben lassen;* man friedete den Park mit einer Hecke ein; eingefriedete Grundstücke

'ein|frie·ren ⟨V. 140⟩ **1** ⟨400(s.)⟩ 1.1 *von Eis umgeben u. festgehalten werden;* einige Schiffe sind auf dem Rhein eingefroren 1.2 *durch Frost unbenutzbar werden;* die eingefrorenen Wasserrohre sind geplatzt 1.3 *gefrieren u. dadurch haltbar werden;* ich koche auf Vorrat und lasse die Gerichte dann in der Tiefkühltruhe ~ **2** ⟨500⟩ etwas ~ *durch Frost haltbar machen;* Fleisch, Gemüse ~ **3** ⟨500⟩ eine Sache ~ ⟨fig.; umg.⟩ *auf dem gegenwärtigen Stand ruhen lassen, nicht weiterführen;* Verhandlungen ~ 3.1 eingefrorene Kredite *K., die am Fälligkeitstag nicht zurückgezahlt werden können*

'ein|fü·gen ⟨V. 500⟩ **1** etwas ~ *in etwas fügen, dazwischenschieben, -legen, -setzen usw., eingliedern, einschieben, einarbeiten, zusätzlich anbringen;* noch einige Sätze in ein Manuskript ~; in beschädigtes Mauerwerk einige Steine ~ **2** ⟨511/R3⟩ sich in etwas ~ *sich anpassen, eingliedern, -ordnen;* er hat sich schnell in die neue Umgebung eingefügt; er kann sich nur schwer in eine Gemeinschaft ~

'ein|füh·len ⟨V. 505/R3⟩ sich (in etwas) od. jmdn. ~ ⟨fig.⟩ *sich in jmdn., in jmds. Lage, Stimmung usw. hineinversetzen, jmds. Seelenleben verstehen;* er hatte sich völlig in seinen Freund eingefühlt; ich kann mich nur schwer in diese Stimmung ~

'Ein·fuhr ⟨f.; -, (selten) -en⟩ *das Hereinbringen ausländischer Waren ins Inland;* Sy *Import;* Ggs *Ausfuhr;* die ~ von Holz, Öl; die Zunahme, Abnahme der ~

'ein|füh·ren ⟨V. 500 od. 511⟩ **1** etwas ~ *vorsichtig hineinschieben, hineingleiten lassen;* den Schlauch in den Magen ~; der Kranke bekam abends ein Zäpfchen eingeführt **2** Waren ~ *aus dem Ausland hereinbringen, importieren;* im nächsten Jahr sollen noch mehr Waren aus Japan eingeführt werden **3** etwas ~ *auf den Markt, in Gebrauch bringen, verbreiten;* einen neuen Artikel ~; eine Mode ~; einen Brauch ~; im neuen Schuljahr werden wir einige neue Lehrbücher an unserer Schule ~; dieses System läßt sich bei uns nicht ~ 3.1 das wollen wir gar nicht erst ~! *mit so etwas wollen wir gar nicht erst anfangen* 3.2 gut eingeführt *gut bekannt u. anerkannt;* die Firma ist gut eingeführt; Vertreter für gut eingeführten Artikel gesucht **4** jmdn. ~ *anleiten, unterweisen;* die neuen Mitarbeiter müssen erst eingeführt werden **5** ⟨R7 od. R8⟩ jmdn. in ein Aufgabengebiet ~ *mit einem A. vertraut machen;* ich werde sie in ihre Arbeit ~; der neue Rektor wurde gestern in sein Amt eingeführt **6** ⟨R7 od. R8⟩ jmdn. bei jmdm., in einem Kreis ~ *in offizieller Form bekanntmachen, vorstellen;* ich werde dich bei ihm ~; bei jmdm. eingeführt sein; jmdn. in eine Familie, Gesellschaft, in ein Haus ~ 6.1 du hast dich ja gut eingeführt! ⟨iron.⟩ *gleich beim ersten Besuch schlecht benommen* **7** jmdn. od. etwas in etwas ~ *zum er-*

stenmal auftreten, in Erscheinung treten lassen; eine neue Person im Roman ~

'Ein·ga·be ⟨f.; -, -n⟩ **1** ⟨unz.⟩ *das Eingeben (von Medizin usw.)* **2** *Bittschrift, Gesuch;* eine ~ einreichen, machen, jmds. ~ ablehnen, bearbeiten, prüfen, weiterleiten; eine ~ an eine Behörde, ein Ministerium, eine einflußreiche Persönlichkeit **3** ⟨EDV⟩ *das Eingeben von Daten in eine Maschine*

'Ein·gang ⟨m.; -(e)s, ¨-e⟩ **1** *Öffnung zum Eintreten;* Ggs *Ausgang(1);* Haupt~, Neben~; am, vorm ~ auf jmdn. warten; der Park hat vier Eingänge; das Haus durch einen seitlichen, zweiten ~ verlassen 1.1 ~ einer Datenverarbeitungsanlage *derjenige Teil einer D., der die Daten für die Berechnung aufnimmt;* Ggs *Ausgang(3.1)* **2** ⟨unz.⟩ *Zutritt;* verbotener ~; ~ verboten!; in eine Gesellschaft, einen Kreis, ein Wissenschaftsgebiet ~ finden; er versuchte vergeblich, sich in die Gesellschaft ~ zu verschaffen 2.0.1 jmdm. ~ verschaffen bei *jmdn. einführen bei* 2.0.2 einer Sache ~ verschaffen *eine Sache einführen* 2.1 *Anfang, Einleitung (einer Rede)* **3** ⟨unz.⟩ *Eintreffen, Erhalt (von Post- u. Geldsendungen);* wir bestätigen gern den ~ Ihres Schreibens vom ...; ~ vorbehalten ⟨kaufmannsspr.; Abk.: E. v.⟩; vorbehaltlich des ~s **4** *die Gesamtheit der an einem Tag angekommenen Post-, Geldsendungen usw.;* den ~, die Eingänge bearbeiten, buchen, registrieren

'ein·gangs 1 ⟨Adv.; förml.⟩ *am Anfang;* wie ~ erwähnt; der ~ erwähnte ... **2** ⟨Präp. mit Gen.⟩ *am Anfang;* ~ des Schreibens; ~ des zweiten Kapitels

'ein|ge·ben ⟨V. 143/530⟩ **1** jmdm. etwas ~ *einflößen;* jmdm. eine Arznei ~ **2** jmdm. Gedanken, Gefühle ~ *in jmdm. Gedanken, Gefühle aufkommen lassen;* jmdm. einen Gedanken ~ **3** ⟨530 od. 511⟩ Daten in einen Rechner, einem Rechner ~ *von einem R. aufnehmen lassen* **4** ⟨500⟩ ein Gesuch ~ ⟨veralt.⟩ *(bei einer Behörde) einreichen*

'ein·ge·bil·det 1 ⟨Part. Perf. von⟩ *einbilden* **2** ⟨Adj.⟩ *vom eigenen Wert, von der eigenen Tüchtigkeit allzusehr überzeugt, dünkelhaft, auf andere herabschauend, überheblich;* ein ~er Mensch; sie ist maßlos ~

'ein·ge·bo·ren[1] ⟨Adj. 24⟩ **1** ⟨60⟩ *in einem Lande geboren u. dort lebend, einheimisch, inländisch;* die ~e Bevölkerung **2** ⟨geh.⟩ *angeboren, ererbt;* seine ~e Intelligenz; ~e Rechte verletzen 2.1 ⟨43⟩ jmdm. ist etwas ~ *jmd. hat etwas von Geburt an;* dieses Streben ist dem Menschen ~

'ein·ge·bo·ren[2] ⟨Adj. 60; christl. Rel.⟩ der ~e Sohn Gottes, unseres Herren *der einzige S., Christus*

'Ein·ge·bo·re·ne(r) ⟨f. 2 (m. 1)⟩ *jmd., der in einem bestimmten Lande geboren ist u. dort lebt (bes. von Naturvölkern), Ureinwohner;* die ~n Neuguineas

'Ein·ge·bung ⟨f.; -, -en⟩ *plötzl. auftauchender (wichtiger, entscheidender) Gedanke, Intuition;* eine ~ haben; dichterische ~en; sie folgte einer plötzlichen ~

'ein·ge·denk ⟨Adj. 24/80⟩ einer Sache ~ sein *sich einer Sache bewußt sein, (stets) daran denken, sich vor Augen halten, nicht vergessen;* jmds. od. einer Sache ~ bleiben; ~ dessen, daß ...; ~ seines Versprechens, seiner Warnung, ging er nicht aus dem Haus

'ein·ge·fleischt ⟨Adj.; fig.⟩ **1** ⟨60; oft abwertend⟩ *überzeugt, unverbesserlich;* ein ~er Junggeselle; er ist ein ~er Pedant, Optimist **2** ⟨70; selten⟩ *zur zweiten Natur geworden, nicht mehr zu ändern;* ~e Gewohnheiten; seine tief ~e Sparsamkeit; sein Mißtrauen ist ~

'ein|ge·hen ⟨V. 145(s.)⟩ **1** ⟨800⟩ in etwas ~ *hineingehen, in etwas Aufnahme finden;* das wird in die Geschichte ~ 1.0.1 in den ewigen Frieden, zur ewigen Ruhe ~ *sterben* **2** ⟨600⟩ etwas geht jmdm. ein ⟨umg.⟩ *wird von jmdm. aufgenommen;* das Lob geht mir ein wie Milch und Honig 2.0.1 das Kompliment geht ihm glatt ein *er hört es gern, erhebt keinen Widerspruch* **3** ⟨400⟩ etwas geht ein *trifft ein, kommt an;* Briefe, Waren sind eingegangen; das Geld wird morgen ~; ist viel Post eingegangen?; die eingegangene Post durchsehen **4** ⟨400⟩ etwas geht ein *wird enger, kleiner;* der Stoff geht ein; das Kleid ist (beim Waschen) eingegangen **5** ⟨400⟩ *aufhören zu existieren, absterben;* die Firma, das Geschäft, die Zeitung ist eingegangen; ein Bergwerk, einen Betrieb ~ lassen; der Hund ist an der Staupe eingegangen; während der großen Dürre sind alle Pflanzen eingegangen **6** ⟨400; umg.⟩ *Schaden, Verlust haben, den kürzeren ziehen, bestraft werden;* wenn die Sache herauskommt, gehst du ein; bei diesem Geschäft, dabei ist er (schön) eingegangen **7** ⟨500⟩ eine Sache ~ *einer S. zustimmen, sich mit ihr einverstanden erklären, sich durch eine S. (vertraglich) binden;* eine Ehe ~; ein Geschäft ~; Verpflichtungen ~; eine Versicherung, einen Vertrag ~; eine Wette ~ **8** ⟨800⟩ auf jmdn. od. etwas ~ *sich mit jmdm. od. etwas auseinandersetzen, beschäftigen;* auf ein Kind (aufmerksam, nett, verständnisvoll) ~; auf einen Plan, einen Vorschlag ~; darauf werde ich nachher noch (ausführlicher, näher) ~; darauf kann ich jetzt nicht ~

'ein·ge·hend 1 ⟨Part. Präs. von⟩ *eingehen* **2** ⟨Adj. 90⟩ *ins einzelne gehend, ausführlich, genau, sorgfältig;* eine Angelegenheit ~ prüfen; ein Thema ~ behandeln, erörtern; sich ~ mit einer Sache beschäftigen

'ein·ge·ses·sen 1 ⟨Part. Perf. von⟩ *einsitzen* **2** ⟨Adj. 70⟩ *(seit Generationen) ansässig, (schon lange) heimisch;* alt~; eine ~e Firma; die Familie ist dort ~

'ein|ge·ste·hen ⟨V. 256/500/R5 od. R6⟩ etwas ~ *bekennen, gestehen, zugeben;* er hat den Diebstahl eingestanden; ich gestand mir offen ein, daß ...

'Ein·ge·wei·de ⟨n.; -s, -⟩ *die in den großen Körperhöhlen (Brust, Bauch, Becken) liegenden inneren Organe;* menschliche, tierische ~

'ein·ge·wur·zelt 1 ⟨Part. Perf. von⟩ *einwurzeln* **2** ⟨Adj. 70⟩ 2.1 *sehr fest sitzend, seit alters geübt;* ein tief ~er Brauch 2.2 *von jeher vorhanden;* ein ~es Übel 2.3 *sehr tief sitzend;* ~er Haß, ~es Leiden

'ein|glie·dern ⟨V. 500/R7⟩ jmdn. od. etwas ~ *als Glied in etwas einfügen, sinnvoll einordnen;* sich einer Gemeinschaft ~; er kann, will sich nicht ~; die Körperbehinderten in den Arbeitsprozeß wieder ~

'ein|gra·ben ⟨V. 157/500⟩ **1** etwas ~ *durch*

Graben so in die Erde bringen, daß es teilweise bedeckt ist; einen Pfahl ~; eine Pflanze ~ **2** jmdn. od. etwas ~ *durch Graben so in die Erde bringen, daß es vollständig bedeckt ist;* Schätze ~ 2.1 ⟨R3⟩ sich ~ ⟨Mil.⟩ *sich zum Schutz einen Graben anlegen* 2.2 ⟨R3⟩ sich ~ *sich einen Bau, ein Versteck in die Erde graben;* manche Tiere graben sich ein **3** eine schmale Vertiefung ~ *mit einem spitzen Gegenstand anbringen;* eine Inschrift in Stein ~ **4** ⟨530/R1⟩ sich eine Sache ins Gedächtnis ~ ⟨fig.⟩ *tief einprägen;* sich etwas ins Gedächtnis ~; das Erlebnis hat sich mir tief ins Herz eingegraben

'ein|grei·fen ⟨V. 158/800⟩ **1** das Zahnrad greift ins Getriebe ein *das Z. greift, faßt ins G. u. treibt es an* **2** ⟨fig.⟩ *etwas unternehmen, einschreiten (gegen etwas), sich energisch, entschlossen in etwas einmischen;* hier muß man (energisch) ~; seinem Eingreifen war es zu verdanken, daß ...; er griff in das Gespräch ein; die Polizei hat bei der Schlägerei eingegriffen 2.1 in jmds. Rechte ~ *jmds. R. verletzen* **3** ⟨Part. Präs.⟩ ~d *entscheidend;* etwas ist von ~der Bedeutung, Wichtigkeit

'Ein·griff ⟨m.⟩ **1** ⟨Med.⟩ *Operation;* ein chirurgischer, operativer ~; einen ~ machen, vornehmen; er mußte sich einem ~ unterziehen 1.1 verbotener ~ *Abtreibung* **2** *(unrechtmäßiges) Eingreifen, Übergriff (auf);* ~ in jmds. Rechte; ein gewaltsamer, empfindlicher, roher ~; einen ~ in die private Sphäre abwehren

'ein|ha·ken ⟨V.⟩ **1** ⟨500⟩ jmdn. od. etwas ~ *mit einem Haken befestigen, verbinden* 1.1 ⟨R3 od. R4⟩ sich ~ *seinen angewinkelten Arm in jmds. angewinkelten Arm schieben;* Sy *einhängen(2);* sich bei jmdm. ~; mit jmdm. eingehakt gehen **2** ⟨410; umg.⟩ *in das Gespräch eingreifen;* hier muß man einmal ~; ich fand keine Gelegenheit, bei der ich hätte ~ können

'Ein·halt ⟨m.; nur in den Wendungen⟩ **1** jmdm. ~ gebieten ⟨geh.⟩ *weiteres Tun verhindern, jmdn. zur Beendigung seines Tuns auffordern;* ein Sturm gebot uns ~ **2** einer Sache ~ gebieten, tun ⟨geh.⟩ *eine S. beendigen, an weiterer Ausbreitung hindern, eindämmen, zurückhalten;* einer Seuche, einem Übel ~ gebieten

'ein|hal·ten ⟨V. 160⟩ **1** ⟨500⟩ etwas ~ *vereinbarungsgemäß erfüllen, einer Verpflichtung nachkommen;* er hielt den Termin, die Frist pünktlich ein; er hat die Lieferzeit, den Plan (nicht) eingehalten; eine Diät ~; der Zug hielt seine Fahrzeit (nicht) ein; die Zeit ~ **2** ⟨500⟩ etwas ~ *nicht von etwas abweichen;* das Flugzeug hat den Kurs eingehalten; den Abstand zwischen den Autos ~; die Richtung ~ **3** ⟨500⟩ etwas ~ *etwas zusammenziehen od. in kleine Fältchen legen u. dadurch die Weite verringern;* eine Naht, einen Saum ~; die Taille muß noch eingehalten werden **4** ⟨410 od. 800⟩ mit, in etwas ~ ⟨geh.⟩ *aufhören, innehalten, zögern;* halt ein!; er hielt im, mit dem Lesen, Sprechen ein; in der, mit der Arbeit ~; er lauschte mit eingehaltenem Atem

'ein·hän·dig ⟨Adj. 24⟩ *mit nur einer Hand;* ~ Fahrrad fahren

'ein|hän·gen ⟨V.⟩ **1** ⟨500⟩ etwas ~ *an der dafür vorgesehenen Stelle durch Hängen befestigen;* das Fenster, die Tür ~ (in die Angeln) 1.1 ⟨400⟩ *den Telephonhörer in die Gabel hängen (auf die Gabel legen) u. damit das Gespräch abbrechen;* er hat schon eingehängt **2** ⟨500/R3 od. R4⟩ sich ~ ⟨umg.⟩ = *einhaken(1.1);* ich hängte mich bei ihm ein; sie hängten sich ein

'ein·hei·misch ⟨Adj. 70⟩ **1** *in einem Land od. Ort od. in einer Provinz geboren u. dort lebend, beheimatet, fest ansässig, alteingesessen;* ~e Bevölkerung, Arbeiter **2** ~e Pflanze *bodenständige P.* **3** *inländisch;* ~e Produkte, Industrie

'ein|heim·sen ⟨V. 500⟩ etwas ~ **1** ⟨urspr.⟩ *heimbringen, ernten;* Früchte, die Ernte ~ **2** ⟨fig.; umg.⟩ *für sich erlangen;* Erfolg, Lorbeeren ~; Geld, Vorteile ~

'ein|hei·ra·ten ⟨V. 411⟩ in eine Familie, ein Familienunternehmen ~ *durch Heirat Mitglied einer (reichen) Familie u. oft auch Mitbesitzer von deren Vermögen werden;* sie heiratet in eine vornehme Familie ein; er hat in das Geschäft, Unternehmen eingeheiratet

'Ein·heit ⟨f.; -, -en⟩ **1** ⟨unz.⟩ *Zusammenhang u. Zusammenwirken von Einzelteilen;* die ~ unseres Vaterlandes; die innere ~ eines Kunstwerkes; die politische, staatliche, sprachliche, wirtschaftliche ~; die ~ der Zeit, des Ortes und der Handlung (als dramat. Prinzip) 1.1 *etwas Zusammengehöriges, Untrennbares, ein Ganzes;* Gegensätze zu einer höheren ~ verbinden; eine ~ bilden **2** ⟨Wissth.⟩ *Einzelwesen, einzelne Sache od. einzelne Klasse von Sachen od. Personen eines größeren Ganzen* **3** *Größe, die bei der Bestimmung eines Maßes zugrunde liegt;* Maß~, Gewichts~, Währungs~; die Mark ist die ~ unserer Währung; eine mathematische, physikalische ~ **4** *unterste militärische Gliederungsform, deren Führer Disziplinargewalt hat, z. B. Kompanie, Batterie, Staffel*

'ein|hei·zen ⟨V.⟩ **1** ⟨400⟩ *heizen, Feuer machen;* sie hat eingeheizt, aber in dem Zimmer ist es noch kühl; in diesem Jahr mußte man schon im September ~; bei dieser Kälte heizen wir tüchtig ein 1.1 ⟨500⟩ etwas ~ *etwas durch Heizen warm machen;* den Ofen, das Zimmer ~ **2** ⟨600⟩ jmdm. (tüchtig) ~ ⟨fig.; umg.⟩ *jmdm. heftige Vorwürfe machen, jmdn. energisch mahnen;* ich habe ihm gehörig eingeheizt **3** ⟨410; fig.; umg.⟩ *viel trinken;* er hat gestern zu stark eingeheizt

'ein·hel·lig ⟨Adj.⟩ *übereinstimmend;* die ~e Meinung aller; alle drei Zeugen haben ~ behauptet, daß...

ein'her··· ⟨Vors.; bei Verben trennbar; geh.⟩ *daher, heran, umher;* einherfahren, einherkommen, einherschreiten

ein'her|ge·hen ⟨V. 145(s.); geh.⟩ **1** ⟨410⟩ in bestimmter Weise ~ *daher-, heran-, umhergehen;* hochmütig, stolz ~; prächtig gekleidet ~ **2** ⟨417⟩ mit etwas ~ *zusammen mit etwas anderem auftreten, erscheinen, mit etwas anderem verbunden sein;* Masern gehen mit Fieber u. Ausschlag einher

'ein|ho·len ⟨V.⟩ **1** ⟨400; umg.⟩ *(den täglichen Bedarf bes. an Lebensmitteln) einkaufen;* ~ gehen **2** ⟨500⟩ 2.1 etwas ~ *von seinem vorherigen Platz entfernen u. zu sich holen;* ein Boot, Tau ~; eine Flagge, ein Segel ~ 2.2

jmdn. od. etwas ~ ⟨geh.⟩ *empfangen u. an einen Ort geleiten;* jmdn. feierlich ~ 2.3 jmdn. ~ *nachlaufend erreichen, jmds. Leistungen nach anfängl. Zurückbleiben gleichkommen* 2.4 Versäumtes, Verlorenes ~ *wettmachen;* einen Verlust ~ 2.5 Informationen, Anweisungen ~ *sich geben lassen;* Auskunft ~; die Erlaubnis oder Genehmigung ~ (für, zu ...); jmds. Rat, Urteil ~

'ein|hül·len ⟨V. 500/R7 od. R8⟩ jmdn. od. etwas ~ *in etwas hüllen, leicht, lose einwikkeln;* jmdn. warm ~; einen Kranken in Decken ~; sich in einen Mantel ~; in Papier ~; die Berge hatten sich in Wolken eingehüllt ⟨fig.⟩; er lag eingehüllt auf der Bank

'ei·nig ⟨Adj.⟩ **1** *geeint, fest zusammengehörend;* eine ~e Nation, ein ~es Volk; wir müssen ~ sein **2** *eines Sinnes, einer Meinung seiend, übereinstimmend;* sich mit jmdm. ~ wissen; (sich) mit jmdm. ~ werden, sein; wir sind (uns) darin, darüber völlig, nicht ganz ~; darin (in dieser Hinsicht), darüber sind wir uns ~; wir sind uns noch nicht über die Form ~; über den Preis werden wir schon ~ werden; in dieser Frage bin ich (mir) mit ihm völlig ~ 2.1 sich mit sich selbst (noch nicht) ~ sein *(noch nicht) klar über etwas sein;* ich bin mir mit mir noch nicht ganz ~, ob ich an dem Ausflug teilnehmen soll 2.2 er ist heute mit sich selbst nicht ~ *ist schlecht gestimmt, niedergeschlagen* **3** ⟨60⟩ der ~e Gott *der einzige G.*

'ei·ni·ge ⟨unbestimmtes Pron.⟩ **1** ⟨Sg.; Deklination eines nachfolgenden Adjektivs schwankt⟩ 1.1 *ein wenig, etwas;* nach ~r Zeit; mit ~m guten Willen wird es schon gehen; ~s Geld hatte ich noch; ~s davon kenne ich schon 1.1.1 *nicht allzu groß;* in ~r Entfernung 1.2 *ziemlich viel;* ich habe dazu noch ~s zu sagen; das hat doch ~n Eindruck gemacht; ich habe darin ~ Erfahrung; es gehört schon ~ Frechheit, ~r Mut dazu; in dem Buch ist ~s Gute zu finden; dazu muß man schon ~s politische Rüstzeug mitbringen **2** ⟨Pl.; nachfolgendes Adjektiv wird stark dekliniert⟩ 2.1 *manche, mehrere, ein paar, wenige (aber mehr als zwei);* ~ haben dem Vorschlag zugestimmt; ~n ist der Ausflug nicht gut bekommen; ~ der schönsten Bilder; ~ schöne Bücher; ~ meiner Freunde; die Ruinen ~r verbrannter Häuser; ~ Male bin ich dort gewesen; ~ Menschen, Tiere, Städte; ~ Schritte entfernt; an ~n Stellen; in ~n Tagen; mit ~n anderen; mit ~n treuen Freunden; mit Ausnahme ~r weniger; mit Ausnahme ~r weniger Kollegen; nach ~n Stunden; vor ~n Wochen 2.2 ⟨vor kleingeschriebenen Grundzahlen⟩ *etwas über, etwas mehr als;* ~ hundert Menschen; er ist ~ zwanzig (Jahre alt) 2.3 ⟨vor großgeschriebenen Grundzahlen⟩ *mehrere;* ~ Hundert(e) Packungen Zigaretten

'ei·ni·gen ⟨V. 500⟩ **1** jmdn. od. etwas ~ *eine (bes. polit.) Einheit bilden aus, mehrere Personen miteinander einig machen;* er hat sein Volk geeinigt; der Richter einigte die zerstrittenen Parteien **2** ⟨500/R3⟩ sich (mit jmdm.) ~ *sich einig werden, zu einem gemeinsamen Beschluß kommen;* ich einigte mich mit ihm (auf einen Preis von 100 Mark); wir haben uns auf die folgende Form geeinigt; sich auf einen Kompromiß ~; sich dahin ~, daß...

ei·ni·ger'ma·ßen ⟨Adv.; umg.⟩ **1** *erträglich, leidlich, in mäßigem Grade;* er verdient ~; ~ gute Qualität; es geht mir ~; ~ niedrige Preise **2** *ungefähr, ziemlich (gut);* hier kenne ich mich ~ aus; das ist ~ erstaunlich; es ist ~ kalt draußen; auf diesem Gebiet weiß ich ~ Bescheid

'ein|imp·fen ⟨V. 500⟩ **1** Impfstoff ~ *einspritzen, einflößen* **2** ⟨530⟩ jmdm. eine Sache ~ ⟨fig.⟩ *tief einprägen, mit großem Nachdruck sagen;* ich habe den Kindern (immer wieder) eingeimpft, nicht mit Fremden mitzugehen

'ein|ja·gen ⟨V. 500⟩ **1** Hunde ~ ⟨jägerspr.⟩ *an die Jagd gewöhnen, in der Jagd sicher machen;* der Hund ist gut eingejagt **2** ⟨600; Funktionsverb; umg.⟩ 2.1 jmdm. einen Schrecken ~ *jmdn. erschrecken* 2.2 jmdm. Angst ~ *jmdn. ängstigen;* laß dir doch keine Angst ~!

'ein|kap·seln ⟨V. 500⟩ **1** etwas ~ *in eine Kapsel einschließen* 1.1 ⟨R3⟩ Tuberkeln kapseln sich ein ⟨Med.⟩ *umgeben sich mit Kalk u. werden dadurch unwirksam* **2** ⟨R3⟩ sich ~ ⟨fig.⟩ *sich absondern, sich von der Umwelt abschließen;* du kapselst dich zu sehr ein

'ein|kau·fen ⟨V. 500⟩ **1** etwas ~ *(im großen) kaufen;* Waren, Lebensmittel ~ 1.1 *für den tägl. Bedarf kaufen;* ~ gehen 1.2 ⟨430⟩ etwas ohne Geld ~ ⟨umg.; scherzh.⟩ *in einem Laden stehlen* **2** ⟨511/R7⟩ jmdn. in etwas ~ *durch Zahlung eine Berechtigung erwerben;* sich in ein Altersheim ~

'Ein·kehr ⟨f.; -; unz.⟩ **1** *das Einkehren, kurze Rast im Gasthaus;* in einem Gasthaus ~ halten; er fuhr ohne ~ weiter; Gasthaus zur ~ (als Name) **2** ⟨fig.; geh.⟩ *Selbstbesinnung, innere Sammlung;* ~ halten; besinnliche ~

'ein|keh·ren ⟨V. 410(s.)⟩ **1** *kurze Rast (im Gasthaus) halten;* wir sind heute schon dreimal eingekehrt; im, in einem (selten: in ein) Gasthaus ~; bei Freunden ~ **2** ⟨511⟩ Freude od. Not kehrt bei jmdm. ein ⟨geh.⟩ *stellt sich bei jmdm. ein;* der Hunger, die Sorge war bei ihnen eingekehrt

'ein|kei·len ⟨V. 500/R8; meist in der Wendung⟩ eingekeilt sein *festgehalten, festgeklemmt sein, an der Fortbewegung gehindert sein, nicht vorwärts u. nicht zurück können;* er hat mich mit seinem Wagen eingekeilt; im Gedränge, zwischen Fahrzeugen eingekeilt sein

'ein|kes·seln ⟨V. 500⟩ etwas od. jmdn. ~ *wie in einem Kessel einschließen, einkreisen, umzingeln;* den Feind, die Truppe, das Wild ~

'ein|kla·gen ⟨V. 500⟩ etwas ~ *durch Klage eintreiben;* er klagte sein Erbteil ein; eine Schuld von 1000 DM ~

'Ein·klang ⟨m.; -(e)s, (Pl. selten) ¨e⟩ **1** ⟨Musik, Gesang⟩ *Zusammenklang zweier od. mehrerer Stimmen auf dem gleichen Ton od. im Abstand einer od. mehrerer Oktaven* **2** *Übereinstimmung;* der ~ der Herzen; ~ von Meinungen 2.1 eine Sache mit einer anderen in ~ bringen *abstimmen;* zwei Dinge miteinander in ~ bringen; seine Wünsche mit den gegebenen Möglichkeiten in ~ bringen 2.2 im, in ~ mit etwas od. jmdm. stehen, sein *mit etwas od. jmdm. übereinstimmen;* seine Rechte stehen nicht mit seinen Pflichten in ~; er steht mit seinem Freund im schönsten, besten ~

'ein|klei·den ⟨V. 500⟩ **1** ⟨R7⟩ jmdn. ~ *mit Kleidung versehen;* jmdn. neu, völlig ~; die ganze Familie hat sich neu eingekleidet 1.1 *mit Uniform od. einheitl. Tracht versehen;* Mönche, Nonnen, Soldaten ~ **2** ⟨510⟩ eine Sache in etwas ~ ⟨fig.⟩ *indirekt in einer besonderen Form ausdrücken, sprachl. formulieren;* einen Gedanken in Worte ~; sie kleidete ihren Wunsch in eine Frage ein **2.1** eingekleidete Rechenaufgaben *R., die in der Form eines Textes gegeben sind*

'Ein·kom·men ⟨n.; -s, -⟩ *Einnahmen innerhalb eines bestimmten Zeitraumes, Gehalt;* ein sicheres ~ haben; sein ~ versteuern; festes, geringes, gutes, hohes, mäßiges, regelmäßiges, sicheres ~; ~ aus Grundbesitz; über ein sicheres ~ verfügen

'ein|krat·zen ⟨V. 511 od. 550⟩ **1** etwas in etwas ~ *hineinkratzen, einritzen;* eine Inschrift in Stein, ein Zeichen in Metall ~; er kratzte sein Monogramm in den Baum ein **2** ⟨R3⟩ sich ~ ⟨umg.; abwertend⟩ *sich einschmeicheln, sich lieb Kind machen;* sich bei Lehrern, Vorgesetzten ~

'ein|krei·sen ⟨V. 500⟩ **1** jmdn. od. etwas ~ *in einem Kreis einschließen, im Kreis umgeben, umzingeln, umstellen;* den Feind, den Gegner ~; die Jäger haben das Wild eingekreist **2** jmdn. od. etwas ~ *in die Enge treiben, isolieren, die Möglichkeit, Bundesgenossen zu gewinnen, nehmen;* einen Staat (durch Bündnisse mit anderen Staaten) ~; einen flüchtigen Verbrecher ~

'ein|la·den ⟨V. 174/500 od. 510⟩ **1** etwas ~ *in etwas hineinladen, verladen;* Güter (ins Schiff, in den Waggon) ~ **2** ⟨R7 od. R8⟩ jmdn. ~ *auffordern, bitten (zu kommen od. mitzugehen);* jmdn. ins Konzert, ins Theater ~; jmdn. zum Essen, zum Kaffee ~; jmdn. für acht Tage ~; ich bin heute abend eingeladen; bei Freunden eingeladen sein; er lud ihn mit einer Handbewegung zum Nähertreten, zum Platznehmen ein; mit einer ~den Handbewegung forderte er ihn zum Eintreten auf

'ein·la·dend **1** ⟨Part. Präs. von⟩ *einladen* **2** ⟨Adj.⟩ 2.1 *anziehend, verführerisch, verlockend;* das Wetter ist nicht gerade sehr ~ (für einen Ausflug, zum Spazierengehen); ein ~es Gasthaus; ein wenig ~es Äußeres 2.2 *appetitlich;* das sieht ~ aus; der Braten sah ~ aus

'Ein·la·ge ⟨f.; -, -n⟩ **1** *etwas, das hineingelegt wird;* eine ~ in den Brief, in das Paket legen 1.1 *festere Zutat zu flüssigen Speisen;* Suppen~; Fleischbrühe, Suppe mit ~ 1.2 *innerer Tabak der Zigarre* 1.3 *zur Versteifung in Teile der Kleidung eingelegter Stoff;* Kragen~ **2** *(den Fuß stützende) Sohle zum Einlegen in den Schuh;* ~n tragen **3** *(in ein Programm) eingeschobene Darbietung;* Programm~; eine musikalische ~ **4** *(auf ein Konto, von einem Teilhaber, beim Spiel) eingezahltes Geld;* Sparkassen~, Kapital~

'Ein·laß ⟨m.; -s·ses, ¨s·se⟩ **1** ⟨unz.⟩ *Zutritt, Eintritt;* er bat um ~; jmdm. ~ gewähren; sie verschaffte ihm ~ ins Haus; kein ~! (als Aufschrift an Türen); ~ ab, um 18 Uhr 1.1 ~ begehren ⟨geh.⟩ *bitten, hereingelassen zu werden* 1.2 wann ist ~? *wann wird (das Kino, Theater) geöffnet?* **2** ⟨selten⟩ *Tür, Öffnung, kleine Pforte im od. neben dem Tor;* vor dem ~ drängten sich die Menschen

'ein|las·sen ⟨V. 175/500⟩ **1** jmdn. ~ *eintreten lassen* **2** etwas Flüssiges ~ *einlaufen, einströmen lassen;* Wasser in ein Becken, einen Teich, in die Badewanne ~ **3** etwas ~ *fest einfügen, einsetzen;* einen Haken, Ring in eine Mauer ~; ein eingelassener Schrank; Perlmutt in Holz ~ 3.1 eingelassene Arbeit *A., in die andersfarbige Verzierungen eingesetzt sind* **4** ⟨517/R3⟩ sich mit jmdm. ~ ⟨abwertend⟩ *mit jmdm. eine Beziehung anknüpfen, eingehen* **5** ⟨550/R3⟩ sich auf, in etwas ~ *auf etwas eingehen, bei etwas mitmachen;* darauf kann ich mich nicht ~; sich auf nichts ~; sich auf Erörterungen ~; sich nicht auf Fragen ~; sich in ein Gespräch ~; sich in ein gewagtes Unternehmen ~

'Ein·lauf ⟨m.⟩ **1** *Ankunft;* ~ eines Dampfers, Zuges **2** *eingegangene Post* **3** ⟨Sp.⟩ *das Durchlaufen der Ziellinie* 3.1 ⟨Pferderennsp.⟩ *Reihenfolge der am Ziel ankommenden Pferde* **4** ⟨jägerspr.⟩ *Vorrichtung, durch die das Wild in ein Gatter hinein-, aber nicht wieder hinausgelangen kann* **5** *das Einbringen einer größeren Flüssigkeitsmenge durch den After in den Darm zur Reinigung, künstl. Ernährung u. a.;* → a. *Klistier;* jmdm. od. sich einen ~ machen

'ein|lau·fen ⟨V. 176⟩ **1** ⟨400(s.)⟩ *laufend in etwas gelangen* 1.1 *einfahren(1);* der Zug, das Schiff läuft ein 1.2 *(mit der Post) eingehen;* der Auftrag, die Bestellung ist eingelaufen; täglich laufen Angebote, Klagen, Zuschriften ein 1.3 ⟨Sp.⟩ *das Spielfeld im Laufschritt betreten;* die Spieler laufen ein; die Mannschaft läuft ein 1.4 Rotwild läuft ein ⟨jägerspr.⟩ *kommt durch einen Einlauf(4) herein* 1.5 *hineinfließen;* Wasser (ins Becken, in die Wanne) ~ lassen; ein Ei in eine Brühe, Suppe ~ lassen **2** ⟨400(s.)⟩ *(beim Waschen) kleiner werden;* dieser Stoff läuft nicht ein; das Kleid ist beim Waschen eingelaufen **3** ⟨500⟩ neue Schuhe ~ *durch Laufen austreten, dem Fuß anpassen* **4** ⟨500/R3⟩ sich ~ *sich an einwandfreien, ruhigen Gang gewöhnen;* die Maschine ist, hat sich noch nicht eingelaufen **5** ⟨530⟩ jmdm. die Bude, das Haus, die Tür ~ ⟨umg.⟩ *jmdn. durch wiederholtes Aufsuchen belästigen*

'ein|le·ben ⟨V. 500/R3⟩ **1** ⟨511⟩ sich ~ *sich eingewöhnen, heimisch werden;* sich an einer neuen Arbeitsstätte ~; sich an einem Ort ~; sich in einer Gemeinschaft ~; sich in der neuen Heimat ~ **2** ⟨550⟩ sich in etwas od. jmdn. ~ ⟨geh.⟩ *sich völlig in etwas od. jmdn. hineinversetzen*

'ein|le·gen ⟨V. 500⟩ etwas ~ **1** *hineinlegen;* ein Buchzeichen (ins Buch) ~; einen Film, eine Platte (in die Kamera od. Kassette) ~; ein Photo in einen Brief ~ 1.1 das Haar ~ *in Wellen legen od. auf Lockenwickel wickeln* **2** leichtverderbliche Lebensmittel ~ *in eine gewürzte Flüssigkeit legen zum Konservieren;* Fleisch, Gurken, Heringe ~ **3** Holz (mit andersfarbigem Material) ~ *durch Einsetzen (eines andersfarbigen Materials) verzieren;* eine eingelegte Arbeit; ein eingelegter Schrank; ein mit Perlmutt, Elfenbein eingelegtes Möbelstück **4** die Lanze, einen Pfeil ~ *zum Angriff in waagerechte Lage bringen* **5** *zusätzlich einschieben, einfü-*

gen; eine Pause ~; ein Lied ~ **5.1** einen Zug ~ *außerplanmäßig fahren lassen* **6** Gelder ~ ⟨Bankw.⟩ *(bei einer Sparkasse) einzahlen* **7** *offiziell aussprechen, geltend machen;* Berufung ~ (gegen ein Urteil) **7.1** Beschwerde ~ (gegen) *sich beschweren* **7.2** Protest ~ (gegen) *protestieren* **7.3** Verwahrung ~ (gegen) *sich verwahren (gegen)* **7.4** sein Veto ~ *sein V. aussprechen* **8** ein gutes Wort, Fürbitte (für jmdn.) ~ *für jmdn. bitten* **9** ⟨550⟩ Ehre mit etwas ~ *Anerkennung, Ansehen gewinnen;* mit deinen Leistungen kannst du keine Ehre ~

'ein|lei·ten ⟨V. 500⟩ **1** einen Vorgang ~ *vorbereiten u. in Gang bringen;* einen Prozeß, eine Verhandlung ~; die nötigen Maßnahmen, Schritte ~; ein Verfahren gegen jmdn. ~ **2** ⟨516⟩ eine Veranstaltung mit etwas ~ *eröffnen, beginnen;* eine Veranstaltung mit Musik, mit einer künstlerischen Darbietung ~; ~d möchte ich sagen **2.1** einige ~de Worte sprechen *einführende W., W. zu Beginn* **3** ein Buch ~ *mit einer Einleitung, einem Vorwort versehen*

'Ein·lei·tung ⟨f.⟩ *das Einleiten;* eine kurze, knappe, ausführliche ~; eine theoretische ~ in die Mengenlehre; die ~ eines Buches; sie wird zur ~ der Feier sprechen

'ein|len·ken ⟨V. 400⟩ **1** ⟨fig.⟩ *milder, versöhnl. werden, nachgeben;* er sprach zornig, aber auf ihren erstaunten Blick hin lenkte er sofort ein **2** ⟨411⟩ in etwas ~ *(mit einem Fahrzeug) in etwas einbiegen;* in eine Kurve, eine Seitenstraße ~

'ein|leuch·ten ⟨V. 600; fig.⟩ **1** etwas leuchtet jmdm. ein *etwas überzeugt jmdn., etwas wird jmdm. klar;* dieses Argument leuchtete mir sofort ein **1.1** das will mir nicht ~ *das verstehe ich nicht* **1.2** ⟨Part. Präs.⟩ ~d *klar, verständlich;* eine ~de Antwort; das ist ~d

'ein|lie·fern ⟨V. 500⟩ **1** etwas ~ *an einer zuständigen Stelle abgeben, abliefern;* eine Postsendung ~; bei der Post eingelieferte Pakete ~ **2** ⟨511⟩ jmdn. ins Gefängnis, ins Krankenhaus ~ *als Gefangenen, als Patienten hinbringen;* der Verletzte wurde sofort in eine Klinik eingeliefert

'ein|lö·sen ⟨V. 500⟩ **1** ein Pfand ~ *zurückkaufen* **2** etwas ~ *sich auszahlen, bezahlen lassen;* einen Gutschein, Scheck, Wechsel ~ **3** sein Versprechen, Wort ~ ⟨fig.⟩ *erfüllen, halten*

'ein|lul·len ⟨V. 500/R8⟩ **1** jmdn. ~ *in den Schlaf singen* **2** jmdn. ~ *eine Gefahr nicht sehen lassen,* jmdn. in Sicherheit wiegen **2.1** jmdn. durch Versprechungen ~ *durch V. blind machen für die Wirklichkeit*

'ein|ma·chen ⟨V. 500⟩ Früchte, Obst, Gemüse, Fleisch ~ *einlegen, konservieren;* sie hat viele Gläser mit Kirschen eingemacht; die Mutter macht saure Gurken ein; eingemachtes Obst

'ein·mal ⟨Adv.⟩ **1** *ein einziges Mal;* ~ und nicht, nie wieder!; das gibt's nur ~; ich sage es dir ein(mal) für allemal **1.0.1** ~ ist keinmal *ein einziges Mal zählt nicht* **1.1** noch ~ *zum letzten Mal;* ich sage es jetzt noch ~ (und dann nicht wieder) **1.2** ich habe ihn noch nicht ~ gesehen *noch kein einziges Mal* **1.3** *ein (wiederholbares) Mal;* ~ so, ~ anders; ~ links (herum), ~ rechts (herum) **2** auf ~ *plötzlich, unversehens;* auf ~ fing es an zu regnen **2.1** auf ~ *gleichzeitig, in einem Zug, (alles) zugleich, zusammen;* alle auf ~; alles auf ~; es kommt immer alles auf ~; ich kann nicht alles auf ~ tun **2.2** noch ~ *zum zweitenmal;* ein Stück noch ~ spielen; sich noch ~ (vom) Fleisch nehmen (bei Tisch) **2.2.1** ich sage es noch ~ *ich wiederhole es, sage es wieder* **2.3** noch ~ so ... *doppelt so ...;* er ist noch ~ so alt wie ich; wenn du dabei bist, ist es noch ~ so schön; noch ~ soviel **2.4** er vergißt es ~ über das andere *immer wieder* **2.5** ~ ums andere, über das andere *immer abwechselnd* **3** *zu einer unbestimmten Zeit;* irgendwann ~ **3.1** *früher;* ich war schon ~ dort; es war ~ ein König **3.1.1** das war ~ *das ist gewesen, das kommt nicht wieder, ist vorbei* **3.2** *später, eines Tages;* du wirst noch ~ an mich denken!; wenn es ~ so weit ist; kommen Sie doch ~ zu uns! **4** ⟨verstärkend⟩ *eben, gerade, doch;* denk nur ~; sag ~; gib mir doch ~ das Buch; komm doch ~ (her)! **4.0.1** es ist nun ~ geschehen *es läßt sich nichts mehr daran ändern* **4.0.2** das ist nun ~ so *das ist eben so, man muß sich damit abfinden, kann es nicht ändern* **4.0.3** ich bin nun ~ so *ich kann nicht anders, so bin ich eben* **4.1** nicht ~ *sogar ... nicht, gar nicht;* er hat nicht ~ „auf Wiedersehen" gesagt; das ist nicht ~ schlecht!; er weiß nicht ~, wo Stuttgart liegt

Ein·mal'eins ⟨n.; -; unz.⟩ **1** *Reihe der Multiplikationen der Zahlen von 1 bis 20 mit den Zahlen von 1 bis 10;* das ~ aufsagen, können, lernen **1.1** kleines ~ *alle Multiplikationen von je zwei Zahlen zwischen 1 u. 10* **1.2** großes ~ *alle Multiplikationen der Zahlen von 11 bis 20 mit den Zahlen von 1 bis 10*

'ein·ma·lig ⟨Adj. 24⟩ **1** ⟨70⟩ *nur einmal vorkommend, nur einmal erforderlich;* eine ~e Gelegenheit; eine ~e Zahlung, Anschaffung **2** ⟨fig.⟩ *großartig, unwiederholbar, hervorragend;* ein ~er Film; das Wetter war ~ schön; es war ein ~es Erlebnis

'ein|mi·schen ⟨V. 500⟩ **1** etwas ~ *in etwas hineinmischen, untermischen* **2** ⟨505/R3⟩ sich (in fremde Angelegenheiten) ~ *ungebeten od. ohne Berechtigung dazwischenreden, eingreifen;* er mischt sich in alles ein; er hat sich in jedes Gespräch eingemischt; du hast dich in diese Sache gar nicht einzumischen!

'ein·mü·tig ⟨Adj.⟩ *gleichgesinnt, einträchtig, einstimmig;* etwas ~ beschließen, erklären; ~ zusammenstehen; ~e Ablehnung, Zustimmung

'ein|neh·men ⟨V. 189⟩ **1** ⟨500⟩ Geld ~ *in Empfang nehmen, verdienen;* monatlich 500 Mark ~; viel, wenig ~ **1.1** er hat ein ~des Wesen ⟨iron.⟩ *er nimmt lieber, als er gibt* **2** ⟨500⟩ etwas ~ *zu sich nehmen;* Arznei ~; eine Mahlzeit ~ ⟨geh.⟩; das Frühstück, Mittag-, Abendessen ~; die Mahlzeiten im Freien ~ **3** ⟨402⟩ (Ladung) ~ *aufnehmen, laden;* das Schiff nimmt (Kohle) ein **4** ⟨500⟩ einen Platz, ein Land ~ *erobern, besetzen;* eine Festung, Stadt ~ **5** ⟨500⟩ Platz, Raum ~ *benötigen, beanspruchen, ausfüllen;* der Tisch nimmt zuviel Platz, Raum ein **5.1** seinen Platz ~ *sich an seinen P. begeben;* seinen Platz am Tisch ~; bitte die Plätze ~! **6** ⟨500⟩ eine Stellung ~ *innehaben;* er nimmt die Stelle eines Abteilungsleiters ein **6.1** jmds. Stelle ~ *jmdn. vertre-*

ten **6.2** ⟨Funktionsverb⟩ eine abwartende Haltung ~ *sich abwartend verhalten* **7** ⟨500⟩ eine Sache nimmt jmdn. ein *beschäftigt jmdn. stark;* die Sache nimmt alle meine Gedanken ein **7.1** von einem Gedanken eingenommen sein *beherrscht, erfüllt sein* **8** ⟨550⟩ jmdn. für sich, etwas od. jmd. anderen ~ *günstig stimmen, anziehen, gewinnen;* seine Zuverlässigkeit nimmt mich sehr für ihn ein; sie nimmt durch ihr heiteres Wesen alle für sich ein; die Wohnung nimmt mich durch ihre ruhige Lage für sich ein; sich ~ lassen von **8.1** ~d *anziehend, gewinnend;* ein ~des Äußeres haben; ein Mann von ~dem Äußerem; er hat ein ~des Wesen **8.2** für jmdn. od. etwas eingenommen sein *jmdm. od. einer Sache günstig gesinnt sein* **9** ⟨550⟩ jmdn. gegen sich, etwas od. jmd. anderen ~ *ungünstig stimmen;* seine Unzuverlässigkeit nimmt mich sehr gegen ihn ein **9.1** gegen jmdn. od. etwas eingenommen sein *jmdm. od. einer Sache ungünstig gesinnt sein, ein Vorurteil gegen jmdn. od. etwas haben*

'ein|ni·sten ⟨V. 500 od. 511/R3⟩ sich irgendwo ~ **1** *sich ein Nest bauen;* Schwalben haben sich unter dem Dach eingenistet **2** ⟨fig.; meist abwertend⟩ *fest von einem Platz Besitz ergreifen, sich nicht mehr vertreiben lassen;* ich nistete mich bei Verwandten ein

'Ein·öde ⟨f.; -, -n⟩ *einsame Gegend;* eine grenzenlose, ungeheuere ~; in einer ~ leben

'ein|ord·nen ⟨V. 500⟩ **1** etwas ~ *an die richtige Stelle in einer bereits vorhandenen Ordnung bringen, in einen Zusammenhang einfügen;* die Akten ~; die neuen Bücher alphabetisch ~; etwas nach der Größe, Farbe ~ **2** ⟨R3⟩ sich ~ *sich in eine bestehende Ordnung einfügen;* du mußt dich in die Gemeinschaft ~; sich in die neuen Verhältnisse ~ **2.1** *in die vorgeschriebene Fahrbahn einlenken;* bitte ~!; der Fahrer hat sich vor der Kreuzung falsch eingeordnet

'ein|packen ⟨-k·k-; V. 500⟩ **1** etwas ~ *einwickeln, mit einer Hülle umgeben (u. zu einem Paket machen);* können Sie mir die Bücher bitte ~? **1.1** jmdn. ~ ⟨umg.⟩ *warm anziehen, zudecken;* ein Kind, einen Kranken warm ~ **2** etwas ~ *zum Transport (in etwas) packen;* ich muß meine Sachen noch ~ **3** ⟨400 od. 800 + Modalverb⟩ ~ können ⟨umg.; abwertend⟩ *nichts erreichen, keinen Erfolg haben;* damit kannst du ~

'ein|pflan·zen ⟨V. 500⟩ **1** etwas ~ *in die Erde pflanzen;* Senker erst in Wasser stellen und dann ~; Rosen im Garten ~ **2** ⟨530⟩ jmdm. od. einem Tier ein Organ ~ ⟨Med.⟩ *aus einem anderen Körper übertragen;* jmdm. eine fremde Niere ~ **3** ⟨530/R5 od. R6⟩ jmdm. etwas ~ ⟨fig.; geh.⟩ *in jmdm. ein bleibendes Bewußtsein von etwas erwecken, etwas mit Nachdruck anerziehen;* das hat man mir von Kindheit an eingepflanzt

'ein|pla·nen ⟨V. 500⟩ etwas ~ *in einer Planung (mit) berücksichtigen;* diese Ausgaben sind nicht eingeplant; eine neue Stelle ~

'ein|prä·gen ⟨V.⟩ **1** ⟨500⟩ etwas ~ *in etwas prägen, scharf eindrücken;* einem Stein, Ring usw. eine Inschrift ~; einem Ledereinband ein Muster ~ **2** ⟨530⟩ jmdm. etwas ~ *so nachdrücklich zu Bewußtsein bringen, daß er es nicht wieder vergißt;* ich habe den Kindern immer wieder eingeprägt, daß ... **2.1** ⟨R1⟩ sich etwas ~ *(genau) merken;* sich etwas fest, gut ~ **3** ⟨500 od. 503/R3⟩ etwas prägt sich (jmdm.) ein *hinterläßt (jmdm.) einen nachhaltigen Eindruck, bleibt im Gedächtnis;* die Melodie prägt sich dem Gehör leicht ein; das Erlebnis hat sich mir tief, unauslöschlich eingeprägt; seine Worte haben sich mir tief ins Herz eingeprägt

'ein|pup·pen ⟨V. 500/R3⟩ Insekten puppen sich ein *spinnen sich zur Puppe ein, umgeben sich mit einer festen Haut od. mit Fäden (um sich von der Larve zum fertigen Insekt zu entwickeln)*

'ein|quar·tie·ren ⟨V. 500⟩ jmdn. ~ *in Quartieren, Privathäusern unterbringen;* Truppen ~

'ein|rah·men ⟨V. 500⟩ **1** etwas ~ *mit einem Rahmen versehen;* ich möchte dieses Bild ~ lassen **2** etwas ~ ⟨fig.; geh.⟩ *umgeben, umrahmen;* das Gebäude ist von hohen Bäumen eingerahmt; bewaldete Höhen rahmen das Dorf ein **2.1** jmdn. ~ ⟨fig.; umg.; scherzh.⟩ *jmdn. in die Mitte nehmen;* er wurde bei Tisch von zwei hübschen Mädchen eingerahmt

'ein|ra·sten ⟨V. 400(s.)⟩ **1** etwas rastet ein *greift ineinander u. befestigt sich dadurch;* der Verschluß rastete ein; das Zahnrad war nicht eingerastet **2** jmd. ist hörbar eingerastet ⟨fig.; umg.; scherzh.⟩ *er ist beleidigt u. läßt es sich stark anmerken*

'ein|räu·men ⟨V. 500⟩ **1** Gegenstände (in einen Raum) ~ *in einen dafür bestimmten R. räumen u. ordentlich unterbringen;* Bücher, Spielsachen, Wäsche (in die Fächer, Schränke) ~ **2** einen Raum ~ *mit Gegenständen füllen, versehen, ausstatten;* Schubladen, Schränke ~; den Bücherschrank ~; die Wohnung, ein Zimmer ~ **3** ⟨530/R5 od. R6⟩ jmdm. einen Platz ~ *abtreten, überlassen* **4** ⟨530⟩ jmdm. eine Sache ~ *zubilligen, zugeben, zugestehen, gewähren;* ich muß (allerdings) ~, daß ...; jmdm. eine Frist, einen Kredit ~; jmdm. das Recht ~, etwas zu tun **4.1** ~de Konjunktion *ein Zugeständnis ausdrückende K., z. B. obgleich, obwohl*

'ein|re·den ⟨V.⟩ **1** ⟨530⟩ jmdm. etwas ~ *jmdm. so lange zureden, bis er etwas glaubt od. tut;* wer hat dir das eingeredet? **1.1** ⟨R1 od. R2⟩ sich etwas ~ *sich etwas vormachen, sich selbst belügen* **1.1.1** sich etwas ~ lassen *sich etwas weismachen lassen;* das lasse ich mir nicht ~! **2** ⟨800⟩ auf jmdn. ~ *unaufhörl. u. eindringl. zu jmdm. reden* **3** ⟨600⟩ jmdm. ~ ⟨veralt.⟩ *dreinreden* **4** ⟨400; Rechtsw.⟩ *(den in einer Klage vorgebrachten Behauptungen) widersprechen*

'ein|rei·chen ⟨V. 500⟩ **1** ein Schriftstück ~ *einer zuständigen Instanz zur Bearbeitung ab-, übergeben;* sie hat die Unterlagen, die Rechnungen, die Zeugnisse eingereicht; ein Gesuch ~ **1.1** einen Antrag ~ *etwas beantragen* **1.2** eine Klage ~ *gegen jmdn. klagen* **1.3** Beschwerde ~ *sich beschweren* **2** den Abschied, Urlaub, die Versetzung ~ *um den A., U., die V. formell, schriftl. bitten*

'ein|rei·ßen ⟨V. 198⟩ **1** ⟨500⟩ etwas ~ *vom Rand her einen Riß in etwas machen;* Stoff, ein Stück Papier ~ **2** ⟨500⟩ ein Gebäude ~ *ab-,* *niederreißen, abbrechen* **3** ⟨400⟩ schlechte Sitten reißen ein ⟨fig.⟩ *werden zur Gewohnheit, verbreiten sich, greifen um sich;* eine Unsitte, ein Übelstand reißt ein; man darf das nicht erst ~ lassen **4** ⟨400(s.)⟩ etwas reißt ein *bekommt vom Rand her einen Riß, beginnt zu reißen;* das Papier, die Seite, die Tapete ist eingerissen

'ein|ren·ken ⟨V. 500⟩ **1** ⟨503⟩ (jmdm.) etwas ~ *in die richtige Lage zurückführen;* der Arzt renkte ihm den Arm wieder ein; ein Bein ~ **2** eine Sache ~ ⟨fig.; umg.⟩ *zurechtrücken, zurechtsetzen, in Ordnung bringen;* eine Angelegenheit (wieder) ~; er kann die Sache rasch ~ 2.1 ⟨R3⟩ eine Sache renkt sich ein *kommt in Ordnung;* diese Angelegenheit wird sich mit der Zeit schon ~; zum Glück hat sich alles wieder eingerenkt

'ein|ren·nen ⟨V. 200/500⟩ **1** etwas ~ *durch Dagegenrennen, -stoßen zum Einsturz bringen, gewaltsam öffnen;* eine Mauer ~; ein Tor mit einer Eisenstange, einem Pfahl ~ 1.1 → a. *offen(1.1.2)* **2** ⟨530/R1⟩ sich etwas ~ ⟨umg.⟩ *bei einer Bewegung gegen etwas stoßen u. sich dabei verletzen;* sich den Schädel an einer Kante, Wand ~ **3** ⟨530/R6⟩ jmdm. das Haus, die Wohnung, Bude, Tür ~ ⟨fig.; umg.⟩ *jmdn. ständig aufsuchen*

'ein|rich·ten ⟨V. 500/R5⟩ **1** einen Raum ~ *(mit Möbeln, Geräten) ausstatten;* eine behaglich, bescheiden, elegant, gemütlich, hübsch, modern eingerichtete Wohnung; jmdm. od. sich eine Wohnung, ein Zimmer ~; sie haben sich (ihre Wohnung) neu eingerichtet; eine Wohnung mit Möbeln ~; eine Praxis, Werkstatt mit den neuesten Apparaten ~ 1.1 ⟨513/R3⟩ sich häuslich ~ *es sich (für längere Zeit) wohnl. machen, sich (für länger) niederlassen* **2** etwas ~ *(zur öffentl. Nutzung) gründen;* eine neue Schule ~ **3** eine Sache ~ *nach bestimmten Gesichtspunkten gestalten, anordnen;* eine Sache praktisch, unpraktisch, unzweckmäßig ~; das mußt du (dir) anders, besser ~ 3.1 *bewerkstelligen, zustande bringen;* ich kann es so ~, daß ...; das läßt sich gut, schlecht ~; das wird sich ~ lassen **4** ⟨550⟩ etwas für etwas ~ *passend machen, umarbeiten, umschreiben;* ein Musikstück für Klavier ~; ein Theaterstück für die Bühne ~ **5** eine gemischte Zahl ~ ⟨Math.⟩ *in einen unechten Bruch verwandeln* **6** einen Knochen, Knochenbruch ~ ⟨Med.⟩ *in die richtige Lage bringen* **7** jmdn. ~ ⟨umg.⟩ *in ein Amt, in eine neue Arbeit einführen, jmdm. beim Einarbeiten helfen* **8** sich ~ *sich den Gegebenheiten, der Lage anpassen, sich einschränken;* man muß sich eben ~ 8.1 ⟨550/R3⟩ sich auf etwas (eine zu erwartende Situation) ~ ⟨umg.⟩ *sich auf etwas vorbereiten;* bitte sagen Sie es mir vorher, damit ich mich darauf ~ kann

'ein|ro·sten ⟨V. 400(s.)⟩ **1** etwas rostet ein *wird durch Rost unbeweglich, verklemmt;* das Schloß der Tür war eingerostet; die Schraube ist eingerostet **2** jmd. od. etwas rostet ein ⟨fig.; umg.⟩ *verliert die Beweglichkeit, wird steif;* meine Glieder sind mangels Übung eingerostet

'ein|rücken ⟨-k·k-; V.⟩ **1** ⟨400(s.)⟩ *einmarschieren, einziehen;* die Truppen rücken ein; in ein Land, eine Stadt ~ 1.0.1 in die Garnison, die Quartiere ~ *heimkehren* 1.1 ⟨Mil.⟩ *zum Militär gehen, in den Heeresdienst eintreten* **2** ⟨500⟩ etwas ~ *hineinrücken, einsetzen* 2.1 eine Anzeige (in die Zeitung) ~ *(in der Zeitung) aufnehmen lassen* 2.2 eine Zeile ~ ⟨Typ.⟩ *erst nach einem kleinen Abstand vom Rand beginnen lassen* 2.2.1 ~! *(als Hinweis im Manuskript) Zeilenanfang etwas zurücksetzen* 2.3 eine Maschine ~ ⟨Tech.⟩ *durch Kupplung, Wechselgetriebe od. Auflegen eines Riemens mit dem Antrieb verbinden*

'ein|rüh·ren ⟨V. 500⟩ **1** etwas ~ *durch Rühren hineinmischen, hineinmengen;* Grieß in die Suppe, ein Ei in den Teig ~ **2** etwas ~ *anrühren, mit Wasser vermengen, flüssig machen;* Gips, Kalk ~ **3** ⟨530/R5⟩ jmdm. etwas Unangenehmes ~ ⟨fig.; umg.⟩ *etwas für jmdn. Unangenehmes beginnen, in Gang bringen;* da hast du dir eine dumme Sache eingerührt; er hat ihm eine böse Suppe eingerührt

eins[1] ⟨Num. 11; in Ziffern: 1; röm. Zahlzeichen: I⟩ → a. *vier, ein*[4] **1** *die Zahl 1;* ~, zwei, drei; ~ und ~ ist zwei (1 + 1 = 2); einmal ~ ist ~ (1 x 1 = 1) 1.1 um ~ *ein Uhr;* Schlag, Punkt ~ **2** ~ a ⟨Zeichen: Ia⟩ *ausgezeichnet, prima;* Ia Pralinen, Ia Qualität **3** ⟨fig.⟩ ~, zwei, drei war er weg *sogleich, im Nu*

eins[2] ⟨Adj. 40⟩ **1** *einig, eines Sinnes;* Ggs *uneins;* ~ sein (über etwas od. jmdn.) 1.1 ~ werden *sich vereinen* **2** ⟨43⟩ *einerlei, gleichgültig;* heute ist mir alles ~; das ist mir (doch) ~; das ist alles ~

eins[3] ⟨Indefinitpron.⟩ **1** *etwas;* ~ muß ich dir noch sagen; noch ~; ich will ~ tun, nämlich ... 1.1 jmdm. ~ auswischen *einen (üblen) Streich spielen* **2** *eine Einheit, ein Ganzes;* das sehen und aufspringen war ~ **3** *ein und dasselbe;* es kommt, läuft auf ~ hinaus; es kommt auf ~ heraus

Eins ⟨f.; -, -en⟩ **1** *die Ziffer 1;* eine ~ drucken, malen, schreiben 1.1 *die Straßenbahn-, Buslinie Nr. 1;* mit der ~ fahren; in die ~ umsteigen **2** → *Note(2.1);* eine ~ schreiben; eine Prüfung mit (einer) „~" bestehen **3** ~ zu Null für mich ⟨fig.; umg.⟩ *ich habe recht gehabt u. du hast es nicht geglaubt*

'ein·sam ⟨Adj.⟩ **1** *allein, verlassen;* ein ~er Mensch; sich ~ fühlen; ~ leben **2** *abgelegen, unbewohnt, menschenleer, nicht begangen;* eine ~e Gegend, Insel; ein ~er Weg; ein ~es Haus bewohnen

'Ein·sam·keit ⟨f.; -; unz.⟩ **1** *das Einsamsein, Alleinsein, Verlassenheit;* die ~ einer Gegend; die ~ fliehen, fürchten, lieben, suchen; jmdn. aus seiner ~ reißen; jmdn. in seiner ~ trösten **2** *Abgelegenheit;* er zog sich in die ~ eines Klosters zurück

'ein|sam·meln ⟨V. 500⟩ **1** etwas ~ *sammeln, auflesen;* Weintrauben, Früchte (in einen Korb) ~ **2** etwas ~ *sich von jedem einzelnen einer Gruppe etwas geben lassen;* Geld, Spenden ~; eine Schülerin sammelte die Hefte ein

'Ein·satz ⟨m.⟩ **1** *einsetzbarer, eingesetzter Teil;* Glas~; Blusen~; Spitzen~; Dose, Kessel, Topf, Schublade mit ~ **2** *das planmäßige Eingesetztsein für eine bestimmte Aufgabe;* im ~ stehen; in den ~ gehen; freiwilliger, harter, ununterbrochener ~; ~ von Infanterie, Tanks usw.; mit, unter ~ der letzten Kräfte **3** *Wert,* *den man für Gewinn od. Verlust wagt;* den ~ stehenlassen; den ~ verdoppeln, verdreifachen **3.0.1** mit dem ~ herauskommen *mindestens den eingesetzten Betrag gewinnen* **3.1** *Pfand (für Flaschen, geliehene Gegenstände);* zehn Pfennig ~ bezahlen **4** *das Einsetzen(5)* **4.0.1** den ~ des eigenen Lebens nicht scheuen *sein Leben aufs Spiel setzen* **4.0.2** jmdn. unter ~ des eigenen Lebens retten *unter Lebensgefahr* **5** *Beginn eines Instrumentes od. einer Stimme (im Zusammenspiel);* ~ einer Stimme; ~ der Trompeten; den ~ verpassen (beim Zusammensingen, -spielen) **5.1** *Zeichen zum Beginn;* der Dirigent gibt den ~

'ein|säu·men ⟨V. 500⟩ etwas ~ **1** *säumen, mit einem Saum versehen;* eine Decke, einen Stoff ~; ich muß das Kleid erst ~ **2** ⟨fig.⟩ *umgeben, einrahmen, einfassen;* große Linden säumten den Weg ein; ein mit Bäumen eingesäumter Weg

'ein|schal·ten ⟨V. 500⟩ **1** etwas ~ *den elektr. Stromkreis (einer Leitung) schließen, durch Schalten in Gang bringen, in Bewegung, in Tätigkeit setzen;* das Licht, den Motor, das Radio, den Strom ~ **1.1** ⟨R3⟩ sich ~ *ein Telephongespräch von einem andern übernehmen;* Herr X. möchte Sie sprechen, bitte schalten Sie sich ein **2** einen Gang im Auto ~ *einlegen;* den zweiten Gang ~ **3** etwas ~ *einfügen, ein-, dazwischenschieben;* eine Pause, Programmnummer ~; einen Widerstand ~ ⟨El.⟩; in einen Roman eine Erzählung ~ **3.1** ⟨513⟩ gesprächsweise ~ *im Gespräch einflechten, erwähnen* **4** jmdn. ~ *zum Eingreifen veranlassen* **4.1** ⟨R3⟩ sich ~ *sich einmischen, eingreifen;* sich (nicht) in eine Unterredung, in ein Verfahren ~

'ein|schär·fen ⟨V. 530/R6⟩ jmdm. etwas ~ *eindringlich ins Gedächtnis prägen, jmdn. dringend zu etwas ermahnen;* jmdm. Verhaltungsmaßregeln, Höflichkeit, Vorsicht ~; ich habe ihm eingeschärft, mich sofort zu benachrichtigen

'ein|schät·zen ⟨V. 500 od. 510/R7 od. R8⟩ **1** jmdn. od. etwas ~ *schätzen, bewerten;* jmds. Vermögen, Einkommen, Fähigkeiten falsch, richtig, hoch niedrig ~; wie schätzt du die Lage ein?; er hat ihn nicht allzu hoch eingeschätzt **1.1** jmdn. zur Steuer ~ *jmds. Steuerkraft veranschlagen*

'ein|schen·ken ⟨V. 503/R5 od. R6⟩ **1** jmdm. ein Getränk ~ *in ein Trinkgefäß gießen;* sie schenkte den Kaffee, Tee ein; ich habe mir schon eingeschenkt; darf ich Ihnen noch einmal (Wein) ~? **1.1** → a. *rein(2.2)*

'ein·schich·tig ⟨Adj.⟩ **1** *nur aus einer Schicht bestehend* **2** ⟨Industrie⟩ *nur in einer Arbeitsschicht;* diese Fabrik arbeitet ~ **3** ⟨fig.⟩ *einsam, eigenbrötlerisch;* ein ~es Leben **4** ⟨oberdt. a.⟩ *ledig*

'ein|schicken ⟨-k·k-; V. 500⟩ etwas ~ *einsenden, einem Amt, einer Institution schicken;* dem Herstellungswerk einen Apparat zur Reparatur ~; einer Zeitung einen Artikel, ein Manuskript ~

'ein|schie·ben ⟨V. 214/500⟩ **1** etwas (in etwas) ~ *(hinein)schieben;* den Kuchen, das Brot zum Backen (in den Backofen) ~ **2** jmdn. od. etwas ~ *in eine geplante u. geordnete Reihenfolge noch zusätzlich einfügen, aufnehmen;* können Sie mich nicht ~? (in der Sprechstunde o. ä.); eine Arbeit ~; einen Satz nachträglich ~ **2.1** eingeschobener Satz ⟨Gramm.⟩ *innerhalb eines Satzes stehender, durch Kommata von ihm abgetrennter S.*

'ein|schie·ßen ⟨V. 215/500⟩ **1** etwas ~ *durch Schießen zerstören, zertrümmern;* ein Fenster mit dem Ball ~ **2** eine Schußwaffe ~ *durch Probeschüsse die günstigste Lage, die richtige Einstellung von Kimme u. Korn usw. ermitteln u. so allmählich treffsicher machen;* ein Gewehr ~ **3** ⟨R3⟩ sich (auf ein Ziel) ~ *durch wiederholtes Schießen sicher im Treffen werden;* die Artillerie hat sich eingeschossen **4** Brot ~ *in den Ofen zum Backen schieben* **5** Fäden ~ ⟨Text.⟩ *durchziehen, (Schußfäden) durch die Kettfäden ziehen* **6** Geld ~ *zur finanziellen Sicherung beisteuern* **7** Papier ~ ⟨Buchw.⟩ *P. zwischen Druckbogen legen, damit sie nicht abfärben* **8** ⟨400(s.)⟩ die Milch schießt ein *füllt die Milchdrüsen*

'ein|schif·fen ⟨V. 500⟩ **1** jmdn. od. etwas ~ *vom Land aufs Schiff bringen, verladen;* Truppen ~; Kisten ~ **2** ⟨R3⟩ sich ~ (nach) *mit dem Schiff abreisen (nach);* ich habe mich gerade eingeschifft, als ...; er hat sich nach Amerika eingeschifft

'ein|schla·fen ⟨V. 217/400(s.)⟩ **1** *in Schlaf versinken;* ich kann nicht, schnell, sofort ~; vor dem Einschlafen noch eine Stunde lesen; bei, über der Arbeit ~ **1.1** bei diesem Buch schläft man ein *dieses B. ist sehr langweilig* **1.2** schlaf nicht ein! ⟨fig.; umg.⟩ *paß auf, mach rascher!* **2** ⟨verhüllend⟩ *(eines sanften Todes) sterben;* Großvater ist gestern (sanft) eingeschlafen **3** Gliedmaßen schlafen ein *werden vorübergehend gefühllos;* mein Arm, Bein ist eingeschlafen **4** eine Sache schläft ein ⟨umg.⟩ *läßt nach, hört auf;* unser Briefwechsel ist allmählich eingeschlafen

'ein·schlä·fern ⟨V. 500⟩ **1** jmdn. ~ *zum Schlafen bringen;* diese Musik schläfert mich ein; ~de Musik; die schwache Beleuchtung wirkt ~d **1.1** *narkotisieren;* ein ~des Mittel **2** ein (altes) Tier ~ *durch Medikament schmerzlos töten* **3** jmdn. od. etwas ~ ⟨fig.⟩ *ablenken, zu zerstreuen suchen;* sein Gewissen, seine Wachsamkeit ~; den Gegner durch schöne Redensarten ~

'Ein·schlag ⟨m.⟩ **1** *das Einschlagen, Auftreffen (eines Geschosses)* **1.1** *Stelle, an der ein Geschoß aufgetroffen ist* **2** *Abweichung von der geraden Richtung;* ~ der Räder, des Steuers **3** *Umschlag nach innen, z. B. breiter Saum, Knopfleiste* **4** ⟨Web.⟩ *Schuß* **5** ⟨Forstw.⟩ *das planmäßige Fällen von Holz* **5.1** *das geschlagene Holz selbst* **6** mit ~ verkaufen *mit Rabatt, Verlust verkaufen* **7** ⟨fig.⟩ *Anteil, Beimischung;* mit nordischem ~; mit einem ~ von Barock

'ein|schla·gen ⟨V. 218⟩ **1** ⟨500⟩ etwas ~ *durch Schlagen hineintreiben;* Nägel, Keile, Pfähle ~ **2** ⟨503/R5 od. R6⟩ (jmdm.) etwas ~ *durch Schlagen zerbrechen, zerstören;* die Tür, das Fenster ~; sich den Schädel ~; jmdm. die Zähne ~ **2.1** Eier ~ ⟨Kochk.⟩ *aufschlagen u. in die Pfanne od. den Teig geben* **3** ⟨400⟩ der Blitz, ein Geschoß schlägt ein *trifft u. beschädigt od. zerstört;* die Bombe, Granate hat eingeschlagen **3.1** es hat (in die Scheune) eingeschlagen *der Blitz hat (die S.) getroffen* **4** ⟨800⟩ auf jmdn. od. ein Tier ~ *wild drauflosschlagen, ohne darauf zu achten, wohin es trifft* **5** ⟨500⟩ etwas ~ *Papier, Stoff zum Schutz um etwas legen, einpacken;* einen Gegenstand in Papier, in ein Tuch ~; können Sie mir die Puppe etwas ~? **5.1** ein Buch ~ *ein B. einbinden, mit einem Schutzumschlag versehen* **6** ⟨400⟩ *einer Sache (durch Handschlag) zustimmen;* schlag ein! **7** ⟨500⟩ einen Weg, eine Richtung ~ *wählen u. gehen od. fahren;* er wußte nicht, welche Richtung er ~ sollte; den Weg über Bernau, durch den Wald ~ 7.1 eine Laufbahn ~ *wählen u. beginnen* **8** ⟨400⟩ *Erfolg haben, Anklang finden;* der neue Artikel hat eingeschlagen; gut, schlecht ~ **9** ⟨500⟩ die Steuerung eines Fahrzeugs ~ *so drehen, daß das Fahrzeug von der geraden Richtung abweicht;* die Räder, das Steuer ~ **10** ⟨500⟩ einen Saum ~ *nach innen umschlagen u. annähen* **11** ⟨500⟩ Fäden ~ ⟨Web.⟩ *einschießen, durchziehen* **12** ⟨500⟩ Holz ~ ⟨Forstw.⟩ *planmäßig fällen* **13** ⟨500⟩ Pflanzen ~ ⟨Landw.⟩ *vorläufig in die Erde setzen, bis zum Auspflanzen mit Erde bedecken* **14** ⟨500⟩ Wein ~ *mit Schwefeldioxid behandeln, um ihn haltbar zu machen*

'ein·schlä·gig ⟨Adj. 90⟩ **1** *zu einem Gebiet od. Fach gehörend, bezüglich, zutreffend;* die ~en Bestimmungen nachlesen, nachschlagen; die ~e Literatur durcharbeiten; in den ~en Geschäften nachfragen **2** ~ vorbestraft *für das gleiche Vergehen bereits vorbestraft*

'ein|schlei·chen ⟨V. 219/500/R3⟩ **1** sich ~ *heimlich hinein-, hereinkommen;* die Diebe haben sich (bei Nacht in das Haus) eingeschlichen; du hast dich dort mit falschen Papieren eingeschlichen; sie konnte sich ungesehen ~ 1.1 sich in jmds. Herz, Vertrauen ~ ⟨fig.⟩ *geschickt jmds. H., V. erringen, um es auszunützen* **2** eine Sache schleicht sich ein ⟨fig⟩ *geschieht unbemerkt;* hier hat sich (in die Arbeit, Rechnung) ein Fehler eingeschlichen; in seinen Bericht hat sich ein Irrtum eingeschlichen 2.1 *sich langsam ausbreiten, allmähl. üblich werden, zur (schlechten) Gewohnheit werden;* wie konnte sich nur diese Unsitte, dieser Übelstand hier ~?

'ein|schlep·pen ⟨V. 500⟩ **1** ein Schiff ~ *mit einem Schleppdampfer in den Hafen bringen* **2** eine Krankheit, Ungeziefer ~ *unbemerkt hereinbringen u. auf andere übertragen;* er hat aus Indien die Pocken eingeschleppt; die Pest, den Typhus ~

'ein|schleu·sen ⟨V. 500⟩ **1** ein Schiff ~ *durch Schleusen hereinbringen* **2** jmdn. od. etwas ~ *unbemerkt durch eine Kontrolle hindurch- u. hereinbringen;* die Agenten waren als Touristen eingeschleust worden; Spione in ein Land ~; Rauschgift ~; Schmuggelware ~

'ein|schlie·ßen ⟨V. 222/500⟩ **1** jmdn. od. etwas ~ *in etwas schließen* 1.1 jmdn. ~ *durch Abschließen der Tür daran hindern, einen Raum zu verlassen;* einen Gefangenen, ein Kind ~ 1.2 ⟨R3 od. R4⟩ sich ~ *durch Abschließen der Tür niemand zu sich hereinkommen lassen;* sich in ein, einem Zimmer ~ 1.3 etwas ~ *in einem Raum od. Behälter verschließen;* Geld, Schmuck ~ 1.3.1 ⟨511⟩ in Klammern ~ *einklammern* **2** ⟨500⟩ jmdn. od. etwas ~ *von allen Seiten umgeben;* den Feind ~; eine Stadt, Festung ~; hohe Mauern schließen den Park ein; die Burg ist ringsum von einem See eingeschlossen; ein Stück Boden mit einem Zaun ~ **3** ⟨500/R7 od. R8⟩ jmdn. od. etwas ~ *mit einbeziehen;* alle, mich eingeschlossen; jmdn. in sein Gebet ~ 3.1 *mit berechnen, in der Rechnung od. Zahl mitberücksichtigen;* Bedienung, Spesen, Trinkgelder eingeschlossen

'ein·schließ·lich ⟨Abk.: einschl.⟩ **1** ⟨Präp. m. Gen.⟩ *mitberücksichtigt, eingeschlossen, einbegriffen;* alle ~ der Neuankömmlinge; ~ aller Unkosten; sechs Kilo ~ Verpackung; die Kosten ~ Porto, des (hohen) Portos; der Preis versteht sich ~ Getränken **2** ⟨Adv.⟩ *das Letztgenannte eingeschlossen;* Sprechstunde Montag bis ~ Donnerstag; das Museum ist bis ~ 25. Mai geschlossen

'Ein·schluß ⟨m.; -s·ses, ·̈s·se⟩ **1** *das Einschließen* **2** ⟨Min.⟩ *in ein Mineral eingeschlossener Körper;* ein ~ im Bernstein; tierische Einschlüsse **3** mit, unter ~ von *unter Berücksichtigung von, einschließlich des, der*

'ein|schnap·pen ⟨V. 400(s.)⟩ **1** die Tür, das Schloß schnappt ein *die T., das S. schließt sich schnappend* **2** ⟨fig.; abwertend⟩ *etwas übelnehmen, beleidigt, gekränkt sein;* leicht ~; er schnappt bei, wegen jeder Kleinigkeit ein; sei doch nicht gleich eingeschnappt

'ein|schnei·den ⟨V. 227⟩ **1** ⟨500⟩ etwas ~ *mit dem Messer einkerben;* ein Zeichen ~; Namen in die Baumrinde ~ **2** ⟨400⟩ *einen Schnitt machen, schneidend eindringen;* der Schmerz schneidet mir in die Eingeweide ein 2.1 ⟨513⟩ tief ins Herz ~ ⟨fig.⟩ *tief u. schmerzhaft ins Herz dringen*

'Ein·schnitt ⟨m.⟩ **1** *Schnitt in etwas;* ein Geschwür durch einen ~ öffnen **2** *Stelle, an der eingeschnitten worden ist* 2.1 *Wunde, die durch Einschneiden entstanden ist;* der ~ heilte gut 2.2 *durch Abtragen von Gelände entstandene Erdvertiefung, Tal, Schlucht, Graben;* die Straße führt durch einen ~ zwischen den Felsen **3** *das Mähen, Ernte* **4** ⟨fig.⟩ *einschneidende Veränderung, Wandlung, Abschluß u. Neubeginn zugleich;* ein bedeutsamer ~; eine Prüfung, die Heirat ist ein ~ im Leben

'ein|schrän·ken ⟨V. 500⟩ **1** eine Sache ~ *einer S. Schranken setzen, etwas verringern, herabsetzen;* sie muß diese Ausgaben ~; er hat das Rauchen (auf ein vernünftiges Maß) eingeschränkt; jmds. Rechte, Macht, Freiheit ~; zu einem Vorwurf ~d bemerken, daß ... **2** ⟨550/R7 od. R8⟩ jmdn. in einer Sache ~ *einengen;* er wurde in seiner Handlungsfreiheit sehr eingeschränkt **3** ⟨R3⟩ sich ~ *sparsam leben;* sich sehr ~ müssen; wir lebten ziemlich eingeschränkt

'ein|schrei·ben ⟨V. 230/500⟩ **1** etwas ~ *in etwas schreiben, eintragen;* Einnahmen u. Ausgaben ~ 1.1 er muß den Aufsatz noch ~ *(aus dem Konzept) ins Heft schreiben* **2** ⟨R7⟩ jmdn. od. sich ~ *jmds. od. seinen Namen in ein Buch, eine Liste o. ä. eintragen;* einen Schüler ins Klassenbuch ~; als Mitglied, als Student sich ~ (lassen); sich in die Teilnehmerliste ~ (u. dadurch vormerken lassen) 2.1 ⟨511/R3⟩ sich in ein Album ~ *seinen Namen* *zur Erinnerung eintragen* **3** einen Brief, ein Päckchen ~ lassen *auf der Post gegen Quittung in eine Liste schreiben u. dadurch gesondert u. sorgfältiger behandeln lassen;* Einschreiben! (als Aufschrift auf eingeschriebene Postsendungen); einen Brief eingeschrieben schicken; eine eingeschriebene Postsendung

'ein|schrei·ten ⟨V. 232/800(s.)⟩ gegen jmdn. od. etwas ~ *etwas unternehmen, entscheidend gegen jmdn. od. etwas vorgehen;* gegen Aufrührer, randalierende Rowdys ~; gegen Übergriffe, Mißbräuche ~; gerichtlich, polizeilich ~ gegen etwas

'ein|schüch·tern ⟨V. 500/R8⟩ jmdn. ~ *jmdm. Angst machen, jmdn. unsicher, verlegen machen;* sich (nicht) ~ lassen; jmdn. durch, mit Drohungen ~

'ein|schu·len ⟨V. 500⟩ ein Kind ~ *zum erstenmal auf eine Schule geben*

'Ein·schuß ⟨m.; -s·ses, ⸚s·se⟩ **1** *Eintrittsstelle eines Geschosses* **2** ⟨Web.⟩ *der eingeschossene Querfaden* **3** *eingeschossenes Kapital, Einlage* **4** *Einsatz (beim Spiel)* **5** ⟨unz.⟩ *akute Entzündung der Unterhaut an den Beinen der Pferde infolge kleinerer Wunden an Fuß u. Bein*

'ein|se·hen ⟨V. 239/500⟩ **1** ein Gelände, einen Raum ~ *überblicken, in einen R. hineinsehen;* man kann die feindlichen Stellungen gut ~, nicht ~ **2** Schriftstücke ~ *in S. Einblick nehmen, einen prüfenden Blick werfen;* kann ich die Unterlagen ~? **3** eine Sache ~ *begreifen, verstehen;* siehst du das nicht ein?; ich sehe (durchaus) nicht ein, warum ich das tun soll **3.1** seinen Irrtum, sein Unrecht ~ *erkennen;* ich habe eingesehen, daß es so besser ist, daß ich unrecht habe

'ein|sei·fen[1] ⟨V. 500/R7⟩ jmdn. ~ **1** ⟨503/R5 od. R6⟩ jmdn. od. etwas ~ *mit Seife einreiben;* sich das Gesicht ~ (zum Rasieren); der Friseur seifte den Kunden ein **2** ⟨fig.⟩ *mit Schnee einreiben (beim Balgen, bei Schneeballschlachten)*

'ein|sei·fen[2] ⟨V. 500⟩ jmdn. ~ ⟨umg.⟩ *wortgewandt zu etwas überreden, überlisten, betrügen, hintergehen;* dieser Kerl hat ihn schön eingeseift

'ein·sei·tig ⟨Adj.⟩ **1** *nur auf einer Seite stattfindend, befindlich;* ~e Kopfschmerzen, Lähmung, Lungenentzündung; Papier nur ~ bedrucken, beschreiben; der Stoff ist nur ~ gemustert **1.1** *nur für einen Teil, eine Partei verbindlich;* ~er Beschluß, Vertrag; eine ~e Erklärung **1.1.1** ~es Rechtsgeschäft *R. auf Grund der Willenserklärung einer Person, z. B. Testament, Kündigung* **2** *nur eine Seite einer Sache, nur einen Gesichtspunkt hervorhebend, berücksichtigend, subjektiv, parteiisch;* eine ~e Beurteilung, Meinung, Auffassung; eine Sache ~ betrachten; einen Vorgang ~ darstellen, schildern **3** *nur auf ein Gebiet beschränkt, unvollständig;* Ggs *allseitig, vielseitig(1-2);* er ist sehr ~; ~ ausgebildet sein; eine ~e Ausbildung

'ein|set·zen ⟨V. 500⟩ **1** etwas ~ *in etwas hineinsetzen, einfügen;* eine neue Fensterscheibe ~ **1.1** eine Anzeige ~ (lassen) *in die Zeitung setzen (lassen)* **1.2** ein Boot ~ *ins Wasser lassen* **1.3** Edelsteine ~ *in eine Fassung bringen* **1.4** Fische (zur Zucht) ~ *in einen Teich setzen* **1.5** einen Flicken ~ *einnähen* **1.6** Pflanzen ~ *in die Erde setzen, einpflanzen* **1.7** Zahlen ~ *in freigelassene Stellen (auf Formularen) schreiben* **1.8** den Zirkel ~ *einstechen* **2** Obst, Gemüse ~ *einkochen, einmachen, einlegen, konservieren* **3** ⟨R7 od. R8⟩ jmdn. od. etwas ~ *bestimmen, ernennen, mit einem Amt betrauen;* einen Bürgermeister, Herrscher, Leiter ~; jmdn. als, zum Erben ~; jmdn. als Richter ~; eine Regierung ~ **3.1** ⟨500⟩ jmdn. (in eine Position) ~ *jmdm. eine P. übergeben, die Pflichten u. Rechte einer P. übertragen;* jmdn. in ein Amt ~ **3.1.1** jmdn. an jmds. Stelle ~ *jmdm. jmds. Stelle (über)geben* **3.1.2** jmdn. in eines anderen Rechte ~ *jmdn. die Rechte eines anderen übernehmen lassen* **3.1.3** jmdn. in seine früheren Rechte ~ *jmdm. seine Rechte wiedergeben* **4** jmdn. od. etwas ~ *planmäßig für eine bestimmte Aufgabe verwenden, dazu heranziehen;* Hilfsmittel, Maschinen, Truppen ~; Artillerie, Bomber, Tanks ~; freiwillige Helfer ~; Hunde ~ (zum Auffinden Verunglückter, Aufspüren von Verbrechern); seine ganze Kraft ~, um etwas zu erreichen; seine Kraft für eine Sache, für das Gelingen einer Sache ~ **4.1** den König, die Dame ~ *ins Spiel bringen* **5** etwas ~ *(als Einsatz im Spiel) geben, aufs Spiel setzen;* einen Gegenstand zum Pfand ~; sein Leben ~ **6** ⟨515/R7⟩ sich für etwas od. jmdn. ~ *verwenden, seinen Einfluß für etwas od. jmdn. geltend machen;* sich für die Einführung neuer Methoden ~ **7** ⟨400⟩ *beginnen;* das kalte Wetter hat eingesetzt; mit ~dem Herbst ziehen die Zugvögel fort; die Musik setzt ein; ihr müßt etwas früher ~ (mit Singen, Spielen) **7.1** ⟨410; Mus.⟩ *einfallen, in ein Zusammenspiel einstimmen;* die Bläser setzen im 3. Takt ein; mit dem 5. Takt ~

'Ein·sicht ⟨f.; -, -en⟩ **1** ⟨unz.⟩ *Einblick, Kenntnisnahme;* ~ nehmen in etwas; ~ in die Akten, Vorgänge haben; jmdm. etwas (Akten, Papiere) zur ~ vorlegen; jmdm. ~ in etwas gewähren **2** ⟨unz.⟩ *Verständnis, Vernunft;* haben Sie doch ~!; er zeigte wenig ~; mit jmdm. ~ haben; er wird noch zur ~ kommen **3** *Erkenntnis, Sachkenntnis;* ich kam zu der ~, daß ...; neue ~en gewinnen; wichtige, historische, interessante ~en ergeben sich

'Ein·sied·ler ⟨m.; -s, -⟩ **1** *einsam lebender Mönch;* ein frommer ~; wie ein ~ leben **2** ⟨fig.⟩ *einsam lebender Mensch*

'ein·sil·big ⟨Adj.⟩ **1** *aus einer Silbe bestehend;* ein ~es Wort **1.1** ~er Reim *R. aus einer Silbe, männl. R.* **2** ⟨fig.⟩ *wortkarg;* eine ~e Antwort geben; sehr ~ sein; ein ~er Mensch

'ein|sin·ken ⟨V. 244/400(s.)⟩ **1** *in einem weichen Untergrund langsam nach unten sinken, versinken;* Vorsicht, hier sinkt man ein!; bis zu den Knien ~; im Morast, im Schlamm, Schnee ~ **1.1** *flach werden, eine Krümmung nach unten od. hinten bekommen;* ein eingesunkener Brustkorb; eingesunkene Gräber; eingesunkener Fußboden **2** *in sich zusammensinken, einfallen;* die hölzerne Brücke sank unter dem Gewicht der Schneemassen ein

'ein|span·nen ⟨V. 500⟩ **1** etwas ~ *in eine Vorrichtung spannen;* ein neues Blatt (in die Schreibmaschine) ~; einen Film (in die Kamera) ~; ein Werkstück im, in den Schraubstock ~; Saiten in den Tennisschläger ~ **2** Zugtiere ~ *vor den Wagen spannen;* Pferde, Ochsen ~ **3** ⟨515/R8⟩ jmdn. (für, zu etwas) ~ ⟨fig.; umg.⟩ *jmdn. zur Mitarbeit (bei, an etwas) veranlassen;* ich habe ihn zum Möbelräumen eingespannt 3.1 er ist von früh bis spät im, in seinem Beruf eingespannt ⟨fig.⟩ *er ist von früh bis spät sehr beschäftigt, hat sehr viel zu tun*

'ein|sper·ren ⟨V. 500/R7⟩ **1** jmdn. od. ein Tier ~ *in einen Raum sperren, einschließen;* ich habe mich in mein(em) Zimmer eingesperrt; sie sperrte den Hund in der Wohnung ein; jmdn. eingesperrt halten **2** jmdn. ~ ⟨umg.⟩ *in eine Haft- od. Strafanstalt setzen, gefangensetzen;* Sy *arretieren(1); einstecken; einspinnen* ⟨fig.⟩; einen Verbrecher ~

'ein|spie·len ⟨V. 500⟩ **1** ein Instrument ~ *durch Spielen zum besseren, volleren Tönen bringen;* eine Geige ~ **2** ⟨R3⟩ sich ~ *sich im Spiel einüben, im Spiel sicher werden;* die Mannschaft, der Pianist, der Schauspieler mußte sich erst ~ 2.1 ⟨R4⟩ sich aufeinander ~ *durch gemeinsame Tätigkeit zu guter Zusammenarbeit kommen* 2.1.1 aufeinander eingespielt sein *sich gut ergänzen, im Spiel gut zusammenwirken;* die Mannschaft, das Orchester ist gut aufeinander eingespielt **3** ⟨R3⟩ etwas spielt sich ein *wird zur Gewohnheit u. bereitet keine Schwierigkeiten mehr;* der Arbeitsablauf hat sich gut eingespielt **4** Kosten ~ ⟨Film; Theat.⟩ *durch Aufführungen einbringen;* die Produktionskosten wurden innerhalb weniger Monate eingespielt **5** ein Musikstück ~ *auf Schallplatten aufnehmen*

'ein|spin·nen ⟨V. 249/500⟩ **1** ⟨R3⟩ Spinner spinnen sich ein ⟨Zool.⟩ *spinnen um sich herum Fäden, um sich einzupuppen;* die Larve des Seidenspinners spinnt sich ein **2** ⟨505/R3⟩ sich (in etwas) ~ ⟨fig.; geh.⟩ *sich (in etwas) völlig zurückziehen;* sich in seine Gedanken, in seine Häuslichkeit ~; sie hat sich ganz in ihre Träumereien eingesponnen **3** jmdn. ~ ⟨fig.; umg.⟩ = *einsperren(2);* man wird ihn dafür ~

'ein|sprin·gen ⟨V. 253/410 od. 800(s.)⟩ **1** für jmdn. ~ *etwas ersatzweise, stellvertretend tun, ausnahmsweise die Arbeit eines anderen tun, aushelfen;* könnten Sie heute einmal ~?; er springt immer ein, wo, wenn es notwendig ist; für den erkrankten X sprang Y ein **2** ~der Winkel *W., der größer ist als 180°*

'Ein·spruch ⟨m.⟩ **1** *Einwand, Widerspruch;* Sy *Veto(1);* es erfolgte kein ~; seine Einsprüche vorbringen 1.1 ⟨Rechtsw.⟩ *Protest gegen Unrecht od. eine gerichtl. Entscheidung,;* ~ erheben gegen einen Befehl, eine (gerichtl.) Entscheidung, eine Maßnahme, ein Unrecht

einst ⟨Adv.⟩ **1** *wie früher, in der Vergangenheit;* ~ dienten die Baracken zur Unterbringung von Flüchtlingen **2** *in ferner Zukunft;* ~ wird hier ein Industriezentrum entstehen

Einst ⟨n.; -; unz.⟩ *Vergangenheit;* das ~ und das Jetzt

'ein|stamp·fen ⟨V. 500⟩ **1** Sauerkohl ~ *feststampfen* **2** etwas ~ *durch Stampfen zerkleinern* **3** Druckschriften ~ *zu Papierrohstoff verarbeiten;* eine Auflage ~

'Ein·stand ⟨m.; -(e)s, ¨e⟩ **1** *festl. begangener Dienstantritt;* jmdm. zum ~ Glück wünschen; seinen ~ geben, feiern; es war ein ~ mit Bier u. Schnaps **2** ⟨unz.; Tennis⟩ *gleicher Punktstand für beide Partner* **3** ⟨jägerspr.⟩ *geschützter Standort, an dem sich das Schalenwild regelmäßig aufhält;* der Hirsch nahm seinen ~

'ein|stecken ⟨-k·k-; V. 500⟩ **1** etwas ~ *in etwas dafür Bestimmtes stecken* 1.1 *an sich nehmen, in die Tasche stecken, um es mitzunehmen;* vergiß nicht, deine Brille, dein Frühstück, dein Geld einzustecken; ich habe die Eintrittskarten vergessen einzustecken 1.2 ⟨umg.⟩ *als Gewinn einnehmen;* bei diesem Geschäft hat er einige Tausender eingesteckt **2** jmdn. ~ ⟨umg.⟩ = *einsperren(2)* **3** eine Sache ~ ⟨fig.; umg.⟩ *widerspruchslos ertragen, hinnehmen, sich gefallen lassen;* eine Beleidigung, Grobheit, Kränkung ~ müssen; sie steckt nichts ein

'ein|ste·hen ⟨V. 256(s.)⟩ **1** ⟨800⟩ für etwas od. jmdn. ~ *bürgen, Gewähr leisten, eintreten;* ich stehe dafür ein, daß ...; er will für nichts ~; für deine Tat mußt du auch ~ **2** ⟨800⟩ für etwas ~ *Ersatz leisten, die Folgen von etwas tragen;* er muß für den Schaden ~ **3** ⟨400⟩ das Wild steht ein ⟨ jägerspr.⟩ *zieht in ein bestimmtes Gebiet*

'ein|stei·gen ⟨V. 258(s.)⟩ **1** ⟨411⟩ in ein Fahrzeug ~ *steigen;* ins Auto, in den Bus, in die Straßenbahn, ins Zugabteil ~; ~! (Ruf des Stationsvorstehers vor Abfahrt des Zuges) **2** ⟨411⟩ *durch eine hochgelegene Öffnung in einen Raum eindringen;* durch das Fenster ins Haus ~; der Dieb ist über den Balkon in die Wohnung eingestiegen **3** ⟨800⟩ in ein Geschäft ~ ⟨fig.; umg.⟩ *sich an einem G. beteiligen;* er will in das Geschäft ~

'ein|stel·len ⟨V. 500⟩ **1** etwas ~ *hineinstellen, unter Dach bringen, unterstellen, unterbringen;* die Pferde (in den Stall) ~; den Wagen (in die Garage) ~ **2** jmdn. ~ *in Arbeit, in den Dienst nehmen;* wir müssen noch einige Arbeitskräfte ~ 2.1 *zum Heeresdienst einziehen;* Rekruten ~ **3** ⟨500⟩ eine Tätigkeit ~ *beenden, ruhen lassen;* die Arbeit, Zahlung ~; die Bauarbeiten mußten wegen des Frostes eingestellt werden; die Suche nach den vermißten Bergsteigern ~; die Kampfhandlungen wurden eingestellt; das Feuer ~ ⟨Mil.⟩; ein Verfahren wegen Geringfügigkeit ~ ⟨Rechtsw.⟩ 3.1 die Arbeit ~ *mit dem Streik beginnen* **4** ein technisches Gerät ~ *so richten, daß es in gewünschter Weise funktioniert;* das Fernglas scharf ~; stell doch den Fernsehapparat lieber auf das 2. Programm ein; den Sender Frankfurt im Radio ~; das Radiogerät auf Zimmerlautstärke ~; bei diesem trüben Wetter mußt du deinen Photoapparat auf eine große Blende ~ **5** einen Rekord ~ ⟨Sp.⟩ *nochmals erreichen* **6** ⟨R3⟩ sich ~ *sich einfinden, erscheinen, kommen;* der Frühling hat sich in diesem Jahr schon früh eingestellt; gegen Abend stellte sich hohes Fieber ein; wir werden uns zum verabredeten Zeitpunkt bei euch ~ **7** ⟨550/R3⟩ sich auf jmdn. od. etwas ~ *sich nach jmdm. od. etwas richten, sich jmdm. od. etwas anpassen;* ich muß mich auf meine Schüler ~; ich habe mich noch nicht auf die neuen Arbeitsmethoden eingestellt; er hat sich ganz auf Diät eingestellt; unsere Urlaubsgarderobe ist nicht auf diese kühle Witterung eingestellt

'ein·stel·lig ⟨Adj. 70⟩ eine ~e Zahl *aus nur einer Ziffer bestehende Z.*

'Ein·stel·lung ⟨f.; -, -en⟩ **1** *das Einstellen(2), Anstellung;* bei meiner ~ wurde ich vom Personalchef durch den Betrieb geführt **2** *Beendigung* **2.1** die ~ des Verfahrens ⟨Rechtsw.⟩ *förml. Beendigung eines Gerichtsverfahrens* **3** *das Einstellen(4) eines techn. Gerätes;* die ~ eines Fernglases; die ~ der Kompaßnadel **3.1** ⟨Film; Fernsehen⟩ *kleinste Einheit einer Filmod. Fernsehaufzeichnung, die durch die Entfernung der Kamera von der aufzunehmenden Wirklichkeit u. die dadurch bedingte Größe des Bildausschnitts bestimmt wird* **4** *(durch Erfahrung erworbenes System von) Anschauungen, Meinungen u. Überzeugungen (eines Menschen);* ich kenne seine ~ zu dieser Sache; eine politische, religiöse ~

'Ein·stieg ⟨m.; -(e)s, -e⟩ **1** *das Einsteigen* **2** *Öffnung, Tür zum Einsteigen;* der vordere, hintere ~ bei der Straßenbahn

'ein·stig ⟨Adj. 60⟩ *ehemalig, früher;* mein ~er Lehrer

'ein|stim·men ⟨V.⟩ **1** ⟨400⟩ *anfangen, sich an einem Gesang od. Spielen zu beteiligen;* der Chor stimmte ein; darauf stimmten die Flöten ein **2** ⟨800; ; fig.⟩ *einer Meinung zustimmen, einwilligen;* in einen Plan ~ **3** ⟨500⟩ ein Instrument ~ ⟨Mus.⟩ *mit den anderen Instrumenten in Einklang bringen* **4** ⟨515/R3 od. R4⟩ sich auf (für, zu) etwas ~ ⟨fig.⟩ *sich gefühlsmäßig, in der Stimmung auf etwas einstellen;* sich auf ein Konzert, einen Vortrag ~

'ein|stim·mig ⟨Adj. 24⟩ **1** ⟨Mus.⟩ *aus nur einer Stimme bestehend, nicht mehrstimmig;* ein ~es Lied singen; ~ singen, spielen **2** ⟨fig.⟩ *einmütig, übereinstimmend, von allen ohne Gegenstimme (gebilligt);* ein ~er Beschluß; der Vorschlag wurde ~ angenommen; die ganze Klasse antwortete, rief ~ ...; er wurde ~ zum Vorsitzenden gewählt

'ein|strei·chen ⟨V. 263/500⟩ **1** ⟨516⟩ etwas mit etwas ~ *auf etwas durch Streichen etwas auftragen;* die wunde Stelle mit einer Salbe ~; die Tapeten mit Kleister ~ **2** etwas ~ ⟨fig.; umg.; abwertend⟩ *wie selbstverständl. an sich nehmen, einstecken;* er strich das Geld ein, ohne herauszugeben; große Gewinne ~; Beifall, Ruhm ~ **3** einen Text ~ ⟨Theat.⟩ *kürzen*

'ein|stür·men ⟨V. 800(s.)⟩ auf jmdn. ~ *plötzlich zustürzen, eindringen, jmdn. überfallen;* auf den Feind ~; Erinnerungen stürmten auf mich ein ⟨fig.⟩

'ein|stür·zen ⟨V.(s.)⟩ **1** ⟨400⟩ etwas stürzt ein *etwas bricht zusammen, zerfällt in Trümmer;* das alte Haus stürzte ein; ihm ist das Dach über dem Kopf eingestürzt **2** ⟨800⟩ etwas stürzt auf jmdn. ein ⟨fig.⟩ *überfällt jmdn.;* die alten Erinnerungen stürzten auf ihn ein

einst'wei·len ⟨Adv.⟩ *vorläufig, unterdessen, inzwischen;* ~ wohnt sie noch bei den Eltern

'einst·wei·lig ⟨Adj. 70⟩ **1** *vorläufig* **1.1** eine ~e Verfügung ⟨Zivilprozeß⟩ *vorläufige gerichtl. Anordnung zur Abwendung schwerer Nachteile für eine Partei*

'ein|tei·len ⟨V. 500⟩ **1** ⟨510⟩ etwas in etwas ~ *in Teile zerlegen, teilen;* sie teilte die Torte in mehrere Stücke ein; den Braten in Portionen ~; die Stadt in 5 Bezirke ~ **1.1** *in Abschnitte gliedern, sinnvoll aufteilen;* ein Buch in 10 Kapitel ~ **2** ⟨503/R5⟩ etwas ~ ⟨umg.⟩ *planmäßig verteilen, mit etwas sinnvoll umgehen;* er kann sich die Arbeit nicht ~; du mußt dein Geld, deine Zeit besser ~! **3** ⟨515 od. 518/R8⟩ jmdn. zu, als etwas ~ *in eine Gruppe (mit bestimmten Aufgaben) einordnen, einreihen;* er wurde zum Außendienst eingeteilt

'ein·tö·nig ⟨Adj.⟩ *ohne Abwechslung, gleichförmig, einförmig u. dadurch langweilig;* eine ~e Arbeit, Gegend, Kost; ~ reden, vorlesen

'Ein·topf ⟨m.; -(e)s, ¨e; kurz für⟩ *Eintopfgericht*

'Ein·topf·ge·richt ⟨n.⟩ *in einem einzigen Topf gekochtes einfaches Gericht;* heute gibt es ~

'Ein·tracht ⟨f.; -; unz.⟩ **1** *gutes Einvernehmen, Einmütigkeit, Einigkeit, Verträglichkeit;* in Liebe und ~; in ~ leben; die ~ stören **1.1** ~ stiften *einen Streit schlichten*

'Ein·trag ⟨m.; -(e)s, ¨e⟩ **1** *Eintragung, schriftl. Vermerk, Notiz, Buchung;* ein ~ in den Akten; die letzten Einträge lesen **1.1** *schriftlicher Tadel;* einen ~ ins Klassenbuch bekommen **2** ⟨unz.; nur in der Wendung⟩ das tut der Sache keinen ~ *macht nichts aus, beeinträchtigt die Sache nicht* **3** ⟨Web.⟩ *Querfaden*

'ein|tra·gen ⟨V. 265/500⟩ **1** ⟨511/R7⟩ jmdn. od. etwas ~ *einschreiben, vermerken;* bitte tragen Sie sich in diese Liste ein; ich muß mir den Termin noch in mein Notizbuch ~ **1.1** ein eingetragener Verein ⟨Abk.: e. V.⟩ *behördl. registrierter u. genehmigter V.* **1.2** ein eingetragenes Warenzeichen *beim Patentamt registriertes W., dessen Verwendung nur dem Inhaber gestattet ist* **2** ⟨530⟩ jmdm. etwas ~ *(Nutzen, Gewinn) einbringen;* diese Bäume haben uns bisher wenig Obst eingetragen; sein letztes Buch hat ihm Ruhm und großen finanziellen Gewinn eingetragen; sein Versuch zu helfen hat ihm nur Undank eingetragen

'ein·träg·lich ⟨Adj.⟩ *gewinnbringend;* ein ~es Geschäft; dieser Handel war für ihn nicht sehr ~

'ein|tref·fen ⟨V. 266/400(s.)⟩ **1** *ankommen;* unsere Besucher trafen pünktl. bei uns ein; sie ist glücklich zu Hause eingetroffen; Spargel frisch eingetroffen (Anpreisung zum Verkauf) **2** etwas trifft ein *geht in Erfüllung, bestätigt sich;* meine Befürchtungen, Vermutungen sind eingetroffen; alles ist eingetroffen, wie er es vermutet hatte

'ein|trei·ben ⟨V. 267/500⟩ **1** etwas ~ *einschlagen;* Nägel, Niete, Pfähle ~ **2** Vieh ~ *in den Stall treiben;* er muß am Abend das Vieh ~ **3** Geldbeträge ~ *einziehen, -kassieren;* Schulden, Steuern ~; ich muß noch meine Außenstände, Beiträge ~

'ein|tre·ten ⟨V. 268⟩ **1** ⟨500⟩ etwas ~ **1.1** *durch Treten eindrücken, zerstören;* der Polizist mußte die Tür ~ **1.2** *durch Darauftreten in den Boden drücken;* er trat den Zigarettenrest in den Sand ein **1.3** Schuhe ~ *durch Tragen dem Fuß anpassen;* du mußt die neuen Schuhe erst zu Hause ~ **2** ⟨530/R1⟩ sich etwas ~ *sich durch Darauftreten etwas in die Fußsohle eindrücken, einziehen;* ich habe mir einen Dorn, Nagel, Splitter eingetreten **3** ⟨400(s.)⟩ **3.1** *hineingehen, hereinkommen;* bitte treten Sie ein!; bitte ~, ohne anzuklopfen (Türschild); er ist bereits in sein 70. Lebensjahr eingetreten; beim Eintreten blickte er suchend um sich 3.2 ⟨411⟩ *(in einer Gemeinschaft) Mitglied werden;* in einen Betrieb, eine Firma, einen Klub, einen Orden, eine Partei ~ **4** ⟨400(s.)⟩ etwas tritt ein **4**.1 *etwas geschieht, wird Wirklichkeit;* was wir befürchteten, trat tatsächlich ein; ein unvorhergesehenes Ereignis trat ein; überraschend trat ein Wetterumsturz ein; es wird keine Änderung ~; nun ist der Fall eingetreten, daß ...; unvermutet trat Fieber ein **4**.2 *beginnt;* im Befinden des Kranken ist immer noch keine Besserung eingetreten; die Dunkelheit trat ein **5** ⟨800(s.)⟩ **5**.1 in etwas ~ *mit etwas beginnen;* in eine Diskussion, ein Gespräch ~ **5**.2 für jmdn. od. etwas ~ *jmdn. od. etwas verteidigen, vertreten, in Schutz nehmen, öffentl. dafür Partei nehmen, seinen Einfluß dafür verwenden;* er ist sehr für mich eingetreten; für eine Änderung, einen Plan, einen Vorschlag ~ **5**.3 auf etwas ~ ⟨schweiz.⟩ *sich (in einer beschlußfassenden Versammlung) mit etwas beschäftigen;* auf einen Antrag, eine Anzeige ~; die Fraktion beantragte, auf den Vorschlag einzutreten

'Ein·tritt ⟨m.⟩ **1** *das Eintreten(3.1);* ~ verboten! **2** *(gegen eine Gebühr erhältliche) Berechtigung zum Besuch von etwas, zur Teilnahme an etwas;* ~ 1 Mark; es kostet keinen ~; ~ frei! **3** *das Eintreten(3.2);* beim ~ ins väterliche Geschäft; sein ~ in die höhere Schule; jmdm. ~ gewähren **4** *das Eintreten(4.2), Beginn;* bei ~ der Dunkelheit

ein·und·ein'halb ⟨Numerale⟩ = *eineinhalb*

'ein·ver·lei·ben ⟨V. 530; ich verleibe ein od. ich einverleibe, Part. des Perfekts nur einverleibt⟩ **1** etwas einer Sache ~ *einfügen, eingliedern;* er hat das wertvolle Buch seiner Bibliothek einverleibt; ein Gebiet wird einem Staat einverleibt **2** ⟨R1⟩ sich etwas ~ *aneignen;* sich ein Land ~ **2**.1 ⟨scherzh.⟩ *etwas essen od. trinken, verzehren;* er hat sich ein halbes Brot einverleibt; ich verleibte mir 3 Gläser Wein ein **2**.2 ⟨fig.⟩ *geistig aneignen;* er hat sich die neuen Erkenntnisse einverleibt **3** einverleibende Sprachen ⟨Sprachw.⟩ *S., bei denen mehrere Satzteile zu einem einzigen Wort zusammengeschlossen werden, z. B. die Indianersprachen, Bantusprachen, Grönländisch*

'Ein·ver·neh·men ⟨n.; -s, unz.⟩ **1** *Übereinstimmung, Eintracht, Einigkeit;* im gegenseitigen ~ handeln; mit jmdm. im ~, in gutem ~ leben, stehen **2** sich mit jmdm. ins ~ setzen *sich mit jmdm. in Verbindung setzen, um zur Übereinstimmung zu kommen*

'ein·ver·stan·den ⟨Adj. 24/74⟩ **1** mit einer Sache ~ sein *einer S. zustimmen, keine Einwände gegen eine S. haben, eine S. richtig finden;* sie ist damit ~, daß ... 1.1 (mit einem Entschluß, einer Maßnahme, einem Plan) ~! *gebilligt!, in Ordnung!* **2** mit jmdm. ~ sein 2.1 *einer Meinung sein, jmdm. zustimmen* 2.2 ⟨umg.⟩ *jmdn. billigen, gern mögen* **3** sich mit etwas ~ erklären *seine Zustimmung zu etwas geben*

'ein·ver·ständ·lich ⟨Adj.; österr.⟩ *mit Einwilligung des Partners*

'Ein·wand ⟨m.; -(e)s, ¨-e⟩ *Äußerung eines Gegengrundes, Widerspruch, Protest;* einen ~ erheben, geltend machen, vorbringen; jmds. ~ zurückweisen; ein nichtiger, unbegründeter, unberechtigter ~

'ein|wan·dern ⟨V. 410(s.)⟩ *in einen fremden Staat übertreten, einreisen, um sich dort dauernd niederzulassen;* seine Familie ist im Jahre 1888 in Südamerika eingewandert

'ein·wärts ⟨Adv.⟩ **1** *nach innen;* ~ geneigte Säulen 1.1 *in ... hinein;* stadt~, wald~ **1**.2 ~ gehen *mit nach innen gerichteten Fußspitzen*

'Ein·weg··· ⟨in Zus.⟩ *nur vom Erzeuger zum Verbraucher gehend, um dann weggeworfen zu werden, nur einmal zu benutzen;* ~glas, ~flasche; ~kohlepapier usw.

'ein|wei·chen ⟨V. 500⟩ **1** etwas ~ *zum Weichmachen od. Schmutzlösen in Flüssigkeit legen;* die Erbsen, Bohnen über Nacht ~ lassen; sie hat die trockenen Brötchen in Milch eingeweicht; schmutzige Wäsche ~ **2** jmdn. od. etwas ~ ⟨fig.; umg.⟩ *durchnässen, durchfeuchten;* ich bin vom Regen völlig eingeweicht

'ein|wei·hen ⟨V. 500⟩ **1** etwas ~ *feierl. in Gebrauch nehmen, zum erstenmal gebrauchen, der Öffentlichkeit übergeben;* die neue Brücke, Sporthalle, Straße ~ **1**.1 ⟨fig.; umg.; scherzh.⟩ *zum erstenmal tragen od. gebrauchen;* ich habe heute mein neues Kostüm eingeweiht; ich muß die neue Filmkamera ~ **2** ⟨505/R8⟩ jmdn. (in etwas) ~ ⟨fig.⟩ *jmdm. ein Geheimnis anvertrauen, jmdn. in eine geheime Angelegenheit einführen;* wir werden ihn in unseren Plan ~; sie hat ihn noch nicht eingeweiht

'ein|wei·sen ⟨V. 282/500/R8⟩ **1** jmdn. ~ *feierl. in ein Amt einführen* **2** jmdn. ~ *zu einer neuen Arbeit anleiten, jmdm. die nötigen Erklärungen dazu geben;* der Meister hat ihn (in seine neue Aufgabe) eingewiesen **3** ⟨511⟩ jmdn. in einen Ort ~ *veranlassen, daß jmd. an einem bestimmten O. untergebracht wird, die Einlieferung anordnen;* den Patienten ins Krankenhaus ~; das Jugendamt hat den Jungen in ein Heim eingewiesen

'ein|wen·den ⟨V. 283/500⟩ etwas ~ *einen Einwand erheben, einen Gegengrund vorbringen, widersprechen;* etwas ~ gegen eine Sache; ich habe nichts dagegen einzuwenden

'ein|wer·fen ⟨V. 286/500⟩ **1** ⟨500⟩ etwas ~ *durch Wurf zertrümmern;* eine Fensterscheibe ~ **2** ⟨500⟩ etwas (in etwas) ~ *hineinwerfen;* einen Brief (in den Briefkasten) ~ **3** ⟨400⟩ (den Ball) ~ ⟨Sp.⟩ *ins Spielfeld werfen;* die deutsche Mannschaft wirft ein **4** etwas ~ ⟨fig.⟩ *beiläufig bemerken, dazu sagen;* er warf (dagegen) ein, daß ...

'ein|wickeln ⟨-k·k-; V. 500⟩ **1** jmdn. od. etwas ~ *in etwas wickeln, einpacken, einhüllen;* jmdn. in Decken ~; eine Ware in Papier ~; das Frühstücksbrot in Pergamentpapier ~ **2** jmdn. ~ ⟨fig.; umg.⟩ *geschickt für sich gewinnen;* da hast du dich von ihm ganz schön ~ lassen!

'ein|wil·li·gen ⟨V. 800⟩ in eine Sache ~ *einer S. zustimmen, sie gestatten, erlauben;* sie willigte in die Scheidung ein

'ein|wir·ken[1] ⟨V. 500; Web.⟩ etwas ~ *einweben;* ein Muster in Stoff ~; eingewirkte Streifen

'ein|wir·ken[2] ⟨V. 800⟩ auf jmdn. od. etwas ~ *Wirkung haben, ausüben, jmdn. beeinflus-*

sen, ihm zureden; ein Klimawechsel könnte günstig auf seinen Gesundheitszustand ~; nachteilig, wohltuend auf jmdn. ~

'Ein·woh·ner ⟨m.; -s, -⟩ **1** *dauernder Bewohner, Ansässiger (eines Landes, einer Stadt);* die ~ von Berlin; diese Gemeinde hat 4000 ~ **2** *Bewohner, Mieter (eines Hauses)*

'Ein·wurf ⟨m.⟩ **1** *das Hineinwerfen, z. B. in den Briefkasten* **2** *Stelle, durch die etwas eingeworfen werden kann, Öffnung, Schlitz;* ~ für Luftpostbriefe; der ~ am Briefkasten **3** ⟨Sp.⟩ *das Hineinwerfen des Balles ins Spielfeld von außerhalb;* ~ für den ... Sportverein **4** ⟨fig.⟩ *kurzer Einwand, eingeworfene unterbrechende Zwischenbemerkung;* Einwürfe machen gegen ...

'ein|wur·zeln ⟨V. 400(s.) od. 500/R3⟩ **1** eine Pflanze, ein Baum wurzelt ein *schlägt Wurzeln in die Erde, wächst fest an;* diese Birke ist, hat sich tief eingewurzelt; die Sträucher müssen noch ~ **2** eine Sache wurzelt ein ⟨fig.⟩ *setzt sich fest, wird zur Gewohnheit;* diese Meinung ist tief bei ihm eingewurzelt; ein tief eingewurzeltes Mißtrauen gegen jmdn. haben

'Ein·zel·heit ⟨f.; -, -en⟩ *einzelner Teil, Gegenstand, einzelne Frage (aus einem Zusammenhang);* auf ~en eingehen; etwas bis in die kleinsten ~en erklären, schildern

'ein·zeln ⟨Indefinitpron. 10; attr. u. substantivisch⟩ **1** *einer für sich allein, vom anderen getrennt, gesondert;* als ~er kann man sich schwer durchsetzen; jeder ~e von uns weiß, daß ... 1.1 der, die, das ~e *einer, eine, eines allein;* der ~e Mensch; das ~e Buch 1.2 bis ins ~e gehen *alles genau, mit allen Einzelheiten besprechen* 1.3 wir wollen es noch im ~en besprechen *mit allen Einzelheiten* 1.3.1 ⟨aber Großschreibung⟩ vom Einzelnen zum Allgemeinen *vom Speziellen zum A.* **2** ⟨Pl. od. n. Sing.⟩ ~e, ~es *einige(s), wenige(s), manche(s);* ~e sind der Meinung; ~es hat mir gefallen

'ein|zie·hen ⟨V. 293⟩ **1** ⟨500⟩ etwas ~ *in etwas hineinziehen, einfügen;* ein Band in den Wäschebeutel ~; einen Faden in ein Nadelöhr ~; eine neue Scheibe in das Fenster ~ **2** ⟨500⟩ Luft, Feuchtigkeit ~ *in sich aufnehmen* **3** ⟨500⟩ ein Körperteil ~ *an sich heranziehen;* die Katze zieht die Krallen ein; die Schultern ~; mit eingezogenem Schwanz lief der Hund zurück 3.1 den Schwanz ~ ⟨a. fig.; umg.⟩ *sich nicht durchsetzen, kleinlaut nachgeben* **4** ⟨500⟩ etwas ~ *einholen, ziehend zu sich heranholen;* die Ruder, die Segel ~; das Fahrgestell am Flugzeug ~ **5** ⟨530/R1⟩ sich einen Splitter, Dorn ~ *in die Haut bohren;* ich habe mir einen Splitter in den Finger eingezogen **6** ⟨500⟩ Geldbeträge ~ *(G., zu deren Zahlung eine Verpflichtung besteht) kassieren, einfordern;* Schulden, Steuern ~; Schuldbeträge gerichtlich ~ **7** ⟨500⟩ Privatbesitz ~ *beschlagnahmen* **8** ⟨500⟩ etwas ~ *aus dem Handel, Verkehr nehmen (weil es nicht den gesetzl. Bestimmungen entspricht);* Banknoten ~; die Fünfmarkstücke werden eingezogen u. durch Scheine ersetzt; die letzte Nummer dieser Zeitschrift wurde laut einstweiliger Verfügung eingezogen **9** ⟨500⟩ Erkundigungen ~ *forschend einholen;* über jmds. Vergangenheit Erkundigungen ~ **10** ⟨500⟩ jmdn. ~ *zum Militärdienst einberufen;* Rekruten ~; demnächst wird ein weiterer Jahrgang eingezogen **11** ⟨500⟩ Wörter, Zeilen ~ ⟨Typ.⟩ *einrücken(2.2)* **12** ⟨400 od. 411(s.)⟩ *Wohnung nehmen, sich einmieten, Wohnung, Zimmer beziehen;* die neuen Mieter sind gestern in unser Haus eingezogen **13** ⟨411(s.)⟩ *in einen Ort ziehen u. ankommen;* die Truppen zogen in die Stadt ein; mit vielen Tieren u. Wagen zog der Zirkus in die Stadt ein 13.1 ⟨411 od. 800; fig.; geh.⟩ *Einzug halten, sich einstellen;* mit dem Besuch der Kinder zog fröhliches Leben bei ihnen ein **14** ⟨400(s.)⟩ Feuchtigkeit zieht ein *dringt ein;* die Feuchtigkeit ist in die Mauer eingezogen; in diesen Stoff zieht die Feuchtigkeit nicht so leicht ein

'ein·zig ⟨Indefinitpron. 10; attr. u. substantivisch⟩ **1** *nur einmal vorhanden, vorkommend, alleinig, einmalig;* der, die, das ~e; er ist der ~e, der mich versteht; ein ~es Mal; ein ~er Schlag genügte; sein ~er Sohn; wenn das deine ~e Sorge ist ...; ihr ~er Trost im Alter; das ~e wäre, daß ...; er hat als ~er keinen Fehler gemacht 1.1 das ist das ~ Wahre! ⟨umg.⟩ *das Richtige* 1.2 er ist unser Einziger *unser einziger Sohn* **2** ⟨nur prädikativ od. adverbial⟩ *hervorragend, einzigartig, unvergleichlich;* seine Hilfsbereitschaft steht ~ da; es ist ~ in seiner Art; dort ist es ~ schön; eine ~ schöne Plastik **3** ⟨nur adverbial⟩ *nur;* ich habe es dir ~ deshalb gesagt, weil ... 3.1 ~ und allein *nur;* ~ und allein das ist der Grund

'Ein·zug ⟨m.; -(e)s, ¨-e⟩ **1** *das Beziehen einer Wohnung;* wir wollen heute abend unseren ~ feiern; beim ~ in die neue Wohnung haben wir alles renovieren lassen **2** *das Einziehen(13), Einmarsch;* der ~ der Truppen in die Stadt 2.1 ⟨fig.; geh.⟩ *Beginn* 2.1.1 der Frühling hat seinen ~ gehalten *hat begonnen, sich eingestellt* **3** *das Einziehen (eines Wechsels)* **4** ⟨Typ.⟩ *Einrückung, freigelassener Raum bei Beginn eines Absatzes;* eine Zeile mit ~ setzen **5** ⟨Web.⟩ *das Einfädeln der Kettfäden* **6** *in ein Loch einer Bürste eingezogenes Borstenbüschel*

'Ein·zugs·ge·biet ⟨n.⟩ **1** ⟨Geogr.⟩ *das gesamte, von einem Fluß mit seinen Nebenflüssen entwässerte Gebiet* **2** ⟨fig.⟩ *Versorgungsgebiet eines Verbrauchszentrums (Industriebezirk, Stadt)*

'ein|zwän·gen ⟨V. 500/R7⟩ jmdn. od. etwas (in etwas) ~ ⟨a. fig.⟩ *hineinzwängen, -pressen, einpferchen, mit Gewalt hineinschieben u. einengen;* der steife Stehkragen zwängte ihn, ihm den Hals ein; sie saßen dicht eingezwängt

Eis ⟨n.; -es; unz.⟩ **1** *lichtdurchlässiger, kalter, spröder Stoff mit einer glatten Oberfläche, der durch Gefrieren aus Wasser entsteht;* zu ~ gefrieren, werden; das ~ bricht, schmilzt; ein Block, eine Schicht, eine Stange ~; der Teich hat sich mit einer dicken, dünnen Schicht ~ bedeckt; das ~ trägt noch nicht (zum Schlittschuhlaufen); auf dem ~ Schlittschuh laufen; in ~ verwandeln; kalt wie ~ sein 1.1 aufs ~ tanzen gehen ⟨fig.⟩ *übermütig werden* 1.2 etwas erst einmal auf ~ legen ⟨fig.; umg.⟩ *nicht weiterbearbeiten, verschieben* **2** ⟨fig.⟩ *Gefühllosigkeit, Härte, unfreundliches, abweisendes Wesen* 2.0.1 ein Herz von ~ *ein gefühlloses H.* 2.1 *förmliches, gezwungenes Benehmen, unfreundliche Atmosphäre* 2.1.1 das ~ brechen ⟨fig.⟩ *Hemmungen, Widerstand über-*

winden 2.1.2 das ~ ist gebrochen ⟨fig.⟩ *die anfängl. Zurückhaltung wurde aufgegeben, die unpersönl. steife Art überwunden* **3** *gefrorene Süßspeise;* ein Becher, eine Portion, eine Tüte ~; ~ mit Früchten u. Sahne; ~ am Stiel

'Eis·berg ⟨m.⟩ *im Meer schwimmende, abgebrochene Randstücke (ant)arktischen Eises od. polarer Gletscher;* einen ~ sichten

'Ei·sen ⟨n.; -s, -⟩ **1** ⟨Zeichen: Fe⟩ *chem. Element, bläulichweißes, ziemlich weiches, an trockener Luft u. in luft- u. kohlendioxidfreiem Wasser unveränderliches, 2-, 3- und selten 6wertiges Metall, Ordnungszahl 26;* → a. *Stahl;* ~ formen, hämmern, gießen, walzen; geschmiedetes, gewalztes, glühendes ~; einen Willen fest wie ~ haben 1.1 zwei, mehrere ~ im Feuer haben ⟨fig.⟩ *zwei od. mehrere Pläne gleichzeitig verfolgen, um Erfolg zu haben* 1.2 man muß das ~ schmieden, solange es heiß, warm ist ⟨Sprichw.⟩ *eine Sache erledigen, solange es günstig ist* 1.3 → a. *alt(6.1), heiß(4)* **2** ⟨fig.⟩ *große Widerstandsfähigkeit, starke Belastbarkeit;* Muskeln von ~ haben 2.0.1 → a. *Not(4.6)* **3** *etwas, das aus Eisen(1) hergestellt ist;* Bügel~, Huf~ 3.1 *Beschlag für die Hufe des Pferdes;* die Pferde mit ~ beschlagen 3.2 ⟨jägerspr.⟩ *Falle* 3.3 ⟨Sp.⟩ *Golfschläger* 3.4 *Schwert;* durch das ~ sterben 3.5 ⟨nur Pl.⟩ *Ketten, Fesseln;* einen Verbrecher in ~ legen; in ~ liegen **4** ⟨Med.⟩ *eisenhaltiges Heilmittel;* er muß ~ gegen seine Blutarmut nehmen

'Ei·sen·bahn ⟨f.⟩ **1** *schienengebundenes Verkehrsmittel auf eigenem Bahnkörper;* die ~ benutzen; mit der ~ fahren; er wohnt direkt an der ~; ~en legen 1.1 *kleine Nachahmung der Eisenbahn(1) als Spielzeug;* der Junge spielte mit seiner ~ **2** es ist h ö c h s t e ~ ⟨fig.; umg.; scherzh.⟩ *es ist höchste Zeit* **3** *eine Spurbahn aus stählernen Schienensträngen für Fahrzeuge, die durch Pferde- od. Maschinenkraft fortbewegt werden*

'Ei·sen·hüt·te ⟨f.⟩ *industrielle Anlage zur Gewinnung u. Weiterverarbeitung von Eisen(1);* Sy *Eisenwerk(2)*

'Ei·sen·werk ⟨n.⟩ **1** *schmiedeeiserne Verzierung* **2** = *Eisenhütte*

'Ei·sen·zeit ⟨f.; -; unz.⟩ *vorgeschichtl. Zeitalter nach der Bronzezeit, etwa ab 800 v. Chr.*

'ei·sern ⟨Adj.⟩ **1** ⟨60⟩ *aus Eisen bestehend;* ein ~es Gitter; ~e Kette, Nägel 1.0.1 Eiserner H a l b m o n d ⟨dt. Bez. für⟩ *die 1915 gestiftete kaiserlich-osmanische „Kriegsmedaille"* 1.0.2 Eisernes K r e u z ⟨Abk.: EK⟩ *1813 zum erstenmal gestiftete militär. Auszeichnung in zwei Klassen* 1.0.3 Eiserne K r o n e *langobard. Königskrone* 1.0.4 der ~e V o r h a n g ⟨Theat.⟩ *feuersicherer V. zwischen Bühne u. Zuschauerraum* 1.0.5 die Eiserne J u n g f r a u *Folterwerkzeug, eine Art Panzer, innen mit Nägeln besteckt* 1.0.6 ~e L u n g e ⟨Med.⟩ *Gerät zur künstl. Atmung bei vorübergehender Lähmung der Atemmuskulatur mittels rhythmischer Saugbewegung in einem luftdicht abgeschlossenen Raum* 1.0.7 ~er H u t *eine mit Brauneisenerz in der Nähe der Erdoberfläche durch Verwitterungserscheinungen angereicherte Erzlagerstätte* 1.1 ⟨fig.⟩ *unangreifbar, bleibend* 1.1.1 ~e Ration, ~er Bestand *Vorrat, Proviant für den Notfall* 1.1.2 das Stück gehört zum ~en Bestand unseres Theaters *das S. wird immer wieder einmal gespielt* 1.2 das Eiserne T o r *der östl. Ausgang des Donaudurchbruchs zwischen den Südkarpaten u. dem Ostserb. Gebirge* 1.3 → a. *Hochzeit(1.2)* 1.4 der Eiserne V o r h a n g ⟨fig.⟩ *die Grenze des sowjet. Machtbereiches gegen die übrige Welt als Trennungslinie zwischen östl. u. westl. polit. Machtbereich* 1.5 der Eiserne K a n z l e r *Bismarck* **2** ⟨fig.⟩ *hart, unnachgiebig, unerbittlich, unbeugsam;* in einer Angelegenheit ~ bleiben, sein; mit ~er Hand regieren 2.1 mit ~er F a u s t jmdn. unterdrücken *mit unerbittl. Strenge* 2.2 mit dem ~en B e s e n auskehren, dazwischenfahren *rücksichtslos durchgreifen* **3** ⟨fig.⟩ *unerschütterlich, zäh, unbeirrbar;* ~ schweigen; ~er Fleiß, Wille; ~e Disziplin, Energie, Gesundheit; ~ an jmdm. festhalten 3.1 mit ~er S t i r n lügen *frech, unverschämt lügen* **4** aber ~! ⟨umg.⟩ *aber ja, selbstverständlich!*

'Eis·gang ⟨m.; -(e)s; unz.⟩ **1** *das Aufbrechen der Eisdecke eines zugefrorenen Flusses im Frühjahr* **2** *das Wegschwimmen der Eisschollen auf fließenden Gewässern;* ein starker, gefährlicher ~

'ei·sig ⟨Adj.⟩ **1** *kalt wie Eis, sehr kalt;* ~e Kälte, Luft; es bläst ein ~er Wind; es ist ~ kalt **2** ⟨fig.⟩ *unnahbar, durch u. durch abweisend, ablehnend, gefühllos;* es herrschte ~es Schweigen; jmdn. ~ behandeln, empfangen; sein Blick war ~ **3** ⟨90; fig.⟩ *jmdn. mit Gefühl großer Kälte erfüllend, schauerlich;* ein ~er Schreck durchfuhr sie; es überläuft jmdn. ~

'Eis·zeit ⟨f.; Geol.⟩ *Abschnitt der Erdgeschichte, in dem infolge entsprechenden Klimas größere Gebiete der Erdoberfläche von vorrükkenden Gletschern u. Inlandeismassen bedeckt waren;* Ggs *Warmzeit*

'ei·tel ⟨Adj.⟩ **1** *selbstgefällig, eingebildet, putzsüchtig;* ein eitler Mensch; auf etwas ~ sein; ~ wie ein Pfau sein; sie betrachtete sich ~ im Spiegel **2** ⟨70; poet.⟩ *nichtig, gehaltlos, leer, nutzlos, wertlos;* eitles Gerede, Geschwätz; eitle Wünsche **3** ⟨24/60; veralt.; geh.⟩ *rein, lauter, pur;* ~ Freud u. Wonne; ~ Gold; es herrschte ~ Jubel, Sonnenschein; es war alles ~ Lust und Freude

'Ei·ter ⟨m.; -; unz.⟩ *eine gelbliche Flüssigkeit, die sich als Reaktion des Körpers in den Geweben od. in den Höhlen des Körpers im Laufe einer durch Bakterien ausgelösten Entzündung bildet u. weiße Blutkörperchen u. Gewebszellen enthält;* in der Wunde hat sich ~ gebildet

'ei·tern ⟨V. 400⟩ *Eiter bilden, absondern;* der Finger eiterte; eine ~de Wunde

'Ei·weiß ⟨n. 7; -es, -e⟩ **1** *das Weiße im Ei;* Dotter und ~ trennen **2** ⟨Chem.⟩ *makromolekulare organ.-chem. Verbindung aus Kohlenstoff-, Wasserstoff-, Stickstoff- u. Sauerstoffatomen, z. T. auch Phosphor u. Schwefel, die neben den Kohlenhydraten u. Fetten die wichtigsten lebensnotwendigen Bestandteile der Nahrungsmittel u. Reservestoffe darstellt;* Sy *Protein;* ~e kommen in allen Zellen eines lebenden Organismus vor; der Verbrauch an ~

'Ekel[1] ⟨m.; -s; unz.⟩ *heftiger Widerwille, Abscheu;* ~ erregen bei, in jmdm.; ~ bekommen, empfinden, haben vor jmdm. od. etwas; vor ~ ausspucken, sich übergeben; das wird mir zum ~; die Welt ist ihm zum ~

'Ekel² ⟨n.; -s, -; umg.⟩ *unangenehmer, widerwärtiger Mensch;* eine altes ~; du ~!
'ekeln ⟨V.⟩ **1** ⟨500⟩ etwas ekelt jmdn. *etwas erregt jmds. Ekel, etwas widert jmdn. an;* der Geschmack, Geruch ekelt mich; die Suppe hat ihn geekelt 1.1 ⟨550 od. 650; unpersönl.⟩ jmdn., jmdm. ekelt (es) vor etwas od. jmdm. *etwas od. jmd. flößt jmdm. Ekel ein, erfüllt jmdn. mit Ekel;* es ekelt mich, mir vor ihm, vor diesem Gericht **2** ⟨550/R3⟩ sich vor jmdm. od. etwas ~ *Ekel empfinden;* ich ek(e)le mich vor diesem Anblick; du hast dich immer davor geekelt ...
ekla'tant ⟨Adj.⟩ **1** *offenbar, offenkundig* **2** *aufsehenerregend, glänzend*
Ek'sta·se ⟨f.; -, -n⟩ **1** *Außersichsein, Verzükkung, Entrückung* **2** *übermäßige Begeisterung;* in ~ geraten
ek'sta·tisch ⟨Adj.⟩ **1** *in Ekstase befindlich, entrückt* **2** *verzückt, schwärmerisch*
Elan ⟨[e'la:n] od. [e'lã] m.; -s; unz.⟩ *Schwung, Begeisterung, Stoßkraft*
ela·stisch ⟨[-'--] Adj.⟩ **1** *dehnbar, biegsam, nachgebend, federnd* **2** ⟨fig.⟩ *spannkräftig, schwungvoll*
Ele'fant ⟨m.; -en, -en⟩ **1** *einer Familie der Rüsseltiere angehörender in Herden lebender Pflanzenfresser mit kurzem Hals, zum Rüssel (Greiforgan) verlängerter, schlauchförmiger Nase u. zu Stoßzähnen ausgebildeten oberen Schneidezähnen: Elephantidae;* ein zahmer, wilder, junger ~ 1.1 er benimmt sich wie ein ~ im Porzellanladen ⟨fig.; umg.⟩ *er richtet durch seine Ungeschicklichkeit Unheil an* 1.2 → a. *Mücke(1.1)*
ele'gant ⟨Adj.⟩ **1** ~e Kleidung *modische, geschmackvolle K.* **2** ~e Damen, Herren *elegant(1) gekleidete D., H.* **3** ~e Bewegungen *feine, gewandte B.*
Ele'ganz ⟨f.; -; unz.⟩ **1** *modischer Geschmack;* die ~ der Kleidung, einer Gesellschaft **2** *Feinheit, blendende Gewandtheit;* die ~ der Bewegungen
elek·trisch ⟨[-'--] Adj. 24⟩ **1** *mit Elektrizität verbunden, zusammenhängend* 1.1 ~er Strom *Bewegung von Elektronen* 1.2 ~es Feld *Magnetfeld um elektr. Leiter* 1.3 ~e Leitfähigkeit *die Fähigkeit, elektr. Strom zu leiten* 1.4 ~e Ladung *in Volt gemessene L. eines elektr. Leiters* 1.5 ~er Widerstand *der W., den ein Leiter dem Durchgang eines elektr. Stromes entgegensetzt* 1.6 ~e Festigkeit *Beständigkeit eines Isolators gegen Durchschlag od. Überschlag bei einer Spannungsbeanspruchung* **2** *mit Elektrizität betrieben;* etwas ~ betreiben, beleuchten 2.1 ~e Anlage *Anordnung u. Zusammenschaltung von Einrichtungen u. Geräten zum Gewinnen u. Benutzen von elektr. Energie* 2.2 ~e Eisenbahn *(Spielzeug)* 2.3 ~e Maschinen *umlaufende od. ruhende M., die elektr. Energie in mechan. Energie umwandeln od. umgekehrt* 2.4 ~e Steuerung *Auslösung u. Lenkung von Antrieben u. Maschinen durch elektr. Hilfsgeräte* 2.5 ~e Musikinstrumente *M., bei denen elektr. Wellen in Schallwellen umgewandelt werden* 2.6 ~es Klavier = *mechanisches Klavier* **3** *von Elektrizität bewirkt* 3.1 ~e Arbeit *die von einem elektr. Strom bei gegebener Spannung u. Zeiteinheit geleistete A.* 3.2 ~er Unfall *Gesundheitsschädigung durch Einwirken elektrischen Stromes* **4** *Elektrizität benutzend* **4**.1 ~e Bäder *B., bei denen die Elektroden in das Wasser getaucht werden u. die elektr. Ströme auf diesem Umweg auf den menschl. Körper einwirken* **4**.2 ~e Linse *ein statisches elektr. Feld, das auf Elektronenstrahlen in gleicher Weise wirkt wie eine optische L. auf Lichtstrahlen* **4**.3 ~e Meßtechnik *Verfahren, Schaltungen, Geräte u. Instrumente für die Anzeige u. Aufzeichnung elektr. Meßgrößen wie Strom, Spannung, Widerstand, Leistung, Frequenz od. solcher, die sich in elektr. Größen umwandeln lassen* **5** *Elektrizität erzeugend* **5**.1 ~e Fische ⟨Zool.⟩ *F., die in elektr. Organen bis zu 600 Volt Spannung erzeugen* **6** *Elektrizität leitend* **6**.1 ~e Leitung *L. für den Transport elektr. Energie* **6**.2 ~er Zaun *elektr. geladener Draht als Umzäunung*
elek·tri'sie·ren ⟨V. 500/R7 od. R8⟩ **1** jmdn. od. etwas ~ *elektr. Ladungen in etwas erzeugen u. auf jmdn. od. etwas übertragen* **2** jmdn. ~ *mit elektr. Strom behandeln* **3** jmdn. ~ ⟨fig.⟩ *aufschrecken, aufrütteln, begeistern*
Elek·tri·zi'tät ⟨f.; -; unz.⟩ *alle Erscheinungen, die von elektrischen Ladungen u. den sie umgebenden Feldern ausgehen*
Elek'tro·de ⟨f.; -, -n⟩ *Ein- od. Austrittsstelle des elektr. Stromes in Flüssigkeiten od. Gasen od. im Vakuum*
elek·tro·ma'gne·tisch ⟨Adj.⟩ **1** *den Elektromagnetismus betreffend, auf ihm beruhend* 1.1 ~e Wellen *Schwingungen des elektr. u. magnet. Feldes, die sich im Raum wellenförmig mit Lichtgeschwindigkeit (300 000 km/sec) ausbreiten*
'Elek·tron ⟨n.; -s, -en; [--'--]⟩ *negativ geladenes, leichtes Elementarteilchen*
Ele'ment ⟨n.; -(e)s, -e⟩ **1** ⟨im Altertum⟩ *Urstoff* 1.1 die vier ~e *Feuer, Wasser, Luft u. Erde* 1.1.1 das nasse ~ *Wasser* 1.1.2 das Toben der ~e *ein Unwetter* **2** *Grundlage, Grundbestandteil;* die ~e der Mathematik, Physik, einer Wissenschaft **3** *Grundsatz, Grundbegriff* **4** *das einem Menschen Angemessene;* (potz) ~! 4.1 er ist in seinem ~ ⟨fig.; umg.⟩ *er hat das ihm Gemäße gefunden, das, was er beherrscht od. worin er sich wohlfühlt* **5** ⟨Chem.⟩ = *chemisches Element* **6** ⟨El.⟩ *Vorrichtung zum Umwandeln chemischer in elektrische Energie (u. umgekehrt);* galvanisches ~ **7** ⟨Mengenlehre⟩ *abstrakte Einheit, die bei Objekten nur von deren Zugehörigkeit zu einer od. mehreren Mengen als Eigenschaft ausgeht* **8** ⟨Bauw.⟩ *genormtes Bauteil im Fertigbau* **9** ⟨nur Pl.⟩ gefährliche, kriminelle, schlechte, üble ~e ⟨fig.; umg.⟩ *schlechte Menschen*
ele·men'tar ⟨Adj.⟩ **1** *grundlegend, wesentlich* **2** *anfängerhaft, den Anfang bildend* **3** *naturhaft, urwüchsig* **4** *heftig*
'elend ⟨Adj.⟩ **1** *durch seelische Not bedrückt, unglücklich, beklagenswert;* ein ~es Leben führen müssen; er ist ~ dran **2** *durch materielle Not gekennzeichnet, ärmlich, kärglich, kümmerlich;* eine ~e Behausung, Hütte; sie hat ein ~es Los **3** *physisch leidend, kränklich, matt, abgemagert, nicht wohl;* du siehst ~ aus; sich ~ fühlen; mir ist ~ zumute **4** ⟨60⟩ *verächtlich,*

gemein, schlecht, minderwertig; ein ~er Kerl; das ist eine ~e Lüge **5** ⟨90; umg.; verstärkend⟩ *unangenehm (groß);* das war eine ~e Arbeit; es ist heute ~ heiß

'Elend ⟨n.; -(e)s; unz.⟩ **1** *Unglück, (seelische) Not;* er ist nur noch ein Häufchen ~ ⟨umg.⟩ 1.1 *trostloser Zustand;* es ist ein ~ mit ihm **1.2** *trostlose Stimmung;* das graue, große, heulende ~ bekommen, haben, kriegen **2** *große materielle Not;* im ~ leben, sterben; ins ~ geraten; von drückendem ~ umgeben sein **3** er sieht aus wie das leibhaftige ~ *sehr leidend, krank*

elf ⟨Num.; in Ziffern: 11⟩ *zehn plus eins;* → a. *vier;* wir sind ~; es ist ~ (Uhr); zwanzig zu ~

Elf[1] ⟨f.; -, -en⟩ **1** *die Zahl 11* **2** die ~ *aus elf Spielern bestehende Mannschaft;* Fußball~, Handball~

Elf[2] ⟨m.; -en, -en⟩ *anmutiger, zarter Märchengeist;* Sy *Alb*[2]; Blumen~, Licht~

'El·fen·bein ⟨n.; -(e)s, (selten) -e⟩ *Zahnbein der Zähne von Elefant, Mammut, Walroß, Nilpferd u. Narwal;* ein helles, gelbliches ~; eine Kette aus ~

'elf·te(r, -s) ⟨Num. 24; Zeichen: 11.⟩ **1** ⟨Ordinalzahl von⟩ *elf* 1.1 das ~ Gebot ⟨umg.; scherzh.⟩ *du sollst dich nicht erwischen (od.) verblüffen lassen!*

Eli·te ⟨[-'--] österr. a. [ə'li:t] f.; -, -n⟩ *Auslese, das Beste, die Besten*

'Ell·bo·gen ⟨m.; -s, -⟩ **1** *hakenförmiger Knochenfortsatz bei Mensch u. höheren Wirbeltieren, der beim Menschen auf der Streckseite des Armes an der Übergangsstelle von Oberzum Unterarm liegt;* oV *Ellenbogen;* die ~ auflegen, aufstützen; auf die ~ gestützt; mit dem ~ stoßen; die ~ vom Tisch nehmen 1.1 seine ~ (ge)brauchen ⟨fig.⟩ *sich rücksichtslos durchsetzen* 1.2 keine ~ haben *sich nicht durchsetzen können*

'Ell·bo·gen·frei·heit ⟨f.; ; fig.; umg.⟩ *Bewegungsfreiheit;* (nicht) genug ~ haben

'El·le ⟨f. 7; -, -n⟩ **1** ⟨Anat.⟩ *der an der Innenseite liegende Unterarmknochen;* die beiden Unterarmknochen ~ und Speiche **2** *von der Länge des Unterarmes abgeleitetes altes Längenmaß (60–80 cm);* vier ~n Tuch 2.1 alles mit der gleichen ~ messen ⟨fig.; umg.⟩ *unterschiedslos behandeln*

'El·len·bo·gen ⟨m.⟩ = *Ellbogen*

'El·ster ⟨f.; -, -n⟩ **1** *schwarz-weißer Rabenvogel Eurasiens mit langem Schwanz, der gern Nester anderer Vögel plündert: Pica pica* **2** jmd. ist eine diebische, schwatzhafte ~ ⟨fig.; umg.⟩ *eine diebische, schwatzhafte Frau*

'El·ter ⟨m. od. n.; -s, -n⟩ **1** ⟨Naturwissenschaften; Statistik⟩ *ein Elternteil* **2** ⟨Pl.⟩ ~n *Vater u. Mutter;* meine ~n; sie lebt bei ihren ~n; die ~n sind Deutsche 2.1 etwas ist nicht von schlechten ~n ⟨fig.; umg.⟩ *etwas läßt nichts zu wünschen übrig, ist äußerst beachtlich, kräftig;* die Ohrfeige war nicht von schlechten ~n

Email·le ⟨[e'maljə] od. [e'ma:j]; f.; -, -n; [-jən]⟩ *meist farbige, Metallgegenständen als Schutz od. Schmuck aufgeschmolzene Glasmasse, z. B. bei Kochtöpfen*

Eman·zi·pa·ti'on ⟨f.; -, -en⟩ *Befreiung von Abhängigkeit u. Bevormundung;* ~ der Frau

'Em·bryo ⟨m.; österr. n.; -s, -s od. -'onen⟩ *sich aus der befruchteten Eizelle entwickelndes Lebewesen vor der Geburt, vor dem Schlüpfen*

emi'nent ⟨Adj. 90⟩ *hervorragend, außerordentlich*

Emp'fang ⟨m.; -(e)s, ¨-e⟩ **1** ⟨unz.⟩ *das Empfangen, Erhalten, Entgegennehmen;* den ~ einer Ware bescheinigen, bestätigen; bei ~ Ihres Schreibens; zahlbar nach ~ der Ware ⟨kaufmannsspr.⟩ 1.1 etwas in ~ nehmen *etwas entgegennehmen;* Geld, eine Ware in ~ nehmen **2** ⟨unz.⟩ *(offizielle) Begrüßung;* dem Präsidenten einen festl. ~ bereiten; der ~ der Gäste war herzlich **3** *festl. offizielle Einladung, Unterredung (bei einer bedeutenden Persönlichkeit);* einen ~ geben, veranstalten; ~ bei Hofe; zum ~ eingeladen sein **4** ⟨unz.; Rundfunk, Fernsehen⟩ *das Hören, Sehen einer Sendung;* heute ist guter, schlechter ~; der ~ ist durch das Gewitter gestört; wir wünschen Ihnen einen guten ~ **5** ⟨unz.⟩ *Stelle in einem Hotel, wo sich die Gäste melden u. eintragen;* wir treffen uns am ~

emp'fan·gen ⟨V. 132/500⟩ **1** etwas ~ *erhalten, annehmen, entgegennehmen;* eine Belohnung, Briefe, Geschenke, Waren ~; ein Geschenk dankend ~; das heilige Abendmahl ~; die Weihen ~ (zum Priester) **2** eine Hörfunk-, Fernsehsendung ~ *in einem Empfangsgerät hören od. sehen;* wir können den Südwestfunk nur schlecht ~ **3** ⟨402⟩ (ein Kind) ~ *schwanger werden;* sie hat empfangen; sie empfing ein Kind von ihm **4** jmdn. ~ *willkommen heißen, aufnehmen, begrüßen;* empfängt er heute (Besucher)?; einen Besucher, Gast herzlich ~

emp'fäng·lich ⟨Adj.⟩ **1** *Eindrücken, Empfindungen, Einflüssen zugänglich, aufnahmebereit;* ein ~es Gemüt, Publikum; er ist ein ~er Mensch; sie ist ~ für Komplimente, Schmeicheleien; jmdn. für etwas ~ machen 1.1 jmd. ist (sehr) ~ für Krankheiten, Infektionen *anfällig*

Emp'fäng·nis ⟨f.; -, (selten) -se⟩ **1** *Befruchtung einer Eizelle durch eine Samenzelle beim Menschen* **2** die unbefleckte ~ (Mariä) ⟨kath. Rel.⟩ *Glaubenssatz, daß Maria frei von Erbsünde war*

emp'feh·len ⟨V. 125/500⟩ **1** ⟨530/R7⟩ jmdm. etwas od. jmdn. ~ *als für jmdn. vorteilhaft, brauchbar darstellen, jmdm. etwas anraten, zu etwas raten;* er empfahl mir, in dieser Angelegenheit noch nichts zu unternehmen; Ihr Geschäft ist mir sehr empfohlen worden; mit ein paar ~den Worten darauf hinweisen; eine gut empfohlene Praxis haben; einen neuen Mitarbeiter ~; ich empfehle mich Ihnen als Sachbearbeiter für ... 1.1 ⟨R3⟩ gute Ware empfiehlt sich selbst *zeigt ohne Werbung, daß es ratsam ist, sie zu kaufen* 1.2 ⟨580/R3; unpersönl.⟩ es empfiehlt sich *es ist vorteilhaft, zweckmäßig, ratsam;* es empfiehlt sich, die Karten im Vorverkauf zu besorgen; es empfiehlt sich, einen Schirm mitzunehmen **2** ⟨530/R3⟩ sich jmdm. ~ ⟨geh.; in Höflichkeitsformeln⟩ *jmdn. bitten, Grüße freundlich entgegenzunehmen;* bitte ~ Sie mich Ihrer Frau Gemahlin; ich empfehle mich Ihnen (a. als Briefschlußformel) **3** ⟨R3⟩ sich ~ *verabschieden;* es war dort so langweilig, daß ich mich bald wieder empfohlen habe 3.1 ⟨513/R3⟩ sich (auf) englisch, französisch ~

〈umg.; scherzh.〉 *ohne Abschied eine Gesellschaft verlassen* **4** 〈530〉 jmdm. etwas od. jmdn. ~ 〈geh.〉 *jmdm. od. dessen Sorge etwas od. jmdn. vertrauensvoll übergeben;* ich empfehle es dir zur treuen Verwahrung; seine Seele Gott ~; ein Buch der Aufmerksamkeit des Lesers ~; ich empfehle das Kind deiner Obhut

Emp'feh·lung 〈f.; -, -en〉 **1** *Rat, Vorschlag;* auf ~ des Arztes; auf seine ~ fuhr ich dorthin **2** *lobendes Urteil über jmdn. od. etwas;* Sy *Referenz(1);* haben Sie eine ~?; er gab ihm eine ~ für ...; er konnte die besten ~en vorweisen **3** 〈geh.〉 *höfl. Gruß;* eine ~ ausrichten; eine ~ an Ihre Frau Gemahlin; mit freundlichen (den besten) ~en (Formel am Briefschluß)

emp'fin·den 〈V. 134/500〉 **1** Reize ~ *mit den Sinnen wahrnehmen;* Durst, Hunger, Kälte, Wärme ~ **2** Gefühle ~ *(durch Gefühle) im Gemüt bewegt werden;* Liebe, Leid ~; Befriedigung, Freude, Reue, Scham ~; einen Verlust schmerzlich, tief ~; Abneigung, Achtung, Antipathie, Bewunderung, Sympathie, Zuneigung für jmdn. ~; Abscheu, Ekel vor etwas od. jmdm. ~ **2.1** 〈550〉 nichts für jmdn. ~ *jmdn. nicht lieben*

emp'find·lich 〈Adj.〉 **1** *leicht auf, gegen Reize reagierend;* kälte ~; eine ~ e Haut; eine ~ e Stelle berühren (auf der Haut); ~ gegen Föhn, Hitze, Kälte sein **2** *seelisch leicht verletzbar, empfindsam;* jmdn. an (s)einer ~en Stelle treffen **2.1** *leicht zu beleidigen;* sei nicht so ~ **3** *so spürbar, daß es als starke Beeinträchtigung empfunden wird;* eine ~e Strafe; einen ~en Verlust erleiden; jmdn. ~ kränken; deine Anspielung hat ihn ~ getroffen

emp'find·sam 〈Adj.〉 **1** *zart, fein empfindend, sensibel;* ein ~er Mensch; sie ist sehr ~; ~e Nerven haben **2** *gefühlvoll, sentimental;* eine ~e Stimmung **2.1** 〈60〉 ~e Dichtung *literar. Geschmacksrichtung der zweiten Hälfte des 18. Jahrhunderts, die das Gefühl in den Mittelpunkt stellte*

em'por 〈Adv.; geh.〉 *nach oben, in die Höhe;* ~ zu den Gipfeln; zum Licht ~!

em'por... 〈in Zus. mit Verben immer abtrennbar〉 *hinauf, aufwärts, in die Höhe;* emporhalten, du hältst empor, emporgehalten, emporzuhalten

em'pö·ren 〈V. 500〉 **1** 〈505/R3〉 sich (über etwas) ~ *sich aufregen, entrüsten, zornig sein;* ich empöre mich über sein Benehmen; ich bin empört! **1.1** 〈550〉 sich gegen jmdn. ~ *sich auflehnen, erheben, jmdm. den Gehorsam verweigern;* das Volk empörte sich gegen seine Unterdrücker **2** jmdn. ~ *erregen, zornig machen, in (sittl.) Entrüstung bringen;* das empörte ihn; sein Benehmen, seine Frechheit, sein Verhalten empört mich; die empörten Zuschauer pfiffen das Stück aus

em'por|fah·ren 〈V. 130/400(s.)〉 **1** *hinauf-, aufwärtsfahren, in die Höhe schnellen* **2** 〈fig.〉 *aufbrausen*

em'por|kom·men 〈V. 170/400(s.)〉 **1** *sich hinauf-, hocharbeiten, vorankommen;* er wollte rasch in dieser Firma ~ **2** *aufkommen, entstehen* **3** 〈fig.〉 *reich werden*

em'por|ra·gen 〈V. 400〉 **1** *hinausragen (über), hoch aufragen;* der Berg ragt aus der Landschaft empor **2** 〈fig.〉 *übertreffen;* seine Begabung ragt weit über den Durchschnitt empor

em'por|schau·en 〈V.〉 **1** 〈400〉 *auf-, hinaufschauen* **2** 〈800〉 zu jmdm. ~ 〈fig.〉 *jmdn. verehren, hochachten*

'em·sig 〈Adj.〉 *rastlos u. unermüdlich tätig, fleißig, eifrig, ununterbrochen geschäftig;* ~e Bienen; ~e Betriebsamkeit; in ~er Kleinarbeit; ~ arbeiten; sich ~ regen

'En·de 〈n.; -s, -n〉 **1** 〈unz.〉 *Zeitpunkt, an dem etwas aufhört;* Ggs *Anfang(1);* ~ des Jahres, Monats, der Woche; das ~ des Lebens; das ~ der Besprechung, Unterredung, der Verhandlungen; gegen ~ des Stückes wurde es langweilig; der Tag neigt sich dem ~ zu **1.0.1** etwas geht zu ~ *etwas nähert sich dem Zeitpunkt, an dem es aufhört;* der Tag geht zu ~ **1.1** *Zeitpunkt, an dem das menschl. Leben endet;* er fühlt sein ~ kommen, nahen; noch kurz vor seinem ~ machte er ein Testament **1.1.1** es geht mit ihm zu ~ *er ist dem Tod nahe* **2** 〈unz.〉 *Aufhören eines Geschehens, eines Zustandes;* alles hat einmal ein ~; der Bewunderung war kein ~; meine Geduld ist zu ~ **2.1** ein (kein) ~ nehmen *(nicht) aufhören* **2.2** Klagen ohne ~, Klagen und kein ~ *unaufhörliche Klagen* **2.3** Regen und kein ~ *unaufhörlicher Regen* **3** 〈unz.〉 *endgültiger Abschluß;* zum guten ~ führen; glücklich zu ~ führen; mit einer Sache zu ~ kommen; zu ~ bringen, führen; zu ~ lesen, schreiben, spielen usw.; das Fest fand ein frühes, plötzliches, vorzeitiges ~; er kann kein ~ damit finden; damit muß es jetzt ein ~ haben; einer Sache ein ~ bereiten, machen, setzen **3.1** seinem Leben ein ~ machen, setzen *sich das Leben nehmen, Selbstmord begehen* **4** 〈unz.〉 *letzter Abschnitt von etwas, das eine zeitl. Entwicklung hat, Ausgang, Schluß;* das glückliche, schlimme, traurige ~ eines Fernsehspiels, Films, Theaterstückes; das ~ davon wird sein, daß ...; das wird noch ein schlimmes ~ nehmen; die Angelegenheit war von Anfang bis ~ erlogen; das Stück ist von Anfang bis ~ spannend; am ~ wird sich zeigen, wer recht behält **4.1** ~ gut, alles gut 〈Sprichw.〉 *wenn das Resultat gut ist, kann man vergessen, mit welchen Schwierigkeiten es erreicht wurde* **4.2** das ist das ~ vom Lied 〈fig.; umg.〉 *die unausbleibl. Enttäuschung* **5** am ~ *zuletzt, schließlich;* am ~ kam er doch noch **5.1** 〈umg.〉 *womöglich, vielleicht, etwa;* du willst doch nicht am ~ gar ...; am ~ kommt er überhaupt nicht? **6** zu dem ~ *zu dem Zweck, in der Absicht* **6.1** zu welchem ~? *wozu?, in welcher Absicht?* **7** *Stelle, an der etwas aufhört;* das ~ der Straße; der Speisewagen befindet sich am ~ des Zuges; am oberen, unteren ~ **7.0.1** das ist eine Kette, Schraube ohne ~ 〈fig.〉 *das hört nie auf, in dieser Angelegenheit ist kein Ende abzusehen* **7.1** am ~ sein *nicht weiter können* **7.1.1** ich bin mit meinem Latein am ~ 〈umg.〉 *ich weiß nicht weiter* **7.1.2** sie ist mit ihrer Kraft am ~ *sie ist völlig erschöpft* **8** *letztes, äußerstes Stück;* das ~ der Insel; am anderen ~ der Straße wohnen **8.0.1** von einem ~ zum anderen laufen *hin u. her* **8.0.2** am ~ der Welt wohnen 〈fig.; scherzh.〉 *sehr weit entfernt, weit draußen in der Vorstadt* **8.0.3** bis ans ~ der Welt laufen 〈fig.; scherzh.〉 *weit laufen* **8.0.4** eine Sache beim rechten, verkehrten ~ anfassen ⟨fig.; umg.⟩ *etwas geschickt, ungeschickt in die Wege leiten, betreiben* **8.0.5** da ist das ~ von ab, fort, weg ⟨umg.; scherzh.⟩ *das hört nicht mehr auf* **8.0.6** →a. *Ecke(4.1-4.2)* **8.1** ⟨umg.⟩ *kleines Stück, Zipfel;* ein ~ Wurst **8.1.1** ⟨niederdt.⟩ *kleine Wurst;* Mett~ **9** ⟨unz.; umg.⟩ *Stück Weg, Strecke;* bis zu meiner Wohnung ist es noch ein gutes ~ **10** ⟨meist Pl.; jägerspr.⟩ *Zacke am Geweih des Rothirsches;* Sy *Sprosse(2)* **11** ⟨Mar.⟩ *Tau* **12** ⟨Web.⟩ *parallel zur Kette verlaufende Kante eines Gewebes, Webkante*

'en·den ⟨V. 400⟩ **1** *zeitlich aufhören;* Ggs *anfangen(1), beginnen(1);* die Vorstellung endet gegen 23 Uhr; nicht ~ wollender Beifall **2** ⟨410⟩ *ausgehen, seinen Abschluß finden;* das wird nicht gut ~!; wie wird das mit dir noch ~?; wie wird das alles ~?; die Auseinandersetzung endete vor Gericht **3** ⟨(s.)⟩ *sterben, umkommen;* er wird noch am Galgen ~ **4** *räumlich aufhören;* die Straße endet auf dem Vorplatz zum Bahnhof; diese Eisenbahnlinie endet an der Grenze **5** ⟨Gramm.⟩ *mit einem Buchstaben od. einer Silbe abschließen;* Wörter, die auf -keit, mit ß ~

'end·gül·tig ⟨Adj. 24⟩ *für immer, als Endergebnis gültig, unwiderruflich, letzt, unumstößlich;* eine ~e Entscheidung treffen; ein ~es Urteil; sich ~ zu etwas entschließen; das ist ~ aus, vorbei

'end·lich ⟨Adj.⟩ **1** ⟨24⟩ 1.1 *vergänglich;* Ggs *ewig(1)* 1.2 ⟨70⟩ *in Raum, Zeit u. Zahl begrenzt;* Ggs *unendlich;* eine ~e Größe, Strecke **2** ⟨90⟩ 2.1 *nach langer Verzögerung, nach langem Warten;* ~ ist es soweit 2.1.1 komm doch ~! *(Ausdruck der Ungeduld) komm, daß ich nicht länger warten muß* 2.2 *am Ende, zuletzt;* →a. *schließlich(1);* jetzt begreife ich ~, warum ...

'end·los ⟨Adj. 24⟩ **1** *ohne Ende;* eine ~e Straße 1.1 *ringförmig;* ein Treibriemen ist ein ~er Riemen **2** ⟨fig.⟩ *unaufhörlich, unabsehbar, unendlich, grenzenlos;* ~es Gerede; ~e Pein; soll das ~ so weitergehen?; das dauert ja ~ lange; ich mußte ~ lange warten; und so weiter bis ins Endlose

Ener'gie ⟨f.; -, -n⟩ **1** ⟨Phys.; Chem.⟩ *Fähigkeit, Arbeit zu leisten;* chemische, elektrische ~; Erhaltung, Umwandlung von ~ **2** ⟨allg.⟩ *Tatkraft, Kraft, Schwung, Nachdruck;* ~ aufbringen, besitzen, haben; sich mit aller ~ für etwas einsetzen

ener·gisch ⟨[-'--] Adj.⟩ **1** *voller Energie, tatkräftig, kräftig, tätig;* ~e Maßnahmen ergreifen; ~ durchgreifen **2** *entschlossen, Energie verratend;* ein ~es Auftreten, Gesicht, Kinn; etwas ~ betonen

eng ⟨Adj.⟩ **1** *schmal, wenig Raum fassend;* Ggs *weit(1);* eine ~e Straße; ein ~es Zimmer; auf ~em Raum zusammengedrängt **2** *dicht (gedrängt);* ~ (beieinander) sitzen, stehen; ~ schreiben; ~ anschließend **3** *dem Körper fest anliegend;* Ggs *weit(2);* ~e Kleidungsstücke; sich ein Kleid ~er machen; der Rock ist mir zu ~ **4** *beschränkt, eingeschränkt;* ~e Grenzen; ein ~er Gesichtskreis; einen ~en Horizont haben ⟨fig.⟩; im ~eren Sinne; in die ~ere Wahl kommen, nehmen **4.0.1** ein ~es Gewissen haben *sittl. sehr streng denken* **5** *vertraut, nahe;* ~e Freundschaft; ~e Freunde; ~ befreundet sein **5.0.1** im ~sten Kreise *nur unter Vertrauten*

en·ga'gie·ren ⟨[ãga'ʒi:rən]; V. 500/R7⟩ **1** Mitarbeiter ~ *anstellen, einstellen;* Künstler ~ **2** eine Dame (einen Herrn) ~ *zum Tanz auffordern* **3** ⟨R3⟩ sich ~ *sich binden, sich festlegen* **4** ⟨515/R3⟩ sich für etwas ~ *einsetzen*

'En·ge ⟨f.; -, -n⟩ **1** ⟨unz.⟩ *das Engsein, enge Beschaffenheit, enger Raum;* die ~ in der kleinen Wohnung; die bedrückende ~ eines Hinterhofes **2** ⟨unz.; fig.; geh.⟩ *Beschränktheit, Engherzigkeit, Engstirnigkeit;* die ~ seines Geistes, seiner Anschauungen; aus menschlicher ~ heraus handeln; dogmatische ~ **3** *schmale Stelle, die durch Bergwände od. Ufer eingeengt ist, Engpaß;* Land~, Meer~; ein Schiff durch die gefährlichen ~n steuern; die Straße verläuft hier durch eine ~ 3.1 jmdn. in die ~ treiben ⟨fig.⟩ *jmdm. alle Auswege versperren, jmdn. in Bedrängnis bringen, alle Ausreden, Ausflüchte widerlegen*

'En·gel ⟨m.; -s, -⟩ **1** *von Gott geschaffener Geist als Bote Gottes u. zur Hilfe für den Menschen;* Schutz~; ein gefallener ~; schön wie ein ~ 1.1 es geht ein ~ durchs Zimmer *das Gespräch stockt, plötzl. Schweigen tritt ein* 1.2 die ~ (im Himmel) singen hören ⟨fig.⟩ *sehr starken Schmerz empfinden* **2** *unschuldiger, sanfter od. selbstloser Mensch;* du bist ein ~!; mein ~ (als Kosewort); du ahnungsloser ~! 2.1 er erschien als rettender ~ *als Helfer in der Not*

'Eng·paß ⟨m.⟩ Sy *Flaschenhals(2)* ⟨umg.⟩ **1** *Stelle, wo ein Paß, Weg, eine Straße od. Durchfahrt durch Hindernisse eingeengt ist;* die Gebirgsstraße führt durch mehrere Engpässe; der schmale Tunnel erwies sich als ~ für den starken Verkehr **2** ⟨fig.; umg.⟩ *Mangel, beschränkt verfügbare Materialien, Waren, Arbeitskräfte;* Kühlschränke sind augenblicklich ein ~

'En·kel[1] ⟨m.; -s, -⟩ **1** *Kind des Sohnes od. der Tochter, Kindeskind;* sie hat schon drei ~ **2** ⟨nur Pl.⟩ die ~ ⟨geh.⟩ *die Nachwelt, die Nachkommen;* das werden vielleicht unsere ~ noch erleben; davon werden unsere ~ noch sprechen

'En·kel[2] ⟨m.; -s, -⟩ *Fußknöchel*

enorm ⟨[-'-] Adj.⟩ **1** *sehr groß, riesig;* ~e Summen; ~ groß, hoch **2** ⟨umg.⟩ *erstaunlich;* das ist ja ~! **3** ⟨umg.⟩ *herrlich, wunderbar;* das Theaterstück war (ganz) ~

ent'ar·ten ⟨V. 400(s.)⟩ **1** *aus der Art schlagen, degenerieren, sich krankhaft ausbilden, rückbilden;* diese Hunderasse entartete; entartete Sitten 1.1 eine entartete Mutter *schlechte, lieblose, bösartige M.*

ent'beh·ren ⟨V.⟩ **1** ⟨500/R8⟩ jmdn. od. etwas ~ *vermissen;* sie entbehrte den Kaffee sehr; sie hat ihren Freund sehr entbehrt 1.1 jmdn. od. etwas (nicht) ~ können, müssen, sollen *auf jmdn. od. etwas (nicht) verzichten können, müssen, sollen;* ich kann das Buch nicht länger ~; sie müssen das Nötigste ~; du sollst nichts ~ **2** ⟨700⟩ einer Sache ~ ⟨geh.⟩ *ohne etwas sein;* diese Behauptung entbehrt jeder Grundlage; des Trostes, des Zuspruchs ~ 2.1 der Anblick, die Situation, sein Verhalten entbehrte nicht einer gewissen Komik *war etwas komisch*

Ent'beh·rung ⟨f.; -, -en⟩ *Mangel an Nötigem, Not;* jmdm. ~en auferlegen; ~en auf sich nehmen; ~ leiden

ent'bie·ten ⟨V. 110/500/R8⟩ **1** ⟨530⟩ jmdm. etwas ~ *sagen, übermitteln lassen;* jmdm. seinen Gruß ~ **2** ⟨511 od. 550⟩ jmdn. zu sich ~ ⟨veralt.⟩ *zu sich bitten, kommen lassen*

ent'bin·den ⟨V. 111⟩ **1** ⟨550/R8⟩ jmdn. von etwas ~ *befreien;* er entband ihn von seiner Verpflichtung, seinem Versprechen, seinem Wort **1.1** ⟨540⟩ jmdn. einer Sache ~ ⟨geh.⟩ *von etwas lossprechen;* jmdn. seiner Verpflichtung, seines Versprechens, seines Wortes ~ **2** ⟨500⟩ eine Frau ~ *einer F. bei der Geburt eines Kindes helfen;* der Chefarzt hat die Frau entbunden; sie ist von einem Mädchen entbunden worden **3** ⟨400⟩ *gebären, ein Kind zur Welt bringen, niederkommen;* sie hat gestern entbunden; in der Klinik, zu Hause ~

ent'blö·ßen ⟨V. 500/R7⟩ **1** etwas ~ *von etwas die Hülle, Kleidung wegnehmen;* den Oberkörper ~; sein Haupt ~; das Schwert ~ **1.1** mit entblößtem Kopf *ohne Kopfbedekkung, mit bloßem K.* **2** ⟨540 od. 550⟩ jmdn. od. etwas des Schutzes ~ *berauben;* eine Festung, Stellung von Truppen ~ **2.1** aller Mittel entblößt sein ⟨geh.⟩ *ohne Mittel, ohne Geld sein*

ent'bren·nen ⟨V. 117(s.)⟩ **1** ⟨400⟩ etwas entbrennt *beginnt heftig, bricht heftig aus;* ein harter Kampf (um die Stadt) entbrannte **2** ⟨800⟩ in, von etwas ~ *von einer Gemütsbewegung leidenschaftlich ergriffen werden;* in heißer Liebe ~; er ist für dieses Mädchen entbrannt; er entbrannte von Zorn

ent'decken ⟨-k·k-; V. 500⟩ **1** etwas ~ *als erster etwas in Wissenschaft u. Forschung Unbekanntes finden;* ein Land, Naturgesetz ~; einen Stern, Stoff ~; Kolumbus hat Amerika entdeckt; Marie und Pierre Curie haben das Radium entdeckt **2** ⟨R8⟩ jmdn. od. etwas ~ *überraschend bemerken;* jmdn. unter vielen Menschen ~; in der Ferne etwas od. jmdn. ~; einen Dieb ~; er hat den Diebstahl sofort entdeckt; auf einem Baum ein Vogelnest ~ **3** ⟨530/R7⟩ jmdm. etwas od. sich ~ ⟨geh.⟩ *vertrauensvoll offenbaren, mitteilen*

'En·te ⟨f.; -, -n⟩ **1** *kleine, kurzbeinige Angehörige einer Unterfamilie der Gänsevögel, die auch als Haustier gehalten werden: Anatinae;* schnattern, watscheln wie eine ~ **2** *Gefäß mit langem Hals zum Wasserlassen für bettlägrige Männer* **3** ⟨fig.; umg.; scherzh.⟩ *falsche Meldung;* Zeitungs~; die Nachricht, das Gerücht war nur eine ~

ent'fa·chen ⟨V. 500; geh.⟩ **1** Feuer ~ *zum Brennen bringen* **2** Leidenschaften ~ ⟨fig.⟩ *hervorrufen, erregen;* Haß, Leidenschaft ~; ihre Worte entfachten seinen Zorn

ent'fah·ren ⟨V. 130/600(s.)⟩ ein Wort, Seufzer, Fluch, Stöhnen entfährt jmdm. *wird unbeabsichtigt ausgesprochen, ausgestoßen, entschlüpft unbeabsichtigt;* ihr war ein Schimpfwort ~; ihr entfuhr ein Ruf der Überraschung; ein unbedachtes Wort ist mir ~

ent'fal·len ⟨V. 131(s.)⟩ **1** ⟨600⟩ etwas entfällt jmdm. (od. jmds. Händen) ⟨geh.⟩ *fällt jmdm. aus der Hand;* das Messer entfiel seiner Hand; die Vase entfiel ihr **2** ⟨600⟩ eine Sache entfällt jmdm. *entschwindet jmdm. aus dem Gedächtnis;* das Wort, der Name ist mir ~ **3** ⟨800⟩ etwas entfällt auf jmdn. od. etwas *kommt als Anteil auf jmdn. od. etwas;* von der ganzen Summe ~ 500 Mark auf ihn; der Gewinn entfiel auf die Losnummer 10828 **4** ⟨400⟩ etwas entfällt ⟨förml.⟩ *fällt weg, aus, findet nicht statt;* Frage 2 (auf Fragebogen) entfällt; die Werbung im Fernsehen entfiel wegen der Übertragung des Fußballspiels

ent'fal·ten ⟨V. 500⟩ **1** etwas ~ *auseinanderfalten u. ausbreiten;* eine Fahne, Landkarte, Serviette ~; die Blüten sind jetzt, haben sich voll entfaltet **1.1** ⟨R3⟩ sich ~ *öffnen* **2** etwas ~ *ausführlich darlegen;* einen Plan ~ **3** ⟨R7⟩ sich od. etwas ~ *entwickeln u. zu voller Geltung bringen;* Begabung, Kräfte, Talente ~; die deutsche Schauspielkunst entfaltete sich zu hoher Blüte; sich zu voller Pracht, Schönheit ~; große Pracht, großen Prunk ~; er kann sich beruflich hier nicht ~ **4** eine Tätigkeit ~ *beginnen u. fortsetzen;* eine fruchtbare, segensreiche, vielseitige Tätigkeit ~

ent'fer·nen ⟨V. 500⟩ **1** jmdn. od. etwas ~ *bewirken, daß jmd. od. etwas nicht mehr da ist;* jmdn. aus einer Stellung, einem Amt ~; einen Schüler aus, von der Schule ~; bitte entfernt das Tier aus meiner Nähe; eine Geschwulst, die Mandeln operativ ~; Flecke, Schmutz ~ **2** ⟨R3⟩ sich ~ *wegbegeben;* sich heimlich, rasch, schweigend ~; bitte entferne dich nicht zu weit; sich aus, von einer Gesellschaft ~; sich aus dem Haus ~; sich von seinem Posten ~ **2.1** ⟨550⟩ sich von der Wahrheit ~ *nicht ganz bei der W. bleiben, nicht genau die W. sagen* **2.2** ⟨550⟩ sich vom Thema ~ *vom T. abschweifen, den direkten Bezug zum T. verlieren;* damit ~ wir uns zu weit vom Thema **2.3** ⟨550⟩ sich voneinander ~ *das Zusammengehörigkeitsgefühl verlieren, fremd werden;* wir haben uns in den vergangenen Jahren weit voneinander entfernt

ent'fernt **1** ⟨Part. Perf. von⟩ *entfernen* **2** ⟨Adj.⟩ **2.1** *weit weg gelegen, fern;* der Wald ist nicht sehr weit ~; die Eisenbahn ist bis in die ~esten Teile des Landes vorgedrungen **2.2** ⟨fig.⟩ *weitläufig, nicht nahe;* ein ~er Verwandter; ein ~er Vetter von mir; wir sind nur ~ verwandt miteinander **2.3** ⟨74⟩ ~ von *in einer Entfernung von jmdm. od. etwas (gelegen);* das Haus liegt weit von uns, vom Dorf ~ **2.3.1** weit davon ~ sein, etwas zu tun ⟨fig.⟩ *nicht daran denken, nicht die Absicht haben;* ich bin weit davon ~, ihm schaden zu wollen; ich bin weit davon ~ zu glauben, daß er den Diebstahl begangen hat **2.4** nicht im ~esten *nicht im geringsten, ganz u. gar nicht;* ich bilde mir nicht im ~esten ein, daß ...; ich denke nicht im ~esten daran, das alles zu bezahlen

Ent'fer·nung ⟨f.; -, -en⟩ **1** *das Entfernen;* die operative ~ einer Geschwulst **2** *Abstand, Strecke (zwischen zwei Punkten);* die ~ beträgt 200 km; Hunde hören diese Pfeife auf große ~; das Tier beäugte mich aus einiger ~ aufmerksam; bei den großen ~en in dieser Stadt braucht man ein Auto; über diese ~ kann ich das nicht erkennen; in einiger ~ entdeckte ich ihn **3** ⟨umg.⟩ *Ferne;* aus, in der ~ sieht das ganz anders aus

ent'flam·men ⟨V.(s.); geh.⟩ **1** ⟨500⟩ Feuer ~ *zum Brennen bringen* **2** ⟨500⟩ Leidenschaften ~ ⟨fig.⟩ *hervorrufen, erregen;* jmds. Haß, Liebe, Begeisterung ~ **3** ⟨400⟩ eine Sache entflammt *beginnt heftig;* sein Haß, der Streit entflammte von neuem **4** ⟨800⟩ in, von Liebe entflammt sein *leidenschaftlich verliebt sein*

ent'frem·den ⟨V.⟩ **1** ⟨500/R3 od. 530/R7⟩ jmdn. jmdm. ~ *fremd machen, die Zuneigung zu jmdm. zerstören;* ich habe mich ihm entfremdet; sie sind einander entfremdet; die lange Trennung hat ihn ihr entfremdet **2** ⟨530⟩ eine Sache ihrem Zweck ~ *sie für einen anderen Z. als den vorgesehenen verwenden*

ent'ge·gen ⟨Präp. m. Dat.⟩ **1** ⟨nachgestellt⟩ einer (näherkommenden) Person od. Sache ~ *in Richtung auf;* dem Feind ~; dem Schnee, dem Regen, dem Wind ~ (Goethe, Rastlose Liebe) **2** ~ einem vorangegangenen Geschehen *im Gegensatz zu, zuwider;* dem ~ müssen wir feststellen, daß ...; er hat ~ meinen Anweisungen, meinem Befehl, Rat gehandelt; ~ dieser Nachricht müssen wir mitteilen, daß ...

ent'ge·gen|brin·gen ⟨V. 118/530/R8⟩ **1** jmdm. etwas ~ *auf jmdn. zugehen u. etwas bringen;* sie brachten uns die frohe Nachricht (schon auf halbem Wege) entgegen **2** jmdm. od. einer Sache etwas ~ ⟨fig.⟩ *darbieten, zeigen, bezeigen;* jmdm. Achtung, Freundschaft, Wohlwollen ~; er brachte dem Vorschlag großes Interesse entgegen

ent'ge·gen·ge·setzt **1** ⟨Part. Perf. von⟩ *entgegensetzen* **2** ⟨Adj.⟩ 2.1 *in umgekehrter Richtung verlaufend, gegenüberliegend;* in ~er Richtung fahren, gehen, liegen 2.2 *gegenteilig, gegensätzlich, widersprechend;* wir sind genau ~er Meinung; er hat sich genau ~ verhalten

ent'ge·gen|kom·men ⟨V. 170/600/R8(s.)⟩ **1** jmdm. ~ *auf jmdn., der sich nähert, zukommen;* komm mir bitte ein Stück entgegen; er kam ihr freudestrahlend entgegen; er kam ihr mit ausgestreckten Händen entgegen; er kam mir auf halbem Wege entgegen ⟨a. fig.⟩ **2** jmdm. od. einer Sache ~ ⟨fig.⟩ *zum Teil nachgeben, auf jmdn. od. dessen Wünsche eingehen;* dein Vorschlag kommt mir sehr entgegen; das kommt meinen Vorstellungen sehr entgegen

ent'ge·gen|neh·men ⟨V. 189/500⟩ etwas ~ *annehmen, in Empfang nehmen, sich geben lassen;* einen Auftrag, Brief ~; ich kann Ihre Beschwerde ~ und weiterleiten, aber selbst tun kann ich für Sie nichts; nehmen Sie Bestellungen entgegen?

ent'ge·gen|se·hen ⟨V. 239/600⟩ **1** jmdm. ~ *jmdn. (erwartungsvoll) kommen sehen;* von diesem Fenster aus kannst du ihm ~ **2** einer Sache ~ *eine S. erwarten;* ihrer gefl. Antwort ~d (als Schlußformel in Geschäftsbriefen); sie sieht ihrer baldigen Niederkunft entgegen; er sieht dem Tod gefaßt, ruhig entgegen

ent'ge·gen|set·zen ⟨V. 530⟩ jmdm. od. einer Sache etwas ~ *etwas Gegenteiliges tun od. sagen;* einer Beschuldigung eine gegenteilige Behauptung ~; jmdm. od. einem Plan (hartnäckigen) Widerstand ~; ich kann seinen Vorwürfen nichts (anderes) ~ (als)

ent'geg·nen ⟨V. 503/R6⟩ (jmdm.) etwas ~ *antworten, erwidern;* „...!" entgegnete er; (auf jmds. Frage) barsch, freundlich, liebenswürdig, unfreundlich (etwas) ~; darauf wußte er nichts zu ~; sie entgegnete ihm ...

ent'ge·hen ⟨V. 145/600(s.)⟩ **1** jmdm. od. einer Gefahr ~ *entkommen, aus dem Wege gehen können;* er konnte der Rache seines Feindes ~; niemand entgeht seinem Schicksal; er wird der Strafe, Vergeltung nicht ~; dem Tod mit knapper Not ~; du entgehst mir nicht! **2** sich etwas ~ lassen *(eine Gelegenheit) ungenützt vorübergehen lassen;* da hast du dir wirklich etwas ~ lassen; diesen Anblick, diesen Genuß will ich mir nicht ~ lassen; ich will mir die Gelegenheit nicht ~ lassen; das Vergnügen habe ich mir ~ lassen müssen; er läßt sich keinen Vorteil ~ **3** etwas entgeht jmdm. od. dessen Aufmerksamkeit *etwas fällt jmdm. nicht auf, wird von jmdm. nicht bemerkt, jmd. übersieht etwas;* dieser Fehler ist mir entgangen; mir ist keines seiner Worte, keine seiner Bewegungen entgangen; mir ist (völlig) entgangen, daß ...; mir ist nicht entgangen, daß ...; es dürfte Ihnen nicht entgangen sein, daß ...; es ist meiner Aufmerksamkeit entgangen, daß ...

ent'gei·stert ⟨Adj.⟩ *unangenehm überrascht, bestürzt;* er blickte, starrte sie ~ an; mit ~er Miene

Ent'gelt ⟨n.; -(e)s, (selten) -e⟩ *Lohn, Belohnung, Vergütung, Entschädigung, Ersatz (für Leistungen, Mühen);* er bekommt als ~ drei Mark in der Stunde; als ~ bekommst du eine Theaterkarte; für, gegen ein geringes, kleines ~ arbeiten; ohne ~ arbeiten

ent'gel·ten ⟨V. 147/530⟩ **1** jmdm. etwas ~ ⟨geh.⟩ *vergüten, jmdn. für etwas entschädigen, belohnen;* wie kann ich dir das, deine Güte, deine Hilfe ~?; ich werde es dir später einmal ~ **2** jmdn. etwas ~ lassen *jmdn. für etwas büßen lassen;* laß es das Kind nicht ~, daß der Vater dir Böses getan hat

ent'glei·sen ⟨V. 400(s.)⟩ **1** ein Schienenfahrzeug entgleist *springt aus dem Gleis;* einen Zug zum Entgleisen bringen **2** ⟨fig.⟩ *vom rechten Weg abkommen, einen gesellschaftl. Fehler begehen, etwas Ungehöriges, Unschickliches sagen od. tun;* wenn er betrunken ist, entgleist er leicht; sie entgleiste mehrfach durch unpassende Bemerkungen

ent'glei·ten ⟨V. 155/600(s.); geh.⟩ **1** etwas entgleitet jmdm. (od. jmds. Händen) *etwas gleitet, fällt jmdm. aus den Händen;* die Vase entglitt ihren Händen und fiel zu Boden **2** jmdm. ~ ⟨fig.⟩ *sich dem Einfluß od. der Kontrolle von jmdm. od. etwas entziehen;* der Junge ist ihr entglitten; sooft er sie auch zu fassen suchte, sie entglitt ihm immer wieder

ent'hal·ten[1] ⟨V. 160/500⟩ etwas ~ *in sich fassen, umfassen, in sich schließen, in sich haben;* dieser Likör enthält 38% Alkohol; das Buch enthält viele gute Gedanken; die Flasche enthält zwei Liter Wein; in diesem Buch ist alles ~, was man über Säuglingspflege wissen muß

ent'hal·ten[2] ⟨V. 160/540/R3⟩ **1** sich einer Sache ~ *etwas nicht tun, auf etwas verzichten;* sich des Alkohols, Kaffees ~ 1.1 sich der Stimme ~ *nicht mit abstimmen, seine Meinung bei einer Abstimmung nicht äußern* **2** ⟨504/R3⟩ sich (einer Sache) nicht ~

können *etwas nicht unterlassen können;* ich konnte mich nicht ~, zu sagen, daß ...; ich konnte mich einer boshaften Bemerkung nicht ~; er konnte sich des Lachens kaum, nicht ~

ent'he·ben ⟨V. 163/540⟩ jmdn. einer Sache ~ ⟨geh.⟩ *jmdn. von etwas entbinden, befreien, jmdn. entlassen;* jmdn. seines Amtes ~; damit bin ich aller Sorgen enthoben; jmdn. seiner Verpflichtungen ~; seines Amtes enthoben werden

ent'hül·len ⟨V. 500⟩ **1** etwas ~ *von einer Hülle befreien u. dadurch sichtbar machen;* ein Denkmal, ein Bild ~ 1.1 ⟨R3⟩ sich ~ ⟨geh.⟩ *ein od. mehrere Kleidungsstücke ablegen* **2** ⟨503⟩ (jmdm.) eine Sache ~ ⟨fig.; geh.⟩ *nicht länger geheimhalten, offenbaren;* sein Geständnis hat alles enthüllt; er enthüllte ihr die Wahrheit, seinen Plan, seine Liebe 2.1 ⟨518⟩ jmdn. als etwas ~ *entlarven;* man hat ihn als Lügner, Schwindler enthüllt

ent'klei·den ⟨V. 500/R7; geh.⟩ **1** jmdn. ~ *ausziehen, von den Kleidern befreien;* ein Kind, einen Kranken ~; sie ging entkleidet ins Badezimmer **2** ⟨540⟩ jmdn. od. etwas einer Sache ~ ⟨fig.⟩ *jmdm. od. einer S. etwas wegnehmen;* man entkleidete ihn seines Amtes, seiner Macht; das Hotel war jedes, jeden Komforts entkleidet; jmdn. seiner Würde ~

ent'kom·men ⟨V. 170/403(s.) od. 600(s.)⟩ **1** (jmdm. od. einer Sache) ~ *(jmdm. od. einer Sache) erfolgreich entfliehen;* der Flüchtling konnte seinen Verfolgern ~; er ist über die Grenze ~ 1.1 *sich jmds. Gewalt entziehen;* der Täter entkam; der Dieb ist der Polizei ~ 1.2 *einer Sache entgehen;* er entkam der Gefahr 1.3 *aus etwas herauskommen;* aus dem Gefängnis ~

ent'kräf·ten ⟨V. 500⟩ **1** etwas entkräftet jmdn. *macht jmdn. kraftlos, schwach, beraubt jmdn. seiner Kräfte;* die Anstrengungen der Reise haben ihn entkräftet; der Patient ist vom Fieber entkräftet **2** etwas ~ ⟨fig.⟩ *widerlegen, das Gegenteil davon beweisen;* er hat die Behauptung, Beschuldigung, das Gerücht entkräftet; einen Verdacht ~

ent'la·den ⟨V. 174/500⟩ **1** etwas ~ *leeren, von seiner Ladung befreien* 1.1 ein Transportmittel ~ *die Ladung von einem T. herunternehmen;* einen Lastwagen, ein Schiff ~ 1.2 eine Schußwaffe ~ *die Munition aus einer S. nehmen* 1.3 eine Batterie ~ *einer B. elektrische Energie entnehmen* **2** ⟨R3⟩ Spannung entlädt sich *gleicht sich schlagartig aus* 2.1 ein Gewitter entlädt sich *geht schlagartig nieder, bricht los* 2.2 seelische Spannung entlädt sich *kommt heftig zum Ausbruch*

ent'lang **1** ⟨meist nachgestellte Präp. m. Akk., schweiz. meist m. Dat.⟩ *längs, (neben, auf) hindurch in der Längsrichtung;* immer den Bach, den Fluß, das Ufer, den Weg ~; die Straße ~; das Tal ~ **2** ⟨Adv.⟩ *am Rande, neben;* am Fluß, am Bach, am Ufer ~

ent'lar·ven ⟨V. 500/R7 od. R8⟩ **1** jmdn. ~ *jmdm. die Larve abnehmen* **2** jmdn. od. etwas ~ ⟨fig.⟩ *jmds. wahre Absichten, den wahren Charakter von jmdm. od. einer Sache enthüllen, aufdecken;* einen Betrüger ~; er wurde als Dieb, Spion entlarvt; mit dieser Lüge hat er sich selbst entlarvt; ein Verbrechen, einen Plan ~

ent'las·sen ⟨V. 175/500⟩ jmdn. ~ **1** *jmdm. erlauben, sich zu entfernen, jmdn. verabschieden;* er entließ ihn mit einer Handbewegung, mit ein paar freundlichen Worten; und damit war ich ~ 1.1 ⟨511⟩ jmdn. aus einer Institution ~ *jmdn. von der Verpflichtung befreien, sich in einer I. aufzuhalten;* aus dem Krankenhaus (als geheilt) ~; aus der Schule ~ werden; jmdn. aus der Strafanstalt ~ **2** *jmds. Arbeitsverhältnis lösen u. ihn aus seiner Stellung entfernen;* jmdn. fristlos ~; jmdn. wegen Veruntreuung ~; jmdn. aus dem Amt ~; Soldaten, Truppen aus dem Dienst, aus dem Heer ~

ent'la·sten ⟨V. 500⟩ **1** ⟨505⟩ jmdn. (von etwas) ~ *jmds. Belastung (durch etwas) verringern;* jmdn. von einem Verdacht ~; jmdn. von Verpflichtungen ~ 1.1 *jmdm. einen Teil der Arbeit abnehmen;* der neue Assistent soll den Chef ~ 1.2 *von einer Schuld, die ihm zur Last gelegt wird, (teilweise) befreien;* einen Angeklagten ~; ein ~der Umstand 1.3 ⟨kaufmannsspr.⟩ *jmds. Geschäftsführung nach Überprüfung gutheißen;* einen Geschäftsführer, Vorstand ~ **2** etwas ~ *die Belastung von etwas verringern;* einen Balken, einen Träger ~; den Verkehr ~ 2.1 *von seelischer Belastung befreien;* sein Gewissen ~ 2.2 jmds. Konto ~ *durch Tilgung einer Schuld ausgleichen*

ent'le·di·gen ⟨V. 540/R3; geh.⟩ **1** sich jmds. od. einer Sache ~ *sich von jmdm. od. einer S. befreien;* sich eines Mitwissers ~; sich einer Bürde, Last ~; sich seiner Schulden ~ 1.1 sich eines Kleidungsstücks ~ *ein K. ausziehen, ablegen;* sich seines Mantels ~ 1.2 sich eines Auftrages ~ *einen A. ausführen, erledigen;* sich einer Aufgabe, eines Auftrags mit (großem) Geschick ~

ent'le·gen ⟨Adj. 70⟩ **1** *fern, weit weg, abseits liegend, abgelegen;* ein ~es Haus; eine ~e Gegend, Insel **2** ⟨fig.; geh.⟩ *abseitig;* ein ~er Gedanke; ein ~er Romanstoff

ent'leh·nen ⟨V. 500⟩ **1** etwas ~ ⟨veralt.⟩ *entleihen, sich borgen, sich leihen;* ich habe mir das Buch aus der Bibliothek entlehnt **2** etwas (aus einer anderen Sprache od. einem anderen Wissensbereich) ~ *übernehmen;* das Wort „Fenster" ist aus dem Latein. entlehnt; unsere moderne Sprache hat viele Wörter aus der Technik entlehnt

ent'locken ⟨-k·k-; V. 530/R5 od. R6⟩ **1** jmdm. etwas ~ *jmdn. veranlassen, etwas zu geben od. zu sagen;* jmdm. ein Geheimnis, ein Geständnis ~; die Musik entlockte ihr heiße Tränen; jmdm. etwas durch Schmeicheln, mit List ~ **2** einer Sache etwas ~ ⟨fig.⟩ *aus einer S. etwas hervorbringen;* er entlockte seiner Flöte, Geige herrliche Weisen

ent'neh·men ⟨V. 189/530 od. 510⟩ **1** etwas einer Sache od. aus etwas ~ *herausnehmen;* er entnahm seiner Brieftasche einen Geldschein; der Kasse 5000 DM ~; dem Lager Waren ~; aus der Vene wird Blut entnommen; er entnahm diese Angaben, Zitate einem wissenschaftl. Werk **2** etwas einer Sache od. aus etwas ~ ⟨fig.⟩ *etwas aus etwas schließen, erkennen;* ich entnahm seinem Brief, seinen Worten, daß er nicht kommen können wird; aus dem Bericht kann man nicht ~, was wirklich geschehen ist

ent'pup·pen ⟨V. 500/R3⟩ **1** sich ~ *aus der Puppe schlüpfen;* ein Schmetterling, Käfer entpuppt sich **2** ⟨518/R3⟩ sich als jmd. od. etwas ~ 2.1 *sich überraschend als etwas od. jmd. erweisen;* er entpuppte sich als ein lange gesuchter Betrüger; sie hat sich als liebenswürdige Gastgeberin entpuppt; die Sache hat sich als Betrug, Schwindel entpuppt 2.2 ⟨fig.; umg.⟩ *den eigenen Charakter entwickeln, ein eigenes Gesicht zeigen;* warten wir erst ab, wie er sich entpuppt 2.3 ⟨500/R3⟩ der hat sich ja entpuppt! ⟨umg.; iron.⟩ *der zeigt sich ganz anders, als man erwartet hat*

ent'rei·ßen ⟨V. 198/530⟩ **1** jmdm. od. einer Sache jmdn. od. etwas ~ *mit Gewalt wegnehmen;* sie entriß ihm das Buch, das Kind, den Brief; der Dieb hat ihr die Handtasche entrissen; er konnte ihr das Geheimnis ~ ⟨fig.; geh.⟩ 1.1 dem Feind, dem Gegner den Sieg ~ ⟨fig.; geh.⟩ *den F., den G. (wider Erwarten doch noch) besiegen* 1.2 jmdn. dem (nassen) Tode, den Flammen, den Fluten, dem Wasser ~ ⟨fig.; geh.⟩ *jmdn. vor dem Tod erretten*

ent'rich·ten ⟨V. 505⟩ **1** etwas (an jmdn.) ~ *bezahlen;* Steuern, Beiträge (an die zuständige Behörde) ~; er entrichtete pünktlich die Raten 1.1 seinen Obolus ~ ⟨scherzh.⟩ *seinen Beitrag od. Eintritt bezahlen* 1.2 seinen Tribut ~ ⟨fig.; geh.⟩ *sein Opfer bringen*

ent'rin·gen ⟨V. 202/530/R8; geh.⟩ **1** jmdm. etwas ~ *mühevoll, gewaltsam wegnehmen;* endlich konnte er dem Verbrecher die Waffe ~; sie hat ihm ein Geheimnis, Geständnis entrungen ⟨fig.⟩; er hat sich sein Geheimnis nicht ~ lassen ⟨fig.⟩ **2** ⟨R3⟩ sich ~ *sich ringend losmachen, befreien;* sie entrang sich seinen Armen 2.1 etwas entringt sich jmdm. ⟨fig.⟩ *kommt mühsam (nach innerem Kampf) aus jmdm. hervor;* ein Seufzer entrang sich seiner Brust

ent'rin·nen ⟨V. 203(s.); geh.⟩ **1** ⟨600⟩ *aus etwas herausrinnen;* die Tränen entrannen ihren Augen **2** ⟨400⟩ Zeit entrinnt ⟨fig.⟩ *vergeht schnell;* die Stunden entrannen **3** ⟨600⟩ jmdm. od. einer Sache ~ *mit knapper Not entkommen, entfliehen;* einer Gefahr, dem Tod, dem Verderben ~; er konnte seinen Verfolgern ~; es gibt kein Entrinnen

ent'rücken ⟨-k·k-; V. 500; geh.⟩ **1** ⟨503⟩ jmdn. (einer Sache) ~ *in einen Zustand versetzen, in dem er sich im Geist seiner wirklichen Umgebung entzieht (u. sich an einem anderen Ort befindet);* die schöne Musik hat ihn der Gegenwart entrückt 1.1 ⟨Zustandspassiv⟩ jmdm. od. einer Sache entrückt sein *in Gedanken fern, weit von jmdm. od. etwas sein;* sie war der Wirklichkeit entrückt; er war allem Irdischen entrückt 1.2 ⟨Part. Perf.⟩ entrückt *geistesabwesend, gedankenverloren;* entrückt lauschte sie seinen Worten; ein entrückter Ausdruck lag in ihrem Gesicht

ent'rü·sten ⟨V. 500⟩ **1** etwas entrüstet jmdn. *macht jmdn. sehr unwillig, zornig;* er war sehr entrüstet; „...!" erwiderte er entrüstet; er wies den Vorschlag entrüstet von sich **2** ⟨R3⟩ sich ~ *sich empören, sehr unwillig werden;* sich über jmds. Handlungsweise ~; du entrüstest dich über seine Beschuldigung

ent'sa·gen ⟨V. 600; geh.⟩ **1** einer Sache ~ *freiwillig, aber ungern, schmerzl. auf etwas verzichten;* seinem Glauben ~; dem Rauchen, dem Trinken, Trunk ~; dem Thron ~; er hat ~ gelernt 1.1 der Welt ~ *sich von der W. abschließen (bes. im Kloster)*

ent'schä·di·gen ⟨V. 500/R7 od. R8⟩ jmdn. ~ *jmdm. Ersatz geben (für Verlust od. Schaden);* jmdn. für entstandene Kosten, für seine Mühe ~; für Verluste entschädigt werden; du hast dich für diesen Verlust reichlich entschädigt, indem du ...

ent'schär·fen ⟨V. 500⟩ **1** einen Sprengkörper ~ *die Vorrichtung zum Zünden entfernen;* die Minen, Granaten ~ **2** eine Sache ~ ⟨fig.; umg.⟩ *einer S. die Schärfe nehmen, sie von scharfen polit. od. von obszönen Anspielungen, Stellen, Szenen befreien;* die gespannte politische Lage muß entschärft werden; die sozialen Konflikte des Buches waren in seiner Verfilmung völlig entschärft

ent'schei·den ⟨V. 209⟩ **1** ⟨500⟩ etwas ~ *etwas Strittiges, Zweifelhaftes auf eine darin angelegte Möglichkeit festlegen* 1.1 ⟨800⟩ *ein maßgebendes Urteil fällen;* nach deutschem Recht ~; über einen Fall, eine Streitfrage ~; über Leben und Tod der Gefangenen ~ 1.2 *endgültig bestimmen;* er soll ~, ob wir es tun sollen oder nicht; du sollst ~, wie es gemacht werden soll; der Chef hat entschieden, daß es so gemacht werden soll; das kann ich nicht ~; darüber haben Sie nicht zu ~; die Sache ist bereits entschieden; es ist noch nichts entschieden 1.3 etwas entscheidet etwas *etwas gibt für etwas den Ausschlag, bestimmt den Ausgang von etwas;* das Los soll ~, wer gehen, bleiben soll; sein Eingreifen hat die Schlacht (zu unseren Gunsten) entschieden **2** ⟨500/R3⟩ sich ~ *eine von mehreren möglichen Handlungsweisen wählen;* ich kann mich nicht so schnell ~; ich werde mich morgen ~, ob ich mitfahre; ich kann mich nicht ~, wie ich es machen soll 2.1 ⟨550⟩ sich für jmdn. od. etwas ~ *jmdm. od. einer Sache den Vorzug geben (vor jmd. od. etwas anderem);* ich kann mich für keinen von beiden ~; sie hat sich für X. entschieden 2.2 sich gegen etwas od. jmdn. ~ *etwas od. jmdn. ausschließen, indem man etwas od. jmd. anderem den Vorzug gibt*

Ent'schei·dung ⟨f.; -, -en⟩ **1** *das Festlegen von etwas Strittigem, Zweifelhaftem auf eine darin angelegte Möglichkeit;* eine ~ annehmen, ablehnen, anfechten, erzwingen; die ~ steht noch aus; Kampf, Spiel um die ~; die ~ soll morgen fallen; wie ist seine ~ ausgefallen?; eine ~ treffen; eine falsche, gerichtliche, klare, rasche, richtige, schnelle ~ 1.1 *endgültiges Urteil, Schiedsspruch;* die ~ des Richters, des Unparteiischen **2** *das Sichentscheiden, Wahl einer von mehreren Möglichkeiten;* einer ~ ausweichen, aus dem Wege gehen; eine ~ scheuen; sich vor einer ~ scheuen; die ~ fällt mir schwer; jmdn. zur ~ drängen; die Entwicklung, die Lage drängt zur ~; er stand vor der ~, ob er es tun sollte oder nicht

ent'schie·den **1** ⟨Part. Perf. von⟩ *entscheiden* **2** ⟨Adj.90⟩ *eine andere Möglichkeit ausschließend, eine eindeutige Meinung vertretend;* er ist ein ~er Gegner der Todesstrafe; eine ~e Haltung einnehmen (bei einer Sache); er lehnt

es ~ ab, das zu tun; er bestritt ~, daß es so gewesen sei; er erklärte ~, es nicht tun zu wollen; ~ antworten 2.1 *eindeutig, klar ersichtlich, zweifellos;* das ist ein ~er Gewinn; es war ~ falsch, richtig, daß du das getan hast
ent'schla·fen ⟨V. 217/400(s.)⟩ **1** *einschlafen* **2** ⟨meist verhüllend für⟩ *sterben;* er ist gestern sanft ~ 2.1 der Entschlafene *der (eben) Verstorbene*
ent'schlie·ßen ⟨V. 222/505/R3⟩ **1** sich (zu etwas) ~ *sich etwas überlegen u. beschließen, etwas Bestimmtes zu tun;* schnell, entschließ dich!; ich kann mich stets nur schwer (zu etwas) ~; ich kann mich nicht ~ zu gehen; dazu kann ich mich nicht ~; ich habe mich entschlossen, ich bin fest entschlossen, morgen abzureisen; kurz entschlossen fuhr ich nach Berlin 1.1 in seiner Verzweiflung war er zu allem entschlossen *war ihm jeder Entschluß recht, war es ihm gleich, wozu er sich entschließen(1) mußte*
ent'schlos·sen **1** ⟨Part. Perf. von⟩ *entschließen* **2** ⟨Adj.⟩ *energisch, tatkräftig, beherzt, nicht zögernd;* seinem ~en Handeln, Vorgehen war es zu verdanken, daß größeres Unheil verhütet wurde; ~ eingreifen, handeln, vorgehen
Ent'schluß ⟨m.; -s·ses, ¨s·se⟩ **1** *(nach vorangegangener Überlegung gefaßter) Beschluß, etwas Bestimmtes zu tun;* einen ~ fassen; fester, rascher, schwerer, unabänderlicher ~; es ist mein fester ~, das zu tun; sich zu einem ~ durchringen; er kann zu keinem ~ kommen 1.1 er ist schnell, schwer von ~ *er entschließt sich schnell, schwer*
ent'schul·di·gen ⟨V. 500⟩ **1** ⟨500/R7 od. 550/R7⟩ sich od. jmdn. (bei jmdm.) ~ *sein Bedauern über die eigene od. jmds. anderen Handlungsweise ausdrücken u. dafür (bei jmdm.) um Nachsicht, Verständnis, Verzeihung bitten;* er hat sich nicht einmal entschuldigt; ich möchte, muß mich (vielmals) ~, daß ich gestern nicht gekommen bin; du mußt dich bei ihm wegen des Vorfalls von gestern ~; wer sich entschuldigt, klagt sich an ⟨Sprichw.⟩; einige ~de Worte sagen; „ich bin noch nicht lange hier", sagte sie ~d 1.1 jmdn. (mit etwas) ~ *jmds. Fehlen erklären u. dafür um Nachsicht, Verständnis bitten;* ich möchte meinen Sohn für morgen ~; mein Sohn läßt sich ~, er kann leider nicht kommen; ich muß meinen Sohn in der Schule ~; sich mit Krankheit ~ **2** einen Fehler, ein Versäumnis ~ *so erklären, daß der Vorwurf gemildert wird;* seine Unhöflichkeit ist durch, mit nichts zu ~ 2.1 etwas entschuldigt etwas *etwas läßt etwas verständlich erscheinen;* seine Müdigkeit entschuldigt sein Schweigen, sein unhöfliches Betragen **3** etwas od. jmdn. ~ *für etwas od. jmdn. Nachsicht, Verständnis zeigen;* unter diesen Umständen kann, muß man sein Verhalten wohl ~; ~ Sie bitte die Störung 3.1 ⟨512⟩ ~ Sie mich bitte einen Augenblick *nehmen Sie es nicht übel, wenn ich Sie kurze Zeit allein lasse* 3.2 ~ Sie! ⟨Höflichkeitsformel⟩ *verzeihen Sie, nehmen Sie es nicht übel!*
Ent'schul·di·gung ⟨f.; -, -en⟩ **1** *entschuldigende Worte, Bitte um Nachsicht, Verständnis, Verzeihung;* eine ~ stammeln 1.1 *Erklärung für jmds. Fehlen, die mit der Bitte um Nachsicht, Verständnis verbunden ist;* einem Kind eine ~ (für die Schule) schreiben; ohne ~ fehlen **2** *Rechtfertigung, Entlastung von einem Vorwurf;* was können Sie zu Ihrer ~ anführen?; für solch ein Benehmen gibt es keine ~ **3** (jmdn.) um ~ bitten *Nachsicht, Verständnis;* ich bitte tausendmal um ~
ent'schwin·den ⟨V. 236; geh.⟩ **1** ⟨400 od. 403⟩ *verschwinden, dem Blick verlorengehen;* das Flugzeug entschwand in den Wolken; lautlos ist das Tier meinem Blickfeld entschwunden **2** ⟨600⟩ etwas entschwindet jmdm. aus dem Gedächtnis *jmd. vergißt etwas;* das ist mir aus dem Gedächtnis entschwunden **3** ⟨400⟩ Zeit entschwindet *vergeht;* die Zeit ist (mir) sehr schnell entschwunden; die entschwundene Jugend
ent'set·zen ⟨V. 500⟩ **1** ⟨540⟩ jmdn. seines Postens, Amtes ~ ⟨veralt.; geh.⟩ *absetzen* **2** jmdn. od. etwas ~ ⟨Mil.⟩ *von einer Belagerung befreien;* eine Festung, Stadt, Burg ~ **3** jmdn. ~ *erschrecken, in Furcht, Schrecken, Grauen versetzen;* dieser Anblick hat sie sehr entsetzt; entsetzt sein; ich war ganz, völlig entsetzt; ein entsetzter Blick, Schrei 3.1 ⟨R3⟩ sich ~ *sich erschrecken, in Furcht, Schrecken, Grauen geraten;* ich habe mich vor diesem Anblick entsetzt
Ent'set·zen ⟨n.; -s; unz.⟩ *Erschrecken, Schrekken, Furcht, Grauen;* ~ bemächtigte sich der Zuschauer; wer beschreibt mein ~, als ich sah, daß ...; ~ ergriff die Menge; die Menschen wurden von ~ erfaßt, gepackt, geschüttelt; zu unserem ~, zu unser aller ~; zu meinem größten ~
ent'sin·nen ⟨V. 245/540 od. 550/R3⟩ sich einer Sache od. jmds., sich an jmdn. od. eine Sache ~ *sich erinnern, sich besinnen auf etwas od. jmdn.;* sie hat sich noch jedes, jeden Wortes entsonnen; kannst du dich nicht mehr ~?; soweit ich mich entsinne, war es so; ich kann mich noch des Tages, an den Tag ~, als ich ...
ent'spre·chen ⟨V. 251/600⟩ **1** einer Sache ~ *mit einer S. übereinstimmen;* der „Amor" der römischen Mythologie entspricht dem griechischen „Eros"; seine Behauptung entspricht nicht den Tatsachen, der Wahrheit; es, er, sie entspricht nicht, entspricht völlig meinen Erwartungen, Wünschen **2** einer Sache od. jmdm. ~ ⟨geh.⟩ *genügen, etwas, jmds. Wünsche erfüllen;* den Anforderungen ~; seinem Zweck ~; ich kann ihm nicht ~
ent'spre·chend **1** ⟨Part. Präs. von⟩ *entsprechen* **2** ⟨Adj.⟩ *angemessen, gemäß;* eine der Tat ~e Belohnung, Strafe; ein dem geleisteten Dienst ~es Trinkgeld; jmdn. seinen Leistungen ~ bezahlen; den Anweisungen, den Umständen ~ handeln; sich dem Anlaß ~ kleiden; eine tapfere Tat ~ würdigen
ent'sprin·gen ⟨V. 253(s.)⟩ **1** ⟨411⟩ ein Fluß entspringt in einer Landschaft *kommt als Quelle hervor;* die Elbe entspringt im Riesengebirge; der Rhein entspringt in den Alpen, in der Schweiz **2** ⟨600 od. 800⟩ etwas entspringt einer Sache ⟨fig.; geh.⟩ *hat seinen Ursprung in einer S., entsteht, entwickelt sich aus einer S.;* daraus entsprang die Meinung, die Vorstellung, daß ...; diese Geschichte ist seiner Phantasie entsprungen **3** ⟨411 od. 600⟩ aus etwas ~

(geh.) *aus etwas ausbrechen, entfliehen;* ein Löwe ist aus dem Zirkus, dem Käfig entsprungen; der Gefangene ist aus dem Gefängnis entsprungen

ent'ste·hen (V. 256/400(s.)) **1** etwas entsteht *beginnt zu sein, zu bestehen, sich zu bilden, sich zu entwickeln;* man sieht daraus, wie Gerüchte ~; wie ist Leben (auf der Erde) entstanden?; die Sache ist erst im Entstehen begriffen; wir wollen nicht den Eindruck ~ lassen, als ob ...; es entstand ein Aufruhr, große Aufregung, Lärm, Unruhe 1.1 (unpersönl.) *hervorgerufen werden;* es entstand (bei den meisten) der Eindruck, daß ... 1.2 *hervorgehen;* daraus kann großes Unheil ~; hoffentlich entsteht daraus kein Krieg **2** (800) aus etwas ~ *sich ergeben;* Schaden ist (daraus) nicht entstanden; es werden für Sie keine Kosten ~; für ~den Schaden, ~de Verluste haftet der Eigentümer; für den entstandenen Schaden aufkommen **2.1** (Sprachw.) *gebildet werden, sich herleiten;* das neuhochdeutsche Wort „Tag" ist aus dem gotischen „dags" entstanden; durch die Entwicklung der Technik sind viele neue Wörter und Begriffe entstanden

ent'stel·len (V. 500) **1** jmdn. od. etwas ~ *häßlich machen, verzerren, verunstalten, verstümmeln;* die Leiche war gräßlich entstellt; durch die Verletzung war er (bis zur Unkenntlichkeit) entstellt; eine ~de Narbe im Gesicht haben **2** etwas ~ *fälschen, verfälschen, falsch darstellen;* einen Vorfall, den Inhalt eines Briefes entstellt wiedergeben; einen ~den Bericht schreiben; einen Text ~

ent'täu·schen (V. 500) **1** (R8) jmdn. od. etwas ~ *(jmds. Hoffnungen, Erwartungen) nicht erfüllen, zunichte machen;* er hat mich sehr enttäuscht; das Buch, die Aufführung hat mich enttäuscht; ich muß Sie leider ~, ich kann Ihre Uhr nicht finden; er ist im Leben so oft enttäuscht worden, daß ...; er hat meine Erwartungen, Hoffnungen enttäuscht 1.1 enttäuscht sein *betrübt, traurig, niedergeschlagen sein, weil sich Hoffnungen, Erwartungen nicht erfüllt haben;* ich bin bitter, tief enttäuscht; bitte sei nicht enttäuscht, aber ich kann nicht kommen; komm nur mit, du wirst nicht enttäuscht sein; lies das Buch nicht erst, du bist bestimmt enttäuscht (davon) 1.1.1 von jmdm. od. etwas enttäuscht sein *jmd. od. etwas gefällt jmdm. wider Erwarten nicht;* ich war von ihm, von der Stadt enttäuscht; vom Leben enttäuscht sein

ent'waff·nen (V. 500) jmdn. ~ **1** *jmdm. die Waffe(n) wegnehmen;* Gefangene, Truppen ~; einen gestellten Verbrecher ~ **2** (fig.) *jmds. Angriffe durch eine unerwartete, überraschende Reaktion unwirksam machen;* jmdn. mit einer witzigen Antwort ~; eine ~de Antwort; sie war von ~der Offenheit

'ent·we·der (Konj.) **1** ~ ... oder ... *eines von beiden;* du kannst ~ den Apfel oder die Birne haben, aber nicht beides; er ist ~ ihr Vater oder ihr Schwager; ~ du benimmst dich anständig, oder du bleibst zu Hause; ich werde ~ fliegen oder mit dem Nachtzug fahren; ~ komme ich, oder ich schreibe noch, auf jeden Fall gebe ich dir Bescheid; ~ hat er unsere Verabredung vergessen, oder er hat nicht kommen können; ~ alles oder nichts; ~ gleich oder gar nicht; er kommt ~ heute oder morgen 1.1 ~, oder! *entscheide!, wähle!*

ent'wei·chen (V. 281/400(s.)) **1** etwas entweicht *dringt heraus, tritt aus, strömt aus;* aus dem Ballon entweicht Gas; Dampfschwaden ~ ins Freie 1.0.1 (511) aus seinem Gesicht entwich alle Farbe *verschwand*

ent'wen·den (V. 503) etwas ~ (geh.) *heiml., widerrechtl. wegnehmen, stehlen;* er hat ihm die Brieftasche entwendet; jmdm. Geld (aus der Tasche) ~

ent'wer·fen (V. 286/500) **1** etwas ~ *planend in seinen wesentl. Zügen darstellen* 1.1 *in Umrissen zeichnend andeuten;* ein Gemälde ~ 1.2 *die Hauptpunkte von etwas schriftl. festlegen;* einen Vertrag, Vortrag ~

ent'wickeln (-k·k-; V. 500) **1** (R3) sich ~ *seine Anlagen entfalten;* sich günstig, ungünstig, gut, schlecht, rasch, langsam ~ **2** (505/R3) sich (aus etwas) ~ *allmählich entstehen, sich herausbilden;* der Konflikt (im Drama) entwickelt sich; der Frosch entwickelt sich aus der Kaulquappe **2.1** etwas entwickelt sich *bildet sich;* es ~ sich Dämpfe, Gase; beim Verbrennen von nassem Holz entwickelt sich viel Rauch **2.2** (550) sich zu etwas ~ *zu etwas anderem, Neuem werden;* die Kleine hat sich inzwischen zu einer jungen Dame entwickelt; das Dorf hat sich zu einer kleinen Stadt entwickelt **3** etwas ~ *so ausbilden, daß darin angelegte Möglichkeiten nach u. nach verwirklicht werden, zur Geltung kommen;* Geschmack, Instinkt, Scharfsinn, Sprachgefühl ~; einen Stil (in der Malerei, Schauspielkunst usw.) ~; eine Methode, ein neues Verfahren ~ 3.1 (503/R6) (jmdm.) etwas ~ *in allen Einzelheiten darlegen, auseinandersetzen;* Gedanken, Pläne ~ 3.2 einen Film ~ (Phot.) *einen belichteten F. mit Chemikalien behandeln u. dadurch das Bild sichtbar machen* **4** etwas ~ *(als Ergebnis eines Prozesses) hervorbringen, zeigen;* große Geschwindigkeit ~; eine lebhafte Tätigkeit ~

ent'wir·ren (V. 500) etwas ~ *auflösen, auseinanderziehen;* einen Knoten, Knäuel, Faden ~; ein Durcheinander ~ (a. fig.)

ent'wi·schen (V. 403(s.); umg.) *schnell u. unauffällig entkommen, entschlüpfen;* der Junge ist dem Lehrer, der ihn strafen wollte, entwischt; der Dieb ist der Polizei entwischt

ent'wöh·nen (V. 500) **1** (540/R7) jmdn. einer Sache ~ *jmdm. eine S. abgewöhnen, eine Gewohnheit ablegen;* sich des Rauchens, Trinkens ~; einer Sache entwöhnt sein 1.1 ein Kind ~ *aufhören, ein K. zu stillen, ein K. an Flaschenmilch, an eine andere Nahrung als Muttermilch gewöhnen*

Ent'wurf (m.; -(e)s, ¨-e) **1** *Darstellung von etwas Geplantem;* Sy *Projekt(2);* einen ~ ablehnen, annehmen; einen ~ anfertigen, herstellen, machen; jmdm. mehrere Entwürfe (zur Auswahl) vorlegen; erster, zweiter ~ 1.1 *Zeichnung in groben Umrissen;* Sy *Skizze(1);* der ~ zu einem Gemälde; die Zeichnung ist im ~ fertig 1.2 *Niederschrift in Stichworten;* Roman~, Vertrags~; der ~ zu einem Roman, Vertrag; der Vertrag liegt im ~ vor

ent'zie·hen (V. 293) **1** (530) jmdm. etwas ~ *wegnehmen* 1.0.1 jmdm. Blut ~ *abzapfen* 1.0.2 jmdm. Kräfte ~ *jmds. K. vermindern*

1.1 *wegziehen, nicht länger lassen;* sie entzog ihm ihre Hand 1.2 *nicht mehr geben, daß er damit keinen Mißbrauch treibt;* jmdm. Alkohol, Kaffee, Nikotin ~ 1.3 *nicht mehr zuteil werden lassen, für künftige Fälle verweigern;* jmdm. die Erlaubnis ~, etwas zu tun; jmdm. seine Gunst, Unterstützung ~; einem Redner das Wort ~ **2** ⟨530/R3⟩ sich einer Sache ~ ⟨geh.⟩ *einer S. entfliehen, sich von etwas befreien;* sie entzog sich seiner Umarmung, seinen Zärtlichkeiten 2.1 *einer Sache entkommen, entgehen;* sich der Strafe, dem Zugriff der Polizei durch die Flucht ~ 2.2 *einer Sache nicht nachkommen;* sich der Verantwortung ~ **3** ⟨530/R3⟩ sich jmdm. ~ ⟨geh.⟩ *sich von jmdm. zurückziehen, fernhalten;* warum entziehst du dich uns, unserer Gesellschaft? **4** ⟨530/R3⟩ etwas entzieht sich der Wahrnehmung, Kenntnis *bleibt verborgen, ist nicht zugänglich;* der See war unseren Blicken durch eine Baumgruppe entzogen; diese Vorgänge ~ sich der Beobachtung; der Fehler hat sich meiner Aufmerksamkeit entzogen; das entzieht sich meiner Kenntnis

ent'zif·fern ⟨V. 500⟩ etwas ~ **1** *lesen, obwohl es schlecht geschrieben ist;* einen Brief, eine Handschrift ~; ich kann die Schrift kaum, nicht, mühelos, nur schwer, nur mit Mühe ~ **2** *in die übl. Schrift umsetzen, die Bedeutung, den Sinn herausfinden aus etwas;* eine Geheimschrift ~; die Hieroglyphen, die Keilschrift ~; eine Geheimschrift mit einem Schlüssel ~

ent'zücken ⟨-k·k-; V. 500⟩ jmdn. ~ *jmdm. helle Freude machen, jmdn. begeistern;* der Anblick, das Buch, ihr Gesang entzückt mich; ich bin (ganz) entzückt davon

ent'zün·den ⟨V. 500⟩ **1** etwas ~ *zum Brennen bringen, anzünden;* ein Feuer ~; er hat eine Kerze entzündet; er entzündet ein Streichholz 1.1 ein Gefühl ~ ⟨fig.; geh.⟩ *erregen, verursachen;* jmds. Begeisterung, Leidenschaften, Haß, Liebe ~ **2** ⟨R3⟩ etwas entzündet sich *beginnt zu brennen;* ein Heuhaufen, ein Holzstoß hat sich entzündet; Kalk entzündet sich bei schlechter Lagerung selbst 2.1 Streit entzündet sich ⟨fig.; geh.⟩ *entsteht;* darüber hatte sich ein Streit entzündet **3** ⟨R3⟩ etwas entzündet sich *etwas rötet sich krankhaft u. schwillt schmerzhaft an;* die Wunde hat sich entzündet; sein Hals ist entzündet

Ent'zün·dung ⟨f.; -, -en⟩ **1** ⟨unz.⟩ *das Entzünden (von Feuer)* **2** ⟨Med.⟩ *vom Körper zur Abwehr durch Krankheitserreger verursachter, durch chemische, physikalische u. a. Schädigungen ausgelöster Vorgang an den Körpergeweben, wobei aus den Gefäßen Blutflüssigkeit u. später weiße Blutzellen austreten;* eine akute, chronische ~

ent'zwei ⟨Adj. 11/40⟩ *zerbrochen, zerrissen;* Ggs *ganz(1);* die Tasse ist ~; meine Brille ist ~

'En·zi·an ⟨m.; -s, -e⟩ **1** *einer im Gebirge vorkommenden Gattung der Enziangewächse angehörende krautige Pflanze mit gelben od. blauen Blüten: Gentiana* **2** *der mit einem Extrakt der Wurzeln des Gelben Enzians hergestellte bittere, klare Branntwein*

Epi·de'mie ⟨f.; -, -n⟩ *ansteckende, sich rasch u. weit verbreitende, plötzl. auftretende u. abflauende Massenerkrankung;* → a. *Seuche(1)*

Epi'der·mis ⟨f.; -, -men⟩ **1** *äußerste Schicht der Haut der Wirbeltiere;* Sy *Oberhaut* **2** *pflanzliches, meist einschichtiges Abschlußgewebe*

Epi'go·ne ⟨m.; -n, -n⟩ *der Nachkommende, jmd., der Vorhergehendes unschöpferisch nachahmt od. anwendet*

'Epik ⟨f.; -; unz.⟩ *Gattung der erzählenden Vers- u. Prosadichtung;* Vers~

Epi·lep'sie ⟨f.; -, -n⟩ *zeitweilig auftretende Krämpfe am ganzen Körper mit Bewußtlosigkeit*

Epi'log ⟨m.; -s, -e⟩ **1** = *Nachrede* **2** ~ zu einem Drama *Nachspiel* **3** *Schlußworte eines Schauspielers an das Publikum*

Epi'so·de ⟨f.; -, -n⟩ **1** ⟨altgriech. Drama⟩ *zwischen die Chorgesänge eingeschobene Handlung* **2** *eingeschobene Nebenhandlung im Drama od. Roman, Einschaltung* **3** ⟨Mus.⟩ *Zwischenspiel in der Fuge* **4** ⟨allg.⟩ *nebensächl. Ereignis od. Erlebnis, Zwischenspiel*

Epi·stel ⟨[-'--] f.; -, -n⟩ **1** *längerer (kunstvoller) Brief* **2** *Apostelbrief im NT* **3** *für den Gottesdienst vorgeschriebene Lesung aus der Apostelgeschichte od. den Apostelbriefen* **4** jmdm. die ~ lesen ⟨fig.⟩ *jmdn. ermahnen, jmdm. eine Strafpredigt halten*

Epo·che ⟨[-'--] f.; -, -n⟩ **1** *(bedeutsamer) Zeitabschnitt* **2** *histor. Wendepunkt* 2.1 ~ machen *durch ein bedeutsames Ereignis einen neuen Zeitabschnitt einleiten* **3** ⟨Astr.⟩ *bestimmter Zeitpunkt, auf den irgendwelche Angaben bezogen werden, z. B. die Elemente der Planetenbahnen, das Minimum im Lichtwechsel veränderlicher Sterne* **4** ⟨[--'-] unz.; Philos.⟩ *Zurückhalten od. Enthaltung des Beifalls od. Urteils*

'Epos ⟨n.; -, Epen⟩ **1** *langes, erzählendes Gedicht in gleichmäßiger Versform;* Vers~ **2** *großangelegte, breit ausgemalte Prosadichtung;* Helden~

er ⟨Personalpron., 3. Person Sg. m.; Gen. sein(er), Dat. ihm, Akk. ihn; Pl. sie[2]⟩ *(Ausdruck für eine Person od. Sache, die weder Sprecher noch Hörer ist);* ~ kommt; ~ ist es; da ist ~ ja!; ich kenne Müllers schon lange, sie ist eine Schulfreundin von mir und ~ hat mit mir zusammen studiert; wir gedenken sein(er); sie gab es ihm; alle sehen ihn

Er ⟨m.; umg.; nur in der Wendung⟩ ein ~ und eine Sie *Mann u. Frau*

er... ⟨Vors. in Zus.⟩ **1** *etwas bewirken, etwas machen;* sich erkälten, erfreuen, ermuntern **2** *etwas entstehen lassen, hervorbringen;* erbauen, erzeugen **3** *etwas durch Mühe od. Anstrengung bekommen;* erbitten, erhalten, ersingen **4** *ein Ergebnis herbeiführen;* erkunden, erwarten **5** *zur Bezeichnung einer kurzen Handlung od. des Beginns einer Handlung;* erschauern, erzittern, erblühen, erröten

er'ach·ten ⟨V. 518/R7 od. R8; geh.⟩ **1** jmdn. od. etwas für, als etwas ~ *jmdn. od. etwas für jmdn. od. etwas halten, als jmdn. od. etwas ansehen;* ich erachte diese Behandlung seiner unwürdig; ich erachte die Zeit für gekommen, um ...; zwei Gegenstände für gleich ~; es für nützlich ~ **2** meines Erachtens *nach meiner Meinung, meiner Ansicht*

er'bar·men ⟨V. 500⟩ **1** ⟨540 od. 550/R3⟩ sich jmds., über jmdn. ~ ⟨veralt.; geh.⟩ *mit jmdm. Mitleid haben u. ihm zu helfen suchen;* erbarme dich mein, meiner; er hat sich des kranken Kindes erbarmt 1.1 sich einer

Sache ~ ⟨umg.; scherzh.⟩ *sich einer S. annehmen;* keiner wollte sich der Reste vom Mittagessen ~ **2** jmdn. ~ *jmds. Mitleid erregen u. ihn gleichzeitig hilfsbereit machen;* die alte Frau erbarmte ihn; sein Unglück, Elend hat ihn erbarmt; sie sah so elend aus, daß (es) Gott erbarm'! ⟨fig.; veralt.⟩

Er'bar·men ⟨n.; -s; unz.⟩ **1** *Mitleid u. Hilfe zugleich;* ~!; er kennt kein ~; jmdn. aus ~ bei sich aufnehmen; mit jmdm. ~ haben; ohne ~ 1.1 (das ist) zum ~ ⟨umg.⟩ *sehr schlecht;* er sieht zum ~ aus; sie singt, spielt zum ~

er'bärm·lich ⟨Adj.; umg.⟩ **1** *erbarmenswert, bedauernswert, jämmerlich;* er befand sich in einem ~en Zustand; sie war nur ein ~es Häufchen Elend; ihr war ~ zumute 1.1 *dürftig, ärmlich;* eine ~e Behausung, Hütte; er war ~ gekleidet; wir bekamen ein ~es Essen 1.2 *sehr elend od. schlecht;* ein ~er Lohn; ~es Trinkgeld; er sah ~ aus; seine Leistungen sind ~ **1.3** ⟨abwertend⟩ *gemein, nichtswürdig, (moralisch) schlecht, verwerflich;* ein ~er Lump, Schuft, Wicht; ein ~es Verhalten; sich ~ benehmen **2** ⟨90⟩ *sehr (groß, stark);* er hatte ~e Angst; es tat ~ weh; das ist ~ wenig (Geld)

er'bau·en ⟨V. 500⟩ **1** etwas ~ *aufbauen, errichten;* das Theater, die Kirche wurde in den Jahren 1858 - 1863 erbaut **2** ⟨550/R3⟩ sich an etwas ~ ⟨fig.; geh.⟩ *erfreuen, sich durch etwas innerlich erheben, stärken lassen;* ich erbaue mich gern an guter Musik; er hat sich an diesem Anblick, an dieser Lektüre erbaut **3** von, über etwas (wenig od. nicht) erbaut sein ⟨umg.⟩ *davon angenehm (unangenehm) berührt sein, sich (nicht) darüber freuen;* ich bin von der Nachricht nicht sehr erbaut; er ist von dem Plan wenig erbaut; von seinem Besuch war sie nicht sehr erbaut; von dieser Aussicht war er sehr erbaut

'Er·be[1] ⟨m.; -n, -n⟩ *jmd., der berechtigt ist, jmdn. zu beerben;* der einzige, gesetzliche ~; Müller(s) ~n (als Firmenbezeichnung); jmdn. als, zum ~n einsetzen; die lachenden ~n ⟨umg.; scherzh.⟩

'Er·be[2] ⟨n.; -s; unz.; geh.⟩ **1** *Erbschaft;* ein ~ antreten, ausschlagen; das väterliche ~ **2** *die Gesamtheit dessen, was auf die Gegenwart überkommen ist;* das klassische, kulturelle ~

'er·ben ⟨V. 500⟩ **1** etwas ~ *jmds. Eigentum nach dessen Tod erhalten;* jmds. Vermögen ~; Geld, ein Haus, Schmuck von jmdm. ~ **1.1** ⟨umg.⟩ *übernehmen, geschenkt bekommen;* vielleicht kann ich hier etwas ~ **2** etwas ~ *als Anlage von den Vorfahren mitbekommen;* die Musikalität hat er von seiner Großmutter geerbt

er'bie·ten ⟨V. 110/508/R3⟩ sich ~, etwas zu tun ⟨geh.⟩ *sich bereit erklären;* er erbot sich, diese Aufgabe zu übernehmen

er'bit·tern ⟨V. 500⟩ jmdn. ~ *zur Verbitterung bringen, in Zorn bringen, sehr böse, sehr zornig machen;* diese Ungerechtigkeit erbittert mich; er war maßlos erbittert über ...; die erbitterten Zuschauer; das erbitterte Volk

er'blei·chen ⟨V. 126/400(s.); geh.⟩ **1** ⟨schwach konjugiert⟩ *bleich werden, erblassen, die Farbe verlieren;* ihre Lippen erbleichten; er ist vor Zorn erbleicht; sein Gesicht erbleichte; die bunten Blumen ~ **2** ⟨stark konjugiert; poet.⟩ *sterben;* er ist erblichen; der Erblichene war sein Freund

er'blicken ⟨-k·k-; V. 500⟩ **1** jmdn. od. etwas ~ *mit den Augen wahrnehmen, entdecken* **1.1** das Licht der Welt ~ *geboren werden* **2** ⟨550⟩ in etwas od. jmdm. etwas ~ *etwas od. jmdn. für etwas halten;* in ihm erblicke ich meinen schärfsten Gegner; darin kann ich keinen Fehler, Schaden, Vorteil ~

er'bo·sen ⟨V. 500⟩ **1** jmdn. ~ *erzürnen;* ihre Bemerkung erboste ihn sehr; erbost sah sie ihn an **2** ⟨505/R3⟩ sich (über etwas) ~ *böse werden, zornig werden;* ich habe mich über sein Benehmen erbost

er'bö·tig ⟨Adj. 80⟩ ~ sein, etwas zu tun *bereit sein;* er war ~, ihm zu helfen

er'bre·chen ⟨V. 116/500⟩ **1** etwas ~ *gewaltsam öffnen, aufbrechen;* er erbrach das Siegel; die Tür, den Geldschrank ~; der Brief war erbrochen worden **2** ⟨R7⟩ etwas od. sich ~ *(den Mageninhalt) durch den Mund entleeren, sich übergeben;* der Kranke erbrach alle Speisen; der Betrunkene hat mehrmals erbrochen; das Essen ~; er muß ~ **3** das habe ich satt bis zum Erbrechen ⟨fig.; umg.⟩ *bis zum Überdruß*

'Erb·schaft ⟨f.; -, -en⟩ *das, was jmd. im Falle von jmds. Tod als Eigentum erhält;* eine ~ antreten, ausschlagen; er hat eine große ~ gemacht

'Erb·se ⟨f.; -, -n⟩ **1** *einer Gattung der Schmetterlingsblütler angehörende einjährige krautige Kulturpflanze, die als wichtige Speise- u. Futterpflanze dient: Pisum;* Feld~, Kicher~, Zucker~; die ~n blühen meist weiß 1.1 *als Gemüse verwendeter kugelförmiger grüner od. gelber Same dieser Pflanze;* junge, geschälte, trockene ~n; die ~n verlesen

'Erd·be·ben ⟨n.; -s, -⟩ *großräumige Erschütterungen des Erdbodens, die durch geolog. Vorgänge in der Erdkruste u. im oberen Erdmantel ausgelöst werden;* ein starkes, schweres ~; bei dem letzten ~ gab es viele Verletzte

'Erd·bo·den ⟨m.⟩ **1** *Erdoberfläche, Erde, Boden;* das Kind kroch auf dem ~ **1.1** der Junge, die Halskette ist wie vom ~ verschluckt ⟨fig.⟩ *ganz plötzlich u. spurlos verschwunden* 1.2 ein Haus, eine Stadt dem ~ gleich machen ⟨fig.⟩ *völlig zerstören* **1.3** vom ~ verschwinden ⟨fig.⟩ *vernichtet, ausgerottet werden* **1.4** jmd. wäre am liebsten in den ~ versunken ⟨fig.⟩ *jmd. wäre am liebsten aus Scham schnell verschwunden*

'Er·de ⟨f.; -, (selten) -n⟩ **1** *aus verwittertem Gestein u. Humus bestehendes Gemisch, das den Teil der Erdoberfläche bildet, auf dem höhere Pflanzen wachsen können;* Blumen~; fette, feuchte, fruchtbare, gute, lockere, magere, schlechte, trockene ~; denn du bist ~ und sollst zu ~ werden (1. Buch Mose, 3,19) 1.1 einen Toten der ~ übergeben *ihn bestatten, beerdigen* 1.2 bald deckt ihn die kühle ~ *bald wird er tot sein* 1.3 er liegt in der kühlen ~ *er ist tot* **2** *fester Boden;* auf die ~ fallen; zur ~ fallen; auf der blanken, bloßen, nackten ~ schlafen; die ~ erbebte, erzitterte; ich hätte vor Scham in die ~ sinken mögen **2.1** mit beiden Beinen fest auf der ~ stehen ⟨fig.⟩ *im Leben tüchtig sein, sich gut in der Welt zurechtfinden* 2.2 unter der ~ *im Grab;* er liegt schon lange unter der ~ 2.2.1 jmdn. unter die ~ bringen *zu jmds. Tod beitragen, an jmds. Tod schuld sein* **3** *Land, Gegend* 3.1 in fremder ~ ruhen *im fremden Land begraben sein* **4** *die von den Menschen bewohnte Welt;* Himmel und ~; unsere Mutter ~ ⟨fig.; poet.⟩ **4.1** auf ~n *im Diesseits, im Leben;* er hat den Himmel auf ~n; er hat bei ihr die Hölle auf ~n **5** *von der Sonne aus der dritte der neun Planeten unseres Sonnensystems;* die ~ kreist um die Sonne **6** ⟨Pl.⟩ ~n ⟨Chem.⟩ *Oxide der Erdmetalle, z. B. des Aluminiums;* seltene ~n **7** ⟨El.⟩ *leitende Verbindung einer elektrischen Anlage mit dem Erdboden;* für das Radio die Wasserleitung als ~ benutzen

'Erd·ge·schoß ⟨n.; -s·ses, -s·se; Abk.: Erdg.⟩ *Stockwerk zu ebener oder wenig über der Erde;* Sy *Parterre(1);* das Zimmer, die Wohnung befand sich im ~

'Erd·reich ⟨n.⟩ *Erdboden, lockere Erde als Grundlage des Pflanzenwachstums*

er'drei·sten ⟨V. 580 od. 520/R3⟩ sich ~, etwas zu tun *so dreist sein, etwas zu tun;* wie können Sie sich ~, mir das ins Gesicht zu sagen?; sich Frechheiten ~

er'dros·seln ⟨V. 500/R7⟩ **1** jmdn. ~ *mit den Händen od. einem Strick erwürgen;* jmdn. zum Tode durch Erdrosseln verurteilen **2** etwas ~ ⟨fig.⟩ *unterbinden;* eine Kritik, Entwicklung ~; alle Freude war erdrosselt

er'drücken ⟨-k·k-; V. 500⟩ **1** ⟨R8⟩ jmdn. ~ *zu Tode drücken, ersticken;* die herabstürzende Lawine erdrückte vier Schifahrer; zwei Arbeiter wurden bei dem Unglück erdrückt **2** etwas erdrückt jmdn. ⟨fig.⟩ *etwas belastet jmdn. in übergroßem Maße;* die Arbeit erdrückte mich fast; die hohen Steuern drohten ihn zu ~ 2.1 ~de Beweise (seiner Schuld) *B., die jeden Zweifel ausschließen* 2.2 die ~de Übermacht (des Feindes) *die zu große Ü.*

'Erd·teil ⟨m.; Geogr.⟩ *große geschlossene Festlandmasse mit den ihr vorgelagerten Inseln;* Sy *Kontinent(2);* die fünf ~e

er'ei·fern ⟨V. 500/R3⟩ sich ~ *in Eifer geraten, heftig werden, sich (über etwas) aufregen;* sich über eine Behauptung, über jmds. Verhalten ~

er'eig·nen ⟨V. 500/R3⟩ etwas ereignet sich *geschieht;* gestern hat sich etwas Merkwürdiges, Schreckliches ereignet; hat sich inzwischen irgend etwas (Besonderes) ereignet?

Er'eig·nis ⟨n.; -s·ses, -s·se⟩ **1** *Geschehnis, Vorkommnis, Begebenheit;* ein frohes, fröhliches, schmerzliches, trauriges ~; gab es inzwischen irgendwelche (besonderen) ~se?; seit diesem ~ sind viele Monate vergangen 1.1 große ~se werfen ihre Schatten voraus *kündigen sich durch besondere Anzeichen vorher an* **2** ⟨fig.; umg.⟩ *großes, eindrucksvolles Erlebnis;* die Aufführung war wirklich ein ~

er'fah·ren[1] ⟨V. 130/500⟩ eine Sache ~ **1** *Kenntnis erhalten, mitgeteilt bekommen, zu wissen bekommen;* ich habe ~, daß er schon hier ist; hast du Einzelheiten, Näheres ~?; wann erfahre ich das Ergebnis?; ich habe nicht ~ können, ob ...; ich habe die Nachricht erst aus zweiter Hand ~; ich habe es bereits ~; ich habe es durch seinen Brief, durch die Zeitung, durch Zufall ~ 1.1 etwas zu ~ suchen *auskundschaften, sich erkundigen nach* **2** *erleben, zu spüren bekommen, empfangen;* er hat in seinem Leben viel Böses, nicht viel Freude, Glück, Liebe ~ **3** ⟨Funktionsverb in nominaler Umschreibung des Passivs⟩ eine gute, schonende, sorgfältige Behandlung ~ *gut, schonend, sorgfältig behandelt werden*

er'fah·ren[2] ⟨Adj.; 70⟩ *reich an Erfahrung, Kenntnissen u. Übung, allseits erprobt, bewährt;* ein ~er Arzt, Fachmann, Lehrer; in der Behandlung schwieriger Kinder ~ sein

Er'fah·rung ⟨f.; -, -en⟩ **1** *Erlebnis, aus dem man lernt;* ~en sammeln; böse, bittere, gute, schlechte, trübe ~en machen; jeder muß selbst seine ~en machen; ich habe die ~ gemacht, daß ...; das kenne, weiß ich aus (eigener) ~; es ist eine alte ~, daß Kinder immer klüger als die Eltern sein wollen; durch ~ wird man klug 1.1 ~ ist die Mutter der Wissenschaft ⟨Sprichw.⟩ *aus dem, was man selbst erlebt, lernt man am meisten* **2** *in der Praxis erworbene Kenntnisse u. Übung;* ~ haben; berufliche ~ haben; zu dieser Arbeit gehört einige ~; große, langjährige ~ haben **3** ⟨Philos.⟩ *die aus eigenem Erleben, eigener Anschauung gewonnene Kenntnis der Wirklichkeit* **4** etwas in ~ bringen *durch Nachforschungen erfahren*

er'fas·sen ⟨V. 500⟩ **1** jmdn. od. etwas ~ *ergreifen* 1.1 etwas erfaßt jmdn. ⟨fig.⟩ *überkommt jmdn., ergreift als heftige Empfindung von jmdm. Besitz;* Entsetzen, Furcht, Zweifel erfaßte ihn **2** eine Sache ~ *verstehen, begreifen;* er hat (noch nicht) erfaßt, worauf es ankommt; eine Situation, einen Vorgang instinktiv, rasch, richtig, schnell, sofort ~; er erfaßte die Lage mit einem Blick **3** jmdn. od. etwas ~ *Daten über eine bestimmte Gruppe von Personen od. Sachen zusammentragen u. in Listen, Verzeichnisse, Statistiken aufnehmen;* alle noch nicht schulpflichtigen Kinder ~

er'fin·den ⟨V. 134/500⟩ **1** etwas ~ *noch nicht Vorhandenes, etwas ganz Neues, bes. in der Technik, ersinnend schaffen;* Edison hat die Glühlampe erfunden **2** etwas od. jmdn. ~ *sich ausdenken;* Ausreden ~; die ganze Geschichte ist frei erfunden; das hat er glatt erfunden!; eine erfundene Person (zwecks Täuschung) vorschieben

Er'fin·der ⟨m.; -s, -⟩ *jmd., der etwas Neues, bes. in der Technik, geschaffen hat;* Gutenberg, der ~ der Buchdruckerkunst

Er'folg ⟨m.; -(e)s, -e⟩ **1** *Ergebnis, Folge;* Sy *Resultat(2);* der ~ wird zeigen, ob es richtig war, so zu handeln; der Versuch hatte (nicht) den gewünschten ~; und was war der ~? die Pflanzen gingen alle ein 1.1 *positives Ergebnis;* einen ~ erzielen; die Sache verspricht (keinen) ~; wir werden sehen, ob die Sache ~ zeitigen wird; er, die Sache hat keine Aussicht auf ~; an einer Prüfung mit ~ teilnehmen; seine Mühe wurde von ~ gekrönt 1.1.1 *erfolgreiche Sache;* das Konzert, Theaterstück wurde ein ~ **2** *(Eintreten der beabsichtigten, angestrebten) Wirkung;* beispielloser, durchschlagender, geringer, glänzender, großer, nachhaltiger, voller ~; gierig nach ~ sein; seine Bemühungen blieben ohne ~ 2.1 ~ haben *Anklang finden;* keinen ~ haben; viel, wenig ~ haben; ~(e) bei Frauen haben; ~ im Beruf, im Leben haben; damit wirst du keinen ~ haben

er'fol·gen ⟨V. 400(s.)⟩ **1** e t w a s erfolgt *geschieht (als Folge auf etwas);* darauf erfolgte eine Detonation **2** ⟨Funktionsverb⟩ ein V o r g a n g erfolgt *etwas geschieht;* die Auszahlung der Renten erfolgt jeweils am 10. des Monats; Ihr Eintritt kann sofort ~; er rief, aber es erfolgte keine Antwort; es ist nichts weiter darauf erfolgt

er'for·der·lich ⟨Adj. 24⟩ *nötig, unerläßlich, unentbehrlich;* das ~e Alter für diesen Beruf ist 25 Jahre; ich werde die ~en Schritte unternehmen; es ist dringend, unbedingt ~, daß ...; eine Vorbildung ist für diese Arbeit nicht ~

er'for·schen ⟨V. 500⟩ **1** e t w a s ~ *(wissenschaftl.) ergründen, genau kennenzulernen suchen, herauszubekommen suchen;* jmds. wirkliche Meinung ~; biologische, chemische Vorgänge ~; das Verhalten von Tieren ~; er erforschte das Innere Afrikas; ein kaum erforschtes Gebiet 1.1 sein G e w i s s e n ~ *prüfen*

er'freu·en ⟨V.⟩ **1** ⟨500/R8⟩ j m d n. ~ *jmdm. Freude machen;* jmdn. mit einem Besuch, mit einem Geschenk ~ 1.1 ⟨550/R3⟩ s i c h a n e t w a s ~ *bei etwas Freude empfinden;* sich an einem Anblick ~ 1.1.1 „Ja, gern!" sagte er erfreut *Freude empfindend, zeigend* 1.1.2 erfreut sein über etwas *sich über etwas freuen;* er war über ihren Besuch sehr erfreut 1.1.3 sehr erfreut! *(veraltende Höflichkeitsformel, wenn man mit jmdm. bekannt gemacht wird)* **2** ⟨540/R3⟩ s i c h einer S a c h e ~ ⟨geh.⟩ *sich anhaltend über eine Sache freuen können, eine Sache genießen;* er erfreut sich eines ausgezeichneten Rufes als Arzt; diese Einrichtung erfreut sich großer Beliebtheit; sich bester Gesundheit ~

er'frie·ren ⟨V. 140⟩ **1** ⟨400(s.)⟩ *durch Frieren, Kälterwerden zugrunde gehen, umkommen, absterben;* der englische Polarforscher R. Scott erfror auf dem Rückweg vom Südpol; die Blumen sind erfroren; erfrorene Füße haben; erfrorene Kartoffeln schmecken süßlich 1.1 ich bin g a n z, h a l b erfroren ⟨fig.; umg.⟩ *vor Kälte erstarrt* **2** ⟨530/R1⟩ s i c h einzelne G l i e d e r ~ *die einzelnen G. sind durch übermäßige Kälteeinwirkung abgestorben;* er hat sich als Soldat die Hände erfroren; ich habe mir die Ohren erfroren

er'fri·schen ⟨V.⟩ **1** ⟨402⟩ e t w a s erfrischt (j m d n. od. e t w a s) *macht (jmdn. od. etwas) frisch, wirkt (auf jmdn. od. etwas) belebend;* die Ruhepause hat mich sehr erfrischt; der Regen erfrischt die Natur; dieses Getränk erfrischt köstlich; eine kalte Dusche erfrischt fast immer; ~de Kühle; ein ~des Lüftchen, Getränk 1.1 ⟨fig.⟩ *innerlich belebend, anregend auf jmdn. wirken;* er hat einen ~den Humor; ihre Offenheit war ~d **2** ⟨500/R3⟩ s i c h ~ *sich frisch machen, sich erquicken;* er hat sich im Bad erfrischt; ich erfrischte mich mit Obst, einem kühlen Getränk

er'fül·len ⟨V. 500⟩ **1** e t w a s erfüllt e t w a s *füllt etwas ganz aus;* Lärm erfüllte den Saal; die Blumen ~ das Zimmer mit ihrem Duft; ihr Leben war von Arbeit u. Sorge erfüllt **2** e t w a s erfüllt j m d n. *etwas beschäftigt jmdn. stark, nimmt jmdn. ganz in Anspruch;* seine Arbeit erfüllt ihn ganz; ich bin von der Begegnung, dem Erlebnis noch ganz erfüllt 2.1 ⟨550⟩ etwas erfüllt jmdn. m i t e t w a s ⟨geh.⟩ *etwas bereitet jmdm. etwas;* seine Tat erfüllt mich mit Abscheu, Bewunderung, Freude, Schrecken; es erfüllt mich mit tiefer Befriedigung, daß ... **3** j m d. od. e t w a s erfüllt eine A u f g a b e, V e r p f l i c h t u n g, einen W u n s c h u. ä. *jmd. od. etwas entspricht (vollkommen) einer A., V., einem W.;* eine Bedingung, ein Versprechen ~; eine Bitte, Forderung ~; das Gerät erfüllt seinen Zweck vollkommen **4** ⟨R3⟩ s i c h ~ *wahr werden, Wirklichkeit werden;* seine Prophezeiung, sein Wunsch hat sich erfüllt

er'gän·zen ⟨V. 500⟩ **1** e t w a s ~ *vervollständigen, einer Sache Fehlendes hinzufügen;* er hat seinen Bericht ergänzt; sie ergänzte seine Aussage; das Lager, Truppen, Vorräte ~; den Wortlaut aus dem Gedächtnis ~; ich möchte ~d hinzufügen **2** ⟨R4⟩ s i c h ~ *die Eigenschaften od. Fähigkeiten, die dem anderen fehlen, besitzen, so daß man gut zusammen arbeitet od. gut miteinander auskommt;* Mann und Frau ~ sich; die beiden ~ sich gut

er'ge·ben[1] ⟨V. 143/500⟩ **1** e t w a s ergibt e t w a s *liefert etwas als Ergebnis;* 4 mal 3 ergibt 12; die Prüfung, Umfrage hat ~, daß ... **2** ⟨505/R3⟩ e t w a s ergibt s i c h (a u s e t w a s) *stellt sich als Ergebnis heraus, kommt zustande, entsteht als Folge (aus etwas);* beim Zusammenrechnen ergibt sich eine Summe von 150 Mark; bei der Untersuchung hat sich ~, daß ...; es ergibt sich die Frage, ob ...; daraus können sich Nachteile, unangenehme Folgen ~ 2.0.1 ⟨510⟩ es hat sich eben so ~ *es ist eben so gekommen* 2.1 ⟨550⟩ a u s e t w a s ergibt s i c h, d a ß ... *folgt, kann man folgern, daß ...;* daraus ergibt sich, daß ...; aus dem eben Gesagten ergibt sich, daß ... **3** ⟨R3⟩ s i c h ~ *sich fügen, sich unterwerfen;* ich habe mich schließlich doch ~ müssen 3.1 *die Waffen strecken, sich in Gefangenschaft begeben* 3.2 ⟨550/R3⟩ sich in e t w a s ~ *sich in etwas fügen, schicken;* sich in sein Los, sein Schicksal ~ 3.2.1 er ergab sich drein *er fügte sich (den Forderungen od. in die Umstände)* 3.3 ⟨530⟩ sich j m d m. od. einer S a c h e ~ *sich jmdm. od. einer S. rückhaltlos hingeben, widmen* 3.3.1 sich einer S a c h e ~ *sich einer S. hemmungslos hingeben u. ihr völlig verfallen;* sich dem Spiel, dem Trunk ~

er'ge·ben[2] **1** ⟨Part. Perf. von⟩ *ergeben*[1] **2** ⟨Adj.⟩ 2.1 *fügsam, widerspruchslos, untertänig;* „Ja", sagte er ~; er schwieg ~; ~ ließ er den Zornausbruch über sich ergehen; Ihr (Ihnen sehr) ~er X. (als Schlußformel in Briefen); es grüßt (Sie) ~st ... (als Schlußformel in Briefen) 2.2 *demütig zugetan, hingebungsvoll;* sie ist ihm bedingungslos, treu, völlig ~; er ist sein ~er Freund

Er'geb·nis ⟨n.; -s·ses, -s·se⟩ **1** *das, was ein Vorgang ergibt, Erfolg, Resultat;* die Prüfung hat kein ~ gebracht, gehabt; ein befriedigendes, gutes, schlechtes, zufriedenstellendes, unbefriedigendes ~; die Untersuchung wurde mit dem ~ abgeschlossen, daß ...; die Suche ist ohne ~ verlaufen; die Verhandlungen führten zu dem ~, daß ..., zu keinem ~; wir sind zu dem ~ gekommen, daß ...; wir müssen zu einem ~ kommen; ein ~ finden, suchen, zeitigen; das ~ einer Untersuchung, eines Versuchs 1.1 ⟨Math.⟩ *Lösung;* Sy *Resultat(1);* das ~ einer Gleichung, Rechenaufgabe; ein ~ herausbekommen; was für ein ~ hast du heraus?; das ~ von 2 mal 2 ist 4

er'ge·hen ⟨V. 145⟩ **1** ⟨405(s.)⟩ eine Aufforderung, ein Befehl, Gesetz ergeht (an jmdn.) *wird amtlich erlassen, offiziell an jmdn. gerichtet;* es erging ein Gebot an alle, daß ...; die Aufforderung erging an ihn, sich am andern Tag dort einzufinden **1.1** ~ lassen *erlassen, ausgeben;* einen Befehl ~ lassen (an) **1.1.1** ⟨510⟩ Gnade für Recht ~ lassen *walten lassen, jmdn. nicht bestrafen, jmdn. begnadigen, jmdm. verzeihen* **2** ⟨800(s.)⟩ etwas über sich ~ lassen *mit sich geschehen lassen, geduldig ertragen, widerspruchslos hinnehmen;* eine Rede über sich ~ lassen **3** ⟨613; unpersönl.(s.)⟩ es ergeht jmdm. gut, schlecht *jmd. verlebt eine Zeit auf gute, schlechte Weise;* es wird dir schlecht ~, wenn ... **3.1** wie wird es dir dort ~? *was wird mit dir dort geschehen?* **3.2** wie ist es Ihnen in der Zwischenzeit ergangen? *was haben Sie in der Zwischenzeit erlebt?* **4** ⟨505/R3⟩ sich (in, über etwas) ~ *sich mit der Äußerung (von etwas) übermäßig lange aufhalten;* sich in Klagen ~; sie erging sich in Lobeshymnen über ihn, sein Verhalten; sich in Schilderungen ~; sich in Vermutungen ~; sich in Schmähungen ~ gegen jmdn.; sich über ein Thema ~ **5** ⟨500/R3⟩ sich ~ ⟨geh.⟩ *spazierengehen;* er erging sich im Park

er'gie·big ⟨Adj.⟩ **1** *sehr viel ergebend;* eine ~e Mehlsorte; das Fett ist sehr ~; das vorhandene Material ist (nicht) sehr ~ für unsere Zwecke **1.1** *ertragreich;* ein ~es Kohlevorkommen; dieser Boden ist sehr ~ **1.2** *nutzbringend;* das Thema war (nicht) sehr ~ **1.3** *lange ausreichend, sich nicht schnell verbrauchend;* diese Wolle ist sehr ~

er'göt·zen ⟨V. 500; geh.⟩ **1** jmdn. ~ *erheitern, unterhalten;* er ergötzte alle Anwesenden durch seine drollige Redeweise; jmdn. mit einer Darbietung, mit heiteren Erzählungen ~; zu meinem, zu unser aller Ergötzen ahmte er Tierstimmen nach **2** ⟨550/R3⟩ sich an etwas ~ *an etwas Vergnügen haben;* ich habe mich an diesem Anblick ergötzt; er ergötzte sich an dieser Lektüre

er'grei·fen ⟨V. 158⟩ **1** ⟨500⟩ jmdn. od. etwas ~ *nach jmdm. od. etwas greifen u. festhalten;* er ergriff das Kind und hob es hoch; einen Gegenstand ~ **1.1** jmdn. ~ *festnehmen;* der Dieb konnte sofort ergriffen werden **1.2** das Feuer ergriff die Gardinen *griff auf die G. über, setzte die G. in Brand* **1.2.1** vom Feuer ergriffen werden *zu brennen beginnen* **1.3** Entsetzen, Furcht ergriff mich *packte, überfiel mich* **1.3.1** von Furcht ergriffen werden *sich plötzlich fürchten, sich zu fürchten beginnen* **2** ⟨500⟩ etwas ergreift jmdn. ⟨fig.⟩ *bewegt, erschüttert jmdn.;* das Theaterstück hat mich stark, tief ergriffen; ich bin von Ihrem Vortrag, Ihrem Spiel tief ergriffen; ein ~des Buch, Schicksal, Theaterstück; es war ~d, zu hören, zu sehen, wie ...; der Musik, jmds. Worten ergriffen lauschen **3** ⟨500⟩ *sich für etwas entscheiden, etwas wählen u. es durchführen, (wahr)nehmen* **3.1** einen Beruf ~ *wählen u. auszuüben beginnen* **3.2** ⟨510⟩ von etwas Besitz ~ *etwas in B. nehmen, sich aneignen* **3.3** die Flucht ~ *fliehen* **3.4** die Gelegenheit ~, etwas zu tun *die G. wahrnehmen, nützen* **3.5** die Macht ~ *die M. übernehmen* **3.6** Maßnahmen ~ *wählen u. anwenden* **3.7** ⟨517⟩ für jmdn. Partei ~ *sich für jmdn. einsetzen, jmds. Meinung unterstützen* **3.8** das Wort ~ *zu sprechen beginnen, eine Rede beginnen*

er'grün·den ⟨V. 500/R8⟩ eine Sache ~ *einer S. auf den Grund gehen, sie erforschen, auskundschaften, durch Forschen genau feststellen;* ich muß ~, ob ...; ein Geheimnis ~; Ursachen ~

Er'guß ⟨m.; -s·ses, ⸚s·se⟩ **1** *das Sichergießen;* Blut~, Samen~ **2** *das Ausströmen;* Lava~; untermeerische Ergüsse **3** ⟨fig.⟩ *Redeschwall, wortreiche Aussage;* ein leidenschaftlicher, überschwenglicher ~ des Herzens, der Seele ⟨geh.⟩; lyrische, langatmige, pathetische Ergüsse ⟨a. iron.⟩

er'ha·ben ⟨Adj.⟩ **1** *erhöht über die Umgebung, plastisch hervortretend;* ein ~es Muster **1.1** ~e Arbeit *Relief* **2** ⟨74⟩ über etwas ~ sein *(geistig) hoch über etwas stehen, von etwas nicht berührt werden können;* über diesen Klatsch bin ich ~; darüber muß man ~ sein; seine Arbeit, Leistung ist über jedes Lob ~; er ist über jeden Tadel, jeden Verdacht ~; seine anständige Gesinnung ist über jeden Zweifel ~ **3** *auf feierliche, erhebende, großartige Weise von Würde u. Größe zeugend;* ein ~er Anblick, Augenblick, Gedanke; ein ~es Schauspiel; ~er Stil; der ~e Herrscher, Kaiser

er'hal·ten ⟨V. 160/500⟩ **1** etwas ~ *bekommen, kriegen;* eine Antwort, einen Brief, ein Geschenk ~; Beifall ~; Besuch, Nachricht ~; das Eiserne Kreuz ~; einen Schlag, einen Treffer ~; er hat das Buch als Auszeichnung, als Geschenk ~; wo kann ich eine Bescheinigung darüber ~? **1.1** ⟨513⟩ Betrag dankend ~ ⟨auf Quittungen⟩ *mit Dank entgegengenommen* **2** jmdn. od. etwas ~ *in seinem Zustand od. Bestand bewahren;* das Denkmal soll der Nachwelt ~ bleiben; von den Bauwerken der Stadt ist nur diese Kirche ~ geblieben **2.0.1** Gott erhalte Sie! ⟨geh.⟩ *lasse Sie lange leben* **2.0.2** unser Junge ist uns ~ geblieben *ist am Leben geblieben, nicht gestorben, gesund geblieben* **2.0.3** ⟨513/R7 od. R8⟩ jmdn. am Leben ~ *dafür sorgen, daß jmd. am Leben bleibt* **2.0.4** ⟨513/R7 od. R8⟩ jmdn. bei guter Laune ~ *dafür sorgen, daß jmd. guter Laune bleibt* **2.0.5** ⟨513/R7 od. R8⟩ jmdn. bei (guter) Gesundheit ~ *für jmds. Gesundheit sorgen, jmdm. helfen, gesund zu bleiben* **2.1** ⟨R3⟩ sich ~ *fortdauern, bestehen bleiben, lebendig bleiben;* dieser Brauch hat sich bis heute ~ **2.1.1** ⟨513/R3⟩ die Blumen ~ sich lange frisch *bleiben lange frisch* **2.1.2** das Klavier ist noch gut, ist schlecht ~ *in gutem, schlechtem Zustand* **3** ⟨R7⟩ jmdn. ~ *unterhalten, für den Unterhalt sorgen, ernähren;* sie muß die ganze Familie (allein) ~; er kann sich selbst ~; er kann sich notdürftig davon ~; sich durch Stundengeben ~

er'hän·gen ⟨V. 500⟩ **1** jmdn. ~ *durch Aufhängen, Henken, durch den Strang töten;* jmdn. zum Tod durch Erhängen verurteilen **2** ⟨R3⟩ sich ~ *durch Sichaufhängen Selbstmord verüben;* sich an einem Baum ~

er'här·ten ⟨V.⟩ **1** ⟨500/R7⟩ eine Sache ~ ⟨fig.⟩ *bekräftigen, bestätigen;* eine Behauptung, eine These durch Beweise ~; die Aussage durch einen Eid ~ **2** ⟨410(s.)⟩ e t w a s erhärtet ... *wird hart;* Mörtel erhärtet an der Luft, die Lava ist schnell erhärtet

er'he·ben ⟨V. 163⟩ **1** ⟨500⟩ e t w a s ~ *in die Höhe heben;* sein Glas ~ (um auf jmds. Wohl zu trinken); den Kopf stolz ~ **1.1** mit erhobenem H a u p t, erhobenen Hauptes ⟨fig.⟩ *in freier, stolzer Haltung;* erhobenen Hauptes, mit erhobenem Haupte schritt er einher **1.2** ⟨517⟩ die H a n d g e g e n j m d n. ~ *jmdn. schlagen (wollen)* **1.3** die A u g e n, den B l i c k z u j m d m. ~ *zu jmdm. emporblicken* **2** ⟨500/R3⟩ s i c h ~ **2.1** *aufstehen, sich aufrichten;* er erhob sich ehrerbietig, hastig, höflich; sich vom Stuhl ~; der Kranke erhob sich halb (von den Kissen) **2.2** ⟨511⟩ sich i n d i e L u f t ~ *vom Boden abheben, aufsteigen;* ein Flugzeug, Vogel erhebt sich in die Luft **2.3** ⟨500/R3⟩ e t w a s erhebt s i c h *bildet eine Erhöhung, ragt auf;* in der Mitte des Gartens erhebt sich ein kleiner Hügel; das Gebirge erhebt sich bis zu 2000 m über dem Meeresspiegel **3** ⟨505/R7 od. R8⟩ j m d n. od. e t w a s (z u e t w a s) ~ *auf eine höhere Stufe bringen, in einen höheren Rang einsetzen;* jmdn. zum Anführer, Kaiser, zum König ~; jmdn. in den Adelsstand ~; zum Freistaat, zur freien Reichsstadt ~; ich möchte meine Meinung nicht zum Prinzip ~, aber ...; ein Verfahren zum System ~ **3.1** ⟨550/R3⟩ s i c h ü b e r j m d n. od. e t w a s ~ ⟨fig.; geh.⟩ *sich über andere, über seinen Stand stellen, sich für besser halten* **3.2** sich über einen Schmerz ~ *einen S. überwinden, darüber hinauswachsen* **3.3** ⟨500⟩ die S t i m m e ~ *mit lauterer S. weitersprechen;* mit erhobener Stimme fuhr er fort ... **3.4** ⟨510⟩ eine Z a h l i n s Q u a d r a t ~ *mit zwei potenzieren, mit sich selbst malnehmen* **4** ⟨500⟩ j m d n. ~ ⟨geh.⟩ *in feierl. Stimmung versetzen;* die Predigt hat mich sehr erhoben; ich fühlte mich durch die feierliche Anrede sehr erhoben; es war ein ~der Augenblick; es war ein ~des Gefühl, als ... **5** ⟨500⟩ j m d n. ~ ⟨veralt.; geh.⟩ *loben, lobpreisen, rühmen;* meine Seele erhebet den Herrn (Lukas 1,46) **6** ⟨505/R3⟩ s i c h (g e g e n j m d n.) ~ *empören, auflehnen* **7** ⟨500⟩ e t w a s ~ *verlangen, daß etwas gezahlt wird;* Eintrittsgeld, Gebühren, Steuern, Zoll ~ **8** ⟨500/R3⟩ e t w a s erhebt s i c h *etwas kommt auf, entsteht;* ein Sturm, ein leichter Wind hatte sich erhoben; darüber hat sich ein Streit erhoben; es erhob sich ein lebhafter Disput; es erhebt sich die Frage, ob ...; ~ sich Bedenken dagegen? **8.1** ⟨550⟩ viele Stimmen erhoben sich dagegen *wurden laut* **9** ⟨500⟩ *beginnen, anstimmen;* Geschrei, Klage ~; ein Geheul, Wehklagen ~; lauten Protest ~ (gegen) **9.1** die S t i m m e ~ *zu reden beginnen;* seine Stimme laut ~ **9.1.1** ⟨550⟩ die Stimme gegen etwas ~ *sich gegen etwas wenden, dagegen sprechen* **10** ⟨505⟩ E i n s p r u c h g e g e n e t w a s ~ *geltend machen;* Beschwerde ~; Anklage ~ (gegen); Anspruch auf etwas ~

er'heb·lich ⟨Adj.⟩ *groß, beträchtlich, durch das Ausmaß bedeutend;* eine ~e Menge; ~er Schaden; ~e Verluste; er ist ein ~es Stück größer; ein ~er Teil davon; die Verluste sind (nicht) ~; die Sache hat für uns ~e Nachteile, Vorteile; ein Bau von ~em Umfang, von ~er Breite; er ist ~ größer als ...; die Sache ist von ~er Bedeutung, Wichtigkeit

Er'he·bung ⟨f.; -, -en⟩ **1** *Berg, Hügel, Höhe;* die Schneekoppe ist die höchste ~ des Riesengebirges; ~ über dem Meeresspiegel **2** *Forderung;* die ~ von Gebühren, Steuern **3** *Ermittlung, Untersuchung, Feststellung;* gerichtliche, amtliche, statistische ~en **3.1** ~en m a c h e n *Erkundigungen einziehen, Ermittlungen, Umfragen anstellen* **4** ⟨fig.; geh.⟩ *Erbauung;* zu seiner inneren ~ **5** *das Erhobenwerden;* seine ~ zum König **6** *Aufstand, Aufruhr;* eine ~ des Volkes

er'hel·len ⟨V. 500⟩ **1** e t w a s ~ *hell machen, beleuchten;* ein Blitz erhellte die Nacht; die Kerzen ~ den Raum nur schwach **1.1** *fröhlich machen, aufheitern;* ein Lächeln erhellte ihr Gesicht **2** ⟨R3⟩ e t w a s erhellt s i c h *wird hell;* ein Fenster erhellte sich; der Himmel hat sich wieder erhellt **2.1** *fröhlich, freundlich werden;* bei dieser Nachricht erhellte sich ihr Gesicht **3** ⟨505/R3 od. 800⟩ e t w a s erhellt s i c h (a u s e t w a s) ⟨fig.⟩ *wird durch etwas klar, deutlich, geht aus etwas hervor, ergibt sich aus etwas;* aus dem Gesagten, aus der Tatsache erhellt, daß ...; daraus erhellt, daß ...

er'hit·zen ⟨V. 500⟩ **1** e t w a s ~ *heiß machen;* Wasser auf 100° C, bis zum Kochen ~ **1.1** ⟨R3⟩ etwas erhitzt s i c h *wird heiß;* das Kugellager hat sich erhitzt **2** ⟨R3⟩ j m d. erhitzt s i c h *gerät in Hitze, Schweiß;* du siehst ganz erhitzt aus; mit erhitztem Gesicht **3** ⟨R7⟩ j m d n. od. e t w a s ~ ⟨fig.⟩ *erregen;* das Gerücht erhitzte die Bürger; der Prozeß hat die Gemüter erhitzt; erhitz dich doch nicht über solche, wegen solcher Kleinigkeiten

er'hof·fen ⟨V. 503/R5⟩ (s i c h) e t w a s ~ *auf etwas hoffen, etwas hoffend erwarten;* er erhofft sich mehr Freizeit; von jmdm. Geschenke ~; der Kranke erhofft Genesung von seinem Leiden; ich erhoffe mir von dem Urlaub gute Erholung; er hat nichts mehr (von mir) zu ~; was erhoffst du dir davon?; die erhoffte Wirkung blieb aus

er'hö·hen ⟨V. 500⟩ **1** e t w a s ~ *höher machen;* einen Damm, Wall, eine Mauer ~; ein Haus um zwei Stockwerke ~; das Niveau der Straße ~ **1.1** ⟨Mus.⟩ eine N o t e ~ *mit einem Kreuz versehen u. dadurch einen Halbton höher setzen* **2** ⟨R7⟩ e t w a s ~ *steigern, vermehren;* den Absatz, Gewinn, Preis ~; sein Gehalt hat sich erhöht; das erhöht die Freude, Schuld, Wirkung; die Geschwindigkeit ~; die Arbeitsfreude ~; einen Wettkampf mit erhöhtem Interesse, erhöhter Anteilnahme verfolgen; Steuern um 3 % ~; die Zahl der Todesopfer hat sich auf 57 erhöht **2.1** erhöhte T e m p e r a t u r *leichtes Fieber* **3** ⟨R7 od. R8⟩ j m d n. ~ ⟨geh.⟩ *auf eine höhere Stufe stellen;* jmdn. im Rang ~; denn wer sich selbst erhöht, der wird erniedrigt (Matth. 23,12)

er'ho·len ⟨V. 500/R3⟩ **1** ⟨505/R3⟩ sich (v o n e i n e r K r a n k h e i t od. e i n e r A n s t r e n g u n g) ~ *(nach einer K. od. einer A.) sein körperliches Wohlbefinden wiedererlangen;* wir haben uns sehr gut erholt; er ist ins Gebirge gefahren, um sich zu ~; er hat sich nach seiner Krankheit bald, rasch, nicht, nur schwer wieder erholt; laß ihn sich erst ein wenig ~, ehe du ihn ausfragst **1.1** *sich ausruhen;* er muß sich einmal gründlich

~; er muß sich einmal richtig ~ ⟨umg.⟩ 1.1.1 er sieht sehr, nicht sehr, wenig erholt aus *ausgeruht* **2** ⟨505/R3⟩ sich (von einer seelischen Erschütterung) ~ *(nach einer seelischen E.) seine Fassung wiedererlangen;* sich von einem Schrecken ~; ich kann mich von der Überraschung noch gar nicht ~ **3** sich ~ ⟨Wirtsch.⟩ *(nach einem Rückgang) den früheren Stand wiedererlangen;* die Börsenkurse erholten sich; das Geschäft hat sich erholt

er'hö·ren ⟨V. 500⟩ **1** jmdn. od. jmds. Bitte, Gebet, Flehen ~ ⟨geh.⟩ *Erbetenes erfüllen, gewähren;* Gott hat mein Flehen erhört; Gott hat ihn erhört; seine Bitten wurden erhört **2** einen Mann ~ ⟨geh.; veralt.⟩ *seiner Werbung nachgeben* **3** etwas nicht ~ können ⟨umg.⟩ *anhören u. ertragen;* ich kann das Geschrei nicht mehr ~!

'Eri·ka ⟨f.; -, -ken; Bot.⟩ *einer Gattung der Erikagewächse angehörende immergrüne holzige Pflanze (meist Halbstrauch) mit kleinen, dünnen nadelförmigen Blättern und gegenständigen od. in Wirteln angeordneten Blüten: Erica;* Sy *Heide*[2]*(2)*

er'in·nern ⟨V.⟩ **1** ⟨504 od. 505/R3⟩ sich (an etwas, jmdn., einer Sache, jmds.) ~ *etwas noch wissen, etwas od. jmdn. noch kennen, noch im Gedächtnis haben, noch nicht vergessen haben;* ja, ich erinnere mich; wenn ich mich recht erinnere; ich kann mich noch ~, daß ...; ich kann mich nicht ~, ihn je gesehen zu haben; daran kann ich mich nicht mehr ~; an meinen Großvater kann ich mich nicht mehr ~; ich erinnere mich dessen; ich kann mich dessen noch deutlich, genau, gut ~; ich erinnere mich dessen nur noch dunkel, schwach **2** ⟨505⟩ jmdn. (an etwas) ~ *jmdm. etwas ins Gedächtnis zurückrufen, jmdn. an etwas mahnen;* ~ Sie mich bitte daran, damit ich es nicht vergesse; ich vergesse so viel, ich muß mich an alles ~ lassen; jmdn. an ein Versprechen ~; daran möchte ich nicht gern erinnert werden **3** ⟨505/R7⟩ (jmdn.) an etwas od. jmdn. ~ *(jmds.) Erinnerung an etwas od. jmdn. hervorrufen;* in diesem Haus erinnert vieles noch an frühere Zeiten; deine Bemerkung erinnert mich an ein Erlebnis; der junge Mann erinnert mich an meinen verstorbenen Bruder

Er'in·ne·rung ⟨f.; -, -en⟩ **1** ⟨unz.⟩ *Fähigkeit, (sich) frühere Eindrücke wieder bewußt zu machen;* wenn mich meine ~ nicht trügt, war es so; hier verläßt mich die ~, läßt mich die ~ im Stich **2** ⟨unz.⟩ *das Bewußtmachen früherer Eindrücke;* meiner ~ nach war es so, daß ...; in der ~ sieht manches ganz anders aus, als es wirklich war; das ist wirklich der ~ (nicht) wert 2.0.1 bei der ~ an diese Sache muß ich heute noch lachen *wenn ich an diese S. denke, ...* 2.1 *das Erinnern, Mahnung (an frühere Eindrücke)* **3** ⟨unz.⟩ *Bewußtsein früherer Eindrükke;* jmdm. sein Versprechen wieder in ~ bringen, rufen; wir werden ihn stets in dankbarer, ehrender, guter ~ behalten; diesen Tag habe ich in angenehmer, unangenehmer ~ 3.1 *Erhaltung der Verfügbarkeit früherer Eindrükke;* zur ~ an deine Freundin X (als Widmung in Büchern, auf Photos usw.) **4** *im Gedächtnis bewahrter Eindruck;* alte ~en auffrischen, ausgraben, austauschen; meine ~en reichen bis in mein zweites Lebensjahr zurück; eine bleibende, liebe, schöne ~; ich habe eine deutliche, dunkle, schwache, gar keine ~ daran; sein Besuch bei uns ist meine letzte ~ an ihn; daran habe ich keine ~ mehr; daran ist mir keine ~ haftengeblieben; im Alter von seinen ~en leben, zehren 4.1 ⟨Pl.⟩ ~en *(als Buchtitel) Aufzeichnung von Eindrücken (aus dem eigenen Leben);* ~en eines alten Mannes; ~en aus meinem Leben **5** *Gegenstand, der frühere Eindrücke wachhalten soll;* das Photo ist eine hübsche ~ an die Reise; schenk es mir als ~ an dich!

er'kal·ten ⟨V. 400(s.)⟩ **1** etwas erkaltet *wird kalt;* die Suppe erkaltet; einen Pudding ~ lassen; die erkalteten Hände des Toten **2** warme Gefühle ~ ⟨fig.⟩ *erlöschen, vergehen;* seine Leidenschaft, Liebe für sie war schon längst erkaltet

er'käl·ten ⟨V. 500⟩ **1** ⟨R3⟩ sich ~ *eine Erkältung bekommen;* ich habe mich beim Schwimmen erkältet; ich bin sehr, stark erkältet **2** ⟨530/R1⟩ sich einen Körperteil ~ *einen K. durch Kälteeinwirkung krank machen;* ich habe mir den Magen, die Blase erkältet

Er'käl·tung ⟨f.; -, -en; Med.⟩ *Herabsetzung der Abwehrkraft des Körpers gegen Ansteckung durch Abkühlung des ganzen Körpers od. einzelner Körperteile mit den darauf folgenden Entzündungen (Schnupfen, Katarrhe, Entzündungen der oberen Luftwege u. der Lungen, der Harnorgane u. des Magens);* sich eine ~ zuziehen; eine leichte, starke ~; eine tüchtige ~ haben ⟨umg.⟩

er'kämp·fen ⟨V. 500⟩ **1** etwas ~ *durch Kampf erlangen, erringen;* den Sieg ~ **2** ⟨503/R5⟩ (sich) etwas ~ ⟨fig.⟩ *etwas durch Anstrengung, energ. Vorgehen erreichen;* sich den ersten Platz, Preis ~; sich einen Platz in der vordersten Reihe ~; sein Recht ~ müssen

er'ken·nen ⟨V. 166⟩ **1** ⟨500⟩ etwas ~ *wahrnehmen, sehen, unterscheiden;* es ist zu dunkel, ich kann die Schrift nicht mehr ~; kannst du ~, ob er etwas in der Hand hat?; ich kann von hier aus nicht ~, was es ist; etwas gerade noch, gleich, rechtzeitig, sofort, zu spät ~ **2** ⟨500/R7 od. R8⟩ jmdn. od. etwas ~ *merken, wer od. was es ist;* erkennst du mich nicht (mehr)?; ich habe Sie nicht gleich erkannt (und deshalb nicht gegrüßt); ich habe ihn schon von weitem erkannt; eine Krankheit ~; ich erkannte ihn am Gang, an der Sprache, Stimme 2.0.1 ich erkenne es an deinem Gesicht, daß du nicht zufrieden bist *ich sehe es dir an* 2.1 sich zu ~ geben *merken lassen, wer man ist* 2.2 etwas zu ~ geben *merken, fühlen lassen;* er hat nicht zu ~ gegeben, ob es ihm leid tat; er hat seine Mißbilligung, seinen Unwillen deutlich zu ~ gegeben; du mußt deine Absichten, Wünsche schon etwas deutlicher zu ~ geben 2.3 ~ lassen *zeigen, durchblicken, sich anmerken lassen;* sein Verhalten läßt doch deutlich ~, daß er es nicht ernst meint **3** ⟨500 od. 510/R7 od. R8⟩ jmdn. od. eine Sache ~ *merken, wie etwas od. jmd. ist;* erkenne dich selbst!; ich habe ihn gleich als den anständigen Kerl erkannt, der er ist; ich habe sofort erkannt, daß er ein Schwindler ist; seinen Fehler, seinen Irrtum ~; er erkannte, daß man ihn überlistet hatte; etwas als falsch, richtig ~ **4** ⟨550⟩ jmdn. für eine Summe ~ ⟨veralt.⟩ *jmdm. eine S. gutschreiben* **5** ⟨800⟩ auf etwas ~ *ein Urteil fällen;* der Richter erkannte auf Todesstrafe, auf 10 Jahre Zuchthaus **6** ⟨500⟩ eine Frau, einen Mann ~ ⟨veralt.⟩ *mit einer F., einem M. Geschlechtsverkehr haben*

er'kennt·lich ⟨Adj.; nur in den Wendungen⟩ **1** ⟨51⟩ sich (bei jmdm.) ~ zeigen *sich zu Gegenleistungen bereit erweisen;* ich werde mich (bei ihm) für seine Hilfe ~ zeigen; er hat sich mit dem Geschenk (bei mir) ~ gezeigt **2** ⟨43⟩ jmdm. ~ sein *jmdm. dankbar sein*

'Er·ker ⟨m.; -s, -⟩ **1** *ein der Fassade od. Ecke eines Gebäudes vorgelegter, überdachter ein- od. mehrgeschossiger Anbau, der nicht vom Erdboden aufsteigt, sondern durch Vorsprünge in der Mauer getragen wird;* eine gotische Burg mit vielen ~n; einen ~ anbauen; im ~ sitzen **2** ⟨fig.; umg.; scherzh.⟩ *Nase*

er'klä·ren ⟨V. 500⟩ **1** etwas ~ *den Zusammenhang, Sachverhalt von etwas klarmachen;* einen Begriff, Vorgang ~; das brauche ich wohl nicht erst zu ~; das läßt sich schwer ~; etwas deutlicher, näher ~; ich will es an einem Beispiel ~; einige ~de Worte hinzufügen; „...", sagte er ~d **1.1** ⟨530⟩ jmdm. etwas ~ *deuten, verständlich machen;* sich etwas ~ lassen; ich kann es mir nicht ~; ich kann mir die Sache nur so ~, daß ... **1.2** ⟨514/R3⟩ etwas erklärt sich aus *findet seine Erklärung, ist begründet in;* das erklärt sich aus der Tatsache, daß ...; der Donner erklärt sich aus der plötzlichen Ausdehnung der vom Blitz erwärmten Luft **2** ⟨500 od. 503⟩ eine Sache ~ *in klarer, verbindl. Form kundtun;* „...", erklärte er; seinen Austritt (aus der Partei) ~; einem Staat den Krieg ~; seine Unabhängigkeit ~; ich erkläre hiermit an Eides Statt; jmdm. seine Liebe ~ **2.1** ⟨513/R3⟩ sich bankrott, bereit, einverstanden, schuldig usw. ~ *in klarer, verbindl. Form kundtun, daß man bankrott, bereit, einverstanden, schuldig usw. ist* **2.1.1** ⟨550/R3⟩ sich für, gegen jmdn. ~ *für, gegen jmdn. Stellung nehmen, für, gegen ihn Partei ergreifen* **2.1.2** ⟨R3⟩ sich ~ *seine Liebe gestehen;* er hat sich noch immer nicht erklärt **2.2** ⟨550/R7⟩ jmdn. od. etwas für etwas ~ *mit Bestimmtheit als etwas bezeichnen;* jmdn. für einen Betrüger ~; er erklärte die Geldbörse für sein Eigentum; einen Vermißten für tot ~ lassen; sich für besiegt ~; einen Vertrag für ungültig ~; jmdn. für vogelfrei ~

Er'klä·rung ⟨f.; -, -en⟩ **1** *Aufschluß über Zusammenhänge, Sachverhalte, Begründung;* das ist keine ~!; das genügt nicht als ~; von jmdm. eine ~ fordern; er findet, hat für alles eine ~ **2** *bindende Äußerung, Mitteilung;* eine ~ der Regierung; eine ~ abgeben; eine eidesstattliche ~; eine ~ an Eides Statt **2.1** *Geständnis der Liebe;* eine ~ machen

er'kleck·lich ⟨Adj.; umg.⟩ *beträchtlich, erheblich, ziemlich groß;* eine ~e Anzahl; er hat eine ~e Summe gespart

er'klim·men ⟨V. 167/500⟩ etwas ~ **1** *mit Mühe auf etwas klettern;* wir haben den Gipfel erklommen **2** ⟨fig.⟩ *durch Fleiß, Mühe od. Zähigkeit erreichen, hinaufsteigen;* die Leiter des Ruhms ~; die höchste Stufe des Erfolgs, seiner Laufbahn ~

er'klü·geln ⟨V. 500⟩ etwas ~ *durch spitzfindiges Denken zustandebringen;* ein raffiniert erklügelter Plan

er'kran·ken ⟨V. 405(s.)⟩ *krank werden;* er ist an Grippe erkrankt; er erkrankte an einer Grippe

er'küh·nen ⟨V. 509/R3⟩ sich ~, etwas zu tun ⟨geh.⟩ *so kühn sein, etwas zu tun, was gefährlich, ungewöhnlich od. nicht ganz korrekt ist;* er hat sich erkühnt, einfach vor den König hinzutreten und die Freilassung des Gefangenen zu fordern

er'kun·den ⟨V. 500⟩ etwas ~ *festzustellen suchen, auskundschaften, erfragen;* ein Gelände ~; die Stellungen des Feindes ~; kannst du ~, ob ...

er'kun·di·gen ⟨V. 505/R3⟩ sich ~ (nach jmdm. od. etwas) *fragen (nach), Auskünfte einholen (über);* ich möchte mich ~, ob das bestellte Buch schon da ist; sich bei jmdm. nach etwas ~; hast du dich nach seinem Befinden erkundigt?

er'lah·men ⟨V. 400(s.)⟩ **1** *müde werden;* beim Laufen erlahmt er schnell; sein Puls erlahmte **1.1** ein Körperteil erlahmt jmdm. *jmd. kann einen K. nur schwer bewegen;* vom krampfhaften Schreiben erlahmte mir die Hand **2** etwas erlahmt ⟨fig.⟩ *läßt nach;* das Interesse des Publikums für diese Art Unterhaltung erlahmte immer mehr; sein Eifer, seine Kraft erlahmte; die Aufmerksamkeit der Zuschauer begann zu ~

er'lan·gen ⟨V. 500⟩ eine Sache ~ *bekommen, erreichen, gewinnen;* die Stadt hat in letzter Zeit die Bedeutung eines Handelsmittelpunktes erlangt; die Fähigkeit ~, etwas zu tun; die Gewißheit ~, daß ...

Er'laß ⟨m.; -s·ses, -s·se (österr.) -̈s·se⟩ **1** *behördl. Verordnung od. Bekanntmachung;* Polizei~; Regierungs~; königlicher, päpstlicher ~ **2** ⟨unz.⟩ *das Erlassen, Aufhebung;* Straf~; Schuld~

er'las·sen ⟨v. 175/500⟩ **1** etwas ~ *amtlich verkünden, verordnen, anordnen;* der Staatsanwalt hat einen Haftbefehl ~; die Regierung erließ eine neue Verfügung, ein neues Gesetz **2** ⟨530/R6⟩ jmdm. etwas ~ *jmdn. von etwas befreien;* bitte ~ Sie es mir, darauf zu antworten; bitte ~ Sie mir die Antwort; jmdm. eine Arbeit, Schuld, Strafe ~

er'lau·ben ⟨V. 500⟩ **1** ⟨503/R5 od. R6⟩ (jmdm.) etwas ~ *die Erlaubnis zu etwas geben;* nein, das erlaube ich nicht!; ich habe ihm erlaubt, mitzugehen; erlaubst du, daß der Junge mitkommt?; ist es erlaubt, hier zu rauchen?; wer hat dir erlaubt, das wegzunehmen?; der Arzt hat dem Kranken das Aufstehen, Rauchen nicht erlaubt; Eintritt, Durchgang nicht erlaubt (auf Türschildern); sie ~ ihren Kindern viel, alles; erlaubte Mittel anwenden **1.1** ~ Sie (ergänze: es, daß ...)? ⟨Höflichkeitsformel⟩ *darf ich?* **1.2** ⟨Imperativ⟩ erlaube mal! *wie kommst du dazu, darauf?* **2** ⟨503⟩ etwas erlaubt (jmdm.) etwas *etwas ermöglicht (jmdm.) etwas;* seine finanziellen Verhältnisse ~ ihm ein behagliches Leben **3** ⟨530/R1⟩ sich etwas ~ *sich die Freiheit nehmen, etwas zu tun (bes. als Höflichkeitsformel);* deshalb erlaube ich mir anzufragen, ob ... (in Briefen); ich habe mir erlaubt, mir inzwischen Ihre Bilder anzusehen;

wenn ich mir die Bemerkung ~ darf ...; darf ich mir ~, Sie für morgen einzuladen?; in seiner Stellung kann er es sich ~, eigenmächtig zu handeln 3.1 *sich etwas herausnehmen;* sich Übergriffe ~; wie können Sie sich ~, hier einfach hereinzukommen?; was ~ Sie sich eigentlich?; er erlaubt sich manche Freiheiten

Er'laub·nis ⟨f.; -; unz.⟩ **1** *Einwilligung, Zustimmung, Billigung;* (jmdn.) um ~ bitten; ich habe es mit seiner ~ getan; mit Ihrer ~ (Höflichkeitsformel) **2** *Bestätigung, daß jmd. etwas tun darf;* Druck~; jmdm. die ~ geben, etwas zu tun

er'laucht ⟨Adj. 60; geh.⟩ *erhaben, hoch(stehend), gnädig;* der ~e Kaiser; es war eine ~e Versammlung großer Geister u. berühmter Persönlichkeiten; ich möchte der ~en Versammlung kund und zu wissen tun

er'läu·tern ⟨V. 500⟩ etwas ~ *näher erklären, verständlich machen;* eine schwierige Aufgabe, eine Statistik ~; der Lehrer erläuterte das Problem durch Beispiele; ein ~der Text; eine ~de Anmerkung

'Er·le ⟨f.; -, -n⟩ *einer Gattung der Birkengewächse angehörender Strauch od. Baum, bei dem die männl. Blüten zu langen, hängenden Kätzchen vereinigt sind, während die weibl. Blüten Fruchtstände bilden, die paarweise angeordnet u. später holzig sind: Alnus;* Weiß~, Grau~, Schwarz~, Berg~, Grün~

er'le·ben ⟨V. 500⟩ **1** etwas ~ *erfahren, kennenlernen, durchmachen* 1.1 etwas od. jmdn. ~ *bei etwas od. jmds. (öffentlichem) Auftritt (unter großer persönl. Anteilnahme) dabeisein;* ein Stück Geschichte ~; so etwas habe ich noch nicht erlebt; wir werden es ja ~; er hat Bismarck noch im Reichstag erlebt 1.1.1 erlebte Geschichte, erlebtes Leben *bewußt erlebte G., bewußt gelebtes L.* 1.1.2 erlebte Rede *nicht eigens als solche gekennzeichnete Wiedergabe von Worten od. Gedanken einer Person, z. B. „er hat immer recht" für „er sagt immer: 'ich habe recht'", ein Stilmittel bes. des modernen Romans* 1.2 *durch etwas betroffen u. beeindruckt werden;* eine Enttäuschung, Überraschung ~; er hat viel Schweres ~ müssen; er hat an seinen Kindern nur Freude erlebt; er hat von den andern viel Böses erlebt; ich habe etwas sehr Schönes, etwas Schreckliches erlebt 1.3 *(an sich) erfahren;* das Theaterstück erlebte gestern seine 100. Aufführung; und da habe ich es doch ~ müssen, daß ... 1.3.1 ⟨500 + Modalverb⟩ wenn du das tust, dann kannst du etwas von mir, dann kannst du was ~! ⟨umg.⟩ *dann geht es dir schlecht, dann ist dir die Strafe gewiß* 1.3.2 du wirst noch dein blaues Wunder ~! *du wirst noch staunen (weil es anders kommen wird, als du denkst!)* **2** eine Sache ~ *zu einer bestimmten Zeit, in der ein Ereignis eintritt, leben;* er hat seinen 70. Geburtstag noch erlebt; er erlebte noch die Freude, seine Enkelkinder zu sehen; er durfte es noch ~, daß ...; ich möchte es noch ~, daß ...; du wirst es noch ~, daß er dir davonläuft, wenn du dich nicht änderst 2.1 das werde ich nicht mehr ~ *wenn das geschieht, werde ich schon tot sein*

Er'leb·nis ⟨n.; -s·ses, -s·se⟩ **1** *Geschehnis, bei dem jmd. dabei war u. durch das er stark u. nachhaltig beeindruckt wurde;* ~se eines Landpfarrers (als Buch-Untertitel); ein heiteres, lustiges, schönes, schweres, trauriges, unangenehmes ~; ein ~ aus meinem Leben, von meiner Reise; die Aufführung war ein ~ 1.1 ein ~ haben *bei einem (eindrucksvollen) Geschehnis dabeisein;* auf seiner Auslandsreise hatte er einige interessante ~se

er'le·di·gen ⟨V. 500⟩ **1** etwas ~ *besorgen, zu Ende bearbeiten, bringen, führen, aus-, durchführen;* einen Auftrag, ein Geschäft ~; eine Besorgung, Bestellung ~; einen Botengang, Brief ~; notwendige Einkäufe ~; die tägliche Post ~; etwas gewissenhaft, pünktlich, rasch, sorgfältig ~; kannst du das für mich ~?; etwas gleich, nachher, sofort, später ~; wird erledigt! (als Aktenvermerk) 1.0.1 die Sache ist erledigt ⟨fig.⟩ *sie soll vergessen sein, ist abgetan, wir wollen nicht mehr über sie sprechen* 1.1 ⟨R3⟩ etwas erledigt sich *klärt sich, kommt zum Abschluß;* die Angelegenheit hat sich von selbst erledigt **2** ⟨R7 od. R8⟩ jmdn. ~ *(gesellschaftl., geschäftl., physisch od. seelisch) zugrunde richten, vernichten;* er ist erledigt

er'le·gen ⟨V. 500⟩ **1** ein Tier ~ ⟨geh.⟩ *durch einen Schuß töten;* der Jäger erlegte zwei Hasen; das erlegte Wild **2** etwas ~ ⟨veralt.; nur noch österr.⟩ *bezahlen, auszahlen;* die fälligen Gebühren ~; das Eintrittsgeld ~; der erlegte Betrag

er'leich·tern ⟨V. 500⟩ **1** etwas ~ *das Gewicht von etwas verringern;* um seinen Koffer zu ~, nahm er die Stiefel wieder heraus **2** etwas ~ *bequemer, einfacher machen, leichter (zu ertragen) machen;* jmdm. seine Arbeit ~; jmds. Lage, Los ~; einem Kranken seine Schmerzen ~ **3** ⟨R7⟩ sich od. sein Inneres ~ *von einer seelischen Belastung befreien;* sich durch Tränen ~; sein Herz ~; sein Gewissen ~; erleichtert sein; erleichtert aufatmen; „...", sagte er erleichtert **4** ⟨550⟩ jmdn. um etwas ~ ⟨umg.⟩ *jmdm. etwas gegen seinen Willen abnehmen;* er hat dich vorige Woche schon um 50 DM erleichtert u. jetzt will er schon wieder Geld; bei dem Zusammenstoß wurde er um seine Brieftasche erleichtert

er'lei·den ⟨V. 177/500⟩ **1** etwas ~ ⟨geh.⟩ *(Böses, Schweres) erleben, unter Leiden erfahren, erdulden;* einen Rückfall (nach einer Krankheit) ~; er hat das gleiche Schicksal erlitten wie die andern 1.1 den Tod ~ *sterben* **2** etwas ~ *(Schaden) zugefügt bekommen;* Schmerzen, Verluste ~; eine Niederlage ~; der erlittene Schaden beträgt 10 000 DM

er'le·sen[1] ⟨V. 179/500⟩ **1** ⟨R8 od. 503/R5⟩ (sich) jmdn. od. etwas ~ ⟨veralt. geh.⟩ *auswählen;* ich habe ihn (mir) zu meinem Freund ~ **2** Linsen, Erbsen ~ ⟨schweiz.⟩ *die guten L., E. heraussuchen*

er'le·sen[2] ⟨Adj.⟩ *ausgesucht, gewählt, sehr fein, von hervorragender Qualität;* ~e Genüsse; ein ~es Publikum; das ist etwas wirklich Erlesenes

er'leuch·ten ⟨V. 500⟩ **1** etwas ~ *mit Licht hell machen, erhellen;* eine Kerze erleuchtet das Zimmer; ein Blitz erleuchtete die Dunkelheit; ein hell, festlich erleuchteter Saal **2** jmdn. od. etwas ~ ⟨fig.; geh.⟩ *mit Klarheit, Erkenntnis (plötzlich) erfüllen;* ein Einfall hatte ihn plötzlich erleuchtet; den Geist, den Verstand ~; ein erleuchteter Kopf

er'lie·gen ⟨V. 180/600(s.)⟩ **1** jmdm. od. einer Sache ~ *unterliegen, zum Opfer fallen, besiegt werden;* der feindlichen Übermacht ~; einer Versuchung ~; er erlag dem Gegner 1.1 ⟨Funktionsverb⟩ einer Täuschung, Verlockung ~ *sich täuschen, verlocken lassen* **2** einer Krankheit ~ *an einer K. sterben;* er erlag einem Herzinfarkt, seinen Verletzungen **3** etwas zum Erliegen bringen *zum Stillstand bringen;* der starke Frost brachte die Bauarbeiten zum Erliegen **4** zum Erliegen kommen *zum Stillstand kommen, zusammenbrechen;* durch das Unwetter kam der Verkehr zum Erliegen

Er'lös ⟨m.; -es, -e⟩ *das, was man erlöst hat, erlöster Betrag, Gewinn;* der ~ aus dem Verkauf des Hauses; der ~ der Veranstaltung war für *alte Leute bestimmt*

er'lö·schen ⟨V. 128/400⟩ etwas erlischt **1** *zu brennen, zu leuchten aufhören;* die Flamme, das Licht erlischt; ein Blinkfeuer flammt auf und erlischt in regelmäßigem Wechsel 1.1 erloschene Vulkane *ganz od. vorübergehend ruhende, nicht tätige V.* **2** *schwächer, matt werden;* seine Augen waren ganz erloschen; mit ~der Stimme sprechen 2.1 ⟨fig.; geh.⟩ *zu Ende gehen;* sein Leben ist so still erloschen, wie es verlaufen ist **3** *zu bestehen aufhören;* der Anspruch, die Mitgliedschaft erlischt nach einem Jahr; die Epidemie, Seuche ist erloschen; in seinem Herzen war alle Freude, Liebe, alles Gefühl erloschen 3.1 *aussterben;* mit ihm erlischt das Geschlecht XY

er'lö·sen ⟨V. 500⟩ **1** ⟨505/R8⟩ jmdn. (von etwas) ~ *befreien, loskaufen;* einen Kranken von seinen Schmerzen ~; jmdn. aus einer unangenehmen Lage, aus großer Not ~; jmdn. von seinen Peinigern ~; der Prinz hat die Prinzessin (aus ihrer Verzauberung) erlöst; jmdn. von einem Zauber ~ (im Märchen); Christus hat (durch seinen Opfertod) die Menschen erlöst; ..., sondern erlöse uns von dem Übel (Bitte im Vaterunser); er sprach das ~de Wort; sie atmete erlöst auf; sie war wie erlöst 1.1 ⟨550⟩ Gott hat ihn von seinem Leiden erlöst *hat ihn sterben lassen* **2** ⟨516⟩ etwas (aus dem Verkauf von etwas) ~ *(Geld bei einem V.) einnehmen;* er hat aus dem Verkauf des Hauses, seiner Waren 5000 Mark erlöst

er'lü·gen ⟨V. 181/500⟩ **1** etwas ~ *zwecks Täuschung erfinden, vortäuschen;* alles, was er gesagt hat, ist erlogen; ein erlogener Bericht, eine erlogene Nachricht 1.1 das ist erstunken und erlogen ⟨umg.; vulg.⟩ *das ist eine gemeine Lüge* **2** ⟨530/R1⟩ sich etwas ~ ⟨selten⟩ *durch Lügen erreichen, gewinnen*

er'mäch·ti·gen ⟨V. 550⟩ jmdn. zu etwas ~ *jmdm. die Erlaubnis, Vollmacht geben, etwas zu tun;* ich ermächtige Sie zum Abschließen des Vertrages; dazu bin ich nicht ermächtigt

er'mah·nen ⟨V. 505/R8⟩ jmdn. (zu etwas) ~ *auffordern, endlich etwas zu tun, ernst an eine Pflicht erinnern, mahnen;* ich ermahne Sie noch einmal, das zu unterlassen; laß dich nicht immer dreimal ~!; muß ich dich immer erst ~?; ich ermahne dich noch einmal im Guten, aber dann werde ich böse; jmdn. zum Fleiß, zum Nachgeben, zur Vorsicht ~

er'man·geln ⟨V.⟩ **1** ⟨700⟩ einer Sache ~ *eine S. nicht haben, eine S. vermissen;* uns ermangelt die Übung; sein Verhalten ermangelte des notwendigen Verständnisses **2** ⟨409⟩ nicht ~, etwas zu tun ⟨sehr förmlich⟩ *etwas bestimmt tun;* ich werde nicht ~, es zu tun

er'man·nen ⟨V. 500/R3⟩ sich ~ *sich aufraffen, sich Mut machen, sich zusammenreißen;* ermanne dich!

er'mä·ßi·gen ⟨V. 500⟩ etwas ~ *verringern, verkleinern, herabsetzen;* den Preis für die Fahrkarten ~; eine Strafe ~; zu ermäßigtem Preis

er'mat·ten ⟨V.⟩ **1** ⟨500⟩ etwas ermattet jmdn. *macht jmdn. matt;* die Schwüle hat mich ermattet; die lange Fahrt ermattete den Kranken **2** ⟨400(s.)⟩ *matt, müde werden;* ich bin sehr, ganz ermattet; ermattet niedersinken; der Kranke ermattete schnell 2.1 etwas ermattet ⟨fig.⟩ *läßt nach;* seine Phantasie, sein Interesse ermattet

er'mes·sen ⟨V. 185/500⟩ etwas ~ *(in seiner Ausdehnung, Bedeutung) erfassen, begreifen, sich vorstellen, abschätzen, beurteilen;* ich kann nicht ~, ob sich die Sache lohnen wird; ich kann den Umfang der Arbeit (noch) nicht ~; es läßt sich leicht, schwer ~, ob ..., wie ...; daraus kann man ~, wie wichtig ihm die Sache ist

Er'mes·sen ⟨n.; -s; unz.⟩ **1** *Entscheidung, Urteil, Gutdünken;* ich stelle es Ihrem ~ anheim 1.1 etwas in jmds. (freies) ~ stellen *etwas jmds. (freier) Entscheidung überlassen* 1.2 nach eigenem (bestem) ~ (handeln) *nach eigener (bester) Entscheidung (handeln)* 1.3 nach menschlichem ~ müßte es gelingen *soweit man es überhaupt beurteilen kann, aller Wahrscheinlichkeit nach*

er'mit·teln ⟨V.⟩ **1** ⟨500⟩ jmdn. od. etwas ~ *durch Nachforschen, Suchen Kenntnis von jmdm. od. etwas erlangen;* ich habe die genauen Zahlen nicht ~ können; können Sie ~, ob ...?; es ist nicht (mehr) zu ~; jmds. Aufenthaltsort, Versteck ~; die Polizei hat den Täter ermittelt 1.1 einen (Durchschnitts)wert ~ ⟨Math.; Statistik⟩ *errechnen;* die ermittelten Zahlenwerte **2** ⟨800⟩ gegen jmdn. ~ ⟨Rechtsw.⟩ *die Untersuchung führen;* die Polizei ermittelt gegen den Verdächtigen, Verhafteten; gegen den Angeklagten ist bereits seit vorigem Sommer ermittelt worden **3** ⟨410⟩ *nach einem Verbrecher, nach Beweismaterial für ein Verbrechen suchen;* die Polizei hat ein halbes Jahr lang ermittelt; die Polizei ermittelt in Dallas

er'mög·li·chen ⟨V. 530/R5 od. R6⟩ **1** jmdm. etwas ~ *möglich machen, Gelegenheit bieten, etwas zu tun;* kannst du es ~, daß ...; er hat es mir ermöglicht zu studieren; ein Onkel hat ihm sein Studium ermöglicht; wenn es sich ~ läßt, will ich es gern tun 1.1 etwas ermöglicht etwas *macht etwas möglich;* die sonnige Lage der Hänge ermöglicht den Anbau von Wein

er'mor·den ⟨V. 500⟩ jmdn. ~ *vorsätzl. töten;* jmdn. heimtückisch, brutal ~; er hat seinen Rivalen ermordet; der Ermordete war sein Freund

er'mü·den ⟨V.⟩ **1** ⟨500⟩ jmdn. ~ *müde machen;* diese Tätigkeit ermüdet mich sehr; das Sprechen ermüdet den Kranken; jmdn. durch vieles Fragen ~; es ist ~d, seinen langweiligen Reden zuzuhören; diese monotone Musik ist

~d; eine ~de Arbeit, Tätigkeit **2** ⟨400(s.)⟩ *müde werden;* er ermüdet leicht, rasch, nicht so schnell; von der Arbeit ermüdet; er schloß die ermüdeten Augen

er'mun·tern ⟨V. 500⟩ **1** jmdn. ~ *munter machen, aufwecken;* man kann ihn morgens kaum ~; der Kaffee wird dich wieder ~ **1.1** ⟨R3⟩ sich ~ *munter, wach werden;* ich kann mich morgens nur schwer ~ **1.1.1** ⟨fig.⟩ *sich aufraffen;* ich habe mich mit Mühe dazu ermuntert, anzufangen **2** ⟨505⟩ jmdn. zu etwas ~ *freundlich auffordern, ermutigen;* bitte ermuntere ihn nicht noch dazu; jmdn. zum Sprechen ~; jmdn. zum Zugreifen ~ (bei Tisch); das klingt ja ganz ~d; jmdm. ~d zureden; jmdn. ~d ansehen; einige ~de Worte sagen; ~de Aussichten

er'mu·ti·gen ⟨V. 500⟩ jmdn. ~ *jmdm. Mut machen, Mut zusprechen;* ich versuchte, ihn zu ~, aber es war vergeblich; jmdn. zu einer Tat ~; das sind keine ~den Nachrichten; jmdm. einige ~de Worte zurufen; das klingt nicht sehr ~d

er'näh·ren ⟨V. 500/R7⟩ jmdn. ~ **1** *(regelmäßig) mit Nahrung versorgen;* die Kinder waren gut, schlecht, unzureichend ernährt; einen Kranken künstlich ~; bei Atrophie werden die Muskeln od. Organe nicht mehr ausreichend ernährt; er ernährt sich nur von Rohkost **2** ⟨fig.⟩ *für jmds. Unterhalt sorgen;* sie muß die ganze Familie allein ~; sie kann sich ganz gut durch, mit Stundengeben ~; sich mit seiner Hände Arbeit ~

er'nen·nen ⟨V. 190/550/R7⟩ jmdn. zu etwas ~ *zu etwas bestimmen, jmdn. in ein Amt einsetzen;* Sy *nominieren(2);* jmdn. zum Minister, Botschafter ~; er wurde zum Oberschulrat ernannt

er'neu·en ⟨V. 500/R7⟩ = *erneuern*

er'neu·ern ⟨ich erneuere od. erneure; V. 500⟩ etwas ~ oV *erneuen* **1** *mit einem neuen Stück ausbessern;* ein Gebäude, Gemälde ~; die Bezüge von Polstermöbeln, ein schadhaft gewordenes Dach, alte Fresken, den Putz eines Hauses, einen beschädigten Zaun ~ **2** *durch ein neues Stück ersetzen, gegen ein neues Stück auswechseln;* bei unserem Fernsehgerät mußte eine Röhre erneuert werden **3** ⟨R7⟩ *wieder beleben, wieder wirksam machen;* Beziehungen ~; das Andenken an jmdn. od. etwas ~; eine Bekanntschaft, Freundschaft ~ **4** ⟨R7⟩ *wiederholen, ein weiteres Mal für gültig erklären;* ein Gesuch ~; ein Abkommen, Bündnis, einen Vertrag ~

er'neut **1** ⟨Part. Perf. von⟩ *erneuen* **2** ⟨Adj.⟩ **2.1** ⟨60⟩ *von neuem auftretend, wiederholt, abermalig;* ein ~es Angebot; mit ~er Kraft; ~er Versuch **2.2** ⟨50⟩ *nochmals, abermals, wieder;* ~ etwas anbieten; auf etwas ~ hinweisen; ~ den Kampf aufnehmen

er'nied·ri·gen ⟨V. 500⟩ **1** ⟨R7 od. R8⟩ jmdn. ~ *moralisch herabsetzen, demütigen, degradieren;* er fühlte sich erniedrigt (durch diese Arbeit, diese Worte) **2** eine Note ~ ⟨Mus.⟩ *einen Halbton tiefer setzen*

ernst ⟨Adj.⟩ **1** *von Ernst(1) bestimmt, erfüllt, zeugend;* ich lache nicht, ich bin ganz ~; du machst so ein ~es Gesicht; eine ~e Miene machen; ein ~es Fernseh-, Hörspiel, Theaterstück; ein ~er Film, Roman **2** *eindringlich, gewichtig;* ich mußte mir ~e Ermahnungen anhören; ~e Worte mit dem Übeltäter sprechen **2.1** jmdn. od. etwas ~ nehmen *für wichtig halten;* ich kann diese Sache nicht (für) ~ nehmen; seine Arbeit, seinen Beruf, seine Pflichten sehr ~ nehmen; ich kann ihn nicht ~ nehmen; er nimmt die Schule nicht ~ genug **3** *aufrichtig, wirklich (so gemeint);* mit der ~en Absicht kommen, zu ...; er meint es ~; dieser Vorschlag war wohl nicht ~ gemeint **3.1** ~e Absichten haben ⟨umg.⟩ *wirklich heiraten wollen;* hat ihr Freund ~e Absichten? **4** *bedenklich, bedrohlich;* ~e geschäftliche Fehlschläge, Verluste erleiden; in eine ~e Situation geraten; es steht ~ um den Kranken; die internationale Lage ist ~

Ernst ⟨m.; -es; unz.⟩ **1** *Haltung od. Gesinnung, die durch Sachlichkeit, Überlegung u. Entschiedenheit geprägt ist;* du läßt es dabei an dem nötigen ~ fehlen!; etwas mit ~ betreiben; mit tierischem ~ bei der Sache sein ⟨umg.⟩ **2** *harte Wirklichkeit;* wie leicht kann aus Scherz plötzlich ~ werden!; der ~ des Lebens **2.1** ~ machen *nicht mehr spaßen* **3** *aufrichtige Meinung, Überzeugung, wirkl. Absicht;* es ist mein bitterer, blutiger, völliger ~; im ~ sprechen; in allem, vollem ~; allen ~es etwas behaupten, sagen **3.1** ist das Ihr ~? *scherzen Sie auch nicht?* **3.2** das ist nicht Ihr ~! *das kann nur ein Scherz von Ihnen sein!* **3.3** im ~? *wirklich?, ist das kein Scherz?* **3.4** im ~! *das stimmt!, ich scherze nicht* **4** *Bedrohlichkeit;* der ~ der Lage zwingt uns zu dieser Maßnahme

'Ern·te ⟨f.; -, -n⟩ **1** *Tätigkeit, bei der die reifen Feld- u. Gartenfrüchte eingesammelt u. eingebracht werden;* dem Bauern bei der ~ helfen, zusehen **1.1** → a. *Tod(2.2)* **2** *Feld- u. Gartenfrüchte, die eingesammelt und eingebracht werden sollen;* die ~ reift; die ~ einbringen, einholen **2.1** mir ist die ganze ~ verhagelt ⟨fig.; umg.⟩ *nur Mißerfolg beschieden* **3** *die eingebrachte Menge (an Feld- u. Gartenfrüchten);* die ~ an Getreide, Obst; eine durchschnittliche, gute, schlechte ~; die diesjährige, vorjährige ~ **4** ⟨fig.⟩ *Ertrag der eigenen Arbeit;* die ~ deines Fleißes

'ern·ten ⟨V.⟩ **1** ⟨402⟩ Feld- od. Gartenfrüchte ~ *mähen od. sammeln u. einbringen;* Getreide, Kartoffeln, Wein, Obst ~; viel, wenig ~; wir haben in diesem Jahr noch nicht geerntet **2** ⟨500⟩ eine Sache ~ ⟨fig.⟩ *bekommen, erhalten;* Anerkennung, Dank, Lob, Undank ~; die Früchte seiner Arbeit, seines Fleißes ~ **2.1** ~, ohne gesät zu haben *den Erfolg anderer für sich ausnutzen*

er'nüch·tern ⟨V. 500/R7⟩ jmdn. ~ **1** *nüchtern machen, vom Rausch befreien;* die frische Luft wird ihn schnell ~ **2** ⟨fig.⟩ *von einer Einbildung befreien, jmdm. die Begeisterung, Freude nehmen, jmdn. enttäuschen;* ihre Frage ernüchterte ihn; seine Rede hat mich ernüchtert; ihre Art, sich zu geben, wirkte ~d auf ihn

er'obern ⟨V. 500⟩ **1** etwas ~ *mit Gewalt an sich reißen, im Sturm nehmen, erkämpfen;* eine Festung, einen feindlichen Stützpunkt ~; der Feind hat größere Gebiete erobert **2** ⟨503/R5⟩ jmdn. od. etwas (sich) ~ ⟨fig.⟩ *für sich (durch Vorzüge, Schmeichelei, mit Hilfe von Neigung, Gegenliebe) gewinnen;* eine Frau ~; er hat die Herzen, die Sympathien aller Zuschauer erobert; die Firma hat (sich) neue Märkte erobert; jmds. Herz im Sturm ~; er hat sich einen guten Platz erobert

er'öff·nen ⟨V. 500⟩ **1** etwas ~ *der Öffentlichkeit zugängl. machen;* ein Geschäft ~; die Ausstellung wurde vom Wirtschaftsminister eröffnet; gestern wurde der neue Musiksaal mit einem Festkonzert eröffnet **2** ein Testament ~ *förml. öffnen u. seinen Inhalt den Beteiligten verkünden* **3** etwas ~ *(etwas, an dem viele teilnehmen) beginnen;* die Sitzung ~; nach dem Vortrag von ... wollen wir nun die Diskussion ~; die Saison ~; die neue Spielzeit wurde mit dem „Don Juan" eröffnet; den Tanz mit einem Walzer ~ **3.1** das Feuer ~ ⟨Mil.⟩ *zu schießen beginnen;* das Feuer auf die feindlichen Linien ~ **3.2** ein Konto ~ *neu einrichten;* ein Konto bei der Deutschen Bank ~ **4** ⟨530⟩ jmdm. etwas ~ *förml., feierl. od. vertraul. mitteilen, kundtun;* sie hat mir eröffnet, daß sie ein Kind erwartet **5** ⟨R3⟩ sich ~ ⟨fig.⟩ *sich zeigen, in Aussicht stellen;* in dieser Stellung ~ sich ihm die besten Aufstiegschancen

er'ör·tern ⟨V. 500⟩ etwas ~ *eingehend besprechen, diskutieren;* die neue Gesetzesvorlage wurde im Parlament ausführlich erörtert; das Für und Wider eines Vorschlages ~; eine Frage, ein Problem ~

Eros ⟨['e:rɔs] m.; -, Eroten; [-'--]⟩ **1** ⟨unz.⟩ *(sinnl.) Liebe* **2** ⟨unz.; Philos.⟩ *Trieb nach Erkenntnis u. schöpfer. geistiger Tätigkeit* **3** *der Gott der Liebe als geflügeltes Kind*

Ero·si'on ⟨f.; -, -en⟩ **1** ⟨Geol.⟩ *Auswaschung, Abtragung (von Land durch Wind od. Wasser)* **2** ⟨Med.⟩ *Abschürfung der Haut od. Schleimhaut*

ero·tisch ⟨[-'--] Adj.⟩ **1** *die Liebeskunst betreffend, auf sie bezüglich, auf ihr beruhend* **2** = *sinnlich(2)* **3** *das Liebes- u. Geschlechtsleben betonend od. anreizend*

'Er·pel ⟨m.; -s, -⟩ *Männchen der Ente, Enterich*

er'picht ⟨Adj. 74⟩ auf etwas ~ sein ⟨umg.⟩ *auf etwas versessen, begierig sein;* ich bin auf das Ergebnis, Spiel, Essen ~; der Reporter war, zeigte sich auf Sensationen, Neuigkeiten ~

er'pres·sen ⟨V. 500/R8⟩ **1** jmdn. ~ *durch Drohungen od. Gewalt zu etwas zwingen;* er erpreßte ihn schon lange Zeit; sie versuchte ihn zu ~; sie erpreßt ihn durch Drohbriefe **2** etwas ~ *durch Drohungen od. Gewalt von jmdm. bekommen;* Lösegeld ~; er hat ihr ein Versprechen, eine Unterschrift erpreßt; ein erpreßtes Geständnis

er'pro·ben ⟨V. 500/R7 od. R8⟩ **1** jmdn. od. etwas ~ *auf die Probe stellen, prüfen;* jmds. Ausdauer, Ehrlichkeit, Geschick, Treue, Zuverlässigkeit ~; ein Gerät praktisch ~; nur erprobte Heilmethoden, Medikamente anwenden **1.1** ein erprobter Freund, Kenner, Diener *ein zuverlässiger F., K., D.*

er'quicken ⟨-k·k-; V. 500/R7⟩ jmdn. od. etwas ~ *stärken, erfrischen, beleben;* sich an einem Anblick ~; sich von der Hitze des Tages durch ein kühles Bad ~; sich mit einem kühlen Getränk ~; nach dem Gewitter war die Luft ~d; ein ~des Getränk; nach dem Schlaf erquickt erwachen

er'ra·ten ⟨V. 195/500⟩ jmdn. od. etwas ~ *durch Raten herausfinden, entdecken, aus versteckten Andeutungen auf jmdn. od. etwas schließen;* du errätst es nicht!; jetzt habe ich ~, was du meinst; jmds. Absichten, Gedanken ~; den Zusammenhang ~; das ist leicht, schwer zu ~; er hat schnell ~, daß ...

er're·gen ⟨V. 500⟩ **1** ⟨R7 od. R8⟩ jmdn. ~ *in starke Gefühlsbewegung versetzen;* jmdn. sinnlich ~; er war vor Empörung, Zorn ganz erregt; sich über jmdn. od. etwas ~; er hat sich sehr darüber erregt; wir hatten eine erregte Auseinandersetzung miteinander; nach erregter Debatte wurde über den Vorschlag abgestimmt **2** etwas ~ *hervorrufen, bewirken, erzeugen, erwecken;* Anerkennung, Bewunderung, Interesse, Neid ~; das wird Appetit, Durst, Hunger ~; Ärgernis, Aufsehen, Mißfallen, Staunen, Verdruß ~; Begierde ~; Besorgnis, Mitleid, Trauer ~; ihre schlagfertige Antwort erregte Gelächter, Heiterkeit; jmds. Sinnlichkeit ~; hiermit kann man elektrischen Strom ~ **2.1** ~des Moment *erster Hinweis auf die kommende Verwicklung im Drama*

er'rei·chen ⟨V. 500⟩ **1** etwas ~ *bis zu etwas reichen (um etwas zu ergreifen);* das Kind kann die Türklinke noch nicht ~ **2** ⟨R8⟩ jmdn. ~ *mit jmdm. in Verbindung treten;* unter welcher Nummer kann ich Sie (telephonisch) ~?; wo sind Sie tagsüber zu ~? **3** jmdn. od. etwas ~ *bis zu jmdm. od. bis zu einem gewissen Punkt gelangen, kommen;* mein Anruf, Brief, Telegramm erreichte ihn nicht mehr; Briefe, die ihn nicht erreichten; mit dieser Aufführung erreichte das Theater einen künstlerischen Höhepunkt; mit diesem Wagen ~ Sie eine Spitzengeschwindigkeit von 160 Kilometern in der Stunde; der Schüler konnte das Ziel der Klasse nicht ~; der Zug hatte Verspätung, so daß ich meinen Anschluß nicht erreichte; die Hütte ist nur zu Fuß zu ~; der Schwimmer erreichte das Ufer nur mit Mühe **3.1** in einer Stunde werden wir München ~ *in M. ankommen* **4** etwas ~ *durchsetzen, seine Wünsche gegen Widerstände verwirklichen;* ohne Fleiß, Geduld, Mühe wirst du nicht viel ~; eine Absicht, einen Zweck (nicht) ~; bei ihr kann man alles, nichts ~; jmds. Entlassung ~; er hat es auch bei mir zu ~ versucht **4.1** es ist erreicht! *gelungen!, vollbracht!*

er'rich·ten ⟨V. 500⟩ **1** etwas ~ *aufrichten, aufstellen;* Barrikaden, Tribünen, Zelte ~; auf einer Geraden eine Senkrechte ~ ⟨Math.⟩ **1.1** ein Gebäude, Denkmal, einen Turm ~ *bauen* **2** etwas ~ ⟨fig.⟩ *gründen, bilden, einrichten;* eine Stiftung, Aktiengesellschaft, Fabrik, ein Geschäft ~ **3** ein Testament ~ ⟨Rechtsw.⟩ *ein T. urkundlich niederlegen*

er'rin·gen ⟨V. 202/503/R1⟩ etwas ~ *(im Kampf od. Wettstreit) durch Mühe, Anstrengung erlangen, gewinnen;* einen Preis, den Sieg ~; er hat bei dem Rennen den zweiten Platz errungen; jmds. Achtung, Vertrauen ~; er errang sich innere Unabhängigkeit, geistige Freiheit

er'rö·ten ⟨V. 400(s.)⟩ *rot werden (im Gesicht);* jmdn. ~ machen; tief ~; aus, vor Freude, Scham, Verlegenheit ~; über jmdn. oder etwas ~; ~d gestehen, daß ...

Er'run·gen·schaft ⟨f.; -, -en⟩ **1** *etwas durch Anstrengung Erreichtes, Erworbenes, wohltä-*

tige Neuerung; soziale, kulturelle ~en; eine ~ der Technik, Zivilisation; die ~en der Forschung praktisch nutzbar machen; einen Haushalt mit allen technischen ~en haben 1.1 das ist meine neueste ~ ⟨umg.; scherzh.⟩ *Anschaffung* 2 ⟨Rechtsw.⟩ *das während der Ehe von einem Gatten Erworbene*

Er'satz ⟨m.; -es; unz.⟩ **1** *Person od. Sache, die an Stelle einer nicht mehr vorhandenen od. nicht mehr geeigneten Person od. Sache eingesetzt werden kann;* ~ ist leicht, schwer zu beschaffen; wo finden wir ~?; wo sollen wir ~ hernehmen?; ~ schaffen für; ~ stellen für etwas od. jmdn.; geeigneter, ungenügender, vollwertiger ~ für; er sprang als ~ für den verletzten Spieler ein; als, zum ~ für; für ~ sorgen **2** *Entschädigung, Gegenwert, Wiedererstattung;* ~ der Kosten, des Schadens, des Verlustes; ~ beantragen, einklagen, fordern, verlangen für einen Schaden, Verlust; ~ bieten, geben, leisten für

er'sau·fen ⟨V. 205/400(s.); umg.⟩ **1** ⟨vulg.⟩ *ertrinken;* er ist beim Baden fast ersoffen **2** etwas ersäuft *wird überschwemmt;* die Felder, das Getreide, Heu, die Wiesen ~ **2.1** die Grube, der Schacht ersäuft ⟨Bgb.⟩ *wird durch eindringendes Wasser unbenutzbar* **2.2** das Mühlrad ersäuft *es kann nicht umlaufen, weil der Wasserstand zu hoch ist* **2.3** der Motor ersäuft ⟨Tech.⟩ *der M. bekommt zuviel Kraftstoff u. springt nicht an*

er'säu·fen ⟨V. 500; umg.⟩ **1** ein Tier ~ *ertränken* **2** seinen Kummer im Alkohol ~ ⟨fig.⟩ *vergessen machen, betäuben*

er'schaf·fen ⟨V. 207/500⟩ etwas ~ ⟨geh.⟩ *schaffen, entstehen lassen;* Gott hat Himmel und Erde ~

er'schal·len ⟨V. 208/400(s.); geh.⟩ *ertönen, erklingen;* plötzlich erscholl lautes Gelächter; ein Lied erschallt

er'schau·dern ⟨V. 400(s.); geh.⟩ *schaudern, zusammenschrecken, sich plötzl. schütteln;* vor Grauen, Angst ~; bei diesem Gedanken erschauderte sie

er'schau·en ⟨V. 500⟩ jmdn. od. etwas ~ ⟨geh.⟩ *mit den Augen wahrnehmen, erblicken (meist von etwas Großem, Erhabenem)*

er'schei·nen ⟨V. 210(s.)⟩ **1** ⟨400⟩ etwas od. jmd. erscheint *wird sichtbar, tritt auf;* der Abendstern, der Mond, die Sonne erschien am Himmel; am Horizont erschienen die ersten Gewitterwolken; als Posten in der Rechnung ~ **1.0.1** ⟨301; unpersönl.⟩ es erschien die Stunde, der Tag, da ... ⟨geh.⟩ *es kam die S., der T., da ...* **1.1** ⟨400⟩ *sich sehen lassen, sich einfinden;* die Heldin erschien gegen Ende des ersten Aktes zum erstenmal auf der Bühne; am Fenster ~; auf einer Versammlung ~; bei einem Fest ~; sie erschien in einem neuen Kleid; bei seinem Erscheinen stockte das Gespräch; um pünktliches Erscheinen wird gebeten (in einer Einladung); als Zeuge vor Gericht ~; sein Erscheinen vor Gericht war eine Überraschung; sie erschien gestern zum erstenmal wieder in Gesellschaft **2** ⟨412⟩ ein Druckwerk erscheint *wird herausgegeben, kommt in den Handel;* dieses Buch wird in Kürze ~; eine Neuauflage erscheint demnächst; die Zeitschrift, Zeitung erscheint monatlich, täglich, vierteljährlich, wöchentlich; das Buch ist soeben erschienen; das Buch war schon bald nach Erscheinen vergriffen **3** ⟨600⟩ jmdm. ~ *sich jmdm. in bestimmter Weise darstellen, jmdm. vorkommen, als ob jmd. od. etwas etwas sei;* seine Darlegungen erschienen mir lückenhaft, unvollständig, zu subjektiv; es erscheint mir bemerkenswert, glaubhaft, merkwürdig, unglaublich, wünschenswert; es erscheint mir günstig, ungünstig, vorteilhaft, daß ...; deine Stellungnahme läßt die Angelegenheit in einem ganz anderen Licht ~

Er'schei·nung ⟨f.; -, -en⟩ **1** *wahrnehmbarer Vorgang;* es ist eine auffallende, eigentümliche, seltene ~; es ist eine bekannte ~, daß ...; das ist eine typische ~ für ... **1.1** in ~ treten *sichtbar, wirksam werden* **2** *Gestalt;* eine liebliche ~; eine stattliche ~ **3** *Traumbild, Vision;* er hat ~en **4** ⟨Philos.⟩ *alles, was mit den Sinnen wahrgenommen wird* **5** die ~ Christi, des Herrn ⟨christl. Kirche⟩ *Fest, urspr. der Geburt, dann der Taufe Christi*

er'schie·ßen ⟨V. 215/500/R8⟩ **1** jmdn. ~ *durch einen Schuß töten, hinrichten lassen;* jmdn. standrechtlich, auf der Flucht, von hinten ~ **1.1** sich ~ *Selbstmord mit einer Schußwaffe begehen* **2** ich bin völlig erschossen! ⟨fig.; umg.⟩ *abgearbeitet, müde, am Ende meiner Kräfte*

er'schlaf·fen ⟨V.⟩ **1** ⟨500⟩ etwas erschlafft jmdn. *macht jmdn. schlaff;* von ~der Wirkung sein **2** ⟨400⟩ *schlaff, schwach werden, sich entspannen;* die Glieder ~ lassen; nach schwerer Arbeit erschlafft sein; erschlaffte Muskeln; sein Widerstand erschlafft ⟨fig.⟩

er'schla·gen ⟨V. 218/500⟩ **1** ⟨R8⟩ jmdn. od. ein Tier ~ *durch einen od. mehrere Schläge töten;* jmdn. mit einem Knüppel, Beil ~ **1.1** (wie) ~ sein ⟨fig.; umg.⟩ *sehr müde, abgespannt;* nach der langen Reise waren wir ganz ~ **2** etwas erschlägt jmdn. *tötet jmdn. durch Herabstürzen;* er wurde vom Blitz ~; der fallende Baum erschlug einen Waldarbeiter **2.1** jmd. ist ~ ⟨fig.; umg.⟩ *erstaunt, verblüfft, fassungslos;* ich bin ~!

er'schlei·chen ⟨V. 219/530/R1⟩ sich etwas ~ *unrechtmäßig, durch heiml. Machenschaften erwerben, erreichen, durch Schmeichelei od. Täuschung erlangen;* sich ein Erbe ~; sich jmds. Gunst ~

er'schlie·ßen ⟨V. 222/500⟩ **1** etwas ~ *zugänglich, nutzbar machen;* neue Absatzmärkte ~; neues Baugelände ~; zusätzliche Einnahmequellen ~; eine Gegend als Reisegebiet ~; neue Hilfsquellen müssen erschlossen werden; eine Ölquelle ~; das Gebiet ist touristisch noch nicht erschlossen **2** ⟨R3⟩ etwas erschließt sich ⟨geh.⟩ *öffnet sich;* die Knospe wird sich bald ~ **2.1** ⟨530⟩ sich od. etwas jmdm. ~ *sich jmdm. offenbaren, jmdm. verständlich werden;* jmdm. sein Herz ~; der Sinn des Textes erschließt sich nur dem aufmerksamen Leser **3** ⟨510⟩ etwas aus etwas ~ *durch Schlußfolgerung ermitteln, herleiten;* daraus ist zu ~, daß ... **3.1** ein Wort, eine grammat. Form ist nur erschlossen ⟨Sprachw.⟩ *nicht schriftl. überliefert, nicht belegt*

er'schöp·fen ⟨V. 500⟩ **1** etwas ~ *nutzen, bis es nichts mehr hergibt, bis zum letzten verbrauchen;* einen Kredit, Vorräte ~; alle Mittel, Möglichkeiten, Reserven ~; meine Geduld ist erschöpft 1.0.1 ⟨R3⟩ etwas erschöpft sich *wird verbraucht, geht zu Ende;* der Gesprächsstoff erschöpfte sich schnell 1.1 ein Thema ~ *vollständig, eingehend behandeln* 1.1.1 eine ~de Darstellung eines Themas *eine vollständige, bis in alle Einzelheiten gehende D.* **2** ⟨R7 od. R8⟩ jmdn. ~ *bis zum Ende der Kräfte ermüden;* von den Anstrengungen, der Arbeit, der Hitze erschöpft sein 2.1 jmd. ist völlig erschöpft *am Ende seiner Kräfte*

er'schrecken ⟨-k·k-; V. 229⟩ **1** ⟨400⟩ *einen Schrecken bekommen, plötzlich in Schrecken geraten;* erschrick nicht!; wir erschraken über sein Aussehen; ich erschrak über seine Worte; sie erschrak vor ihm; alle Vorübergehenden ~ vor dem Hund; zu Tode erschrocken wandte er sich um **2** ⟨500/R7 od. R8⟩ jmdn. ~ *plötzlich in Schrecken versetzen, jmdm. einen Schreck einjagen;* der Hund erschreckt alle Vorübergehenden; er ist leicht zu ~; habe ich dich erschreckt?; der Anblick, das Erlebnis, der Unfall, Vorfall erschreckte sie sehr; man soll kleine Kinder nicht ~; sie sah ~d aus; der Verletzte bot einen ~den Anblick; ein ~des Beispiel

er'schüt·tern ⟨V. 500⟩ **1** etwas ~ *in heftig zitternde, schwankende Bewegung versetzen;* das Erdbeben erschütterte den Boden; die Explosion erschütterte die nahegelegenen Gebäude 1.1 ⟨fig.⟩ *die Grundlage von etwas angreifen, in Frage stellen;* unser Vertrauen zu dir kann nicht erschüttert werden; seine Gesundheit ist in letzter Zeit stark erschüttert worden **2** jmdn. ~ *zutiefst bewegen;* diese Nachricht wird ihn sehr ~; er war erschüttert über diesen Vertrauensbruch, Vorfall; tief erschüttert vom Tode Ihres ...; wir sahen erschüttert zu, wie ...; die Trauergemeinde stand erschüttert an seinem Grabe; es ist ein ~des Buch; es war ein ~des Erlebnis

er'schwe·ren ⟨V.⟩ **1** ⟨503/R5 od. R6⟩ (jmdm.) eine Sache ~ *durch Hindernisse schwieriger machen, behindern;* jmdm. seine Arbeit ~; das erschwert mir meine Aufgabe; der Leichtsinn des Mannes erschwert ihr das Leben; die Rettung der Bergsteiger wird durch starken Schneefall erschwert; unter erschwerten Bedingungen arbeiten müssen 1.1 ein ~der Umstand ⟨Rechtsw.⟩ *strafverschärfender U.* **2** Seide ~ *den durch das Entbasten eingetretenen Gewichtsverlust durch Behandeln mit Salzlösungen ausgleichen*

er'schwin·deln ⟨V. 503/R5⟩ (sich) etwas ~ ⟨umg.⟩ *durch Schwindeln od. Betrug erlangen;* (sich) ein Vermögen, ein Darlehen ~

er'schwin·gen ⟨V. 237/500⟩ etwas ~ *eine (große) Geldsumme für etwas aufbringen, bezahlen;* das Geld für etwas (nicht) ~ können; das ist nicht zu ~

er'se·hen ⟨V. 239/505⟩ **1** etwas (aus etwas) ~ *erkennen, entnehmen, wahrnehmen;* er ersah bald seinen Vorteil; soviel ich aus Ihrem Brief ersehe ...; wie Sie aus den Unterlagen ~ werden ...; daraus ersieht man, daß ... **2** jmdn. od. etwas nicht mehr ~ können ⟨umg.⟩ *ertragen, leiden, ausstehen können*

er'seh·nen ⟨V. 500/R8⟩ jmdn. od. etwas ~ *sehnsüchtig erwarten, herbeisehnen, herbeiwünschen;* etwas heiß ~; endlich kam der ersehnte Augenblick; das ersehnte Ziel; der ersehnte Brief

er'set·zen ⟨V. 500⟩ **1** jmdn. od. etwas ~ *an die Stelle einer Person od. Sache treten u. deren Funktion übernehmen;* moderne Haushaltsgeräte ~ heute vielfach ein Dienstmädchen; sie ersetzt ihm die Mutter; Wanderungen in die Umgebung müssen mir in diesem Jahr eine Urlaubsreise ~ 1.1 *an die Stelle einer Person od. Sache setzen u. deren Funktion übernehmen lassen;* ich möchte die schweren, alten Sessel durch eine leichte, moderne Polstergarnitur ~ **2** etwas ~ *erstatten, wiedergeben, ausgleichen;* er kann sich die Auslagen, Kosten von der Firma ~ lassen; die Versicherung wird mir den Verlust ~; der Schaden ist nicht wieder zu ~

er'spä·hen ⟨V. 500/R8⟩ **1** ⟨R8⟩ jmdn. od. etwas ~ *durch scharfes Hinschauen erblikken;* ein Wild ~; er hat ein Flugzeug in der Ferne erspäht **2** etwas ~ ⟨fig.⟩ *durch scharfes Aufpassen erkennen;* einen Vorteil ~; sie erspähte eine neue Möglichkeit

er'spa·ren ⟨V. 500⟩ **1** etwas ~ *durch Sparen zusammenbringen;* sich Geld, 1000 Mark, eine Rücklage ~; er hat 10 000 Mark erspartes Geld auf der Bank **2** ⟨530⟩ jmdm. etwas ~ *jmdn. mit etwas verschonen;* ich will dir die Schilderung der Krankheit ~; ihm bleibt aber auch nichts erspart!; der Anblick soll dir erspart bleiben **3** ⟨530/R1⟩ sich etwas ~ *etwas vermeiden, unterlassen;* diesen Ärger, diese Enttäuschung hättest du dir ~ können; ~ Sie sich die Mühe; du kannst dir jedes weitere Wort ~

er'sprie·ßen ⟨V. 252/400(s.)⟩ **1** Blüten, Knospen ~ *sprießen, wachsen hervor* **2** Pflanzen ~ *gedeihen*

er'sprieß·lich ⟨Adj.; geh.⟩ *vorteilhaft, günstig, nutzbringend;* eine ~e Beschäftigung; dieser Anblick ist nicht ~; das ist ja wenig ~!

erst ⟨Adv.⟩ **1** *zuerst, zu Beginn einer zeitl. Abfolge;* ~ die Arbeit und dann das Vergnügen ⟨Sprichw.⟩; ~ komme ich an die Reihe 1.1 *bevor etwas bestimmtes anderes, das sich aus dem Zusammenhang ergibt, geschieht, zuvor;* du mußt ihn ~ einmal richtig kennenlernen; du mußt ihn ~ einmal spielen hören; das braucht nicht ~ bewiesen zu werden; ich brauche wohl nicht ~ zu betonen, daß ... **2** *nicht (wie erwartet) früher als ..., nicht zu einem früheren Zeitpunkt, sondern ...;* er kommt ~ am Sonntag; er kam ~, als sein Vater bereits tot war; ich komme ~ dann, wenn ...; ~ jetzt verstehe ich ihn ganz; ich kann ~ morgen kommen; ich erfuhr es ~ spät; ich bin eben ~ zurückgekommen; ~ gestern habe ich ihn getroffen, bei ihm angerufen; ich habe mich ~ kürzlich dazu entschlossen 2.1 *nicht (wie erwartet) später als ...;* es ist ~ 7 Uhr 2.2 *nicht (wie erwartet) mehr als;* wir haben ~ die Hälfte der Strecke hinter uns; er ist ~ 10 Jahre alt; ich bin ~ eine Stunde hier; wir sind ~ zwei Stunden unterwegs **3** wenn jmd. ~ ... *wenn es soweit sein wird, daß jmd. ...;* wenn du ~ einmal in mein Alter kommst ...; und wenn er ~ einmal dein Vertrauen mißbraucht hat?; wenn er ~ abgereist ist, dann ... 3.1 wenn jmd. nur ~ ... wäre! *wenn es nur schon soweit wäre, daß jmd. ... wäre;* wär' ich nur ~ wieder zu Hause!; wenn er nur ~ fort wäre! **4** ⟨verstärkend⟩ *gar, nun gar, noch in gesteigertem Maße;* und ich ~! ⟨zustimmend⟩ **4.1** nun ging es ~ richtig los *das Vorangegangene war nichts im Vergleich zu dem, was nun folgte* **4.2** und wenn du das ~ hörst! *u. wenn du das gehört haben wirst, wirst du noch mehr beeindruckt sein* **5** ⟨jmd. tut etwas⟩ nun ~ recht *jmd. läßt sich nicht, wie es zu erwarten wäre, von etwas abhalten, sondern tut es den Umständen od. einer Person zum Trotz* **5.1** nun ~ recht *trotzdem, nun gerade* **5.2** nun ~ recht nicht *nun gerade nicht, dir zum Trotz nicht* **5.3** so geht es ~ recht nicht *so geht es noch viel weniger*

er'star·ken ⟨V. 400(s.)⟩ *stark werden;* nach der Krankheit erstarkte er, sein Körper; sein Widerstand, seine Freundschaft erstarkte ⟨fig.⟩

er'star·ren ⟨V. 400(s.)⟩ **1** eine Flüssigkeit erstarrt *geht in den festen Aggregatzustand über, wird starr;* der See war zu Eis erstarrt; das Blut erstarrte ihm in den Adern vor Furcht, Grauen ⟨fig.⟩; zu Stein ~ ⟨fig.⟩ **2** ⟨405⟩ etwas erstarrt (zu etwas) ⟨fig.; geh.⟩ *wird zu einer Sache, die nicht mehr mit Leben erfüllt ist;* seine Kunst erstarrt zu reiner Routine **3** *(vor Kälte) steif, unbeweglich werden;* trotz der Handschuhe sind meine Finger ganz erstarrt **4** *plötzlich eine starre Haltung annehmen;* wir erstarrten bei diesem furchtbaren Anblick; vor Entsetzen, Schreck ~; er stand wie erstarrt

er'stat·ten ⟨V. 500⟩ **1** ⟨503/R6⟩ (jmdm.) etwas ~ *zurückgeben, bezahlen, ersetzen, entschädigen;* jmdm. die Auslagen, den Betrag, die Fahrtkosten ~; alle Unkosten werden erstattet **2** ⟨Funktionsverb⟩ etwas ~ *geben, machen;* einen Bericht über etwas ~; eine Anzeige gegen jmdn. ~; Meldung ~; Bericht ~ über

er'stau·nen ⟨V.⟩ **1** ⟨500/R8⟩ jmdn. ~ *in Staunen versetzen;* er erstaunte mich durch seine Kenntnisse **2** ⟨405(s.)⟩ (über etwas) ~ *in Staunen geraten, sich sehr wundern;* ich bin erstaunt über seine Kenntnisse

er'staun·lich ⟨Adj.⟩ **1** *staunenerregend, verwunderlich, merkwürdig, bewundernswert;* ~ viele waren gekommen; eine ~e Leistung; ein ~er Vorfall; Erstaunliches leisten, vollbringen; es ist ~, wie er das geschafft hat; es ist doch recht ~, daß ... **2** *sehr groß;* eine ~e Geschwindigkeit, Höhe **2.1** ⟨50; verstärkend⟩ *sehr;* sie sieht ~ jung aus; er ist ~ abgemagert; er hat ~ lange Beine

er'ste·hen ⟨V. 256⟩ **1** ⟨400(s.); geh.⟩ *aufstehen, wieder aufleben, von neuem entstehen;* Christus ist vom Tode, Grabe erstanden ⟨Rel.⟩; ein neues Leben erstand aus den Ruinen **2** ⟨403 od. 405(s.)⟩ etwas ersteht (jmdm. aus etwas) *etwas entsteht;* daraus werden (uns) nur Schwierigkeiten ~ **3** ⟨500⟩ etwas ~ *kaufen, erwerben;* sie hat gute Plätze für die Theatervorstellung erstanden; ich erstand billig ein Paar Schuhe

'er·stens ⟨Adv.⟩ *als erstes, zum ersten;* ~ möchte ich sagen ...

'er·ste(r, -s) ⟨Num. 24; Zeichen: 1.⟩ **1** ⟨Ordinalzahl von⟩ *eins;* wir wohnen im ~n Stock; das ~ Bild wurde später übermalt; die ~ Fassung (eines Werkes); er war unser ~r Vorsitzender; sein ~s Auftreten; der ~ und wichtigste Schritt in dieser Angelegenheit; Wilhelm der Erste (als Titel); der ~ Weltkrieg, der Erste Weltkrieg (als feststehende Bez.); das ~ Mal; beim ~n Male; zum ~n Male; zum ~n, zweiten, dritten (bei Versteigerungen); in den ~n Tagen des Monats; wir kommen am ~n Juni; der Erste des Monats; zum Ersten (des Monats) kündigen; am Ersten (des Monats) die Miete zahlen; vom nächsten Ersten an die Miete erhöhen; der ~ Mai (Datum), der Erste Mai (Feiertag); der, die, das ~ (in der Reihenfolge); er war der ~, der mich warnte; das ist das ~, was ich höre; das ~, was ihm einfiel; ich hörte als ~r davon; als ~r durchs Ziel gehen; als ~s die Abrechnung machen **2** *den Anfang einer räuml. od. zeitl. Reihenfolge bildend* **2.1** das Erste und das Letzte *Anfang u. Ende* **2.2** du mußt den ~n Schritt zur Versöhnung tun *du mußt zuerst die Bereitschaft zur V. erkennen lassen* **2.3** die ~ beste Gelegenheit nutzen *die zunächst sich bietende G.* **2.4** fürs ~ *für den Anfang, zunächst;* fürs ~ soll es genug sein **2.5** Erste Hilfe *sofortige behelfsmäßige Maßnahmen bei Unglücksfällen;* Erste Hilfe leisten **2.6** die ~n Menschen ⟨AT⟩ *Adam u. Eva* **3** *die Spitze eines Ranges bildend;* eine Ware von ~r Güte, Qualität; wir saßen im ~n Rang; die ~n beiden Schüler (einer Klasse), die beiden ~n Schüler (zweier Klassen); der, die Erste (dem Rang nach); lieber der Erste hier als der Zweite in Rom (Plutarch); die Ersten unter Gleichen; die Ersten werden die Letzten sein; er ist der (sie ist die) Erste in unserer Klasse; der Erste Staatsanwalt; Erster Geiger bei den Berliner Philharmonikern; Erster Vorsitzender; Erster Klasse fahren **3.0.1** in ~r Linie *vor allem* **3.0.2** die ~ Geige spielen ⟨fig.⟩ *tonangebend sein, viel zu sagen haben* **3.1** Erster Offizier ⟨Abk.: I. O.⟩ *nach dem Kommandanten ranghöchster Offizier an Bord von Schiffen* **3.2** es ist das ~ Haus am Platze *das beste Haus (Geschäft, Hotel usw.) hier*

er·ste·re(r, -s) ⟨Num. 24; stets klein geschrieben⟩ **1** *der, die, das von zweien zuerst Erwähnte* **1.1** ~r - letzterer *dieser od. jener, der eine od. der andere*

er'sticken ⟨-k·k-; V.⟩ **1** ⟨400⟩ *durch Luft-, Sauerstoffmangel sterben;* er ist durch Gase erstickt; ich bin vor Lachen fast erstickt; die Luft im Abteil war zum Ersticken; es ist zum Ersticken heiß; der Zug war zum Ersticken voll **1.0.1** ⟨410⟩ er erstickt (bald) im Geld ⟨fig.; umg.⟩ *er ist sehr reich* **1.0.2** ⟨410⟩ er erstickt noch in der Arbeit ⟨fig.; umg.⟩ *er ist überlastet* **1.1** ⟨fig.⟩ *vergehen, untergehen;* das Gute in ihm erstickt allmählich **2** ⟨500⟩ jmdn. od. etwas ~ *jmdm. od. etwas Luft, Sauerstoff entziehen* **2.1** jmdn. ~ *am Atmen hindern u. dadurch töten;* jmdn. durch Erdrosseln, Knebelung ~ **2.1.1** Tränen ~ jmds. Stimme *beeinträchtigen jmds. S. durch Luftmangel;* die Tränen erstickten seine Stimme; eine von Tränen erstickte Stimme **2.2** Feuer ~ *ausmachen, löschen;* einen Zimmerbrand mit Decken ~ **2.3** etwas ~ ⟨fig.⟩ *unterdrücken;* einen Aufruhr, eine Gefahr im Keim ~; eine Klage, einen Seufzer ~

'erst·klas·sig ⟨Adj.⟩ *von erster Güte, ausge-*

zeichnet; ~e Verpflegung; ein ~es Hotel; das Kleid ist ~ gearbeitet

er'stre·ben ⟨V. 500⟩ etwas ~ ⟨geh.⟩ *nach etwas streben, etwas zu erlangen, erreichen suchen;* er erstrebt sein Recht, Ziel

er'strecken ⟨-k·k-; V. 500⟩ **1** ⟨510/R3⟩ etwas erstreckt sich *dehnt sich räuml. od. zeitl. aus;* die Untersuchungen ~ sich auf einen Zeitraum von fünf Jahren, über fünf Jahre; das Weideland erstreckt sich bis zum Flußufer, über die Ortsgrenze hinaus **2** ⟨550/R3⟩ eine Sache erstreckt sich auf jmdn. od. etwas ⟨fig.⟩ *betrifft jmdn. od. etwas;* die Maßnahmen ~ sich auf ...; diese Verordnung erstreckt sich auf Touristen

er'su·chen ⟨V. 580 od. 550⟩ jmdn. um etwas ~ *förml. bitten, auffordern;* ich ersuche Sie dringend, zu ...; ich ersuche Sie (darum), sich recht bald zu entscheiden; jmdn. um Antwort, eine Auskunft, Geduld, Ruhe ~

er'tap·pen ⟨V. 505⟩ **1** ⟨R8⟩ jmdn. ~ *erwischen, bei heiml., unrechtem Tun überraschen;* jmdn. auf frischer Tat ~; jmdn. beim Lügen, bei einer Nachlässigkeit, beim Stehlen ~; hat man dich dabei ertappt?; laß dich nicht ~ **2** ⟨505/R3⟩ sich (bei etwas) ~ *plötzlich feststellen, daß man etwas (Unrechtes) tut od. denkt;* ich ertappte mich bei dem Gedanken, Wunsch, bei einer Nachlässigkeit

er'tei·len ⟨V. 503/R5 od. R6⟩ (jmdm.) etwas ~ *zukommen lassen, zuteil werden lassen;* der Papst erteilte der Pilgergruppe eine Audienz; jmdm. einen Auftrag, Anweisungen, einen Befehl, eine Vollmacht ~; die Prokura ~; Unterricht ~ in ...; Befehl ~ zu schießen; die Erlaubnis zum Baden ~; jmdm. ein Lob, eine Rüge, einen Tadel, Verweis ~; eine Auskunft, einen Rat ~; jmdm. in einer Diskussion das Wort ~

er'tö·nen ⟨V. 400(s.)⟩ etwas ertönt *tönt plötzl., beginnt zu tönen, erklingt, erschallt;* eine Stimme, Glocke ertönt; plötzlich ertönte laute Musik

Er'trag ⟨m.; -(e)s, ¨-e⟩ **1** *Menge der erzeugten Produkte (bes. in der Landwirtschaft);* Boden~, Ernte~, Hektar~, Milch~; die Erträge des Bodens, der Felder; das Feld liefert, bringt geringe, gute, hohe, reiche Erträge **2** *Gewinn, erzielter finanzieller Nutzen;* der ~ seiner Arbeit; ~ abwerfen, bringen, geben, liefern, erzielen; er hat sein Kapital gut angelegt, so daß es reichen ~ abwirft; er lebt gut vom ~ seiner Bücher

er'tra·gen ⟨V. 265/500/R8⟩ **1** etwas Unangenehmes ~ *aushalten, erdulden, erleiden;* das ist kaum zu ~!; man muß viel ~ können; dieser Anblick ist nicht zu ~; sein Leiden, seine Schmerzen geduldig ~; ich kann deine schlechte Laune nicht länger ~ **2** jmdn. ~ *in seiner Nähe dulden, obwohl man unter seinem Verhalten leidet;* dieser Mensch ist schwer zu ~

er'träg·lich ⟨Adj.⟩ **1** *so geartet, daß es sich noch ertragen läßt;* die Schmerzen waren noch ~; die Hitze ist nicht mehr ~ **2** *mittelmäßig, nicht besonders gut;* es ging ihm ~; ein ~es Leben

er'trän·ken ⟨V. 500⟩ **1** ein Lebewesen ~ *dadurch töten, daß man es ins Wasser wirft od. im Wasser untertaucht;* er hat die jungen Katzen nicht ertränkt 1.1 ⟨R3⟩ sich ~ *sich durch Ertrinken das Leben nehmen* **2** seinen Kummer, seine Sorgen in, im Alkohol ~ ⟨fig.; umg.⟩ *durch übermäßigen Alkoholgenuß zu vergessen suchen*

er'träu·men ⟨V. 530/R1⟩ sich jmdn. od. etwas ~ *in Träumen herbeiwünschen, sehnsüchtig wünschen;* das habe ich mir schon seit langem erträumt

er'trot·zen ⟨V. 503/R1⟩ (sich) etwas ~ *durch Trotz, Starrsinn erlangen;* sie hat sich die Erlaubnis ertrotzt

er'tüch·ti·gen ⟨V. 500/R7⟩ jmdn. ~ *körperlich kräftig, leistungsfähig machen*

er'üb·ri·gen ⟨V. 500⟩ **1** etwas ~ *ersparen, durch Sparsamkeit gewinnen;* Geld, Vorräte ~ 1.1 ⟨550⟩ Zeit für jmdn. od. etwas ~ *Zeit haben;* die Zeit ~, um zu ...; ich kann dafür keine Zeit ~ **2** ⟨R3⟩ etwas erübrigt sich *etwas ist unnötig, überflüssig;* das erübrigt sich; jedes weitere Wort erübrigt sich; es erübrigt sich, näher darauf einzugehen, ausführlich davon zu sprechen, besonders darauf hinzuweisen

Erup·ti'on ⟨f.; -, -en⟩ **1** ⟨Geol., Astron.⟩ *Ausbruch;* ~ von Magma aus Vulkanen, von Gas auf der Sonne **2** ⟨Med.⟩ 2.1 *plötzl. Auftreten eines Hautausschlags* 2.2 *plötzlich auftretender Hautausschlag* **3** *Erbrechen*

er'wa·chen ⟨V. 400(s.)⟩ **1** *aufwachen, wach werden, zu Bewußtsein kommen;* aus der Narkose, einer Ohnmacht ~; vom Schlaf ~ 1.1 ⟨410⟩ zum Leben ~ *sich des Lebens u. seiner Forderungen bewußt werden;* er ist noch nicht zum Leben erwacht **2** etwas erwacht ⟨fig.⟩ *beginnt sich zu regen;* sein Argwohn, Mißtrauen erwachte; Erinnerungen erwachten in mir; endlich ist sein Gewissen erwacht; wenn der Morgen, der Tag erwacht ⟨poet.⟩; der Frühling beginnt zu ~ ⟨poet.⟩

er'wach·sen[1] ⟨V. 277(s.)⟩ **1** ⟨400 od. 405⟩ etwas erwächst (aus etwas) *etwas entsteht allmählich aus etwas;* daraus kann kein Vorteil ~; die daraus ~den Unkosten; daraus ~der Segen; ein Gerücht erwächst schnell **2** ⟨650⟩ etwas erwächst jmdm. od. einer Sache aus etwas *etwas ergibt sich für jmdn. od. etwas, etwas hat etwas zur Folge;* daraus erwuchs ihm großes Leid; es werden uns nur Unannehmlichkeiten daraus ~; dem Staat ~ dadurch hohe Ausgaben

er'wach·sen[2] **1** ⟨Part. Perf. von⟩ *erwachsen*[1] **2** ⟨Adj. 70⟩ *der Kindheit entwachsen, mannbar;* ein ~er Mensch; du bist nun ~; er wird allmählich ~

er'wä·gen ⟨V. 278/500⟩ etwas ~ *überlegen, bedenken, prüfen, gegeneinander abwägen, in Betracht ziehen;* das könnte man ~; alle Möglichkeiten, einen Plan reiflich ~

Er'wä·gung ⟨f.; -, -en⟩ **1** *Überlegung, Prüfung, das Schwanken zwischen den Möglichkeiten;* ~en darüber anstellen, ob ...; aus folgenden ~en (heraus) habe ich mich dazu entschlossen, daß ...; nach reiflicher ~ 1.1 etwas in ~ ziehen *etwas erwägen*

er'wäh·nen ⟨V. 500/R8⟩ jmdn. od. etwas ~ *(in einem größeren Zusammenhang) über jmdn. od. etwas kurz etwas sagen, jmdn. od. etwas beiläufig nennen;* davon ist nichts erwähnt worden; habe ich das nicht erwähnt?; er hat es nur nebenbei erwähnt; jmdn. namentlich

~; hat sie es nicht neulich erwähnt?; du wurdest nicht erwähnt; ich vergaß zu ~, daß ...; wie oben erwähnt
er'wär·men ⟨V. 500⟩ **1** ⟨500/R7 od. R8⟩ etwas ~ *warm machen;* die Heizung, der Ofen erwärmt das Zimmer; die Sonne erwärmt die Erde, die Luft, das Wasser; ihr Lächeln erwärmte ihm das Herz ⟨fig.⟩ **2** ⟨R3⟩ sich ~ *warm werden;* das Meer erwärmt sich nur langsam; die Luft hat sich allmählich erwärmt **3** ⟨550/R3⟩ sich für jmdn. od. etwas ~ ⟨fig.; umg.⟩ *sich für jmdn. od. etwas begeistern, an jmdm. od. einer Sache Gefallen finden;* dafür kann ich mich nicht ~; ich kann mich für sie nicht ~; ich kann mich für diesen Gedanken, diese Idee, diesen Plan nicht ~
er'war·ten ⟨V. 500⟩ **1** ⟨R8⟩ jmdn. od. etwas ~ *auf jmds. Kommen od. auf das Eintreffen einer Sache warten;* wir ~ dich sehnsüchtig; er erwartete sie am Bahnhof; wir ~ heute abend Besuch, Gäste; der erwartete Brief kam nicht an **1.1** ein Baby, ein Kind ~ *schwanger sein* **1.2** etwas ~ können *bis zum Eintreffen einer Sache warten, so lange warten, abwarten können;* ich kann die Ferien, unser Wiedersehen, das Wochenende kaum ~; ich kann es kaum ~, ihn zu sehen; du wirst es wohl noch ~ können! **2** etwas ~ *mit etwas rechnen, etwas annehmen;* von ihm ist nicht viel Gutes zu ~; von ihm darf man noch viel ~; ich habe es nicht anders erwartet; das habe ich allerdings nicht erwartet!; es ist über (alles) Erwarten gut gegangen; wider (alles) Erwarten bestand sie die Prüfung **2.1** ⟨505⟩ (von jmdm.) ~, daß ... *damit rechnen, daß (jmd.) ...;* ich erwarte von dir, daß du ...; es wird allgemein erwartet, daß ...; es steht zu ~, daß ...
Er'war·tung ⟨f.; -, -en⟩ **1** ⟨unz.⟩ *das Warten auf jmdn. od. etwas;* in ~ eines Ereignisses; erregte, freudige, gespannte ~ **1.1** *Spannung in bezug auf ein erwartetes Ereignis;* alle sind voller ~ **2** *vorweggenommene Vorstellung;* der ~ entsprechen; die ~en befriedigen, enttäuschen, erfüllen, übertreffen; er hat die auf, in ihn gesetzten ~en enttäuscht; bestimmte ~en an etwas knüpfen; ich sehe mich in meinen ~en getäuscht; zu großen ~en berechtigen **2.1** *zuversichtliche Annahme;* wir grüßen Sie in der ~, daß ... (Höflichkeitsfloskel); der ~ Ausdruck geben, verleihen
er'wecken ⟨-k·k-; V. 500⟩ **1** jmdn. od. etwas ~ *wach machen, aufwecken;* jmdn. vom tiefen Schlaf ~ **1.1** ⟨Rel.⟩ *beleben, ins Leben zurückrufen;* zum Leben ~; vom Tode ~ **2** etwas ~ ⟨fig.⟩ *erregen, hervorrufen;* den Anschein ~, als ob ...; Argwohn, Freude, Furcht, Mitleid, Zweifel ~; Erinnerungen in jmdm. ~
er'weh·ren ⟨V. 540⟩ sich einer Sache od. jmds. ~ ⟨geh.⟩ *eine S. od. jmdn. abwehren, fernhalten, sich dagegen zur Wehr setzen;* ich kann mich seiner nicht ~; ich kann mich der Aufdringlichkeit dieser Person kaum ~; ich kann mich des Eindrucks nicht ~, daß ...; ich konnte mich des Lachens, der Tränen kaum ~
er'wei·chen ⟨V.⟩ **1** ⟨500⟩ etwas ~ *weich machen;* die Sonne hat das Wachs erweicht; ein Fell ~ **1.0.1** ~de Mittel ⟨Pharm.⟩ *M., die die Haut aufweichen u. geschmeidig machen sollen;* zu den ~den Mitteln zählen Fette, Glyzerin, Seife, warme Bäder u. Umschläge **1.1** etwas od. jmdn. ~ ⟨fig.⟩ *milde stimmen, rühren, überreden, nachgiebig machen;* jmds. Herz, Stolz ~; durch Bitten habe ich mich schließlich ~ lassen **2** ⟨400(s.)⟩ etwas erweicht *wird weich;* dieser Kunststoff erweicht bei steigender Temperatur; tiefgekühlte Speisen erweichen schneller, wenn man ... **3** ⟨400(s.); fig.⟩ *milder, nachgiebiger werden;* durch ihre Tränen erweichte er
er'wei·sen ⟨V. 282⟩ **1** ⟨500⟩ etwas ~ ⟨geh.⟩ *den Beweis für etwas liefern, nachweisen;* es ist erwiesen **2** ⟨518/R3⟩ sich (als etwas od. jmd.) ~ *sich (als etwas od. jmd.) zeigen, herausstellen;* es hat sich erwiesen, daß ...; es erwies sich als ein Fehler, Irrtum; sie hat sich als eine zuverlässige Freundin, tüchtige Hilfe erwiesen; er hat sich mir gegenüber stets dankbar erwiesen; die Nachricht hat sich als falsch, wahr erwiesen; sich als nützlich, richtig, unbegründet, vergeblich ~ **3** ⟨530⟩ jmdm. etwas ~ *zuteil werden lassen;* jmdm. einen Dienst, eine Gunst, Gutes, Wohltaten ~; jmdm. eine Gnade ~; bitte, ~ Sie mir den Gefallen, das Vergnügen, zu ...; für die erwiesene Anteilnahme danken
er'wei·tern ⟨V. 500⟩ **1** etwas ~ *in seinem Umfang, seiner Ausdehnung vergrößern, weiter machen;* Koffein erweitert die Blutgefäße; das Gebäude des Zoos wurde noch bis zur Straße erweitert; jmds. Befugnisse, Geschäftsbereich ~; das Programm wurde noch erweitert; seinen Horizont ~ **1.1** einen Bruch ~ *Zähler u. Nenner eines Bruches mit derselben Zahl multiplizieren* **1.2** erweiterter Satz ⟨Gramm.⟩ *außer Subjekt u. Prädikat noch weitere Satzteile enthaltender S.* **2** ⟨R3⟩ etwas erweitert sich *wird weiter, dehnt sich aus;* ihre Pupillen hatten sich stark erweitert
er'wer·ben ⟨V. 284/500⟩ **1** etwas ~ *in seinen Besitz bringen, für sich gewinnen;* etwas käuflich ~ **1.1** *(durch Arbeit) verdienen;* seinen Lebensunterhalt durch Klavierunterricht ~ **1.2** *durch Verhandlungen, Kauf erlangen;* die Filmgesellschaft erwarb die Rechte zur Verfilmung dieses Romans **2** ⟨503/R1⟩ (sich) etwas ~ **2.1** *durch Bemühung, Erfüllung der Voraussetzungen erlangen;* sich die Achtung, Anerkennung, das Vertrauen seines Vorgesetzten ~ **2.2** *durch Lernen aneignen;* er hat sich große Fertigkeiten auf diesem Gebiet erworben
er'wi·dern ⟨V.⟩ **1** ⟨402⟩ etwas ~ *antworten, entgegnen;* „Ja", erwiderte er; er erwiderte, daß ...; auf seine Frage erwiderte sie ausführlich, ausweichend, freundlich, höflich, kurz, heftig, ungeduldig, daß ...; was soll man darauf ~? **2** ⟨500⟩ etwas ~ *auf etwas in gleicher Weise reagieren;* einen Besuch, eine Gefälligkeit, jmds. Gefühle, Grüße, Wohltaten ~; ihre Liebe wurde nicht erwidert **2.0.1** das Feuer ~ ⟨Mil.⟩ *zurückschießen* **2.1** ⟨516⟩ etwas mit etwas ~ *vergelten;* Böses mit Gutem ~
er'wir·ken ⟨V. 500⟩ etwas ~ *erreichen, durch Bemühung, Bitten, Fürsprache erlangen, veranlassen;* die Erlaubnis, eine Zahlung ~; jmds. Entlassung, Bestrafung ~
er'wi·schen ⟨V. 500; umg.⟩ **1** jmdn. ~ *bei heiml. od. verbotenem Tun überraschen, ertappen;* du darfst dich nicht ~ lassen!; die Kinder beim Lügen, Naschen ~ **2** ⟨511⟩ jmdn. od.

etwas ~ *gerade noch zu fassen bekommen, gerade noch ergreifen können;* ich erwischte ihn, als er gerade über den Zaun klettern wollte; jmdn. noch am Kragen, Rockzipfel ~; den Hund am Schwanz ~ 2.1 *(gerade noch) erreichen;* den Bus, Zug gerade noch ~ 2.2 ⟨fig.⟩ *durch Zufall bekommen, erlangen;* im Ausverkauf konnte ich einige preiswerte Stoffe ~ **3** ⟨unpersönl.⟩ ihn hat's erwischt *er ist verletzt, tot, vernichtet, ruiniert, mit etwas Unangenehmem betraut* 3.1 *er ist verrückt geworden*

er'wünscht ⟨Adj.⟩ *willkommen, angenehm;* Ihr Anerbieten ist, kommt mir sehr ~; sein Besuch ist mir nicht ~; das ist mir eine ~e Gelegenheit

er'wür·gen ⟨V. 500⟩ jmdn. ~ *durch Zuschnüren der Kehle töten, erdrosseln;* er hat seine Frau aus Eifersucht erwürgt

Erz ⟨n.; -es, -e⟩ **1** *Metall enthaltendes Mineral;* ~e aufbereiten, brechen, gewinnen, gießen, läutern, schmelzen, verhütten, waschen 1.1 gediegene ~e *Erze, die Metall in nahezu reiner Form enthalten* **2** ⟨unz.; poet.⟩ *Kupfer, Eisen u. ihre Legierungen* 2.1 wie aus ~ gegossen dastehen ⟨fig.⟩ *unbeweglich*

erz···, Erz··· ⟨in Zus.⟩ *sehr groß, besonders;* erzdumm, Erzgauner

er'zäh·len ⟨V. 500⟩ **1** ein Geschehnis, etwas Erfundenes ~ *ausführlich, auf unterhaltsame Weise in Worten weitergeben;* ein Erlebnis, Geschichten, Märchen, einen Traum ~; den Hergang, Verlauf von etwas ~; ich habe mir ~ lassen, daß ...; sie kann anschaulich, gut, spannend ~; kannst du mir etwas über ihn ~?; erzähl mir, was du gesehen hast, wie das gekommen ist, wo du warst 1.0.1 ⟨510⟩ davon kann ich etwas ~ ⟨fig.; umg.⟩ *ich weiß Bescheid, die Sache kenne ich* 1.0.2 ⟨510⟩ er kann von seiner Reise etwas ~ *er hat viel dabei erlebt* 1.0.3 ⟨530/R6; unpersönl.⟩ man erzählt sich, daß ... *es geht das Gerücht, daß ...* 1.1 ~de Dichtung *D., die in Versen od. Prosa eine abgeschlossene Begebenheit schildert, z. B. Roman, Novelle, Fabel, Märchen;* Sy *epische Dichtung* 1.2 ⟨530⟩ jmdm. etwas ~ ⟨umg.⟩ *weismachen, vortäuschen;* das kannst du anderen ~!; das kannst du deiner Großmutter ~!; erzähl mir doch keine Märchen!; mir kannst du nichts, viel ~!

Er'zäh·lung ⟨f.; -, -en⟩ **1** ⟨i. w. S.⟩ *Bericht, Beschreibung, Schilderung von wirkl. od. erdachten Begebenheiten;* jmds. ~ mit Interesse zuhören; die ~ ist frei erfunden **2** ⟨i. e. S.⟩ *Form der erzählenden Dichtung, die sich vom Roman durch Begrenzung des Stoffes, von der Novelle durch weniger straffen Aufbau, vom Märchen durch ihre Wirklichkeitsnähe unterscheidet;* die ~ ist gut, schlecht gebaut; eine historische, naturalistische, romantische ~; eine interessante, langweilige, spannende, rührende, unterhaltsame ~

er'zei·gen ⟨V. 500; geh.⟩ **1** ⟨530⟩ jmdm. etwas ~ *erweisen;* jmdm. Gutes, Gerechtigkeit, Vertrauen ~ **2** ⟨513/R3⟩ sich dankbar ~ *zeigen*

er'zeu·gen ⟨V. 500⟩ **1** etwas ~ *hervorbringen, herstellen, produzieren (bes. landwirtschaftliche Produkte);* mehr Milch, Fleisch, Eier ~ als im Vorjahr; Waren, Maschinen ~; elektrischen Strom, Gas ~ **2** eine Sache ~ ⟨fig.⟩ *entstehen lassen, verursachen, hervorrufen;* die Sonne erzeugt Wärme; Kraft ~; der Roman hat bei den Lesern Langeweile erzeugt; in jmdm. Angst, Mißtrauen ~ **3** ein Kind ~ ⟨veralt.⟩ *zeugen*

Er'zeug·nis ⟨n.; -s·ses, -s·se⟩ **1** *das, was erzeugt worden ist, Ergebnis einer Tätigkeit, Ware;* Sy *Produkt(1);* ein landwirtschaftliches, technisches ~; die Schreibmaschine ist ein ausländisches ~ **2** ⟨fig.⟩ *Frucht der Arbeit;* ein künstlerisches ~

er'zie·hen ⟨V. 293/500⟩ **1** ⟨R7 od. R8⟩ jmdn. ~ *geistig, charakterl. u. körperl. formen u. in seiner Entwicklung fördern;* ein Kind gut, schlecht ~; durch Güte, Strenge, gutes Vorbild ~; ein gut, schlecht erzogenes Kind 1.1 ⟨515⟩ jmdn. zu etwas ~ *jmds. Entwicklung zu etwas fördern;* jmdn. zu einem tüchtigen Menschen ~

Er'zie·hung ⟨f.; -; unz.⟩ **1** *planmäßige u. zielvolle Einwirkung auf junge Menschen, um sie mit all ihren Fähigkeiten und Kräften geistig, charakterl. u. körperl. zu formen u. ihr Verhalten mit den Forderungen der Gesellschaft in Einklang zu bringen;* jmdm. eine gute ~ angedeihen lassen, geben, zuteil werden lassen; sie vernachlässigt die ~ ihrer Kinder; eine gute, mangelhafte, schlechte, strenge ~ genießen, haben, erhalten 1.1 *Förderung von jmds. Entwicklung zu etwas;* ~ zur Höflichkeit, zur Rücksicht auf andere **2** *den Forderungen der Gesellschaft entsprechendes Verhalten, (gutes) Benehmen;* ihm fehlt jede ~; ihm fehlt es an der nötigen ~ 2.1 seine gute ~ vergessen ⟨scherzh.⟩ *sich schlecht benehmen* 2.2 sich auf seine gute ~ besinnen ⟨scherzh.⟩ *sich zu gutem Betragen aufraffen*

er'zie·len ⟨V. 500⟩ **1** etwas ~ *erlangen, erreichen;* er hat große Erfolge, gute Ergebnisse erzielt; das neue Produkt konnte einen guten Preis, einen hohen Gewinn ~; der Zug erzielte eine Höchstgeschwindigkeit von 150 km 1.1 ein Tor ~ *(bei einem Schuß auf das Tor) treffen*

er'zür·nen ⟨V. 500⟩ **1** jmdn. ~ *zornig machen, reizen;* er hat ihn mit seinen Forderungen erzürnt; der erzürnte Vater 1.1 ⟨550/R3⟩ sich über jmdn. od. etwas ~ *zornig werden;* ich habe mich über sein Benehmen erzürnt

er'zwin·gen ⟨V. 294/505⟩ etwas (von jmdm.) ~ *durch Zwang, Beharrlichkeit, Drohung, Gewalt erreichen;* er hat die Entscheidung, Einwilligung erzwungen; Liebe läßt sich nicht ~

es[1] ⟨Personalpron.; 3. Person Sg. n.; Gen. sein(er), Dat. ihm, Akk. es⟩ **1** ⟨persönl.⟩ 1.1 ⟨für ein Wort; Pl. sie[2]⟩; ~ (das Kind) spielt; ich erinnere mich seiner; ich gab ihm einen Ball; ich sehe ~; ~ (das Tor) ist geschlossen 1.2 ⟨für einen Satzinhalt⟩; er brachte mir die Nachricht, daß der Streit beigelegt sei, doch ~ war mir nicht neu; erzähl doch, was vorgefallen ist! Ja, ~ war so: ...; so war ~ nicht!; schade, daß er nicht gekommen ist, er wird ~ bereuen 1.3 ⟨Ersatz für ein Prädikativ⟩; ist Hans dein Freund? Ja, er ist ~ (er ist's); ist er reich? Er ist ~; du bist gesund, ich bin ~ nicht; ist er da? Er ist ~; wer ist ~? Ich bin ~ (Ich bin's) 1.4 ⟨selten mit Präp.⟩; bringst du das Kind mit? Nein, ich komme ohne ~ 1.4.1 an ~ = *daran* 1.4.2 auf ~ = *dar-*

auf 1.4.3 durch ~ = *dadurch* 1.4.4 für ~ = *dafür* 1.4.5 gegen ~ = *dagegen* 1.4.6 um ~ = *darum* 1.5 ich bin ~ (bin's) leid, müde, satt, überdrüssig, zufrieden **2** ⟨unpersönl.⟩ 2.1 ⟨als unbestimmter Satzteil⟩; ~ drängt mich, Ihnen mitzuteilen ...; ~ grünt u. blüht bereits überall; ~ klopft, klingelt, knistert, raschelt; ~ ist dunkel, hell, kalt, warm; jetzt wird ~ mir (wird's mir) zu bunt!; ~ kratzt mir im Halse; mit dir nehme ich ~ noch auf!; ich halte ~ nicht mehr aus!; du wirst ~ noch so weit bringen, daß ...; er wird ~ gut bei ihr haben; sie meint ~ gut mit ihm; ich kann ~ mir nicht vorstellen, daß ... 2.2 ⟨für einen Satzinhalt⟩; ~ ist (nicht) ausgeschlossen, daß ...; ~ entspricht den Tatsachen, daß ...; ~ freut mich, daß ...; ~ scheint, als ob ...; ~ scheint mir, daß ...; ~ sei denn, daß ...; ~ ist (nicht) wahr; ~ kann sein; ~ nimmt mich wunder, daß ...; ~ ist ('s ist) möglich, wahrscheinlich; ~ ist nicht so; ~ ist wirklich so, daß ...; ~ ist (nicht) an dem; ~ ist 8 Tage her, seit ...; ~ ist Zeit (z. B. zu gehen); ~ überrascht mich (nicht), daß ... 2.3 ⟨verstärkend bei nachgestelltem Subjekt⟩; ~ geschah etwas Merkwürdiges; ~ lebe die Republik!; ~ ist genügend Arbeit, zu essen usw. da; ~ ist Tag, Nacht; ~ war einmal ein König

es² ⟨n.; -, -; Mus.⟩ **1** ⟨Tonbezeichnung⟩ *Grundton der es-Moll-Tonleiter* **2** ⟨Tonartbezeichnung⟩ *es-Moll*

'Esche ⟨f.; -, -n⟩ *einer Gattung der Ölbaumgewächse angehörender laubabwerfender Baum, der in den nördl. gemäßigten Zonen verbreitet ist: Fraxinus*

'Esel ⟨m.; -s, -⟩ **1** *grau gefärbter Einhufer mit Quastenschwanz u. langen Ohren: Equus asinus* 1.1 *Tier, dem Dummheit, Torheit, Störrischkeit zugeschrieben wird;* störrisch wie ein ~ sein 1.1.1 ein ~ in der Löwenhaut *ein Dummkopf, der sich ein gewichtiges, grimmiges Aussehen geben will* 1.1.2 er paßt dazu wie der ~ zum Lautenschlagen ⟨Sprichw.⟩ *überhaupt nicht, gar nicht* 1.1.3 ein ~ schimpft den anderen Langohr ⟨Sprichw.⟩ *einer wirft dem anderen die eigenen Fehler od. Dummheiten vor* 1.1.4 wenn es dem ~ zu wohl wird, geht er aufs Eis (tanzen) ⟨Sprichw.⟩ *wer dumm ist, wird leicht übermütig, überschätzt sich* **2** ⟨fig.; umg.; Schimpfw.⟩ *dummer, törichter, störrischer Mensch;* ich alter ~! **3** *Gestell, Sägebock*

'Esels·brücke ⟨-k·k-; f.; fig.⟩ *einfache Denkhilfe für schwer merkbare Dinge;* ich muß mir eine ~ bauen, sonst vergesse ich das wieder

'Esels·ohr ⟨n.; fig.; umg.⟩ *umgeknickte Ecke einer Seite in einem Buch od. Heft*

Es·sai ⟨[ɛ'se:]; m. od. n.; -s, -s⟩ = *Essay*

Es·say ⟨['ɛse:]; m. od. n.; -s, -s⟩ *literar. Kunstform, Abhandlung in knapper, geistvoller, allgemein verständl. Form;* oV *Essai*

'Es·se ⟨f.; -, -n⟩ **1** ⟨bes. ostmitteldt.⟩ *Schornstein, Kamin;* die ~n rauchen, qualmen; die ~ reinigen **2** *Rauchfang über dem Herd* 2.1 das kannst du in die ~ schreiben ⟨fig.; umg.⟩ *als verloren aufgeben* **3** ⟨umg.; scherzh.⟩ *Zylinderhut*

'es·sen ⟨V. 129⟩ **1** ⟨500⟩ etwas ~ *als Nahrung zu sich nehmen;* täglich einen Apfel ~; Brot, Kuchen, Obst, Süßigkeiten, Torte ~; ich möchte nur eine Kleinigkeit ~; ein Ei zum Frühstück ~; was wollen wir ~?; was gibt's zu ~?; der Patient darf wieder alles ~; etwas (nicht) gern ~; dem Bettler etwas zu ~ geben 1.1 es wird nichts so heiß gegessen, wie es gekocht wird ⟨Sprichw.⟩ *es ist nichts so schlimm, wie es anfangs aussieht* **2** ⟨400⟩ *(feste) Nahrung zu sich nehmen;* unmäßig, viel, wenig ~; ordentlich, tüchtig ~; iß nicht so viel, zu viel!; aus der Schüssel, vom Teller ~; er ißt gern und gut; gut ~ und trinken; beim Essen spricht man nicht!; wer ~ will, muß auch arbeiten; selber ~ macht fett ⟨Sprichw.⟩ 2.0.1 ⟨430⟩ er ißt für vier, wie ein Scheunendrescher ⟨umg.⟩ *unmäßig viel* 2.1 *eine Mahlzeit einnehmen;* dreimal täglich ~; zu Abend, zu Mittag ~; man kann dort gut und preiswert ~; ich esse gerade; ich bin gerade beim Essen; wir sind zum Essen eingeladen 2.1.1 wir ~ mittags warm *eine warme Mahlzeit* 2.1.2 wir ~ abends nur kalt *kalte Speisen* 2.1.3 ~ gehen *zum Essen in eine Gaststätte gehen* 2.1.4 auswärts ~ *in einer Gaststätte, nicht zu Hause* **3** ⟨513/R7⟩ jmdn. od. etwas ... ~ *durch Essen ... machen;* jmdn. arm ~; hast du dich auch satt gegessen?; sich krank ~; sich (den Bauch) voll ~; sich dick und rund ~; die Schüssel, den Teller leer ~

'Es·sen ⟨n.; -s, -⟩ **1** *die zu einer Mahlzeit zusammengestellten Speisen;* das ~ kochen, machen; das ~ ist angebrannt; das ~ auftragen (auf den Tisch); das ~ bestellen (beim Kellner); das ~ ist hier sehr gut und preiswert; das ~ ist fertig; das ~ steht bereits auf dem Tisch; jmdm. ein gutes, leichtes, nahrhaftes, pikantes, schmackhaftes ~ vorsetzen; das ~ wird kalt; das ~ auf den Tisch bringen, stellen **2** *Mahlzeit;* ein festliches ~ geben, veranstalten; ein ~ für zwanzig Personen; nach dem ~ lege ich mich ein Stündchen; nach dem ~ sollst du ruhn, oder tausend Schritte tun ⟨Sprichw.⟩; vor dem ~ einen Aperitif trinken; bleiben Sie bitte zum ~!; zum ~ einladen 2.1 bitte zum ~! *zu Tisch*

Es'senz ⟨f.; -, -en⟩ **1** ⟨unz.⟩ *Wesen, Wesenheit, Hauptbegriff* **2** *konzentrierte Lösung von Geschmacks- od. Duftstoffen zur Aromatisierung von Nahrungs- u. Genußmitteln*

'Es·sig ⟨m.; -s, -e⟩ **1** *im wesentlichen aus einer verdünnten, wäßrigen Lösung von Essigsäure bestehendes, saures Würz- u. Konservierungsmittel;* ~ an eine Speise geben, tun; Früchte, Gurken in ~ einlegen; den Salat mit ~ anmachen; ~ und Öl zur Salattunke nehmen; der Wein schmeckt sauer wie ~ 1.1 der Wein ist zu ~ geworden *sauer geworden* **2** es ist ~ damit ⟨fig.; umg.⟩ *es ist aus damit, es wird nichts*

'Est·rich ⟨m.; -s, -e⟩ **1** *fugenloser Bodenbelag aus einer Masse, die nach dem Auftragen erhärtet (meist 3–4 cm dicker Mörtel, Asphalt od. Lehm)* **2** ⟨schweiz.⟩ *Dachboden*

eta'blie·ren ⟨V. 500⟩ **1** ein Unternehmen ~ *gründen, errichten* **2** ⟨R3⟩ sich ~ *sich niederlassen;* sich als Geschäftsmann ~ 2.1 ⟨Part. Perf.⟩ etabliert *innerhalb einer Gesellschaft eine angesehene (u. einflußreiche) Stellung einnehmend*

Eta·ge ⟨[e'ta:ʒə] f.; -, -n⟩ **1** *Stockwerk, Obergeschoß* **2** *große Wohnung in einem Mietshaus*

Etap·pe ⟨[-'--]; f.; -, -n⟩ **1** *Teilstrecke, Abschnitt, Stufe* **2** ⟨Mil.⟩ *besetztes Hinterland, Nachschubgebiet;* Ggs *Front(2)*

Etat ⟨[e'ta:] m.; -s, -s⟩ **1** *Voranschlag, Haus-*

haltsplan, Staatshaushalt 1.1 ⟨umg.⟩ *Summe, mit der man eine bestimmte Zeit auskommen muß* 2 *Vermögensstand, Bestand* 3 ⟨schweiz.⟩ *Verzeichnis der Mitglieder u. Funktionäre (eines Verbandes)*

Eti'kett ⟨n.; -(e)s, -e od. -s⟩ *Warenkennzeichen, Aufschrift, Preiszettel, -schild;* oV *Etikette*[1]

Eti'ket·te[1] ⟨f.; -, -n⟩ = *Etikett*

Eti'ket·te[2] ⟨f.; -, -n⟩ *feine Sitte, gesellschaftl. Umgangsformen*

'et·li·che ⟨Indefinitpron. 10; attr. u. substantivisch⟩ 1 *einige, ein paar;* ~ dieser Beispiele; ~ Male; ~ Neue kamen hinzu; mit ~n Neuen; es liegt schon ~ Tage zurück; ~ der Teilnehmer; nach ~n Stunden; ~ stimmten zu; ~ unter, von den Zuschauern 1.1 ~ zwanzig Mark *ungefähr, etwas über*

Etui ⟨[e'tvi:] a. [ety'i:]; n.; -s, -s⟩ *Futteral, Behälter;* Brillen ~, Füllhalter ~, Zigaretten ~

'et·wa ⟨Adv.⟩ 1 *ungefähr, annähernd;* es sind jetzt ~ acht Tage, vier Wochen vergangen, seit ...; es dauerte ~ fünf Minuten; es sind ~ 35 Schüler in einer Klasse; ~ um zwölf Uhr 1.1 in ~ *in gewisser Hinsicht;* er stimmt in ~ mit den politischen Ansichten seines Vaters überein 2 *beispielsweise;* wenn wir ~ sagen wollen 3 *vielleicht, am Ende, womöglich;* Sie denken doch nicht ~, daß ...; hast du das ~ vergessen?; willst du ~ schon gehen? 3.1 ~ nicht? *ist es nicht so?* 4 nicht ~ *durchaus nicht, keineswegs;* ich habe es nicht ~ vergessen, sondern hatte keine Zeit dazu 4.1 nicht ~, daß du meinst ... *meine nur nicht, daß ...*

'et·was ⟨Indefinitpron.; indeklinabel; attr. u. substantivisch⟩ Sy *was(3)* ⟨unbetont; umg.⟩ 1 *eine nicht näher bestimmte Sache;* ~, was unangenehme Folgen haben kann; das ist ~ (ganz) anderes!; ~ anderes wäre es, wenn ...; ~ Ähnliches habe ich schon einmal gesehen!; ~ Gutes; ~ Haltbares, Neues, Praktisches, Preiswertes; es hat ~ Lächerliches an sich, wenn ...; haben Sie ~ Passendes gefunden?; ~ Rechtes lernen; ~ Schönes erleben; wenn ich Ihnen mit ~ dienen, helfen, raten kann ...; weißt du ~ (über diese Angelegenheit)?; dort muß ~ passiert sein; hast du ~ dazu zu sagen?; da gibt es ~ zu sehen; wenn du ~ erfahren solltest; hast du dem Bettler ~ gegeben?; geben, nennen Sie mir irgend ~; an ~ denken, glauben; sich auf ~ vorbereiten; wir wollen endlich von ~ anderem sprechen; ~ zum Lesen 1.0.1 er hat ~ Professorales an sich *die Art eines Professors* 1.0.2 ich will Ihnen einmal ~ sagen ⟨umg.⟩ *meine Meinung* 1.1 so ~ *solches, derartiges;* so ~ möchte ich haben; so ~ von Unhöflichkeit!; so ~ habe ich noch nicht erlebt, gehört, gesehen; so ~! (Ausdruck des Erstaunens od. der Empörung) 1.1.1 nein, so was! ⟨umg.⟩ *ist das möglich!* 2 *eine nicht näher bestimmbare bedeutsame Sache;* aus ihm kann noch ~ werden; daraus kann ~ werden; das wäre ~ für mich; es will schon ~ heißen, wenn ...; er gilt, kann ~; zu ~ taugen; er versteht ~ davon 2.1 das ist doch wenigstens ~! *besser als nichts* 3 *ein wenig, ein bißchen;* ~ Ausdauer, Geduld, Mut, Pflichtbewußtsein; ~ Brot, Butter, Geld, Salz; ~ Englisch, Französisch, Spanisch sprechen; ich möchte noch ~ warten; zunächst ~ zögern; ~ besser, mehr, schöner, weniger; die Eier sind ~ zu hart, weich gekocht; ich bin ~ müde; das kommt mir ~ plötzlich, ungelegen, überraschend; das Bier ist ~ schal; darf es ~ mehr sein? (Frage des Verkäufers beim Abwiegen); auf ~ mehr od. weniger kommt es nicht an; noch ~!; nur ~; ~ oberhalb, unterhalb davon liegt ...; ~ über 1000; gib mir ~ davon 3.1 du mußt ~ essen *eine Kleinigkeit* 3.2 er hat ~ von einem Gelehrten, Künstler an sich *er wirkt wie ein G., K.*

euch ⟨Dat. u. Akk. von⟩ *ihr*[1]; → a. *sich*

'eu·er[1] ⟨Possessivpron. 4; 2. Person Pl.; in Briefen u. Titeln Großschreibung⟩ → a. *mein(1.1-3.4)* 1 ~ Buch (usw.) *ihr habt ein B. (usw.)* 1.1 *euch gehörend, aus eurem Eigentum od. Besitz stammend* 1.1.1 das Euere *euer Eigentum* 1.2 *mit euch verwandt, bekannt, befreundet* 1.2.1 die Eueren *euere (engen) Verwandten* 1.3 *einen Teil von euch bildend* 1.4 *von euch ausgehend, bei euch Ursprung habend* 1.5 *euch zukommend* 2 *eine Eigenschaft von euch darstellend* 2.1 *euch zur Gewohnheit geworden* 3 *von euch getan* 3.1 *von euch verursacht* 3.2 *von euch vertreten, gerechtfertigt* 3.3 *euch erwünscht* 3.4 *von euch benutzt* 4 es grüßt Euch Euer (Eure) ... *(vertrauliche Schlußformel in Briefen)* 5 ⟨Abk.: Ew.⟩ Eure Durchlaucht, Exzellenz, Heiligkeit, Hoheit, Magnifizenz, Majestät *(Anrede mit Titel)*

'eu·er[2] ⟨Gen. von⟩ *ihr*[1]

'eu·er·seits ⟨Adv.⟩ = *eurerseits*

'eu·ert·we·gen ⟨Adv.⟩ = *euretwegen*

'eu·ert·wil·len ⟨Adv.⟩ = *euretwillen*

'Eu·le ⟨f.; -, -n⟩ 1 *einer Familie der Eulenvögel angehörender nächtlich jagender Vogel mit krummem, kurzem Schnabel, weichem Gefieder u. großen Augen, die zum Dämmerungssehen geeignet sind: Striges* 1.0.1 ~n nach Athen tragen *etwas Überflüssiges tun* 1.1 *Tier, dem Klugheit, Häßlichkeit u. auch Verdrießlichkeit zugeschrieben wird u. das als Unglücksbringer gilt;* klug wie eine ~ sein 1.2 sie ist eine alte ~ ⟨abwertend⟩ *häßliche, unfreundliche Frau* 2 ⟨Entomologie⟩ *einer weltweit verbreiteten Familie angehörender Nachtfalter, dessen Flügel dunkel gefärbt sind u. die charakteristische Zeichnung aus 3 Binden u. 3 Flecken aufweisen: Noctuidae* 3 *runder Handfeger aus Federn od. weichen Borsten* 4 *ein Tonpfeifchen* 5 eine ~ fangen ⟨Mar.⟩ *plötzl. Wind von vorne bekommen*

'Eu·len·spie·gel ⟨m.; -s, -⟩ *Schelm, zu Streichen aufgelegter Mensch;* Till ~

Eu'nuch ⟨m.; -en, -en⟩ *Kastrat als Haremswächter*

Eu·phe'mis·mus ⟨m.; -, -men⟩ *beschönigende Bezeichnung, sprachl. Verhüllung*

'eu·rer·seits ⟨Adv.: in Briefen Großschreibung⟩ *von eurer Seite;* oV *euerseits;* habt ihr ~ noch etwas dazu zu sagen?

'eu·ret·we·gen ⟨Adv.; in Briefen Großschreibung⟩ *für euch, euch zuliebe;* oV *euertwegen*

'eu·ret·wil·len ⟨Adv.; in Briefen Großschreibung⟩ um ~ *für euch, euch zuliebe;* oV *euertwillen*

'Eu·ter ⟨n.; -s, -⟩ *die bei Paarhufern in der Leistengegend der weibl. Tiere zusammenstehenden zwei od. vier Milchdrüsen*

eva·ku'ie·ren ⟨[-v-]; V. 500⟩ 1 einen Raum ~ ⟨Phys.⟩ *leer, luftleer machen, leerpumpen* 2 ein

Gebiet ~ *von Bewohnern räumen* **3** Bewohner ~ *dafür sorgen, daß die B. ein gefährdetes Gebiet räumen*

evan·ge·lisch ⟨[evaŋ'ge:-] Adj.⟩ **1** *das Evangelium betreffend, auf ihm beruhend* **2** *die durch die Reformation entstandenen Kirchen betreffend, auf ihnen beruhend, protestantisch* 2.1 ~ lutherisch *zur luther. Reformationskirche gehörend, auf der luther. Reformation beruhend* 2.2 ~ reformiert *die Reformationskirche Zwinglis u. Calvins betreffend, zu ihr gehörend, auf ihr beruhend*

Evan·ge·li·um ⟨[evaŋ'ge:-] n.; -s, -li·en⟩ **1** *die Botschaft Jesu* **2** *die vier Schriften des NT über das Leben Jesu von Matthäus, Markus, Lukas u. Johannes* 2.1 *eine dieser vier Schriften* **3** ⟨fig.⟩ *Wort, Schriftwerk o. ä., das einem heilig ist, an das man bedingungslos glaubt*

even·tu'ell ⟨[evɛn-]; Adj.; Abk.: evtl. (nur adv.)⟩ *möglicherweise (eintretend), gegebenenfalls, vielleicht, unter Umständen*

evi'dent ⟨[evi-] Adj.⟩ **1** *augenscheinlich, offenkundig, offenbar* **2** *einleuchtend*

'ewig ⟨Adj. 24⟩ **1** *unendlich in der Zeit;* Ggs *endlich(1)* 1.1 *nie endend, endlos;* soll das denn immer und ~ so bleiben? 1.1.1 das ~e Leben *L., über den Tod hinaus* 1.1.2 in den ~en Frieden, in die ~e Ruhe eingehen ⟨poet.⟩ *sterben* 1.1.3 ~er Schlaf ⟨poet.⟩ *Tod* 1.1.4 es ist ~ schade ⟨umg.⟩ *sehr schade* 1.2 *unvergänglich, die Zeiten, den Wechsel überdauernd;* jmdm. ~e Liebe, Treue schwören; die Ewige Stadt (Beiname Roms); ~e Jugend; das Ewig-Weibliche zieht uns hinan (Faust II Ende) 1.2.1 das Ewige Licht, die Ewige Lampe *immer brennendes Licht in der kathol. Kirche* 1.2.2 ~er Salat *im Garten wachsendes Blattgemüse, Gartenampfer* 1.2.3 ~er Schnee *nie ganz schmelzender S. im Hochgebirge* 1.3 der Ewige Jude *der der Legende angehörende Jude Ahasver, der endlos durch die Welt irrt zur Strafe dafür, daß er Christus auf dem Wege nach Golgatha keine Ruhe gönnte* 1.4 ~e Jagdgründe ⟨iron.; umg.⟩ *Reich der Toten* **2** ⟨90; fig; umg.⟩ *sehr lange, zu lange (dauernd) u. daher lästig;* ich habe diese ~en Klagen satt!; das dauert ja ~!; ich warte schon ~; das dauert jedesmal ~ und drei Tage ⟨scherzh.⟩

'Ewig·keit ⟨f.; -, -en⟩ **1** ⟨Pl. selten⟩ *das Unvergängliche, Unwandelbare, das Ewige, das jenseits der Zeit u. dieses Lebens liegt;* die ~ des Kosmos, der Naturgesetze 1.1 von ~ zu ~ ⟨Bibel⟩ *ewig, immerwährend, in unaufhörl. Dauer* 1.2 von ~en her *schon immer* **2** ⟨unz.⟩ *das ewige Leben nach dem Tode;* in die ~ eingehen, abberufen werden **3** ⟨Pl. selten⟩ *zeitliche Unendlichkeit;* die Minuten dehnten sich zu ~en 3.1 in (alle) ~ *für immer* **4** ⟨Pl. selten; fig.; umg.⟩ *sehr lange Zeit;* das dauert ja eine ~; ich habe schon eine ~ gewartet; ich warte seit einer ~, seit ~en auf dich; ich stehe hier seit einer halben ~ 4.1 das tut er in ~ nicht! *das wird er nie tun*

ex'akt ⟨Adj.⟩ **1** *genau, sorgfältig, pünktlich;* Ggs *inexakt* **2** ⟨24⟩ *streng wissenschaftlich* 2.1 die ~en Wissenschaften *Mathematik u. Naturwissenschaften*

Ex·amen ⟨[-'--] n.; -s, - od. -mi·na⟩ = *Prüfung;* das ~ bestehen; ~ machen; mündliches, schriftliches ~; sich auf, für das ~ vorbereiten; er ist durchs ~ gefallen; das ~ für das höhere Lehramt; im ~ stehen; ins ~ steigen; er hat das ~ mit Eins gemacht

Exe·ku·ti'on ⟨f.; -, -en⟩ **1** ~ eines Urteils *Vollstreckung, Vollzug* **2** ~ eines Menschen *Hinrichtung*

Exe·ku'ti·ve ⟨[-və] f.; -; unz.⟩ *Teil der Staatsgewalt, der den Vollzug der von Judikative u. Legislative aufgestellten Rechtsnormen u. Entscheidungen betrifft;* Sy *vollziehende Gewalt;* → a. *Legislative, Judikative*

Ex'em·pel ⟨n.; -s, -⟩ **1** *Aufgabe, Rechenaufgabe* 1.1 die Probe aufs ~ machen *die Richtigkeit einer Annahme, Behauptung durch Probieren nachweisen* **2** *Beispiel;* etwas zum ~ nehmen 2.1 ein ~ statuieren *jmdn. für etwas bestrafen, um andere zu warnen, Ähnliches zu tun*

Ex·em'plar ⟨n.; -s, -e; Abk.: Expl.⟩ *Einzelstück, Muster;* Beleg~, Frei~

ex·er'zie·ren ⟨V.⟩ **1** ⟨400⟩ *militär. Übungen machen* **2** ⟨500⟩ etwas ~ *immer wieder einüben*

Exil ⟨[-'-] n.; -s, -e⟩ **1** *Verbannung* **2** *Ort der Verbannung* **3** *Zufluchtsstätte*

Exi'stenz ⟨f.; -, -en⟩ **1** *wirkliches Vorhandensein, Leben;* Sy *Dasein(2);* die ~ dieser Sache ist nicht zu leugnen **2** = *Auskommen(1);* sich eine ~ aufbauen; eine sichere ~ haben **3** ⟨umg.⟩ *Mensch;* jmd. ist eine dunkle, fragwürdige, gescheiterte ~

exi'stie·ren ⟨V.⟩ **1** ⟨400⟩ *vorhanden sein, bestehen, leben;* hier existiert nicht einmal ein Krankenhaus **2** ⟨414⟩ von, mit etwas ~ *mit etwas auskommen;* damit, davon kann ja niemand ~

ex·klu'siv ⟨Adj.⟩ **1** *ausschließend* **2** *(gesellschaftl.) abgeschlossen, abgesondert;* eine ~e Gesellschaft; ein ~er Kreis 2.1 *unnahbar* **3** *nicht alltäglich*

ex·klu'si·ve ⟨Präp. m. Gen.; folgende Substantive ohne Artikel meist ohne -s des Gen.; Abk.: exkl.⟩ *ausschließlich, mit Ausschluß von ..., ausgenommen;* Ggs *inklusive;* ~ Mehrwertsteuer

Ex'kret ⟨n.; -(e)s, -e⟩ *vom Körper nicht weiter verwendbares, ausgeschiedenes Stoffwechselprodukt;* Sy *Ausscheidung(2)*

exo·tisch ⟨[-'--] Adj.⟩ **1** *fremd, fremdländisch* **2** *aus den Tropen stammend*

Ex·pan·si'on ⟨f.; -, -en⟩ **1** *Vergrößerung des Volumens, Ausdehnung* **2** *Ausdehnung des staatl. Machtbereichs*

Ex·pe·ri'ment ⟨n.; -(e)s, -e⟩ **1** *wissenschaftl. Versuch* **2** ⟨fig.⟩ *(gewagtes) Unternehmen*

Ex'per·te ⟨m.; -n, -n⟩ *Sachverständiger, Fachmann*

ex·plo'die·ren ⟨V. 400(s.)⟩ **1** ein Gegenstand explodiert *birst, platzt* 1.1 *in der Art einer Explosion(1.1) verlaufen;* → a. *detonieren(1)* **2** jmd. explodiert ⟨fig.; umg.; scherzh.⟩ *bricht in Zorn aus*

Ex·plo·si'on ⟨f.; -, -en⟩ **1** *das Explodieren* 1.1 ~ eines Sprengstoffes *sehr schnell verlaufendes Abbrennen;* → a. *Detonation* 1.2 ~ eines Hohlkörpers *Bersten durch Druck von innen*

Ex'port ⟨m.; -(e)s, -e⟩ Ggs *Import* = *Ausfuhr;* ~ von Waren, Dienstleistungen

ex'preß ⟨Adj. 24/50⟩ **1** *eilig, mit Eilpost;* eine

Ware, Postsendung ~ schicken **2** *nachdrücklich, ausdrücklich;* er hat es ~ gesagt

Ex'preß ⟨m.; -pres·ses, -zü·ge⟩ **1** ⟨veralt.; noch österr.⟩ *Fernschnellzug, Expreßzug* **2** ⟨unz.⟩ eine Sendung per ~ schicken *durch Eilboten*

'ex·tra ⟨Adj. 11⟩ **1** ⟨umg.⟩ *besondere(r, -s), über das Übliche hinausgehend;* eine ~ Belohnung; das ist ~ **2** ⟨50⟩ 2.1 *besonders;* etwas ~ Feines; ~ mild, stark 2.1.1 es geht mir nicht ~ ⟨umg.⟩ *nicht besonders (gut)* 2.2 *gesondert, getrennt;* legen Sie es ~ ⟨umg.⟩ 2.3 *eigens, ausschließlich;* er hat es ~ für dich getan 2.4 ⟨umg.⟩ *absichtlich, um jmdn. zu ärgern;* das macht er immer ~! **3** etwas Extraes ⟨umg.⟩ *Besonderes, besonders Feines*

'ex·tra···, 'Ex·tra··· ⟨in Zus.⟩ **1** *außer..., außerhalb* **2** *Sonder..., außerordentlich*

Ex'trakt ⟨m.; -(e)s, -e⟩ = *Auszug(6);* ein ~ aus Pflanzendrogen

ex'trem ⟨Adj.⟩ **1** *äußerst, höchst od. niedrigst* 1.1 ~e Werte *Maximum od. Minimum* **2** *übersteigert, übertrieben;* ~e Ansichten 2.1 ⟨Pol.⟩ *einseitig orientiert;* Sy *radikal(5);* die ~e Linke, Rechte; eine ~e Partei

ex'zen·trisch ⟨Adj.⟩ **1** *nicht im Mittelpunkt gelegen* 1.1 ~e Kreise *K. ohne gemeinsamen Mittelpunkt* **2** ⟨fig.⟩ *überspannt, zu merkwürdigen Einfällen neigend*

ex·zer'pie·ren ⟨V. 500⟩ etwas (aus Büchern) ~ *Teile des Textes herausschreiben, Auszüge machen*

Ex'zeß ⟨m.; -s·ses, -s·se⟩ **1** *Ausschreitung, Ausschweifung, Überschreitung gebotener Grenzen* **2** sphärischer ~ ⟨Math.⟩ *Überschuß der Winkelsumme eines Kugeldreiecks über 180°*

F

'Fa·bel ⟨f.; -, -n⟩ **1** *lehrhafte, oft witzig-satir. Erzählung, in der die Tiere so wie Menschen handeln u. in der eine allgemeine Wahrheit od. Moral zum Ausdruck gebracht werden soll* **2** *der einfache Handlungsablauf ohne Nebenhandlungen, Grundplan einer Dichtung* **3** *erdichtete, unglaubl. Geschichte*

'fa·bel·haft ⟨Adj.⟩ **1** ⟨umg.⟩ *großartig, wunderbar;* wie war es auf der Reise? ~!; eine ~e Aufmachung; ein ~er Film, Roman; das ist ja ~!; die Wohnung ist ~ eingerichtet **2** ⟨umg.⟩ *überaus groß;* ein ~er Reichtum; eine ~e Geschwindigkeit, Höhe **3** ⟨50; verstärkend⟩ *überaus, unglaublich;* sie ist ~ reich; er ist ~ geschickt

Fa'brik ⟨f.; -, -en⟩ *Stätte zur maschinellen Herstellung von Halb- od. Fertigfabrikaten*

Fa·bri'kat ⟨n.; -(e)s, -e⟩ *in einer Fabrik hergestelltes Erzeugnis*

fa·bri'zie·ren ⟨V. 500⟩ **1** W a r e n, G ü t e r ~ *in einer Fabrik herstellen* **2** e t w a s ~ ⟨fig.; umg.; scherzh.⟩ *(laienhaft) herstellen, zurechtbasteln;* da hast du ja wieder etwas fabriziert **2.1** U n s i n n ~ *anstellen*

Fach ⟨n.; -(e)s, ¨-er⟩ **1** *Unterabteilung in einem Raum od. auf einer Fläche;* Schrank~, Wäsche~; das mittlere, obere, rechte ~ (im Schrank); etwas in ein ~ legen, stellen **1.1** ⟨Web.⟩ *Zwischenraum zwischen den Kettfäden, in den das Schiffchen mit dem Schußfaden eingeführt wird* **1.2** *Mauerstück zwischen dem Balkengefüge;* ~werk **1.2.1** → a. *Dach(1.1)* **1.3** *innerhalb des Rahmens liegender Teil;* Fenster~, Tür~ **2** *Unterabteilung eines Wissens- od. Arbeitsgebietes;* Studien~, Lehr~, Bau~; Biologie als drittes ~ haben; welche Fächer hast du studiert?; sich auf ein ~ spezialisieren; er weiß in seinem ~ hervorragend Bescheid; ein Meister seines ~es sein; das schlägt (nicht) in mein ~; hier brauchen wir einen Mann vom ~ **2.1** vom ~ sein *Fachmann sein, etwas von einer Sache verstehen*

...fach ⟨Adj. 24; in Zus.⟩ *vervielfältigend, wiederholend;* die dreifache Menge; in zweifacher Ausfertigung; ein zehnfaches Echo; mannigfach, mehrfach, vielfach; das Vierfache

'Fach·ar·bei·ter ⟨m.⟩ *Arbeiter mit abgeschlossener Lehre (in einem anerkannten Lehrberuf);* er ist ~ für Maschinenbau

'fä·cheln ⟨V.⟩ **1** ⟨400⟩ eine B r i s e, ein Luftzug fächelt *weht sanft* **1.1** B l ä t t e r ~ *bewegen sich sanft im Wind* **2** ⟨500/R7⟩ j m d n. ~ *jmdm. durch einen Luftzug Kühlung verschaffen;* ich habe mich mit dem Taschentuch gefächelt **3** ⟨500⟩ e t w a s fächelt j m d n. od. e t w a s *weht jmdn. od. etwas sanft u. kühlend an;* der Wind fächelte mich, meine Stirn

'Fä·cher ⟨m.; -s, -⟩ **1** *runder od. halbrunder, starrer od. faltbarer, aus Vogelfedern, Stoff od. Papier bestehender Wedel, mit dem man sich od. jmdm. Luft zufächelt;* den ~ entfalten, aufklappen **2** ⟨jägerspr.⟩ *die Schwanzfedern des Auerhahns*

'Fach·mann ⟨m.; -(e)s, -leu·te od. ¨-n·ner⟩ *jmd., der für ein bestimmtes Fachgebiet zuständig ist;* ein qualifizierter, alter, bewährter ~; er ist ~ auf diesem Gebiet

'Fach·werk ⟨n.⟩ **1** *bes. im 16./17. Jh. beliebte Art des Hausbaues, bei der die Zwischenräume (Fächer) zwischen dem Balkengefüge mit Lehm od. Ziegeln ausgefüllt wurden* **2** *größeres Fachbuch*

'Fackel ⟨-k·k-; f.; -, -n⟩ **1** *Beleuchtungskörper aus harz-, pech- od. teergetränktem Gewebe, das um ein Ende eines kurzen Stockes gewikkelt ist u. angezündet wird;* eine flackernde, helle ~; die ~ brennt, geht aus **2** ⟨fig.⟩ *etwas, von dem ein erhellender, verzehrender Brand ausgeht;* die ~ des Fortschritts, der Wissenschaft; die ~ des Krieges über das Land tragen

fad ⟨Adj.⟩ **1** *geschmacklos, schal;* einen ~en Geschmack im Munde haben; das Bier, die Suppe schmeckt ~ **2** ⟨fig.; umg.⟩ *reizlos, langweilig, geistlos;* ein ~er Kerl, ein ~er Witz; ~es Zeug reden; der Film, das Buch ist ~

'fä·deln ⟨V.⟩ **1** ⟨500⟩ einen F a d e n (durch, in das Nadelöhr) ~ *durch das N. ziehen* **2** ⟨500⟩ P e r l e n (auf eine Schnur, einen Faden) ~ *ziehen, reihen* **3** ⟨400⟩ ein Stoff fädelt (sehr) *verliert, läßt Fäden, franst aus*

'Fa·den[1] ⟨m.; -s, ¨-⟩ **1** *langes, dünnes, schmiegsames Gebilde aus zusammengedrehten (textilen) Fasern;* Baumwoll~, Seiden~; Bind~; einen Knoten in den ~ machen **1.1** (k)einen guten ~ miteinander spinnen *sich (nicht) gut miteinander vertragen* **1.2** keinen guten ~ an jmdm. od. etwas lassen *nur Schlechtes von jmdm. od. etwas sagen* **2** *Ding, das einem Faden(1) äußerlich ähnlich ist;* Gold~ **2.1** etwas zieht Fäden *ist zähflüssig* **3** ⟨fig.⟩ *dünnes, schwaches, zerreißbares Band;* Gedulds~ **3.1** etwas hängt an einem ~ *ist bedroht, befindet sich in einer kritischen Lage;* sein Leben hängt an einem ~; das Unternehmen hing an einem (seidenen) ~ **4** ⟨fig.⟩ *Beziehung, Verbindung, Verbindungslinie;* die (zerrissenen) Fäden wieder anknüpfen **4.1** ⟨Pl.⟩ *Verbindung, durch die etwas gelenkt wird;* die Fäden (eines Unternehmens, der Unterhaltung) in der Hand behalten, haben; im Betrieb laufen alle Fäden in seiner Hand zusammen **4.2** *gedanklicher Zusammenhang;* den ~ des Gesprächs wieder aufnehmen, fortspinnen **4.2.1** den ~ verlieren *aus dem Konzept kommen* **4.2.2** → a. *rot(1.0.9)* **5** ⟨Her.⟩ *dünner, schräger Balken auf dem Wappen, bes. bei unehelich Geborenen;* Bastard~

'Fa·den[2] ⟨m. 7; -s, -⟩ **1** *altes deutsches Längenmaß, bes. zur Angabe von Tiefen u. als Garnmaß, 1,70–1,80 m* **2** *Raummaß für Brennholz, 10–15 Kubikfuß*

Fa'gott ⟨n.; -(e)s, -e⟩ *tiefstes Holzblasinstrument mit gebogenem Blasrohr u. zweiblättrigem Rohrblatt*

'fä·hig ⟨Adj.⟩ **1** ⟨70⟩ *befähigt, begabt, tüchtig;* ich halte ihn für sehr ~; ein ~er Kopf, Mensch **2** ⟨73 od. 74⟩ *in der Lage, imstande;* dazu bin ich nicht mehr ~ (vor Erschöpfung, Müdigkeit usw.); er ist nicht einmal ~, die einfachste Aufgabe zu lösen; er ist zu allem ~; ich halte ihn eines Betruges (nicht) für ~; einer solchen Tat, einer solchen Bosheit ist er nicht ~; glaubst du, daß er dessen ~ ist?

fahl ⟨Adj.⟩ **1** *blaß, bleich, farblos;* das ~e Licht des Mondes; er wurde (vor Schreck usw.) ~ im Gesicht **2** ⟨fig.; geh.⟩ *leblos, kraftlos;* ein ~es Lächeln

'fahn·den ⟨V. 800⟩ nach etwas od. jmdm. ~ *etwas od. jmdn. zu finden, etwas od. jmds. Aufenthaltsort zu erfahren suchen;* nach einem verschollenen histor. Dokument ~; nach einem gestohlenen Gegenstand ~; die Polizei fahndet nach dem Täter, Verbrecher

'Fah·ne ⟨f.; -, -n⟩ **1** *farbiges, meist rechteckiges, an einer Stange befestigtes Tuch als Hoheitszeichen;* National~; die ~ einholen, einziehen, hissen, weihen; die ~n wehen auf halbmast **2** *als Kenn- od. Feldzeichen dienendes, an einer Stange befestigtes Stoffstück bes. als Sinnbild der Zusammengehörigkeit;* Kirchen~, Kriegs~, Vereins~; den Eid auf die ~ schwören **2.1** zu den ~n eilen ⟨veralt.⟩ *Soldat werden* **2.2** zu den ~n (ein)berufen *zum Kriegsdienst einberufen* **2.3** die ~ verlassen ⟨veralt.⟩ *desertieren* **2.4** der Sieg heftete sich an ihre ~n ⟨poet.⟩ *sie waren siegreich* **2.5** die ~ nach dem Winde drehen ⟨fig.⟩ *je nach Bedarf seine Anschauung wechseln* **2.6** sie hatten die Freiheit auf ihre ~n geschrieben ⟨fig.⟩ *sie kämpften für die Freiheit* **3** ⟨fig.⟩ *Ideal, für das man kämpft* **3.1** die ~ der Freiheit vorantragen *für die F. kämpfen* **3.2** die ~ hochhalten ⟨umg.⟩ *unbeirrt bei etwas ausharren* **4** *meist dreieckiges, an einer Stange befestigtes Metallstück;* Absteck~, Wetter~ **5** *Wolken- od. Dunststreifen;* Rauch~ **6** ⟨umg.⟩ *nach Alkohol riechender Atem;* eine ~ haben **7** ⟨Typ.⟩ *Korrekturabzug des gesetzten, noch nicht umbrochenen Textes;* ~ lesen, korrigieren **8** ⟨Bot.⟩ *hinteres Kronblatt der Schmetterlingsblütler, das die beiden seitlichen u. die beiden vorderen Kronblätter umgreift* **9** ⟨Zool.⟩ *die Gesamtheit der am Schaft sitzenden Fasern der Vogelfeder* **10** ⟨jägerspr.⟩ *die langen Haare am Schwanz von langhaarigen Jagdhunden u. Eichhörnchen*

'Fahr·bahn ⟨f.⟩ *für Fahrzeuge bestimmter Straßenteil;* die ~ überqueren; eine breite, asphaltierte, betonierte ~

'Fäh·re ⟨f.; -, -n⟩ *Schiff zum Übersetzen über Flüsse u. Seen;* Auto~, Eisenbahn~; die ~ legt an

'fah·ren ⟨V. 130⟩ **1** ⟨400(s.)⟩ ein Fahrzeug fährt *bewegt sich mit Hilfe einer antreibenden Kraft fort;* mit Benzin, Diesel ~; die Straßenbahn fährt elektrisch; der Zug fährt nur sonntags; auf und ab ~; hin und her ~; langsam, schnell ~; um die Ecke, Kurve ~; gegen einen Baum ~; durch die Stadt, durch einen Tunnel ~; zu Tal ~ **1.1** ⟨411⟩ ein Schiff fährt auf Grund *stößt auf G.* **2** ⟨400(s.)⟩ *sich mit einem Fahrzeug fortbewegen;* Ggs *gehen(1);* wir wollen lieber ~ (anstatt zu gehen); lieber schlecht gefahren als gut gelaufen; rechts, links ~; ins Gebirge ~; wie lange ~ wir bis Berlin?; wie fahre ich am kürzesten, schnellsten nach ...?; Karussell ~; mit dem Auto, der Bahn, dem Fahrrad, Schiff ~; ~ Sie über Frankfurt?; in die Ferien, in Urlaub ~; aufs Land ~; nach Berlin ~; sie kann das Fahren nicht vertragen **2.0.1** erster Klasse ~ *die erste Klasse eines Beförderungsmittels benutzen* **2.0.2** die Strecke kannst du in zwei Stunden ~ *bewältigen* **2.0.3** ⟨500⟩ eine Rekordzeit ~ *eine Strecke in einer R. bewältigen* **2.0.4** ⟨411⟩ zur See ~ ⟨seemannsspr.⟩ *von Beruf Seemann sein* **2.0.5** ~de Güter *bewegliches Eigentum;* Ggs *liegende(3.0.1) Güter* **2.1** ⟨501/R3; umg.⟩ es fährt sich ... *man kann ... fahren;* auf dieser Straße fährt es sich gut **2.2** ⟨500⟩ ein Fahrzeug ~ *lenken;* Auto ~; einen Volkswagen ~; laß mich mal ~!; ~ lernen (mit dem Auto); können Sie ~? (mit dem Auto); vierspännig ~; er fährt ausgezeichnet, gut, schlecht, sicher; 10 Jahre unfallfrei ~ (mit dem Auto); den Wagen in die Garage ~; sei beim Fahren vorsichtig!; er versteht sich aufs Fahren **2.3** ⟨500⟩ jmdn. od. etwas ~ *mit Hilfe eines Fahrzeuges fortbewegen;* jmdn. nach Hause ~; Mist, Steine ~ **3** ⟨500⟩ eine Sendung ~ (in Funk, Film, Fernsehen) *(nach Plan) ablaufen lassen* **4** ⟨500⟩ Apparate, Maschinen ~ ⟨umg.; Techn.⟩ *in Betrieb setzen und in Betrieb halten, bedienen, steuern;* einen Generator im Probelauf ~ **5** ⟨411(s.) od. 800; fig.⟩ *sich plötzl. und sehr schnell in eine bestimmte Richtung bewegen;* in die Höhe ~; aus dem Bett ~; in die Kleider ~ **5.1** ein Tier fährt aus ..., in ... ⟨jägerspr.⟩ *bewegt sich plötzlich u. sehr schnell in eine bestimmte Richtung;* der Fuchs fährt aus dem Bau; der Biber, Otter fährt ins Wasser; der Hase fährt aus dem Lager **5.2** ⟨613⟩ ein Gedanke fuhr mir durch den Kopf *kam mir plötzlich* **5.3** ⟨800⟩ etwas fährt in jmdn. ⟨fig.⟩ *ergreift plötzlich Besitz von jmdm.;* was ist bloß in ihn gefahren?; der Teufel ist in ihn gefahren **5.3.1** der Schreck ist mir in die Glieder gefahren *ich bin sehr erschrokken* **6** ⟨411(s.); veralt.⟩ *sich aus eigener Kraft fortbewegen;* ~de Schüler, ~de Ritter **6.0.1** fahr zur Hölle! ⟨fig.; vulg.⟩ *laß mich in Ruhe!, mach, daß du wegkommst!* **6.0.2** gen Himmel ~ *in den Himmel aufsteigen* **6.0.3** ⟨430⟩ fahr wohl ⟨poet.⟩ *leb wohl* **6.1** ⟨bergmannsspr.⟩ *sich unter Tage fortbewegen (auch dann, wenn man geht)* **7** ⟨411(s.)⟩ durch, über etwas ~ *streichen, wischen;* jmdm. durchs Haar ~; jmdm. über das Haar, über den Kopf ~; sich mit der Hand über die Augen ~; mit dem Staubtuch über die Möbel ~ **8** ⟨430(s.)⟩ mit etwas gut (schlecht) ~ ⟨umg.⟩ *gute (schlechte) Erfahrungen mit etwas machen;* er ist gut (schlecht) dabei gefahren; ich mache es immer so, und bin immer gut damit gefahren; Sie ~ besser, wenn ...

'Fah·rer ⟨m.; -s, -⟩ *Führer eines Fahrzeuges;* der ~ eines Autos, Motorrads; er ist ein sicherer, zuverlässiger ~

'fah·rig ⟨Adj.⟩ **1** *unausgeglichen, heftig;* mit ~en Bewegungen etwas suchen **2** ⟨fig.⟩ *zerstreut, zerfahren;* sei nicht so ~!

'Fahr·kar·te ⟨f.⟩ **1** *Karte als Ausweis über bezahltes Fahrgeld, die zur Benutzung eines öffentlichen Verkehrsmittels (bes. eines Zuges) berechtigt;* eine (un)gültige ~; eine ~ (nach Hamburg) lösen; eine ~ der ersten, zweiten Klasse **2** eine ~ schießen ⟨soldatenspr.⟩ *die Schießscheibe nicht treffen*

'fahr·läs·sig ⟨Adj.⟩ *sorglos, unachtsam, die erforderliche Sorgfalt außer acht lassend u. da-*

durch ein Unglück ermöglichend od. Schaden verursachend; er ist ein ~er Mensch; ~ handeln; ~e Brandstiftung; jmdn. ~ töten; jmdn. wegen ~er Tötung verurteilen

'Fahr·rad ⟨n.⟩ *ein einspuriges Fahrzeug mit zwei Rädern, das der Fahrer mit eigener Kraft durch Treten der Pedale fortbewegt;* (auf, mit dem) ~ fahren

'Fahr·rin·ne ⟨f.⟩ *durch Seezeichen abgesteckte u. in Seekarten eingetragene Fahrstraße für Schiffe*

'Fahr·schu·le ⟨f.⟩ *gewerbl. Betrieb, in dem man das Fahren eines Kraftfahrzeuges erlernen kann*

'Fahr·stuhl ⟨m.⟩ **1** = *Aufzug(2)* 1.1 *Korb, Kabine eines Aufzuges* **2** *Rollstuhl*

Fahrt ⟨f.; -, -en⟩ **1** *das Fahren;* Vor~; während der ~ nicht aus dem Fenster lehnen!; nach drei Stunden ~; ~ durch die Stadt; endlose, flotte, kurze, lange, rasche, schnelle ~ **1.1** der Zug hat (keine) freie ~ *die Strecke ist (nicht) frei* **2** *Reise;* Auto~, Bahn~, Hin~, Rück~, Rund~; (ich wünsche Ihnen) gute ~!; die (Eisenbahn)~ dreimal unterbrechen; auf der ~ nach Berlin; eine ~ von drei Stunden; einstündige, mehrstündige ~ **3** *größerer Ausflug in Gruppen (mit Zelten);* auf ~ gehen **4** *Geschwindigkeit (des Fahrzeugs);* in rasender ~ ging es den Berg hinunter; mit halber ~; in voller ~ **4.1** gute, wenig ~ machen (bes. vom Schiff) *schnell, langsam fahren* **5** j m d. ist, kommt i n ~; j m d n. i n ~ bringen ⟨fig.; umg.⟩ *Bewegung des Gefühls, z. B. Schwung, Eifer, Zorn* **6** ⟨bergmannsspr.⟩ *unter Tage aufgestellte Leiter zum Klettern in senkrechten od. schrägen Grubenbauen*

'Fähr·te ⟨f.; -, -n⟩ **1** ⟨jägerspr.⟩ *die Fußabdrücke des Schalenwildes;* auf eine ~ stoßen **2** ⟨fig.⟩ *Reihe von Hinweisen, die zu einer gesuchten Person od. Sache führt;* eine ~ verfolgen; jmdn. auf die richtige ~ bringen; auf der falschen, richtigen ~ sein

'Fahr·was·ser ⟨n.; -s; unz.⟩ **1** *alle Gewässerteile (samt der Fahrrinne), die für Wasserfahrzeuge befahrbar sind;* das ~ frei halten; das tiefe, breite ~ des Flusses **1.1** (ganz) in seinem, im richtigen ~ sein ⟨fig.; umg.⟩ *in seinem Element sein, Bescheid wissen* **1.2** in jmds. ~ geraten, segeln ⟨fig.; umg.⟩ *unter jmds. Einfluß geraten*

'Fahr·zeug ⟨n.; -(e)s, -e⟩ *Gerät zum Fahren, zum Befördern von Personen od. Lasten, z. B. Wagen, Schiff usw.*

fair ⟨[fɛ:r] Adj.⟩ **1** ⟨Sp.⟩ *die Spielregeln beachtend;* ~es Spiel; ~ spielen **2** ⟨fig.⟩ *ehrlich, anständig, einem Gegner eine Chance lassend;* jmdn. ~ behandeln

'fak·tisch ⟨Adj. 24⟩ *tatsächlich, wirklich im Hinblick auf die Fakten, in Wirklichkeit;* das bedeutet ~ den Zusammenbruch; es ist ~ unmöglich; das kommt ~ auf dasselbe heraus

'Fak·tor ⟨m.; -s, -'to·ren⟩ **1** *Leiter einer Faktorei* **2** *Werkmeister in einer Druckerei od. Setzerei* **3** *Zahl, die mit einer anderen multipliziert wird* **4** ⟨fig.⟩ *maßgebender Umstand, Triebfeder, bestimmendes Element*

Fa·kul'tät ⟨f.; -, -en⟩ **1** *Gruppe zusammengehöriger Wissenschaften, z. B. Naturwissenschaften, Philosophie* **2** *eine Gruppe von Wissenschaften umfassende Hochschulabteilung;* die ~ wechseln; juristische, medizinische, naturwissenschaftliche, philosophische ~ **3** *das Gebäude, in dem gelehrt wird* **4** ⟨unz.; Math.; Zeichen: !⟩ n! *das Produkt aller natürl. Zahlen von 1 bis n;* 5 ~ = 1·2·3·4·5 = 120

falb ⟨Adj.⟩ *graugelb, gelblich (bes. von Pferden)*

'Fal·ke ⟨m.; -n, -n⟩ *einer über die ganze Erde verbreiteten Familie der Greifvögel angehörender zierlicher, gewandt fliegender Vogel mit einer zahnartigen Spitze an der Seite des Oberschnabels, betont schlankem Leib u. langen, spitzen Flügeln, der sich von kleinen Wirbeltieren u. Insekten ernährt: Falconidae;* Baum~, Turm~, Jagd~, Wander- od. Edel~

Fall[1] ⟨m.; -(e)s, ⸚e⟩ **1** ⟨unz.⟩ *das Fallen;* beim ~ von der Leiter **1.0.1** der freie ~ ⟨Phys.⟩ *die gleichmäßig beschleunigte Bewegung eines Körpers infolge der Anziehungskraft der Erde auf den Erdmittelpunkt zu, d. h. nach unten* **1.1** *Sturz u. Aufprall;* man hörte einen (schweren) ~; zu ~ kommen **1.1.1** jmdn. zu ~ bringen ⟨a. fig.⟩ *zugrunde richten, stürzen, ihm seine Existenz, seine Wirksamkeit nehmen (bes. durch Intrigen)* **1.1.2** ein Vorhaben zu ~ bringen ⟨fig.⟩ *zunichte machen, verhindern, vereiteln* **1.1.3** → a. *Knall* **1.2** *Niedergang, Untergang;* Aufstieg u. ~ einer Familie, eines Geschlechtes **1.2.1** der ~ Adams ⟨bibl.⟩ *Sündenfall* **1.2.2** → a. *Hochmut* **2** *(vielleicht eintretender) Umstand;* wenn dieser ~ eintreten sollte, dann ...; für den ~ eines Gewitters; in diesem ~ muß ich leider nein sagen; im besten, schlimmsten ~ **2.1** den ~ s e t z e n *als gegeben annehmen;* setzen wir den ~, er käme wirklich zurück; gesetzt den ~, wir hätten das nötige Geld **2.2** f ü r den ~, d a ß ..., i m ~(e), d a ß ... *falls, wenn;* für den ~, daß es regnet; im ~e, daß ich nicht kommen kann **2.3** a u f a l l e Fälle, a u f j e d e n ~ *ganz bestimmt, unbedingt, unter allen Umständen* **2.4** a u f k e i n e n ~ *bestimmt nicht* **2.5** f ü r a l l e Fälle *vorsichtshalber;* nimm für alle Fälle etwas Geld mit **3** *bestimmte Angelegenheit, Sache;* der ~ liegt so: ...; ein einmaliger, heikler, hoffnungsloser, interessanter, schwieriger, trauriger ~; es gibt Fälle, in denen man selbst entscheiden muß; ich habe folgenden ~ erlebt **3.0.1** das muß man v o n ~ z u ~ entscheiden *jede Angelegenheit muß für sich, einzeln entschieden werden* **3.0.2** klarer ~! ⟨umg.⟩ *selbstverständlich* **3.0.3** das ist (nicht) der ~ *das stimmt (nicht), das verhält sich (nicht) so* **3.1** *Rechtssache;* der ~ Schulze gegen Müller **3.2** *Vorkommen (einer Krankheit) bei einer einzelnen Person;* wir haben sechs Fälle von Masern gehabt **4** ⟨Gramm.⟩ *Form, die ein Substantiv od. Pronomen annehmen kann, um seine Beziehung zu andern Satzteilen usw. auszudrükken;* Beugungs~, Wer~; die Fälle eines Substantivs bilden; erster, zweiter ~; dieses Substantiv steht im dritten ~

Fall[2] ⟨n.; -(e)s, -en; Mar.⟩ **1** *Tau zum Setzen u. Herablassen eines Segels* **2** *Neigung (von Schornsteinen u. Masten) gegen die Senkrechte*

'Fal·le ⟨f.; -, -n⟩ **1** *Vorrichtung zum Fangen von Tieren;* Mause~; ~n aufstellen, bauen; ein Tier in, mit einer ~ fangen; die ~ spannen **2** ⟨fig.⟩ *Hinterhalt;* jmdn. (mit etwas) in eine ~ locken **2.1** j m d m. eine ~ s t e l l e n *jmdn. in einen Hinterhalt locken, durch geschickte Fra-*

gen überlisten 2.2 (jmdm.) in die ~ gehen *einem Hinterhalt, einer Intrige zum Opfer fallen* 2.3 in der ~ sitzen *keinen Ausweg mehr wissen;* wenn du darauf eingehst, dann sitzt du wie die Maus in der ~ 3 ⟨fig.; umg.; scherzh.⟩ *Bett;* in die ~ gehen; er liegt noch in der ~ 4 *Riegel des Türschlosses* 5 ⟨oberdt.⟩ *Türklinke*

'fal·len ⟨V. 131(s.)⟩ 1 ⟨400⟩ *sich durch die eigene Schwere ohne Hilfsmittel nach unten bewegen;* langsam, schnell ~; Regen, Schnee fällt; der Nebel fällt; der Vorhang (im Theater) fällt; sich in einen Sessel ~ lassen; einen Gegenstand ~ lassen 1.0.1 eine Masche ~ lassen *von der Nadel gleiten lassen* 1.1 *stürzen, hinfallen;* Vorsicht, fall nicht!; er versuchte noch im Fallen, einen Halt zu finden; auf den Boden, auf die Erde ~; über einen Stein ~; vom Pferd ~; ich bin vor Schreck fast vom Stuhl gefallen 1.1.1 ~de Sucht ⟨fälschl. für⟩ *Epilepsie* 1.1.2 etwas fällt jmdm. aufs Herz, auf die Seele *bedrückt jmdn.;* es fällt mir auf die Seele, daß ich ihm noch nicht geschrieben habe 1.1.3 → a. *Fuß(1.1), Gewicht(2.0.1), Hand(2.3.5 u. 2.3.6), Himmel(1.4), Herz(2.7.2), Kopf(4.4.1), Meister(2), Mund(3.0.9), Nerv(2.2), Rahmen(2.4.1), Rolle(5.1), Rücken(1.0.9 u. 3.4), Schoß[1](1.2), Stein(1.1.1), Stengel(2), Tisch(2.2), Tür(6), Wasser(2.4), Wolke(1.0.1), Würfel(2.0.2)* 2 ⟨400⟩ *niedriger werden, sinken;* Ggs *steigen;* der Wasserspiegel fällt; der Fluß ist um einen Meter gefallen; das Barometer, das Fieber, die Temperatur ist gefallen 2.1 *(im Wert) geringer werden;* die Aktien ~; die Preise ~; der Kurs fällt 3 *schräg nach unten verlaufen, abfallen;* das Fallen eines Flözes 4 ⟨410⟩ Haar, Stoff fällt *hängt herab, legt sich;* das Haar fiel ihm bis auf die Schultern; das Kleid fällt gut 5 ⟨400⟩ *zugrunde gehen* 5.1 jmd. fällt *stirbt im Kampf an der Front* 5.1.1 die Gefallenen *die Soldaten, die im Kampf an der Front gestorben sind* 5.2 Haarwild fällt ⟨jägerspr.⟩ *geht durch Krankheit, Kälte, Hunger ein;* im Winter sind drei Rehe gefallen 5.3 eine Festung, eine Stadt fällt *wird erobert* 6 ⟨800⟩ 6.1 in einen Zustand ~ *unvermittelt von einem Zustand in einen anderen geraten;* in tiefen Schlaf ~; in Ungnade ~ (bei) 6.2 etwas fällt an, auf jmdn. *kommt in jmds. Besitz, entfällt auf jmdn.;* das Haus fällt nach ihrem Tod an die Stadt; auf mich fällt ein Drittel des Erbes, der Kosten 6.3 etwas fällt auf jmdn. od. etwas *trifft auf jmdn. od. etwas;* sein Blick fiel auf ein Kind; der Verdacht fällt auf ihn; die Wahl fiel auf ihn; Weihnachten fällt dieses Jahr auf einen Montag 6.4 etwas fällt in, unter etwas *gehört zu etwas, wird von etwas betroffen;* in jene Zeit fiel ein Ereignis, das ...; Ostern fällt dieses Jahr in den März; das fällt unter dieselbe Kategorie, Rubrik 6.5 jmdm. od. etwas in etwas ~ *durch rasches Eingreifen etwas in seinem Lauf aufhalten;* jmdm. in den Arm ~; jmdm. ins Wort ~; einem Pferd in die Zügel ~ 6.6 *zu etwas od. ... werden;* jmdm. zur Last ~; einem Mordanschlag zum Opfer ~; jmdm. beschwerlich ~ 7 ⟨411⟩ etwas fällt irgendwohin *gelangt, dringt irgendwohin;* ein Sonnenstrahl fällt ins Zimmer 7.1 ⟨611⟩ etwas fällt jmdm. ins Auge, in die Augen ⟨fig.⟩ *etwas wird von jmdm. sofort bemerkt, zieht jmds. Aufmerksamkeit sofort auf sich* 8 ⟨411⟩ *sich (schnell, heftig) an eine bestimmte Stelle bewegen* 8.1 jmdm. zu Füßen ~ *vor jmdm. niederfallen* 8.2 jmdm. um den Hals ~ *jmdn. umarmen* 9 ⟨400⟩ etwas fällt *erfolgt;* die Entscheidung ist (noch nicht) gefallen 9.1 ein Schuß fällt *wird abgefeuert, ertönt* 9.2 Worte ~ *werden gesagt;* es fielen böse Worte; darüber ist noch kein Wort gefallen

'fäl·len ⟨V. 500⟩ 1 einen Baum ~ *umschlagen, umhauen;* er hat gerade Holz gefällt; er stürzte wie ein gefällter Baum, eine gefällte Eiche ⟨fig.⟩ 1.1 jmdn. ~ ⟨fig.⟩ *zu Fall bringen* 2 das Bajonett, die Lanze ~ ⟨Mil.⟩ *zum Angriff senken* 3 ⟨Funktionsverb⟩ eine Entscheidung, ein Urteil ~ *entscheiden, urteilen* 4 einen Stoff aus einer Lösung ~ ⟨Chem.⟩ *in Form eines Niederschlags absondern, ausscheiden* 5 das Lot (auf eine Gerade) ~ ⟨Math.⟩ *eine senkrechte Linie ziehen*

'fal·len|las·sen ⟨V. 175/500⟩ 1 eine Sache ~ *aufgeben, nicht weiter verfolgen;* eine Absicht, einen Plan, ein Vorhaben ~; ein Thema ~ 2 jmdn. ~ *nicht mehr unterstützen, jmdm. seine Gunst entziehen, sich von jmdm. lossagen* 3 eine Bemerkung ~ *beiläufig äußern*

'fäl·lig ⟨Adj. 24/70⟩ 1 *an einem bestimmten Zeitpunkt zu geschehen habend* 1.1 *etwas ist zahlbar, zu bezahlen;* die Zinsen sind am Ende des Monats ~; den ~en Wechsel einlösen 1.2 *etwas ist zu erwarten;* der Zug ist in 5 Minuten ~ 1.3 *etwas ist zu erledigen, notwendig;* die Arbeit ist schon lange ~; bei dir sind wohl wieder einmal Prügel ~? 1.4 jmd. ist ~ ⟨umg.⟩ *ist an der Reihe*

falls ⟨Konj.⟩ *wenn, für den Fall, daß ...;* ~ er kommen sollte; ~ es regnet

'Fall·schirm ⟨m.⟩ *Gerät zum Absprung od. Abwurf aus Luftfahrzeugen;* ein automatischer ~; den ~ öffnen

'Fall·strick ⟨m.; fig.⟩ 1 *Hinterhalt, Falle* 1.1 jmdm. einen ~, ~e legen *jmdn. in einen Hinterhalt locken, jmdm. eine Falle stellen*

falsch ⟨Adj.⟩ 1 *so, wie es nicht sein soll* 1.1 *fehlerhaft, mit Mängeln behaftet;* ~ singen, spielen; ein Wort ~ schreiben 1.1.1 ~er Kern *rotes Kernholz bei der Rotbuche, die in gesundem Zustande keinen dunklen Kern hat* 1.2 *einer Absicht nicht entsprechend;* etwas ~ verstehen; auf dem ~en Wege sein; in den ~en Zug steigen; in der ~en Richtung fahren, gehen; wie man's macht, macht man's ~ (wenn man es jmdm. nicht recht machen kann) 1.2.1 ich glaube, wir sind hier ~ ⟨umg.⟩ *wir haben uns verirrt* 1.2.2 bei jmdm. an den Falschen, die ~e Adresse geraten, kommen *bei jmdm. nichts erreichen, abgewiesen werden* 1.2.3 etwas in den ~en Hals, die ~e Kehle bekommen ⟨a. fig.⟩ *etwas übelnehmen, obwohl es nicht böse gemeint war;* er hat meine Bemerkung in die ~e Kehle bekommen 1.2.4 ~er Zungenschlag *ein Sichversprechen, bei dem man etwas anderes zum Ausdruck bringt, als man eigentlich sagen wollte* 1.3 *einer Situation nicht angemessen, unangebracht;* ~e Bescheidenheit, ~e Scham 1.4 *dem tatsächlichen Sachverhalt nicht entsprechend;* ~ unterrichtet sein; einen ~en Eindruck gewinnen 1.5 *unwahr, irreführend;* ~ schwören; ~e Anzeige, ~e Anschuldigung 2 *die wahre Absicht verbergend, unaufrichtig;* ein ~er Freund 2.1

(ein) ~es Spiel mit jmdm. treiben *jmdn. hintergehen, betrügen* **3** *unecht, nachgeahmt, vorgetäuscht;* ein ~er Edelstein **3.0.1** ~er Hase (Kochk.) *zu einem längl. Stück geformter Hackbraten* **3.1** ~es Geld *gefälschtes G.* **3.2** ~e Haare, Zähne *künstliche H., Z.* **3.3** ~er Name *angenommener N.;* unter einem ~en Namen leben **3.4** ~er Saum (Schneiderei) *angesetzter Streifen aus Stoff, der dann als S. umgeschlagen wird*

'fäl·schen (V. 500) etwas ~ *in betrüger. Absicht nachmachen, bewußt (etwas Unechtes) für echt ausgeben;* Geld ~; eine Unterschrift, einen Wechsel ~; einen gefälschten Paß benutzen

'fälsch·lich (Adj. 24/90) **1** *irrtümlich;* etwas ~ annehmen; das Bild wurde ~ dem Maler Dürer zugeschrieben **2** *betrügerisch, in betrüger. Absicht*

'Fäl·schung (f.; -, -en) **1** (unz.) *das Fälschen, betrüger. Nachahmung;* die ~ eines Bildes; die ~ von Banknoten, Urkunden, Unterschriften ist strafbar **1.1** eine ~ begehen *etwas fälschen, betrüger. nachahmen* **2** *betrüger. Nachahmung;* Sy *Imitation(2);* das Bild ist eine ~; die Münzen sind grobe ~en

'Fal·te (f.; -, -n) **1** *Knick, Bruch (in Papier od. Stoff);* ~n glätten, glattstreichen; Stoff in ~n legen; ~n bügeln **2** *übereinandergelegter Stoffteil;* die Hose schlägt, wirft ~n **3** *vertiefte Linie in der Haut* **3.1** die Stirn in ~n ziehen *runzeln* **4** (Geol.) *durch seitlichen Druck entstandene, wellenartige Verbiegung von Erdschichten, aus Sattel u. Mulde zusammengesetzt*

'fal·ten (V. 500) **1** Papier, Stoff ~ *in Falten legen, zusammenlegen, -knicken* **2** die Hände ~ *ineinander legen, miteinander verschränken* **3** die Stirn ~ *runzeln*

'Fal·ter (m.; -s, -) = *Schmetterling;* Nacht~, Tag~: ein blauer, weißer ~

Falz (m.; -es, -e) **1** (Buchw.) *scharfkantiger Kniff, Bruch, Faltlinie* **2** (Buchw.) *durch Zusammenpressen des Buchblocks gebildete Vertiefung zwischen Buchrücken u. -deckel* **3** (Buchw.) *in den Buchrücken eingehefteter Papier- od. Leinwandstreifen, an den Bildtafeln angeklebt werden können* **4** (Tech.) *Verbindung abgebogener, zusammengepreßter Blechränder* **5** (Bauw.) *ausgesparter Raum od. Vertiefung zum Ineinandergreifen bei Hölzern, Ziegeln, Steinen*

Fa'mi·lie ([-liə] f.; -, -n) **1** (i. e. S.) *Eltern u. Kinder;* ~ Schulze; eine ~ ernähren; eine fünfköpfige, große, kleine, kinderreiche ~ **1.1** (keine) ~ haben *(nicht) verheiratet sein u. (keine) Kinder haben* **1.2** unser Freund gehört (mit) zur ~ *geht bei uns ein u. aus, ist ganz vertraut mit uns* **1.3** die Heilige ~ *Maria, Joseph u. das Jesuskind* **1.4** das kommt in den besten ~n vor (umg.; scherzh.) *das kann jedem passieren, ist nicht so schlimm* **2** (i. w. S.) *Geschlecht, Sippe, alle Verwandten;* der Besitz befindet sich seit Jahrhunderten in der ~, bleibt in der ~ **2.1** eine Eigenschaft liegt in der ~ *kommt häufig vor, vererbt sich weiter;* die musikalische Begabung liegt bei ihnen in der ~ **3** (Biol.) *auf Grund von Regeln der Abstammungslehre verwandte Gattungen;* → a. *Gattung(3)*

Fan ([fæn] m.; -s, -s) *begeisterter Anhänger;* Film~, Jazz~, Sport~

fa'na·tisch (Adj.) *sich mit blinder Leidenschaft einsetzend, unduldsam eifernd u. zu überzeugen suchend*

Fan'fa·re (f.; -, -n) **1** *Trompetensignal* **2** *kurzes, signalähnl. Musikstück bes. für Trompete od. Horn* **3** *helle Trompete ohne Ventil*

Fang (m.; -(e)s, ¨e) **1** (unz.) *das Fangen (1);* Fisch~; auf ~ ausgehen **2** (Pl. selten) *das Gefangene, Beute;* stolz trug er seinen ~ nach Hause **2.1** einen guten ~ machen, tun *viel fangen, erfolgreich (beim Fangen) sein* **3** (jägerspr.) *Fangwerkzeug eines Raubtieres* **3.1** (Pl. selten) *Maul von Raubwild u. Hund* **3.2** (meist Pl.) *Fuß od. Kralle der Greifvögel* **4** (unz.; jägerspr.) einem Wild den ~ geben *den Todesstoß, Fangstoß* **5** (Jagdw.) *Vorrichtung zum Fangen von Wild;* Sau~

'fan·gen (V. 132/500) **1** jmdn., ein Tier ~ *seiner Freiheit berauben, in seine Gewalt bekommen;* Fische, Fliegen, Vögel ~; die Katze fängt Mäuse **1.1** jmdn. ~ *fassen, gefangennehmen;* einen Dieb, Verbrecher ~; sich gefangen geben; der Soldat war lange gefangen **1.1.1** Fangen spielen *ein Spiel spielen, bei dem einer die davonlaufenden Mitspieler zu greifen versucht* **1.2** jmdn. ~ *durch List überführen;* jmdn. durch geschickte Fragen ~ **1.3** jmdn. ~ *in seinen Bann ziehen, fesseln;* er war von ihren Reizen gefangen **2** etwas ~ *(einen in Bewegung befindlichen Gegenstand) ergreifen u. festhalten;* einen Ball ~ **3** (511/R3) sich in etwas ~ *nicht weiterkönnen, an ein Hindernis geraten;* der Wind fängt sich im Schornstein **4** (R3) sich ~ *sein Gleichgewicht wiederfinden;* er stolperte, konnte sich aber noch ~ **4.1** er hat sich wieder gefangen (a. fig.) *hat sein seelisches Gleichgewicht wiedererlangt* **5** Feuer ~ *anbrennen, zu brennen beginnen* **5.1** (a. fig.) *sich für etwas begeistern* **5.2** (a. fig.) *sich verlieben* **6** eine (Ohrfeige) ~ (umg.) *eine O. bekommen;* du wirst gleich eine ~!

'Far·be (f.; -, -n) **1** *Empfindung, die Lichtstrahlen ihrer Wellenlänge entsprechend dem Auge vermitteln;* dunkle, grelle, helle, harte, kräftige, lebhafte, leuchtende, matte, satte, schreiende, stumpfe, warme ~; gebrochene, ungebrochene ~; in allen, verschiedenen ~n schillern **1.0.1** du redest wie der Blinde von der ~ *ohne Sachkenntnis* **1.1** *Schattierung, Tönung;* ~n aufeinander abstimmen; die ~n beißen sich **1.2** *Färbung des Gesichts, der Haut;* frische ~ haben; die ~ wechseln **1.2.1** ~ bekommen *ein gesundes, frisches Aussehen* **1.2.2** die ~ verlieren *blaß werden* **1.3** *Buntheit, Farbigkeit, im Unterschied zu schwarz u. weiß;* die Abbildungen sind alle in ~ **1.3.1** einer Sache mehr ~ geben (a. fig.) *mehr Ausdruckskraft* **2** *Farbstoff, Mittel zum Färben, zum Malen;* Öl~, Pastell~, Wasser~; die ~ anreiben, mischen; die ~ ist noch frisch; die ~ blättert vom Bild, von der Wand ab; die ~ hält (nicht); die ~ geht aus; die ~ ist verblichen, verschossen **2.1** die ~ dick auftragen (a. fig.) *(beim Erzählen) übertreiben* **2.2** eine Sache in den leuchtendsten ~n schildern (fig.) *sehr günstig* **2.3** etwas in den dunkelsten, krassesten ~n schildern (fig.) *sehr ungünstig* **3** *Farbe(1) als Symbol;* Blau ist die ~ der Treue; die ~n eines Landes, einer Studentenverbindung, einer Partei 3.1 die ~n einer Studentenverbindung, eines Vereins tragen *Abzeichen od. Mütze mit den Farben der S., des V. tragen* 3.2 die ~ wechseln ⟨a. fig.⟩ *seine Überzeugung wechseln, die Partei wechseln* **4** ⟨Kart.⟩ *Spielkartenklasse, z. B. Eichel, Herz;* eine ~ spielen, ausspielen; eine ~ bedienen **4.1** ~ bekennen ⟨fig.⟩ *seine Überzeugung, die Wahrheit eingestehen*

'fär·ben ⟨V.⟩ **1** ⟨500⟩ *farbig machen, Farbe geben;* rot, blau ~; Stoff, Wolle ~; sich das Haar, die Augenbrauen ~ 1.1 ⟨R3⟩ etwas färbt sich ⟨geh.⟩ *nimmt eine bestimmte Farbe an;* die Blätter ~ sich, das Laub färbt sich; die Kirschen, Pflaumen ~ sich schon **2** ⟨400⟩ etwas färbt ⟨umg.⟩ *gibt Farbe ab;* das dunkelrote Hemd färbt ziemlich **3** ⟨500⟩ etwas ~ ⟨a. fig.⟩ *in bestimmter Weise verändert, mit einer bestimmten Tendenz darstellen;* ein leicht humorist., iron. gefärbter Bericht

'far·ben·blind ⟨Adj. 70⟩ *Farben nur teilweise od. gar nicht unterscheiden könnend;* er ist ~; ein ~er Mensch

'far·big ⟨Adj.⟩ **1** *mit einer od. mehreren Farben versehen, bunt, gefärbt;* ein ~er Druck; etwas ~ abbilden, photographieren 1.1 ⟨24/60⟩ *keine weiße Hautfarbe habend;* die ~e Bevölkerung; ein ~er Amerikaner **2** ⟨fig.⟩ *lebendig, anschaulich;* eine ~e Schilderung

'Far·bi·ge(r) ⟨f. 2 (m. 1)⟩ *Nicht-Weißer, bes. Neger od. Mulatte*

'farb·los ⟨Adj.⟩ **1** *ohne Farbe, blaß;* sein Gesicht war völlig ~ 1.1 ⟨70⟩ *durchsichtig;* ~er Lack **2** ⟨fig.⟩ *fade, eintönig, ausdruckslos, unanschaulich;* er hat eine ~e Stimme; sein Stil, seine Schilderung war ~

'Farb·ton ⟨m.⟩ *Farbabstufung, Farbtönung, Grad der Farbgebung;* ein heller, dunkler, gelblicher, rötlicher ~

'Fär·bung ⟨f.;-, -en⟩ **1** *das Färben* **2** *das Farbigsein, Art, in der etwas gefärbt ist, Farbstufe;* die Blätter zeigen schon eine rötliche ~; ihr Gesicht nahm eine bräunliche ~ an **3** ⟨fig.⟩ *Tendenz, Richtung, Neigung;* die politische ~ einer Zeitung

Far·ce ⟨['farsə]; f.; -, -n⟩ **1** *Einlage im französ. Mirakelspiel von derber Komik* 1.1 ⟨14./16. Jh.⟩ *selbständiges, kurzes, possenhaftes Spiel in Versen, in dem menschl. Schwächen verspottet wurden;* Sy *Posse* **2** ⟨fig.⟩ *lächerl. Streich* **3** *Verhöhnung* **4** *als wichtig hingestellte, im Grunde aber belanglose Angelegenheit* **5** ⟨Kochk.⟩ *Füllung für Geflügel, Pasteten usw. aus gehacktem Fleisch, Fisch, Ei, Gemüse, Kräutern u. a.*

Farm ⟨f.; -, -en⟩ *Landgut, bes. mit Tierzucht;* Geflügel~, Pelztier~

Farn ⟨m.; -(e)s, -e⟩ *Angehöriger einer Klasse der Farnpflanzen mit gefiederten, gelappten u. ausgezackten Blattwedeln: Pteropsida;* Gemeiner Wurm~, Frauen~, Blasen~; Wald~, Zimmer~

Fa'san ⟨m.; -(e)s, -e od. -en⟩ *Angehöriger einer Unterfamilie der Hühnervögel, deren Männchen oft Prachtgefieder aufweisen: Phasianinae;* Jagd- od. Edel~, Königs~, Gold~, Blut~, Pfau~

'Fa·sching ⟨m.; -s, -e od. -s; bair.; österr.⟩ **1** = *Fastnacht;* der ~ in Bayern, in Tirol; im ~ werden Maskenbälle veranstaltet **2** *festliche Veranstaltung während der Fastnacht;* die Wohnung für den ~ dekorieren; jmdn. zum ~ einladen

'fa·seln[1] ⟨V. 400⟩ Zuchtvieh faselt *vermehrt sich*

'fa·seln[2] ⟨V.; umg.⟩ **1** ⟨400⟩ *unbedacht u. zerstreut arbeiten, schreiben od. reden* **2** ⟨500⟩ etwas ~ ⟨abwertend⟩ *Unsinn reden;* was faselst du da?

'Fa·ser ⟨f.; -, -n⟩ **1** ⟨Biol.⟩ *langgestreckte Zelle od. Zellbündel des pflanzl., tier. u. menschl. Gewebes;* Pflanzen~; Fleisch~, Muskel~, Nerven~ **2** *feines, dünnes (aus Pflanzengewebe gewonnenes) Gebilde, das zu Fäden versponnen wird;* der Stoff ist aus synthetischen ~n hergestellt **3** etwas mit allen ~n seines Herzens ersehnen, wünschen ⟨fig.⟩ *mit ganzem Herzen*

Faß ⟨n. 7; -s·ses, ̈-s·ser⟩ **1** *bauchiges (aus Dauben zusammengesetztes, mit Reifen zusammengehaltenes) Gefäß, das oben u. unten mit einem kreisrunden Boden versehen ist;* Bier~, Wein~; ein ~ anstechen, anzapfen; der Wein schmeckt nach ~; dick wie ein ~ 1.1 saufen wie ein ~ ⟨fig.; umg.⟩ *sehr viel trinken* 1.2 das schlägt dem ~ den Boden aus! ⟨fig.⟩ *das ist die Höhe!, das ist mehr, als man sich gefallen lassen kann* 1.3 voll wie ein ~ sein ⟨umg.⟩ *völlig betrunken sein* 1.4 ein ~ ohne Boden ⟨fig.⟩ *endloses Bemühen, nutzloses Unterfangen* **2** *altes Hohlmaß unterschiedl. Größe, 10—1.600 l;* ~ Bier, Wein

Fas'sa·de ⟨f.; -, -n⟩ **1** *Außenansicht, Vorderfront, Schauseite eines Gebäudes* **2** nichts als eine hübsche ~ ⟨fig.; umg.⟩ *ein hübsches Gesicht u. nichts dahinter*

'faß·bar ⟨Adj.⟩ **1** *so beschaffen, daß man es erfassen kann* **2** *begreiflich, verständlich;* etwas ist leicht, schwer ~

'fas·sen ⟨V.⟩ **1** ⟨500 od. 550/R8⟩ jmdn. od. etwas ~ *ergreifen u. festhalten;* faß! (Befehl an den Hund); jmdn. am, beim Arm ~; jmdn. an, bei der Hand ~; jmdn. beim Kragen ~; etwas mit beiden Händen, mit der Zange ~; man muß die Gelegenheit beim Schopf ~ ⟨fig.⟩ 1.0.1 ⟨513⟩ jmdn. an, bei seiner schwachen Seite ~ ⟨fig.⟩ *jmdn. da angreifen, wo er verletzbar ist* 1.0.2 ⟨513⟩ jmdn. bei seiner Ehre ~ *an jmds. Ehrgefühl appellieren* 1.1 jmdn. od. etwas gerade noch zu ~ kriegen *gerade noch erwischen* 1.2 jmdn. ~ *erwischen u. festnehmen;* hat man den Täter schon gefaßt?; die Polizei konnte den lange gesuchten Verbrecher ~ 1.3 etwas faßt jmdn. *überkommt, befällt jmdn.;* Angst, Ekel, Entsetzen faßte uns bei diesem Anblick 1.4 ⟨Funktionsverb⟩ 1.4.1 einen Beschluß ~ *etwas beschließen* 1.4.2 einen Entschluß ~ *sich zu etwas entschließen* 1.4.3 einen Plan ~ *etwas planen* 1.4.4 einen Vorsatz ~ *sich etwas vornehmen* 1.5 → a. *Herz(2.7.1)* **2** ⟨500⟩ etwas od. jmdn. ~ *aufnehmen* 2.1 etwas ~ ⟨soldatenspr.⟩ *als Zuteilung empfangen, entgegennehmen;* Essen, Munition ~ 2.2 *in sich aufnehmen, enthalten können, Raum geben;* der Saal konnte die Zuhörer kaum ~; das Sportstadion faßt 100 000 Menschen; die Flasche faßt einen Liter 2.3 etwas ~ *(ein Gefühl, einen Gedanken) entwickeln, (einem Gefühl) Raum geben;* Mut,

Selbstvertrauen ~; Vertrauen, Zuneigung (zu jmdm.) ~; Abneigung, Haß, Mißtrauen ~ gegen jmdn.; ich kann vor Aufregung keinen klaren Gedanken ~ 2.4 etwas ~ *verstehen, begreifen;* ich fasse den Sinn dieses Abschnittes nicht; es ist nicht zu ~! **3** ⟨505⟩ etwas (in etwas) ~ *einfassen, einrahmen, eine Fassung geben;* Edelsteine ~; ein Bild (in einen Rahmen) ~; ein besonders schön gefaßter Aquamarin 3.1 ⟨513⟩ etwas (in Worte) ~ *(in Worten) ausdrücken, formulieren;* etwas schriftlich ~; eine Verordnung bestimmt, klar ~; seine Gedanken in Worte ~; wie soll ich das in Worte ~? **4** ⟨R3⟩ sich in einer bestimmten Art u. Weise ~ *sich ... ausdrücken;* fasse dich kurz (Mahnung an öffentl. Fernsprechern) **5** ⟨500/R3⟩ sich ~ *sich zusammennehmen, beherrschen, sich zur Ruhe zwingen, sich beruhigen;* fasse dich!; nachdem der erste große Schmerz vorüber ist, hat sie sich jetzt wieder gefaßt; er kann sich vor Freude, Überraschung kaum ~ 5.1 ⟨513/R3⟩ sich in Geduld ~ *sich gedulden, geduldig abwarten* **6** ⟨400⟩ etwas faßt *greift ineinander, findet Halt;* das Zahnrad, Gewinde faßt nicht

'faß·lich ⟨Adj.⟩ *so geartet, daß man es fassen kann, begreiflich;* eine leicht ~e Abhandlung; etwas ist (für jmdn.) leicht, schwer, kaum ~

'Fas·sung ⟨f.; -, -en⟩ **1** *Umrahmung, die einem Gegenstand Halt gibt;* die ~ der Brillengläser; die ~ eines Edelsteins 1.1 ⟨El.⟩ *Metallzylinder, in den die Glühlampe eingeschraubt od. gesteckt wird* **2** *Form, Wortlaut, Gestaltung (bes. von sprachl. Kunstwerken);* von diesem Drama sind zwei ~en bekannt; die verschiedenen ~en des Gedichtes miteinander vergleichen; im Alter hat er dem Roman eine andere ~ gegeben; die erste, ursprüngliche ~; die zweite ~ weicht nur wenig, stark von der ersten ab; der Film wurde in der deutschen ~ nicht gekürzt; der Film läuft in französischer ~ **3** ⟨Kunst⟩ *bes. im MA übliche farbige Bemalung von Stein- u. Holzskulpturen* **4** ⟨unz.⟩ *Ruhe, Selbstbeherrschung;* die ~ bewahren, (nicht) verlieren; mit Mühe die ~ wiedergewinnen; aus der ~ geraten, kommen; nichts kann ihn aus der ~ bringen; er läßt sich nicht so leicht aus der ~ bringen; er ist durch nichts aus der ~ zu bringen; der Vorfall hat ihn völlig aus der ~ gebracht; du mußt es mit ~ ertragen

'fas·sungs·los ⟨Adj.⟩ *aus der Fassung gebracht, außer sich, bestürzt, sprachlos, aufs höchste erstaunt;* er war ~ vor Schrecken; ~ weinen; er machte ein ~es Gesicht; mit ~em Blick

'Fas·sungs·ver·mö·gen ⟨n.; -s; unz.⟩ Sy *Kapazität(1)* **1** *bestimmte Menge, die ein Raum faßt, aufnimmt;* der Behälter hat ein großes, kleines ~; das ~ dieses Gefäßes beträgt 5 l **2** ⟨fig.⟩ *Fähigkeit, etwas geistig zu erfassen, etwas zu begreifen;* das Kind hat ein großes, ausgezeichnetes ~; das übersteigt sein ~

fast ⟨Adv.⟩ *beinahe, nicht ganz;* wir hatten die Hoffnung ~ aufgegeben, als ...; ich habe ~ geglaubt, daß ...; wir waren ~ am Ziel, als ...; ~ wäre er gestürzt; ~ hätte ich den Fehler übersehen; das Werk ist ~ vollendet, in ~ allen Fällen hat sich gezeigt, daß ...; ich konnte ~ nichts davon sehen

'fa·sten ⟨V. 400⟩ *sich aller od. bestimmter Speisen enthalten (in der kath. Kirche als Mittel zur Buße u. inneren Einkehr);* er hat jetzt 2 Tage gefastet

'Fast·nacht ⟨f.; -; unz.⟩ **1** *mit bestimmten lustigen Bräuchen verbundene Tage vor Beginn der Fastenzeit;* Sy *Fasching(1), Karneval(1)* 1.1 ⟨i. e. S.⟩ *Abend u. Nacht vor Aschermittwoch;* die ~ feiern

fas·zi'nie·ren ⟨V. 500/R8⟩ jmdn. ~ *bezaubern, (ver)blenden, fesseln;* ein ~des Schauspiel; das faszinierte ihn

fa'tal ⟨Adj.⟩ **1** *verhängnisvoll, widrig* **2** *unangenehm, peinlich*

'fau·chen ⟨V.⟩ **1** ⟨400⟩ *im gereizten Zustand die Luft zischend ausstoßen, schnauben, prusten;* die Katze, der Tiger faucht (wütend); ~d verteidigte der Dachs seinen Bau gegen den Fuchs; die Lokomotive faucht bei der Steigung ⟨fig.⟩ **2** ⟨500⟩ etwas ~ ⟨fig.; umg.⟩ *wütend herausplatzen, beißend schimpfen;* „'raus hier!" fauchte er

faul ⟨Adj.⟩ **1** *durch Fäulnis verdorben;* ~e Eier, ~er Fisch, ~es Laub, Obst; ~es Holz, Wasser; ein ~er Geruch; ~ riechen, schmecken; ~e Eier auf die Bühne werfen (als Zeichen des Mißfallens) **2** ~es Gestein ⟨Bgb.⟩ *weiches, brüchiges, zersetztes G.;* Sy *feiges Gestein* **3** ⟨fig.; umg.⟩ *bedenklich, verdächtig, nicht vertrauenswürdig, fragwürdig;* ~e Geschäfte machen; an der Sache ist etwas ~; etwas ist ~ daran; es steht ~ um unseren Plan **3.0.1** ein ~er Friede *ein F., dem man nicht trauen kann* 3.0.2 ein ~er Kunde *ein verdächtiger Kerl* 3.1 *unglaubwürdig;* das sind ~e Ausreden! **3.1.1** alles nur ~er Zauber! *Schwindel* 3.2 ein ~er Witz *ein schlechter W.* **4** ⟨fig.⟩ *träge, arbeitsunlustig;* Ggs *fleißig(1);* ein ~er Schüler; stinkend ~ sein **4.0.1** auf der ~en Haut liegen ⟨umg.⟩ *faulenzen;* sie möchte gern immer auf der ~n Haut liegen **4.1** nicht ~ *flink, ohne zu zögern, schnell reagierend;* er, nicht ~, erwiderte schlagfertig ... 4.2 ein ~er Schuldner ⟨kaufmannsspr.⟩ *ein säumiger S.*

'fau·len ⟨V. 400(s. od. h.)⟩ etwas fault *wird faul, modrig, geht in Verwesung über, zersetzt sich;* das Obst fault; das Fleisch begann zu ~; ~de Knochen, Kartoffeln; ein ~der Zahn

'fau·len·zen ⟨V. 400⟩ *faul sein, nichts tun, müßig gehen;* während des Urlaubs möchte ich nicht nur ~; er faulenzt, statt ...

'Fäul·nis ⟨f.; -; unz.⟩ **1** *Zersetzung organ. Stoffe durch Fäulnisbakterien, das Faulsein;* die Pilze waren in ~ übergegangen; das Obst ist von ~ befallen **2** ⟨fig.⟩ *moral. Zersetzung, sittl. Verderbnis*

'Fau·na ⟨f.; -, -nen⟩ **1** *Tierreich* **2** *Gesamtheit der Tiere eines bestimmten Gebietes od. Lebensbereiches;* die Süßwasser~; die ~ Afrikas **3** *systematische Beschreibung der Fauna(1)*

Faust ⟨f.; -, ¨e⟩ **1** *geballte Hand;* die Hand zur ~ ballen, schließen; die ~ ballen, öffnen; jmdn. mit der ~ ins Gesicht schlagen; mit geballten Fäusten auf jmdn. losgehen, einschlagen; mit dem Messer, Schwert in der ~ **1.1** das paßt wie die ~ aufs Auge ⟨umg.⟩ 1.1.1 *paßt überhaupt nicht zueinander* 1.1.2 ⟨beim Zusammentreffen zweier negativer Ereignisse⟩ *paßt sehr gut zueinander* 1.2 auf eigene ~ handeln, etwas tun, unternehmen ⟨fig.⟩ *selbständig,* *eigenmächtig, auf eigene Verantwortung* 1.3 etwas mit eiserner ~ durchsetzen ⟨fig.⟩ *mit aller Gewalt* 1.4 mit der ~ auf den Tisch schlagen ⟨a. fig.; umg.⟩ *deutlich reden, zornig werden, energisch vorgehen* 2 *die Faust(1) als Drohung;* jmdm. eine ~ machen; jmdm. die ~ zeigen; jmdm. die ~ unter die Nase halten 2.1 mit geballten Fäusten dabeistehen, zusehen müssen *notgedrungen untätig* 2.2 die ~ in der Tasche ballen *seinen Zorn verbergen, insgeheim grollen*

'faust·dick ⟨Adj. 24⟩ **1** *dick wie eine Faust, sehr dick;* ein ~er Stein, eine ~e Beule **2** eine ~e Lüge, Beleidigung ⟨fig.; umg.⟩ *sehr große L., B., unglaubliche L., B.* **3** (bei einer Schilderung) ~ auftragen ⟨fig.; umg.⟩ *sehr übertreiben* **4** jmd. hat es ~ hinter den Ohren ⟨fig.; umg.⟩ *ist pfiffig, durchtrieben*

'Fäust·ling ⟨m.; -s, -e⟩ **1** *Fausthandschuh* **2** ⟨Bgb.⟩ *faustgroßer Stein*

'Faust·re·gel ⟨f.⟩ *allgemeingültige, einfache, grobe Grundregel;* das gilt als ~

Fa·vo'rit ⟨[-v-] m.; -en, -en⟩ **1** *Günstling, Liebling* **2** ⟨Sp.⟩ *voraussichtl. Sieger im Wettkampf*

'Fa·xe ⟨f.; -, -n; meist Pl.; umg.⟩ ~n **1** *Späße, Narrenpossen, Grimassen;* ~n machen, schneiden, ziehen **2** *Ausflüchte, Umstände;* mach keine ~n!

'Fa·zit ⟨n.; -s, -e od. -s⟩ *Endsumme, Ergebnis;* das ~ ziehen

'Fe·bru·ar ⟨m.; -(e)s od. -, -e; Abk.: Febr.⟩ *der zweite Monat des Jahres;* die Temperaturen des ~; die Temperaturen Mitte ~

'fech·ten ⟨V. 133⟩ **1** ⟨402⟩ *mit Stoß- od. Hiebwaffe kämpfen;* einen Gang ~; auf Hieb, Stoß ~; gegen jmdn. ~; mit jmdm. ~; mit dem Degen, Säbel ~ **2** ⟨400 od. 530/R1⟩ *(als wandernder Handwerksbursche) betteln;* sich ein paar Zigaretten ~

'Fe·der ⟨f.; -, -n⟩ **1** *in großer Zahl die Haut der Vögel bedeckendes leichtes Gebilde aus Horn;* der Vogel sträubt seine ~n; sie ist leicht wie eine ~ 1.0.1 ~n lassen ⟨a. fig.; umg.⟩ *Nachteil, Schaden erleiden* 1.0.2 sich mit fremden ~n schmücken ⟨fig.⟩ *Gedanken od. Verdienste eines anderen als seine eigenen ausgeben* 1.1 ⟨nur Pl.⟩ die ~n ⟨umg.⟩ *das Bett;* er liegt, steckt noch in den ~n; ich mußte sie erst aus den ~n holen; aus den ~n kriechen **2** *kleines, spitz zulaufendes Metallstück zum Schreiben mit Tinte;* Schreib~, Stahl~, Füll~; die ~ aus Stahl hat den Gänsekiel ersetzt; etwas in die ~ diktieren 2.1 ein Werk aus seiner ~ *von ihm geschrieben* 2.2 einen Roman unter der ~ haben *an einem R. arbeiten* 2.3 seiner ~ freien Lauf lassen ⟨fig.⟩ *seinen Gedanken schriftl. freien Lauf lassen* 2.4 er weiß die ~ zu führen ⟨fig.⟩ *er kann sich gut schriftl. ausdrücken* 2.5 eine kluge ~ führen ⟨fig.⟩ *klug schreiben* 2.6 eine scharfe, spitze ~ führen ⟨fig.⟩ *aggressiv u. kritisch schreiben* 2.7 ein Mann der ~ *Schriftsteller, Journalist, schreibgewandter Mensch* 2.8 von der ~ leben ⟨fig.⟩ *vom Verdienst als Schriftsteller* 2.9 zur ~ greifen ⟨a. fig.⟩ *zu schreiben beginnen, eine schriftsteller. Arbeit beginnen* **3** ⟨Tech.⟩ *Maschinenteil aus einem elast. geraden, gebogenen od. gedrehten Metalldraht od. -streifen;* Sprung~, Spiral~, Uhr~; die ~ aufziehen, entspannen, spannen, zusammenpressen; die ~ ist gebrochen, gesprungen **4** ⟨Tischlerei, Zimmerei⟩ *an ein Brett angearbeitete Leiste, die in den Nut eines anderen paßt* 4.1 *Hartholzleiste, die in Nuten zweier benachbarter Bretter eingeschoben wird* **5** ⟨meist Pl.; jägerspr.⟩ 5.1 *Rückenborsten des Schwarzwildes* 5.2 *Rippen des Rotwildes*

'Fe·der·ball ⟨m.⟩ **1** *kleiner, gefiederter Spielball* **2** ⟨unz.; kurz für⟩ *Federballspiel*

'Fe·der·ball·spiel ⟨n.⟩ *Spiel mit dem Federball, der mit einem kleinen Schläger zwischen den Spielern hin- u. zurückgeschlagen wird*

'Fe·der·fuch·ser ⟨m.; -s, -⟩ **1** *kleinlicher, am Buchstaben hängender Mensch* **2** *Schreiber, Schreiberling* **3** ⟨abwertend⟩ *Schriftsteller*

'fe·der·füh·rend ⟨Adj.⟩ *verantwortlich, zuständig;* der ~e Ausschuß; der Direktor ist in dieser Frage ~

'Fe·der·le·sen ⟨n.; -s; unz.⟩ **1** ⟨urspr.⟩ *das Ablesen angeflogener Federchen vom Anzug* **2** ⟨heute in den Wendungen⟩ 2.1 nicht viel ~s (mit jmdm. od. etwas) machen ⟨umg.⟩ *keine Umstände machen* 2.2 ohne viel ~(s) jmdm. die Meinung sagen ⟨umg.⟩ *ohne Umstände*

'fe·dern ⟨V.⟩ **1** ⟨400⟩ *bei Druck nachgeben u. dann in die alte Lage zurückschnellen, wippen;* die Polster, die Sitze ~ (gut, schlecht); ein ~des Bett, Auto; in den Knien ~ 1.1 einen ~den Gang haben *einen straffen, elastischen G.* **2** ⟨500⟩ etwas ~ *mit Federn versehen;* ein Auto, eine Matratze ~; das Bett ist zu hart gefedert **3** ⟨500/R3⟩ ein Vogel federt sich *läßt Federn* 3.1 ⟨500⟩ jmdn. (teeren und) ~ *in Teer u. Federn wälzen (als Strafe)*

'Fe·der·strich ⟨m.⟩ **1** *Strich mit der Feder, bes. durch Geschriebenes;* mit ein paar ~en einen Plan, eine Skizze entwerfen; mit einem ~ etwas auslöschen, rückgängig machen, zunichte machen; das kann man nicht mit einem ~ aus der Welt schaffen 1.1 keinen ~ tun *nicht arbeiten (geistig)*

Fee ⟨f.; -, -n⟩ *zarte, anmutige, schöne od. düstere weibl. Märchengestalt;* die böse u. die gute ~

'Fe·ge·feu·er ⟨n.; kath. Rel.⟩ *Läuterungsort der „armen Seelen" vor Eintritt in den Himmel;* im ~ schmoren

'fe·gen ⟨V.⟩ **1** ⟨500⟩ etwas ~ *mit dem Besen säubern;* das Zimmer, den Schornstein, die Straße ~; die Treppe täglich ~ 1.1 ⟨511⟩ *mit dem Besen entfernen;* den Schmutz aus dem Zimmer ~ **2** ⟨500⟩ Metallenes ~ ⟨veralt.⟩ *putzen, blank machen;* ein Schwert, Stahl ~ **3** ⟨400; jägerspr.⟩ *das Geweih an Bäumen u. Sträuchern scheuern, um den Bast abzureiben;* die Hirsche ~ gerade **4** ⟨511⟩ etwas von etwas ~ *in einer heftigen Bewegung entfernen;* der Wind fegte die Blätter von Bäumen u. Sträuchern **5** ⟨411(s.)⟩ *heftig wehen;* der Wind fegt durch die Felder, Straßen; der Sturm fegt über das Land **5.1** *sich äußerst rasch bewegen;* sie ~ aus dem Zimmer, über die Straße

'Feh·de ⟨f.; -, -n⟩ **1** ⟨im MA⟩ *rechtl. zulässige Selbsthilfe gegen Straftaten in Form einer Feindseligkeit od. eines Privatkrieges zwischen zwei Freien od. ihren Sippen;* gegen jmdn. ~ führen **2** ⟨veralt.; geh.⟩ *Streit, Feindseligkeit, Feindschaft;* eine literarische ~ ausfechten; in ~ liegen mit jmdm.

fehl ⟨Adj. 24/41⟩ ~ am Platz(e) sein *falsch,*

erfolglos, unangebracht; übertriebene Strenge ist hier ~ am Ort, Platz

'Fehl·an·zei·ge ⟨f.⟩ **1** *falsche, irrtüml. aufgegebene Anzeige* **2** *Meldung, daß etwas nicht vorhanden od. nicht geschehen ist, daß etwas nicht zutrifft*

'feh·len ⟨V.⟩ **1** ⟨400⟩ *abwesend sein, nicht da sein;* auf einem Fest ~; bei einem Wettkampf ~; in der Schule ~; es ~ noch einige Gäste; jmdn. als ~d melden; der Schüler hat zwei Tage unentschuldigt gefehlt; in dem Buch fehlen zwei Seiten **2** ⟨401 od. 400⟩ es fehlt etwas od. etwas fehlt *es mangelt an etwas, etwas ist nicht ausreichend, zu wenig vorhanden;* mir fehlt noch vieles; es ~ noch fünf Minuten an 8 (Uhr); es fehlt ihm an Ausdauer, Mut, Unternehmungsgeist, Zielstrebigkeit; es fehlt am Notwendigsten; wir wollen es an nichts ~ lassen; es fehlte nicht an warnenden Stimmen; es soll ihm bei uns an nichts ~; daran soll es nicht ~ **2.0.1** ⟨800⟩ an mir soll es nicht ~ *ich will tun, was in meinen Kräften steht* **2.0.2** es fehlte nicht viel, und er wäre abgestürzt *fast wäre er abgestürzt* **2.1** ⟨600⟩ jmdm. fehlt jmd. od. etwas *jmd. vermißt jmdn. od. etwas;* du hast mir sehr gefehlt; mir fehlt seit Tagen mein Regenschirm **2.1.1** fehlt dir etwas? *vermißt du etwas?, brauchst du etwas?* **2.2** ⟨610⟩ das, der hat uns gerade noch gefehlt! ⟨umg.; iron.⟩ *das, den können wir jetzt gar nicht gebrauchen, kommt uns jetzt sehr ungelegen* **3** ⟨600⟩ jmdm. fehlt etwas ⟨umg.⟩ *jmd. ist krank, hat Kummer;* fehlt dir etwas?; mir fehlt nichts **4** ⟨400 od. 500⟩ *unrecht tun, sündigen;* gegen das Gesetz, jmdn. ~; er muß sein Leben lang dafür büßen, daß er einmal im Leben gefehlt hat; alles, was er einst gefehlt hat, büßt er jetzt **5** ⟨500⟩ etwas ~ ⟨veralt.⟩ *nicht treffen, verfehlen;* den Hasen, das Wild, den Weg, das Ziel ~ **5.1** weit gefehlt! ⟨fig.; geh.⟩ *das ist ein großer Irrtum!*

'Feh·ler ⟨m.; -s, -⟩ **1** *Abweichung von der richtigen Form, schlechte Eigenschaft, Mangel;* ein ~ im Material war schuld, daß ...; ein angeborener, organischer ~ ⟨Med.⟩ **1.1** *schlechte charakterl. Eigenschaft;* seine ~ ablegen, bekämpfen, kennen, einsehen, wiedergutmachen; jeder hat seine ~; sie hat viele ~; er hat nur einen ~; du hast einen liebenswerten kleinen ~ an dir; kein Mensch ist ohne ~ **2** *falsches Verhalten;* in einen ~ verfallen; jmdn. bei einem ~ ertappen **2.1** das ist nicht mein ~ *daran bin ich nicht schuld* **3** *Verstoß gegen die Regeln einer Wissenschaft, einer Kunst, einer Technik;* ein grammatischer, orthographischer, syntaktischer ~; ein grober, kleiner, leichter, schwerer, verhängnisvoller ~; ihr unterlief ein ~; du machst immer wieder denselben ~; einen ~ im Satz finden, korrigieren, stehenlassen, übersehen, verbessern; in die Rechnung hat sich ein ~ eingeschlichen

'Fehl·ge·burt ⟨f.⟩ *Geburt einer unreifen, nicht lebensfähigen Leibesfrucht;* Sy *Abort*[2]

'fehl|ge·hen ⟨V. 145/400(s.)⟩ **1** *in falscher Richtung gehen, sich verlaufen;* der Schuß ging fehl; auf diesem Weg kannst du nicht ~ **2** ⟨410; fig.⟩ *sich irren;* ich gehe wohl nicht fehl in der Annahme, daß ...

'Fehl·griff ⟨m.⟩ **1** *falscher Griff, Griff daneben, vorbei* **2** ⟨fig.⟩ *falsche Maßnahme, Auswahl;* einen ~ tun, vermeiden

'fehl|schla·gen ⟨V. 218/400⟩ **1** *vorbei-, danebenschlagen* **2** ⟨(s.); fig.⟩ *mißlingen;* das Unternehmen, der Plan ist fehlgeschlagen

'Fehl·tritt ⟨m.⟩ **1** *falscher Tritt, Tritt vorbei, daneben* **2** ⟨fig.; geh.⟩ *Vergehen, Verfehlung, Verstoß gegen sittl. Gebote, Sünde;* ein schwerer ~; einen ~ begehen, tun (bes. von Mädchen)

'Fehl·zün·dung ⟨f.⟩ **1** ⟨Verbrennungsmotor⟩ *Zündung am falschen Ort (im Auspuffrohr statt im Zylinder)* **2** ⟨fig.; umg.⟩ *unangebrachte Reaktion, Mißverständnis*

'Fei·er ⟨f.; -, -n⟩ *festl. Begehung eines Gedenktages, Ereignisses usw., festl. Veranstaltung;* Geburtstags~, Jubiläums~, Weihnachts~; eine ~ veranstalten; eine erhebende, ernste, würdige ~; an einer ~ teilnehmen; auf einer ~ die Festansprache halten; bei einer ~ dabeisein; in, mit einer ~ ausgezeichnet, geehrt werden; zu einer ~ einladen, eingeladen sein, gehen; zur ~ des Tages

'Fei·er·abend ⟨m.⟩ **1** *Arbeits- od. Dienstschluß;* um 18 Uhr ist in den Geschäften ~; nach ~ kommt er zu uns **1.1** ~ machen, haben ⟨umg.⟩ *mit der Arbeit aufhören* **1.2** (nun), jetzt ist aber ~! ⟨fig.; umg.⟩ *jetzt aber Schluß damit!* **2** *Zeit nach Arbeits- od. Dienstschluß;* jmdm. einen schönen ~ wünschen; einen wohlverdienten ~ genießen

'fei·er·lich ⟨Adj.⟩ **1** *festlich, würde-, weihevoll;* es war ein ~er Augenblick; ~e Stille breitete sich aus; in ~er Stimmung; mit ~en Worten; ein Ereignis, einen Tag ~ begehen; der ~ geschmückte Saal **1.1** das ist schon nicht mehr ~! ⟨umg.⟩ *das ist unerträglich* **2** *ernst;* ~ etwas geloben, versprechen

'fei·ern ⟨V.⟩ **1** ⟨V. 500⟩ etwas ~ *festl. begehen;* einen Geburtstag, ein Jubiläum ~ **2** ⟨500/R8⟩ jmdn. ~ *preisen, verherrlichen, (durch ein Fest) ehren;* einen Gast, das Geburtstagskind, eine hohe Persönlichkeit ~; eine gefeierte Sängerin, Schauspielerin **3** ⟨400⟩ *ausruhen, die Arbeit ruhen lassen, nicht arbeiten* **3.1** die Bergarbeiter müssen gelegentlich ~ *Feierschichten einlegen*

'Fei·er·tag ⟨m.⟩ *Festtag, arbeitsfreier Tag;* Ggs *Werktag;* gesetzlicher, kirchlicher, staatlicher ~; die ~e beobachten, halten; frohe, vergnügte ~e (wünschen); dieser Zug verkehrt nur an Sonn- und ~en

feig ⟨Adj.⟩ = *feige*

'fei·ge ⟨Adj.; abwertend⟩ oV *feig* **1** *ängstlich, furchtsam, kleinmütig bei Gefahr;* sich ~ verstecken, verkriechen; ein ~r Kerl, Mensch **2** *hinterhältig, gemein;* ein ~r Mord; jmdn. ~ ermorden **3** ⟨70⟩ ~s Gestein ⟨Bgb.⟩ = *faules(2) G.*

feil ⟨Adj. 24⟩ **1** ⟨abwertend⟩ *käuflich;* eine ~e Dirne **2** ⟨veralt.; geh.⟩ *verkäuflich;* sie bietet, hält ihre Ware auf dem Wochenmarkt ~

'Fei·le ⟨f.; -, -n⟩ **1** *Stahlwerkzeug mit vielen kleinen Zähnen zur spanabhebenden Oberflächenbearbeitung (Glätten) von Metall, Holz, Kunststoff;* eine dreikantige, scharfe, stumpfe ~ **2** die letzte ~ an etwas legen ⟨fig.⟩ *zum letzten Mal überarbeiten, den letzten Schliff geben*

'fei·len ⟨V.⟩ **1** ⟨500 od. 800⟩ (an) etwas ~ *mit*

der Feile bearbeiten, glätten; ein Werkstück ~; an einem Werkstück ~ **2** ⟨800⟩ an etwas ~ ⟨fig.⟩; du mußt an deinem Aufsatz noch ~

'feil·schen ⟨V. 405; abwertend⟩ *um den Preis handeln, den Preis herabzusetzen suchen;* um den Preis ~; er feilscht gerne

fein ⟨Adj.⟩ **1** *sehr dünn, zart;* Ggs *grob(1);* ~e Scheiben Wurst schneiden; ~e Linien ziehen; ~es Garn, Gewebe, Papier; ~e Fäden, Handarbeiten, Stoffe; ~es Glas 1.1 *mit sehr kleinen Zwischenräumen versehen;* ein ~er Kamm; ein ~es Sieb 1.2 *aus sehr kleinen Teilen bestehend;* ein ~er Regen; ~er Sand 1.2.1 ~ gemahlenes Mehl *sehr klein gemahlenes M.* 1.3 *zart, zierlich;* ein ~ geschnittenes Gesicht; ein Mädchen mit ~en Gliedern 1.4 *sehr klein, geringfügig;* ~e Unterschiede erkennen **2** *die kleinsten Unterschiede wahrnehmend, etwas sehr genau erfassend* 2.1 *genau, scharf, empfindlich;* das Fernsehgerät ~ einstellen; ich habe ein ~es Empfinden, Gefühl dafür; er hat ein ~es Gehör; sie entwickelt einen ~en Geschmack 2.1.1 eine ~e Nase haben für etwas ⟨fig.; umg.⟩ *etwas leicht, schnell merken, ahnen* 2.2 *schlau, geschickt, listig;* ein ~er Plan; das habt ihr euch ~ ausgedacht **3** *gut, hohe Qualität aufweisend;* eine besonders ~e Ware; die ~ste Sorte einer Ware; die ~ste Sorte Mehl; bei dieser Stickerei handelt es sich um eine besonders ~e Arbeit 3.0.1 es ist das Feinste vom Feinen ⟨fig.⟩ *das Beste, Schönste, Erlesenste* 3.1 ⟨Met.⟩ *rein, lauter, frei von unedlen Zusätzen, wertvoll;* ~es Gold, Silber 3.2 *sehr gut, erlesen, vorzüglich;* ~e Speisen, Weine; er liebt die ~e Küche 3.3 *prächtig, anständig;* ein ~er Bursche, Kerl 3.4 ⟨umg.⟩ *elegant, gepflegt;* ein ~es Kleid; sich zum Ausgehen ~ anziehen 3.4.1 sich ~ machen *besonders gut anziehen, herausputzen* 3.5 ⟨umg.⟩ *sehr schön, erfreulich;* ~!, wie ~! (Ausruf der Freude); das ist aber ~ 3.5.1 er ist jetzt ~ heraus *er hat es geschafft, es geht ihm gut* **4** *vornehm;* eine wirklich ~e Dame; ein ~er Herr; ~e Leute; die ~e Gesellschaft; er hat ~e Verwandtschaft; eine ~e Familie; ~e Manieren, Sitten **5** ⟨50; umg.⟩ *ganz, sehr;* ihr Kinder müßt bei Tisch ~ still sein 5.1 sei du mal ~ still ⟨fig.⟩ *du hast gar keinen Grund, dich zu beklagen, dich darüber aufzuregen*

Feind ⟨m.; -(e)s, -e⟩ **1** *jmd., der einen anderen mit bösen Absichten verfolgt, Widersacher, Gegner, Gegenspieler;* Ggs *Freund(1);* er ist mein ärgster, größter, schlimmster ~; er hat keine, viele ~e; der ins Land einfallende ~; sich jmdn. zum ~ machen; ein ~ des Militarismus, aller Schönfärberei usw. 1.1 →a. *böse(2.2), Freund(1.0.7)*

'feind·lich ⟨Adj.⟩ **1** ⟨60⟩ *dem militärischen Gegner gehörend, gegnerisch;* das ~e Heer; ~e Truppen **2** *böse, nicht freundlich gesinnt;* ich kenne seine ~e Einstellung gegen mich; sie standen sich ~ gegenüber; er ist mir ~ gesinnt 2.1 ~e Brüder *Gegner*

'Feind·schaft ⟨f.; -, -en⟩ *Gegnerschaft, böse Gesinnung, Haß;* Ggs *Freundschaft;* wir wollen keine ~ aufkommen lassen; zwischen ihnen besteht, herrscht ~; durch dein Verhalten hast du dir seine ~ zugezogen; eine alte, wieder aufgelebte, längst begrabene, erbitterte, unversöhnliche ~; ~ auf Leben und Tod; mit jmdm. in ~ leben, liegen

'feind·se·lig ⟨Adj.⟩ *feindl. gesinnt, böse, gehässig;* ~e Blicke werfen, eine ~e Haltung einnehmen

'Feind·se·lig·keit ⟨f.; -, -en⟩ **1** ⟨unz.⟩ *feindl. Gesinnung, Haltung, Bosheit, Gehässigkeit;* ihre Haltung war voller ~ **2** ⟨meist Pl.⟩ *Streitigkeit (im Krieg), krieger. Handlung* 2.1 die ~en einstellen *die Kampfhandlungen beenden* 2.2 die ~en eröffnen *den Krieg beginnen*

'Fein·heit ⟨f.; -, -en⟩ **1** ⟨unz.⟩ *zarte, feine Beschaffenheit;* die ~ eines Stoffes, des Mehles, eines Siebes; die ~ der Hände, der Haut 1.1 *Sorgfalt, Schönheit;* die ~ einer Arbeit, eines Baustils **2** *feinster Unterschied, Nuance, Schattierung;* die ~en beachten, herausarbeiten, hervorheben 2.1 *kluge Andeutung;* das Gedicht, die Rede ist voller ~en **3** ⟨unz.⟩ *Vornehmheit, Untadeligkeit;* vor lauter ~ aß und trank sie nichts

'Fein·kost ⟨f.; -; unz.⟩ *die feineren Lebensmittel, Genußmittel*

'fein·sin·nig ⟨Adj.⟩ **1** *feinfühlig, fein empfindend (bes. künstlerisch);* ein ~er Dichter, Maler **2** *fein empfunden, gedacht, gestaltet;* ein ~es Kunstwerk

feist ⟨Adj. 70⟩ *dick u. dabei fest, prall, wohlgenährt;* ein ~es Gesicht; ein ~er Kerl

'fei·xen ⟨V. 400; du feixt od. feixest; umg.⟩ *breit, höhnisch lachen, schadenfroh grinsen*

Feld ⟨n.; -(e)s, -er⟩ **1** *nicht bebautes, weites Gelände;* auf freiem ~e schlafen, übernachten, zelten; durch Wald und ~; im ~e umherschweifen **2** *abgegrenztes Stück Ackerland;* das ~ bebauen, bestellen, düngen, pflügen; ein ~ mit Getreide, Kartoffeln, Rüben; die Früchte des ~es ernten; zur Ernte aufs ~ gehen, fahren; quer übers ~ gehen 2.0.1 die ~er stehen gut ⟨umg.⟩ *das Getreide steht gut, die Ernteaussichten sind gut* 2.1 Feld-, Wald- und Wiesen-... ⟨umg.⟩ *etwas Durchschnittliches, allgemein Übliches* 2.1.1 Feld-, Wald- und Wiesen-Doktor *durchschnittlich begabter, nicht besonders tüchtiger Arzt* **3** *umgrenzter, abgegrenzter Teil einer Fläche;* die ~er einer Kassettendecke; Zahlen in die ~er eines Vordrucks eintragen; die ~er des Schachbrettes; auf den weißen ~ern (des Spielbrettes) vorrücken 3.1 *Spielfläche;* er schoß den Ball weit übers ~ hinaus 3.2 ⟨Her.⟩ *Hintergrund eines Wappenbildes;* die Stadt hat im Wappen einen Adler im blauen ~ **4** ⟨unz.; Mil.⟩ *Kriegsschauplatz, Front;* ins ~ rücken; im ~e sein, stehen 4.1 das ~ behaupten ⟨a. fig.⟩ *seine Stellung mit Erfolg verteidigen* 4.2 das ~ räumen ⟨a. fig.⟩ *abziehen, Platz machen* 4.3 jmdn. aus dem ~(e) schlagen ⟨a. fig.⟩ *besiegen* 4.4 gegen jmdn. od. etwas zu ~e ziehen ⟨a. fig.; geh.⟩ *jmdn. od. etwas bekämpfen* 4.5 etwas ins ~ führen ⟨fig.⟩ *als Argument anführen, vorbringen;* hast du etwas zu deiner Verteidigung ins ~ zu führen?; Gründe ins ~ führen **5** *Bereich, Gebiet menschl. Tätigkeit;* sein eigentliches ~ ist die Mathematik; das ist noch ein weites ~ für Entdeckungen; ein weites ~ liegt noch vor uns 5.1 das ist ein weites ~! *das ist ein schwer überschaubarer Bereich, in dem es keine einfachen Lösungen gibt* 5.2 das steht noch in weitem ~ ⟨fig.⟩ *ist noch nicht abzusehen* **6** ein elektrisches, magnetisches ~ ⟨Phys.⟩ *Raum, in dem elektr., magnet. Kräfte wirken;* Kraft~ **7** ⟨Bgb.⟩ *in der horizontalen u. vertikalen Ausdehnung festgelegter Bereich eines Bergwerkes;* ein ~ abbauen **8** ein sprachliches ~ ⟨Sprachw.⟩ *Gruppierung sinnverwandter Wörter* **9** ⟨Sp.⟩ *geschlossene Gruppe, Zusammenballung von Teilnehmern eines Wettkampfes, z. B. beim Langlauf, Radrennen;* der Rennfahrer konnte sich vom ~ lösen und übernahm mit Abstand die Führung; nach fünf Runden war das ~ der Läufer weit auseinandergerissen 9.1 das rote ~ ⟨jägerspr.⟩ *die Reiter im roten Jagdrock bei der Hetzjagd* **10** der Vorstehhund steht im ersten (zweiten, dritten) ~ ⟨jägerspr.⟩ *er hat das erste (zweite, dritte) Lebensjahr vollendet*

'Feld·spat ⟨m.; -(e)s, -e od. ⸗e; Min.⟩ *das am weitesten verbreitete gesteinsbildende Mineral von heller Färbung, chem. wasserfreie Alkali- od. Tonerdesilikate*

'Feld·ste·cher ⟨m.; -s, -; Opt.⟩ *kleines, handl. Doppelfernrohr;* etwas mit dem ~ beobachten; durch den ~ schauen

'Feld·we·bel ⟨m.; -s, -⟩ **1** ⟨Mil.⟩ *höchster Dienstgrad der Unteroffiziere* **2** ⟨fig.; umg.⟩ *grober, barscher Mensch*

'Feld·zug ⟨m.⟩ **1** *die militärischen Bewegungen u. Kampfhandlungen auf einem Kriegsschauplatz in einem bestimmten Zeitabschnitt* **2** ⟨fig.⟩ *Unternehmung;* ein ~ gegen Seuchen, gegen Willkür

'Fel·ge ⟨f.; -, -n⟩ **1** *der äußere kreisförmige Teil des Holzrades bei Fuhrwerken* **2** *bei Fahrrädern, Krafträdern u. Kraftwagen der Radkranz, der die Bereifung aufnimmt u. ihr Halt gibt;* Flachbett- od. Tiefbett~n **3** *Turnübung am Reck, Barren od. an den Ringen, Schwung aus dem Stütz in den Stütz, Felgumschwung*

Fell ⟨m.; -(e)s, -e⟩ **1** *behaarte Tierhaut;* ein glänzendes, glattes, kurzhaariges, langhaariges, struppiges, zottiges ~; der Katze das ~ kraulen, streicheln; dem Hasen das ~ abziehen 1.0.1 das ~ des Bären verkaufen, ehe man ihn hat ⟨fig.⟩ *voreilig handeln* 1.1 *gegerbte Tierhaut;* für einen Pelzmantel werden viele ~e verarbeitet 1.1.1 seine ~e fortschwimmen, wegschwimmen sehen ⟨fig.; umg.⟩ *seine Hoffnungen in nichts zerrinnen sehen* **2** ⟨fig.; umg.⟩ *Haut (des Menschen);* dasitzen und sich die Sonne aufs ~ brennen lassen 2.1 jmdm. das ~ gerben *jmdn. durchprügeln* 2.2 jmdm. das ~ über die Ohren ziehen *jmdn. betrügen, übervorteilen* 2.3 jmdn. juckt das ~ *jmd. wird übermütig, riskiert Prügel* 2.3.1 dich juckt wohl das ~? *du willst wohl Prügel?* 2.3.2 ihn juckt das ~ *er hat einen Streich vor, für den er sicher Prügel bekommen wird* 2.4 → a. *dick(4.0.1)*

Fels ⟨m.; -en; unz.⟩ **1** *zusammenhängende Masse harten Gesteins;* an manchen Stellen war das Erdreich bis auf den ~ abgetragen **2** ⟨geh.⟩ = *Felsen;* er stand wie ein ~ inmitten der erregten Menge; er ist fest wie ein ~

'Fel·sen ⟨m.; -s, -⟩ *großer Block aus hartem Gestein;* oV *Fels(2)* ⟨geh.⟩; der Weg verlor sich zwischen den ~

'fel·sen·fest ⟨Adj. 24⟩ **1** *fest, hart wie ein Fels* **2** ⟨fig.⟩ *unerschütterlich;* er glaubt ~ daran; sie ist ~ davon überzeugt

'Fe·me ⟨f.; -, -n⟩ **1** ⟨im MA⟩ *Landgericht in Westfalen* **2** ⟨vom 14. bis ins 18. Jh. a. im übrigen Dtschl.⟩ *heiml. Gericht, zu dessen Sitzungen nur Eingeweihte Zutritt hatten* **3** ⟨allg.⟩ *Notgericht, gerichtl. Selbsthilfe*

'Fe·mel ⟨m.; -s, -; Bot.⟩ *die männl. Hanf- od. Hopfenpflanze, wegen schwächerer Konstitution häufig für die weibl. Pflanze gehalten;* oV *Fimmel*[2]

'Fen·chel ⟨m.; -s; unz.⟩ *einer Gattung der Doldengewächse angehörende Pflanze, deren Kraut u. bes. die Früchte als Gewürz zum Lösen von Schleim od. zur Beseitigung von Blähungen verwendet wird: Foeniculum;* Wilder ~, Garten~, Süßer ~

'Fen·ster ⟨n.; -s, -⟩ **1** *Öffnung in der Wand eines Gebäudes, Wagens usw., um Luft u. Licht ins Innere zu lassen;* Keller~, Zimmer~; die ~ liegen auf der Straßenseite; die ~ des Zimmers gehen auf die Straße; aus dem ~ blicken, schauen, sehen; sich zum ~ hinauslehnen; der Dieb drang durch ein ~ in die Wohnung ein; sie beging Selbstmord, indem sie sich aus dem ~ des dritten Stocks stürzte; Blumenkästen vor dem ~ anbringen 1.1 jmd. ist weg vom ~ ⟨fig.; umg.⟩ *hat seine bevorzugte Stellung verloren* 1.2 → a. *Geld(2.3)* **2** *Schaufenster;* ich habe ein sehr preiswertes Kleid im ~ gesehen; Blumen ins ~ stellen **3** *gerahmte Glasscheibe in der Fensteröffnung;* ein einflügeliges, hohes, rundes, vergittertes, zweiflügeliges, zerbrochenes ~; das ~ öffnen, schließen, zuschlagen; wir müssen die ~ putzen; Jungen haben mit einem Stein das ~ eingeschlagen, eingeworfen **4** *(viereckige) Öffnung, durchsichtiger Teil bes. eines Briefumschlags, durch den die Adresse zu sehen ist;* ein Briefumschlag mit ~

'Fen·ster·schei·be ⟨f.⟩ *Glas des Fensters;* die ~ ist zerbrochen, eingeschlagen; eine vereiste, matte ~

'Fe·ri·en ⟨[-iən] nur Pl.⟩ **1** *mehrtägige od. -wöchige Arbeitspause, Urlaub;* Semester~, Schul~; ~ bekommen, erhalten, haben, machen, nehmen; die ~ an der See verbringen; die ~ in den Bergen verleben 1.1 die großen ~ *Sommerferien in der Schule* 1.2 ~ vom Ich machen *vom Alltag völlig ausspannen* **2** in die ~ fahren *an den Ort, an dem man die Ferien(1) verbringt*

'Fer·kel ⟨n.; -s, -⟩ **1** *junges Schwein;* ein rosiges ~; ~ aufziehen **2** ⟨fig.; umg.⟩ *unreinl. Mensch, Schmutzfink*

Fer'ment ⟨n.; -s, -e⟩ *in lebenden Zellen gebildeter Katalysator, dessen Gegenwart für bestimmte biochem. Umwandlungen im Körper notwendig ist*

fern Ggs *nahe* **1** ⟨Adj.⟩ *räumlich weit weg, weit entfernt, abgelegen;* ~e Gegenden, Länder; die ~ere Umgebung; ~ von hier, von den übrigen von uns, von der Stadt; aus, von nah und ~ waren Zuschauer herbeigeströmt 1.0.1 der Ferne Osten *Ostasien* 1.1 von ~ *aus der Entfernung;* etwas von ~ beobachten, miterleben, sehen; von ~ zuschauen 1.1.1 von ~ betrachtet, sieht die Angelegenheit längst nicht so bedrohlich aus ⟨fig.⟩ *mit Abstand, nüchterner Überlegung betrachtet* 1.2 das sei ~(e) von mir! ⟨geh.⟩ *ich denke nicht daran!, das liegt mir fern!* 1.3 jmdm. ~ sein ⟨a. fig.; geh.⟩ *geistig nicht verwandt, fremd;* sie waren sich sehr

~ **2** ⟨Adj.⟩ *zeitlich weit weg, entfernt* 2.1 *weit zurückliegend, lange vergangen;* aus ~en Tagen, Zeiten; in ~er Vergangenheit 2.2 *weit voraus in der Zukunft (liegend);* das liegt noch in ~er Zukunft; der Tag, die Zeit ist nicht mehr ~; in nicht mehr ~er Zeit **3** ⟨Präp. mit Dat.; geh.⟩ *weit weg von;* ~ der Großstadt; ~ dem hastigen Treiben des Alltags

'fern|blei·ben ⟨V. 114/411 od. 600(s.)⟩ einer Sache ~ *zu etwas nicht erscheinen, an etwas nicht teilnehmen;* der Arbeit, der Schule, dem Unterricht, einer Veranstaltung ~; entschuldigt, unentschuldigt ~; aus Zeitmangel, wegen Krankheit ~

'Fer·ne ⟨f.; -, -n⟩ Ggs *Nähe* **1** *große räumliche Entfernung, Weite;* in der ~ sieht man ...; in weiter ~ erkennt man ...; aus der ~ beobachten, betrachten, miterleben; in die ~ blicken **2** *große zeitliche Entfernung* 2.1 *weit zurückliegende Vergangenheit;* dieses Ereignis rückt immer mehr in die Ferne 2.2 *weit entfernte Zukunft;* dadurch ist unser Plan weit in die ~ gerückt; der Plan liegt noch in weiter ~

'fer·ner 1 ⟨Konj.⟩ *außerdem, weiter und noch (in der Aufzählung fortfahrend);* ich will heute Wäsche waschen, bügeln, stopfen, ~ Kuchen backen und das Mittagessen für morgen vorbereiten; ~ gehören dazu ...; ~ liefen ... (beim Pferderennen); ~ hat er noch zu mir gesagt, daß ... **2** ⟨Adv.⟩ *fernerhin, länger, noch längere Zeit;* möget ihr auch ~ glücklich sein **3** ⟨Adj.; Komparativ von⟩ *fern;* die ~e Umgebung, Zukunft

'Fern·ge·spräch ⟨n.⟩ *Telephongespräch mit einem Teilnehmer außerhalb eines Ortsnetzes;* Ggs *Ortsgespräch(2);* ein ~ anmelden

'Fern·glas ⟨n.; Opt.⟩ *ein lichtstarkes Fernrohr mit mehrfacher Vergrößerung in der Form eines Doppelrohres zur Beobachtung weit entfernter Objekte, z. B. Opernglas, Nachtglas*

'fern|hal·ten ⟨V. 160/500⟩ **1** jmdn. od. etwas ~ *nicht herankommen lassen* 1.1 ⟨R3⟩ sich ~ *fernbleiben, keine Beziehung aufnehmen*

'fern|lie·gen ⟨V. 180⟩ **1** ⟨400 od. 411⟩ *weit weg, abseits liegen;* ein ~des, ferngelegenes Haus **2** ⟨600⟩ etwas liegt jmdm. fern ⟨fig.⟩ *etwas kommt jmdm. nicht in den Sinn, jmd. beabsichtigt etwas nicht;* es lag mir völlig fern, dich zu beleidigen; nichts liegt uns ferner als ...; ein ~der Gedanke

'Fern·mel·de·we·sen ⟨n.; -s; unz.⟩ *alle Einrichtungen u. Maßnahmen, die die Übermittlung von Nachrichten mittels Leitungen od. drahtlos betreffen*

'Fern·rohr ⟨n.⟩ *opt. Gerät, mit dem man entfernte Gegenstände unter einem größeren Gesichtswinkel als mit dem bloßen Auge u. dadurch scheinbar näher sieht;* Sy *Teleskop;* ein astronomisches ~

'Fern·ruf ⟨m.⟩ **1** *Fernsprech-, Telephonanruf* **2** *Fernsprechanschluß* **3** *Fernsprechnummer;* Sie erreichen uns über ~ 7865

'Fern·schrei·ber ⟨m.⟩ *Telegraphenapparat mit Schreibmaschinentastatur zur elektr. Übermittlung von Nachrichten*

'fern|se·hen ⟨V. 239/400⟩ *eine Fernsehsendung anschauen;* wir wollen heute abend ~; er sieht gerade fern

'Fern·se·hen ⟨n.; -s; unz.⟩ *funktechn. Übertragung bewegter Bilder;* heute abend wird im ~ eine Dokumentarsendung übertragen; für das ~ Aufnahmen machen, etwas aufnehmen (mit der Fernsehkamera); was bringt das ~ heute abend?; was gibt es heute abend im ~?

'Fern·sicht ⟨f.; -; unz.⟩ Sy *Weitsicht(1)* **1** *weiter Blick, weite Aussicht, weiter Ausblick;* von einem Aussichtspunkt aus eine gute ~ haben **2** *klare (nicht dunstige) Sicht ins Weite;* heute hat man keine ~

'Fern·spre·cher ⟨m.⟩ *Apparat zum Empfangen u. Senden mündl. Nachrichten;* Sy *Telephon*

'Fern·ver·kehr ⟨m.⟩ **1** *Fernsprechverkehr mit auswärtigen Teilnehmern* **2** *Eisenbahn- od. Straßenverkehr zwischen weit voneinander entfernten Orten*

'Fern·wir·kung ⟨f.⟩ **1** ⟨Phys.⟩ *Übertragung von Kraftwirkungen zeitlos u. ohne Vermittlung des dazwischenliegenden Raumes* **2** ⟨fig.⟩ *Einwirkung auf einen anderen Menschen ohne persönl. Kontakt, Gedankenübertragung*

'Fer·se ⟨f.; -, -n⟩ **1** *hinterer Teil des Fußes;* ich habe mir die ~n wundgelaufen 1.1 die ~n zeigen ⟨fig.; umg.⟩ *fliehen* 1.2 sich an jmds. ~n heften ⟨fig.; geh.⟩ *jmdm. (dicht hinter ihm) folgen* 1.3 (dicht) auf den ~n ⟨fig.⟩ *dicht hinter jmdm.;* jmdm. (hart) auf den ~n bleiben, folgen, sein **2** *hinterer Teil eines Strumpfes;* die Socke hat ein Loch an der ~

'Fer·sen·geld ⟨n.; unz.; nur in der Wendung⟩ ~ geben ⟨fig.; umg.⟩ *fliehen, davonlaufen*

'fer·tig ⟨Adj. 24⟩ **1** *abgeschlossen, vollendet, beendet, zu Ende gebracht;* ich fürchte, das wird nie ~; die Vorbereitungen sind ~; einen Anzug, ein Kleid ~ kaufen (anstatt sie vom Schneider anfertigen zu lassen) 1.1 *praktisch erfahren, ausgereift, erwachsen;* er ist bereits ein ~er Künstler, Mensch **2** *zu Ende, am Ende;* iß erst ~, dann kannst du spielen!; ich bin ~ (mit meiner Arbeit); ich bin ~ (mit dem, was ich sagen wollte); und damit wären wir ~!; bist du schon (damit) ~? 2.0.1 bist du mit dem Buch noch nicht ~? ⟨umg.⟩ *hast du das B. noch nicht ausgelesen?* 2.0.2 ich bin mit meinem Glas ~ ⟨umg.⟩ *habe das G. ausgetrunken* 2.0.3 ich bin mit den Nerven ~ ⟨fig.; umg.⟩ *nervlich überbeansprucht* 2.1 mit jmdm. ~ sein ⟨fig.; umg.⟩ *nichts mehr zu tun haben wollen;* ich bin mit ihr ~ 2.2 ~ werden *etwas zum Abschluß bringen;* sie kann nie pünktlich, rechtzeitig, zur rechten Zeit ~ werden **3** *bereit (zu);* ich bin ~ (zum Ausgehen); er ist schon fix und ~ (zum Weggehen, zur Abfahrt) ⟨umg.⟩; Achtung, ~, los!, auf die Plätze, ~, los! (Startkommando) ⟨Sp.⟩ **4** ⟨fig.; umg.⟩ *abgearbeitet, erschöpft, sehr müde;* die völlig ~e Hausfrau sank auf einen Stuhl; ich bin (vollkommen) ~; ich bin fix und ~

'fer·tig|brin·gen ⟨V. 118/500⟩ etwas ~ **1** *in fertigen Zustand versetzen, zustande bringen, leisten;* er hat die Abrechnung noch rechtzeitig fertiggebracht; er brachte es fertig, die Stelle zu bekommen **2** ⟨fig.⟩ *übers Herz bringen;* ich bringe es nicht fertig, ihm das zu sagen **3** ⟨aber getrennt⟩ 'fertig 'bringen → *fertig(1)*

'fer·ti·gen ⟨V. 500⟩ etwas ~ *herstellen, erzeugen, fabrizieren;* mit der Hand gefertigt; sie hat das Kleid selbst gefertigt

'Fer·tig·keit ⟨f.; -, -en⟩ *durch Übung erworbene Gewandtheit, Geschicklichkeit beim Ausführen bestimmter Arbeiten;* hierzu sind keine besonderen ~en erforderlich; gewisse ~en in dieser Arbeit sind Voraussetzung; große ~en in Fremdsprachen, im Geigenspiel, im Zeichnen; durch lange Übung eine erstaunliche ~ erlangen in ...

'fer·tig|ma·chen ⟨V. 500⟩ **1** etwas ~ ⟨umg.⟩ *zu Ende bearbeiten, beenden;* sie muß ihre Schularbeiten noch ~ **2** ⟨R7⟩ jmdn. od. etwas ~ ⟨umg.⟩ *bereitmachen, zurechtmachen, vorbereiten;* die Kinder zum Schlafen, Spaziergang ~; wir machten uns zur Abreise fertig **2.1** ⟨Mil.⟩ *sich bereitmachen, in Stellung gehen* **2.2** ⟨Sp.⟩ *in Ausgangsstellung gehen* **2.3** eine Druckform ~ ⟨Typ.⟩ *zum Druck vorbereiten* **3** jmdn. ~ ⟨fig.; umg.⟩ *jmd. aufs schärfste zurechtweisen* **4** ⟨R7 od. R8⟩ jmdn. ~ ⟨fig.; umg.⟩ *sehr erschöpfen, ermüden, körperl. od. psych. peinigen, quälen, zermürben* **4.1** *umbringen, phys. erledigen*

'fer·tig|stel·len ⟨V. 500⟩ etwas ~ *beenden, abschließen, fertigmachen;* die Arbeit soll bis morgen fertiggestellt werden

'Fes·sel[1] ⟨f.; -, -n⟩ **1** *Kette od. Strick um Hände od. Füße, um jmdn. gefangenzuhalten;* dem Gefangenen die ~n abnehmen, abstreifen, lösen; einem Gefangenen ~n anlegen; einen Gefangenen in ~n legen, schlagen ⟨poet.⟩; den Gefangenen von seinen ~n befreien, lösen **2** ⟨fig.⟩ *Zwang, Einschränkung, Bande, Bindung;* die ~ des Berufs; ~n der Dankbarkeit, Liebe; die ~ der Ehe, der Freundschaft; seine ~n ablegen, abstreifen, abwerfen, sprengen; geistige ~n; eine Verpflichtung als lästige ~ empfinden; sich von jmds. ~n befreien, lösen

'Fes·sel[2] ⟨f.; -, -n⟩ **1** *die Zehe vom Huf bis zum Mittelfußknochen (bei Huftieren)* **2** *Abschnitt des Unterschenkels über dem Knöchel (beim Menschen);* sie hat schlanke ~n

'fes·seln ⟨V. 500; ich fessele od. feßle⟩ **1** jmdn. ~ *mit Ketten od. Stricken Hände, Füße zusammenbinden, binden, anketten, in Ketten legen;* beim Spielen fesselten ihn die Kinder an einen Baum; jmdn. an Händen und Füßen ~; den Gefangenen mit Handschellen, Ketten ~ **1.1** an etwas gefesselt sein ⟨a. fig.⟩ *gebunden sein, in etwas festgehalten sein;* sie ist schon seit Wochen ans Bett gefesselt; durch die kleinen Kinder ist sie sehr ans Haus gefesselt **2** jmdn. ~ ⟨fig.⟩ *jmdn. in Bann ziehen, seine lebhafte u. anhaltende Aufmerksamkeit erregen;* jmds. Aufmerksamkeit, Blicke ~; der Roman hat mich sehr gefesselt; er versteht es, seine Zuhörer zu ~; sie fesselte ihn durch ihre Schönheit; sie fesselt ihn mit ihren Reizen; er war von ihr gefesselt **2.1** ⟨Part. Präs.⟩ ~d *interessant, packend;* ein ~des Buch, Drama, Fernsehspiel; sie ist eine ~de Erscheinung; er kann ~d erzählen

fest ⟨Adj.⟩ **1** *so beschaffen, daß es einen starken Zusammenhalt hat u. Änderungen der Form Widerstand entgegensetzt;* Ggs *flüssig(1);* ~e Körper; ~er Aggregatzustand; der Patient kann keine ~e Nahrung zu sich nehmen; der Pudding wird ~ **1.1** ⟨fig.⟩ *greifbar, konkret;* allmählich nehmen meine Vorstellungen ~e Gestalt an **2** *stabil, haltbar, dauerhaft, widerstandsfähig;* ~es Holz, Tuch; ein ~er Strick; für die Gartenmöbel brauche ich einen ~en Bezugsstoff; wir können noch nicht schlittschuhlaufen, denn das Eis ist noch nicht ~; die Leiter steht ~ **2.1** ~er Platz *befestigter Ort, Festung* **2.2** eine ~e Stellung beziehen ⟨Mil.⟩ *eine gut befestigte S.* **2.3** einen ~en Schlaf haben *einen tiefen S.* **3** *unverrückbar, schwer zu lösen, zu entfernen;* Ggs *locker;* die Schraube ist nicht ~; diese Bräuche sind ~ verankert **3.1** die Tür war ~ verschlossen *dicht* **4** *kräftig, tüchtig, alle Kraft anwendend;* ein ~er Schlag; mit einem ~en Griff zupakken; er kann aber ~ zupacken; eine Schnur ganz ~ binden; den Griff ganz ~ halten **4.1** *bestimmt, energisch;* mit ~em Schritt, ~en Schrittes einherkommen; mit ~er Stimme **4.1.1** er gehört unter eine ~e Hand, er muß eine ~e Hand fühlen, spüren *feste, strenge Führung haben* **4.1.2** die Vorbereitungen ~ in der Hand haben ⟨fig.⟩ *die V. energisch leiten* **4.1.3** → a. *steif(1.4)* **5** *sicher, unerschütterlich;* ~es Vertrauen; ein ~er Charakter; er hat ~e Grundsätze; der ~en Ansicht, Meinung, Überzeugung sein; ich glaube ~ daran; Sie können sich ~ darauf verlassen; laßt uns ~ zusammenhalten!; sie bleibt ~ bei ihrer Behauptung; er ist ~ entschlossen dazu; die Jahreszahlen sitzen jetzt ~ (im Gedächtnis); in Mathematik bin ich (nicht sehr) ~ **5.0.1** (noch nicht) ~ im Sattel sitzen ⟨a. fig.; umg.⟩ *in einer Stellung (noch nicht) sicher sein* **5.1** *bindend;* ~e Vereinbarungen; er hat mir ~ versprochen; wir haben uns ~ vorgenommen zu ... **5.1.1** eine ~e Bestellung aufgeben ⟨kaufmannsspr.⟩ *eine verbindliche B.* **6** *ständig, dauernd;* ein ~er Wohnsitz; ein ~es Einkommen; eine ~e Gewohnheit; er hat endlich wieder eine ~e Stellung; er ist noch nicht ~ angestellt **6.0.1** etwas ist in ~en Händen *ist unverkäuflich* **6.0.2** jmd. ist in ~en Händen ⟨fig.; umg.⟩ *hat ein auf Dauer angelegtes Verhältnis* **6.0.3** sie hat einen ~en Herrn ⟨umg.; veralt.⟩ *einen ständigen Freund, der mit ihr ausgeht, einen angehenden Bräutigam* **6.0.4** ~en Fuß fassen ⟨fig.⟩ *heimisch werden;* es gelang ihm schnell, hier ~en Fuß zu fassen **6.0.5** ~es Geld, ~e Gelder *Bankeinlagen mit längerer Laufzeit* **6.1** *gleichbleibend;* ~e Preise anstreben; eine ~e Arbeitszeit **6.1.1** ein Laden mit ~er Kundschaft *Stammkundschaft*

Fest ⟨n.; -(e)s, -e⟩ **1** *Feier, gesellschaftl. Veranstaltung;* Geburtstags~; das war der Höhepunkt des ~es; als Krönung des ~es wurde ...; ein ~ abhalten, begehen, feiern, geben, veranstalten; ein fröhliches, prächtiges, rauschendes ~; an einem ~ teilnehmen; sich bei einem ~ amüsieren; zu einem ~ (ein)geladen sein; eine Einladung zu einem ~ erhalten; zu einem ~ gehen **2** *jährl. wiederkehrender kirchl. Feiertag bzw. zwei od. mehrere Feiertage nacheinander;* Oster~, Weihnachts~; frohes ~! (Wunschformel); Weihnachten ist ein unbewegliches ~; die drei hohen ~e (Weihnachten, Ostern, Pfingsten); nach dem ~ **3** es war mir ein ~ ⟨umg.⟩ *ein Vergnügen, eine Freude*

'fest|fah·ren ⟨V. 130⟩ **1** ⟨400(s.) od. 500/R3(h.)⟩ (sich) ~ *steckenbleiben, nicht vor- u. nicht rückwärts fahren können;* das Fahrzeug hat sich im Schlamm festgefahren; das Fahrzeug ist festgefahren **1.1** ⟨500/R3⟩ jmd. hat sich festgefahren ⟨fig.⟩ *ist gedankl. in eine Sackgasse geraten, weiß nicht weiter;* er hat sich mit seinen Plänen gründlich festgefahren **1.2** ⟨400(s.)⟩

eine Sache, Unternehmung ist festgefahren ⟨fig.⟩ *kommt nicht weiter, macht keine Fortschritte mehr*

'fest|hal·ten ⟨V. 160/500⟩ **1** ⟨R8⟩ jmdn. od. etwas ~ *mit der Hand halten;* Ggs *loslassen;* den Stock, die Tasche ~; Passanten konnten den Dieb ~; jmdn. am Ärmel, Rockzipfel ~ 1.1 jmdn. ~ ⟨fig.⟩ *zurückhalten, nicht weitergehen lassen;* er wurde an der Grenze festgehalten 1.2 sein Geld ~ *nicht weggeben, nicht ausgeben* **2** ⟨R7 od. R8⟩ jmdn. od. etwas ... ~ *(in bestimmter Weise) abbilden, aufzeichnen;* ein Ereignis in Wort u. Bild ~; eine Szene mit der Kamera ~; eine Vereinbarung schriftlich ~ **3** ⟨R3⟩ sich (an etwas) ~ *sich (an etwas) halten, um nicht zu fallen;* in der Kurve ~! (erg.: sich); halte dich am Geländer fest! **4** ⟨800⟩ an etwas ~ ⟨fig.⟩ *bei etwas bleiben, auf etwas beharren, nicht von etwas abgehen;* an einem Glauben, einer Meinung, Überzeugung ~

'fe·sti·gen ⟨V. 500⟩ **1** etwas ~ *fest, beständig, widerstandsfähig machen, stärken;* er hat seine Position so gefestigt, daß ...; das festigt die Freundschaft, die Beziehungen, die Gesundheit **2** ⟨R3⟩ etwas festigt sich *wird fest, stark, kräftigt sich;* immer mehr festigte sich in ihm der Glaube, die Überzeugung, daß ...; seine Gesundheit hat sich durch den Aufenthalt in den Bergen gefestigt

'Fe·stig·keit ⟨f.; -; unz.⟩ **1** *das Festsein, Dichte, Härte* **2** ⟨Tech.⟩ *die Widerstandskraft, die feste Stoffe einer Trennung od. Verformung entgegensetzen;* Dauer~, Zeit~; Schlag~, Zug~, Druck~, Biege~, Verdreh~, Stand~; ein Stoff von großer, hoher ~ **3** ⟨fig.⟩ *Standhaftigkeit, Beharrungsvermögen, Widerstandskraft;* die ~ seines Glaubens, Charakters

'Fest·land ⟨n.; -(e)s; unz.⟩ **1** *der feste Teil der Erdoberfläche;* Ggs *Meer;* sich aufs ~ retten; das ~ kommt langsam in Sicht; das ~ betreten **2** *Erdteil, größere Landmasse;* Sy *Kontinent(1);* Ggs *Insel;* das asiatische, europäische ~

'fest|le·gen ⟨V. 500⟩ **1** etwas ~ *verbindlich, endgültig bestimmen;* sie legten den Beginn auf 7 Uhr fest; den Ablauf einer Veranstaltung ~; die Reihenfolge, die Tagesordnung ~; die politische Linie ~ **2** Geld(er) ~ ⟨kaufmannsspr.⟩ *langfristig anlegen* **3** ⟨R3⟩ sich ~ *sich binden, sich endgültig äußern, etwas bestimmen, versprechen;* ich kann, möchte mich noch nicht ~; ich habe mich durch meine Absage bereits festgelegt; er legt sich nicht gern fest

'fest|lie·gen ⟨V. 180/400⟩ **1** etwas liegt fest *ist bestimmt, festgesetzt;* der Termin der Abreise liegt schon fest; eine festliegende Tatsache **2** das Kapital liegt fest *ist nicht verfügbar* **3** ein Schiff liegt fest *ist fest-, auf Grund gefahren*

'fest|ma·chen ⟨V.⟩ **1** ⟨511/R7 od. R8⟩ etwas an etwas ~ ⟨umg.⟩ *befestigen;* das Bild an der Wand ~; das Boot am Ufer ~ **2** ⟨500⟩ eine Sache ~ ⟨fig.; umg.⟩ *festlegen, bindend vereinbaren;* wollen wir's gleich ~?; den Termin beim Zahnarzt ~ **3** ⟨400; Mar.⟩ *anlegen;* der Frachter hat im Hafen festgemacht **4** ⟨500⟩ einen Marder, Iltis ~ ⟨jägerspr.⟩ *aufspüren* **5** ⟨500⟩ Schwarzwild ~ ⟨jägerspr.⟩ *durch Hunde stellen*

'fest|na·geln ⟨V. 500⟩ **1** etwas ~ *mit Nägeln befestigen, annageln;* Bretter ~ 1.1 er sitzt da wie festgenagelt ⟨umg.⟩ *starr, unbeweglich* **2** ⟨550⟩ jmdn. auf etwas ~ ⟨fig.; umg.⟩ *festlegen;* er ließ sich bei der Unterredung nicht auf eine Zusage ~ **3** jmdn. ~ ⟨fig.; umg.⟩ *jmdn. gegen seinen Willen aufhalten;* er hat mich festgenagelt

'fest|neh·men ⟨V. 189/500⟩ jmdn. ~ *gefangennehmen, verhaften;* die Polizei nahm den Betrüger fest

'fest|set·zen ⟨V. 500⟩ **1** etwas ~ *verbindlich bestimmen, anordnen, festlegen;* eine Frist, ein Gehalt, einen Preis, Termin ~; die Versicherungssumme auf 5000 DM ~; ein behördlich festgesetzter Preis; zur festgesetzten Zeit **2** jmdn. ~ *einsperren, in eine Straf- od. Haftanstalt bringen* **3** ⟨R3⟩ sich ~ ⟨a. fig.⟩ *sich einnisten, ansetzen, ankleben;* an den Rändern der Badewanne hat sich Schmutz festgesetzt; in den Ritzen setzt sich leicht Staub fest; diese Idee hat sich bei ihm festgesetzt 3.1 ⟨umg.⟩ *sich niederlassen;* ich habe mich an diesem Ort festgesetzt 3.2 ⟨Mil.⟩ *verschanzen;* die Soldaten haben sich in den Bergen festgesetzt

'fest|sit·zen ⟨V. 246/400 od. 411⟩ **1** *fest an etwas haften, kleben;* der Schmutz sitzt an den Fenstern fest; der Nagel saß endlich fest **2** ein Schiff (auf einer Sandbank), ein Kraftwagen (im Schnee, Schlamm) sitzt fest *ist stekkengeblieben, ist festgefahren* 2.1 sie werden irgendwo ~ *eine Panne haben, nicht weiterfahren können*

'Fest·spiel ⟨n.; -(e)s, -e⟩ **1** *zu einem festl. Anlaß verfaßtes Theaterstück* **2** ⟨nur Pl.⟩ ~e *period. wiederkehrende Aufführungen von Bühnenstücken od. Filmen in festl. Rahmen;* Film~e; Salzburger ~e

'fest|ste·hen ⟨V. 256/400⟩ **1** etwas steht fest *ist bestimmt, festgelegt, ausgearbeitet;* unser Programm, Entschluß stand schon fest, als er ...; steht der Tag der Premiere schon fest? 1.1 *gewiß, sicher sein;* da es feststeht, daß ...; soviel, eines steht fest; fest steht, daß ... 1.2 ⟨Part. Präs.⟩ ~d *unumstößlich;* ein ~der Brauch; eine ~de Redensart **2** ⟨aber getrennt⟩ 'fest 'stehen → *fest(2)*

'fest|stel·len ⟨V. 500⟩ **1** etwas ~ *ermitteln, erforschen;* das muß ich erst noch ~; kannst du das ~?; das wird sich ~ lassen!; die Höhe des Schadens ~; jmds. Personalien, Schuld, Unschuld ~; einen Tatbestand ~; es wurden einige Fälle von Typhus festgestellt 1.1 es wurde festgestellt, daß ... *es hat sich erwiesen, herausgestellt* **2** etwas ~ *wahrnehmen, bemerken;* leider mußte ich ~, daß ich inzwischen einen Strafzettel bekommen hatte **3** eine Sache ~ *mit Entschiedenheit sagen;* ich möchte ~, daß ich damit nicht einverstanden bin

'Fe·stung ⟨f.; -, -en⟩ **1** *eine ständige, stark befestigte größere Anlage, die Angriffen längeren Widerstand leisten kann;* eine ~ belagern, erstürmen, einnehmen; eine strategisch wichtige ~ **2** ⟨früher⟩ *Ort zur Verbüßung nichtentehrender Freiheitsstrafen* 2.1 ⟨kurz für⟩ *in einer Festung(2) zu verbüßende Strafe;* er bekam drei Jahre ~

fett ⟨Adj.⟩ **1** *fetthaltig, fettreich;* ~e Speisen; ~e Brühe, Kost; ~es Essen, Fleisch 1.0.1 einen ~en Bissen, Braten, Brocken, Happen erwischen, sich einen ~en Brocken schnappen

⟨fig.; umg.⟩ *ein lohnendes Geschäft machen, großen Gewinn erzielen* 1.0.2 → a. *Kohl*[1] 1.1 ⟨60⟩ ~ e Öle *chemisch den Fetten entsprechende, flüssige Substanzen* **2** *dick* 2.1 *beleibt, gut ernährt;* eine ~e Ente, Gans; (dick und) ~ sein, werden; er frißt sich bei ihr dick und ~ ⟨vulg.⟩ 2.2 ⟨Typ.⟩ *auffällig breit u. stark;* die Überschriften ~ drucken 2.3 *üppig, kräftig;* ~er Klee, Weizen 2.3.1 ~e Henne ⟨Bot.⟩ *einer Gattung der Dickblattgewächse angehörende kleine Pflanze mit fleischigen Blättern: Sedum* **3** ⟨60⟩ *ergiebig, fruchtbar;* ein ~er Ackerboden; eine ~e Weide 3.1 *einträglich, lohnend, gewinnbringend;* eine ~e Pfründe; ~e Beute

Fett ⟨n.; -(e)s, -e⟩ **1** *bei der Ernährung u. als Schmiermittel verwendeter fester od. halbfester Stoff, der aus tier. od. pflanzl. Zellen gewonnen od. synthet. hergestellt wird u. chem. hauptsächlich aus Estern des Glyzerins u. Fettsäuren besteht;* Pflanzen~, Tier~; Schweine~; Schmier~; Maschinenteile mit ~ schmieren; einen Braten mit ~ begießen; das auf der Suppe od. Soße schwimmende ~ abschöpfen 1.1 das ~ abschöpfen ⟨a. fig.⟩ *sich das Beste auswählen, seinen Vorteil suchen* 1.2 jmdm. sein ~ geben ⟨fig.; umg.⟩ *jmdn. schelten, rügen* 1.3 sein ~ kriegen, (weg)haben ⟨fig.; umg.⟩ *die verdiente Schelte od. Strafe erhalten* 1.4 im ~ schwimmen, sitzen ⟨fig.; umg.⟩ *im Überfluß, in sehr guten Verhältnissen leben* **2** ⟨unz.⟩ *im Körper von Menschen u. Tieren vorkommendes weiches Gewebe;* ~ ansetzen; die heute gezüchteten Schweine haben nicht mehr viel ~

'fet·ten ⟨V.⟩ **1** ⟨500/R7⟩ etwas ~ *mit Fett einreiben, bestreichen;* er fettete die Türangel; das Getriebe einer Maschine ~; ein gefettetes Backblech **2** ⟨400⟩ *Fett absondern, Fettflecken machen;* die Salbe fettet; eine fettende Creme

'fet·tig ⟨Adj.⟩ **1** *Fett enthaltend;* eine ~e Salbe, Creme **2** *mit Fett beschmutzt, bestrichen, eingerieben, ölig, schmierig;* ~es Papier; er hat ganz ~e Hände; das Haar ist ~

'Fett·näpf·chen ⟨n.; nur in der Wendung⟩ (bei jmdm.) ins ~ treten ⟨fig.; umg.⟩ *Anstoß erregen, etwas sagen od. tun, was von den andern als peinlich empfunden wird*

'Fet·zen ⟨m.; -s, -; umg.⟩ **1** *unregelmäßig (ab)gerissenes Stück (bes. von Papier od. Stoff);* etwas in ~ reißen; das Kleid hing der Verunglückten in ~ am Leibe; das Hemd ist nur noch ein ~; in ~ gekleidet gehen 1.1 sie prügelten sich, daß die ~ flogen ⟨fig.⟩ *heftig, rücksichtslos*

feucht ⟨Adj.⟩ **1** *leicht naß;* das vom Tau ~e Gras; wir haben eine ~e Küche; die vom Regen ~en Schuhe trocknen; bei diesem ~en Wetter erkältet man sich leicht 1.0.1 sie hat ~e Augen vor Rührung *vor R. kamen ihr die Tränen* 1.0.2 eine ~e Aussprache haben ⟨fig.; umg.⟩ *beim Sprechen Speichel versprühen* 1.0.3 ein ~er Abend ⟨fig.; umg.⟩ *A., an dem viel getrunken wird* 1.0.4 ein ~es Grab finden ⟨geh.⟩ *ertrinken* 1.0.5 das geht dich einen ~en Kehricht an ⟨vulg.⟩ *das geht dich nichts an* 1.1 *mit Wasserdampf durchsetzt;* ~e Luft

feu'dal ⟨Adj.⟩ **1** *lehnsrechtlich, auf dem Lehnsrecht beruhend* **2** ⟨fig.; umg.⟩ *reich (ausgestattet), prunkvoll, vornehm;* ein ~es Haus

'Feu·er ⟨n.; -s, -⟩ **1** *sichtbare Erscheinung der Verbrennung, bei der sich Flammen entwickeln u. Licht u. Wärme abgegeben wird;* ~ anbrennen, anfachen, anzünden, entfachen; ~ anlegen; das ~ ist ausgegangen, erloschen; das ~ auslöschen, ausmachen, ersticken, löschen; die Gardinen haben ~ gefangen; unter der Asche glimmt, schwelt noch ~; ~ schlagen; das ~ schüren; das ~ unterhalten; loderndes ~ 1.0.1 wie ~ und Wasser sein ⟨fig.⟩ *völlig anders, gegensätzlich* 1.0.2 für jmdn. durchs ~ gehen ⟨fig.⟩ *alles, auch das Schwerste für jmdn. tun* 1.0.3 ~ hinter etwas machen ⟨a. fig.⟩ *etwas beschleunigen* 1.0.4 mit dem ~ spielen ⟨a. fig.⟩ *leichtsinnig handeln* 1.0.5 → a. *Hand(2.7.4), brennen(6.0.2), Öl(1.2)* 1.1 *etwas zum Anzünden einer Zigarette, Zigarre od. Pfeife;* ~ erbitten; um ~ bitten; darf ich um ~ bitten?; jmdm. ~ geben 1.2 *Wärmequelle (bes. zum Heizen u. Kochen);* etwas zum Trocknen ans ~ stellen; die Pfanne, den Topf aufs ~ stellen; auf, über offenem ~ kochen; etwas bei schwachem, starkem ~ kochen 1.2.1 ~ machen ⟨umg.⟩ *den Ofen anheizen* 1.2.2 → a. *Eisen(1.1), Kastanie(2.1)* 1.3 *Brand;* in einem Kaufhaus ist (ein) ~ ausgebrochen; das Haus hat durch ~ gelitten; das Haus wurde durch ~ beschädigt, vernichtet, zerstört 1.3.1 ~ (an ein Gebäude) legen *ein G. in Brand stecken* 1.3.2 ~! *(Hilferuf bei Ausbruch eines Brandes) es brennt!;* „~!“ rufen 1.3.3 zwischen zwei ~ geraten ⟨a. fig.⟩ *in zwiefach schwierige Lage* 1.3.4 mit ~ und Schwert vernichten ⟨a. fig.⟩ *gewaltsam* **2** ⟨Mar.⟩ *Leuchtfeuer;* das ~ der Küste **3** ⟨unz.; Mil.⟩ *Schießen (mit Feuerwaffen);* ~! (Befehl zum Schießen); ~ frei! (Erlaubnis zum Schießen); das ~ eröffnen (auf jmdn. od. etwas) 3.0.1 ~ geben *schießen* 3.1 *Gesamtheit der von einem Truppenteil abgegebenen Schüsse;* das ~ der Geschütze 3.2 *Beschuß;* heftiges, konzentriertes, schweres ~; ins ~ kommen; im, unter feindl. ~ liegen; in, unter ~ stehen 3.2.1 jmdn. ins ~ schicken *zum Einsatz an die Front, in den Kampf* **4** ⟨unz.⟩ *Glanz, Funkeln, Leuchten;* das ~ ihrer Augen bezauberte ihn; das ~ des Diamanten **5** ⟨unz.; fig.⟩ *Heftigkeit (der Gefühle), Temperament, Glut, Begeisterung, ungestümes Wesen;* das ~ der Begeisterung, des Hasses, der Leidenschaft, der Liebe, des Zorns; das ~ eines Reitpferdes; mit dem ~ des Südländers; etwas mit ~ vortragen; das ~ der Liebe brannte lichterloh; das ~ schüren 5.0.1 ~ fangen ⟨a. fig.⟩ *plötzl. von Begeisterung, Verliebtheit erfaßt werden;* er fängt leicht ~ 5.0.2 (ganz) ~ und Flamme sein *hell begeistert sein* 5.1 das ~ des Weins *die erhitzende u. berauschende Kraft des W.*

'Feu·er·be·stat·tung ⟨f.; -, -en⟩ *Totenbestattung durch Verbrennen der Leiche*

'feu·ern ⟨V.⟩ **1** ⟨416⟩ *Feuer machen, heizen;* mit Holz, Koks, Öl ~ **2** ⟨410 od. 800; Mil.⟩ *auf jmd. od. etwas schießen;* die Artillerie feuerte auf die feindlichen Stellungen; blind, scharf ~; er feuerte in die Luft **3** ⟨511⟩ etwas irgendwohin ~ ⟨fig.; umg.⟩ *schleudern;* sie hat die Tasche wütend in die Ecke gefeuert **4** ⟨500⟩ jmdn. ~ ⟨fig.; umg.⟩ *hinauswerfen, entlassen;* man hat ihn nach dem Betrug gefeuert; sie ist von der Schule gefeuert worden

'Feu·er·pro·be ⟨f.⟩ **1** ⟨Met.⟩ *Prüfung von Me-*

tallen durch Feuereinwirkung **2** *Feueralarm zum Zwecke der Übung* **3** ⟨im MA⟩ *ein Gottesurteil, bei dem dem Angeschuldigten entweder ein Stück glühendes Eisen auf die Handflächen gelegt wurde od. er mit bloßen Füßen über einen glühenden Rost schreiten mußte, blieb er dabei unverletzt, galt er als unschuldig* 3.1 ⟨heute nur in der Wendung⟩ die ~ bestehen ⟨fig.⟩ *sich bewähren*

'Feu·ers·brunst ⟨f.; -, ¨e⟩ *großer Brand;* eine verheerende, wütende ~; eine ~ brach aus

'Feu·er·stein ⟨m.⟩ **1** ⟨Min.⟩ *knolliges bis plattiges Gemenge aus Kieselsäure, die gemeine Form des amorphen Quarzes, die sehr hart u. zu Klingen spaltbar ist* 1.1 *vielgebrauchtes Material des vorgeschichtlichen Menschen, der es für Waffen u. Werkzeuge verwendete* **2** *Cer-Eisen-Legierung für Feuerzeuge*

'Feue·rung ⟨f.; -, -en⟩ **1** ⟨unz.⟩ *das Feuern, Heizung, Beheizen;* langsame ~ **2** ⟨unz.⟩ *Brennstoffe, Brennmaterial;* die ~ ist knapp; die ~ besorgen **3** *Einrichtung zum Verbrennen fester, staubförmiger, flüssiger u. gasförmiger Brennstoffe;* mechanische ~; eine Anlage mit modernster ~

'Feu·er·waf·fe ⟨f.⟩ *Schußwaffe, bei der ein Geschoß durch die Kraft sich ausdehnender Gase durch ein Rohr befördert wird*

'Feu·er·wan·ze ⟨f.⟩ **1** ⟨i. w. S.⟩ *Angehörige einer hauptsächlich in den Tropen lebenden Familie der Pflanzenwanzen mit meist schwarzer od. roter Zeichnung: Pyrrhocoridae* 1.1 ⟨i. e. S.⟩ *in Dtschld. heimische flügellose Feuerwanze(1), die ein Pflanzensauger u. Aasfresser ist: Pyrrhocoris apterus;* Sy *General(3), Soldat(4)*

'Feu·er·wehr ⟨f.; -, (Pl. selten) -en⟩ **1** *Mannschaften u. Geräte zur Brandbekämpfung;* die freiwillige ~; die ~ alarmieren; ihr Mann ist bei der ~ 1.1 er braust heran, kommt wie die ~ ⟨fig.; umg.⟩ *sehr schnell, eiligst*

'Feu·er·werk ⟨n.⟩ **1** *Erzeugung von farbigen Lichtfunken u. Knall durch Abbrennen leichtentzündl. Stoffe;* ein buntes ~; ein ~ abbrennen **2** ⟨fig.⟩ *sprühende Rede;* er brannte ein ~ geistreicher Einfälle, Gedanken ab

Feuil·le·ton ⟨[fœjə'tɔ̃] n.; -s, -s⟩ **1** ⟨urspr.⟩ *Zeitungsbeilage* **2** ⟨heute⟩ *der kulturelle Teil der Zeitung (Aufsätze, Geschichten, Kritiken usw.)*

Fi'as·ko ⟨n.; -s, -s⟩ **1** ⟨Theat.⟩ *Durchfallen eines Theaterstückes od. eines Künstlers* **2** *Mißerfolg, Zusammenbruch;* ein ~ erleben, erleiden; die Verhandlungen endeten mit einem ~

'Fi·bel[1] ⟨f.; -, -n⟩ **1** *Lehrbuch für Anfänger, das auf leichtverständliche Weise die Elementarkenntnisse für ein bestimmtes Gebiet vermittelt;* eine ~ für Fahrschüler, Kleingärtner **2** *bebildertes Lesebuch für Schulanfänger;* eine bunte ~

'Fi·bel[2] ⟨f.; -, -n⟩ *von den Germanen an der Kleidung getragene verzierte Nadel;* Sy *Spange(3)*

'Fich·te ⟨f.; -, -n⟩ *einer Gattung der Kieferngewächse angehörender Nadelbaum mit vierkantigen, allseits wenigen, spitzen Nadeln u. hängenden Zapfen, die als Ganzes abfallen: Picea;* Mantel~, Säulen~, Stech- od. Blau~

fi'del ⟨Adj.⟩ *vergnügt, fröhlich, lustig, heiter;* ein ~es Fest; ein ~er Kerl; eine ~e Gesellschaft; immer ~ sein

'Fi·del ⟨f.; -, -n⟩ *kleines Streichinstrument im MA, in der Renaissance u. im Barock, Vorform der Geige*

'Fie·ber ⟨n.; -s, -⟩ **1** *krankhaft erhöhte Eigenwärme des Körpers;* 39° C ~; ~ bekommen, haben; das ~ fällt, steigt; anhaltendes, hitziges, hohes, niedriges, schwaches ~; im ~ phantasieren, sprechen, träumen; vom ~ ergriffen, gepackt, geschüttelt werden **2** ⟨fig.⟩ *Eifer, Betriebsamkeit, geistiger Rausch;* Arbeits~; das ~ des Ehrgeizes, der Leidenschaft, der Liebe, der Spielleidenschaft

'fie·ber·haft ⟨Adj. 90⟩ **1** *mit Fieber einhergehend;* eine ~e Erkrankung, Erkältung **2** ⟨fig.⟩ *angespannt, übertrieben eifrig;* ~e Betriebsamkeit

'fie·be·rig ⟨Adj.⟩ oV *fiebrig* **1** *fieberhaft, fiebernd, fieberkrank;* eine ~e Erkältung; sich ~ fühlen; er hat ~e Augen **2** ⟨fig.⟩ *aufgeregt, erregt, gespannt;* eine ~e Nervosität; ~ vor Erwartung

'fie·bern ⟨V.⟩ **1** ⟨410⟩ *Fieber haben, bekommen;* der Patient fieberte heftig, längere Zeit, stark **2** ⟨405⟩ (vor etwas) ~ ⟨fig.⟩ *erregt, gespannt sein;* er fieberte vor Aufregung, Erwartung, Spannung **3** ⟨800⟩ nach etwas od. jmdm. ~ ⟨fig.⟩ *heftig nach etwas od. jmdm. verlangen;* er fiebert danach, sie kennenzulernen

'fieb·rig ⟨Adj.⟩ = *fieberig*

'Fie·del ⟨f.; -, -n; volkstüml.⟩ *Geige;* die ~ stimmen

'fie·deln ⟨V. 400 od. 410⟩ **1** ⟨volkstüml.⟩ *geigen* **2** ⟨abwertend⟩ *schlecht geigen*

fies ⟨Adj.; umg.; abwertend⟩ *ekelhaft, widerlich, gemein;* ein ~er Kerl; ein ~er Charakter; eine ~e Handlungsweise; ~ aussehen

Fi'gur ⟨f.; -, -en⟩ **1** *Form des menschl. Körpers;* eine gute, hübsche, schlanke, ebenmäßige, zierliche ~ 1.1 *menschen- od. tierähnl. Nachbildung, Gestalt;* eine ~ aus Holz, Stein, Metall; gegossene, gemeißelte, geschnitzte ~en 1.2 ~ in einem Spiel *geformtes Stück Holz, Metall usw. als zu bewegende Einheit;* welche ~ ist jetzt am Zug? 1.3 ⟨umg.⟩ *Person, Mensch;* diese ~ ist für mich erledigt; er ist nur eine komische ~ **2** ⟨Abk.: Fig.⟩ *gezeichnete Abbildung, Darstellung* 2.1 ⟨Geom.⟩ *Gebilde aus Linien u. Flächen* **3** eine gute, schlechte, lächerliche ~ machen, abgeben ⟨fig.⟩ *einen guten (usw.) Eindruck machen* **4** ~ im Tanz, Eiskunstlauf *aus mehreren Elementen zusammengesetzter Ablauf einer Bewegung* **5** ⟨Mus.⟩ *kurze Folge von Tönen, die melodisch u. (od.) rhythmisch zusammengehören* **6** ⟨Rhet.⟩ *durch besondere Formen- od. Gedankenverbindungen gekennzeichnetes Mittel des literarischen Stils*

Fik·ti'on ⟨f.; -, -en⟩ **1** *Erdichtung* **2** *Annahme, Unterstellung (eines nicht wirklichen Falles, um daraus Erkenntnisse abzuleiten)* **3** ⟨Rechtsw.⟩ *Annahme eines Sachverhaltes, der in Wirklichkeit nicht besteht (um die Anwendung eines sonst nicht zutreffenden Gesetzes zu ermöglichen)*

Fi·let ⟨[fi'le:] n.; -s, -s⟩ **1** ⟨Kochk.⟩ 1.1 ~ von Schlachtvieh u. Wild *Lendenstück* 1.2 ~ vom Fisch *entgrätetes Fischfleisch* 1.3 ~ vom Geflügel *abgelöstes Bruststück* **2** ⟨Text.⟩ *durchbrochene Kettenwirkware* 2.1 *bei*

Spitzen auf quadrat. od. schrägem Netzgrund aufgestickte u. -gestopfte Musterung

Fi·li'ale ⟨f.; -, -n⟩ *Zweigstelle, -niederlassung, -geschäft*

Film ⟨m.; -(e)s, -e⟩ **1** *dünnes Häutchen, sehr dünne Schicht;* Öl~ **2** ⟨Phot.⟩ *mit einer lichtempfindl. Schicht überzogener durchsichtiger Streifen für photograph. Zwecke;* Schwarz-Weiß~, Farb~, Negativ~, Positiv~, Umkehr~; den ~ aus der Kassette nehmen, aufrollen, entwickeln; ein ~ von 17° DIN Empfindlichkeit; der ~ ist gerissen, über-, unterbelichtet **2.1** mir ist der ~ gerissen ⟨a. fig.⟩ *ich habe den Zusammenhang verloren* **3** *zur Vorführung im Kino bestimmter Streifen mit Bildern;* Kino~, Farb~, Stumm~, Ton~; einen ~ drehen, abdrehen, vorführen; ein ~ in Farben von XY; dieser ~ läuft jetzt in vielen Kinos **3.1** der ~ rollt ab ⟨a. fig.; umg.⟩ *das Geschehen nimmt seinen Lauf (wie vorbereitet)* **4** *gefilmte Folge von Bildern, die einen Vorgang od. eine Handlung wiedergibt;* die Handlung des ~s spielt in Rom; Hauptdarsteller, Regisseur, Produzent eines ~es; einen ~ inszenieren, produzieren, spielen; ein interessanter, lehrreicher, schlechter, spannender ~; das Drehbuch zu einem ~ **5** *Gesamtheit der Einrichtungen u. Personen, die mit der Herstellung von Filmen(3-4) zu tun haben;* er ist beim ~; sie will zum ~

'fil·men ⟨V.⟩ **1** ⟨500/R8⟩ j m d n. od. e t w a s ~ *von jmdm. od. etwas Filmaufnahmen machen, mit der Filmkamera aufnehmen;* er filmte seine Kinder beim Spielen; er hat seinen Urlaub am Meer, das Leben der Wölfe, einen Stierkampf gefilmt **1.1** ⟨400⟩ *einen Film aufnehmen;* er filmt gerne, viel, im Urlaub, bunt, in Farbe, schwarzweiß **2** ⟨400⟩ *bei einem Film mitwirken;* er filmt zur Zeit im Ausland; wegen seiner Krankheit hat er schon lange nicht gefilmt

'Film·star ⟨m.; -s, -s⟩ *berühmter Filmschauspieler, berühmte Filmschauspielerin;* sie war schon mit 15 Jahren ein ~

'Fil·ter ⟨m. od. fachsprachl. meist n.; -s, -⟩ **1** *Vorrichtung zum Trennen fester Stoffe von Flüssigkeiten* **2** ⟨Phot.⟩ *gefärbte Glasscheibe zum Aufsetzen auf das Objektiv, so daß bestimmte Farben zurückgehalten werden;* Gelb~, Rot~ **3** ⟨Phys.⟩ *Material od. Gerät zur Veränderung der Intensität od. Zusammensetzung einer (elektromagnet. od. korpuskularen) Strahlung*

Filz ⟨m.; -es, -e⟩ **1** ⟨Text.⟩ *Stoff aus gepreßten, verschlungenen, nicht gewebten, meist tierischen Fasern;* eine Unterlage aus ~ unter die Schreibmaschine legen; ein Hut, eine Mütze aus ~ **1.1** ⟨umg.⟩ *(alter) Filzhut* **2** *filzartiger Belag, Überzug an Pflanzen od. Steinen;* die Blätter sind mit weißem ~ bedeckt **3** ⟨österr.⟩ *unausgeschmolzenes Fett;* Speck~ **4** ⟨umg.⟩ *Geizhals*

'fil·zen ⟨V.⟩ **1** ⟨500⟩ e t w a s ~ *zu Filz verarbeiten* **2** ⟨500⟩ j m d n. od. e t w a s ~ ⟨umg.; abwertend⟩ *auf verbotene od. versteckte Gegenstände, Waren durchsuchen;* die Zöllner haben ihn, sein Gepäck gefilzt; einen Sträfling, eine Zelle ~ **3** ⟨500⟩ e t w a s ~ ⟨umg.⟩ *stehlen;* er hat dir deine Uhr gefilzt; er filzte, was ihm unter die Finger kam **4** ⟨500⟩ T i e r e ~ *beim Kauf befühlen* **5** ⟨500⟩ ein K l e i d u n g s s t ü c k ~ *auf Ungeziefer untersuchen* **6** ⟨400⟩ *filzig werden;* Sachen aus Wolle ~ beim Waschen **7** ⟨400; umg.⟩ *geizen, knausern*

'Fim·mel[1] ⟨m.; -s, -⟩ **1** ⟨Bgb.⟩ *Spaltkeil, schwerer Eisenhammer* **2** ⟨umg.⟩ *kleine Verrücktheit, Verschrobenheit, Schrulle, leidenschaftl. Besessenheit für etwas;* Film~, Theater~; er hat einen ~

'Fim·mel[2] ⟨m.; -s, unz.; Bot.⟩ = *Femel*

Fi'na·le ⟨n.; -s, -⟩ **1** *Schlußteil* **2** ⟨Mus.⟩ *Schlußsatz, Schlußteil;* ~ einer Sinfonie, Oper **3** ⟨Sp.⟩ *Schlußrunde, Endkampf*

Fi'nan·zen ⟨f.; nur Pl.⟩ **1** *öffentl. Geldwesen, Staatsgelder, Staatshaushalt* **2** *Vermögen, Vermögenslage*

fi·nan·zi'ell ⟨Adj. 24/90⟩ *die Finanzen, das Vermögen betreffend;* Sy *geldlich*

fi·nan'zie·ren ⟨V. 500⟩ j m d n. od. ein U n t e r n e h m e n ~ *mit Geldmitteln ausstatten*

'Fin·del·kind ⟨n.⟩ *von unbekannten Eltern ausgesetztes Kind;* Sy *Findling(2)*

'fin·den ⟨V. 134⟩ **1** ⟨500⟩ j m d n. od. e t w a s ~ *durch Suchen entdecken, erlangen;* ich finde meine Brille nicht; am Tatort wurden zahlreiche Fingerabdrücke gefunden; hast du inzwischen gefunden, was du suchtest?; wir konnten keinen Platz mehr ~; suchet, so werdet ihr ~; ich kann das Richtige nicht ~; dieses Motiv ~ wir in Mozarts Oper wieder **1.0.1** das ist ein gefundenes F r e s s e n für jmdn. *das kommt jmdm. gerade recht, das ist jmdm. sehr erwünscht, ein unerwarteter Genuß* **1.1** *seinen Weg finden(1);* er fand schon in jungen Jahren zur Musik **1.1.1** ⟨411⟩ er kann (morgens) nicht aus dem Bett ~ *ihm fällt das Aufstehen schwer* **1.1.2** ich finde mich schon! *ich kenne den Weg* **1.2** ⟨R3⟩ s i c h ~ *aufgefunden werden, (wieder) zum Vorschein kommen;* das Verlorene hat sich gefunden; der Schlüssel wird sich schon wieder ~ **1.3** ⟨passivisches Funktionsverb⟩ **1.3.1** A b s a t z ~ *abgesetzt werden* **1.3.2** gute A u f n a h m e ~ *gut aufgenommen werden* **1.3.3** keine B e a c h t u n g ~ *nicht beachtet werden* **1.3.4** G e h ö r ~ *gehört werden* **1.3.5** (keinen) G l a u b e n ~ *(nicht) geglaubt werden* **1.3.6** ⟨505⟩ den T o d (auf dem Schlachtfeld, bei einem Unfall, in den Wellen) ~ *getötet werden* **1.3.7** Trost ~ *getröstet werden;* er versucht, Trost in der Kunst zu ~ **1.3.8** V e r w e n d u n g ~ *verwendet werden;* kannst du dafür noch Verwendung ~? **1.3.9** → a. *Anklang(2), Beifall(1), Gnade(2.0.1)* **2** ⟨500 od. 505⟩ j m d n. ~ *durch Suchen od. durch Zufall auf jmdn. stoßen;* ich kann ihn nirgends ~; sie hat den Richtigen gefunden; er hat seinen Meister in ihm gefunden; in ihm habe ich einen zuverlässigen Freund gefunden **2.1** ⟨R4⟩ s i c h ~ *sich treffen;* da haben sich zwei gefunden! **2.1.1** sie haben sich gesucht und gefunden ⟨umg.⟩ *sie passen gut zueinander* **3** ⟨500⟩ j m d n. od. e t w a s ~ *zufällig auf etwas stoßen;* ich finde in der Zeitung die Nachricht, ...; man findet immer wieder Leute, die ... **3.1** ⟨513⟩ j m d n. od. e t w a s in einem bestimmten Z u s t a n d ~ *antreffen, vorfinden;* jmdn. bereit ~, etwas zu tun; er fand ihn krank, leidend **3.2** ⟨unpersönl./R3⟩ s i c h ~ *sich herausstellen* **3.2.1** *vorkommen;* es findet sich häufig, daß ... **3.2.2** *sich ergeben, sich regeln;* das übrige findet sich schon; das wird sich (alles) ~ **4** ⟨500⟩ e t w a s ~ *durch*

Nachdenken etwas entdecken, auf etwas kommen; wir müssen einen Ausweg, Mittel und Wege ~, damit ...; ich habe die Lösung gefunden **4.0.1** ⟨514⟩ er konnte vor Überraschung keine Worte ~ *er war sprachlos* **4.0.2** heureka, ich hab's gefunden! ⟨umg.⟩ *endlich komme ich darauf, fällt es mir ein* **4.1** ⟨R3⟩ sich ~ *zur Selbstbesinnung kommen;* er hat sich (wieder) gefunden **4.2** ⟨550/R3⟩ sich in etwas ~ *sich in etwas fügen, sich damit abfinden;* du mußt dich in das Unabänderliche ~; er kann sich nicht in sein Los, Schicksal ~ **5** ⟨513⟩ *für etwas halten, erachten;* etwas falsch, gut, praktisch, richtig, schön, unpassend ~; ich fände es nicht ratsam, wenn wir ...; ich finde das nicht in Ordnung **5.0.1** ⟨513⟩ ich finde nichts Schlimmes dabei *ich halte das nicht für schlimm* **5.1** *für richtig halten, meinen;* ich finde, daß ...; das finde ich auch; ~ Sie nicht auch, daß ...? **5.1.1** wie ~ Sie das? *was meinen Sie dazu?* **5.2** *für gut halten, gefallen* **5.2.1** ⟨513⟩ ich finde nichts daran *es gefällt mir nicht, es reizt mich nicht* **5.2.2** wie ~ Sie das Kleid? ⟨umg.⟩ *wie gefällt Ihnen das K.?*

'fin·dig ⟨Adj.⟩ **1** *klug, schlau, pfiffig, einfallsreich;* ein ~er Kopf!; das Kind ist sehr ~ **2** ⟨Bgb.⟩ = *fündig*

'Find·ling ⟨m.; -s, -e⟩ **1** ⟨Geol.⟩ *errat. Block, von Eiszeitgletschern verschleppter Felsbrocken;* ein ~ aus Granit; ein gewaltiger ~ **2** = *Findelkind*

'Fin·ger ⟨m.; -s, -⟩ **1** *eines der fünf bewegl. einzelnen Endglieder der Hand, die den fünf Mittelhandknochen aufsitzen;* Mittel~, Ring~, Zeige~; einen bösen, schlimmen, wehen ~ haben (umg.); dicke, kurze, lange, schlanke, zarte ~; einen Ring am ~ tragen; etwas an den ~n abzählen **1.0.1** sich etwas an den (fünf) ~n abzählen können ⟨fig.; umg.⟩ *etwas leicht begreifen können* **1.0.2** etwas an den ~n herzählen *etwas genau wissen u. geläufig aufsagen können* **1.0.3** an jedem ~ eine(n), zehn haben ⟨fig.; umg.⟩ *sehr viele Freundinnen (Verehrer) haben* **1.0.4** jmdn. durch die ~ sehen ⟨fig.; umg.⟩ *Nachsicht mit jmdm. üben* **1.0.5** sich die ~ nach etwas lecken ⟨fig.; umg.⟩ *begierig auf etwas sein* **1.0.6** sich etwas aus den ~n saugen ⟨fig.; umg.⟩ *sich etwas ausdenken, etwas erfinden;* das hat er sich aus den ~n gesogen **1.0.7** sich an, bei etwas die ~ verbrennen ⟨fig.; umg.⟩ *bei etwas selbstverschuldet zu Schaden kommen;* an dieser Sache kannst du dir leicht die ~ verbrennen **1.0.8** sich in den ~ schneiden ⟨a. fig.; umg.⟩ *sich selbst schaden, sich verrechnen;* da hat er sich aber in den ~ geschnitten **1.0.9** keinen ~ krumm machen, rühren ⟨fig.; umg.⟩ *untätig sein, sich nicht die geringste Mühe machen;* er rührt keinen ~ für seinen kranken, alten Vater **1.0.10** etwas mit spitzen ~n anfassen ⟨fig.; umg.⟩ *vorsichtig, um es möglichst wenig zu berühren (weil man sich davor ekelt)* **1.0.11** sich die ~ wund schreiben ⟨fig.; umg.⟩ *fleißig schreiben* **1.0.12** krumme, lange ~ machen, klebrige ~ haben ⟨fig.; umg.⟩ *stehlen* **1.0.13** jmdm. auf die ~ sehen ⟨fig.; umg.⟩ *jmdn. scharf beaufsichtigen* **1.0.14** jmdm. auf die ~ klopfen, eins auf die ~ geben ⟨fig.; umg.⟩ *jmdn. warnend strafen, zurechtweisen* **1.1** der kleine ~ **1.1.1** mein kleiner ~ hat es mir gesagt ⟨fig.; umg.⟩ *ich weiß es aus geheimer Quelle* **1.1.2** er hat im kleinen ~ mehr, als andere im ganzen Kopf ⟨fig.; umg.⟩ *er weiß viel mehr, ist viel begabter als andere* **1.1.3** etwas im kleinen ~ haben ⟨fig.; umg.⟩ *über etwas genau Bescheid wissen;* das muß man im kleinen ~ haben! **1.1.4** jmdn. um den (kleinen) ~ wickeln (können) ⟨fig.; umg.⟩ *jmdn. sehr leicht beeinflussen, völlig beherrschen (können);* man kann ihn um den (kleinen) ~ wickeln **1.1.5** jmd. braucht nur den kleinen ~ auszustrecken ⟨fig.⟩ *für jmdn. ist es leicht, etwas zu erreichen* **1.2** *Zeigefinger;* den ~ auf den Mund legen (zum Zeichen des Schweigens); jmdm. mit dem ~ drohen **1.2.1** den ~ auf eine (offene) Wunde legen ⟨fig.⟩ *auf eine peinl., üble Sache deutlich hinweisen* **1.2.2** mit (den) ~n, dem ~ auf jmdn. weisen, zeigen ⟨fig.; umg.⟩ *jmdn. öffentl. bloßstellen;* die Leute werden mit ~n auf uns zeigen **1.3** ⟨Pl.; umg.⟩ *Hand* **1.3.1** etwas nicht aus den ~n lassen ⟨fig.; umg.⟩ *nicht hergeben;* er läßt das Buch nicht aus den ~n **1.3.2** jmdm. zerrinnt das Geld unter den ~n *jmd. kann nicht sparsam leben* **1.3.3** bei etwas seine, die ~ im Spiel haben ⟨fig.; umg.⟩ *hinter etwas stecken, heimlich an etwas beteiligt sein;* er hat dabei die ~ im Spiel **1.3.4** er hat überall seine ~ dazwischen ⟨fig.; umg.⟩ *er ist überall beteiligt* **1.3.5** die ~ von etwas lassen ⟨fig.; umg.⟩ *sich auf etwas nicht einlassen;* laß die ~ davon!

'fin·ger·fer·tig ⟨Adj.⟩ *geläufig, geschickt, flink mit den Fingern;* der Zauberer war sehr ~

'Fin·ger·hut ⟨m.⟩ **1** *Metall- od. Plastikkappe zum Schutz des Mittelfingers beim Nähen;* den ~ aufsetzen **2** einen ~ voll ⟨fig.⟩ *eine geringe Menge* **3** ⟨Bot.⟩ *giftiger, als Herz- u. Kreislaufmittel verwendeter, Glykoside enthaltender Angehöriger einer Gattung der Rachenblütler: Digitalis;* Großblütiger ~, Gelbblütiger ~

'fin·gern ⟨V.⟩ **1** ⟨411⟩ an etwas ~ *mit den Fingern berühren, ohne Sinn u. Zweck anfassen u. daran arbeiten;* sie fingert immer an ihrem Kragen; mußt du immer daran ~! **2** ⟨500⟩ eine Sache ~ ⟨fig.; umg.⟩ *geschickt zuwege bringen;* wir werden die Sache schon ~!

'Fin·ger·na·gel ⟨m.⟩ *Hornplättchen am Ende des menschl. Fingers;* gepflegte, schmutzige Fingernägel

'Fin·ger·spit·ze ⟨f.⟩ **1** *Kuppe, Ende des Fingers;* etwas bis in die ~n fühlen; die ~n ins warme Wasser tauchen; etwas mit den ~n berühren, verreiben **1.1** das muß man in den ~n haben ⟨fig.; umg.⟩ *dafür muß man das richtige Gefühl haben* **1.2** jmdm. kribbelt es (ordentlich) in den ~n ⟨fig.; umg.⟩ *jmd. ist sehr ungeduldig* **1.3** jmd. ist musikalisch, mißtrauisch, konsequent bis in die ~n ⟨fig.; umg.⟩ *sehr, ganz außerordentlich*

'Fin·ger·spit·zen·ge·fühl ⟨n.; -(e)s; unz.; fig.⟩ *feines Gefühl, Verständnis, Einfühlungsvermögen;* hierfür braucht man, gehört ~; dafür fehlt ihm das nötige ~; eine Angelegenheit mit ~ behandeln

'Fin·ger·zeig ⟨m.; -(e)s, -e; fig.⟩ *Wink, Hinweis;* ein ~ Gottes ⟨geh.⟩; einen ~ erhalten, geben; das mag ihm als ~ dienen

fin'gie·ren ⟨[fiŋ'gi:-]; V. 500⟩ eine Sache ~ *vortäuschen, erdichten, unterstellen;* einen Überfall ~; eine fingierte Rechnung ausstellen

Fink ⟨m.; -en, -en⟩ *Angehöriger einer Unterfa-*

milie der Singvögel, starengroß, mit kräftigem Schnabel: Fringillidae; Buch ~, Edel ~, Berg ~, Grün ~

'fin·ster ⟨Adj.; finsterer od. bes. in gewählter Sprache, finstrer, finsterste⟩ **1** *dunkel, lichtlos;* eine ~e Nacht; es wird jetzt früh, zeitig ~ **1.0.1** im Finster(e)n *im Dunkeln, in der Dunkelheit;* im Finstern tappend, stieß er den Krug um **1.1** im Finstern tappen ⟨a. fig.⟩ *nicht Bescheid wissen, im Ungewissen sein* **1.2** das ~e Mittelalter *das unaufgeklärte M.* **1.3** die Angelegenheit sieht ~ für uns aus ⟨fig.; umg.⟩ *ungünstig* **2** *unfreundlich, düster, verdrossen, feindselig;* ein ~es Gesicht; jmdn. mit ~en Augen ansehen; jmdm. ~e Blicke zuwerfen; ~e Gedanken gegen jmdn. hegen **3** ⟨70⟩ *zweifelhaft, verdächtig, anrüchig;* das scheint mir eine ~e Angelegenheit zu sein; ein ~er Bursche, Geselle, Kerl; eine ~e Kneipe, ein ~es Lokal; ~e Wege gehen

'Fin·ster·nis ⟨f.; -, -s·se⟩ **1** *tiefe Dunkelheit;* eine tiefe, nächtliche, schwarze ~ **2** ⟨Astr.⟩ *Verdeckung eines Himmelskörpers durch einen andern, von der Erde aus gesehen;* Sonnen ~, Mond ~; eine totale ~

'Fin·te ⟨f.; -, -n⟩ **1** *Scheinangriff* **2** *Täuschung* **3** ⟨fig.⟩ *Vorwand, Ausflucht, List*

firm ⟨Adj. 11/40⟩ *fest, sicher, bewandert, beschlagen;* in einem Fachgebiet ~ sein

'Fir·ma ⟨f.; -, -men; Abk.: Fa.⟩ **1** *Geschäft, Betrieb* **2** *Geschäfts-, Handelsname*

Fir·ma'ment ⟨n.; -(e)s, -e⟩ *Himmel, Himmelsgewölbe*

'Fir·mung ⟨f.; -, -en⟩ *vom Bischof durch Salbung u. Handauflegen vollzogenes kath. Sakrament, das der Kräftigung im Glauben dienen u. Standhaftigkeit verleihen soll*

'Fir·nis ⟨m.; -s·ses, -s·se⟩ **1** *rasch trocknende Flüssigkeit, die eine feine durchsichtige Schicht ergibt u. die darunterliegende Fläche, z. B. ein Gemälde, widerstandsfähig macht;* der ~ bewahrt das Bild vor Verschmutzung; den ~ auftragen **2** ⟨fig.; abwertend⟩ *äußerl. Hülle, äußerer Schein;* seine Bildung ist nur ~

First ⟨m.; -(e)s, -e⟩ **1** *oberste Kante des Daches;* Dach ~; der ~ des Hauses **2** ⟨Bgb.⟩ *Decke eines Grubenbaues* **3** ⟨poet.⟩ *Berggipfel, -kamm*

Fisch ⟨m.; -(e)s, -e⟩ **1** *im Wasser lebendes, durch Kiemen atmendes Wirbeltier mit paarig angeordneten Brust- u. Bauchflossen, unpaarigen Rücken- u. Schwanzflossen u. mit Schuppen bedeckter Haut: Pisces;* ein fliegender ~; ~e angeln, fangen; ~e mit der Angel, dem Netz, der Reuse fangen; sich wohl fühlen, gesund und munter sein wie ein ~ im Wasser ⟨fig.; umg.⟩; der Kleine kann wie ein ~ schwimmen (so gut); sie ist kalt wie ein ~ ⟨fig.; umg.⟩; er war stumm wie ein ~ ⟨fig.; umg.⟩ **1.0.1** faule ~e ⟨fig.; umg.⟩ *dumme Ausreden, Lügen* **1.0.2** das sind kleine ~e! ⟨fig.; umg.⟩ *das ist eine Kleinigkeit, leicht zu bewältigen, zu bewerkstelligen!* **1.0.3** die ~e füttern ⟨a. fig.; umg.⟩ *sich auf einem Schiff übergeben müssen, weil man seekrank ist* **1.1** *Fischgericht;* gern ~ essen; freitags gibt es bei uns ~ (zu essen); gebratener, gekochter, gepökelter, marinierter, panierter, überbackener ~; ~ mit brauner Butter, Dill, Senfsoße **1.1.1** (der) ~ will schwimmen ⟨fig.; umg.⟩ *zum Fischessen gehört Wein* **1.1.2** das ist weder ~ noch Fleisch ⟨fig.; umg.⟩ *nichts Rechtes, Entschiedenes, nur eine halbe Sache* **2** ⟨Pl.⟩ ~e ⟨Astr.⟩ *Sternbild der Äquatorzone u. zwölftes Tierkreiszeichen*

'fi·schen ⟨V.⟩ **1** ⟨400 od. 500⟩ *(Fische) fangen;* er fischt mit der Angel; er fischt (Heringe) mit dem Netz; er hat Forellen gefischt **1.0.1** ⟨430⟩ im trüben ~ ⟨fig.⟩ *aus unklarer, verworrener Lage Vorteil ziehen, Gewinne aus unsauberen Geschäften ziehen* **1.1** ⟨400⟩ fischfressendes Wild fischt ⟨jägerspr.⟩ *geht auf Fischfang aus* **2** ⟨402⟩ (etwas od. jmdn. aus etwas) ~ ⟨fig.; umg.⟩ *herausziehen;* der Junge fischte eine Murmel aus der Tasche **2.1** ⟨530/R1⟩ er fischt sich die besten Brocken, Stücke (aus der Suppe) ⟨fig.; umg.⟩ *nimmt sich selbst das Beste* **2.2** dabei ist nichts zu ~ ⟨fig.; umg.⟩ *zu gewinnen* **3** ⟨800⟩ nach etwas ~ ⟨fig.; umg.⟩ *suchen, auf etwas aus sein;* sie fischte in ihrer Handtasche nach dem Hausschlüssel **3.1** nach Komplimenten ~ ⟨fig.; umg.⟩ *auf Komplimente aus sein, K. herausfordern*

'Fi·scher ⟨m.; -s, -⟩ **1** *jmd., der Fische fängt, Angler;* Sport ~ **2** *ausgebildeter Gehilfe od. Meister der See-, Hochsee-, Küsten-, Binnenfischerei, einschließlich Teichwirtschaft u. Fischzucht;* Sy *Fischwirt* ⟨amtl. Berufsbezeichnung⟩

'Fisch·wirt ⟨m.; seit 1973 amtl. Berufsbezeichnung⟩ = *Fischer(2)*

'Fis·kus ⟨m.; -; unz.⟩ **1** *Staatsvermögen* **2** *der Staat als Eigentümer von Vermögen* **3** *Finanzverwaltungsabteilung;* Steuer ~

'fis·pe·lig ⟨Adj.; umg.⟩ *unruhig, aufgeregt, fahrig;* oV *fisplig*

'fis·peln ⟨V. 400; umg.⟩ *unruhig, aufgeregt, zitterig arbeiten*

'fisp·lig ⟨Adj.; umg.⟩ = *fispelig*

'Fi·stel ⟨f.; -, -n; Med.⟩ *eine abnorme, natürl. od. künstl. kanalartige Verbindung zw. zwei Hohlorganen od. zw. Hohlorganen u. der Körperoberfläche*

'Fi·stel·stim·me ⟨f.⟩ **1** *die hauchige, nicht durch Brustresonanz verstärkte Kopfstimme des Mannes* **2** ⟨umg.⟩ *sehr hohe, feine Stimme*

'Fit·tich ⟨m.; -(e)s, -e⟩ **1** ⟨poet.⟩ *Flügel, Schwinge;* die ~e des Adlers; die ~e ausbreiten; die ~e der Nacht bedeckten ... ⟨fig.⟩ **2** jmdn. unter seine ~e nehmen ⟨fig.; umg.⟩ *in Obhut, unter wohlwollende Aufsicht*

fix[1] ⟨Adj. 24⟩ **1** ⟨60⟩ *fest, feststehend, unverändert;* ~e Kosten; der Vertreter erhält ein ~es Gehalt u. Provision **1.1** ~e Idee *Wahnvorstellung* **2** ⟨40⟩ ~ und fertig *ganz fertig;* die Arbeit ist ~ und fertig **2.1** jmd. ist ~ und fertig ⟨umg.⟩ *erschöpft, abgearbeitet*

fix[2] ⟨Adj.⟩ *flink, behende, schnell;* (mach) ~!; ein ~er Bursche, Junge, Geselle; ich ziehe mich noch ~ um

fi'xie·ren ⟨V. 500⟩ **1** die Frisur ~ *so behandeln, daß sie die Form behält* **2** Zeichnungen ~ *gegen Verwischen durch Einpudern od. Einsprühen schützen* **3** entwickelte Bilder ~ ⟨Phot.⟩ *durch chem. Behandlung ein Verfärben der B. verhindern* **4** einen Zeitpunkt ~ *festlegen, bestimmen* **5** Bestimmungen ~ *schriftlich od. mündlich in eindeutige Worte fassen* **6** jmdn. ~ *starr ansehen, anstarren*

'Fix·stern ⟨m.⟩ *sehr weit entfernter, selbstleuchtender Himmelskörper, der scheinbar feststeht, in Wirklichkeit aber seinen Ort sehr langsam ändert*

flach ⟨Adj.⟩ **1** *ziemlich eben, ohne größere Erhebungen u. Tiefen;* ein ~es Gelände; ~es Land **1.1** das ~e Land *Gebiet außerhalb der Stadt;* er wohnt auf dem ~en Lande **1.2** die ~e Hand *die mit der Innenfläche nach oben ausgestreckte H.* **1.3** mit der ~en Klinge *mit der Breitseite der K.* **2** *niedrig, nicht sehr hoch;* Schuhe mit ~en Absätzen **2.1** ein ~es Dach *ein wenig geneigtes D.* **2.2** eine ~e Nase *eine platte N.* **2.3** eine ~e Stirn *eine kaum gewölbte S.* **3** *nicht sehr tief;* Ggs *tief(5);* ein ~es Gewässer; eine ~e Stelle im Fluß; ~e Teller **4** ⟨fig.⟩ *platt, uninteressant, oberflächlich, geistlos;* ein ~es Buch, Gespräch, Urteil; ~e Gedanken; eine ~e Unterhaltung führen

'Flä·che ⟨f.; -, -n⟩ **1** ⟨Math.⟩ *zweidimensionales Gebilde;* eine geometrische, algebraische, abwickelbare ~ **2** *Begrenzung des Körpers;* Grund~, Ober~, Seiten~, Schnitt~; Klebe~, Gleit~; Sitz~, Trag~ **3** ⟨allg.⟩ *größere freie Strecke, Ebene, Gebiet, Platz;* eine breite, kahle, spiegelglatte, grüne ~

'Flachs ⟨[-ks-] m.; -es; unz.⟩ **1** *blau blühende einjährige Kulturpflanze, aus deren Samen man das Leinöl gewinnt u. die eine wertvolle Textilfaser liefert: Linum usitatissimum;* Sy *Lein;* ~ anbauen, raufen, brechen, riffeln, rösten, schwingen **2** *Stengelfaser dieser Pflanze;* ~ hecheln, spinnen; Haar gelb wie ~ **3** ⟨fig.; umg.⟩ *Neckerei, Spaß, Scherz;* ~ machen; hör auf mit dem ~!; (jetzt mal) ohne ~

'flackern ⟨-k·k-; V. 400⟩ etwas flackert **1** *unruhig, zuckend brennen, leuchten;* das Feuer, das Licht flackert im Wind; die Kerze hat gespenstisch geflackert **2** ⟨fig.; geh.⟩ *sich unruhig bewegen, zucken;* seine Augen flackerten, sein Blick flackert; mit flackernden Augen

'Fla·den ⟨m.; -s, -⟩ **1** *dünne, flache, in der Pfanne gebackene Süßspeise;* Eier~; Mehl~; einen ~ backen **2** *flacher, runder Haufen Kuhmist;* Kuh~; in einen ~ treten

'Flag·ge ⟨f.; -, -n⟩ *meist mit einer Stange od. einem Stab verbundene, feststehende od. an einem Fahrzeug befestigte, als Hoheits- od. Erkennungszeichen (auch für Winksignale) dienende Fahne*

'flag·gen ⟨V. 400⟩ *eine Flagge, Fahne aufziehen*

fla'grant ⟨Adj. 24/70⟩ **1** *offenkundig, schlagend* **2** *brennend* **3** in ~i ertappen *auf frischer Tat ertappen*

'Flam·me ⟨f.; -, -n⟩ **1** *leuchtende Verbrennungserscheinung, hochschlagendes Feuer;* die ~n flackern, lodern, züngeln; ~n speien (Drache im Märchen); eine bläuliche, gelbe, helle ~; die ~n der Hölle **1.0.1** in ~n geraten *zu brennen beginnen* **1.0.2** ein Haus in ~n setzen *einen Brand anlegen* **1.0.3** in ~n stehen *lichterloh brennen* **1.0.4** in ~n aufgehen, ein Raub der ~n werden ⟨geh.⟩ *verbrennen* **1.0.5** einen Toten den ~n übergeben *einäschern* **2** ⟨fig.⟩ *heftige Erregung, starker Antrieb;* die ~ der Begeisterung, des Zorns **2.1** dichterische ~ *schöpfer. Antrieb* **2.2** → a. *Feuer(5.0.2)* **3** ⟨fig.; umg.⟩ *Angebetete, Geliebte* **3.1** meine alte ~ ⟨fig.; umg.⟩ *frühere Geliebte, Jugendliebe* **4** ⟨Pl.⟩ ~n ⟨jägerspr.⟩ *rote Augenhaut der Auer- u. Birkhähne*

'flam·mend ⟨Adj.; fig.⟩ *leidenschaftlich, zündend;* eine ~e Rede halten; mit ~en Worten

'Flam·men·meer ⟨n.; fig.⟩ *riesige brennende Fläche;* die Stadt war ein einziges ~

'Flan·ke ⟨f.; -, -n⟩ **1** *Seite;* von der ~ kommen; die ~ des Gegners ⟨Mil.⟩ **1.1** dem Feind in die ~ fallen ⟨Mil.⟩ *von der Seite her angreifen* **1.2** ⟨Ballspiele⟩ *Zuspielen des Balles quer über das Spielfeld;* der Linksaußen gab eine ~ herein **1.3** ⟨Turnen⟩ *seitl. Sprung über ein Gerät mit Aufstützen der Hand;* eine ~ über Barren, Kasten, Pferd, Reck machen **2** *an der Seite gelegenes Teil* **2.1** ⟨Zool.⟩ *seitliche Weichstelle am Rumpf;* die ~n des Pferdes zitterten **2.2** ⟨Tech.⟩ *die Seite eines Zahnes von einem Zahnrad*

flan'kie·ren ⟨V. 500⟩ **1** jmdn. ~ *an jmds. Seite stehen, gehen* **2** jmdn. od. etwas ~ ⟨Mil.⟩ *von der Seite decken* **3** Figuren ~ ⟨Schach⟩ *seitlich postieren od. entwickeln*

'Fla·sche ⟨f.; -, -n⟩ **1** *Gefäß mit Hals zum Aufbewahren von Flüssigkeiten u. Gasen;* eine ~ entkorken, leeren, öffnen; diese ~ faßt zwei Liter; eine große, kleine, bauchige ~; Bier, Wein auf ~n füllen, ziehen; er trinkt gleich aus der ~; Weine in ~n; Kakao, Milch in ~n verkaufen; eine mit Milch, Sauerstoff, Sekt, Wasser, Wein gefüllte ~; dem Säugling die ~ geben; ein Kind, ein Tier mit der ~ großziehen **1.0.1** oft zur ~ greifen *sich dem Trunk ergeben* **2** ⟨Techn.⟩ *Verbindung mehrerer neben- od. hintereinanderliegender Rollen beim Flaschenzug* **3** ⟨fig.; umg.⟩ *untauglicher, unsportlicher Mensch, Versager;* so eine ~!

'Fla·schen·hals ⟨m.⟩ **1** *schmaler Teil der Flasche zwischen Öffnung u. Bauch;* den ~ abbrechen **2** ⟨fig.; umg.⟩ *Engpaß*

'Fla·schen·zug ⟨m.; Tech.⟩ *Vorrichtung zum Heben schwerer Lasten bei geringem Kraftaufwand mittels eines Seiles, das über Rollen läuft*

'flat·tern ⟨V. 400 od. 410⟩ etwas flattert **1** ⟨(s.)⟩ *mit schnellen Bewegungen der Flügel fliegen;* die Vögel flatterten aus dem Busch; ein Schmetterling flatterte von Blüte zu Blüte **1.1** *die Flügel rasch bewegen;* der Kanarienvogel flatterte unruhig im Käfig **2** *rasch im Winde hin u. her bewegt werden, wehen;* die Wäsche flattert auf der Leine; die Fahnen, die Segel im Winde ~ lassen; mit ~dem Haar **2.1** ⟨(s.)⟩ ein Brief flatterte mir heute auf den Tisch ⟨fig.; umg.⟩ *kam unerwartet, plötzlich* **3** ⟨fig.⟩ *sich unruhig bewegen, zittern;* sein Blick, Puls, Herz flatterte unruhig **4** ein Rad flattert ⟨umg.; Verk.⟩ *bewegt sich um eine Achse senkrecht zur Laufrichtung hin u. her*

flau ⟨Adj.⟩ **1** *schwach, matt, kraftlos;* ~e Farben **1.0.1** das Negativ ist ~ *unterbelichtet, ohne Kontraste* **1.0.2** der Wind wird ~er *der W. läßt nach* **1.1** ⟨umg.⟩ *schwach, leicht übel (vor Hunger);* mir ist, wird ~ **1.2** *abgestanden, fade;* die Suppe hat einen ~en Geschmack **2** ⟨kaufmannsspr.⟩ *durch geringe Nachfrage od. fallenden Preis gekennzeichnet, lustlos;* die Geschäfte gehen ~; ~er Markt **2.1** ~e Börse *B. mit geringer Umsatztätigkeit*

Flaum[1] ⟨m.; -(e)s; unz.⟩ *Bauch- u. Nierenfett des Schweins;* oV *Flom, Flomen* ⟨niederdt.⟩

Flaum[2] ⟨m.; -(e)s; unz.⟩ **1** *zarte, feine Federn der Vögel unter dem äußeren Gefieder;* ~federn **2** *erster Bartwuchs;* der erste ~ auf der Oberlippe sprießt schon **3** *feines Haar;* ein

Säugling mit zartem, blondem ~ auf dem Kopf **4** *feinhaariger, pelziger Überzug auf der Oberfläche von verschiedenen Früchten, Pflanzen u. Stoffen;* der ~ des Pfirsichs, Edelweißes

'Flau·se ⟨f.; -, -n; meist Pl.; umg.⟩ **1** *dummes Gerede, Unsinn, dumme Gedanken;* ich werde dir die ~n schon austreiben!; sie hat nur ~n im Kopf!; setz ihr keine ~n in den Kopf! **2** *Ausflüchte, Flunkereien;* das sind nur ~n!; mach keine ~n!

'Flau·te ⟨f.; -, -n⟩ **1** ⟨seemannsspr.⟩ *Windstille;* das Segelboot geriet in eine ~ **2** ⟨fig.; kaufmannsspr.⟩ *Zeit, in der die Wirtschaft keinen od. geringen Absatz hat, Geschäftsstille;* in der Textilindustrie herrscht eine allgemeine ~ **3** ⟨fig.; allg.⟩ *niedergedrückte Stimmung, momentane Leistungsschwäche*

'Flech·te ⟨f.; -, -n⟩ **1** ⟨geh.⟩ *geflochtenes Haar, Zopf;* sie hat dicke, lange, schwarze ~n **2** ⟨Bot.⟩ *Organismus, der von in Symbiose miteinander lebenden Algen u. Pilzen gebildet wird: Lichen;* der Felsen war von ~n überwachsen **3** ⟨Med.⟩ *schuppiger Hautausschlag;* Borken~, Schuppen~; eine juckende, nässende, trockene ~

'flech·ten ⟨V. 135/500⟩ **1** etwas ~ *mehrere Stränge aus biegsamem Material durch regelmäßiges Verschränken verknüpfen;* Blumen (zu Kränzen) ~; das lange Haar (zu Zöpfen, in Zöpfe) ~; warum flichst du dir ein Band ins Haar? 1.1 → a. *Rad(2.3)* **2** etwas ~ *durch Flechten herstellen;* Körbe, Rohrstühle, Matten ~; das Mädchen hat einen Kranz geflochten **3** ⟨550⟩ Bemerkungen, Zitate in eine Rede, ein Gespräch ~ ⟨fig.⟩ *einstreuen, einfließen lassen*

Fleck ⟨m.; -(e)s, -e⟩ **1** ⟨umg.⟩ *bestimmte Stelle, bestimmter Punkt, Platz;* es steht immer noch auf dem alten ~; wir mußten 2 Stunden auf einem ~ stehen; rühren Sie sich nicht vom ~! 1.0.1 nicht vom ~ kommen ⟨fig.; umg.⟩ *nicht vorankommen;* er kommt mit seiner Arbeit nicht vom ~ 1.0.2 vom ~ weg ⟨fig.; umg.⟩ *auf der Stelle, sofort;* er hat sie vom ~ weg geheiratet 1.0.3 das Herz, den Kopf, das Maul, den Mund am, auf dem rechten ~ haben ⟨fig.; umg.⟩ *am richtigen Platz* 1.1 *kleinere Fläche, Stück Land(schaft);* das ist ein schöner ~ **2** *verschmutzte, verdorbene, verletzte, trübe, andersfarbige Stelle;* oV *Flecken(2);* deine Schürze hat schon wieder viele ~e bekommen; ~e entfernen (aus einem Kleidungsstück); der Spiegel hat einen trüben ~; nimm die Serviette, sonst wirst du ~e aufs Kleid bekommen; gib acht, daß du keine ~e in die neue Bluse bekommst; ich habe mich an der Tischkante gestoßen u. davon einen blauen ~ bekommen 2.0.1 → a. *blind(1.0.1), gelb(1.2), weiß(4.1)* 2.1 ⟨fig.⟩ *Makel;* einen ~ auf der Ehre haben 2.1.1 er hat einen ~ auf seiner weißen Weste ⟨fig.; umg.⟩ *seine Ehre ist nicht makellos* **3** *Flicken;* ich muß einen ~ auf das Loch in deiner Hose aufsetzen **4** ⟨nur Pl.⟩ ~e ⟨Kochk.⟩ *zerschnittene Kaldaunen;* saure ~e

'flecken ⟨-k·k-; V.⟩ **1** ⟨400⟩ etwas fleckt *nimmt leicht Flecke an* **2** ⟨400⟩ Arbeit fleckt ⟨fig.; umg.⟩ *geht rasch voran, von der Hand;* heute fleckt die Arbeit (nicht) **3** ⟨500⟩ etwas ~ ⟨oberdt.⟩ *flicken, ausbessern;* Schuhe ~

'Flecken ⟨-k·k-; m.; -s, -⟩ **1** *größeres Dorf mit einzelnen städtischen Rechten, z. B. Marktrecht;* Markt~ **2** = *Fleck(2)*

'flecken·los ⟨-k·k-; Adj.⟩ **1** *keine Flecke (mehr) aufweisend, sauber;* ~e Wäsche, eine ~e Tischdecke **2** ⟨fig.⟩ *tadellos, einwandfrei;* ~e Ehre; ein ~er Lebenswandel

'Fle·gel ⟨m.; -s, -⟩ **1** *Werkzeug zum Dreschen;* Dresch~ **2** ⟨fig.; abwertend⟩ *grober, unerzogener Mensch, Lümmel;* er ist ein unverschämter, richtiger ~

'fle·hen ⟨V. 800; geh.⟩ **1** um etwas ~ *eindringl. u. demütig bitten;* um Hilfe ~; die Gefangenen flehten um Gnade, um ihr Leben; Gott erhörte sein Flehen; ein ~der Blick; ~d bat sie ihn ... **2** zu jmdm. od. etwas ~ *beten;* zu Gott ~; er flehte zum Himmel um ...

'fle·hent·lich ⟨Adj.; geh.⟩ *eindringlich, inständig;* jmdn. ~ bitten

Fleisch ⟨n.; -(e)s; unz.⟩ **1** *Muskelgewebe des menschl. u. tier. Körpers;* bloßliegendes ~ einer Wunde 1.0.1 fest, straff im ~e sein *einen festen, straffen, gesunden Körper haben* 1.0.2 vom ~(e) fallen *abmagern, sehr dünn werden* 1.0.3 sich ins eigene ~ schneiden ⟨fig.⟩ *sich selbst schaden* 1.0.4 er ist ~ von meinem ~e *er ist mit mir blutsverwandt, er ist mein Sohn* 1.0.5 sein eigen ~ und Blut *sein Blutsverwandter, sein leibl. Kind* 1.0.6 Menschen von ~ und Blut *lebendige, lebensechte M.;* die Gestalten dieses Romans, Dramas sind Menschen von ~ und Blut 1.0.7 etwas geht jmdm. in ~ u. Blut über *wird jmdm. selbstverständlich, zur Gewohnheit;* dieser Handgriff muß in ~ und Blut übergehen 1.0.8 → a. *Pfahl(3)* 1.1 auf Rubens' Bildern ist viel ~ zu sehen ⟨umg.⟩ *viel nackter Körper* **2** ⟨fig.⟩ *der menschl. Körper, im Hinblick auf seine Ohnmacht u. Vergänglichkeit im Unterschied zu Geist u. Seele;* denn alles ~ ist wie Gras (1. Brief des Petrus, 24); der Geist ist willig, aber das ~ ist schwach (Matth. 26, 41) 2.1 den Weg allen ~es gehen ⟨geh.⟩ *vergänglich sein, sterben* 2.2 ~ werden *menschl. Gestalt annehmen, Mensch werden;* Gott, Christus ist ~ geworden **3** *eßbare Teile des tier. Körpers;* Koch~, Rind~, Schweine~; gebratenes, gehacktes, gekochtes, gepökeltes, geschabtes, fettes, mageres, rohes, zartes, zähes ~; ~ zum Kochen, zur Suppe 3.1 → a. *Fisch(1.1.2)* **4** *weiches, saftreiches Zellgewebe der Früchte* **5** ⟨Typ.⟩ *Teil der Drucktype, der über das Schriftbild hinausragt u. durch den der Zwischenraum zwischen den Buchstaben zustande kommt* 5.1 diese Schrift hat viel ~ *der Zwischenraum zwischen den Buchstaben ist groß*

'Flei·scher ⟨m.; -s, -⟩ *Handwerker, der Vieh schlachtet u. für die menschl. Ernährung verarbeitet;* Sy *Fleischhacker, Fleischhauer, Metzger, Schlächter(1), Schlachter*

'Flei·sches·lust ⟨f.⟩ *Sinnengenuß, Sinnenfreude, bes. geschlechtl. Art*

'Fleisch·hacker ⟨-k·k-; m.; -s, -; österr.⟩ = *Fleischer*

'Fleisch·hau·er ⟨m.; -s, -; österr.⟩ = *Fleischer*

'flei·schig ⟨Adj. 24/70⟩ **1** *viel Fleisch enthaltend, üppig, dick;* ein ~es Gesicht; sie hat eine ~e Nase; ihre Hände sind ~ **2** *reich an Fruchtfleisch;* die Pfirsiche sind sehr ~

'fleisch·lich ⟨Adj.⟩ **1** *leiblich, aus Fleisch be-*

stehend **2** ⟨fig.⟩ *sinnlich (bes. hinsichtl. des Geschlechtstriebes);* ~e Begierden, Genüsse
'Fleisch·wolf ⟨m.⟩ *Maschine zum Zerkleinern von Fleisch;* Sy *Wolf(4)*
Fleiß ⟨m.; -es; unz.⟩ **1** *tatkräftiges Streben nach einem Ziel, Eifer u. Sorgfalt;* eiserner, unermüdlicher ~; ~ sehr gut (als Schulnote); ~ auf etwas wenden 1.0.1 ohne ~ kein Preis ⟨Sprichw.⟩ *jedes Ziel muß erarbeitet werden* 1.1 etwas mit ~ tun *mit Absicht*
'flei·ßig ⟨Adj.⟩ **1** *arbeitsam, strebsam, eifrig, seine Zeit nutzend;* Ggs *faul(4);* ~ arbeiten, studieren; er ist sehr ~; ein ~er Junge, Arbeiter; ~e Bienen; ~e Hände **2** ⟨90; umg.⟩ *regelmäßig, oft, häufig;* Museen, Vorlesungen ~ besuchen; ~ trinken, spazierengehen **3** *Fleiß beweisend;* eine ~e Arbeit **4** Fleißiges Lieschen ⟨Bot.⟩ *fast ununterbrochen blühende krautige Zimmerzierpflanze mit roten Blüten: Impatiens sultani*
'flet·schen ⟨V. 500; nur in der Wendung⟩ die Zähne ~ *entblößen, blecken, zeigen;* der Wolf, Hund hat die Zähne gefletscht
fle'xi·bel ⟨Adj.⟩ **1** ein Gegenstand ist ~ *biegsam, nachgiebig, elastisch;* flexible Bucheinbände **2** jmd. ist ~ *an veränderte Umstände anpassungsfähig* **3** Wörter sind ~ ⟨Gramm.⟩ *durch Beugung zu verändern*
'flicken ⟨-k·k-; V. 500⟩ **1** etwas ~ *ausbessern;* Fahrradreifen, Kleidungsstücke, Strümpfe, Wäsche ~ 1.1 → a. *Zeug(2.1.1)*
'Flicken ⟨-k·k-; m.; -s, -⟩ *kleines Stück Stoff, Leder u. ä. zum Ausbessern;* einen ~ aufsetzen, einsetzen; seine Hose war voller ~
'Flie·der ⟨m.; -s; -⟩ **1** *einer Gattung südosteuropäisch-asiatischer Ölbaumgewächse angehörender Strauch mit großen stark duftenden Blütenrispen: Syringa* 1.1 der Gemeine ~ *Strauch mit herzförmigen Blättern u. veilchenblauen, violetten od. weißen (oft gefüllten) Blüten: Syringa vulgaris;* im Garten steht, duftet ~ **2** *blühende Zweige von diesem Strauch;* ein Strauß ~ **3** ⟨landschaftl.⟩ = *Schwarzer Holunder*
'Flie·ge ⟨f.; -, -n⟩ **1** *Angehörige einer in zahllosen Arten über die ganze Erde verbreiteten Unterordnung der Zweiflügler, gedrungene Insekten mit meist kurzen, dreigliedrigen Fühlern: Brachycera* 1.1 sie starben wie die ~n ⟨umg.⟩ *massenweise* 1.2 sie fielen wie die ~n um ⟨umg.⟩ *sie wurden massenweise ohnmächtig* 1.3 er tut keiner ~ etwas zuleide ⟨fig.⟩ *er ist ein gutmütiger Mensch* 1.4 sich über die ~ an der Wand ärgern ⟨fig.⟩ *sich über unbedeutende Kleinigkeiten ärgern* 1.5 zwei ~n mit einer Klappe schlagen, auf einen, mit einem Schlag treffen ⟨a. fig.⟩ *durch eine Bemühung gleich zwei Ziele erreichen* **2** *Ding, das wie eine Fliege(1) aussieht;* künstliche ~ (als Köder an der Angel) 2.1 *zur querstehenden Schleife gebundene schmale, steife Krawatte* 2.2 *Bärtchen am Kinn od. auf der Oberlippe* 2.3 ⟨Schneiderei⟩ *mit Knopflochseide gesticktes Dreieck als Abschluß von Falten u. Nähten*
'flie·gen ⟨V. 136⟩ **1** ⟨400(s.)⟩ etwas fliegt *bewegt sich durch eigene Kraft in der Luft fort;* diese Maschine fliegt nach Barcelona; das Flugzeug ist in einer Höhe von 10 000 Metern geflogen; die Schwalben sind nach Süden geflogen; das Fliegen lernen; beim Fliegen abstürzen; im Fliegen **2** ⟨400 od. 410⟩ *mit dem Flugzeug reisen;* bis Berlin fliegt man etwa zwei Stunden; nach Rom ~ **3** ⟨500⟩ ein Flugzeug ~ *führen, lenken* **4** ⟨500⟩ jmdn. od. etwas ~ *mit dem Flugzeug befördern;* Passagiere nach Rom ~; die Verwundeten wurden vom Feldlazarett in die Heimat geflogen **5** ⟨411⟩ etwas fliegt *wird geschleudert;* ein Stein flog durchs Fenster; die Türe flog ins Schloß; in die Höhe ~ **5.1** in die Luft ~ ⟨fig.; umg.⟩ *explodieren* **6** ⟨400(s.)⟩ *sich rasch bewegen;* ich komme schon, ich fliege!; sein Blick flog über die Anwesenden **6.1** ⟨611⟩ jmdm. um den Hals ~ *jmdn. rasch, heftig umarmen* **6.2** mit ~der Feder ⟨fig.⟩ *eilig, eifrig* **6.3** in ~der Eile, Hast *sehr eilig, hastig* **7** ⟨400(s.)⟩ etwas fliegt *bewegt sich hin- u. her, flattert;* ihre Haare flogen im Wind; mit ~den Rockschößen eilte er davon 7.0.1 mit ~den Fahnen zu etwas od. jmdm. übergehen ⟨umg.; fig.⟩ *plötzl. seinen Standpunkt wechseln, sich einer anderen Meinung anschließen* 7.1 ⟨fig.⟩ *unruhig, unstet bewegt sein;* ihr Puls fliegt; sie flog am ganzen Körper; mit ~den Händen; ~der Puls **8** ⟨411(s.); fig.; umg.⟩ *hinausgeworfen, fristlos entlassen werden;* aus seiner Stellung ~; von der Schule ~ **9** ⟨410(s.); umg.⟩ *fallen;* sie ist von der Leiter geflogen; in Stücke ~ 9.1 ⟨800⟩ durchs Examen ~ ⟨fig.⟩ *durchfallen, das E. nicht bestehen* **10** ⟨800(s.)⟩ auf jmdn. od. etwas ~ ⟨fig.; umg.⟩ *von jmdm. od. etwas stark angezogen werden;* auf ihn ~ alle Mädchen
'flie·gend **1** ⟨Part. Präs. von⟩ *fliegen* **2** ⟨Adj. 24/60⟩ 2.1 *zum Fliegen befähigt* 2.1.1 ~er Drache *baumbewohnende Echse in Südostasien, die mit aufstellbaren Hautfalten an den Körperseiten Gleitflüge machen kann: Draco volans* 2.1.2 ~e Fische *Gruppe von Fischen mit verbreiterten Brust- u. Bauchflossen, die bei Verfolgung durch Raubfische aus dem Wasser schnellen: Exocoëtidae* 2.1.3 ~er Hund *Angehöriger einer Gruppe der Fledermäuse mit verlängerter Schnauze: Pteropus vampyrus* 2.1.4 ~e Untertassen *angebl. gesichtete Flugkörper von einem anderen Planeten* 2.1.5 ~es Personal *P. an Bord eines Flugzeuges* 2.2 ~e Blätter *lose, einzelne B.;* das Buch besteht nur noch aus ~en Blättern 2.3 ~er Händler *H. ohne festen Stand, H. auf Messen u. Märkten* 2.4 ~e Hitze *plötzl. auftretende Hitzewelle im Körper* 2.5 ~er Sommer = *Altweibersommer* 2.6 ~er Holländer *mit einem gespenstischen Schiff umherfahrender Seemann (Sagengestalt);* Der Fliegende Holländer (Oper von Richard Wagner) 2.7 ~er Start *S. mit Anlauf*
'Flie·ger ⟨m.; -s, -⟩ **1** *Tier, das fliegen kann;* die Möwen sind im Unterschied zu den Fasanen gute ~ **2** *Führer eines Flugzeugs;* Sy *Pilot;* er wollte ~ werden **3** ⟨umg.⟩ *Angehöriger der Luftwaffe;* zu den ~n eingezogen werden 3.1 ⟨Mil.⟩ *Soldat der Luftwaffe mit dem niedrigsten Dienstgrad;* ~ Schmidt hat sich krank gemeldet **4** ⟨umg.⟩ *Flugzeug;* am Himmel waren ~ zu sehen **5** ⟨Radsp.⟩ *Rennfahrer für kurze Strecken ohne Schrittmacher;* Ggs *Steher(1)* **6** *Rennpferd für kurze Strecken;* Ggs *Steher(2)* **7** *kleinstes, vorderstes Vormastsegel* **8** ⟨rhein.⟩ *kurzes Boot*

'flie·hen ⟨V. 137⟩ **1** ⟨400(s.)⟩ *sich aus Furcht od. Freiheitsdrang rasch u. heimlich entfernen, die Flucht ergreifen, entweichen, ausreißen, davonlaufen;* der Gefangene ist geflohen; er ist ins Ausland geflohen; vor etwas od. jmdm. ~ 1.1 ⟨411⟩ zu jmdm. ~ *bei jmdm. Schutz suchen* 1.2 die Zeit flieht ⟨fig.⟩ *vergeht rasch* **2** ⟨500⟩ jmdn. od. eine Sache ~ ⟨geh.⟩ *meiden, sich von jmdm. od. einer Sache fernhalten, jmdm. od. einer Sache ausweichen;* die Gesellschaft anderer ~

'Flie·se ⟨f.; -, -n⟩ *Wand- od. Fußbodenplatte aus Stein, Steingut, Porzellan, Kunststoff;* ~n legen; einen Raum mit ~n auslegen

'Fließ·band ⟨n.; Tech.⟩ *langsam laufendes Band, auf dem Werkstücke von einem Arbeitsgang zum andern befördert werden;* Sy *laufendes(2.2.1) Band;* am ~ arbeiten; Autos rollen von dem ~

'flie·ßen ⟨V. 138/400(s.)⟩ etwas fließt **1** *sich gleichmäßig u. ohne Stocken fortbewegen;* der Bach fließt langsam, rasch, träge; der Fluß fließt durch mehrere Länder; der Fluß fließt ins Meer; aus der Wunde floß Blut; bei dem Aufstand ist viel Blut geflossen; der Schweiß floß mir übers Gesicht; die Tränen flossen ihr über die Wangen 1.1 Zimmer mit ~dem Wasser *mit Anschluß an die Wasserleitung* 1.2 ~der Verkehr *Straßenverkehr, bei dem sich Fahrzeuge in Bewegung befinden;* Ggs *ruhender Verkehr* 1.3 ~e Fertigung *Herstellung am Fließband* **2** ⟨430; fig.⟩ *ohne Stokken, rasch zusammenkommen, hervorkommen;* die milden Gaben, die Spenden flossen reichlich; seine Rede, sein Redestrom floß unaufhörlich 2.1 ⟨613⟩ die Worte flossen mir leicht aus der Feder *es machte mir keine Mühe, meine Gedanken schriftlich zu formulieren* 2.2 eine Sprache ~d sprechen *geläufig, leicht, flüssig* **3** ⟨geh.⟩ *(in weichen Linien) fallen;* das Haar floß ihr in weichen Wellen über die Schultern; ein ~des Gewand; ~de Seide

'Flim·mer ⟨m.; -s, -⟩ **1** ⟨unz.⟩ *zitternder Lichtschein* **2** ⟨fig.⟩ *wertloser Glanz, Scheinglanz* **3** ⟨Geol.⟩ *Flimmerstein* **4** ⟨nur Pl.⟩ *zarter Zellenfortsatz an einzelligen Tieren*

'flim·mern ⟨V.⟩ **1** ⟨400⟩ *unruhig glänzen, funkeln, glitzern;* die Sterne ~; das Wasser flimmert in den Sonnenstrahlen; es flimmert mir vor den Augen; ein Flimmern vor den Augen haben 1.1 ⟨400⟩ *sich immer wieder aufleuchtend, zitternd bewegen;* die Luft flimmert (vor Hitze); der Film flimmert **2** ⟨500⟩ etwas ~ ⟨landschaftl.⟩ *blank putzen;* den Fußboden, die Wohnung ~

flink ⟨Adj.⟩ **1** *rasch, geschwind;* ~ arbeiten 1.1 ein bißchen ~! ⟨umg.⟩ *schnell!, beeil dich!* 1.2 sie ist immer ~ bei der Hand *greift rasch zu, ist hilfsbereit* **2** *geschickt, gewandt, behende;* ein ~er Bursche, ~es Mädchen; ~e Hände haben; eine ~e Zunge, ein ~es Mundwerk haben; etwas mit ~en Händen tun

'Flin·te ⟨f.; -, -n⟩ **1** ⟨urspr.⟩ *Gewehr mit Feuersteinschloß, das Mitte des 16. Jh.s in Frankreich aufkam* **2** *Jagdgewehr mit glattem Lauf zum Schießen mit Schrot;* Jagd~; die ~ laden, reinigen **3** die ~ ins Korn werfen ⟨fig.⟩ *etwas aufgeben, den Mut verlieren*

'flir·ren ⟨V. 400⟩ etwas flirrt **1** *flimmern, glänzen* **2** *schwirren, surren*

'flir·ten ⟨a. [flə:rtən] V. 405⟩ (mit jmdm.) ~ *(dem anderen Geschlecht gegenüber) mit Worten u. Blicken sein Interesse spielerisch zu erkennen geben*

'Flit·ter ⟨m.; -s, -⟩ **1** *kleine, glänzende Metallstückchen (zum Aufnähen auf Kleider), Glitzerschmuck;* ein Kleid mit glänzendem, aufgenähtem ~; billige ~ funkelten **2** ⟨unz.; fig.⟩ *Unechtes, Tand, Scheinglanz, unechter Glanz;* das ist alles nur ~

'Flit·ter·wo·che ⟨f.; -, -n; nur Pl.⟩ ~n *die ersten Wochen der Ehe*

'flit·zen ⟨V. 410 od. 411; umg.⟩ *sehr schnell laufen od. fahren, rennen, sausen;* die Kinder ~ über die Straße; die Eidechsen flitzten hin und her; er ist mit seinem Motorboot über den See geflitzt; Autos ~ über die Autobahn

'Flocke ⟨-k·k-; f.; -, -n⟩ **1** *lockere kleine Masse aus Eiskristallen;* Schnee~; die ~n fallen, wirbeln; der Schnee fällt in dichten ~n **2** *kleines Büschel aus Fasern od. Schaum;* ~n von Baumwolle, Schafwolle, Watte **3** ⟨meist Pl.⟩ *Hafer, Kartoffel u. a. in Blättchenform;* Hafer~n, Kartoffel~n **4** *lockerer Bodensatz* **5** *heller od. dunkler Fleck im Fell von Haustieren, bes. am Kopf, auch an den Füßen*

Floh ⟨m.; -(e)s, ¨-e⟩ **1** *flügelloses, bis 3 mm langes, seitl. abgeplattetes Insekt mit kräftigen Sprungbeinen u. stechend-saugenden Mundwerkzeugen, lebt als zeitweiliger Außenparasit blutsaugend auf Vögeln u. Säugetieren: Aphaniptera, Siphonaptera;* Flöhe fangen, knacken (töten); lieber einen Sack Flöhe hüten als das (tun)! 1.1 die Flöhe husten hören ⟨fig.; umg.⟩ *überklug, spitzfindig sein* 1.2 jmdm. einen ~ ins Ohr setzen ⟨fig.; umg.⟩ *jmdm. etwas sagen, was dem Betreffenden keine Ruhe mehr läßt* **2** ⟨nur Pl.⟩ Flöhe ⟨umg.⟩ *Geld*

'flö·hen ⟨V. 500⟩ **1** ⟨R8⟩ ein Tier ~ *einem T. Flöhe ablesen;* die Affen haben sich geflöht; er flöhte einen Hund 1.1 jmdn. ~ ⟨fig.; umg.⟩ *gründlich durchsuchen;* die Zöllner haben ihn tüchtig geflöht **2** jmdn. ~ ⟨fig.; umg.⟩ *um Geld betrügen*

Flom ⟨m.; -(e)s; unz.⟩ = *Flaum*[1]

'Flo·men ⟨m.; -s; unz.; niederdt.⟩ = *Flaum*[1]

Flor[1] ⟨m.; -s, -e⟩ **1** *alle Blüten einer Pflanze, Blumenfülle* **2** ⟨fig.⟩ *Zierde, Schmuck, Gedeihen* 2.1 in ~ *in voller Blüte*

Flor[2] ⟨m.; -s, -e⟩ **1** *dünner Seidenstoff* **2** *Schleier* **3** *haarige, wollige Oberschicht von Teppichen, Plüsch u. Samt* **4** *schwarzer Seidenstreifen um den Ärmel od. am Rockaufschlag als Zeichen der Trauer;* Trauer~

'Flo·ra ⟨f.; -, -ren⟩ **1** *Pflanzenreich* **2** *systemat. Beschreibung der Pflanzenwelt* **3** *Buch zum Bestimmen von Pflanzen*

Flo'rett ⟨n.; -(e)s, -e⟩ **1** *lange Stoß- u. Stichwaffe* 1.1 ⟨Sportfechten⟩ *Stoßwaffe mit langer Klinge für Damen u. Herren*

flo'rie·ren ⟨V. 400⟩ **1** Pflanzen ~ *blühen, gedeihen* **2** ⟨fig.⟩ Unternehmen ~ *entwickeln sich gut, bringen Gewinn*

'Flos·kel ⟨f.; -, -n⟩ *leere Redensart, Formel;* Höflichkeits~

Floß ⟨n.; -es, ¨-e⟩ *flaches Wasserfahrzeug aus zusammengebundenen Baumstämmen od. ähnl. Schwimmkörpern;* ein ~ bauen; auf, mit dem ~ fahren

'Flos·se ⟨f.; -, -n⟩ **1** *abgeplattetes, breites*

Bewegungs- u. Steuerorgan der Fische u. im Wasser lebender Säugetiere, z. B. Wale u. Robben; paarige, unpaare ~n; die ~n des Seehundes **2** *ein dem Gänsefuß ähnelnder Gummischuh, der mit einem Fersenband am Fuß gehalten wird u. der eine schnellere, mit geringerem Kraftaufwand verbundene Fortbewegung im u. unter Wasser ermöglicht* **3** *feststehender Steuerungsteil bei Flugzeugen, Torpedos u. a.* **4** ⟨fig.; umg.; scherzh.⟩ *Hand;* gib mir deine ~! **5** ⟨fig.; umg.; scherzh.⟩ *Fuß;* tu deine ~n da weg!

'Flö·te ⟨f.; -, -n⟩ **1** *Blasinstrument aus Holz od. einer Silberlegierung mit einem Rohr od. mehreren nebeneinanderliegenden Rohren, längs od. seitl. angeblasen;* Block~, Hirten~, Pan~, Pikkolo~, Quer~; ~ spielen **2** *Orgelstimme* **3** *schmales, hohes Trinkglas*

'Flö·ten·ton ⟨m.⟩ **1** *auf der Flöte geblasener Ton;* ein heller ~ **2** jmdm. die Flötentöne beibringen ⟨fig.; umg.; scherzh.⟩ *jmdn. zurechtweisen, Höflichkeit lehren*

flott ⟨Adj.⟩ **1** ⟨umg.⟩ *flink, rasch, ohne Unterbrechung;* ~er Absatz einer Ware; ~ arbeiten, bedienen, gehen, lesen, marschieren, spielen; das Geschäft geht ~; das Musikstück geht (nach einigem Üben) jetzt recht ~; mach ein bißchen ~!; aber bitte etwas ~! **1.1** *schwungvoll;* ein ~er Dialog (im Theaterstück); der Aufsatz ist ~ geschrieben **2** ⟨umg.⟩ *schick, elegant;* ein ~er Hut, ~es Kleid **3** ⟨umg.⟩ *leichtlebig, unbekümmert, verschwenderisch;* ein ~es Leben führen; ~ leben; ein ~er Bursche, Kerl **4** ⟨40; seemannsspr.⟩ *frei schwimmend u. fahrbereit;* das Schiff ist wieder ~

'Flot·te ⟨f.; -, -n⟩ **1** *alle Schiffe eines Staates;* Handels~, Kriegs~; die deutsche, spanische ~ **2** *größerer Verband von Schiffen;* Mittelmeer~, Schwarzmeer~ **3** *Flüssigkeit zur Behandlung von Textilien;* Bleich~, Färbe~, Wasch~

'Flot·ten·ver·band ⟨m.; Mil.⟩ *gemeinsam operierende Gruppe von Kriegsschiffen*

Flot'til·le ⟨a. [-'tiljə] f.; -, -n⟩ *Verband kleiner Kriegsschiffe*

'flott|ma·chen ⟨V. 500⟩ **1** ein Schiff (nach Auflaufen) ~ ⟨seemannsspr.⟩ *wieder schwimmfähig machen* **2** etwas ~ ⟨fig.⟩ *wieder in Gang bringen;* er hat den Betrieb wieder flottgemacht

Fluch ⟨m.; -(e)s, ¨-e⟩ **1** *im Zorn gesprochenes Kraftwort;* einen ~ aussprechen, unterdrükken; ein derber, entsetzlicher, wilder ~ **2** ⟨unz.⟩ *folgenschwere Verwünschung, Wunsch für Unheil;* ~ über dich! **3** ⟨unz.⟩ *Unheil, Verderben als Strafe Gottes;* das eben ist der ~ der bösen Tat, daß sie fortzeugend immer Böses muß gebären (Schiller, Die Piccolomini 5,1); ein ~ lastete auf, über der Familie

'flu·chen ⟨V.⟩ **1** ⟨400⟩ *einen Fluch od. Flüche ausstoßen;* er fluchte entsetzlich, derb; wie ein Fuhrknecht ~ ⟨umg.⟩ **2** ⟨800⟩ auf, über jmdn. od. etwas ~ *derb, unflätig schimpfen;* er fluchte auf seine Familie; oft hat er über das schlechte Essen geflucht **3** ⟨600/R6⟩ jmdm. ~ ⟨veralt.; geh.⟩ *jmdn. verwünschen, auf, für jmdn. Unheil herbeiwünschen;* er fluchte seinen Feinden; er flucht diesem unseligen Augenblick

Flucht[1] ⟨f.; -, -en⟩ **1** ⟨unz.⟩ *das Fliehen, rasches Enteilen, Entweichen (vor dem Feind);* die ~ ergreifen; der Verbrecher wurde auf der ~ erschossen; auf der ~ sein; sich der Bestrafung durch die ~ entziehen; der Feind jagte, stürmte in wilder ~ davon; jmdn. in die ~ jagen, schlagen; die ~ nach Ägypten ⟨bibl.⟩ **1.1** die ~ nach vorn antreten ⟨fig.⟩ *statt einer erwarteten Verteidigung einen Angriff führen* **2** ⟨jägerspr.⟩ *weiter Sprung (des Schalenwildes);* in hohen, langen ~en abspringen

Flucht[2] ⟨f.; -, -en⟩ **1** *durchgehende gerade Linie, in der gleichartige Gebäude od. Teile davon aneinandergereiht sind;* Häuser~; die Häuser stehen in einer ~; die Zimmer liegen in einer ~ hintereinander **2** *gerade Reihe, Aufeinanderfolge (von Zimmern);* Zimmer ~, eine ~ von vier Zimmern **3** *Schar fliegender Vögel*

'flüch·ten ⟨V.⟩ **1** ⟨400(s.)⟩ *fliehen, vor einer drohenden Gefahr die Flucht*[1] *ergreifen;* er mußte eilig, plötzlich, Hals über Kopf ~; er ist in die Wälder, zu seinem Sohn, ins Ausland geflüchtet **2** ⟨511/R3⟩ sich in, an einen Ort ~ *sich durch Flucht*[1] *retten, Schutz, Zuflucht suchen;* die Katze flüchtete sich auf einen Baum; das Kind flüchtet sich in die Arme der Mutter; ich habe mich vor dem Unwetter in ein Haus geflüchtet

'flüch·tig ⟨Adj.⟩ **1** ⟨70⟩ *auf der Flucht befindlich, entflohen;* einen ~en Verbrecher wieder einfangen; der Gefangene ist ~ **1.1** Haarwild ist ~ ⟨jägerspr.⟩ *flieht schnell* **2** *eilig, schnell;* jmdm. einen ~en Besuch abstatten; jmdm. einen ~en Kuß geben **2.1** *oberflächlich, ungenau;* ein ~er Bericht; eine ~e Arbeit; eine ~e Bekanntschaft; jmdn. od. etwas nur ~ kennen; einen ~en Blick auf etwas werfen; einen ~en Eindruck von einem Menschen, einer Stadt usw. bekommen; nach ~er Prüfung; sich eine Sache ~ ansehen; ~ arbeiten, schreiben, lesen; du machst alles viel zu ~ **3** ⟨60⟩ *rasch, vorübergehend, vergänglich;* der ~e Augenblick; für ein paar ~e Stunden bei jmdm. (zu Besuch) sein **4** ⟨Chem.⟩ *leicht verdunstend;* ~e Fettsäuren **5** ⟨Bgb.⟩ *brüchig*

'Flücht·ling ⟨m.; -s, -e⟩ *jmd., der flieht, flüchtet od. geflohen, geflüchtet ist;* politischer ~

Flug ⟨m.; -(e)s, ¨-e⟩ **1** *das Fliegen, Fortbewegung in der Luft;* zum ~ ansetzen **1.0.1** ⟨fig.⟩ *Aufschwung;* Gedanken~; der hohe ~ der Gedanken, des Geistes **1.1** im ~e *in der Luft;* im ~e etwas auffangen, erhaschen; einen Vogel im ~e schießen, treffen **1.1.1** im ~e ⟨fig.⟩ *in großer Eile, sehr schnell;* die Zeit verging (wie) im ~e **2** *Fortbewegung im Flugzeug, Reise im Flugzeug;* hast du einen guten ~ gehabt?; ein ruhiger, unruhiger, stürmischer ~; auf dem ~ nach Rom sein; der ~ von Berlin nach Rom **3** ⟨jägerspr.⟩ *mehrere Ketten von Flugwild*

'Flug·blatt ⟨n.⟩ *meist sehr kurzfristig herausgegebene Druckschrift im Umfang von ein, zwei Seiten, die entweder der politischen u. sozialen Propaganda od. Wirtschaftswerbung dient u. sehr große Verbreitung hat;* ein ~ bekommen, finden, verfassen; Flugblätter verteilen, drucken

'Flü·gel ⟨m.; -s, -⟩ **1** *zum Fliegen dienender Körperteil der Vögel, Insekten u. a. Tiere;* einem Vogel die ~ beschneiden, stutzen; mit den ~n schlagen; auf den ~n des Geistes, der Phantasie, der Poesie, des Traumes ⟨fig.⟩ **1.1**

jmdm. die ~ beschneiden ⟨fig.⟩ *jmds. Freiheit einschränken, jmdm. den Schwung nehmen* **1.2** die ~ hängen lassen ⟨fig.⟩ *mutlos sein* **1.3** er hat sich die ~ verbrannt ⟨fig.⟩ *ist an seinem zu kühnen Plan gescheitert, hat sich dabei selbst geschadet* **1.4** der Gedanke verleiht mir ~ ⟨fig.⟩ *gibt mir Mut u. Schwung* **2** ⟨umg.⟩ *stromlinienförmig gestaltete Tragfläche des Flugzeugs* **3** *treibende Fläche des Windrades, Treibrades, der Flügelschraube u. ä.* **3.1** ⟨Bot.⟩ *häutiger Frucht- u. Samenanhang zur Verbreitung durch den Wind* **4** *seitl. Teil eines mehrteiligen Gegenstandes;* Altar~, Fenster~, Lungen~, Tür~ **4.1** *längl. Anbau, Seitenbau eines Gebäudes;* der rechte, linke ~ des Schlosses **4.2** ⟨Bot.⟩ *eines der beiden seitl. Blumenblätter der Schmetterlingsblüte* **5** ⟨Mil.; Sp.⟩ *außen aufgestellte Einheit einer Truppe od. Mannschaft* **6** *in Form eines Vogelflügels gebautes Klavier mit waagerecht liegenden Saiten;* Konzert~; am ~: X. Y. (als Begleiter eines Sängers)

'flü·gel·lahm ⟨Adj.⟩ **1** *infolge eines gebrochenen od. angeschossenen Flügels flugunfähig;* eine ~e Ente **2** ⟨fig.⟩ *schwunglos, mutlos;* er ist ~ geworden

'Flü·gel·schlag ⟨m.⟩ **1** *Bewegung mit dem Flügel;* kurze, langsame, schnelle Flügelschläge **2** den ~ der Zeit verspüren ⟨fig.⟩ *den Ablauf einer bewegten, großen Zeit (bewußt) erleben*

'Flug·ha·fen ⟨m.⟩ *Anlage zum Starten, Landen u. Unterbringen von Flugzeugen, die meist planmäßig Personen, Fracht u. Post befördern;* ziviler, militärischer, internationaler ~; einen ~ anfliegen; sie traf auf dem Frankfurter ~ ein

'Flug·platz ⟨m.⟩ *alle Land- u. Wasserflächen mit den darauf befindlichen Einrichtungen, die für den Start u. die Landung von Luftfahrzeugen bestimmt u. behördlich zugelassen sind;* der ~ liegt 20 km von der Stadt entfernt; ein ~ für Segelflugzeuge

flugs ⟨Adv.; veralt.⟩ *eilends, schnell, geschwind;* sie öffnete ~ den Koffer

'Flug·schrift ⟨f.⟩ *Broschüre, meist polit. Streit- od. Parteischrift, zur öffentl. Meinungsbildung mit möglichst großer Verbreitung;* eine ~ verfassen

'Flug·zeug ⟨n.; -(e)s, -e⟩ *Luftfahrzeug, das schwerer ist als die Luft, die von ihm verdrängt wird, u. das sich daher nur durch dynamischen Auftrieb in die Luft erheben kann*

Fluk·tua·ti'on ⟨f.; -, -en⟩ **1** *das Fluktuieren* **1.1** ⟨Astr.⟩ *unregelmäßige Schwankungen der Erdrotation, die dazu führen, daß die „Erduhr" gegenüber einer völlig gleichmäßig laufenden Uhr bis zu rund einer halben Minute nach- od. vorgehen kann* **1.2** *Wechsel von Arbeitsplätzen innerhalb einer Volkswirtschaft*

fluk·tu'ie·ren ⟨V. 400⟩ *hin u. her fließen, schwanken, schnell wechseln*

'flun·kern ⟨V. 400; umg.⟩ *schwindeln, aufschneiden, übertreiben, Lügengeschichten erzählen;* er flunkert gern

Flur[1] ⟨m.; -(e)s, -e⟩ **1** *langer, schmaler Vorraum in einem Haus od. einer Wohnung;* Sy *Korridor(1);* Haus~; ein breiter, dunkler ~; er wartet im ~ **2** *Fußboden*

Flur[2] ⟨f.; -, -en⟩ *die zu einem Ort gehörige landwirtschaftl. Nutzfläche (Äcker u. Wiesen);* Feld und ~, Wald und ~; die ~en bereinigen, besichtigen

Fluß ⟨m.; -s·ses, ⸗s·se⟩ **1** *größerer Wasserlauf;* einen ~ regulieren; ein breiter, schmaler, großer, kleiner, reißender, tiefer ~; den ~ abwärts, aufwärts fahren **2** *das Fließen, das fließende Bewegtsein, Lauf, Strömung;* Rede~; ~ der Rede, des Gesprächs **2.1** eine Sache in ~ bringen *in Bewegung setzen, in Gang bringen* **2.2** in ~ kommen *in Bewegung, in Gang kommen* **2.3** die Sache ist (noch) im ~ *die S. läuft, entwickelt sich (noch)* **3** ⟨Tech.⟩ *durch Schmelzen hervorgerufener flüssiger Zustand;* das Blei ist in ~ **3.1** *Schmelzmasse;* Glas~ **3.2** *Schmelzzusatz*

'flüs·sig ⟨Adj.⟩ **1** ⟨70⟩ *so beschaffen, daß es geringen Zusammenhalt hat u. keine bestimmte Form aufweist, sondern sich dem jeweiligen Gefäß anpaßt;* Ggs *fest;* ~e Körper; ~e Nahrung; Metalle ~ machen **1.1** ~e K r i s t a l l e *organische Verbindungen, die in der festen (kristallisierten) Phase einen bestimmten Schmelzpunkt besitzen, bei dem sie in eine doppelbrechende Flüssigkeit (wie sonst nur bei festen Kristallen) übergehen* **1.2** ~e L u f t *durch Kühlung flüssig gemachte L.* **2** *geläufig, glatt;* eine ~e Rede; ~er Stil; ~ lesen, schreiben; das Buch liest sich sehr ~; das Buch ist ~ geschrieben **3** ⟨70⟩ ~e G e l d e r *verfügbare G., Bargeld* **3.1** kein Geld ~ haben *kein Bargeld haben*

'Flüs·sig·keit ⟨f.; -, -en⟩ **1** *flüssiger Körper, Stoff in flüssigem Zustand* **2** ⟨unz.; fig.⟩ *das Flüssigsein, flüssige Beschaffenheit, Gewandtheit, Ausdrucksglätte*

'Fluß·pferd ⟨n.⟩ **1** *Angehöriger einer Flüsse bewohnenden Familie plumper, fast unbehaarter Paarhufer: Hippopotamidae* **1.1** *gesellig an u. in den Flüssen u. Seen Afrikas lebendes dikkes, plumpes, fast nacktes Tier von fast 3 Tonnen Gewicht, mit breitem, flachem Kopf, kleinen Augen u. Ohren, verschließbaren Nasenöffnungen u. vierzehigen Füßen, die Schwimmhäute haben: Hippopotamus amphibius*

'flü·stern ⟨V.⟩ **1** ⟨400⟩ *leise, ohne Stimme, ohne Ton reden;* er flüsterte ihr ins Ohr; sie haben miteinander die ganze Zeit geflüstert; sich ~d unterhalten; mit ~der Stimme; sein Flüstern wurde immer eindringlicher **1.1** e t w a s flüstert ⟨fig.; poet.⟩ *rauscht leise, säuselt;* der Wind flüstert; die Blätter ~ im Wind **2** ⟨503/R6⟩ (j m d m.) e t w a s (ins Ohr) ~ *leise sagen;* sie flüsterte ihm ihren Namen, ihre Antwort ins Ohr **2.1** ⟨530⟩ j m d m. e t w a s ~ ⟨fig.; umg.⟩ *tüchtig die Meinung sagen;* dem werde ich etwas ~! **2.2** das kann ich dir ~! ⟨fig.; umg.⟩ *das kann ich dir sagen, darauf kannst du dich verlassen!*

Flut ⟨f.; -, -en⟩ **1** *Steigen, Hochstand des Meerwassers im Gezeitenwechsel;* Ggs *Ebbe(1);* es ist ~ (im Gezeitenwechsel) **2** *bewegte Wassermasse;* die ~en des Meeres; der Fluß wälzt seine trägen ~en durch das Land; ein Bad in den kühlen ~en (des Flusses, Meeres, Sees) **3** ⟨fig.⟩ *große, strömende, fließende Menge;* die ~ ihres Haares; eine ~ von Briefen, Lichtern, Protesten; eine ~ von Schimpfwörtern stürzte auf ihn nieder, ergoß sich über ihn

'flu·ten ⟨V.⟩ **1** ⟨400 od. 410(s.)⟩ e t w a s flutet ⟨a.

fig.; geh.⟩ *fließt, strömt heftig;* das Wasser flutete über die Ufer, die Deiche; ein Strom von Licht flutete aus dem Fenster 1.1 ⟨unpersönl.⟩ es flutet *die Flut(1) kommt* 1.2 ⟨fig.⟩ *in starker Bewegung sein;* die Menge flutete in den Saal; auf der Straße flutete der Verkehr 1.2.1 Flutender Hahnenfuß ⟨Bot.⟩ *mehrjähriges giftiges Kraut in fließenden Gewässern: Ranunculus fluitans* **2** ⟨500⟩ etwas ~ *unter Wasser setzen, in etwas schnell Wasser einströmen lassen;* ein Dock ~; U-Boot ~! (Kommando auf dem U-Boot zum Tauchen)

Fö·de·ra·ti'on ⟨f.; -, -en⟩ *Bündnis, Staatenbund, Bundesstaat*

fö·de'rie·ren ⟨V. 500/R4⟩ sich ~ *sich verbinden, sich zu einer Föderation zusammenschließen*

'Foh·len ⟨n.; -s, -⟩ *junges Pferd od. Esel bis zu einem Alter von 2 Jahren;* Sy *Füllen*

Föhn ⟨m.; -(e)s, -e⟩ *warmer, trockener Fallwind, bes. nördl. der Alpen;* bei ~ hat er immer Kopfschmerzen

'Föh·re ⟨f.; -, -n; landschaftl.⟩ = *(Gemeine) Kiefer: Pinus sylvestris;* eine mächtige, hohe ~

'Fol·ge ⟨f.; -, -n⟩ **1** *Auswirkung (einer Handlung, eines Geschehens);* die ~n eines Unfalls; die ~ (davon) ist, daß ...; du mußt die ~n (deiner Handlungsweise) selbst tragen; böse, schlimme, üble, unangenehme, unerwartete ~n; die Sache wird ihre ~n, böse ~n nach sich ziehen 1.1 das Verhältnis mit ihm, ihre Liebe blieb nicht ohne ~n *sie erwartete, bekam danach ein Kind* 1.2 zur ~ haben *bewirken, veranlassen;* dein Verhalten wird zur ~ haben, daß du deine Stellung verlierst; dein Leichtsinn wird eine Verschlimmerung deiner Krankheit zur ~ haben **2** *Reihe, Aufeinanderfolge;* in bunter ~; in rascher, schneller ~; in ununterbrochener ~; eine bunte ~ von Darbietungen 2.1 *Reihe zusammengehöriger Dinge;* eine ~ von Tönen 2.2 *Fortsetzung (einer Arbeit, eines Romans);* neue ~ (als Untertitel einer Broschüren-, Zeitschriften-, Aufsatzreihe); in der nächsten ~ bringen wir ..., lesen Sie ... 2.3 ⟨Math.⟩ *Aneinanderreihung von Elementen einer Menge, z. B. Zahlen, Punkte, Funktionen* **3** *Gefolge (beim Leichenzug)* **4** ⟨jägerspr.⟩ *Weiterverfolgung eines Wildes über die Jagdgrenze hinaus;* Jagd~ **5** ⟨unz.⟩ *einem Ereignis folgende Zeit, Zukunft;* in der ~ werden wir noch sehen, daß ..., wie ...; in der ~ wird sich zeigen, daß ..., ob ... **6** einer Aufforderung ~ leisten *einer A. nachkommen;* einem Befehl ~ leisten; einer Einladung ~ leisten

'fol·gen ⟨V.⟩ **1** ⟨600(s.)⟩ jmdm. od. einer Sache ~ *nachgehen, hinter jmdm. od. etwas hergehen;* ~ Sie mir!; jmds. Spuren ~; jmdm. heimlich, unauffällig ~; jmdm. auf dem Fuße ~; er folgte ihr bis vor die Haustür 1.0.1 ⟨616⟩ jmdm. mit den Augen, Blicken ~ *nachblicken* 1.0.2 der Straße auf der Landkarte mit dem Finger ~ *die Straße mit dem Finger nachfahren* 1.0.3 ⟨611⟩ jmdm. in den Tod ~ *bald nach jmdm. sterben* 1.1 *mit Verständnis zuhören;* kannst du mir ~?; jmds. Ausführungen, jmds. Rede (nicht) ~ können **2** ⟨600 od. 800(s.)⟩ jmdm. od. einer Sache od. auf jmdn. od. etwas ~ *zeitl. nach jmdm. od. etwas kommen;* auf Friedrich Wilhelm I. folgte Friedrich II.; Friedrich folgte seinem Vater auf den, auf dem Thron; Fortsetzung folgt (am Ende eines Romanabschnitts in der Zeitung); der Rest folgt baldigst; dem ersten Schuß folgten noch drei weitere; auf Regen folgt Sonnenschein ⟨Sprichw.⟩; nach der Eröffnungsrede folgte ein Musikstück; am ~den Tag; im ~den Monat, Jahr 2.1 ~des *das, was anschließend ausgeführt wird;* ich möchte dazu ~des sagen; ~des hat sich zugetragen; er berichtete ihm das Folgende; die ~den Ereignisse; er sprach die ~den Worte; im ~den wird erklärt werden, wie ... 2.2 ... wie folgt ... *wie anschließend ausgeführt wird* **3** ⟨414(s.)⟩ etwas folgt aus etwas *geht aus etwas hervor, ergibt sich logisch aus etwas;* daraus folgt, daß ... **4** ⟨403⟩ (jmdm.) ~ *folgsam sein, gehorchen;* du mußt ~!; die Kinder ~ gut, schlecht, nicht **5** ⟨600(s.)⟩ einer Sache ~ *sich nach einer S. richten;* jmds. Beispiel ~; seinem gesunden Menschenverstand ~; der Mode ~; jmds. Rat(schlägen) ~; einer inneren Stimme ~

'fol·gen·der·ma·ßen ⟨Adv.⟩ *auf folgende Weise, wie es jetzt folgt;* die Sache hat sich ~ zugetragen

'fol·gen·schwer ⟨Adj. 70⟩ *mit schweren Folgen, von großer (meist verhängnisvoller) Wirkung;* eine ~e Entscheidung; hier liegt ein ~er Irrtum vor

'fol·ge·rich·tig ⟨Adj.⟩ *so wie es die gegebenen Tatsachen vorschreiben od. nahelegen, die richtige Schlußfolgerung ziehend (u. sich danach verhaltend), planmäßig, konsequent, logisch;* Sy *konsequent(1);* Ggs *folgewidrig;* ~es Denken; eine ~e Entscheidung; ~ denken, handeln

'fol·gern ⟨V. 405⟩ etwas (aus etwas) ~ *eine Schlußfolgerung aus etwas ziehen, etwas schließen, herleiten;* daraus können wir ~, daß; er hat etwas Falsches daraus gefolgert; richtig, verkehrt ~

'fol·ge·wid·rig ⟨Adj. 24⟩ *nicht folgerichtig, den gegebenen Tatsachen nicht entsprechend, nicht planmäßig, inkonsequent, unlogisch;* Ggs *folgerichtig;* ein ~er Schluß

'folg·lich ⟨Adv.⟩ *demzufolge, daher, infolgedessen;* ich habe ihn nicht angetroffen, ~ konnte ich den Gruß nicht ausrichten; er ist verreist, ~ konnte er nicht kommen

'folg·sam ⟨Adj.⟩ *gut folgend, gehorsam, fügsam, gefügig;* ein ~es Kind; ~ einen Befehl ausführen; der Hund ist nicht immer ~

'Fo·lie[1] ⟨[-liə] f.; -, -n⟩ **1** *dünnes Blättchen, dünne Haut aus Metall od. Kunststoffen;* Metall~, Plastik~ 1.1 *(auf einen Bucheinband) aufgeprägte Farbschicht* **2** ⟨fig.⟩ *Hintergrund (von dem sich etwas abhebt od. abheben soll)* 2.1 einer Sache als ~ dienen *sie bes. deutlich od. wirkungsvoll hervortreten, sich abheben lassen*

Fo·lie[2] ⟨[-'li:] f.; -, -n; veralt.⟩ *Narrheit, Torheit*

'Fol·ter ⟨f.; -, -n⟩ **1** ⟨unz.⟩ *das Foltern, Peinigung, Mißhandlung zum Erzwingen von Geständnissen, Marter;* Sy *Tortur(1);* die ~ anwenden; jmdn. der ~ unterwerfen **2** *Gerät zum Foltern;* jmdn. auf die ~ legen, spannen 2.1 jmdn. auf die ~ spannen ⟨fig.; umg.⟩ *jmdn. auf etwas gespannt machen, jmds. Neugierde absichtl. nicht befriedigen* **3** ⟨fig.; geh.⟩ *körperl. u. seel. Qual;* es war eine wahre ~ für mich

'fol·tern ⟨V. 500/R7 od. R8⟩ jmdn. ~ ⟨a. fig.⟩

quälen, peinigen, mißhandeln (auch seelisch), martern, um Geständnisse zu erzwingen; jmdn. zu Tode ~; die Angst folterte ihn
Fön ⟨m.; -(e)s, -e; Warenzeichen für⟩ *elektr. Gerät, das einen heißen, trockenen Luftstrom erzeugt;* die nassen Haare mit dem ~ trocknen
'fop·pen ⟨V. 500/R8; umg.⟩ **1** jmdn. ~ *necken, zum Narren halten;* er hat ihn ein wenig gefoppt **2** Foppen und Fangen *ein Fangspiel, bei dem sich zwei Reihen von Spielern im Abstand von 20 bis 30 m gegenüberstehen u. durch gegenseitiges Herausfordern u. Nachlaufen möglichst viele Gefangene zu machen versuchen*
for'cie·ren ⟨[fɔr'si:-]; V. 500⟩ **1** etwas ~ *erzwingen, gewaltsam durchsetzen* **1.1** ⟨Part. Perf.⟩ forciert *gezwungen, gewaltsam, verkrampft, unnatürlich* **2** eine Sache ~ ⟨fig.⟩ *heftig vorantreiben, steigern, auf die Spitze treiben*
'for·dern ⟨V. 500⟩ **1** etwas ~ *verlangen;* Gehorsam ~; der Unfall forderte viele Opfer; einen (hohen) Preis ~; Rechenschaft (von jmdm.) ~ **2** jmdn. ~ *zum Zweikampf herausfordern* **2.0.1** ⟨513⟩ jmdn. auf Pistolen ~ *zum Zweikampf mit P. herausfordern* **2.1** jmdn. vor Gericht ~ *jmds. Erscheinen vor Gericht verlangen*
'för·dern ⟨V. 500⟩ **1** jmdn. od. etwas ~ *unterstützen, begünstigen, vorwärtsbringen;* eine Angelegenheit, Entwicklung ~; jmds. Bestrebungen ~; den Handel, die Künste ~; die Verdauung ~des Mittel **2** Bodenschätze ~ ⟨Bgb.⟩ *emporheben, ans Tageslicht bringen;* Erze, Kohlen ~ **3** ⟨513⟩ etwas zutage ~ *ans Licht bringen, hervorbringen, entdecken, enthüllen, klar machen*
'For·de·rung ⟨f.; -, -en⟩ **1** *ausdrückl., strenger Wunsch, Verlangen;* Lohn~, Rück~, Maximal~; eine ungerechte, ultimative ~; eine moralische, nationale ~; eine ~ anerkennen, anmelden, zurückweisen; hohe ~(en) an jmdn. stellen; übertriebene ~en; an uns ist die ~ ergangen, uns an dem Werk zu beteiligen; die ~ zu helfen **1.1** ~ vor Gericht *Aufforderung zum Erscheinen vor G.* **2** ⟨kaufmannsspr.⟩ *finanzieller Anspruch eines Gläubigers;* eine hypothekarische ~ geltend machen; unsere ~en an ihn betragen 5000 DM; ~en abtreten; ~en an jmdn. haben, stellen **2.1** ~en eintreiben, einziehen *Außenstände eintreiben* **3** ⟨unz.⟩ *Herausforderung zum Zweikampf;* eine ~ überbringen, überreichen
'För·de·rung ⟨f.; -; unz.⟩ **1** *Unterstützung, Hilfe;* Jugend~, Nachwuchs~, Talent~; eine intensive, gezielte, geistige ~; Gesellschaft zur ~ der Wissenschaft; ~ erfahren **2** ⟨Bgb.⟩ *das Fördern(2);* Öl~, Kohle~; die ~ der Kohle; die tägliche, monatliche ~ von Erz steigt, sinkt
Form ⟨f.; -, -en⟩ **1** *Werkzeug od. Gehäuse zur Gestaltgebung;* Guß~, Kuchen~ **2** *Gestalt, Umriß, Äußeres;* Blatt~, Gesichts~, Kopf~, Vasen~; ~ annehmen; einem Gegenstand eine andere, die richtige ~ geben; der Hut hat allmählich die ~ verloren; der Plan nimmt allmählich eine feste ~ an; eine schöne, häßliche, moderne, altmodische, plumpe, zierliche ~; weibliche ~n; etwas aus der ~ bringen; meine Frisur ist ganz aus der ~ geraten; mehrere Handtaschen, in ~ und Farbe verschieden; etwas in die richtige ~ bringen **3** *Art, Erscheinungsweise;* die Sache nimmt beunruhigende ~en an; die ~en eines Substantivs, Verbums; ein kleiner Dank in ~ eines Blumenstraußes; die Krankheit tritt in verschiedenen ~en auf; eine Medizin in ~ von Tabletten **3.1** *Lösung, Möglichkeit;* wir müssen eine ~ finden, wie wir ihm das schonend beibringen **4** *Benehmen, Manieren, guter Ton, Anstand, Umgangsformen;* er hat keine ~en; die gesellschaftlichen ~en verletzen; die äußere ~ wahren; gegen die ~(en) verstoßen; sich über alle ~en (des Anstands) hinwegsetzen **4.1** der ~ halber, wegen *weil es üblich ist, um der Umgangsform Genüge zu tun;* ich habe den Besuch nur der ~ halber gemacht **4.2** in aller ~ *wie es sich gehört, förmlich, feierlich;* jmdn. in aller ~ um Entschuldigung bitten; etwas in aller ~ verkünden **5** ⟨unz.; umg.⟩ *(gute) körperl. u. geistige Verfassung;* durch ständiges Training in ~ bleiben; glänzend, gut, schlecht in ~ sein; ich bin heute nicht (ganz) in ~
for'mal ⟨Adj.⟩ **1** *die Form betreffend, auf einer Form beruhend;* die beiden Wörter sind ~ verschieden, bedeuten aber das gleiche **1.1** ~e Logik *nach den Regeln der Mathematik in Formeln ausdrückbare L.* **2** ⟨Philos.⟩ *die Form einer Gegebenheit betonend*
For'mat ⟨n.; -(e)s, -e⟩ **1** *Gestalt, Größe, Maß, Ausmaß, Normgröße;* Papier~, Buch~ **2** ⟨fig.⟩ *überdurchschnittl. Tüchtigkeit, Bedeutung* **3** *Geradheit, gerade innere Haltung, Überlegenheit;* er hat kein ~; eine Frau, ein Mann von ~
For·ma·ti'on ⟨f.; -, -en⟩ **1** *Gestaltung, Bildung* **2** ⟨Mil.⟩ *Aufstellung, Formierung, Gliederung;* in geschlossener ~ marschieren **3** ⟨Geol.⟩ *größerer Abschnitt der Erdgeschichte zwischen Zeitalter u. Abteilung* **4** ⟨Bot.⟩ *Zusammenfassung von Pflanzen gleicher Wuchsformen ohne Rücksicht auf die Verwandtschaft nach Arten, z. B. sommergrüner Laubwald;* Pflanzen~, Vegetations~
'For·mel ⟨f.; -, -n⟩ **1** *feststehender Ausdruck, Redensart;* Gruß~, Zauber~ **2** *kurze, treffende Begriffsbestimmung* **3** *chem. Zeichen für Stoffe, die aus mehreren Atomen bestehen;* chemische ~ **4** *Rechensatz, Buchstabengleichung;* mathematische ~
for'mell ⟨Adj.⟩ **1** *förmlich, die äußeren Formen, die Umgangsformen (genau) beachtend;* jmdm. einen ~en Besuch machen; den Empfang ~ bestätigen **2** *ausdrücklich* **3** *zum Schein*
'for·men ⟨V. 500⟩ **1** etwas ~ *Form, Gestalt geben, bilden, gestalten;* ein Modell in, aus Gips, Ton ~; der Krug ist mit der Hand geformt; Teig zu Brot ~; sie hat schön geformte Hände; Laute, Sätze, Wörter ~; Ton, Wachs zu Figuren ~; ein schön geformter Gegenstand **2** jmdn. od. etwas ~ ⟨fig.⟩ *(nach eigener Vorstellung) bilden, innerlich prägen;* jmds. Wesen, Leben ~; die Ereignisse haben seinen Charakter geformt **3** ⟨R3⟩ etwas formt sich *bekommt Gestalt;* neue Pläne ~ sich; das Wachs formt sich leicht
...för·mig ⟨Adj.; in Zus.⟩ *mit einer bestimmten Form versehen;* kugelförmig, säulenförmig, herzförmig, gleichförmig, unförmig
'förm·lich ⟨Adj.⟩ **1** *in festgelegter Form bindend, formal, formell;* eine ~e Einladung

überbringen; ~ protestieren; eine ~e Kündigung, Abmachung **2** *steif, ungewandt, in äußeren Formen erstarrt;* er benimmt sich sehr ~; er verneigte sich ~ und sagte ...; sie ist sehr ~ **3** ⟨90⟩ *buchstäblich, (fast) im wörtl. Sinne, geradezu;* es kam ~ zu einer Saalschlacht; er hat sie ~ auf Knien darum gebeten; ich habe ihn ~ hinauswerfen müssen ⟨umg.⟩

'form·los ⟨Adj.⟩ **1** *ohne Form;* eine ~e Masse **2** ⟨fig.⟩ *sehr zwanglos, sehr ungezwungen, auf alle Umgangsformen verzichtend, ungeschliffen;* es geht dort sehr ~ zu

For·mu'lar ⟨n.; -s, -e⟩ *gedrucktes Formblatt, gedruckter Fragebogen, Vordruck;* Anmelde~

for·mu'lie·ren ⟨V. 500⟩ **1** einen Begriff, eine Vorstellung ~ *in eine endgültige sprachl. Form bringen, in Worte fassen* **2** ein Schriftstück ~ *abfassen*

forsch ⟨Adj.; umg.⟩ *wagemutig, draufgängerisch, schneidig, frisch u. lebhaft;* ein ~er Kerl; eine Sache ~ anpacken; ~ auftreten

'for·schen ⟨V. 400⟩ **1** *sich systematisch um (wissenschaftl.) Erkenntnis bemühen, etwas festzustellen suchen;* ernst, unermüdlich ~; er forschte in alten Aufzeichnungen, Handschriften, Quellen; er forschte in seinem Gewissen ⟨fig.⟩ **2** ⟨800⟩ nach etwas od. jmdm. ~ *suchen;* nach Wahrheit ~; wir haben nach den Ursachen des Unglücks geforscht **3** ⟨Part. Präs. ⟩ forschend *kritisch musternd, prüfend;* ein ~der Blick; jmdn. ~d anblicken 3.1 ~der Geist *Entdeckergeist*

'For·scher ⟨m.; -s, -⟩ *jmd., der etwas erforscht, nach etwas forscht;* Natur~

Forst ⟨m.; -(e)s, -e od. -en⟩ **1** ⟨urspr.⟩ *königl., der allgemeinen Benutzung entzogener Wald* **2** ⟨später⟩ *Wald, dessen Nutzrecht einer bestimmten Person vorbehalten war* **3** ⟨heute⟩ *abgegrenzter, bewirtschafteter Wald;* Gemeinde~, Stadt~; ein schattiger, dichter ~

'För·ster ⟨m.; -s, -⟩ **1** *Forstbeamter nach Lehrzeit, Fachschul- u. prakt. Ausbildung* 1.1 ~ ohne Revier *Förster nach der Revierförsterprüfung, aber noch ohne eigenes Revier*

fort ⟨Adv.⟩ **1** *abwesend, nicht da, nicht hier;* sie sind ~; sind Sie schon lange von zu Hause ~? 1.1 *verschwunden, beseitigt;* meine Brieftasche ist ~; der Fleck ist ~ **2** *weg, weg von, entfernt von;* als ich heimkam, war er schon ~; er will ~ (von uns); weit ~; ~ mit Schaden; nur ~ (von hier)! 2.1 ~ mit dir! *geh, ich will dich nicht mehr sehen!* **3** *vorwärts, weiter;* schnell ~!; nur immer so ~! 3.1 und so ~ ⟨Abk.: usf.⟩ *und so weiter* 3.2 so geht das in einem ~ *immerzu*

'fort|be·ste·hen ⟨V. 256/400⟩ etwas besteht fort *besteht weiter, dauert an;* sein Werk wird weiter ~

'fort|bil·den ⟨V. 500/R7⟩ jmdn. ~ *weiterbilden, jmds. Bildung vervollkommnen;* ich habe mich in einem Abendkurs fortgebildet; die Mechaniker wurden durch den Betrieb fortgebildet

'fort|brin·gen ⟨V. 118⟩ **1** jmdn. od. etwas ~ *an einen anderen Ort bringen, wegschaffen;* hast du das geliehene Buch schon fortgebracht?; einen Kranken, Verletzten ~ **2** etwas od. jmdn. ~ *von der Stelle bringen;* diese Last brachte er nicht fort; er war von dem Schaufenster nicht fortzubringen 2.1 Pflanzen, Tiere ~ ⟨fig.⟩ *durch Pflege am Leben erhalten, zum Gedeihen bringen* **3** ⟨R3⟩ sich ~ ⟨umg.⟩ *sich durchs Leben schlagen, seinen Lebensunterhalt verdienen;* sich mit, durch Stundengeben ~

'fort|dau·ern ⟨V. 400⟩ *weiterbestehen, anhalten, unverändert dauern;* das schöne Wetter dauert fort

'fort|fah·ren ⟨V. 130⟩ **1** ⟨400(s.)⟩ *im Fahrzeug wegfahren;* er ist heute vormittag fortgefahren **2** ⟨500⟩ jmdn. od. etwas ~ *im Fahrzeug wegbringen, wegschaffen;* die Reisegesellschaft wurde fortgefahren; er hat den alten Kühlschrank fortgefahren **3** ⟨408 od. 508⟩ ~, etwas zu tun ⟨geh.⟩ *etwas weiterhin tun, wieder damit beginnen;* fahren Sie fort zu lesen, zu reden; ~ zu schreiben

'fort|füh·ren ⟨V. 500⟩ **1** jmdn. od. etwas ~ *wegführen, wegbringen;* er führte sie behutsam, schnell, unauffällig fort **2** etwas ~ *fortsetzen, weiterführen;* eine Arbeit ~; ein Geschäft unter einem anderen Namen ~

'Fort·gang ⟨m.⟩ **1** ⟨geh.⟩ *das Fortgehen, Weggang;* bei seinem ~; sein ~ hinterließ eine schmerzliche Lücke **2** *Fortschreiten, Fortdauer, Fortsetzung, Entwicklung;* der ununterbrochene, schleppende ~ einer Arbeit 2.1 etwas nimmt seinen ~ *geht weiter, wird fortgesetzt;* die Verhandlungen, die Kämpfe nahmen ihren ~

'fort|ge·hen ⟨V. 145/400(s.)⟩ **1** *weggehen, sich entfernen;* geh (nicht) fort!; er ging ohne Gruß fort; von jmdm. ~ **2** etwas geht fort ⟨fig.⟩ *etwas geht weiter, dauert an;* so kann es nicht ~

'Fort·ge·schrit·te·ne(r) ⟨f. 2 (m. 1)⟩ *jmd., der in einem Fach schon Fortschritte gemacht hat, kein Anfänger mehr ist;* Französisch für ~

'fort·ge·setzt **1** ⟨Part. Perf. von⟩ *fortsetzen* **2** ⟨Adj. 24/90⟩ 2.1 *unaufhörlich, dauernd;* ~e Bemühungen 2.2 ⟨50⟩ *immerzu;* jmdn. ~ belästigen

'fort|kom·men ⟨V. 170/400(s.)⟩ **1** *vorwärts-, weiterkommen;* jmdn. am Fortkommen hindern 1.0.1 sein Fortkommen finden *seinen Lebensunterhalt verdienen* 1.1 ⟨fig.⟩ *Fortschritte machen;* in der Schule gut, nicht recht ~; mit seiner Arbeit, gut, nicht, schlecht ~ 1.2 *gedeihen;* die Pflanzen kommen gut fort **2** ⟨umg.⟩ *weggehen;* mach, daß du fortkommst; wir müssen sehen, daß wir hier ~, ehe uns jemand erwischt; ich muß machen, schauen, daß ich fortkomme **3** *abhanden kommen;* mir sind meine Handschuhe fortgekommen

'fort|lau·fen ⟨V. 176/400(s.)⟩ **1** *von einem Ort weglaufen, ausreißen;* lauf mir nicht fort!; der Hund ist (uns) fortgelaufen; ohne Abschied, kopflos, eilig ~ 1.1 er ist ihr fortgelaufen *er hat sie verlassen* **2** etwas läuft fort *geht weiter;* die Straße läuft am anderen Ufer fort 2.1 ⟨Part. Präs.⟩ ~d *aufeinanderfolgend;* die Anzeigen erscheinen ~d in jeder Nummer der Zeitschrift; die Seiten sind ~d numeriert

'fort|pflan·zen ⟨V. 500⟩ **1** etwas ~ *für das Weiterleben durch Zeugung sorgen;* die eigene Art ~; sein Geschlecht ~ **2** ⟨R3⟩ sich ~ *Nachkommen erzeugen, sich vermehren;* manche Tiere pflanzen sich in der Gefangenschaft nicht fort; sich geschlechtlich, ungeschlechtlich ~; sich durch Knollen, Samen ~

3 ⟨R3⟩ etwas pflanzt sich fort *etwas breitet sich aus;* das Licht, der Schall pflanzt sich schnell fort **3.1** *weiterleben, sich übertragen;* ein Gedanke, dieser Glaube pflanzt sich fort

'fort|rei·ßen ⟨V. 198/500⟩ **1** jmdn. od. etwas ~ *wegreißen, heftig, schnell wegnehmen, wegbringen;* die Strömung (des Flusses) riß ihn (mit sich) fort; ich riß ihm das Messer fort; er riß sie (bei der Flucht) mit sich fort; ich riß das Kind von dem Hund, vom Abgrund fort **2** jmdn. ~ ⟨fig.⟩ *mitreißen, in leidenschaftl. Anteilnahme versetzen;* die Spannung riß mich fort, ich konnte nicht aufhören zu lesen **2.1** sich ~ lassen *sich hinreißen lassen, die Beherrschung verlieren, sich von leidenschaftl. Gefühlen überwältigen lassen*

'Fort·satz ⟨m.⟩ *Verlängerungsstück;* Knochen ~; ein wurmförmiger ~

'fort|schlep·pen ⟨V. 500; umg.⟩ **1** jmdn. od. etwas ~ *von einem Ort wegschleppen, -ziehen, mit Gewalt mitnehmen;* Pakete, Kisten ~; die Katze hat ihre Jungen fortgeschleppt **2** ⟨R3⟩ sich ~ *langsam, mühsam weggehen;* er schleppte sich am Stock fort **2.1** eine Sache schleppt sich fort ⟨fig.⟩ *zieht sich träge hin;* die langweilige Unterhaltung schleppte sich schon seit einer Stunde fort

'fort|schrei·ten ⟨V. 232/400(s.)⟩ **1** *Fortschritte machen, vorangehen;* die Arbeit, der Bau des Hauses schreitet langsam, gut fort **1.1** *nicht mehr Anfänger sein;* er ist im Französischen schon weit fortgeschritten **1.2** die Zeit schreitet fort ⟨fig.⟩ *vergeht* **1.3** ⟨fig.⟩ *weitergehen, zunehmen;* die Ausbreitung der Epidemie schreitet fort; bei ~der Abkühlung, Verschmutzung; ~der Verfall des Körpers **1.4** fortgeschrittenes Alter *hohes A.*

'Fort·schritt ⟨m.; -(e)s, -e⟩ Ggs *Rückschritt* **1** *Entwicklung vom Niederen zum Höheren, vom Einfachen zum Komplizierten;* ~ der Entwicklung, der Kultur, der Wissenschaften; ein bedeutungsvoller, gewaltiger, großer, überraschender, überwältigender, umwälzender ~; ~e auf vielen Gebieten; ~e in der Arbeit, Forschung, Medizin **1.1** ~e machen *vorankommen;* in der Schule ~e machen; seine Arbeit macht gute ~e; seine Genesung macht ~e

'fort|set·zen ⟨V. 500⟩ **1** etwas ~ *mit etwas fortfahren, weitermachen;* die Arbeit, die Reise, das Spiel ~ **2** ⟨R3⟩ etwas setzt sich fort *geht weiter, zieht sich hin;* das freie Gelände setzt sich nach Osten fort

'Fort·set·zung ⟨f.; -, -en⟩ **1** *Weiterführung nach einer Unterbrechung;* die ~ eines Gesprächs, einer Reise, eines Romans **2** *jeweils in einer Ausgabe veröffentlichter Abschnitt eines Romans in einer Zeitung od. Zeitschrift;* ~ folgt (am Ende eines Romanabschnitts); in der nächsten ~ lesen Sie ...

'fort|trei·ben ⟨V. 267⟩ **1** ⟨500 od. 511⟩ jmdn. od. etwas ~ *von einem Ort weg-, vertreiben, weg-, verjagen;* man hat ihn aus seinem Haus fortgetrieben; die Strömung treibt das Boot fort; der Hirt trieb die Schafe von dem Kornfeld fort **2** ⟨500⟩ eine Sache ~ ⟨fig.⟩ *weitermachen;* ich werde dafür sorgen, daß er es nicht länger so forttreibt; die Gruppe trieb ihr Unwesen fort **3** ⟨400⟩ etwas treibt fort *treibt dahin, wird weggetrieben (z. B. vom Wind);* das Boot treibt auf den Wellen fort

'fort·wäh·rend ⟨Adj. 24/90⟩ *dauernd, anhaltend, ununterbrochen, immerzu;* eine ~e Störung, Unruhe; es regnete ~; ~ reden, rauchen

'fort|zie·hen ⟨V. 293⟩ **1** ⟨500⟩ jmdn. od. etwas ~ *von einem Ort ziehend fortbewegen, weg-, weiterziehen;* den Hund mit sich ~; jmdm. etwas unter den Händen ~ **2** ⟨400(s.)⟩ *weg-, weiterwandern, -fahren;* die Zugvögel ziehen fort **2.1** *umziehen, den Wohnort wechseln;* wir wollen von hier ~

'Fo·rum ⟨n.; -s, -ren od. -ra⟩ **1** *Markt- u. Gerichtsplatz im alten Rom;* ~ Romanum **2** ⟨fig.⟩ *Gericht, Richterstuhl* **3** das ~ der Öffentlichkeit ⟨fig.⟩ *die Öffentlichkeit*

fos'sil ⟨Adj. 24/70⟩ **1** *urweltlich, versteinert* **2** ⟨fig.⟩ *völlig veraltet, überholt*

Fracht ⟨f.; -, -en⟩ **1** *Ladung, zu befördernde Ware, Frachtgut;* die ~ einladen, löschen **1.1** *Warenbeförderung;* Eil~ **2** *Vergütung, Preis für Beförderung;* die ~ beträgt 100 DM; die ~ bezahlen

'Frach·ter ⟨m.; -s, -⟩ *Frachtschiff;* der ~ befindet sich auf dem Wege nach Hamburg

Frack ⟨m.; -(e)s, Fräcke od. -s⟩ *knielanger Herrenschoßrock mit rechtwinklig abgeschnittenen Vorderecken*

'Fra·ge ⟨f.; -, -n⟩ **1** *Äußerung, die Antwort od. Klärung verlangt, Aufforderung zur Antwort;* er versuchte meiner ~ auszuweichen; eine ~ beantworten, stellen, vorlegen; eine ~ bejahen, verneinen; das war eine dumme, peinliche, verfängliche, vorwitzige ~; eine ~ an jmdn. richten; ich verlange ein klares Ja oder Nein auf meine ~; er hat ~n über ~n gestellt; in Form von ~ und Antwort; wie die ~, so die Antwort **1.1** was soll diese ~! *das ist doch selbstverständlich* **2** *Angelegenheit (die besprochen, geklärt, entschieden werden muß), Problem;* das ist nur eine ~ der Geschicklichkeit; es ist nur eine ~ der Zeit; eine ~ anschneiden, aufrollen, aufwerfen; es erhebt sich die ~, ob ...; diese ~ muß heute noch geklärt werden; das eben ist die ~; es ist noch die ~, ob ...; das ist eine andere ~; die entscheidende ~ ist ...; eine gesellschaftliche, politische, wirtschaftliche ~; schwebende ~n erledigen; um diese ~ kommst du nicht herum; eine ~ von allgemeiner Bedeutung **3** ⟨umg.⟩ *Zweifel* **3.1** das ist ohne ~ richtig *zweifellos* **3.2** das ist gar keine ~ *es ist gewiß* **3.3** das steht außer ~ *ist gewiß* **3.4** in ~ stehen *ungewiß, zweifelhaft sein* **3.5** etwas in ~ stellen *bezweifeln* **4** in ~ kommen *in Betracht kommen;* das könnte vielleicht in ~ kommen **4.1** das kommt nicht in ~! *ausgeschlossen!, auf keinen Fall!*

'fra·gen ⟨V.; du fragst, mundartl. a. frägst; er fragt, mundartl. a. frägt; du fragtest, mundartl. a. frugst; du fragtest, mundartl. a. frügest; gefragt; frag, frage!⟩ **1** ⟨400⟩ *eine Frage(1) stellen;* er fragte: „Kommst du mit?"; „Kommst du mit?", fragte er; er fragte, ob ich mitkäme; er hat mich angelegentlich, neugierig, wiederholt gefragt ...; frag nicht so dumm!; durch Fragen zum Ziel kommen; du solltest dich entschließen, ohne erst lange zu ~; wie kann man nur so ~!; ~d sah er mich an; ich warf ihm einen ~den Blick zu; in ~dem Ton wandte er sich an mich **1.0.1** „Hat es dir gefallen?" „Frag lieber nicht!" ⟨umg.⟩ *es war so unerfreulich, daß ich lieber nicht darüber sprechen möchte* **1.0.2** da fragst du noch? *das ist doch selbstverständlich!* **1.0.3** Fragen kostet nichts ⟨Sprichw.⟩ *es ist einfacher, vorher zu fragen* **1.0.4** mit Fragen kommt man durch die Welt ⟨Sprichw.⟩ *das F. hilft einem viel weiter* **1.0.5** wer viel fragt, geht viel irre ⟨Sprichw.⟩ *zu vieles Fragen verwirrt nur* **1.0.6** → a. *Loch(7.5)* **2** ⟨500⟩ jmdn. od. etwas ~ *um Antwort, Auskunft, Erlaubnis, Rat usw. bitten;* du mußt dein Gewissen ~; ich kann nicht zusagen, ohne ihn vorher zu ~; ich muß dich wegen des Urlaubs ~ **2.0.1** ⟨520⟩ das frage ich dich! *ich dachte, du wüßtest das!* **2.0.2** ⟨513⟩ da fragst du mich zuviel *das weiß ich auch nicht!* **2.1** ⟨550⟩ jmdn. od. etwas um etwas ~ *bitten;* frag ihn um Rat; ich habe das Wörterbuch um Rat gefragt ⟨fig.⟩ **2.2** ⟨800⟩ nach jmdm. od. etwas ~ *sich nach jmdm. od. etwas erkundigen;* hat jmd. nach mir gefragt?; ich habe vergeblich nach ihm gefragt (um ihn zu sprechen); jmdn. nach seinem Befinden, dem Preis, seinem Namen, dem Weg, der Zeit ~; ich habe ihn nach seiner Meinung gefragt; in einem Geschäft nach einer Ware ~ **2.3** ⟨800/verneinend⟩ (nicht) nach jmdm. od. etwas ~ *sich nicht um jmdn. od. etwas kümmern;* danach frage ich nicht; kein Mensch fragt nach der Kranken; ich frage einen Dreck, den Henker, den Kuckuck, den Teufel um Erlaubnis; was frage ich nach ihm?; wer fragt heute schon danach? **3** ⟨520/R3⟩ sich ~ *überlegen;* ich frage mich, ob ...; das habe ich mich auch schon oft gefragt!; man fragt sich, wie das noch enden soll **3.1** das fragt sich noch ⟨umg.⟩ *das ist noch nicht sicher* **4** ⟨500⟩ gefragt sein, werden ⟨kaufmannsspr.⟩ *begehrt sein, verlangt werden;* es handelt sich um einen sehr gefragten Artikel

'Fra·ge·zei·chen ⟨n.⟩ **1** ⟨Gramm.; Zeichen: ?⟩ *Satzzeichen nach direkten Fragesätzen;* ein ~ setzen **2** diese Behauptung muß man mit einem dicken, großen ~ versehen ⟨fig.⟩ *sie ist unglaubwürdig* **3** sitz, steh doch nicht da wie ein ~! ⟨fig.; umg.⟩ *in so schlechter Körperhaltung*

'frag·lich ⟨Adj.⟩ **1** ⟨70⟩ *zweifelhaft, ungewiß, unsicher;* es ist noch ~, ob sie mitkommt; ein sehr ~er Umstand **1.1** *strittig, umstritten;* ein ~es Problem **2** ⟨60⟩ *betreffend, erwähnt;* die ~e Angelegenheit; zur ~en Zeit war er nicht zu Hause

Frag'ment ⟨n.; -(e)s, -e⟩ **1** *übriggebliebener Teil eines nicht mehr vorhandenen Ganzen;* Sy *Bruchstück(2);* ein Gedicht ist als ~ überliefert **2** *unvollendetes literarisches od. musikalisches Werk* **3** ⟨Bildhauerei⟩ = *Torso*

'frag·wür·dig ⟨Adj.⟩ **1** *zweifelhaft, bedenklich;* eine ~e Sache, Hilfe; dieses Vergnügen kam ihm sehr ~ vor **2** *verdächtig, anrüchig;* ein ~es Lokal; er gilt als ~es Subjekt ⟨umg.⟩

Frak·ti'on ⟨f.; -, -n⟩ **1** *die Vertreter einer Partei innerhalb der Volks- od. Gemeindevertretung* **1.1** *Gruppe innerhalb einer Partei* **2** ⟨Chem.⟩ *ein Teil eines Stoffgemisches, der durch eine physikal. od. chem. Methode davon abgetrennt wurde u. sich hinsichtlich der angewandten Trennungsmethode, also z. B. im Siedepunkt, der Kristallisationstemperatur, der Löslichkeit in einem Lösungsmittel, der Korngröße (bei festen Stoffen) od. dgl., einheitlicher verhält als das Ausgangsgemisch*

Frak'tur ⟨f.; -, -en⟩ **1** ⟨Typ.⟩ *deutsche, sog. „gotische" Schrift mit „gebrochenen" Linien* **2** ⟨Med.⟩ *Knochenbruch* **3** mit jmdm. ~ reden ⟨fig.; umg.⟩ *ihm deutl. die Meinung sagen*

frank ⟨Adj. 24/70; nur in der Wendung⟩ ~ und frei etwas aussprechen, erklären *frei, offen, aufrichtig*

fran'kie·ren ⟨V. 500⟩ Postsendungen ~ *freimachen, mit einer Briefmarke bekleben od. mit der Frankiermaschine stempeln*

'Fran·se ⟨f.; -, -n⟩ *frei herabhängender Faden od. eine Strähne aus Fäden als Ziersaum an Tüchern, Decken, Teppichen o. ä.;* Gardinen, Vorhänge mit ~n; ein mit ~n besetztes Tuch

frap'pie·ren ⟨V. 500⟩ **1** etwas frappiert jmdn. *macht jmdn. stutzig, überrascht jmdn.* **2** Speisen, Getränke ~ *stark kühlen*

Fraß ⟨m.; -es, (selten) -e⟩ **1** *Futter für Tiere, bes. Raubtiere;* den Tigern als ~ vorwerfen **1.1** jmdm. etwas zum ~ vorwerfen ⟨fig.; abwertend⟩ *etwas preisgeben, opfern* **2** ⟨umg.; abwertend⟩ *verdorbenes od. nicht gut zubereitetes Essen;* so ein ~!; ich ließ den ~ stehen **3** *Vorgang des (Ab)fressens von Pflanzen, besonders durch Insekten u. Nagetiere;* die Fichten sind durch ~ eingegangen; den Schaden, den die Ratten durch ihren ~ anrichten ...

'Frat·ze ⟨f.; -, -n⟩ **1** ⟨umg.; abwertend⟩ *verzerrtes, häßliches, abstoßendes Gesicht;* eine scheußliche, widerliche, brutale ~ **1.1** *Gesicht;* ich kann seine ~ nicht mehr sehen **2** *Gesichtsmaske, Larve* **3** ⟨umg.⟩ = *Grimasse;* (jmdm.) ~en schneiden, ziehen; er verzog das Gesicht zu einer ~

Frau ⟨f.; -, -en; Abk.: Fr.⟩ **1** *erwachsener weibl. Mensch;* die Gleichberechtigung der ~; eine alte, ältere, ehrwürdige, junge, jüngere ~; die berufstätige, moderne, praktische ~; gnädige ~ (höfl. Anrede) **2** *Ehefrau;* er hat noch keine ~ bekommen, gefunden, gekriegt; eine ~ haben; eine ~ nehmen; er sucht eine ~; meine ~; darf ich Sie mit meiner ~ bekannt machen?; Mann und ~; ~ und Mutter; jmdn. zu seiner ~ machen; er hat eine geborene Lehmann zur ~; ein Mädchen zur ~ nehmen **3** *(Anrede für verheiratete od. ältere unverheiratete Frauen vor dem Namen od. Titel);* ~ Doktor, Professor; ~ Müller geb. Hoffmann; in ~ Müllers Wohnung; liebe, hochverehrte, sehr geehrte, verehrte ~ X (Anrede in Briefen) **3.1** ⟨geh.⟩ *(vor Verwandtschaftsbezeichnungen);* Ihre ~ Gemahlin; Ihre ~ Mutter **4** *Herrin, Gebieterin;* die ~ des Hauses **4.1** Unsere Liebe ~ *Maria, die Mutter Gottes*

'Fräu·lein ⟨n.; -s, - od. (umg. a.) -s; bair.-österr. f.; -, -(s); Abk.: Frl.⟩ **1** *unverheiratete Frau(1);* ein älteres ~; gnädiges ~ (höfl. Anrede) **2** *(Anrede für) weibl. Dienstpersonal;* ~, bitte einen Eiskaffee! (Anrede an die Kellnerin); ~, bitte zehn Brötchen! (Anrede an die Verkäuferin); das ~ beim Fleischer; sie haben ein ~ für die Kinder **2.1** das ~ vom Amt ⟨umg.⟩ *Angestellte im Fernmeldeamt, die Telephongespräche vermittelt* **3** *(Anrede für unverheiratete, jüngere Frauen vor dem Namen od. Titel);* ~ Doktor; ~ Maier; hochverehrtes, liebes, sehr geehrtes, verehrtes ~ Lehmann! (Anrede bes. in Briefen) 3.1 ⟨geh.⟩ *(vor Verwandtschaftsbezeichnungen);* Ihr ~ Schwester, Tochter

'frau·lich ⟨Adj.⟩ **1** *in der Art einer (gereiften) Frau;* sie kleidet sich betont ~; ein ~es Kleid **2** *weiblich-mütterlich;* sie ist ein ~er Typ

frech ⟨Adj.⟩ **1** *dreist, vorlaut, unverschämt, anmaßend, ohne Respekt;* er war ~ zu ihm; etwas ~ leugnen, sagen; jmdn. ~ anlügen; ein ~er Bursche, Kerl ⟨umg.⟩ 1.1 er ist ~ wie Oskar, wie ein Rohrspatz ⟨fig.; umg.⟩ *sehr frech* 1.2 etwas mit ~er Stirn behaupten ⟨fig.; geh.⟩ *dreist lügen* 1.3 jmdm. ~ kommen ⟨umg.⟩ *ungehörig entgegentreten* 1.4 *schamlos, zynisch;* jmdm. ~ ins Gesicht lachen, sagen; ~e Äußerungen **2** *übermütig, keck;* eine ~e Zeichnung, Melodie, Nase, Frisur

'Frech·dachs ⟨m.; fig.; umg.; scherzh.⟩ *übermütiger, verschmitzt-vorlauter (junger) Mensch;* so ein ~!; sie ist ein richtiger ~

'Frech·heit ⟨f.; -, -en⟩ **1** ⟨unz.⟩ *das Frechsein, freches Benehmen;* er treibt es mit seiner ~ zu weit; die ~ auf die Spitze treiben **2** *freche Handlung od. Äußerung, Unverschämtheit, Dreistigkeit, Anmaßung;* diese ~ lasse ich mir nicht gefallen; das ist eine unerhörte, unglaubliche ~!

frei ⟨Adj.⟩ **1** *unabhängig;* er ist sein ~er Herr; Freie und Hansestadt Hamburg; die Freien Reichsstädte; Freie Deutsche Jugend ⟨DDR; Abk.: FDJ⟩; Freie Demokratische Partei ⟨Abk.: F.D.P.⟩ 1.0.1 die Sieben Freien Künste *im MA die eines freien Mannes würdigen Kenntnisse (Grammatik, Dialektik, Rhetorik, Arithmetik, Geometrie, Astronomie, Musik)* 1.1 *nicht angestellt;* ~er Journalist, Schriftsteller; er ist ~er Mitarbeiter 1.1.1 ~e Berufe *nicht an eine feste Anstellung gebundene (bes. wissenschaftl. u. künstler.) B.* 1.2 *nicht an ein Gesetz, eine Vorschrift, eine Regel gebunden* 1.2.1 Freie Bühne *1889 gegründeter Theaterverein mit dem Ziel, das zeitnahe (naturalist.) Theater unter Umgehung der Zensur zu spielen* 1.2.2 ~e Kunst *nicht durch praktische Verwertbarkeit bestimmte K.;* Ggs *angewandte Kunst;* → *anwenden(2.1)* 1.2.3 ~e Liebe *an kein Gesetz gebundene L.* 1.2.4 ~e Rhythmen *nicht durch Reim gebundene, rhythmisch stark bewegte Verse* 1.2.5 ~e Spitzen ⟨DDR⟩ *der Ertrag, der über die vom Staat festgesetzte Abgabenmenge hinaus produziert wird* 1.2.6 *ungezwungen, die Regeln des Anstandes nicht achtend;* sie hat sehr ~e Ansichten; das Freie Ihres Benehmens; sie führt ein sehr ~es Leben; das Buch, der Film, das Theaterstück ist sehr ~ 1.2.7 ich bin so ~ *(Höflichkeitsformel beim Annehmen von etwas, was einem angeboten worden ist)* 1.3 *nicht wörtlich, ungenau;* eine ~e Übersetzung, Übertragung aus dem Englischen; ein Film ~ nach einer Novelle von Th. Storm 1.4 *ohne Hilfsmittel, ohne Stütze;* aus ~er Hand (photographieren, schießen, zeichnen); das Kind kann schon ~ schwimmen 1.4.1 *ohne Vorlage, ohne abzulesen;* er hat eine Stunde lang völlig ~ gesprochen; er kann keine ~e Rede halten 1.4.2 das ist alles ~ erfunden *hat keine Vorlage, entbehrt der Grundlage* 1.5 ⟨Chem.; Phys.⟩ *nicht gebunden;* ~er Sauerstoff; hierbei wird Wärme, werden Dämpfe ~ **2** *unbehindert;* ~e Fahrt; ~er Fall ⟨Phys.⟩; der Weg ist ~! (von Hindernissen); der Weg ist ~ für unseren Plan 2.0.1 der Linksaußen steht ~ ⟨Fußb.⟩ *wird nicht gedeckt vom Gegner* 2.1 *uneingeschränkt, nicht gelenkt, unbeeinflußt;* jmdm. ~en Spielraum geben, gewähren; er hat seinen Dienstwagen zur ~en Verfügung; ~e Wahl haben; freie Arztwahl haben; kann man sich dort ~ bewegen?; den Dingen ~en Lauf lassen; du darfst deinen Gefühlen nicht zu sehr ~en Lauf lassen; es war mein ~er Wille; jetzt hat er ~es Spiel 2.1.1 aus ~em Antrieb, aus ~en Stücken *freiwillig, von selbst, unaufgefordert* 2.1.2 in dieser Angelegenheit mußt du mir ~e Hand lassen *mich unbeeinflußt entscheiden u. handeln lassen* 2.1.3 im Krieg konnte man nur wenige Waren ~ haben *ohne Marken od. Bezugschein* 2.2 *nicht gefangen, in Freiheit;* der Häftling ist seit gestern ~ 2.2.1 auf ~em Fuß sein *in Freiheit sein* 2.2.2 jmdn. auf ~en Fuß setzen *aus der Haft entlassen* 2.2.3 sich ~ machen *sich befreien;* du solltest dich von Vorurteilen ~ machen! 2.3 ~ von *ganz ohne;* ~ von Abgaben, Lasten, Schulden, Steuern, Verpflichtungen; ~ von Beschwerden, Erkältungen, Fieber, Krankheiten, Schmerzen; ~ von Dünkel, Haß, Irrtümern, Kummer, Leidenschaften, Schuld, Sünde, Übertreibungen, Verdacht, Vorurteilen **3** ⟨70⟩ *verfügbar;* die Stelle des Personalchefs ist ~; die Wohnung wird nächstes Jahr ~ 3.1 *nicht besetzt, zur Verfügung stehend;* Frei! (Droschkenschild); ich konnte keinen ~en Platz mehr finden; haben Sie noch ein Zimmer ~?; Zimmer ~! (an Hotels angebrachtes Schild) 3.2 *nicht mit Arbeit od. Pflichten belastet;* arbeits~, dienst~; ich hatte gestern keinen ~en Augenblick, keine ~e Minute; ich habe heute einen ~en Tag; ihm bleibt nicht viel ~e Zeit; in meiner ~en Zeit lese ich; seid ihr heute abend ~? 3.3 das Mädchen ist noch ~ *noch nicht verlobt, hat noch keinen festen Freund* 3.4 *urheberrechtl. nicht mehr geschützt;* seit Wilhelm Busch ~ ist, gibt es viele Ausgaben seiner Werke **4** *freimütig, offen;* bei ihnen herrscht ein sehr ~er Ton; können wir hier ~ reden?; etwas frank und ~ aussprechen, erklären; sprich ~ von der Leber weg! 4.1 ~ heraus gesagt *ganz offen* **5** *offen (daliegend), weit, unbegrenzt, ungeschützt;* hier hat man ~e Aussicht über ...; ~er Durchgang (Aufschrift); auf ~em Feld; eine ~e Gegend, Landschaft; unter ~em Himmel nächtigen; viel an der ~en Luft sein; ein ~er Platz (z. B. Marktplatz); der Zug hielt auf ~er Strecke; Tiere in ~er Wildbahn; ~ im Weltraum schweben; unser Haus steht ziemlich ~ 5.1 im Freien *in der Natur, Landschaft, Luft;* sich gern im Freien aufhalten; im Freien schlafen; ins Freie gehen 5.2 *unbedeckt, unbekleidet;* mit ~em Oberkörper; bitte machen Sie sich ~ (Aufforderung zum Entkleiden bei ärztl. Untersuchungen) **6** *kostenlos, unentgeltlich;* ~er Eintritt!, Eintritt ~!, bei ~em Eintritt; ~e Kost und Logis; ~e Station haben; jeder hat ~en Zutritt; ich habe ~en Zutritt zur Ausstellung; alles ~ haben 6.1 ⟨kaufmannsspr.⟩ *Beförderung bezahlt (bis);* ~ (auf freigemachten, frankierten Postsendungen); ~ Bahnhof, Grenze, Hafen, Haus, Schiff; ~ Hafen und versichert; ~ (bis) Hamburg; Lieferung ~ Haus 6.2 ~ ausgehen *straflos;* diesmal wird er nicht ~ ausgehen

'frei|be·kom·men ⟨V. 170⟩ **1** ⟨500⟩ jmdn. ~ *durch Fürsprache, Geld o. ä. befreien;* er konnte viele Gefangene ~ **2** ⟨400⟩ eine Zeit ~ *arbeitsfreie Zeit gewährt bekommen, Urlaub, dienstfrei, schulfrei bekommen;* kann ich heute eine Stunde ~? **3** ⟨aber getrennt⟩ 'frei bekommen → *frei(6)*

'Frei·beu·ter ⟨m.; -s, -⟩ **1** *privates bewaffnetes Schiff, das ohne Kaperbrief Handelsschiffe erbeutete;* Ggs *Kaper*[2] 1.1 *Seemann, der auf einem Freibeuter(1) fuhr;* Sy *Seeräuber* **2** ⟨fig.; abwertend⟩ *jmd., der ohne Rücksicht auf Sitte u. Gesetz seinen Vorteil wahrnimmt*

'Frei·brief ⟨m.⟩ **1** ⟨im MA⟩ *königl. od. fürstl. Privileg, durch das einzelnen Personen od. Körperschaften Vorrechte gewährt wurden* **2** ⟨im MA⟩ *Urkunde für die Freilassung von Hörigen, für freies Geleit* **3** ⟨fig.⟩ *angemaßtes Recht für etwas sonst Unerlaubtes;* etwas als ~ für etwas ansehen, betrachten **3.1** jmdm. einen ~ für etwas ausstellen, geben *jmdm. volle Freiheit geben, etwas zu tun* **3.2** etwas ist (k)ein ~ für etwas *etwas gibt (k)eine Rechtfertigung für etwas*

'Frei·den·ker ⟨m.⟩ *jmd., der sich keiner Weltanschauung unterwirft;* Sy *Freigeist*

'frei·en ⟨V.⟩ **1** ⟨500⟩ ein Mädchen ~ ⟨veralt.⟩ *heiraten;* jung gefreit, hat nie gereut ⟨Sprichw.⟩ **2** ⟨800⟩ um ein Mädchen ~ *werben;* er hat um sie gefreit

'Frei·e(r)[1] ⟨f. 2 (m. 1)⟩ *freier Mensch, Bürger, (bzw.) freie Bürgerin*

'Frei·er[2] ⟨m.; -s, -⟩ *Werber (um ein Mädchen), Hochzeiter, Verehrer;* sie hat viele ~

'frei|ge·ben ⟨V. 143⟩ **1** ⟨500⟩ jmdn. ~ *jmdm. seine Freiheit zurückgeben;* einen Sklaven ~ 1.1 *aus einer Bindung entlassen;* er wollte sich scheiden lassen, aber seine Frau hat ihn nicht freigegeben **2** ⟨600⟩ jmdm. ~ *Urlaub geben;* ich habe mir heute von meinem Chef eine Stunde ~ lassen **3** ⟨500⟩ etwas ~ *die Beschränkung, Sperre von etwas aufheben;* einen Weg ~; ein beschlagnahmtes Vermögen ~; Sperrguthaben ~; die neue Brücke, die gesperrte Straße (wieder) für den Verkehr ~; der Film wurde für Jugendliche nicht freigegeben; zum Druck ~ (nach Zensur); ein neues Arzneimittel zum Verkauf ~

'frei·ge·big ⟨Adj.⟩ *gern u. viel gebend, schenkfreudig, großzügig;* ~ sein gegenüber jmdm.; ~ sein mit Geld, Lob usw.

'Frei·geist ⟨m.⟩ = *Freidenker*

'frei|ha·ben ⟨V. 159/400 od. 420; umg.⟩ **1** *Ferien, Urlaub, arbeitsfreie Zeit haben;* ich möchte morgen gern ~; die Kinder hatten gestern freigehabt **2** ⟨aber getrennt⟩ 'frei 'haben → *frei(2.1.3)*

'frei|hal·ten ⟨V. 160/500⟩ **1** ⟨503/R6⟩ (jmdm.) etwas ~ *bereit, unbesetzt halten, nicht betreten, nicht versperren;* eine Ausfahrt ~; kannst du mir einen Platz, Stuhl ~? **2** jmdn. ~ *für jmdn. bezahlen;* er hielt uns den ganzen Abend frei; er hat die ganze Gesellschaft freigehalten **3** ⟨550⟩ jmdn. od. etwas von etwas ~ *vor etwas behüten, schützen;* von Krankheiten, Schmutz, Schnee ~ **4** ⟨aber getrennt⟩ 'frei 'halten → *frei(1.4)*

'frei·hän·dig ⟨Adj. 24/90⟩ *ohne sich mit den Händen festzuhalten od. die Arme aufzustützen;* ~ radfahren, schießen, zeichnen; ~e Grätsche (Turnübung)

'Frei·heit ⟨f.; -, -en⟩ **1** ⟨unz.⟩ *Unabhängigkeit von Zwang od. Bevormundung;* → a. *Gleichheit;* die ~ des Gewissens, Handelns, der Presse, Rede; ~, Gleichheit, Brüderlichkeit (frz. Liberté, Egalité, Fraternité; Schlagwort für die Ziele der Französ. Revolution); jmdn. der ~ berauben ⟨geh.⟩; seine ~ erlangen, wiedererlangen, verlieren; jmdm. die ~ geben, schenken; jmdm. volle ~ lassen; für, um die ~ kämpfen; der Weg in die ~ ⟨fig.⟩; jmdn. od. ein Tier in ~ setzen; nach ~ streben 1.0.1 du hast volle ~ in dieser Angelegenheit ⟨fig.⟩ *du kannst ganz nach eigenem Ermessen entscheiden* 1.0.2 ich nehme mir die ~, Ihnen das mitzuteilen ⟨Höflichkeitsfloskel⟩ *ich erlaube mir* **1.0.3** mit großer ~ reden *sehr offen* **2** ⟨Pl.⟩ ~en *Vorrechte, Privilegien;* er nimmt sich zu viele ~en 2.1 *Verstöße gegen Sitte od. Konvention;* er erlaubt sich zu viele ~en **3** ~ der Meere *freie Benutzbarkeit der M.*

'Frei·heits·stra·fe ⟨f.⟩ *Bestrafung durch Entzug der persönl. Freiheit in Strafanstalten;* eine niedrige, hohe ~

'Frei·land ⟨n.; -(e)s; unz.⟩ *freies Garten- bzw. Weideland;* Blumen ins ~ säen

'frei|las·sen ⟨V. 175/500⟩ **1** jmdn. ~ *auf freien Fuß setzen, aus der Haft, Gefangenschaft, Sklaverei usw. entlassen;* man hat ihn gegen eine Kaution wieder freigelassen 1.1 ein Tier ~ *einem T. die Freiheit(1) wiedergeben* **2** ⟨aber getrennt⟩ 'frei 'lassen → *frei(3.1)*

'frei|le·gen ⟨V. 500⟩ **1** etwas ~ *bloßlegen, von Hüllen od. deckenden Schichten befreien;* bei den Ausgrabungen wurde ein Amphitheater freigelegt; bei einer Operation ein Organ ~; ein Rohr ~ **2** ⟨aber getrennt⟩ 'frei 'legen → *frei(5)*

'frei·lich ⟨Adv.⟩ **1** *allerdings, wie zugegeben werden muß;* ~ muß ich einschränken, feststellen, mitteilen, sagen ...; er hat ~ recht!; ~ hat er recht!; es scheint ~ (nicht) einfach, leicht, schwierig zu sein **2** ⟨eine Bejahung verstärkend⟩ *selbstverständlich, gewiß, ja;* aber ~!, ja ~!, ~!

'frei|ma·chen ⟨V. 500⟩ **1** eine Postsendung ~ *frankieren, mit Briefmarken bekleben, für eine P. Porto, Zoll bezahlen;* er hat den Brief, die Postkarte freigemacht **2** ⟨R3⟩ sich ~ *sich (dienst)freie Zeit nehmen;* kannst du dich morgen für 2 Stunden ~? **3** ⟨aber getrennt⟩ 'frei 'machen → *frei(3 u. 2.2.3)*

'Frei·mau·re'rei ⟨f.; -; unz.⟩ *weltweite Humanitätsbewegung mit dem Ziel, ihre Anhänger auf der Grundlage einer natürl. Ethik zu dem Ideal edlen Menschentums hinzuführen*

'frei·mü·tig ⟨Adj.⟩ *arglos-offen, unbekümmert-frei, aufrichtig;* etwas ~ bekennen, gestehen

'Frei·sinn ⟨m.; -(e)s; unz.⟩ **1** *freiheitl., fortschrittl. Gesinnung* **2** ⟨in Dtschld. u. der Schweiz⟩ *eine politische Richtung, die seit der Mitte des 19. Jh.s liberale Grundsätze im Staats- u. Wirtschaftsleben vertrat u. später auch sozialreformerische Ideen aufnahm*

'frei|spre·chen ⟨V. 251/505/R7 od. R8⟩ **1** jmdn. ~ *von einer Anklage, Schuld lossprechen;* er wurde mangels Beweises freigesprochen; das Gericht sprach den Angeklagten frei 1.1 von Überheblichkeit, Eitelkeit muß man ihn (kann man ihn nicht) ~ ⟨fig.⟩ *er ist (nicht) überheblich, eitel* **2** einen Lehrling ~ *einem L. den Gesellenbrief überreichen* **3** ⟨aber getrennt⟩ 'frei 'sprechen → *frei(1.4.1)*

'frei|ste·hen ⟨V. 256⟩ **1** ⟨601⟩ es steht jmdm. frei, etwas zu tun *etwas ist jmds. Entscheidung überlassen, etwas ist jmdm. erlaubt, gestattet;* es sollte jedem ~, zu ...; das steht Ihnen völlig frei **2** ⟨400⟩ ein ~des Zimmer *ein leeres Zimmer* **3** ⟨aber getrennt⟩ 'frei 'stehen → *frei(1.4)*

'frei|stel·len ⟨V. 500⟩ **1** ⟨530⟩ jmdm. etwas ~ *anheimstellen, zur Wahl stellen, die Entscheidung überlassen;* es wurde uns freigestellt, daran teilzunehmen **2** ⟨550⟩ jmdn. von etwas ~ *jmdn. für eine bestimmte Zeit von seinen (bes. militärischen) Pflichten befreien;* er wurde vom Militär, Wehrdienst freigestellt **3** ⟨aber getrennt⟩ 'frei 'stellen → *frei(1.4)*

'Frei·tag ⟨m.; -(e)s, -e; Abk.: Fr⟩ **1** *der fünfte Tag der Woche;* gestern war ~, der 20. Juni; am nächsten ~ **1.1** Stiller ~ ⟨Rel.⟩ = *Karfreitag*

'Frei·tod ⟨m.; -(e)s, (selten) -e⟩ = *Selbstmord(1);* den ~ wählen

'Frei·übung ⟨f.⟩ *Turnübung ohne Geräte od. (seltener) mit Handgeräten;* ~en machen

'Frei·wild ⟨n.; -(e)s; unz.; fig.⟩ *schutzloser, vogelfreier Mensch;* jmd. ist ~

frei'wil·lig ⟨a.['---]; Adj. 24⟩ **1** *ungezwungen, von selbst, aus eigenem Antrieb;* ~e Spenden; ~es Geständnis; sein ~er Tod; ~e Feuerwehr; etwas ~ tun; ~ verzichten, abtreten; er ist ~ mitgekommen; sich ~ melden (zum Kriegsdienst) **2** ~e Gerichtsbarkeit ⟨Rechtsw.⟩ *Mitwirkung von Gerichten in Fällen, in denen es um Rechtspflege, nicht um Streitsachen geht;* Ggs *streitige Gerichtsbarkeit*

'Frei·zeit ⟨f.⟩ **1** ⟨unz.⟩ *arbeitsfreie Zeit;* in meiner ~ gehe ich viel spazieren **2** ⟨ev. Kirche⟩ *Zusammenkunft mit Andachten, Gesprächen, Bibelarbeit usw.;* an einer ~ teilnehmen

'frei·zü·gig ⟨Adj.⟩ **1** *den Wohnort frei wählend, ihn nach Belieben wechselnd, nicht ortsgebunden* **2** ⟨fig.⟩ *großzügig;* ~ mit Geld umgehen 2.1 *mit viel Freiheit;* ~ aufwachsen; ~e Erziehung

fremd ⟨Adj.⟩ **1** *aus einem anderen Land, einer anderen Stadt, aus einem anderen Volk, einer anderen Familie stammend;* ~e Kost, Länder, Sitten, Sprachen; ~e Menschen, Pflanzen, Tiere **2** *einem anderen gehörend, einen anderen betreffend;* → a. *eigen(1);* misch dich nicht in ~e Angelegenheiten; er hat sich an ~em Eigentum vergriffen; eine Unterschrift von ~er Hand; der Besitz ist in ~e Hände übergegangen 2.0.1 das war nicht für ~e Ohren bestimmt *das sollte niemand sonst hören* 2.1 unter ~em Namen *unter angenommenem N.;* unter ~em Namen leben, reisen, sich vorstellen 2.2 für ~e Rechnung ⟨kaufmannsspr.⟩ *auf R. eines Dritten* **3** *unbekannt, ungewohnt, unvertraut;* seine Art, sein Wesen ist mir völlig ~; das ist alles so ~ 3.0.1 ich bin hier ~ *ich weiß hier nicht Bescheid* 3.0.2 sich ~ stellen, ~ tun *betont zurückhaltend sein* 3.1 *andersartig, fremdartig, seltsam;* dieser Ausdruck, dieser Begriff, dieses Wort kommt mir ~ vor

'Frem·de ⟨f.; -; unz.⟩ *unbekanntes, unheimisches Land, Ausland;* in der ~ sich aufhalten, leben, umkommen; in die ~ ziehen

'Frem·den·ver·kehr ⟨m.⟩ *der Reiseverkehr mit vorübergehendem Aufenthalt von Personen an fremden Orten, die nicht ihre ständigen Wohngemeinden sind, zum Zwecke der Erholung, Bildung, geschäftl. Betätigung usw.;* der moderne ~ benötigt schnelle Verkehrsmittel; der ~ muß gefördert werden; Deutsche Zentrale für ~ e. V.

'Frem·de(r) ⟨f. 2 (m. 1)⟩ Sy *Fremdling* **1** *jmd., der aus einem anderen Ort, einer anderen Gegend, einem anderen Land stammt;* Orts~; ein ~r fragte nach dem Weg **2** *Unbekannte(r);* ~n gegenüber ist das Kind sehr schüchtern

'Fremd·kör·per ⟨m.⟩ **1** ⟨Med.⟩ *ein Gegenstand, der von außen her in die Gewebe od. Hohlorgane eines Körpers gelangt ist;* einen ~ aus seinem Auge entfernen; der verschluckte ~ mußte operativ entfernt werden **2** ⟨fig.⟩ *jmd., der nicht in seine Umgebung, in eine Gesellschaft paßt;* jmdn. als ~ betrachten

'Fremd·ling ⟨m.; -s, -e; veralt.⟩ = *Fremde(r)*

fre·quen'tie·ren ⟨V. 500⟩ jmdn. od. einen Ort ~ *häufig besuchen, häufig bei jmdm. od. an einem O. verkehren*

Fre'quenz ⟨f.; -, -en⟩ **1** *Häufigkeit* 1.1 *Besucherzahl* **2** *Verkehr, Verkehrsdichte* **3** ⟨Phys.⟩ *Anzahl der Schwingungen pro Zeiteinheit (bei Schwingungs- od. Wellenvorgängen)*

'Fres·ko ⟨n.; -s, -ken⟩ *auf den frischen Putz einer Wand gemaltes Bild, Wandgemälde*

'fres·sen ⟨V. 139⟩ **1** ⟨400⟩ ein Tier frißt *nimmt Nahrung auf;* gierig, hastig ~; dem Hund etwas zu ~ geben 1.1 ⟨511⟩ ein Loch in etwas ~ *durch Fressen(1) ein Loch erzeugen;* die Motten haben Löcher in den Polsterbezug gefressen **2** ⟨402⟩ (etwas) ~ ⟨vulg.⟩ *essen;* wir hatten nichts zu ~; sich dick und rund ~ 2.1 ⟨400⟩ *unmäßig, gierig u. unfein essen, schlingen;* er ißt nicht, er frißt!; wie eine neunköpfige Raupe, wie ein Wolf ~ 2.1.1 ⟨513⟩ jmdn. arm ~ ⟨fig.; umg.⟩ *durch unmäßiges Essen arm machen* 2.2 ⟨500⟩ jmdn. ~ ⟨fig.; umg.⟩ *jmdm. (vor lauter Liebe od. Zorn) etwas antun;* friß mich nur nicht gleich!; er kann mich doch, wird mich schon nicht ~; er sah mich an, als wollte er mich ~; ich laß mich ~, wenn das so ist 2.2.1 ⟨500⟩ jmdn. gefressen haben ⟨fig.; umg.⟩ *nicht leiden können* 2.2.2 ⟨513⟩ jmdn. zum Fressen gern haben ⟨fig.; umg.⟩ *sehr gern* 2.2.3 das Baby ist zum Fressen ⟨fig.; umg.⟩ *sehr niedlich* 2.3 ⟨500⟩ etwas gefressen haben ⟨fig.; umg.⟩ *begriffen haben;* → a. *Weisheit(2.0.2);* jetzt habe ich es endlich gefressen! **3** ⟨500⟩ etwas frißt etwas ⟨fig.; umg.⟩ *erfordert, verbraucht, verschlingt etwas;* dieser Wagen frißt viel Benzin; diese veraltete Heizung frißt viel Koks; sein Hobby frißt Zeit u. Geld; das frißt viel Zinsen 3.0.1 dieses alte, reparaturbedürftige Haus ist nur noch ein ~des Kapital ⟨umg.⟩ *bringt nichts mehr ein, man setzt Geld dabei zu* **4** ⟨411⟩ etwas frißt *breitet sich zerstörend, zersetzend aus;* der Rost frißt am Eisen; das Geschwür frißt weiter um sich; der Gram frißt an ihr 4.1 ~de Flechte ⟨Med.⟩ *eine Hauttuberkulose,* *deren knötchenartige, gelbbraunrote Herde sich ausdehnen u. geschwürig zerfallen können: Lupus*

'Freu·de ⟨f.; -, -n⟩ *Beglückung, (innere) Befriedigung, Gefühl der Hochstimmung;* Ggs *Leid;* das Kind ist die ~ seines Alters; die ~n der Jugend, der Liebe; jmdm. eine ~ bereiten, machen; ist das eine ~!; er lernt, daß es nur so eine ~ ist ...; es ist eine ~, zu beobachten, hören, sehen ...; jmdm. die ~ nehmen, rauben; jmds. ~, jmdm. die ~ stören, trüben, verderben; ~ spenden (durch, mit etwas); jmdm. die ~ versalzen; es ist mir eine besondere ~, zu ... (Höflichkeitsfloskel); seine einzige ~; geteilte ~ ist doppelte ~; eine große, riesige, unerwartete ~; sein Beruf macht ihm keine, wenig ~; die kleinen ~n des Daseins; laute, stille ~; das ist nicht die wahre ~; seine ~ haben an; er hat an seinen Kindern viel ~; herrlich und in ~n leben; mit ~n! (freudige Zusage); mit tausend ~n! (betont freudige Zusage); jmdm. in Freud und Leid zur Seite stehen; Freud und Leid mit jmdm. teilen; er kann sich vor ~ kaum, nicht fassen, halten; er ist außer sich vor ~; ich könnte vor ~ an die Decke springen; zu meiner ~ ...; welche ~!

'Freu·den·haus ⟨n.⟩ = *Bordell*

'Freu·den·mäd·chen ⟨n.; veralt.⟩ = *Prostituierte*

'freu·dig ⟨Adj.⟩ **1** *froh, wohlgemut, fröhlich, heiter gestimmt;* ein ~es Gesicht machen; ~ an die Arbeit gehen **1.1** *bereitwillig, gern;* ~ zusagen; eine Einladung ~ annehmen **2** ⟨70⟩ *freude-, glückbringend, beglückend;* eine ~e Nachricht erhalten **2.1** ein ~es Ereignis *Geburt eines Kindes;* bei Familie Müller wird ein ~es Ereignis erwartet, ist ein ~es Ereignis eingetreten

'freu·en ⟨V. 500⟩ **1** ⟨505/R3⟩ sich (an jmdm. od. etwas) ~ *Freude, Glück empfinden;* sich ~ an seinen Kindern, an einem Geschenk ~; sich ~ auf, über jmdn. od. etwas; sich einer Sache ~ ⟨geh.⟩; sich über eine Sache ~; er freut sich seines Lebens; wie ~ wir uns, Sie (wieder) zu sehen!; ich freue mich, daß du schon kommst; sie freut sich am Glück anderer; wir ~ uns schon auf die Ferien; ich habe mich sehr über seinen Besuch gefreut **1.0.1** sie freut sich wie ein Schneekönig ⟨umg.⟩ *sehr* **1.1** sie kann sich so nett ~ *sie kann ihrer Freude so nett, so gut Ausdruck geben* **2** etwas freut jmdn. *bereitet jmdm. Freude, macht jmdn. froh;* dein Besuch freut mich; es freut mich, ihn, sie; es hat mich sehr gefreut! (erg.: Sie kennenzulernen; Höflichkeitsfloskel beim Abschied); es würde, sollte mich ~, wenn ...; es freut mich sehr, daß ...; es freut mich, zu beobachten, hören, sehen ...; es freut mich, Sie hier zu treffen

freund ⟨Adj. 11/24/43⟩ jmdm. ~ sein *freundlich gesinnt, wohlgesinnt, zugeneigt;* er bleibt, wird ihm ~

Freund ⟨m.; -(e)s, -e⟩ **1** *jmd., der einem anderen in herzlicher, kameradschaftl. Zuneigung verbunden ist;* Ggs *Feind;* keine, viele, wenige ~e besitzen, finden, gewinnen, haben; jmds. ~ bleiben, sein, werden; er ist nicht mehr unser ~; wir bleiben die alten ~e; ein bewährter, falscher, guter, treuer, uneigennütziger, väterlicher ~; als ~ möchte ich dir sagen ...; jmdn. als, zum ~ gewinnen; er ist ein guter ~ von mir; jmdn. zum ~ haben; sich jmdn. zum ~ machen **1.0.1** mein ~ war er nie *ich konnte ihn nie leiden* **1.0.2** gut ~! ⟨Mil.⟩ *kein Feind! (Antwort auf den Anruf des Postens)* **1.0.3** gut ~ werden mit *sich anfreunden mit* **1.0.4** wieder gut ~ werden *sich wieder vertragen, versöhnen* **1.0.5** das ist ja ein feiner, schöner ~! ⟨umg.; iron.⟩ *alles andere als ein F.* **1.0.6** ~e in der Not gehen tausend auf ein Lot ⟨Sprichw.⟩ *erst in Notzeiten erkennt man, wie wenig wahre Freunde man hat* **1.0.7** ~ und Feind *jedermann;* der General ist, wird von ~ und Feind geachtet **1.1** *(guter, freundschaftl. verbundener) Kamerad, Genosse, Partner;* Geschäfts~, Schul~, Sport~, Studien~ **1.1.1** unter ~en *unter uns, (beim Handeln) billig* **2** ⟨umg.⟩ *Liebhaber;* hat sie schon einen ~?; ist das ihr neuer ~? **3** *jmd., der etwas bes. schätzt;* ein ~ der Kunst, Musik, Wissenschaften; ein ~ des Spiels, Tanzens, Trinkens **3.0.1** er ist kein ~ von Redensarten, großen Worten *er liebt es nicht, große Worte zu machen* **3.0.2** er ist kein ~ vom Sport, vom Wandern *er hält nicht viel vom S., vom W.* **4** ⟨abgegriffen als Anrede⟩ *(mein) Lieber, (mein) Herr, (mein) Junge;* wie geht's, alter ~?; lieber ~! (Anrede im Brief); mein lieber ~! (als warnende od. besorgte Anrede); mein lieber ~, so geht das nicht! ⟨umg.⟩ **4.1** ~ Hein ⟨verhüllend⟩ *der Tod*

'freund·lich ⟨Adj.⟩ **1** *liebenswürdig, wohlwollend;* auf Ihr ~es Anerbieten werde ich gern zurückkommen; jmdm. eine ~e Aufnahme bereiten; für jmds. ~e Dienste, Hilfe, Unterstützung danken; ein ~es Gesicht; jmdm. ~e Grüße senden, überbringen, übermitteln; jmdm. seine ~e Vermittlung anbieten; sie hat ein ~es Wesen; Ihre ~en Worte; etwas ~ aufnehmen; jmdn. ~ aufnehmen, empfangen; einem Plan ~ gegenüberstehen; ~ sein gegen jmdn.; das Freundliche in seinem Wesen; bitte, recht ~! (Aufforderung des Photographen); sehr ~!, vielen Dank!; das ist sehr ~ von Ihnen; wie ~ von Ihnen!; besonders, sehr ~ zu jmdm. sein; seien Sie so ~, zu ... **2** *heiter, licht, ansprechend, heimelig;* ~e Farben wählen; eine ~e Gegend, Landschaft, Stadt, Umgebung, Wohnung; ~es Klima, Wetter

'Freund·schaft ⟨f.; -, -en⟩ *auf Zuneigung, Kameradschaft, Vertrauen, Treue gegründetes Verhältnis;* Ggs *Feindschaft;* Beweise der ~ geben; die ~ der Staaten, Völker; in Geldsachen hört die ~ auf; die ~ aufstecken, kündigen ⟨umg.⟩; ~ halten, schließen; das nennt sich nun ~! ⟨umg.; iron.⟩; enge, herzliche, innige, langjährige, unverbrüchliche, unwandelbare, wahre ~; ~ auf Leben und Tod; etwas aus ~ tun; in ~ verbunden sein

'Fre·vel ⟨m.; -s, -; geh.⟩ **1** *Entheiligung, Versündigung gegen göttl. od. menschl. Gesetze* **1.1** ⟨poet.⟩ *Verbrechen, Missetat;* ein kühner, unerhörter ~; einen ~ begehen, rächen **2** ⟨veralt.; Forstw.⟩ *Übertretung des Feld-, Forst- u. Jagdrechts;* Baum~, Forst~, Wild~

'fre·veln ⟨V. 413; geh.; veralt.⟩ **1** (an jmdm. od. etwas) ~ *einen Frevel begehen, sündigen, sich strafbar machen;* er hat schwer gefrevelt **1.1** ⟨430⟩ gegen die Gesetze ~ *den G. zuwiderhandeln, die G. übertreten*

'Frie·den ⟨m.; -s, -⟩ **1** ⟨unz.⟩ *polit. u. rechtl. geordneter Zustand innerhalb eines Staates,*

Stammes od. Gemeinwesens bzw. zwischen mehreren Staaten usw.; Ggs *Krieg;* den ~ aufrechterhalten, erhalten, ersehnen, sichern; den ~ brechen, gefährden, stören; ~ bringen, schließen; ein dauerhafter, jahrzehntelanger, ungestörter ~; für den ~ eintreten, kämpfen; den Gegner um ~ bitten; ~ und Freiheit; Krieg und ~; ~ zwischen den Völkern **2** *Friedensschluß, -vertrag;* Westfälischer ~ (1648); wegen des ~s unterhandeln **3** ⟨unz.⟩ *Zustand ungestörter Ordnung u. Harmonie* 3.1 *Eintracht;* Ggs *Streit;* es herrscht (kein) ~; ~ stiften; er hat den ~ innerhalb unserer Familie gestört; häuslicher ~ **3.1.1** mit jmdm. ~ halten *in Eintracht leben* 3.1.2 um des lieben ~s willen will ich es tun ⟨umg.⟩ *um Streit zu vermeiden* 3.1.3 seinen ~ mit Gott machen *sich in Gottes Willen fügen* 3.1.4 mit sich selber ~ machen *das innere Gleichgewicht wiederfinden* 3.2 *Ruhe;* ~ einer Landschaft, der Natur; er kann keinen ~ finden; das Kind gab keinen ~, bis es seinen Kopf durchgesetzt hatte; laß mich in ~!; sie hat keinen ~ vor ihm; ~ seiner Asche (Grabspruch); er ruhe in ~! (Grabinschrift) 3.2.1 dem ~ nicht recht trauen ⟨umg.⟩ *der scheinbaren Ruhe* 3.2.2 der ewige ~ *Ruhe nach dem Tode;* zum ewigen ~ ein-, heimgegangen sein

'Frie·dens·schluß ⟨m.⟩ *Abschluß des Friedensvertrages*

'fried·fer·tig ⟨Adj.⟩ *friedenswillig, verträglich, umgänglich;* er ist ein ~er Mensch

'Fried·hof ⟨m.; -(e)s, ¨-e⟩ *(christl.) Begräbnisplatz, Ort, an dem Tote bestattet werden;* Wald~; der alte, neue ~; ein abgelegener ~; auf den ~ gehen

'fried·lich ⟨Adj.⟩ **1** *krieglos, dem Frieden dienend;* eine ~e Nation; eine ~e Lösung anstreben; einen Konflikt auf ~em Wege bereinigen 1.1 *gewaltlos, streitlos;* einen Streit ~ beilegen; eine ~e Demonstration 1.1.1 ~e Durchdringung *allmähl. u. gewaltlose Machtergreifung eines Staates in einem abhängigen Staat* **2** *von Frieden erfüllt, friedfertig, verträglich;* ein ~er Charakter, Mensch; eine ~e Atmosphäre; ~en Zeiten entgegensehen; ~ aussehen; ~e Leute, Zeiten 2.1 *(wohltuend) ruhig, still, harmonisch;* eine ~e Landschaft, Gegend; ~ leben, sein; nun sei doch endlich ~! ⟨umg.⟩

'frie·ren ⟨V. 140⟩ **1** ⟨400 od. 501⟩ *kalt sein, sich kalt fühlen, Kälte empfinden;* ich friere; es friert mich; mich friert; ich friere, mich friert an den Füßen, Händen; mir ~ die Füße, Hände 1.0.1 ⟨430⟩ wie ein junger Hund, wie ein Schneider ~ ⟨umg.⟩ *sehr* **2** ⟨400⟩ etwas friert *gefriert;* das Blut fror ihm in den Adern vor Entsetzen ⟨fig.⟩ 2.0.1 das Fenster ist gefroren *mit einer dünnen Eisschicht bedeckt* **3** ⟨401⟩ es friert *herrscht Frost;* es hat heute nacht gefroren 3.0.1 ⟨430⟩ es friert heute Stein und Bein ⟨umg.⟩ *es herrscht strenger Frost*

Fries ⟨m.; -es, -e⟩ **1** *flauschähnliches, gerauhtes Wollgewebe* **2** ⟨Arch.⟩ *waagerechter ornamentaler od. figürl. Zierstreifen zur Gliederung od. zum Schmuck einer Wand*

'Frie·sel ⟨m. od. n.; -s, -n; meist Pl.; umg.⟩ *hirsekorngroßes, mit wäßriger Flüssigkeit gefülltes Bläschen eines bei großer Hitze u. hochfieberhaften Erkrankungen auftretenden Hautausschlags, bes. an Stellen, wo stark geschwitzt wird;* Schweiß~, Scharlach~

Fri·ka'del·le ⟨f.; -, -n; Kochk.⟩ *gebratenes Fleischklößchen*

Fri·kas'see ⟨n.; -s, -s; Kochk.⟩ *kleingeschnittenes helles Fleisch in heller Soße;* Hühner~, Kalbs~

frisch ⟨Adj.⟩ **1** *neu;* der Anblick des ~en Grüns tut den Augen gut; ~en Mut fassen; auf zu ~en Taten!; das Haus ~ verputzen lassen 1.0.1 ~en Datums *aus letzter Zeit* 1.0.2 von ~em beginnen *von neuem, erneut* 1.1 *gerade, eben erst (gemacht, getan, entstanden);* eine ~e Fährte, Spur finden; jmdn. auf ~er Tat ertappen; die Wunde ist ganz ~; eine ~ entbundene Frau; ~ gebackener Kuchen; ~ gefallener Schnee; ~ gelegte Eier; Vorsicht, ~ gestrichen! (Warnungsschild); ~ gewaschene Wäsche; er ist ~ rasiert; Milch, ~ von der Kuh; Bier, ~ vom Faß 1.1.1 → a. *backen*[1]*(1.3)* 1.2 *nicht verwischt, deutlich, gut erhalten;* die Farben sind noch ganz ~; ihr Schmerz ist noch ganz ~; es steht mir noch ~ in der Erinnerung; etwas ~ im Gedächtnis haben; noch unter dem ~en Eindruck des Geschehenen stehen 1.3 *nicht abgelagert, nicht abgestanden;* ~es Brot verträgt nicht jeder; ~e Brötchen, Eier; ~es Gemüse, Obst 1.4 *sauber, rein, unbenutzt;* die Betten ~ beziehen; einen ~en Verband anlegen; ein ~es Hemd anziehen; ~e Wäsche 1.5 *unverbraucht;* ~e Luft schöpfen; mit ~en Kräften; ~e Truppen an die Front werfen; ~e Wetter ⟨Bgb.⟩ **2** *munter, lebhaft, gesund;* ein ~es Aussehen haben; ~ und munter sein; ~ (und gesund) aussehen; ~, fromm, fröhlich (froh), frei (alter Turnerspruch); ~ auf! (ermunternder Zuruf); ~ von der Leber weg (reden) **3** ⟨70⟩ *kühl;* das Wetter ist seit gestern reichlich ~; es ist ~ draußen; ein ~er Wind kommt auf

'Fri·sche ⟨f.; -; unz.⟩ **1** *Munterkeit, Lebhaftigkeit, Rüstigkeit;* seine alte ~ wiedererlangen; in alter ~; körperliche u. geistige ~; sie beging ihren 90. Geburtstag in erstaunlicher ~ **2** *erfrischende Kälte, Kühle;* herbe, belebende ~; die ~ der Nacht, des Waldes **3** *der Zustand des Frischseins;* ein Gesicht voll natürlicher, jugendlicher ~

'fri·schen ⟨V.⟩ **1** ⟨500/R7⟩ jmdn. od. etwas ~ ⟨poet.⟩ *erfrischen* **2** ⟨500⟩ Eisen ~ ⟨Met.⟩ *unedle Bestandteile durch Oxydation aus einer Eisenlegierung entfernen* **3** ⟨400⟩ eine Wildsau frischt ⟨jägerspr.⟩ *bringt Frischlinge zur Welt* **4** ⟨500/R3⟩ das Schalenwild, der Hund frischt sich ⟨jägerspr.⟩ *trinkt*

'Frisch·ling ⟨m.; -s, -e; jägerspr.⟩ *junges Wildschwein im 1. Jahr*

'frisch·weg ⟨Adv.; umg.⟩ *offen, munter, ohne Scheu;* ~ reden, antworten

Fri·seur ⟨[-'zø:r] m.; -s, -e⟩ *Haarschneider, -pfleger, -künstler, Bartschneider*

fri'sie·ren ⟨V.⟩ **1** ⟨503/R7 od. R8 bzw. R5 od. R6⟩ jmdn. ~, jmdm. das Haar ~ *jmdm. das Haar kämmen, formen* **2** ⟨500⟩ etwas ~ ⟨fig.⟩ *so ändern, daß es die gewünschte Wirkung erzielt* 2.1 *beschönigend überarbeiten;* einen Bericht usw. ~ 2.2 einen Motor ~ *so umarbeiten, daß eine höhere Leistung erzielt wird*

Frist ⟨f.; -, -en⟩ **1** *festgesetzter Zeitraum, Wartezeit;* die ~ läuft heute ab; eine ~ bewilligen, geben, gewähren; nur noch wenige Tage ~ haben; eine ~ um zwei Tage verlängern; eine längere ~ verweigern; eine dreitägige, kurze, längere ~; die gesetzliche ~; etwas auf kurze ~ leihen; das Geliehene in kürzester ~ zurückgeben; eine ~ von drei Jahren, Monaten, Tagen, Wochen **2** *festgesetzter Zeitpunkt, Termin;* eine ~ bestimmen, festsetzen; die ~ einhalten, versäumen, verstreichen lassen; zu dieser ~ muß ich den Wechsel einlösen

'fri·sten ⟨V. 500⟩ **1** sein Leben, Dasein ~ *mühsam hinbringen, erhalten* **2** einen Wechsel ~ *hinausschieben, aufhalten*

Fri'sur ⟨f.; -, -en⟩ *Haartracht;* Damen~

fri·vol ⟨[-'vo:l] Adj.⟩ **1** *leichtfertig;* eine ~e Person **2** *zweideutig;* eine ~e Bemerkung

froh ⟨Adj.⟩ **1** *von Freude erfüllt, heiter, glücklich;* ~e Feiertage, Ferien verleben; ~es Fest! (Glückwunsch zu Feiertagen) **1.0.1** ~en Mutes sein *heiter gestimmt sein;* sie ist stets ~en Mutes **1.1** *erleichtert, erfreut, beglückt;* ich bin ~, daß es so gekommen ist; darüber sind wir alle ~; ich bin über diese Lösung ~ **1.2** ⟨m. Gen.⟩ *glücklich (über den Besitz);* er kann seines Lebens nicht ~ werden **2** ⟨60⟩ *erfreulich, Freude bereitend;* ein ~es Ereignis feiern; eine ~e Kunde, Nachricht erhalten **2.1** ⟨60⟩ die ~e Botschaft *das Evangelium*

'fröh·lich ⟨Adj.⟩ *heiter, unbeschwert, von Freude erfüllt, vergnügt;* ein ~er Mensch; eine ~e Miene zeigen; in ~er Runde

froh'locken ⟨-k·k-; V.; geh.⟩ **1** ⟨400⟩ *jubeln;* sie frohlockte, als sie ihn sah; sie haben zu früh frohlockt **1.1** ⟨600⟩ jmdm. ~ *lobsingen, lobpreisen;* frohlocket dem Herrn! **1.2** ⟨800⟩ über jmds. Mißgeschick, Niederlage ~ *schadenfroh triumphieren*

fromm ⟨Adj. 23⟩ **1** *gottesfürchtig, gläubig;* ein ~er Mensch, Christ **2** *sanft, leicht lenkbar, gehorsam;* ein ~er Gaul **3** ⟨60⟩ *in guter Absicht geschehend;* ein ~er Betrug, eine ~e Lüge **3.0.1** ein ~er Wunsch *ein wohlmeinender, aber machtloser W.* **4** ⟨veralt.⟩ *tüchtig, brav;* ein ~er Bürger **4.1** ein ~er Landsknecht *ein tapferer L.*

'fröm·meln ⟨V. 400⟩ *übertrieben fromm tun, Frömmigkeit zur Schau stellen*

'from·men ⟨V. 600; veralt.⟩ etwas frommt jmdm. od. einer Sache *nützt jmdm. od. einer S.;* es frommt mir; was, wem soll es ~?

Fron ⟨f.; -, -en⟩ oV *Fronde* **1** *dem Lehnsherrn zu leistende Arbeit, Arbeit des Leibeigenen;* in der ~ sein **2** ⟨fig.⟩ *unbeliebte, erzwungene, harte, mühsame Arbeit*

'Fron·de ⟨f.; -, -n; veralt.⟩ = *Fron*

'frö·nen ⟨V. 600⟩ einem Laster, einer Leidenschaft ~ ⟨geh.⟩ *sich ihm, ihr rückhaltlos hingeben;* er hat dem Alkohol gefrönt

Fron'leich·nam ⟨m.; -(e)s; unz.; kath. Rel.⟩ *Festtag zur Feier der Wandlung von Brot u. Wein in Leib u. Blut Christi am Donnerstag nach Trinitatis*

Front ⟨f.; -, -en⟩ **1** *Vorderseite, Stirnseite;* die ~ eines Hauses, einer angetretenen Truppe; die ~ (einer Ehrenkompanie) abschreiten; vor der ~ einer Truppe stehen **1.1** der Sprinter lag bald in ~ *an der Spitze* **1.2** ~! ⟨veralt.; militär. Kommando⟩ *Wendung zu jmdm. hin* **1.2.1** ~ machen *sich jmdm. zuwenden u. Haltung annehmen (als Ehrenbezeigung)* **1.2.2** gegen jmdn. od. etwas ~ machen *sich wehren gegen, sich widersetzen* **1.3** in ~ eines Gebäudes ⟨veralt.⟩ *vor einem G.* **2** Ggs *Etappe* **2.1** *die dem Feind zugekehrte Seite einer Truppenaufstellung, Kampfgebiet;* die Soldaten an der ~; jmdn. hinter die ~ abkommandieren; Krieg nach zwei ~en führen **2.2** *die kämpfende Truppe* **3** *Einheit einer Gruppe von Personen;* einer geschlossenen ~ gegenüberstehen; die ~ der Arbeiter u. Bauern **3.1** *politischer Block;* Arbeiter~, Eiserne ~, Rote ~ **4** ⟨Meteor.⟩ *Grenzfläche von Luftmassen;* Kalt~, Warm~

fron'tal ⟨Adj. 24⟩ **1** *an der Stirnseite befindlich* **2** *von der Stirnseite kommend, von vorn*

Frosch ⟨m.; -(e)s, ⸚e⟩ **1** *glatthäutiger, langbeiniger, springender Froschlurch;* die Frösche quakten **1.0.1** du wirst Frösche in den Bauch kriegen ⟨umg.; scherzh.⟩ *du trinkst zuviel Wasser* **1.0.2** er bläst sich auf wie ein ~ ⟨umg.⟩ *spreizt sich, prahlt* **1.0.3** sei kein ~! ⟨umg.⟩ *kein Spielverderber, zier dich nicht u. mach mit!* **1.0.4** einen ~ im Hals haben ⟨fig.; umg.⟩ *heiser sein* **1.1** Echter ~ ⟨Zool.⟩ *Angehöriger einer Familie der Froschlurche, zu der die Braun- u. Wasserfrösche zählen: Ranidae* **2** *Ding, dessen äußere Form an einen Frosch(1) erinnert* **2.1** *in Hüpfbewegungen abbrennender, mehrmals knallender Feuerwerkskörper;* Knall~ **2.2** ⟨Arch.⟩ *Stütze für einen Balken* **2.3** ⟨Bgb.; früher⟩ *Öllampe der Bergleute* **2.4** ⟨Text.⟩ *Endsteg am Webstuhl* **2.5** ⟨Mus.⟩ *verstellbare Platte am Griffende des Bogens der Streichinstrumente* **2.6** *über den Faßboden hinausragender Teil der Dauben* **2.7** *Explosionsstampfer, Ramme* **2.8** ⟨Typ.⟩ *Vorrichtung zum Einstellen der Zeilenlänge am Winkelhaken*

'Frosch·per·spek·ti·ve ⟨f.; fig.; umg.⟩ **1** *Ansicht von einem tiefgelegenen Blickpunkt aus, von unten her;* etwas aus der ~ photographieren **1.1** etwas aus der ~ betrachten *von einem untergeordneten Standpunkt aus*

Frost ⟨m.; -(e)s, ⸚e⟩ **1** *Temperatur unter dem Gefrierpunkt sowie die dabei auftretenden Vorgänge, z. B. Frostschäden;* Nacht~, Herbst~, Boden~, Tief~, Kahl~; die Pflanzen haben ~ abbekommen, bekommen; der erste ~ in diesem Jahr; anhaltender, heftiger, klirrender, strenger ~; die Pflanzen haben durch den ~ gelitten; der ~ steckt noch im Boden; vor ~ zittern **2** ⟨fig.⟩ *Empfindung heftiger Kälte;* Schüttel~; der Kranke wurde von ~ geschüttelt

'frö·steln ⟨V.⟩ **1** ⟨500; unpersönl.⟩ jmdn. fröstelt (es) *jmd. friert leicht;* mich fröstelt (es); bei diesem Gedanken hat (es) ihn gefröstelt ⟨fig.⟩ **2** ⟨400⟩ *vor Kälte zittern;* sie fröstelte in ihrem dünnen Kleid; ich fröstele am ganzen Körper, vor Müdigkeit, Angst; ~d stand sie im Regen; ein leichtes Frösteln; er hat bei diesem Gedanken gefröstelt ⟨fig.⟩

'fro·sten ⟨V.⟩ **1** ⟨500⟩ etwas ~ *zum Gefrieren bringen, zur Konservierung einfrieren;* Gemüse, Obst ~ **2** ⟨401⟩ es frostet *es friert*

'fro·stig ⟨Adj.⟩ **1** ⟨70⟩ *kalt, zu Frost neigend;* ~es Wetter; eine ~e Nacht, Luft **2** ⟨fig.⟩ *betont zurückhaltend, kühl, unfreundlich;* ein ~er Blick, Empfang; jmdn. ~ grüßen; jmdm. ~ begegnen

Frot'tee ⟨m. od. n.; - od. -s, -s⟩ *Gewebe mit gekräuselter Oberfläche*; oV *Frotté* ⟨schweiz.⟩

Frucht ⟨f.; -, ¨-e⟩ **1** *aus Samen u. dessen Hülle bestehendes pflanzl. Produkt;* die Früchte des Feldes, unseres Gartens, des Landes; Früchte einfrieren, einkochen, einmachen, einwecken, entsaften, konservieren, sterilisieren; eine große, saftige, reife, süße, wohlschmeckende ~; Früchte aus dem eigenen Garten **1.0.1** reiche ~ tragen *sehr ergiebig sein;* die Bäume, Sträucher tragen reiche ~ **1.0.2** eine ~ der L i e b e ⟨fig.⟩ *ein Kind* **1.0.3** v e r b o t e n e Früchte ⟨fig.⟩ *unerlaubte Genüsse* **1.1** ⟨Bot.⟩ *das nach der Befruchtung aus dem Fruchtknoten der bedecktsamigen Pflanzen gebildete Organ, das die (od. den) Samen bis zur Reife umschließt u. dann ihrer Verbreitung dient* **2** ⟨unz.⟩ *Getreide;* die ~ steht (dieses Jahr, in diesem Jahr) gut **3** *in der Gebärmutter heranwachsender Keim;* die ~ des Leibes **4** ⟨geh.⟩ *Ertrag, Ergebnis;* die Früchte der Arbeit, des Fleißes, des Leichtsinns, der Mühe, des Studiums ernten; als ~ langer Verhandlungen kam der Vertrag zustande **4.1** an ihren Früchten sollt ihr sie erkennen (Matthäus 7, V. 16 und 20) *Taten*

'frucht·bar ⟨Adj.⟩ **1** ⟨70⟩ *reiche Frucht bringend, ertragreich;* ~er Boden; ~e Erde; dieses Land ist sehr ~ **2** *fähig, Frucht zu tragen, zahlreiche Nachkommenschaft zur Welt zu bringen;* Kaninchen sind sehr ~ **2.1** ein ~er A u t o r ⟨fig.⟩ *ein produktiver A.* **3** ⟨fig.⟩ *erfolgreich, nützlich;* eine ~e Arbeit; dieser Gedanke ist ~

'fruch·ten ⟨V. 402⟩ **1** *nützen, helfen, bewirken;* es fruchtet nichts; alle Mahnungen haben nichts gefruchtet; etwas fruchtet (wenig, nicht) bei jmdm. **2** eine P f l a n z e fruchtet ⟨Bot.⟩ *trägt Früchte*

'Frucht·fleisch ⟨n.⟩ *der den Samen umgebende, eßbare Teil einer Frucht;* das wohlschmeckende, saftige ~ eines Pfirsichs

'fruch·tig ⟨Adj.⟩ **1** *stark nach der Frucht schmeckend* **1.1** *aromatisch schmeckend;* herb~, voll~; ein ~er Wein

'Frucht·kno·ten ⟨m.; Bot.⟩ *Blütenorgan der Bedecktsamer, das die Samenanlage(n) enthält*

'frucht·los ⟨Adj.⟩ **1** *keine Frucht bringend, unfruchtbar* **2** ⟨fig.⟩ *nutzlos, keinen Erfolg bringend;* ~e Anstrengung, Bemühung; etwas ~ versuchen; seine Bitten blieben ~

früh ⟨Adj.⟩ **1** *am Beginn eines Zeitabschnitts liegend, zeitig;* Ggs *spät;* der ~e Morgen; dieses Drama ist ein ~es Werk des Dichters; am ~en Morgen; im ~en, ~esten Altertum; in ~er, ~ester Jugend; seit ~ester Jugend; von ~er Jugend, Kindheit an; zu ~er Stunde; es ist noch ~ am Tage; ~ im Jahr; es ist noch sehr ~; ~ aufstehen; ich habe es schon ~ erfahren; wir kommen noch ~ genug; möglichst ~ (kommen, gehen, wegfahren); so ~ wie möglich; zu ~ kommen; es ist noch zu ~; er ist viel ~er gekommen, als ich dachte; je ~er, desto besser, desto lieber **1.0.1** meine ~esten Erinnerungen *meine ersten E.* **1.0.2** da mußt du ~er aufstehen! ⟨umg.⟩ *da mußt du besser aufpassen, schneller sein* **1.1** v o n ~ a n *von Jugend an;* ich habe es von ~ an gelernt **1.2** ~er oder später *einmal jedenfalls;* ~er oder später muß ich es doch tun **2** *vorzeitig, zeitiger als erwartet (stattfindend, eintretend);* ~es Alter; ein ~er Bote des Frühlings; ~es Obst; ~e Reife; ein ~er Tod; ~ sterben **2.0.1** ein ~es Grab finden ⟨geh.⟩ *jung sterben* **2.0.2** ihm war ein ~es Grab bereitet ⟨poet.⟩ *er starb in jungen Jahren* **3** ⟨50⟩ *am Morgen, morgens;* um vier Uhr ~; gestern ~; heute ~; morgen ~; **3.1** von ~ bis spät *den ganzen Tag;* er arbeitet von ~ bis spät

'frü·her ⟨Adj.⟩ **1** ⟨Komparativ von⟩ *früh* **2** *zurückliegend, vergangen;* in ~en Fällen, in ~en Zeiten **2.1** *ehemalig, einstig;* ein ~er Freund von mir; der ~e Kaiser, Minister **3** ⟨50⟩ *damals, ehemals, einst;* ~ besaß er mehrere Häuser; ich war ~ oft dort; das habe ich schon ~ immer getan; wir kennen uns von ~ (her); es ist alles noch wie ~

'frü·he·stens ⟨Adv.⟩ *nicht eher als;* ~ morgen; ~ in einer Woche

'Früh·ge·burt ⟨f.⟩ **1** *Geburt eines lebensfähigen Kindes vor Ablauf der neun Monate* **2** *das (zu) früh geborene Kind selbst*

'Früh·jahr ⟨n.⟩ = *Frühling(1)*

'Früh·ling ⟨m.; -s, -e⟩ **1** *Jahreszeit (des Wachstums) vom 21. März bis 21. Juni (auf der nördl. Halbkugel);* Sy *Frühjahr;* ein warmer, kalter, nasser ~; es ist bald ~; der ~ beginnt **2** ⟨fig.⟩ *Zeit der Jugend, des Sprossens u. Wachsens, Aufschwung;* die Kunst, die Wirtschaft erlebte einen neuen ~; er steht im ~ seiner Jahre, des Lebens

'Früh·stück ⟨n.; -(e)s, -e⟩ **1** *Mahlzeit, die man am Morgen zu sich nimmt* **1.1** erstes ~ *erste Mahlzeit am Tag* **1.2** zweites ~ *Zwischenmahlzeit am Vormittag zwischen erstem Frühstück u. Mittagessen*

fru'strie·ren ⟨V. 500⟩ **1** einen P l a n ~ ⟨veralt.⟩ *vereiteln, behindern* **2** j m d n. ~ **2.1** ⟨Psych.⟩ *jmdm. die Befriedigung eines Bedürfnisses versagen, jmdn. enttäuschen* **2.2** ⟨umg.⟩ *enttäuschen*

Fuchs ⟨[-ks] m.; -es, ¨-e⟩ **1** *Angehöriger einer Gruppe fast über die ganze Erde verbreiteter, hundeartiger Raubtiere, die kleinere bis mittlere Wirbeltiere, Insekten, Früchte u. auch Aas fressen: Vulpinae* **1.0.1** wo die Füchse sich gute Nacht sagen ⟨fig.⟩ *an einsamem, weit entferntem Ort* **1.0.2** ~ im eigenen Bau ⟨a. fig.; umg.⟩ *Hausherr* **1.1** *das Fell eines Fuchses(1)* **2** ⟨fig.⟩ *schlauer, listiger Mensch;* er ist ein (alter) ~; ein schlauer ~ **3** *einer Verbindung angehörender Student im ersten u. zweiten Semester* **4** *Pferd mit rotbraunem Fell, Schweif u. Mähnenhaar* **5** *Tagfalter aus der Gruppe der Zackenfalter mit rötl. gefleckten Flügeln* **5.1** Kleiner ~: Vanessa urticae **5.2** Großer ~: Vanessa polychloros **6** ⟨Astr.⟩ *Sternbild des nördl. Himmels* **7** ⟨Tech.⟩ *schwach ansteigender Kanal zwischen Feuerung u. Schornstein*

'fuch·sen ⟨[-ks-] V. 500⟩ **1** e t w a s fuchst j m d n. ⟨umg.⟩ *etwas ärgert jmdn., läßt jmdm. keine Ruhe* **2** ⟨R7⟩ j m d n. ~ ⟨veralt.⟩ *(schulmeisterlich) plagen*

'Fuchs·jagd ⟨f.⟩ **1** *Jagd auf Füchse mit Hundemeute u. meist zu Pferde* **2** ⟨fig.⟩ *bei Reitern, Schifahrern u. Waldläufern beliebte Veranstaltung, bei der ein Teilnehmer, der „Fuchs", der mit einem gewissen Vorsprung aufbricht, von den übrigen, der „Meute", verfolgt wird*

'Fuchs·schwanz ⟨m.⟩ **1** *Schwanz des Fuchses* **2** ⟨Tech.⟩ *kurze, einseitig an einem Handgriff* *befestigte Säge* **3** ⟨Bot.⟩ *Angehöriger einer Gattung der Süßgräser mit mehr od. weniger zusammengewachsenen Spelzen: Alopecurus* **4** ⟨Bot.⟩ *Angehöriger einer Gattung der Fuchsschwanzgewächse, deren winzige aber sehr zahlreiche Blüten in Ähren od. Rispen herabhängen: Amaranthus* **4.1** *Gartenfuchsschwanz, eine beliebte einjährige Zierpflanze mit karminroten Blütenständen, die auch als Körnerfrucht angebaut u. genutzt wird: Amaranthus caudatus*

'Fuch·tel ⟨f.; -, -n⟩ **1** *Degen mit breiter Klinge zum flachen Schlagen* **2** ⟨unz.; nur in den Wendungen⟩ 2.1 j m d n. u n t e r d e r ~ h a b e n, halten ⟨fig.; umg.⟩ *jmdn. beherrschen* 2.2 u n t e r jmds. ~ s t e h e n, leben, sein ⟨fig.; umg.⟩ *unter jmds. strenger Aufsicht*

'fuch·teln ⟨V. 416⟩ m i t d e n A r m e n od. einem G e g e n s t a n d ~ ⟨umg.⟩ *die Arme od. einen Gegenstand heftig in der Luft herum bewegen;* er fuchtelte wie wild mit dem Stock

'Fu·ge¹ ⟨f.; -, -n⟩ **1** ⟨Bauw.⟩ *ein hohler od. mit einem Binde- od. Dichtungsmittel gefüllter Raum zwischen zwei aneinanderliegenden Elementen gleichen od. verschiedenen Materials, z. B. Mauersteinen, Holzbalken usw.;* eine breite, schmale ~; die waagerechte ~ im Mauerwerk heißt Lager~, die senkrechte ~ heißt Stoß~ 1.1 a u s d e n ~n g e h e n, g e r a t e n ⟨a. fig.⟩ *auseinander-, entzweigehen (von Teilen, die zusammengehören)* 1.1.1 die W e l t ist aus den ~n *ist gestört, durcheinander* 1.2 i n a l l e n ~n k r a c h e n ⟨fig.; umg.⟩ *starke Auflösungserscheinungen zeigen*

'Fu·ge² ⟨f.; -, -n⟩ *nach strengen Regeln aufgebautes Musikstück, bei dem ein Thema nacheinander durch alle Stimmen geführt wird, meist im Quart- od. Quintabstand*

'fu·gen ⟨V. 500⟩ B a u t e i l e ~ ⟨Bauw.⟩ *zusammenfügen, -schließen, miteinander verbinden, fest aneinandersetzen;* er hat die Balken, Bretter gefugt

'fü·gen ⟨V. 500⟩ **1** e t w a s ~ *zusammensetzen;* diesen Satz muß ich etwas anders ~ 1.1 ⟨511⟩ etwas a n, a u f e t w a s ~ *aneinander- od. aufeinanderpassen, passend aneinander- od. aufeinandersetzen;* ein Wort an ein anderes ~; einen Balken, Stein auf einen anderen ~ **2** e t w a s ~ ⟨geh.⟩ *verhängen, geschehen machen, bewirken;* das Schicksal hat es so gefügt; der Zufall fügte es, daß ich ihn auf dem Bahnhof traf 2.1 ⟨R3⟩ e s fügt s i c h *es geschieht (zufällig od. beabsichtigt);* es fügte sich, daß ...; es hat sich so gefügt **3** ⟨R3⟩ s i c h ~ ⟨geh.⟩ *tun, was befohlen wird, nachgeben, gehorchen;* sich jmdm. ~; sich jmds. Anordnungen, jmds. Willen ~ 3.1 ⟨550⟩ sich i n e t w a s ~ *etwas hinnehmen, sich darein schicken;* sich ins Unvermeidliche ~

'füg·sam ⟨Adj.⟩ *gefügig, sich leicht fügend, gehorsam, anpassungsfähig;* ein ~es Kind; er ist ~; jmdn. ~ machen

'Fü·gung ⟨f.; -, -en⟩ **1** *das Sichfügen* **2** *Walten des Schicksals;* eine ~ des Schicksals; durch eine glückliche ~ trafen wir uns wieder; durch eine gnädige ~ entging er dem Tode **3** ⟨Gramm.⟩ *zusammengehörige, als Einheit empfundene Wortgruppe;* eine syntaktische ~

'füh·len ⟨V.⟩ **1** ⟨500⟩ e t w a s ~ *körperl. (mit dem Tastsinn) wahrnehmen;* eine Berührung ~; Hunger, Durst ~; Kälte, Hitze ~; einen bohrenden Schmerz, einen Stich, einen Schlag ~; ich fühlte die kalte Mauer durch die Kleider hindurch 1.1 *tastend prüfen;* jmdm. den Puls ~ 1.2 ⟨411⟩ n a c h etwas ~ *tasten;* er fühlte nach dem Geld in seiner Tasche **2** ⟨500⟩ e t w a s ~ *seel. empfinden;* Schmerz, Freude ~; ich fühle, daß er mir nicht vertraut; fühlst du nicht den Unterschied?; er ließ es dich ~, daß er sich über dich geärgert hat; sie ließ ihn ihre Enttäuschung, ihren Ärger ~; Liebe, Haß für jmdn. ~; die Berufung zum Arzt in sich ~; ich fühle (deinen Schmerz) mit dir **3** ⟨400⟩ *körperl. Empfinden, seel. Regungen haben;* jedes Lebewesen fühlt; ein ~des Herz haben **4** ⟨513/R3⟩ s i c h ... ~ *sich in einem bestimmten seel. Zustand befinden, sich für etwas halten;* sich angesprochen, getroffen ~; sich beleidigt, verletzt ~; sich angenehm, unangenehm berührt ~; sich besser, schlechter ~; sich fremd (in einer neuen Umgebung) ~; sich glücklich ~; sich heimisch ~; sich krank ~; sich schuldig, unschuldig ~; sich stark genug ~, etwas zu tun; sich verpflichtet ~, etwas zu tun; sich sehr wohl ~; sich für etwas, für jmdn. verantwortlich ~; wie ~ Sie sich?; sich wie zu Hause ~ **4.0.1** ⟨500/R3 + Part. Perf.⟩ sich zum Künstler, Dichter usw. berufen ~ *glauben, daß man dafür geboren ist, K., D. zu werden* **4.1** ⟨500; umg.⟩ *stolz sein, sich wichtig vorkommen;* er fühlt sich

'Füh·ler ⟨m.; -s, -; meist Pl.⟩ **1** ⟨Zool.⟩ *paarige Kopfanhänge von Gliederfüßern, Würmern u. Schnecken, die mit Sinnesorganen des Tast-, Geruchs- u. Geschmackssinnes besetzt sind* **2** seine, die ~ a u s s t r e c k e n ⟨fig.⟩ *etwas vorsichtig, ohne Aufsehen erkunden, zu erfahren suchen*

'Füh·lung ⟨f.; -; unz.⟩ *Berührung, Verbindung;* Tuch~; mit jmdm. ~ behalten; die ~ (nicht) verlieren (mit jmdm.); mit jmdm. in ~ bleiben

'Fuh·re ⟨f.; -, -n⟩ **1** *Wagen, Auto, Fuhrwerk mit Ladung;* eine ~ Heu, Kartoffeln, Holz, Kohlen **2** *Ladung, Wagenlast;* der Wagen hat eine ~ Sand geladen; wir haben 3 ~n Koks bekommen 2.1 eine lustige ~ *ein Wagen voller lustiger Leute* **3** *Fahrt, Transport mit dem Wagen;* für die ~ nach München hat er 200 DM berechnet; die zweite ~ war billiger als die erste

'füh·ren ⟨V.⟩ **1** ⟨500⟩ j m d n. ~ *leiten, lenken* 1.1 *jmdm. den Weg zeigen, indem man ihn begleitet;* einen Fremden durch die Stadt, durch ein Museum ~ 1.2 ⟨413 od. 510⟩ (j m d n. od. e i n T i e r) ~ *veranlassen, mitzugehen;* jmdn. am Arm, an der Hand ~; eine Dame zu Tisch ~; jmdn. ins Café ~; er führt gut, sicher (erg.: seine Partnerin, Tänzerin; beim Tanzen); Vieh auf die Weide ~; jmdn. ins Verderben ~ 1.2.1 ⟨510⟩ jmdn. in Versuchung ~ *zu etwas zu verleiten suchen* 1.2.2 ⟨511⟩ was führt dich zu mir? *was veranlaßt dich, zu mir zu kommen?* **2** ⟨513/R3⟩ s i c h g u t (s c h l e c h t) ~ *sich benehmen, sich betragen;* er hat sich tadellos geführt **3** ⟨500⟩ e t w a s ~ *befehligen, verantwortl. leiten;* eine Armee, ein Regiment ~; ein Geschäft ~; eine Verhandlung ~ 3.1 ~d *leitend, maßgebend;* eine ~de Persönlichkeit; eine ~de Rolle (in der Öffentlichkeit, bei einem Unternehmen) spielen; ein ~der deutscher Schriftsteller; die ~de Stelle einnehmen; eine

~de Zeitung **4** ⟨400⟩ *der erste sein, an der Spitze stehen, liegen;* er will immer ~; beim Rennen ~ **5** ⟨500⟩ etwas ~ *lenken, in eine bestimmte Richtung bewegen, an ein Ziel bringen;* die Hand, zwei Finger an den Hut, an die Mütze ~ (beim Gruß); den Löffel zum Mund ~; einem Kind (beim Malen, Schreiben) die Hand ~; einen Hieb, Stoß (gegen jmdn.) ~; ein Unternehmen zum Erfolg ~; eine Arbeit zu Ende ~ **5.1** ⟨511⟩ *in seinem Verlauf festlegen, errichten;* ein Gebäude in die Höhe ~; eine Mauer um den Garten ~ **5.2** ein Fahrzeug, Flugzeug ~ *lenken, steuern;* ein Schiff ~ **5.3** ein Werkzeug ~ *handhaben, gebrauchen;* den Bogen weich, sicher ~ (beim Spielen eines Streichinstruments) **6** ⟨410 od. 411⟩ etwas führt in eine bestimmte Richtung ⟨a. fig.⟩ *verläuft in einer bestimmten R., ist wohin gerichtet;* über den Bach führt ein schmaler Steg; dieser Weg führt (nicht) zum Ziel; wohin führt dieser Weg?; die Tür führt auf den Hof, auf die Straße 6.0.1 das würde zu weit ~ *das würde uns zu weit vom Thema abbringen* 6.0.2 wohin soll das ~? *was soll daraus werden?* 6.1 ⟨800⟩ etwas führt zu etwas *bringt etwas hervor, hat ein bestimmtes Ergebnis;* das führt zu nichts **7** ⟨505⟩ etwas (bei od. mit sich) ~ *(bei sich) haben, (bei sich) tragen;* das Schiff führt Kohle, Öl (als Ladung mit sich); das Schiff führt Passagiere u. Fracht; der Zug führt Speise- u. Schlafwagen (mit sich); einen Ausweis bei sich ~; ~ Sie zu verzollende Waren bei, mit sich?; der Fluß führt Geröll, Schlamm mit sich 7.1 ⟨500⟩ eine Sache ~ *als Kennzeichen tragen, dauernd haben;* als Schriftsteller einen anderen Namen ~; er führt den Titel „Kommerzienrat"; sie ~ einen Adler im Wappen 7.2 ⟨500⟩ eine Ware ~ *ständig zum Verkauf haben;* diesen Artikel ~ wir nicht **8** ⟨500⟩ etwas ~ *(eine Sammlung von Aufzeichnungen) anlegen u. laufend ergänzen;* Tagebuch ~; eine Kartei, Listen ~; jmdm. die Bücher ~ **9** ⟨500; Funktionsverb⟩ **9.0.1** ⟨517⟩ mit jmdm. einen Briefwechsel ~ *korrespondieren* 9.0.2 ⟨517⟩ ein Gespräch, eine Unterhaltung mit jmdm. ~ *mit jmdm. sprechen, sich mit jmdm. unterhalten* 9.0.3 ⟨505⟩ Klage ~ (gegen jmdn., über etwas) *sich beklagen* 9.0.4 ein solides, unsolides, ausschweifendes, zurückgezogenes Leben ~ *solide usw. leben* 9.0.5 Protokoll ~ *das P. schreiben* 9.0.6 einen Prozeß ~ *prozessieren* 9.0.7 Regie ~ ⟨Theat.⟩ *die R. haben* 9.0.8 eine unverschämte Sprache ~ *unverschämt sprechen* 9.0.9 ⟨517⟩ eine Verhandlung mit jmdm. ~ *mit jmdm. verhandeln*

'Füh·rer·schein ⟨m.⟩ *Ausweis, der zum Führen eines Kraftfahrzeugs berechtigt;* den ~ machen ⟨umg.⟩

'Füh·rung ⟨f.; -, -en⟩ **1** *das Führen(1 u. 3), Leitung;* die ~ eines Geschäftes, Unternehmens; die ~ haben; die ~ übernehmen; jmdm. die ~ überlassen, übertragen; unter (der) ~ von ... **2** *Gesamtheit der leitenden Personen;* die ~ hat beschlossen, daß ... **3** in ~ *an erster Stelle, in führender Position;* in ~ gehen; in ~ liegen **4** *Betragen, Verhalten;* gute, schlechte ~; einen Sträfling wegen guter ~ vorzeitig entlassen **5** *Besichtigung (einer Sehenswürdigkeit) mit erklärendem Führer;* sich einer ~ anschließen; eine ~ durch ein Museum, ein altes Schloß mitmachen **6** ⟨Tech.⟩ *Maschinenteil, das anderen Teilen ihre Bewegungen vorschreibt*

'Fuhr·werk ⟨n.⟩ *von einem od. mehreren Zugtieren gezogener Wagen*

'Fül·le ⟨f.; -, -n⟩ **1** ⟨unz.⟩ *das Vollsein* **2** ⟨unz.⟩ *große Menge;* eine ~ von Modellen, Darbietungen, schwierigen Aufgaben, Anregungen, Material; er hat Geld die ~ **2.1** → a. *Hülle(1.2)* **3** ⟨unz.⟩ *das Dicksein, großer Leibesumfang;* zur ~ neigen; die körperliche ~ **4** ⟨Kochk.⟩ *Masse aus gehacktem Fleisch, Trüffeln, Rosinen, Äpfeln o. ä. zum Füllen von Geflügel, Tomaten, Pasteten usw.*

'fül·len ⟨V.⟩ **1** ⟨500⟩ etwas ~ *vollmachen, etwas hineintun, bis nichts mehr hineingeht;* einen Becher, ein Glas, einen Krug, eine Flasche, Tasse ~; ein Gefäß bis an den Rand ~; eine Flüssigkeit in ein Gefäß ~; ein Gefäß mit etwas ~; eine Dose, gefüllt mit Pralinen; (mit Fleischsalat o. ä.) gefüllte Tomaten 1.0.1 eine (gut) gefüllte Brieftasche haben *(viel) Geld haben* 1.0.2 ⟨530/R1⟩ sich den Magen ~ (mit) *viel essen (von)* 1.0.3 ⟨516/R1 od. R2⟩ sich den Teller mit Gemüse ~ *G. auf den T. häufen* 1.1 Geflügel ~ *mit Fülle(4) versehen* 1.2 einen Zahn ~ *mit einer Plombe ausbessern* **2** ⟨511⟩ etwas in etwas ~ *in etwas schütten, einfüllen;* Wein in Flaschen ~ **3** ⟨505/R3⟩ etwas füllt sich (mit etwas) *wird voll;* der Saal füllte sich mit Gästen; ihre Augen füllten sich mit Tränen; das Loch füllte sich mit Wasser **4** ⟨500⟩ etwas füllt etwas *füllt etwas aus, nimmt den Raum von etwas in Anspruch;* der Brief füllte fünf große Seiten

'Fül·len ⟨n.; -s, -⟩ = *Fohlen*

'Füll·horn ⟨n.⟩ **1** *mit Blumen u. Früchten gefülltes Horn* **2** ⟨geh.⟩ *Sinnbild des Reichtums, des Überflusses (materiell u. geistig)*

'fül·lig ⟨Adj. 70⟩ *zur Fülle neigend, dicklich;* sie ist ~ geworden; eine ~e Dame

'Füll·sel ⟨n.; -s, -⟩ *etwas, das nur zum Füllen dient u. keine besondere Funktion hat*

'Fül·lung ⟨f.; -, -en⟩ **1** ⟨unz.⟩ *das Füllen;* die ~ durch den Trichter war nicht einfach **2** *Stoff, mit dem etwas gefüllt ist od. wird* 2.1 ⟨Kochk.⟩ *Masse, mit der bestimmte Lebens- od. Genußmittel gefüllt sind, um ihnen einen besonderen Geschmack zu verleihen;* Fleisch~, Nuß~; die ~ einer Torte, der Schokolade; eine schmackhafte ~ 2.2 ⟨Bot.⟩ *Vermehrung der Blumenkronblätter über den Normalzustand* 2.3 ⟨Med.⟩ *Material, mit dem zerstörte Zahnsubstanz ersetzt wird;* Sy *Plombe(2);* Amalgam~, Gold~ **2.4** ⟨Bauw.⟩ *Bretter, die z. B. bei einer Tür den Rahmen ausfüllen;* Tür~ **2.5** ⟨Verslehre⟩ *die Senkungen zwischen den Hebungen eines Verses;* feste, freie ~

'fum·meln ⟨V. 402 od. 800⟩ **1** an, in, mit etwas ~ *sich an etwas tastend zu schaffen machen, an, mit etwas herumbasteln;* er fummelte in seiner Schreibtischschublade, an dem Radioapparat **2** ⟨Fußb.⟩ *zögernd spielen u. mit dem Ball hin u. her rennen*

Fund ⟨m.; -(e)s, -e⟩ **1** *das Finden, Entdecken von etwas Verlorenem;* den ~ bei den Behörden melden; der ~ von Erzen, eines Schatzes 1.1 ⟨Archäol.⟩ *Entdeckung bei Ausgrabungen;* einen ~ machen **2** *Fundsache, gefundener Gegenstand, der einem nicht gehört;* den ~ abliefern 2.1 ⟨Archäol.⟩ *bei Ausgrabungen entdeckter Gegenstand;* aus zahlreichen ~en geht hervor, daß ...; historische ~e; ein sehr kostbarer ~

Fun·da'ment ⟨n.; -(e)s, -e⟩ **1** *Grundmauer* **1.1** *Platte, Sockel, worauf eine Maschine befestigt ist* **2** *Grundlage für die weitere Entwicklung;* eine Lehre im Handwerk ist ein gutes ~ für ein technisches Studium

'Fund·bü·ro ⟨n.⟩ *Büro, auf dem Fundsachen abgeliefert werden sollen u. abgeholt werden können;* im ~ nachfragen

'Fund·gru·be ⟨f.⟩ **1** *fündiger Grubenbau* **2** ⟨fig.⟩ *etwas, das großen Reichtum an ungehobenen Schätzen bietet;* dieses Buch ist eine ~ für Kulturhistoriker

fun'die·ren ⟨V. 500⟩ etwas ~ **1** *gründen, begründen* **1.1** fundiertes Wissen *fest, sicher begründetes W.* **2** *mit Geldmitteln versehen, finanziell sicherstellen* **2.1** fundierte Schuld *sichergestellte S. (z. B. durch Grundbesitz)*

'fün·dig ⟨Adj.; Bgb.; Geol.⟩ *erfolgreich beim Aufsuchen von Lagerstätten, bei denen der Abbau lohnt*

fünf ⟨Num. 11; in Ziffern: 5; röm. Zahlzeichen: V⟩ → a. *vier* **1** *eine Primzahl;* ~ Finger; die ~ Sinne; die ~ Bücher Mose **1.1** seine ~ Sinne (nicht) beisammen, beieinander haben ⟨fig.; umg.⟩ *(nicht) bei Verstand sein* **1.2** ~ gerade sein lassen ⟨fig.; umg.⟩ *etwas nicht allzu genau nehmen* **1.3** sich etwas an den ~ Fingern abzählen können ⟨fig.; umg.⟩ *sich selbst ausrechnen können, etwas selbst sehen*

Fünf ⟨f.; -, -en⟩ **1** *die Ziffer 5* **1.1** ⟨umg.⟩ *die Straßenbahn- od. Buslinie Nr. 5;* in die ~ (um)steigen; mit der ~ fahren **2** → *Note(2.5);* er hat eine ~ bekommen

'Fünf·tel ⟨n., (schweiz.) m.; -s, -⟩ *der fünfte Teil;* ein ~ des Preises, der Länge

Funk ⟨m.; -s; unz.⟩ **1** *drahtlose Übermittlung von Informationen durch elektromagnet. Wellen hoher Frequenz;* Fernseh(-rund)~; Rund~; ~verkehr; ~technik **2** *Einrichtung, Gerät für den Funk(1);* eine Meldung durch ~ übermitteln, weitergeben; eine Nachricht über ~ erhalten **3** *Einrichtung zur drahtlosen Übermittlung;* alle Schiffe, Streifenwagen der Polizei sind mit ~ ausgerüstet

'Fun·ke ⟨m.; -n, -n⟩ oV *Funken* **1** *glühendes Teilchen;* ~n sprühen; er sprengte davon, daß die ~n stoben; ~n aus dem Stein schlagen (zum Feuermachen) **1.0.1** kleine ~n, großes Feuer *kleine Dinge erzeugen große Ereignisse* **1.0.2** das war der ~, der das Pulverfaß zum Explodieren brachte ⟨fig.⟩ *der Anlaß für die folgenden Geschehnisse* **2** *kleine, kurz aufleuchtende Lichterscheinung;* die Sonnenstrahlen blitzten auf dem Wasser in tausend ~n **3** ⟨fig.⟩ *Eingebung, plötzlich aufkommender außerordentl. Gedanke, auslösendes Moment;* göttlicher, zündender ~; da blitzte ein ~(n) des Verständnisses in ihm auf **3.0.1** zwischen beiden sprang ein ~ über *begann plötzlich eine innere Beziehung* **4** (k)ein ~ *(k)ein bißchen;* er hat keinen ~n Anstandsgefühl, Ehrgefühl; keinen ~n Hoffnung mehr haben; es war kein ~(n) Leben mehr in ihm; keinen ~n Liebe fühlen; wenn er nur einen ~n Verstand hätte, würde er das bleiben lassen

'fun·keln ⟨V. 400⟩ etwas funkelt **1** *leuchtet sehr rasch im Wechsel auf u. verlischt fast, sendet Licht in Funken aus od. wirft es zurück;* Brillengläser, Fensterscheiben, Sterne ~; die Sonne funkelt auf dem Wasser; der Wein funkelt im Glas **2** ⟨a. fig.⟩ *leuchtet, glitzert unruhig;* ihre Augen funkelten (vor Zorn)

'fun·ken ⟨V.⟩ **1** ⟨500⟩ etwas ~ *durch Funk übermitteln, drahtlos senden;* eine Nachricht, einen Code ~; das Schiff hat seine Position gefunkt **2** ⟨400⟩ etwas funkt *gibt Funken von sich;* der Lichtschalter funkt beim Knipsen; der Stahl funkte beim Schleifen **3** ⟨400⟩ *als Funker tätig sein* **4** ⟨400⟩ etwas funkt (nicht) ⟨fig.; umg.⟩ *funktioniert, klappt (nicht);* es funkt heute nicht **4.1** ⟨411; unpersönl.⟩ bei jmdm. hat es (endlich) gefunkt *jmd. hat (endlich) verstanden, begriffen* **5** ⟨401⟩ es hat gefunkt ⟨fig.; umg.⟩ *es kam zu einer (tätlichen) Auseinandersetzung* **6** ⟨400; umg.⟩ *schießen;* die Artillerie funkt

'Fun·ken ⟨m.; -s, -⟩ = *Funke*

'Fun·ker ⟨m.; -s, -⟩ **1** *jmd., der für drahtlose Übermittlung von Nachrichten ausgebildet ist;* Bord~; der ~ gibt einen Text durch **2** ⟨Mil.⟩ *Mannschaftsdienstgrad der Fernmeldetruppe;* er ist bei den ~n ⟨umg.⟩

'Funk·feu·er ⟨n.⟩ *Rundfunksender, der der Funknavigation von Schiffen u. Flugzeugen dient;* Kurs~, Richt~, Abfrage~, Dreh~

'Funk·spruch ⟨m.⟩ *durch Funk übermittelte Nachricht;* einen ~ durchgeben

Funk·ti'on ⟨f.; -, -en⟩ **1** *Tätigkeit, Wirksamkeit;* die ~ des Herzens, der Schilddrüse **1.1** in ~ treten *zu arbeiten beginnen, tätig werden* **2** jmd. hat eine ~ *Amt, Aufgabe (innerhalb einer Gemeinschaft)* **3** etwas, ein Maschinenteil hat eine ~ *Zweck* **4** ⟨Math.; Logik⟩ *gesetzmäßige u. eindeutige Zuordnung der Elemente zweier verschiedener Mengen zueinander* **4.1** ~ eines Zeichens ⟨Zeichentheorie⟩ *Zuordnung einer Bedeutung zu einer in Lautzeichen, Buchstaben od. Symbolen dargestellten Form* **4.2** ⟨Kyb.⟩ *aus der Beziehung zwischen Eingabe u. Ausgabe eines dynamischen Systems zu erschließendes Verhalten des Systems*

Funk·tio'när ⟨m.; -s, -e⟩ *Beauftragter;* ~ eines Vereins, Verbandes, einer Partei od. Gewerkschaft

funk·tio'nie·ren ⟨V. 400⟩ *ordnungsgemäß, richtig arbeiten, einer bestimmten Funktion entsprechend wirksam sein;* die Maschine funktioniert gut, schlecht, nicht, nicht richtig, wieder

'Fun·zel ⟨f.; -, -n; umg.; abwertend⟩ *schlecht brennende, wenig Licht gebende Lampe;* eine traurige, trübe ~

für ⟨Präp. mit Akk.⟩ **1** *an Stelle, statt;* ~ jmdn. einspringen, eintreten; ~ meinen erkrankten Freund; ich gab ihm ~ seine verlorene Mütze eine andere; sag mir ein anderes Wort ~ „springen"!; jede Figur, jeder Stein gilt ~ einen Mitspieler **1.1** *als Gegenwert, Bezahlung;* er bekam fünf Mark ~ seine Arbeit; was, wieviel verlangt er ~ das Grundstück?; ~ diesen Preis nehme ich das Stück nicht; ich habe ~ das Kleid 100 Mark bezahlt; er wird ~ seine Mühe reichlich entschädigt; Sie können das Bild ~ zehn Mark haben; ich gebe Ihnen das Buch ~ den halben Preis **1.1.1** er ißt ~

drei *so viel wie drei Personen* **1.2** *als Zuteilung, ausreichend;* ich habe nicht genug Zigaretten ~ alle; es gibt ~ jeden nur eine Eintrittskarte; die Menge reicht ~ vier Personen **2** *zugunsten (von), (jmdm.) zuliebe;* sein Leben ~ jmdn. opfern; das ist ~ mich (bestimmt); ihre Zuneigung ~ ihn; Bücher ~ die Jugend; ein Geschenk ~ die Mutter; ~ seine Familie arbeiten; sich ~ etwas od. jmdn. entscheiden; er schwärmt ~ Musik; das ist gut ~ den Magen; alles dies spricht ~ ihn; ~ einen Kandidaten stimmen; kann ich noch etwas ~ Sie tun? **2.1** die Sache hat etwas ~ sich *sie hat manche Vorteile, günstige Seiten* **2.2** ein Mittel ~ den Husten *gegen den H.* **2.3** das Für und Wider einer Sache erwägen *die Gründe u. Gegengründe* **3** ⟨vor Adj. od. Partizip⟩ *als;* ich nehme es ~ gegeben an; etwas ~ gut, richtig befinden, erachten; ich halte es ~ besser, noch zu warten; etwas ~ gut, richtig halten; ich halte ihn ~ klug **4** *wenn man ... betrachtet, in Anbetracht des ..., der ...;* er ist sehr groß ~ sein Alter; ~ die Geringfügigkeit des Vergehens ist die Strafe sehr hoch; ~ seine zehn Jahre ist er sehr vernünftig; der Korb ist ~ das Kind viel zu schwer **4.1** das ist nichts ~ mich *das mag ich nicht, das schätze, liebe ich nicht, das interessiert mich nicht* **5** *zu einem bestimmten, künftigen Zeitpunkt (gedacht);* wir wollen ~ mehrere Wochen hier bleiben; er hat das Haus ~ zehn Jahre gemietet; er hat ~ alle Zeit(en) genug; genug ~ heute!; hast du ~ heute nachmittag schon etwas vor?; ich bereite heute schon das Essen ~ morgen vor; ~ immer; ich sage es dir ein ~ allemal **5.1** ~s erste *zunächst* **5.2** ~ und ~ ⟨poet.⟩ *immer, andauernd, künftig* **5.3** den Bund ~s Leben schließen *heiraten* **6** ~ den Fall, daß ... *wenn es möglich ist;* ~ alle Fälle **7** ⟨mit Reflexivpron.⟩ ~ sich *jede(r), jedes (allein betrachtet, gesondert);* das ist eine Sache ~ sich; wenn man die Sache ~ sich betrachtet; er lebt ganz ~ sich (allein); er ist gern ~ sich allein; an und ~ sich habe ich nichts dagegen einzuwenden, aber die Form gefällt mir nicht; ich ging im Walde so ~ mich hin (Goethe) **7.1** ~ sich ⟨Theat.⟩ *leise, zu sich selbst gesprochen (Regieanweisung)* **8** *was ... betrifft;* ich ~ meine Person; ich ~ meinen Teil glaube, daß er es tut **9** ... ~ ... *eines nach dem anderen;* Wort ~ Wort übersetzen; Tag ~ Tag; Stück ~ Stück abzählen, untersuchen; sich Schritt ~ Schritt vorwärtstasten; sie zogen Mann ~ Mann vorbei **10** was ~ ein, was ~ welche *von welcher Art;* was ~ ein Haus hat er sich gekauft?; was ist er ~ ein Mensch?; was ~ einen Stoff möchten Sie haben?; was ist das ~ ein Tier?; was ~ eine Überraschung! (als Ausruf) **10.1** hast du Schmerzen? Und was ~ welche! *sehr starke* **10.2** sie besitzt eine Menge Kleider, aber was ~ welche! ⟨iron.⟩ *aber nur häßliche, altmodische, abgetragene o. ä.*

'Für·bit·te ⟨f.; veralt.; geh.⟩ *Gebet od. Bitte für andere*

'Fur·che ⟨f.; -, -n⟩ **1** *lange, schmale Vertiefung, Rinne, die im Acker durch Pflügen entsteht;* Saat~, Wasser~; auf dem Feld ~n ziehen; eine breite, flache, gerade ~ **2** ⟨fig.⟩ *Vertiefung, die im Wasser nach einem fahrenden Schiff entsteht;* Boote ziehen ~n im Wasser **3** ⟨fig.⟩ *Falte, Runzel im Gesicht, auf der Stirn;* sein Gesicht, seine Stirn ist von (tiefen) ~n durchzogen; er hat eine tiefe ~ über der Nase

Furcht ⟨f.; -; unz.⟩ **1** *Gefühl des Bedrohtseins durch etwas Bestimmtes, verbunden mit dem Wunsch, es abzuwehren od. zu fliehen;* jmdm. ~ einjagen; ~ empfinden, haben; ~ ergriff mich; aus ~ vor Strafe lügen; jmdn. in ~ versetzen; ohne ~ sein; ~ (u. Schrecken) um sich verbreiten; von ~ ergriffen, gepackt werden; ~ vor dem Tode; vor ~ erbleichen, beben, zittern **1.0.1** Ritter ohne ~ und Tadel *dem mittelalterl. Ideal entsprechender R.* **2** die ~ Gottes, des Herrn *Ehrfurcht vor Gott, vor dem Herrn*

'furcht·bar ⟨Adj.⟩ **1** *so beschaffen, daß man sich davor fürchten muß, furchterregend;* es war ein ~er Anblick; ein ~es Unglück, Verbrechen; er (es) sieht ~ aus; das ist ja ~!; die Seuche wütete ~; es ist etwas Furchtbares geschehen; er sah ~ elend aus; ~ häßlich **2** *unangenehm (groß, stark);* es war eine ~e Arbeit; ~es Geschrei; ~en Hunger haben; ein ~er Krach; der Koffer ist ~ schwer **3** ⟨50⟩ *sehr;* wir haben ~ lachen müssen; das ist ~ nett von dir!

'fürch·ten ⟨V.⟩ **1** ⟨500/R3⟩ sich ~ *Furcht haben;* ich fürchte mich!; ich fürchte mich, allein zu gehen; das Kind fürchtet sich im Dunkeln; er fürchtet sich vor dem Hund; er fürchtet sich vor nichts **2** ⟨500⟩ jmdn. od. etwas ~ *vor jmdm. od. etwas Furcht haben;* er fürchtet ihn nicht; er fürchtet weder Gefahr noch Tod **2.0.1** fürchte nichts! *hab keine Furcht!* **2.1** ⟨580⟩ ~, etwas zu tun *sich scheuen, etwas zu tun, etwas aus Furcht nicht tun wollen;* ich fürchte, es anzufassen; ich fürchte zu stören; ich fürchte ihn zu wecken **2.2** etwas ~ *befürchten;* ich fürchte weitere Indiskretionen; ich fürchte, er kommt nicht mehr, er wird nicht mehr kommen **3** ⟨800⟩ für jmdn. od. etwas ~ *um jmdn. od. etwas Furcht haben, besorgt sein;* ich fürchte für ihn; ich fürchte für das Gelingen des Abends; wir ~ für sein Leben **4** ⟨500⟩ Gott ~ *Ehrfurcht haben vor G.*

'furcht·sam ⟨Adj.⟩ *oft, leicht Furcht empfindend, ängstlich, zaghaft;* ein ~es Kind; ~ blickte sie sich um

für·ein'an·der ⟨Adv.⟩ *einer für den andern, zum gegenseitigen Guten, Nutzen, Vorteil;* ~ dasein; ~ arbeiten

'Fu·rie ⟨[-riə] f.; -, -n⟩ **1** ⟨röm. Myth.⟩ *Rachegöttin;* wie eine ~; er floh wie von (den) ~n gehetzt **2** *böses, zänkisches Weib*

'Für·sor·ge ⟨f.; -; unz.⟩ **1** *(private) organisierte Hilfstätigkeit für Bedürftige;* Alters~, Kranken~, Säuglings~; der alte Mann wurde der ~ übergeben **2** (öffentliche) ~ = *Sozialhilfe* **3** ⟨allg.⟩ *Sorge für das Wohl des anderen;* jmdn. od. etwas der ~ einer Person anvertrauen

'Für·spra·che ⟨f.⟩ *Rede zugunsten eines anderen, Empfehlung, Fürbitte;* bei jmdm. für jmdn. ~ einlegen; jmdn. um seine ~ bitten

Fürst ⟨m.; -en, -en⟩ **1** ⟨bis zum 16. Jh.⟩ *Titel für einen Angehörigen des hohen Adels nach dem Kaiser;* Reichs~; weltlicher ~; die deutschen ~en; am Hof eines regierenden ~en leben **2** ⟨später⟩ *Titel der Herzöge, Mark-, Land- u. Burggrafen, Erzbischöfe, Bischöfe u. Äbte;*

Kur~, Landes~, Kirchen~ 2.1 →a. *geistlich(2.1)* **3** ⟨nach dem 15./16. Jh.⟩ *Titel des Landesherrn zwischen Herzog u. Graf* **4** der ~ der Finsternis, der ~ dieser Welt ⟨bibl.⟩ *der Teufel* **5** wie ein ~ leben ⟨fig.; umg.⟩ *aufwendig, üppig leben*

'fürst·lich ⟨Adj.⟩ **1** ⟨70⟩ *den Fürsten betreffend, zu ihm gehörig, ihm zustehend;* die ~e Familie; ~es Schloß **2** ⟨fig.⟩ *üppig, sehr reichlich, verschwenderisch;* ein ~es Gehalt, ~es Mittagessen, Trinkgeld; jmdn. ~ bewirten

Furt ⟨f.; -, -en⟩ *flache, seichte Stelle in einem Fluß, an der man auf das andere Ufer durchwaten, durchreiten od. durchfahren kann;* eine ~ durchqueren

Fu'run·kel ⟨m.; -s, -; Med.⟩ *durch Bakterien hervorgerufene eitrige Entzündung eines Haarbalgs u. seiner Talgdrüse*

'Fu·sel ⟨m.; -s, -⟩ *Fuselöl enthaltender, schlechter Branntwein*

'Fu·sel·öl ⟨n.; Chem.⟩ *Gemisch aus Butyl- u. Amylalkoholen u. a. Stoffen, die bei der alkohol. Gärung entstehen, Geruch u. Geschmack des Branntweins beeinträchtigen u. gesundheitsschädlich sind*

Fu·si'on ⟨f.; -, -en⟩ *Verschmelzung, Vereinigung;* ~ von zwei od. mehreren Firmen; ~ von Zellen od. Chromosomen; ~ zweier mit beiden Augen wahrgenommener Bilder zu einem; ~ von mehreren Atomkernen

Fuß ⟨m.; -es, ¨e⟩ **1** *unterster Teil des Beines vom Knöchel bis zu den Zehen bei Mensch u. Wirbeltier;* sich den ~ brechen, verstauchen; mein ~ ist eingeschlafen; laufen, so schnell, so weit die Füße tragen; sich die Füße wundlaufen; trockenen ~es heimkommen; mit dem ~ aufstampfen (vor Zorn); mit bloßen Füßen; er stolpert über seine eigenen Füße; ich setze den ~ nicht mehr über seine Schwelle; ich habe heute noch keinen ~ vor die Tür gesetzt; zu ~ gehen, kommen; der Hund lag schlafend zu seinen Füßen; sich jmdm. zu Füßen werfen, jmdm. zu Füßen fallen; (bei) ~! (Kommando für den Hund, dicht bei der Person zu bleiben, zu der er gehört) 1.0.1 auf dem ~e *sofort, unmittelbar;* jmdm. auf dem ~e folgen 1.0.2 gut, schlecht zu ~ sein *gut, schlecht gehen können* 1.1 auf die Füße fallen ⟨fig.⟩ *ohne Schaden davonkommen* 1.2 jmdm. wieder auf die Füße helfen ⟨a. fig.⟩ *jmdm. helfen, neu anzufangen* 1.3 jmdm. auf die Füße treten ⟨fig.⟩ *jmdn. verletzen, beleidigen* 1.4 jmdm. den ~ auf den Nakken setzen *jmdn. seine Macht fühlen lassen* 1.5 jmdn. od. etwas mit Füßen treten ⟨fig.⟩ *verächtl. behandeln, mißachten* 1.6 mit einem ~ im Grabe stehen *dem Tode nahe sein* 1.7 die Füße unter anderer Leute Tisch stecken, hängen ⟨fig.⟩ *sich von anderen Leuten ernähren lassen, keinen eigenen Haushalt führen* 1.8 jmdm. etwas vor die Füße werfen *nichts mehr damit zu tun haben wollen, es jmdm. verächtl. od. wütend zurückgeben* 1.9 jmdm. etwas zu Füßen legen *bedingungslos zur Verfügung stellen* 1.10 → a. *Hand(1.0.8 u. 2.7.5-2.7.6), Kopf(2.1.4 u. 7.1)* **2** ⟨fig.⟩ *Grundlage (der menschl. Beziehungen, Lebenshaltung)* 2.0.1 mit jmdm. auf gespanntem ~e stehen *sich mit jmdm. nicht gut vertragen, sich in schlechtem Einvernehmen mit jmdm. befinden* 2.0.2 mit jmdm. auf gutem, schlechtem, vertrautem ~e stehen *zu jmdm. in einem guten, schlechten, vertrauten Verhältnis stehen* 2.0.3 auf großem ~(e) leben ⟨fig.⟩ *verschwenderisch, aufwendig leben* **3** *unterer, tragender Teil (eines Dinges);* der ~ einer Säule 3.1 am ~ des Berges *unten am B.* 3.2 am ~ des Bettes *am unteren Ende des B.* **4** *Hebung, betonte Silbe im Vers;* Vers~; ein Jambus mit fünf Füßen **5** *Teil des Strumpfes, der den Fuß bedeckt* **6** ⟨7⟩ *altes Längenmaß, 25 - 40 cm;* Sy *Schuh(3);* drei ~ lang, breit, hoch

'Fuß·an·gel ⟨f.⟩ **1** *mit Spitzen versehener Eisenkörper zum Ungangbarmachen von Wegen od. Furten, zum Schutz gegen Betreten von Grundstücken usw.* 1.1 jmdm. ~n legen ⟨fig.⟩ *jmdm. eine Falle stellen, Hindernisse in den Weg legen*

'Fuß·ball ⟨m.⟩ **1** ⟨unz.⟩ *Kampfspiel zwischen zwei Mannschaften zu je 11 Spielern mit einem Lederball von etwa 70 cm Umfang, der nur mit dem Fuß od. Kopf berührt werden darf u. ins gegner. Tor getrieben werden muß* **2** *Ball, der beim gleichnamigen Spiel gebraucht wird*

'Fuß·bank ⟨f.⟩ *Stütze für die Füße beim Sitzen, Schemel*

'Fuß·bo·den ⟨m.⟩ *untere, begehbare Fläche eines Raumes;* Parkett~, Stein~; den ~ fegen, aufwischen

'Fus·sel ⟨f.; -, -n od. m.; -s, - od. -n; umg.⟩ *Faser, kleines, leichtes Gebilde, bes. aus Wolle od. Baumwolle;* eine ~ am Rock haben

'fu·ßen ⟨V.⟩ **1** ⟨800⟩ etwas fußt auf etwas *etwas stützt sich, beruht auf etwas;* diese Theorie fußte auf dem Ergebnis zahlreicher Untersuchungen **2** ⟨400⟩ ein Vogel fußt ⟨jägerspr.⟩ *sitzt od. setzt sich auf etwas*

'Fuß·gän·ger ⟨m.; -s, -⟩ *jmd., der zu Fuß geht;* neben der Straße ist ein Weg für ~

'Fuß·no·te ⟨f.⟩ *Anmerkung zum Text am Ende (Fuß) der Seite*

'Fuß·stap·fe ⟨f.; -, -n⟩ = *Fußstapfen*

'Fuß·stap·fen ⟨m.; -s, -⟩ **1** *Fußabdruck in weichem Boden, bes. im Schnee;* oV *Fußstapfe, Fußtapfe, Fußtapfen* 1.1 in jmds. ~ treten ⟨fig.⟩ *jmdm. genau folgen, nacheifern*

'Fuß·tap·fe ⟨f.; -, -n⟩ = *Fußstapfen*

'Fuß·tap·fen ⟨m.; -s, -⟩ = *Fußstapfen*

futsch ⟨Adj. 40; umg.⟩ **1** *kaputt, entzwei, zerstört;* die Vase ist ~; nach dem Gewitter waren zwei Fensterscheiben ~ **2** *verloren, vorbei;* all mein Geld ist ~; die Uhr ist ~

'Fut·ter¹ ⟨n.; -s; unz.⟩ **1** *Nahrung der Tiere, bes. der Haustiere;* Grün~, Mast~, Vogel~; dem Vieh ~ geben; ~ schneiden; den Vögeln ~ streuen **2** ⟨umg.⟩ *Essen, Speise;* Studenten~ **3** einer Maschine ~ geben ⟨fig.; umg.⟩ *Rohstoff zur Be- od. Verarbeitung*

'Fut·ter² ⟨n.; -s, -⟩ **1** *dünne Stoffeinlage, innere Stoffschicht in Kleidungsstücken u. Taschen;* Halb~; Mantel~, Seiden~, Pelz~; seidenes, einfarbiges ~; das ~ einnähen, einsetzen 1.1 *dünnes Leder od. Lammfell zur Auskleidung von Schuhen;* Leder~ 1.2 *dünnes Papier zur Auskleidung von Briefumschlägen* **2** ⟨Tech.⟩ *innere Schicht, Auskleidung eines Behälters, eines Schmelzofens usw.* **3** ⟨Bauw.⟩ *Holzverkleidung der Leibung bei Fenstern u. Türen* **4** ⟨Tech.⟩ *Vorrichtung zum Einspannen, Festhalten von Werkstücken in Maschinen;* Spann~

Fut·te'ral ⟨n.; -s, -e⟩ *dem aufzunehmenden Gegenstand in der Form angepaßtes Behältnis* *aus Leder od. Kunststoff, Hülle, Etui;* Brillen ~; den Schirm aus dem ~ herausnehmen

'füt·tern[1] ⟨V. 500⟩ **1** ein Tier ~ *einem T. zu fressen geben, Futter geben;* Vögel ~; Füttern verboten! (als Verbotsschild im Zoo) **2** jmdn. ~ *jmdm. (der nicht allein essen kann) Nahrung eingeben;* einen Kranken, ein Kind ~; das Kind muß noch gefüttert werden

'füt·tern[2] ⟨V. 500⟩ ein Kleidungsstück ~ *Stoff in ein K. einlegen;* ein Kleid mit Seide, einen Mantel mit Pelz, mit Watte ~; ein gefütterter Mantel

G

'Ga·be ⟨f.; -, -n⟩ **1** *etwas, was gegeben wird;* Opfer~; um eine milde ~ bitten 1.1 *Geschenk;* Weihnachts~ 1.2 *eine bestimmte Menge (eines Arzneimittels);* zweimal täglich eine ~ von Lebertran reichen **2** ⟨fig.⟩ *Fähigkeit, die auf Begabung, Anlage, Veranlagung beruht;* er hat (nicht) die ~, sich beliebt zu machen; die ~ der Dichtung, des Gesanges, der Rede; reiche, große ~n haben; bei deinen ~n könntest du viel mehr leisten

'Ga·bel ⟨f.; -, -n⟩ **1** *Gerät, das an einem Stiel zwei od. mehrere Zinken hat* 1.1 *Teil des Eßbestecks, mit dem man feste Speisen anspießt u. aufnimmt;* Fleisch~, Küchen~, Vorlege~; mit Messer u. ~ essen 1.1.1 mit der fünfzinkigen ~ essen ⟨umg.; scherzh.⟩ *mit den Fingern essen* 1.2 *landwirtschaftl. Gerät zum Heben von Heu, Mist u. ä.;* Heu~, Mist~ **2** *Gebilde, das sich in zwei Richtungen teilt* 2.1 *Teil eines Baumes, von dem zwei Äste ausgehen;* Ast~ 2.2 *zweiarmiger Teil des Telephonapparates, auf dem der Hörer ruht;* den Hörer auf die ~ legen 2.3 *zweiarmiger Teil des Rahmens eines Fahrrades od. Motorrades, in den das Rad eingehängt ist* 2.4 ⟨jägerspr.⟩ *Gehörn od. Geweih, das in zwei Enden ausläuft;* ~bock, ~hirsch **3** ⟨Schach⟩ *Angriff einer Figur auf zwei gegner. Figuren*

'ga·beln ⟨V.⟩ **1** ⟨500⟩ e t w a s ~ ⟨landschaftl.⟩ *etwas mit der Gabel verrichten* 1.1 *mit der Gabel essen* 1.2 *etwas mit der Gabel aufspießen;* ein Stück Fleisch aus der Suppe ~ 1.3 *etwas mit der Gabel auf- od. abladen;* Heu, Stroh ~ **2** ⟨415⟩ n a c h e t w a s ~ *mit einer Gabel od. einem Stock (nach etwas) langen* **3** ⟨500/R3⟩ e t w a s gabelt s i c h *zweigt ab, verzweigt sich, spaltet sich in zwei Arme;* der Ast, Weg gabelt sich

'gackern ⟨-k·k-; V. 400⟩ **1** das H u h n gackert ⟨lautmalend⟩ *gibt Laut* **2** ⟨fig.; umg.⟩ *über etwas klatschen u. kichern*

'gaf·fen ⟨V. 400; abwertend⟩ *neugierig, staunend, bes. mit offenem Mund schauen, starren;* alle Leute standen u. gafften auf die Unfallstelle; blöde, neugierig ~

Ga·ge ⟨['ga:ʒə] f.; -, -n⟩ *Bezahlung von Künstlern für geleistete Arbeit*

'gäh·nen ⟨V. 400⟩ **1** *vor Müdigkeit od. Langeweile langsam u. tief durch den weit offenen Mund einatmen;* herzhaft, laut ~; ein Gähnen unterdrücken **2** e t w a s gähnt (v o r j m d m.) ⟨fig.; geh.⟩ *öffnet sich tief (vor jmdm.), steht gefahrdrohend offen, klafft;* vor uns gähnte eine tiefe Schlucht, ein Abgrund 2.1 es war, herrschte ~de L e e r e im Saal, Zuschauerraum ⟨umg.⟩ *es kamen kaum Besucher*

'Ga·la ⟨f.; -; unz.⟩ *Festkleidung, Festuniform*

ga'lant ⟨Adj.⟩ *höflich, ritterlich, rücksichtsvoll, zuvorkommend;* er ist ~ gegen Damen

Ga·le'rie ⟨f.; -, -n⟩ **1** ~ in großen G e b ä u d e n *langer an einer Seite offener od. verglaster Gang* 1.1 ~ an F e s t u n g e n *Laufgang mit Schießscharten* 1.2 ⟨Theat.⟩ *oberster Rang* **2** ~ am Heck von K r i e g s s c h i f f e n *balkonartiger Aufbau* **3** *Sammlung von Kunstwerken;* Bilder~, Gemälde~ 3.1 *Gebäude, in dem eine Galerie(3) untergebracht ist* **4** *an einer Längsseite mit Öffnungen versehener Tunnel* **5** ⟨österr. Gaunerspr.⟩ *die Verbrecherwelt*

'Gal·gen ⟨m.; -s, -⟩ **1** *Gerüst aus einem od. mehreren senkrechten Balken u. einem Querbalken zur Hinrichtung durch den Strang;* er wird noch einmal am ~ enden 1.0.1 jmdn. an den ~ bringen *jmdn. anzeigen od. verklagen u. veranlassen, daß er gehenkt wird* **2** ⟨Tech.⟩ *Vorrichtung zum Aufhängen von Lasten* 2.1 ⟨Film⟩ = *Giraffe(2)*

'Gal·gen·frist ⟨f.⟩ **1** ⟨urspr.⟩ *Zeitraum, der dem Verurteilten bis zum Tod am Galgen bleibt* **2** ⟨fig.; umg.⟩ *Zeitraum bis zu einem bestimmten (unangenehmen) Geschehen*

'Gal·le[1] ⟨f.; -, -n⟩ **1** ⟨unz.; Physiol.⟩ *schleimige Flüssigkeit bei Wirbeltieren, die als Verdauungssaft von den Leberzellen abgesondert wird;* die ~ sieht grünlich aus und schmeckt außerordentlich bitter; das schmeckt bitter wie ~! **2** *Organ, in dem sich diese Flüssigkeit sammelt;* er mußte sich an der ~ operieren lassen **3** ⟨unz.; fig.⟩ *Sinnbild für Ärger, schlechte Laune, Bosheit* 3.1 G i f t und ~ speien, spucken ⟨umg.⟩ *seine Wut, Bosheit austoben* 3.2 jmdm. l ä u f t die ~ ü b e r ⟨umg.⟩ *jmd. wird zornig* 3.3 seine ~ v e r s p r i t z e n ⟨umg.; scherzh.⟩ *seiner Wut freien Lauf lassen* **4** s c h w a r z e ~ ⟨mittelalterl. Med.⟩ *Färbung der Gallenflüssigkeit, die die Melancholie hervorruft*

'Gal·le[2] ⟨f.; -, -n⟩ **1** ⟨Vet.⟩ *Flüssigkeitsansammlung in den Sehnenscheiden der Gliedmaßen von Tieren infolge Entzündung der Schleimbeutel* **2** ⟨Bot.⟩ *Anomalie im Wachstum u. in der Gestalt von Pflanzen, die von tier. (seltener pflanzl.) Parasiten verursacht wird;* Blatt~, Wurzel~, Blüten~

'Gal·lert ⟨n.; -(e)s, -e; Kochk.⟩ *zähe, durchsichtige Masse, die entweder aus Gelatine od. durch Auskochen u. anschließendes starkes Einkochen von Fleischsaft bzw. Knochenbrühe gewonnen wird u. beim Erkalten erstarrt;* oV *Gallerte;* Knochen~; das ~ der *Sülze*

'Gal·ler·te ⟨a. [-'--]; f.; -, -n; Kochk.; österr.⟩ = *Gallert*

Ga'lopp ⟨m.; -s, -e od. -s⟩ **1** *Gangart des Pferdes, Lauf in Sprüngen;* ~ reiten; gestreckter ~; kurzer ~ **2** *in seitl. Wechselschritten gesprungener Rundtanz im 2/4-Takt* **3** ⟨a. fig.⟩ *rascher Lauf, Geschwindigkeit, Schnelligkeit* 3.1 ein bißchen ~, bitte! *ein bißchen schnell!* 3.2 im ~ *sehr schnell*

'gam·meln ⟨V. 400⟩ **1** ⟨umg.; abwertend⟩ *ein liederl. Leben führen, nichts arbeiten, faul sein;* er hat den ganzen Tag bloß gegammelt **2** e t w a s gammelt ⟨norddt.⟩ *wird alt, faul, schlecht;* das Fleisch, Obst beginnt schon zu ~

'Gamm·ler ⟨m.; -s, -; abwertend⟩ *(junger) Mensch mit verwahrloster Kleidung u. ungepflegtem od. auffälligem Äußeren, der keiner regelmäßigen Arbeit nachgeht*

gang ⟨Adj. 40; nur in der Wendung⟩ das ist ~ u n d g ä b e *das ist so üblich*

Gang ⟨m.; -(e)s, ¨-e⟩ **1** ⟨unz.⟩ *die Art zu gehen (von Menschen u. Tieren);* Paß~, Watschel~; einen anmutigen, aufrechten, leichten, schönen, schweren, schwerfälligen, trippelnden ~ haben; jmdn. am ~, an seinem ~ erkennen **2** ⟨unz.⟩ *Bewegung (von etwas);* der Motor hat einen gleichmäßigen, lauten, leisen, ruhigen ~; einen Motor in ~ bringen, setzen; die Maschine, der Motor ist in ~; in ~ kommen; die Sache ist in vollem ~e; ein Gespräch in ~ bringen; der Prozeß, die Vorstellung ist im ~e **2.0.1** hier ist etwas im ~e *hier geht etwas vor* **3** ⟨unz.⟩ *Verlauf, Ablauf;* Ausbildungs~, Entwicklungs~, Geschäfts~; die Sache geht ihren ~; der ~ der Ereignisse; alles geht seinen gewohnten ~ **4** *Weg zu einem bestimmten Zweck;* Bitt~, Boten~; einen ~ in die Stadt machen; ich habe noch einen (wichtigen) ~ vor; mein erster ~ nach meiner Ankunft war (der) zu dir; ich muß noch einen ~ tun; ich muß einen schweren ~ tun; Mönchlein, Mönchlein, du gehst einen schweren ~ (Ausspruch Frundsbergs zu Luther, bevor dieser sich auf dem Reichstag zu Worms verteidigte) **5** *Stufe einer Übersetzung bei einem Wechselgetriebe, z. B. in Kraftfahrzeugen;* Vorwärts~, Rückwärts~; den ersten, zweiten ~ einschalten (im Auto); der Wagen hat drei Gänge u. einen Schnell~ **6** *in sich abgeschlossener Teil einer geregelten Folge* **6.1** *Windung, Umdrehung eines Gewindes* **6.2** *Teil einer Speisenfolge;* Haupt~; die Mahlzeit hatte vier Gänge; erster, zweiter ~; als ersten ~ gab es eine Vorspeise **6.3** *Abschnitt im Arbeitsablauf;* Arbeits~, Mahl~ **6.4** *Abschnitt im Zweikampf;* Fecht~; drei Gänge fechten **7** *schmaler, überdachter od. umschlossener Weg;* Dach~, Verbindungs~, Wandel~; ein enger, langer, schmaler, unterirdischer ~; aus dem Zugabteil in den ~ hinaustreten **7.1** *schmaler Flur;* den Schrank können wir in den ~ stellen **7.2** *längl. Hohlraum als Verbindung zwischen Organen;* Gehör~ **7.3** *Spalte im Gestein, die mit Erz od. anderem Gestein gefüllt ist*

'gän·gig ⟨Adj. 70⟩ **1** ⟨landschaftl.⟩ *gut laufend;* ein ~es Gespann **2** *gebräuchlich, üblich, verbreitet;* eine ~e Meinung, Definition **3** *gern gekauft, gut gehend;* ~e Ware, Stoffe, Artikel **4** *gültig, in Umlauf befindlich;* ~e Münze **5** den ~en T a g leben *leben, ohne sich Sorgen um die Zukunft zu machen*

'Gang·ster ⟨['gæŋ-] m.; -s, -⟩ *Mitglied einer Bande (von organisierten Verbrechern)*

Ga'no·ve ⟨[-və] m.; -n, -n⟩ *Dieb, Gauner, Spitzbube*

Gans ⟨f.; -, ¨-e⟩ **1** ⟨i. w. S.⟩ *einer Unterfamilie der Gänsevögel angehörender, gut schwimmender u. tauchender Wasservogel mit kräftigem, fast waagerecht getragenem Leib, kurzen u. breitgestellten Beinen mit Schwimmhäuten, langem, schmalem Hals u. flachem, breitem Schnabel, Pflanzenfresser: Anserinae* **1.1** ⟨i. e. S.⟩ *Angehörige zweier Gattungen dieser Vögel, die auch schon in vorgeschichtlicher Zeit domestiziert worden ist: Anser, Branta;* Grau~, Bleß~, Saat~, Schnee~; Ringel~, Nonnen~; Wild~; Haus~; eine ~ ausnehmen, braten, rupfen, schlachten; die Gänse hüten **2** ⟨fig.; umg.; Schimpfwort⟩ *einfältiges weibl. Wesen;* (so eine) dumme ~!

'Gän·se·füß·chen ⟨n.; nur Pl.; umg.⟩ *Anführungszeichen;* ein Wort in ~ setzen

'Gän·se·haut ⟨f.; fig.⟩ *Hervortreten der Talgdrüsen in der Haut durch Kälte od. Angst;* eine ~ bekommen; eine ~ überlief ihn

'Gän·se·marsch ⟨m.⟩ i m ~ g e h e n ⟨umg.⟩ *einer hinter dem anderen*

ganz ⟨Adj. 24⟩ **1** ⟨70; umg.⟩ Ggs *entzwei;* ich besitze keine ~en Strümpfe mehr; das Glas, der Schuh ist noch ~ **1.1** einen beschädigten Gegenstand wieder ~ machen *reparieren, wieder in Ordnung bringen* **2** ⟨70⟩ *gesamt, ungeteilt;* die ~e Zeit (über); während der ~en Zeit sagte er kein Wort; ein ~es Jahr; den ~en Tag; die ~e Welt; ~ Berlin; der ~e Platz war voller Menschen; ein ~es Brot; ich habe mein ~es Geld ausgegeben; sie haben ihr ~es Vermögen verloren; das Kind ist seine ~e Freude; mit ~er Kraft; ich hoffe, wünsche es von ~em Herzen **2.0.1** etwas im ~en kaufen, verkaufen *in größeren Mengen* **2.1** i m (großen und) ~en *im allgemeinen, alles in allem, insgesamt;* im ~en genommen, betrachtet **2.2** auf der ~en Linie *überall, völlig;* er hat auf der ~en Linie versagt **2.3** ~e Z a h l *Z. ohne Bruch, z. B. 1, 2, 3, 4* **3** ⟨90⟩ *voll, völlig, vollständig;* die ~e Wahrheit sagen; ich habe ~e zwei Stunden warten müssen **3.1** ~e N o t e ⟨Mus.⟩ *voller Notenwert* **3.2** ein ~er M a n n *ein tüchtiger M.* **3.3** er ist der ~e V a t e r, ~ der Vater *dem V. sehr ähnlich* **3.4** eine ~e M e n g e *eine große M.* **3.5** eine ~e R e i h e ⟨umg.⟩ *ziemlich viel* **4** ⟨60; umg.⟩ *nur, nicht mehr als;* ich besitze noch ~e drei Mark; die Reparatur hat ~e zwei Minuten gedauert **5** ⟨50⟩ *gänzlich, völlig;* es ist ~ dasselbe; das ist etwas ~ anderes!; ~ gewiß!; ~ recht!; du hast ~ recht; ~ richtig!; er hat den Kuchen ~ aufgegessen; es hat ~ den Anschein, als ob ...; das ist mir ~ gleich; geht es dir wieder ~ gut?; er steht ~ auf meiner Seite; er war ~ mit Blut besudelt; bist du fertig? (Noch) nicht ~!; ich bin nicht ~ zufrieden; ich verstehe es nicht ~ **5.0.1** er ist ~ der Mann dazu (etwas zu tun) *sehr geeignet, in der Lage, imstande, man kann es ihm zutrauen* **5.0.2** ~ Ohr sein *sehr aufmerksam zuhören;* erzähle, ich bin ~ Ohr! **5.1** ~ und gar *völlig* **5.2** ~ und gar nicht ⟨verstärkend⟩ *überhaupt nicht* **5.3** → a. *voll(2.0.6)* **6** ⟨50⟩ *sehr;* ein ~ armer Mann; ~ begeistert, erstaunt usw. sein; er sah ~ blaß aus; ~ allein; ein ~ klein wenig; das gefällt mir ~ besonders gut **7** ⟨50⟩ *ziemlich, einigermaßen, leidlich;* danke, es geht mir ~ gut; das ist ~ schön; da hat er dich aber ~ schön betrogen!

'Gan·zes ⟨n. 3; unz.⟩ **1** *Einheit, Gesamtheit, alles;* sie bilden ein einheitliches ~; ein großes ~; das große Ganze betrachten, im Auge haben; das ist nichts ~ und nichts Halbes; immer strebe zum Ganzen, und kannst du selber kein ~ werden, als dienendes Glied schließ an ein ~ dich an (Schiller, Votivtafeln, „Pflicht für jeden") **1.1** ⟨7⟩ eine Ganze bestellen *ein ganzes Maß, ein großes Glas Bier* **1.2** das Ganze gefällt mir nicht *es gefällt mir alles nicht* **1.3** a u f s Ganze g e h e n ⟨umg.⟩ *energisch vorgehen, eine Entscheidung erzwingen* **1.4** jetzt geht es

ums Ganze *um alles, jetzt muß die Entscheidung fallen*
'Ganz·heit ⟨f.; -; unz.⟩ *das Ganzsein, Unversehrtheit, Vollständigkeit, Geschlossenheit, umfassende Einheit;* eine Erscheinung nicht in ihren Einzelerscheinungen, einzelnen Elementen, sondern in ihrer ~ betrachten
'gänz·lich ⟨Adj. 50⟩ *ganz, vollständig, völlig;* unser Vorrat ist ~ verbraucht; ich habe es ~ vergessen
gar¹ ⟨Adj. 24⟩ **1** ⟨70⟩ *fertig (gekocht od. gebraten);* ~es Fleisch, ~e Kartoffeln; das Gemüse ist noch nicht ~; etwas ~ kochen **2** *fertig (zubereitet);* ~es Leder; Metall ~ machen
gar² ⟨Adv.⟩ **1** *sogar, darüber hinaus;* er beschimpfte ihn und bedrohte ihn ~; die freundschaftlichen Beziehungen sollen nicht gestört oder ~ zerstört werden; der Vorfall war mir peinlich genug, und nun ~ noch vor allen Leuten! **2** *überhaupt, durchaus;* ~ nicht; ~ nicht übel!; ~ nichts **3** *etwa, vielleicht, am Ende;* bist du ~ selbst schon dort gewesen?; hast du es ~ vergessen?; du wirst es doch nicht ~ vergessen haben?; warum nicht ~! (iron. gemeinter Ausdruck des Ärgers) **4** ⟨verstärkend; bes. süddt.⟩ *so (sehr), recht, ziemlich;* ~ oft; ~ sehr; ~ viel; ~ wenig; ~ manches Mal; es war ein ~ liebliches Kind ⟨poet.⟩ **5** ~ zu *viel zu;* ich habe es ~ zu gern; es ist ~ zu schön; du ißt ~ zu wenig
Ga'ra·ge ⟨[-ʒə] f.; -, -n⟩ *Raum zum Einstellen von Kraftwagen*
Ga·ran'tie ⟨f.; -, -n⟩ **1** *Gewähr, Haftung, Bürgschaft;* dafür kann ich keine ~ übernehmen; dafür übernehme ich die volle ~ **2** ein Jahr ~ auf ein Gerät *Gewähr, daß ein G. ein Jahr lang funktioniert, andernfalls wird es innerhalb dieser Frist von der Herstellerfirma kostenlos repariert*
ga·ran'tie·ren ⟨V. 503 od. 505⟩ (jmdm.) (für) etwas ~ **1** *etwas gewährleisten;* die Firma garantiert (für) die unbedingte Haltbarkeit, Zuverlässigkeit **2** *bürgen, haften, fest versprechen;* ich garantiere dir, daß so etwas nicht mehr vorkommt; dafür kann ich nicht ~
'Gar·aus ⟨m.; -; unz.; nur in den Wendungen⟩ **1** jmdm. den ~ machen ⟨umg.⟩ *jmdn. töten, vernichten* **2** einer Sache den ~ machen ⟨umg.⟩ *einer S. ein Ende bereiten*
'Gar·be ⟨f.; -, -n⟩ **1** *Bündel, bes. von Getreide, Stroh;* Getreide~; Getreide in, zu ~n binden; ~n aufstellen **2** *kegelförmiges Bündel von Lichtstrahlen;* Licht~ **3** *kegelförmige Streuung schnell aufeinanderfolgender Geschosse aus einer Schnellfeuerwaffe;* eine ~ aus dem Maschinengewehr **4** ⟨Bot.⟩ = *Schafgarbe*
'Gar·de ⟨f.; -, -n⟩ **1** ⟨urspr.⟩ *Leibwache* **2** ⟨dann⟩ *Elitetruppe, meist mit prächtiger Uniform* **3** die alte ~ *Gemeinschaft langjähriger Freunde od. Kameraden, langjähriger bekannter Mitglieder eines Betriebes, Kreises o. ä.*
Gar·de'ro·be ⟨f.; -, -n⟩ **1** *jmds. gesamte Kleidung* 1.1 *Vorrat an Kleidung* **2** *Umkleideraum;* die ~ der Schauspieler 2.1 *Vorraum mit Kleiderablage* 2.2 *Möbelstück, das der Kleiderablage dient;* Flur~
Gar'di·ne ⟨f.; -, -n⟩ **1** ⟨früher⟩ *Bettvorhang* **2** *leichter Vorhang für Fenster;* die ~n abnehmen, aufhängen, aufmachen, spannen; die ~n auf-, zuziehen; ~n für ein, zwei Fenster nähen
'gä·ren ⟨V. 141⟩ **1** ⟨400(s.)⟩ organische Stoffe ~ ⟨Chem.⟩ *o. S. werden durch Abbau von Kohlenhydraten mittels Fermenten zersetzt;* der Most, die Milch, das Bier gärt; der Teig ist in der Wärme gegoren; der Wein ist klar gegoren; gegorener Obstsaft **2** ⟨410; nur schwach⟩ etwas gärt in jmdm. od. etwas ⟨fig.⟩ *etwas nimmt bedrohliche Ausmaße an;* der Haß gärte in ihm; gärende Konflikte 2.1 ⟨411; unpersönl.⟩ es gärt in, unter jmdm. od. etwas *es herrscht bedrohliche Unruhe, Unzufriedenheit;* es gärt im Volk; unter der Bevölkerung hat es schon lange gegärt
Garn ⟨n.; -(e)s, -e⟩ **1** *aus Fasern gesponnener Faden, Zwirn;* Baumwoll~, Näh~; ~ spinnen, wickeln, färben 1.1 ein ~ spinnen ⟨fig.; umg.⟩ *eine erfundene, phantasievoll ausgeschmückte Geschichte erzählen;* Seemanns~ **2** ⟨jägerspr.⟩ *Netz zum Vogelfang u. zum Fischen;* das Wild ins ~ jagen, treiben; einen Vogel, Fisch ins ~ locken 2.1 jmdm. ins ~ gehen ⟨fig.⟩ *sich von jmdm. überlisten lassen*
Gar'ne·le ⟨f.; -, -n⟩ *Angehörige einer als „Krabbe" in den Handel gebrachten Unterordnung der Zehnfußkrebse: Natantia*
gar'nie·ren ⟨V. 505⟩ Kleider, Speisen (mit etwas) ~ *verzieren, schmücken;* einen Hut mit Blumen ~; eine Gemüseplatte ~; Torte mit Schlagsahne, belegte Brötchen mit Petersilie ~
Gar·ni'tur ⟨f.; -, -en⟩ **1** *Besatz, Verzierung* **2** *zusammenpassende Kleidungsstücke* 2.1 *Unterhemd u. Unterhose, die zusammengehören* 2.2 ⟨Mil.⟩ *Ausrüstung, Kleidung für einen bestimmten Zweck;* Ausgeh~, Dienst~ **3** *Reihe, Anzahl zusammengehöriger Gegenstände, Satz (von Geschirr u. ä.)*
'gar·stig ⟨Adj.⟩ **1** *häßlich, abstoßend;* ein ~es Wesen, Gesicht; ~ aussehen; ein ~er Geruch 1.1 ein ~es Tier *ekelhaftes T.* **2** *böse, ungezogen;* ein ~es Kind; sich ~ benehmen; sei nicht so ~ (zu mir)!
'Gar·ten ⟨m.; -s, ⟩ *abgegrenztes Gelände zum Kleinanbau von Nutz- od. Zierpflanzen;* Gemüse~, Lust~, Obst~, Zier~; einen ~ anlegen, einzäunen; den ~ gießen, sprengen, umgraben; ein gepflegter, verwilderter ~; einen großen, kleinen, schönen ~ haben; ein ~ hinter dem Haus; im ~ arbeiten, frühstücken
Gas ⟨n.; -es, -e⟩ **1** ⟨i. w. S.⟩ *Aggregatzustand der Materie, in dem sie infolge freier Beweglichkeit der Moleküle keine bestimmte Gestalt hat, sondern jeden Raum, in den sie gebracht wird, völlig ausfüllt* **2** *Materie in diesem Zustand, z. B. Sauerstoff* 2.1 *gasförmiger Brennstoff;* Stadt~, Erd~, Heiz~ 2.1.1 *Flamme von diesem Brennstoff;* die Kartoffeln aufs ~ setzen; vom ~ wegnehmen 2.2 *Gemisch aus Luft u. Kraftstoff* 2.3 ~ geben (wegnehmen) ⟨Kfz.⟩ *die Zufuhr von Treibstoff verstärken (verringern) u. die Geschwindigkeit erhöhen (vermindern)* **3** jmdm. das ~ abdrehen ⟨a. fig.⟩ *ihn wirtschaftlich zugrunderichten, ihn seiner Existenzgrundlage berauben*
'Gas·se ⟨f.; -, -n⟩ **1** *kleine, enge Straße zwischen Häusern;* eine winklige, krumme, steile, finstere, malerische ~ 1.1 ⟨oberdt.⟩ *Stadtstraße* **2** *schmaler Durchgang* 2.1 eine ~ bilden

etwas zur Seite treten, so daß (in einer Menschenmenge) ein schmaler Raum zum Durchgehen entsteht 2.2 hohle ~ *Hohlweg*

Gast[1] ⟨m.; -es, ¨-e⟩ **1** *jmd., der vorübergehend anwesend ist;* ein gerngesehener, häufiger, lieber, ständiger ~; ein ungebetener ~; Vorstellung für geladene Gäste, vor geladenen Gästen ⟨Theat.⟩ 1.1 *jmd., der eingeladen ist;* Sie sind heute mein ~; die Gäste begrüßen; wir haben Gäste **1.1.1** bei jmdm. zu ~ sein *eingeladen sein* 1.1.2 jmdn. zu ~(e) bitten, laden *einladen* 1.2 *auf fremder Bühne spielender Schauspieler;* die Rolle des Tristan singt N. N. als ~ 1.3 *jmd., der ein Restaurant besucht, in einem Hotel absteigt;* Hotel~, Stamm~

Gast[2] ⟨m.; -es, -en; Mar.⟩ *für einen bestimmten Dienst an Bord vorgesehener Matrose;* Signal~

'Gast·ar·bei·ter ⟨m.⟩ *ausländischer, nicht eingebürgerter Arbeiter;* die Zahl der ~ sinkt langsam

'gast·freund·lich ⟨Adj.⟩ *gerne Gäste habend, jederzeit bereit, Gäste aufzunehmen;* eine ~e Familie, Bevölkerung; er ist sehr ~

'Gast·ge·ber ⟨m.; -s, -⟩ *jmd., der einen anderen zu Gaste lädt;* ein aufmerksamer ~

'Gast·haus ⟨n.⟩ **1** *Haus, in dem gewerbsmäßig Fremde gegen Entgelt Unterkunft u. Verpflegung haben können;* in einem ~ übernachten, wohnen 1.1 *Wirtshaus, Gaststätte*

'Gast·hof ⟨m.⟩ *einfaches Gasthaus, meist auf dem Lande*

ga'stie·ren ⟨V. 411⟩ *als Gast auf einer fremden Bühne spielen;* er gastiert hier nur

'gast·lich ⟨Adj.⟩ *gastfrei, gastfreundlich;* eine ~e Familie; man hat uns ~ aufgenommen

'Gast·stät·te ⟨f.⟩ *Haus, in dem man gegen Entgelt Mahlzeiten einnehmen kann;* Sy *Restaurant, Lokal(2);* vegetarische ~; in einer ~ zu Mittag essen

'Gast·wirt ⟨m.⟩ *Besitzer od. Pächter einer Gaststätte*

'Gat·te ⟨m.; -n, -n⟩ **1** ⟨geh.; nicht als Bez. für den eigenen Mann verwendet⟩ *Ehemann;* grüßen Sie Ihren ~n von mir **2** die ~n ⟨veralt.⟩ *Ehepaar*

'Gat·ter ⟨n.; -s, -⟩ **1** *Gitter;* Eisen~, Holz~ **2** *Zaun, Tor od. Tür aus breiten Latten;* ein Grundstück, Gehege, eine Wiese durch ein ~ abschließen **3** ⟨Web.⟩ *Spulengestell an Spinnmaschinen* **4** ⟨Tech.⟩ *durch einen Kurbeltrieb bewegter Rahmen, in den ein od. mehrere Sägeblätter einer Gattersäge eingespannt sind* **5** ⟨Tech.⟩ *Holzbearbeitungsmaschine, in der Baumstämme durch hin- u. hergehende Sägeblätter in Bretter u. Balken zerlegt werden* **6** ⟨Elektronik⟩ *Glied eines elektr. Schaltkreises, das mehrere im Eingang aufgenommene Signale verknüpft u. ein binäres Ausgangssignal liefert*

'Gat·tin ⟨f.; -, -n·nen; nicht als Bez. für die eigene Frau verwendet⟩ *Ehefrau*

'Gat·tung ⟨f.; -, -en⟩ **1** ⟨allg.⟩ *Gesamtheit von Dingen, die in wesentl. Eigenschaften übereinstimmen, in unwesentl. Eigenschaften voneinander abweichen* **2** ⟨Log.⟩ *der Inbegriff des Gemeinsamen mehrerer Arten;* Dreieck und Viereck gehören zur ~ Vieleck **3** ⟨Biol.⟩ *Gesamtheit nächstverwandter Arten;* Pflanzen~, Tier~; ein Tier nach Art u. ~ bestimmen; die ~ ist die in der biolog. Systematik obligatorische Kategorienstufe zwischen Art (Spezies) u. Familie **4** die drei literarischen ~en ⟨Lit.⟩ *Lyrik, Epik, Dramatik;* Roman, Novelle, Kurzgeschichte gehören zur ~ der Epik, der ep. Dichtung

Gau ⟨m.; -(e)s, -e⟩ **1** ⟨urspr.⟩ *wald- u. wasserreiches Gebiet* **2** ⟨später⟩ *Siedlungsgebiet der Untergruppe eines german. Stammes;* Breis~, Rhein~ **3** ⟨19., 20. Jh.⟩ *landschaftl. zusammengefaßte Gruppe eines Verbandes, einer Partei;* Reichs~ ⟨1933 - 45⟩ **4** ⟨allg.⟩ *Bezirk, Landschaft, zusammengehöriges Gebiet*

'gau·keln ⟨V. 400 od. 410⟩ **1** *schwankend fliegen, flattern;* Schmetterlinge ~ von Blume zu Blume **2** *auf spielerische Art täuschen, etwas vortäuschen, Gaukelei treiben*

'Gauk·ler ⟨m.; -s, -⟩ **1** *Jahrmarktskünstler (Seiltänzer, Akrobat);* eine Truppe von ~n **2** *Zauberkünstler* **3** ⟨Zool.⟩ *Greifvogel des mittleren u. südl. Afrikas: Helotarsus ecaudatus*

Gaul ⟨m.; -(e)s, ¨-e⟩ **1** ⟨abwertend⟩ *wertloses, altes Pferd* **2** einem geschenkten ~ schaut man nicht ins Maul ⟨Sprichw.⟩ *Geschenke muß man hinnehmen, ohne zu fragen, was sie wert sind* **3** ⟨umg.; westdt.⟩ *Pferd;* die Gäule einspannen

'Gau·men ⟨m.; -s, -⟩ **1** *Scheidewand zwischen Mund- u. Nasenhöhle beim Menschen u. bei den Wirbeltieren;* mir klebt (vor Durst) die Zunge am ~ **2** ⟨fig.⟩ *Geschmack, Sinn für gutes Essen u. Trinken;* das kitzelt den ~; einen feinen ~ haben

'Gau·men·se·gel ⟨n.⟩ *weicher Gaumen, hinterer Teil des Gaumens, der ins Zäpfchen ausläuft*

'Gau·ner ⟨m.; -s, -; abwertend⟩ **1** *Betrüger, Dieb, Landstreicher;* ein ~ hat ihn betrogen; so ein ~! **2** *gerissener Mensch, schlauer, pfiffiger Kerl* 2.1 *Spitzbube, Schelm;* so ein kleiner ~!

Ga·ze ⟨['ga:zə] f.; -; unz.⟩ *durchsichtiger, schleierartiger Stoff mit weitem Abstand der Kett- u. Schußfäden, aus verschiedenen Stoffen (Seide, Baumwolle, Leinen) od. Metalldrähten (für Fliegennetze)*

Ge'bäck ⟨n; -(e)s, (selten) -e⟩ *(Kuchen u.) kleines Backwerk*

Ge'bälk ⟨n.; -(e)s; unz.⟩ **1** ⟨Arch.⟩ *Gesamtheit der Balken einer Decken- od. Dachkonstruktion* 1.1 ⟨antike Arch.⟩ *Verbindung zwischen Säulen u. Dach, bes. am griech. Tempel* **2** es knistert, kracht im ~ ⟨fig.; umg.⟩ *die bestehende Ordnung beginnt sich aufzulösen*

Ge'bär·de ⟨f.; -, -n⟩ *Bewegung, die ein seelisches Geschehen ausdrückt u. damit das Sprechen ergänzt u. akzentuiert, teilweise auch als Sprachersatz dienend;* eine ausdrucksvolle, beruhigende, drohende, heftige ~; sich durch ~n verständlich machen; seine Worte mit ~n begleiten, unterstreichen, unterstützen

ge'bär·den ⟨V. 513/R3⟩ sich in bestimmter Weise ~ *benehmen, verhalten;* sich wie ein Verrückter, wie toll ~, auffällig, außergewöhnlich ~

ge'bä·ren ⟨V. 142/500⟩ **1** ein Kind ~ *zur Welt bringen;* sie hat einen Knaben geboren 1.1 geboren (sein) *zur Welt gekommen (sein);* Hans Müller, geboren am 1.6.1920; ich kenne die Stadt gut, ich bin dort geboren; in diesem Haus bin ich geboren (worden); wo sind Sie geboren?; ein blind geborenes Kind **1.1.1** unter einem glücklichen, unglücklichen Stern geboren sein *von Kindheit an viel Glück, Unglück im Leben gehabt haben* **2** eine Sache ~ ⟨fig.⟩ *hervorbringen, erschaffen, erzeugen;* etwas Neues ~

Ge'ba·ren ⟨n.; -s; unz.⟩ *Benehmen, Betragen, Verhalten;* sein bisheriges ~ läßt darauf schließen, daß ...; geschäftliches ~

Ge'bär·mut·ter ⟨f.; Anat.⟩ *weibliches Hohlorgan der Säugetiere u. des Menschen, in dem sich das befruchtete Ei entwickelt: Uterus*

Ge'bäu·de ⟨n.; -s, -⟩ **1** *größeres Bauwerk, Haus;* Fabrik~, Schul~, Wohn~; ein öffentliches, privates ~ **2** ⟨fig.⟩ *kunstvoll zusammengefügtes Ganzes;* Gedanken~, Lehr~, Lügen~; das ~ einer Wissenschaft **3** ⟨Bgb.⟩ *Grubenanlage* **4** ⟨jägerspr.⟩ ~ eines Hundes (Otters, Bibers) *Körperbau;* gutes ~

Ge'bein ⟨n.; -(e)s, -e; geh.⟩ **1** *sämtl. Glieder, Körper des lebenden Menschen;* der Schreck fuhr mir durchs, ins ~ **2** ⟨nur Pl.⟩ ~e *Knochen, Skelett eines Toten;* seine ~e fand man erst nach Jahren

'ge·ben ⟨V. 143⟩ **1** ⟨530/R6⟩ jmdm. etwas ~ *etwas in jmds. Besitz gelangen lassen* **1.1** *schenken;* unser täglich Brot gib uns heute; der Herr hat's gegeben, der Herr hat's genommen (Hiob 1,21); Geben ist seliger denn Nehmen (Apostelgeschichte 20,35); bittet, so wird euch gegeben (Matth. 7,7); wer rasch gibt, gibt doppelt; er gibt nicht gern **1.1.1** jmdm. ist etwas gegeben *jmd. hat die Gabe, jmdm. liegt etwas;* es ist ihm nicht gegeben, seine Gefühle zu zeigen **1.1.2** etwas für gegeben nehmen *so tun, als habe man es bekommen;* ich habe vergessen, Ihnen Blumen mitzubringen! - Das macht nichts, ich nehm's, nehme sie für gegeben (u. danke für die gute Absicht) **1.2** *überlassen, verkaufen;* ich kann Ihnen die Ware nicht billiger ~ **1.3** ⟨550⟩ etwas für, um etwas ~ *eintauschen;* was gibst du mir dafür? **1.3.1** *bezahlen;* was hast du für den Mantel gegeben? **1.3.2** ich gäbe etwas darum, wenn ich wüßte ... *ich wüßte zu gern, ...* **2** ⟨530/R6⟩ jmdm. etwas ~ *reichen, hinreichen;* jmdm. die Hand ~ (zum Gruß); einem Kind die Flasche ~; bitte gib mir das Salz!; sich die Speisekarte ~ lassen; jmdm. zu essen ~ **2.1** ⟨500⟩ *zum Essen anbieten;* ich habe heute Gäste, ich gebe Kaffee und Kuchen, eine kalte Platte usw.; was gibt es heute zu Mittag? **2.2** ⟨402⟩ (Karten) ~ *K. austeilen;* Wer gibt? **2.3** ⟨402; Tennis⟩ *den Ball ins Spiel bringen, aufschlagen, angeben* **2.4** ⟨530⟩ jmdm. einen Ton ~ ⟨Mus.⟩ *angeben (um die Instrumente zu stimmen);* gib mir bitte das A! **3** ⟨530⟩ jmdm. etwas od. jmdn. ~ *zu einem bestimmten Zweck überlassen, übergeben;* einen Brief zur Post ~ **3.0.1** ⟨511⟩ ein Manuskript in Satz, Druck ~ *setzen, drucken lassen* **3.0.2** ⟨511⟩ einen Jungen in die Lehre ~ *in einer Lehre ausbilden lassen* **3.0.3** ⟨611⟩ jmdm. etwas in Verwahrung ~ *jmdn. etwas verwahren lassen* **4** ⟨530/R6⟩ jmdm. od. einer Sache etwas ~ *zukommen lassen* **4.1** *erteilen;* jmdm. Stunden ~; Unterricht ~; Auskunft ~; jmdm. einen Auftrag ~ **4.1.1** ⟨500⟩ der Lehrer gibt Biologie und Chemie *unterrichtet in B. u. Ch.* **4.2** *zuteil werden lassen;* jmdm. beim Geräteturnen Hilfe ~; jmdm. einen Wink ~; jmdm. ein Zeichen ~ **4.2.1** jmdm. die Schuld (an etwas), jmdm. recht, unrecht ~ *behaupten, daß jmd. Schuld, recht, unrecht hat* **4.3** *vermitteln;* jmdm. Aufklärung ~ (über etwas); jmdm. Nachricht ~ **4.4** ⟨480⟩ zu denken, zu verstehen, zu erkennen ~ *veranlassen, daß jmd. etwas denkt, versteht, erkennt;* der Vorfall gibt mir zu denken; jmdm. etwas zu verstehen ~ **4.4.1** ⟨580/R3 od. R4⟩ sich (jmdm.) zu erkennen ~ *sagen, wer man ist* **4.5** *gewähren;* jmdm. Bedenkzeit ~; ich gebe Ihnen eine Frist von zwei Tagen; seine Einwilligung (zu) etwas ~; jmdm. seinen Segen ~ **4.5.1** Gott geb's!, Gott gebe, daß ... *hoffentlich!, mit Gottes Hilfe möge ...* **4.6** *bieten;* gib mir Gelegenheit, mein Unrecht wiedergutzumachen **4.7** *verleihen;* einer Sache ein anderes Aussehen ~; du mußt deinen Worten mehr Nachdruck ~ **4.8** *versetzen, jmdn. etwas spüren lassen;* jmdm. eine Ohrfeige ~; jmdm. einen Stoß, einen Tritt ~ **4.8.1** es jmdm. (tüchtig) ~ ⟨umg.⟩ *jmdm. (gründl.) die Meinung sagen, jmdn. (gehörig) verprügeln;* gib's ihm! **4.8.2** (das ist) gut gegeben! *gut gesagt, schlagfertig geantwortet* **4.8.3** dem Pferd die Sporen ~ *das Pferd mit den S. antreiben* **4.9** ⟨500; Funktionsverb⟩ **4.9.1** (keine) Antwort ~ *(nicht) antworten* **4.9.2** einem Gedanken Ausdruck ~ *einen Gedanken ausdrücken* **4.9.3** ⟨530⟩ jmdm. das Versprechen, sein Wort ~ *versprechen* **4.9.4** ⟨530⟩ jmdm. einen Kuß ~ *jmdn. küssen* **4.9.5** ⟨530/R1⟩ sich Mühe ~ *sich bemühen* **4.9.6** Ruhe ~ *ruhig sein* **5** ⟨500⟩ etwas gibt etwas *bringt etwas hervor;* die Lampe gibt gutes Licht; die Kuh gibt täglich ... Liter Milch **5.0.1** das gibt Spaß *macht S.* **5.1** *ergeben, zum Ergebnis haben;* 12 geteilt durch 3 gibt 4; ein Wort gab das andere; was wird das ~? **6** ⟨500⟩ eine gesellige Veranstaltung ~ *stattfinden lassen;* ein Bankett, ein Essen ~; eine Gesellschaft ~; ein Gastspiel, eine Vorstellung ~; ein Konzert ~ **6.1** ein Theaterstück ~ *aufführen;* gestern wurde im Theater „Hamlet" gegeben; was gibt es heute abend im Theater? **7** ⟨511⟩ etwas irgendwohin ~ ⟨landschaftl.⟩ *tun;* den Teig in eine Form ~ **8** ⟨510⟩ etwas von sich ~ *äußern;* keinen Laut, Ton von sich ~; kein Lebenszeichen von sich ~; eine Meinung von sich ~ **9** ⟨511⟩ etwas von sich ~ *sich erbrechen;* Speisen wieder von sich ~ **10** ⟨550⟩ etwas auf etwas od. jmdn. ~ *Wert auf etwas od. jmdn. legen, einer Sache od. jmdm. Bedeutung beimessen;* viel, wenig auf etwas ~; auf seine Worte kann man nicht viel ~; etwas auf sich ~ **11** ⟨513/R3⟩ sich ~ *sich verhalten, sich benehmen;* sie gibt sich ganz unbefangen **12** ⟨500/R3⟩ etwas gibt sich *hört auf, läßt nach;* das wird sich schon ~; die Schmerzen haben sich mit der Zeit gegeben **13** ⟨501⟩ es gibt jmdn. od. etwas *jmd. od. etwas ist vorhanden;* gibt es jmdn., der mir helfen kann?; es gibt einen Gott; hier gibt es keine Wölfe mehr; gibt es denn heute so etwas noch? **13.1** das gibt es nicht! *das kommt nicht in Frage!* **13.2** das gibt es doch nicht! *das ist doch unmöglich!* **13.3** das hast du fein gemacht, da gibt's nichts! ⟨umg.⟩ *dagegen ist nichts einzuwenden* **14** ⟨501⟩ es gibt etwas *etwas geschieht, kommt vor;* es gibt Fälle, in denen man anders handeln muß;

es wird heute noch Regen ~; gleich gibt es Schläge!; wenn du das tust, wird es ein Unglück ~; gleich gibt's was!; was gibt es Neues? 14.1 was gibt's? *was ist los?*
Ge'bet ⟨n.; -(e)s, -e⟩ **1** ⟨Rel.⟩ *eine Bitte od. Dank beinhaltende Äußerung, die an Gott gerichtet ist u. die sich entweder fester Formen bedient od. spontan dem Gefühl entspringt;* Abend~, Morgen~; Stoß~, Buß~, Dank~; ein ~ sprechen, verrichten, zum Himmel schicken 1.1 das ~ des Herrn *das Vaterunser* **2** jmdn. ins ~ nehmen ⟨fig.⟩ *jmdm. ins Gewissen reden*
Ge'biet ⟨n.; -(e)s, -e⟩ **1** *Teil einer Landschaft;* Ruhr~; große ~e des Landes sind noch nicht bebaut; ein fruchtbares, waldreiches, weites ~ **2** *Hoheits-, Herrschaftsbereich (eines Staates);* einem anderen Staat ein ~, ~e abtreten **3** ⟨fig.⟩ *Sachbereich, Fach;* das ~ der Naturwissenschaften; ein ~ beherrschen; auf diesem ~ bin ich nicht bewandert; er weiß auf seinem ~ hervorragend Bescheid; auf politischem ~ verhält es sich anders
ge'bie·ten ⟨V. 110; geh.⟩ **1** ⟨503⟩ (jmdm.) etwas ~ *befehlen;* jmdm. Einhalt ~; Ruhe, Schweigen ~ **2** ⟨800⟩ über etwas ~ *herrschen, bestimmen;* über ein Land, ein Heer ~ **3** ⟨500⟩ etwas gebietet etwas *verlangt, erfordert etwas;* der Ernst der Lage gebietet, daß wir ... 3.1 ⟨Part. Perf.⟩ geboten *ratsam, notwendig, angebracht, zweckmäßig;* es erscheint geboten, sich zu beeilen; hier ist Vorsicht geboten; es ist dringend geboten, ... zu tun; es für geboten erachten, halten, etwas zu tun
ge'bie·te·risch ⟨Adj.⟩ *in der Art eines Gebieters, befehlend, herrisch, keinen Widerspruch duldend;* die Not, die Notwendigkeit fordert ~, daß ...; etwas ~ verlangen; in ~em Ton sprechen
Ge'bil·de ⟨n.; -s, -⟩ *Gegenstand von unbestimmter, nicht näher zu bezeichnender Form, etwas Gestaltetes;* ein merkwürdiges, seltsames ~; eine Flocke ist ein ~ aus Eiskristallen, Fasern usw.
ge'bil·det **1** ⟨Part. Perf. von⟩ *bilden* **2** ⟨Adj.⟩ *kenntnisreich u. wohlerzogen, kultiviert;* die ~e Klasse; ein ~er Mensch; er ist sehr ~
Ge'bin·de ⟨n.; -s, -⟩ **1** *etwas Zusammengebundenes* **2** *Zweige od. Blumen, die zu einem Kranz od. Strauß zusammengebunden sind;* ein ~ von Rosen, Nelken; ein hübsches ~ zusammenstellen **3** ⟨Landw.⟩ *die Menge Getreide, die in eine Garbe gebunden wird;* ein ~ von Ähren **4** ⟨Text.⟩ *eine bestimmte, in verschiedenen Ländern wechselnde Anzahl von Fäden eines Garnes, Teil einer Strähne* 4.1 *Garnmaß, 80 Windungen von 1,5 Yard Umfang* **5** ⟨Bauw.⟩ *die einzelne Rippe eines Dachstuhls* **6** ⟨Bauw.⟩ *eine zusammenhängende Reihe eingedeckter Dachschiefer* **7** *(größeres) Faß, Behälter zur Aufnahme von Flüssigkeiten;* Bier, Wein in ~n verkaufen **8** ⟨ostnorddt.⟩ *Eingeweide der Fische, bes. Rogen des Karpfens*
Ge'bir·ge ⟨n.; -s, -⟩ **1** *zusammenhängende Gruppe von Bergen u. Tälern;* Hoch~, Mittel~; ins ~ fahren, reisen; den Urlaub im ~ verbringen **2** ⟨fig.⟩ *aufgeschichtete, aufgetürmte Menge von Dingen;* ein kunstvolles ~ aus Schlagsahne und Eis **3** ⟨Bgb.; Geol.⟩ *größere, der Form u. Entstehung nach zusammengehörige Gesteinsmassive*
Ge'biß ⟨n.; -s·ses, -s·se⟩ **1** *Gesamtheit der Zähne bei Menschen u. Wirbeltieren;* ein gesundes, prächtiges ~ haben; der Hund fletschte das ~ **2** *Zahnprothese, künstl. Zahnreihe;* ein ~ haben, anfertigen lassen **3** *Mundstück am Pferdezaum*
Ge'blä·se ⟨n.; -s, -⟩ **1** ⟨Tech.⟩ *Maschine zum Verdichten u. Fördern von Gasen einschließlich Luft;* Niederdruck~, Hochdruck~, Mitteldruck~; Turbo~, Dampfstrahl~, Schleuder~ 1.1 ⟨Landw.⟩ *ortsfeste od. bewegliche Maschine, die durch Luftstrom Halm- u. Schüttgut befördert;* Förder~; Heu~, Spreu~; mit dem ~ Korn in die Scheune befördern 1.2 *Maschine zur Kalt- bzw. Warmluftförderung in Belüftungsanlagen, Klimatisierungs- u. Trocknungsanlagen;* Kühl~, Wind~ 1.3 *Gerät aus zwei durch einen Lederbalg verbundenen Platten zum Erzeugen eines Luftstroms*
ge'blümt ⟨Adj.⟩ *mit Blumenmuster verziert;* ein ~es Kleid, Porzellan; bunter, ~er Stoff
ge'bo·ren **1** ⟨Part. Perf. von⟩ *gebären* **2** ⟨Adj. 24/60⟩ 2.1 *gebürtig;* ~er Deutscher; ~er Hamburger 2.2 ⟨Abk.: geb.⟩ *(zur Angabe des Mädchennamens bei verheirateten Frauen)* 2.2.1 sie ist eine ~e Schulze *ihr Mädchenname ist S.* 2.2.2 Frau Müller(,) geb. Schulze *mit Mädchennamen S.* 2.3 *von Natur aus begabt;* er ist der ~e Erzähler
ge'bor·gen **1** ⟨Part. Perf. von⟩ *bergen* **2** ⟨Adj.⟩ *sicher, gut aufgehoben;* sich ~ fühlen, wissen
Ge'bot ⟨n.; -(e)s, -e⟩ **1** *(moral.) Grundgesetz;* es ist ein ~ der Höflichkeit, Menschlichkeit, Nächstenliebe, dies zu tun; ein göttliches, sittliches ~; die Zehn ~e ⟨bibl.⟩ 1.0.1 → a. *Not(1.1.1)* **2** *Befehl;* es begab sich aber zu der Zeit, daß ein ~ von dem Kaiser Augustus ausging (Lukas 2,1); ein ~ beachten, mißachten, übertreten 2.1 *Erfordernis;* das ~ der Stunde **3** jmdm. zu ~e stehen *zur Verfügung stehen;* ihm stand ein großer Stab von Mitarbeitern zu ~e; ihm steht die Kunst der Rede zu ~ wie keinem anderen **4** *Angebot bei Versteigerungen;* ein geringes, hohes, höheres ~
Ge'brauch ⟨m.; -(e)s, ¨e⟩ **1** ⟨unz.⟩ *Benutzung, Anwendung, Verwendung;* für den eigenen ~; vor ~ schütteln! (Aufschrift auf Flaschen mit Arznei, Putzmitteln usw.); Papiertaschentücher werden nach ~ weggeworfen; die Flasche nach ~ gut verschließen 1.0.1 in ~ nehmen *zu verwenden beginnen* 1.0.2 in, im ~ haben *verwenden;* einen Gegenstand, lange, noch nicht lange in ~ haben 1.0.3 in ~ kommen *üblich werden* 1.0.4 außer ~ kommen *nicht mehr üblich sein* 1.0.5 in, im ~ sein *benutzt werden, üblich sein* 1.0.6 außer ~ sein *nicht benutzt werden;* die Maschine ist außer ~ 1.0.7 von etwas ~ machen *etwas benutzen, anwenden, ausnutzen;* bitte, machen Sie keinen ~ davon (von dem, was ich eben gesagt habe) **2** ⟨nur Pl.⟩ Gebräuche *Bräuche, Sitten, Gewohnheiten;* Sitten und Gebräuche; die alten Gebräuche eines Volkes
ge'brau·chen ⟨V. 500⟩ jmdn. od. etwas ~ **1** *benutzen, verwenden;* das kann ich gut, nicht ~; das ist nicht zu ~; Kraftausdrücke ~ 1.0.1 du bist auch zu nichts zu ~! *zu nichts nütze!* 1.1

⟨Part. Perf.⟩ gebraucht *schon benutzt, nicht mehr neu;* gebrauchte Bücher; gebrauchte Wäsche
ge'bre·chen ⟨V. 116/650⟩ es gebricht jmdm. an etwas ⟨geh.⟩ *jmdm. fehlt etwas, jmdm. mangelt es an etwas;* es gebricht ihm an Mut; dem Unternehmen gebricht es an einer straffen Führung
Ge'bre·chen ⟨n.; -s, -; geh.⟩ *körperl. Fehler, Schaden;* ein ~ haben; mit einem ~ behaftet sein
ge'brech·lich ⟨Adj. 70⟩ **1** *hinfällig, altersschwach, kränklich;* alt u. ~ sein **2** ⟨fig.⟩ *unvollkommen, mangelhaft, labil*
Ge'bühr ⟨f.; -, -en⟩ **1** *(öffentl.) Abgabe für die Inanspruchnahme bestimmter (öffentl.) Einrichtungen;* Post~, Telephon~; eine ~ entrichten, bezahlen; jmdm. die ~(en) erlassen **2** *Entgelt für geleistete Dienste;* Anwalts~; die ~ für eine notarielle, amtl. Bestätigung; eine ~ von zwei Mark **3** ⟨unz.⟩ *Angemessenheit, Billigkeit, Schuldigkeit;* jmdn. nach ~ bestrafen, belohnen; jmdn. über ~ beanspruchen
ge'büh·ren ⟨V. 600⟩ **1** etwas gebührt jmdm. *steht jmdm. (nach Recht od. Verdienst) zu;* ihm gebührt höchste Ehre, hohes Lob; dem Alter gebührt Respekt, Rücksicht; es gebührt mir nicht, ihm Vorschriften zu machen 1.1 ⟨Part. Präs.⟩ ~d *angemessen (nach Sitte od. Verdienst), verdient;* jmdm. die ~de Achtung, den ~den Respekt entgegenbringen; wir haben ihre neue Wohnung ~d bewundert; jmdn. ~d ehren; das Geburtstagskind, der Jubilar wurde ~d gefeiert; jmds. Verdienste ~d hervorheben, würdigen **2** ⟨R1; unpersönl.⟩ es gebührt sich *es gehört sich;* es gebührt sich, vor alten Leuten aufzustehen; wie es sich gebührt
Ge'burt ⟨f.; -, -en⟩ **1** *Ausstoßung der lebensfähigen Leibesfrucht aus dem Mutterleib, Entbindung;* eine leichte, schwere ~; die ~ eines Kindes; während der ~ traten Komplikationen ein; seine Mutter starb bei seiner ~ 1.1 *das Geborenwerden;* die glückliche ~ einer Tochter zeigen an ...; von ~ an blind sein; die ~ Christi; im Jahre 200 vor Christi ~; im Jahr 1800 nach Christi ~ 1.2 *geborenes Kind;* die Zahl der ~en **2** ⟨fig.⟩ *das Hervorbringen, Erzeugung, Entstehung;* die ~ einer Idee; „Miß Sara Sampson" von Lessing bezeichnet die ~ des bürgerlichen Trauerspiels 2.0.1 das war eine schwere ~ ⟨fig.; umg.⟩ *eine harte Arbeit, eine große Anstrengung, Mühe* **3** *Herkunft, Abstammung;* von hoher, niedriger ~; er ist von ~ Deutscher
ge'bür·tig ⟨Adj. 70⟩ **1** *geboren in;* er ist ~er Berliner 1.1 ⟨41⟩ ich bin aus Hamburg ~ *bin in H. geboren, stamme aus H.*
Ge'burts·tag ⟨m.⟩ *Jahrestag der Geburt;* er hat seinen 90. ~ noch, nicht mehr erlebt; er feiert heute ~; zur Feier meines ~es; alles Gute, herzlichen Glückwunsch zum ~!; etwas zum ~ (geschenkt) bekommen; jmdm. zum ~ gratulieren; sich etwas zum ~ wünschen
Ge'büsch ⟨n.; -(e)s, -e⟩ *mehrere dicht zusammenstehende Büsche, Buschwerk, Dickicht;* sich im ~ verstecken; dichtes, dorniges ~
Geck ⟨m.; -en, -en⟩ **1** ⟨abwertend⟩ *jmd., der übertriebenen Wert auf modische Kleidung legt, Modenarr, eitler, gefallsüchtiger Mensch;* ein eitler, aufgeblasener ~ **2** ⟨rhein.⟩ *Fastnachtsnarr, Spaßmacher* **3** ⟨ seemannsspr.⟩ *Schornsteinhaube* **4** *Pumpenstange, an der der Schwengel befestigt ist* **5** ⟨nordwestdt.⟩ *Abstellbank* **6** *Maßholz* **7** *Giebelverzierung am Bauernhaus*
Ge'dächt·nis ⟨n.; -s·ses, -s·se⟩ **1** *Fähigkeit, sich Gesehenes, Gehörtes, Gelesenes, Erlebtes zu merken u. sich später daran zu erinnern;* ein gutes, schlechtes, kurzes ~ haben; ein gutes, schlechtes, kein ~ für etwas (Bestimmtes) haben; ich habe ein gutes, kein ~ für Gesichter, Namen, Zahlen; wenn mich mein ~ nicht trügt **2** *verfügbarer Besitz an Eindrücken, Speicher der aufgenommenen Eindrücke;* jmdn. od. etwas im ~ behalten; sich jmdn. od. etwas ins ~ zurückrufen; ich will mein ~ nicht mit diesen Kleinigkeiten belasten; ich habe ein ~ wie ein Sieb 2.0.1 jmdn. od. etwas aus seinem ~ löschen *vergessen wollen* 2.0.2 jmdn. od. etwas aus dem ~ verlieren *vergessen* 2.0.3 ein Gedicht aus dem ~ hersagen *auswendig* **3** *Andenken, Gedenken;* zu seinem ~; ein Mahnmal zum ~ an die Gefallenen
Ge'dan·ke ⟨m.; -ns, -n⟩ **1** *Vorgang, Inhalt od. Ergebnis des Denkens;* ihre ~n schweiften ab; ein ~ blitzte in ihm auf; einen ~n aufgreifen; mit jmdm. ~n austauschen; du bringst mich auf einen ~n; ich kann bei dem Krach keinen klaren ~n fassen; ein ~ fuhr, schoß mir durch den Kopf; kannst du ~n lesen?; einem ~n nachgehen; seinen ~n nachhängen; seine ~n auf ein Thema, einen Plan richten; meine ~n sind immer bei euch; mich verfolgte der ~ (bis in den Schlaf), daß ...; ein kluger, neuer, vernünftiger, verrückter ~; quälende, schwere ~n plagten ihn; auf den ~n kommen, etwas zu tun; auf den ~n wäre ich nie gekommen; in (tiefe) ~n versunken sein; in ~n vertieft; sich mit einem ~n befreunden; denk an uns mit guten ~n!; sich über etwas ~n machen 1.0.1 ~n sind (zoll)frei ⟨Sprichw.⟩ *jeder kann denken, was er will* 1.0.2 jmdn. auf den ~n bringen, etwas zu tun *jmdm. etwas nahelegen, es ihm vorschlagen* 1.0.3 jmdn. auf andere ~n bringen *jmdn. ablenken, zerstreuen* 1.0.4 ins Kino gehen, um auf andere ~n zu kommen *um sich zu zerstreuen, abzulenken* 1.0.5 seine ~n sammeln, zusammennehmen *aufpassen* 1.0.6 er hat seine ~n nie beisammen, seine ~n sind, er hat seine ~n immer woanders *er ist nie bei der Sache, er ist immer zerstreut, unaufmerksam* 1.0.7 ich war ganz in ~n *war unaufmerksam, habe nicht aufgepaßt* 1.0.8 ich habe es ganz in ~n getan *aus Zerstreutheit, unbeabsichtigt* 1.0.9 kein ~ (daran)! ⟨umg.⟩ *aber nein!, keine Spur!, nicht daran zu denken!* 1.1 ⟨Pl.⟩ ~n *Meinung, Ansicht;* eigene ~n haben, entwickeln; darüber habe ich meine eigenen ~n 1.2 *Vorstellung;* allein schon der ~ daran läßt mich schaudern; bei dem ~n wird mir angst 1.2.1 ich bin in ~n den Weg zurückgegangen *im Geist* 1.3 *Einfall;* da kam mir ein ~; da kam mir ein rettender ~; das ist ein (guter) ~!; er hat zuweilen merkwürdige, seltsame, wunderliche ~n; hoffentlich kommt er nicht auf dumme ~n; komischer ~! ⟨umg.⟩ 1.3.1 auf den ~n verfallen *einen (abwegigen) Einfall haben* 1.4 *Plan, Absicht;* er kam mit dem ~n, uns zu helfen; mit dem ~n spielen, umgehen, etwas zu tun; sich mit einem ~n tragen **1.5** *Begriff,*

Idee; der ~ der Emanzipation 1.6 ⟨Pl.⟩ ~n *Sorgen;* sich (über etwas) ~n machen; mach dir nicht so viele (unnötige) ~n!
ge'dan·ken·los ⟨Adj.⟩ **1** *unüberlegt, unbedacht;* eine ~e Antwort; ~ handeln **2** *zerstreut, unaufmerksam;* ~ in einem Buch blättern; ~ etwas sagen, tun
Ge'dan·ken·strich ⟨m.; Zeichen: —⟩ *Satzzeichen für Unterbrechung, Pause, auch an Stelle der Klammern zur Einschaltung eines Gedankens;* einen ~ setzen, machen ⟨umg.⟩
ge'dank·lich ⟨Adj. 90⟩ **1** *das Denken betreffend, auf ihm beruhend;* eine ~e Leistung **2** *begrifflich, unwirklich, nur vorgestellt, nur in Gedanken existierend;* etwas ~ verarbeiten, erschaffen
Ge'deck ⟨n.; -(e)s, -e⟩ **1** *Eßbesteck, Serviette u. ä. für die Mahlzeit einer Person;* Sy *Kuvert(2);* ein ~ für 3 Personen; ein weiteres ~ auflegen **2** *feste Speisenfolge (im Gasthaus, für eine Person);* ein festliches ~; ein ~ bestellen
ge'dei·hen ⟨V. 144/400(s.)⟩ **1** Pflanzen ~ *entwickeln sich gut, wachsen u. knospen;* die Pflanze will nicht recht ~ **2** ein Lebewesen gedeiht *wächst u. nimmt zu;* das Kind ist prächtig gediehen; ohne Wasser können Tiere nicht ~ **3** ⟨413⟩ *vorwärtsgehen, vorankommen, fortschreiten;* die Sache ist so weit gediehen, daß ...; das neue Haus ist schon weit gediehen; wie weit ist er mit seinem Studium gediehen? **4** ⟨800; unpersönl.⟩ es gedeiht nichts Gutes daraus ⟨fig.⟩ *es erwächst nichts G. daraus*
ge'den·ken ⟨V. 119⟩ **1** ⟨700⟩ jmds. od. einer Sache ~ ⟨geh.⟩ *an jmdn. od. etwas denken, sich an jmdn. od. etwas erinnern;* wir gedachten seiner in Sorge; jmds. herzlich, dankbar, mit einigen Worten ~; der Gefallenen ~; wir haben glücklicher Zeiten gedacht **2** ⟨480⟩ ~, etwas zu tun *etwas vorhaben, beabsichtigen;* ich gedenke morgen abzureisen; wir gedenken, zu euch zu kommen
Ge'dicht ⟨n.; -(e)s, -e⟩ **1** *Sprachkunstwerk in Versen;* ein Band ~e; ein ~ aufsagen, lernen, vortragen; ein dramatisches, episches, lyrisches ~; ein ~ in Reimen, in acht Strophen; ein ~ von Goethe **2** ⟨umg.⟩ *etwas bes. Schönes, etwas bes. Gutes;* das Kleid, der Kuchen ist ein ~!
ge'die·gen ⟨Adj.⟩ **1** *gut u. sorgfältig gearbeitet u. dabei haltbar, dauerhaft;* ~e Möbel, Arbeit; die Wohnung war ~ eingerichtet; sie trägt immer ~en Schmuck **2** ⟨fig.⟩ *zuverlässig, solide, rechtschaffen;* ein ~er Charakter, Mensch **3** *fundiert, stichhaltig;* eine ~e Ausbildung haben; ~e Kenntnisse; er besitzt ein ~es Wissen **4** ~e Mineralien, Metalle ⟨Bgb.⟩ *M., M., die ein chemisches Element in freiem, nicht gebundenem Zustand enthalten, rein, unvermischt;* ~es Silber, Gold; ~er Schwefel; Erz kommt hier ~ vor **5** ⟨40; umg.⟩ *wunderlich, putzig, drollig-merkwürdig;* das ist ja ~!
Ge'drän·ge ⟨n.; -s; unz.⟩ **1** *Drängen, Gedrängtwerden;* es herrschte ein großes, furchtbares ~; wir wollen uns beeilen, damit wir nicht ins ~ kommen 1.1 ins ~ kommen ⟨a. fig.⟩ *in Schwierigkeiten geraten, in Druck kommen* 1.1.1 mit der Zeit ins ~ kommen *in Zeitnot geraten* **2** *sich drängende Menschenmenge;* im ~ ist mir mein Schirm abhanden gekommen; jmdn. im ~ aus den Augen verlieren **3** ⟨Rugby⟩ *nach bestimmten Verstößen gegen die Regeln von beiden Parteien gebildete Gruppe von Spielern, die sich in gebückter Haltung eng zusammenschließen u. umfassen*
ge'drückt **1** ⟨Part. Perf. von⟩ *drücken* **2** ⟨Adj.⟩ *niedergeschlagen, bedrückt;* sie sah ~ aus; ~ umhergehen; ~e Stimmung
ge'drun·gen **1** ⟨Part. Perf. von⟩ *dringen* **2** ⟨Adj. 70⟩ *untersetzt, klein u. stämmig;* er ist ~ gewachsen; ein Mensch von ~er Gestalt
Ge'duld ⟨f.; -; unz.⟩ **1** *Fähigkeit zu warten, Ausdauer;* mir geht die ~ aus; die ~ verlieren; jmds. ~ auf eine harte Probe stellen; eine Krankheit, ein Leiden mit ~ ertragen; nur ~!; dazu gehört viel ~; dazu habe ich keine ~ 1.0.1 sich in ~ fassen, üben *geduldig sein, geduldig abwarten* 1.0.2 jetzt reißt mir aber die ~! *jetzt werde ich ungeduldig!* 1.0.3 mit ~ und Spucke ⟨fig.; umg.⟩ *mit viel Ausdauer* 1.1 *Bereitschaft zu warten, zu ertragen, Langmut, Nachsicht;* himmlische, unermüdliche ~; viel, wenig, keine ~ haben; nach langem mit großer ~ ertragenem Leiden (in Todesanzeigen); sich mit ~ wappnen; bitte haben Sie noch etwas ~!; mit jmdm. ~ haben; jmdn. um (noch etwas) ~ bitten
ge'dul·den ⟨V. 500/R3⟩ sich ~ *Geduld haben, ruhig (ab)warten;* sich noch ein paar Tage ~; können Sie sich noch etwas ~?
ge'dul·dig ⟨Adj.⟩ **1** *Geduld habend, ausdauernd, gleichbleibend ruhig u. nachsichtig;* Krankheit, Leid usw. ~ ertragen; ~ warten; ~ etwas über sich ergehen lassen; ~ wie ein Lamm **2** ⟨40⟩ Papier ist ~ ⟨fig.; umg.⟩ *mancher schreibt eine Menge Unsinn zusammen*
Ge'dulds·fa·den ⟨m.; nur in den Wendungen⟩ **1** jmdm. reißt der ~ ⟨fig.; umg.⟩ *jmd. verliert die Geduld* **2** einen langen ~ haben ⟨fig.; umg.⟩ *lange Zeit Geduld haben (können)*
ge'dun·sen ⟨Adj. 70⟩ *aufgedunsen, aufgequollen, schwammig;* sein Gesicht war von der Hitze ~
ge'eig·net **1** ⟨Part. Perf. von⟩ *eignen* **2** ⟨Adj.⟩ *passend, in Frage kommend, verwertbar;* ~e Maßnahmen ergreifen; für etwas gut, schlecht, nicht ~ sein; er ist für diese Arbeit, diesen Posten nicht ~; er ist zum Schauspieler vorzüglich ~
Ge'fahr ⟨f.; -, -en⟩ **1** *drohender Schaden, drohendes Unheil;* eine ~ abwehren, abwenden, bekämpfen, heraufbeschwören, herausfordern; jmdn. od. sich einer ~ aussetzen; einer ~ entgehen; er scheut keine ~en; einer ~ trotzen; die augenblickliche ~ war vorüber; drohende, große, schreckliche ~; der Verbrecher bedeutet eine öffentliche ~; der Kranke ist außer ~; Betätigung der Notbremse nur bei ~ (als Aufschrift); ~ ist im Anzug, im Verzug; einer ~ ins Auge sehen; einander in Not u. ~ beistehen; er rettete sie unter ~ des eigenen Lebens 1.0.1 ~ laufen *sich drohendem Schaden, Unheil aussetzen;* du läufst ~, einzubrechen, wenn du auf die wacklige Brücke gehst 1.0.2 es hat keine ~ *man braucht nichts zu befürchten, es ist ungefährlich* 1.1 *Möglichkeit, daß ein Schaden od. ein Unheil eintritt;* es besteht die ~, daß ...; ihm droht keine ~; ohne jede ~ 1.1.1 auf die ~ hin *auch wenn;* ich muß noch einmal umkehren, auf die ~ hin, daß wir zu spät kommen 1.2 *Situation, in der Schaden od. Unheil droht;* in ~ schweben,

sein; sich in ~en stürzen 1.2.1 wer sich in ~ begibt, kommt darin um ⟨Sprichw.⟩ *wer sein Leben leichtsinnig aufs Spiel setzt, wird es verlieren* 1.3 auf eigene ~ *Verantwortung* 1.3.1 Benützung der Seilbahn auf eigene ~ *bei einem Unfall muß der Schaden selbst getragen werden* 1.3.2 Lieferung auf eigene Rechnung und ~ *der Käufer haftet für mögl. Schäden*

ge'fähr·den ⟨V. 500/R7 od. R8⟩ **1** jmdn. od. etwas ~ *in Gefahr bringen, aufs Spiel setzen;* sein Leben ~; er gefährdete durch sein Verhalten sich u. die anderen Verkehrsteilnehmer **2** gefährdet sein *bedroht sein (bes. sittlich);* seine Position ist dadurch gefährdet; ein Heim für gefährdete Jugendliche

ge'fähr·lich ⟨Adj.⟩ **1** *gefahrbringend, gefahrvoll;* ein ~er Gegner; die Straße ist ~ glatt; das Messer ist ~ scharf, spitz; das ist nicht, sehr, ziemlich ~; reize ihn nicht, er kann (dir) ~ werden 1.0.1 das ist nicht so ~ ⟨umg.⟩ *das ist nicht so schlimm, das macht nichts* 1.1 *das Leben bedrohend;* eine ~e Krankheit, Wunde, Waffe **2** *Gefahr in sich schließend, gewagt, bedenklich;* ein ~es Abenteuer, Unternehmen; das ist mir zu ~ 2.1 ein ~es Alter *ein A., in dem man besonders gefährdet, anfällig ist.*

Ge'fährt ⟨n.; -(e)s, -e; geh.⟩ *Fuhrwerk, (von Menschen- od. Tierkraft betriebener) Wagen;* ein leichtes, zweirädriges, offenes ~; sich in ein ~ setzen

Ge'fähr·te ⟨m.; -n, -n; geh.⟩ **1** *jmd., mit dem man viel zusammen ist;* Spiel~, Wander~ **2** *jmd., mit dem man einen Teil seines Lebens gemeinsam verbringt;* Jugend~; Lebens~

Ge'fäl·le ⟨n.; -s, -⟩ **1** *der Höhenunterschied zweier Punkte im Verhältnis zu ihrer waagerechten Entfernung;* das Gelände hat ein leichtes, starkes, natürliches ~ 1.1 die Straße hat ein ~ von 3% *von 3 m innerhalb von 100 m* **2** ⟨nur Pl.; veralt.⟩ *an Grund u. Boden gebundene Abgabe, Grundlast*

ge'fal·len[1] ⟨V. 131/600⟩ **1** jmdm. ~ *angenehm sein, zusagen, anziehend erscheinen;* das Theaterstück, der Schauspieler hat ~ (erg.: den Zuschauern); er, sie, es gefällt mir; hier gefällt es mir; es hat Gott ~, unseren Vater zu sich zu rufen (in Todesanzeigen); er will allen ~, und das ist unmöglich; das gefällt mir ausgezeichnet, besser, gut, nicht; mir gefällt an ihm sein Frohsinn; ich gefalle mir in dem neuen Kleid; was gefällt dir am besten?; wie gefällt dir das Bild? 1.1 sein Aussehen gefällt mir nicht *er sieht schlecht aus, u. das macht mir Sorgen* **2** ⟨650/R1⟩ sich in etwas ~ *gerne etwas herauskehren* 2.0.1 sie gefällt sich in boshaften Bemerkungen *sie macht gern boshafte B. (u. hält sie für geistreich)* **3** sich etwas ~ lassen *etwas geduldig ertragen, etwas widerspruchslos hinnehmen;* das lasse ich mir nicht ~!; das brauchst du dir nicht ~ zu lassen; das kann man sich doch nicht ~ lassen; das muß man sich ~ lassen; er läßt sich alles ~; er läßt sich nichts ~ 3.1 das lasse ich mir ~ ⟨umg.⟩ *etwas Besseres konnte nicht geschehen, konntest du, konnte er, sie nicht tun*

ge'fal·len[2] **1** ⟨Part. Perf. von⟩ *fallen* **2** ⟨Adj. 24/60⟩ *der Würde, des Ansehens, des Rufs verlustig gegangen;* ein ~er Engel; eine ~e Größe; ein ~es Mädchen

Ge'fal·len[1] ⟨n.; -s; unz.⟩ **1** *Freude, Wohlgefallen, Vergnügen;* ~ erregen; an etwas ~ finden, haben; ich kann am Golfspielen keinen ~ finden 1.1 jmdm. zu ~ *jmdm. zuliebe;* jmdm. etwas zu ~ tun 1.1.1 jmdm. zu ~ reden ⟨umg.⟩ *schmeichlerisch so reden, wie jmd. es gern hören will*

Ge'fal·len[2] ⟨m.; -s, -⟩ *Gefälligkeit, Freundschaftsdienst;* jmdm. einen ~ tun; bitte, tu mir den ~ und bring den Brief zur Post; du würdest mir einen großen ~ tun, wenn du ...

ge'fäl·lig ⟨Adj.⟩ **1** *gern eine Gefälligkeit erweisend, zuvorkommend, hilfsbereit, stets bereit, anderen einen Gefallen zu tun;* sich jmdm. ~ erweisen, zeigen; jmdm. ~ sein; sie ist immer sehr ~ **2** *angenehm, ansprechend, erfreulich;* so sieht es doch ~er aus; eine ~e Form haben; ~e Musik 2.0.1 Ihr ~es Schreiben vom ... ⟨kanzleispr.⟩ *Ihr Schreiben vom ...* 2.1 *erwünscht;* (ist) etwas zu trinken ~? 2.1.1 ist noch etwas ~? *wünschen Sie noch etwas?* 2.1.2 was ist ~? *was wird gewünscht, was darf es sein? (Frage des Verkäufers)*

ge'fäl·ligst ⟨Adv.⟩ **1** *ich bitte dringend u. energisch darum (Ausdruck des Unwillens);* benimm dich ~ anständig; hör ~ zu, wenn ich mit dir rede **2** ⟨veralt.; gefl.⟩ *freundlicher-, gefälligerweise;* wollen Sie ~ zur Kenntnis nehmen

Ge'fan·ge·ne(r) ⟨f. 2 (m.1)⟩ **1** *jmd., der im Krieg gefangengenommen worden ist;* Kriegs~; die Gefangenen austauschen **2** *der Verurteilte, an dem eine Freiheitsstrafe vollzogen wird od. der in der Untersuchungshaft befindliche Beschuldigte, Sträfling, Häftling;* Straf~, Untersuchungs~

ge'fan·gen|neh·men ⟨V. 189/500⟩ **1** jmdn. ~ *festnehmen, verhaften* 1.1 ⟨Mil.⟩ *besiegen, in Gewahrsam nehmen u. entwaffnen;* einen Soldaten ~ **2** jmdn. od. etwas ~ ⟨fig.⟩ *tief beeindrucken, in seinen Bann ziehen;* das Buch, die Musik nimmt mich ganz gefangen; alle Herzen waren von den anmutigen Kindern gefangengenommen

Ge'fan·gen·schaft ⟨f.; -; unz.⟩ **1** *Zustand der äußeren Unfreiheit, Haft;* Kriegs~, Straf~; in ~, während der ~; in ~ geraten ⟨Mil.⟩ 1.1 *das Gefangensein von Tieren;* manche Tiere kann man in der ~ schlecht züchten; der Löwe wurde in der ~ geboren

Ge'fäng·nis ⟨n.; -s·ses, -s·se; bis 1969 amtl. Bez. für⟩ **1** *Strafanstalt für Häftlinge u. Sträflinge;* jmdn. ins ~ bringen; ins ~ kommen; im ~ sitzen **2** *leichtere Freiheitsstrafe;* fünf Jahre ~ bekommen

Ge'fäß ⟨n.; -es, -e⟩ **1** *Behälter zum Aufbewahren (bes. von Flüssigkeiten od. körnigem Material);* ein ~ aus Glas, Metall, Holz, Kunststoff; Blumen in ein ~ mit Wasser stellen **2** ⟨Anat.⟩ *bei Mensch u. Tieren Blut od. Lymphe führender, den Körper durchziehender Kanal;* Blut~, Haar~, Lymph~, Kapillar~; die ~e erweitern, verengen **3** ⟨Bot.⟩ *bei höheren Pflanzen der aus toten Zellen gebildete Strang von Wasserleitungen, der im Holz Wasser mit gelösten Mineralsalzen von der Wurzel bis in die Blätter leitet* **4** ⟨Waffenkunde⟩ *Handschutz (Korb) an Degen u. Säbel*

Ge'fecht ⟨n.; -(e)s, -e⟩ **1** *Kampf kleiner feindl. Truppen, meist mit räumlich u. zeitlich be-*

grenzter Wirkung; Feuer ~; ein schweres, blutiges, kurzes ~; ins ~ gehen; ein ~ konventionell führen 1.1 klar zum ~ ! ⟨Mar.⟩ *kampfbereit sein (Kommando der Seestreitkräfte)* 1.2 jmdn. od. etwas außer ~ setzen ⟨a. fig.⟩ *kampfunfähig od. unwirksam machen;* den Gegner, Feind, einen Panzer, ein Schiff außer ~ setzen **2** etwas ins ~ führen ⟨fig.⟩ *im Disput anführen, vorbringen;* ein Argument, einen Beweis, Grund ins ~ führen **3** in der Hitze, im Eifer des ~s ⟨fig.; umg.⟩ *im Übereifer, in der Erregung* **4** ⟨Fechten⟩ *Wettkampf;* ein ~ gewinnen

ge'feit ⟨Adj. 46; nur in der Wendung⟩ gegen etwas ~ sein *vor etwas geschützt, fest bewahrt, sicher sein (nach altem Volksglauben durch Zauber);* gegen eine Versuchung ~ sein; durch die Impfung ist sie gegen die Krankheit ~

Ge'fie·der ⟨n.; -s, -⟩ *Federkleid der Vögel;* ein Vogel mit buntem, dichtem ~

Ge'fil·de ⟨n.; -s, -; poet.⟩ **1** *Land, Landschaft;* sich den heimatlichen ~n nähern 1.1 die ~ der Seligen ⟨griech. Myth.⟩ *Himmel, Paradies*

Ge'flecht ⟨n.; -(e)s, -e⟩ **1** *Flechtwerk aus biegsamem Material;* Draht~, Haar~, Korb~; ein ~ aus Stroh, Bast, Rohr anfertigen 1.1 ⟨Text.⟩ *Flächengebilde aus zwei Gruppen diagonal laufender, sich kreuzender Fäden;* flaches, rundes, durchbrochenes, abgepaßtes ~ **2** ⟨Anat.⟩ *die netzartige Vereinigung von Blut- od. Lymphgefäßen sowie von Nerven: Plexus*

Ge'flü·gel ⟨n.; -s; unz.⟩ **1** *alle Vögel, die von dem Menschen domestiziert wurden u. ihm als Nutzvieh dienen;* Mast~, Schlacht~; ~ halten, verkaufen, schlachten, rupfen, ausnehmen **2** *Fleisch von diesen Vögeln;* ißt du gern ~?

ge'flü·gelt ⟨Adj. 70⟩ **1** *mit Flügeln versehen;* ~e Insekten **2** ⟨Bot.⟩ *mit flügelähnlichen Auswüchsen versehen;* ~e Früchte, Samen **3** ⟨jägerspr.⟩ *mit zerschossenen Flügeln, flügellahm geschossen* **4** ~es Wort ⟨fig.⟩ *weitverbreiteter Ausspruch eines Dichters, Zitat*

Ge'fol·ge ⟨n.; -s, (selten) -⟩ **1** *Begleitung (einer hohen Persönlichkeit);* zu jmds. ~ gehören; der König trat mit einem großen ~ auf **2** etwas hat etwas im ~ ⟨fig.⟩ *etwas hat etwas zur Folge, zieht etwas nach sich, bringt etwas mit sich;* Kriege haben oft Hungersnot im ~

ge'frä·ßig ⟨Adj.; umg.⟩ *im Essen unmäßig;* er ist ein ~er Mensch; ~e Heuschrecken

Ge'frei·ter ⟨m. 1⟩ *erster Beförderungsgrad bei den Mannschaften;* er ist zum Gefreiten befördert worden

ge'frie·ren ⟨V. 140/400(s.)⟩ *zu Eis erstarren, vom flüssigen in den festen Aggregatzustand übergehen;* Wasser gefriert bei 0° Celsius; es hat heute nacht gefroren; ich bin ganz steif gefroren ⟨fig.⟩

Ge'frier·punkt ⟨m.⟩ **1** *Temperatur, bei der ein Stoff (bes. Wasser) vom flüssigen in den festen Zustand übergeht;* den ~ erreichen 1.1 das Thermometer steht auf dem ~ *zeigt 0° C an*

Ge'fü·ge ⟨n.; -s, -⟩ **1** *sinnvoller Aufbau aus vielen Einzelteilen, innere Ordnung;* Sy *Struktur(1);* Lohn~, Preis~, Satz~, Wirtschafts~; das ~ eines Staates; ein kunstvolles, sinnreiches ~; ein ~ aus Balken **2** *die Art u. Weise, wie die Körner eines Metalles beim Erstarren zusammenwachsen;* Kristall~

ge'fü·gig ⟨Adj.⟩ **1** *sich (leicht) fügend, nachgiebig, gehorsam, lenksam;* ein ~er Mensch; sie war (ihm) ein ~es Werkzeug; ~ ließ er sich alles gefallen 1.1 sich jmdn. ~ machen *jmdn. dazu bringen, daß er sich willig fügt*

Ge'fühl ⟨n.; -(e)s, -e⟩ **1** *Wahrnehmung durch den Tastsinn;* ich habe in den Füßen gar kein ~ mehr **2** *innere Regung, seel. Empfindung;* ein ~ der Freude, des Hasses, der Reue, der Scham; jmdm. freundschaftliche ~e entgegenbringen; jmds. ~e (nicht) erwidern; hast du denn kein ~?; seinen ~en freien Lauf lassen; ein ~ der Angst überkam mich; seine ~e unterdrücken, verbergen, verraten; jmds. ~e verletzen; er kann seine ~e nicht zeigen; ein aufsteigendes ~ der Abneigung usw.; ein heißes, warmes ~ der Dankbarkeit; inniges, tiefes ~; zärtliche ~e (für jmdn.) hegen; mit ~ singen; ein Mensch ohne ~; sich von seinen ~en hinreißen, übermannen lassen 2.0.1 das ist das höchste der ~e ⟨umg.⟩ *das ist das Äußerste* 2.0.2 etwas mit gemischten ~en betrachten *nicht nur mit Freude* 2.1 ~ für jmdn. *Zuneigung;* meine ~e für ihn 2.2 ~ (für etwas) *Sinn, Aufgeschlossenheit, Eindrucksbereitschaft, Verständnis;* ein feines ~ haben für etwas; er hat kein ~ für den Wert des Geldes; das richtige ~ für etwas haben; ein sicheres ~ für guten Stil haben; er hat viel musikalisches ~ **3** *Ahnung, ungenaues Wissen;* ein ~ haben, als ob ...; ich habe das dunkle ~, daß das nicht gut geht 3.1 etwas im ~ haben *etwas instinktiv wissen;* das habe ich so im ~

ge'ge·ben **1** ⟨Part. Perf. von⟩ *geben* **2** ⟨Adj.⟩ *vorhanden, feststehend, bekannt;* im ~en Fall; etwas als ~ ansehen **3** ⟨Adj.⟩ *geeignet, passend;* zur ~en Zeit, zu ~er Zeit; es ist das ~e

ge'ge·be·nen'falls ⟨Adv.; Abk.: ggf.⟩ *wenn es paßt, wenn es sich so ergibt, möglicherweise, eventuell*

'ge·gen ⟨Präp. m. Akk.⟩ **1** ~ jmdn. od. etwas *jmdm. od. einer Sache feindlich, entgegengesetzt, ihn od. sie verletzend, bekämpfend;* Sy *wider* ⟨geh. u. poet.⟩; bist du für od. ~ XY?; alle sind ~ mich; drei ~ einen; ~ eine feindliche Übermacht kämpfen; ~ den Sturm, die Wellen, den Tod ankämpfen; ~ meinen Willen; ~ jmds. Befehl handeln; das ist ~ die Abrede, ~ die Abmachung; ~ diesen Mißstand kann man wenig tun; das Mittel ist gut ~ Husten; der Kampf ~ die Tuberkulose; das ist ~ die Natur, ~ alle Regel; etwas ~ das Licht ansehen, halten; ~ den Wind segeln 1.1 ~ den Strom schwimmen *stromaufwärts* 1.2 → a. *Strich(9.6), Strom(1.1 u. 5.3)* 1.3 ~ jmdn. sein, etwas ~ jmdn. haben *jmdm. feindlich gesinnt, jmdm. böse sein, anderer Meinung sein als jmd.* 1.4 ~ etwas sein *etwas anderes tun wollen, einer Sache nicht zustimmen* 1.5 ~ ihn kann ich gar nichts machen *ihm kann ich nicht entgegentreten, ihn kann ich nicht beeinflussen* **2** *in Richtung auf, hin zu;* ~ die Berge (hin) wird der Himmel klarer; ~ Osten, Süden; ~ die Stadt (zu) marschieren; 2.1 mit dem Gesicht ~ die Wand stehen *zur W.* 2.2 die Möbel ~ die Wand stellen *an die W.* **3** *in Beziehung auf, zu, in der Haltung zu, gegenüber;* seine Abneigung ~ mich; aufmerksam, gütig, grausam, hart, herzlich, höflich, zuvorkommend ~ jmdn. sein; er ist sehr freundlich ~ mich; er blieb gleichgültig, taub ~ meine Bitten; ~ solche Unverschämtheit bin ich machtlos **4** ~ jmdn. od. etwas *verglichen mit jmdm. od. einer Sache;* ~ dich bin ich noch ein Anfänger; ~ ihn erscheint er klein **5** *im Austausch für;* ich wette 10 ~ 1, daß ...; ~ Bezahlung arbeiten; jmdm. eine Sache ~ Quittung aushändigen; Lieferung nur ~ bar **6** ⟨ungefähre Zeit-, Maß- und Ortsbestimmung⟩ *annähernd, beinahe, fast, kurz vorher od. nachher, auf ... hin, auf ... zu;* ~ Abend, Mittag, Morgen; ~ Ende der Aufführung; es ist wohl ~ Ostern gewesen, daß ...; ~ fünfzehn Personen; ~ zwanzig Stück; ~ drei Uhr

'ge·gen..., 'Ge·gen... ⟨Vors.; in Zus.⟩ **1** *bekämpfend, entkräftend, feindlich, Antwort, Wirkung auf;* gegeneinander, Gegengift, Gegenleistung **2** *doppelt, bestätigend;* gegenzeichnen

'Ge·gend ⟨f.; -, -en⟩ **1** *nicht näher begrenztes Gebiet;* in welcher ~ liegt der Ort?; Schmerzen in der ~ des Magens, der Galle haben; ungefähr in dieser ~ muß sein Haus stehen; in der ~ von Berlin **1.0.1** wir wollen nur etwas durch die ~ laufen *ohne Ziel spazierengehen* **1.0.2** etwas in die ~ werfen, spritzen ⟨umg.⟩ *ziellos umherwerfen, -spritzen* **1.1** *Landschaft;* eine einsame, freundliche, hübsche, bekannte, unbekannte ~ **1.2** *Umgebung, Nähe;* kommst du nicht einmal in unsere ~?; in unserer ~ gibt es viele hübsche Geschäfte

ge·gen·ein'an·der ⟨Adv.⟩ *einer gegen den anderen*

'Ge·gen·ge·wicht ⟨n.⟩ **1** ⟨Tech.⟩ *gegen ein anderes Gewicht als Ausgleich wirkendes Gewicht* **2** ⟨fig.⟩ *Ausgleich;* ein geistiges ~ schaffen **3** ⟨Funktechnik⟩ *Drahtnetz od. größeres Metallstück als Ersatz für die Erdung von Funksendern od. -empfängern*

'Ge·gen·lei·stung ⟨f.⟩ *Gegendienst, Leistung als Ausgleich od. Dank für eine andere Leistung;* darf ich das als ~ für Ihre Hilfe tun?

'Ge·gen·lie·be ⟨f.⟩ **1** *wechselseitige Liebe;* Liebe erweckt ~ **2** ⟨fig.⟩ *Anklang, Anerkennung, freudige An- od. Aufnahme;* bei jmdm. (keine od. wenig) ~ finden; ~ (mit etwas) finden; der Plan, Vorschlag fand keine ~, stieß auf keine ~

'Ge·gen·satz ⟨m.⟩ **1** ⟨Log.⟩ *das Verhältnis sich ausschließender od. entgegenwirkender Begriffe od. Aussagen zueinander;* polarer, konträrer, kontradiktorischer ~ **1.1** *der einem Begriff entgegengesetzte, ihn ausschließende Begriff;* „schwarz" ist der ~ von „weiß"; bilde den ~ zu „schön", „frei", „gut"! **2** *das einer Aussage, Kraft usw. Entgegengesetzte, Gegenteil, Kontrast;* Gegensätze ziehen einander, sich an; hier berühren sich die Gegensätze; zwischen dem einen und dem anderen Begriff besteht ein (scharfer) ~; im ~ zu dem temperamentvollen Bruder ist sie sehr still; im ~ dazu ist sein Verhalten wirklich anständig; er bildet den (genauen) ~ zu seinem Bruder **2.1** im, in ~ zu jmdm. stehen, sich befinden *entgegengesetzter Meinung sein, jmds. (geistiger) Gegner sein* **2.2** *Widerspruch;* etwas steht in einem auffallenden, krassen, scharfen ~ zu etwas **2.3** ⟨fig.⟩ *Feindseligkeit, Feindschaft;* ein unüberbrückbarer, unversöhnlicher ~

'Ge·gen·sei·te ⟨f.⟩ **1** *entgegengesetzte Seite, gegenüberliegende Seite* **1.1** *Rückseite* **2** *Gegenpartei*

'ge·gen·sei·tig ⟨Adj. 24⟩ **1** *wechselseitig* **2** *beiderseitig;* ~e Abmachungen, Vereinbarungen; ~e Abhängigkeit; sich ~ helfen; im ~en Einvernehmen

'Ge·gen·stand ⟨m.; -(e)s, ¨-e⟩ **1** *körperl. Sache, Ding;* Gebrauchs~; großer, kleiner, harter, weicher, leichter, schwerer ~ **2** *Ziel des Denkens, Handelns, Fühlens;* der ~ seiner Begeisterung, Liebe, seines Hasses, Zorns; sich zum ~ des allgemeinen Gespötts machen **2.1** *Thema, Stoff;* ~ einer Erörterung, Abhandlung, Dichtung; der ~ unseres Gesprächs; das Buch hat die Französ. Revolution zum ~; der Vorfall wurde zum ~ heftiger Diskussionen

'Ge·gen·stim·me ⟨f.⟩ **1** *Äußerung einer gegenteiligen Meinung;* der Vorschlag wurde mit 350 Stimmen gegen 50 ~n angenommen **2** ⟨Mus.⟩ *Stimme, die einer anderen entgegengesetzt verläuft*

'Ge·gen·stück ⟨n.⟩ **1** *zu einem Gegenstand den Gegensatz bildendes Stück, Gegensatz* **2** *zu einem Gegenstand passendes, ähnl. Stück;* Sy *Pendant(1);* dieses Bild, diese Figur ist, bildet das ~ zu jenem, jener

'Ge·gen·teil ⟨n.⟩ **1** *Person od. Sache, die den Gegensatz zu einer anderen Person od. Sache darstellt;* er ist das (genaue) ~ seines Vaters; diese Maßnahme würde gerade das ~ bewirken; mit deiner übertriebenen Strenge erreichst du nur das ~; eine Aussage, Behauptung ins ~ verkehren; sich vom ~ überzeugen **1.0.1** sein Besuch störte mich gar nicht, er hat mich im ~ sogar sehr gefreut ⟨umg.⟩ *in Umkehrung des vorher Gesagten* **1.0.2** im ~! ⟨umg.⟩ *ganz u. gar nicht!*

ge·gen'über ⟨Präp. m. Dat.⟩ **1** *auf der anderen Seite;* er wohnt mir ~; das Haus ~; das Rathaus liegt der Kirche schräg ~; die Leute von ~ ⟨umg.⟩ **2** jmdm. od. einer Sache ~ *im Hinblick auf, zu, in Bezug auf jmdn. od. etwas;* das darfst du nicht tun, das wäre ihm ~ nicht recht gehandelt; ihr ~ hat er sich stets gut betragen **3** *im Vergleich zu;* ~ seinem Wissen ist deines größer

Ge·gen'über ⟨n.; -s, -⟩ **1** *Haus auf der anderen Straßenseite;* wir haben kein ~ **1.1** *jmd., der dort wohnt* **2** *jmd., der mit dem Gesicht zum Gesicht eines anderen sitzt;* mein ~ am Tisch, in der Straßenbahn

ge·gen'über|ste·hen ⟨V. 256/600⟩ **1** jmdm. od. etwas ~ *zugewandt auf der anderen Seite stehen;* unser Haus steht dem Park gegenüber; bei diesem Tanz stehen sich die Partner gegenüber **2** ⟨R2⟩ sich ~ ⟨fig.⟩ *als Gegensatz aufeinandertreffen;* hier stehen einander, sich zwei Auffassungen gegenüber **3** ⟨613⟩ jmdm. od. einer Sache in einer bestimmten Art u. Weise ~ *eine bestimmte Einstellung in bezug auf jmdn. od. eine S. haben;* einander feindlich, freundlich, gleichgültig ~; ich stehe dem Plan noch etwas skeptisch gegenüber

ge·gen'über|stel·len ⟨V. 530/R5 od. R6⟩ **1** jmdm. jmdn. ~ *von Angesicht zu Angesicht stellen;* Sy *konfrontieren;* dem Angeklagten einen Zeugen ~ **2** einem Ding etwas ~ *etwas einem Ding zugewandt auf die andere Seite stellen* **3** jmdm. jmdn. od. einer

Sache etwas ~ *jmdn. mit jmdm. od. etwas mit etwas vergleichen*
ge·gen'über|tre·ten ⟨V. 268/600(s.)⟩ **1** jmdm. ~ *vor jmdn. hintreten;* ich weiß nicht, wie ich ihm nach diesem peinlichen Vorfall ~ soll **2** einer Sache ~ *sich näher mit einer S. befassen*
'Ge·gen·wart ⟨f.; -; unz.⟩ **1** *Zeit, in der man gerade lebt;* → a. *Zukunft;* die Literatur der ~ 1.1 ⟨Gramm.⟩ *Zeitform des gegenwärtigen Geschehens* **2** *Anwesenheit, Dabeisein;* seine ~ wirkte beruhigend auf sie; die Feier fand in ~ des Bundespräsidenten statt; bitte sprich in seiner ~ nicht davon
'ge·gen·wär·tig ⟨Adj. 24⟩ **1** *in der Gegenwart lebend, stattfindend, jetzig, derzeitig, augenblicklich;* der ~e Präsident; in seiner ~en Verfassung; ich bin ~ sehr beschäftigt; wir sind ~ nicht in der Lage ... **2** ⟨geh.⟩ *erinnerlich* 2.0.1 das ist mir nicht, ich habe es nicht ~ *ich kann mich im Augenblick nicht daran erinnern* 2.0.2 sich etwas ~ halten *sich etwas vor Augen halten, an etwas denken*
'Ge·gen·wert ⟨m.⟩ *einem anderen Wert entsprechender Wert, Ausgleich*
'Ge·gen·zug ⟨m.⟩ **1** *Luftzug aus zwei Richtungen zugleich, Durchzug* **2** ⟨Eisenb.⟩ *etwa zur gleichen Zeit mit einem andern Zug aus entgegengesetzter Richtung ankommender Zug;* den ~ abwarten, vorüberlassen **3** ⟨Brettspiel⟩ *Zug als Erwiderung auf einen Zug des Gegners* **4** ⟨fig.⟩ *Versuch, die gegner. Absicht zu vereiteln*
'Geg·ner ⟨m.; -s, -⟩ **1** *jmd. mit entgegengesetzten Absichten u. Bestrebungen;* ebenbürtiger, gefährlicher, politischer ~ 1.1 *jmd., der jmdm. im Kampf gegenübersteht, Feind;* den ~ angreifen, besiegen, vernichtend schlagen 1.2 *gegner. Spieler, (Vertreter der) gegner. Mannschaft;* beide ~ zeigten ein faires Spiel; gleich zu Beginn der 2. Halbzeit erzielte der ~ ein Tor 1.3 *Vertreter einer anderen Meinung;* ein ~ der Prügelstrafe sein
Ge'ha·be ⟨n.; -s; unz.⟩ *Getue, Ziererei, gespreiztes Benehmen*
Ge'halt[1] ⟨m.; -(e)s, -e⟩ **1** *stoffl. u. geistiger Inhalt (eines Kunstwerkes), im Unterschied zur Form;* moralischer, religiöser, sittlicher ~ einer Dichtung, Lehre usw. **2** *Anteil (eines Stoffes in einer Mischung);* Alkohol~, Feuchtigkeits~; der ~ an Alkohol, an Fett
Ge'halt[2] ⟨n.; -(e)s, ¨er⟩ *Arbeitsvergütung für Beamte u. Angestellte;* Monats~; Gehälter auszahlen; ~ beziehen; jmds. ~ erhöhen; festes ~ bekommen; ein ~ von 2000 Mark; wie hoch ist Ihr ~?
ge'hal·ten ⟨Adj. 11/40⟩ ~ sein ⟨geh.⟩ *(stillschweigend) verpflichtet sein, es wird von jmdm. erwartet, daß ...;* Sie sind ~, mir von Zeit zu Zeit darüber Bericht zu erstatten
ge'har·nischt ⟨Adj. 24/70⟩ **1** ⟨veralt.⟩ *mit einem Harnisch gerüstet, gepanzert* **2** ⟨fig.⟩ *energisch, sehr deutlich, unmißverständlich;* jmdm. eine ~e Abfuhr erteilen; ~e Antwort
ge'häs·sig ⟨Adj.⟩ *haßerfüllt, feindselig, schadenfroh, bösartig*
Ge'häu·se ⟨n.; -s, -⟩ **1** *(meist am Inhalt befestigte) feste, nicht biegsame Umkleidung;* Blech~, Holz~, Orgel~, Uhr~ **2** *Kernhaus des Apfels u. der Birne;* Kern~
Ge'he·ge ⟨n.; -s, -⟩ **1** *Jagdrevier, in dem Wild waidgerecht gehegt wird* **2** *eingezäuntes Stück Land od. Wald zum Halten u. Züchten von Tieren, bes. einer bestimmten Wildart* **3** jmdm. ins ~ kommen ⟨fig.⟩ *sich in eine Angelegenheit mischen, die jmd. allein erledigen will*
ge'heim ⟨Adj.⟩ **1** *nicht für Außenstehende bestimmt;* ~er Befehl; ~e Botschaft; ~es Fach; ~e Sitzung; ~e Zusammenkunft; streng ~! (als Aufschrift auf Schriftstücken) 1.0.1 im ~en *von anderen unbemerkt;* jmdm. etwas im ~en mitteilen 1.1 *anderen nicht mitgeteilt;* einen ~en Kummer haben 1.1.1 ~er Vorbehalt ⟨Rechtsw.⟩ *heiml. Absicht, das in einer Willenserklärung Gesagte nicht einzuhalten* **2** *nicht öffentl. bekannt, der Kontrolle der Öffentlichkeit entzogen* 2.1 Geheimer Rat 2.1.1 ⟨urspr.⟩ *Angehöriger eines dem Landesherrn unmittelbar unterstehenden Ratskollegiums sowie das Kollegium selbst* 2.1.2 ⟨seit dem 17. Jh.⟩ *Angehöriger eines Ministeriums* 2.1.3 ⟨bis 1918⟩ *Titel für höchste Beamte* 2.2 Geheime Staatspolizei 2.2.1 ⟨i. w. S.⟩ *polit. Polizei zum Schutz der Einrichtungen u. leitenden Persönlichkeiten eines (bes. autoritär regierten) Staates* 2.2.2 ⟨i. e. S.; Abk.: Gestapo⟩ *die polit. Polizei in Dtschld. 1934 - 1945 mit fast unbeschränkter Macht u. berüchtigten terrorist. Methoden* **3** ~e Wahl *W. ohne Namensnennung, durch Abgabe verdeckter u. anonymer Stimmzettel*
ge'heim|hal·ten ⟨V. 160/500⟩ etwas ~ *verschweigen, verstecken, verbergen*
Ge'heim·nis ⟨n.; -s·ses, -s·se⟩ **1** *etwas, das nicht über einen bestimmten Personenkreis hinaus bekannt werden soll;* Amts~, Beicht~, Berufs~, Post~; jmdm. ein ~ anvertrauen; ein ~ ausplaudern, haben, kennen, verraten, wissen; militärische ~se; in ein ~ eingeweiht sein; ein ~ mit jmdm. haben, teilen; ein ~ vor jmdm. haben 1.0.1 er macht gar kein ~ daraus, daß er ... *er spricht offen darüber, daß er ...* **2** *etwas, was nicht erkennbar u. nicht erklärbar ist;* Sy *Mysterium(1);* dahinter steckt ein ~; in ein ~ eindringen
'ge·hen ⟨V. 145/400 od. 410(s.)⟩ **1** Lebewesen, Personen ~ *bewegen sich aus eigener Kraft (zu Fuß) fort, laufen;* Ggs *fahren(2);* langsam, leise, schnell, vorsichtig ~; abwärts, aufwärts, geradeaus, links, rechts, reihum, vorwärts, rückwärts ~; am Stock, an Krücken ~; barfuß ~; sicher ~; durch die Straßen ~; hinter, neben, vor jmdm. ~; in Halbschuhen, in Strümpfen ~; in den Wald ~; über eine Brükke, einen Platz, eine Straße ~; das Gehen fällt ihm schwer; im Schritt ~; in, im Trab ~; wo er geht und steht, wird er gegrüßt; wie weit ist es bis dahin zu ~?; man hat zwei Stunden zu ~; wie lange geht man bis dorthin?; einen Kilometer (weit) ~; einen Weg ~; zu Fuß ~ 1.1 ⟨553/R3; unpersönl.⟩ es geht sich gut in diesen Schuhen *diese S. sind bequem* 1.2 an einen Ort, zu einem Ort ~ *sich bewegen, begeben;* zum Arzt, zum Bäcker, zum Friseur ~; aufs Land ~; ins Ausland ~; in die Stadt ~ (zum Einkaufen); nach Amerika ~; auf Reisen ~; in Urlaub ~; bitte geh einstweilen ins Zimmer, ich komme gleich!; ins, zu Bett ~; baden, schlafen, schwimmen, spielen, tanzen ~; wohin gehst du?; wie geht man dorthin?; an Bord, an

Land ~; wo geht es hierhin? ⟨umg.⟩ 1.2.1 ⟨417⟩ mit jmdm. ~ *jmdn. begleiten* 1.2.2 bei jmdm. aus und ein ~ *bei jmdm. oft zu Gast sein, jmdn. häufig besuchen* 1.2.3 (lebhaftes) Kommen und Gehen *lebhafter Betrieb* 1.3 (von einem Ort od. jmdm.) ~ *weggehen, sich entfernen, abreisen;* ich möchte jetzt ~; ich muß ~; wann ist er gegangen?; er wollte sie nicht ~ lassen; er ist ohne Abschied von ihr gegangen; aus dem Haus ~; geh mir aus dem Licht!; du kannst ihn doch nicht so ohne Abschied ~ lassen 1.3.1 er ist von uns gegangen *er ist gestorben* 1.4 ⟨700⟩ 1.4.1 seiner Wege ~ *weggehen, ohne sich um die Zurückbleibenden zu kümmern* 1.4.2 ⟨713⟩ ruhig seines Weges ~ *sich nicht beirren lassen* 1.5 *aus dem Amt, dem Dienst scheiden;* er ist bei FSV gegangen 1.5.1 er ist gegangen worden ⟨umg.⟩ *man hat ihm nahegelegt, zu gehen, zu kündigen, er ist entlassen worden* 1.6 jmdn. od. etwas ~ lassen *(aus Gleichgültigkeit) ihren Lauf lassen, ohne einzugreifen;* er läßt die Dinge ~ 1.7 *in einem Zustand sein, sich befinden;* gut gekleidet ~; in Samt und Seide ~; in Schwarz ~; mit einem Kind schwanger ~; mit einem Gedanken, Plan schwanger ~ ⟨fig.⟩ **2** jmd. geht 2.1 zum Ort der Berufstätigkeit od. der Ausbildung ~ *den O. (regelmäßig) aufsuchen, um eine Tätigkeit auszuführen;* zur, auf die Arbeit ~; zur, in die Schule ~; aufs Gymnasium ~; in die fünfte Klasse ~; in die Lehre ~; zur See ~; ans, zum Theater ~; unter die Soldaten ~ 2.2 unter die Menschen ~ *Verkehr, Umgang mit anderen M. haben* 2.3 nach jmdm. od. etwas ~ *jmdn. od. etwas holen wollen;* nach dem Arzt, nach Brot ~ 2.4 an eine Tätigkeit ~ *eine T. beginnen;* an die Arbeit ~ 2.5 ⟨417⟩ mit jmdm. (ständig, fest) ~ *jmdn. zum Freunde, zur Freundin haben* 2.6 jmd. od. etwas geht ins 20. Jahr *wird bald 20 Jahre alt* 2.7 nach einem Merkmal ~ *auf Grund eines M.s urteilen;* man soll nicht nur nach dem Äußeren ~; danach kann man nicht ~ 2.8 *sich zuwenden, ausrichten nach* 2.8.1 mit der Zeit ~ *moderne Ansichten haben, die Zeit verstehen* 2.8.2 ins einzelne ~ *Einzelheiten erörtern, eine Sache genau erläutern* 2.8.3 zugrunde ~ *umkommen, langsam sterben* 2.8.4 in sich ~ *über seine Handlungsweise nachdenken, sie bereuen* 2.9 ⟨610⟩ jmdm. zur (an die) Hand ~ *helfen* **3** ⟨Imperativ⟩ (ach,) geh! 3.1 *(Ausdruck des Erstaunens) wirklich? ist das wahr?* 3.2 *(Ausdruck der Ungeduld) laß mich in Ruhe!* 3.3 *(Ausdruck der Ablehnung, des Unmuts) das kommt nicht in Frage, das ist zuviel!* 3.4 geh zum Teufel! *(Fluch)* **4** etwas geht *ist in Bewegung;* die See geht hoch; ich habe die Tür ~ hören; es geht ein starker Wind 4.0.1 Maschinen ~ *sind in Ordnung;* die Uhr geht falsch, richtig; die Klingel geht nicht, geht wieder 4.1 Teig geht *wird aufgetrieben, vergrößert das Volumen;* der Teig geht in die Höhe 4.2 ein Verkehrsmittel geht *fährt ab, verkehrt;* das Schiff, Flugzeug, der Zug, Bus, die Bahn geht 19.35 Uhr; der Zug geht über Frankfurt; wann geht der nächste Zug nach ...?; die Post geht über Berlin 4.3 eine Nachricht geht *verbreitet sich;* es geht das Gerücht, daß ... **5** ⟨411 od. 800⟩ etwas geht ... 5.1 ~ bis (an) *reichen;* das Wasser ging ihm bis an den Gürtel; der Rock geht bis an die Knie; der Wald geht bis an die Stadt 5.2 durch etwas ~ *durchschlagen, sich hindurch bewegen;* die Kugel ging durch die Schulter 5.2.1 durch jmds. Hände ~ ⟨fig.⟩ *zu sehen bekommen, zur Beurteilung vorgelegt werden;* alles geht durch seine Hände 5.3 ⟨511⟩ von dem einen zu dem anderen ~ *weitergegeben werden;* von Hand zu Hand ~; von Tisch zu Tisch ~; von Mund zu Mund ~ 5.4 abwärts (aufwärts, seitwärts) ~ *gerichtet sein* 5.4.1 die Öffnung geht auf ... *ist auf ... gerichtet;* das Fenster geht auf den Garten, die Tür auf den Hof 5.5 ⟨411⟩ Personen od. Sachen ~ in einen Raum *der R. kann ...P. od. S. aufnehmen;* in diesen Saal ~ 500 Menschen 5.5.1 ⟨813⟩ eine Zahl geht in einer anderen ...mal *ist ...mal enthalten;* 6 geht in 12 zweimal 5.5.2 ... Dinge ~ auf ... (ein Maß) *ergeben, messen;* 6 Äpfel ~ auf 1 kg 5.5.3 etwas geht in ... Teile *wird in ... T. geteilt;* das Erbe geht in drei Teile **6** etwas geht ... 6.1 *kann ... erledigt werden;* das geht einfach, leicht, schwer; die Sache ging so vonstatten 6.2 *verläuft, entwickelt sich;* der Schmerz geht tief; die Sache geht ihren Gang; alles geht nach Wunsch; wenn alles gut geht, sind wir morgen zu Hause; wie geht das Geschäft?; das Geschäft geht gut, schlecht 6.2.1 die Ware geht gut *wird gern gekauft* 6.2.2 das Gedicht geht so *das G. hat folgenden Wortlaut* 6.2.3 das geht zu weit *das ist zuviel* 6.3 vor sich ~ *geschehen;* und wie soll das vor sich ~? 6.4 einer Sache verlustig ~ *eine S. verlieren* **7** ⟨800⟩ etwas geht auf jmdn. od. etwas *jmd. od. etwas ist gemeint* 7.1 das geht auf dich! *damit bist du gemeint, das zielt auf dich!* 7.2 die Uhr geht auf acht ⟨umg.⟩ *es ist bald acht Uhr;* es geht auf Mittag 7.3 das Lied geht nach der Melodie ... *wird nach der folgenden M. gesungen* 7.4 zu Ende ~ *verbraucht werden;* der Vorrat geht zu Ende, zur Neige 7.5 das geht über meine Kräfte *es ist zuviel, zu schwer für mich* 7.6 das geht gegen meine Überzeugung *ich bin dagegen, ich kann nicht zustimmen* 7.7 in die Tausende, Millionen ~ *eine (so erstaunliche) Höhe erreichen;* die Gewinne ~ in die Millionen 7.8 in Erfüllung ~ *erfüllt werden;* mein Wunsch ist in Erfüllung gegangen 7.9 in die Brüche ~, in Stücke ~ *zerbrechen* **8** ⟨610⟩ *Einfluß ausüben* 8.1 etwas geht jmdm. über ein anderes *jmd. bevorzugt etwas vor einem anderen* 8.1.1 mir geht nichts über Beethoven *B.s Musik ist für mich die schönste* 8.2 ⟨613⟩ etwas geht jmdm. durch und durch *erregt, erschreckt jmdn. bis ins Innerste;* der Schrei ging mir durch und durch 8.3 etwas geht jmdm. über alles *jmd. bevorzugt etwas vor allem anderen;* seine Arbeit geht ihm über alles; Pferde ~ ihr über alles **9** ⟨unpersönl.⟩ 9.1 ⟨400⟩ es geht 9.1.1 *ist möglich, kann getan, gemacht werden;* es mag ~, wie es will, wir müssen eine Lösung finden; es wird schon ~; am Dienstag geht es nicht; es ist anders gegangen, als er dachte 9.1.2 es geht! *nicht besonders, mittelmäßig;* wie hat dir der Film gefallen? es geht! 9.2 ⟨413⟩ so geht es ... *das ist nicht zu ändern;* so geht es in der Welt 9.3 ⟨613⟩ jmdm. geht es gut (schlecht) *jmd. befindet sich gut* *(schlecht), ist gesund (krank), wohlhabend (arm);* wie geht es Ihnen?; wie geht's?; wie geht's, wie steht's? (vertraulich); sich's gut ~ lassen; mir ist es ebenso gegangen; geht es dir wieder besser? **9.4** ⟨813⟩ *ablaufen* **9.4**.1 es geht mit jmdm. zu Ende *jmd. wird bald sterben* **9.4.2** ⟨801⟩ es geht nach jmdm. od. etwas *man richtet sich nach jmdm. od. etwas, jmd. od. etwas bestimmt, was geschehen soll;* wenn es nach mir ginge, ...; es geht nach seinem Plan **9.4.3** ⟨801⟩ es geht um jmdn. od. etwas *jmd. od. etwas ist Ziel eines Geschehens;* es geht ihm (dabei) nur ums Geld; es geht um seinen Kopf; hier geht es ums Ganze

'ge·hen|las·sen ⟨V. 175/500⟩ **1** ⟨R8⟩ jmdn. ~ *in Ruhe lassen* **2** ⟨R3⟩ sich ~ *sich nicht beherrschen, sich sehr lässig benehmen*

ge'heu·er ⟨Adj. 24/40; nur verneinend gebraucht⟩ **1** nicht ~ *unheimlich;* mir ist das nicht ~ **1.1** es ist hier nicht ~ *hier spukt es*

Ge'hil·fe ⟨m.; -n, -n⟩ *jmd., der einem andern (bei der Berufsarbeit) hilft, Mitarbeiter, Helfer;* Handlungs~

Ge'hirn ⟨n.; -(e)s, -e⟩ *das Vorderende des Zentralnervensystems höherentwickelter Tiere, bes. der Wirbeltiere, in dem die Sinneszentren u. übergeordnete Schaltzentren (Koordinations- u. Assoziationszentren) zusammengefaßt sind u. das in bestimmten Teilen für die Ausbildung komplizierter Instinkthandlungen, für die Fähigkeit des Gedächtnisses u. - im höchsten Falle - der Intelligenz verantwortlich ist: Cerebrum, Encephalon;* oV *Hirn*

Ge'hirn·er·schüt·te·rung ⟨f.⟩ *durch stärkere Gewalteinwirkungen auf den Schädel entstandene Störung der Gehirntätigkeit, die meist mit Bewußtlosigkeit, Erinnerungsschwund für die Zeit des Unfalls u. vorher, sowie mit Erbrechen verbunden ist: Commotio cerebri*

Ge'hirn·wä·sche ⟨f.; fig.⟩ *Brechung des menschl. Willens u. Zerstörung der Persönlichkeit durch phys. u. psych. Foltern*

Ge'höft ⟨n.; -(e)s, -e⟩ *Gesamtheit der zu einem landwirtschaftl. Betrieb gehörenden Gebäude*

Ge'hör ⟨n.; -(e)s, -e⟩ **1** ⟨unz.⟩ *Sinn für die Wahrnehmung von Schall, Fähigkeit zu hören;* sein ~ hat im Alter nachgelassen; ein gutes, schlechtes ~ haben 1.1 ⟨Mus.⟩ *Empfinden für Tonstufen;* kein (musikalisches) ~ haben 1.1.1 nach dem ~ singen, spielen, lernen *ohne Noten od. Text* **2** ⟨unz.; fig.⟩ *Aufmerksamkeit, Beachtung;* um ~ bitten; sich ~ verschaffen 2.0.1 (kein) ~ finden *(nicht) angehört werden* 2.0.2 jmdm. ~ schenken *jmdn. anhören* 2.0.3 ein Musikstück zu ~ bringen *Hörern vortragen* **3** ⟨nur Pl.⟩ ~e ⟨jägerspr.⟩ *Ohren vom Raubwild, seltener vom Schwarzwild*

ge'hor·chen ⟨V.⟩ **1** ⟨400 od. 600⟩ *fremden Willensäußerungen entsprechen;* das Kind muß ~ lernen **2** ⟨400⟩ etwas gehorcht *läßt sich lenken;* Sy *parieren* ⟨umg.⟩; das Steuer gehorcht dem leisesten Druck

ge'hö·ren ⟨V.⟩ **1** ⟨600⟩ etwas gehört jmdm. *ist jmds. Eigentum;* das Buch gehört mir; dem Kind gehört ihre ganze Liebe 1.0.1 seine freien Stunden ~ seiner Familie *sind seiner F. gewidmet, vorbehalten* **2** ⟨800⟩ zu jmdm. od. etwas ~ *Teil eines Ganzen sein;* er gehört mit zur Familie; er gehört zu meinen Freunden; der Wald gehört zu unserem Grundstück; die Gartenarbeit gehört zu meinen Pflichten; das gehört nicht zur Sache; dieses Bild gehört zu seinen besten Werken **3** ⟨410⟩ *passen, den richtigen Platz haben;* zu diesem Kleid ~ weiße Schuhe; die beiden Stücke ~ zusammen; dies gehört nicht hierher; wohin gehört dieses Buch? **3.0.1** der Kranke gehört ins Bett *muß od. müßte unbedingt ins Bett* **3.1** ⟨600⟩ jmdm. gehört etwas ⟨süddt.⟩ *gebührt etwas;* für deine Frechheit ~ dir ein paar Ohrfeigen! **4** ⟨800⟩ etwas gehört zu etwas *ist für etwas erforderlich;* dazu gehört viel Mut **5** ⟨600/R3⟩ etwas gehört sich *schickt sich, ziemt sich;* wie es sich gehört

ge'hö·rig ⟨Adj.⟩ **1** ⟨60⟩ jmdm., zu etwas ~ *gehörend;* die ihm ~en Häuser; die zu einem Hof ~en Felder **2** ⟨90⟩ *gebührend, verdient;* die Arbeit mit der ~en Sorgfalt erledigen; jmdm. mit der ~en Achtung begegnen **3** ⟨90; umg.⟩ *tüchtig, gründlich, energisch;* jmdm. eine ~e Tracht Prügel verabreichen; jmdm. ~ die Meinung sagen; jmdn. ~ verprügeln

Ge'hörn ⟨n.; -(e)s, -e⟩ **1** ⟨Zool.⟩ *Hörner des Rehwildes, die sich nicht erneuern;* Ggs *Geweih* **2** ⟨jägerspr.⟩ *Geweih des Rehbocks*

ge'hor·sam ⟨Adj.⟩ *willig gehorchend, folgsam, fügsam;* den Eltern ~ sein; (Ihr) ~ster Diener! (als Briefschluß u. Grußformel) ⟨veralt.⟩; ich bitte ~st ⟨veralt.⟩

'Geh·steig ⟨m.; -(e)s, -e⟩ *der für die Fußgänger bestimmte, gegenüber der Fahrbahn etwas erhöhte Teil der Straße*

'Gei·fer ⟨m.; -s; unz.⟩ **1** *über die Lippen fließender Speichel (bes. bei Tieren u. wütenden od. tobsüchtigen Menschen)* **2** ⟨fig.⟩ *Zorn, Bosheit u. Wut*

'Gei·ge ⟨f.; -, -n⟩ **1** *viersaitiges Streichinstrument;* Sy *Violine;* erste, zweite ~ spielen (im Orchester) 1.1 → a. *erste(r, -s)(3.0.2)*

geil ⟨Adj.⟩ **1** ⟨70⟩ *kräftig, fett, üppig (wuchernd);* ~e Schößlinge; ein ~er Boden **2** ⟨abwertend⟩ *brünstig, lüstern, wollüstig, geschlechtserregt;* ein ~er Kerl

'Gei·sel ⟨f.; -, -n; (veralt.) m.; -s, -⟩ *Gefangener, der als Bürge für bestimmte Forderungen mit seinem Leben einstehen muß*

Geiß ⟨f.; -, -en⟩ **1** *weibl. Ziege* **2** *Weibchen von Gems-, Stein- u. Rehwild*

'Gei·ßel ⟨f.; -, -n⟩ **1** *Stab mit einem od. mehreren Riemen zum Züchtigen od. Selbstkasteien* **2** ⟨oberdt.⟩ *Peitsche* **3** ⟨ Biol.⟩ *fadenförmiger Zellfortsatz, Wimper: Flagellum* **4** ⟨fig.⟩ *Heimsuchung, Plage, Strafe;* eine ~ Gottes; die Pest war eine ~ der Menschheit

'gei·ßeln ⟨V. 500⟩ **1** jmdn. ~ *mit der Geißel(1,2) schlagen, peitschen, züchtigen* **2** eine Sache ~ ⟨fig.⟩ *scharf tadeln, anprangern;* Übelstände ~

Geist[1] ⟨m.; -(e)s, -er⟩ **1** ⟨unz.; urspr.⟩ *Hauch, Atem (als Träger des Lebens)* 1.0.1 seinen ~ aufgeben, aushauchen *sterben* **2** ⟨unz.⟩ *das denkende, erkennende Bewußtsein des Menschen;* der ~ ist willig, aber das Fleisch ist schwach (Matth. 26,41); seinen ~ anstrengen 2.1 *Scharfsinn, liebenswürdige Witzigkeit;* ein Mensch mit (viel) ~, ohne (jeden) ~; (viel, wenig) ~ haben; ein Mann von ~; seinen ~ sprühen lassen 2.2 im ~e *in der Vorstellung;* im ~e etwas od. jmdn. vor sich sehen **3** ⟨unz.⟩ *Art,*

Beschaffenheit, Wollen, Streben, Gesamtheit aller nichtmateriellen Eigenschaften; der ~ eines Volkes, einer Dichtung, einer Epoche; der ~ Schillers; der ~ der Goethezeit; der ~ der Zeit 3.0.1 wir werden bald sehen, wes ~es Kind er ist *wie seine Gesinnung ist* 3.1 in jmds. ~e *in jmds. Sinne, so wie es jmd. auch gemacht hätte, nach denselben Prinzipien vorgehend;* sie führt das Werk ihres Vaters in seinem ~e weiter **4** *Mensch im Hinblick auf seine geistigen Fähigkeiten, sein inneres Wesen;* ein edler, führender, großer, überlegener ~; solche kleinen ~er; ein unruhiger ~ ⟨umg.; scherzh.⟩ **5** *überirdisches Wesen;* der Heilige ~ 5.0.1 der ~ der Finsternis *der Teufel* 5.1 *menschenähnl. Naturwesen, Elf, Kobold;* Erd~, Luft~, Wasser~; böse, gute ~er; von ~ern besessen sein; sie ist der gute ~ unseres Hauses ⟨fig.⟩ 5.1.1 du bist wohl von allen guten ~ern verlassen? *du bist wohl nicht gescheit?, was denkst du dir eigentlich?* **6** *scheinbar wiederkehrender Verstorbener, abgeschiedene Seele, Gespenst;* die Stunde der ~er; bist du's wirklich, oder ist es dein ~?; ~er beschwören; hier gehen ~er um

Geist² ⟨m.; -(e)s, -e⟩ *Alkohol;* Himbeer~, Wein~

'gei·stern ⟨V. 410⟩ **1** *wie ein Geist umgehen, spuken;* ein Irrlicht geisterte über das Moor **2** ⟨(s.); umg.⟩ *huschen;* wer geistert hier durch das Haus?

'Gei·stes·blitz ⟨m.⟩ *plötzl. (geistreicher) Einfall*

'Gei·stes·ge·gen·wart ⟨f.⟩ *Fähigkeit, schnell u. doch besonnen zu handeln*

'gei·stig¹ ⟨Adj.⟩ **1** *den Geist¹ betreffend, zu ihm gehörig, auf ihm beruhend;* Ggs *körperlich, sinnlich;* ~e Fähigkeiten; er ist nicht mehr, noch im vollen Besitz seiner ~en Kräfte; ~ beschränkt; ~ umnachtet, zurückgeblieben sein; in ~e Umnachtung verfallen; ~e Anstrengung; ~e Nahrung; Kampf mit ~en Waffen; das Bild stand deutlich vor meinem ~en Auge 1.1 ⟨60⟩ ~es Eigentum *urheberrechtl. geschütztes Erzeugnis gedankl. Arbeit* **2** ⟨fig.⟩ *klug, gebildet, an allem Kulturellen interessiert;* ein sehr ~er Mensch

'gei·stig² ⟨ Adj. 60⟩ ~e Getränke *alkohol. G.*

'geist·lich ⟨Adj. 24⟩ Ggs *weltlich* **1** *auf die Gottesverehrung bezüglich, religiös, fromm, erbaulich;* ein ~es Buch, Lied; ~e Gesänge 1.1 ⟨60⟩ ~e Übungen *planmäßig durchgeführte religiöse Betrachtungen zum Zweck der inneren Selbsterziehung* **2** *zur Kirche gehörig;* ~er Herr 2.1 ⟨60⟩ die ~en Fürsten *die dem Reich unmittelbar unterstellten Äbte u. Bischöfe, die die gleiche Macht wie die weltl. Fürsten ausübten* 2.2 ⟨60⟩ ~er Orden *Mönchs- bzw. Nonnenorden mit gemeinschaftl. Ordensregel* 2.3 ⟨60⟩ ~er Stand *S. des Klerus, der Geistlichen* 2.4 ⟨60⟩ ~er Vater *Seelsorger, seelsorglicher Führer, Lehrer*

'Geist·li·cher ⟨m. 1⟩ *Theologe, Priester, Pfarrer*

'geist·reich ⟨Adj.⟩ *mit Geist ausgestattet, klug, einfallsreich, klug-witzig;* ~er Mensch; ~e Bemerkung; das war sehr ~! ⟨iron.⟩

Geiz ⟨m.; -es, -e⟩ **1** ⟨unz.⟩ *abstoßend übertriebene Sparsamkeit* **2** *Seiten-, Blattachseltrieb*

'Geiz·hals ⟨m.⟩ *geiziger Mensch;* Sy *Geizkragen*

'Geiz·kra·gen ⟨m.⟩ = *Geizhals*

Ge'läch·ter ⟨n.; -s, -⟩ *lautes Lachen, Heiterkeitsausbruch;* herzliches, schallendes ~; etwas od. (jmdn.) dem ~ der anderen preisgeben

Ge'la·ge ⟨n.; -s, -⟩ *üppiges, ausgedehntes Gastmahl, Schwelgen in Essen u. Trinken;* Sauf~ ⟨umg.⟩; Zech~

Ge'län·de ⟨n.; -s, -⟩ **1** *Stück Land, Landstrich im Hinblick auf seine Benutzbarkeit für bestimmte Zwecke;* das ~ erkunden; ebenes, freies, hügeliges, offenes, übersichtliches, unübersichtliches ~ **2** *für bestimmte Zwecke benutzter Platz;* Bau~, Sport~, Übungs~

Ge'län·der ⟨n.; -s, -⟩ *niedriger Zaun zum Festhalten u. als Schutz an Treppen, Balkonen usw.;* Brücken~, Treppen~

ge'lan·gen ⟨V.(s.)⟩ **1** ⟨411⟩ an ein Ziel ~ *(ein Ziel) erreichen, bis zu (einem Ziel) kommen;* (bis) ans andere Ufer ~; der Brief gelangte erst gestern in meine Hände; die Nachricht ist nicht bis zu uns gelangt; zum Ziele ~ **2** ⟨800⟩ zu etwas ~ *kommen, etwas erlangen;* zu der Überzeugung ~, daß ...; zu Reichtum ~ **3** ⟨410⟩ 3.0.1 zum Abschluß ~ *abgeschlossen werden* 3.0.2 zur Ausführung ~ *ausgeführt werden* 3.0.3 das Haus ist in seinen Besitz gelangt *ist sein B. geworden* **4** ⟨800⟩ an jmdn. ~ ⟨schweiz.⟩ *bei jmdm. anfragen* 4.1 an das Obergericht ~ *appellieren*

ge'las·sen **1** ⟨Part. Perf. von⟩ *lassen* **2** ⟨Adj.⟩ *beherrscht, gefaßt, ruhig, unerschüttert, leidenschaftslos, gleichmütig;* eine Nachricht ~ aufnehmen; du sprichst ein großes Wort ~ aus (Goethe, Iphigenie, 1,3); „...", bemerkte er ~; (ruhig und) ~ bleiben, sein

Ge·la'ti·ne ⟨[ʒe-] f.; -; unz.⟩ *gereinigter, entfetteter (u. gefärbter) Knochenleim zur Herstellung von Geleespeisen, Sülzen usw.*

ge'läu·fig ⟨Adj.⟩ **1** ⟨70⟩ *wohlbekannt, vertraut, üblich;* das ist eine ~e Redensart; dieses Wort ist mir (nicht) ~ **2** *ohne Stockungen, fließend;* ein Musikstück ~ spielen; eine Fremdsprache ~ sprechen

ge'launt ⟨Adj. 24/70⟩ *gestimmt, aufgelegt;* froh, gut, schlecht ~ sein

gelb ⟨Adj.⟩ **1** *zwischen orange u. grün (gefärbt);* ~ wie ein Eidotter; die Bäume bekommen ~e Blätter; sie wurde ~ vor Neid 1.1 ⟨60⟩ ~es Fieber = *Gelbfieber* 1.2 ⟨60⟩ ~er Fleck ⟨Anat.⟩ *Stelle des schärfsten Sehens, eine gelbl. erscheinende Stelle der Netzhaut des Auges: Macula lutea* 1.3 ~es Gold *mit Silber und Kupfer zu gleichen Teilen legiertes G.* 1.4 die ~e Rasse *R. mit gelbl. Hautfarbe (die Chinesen, Japaner u. Mongolen)* 1.5 ⟨60⟩ ~e Rübe ⟨süddt.⟩ = *Möhre* 1.6 ⟨60⟩ ~es Trikot *Symbol des Spitzenreiters in der Gesamtwertung bei der Tour de France*

'Gelb·fie·ber ⟨n.⟩ *mit Gelbsucht, Leber- und Nierenschädigung, Erbrechen u. hohem Fieber einhergehende schwere Infektionskrankheit der warmen Länder, bes. Mittel- u. Südamerikas u. Westafrikas, deren Erreger (Charon evagatus) durch Stechfliegen (Aedes aegypti) übertragen wird: Febris flava;* Sy *gelbes Fieber*

'Gelb·sucht ⟨f.; -; unz.⟩ *Gelbfärbung der Haut, der Schleimhäute, des Harns und anderer*

Körperflüssigkeiten durch Übertreten von Gallenfarbstoff in das Blut: Icterus

Geld ⟨n.; -(e)s, -er⟩ **1** ⟨unz.⟩ *allgemeines gesetzliches Zahlungsmittel in Form von Münzen u. Banknoten;* Hart~; Papier~; falsches ~; 5000 Mark in barem ~e; ~ wechseln (gegen kleinere Münzen od. Scheine od. gegen eine andere Währung) **1.0.1** kleines ~ *Kleingeld, Münzen* **1.0.2** großes ~ *Banknoten* **1.1** *Rechnungseinheit, mit deren Hilfe jedem Gut ein genauer Wert zugeordnet werden kann, Preis;* der Mantel ist wirklich sein ~ wert **1.2** *Mittel, das den indirekten Austausch von Gütern u. Leistungen ermöglicht;* ~ (vom Konto) abheben; ~ kassieren; jmdm. ~ auszahlen; ich habe kein ~ bei mir; um ~ spielen; eine Menge ~; ein schönes Stück ~; etwas für teures ~ kaufen; sich etwas viel ~ kosten lassen; schade ums ~!; das ist hinausgeworfenes ~; ~ verdienen; zu ~e kommen **1.2.1** ~ machen ⟨umg.⟩ *(leicht) erwerben* **1.2.2** Besitz zu ~e machen ⟨umg.⟩ *verkaufen* **1.2.3** das ist nicht mit ~ zu bezahlen, das ist nicht für ~ zu haben *das ist so kostbar, daß man es nicht kaufen kann* **1.2.4** hier liegt das ~ auf der Straße ⟨fig.; umg.⟩ *hier kann man leicht u. gut verdienen* **1.2.5** etwas läuft ins ~ *wird auf die Dauer (zu) teuer* **1.2.6** nicht für ~ und gute Worte *um keinen Preis* **1.2.7** ~ und Gut *der gesamte Besitz* **1.3** *Mittel zur zeitl. Übertragung der Kaufkraft, Ersparnisse;* ~ zurücklegen, sparen; ~ in Papieren, Schmuck usw. anlegen; vom ~, von seinem ~e leben; ~ auf der Bank (liegen) haben **1.3.1** mit ~ gut, nicht, schlecht umgehen können *gut, nicht, schlecht sparen können* **1.4** *Mittel zur (zeitweisen) Übertragung der Kaufkraft von einer Person auf eine andere;* jmdm. mit ~ aushelfen; ~ borgen, leihen, pumpen; sein ~ arbeiten lassen; ~ in ein Unternehmen stecken **1.4.1** ich muß sehen, wie ich wieder zu meinem ~ komme *wie ich meine Außenstände eintreibe* **1.5** ⟨Börsenwesen; Abk.: G⟩ *Kurswert von gesuchten Aktien* **2** ⟨unz.; fig.⟩ *Reichtum;* ~ regiert die Welt; ~ macht nicht glücklich, aber es beruhigt (die Nerven) ⟨umg.; scherzh.⟩ **2.1** im ~e schwimmen ⟨umg.⟩ *sehr reich sein* **2.2** ~ wie Heu haben ⟨umg.⟩ *sehr reich sein* **2.3** das ~, sein ~ zum Fenster hinauswerfen *vergeuden, leichtsinnig ausgeben* **3** ⟨Pl.⟩ ~er *(zweckgebundene) größere Geldsumme;* flüssige ~er; öffentliche, staatliche ~er

'Geld·beu·tel ⟨m.⟩ **1** *Behältnis zum Aufbewahren von Geld;* Sy *Portemonnaie* **1.1** tief in den ~ greifen ⟨fig.; umg.⟩ *viel Geld ausgeben*

'geld·lich ⟨Adj.⟩ = *finanziell;* ~e Schwierigkeiten, Sorgen haben; es geht ihm ~ nicht gut

'Geld·schein ⟨m.⟩ *einzelnes Stück Papiergeld, Banknote*

Ge'lee ⟨[ʒə-] n.; -s, -s⟩ **1** *mit Zucker eingekochter Fruchtsaft;* Erdbeer~ **2** = *Gallert* **3** *Hautcreme mit Glyzerin*

ge'le·gen 1 ⟨Part. Perf. von⟩ *liegen* **2** ⟨Adj. 70⟩ *passend, angenehm;* Ihr Angebot kommt mir sehr ~; zu ~er Zeit

Ge'le·gen·heit ⟨f.; -, -en⟩ **1** *Zusammentreffen günstiger Umstände, die die Durchführung eines Vorhabens ermöglichen;* das ist, wäre eine ~, es zu tun; es hat sich noch keine ~ dazu geboten, ergeben; wenn sich eine ~ bietet, ergibt, werde ich ihn fragen; ich habe noch keine ~ gehabt, ihn zu fragen; jmdm. ~ geben, etwas zu tun; ich habe ~, mit dem Auto nach Berlin zu fahren; er versucht bei jeder ~, einen Vorteil für sich herauszuschlagen; die ~ beim Schopfe fassen **1.0.1** ~ macht Diebe ⟨Sprichw.⟩ *man darf Dieben das Stehlen nicht leicht machen, indem man Wertsachen unbeobachtet liegenläßt* **1.1** *(günstiger) Zeitpunkt, geeigneter Augenblick;* eine günstige, gute, passende, verpaßte ~; eine ~ abwarten; eine bessere ~ abwarten; eine ~ verpassen, versäumen; bei erster (bester), bei der ersten (besten) ~; bei passender ~ werde ich ...; bei dieser ~ kannst du ihn sprechen **1.1.1** bei ~ *gelegentlich;* ich werde es bei ~ tun **2** *Anlaß;* eine feierliche, festliche ~; bei früheren ~en hat er stets eine Rede gehalten; ein Anzug, Kleid für alle ~en **2.1** bei ~ einer Zusammenkunft ⟨förml.⟩ *wenn wir einmal zusammenkommen*

ge'le·gent·lich 1 ⟨Adj. 90⟩ *bei Gelegenheit, wenn sich eine Gelegenheit bietet;* ein ~es Wiedersehen; kommen Sie doch ~ einmal bei uns vorbei; lassen Sie ~ etwas von sich hören! **2** ⟨Adj. 50⟩ *manchmal, ab u. zu;* wir sehen uns (nur) ~; es kommt ~ vor, daß ... **3** ⟨Präp. m. Gen.⟩ ~ einer Sache *anläßlich einer S., bei einer S.;* ~ einer Reise

ge'leh·rig ⟨Adj.⟩ *leicht lernend, lernwillig;* ein ~er Hund; ein ~er Schüler; er ist sehr ~

ge'lehrt 1 ⟨Part. Perf. von⟩ *lehren* **2** ⟨Adj.⟩ **2.1** *gründlich wissenschaftl. gebildet;* ein ~er Mensch **2.1.1** ein ~es Haus ⟨fig.; umg.⟩ *Mensch mit großem Wissen* **2.2** *auf gründlicher wissenschaftl. Bildung beruhend;* eine ~e Abhandlung

Ge'lei·se ⟨n.; -s, -⟩ = *Gleis*

Ge'leit ⟨n.; -(e)s, -e⟩ **1** ⟨unz.; geh.⟩ *das Geleiten* **1.0.1** jmdm. das ~ geben *jmdn. geleiten;* jmdm. bis vor die Stadt das ~ geben **1.1** ⟨fig.⟩ *Einführung;* zum ~ (als Titel eines Vorwortes) **2** *Gesamtheit der begleitenden Personen;* der hohe Gast traf mit einem großen ~ vor dem Rathaus ein **3** freies ~ ⟨Rechtsw.⟩ *Bewegungsfreiheit u. Unverletzlichkeit der Person;* jmdm. freies ~ zusichern

ge'lei·ten ⟨V. 500/R8⟩ jmdn. ~ *begleiten, um ihn zu ehren u., od. zu schützen;* jmdn. sicher über die Straße ~

Ge'lenk ⟨n.; -(e)s, -e⟩ **1** ⟨Anat.⟩ *bewegliche Verbindung zw. Skeletteilen, z. B. Knochen der Wirbeltiere od. feste organische Häutchen von Gliederfüßern;* Fuß~, Hand~ **1.1** falsches ~ ⟨Med.⟩ *nach schlecht verheilten Knochenbrüchen entstehendes Gelenk: Pseudoarthrose* **2** ⟨Bot.⟩ *polsterförmige Verdickungen an Blattstielen od. Stengeln, die aus zartwandigen Parenchymzellen bestehen u. Bewegungen ausführen können* **3** ⟨Tech.⟩ *Bauteil zur Verbindung zweier gegeneinander beweglicher Teile einer Maschine;* Ketten~

ge'len·kig ⟨Adj.⟩ **1** *durch Gelenke beweglich, biegsam, leicht beweglich;* ~ verbundene Knochen **2** *behende, gewandt;* einen ~en Körper haben; sehr ~ sein; durch Gymnastik wieder ~ werden

Ge'lieb·te ⟨f. 2⟩ **1** *Frau, mit der jmd. ein intimes Liebesverhältnis unterhält;* eine ~ haben; sich eine ~ halten; jmds. ~ werden **2** ⟨Anrede⟩ *geliebte Frau, geliebtes Mädchen*

Ge'lieb·ter ⟨m. 1⟩ **1** *geliebter Mann;* mein ~! **2** *Liebhaber;* einen Geliebten haben

ge'lin·de ⟨Adj.⟩ **1** *sanft, milde;* ein ~r Wind; die Luft war ~; der Frost war diesen Winter ~ **2** *vorsichtig, schonend;* das ist, ~ gesagt, unhöflich **3** ⟨60; umg.⟩ *heftig;* mich packte eine ~ Wut

ge'lin·gen ⟨V. 146/403⟩ etwas gelingt (jmdm.) *jmd. hat den gewünschten Erfolg bei etwas;* es will mir nicht ~; ihm gelingt alles, was er anfängt; es ist mir gelungen, ihn davon zu überzeugen; das Bild ist mir gut, nicht, schlecht gelungen; eine gelungene Arbeit, Überraschung; auf gutes Gelingen (eines Planes) anstoßen, trinken

'gel·len ⟨V. 400⟩ *durchdringend tönen;* ein Schrei gellte durch die Stille; er schreit, daß mir die Ohren ~, (eigtl.) daß es mir in den Ohren gellt; ein ~der Hilferuf, Schrei; ~d schreien

ge'lo·ben ⟨V. 503/R6⟩ **1** eine Sache ~ *feierl. versprechen, ein Gelübde ablegen, etwas zu tun;* jmdm. Schweigen, Treue ~; ich habe gelobt, es nie zu verraten 1.1 das Gelobte Land ⟨bibl.⟩ *Palästina, das Land der Verheißung*

'gel·ten ⟨V. 147⟩ **1** ⟨403⟩ (jmdm.) gilt etwas *ist etwas wert;* ihm gilt seine Freiheit mehr als Reichtum; sein Rat gilt viel bei seinen Vorgesetzten; seine Meinung gilt mir viel 1.1 ⟨411⟩ bei jmdm. etwas ~ *auf jmdn. Einfluß haben, bei jmdm. in Ansehen stehen* 1.2 was gilt's?, was gilt die Wette? *um was wollen wir wetten?* **2** ⟨400⟩ etwas gilt *ist gültig;* der Ausweis gilt nicht mehr; diese Bestimmung gilt für alle; diese Regel gilt auch für ähnliche Fälle 2.0.1 ⟨410⟩ das gleiche gilt von ihm *das gleiche ist über ihn zu sagen* 2.0.2 ⟨410⟩ da gilt keine Ausrede, Entschuldigung *da wird keine A., E. anerkannt* 2.0.3 die ~de Meinung *die herrschende M.* 2.0.4 ⟨401⟩ es gilt! *abgemacht!* 2.1 *in Geltung, in Kraft sein;* die ~den Gesetze; nach ~dem Recht 2.2 *erlaubt sein, den Spielregeln entsprechen;* das gilt (nicht)! (beim Spiel) 2.3 ~ lassen *anerkennen;* das lasse ich ~!; ich will es (ausnahmsweise) ~ lassen; die Meinung des andern ~ lassen 2.4 ⟨613⟩ etwas gilt jmdm. gleich ⟨veralt.⟩ *ist jmdm. gleichgültig;* das gilt mir gleich **3** ⟨418⟩ als od. für etwas ~ *angesehen werden;* als dumm, klug ~; er gilt als der Klügste der Schule; das gilt als erlaubt **4** ⟨600⟩ etwas gilt jmdm. *ist an jmdn. gerichtet;* galt diese Bemerkung, dieser Vorwurf mir?; das gilt dir! **5** ⟨501⟩ es gilt etwas *es geht um etwas, es kommt auf etwas an;* es gilt das Leben!; hier gilt es, Mut zu zeigen

'Gel·tung ⟨f.; -; unz.⟩ **1** *Gültigkeit, Einfluß, Wert(schätzung), Beachtung, Ansehen;* Welt~; ~ haben; einer Sache, sich ~ verschaffen; in ~ sein **2** zur ~ *Wirkung;* diese Frisur bringt ihr schönes Haar (vorteilhaft) zur ~; das Bild kommt hier besser zur ~

Ge'lüb·de ⟨n.; -s, -⟩ *feierl. Versprechen an Gott;* Sy *Votum(1);* das ~ der Armut, des Gehorsams; ein ~ ablegen, erfüllen

Ge'lüst ⟨n.; -(e)s, -e⟩ *plötzl. Wunsch, Verlangen (bes. nach Speisen);* oV *Gelüste;* ich habe ein ~ auf, nach Spargel

Ge'lü·ste ⟨n.; -s, -⟩ = *Gelüst*

ge'lü·sten ⟨V. 505; unpersönl.⟩ es gelüstet jmdn. (nach etwas) *jmd. hat ein Gelüst (auf etwas);* gelüstet es dich nicht, davon zu kosten?; es gelüstet mich nach Pralinen

Ge'mach[1] ⟨n.; -(e)s; unz.; nur in der Wendung⟩ mit ~ *Behaglichkeit, Ruhe, Bequemlichkeit;* Ggs *Ungemach;* mit ~ kommt man auch weit

Ge'mach[2] ⟨n.; (e)s, ¨er; poet.⟩ *Zimmer, Raum;* Schlaf~, Wohn~; sich in seine Gemächer zurückziehen ⟨a. scherzh.⟩

ge'mäch·lich ⟨Adj.⟩ **1** *langsam, ruhig;* ~ daherkommen; ~ seines Weges gehen **2** *behaglich, gemütlich, bequem, friedlich;* ein ~es Leben führen; ein ~er alter Mann

Ge'mahl[1] ⟨m.; -(e)s, -e; nicht als Bez. für den eigenen Ehemann verwendet⟩ *Ehemann;* grüßen Sie bitte Ihren Herrn ~ ⟨förml.⟩

Ge'mahl[2] ⟨n.; -(e)s, -e; veralt.; poet.⟩ *Ehefrau*

Ge'mah·lin ⟨f.; -, -n·nen; nicht als Bez. für die eigene Ehefrau verwendet⟩ *Ehefrau*

Ge'mäl·de ⟨n.; -s, -⟩ **1** *gemaltes Bild;* ein ~ restaurieren **2** ⟨fig.⟩ *lebhafte Darstellung, packende Schilderung;* das Buch ist ein ~ des Lebens im 18. Jahrhundert

Ge'mar·kung ⟨f.; -, -en⟩ **1** *Grenze* **2** *Gemeindeflur, Gemeindebezirk*

ge'mäß ⟨Präp. mit Dat.⟩ *angemessen, entsprechend, angepaßt, würdig, in Übereinstimmung mit;* Ihren Anordnungen, Ihrem Befehl, Wunsch ~; seinem Stande ~; ein solches Verhalten wäre ihm nicht ~

ge'mä·ßigt **1** ⟨Part. Perf. von⟩ *mäßigen* **2** ⟨Adj.⟩ *maßvoll, ausgeglichen* 2.1 ~e Kleinschreibung *K. aller Wörter mit Ausnahme der Eigennamen u. der Wörter am Anfang eines Satzes*

ge'mein ⟨Adj.⟩ **1** ⟨70⟩ *gewöhnlich, allgemein verbreitet;* der ~e Löwenzahn 1.1 ~er Wert *üblicher W., im Unterschied zum Liebhaberwert* **2** ⟨60⟩ *einfach, normal;* der ~e Mann; das ~e Volk 2.1 ⟨60⟩ ~er Soldat *S. ohne Dienstgrad* 2.2 ⟨60⟩ ~es Jahr *normales J. von 365 Tagen* **3** ⟨60⟩ *allgemein;* der ~e Nutzen; das ~e Wohl **4** *gemeinsam;* Eigenschaften, Interessen mit jmdm. ~ haben; wir haben nichts miteinander ~ 4.1 nichts mit jmdm. ~ haben wollen *nichts mit jmdm. zu tun haben wollen* 4.2 sich mit Gesindel ~ machen *mit G. verkehren, sich auf eine Stufe mit ihm stellen* **5** ⟨fig.⟩ *niedrig (gesinnt), unfein;* so ein ~er Kerl!; ~er Verbrecher 5.1 ⟨40⟩ du bist ~! ⟨umg.⟩ *das ist wenig nett von dir*

Ge'mein·de ⟨f.; -, -n⟩ **1** *dem Staat untergeordneter, öffentl.-rechtl. Verband, kleinster Verwaltungsbezirk;* Sy *Gemeinwesen(1);* Land~, Stadt~; eine kleine, große ~; eine ~ von 300 Einwohnern; diese Häuser gehören noch, nicht mehr zu unserer ~ 1.1 *Einwohnerschaft einer Gemeinde(1);* Mitteilungen für die ~ **2** *Angehörige eines kirchl. Bezirks;* Pfarr~ 2.1 *Gesamtheit der in der Kirche versammelten Gläubigen;* die andächtig lauschende ~ **3** *Gemeinschaft, Gruppe von Menschen, die sich unter einer Idee od. mit bestimmten Interessen zusammengefunden haben;* Sing~, Theater~ 3.1 *Anhängerschaft;* der Künstler hat allmählich eine ~ um sich gesammelt; zur ~ eines Dichters, Sängers gehören

ge'mein·ge·fähr·lich ⟨Adj.⟩ *gefährl. für die Allgemeinheit;* ein ~er Verbrecher

ge'mein·hin ⟨Adv.⟩ *gewöhnlich, im allgemeinen, meistens*

ge'mein·nüt·zig ⟨Adj.⟩ *zum Wohl der Allgemeinheit, dem Nutzen der Allgemeinheit dienend;* eine ~e Einrichtung, Stiftung; für ~e Zwecke

Ge'mein·platz ⟨m.⟩ *allgemein bekannte u. daher nichtssagende Redensart, z. B. „das Leben ist ein Kampf";* jmdn. mit Gemeinplätzen abspeisen (anstatt ihm zu helfen)

ge'mein·sam ⟨Adj. 24⟩ **1** *gemeinschaftlich, mehreren gehörend, mehreren zu eigen;* ~er Besitz; unser ~er Freund; ~e Interessen haben 1.1 ⟨60⟩ ~e Sache mit jmdm. machen *sich mit jmdm. verbünden (für einen unguten Zweck)* 1.2 eine Sache auf einen ~en Nenner bringen *so zusammenfassen, daß alle zu ihrem Recht kommen* **2** ⟨50⟩ *zusammen, miteinander, zur gleichen Zeit;* ein Haus ~ bewohnen; ~ gehen, handeln, kommen, vorgehen; ~ lesen, singen, sprechen

Ge'mein·schaft ⟨f.; -, -en⟩ **1** *durch etwas Gemeinsames (Denken, Ziele, Beruf usw.) verbundene Menschengruppe;* Arbeits~, Christen~, Familien~; eine ~ bilden; in einer ~ leben 1.1 ~ der Gläubigen *alle durch den christl. Glauben miteinander Verbundenen* 1.2 die ~ der Heiligen ⟨apostol. Glaubensbekenntnis⟩ 1.2.1 *Gesamtheit aller Heiligen der christl. Kirche* 1.2.2 ⟨nach anderer Auslegung⟩ *Gesamtheit der Gläubigen der christl. Kirche* **2** *Verbindung, Zusammensein, Beziehungen;* enge, feste, innige ~; eheliche ~; mit jmdm. in (enger) ~ leben; ~ haben mit jmdm. 2.0.1 mit jmdm. keine ~ machen (wollen) *nichts mit jmdm. zu tun haben (wollen)* 2.1 in ~ mit *gemeinsam, zusammen;* in ~ mit jmdm. eine Arbeit ausführen

Ge'mein·we·sen ⟨n.; -s, -⟩ **1** = *Gemeinde(1)* **2** *öffentlich-rechtlicher Verband aus mehreren Gemeinden*

Ge'men·ge ⟨n.; -s, -⟩ **1** *lockere Mischung;* ein ~ aus Sand u. Steinen 1.1 ⟨Landw.⟩ *gleichzeitiger Anbau verschiedener Kulturpflanzen auf einem Acker* 1.2 ⟨Chem.⟩ *Gemisch von Stoffen, das durch physikal. Methoden in seine Bestandteile zerlegt werden kann* **2** *(tätl.) Auseinandersetzung;* Hand~; mit jmdm. ins ~ kommen, geraten

ge'mes·sen 1 ⟨Part. Perf. von⟩ *messen* **2** ⟨Adj.⟩ *langsam, ruhig, bedächtig, maßvoll, würdig, gelassen;* ~en Schrittes daherkommen; in ~er Haltung; in ~en Worten

Ge'met·zel ⟨n.; -s, -⟩ *grausame Massentötung, mörder. Kampf, Blutbad*

ge'mischt 1 ⟨Part. Perf. von⟩ *mischen* **2** *aus verschiedenartigen Bestandteilen zusammengesetzt* 2.0.1 ~er Chor ⟨fig.⟩ *Chor aus Männer- u. Frauenstimmen* 2.0.2 eine ~e Zahl *ganze Z. mit einem Bruch, z. B. 2 3/4* 2.0.3 einer Sache mit ~en Gefühlen entgegensehen ⟨umg.⟩ *unbehaglich* 2.1 ⟨fig.; umg.⟩ *nicht sehr anständig, unfein;* eine ~e Gesellschaft; jetzt wird's ~

'Gem·se ⟨f.; -, -n⟩ *zu den Antilopen gehörendes Horntier von rd. 75 cm Schulterhöhe u. ziegenähnlicher Gestalt in den höheren Lagen der Alpen, Pyrenäen, Abruzzen, des Kaukasus u. Kleinasiens: Rupicapra rupicapra*

Ge'mü·se ⟨n.; -s, -⟩ **1** *verschiedene eßbare Pflanzen;* ~ (an)bauen; ~ dünsten, kochen, putzen, raspeln, schneiden; frisches, getrocknetes, grünes, junges, rohes ~ **2** *Gericht aus Gemüse(1);* gemischtes ~; Butter an das ~ tun **3** ⟨fig.; umg.⟩ *Kinder, Jugendliche* 3.1 kleines ~ *Kinder* 3.2 junges ~ *unreife junge Leute, Halbwüchsige*

Ge'müt ⟨n.; -(e)s, -er⟩ **1** ⟨unz.⟩ *geistiges u. sinnliches Gefühlsleben;* ein fröhliches, heiteres, kindliches, liebevolles ~ 1.1 *anteilnehmende Gefühle;* ~ haben; er hat kein ~ 1.1.1 ein ~ wie ein Fleischerhund, wie ein Kohlenkasten o. ä. ⟨umg.; scherzh.⟩ *herzlos* **2** *Mensch in Hinblick auf sein Seelen- u. Gefühlsleben;* sie ist ein ängstliches ~; die erregten ~er beruhigen; der Vorfall erregte die ~er **3** sich etwas zu ~e führen ⟨umg.⟩ *etwas genußvoll essen od. trinken;* sich ein Stück Kuchen zu ~e führen

ge'müt·lich ⟨Adj.⟩ **1** *behaglich, anheimelnd;* ein ~er Raum, Sessel; hier ist es ~; mach es dir ~! **2** *zwanglos, heiter, familiär;* ein ~es Zusammensein; einen ~en Abend verbringen; jmdn. zu einem ~en Abendessen einladen; wollen Sie schon gehen? Jetzt wird es doch erst richtig ~!; einen Nachmittag ~ verplaudern **3** *umgänglich, leutselig, ungezwungen, freundschaftlich, herzlich u. ein wenig bieder;* ein ~er alter Herr; er lachte ~; „Schon gut", sagte er ~

ge'nau ⟨Adj.⟩ **1** *einem Vorbild od. Muster entsprechend, übereinstimmend, getreu;* ein ~es Meßgerät; eine ~e Nachbildung, Wiedergabe; ~e Angaben machen können; die ~e Bedeutung des Wortes; meine Uhr geht (auf die Minute) ~; der Schlüssel paßt ~; beide Stücke sind (sich) ~ gleich; etwas od. jmdn. ~ erkennen; ein Kennzeichen ~ angeben; einen Vorfall ~ erzählen; ~ übereinstimmen; etwas ~ wissen; ich weiß über den Unfall nichts Genaues; ~ nach Maß 1.1 *sorgfältig abgemessen;* es sind ~ zwei Meter; etwas ~ abwiegen 1.1.1 mit ~er Not entkommen *gerade noch, ganz knapp* 1.2 *pünktlich;* ~ (um) ein Uhr; wie ist die ~e Zeit?; der Zug kam ~ auf die Minute; ~ zur festgesetzten Zeit **2** *ausführlich, in allen Einzelheiten, gewissenhaft, sorgfältig, streng;* ~ aufpassen; etwas ~ bestimmen; etwas ~ prüfen; er ist sehr ~, was seine Arbeit betrifft; peinlich ~; sich ~ an die Bestimmungen halten 2.1 etwas (nicht) sehr ~ nehmen *(nicht) sehr korrekt u. gründlich sein;* er hat seine Arbeit immer sehr ~ genommen; er nimmt es mit dem Eigentum nicht sehr ~ 2.1.1 man darf nicht alles so ~ nehmen *man darf Gründlichkeit nicht übertreiben* **3** *gerade;* ~ das Gegenteil; das ~e Gegenteil ⟨umg.⟩ 3.0.1 ~ im Augenblick, als ... *in diesem A., gerade als ...* **4** ⟨50⟩ ~! ⟨umg.⟩ *ja, jawohl, gewiß!*

ge'nau·so ⟨Adv.⟩ *ebenso, geradeso;* er macht es (ganz) ~; das eine ist, paßt ~ gut wie das andere; dieses Bild ist ~ schön wie das andere; er hat ~ viel wie du bekommen

ge'nehm ⟨Adj. 72⟩ *angenehm, willkommen;* ist Ihnen die Einladung für morgen ~?; wenn es Ihnen (so) ~ ist

ge'neh·mi·gen ⟨V. 503/R5 od. R6⟩ **1** etwas ~

erlauben, bewilligen, einwilligen in etwas; eine Bitte, ein Gesuch (nicht) ~; genehmigt (als Aktennotiz unter einem Gesuch); der Vorschlag muß erst vom Gemeinderat genehmigt werden 1.1 ⟨530/R1⟩ sich einen ~ ⟨fig.; umg.; scherzh.⟩ *einen Schnaps trinken*

ge'neigt 1 ⟨Part. Perf. von⟩ *neigen* **2** ⟨Adj. 70; fig.⟩ *günstig gesinnt, wohlwollend, freundlich;* ~er Leser! (Anrede des Autors an den Leser im Buch od. Vorwort) 2.1 jmdm. ein ~es Ohr leihen, schenken *wohlwollend zuhören* 2.2 jmdm. ~ sein *jmdm. zugetan sein, jmdm. in Sympathie verbunden sein* 2.3 ~ sein, etwas zu tun *bereit sein, etwas beabsichtigen;* Ggs *abgeneigt sein* 2.4 jmdn. (für etwas) ~ machen *günstig stimmen;* sich die Götter ~ machen ⟨poet.⟩

Ge·ne'ral ⟨m.; -s, -'ra·le od. -'rä·le⟩ **1** *höchste Offiziersrangklasse* 1.1 *Offizier in dieser Rangklasse* **2** *oberster Vorsteher eines kath. geistl. Ordens od. einer Kongregation* 2.1 *der internationale Leiter der Heilsarmee* **3** ⟨Zool.⟩ = *Feuerwanze*

Ge·ne'ral··· ⟨in Zus.⟩ *Allgemein..., Haupt...;* Generalvollmacht

Ge·ne·ra·ti'on ⟨f.; -, -en⟩ **1** *Menschenalter;* eine Entwicklung durch ~en hindurch **2** *einzelne Stufe der Geschlechterfolge* **3** *Gesamtheit der zur Generation(1) gehörenden Personen;* Sy *Geschlecht(4);* die ~ unserer Eltern; meine, deine ~; etwas von einer ~ auf die andere vererben **3**.1 die ä l t e r e ~ *die Eltern* 3.2 die j u n g e ~ *die Kinder od. Enkel* **4** ⟨Tech.⟩ *durch eine besondere Art der Konstruktion gekennzeichneter Zeitabschnitt in der Entwicklung von Geräten;* Großrechner der zweiten ~

ge·ne'rell ⟨Adj.⟩ *allgemein(gültig), im allgemeinen;* Ggs *speziell(1)*

ge'ne·sen ⟨V. 148(s.)⟩ **1** ⟨400⟩ *einen guten Gesundheitszustand wiedererlangen;* von einer Krankheit noch nicht ganz, völlig, wieder ~ sein **2** ⟨700⟩ eines K i n d e s ~ ⟨veralt.⟩ *ein Kind gebären;* sie genas eines gesunden Knaben

ge·ni'al ⟨Adj.⟩ *im höchsten Maße begabt u. dabei schöpferisch*

Ge'nick ⟨n.; -(e)s, -e⟩ **1** = *Nacken* 1.0.1 jmdm. das ~ brechen ⟨fig.; umg.⟩ *jmdn. scheitern lassen, ruinieren*

Ge'nie ⟨[ʒe-] n.; -s, -s⟩ **1** ⟨unz.⟩ *höchste schöpfer. Begabung* **2** ⟨unz.; schweiz.⟩ *militär. Ingenieurwesen;* ~korps; ~offizier **3** *Mensch von höchster schöpfer. Begabung;* ein musikalisches ~

ge'nie·ren ⟨[ʒe-] V. 500⟩ **1** j m d n. ~ *stören, belästigen* 1.1 e t w a s geniert j m d n. *ist jmdm. peinlich;* geniert es Sie, wenn ich meine Jacke ausziehe? **2** ⟨R3⟩ s i c h ~ *sich schämen, sich vor den anderen Leuten unsicher fühlen, schüchtern, gehemmt sein* 2.1 ~ Sie sich nicht! ⟨bei Tisch⟩ *keine Hemmungen!, greifen Sie ungehemmt zu!*

ge'nie·ßen ⟨V. 149/500⟩ e t w a s ~ **1** *essen, trinken;* wollen wir etwas ~? 1.0.1 das Essen ist nicht zu ~ *ist sehr schlecht* **2** *auskosten, Freude haben an etwas;* etwas Schönes in vollen Zügen ~; ich habe meinen Urlaub sehr genossen 2.1 du bist ja heute nicht (mit Senf) zu ~! ⟨fig.; umg.; scherzh.⟩ *du bist unausstehlich, sehr schlechter Laune* **3** *erhalten;* eine gute Ausbildung, Erziehung genossen haben

Ge·ni'tal ⟨n.; -s, -li·en⟩ *Geschlechtsteil, Geschlechtsorgan;* oV *Genitale*

Ge·ni'ta·le ⟨n.; -s, -li·en⟩ = *Genital*

Ge'nos·se ⟨m.; -n, -n⟩ **1** *Gefährte, Kamerad;* Jugend~, Kampf~, Amts~ **2** *Parteifreund, bes. Mitglied einer marxist. Partei* 2.1 *Anrede der marxist. Parteimitglieder untereinander* **3** *Mitglied einer Genossenschaft*

Ge'nos·sen·schaft ⟨f.; -, -en⟩ *Zusammenschluß mehrerer Personen zur Förderung gleicher wirtschaftlicher Interessen mittels gemeinschaftl. Geschäftsbetriebes;* Berufs~, Einkaufs~, Konsum~, Handwerker~; landwirtschaftl. ~

ge'nug ⟨Adv. 24⟩ **1** *ausreichend, genügend* 1.0.1 er ist sich selbst ~ *er weiß sich selbst zu beschäftigen, er braucht keine Anregung von anderen* 1.1 *in ausreichender Menge;* ~ Brot, Geld; hast du ~ Platz?; (nicht) ~ zu essen haben; er hat ~ gegessen; ~ haben; er hat nie ~; er kann nie ~ bekommen, kriegen; danke, es ist ~! (beim Austeilen, Einschenken) 1.2 *in ausreichendem Grade;* das ist (nicht) groß, schön ~; mach ihm nicht auch noch Vorwürfe, es ist (schon) schlimm ~, daß er sich verletzt hat 1.2.1 das Beste ist für ihn gerade gut ~ *er will immer nur das Beste haben, das Beste scheint ihm für sich ganz selbstverständlich* 1.2.2 das ist für ihn (gerade) gut ~ *etwas Besseres ist für ihn nicht nötig* **2** ⟨90⟩ *die Grenze eines bestimmten Maßes erreichend od. überschreitend;* ~ der vielen Worte, es muß gehandelt werden 2.1 jetzt ist's aber ~! *jetzt aber Schluß!, jetzt reißt mir die Geduld!* 2.2 ~ davon! *Schluß jetzt!, reden wir von etwas anderem!* 2.3 ~ und übergenug *viel zuviel* 2.4 ich habe davon mehr als ~ *schon zuviel* 2.5 von etwas ~ haben ⟨fig.⟩ *es satt haben;* ich habe ~ davon; ich habe ~ von ihren ewigen Klagen 2.6 das ist wenig ~ *ziemlich wenig*

Ge'nü·ge ⟨f.; -; unz.⟩ **1** einer S a c h e ~ leisten, tun *eine S. erfüllen;* Forderungen, Ansprüchen ~ leisten, tun **2** zur ~ *in ausreichendem Maße;* mir ist sein Leichtsinn zur ~ bekannt

ge'nü·gen ⟨V.⟩ **1** ⟨400⟩ e t w a s genügt *reicht aus;* danke, das genügt (mir); mir genügt, für mich genügt die Hälfte; wir haben ~d Vorrat 1.0.1 ~d ⟨DDR, Österr.⟩ *(die Note) ausreichend, noch bestanden;* er hat im Zeugnis in drei Fächern die Note ~d 1.1 ⟨580; unpersönl.⟩ es genügt, es zu sehen *man braucht nichts weiter davon zu wissen* 1.2 sein Genügen an etwas finden, sich an etwas ~ lassen ⟨veralt.⟩ *sich mit etwas begnügen, zufrieden damit sein, nicht mehr, nichts anderes wollen* **2** ⟨600⟩ einer S a c h e ~ *gerecht werden;* Ansprüchen, Anforderungen ~

ge'nüg·sam ⟨Adj.⟩ *leicht befriedigt, bescheiden, anspruchslos;* ~ im Essen u. Trinken sein

Ge'nug·tu·ung ⟨f.; -; unz.⟩ **1** *Befriedigung;* ich höre mit ~, daß ... **2** *Wiedergutmachung, Buße;* ~ fordern, geben, leisten; sich ~ verschaffen (für eine Beleidigung o. ä.)

Ge'nuß ⟨m.; -s·ses, -'s·se⟩ **1** ⟨unz.⟩ *das Genießen, Zusichnehmen (von Speisen, Getränken);* der ~ eines Glases Wein; an, nach dem ~ von verdorbenen Pilzen erkranken; beim ~ von Rauschmitteln; der ~ von Alkohol, von Tabak **2** *bewußtes Vergnügen, Behagen, tiefe Befriedigung, beglückendes Erlebnis;* die Genüsse des Lebens; es war mir ein ~!; es ist ein ~, sie singen, spielen zu hören; sich einen ~ versagen; ästhetischer, geistiger ~; ausgiebiger, erlesener, großer, hoher, seltener ~; sein Vortrag war ein zweifelhafter ~; etwas mit ~ betrachten, hören, lesen, sehen **3** in den ~ von etwas kommen *(den Nutzen, die Nutznießung von etwas) erhalten, bekommen;* in den ~ einer kostenlosen Reise, eines Stipendiums kommen

Ge'nuß·mit·tel ⟨n.⟩ *Lebensmittel von anregender Wirkung od. von bes. Geschmack, aber wenig Nährwert;* Industrie für Nahrungs- u. ~

Geo·gra'phie ⟨f.; -; unz.⟩ *Erdkunde, Erdbeschreibung*

geo'gra·phisch ⟨Adj. 24⟩ **1** *zur Geographie gehörend, auf ihr beruhend, erdkundlich* 1.1 ~e Koordinaten *die K. (Länge u. Breite) im Gradnetz der Erde* 1.1.1 ~e Breite *in Grad gemessener Winkelabstand eines Punktes der Erdoberfläche vom Äquator* 1.1.2 ~e Länge *in Grad gemessener Winkelabstand eines Punktes der Erdoberfläche vom Nullmeridian* 1.2 ~e Lage *L. eines Ortes nach geograph. Koordinaten im Gradnetz* 1.3 ~e Ortsbestimmung *Bestimmung von Punkten auf der Erdoberfläche durch ihre geographische Lage od. durch Vermessung* 1.4 ~e Karte *K. im Maßstab kleiner als 1:200 000, die vorwiegend Forschungs- u. Beobachtungsergebnisse der Geographie enthält*

Geo·lo'gie ⟨f.; -; unz.⟩ *Lehre vom Aufbau u. von der Entwicklung der Erde*

Geo·me'trie ⟨f.; -; unz.⟩ *Gebiet der Mathematik, behandelt die gestaltlichen Gesetzmäßigkeiten und Größenbeziehungen an u. zw. Linien, Flächen u. Körpern*

Ge'päck ⟨n.; -(e)s; unz.⟩ **1** *verpackte Ausrüstung für eine Reise od. eine Wanderung;* Hand~, Reise~; kleines, großes ~; 3 Stück ~; sein ~ aufgeben **2** *verpackte Ausrüstung für einen militär. Einsatz;* Marsch~

Ge'pflo·gen·heit ⟨f.; -, -en⟩ *Gewohnheit, Brauch, Sitte;* entgegen der sonstigen ~; nach den hiesigen ~en

Ge'plän·kel ⟨n.; -s, -⟩ **1** *leichtes Gefecht, Schießerei hin u. her* **2** ⟨fig.⟩ *leichtes, heiteres Wortgefecht*

Ge'prä·ge ⟨n.; -s; unz.⟩ **1** *Prägung (auf Münzen)* **2** ⟨fig.⟩ *besondere Note, Eigenart;* Goethe hat seiner Zeit das ~ gegeben; einer Sache ein besonderes ~ geben; die dunklen Zypressen verleihen der Landschaft ein eigenes ~

Ge'prän·ge ⟨n.; -s; unz.⟩ *Pracht, Pomp, Prunk, großer Aufwand*

ge'ra·de[1] ⟨Adj.⟩ oV *grade* ⟨umg.⟩ **1** *in gleicher Richtung weiterverlaufend, ohne Krümmung, ohne Ecken verlaufend;* eine ~ Linie, Strecke; ein ~r Weg; in ~r Richtung; auf ~r Straße 1.1 *aufrecht;* Ggs *krumm;* ~ Haltung; ~ Glieder haben; ~ gewachsen sein; ~ gehen, sitzen 1.2 *unmittelbar, ohne Umweg;* in ~r Linie von jmdm. abstammen **2** ⟨fig.⟩ *freimütig, aufrichtig, offen;* jmdm. ~ in die Augen sehen; ein ~r Charakter, Mensch; eine ~ Gesinnung **3** ⟨50⟩ *genau, direkt;* ~ entgegengesetzt; so ist es ~ richtig!; es ist, verhält sich ~ umgekehrt; der Stein traf ihn ~ am Kopf; ~ gegenüber; das ~ Gegenteil ⟨umg.⟩ **4** *soeben, vor einem Augenblick, in diesem Augenblick;* es war ~ 2 Uhr, als ...; er ist ~ angekommen, weggegangen; ich wollte ~ ausgehen; ich bin ~ beim Lesen, Schreiben; da fällt mir ~ ein **4.1** *zufällig;* du stehst ~, mach bitte die Tür zu! **5** ⟨50⟩ *knapp, mit Mühe u. Not, eben noch;* er kam ~ (noch) zur rechten Zeit **6** ⟨50; umg.⟩ *erst recht;* nun ~ (nicht)! **7** ⟨50⟩ *eben (als Verstärkung);* das ist es ja ~!; das kommt mir ~ recht; ~ weil er sie gern hat, müßte er es tun; ~ darum; ~ deshalb; ~ darauf hatte ich mich so gefreut!; ~ damals hätte ich deine Hilfe gebraucht; ~ heute habe ich leider schon etwas vor; ~ jetzt; ~ in dem Augenblick, als ...; das fehlte ~ noch! (zu allem Übel); darauf habe ich ~ noch gewartet **8** ⟨50⟩ *ausgerechnet, niemand bzw. nichts anderes als;* warum ~ ich?; muß es denn ~ dieses Buch sein? **9** ⟨50⟩ nicht ~ ⟨umg.⟩ *nicht besonders;* das ist mir nicht ~ angenehm

ge'ra·de[2] ⟨Adj. 24⟩ oV *grade* ⟨umg.⟩ Ggs *ungerade(1)* **1** *durch 2 ohne Rest teilbar;* eine ~ Zahl 1.1 Gerade und Ungerade *altes Glücksspiel, bei dem die gerade od. ungerade Zahl einer Münze o. ä. in der geschlossenen Hand geraten werden muß* 1.1.1 → a. *fünf(1.2)* **2** ⟨jägerspr.⟩ *an beiden Stangen (des Geweihs) die gleiche Zahl von Enden aufweisend;* ein ~s Geweih; ein ~r Zwölfender, Zwölfer

Ge'ra·de ⟨f.; -, -n od. f. 2⟩ **1** *gerade Linie* **2** ⟨Geom.⟩ *eine Linie, die durch unbegrenzte Verlängerung der Verbindungsstrecke zweier Punkte nach beiden Seiten entsteht* **3** ⟨Sp.⟩ *gerade Teilstrecke einer Rennbahn;* in die ~ einbiegen **4** eine (rechte) ~ *gerade vorschnellender Boxhieb der (rechten) Faust*

ge·ra·de'aus ⟨Adv.⟩ *in gerader Linie, gerader Richtung;* ~ gehen, fahren; wie komme ich bitte zum Deutschen Museum? Immer ~!

ge'ra·de|ste·hen ⟨V. 256⟩ **1** ⟨400⟩ *aufrecht stehen* **2** ⟨800⟩ für eine Sache, für jmdn. ~ ⟨fig.⟩ *einstehen, die Verantwortung übernehmen*

ge·ra·de'zu ⟨Adv.⟩ **1** *ohne Umschweife, offen, ehrlich, derb u. freimütig;* er ist sehr ~ **2** ⟨[-'---]⟩ *durchaus, beinahe, man könnte fast sagen ...;* es ist ~ ein Wunder; ~ erstaunlich

Ge'rad·heit ⟨f.; -; unz.⟩ **1** *das Geradesein, Fehlen von Krümmungen* **2** ⟨fig.⟩ *gerades Wesen, gerader Charakter, Aufrichtigkeit, Freimut, Ehrlichkeit, Rechtschaffenheit*

Ge'rät ⟨n.; -(e)s, -e⟩ **1** *(künstlich hergestellter) Gegenstand, mit dessen Hilfe eine Hand- od. mechan. Arbeit ausgeführt werden kann;* Affen sind recht geschickt im Gebrauch von ~en **2** *Maschine, Apparat;* Radio ~; ein elektrisches, mechanisches, kompliziertes, praktisches ~ **3** *Gesamtheit der Hilfsmittel, die zur Durchführung einer bestimmten Tätigkeit nötig ist;* Acker~, Handwerks~, Haus~, Küchen~, Schreib~ **4** *Vorrichtung, die zu bestimmten Turnübungen gebraucht wird;* Turn~

ge'ra·ten[1] ⟨V. 195(s.)⟩ **1** ⟨403⟩ *gelingen, gut werden;* ihm gerät alles, was er anfängt; nach diesem Rezept gerät der Kuchen immer; die Torte ist ausgezeichnet, gut, nicht ~ 1.1 ⟨400⟩ *gedeihen;* das Getreide ist gut ~ 1.2 ⟨430⟩ *sich charakterlich od. äußerlich entwickeln;* seine Kinder sind gut, nicht recht ~ 1.2.1 ⟨413⟩ nach jmdm. ~ *jmdm. ähnlich werden;* der Junge ist ganz nach seinem Vater ~ **2** ⟨411⟩ an einen Ort ~ *zufällig, unvermutet (an einen Ort od. zu jmdm.) gelangen, kommen;* auf Abwege ~; auf einen falschen Weg ~; mit dem Finger in die Maschine ~; wohin bin ich hier ~?; auf meiner Suche nach dem zuständigen Bearbeiter geriet ich an den Chef; an den Falschen, den Unrechten ~ 2.0.1 er geriet auf den Gedanken *plötzlich kam ihm der Gedanke* 2.0.2 die Kinder sind über ein verbotenes Buch, über den Kuchen ~ *haben ein B., den K. entdeckt u. sich darauf gestürzt* 2.0.3 unter die Räuber ~ *Räubern in die Hände fallen* **3** ⟨800; Funktionsverb in nominalen Umschreibungen⟩ in einen (mißlichen) Zustand ~ *ohne eigenes Zutun in einen Z. gelangen;* in Armut ~; in Gefangenschaft ~; ins Hintertreffen ~; in schlechten Ruf ~; in Schulden ~; in Verlust ~; in Verwirrung ~; (mit der Zahlung usw.) in Verzug ~ 3.0.1 ⟨430⟩ außer sich ~ *die Selbstbeherrschung verlieren;* außer sich ~ vor Freude, Zorn 3.1 in eine Angelegenheit ~ *unversehens in eine A. verwickelt werden;* in Schwierigkeiten ~ 3.2 in eine Stimmung ~ *in eine S. kommen;* in Angst, Furcht ~; in Wut, Zorn ~ 3.3 in etwas ~ *beginnen, etwas zu tun* 3.3.1 in Bewegung ~ *sich zu bewegen beginnen* 3.3.2 in Brand ~ *zu brennen beginnen* 3.3.3 ins Schwitzen ~ *zu schwitzen beginnen* 3.3.4 ins Stokken ~ *steckenbleiben, nicht weiterkönnen* 3.3.5 miteinander in Streit ~ *miteinander zu streiten beginnen* 3.3.6 in Vergessenheit ~ *allmähl. vergessen werden*

ge'ra·ten² **1** ⟨Part. Perf. von⟩ *raten* **2** ⟨Adj. 50⟩ *ratsam;* ich halte es (nicht) für ~, hierzubleiben; es scheint mir ~, das sofort zu tun

Ge·ra·te'wohl ⟨a.[-'---]; n.; nur in der Wendung⟩ aufs ~ *auf gut Glück, ohne zu überlegen, ohne es genau zu wissen;* aufs ~ einen Weg einschlagen, abreisen

ge'raum ⟨Adj. 60; nur in den Wendungen⟩ ~e Weile, ~e Zeit *eine längere W., längere Z.;* es dauerte eine ~ Weile, bis er zurückkam; seit ~er Zeit; vor ~er Zeit

ge'räu·mig ⟨Adj.⟩ *viel Raum bietend, so groß, daß man viel unterbringen kann;* ein ~es Zimmer, eine ~e Wohnung

Ge'räusch¹ ⟨n.; -(e)s, -e⟩ **1** *als unbestimmt u. unharmonisch wahrgenommener Schall;* die ~e des Verkehrs; ein ~ machen, verursachen; ein dumpfes, leichtes, leises, starkes, verdächtiges ~; ein knisterndes, rasselndes, scharrendes ~; ein ~ von leisen Schritten; ein ~ wie von zerbrechendem Glas **2** ⟨Akustik⟩ *durch unperiodische Schwingungsvorgänge hervorgerufene, in Stärke u. Höhe rasch wechselnde Schallwellen*

Ge'räusch² ⟨n.; -s; unz.; jägerspr.⟩ *Lunge, Herz, Leber u. Nieren des Schalenwildes*

'ger·ben ⟨V. 500⟩ **1** Häute ~ *zu Leder verarbeiten* **2** ⟨530⟩ jmdm. das Fell ~ ⟨fig.; umg.⟩ *jmdn. verprügeln*

ge'recht ⟨Adj.⟩ **1** *nach dem Recht od. Rechtsempfinden urteilend, handelnd;* ein ~er Richter; es gibt einen ~en Gott; er ist sehr ~; gegen jmdn. ~ sein; ~er Gott!, ~er Himmel! (Ausruf des Erstaunens, Schreckens); Gott der Gerechte; der Gerechte muß viel leiden (Psalm 34,20); (er) läßt regnen über Gerechte und Ungerechte (Matth. 5,45) 1.0.1 den Schlaf des Gerechten schlafen *ein reines Gewissen haben u. deshalb gut schlafen* **2** *dem Recht od. Rechtsempfinden entsprechend, angemessen;* ein ~er Lohn; eine ~e Strafe; ein ~es Urteil; ~ urteilen; jmdm. einen ~en Preis machen **3** *den Regeln entsprechend;* form~, weid~; ein ~er Jäger **4** ⟨70⟩ jmdm. od. einer Sache ~ werden *jmdn. od. eine S. angemessen beurteilen;* die Kritik wird dem Regisseur, dem Film nicht ~ 4.1 ⟨70⟩ einer Sache ~ werden *eine S. richtig handhaben;* seiner Aufgabe ~ werden 4.1.1 → a. *Sattel(1.1)* **5** *berechtigt, begründet, zu Recht bestehend;* für eine ~e Sache kämpfen; mich packte ein ~er Zorn

Ge'rech·tig·keit ⟨f.; -; unz.⟩ **1** *gerechte(2) Beschaffenheit;* die ~ eines Urteils **2** *gerechte(2) Gesinnung, gerechtes Verhalten;* die ~ Gottes; ~ pflegen; es an ~ fehlen lassen 2.0.1 jmdm., einer Sache ~ widerfahren lassen *gerecht beurteilen, behandeln* **3** ⟨fig.⟩ *Gericht²(1);* jmdn. der ~ ausliefern; strafende ~; der ~ in den Arm fallen **4** *Vorrecht, Nutzungsrecht, Berechtigung, ein Gewerbe auszuüben;* Brau~, Schank~, Schürf~

Ge're·de ⟨n.; -s; unz.⟩ **1** *nichtssagendes, lästiges Reden, Rederei, Geschwätz;* sich nicht um das ~ der Leute kümmern; das ist alles nur ~; das ist dummes, leeres ~ 1.0.1 es wird viel ~ darum gemacht *es wird viel Aufhebens davon gemacht, viel davon gesprochen* **2** *Halbwahrheiten, Nachrede, Klatsch;* Anlaß zu ~ geben 2.0.1 jmdn. ins ~ bringen *Ursache zu Klatsch über jmdn. geben* 2.0.2 ins ~ kommen *Klatsch über sich verursachen*

ge'rei·chen ⟨V. 650⟩ etwas gereicht jmdm. zu etwas ⟨geh.⟩ *bringt jmdm. etwas ein;* es gereicht uns zur besonderen Ehre, den Herrn Bundespräsidenten unter uns zu sehen; möge es dir zum Guten ~; seine Unzuverlässigkeit gereicht ihm zum Nachteil, zum Schaden; seine Tat wird ihm zum Ruhme ~

ge'reizt **1** ⟨Part. Perf. von⟩ *reizen* **2** ⟨Adj.⟩ *empfindlich, erregt, nervlich angespannt;* heute herrscht hier eine ~e Stimmung; in ~em Ton antworten, sprechen

ge'reu·en ⟨V. 500⟩ etwas gereut jmdn. ⟨geh.⟩ *ruft bei jmdm. Reue, Bedauern hervor;* es gereut mich, daß ...; laß es dich nicht ~!

Ge'richt¹ ⟨n.; -(e)s, -e⟩ **1** *angerichtete Speise;* Fleisch~; ein ~ Fische; ein ~ auftragen, bestellen, zubereiten; ein ausgezeichnetes, erlesenes, gutes, leckeres, schmackhaftes ~; ein ~ auf den Tisch bringen; ein ~ aus frischem Gemüse **2** *Gang einer Speisenfolge;* Haupt~, Vor~

Ge'richt² ⟨n.; -(e)s, -e⟩ **1** *Recht sprechende Behörde;* Amts~, Bundes~, Landes~; das Oberste ~; sich dem ~ stellen; jmdn. bei ~ verklagen **2** *Gerichtsgebäude;* Vater ist noch auf dem ~ 2.1 *Gerichtssaal;* jmdn. vor die Schranken des ~s fordern ⟨geh.⟩ **3** *Gesamtheit der mit der Entscheidung einer Rechtsstreitigkeit befaßten Richter;* hohes ~! (Anrede); das ~ zieht sich zur Beratung zurück; vor ~ aussagen, vor ~ etwas bezeugen; vor ~ stehen; vor ~ erscheinen; eine Sache, jmdn. vor das ~ bringen; jmdn. vor ~ fordern **4** *Vorgang, der zur Entscheidung einer Rechtsstreitigkeit führt, Verhandlung* 4.0.1 ~ halten *eine Gerichtsverhandlung abhalten* 4.0.2 zu ~ sitzen (über jmdn.) *Recht sprechen (über jmdn.)* **4.0.3** → a. *jüngst(4.2)* **5** *richtende Tätigkeit* **5.0.1** über jmdn. ~ halten *über jmdn. Recht sprechen* **5.0.2** mit jmdm. hart, scharf, streng ins ~ gehen ⟨fig.; umg.⟩ *jmdm. ernste Vorhaltungen machen, ihn scharf zurechtweisen, hart bestrafen* **6** *Urteilsspruch, Richterspruch;* sich dem ~, jmds. ~ unterwerfen

Ge'richts·hof ⟨m.⟩ *aus mehreren Mitgliedern bestehendes Gericht;* → a. *obere(r, -s)*

Ge'richts·stand ⟨m.⟩ *Ort, dessen Gericht bei einer Rechtssache zuständig ist od. sein soll, meist der Wohnort des Beklagten od. der Tatort;* ~ ist Frankfurt/M.; vertraglich vereinbarter ~

Ge'richts·voll·zie·her ⟨m.; -s, -⟩ *Beamter des Gerichts, der Vorladungen zustellt, Pfändungen vornimmt u. ä.*

ge'ring ⟨Adj.⟩ **1** *eher klein als groß;* ~e Begabung; in ~er Entfernung; ~es Gewicht; von ~em Alkoholgehalt; ~e Aussichten (auf Erfolg) haben; die Anforderungen, die hier an jeden gestellt werden, sind (nicht) ~; das Geschäft war heute ~; seine Leistung um ein Geringes steigern **2** *(Einschränkung) klein wenig;* die Abweichungen sind nur ~; dazu verspüre ich nur ~e Neigung; das ist nur von ~em Wert; darauf lege ich nur ~en Wert; sein Bleiben war nur von ~er Dauer; sie muß sich auf ein Geringes beschränken **2.1** er befand sich in nicht ~er Verlegenheit *in ziemlich großer V.* **2.2** er hat das Haus um ein Geringes erworben ⟨geh.⟩ *für wenig Geld* **3** ⟨Komparativ⟩ ~er *kleiner, weniger;* unsere Vorräte werden immer ~er; der Wert dieses Bildes ist ~er als der des anderen **3.1** nichts Geringeres als *nichts weniger als;* es handelt sich um nichts Geringeres als den Bau einer neuen Fabrik **3.2** niemand Geringerer als *niemand anders als;* kein Geringerer als Goethe hat gesagt ... **4** ⟨Superlativ⟩ ~st *kleinst;* er erschrak beim ~sten Geräusch; er achtet auf die ~sten Kleinigkeiten; das ist der ~ste Kummer, viel schlimmer ist die andere Sache; das ist meine ~ste Sorge; ihr entgeht nicht das Geringste; er achtet auf das Geringste **4.1** das macht ihm nicht die ~sten Schwierigkeiten *gar keine* **4.2** nicht im ~sten *ganz u. gar nicht, überhaupt nicht;* das interessiert mich nicht im ~sten; er ließ sich nicht im ~sten stören **5** *wenig gut, nicht sehr gut;* von jmdm. eine ~e Meinung haben **6** *sozial niedrig gestellt;* von ~er Herkunft sein; der Geringste unter ihnen **7** ⟨90⟩ ein ~er Hirsch ⟨jägerspr.⟩ *junger, kleiner, magerer H.*

ge'ring·fü·gig ⟨Adj.⟩ *unbedeutend, unwesentlich;* ~e Unterschiede

ge'rin·nen ⟨V. 203/400(s.)⟩ etwas gerinnt *bildet Gerinnsel od. Flocken, wird flockig, klumpig, ballt sich zusammen;* Blut, Milch gerinnt; Blut zum Gerinnen bringen

Ge'rinn·sel ⟨n.; -s, -⟩ **1** *kleine Menge fest gewordener Flüssigkeit, Klümpchen;* Blut~ **2** *Rinnsal*

Ge'rip·pe ⟨n.; -s, -⟩ **1** = *Skelett(1)* **1.1** zum ~ abmagern *bis auf Haut u. Knochen, sehr mager werden* **2** *Gestell, Gerüst von Flugzeugen, Schirmen, Gebäuden;* Stahl~ **3** ⟨fig.⟩ *Grundplan, Grundzüge, Disposition (einer Abhandlung);* das ~ meines Vortrags ist schon fertig, steht fest

ge'ris·sen **1** ⟨Part. Perf. von⟩ *reißen* **2** ⟨Adj.; fig.; umg.⟩ *schlau, durchtrieben, übermäßig geschäftstüchtig, nur auf den eigenen Vorteil bedacht;* ein ~er Geschäftsmann; er ist ein ~er Kerl ⟨umg.⟩; ~er Hund ⟨fig.⟩

gern ⟨Adv.⟩ oV *gerne* **1** *mit Vergnügen, freudig, mit Vorliebe;* ~ lesen, singen, tanzen; ich nehme ihr Angebot ~ an; etwas (nicht) ~ tun; ich bin ~ dort; von Herzen ~!; herzlich ~! (als Antwort auf eine Bitte); aber ~!, sehr ~!, ~!, ja, ~! (als Antwort auf eine Bitte); das tue ich schrecklich ~ ⟨umg.⟩ **1.0.1** ich möchte zu ~ mitkommen *ich wünsche mir sehr mitzukommen* **1.0.2** ich möchte ~ wissen ... *es reizt mich sehr zu wissen ...* **1.0.3** ich hätte ~ Herrn X gesprochen *ich möchte bitte Herrn X sprechen* **1.1** *bereitwillig;* das glaube ich ~; bitte, ~ geschehen!, bitte, das habe ich sehr ~ getan! (als Antwort auf Dank) **2** ~ gesehen *beliebt;* ein ~ gesehener Gast; er ist bei uns (nicht) ~ gesehen **3** jmdn. ~ haben *jmdn. gut leiden können, jmdm. Sympathie entgegenbringen* **3.1** du kannst mich ~ haben ⟨umg.; iron.⟩ *ich will nichts von dir wissen, du bist mir gleichgültig, laß mich (damit) in Ruhe* **4** es ~ haben, sehen, wenn ... *es mögen, wenn ...;* ich habe, sehe es ~, wenn ...; es wird (nicht) ~ gesehen, wenn ... **5** nicht ~ ⟨umg.⟩ *nicht absichtlich;* entschuldigen Sie, das habe ich nicht ~ getan! **6** ⟨umg.⟩ *vorzugsweise, gewöhnlich;* diese Blumen wachsen ~ in feuchtem Boden

'ger·ne ⟨Adv.⟩ = *gern*

Ge'röll ⟨n.; -(e)s, -e⟩ *durch Wasser abgerundete Bruchstücke von Gestein u. Mineralien*

'Ger·ste ⟨f.; -, (selten) -n⟩ **1** ⟨i. w. S.⟩ *Gattung der Süßgräser mit Wild- u. Kulturformen, seit ältester Zeit bekannt, gilt als Brotfrucht der Trokkenzonen u. Steppengebiete: Hordeum* **1.1** ⟨i. e. S.⟩ *Kulturform der Gerste, Saatgerste: Hordeum vulgare, Hordeum distichum*

'Ger·sten·korn ⟨n.⟩ **1** *Frucht der Gerste* **2** ⟨fig.⟩ *eitrige Entzündung einer Talgdrüse am Augenlid*

'Ger·te ⟨f.; -, -n⟩ *Rute, biegsamer, entblätterter Zweig*

Ge'ruch ⟨m.; -(e)s, ¨e⟩ **1** *Art, wie etwas riecht;* ein beißender, durchdringender, feiner, guter, herber, herrlicher, kräftiger, lieblicher, scharfer, schlechter, schwacher, starker, strenger, süßer, übler, würziger ~; ein ~ von Kaffee; der ~ des frischen Kuchens stieg ihm in die Nase; einen ~ beseitigen **2** ⟨unz.⟩ *Geruchssinn;* einen feinen ~ haben **3** ⟨unz.; fig.⟩ *Ruf;* im ~ der Heiligkeit stehen; im ~ eines Lebemannes stehen; in einen schlechten ~ kommen

Ge'rücht ⟨n.; -(e)s, -e⟩ *umlaufende unverbürgte Nachricht, weitverbreitetes Gerede;* es geht das ~; ~e in Umlauf setzen

ge'ru·hen ⟨V. 408⟩ *sich huldvoll (zu etwas) herbeilassen;* ~ Eure Majestät, den Botschafter zu empfangen?; er geruhte, sich von seinem Platz zu erheben ⟨iron.⟩

ge'ruh·sam ⟨Adj.⟩ *ruhig, behaglich, ohne Eile, ohne Aufregungen;* ein ~es Leben führen; ich wünsche eine ~e Nacht!; ~ frühstücken, spazierengehen

Ge'rüm·pel ⟨n.; -s; unz.; umg.⟩ *alter Kram, ab-*

genutzte Gegenstände (bes. Möbel u. Hausgerät)

Ge'rüst ⟨n.; -(e)s, -e⟩ **1** *Gefüge aus Holz, Metall, Knochen als Tragwerk, Stützgestell, Hilfskonstruktion;* Bretter~, Knochen~ **2** ⟨fig.⟩ *Grundplan, Entwurf;* das ~ meines Vortrags ist fertig, es fehlt noch die Ausarbeitung

ge'rüt·telt 1 ⟨Part. Perf. von⟩ *rütteln* **2** ⟨Adj. 90⟩ *bis zum Rande, bis oben hin;* ein ~es Maß; der Sack ist ~ voll

ge'sal·zen 1 ⟨Part. Perf. von⟩ *salzen* **2** ⟨Adj.; fig.; umg.⟩ *scharf, kräftig;* eine ~e Ohrfeige 2.1 *derb;* ein ~er Witz 2.2 *sehr hoch;* ein ~er Preis, eine ~e Rechnung

ge'samt ⟨Adj. 24/60⟩ *ganz, völlig, vollständig, alle(s) zusammen;* die ~e Bevölkerung, Familie; die ~en Räume; sein ~es Vermögen

Ge'samt·bild ⟨n.⟩ **1** *umfassendes Bild, Bild des ganzen Gegenstandes* **2** ⟨fig.⟩ *umfassender Überblick, zusammengefaßter Eindruck* 2.1 ~ einer Krankheit *Gesamtheit aller Anzeichen, aller Krankheitszeichen*

Ge'samt·heit ⟨f.; -; unz.⟩ **1** *das Ganze, alles zusammen, Einheit* **2** *die ganze Gemeinschaft* **3** die ~ *alle, das Volk als Einheit*

Ge'sand·te(r) ⟨f. 2 (m. 1)⟩ *diplomat. Vertreter eines Staates bei einem anderen Staat (vier Rangklassen — Botschafter u. Nuntius, Gesandter i. e. S., Resident, Geschäftsträger);* der deutsche ~ am belgischen Hof

Ge'sang ⟨m.; -(e)s, ¨e⟩ **1** ⟨unz.⟩ *das Singen;* der ~ der Vögel 1.1 *Singen als Lehr- u. Unterrichtsfach;* ~ studieren; Unterricht in ~ geben, haben, nehmen; er hat in ~ eine Drei 1.2 *Vortrag eines Liedes* 1.3 ⟨poet.⟩ *das Tönen, Klingen;* der ~ der Geige **2** *vertonte Dichtung, Lied;* Helden~, Lob~, Preis~; die Gesänge der Neger; geistliche Gesänge **3** *Abschnitt, Kapitel eines (Vers-)Epos;* erster, zweiter ~ der Ilias **4** ⟨unz.; poet.⟩ *Dichtkunst, Gabe zu dichten;* singe, wem ~ gegeben (Uhland)

Ge'säß ⟨n.; -es, -e⟩ *die untere Fortsetzung des Rückens, wo auf den Sitzbeinen des Beckens die paarigen Wülste des kleinen Gesäßmuskels aufsitzen, Sitzfläche des Menschen;* Sy *Hinterer, Hintern, Popo* ⟨umg.⟩

Ge'schäft ⟨n.; -(e)s, -e⟩ **1** *zweckgebundene Tätigkeit, Aufgabe;* seinen ~en nachgehen; was für ein ~ führt dich her?; ich komme in ~en; jmdm. ein ~ übertragen; mit ~en überlastet sein 1.1 ⟨fig.; umg.⟩ *Notdurft, Entleerung des Leibes;* ein ~ verrichten; ein großes, kleines ~ **2** *kaufmänn., auf Gewinn gerichtete Tätigkeit, Unternehmung;* Geld~, Tausch~; ein einträgliches ~; unsaubere, zweifelhafte ~e machen; ein ~ abschließen, abwickeln, betreiben; die ~e für jmdn. führen; ein ~ mit jmdm. machen 2.1 mit jmdm. ins ~ kommen *mit jmdm. in geschäftl. Verhandlungen eintreten* 2.2 ~ ist ~ *wenn man verdienen will, sollten private Erwägungen od. Gefühle aus dem Spiel bleiben* **3** *Gewinn aus einer kaufmänn. Unternehmung;* ein ~ machen; gute, schlechte ~e machen; aus der Not der andern ein ~ machen **4** *kaufmänn. od. gewerbl. Unternehmen;* das ~ geht gut, schlecht; wie geht das ~?; ein ~ aufgeben, auflösen; er ist am ~ des Vaters beteiligt; das ~ blüht; ein ~ eröffnen, gründen, übernehmen; er hat ein ~ für Kurzwaren; ein bekanntes, solides ~ **4.1** ⟨umg.⟩ *Firma, in der man angestellt ist;* morgens ins ~ gehen; abends aus dem ~ kommen **5** *Laden;* die ~e schließen um 18 Uhr

ge'schäfts·fä·hig ⟨Adj.⟩ *fähig, Rechtsgeschäfte vorzunehmen;* Ggs *geschäftsunfähig*

ge'schäfts·mä·ßig ⟨Adj.⟩ *den Geschäften, den kaufmänn. Gepflogenheiten entsprechend*

ge'scheckt ⟨Adj. 70⟩ *gefleckt, scheckig*

ge'sche·hen ⟨V. 150(s.)⟩ **1** ⟨400⟩ etwas geschieht *ereignet sich;* ein Unglück ist ~; was auch ~ mag; es mag ~, was will; was ist ~?; es kann ~, daß ...; es ist nun einmal ~; das Geschehene kann man nicht ungeschehen machen **2** etwas soll ~ *getan werden;* es muß doch etwas ~!; was soll jetzt ~?; was soll mit den übriggebliebenen Speisen ~?; dein Wille geschehe! (Vaterunser) **3** ⟨600⟩ etwas geschieht jmdm. *stößt jmdm. zu, widerfährt jmdm.;* es wird dir nichts ~; ihm ist ein Unglück ~; ihm ist Unrecht ~; ich wußte nicht, wie mir geschah 3.1 ⟨610⟩ das geschieht ihm recht ⟨umg.⟩ *das hat er verdient* **4** ⟨400⟩ etwas ~ lassen *etwas zulassen;* wie konntest du das ~ lassen? **5** ⟨800; unpersönl.⟩ es ist um jmdn. od. etwas ~ *jmd. od. etwas ist verloren;* jetzt war es um seine Ruhe ~

Ge'sche·hen ⟨n.; -s, -⟩ **1** *Ablauf von Geschehnissen, das, was geschieht;* Welt~ **2** *Ereignis, Vorfall;* das damalige, gegenwärtige ~

Ge'schei·de ⟨n.; -s, -; jägerspr.⟩ *Magen u. Gedärme (vom Wild)*

ge'scheit ⟨Adj.⟩ **1** *klug, urteilsfähig, verständig urteilend, intelligent;* ~er Einfall; er ist ein ~er Kopf; er ist sehr ~ 1.0.1 ich werde daraus nicht ~ *ich verstehe es nicht* 1.0.2 du bist wohl nicht ~? *was fällt dir ein, was denkst du dir eigentlich?* 1.1 etwas ~ anfangen, machen *geschickt* 1.2 sei ~! *sei vernünftig!* **2** ⟨oberdt.⟩ *tüchtig, kräftig, ordentlich;* gib mir eine ~e Portion!; das ist doch nichts Gescheites

Ge'schenk ⟨n.; -(e)s, -e⟩ **1** *mit keiner Gegenleistung verbundene Gabe, die Freude bereiten soll;* Geburtstags~, Weihnachts~; ein großes, kleines, nützliches, praktisches, schönes, wertvolles ~; ein ~ (von) meiner Mutter; das Buch war als ~ gedacht; jmdm. ein ~ mitbringen; kleine ~e erhalten die Freundschaft ⟨Sprichw.⟩ 1.0.1 jmdm. ein ~, etwas zum ~ machen *jmdm. etwas schenken* **2** ⟨fig.⟩ *unerwartete Gabe, die Freude bereitet;* dieser schöne Tag war ein ~ (des Himmels) **3** *Gabe, mit der u. U. die Absicht der Bestechung verbunden wird;* Wahl~; keine ~e annehmen

Ge'schich·te ⟨f.; -, -n⟩ **1** ⟨unz.⟩ *Vorgang der Entwicklung in Natur u. Gesellschaft;* Erd~, Kunst~; die deutsche, englische usw. ~; ~ der Technik, des Theaters; in der ~ ist es immer wieder vorgekommen, daß ...; die ~ lehrt uns, daß ... 1.0.1 man kann das Rad der ~ nicht zurückdrehen ⟨fig.⟩ *nichts ungeschehen machen* 1.0.2 ~ machen *für die geschichtl. Entwicklung Entscheidendes leisten* **2** ⟨unz.⟩ *alles Geschehene, die Vergangenheit* 2.0.1 im Buch der ~ blättern, lesen ⟨fig.⟩ *die Vergangenheit betrachten* **3** ⟨unz.⟩ *Wissenschaft, die sich mit dem Ablauf der polit. u. gesellschaftl. Entwicklung befaßt;* ~ des Altertums, des Mittelalters, der Neuzeit; Alte, Mittlere, Neuere, Neueste ~ 3.1 *Geschichte(3) als Lehr- u. Unterrichtsfach;* er gibt ~ und Deutsch; wir haben dreimal in der Woche ~; ~ studieren (an der Universität); er hat in ~ eine Eins; in ~ unterrichten **4** *Erzählung, Schilderung;* der Held dieser ~; eine ~ erzählen, schreiben, vorlesen; Großmutter kann wunderbar ~n erzählen; Kinder hören gern ~n; eine aufregende, langweilige, schöne, spannende, traurige ~; die biblischen ~n; die ~ von König Barbarossa **4**.1 ⟨umg.⟩ *Lüge, Rederei;* das sind doch alles nur ~n! **5** *Angelegenheit, Sache;* das ist eine böse, dumme ~; die ~ ist für mich erledigt; was kostet die ganze ~? 5.1 *Abenteuer, Erlebnis;* mir ist neulich eine ~ passiert, die ich dir erzählen muß **5**.2 *Liebesangelegenheit;* der X hatte doch die ~ mit der Schauspielerin 5.3 *(unangenehme) Überraschung;* da haben wir die ~!; das ist eine peinliche, unangenehme ~; das ist eine schöne ~! ⟨iron.⟩; das sind ja nette ~n! ⟨iron.⟩ 5.3.1 mach keine ~n! *benimm dich ordentlich!, mach keine Umstände, zier dich nicht, mach keine Dummheiten!*

Ge'schick ⟨n.; -(e)s, -e⟩ **1** *Schicksal, Fügung;* ein böses, gutes ~; ein grausames ~ hat ihn uns entrissen; ein gütiges ~ bewahrte ihn vor dem Tode 1.1 *Gestaltung der Lebensumstände;* sein ~ selbst in die Hand nehmen **2** ⟨unz.⟩ *Eignung, besondere Fähigkeit, etwas Bestimmtes zu tun;* er hat das nötige ~ für den Umgang mit Menschen; kein ~ zum Basteln haben; er hat ein besonderes ~, die Leute vor den Kopf zu stoßen ⟨iron.⟩ 2.1 *Fähigkeit, eine Sache richtig anzufassen u. durchzuführen, Geschicklichkeit;* er zeigt (dabei) viel ~ **3** *Ordnung;* eine Sache wieder ins ~ bringen

ge'schickt 1 ⟨Part. Perf. von⟩ *schicken* **2** ⟨Adj.⟩ 2.1 *geübt und flink;* ein ~er Arbeiter, Handwerker; er ist in allen handwerklichen Arbeiten sehr ~; sich (bei einer Tätigkeit) ~ anstellen; ~e Finger, Hände haben; ein Schloß mit ~en Griffen öffnen 2.2 ⟨fig.⟩ *umsichtig, wendig;* ein ~er Lehrer, Verhandlungsleiter; etwas durch ~e Fragen herausbekommen; wir müssen ~ vorgehen; eine Sache ~ anfassen

Ge'schirr ⟨n.; -(e)s, -e⟩ **1** *Gefäße, in denen Speisen u. Getränke zubereitet u., od. aufgetragen werden;* Eß~, Kaffee~, Küchen~, Tee~, Porzellan~, Steingut~; das ~ abräumen; ~ abtrocknen, spülen; ~ zerschlagen; altes, kostbares ~; feuerfestes, unzerbrechliches ~; das gute ~ nehmen; sauberes, schmutziges ~ **2** *Geräte, Maschinen u. Vorrichtungen, die für eine bestimmte Arbeit zusammengestellt sind;* Anker~, Lade~, Bohr~ **3** *Seil- od. Riemenwerk zum Anspannen von Zugtieren;* den Pferden das ~ abnehmen, anlegen; das Pferd geht gut im ~ 3.0.1 sich ordentlich ins ~ legen ⟨fig.⟩ *kräftig arbeiten, sich anstrengen* 3.1 *Wagen u. Zugtier(e)* **4** ⟨Weberei⟩ *die Schäfte eines Webstuhls mit ihrer Aufhängung*

Ge'schlecht ⟨n.; -(e)s, -er⟩ **1** *eine der zwei verschiedenen Formen, weiblich u. männlich, in denen beim Menschen, den meisten Tieren u. vielen Pflanzen die Einzelwesen vorkommen;* Menschen beiderlei ~s; das andere ~ **2** ⟨unz.⟩ *Geschlechtsteil* **3** *Art, Gattung;* Menschen~; das menschliche ~ **4** = *Generation(3);* die kommenden ~er; von ~ zu ~ **5** *Familie;* Adels~, Bauern~; das ~ der Hohenzollern; ein altes, alteingesessenes, weit verbreitetes ~; aus altem, edlem ~ stammen 5.1 ⟨schweiz.⟩ *Familienname;* ich habe das ~ vergessen, Herr ... **6** ⟨Gramm.⟩ *Kategorie von formalen Merkmalen (Morphemen), die Nomen u. Pronomen dem männl., weibl. od. keinem Geschlecht(1) zuordnen;* männliches, weibliches, sächliches ~

Ge'schlechts·akt ⟨m.⟩ *geschlechtl. Vereinigung von Mann u. Frau, von männl. u. weibl. Tier;* Sy *Koitus*

Ge'schlechts·krank·heit ⟨f.⟩ *durch den Geschlechtsverkehr übertragene Infektionskrankheit*

Ge'schlos·sen·heit ⟨f.; -; unz.; fig.⟩ *abgerundete Form, erschöpfende Behandlung;* eine Arbeit, ein Musikwerk von großer ~

Ge'schmack ⟨m.; -(e)s, (selten) ¨e od. ¨er⟩ **1** *Fähigkeit zu schmecken, Geschmackssinn;* für meinen ~ ist die Suppe zu stark gesalzen **2** *beim Schmecken feststellbare Eigenart eines Stoffes;* bitterer, erdiger, herber, kräftiger, saurer, süßer ~; einen faden, schalen ~ im Munde haben; die Suppe hat einen ~ nach Pilzen; die Birne hat einen guten ~ **3** ⟨fig.⟩ *Urteilsfähigkeit in ästhet. Fragen, Sinn für Schönes, für Kultur, auch für Vornehmheit, Anstand;* das ist der ~ unserer Zeit; seinen ~ bilden, entwickeln; (keinen) ~ haben; einen guten, schlechten ~ haben; für meinen ~ ist das Haus zu protzig; sich mit ~ kleiden; nach heutigem, neuestem ~; das ist (nicht) nach meinem ~; sein Verhalten zeugt von gutem, schlechtem ~; über den ~ läßt sich (nicht) streiten ⟨Sprichw.⟩ 3.1 ⟨nur Pl.⟩ die Geschmäkker sind verschieden *man soll jmdm. anderen nicht den eigenen Geschmack(3) aufzwingen* **4** ⟨fig.⟩ *Gefallen, Vorliebe;* an etwas ~ finden, gewinnen; einer Sache ~ abgewinnen **4**.0.1 auf den ~ kommen *das Angenehme an einer Sache entdecken* **4**.0.2 je nach ~ *nach Belieben*

ge'schmack·los ⟨Adj.⟩ **1** *ohne Geschmack(2);* das Medikament ist völlig ~ 1.1 ⟨veralt.⟩ *schal, fade;* die Suppe ist etwas ~ **2** ⟨fig.⟩ *häßlich, kitschig;* ein ~es Gebäude, Kleid; ~er Schmuck; sich ~ kleiden **3** *taktlos, ohne Anstand, unvornehm;* ich finde diesen Witz ~

Ge'schmack(s)·sa·che ⟨f.⟩ *Angelegenheit, bei der nur der Geschmack(4) entscheidet;* das ist ~

Ge'schmei·de ⟨n.; -s, -⟩ *Goldschmiedearbeit, kostbarer (bes. Hals)schmuck*

ge'schmei·dig ⟨Adj.⟩ **1** *weich, schmiegsam;* ~es Leder; einen Stoff ~ machen **2** *gewandt, gelenkig;* sich ~ durch eine Zaunlücke winden; einem Schlag ~ ausweichen **3** ⟨fig.⟩ *diplomatisch, schlau, geschickt;* mit ~en, überredenden Worten; unbequemen Fragen ~ ausweichen

Ge'schöpf ⟨n.; -(e)s, -e⟩ **1** *(von Gott geschaffenes) Lebewesen, Mensch, Tier, Pflanze;* Sy *Kreatur(1);* alle ~e Gottes **2** *Mensch, Person;* so ein albernes, undankbares ~!; das arme ~!; sie ist ein reizendes kleines ~ 2.1 ⟨abwertend⟩ *von einem anderen bevorzugter, aber auch abhängiger Mensch;* Sy *Kreatur(2);* sie ist sein ~ **3** *etwas Geschaffenes, materielles od. geistiges Erzeugnis;* ein ~ seiner Phantasie

Ge'schoß ⟨n.; -s·ses, -s·se⟩ **1** *(mit Hilfe einer Waffe) geschleuderter Körper;* Sy *Projektil;* Gewehr~, Artillerie~ **2** *Stockwerk;* Dach~,

Erd~, Ober~, Zwischen~; im ersten ~ wohnen

ge'schraubt 1 ⟨Part. Perf. von⟩ *schrauben* **2** ⟨Adj.; fig.⟩ *geziert, unnatürlich, gekünstelt;* ~er Stil, ~e Sprache; sie drückt sich oft etwas ~ aus; ein ~es Benehmen

Ge'schrei ⟨n.; -s; unz.⟩ **1** *anhaltendes Schreien;* Jammer~, Kinder~, Weh~; Kinder machen viel ~ **2** ⟨fig.⟩ *Aufhebens, Getue;* viel ~ um etwas machen 2.0.1 ein großes ~ erheben ⟨fig.⟩ *sich heftig entrüsten, viel Aufhebens machen* 2.0.2 viel ~ und wenig Wolle ⟨Sprichw.⟩ *viel Lärm um nichts, viel Gerede u. wenig dahinter*

Ge'schütz ⟨n.; -es, -e⟩ **1** ⟨urspr.⟩ *Waffen des Schützen* **2** ⟨heute⟩ *Gerät zum Abfeuern von großen Geschossen;* ein ~ auffahren, bedienen, laden; leichtes, schweres ~; ein ~ in Stellung bringen 2.0.1 grobes, schweres ~ auffahren ⟨fig.; umg.⟩ *sehr energisch werden, jmdm. etwas sehr deutlich zu verstehen geben*

Ge'schwa·der ⟨n.; -s, -; Mil.⟩ **1** ⟨früher⟩ *Reiterformation von 600 bis 700 Mann* **2** ⟨heute⟩ *Verband gleichartiger Kriegsschiffe* **3** *Verband von 2 bis 3 Staffeln mit je 18 Flugzeugen, entsprechend dem Regiment*

ge'schwät·zig ⟨Adj.⟩ **1** *gern u. viel redend, schwatzhaft* **2** *alles ausplaudernd;* Ggs *verschwiegen*

ge'schwei·ge ⟨Konj.; meist in der Wendung⟩ ~ denn *noch viel weniger;* er hat nicht einmal das Geld für eine Wohnung, ~ (denn) für ein ganzes Haus

ge'schwind ⟨Adj.⟩ *schnell, flink, rasch;* das geht ganz ~, nicht so ~; mach ~!; ich will nur ~ noch zum Bäcker laufen

Ge'schwin·dig·keit ⟨f.; -, -en⟩ **1** ⟨Phys.; Tech.⟩ *das Verhältnis von zurückgelegtem Weg zu der dazu gebrauchten Zeit* **2** *Schnelligkeit;* die ~ drosseln, steigern, verringern; mit großer, rasender ~; er fuhr mit einer ~ von 60 Kilometern in der Stunde 2.0.1 zu große ~ draufhaben ⟨umg.⟩ *zu schnell fahren* 2.0.2 ~ ist keine Hexerei ⟨umg.⟩ *jeder kann sich beeilen* 2.0.3 mit affenartiger ~ ⟨umg.; scherzh.⟩ *sehr schnell, überraschend schnell*

Ge'schwi·ster ⟨n.; -s, -⟩ **1** ⟨unz.; poet.; Biol.; Statistik⟩ *ein Geschwisterteil (Bruder od. Schwester)* **2** ⟨nur Pl.⟩ *Bruder u. Schwester, Brüder u. Schwestern;* meine ~ und ich; ich habe noch drei ~; wir sind zu Hause fünf ~

Ge'schwo·re·ne(r) ⟨f. 2 (m.1); bis 1972 amtl. Bez.⟩ = *Schöffe(1)*

Ge'schwulst ⟨f.; -, -̈e; Med.⟩ **1** *Neubildung von körpereigenem Gewebe, das durch sein Wachstum anderes Körpergewebe verdrängt u. zerstört;* Sy *Tumor* 1.1 → a. *gutartig(1.1), bösartig(2.1)*

Ge'schwür ⟨n.; -(e)s, -e⟩ **1** *mehr od. weniger tiefgreifender Substanzverlust an Haut od. Schleimhäuten infolge Verletzung, Durchblutungsstörung, Entzündung oder Gewebszerstörung bei Eiterung: Ulcus* **2** ⟨fig.⟩ *anhaltender Mißstand*

Ge'sel·le ⟨m.; -n, -n⟩ **1** ⟨Handwerk⟩ *Gehilfe nach Abschluß der Lehrzeit u. abgelegter Gesellenprüfung* **2** ⟨allg.⟩ *junger Mensch, Gefährte;* ein fröhlicher, lustiger, roher, wüster ~

ge'sel·len ⟨V. 550/R3⟩ **1** sich zu jmdm. ~ *sich jmdm. anschließen, mit ihm gehen* 1.1 → a. *gleich(2.2)*

Ge'sel·len·stück ⟨n.⟩ *Gegenstand, den der Lehrling bei der Gesellenprüfung herzustellen hat*

ge'sel·lig ⟨Adj.⟩ **1** ~ lebende Tiere *im Rudel, in der Herde lebende T.* **2** *Gesellschaft liebend, suchend, sich gern unter Menschen aufhaltend;* er ist nicht sehr ~ **3** *in zwangloser Gesellschaft stattfindend, unterhaltsam;* ein ~er Abend; ein ~es Leben führen; jmdn. zu einem ~en Beisammensein einladen

Ge'sel·lig·keit ⟨f.; -, -en⟩ **1** ⟨unz.⟩ *geselliges Wesen* **2** ⟨unz.⟩ *zwangloser, außerberufl. Verkehr mit anderen Menschen;* die ~ lieben, pflegen **3** *unterhaltsame Veranstaltung, geselliges Beisammensein;* jmdn. zu einer kleinen ~ einladen

Ge'sell·schaft ⟨f.; -, -en⟩ **1** *zweckgebundene, aus Nützlichkeitserwägungen entstandene, meist in sich gegliederte Gruppe von Menschen, die zusammen leben und arbeiten;* Klassen~, Ur~; die bürgerliche ~; die menschliche ~; die primitiven ~en 1.0.1 → a. *offen(1.5.6)* **2** *die im geselligen Verkehr maßgebende, führende Schicht eines Landes od. einer Stadt;* die feine, gute, vornehme ~; in die ~ eingeführt werden; sich in ~ benehmen, bewegen können **3** *größeres geselliges Beisammensein;* Abend~; ~en besuchen; eine ~ geben; viel in ~en gehen; jmdn. auf einer ~ treffen **4** *geselliger Kreis;* Damen~, Herren~; Reise~, Tisch~; in schlechte ~ geraten; in schlechter ~ verkehren; ihr seid aber eine langweilige ~! ⟨umg.⟩; benimm dich, du befindest dich hier in guter ~! ⟨umg.; iron.⟩ 4.1 die ganze ~ *alle miteinander* **5** *Begleitung;* ich bin gern in deiner ~ 5.0.1 da kommt ~! *jmd. zur Begleitung* 5.0.2 hier bringe ich dir deine Puppe, da hast du ~! *da bist du nicht allein* 5.1 jmdm. ~ leisten *jmdn. unterhalten, ihm die Zeit vertreiben* **6** *Vereinigung mehrerer Personen zu bestimmtem Zweck und mit bestimmten Satzungen;* Handels~; einer ~ beitreten; in eine ~ eintreten; eine ~ gründen; gelehrte ~; literarische ~ 6.1 die ~ Jesu *der Jesuitenorden* 6.2 ~ mit beschränkter Haftung ⟨Abk.: GmbH⟩ *Kapitalgesellschaft, bei der Gesellschafter nur mit dem Kapital ihrer Einlage haften*

Ge'sell·schaf·ter ⟨m.; -s, -⟩ **1** *anregender, unterhaltsamer Mensch, Unterhalter, Begleiter;* er ist ein guter ~ **2** *Teilhaber einer Handelsgesellschaft* 2.1 → a. *still(6.0.3)*

Ge'sell·schafts·ord·nung ⟨f.⟩ *die Art, in der eine Gesellschaft aufgebaut ist, Struktur einer Gesellschaft*

Ge'setz ⟨n.; -es, -e⟩ **1** *rechtlich bindende Vorschrift;* Straf~; das ~ Mose; ein ~ abschaffen, aufheben, befolgen, brechen, verletzen; ein ~ auslegen; ein ~ erlassen; das ~ tritt am 1.4. in Kraft; das ~ übertreten; auf dem Boden des ~es stehen; das ist gegen alles Recht und ~; sich gegen das ~ vergehen; gegen ein ~ verstoßen; eine Lücke im ~ finden, durch die man schlüpfen kann; im Namen des ~es erkläre ich Sie für verhaftet; mit dem ~ in Konflikt geraten; durch die Maschen des ~es schlüpfen ⟨fig.⟩ **2** *Ordnungsregel, auf Grund deren etwas ist oder geschieht;* Natur~; das ~ des freien Falles; die Mendelschen ~e **3** *Regel, Richtschnur, Grundsatz;* die ~e der Dichtkunst; ein ästhetisches, ethisches, moralisches ~; harte, strenge ~e; ein ungeschriebenes ~; ... nach dem ~, wonach du angetreten (Goethe, Urworte); sich etwas zum ~ machen

ge'setzt 1 ⟨Part. Perf. von⟩ *setzen* **2** ⟨Adj.⟩ *ernst u. ruhig, besonnen, gemessen, würdevoll*

ge·setz·ten'falls ⟨Adv.⟩ *angenommen, vorausgesetzt, daß ...*

Ge'sicht[1] ⟨n.; -(e)s, -er⟩ **1** *vordere Fläche des Kopfes mit Nase, Mund u. Augen;* das ~ abwenden; sich ein ~ fest einprägen; das ~ verzerren; jmdm. das ~ zuwenden; ein altes, faltiges, junges, pockennarbiges, runzliges ~ haben; ein apartes, feines, häßliches, hübsches, schönes ~ haben; ein blasses, bleiches, blühendes, frisches, gesundes, kränkliches ~; ein breites, langes, ovales, schmales ~; ein interessantes, markantes ~; ein gut, scharf geschnittenes ~ haben; jmdm. frech ins ~ lachen; jmdm. nicht (mehr gerade, offen) ins ~ schauen können (weil man ein schlechtes Gewissen hat); die Sonne scheint mir ins ~; jmdn. ins ~ schlagen; jmdm. fest, voll ins ~ sehen; jmdm. ins ~ spucken; das Blut stieg ihr ins ~ (vor Scham, Zorn); ich hätte ihm vor Wut ins ~ springen mögen; das ~ in den Händen verbergen; mit dem ~ nach vorn, nach hinten **1.0.1** jmdm. wie aus dem ~ geschnitten sein *jmdm. sehr ähnlich sehen;* er ist seiner Mutter wie aus dem ~ geschnitten **1.0.2** jmdm. etwas ins ~ sagen *jmdm. ohne Scheu etwas Unangenehmes sagen* **1.0.3** etwas steht jmdm. zu ~ *etwas paßt zu jmdm.;* die Farbe, der Hut steht ihr gut zu ~ **1.0.4** einer Gefahr, einer neuen Situation ins ~ sehen *sich mit ihr auseinandersetzen, ihr nicht ausweichen* **2** *Gesichtsausdruck, Miene;* ein (un)freundliches ~ aufsetzen, machen; mach ein fröhliches ~!; er zeigt immer ein heiteres ~; ein amtliches, offizielles ~ aufsetzen, machen; mach nicht so ein böses, dummes ~!; ein erschrockenes, erstauntes, fröhliches, grimmiges, heiteres, mürrisches, strenges, trauriges, trotziges, wütendes ~ machen; das sieht man dir am ~ an; ich konnte ihm seine Gedanken vom ~ ablesen; das ~ zum Weinen verziehen **2.0.1** ein ~ wie 14 Tage Regenwetter machen *mürrisch aussehen* **2.0.2** etwas steht jmdm. im ~ geschrieben *etwas ist an jmds. Gesichtsausdruck deutlich zu erkennen;* die Lüge stand ihm im ~ geschrieben **2.1** *Fratze, Grimasse;* was machst du denn für ein ~?; ~er schneiden **2.1.1** ein ~ ziehen *enttäuscht, beleidigt dreinschauen* **3** *Person, Mensch;* wir gehen gern aus, um einmal andere ~er zu sehen; ich habe dort viele bekannte ~er gesehen; er läuft jedem hübschen ~ nach **4** ⟨fig.⟩ *(charakterist.) Aussehen;* das ~ einer Stadt; einer Sache das richtige ~ geben; große Politiker prägen das ~ ihrer Zeit; das gibt der Sache ein anderes ~ **4.0.1** sein wahres ~ zeigen *zeigen, wie man wirklich ist, sich nicht mehr verstellen* **4.1** *Ansehen;* das ~ wahren, retten; das ~ verlieren **5** *Sehvermögen;* das ~ verlieren **5.0.1** jmdn. od. etwas zu ~ bekommen *sehen;* ich habe es noch nicht zu ~ bekommen **5.0.2** jmdm. zu ~ kommen *von jmdm. gesehen werden* **6** ⟨fig.; umg.⟩ *bevorzugte Seite* **6.0.1** das belegte Brötchen ist aufs ~ gefallen ⟨scherzh.⟩ *mit der belegten Seite nach unten auf den Boden gefallen*

Ge'sicht[2] ⟨n.; -(e)s, -e⟩ *Erscheinung, Vision;* im Traum ein ~ haben

Ge'sichts·feld ⟨n.⟩ **1** *bei unbewegtem Auge überschaubarer Raum* **2** *mit der Optik erfaßbarer Raum, Bildausschnitt, Abbildungsbereich*

Ge'sichts·kreis ⟨m.⟩ = *Horizont(1-2);* seinen ~ erweitern; einen großen, kleinen, weiten, begrenzten ~ haben

Ge'sichts·punkt ⟨m.⟩ **1** *(Möglichkeit der) Betrachtungsweise, Blickwinkel;* das ist ein ~!; ein neuer, wesentlicher ~; von diesem ~ aus betrachtet ... **2** *Gedanke, wesentl. Einzelheit;* noch einige ~e hinzufügen

Ge'sichts·win·kel ⟨m.⟩ **1** *der Winkel, den die von den äußersten Punkten eines Gegenstandes zum Auge ziehenden Linien (Richtungsstrahlen) bilden* **2** unter diesem ~ ⟨fig.⟩ *von dieser Seite, bei dieser Betrachtungsweise;* unter diesem ~ betrachtet, sieht die Sache anders aus

Ge'sichts·zug ⟨m.; -(e)s, ¨e; meist Pl.⟩ *Schnitt, Ausprägung des Gesichts, durch den Ausdruck geprägte Gestalt des Gesichts;* edle, feine, grausame, harte, strenge, weiche Gesichtszüge

Ge'sims ⟨n.; -es, -e⟩ *waagerecht vorspringender Streifen einer Mauer, eines Pfeilers*

Ge'sin·de ⟨n.; -s, -; veralt.⟩ *Gesamtheit der Knechte u. Mägde, bes. eines Bauernhofes*

Ge'sin·del ⟨n.; -s; unz.⟩ *betrüger., verbrecher. od. arbeitsscheue Menschen;* lichtscheues ~

ge'sinnt ⟨Adj. 24/70⟩ *eingestellt, eine bestimmte Gesinnung habend;* (jmdm.) feindlich, freundlich, gut, übel ~ sein; wie ist er politisch ~?

Ge'sin·nung ⟨f.; -, -en⟩ *sittl. Haltung eines Menschen, Einstellung, Meinung, Denkart;* seine ~ wechseln; anständige, aufrichtige, ehrliche, gemeine, gute, knechtische, liberale, niedrige ~; politische ~; seine wahre ~ zeigen

ge'sit·tet ⟨Adj.⟩ *wie es Sitte u. Anstand entspricht;* ~es Benehmen; ~ neben den Eltern hergehen

ge'son·nen 1 ⟨Part. Perf. von⟩ *sinnen* **2** ⟨Adj. 24/40⟩ ~ sein, etwas zu tun *etwas zu tun beabsichtigen*

Ge'spann ⟨n.; -(e)s, -e⟩ **1** *zusammengespannte Zugtiere* **2** *Zugtier(e) u. Wagen;* Ochsen~, Pferde~ **3** ⟨fig.; umg.⟩ *zwei zusammengehörige od. zusammen arbeitende Personen;* ein seltsames ~!; die beiden geben ein gutes ~ ab

Ge'spenst ⟨n.; -(e)s, -er⟩ **1** *erschreckende Erscheinung (eines Geistes), Trugbild;* das ~ der Hungersnot, des Krieges **1.1** du siehst ~er! *du bist zu pessimistisch* **1.2** aussehen wie ein ~ *bleich, abgemagert*

Ge'spinst ⟨n.; -(e)s, -e⟩ **1** *etwas Gesponnenes, zartes Gewebe aus gesponnenen Fäden* **2** ⟨Text.⟩ *gedrehtes Garn aus Fasern endlicher Länge*

Ge'spött ⟨n.; -(e)s; unz.⟩ *Gegenstand des Spottes;* jmdn. od. sich zum ~ der Leute machen

Ge'spräch ⟨n.; -(e)s, -e⟩ **1** *mehrmaliger od. längerer Wechsel von Rede und Gegenrede, Unterhaltung, Dialog;* Zwie~; den Faden des ~s wieder aufnehmen; Gegenstand unseres ~s war der neue Film; das ~ abbrechen; das ~ wieder aufnehmen; ein ~ belauschen; ein ~ führen (mit jmdm.); ein ~ unterbrechen; ein dienstliches, fachliches, freundschaftliches, politisches ~; ein ernstes, heiteres, interessantes, zwangloses ~; ein kurzes, langes ~; sich in ein ~ einlassen; mit jmdm. ins ~ kommen; ins ~ vertieft sein; ein ~ mit jmdm. anknüpfen; ~ unter vier Augen; ein ~ zwischen Lehrer und Schülern **1.0.1** das ~ auf etwas bringen *zu einem bestimmten Thema hinlenken* **1.1** *einmalige telephonische Zwiesprache;* Blitz~, Fern~, Orts~; ein ~ abhören; ein ~ (nach Berlin) anmelden; das ~ (nach Berlin) kostete DM 5,50; ein ~ vermitteln; ein dringendes ~; ein ~ von einigen Minuten **1.1.1** ein ~ abnehmen *sich am Telephon melden* **2** *öffentl. Besprochenes, Gegenstand des öffentl. Geredes;* Stadt~, Tages~; der Vorfall von gestern ist das ~ des Tages; zum öffentlichen ~ werden **2.0.1** im ~ sein *(öffentl.) besprochen werden, Gegenstand der Diskussion sein*

ge'sprä·chig ⟨Adj.⟩ *gerne redend, mitteilsam*

Ge'sprächs·stoff ⟨m.⟩ *etwas, worüber man ein Gespräch führen kann, Stoff zur Unterhaltung;* den beiden war der ~ ausgegangen

ge'sprächs·wei·se ⟨Adv.⟩ *in einem Gespräch;* eine Sache ~ erwähnen

Ge'sta·de ⟨n.; -s, -; poet.⟩ *Rand eines Gewässers*

Ge'stalt ⟨f.; -, -en⟩ **1** *die äußere Erscheinung eines Menschen, Wuchs, Körperbeschaffenheit;* große, hagere, kräftige, schöne, untersetzte, zierliche ~; jmdn. an seiner ~ erkennen; hübsch, häßlich von ~; von schlanker ~; der Ritter von der traurigen ~ **2** *nur in Umrissen, undeutlich wahrgenommener Mensch;* eine dunkle ~ näherte sich uns **3** *Persönlichkeit;* so etwas könnte man nur von einer ~ wie z. B. Goethe sagen **4** *von der (dichter.) Phantasie geschaffene Person;* die ~ des Ritters in Lortzings „Undine" **5** *äußere Form, Erscheinung, die Umrisse, Aussehen;* eine andere ~ annehmen (im Märchen); der Zauberer nahm die ~ einer Schlange an; sich in seiner wahren ~ zeigen; das Abendmahl in beiderlei ~; das Unheil nahte in ~ eines Polizisten; Hilfe in ~ von Geld und Sachwerten **5.0.1** der Plan nimmt allmählich (feste) ~ an, gewinnt langsam ~ *formt sich, entwickelt sich* **5.0.2** einer Sache ~ geben *eine S. formen* **5.0.3** einem Gedanken ~ geben *einen G. formulieren, in Worte fassen*

ge'stal·ten ⟨V. 500⟩ **1** eine Sache ~ *einer S. eine bestimmte Form geben;* einen Abend, eine Feier ~; einen Romanstoff schöpferisch ~; eine geschichtliche Begebenheit zu einem Drama ~; ein Zusammensein zu einem kleinen Fest ~ **2** ⟨510/R3⟩ sich ~ *werden, sich entwickeln, eine bestimmte Form annehmen;* die Sache hat sich ganz anders gestaltet, als wir dachten; sich günstig, ungünstig ~; sich zu einem Erfolg ~

ge'stän·dig ⟨Adj. 24/70⟩ **1** *ein Geständnis abgelegt, seine Schuld zugegeben habend;* ein ~er Mörder **1.1** der Angeklagte ist ~ *hat (die Tat) gestanden*

Ge'ständ·nis ⟨n.; -s·ses, -s·se⟩ **1** *das Gestehen, Mitteilen einer Schuld, Neigung u. ä.;* das ~ des Gefangenen; das ~ seiner Liebe **1.1** ein ~ ablegen *etwas eingestehen, etwas bekennen* **1.2** jmdm. ein ~ machen *etwas gestehen*

ge'stat·ten ⟨V. 500⟩ **1** ⟨503/R5 od. 6⟩ (jmdm.) etwas ~ *erlauben, bewilligen;* ~ Sie, daß ich die Zeitung nehme?; ich werde mir ~, morgen einmal anzurufen; ~ Sie eine Frage; ist es gestattet, einzutreten? **1.1** ~ Sie? *(Höflichkeitsformel) bitte lassen Sie mich durch!, darf ich vorbei?, darf ich mir nehmen?, darf ich es sehen? u. ä.*

'Ge·ste ⟨f.; -, -n⟩ **1** *konventionelle Bewegung, die etwas ausdrücken soll* **2** *unverbindl. Höflichkeitsformel*

ge'ste·hen ⟨V. 256/503/R6⟩ etwas ~ *(eine Tat, Schuld, Neigung o. ä.) mitteilen, zugeben, bekennen;* hat der Verbrecher gestanden?; er hat mir gestanden, daß ...; jmdm. seine Liebe ~; ein Verbrechen ~; die (volle) Wahrheit ~; ich muß mit Beschämung ~, daß ...; offen gestanden, ist es mir lieber, wenn ...

Ge'stein ⟨n.; -(e)s, -e⟩ **1** *aus mehreren Mineralien bestehender Bestandteil der festen Erdkruste* **2** *Masse von fest verbundenen od. losen Steinen, Fels*

Ge'stell ⟨n.; -(e)s, -e⟩ **1** *Gefüge aus Brettern od. Stangen zum Stützen od. Tragen, Rahmen, an dem andere Teile befestigt od. auf den andere Teile gelegt werden, Unterbau;* Bett~, Bücher~, Gläser~ **2** ⟨Tech.⟩ *unterer Teil des Hochofens* **3** ⟨jägerspr.⟩ *Schneise* **4** ⟨fig.; umg.; scherzh.⟩ *langer, dürrer Mensch*

Ge'stel·lung ⟨f.; -, -en⟩ **1** ⟨Eisenbahn⟩ *Zur-Verfügung-Stellen* **2** *Antritt zum Heeresdienst od. zur Zolluntersuchung*

'ge·stern ⟨Adv.⟩ **1** *von heute aus einen Tag zurück, am Tag vor dem heutigen;* ist es erst ~ gewesen, daß ...?; ~ war ich bei ihm; ~ abend, ~ morgen, ~ nachmittag; wir haben bis ~ noch nicht gewußt, ob ...; ~ vor acht Tagen **1.0.1** das Brötchen ist von ~ *altbacken* **1.0.2** er ist von ~ übriggeblieben ⟨umg.; scherzh.⟩ *er hat die Nacht durch bis zum Morgen gezecht* **2** ⟨fig.⟩ *früher* **2.0.1** das Gestern und das Heute *Vergangenheit und Gegenwart* **2.0.2** Ansichten von ~ haben *altmodische A.* **2.0.3** nicht von ~ sein ⟨umg.⟩ *nicht unerfahren, dumm sein, Bescheid wissen*

ge'stie·felt ⟨Adj. 24⟩ **1** *mit Stiefeln versehen* **1.1** ⟨40⟩ ~ und gespornt ⟨fig.; umg.⟩ *fix u. fertig angezogen, abmarschbereit* **1.2** ⟨60⟩ der Gestiefelte Kater *eine Märchenfigur*

'Ge·stik ⟨f.; -; unz.⟩ **1** *Gesamtheit der Gesten, Gebärdenspiel* **2** *Zeichensprache*

ge·sti·ku'lie·ren ⟨V. 400⟩ **1** *Gesten, Gebärden machen* **2** *durch Bewegungen Zeichen geben, sich verständl. machen*

Ge'stirn ⟨n.; -(e)s, -e; geh.⟩ **1** = *Himmelskörper;* der Lauf der ~e **1.1** *einzelner Himmelskörper, Sonne, Mond, Stern(bild);* das ~ der Nacht

Ge'stö·ber ⟨n.; -s, -⟩ *mit Wind einhergehender Niederschlag (meist Schnee);* Schnee~

Ge'sträuch ⟨n.; -(e)s, -e; geh.⟩ *mehrere dicht zusammenstehende Sträucher*

'gest·rig ⟨Adj. 24/60⟩ *von gestern, gestern gewesen;* das ewig Gestrige, was immer war und immer wiederkehrt und morgen gilt, weil's heute hat gegolten (Schiller, Wallensteins Tod, I, 4); unsere ~e Vereinbarung; am ~en Tage

Ge'strüpp ⟨n.; -(e)s, -e⟩ *dichtes, schwer zu durchdringendes Buschwerk*

Ge'stühl ⟨n.; -(e)s, -e⟩ **1** *Gesamtheit der Stühle (eines Raumes)* **2** *Reihen zusammenhängender Stühle;* Chor ~

Ge'stüt ⟨n.; -(e)s, -e⟩ **1** *Pferdezüchterei, Pferdezuchtanstalt* **2** *alle Pferde eines Gestüts(1)*

Ge'such ⟨n.; -(e)s, -e⟩ *schriftl. Bitte, Eingabe (bes. an eine Behörde);* ein ~ einreichen, stellen; ein ~ ablehnen, befürworten, bewilligen

ge'sund ⟨Adj. 22⟩ **1** *frei von Krankheit, leistungsfähig, kräftig;* ein ~er Mensch, ein ~es Organ; ~e Glieder haben; ein ~es Herz, eine ~e Lunge haben; uns wurde ein ~er Junge geboren (in Geburtsanzeigen); bleiben Sie ~!; sich ~ fühlen; jmdn. wieder ~ machen; ~ sein; er ist nicht ganz ~; frisch und ~ sein; ~ und munter; jmdn. als ~ aus dem Krankenhaus entlassen; ~ an Leib und Seele sein 1.0.1 aber sonst bist du ~? ⟨umg.; iron.⟩ *du bist wohl nicht ganz gescheit?* 1.0.2 in ~en Tagen ⟨fig.; umg.⟩ *wenn, solange man gesund(1) ist* 1.1 ein ~es Unternehmen ⟨fig.⟩ *ein wirtschaftl. gut fundiertes U.* **2** *von Gesundheit zeugend;* einen ~en Appetit haben; ~er Schlaf 2.1 *wohl, blühend, frisch;* ~es Aussehen; ~e Gesichtsfarbe; ~ aussehen **3** *richtig, natürlich, normal, vernünftig;* dies ist keine ~e Entwicklung 3.0.1 der ~e Menschenverstand *Vernunft, Wirklichkeitssinn, vernünftiges, reales Denken* 3.0.2 ein ~es Urteil haben *Fähigkeit, richtig u. maßvoll zu urteilen* **4** *der Gesundheit zuträglich, Gesundheit bringend od. erhaltend;* ~es Klima; ~e Nahrungsmittel; ~e Luft; Obst ist ~ **5** *heilsam, förderlich* 5.0.1 das ist dir ganz ~! ⟨fig.; umg.⟩ *das wird dir eine Lehre sein!*

ge'sun·den ⟨V. 400(s.); geh.⟩ *gesund werden;* er wird bald ~; die Wirtschaft soll durch diese Maßnahme ~

Ge'sund·heit ⟨f.; -, -en⟩ **1** ⟨unz.⟩ *Zustand des Gesundseins, Wohlbefindens, der Leistungsfähigkeit;* Volks ~; ~! (Zuruf, wenn jmd. niest); seine ~ ist angegriffen, erschüttert, zerrüttet; er hat seinem Beruf seine ~ geopfert; das schadet der ~; eine eiserne, robuste ~ haben; körperliche, geistige, seelische ~; die öffentliche ~; auf Ihre ~! (beim Zutrinken); auf jmds. ~ trinken; bei guter ~ sein; mit seiner ~ Raubbau treiben; vor ~ strotzen; das ist der ~ nicht zuträglich; wie geht, steht es mit Ihrer ~? **2** *Trinkspruch auf jmds. Wohl;* auf jmdn. die ~, eine ~ ausbringen

Ge'tö·se ⟨n.; -s; unz.⟩ *anhaltender Lärm, anhaltender klirrender Krach*

ge'tra·gen **1** ⟨Part. Perf. von⟩ *tragen* **2** ⟨Adj. 70⟩ *gemessen, langsam, ruhig u. ernst;* eine ~e Melodie; ~es Tempo

Ge'tränk ⟨n.; -(e)s, -e⟩ *Flüssigkeit zum Trinken;* ein erfrischendes, heißes, kaltes, warmes ~; geistige ~e; ein starkes ~

ge'trau·en ⟨V. 520/R3⟩ sich etwas ~ *etwas wagen, sich zutrauen;* das getraue ich mich, (od. seltener) mir nicht; das getraue ich mich (od. seltener) mir ohne weiteres; getraust du dich (od. seltener) dir, hier hinunterzuspringen?

Ge'trei·de ⟨n.; -s; unz.⟩ *Kulturpflanzen, die auf Halmen wachsen u. in Ähren od. Rispen angeordnete, mehlreiche u. trockene Körner tragen*

ge'treu ⟨Adj.⟩ **1** *treu, zuverlässig;* ein ~er Diener; seinem Grundsatz ~, tat er es nicht; dein ~er X (als Briefschluß); sich selbst ~ bleiben, sein; sei ~ bis an den Tod (Offenbarung 2,10) **2** *(der Wirklichkeit) genau entsprechend, gemäß;* ein ~es Abbild; ~e Wiedergabe; der Wahrheit ~ berichten

Ge'trie·be ⟨n.; -s, -⟩ **1** *Gefüge von Maschinenteilen zur Übertragung od. Veränderung von (meist rotierenden) Bewegungen* **2** ⟨Bgb.⟩ *vorläufige Abstützung eines Stollens* **3** *lebhafte Bewegung einer Menge, lebhaftes Kommen u. Gehen;* aus dem ~ der Stadt herauskommen; im ~ der Welt

ge'trost ⟨Adj. 24⟩ *vertrauend, zuversichtlich, guten Mutes, ohne Sorge;* man kann ~ sagen, daß ...; ~ sterben; sich ~ auf den Weg machen

'Get·to ⟨n.; -s, -s⟩ **1** *abgeschlossenes Stadtviertel, bes. für Juden* **2** ⟨abwertend⟩ *Wohnviertel (unter)privilegierter Gruppen*

Ge'tue ⟨n.; -s; unz.⟩ **1** *unnatürlich wirkendes Verhalten* **2** *zweckloses Herumhantieren*

Ge'tüm·mel ⟨n.; -s, -⟩ *lärmende, sich (anscheinend) ohne Ordnung bewegende Menge von Menschen;* Kampf ~, Schlacht ~; es herrschte ein wildes ~; sich ins ~ stürzen

Ge'vat·ter ⟨m.; -s od. -n, -n; veralt.⟩ **1** *Pate* 1.1 zu ~ bitten *die Patenschaft anbieten* 1.2 ~ stehen (bei) *die Patenschaft übernehmen (für)* **2** ⟨fig.⟩ *Freund, Verwandter, Nachbar (bes. als Anrede);* ~ Tod

ge'wagt **1** ⟨Part. Perf. von⟩ *wagen* **2** ⟨Adj.⟩ *kühn, bedenklich, gefährlich;* ein ~es Unternehmen

ge'wählt **1** ⟨Part. Perf. von⟩ *wählen* **2** ⟨Adj.⟩ *ausgesucht, besonders passend* 2.1 ein ~es Deutsch sprechen *ein grammatisch richtiges u. stilistisch schönes D.* 2.2 ~e Kleidung *elegante u. geschmackvolle K.;* sich ~ kleiden

ge'wahr ⟨Adj. 24/42 od. 44; nur in der Wendung⟩ jmdn. od. etwas, jmds. od. etwas ~ werden *jmdn. od. etwas entdecken, erblicken, bemerken, gewahren;* dessen, es ~ werden; plötzlich wurden wir seiner, ihn ~; wir wurden der, die Gefahr zu spät ~

Ge'währ ⟨f.; -; unz.⟩ *Sicherheit, Bürgschaft, Garantie;* die Angabe der Lottozahlen, Totozahlen erfolgt wie immer ohne ~; ~ bieten, leisten für jmdn. od. etwas

ge'wah·ren ⟨V. 500/R8⟩ jmdn. od. etwas ~ ⟨geh.⟩ *bemerken, erblicken, entdecken*

ge'wäh·ren ⟨V. 530⟩ **1** jmdm. etwas ~ *bewilligen, zugestehen, erlauben;* Aufschub, Frist, einen Kredit, Preisnachlaß ~; Hilfe, Obdach, Schutz, Unterhalt, Unterstützung ~; der Vertrag gewährt ihm gewisse Vergünstigungen, Vorteile 1.1 jmdm. ein Anliegen, eine Bitte, ein Gesuch, einen Wunsch ~ ⟨geh.⟩ *erfüllen* **2** jmdn. ~ lassen *jmdn. tun lassen, was er will, ihn nicht daran hindern;* lassen Sie ihn ruhig ~

ge'währ·lei·sten ⟨V. 500⟩ etwas ~ *verbürgen, sichern;* der Erfolg, Verkauf ist gewährleistet; durch diese Gesetzesänderung soll die innere Pressefreiheit gewährleistet werden

Ge'wahr·sam[1] ⟨m.; -s, -e⟩ *Obhut, Haft, Verwahrung, Verfügungsgewalt über eine Sache;* etwas in ~ bringen, geben; etwas in ~ haben, halten, nehmen; der Verbrecher befindet sich in polizeilichem ~

Ge'wahr·sam[2] ⟨n.; -s, -e⟩ *Haft-, Strafanstalt;* er wurde in ein sicheres ~ gebracht

Ge'walt ⟨f.; -, -en⟩ **1** *Macht, Befugnis über jmdn. od. etwas zu bestimmen;* die ~ ausüben, besitzen, erteilen, haben; die ausübende, gesetzgebende, öffentliche, richterliche, staatliche, vollziehende ~; die elterliche, väterliche ~; geistliche und weltliche ~; etwas in seine ~ bekommen; in, unter jmds. ~ geraten, sein, stehen; jmdn., etwas in seiner ~ haben; das steht nicht in meiner ~; unumschränkte ~ über etwas haben; er verlor die ~ über seinen Wagen; seine Stimme nicht in der ~ haben **1.0.1** → a. *hoch(3.2)* **2** ⟨unz.⟩ *Zwang, (rohe) Kraft, unrechtmäßiges Vorgehen;* ~ anwenden, brauchen, üben; ~ leiden müssen; ich weiche nur der ~; jmdn. mit sanfter ~ zum Gehen bewegen; rohe ~ anwenden; mit ~ eindringen, etwas erzwingen; mit ~ wirst du nichts erreichen; die Tür ließ sich nur mit ~ öffnen; ~ geht vor Recht ⟨Sprichw.⟩ **2.0.1** jmdm. ~ antun *jmdn. gewalttätig behandeln* **2.0.2** einer Frau, einem Mädchen ~ antun *eine F., ein M. vergewaltigen* **2.0.3** sich ~ antun *sich das Leben nehmen* **2.0.4** seinen Gefühlen ~ antun *sie mit Mühe beherrschen* **3** *Heftigkeit, Wucht, Ungestüm;* die ~ der Explosion, des Sturmes, der Wellen, des Zusammenpralls; die ~ der Leidenschaft, des Schicksals; das Unwetter brach mit elementarer ~ herein; der Frühling naht mit ~ **3.1** mit aller ~ *um jeden Preis*

ge'wal·tig ⟨Adj.⟩ **1** *eindrucksvoll, mächtig, heftig, riesig, groß;* eine Naturkatastrophe ~en Ausmaßes; es hinterließ einen ~en Eindruck; mit ~er Kraft; ~e Felsen umsäumten die Schlucht; ~e Vorräte lagern **2** ⟨50; umg.⟩ *sehr;* da mußt du ~ aufpassen; sich ~ irren

Ge'wand ⟨n.; -(e)s, ¨er (poet. a.) -e⟩ **1** ⟨veralt.⟩ *Tuch* **2** *Kleid, Festkleid, Ornat;* Meß~ **3** ⟨fig.⟩ *Äußeres, äußere Erscheinungsform, Maske;* im ~ des Biedermannes; unsere Zeitschrift erscheint in neuem ~

ge'wandt **1** ⟨Part. Perf. von⟩ *wenden* **2** ⟨Adj.⟩ *sicher u. geschickt;* ein ~es Auftreten, Benehmen, ~e Umgangsformen haben; er ist ein ~er Gesellschafter, Redner, Tänzer, Unterhalter; einen ~en Stil schreiben; in vielen Dingen ~ sein

ge'wär·tig ⟨Adj. 24/44; nur in der Wendung⟩ einer Sache ~ sein *eine S. erwarten, auf eine S. gefaßt sein;* du mußt ~ sein, daß ...; er ist sich dessen nicht ~; des Todes ~

Ge'wäs·ser ⟨n.; -s, -⟩ *natürl. Ansammlung von Wasser*

Ge'we·be ⟨n.; -s, -⟩ **1** ⟨Web.⟩ *Verbindung von sich kreuzenden Fäden, der daraus bestehende Stoff;* baumwollenes, kunstseidenes, reinseidenes, synthetisches, wollenes ~; bedrucktes, buntes, einfarbiges, gemustertes ~; dichtes, dünnes, grobes, leichtes, lockeres, weiches ~ **2** ⟨fig.⟩ *verflochtenes, schwer zu entwirrendes Gefüge;* Lügen~; ich werde das ~ seiner Lügen zerreißen; er hat sich im ~ seiner Lügen verstrickt; von einem ~ aus Ablehnung und Mißtrauen umgeben sein **3** ⟨Biol.⟩ *Gefüge gleichartiger Zellen;* Zell~; ~ der Drüsen, Knochen, Muskeln, Nerven; ~ verpflanzen; das krankhafte ~ wuchert weiter; embryonales, krankes, organisches, totes ~

Ge'wehr ⟨n.; -(e)s, -e⟩ **1** *Handfeuerwaffe mit langem Lauf;* das ~ anlegen, entsichern, laden, präsentieren, schultern; mit gesenktem ~ (als Trauerbezeigung); ~ ab!, Achtung - präsentiert das ~!, das ~ - über!, setzt die ~e - zusammen!, ~ zur - Hand! (militär. Kommandos) **1.0.1** ~ bei Fuß stehen ⟨fig.⟩ *angriffsbereit sein* **1.0.2** ran an die ~e ⟨fig.; umg.⟩ *ohne Zaudern zugepackt!, zögert nicht länger!* **2** ~ des Keilers ⟨jägerspr.⟩ *aus dem Unterkiefer hervorragende Eckzähne*

Ge'weih ⟨n.; -(e)s, -e⟩ *von den Knochenzapfen der Stirnbeine entspringende Knochenauswüchse des Rot-, Dam-, Elch- u. Rehwildes, die sich jährlich erneuern;* Ggs *Gehörn(1);* das ~ abwerfen

Ge'wer·be ⟨n.; -s, -⟩ **1** *auf Erwerb gerichtete Berufstätigkeit;* ein ~ ausüben, betreiben, erlernen, treiben; ein dunkles, ehrliches, mühsames, schmutziges, unsauberes ~; in einem ~ tätig sein; Handel und ~ **1.0.1** das ist ein undankbares ~! ⟨umg.⟩ *die Sache lohnt sich nicht* **1.0.2** aus allem ein ~ machen ⟨umg.⟩ *aus allem einen Vorteil ziehen* **1.0.3** → a. *horizontal(2)* **1.1** *die berufsmäßige Tätigkeit der Rohstoffverarbeitung od. -bearbeitung* **2** ⟨schweiz.⟩ *Bauernhof, Gutsbetrieb;* Bauern~

Ge'werk·schaft ⟨f.; -, -en⟩ **1** *Vereinigung von Arbeitnehmern, um ihre Interessen (gegenüber Arbeitgeber, Regierung usw.) zu wahren;* Mitglied einer ~ sein; einer ~ angehören, beitreten; die ~en fordern eine weitere Verkürzung der Arbeitszeit **2** ⟨Bgb.⟩ *Zusammenschluß mehrerer Bergwerksunternehmen, wobei die Mitglieder je nach ihren Anteilen Gewinn u. Verlust tragen*

Ge'wicht[1] ⟨n.; -(e)s, -e⟩ **1** *Schwere, Kraft, Druck eines Körpers auf seine Unterlage;* ein Päckchen darf bis zu 2 Kilo ~ haben; das hat aber ein ~!; leichtes, schweres, spezifisches, das zulässige ~; etwas nach ~ verkaufen **1.0.1** → a. *tot(6.3)* **1.1** ⟨Reitsport⟩ *Gesamtgewicht von Reiter, Sattelzeug u. Decke* **2** ⟨fig.⟩ *Wichtigkeit, Bedeutung, Einfluß;* einer Sache kein, viel, wenig ~ beilegen, beimessen, geben; ein Argument, eine Frage, eine Meinung, ein Urteil von ~ **2.0.1** dieser Umstand fällt nicht ins ~ ⟨fig.⟩ *hat keine Bedeutung, ist unwesentlich* **2.0.2** sein ganzes ~ in die Waagschale werfen *allen Einfluß geltend machen* **2.1** ⟨Statistik⟩ *Konstante, mit der einzelne Werte eines Tests gemäß ihrer Bedeutung für die zu messende Größe multipliziert werden* **3** *Körper von genau bestimmter Masse* **3.1** *Maßeinheit zum Wiegen eines anderen Körpers;* Kilo~, 100-Gramm-~ **3.2** *schweres, an einer Kette hängendes Metallstück als Triebkraft des Uhrwerks bei Pendeluhren od. zum Erhalten des Gleichgewichts bei Zuglampen*

Ge'wicht[2] ⟨n.; -(e)s, -er; jägerspr.⟩ *Gehörn (des Rehbocks)*

ge'wich·tig ⟨Adj.⟩ **1** *volles Gewicht aufweisend;* eine ~e Münze **2** ⟨fig.⟩ *bedeutend, maßgebend, schwerwiegend;* eine ~e Entscheidung; ein ~er Entschluß; ~e Gründe **3** *einflußreich;* eine ~e Persönlichkeit

Ge'win·de ⟨n.; -s, -⟩ **1** *Geflecht, Kranz (aus Blumen, Zweigen)* **2** ⟨Tech.⟩ *Rille um einen zylindrischen Mantel od. im Inneren eines zylindr. Hohlraumes;* ein ~ schneiden

Ge'winn ⟨m.; -(e)s, -e⟩ **1** *materieller Nutzen, Ertrag, Überschuß des Ertrags über die Her-*

stellungskosten; (keinen) ~ abwerfen, bringen, einbringen, erzielen; den ~ berechnen, schätzen, überschlagen; ich habe dabei, davon keinen ~; aus etwas seinen ~ schlagen, ziehen; er sucht bei allem seinen ~; er konnte sein Haus mit ~ verkaufen; ~ und Verlust; den ~ einheimsen, einstreichen ⟨umg.⟩ **2** *etwas, was bei einem Spiel od. bei einer Wette gewonnen wird, Treffer, Preis;* Lotterie~; ein ~ in der Lotterie, im Toto, im Zahlenlotto; er ist mit einem großen ~ im Lotto herausgekommen ⟨umg.⟩ **3** ⟨fig.⟩ *Nutzen, Bereicherung;* diese Bekanntschaft war kein ~ für uns; ich habe dieses Buch mit großem ~ gelesen

ge'win·nen ⟨V. 151⟩ **1** ⟨500⟩ einen (Wett)kampf ~ *als Sieger aus einem W. hervorgehen;* einen Kampf, den Krieg, eine Schlacht ~; einen Prozeß, eine Wette ~; ein Spiel, einen Wettbewerb ~; die Mannschaft gewann das Endspiel mit 3:2; mit großem Punktvorsprung ~ **1.1** bei jmdm. gewonnenes Spiel haben ⟨fig.⟩ *von vorneherein wissen, daß man sein Ziel bei jmdm. erreichen wird* **2** ⟨402⟩ (etwas) ~ *(beim Spiel) durch Glück erlangen, erhalten;* er hat das Große Los gewonnen (in der Lotterie); bei einem Preisausschreiben ~; in der Lotterie, im Spiel, in der Tombola, im Zahlenlotto ~ **2.0.1** mit dieser Frau hat er das Große Los gewonnen ⟨fig.; umg.⟩ *er konnte keine glücklichere Wahl treffen* **2.1** ⟨400⟩ ein Los gewinnt *bringt einen Gewinn;* jedes zweite Los gewinnt **3** ⟨500⟩ etwas ~ *durch eigene Anstrengung erlangen, erreichen, erwerben;* dabei kannst du nichts, nicht viel ~; Ansehen, Ehre, Macht, Ruhm ~; jmds. Aufmerksamkeit, Freundschaft, Gunst, Interesse, Liebe, Wohlwollen ~; ich konnte keinen Einfluß auf seine Entscheidung ~; sie hat großen Einfluß auf ihn gewonnen; die Herrschaft, Oberhand, das Übergewicht ~ über jmdn. od. etwas; einen Vorsprung, Vorteil ~; ich muß Zeit ~; wir konnten am Verkauf des Hauses einige 1000 DM gewinnen; damit ist nichts, viel, wenig gewonnen; wie gewonnen, so zerronnen ⟨Sprichw.⟩ **3.1** *durch Sieg erringen;* den Pokal ~ **3.2** einen Ort ~ ⟨geh.⟩ *(mit Mühe) erreichen;* das Land, das rettende Ufer zu ~ suchen; das Freie, Weite zu ~ suchen **3.3** ⟨530⟩ etwas gewinnt jmdm. etwas *verschafft jmdm. etwas, bringt jmdm. etwas ein;* seine Uneigennützigkeit gewann ihm viele Sympathien **3.4** *bekommen;* die Angelegenheit gewinnt durch seine Schilderung ein ganz anderes Gesicht; ich habe die Überzeugung gewonnen, daß ...; ich konnte einen Einblick in die dortigen Verhältnisse ~; es gewinnt den Anschein, als ob ... **4** ⟨500⟩ jmdn. ~ *jmds. Teilnahme, Mitarbeit erlangen;* jmdn. zum Freund, Helfer, Verbündeten ~; jmdn. als Abonnenten, Kunden, Mitglied, Mitarbeiter ~; unsere Konzertdirektion konnte die Künstlerin für ein Gastspiel ~ **4.1** *für sich einnehmen, sich geneigt machen;* sie gewann die Herzen des Publikums im Sturm; jmdn. für sich ~ (z. B. durch Freundlichkeit, Hilfsbereitschaft, Versprechungen); jmdn. für eine Idee, Partei, einen Plan, einen Verein ~ **5** ⟨800⟩ an etwas ~ *zunehmen;* auch durch seine Aussage gewinnt die Sache nicht an Klarheit **5.1** *erfreulicher, angenehmer, wirkungsvoller werden;* sie gewinnt an Reiz, je besser man sie kennenlernt; er gewinnt bei längerer Bekanntschaft; sie gewinnt durch ihre neue Frisur; das Drama hat in der Fernsehbearbeitung noch gewonnen; sie würde noch ~, wenn ... **5.1.1** sie hat sehr gewonnen *sich zu ihrem Vorteil verändert* **6** ⟨500⟩ etwas ~ *fördern, erzeugen;* Erz, Gold, Kohle ~ **6.1** etwas aus etwas ~ *herstellen;* aus diesen Trauben wird ein edler Wein gewonnen **7** ⟨550⟩ es über sich ~ ⟨geh.⟩ *übers Herz bringen, sich überwinden;* ich kann es nicht über mich ~, ihr die schreckliche Nachricht mitzuteilen

ge'win·nend 1 ⟨Part. Präs. von⟩ *gewinnen* **2** ⟨Adj.⟩ *einnehmend, ansprechend;* sie hat ein ~es Lächeln, Wesen; er hat ~e Umgangsformen

Ge'wir·ke ⟨n.; -s, -⟩ *Stoff aus fortlaufenden, zu Maschen verschlungenen Fäden*

Ge'wirr ⟨n.; -(e)s, -e⟩ oV *Gewirre* **1** *verwirrtes Knäuel (z. B. von Fäden)* **2** ⟨fig.⟩ *schwer durchschaubares Durcheinander, unregelmäßige Anlage;* Straßen~, Häuser~

Ge'wir·re ⟨n.; -s, -⟩ = *Gewirr*

ge'wiß ⟨Adj.⟩ **1** *sicher, fest, bestimmt, unbezweifelbar, unbestreitbar;* seines Erfolges, Sieges ~; er hat den gewissen Tod vor Augen; ich habe da einen gewissen Verdacht; du wirst jetzt ~ annehmen, denken, glauben, vermuten, ...; so viel ist ~, daß ...; du kannst meiner Hilfe, Unterstützung, Zustimmung ~ sein; sich einer Sache ~ sein; ich weiß es ganz ~; etwas als ~ annehmen, behaupten, hinstellen; etwas für ~ halten; seiner Begabung, Fähigkeiten, Leistungen ~ sein; ich weiß nichts Gewisses; ich werde ~ kommen; ist das schon ~? **2** ⟨60⟩ *nicht genau ausdrückbar od. feststellbar, schwer beschreibbar, aus Schicklichkeitsgründen nicht aussprechbar;* ein gewisser anderer; in gewisser Beziehung, Hinsicht muß ich dir recht geben; ein gewisser Herr Schmidt möchte dich sprechen; in gewissem Maße trage ich die Verantwortung dafür; eine gewisse Ähnlichkeit ist unverkennbar; sie ist in einem gewissen Alter, in den gewissen Jahren; einen gewissen Anteil muß man ihm zusichern; über gewisse Dinge spricht man nicht gern; ein gewisser Jemand; ein gewisses Verständnis darf ich wohl voraussetzen **2.0.1** jmd. hat ein gewisses Etwas, das gewisse Etwas *eine Anziehungskraft, die man nicht näher beschreiben kann* **2.0.2** einen gewissen Ort aufsuchen ⟨umg.⟩ *die Toilette* **3** ⟨50⟩ *(als Antwort) jawohl, zweifellos, bestimmt;* ~!; ~ nicht!; aber ~!

Ge'wis·sen ⟨n.; -s; unz.⟩ **1** *das Bewußtsein des Menschen von Gut u. Böse im eigenen Verhalten, das Vermögen, sich moralisch selbst zu beurteilen;* auf die Stimme des ~s hören; jmds. ~ beruhigen, einschläfern, zum Schweigen bringen; sein ~ erleichtern; um mein ~ zu entlasten, bekenne ich, daß ...; sein ~ läßt ihm keine Ruhe; sein ~ plagt, quält ihn, regt sich; du mußt dein ~ prüfen; jmds. ~ wachrütteln; sein ärztliches ~ läßt das nicht zu; ein böses, gutes, reines, ruhiges, schlechtes ~ haben; hast du denn gar kein ~!; damit hat er viel Schuld auf sein ~ geladen; mit gutem ~ antworten; das mußt du vor deinem ~ verantworten; gegen Recht und ~ handeln **1.0.1** ein gutes ~ ist ein sanftes Ruhekissen ⟨Sprichw.⟩

wer nichts Unrechtes tut, kann ruhig schlafen 1.0.2 jmdm. schlägt das ~ *jmd. hat Gewissensbisse* 1.0.3 sagen Sie es mir auf Ihr ~ *wahrheitsgemäß* 1.1 etwas auf dem ~ haben *schuld an etwas sein* 1.1.1 er hat einen Mord auf dem ~ *er hat einen M. begangen* 1.2 jmdn. auf dem ~ haben *an jmds. Unglück od. Tod schuld sein* 1.3 sich kein ~ aus etwas machen *keine Gewissensbisse haben (obwohl man Grund dazu hätte);* er macht sich kein ~ daraus 1.4 jmdm. ins ~ reden *jmdm. ernst u. eindringlich etwas vorhalten* 1.5 etwas auf sein ~ nehmen *die Verantwortung für etwas übernehmen;* ich nehme es auf mein ~ 1.6 → a. *Ehre(2.1), Wissen(1.1)*

ge'wis·sen·haft ⟨Adj.⟩ *sorgfältig, genau, zuverlässig;* ein ~er Arbeiter, Beamter, Mensch; wir werden die Angelegenheit ~ prüfen

Ge'wis·sens·biß ⟨m.; meist Pl.⟩ Gewissensbisse *schlechtes Gewissen, Bewußtsein unrechten Handelns, Schuldgefühl;* Gewissensbisse bekommen, fühlen, haben; sich (keine) Gewissensbisse machen

ge'wis·ser·ma·ßen ⟨a. [---'--] Adv.⟩ *sozusagen, man könnte fast sagen, gleichsam, beinahe*

Ge'wit·ter ⟨n.; -s, -⟩ **1** *mit Blitz, Donner u. Niederschlägen verbundene luftelektr. Entladung;* ein ~ droht, kommt näher, naht, zieht herauf, zieht sich zusammen; ein ~ entlädt sich, geht nieder; ein ~ ist im Anzug; das ~ zieht vorüber; ein ~ steht am Himmel gerade über uns; ein drohendes, heftiges, leichtes, nächtliches, schweres ~ **2** ⟨fig.; umg.⟩ *heftige Auseinandersetzung, Zornesausbruch;* das eheliche ~ reinigte die häusliche Atmosphäre

ge'wit·zigt ⟨Adj.⟩ *durch Erfahrung, Schaden klug, vorsichtig geworden*

ge'wo·gen 1 ⟨Part. Perf. von⟩ *wägen, wiegen* **2** ⟨Adj.; fig.⟩ *zugetan, freundlich, wohlwollend gesinnt;* jmdm. od. einer Sache ~ bleiben, sein

ge'wöh·nen ⟨V. 550⟩ **1** j m d n. a n j m d n. od. e t w a s ~ *jmdm. etwas zur Gewohnheit machen, jmdn. mit jmdm. od. etwas vertraut machen;* Kinder an Pünktlichkeit ~; wir mußten den Hund erst an Sauberkeit ~ 1.1 ⟨R3⟩ s i c h an jmdn. od. etwas ~ *vertraut werden mit jmdm. od. etwas, nicht mehr fremd sein;* man gewöhnt sich an alles; ich habe mich so an ihn gewöhnt; allmählich gewöhne ich mich an seine Eigenarten; ich konnte mich noch nicht an dieses Klima ~

Ge'wohn·heit ⟨f.; -, -en⟩ **1** ⟨unz.⟩ *durch dauernde Wiederholung zustandegekommene Selbstverständlichkeit eines Tuns od. Verhaltens;* die Macht der ~; etwas aus (bloßer, reiner) ~ tun 1.1 ~ tut alles *man gewöhnt sich an alles* **2** *Handlung od. Eigenheit, die durch dauernde Wiederholung selbstverständlich ist;* eine ~ ablegen, abstreifen; eine ~ annehmen; die ~ haben, zu ...; das geht, ist ganz gegen meine ~en; eine böse, gute, schlechte, üble ~; der tägliche Spaziergang ist ihm zur lieben ~ geworden

ge'wöhn·lich ⟨Adj.⟩ **1** *alltäglich, nicht hervorstechend, landläufig, gebräuchlich, üblich;* im ~en Leben ist das unwahrscheinlich **2** *gemein, unfein, ordinär;* ~e Ausdrücke, Manieren, Redensarten; sein ~es Benehmen, Betragen stößt jeden ab **3** ⟨50⟩ *im allgemeinen, in der Regel, meist;* ~ kommt er ziemlich spät; er kam wie ~ zu spät 3.1 f ü r ~ *meist;* ich halte für ~ eine kurze Mittagsruhe

ge'wohnt ⟨Adj. 24⟩ **1** ⟨70⟩ *durch zufällige Gewohnheit vertraut, zur Gewohnheit geworden, üblich, herkömmlich;* wir mußten heute unseren ~en Abendspaziergang ausfallen lassen; die Dinge gehen ihren ~en Gang; eine Angelegenheit, die aus dem ~en Rahmen fällt; morgens zur ~en Stunde aufwachen; das ist mein ~er Weg zur Arbeit; etwas in ~er Weise, in der ~en Weise erledigen **2** ⟨42⟩ e t w a s ~ s e i n *durch lange Übung mit etwas vertraut sein;* ich bin es ~, viel allein zu sein; er ist harte Arbeit von Kindheit an ~; er ist das kalte Wasser nicht ~

Ge'wöl·be ⟨n.; -s, -⟩ **1** *gekrümmte Steindecke eines Raumes;* Tonnen~, Kreuz~ **2** *Raum mit gewölbter Decke;* Keller~ **3** ⟨fig.⟩ *rundl. Überdachung;* Himmels~, Schädel~ **4** ⟨oberdt.⟩ *Warenlager, Kramladen (urspr. mit gewölbter Decke)*

Ge'wöl·le ⟨n.; -s, -⟩ *von Eulen u. Greifvögeln durch den Schnabel ausgeschiedener Ballen unverdaul. Nahrungsreste*

Ge'wühl ⟨n.; -(e)s; unz.⟩ *eine sich auf engem Raum in verschiedenste Richtungen bewegende Menge;* Menschen~, Verkehrs~

Ge'würz ⟨n.; -es, -e⟩ *Zutat zum Schmackhaftmachen von Speisen, z. B. Muskat, Pfeffer;* ~ an die Speisen geben, tun; das ~ vergessen; mildes, pikantes, scharfes ~

ge'zeich·net 1 ⟨Part. Perf. von⟩ *zeichnen* **2** ⟨Adj. 70⟩ *eine Zeichnung(2) aufweisend, gemustert;* das Blatt, Fell, Gefieder ist schön ~

Ge'zeit ⟨f.; -, -en; nur Pl.⟩ ~en *regelmäßiges Steigen u. Fallen des Meeresspiegels, Wechsel von Ebbe u. Flut*

ge'zie·men ⟨V. 600; geh.⟩ **1** ⟨R1⟩ e t w a s geziemt s i c h *etwas gehört sich, schickt sich, ist schicklich;* dieses Benehmen geziemt sich nicht; es geziemt sich nicht für ein junges Mädchen, dieses Lokal zu besuchen; du solltest allmählich gelernt haben, was sich geziemt; ganz so, wie es sich geziemt **2** j m d m. geziemt e t w a s *jmdm. gebührt etwas, kommt etwas zu;* ihm geziemt Nachsicht; du scheinst nicht zu wissen, was dir geziemt

ge'zwun·gen 1 ⟨Part. Perf. von⟩ *zwingen* **2** ⟨Adj.⟩ *gekünstelt, unnatürlich, unfrei, unecht, steif;* ~es Benehmen, ~er Stil; seine Fröhlichkeit war ~; ~ lachen

Gicht[1] ⟨f.; -; unz.⟩ **1** ⟨Path.⟩ *Stoffwechselstörung mit vermehrter Harnsäurebildung u. verminderter Harnsäureausscheidung: Arthritis urica* **2** ⟨Bot.⟩ *seltene, durch den Nematoden Anguina tritici verursachte Krankheit des Weizens, bei der sich in den befallenen Ähren harte, dunkelgefärbte Körner bilden*

Gicht[2] ⟨f.; -, -en⟩ *die obere Mündung des Hochofens*

'Gie·bel[1] ⟨m.; -s, -⟩ *mit der Karausche verwandter Fisch: Carassius gibelio*

'Gie·bel[2] ⟨m.; -s, -⟩ **1** *die dreieckige Abschlußwand des Satteldachs an den Schmalseiten, a. als Aufsatz von Türen od. Fenstern;* Fenster~, Tür~, Fachwerk~ **2** ⟨umg.; scherzh.⟩ *Nase*

Gier ⟨f.; -; unz.⟩ *maßloses Begehren, heftiges Verlangen;* seine ~ kaum noch unterdrücken können; ~ nach Macht, Reichtum, bestimmten Speisen usw.; von einer ~ nach etwas befallen sein, werden; eine heftige, wahre ~ auf, nach etwas empfinden, haben

'gie·ßen ⟨V. 152⟩ **1** ⟨511⟩ eine Flüssigkeit auf, in, über etwas ~ *eine F. durch Neigen des Gefäßes auf, in, über etwas laufen lassen;* Kaffee in die Tassen ~; Wasser, Wein ins Glas ~; den Kaffee versehentlich übers Kleid ~ **2** ⟨500⟩ etwas ~ *mit Wasser begießen, tränken;* Beete, Blumen, die Pflanzen auf dem Grab ~ **3** ⟨500⟩ etwas ~ *schmelzen u. in Formen füllen;* Metall, Wachs ~; Blei ~ (als Silvesterbrauch); Eisen, Zinn in eine Form ~; Glocken, Lettern ~ 3.0.1 gegossenes Eisen *durch Guß geformtes E.* 3.0.2 wie aus Erz gegossen dastehen *völlig unbeweglich* **4** ⟨401⟩ es gießt (in Strömen) ⟨umg.⟩ *es regnet stark;* es goß wie aus Kannen

Gift[1] ⟨n.; -(e)s, -e⟩ **1** *lebenzerstörender od. gesundheitsschädl. Stoff;* betäubende ~e wirken auf das Gehirn und seine Zentren; ein chemisches, mineralisches, pflanzliches, tierisches ~; erregende und reizende ~e steigern die Tätigkeit der Nerven und des Kreislaufs; gefährliche, schleichende, schnell wirkende, tödliche ~e; durch ~ sterben, getötet werden 1.0.1 jmdm. ~ geben *jmdn. vergiften* 1.0.2 ~ nehmen *sich vergiften* 1.0.3 darauf kannst du ~ nehmen ⟨fig.; umg.⟩ *das ist ganz sicher* 1.1 etwas ist ~ für jmdn. od. etwas *ist sehr schädlich für jmdn. od. etwas;* dieses Buch ist ~ für ihn 1.2 → a. *blond(1.2)* **2** ⟨fig.⟩ *Bosheit, Haß* 2.0.1 er hat wieder einmal sein ~ verspritzt ⟨fig.; umg.⟩ *boshafte Bemerkungen gemacht* 2.0.2 seitdem ist er auf sie ~ und Galle ⟨fig.; umg.⟩ *wütend auf sie* 2.0.3 ~ und Galle speien ⟨fig.; umg.⟩ *seiner Wut freien Lauf lassen*

Gift[2] ⟨m.; -(e)s; unz.; mundartl.⟩ *Ärger, Zorn;* einen ~ auf jmdn. haben

'gif·tig ⟨Adj.⟩ **1** *Gifte enthaltend;* ~e Beeren, Pflanzen, Pilze; ~e Chemikalien, Dämpfe, Gase, Mineralien; ~e Insekten, Kröten, Schlangen, Spinnen **2** ⟨fig.⟩ *boshaft, mißgünstig, böse, wütend, haßerfüllt;* mit dieser ~en Alten kann niemand gut auskommen; eine ~e Antwort geben; eine ~e Bemerkung machen; ~ antworten, etwas bemerken, sagen; als er das hörte, wurde er sehr ~ 2.0.1 eine ~e Zunge haben *häufig boshafte Bemerkungen machen* **3** ⟨70⟩ eine ~e Farbe ⟨fig.⟩ *eine aufdringl. grelle F.;* ein ~es Grün

'Gift·mi·scher ⟨m.; -s, -⟩ **1** *jmd., der einem anderen vorsätzl. Gift beibringt* **2** ⟨fig.⟩ *jmd., der einem anderen durch Intrigen zu schaden sucht* **3** ⟨scherzh.⟩ *jmd., der berufl. mit Giften zu tun hat (z. B. Apotheker)*

gi'gan·tisch ⟨Adj.⟩ **1** *riesenhaft, gewaltig* **2** *außerordentlich*

'Gim·pel ⟨m.; -s, -⟩ **1** *einheim. kräftiger, schwarz-grauer, im männl. Geschlecht rotbäuchiger Singvogel: Pyrrhula pyrrhula* **2** ⟨fig.⟩ *törichter, einfältiger Mensch*

'Gip·fel[1] ⟨m.; -s, -⟩ **1** *höchste Spitze (eines Berges od. Baumes);* den ~ eines Berges bezwingen, ersteigen **2** ⟨fig.⟩ *Höhepunkt;* den ~ des Glückes, der Macht, des Ruhms (noch nicht) erreicht haben 2.1 *das Äußerste;* der ~ der Geschmacklosigkeit 2.1.1 das ist der ~! ⟨fig.; umg.⟩ *eine Unverschämtheit*

'Gip·fel[2] ⟨n.; -s, -⟩ *längl., an den Enden spitz zulaufendes Gebäck*

'Gip·fel·kon·fe·renz ⟨f.; fig.⟩ *Konferenz führender Staatsmänner*

Gips ⟨m.; -es, -e⟩ **1** *wasserhaltiger, schwefelsaurer Kalk, chem. Formel $CaSO_4 \cdot 2H_2O$;* ~ mit Wasser anrühren; ein Loch in der Wand mit ~ ausfüllen, verschmieren, zustreichen 1.0.1 eine Statue in ~ abgießen *einen Gipsabguß herstellen* 1.0.2 den gebrochenen Arm, das Bein in ~ legen *einen Gipsverband anbringen* 1.0.3 er lag mit einer Wirbelverletzung drei Monate in ~ *im Gipsbett* 1.1 gebrannter ~ *G., der durch Erhitzen sein Kristallwasser verloren hat u. beim Anmachen mit Wasser rasch wieder fest wird*

Gi'raf·fe ⟨schweiz. ['---] f.; -, -n⟩ **1** *zu den Paarhufern gehörendes pflanzenfressendes Herdentier mit außerordentlich langem Hals: Giraffa camelopardalis* **2** ⟨scherzh.; Film⟩ *Gerät mit langem, schwenkbarem Arm, an den z. B. ein Mikrophon über die Szene, doch nicht sichtbar, gehängt werden kann;* Sy *Galgen(2.1)*

Gi·ro ⟨['ʒi:-] n.; -s, -s od. (österr.) -i⟩ **1** *Umlauf von Wechseln u. Schecks* **2** *bargeldloser Zahlungsverkehr durch Verrechnung von einem Konto auf ein anderes* **3** *Vermerk zur Übertragung der Rechte an einem Wechsel*

'gir·ren ⟨V. 400⟩ **1** *in hoher Tonlage (wie eine Taube) gurren* **2** ⟨fig.⟩ *kokett lachen u. sprechen*

Gischt ⟨m.; -(e)s, (selten) ~e od. f.; -, (selten) -e⟩ **1** *Schaum der Wellen* **2** *aufsprühendes Wasser*

Gi'tar·re ⟨f.; -, -n⟩ *sechssaitiges Zupfinstrument mit einem Klangkörper in der Form einer Acht*

'Git·ter ⟨n.; -s, -⟩ **1** *Zaun, Absperrung aus gekreuzten Stäben;* Draht~, Eisen~, Fenster~ **2** *feines Netz aus sich kreuzenden Linien* **3** ⟨Elektronik⟩ *zum Zwecke der Steuerung von Elektronenströmen in Elektronenröhren zwischen Anode u. Kathode liegende Elektrode*

Gla·cé·hand·schuh ⟨[gla'se:]; m.⟩ **1** *Handschuh aus Glacéleder* 1.1 jmdn. mit ~en anfassen ⟨fig.⟩ *sehr vorsichtig, behutsam mit jmdm. umgehen*

Gla·cé·le·der ⟨[gla'se:-] n.⟩ *sehr weiches Leder aus Ziegen- od. Lammfell*

Glanz ⟨m.; -es; unz.⟩ **1** *Eigenschaft glatter Oberfläche von Körpern od. Geweben, Licht zu spiegeln, das Glänzen, Leuchten, Strahlen;* Fett~, Metall~, Seiden~, Sonnen~; der ~ des Goldes, der Kerzen, des Schmuckes, der Sterne; blendender, heller, leuchtender, matter, schimmernder, seidiger, strahlender ~; die Schuhe auf ~ polieren **2** ⟨fig.⟩ *Pracht, Gepränge, Herrlichkeit;* der ~ der Jugend, des Reichtums, des Ruhmes, der Schönheit; eine Sache ihres ~es berauben; aller ~ erlosch; ~ geben, nehmen, verbreiten, verlieren; den ~ einbüßen, verlieren; im höchsten ~ erstrahlen (lassen); in neuem ~ erscheinen; ein Fest mit großem ~ feiern; vom trügerischen ~ des Reichtums geblendet; welcher ~ kommt da in meine Hütte! (scherzh. zur Begrüßung eines unerwarteten Besuchers; frei nach Schillers „Jungfrau von Orleans", Prolog, 2. Auftritt); sie zeigt sich heute in vollem ~e 2.1 mit ~ und Gloria seinen Einzug halten ⟨fig.; umg.⟩ *mit großem Aufwand* **3** mit ~ ⟨fig.; umg.⟩ *ausgezeichnet;* eine Prüfung mit ~ bestehen; er verstand es, sich mit ~ aus der Affäre zu ziehen

'glän·zen ⟨V.⟩ **1** ⟨400⟩ etwas glänzt *strahlt Glanz aus;* die Sonne glänzt, die Sterne ~; sein Gesicht glänzt vor Freude; am Abend glänzt die Stadt von Lichtern; die Wasseroberfläche glänzt im Mondschein; mit ~den Augen betrachteten die Kinder den Weihnachtsbaum **2** ⟨400; fig.⟩ *Bewunderung, Aufsehen erregen, auffallen, hervorragen, hervorstechen, sich auszeichnen;* seine Fähigkeiten, seinen Geist, sein Wissen ~ lassen; sie glänzte schon wieder mit einem neuen Kleide 2.1 durch Abwesenheit ~ ⟨umg.⟩ *nicht da sein* **3** ⟨500⟩ Papier ~ *Glanz geben, glänzend machen, mit glänzender Schicht überziehen*

'glän·zend **1** ⟨Part. Präs. von⟩ *glänzen* **2** ⟨Adj.⟩ *ausgezeichnet, hervorragend;* ~! (als Antwort); eine ~e Begabung auf dem Gebiet der ...; er ist ein ~er Redner, Sänger, Schauspieler; das ist eine ~e Idee!; eine ~e Zukunft liegt vor ihm; der Klimawechsel ist uns ~ bekommen; ich fühle mich heute ~ in Form; es geht ihm ~; die Überraschung ist ~ gelungen; er macht seine Sache ~; das trifft sich ~; er kann ~ mit Menschen umgehen; die beiden verstehen sich ~

'Glanz·lei·stung ⟨f.⟩ *hervorragende Leistung*

'Glanz·licht ⟨n.; meist Pl.⟩ **1** *Lichtreflex auf blanken Körpern* **2** ⟨Mal.⟩ *kleiner Lichteffekt* **3** ⟨fig.⟩ *bes. hervorgehobene, wirkungsvolle Stelle (in einem Kunstwerk);* noch ein paar ~er aufsetzen

'Glanz·punkt ⟨m.⟩ = *Höhepunkt*

'Glanz·zeit ⟨f.⟩ *Zeit der Höchstleistungen;* das war noch in seiner ~; er hat seine ~ überschritten

Glas[1] ⟨n.7; -es, ¨er⟩ **1** ⟨unz.⟩ *harter, meist durchsichtiger, zerbrechlicher Stoff aus Kali- u. Natronverbindungen;* ~!, Vorsicht ~! (Aufschrift auf Kisten für den Transport von Glas u. a. zerbrechl. Gütern); buntes, farbiges, gefärbtes, milchiges, trübes ~; dickes, dünnes, feines, gepreßtes, geschliffenes, gesponnenes, splitterfreies ~; ~ ätzen, blasen, brennen, gießen, pressen, schleifen, ziehen; ein Teeservice aus ~; Glück und ~, wie leicht bricht das ⟨Sprichw.⟩ 1.0.1 ein Bild unter ~ *hinter einer schützenden Glasscheibe* 1.0.2 die Kunstgegenstände waren unter ~ ausgestellt *in Vitrinen* 1.0.3 geh weg, du bist doch nicht aus ~ ⟨umg.; fig.⟩ *versperr mir die Aussicht nicht!* 1.1 ⟨zählb.; Min., Tech.⟩ *erkaltetes od. erstarrtes, nicht merklich kristallisiertes Schmelzprodukt* **2** *Gefäß aus Glas(1);* Konserven~, Trink~; ein leeres, halbgefülltes, volles ~; ein ~ austrinken, füllen, leeren; sein ~ in einem Zuge leeren; aus einem ~e trinken; ein ~ mit, voll Milch 2.0.1 er hat ein bißchen zu tief ins ~ geguckt ⟨umg.⟩ *er ist leicht betrunken* 2.1 *Inhalt eines Glases(2);* Herr Ober, bitte ein ~ Bier, Orangensaft, Wein; ein ~ Kompott aus dem Keller holen; ein ~ Marmelade kaufen; dem Gast ein ~ Bier, Wein eingießen, einschenken 2.1.1 er hat ein ~ über den Durst getrunken ⟨umg.⟩ *er ist leicht beschwipst* 2.1.2 er trank zwei ~ Bier *so viel, wie in zwei Gläser geht* **3** *opt. Gerät;* Augen~ 3.1 *Brille(ngläser);* du trägst scharfe Gläser 3.2 *Fern- od. Opernglas;* durchs ~ sehen

Glas[2] ⟨n.; -es, -en; seemannsspr.⟩ **1** *halbe Stunde* 1.1 es schlägt drei ~en *9 Uhr 30 (Zählbeginn morgens 8 Uhr)* 1.2 es schlägt 8 ~en *das Ende der alten, zum Beginn der neuen (vierstündigen) Wache*

'Gla·ser ⟨m.; -s, -⟩ **1** *Handwerker, der Glasscheiben schneidet u. einsetzt u. ä.* 1.1 dein Vater ist wohl ~? ⟨umg.⟩ *geh weg, versperr mir die Aussicht nicht!*

'glä·sern ⟨Adj. 24/70⟩ **1** *aus Glas bestehend;* ein ~es Auge, Gerät, Gefäß **2** *fein, zerbrechlich wie Glas;* das klingt ~

'Glas·haus ⟨n.⟩ **1** *Gewächs-, Treibhaus* 1.1 wer im ~ sitzt, soll nicht mit Steinen werfen ⟨Sprichw.⟩ *man soll anderen nicht etwas vorwerfen, wenn man selbst nicht ganz schuldlos ist*

'Glas·hüt·te ⟨f.⟩ *Betrieb, in dem Glas hergestellt u. verarbeitet wird*

'gla·sig ⟨Adj.⟩ **1** *wie aus Glas bestehend aussehend;* ~e Kartoffeln 1.1 ~e Getreidekörner *viel Kleber enthaltende G.* **2** ⟨fig.⟩ *leblos, starr;* ein ~er Blick; er starrte sein Gegenüber ~ an; sein Blick wurde ~

Gla'sur ⟨f.; -, -en⟩ **1** *durchsichtiger, glasähnlicher Überzug aus Kieselsäure mit Flußmitteln auf Töpferwaren* **2** *glänzender Überzug auf Gebäck, Zuckerguß*

glatt ⟨Adj.; glatter (österr. nur so) od. glätter, glatteste (österr. nur so) od. glätteste⟩ **1** *frei von Unebenheiten;* ~e Flächen, Straßen, Wände, Wege; der Badeanzug soll ~ anliegen; ~ rasiert 1.0.1 eine ~e Fassade *ohne Verzierungen* 1.0.2 ein ~er Gewehrlauf *G. ohne Züge* 1.0.3 ~es Haar *H. ohne Locken;* sie trägt ihr Haar ~ 1.0.4 eine ~e Haut *H. ohne Falten* 1.0.5 ~er Satz ⟨Typ.⟩ *S. ohne Auszeichnung* 1.0.6 ~er Stoff *S. ohne Muster* 1.0.7 ~es Vieh *wohlgenährtes V.* 1.0.8 eine ~e Wasseroberfläche *W. ohne Wellen* 1.0.9 ~ gestrickt *in rechten Maschen g.;* dieser Pullover ist nur ~ gestrickt 1.1 die Rechnung ist ~ aufgegangen *ohne Rest* 1.1.1 die Rechnung ~ machen ⟨umg.⟩ *die R. abrunden* 1.2 ⟨kaufmannsspr.⟩ *ausgeglichen* 1.2.1 mach deine Schulden endlich ~ *gleiche deine S. aus* 1.3 ich bin mit ihm wieder ~ ⟨umg.⟩ *ich habe alle schwebenden Angelegenheiten zwischen uns bereinigt* **2** *schlüpfrig, nicht haftend, gleitend;* auf der ~en Eisbahn vergnügen sich die Kinder; das Parkett ist sehr ~; Vorsicht, hier ist es ~! 2.0.1 er ist ~ wie ein Aal ⟨fig.⟩ *so geschickt, daß man ihn nicht fassen, festlegen kann* 2.1 ⟨fig.⟩ *allzu gewandt, allzu verbindlich, einschmeichelnd;* seine ~e Art, sein ~es Benehmen gefällt mir nicht; mit ~en Worten wurden wir beschwichtigt **3** *ohne Hindernisse, Zwischenfälle, mühe-, reibungslos;* wir hatten eine ~e Fahrt, Landung, Reise; wir hatten einen ~en Flug; die Arbeit ging ~ vonstatten; die Geschäfte wurden ~ abgewickelt **4** ⟨90⟩ *offenkundig, offensichtlich, ohne weiteres;* das ist ~er Betrug!; das ist ein ~er Beweis für seine Schuld; das ist eine ~e Lüge!; das ist ~ erfunden; es liegt ~ auf der Hand, daß ...; sie ist ihm ~ überlegen; das habe ich ~ vergessen! 4.1 *rundheraus, ohne Umschweife, Hemmungen;* ich erhielt eine ~e Absage; er hat es mir ~ abgeschlagen; er hat es ~ abgelehnt; ich habe es ihm ~ ins Gesicht gesagt; das kostet ~ 5000 Mark! ⟨umg.⟩

'Glatt·eis ⟨n.; -es; unz.⟩ **1** *gefrorene Nieder-*

schläge auf festen Körpern; Vorsicht, ~! (Straßenschild); heute nacht gibt es ~ 1.1 jmdn. aufs ~ führen ⟨fig.; umg.⟩ *jmdn. anführen, überlisten;* da hast du dich aber aufs ~ führen lassen!

'glät·ten ⟨V. 500⟩ **1** etwas ~ *von Unebenheiten befreien;* Papier ~; Bretter mit dem Hobel ~ 1.1 ⟨mundartl.⟩ *bügeln;* die Nähte ~ 1.2 eine Sache ~ *die (stilist.) Unregelmäßigkeiten einer S. beseitigen;* das Manuskript mußte noch geglättet werden **2** Unebenheiten ~ *entfernen;* Falten ~ 2.1 ⟨R7; fig.⟩ *ausgleichen, beruhigen;* die Wogen der Empörung, des Zorns ~

'glatt·weg ⟨Adv.⟩ *ohne weiteres;* das hat er mir ~ abgeschlagen

'Glat·ze ⟨f.; -, -n⟩ *kahle Stelle der Kopfhaut;* eine ~ bekommen, haben

'Glau·be ⟨m.; -ns; unz.⟩ **1** *innere Gewißheit, die von Beweisen unabhängig ist, gefühlsmäßige Überzeugung, unerschütterliches Vertrauen, Zuversicht;* den ~n (an etwas) behalten, haben, verlieren; jmdm. den ~n nehmen, rauben, zerstören; er ließ sich seinen ~n nicht nehmen; ich kann ihm, dieser Nachricht keinen rechten ~n schenken; der ~ an jmds. Aufrichtigkeit, Ehrlichkeit, Treue, Vertrauenswürdigkeit, Zuverlässigkeit; sein ~ an das Gute im Menschen war unerschütterlich; der ~ an jmds. Fähigkeiten; im ~n, daß ... 1.0.1 ich kann bei ihm keinen ~n finden *er glaubt mir nicht* 1.0.2 er lebt, war des ~ns, daß ... *er glaubte, daß ...* 1.0.3 → a. *Treue(4)* **2** ⟨Rel.⟩ *auf Grund fremder Mitteilungen, geoffenbarter Wahrheiten od. eigener innerer Erfahrung die innere Gewißheit über das persönl. Verhältnis zu Gott;* der ~ der Massen, des Menschen, einer Sekte; ~, Liebe, Hoffnung (die drei göttl. Tugenden); fester, starker, tiefer, unerschütterlicher ~; der ~ an Gott; an seinem ~n festhalten; jmdn. im ~n wankend machen; vom ~n abfallen 2.0.1 für seinen ~n sterben *den Märtyrertod erleiden* 2.1 *Bekenntnis, Heilslehre;* seinen ~n wechseln; der christliche, evangelische, jüdische, katholische, lutherische ~; sie konvertierte zum katholischen ~n

'glau·ben ⟨V.⟩ **1** ⟨500⟩ etwas ~ *annehmen, vermuten, meinen;* ich glaube, ja (nein)! (als Antwort); ist er schon verreist? ich glaube nicht; ich glaubte ihn zu kennen, und doch ...; ich glaube nicht, daß er schon verreist ist; ich glaube, ich muß mich mehr um sie kümmern; ich habe immer geglaubt, er sei mit ihr verlobt; ich glaubte, das schöne Wetter würde noch anhalten; ich hatte geglaubt, noch Aufschub zu bekommen; ich möchte fast ~; ich glaube gar, er hat ...; wie ich glaube, will er ... 1.1 ⟨510/R7⟩ jmdn. od. etwas ... ~ *wähnen, annehmen, daß jmd. od. etwas ... ist;* ich glaubte mich verraten; ich glaubte mich im Recht, als ...; ich glaubte ihn schon im Urlaub **2** ⟨500⟩ etwas ~ *für zutreffend, wahr halten, davon überzeugt sein;* das glaube ich wohl!, das will ich ~! (als Antwort, verstärkend); das glaubst du doch selbst nicht!; ~ Sie ja nicht, was er Ihnen erzählt hat; ich kann es nicht ~; etwas blindlings, fest, unverbrüchlich ~; erst sehen, dann ~; das ist ja kaum, nicht zu ~! (überraschter Ausruf); es ist nicht zu ~; es ist kaum zu ~, daß ...; sie glaubt sofort, was man ihr erzählt; wer hätte das (je) geglaubt! 2.0.1 wer's glaubt, wird selig! ⟨umg.⟩ *das ist völlig unwahrscheinlich, ich glaube das nicht* 2.1 ⟨550⟩ etwas von jmdm. ~ *jmdm. etwas zutrauen;* das glaube ich nicht von ihr 2.2 ⟨530⟩ jmdm. etwas ~ *als wahr abnehmen;* ich glaube es ihm (nicht) 2.3 ⟨530⟩ jmdn. etwas ~ machen *jmdm. etwas vorspiegeln, einreden;* er will mich ~ machen, daß ... **3** ⟨600⟩ jmdm. od. einer Sache ~ *zuversichtl. vertrauen, Glauben schenken;* ich glaube ihm (nicht); wie kannst du dem Gerede der Leute ~; du kannst seinen Worten ~; ich glaube dir aufs Wort **4** ⟨800⟩ an jmdn. od. etwas ~ *sich auf jmdn. od. etwas verlassen, auf jmdn. od. etwas vertrauen, von jmds. od. dessen Wirksamkeit überzeugt sein;* an jmds. Fähigkeiten ~; an jmds. Aufrichtigkeit, Ehrlichkeit, Treue, Vertrauenswürdigkeit, Zuverlässigkeit ~; an Gerechtigkeit, das Gute im Menschen, Liebe, Wahrheit ~; an das Gelingen einer Sache ~; du wirst doch nicht an Gespenster ~; an Gott ~; man möchte an Zeichen und Wunder ~, wenn man das hört; ich glaube (nicht) daran 4.1 ⟨800 m. Modalverb⟩ d(a)ran ~ müssen ⟨umg.⟩ *die unvermeidl. Folgen tragen müssen, sterben;* in dieser Sache wirst du noch daran ~ müssen; jeder muß einmal daran ~

'Glau·bens·be·kennt·nis ⟨n.⟩ **1** *Zusammenfassung der Glaubensartikel;* Sy *Konfession(1), Religion(3)* **2** ⟨fig.⟩ *das öffentl. Bekenntnis zu einem bestimmten Glauben, die Erklärung einer (a. politischen) Überzeugung;* sein politisches ~ ablegen; das (christl.) ~ sprechen

'gläu·big ⟨Adj.⟩ **1** *von der Wahrheit einer Glaubenslehre überzeugt, an Gott glaubend, fromm;* ein ~er Christ, Mensch **2** *vertrauensvoll;* jmdn. ~ ansehen; ~ alles hinnehmen

'Gläu·bi·ge(r)[1] ⟨f. 2; (m. 1)⟩ *gläubiger Mensch, Anhänger(in) einer Glaubenslehre;* die ~n versammelten sich in der Kirche

'Gläu·bi·ger[2] ⟨m.; -s, -⟩ *jmd., der eine berechtigte Schuldforderung an jmdn. hat*

'glaub·wür·dig ⟨Adj.⟩ *so geartet, daß man es glauben kann;* er machte einen durchaus ~en Eindruck

gleich ⟨Adj. 24⟩ **1** ⟨70⟩ *in allen Merkmalen übereinstimmend, ebenso beschaffen, identisch;* Sy *selbe;* der, die, das ~e; das kommt, läuft aufs ~e hinaus; der ~e Hut; wir haben den ~en Wagen; im ~en Augenblick; im ~en Alter; zur ~en Zeit; mit ~er Post erhalten Sie ...; von ~er Art, Beschaffenheit, Farbe, Größe, Wirkung; auf die ~e Weise versuchte er auch mich zu täuschen; er verfolgt die ~en Absichten, Ziele, Zwecke; ich verlange die ~en Rechte, die ~en Pflichten habe ich schon; zunächst müssen ~e Voraussetzungen geschaffen werden; unter ~en Bedingungen arbeiten wie ...; von mir kann ich Gleiches berichten; ein Gleiches tun; jederzeit kann uns ein Gleiches begegnen, widerfahren 1.0.1 im ~en Boot sitzen ⟨fig.⟩ *sich zusammen in derselben (unangenehmen) Situation befinden* 1.0.2 am ~en Strang ziehen ⟨fig.⟩ *dasselbe Ziel erstreben* **2** *gleichwertig, gleichrangig, gleichmäßig;* zu ~en Teilen; ~ viel bedeuten, gelten, davon halten, wissen; ihr bekommt, habt, erfahrt alle ~ viel; ~ breit, groß, lang, schwer, gut, viel, tief, weit, langsam, schnell; weit entfernt liegen, sein; wir befinden uns alle ~ wohl 2.1 ~e Brüder, ~e Kappen ⟨Sprichw.⟩ *gleiche Rechte u. Pflichten bei Angehörigen eines Standes od. einer Gruppe* 2.2 ~ und ~ gesellt sich gern ⟨Sprichw.; meist abwertend⟩ *diejenigen, die zusammenpassen, finden sich auch zusammen* 2.3 jmdm. etwas mit ~er Münze heimzahlen *jmdm. etwas vergelten* 2.4 Gleiches mit Gleichem vergelten *Böses mit Bösem, Gutes mit Gutem usw.* 2.5 ⟨Math.⟩ *im Wert genau übereinstimmend, identisch;* zwei ~e Körper 2.5.1 ~ sein *denselben Wert haben;* eins und eins ist ~ zwei; zwei mal zwei ist ~ vier; seine Fortschritte sind ~ Null; Gleiches zu Gleichem (hinzugefügt) ergibt Gleiches 2.6 etwas od. jmdn. auf die ~e Linie stellen mit ... *auf dieselbe Art betrachten, behandeln wie* 3 etwas wieder ins ~e bringen ⟨umg.⟩ *in Ordnung, ins Gleichgewicht* 4 ⟨72⟩ 4.1 jmdm. od. einer Sache ~ sein *jmdm. od. einer S. ähneln, so aussehen wie jmd. od. eine S.* 4.2 *wie;* ~ einer Lawine brach das Unglück über sie herein 4.3 *auf derselben Höhe liegend wie;* dem Erdboden, dem Meeresspiegel ~ (sein, werden) 4.4 *gleichgültig;* das ist mir ganz, völlig ~; das kann dir doch ~ sein 5 ⟨50⟩ *sofort, unverzüglich, auf der Stelle;* ~ anfangen, beginnen, gehen, kommen; ich werde es dir ~ beweisen, erklären, sagen; ~ beginnt die Vorstellung; die Angelegenheit muß ~ erledigt werden; er wird ~ gehen, kommen; an der Steigung mußt du ~ schalten; ich komme ~ wieder; es muß nicht ~ sein; ich bin ~ wieder da; willst du ~ tun, was ich dir sage!; das kannst du ~ hier tun; ~ nach Bekanntgabe der Nachricht, Eintreffen der Gäste; ~ nachdem ich davon erfuhr; ~! (als Antwort); Kollege kommt ~! (Vertröstung des Gastes durch einen Kellner) 5.1 *schon, bereits;* ~ heute werde ich zu ihr gehen; ~ anfangs, danach, daraufhin, nachher; das habe ich (doch) ~ gesagt! 5.2 ⟨als Füllwort; umg.⟩ *nur;* wie hieß doch ~ das Stück?; wo habe ich ihn doch ~ das letzte Mal gesehen? 5.3 ⟨mit Konj.⟩ wenn ... ~, ob ... ~ ⟨veralt. u. poet.⟩ *wenngleich, obgleich;* der wird leben, ob er ~ stürbe (Luther)

'Gleich·be·rech·ti·gung ⟨f.⟩ *Ausstattung mit gleichen Rechten;* die ~ der Geschlechter, Konfessionen, Rassen, der Völker; für die ~ eintreten, kämpfen; der Kampf um die ~

'glei·chen ⟨V. 153/600⟩ 1 ⟨R6⟩ jmdm. od. etwas ~ *sehr ähnlich sein;* jmdm. an Gestalt, Größe, Wuchs ~; jmdm. im Aussehen, Wesen ~ 1.1 in allen Stücken ~ *völlig übereinstimmen* 1.2 sie ~ einander aufs Haar, wie ein Ei dem anderen *sind sich zum Verwechseln ähnlich* 1.3 ⟨R2⟩ sie ~ sich wie Tag und Nacht *sind sich gar nicht ähnlich*

'gleich·falls ⟨Adv.⟩ *ebenfalls, auch;* danke, ~! (Antwort auf gute Wünsche)

'Gleich·ge·wicht ⟨n.; -es, (nur Phys.) -e⟩ 1 Sy *Balance; Zustand, in dem sich zwei oder mehr einander entgegengesetzt gerichtete Wirkungen (Kräfte) aufheben;* stabiles, labiles, indifferentes ~; das ~ der Kräfte; das ~ finden, halten, stören, verlieren; etwas aus dem ~ bringen, im ~ halten 2 *Zustand, in dem die polit. Machtverhältnisse ausgeglichen sind* 3 *innere Harmonie, seelische Ruhe, Ausgeglichenheit;* (sich) bei alledem sein ~ wahren, wieder finden, halten, verlieren; das innere, seelische ~; sich nicht leicht aus dem ~ bringen lassen; diese Nachricht hat sie aus dem ~ gebracht; aus dem ~ geraten

'gleich·gül·tig ⟨Adj.⟩ 1 *teilnahmslos, uninteressiert;* er blieb ~ gegen alle Vorschläge; ein (gegen alles) ~er Mensch 2 ⟨80⟩ *bedeutungslos, unwesentlich;* er ist ihr (völlig) ~; es ist mir ~; es ist mir nicht ganz ~, ob ...

'Gleich·heit ⟨f.; -; unz.⟩ *völlige Übereinstimmung, Unterschiedslosigkeit;* → a. *Freiheit(1);* die ~ aller vor dem Gesetz

'Gleich·klang ⟨m.⟩ 1 *gleicher Klang, Übereinstimmung von Tönen, Vokalen usw. im Klang* 2 ⟨fig.⟩ *Übereinstimmung;* im ~ der Bewegung (bei Freiübungen einer Gruppe)

'gleich|ma·chen ⟨V.⟩ 1 ⟨500⟩ jmdn. od. etwas ~ *bewirken, daß sich jmd. od. etwas von jmd. od. etwas anderem nicht mehr unterscheidet;* soziale Unterschiede ~ wollen 2 ⟨530⟩ ein Gebäude, eine Ortschaft dem Erdboden ~ *völlig zerstören, einebnen;* Troja wurde von den Griechen dem Erdboden gleichgemacht

'gleich·mä·ßig ⟨Adj.⟩ 1 *unverändert bleibend;* in ~em Tempo 2 *zu gleichen Teilen;* etwas ~ unter die Anwesenden verteilen

'Gleich·mut ⟨m.; -(e)s; unz. od. (selten) f.; -; unz.⟩ *Gelassenheit, Beherrschtheit, Leidenschaftslosigkeit, Unerschütterlichkeit;* etwas mit (stoischem) ~ ertragen, hinnehmen, über sich ergehen lassen

'Gleich·nis ⟨n.; -s·ses, -s·se⟩ = *Allegorie;* durch ein ~ anschaulich machen, deutlich machen, erklären, darstellen

'gleich|schal·ten ⟨V. 500⟩ 1 etwas ~ *auf gleiche Stromart schalten, in gleichen Arbeitsrhythmus bringen* 2 jmdn. ~ ⟨fig.; umg.⟩ *der herrschenden Denkweise anpassen, polit., wirtschaftl. u. kulturell vereinheitlichen;* dem Diktator gelang es nicht, die Massen gleichzuschalten 3 ⟨aber getrennt⟩ 'gleich 'schalten → *gleich(5)*

'gleich·schen·ke·lig ⟨Adj. 24⟩ ~ *schenklig*

'gleich·schenk·lig ⟨Adj. 24⟩ *mit zwei gleich langen Seiten versehen;* oV *gleichschenkelig;* ein ~es Dreieck

'gleich|stel·len ⟨V. 530⟩ jmdn. od. eine Sache jmdm. od. einer Sache ~ *auf gleiche Stufe mit jmdm. od. einer S. stellen*

'Gleich·strom ⟨m.; -(e)s, ¨e⟩ *elektr. Strom, dessen Polarität unverändert bleibt;* Ggs *Wechselstrom*

'Glei·chung ⟨f.; -, -en⟩ *die durch das Gleichheitszeichen (=) symbolisierte Beziehung (Relation) der Gleichheit zwischen mathemat. Größen;* → a. *Grad(3-3.1);* eine ~ auflösen, aufstellen, ausrechnen

gleich'viel ⟨Adv.⟩ 1 *gleichgültig, einerlei, wie dem auch sei;* ~, du wirst es bald erfahren 2 ⟨aber getrennt⟩ 'gleich 'viel erfahren → *gleich(2)*

gleich'wohl 1 ⟨Konj.⟩ *doch, dennoch, aber auch, trotzdem;* er hatte hohes Fieber, ~ fühlte er sich recht wohl 2 ⟨aber getrennt⟩ sich 'gleich 'wohl befinden → *gleich(2)*

'gleich·zei·tig ⟨Adj.⟩ *zur gleichen Zeit erfolgend, stattfindend*

Gleis ⟨n.; -es, -e⟩ oV *Geleise* 1 *stählerne Fahr-*

bahn der Eisen- u. Straßenbahn **2** ⟨fig.⟩ *Bahn, (durch die tägl. Gewohnheit bestimmte) Ordnung;* jmdn. aus dem ~ bringen; aus dem ~ geraten; eine Sache wieder ins ~ bringen **2.1** → a. *ausfahren(2.4.1), tot(5.2)*

'glei·ßen ⟨V. 154/400⟩ etwas gleißt ⟨geh.; poet.⟩ *schimmert, glänzt;* der See gleißt im Sonnenlicht

'glei·ten ⟨V. 155/400(s.)⟩ **1** *sich leicht u. mühelos (fort)bewegen;* sie glitt aus dem Zimmer; durch die Luft ~ (Segelflugzeug, Vogel); mit Schlittschuhen übers Eis ~; er ließ die Augen über die Felder ~; leichtfüßig glitten die Tänzer übers Parkett; übers Wasser ~; zu Boden, zur Erde ~; etwas zu Boden, zur Erde ~ lassen **1.1** ~der Lohn *entsprechend den Schwankungen des allgemeinen Preisniveaus regulierter L.* **1.2** ~de Arbeitszeit *A., deren Beginn u. Ende (bei unveränderter Gesamtdauer) von den Arbeitnehmern bis zu einer festgesetzten Grenze selbst bestimmt werden kann* **2** ~der Reim *R., bei dem drei od. mehr Silben reimen, z. B. klingende — singende;* Sy *reicher Reim*

'Glet·scher ⟨m.; -s, -⟩ *sich sehr langsam bewegender Eisstrom im Hochgebirge*

Glied ⟨n.; -(e)s, -er⟩ **1** *einzelner Teil eines Ganzen, einer Kette, einer Reihe, einer Gemeinschaft;* Mit~; die ~er einer Familie; ~er der Finger, einer Kette, eines Satzes; ein ~ fehlt noch in der Kette der Beweise ⟨fig.⟩ **2** *(beweglicher) Teil des menschl. od. tier. Körpers;* du wirst dir bei dieser waghalsigen Abfahrt noch die ~er brechen!; die ~er recken, strecken (beim Aufstehen); sie konnte vor Müdigkeit, Schmerzen, Schreck kein ~ rühren; Arme und Beine sind ~er; gelenkige, geschmeidige, schlanke, steife, wohlgeformte ~er; sie zitterte an allen ~ern; der Schreck fuhr mir in alle ~er; der Schreck saß mir noch in den ~ern; das Wetter, der Wetterumschwung liegt, steckt mir in allen ~ern; mit gesunden ~ern aus dem Schiurlaub heimkommen **2.1** das (männliche) ~ *Penis* **3** ⟨Sp., Mil.⟩ *Reihe, Linie Nebeneinanderstehender;* aus dem ~ treten; in Linie zu zwei ~ern antreten; in Reih und ~ antreten, marschieren, stehen **4** ⟨AT⟩ *Generation;* bis ins dritte und vierte ~

'glie·dern ⟨V. 500⟩ etwas ~ *einteilen, unterteilen, ordnen;* einen Aufsatz ~; die Arbeit ist gegliedert in ...

'Glie·der·rei·ßen ⟨n.; -s; unz.⟩ *Schmerzen in Gliedern, Muskeln, Sehnen u. Gelenken (bei Grippe, Hexenschuß, Ischias, Muskelrheuma)*

'Glie·de·rung ⟨f.; -, -en⟩ *Einteilung, Unterteilung, Ordnung, Aufbau, Plan, Disposition;* ~ eines Aufsatzes; ~ in einzelne Fächer, Gebiete, Teile, Zweige

'Glied·ma·ße ⟨f.; -, -n; meist Pl.⟩ ~n *bewegl., aus mehreren Teilen (Gliedern) bestehende Körperanhänge von Mensch u. Tier*

'glim·men ⟨V. 156/400⟩ etwas glimmt *brennt ohne Flamme, glüht schwach;* die Kohlen ~ unter der Asche; im Dunkeln sah man seine Zigarette ~; in seinen Augen glomm leidenschaftlicher Haß ⟨fig.⟩

'Glim·mer ⟨m.; -s, -⟩ **1** *Schimmer, sanfter Glanz* **2** ⟨Min.⟩ *Gruppe monokliner Minerale, chem. Kalium-Aluminium-Silikate*

'glimpf·lich ⟨Adj.⟩ **1** *schonend, nachsichtig, mild;* eine ~e Strafe; die Strafe, das Urteil ist ~ ausgefallen; jmdn. ~ behandeln; mit jmdm. ~ umgehen, verfahren **2** *ohne besonderen Schaden, ohne schlimme Folgen;* das ist noch einmal ~ abgegangen, abgelaufen, verlaufen; wir sind noch ~ davongekommen

'glit·schig ⟨Adj. 70⟩ *feucht u. glatt;* der Boden ist ~

'glit·zern ⟨V. 400⟩ etwas glitzert *glänzt zitternd;* die Sterne ~ am Himmel

glo'bal ⟨Adj.⟩ **1** *weltweit, welt-, erdumfassend* **2** *gesamt*

'Glo·bus ⟨m.; - od. -bus·ses, -ben od. -bus·se⟩ *(Nachbildung der) Erdkugel od. (der) Himmelskugel*

'Glocke ⟨-k·k-; f.; -, -n⟩ **1** *kegelähnlicher, geschweifter, unten offener u. nach außen aufgebogener Schallkörper mit einem Klöppel im Inneren, dessen Anschlag an der Wandung einen Ton verursacht;* eine ~ aus Bronze; eine ~ gießen; die ~ klingt, läutet, schlägt an, schwingt, tönt; die ~n läuten den Sonntag ein; die ~ schlägt 12 Uhr; die Glock' hat elf, zwölf geschlagen (früher der Ruf des Nachtwächters) **1.0.1** die ~ läuten hören, aber nicht wissen, wo sie hängt ⟨fig.; umg.⟩ *ohne genaue Kenntnisse gescheit daherreden* **1.0.2** wissen, was die ~ geschlagen hat ⟨fig.; umg.⟩ *sich des Ernstes der Lage bewußt sein* **1.0.3** er wird dir schon sagen, was die ~ geschlagen hat ⟨fig.; umg.⟩ *er wird dir den Ernst der Lage begreiflich machen* **1.0.4** eine Sache an die große ~ hängen ⟨fig.⟩ *Aufhebens davon machen, etwas überall erzählen* **1.0.5** diese Sache sollte nicht an die große ~ kommen ⟨fig.; umg.⟩ *sie sollte nicht bekannt werden* **1.1** *Klingel;* die ~ ziehen **1.2** Glock' 12 Uhr *mit dem Glockenschlag 12* **2** *etwas, was in der Form einer Glocke(1) ähnlich ist, z. B. gläserner Lampenschirm, Schutzdeckel über Butter, Käse u. Uhren, Handschutz am Florett, Bergform, Rockform, Hutform, Blütenform, Schutzhülle für Taucher u. a.;* ~nrock; Taucher~; eine ~ aus Glas, Porzellan; als ~ fällt dieser Rockstoff am schönsten; die ~ über die Butter stülpen **2.1** ⟨Bgb.⟩ *gewölbte Kammer* **3** ~ und Hammer *altes Gesellschaftsspiel mit fünf Spielkarten u. acht Würfeln*

'Glocken·spiel ⟨-k·k-; n.⟩ **1** *in Türmen angebrachtes Instrument aus einer Anzahl von abgestimmten Glocken, die durch eine Klaviatur od. durch Hämmer angeschlagen werden* **2** *in verkleinerter Form an Ladentüren, durch das Öffnen u. Schließen ausgelöst* **3** *im modernen Orchester ein Musikinstrument aus abgestimmten Metallstäben od. -platten, die durch Hämmer angeschlagen werden*

'glockig ⟨-k·k-; Adj.⟩ *wie eine Glocke sich nach unten erweiternd;* ein ~er Rock

glo·ri'os ⟨Adj.⟩ = *glorreich*

'glor·reich ⟨Adj.⟩ Sy *glorios* **1** *herrlich, ruhmreich, glanzvoll* **2** ⟨umg.; scherzh.⟩ *herrlich, großartig;* eine ~e Idee

'Glos·se ⟨f.; -, -n⟩ **1** ⟨urspr.⟩ *schwieriges, unverständl. Wort* **2** ⟨seit dem MA⟩ *Übersetzung od. Erklärung eines schwierigen Wortes am Rand od. zwischen den Zeilen des Textes* **3** ⟨umg.⟩ *spött. Randbemerkung;* ~n machen über jmdn. od. etwas

'glot·zen ⟨V. 400; umg.; abwertend⟩ *starr u. erstaunt blicken, erstaunt starren*

Glück ⟨n.; -(e)s; unz.⟩ **1** *günstige Fügung, günstiger Zufall, Begünstigung durch besondere Zufälle;* Ggs *Pech, Unglück;* ~ muß man haben!; sein ~ probieren, versuchen (z. B. in der Lotterie); es war ein, sein ~, daß ...; jmdm. ~ wünschen (zum Geburtstag); ein launisches, unzuverlässiges, wechselhaftes ~; viel ~!; es ist ein wahres ~, daß ...; ~ ab! (Fliegergruß); ~ auf! (Bergmannsgruß); er sollte sich nicht nur auf sein ~ verlassen; ~ bei einer Unternehmung; ~ im Leben, in der Liebe, im Spiel; mit etwas ~ müßte er es schaffen; er kann von ~ reden, sagen, daß er so glimpflich davongekommen ist; vom ~ begünstigt; ~ zu! (Mutzuspruch); welch ein ~!; er hat mehr ~ als Verstand ⟨umg.⟩ **1.0.1** auf gut ~ *ohne Gewißheit eines günstigen Ausgangs, Erfolges;* ich habe es auf gut ~ versucht **1.0.2** zum ~ *glücklicherweise;* zum ~ kam sofort Hilfe; zu seinem ~ hat es niemand gesehen **1.1** *Personifizierung des Glückes(1);* das ~ kehrte ihm den Rücken; ihm lacht das ~; das ~ war ihm hold, wohlgesinnt; das ~ lächelte ihr zu **1.1.1** er ist ein Kind des ~es *ihm fällt alles mühelos zu* **1.1.2** das Rad des ~s dreht sich schnell *Glück ist selten von Dauer, das Schicksal ist meist wechselvoll* **2** *Gemütszustand innerer Befriedigung u. Hochstimmung bes. nach Erfüllung ersehnter Wünsche, stete Freude;* der Talisman soll ~ bringen; ein anhaltendes, ruhiges, stetes, wohlverdientes ~; das Kind ist ihr ganzes ~; ein großes, überwältigendes, unverhofftes ~; alles war eitel ~ und Seligkeit; in ~ und Unglück zusammenhalten, zusammenstehen; sie kann sich vor ~ nicht fassen; zu jmds. ~ beitragen; die Jagd nach dem ~; ~ und Glas, wie leicht bricht das! ⟨Sprichw.⟩ **2.0.1** man kann niemanden zu seinem ~ zwingen ⟨umg.⟩ *jeder muß selbst wissen u. tun, was ihn glücklich macht* **2.0.2** jeder ist seines ~es Schmied ⟨Sprichw.⟩ *jeder muß das Beste aus seinem Leben machen* **2.0.3** Hans im ~ *(Märchengestalt, einfältiges Glückskind) jmd., der sich auch bei ständigen Mißerfolgen glücklich fühlt* **2.1** *Erfolg* **2.1.1** mit etwas sein ~ machen *Erfolg haben* **2.1.2** sein ~ verscherzen *den Erfolg leichtsinnig preisgeben* **2.1.3** bei jmdm. mit etwas ~ haben *Erfolg haben, etwas erreichen;* damit hast du bei mir kein ~ **2.1.4** jmds. ~ im Wege stehen *jmdn. daran hindern, das zu tun, was er für erfolgversprechend hält*

'Glucke ⟨-k·k-; f.; -, -n⟩ **1** *brütende od. Küken führende Henne* **2** ⟨Bot.⟩ *am Grunde alter Eichenstämme wachsender, bis 10 kg schwerer, badeschwammähnlicher Keulenpilz: Polyporus frondosus* **3** ⟨i. e. S.; Zool.⟩ *Angehörige einer Familie der Spinner, mittelgroßer bis großer, plumper Falter, gelb bis violettbraun, Raupen mit 16 Beinen, sehr stark behaart: Lasiocampidae*

'glucken ⟨-k·k-; V. 400⟩ **1** die Henne gluckt **1.1** *lockt mit tiefem Kehllaut* **1.2** *will brüten;* die Henne gluckt schon **2** ⟨fig.; umg.⟩ *untätig, stumpfsinnig herumsitzen;* er gluckt nur zu Hause

'glücken ⟨-k·k-; V. 400(s.)⟩ etwas glückt *gelingt, geschieht, verläuft nach Wunsch;* Ggs *verunglücken;* das Kunststück ist (nicht) geglückt; es glückte ihm, noch einen Platz zu bekommen

'glück·lich ⟨Adj.⟩ **1** *vom Glück begünstigt, erfolgreich, ohne Störung, ohne Schaden verlaufend;* ~e Jahre, Tage, Wochen; heute war ein ~er Tag für mich; mögt ihr einer ~en Zukunft entgegensehen; trotz verschiedener Zwischenfälle ist er ~ heimgekehrt; wir sind noch einmal ~ davongekommen; ~e Reise!; der Film, die Geschichte, das Theaterstück endet ~; die ~e Geburt eines Kindes anzeigen **1.0.1** eine ~e Hand beweisen, haben *viel Geschick haben, erfolgreich in einer Unternehmung sein;* er hat in solchen Dingen eine ~e Hand **1.0.2** ein ~er Wurf ⟨fig.⟩ *eine geschickte Tat, die Erfolg hatte* **2** *günstig, vorteilhaft, gedeihlich, erfreulich;* diese Auswahl, Zusammenstellung ist nicht ~; das war (k)ein ~er Einfall, Gedanke; es war ein ~er Zufall, daß wir uns trafen; da hast du nicht ~ gewählt **3** *froh, innerl. befriedigt, hochgestimmt;* eine ~e Familie, Frau; ein ~es Kind, Land, Paar; jmdn. ~ machen, wissen; ~ sein über etwas; man muß den ~ preisen, der ...; wir würden uns ~ schätzen, wenn ... (Höflichkeitsfloskel) **4** ⟨50; umg.⟩ *zu guter Letzt, endlich;* hast du ihn ~ doch noch dazu gebracht?; sind die Gäste ~ fort?

'Glücks·fall ⟨m.⟩ **1** *glückl. Zufall;* ein seltener ~ **2** im ~ *im Falle des Eintreffens glückl. Umstände;* im ~ können wir ...

'Glücks·rad ⟨n.⟩ **1** *Rad zu Verlosungen auf Jahrmärkten* **2** ⟨fig.⟩ *(wechselndes) Glück* **2.1** das ~ hatte sich gedreht ⟨poet.⟩ *das Glück verließ ihn*

'Glücks·sa·che ⟨f.⟩ *eine Angelegenheit, die nicht durch vernünftiges Denken od. Handeln, sondern nur vom glückl. Zufall entschieden werden kann;* das ist ~

'Glück·wunsch ⟨m.⟩ **1** *Ausdruck der Anerkennung od. Mitfreude;* Glückwünsche zum freudigen, glückl. Ereignis; Glückwünsche zum Geburtstag, zum neuen Jahr, Jubiläum, neuen Lebensjahr; Glückwünsche zur Eheschließung, Geburt eines Kindes, Hochzeit, Verlobung, Vermählung; Glückwünsche zur bestandenen Prüfung, zur Verleihung einer Würde **2** *Wunsch für eine glückl. Zukunft;* Glückwünsche der Freunde, Kollegen, Verwandten; seinen ~ abstatten, ausdrücken, aussprechen, darbringen, senden, übermitteln; herzliche Glückwünsche!; Blumen, ein Geschenk mit herzlichen Glückwünschen überreichen

'Glüh·bir·ne ⟨f.⟩ = *Glühlampe*

'glü·hen ⟨V.⟩ **1** ⟨400⟩ etwas glüht *leuchtet infolge des Ausstrahlens elektromagnet. Schwingungen bei erhitzten Körpern (von etwa 500 °C an), leuchtet rot vor Hitze;* die Spirale des Heizgerätes glüht; das Feuer, die Kohle, die Kochplatte glüht **1.0.1** wie auf ~den Kohlen sitzen ⟨fig.⟩ *sich in einer peinl. Lage befinden, sehr verlegen od. ungeduldig sein* **1.0.2** ~de Kohlen auf jmds. Haupt sammeln ⟨fig.⟩ *jmdm. Böses mit Gutem vergelten, um ihn zu beschämen* **1.1** *rot, rötlich leuchten;* in der Ferne glüht ein Licht; die Gipfel der Berge glühten in der Abendsonne **1.2** *sehr heiß (u. rot) sein;* ihr Gesicht, ihr Körper glühte im, vor Fieber; mit (vor Begeisterung) ~den Wangen zuhören, zuschauen **1.2.1** bei ~der Hitze wandern *bei übergroßer H.* **1.2.2** es war mittags ~d heiß *übermäßig heiß* **2** ⟨400; fig.⟩ *erregt, begeistert, innerl. entflammt sein;* in Leidenschaft, Liebe ~; ~ vor Begeisterung, Verlangen; er ist ein ~der Anhänger dieses Gedankens; er verfolgt sie mit ~den Blicken; ~der Haß entstellte sein Gesicht; er ist ein ~der Verehrer ihrer Kunst; für eine Idee ~ 2.0.1 ⟨800⟩ er glüht danach, sich zu rächen *er verlangt heftig danach* **3** ⟨500⟩ etwas ~ *glühend machen u. bei hohen Wärmegraden bearbeiten;* Metalle, Werkstoffe ~

'Glüh·lam·pe ⟨f.⟩ *Lichtquelle, bei der in einem Hohlkörper aus Glas ein elektr. leitender Faden od. ein Stäbchen durch den hindurchfließenden Strom zum Glühen gebracht wird*

Glut ⟨f.; -, -en⟩ **1** *Feuer ohne Flamme, glühender Brennstoff;* die ~ anblasen, anfachen, löschen, schüren; ist noch ~ im Ofen? **2** *Röte;* die ~ des Abendhimmels bewundern; die ~ der Scham färbte ihre Wangen ⟨poet.⟩ **3** *sengende Hitze;* die ~ der Hundstage, des Sommers, der Sonne; in der Mansarde ist es im Sommer vor ~ kaum auszuhalten **4** ⟨fig.⟩ *sehr starkes Gefühl;* sie wich der ~ seiner Blicke aus; die ~ des Hasses, der Leidenschaft, der Liebe, des Verlangens

'Glut·hauch ⟨m.; -(e)s, (selten) -e; poet.⟩ **1** *sengend heißer Wind* **2** ⟨fig.⟩ *glühender Atem, Feuer, fanat. Gefühl;* vom ~ seiner Leidenschaft berührt

'Glut·hit·ze ⟨f.; -; unz.⟩ **1** *zum Glühen benötigte Hitze, von etwa 500° C an* **2** ⟨fig.⟩ *sengende Hitze;* in der ~ des Sommers

Gly·ze'rin ⟨n.; -s; unz.⟩ *dreiwertiger aliphat. Alkohol, aus der Luft Wasser anziehende, farblose Flüssigkeit von süßem Geschmack,* CH_2OH-$CHOH$-CH_2OH

'Gna·de ⟨f.; -, -n⟩ **1** *verzeihende Güte, Barmherzigkeit Gottes, Sündenvergebung;* durch die ~ Gottes 1.0.1 von Gottes ~n *durch die bes. Güte, mit dem bes. Segen Gottes;* ein Fürst von Gottes ~n 1.1 ⟨im Christentum⟩ *das Heil ohne Rücksicht auf Verdienst* **2** ⟨allg.⟩ *herablassende Gunst, Wohlwollen;* jmdn. in ~n entlassen; von jmds. ~ abhängen 2.0.1 er, es hat vor seinen Augen keine ~ gefunden *er ist nicht mit ihm, damit einverstanden* 2.1 *Gnadenbezeigung, -beweis, unverdiente Gunst;* den Himmel um eine ~ bitten; eine ~ erbitten, erweisen, erzeigen; sich als ~ ausbitten, daß ... 2.1.1 halten, haltet zu ~n! ⟨veralt.⟩ *entschuldigen Sie nur!* 2.2 Euer ~n ⟨veralt.⟩ *Anrede an Höherstehende* **3** ⟨unz.⟩ *Barmherzigkeit, Mitleid, Milde, Nachsicht, Schonung, Verzeihung, Straf-, Sündenerlaß;* ~!; er hat keine ~ verdient; aus ~ und Barmherzigkeit jmdn. aufnehmen; um ~ bitten, flehen 3.0.1 ~ für Recht ergehen lassen *Nachsicht statt gerechter, verdienter Strafe* 3.0.2 sich auf ~ oder Ungnade ergeben *bedingungslos*

'Gna·den·brot ⟨n.; -(e)s; unz.; fig.⟩ *Versorgung (bes. von Tieren) im Alter aus Dankbarkeit für geleistete Dienste;* jmdm. das ~ geben; das ~ bei jmdm. essen

'Gna·den·frist ⟨f.⟩ *letzte Frist;* noch eine ~ bekommen, geben

'gnä·dig ⟨Adj.⟩ **1** *Gnade übend, barmherzig;* der ~e Gott; Gott sei uns ~! **2** *gütig, freundlich, wohlgesinnt, günstig, nachsichtig, mild;* ~e Frau, ~es Fräulein, ~er Herr! (höfl. Anrede); eine ~e Strafe 2.0.1 wir wollen es ~ machen *Nachsicht üben* 2.1 *herablassend, wohlwollend, leutselig;* er winkte ~ mit der Hand ⟨umg.⟩; ~st geruhen etwas zu tun ⟨umg.; iron.⟩ 2.2 ⟨umg.⟩ *kaum geschädigt, glimpflich;* ~ davonkommen

Gnom ⟨m.; -en, -en⟩ *kleiner Erdgeist, Zwerg, Kobold*

Gold ⟨n.; -(e)s; unz.⟩ **1** ⟨Zeichen: Au⟩ *gelbes, glänzendes Edelmetall, chem. Element, Ordnungszahl 79;* dieser Fluß führt ~; ~ mit Kupfer, Silber u. a. legieren; feines, gediegenes, legiertes, reines, 24 karätiges ~; Ketten, Ringe, Schmuck aus, von ~; einen Edelstein in ~ fassen; nach ~ graben; treu wie ~ sein; diese Nachricht ist ~es wert! ⟨fig.⟩ 1.0.1 es ist nicht alles ~, was glänzt ⟨Sprichw.⟩ *oft täuscht der Schein* 1.0.2 → a. *gelb(1.3), grau(1.2), rot(1.0.7), weiß(2.3)* 1.1 das ~ ihrer Locken ⟨fig.⟩ *der goldene Glanz* **2** *Gegenstand aus Gold(1)* 2.1 *Münze aus Gold, Geld;* das ist nicht mit ~ zu bezahlen! 2.1.1 seine Romane werden ihm mit ~ aufgewogen *hoch bezahlt* 2.2 *Schmuck aus Gold;* sie hat sich mit ~ und Juwelen behängt **3** ⟨fig.⟩ *Reichtum, etwas Kostbares;* vom Glanz des ~es geblendet 3.0.1 im ~ schwimmen ⟨umg.⟩ *sehr reich sein* 3.0.2 ~ in der Kehle haben *eine herrliche Stimme haben (u. viel Geld damit verdienen)* 3.0.3 → a. *Morgenstunde(2)*

'gol·den ⟨Adj. 24⟩ **1** ⟨60⟩ *aus Gold bestehend;* ein ~er Anhänger, Becher, Ring; ein ~es Armband, Diadem, Etui, Schmuckstück; eine ~e Brosche, Kette, Puderdose, Uhr; im Sport eine ~e Medaille gewinnen 1.1 ⟨60⟩ ~e Berge versprechen *übergroßen Lohn versprechen* 1.2 ⟨60⟩ Goldene Bulle *mit Goldsiegel versehene Urkunde, bes. das Reichsgrundgesetz Kaiser Karls IV.* 1.3 ⟨60⟩ das Goldene Kalb *israelit. Kultbild, Sinnbild für Geld, Reichtum (nach 2. Buch Mose, Kap. 32)* 1.3.1 das Goldene Kalb anbeten ⟨fig.; umg.⟩ *das Geld zu sehr schätzen* 1.4 ⟨60⟩ Goldene Rose *aus Gold gefertigte, mit Diamanten besetzte R., eine päpstl. Auszeichnung, Tugendrose* 1.5 ⟨60⟩ Goldene Schallplatte *ab einer bestimmten (international verschiedenen) Auflagenhöhe verliehene Auszeichnung an die bei der betreffenden Platte beteiligten Künstler* 1.6 ⟨60⟩ das Goldene Vlies ⟨griech. Myth.⟩ *heilbringendes Fell eines goldenen Widders* 1.6.1 Orden vom Goldenen Vlies *1429 gestifteter, urspr. burgund., später österr. (bis 1918) u. span. (bis 1831) hoher O.* 1.7 Goldene Horde 1.7.1 ⟨i. e. S.⟩ *Lager, Residenz des Herrschers (Chans) der Mongolen* 1.7.2 ⟨i. w. S.; bes. im späten MA⟩ *das bis nach Rußland ausgedehnte Reich der Mongolen* **2** *von der Farbe des Goldes, glänzend wie Gold, vergoldet;* ~es Haar; ~e Locken; ~er Sonnenschein glänzte auf dem Wasser; im Glas funkelte ~er Wein; die ~e Pforte (des Freiburger Doms) 2.1 ⟨60⟩ Goldene Acht *der Familie der Weißlinge angehörender Tagschmetterling mit achtförmigem gelbem Fleck unter den Hinterflügeln: Colias hyale* 2.2 ⟨60⟩ ~e Adern *Hämorrhoiden* 2.3 ⟨60⟩ ~es Buch der Stadt *Gästebuch* 2.4 ⟨60⟩ das Goldene Horn *Meerbusen von Istanbul* 2.5 im ~en Käfig sitzen ⟨fig.; umg.⟩ *durch Reichtum gebunden sein* **3** *Geld* *betreffend* 3.1 ⟨60⟩ Goldener Plan *1960 von der Dt. Olymp. Gesellschaft veröffentlichte Vorschläge zur Finanzierung des Baues sportl. Übungsstätten* **4** ⟨70; fig.⟩ *besonders gut, wertvoll* 4.0.1 jmdm. ~e Brücken, eine ~e Brücke bauen *jmdm. die Verständigung, ein Geständnis u. ä. erleichtern* 4.0.2 ein ~es Gemüt, Herz haben *gutmütig, hilfsbereit, zuverlässig sein* 4.0.3 einen ~en Humor besitzen *einen nie versiegenden H. haben* 4.0.4 die Mutter gab ihm ~e Worte mit auf den Weg *Ermahnungen* 4.1 *von herausragender Bedeutung* 4.1.1 das ~e Doktorjubiläum feiern *die 50. Wiederkehr des Tages der Verleihung der Doktorwürde* 4.1.2 ~e Hochzeit feiern *den 50. Jahrestag der H.* 4.1.3 der Goldene Sonntag *S. vor Weihnachten* 4.2 *herrlich, schön, paradiesisch;* die ~e Jugendzeit; ~en Zeiten entgegengehen 4.2.1 das Goldene Zeitalter ⟨Myth.⟩ *sagenhaftes, erstes paradies. Z. d. Geschichte der Menschheit* 4.3 *einem Ideal entsprechend* 4.3.1 die ~e Mitte, den ~en Mittelweg wählen *das rechte Maß halten* 4.3.2 die ~e Regel *volkstüml. Lebensweisheit, die in dem Spruch „Was du nicht willst, daß man dir tu, das füg auch keinem andern zu" ihren Ausdruck findet* 4.3.3 der Goldene Schnitt ⟨Math.⟩ *Teilungsverhältnis von Strecken, bei dem sich die ganze Strecke zur größeren Teilstrecke ebenso verhält wie die größere Teilstrecke zur kleineren, wichtig a. in künstler. Darstellungen* 4.3.4 die ~e Zahl *eine astronom. Hilfszahl, die angibt, das wievielte Jahr im 19jährigen Mondzyklus ein Jahr ist*

'Gold·fisch ⟨m.⟩ **1** *in vielen Zuchtrassen gehaltener Zierfisch: Carassius auratus* **2** ⟨scherzh.; umg.⟩ *reiches Mädchen;* sich einen ~ angeln

'Gold·gru·be ⟨f.⟩ **1** *Goldlagerstätte, Goldbergwerk* **2** ⟨fig.; umg.⟩ *sehr ergiebiges Geschäft;* sein Laden ist eine ~

'gol·dig ⟨Adj.⟩ **1** *wie Gold glänzend* **2** ⟨fig.⟩ *reizend, lieb;* ~e Kinder

Golf[1] ⟨m.; -(e)s, -e⟩ *Einschnitt des Meeres ins Festland*

Golf[2] ⟨n.; -s; unz.⟩ *Rasenspiel, bei dem ein Hartgummiball mit möglichst wenig Schlägen mit Hilfe verschieden geformter Schläger in ein Loch getrieben wird*

'Gon·del ⟨f.; -, -n⟩ **1** *leichtes, langes, schmales venezian. Boot mit schnabelartigem Bug u. Heck, das im Stehen gerudert wird* **2** *Korb am Freiballon* **3** *Raum für Motoren u. Personen am Luftschiff*

'gön·nen ⟨V. 530/R5 od. R6⟩ jmdm. etwas ~ **1** *gerne sehen, daß jmd. etwas bekommt, hat;* diese Enttäuschung gönne ich ihm!; ich gönne ihm sein Glück von Herzen; ich gönne ihr alles Gute **2** *jmdm. etwas zukommen lassen;* er gönnt sich selten eine Ruhepause; er gönnt ihr kaum ein gutes Wort

'Gön·ner ⟨m.; -s, -⟩ *freundl. Förderer;* einen reichen ~ finden (für einen armen Künstler)

'gor·disch ⟨Adj. 24/60⟩ **1** ein ~er Knoten *eine unlösbar scheinende Aufgabe, große Schwierigkeit* 1.1 den ~en Knoten durchhauen ⟨fig.⟩ *eine schwierige Aufgabe mit einer energischen Maßnahme lösen*

'Gos·se ⟨f.; -; -n⟩ **1** *am Rand des Fußweges verlaufende Rinne mit Abfluß in den Kanal für Regen- u. Abwasser;* das Regenwasser fließt, läuft durch die ~ ab; die ~ ist verstopft 1.0.1 jmdn. aus der ~ auflesen, ziehen ⟨fig.; umg.⟩ *aus der Verkommenheit herausholen* 1.0.2 jmdn. durch die ~ ziehen ⟨fig.; umg.⟩ *der öffentl. üblen Nachrede preisgeben, häßlich bloßstellen* 1.0.3 er wird noch in der ~ enden ⟨fig.; umg.⟩ *völlig verkommen* 1.0.4 sich in der ~ wälzen ⟨fig.; umg.⟩ *in der Verkommenheit wohlfühlen*

'go·tisch ⟨Adj. 24⟩ **1** *die Gotik betreffend, aus der Gotik stammend* 1.1 ~e Schrift *im 11./12. Jh. aus der karoling. Minuskel entstandene Schrift mit gebrochenen Schäften, Vorläuferin der Fraktur, erste Druckschrift* **2** *die Goten betreffend, von den Goten stammend* 2.1 ~e Sprache *zur ostgerman. Sprachgruppe gehörende Sprache der Goten, 3. bis 5. Jh. n. Chr., Vorstufe der althochdeutschen Sprache*

Gott ⟨m.; -es, ¨er⟩ **1** ⟨Myth.⟩ *übermenschl., meist unsterbl., kultisch verehrtes Wesen, Gegenstand des relig. Glaubens;* Donner~, Schutz~; die griechischen, heidnischen, römischen Götter; du bist wohl von allen Göttern verlassen! (Ausruf des Unwillens) ⟨umg.⟩ 1.0.1 das wissen die Götter! ⟨umg.⟩ *niemand weiß es* 1.0.2 es war ein Anblick, Bild für die Götter! ⟨umg.⟩ *es sah sehr komisch aus* **2** ⟨unz.; meist ohne Artikel⟩ *erstes, höchstes Wesen im Christentum;* o ~!, mein ~! (Ausrufe des Erstaunens, Erschreckens); ~ der Allmächtige; es liegt, steht in ~es Hand, ob ...; wir sind alle in ~es Hand; ~ der Herr; Kind ~es! (Ausruf des Erschreckens); im Namen ~es! (Segensformel); ~es Sohn; ~ (der) Vater; ~es Wort hören; ~ anbeten, anrufen, fürchten, lieben, loben, preisen; ~ befohlen! (Abschiedsgruß); es sei ~ befohlen; ~ behüte, beschütze euch! (Abschiedswunsch); man muß ~ für alles danken; ~ gebe es! (inniger Wunsch); wie es ~ gefällt (und nicht nach unserem Willen); geh mit ~! (Abschiedsgruß); grüß ~! ~ grüße dich! (Grußformeln); helf ~! (beim Niesen); so wahr mir ~ helfe! (Eidesformel); gelobt sei ~; hier ruht in ~ ... (Inschrift auf Grabmälern); ~ segne dich!; ~ ist mein Zeuge, daß ...; hier hat ~ gesprochen, gerichtet; ~ strafe mich, wenn ... (als Beteuerung); ~ steh' uns bei; ~ verdamm' mich! (derber Fluch); vergelt's ~!, ~ vergelte es dir! (Dankesformel); sich ganz von ~ und der Welt verlassen fühlen; das walte ~!; das weiß ~ allein; und ~ weiß, was noch alles fehlt; so ~ will, sehen wir uns bald wieder; wie ~ will (und nicht wie wir Menschen); wollte ~, es wäre so!; ~ hat es so gewollt!; was ~ zusammengefügt hat, das soll der Mensch nicht scheiden (Matthäus 19,6); der liebe ~!; ach du lieber ~! (Ausruf der Bestürzung); an ~ glauben; auf ~ bauen, vertrauen; bei ~! (als Bekräftigung); das liegt allein bei ~; bei ~ schwören; bei ~ ist kein Ding unmöglich (Lukas 1,37); mit ~es Beistand, Hilfe, Unterstützung; mit ~!, ~ mit dir! (Abschiedswunsch); ~ mit uns! (Wahlspruch der preuß. Könige); seinen Frieden mit ~ machen; um ~es willen! (erschreckter Ausruf); von ~es und Rechts wegen; vor ~ und den Menschen seine Pflicht tun; zu ~ beten; ~ zum Zeugen anrufen; an ~es Segen ist alles gelegen

⟨Sprichw.⟩; ~ läßt sinken, aber nicht ertrinken ⟨Sprichw.⟩; was ~ tut, das ist wohlgetan ⟨Sprichw., nach einem geistl. Lied⟩; wer ~ vertraut, hat recht gebaut ⟨Sprichw.⟩; allmächtiger, großer ~! (erschreckter Ausruf) ⟨umg.⟩; du bist wohl ganz und gar von ~ verlassen! (Ausruf des Unwillens) ⟨umg.⟩ **2.0.1** bei ~ sein *tot sein* **2.0.2** seine Seele ist bei ~ *er ist tot* **2.0.3** in ~ entschlafen, verscheiden *sterben* **2.0.4** ~ hab ihn selig *er sei selig bei Gott (Wunsch für einen Verstorbenen)* **2.0.5** ~es Mühlen mahlen langsam ⟨Sprichw.⟩ *das Wirken Gottes erkennt der Mensch erst spät* **2.0.6** der Mensch denkt, ~ lenkt ⟨Sprichw.⟩ *der Mensch vermag nichts gegen den Willen Gottes* **2.1** in ~es Namen! (tu es) ⟨umg.⟩ *meinetwegen, mir ist es gleich* **2.2** ~ behüte! ⟨umg.⟩ *aber nein, keinesfalls!* **2.3** ~ sei's geklagt! ⟨fig.⟩ *leider!* **2.4** leider ~es ⟨umg.⟩ *leider, bedauerlicherweise;* leider ~es mußten wir absagen **2.5** ~ sei Dank! ⟨umg.⟩ *glücklicherweise* **2.6** da sei ~ vor! ⟨umg.⟩ *das möge G. verhüten, das darf nicht geschehen* **2.7** weiß ~ ⟨umg.⟩ *gewiß, wahrhaftig;* das habe ich weiß ~ nicht gewollt **2.8** bei ~ nicht *wirklich nicht;* ich weiß es bei ~ nicht

'Göt·ter·spei·se ⟨f.⟩ **1** ⟨Myth.⟩ *Speise der Götter, die ihnen Unsterblichkeit verlieh* **2** *Süßspeise mit Gelatine*

'Göt·ter·trank ⟨m.⟩ **1** ⟨Myth.⟩ *Trank der Götter* **2** ⟨fig.; umg.⟩ *köstl. Getränk*

'Got·tes·acker ⟨-k·k-; m.⟩ *Friedhof*

'Got·tes·dienst ⟨m.⟩ **1** *gemeinsame Verehrung Gottes durch die Gemeinde;* ~ abhalten, verrichten **2** *Anbetung Gottes*

'Got·tes·lohn ⟨m.; -(e)s; unz.⟩ **1** *Belohnung durch Gott* **1.1** etwas um einen ~ tun *unentgeltlich*

'Gott·heit ⟨f.; -, -en⟩ **1** ⟨unz.⟩ *Göttlichkeit, die göttl. Natur eines Wesens* **2** *Gott, ein göttl. Einzelwesen*

'gött·lich ⟨Adj.⟩ **1** *Gott betreffend, zu ihm gehörig, auf ihn bezüglich, von ihm herrührend, gottgleich, gottähnlich;* ~e Gnade, Vorsehung, Weisheit **2** ⟨fig.; umg.⟩ *herrlich, wunderbar;* das ~e Spiel eines Künstlers

'Göt·ze ⟨m.; -n, -n⟩ **1** *bildl. Darstellung einer nichtchristl. Gottheit;* Sy *Idol(1)* **1.1** *Götze(1) als Gegenstand religiöser Verehrung* **2** *materieller Wert anstelle moralischer od. religiöser Werte;* das Geld ist sein ~

Grab ⟨n.; -(e)s, ¨er⟩ **1** *letzte Ruhestätte für Tote;* Einzel~, Familien~; die Gräber der Angehörigen; ein ~ ausheben, bepflanzen, schmükken, zuschaufeln, zuschütten; ein ~ besuchen; ein frisches, noch leeres ~; ein gepflegtes, geschmücktes, vergessenes, verwildertes ~; Blumen auf ein ~ legen, pflanzen; ins ~ betten, legen; im ~ liegen, ruhen **1.0.1** er hat ein ~ in fremder Erde bekommen *er wurde fern der Heimat beerdigt* **1.0.2** sein ~ in den Wellen finden *ertrinken* **1.0.3** still, verschwiegen wie ein ~ sein *nichts weitererzählen* **1.0.4** ins ~ sinken *sterben* **1.0.5** jmdn. zu ~e tragen *beerdigen* **1.0.6** seine Hoffnung zu ~e tragen ⟨fig.⟩ *aufgeben, darauf verzichten* **1.1** sich selbst sein ~ graben ⟨fig.; umg.⟩ *selbst seinen Untergang herbeiführen;* du gräbst dir noch dein eigenes ~!; er hat sich selbst sein ~ gegraben **1.2** jmdn. ins ~ bringen ⟨fig.; umg.⟩ *an jmds. Tod schuld sein;* er hat sie ins ~ gebracht; das bringt mich noch ins ~; du bringst mich zehn Jahre früher ins ~ **1.3** etwas mit ins ~ nehmen ⟨fig.; umg.⟩ *ein Geheimnis niemals preisgeben* **1.4** jmd. würde sich im ~ (her)umdrehen, wenn er das wüßte *es würde jmdm. Kummer, Schmerz, Ärger bereiten, jmd. wäre nicht damit einverstanden* **1.5** am Rand des ~es stehen, mit einem Bein, Fuß im ~ stehen ⟨fig.; umg.⟩ *dem Tode nahe sein* **2** ⟨fig.⟩ *Tod, Untergang, Ende;* das war das ~ seines Erfolges, seiner Karriere, seinen Ruhms; Liebe, Treue bis ans ~; Dankbarkeit, Treue bis übers ~ hinaus

'gra·ben ⟨V. 157⟩ **1** ⟨400⟩ *eine Vertiefung machen, ausheben;* (mit dem Spaten) ~ **1.1** ⟨500⟩ eine Vertiefung ~ *ausheben;* einen Brunnen, ein Grab, eine Grube, einen Schacht ~; ein Loch (in die Erde) ~; der Dachs gräbt sich einen Bau **2** ⟨411⟩ nach etwas ~ *schürfen, unter der Erde suchen;* nach Erz, Gold, Kohle ~; nach verborgenen Schätzen ~ **2.1** ⟨500⟩ etwas ~ *aus der Erde gewinnen;* Erz, Gold, Kohle ~ **3** ⟨511⟩ etwas in etwas ~ *einkerben, einmeißeln, gravieren;* in Kupfer ~; Namen, Zeichen in die Rinde eines Baumes ~; eine Inschrift in Stein ~; die Krankheit hat ihre Spuren in sein Gesicht gegraben ⟨fig.⟩ **3.1** ⟨531/R1⟩ ich habe es mir tief ins Gedächtnis gegraben ⟨fig.⟩ *eingeprägt* **4** ⟨511/R3⟩ sich in etwas ~ *bohrend in etwas eindringen, sich in etwas einwühlen;* das abgestürzte Flugzeug grub sich tief in die Erde; seine Fingernägel gruben sich tief ins Fleisch; die Räder gruben sich tief in den Schlamm

'Gra·ben ⟨m.; -s, ¨⟩ **1** *langer künstl. Einschnitt im Boden, als Wasserrinne;* Straßen~; ein ausgetrockneter, mit Wasser gefüllter ~; ein breiter, flacher, langer, schmaler, tiefer ~; der Wagen fuhr in den ~; in einen ~ fallen, stürzen; über einen ~ springen **1.0.1** einen ~ nehmen *springend überqueren* **1.0.2** er landete im ~ ⟨umg.⟩ *stürzte hinein* **2** *ausgehobene Befestigungsanlage, die zum Schutz u. zur Deckung dient;* Festungs~, Schützen~ **2.0.1** einen ~ nehmen ⟨Mil.⟩ *durch Angriff besetzen* **2.0.2** im ~ liegen ⟨Mil.⟩ *an der vordersten Front (im Stellungskrieg)* **3** ⟨Geol.⟩ *zwischen zwei stehengebliebenen Schollen eingesunkenes Stück der Erdkruste*

Grad ⟨m. 7; -(e)s, -e⟩ **1** *Abstufung, Stufe, Stärke, Maß;* Wirkungs~; Erfrierungen, Verbrennungen dritten ~es; eine nur einige ~e dunklere (hellere) Farbe; ~ der Konzentration einer chem. Lösung; bis zu einem gewissen ~(e) kam man uns entgegen; er beteiligte sich nur in geringem ~; in gewissem ~e hat er recht **1.0.1** das ist im höchsten ~e ärgerlich *sehr, außerordentlich* **1.1** *die Enge, Nähe der Verwandtschaft;* Cousine, Vetter zweiten ~es **2** *Stufe in einer Rangordnung* **2.1** *militär. Rang, Rangstufe;* Dienst~ **2.2** *akadem. Würde, Titel;* er erwarb den ~ eines Doktors; einen akademischen ~ erlangen, erwerben **3** eine Gleichung n-ten ~es ⟨Math.⟩ *G., in der eine od. mehrere Unbekannte bis zur n-ten Potenz vorkommen* **3.1** eine Gleichung zweiten ~es *G., in der eine od. mehrere Unbekannte in der zweiten Potenz vorkommen* **4** ⟨Typ.⟩ *Schriftgrad;* diese Schrift ist um zwei ~ größer als jene **5** ⟨Geom.; Zeichen: °⟩ *Maßeinheit für Win-*

kel, der 360. Teil eines Kreises; ein Winkel von 90° **6** ⟨Zeichen: °⟩ *Maßeinheit von Winkeln od. Skalen auf physikal. Meßgeräten;* in ~e einteilen **6.1** ~ Breite *Breitengrad;* 34 ~ nördlicher, südlicher Breite **6.2** ~ Länge *Längengrad;* 20 ~ westlicher, östlicher Länge **6.3** *Maßeinheit der Temperatur;* −20 °C (Celsius), + 10 °F (Fahrenheit), 90 °R (Réaumur); das Thermometer zeigt 5 ~ minus

'gra·de ⟨Adj.; umg.⟩ = *gerade*

Graf ⟨m.; -en, -en⟩ **1** ⟨urspr.⟩ *Verwaltungsbeamter des Königs;* Burg ~, Pfalz ~ **2** *Vorsteher einer Berufsgenossenschaft;* Salz ~, Deich ~ **3** *Angehöriger des mittleren Adels*

gram ⟨Adj. 24/43⟩ jmdm. ~ sein *jmdm. grollen, zürnen;* man kann ihr deshalb, trotzdem nicht ~ sein

Gram ⟨m.; -(e)s; unz.⟩ *nagender Kummer, tiefe Traurigkeit;* der ~ frißt, nagt, zehrt an ihm; sich seinem ~ hingeben; seinem ~ (zu sehr) nachhängen; sie überläßt sich ganz ihrem ~; stiller, tiefer, verzehrender ~; aus ~ über ...; von ~ erfüllt, gebeugt, niedergedrückt sein; sich vor ~ verzehren

'grä·men ⟨V. 500; geh.⟩ **1** ⟨R3⟩ sich ~ *sich bittere Gedanken machen, sich bitterl. sorgen;* sie grämt sich über ihn; sie wird sich noch zu Tode ~ **2** etwas grämt jmdn. *bereitet jmdm. Kummer;* es grämt mich sehr; das grämt ihn wenig

'gräm·lich ⟨Adj.⟩ *verdrießlich, mürrisch, weinerlich;* ein ~er Alter; ~ dreinschauen

Gramm ⟨n. 7; -(e)s, -; Zeichen: g⟩ *Maßeinheit der Masse, (allg. gleichgesetzt mit) des Gewichts;* 1000 g = 1 kg; 500 g = 1 Pfund; der Brief wiegt 20 g; es dürfen ein paar ~ mehr sein

Gram'ma·tik ⟨f.; -, -en⟩ **1** *Lehre vom Bau u. von den Regeln einer Sprache* **2** *Lehrbuch der Grammatik(1)*

Gra'nat ⟨m.; -(e)s, od. (österr.) -en, -e od. (österr.) -en⟩ *kubisches, gesteinsbildendes, schwer verwitterndes Mineral, ein Tonerdesilikat, Edelstein*

Gra'na·te ⟨f.; -, -n⟩ *mit Sprengladung gefülltes Geschoß*

Gra'nit ⟨m.; -s, -e⟩ **1** *Tiefengestein aus fein- bis grobkörnigen Teilen von Feldspat, Quarz u. Glimmer* 1.1 auf ~ beißen ⟨fig.; umg.⟩ *auf energischen Widerstand stoßen, nicht durchdringen können*

'Gran·ne ⟨f.; -, -n⟩ **1** *steife, widerhaarige Borste an Gräserblüten* **2** *im oberen Drittel verdicktes Haar im Haarkleid von Pelztieren*

'Gra·phik ⟨f.; -, -en⟩ **1** ⟨unz.⟩ *Vervielfältigung von Schrift u. Druck* **2** ⟨unz.⟩ *die Kunst des Zeichnens, des Kupfer- u. Stahlstichs, des Holzstichs u. -schnitts* **3** *das einzelne Blatt mit einer Darstellung aus einer dieser Künste*

Gra'phit ⟨m.; -s, -e⟩ *kristalliner reiner Kohlenstoff*

Gras ⟨n.; -es, ¨er⟩ **1** ⟨Bot.⟩ *weltweit verbreitete Familie einkeimblättriger, meist krautiger Pflanzen, Süßgräser: Gramineae, Poaceae* **2** ⟨allg.⟩ *schlankes grünes Gewächs auf Wiesen usw. mit unscheinbaren Blüten;* ~ säen; ~ verfüttern; dürres, hohes, niedriges, saftiges, verdorrtes, welkes ~ 2.0.1 er meint auch, er könne das ~ wachsen hören ⟨fig.; umg.⟩ *er hält sich für ganz besonders klug* 2.0.2 wo er hinhaut, -schlägt, -tritt, da wächst kein ~ mehr ⟨fig.; umg.⟩ *er schlägt kräftig zu, ist zu derb* **2.1** ⟨umg.⟩ *getrocknete Blüten des Indischen Hanfs (Haschisch) als Rauschmittel* **3** *Rasen, Wiese;* das ~ muß gemäht werden; sich ins ~ legen; im ~ liegen; über das ~ laufen; mit ~ bewachsen; von ~ überwuchert 3.0.1 wir wollen über diese Sache ~ wachsen lassen ⟨fig.⟩ *sie in Vergessenheit geraten, Zeit darüber vergehen lassen* 3.0.2 darüber ist längst ~ gewachsen ⟨fig.⟩ *es ist längst vergessen, daran denkt niemand mehr* 3.0.3 ins ~ beißen ⟨fig.; umg.⟩ *sterben*

gras'sie·ren ⟨V. 400⟩ eine Seuche grassiert *greift um sich, tritt gehäuft auf, wütet*

'gräß·lich ⟨Adj.⟩ **1** *entsetzlich, fürchterlich, grauenerregend;* ein ~er Anblick, Unfall, Vorfall; die Leiche des Verunglückten war ~ entstellt, zugerichtet **2** ⟨umg.⟩ *sehr unangenehm;* ich bin in einer ~en Situation, Verlegenheit; ein ~es Wetter 2.1 ⟨50⟩ *sehr, in unangenehmem Maße;* ich bin ~ müde; sie ist ~ liederlich

Grat ⟨m.; -(e)s, -e⟩ **1** *scharfe Kante* **2** *Bergkamm, Felsspitze* **3** ⟨Met.⟩ *beim Gießen, Stanzen, Feilen usw. entstehender scharfer Rand des Werkstücks* **4** ⟨Arch.⟩ *Schnittlinie zweier Dach- od. Gewölbeflächen* **5** *in eine Rinne passende Leiste*

'Grä·te ⟨f.; -, -en⟩ *Verknöcherung zwischen den Muskeln der Fische*

'gra·tis ⟨Adj. 11/80⟩ **1** *kostenlos, unentgeltlich, frei* 1.1 ~ und franko *unentgeltlich u. portofrei*

gra·tu'lie·ren ⟨V. 605/R5 od. R6⟩ **1** jmdm. (zu etwas) ~ = *beglückwünschen;* ich gratuliere!; jmdm. mündlich, schriftlich, telephonisch, telegraphisch ~; darf man schon ~? (z. B. zur Geburt eines Kindes); jmdm. zum bestandenen Examen, zum Geburtstag, zum neuen Jahr, zur Verlobung, Vermählung ~ **2** ⟨R1⟩ sich ~ können ⟨fig.; umg.⟩ *froh sein können;* du kannst dir ~, daß es so glimpflich abging

grau ⟨Adj.⟩ **1** *farbig aus einer Mischung zwischen schwarz u. weiß;* ein ~er Pullover, Mantel, Rock; ein blau und ~ gestreiftes Kleid 1.0.1 der Himmel ist heute ganz ~ *mit dunklen Wolken bedeckt, regenverhangen* 1.1 ⟨60⟩ ~es Brot *Graubrot* 1.2 ⟨60⟩ ~es Gold *mit Silber legiertes G.* 1.3 ⟨60⟩ ~er Körper *ein K., dessen Absorptionsvermögen für alle Wellenlängen des Lichts gleich groß ist* 1.4 ⟨60⟩ Grauer Papagei *Graupapagei* 1.5 ⟨60⟩ ~e Salbe *eine Quecksilbersalbe gegen Hautparasiten* 1.6 ⟨60⟩ die Grauen Schwestern *Mitglieder einer 1842 gegründeten Kongregation* 1.7 ⟨60⟩ ~er Star ⟨Med.⟩ *Trübung der sonst glasklaren Augenlinse: Cataracta;* Sy *Katarakt*[2] 1.8 ⟨60⟩ ~e Substanz *die wegen ihres Reichtums an Nervenzellen grau erscheinenden Teile des Gehirns u. des Rückenmarks;* Ggs *weiße*[1] *(2.7) Substanz* **2** *farblos* 2.1 ~ werden *alt werden (u. dabei die Haarfarbe verlieren);* alt und ~ werden; im Dienste ~ geworden; in Ehren ~ werden 2.2 ~es Haar *mit zunehmendem Alter verblichenes H.;* ich bekomme ~es Haar; seine Schläfen werden ~ 2.2.1 Achtung vor jmds. ~en Haaren, ~em Haupt haben *A. vor einem alten Menschen haben*

2.2.2 sich über, wegen etwas keine ~en Haare wachsen lassen *sich wegen etwas keine Sorgen machen;* darüber lasse ich mir keine ~en Haare wachsen; deshalb brauchst du dir doch keine ~en Haare wachsen zu lassen **2.3** ~e Haut *schlecht durchblutete H.;* deine Haut sieht ~ aus **3** ⟨fig.⟩ *trostlos, öde, eintönig;* der ~e Alltag; das ~e Einerlei des Alltags; ~, teurer Freund, ist alle Theorie (Goethe, Faust I, Studierzimmer); ihr Leben erscheint ihr ~ und farblos; es sieht ~ in ~ aus **3.0.1** alles ~ in ~ malen ⟨fig.⟩ *sich pessimistisch äußern* **3.0.2** das ~e Elend hat ihn überfallen *er ist pessimistischer Stimmung* **4** ⟨60⟩ *unbestimmt;* ich habe nur eine ~e Vorstellung davon; unser Wiedersehen liegt in ~er Ferne **4.1** ⟨60⟩ *weit zurückliegend;* in ~er Vorzeit; vor ~en Zeiten **4.2** ⟨60⟩ ~e Eminenz ⟨fig.⟩ *der eigentl. leitende Mann hinter den Kulissen*

'grau·en[1] ⟨V. 400⟩ etwas graut **1** der Morgen, Tag graut *dämmert;* der Tag fängt an zu ~; beim ersten Grauen des Tages **2** ⟨schweiz.⟩ *schimmlig werden*

'grau·en[2] ⟨V.⟩ **1** ⟨650 od. (selten) 550; unpersönl.⟩ jmdm. (jmdn.) graut (es) vor jmdm. od. etwas *jmd. empfindet Furcht, Entsetzen vor jmdm. od. etwas;* mir graut vor dieser Aussprache, Entscheidung, Trennung **2** ⟨550/R3⟩ sich vor jmdm. od. etwas ~ *Furcht, Entsetzen empfinden vor jmdm. od. etwas;* ich habe mich schon lange davor gegraut

'Grau·en ⟨n.; -s; unz.⟩ *Furcht, Schauder, Entsetzen;* das ~ des Krieges, der Vernichtung, der Zerstörung; mich erfaßte, ergriff, überkam, überlief ein ~; ihn kam ein ~ an, als er ...; mit ~ etwas erkennen, kommen sehen, voraussehen

'grau·len ⟨V. 650 od. (selten) 550; umg.⟩ **1** ⟨unpersönl.⟩ es grault jmdm. (jmdn.) vor jmdm. od. etwas *jmd. fürchtet, ekelt sich vor jmdm. od. etwas* **2** ⟨R3⟩ sich vor jmdm. od. etwas ~ *sich ekeln, Furcht empfinden;* sie grault sich vor Spinnen

'Grau·pe ⟨f.; -, -n; meist Pl.⟩ **1** *enthülstes Gerstenkorn, zu Suppeneinlagen u. als Brei gekocht verwendet* **2** ⟨veralt.⟩ *Körner u. Kristalle des Zinnsteins* **3** ⟨Met.⟩ *bei der Erzaufbereitung gewonnenes Erz von 3 bis 25 mm Korngröße* **4** ~n im Kopfe haben ⟨fig.; umg.⟩ *hochfliegende Pläne haben*

'Grau·pel ⟨f.; -, -n; meist Pl.⟩ *kleines Hagelkorn*

'grau·sam ⟨Adj.⟩ **1** *unmenschlich, roh, andere quälend;* ein ~er Feind, Mensch, Verbrecher; eine ~e Handlung, Tat, Züchtigung; ein ~es Spiel mit jmdm. treiben; jmdn. ~ behandeln, quälen; ~ gegen jmdn. sein, sich verhalten, vorgehen **2** *sehr schlimm, unangenehm stark;* ein ~er Frost; eine ~e Kälte; ein ~er Winter **2.1** ⟨50; umg.⟩ *sehr (in unangenehmer Weise);* sie ist ~ gescheit, intelligent, klug ⟨scherzh.⟩

'grau·sen ⟨V.⟩ **1** ⟨650 od. (selten) 550; unpersönl.⟩ jmdm. (jmdn.) graust es vor jmdm. od. etwas *jmd. empfindet Furcht, Entsetzen vor jmdm. od. etwas;* (es) graust mir, mich davor **2** ⟨550/R3⟩ sich ~ vor jmdm. od. etwas *Furcht, Entsetzen empfinden vor jmdm. od. etwas;* ich habe mich schon lange davor gegraust **2.1** ⟨R3; schweiz.⟩ *sich ekeln vor jmdm. od. etwas;* sie graust sich vor Spinnen

'Grau·sen ⟨n.; -s; unz.⟩ *Entsetzen, lähmende Furcht;* da packte mich das kalte ~

'grau·sig ⟨Adj.⟩ *Grausen hervorrufend, entsetzlich, fürchterlich, grauenvoll;* die Unfallstelle bot einen ~en Anblick; die Fahrt fand ein ~es Ende; die Polizei machte eine ~e Entdeckung; er erlitt einen ~en Tod

gra·vie·ren[1] ⟨[-'vi:-] V. 500⟩ Metall, Stein, Glas ~ *Verzierungen, Schrift od. Zeichen anbringen in M., G., S.*

gra·vie·ren[2] ⟨[-'vi:-]; V. 500⟩ etwas ~ ⟨veralt.⟩ *belasten, beschweren*

gra'vie·rend **1** ⟨Part. Präs. von⟩ *gravieren* **2** ⟨Adj.⟩ *belastend, erschwerend;* ein ~er Fehler; dabei fällt ~ ins Gewicht, daß ...

gra·zi'ös ⟨Adj.⟩ *anmutig, zierlich, geschmeidig, gewandt*

'greif·bar ⟨Adj.⟩ **1** *mit der Hand erreichbar, in der Nähe befindlich* **1.1** ⟨kaufmannsspr.⟩ *auf Lager, vorrätig, sofort lieferbar;* die Ware ist sofort, im Moment nicht ~ **2** ⟨fig.⟩ *offenkundig, handgreiflich;* ein ~er Beweis seiner Schuld; es liegen noch keine ~en Ergebnisse vor; der Plan nimmt allmählich ~e Formen, Gestalt an; ~e Vorteile bieten

'grei·fen ⟨V. 158⟩ **1** ⟨500⟩ etwas ~ *mit der Hand od. mit einem Greifwerkzeug nehmen, fassen, erfassen, packen;* etwas mit der Hand, einer Zange ~ **1.1** ⟨511/R7⟩ an eine bestimmte Stelle ~ *fassen;* sich an den Kopf, an die Stirn ~ (weil man das nicht fassen kann) **1.1.1** ⟨610⟩ jmdm. an die Ehre ~ *versuchen, jmds. E. anzutasten* **1.1.2** seine Hände griffen ins Leere, in die Luft *er fand keinen Halt* **1.1.3** in die Saiten ~ ⟨geh.⟩ *zu spielen beginnen (auf einem Saiteninstrument)* **1.1.4** in die Tasten ~ ⟨geh.⟩ *Klavier spielen* **1.2** ⟨411⟩ nach etwas ~ *nach etwas langen, etwas mit der Hand zu erreichen suchen;* nach der Waffe ~ **1.3** ⟨411⟩ zu etwas ~ *etwas in die Hand nehmen, um damit eine Tätigkeit zu beginnen* **1.3.1** er greift gern zu einem guten Buch *er liest es gern* **1.3.2** er greift gern zu einer guten Zigarre *er raucht sie gern* **1.3.3** zu den Waffen ~ *zu kämpfen beginnen* **1.3.4** zum Wanderstab ~ *auf Wanderschaft gehen* **2** ⟨500⟩ jmdn. ~ *fangen, gefangennehmen;* die Polizei hat den Dieb schon gegriffen **2.0.1** Greifen spielen *sich gegenseitig fangen (als Kinderspiel)* **2.1** ⟨530/R1⟩ ich werde ihn mir schon ~! ⟨umg.⟩ *gründlich zurechtweisen* **3** ⟨500⟩ etwas ~ *anschlagen, erklingen lassen;* einen Akkord ~ **3.1** ich kann keine Oktave ~ ⟨Mus.⟩ *umspannen* **4** ⟨800⟩ zu etwas ~ ⟨fig.⟩ *etwas anwenden, gebrauchen;* ich mußte zum Äußersten ~; schließlich mußte ich zu einer List ~; wir müssen zu strengeren Maßnahmen ~; ich muß zu einem anderen Mittel ~, um ... **5** ⟨400⟩ etwas greift *hat die gewünschte Reibung;* der Bagger, der Pflug, die Zange greift nicht; die Räder des Wagens greifen nicht (bei Glatteis) **6** ⟨411⟩ etwas greift um sich, greift Platz *etwas breitet sich aus;* das Feuer, die Infektionskrankheit, die Seuche griff rasch um sich; diese Ansicht hat allgemein Platz gegriffen **7** ⟨510⟩ etwas ist zu hoch, niedrig gegriffen *zu hoch, niedrig geschätzt;* das ist zu hoch gegriffen; mit dieser Zahl hast du zu niedrig gegriffen

Greis ⟨m.; -es, -e⟩ *alter, gebrechlicher Mann*

'Grei·sin ⟨f.; -, -n·nen⟩ *alte, gebrechl. Frau*

grell ⟨Adj.⟩ **1** *die Sinne heftig berührend* **1.1** *scharf, durchdringend, schrill;* ~e Töne; eine ~e Stimme **1.2** *auffallend kräftig;* ~e Farben; sie trug ein Kleid in einem ~en Rot **1.3** *blendend hell;* ~es Licht; im ~en Scheinwerferlicht, Sonnenlicht

'Gren·ze ⟨f.; -, -n⟩ **1** *Linie, die zwei Grundstükke, Staaten, Länder od. Bereiche (z. B. Klimazonen) voneinander trennt;* Grundstücks~, Hoheits~, Landes~, Stadt~, Zonen~; die ~n Frankreichs, der Schweiz; eine ~ abstekken, anerkennen, berichtigen, festsetzen, ziehen; die ~ passieren, überschreiten; die ~n schließen; die ~ verläuft quer durch diesen Wald; eine befestigte, berichtigte, deutlich markierte, umstrittene, unübersichtliche ~; Flüsse, Gebirge können natürliche ~n sein; an der ~ wohnen; diesseits, jenseits der ~; nahe der ~ wohnen; jmdn. über die ~ abschieben; über die ~ gehen; die ~ zwischen Frankreich und Spanien **1.0.1** → a. *grün(1.1.1)* **2** ⟨fig.⟩ *Schranke, Beschränkung, Rahmen;* die ~n des Erlaubten überschreiten; du hast bald die ~n meiner Geduld erreicht; die ~n des guten Geschmacks verletzen; die ~n des Möglichen erkennen; alles hat seine ~(n); sein Eifer kennt keine ~n; auch seiner Macht sind ~n gesetzt; die Darbietung liegt hart an der ~ des guten Geschmacks; alles muß sich in ~n halten; meine Geduld ist nicht ohne ~n! **2.0.1** man muß dem Treiben ~n setzen ⟨fig.⟩ *es einschränken* **2.0.2** das überschreitet alle ~n ⟨fig.⟩ *ist empörend* **2.0.3** mit diesem Projekt hat er seine ~n überschritten ⟨fig.⟩ *sich zuviel zugemutet* **2.0.4** bis zur äußersten ~ gehen ⟨fig.⟩ *bis zum Äußersten* **2.0.5** ich mußte diesen vorlauten Burschen in seine ~n verweisen ⟨fig.⟩ *zurechtweisen* **2.0.6** man muß seine ~n kennen, wahren ⟨fig.⟩ *Zurückhaltung wahren* **2.0.7** bleib innerhalb deiner ~n ⟨fig.⟩ *halte Maß, übe Zurückhaltung* **2.0.8** die ~n einhalten, sich in den ~n halten ⟨fig.⟩ *maßhalten, sich beherrschen*

'gren·zen ⟨V. 800⟩ **1** e t w a s grenzt a n e t w a s *stößt mit den Grenzen an etwas, ist benachbart;* mein Zimmer grenzt an seines **2** e i n e S a c h e grenzt a n e i n e S a c h e ⟨fig.⟩ *kommt einer Sache sehr nahe;* das grenzt ans Unmögliche, Unglaubliche; das grenzt an Unverschämtheit, Wahnsinn; ein an Frechheit ~des Benehmen

'Grenz·gän·ger ⟨m.; -s, -⟩ **1** *im Grenzgebiet wohnender Arbeiter od. Angestellter, der seine Arbeitsstätte im Nachbarland hat* **2** *Grenzbewohner, der andere heiml. über die Grenze bringt* **3** *Schmuggler*

'Grenz·ver·kehr ⟨m.⟩ **1** ⟨i. w. S.⟩ *jeder Verkehr über die Grenze* **1.1** ⟨i. e. S.⟩ *der Warenverkehr zwischen Grenzbezirk u. Ausland* **1.2** → a. *klein(1.2.2)*

'Greu·el ⟨m.; -s, -⟩ **1** *Abscheu, Grausen;* er hat einen ~ vor solchen Menschen **2** *Gegenstand des Abscheus, Ärgernis;* das, es, er ist mir ein ~ **3** *schreckliche, abscheuliche Tat* die ~ des Krieges, der Verwüstung, Zerstörung; ~ begehen, verüben, sich zuschulden kommen lassen

'greu·lich ⟨Adj.⟩ *grauenerregend, gräßlich, abscheulich, ekelhaft*

'Grie·be ⟨f.; -, -n⟩ **1** *Rückstand beim Ausschmelzen von Speck* **2** *Fettstückchen in der Wurst*

'Gries·gram ⟨m.; -(e)s, -e⟩ *mürrischer, grämlicher Mensch*

Grieß ⟨m.; -es, (selten) -e⟩ **1** *geschälte, geschrotete Getreidekörner* **2** *körnige Masse;* Kohlen ~ **3** *körniger Niederschlag (z. B. im Urin);* Harn~

'grie·ßeln ⟨V. 400⟩ **1** e t w a s grießelt *wird körnig* **2** ⟨401⟩ e s grießelt *Niederschlag fällt in kleinen Körnern*

Griff ⟨m.; -(e)s, -e⟩ **1** *das Greifen(1-3);* mit einem einzigen ~ hatte er ihn am Boden; nur noch ein paar ~e, dann bin ich fertig; ich muß mir nur noch schnell mit ein paar ~en das Haar ordnen, zurechtmachen **1.0.1** das ist mit einem ~ getan *schnell, leicht fertigzumachen* **1.0.2** einen ~ in die Ladenkasse tun ⟨fig.⟩ *Geld aus der Kasse stehlen* **1.0.3** einen guten ~ tun ⟨fig.⟩ *eine gute Wahl treffen* **1.1** *Art des Greifens;* er hat einen derben, energischen, harten, fest zupackenden ~ **1.1.1** man muß alle Kniffe und ~e kennen ⟨umg.⟩ *Geschicklichkeit u. List anwenden* **1.1.2** etwas im ~ haben ⟨fig.⟩ *etwas geschickt, geübt handhaben* **1.2** ⟨Mil.⟩ *bestimmte Bewegung der Hände zum Handhaben von Geräten;* ~e üben; ~e kloppen ⟨soldatenspr.⟩ **1.3** ⟨Mus.⟩ *das Greifen(3), Anschlagen von Akkorden, Tönen (bei Musikinstrumenten);* ein paar ~e machen (auf dem Klavier); auf einem Musikinstrument ~e üben; das war ein falscher ~ **2** *Vorrichtung zum Anfassen, z. B. Stiel, Kurbel, Henkel, Klinke, Knopf, Heft, Knauf, Hals der Geige, Gitarre;* Koffer~; Tür~; Messer~; Degen~; der ~ des Löffels, der Mokkamühle, des Spazierstocks usw.; sich am ~ festhalten; beim Aussteigen linke Hand am linken ~ (Warnschild); der ~ zum Festhalten in der Straßenbahn **3** ⟨nur Pl.⟩ ~e ⟨jägerspr.⟩ *Klaue, Krallen der Greifvögel* **4** ⟨Web.⟩ *die Struktur von Gewebe beim Anfühlen;* harter, weicher ~ (z. B. Leinen bzw. Seide)

'Grif·fel ⟨m.; -s, -⟩ **1** *Schreibstift aus Schiefer (für Schiefertafeln)* **2** ⟨Bot.⟩ *fadenförmiges Gebilde des Fruchtknotens, in das die Pollenschläuche einwachsen*

'grif·fig ⟨Adj.⟩ *so beschaffen, daß es gut zu greifen ist*

Grill ⟨m.; -s, -s⟩ **1** *Ofen zum Grillen* **2** *Bratrost zum Grillen*

'Gril·le ⟨f.; -, -n⟩ **1** *Angehörige einer Familie der Heuschrecken (Saltatoria), den Laubheuschrecken ähnlich, meist in selbstgegrabenen Gängen lebend: Gryllidae;* ich höre eine ~ zirpen **2** ⟨fig.⟩ *Laune, Schrulle, wunderl. Einfall, törichte Sorgen;* das ist so eine ~ von ihm; ~n im Kopf haben; sich ~n in den Kopf setzen **2.0.1** ~n fangen ⟨fig.; umg.⟩ *launisch sein, trübe Stimmung haben, verdrießlich sein, grübeln* **2.0.2** jmdm. die ~n verjagen ⟨fig.; umg.⟩ *jmdn. fröhlich stimmen*

'gril·len ⟨V. 500⟩ F l e i s c h, F i s c h ~ ⟨Kochk.⟩ oV *grillieren* ⟨schweiz.⟩ **1** *am Spieß über offenem Feuer braten* **2** *auf dem Grill(2) od. im Grill(1) braten*

gril·lie·ren ⟨[-'li:-] od. [-'ji:-]; V. 500; schweiz.⟩ = *grillen*

Gri'mas·se ⟨f.; -, -n⟩ *Verzerrung des Gesichts auf spaßige od. abstoßende Weise;* Sy *Fratze(3);* ~n schneiden, ziehen; das Gesicht zu einer ~ verziehen; eine abstoßende, fürchterliche, grauenerregende, spaßige, ulkige ~

'grim·mig ⟨Adj.⟩ **1** *wütend, zornig, wild, empört;* eine ~e Antwort geben; er sieht ~ aus **2** *schrecklich, übermäßig;* ~e Schmerzen haben; es ist ~ kalt

Grind ⟨m.; -(e)s, -e⟩ **1** *Kruste auf der Haut aus geronnenem Blut u. abgestorbener Haut* 1.1 *Hautausschlag mit Krusten- u. Borkenbildung* 1.2 *schorfige Flechten mit Pusteln bei Haustieren* **2** ⟨Bot.⟩ *Pilzkrankheit beim Weinstock* **3** ⟨jägerspr.⟩ *Kopf (bei allen Hirscharten u. beim Gamswild)*

'grin·sen ⟨V. 400⟩ *breit lächeln;* der Junge grinste schadenfroh

'Grip·pe ⟨f.; -, -n⟩ **1** *akute Viruskrankheit, die sich im Frühjahr u. Herbst epidemieartig verbreitet, regelmäßig mit Fieber* **2** *leichtere akute Infektion, die vor allem zu katarrhalischen Erscheinungen an den oberen Luftwegen führt u. als Erkältungskrankheit auftritt*

grob ⟨Adj.⟩ **1** *stark, dick, derb;* Ggs *fein(1);* ~es Tuch; ~e Fäden, Papiere, Säcke, Stoffe; sie hat von der schweren Arbeit ~e Hände bekommen; ~es Schuhwerk zum Wandern 1.1 *mit größeren Zwischenräumen versehen;* ein ~es Sieb 1.2 *aus größeren Teilen bestehend, wenig zerkleinert;* ~es Mehl; ~es Brot 1.2.1 *in größere Teile (zerkleinert);* ~ gemahlenes Mehl; ~ gehackte Mandeln, Nüsse 1.3 *plump;* ~e Gesichtszüge 1.4 *rauh;* er hat eine unangenehm ~e Stimme 1.5 *schwer, beschwerlich, mit Schmutz verbunden;* für die ~en Arbeiten im Haushalt hat sie eine Hilfe **2** *ungenau, ungefähr, ohne Einzelheiten;* dazu kann ich nur ~e Angaben machen; einen Plan in ~en Linien, Umrissen festlegen **3** ⟨60⟩ *stark, schlimm;* das ist ~er Betrug; damit hat er einen ~en Fehler, Schnitzer begangen; es handelt sich um einen ~en Irrtum; das ist eine ~e Lüge, Unwahrheit; das ist ein ~er Mißbrauch meines Vertrauens; hier liegt ein ~es Versehen vor; durch ~es Verschulden ... 3.0.1 ~es Geschütz auffahren ⟨fig.; umg.⟩ *zu starken Mitteln greifen, energische Maßnahmen treffen* 3.0.2 aus dem Gröbsten heraus sein ⟨umg.⟩ *das Schwierigste überwunden haben;* er ist endlich aus dem Gröbsten heraus; die Kinder sind aus dem Gröbsten heraus 3.1 ~er Unfug ⟨Rechtsw.⟩ *strafbare Störung od. Gefährdung der äußeren öffentl. Ordnung durch Belästigung, Beunruhigung od. Gefährdung der Allgemeinheit* **4** *unhöflich, unwirsch, ungebildet;* ~e Ausdrücke, Reden, Worte gebrauchen; sein ~es Benehmen, Betragen stößt viele ab; in ~em Ton herrschte er mich an; jmdn. ~ anfahren, behandeln; ~ sein, werden gegen jmdn.; ein ~er Kerl, Klotz ⟨umg.⟩ 4.0.1 jmdm. ~ kommen ⟨umg.⟩ *unhöflich werden gegen jmdn.* 4.0.2 auf einen ~en Klotz gehört ein ~er Keil *auf eine Grobheit muß man mit einer anderen antworten* **5** ~e See ⟨seemannsspr.⟩ *stark bewegte S.* **6** ~e Sauen ⟨jägerspr.⟩ *starke Wildschweine*

'Grob·heit ⟨f.; -, -en⟩ **1** *grobe(1) Beschaffenheit;* die ~ des Leinens gibt der Decke eine rustikale Note **2** ⟨fig.⟩ *unfreundl., unhöfl. Wesen* **3** *Beschimpfung, Schimpfwort;* einander ~en an den Kopf werfen

'grob·schläch·tig ⟨Adj.⟩ *derb, ungeschlacht, plump;* ein ~er Mensch; ~ gebaut sein

Groll ⟨m.; -(e)s; unz.⟩ *unterdrückter Zorn, Ärger;* gegen jmdn. ~ hegen; ohne ~ an etwas, jmdn. denken; voller ~ sein

'grol·len ⟨V. 400⟩ **1** etwas grollt *dröhnt dumpf;* in der Ferne hörte man das Grollen des Donners **2** ⟨403⟩ (jmdm.) ~ ⟨fig.⟩ *einen Groll (gegen jmdn.) hegen, (mit jmdm.) ärgerlich sein;* wir wußten nicht, warum sie (ihm) grollte; sie grollte schon seit Tagen mit ihm

'Gro·schen ⟨m.; -s, -⟩ **1** ⟨österr.; Abk.: g⟩ *kleinste Münze, 1/100 Schilling* **2** ⟨früher⟩ *alte frz. u. dt. Silbermünze, 3 Kreuzer* **3** ⟨umg.; heute⟩ *Zehnpfennigstück;* einen ~ in die Opferbüchse stecken 3.1 endlich ist der ~ bei ihm gefallen ⟨fig.; umg.⟩ *(wie im Automaten) endlich hat er es begriffen* 3.2 bei ihm fällt der ~ aber langsam ⟨fig.; umg.⟩ *er ist schwerfällig im Begreifen* **4** ein paar ~ ⟨umg.⟩ *etwas Geld, kleine Ersparnisse;* sie verdient sich ein paar ~ nebenbei; ich muß meine paar ~ zusammenhalten

groß ⟨Adj.⟩ **1** *(räuml.) ausgedehnt, ein (verhältnismäßig) beträchtl. Ausmaß aufweisend;* Ggs *klein;* ein ~es Geschäft, ein ~es Grundstück; ein ~es Glas Bier; die größere Hälfte; der größere Teil; ein ~es Haus besitzen; Kleidung größer machen; bitte eine Nummer größer! (Konfektionsgröße); die ~e Zehe; größer als ~; die ~e Trommel ⟨Mus.⟩ 1.0.1 der Große Bär, Wagen *Sternbild am nördl. Himmel* 1.0.2 der Große Hund *Sternbild des südl. Himmels* 1.0.3 ~er Hahn ⟨jägerspr.⟩ = *Auerhahn* 1.0.4 ~ machen ⟨umg.; bes. kinderspr.⟩ *den Darm entleeren* 1.0.5 der ~e Teich ⟨fig.; umg.⟩ *der Atlantische Ozean;* über den ~en Teich fahren 1.1 *ausgedehnt in der Höhe;* wie ~ ist er jetzt; du bist ~ geworden, seit ich dich zum letzten Mal gesehen habe; die Brüder sind gleich ~; er ist ~ und breit; es ist ein ~es Kind für sein Alter; er ist so ~ wie du; größer werden; es steht ~ und breit dort geschrieben 1.1.1 *in hervorgehobener Form geschrieben, gedruckt;* ein Wort mit ~em Anfangsbuchstaben schreiben; ein Wort ~ schreiben 1.2 *ausgedehnt in der Länge* 1.2.1 auf ~er Fahrt sein *auf einer Überseefahrt* 1.2.2 die Große Mauer *Grenzmauer im alten chines. Reich* 1.3 *ausgedehnt im Umfang, weit;* die Schuhe sind ihm zu ~ 1.3.1 ~e Augen machen *die Augen weit öffnen (vor Staunen)* 1.3.2 jmdn. ~ anblicken, anschauen, ansehen *mit weit geöffneten Augen (vor Staunen)* 1.3.3 die ~e Klappe, den ~en Mund haben ⟨fig.; umg.⟩ *vorlaut u. prahlerisch daherreden* **2** ⟨70⟩ *zeitl. ausgedehnt;* die ~en Ferien; die ~e Pause (Schule, Theater); eine ~e Wanderung machen; die ~e Sekunde, Septime, Sexte, Terz ⟨Mus.⟩ **3** *zahlenmäßig, mengenmäßig ein beträchtliches Ausmaß aufweisend;* wir sind eine ~e Familie; eine ~e Auswahl an Waren anbieten; ein größerer Betrag; ein ~es Vermögen erwerben; ~e Vorräte anhäufen 3.0.1 die ~e Masse ⟨fig.⟩ *das Volk* 3.0.2 der Große Rat *Gesetzgebungsorgan schweiz. Kantone ohne Landsgemeinde*

3.0.3 ein ~er Teil *viele, vieles* 3.0.4 zum ~en Teil *meistens* 3.1 im ~en *in Mengen;* im ~en einkaufen; im ~en und im kleinen verkaufen; eine Ware nur im ~en abgeben, verkaufen 3.2 *von hohem, höherem Wert;* in ~en Scheinen zahlen; ich habe nur ~es Geld bei mir 3.2.1 ~e Stücke auf jmdn. halten *viel von jmdm. halten, jmdn. sehr schätzen* **4** *stark, heftig, in hohem Grade;* ~en Hunger haben; ~er Beifall, Jubel, Lärm; ~e Hitze, Kälte, Trockenheit; jmdm. einen ~en Schrecken einjagen; etwas mit ~er Ausdauer, Energie, Kraft betreiben; nur mit ~er Mühe hat er es geschafft; ~e Achtung vor jmdm. haben; da hast du eine ~e Dummheit begangen, gemacht; ich habe keine ~e Lust hinzugehen; darauf legt er ~en Wert 4.0.1 das ist jetzt ganz ~e Mode! ⟨umg.⟩ *sehr modisch* 4.0.2 das Schiff macht ~e Fahrt ⟨seemannsspr.⟩ *fährt schnell* **5** ⟨70⟩ *erwachsen, älter;* mein ~er Bruder, meine größeren Geschwister, meine ~e Schwester; wenn du einmal ~ bist; unsere Kinder sind alle schon ~; Kinder müssen den Großen folgen 5.0.1 unsere Große studiert jetzt ⟨umg.⟩ *unsere älteste Tochter* 5.0.2 die Großen und die Kleinen *Erwachsene u. Kinder* 5.0.3 ~ und klein *alt u. jung, jedermann* 5.0.4 jmd. ist ein ~es Kind *als Erwachsener noch kindlich, naiv* **6** ⟨70; fig.⟩ *bedeutend;* dieses ~e Werk der Bildhauerei, Dichtkunst, Malerei; das war das Große an ihm; der Hang, Zug zum Großen 6.1 *berühmt;* ein ~er Denker, Dichter, Künstler, Maler, Politiker; Alexander der Große 6.1.1 die Große Armee *Napoleons I. Heer gegen Rußland, das im Winter 1812/13 untergegangen ist* 6.1.2 der Große Kurfürst *Friedrich Wilhelm von Brandenburg (1620—1688)* 6.1.3 sich einen ~en Namen machen *durch bedeutende Leistungen berühmt werden* 6.1.4 der ~e Unbekannte *der gesuchte Täter* 6.2 *einflußreich, gesellschaftl. hochstehend;* einmal eine ~e Dame sein wollen; die Großen der Welt 6.2.1 den ~en Herrn spielen *wichtigtun, prahlen, über seine Verhältnisse leben* 6.2.2 er ist ein ~es Tier geworden ⟨umg.; scherzh.⟩ *eine einflußreiche Persönlichkeit* 6.2.3 die ~e Welt *gesellschaftl. hochstehende Kreise* 6.3 *wichtig, bemerkenswert;* der ~e Augenblick ist gekommen; heute hat er seinen ~en Tag 6.3.1 sich um ein ~es verändern *sehr* 6.4 *hervorragend, ausgezeichnet;* er hat Großes geleistet; im Prahlen, Rechnen, Zeichnen usw. ist er ~; als Unterhalter ist er ganz ~; seine Buchillustrationen sind ganz ~e Klasse; ganz ~! ⟨umg.⟩ 6.5 *auf Wirkung berechnet;* mit ~er Geste etwas tun 6.5.1 ~e Töne reden, spucken ⟨umg.⟩ *angeben, sich wichtig tun, prahlen* 6.5.2 er liebt es, ~e Worte zu machen *er liebt das Pathos, spricht hochtrabend* 6.6 *großzügig, verschwenderisch* 6.6.1 auf ~em Fuße leben *verschwenderisch* 6.6.2 sie führen ein ~es Haus *haben viele gesellschaftl. Verpflichtungen* **7** ⟨60⟩ *vornehm, edel;* ein ~er Geist, Mensch; ein ~es Herz haben 7.0.1 von jmdm. ~ denken *eine hohe Meinung von ihm haben* **8** ⟨60⟩ *wesentlich, hauptsächlich, allgemein;* du darfst das ~e Ganze nicht aus den Augen verlieren; etwas in ~en Zügen darlegen, schildern; im ~en (und) ganzen betrachtet, gesehen, könnte man sagen, daß ...; im ~en (und) ganzen ist daran nichts auszusetzen (im einzelnen hingegen ...); vom Kleinen auf das Große schließen ⟨fig.⟩; das ist im Kleinen wie im Großen so ⟨fig.⟩ 8.1 das Große Los *Hauptgewinn, Treffer* 8.1.1 das Große Los ziehen ⟨fig.⟩ *großes Glück haben* 8.2 die ~e Nummer im Zirkus *die Hauptattraktion* **9** ⟨50; umg.⟩ *besonders, sonderlich, viel* 9.0.1 er kümmert sich nicht ~ darum *nicht sonderlich* 9.0.2 was ist dabei schon ~ zu tun! ⟨umg.⟩ *viel* 9.0.3 was wird ~ los sein? *was kann schon los sein, ich erwarte nicht viel* 9.0.4 es lohnt nicht ~ ⟨umg.⟩ *es ist nicht allzu lohnend* 9.0.5 da gibt es doch nichts ~ zu beraten ⟨umg.⟩ *kaum etwas* 9.0.6 was kann es ~ kosten ⟨umg.⟩ *schon* 9.0.7 wen soll ich hier schon ~ kennen ⟨umg.⟩ *ich kenne doch hier kaum jmdn.* 9.0.8 wer soll das schon ~ wissen ⟨umg.⟩ *das kann kaum jmd. wissen*

'groß·ar·tig ⟨Adj.⟩ **1** *herrlich, prachtvoll;* das Gebirge bildete eine ~e Kulisse **2** *eindrucksvoll, bedeutend;* mit einer ~en Geste lehnte er das Angebot ab

'Grö·ße ⟨f.; -, -n⟩ **1** *meßbare Ausdehnung (einer Fläche, eines Körpers);* die ~ eines Grundstücks, eines Hauses, einer Stadt; sie sind von gleicher ~; sie ist von mittlerer ~; nach der ~ aufstellen; ein Stern erster ~ ⟨Astr.⟩ 1.1 *Norm bei Kleidungsstücken;* wir haben diesen Rock, diesen Schuh in jeder (gewünschten) ~ vorrätig; ich brauche Handschuhe in einer kleinen ~ **2** ⟨Math.⟩ *Wert, Zahl;* imaginäre, konstante ~; unbekannte ~ **3** ⟨fig.⟩ *Ausmaß, Tragweite, Bedeutung, Wichtigkeit;* die ~ des Augenblicks, der Stunde, der Zeit **4** *Erhabenheit, sittl. Wert;* die wahre ~ eines Menschen er-, verkennen; ihm fehlt es an innerer ~; ~ besitzen, haben **5** ⟨umg.⟩ *jmd., der Großes leistet, bedeutende, anerkannte Persönlichkeit;* er ist eine ~ auf seinem Gebiet, in seinem Fach

'Groß·el·tern ⟨nur Pl.⟩ *die Eltern von Vater od. Mutter, Großvater u. Großmutter*

'Grö·ßen·wahn ⟨m.⟩ **1** *krankhafte Überschätzung der eigenen Persönlichkeit* **2** ⟨umg.⟩ *übersteigertes Selbstbewußtsein*

'groß·her·zig ⟨Adj.⟩ *edel, edelmütig, freigebig;* er ist ~

'groß·jäh·rig ⟨Adj. 24/70⟩ = *mündig*

'Groß·macht ⟨f.⟩ *Staat von entscheidendem Einfluß auf die internationale Politik*

'Groß·manns·sucht ⟨f.; -; unz.⟩ *übersteigertes Streben nach Einfluß u. Bedeutung*

'Groß·mut ⟨f.; -; unz.⟩ *Edelmut, Großzügigkeit*

'Groß·mut·ter ⟨f.⟩ **1** *Mutter von Vater od. Mutter;* das Rotkäppchen sollte seine ~ besuchen 1.0.1 das kannst du deiner ~ erzählen! ⟨umg.⟩ *das glaube ich dir nicht;* erzähl das deiner ~!

'groß·räu·mig ⟨Adj.⟩ **1** *aus großen Räumen bestehend;* eine ~e Wohnung **2** *weit ausgedehnt, sich über einen weiten Bereich erstrekkend;* eine ~ angelegte Suchaktion

'Groß·spre·cher ⟨m.⟩ *Prahler, Wichtigtuer*

'groß·spu·rig ⟨Adj.⟩ *anmaßend, überheblich, selbstzufrieden;* ~e Reden führen; ~ auftreten

'groß|tun ⟨V. 272⟩ **1** ⟨400⟩ *wichtigtun, prahlen* **2** ⟨550/R3⟩ sich mit etwas ~ *sich mit etwas wichtigmachen*

'Groß·va·ter ⟨m.⟩ **1** *Vater von Mutter od.*

Vater 1.1 als der ~ die Großmutter nahm *zur Zeit der Großeltern, in der guten alten Zeit*
'groß|zie·hen ⟨V. 293/500⟩ Kinder, Tiere ~ *aufziehen, pflegen u. ernähren bis zur Selbständigkeit*
'groß·zü·gig ⟨Adj.⟩ **1** *großmütig, sich über Kleinigkeiten hinwegsetzend, nachsichtig* **2** *freigebig, Kosten nicht scheuend* **3** *weittragend, großen Umfang habend;* ~e Hilfe, Pläne; ein ~er Bau
gro'tesk ⟨Adj.⟩ *unwahrscheinlich, übertrieben (überspannt), wunderlich (u. gleichzeitig komisch od. lächerlich)*
'Grot·te ⟨f.; -, -n⟩ *Felsenhöhle von geringer Tiefe, auch künstl. nachgebildet in Gärten*
'Gru·be ⟨f.; -, -n⟩ **1** *Vertiefung, großes Loch in der Erde;* eine ~ ausheben, graben 1.1 *künstl. angelegte u. ausgebaute Vertiefung in der Erde für Asche, Dung u. ä.;* Abort~, Aschen~ 1.2 *Falle für Tiere* 1.2.1 jmdm. eine ~ graben ⟨fig.⟩ *eine Falle stellen;* wer andern eine ~ gräbt, fällt selbst hinein ⟨Sprichw.⟩ 1.3 *Höhle, Bau von Tieren* **2** ⟨Bgb.⟩ *Bergwerk, (unterird.) Abbauanlage;* in die ~ fahren, einfahren **3** ⟨veralt., noch poet.⟩ *Gruft, Grab* 3.0.1 in die ~ fahren *sterben* **4** ⟨Anat.⟩ *Höhlung oberhalb mancher Organe;* Herz~, Magen~
'grü·beln ⟨V. 400⟩ *lange u. genau über etwas nachdenken, sich mit quälenden Gedanken herumschlagen;* über eine Sache ~; immer wieder grübelt er darüber; er grübelt zuviel; du solltest deine Zeit nicht mit zwecklosem Grübeln vertun
Gruft ⟨f.; -, ¨e⟩ **1** *Grabgewölbe, Familiengrabstätte* **2** ⟨poet.⟩ *Grab*
grün ⟨Adj.⟩ **1** *wie frische Pflanzen gefärbt, farbig zwischen gelb u. blau;* ~e Bohnen (im Unterschied zu gelben u. weißen Bohnen); ~er Salat; einen Zaun ~ anstreichen; einen Stoff ~ färben; in der Natur wird alles wieder ~; der Stoff ist ~ und schwarz gemustert; ach du ~e Neune! (Ausruf der Überraschung) ⟨umg.⟩ 1.0.1 ~ und gelb werden vor Ärger, Neid, sich ~ und gelb ärgern ⟨fig.; umg.⟩ *sich heftig ärgern* 1.0.2 mir wurde ~ und gelb vor den Augen *mir wurde schwindlig* 1.0.3 er wurde ~ und blau geschlagen ⟨umg.⟩ *heftig* 1.0.4 er hat sie über den ~en Klee gelobt ⟨fig.; umg.⟩ *ganz außerordentlich* 1.0.5 ~es Licht haben (an Verkehrsampeln) *freie Durchfahrt* 1.0.6 ~es Licht für Pläne, Vorhaben u. ä. ⟨fig.; umg.⟩ *Handlungsfreiheit dafür* 1.0.7 das ist eine typische Entscheidung vom ~en Tisch aus *ganz aus der Theorie, ohne die prakt. Gegebenheiten zu berücksichtigen* 1.0.8 er kommt auf keinen ~en Zweig ⟨fig.⟩ *seine Lage verbessert sich nicht, er bringt es zu nichts* 1.1 ⟨60⟩ die ~e Grenze *wegeloser Grenzstreifen außerhalb der bewachten Grenzwege* 1.1.1 über die ~e Grenze gehen ⟨umg.⟩ *heimlich die Grenze überschreiten* 1.2 ⟨60⟩ das Grüne Herz Deutschlands *Thüringen* 1.2.1 ~e Witwe ⟨umg.; scherzh.⟩ *nicht berufstätige Ehefrau, die am Stadtrand od. in einem Vorort lebt u. deren Mann den ganzen Tag beruflich abwesend ist* 1.3 ⟨60⟩ die Grüne Insel *Irland* 1.4 ⟨60⟩ ~er Star ⟨Path.⟩ *krankhafte Erhöhung des Binnendruckes eines od. beider Augen: Glaucoma* 1.5 ⟨60⟩ ~er Strahl *smaragdgrünes Aufleuchten des letzten bzw. ersten Sonnenstrahls bei Sonnenuntergang od. -aufgang* 1.6 ⟨60⟩ ~es Trikot *Symbol des Punktsiegers bei den einzelnen Etappen in der Tour de France* 1.7 ⟨60⟩ ~e Weihnachten *W. ohne Schnee;* Ggs *weiße*[1]*(2.9) Weihnachten* 1.8 ⟨60⟩ ~e Welle *zentrale Regelung des Verkehrs auf die Weise, daß Autofahrer an mehreren Verkehrsampeln hintereinander grünes Licht vorfinden u. so ohne Halten durchfahren können;* Ggs *rote(1.13) Welle* 1.9 ⟨60⟩ die Grüne Woche *jährl. in Berlin stattfindende landwirtschaftl. Ausstellung* **2** ⟨70⟩ *frisch, jung, unreif;* die Äpfel, Birnen, Johannisbeeren, Pflaumen sind noch zu ~ zum Essen; ~es Gemüse, Obst; ~es Holz läßt sich schlecht verarbeiten; ~e Heringe 2.1 ⟨60⟩ ~e Klöße *K. von rohen Kartoffeln* 2.2 ⟨60⟩ ~er Pfeffer *unreife Früchte des Pfefferstrauches* **3** ⟨fig.⟩ *unerfahren;* dazu bist du noch viel zu ~; er ist noch ein ~er Junge **4** ⟨43⟩ *wohlgesonnen, günstig, gewogen;* er ist mir nicht ~ **4**.1 ⟨60⟩ komm an meine ~e Seite ⟨umg.⟩ *an die linke S., wo das Herz ist*
Grün ⟨n.; -s, -s⟩ **1** *grüne Farbe;* ein dunkles, grelles, helles, mattes, sattes, tiefes ~ 1.0.1 das ist dasselbe in ~ ⟨fig.; umg.⟩ *das gleiche, nur äußerl. ein wenig abgewandelt* 1.1 *grüne Kleidung;* ~ macht mich blaß; ~ steht mir (nicht); sie trägt gern ~; eine Dame in ~ 1.2 *Farbe im dt. Kartenspiel;* ~ an-, aus-, nachspielen **2** *junge Triebe, frischer Rasen;* das erste ~; das frische, junge ~ der Bäume, Hänge, Matten, Wiesen, Sträucher 2.1 *grünende Natur* 2.1.1 bei Mutter ~ schlafen ⟨umg.⟩ *unter freiem Himmel, in der Natur* **3** ⟨Golf⟩ *mit Rasen bedeckter Teil der Spielbahn, in dem sich das Loch befindet* **4** jmd. hat ~ *die Verkehrsampel gibt jmdm. grünes Licht, so daß er weitergehen od. -fahren darf*
'Grün·an·la·ge ⟨f.⟩ *Rasenstück mit Blumenbeeten, bes. in Städten;* eine Großstadt braucht viele ~n
Grund ⟨m.; -(e)s, ¨e⟩ **1** ⟨unz.⟩ *Boden* 1.1 *Erdboden;* feuchter, nasser, trockener ~; auf ebenem, festem, felsigem ~ bauen 1.1.1 er hat das Gut in ~ und Boden gewirtschaftet *völlig heruntergewirtschaftet* 1.1.2 sich in ~ und Boden schämen *sehr* 1.1.3 etwas in ~ und Boden verdammen *nichts Gutes daran lassen, es völlig ablehnen* 1.2 *Grundbesitz;* er hat sich auf eigenem ~ ein Haus gebaut; auf eigenem ~ und Boden stehen **2** *Senkung, Talsohle;* Wald~, Wiesen~, Tal~; das Gebirge hat viele Gründe und Schluchten; in einem kühlen ~e (Anfang eines Volksliedes) **3** *das Unterste, der Boden von etwas* 3.1 *Boden eines Gewässers;* Taucher suchten den ~ des Sees ab; ein Schiff gerät, stößt auf ~; ein Schiff auf ~ setzen; bis auf den ~ tauchen 3.1.1 ein Schiff in den ~ bohren *versenken* 3.1.2 ~ haben (im Wasser) *noch stehen können* 3.1.3 den ~ unter den Füßen verlieren (im Wasser) *nicht mehr stehen können* 3.2 *Boden eines Gefäßes;* der Kaffeesatz hat sich auf dem ~ der Kanne, Tasse abgesetzt; ein Glas bis auf den ~ leeren **4** *der Teil einer Fläche, von dem sich etwas abhebt, Hintergrund, Untergrund;* Gold~; der Stoff, die Tapete zeigt rote Rosen auf weißem ~; das helle Muster hebt sich gut vom dunklen ~ ab **5** ⟨unz.⟩ *Grundlage* 5.1 *Fundament;* den ~ zu einem Bau legen; der im Krieg zer-

störte Stadtkern wurde von ~ auf neu gebaut 5.1.1 etwas bis auf den ~, bis in den ~ hinein zerstören *völlig;* die Festung wurde bis in den ~ hinein zerstört 5.2 ⟨fig.⟩ *Anfang, Ursprung, letzte Tiefe;* etwas aus dem ~e seines Wesens heraus bejahen, erstreben, sagen wollen; im ~e meines Herzens bin ich froh, daß es so gekommen ist; ein von ~ auf anständiger Mensch; eine Heilung von ~ aus; das Wetter soll sich von ~ aus ändern 5.2.1 einer Sache auf den ~ gehen *sie genau erforschen* 5.2.2 im ~e (genommen) *letztlich, schließlich, eigentlich* **6** *Voraussetzung eines Gedankens, einer Aussage od. Handlung, Beweggrund, Veranlassung, Ursache;* ohne Angabe des ~es; aus Gründen der Klugheit, der Moral, der Sparsamkeit, der Vorsicht; Gründe und Gegengründe; das hat schon seine Gründe (aber ich möchte nicht darüber sprechen); ich habe meine Gründe dafür; ich habe berechtigten ~ anzunehmen, zu glauben, daß ...; du hast keinen ~ zum Klagen; ich habe genügend ~ zum Klagen; dieser ~ überzeugt mich nicht; einleuchtende, schwerwiegende, stichhaltige, triftige, zwingende Gründe; zwingende Gründe hielten mich davon ab; aus diesem ~e ist es mir leider nicht möglich; aus guten Gründen habe ich abgelehnt; aus welchem ~ tut er das?; der ~ für diese Maßnahme wurde nicht angegeben; Gründe für etwas anführen, geltend machen; es gibt genug Gründe für und wider; ohne jeden ~ sagte er plötzlich ab; er wird nicht ohne ~ behaupten, daß ...; das hat er doch nicht ohne ~ getan!; das ist ein ~ zum Feiern, Fröhlichsein 6.1 auf ~ einer Anzeige *veranlaßt durch eine A.;* auf ~ seiner Rechte, unseres Zugeständnisses; auf ~ von Zeugenaussagen

grund'an·stän·dig ⟨Adj.⟩ *von Grund auf, sehr anständig*

'Grund·be·griff ⟨m.⟩ *Voraussetzung zum Denken, einfachster, erster Begriff;* er kennt noch nicht einmal die ~e dieser Sprache

'Grund·buch ⟨n.⟩ *amtl. Verzeichnis über alle Grundstücke, ihre Eigentümer u. Belastungen;* ins ~ eintragen (lassen)

'Grund·ein·heit ⟨f.⟩ *Maßeinheit, auf die sich alle weiteren aufbauen*

'grün·deln ⟨V. 400⟩ Enten ~ *suchen unter Wasser nach Nahrung u. stellen sich dabei auf den Kopf*

'grün·den ⟨V. 500⟩ **1** etwas ~ *die Grundlage für etwas schaffen* 1.1 *den Grundstein von etwas legen, den Unterbau von etwas errichten;* der Dom wurde um 1200 gegründet 1.2 *ins Leben rufen, schaffen;* Anstalten, Unternehmungen, Vereine ~; (sich) ein Heim, eine Familie ~; eine neue Partei ~; Firma Schmidt & Söhne, gegründet 1885 ⟨Abk.: gegr.⟩ 1.3 ⟨Malerei⟩ = *grundieren* **2** ⟨550/R7⟩ etwas auf etwas ~ ⟨a. fig.⟩ *etwas als Grundlage für etwas benutzen;* er gründete seine Hoffnungen auf ihr Versprechen; seine Vermutungen gründen sich auf nichts 2.1 etwas gründet sich auf etwas *stützt sich auf etwas, hat etwas als Grundlage;* mein Verdacht gründet sich auf eigene Beobachtungen; darauf ~ sich seine Ansprüche, Forderungen

'Grund·fe·ste ⟨f.; -, -n⟩ **1** *fester, tragender Unterbau, Grundmauern* 1.1 in seinen ~n erschüttert sein ⟨fig.⟩ *in seinen tiefsten Überzeugungen, seinem inneren Halt*

'Grund·flä·che ⟨f.⟩ *unterste ebene Fläche eines Körpers, auf der er ruht*

'Grund·form ⟨f.⟩ **1** *ursprüngl. Form* **2** *Ausgangsform, aus der sich weitere ableiten lassen*

'Grund·ge·dan·ke ⟨m.⟩ *ursprüngl. Gedanke, von dem etwas ausging, Leitgedanke*

'Grund·ge·setz ⟨n.⟩ **1** *Statut, Gesetz, das die Grundlage aller übrigen Gesetze ist* 1.1 ~ für die Bundesrepublik Deutschland vom 23. Mai 1949 ⟨Abk.: GG⟩ *Verfassung der BRD* **2** *entscheidendes, wichtigstes Gesetz;* es ist ein ~ in der Natur, daß ...

grun'die·ren ⟨V. 500⟩ etwas ~ *mit einer Farb- od. Lackgrundlage versehen, die Grundfarbe auftragen auf etwas;* oV *gründen(1.3)*

'Grund·la·ge ⟨f.⟩ *die unterste Lage, auf der sich etwas anderes aufbaut, Basis, Unterlage;* die ~ einer Lehre, einer Wissenschaft; dafür müssen erst einmal die ~n geschaffen werden; diese Behauptung, Verdächtigung entbehrt jeder ~; Ihre Erfahrungen dienen uns als ~ für einen neuen Plan; wir müssen unsere Werbung auf eine völlig neue ~ stellen

'grund·le·gend ⟨Adj.⟩ **1** *als Grundlage, Voraussetzung dienend;* ein ~es Buch, Werk **2** ⟨60⟩ *entscheidend wichtig;* ein ~er Unterschied

'gründ·lich ⟨Adj.⟩ **1** *den Dingen auf den Grund gehend, sorgfältig, gewissenhaft, sehr genau;* eine ~e Bildung, ~e Kenntnisse; ein ~er Arbeiter; er ist (nicht) sehr ~; eine ~ ausgeführte Arbeit; etwas ~ bearbeiten, kennen, lernen, studieren; die Wohnung wurde ~ untersucht; ich habe mich ~ vorbereitet; wir müssen ~ vorgehen, wenn wir Erfolg haben wollen 1.1 ⟨50; umg.⟩ *sehr, tüchtig;* damit hat er sich ~ blamiert; wir haben uns in ihm ~ getäuscht; jmdm. ~ die Meinung sagen 1.1.1 er hat es ihm ~ gegeben ⟨umg.⟩ *ihm deutlich die Meinung gesagt*

'grund·los ⟨Adj.⟩ **1** ⟨70⟩ *(scheinbar) ohne Grund, Boden, unendl. tief;* die ~e Tiefe; ~es Moor 1.1 *keinen festen Untergrund besitzend, schlammig, sumpfig, aufgeweicht;* nach dem heftigen Regen sind die Waldwege ~ geworden **2** *keine Ursache habend, unbegründet;* ein ~er Verdacht; sein Argwohn, seine Eifersucht, sein Mißtrauen ist völlig ~; das kann er doch nicht ~ abgelehnt haben; jmdn. ~ beschuldigen, schelten, verdächtigen

'Grund·pfei·ler ⟨m.⟩ **1** ⟨Arch.⟩ *tragender, stützender Pfeiler* **2** ⟨fig.⟩ *starke Stütze, Unterstützung;* ein ~ des Staatswesens, der Wissenschaften

'Grund·riß ⟨m.⟩ **1** ⟨Math.⟩ *die senkrechte Projektion eines Gegenstandes auf eine waagerechte Ebene* **2** *maßstabgerechte Darstellung der Grundfläche eines od. mehrerer Gebäude, mit Angabe der Anordnung der Räume u. ihrer Abmessungen;* der Architekt entwirft den ~ zum Haus; das Haus hat einen klaren, übersichtlichen ~ **3** *kurzgefaßtes Lehrbuch, das eine Übersicht über ein bestimmtes Gebiet vermittelt;* ~ der französischen Grammatik (Buchtitel); die finnische Literatur im ~; ein knapper, leichtfaßlicher ~ der Harmonielehre

'Grund·satz ⟨m.⟩ **1** *feste Regel, Richtlinie des Handelns;* Grundsätze befolgen, haben, vertreten; ich habe meine Grundsätze; mein ~ heißt: ...; das ist mein ~; bestimmte, feste, starre, strenge Grundsätze; ethische, moralische Grundsätze; das habe ich mir als ~ aufgestellt: ...; an seinen Grundsätzen festhalten; bei seinen Grundsätzen bleiben; ein Mensch mit, von Grundsätzen; nach bestimmten Grundsätzen handeln; von seinen Grundsätzen nicht abgehen, abweichen **2** *unbestreitbare Wahrheit od. Tatsache als Grundlage der Betrachtung, Erörterung;* von einem bestimmten ~ ausgehen

'grund·sätz·lich ⟨Adj.⟩ **1** *einen Grundsatz betreffend, von ihm abgeleitet, auf ihm beruhend;* es handelt sich um eine Frage von ~er Bedeutung; es handelt sich um eine ~e Frage; ~ muß ich dazu bemerken, feststellen, sagen; etwas ~ feststellen, verbieten; ich rauche ~ nicht; ich bin ~ dafür, dagegen; das ist ~ etwas anderes; das ist etwas ~ anderes **2** ⟨50⟩ *als Regel gedacht, Ausnahmen zulassend;* ~ bin ich damit einverstanden, aber ...; ~ bin ich dafür, dagegen, aber ...

'Grund·schu·le ⟨f.⟩ **1** *die vier untersten Klassen der Schule* **2** ⟨DDR⟩ *die achtklassige Volksschule*

'Grund·stein ⟨m.⟩ **1** *erster Stein beim Beginn eines Baues, oft feierl. gelegt;* den ~ legen zum größten Hochhaus der Stadt 1.1 damit wurde der ~ für eine neue Forschung gelegt ⟨fig.⟩ *eine neue F. eingeleitet*

'Grund·stock ⟨m.⟩ *Grundlage, Anfangsbestand;* ein bestimmter Betrag als ~ für eine Anschaffung

'Grund·stoff ⟨m.⟩ **1** *Ausgangsstoff, Rohstoff* **2** ⟨Chem.⟩ *chemisches Element*

'Grund·stück ⟨n.⟩ *abgegrenztes, in jmds. Eigentum befindl. Stück Boden;* Bau~

Grün·dung[1] ⟨['gry:n-]; m.; -(e)s; unz.⟩ *aus Grünpflanzen bestehender Dung*

Grün·dung[2] ⟨['gryn-); f.; -, -en⟩ **1** *Verbindung eines Bauwerkes mit dem tragfähigen Baugrund* **2** *Errichtung, Schaffung;* die ~ eines Unternehmens, einer Familie

'Grund·was·ser ⟨n.⟩ *Wasseransammlung im Boden;* beim Bohren auf ~ stoßen

'Grund·zahl ⟨f.⟩ *ganze Zahl, z. B. eins, zwei;* Ggs *Ordnungszahl*

'Grund·zug ⟨m.⟩ *kennzeichnendes Merkmal, Hauptmerkmal;* das ist ein ~ seines Charakters, Wesens; die Grundzüge einer Lehre, Wissenschaft

'grü·nen ⟨V. 400⟩ **1** etwas grünt *wird grün, zeigt grüne Triebe;* ~de Bäume, Sträucher; wie alles grünt u. blüht 1.1 auch im Alter kann die Liebe wieder ~ ⟨fig.⟩ *wieder erwachen, sich wieder jugendlich beleben*

'Grün·fink ⟨m.⟩ *einheim. olivgrüner, körnerfressender Singvogel: Carduelis chloris;* Sy *Grünling(1)*

'Grün·ling ⟨m.; -s, -e⟩ **1** = *Grünfink* **2** *schmackhafter, olivbrauner Blätterpilz: Tricholoma flavovirens* **3** ⟨fig.⟩ *unerfahrener, unreifer Mensch*

'Grün·span ⟨m.; -(e)s; unz.⟩ *giftiges Gemisch basischer Kupferazetate, das sich auf Gegenständen aus Kupfer u. Messing bildet;* ~ ansetzen

'grun·zen ⟨V. 400; du grunzt od. grunzest⟩ *rauhe Kehllaute ausstoßen (wie das Schwein)*

'Grup·pe[1] ⟨f.; -, -n⟩ **1** *kleine, zwanglose Anzahl von Menschen od. Dingen gleicher Art;* Baum~; Wort~; eine ~ Kinder, Politiker, Studenten; ~n bilden, zusammenstellen; in ~n beisammenstehen, lernen, reisen, spazierengehen, wandern; in einer ~ zusammenstehen; eine ~ von Beispielen, Motiven, Themen; eine ~ von Schauspielern, Studenten, Touristen **2** *kleine, als Einheit zusammengehörige Schar von Menschen, die ein gemeinsames Interesse verbindet;* in einer ~ mitarbeiten 2.1 ~ 47 *eine 1947 gegründete Interessengemeinschaft von Schriftstellern* **3** ⟨Mil.⟩ 3.1 *kleinster Verband der Infanterie;* der Führer unserer ~; ~ - halt! (militär. Kommando) 3.2 *Verband der Artillerie aus drei Batterien* 3.3 *Verband der Luftwaffe aus drei Staffeln* **4** ⟨Math.⟩ *ein System von Elementen (z. B. Zahlen, Funktionen), die durch bestimmte vorgeschriebene Verknüpfungen (z. B. Addition, Permutation) wieder in ein Element des Systems übergeführt werden*

'Grup·pe[2] ⟨f.; -, -n; norddt.⟩ *Graben, Wasserrinne, z. B. im Stall;* oV *Grüppe*

'Grüp·pe ⟨f.; -, -n⟩ = *Gruppe[2]*

grup'pie·ren ⟨V. 500⟩ **1** jmdn. od. etwas ~ *nach, in Gruppen ordnen, wirkungsvoll zusammenstellen* **2** ⟨R3⟩ sich ~ *sammeln, aufstellen*

'gru·seln ⟨V.⟩ **1** ⟨501 od. 601⟩ es gruselt jmdm., jmdn. *jmdm. ist unheimlich zumute;* mir, mich gruselt es, gruselt's **2** ⟨500/R3⟩ sich ~ *etwas unheimlich finden, vor Furcht leicht schaudern;* ich grusele, grusle mich; hier kann man das Gruseln lernen

Gruß ⟨m.; -es, ¨-e⟩ **1** *Worte od. Gebärden bei Begegnung od. Abschied als Höflichkeitsbezeigung;* jmdm. einen ~ zurufen, zuwinken, ein ehrerbietiger, förmlicher, höflicher, kalter, militärischer, stummer ~; jmdm. die Hand zum ~ bieten, entgegenstrecken, hinhalten, reichen; den Hut zum ~ ziehen; jmdm. zum ~ zunicken **2** *Wort od. Zeichen des Gedenkens;* noch einen ~ anfügen, dazuschreiben, hinzufügen; darf ich dir Grüße auftragen?; einen ~ ausrichten, bestellen, sagen, schicken, schreiben, übermitteln; der Bundespräsident ließ zum Kongreß einen ~ entbieten; einen ~ an Ihre Gattin!; einen ~ an jmdn. schreiben; ein ~ aus Paris, aus dem Urlaub; einen ~ für unsere Freunde; einen ~ nach Berlin schicken; einen ~ unter einen Brief schreiben; ich soll dir Grüße von einem gemeinsamen Freund bestellen; einen ~ von der Nordsee schicken 2.0.1 → a. *süß(1.2)* 2.1 *Formel am Schluß von Briefen;* ~ und Kuß!; mit freundlichen, herzlichen, verbindlichen, vielen Grüßen ...; mit besten Grüßen ...

'grü·ßen ⟨V.⟩ **1** ⟨402/R8⟩ (jmdn.) ~ *(jmdm.) einen Gruß(1) entbieten;* sei (mir) gegrüßt!; einander, jmdn. (nicht) ~; grüß Gott! (Grußformel); Gott grüße dich!; gegrüßt seist du, Maria (kath. Gebet); kannst du nicht ~? (bes. als Mahnung an Kinder); ehrfürchtig, freundlich, höflich, militärisch, zurückhaltend ~; mit einem Lächeln, Nicken, Winken ~ **2** ⟨500⟩ jmdn. ~ *jmdm. einen Gruß(2) übermitteln;* grüß deine Eltern (von mir)!; er läßt herzlich, vielmals ~; ~ Sie ihn von mir!; ich soll dich von ihm ~ 2.0.1 jmdn. ~ lassen *jmdm. Grüße* *übermitteln* **3** ⟨400⟩ etwas grüßt ⟨poet.⟩ *etwas ist od. wird sichtbar;* von weitem ~ schon die schneebedeckten Berge; das Meer grüßt aus der Ferne

'Grüt·ze[1] ⟨f.; -, -n⟩ **1** *grob gemahlene, geschälte Getreidekörner (bes. Hafer, Gerste, Hirse, Buchweizen)* **2** *Brei od. erstarrte Süßspeise aus diesen Körnern sowie aus Sago, Kartoffelmehl u. ä. mit Fruchtsaft;* rote ~ als Nachspeise; ~ aus Gerste, Hafer

'Grüt·ze[2] ⟨f.; -; unz.; fig.; umg.⟩ *Verstand;* (keine, wenig) ~ im Kopf haben

'gucken ⟨-k·k-; V.⟩ **1** ⟨410⟩ *schauen, blicken;* guck (ein)mal!; aus dem Fenster ~; durch ein Fernglas ~; den Leuten in die Fenster ~; in den Kochtopf ~ (um festzustellen, was es zu essen gibt); jmdm. über die Schulter ~ **1.0.1** ⟨530/R1⟩ sich die Augen aus dem Kopf ~ ⟨umg.⟩ *angestrengt Ausschau halten* **1.0.2** ⟨410⟩ in den Eimer, den Mond, die Röhre ~ ⟨fig.; umg.⟩ *das Nachsehen haben* **1.0.3** ⟨610/R1 od. R2⟩ sich nicht in die Karten ~ lassen ⟨fig.⟩ *niemanden in seine Pläne einweihen* **1.0.4** → a. *Glas*[1]*(2.0.1)* **2** ⟨400⟩ etwas guckt *sieht hervor, ist sichtbar;* guckt mein Unterrock? **2.0.1** ⟨611⟩ der Schelm guckt ihm aus den Augen *man sieht ihm an, daß er ein Schelm ist*

'Gu·lasch ⟨n. od. m.; -(e)s, -e (österr. nur so) od. -s⟩ *aus Ungarn stammendes Gericht aus Rind- od. anderen Fleischwürfeln mit scharf gewürzter Soße*

'Gul·ly ⟨a. ['gʌli] m. od. n.; -s, -s⟩ *Einlaufschacht für Straßenabwässer*

'gül·tig ⟨Adj. 24⟩ *geltend, in Kraft, in (allg.) Gebrauch befindlich, amtl. anerkannt, wirksam;* eine ~e Bestimmung, Eintrittskarte, Fahrkarte; ein ~er Geldschein, Paß; ein ~es Gesetz; dieser Ausweis ist nicht mehr ~; ~ werden

'Gum·mi ⟨n. od. (österr. nur so) m.; -s, - od. -s⟩ **1** ⟨unz.; nicht fachspr.⟩ = *Kautschuk* **2** *Gegenstand aus Kautschuk;* Radier~, ~ring **3** ⟨n.; -s, -s⟩ *in Pflanzensäften enthaltener, in Wasser quellfähiger, nicht kristallisierender Stoff;* Pflanzen~

Gum·mi·ara·bi·kum ⟨[---'---]; n.; -s; unz.⟩ *als Klebstoff u. Bindemittel für Arzneistoffe verwendetes Gummi(3) aus Akazien- u. Mimosenarten*

'Gum·mi·zug ⟨m.⟩ *dehnbares, eingesetztes Stoffstück mit Gummifäden (z. B. am oberen Rand der Strümpfe, Stiefel u. a. Kleidungsstükke)*

Gunst ⟨f.; -; unz.⟩ **1** *Wohlwollen;* seine ~ bezeigen; jmdm. seine ~ entziehen; sich jmds. ~ erfreuen; jmds. ~ erlangen, erwerben, genießen; sich jmds. ~ rühmen; jmds. ~ verlieren; sich bei jmdm. in ~ setzen; sich um jmds. ~ bemühen, bewerben **2** ⟨geh.⟩ *Zeichen des Wohlwollens;* jmdm. eine ~ erweisen, erzeigen, gewähren, versagen; einer ~ teilhaftig sein, werden **3** *Vorteil;* die ~ des Augenblicks nutzen; er hat sich zu meinen ~en verrechnet **4** mit jmds. ~ ⟨veralt.⟩ *Erlaubnis, Genehmigung*

'gün·stig ⟨Adj.⟩ **1** *wohlwollend;* er hat ein ~es Urteil über dich abgegeben; ich hoffe, er wird meine Vorschläge ~ aufnehmen; jmdm. ~ gesinnt sein **2** *vorteilhaft;* ich konnte den Vertrag unter ~en Bedingungen abschließen; dafür will ich eine ~e Gelegenheit abwarten; ein ~er Krankheitsverlauf; dieses Licht ist zum Arbeiten (nicht) ~; wir hatten im Urlaub ~e Schneeverhältnisse; die Angelegenheit hat eine ~e Wendung für uns genommen; auf ~en Wind warten (zum Segeln); bei ~er Witterung Tanz im Freien; er hat dabei ~ abgeschnitten; die Angelegenheit hat sich ~ für dich entwickelt; der Augenblick, die Zeit erscheint mir dafür ~; der Ort liegt für mich sehr ~; es steht ~ für dich **2.0.1** im ~sten Licht erscheinen ⟨fig.⟩ *den besten Eindruck machen* **2.0.2** er hat sich im ~sten Licht gezeigt ⟨fig.⟩ *den besten Eindruck gemacht* **2.0.3** du mußt versuchen, dich in ein ~es Licht zu setzen ⟨fig.⟩ *einen guten Eindruck zu machen*

'Gur·gel ⟨f.; -, -n⟩ **1** = *Kehle(1);* jmdm. die ~ abdrücken, abschnüren, zudrücken, zuschnüren (damit er erstickt); jmdn. bei der ~ fassen, packen **1.0.1** jmdm. an die ~ fahren, springen *jmdn. erwürgen wollen* **1.0.2** die ~ spülen ⟨fig.; scherzh.⟩ *Alkohol trinken* **1.0.3** sein Geld durch die ~ jagen ⟨fig.⟩ *vertrinken* **1.0.4** die Konkurrenz hat ihm die ~ abgedrückt, abgeschnürt, zugedrückt, zugeschnürt ⟨fig.⟩ *ihn geschäftl. ruiniert*

'gur·geln ⟨V. 400⟩ **1** Wasser gurgelt *sprudelt mit dumpfem Geräusch, gluckert;* Strudel, Wirbel ~ **2** *Atmungsluft durch einen Schluck Flüssigkeit, der sich im oberen Rachenraum befindet, durchblasen, den Hals ausspülen (bei Erkältungen);* morgens und abends, zweimal täglich ~

'Gur·ke ⟨f.; -, -n⟩ **1** *Salat- u. Gemüsepflanze mit warzigen, längl. Früchten: Cucumis sativus;* grüne, eingelegte, saure ~n; ~n in Essig einlegen **2** er hat eine ~ im Gesicht ⟨fig.; umg.⟩ *eine häßliche große Nase* **3** so eine drollige kleine ~! ⟨fig.; umg.⟩ *ein drolliges kleines Kerlchen*

'gur·ren ⟨V. 400⟩ **1** *wie die Taube rufen* **2** *lokkend, kokett lachen, sprechen, schmeicheln*

Gurt ⟨m.; -(e)s, -e⟩ oV *Gurte* **1** *festes, breites Band aus Stoff od. Leder zum Halten, Tragen, Ziehen;* Degen~, Sattel~ **1.1** ⟨Mil.⟩ *Band mit Fächern für Patronen (beim Maschinengewehr), Ladestreifen;* Patronen~ **2** *(von Männern getragener) breiter Gürtel* **3** ⟨Arch.⟩ **3.1** *die waagerechte, bandartige Unterteilung der Fassade* **3.2** *die äußeren Stäbe einer Fachwerkkonstruktion bei Brücken u. Dachbindern* **3.3** *die flachliegenden, durch das senkrechtstehende Stegblech verbundenen oberen u. unteren Teile eines Blechträgers*

'Gur·te ⟨f.; -, -n; mundartl. u. fachsprachl.⟩ = *Gurt*

'Gür·tel ⟨m.; -s, -⟩ **1** *breites Band aus Stoff od. Leder zum Festhalten der Kleidung;* Kleider~, Leder~; den ~ ablegen, abnehmen, lockern, lösen, schließen; den ~ fester binden; den ~ umbinden, umlegen, umschnallen; ein breiter, gebundener, lederner, schmaler ~ **1.0.1** den ~ (ein Loch) enger schnallen ⟨a. fig.⟩ *sich einschränken, v. a. am Essen sparen* **2** *streifenartige Zone, die etwas, bes. die Erdkugel, umgibt;* Tropen~, Grün~, Festungs~; ein ~ von Anlagen, Parkplätzen umschließt den Stadtkern

'gür·ten ⟨V. 500/R7⟩ **1** ⟨500/R7 od. R8⟩ jmdn. od. etwas ~ *einen Gürtel um jmdn. od. etwas legen, schnallen* **2** ⟨516/R7 od. R8⟩ sich mit dem Schwert ~ *sich den Gurt mit dem S. anlegen*

Guß ⟨m.; -s·ses, ¨s·se⟩ **1** *das Gießen von flüssi-*

gem Metall in Formen, in denen es dann erhärtet; der ~ einer Büste, eines Denkmals, einer Glocke; dieser ~ muß gelingen **2** *das in Formen gegossene, erstarrte Material;* ein ~ aus Bronze, Eisen **2.0.1** der ~ springt *bekommt Risse* **3** *Flüssigkeitsmenge, die gegossen wird;* ein ~ aus der Brause, Gießkanne, Flasche **4** *kurzer, heftiger Regen;* Regen~; ich bin in einen ~ gekommen; von einem ~ überrascht werden **5** ⟨Kochk.⟩ *glänzender Überzug über Kuchen, Kleingebäck;* Schokoladen~, Zukker~; den Kuchen mit einem ~ aus Puderzukker, Schokolade überziehen **6** (wie) aus einem ~ ⟨fig.⟩ *einheitlich gestaltet, vollständig, ohne Fugen, Riß, Bruch, ohne störende Elemente;* diese Arbeit, das Gedicht, der Roman, das Theaterstück ist aus einem ~ **7** ⟨kurz für⟩ *Ausguß, Trichter zum Einschütten des Mahlguts (in der Mühle)*

gut ⟨Adj.⟩ **1** *besonderen Ansprüchen genügend, von einwandfreier Qualität, vortrefflich, tadellos;* Ggs *schlecht(1);* dies ist eine ~e Sorte; ein ~es Buch lesen; ein ~er Film; ~e Musik hören; ein ~er Witz; der Kuchen ist ~ geraten; das hast du ~ gemacht; die beiden verstehen sich sehr ~; etwas für (nicht) ~ halten; so ~ er kann; so ~ wie möglich; der (das) eine ist so ~ wie der (das) andere; ~e Arbeit leisten, tun; er spielt ~ Geige, Klavier; das Geschäft geht ~; das Getreide steht ~ **1.0.1** da ist ~er Rat teuer *da weiß man nicht, was man tun soll* **1.0.2** ~e Ware hält sich ⟨fig.; umg.; scherzh.⟩ *ein gesunder u. innerl. jung gebliebener Mensch ist auch im Alter noch rüstig und frisch* **1.0.3** ~e Ware lobt sich selbst ⟨fig.⟩ *Qualität braucht keine Reklame* **1.0.4** die ~e alte Zeit ⟨umg.⟩ *früher (als angeblich alles besser war)* **1.1** *zuverlässig, sicher;* das Geld ist bei ihm ~ aufgehoben; etwas, jmdn. ~ kennen **1.2** *richtig, ordentlich;* halt dich ~ fest!; deck dich ~ zu; das Kind, der Hund, der Wagen ist ~ gehalten; ein ~er Christ sein; wir essen nur ~e Butter (im Gegensatz zu Margarine) ⟨umg.⟩ **1.3** → *Note(2.2)* **1.3.1** ⟨60⟩ ~er Durchschnitt ⟨umg.⟩ *etwas über dem D. liegend* **1.4** *tüchtig, fähig;* ein ~er Arzt, Schüler; ein ~er Mathematiker sein **1.5** *eine zugedachte Aufgabe tadellos erfüllend;* das ist ~ genug; dieser Anzug ist noch ~ (genug) zur Gartenarbeit; er eignet sich ~ zum, als Lehrer; ~ sehen, hören, laufen können **1.5.1** er hat sich ~ gehalten *er war tapfer, standhaft, ausdauernd* **1.6** *heil, gesund, leistungsfähig, ohne Schaden;* ~e Augen haben; ein ~es Herz haben; für diese Tätigkeit muß man eine ~e Lunge haben; etwas ~ überstehen; wir sind ~ angekommen (am Ziel) **1.6.1** bei ~er Gesundheit sein *gesund, wohlauf sein* **1.7** *passend, geeignet;* wer weiß, wozu es ~ ist (was geschehen ist); das hast du ~ gesagt **1.7.1** ~ gebrüllt, Löwe! *treffend geantwortet (n. Shakespeare, Sommernachtstraum, V. 1)* **1.7.2** das ist ~! ⟨umg.; iron.⟩ *merkwürdig* **1.7.3** du bist ~! ⟨umg.⟩ *was du dir so denkst!* **1.8** *nützlich, vorteilhaft;* an diesem Platz hast du (kein) ~es Licht zum Lesen; es ist ~, daß du kommst; du hast ~ daran getan, sofort zu kommen; wie ~, daß ich noch daran gedacht habe! **1.9** *wirksam, heilsam;* eine ~e Medizin; das war eine ~e Lehre für dich! **2** *von umfangreicher Quantität, reichlich, genug, viel;* es ist ~ (so) **2.0.1** → a. *kurz(4.7)* **2.1** *ertragreich, ertragversprechend;* ein ~es Jahr, Geschäft; eine ~e Ernte **2.2** *reichlich gerechnet, bemessen (bei Maß-, Mengen-, Zeitangaben);* ein ~es Stück Weg; wir sind zwei ~e Stunden gegangen; ein ~er Teil; es wird noch eine ~e Weile dauern; es hat noch ~e Weile bis dahin; ich habe ~ zwei Stunden warten müssen; ~ 20 Meter; ~ 200 Mark **2.2.1** ~ und gern *bestimmt soviel, wenn nicht mehr, mindestens;* ~ und gern fünftausend Mark; dazu braucht man ~ und gern zwei Stunden **2.3** so ~ wie *soviel wie, fast, beinahe;* das ist so ~ wie sicher **3** *günstig, erfreulich, angenehm, schön;* → a. *stehen(2.4.1-2.4.2);* es ist noch einmal ~ abgelaufen; ich ahne nichts Gutes; was bringen Sie Gutes?; wenn das nur ~ geht!; es hat alles sein Gutes; es ist nur ~, daß nichts Ernsteres passiert ist; es wäre ~, wenn wir das täten; paß auf, es wird alles noch ~ werden; das Gute an der Sache ist, daß wir es rechtzeitig erfahren haben; das bedeutet nichts Gutes; das führt zu nichts Gutem; es wird sich noch alles zum Guten wenden; es ist ~es Wetter; du sollst es ~ (bei uns) haben; ~ aussehen; ~ riechen; ~ schmecken; sitzt du ~?; das Kleid paßt, sitzt ~; der Hut steht dir ~, kleidet dich ~; heute mittag gibt es etwas Gutes (zu essen); alles Gute (zum Geburtstag, für die Zukunft usw.); jmdm. alles Gute wünschen; mach's ~! (als Abschiedsgruß) ⟨umg.⟩; das ist zuviel des Guten! ⟨meist iron.⟩ **3.0.1** des Guten zuviel tun *übertreiben* **3.0.2** das kann ja ~ werden! ⟨umg.; iron.⟩ *unangenehm* **3.0.3** na, dann ~e Luft! ⟨fig.; umg.⟩ *da haben wir ja etwas Unangenehmes zu erwarten!, das kann ja schlimm werden!* **3.0.4** es sich ~ gehen lassen *ein angenehmes Leben führen;* laß es dir (weiterhin) ~ gehen! **3.0.5** *(als Bestandteil von Grußformeln);* ~en Abend, Morgen, Tag, Nacht!; ich wünsche ~e Besserung!; ~e Fahrt!; ~ Holz! (Keglergruß); ~e Reise! **3.1** *fröhlich, zuversichtlich;* ~e Stimmung, Laune; ~ gelaunt, gestimmt sein; ~en Mutes sein **3.1.1** ⟨60⟩ ~er Dinge sein *fröhlicher Laune* **3.1.2** ⟨60⟩ ~er Hoffnung sein *ein Kind erwarten, schwanger sein* **3.1.3** ⟨60⟩ ~e Miene zum bösen Spiel machen ⟨fig.⟩ *gegen den eigenen Willen bei etwas mitmachen od. andere gewähren lassen, kein Spielverderber sein* **4** *anständig, vornehm, fein, angesehen;* Ggs *schlecht(4);* die ~e Gesellschaft; aus ~em Hause, aus ~er Familie stammen **4.0.1** dafür bin ich mir zu ~! *das ist unter meiner Würde, das tue ich nicht* **4.1** *wohlerzogen;* ~es Benehmen; sich ~ benehmen **4.1.1** der ~e Ton *Anstand;* es gehört zum ~en Ton, daß ... **5** *sittlich einwandfrei, edel, hilfreich, liebevoll, selbstlos;* Ggs *böse, schlecht(5);* ein ~er Mensch, eine ~e Tat; ein ~es Herz haben; Gutes tun; Gut und Böse; sich für eine ~e Sache einsetzen **5.1** *gutmütig;* der Gute!; er ist ein ~er Kerl **5.1.1** er ist viel zu ~ *man nutzt ihn aus* **5.2** *brav, folgsam;* ein ~es Kind; ein ~er Hund; der ~e Peter! **5.3** ⟨60⟩ ~er Glaube ⟨Rechtsw.⟩ *schuldlose Unkenntnis eines rechtl. Mangels im Bestand od. beim Erwerb eines Rechtes: bona fides* **5.3.1** in ~em Glauben handeln *im Glauben handeln, daß es richtig ist* **6** ⟨60⟩ *festtäglich, für Festtage* *bestimmt;* der ~e Anzug, das ~e Kleid, die ~e Stube **7** *wohlgesinnt, freundschaftlich;* Ggs *schlecht(7);* ein ~er Freund; eine ~e Freundschaft; sie schieden in ~em Einvernehmen; ein ~er Kamerad sein; es ~ (mit jmdm.) meinen; jmdm. ~ zureden **7.1** seien Sie so ~ und warten Sie *so freundlich, liebenswürdig* **7.2** im ~en *freundschaftlich, ohne Streit;* im ~en auseinandergehen; jmdm. etwas im ~en sagen **7.3** ⟨40⟩ jmdm. (von Herzen) ~ sein *ihn gern haben, liebhaben* **7.3.1** sei (mir) wieder ~! *sei (mir) nicht mehr böse!* **7.4** ⟨60⟩ ~e Worte *wohlmeinende, freundliche W.* **7.4.1** ein ~es Wort für jmdn. einlegen *sich für jmdn. einsetzen* **7.4.2** jmdm. ~e Worte geben *jmdn. bitten* **7.4.3** → a. *Geld(1.2.6)* **8** ⟨50⟩ *leicht, mühelos;* Ggs *schlecht(8);* er kommt mit seinem Geld (nicht) ~ aus; das kann ich mir ~ denken; Lebensmittel halten sich ~ im Gefrierfach; das kann ich ~!; er kann von seinem Geld ~ leben; das kann man sich ~ merken; sie haben ~ reden; das kann ich ~ verstehen; das kann ich mir (sehr) ~ vorstellen; ~ vorwärtskommen **8.0.1** das ist ~, sehr ~ möglich *wohl möglich* **8.0.2** das ist nicht ~ möglich *kaum, schwer, nicht möglich* **8.0.3** ich kann doch nicht ~ in diesem Kleid ins Theater gehen *nicht einfach, nicht* **9** ⟨40⟩ *recht, in Ordnung;* das ist längst wieder ~; das ist ja alles (ganz) ~ und schön, aber ... **9.0.1** ~! *abgemacht, einverstanden!;* also ~!; ~ denn!; nun ~! **9.0.2** schon ~! (als Antwort auf Dank oder Entschuldigung) *es ist nicht der Rede wert* **9.0.3** laß ~ sein! *sprich nicht mehr davon!*

Gut ⟨n.; -(e)s, ¨er⟩ **1** *Besitz, Eigentum, Sachen, Habseligkeiten;* ~ und Blut opfern; Geld und ~; sein Hab und ~ verlieren; sich an fremdem ~ vergreifen; fremdes, gestohlenes ~; unrecht ~ gedeiht nicht ⟨Sprichw.⟩ **1.0.1** → a. *beweglich(1), liegen(3.0.1)* **1.1** *Schatz, Kostbarkeit, wertvoller Gegenstand;* das Leben ist der Güter höchstes nicht (Schiller, Die Braut von Messina, IV, 7); mein höchstes ~ auf Erden; mit allen (Glücks)gütern gesegnet sein **1.1.1** das höchste ~ *die Glückseligkeit* **2** *großer landwirtschaftl. Betrieb;* Erb~, Land~, Wein~ **3** *versandfertige Ware;* Eil~, Stück~; Güter aufgeben, befördern, verzollen **4** ⟨veralt.⟩ *Material;* Stein~ **4.1** → a. *laufen(5.2)*

'Gut·ach·ten ⟨n.; -s, -⟩ *fachmänn. Urteil;* ärztliches, sachverständiges, schriftliches ~; ein ~ abgeben (über); (von jmdm.) ein ~ einholen

'gut·ar·tig ⟨Adj.⟩ **1** *ungefährlich, nicht lebensbedrohend* **1.1** ~e Geschwulst *langsam wachsende, ungefährliche Neubildung von Gewebe, z. B. Warze* **2** *lenkbar, anständig;* ein ~es Kind

'Gut·dün·ken ⟨n.; -s; unz.⟩ *Belieben, Ermessen;* nach ~; nach eigenem, nach Ihrem ~

'Gü·te ⟨f.; -; unz.⟩ **1** *edle, hilfreiche, großherzige, leicht verzeihende Gesinnung;* Herzens~; in seiner grenzenlosen ~; du liebe ~, meine ~! (Ausruf des Erstaunens; „Güte“ verhüllend für „Gott“) **1.1** in ~ *ohne Streit;* sich in ~ einigen; etwas in ~ abmachen; jmdm. etwas in (aller) ~ sagen **2** *Freundlichkeit, Gefälligkeit, Hilfsbereitschaft;* würden Sie die ~ haben, mir meinen Koffer herunterzugeben?; ich danke Ihnen für Ihre ~ **2.1** durch ~ (aus Briefen) ⟨veralt.⟩ *durch private Vermittlung, nicht durch die Post, durch Boten* **3** *Wert, Beschaffenheit, Qualität (einer Ware);* eine Ware erster, zweiter, letzter ~

'gut·gläu·big ⟨Adj.⟩ *nichts Böses vermutend, in gutem Glauben handelnd, vertrauensvoll, vertrauensselig*

'Gut·ha·ben ⟨n.; -s, -⟩ **1** *Schuld, die man von jmdm. zu fordern hat* **2** *Überschuß der Gutschriften über die Belastungen eines Kontos;* ein ~ auf der Bank besitzen, haben; Sie haben ein ~ von 100 DM bei uns

'gut|hei·ßen ⟨V. 164/500⟩ etwas ~ *billigen, genehmigen, für richtig halten, für gut befinden*

'gü·tig ⟨Adj.⟩ **1** *hilfreich u. liebreich, edel, aus Edelmut leicht verzeihend;* ein ~es Herz haben; ein ~er Mensch **2** *freundlich, gefällig;* er hat sich mir immer sehr ~ gezeigt; erlauben Sie ~st, daß ich ...; Sie sind sehr ~ (als Antwort auf eine Hilfeleistung); würden Sie so ~ sein, mir zu helfen!; mit Ihrer ~en Erlaubnis **2.1** zu ~! *vielen Dank!, das war doch nicht nötig!*

'güt·lich ⟨Adj.⟩ **1** ⟨90⟩ *ohne Streit, friedlich, ohne gerichtl. Urteil;* eine ~e Einigung; eine Sache ~ beilegen; sich ~ einigen; auf ~em Wege **2** sich an etwas ~ tun *etwas genießen, sich mit Genuß an etwas sattessen;* er tat sich an den reifen Himbeeren ~

'gut|ma·chen ⟨V. 500⟩ **1** etwas ~ *etwas tun, um für Unrecht od. Schaden Ersatz zu schaffen (durch Leistung od. Entschuldigung);* wie kann ich mein Unrecht (wieder) ~?; das ist nicht wieder gutzumachen **2** ⟨530/R1⟩ sich Geld ~ *auf die Seite bringen, sich nicht ganz rechtmäßig aneignen*

'gut·mü·tig ⟨Adj.⟩ *gutherzig, leicht nachgebend, andern gern gefällig, nicht leicht böse;* ein ~er Mensch, ein ~es Tier; ein ~er Kerl

'Gut·schein ⟨m.⟩ *Dokument, das einen Anspruch auf Geld od. Ware bescheinigt*

'gut|tun ⟨V. 272/400⟩ **1** ⟨403⟩ etwas tut (jmdm.) gut *hat eine gute, angenehme Wirkung (auf jmdn.);* das tut gut; die frische Luft wird dir ~ **2** ⟨süddt.⟩ *sich gut entwickeln, ordentlich u. anständig leben u. arbeiten;* er hat in der Schule nicht gutgetan

'gut·wil·lig ⟨Adj.⟩ **1** *im guten, freiwillig;* ~ mitkommen, mitgehen; ~ zahlen **2** *gehorsam, sich Mühe gebend, voll guten Willens;* er ist ~, aber unbegabt

Gym'na·si·um ⟨n.; -s, -sien⟩ **1** ⟨im Altertum⟩ *Raum für athlet. Schulung* **2** ⟨später⟩ *höhere Schule mit Latein- u. Griechischunterricht* **3** ⟨heute⟩ *höhere Schule mit Abitur als Abschluß;* altsprachliches, neusprachliches, naturwissenschaftliches ~

Gym'na·stik ⟨f.; -; unz.⟩ *Übung, Schulung des menschl. Körpers durch rhythm. Bewegungen, auch zur Heilung gewisser Körperschäden;* Heil~, Kranken~

Gy·nä·ko·lo'gie ⟨f.; -; unz.⟩ *Lehre von den Frauenkrankheiten*

H

Haar ⟨n.; -(e)s, -e⟩ **1** *fadenförmiges Gebilde der Außenhaut von Tieren u. Menschen, bes. charakteristisch für Säugetiere, bei denen es aus Hornsubstanz besteht, auch als Borsten der Insekten;* Körper ~; blonde, graue ~e (besser:) blondes, graues ~; jmdn. an den ~en reißen; viele ~e auf den Beinen, auf der Brust haben; sich die ~e unter den Armen ausrasieren; die ~e fallen ihm aus; er hat mehr Schulden als ~e auf dem Kopf; lange ~e, kurzer Verstand ⟨Sprichw.⟩ 1.1 ⟨Pl.⟩ ~e ⟨umg.⟩ = *Haar(2)* **2** ⟨unz.⟩ *Gesamtheit der Kopfhaare;* Haupt ~, Kopf ~, Bart ~; kurzes, langes ~; das ~ lang, kurz (geschnitten) tragen; das ~ links, rechts, in der Mitte gescheitelt tragen; ein Band, einen Kranz im ~ tragen; sie trägt das ~, ihr ~ jetzt anders als früher; blondes, dunkles, graues, helles, rotes, schwarzes, weißes ~ haben; dichtes, dünnes, fettiges, glänzendes, glattes, krauses, lockeres, lockiges, schönes, schütteres, seidiges, starkes ~; verstrubeltes, wirres, zerzaustes ~; strähniges, welliges, widerspenstiges ~; sich das ~ aus der, in die Stirn kämmen, streichen; sich das ~ bürsten, (mit Lockenwickeln) eindrehen, fönen, kämmen, waschen, trocknen; sich das ~ in Wellen legen; sich das ~ in Zöpfe flechten; das ~ fiel ihr bis auf die Schultern; das ~ hing ihr unordentlich in die Stirn; mit aufgelöstem, flatterndem ~ ankommen, dastehen; jmdm. (leicht, zärtlich) übers ~ streichen; sich das ~ bleichen, färben, schneiden, tönen lassen 2.1 sich das ~ machen *sich kämmen, sich frisieren* 2.2 falsches, künstliches ~ *Perücke* 2.3 → a. *Haut(8.6)* **3** ⟨a. fig.⟩ 3.1 die ~e stehen einem zu Berge *man ist entsetzt* 3.2 die ~e sträubten sich ihm (vor Schreck, vor Entsetzen) *er erschrak sehr, entsetzte sich sehr* 3.3 sich in den ~en liegen *sich streiten* 3.4 sich einander in die ~e geraten *sich streiten* 3.5 man möchte, könnte sich die ~e raufen *man ist verzweifelt, ärgert sich sehr* 3.6 ein ~ in der Suppe finden *etwas an einer Sache entdecken, das einem nicht paßt* 3.7 an einem ~ hängen *von einer Kleinigkeit abhängen, wenig Aussichten auf ein günstiges Ende haben* 3.8 ~e lassen müssen *(gegen seinen Willen) ein Opfer bringen müssen;* er hat ~e lassen müssen **4** ~e auf den Zähnen haben ⟨fig.⟩ *sich zu wehren wissen (mit Worten), hartnäckig seinen Standpunkt verteidigen;* sie hat ~e auf den Zähnen 4.1 um ein ~ *es hat sehr wenig gefehlt, daß ..., beinahe;* das Kind wäre um ein ~ überfahren worden 4.1.1 um kein ~ besser als *in keiner Weise, durchaus nicht;* der eine ist um kein ~ besser als der andere 4.2 kein gutes ~ an jmdm. lassen *über jmdn. sehr schlecht sprechen* 4.3 jmdm. kein ~ krümmen können *jmdm. nicht das geringste zuleide tun können* 4.4 ~e spalten ⟨fig.⟩ *sich über unwesentl. Kleinigkeiten streiten;* wir wollen hier keine ~e spalten 4.5 aufs ~ gleichen *ganz gleich aussehen wie;* sie gleichen einander aufs ~ 4.6 dieser Vergleich ist sehr, etwas an den ~en herbeigezogen *gezwungen, gewaltsam herbeigezogen, angeführt* **5** ⟨Jagdw.⟩ *Fell der jagdbaren Säugetiere*

'**Haa·res·brei·te** ⟨f.; -; unz.; nur in der Wendung⟩ um ~ *ganz wenig, um eine winzige Kleinigkeit, Spur;* nicht um ~ zurückweichen

'**haa·rig** ⟨Adj.⟩ **1** ⟨70⟩ *voller Haare od. feiner Härchen, mit Haaren od. Härchen bewachsen, dicht behaart;* sie hat ~e Beine; ein ~er Mann; der Hund hat den Teppich ~ gemacht; blond ~, braun ~, schwarz ~, rot ~; dünn ~, fein ~, kraus ~, kurz ~, lang ~ **2** ⟨70⟩ *wie mit Haaren besetzt, faserig;* Stiel und Blätter der Brennessel sind ~ **3** ⟨fig.; umg.⟩ *böse, schlimm, gefährlich, peinlich;* dort ging es ~ her, zu; eine ~e Angelegenheit, Geschichte

'**haar·scharf** ⟨Adj. 90⟩ **1** *sehr scharf, sehr genau;* etwas ~ beobachten, erkennen **2** ⟨umg.⟩ *ganz nahe;* das Auto fuhr ~ an mir vorbei

Haar·spal·te'rei ⟨f.; -, -en; fig.⟩ **1** *Streit mit Worten, die nur um des Streites willen gebraucht werden, Streit um unwesentl. Kleinigkeiten* **2** *Streben nach allzu genauer, für die Sache nicht wesentl. Erklärung;* ~ treiben

'**haar·sträu·bend** ⟨Adj.; umg.⟩ *so, daß sich einem die Haare sträuben (vor Entsetzen), grauenhaft, schrecklich, unglaublich;* ein ~er Skandal; es war ~, was ...

'**ha·ben** ⟨V. 159/500⟩ **1** jmdn. od. etwas ~ *jmd. od. etwas befindet sich in einem Verhältnis der Zugehörigkeit zu* 1.1 *besitzen, verfügen über, in Beziehung stehen zu;* eine Fähigkeit, Geld, ein Kind, Mut ~; Ware (vorrätig) ~; sie ~ alle beide nichts; wir ~ ihn! (gefunden, gefangen); (nicht) genug zu essen ~; kann ich einen Apfel ~; woher hast du das? 1.1.1 wir ~'s ja! ⟨umg.; scherzh.⟩ *wir können es uns ja leisten* 1.1.2 ⟨511⟩ einen Gegenstand in der Hand ~ *halten* 1.2 jmd. od. etwas hat etwas *etwas bildet einen Teil von jmdm. od. etwas;* das Haus hat ein Dach; Menschen ~ Arme 1.2.1 *zu einer Gemeinschaft gehören;* jmd. hat (eine, keine) Familie 1.3 *mitarbeiten bei;* er hat einen Betrieb, in dem er arbeitet 1.4 *benutzen;* einen Bleistift ~ 1.5 *in einem Zustand sein;* eine Krankheit, Fieber ~; Trauer ~ 1.5.1 was hast du? *was fehlt dir?;* du hast doch etwas! 1.5.2 *verspüren;* Angst, Durst, Hunger, Kummer, Lust ~ 1.5.3 recht, unrecht ~ *im Recht, Unrecht sein* 1.5.4 habt acht! ⟨militär. Kommando; österr.⟩ *stillgestanden!* 1.5.5 ein Anliegen ~ (an) *ein A. vorbringen, sagen wollen* 1.5.6 hab vielen Dank! *ich danke dir* 1.6 Arbeit ~ *A. erledigen müssen;* wann hast du wieder Unterricht?; wir ~ heute keine Schule 1.7 Zeit ~ *(etwas) nicht sofort erledigen müssen;* die Sache hat Zeit; damit hat es noch gute Weile 1.7.1 Eile ~ *(etwas) sofort erledigen müssen, rasch geschehen müssen;* es hat keine Eile 1.7.2 wir ~ das Datum *es ist ...;* wir haben heute den 10. Mai; wir ~ Ferien; wir ~ jetzt Frühling 1.8 ich hab's! ⟨a. fig.⟩ *ich weiß es!* 1.8.1 da ~ wir's, da hast du's! *so weit ist es gekommen, glaubst du es jetzt endlich?* 1.8.2 wie gehabt *ebenso (wie das letzte Mal)* 1.9 ⟨501⟩ hier hat's viel Schnee ⟨oberdt.⟩

hier gibt es, hier liegt viel S. **1.9.1** was hast du, was kannst du, haste was kannste (davonlaufen) ⟨umg.⟩ *eilig, überstürzt, so schnell wie möglich* **1.9.2** es hat ihn (erwischt) ⟨umg.⟩ *er hat sich verliebt* **2** ⟨510⟩ **2.1** ⟨513⟩ **2.1.1** etwas fertig ~ *zu Ende gebracht haben* **2.1.2** er hat es gut, schlecht *es geht ihm gut, schlecht* **2.1.3** er hat es nicht leicht mit ihr *sie macht ihm das Leben schwer* **2.2** ⟨512⟩ es eilig ~ *in Eile sein* **2.3** ⟨511⟩ wir ~ es noch weit *unser Weg ist weit;* wie weit ~ wir noch bis nach Hause? **3** ⟨R3⟩ sich ~ ⟨umg.⟩ *sich wichtig tun, sich zieren;* hab dich doch nicht so! **3.1** ⟨501/R3⟩ es hat sich *weiter ist davon nichts zu berichten, das ist der Schluß* **3.1.1** hat sich was! *keine Spur, kein Gedanke daran!, es ist ganz und gar nicht so!* **4** ⟨511⟩ etwas bei sich ~ *führen, tragen;* ich habe kein Geld bei mir; jmdn. (als Begleitung) bei sich ~ **4.1** er hat seinen Bruder bei sich wohnen ⟨umg.⟩ *sein Bruder wohnt bei ihm* **4.2** ich habe etwas im Hals *mir ist ein Krümchen im H. steckengeblieben* **4.3** ich habe es im Halse *mein Hals ist krank* **4.4** er hat es auf der Brust *er ist lungenkrank* **4.5** er hat es mit der Galle *er ist gallenkrank* **4.6** etwas im Unterricht ~ *besprechen, behandeln* **4.7** *geerbt haben;* die musikalische Begabung hat er von seinem Vater **4.8** ich habe es von ihm ⟨a. fig.⟩ *er hat es mir mitgeteilt* **5** zu ~ sein **5.1** etwas ist zu ~ *verfügbar, man kann es kaufen, bekommen* **5.2** jmd. ist zu ~ *man kann sich mit jmdm. befreunden, ihn heiraten;* das Mädchen ist noch zu ~ **5.2.1** er ist gut (schlecht) zu ~ ⟨umg.; schweiz.⟩ *zu erziehen* **5.3** jmd. ist für etwas zu ~ *jmd. macht bei etwas gern mit, es gefällt ihm;* dafür bin ich sehr (nicht) zu ~ **6** ⟨550⟩ **6.1** was will er dafür ~? *welchen Gegenwert verlangt er?* **6.2** etwas gegen jmdn. od. etwas ~ *nicht leiden können* **6.3** etwas mit jmdm. ~ *durch besondere Beziehungen verbunden sein mit jmdm.* **6.3.1** die beiden ~ etwas miteinander *sind durch ein Liebesverhältnis verbunden;* er hat es mit einem Mädchen **6.4** etwas von einer Sache ~ **6.4.1** *die Folgen einer S. zu spüren bekommen;* das hat er von seinem Leichtsinn! **6.4.2** *die Vorteile einer S. genießen* **6.5** ⟨mit Reflexivpron. als Präpositionalobjekt⟩ **6.5.1** eine Abteilung, ein Sachgebiet unter sich ~ *für eine A., ein S. verantwortlich sein* **6.5.2** jmdn. über sich ~ *jmdm. (einem Vorgesetzten) unterstellt sein* **6.5.3** jmdn. od. etwas vor sich ~ **6.5.3.1** *einer Sache od. jmdm. gegenübersitzen, -stehen* **6.5.3.2** *hinter einer Sache od. jmdm. sitzen, stehen* **6.5.4** etwas (noch) vor sich ~ *erwarten, noch nicht erlebt haben* **6.5.5** er hat es so an sich *es ist seine Gewohnheit* **6.5.6** es in sich ~ *schwerer, schwieriger sein, als es scheint;* diese Arbeit hat es in sich; dieser Wein hat es in sich **6.5.7** damit hat es nichts auf sich *das bedeutet nichts Besonderes* **7** ⟨580⟩ etwas zu tun ~ *etwas tun müssen;* ich habe noch zu arbeiten; was habe ich zu bezahlen?; was hast du hier zu suchen?; du hast zu schweigen! **7.1** ich habe mit dieser Sache nichts zu tun *die S. geht mich nichts an* **8** ⟨Hilfsverb zur Bildung des Perfekts von Verben⟩; ich habe gegessen, gelesen, geschrieben; hast du mich nicht gesehen?; er will ihn gesehen ~; ich hatte kaum die Tür zugemacht, als ...; er hat es schon getan; er behauptet, ihn gesehen zu ~; danke, davon habe ich schon gehabt; das hättest du gleich sagen können

'**Ha·ben** ⟨n.; -s; unz.; kaufmannsspr.⟩ **1** *Gesamtheit der Einnahmen, Guthaben* **1.1** → a. *Soll(1.1)* **2** *rechte Seite, Kredit-, Passivseite eines Kontos im System der doppelten Buchführung*

'**Ha·ber** ⟨m.; -s; unz.; oberdt.⟩ = *Hafer*

'**Hab·gier** ⟨f.⟩ *Gier, rücksichtsloses Streben nach Besitz;* seine ~ wurde immer größer

'**hab·haft** ⟨Adv. 44⟩ **1** einer Person ~ werden *eine P. erwischen, festnehmen;* die Polizei konnte des Diebes nicht ~ werden **2** einer Sache ~ werden *sie in seinen Besitz bringen, (mit Mühe) bekommen;* erst nach einer Schlägerei konnte er der Kasse ~ werden

'**Hab·se·lig·keit** ⟨f.; -, -en; meist Pl.⟩ ~en *Besitz (der nicht viel wert ist);* sie suchte, packte ihre ~en zusammen

'**Hack·brett** ⟨n.⟩ **1** *Brett als Unterlage zum Fleischhacken* **2** ⟨Mus.⟩ *mittelalterl. trapezförmiges od. dreieckiges Saiteninstrument, das mit kleinen Holzhämmern geschlagen wird;* ~ spielen

'**Hacke**[1] ⟨-k·k-; f.; -, -n⟩ *Werkzeug mit schmalem, drei- od. viereckigem, senkrecht zum Stiel stehendem Blatt zum Lockern von harter Erde;* Breit~, Kreuz~, Spitz~; den Boden mit ~ und Spaten bearbeiten

'**Hacke**[2] ⟨-k·k-; f.; -, -n⟩ **1** *Ferse;* ich habe mir an der rechten ~ eine Blase gelaufen; jmdm. auf die ~n treten **1.1** jmdm. (dicht) auf den ~n sitzen, sein ⟨umg.⟩ *dicht hinter jmdm.* **2** *Teil des Strumpfes u. Schuhes, der die Ferse bedeckt;* der Strumpf hat ein Loch in der ~ **3** ⟨soldatenspr.; landschaftl.⟩ *Absatz am Schuh;* abgetretene, schiefe ~n haben; die ~n zusammenschlagen (bei der Verbeugung, beim militär. Gruß) **3.1** sich die ~n nach etwas ablaufen ⟨umg.⟩ *viele Wege gehen, sich viel Mühe machen, um etwas zu bekommen*

'**hacken** ⟨-k·k-; V.⟩ **1** ⟨500⟩ etwas ~ *mit einem spitzen, scharfen Werkzeug heftig stechen od. schneidend schlagen u. dadurch in kleine Teile zerlegen;* Holz ~; er hackte den alten Schrank in Stücke, zu Feuerholz **1.1** *fein zerkleinern;* Zwiebeln, Kräuter ~; gehacktes Fleisch; das Gehackte **1.2** → a. *Holz(1 u. 5.5-5.6)* **1.3** *aufschlagen;* ein Loch ins Eis ~ **1.4** ⟨411⟩ aufs Klavier ~ ⟨fig.; umg.⟩ *mit zu hartem Anschlag spielen* **2** ⟨500⟩ etwas ~ *mit der Hacke lokkern, zerkleinern, spalten;* Erde, Beete ~; er hackte gerade im Garten **3** ⟨511/R7 od. 611/R5⟩ jmdn. od. jmdm. in etwas ~ *jmdn. mit einem Beil, einer Hacke od. einem ähnl. Gegenstand verletzen;* ich habe mich, mir in den Finger gehackt; ich hackte ihm ins Bein **4** ⟨411⟩ *mit dem Schnabel heftig picken;* der Vogel hackte nach mir; der Hahn hat mir, mich in die Hand gehackt

'**Hack·frucht** ⟨f.⟩ *Ackerfrucht, die zur Pflege behackt werden muß, z. B. Kartoffeln, Rüben, Mais, Gemüse*

'**ha·dern** ⟨V. 417; geh.⟩ **1** mit jmdm. ~ *streiten, rechten, jmdn. anklagen;* mit Gott ~; er hat mit seinen Kindern gehadert **2** mit etwas ~ *sehr unzufrieden sein, etwas beklagen;* mit seinem Schicksal ~

'**Ha·fen**[1] ⟨m.; -s, ⸚⟩ **1** *geschützter, oft in einer*

Bucht gelegener Ort, wo die Schiffe anlegen; Binnen ~, Fluß ~, See ~, Handels ~, Kriegs ~; im sicheren ~ gelandet sein; künstlicher, natürlicher ~; fremder, heimatlicher, sicherer ~; einen ~ anlaufen; in einen ~ einlaufen; aus dem ~ auslaufen **2** ⟨unz.; a. fig.⟩ *Geborgenheit, geborgener Ort, Ziel, Ende eines Weges;* im sicheren ~ gelandet sein; der ~ der Ehe ⟨fig.; scherzh.⟩ **2.1** in den ~ der Ehe einlaufen *heiraten*

'Ha·fen² ⟨m.; -s, ¨; oberdt.⟩ *(bes. irdenes) Gefäß, Topf*

'Ha·fer ⟨m.; -s, (selten) -⟩ **1** ⟨i. w. S.⟩ *Angehöriger einer artenreichen Gattung der Süßgräser: Avena* **1.1** ⟨i. e. S.⟩ Gemeiner ~ *Getreidepflanze mit abstehenden Rispen u. gleichseitig angeordneten, zweiblütigen Ähren: Avena sativa;* oV *Haber;* Rispen ~, Saat ~, Zucht ~ **2** jmdn. sticht der ~ ⟨fig.⟩ *jmd. ist übermütig*

Haft ⟨f.; -; unz.⟩ **1** *Zustand des Verhaftetseins, polizeilicher Gewahrsam;* jmdn. aus der ~ entlassen; sich in ~ befinden; jmdn. (noch) in ~ behalten; in ~ sein; jmdn. in ~ nehmen; in ~ genommen werden **2** ⟨bis 1969⟩ *leichte Freiheitsstrafe, bei der der Gefangene einzeln od. mit anderen zusammen untergebracht sein kann;* Straf ~; Einzel ~, Gemeinschafts ~, Schutz ~, Untersuchungs ~, Zivil ~; milde, strenge ~

...haft ⟨Adj.; in Zus.⟩ *...artig, ...ähnlich, wie ein ...;* romanhaft, schalkhaft

'haft·bar ⟨Adj. 24/70; nur in den Wendungen⟩ **1** für etwas ~ sein *für etwas haften, bürgen, verantwortlich sein;* für einen Schaden ~ sein **2** jmdn. für etwas ~ machen *jmdn. für etwas verantwortlich machen;* der Leser wird für den Verlust des Buches ~ gemacht

'haf·ten ⟨V.⟩ **1** ⟨400⟩ etwas haftet *hängt, sitzt fest, klebt;* das Pflaster haftet gut, schlecht, nicht; das Pflaster haftet an der Haut; an den Schuhen haftet Schmutz, Teer **1.1** ⟨411⟩ im Gedächtnis ~ *eingeprägt bleiben* **2** ⟨800⟩ für etwas od. jmdn. ~ *bürgen, verantwortlich sein, bei Verlust dafür aufkommen;* Sie ~ mir dafür, daß nichts passiert; für einen Betrag, eine Summe ~ **2.1** ~der Gesellschafter *G., der für Schulden mit seinem Vermögen aufkommt* **2.1.1** beschränkt ~der Gesellschafter *G., der für Schulden nur in Höhe seines Anteils aufzukommen hat*

'Häft·ling ⟨m.; -s, -e⟩ *jmd., der sich in Haft befindet;* politische ~e; die Flucht eines ~s

'Haft·pflicht ⟨f.; Rechtsw.⟩ *Pflicht, für bestimmte Schulden od. Schäden aufzukommen*

'Haf·tung ⟨f.; -; unz.⟩ **1** *das Haften, Verpflichtung, für etwas zu haften;* (keine) ~ für etwas übernehmen; für abhanden gekommene Garderobe wird keine ~ übernommen (Aufschrift auf Schildern in Gaststätten, Wartezimmern usw.) **2** → a. *Gesellschaft(6.2)*

Hag ⟨m.; -(e)s, -e od. (schweiz.) ¨e; veralt.; geh.⟩ **1** *eingehegtes Grundstück* **1.1** *umgrenztes Waldgrundstück* **2** *Hain, kleiner Wald, Gesträuch, Buschwerk;* Rosen ~

'Ha·gel ⟨m.; -s; unz.⟩ **1** *Niederschlag in Form von Eisstückchen, die größer sind als Graupeln;* ~ vernichtete die Ernte; der ~ prasselte, trommelte an die Scheiben **2** ⟨veralt.; jägerspr.⟩ *Schrot* **3** ⟨fig.⟩ *dichte Menge von niederprasselnden, harten Gegenständen, Flut;* Granat ~, Bomben ~, Stein ~; ein ~ von Geschossen, Schimpfwörtern, Steinen

'ha·geln ⟨V.⟩ **1** ⟨401⟩ es hagelt *Hagel fällt, Niederschlag fällt in Form von Hagel;* es hagelte stark, in großen Schloßen **2** ⟨501 od. 400⟩ es hagelt etwas od. etwas hagelt ⟨fig.; umg.⟩ *etwas fällt dicht u. in großer Menge herab;* es hagelte Steine **2.1** *etwas folgt in großer Menge auf- od. hintereinander;* es hagelte Fragen, Proteste, Flüche; die Vorwürfe hagelten von allen Seiten

'Ha·gel·schlag ⟨m.⟩ *Hagel, Fallen von Hagel, heftiger Hagelschauer*

'ha·ger ⟨Adj.⟩ *groß od. lang u. mager, dürr, abgezehrt, schmal u. knochig;* ein ~es Gesicht; ein ~er Mensch; eine ~e Gestalt

Hahn ⟨m.; -(e)s, ¨e⟩ **1** *das männliche Tier vieler Arten u. Gattungen von Vögeln;* Auer ~, Birk ~, Finken ~ **1.1** ⟨i. e. S.⟩ *männl. Tier der Haushühner;* → *Huhn(1.1);* herumstolzieren wie ein ~ auf dem Mist; früh, wenn die Hähne krähen **1.1.1** danach kräht kein ~ ⟨fig.⟩ *niemand kümmert sich darum, interessiert sich dafür* **1.2** ~ im Korbe sein ⟨fig.⟩ *der einzige Mann unter Frauen in einer Gesellschaft* **1.3** *Wetterfahne in Gestalt eines Hahnes(1.1);* Turm ~; Wetter ~ **2** ⟨Tech.⟩ *Vorrichtung zum Sperren u. Öffnen von Rohrleitungen;* Gas ~, Wasser ~; den ~ aufdrehen, öffnen, schließen, zudrehen; die Hähne putzen **3** *Hebel an Handfeuerwaffen zum Auslösen des Schusses;* Gewehr ~ **3.1** den ~ spannen *das Gewehr schußbereit machen*

'Hah·nen·fuß ⟨m.⟩ *einer Gattung der Hahnenfußgewächse angehörendes Kraut od. kleine Staude mit gelben od. weißen Blüten: Ranunculus;* Flutender ~; Knolliger ~; Kriechender ~; Scharfer ~

Hai ⟨m.; -(e)s, -e⟩ *Angehöriger einer Ordnung der Knorpelfische, dessen Körper mit Schuppen bedeckt ist, die den Zähnen der höheren Wirbeltiere ähnlich sind u. die in der Mundgegend vergrößert sind u. hier ihrer eigtl. Fang- u. Freßfunktion dienen: Selachii;* Blau ~, Tiger ~, Menschen ~

Hain ⟨m.; -(e)s, -e; geh.⟩ **1** *kleiner lichter Wald;* Buchen ~, Fichten ~ **2** ⟨Antike⟩ *einer Gottheit heiliger Wald, meist mit deren Tempel*

'Häk·chen ⟨n.; -s, -⟩ **1** *kleiner Haken;* das Bild hängt an einem ~ **2** ⟨Gramm.⟩ *Schriftzeichen in Form des Häkchens(1)* **3** früh krümmt sich, was ein ~ werden will ⟨Sprichw.⟩ *die Charakteranlage zeigt sich früh*

'hä·keln ⟨V.⟩ **1** ⟨402⟩ (etwas) ~ *mit der Häkelnadel einen Faden zu Maschen verschlingen, die in Reihen aneinandergefügt werden;* eine Decke, einen Topflappen ~ **2** ⟨417/R3 od. R4⟩ sich (mit jmdm.) ~ ⟨fig.; umg.⟩ *sich halb scherzhaft streiten*

'ha·ken ⟨V.⟩ **1** ⟨511⟩ etwas in, an etwas ~ *mit einem Haken anhängen, befestigen, mit einem Haken fassen;* sie hat den Haken in die Öse gehakt; die Bergsteiger hakten die Seile an die Gürtel **2** ⟨411⟩ an etwas ~ ⟨umg.⟩ *wie an einem Haken festhängen, verklemmt sein;* der Schlüssel hakt an einer Stelle; die Angelschnur hat irgendwo gehakt

'Ha·ken ⟨m.; -s, -⟩ **1** *Holz- od. Metallstück mit gebogenem Ende, das dazu dient, einen Gegenstand aufzuhängen, zu ergreifen, festzuhal-*

ten, heran- od. wegzuziehen; Bilder~, Kleider~, Karabiner~; Schnur~; Angel~; ein Bild hängt am ~; den Hut, Mantel an den ~ hängen; einen ~ ans Kleid nähen; die Jacke wird mit einem ~ geschlossen; den Hut, Mantel vom ~ nehmen 1.1 ~ und Öse *Verschluß für Kleider* **2** ⟨fig.⟩ *Schwierigkeit, Fehler, verborgenes Problem;* da steckt der ~!; die Sache hat einen ~ **3** ⟨fig.⟩ *Winkel, Ecke* 3.1 einen ~ schlagen *plötzlich die Richtung ändern bes. auf der Flucht (Hase, a. von Personen)* **4** *Schnörkel;* einen ~ an einen Buchstaben machen **5** *Schriftzeichen od. Teil davon;* U-~ **6** ⟨Boxsp.⟩ *Schlag, bei dem die Armhaltung an die Form eines Hakens(1) erinnert;* Kinn~; linker, rechter ~ **7** ⟨jägerspr.⟩ 7.1 *Eckzahn im Oberkiefer des Rotwilds;* Hirsch~ 7.2 *Eckzahn der Wildsau im Ober- u. Unterkiefer* 7.3 *Horn der Gemse*

halb ⟨Adj. 24/90⟩ **1** *in zwei gleiche Teile geteilt, nur einen von zwei gleichen Teilen eines Ganzen umfassend, die Hälfte von;* ein ~es Kilo; ein ~es Brot; eine ~e Kartoffel; ein ~er Meter; die ~e Stadt; Kinder zahlen den ~en Preis; ein ~es Jahr; eine und eine ~e Stunde 1.1 alle ~en Stunden *in Abständen von 30 Minuten* 1.2 die Uhr hat ~ geschlagen *die halbe Stunde, 30 Minuten nach der vollen Stunde* 1.3 es ist ~ drei (Uhr) *die Hälfte der dritten Stunde ist vorbei* 1.3.1 es ist fünf Minuten vor ~ (drei) *in fünf Minuten ist die Hälfte der (dritten) Stunde vorbei* 1.4 nur ~e Tage arbeiten *nur vier Stunden täglich* 1.5 auf ~em Wege, auf ~er Höhe *etwa in der Mitte des Weges, der Höhe* 1.6 die ~e Stadt ist auf den Beinen ⟨fig.⟩ *viele (eigtl. die Hälfte) der Einwohner* 1.7 eine Halbe *ein halbes Maß (Bier)* 1.8 ~e ~e machen ⟨umg.⟩ *(den Gewinn) zu zweit teilen* **2** *zur Hälfte;* das Glas ist ~ leer, ~ voll; die Äpfel sind erst ~ reif 2.1 er war sein ~es Leben lang auf Reisen *während der Hälfte seines Lebens* **3** ~ und ~ *von beiden gleich viel, zu zwei gleichen Teilen;* wieviel von beiden Flüssigkeiten soll ich nehmen? ~ und ~!; ein Pfund Gehacktes ~ Rind, ~ Schwein; ~ Wein, ~ Wasser **4** ~ ..., ~ ... *teils ... teils ...;;* ~ hatte ich Angst, ~ trieb mich die Neugierde vorwärts 4.1 bist du zufrieden? (nur) ~ und ~ ⟨umg.⟩ *nicht sehr* 4.2 ~ lachend, ~ ärgerlich *zugleich lachend und ärgerlich, zwischen beidem schwankend* **5** *weniger als die Hälfte ausmachend;* mit ~er Kraft 5.1 ein ~es Zimmer *ein sehr kleines Z., etwa bis 10 m²* 5.2 wenn du es so machst, hast du nur die ~e Arbeit *viel weniger A.* 5.3 mit ~er Geschwindigkeit *sehr langsam* 5.4 nicht ~ so ... wie *in bedeutendem Maße weniger ... als;* ich kann nicht ~ so viel von dem, was du mir aufgegeben hast, essen; er ist (nicht) ~ so fleißig, groß wie du **6** ⟨fig.⟩ *fast, beinahe;* er war schon ~ tot; ich war ~ tot vor Angst; die Frist ist schon ~ vorbei, ~ um ⟨umg.⟩; der Lärm macht mich ~ krank ⟨umg.⟩; frisch gewagt, ist ~ gewonnen ⟨Sprichw.⟩ 6.1 er schlief noch ~ ⟨umg.⟩ *er war noch nicht richtig munter* 6.2 er ist ja noch ein ~es Kind *noch nicht erwachsen* 6.3 der Junge ist schon ein ~er Elektriker *versteht schon eine Menge von der Elektrizität* 6.4 ein ~er Ton *kleinste Tonstufe der diaton. Tonleiter* **7** ⟨fig.; umg.⟩ *nicht ganz, nicht richtig, nicht ordentlich, nicht gründlich;* ~ angezogen; du hast wieder nur ~ aufgegessen; er hat die Sache nur ~ verstanden; er macht alles nur ~; nur ~ zuhören 7.1 diese Arbeit ist nichts Halbes und nichts Ganzes *nicht ordentlich, nicht gründlich gemacht* 7.2 nur mit ~em Ohr zuhören *nicht richtig, nicht aufmerksam* 7.3 eine ~e Maßnahme *eine ungenügende M.* 7.4 wenn er sein Auto, sein Radio nicht hat, ist er nur ein ~er Mensch ⟨umg.; scherzh.⟩ *ist er nicht zufrieden, fühlt er sich nicht wohl*

halb... ⟨in Zus.⟩ **1** *zur Hälfte* **2** ⟨umg.⟩ *nicht ganz, zum Teil*

'hal·ber ⟨Präp. mit Gen.⟩ *wegen, um ... willen;* der Bequemlichkeit ~; Geschäfte ~

'Halb·heit ⟨f.; -, -en⟩ *etwas Halbes, Unvollkommenes, Unzulängliches, Mangelhaftes;* sich nicht mit ~en zufriedengeben

hal'bie·ren ⟨V. 500⟩ etwas ~ *in gleiche Hälften teilen;* einen Apfel, Kuchen ~

halb'tot ⟨Adj.⟩ **1** *fast tot, zu Tode erschöpft, unfähig, sich zu bewegen;* jmdn. ~ schlagen 1.1 sich ~ lachen ⟨fig.; umg.; scherzh.⟩ *sehr heftig lachen*

'halb·wegs ⟨Adv.⟩ **1** ⟨veralt.⟩ *auf halbem Wege;* jmdm. ~ entgegengehen, -kommen **2** ⟨fig.; umg.⟩ *ungefähr, einigermaßen;* bist du fertig?; ~!; ~ gutes, schönes Wetter; etwas ~ ordentlich machen

'Halb·welt ⟨f.; -; unz.⟩ *elegante, aber moral. nicht einwandfreie Gesellschaftsschicht*

'halb·wüch·sig ⟨Adj. 24/70⟩ *noch nicht erwachsen;* ein ~er Bursche, ~es Mädchen

'Halb·zeit ⟨f.⟩ *halbe Spielzeit (bei sportl. Wettkämpfen, bes. bei Mannschaftsspielen);* erste, zweite ~

'Hal·de ⟨f.; -, -n⟩ **1** ⟨geh.⟩ *abfallende Seite eines Berges, Abhang;* eine steile, steinige ~ **2** *Hügel aus Schutt od. Schlacken, taubem Gestein;* Schutt~, Kohlen~, Trümmer~; Gestein auf die ~ fahren, kippen

'Hälf·te ⟨f.; -, -n⟩ **1** *einer von zwei gleichen Teilen eines Ganzen;* die eine und die andere ~; einen Apfel in zwei ~en teilen; die ~ der Wand wird von einem Schrank verdeckt; er hat den Apfel zur ~ gegessen; ich habe nur die ~ von dem gehört, verstanden, was er gesagt hat 1.0.1 um die ~ kleiner *halb so groß* 1.0.2 um die ~ größer *einundeinhalb Mal so groß* 1.0.3 zur ~ *halb* 1.1 die kleinere ~ ⟨umg.⟩ *etwas weniger als die H.* 1.2 die größere ~ ⟨umg.⟩ *etwas mehr als die H.* 1.3 meine bessere ~ ⟨fig.; umg.; scherzh.⟩ *meine Frau (bzw.) mein Mann* **2** ⟨umg.⟩ die ~ einer Strecke, Fläche *die Mitte;* bis zur ~ des Weges gehen; auf der ~ des Weges umkehren; einen Bogen Papier genau in der ~ durchschneiden

'Half·ter[1] ⟨m. od. n.; -s, - od. (veralt) f.; -, -n⟩ *Zaum ohne Gebiß;* ein Pferd am ~ führen

'Half·ter[2] ⟨m. od. n.; -s, - od. (veralt.) f.; -, -n⟩ *Satteltasche für Pistolen;* Pistolen~

'Hal·le ⟨f.; -, -n⟩ **1** *großer, hoher Raum, Saal;* Ausstellungs~, Bahnhofs~, Fabrik~, Flugzeug~, Markt~, Turn~; Verkaufs~, Werk~; die Maschinen sind in der ersten ~ ausgestellt **2** *großer Empfangsraum in Geschäftshäusern;* jmdn. in der ~ empfangen **3** *Empfangs- und Aufenthaltsraum in Hotels;* bitte warten Sie in der ~ **4** *großer Vorraum,* *geräumige Diele in Wohnhäusern;* Vor~; die Gäste legen in der ~ ab **5** *weiträumiger Säulengang;* Säulen~; in diesen heiligen ~n ⟨poet.⟩

'hal·len ⟨V. 400⟩ *dröhnend od. hohl tönen, schallen, klingen;* seine Stimme hallte in dem Gewölbe; seine Schritte hallten durch die Nacht; ~des Gelächter, Getöse; die ~den Räume eines Schlosses

Hal'lo ⟨a. ['--] n.; -s, -s; umg.⟩ *Lärm, Aufregung, freudiges od. überraschtes Durcheinander, Stimmengewirr;* es gab ein großes ~, als er kam; er wurde mit lautem ~ begrüßt

'hal·lo! ⟨Int.⟩ **1** *Ruf, um jmdn. auf sich aufmerksam zu machen, dessen Namen man nicht weiß;* ~, Kleiner, komm einmal her!; ~, Sie! ⟨umg.⟩ **2** *Ruf od. Frage am Telephon, wenn man sich meldet, zum Zeichen der Anwesenheit od. wenn man wissen will, ob der andere Teilnehmer (noch) hört;* ~? Bist du noch am Apparat?; ~, sprechen Sie noch? **3** *Ruf, um Aufmerksamkeit zu erregen, wenn niemand in der Nähe ist, im Wald, beim Eintritt in einen leeren Raum usw.;* ~? ist jemand dort? **4** ⟨[-'-]⟩ *Ausruf der freudigen Überraschung, meist beim unerwarteten Wiedersehen;* ~! Du hier?; ~! Was machst du denn hier?

Halm ⟨m.; -(e)s, -e⟩ **1** *hohler, durch quergestellte Scheidewände gegliederter Stengel von Gräsern u. Getreide;* lange, geknickte ~e **1.1** die Ernte auf dem ~ (ver)kaufen *Getreide (ver)kaufen, ehe es geerntet ist*

Hals ⟨m.; -es, ¨e⟩ **1** ⟨i. w. S.⟩ *sich verjüngender Teil des Körpers od. der Organe, die meist die Verbindung zu anderen Teilen bilden: Cervix* **2** ⟨i. e. S.⟩ *schmales Verbindungsstück von Rumpf u. Kopf bei Mensch u. Tier;* mir tut der ~ (beim Schlucken) weh; das Herz schlug mir bis zum ~ (herauf); der Bissen, die Gräte blieb ihm im ~e stecken **2.0.1** → a. *haben(4.3)* **2.1** ~- und Beinbruch! *alles Gute* **2.2** ~ über Kopf *überstürzt, zu eilig* **2.3** jmdm. um den ~ fallen *jmdn. umarmen* **2.4** jmdm. weinend am ~ hängen *jmdn. weinend umarmen* **2.5** jmd. bricht jmdm. den ~ *tötet jmdn.* **2.5.1** jmd. bricht sich den ~ *stirbt, bricht sich das Genick* **2.5.2** einem Vogel den ~ umdrehen *den V. töten* **2.6** sich nach etwas od. jmdm. den ~ verrenken *angestrengt od. neugierig nach etwas od. jmdm. ausschauen* **2.7** sich einem Mann an den ~ werfen ⟨umg.⟩ *ihm nachlaufen, sich ihm aufdrängen (Mädchen)* **3** *Kehle;* der ~ schmerzt mich, ist entzündet **3.1** er kann den ~ nicht voll genug kriegen ⟨umg.⟩ *er kann nicht genug kriegen, ist unersättlich* **4** ⟨fig.⟩ *enger, schmaler, oberer Teil an Flaschen, Musikinstrumenten, Säulen u. a.;* Flaschen~ **4.1** einer Flasche den ~ brechen *eine F. öffnen, entkorken (nach der Gewohnheit, ihr den Hals abzuschlagen, wenn man keinen Korkenzieher hat)* **5** ⟨fig.⟩ **5.1** jmdm. mit etwas vom ~e gehen, bleiben ⟨umg.⟩ *jmdn. mit etwas in Ruhe lassen, verschonen;* bleib mir (damit) vom ~e **5.2** sich etwas od. jmdn. vom ~e schaffen *sorgen, daß man etwas od. jmdn. loswird* **5.3** sich etwas auf den ~ laden ⟨umg.⟩ *etwas Belastendes übernehmen* **5.4** jmdn. auf dem ~(e) haben ⟨umg.⟩ *jmdn. zu Besuch haben od. für jmdn. sorgen müssen, der einem lästig ist* **5.5** jmdm. auf den ~ hetzen *zu jmdm. jmdn. schicken, der dort unerwünscht ist* **5.6** es hängt, wächst mir zum ~e heraus ⟨umg.⟩ *ich habe es satt* **5.7** bis an den ~ *ganz und gar* **5.7.1** das Wasser reicht ihm bis an den ~ ⟨a. fig.⟩ *er hat große (bes. finanzielle) Schwierigkeiten* **5.7.2** etwas bis an den ~ satt haben *ganz u. gar satt haben* **5.7.3** bis an den ~ in Schulden stecken *überschuldet sein, große S. haben* **6** ⟨jägerspr.⟩ *Gebell (des Hundes)* **6.1** ~ geben ⟨jägerspr.⟩ *bellen, anschlagen (vom Hund)*

'Hals·ab·schnei·der ⟨m.; -s, -; umg.; abwertend⟩ *Wucherer;* ein gerissener ~

'hals·bre·che·risch ⟨Adj.⟩ *so beschaffen, daß man sich den Hals dabei brechen kann, tollkühn, lebensgefährlich;* eine ~e Klettertour, Geschwindigkeit

'hals·star·rig ⟨Adj.⟩ *eigensinnig, dickköpfig;* ein ~er Mensch; ~ sein, bleiben

halt[1] ⟨Adv.; Füllwort; südd.⟩ *einfach, eben, nun einmal;* ich möchte es ~ gar zu gern!; wenn es nicht geht, mußt du es ~ sein lassen; wir müssen es ~ versuchen

halt[2] **1** ⟨Imperativ von⟩ *halten;* → a. *halten(8.1)* **2** ⟨Int.⟩ ~! *still!, genug!, aufhören!*

Halt[1] ⟨m.; -(e)s, (selten) -e⟩ **1** *das Anhalten, Stillstand;* jmdm. ~ gebieten **2** *Stütze;* (mit den Händen od. Füßen beim Klettern) keinen ~ finden; er suchte ~ am Geländer **3** *fester Stand, Standfestigkeit;* den ~ verlieren; einem Baum durch einen Pfahl ~ geben; das Regal hat so keinen od. zu wenig ~ **4** ⟨fig.⟩ *(Person, die jmdm.) Stütze od. Rückhalt (ist);* er ist ihr einziger ~ (im Leben) gewesen; innerer ~; moralischer ~; einen (inneren) ~ an jmdm. haben; ein Mensch ohne inneren, ohne jeden ~; den ~ verlieren; bei jmdm. ~ suchen, finden

Halt[2] ⟨m.; -(e)s; unz.; schweiz.⟩ *Umfang, Größe (von Landbesitz);* eine Parzelle im ~ von 2500 m^2

'halt·bar ⟨Adj.⟩ **1** *so beschaffen, daß es lange hält, dauerhaft, fest, stark, widerstandsfähig;* etwas ~ verpacken; Lebensmittel ~ machen; ~e Lebensmittel **2** ⟨40⟩ eine Sache ist nicht ~ *ist nicht aufrechtzuerhalten;* diese Behauptung, These ist nicht ~

'hal·ten ⟨V.⟩ **1** ⟨500⟩ **1.1** ein Lebewesen oder etwas ~ *mit den Händen erfassen u. veranlassen, daß jmd. od. etwas den Ort nicht verändert;* ein Kind ~; den Korb ~; ein Möbelstück (beim Umräumen) ~; das Steuer richtig ~; das Messer am Griff ~; das Kind im Arm ~; einen Gegenstand in der Hand ~; haltet den Dieb!; ich kann den Hund, das Pferd nicht mehr ~ **1.2** ⟨511⟩ **1.2.1** jmdn. od. einen Gegenstand an einem Ort ~ *veranlassen, daß er einen O. nicht verläßt* **1.2.2** jmdn. an einem Körperteil ~ *anfassen und nicht wieder loslassen (um jmdn. zu stützen od. zu führen);* das Kind an (bei) der Hand ~ **1.3** Harn, Wasser nicht mehr ~ können *urinieren müssen* **1.4** ⟨511⟩ etwas in Richtung von etwas ~ *etwas in R. von etwas, in eine bestimmte Lage bringen;* etwas in die Höhe ~; ein Stück Papier gegen das Licht ~; die Hand vor den Mund, vor die Augen ~ **1.5** jmd. ist nicht zu ~ ⟨fig.⟩ *ist ungeduldig, kann nicht länger warten;* es gab kein Halten mehr **2** ⟨500⟩ **2.1** den Kurs, die Richtung ~ *nicht verändern, beibehalten* 2.1.1 der Jagdhund hält die Fährte *verfolgt die F. unbeirrt* 2.2 jmd. hält einen Rekord *hat die höchste beobachtete Leistung erzielt* 2.3 die Wärme ~ *bewahren;* die Glut im Ofen ~ 2.4 den Ton ~ ⟨Mus.⟩ *die richtige Tonhöhe einhalten* 2.5 sein Wort, Versprechen ~ *tun, was man versprochen hat* 2.6 *haben, bewahren, machen;* Ordnung ~; Maß ~; Rast, Ruhe ~; Mittagsschlaf ~; Wache ~ 2.6.1 Hochzeit ~ *feiern* 2.6.2 eine Rede ~ *eine R. vortragen;* einen Vortrag, eine Predigt ~ 2.6.3 Unterricht, Schule ~ *unterrichten* 2.6.4 Gebote ~ *erfüllen, einhalten, sich nach den G.n richten;* Diät ~, Festtage ~ 2.6.5 eine Zeitung ~ *eine Z. ständig beziehen* 2.6.6 Frieden mit jmdm. ~ *den F. bewahren, in F. mit jmdm. leben* 2.6.7 ⟨500/R7⟩ die Soldaten ~ eine Stellung *behaupten, verteidigen eine S. mit Erfolg;* die Truppen halten sich, die Stadt, den Berg 2.7 ⟨503⟩ (jmdm.) die Treue ~ *treu bleiben* 2.8 ⟨503 od. 505⟩ (mit jmdm. Freundschaft) ~, (jmdm.) die Freundschaft ~ *mit jmdm. freundschaftlich verbunden bleiben* 2.9 ⟨505⟩ Gericht (über jmdn.) ~ *zu G. sitzen und Recht sprechen (über jmdn.), jmdn. vernehmen, verhören* 3 ⟨503/R5⟩ 3.1 (sich) Tiere ~ *aufziehen, pflegen, als Haustiere haben;* sie ~ (sich) Kaninchen, Hühner, Pferde 3.2 Fahrzeuge ~ *ständig in Besitz haben;* sie hält sich einen Mercedes, Pferd und Wagen 3.3 ⟨530/R1⟩ sich jmdn. ~ *gegen Bezahlung für sich arbeiten lassen, unterhalten;* sich Angestellte, einen Chauffeur ~; er hält sich eine Geliebte 4 ⟨500/R3⟩ 4.1 Lebensmittel, Pflanzen ~ sich *bleiben frisch, verderben nicht;* die Rosen ~ sich lange 4.1.1 gute Ware hält sich ⟨fig.; umg.; scherzh.⟩ *ein gesunder u. innerlich ausgeglichener Mensch ist auch im Alter noch leistungsfähig* 4.2 jmd. hält sich (auf einem Posten) *läßt sich nicht verdrängen* 4.2.1 ⟨511/R3⟩ sich rechts, links ~ *immer nach rechts, links gehen, fahren* 4.2.2 ⟨511/R3⟩ sich rechts, links ~ *immer auf der rechten, linken Seite gehen* 4.3 ein Zustand hält sich *ein Z. bleibt, verändert sich nicht;* das gute Wetter wird sich ~ 4.4 ⟨513/R3⟩ sich in einer bestimmten Weise ~ *in einem bestimmten Zustand bleiben;* sich bereit, aufrecht ~; sich warm ~ 4.4.1 die Truppe hat sich gut, tapfer gehalten *die T. hat sich g., t. verteidigt* 4.5 ⟨550/R3⟩ sich an jmdn. ~ 4.5.1 *sich an jmdn. wenden, jmdn. fragen* 4.5.2 *in jmds. Nähe bleiben* 4.5.3 ⟨fig.⟩ *jmdn. verantwortlich, haftbar machen* 5 ⟨518⟩ jmdn. od. etwas für jmdn. od. etwas ~ *annehmen, meinen, daß es sich um eine bestimmte Sache oder Person handelt;* ich habe dich immer für meinen Freund gehalten; ich halte das Bild für eine Radierung; für wen ~ Sie mich? 5.1 ⟨513⟩ jmdn. od. etwas für ... ~ *meinen, denken, daß jmd. od. etwas eine bestimmte Eigenschaft hat;* ich halte es für gefährlich; er möchte nicht für unzuverlässig gehalten werden; etwas für falsch, richtig, gut, schlecht ~; für wie alt ~ Sie mich?; ich halte dafür, daß wir jetzt gehen 5.2 ⟨550⟩ etwas von einer Sache ~ *eine Meinung über eine S. haben;* davon halte ich nicht viel 5.3 ⟨550/R3⟩ sich an eine Regel ~ *eine R. beachten, einhalten;* sie ~ sich an die Gesetze, Vorschriften 6 ⟨unpersönl.⟩ 6.1 ⟨517⟩ jmd. hält es mit jmdm. *hat jmdn. gern, verkehrt viel mit jmdm.;* er hält es mit den Mädchen 6.2 ⟨553⟩ jmd. hält es mit einer Sache ... *verhält sich in einer Angelegenheit ...;* ~ Sie es damit, wie Sie wollen 6.3 ⟨513⟩ es immer so ~ (, daß ...) *es so zu machen pflegen, es immer so machen (, daß ...);* wir haben es immer so gehalten, daß die Damen zuerst gehen 7 ⟨513⟩ etwas in einem Zustand ~ *veranlassen, daß sich der Z. nicht ändert;* die Fenster geschlossen ~; das Essen warm, Getränke kalt ~ 7.1 etwas ~, wie man will *tun, machen* 7.2 jmdn. od. etwas gut ~ *für jmdn. od. etwas gut sorgen, ihn od. es gut pflegen;* der Wagen ist gut gehalten; wir werden das Kind gut ~ 7.3 jmdn. streng ~ *behandeln* 7.4 einen Gegenstand in bestimmten Farben ~ *nur bestimmte F. für einen G. verwenden;* der Raum ist ganz in Gelb gehalten 8 ⟨400⟩ 8.1 ein Fahrzeug od. jmd. hält *bleibt stehen, fährt nicht weiter;* der Zug hält auf freier Strecke; an der Kreuzung ~; den Fahrer ~ lassen; einen Augenblick ~; den Wagen, Zug zum Halten bringen; es gab kein Halten mehr, alle liefen weg; halt!, wer da? (Ruf u. Frage des Postens); Abteilung halt! ⟨militär. Kommando⟩ 8.2 etwas hält *ist dauerhaft, widerstandsfähig, hat Bestand;* die Brücke, der Knoten, das Seil, der Tisch, Stuhl hält; das Eis hält nicht; das wird jetzt ~; diese Freundschaft hält 8.3 ⟨800⟩ 8.3.1 an sich ~ *sich beherrschen, ruhig bleiben;* er konnte nicht mehr an sich ~, er mußte dazwischenfahren 8.3.2 auf jmdn. od. etwas ~ *den Wert einer Person od. Sache erkennen u. sie schätzen u. (od.) sorglich behandeln;* auf Ordnung, auf gute Kleidung ~; viel, große Stücke auf jmdn. ~ 8.3.3 auf sich ~ 8.3.3.1 *sich pflegen, gut kleiden, gesund leben* 8.3.3.2 *auf seinen Ruf achten* 8.4 zu jmdm. ~ *jmdm. beistehen, jmds. Partei ergreifen*

'**Hal·ter** ⟨m.; -s, -⟩ 1 *Teil eines Gegenstandes, an dem man diesen anfassen u. festhalten kann, Griff, Stiel;* das Gerät hat einen ~ aus Holz 2 *Vorrichtung, die etwas festhält;* Feder~, Kleider~, Strumpf~, Werkzeug~; den Feuerlöschapparat an einem ~ anbringen 3 *Besitzer, Verfügungsberechtigter (von Kraftfahrzeugen, Haustieren);* Hunde~, Pferde~, Vieh~; für den Schaden ist der ~ des Wagens verantwortlich

'**halt·los** ⟨Adj.⟩ 1 *ohne inneren, moral. Halt, unbeständig, wankelmütig;* ein ~er Mensch 2 ⟨70⟩ *ohne feste Grundlage od. Begründung, unhaltbar;* eine ~e Behauptung; dieses Gerücht ist völlig ~

'**Hal·tung** ⟨f.; -, -en⟩ 1 ⟨unz.⟩ ~ von Tieren *das Halten(3.1);* Vieh~; Pferde~ 2 ⟨Pl. selten⟩ *Körperstellung im Sitzen, Stehen, Gehen, bei Bewegung;* bequeme, lässige, stramme ~; eine aufrechte, gute, schlechte, krumme ~ haben; in gebückter ~ 2.1 ~ annehmen, einnehmen *sich geraderichten, strammstehen;* militärische ~ einnehmen 3 ⟨Pl. selten; fig.⟩ *Benehmen, Verhalten;* vornehme ~; feste, sichere ~ 4 ⟨unz.⟩ *Selbstbeherrschung, Fassung, die sich im Verhalten kundtut;* die ~ verlieren; seine ~ bewahren 5 ⟨Pl. selten⟩ *Einstellung(4),*

Gesinnung; geistige, sittliche ~; anständige, klare, reservierte, vernünftige, undurchsichtige, unehrenhafte, vorbildliche ~

'hä·misch ⟨Adj.⟩ *hinterhältig, schadenfroh, bösartig u. gleichzeitig triumphierend;* ~ grinsen, lachen; ~e Bemerkungen über jmdn. od. etwas machen

'Ham·mel ⟨m.; -s, -⟩ **1** *kastrierter Schafbock* **1.1** *Fleisch vom Hammel(1);* heute gab es ~ **2** du ~! ⟨Schimpfwort⟩ *Dummkopf*

'Ham·mel·sprung ⟨m.⟩ *Abstimmung im Parlament, indem alle Abstimmenden den Saal verlassen u. ihn in zwei bzw. drei Gruppen (nach Ja- u. Neinstimmen und Stimmenthaltungen) getrennt wieder betreten*

'Ham·mer ⟨m.; -s, ¨-⟩ **1** *Schlagwerkzeug (urspr. aus Stahl) mit quer zum Stiel (Helm) stehendem Kopf mit flacher Bahn, die gegen ein Werkzeug geführt wird;* Holz~, Gummi~; Vorschlag~; Maschinen~, Preßluft~; mit Hilfe eines ~s einen Nagel einschlagen **1.1** *Schmiede mit mechanisch betriebenem Hammer(1)* **1.2** du mußt steigen od. sinken ..., Amboß oder ~ sein (Goethe, Kophtisches Lied) *entweder du bist selbst schaffend und verändernd tätig od. du mußt die Schläge der andern ertragen* **2** ⟨fig.⟩ **2.1** zwischen ~ und Amboß geraten *in Schwierigkeiten geraten* **2.2** unter dem (den) ~ sein (kommen) *versteigert werden;* ein Haus, eine Firma unter den ~ bringen **3** ⟨Sp.⟩ *Wurfgerät, eiserne Kugel mit Draht und Griff zum Schleudern* **4** ⟨Anat.⟩ *das äußere, am Trommelfell angreifende Gehörknöchelchen der Säuger und Menschen*

'häm·mern ⟨V.⟩ **1** ⟨400⟩ *mit dem Hammer klopfen, schlagen;* den ganzen Tag hat er im Keller gehämmert; der Schmied hämmert auf dem Amboß **2** ⟨400; fig.⟩ *(rasch) wie mit einem Hammer klopfen, Geräusche wie mit einem Hammer verursachen;* oben im Baum hämmerte ein Specht; (mit den Fäusten) an die Tür ~; auf die Tasten (des Klaviers) ~; das Blut hämmert ihm in den Adern, Schläfen; mein Herz hämmerte zum Zerspringen **3** ⟨531/R5 od. R6⟩ jmdm. etwas in etwas ~ ⟨umg.⟩ *fest, tief einprägen;* er hat ihm seine Pflichten ins Bewußtsein, Gewissen gehämmert **4** ⟨500⟩ etwas ~ *mit dem Hammer bearbeiten;* Metall ~; gehämmertes Silber, Gold, Messing

Hä·mor·rhoi·de ⟨[---'--] f.; -, -n; meist Pl.⟩ ~n *Krampfadern, die als knotenförmige Erweiterungen der unteren Mastdarmvenen auftreten*

'Ham·ster ⟨m.; -s, -⟩ *einer Unterfamilie der Mäuse angehörendes Nagetier mit großen Backentaschen zum Transport der Nahrungsvorräte: Cricetidae*

'ham·stern ⟨V. 402⟩ (etwas) ~ ⟨umg.⟩ **1** *ähnlich dem Hamster Vorräte aufhäufen, speichern* **1.1** ⟨im u. nach den Weltkriegen⟩ *sich knapp gewordene Lebensmittel verschaffen, bes. von Bauern*

Hand ⟨f.; -, ¨-e⟩ **1** *das mit dem Vorderarm verbundene Greif- und Tastglied von Menschen u. Affen;* heiße, warme, kalte, feuchte Hände; breite, schmale, große, kleine, kräftige, zarte, schöne, harte, weiche Hände; behaarte, edel geformte, gepflegte Hände haben; jmdm. die ~ geben, reichen; jmdm. die ~ (zur Versöhnung) bieten; die Hände falten; sich die Hände waschen, bürsten; sich die Hände reiben (vor Kälte, vor Vergnügen od. Schadenfreude); jmdm. die Waffe aus der ~ schlagen; bittend die Hände heben; einem Kind die ~ führen (beim Schreiben); jmdn. bei der ~ fassen; Wasser aus der hohlen ~ trinken; auf den Händen stehen oder laufen können; meine ~ zittert; jmdm. die ~ od. die Hände auflegen (um ihn zu segnen od. um ihn durch innere Kräfte zu heilen suchen); jmdm. die ~ drücken, schütteln (zur Begrüßung, zum Abschied, zum Beglückwünschen); einen heißen Topf mit bloßen Händen angreifen; die ~ voll Beeren haben; jmdm. die ~ zum Kuß reichen; einer Dame die ~ küssen; (ich) küss' die ~ (österr. Grußformel gegenüber Frauen); die Augen mit der ~ gegen die Sonne schützen; einen Brief mit der ~ schreiben (nicht mit der Maschine); Götz von Berlichingen mit der eisernen ~ (Titel eines Schauspiels von Goethe); Hände hoch! (Aufforderung an den Gegner, damit man vor Angriff sicher ist); jmdm. die Mittel an die ~ geben, etwas zu erreichen, zu tun; das Geheimdokument ist in die falschen Hände gelangt, geraten; einen Gegenstand in die ~ nehmen; ein Kind an die ~ nehmen; jmdn. an der ~ führen; in die Hände klatschen; den Kopf in die ~ stützen; in die Hände spukken (um zupacken zu können); von ~ (gearbeitet); die Hände ringen (vor Verzweiflung); die Hände überm Kopf zusammenschlagen (vor Überraschung, Erstaunen, Entsetzen); einen Gegenstand aus der ~ legen; wenn man dem Teufel den kleinen Finger gibt, will er gleich die ganze ~ ⟨Sprichw.⟩ **1.0.1** jmdm. ein Geldstück o. a. in die ~ drücken ⟨a. fig.⟩ *jmdn. mit Geld abfinden* **1.0.2** jmdm. eine Summe Geldes auf die (flache) ~ zahlen ⟨a. fig.⟩ *bar, sofort u. ohne Abzug* **1.0.3** man sieht die ~ nicht vor den Augen *es ist so dichter Nebel (od.) so dunkel, daß man nichts sehen kann* **1.0.4** etwas ist mit Händen zu greifen, kann man mit Händen greifen ⟨a. fig.⟩ *ist deutlich erkennbar, offensichtlich* **1.0.5** aus der ~ fressen ⟨a. fig.⟩ *sehr fügsam sein (von Menschen)* **1.0.6** jmdn. auf Händen tragen ⟨a. fig.⟩ *für jmdn. mit großer Zuvorkommenheit u. Liebe sorgen* **1.0.7** mit den Händen reden *seine Worte mit lebhaften Handbewegungen unterstreichen, gestikulieren* **1.0.8** sich (gegen etwas) mit Händen und Füßen sträuben, wehren ⟨a. fig.⟩ *sich energisch sträuben, wehren* **2** ⟨Funktionen⟩ **2.1** *Organ des Besitzes, Genusses;* in andere Hände übergehen; etwas in Händen haben **2.1.1** etwas aus der ~ geben *weggeben* **2.1.2** jmdm. einen Gegenstand in die Hände spielen *veranlassen, daß jmd. unbemerkt in den Besitz eines G.s kommt* **2.1.3** jmdm. in die Hände arbeiten *veranlassen, daß jmd. in den Genuß eines (unberechtigten) Vorteils kommt* **2.1.4** die ~ auf etwas legen *Besitz von etwas ergreifen, etwas beschlagnahmen* **2.1.5** die ~ auf der Tasche haben ⟨a. fig.⟩ *geizig sein* **2.2** ⟨a. fig.⟩ *Organ der Verfügung, Gewalt;* jmdm. in die Hände fallen, geraten; er ist Verbrechern in die Hände gefallen; er ist in die Hände von Verbrechern gefallen; er hat es in der ~, ob ...; sich in der ~ haben; die Führung liegt in seinen Händen; Firma X, zu Händen des (od.) von Herrn Y (in Adressen) **2.2.1** er ist mit einer Ausrede rasch bei der ~ *er* *hat immer eine Ausrede bereit* 2.2.2 etwas (nicht) bei der ~ haben *nicht in greifbarer Nähe;* bitte gib mir das Buch, wenn du es gerade bei der ~ hast 2.2.3 etwas an der ~ haben *zum Verkauf, zum Gebrauch, zur Verfügung haben* 2.2.4 etwas zur ~ haben *griffbereit haben* 2.2.5 eine Sache in der ~ haben *ihren Verlauf bestimmen können* 2.2.6 alle Fäden laufen in seiner ~ zusammen *er hat die Leitung, er überblickt das Ganze* 2.2.7 eine Sache (selbst) in die ~ nehmen *(selbst) für die (rasche) Erledigung sorgen* 2.2.8 um die ~ eines Mädchens anhalten *die Eltern des M.s bitten, es heiraten zu dürfen* 2.2.9 jmdm. die ~ fürs Leben reichen *jmdn. heiraten* 2.3 *Organ der Gewaltanwendung* 2.3.1 ~ an sich legen *Selbstmord begehen* 2.3.2 die ~ an jmdn. legen *jmdn. tätlich angreifen* 2.3.3 mir ist die ~ ausgerutscht ⟨umg.⟩ *ich habe ihm, ihr eine Ohrfeige gegeben* 2.3.4 die ~ gegen jmdn. erheben *tätlich werden, jmdn. schlagen (wollen)* 2.3.5 jmdm. in die Hände fallen *in jmds. Gewalt gelangen* 2.3.6 jmdm. in die Hände od. den Arm fallen *jmdn. an einer Tat (Schlag, Mord usw.) hindern* 2.4 *Organ der Versorgung, Betreuung, Verwahrung* 2.4.1 ein Lebewesen ist in guten Händen *wird gut versorgt, betreut;* einen Hund in gute Hände geben 2.4.2 Geld, Wertsachen, Dokumente sind in guten Händen *werden treulich verwahrt;* das Geld ist bei ihm in guten Händen 2.4.3 etwas in jmds. Hände geben *jmdm. etwas anvertrauen, übertragen* 2.4.4 er ist dem Arzt unter den Händen gestorben *während der A. ihn noch behandelte, operierte od. ähnl.* 2.5 ⟨a. fig.⟩ *Organ des Schutzes* 2.5.1 die Hände über jmdn. od. etwas halten *jmdn. od. etwas beschützen, gut hüten* 2.5.2 seine (schützende) ~ von jmdm. od. etwas abziehen *nicht mehr für jmdn. od. etwas sorgen* 2.6 *Organ der Arbeit, Tätigkeit, Mitwirkung, Mitarbeit;* jmdm. eine hilfreiche ~ bieten, leihen; rasch bei der ~ sein 2.6.01 jmdm. zur ~ gehen *helfen* 2.6.02 jmdm. an die ~ gehen ⟨fig.⟩ *helfen* 2.6.03 mit jmdm. ~ in ~ arbeiten *mit jmdm. zusammenarbeiten* 2.6.04 von seiner Hände Arbeit leben *sich selbst erhalten, ohne fremde Hilfe* 2.6.05 etwas zur ~ nehmen *ergreifen, um etwas zu tun* 2.6.06 davon möchte ich lieber die Hände lassen *damit möchte ich nichts zu tun haben* 2.6.07 die ~ im Spiel haben (bei etwas) ⟨fig.⟩ *beteiligt sein, bes. bei unehrenhaften Angelegenheiten* 2.6.08 etwas unter der ~ haben *gerade an etwas arbeiten* 2.6.09 die Briefe gehen alle durch seine Hände *er prüft sie alle u. leitet sie weiter* 2.6.10 die Arbeit geht ihr gut, leicht von der ~ *sie macht die A. schnell und gut* 2.6.11 (mit) ~ anlegen (bei) *(mit)helfen (bei)* 2.6.12 die letzte ~ an etwas legen, die letzte ~ anlegen *etwas völlig fertigmachen, die letzten Kleinigkeiten an etwas anbringen* 2.6.13 mir sind die Hände gebunden ⟨fig.⟩ *ich kann in dieser Sache nichts tun* 2.6.14 die Hände in den Schoß legen *müßig sein, untätig sein* 2.6.15 alle Hände voll zu tun haben *sehr viel* 2.6.16 ich habe gerade die Hände voll *viel zu tragen* 2.6.17 keine ~ frei haben *viel Gepäck tragen* 2.6.18 die Hände in die Taschen stekken ⟨fig.⟩ *nichts arbeiten, nichts tun* 2.7 ⟨a. fig.⟩ *Versprechen, Verläßlichkeit, Vernunft* 2.7.1 jmdm. etwas in die ~ versprechen *fest, mit Handschlag versprechen* 2.7.2 ~ aufs Herz! *gib es ehrlich zu, sei ehrlich* 2.7.3 jmdm. die ~ auf etwas geben *jmdm. etwas versprechen;* gib mir die ~ darauf! 2.7.4 für ihn lege ich die ~ ins Feuer *für ihn stehe ich ein, von seiner Anständigkeit bin ich überzeugt* 2.7.5 die Sache od. alles, was er sagt, hat ~ und Fuß *ist vernünftig, richtig, korrekt* 2.7.6 die Sache hat weder ~ noch Fuß *hat keinen rechten Sinn, keine Grundlage* 2.8 ~ in ~ *zusammenwirkend* 2.8.1 mit etwas ~ in ~ gehen *zusammenfallen mit etwas, zur gleichen Zeit geschehen* 2.8.2 mit jmdm. ~ in ~ gehen ⟨fig.⟩ *derselben Meinung sein* 2.8.3 ~ in ~ (mit) *zusammen (mit)* 2.9 von ~ zu ~ *von einem zum andern* 2.9.1 ein Gegenstand geht von ~ zu ~ *wurde von einem zum andern weitergereicht, weitergegeben* 3 ⟨fig.⟩ 3.1 etwas unter der ~ verkaufen *heimlich, ohne Aufhebens* 3.2 von der ~ in den Mund leben *sofort verbrauchen, was man verdient, sich nichts sparen* 3.3 das ist nicht von der ~ zu weisen *das ist wohl möglich, denkbar, nicht ausgeschlossen* 3.4 etwas an ~ von Beispielen erläutern *durch, mit Hilfe von B.* 3.5 das liegt auf der ~ *das ist klar erkennbar* 3.6 sich die Hände in Unschuld waschen *mit etwas nichts zu tun haben wollen* 3.7 eine ~ wäscht die andere *man hilft sich gegenseitig, ist einander gefällig* 3.8 die ~ in den Taschen anderer haben *andere ausnutzen, ausbeuten* 3.9 → a. *Auge(4.2), eigen(1.0.2), fest(4.1.1), flach(1.2), frei(2.1.2), glücklich(1.0.1), hart(6.2), Herz(2.1.1), lang(4.5), leer(1.3), leicht(4.1), linke(1.1, 3.2, 3.3, 3.4), locker(5.1), offen(1.0.3), öffentlich(2.2), recht(1.1, 1.2), rein(2.3), ruhig(2.1.1), sauber(1.1), schmutzig(1.2), schwer(4.4), stark(1.3), treu(3.1), tot(6.8), voll(1.0.3, 1.2.1, 1.2.2), zart(1.1), zweite(1.6, 1.7)* 4 *Fuß (bei manchen Tieren, z. B. Pferden);* Hinter~ 5 *Handschrift;* eine gute, schöne ~(schrift) schreiben

'Hand·ab·zug ⟨m.⟩ *Abzug eines Drucksatzes auf der Handpresse*

'Hand·ar·beit ⟨f.⟩ 1 *Arbeit mit der Hand, besonders die Handanfertigung von Gebrauchs- od. Kunstgegenständen;* Ggs *Maschinenarbeit;* eine leichte ~; ~ leisten 2 *mit der Hand gearbeiteter Gegenstand, besonders Nadelarbeit;* weibliche ~en; eine wertvolle, feine ~

'Hand·buch ⟨n.⟩ *handliches, aber umfassendes Lehrbuch über ein Wissensgebiet;* ein medizinisches, juristisches ~; ein kurzes ~ der Chemie, Physik

'Hand·druck ⟨m.⟩ 1 *Stoffdruck ohne Maschine* 2 *vom Künstler selbst, ohne Presse hergestellter Druck*

'Han·del[1] ⟨m.; -; unz.⟩ 1 *gewerbsmäßiger Ein- u. Verkauf von Waren;* Groß~, Klein~; blühender, lebhafter ~; ambulanter, internationaler, privater ~; ~ mit Südfrüchten; ~ mit den benachbarten Staaten; (einen schwunghaften) ~ treiben; der ~ liegt darnieder 2 *Vertrag über Ein- od. Verkauf, Geschäft;* einen ~ abschließen, rückgängig machen 3 *Angelegenheit;* ein böser, guter ~

'Han·del[2] ⟨m.; -s, ¨; meist Pl.⟩ 1 *Streit, Rechtsstreitigkeit;* Rechts~; einen ~ vor Gericht austragen **2** *Rauferei, Schlägerei;* Händel anfangen, beginnen, haben, stiften, suchen; in Händel geraten mit jmdm.; Händel mit jmdm. haben, suchen; sich in Händel mit jmdm. einlassen; in Händel verwickelt werden

'han·deln ⟨V.⟩ **1** ⟨400⟩ *etwas tun, vorgehen, verfahren, einen Entschluß ausführen;* als Freund ~; an jmdm. gut, schlecht ~; genau nach Anweisung ~; jetzt ist es Zeit zu ~, zum Handeln; eigenmächtig, großzügig, töricht, überlegen, vermessen, weitschauend ~; auf eigene Faust ~ 1.1 die ~den Personen (eines Dramas) *die auftretenden, mitwirkenden P.* **2** ⟨400⟩ *Handel treiben, Waren ein- u. verkaufen;* mit Getreide, Lebensmitteln, Lederwaren usw. ~; an der Börse werden Wertpapiere gehandelt; er handelt in ... ⟨kaufmannsspr.⟩ 2.1 im großen, im kleinen ~ *Groß-, Kleinhandel treiben* 2.2 *feilschen, über den Preis verhandeln;* ich handle (nicht) gern; um den Preis, um eine Ware ~; er läßt mit sich ~ **2.3** er läßt nicht mit sich ~ *geht nicht von seiner Forderung ab* **3** ⟨800⟩ über jmdn. od. etwas ~ ⟨in einem Buch, Vortrag⟩ *über jmdn. od. etwas sprechen* 3.1 von etwas ~ *etwas zum Gegenstand haben, behandeln, berichten von etwas* 3.1.1 jmd. handelt von jmdm. od. einer Sache *jmd. schreibt von, über jmdn. etwas* 3.1.2 etwas handelt von jmdm. od. einer Sache *etwas hat jmdn. od. etwas zum Gegenstand, behandelt, berichtet von jmdm. oder einer Sache;* das Buch, das Fernsehspiel, der Film, das Theaterstück handelt von Napoleon 3.2 ⟨550/R3; unpersönl.⟩ es ~ sich um *es ist die Rede von, es steht in Frage, ob ...;* worum handelt es sich?; es handelt sich um meine Arbeit, um das Kind; es handelt sich darum, ob es auch lohnt; darum handelt es sich ja gar nicht

'Han·dels·bi·lanz ⟨f.⟩ **1** *Abrechnung eines Kaufmanns nach handelsrechtl. Vorschriften* **2** *Gegenüberstellung von Warenein- u. -ausfuhr eines Landes* 2.1 aktive ~ *überwiegende Ausfuhr* 2.2 passive ~ *überwiegende Einfuhr*

'Han·dels·re·gister ⟨n.⟩ *amtl. Verzeichnis aller Einzelkaufleute u. Handelsbetriebe u. ihrer rechtl. Verhältnisse;* ins ~ eintragen lassen

'Han·dels·span·ne ⟨f.⟩ *Spanne zwischen Herstellungs- od. Einkaufs- u. Verkaufspreis;* eine überhöhte, unzureichende ~

'hän·de·rin·gend ⟨Adj. 90⟩ *flehentlich, verzweifelt;* jmdn. ~ um etwas bitten, anflehen

'hand·fest ⟨Adj.⟩ **1** *kräftig, derb;* ein ~er Knüppel **2** ⟨fig.⟩ *offensichtlich, deutlich;* ~e Beweise haben; eine ~e Lüge

'Hand·geld ⟨n.; -(e)s, -er⟩ **1** *Geld, das zur Bekräftigung eines Vertrages gegeben wird;* ~ nehmen **2** ⟨Mil.⟩ *Zahlung vor der ersten Löhnung (beim Anwerben von Soldaten)*

'Hand·ge·lenk ⟨n.⟩ **1** *Gelenk, das die Hand mit dem Unterarm verbindet;* ich habe mir das ~ gebrochen, verstaucht; ein kräftiges, schmales ~ **2** jmd. hat ein lockeres, loses ~ ⟨fig.; umg.⟩ *jmd. neigt zum Schlagen* **3** etwas aus dem ~ machen, schütteln, tun ⟨fig.⟩ *mit spielerischer Leichtigkeit, mühelos zustande bringen;* so einfach aus dem ~ geht das nicht, kann ich das nicht machen

'hand·ge·mein ⟨Adv. 40 od. 41; nur in der Wendung⟩ ~ werden *tätlich werden, aneinandergeraten, zu raufen beginnen*

'Hand·ge·men·ge ⟨n.; -s, -⟩ *Schlägerei, Rauferei;* ins ~ (miteinander) kommen

'hand·greif·lich ⟨Adj.⟩ **1** ⟨fig.⟩ *greifbar, sehr deutlich, einleuchtend, überzeugend;* ein ~er Beweis; jmdm. etwas ~ erklären **2** ⟨40⟩ ~ werden *tätlich, handgemein*

'Hand·griff ⟨m.⟩ **1** *an einem Gegenstand befindlicher hervorragender Teil, der zum Anfassen, zum Festhalten od. zum Bewegen dieses Gegenstandes dient;* der Koffer, die Tasche hat keinen ~ mehr; du mußt am ~ anfassen **2** *Griff, der für einen Arbeitsgang notwendig ist, Handreichung;* sie tut zu Hause keinen ~; er macht so manchen ~ für mich; die nötigen, richtigen ~e lernen, üben **3** ⟨a. fig.⟩ **3.1** sie darf vorläufig keinen ~ mehr machen *darf nicht arbeiten, muß sich schonen* **3.2** etwas mit einem ~ machen *schnell und geschickt;* er hat es mit einem ~ erledigt, geschafft 3.3 es war, ist nur ein ~ (für mich) *eine kleine Mühe, nicht der Rede wert*

'Hand·ha·be ⟨f.; -, -n; fig.⟩ *Veranlassung, Möglichkeit, Beweis, Argument;* ich besitze keine ~, einschreiten zu können; damit bietet, gibt er mir eine ~ einzugreifen; das wird mir als ~ dienen für ...

'hand·ha·ben ⟨V. 500; du handhabst; du handhabtest, gehandhabt; zu handhaben⟩ **1** etwas ~ *mit der Hand richtig gebrauchen, verwenden;* ein Gerät, Werkzeug zu ~ verstehen, wissen; das Gerät ist bequem, einfach, leicht zu ~; ein Gerät (nicht) richtig ~; etwas mit großer Geschicklichkeit ~ **2** eine Sache ~ ⟨fig.⟩ *zweckentsprechend anwenden;* wir wollen die Angelegenheit so ~, daß ...; Gesetze, Vorschriften ohne Ansehen der Person ~

'Hand·lan·ger ⟨m.; -s, -⟩ **1** *ungelernter Arbeiter, bes. zum Herbeitragen von Arbeitsmaterial;* ein ~ in einer Fabrik **2** ⟨fig.; abwertend⟩ *willfähriger, untergeordneter Helfer;* als ~ benutzt werden

'hand·lich ⟨Adj.⟩ **1** *leicht, gut, bequem zu handhaben, für den Handgebrauch bes. geeignet;* ein ~es Buch; dieser Schirm ist sehr ~; Lebensmittel in ~en Packungen **2** ⟨schweiz.⟩ *behende* **3** *leicht greifbar, gleich bei der Hand;* in ~er Nähe

'Hand·lung ⟨f.; -, -en⟩ **1** *Tat, Tun;* welches sind die Beweggründe für seine ~?; eine ~ ausführen; bewußte, gute, schlechte, unbewußte ~en; eine edle, feierliche, religiöse ~; die heilige ~ (einer Messe, Taufe) **2** *Vorgang, Geschehen (a. in einer Dichtung);* die ~ des Dramas, Romans; Ort und Zeit der ~ (in einem Theaterstück) **3** *Geschäft, Laden, kaufmänn. Unternehmen;* Buch~, Lebensmittel~; eine zoologische ~

'Hand·pup·pe ⟨f.⟩ *Puppe, die nur aus hohlem Kopf u. Kleid besteht zur Vorführung von Puppenspielen, wobei das Kleid über die Hand des Spielers gezogen wird*

'Hand·riß ⟨m.⟩ *bei Erdvermessungen angefertigte Zeichnung, in die Grenzen, Grundstückseigentümer, Kulturarten u. ä. eingetragen wird*

'Hand·rücken ⟨-k·k-; m.⟩ *Außen-, Oberseite der Hand;* sich mit dem ~ die Stirn abwischen

'Hand·schlag ⟨m.⟩ **1** *Händedruck, Hände-*

schütteln (bes. als alter Brauch zwischen Partnern von Geschäftsabschlüssen); ein Versprechen durch ~ bekräftigen; jmdn. mit ~ begrüßen, verabschieden; einen Geschäftsabschluß mit einem ~ besiegeln; jmdm. etwas mit ~ versprechen 1.1 jmdn. durch ~ verpflichten *sich etwas geloben lassen* **2** keinen ~ tun ⟨fig.; umg.⟩ *nichts tun*

'**Hand·schrift** ⟨f.⟩ **1** *die Schriftzüge eines Schreibenden, Art dieser Schriftzüge;* ich kann deine ~ kaum lesen; eine ausgeschriebene, gute, deutliche, schlechte, schöne, unleserliche, zügige ~ haben, schreiben **2** = *Manuskript(2)* **3** ⟨Abk.: Hs., Pl. Hss.⟩ *handgeschriebenes, häufig verziertes Buch des MA;* Heidelberger Lieder~; die Bibliothek besitzt auch einige ~en des MA **4** er schreibt eine kräftige ~ ⟨fig.; umg.⟩ *er schlägt kräftig zu*

'**Hand·schuh** ⟨m.⟩ **1** *Kleidungsstück für die Hand;* ein Paar ~e; gefütterte, gestrickte ~; ~e aus Gummi, Leder, Stoff, Wolle, Pelz; die ~e anziehen; die ~ passen, sitzen (nicht) **2** ⟨fig.⟩ 2.1 jmdn. mit Glacé~en od. seidenen ~en anfassen ⟨fig.; umg.⟩ *sehr vorsichtig behandeln* 2.2 jmdm. den (Fehde)~ hinwerfen, ins Gesicht werfen *jmdn. herausfordern, jmdm. den Kampf ansagen* 2.3 den (Fehde)~ aufnehmen *den Kampf aufnehmen, die Herausforderung annehmen*

'**Hand·stand** ⟨m.⟩ *das Stehen auf den Händen, auf dem Boden od. auf Turngeräten;* den ~ machen; im ~

'**Hand·streich** ⟨m.⟩ *geschickter Überfall mit wenigen Leuten;* er kam durch einen ~ an die Macht; eine Festung durch ~ erobern

'**Hand·tuch** ⟨n.⟩ **1** *Tuch zum Abtrocknen des Körpers nach dem Waschen* 1.1 das ~ werfen ⟨Boxsp.⟩ *das Zeichen zur Aufgabe des Kampfes geben*

'**Hand·um·dre·hen** ⟨n.; nur in der Wendung⟩ im ~ *sehr schnell, sofort, unmittelbar darauf;* das kann man nicht im ~ erledigen, machen; im ~ hatte er die Aufgabe gelöst; er war im ~ zurück

'**Hand·voll** ⟨f.; -, -⟩ **1** *kleine Menge, so viel, wie man in eine hohle Hand nehmen kann;* eine, einige, etliche, ein paar, zwei ~ Körner streuen; eine ~ Kirschen essen **2** ⟨fig.⟩ *einige, wenige;* nur eine ~ Menschen schauten zu **3** ⟨aber getrennt⟩ 'Hand 'voll → *voll(1)*

'**Hand·werk** ⟨n.⟩ **1** *(selbständige) gewerbliche Tätigkeit zur individuellen Bearbeitung von Werkstoffen, auch auf dem Gebiet der Reparaturen u. Dienstleistungen, urspr. im wesentlichen mit der Hand u. mittels einfacher Werkzeuge;* ein ~ ausüben, betreiben, erlernen 1.1 jmdm. ins ~ pfuschen 1.1.1 ⟨fig.⟩ *sich ungefragt u. ungeschickt in fremdes Tätigkeitsfeld einmischen* 1.1.2 ⟨veralt.; urspr.⟩ *ohne Nachweis der Befähigung ein Handwerk(1) ausüben* 1.2 ~ hat goldenen Boden ⟨Sprichw.⟩ *H. ist eine rechtschaffene Sache, die auch etwas einbringt* 1.3 jmdm. das ~ legen 1.3.1 ⟨fig.⟩ *jmdn. an schädlichem Treiben hindern* 1.3.2 ⟨urspr.; veralt.⟩ *jmdn., der ein Handwerk(1) ohne Nachweis der Befähigung betreibt, zwingen, es aufzugeben* **2** *handwerkliches, berufliches Können* 2.1 er versteht sein ~ *er leistet etwas in seinem Beruf* **3** *Stand, Zunft der Handwerker;* Gott grüße das ehrbare, ehrsame ~! (Gruß des auf der Wanderschaft befindl. Gesellen bei der Einkehr bei Zunftgenossen)

'**Hand·wer·ker** ⟨m.; -s, -⟩ **1** *jmd., der beruflich ein Handwerk betreibt;* er ist selbständiger ~; einen ~ bestellen **2** ein guter ~ sein ⟨fig.⟩ *techn. einwandfrei, aber unschöpferisch arbeiten*

'**Hand·wur·zel** ⟨f.⟩ *zwischen Unterarm u. Mittelhand befindlicher Teil des Körpers: Carpus*

'**Hand·zei·chen** ⟨n.⟩ **1** *Zeichen mit der Hand;* das ~ geben **2** *Zeichen (meist drei Kreuze) als Unterschrift von Analphabeten* **3** *Erheben der Hand als Zeichen der Zustimmung (bei einer Abstimmung);* ich bitte um das ~! **4** = *Hausmarke(1)*

Hanf ⟨m.; -(e)s; unz.⟩ *einjährige, krautige Pflanze aus der Familie der Hanfgewächse (Cannaboideae), die 2—3 m hoch werden kann, liefert Fasern für Seilerwaren u. gröberes Geflecht: Cannabis sativa;* ~ brechen, hecheln, raufen, rösten, schwingen, spinnen

Hang ⟨m.; -(e)s, ¨e⟩ **1** *geneigte Fläche, Abhang;* Berg~; den ~ hinaufsteigen, hinunterrollen; das Haus liegt am ~ **2** ⟨unz.⟩ *hängende Stellung u. die dafür nötigen Griffe am Turngerät;* Knie~; aus dem ~ vom Reck abspringen **3** ⟨fig.⟩ *Neigung, Vorliebe (zu etwas);* einen ~ zum Bösen, Spiel, zur Übertreibung haben; sie hat einen unglücklichen ~ zur Verschwendung

'**Hän·ge·mat·te** ⟨f.⟩ *aus Schnüren geknüpftes, rechteckiges Netz, zwischen zwei Bäume od. Pfosten gespannt als Schlafgelegenheit, auf Schiffen häufig aus Segeltuch*

'**hän·gen**[1] ⟨V. 161⟩ **1** ⟨411⟩ *an seinem oben befindlichen Teil befestigt sein u. nicht den Boden berühren;* hoch oben in der Zirkuskuppel hing der Artist am Trapez; bisher hat das Bild über dem Schreibtisch gehangen; dein Mantel hängt im Schrank; die Beere hängt am Strauch; dichte Regenwolken ~ über den Bergen; es hing an einem Faden, Haar 1.1 der Verbrecher sollte ~ (am Galgen) *durch den Strang getötet, hingerichtet werden* 1.2 sie hängt wieder stundenlang an der Strippe, am Telephon ⟨fig.; umg.⟩ *sie telephoniert wieder sehr lange* 1.3 die Zuhörer hingen an seinen Lippen ⟨fig.⟩ *hörten mit großer Aufmerksamkeit zu* 1.4 das Kind hängt wie eine Klette an ihr ⟨umg.⟩ *weicht nicht von ihrer Seite* 1.5 mit allem, was drum und dran hängt ⟨fig.⟩ *mit allem, was dazugehört* 1.6 nach meiner Krankheit ~ mir die Kleider nur so am Leib ⟨fig.; umg.⟩ *ich habe so stark abgenommen, daß die K. mir zu weit geworden sind* 1.7 ⟨413⟩ der Baum hängt voller Früchte *ist voll mit Früchten* **2** ⟨400⟩ *schräg abfallen, geneigt sein, sich neigen;* die Wand hängt nach der Seite hin 2.1 *nach unten gerichtet sein;* eine Pflanze mit ~den Blättern 2.2 mit ~den Ohren ⟨a. fig.⟩ *bedrückt, kleinlaut* 2.3 die ~den Gärten *die terrassenförmigen Gartenanlagen von Babylon, nach der Sage von Semiramis erbaut, eines der Sieben Weltwunder* **3** ⟨800⟩ 3.1 an jmdm. od. einer Sache ~ *jmdm. od. einer Sache zugetan sein, sich herzlich verbunden fühlen, jmdn. od. etwas nicht missen wollen;* er hängt sehr an den Kindern, an einem ungebundenen Leben, an dieser Stadt; sie hat sehr an ihrer Schwester gehangen 3.2 an etwas ~

etwas sehr, sehnsüchtig lieben; sein Herz hängt an dieser Sammlung **3.3** bei jmdm. ~ ⟨umg.⟩ *Schulden haben;* ich hänge bei ihm mit 100 Mark **4** ⟨400⟩ *an der Bewegung gehindert sein;* wir ~ hier (fest) **4.1** *nicht vorwärtskommen, noch unentschieden sein;* unser Prozeß hängt immer noch **4.2** ⟨410⟩ woran hängt's denn noch? ⟨umg.⟩ *was für einen Hinderungsgrund gibt es noch?* **4.3** ⟨410⟩ er hängt in Latein und Mathematik ⟨umg.⟩ *zeigt in den Schulfächern L. u. M. schlechte Leistungen* **4.4** ⟨411⟩ hier hängt er! ⟨umg.; scherzh.⟩ *hier ist er! (als Antwort auf namentlichen Aufruf)* **4.5** mit Hängen und Würgen ⟨umg.⟩ *mit großer Mühe, nur mit knapper Not*

'hän·gen² ⟨V. 500⟩ **1** ⟨511⟩ etwas ~ *mit dem oberen Teil so befestigen, daß es nicht den Boden berührt;* ein Bild an die Wand ~; die Wäsche ist geschleudert, sie kann auf die Leine gehängt werden **1.1** ⟨531/R1⟩ sie hängt sich all ihr Geld auf den Leib ⟨fig.; umg.⟩ *verwendet all ihr Geld für Garderobe* **1.2** → a. *Glocke(1.0.4), Himmel(1.3, 2.5), Mantel(1.1.1), Nagel(1.4)* **2** jmdn. ~ *durch den Strang töten, hinrichten;* der Verbrecher wurde gehängt **2.1** ⟨R3⟩ sich ~ *durch Erhängen Selbstmord begehen* **2.2** die kleinen Diebe hängt man, die großen läßt man laufen ⟨Sprichw.⟩ *kleine Vergehen werden strenger bestraft als große Verbrechen* **2.3** ... und wenn sie mich ~! ⟨umg.⟩ *(Beteuerungsformel) unter allen Umständen;* lieber lasse ich mich ~, als daß ... ⟨umg.⟩ **3** ⟨550/R3⟩ **3.1** sich an etwas ~ *nicht ablassen von etwas, sich ganz auf etwas konzentrieren* **3.1.1** sich an die Strippe, ans Telephon ~ *telephonieren* **4** ⟨550/R3⟩ sich an jmdn. ~ *jmdm. nicht von der Seite weichen, sich jmdm. aufdringlich anschließen;* sie sollte sich nicht zu sehr an ihn ~

'hän·gen|blei·ben ⟨V. 114/400⟩ **1** *festgehalten werden und sich nicht entfernen können;* er ist mit der Hose an einem Ast, Haken, Nagel hängengeblieben; die Fliegen sollen am Fliegenfänger ~; gib acht, daß du nicht mit dem Absatz in diesem Gitter hängenbleibst **1.1** an einem Ort, bei jmd. ~ ⟨fig.; umg.⟩ *zu lange an einem O., bei jmd. bleiben und von dort nicht wegkommen, fortkönnen;* ich blieb gestern abend bei ihnen, in der Kneipe hängen **2** etwas bleibt (im Gedächtnis) hängen ⟨fig.; umg.⟩ *prägt sich ins Gedächtnis ein;* von diesem Vortrag ist bei mir wenig hängengeblieben **3** etwas bleibt immer (an einem) hängen ⟨Sprichw.⟩ *wer verleumdet wurde, erhält nie mehr seinen guten Ruf zurück* **4** (in der Schule) ~ ⟨fig.; umg.⟩ *nicht versetzt werden;* wenn er so faul bleibt, wird er wohl dieses Jahr ~

'hän·gen|las·sen ⟨V. 175/500⟩ **1** *etwas Hängendes nicht abnehmen;* du kannst die Wäsche noch ~ **1.1** *vergessen mitzunehmen;* er hat seinen Hut in der Gastwirtschaft ~ **2** die Arme, den Kopf ~ *sinken lassen;* du sollst die Arme nicht so ~; der Hund ließ den Schwanz hängen; der Vogel läßt die Flügel hängen **2.1** laß den Kopf nicht gleich hängen! ⟨fig.⟩ *verlier nicht gleich den Mut!* **3** ⟨aber getrennt⟩ einen Verbrecher 'hängen 'lassen → *hängen²(2)*

'hän·seln ⟨V. 500/R8⟩ jmdn. ~ *necken, verspotten;* er wird von allen in der Klasse gehänselt

Hans'wurst ⟨a. ['--] m.; -(e)s, -e od. (scherzh.) ¨e⟩ **1** ⟨urspr.⟩ *dummer u. dabei pfiffiger Diener als Figur im dt. Fastnachtsspiel* **2** ⟨im 17./18. Jh.⟩ *lustige Person im dt. Schauspiel* **3** ⟨danach⟩ *etwas einfältiger, possentreibender Mensch, Spaßmacher, Narr;* er ist ein rechter ~; für andere den ~ machen, spielen

han'tie·ren ⟨V. 410⟩ **1** *geschäftig sein, wirtschaften;* in der Küche ~; die Mutter hantiert am Herd **1.1** ⟨416⟩ mit etwas ~ *etwas handhaben, damit arbeiten, beschäftigt sein, damit umgehen;* damit kann ich nicht ~; mit Schaufel und Hacke ~

'ha·pern ⟨V. 801⟩ **1** es hapert an etwas *es fehlt, mangelt an etwas;* am Geld hapert es bei ihm stets; woran hapert es?; es haperte an Lebensmitteln **2** es hapert mit, in etwas *es geht nicht weiter, vonstatten, es steht schlecht in od. mit etwas;* es hapert mit dem Nachschub, mit der Versorgung **2.1** im Rechnen, in vielen Fächern hapert es bei ihm *er zeigt schwache Leistungen*

'Hap·pen ⟨m.; -s, -; umg.⟩ **1** *Bissen, Kleinigkeit;* ich kann nur schnell einen ~ essen; ich habe noch keinen ~ gegessen **1.1** *kleines belegtes (pikantes) Brötchen, Gabelbissen* **1.2** → a. *fett(1.0.1)*

'Ha·rem ⟨m.; -s, -s⟩ **1** *die streng abgeschlossenen Räume für die Frauen in einem islam. Haus* **2** *die darin wohnenden Frauen* **3** *die Gesamtheit der Ehefrauen eines Mohammedaners*

'Har·fe ⟨f.; -, -n⟩ **1** *großes Zupfinstrument in etwa Dreiecksform;* die ~ spielen, zupfen **2** *Gerüst zum Trocknen von Gras u. Feldfrüchten* **3** *Getreidesieb*

'Har·ke ⟨f.; -, -n⟩ **1** ⟨norddt.⟩ *Gerät für Landwirtschaft u. Garten mit langem Stiel, an dem an einem Ende eine Querleiste mit hölzernen od. eisernen Zähnen befestigt ist u. mit dem man die Erde zerkrümelt od. glättet, Heu, Stroh wendet od. sammelt usw.;* Sy *Rechen(1)* ⟨süddt.⟩; mit der ~ arbeiten; Heu mit der ~ vom Rasen entfernen **2** jmdm. zeigen, was eine ~ ist ⟨fig.; umg.⟩ *ich werde ihm energisch meinen Standpunkt klarmachen*

'har·ken ⟨V. 500⟩ etwas ~ ⟨norddt.⟩ *mit einer Harke bearbeiten;* ich habe das Beet geharkt; er harkte die Blätter vom Rasen

'här·men ⟨V. 500/R7; geh.⟩ **1** sich ~ *sich grämen;* er härmt sich um seinen Sohn; sich zu Tode ~ **1.1** etwas härmt jmdn. *bekümmert jmdn.;* es härmt mich, daß ...; ihr Tod härmte ihn

'harm·los ⟨Adj.⟩ **1** *arglos, unschuldig, naiv, friedlich, nichts Böses sinnend;* sie ist nicht so ~, wie sie aussieht; er ist ein ~er Mensch, der niemandem etwas zuleide tut **2** *unschädlich, ungefährlich;* dieses Schlafmittel ist ~; dieses Tier ist (nicht) ~; die Krankheit verläuft ~ **3** *ohne böse Absicht, moralisch nicht schlecht;* es war nur ein ~er Scherz; er versuchte, die Sache als ~ darzustellen; ~ fragen, lächeln

Har·mo'nie ⟨f.; -, -n⟩ **1** *angenehme Übereinstimmung der Teile eines Ganzen;* Klang~, Farben~, ~ zwischen Leib u. Seele; die ~ ihres Wesens, ihrer Bewegungen **1.1** *regelmäßiger, gesetzmäßiger Aufbau der Töne eines*

Musikstückes u. ihr Zusammenklingen **2** *friedliches Zusammenleben, gegenseitiges Verstehen, Eintracht;* die ~ des Familienlebens; in ~ miteinander leben

Har'mo·ni·ka ⟨f.; -, -s od. -ken⟩ **1** ⟨urspr.⟩ *Glasharfe* **2** *Musikinstrument, bei dem ein Luftstrom Metallzungen in Schwingungen versetzt;* Hand~, Zieh~, Mund~ **3** *in Falten gelegter, der Ziehharmonika ähnlicher Balg, z. B. zwischen D-Zug-Wagen*

har'mo·nisch ⟨Adj.⟩ **1** *angenehm übereinstimmend;* ~e Klänge, Farben, Bewegungen 1.1 ⟨Mus.⟩ *regelmäßig im Sinne der Harmonielehre* 1.2 ~e Molltonleiter *M., bei der nur die 7. Stufe erhöht ist;* Ggs *melodische Molltonleiter* 1.3 ~e Reihe ⟨Mus.⟩ *R. der Obertöne* **2** ⟨Math.⟩ 2.1 ~e Teilung *T. einer Strecke AB so, daß ein neuer Teilpunkt C u. ein außerhalb ihrer liegender Punkt D das Verhältnis AC : CB = AD : DB ergeben* 2.2 ~er Punkt *P. einer harmonischen Teilung* 2.3 ~e Reihe *unendl. R. der Form 1 + 1/2 + 1/3 + 1/4 ...* 2.4 ~es Mittel *Mittelwert, den man erhält, wenn man das doppelte Produkt zweier Zahlen durch ihre Summe teilt* **3** ⟨Phys.⟩ ~e Bewegung, Schwingung *B., S., die von einer Kreisbewegung abgeleitet gedacht (u. in einer Sinusfunktion beschrieben) werden kann* 3.1 ~e Analyse *Zurückführung kompliziert zusammengesetzter (sich überlagernder) auf harmonische Schwingungen*

Harn ⟨m.; -(e)s, (selten) -e⟩ *flüssiges Ausscheidungsprodukt des Körpers;* Sy *Urin;* ~ lassen, ausscheiden

'Har·nisch ⟨m.; -(e)s, -e⟩ **1** *Rüstung, Panzer, Brustpanzer;* dem Ritter den ~ anlegen, anschnallen **2** in ~ ⟨fig.⟩ *wütend, zornig;* jmdn. in ~ bringen; über eine Sache in ~ geraten, kommen **3** ⟨Geol.⟩ *glatte od. geschrammte Gesteinsfläche, die durch Verwerfen od. Verschieben entstanden ist* **4** ⟨Web.⟩ *Gesamtheit der Schnüre, die beim automatischen Weben von Mustern die gebogenen Nadeln, welche die Fäden der Kette führen, bewegen*

Har'pu·ne ⟨f.; -, -n⟩ *speerartiges, eisernes Wurfgeschoß mit Widerhaken an der Spitze u. Fangleine, bes. für den Walfang*

'har·ren ⟨V. 700⟩ jmds. od. einer Sache ~ ⟨geh.⟩ **1** *geduldig, sehnsüchtig warten;* wir ~ seiner; er harrte der Dinge, die da kommen sollten 1.1 diese Aufgabe harrt noch ihrer Lösung *muß noch gelöst werden* 1.2 → a. *hoffen(1.1)*

harsch ⟨Adj.⟩ **1** *rauh, eisig, vereist;* ein ~er Wind, Regen; ~er Schnee **2** ⟨fig.⟩ *barsch, hart, unfreundlich;* eine ~e Stimme; jmdm. ~ entgegnen

hart ⟨Adj.⟩ **1** ein Gegenstand ist ~ *hat eine (verhältnismäßig) feste Beschaffenheit, läßt Fremdkörper nicht eindringen u. ist schlecht zu formen (u. zu zerkleinern);* Ggs *weich(1);* ~gefrorene Erde, Wege; ~ wie ein Diamant, wie ein Stein; ein ~es Ei, ~gekochtes Ei; das Ei ist ~gekocht; ~es Brot, Holz, Leder 1.1 ein ~er Bleistift *B., der schwach schreibt wegen hohem Gehalt an Ton* 1.2 ~er (od. knöcherner) Gaumen *vorderer, hinter den Oberzähnen gelegener Teil des G.s* **2** *intensiv, gehaltreich* 2.1 *kontrastreich, Kontraste aufweisend;* ein ~es Negativ; einen Film ~ entwickeln; die Farben sind zu ~ 2.2 ⟨70⟩ ~e Strahlen *durchdringende S.* 2.3 ⟨70⟩ ~es Wasser *stark kalkhaltiges W.* 2.4 ⟨60⟩ ~e Getränke ⟨umg.⟩ *stark alkoholische G.* 2.4.1 einen Harten trinken ⟨umg.⟩ *Schnaps* 2.5 ⟨60⟩ ein ~er Winter *langer und kalter W.;* der Winter hat ~ zugeschlagen 2.6 ⟨70⟩ ~e Währung ⟨umg.⟩ *sichere, stabile W.* **3** *rauh, unmelodisch;* eine ~e Aussprache; ~e Verse 3.1 ~e Konsonanten ⟨Phon.⟩ 3.1.1 *stimmlose K.* 3.1.2 ⟨in den slaw. Sprachen⟩ *nicht nach dem j hin gesprochene K.* **4** *kummervoll, mühevoll, anstrengend;* es war ~ für ihn, daß ...; sie hat ein ~es Los, Schicksal gehabt, zu tragen; es war ein ~er (Schicksals-)Schlag, Verlust für sie; sie wurden von einem ~en Schicksal betroffen; ~e Zeiten; eine ~e Arbeit; ein ~er Kampf 4.1 es ist ein ~es Muß *eine unumgängliche Pflicht* 4.2 ein ~es Brot für jmdn. ⟨fig.; umg.⟩ *schwer für jmdn.* 4.3 ⟨60⟩ eine ~e Nuß ⟨a. fig.; umg.⟩ *schwierige Aufgabe;* ich habe da eine ~e Nuß zu knacken 4.4 ⟨60⟩ ein ~er Brokken *eine schwierige Sache, Aufgabe;* das ist ein ~er Brocken! 4.4.1 da hat er an einem ~en Brocken zu kauen *er muß eine schwierige Aufgabe lösen* 4.5 einen ~en Stand haben ⟨fig.⟩ *sich nur schwer durchsetzen können;* ihm gegenüber hat sie einen ~en Stand 4.6 eine Sache kommt jmdn. ~ an *fällt jmdm. schwer, macht jmdm. Mühe;* das Landleben kommt mich ~ an, wird mich ~ ankommen **5** *schonungslos;* entschuldigen Sie das ~e Wort!; jmdn. mit ~en Worten empfangen; ~e Maßnahmen ergreifen; ~ bestraft werden; die Strafe, das Urteil war ~; es ging ~ auf ~ **6** jmd. ist ~ *rücksichtslos, gefühllos;* jmdm. ~ zusetzen; du darfst ihn nicht zu ~ anfassen; er ist zu ~ gegen seinen Sohn 6.1 die Mannschaft spielte zu ~ *sie setzte sich körperl. zu stark ein* 6.2 mit ~er Hand ⟨fig.⟩ *energisch Ordnung schaffend, Mißstände beseitigend* 6.2.1 einem Kind mit ~er Hand etwas beibringen *durch Schläge* 6.3 ~ im Nehmen sein ⟨a. fig.; Boxsp.⟩ *viele Schläge hinnehmen können* 6.4 jmd. hat ein ~es Herz *nimmt keine Rücksicht auf andere u. ihre Gefühle* 6.5 ⟨70⟩ einen ~en Kopf, Schädel haben ⟨fig.⟩ *eigensinnig sein* **7** ⟨50; verstärkend⟩ *sehr, stark;* der Tod seines Vaters hat ihn ~ mitgenommen; es trifft mich ~; die verschiedenen Meinungen prallten ~ aufeinander **8** ⟨50⟩ 8.1 ~ an, bei *dicht, knapp;* ~ an etwas vorbei; ~ bei etwas gelegen; das grenzt ~ an Betrug; er fuhr ~ an mir vorbei; ~ an der Grenze wohnen 8.1.1 ~ an der Grenze des Erträglichen *kaum noch erträglich, kaum zumutbar* 8.2 jmdm. ~ auf den Fersen sein *jmdn. verfolgen und fast eingeholt haben*

'Här·te ⟨f.; -, -n⟩ **1** ⟨meist unz.⟩ *harte Beschaffenheit;* → *hart(1 - 6)* 1.1 die ~ eines Gegenstandes *(verhältnismäßig) harte Beschaffenheit, Festigkeit, Widerstand;* die ~ des Diamanten, des Eisens, des Stahls 1.2 die ~ des Wassers *Gehalt an Kalzium- u. Magnesiumverbindungen* 1.3 ⟨fig.⟩ *Strenge, Unbeugsamkeit, Unnachgiebigkeit;* die ~ des Gesetzes zu spüren bekommen; er setzt sich mit rücksichtsloser ~ durch 1.4 *Anstrengung, Mühe, schonungsloser körperlicher Einsatz;* eine Fußballmannschaft, die für ihre ~ bekannt ist; von der ~ des Kampfes erschöpft 1.5 *Kontrastreichtum, Unvereinbarkeit;* die ~ der Gegensätze wurde in der Diskussion deutlich **2** *Ungerechtigkeit;* wir wollen (unnötige) ~n vermeiden; soziale ~

'Hart·geld ⟨n.; -(e)s; unz.⟩ *Münzen*

'hart·näckig ⟨-k·k-; Adj.⟩ **1** *beharrlich, eigensinnig;* ~ hielt sich das Gerücht, daß ...; es ist ein ~es Übel; er bestand ~ darauf; er leugnete ~; ~ widersetzte er sich dieser Anordnung 1.1 ~e Krankheit *trotz Behandlung lang anhaltende K.*

Harz ⟨n.; -es, -e⟩ **1** *Ausscheidungsprodukt des pflanzl. Stoffwechsels, bes. der Nadelhölzer, mit charakteristischem Geruch;* Fichten~, Tannen~, Kiefern~ **2** *kompliziertes Gemisch von organischen Stoffen mit glasartigen, amorphen od. zähflüssigen Eigenschaften;* Kunst~

'ha·schen[1] ⟨V.⟩ **1** ⟨500/R8⟩ jmdn. od. etwas ~ *schnell fangen, schnell zu fangen, ergreifen suchen;* eine Fliege ~; die Kinder haschten sich; wir haschten uns; das Glück läßt sich nicht ~ ⟨fig.⟩ **2** ⟨411⟩ nach etwas ~ 2.1 *nach etwas greifen, etwas zu fassen suchen;* nach einer Feder, die in der Luft fliegt, ~ 2.2 ⟨fig.⟩ *etwas zu erlangen suchen, nach etwas streben;* nach Anerkennung, Ansehen, Beifall, Erfolg, Ruhm, Zustimmung ~; nach jmds. Lächeln ~

'ha·schen[2] ⟨V. 400; umg.⟩ *Haschisch rauchen*

'Hä·scher ⟨m.; -s, -⟩ **1** ⟨veralt.⟩ *Gerichtsdiener* **2** *Verfolger*

'Ha·se ⟨m.; -n, -n⟩ **1** *Angehöriger einer Familie der Nagetiere mit gestrecktem Körper, großen Ohren, kurzem Schwanz u. gespaltenen Lippen: Leporidae;* einen ~ abziehen, braten, essen, spicken; der ~ hoppelt, schlägt Haken; einen ~n erlegen, hetzen, jagen, schießen; furchtsam wie ein ~ sein; viele Hunde sind des ~n Tod ⟨Sprichw.⟩ **2** ⟨fig.⟩ 2.1 dort, wo sich die ~n und die Füchse gute Nacht sagen ⟨umg.⟩ *an einem abgelegenen Ort auf dem Lande* 2.2 er ist ein furchtsamer ~ *er ist ein furchtsamer Mensch* 2.3 da liegt der ~ im Pfeffer ⟨umg.⟩ *darin liegt die Schwierigkeit* 2.4 wir werden ja sehen, wie der ~ läuft ⟨fig.; umg.⟩ *worauf es hinaus will* 2.5 wissen, wie der ~ läuft ⟨umg.⟩ *Bescheid wissen* 2.6 *Sinnbild der Ängstlichkeit;* ~nfuß, ~nherz, Angst~ 2.7 → a. *Name(1.2)*

'Ha·sel·nuß ⟨f.⟩ **1** *zu den Birkengewächsen gehörender, in Europa heimischer Strauch, der vor der Entfaltung der Blätter blüht, mit einer ölhaltigen Nuß als Frucht: Corylus avellana* **2** Frucht dieses Strauches

'Ha·sen·schar·te ⟨f.; -, -n; Med.⟩ *ein- od. beidseitige angeborene Spaltbildung der Oberlippe: Labium leporinum*

Haß ⟨m.; -s·ses; unz.⟩ **1** *feindl. Gesinnung, heftige, leidenschaftl. Abneigung, Rachsucht;* Ggs *Liebe(3);* mit dieser Bosheit wird er ~ ernten; er versuchte, ~ zu erwecken, zu säen; du sollst keinen ~ im Herzen nähren, tragen; du mußt deinen ~ unterdrücken, zügeln; bitterer, blinder, ohnmächtiger, tödlicher, unversöhnlicher ~; das hat er nur aus ~ gegen mich getan; ~ gegen jmdn. empfinden, haben, hegen; jmdn. mit blindem ~ verfolgen; ich möchte mir nicht seinen ~ zuziehen 1.1 in ~ entbrennen gegen jmdn. *beginnen, gegen jmdn. eine große Abneigung zu haben* 1.2 (seinen) ~ auf jmdn. werfen *seine Rachsucht auf jmdn. richten* 1.3 ~ auf jmdn. haben *Abneigung gegen jmdn. empfinden*

'has·sen ⟨V. 500⟩ **1** ⟨R7 od. R8⟩ jmdn. ~ *gegen jmdn. Haß empfinden;* jmdn. blind, ohnmächtig, unversöhnlich ~ 1.1 ⟨510/R8⟩ jmdn. bis auf, in den Tod ~ *gegen jmdn. sehr starken Haß empfinden;* sie haßten einander, sich tödlich **2** etwas ~ *gegen etwas starke Abneigung, starken Widerwillen empfinden;* laute Musik ~

'häß·lich ⟨Adj.⟩ **1** *unschön, abstoßend, entstellt, mißgestaltet;* ein ~es Bild, Gesicht, Wetter; ~e Ausdrücke, Angewohnheiten, Gedanken, Träume, Worte **2** *unangenehm, widrig;* eine ~e Angelegenheit, Geschichte, Sache **3** ⟨fig.⟩ *garstig, sehr unfreundlich, gemein;* man soll nicht ~ über andere sprechen; sie ist sehr ~ zu ihrer Mutter; er hat sich von seiner ~sten Seite gezeigt; er hat sich ihr gegenüber ~ verhalten **4** *armselig, verängstigt, kleinlaut, gefügig* 4.1 → a. *klein(5.1)*

Hast ⟨f.; -; unz.⟩ *überstürzte Eile;* in großer, wilder ~; sich ohne ~ auf den Weg begeben

'ha·sten ⟨V. 411(s.)⟩ *hastig laufen, arbeiten, hantieren, sich überstürzen;* zum Bahnhof ~

Hatz ⟨f.; -, -en⟩ **1** ⟨jägerspr.⟩ *Hetzjagd mit Hunden, bes. auf Sauen;* eine ~ veranstalten **2** ⟨fig.; umg.⟩ *das Rennen, die Hast;* das war wieder eine ~ auf die Sitzplätze!

'Hau·be ⟨f.; -, -n⟩ **1** *weibl. Kopfbedeckung* 1.1 ⟨früher⟩ *in den vielfältigsten Formen, meist von verheirateten Frauen getragene Kopfbedekkung;* die ~ abnehmen, aufsetzen, feststecken (im Haar), umbinden 1.2 *Haube(1) als Teil einer bestimmten Tracht;* Nonnen~, Schwestern~; zu dieser Tracht gehört auch eine kleidsame bunte ~ **2** *einer Haube(1) äußerlich ähnlicher Gegenstand, der etwas bedeckt, umhüllt und auf diese Weise schützt od. warmhält;* Kaffee~, Kühler~, Motor~, Trocken~; beim Friseur habe ich lange unter der ~ gesessen (zum Haartrocknen); die Kaffee-, Teekanne unter die ~ stellen (zum Warmhalten) **3** ⟨i. w. S.⟩ *Kappe, Mütze;* Bade~ 3.1 *eine Form des Helms* **4** eine Frau ist unter der ~ ⟨fig.⟩ *verheiratet* 4.1 unter die ~ bringen ⟨fig.⟩ *verheiraten;* er will seine Töchter gern unter die ~ bringen 4.2 unter die ~ kommen ⟨fig.⟩ *heiraten* **5** ⟨Jagdw.⟩ 5.1 *Kappe aus Leder, die man den zur Beize abgerichteten Greifvögeln aufsetzt, wenn sie ungebärdig sind, um sie zu blenden* 5.2 *rundes Netz, das vor den Dachs-, Fuchs- od. Kaninchenbau gelegt wird u. das zum Fangen dieser Tiere dient;* Dachs~ **6** ⟨Zool.⟩ *Federbüschel auf dem Kopf von Vögeln, Schopf* **7** ⟨Anat.⟩ *Netzmagen der Wiederkäuer* **8** ⟨Math.⟩ *durch einen Kreis begrenzter Teil der Kugeloberfläche*

Hauch ⟨m.; -(e)s, -e⟩ **1** ⟨geh.⟩ *Atemstrom beim Ausstoßen der Luft;* jmds. ~ verspüren; der letzte ~ eines Sterbenden; man kann den ~ vor dem Mund sehen (so kalt ist es) 1.1 den letzten ~ von sich geben ⟨geh.⟩ *sterben* **2** ⟨geh.⟩ *feiner Luftzug, leichtes Wehen;* Luft~, Wind~; ein frischer ~ **3** ⟨geh.⟩ *leichter Duft;* der ~ ihres Parfüms streifte ihn; ein ~ von Rosen lag über dem Garten **4** *feiner Dunst, Schleier, feuchter Niederschlag;* Nebel~;

durch einen ~ von Nebel wurde das Haus sichtbar **5** ⟨fig.⟩ *Spur, Andeutung, Anflug;* einen ~ dunkler, heller tönen, gefärbt sein; nur einen ~ Puder auftragen; ein ~ von Schwermut umgibt sie; nur einen ~ von Farbe auftragen **6** ⟨fig.; geh.⟩ *leise geistige od. seelische Berührung;* einen ~ von jmds. Geist, Genie verspüren

'hau·chen ⟨V.⟩ **1** ⟨411⟩ irgendwohin ~ *Atem hör- od. sichtbar ausstoßen;* an die gefrorenen Fensterscheiben, auf den Spiegel, in die frosterstarrten Hände, in die kalte Winterluft ~ **2** ⟨500⟩ etwas ~ ⟨Phon.⟩ *mit einem od. wie einen Hauchlaut aussprechen* **3** etwas ~ ⟨geh.⟩ *ohne Stimme sagen, leise, schmachtend od. angstvoll flüstern;* „Ja", hauchte sie; sie hauchte ihm ein Wort ins Ohr

'hau·en ⟨V. 162⟩ **1** ⟨500/R8⟩ *schlagen, einen od. mehrere Schläge versetzen* 1.0.1 ⟨530⟩ jmdm. eine, eins hinter die Ohren ~ ⟨umg.⟩ *eine Ohrfeige geben* 1.1 jmdn. ~ ⟨umg.⟩ *prügeln, verhauen;* jmdn. zum Krüppel ~; jmdn. krumm u. lahm ~; ich hau dich, daß du den Himmel für eine Baßgeige ansiehst!; die beiden haben einander, sich grün und blau gehauen 1.2 ⟨500⟩ etwas ~ ⟨umg.⟩ *zerschlagen;* alles kurz und klein ~; etwas in Stücke ~ 1.3 ⟨511⟩ Eier in die Pfanne ~ ⟨umg.⟩ *in die Pfanne schlagen und braten* 1.4 ⟨411 od. 511 od. 611; haute, geh. hieb⟩ (jmdm., jmdn.) auf etwas, mit etwas ~ *auf etwas, mit etwas schlagen;* mit dem Säbel wild um sich ~; jmdm. (jmdn.) auf die Finger, ins Gesicht ~ 1.4.1 kräftig in die Tasten ~ *die T. (auf dem Klavier) kräftig anschlagen* **2** ⟨fig.⟩ 2.1 ⟨511⟩ etwas haut einen fast vom Stuhl ⟨fig.; umg.⟩ *überrascht einen sehr;* das hat mich fast vom Stuhl gehauen 2.2 hierbei weiß man nicht, was gehauen und gestochen ist ⟨fig.; umg.⟩ *hierbei ist alles unklar* 2.3 auf Hauen und Stechen mit jmdm. stehen ⟨fig.; umg.⟩ *verfeindet sein* 2.4 → a. *Ohr(1.1.03 u. 1.1.10), Pauke(1.1), Pfanne(2), Sack(1.0.5), Schnur[1](1.1), Strang(4.1)* **3** ⟨500⟩ Bäume ~ *schlagen, fällen* 3.1 Holz ~ *Bäume fällen* 3.2 ⟨511/R3⟩ sich aufs, ins Bett ~ ⟨umg.⟩ *werfen* **4** ⟨511⟩ etwas, jmdn. auf, in etwas ~ ⟨umg.⟩ *etwas, jmdn. krachend, heftig, mit Schwung schleudern;* die Spielkarten auf den Tisch ~ **5** ⟨510⟩ etwas in etwas, aus etwas ~ *mit Hilfe von Werkzeugen herausarbeiten* 5.1 *als Künstler eine Form, Figur aus einer harten Materie herausarbeiten;* eine Büste in Marmor ~ 5.2 *einen Stein in die gewünschte Form bringen, so bearbeiten, daß er die gewünschte Form erhält* 5.3 *in einer harten Materie, im Gestein einen freien Raum, ein Stück herausarbeiten;* in den Felsen gehauene Stufen **6** ⟨500; Präteritum landschaftl. haute⟩ Gras ~ *mähen;* die Wiese ~ **7** ⟨500⟩ etwas ~ *zerhacken;* Holz, Fleisch ~ **8** ⟨500⟩ Feilen ~ *herstellen* **9** ⟨500⟩ Erz ~ ⟨Bgb.⟩ *loshacken, -brechen* **10** ⟨Fechten⟩ *mit der breiten Klinge schlagen*

'Hau·fe ⟨m.; -ns; -n; veralt., noch poet.⟩ *Haufen*

'häu·feln ⟨V. 500⟩ **1** Nutzpflanzen ~ ⟨Landw.⟩ *kleine Haufen lockerer Erde um die N. bilden, um sie dadurch zu stützen;* Kartoffeln, Rüben ~ **2** Heu ~ ⟨landschaftl.⟩ *zu kleinen Haufen aufschichten*

'häu·fen ⟨V. 500⟩ **1** etwas ~ *in Haufen, Mengen sammeln, aufstapeln;* Getreide, Reichtum, Schätze ~; Kartoffeln auf einen Teller ~ 1.1 ⟨fig.⟩ *sammeln, ansammeln;* Schuld auf Schuld ~ 1.2 *übervoll machen;* zwei gehäufte Teelöffel Zucker; einen gehäuften Löffel voll **2** ⟨R3⟩ etwas häuft sich *türmt sich zum Haufen auf;* die Spenden häuften sich zu Bergen; die schmutzige Wäsche häuft sich in der Wäschetruhe 2.1 ⟨fig.⟩ *zunehmen, mehr werden;* in letzter Zeit häuften sich die Beschwerden, Klagen über ...; die Fälle ~ sich, in denen ...

'Hau·fen ⟨m.; -s, -⟩ **1** *Menge von nebeneinander-, übereinanderliegenden od. aufgeschichteten Dingen, Masse von etwas, die der Form eines Berges ähnelt;* ein ~ Blätter, Getreide, Papier, Steine; etwas auf einen ~ fegen, kehren, legen, werfen, schichten; Heu in ~ setzen **2** ⟨fig.⟩ 2.1 es liegt, sitzt alles an einem ~ ⟨schweiz.⟩ *zusammen, dichtgedrängt* 2.2 einen Plan, ein Vorhaben über den ~ werfen, stoßen *von Grund auf ändern, umstürzen, zunichte machen;* er wird seinen Plan, sein Vorhaben wohl wieder über den ~ stoßen, werfen; das wirft alle Berechnungen über den ~ 2.3 über den ~ rennen ⟨umg.⟩ *vor Eile (fast) umstoßen* 2.4 jmdn. über den ~ schießen ⟨umg.⟩ *erschießen* **3** *Menge, viel, viele, vieles;* in dichten, hellen ~ kamen Neugierige herbeigeströmt; wir haben in diesem Monat einen ~ Geld ausgegeben ⟨umg.⟩; ein ~ Kinder, Menschen, Volks sammelte sich an ⟨umg.⟩; er hat einen ~ Schulden gemacht ⟨umg.⟩; es wurde wieder ein ~ dummes Zeug geredet ⟨umg.⟩; sie hat einen ~ Sachen mit auf die Reise genommen ⟨umg.⟩ **4** *Einheit des Heeres der Landsknechte;* Heer ~

'häu·fig ⟨Adj.⟩ *oft vorkommend, sich oft wiederholend, zahlreich;* ~e Auseinandersetzungen, Besuche, Reisen; jmdn. ~ besuchen, sehen; das ist ~ der Fall

Haupt ⟨n.; -(e)s, ¨er⟩ **1** *Kopf;* das ~ neigen, sinken lassen; mißbilligend, verzweifelt sein ~ schütteln 1.1 zu Häupten jmds. od. von etwas *in der Nähe seines Kopfes, an der Kopfseite;* zu Häupten der Bahre, des Bettes, des Liegenden **2** ⟨fig.⟩ *Mensch;* graues, greises ~; vor einem grauen ~e sollst du aufstehen und die Alten ehren (3. Mose 19,32); ein gekröntes ~ **3** ⟨fig.⟩ *Führer, Leiter;* das ~ der Familie, des Staates, einer Verschwörung 3.1 das ~ der kath. Christenheit *der Papst* **4** ⟨fig.⟩ *wichtigster Teil von etwas* 4.1 wie das ~, so die Glieder ⟨Sprichw.⟩ *gute Führung, Leitung ist entscheidend für alles, wie der Chef, so seine Angestellten* 4.2 Reform an ~ und Gliedern *durchgreifende Änderung* 4.3 jmdn. aufs ~ schlagen *jmdm. eine Niederlage beibringen* 4.4 eins aufs ~ kriegen, bekommen ⟨umg.⟩ *gerügt werden, gescholten werden;* ich habe eins aufs ~ bekommen **5** ⟨poet.⟩ *Gipfel[1](1);* von ferne sah man die Häupter der Berge **6** *Stück Vieh (Pferde od. Rinder)*

Haupt... ⟨in Zus.⟩ *der, die, das führende, größte, umfassendste, wichtigste ...;* Sy *zentral(2);* Ggs *Neben...;* Hauptarbeit, Haupteingang, Hauptvertreter, Hauptwerk (eines Künstlers)

'Häupt·ling ⟨m.; -s, -e⟩ **1** ⟨bei Naturvölkern⟩ *Anführer eines Dorfes od. Stammes;* Indianer ~, Stammes ~ **2** ⟨umg.; scherzh.⟩ *Anführer*

'Haupt·mann ⟨m.; -(e)s, -leute⟩ **1** ⟨Mil.⟩ *Offiziersrang (3. Stufe) zwischen den Stabsoffizieren u. den Oberleutnants* **2** ⟨allg.⟩ *Anführer einer Bande*

'Haupt·quar·tier ⟨n.; Mil.; Abk.: H.Qu.⟩ **1** *Sitz des Befehlshabers einer Armee od. eines selbständigen Armeekorps im Kriege;* das ~ aufschlagen, verlegen **2** *die Gesamtheit der im Hauptquartier(1) beschäftigten Personen*

'Haupt·rol·le ⟨f.⟩ **1** *wichtigste Rolle in einem Schauspiel, Film usw.;* in der ~ sahen Sie: XY **2** die ~ in, bei etwas spielen ⟨fig.⟩ *innerhalb eines Kreises, bei einem Fest usw. führend sein*

'Haupt·sa·che ⟨f.⟩ **1** *das Wichtigste;* die ~ dabei ist, daß ...; und nun zur ~! 1.1 in der ~ *im allgemeinen, im wesentlichen*

'Haupt·satz ⟨m.; Gramm.⟩ *selbständiger Satz, der unabhängig von anderen Sätzen sinnvoll bestehen kann;* Ggs *Nebensatz*

'Haupt·stadt ⟨f.⟩ *Stadt mit dem Sitz der Regierung (eines Landes);* Sy *Metropole(1);* Rom ist die ~ Italiens

'Haupt·wort ⟨n.; Gramm.⟩ = *Substantiv*

Haus ⟨n.; -es, ¨er⟩ **1** *als Unterkunft od. Arbeitsstätte dienendes Gebäude mittlerer Größe;* in einem alten, neuen ~ wohnen; ein altes, baufälliges, reparaturbedürftiges, verwahrlostes ~; ein dreistöckiges, ein-, mehrstöckiges ~; ein ~ abbrechen, abreißen, aufstocken, bauen, errichten, modernisieren, renovieren, umbauen, verputzen; ein ~ besitzen, beziehen, erben, kaufen, mieten, verkaufen, vermieten, verwalten; ein eigenes ~ besitzen, bewohnen; bei diesem Regen bringt mich niemand aus dem ~; der Hund hat sich noch nicht ans ~ gewöhnt; nach ~e begleiten, bringen, geleiten; nach ~e eilen, fahren, gehen, kommen; können Sie mir die Ware ins ~ schicken?; ich habe heute noch keinen Schritt vor das ~ getan; von ~ zu ~ gehen; das väterliche ~ erben 1.1 jmdm. das ~ verbieten *jmdm. den Zutritt verbieten* 1.2 das ~ des Herrn ⟨poet.⟩ *die Kirche* 1.3 ~ an ~ wohnen mit ... *im Nachbarhaus von ... wohnen* 1.4 wir essen heute außer ~ *außerhalb, in einer Gastwirtschaft* 1.5 auf jmdn. od. etwas Häuser bauen ⟨fig.⟩ *sich auf jmdn. od. etwas fest verlassen, jmdm., einer Sache fest vertrauen* 1.6 ~ und Hof *der gesamte Besitz;* er hatte ~ und Hof verloren **2** zu ~e 2.1 *dort, wo man (ständig) wohnt;* in den Ferien zu ~e bleiben 2.2 *beheimatet;* er ist nirgends zu ~e; sie ist in Berlin zu ~e 2.3 *heimisch* 2.3.1 tu, als ob du zu ~e wärst *mach es dir hier bei uns so bequem wie daheim, leg dir keinerlei Zwang auf* 2.3.2 ich habe mich bei ihm wie zu ~e gefühlt *ich habe mich bei ihm so wohl gefühlt wie in meiner eigenen Wohnung* 2.3.3 in einem Fach, auf einem Gebiet zu ~e sein ⟨fig.⟩ *bewandert sein, gut Bescheid wissen, sich auskennen* 2.4 *daheim;* es ist niemand zu ~e; hier bin ich zu ~e 2.4.1 ich bin heute für niemanden zu ~e *zu sprechen* 2.5 ⟨fig.⟩ *üblich;* dieser Brauch ist dort noch zu ~e **3** von ~e *von daheim;* von ~e kommen; wenn wir pünktlich bei ihm sein wollen, müssen wir um 8 Uhr von ~e weggehen **4** von ~e aus ⟨fig.⟩ *ursprünglich* 4.1 er ist von ~e aus Tischler *hat ursprünglich das Tischlerhandwerk gelernt* **5** nach ~e *dahin, wo man wohnt, heim;* kommen Sie gut nach ~e! **6** ⟨fig.⟩ *Heim* 6.1 ~ und Herd lieben, haben ⟨poet.⟩ *sein (eigenes) Heim* **7** ⟨fig.⟩ *Insassen eines Gebäudes, Bewohner einer Wohnung* **8** *Familie;* aus gutem, reichem, vornehmem ~e stammen; die Dame, der Herr, der Sohn, die Tochter des ~es; zum ~e gehören; er ist ein Freund des ~es 8.1 nach ~e schreiben *an die Familie* 8.2 herzliche Grüße von ~ zu ~ *von allen an alle (Briefschluß)* **9** *Fürstengeschlecht, Dynastie;* das ~ Habsburg, Hohenzollern **10** *Haushalt* 10.1 das ~ führen *den Haushalt besorgen* 10.2 sein ~ bestellen ⟨fig.⟩ *seine familiären Angelegenheiten in Ordnung bringen (vor einer langen Reise)* 10.2.1 *sein Testament machen* **11** ⟨fig.⟩ *das gesellige Leben einer Familie* 11.1 ein glänzendes, großes ~ führen *großzügige Geselligkeit pflegen* 11.2 ein offenes ~ haben *gastfrei sein* **12** ⟨kaufmannsspr.⟩ *Unternehmen, Firma;* Handels~; ein alt eingeführtes, gut geführtes ~ 12.1 das erste ~ am Platze ⟨fig.⟩ *das beste, größte Café, Geschäft, Hotel u. ä. dieser Stadt* 12.2 *sämtliche Angestellten eines Unternehmens* **13** *Parlament, das Gebäude sowie die Parlamentsmitglieder;* Hohes ~! (Anrede der Abgeordneten im Parlament) 13.1 die beiden Häuser (des Parlamentes) *die beiden Kammern Oberhaus und Unterhaus* **14** ⟨Theat.⟩ *Theater-, Konzertsaal;* vor ausverkauftem, leerem, vollem ~ spielen; dieses Stück hat immer volle Häuser 14.1 *alle im Haus(14) anwesenden Zuschauer, Zuhörer;* das ~ spendete lebhaften Beifall **15** ⟨umg.; scherzh.⟩ *Mensch;* er ist ein fideles, ein gelehrtes, frommes, gescheites, kluges ~ 15.1 hallo, altes ~! *alter Freund!* 15.2 er hat Einfälle wie ein altes ~ *sonderbare, schrullige Einfälle* **16** ⟨Zool.⟩ *Gehäuse, Schale;* Schnecken~ **17** ⟨Astrol.⟩ *einer der 12 Teile der Himmelskugel*

'Haus·ar·beit ⟨f.⟩ **1** *die in einem Haushalt anfallende Arbeit;* die laufenden ~en erledigen **2** *schriftliche, vom Schüler zu Hause herzustellende größere Arbeit;* die ~en abgeben 2.1 ⟨fig.⟩ *Arbeit, die ein Arbeitnehmer nach Dienstschluß zu Hause erledigt*

'haus·backen ⟨-k·k-; Adj.⟩ **1** ⟨veralt.⟩ *zu Hause, selbst, nicht vom Bäcker gebacken;* ~es Brot **2** ⟨fig.⟩ *häuslich, alltäglich, bieder, nüchtern, ohne Schwung;* sie ist recht nett, aber mir wäre sie zu ~

'hau·sen ⟨V. 400⟩ **1** ⟨411⟩ *in ärmlichen Verhältnissen, unter menschenunwürdigen Bedingungen wohnen;* sie müssen in einer Baracke ~; er hauste ein Jahr in dem halb verfallenen Haus 1.1 *abgesondert in Wäldern, Bergen usw. leben;* hier hausten vor vielen Jahren die Räuber **2** ⟨413; fig.; umg.; abwertend⟩ *Unordnung schaffen, Zerstörung anrichten, wüten;* der Hagel, Sturm, das Unwetter hat schlimm gehaust; die Truppen haben in der Stadt übel gehaust **3** ⟨schweiz.⟩ *sparen*

'Häu·ser·flucht ⟨f.⟩ *Reihe von Häusern*

'Häu·ser·meer ⟨n.; fig.⟩ *riesige Menge von dicht beieinanderstehenden Häusern;* das ~ einer Großstadt

'Haus·ge·rät ⟨n.; veralt.⟩ *im Haus verwendeter Gebrauchsgegenstand*

'Haus·halt ⟨m.; -(e)s, -e⟩ **1** *die Wirtschaftsführung einer zusammenwohnenden Familie od.*

Lebensgemeinschaft sowie alle dabei nötigen Arbeiten (Kochen usw.); seinen eigenen ~ einrichten, führen, gründen; jmdm. den ~ führen **2** *alle Mitglieder einer solchen Familie od. Gemeinschaft* **3** *alle Einnahmen u. Ausgaben eines Staates od. einer Körperschaft;* der öffentliche, staatliche ~; über den ~ beraten

'**haus|hal·ten** ⟨V. 160/400⟩ **1** ⟨veralt.⟩ *einen eigenen Haushalt führen* **2** *sparsam wirtschaften, sparen, einteilen;* sie kann nicht ~; gut, schlecht ~; du mußt mit deinem Geld besser ~; mit vielem hält man haus, mit wenigem kommt man aus ⟨Sprichw.⟩ **3** ich muß m i t meinen K r ä f t e n jetzt ~ *sie schonen, Anstrengungen vermeiden*

'**haus·hoch** ⟨Adj. 24⟩ **1** *so hoch wie ein Haus;* haushohe Flammen, Wellen; einen Ball ~ werfen **2** ⟨fig.⟩ *sehr hoch;* jmdm. ~ überlegen sein; seinen Gegner ~ schlagen

hau'sie·ren ⟨V. 405⟩ **1** *Waren von Haus zu Haus feilbieten;* mit Postkarten, Schnürsenkeln u. a. ~ (gehen); Betteln und Hausieren verboten! (Aufschrift an Türen) **2** mit einer Sache ~ gehen ⟨fig.; abwertend⟩ *eine S. überall aufdringlich anbieten*

'**häus·lich** ⟨Adj.⟩ **1** ⟨60⟩ *das Haus betreffend, im Haus, zu Hause geschehend, zur Hauswirtschaft gehörend;* ~e Arbeiten verrichten 1.1 am ~en H e r d *daheim, zu Hause, in der Geborgenheit des eigenen Heimes* **2** ⟨70⟩ *wirtschaftlich, in der Hauswirtschaft tüchtig* 2.1 ein ~es Mädchen heiraten *ein sparsames M. mit hausfraulichen Tugenden* **3** ⟨70⟩ *das Heim, die Familie betreffend, sich im Heim(1), in der Familie wohlfühlend;* ~e Sorgen haben; er ist ein ~er Typ 3.1 ein sehr ~es Leben führen *durch Zurückgezogenheit od. ausgesprochenes Familienleben gekennzeichnetes L.* **4** ⟨50⟩ sich ~ bei jmdm. n i e d e r l a s s e n, e i n r i c h t e n ⟨umg.⟩ *an einem Ort (bei jmdm.) für längere Zeit bleiben (ohne daß man dazu aufgefordert worden ist)*

'**Haus·mar·ke** ⟨f.⟩ **1** *eingeschnittenes od. -gebranntes Eigentumszeichen (bes. an bewegl. Sachen);* Sy *Handzeichen(4)* **2** *Markenfabrikat einer Einzelhandelsfirma*

'**Haus·su·chung** ⟨f.⟩ *polizeil. Durchsuchung des Hauses od. der Wohnung;* ~ halten, machen

'**Haus·tier** ⟨n.⟩ *vom Menschen zum Nutzen od. aus Liebhaberei in Haus od. Hof gehaltenes Tier;* Hunde und Katzen sind beliebte ~e

Haut ⟨f.; -, ¨e⟩ **1** ⟨unz.⟩ *bei Mensch und vielzelligen Tieren die gesamte Körperoberfläche überziehendes (aus ein bis drei Schichten bestehendes) Organ, das den Körper gegen die Umwelt abschließt und schützt, ihn gleichzeitig aber auch mit dieser verbindet;* Gesichts~, Ober~; die ~ bürsten, eincremen, frottieren, massieren, pflegen, reinigen, straffen; die ~ brennt, rötet sich, schält sich (von der vielen Sonne); er war bis auf die ~ durchnäßt; die ~ springt auf (vor Kälte); alternde, gut (schlecht) durchblutete, empfindliche, fettige, jugendliche, rissige, runzlige, sammetweiche, straffe, trockene, welke, zarte ~; blasse, braune, fleckige, gebräunte, gelbe, gerötete, rosige, schwarze, sommersprossige ~ 1.0.1 er ist nur noch ~ und K n o c h e n ⟨fig.; umg.⟩ *(bis zum Skelett) abgemagert* **2** *Tieren abgezogene Haut(1) als Rohstoff für Leder;* Häute gerben; die ~ abziehen (z. B. einem Hasen) **3** ⟨Bot.⟩ *die weicheren Teile höherer Pflanzen überziehendes, meist einschichtiges Gewebe* **4** *dünne Schicht, die Oberflächen (bes. von Flüssigkeiten) bedeckt;* Milch~; auf der abgekochten Milch hat sich eine ~ gebildet **5** ⟨unz.⟩ *Hülle, Umschließung von Hohlräumen, bes. äußere Verkleidung des Schiffes;* Schiffs~ **6** ⟨umg.⟩ *dünnes, wasserdichtes, schützendes Kleidungsstück, bes. Mantel;* Regen~ **7** ⟨unz.; fig.; umg.⟩ *Mensch;* er ist eine anständige, brave, ehrliche, gute, gutmütige, lustige, redliche, treue ~ **8** ⟨unz.; fig.⟩ 8.1 *Situation, Sachlage, körperl. und geistige Verfassung* 8.1.1 mir ist nicht w o h l i n meiner ~ ⟨umg.⟩ *ich fühle mich unbehaglich, befürchte etwas für mich* 8.1.2 ich möchte nicht i n seiner ~ s t e c k e n ⟨umg.⟩ *nicht mit ihm tauschen* 8.1.3 nicht a u s seiner ~ h e r a u s k ö n n e n *seinen Charakter nicht ändern können* 8.1.4 i n keiner gesunden ~ s t e c k e n ⟨umg.⟩ *kränklich sein* 8.2 s i c h seiner ~ w e h r e n ⟨fig.⟩ *sich energisch verteidigen* 8.3 j m d m. bei einem Geschäft die ~ a b z i e h e n *jmdn. gründlich übervorteilen* 8.4 j m d m. die ~ g e r b e n *jmdn. verprügeln* 8.5 seine ~ z u M a r k t e t r a g e n *etwas riskieren;* für ihn werde ich nicht meine ~ zu Markte tragen 8.6 mit ~ und H a a r(en) ⟨fig.; umg.⟩ *ganz und gar, völlig, bedingungslos;* sich jmdm. mit ~ und Haaren verschreiben; jmdn. mit ~ und Haaren (vor Liebe, Zorn) auffressen wollen 8.7 a u s der ~ f a h r e n ⟨fig.; umg.⟩ *ungeduldig, zornig werden* 8.7.1 es ist, um aus der ~ zu fahren *diese Situation macht einen sehr nervös, sehr ungeduldig* 8.8 etwas g e h t u n t e r die ~ ⟨fig.; umg.⟩ *berührt einen im Innersten;* dieses Buch, dieser Film, dieses Stück, dieses Thema geht unter die ~

'**häu·ten** ⟨V. 500⟩ **1** ein T i e r ~ *einem T. die Haut, das Fell abziehen* **2** ⟨R3⟩ s i c h ~ *die Haut abstreifen, abstoßen;* Schlangen ~ sich; nach dem Sonnenbrand habe ich mich gehäutet ⟨scherzh.⟩

'**Haut·wolf** ⟨m.; -(e)s; unz.; Med.⟩ *akute Entzündung der Haut mit Rötung u. brennenden Schmerzen durch mechan. Reizung u. zersetzende Ausscheidungen: Intertrigo;* Sy *Wolf(5)*

'**Heb·am·me** ⟨f.⟩ *ausgebildete, geprüfte Geburtshelferin*

'**He·bel** ⟨m.; -s, -⟩ **1** ⟨Phys.⟩ *zu den einfachen Maschinen gehörender, um eine feste od. bewegl. Achse drehbarer Körper, meist in der Form einer geraden od. gewinkelten Stange, mit dessen Hilfe man bei kleinem Kraftaufwand Lasten heben od. verschieben kann;* ein ein-, zweiarmiger ~ **2** *Griff zum Einschalten od. Steuern einer Maschine;* Schalt~; auf einen ~ drücken; einen ~ betätigen **3** ⟨fig.; umg.⟩ 3.1 den ~ a n s e t z e n *die Sache anpakken, beginnen* 3.2 a l l e ~ i n B e w e g u n g s e t z e n *alles aufbieten, mit allen Mitteln versuchen, etwas zu erreichen* 3.3 a m l ä n g e r e n ~ s i t z e n *einflußreicher u. mächtiger sein als der Gegner*

'**he·ben** ⟨V. 163/500⟩ **1** e t w a s od. j m d n. ~ *von unten nach oben befördern, bewegen;* ein Gewicht, eine Last, schwere Säcke ~; er hob das Glas u. ließ den Jubilar hochleben; den Arm, die Hand ~ (um sich zu Wort zu melden, bei Abstimmungen); Schüler ~ die Hand, den Zeigefinger, wenn sie eine Antwort wissen; die Hand zum Schwur ~; den Kopf ~ (voller Interesse); die Spieler der siegreichen Mannschaft wurden von begeisterten Zuschauern auf die Schultern gehoben **1.1** die Augen ~ *aufblicken, nach oben blicken* **1.2** ein gesunkenes Schiff ~ *wieder an die Wasseroberfläche bringen (u. bergen)* **1.3** verborgene Schätze ~ *zutage fördern* **1.4** einen ~ ⟨umg.⟩ *alkoholische Getränke trinken;* er will noch einen ~ (gehen); er hebt gern, oft einen **1.5** ein Kind ~ *bei der Geburt eines K. helfen* **1.6** ein Haus ~ *aufbauen, hochführen, aufrichten* **1.7** ⟨R3⟩ sich ~ *steigen (Wasserspiegel, Stimmung);* ihre Brust hob und senkte sich (nach einer Anstrengung, vor Erregung) **1.7.1** ⟨501⟩ es hebt mich ⟨umg.⟩ *ich bekomme Brechreiz* **1.8** → a. *Angel(1.0.1), Himmel(2.4), Sattel(1.3-1.4)* **2** ⟨530/R1⟩ sich einen Bruch ~ ⟨umg.⟩ *sich bei schwerem Heben(1) einen Bruch zuziehen* **3** einen Gegenstand ~ ⟨oberdt.⟩ *halten, festhalten;* heb's bitte einen Augenblick **3.1** Gelder, Steuern ~ ⟨oberdt.⟩ *erheben* **4** die Stimme ~ ⟨fig.⟩ *die S. erheben, lauter sprechen* **5** eine Zahl ~ ⟨Rechnen⟩ *mit einer Z. kürzen;* in dem Bruch 5/25 ~ wir 5 und erhalten 1/5 **6** ⟨fig.⟩ **6.1** *vergrößern, vermehren, verbessern;* den Ertrag, Fremdenverkehr, Umsatz ~; jmds. Mut, Selbstvertrauen, Stimmung ~; den Lebensstandard, das geistige Niveau, den allgemeinen Wohlstand ~ **6.2** ⟨R3⟩ sich ~ *sich beleben, aufblühen, besser werden;* Handel und Verkehr ~ sich **6.3** ⟨Part. Perf.⟩ gehoben *im Rang höher stehend als andere(s);* er ist in einer gehobenen Position, Stellung **6.3.1** in gehobener Stimmung *fröhlich, ausgelassen* **6.3.2** ⟨Rhet., Stilistik⟩ *feierlich, nicht alltäglich;* in gehobener Rede, Sprache, in gehobenem Stil

'**He·bung** ⟨f.; -, -en⟩ **1** *das Zutagefördern;* ~ eines Schatzes, eines gesunkenen Schiffes **2** ⟨Geol.⟩ *Erhöhung der Erdkruste;* Ggs. *Senkung(1)* **3** ⟨fig.⟩ *Erhöhung, Steigerung, Verbesserung, Förderung, Belebung;* ~ der Leistung, Stimmung, des Fremdenverkehrs usw. **4** ⟨Verslehre⟩ *betonte Silbe im Vers;* Ggs *Senkung(4)*

Hecht[1] ⟨m.; -(e)s; unz.; umg.⟩ *dichter Tabaksqualm;* bei diesem ~ im Zimmer kann man ja kaum etwas sehen!

Hecht[2] ⟨m.; -(e)s, -e⟩ **1** *einer Familie der Knochenfische angehörender Raubfisch mit entenschnabelartig vorgezogener Schnauze u. langgestrecktem, torpedoförmigem Körper: Esocidae* **2** ⟨fig.; umg.; scherzh.⟩ *lebhafter Bursche;* ein toller ~! **3** ⟨kurz für⟩ *Hechtsprung;* ein ~ vom 3-Meter-Brett **4** der ~ im Karpfenteich sein ⟨fig.; umg.⟩ *die führende Rolle spielen, bes. unter trägen, langweiligen Leuten*

Heck ⟨n.; -(e)s, -e od. -s⟩ **1** *hinterer Teil des Schiffes, Autos od. Flugzeugs;* hinten am ~ stehen; bei diesem Autotyp liegt der Motor im ~ **2** ⟨Pl. -e; niedersächs.⟩ *Koppel* **2.1** *die daran befindl. Gittertür*

'**Hecke**[1] ⟨-k·k-; f.; -, -n⟩ **1** *Umzäunung aus Büschen u. Sträuchern;* Buchsbaum ~, Taxus ~, Garten ~; die ~ beschneiden; um den Garten eine ~ anlegen **2** *dichtes Gestrüpp;* Dornen ~

'**Hecke**[2] ⟨-k·k-; f.; -, -n⟩ **1** *Brut von Vögeln* **2** *die Jungen kleiner Säugetiere* **3** *Brutzeit* **4** *Raum, der Vögeln od. kleinen Säugetieren zur Brutpflege geboten wird*

'**hecken** ⟨-k·k-; V. 400⟩ **1** Vögel u. kleine Säugetiere ~ *pflanzen sich fort, bringen Junge zur Welt;* die Eichhörnchen, Stallhasen haben geheckt; unsere Tauben ~ gerade **2** Geld heckt ⟨fig.; umg.⟩ *vermehrt sich stark u. schnell;* sein Kapital begann zu ~

'**Hecken·schüt·ze** ⟨-k·k-; m.; abwertend⟩ *illegaler Schütze, der aus dem Hinterhalt schießt*

Heer ⟨n.; -(e)s, -e⟩ **1** *bewaffnete Streitkräfte* **1.1** *Gesamtheit der Streitkräfte eines Landes;* Sy *Armee(1.1);* stehendes ~ **1.2** *Gesamtheit der Landstreitkräfte* **2** ⟨fig.⟩ *Unmenge, große Zahl;* ein ~ von Angestellten, Arbeitern, Beamten

'**He·fe** ⟨f.; -, -n⟩ **1** *Gärung erregende einzellige Organismen, die sich durch Zellsprossung vermehren;* Kuchen, Stollen mit ~ backen **2** *fester Stoff, der sich nach Hauptgärung des Bieres od. Weines absetzt od. an die Oberfläche steigt;* Bier ~, Wein ~ **3** ⟨unz.; fig.⟩ *Abschaum;* die ~ des Volkes

Heft[1] ⟨n.; -(e)s, -e⟩ **1** *gefaltete, geheftete, meist mit dünnem Umschlag versehene Papierbogen od. -blätter;* Schreib ~, Noten ~, Fahrschein ~; ein ~ für Aufsätze, Rechenarbeiten; etwas in ein ~ schreiben, eintragen; ein Schüler teilte die ~e aus **1.1** ⟨Abk.: H.⟩ *Folge einer Zeitschrift;* das letzte ~ dieser Zeitschrift brachte u. a. ...; ~ 12 des 5. Jahrgangs der (Zeitschrift) „Muttersprache" **1.2** *Lieferung;* das Buch, Werk erscheint in einzelnen ~en **2** ⟨7⟩ *Zählmaß für Papier;* ein ~ Papier umfaßt 10 Bogen

Heft[2] ⟨n.; -(e)s, -e⟩ **1** *Griff, Handgriff (an Werkzeugen u. Waffen);* das ~ des Degens, der Feile **2** ⟨fig.⟩ *Leitung, Führung* **2.1** das ~ (fest) in der Hand haben *Herr sein, bestimmen* **2.2** das ~ (nicht) aus der Hand geben *die Leitung (nicht) abgeben* **2.3** jmdm. das ~ aus der Hand nehmen *jmdn. aus der Führung verdrängen, in seinem Tun behindern*

'**hef·ten** ⟨V.⟩ **1** ⟨511⟩ etwas ~ an, auf etwas *mit Klebstoff, Nadeln, Reißnägeln (an etwas) befestigen, ankleben, anstecken;* ein Plakat an die Wand ~; jmdm. einen Orden an die Brust ~ **2** ⟨500⟩ **2.1** zugeschnittene Teile eines Kleidungsstücks ~ ⟨Schneiderei⟩ *mit großen Stichen od. Nadeln lose befestigen;* Sy *reihen*[2]*(2);* die Nähte erst ~, dann nähen; das für die Anprobe geheftete Kleid **2.2** einzelne Blätter od. Bogen ~ ⟨Buchbinderei⟩ *mit Faden od. Draht so zusammenfügen, daß sie in einem nächsten Arbeitsgang mit dem Buchdeckel verbunden werden können;* Akten, ein Buch ~ **3** ⟨fig.⟩ **3.1** ⟨511⟩ die Augen, den Blick auf jmdn. od. etwas ~ *unverwandt zu jmdm. od. etwas hinsehen* **3.2** ⟨511 od. 531/R3⟩ sich an jmds. (jmdm. an die) Fersen, Sohlen ~ *nicht von jmdm. weichen;* er heftete sich an ihre (ihr an die) Fersen, Sohlen **4** → a. *Fahne(2.4)*

'**hef·tig** ⟨Adj.⟩ **1** *stark, gewaltig;* ~e Schmerzen verspüren; ein ~es Gewitter, Unwetter tobte über der Stadt; ~er Regen, Sturm, Wind **2** *wild, ungestüm, leidenschaftlich;* von einer ~en Leidenschaft, Liebe ergriffen; ~er Ärger, Groll, Haß, Zorn packte ihn; ~ debattieren, fluchen, schimpfen, toben, widersprechen; du hast wieder viel zu ~ reagiert **3** *aufbrausend, jähzornig, ungeduldig;* jmdn. mit ~en Worten zurechtweisen; jmdn. ~ anfahren, beschimpfen, zurechtweisen; er wird leicht ~; ein viel zu ~er Mensch; sei doch nicht gleich so ~

'he·gen ⟨V. 500⟩ **1** jmdn. od. etwas ~ *schützen, behüten u. pflegen;* den Forst, Wald, das Wild ~; er hat den Garten, die neu angelegte Baumkultur gehegt 1.1 jmdn. ~ und pflegen *mit liebevoller Fürsorge umgeben* **2** ⟨505⟩ Gefühle (für, gegen jmdn.) ~ *in sich bewahren, tragen, haben;* eine Schwäche für etwas ~; eine tiefe Abneigung gegen jmdn. od. etwas ~; er hegte freundschaftliche Gefühle, tiefe Zuneigung für ihn **3** ⟨Funktionsverb; 505; die stilistisch gewichtigere Wendung mit Substantiven kann häufig durch ein einfaches Verb ersetzt werden⟩ 3.01 die Absicht ~ *beabsichtigen* 3.02 Achtung für jmdn. od. etwas ~ *jmdn. od. etwas achten* 3.03 Argwohn ~ *argwöhnen* 3.04 Bewunderung für jmdn. od. etwas ~ *jmdn. od. etwas bewundern* 3.05 Ekel ~ *sich ekeln* 3.06 Erwartung ~ *erwarten* 3.07 Furcht ~ *fürchten* 3.08 Haß ~ *hassen* 3.09 Hoffnung ~ *hoffen* 3.10 die Meinung ~ *meinen* 3.11 Mißtrauen ~ *mißtrauen* 3.12 den Plan ~ *planen* 3.13 Verdacht gegen jmdn. od. etwas ~ *jmdn. verdächtigen* 3.14 die Vermutung ~ *vermuten* 3.15 den Wunsch ~ *wünschen* 3.16 Zweifel ~ *zweifeln* **4** ⟨500⟩ Gericht ~ ⟨veralt.⟩ *abhalten*

'heh·len ⟨V. 500; veralt.⟩ **1** etwas ~ *verheimlichen, verbergen;* Diebesgut ~; Hehlen ist schlimmer als Stehlen ⟨Sprichw.⟩ **2** eine Sache ~ *begünstigen;* ein Verbrechen ~

'Hei·de[1] ⟨m.; -n, -n⟩ **1** *Nichtchrist, Nichtjude, Nichtmohammedaner;* die ~n zum Christentum bekehren **2** *Ungläubiger* **3** *Anhänger einer polytheist. Religion*

'Hei·de[2] ⟨f.; -, -n⟩ **1** *flache, baumlose, sandige, mit Gräsern u. kleinen Sträuchern bewachsene Landschaft;* die blühende, grüne, unfruchtbare ~; im Wald und auf der ~ (Liedanfang) **2** ⟨Bot.⟩ = *Erika*

'Hei·del·bee·re ⟨f.⟩ **1** ⟨i. w. S.⟩ *Angehörige einer Gattung der Heidekrautgewächse, die in Deutschland durch vier wild wachsende Arten vertreten ist: Vaccinium* 1.1 ⟨i. e. S.⟩ *Halbstrauch mit meist blauschwarzen, wohlschmekkenden Beeren, die verschiedene medizinische Eigenschaften haben: Vaccinium myrtillus*

'Hei·den·tum ⟨n.; -s; unz.⟩ **1** *die nichtchristl. Welt, Gesamtheit der Heiden* **2** *unchristl. Geisteshaltung*

'hei·kel ⟨Adj. 70⟩ **1** *schwierig, peinlich, unangenehm;* eine heikle Angelegenheit, Frage, Sache, Situation; das Thema ist äußerst ~ **2** *wählerisch, schwer zufriedenzustellen;* er ist im Essen, in bezug auf das Essen sehr ~

heil ⟨Adj.⟩ **1** *gesund, unverletzt;* noch seine ~en Glieder besitzen, haben; mein Finger ist wieder ~ 1.1 mit ~er Haut davonkommen *ohne Schaden* **2** ⟨70⟩ *unbeschädigt, ganz, nicht entzwei;* die Tasse, der Teller ist noch ~ geblieben; ~e Hemden, Hosen

Heil ⟨n.; -(e)s; unz.⟩ **1** ⟨geh.⟩ *Glück, Wohlergehen, Segen;* es geschah zu deinem ~; es wird dir nicht zum ~ ausschlagen; das ~ der Welt; ~ und Segen wünschen; für sein ~ sorgen; sein ~ suchen, finden in etwas; du kannst dein ~ versuchen 1.1 sein ~ bei jmdm. suchen *versuchen, ob man bei jmdm. Glück, Erfolg hat* 1.2 sein ~ von jmdm. od. einer Sache erhoffen, erwarten *Nutzen, Hilfe, Besserung* **2** *(in Grußformeln);* ~ dir, Cäsar! ~ den Siegern!; Schi ~! (Grußformel der Schiläufer) **3** ⟨Rel.⟩ *die Glückseligkeit od. Erlösung, Gnade, Gnadengeschenk Gottes;* Seelen~; das ewige ~ 3.1 im Jahre des ~s 1720 *im Jahr 1720 nach Christi Geburt*

'hei·len ⟨V.⟩ **1** ⟨505⟩ jmdn. ~ (von einer Krankheit) *gesund machen;* Sy *kurieren;* jmdn. durch eine Kur ~; jmdn. mit einem neuen Medikament ~; das Quellwasser hat ~de Wirkung bei ...; sie ist als geheilt aus dem Krankenhaus entlassen worden 1.1 jmdn. (von falschen Vorstellungen) ~ ⟨fig.⟩ *befreien;* jmdn. von seiner Angst, seiner Einbildung, einer fixen Idee, einem Irrtum, seinem Wahn ~ 1.1.1 jetzt bin ich für immer geheilt *durch Schaden klug geworden (u. werde einen bestimmten Fehler nicht mehr machen)* **2** ⟨500⟩ eine Krankheit ~ *durch Behandlung beseitigen;* eine Krankheit, eine Wunde ~ 2.1 einen Schaden ~ ⟨fig.⟩ *wieder gut machen, in Ordnung bringen;* die Zeit heilt alle Wunden ⟨Sprichw.⟩ **3** ⟨400⟩ eine Krankheit, Verletzung heilt *verschwindet*

'hei·lig ⟨Adj.; Abk.: hl., Pl. hll.⟩ **1** ⟨60⟩ *Verehrung als göttl. od. höchstes Wesen genießend, göttlich* 1.1 ⟨christl. Kirchen⟩ *Gott u. seine Wirkung betreffend, von Gott stammend;* der Heilige Geist 1.1.1 die Heilige Dreifaltigkeit *Gott Vater, Sohn und Heiliger Geist* 1.1.2 die Heilige Familie *Maria, Joseph u. das Jesuskind* 1.1.3 die Heilige Jungfrau *Maria, Mutter Jesu* 1.1.4 die Heiligen Drei Könige *Kaspar, Melchior und Balthasar, die das Jesuskind in Bethlehem anbeteten* 1.2 ⟨Rel. allg.⟩ *ein höchstes göttl. Wesen und seine Wirkung betreffend, von ihm stammend* 1.2.1 in diesen ~en Hallen *geweihten Stätten* **2** ⟨60⟩ jmd. ist ~ ⟨kath. Kirche⟩ *genießt besondere Verehrung auf Grund religiöser Weihen;* die ~e Elisabeth; der ~e Antonius; ein ~er Mann 2.1 der Heilige Vater *der Papst* 2.2 der Heilige Stuhl *Thron des Papstes, päpstliche Regierung* **3** etwas ist ~ *steht in engem Zusammenhang mit religiöser Offenbarung und Lehre* 3.1 ⟨60⟩ die ~en Stätten *die durch die Anwesenheit Christi geheiligten Orte in Palästina, (allg.) alle Orte religiösen Kultes;* das Heilige Grab (Jesu in Jerusalem) 3.1.1 das Heilige Land ⟨bibl. Bezeichnung für⟩ *Palästina* 3.1.2 die Heilige Stadt *Jerusalem* 3.2 ~e Festtage *F., die den religiösen Bräuchen, der relig. Verehrung gewidmet sind;* das ~e Oster-, Pfingstfest 3.2.1 der Heilige Abend *der Abend vor dem ersten Weihnachtsfeiertag, der 24. Dezember, Heiligabend* 3.2.2 die Heilige Nacht *die Nacht zum ersten Weihnachtsfeiertag* 3.2.3 die ~e Woche *Karwoche* 3.3 ~e Gegenstände *G. religiöser Verehrung od. religiösen Kultes* 3.3.1 der Heilige Rock das unter dem Kreuz von den Soldaten verloste Gewand Jesu 3.3.2 die Heilige Schrift = *die Bibel* 3.4 ~e Handlungen *Ausführung religiöser Bräuche;* das ~e Abendmahl; die ~e Taufe; die ~e Messe (der kath. Kirche) 3.4.1 der Heilige Krieg *K. der*

Mohammedaner zur Ausbreitung des Islams **3.5** *(in feststehenden Benennungen)* **3.5.1** das Heilige Römische Reich (Deutscher Nation) ⟨seit dem 9./10. Jh.⟩ *die Mittel- u. Südeuropa beherrschende Zentralgewalt, deren Kaiser vom Papst gekrönt wurden* **3.5.2** die Heilige Allianz *zwischen den Monarchen von Rußland, Österreich und Preußen 1815 geschlossener Bund* **4** *hohen sittlichen (moralischen) Ansprüchen genügend;* er hat ein ~es Leben geführt; er war ein ~er Mann **4.1** *auf Ehrfurcht beruhend, E. verlangend, E. habend;* das ist mir ~; bei allem, was mir ~ ist! (Ausruf der Bekräftigung); ihm ist nichts ~; ein ~er Eifer, Zorn packte ihn; eine ~e Scheu hielt ihn davon ab; es ist mir eine ~e Pflicht **4.1.1** eine Sache ~ halten *in Ehren* **4.1.2** (drei) ~e Eide schwören ⟨umg.⟩ *eindringlich versichern* **4.1.3** das ist mein ~er Ernst *es ist mir ernst, u. nichts kann mich davon abbringen* **4.2** *feierlich;* eine ~e Stille breitete sich aus **4.2.1** → a. *hoch(7.0.2)* **5** ⟨60; fig.; umg.⟩ *(Ausruf der Bestürzung, der Ungeduld, der Verwunderung, des Zorns);* ~er Bimbam! **5.1** da soll doch das ~e Donnerwetter dreinfahren, dreinschlagen *(Ausruf des Zorns)* **5.2** ~er Himmel *(Ausruf der Bestürzung, Ungeduld, des Zorns)* **5.3** ~e Einfalt *(Ausruf der Verwunderung u. Ungeduld über einen einfältigen Menschen)*

'**heil·los** ⟨Adj. 90⟩ **1** ⟨veralt.⟩ *nichtswürdig, ruchlos;* ein ~er Mensch **2** *sehr groß, sehr schlimm, ungeheuer;* in seinem Zimmer herrschte eine ~e Unordnung; er ist ~ verschuldet; eine ~e Angst, Verwirrung

'**heil·sam** ⟨Adj.⟩ **1** ⟨veralt.⟩ *heilend;* dieser Tee ist sehr ~ **2** ⟨fig.⟩ *nützlich;* eine ~e Lehre; diese Erfahrung war für mich ~

heim ⟨Adv.⟩ *nach Hause;* gehst du schon ~?

Heim ⟨n.; -(e)s, -e⟩ **1** ⟨geh.⟩ *Wohnung mit Haushalt (zu der die Bewohner eine gefühlsmäßige Bindung haben);* ein eigenes, gemütliches, geschmackvoll eingerichtetes ~ besitzen; in ein neues ~ einziehen **1.1** ~ und Herd ⟨poet.⟩ *die (ursprünglich unverletzliche) Wohnung einer Familie als Ort der Geborgenheit* **2** *gemeinschaftliche Wohnstätte für einen bestimmten Personenkreis;* Alters~; Kinder~, Obdachlosen~; in ein ~ kommen, verschickt werden; aus einem ~ entlassen werden **3** *Haus mit Räumen für Zusammenkünfte u. Veranstaltungen (einer bestimmten Gruppe);* wir treffen uns im ~ des Tennisklubs

'**Hei·mat** ⟨f.; -; unz.⟩ **1** ⟨i. e. S.⟩ *Ort, an dem jmd. zu Hause ist, Wohnort;* die alte ~ wieder einmal besuchen; diese Stadt ist meine zweite ~ geworden **2** ⟨i. w. S.⟩ *Land, wo jmd. herkommt, Land, zu dem jmd. eine enge Beziehung hat;* keine ~ mehr haben; in meiner ~ ist es Brauch **3** *Ort, woher etwas stammt;* die ~ dieser Pflanze, dieses Tieres ist Südamerika

'**heim|füh·ren** ⟨V. 500⟩ **1** jmdn. ~ *nach Hause führen* **2** ein Mädchen (als Braut, Frau) ~ ⟨fig.; geh.⟩ *heiraten*

'**Heim·gang** ⟨m.; -(e)s; unz.; fig.⟩ *Tod;* nach dem ~ unseres lieben ...

'**heim|ge·hen** ⟨V. 145/400(s.)⟩ **1** *nach Hause gehen;* es war schon Mitternacht, als er heimging **2** ⟨fig.; geh.⟩ *sterben;* nach schwerer Krankheit ist er vergangene Nacht heimgegangen

'**heim|ho·len** ⟨V. 500⟩ jmdn. ~ **1** *zurück nach Hause, in die Heimat holen;* er muß noch das Kind aus dem Kindergarten ~ **2** ⟨fig.; geh.⟩ *ins Jenseits holen;* Gott hat ihn heimgeholt

'**hei·misch** ⟨Adj.⟩ **1** ⟨60⟩ *heimatlich, zur Heimat gehörend, inländisch;* die ~e Industrie fördern; die ~e Pflanzen- u. Tierwelt **2** ⟨80⟩ *wie zu Hause;* ich habe mich hier schnell ~ gefühlt; ich bin in dieser Stadt schnell ~ geworden; ich bin in meiner Arbeit, in der neuen Stellung noch nicht ganz ~

'**Heim·kehr** ⟨f.; -; unz.⟩ *Rückkehr nach Hause*

'**heim|keh·ren** ⟨V. 400(s.)⟩ *(zurück) nach Hause kommen;* er kehrte von der Reise heim

'**heim·lich** ⟨Adj.⟩ **1** ⟨90⟩ *so beschaffen, daß die anderen nichts davon sehen, bemerken, erfahren, unauffällig, verborgen, versteckt, (ins)geheim;* ein ~es Flüstern, Lächeln, Lachen, Zeichen; ~en Kummer haben; ~e Liebe; er hat sich still u. ~ davongeschlichen, aus dem Staube gemacht; ~ gehen, kommen; sich ~ treffen, verabreden; etwas ~ tun **1.1** ~e Wege gehen ⟨fig.⟩ *etwas Verbotenes tun* **1.2** das ~e Gericht *Feme* **2** ⟨österr.⟩ *ein Gefühl der Geborgenheit vermittelnd*

'**Heim·stät·te** ⟨f.⟩ **1** ⟨i. w. S.⟩ *Stätte, wo jmd. od. etwas heimisch, zu Hause ist* **2** ⟨i. w. S.⟩ *kleiner Grundbesitz, über den der Eigentümer nur beschränkt verfügen kann, bes. Einfamilienhaus mit Nutzgarten*

'**heim|su·chen** ⟨V. 500⟩ **1** etwas sucht jmdn. od. etwas heim *etwas trifft unerwartet jmdn. od. etwas (als Unglück, Unheil od. Unerwünschtes);* die Stadt wurde von einer Seuche heimgesucht; ein Krieg suchte das Land heim; ein schweres Erdbeben hat die südlichen Provinzen heimgesucht **1.1** *jmdn. befallen;* er wurde von einer schweren Krankheit, bösen Vorahnungen, Träumen heimgesucht **2** jmdn. ~ ⟨umg.; scherzh.⟩ *besuchen, aufsuchen, bes. auf lästige Art;* heute wollen wir unseren Onkel ~

'**Heim·tücke** ⟨-k·k-; f.; -, -n⟩ *Hinterhältigkeit, Arglist, Hinterlist, Bosheit*

'**heim·wärts** ⟨Adv.⟩ *nach Hause, in Richtung zur Heimat;* wir gingen gerade ~

'**Heim·weh** ⟨n.; -s; unz.⟩ *Sehnsucht nach daheim, nach der Heimat;* ~ ergriff mich; krank vor ~; von ~ befallen werden

'**hei·ra·ten** ⟨V.⟩ **1** ⟨400⟩ *die Ehe schließen, sich vermählen;* früh, jung, spät ~; aufs Land ~; aus Liebe, aus Vernunftgründen ~; in die Stadt ~; nach Frankreich ~; zum zweitenmal ~ **2** ⟨500⟩ jmdn. ~ *ehelichen, zum Ehepartner nehmen;* sie hat ihn aus Liebe, Dankbarkeit, gegen den Willen der Eltern geheiratet; er heiratete die Schwester seines Freundes

'**Hei·rats·gut** ⟨n.; -(e)s, ¨er⟩ *Mitgift, Aussteuer*

'**hei·schen** ⟨V. 500⟩ etwas ~ ⟨veralt.; geh.⟩ **1** *(eindringlich, gebieterisch) fordern, verlangen;* er heischte eine Erklärung von ihm; Achtung, Respekt, Einlaß ~ **2** *erbitten, erbetteln;* Almosen, Hilfe (von jmdm.) ~

'**hei·ser** ⟨Adj.⟩ **1** *rauh, klanglos;* mit ~er Stimme sprechen; ein ~er Ton **1.1** jmd. ist ~ *hat (durch Erkältung, Überanstrengung) eine rauhe Stimme;* heute bin ich ~ **1.2** sich ~ reden, schreien *so lange reden, schreien, bis man keine klare Stimme mehr hat*

heiß ⟨Adj.⟩ **1** *eine sehr hohe Temperatur auf-*

weisend; ein ~er Juli, Sommer, Tag, Wind; ein ~es Bad nehmen; ~e Luft, Sonne; eine ~e Stirn; der Kurort hat mehrere ~e Quellen; ~es Wasser für Kaffee, Tee bereiten **1.1** *(sehr) warm;* es ist sehr ~ heute; ich bin, mir ist ~; mir wird ganz ~; du hast ganz ~e Hände; Vorsicht, das Bügeleisen, der Ofen, der Topf ist ~ **1.2** ~e Zone *Klimazone beiderseits des Äquators innerhalb der beiden Wendekreise* **1.3** es wird nichts so ~ gegessen, wie es gekocht wird ⟨Sprichw.⟩ *es ist nicht so schlimm, wie es zunächst erscheint* **1.4** dich haben sie wohl zu ~ gebadet? ⟨fig.; umg.⟩ *das ist unmöglich, was du da forderst, sagst, willst, du kannst nicht recht bei Verstande sein* **1.5** → a. *Hölle(2.3), Tropfen(5.1)* **1.6** ~e Chemie *Teilgebiet der C., das sich mit der Erforschung radioaktiver Isotopen befaßt* **2** ⟨fig.⟩ *heftig, leidenschaftlich;* ein ~er Kampf; es ging ~ her; im ~en Bemühen, Gebet, Wunsch vereint; etwas ~ ersehnen, herbeiwünschen; sich ~ nach etwas sehnen; in ~er Liebe entbrannt ⟨poet.⟩ **2.1** ~es Blut haben *ein leidenschaftliches Temperament besitzen* **2.2** etwas mit ~em Herzen verfolgen *mit leidenschaftlicher Anteilnahme* **2.3** ~en Dank! ⟨umg.⟩ *herzlichen Dank!* **2.4** ~e Tränen vergießen *aus großem Schmerz weinen* **3** ⟨40; fig.⟩ *leidenschaftlich machend, erregend;* ~e Musik **3.1** was ich nicht weiß, macht mich nicht ~ ⟨Sprichw.⟩ *über etwas, wovon ich nichts weiß, kann ich mich nicht aufregen* **3.2** ~e Höschen ⟨fig.; umg.⟩ *sehr kurze u. knapp sitzende Damenshorts* **4** ⟨60⟩ ein ~es Eisen ⟨fig.; umg.⟩ *schwieriges, höchst aktuelles Problem, an dessen Lösung sich keiner heranwagt, um sich nicht Unannehmlichkeiten zuzuziehen;* da hat er ein ~es Eisen angefaßt, aufgegriffen **4.1** ~er Draht *Telephonleitung zwischen den Regierungen zweier Staaten zur raschen Verständigung in Krisenzeiten* **5** ⟨60⟩ ~e Ware ⟨fig.; umg.⟩ *W., deren Besitz gefährlich ist;* ~e Ware ankaufen, weiterverkaufen **5.1** ~es Geld **5.1.1** *international vagabundierendes G. (z. B. auf anonymen Konten), das jeweils in das Land mit der höchsten Währungsstabilität transferiert wird* **5.1.2** der Besteuerung entzogene Einkünfte

'hei·ßen[1] ⟨V. 164⟩ **1** ⟨300⟩ *sich nennen, den Namen haben, genannt werden;* ich heiße Peter, Ruth, Müller; wie ~ Sie?; wie heißt diese Straße? **1.1** ⟨313⟩ *lauten, den Wortlaut haben;* wie heißt dieses Wort auf französisch?; wie heißt die Stelle, der Text, der Titel, der genaue Wortlaut?; in dem Gesetz heißt es, daß ...; bei Schiller heißt es: ...; der Ausdruck war nicht korrekt, richtig heißt es „...“; es heißt dort folgendermaßen ...; in dem Abkommen heißt es ausdrücklich ... **1.2** *bedeuten, besagen, einen Sinn haben;* das will schon etwas ~, wenn ...; was soll das ~?; das will nicht viel, nichts ~; das will viel, wenig ~; ... das heißt ⟨Abk.: d. h.⟩ **1.2.1** jmdn. willkommen ~ *jmdn. freundlich begrüßen* **1.3** ⟨300 m. Modalverb⟩ das soll was ~ ⟨umg.⟩ *bedeutet viel* **1.4** ⟨unpersönl.⟩ hier heißt es aufpassen, schnell handeln, klug, vorsichtig sein *hier muß man aufpassen, sich entscheiden usw.;* da heißt es „entweder — oder“ **1.5** ⟨unpersönl.⟩ es heißt *es wird behauptet, man sagt;* die Steuersenkung steht unmittelbar hervor, heißt es; das ist nicht nur meine Meinung, es heißt allgemein so; es heißt, daß er in den Ruhestand treten will **2** ⟨513⟩ jmdn. od. etwas ... ~ *als ... bezeichnen;* er hieß ihn einen Betrüger, Dummkopf, Esel, Lügner, Schuft; er hat mich seinen Freund geheißen **2.1** *bewerten als;* das heiße ich Humor, Lebensklugheit, Mut; das heiße ich aufmerksam, fleißig, ordentlich sein; das heiße ich singen, spielen, tanzen! (anerkennend) **3** ⟨570⟩ **3.1** jmdn. etwas tun ~ *jmdm. etwas zu tun befehlen, jmdn. zu etwas auffordern;* ich hieß ihn antworten, eintreten, schweigen; wer hat dich kommen, das tun ~?; wer hat dich geheißen, heute zu kommen, das zu tun **3.2** er hat einige Kleinigkeiten mitgehen ~ ⟨fig.⟩ *entwendet*

'hei·ßen[2] ⟨V. 500; du heißt od. heißest; du heißtest; geheißt; heiß!⟩ *hissen;* heißt Flagge!

'Heiß·hun·ger ⟨m.⟩ *plötzl. auftretender, starker, unbezwingl. Hunger;* ~ auf saure Gurken

'hei·ter ⟨Adj.⟩ **1** ⟨70⟩ ~es Wetter *hell, klar, sonnig, unbewölkt, nicht trübe;* ein ~er Himmel, Tag **2** *gutgelaunt, vergnügt, ausgelassen, fröhlich;* ein ~es Gesicht machen; ein ~es Gemüt haben; die Sache stimmt mich ~ **2.1** *Vergnügen bereitend;* ein ~er Film, Roman **2.2** ⟨verhüllend⟩ *ganz leicht betrunken;* er kam sehr spät und recht ~ nach Hause **3** ⟨umg.; iron.⟩ *unangenehm;* das ist ja eine ~e Angelegenheit, Geschichte!; das kann ja ~ werden; das ist ja ~!; das hört sich ja ~ an

'Hei·ter·keit ⟨f.; -; unz.⟩ **1** *stete Fröhlichkeit, Zufriedenheit, Ausgeglichenheit;* jmd. ist von einer strahlenden, naiven, unbekümmerten ~ **2** *Gelächter;* der Witz löste große ~ aus

'hei·zen ⟨V.; du heizt od. heizest⟩ **1** ⟨400⟩ **1.1** *warm machen;* mit Gas, Kohle, Öl ~; vom Keller aus ~; das Zimmer läßt sich gut, schwer ~; in der Küche (nicht) ~; es ist heute gut, schlecht, zu schwach geheizt; wir haben jmdn. zum Heizen; vom 1. Oktober an wird geheizt **1.2** *Wärme spenden, Hitze ausstrahlen;* der Koks, der Ofen heizt gut **2** ⟨500⟩ **2.1** einen Raum ~ *mit Wärme versorgen;* die ganze Wohnung, nur zwei Zimmer ~ **2.2** den Herd, Ofen ~ *im H., O. Feuer machen u. unterhalten*

'Heiz·kör·per ⟨m.⟩ **1** *der die Wärme in den Raum abgebende Teil einer Warmwasser- od. Dampfheizung* **2** *der Teil eines Heizgerätes, in dem die Wärme erzeugt wird*

'hek·tisch ⟨Adj.⟩ **1** *lange andauernd, hartnäkkig* **2** *fiebrig, fieberhaft, erregt;* ~e Betriebsamkeit **2.1** *mit Lungentuberkulose verbunden;* ~es Fieber, ~e Röte auf den Wangen Lungenkranker

Held ⟨m.; -en, -en⟩ **1** *mutiger, tapferer Krieger;* ein ~ der Sage, der Vorzeit **2** ⟨fig.⟩ *jmd., der Hervorragendes, Erstaunliches leistet od. leisten kann;* im Rechnen ist er kein ~ ⟨umg.; iron.⟩; er ist ein ~ im Spielen, Trinken ⟨umg.; iron.⟩ **2.1** der ~ des Tages *wichtigste Person bei einer Begebenheit* **2.2** den ~en spielen, sich als ~ aufspielen ⟨umg.⟩ *sich brüsten* **2.3** du bist mir ein netter, rechter, schöner ~! ⟨umg.; iron.⟩ *ein Feigling* **3** *Hauptgestalt (einer Dichtung);* der Roman hat keinen ~en **3.1** ⟨Theat.⟩ *bestimmte Art von Rollen, Rollenfach zur Darstellung von Helden(3);* er ist als jugendlicher ~ engagiert

'hel·fen ⟨V. 165⟩ **1** ⟨403/R5 od. R6⟩ (jmdm.) (bei etwas) ~ *behilflich sein, eine Hilfe sein,* *beistehen;* sie hilft, wo immer sie kann; sie half ihm, sich zu verstecken; jmdm. beim Abwaschen, bei der Arbeit ~; beim Aus- u. Einsteigen ~; hierbei hat mir niemand geholfen; die Patienten ~ sich beim Waschen; jmdm. suchen, tragen ~; so wahr mir Gott helfe! (Schwurformel); hilf dir selbst, so hilft dir Gott ⟨Sprichw.⟩ 1.0.1 ⟨611⟩ jmdm. in den Mantel, in den Wagen ~ *beim Anziehen des Mantels, beim Einsteigen in den W. behilflich sein* 1.0.2 jmdm. ist nicht zu ~ *bei jmdm. ist alle Hilfe zwecklos;* ihm ist nicht zu ~; wem nicht zu raten ist, dem ist nicht zu ~ ⟨Sprichw.⟩ 1.1 ⟨611⟩ jmdm. auf die Spur, Fährte ~ *bewirken, daß jmd. die S., F. findet;* dieser Hinweis half der Polizei auf die Fährte (Spur) der Verbrecher 1.2 jmdm. auf die Beine ~ 1.2.1 *jmdm. beim Aufstehen behilflich sein* 1.2.2 *jmdn. in einer Notlage unterstützen, so daß er keiner Hilfe mehr bedarf* 1.2.3 einem Unternehmen auf die Beine ~ *ein U. durch Arbeit od. Geld unterstützen, so daß es in Gang kommt* 1.3 ⟨650⟩ jmdm. aus der Not, Verlegenheit ~ *jmdm. behilflich sein, aus der N., V. herauszukommen;* jmdm. aus der Patsche ~ ⟨umg.⟩ **2** ⟨600/R1⟩ 2.1 sich zu ~ wissen *einen Rat, Ausweg wissen;* ich wußte mir nicht mehr, nicht anders zu ~ 2.2 ⟨600 m. Modalverb⟩ ich kann mir nicht ~ *es ist mir nicht möglich, mich anders zu verhalten;* ich kann mir nicht ~, aber da bin ich mißtrauisch **3** ⟨Imp.⟩ ich werde dir ~! ⟨umg.; iron.; drohend⟩ *ich verbiete dir, es zu tun!* **4** ⟨403; unpersönl.⟩ es, das hilft (nicht od. nichts) *nützt (nichts);* was kann das schon ~!; es wird dir nicht(s) ~; da hilft mir alles nicht(s) mehr **4.1** ⟨401⟩ es hilft nicht(s), du mußt ... *du mußt dich damit abfinden, daß ...* **5** ⟨403 od. 405⟩ ein Mittel hilft (jmdm. gegen etwas) *erzielt eine gewünschte Wirkung;* hier hilft kein Bitten und kein Flehen 5.1 ⟨405⟩ ein Medikament, eine Kur hilft (gegen eine Krankheit) *hat eine heilende Wirkung;* die Arznei, Kur hat ihm (gar nicht) geholfen

'Hel·fers·hel·fer ⟨m.; abwertend⟩ *Helfer bei einer Straftat, Mitschuldiger;* Sy *Spießgeselle(2)*

hell ⟨Adj.⟩ **1** *reich an Licht, leuchtend;* Ggs *dunkel(1);* die Flamme brennt ~; wach auf, es wird, ist schon ~; der Mond scheint ~; ~ leuchten die Sterne; diese Lampe gibt ein ~es Licht; das Feuer brannte leuchtend ~ 1.1 ⟨60⟩ es geschah am ~en Tage *vor aller Augen* 1.1.1 ins Helle treten *ins helle Licht* 1.2 ~e Gegenstände *G., die viel Licht zurückstrahlen;* ~e Möbel; ~e Augen, ~es Haar 1.2.1 ~es Bier *B. mit gelblicher Färbung* **2** ~e Farben *dem Weiß angenäherte, schwach gefärbte F.;* Ggs *dunkel(2);* ein Kleid in ~em Blau, Grün, Rot **3** ~e Geräusche *reine, hohe, klare G.;* Ggs *dunkel(3);* ~ klingen, tönen; ein ~er Klang, Ton; sie hat eine sehr ~e Stimme; ~ auflachen **4** ⟨70⟩ jmd. ist ~(e) ⟨fig.⟩ *gescheit, aufgeweckt;* in einem ~en Augenblick erkannte der Kranke ihn; sie hat einen ~en Verstand; ein ~er Kopf, ein ~es Köpfchen ⟨umg.⟩; sie ist recht ~e ⟨umg.⟩ 4.1 Mensch, sei ~e! ⟨umg.⟩ *verhalte dich vorsichtig, klug* **5** ⟨90; fig.⟩ *echt, rein, ungetrübt;* in ~e Begeisterung, ~en Jubel ausbrechen; er hat seine ~e Freude daran **6** ⟨60; verstärkend; fig.⟩ *groß;* er hat es in ~er Verzweiflung getan; sie kamen in ~en Haufen, Scharen; das ist ja ~er Wahnsinn! **7** ⟨60⟩ eine Sache im ~sten Licht erscheinen lassen ⟨fig.⟩ *die Vorteile einer S. zur Geltung bringen od. übertreiben*

'hell·auf ⟨Adv.⟩ **1** *laut, kurz u. hell;* ~ lachen **2** ⟨aber getrennt⟩ 'hell 'auflachen → *hell(3)*

'Hel·ler ⟨m.; -s, -⟩ **1** ⟨urspr.⟩ *Silbermünze* **2** ⟨seit dem 19. Jh.⟩ *Kupfermünze* **3** ⟨österr.-ungar. Monarchie u. Österreich bis 1924⟩ *1/100 der Krone* **4** ⟨heute in der Tschechoslowakei u. Ungarn⟩ *kleinste Scheidemünze, 1/100 der Krone, 1/100 des Pengö u. des Forints* **5** ⟨fig.; umg.⟩ *die kleinste Geldmenge* 5.1 keinen, nicht einen (roten, lumpigen) ~ *gar nichts;* er hat, besitzt keinen ~ mehr; er bekommt nicht einen roten ~ von mir; das ist keinen lumpigen ~ wert; dafür gebe, bezahle ich keinen ~! **5.2** etwas bis auf den letzten ~, auf ~ und Pfennig bezahlen *ganz genau*

'hell·hö·rig ⟨Adj. 70⟩ **1** *mit scharfem Gehör ausgestattet* **2** *schalldurchlässig;* Neubauwohnungen sind oft sehr ~; ~e Wände, Türen **3** ⟨fig.⟩ *mit scharfem, durchdringendem Verstand begabt, aufmerksam;* für bestimmte Vorgänge ~ sein, werden; als er das sagte, wurde ich ~

'hell·se·hen ⟨V. 400; nur im Inf. gebräuchl.⟩ *räuml. u. zeitl. entfernte Vorgänge (angeblich) ohne Vermittlung von Sinnesorganen wahrnehmen;* er kann ~

Helm[1] ⟨m.; -(e)s, -e⟩ *Stiel von Werkzeugen (Axt, Beil usw.)*

Helm[2] ⟨m.; -(e)s, -e⟩ **1** *schützende Kopfbedekkung aus Leder, Metall, Kork;* Stahl~, Sturz~, Tropen~; der Ritter nahm den ~ ab; die Römer trugen ursprünglich ~e aus Leder mit ehernen Beschlägen, später aus Bronze, dann aus Eisen; die Polizisten, Feuerwehrmänner setzten die ~e auf **2** ⟨Heraldik⟩ *neben dem Schild[1](2) wichtigster Bestandteil eines Familienwappens* **3** ⟨Arch.⟩ *das kegel-, zelt- od. pyramidenförmige spitze Dach eines Turmes;* Turm~, Kegel~, Dach~ **4** *Aufsatz auf Schornsteinen*

Hemd ⟨n.; -(e)s, -en⟩ **1** *gerade geschnittenes, fast den ganzen Körper bedeckendes Kleidungsstück, das über den Kopf gezogen werden muß;* Chor~; die ~en der Hirten **2** *auf dem bloßen Leib getragenes Wäschestück;* Nacht~, Unter~; ein ~ aus Baumwolle; das ~ wechseln **3** *leichtes, den Oberkörper bedekkendes Kleidungsstück für Herren;* Ober~; ein bügelfreies ~; ein gestärktes, gestreiftes, kurz-, langärmeliges, pastellfarbenes, weißes ~; ein frisches ~ anziehen; ~en ausbessern, bügeln, stärken, waschen 3.1 tritt dir nicht aufs ~! ⟨umg.; scherzh.⟩ *dein H. ist sehr kurz* **4** ⟨fig.⟩ 4.1 seine Meinung wie ein ~ wechseln *seine Gesinnung oft ändern* **4.2** er würde sein letztes ~ verschenken *er ist völlig selbstlos, sehr gutmütig* **4.3** kein (ganzes) ~ mehr am, auf dem Leibe haben *völlig heruntergekommen sein* **4.4** das ~ ist mir näher als der Rock ⟨Sprichw.⟩ *der eigene Vorteil ist mir wichtiger als der eines anderen* **4.5** jmdn. bis aufs ~ ausplündern, ausziehen *völlig*

'hem·men ⟨V. 500⟩ **1** etwas ~ *die Bewegung, den Fortgang von etwas verlangsamen, bremsen, zum Stillstand bringen;* ein Rad am Fahren, einen Wagen, Wasserlauf ~; ich hatte meinen Schritt gehemmt **2** ⟨R7 od. R8⟩ jmdn. od. eine Sache ~ ⟨fig.⟩ *in seinem Ablauf, seiner Entwicklung aufhalten, jmdn. od. etwas durch Schwierigkeiten u. ä. behindern;* die Entwicklung, den Fortschritt ~; ~d auf die Produktion, Verhandlungen einwirken; ~de Wirkung; durch Schüchternheit gehemmt sein **2.1** ⟨Part. Perf.⟩ gehemmt *unfrei, voller Hemmungen;* sie fühlt sich, ist vor Fremden sehr gehemmt

'**Hemm·schuh** ⟨m.⟩ **1** *keilförmige Platte, die vor das Hinterrad gelegt wird zum Abbremsen von Straßenfahrzeugen* **2** *Vorrichtung zum Abbremsen frei laufender Eisenbahnwagen beim Verschieben, vor die Räder auf die Schiene gelegt* **3** ⟨fig.⟩ *Hemmnis, Hindernis;* jmdm. einen ~ in den Weg legen

'**Hem·mung** ⟨f.; -, -en⟩ **1** ⟨Med.⟩ *Zustand des Organismus, in welchem eine Funktion od. bestimmte Bedingung die Manifestation einer anderen Funktion, Handlung od. Ausdrucksweise verhindert;* Willens~, Wachstums~, Entwicklungs~ **1.1** *innere Scheu, Unfähigkeit, frei u. ungezwungen zu handeln;* nur keine ~en!; er hat ~en; seine ~en überwinden; gesellschaftliche, moralische, seelische ~en; er leidet an ~en **2** *Störung, Hindernis;* Lade~ **3** ⟨Tech.⟩ *Vorrichtung an Uhren, die den Gang des Räderwerks in bestimmten Abständen unterbricht;* Haken~, Pendel~; magnetische ~ **4** ⟨Rechtsw.⟩ *Ruhen des Ablaufs einer Frist*

Hengst ⟨m.; -es, -e⟩ *männl. Einhufer, bes. männl. Pferd;* Kamel~, Esel~; Zucht~; ein dreijähriger ~; einen ~ zur Zucht halten

'**Hen·kel** ⟨m.; -s, -⟩ *Griff, gebogene Handhabe zum Anfassen an Körben, Töpfen usw.;* eine Tasche mit zwei ~n; der ~ des Kruges ist abgebrochen

'**hen·ken** ⟨V. 500⟩ jmdn. ~ *an den Galgen hängen, durch den Strang hinrichten = aufhängen(1.2);* der Mörder wurde gehenkt

'**Hen·ker** ⟨m.; -s, -⟩ **1** *Person, die die (entehrende) Todesstrafe vollstreckt;* jmdn. dem ~ überantworten, überliefern **2** ⟨fig.⟩ **2.1** ich frage den ~ danach, ob ... ⟨ umg.⟩ *ich frage gar nicht* **2.2** daraus werde der ~ klug! ⟨umg.⟩ *ich verwünsche diese Sache, denn ich verstehe sie nicht* **2.3** ich schere mich den ~ drum ⟨umg.⟩ *ich kümmere mich überhaupt nicht darum* **3** *(in Ausrufen, Flüchen u. Verwünschungen);* hol dich der ~!; hol's der ~! (Fluch); zum ~!; geh zum ~; scher dich zum ~!

'**Hen·kers·mahl·zeit** ⟨f.⟩ **1** *letzte Mahlzeit vor der Hinrichtung* **2** ⟨fig.; umg.⟩ *letzte Mahlzeit vor der Abreise*

'**Hen·ne** ⟨f.; -, -n⟩ *weibliches Tier bei Hühnern u. verschiedenen anderen Vogelarten;* Sy *Huhn(3);* Fasanen~, Trut~, Birk~; die ~ brütet, gackert

her ⟨Adv.⟩ **1** von einem Ort ~ *mit dem O. als Ausgangspunkt (-richtung) nach hier gerichtet;* Ggs *hin* ⟨wenn die Situation eindeutig ist, werden hin u. her häufig, bes. in Zus., wahlweise (umg.) gebraucht⟩; von den Bergen, der Ferne ~; von Süden ~; von ihm ~; vom Fenster, von der Tür ~ zieht es; von der Fabrik ~ dringt die schlechte Luft bis in unsere Gegend vor; von Norden ~ weht ein kalter Wind; vom Himmel ~; von weit ~ hörte man ...; von außen, von dort ~ **1.1** ~ (mit) ...! ⟨umg.⟩ *hierher, an diese Stelle!;* Bier ~!; Geld ~!; ~ mit dem Geld, Schmuck! (grobe Aufforderung); ~ zu mir!; (nur schnell) ~ damit! (grobe Aufforderung); ~ ist ebenso weit wie hin **1.1.1** er soll sofort ~! ⟨umg.⟩ *herkommen* **1.2** wo hat der Junge das ~? **1.2.1** *erhalten, bekommen?* **1.2.2** *gehört, erfahren?* **1.2.3** *von wem hat er diese Veranlagung?* **2** *in der Umgebung von* **2.1** (rings)um jmdn. od. etwas ~ *überall umgebend* **2.2** vor jmdm. od. etwas ~ *davor* **2.3** hinter jmdm. od. einer Sache ~ sein *jmdn. od. etwas verfolgen, jmdm. od. einer Sache nachfolgen;* die Polizei ist hinter ihr ~ **2.3.1** hinter einer Sache ~ sein *etwas gern haben wollen* **2.3.2** hinter einem Mädchen (Jungen) ~ sein *ein M. (einen J.) umwerben* **3** eine Zeit ~ *vergangen (seit), zurückliegend* **3.1** es ist schon eine Ewigkeit, ein halbes Jahr, lange Zeit ~, daß wir uns nicht gesehen haben *seit einer E., seit einem halben J., seit langer Z.* **3.2** von einer Zeit ~ *seit der Z. bestehend, bekannt;* das ist mir schon von früher, von meiner Jugend ~ bekannt; von alters ~ **3.2.1** → a. *jeher* **4** von einem Sachverhalt ~ *einen S. betreffend;* von der Aufmachung ~ ist diese Zeitschrift langweilig **5** mit einer Sache od. jmdm. ist es nicht weit ~ ⟨fig.; umg.⟩ *etwas od. jmd. genügt nicht den an sie gestellten Ansprüchen;* mit ihm (mit seiner Arbeit, seinen Kenntnissen, seinem Wissen) ist es nicht weit ~; es ist nicht weit ~ damit **6** → *hin(5-5.3)*

her... ⟨Vors.⟩ **1** ⟨in Zus. mit Verben betont u. trennbar⟩ **1.1** *von einem Ort, aus einer Richtung zum Sprecher kommend;* herkommen, hergehen; er ist hergekommen; komme bitte her! **1.2** ⟨a. abwertend⟩ *eintönig sprechend, gedankenlos wiederholend;* herbeten, herleiern, herplappern **2** ⟨stets unbetont u. nicht trennbar⟩ **2.1** *die Richtung auf den Sprecher zu bezeichnend;* herab, herauf, herbei, herum, herunter **2.2** *in der Zeit danach;* hernach

her'ab ⟨Adv.⟩ **1** *von (dort) oben nach (hier) unten;* vom Dache tropfte es auf uns ~; hinauf und ~ **2** von oben ~ ⟨umg.⟩ *hochmütig, herablassend;* jmdn. von oben ~ behandeln

her'ab|las·sen ⟨V. 175/500/R7⟩ **1** jmdn. od. etwas ~ *von (dort) oben nach (hier) unten sinken lassen;* man hat schon den Bühnenvorhang, die Rolläden herabgelassen; einen Eimer, Korb (an einer Kette, einem Strick) ~; er brach aus dem Gefängnis aus, indem er sich an einem Seil (aus dem Fenster) herabließ **2** ⟨550/R3⟩ sich zu etwas ~ ⟨fig.⟩ *sich zu etwas bereit finden, bequemen* **3** ⟨550/R3⟩ sich zu jmdm. ~ ⟨fig.⟩ *leutselig, gönnerhaft sein;* er war, sein Benehmen war sehr ~d gegen, zu uns; jmdn. ~d grüßen, behandeln

her'ab|set·zen ⟨V. 500⟩ **1** etwas ~ *heruntersetzen, niedriger machen, vermindern = herabwürdigen(1);* man soll die Preise ~; er hat die Geschwindigkeit vor der Kurve herabgesetzt; Verkauf zu herabgesetzten Preisen **2** jmdn. od. etwas ~ *verächtlich, geringschätzig, kränkend behandeln, den Wert, die Bedeutung von jmdm. od. etwas schmälern;* er hat ihn in den Augen der anderen herabgesetzt; jmds. Leistungen, Fähigkeiten ~; in ~der Weise von jmdm. sprechen

her'ab|wür·di·gen ⟨V. 500; fig.⟩ **1** jmdn. od.

etwas ~ *geringschätzig, kränkend behandeln;* Sy *herabsetzen(2);* jmdn. in aller Öffentlichkeit ~; er hat seinen Namen, seine Verdienste herabgewürdigt; jmdn. ~d behandeln **2** ⟨R3⟩ sich ~ *sich erniedrigen;* ich kann mich nicht so ~, daß ...

He'ral·dik ⟨f.; -; unz.⟩ *Wappenkunde*

her'an ⟨Adv.⟩ *hierher, auf den Sprechenden zu, in die Nähe von, herbei;* oV *'ran* ⟨umg.⟩; näher ~; nur ~!; zu mir ~!

her'an... ⟨Vors.; in Zus. mit Verben betont u. trennbar⟩ **1** *von einem Ort, aus einer Richtung zum Sprecher kommend;* heranbrausen; heranbringen, heranfahren, heranlassen, heranlocken, sich heranschleichen, heranwinken **2** *die Aufwärtsentwicklung bezeichnend;* heranwachsen, heranzüchten

her'an|bil·den ⟨V. 500⟩ jmdn. ~ *zu einem bestimmten Zweck, auf ein bestimmtes Ziel zu ausbilden;* junge Ärzte, wissenschaftl. Nachwuchs, Techniker ~

her'an|brin·gen ⟨V. 118/500⟩ **1** etwas ~ *her-, näherbringen;* der Hund hat das Rebhuhn im Maul herangebracht **2** ⟨550⟩ jmdn. an etwas ~ ⟨fig.⟩ *jmdn. mit etwas vertraut machen;* Kinder, Studenten an ein Problem, eine Arbeit ~

her'an|ge·hen ⟨V. 145(s.)⟩ an etwas ~ **1** ⟨411⟩ *näherkommen, sich nähern;* er ging an den Zaun heran und beobachtete die Pferde; gehe nicht so nah an das Geländer heran! **2** ⟨800; fig.⟩ *beginnen, anpacken;* mit Eifer an eine Sache, ein Problem, eine Arbeit ~

her'an|kom·men ⟨V. 170(s.)⟩ **1** ⟨400⟩ *sich nähern, näher kommen;* laß ihn erst ~!; der Hund kam ganz nahe an mich heran 1.1 ⟨fig.⟩ *sich zeitlich nähern;* der Urlaub kam langsam heran **2** ⟨800⟩ an jmdn. od. etwas ~ *jmdn. od. etwas erreichen, etwas in seinen Besitz bringen;* ich konnte vor Menschen nicht an die Kasse ~; an den Chef ist nur schwer heranzukommen; ich kam ohne Leiter nicht an die Äpfel heran 2.1 an jmdn. ist nicht, nur schwer heranzukommen ⟨fig.⟩ *jmd. ist sehr unzugänglich* 2.2 etwas an sich ~ lassen ⟨fig.; umg.⟩ *abwarten u. nichts (in der Sache) unternehmen*

her'an|rei·chen ⟨V. 800⟩ **1** an etwas ~ *bis an etwas reichen;* das Kind kann noch nicht an die Türklinke ~ **2** an jmdn. ~ *jmdm. gleichkommen;* du reichst noch längst nicht an ihn heran **3** etwas reicht an etwas heran *grenzt an etwas;* das reicht schon ans Verbrecherische heran

her'an|tra·gen ⟨V. 265/500⟩ **1** jmdn. od. etwas ~ *näher tragen, herbeitragen;* die Arbeiter trugen Steine, Holz heran **2** ⟨511⟩ etwas an jmdn. od. etwas ~ ⟨fig.⟩ *bei jmdm. od. etwas vorbringen, zum Ausdruck bringen;* wir müssen die Sache einmal an ihn ~; an die Betriebsleitung wurde der Wunsch herangetragen, ...

her'an|tre·ten ⟨V. 268/800(s.)⟩ **1** an jmdn. od. etwas ~ ⟨a. fig.⟩ *sich jmdm. od. einer Sache nähern, nah an jmdn. od. etwas treten;* bitte, treten Sie näher heran!; er war dicht an die Brüstung herangetreten **2** ⟨850⟩ mit etwas an jmdn. ~ ⟨fig.⟩ *sich an jmdn. wenden;* er ist mit seinem Vorschlag, Angebot an sie herangetreten; an jmdn. mit einer Bitte, Frage ~ 2.1 an ihn trat die Aufgabe, Pflicht heran... *er sah sich vor die Aufgabe gestellt*

her'an|wa·gen ⟨V. 511/R3⟩ **1** sich an jmdn. od. etwas ~ *sich jmdm. od. einer Sache zu nähern wagen;* er wagte sich nicht an das brennende Auto heran **2** sich an etwas ~ ⟨fig.⟩ *sich eine Tätigkeit zutrauen;* ich wage mich an dieses Problem, Unternehmen nicht heran

her'an|zie·hen ⟨V. 293⟩ **1** ⟨500⟩ jmdn. od. etwas ~ *näher zu sich ziehen;* die Fußbank zu sich ~; ich hatte das Boot zu mir herangezogen **2** ⟨400(s.)⟩ *sich nähern;* das Unwetter zog schnell heran **3** ⟨500⟩ Pflanzen, junge Tiere ~ *großziehen, aufziehen, zum Gedeihen bringen, pflegen* **4** ⟨500⟩ jmdn. ~ ⟨fig.⟩ *ausbilden, heranbilden;* du mußt dir rechtzeitig einen Nachfolger ~ **5** ⟨550⟩ jmdn. zu einer Leistung ~ ⟨fig.⟩ *jmdn. veranlassen, sich am Erbringen einer L. zu beteiligen;* zu bestimmten Arbeiten hat der Betrieb ausländische Arbeitskräfte herangezogen 5.1 jmdn. zur Deckung der Kosten ~ *einen Teil der K. von jmdm. zahlen lassen* **6** ⟨550⟩ etwas zum Vergleich ~ ⟨fig.⟩ *sich einer Sache bedienen, um einen V. anstellen zu können*

her'auf ⟨Adv.⟩ **1** oV *'rauf* ⟨umg.⟩ 1.1 *von (dort) unten nach (hier) oben;* ~ und herunter; hier ~!; da ~!; von dort ~! 1.2 ⟨umg.⟩ *hinauf;* wir kommen zu euch ~ **2** von unten ~ dienen *vom untersten Dienstgrad an höhersteigen*

her'auf... ⟨Vors.; in Zus. mit Verben trennbar⟩ *von unten nach oben, aufwärts zum Sprecher hin;* sich heraufarbeiten, heraufklettern, heraufholen, heraufrufen

her'auf|be·schwö·ren ⟨V. 238/500⟩ **1** etwas ~ *durch (unüberlegte, unachtsame) Handlung etwas Unangenehmes, ein Unglück verursachen, bewirken;* einen Streit ~; er hat diese Situation, die gespannte Atmosphäre heraufbeschworen; einen Krieg, bewaffneten Konflikt ~ **2** etwas ~ *sich etwas Vergangenes vorstellen, in Erinnerung rufen;* die schönen Erlebnisse der Vergangenheit, Kindheit ~ **3** einen Geist, Toten ~ *durch Beschwörung veranlassen zu erscheinen*

her'auf|zie·hen ⟨V. 293⟩ **1** ⟨500/R7 od. R8⟩ jmdn. od. etwas ~ *von (dort) unten nach (hier) oben ziehen;* ihr müßt das Boot noch weiter auf den Strand ~ **2** ⟨400(s.)⟩ etwas zieht herauf ⟨geh.⟩ *etwas kündigt sich an, kommt näher;* ein Gewitter zieht herauf

her'aus ⟨Adv.⟩ oV *'raus(1)* ⟨umg.⟩ **1** *von (dort) innen, drinnen nach (hier) außen, draußen (zum Sprecher hin);* aus dem Wald endlich ~ sein; nur ~ an die frische Luft 1.1 ~ aus dem Bett, den Federn! ⟨umg.⟩ *aufstehen!* 1.2 Wache ~! *W. antreten!* 1.3 ~ mit der Sprache! ⟨fig.; umg.⟩ *nur Mut, sprich!* 1.4 ~ mit dem Geld! ⟨umg.⟩ *geben Sie das G. her! (bei einem Überfall)* 1.5 von innen ~ ⟨a. fig.⟩ *aus dem Inneren;* die Früchte sind von innen ~ verfault; von innen ~ spürte er eine Zuneigung für sie **2** aus dem Gröbsten, Ärgsten ~ sein ⟨fig.⟩ *das Schlimmste, Schwerste hinter sich haben* 2.1 jmd. ist fein ~ ⟨umg.⟩ *jmd. ist (trotz schlechter Voraussetzungen) in einer glücklichen Lage* **3** etwas ist ~ ⟨fig.; umg.⟩ *etwas ist veröffentlicht worden;* das neue Gesetz, der neue Fahrplan ist ~ **4** jmd. hat etwas ~ ⟨fig.; umg.⟩ *hat etwas begriffen;* er hat den Trick, Dreh schon ~ **5** jmd. hat etwas od. jmdn. ~ ⟨fig.; umg.⟩ *hat etwas od. jmdn. festgestellt;* die Polizei hatte den Täter bald ~; endlich hatte ich die Lösung, ihren Namen ~ **6** aus einer Notlage, aus bestimmten Erwägungen ~ ⟨fig.⟩ *auf Grund einer N., bestimmter E. handeln* 6.1 aus sich ~ *unaufgefordert, von sich;* er hat aus sich ~ geholfen

her'aus... ⟨Vors.; in Zus. mit Verben trennbar⟩ **1** *von einem Ort, aus einer Richtung zum Sprecher kommend;* herausfallen, herausfließen, herauskriechen, herausrennen, herausrollen, herausrupfen, heraussagen, herausschießen, sich herauswagen, sich herauswinden **2** *die Beförderung von etwas od. jmdm. nach draußen bezeichnend;* herausbohren, herausbuddeln, herausdrehen, herausklingeln, herauspumpen, herausschicken, herausschrauben, herauswerfen, herauszerren **3** *das Gewinnen bestimmter Eindrücke, Erkenntnisse bezeichnend;* herausdeuten, herausfühlen, herausschmecken, herausspüren

her'aus|ar·bei·ten ⟨V.⟩ **1** ⟨500⟩ etwas ~ *einzelne Teile innerhalb eines größeren Ganzen formen, gestalten, hervortreten lassen;* die Adern, Muskeln an einer Plastik deutlich ~ 1.1 *innerhalb eines größeren Zusammenhangs hervortreten lassen, betonen, deutlich machen;* eine Idee, ein Problem, einen Konflikt (in einer Dichtung) ~ **2** ⟨500⟩ einen Tag ~ ⟨umg.⟩ *an mehreren Tagen länger arbeiten, um an einem Tag dienstfrei zu haben* **3** ⟨511/R3⟩ sich aus etwas ~ *sich ohne fremde Mithilfe aus einer drohenden, schwierigen Lage befreien;* er konnte sich aus dem Gestrüpp, aus dem Schlamm, Sumpf ~; er hat sich endlich aus diesem armseligen Leben herausgearbeitet ⟨fig.⟩

her'aus|be·kom·men ⟨V. 170/500⟩ **1** ⟨511⟩ etwas aus etwas ~ *etwas aus etwas entfernen, lösen können;* ich bekomme den Schlüssel nicht aus dem Schloß heraus; ich habe den Fleck nicht aus der Bluse herausbekommen **2** ⟨511⟩ jmdn. aus etwas (Gefängnis, Notlage) ~ *bewirken, daß jmd. den Ort, an dem er sich gegen seinen Willen aufhält, verlassen kann, aus einer Notlage befreit ist;* ich habe ihn nur auf Grund meiner großen Überredungskünste so schnell aus dieser Anstalt ~ **3** eine Sache ~ *erfahren, (mit Mühe) in Erfahrung bringen, ergründen, erforschen;* ich konnte nicht ~, ob er wirkl. dort gewesen ist; ein Geheimnis ~ 3.1 Rätsel, Rechenaufgaben ~ *lösen* 3.2 eine Inschrift ~ *entziffern* **4** Wechselgeld ~ *zurückbekommen;* ich bekomme noch etwas heraus; ich bekomme noch eine Mark heraus

her'aus|brin·gen ⟨V. 118/500⟩ **1** jmdn. od. etwas ~ *von (dort) drinnen nach (hier) draußen bringen;* bring uns bitte Tisch und Stühle heraus!; sie wurde ohnmächtig herausgebracht **2** etwas ~ *etwas entwickeln u. an die Öffentlichkeit, auf den Markt bringen;* die Firma hat ein neues Automodell, neue Muster herausgebracht 2.1 ein Buch ~ *veröffentlichen* 2.2 jmdn. ~ ⟨fig.⟩ *mit viel Aufwand u. gezielter Reklame der Öffentlichkeit vorstellen;* einen neuen Sänger groß ~ **3** ⟨511⟩ etwas aus etwas ~ ⟨umg.⟩ *etwas entfernen;* den Korken nicht (aus der Flasche) ~; ich versuchte, den Fleck mit einem Reinigungsmittel (aus dem Rock) herauszubringen **4** ⟨550⟩ etwas aus jmdm. ~ ⟨fig.; umg.⟩ *herausbekommen, etwas von jmdm. erfahren;* es ist nichts aus ihm herauszubringen **5** etwas ~ ⟨fig.; umg.⟩ *sagen, sich äußern;* er brachte (vor Angst, Schreck, Erschöpfung) kein Wort heraus

her'aus|fah·ren ⟨V. 130⟩ **1** ⟨500⟩ etwas ~ *fahrend aus etwas bewegen;* er fuhr das Auto, den Traktor aus der Garage, dem Hof heraus **2** ⟨411(s.)⟩ *fahrend aus etwas herauskommen;* er ist mit dem Fahrrad aus dem Wald herausgefahren; er kam aus dem Hof, der Garage herausgefahren **3** ⟨411(s.)⟩ aus etwas ~ *etwas eilig verlassen;* aus dem Bett ~ **4** ⟨600(s.)⟩ etwas fährt jmdm. heraus ⟨fig.; umg.⟩ *jmd. sagt etwas, was er eigentlich nicht sagen wollte;* es fuhr mir so heraus, es war nicht böse gemeint

her'aus|fin·den ⟨V. 134/500⟩ **1** jmdn. od. etwas ~ *in einer Menge finden, ausfindig machen;* ich habe das Buch schon herausgefunden; sie fand ihr Kind unter den anderen sofort heraus 1.1 *entdecken;* einen Fehler nicht ~; er konnte den Sinn ihrer Worte nicht ~ **2** ⟨505/R3⟩ sich ~ *den Weg von (dort) drinnen nach (hier) draußen finden;* er hat (sich) aus dem Wald nicht ~ können 2.1 ⟨fig.⟩ *den Ausweg aus Schwierigkeiten, einer Notlage finden;* er findet sich nicht aus dieser Angelegenheit heraus

her'aus|for·dern ⟨V. 500/R8⟩ **1** jmdn. ~ ⟨a. Boxsp., Schachspiel⟩ *jmdn. auffordern zu kämpfen;* jmdn. zum Angriff, Zweikampf ~ **2** jmdn. od. etwas ~ *absichtlich reizen, provozieren;* eine Gefahr mutwillig, leichtsinnig ~ 2.1 ⟨Part. Präs.⟩ ~d *aufreizend, anmaßend, angriffslustig;* jmdm. einen ~den Blick zuwerfen; jmdn. ~d ansehen; ~de Worte, Bemerkungen

her'aus|ge·ben ⟨V. 143/500⟩ **1** einen Gegenstand ~ *von (dort) drinnen nach (hier) draußen geben, von einem anderen Raum in diesen Raum geben;* gib mir den Koffer (durchs Fenster) heraus!; die Speisen von der Küche in den Speisesaal ~ **2** etwas ~ *zurückgeben, (wieder) aushändigen;* gestohlenes Gut ~; zur Aufbewahrung übergebene Gegenstände ~; die Garderobe, den Schlüssel, die Wäsche ~ (im Hotel, Restaurant) **3** Gefangene ~ *ausliefern* **4** ⟨402⟩ (Wechselgeld) ~ *zurückgeben, wiedergeben;* haben Sie das Geld nicht passend, ich kann nicht ~; geben Sie mir bitte zwei Mark heraus, das übrige ist für Sie **4**.1 können Sie ~? *haben Sie passendes Wechselgeld?* **5** ⟨500⟩ Bücher, Zeitschriften ~ *für die Veröffentlichung von B.n, Z.n verantwortlich zeichnen;* dieser Professor gab während vieler Jahre eine wissenschaftliche Zeitschrift heraus; Goethes Werke, herausgegeben von X. ⟨Abk.: hrsg., hg.⟩ **6** ⟨403⟩ jmdm. ~ *jmdm. die Antwort nicht schuldig bleiben, gut antworten (können)*

her'aus|ge·hen ⟨V. 145/400(s.)⟩ **1** *von dort (drinnen) nach (hier) draußen gehen;* ich sah ihn aus dem Haus ~ **2** ⟨411⟩ etwas geht (aus etwas) heraus *etwas läßt sich beseitigen, entfernen;* die Flecken gehen schwer (aus dem

Stoff) heraus **3** ⟨800⟩ aus sich ~ ⟨fig.⟩ *seine Schüchternheit überwinden, lebhaft, lustig werden*

her'aus|ha·ben ⟨V. 159/500; umg.⟩ **1** jmdn. od. etwas ~ *aus etwas entfernt haben;* den Korken aus der Flasche ~; den Mieter aus dem Haus ~ **2** etwas ~ *herausbekommen haben, ergründen;* hast du schon die Lösung, das Rätsel, Geheimnis heraus?; ich hab's heraus! 2.1 es (gut, fein) ~, den Bogen ~ ⟨fig.; umg.⟩ *wissen, was zum Erfolg nötig ist, auf geschickte Weise ein Ziel erreichen;* ob er das wirklich kann? O ja, das hat er (fein) heraus, er hat den Bogen heraus!

her'aus|hal·ten ⟨V. 160/500⟩ **1** etwas ~ *von (dort) drinnen nach (hier) draußen halten;* er hielt die Fahne aus dem Fenster heraus **2** ⟨505/R7⟩ jmdn. od. etwas (aus etwas) ~ *von etwas fernhalten, verhindern, daß jmd. od. etwas mit einer Sache zu tun hat;* ich möchte mich (aus dieser Angelegenheit) möglichst ~

her'aus|hän·gen[1] ⟨V. 500⟩ **1** etwas ~ *nach außen hängen;* ich habe die Wäsche herausgehängt; an öffentlichen Gebäuden hat man die Fahnen herausgehängt **2** etwas (lang) ~ lassen ⟨fig.; umg.⟩ *mit etwas protzen, etwas allzu deutlich zeigen*

her'aus|hän·gen[2] ⟨V. 161/403⟩ **1** etwas hängt (jmdm.) heraus *von (dort) drinnen nach (hier) draußen hängen, von außen zu sehen sein;* hier hängt überall aus den Fenstern die Wäsche heraus; die Bluse hing ihr aus dem Rock heraus; der Hund saß mit ~der Zunge da **2** → a. *Hals(5.6)*

her'aus|he·ben ⟨V. 163/500⟩ **1** jmdn. od. etwas ~ *aus etwas heben, ergreifen u. herausnehmen;* ein Kind aus dem Bad, Wasser ~ **2** ⟨fig.⟩ *hervorheben, betonen;* die Beispiele wurden durch Unterstreichung herausgehoben **3** ⟨R7⟩ jmdn. od. etwas ~ *abheben, zur Geltung, Wirkung kommen lassen;* die Farben, Muster heben sich gut (aus der Umgebung) heraus

her'aus|ho·len ⟨V. 500⟩ **1** jmdn. od. etwas ~ *von (dort) drinnen nach (hier) draußen holen;* bitte hol mir doch meinen Mantel (aus dem Haus, Schrank) heraus; bitte hol doch Tisch und Stühle in den Garten heraus!; den Arzt nachts aus dem Bett ~ müssen 1.1 *befreien, retten;* wir müssen versuchen, ihn da herauszuholen; die Feuerwehr holte die Menschen aus dem brennenden Haus heraus **2** etwas ~ ⟨fig.; umg.⟩ *verdienen, einen Vorteil erreichen, einen Gewinn erzielen;* wir können bei dem Handel noch mehr ~; Geld aus jmdm. od. etwas ~; er versucht stets soviel wie möglich für sich herauszuholen **3** etwas ~ ⟨fig.; umg.⟩ *mühsam erfragen;* man muß jede Antwort aus ihm ~ **4** etwas ~ ⟨fig.; umg.⟩ *etwas abgewinnen, abfordern;* in der letzten Runde holte er aus seinem Motor das Letzte heraus; ich habe alles aus mir herausgeholt 4.1 *erzielen, erreichen;* bei einem Wettkampf ein gutes Ergebnis, einen Sieg ~; der Lehrer will aus seinen Schülern die höchste Leistung ~

her'aus|keh·ren ⟨V. 500⟩ **1** etwas ~ *von (dort) drinnen nach (hier) draußen kehren;* die Leute kehren einfach allen Schmutz auf die Straße heraus **2** jmdn. od. etwas ~ ⟨fig.; abwertend⟩ *hervortun, betonen, herausstellen;* seine Bildung ~ 2.1 den reichen Mann ~ *mit seinem Reichtum protzen* 2.2 er kehrt immer den Schulmeister heraus *er ist, benimmt sich oft schulmeisterlich*

her'aus|kom·men ⟨V. 170(s.)⟩ **1** ⟨400⟩ *von (dort) drinnen nach (hier) draußen kommen, hervorkommen, erscheinen, sichtbar werden;* wir wollen sehen, machen, daß wir hier möglichst schnell ~; die Blumen kommen aus der Erde heraus; ich habe ihn (aus dem Haus) ~ sehen 1.0.1 ich komme gleich 'raus, komm 'raus! ⟨umg.; eigtl.⟩ *hinaus* 1.1 ⟨Kart.⟩ *die erste Karte aufdecken* **2** ⟨411⟩ aus einem Raum, Bereich ~ ⟨a. fig.⟩ *den R., B. verlassen können;* Sy *hinauskommen(2);* er ist noch nie aus seiner Heimatstadt herausgekommen 2.1 du kommst viel zu wenig heraus *du gehst zu wenig aus, kommst zu wenig an die Luft od. unter Menschen* 2.2 aus dem Fragen, dem Erzählen nicht ~ *kein Ende mit F., E. finden* **3** ⟨400⟩ etwas kommt heraus *wird entwickelt u. auf den Markt gebracht;* ein Modell, Fabrikat kommt heraus 3.1 ein Buch kommt heraus *erscheint, wird veröffentlicht* 3.2 ein Theaterstück, ein Film kommt heraus *hat Premiere* **4** ⟨416⟩ mit etwas ~ 4.1 *etwas herausbringen, entwickeln u. auf den Markt bringen;* alle Autofirmen kommen dieses Jahr mit einem kleinen Modell heraus 4.2 mit einem Buch ~ *ein B. veröffentlichen;* der Verlag ist mit einem neuen Werk von XY herausgekommen 4.3 mit dem Einsatz ~(bei der Lotterie) *gerade so viel gewinnen, wie der eigene Anteil betragen hat* 4.4 mit einem Anliegen ~ ⟨fig.; umg.⟩ *ein A. zur Sprache bringen* 4.5 mit einem Vorschlag, Geständnis ~ *gegen seinen ursprünglichen Willen äußern, gestehen;* nach vielem Bitten kam er doch damit heraus **5** ⟨400⟩ *deutlich werden, den beabsichtigten Effekt erzielen;* das Anliegen des Autors kam nicht heraus 5.1 Töne kommen heraus *sind deutlich hörbar;* die tiefen Töne kommen bei diesem Apparat nicht gut heraus **6** ⟨413⟩ groß ~ ⟨umg.⟩ *im Beruf, in der Gesellschaft, im öffentlichen Leben sehr erfolgreich sein;* dieser junge Schauspieler wird einmal groß ~ **7** ⟨400⟩ eine Sache, ein Geheimnis, Verbrechen, eine Tat kommt heraus *wird entdeckt, ruchbar, bekannt;* wenn das herauskommt, geht es dir schlecht; es ist bis jetzt nicht herausgekommen, wer der Täter war **8** ⟨405⟩ etwas kommt (bei einer Sache) heraus *zeitigt ein Ergebnis, Resultat, ergibt sich als Lösung;* was kommt bei der Rechenaufgabe heraus?; ich zweifle, ob bei deiner Arbeit etwas herauskommt; was ist eigentlich bei der Sache noch herausgekommen?; das kommt dabei heraus, wenn man ... ⟨fig.; umg.⟩; dabei kommt nichts heraus ⟨fig.⟩ 8.1 ⟨413⟩ das kommt auf dasselbe, auf eins heraus ⟨umg.⟩ *das macht keinen Unterschied, das ist das gleiche, es ist gleich, wie man es macht* 8.2 → a. *Einsatz(3.0.1)* **9** ⟨410; umg.⟩ *aus dem Rhythmus, aus dem Takt kommen;* ich komme beim Tanzen, beim Spielen immer wieder, sehr schnell heraus

her'aus|ma·chen ⟨V. 500; umg.⟩ **1** etwas ~ *aus etwas entfernen, beseitigen;* einen Knoten ~ **2** ⟨R3⟩ sich ~ *hübscher werden, wachsen, gut gedeihen, sich gut entwickeln;* der Junge hat sich aber herausgemacht!; er hat sich prächtig herausgemacht

her'aus|neh·men ⟨V. 189/500⟩ **1** etwas ~ *aus einem Behälter o. ä. nehmen, entfernen;* ein Buch (aus dem Schrank) ~; das Geld (aus der Tasche) ~; ich nahm eine Gurke aus dem Glas heraus **1.1** ⟨530⟩ jmdm. ein Organ ~ *operativ entfernen;* jmdm. die Mandeln ~; er mußte sich den Blinddarm, eine Niere ~ lassen **2** ⟨511⟩ jmdn. od. etwas ~ ⟨fig.⟩ *aus seiner bisherigen Umgebung, einer Institution o. ä. entfernen;* wir wollen den Jungen aus der Schule ~ **3** ⟨530/R1⟩ sich etwas ~ ⟨fig.⟩ *sich etwas anmaßen, Freiheiten mißbrauchen, Rechte überschreiten;* sich (große) Freiheiten ~; sich das Recht ~, etwas zu tun; sich (zu)viel ~

her'aus|rei·ßen ⟨V. 198/500⟩ **1** etwas ~ *etwas aus etwas reißen, heftig herausziehen, gewaltsam entfernen;* Unkraut ~; jmdm. einen Zahn ~; Blumen aus der Erde ~ **2** ⟨511⟩ etwas reißt jmdn. aus etwas heraus ⟨fig.⟩ *ändert jäh den Zustand, in dem sich jmd. befindet;* durch den Umzug wurde das Kind aus seiner vertrauten Umgebung herausgerissen **3** jmdn. ~ ⟨fig.; umg.⟩ *jmdn. (aus einer unangenehmen Lage) befreien;* du mußt dich durch Fleiß wieder ~ ⟨umg.⟩ **4** etwas reißt jmdn. heraus ⟨fig.⟩ *verändert jmds. Lage in positiver Hinsicht, schafft den Ausgleich, wiegt eine Sache auf;* in der ersten Prüfung hat er nicht gut abgeschnitten, aber eine Eins in der zweiten kann ihn wieder ~

her'aus|rücken ⟨-k·k-; V.⟩ **1** ⟨500⟩ einen Gegenstand ~ *aus einer Reihe, einem Raum nach (hier) draußen rücken;* können Sie bitte Ihren Stuhl etwas (weiter) ~? **2** ⟨500⟩ Besitz, Eigentum ~ ⟨fig.; umg.⟩ *hergeben, herausgeben;* Geld ~ **3** ⟨800(s.)⟩ mit einer Mitteilung ~ ⟨fig.; umg.⟩ *gegen anfänglichen, inneren Widerstand etwas sagen, erzählen, die Wahrheit eingestehen, eine Neuigkeit mitteilen;* (nicht) mit der Sprache ~; mit einer Neuigkeit, mit der Wahrheit ~ (wollen)

her'aus|rut·schen ⟨V. 400(s.)⟩ **1** *von (dort) drinnen nach (hier) draußen rutschen;* das Hemd ist ihm aus der Hose herausgerutscht **2** ⟨600⟩ eine Äußerung rutscht jmdm. heraus ⟨fig.; umg.⟩ *wird ungewollt ausgesprochen;* das Wort ist mir so herausgerutscht

her'aus|schie·ßen ⟨V. 215⟩ **1** ⟨500⟩ etwas ~ *durch Schießen entfernen;* in der Schießbude eine Figur aus einer ganzen Reihe ~ **1.1** er hat einen schönen Preis herausgeschossen ⟨schweiz.⟩ *beim Wettschießen gewonnen* **2** ⟨400⟩ *von (dort) drinnen nach (hier) draußen schießen;* er hat aus dem Fenster hier auf die Straße herausgeschossen **3** ⟨400(s.)⟩ etwas schießt heraus ⟨fig.⟩ *quillt heftig hervor;* aus der Wunde schoß ein Strahl Blut heraus

her'aus|schla·gen ⟨V. 218⟩ **1** ⟨500⟩ etwas ~ *durch Schlagen herausbringen, entfernen;* Staub aus den Büchern, dem Teppich ~ **2** ⟨550⟩ etwas bei einer Sache ~ ⟨fig.; umg.⟩ *gewinnen;* er versucht, bei allem etwas für sich herauszuschlagen; er hat bei dem Geschäft eine große Summe für sich herausgeschlagen; wir wollen sehen, wie wir dabei noch etwas Zeit für uns ~ können **3** ⟨400(s.)⟩ Flammen schlagen aus den Fenstern heraus *dringen nach draußen*

her'aus|sprin·gen ⟨V. 253(s.)⟩ **1** ⟨400⟩ *von (dort) drinnen nach (hier) draußen springen, springend herauskommen;* die Kinder kamen aus dem Haus herausgesprungen; der Pilot ist aus dem brennenden Flugzeug herausgesprungen **1.1** aus den Schienen ~ *entgleisen* **2** ⟨411⟩ etwas springt bei etwas heraus ⟨fig.; umg.⟩ *bringt einen Vorteil, lohnt sich;* bei dem Geschäft muß auch etwas für mich ~; bei der Sache springt (für mich) eine ganze Menge, gar nichts heraus

her'aus|stel·len ⟨V. 500⟩ **1** etwas ~ *von (dort) drinnen nach (hier) draußen stellen;* stell die Blumen hier auf den Balkon heraus; jetzt kann man schon die Gartenmöbel ~ **2** ⟨R7⟩ jmdn. od. etwas ~ ⟨fig.⟩ *betonen, hervorheben, in den Mittelpunkt der Aufmerksamkeit stellen;* besondere Merkmale einer Person, Dichtung ~; in einem Vortrag bestimmte Probleme ~; der Politiker wurde als Mann der Zukunft herausgestellt **3** ⟨R3⟩ sich ~ *sich ergeben, sich zeigen, sich erweisen als;* es hat sich herausgestellt, daß ...; er hat sich als Betrüger herausgestellt; es hat sich als falsch herausgestellt

her'aus|strei·chen ⟨V. 263/500⟩ **1** etwas ~ *streichen, ausmerzen, durch Streichen entfernen;* bestimmte Stellen aus einem Text ~ **2** ⟨R7 od. R8⟩ jmdn. od. etwas ~ ⟨umg.; fig.⟩ *hervorheben, übertrieben loben, sehr rühmen;* jmds. Verdienste ~

her'aus|wach·sen ⟨V. 277/400(s.)⟩ **1** etwas wächst heraus *wächst aus der Erde, wächst aus einem Behälter nach draußen, schießt empor, kommt hervor;* die Wurzeln sind unten aus dem Topf herausgewachsen **1.1** → a. *Hals(5.6)* **2** ⟨411⟩ er ist aus dem Anzug herausgewachsen ⟨fig.; umg.⟩ *der Anzug ist ihm zu klein geworden, er paßt ihm nicht mehr*

her'aus|zie·hen ⟨V. 293/500/R7 od. R8⟩ **1** jmdn. od. etwas ~ *nach draußen ziehen;* einen Verletzten aus dem Auto ~; Zucker zieht den Saft aus den Früchten heraus **2** etwas ~ ⟨fig.⟩ *herausschreiben, als Auszug entnehmen;* → a. *exzerpieren;* aus einem Drama alle Zitate ~

herb ⟨Adj.⟩ **1** *kräftig (im Geschmack, Geruch), leicht bitter, leicht säuerlich, nicht süß;* ~er Wein; ~ riechen, schmecken; dieses Parfüm ist etwas ~ **2** *schwer zu ertragen, schmerzlich;* eine ~e Enttäuschung; ~ enttäuscht werden; der Verlust war ~ **2.1** *unfreundlich, scharf;* ~e Worte, Kritik **3** ⟨fig.⟩ *verschlossen, abweisend;* ein ~er Mensch, Typ; er hat eine etwas ~e Art **3.1** ein ~es Mädchen *spröde, nicht anschmiegsam*

her'bei ⟨Adj.⟩ *von einem Punkt, Ort auf den Sprechenden zu, hierher, herzu;* ~ (zu mir)!; alles ~!

her'bei... ⟨Vors.; in Zus. mit Verben betont u. trennbar⟩ *von einem Ort, aus einer Richtung zum Sprecher kommend;* herbeieilen, herbeibringen, herbeiholen, herbeitragen

'Her·ber·ge ⟨f.; -, -n⟩ **1** ⟨veralt.⟩ *einfaches Wirtshaus, Gasthaus, in dem man übernachten kann;* eine ~ suchen **2** *Heim als Unterkunft für die Jugend;* Jugend~ **3** ~ zur Heimat *von der Inneren Mission unterhaltenes Heim, das Mittellosen Unterkunft gewährt*

Herbst ⟨m.; -(e)s; -e⟩ **1** *Jahreszeit zwischen Sommer und Winter (vom 22./23. 9. bis 21./22. 12. auf der nördlichen Halbkugel);* den ~ im Süden verbringen; ein früher, später, kalter, warmer, schöner ~; im ~ dieses, nächsten, vorigen Jahres **2** ⟨fig.; geh.⟩ *Zeit des Alterns* 2.1 ~ des Lebens *das (beginnende) Alter*

'Herbst·zeit·lo·se ⟨f.⟩ *von August bis Oktober blühendes, giftiges Liliengewächs mit hell lilafarbenen Blüten: Colchicum autumnale*

Herd ⟨m.; -(e)s, -e⟩ **1** *Feuerstelle, Vorrichtung, auf der gekocht wird;* Elektro~, Gas~, Kohlen~, Küchen~; elektrischer, offener, zwei-, dreiflammiger ~; das Essen, einen Topf auf den ~ stellen; das Essen, einen Topf vom ~ nehmen **2** ⟨fig.⟩ *Mittelpunkt eines Hausstandes;* eigener ~ ist Goldes wert ⟨Sprichw.⟩ 2.1 → a. *Haus(6.1)* **3** ⟨fig.⟩ *Mittelpunkt, Ausgangsstelle, Zentrum;* ~ eines Erdbebens; eine Feuersbrunst auf ihren ~ beschränken, eindämmen 3.1 ⟨Med.⟩ *Ausgangspunkt für Krankheiten;* Ansteckungs~, Krankheits~ **4** ⟨Techn.⟩ *Aufbereitungsmaschine mit geneigter Platte, über die mit einem Wasserstrom ein zu trennendes Gemisch von nutzbaren Mineralien und Bergen(4) läuft*

'Her·de ⟨f.; -, -n⟩ **1** *Verband von Haus- od. wilden Tieren der gleichen Art;* Elefanten~, Schaf~, Rinder~; eine ~ Kühe, Schafe, Ziegen hüten; wie eine ~ Schafe laufen ⟨umg.⟩ **2** ⟨poet.⟩ *Menge von Schutzbefohlenen, (kirchliche) Gemeinde* **3** ⟨fig.⟩ *Haufe, Masse, Schar von Menschen, bes. solcher, die sich willenlos führen od. treiben lassen;* eine ~ von Kindern, Touristen 3.1 mit der ~ laufen, der ~ folgen ⟨umg.; abwertend⟩ *sich gedankenlos den anderen anschließen*

her'ein ⟨Adv.⟩ oV *'rein*[2] ⟨umg.⟩ **1** *von (dort) draußen nach (hier) drinnen;* von draußen ~ 1.1 → a. *hinein(1)* **2** ~! (Aufforderung zum Eintreten ins Zimmer) *(bitte) eintreten, hereinkommen!;* nur ~!; immer ~!; ~, ohne anzuklopfen (Aufschrift auf Türschildern in Ämtern, Behörden usw.)

her'ein... ⟨Vors.; in Zus. mit Verben betont u. trennbar⟩ *von (dort) draußen nach (hier) drinnen (zum Sprecher hin)* ⟨umg.⟩; hereinbitten, hereinholen, hereinlassen, hereinregnen, hereintreten

her'ein|bre·chen ⟨V. 116⟩ **1** ⟨400(s.)⟩ etwas bricht herein *bricht ab u. fällt, stürzt nach innen;* Kohle, Gestein brach über den Bergleuten herein 1.1 Wasser brach mit großer Wucht (über die Felsen) herein *ergoß sich* **2** ⟨400(s.)⟩ etwas bricht herein ⟨geh.⟩ *beginnt plötzlich, bricht schnell an;* die Dunkelheit, Nacht brach herein; in diesem Jahr brach der Winter schon früh herein **3** ⟨800(s.)⟩ etwas bricht über jmdn. od. etwas herein ⟨fig.⟩ *etwas Unerwünschtes, Unangenehmes, ein Unglück überrascht jmdn. od. etwas, geschieht unerwartet, sucht jmdn. od. etwas heim;* die Katastrophe brach über die Bewohner herein; der Krieg ist über das Land hereingebrochen; ein Gewitter brach über uns herein

her'ein|fal·len ⟨V. 131(s.)⟩ oV *reinfallen* ⟨umg.⟩ **1** ⟨400⟩ etwas fällt herein *fällt von (dort) draußen nach (hier) drinnen;* das Licht fiel durch einen Spalt (in der Tür) herein; der erste Sonnenstrahl fiel gerade herein **2** ⟨fig.; umg.⟩ *betrogen, enttäuscht werden;* da bin ich schön hereingefallen!; mit dem Kauf des billigen Fernsehers bin ich hereingefallen **2.1** ⟨800⟩ auf jmdn. od. etwas ~ *sich von jmdm. od. etwas täuschen lassen;* er fällt auf alles herein, was man ihm sagt; sie ist auf einen Betrüger, Heiratsschwindler hereingefallen

her'ein·ge·ben ⟨V. 143/500⟩ etwas ~ *von (dort) draußen od. von einem anderen Raum nach (hier) drinnen geben;* Sy *hereinreichen(1);* gib mir den Koffer gleich zum Fenster herein!

her'ein|le·gen ⟨V. 500⟩ **1** etwas ~ *von (dort) draußen od. von einem anderen Raum nach (hier) drinnen od. in diesen Raum legen;* bitte legen Sie mir die Akten über den Fall X herein **2** ⟨R7 od. R8⟩ jmdn. ~ ⟨fig.; umg.⟩ *jmdn. anführen, jmdm. einen Streich spielen;* Sy *hineinlegen(2);* man hat ihn gründlich hereingelegt; der hat dich schön hereingelegt!

her'ein|plat·zen ⟨V. 400(s.); umg.⟩ *plötzl. herein-, hinzukommen, unerwartet (bei jmdm. od. in einer Gesellschaft) erscheinen;* wir saßen gerade beim Essen, da platzten sie mit der Nachricht herein, daß ...

her'ein|rei·chen ⟨V.⟩ **1** ⟨500⟩ = *hereingeben* **2** ⟨411⟩ *eine Länge haben bis hier herein;* die Zweige des Baumes reichen bis in unser Zimmer herein

her'ein|schau·en ⟨V. 400⟩ **1** *von (dort) draußen nach (hier) drinnen schauen;* mach das Fenster zu, es kann sonst jeder ~; er schaute zu uns (zur Tür) herein **2** ⟨410; fig.⟩ *einen kurzen Besuch machen;* schauen Sie doch bitte nächste Woche noch einmal herein; er hat heute bei uns hereingeschaut, ist aber gleich wieder gegangen

her'ein|schnei·en ⟨V.⟩ **1** ⟨401⟩ es schneit (zum Fenster) herein *der Schnee dringt (durchs Fenster) ein* **2** ⟨410(s.); fig.; umg.⟩ *unerwartet zu Besuch kommen;* gestern kam X (zu uns) hereingeschneit

her'ein|strö·men ⟨V. 400(s.)⟩ **1** Wasser strömt herein *fließt in Massen herein* **2** Menschen, Tiere strömen herein ⟨fig.⟩ *kommen scharenweise herein*

her'ein|zie·hen ⟨V. 293⟩ **1** ⟨500⟩ jmdn. od. etwas ~ *von (dort) draußen nach (hier) drinnen ziehen;* ich zog ihn zu mir (ins Zimmer) herein **2** ⟨401⟩ es zieht herein! *der Wind weht ins Zimmer, es ist Gegenzug* **3** ⟨400(s.); umg.⟩ *eine Wohnung in einem Haus beziehen;* sie sind mit in unser Haus hereingezogen

'her|fal·len ⟨V. 131/800(s.)⟩ **1** über jmdn. ~ *jmdn. brutal u. überraschend überfallen, angreifen;* die Banditen fielen über die Kaufleute her 1.1 ⟨fig.; umg.⟩ *jmdn. schlecht machen, kritisieren, über jmdn. Ungünstiges reden;* alle Zeitungen fielen über den Politiker her **2** über etwas ~ *gierig von etwas Besitz ergreifen, an sich raffen, etwas gierig zu essen beginnen;* über die Vorräte, das Frühstück ~

'her|ge·ben ⟨V. 143⟩ **1** ⟨500⟩ 1.1 etwas ~ *(heraus-, zurück-)geben;* gib das Buch bitte her!; die gestohlenen Sachen wieder ~ 1.1.1 gib her! *(Aufforderung, etwas zu geben, herzureichen)* 1.2 Besitz, Eigentum ~ *verschenken, weggeben;* er gibt nichts her; alles ~; sein Letztes, das Letzte ~ 1.3 ⟨fig.⟩ *zum Einsatz bringen;* alles ~; sein Letztes, das Letzte ~ 1.4 eine Sache gibt nichts (wenig) her *bringt* *keinen (nur geringen) Gewinn, Ertrag;* das Buch gibt wenig her; die Farm gibt nichts her **2** ⟨515/R7⟩ jmd. gibt sich zu einer (zweifelhaften) Sache her *stellt sich für eine (zweifelhafte) S. zur Verfügung, findet sich bereit, sie zu unterstützen;* dazu gebe ich mich (meinen Namen) nicht her

'her·ge·bracht ⟨Adj. 24/70⟩ *herkömmlich, seit jeher üblich, von der Tradition überliefert;* in ~er Weise; am Hergebrachten hängen

'her|ge·hen ⟨V. 145(s.)⟩ **1** ⟨411⟩ vor, hinter, neben jmdm. od. etwas ~ *längere Zeit vor, hinter, neben jmdm. od. etwas gehen, einhergehen, jmdm. od. einer Sache folgen;* die Reisegruppe ging hinter dem Reiseleiter her **2** ⟨400; süddt.⟩ *hierhergehen, herkommen;* geh her! **2.1** ich habe mir so viel Mühe damit gegeben, aber er geht her und räumt alles achtlos beiseite *räumt einfach alles beiseite* **2.2** ich habe lange an dem Radio herumgebastelt, aber er geht her und bringt es in fünf Minuten in Ordnung *bringt es mühelos in Ordnung* **3** ⟨801⟩ über jmdn. ~ ⟨umg.⟩ *jmdn. scharf kritisieren, über jmdn. häßlich sprechen;* gestern ging es scharf über ihn her **4** ⟨801⟩ über etwas ~ ⟨umg.⟩ *von etwas viel verbrauchen;* über meinen Wein ist es mächtig, sehr hergegangen **5** ⟨413⟩ *geschehen, zugehen, vor sich gehen;* hier geht es lustig her **5.1** → a. *hoch(7.0.9)*

'her|hal·ten ⟨V. 160⟩ **1** ⟨500⟩ etwas ~ *in Richtung auf den Sprecher zu halten;* halte bitte die Tasse her! **2** ⟨418 od. 415⟩ als, für etwas ~ müssen ⟨fig.; umg.⟩ *dienen müssen, etwas spielen müssen;* als Sündenbock ~ müssen; als Zielscheibe des Spottes ~ müssen **2.1** *büßen, einstehen;* ich mußte für ihn (mit) ~

'He·ring ⟨m.; -s, -e⟩ **1** *Angehöriger einer Familie der Heringsfische mit rund 200 Arten, mit vielen örtl. Abarten u. Rassen, die z. T. nur zum Laichen in Küstennähe kommen, z. T. dauernd dort bleiben: Clupeidae* **2** *wichtiger Speisefisch von ungefähr 30 cm Länge, mit schlankem, seitlich zusammengedrücktem Körper, vorspringendem Unterkiefer u. kleinen Bauch- u. Brustflossen, der in großen Schwärmen entlang den Küsten der nördlichen Halbkugel wandert: Clupea harengus;* Brat~, Lachs~, Matjes~, Salz~; geräucherter, grüner, marinierter ~ **2.1** wie die ~e zusammengepreßt sitzen, stehen ⟨umg.; scherzh.⟩ *sehr dicht beieinandersitzen, -stehen* **3** ⟨fig.; umg.; scherzh.⟩ *magerer Mensch;* so ein ~! **4** *Pflock zum Befestigen der Zeltbahnen im Boden*

'her|kom·men ⟨V. 170(s.)⟩ **1** ⟨400⟩ *an den Ort des Sprechers kommen, hierherkommen;* komm (einmal) her (zu mir)!; er ist zu Besuch hergekommen **2** ⟨414⟩ von etwas od. jmdm. ~ *herrühren, abgeleitet werden, durch etwas od. jmdn. verursacht werden;* das kommt von etwas anderem her **3** ⟨411⟩ wo kommt jmd. od. etwas her? ⟨fig.; umg.⟩ *woher stammt jmd. od. etwas?;* wo kommen Sie her?; wo kommen diese Apfelsinen her?; wo soll es (das Geld o. ä.) denn auch ~?

'her·kömm·lich ⟨Adj. 70⟩ **1** *dem Herkommen gemäß, gebräuchlich, überliefert;* ~e Verfahrensweisen **1.1** das ist ~ *das wurde schon immer so gemacht*

'Her·kunft ⟨f.; -, (selten) ⸚e⟩ *Ursprung, Abstammung, Herkommen;* deutscher, amerikanischer ~ sein; von adliger, bäuerlicher ~; von niedriger, vornehmer ~

'her|lei·ten ⟨V.⟩ **1** ⟨500⟩ etwas ~ *ableiten* **2** ⟨511/R3⟩ sich von etwas ~ *herrühren von, abstammen von;* das Wort „Fenster" leitet sich vom latein. „fenestra" her

'her|ma·chen ⟨V. 500; umg.⟩ **1** ⟨550/R3⟩ sich über etwas ~ *über etwas herfallen, etwas in Angriff nehmen;* er machte sich über die Arbeit her **1.1** sich über etwas Eßbares ~ *etwas gierig zu essen beginnen* **1.2** sich über ein Buch ~ *ein B. sofort zu lesen beginnen* **1.3** sich über die Wohnung ~ *die W. zu reinigen beginnen* **2** ⟨550/R3⟩ sich über jmdn. ~ ⟨fig.⟩ *jmdn. schlecht machen, kritisieren, über jmdn. Ungünstiges reden;* die Kritiker, Zeitungen machten sich über den Politiker her **3** ⟨550⟩ viel von etwas od. jmdm. ~ *viel Aufhebens um etwas od. jmdn. machen;* man macht von diesem Buch, seinen Fähigkeiten viel her; von diesem Sänger wird zu viel hergemacht **4** etwas ~ *eine bestimmte (meist ansprechende, vorteilhafte) Wirkung haben;* das Geschenk macht etwas her; eure Wohnung macht schon etwas her; in diesem Kleid macht sie nicht genug her

her'nie·der ⟨Adv.; poet.⟩ *von (dort) oben nach (hier) unten, herab, herunter*

Herr ⟨m.; -(e)n, -(e)n⟩ **1** *Person, die anderen zu befehlen hat, die über jmdn. od. etwas Gewalt hat;* ein guter, schlechter ~ sein; der ~ des Hauses; ~ im Hause sein; ~ über Leben und Tod; wie der ~, so der Knecht; wie der ~ so's Gescherr ⟨Sprichw.; umg.⟩ **1.0.1** niemand kann zwei (zween) ~en dienen (Matthäus 6,24) *man muß sich für eine Sache entscheiden* **1.0.2** ~ (über etwas), seiner selbst sein *(etwas, sich) beherrschen, (über etwas, sich selbst) verfügen, Gewalt haben;* ~ der Lage sein; ~ über seine Zeit sein; ~ über seine Gefühle, Leidenschaften sein; er war nicht mehr ~ seiner selbst **1.0.3** einer Sache ~ werden *etwas in seine Gewalt bekommen, unter Kontrolle bringen* **1.0.4** sich zum ~n machen (über etwas od. jmdn.) *sich die Befehlsgewalt anmaßen (über etwas od. jmdn.)* **1.1** *(Gott als) oberster Gebieter;* der ~; Gott, der ~; ~ (Gott), du hast befohlen; der ~ Jesus; ~ du meine Güte (Ausruf des Schreckens, Erstaunens) ⟨umg.⟩ **1.1.1** im ~n entschlafen (sein) *gottesfürchtig gestorben (sein)* **1.2** ⟨feudaler Standestitel für⟩ *Adlige nach Fürsten und Grafen* **1.2.1** aus aller ~en Ländern *aus allen Teilen der Erde, von überall her* **1.3** *Besitzer, Eigentümer;* der ~ des Hauses **1.3.1** → a. *Auge(4.8)* **1.4** *vornehmer Mann;* den großen ~n spielen **2** *(höfl. Anrede für Männer);* ein ~ möchte Sie sprechen, wartet draußen; ein vornehmer ~; ein alter, älterer ~; darf ich den ~n hier hereinbitten?; mein ~; ja, ~!; meine ~en! (Ausruf des Schreckens, des Erstaunens); meine (sehr verehrten) Damen und ~en (Anrede an eine Versammlung); ~en (Aufschrift an der Herrentoilette) **2.0.1** ich habe neulich mit einem ihrer ~en gesprochen *mit einem ihrer Angestellten* **2.0.2** die ~en der Schöpfung ⟨umg.; scherzh.⟩ *die Männer* **2.1** *(Teil der höflichen Anrede für Männer vor Namen od. Titeln);* sehr geehrter ~ X. (förml.

Anrede im Brief); lieber ~ X! (vertrautere Anrede im Brief); ~ Meier; ~ Direktor, ~ Hauptmann; ~ Doktor, ~ Professor; Ihr ~ Vater

'her·ren·los ⟨Adj. 24⟩ *niemandem gehörend, ohne Besitzer;* ein ~er Hund; ~es Gepäck; dieser Besitz ist ~ geworden

'Her·ren·mensch ⟨m.⟩ *Mensch, der andere, bes. seine Umgebung, beherrschen will, machthungriger Mensch*

'her·risch ⟨Adj.⟩ *gebieterisch, tyrannisch, rechthaberisch, barsch, schroff;* ~ sein; in ~em Ton sprechen; sich ~ benehmen

'herr·lich ⟨Adj.⟩ **1** *wunderschön, wunderbar, vortrefflich, großartig;* ~e Musik; ein ~er Anblick; heute ist ~es Wetter; hier ist es ~; und wie wir's dann zuletzt so ~ weit gebracht ... (Goethe, Faust I, Nacht, Vers 573) **1.1** es gab ~e Sachen zu essen *es gab köstliche S.* **1.2** ~ und in Freuden leben *sorglos und üppig leben*

'Herr·schaft ⟨f.; -; -en⟩ **1** ⟨unz.⟩ **1.1** *Befehlsgewalt, Regierungsgewalt, Macht;* die (unbestrittene) ~ ausüben; die ~ antreten; unter deutscher ~; die ~ an sich reißen **1.1.1** unter seiner ~ *während seiner Regierungszeit* **1.2** ⟨fig.⟩ *Beherrschung, Gewalt;* die ~ über eine Maschine, über seine Nerven verlieren **2** ~! ⟨umg.⟩ *(Ausruf des Unwillens);* ~, ist das schwer!; ~, das habe ich ganz vergessen! **3** ⟨veralt.⟩ *der Dienst-, Gutsherr und seine Familie;* sind die ~en zu Hause?; sie hatte immer eine gute ~ **4** ⟨nur Pl.⟩ ~en ⟨Anrede⟩ *Herr(en) u. Dame(n) in Gesellschaft;* wünschen die ~en etwas zu trinken?; meine ~en!; hier, meine ~en, sehen Sie ein Bild des ... **4.1** *scherzhaft ermahnende Anrede an Untergebene od. Halbwüchsige;* ~en, so geht das nicht weiter! **5** ⟨veralt.⟩ *Landgut*

'herr·schen ⟨V.⟩ **1** ⟨405⟩ (über etwas od. jmdn.) ~ *gebieten, die Herrschaft ausüben;* Sy *regieren(1);* unumschränkt ~; über ein Volk ~; die ~de Macht im Staat **1.1** nach der ~den Meinung *nach der allgemein verbreiteten M.* **1.2** das ~de Gesetz *das G., nach dem sich alle zu richten, das alle zu befolgen haben* **2** ⟨410⟩ etwas herrscht *ist deutlich fühlbar, vorhanden;* eine Seuche herrscht in der Stadt; es herrschte heute eine drückende Schwüle; hier herrscht (Zucht und) Ordnung; es herrschte allgemein Jubel und Freude; es herrschte rege Tätigkeit; es herrschte tiefes Schweigen, Totenstille

'her|rüh·ren ⟨V. 411⟩ von jmdm. od. etwas ~ *herstammen, sich von jmdm. od. etwas herleiten, seine Ursache in jmdm. od. etwas haben;* das alles rührt nur von deinem Leichtsinn her; seine Nervosität rührt noch von dem Schock her, den er erlitten hat

'her|stel·len ⟨V. 500⟩ **1** Waren ~ *(gewerbsmäßig) anfertigen, produzieren;* Geräte, Autos, Fertighäuser, Kühlschränke ~ **1.1** Beziehungen ~ *zustande bringen;* eine Verbindung zwischen verschiedenen Personen od. Dingen, zu jmdm. od. etwas ~ **2** ⟨R7⟩ einen Gegenstand od. jmdn. ~ ⟨umg.⟩ *hier an diesen Platz stellen, hierherstellen;* stell die Blumen nur her! **3** ⟨R3⟩ sich ~ *untätig dastehen;* ich kann mich nicht länger ~ und warten; stellt dich nicht her u. schau zu, sondern hilf mir lieber!

her'über ⟨Adv.⟩ *von der anderen Seite (drüben) auf diese Seite;* oV *'rüber;* ~ und hinüber; den Weg ~ habe ich gefunden, aber ob ich den Rückweg finde, weiß ich nicht

her'über... ⟨Vors.; in Zus. mit Verben betont u. trennbar⟩ *von dort (drüben) nach dieser Seite zum Sprecher hin;* herüberblicken, herüberfahren, herübergeben, herüberkommen, herüberrufen, herüberwerfen

her'über|rei·chen ⟨V.⟩ **1** ⟨400⟩ *auf diese Seite, bis hierher zum Sprecher reichen, greifen können;* kannst du bis zu mir ~? **2** ⟨400⟩ *eine Länge haben bis (hier) herüber;* die Schnur reicht (nicht) bis zu mir herüber **3** ⟨503⟩ (jmdm.) etwas ~ *etwas von der anderen Seite auf diese Seite reichen;* würden Sie mir bitte das Brot (über den Tisch) ~?

her'über|zie·hen ⟨V. 293⟩ **1** ⟨500/R8⟩ jmdn. od. etwas ~ *von der anderen Seite auf diese Seite zum Sprecher ziehen;* jmdn., die Leiter über die Mauer ~ **1.1** ⟨511⟩ jmdn. zu sich ~ ⟨fig.⟩ *auf seine Seite bringen, zum Überlaufen bewegen* **2** ⟨400(s.)⟩ *auf uns zukommen;* das Gewitter zieht über ein Gebirge zu uns herüber

her'um ⟨Adv.⟩ oV *'rum* ⟨umg.⟩ **1** um einen Ort ~ *rund um, rings um einen O.;* die Gegend um Berlin ~; um den ganzen Garten ~ **1.1** dort ~ ⟨umg.⟩ *etwa dort, in jener Gegend;* dort ~ muß das Haus liegen **1.2** in einer Gegend ~ ⟨umg.⟩ *umher;* er fährt immer in der Weltgeschichte ~ **1.3** um jmdn. ~ sein *in jmds. Nähe, Umkreis, Umgebung* **1.4** immer um jmdn. ~ sein **1.4.1** *immer mit jmdm. zusammen sein, um jmdn. sehr bemüht sein, jmdn. betreuen* **1.4.2** *jmdm. durch seine ständige Anwesenheit lästig fallen* **1.5** an einer Seite ~ *nach einer S. einen Bogen machend, ausweichend;* es geht hier, dort (da) ~ **1.6** hinten ~ **1.6.1** *an der hinteren Seite vorbei;* hinten ~ gehen, hereinkommen **1.6.2** etwas hinten ~ erledigen *ohne daß andere etwas erfahren, auf ungesetzlichem Wege* **2** die Reihe ~ *von einem zum anderen;* die Flasche wurde die Reihe ~ ausgetrunken **3** um eine Zeit ~ *etwa, nicht genau;* um 1930 ~; es war um Ostern ~

her'um... ⟨Vors.; in Zus. mit Verben betont u. trennbar⟩ **1** *um einen Mittelpunkt sich bewegend, befindlich;* herumgeben, herumwickeln, herumbiegen, sich herumdrehen **2** ⟨umg.; oft nur verstärkend⟩ *ständig, längere Zeit (u. sinnlos) etwas tun;* herumbummeln, herumflattern, herumreisen, herumlaufen; sich herumbalgen, sich mit jmdm. herumärgern, herumstehen

her'um|dre·hen ⟨V.⟩ **1** ⟨500/R7⟩ etwas od. jmdn. ~ *auf die andere Seite drehen;* die Kissen, Matratzen ~; du hast dich im Schlaf herumgedreht; den Säugling im Kinderwagen ~ **1.1** ⟨511/R3⟩ sich auf dem Absatz, auf der Stelle ~ ⟨a. fig.⟩ *sich sofort zum Umkehren entschließen* **1.2** → a. *Grab(1.4), Herz(2.6.9), Magen(1.0.7), Wort(2.1.4)* **2** ⟨500/R7⟩ jmdn. od. einen Gegenstand ~ *einmal um die eigene Achse drehen;* sich im Kreise ~; sich ganz, halb ~; den Schlüssel im Schloß mehrmals ~ **3** ⟨411⟩ an etwas ~ ⟨umg.⟩ *anhaltend mit wenig Erfolg drehen;* er dreht dauernd am Radio herum

her'um|drücken ⟨-k·k-; V. 500⟩ **1** etwas ~

auf die andere Seite drücken; den Hebel ~ **2** ⟨R3⟩ sich ~ ⟨umg.⟩ *sich herumtreiben, müßig herumgehen, -laufen, -sitzen;* wo hast du dich wieder herumgedrückt?; sich im Hause ~ **3** ⟨550/R3⟩ sich um eine Sache ~ ⟨fig.; umg.⟩ *einer Sache geschickt ausweichen;* er drückt sich um eine offene Aussprache, ein Problem herum

her'um|fah·ren ⟨V. 130⟩ **1** ⟨411(s.)⟩ um etwas ~ *rundherum fahren, im Kreis um etwas fahren;* Sie müssen um die Stadt ~ **2** ⟨400(s.) od. 500(h.)⟩ (jmdn. od. etwas) ~ *planlos, ziellos (jmdn.) umherfahren, spazierenfahren;* wir sind ein wenig in der Stadt herumgefahren; er fuhr mit seinem neuen Auto in der Gegend herum; wir haben ihn in der Stadt herumgefahren **3** ⟨416(s.)⟩ mit den Händen in der Luft ~ ⟨umg.⟩ *gestikulieren, ziellose Bewegungen machen* 3.1 sich mit den Händen im Gesicht ~ *ziellos übers G. wischen* **4** ⟨400(s.); umg.⟩ *sich jäh nach jmdm. od. etwas umdrehen;* als sie hereinkam, fuhr er vor Schreck herum

her'um|füh·ren ⟨V.; umg.⟩ **1** ⟨500⟩ jmdn. ~ *führend, erklärend begleiten;* jmdn. im Haus, Museum ~; einen Gast in der Stadt ~ 1.1 → a. *Nase(1.09)* **2** ⟨511⟩ jmdn. um etwas ~ *ringsum, rundherum führen, begleiten;* jmdn. um einen Platz, ein Gebäude ~ **3** ⟨511⟩ etwas um etwas ~ *etwas mit etwas umgeben, umschließen;* eine Mauer, einen Zaun um ein Grundstück ~ **4** ⟨411⟩ etwas führt um etwas herum *verläuft um etwas, umgeht etwas;* der Weg führt um den Wald, See herum

her'um|ge·hen ⟨V. 145(s.)⟩ **1** ⟨411⟩ 1.1 um jmdn. od. einen Gegenstand ~ *im Kreise gehen;* um den See ~; abends um das Haus ~; mit dem Architekten um das Grundstück ~ 1.2 innerhalb eines Ortes od. Raumes ~ *sich gehend hin und herbewegen;* ein wenig in der Stadt ~; überall im Haus ~ 1.3 innerhalb einer Gruppe von Personen ~ *vom einen zum andern gehen;* mit dem Hut ~ und Geld einsammeln **2** ⟨400⟩ Gegenstände gehen herum *werden vom einen zum anderen gereicht;* die Liste soll bei allen ~; bitte lassen Sie die Bilder ~ **3** ⟨400⟩ die Zeit geht herum *vergeht, verstreicht;* die Ferien sind schnell herumgegangen

her'um|kom·men ⟨V. 170(s.)⟩ **1** ⟨400⟩ (um etwas) ~ *an einem Hindernis vorbeikommen, einen Bogen um etwas beschreiben;* gleich wird der Radfahrer um die Ecke ~ **2** ⟨410; umg.⟩ *reisen, etwas von der Welt sehen, etwas erleben;* er ist viel, weit, wenig, kaum herumgekommen; als Reporter kommt man viel (in der Welt) herum **3** ⟨800⟩ um etwas ~ ⟨a. fig.; umg.⟩ *etwas vermeiden können, sich um etwas drücken können, etwas nicht zu tun brauchen;* glücklicherweise bin ich um die Prüfung herumgekommen; wir kommen nicht darum herum, das zu tun

her'um|krie·gen ⟨V. 500; umg.⟩ **1** einen Gegenstand ~ *mit Mühe umdrehen können* **2** jmdn. ~ ⟨fig.⟩ *umstimmen, überreden (zu etwas), zu einem anderen Entschluß bringen;* ich habe ihn nach langem Zureden herumgekriegt, daß er mitkommt

her'um|rei·ten ⟨V. 199; umg.⟩ **1** ⟨400(s.)⟩ *ohne festes Ziel reiten, umherreiten;* sie sind den ganzen Tag im Gelände herumgeritten **2** ⟨411(s.)⟩ um etwas ~ *im Kreis um etwas reiten, etwas reitend umgehen;* er ritt um den Wald herum **3** ⟨800(s.)⟩ auf etwas ~ ⟨fig.⟩ *auf einem (unangenehmen) Thema beharren, eine Sache ständig wiederholen;* er ist die ganze Zeit auf der Frage herumgeritten, ob ... **4** ⟨800(s. od. h.)⟩ auf jmdm. ~ ⟨fig.⟩ *jmdn. ständig tadeln, kritisieren;* der Lehrer reitet ständig auf diesem Schüler herum

her'um|schla·gen ⟨V. 218⟩ **1** ⟨500⟩ etwas (um etwas od. jmdn.) ~ *etwas od. jmdn. einhüllen, etwas um jmdn. od. etwas legen;* eine Decke um den Kranken ~; ich schlug ein Tuch um mich herum **2** ⟨517/R3⟩ sich mit jmdm. ~ *sich mit jmdm. schlagen;* mit wem hat er sich wieder herumgeschlagen? **3** ⟨517/R3⟩ sich mit jmdm. od. etwas ~ ⟨fig.; umg.⟩ *mit jmdm. od. etwas Ärger, Schwierigkeiten haben;* er mußte sich dauernd mit seinem Chef ~; er schlägt sich mit vielen Problemen herum

her'um|schlep·pen ⟨V. 500; umg.⟩ **1** etwas (mit sich) ~ *mühsam mit sich tragen, auf vielen Wegen bei sich tragen;* er schleppt das ganze Geld immer mit sich herum; ich habe die Bücher überall mit mir herumgeschleppt **2** jmdn. ~ ⟨fig.⟩ *(gegen dessen Willen) auf vielerlei Wegen mitnehmen;* er hat mich in der ganzen Stadt herumgeschleppt **3** einen Kummer mit sich ~ ⟨fig.⟩ *schwer an einem K. tragen* **4** ⟨517⟩ eine Krankheit mit sich ~ ⟨fig.⟩ *fühlen, daß man eine K. in sich hat, die noch nicht zum Ausbruch gekommen ist*

her'um|spre·chen ⟨V. 251/500/R3; umg.⟩ eine Sache spricht sich herum *verbreitet sich, wird von einem zum andern weitergesagt;* es dürfte sich inzwischen herumgesprochen haben, daß ...; so etwas spricht sich schnell (überall) herum

her'um|ste·hen ⟨V. 256; umg.⟩ **1** ⟨400⟩ *müßig dastehen;* steh nicht so herum, sondern hilf mir lieber! **2** ⟨400⟩ Gegenstände stehen herum *stehen umher, stehen ungeordnet da;* es standen überall eine Menge Grünpflanzen herum; der Stuhl steht hier so herum, wo gehört er hin? **3** ⟨411⟩ um jmdn. od. etwas ~ *ringsum, im Kreis um etwas od. jmdn. stehen;* im Kreis um jmdn., um den Tisch ~; um das Beet stehen kleine Büsche herum

her'um|sto·ßen ⟨V. 262/500; fig.⟩ **1** jmdn. ~ *von einem zum anderen schicken, weil niemand ihn haben will* 1.1 herumgestoßen werden *einmal hier, einmal da leben u. versorgt werden, kein Zuhause haben;* er ist als Kind nur herumgestoßen worden

her'um|trei·ben ⟨V. 267/500/R3⟩ sich ~ **1** *ziellos umhergehen;* sich nachts ~; sich im Wald u. auf den Feldern ~ **2** *bummeln, müßig herumlaufen, -sitzen, vagabundieren;* wo hast du dich wieder herumgetrieben?; sich in Lokalen, Kneipen ~ 2.1 ⟨511/R3⟩ sich in der Welt ~ *von einem Land zum andern reisen, fremde Länder durchstreifen* **3** ⟨511/R3⟩ sich bei anderen Leuten ~ *andere Leute ständig besuchen* **4** ⟨fig.⟩ *ein unsolides Leben führen;* er arbeitet nichts, er treibt sich nur herum

her'um|wer·fen ⟨V. 286/500⟩ **1** ⟨R7⟩ etwas od. sich ~ *jäh in eine andere Richtung bringen, umdrehen;* den Kopf ~; das Steuer ~ ⟨a. fig.⟩ 1.1 das Pferd ~ *mit raschem Schwung zur Seite drehen, lenken* 1.2 ⟨R3⟩ sich ~ *sich* *im Liegen heftig umdrehen;* sich ruhelos im Bett ~ **2** Gegenstände ~ *hierhin u. dahin, in eine nicht festgelegte Richtung werfen* 2.1 seine Sachen, Kleidungsstücke ~ *unordentlich hinlegen*

her'um|zie·hen ⟨V. 293⟩ **1** ⟨411(s.)⟩ 1.1 um einen Ort ~ *(rund) um einen O. marschieren, wandern, gehen* 1.2 in einer Gegend ~ *umherziehen, von Ort zu Ort wandern, marschieren, gehen;* ruhelos in der Welt ~; ~der Händler 1.3 ⟨417⟩ jmd. zieht mit jmdm. herum ⟨abwertend⟩ *ist immer mit jmdm. zusammen zu sehen* **2** ⟨511⟩ 2.1 Gegenstände ~ *in verschiedene Richtungen ziehend, schleifend bewegen;* die Spielsachen auf dem Fußboden ~; die Hacke auf der Erde ~ 2.2 Bindfaden um ein Paket ~ *ein P. mit B. zubinden* 2.3 ⟨R3⟩ sich um einen Ort ~ *einen O. umgeben, ihn einschließen;* die Hecke zieht sich um den Garten herum 2.4 ⟨500⟩ eine Angelegenheit ~ ⟨mundartl.⟩ *aufschieben, nicht od. nur zögernd erledigen*

her'un·ter ⟨Adv.⟩ *von (dort) oben nach (hier) unten zum Sprecher hin;* oV *'runter* ⟨umg.⟩; ~ mit ihm!; ~ von dem Sessel!

her'un·ter... ⟨Vors.; in Zus. mit Verben trennbar⟩ **1** *von (dort) oben nach (hier) unten zum Sprecher kommend;* heruntergehen, herunterkommen, herunterfallen, herunterwerfen **2** *die hängende Lage eines Gegenstands bezeichnend;* herunterhängen, herunterbaumeln **3** *das Entfernen einer Oberfläche bezeichnend;* herunterkratzen, herunternehmen **4** ⟨abwertend⟩ *eine monotone u. gedankenlose Tätigkeit bezeichnend;* herunterspielen, heruntersingen

her'un·ter|brin·gen ⟨V. 118/500⟩ jmdn. od. etwas ~ **1** *von oben holen u. nach unten bringen;* bitte bring mir doch meinen Mantel herunter **2** ⟨fig.; umg.⟩ *zugrunde richten, ernstl. schädigen, ruinieren;* einen Betrieb, eine Firma ~; die Krankheit hat ihn sehr heruntergebracht

her'un·ter|ho·len ⟨V. 500⟩ **1** jmdn. od. etwas ~ *nach unten holen, nehmen u. nach unten bringen;* kannst du mir bitte mein Gepäck (von oben) ~?; die Nüsse vom Baum ~ 1.1 ⟨umg.⟩ *abschießen;* die Flak hat zwei Flugzeuge heruntergeholt; Tauben aus der Luft ~

her'un·ter|kom·men ⟨V. 170/400(s.)⟩ **1** *von (dort) oben nach (hier) unten kommen;* er kam die Treppe herunter; sag ihm, er soll schleunigst ~! **2** ⟨fig.; umg.⟩ *(wirtschaftl.) sinken, nicht mehr gut arbeiten, keinen od. weniger Gewinn bringen;* der Betrieb, die Firma ist völlig heruntergekommen **3** ⟨fig.; umg.⟩ *(äußerlich) verwahrlosen, (gesundheitl.) schwach, elend werden;* er ist durch seine schwere Krankheit sehr heruntergekommen; er machte einen heruntergekommenen Eindruck; so ein heruntergekommener Mensch!

her'un·ter|rei·ßen ⟨V. 198/500⟩ etwas ~ **1** *von oben abreißen;* ein Plakat, die Tapete von der Wand ~ 1.1 *heftig umstoßen, herabstoßen;* mit einer unvorsichtigen Handbewegung riß er die Vase vom Tisch herunter 1.2 → a. *Maske(4.2)* **2** ⟨fig.; umg.⟩ *schnell abtragen, abwetzen, zerreißen;* die Kinder reißen die Sachen, die Hosen schnell herunter; die Kinder reißen viel herunter **3** ⟨fig.; umg.⟩ *herabsetzen, grob tadeln, nichts Gutes an etwas lassen;* die Kritik hat das Buch heruntergerissen

her'un·ter|schrau·ben ⟨V. 500⟩ **1** etwas ~ *tiefer schrauben;* den Docht einer Lampe ~ **2** seine Ansprüche, Erwartungen ~ ⟨fig.⟩ *verringern, vermindern*

her'un·ter|sein ⟨V. 240/300(s.); umg.⟩ **1** *gesundheitl. geschwächt, elend, abgespannt sein;* er ist durch seine viele Arbeit, seine schwere Krankheit sehr herunter; mit den Nerven ziemlich ~ **2** etwas ist herunter *ist heruntergegangen, gefallen;* das Fieber ist schon herunter **3** ein Betrieb ist herunter *arbeitet nicht mehr mit Gewinn, ist heruntergewirtschaftet, hat an Ansehen verloren;* das Geschäft ist sehr herunter

her'un·ter|zie·hen ⟨V. 293/500⟩ jmdn. od. etwas ~ **1** *von (dort) oben nach (hier) unten ziehen;* die Jalousien ~; das Kind hat die Tischdecke heruntergezogen; zieh deinen Rock herunter! **2** ⟨fig.; umg.⟩ *schlecht, häßl. über etwas od. jmdn. sprechen;* er hat ihn ziemlich heruntergezogen

her'vor ⟨Adv.⟩ **1** *von (dort) unten od. drinnen nach (hier) oben od. draußen;* aus dem Wald kommt ein Fuhrwerk ~ **2** *von (dort) hinten nach (hier) vorn;* ~ aus eurem Versteck!

her'vor... ⟨Vors.; in Zus. m. Verben betont u. trennbar⟩ **1** *die Richtung von (dort) hinten nach (hier) vorn bezeichnend;* hervorstrecken, hervorlocken, hervorstürzen **2** *plötzlich sichtbar od. deutlich werdend;* hervorkeimen, hervorscheinen, hervorschimmern, hervorwachsen, sich hervorwagen

her'vor|bre·chen ⟨V. 116/400(s.)⟩ *herausbrechen, plötzl. hervorkommen;* plötzlich brach der angestaute Unwille, Zorn aus ihm hervor; die Reiter, Soldaten brachen aus dem Gebüsch, ihrem Versteck hervor; die Sonne brach aus den Wolken hervor

her'vor|brin·gen ⟨V. 118/500⟩ **1** etwas ~ ⟨umg.⟩ *zum Vorschein bringen;* eine Schachtel Pralinen aus der Tasche ~; sie brachte den Krug aus einer Nische hervor **2** etwas od. jmdn. ~ *erzeugen, entstehen lassen, schaffen, produzieren;* diese Stadt hat schon viele bekannte Schriftsteller hervorgebracht; die Erde bringt Früchte, Pflanzen hervor; der Komponist brachte bedeutende Werke hervor 2.1 ein Wort ~ *(mühsam, stockend) sprechen;* „Ja!" brachte sie mühsam hervor; er brachte vor Schreck kein Wort hervor 2.2 einen Ton ~ *ertönen lassen, verursachen;* mit einem Instrument Töne ~

her'vor|ge·hen ⟨V. 145/800(s.)⟩ **1** aus etwas ~ *das Ergebnis, die Folge von etwas sein;* aus der Ehe gingen drei Kinder hervor; er ging als Sieger aus dem Kampf hervor 1.1 ⟨813⟩ etwas *in einer bestimmten Art u. Weise überstehen;* ohne Schaden, siegreich aus etwas ~ **2** etwas geht aus etwas hervor *etwas läßt sich aus etwas entnehmen;* daraus geht (klar, eindeutig) hervor, daß ...

her'vor|he·ben ⟨V. 163/500/R7⟩ etwas ~ *herausheben, betonen;* der Redner hob besonders die Verdienste des XY hervor; ich möchte ~, daß ...; Buchstaben oder Wörter durch andere Schrift ~

her'vor|keh·ren ⟨V. 500⟩ etwas ~ *hervorheben, in auffallender Weise betonen;* er kehrt seine Bildung hervor; er kehrte gern den Chef hervor

her'vor|ra·gen ⟨V. 405⟩ **1** *von (dort) unten, drinnen nach (hier) oben, draußen ragen, herausragen, länger sein als, hervorstehen, hervortreten;* aus dem Holzstock ragt ein Scheit hervor; aus der Mauer ragte ein Wasserspeier hervor; aus dem Wasser ragte ein Ast hervor **2** ⟨fig.⟩ *auffallen, sich vor anderen auszeichnen;* er ragt bes. durch seinen Fleiß hervor

her'vor·ra·gend 1 ⟨Part. Präs. von⟩ *hervorragen* **2** ⟨Adj.⟩ *ausgezeichnet, bedeutend, außerordentlich;* ein ~er Arzt, Schauspieler; eine ~e Leistung; er hat ~ gespielt, gesprochen; von ~er Qualität

her'vor|ru·fen ⟨V. 204/500⟩ **1** jmdn. ~ *rufen, damit er hervorkommt;* das Kind aus seinem Versteck ~ 1.1 *Beifall spenden, damit die Künstler heraus od. vor den Vorhang kommen;* einen Sänger immer wieder ~ **2** etwas ~ ⟨fig.⟩ *verursachen, bewirken, ins Leben rufen;* seine Bemerkung rief große Heiterkeit hervor; solche Forderungen rufen nur Widerspruch hervor

her'vor|schie·ßen ⟨V. 215/400⟩ **1** *von (dort) unten, drinnen nach (hier) oben, draußen schießen;* er schoß hinter der Mauer hervor **2** ⟨(s.); fig.⟩ *hervorsprießen, rasch, plötzl. zum Vorschein kommen;* die Frühlingsblumen schossen aus der Erde hervor; aus dem Rohr, Schlauch schoß ein Wasserstrahl hervor

her'vor|spru·deln ⟨V. 400(s.)⟩ **1** *von (dort) unten, drinnen nach (hier) oben, draußen sprudeln, sprudelnd herausquellen;* aus dem Felsen sprudelte eine Quelle hervor **2** ⟨500⟩ die Worte (schnell) ~ ⟨fig.⟩ *hastig, eilig, ungeduldig sprechen*

her'vor|ste·hen ⟨V. 256/400⟩ *hervorragen, herausragen;* ein ~der Gebäudeteil; ~de Zähne

her'vor|tre·ten ⟨V. 268(s.)⟩ **1** ⟨400⟩ (aus etwas) ~ *aus etwas, einer Reihe nach vorn heraus treten;* er trat aus seinem Versteck, dem Dunkel hervor **2** ⟨400⟩ etwas tritt (aus etwas) hervor ⟨fig.⟩ *etwas erscheint, wird deutlich, sichtbar;* die Bilder treten auf der Wand nicht genügend hervor; die Umrisse des Gebäudes traten allmählich stärker aus dem Dunkel hervor; die Sonne trat aus den Wolken hervor; seine Backenknochen treten hervor **3** ⟨800⟩ mit etwas ~ *mit etwas an die Öffentlichkeit treten;* er ist kürzlich mit einem neuen Roman, einer Erfindung hervorgetreten

her'vor|tun ⟨V. 272/505/R3⟩ sich ~ ⟨umg.⟩ **1** *sich auszeichnen;* sich sehr, nicht sonderlich ~; er hat sich als Chirurg besonders hervorgetan **2** *sich wichtig tun, sich hervordrängen;* er tut sich sehr mit seinem Wissen hervor

her'vor|zau·bern ⟨V. 500⟩ **1** etwas ~ *durch Zaubertrick erscheinen lassen;* er zauberte Kaninchen aus dem Hut hervor **2** etwas ~ ⟨fig.⟩ *unerwartet zum Vorschein bringen;* sie zauberte noch etwas Eßbares hervor

'her·wärts ⟨Adv.⟩ *auf dem Weg hierher, auf dem Herweg, auf uns zu;* auf der Hinreise bekam ich einen Sitzplatz, aber ~ mußte ich stehen

Herz ⟨n.; -ens, -en⟩ **1** *beim Menschen u. bei verschiedenen Tieren das zentrale Organ, das durch abwechselndes Zusammenziehen u. Ausdehnen den Blutkreislauf in Bewegung hält: Cor;* ein gesundes, kräftiges, schwaches, nervöses ~ haben; das ~ hämmert, klopft, pocht, schlägt 1.0.1 mit dem ~en zu tun haben *ein krankes Herz haben, herzkrank sein* 1.0.2 jmdn. auf ~ und Nieren prüfen ⟨a. fig.⟩ *sehr gründlich prüfen* 1.1 *Organ des Menschen, das unmittelbar auf Gefühlsregungen reagiert;* mir stand beinahe das ~ still (vor Schreck); ihr ~ schlug höher (vor Erwartung); das ~ schlug ihm bis zum Halse; mein ~ schlug zum Zerspringen; das ~ krampft, schnürt sich einem zusammen, wenn ...; das ~ im Leib will mir zerspringen ⟨poet.⟩ 1.2 *linke Brustseite, unter der das Herz(1) liegt* 1.2.1 jmdn. ans ~ drücken *jmdn. an die Brust drücken* 1.2.2 ein Kind unter dem ~en tragen *schwanger sein* **2** ⟨fig.⟩ *gedachtes Zentrum der Gefühle, Sitz der Seele* 2.0.01 ein reines ~ haben *ohne Schuld sein* 2.0.02 ich muß meinem ~en Luft machen *ich muß darüber sprechen, mich aussprechen* 2.0.03 sein ~ ausschütten *sich aussprechen (über seine Gefühle, über Kummer usw.)* 2.0.04 wes das ~ voll ist, des geht der Mund über (nach Matth. 12,34) *wer viel Freude (od. auch Kummer) empfindet, muß es anderen mitteilen* 2.0.05 im tiefsten ~en *ganz im geheimen* 2.0.06 alles, was das ~ begehrt *was man sich nur wünscht* 2.0.07 ich muß mir das alles einmal vom ~en reden *ich muß mich darüber einmal aussprechen* 2.0.08 er hat etwas auf dem ~en *er möchte etwas äußern, sagen* 2.0.09 das ~ auf der Zunge haben, tragen *seine Gefühle gleich aussprechen* 2.0.10 sprechen Sie, wie es Ihnen ums ~ ist *sagen Sie offen, was Sie fühlen* 2.0.11 das geht mir (sehr) zu ~en *das geht mir nahe, es bewegt mich stark;* er sprach einige zu ~en gehende Worte 2.0.12 sie sind ein ~ und eine Seele *sie sind unzertrennlich, verstehen sich sehr gut, vollkommen* 2.0.13 es liegt mir sehr am ~en *mir ist viel daran gelegen, es ist mir sehr wichtig* 2.0.14 ich lege es Ihnen ans ~ *ich bitte Sie dringend, darauf zu achten, daran zu denken o. ä.* 2.0.15 sich jmds. Worte, Vorwürfe usw. zu ~en nehmen *über jmds. W., V. usw. nachdenken u. sich nach ihnen richten* 2.1 *Ehrlichkeit, Überzeugung* 2.1.1 Hand aufs ~! *sei, seien wir ehrlich!* 2.1.2 ich habe es schweren ~ens getan *sehr kummervoll, obwohl ich es nicht wollte, gegen die innere Überzeugung, widerwillig* 2.1.3 seinem ~en einen Stoß geben *sich überwinden, etwas zu tun, nicht länger zögern* 2.2 *Gefühl;* sein ~ sprechen lassen 2.2.1 → a. *Stein(1.1.1 u. 1.3.3)* 2.2.2 ~ Jesu *Sinnbild der Liebe des Gottessohnes* 2.3 *Liebe, Zuneigung (für);* jmds. ~ erobern; seinem Kind gehört sein ganzes ~; jmdm. sein ~ schenken; dein ist mein ~; sein ~ für etwas od. jmdn. entdecken 2.3.1 sie hat ihm sein ~ gestohlen *er hat sich in sie verliebt* 2.3.2 jmdn. in sein ~ geschlossen haben *jmdn. liebgewonnen haben* 2.3.3 sein ~ an jmdn. hängen *sich in jmdn. verlieben* 2.3.4 sein ~ hängt nun einmal daran *er hat es nun einmal so gern, liebt es so* 2.3.5 sie stand seinem ~en nahe *sie liebten sich (heimlich)* 2.3.6 mit allen Fasern seines ~ens an etwas od. jmdm. hängen *etwas od. jmdn. sehr lieben* 2.3.7 jmd. ist jmdm. ans ~ gewachsen *jmd. hat jmdn.*

sehr gern, sehr liebgewonnen **2.4** *Mitgefühl, Güte;* sie hat ~; kein ~ haben; ein ~ haben für andere **2.4.1** jmds. ~ rühren *jmds. Mitleid erregen* **2.4.2** ein gutes, warmes, weiches ~ haben *gut, hilfsbereit, mitleidig sein* **2.4.3** das ~ auf dem rechten Fleck haben *sich zwischen Gefühl u. Vernunft richtig entscheiden, sich menschlich entscheiden* **2.4.4** ich kann es nicht übers ~ bringen, das zu tun *ich kann mich nicht überwinden, bringe es nicht fertig (aus Mitleid)* **2.4.5** etwas greift ans ~ *erweckt Rührung;* das Lied greift ans ~ **2.5** *Freude* **2.5.1** da lacht einem das ~ im Leibe *da freut man sich, da frohlockt man* **2.5.2** das ~ hüpfte ihm vor Freude *er freute sich* **2.5.3** jetzt war ihm wieder leicht ums ~ *er war erleichtert* **2.6** *Kummer* **2.6.1** sein Undank, sein Tod hat ihr das ~ gebrochen *hat sie seelisch zugrunde gerichtet* **2.6.2** an gebrochenem ~en sterben *vor Kummer, Gram sterben* **2.6.3** jmdm. das ~ schwer machen *jmdm. Kummer bereiten* **2.6.4** das ~ war ihm schwer *er war traurig, bekümmert* **2.6.5** der Kummer drückt mir das ~ ab *bedrückt mich sehr* **2.6.6** es zerreißt mir das ~, wenn ich sehe, wie ... *es tut mir unendlich weh* **2.6.7** das ~ blutet einem, wenn man das sieht *es tut einem weh* **2.6.8** das gibt mir einen Stich ins ~ *das tut mir weh* **2.6.9** etwas dreht jmdm., einem (ja) das ~ im Leibe herum *erweckt ein quälendes Mitgefühl* **2.7** *Mut;* ich habe nicht das ~, es ihm zu sagen; mir ist bang ums ~ **2.7.1** sich ein ~ fassen *seinen Mut zusammenfassen* **2.7.2** ihm fiel das ~ in die Hosen *der Mut verließ ihn* **2.7.3** sein ~ in beide Hände nehmen *seinen Mut zusammennehmen* **2.8** *Aufrichtigkeit* **2.8.1** (etwas kommt) von ~en *(ist) aufrichtig (gemeint);* ich bedaure es von ~en; von ~en gern; jmdm. von ~en gut sein; ich wünsche es dir von (ganzem) ~en; seine Freude, sein Glückwunsch kommt von ~en **2.8.2** → a. *Mördergrube(2)* **3** *Mensch, zu dem eine starke gefühlsmäßige Bindung besteht;* mein ~! (Kosewort); ein getreues ~e wissen (Anfang eines Liedes von Paul Fleming) **3.1** er hat schon viele ~en gebrochen *er hat schon viele Frauen unglücklich gemacht* **4** *Gegenstand von der Form eines Herzens;* Lebkuchen~; Tränendes ~ ⟨Bot.⟩ **5** *Farbe Rot der deutschen Spielkarte, Coeur;* ~ ist Trumpf **6** *Innerstes, Mittelpunkt;* im ~en Deutschlands **6.1** ~ des Salats *innerstes, zartestes Stück des S.*

'her·zen ⟨V. 500/R8⟩ jmdn. od. ein Tier ~ *liebkosen, umarmen, streicheln u. küssen*

'herz·haft ⟨Adj.⟩ **1** *kräftig, tüchtig, ordentlich;* jmdm. einen ~en Kuß geben; ein ~er Schluck; ~ lachen; ~ zulangen, zugreifen (beim Essen); jmdm. ~ auf die Schulter schlagen; ~ in einen Apfel, ein Brot beißen **2** eine ~e Speise *eine S. mit kräftigem Geschmack (die gut den Hunger stillt);* etwas Herzhaftes essen wollen

'her|zie·hen ⟨V. 293⟩ **1** ⟨500⟩ etwas ~ *aus der Entfernung zum Sprechenden ziehen, hierher-, heranziehen, herzuziehen* **2** ⟨511⟩ etwas od. jmdn. hinter sich ~ *mit sich ziehen, nachziehen* **3** ⟨400(s.)⟩ *eine Wohnung am Ort des Sprechenden beziehen* **4** ⟨800⟩ über etwas od. jmdn. ~ ⟨fig.⟩ *ungünstig, häßlich sprechen, klatschen*

'Herz·kam·mer ⟨f.⟩ *zusammenziehbarer Hohlraum im Herzen*

'Herz·klap·pe ⟨f.; -, -n; meist Pl.⟩ ~n *wie Ventile wirkende Häute am Herzen, die den Blutkreislauf steuern*

'herz·lich ⟨Adj.⟩ **1** *innig, liebreich, freundlich, liebevoll, von innigem, freundlichem Gefühl erfüllt;* jmdm. einen ~en Kuß geben; in ~em Einvernehmen leben, stehen (mit jmdm.); für jmdn. ~e Freundschaft, Liebe empfinden; ich grüße dich in ~er Freundschaft, Verbundenheit; zwischen uns besteht ein sehr ~es Verhältnis; jmdm. ~ die Hand drücken; jmdn. ~ umarmen **1.1** ⟨33⟩ jmdm. ~ gut sein *jmdm. sehr wohlwollend gesinnt sein* **2** *von Herzen kommend, aufrichtig;* ~en Dank, ~e Grüße, Wünsche; ~e Grüße an Ihre Frau!; ~e Glückwünsche zum Geburtstag!; mein ~stes Beileid!; ein paar ~e Worte sprechen; ~e Worte des Dankes finden (für) **3** ⟨33 od. 50⟩ *von ganzem Herzen, sehr;* ich habe mich ~ gefreut, sie wiederzusehen; ~ willkommen; er läßt dich ~(st) grüßen; ich möchte Sie ~ bitten, mir zu helfen; das tut mir ~ leid; jmdn. ~ begrüßen, empfangen, willkommen heißen; ~ lachen; ~ gern; ich gratuliere (recht) ~! **4** ⟨50⟩ *ziemlich, sehr;* ich habe es ~ satt; es geht mir ~ schlecht; es war ~ langweilig; ich kann damit ~ wenig anfangen; das ist mir ~ gleichgültig

'herz·los ⟨Adj.; fig.⟩ *gefühllos, erbarmungslos, grausam*

'Her·zog ⟨m.; -(e)s, ⸚e od. -e⟩ **1** *german. Heerführer* **2** *dem König verantwortl. fränk. u. langobard. Beamter mit den Rechten eines Grafen, aber größerem Amtsbereich* **3** *Adliger an der Spitze eines Herzogtums*

'Herz·schlag ⟨m.⟩ **1** *Zusammenziehung des Herzens: Systole;* einen Augenblick setzte (vor Schreck) mein ~ aus; der ~ stockte mir vor Schreck **1.1** einen ~ lang *einen Augenblick lang* **2** ⟨Path.⟩ *das schlagartige Aufhören der Herztätigkeit, Herzstillstand, Tod durch Herzlähmung;* er erlitt einen ~

'herz·zer·rei·ßend ⟨Adj.⟩ *jammervoll, heftiges, tiefstes Mitleid erregend;* es war ein ~er Anblick; das Kind weinte ~

he·te·ro'gen ⟨Adj.⟩ **1** *ungleichartig, verschiedenartig, andersartig* **2** *nicht gleichartig zusammengesetzt;* Ggs *homogen* **2.1** ~e Systeme ⟨Chem.⟩ *durch sichtbare Grenzflächen voneinander getrennte Bestandteile eines Gemisches*

'Het·ze ⟨f.; -, -n⟩ **1** *Verunglimpfung, Verbreitung von u. Aufreizung zum Haß;* Zeitungs~ **2** ⟨fig.⟩ *große Eile, Hast;* das war eine ~, bis wir glücklich hierhergekommen sind!; ich möchte nicht wieder in einer solchen ~ ins Theater kommen **3** ⟨jägerspr.⟩ *Jagd mit Hetzhunden, Hetzjagd, Hatz*

'het·zen ⟨V.⟩ **1** ⟨500⟩ Lebewesen ~ *mit für die Hetze abgerichteten Hunden jagen, treiben;* jmdn. oder ein Wild zu Tode ~; Füchse, Hirsche, Rehe, Wildschweine ~ **1.1** ⟨413; fig.⟩ eine Redensart, ein Beispiel zu Tode ~ *viel zu oft anwenden* **1.2** ⟨550⟩ den Hund auf od. gegen jmdn. ~ *zur Verfolgung antreiben* **1.3** → a. *Hals(5.5), Hund[1](3.2)* **2** ⟨511⟩ jmdn. an einen Ort ~ *dazu drängen, etwas sofort zu tun, sich sofort an einen Ort zu begeben;* sie hetzte ihn zum Briefkasten **3** ⟨400(s.)⟩ *sich sehr beeilen;* wir mußten ~, um den Zug noch zu erreichen **4** ⟨500/R3 od. R4⟩ sich ~ *sich sehr beeilen, sich abhetzen, sich durch zu große Hast ermüden;* sie muß sich immer ~ **5** ⟨fig.⟩ 5.1 ⟨400⟩ *aufreizend reden;* du sollst nicht immer ~! 5.2 ⟨800⟩ 5.2.1 zu etwas ~ *zu etwas aufwiegeln;* zum Kriege ~ 5.2.2 gegen jmdn. od eine Sache ~ *andere zum Haß, zur Unzufriedenheit gegen jmdn. od. eine S. anstacheln;* gegen die Regierung ~ 5.2.3 gegen jmdn. ~ ⟨fig.⟩ *Böses über jmdn. reden, ihn schmähen;* gegen den Chef ~

Heu ⟨n.; -(e)s; unz.⟩ **1** *getrocknetes Wiesengras des ersten Schnittes;* im ~ schlafen 1.0.1 ~ machen *Gras zum Trocknen mähen* 1.0.2 ~ wenden *ausgebreitetes Heu mit den Rechen umwenden, damit es schneller trocknet* 1.1 Geld wie ~ haben ⟨fig.; umg.⟩ *sehr viel G. besitzen*

'**heu·cheln** ⟨V.⟩ **1** ⟨400⟩ *sich verstellen;* er heuchelt nur **2** ⟨500⟩ etwas ~ *(nicht vorhandene Gefühle od. gute Eigenschaften) vortäuschen;* Liebe, Mitleid, Verständnis ~; sein Zorn war nur geheuchelt

'**heu·len** ⟨V. 400⟩ **1** *durchdringende u. langgezogene Töne hervorbringen* 1.1 Hunde(1) ~ *stoßen laute Töne aus, die sich wie Klagelaute anhören* 1.2 Sirenen ~ *pfeifen* **2** ⟨umg.⟩ *weinen, schluchzen;* hör auf zu ~, mit Heulen! 2.1 es ist zum Heulen *es ist sehr traurig, zum Verzweifeln* 2.2 das ~de Elend kriegen, haben *äußerste Verzweiflung* 2.3 wie das ~de Elend aussehen *verheult, sehr bekümmert, verzweifelt* 2.4 Heulen und Zähneklappern ⟨fig.⟩ *Ausdruck großer Angst, Furcht* 2.5 → a. *Wolf(1.0.2)* **3** ⟨400⟩ der Wind heult (um, durch etwas) ~ *weht hörbar;* der Sturm heulte ums Haus, durch die Baumwipfel

'**Heu·schrecke** ⟨-k·k-; f.; -, -n⟩ *einer Ordnung der Geradflügler angehörendes, meist mittelgroßes Insekt, dessen Hinterbeine mit verdickten Schenkeln als Sprungbeine entwickelt sind: Saltatoria*

'**heu·te** ⟨Adv.⟩ **1** *an diesem Tage;* ~ ist Donnerstag; welches Datum ist, haben wir ~?; ~ ist der 10. Mai; unser täglich Brot gib uns ~ (Bitte des Vaterunsers); was hast du ~ vor?; ich werde es gleich ~ tun; ~ abend, ~ früh, ~ morgen, ~ nachmittag; die Zeitung von ~; von ~ an; bis ~; ich werde es noch ~ tun; Schluß für ~!; etwas von ~ auf morgen verschieben 1.0.1 ~ vor acht Tagen *acht Tage, eine Woche vor diesem Tage* 1.0.2 ~ in, (über) vier Wochen *von diesem Tage an vier Wochen später;* ~ in acht Tagen, über acht Tage 1.1 von ~ auf morgen ⟨a. fig.⟩ *ganz plötzlich, unerwartet;* es kann sich von ~ auf morgen wieder ändern 1.2 ~ mir, morgen dir ⟨umg.⟩ *einmal wird der eine, ein andermal der andere von einem (un)glücklichen Zufall betroffen* 1.2.1 ~ rot, morgen tot ⟨Sprichw.⟩ *auch wer ganz gesund ist, kann plötzlich sterben* **2** *in der Gegenwart;* ~ ist das alles ja ganz anders; das ist noch ~ so; ein Mensch von ~ 2.1 das Heute und das Morgen *Gegenwart und Zukunft* 2.2 nicht ~ und nicht morgen *nicht sofort, erst in einiger Zeit;* das passiert nicht ~ und nicht morgen 2.3 lieber ~ als morgen ⟨fig.⟩ *so bald wie möglich, möglichst gleich, am liebsten sofort* 2.4 kommst du ~ nicht, (dann) kommst du morgen ⟨a. fig.⟩ *man hat viel Zeit, beeilt sich nicht*

'**heu·tig** ⟨Adj. 24/60⟩ **1** *an diesem Tage, von diesem Tage, heute stattfindend;* die ~e Zeitung; der ~e Tag; unsere ~e Zusammenkunft 1.1 am ~en Tage *heute* 1.2 unter dem ~en Datum ⟨kaufmannsspr.⟩ *heute* 1.3 bis auf den ~en Tag *bis heute* **2** *gegenwärtig;* aus ~er Sicht; in der ~en Zeit 2.1 wir Heutigen *wir Menschen von Heute, wir modernen Menschen*

'**heut·zu·ta·ge** ⟨Adv.⟩ *heute, in der Gegenwart, in unserer Zeit*

'**He·xe** ⟨f.; -, -n⟩ **1** *(häßl. alte) Zauberin* **2** *Frau, die sich mittels ihrer Schönheit ihre Mitmenschen gefügig macht* **3** ⟨fig.; umg.⟩ *böses Weib*

'**he·xen** ⟨V.⟩ **1** ⟨400⟩ *zaubern* 1.1 ich kann doch nicht ~! ⟨umg.⟩ *laß mir doch etwas Zeit!, so schnell kann ich das nicht!* 1.2 es geht wie gehext ⟨umg.⟩ *sehr schnell* **2** ⟨500⟩ etwas ~ *durch Hexerei, auf übernatürl. Weise bewirken, hervorrufen;* ein Gewitter, Regen ~

'**He·xen·kes·sel** ⟨m.⟩ **1** *Kessel, in dem eine Hexe Zaubertränke braut* **2** ⟨fig.; umg.⟩ *lärmende Zusammenkunft, tosendes Durcheinander;* das Stadion war ein einziger ~

'**He·xen·sab·bat** ⟨m.; -s, -e⟩ **1** *Hexenversammlung* **2** ⟨fig.⟩ *wüstes, lärmendes Durcheinander;* es war ein wahrer ~

'**He·xen·schuß** ⟨m.⟩ *plötzl., die Bewegung einschränkender od. aufhebender Schmerz in der Lendengegend: Lumbago*

Hieb ⟨m.; -(e)s, -e⟩ **1** *Schlag;* Peitschen~, Säbel~, Stock~; einen ~ abwehren, auffangen, parieren; ein ~ mit der Peitsche, Rute, mit dem Säbel, Stock; jmdm. einen ~ zurückgeben; der ~ hat gesessen ⟨a. fig.⟩; jmdm. einen ~ versetzen ⟨a. fig.⟩ **2** ⟨nur Pl.⟩ ~e *Prügel;* ~e bekommen, beziehen; wenn du nicht folgst, setzt es ~e 2.1 *durch einen Hieb(1) entstandene Verletzung;* der ~ war noch sichtbar **3** ⟨fig.⟩ 3.1 es ist mir auf den ersten ~ gelungen *beim ersten Mal, sofort* 3.2 auf einen ~ fällt kein Baum *man muß etwas Geduld haben, man darf sich nicht gleich entmutigen lassen* 3.3 du hast wohl einen ~? ⟨umg.; scherzh.⟩ *du bist nicht recht bei Verstand!* **4** ⟨fig.⟩ *Stichelei, boshafte Anspielung;* ~e austeilen; jmdm. einen ~ zurückgeben; jmdm. einen ~ versetzen; der ~ hat gesessen; der ~ geht auf dich **5** *Einschnitt an der Feile;* Feilen~

'**hieb·fest** ⟨Adj.⟩ **1** *unverwundbar* **2** hieb- und stichfest ⟨fig.⟩ *unwiderlegbar, stichhaltig;* ein hieb- und stichfester Beweis

hier ⟨Adv.⟩ **1** *an diesem Ort, an dieser Stelle;* Ggs *dort(1.1);* ~ bin ich!; ~ auf Erden; ~ in der Nähe; ~ draußen, drinnen; ~ ist XY (bei Telephongesprächen); du ~?; ~ ist Goethe geboren; ~ kann ich nicht bleiben; ~ bin ich, und ~ bleibe ich; was ist denn ~ los?; ~ ist es (nicht) schön; ich warte (so lange) ~; ~ in München; ~ oben, ~ unten; von ~ sind es noch zwei Stunden, zwei Meter; bitte, wo ist ~ die Post?; Herrn XY, ~ (auf Briefen, die durch Boten bestellt werden); es ist nicht weit von ~; nur schnell fort von ~!; ~ entlang; ~ ist gut sein, ~ laßt uns Hütten bauen (nach Matthäus

17,4); ~ stehe ich, ich kann nicht anders (angebl. Ausspruch Luthers auf dem Reichstag zu Worms); ~ bin ich Mensch, ~ darf ich's sein (Goethe, Faust I, Vor dem Tor) 1.1 ~! (bei Namensaufruf) *ich bin da, zur Stelle!* 1.2 kommen Sie einmal nach ~? *hierher, in unsere Stadt* 1.3 ich bin nicht von ~ *ich bin kein Einheimischer* 1.4 du hast ~ nichts zu befehlen, zu sagen *in diesem Kreise* 1.5 ~ herum muß er wohnen (umg.) *irgendwo in der Nähe, etwa an dieser Stelle* 1.6 (örtl.) ~ und da *an manchen Orten, Stellen* 2 *(beim Geben od. Zeigen) dieses, da!;* ~, nimm!; geben Sie mir dieses ~; ~ ist das Buch; d(ies)er Mann ~; ~ hast du das Geld 3 *eine Angelegenheit betreffend;* ~ muß ich dir recht geben 4 (zeitl.) ~ und da *manchmal, ab und zu* 4.1 *in diesem Augenblick* 5 *gleichzeitig;* ~ machte er eine abwehrende Handbewegung

'**hier·an** (Adv.) *an diese(r) Sache, daran;* ~ knüpfte er die Bemerkung ...; ~ schließt sich ein weiteres Zimmer

'**hier·auf** (Adv.) *sodann, danach, darauf;* ~ folgte ein Tusch

'**hier·aus** (Adv.) 1 *aus dieser Tatsache, daraus;* ~ folgt, daß ... 2 (räuml.) *aus dem Erwähnten;* ~ zu trinken ist kaum möglich

'**hier·bei** (Adv.) 1 *bei dieser Gelegenheit, gleichzeitig;* ~ kam zur Sprache ... 2 *was das eben Erwähnte angeht;* nicht zu verachten ist ~ der Komfort

'**hier·durch** (Adv.) 1 *auf diese Weise, hiermit;* ~ teilen wir Ihnen mit ... 2 (räuml.) *durch diese Öffnung, diesen Raum;* das Tor ist schon geschlossen, du kannst ~ gehen

'**hier·für** (Adv.) 1 *zu diesem Zweck;* dieses Gerät ist ~ nicht zu gebrauchen 2 *was diese Angelegenheit betrifft;* ~ kann ich kein Verständnis aufbringen 3 *als Gegenwert;* was kannst du ~ bezahlen?

hier'ge·gen (a. ['---] Adv.) 1 *dagegen, gegen diese Tatsache, Meinung u. ä.;* ~ habe ich nichts einzuwenden, aber die andere Sache gefällt mir nicht; ~ kann ich folgende Gründe anführen 2 (räuml.) *gegen das eben Erwähnte;* drücke bitte nicht ~!

'**hier·her** (a. [-'-]; Adv.) *von dort nach hier, an diesen Ort, an diese Stelle (und nicht dorthin);* ~! (Ruf an den Hund); bis ~ und nicht weiter; bis ~ ist alles gut gegangen

hier'her|ge·hö·ren (V. 400) 1 *an diese Stelle, in diesen Zusammenhang gehören* 1.0.1 das gehört nicht hierher *das ist eine andere Sache* 1.1 jmd. gehört hierher *in diese Familie, dieses Land*

'**hier·her·um** (Adv.) *nach dieser Seite (herum);* der Weg führt ~; es geht ~

'**hier·hin** (Adv.) *an diese Stelle;* ~ und dorthin

'**hier·hin·auf** (Adv.) *von hier an jene Stelle hinauf, diesen Weg hinauf*

'**hier·hin·aus** (Adv.) 1 *an jener Stelle, durch diesen Ausgang, dort hinaus;* es geht ~, durch dieses Tor 2 *diesen Weg hinaus, in dieser Richtung hinaus;* ~ führt die Straße nach Straßburg

'**hier·in** (Adv.) *in dieser Sache, Hinsicht;* ~ muß ich dir recht geben

'**hier·mit** (Adv.) *auf diesem Wege, auf diese Weise, hierdurch;* ~ bestätige ich, daß ...

'**hier·nach** (Adv.) *nach dieser Sache, danach, sodann;* ~ war er völlig außer Atem

'**hier·über** (Adv.) 1 *über diese Angelegenheit;* ~ sprechen wir noch 2 (räuml.) 2.1 *über dem Erwähnten;* ~ befindet sich nur noch der Dachboden 2.2 *über das Erwähnte;* ~ decken wir ein Tuch

'**hier·un·ter** (Adv.) 1 *darunter, unter diese(r) Rubrik;* ~ fallen auch folgende Beispiele 2 (räuml.) 2.1 *unter dem Erwähnten* 2.2 *unter das Erwähnte*

'**hier·von** (Adv.) 1 *davon, von dieser Sache;* ~ nehme man einen Teil weg 2 *was diese Angelegenheit anbetrifft;* ~ verstehe ich nichts, aber über die anderen Dinge weiß ich Bescheid 3 *dadurch;* es war sehr laut dort und ~ bekam ich Kopfschmerzen

'**hier·zu** (Adv.) 1 *für diesen Zweck, dieses Vorhaben;* ~ brauchen wir Mehl und ein paar Eier 2 *was diese Angelegenheit anbetrifft;* ~ möchte ich bemerken, daß ... 3 *zu dieser Sache, Gruppe, Eigenschaft;* ~ könnte man auch die Insekten zählen; ~ möchte ich nicht gehören 4 *mit diesem zusammen;* es gibt Fisch, und ~ schmeckt nur Weißwein

'**hier·zu·lan·de** (Adv.) *in diesem Lande, hier bei uns;* ~ ist das nicht, ist das so üblich

'**hie·sig** (Adj. 24/60) 1 *von hier, aus diesem Ort, Lande (stammend), einheimisch;* dies ist ein ~es Gewächs, ein ~er Wein; die ~en Verhältnisse 1.0.1 er ist kein Hiesiger *kein Einheimischer*

'**Hil·fe** (f.; -, -n) 1 *Beistand, Unterstützung;* (zu) ~! (Ruf in der Not); mit Gottes ~; darf ich Ihnen meine ~ anbieten?; ich brauche deine ~; der Junge ist mir schon eine große ~; ärztliche ~; gegenseitige ~; das war ~ in der Not; seine ~ verweigern; dein Buch war mir eine gute ~ (bei meiner Arbeit); jmdn. um ~ bitten; bei jmdm. ~ suchen; um ~ rufen, schreien 1.1 mit fremder ~ *nicht allein;* der Kranke kann jetzt ohne fremde ~ gehen 1.2 jmdm. zu ~ eilen, kommen *jmdm. in der Not raschen Beistand leisten* 1.2.1 jmds. Gedächtnis zu ~ kommen *jmds. Gedächtnis nachhelfen* 1.3 jmdn. zu ~ rufen *jmdn. um raschen Beistand bitten* 2 mit ~ von etwas *unter Verwendung von;* mit Hilfe einer Schnur usw.; mit ~ von Lehrbüchern 3 etwas zu ~ nehmen *etwas als Hilfsmittel gebrauchen;* einen Stock usw. zu ~ nehmen 4 *Mitwirkung, Förderung;* finanzielle, materielle ~ 5 *jmd., der hilft, Hilfskraft;* Haushalts~; wir haben seit einem Monat keine ~ mehr, wieder eine ~ 6 ~n geben (Sp.) *Kommandos des Reiters od. Fahrers an das Pferd*

'**Hil·fe·stel·lung** (f.) 1 *Unterstützung bei Turnübungen am Gerät* 2 (fig.) *Hilfe* 2.1 jmdm. ~ geben, leisten *jmdm. (bes. für andere unmerklich) helfen*

'**hilf·los** (Adj.) 1 *ohne Hilfe, sich nicht zu helfen wissend;* er lag ~ mit gebrochenem Bein im Wald 1.1 *ratlos, unbeholfen;* ein ~er Blick; sie sah ihn ~ an; sie zuckte ~ die Achseln 1.2 (60) *unselbständig;* er hat drei ~e Kinder, Waisen hinterlassen 1.3 *schutzlos;* ein ~es Geschöpf

'**hilf·reich** (Adj.) 1 *(in größerem Umfang) hilfsbereit, gern u. viel helfend, wohltätig;* sich jmds. ~ annehmen 1.1 jmdm. eine ~e Hand bieten *helfen, Hilfe anbieten*

'Hilfs·kraft ⟨f.⟩ *Person zur Unterstützung, Mithilfe bei einer Arbeit, Assistent(in);* weitere Hilfskräfte anfordern, einstellen; wissenschaftliche ~

'Hilfs·mit·tel ⟨n.⟩ **1** *zur Erreichung eines Ziels dienliches Mittel* 1.1 *Werkzeug, Gerät* 1.2 *Geld zur Unterstützung, Zuschuß* 1.3 *Einrichtung zur Arbeitserleichterung*

'Him·mel ⟨m.; -s, -⟩ **1** *das scheinbare Gewölbe mit Himmelskörpern, das sich über der Erde erhebt, Himmelsgewölbe, Firmament;* bewölkter, heiterer, klarer, strahlend blauer, wolkenloser ~; unter nördlichem, südlichem ~; der Vogel, das Flugzeug stieg zum ~ empor; der ~ bewölkt, bezieht sich; die Nachricht kam wie ein Blitz aus heiterem ~ 1.1 unter freiem ~ nächtigen *im Freien, ohne Dach über dem Kopf* 1.2 der ~ öffnete seine Schleusen *es begann heftig zu regnen* 1.3 zwischen ~ und Erde schweben, hängen *in der Luft, an einem unsicheren Halt* 1.4 wie vom ~ gefallen *ganz plötzlich, auf einmal* **2** *in vielen Religionen gedachter Sitz (od. Sitze) der Gottheit(en), der sich über der Erde befinden soll, auch Aufenthaltsort für die Seligen und die Verstorbenen, Paradies, Jenseits;* am Anfang schuf Gott ~ und Erde (die ersten Worte der Bibel); der ~ sei mein Zeuge, daß ich die Wahrheit sage; sich wie im ~ fühlen; Dein Wille geschehe wie im ~ also auch auf Erden (Bitte des Vaterunsers) 2.1 den ~ auf Erden haben *vollkommen glücklich sein, sehr gut u. ohne Sorgen leben* 2.2 Großvater ist nun im ~ *ist gestorben* 2.3 in den ~ kommen *die ewige Seligkeit erlangen* 2.4 jmdn. od. etwas in den ~ heben ⟨fig.; umg.⟩ *jmds. Vorzüge sehr preisen, etwas überschwenglich loben* 2.5 jmdm. hängt der ~ voller Geigen *jmd. ist sehr glücklich u. dadurch etwas übermütig, er schaut freudig, zuversichtlich, optimistisch in die Zukunft* 2.6 ~ und Hölle in Bewegung setzen ⟨fig.⟩ *alles nur Erdenkliche versuchen* 2.7 ~ und Hölle *Kinderspiel, bei dem auf einem Bein durch eine aufgezeichnete Figur aus Vierecken u. einem Halbkreis gehüpft werden muß* **3** ⟨fig.⟩ *Wille der Gottheit, Vorsehung, Schicksal;* es war eine Fügung des ~s; der ~ bewahre mich davor; das möge der ~ verhüten 3.1 gebe es der ~! *möge es so werden, so kommen!* **4** *in einem Raum über einem Bett od. einem Thron angebrachtes Dach aus Stoff o. a. Material;* Bett~, Thron~ **5** *Ausruf des Erstaunens, Erschreckens, der Beteuerung, auch Fluch;* ~, ich habe mein Geld vergessen!; ~ und Hölle! (Fluch) 5.0.1 um (des) ~s willen! ⟨umg.⟩ *(Ausruf des Erschreckens)* 5.0.2 Gott im ~! ⟨umg.⟩ *(Ausruf des Erstaunens, des Schreckens)* 5.0.3 du lieber ~! ⟨umg.⟩ *(Ausruf des Erstaunens, des Schreckens)* 5.0.4 dem ~ sei Dank! *(Ausruf der Erleichterung)* 5.0.5 gerechter ~! *(Ausruf des Erstaunens, der Empörung)* 5.1 (das) weiß der (liebe) ~! ⟨umg.⟩ *ich habe keine Ahnung*

'Him·mel·fahrt ⟨f.⟩ **1** Christi ~ ⟨nach bibl. Überlieferung⟩ *die Auffahrt Christi gen Himmel* 1.1 *Festtag am 40. Tag nach Ostern* **2** Mariä ~ ⟨nach kath. Glauben⟩ *Auffahrt Mariä gen Himmel* 2.1 *Festtag am 15. August*

'him·mel·schrei·end ⟨Adj.⟩ *empörend, unerhört;* ein ~es Elend; eine ~e Ungerechtigkeit

'Him·mels·kör·per ⟨m.⟩ *Körper, der von der Erde am Himmel zu beobachten ist;* Sy *Gestirn* ⟨geh.⟩

'Him·mels·rich·tung ⟨f.⟩ *Teil des Horizontes (Osten, Süden, Westen, Norden)*

'himm·lisch ⟨Adj.⟩ **1** ⟨60⟩ *vom Himmel kommend, stammend;* der Wind, der Wind, das ~e Kind 1.1 das ~e Licht ⟨poet.⟩ *das L. der Sonne* **2** ⟨60⟩ *zum Himmel gehörig, göttlich* 2.1 die Himmlischen *die Götter, Engel* 2.2 die ~en Heerscharen *die Engel* 2.3 das ~e Reich *das Reich Gottes* 2.4 unser ~er Vater *Gott* **3** ⟨fig.⟩ *wunderbar, köstlich, herrlich;* es war (einfach) ~!; eine ~e Musik **4** ⟨fig.; umg.⟩ *sehr groß;* eine ~e Geduld haben

hin ⟨Adv.⟩ *in Richtung zu etwas od. jmdm.* **1** ~ nach einem Ort od. zu jmdm. *einen O. od. jmdn. als Ziel nehmend, habend;* Ggs *her;* → *her(6);* bis zu den Bergen ~; weit in die Ferne ~; nach Süden ~; wir sind ~ und zurück gelaufen; wo willst du ~? (erg.: gehen); Fahrt ~ und zurück 1.1 an etwas ~ *entlang;* der Weg läuft am Fluß, Wald ~ **2** ⟨zeitl.⟩ eine Weile ~ ⟨verstärkend⟩ *noch eine W.;* es ist noch eine Weile ~; ein paar Monate ~, und niemand denkt mehr daran; es ist noch lange ~ 2.1 ~ und wieder *ab und zu, manchmal* **3** vor sich ~ sprechen *so, daß es niemand hören soll;* leise vor sich ~ lachen, reden, weinen **4** auf etwas ~ 4.1 *selbst wenn;* auf die Gefahr ~, alles zu verlieren 4.2 *auf Grund;* ich habe es auf seinen Rat ~ getan **5** ~ und her *in eine Richtung und anschließend in die entgegengesetzte Richtung;* ~ und her (laufen, gehen); einen Gegenstand, sich ~ und her bewegen 5.0.1 das Hin und Her *mit Unruhe verbundenes Kommen und Gehen* 5.1 ~ und her (reden) *dafür u. dagegen (ohne Einigung der Meinungen);* (etwas) ~ und her überlegen; ~ und her raten 5.1.1 das hättest du als Sohn nicht tun dürfen! Sohn ~, Sohn her, ich konnte mich einfach nicht mehr beherrschen! ⟨fig.; umg.⟩ *wenn ich auch sein Sohn bin* 5.2 etwas ist ~ wie her *das kommt auf dasselbe heraus, ist gleich, bleibt sich gleich*

hin... ⟨Vors.⟩ **1** ⟨in Zus. mit Verben betont u. trennbar⟩ 1.1 *zu einem Ort, vom Sprecher weg auf ein Ziel zukommend;* sich hinbegeben, hinfahren; er kommt dort niemals hin 1.2 *sich andauernd in unbestimmter Richtung bewegend;* hinfließen; hintreiben; hinfliegend wie ein Vogel 1.3 *sich in eine bestimmte Position begebend;* (sich) hinstrecken; hinpflanzen; er legte sich gleich hin 1.4 *eintönig andauernd;* hinsterben; hinvegetieren 1.5 *ohne Gefühlsregung zu Tode bringend;* hinmorden; er wurde hingemetzelt 1.6 *ohne Überlegung hervorbringend;* hinschmieren; er hatte nur so hingeredet **2** ⟨stets unbetont u. nicht trennbar⟩ 2.1 *die Richtung vom Sprecher weg bezeichnend;* hinab; hinauf; hinaus 2.2 *während der Zeit;* hinfort

hin'ab ⟨Adv.⟩ *von (hier) oben nach (dort) unten, hinunter*

'hin|ar·bei·ten ⟨V. 800⟩ auf etwas ~ *auf ein Ziel zu arbeiten, durch Arbeit etwas anstreben*

hin'auf... ⟨Vors.; in Zus. mit Verben trennbar⟩ *sich (vom Sprecher weg) zu einem höhergelegenen Ort bewegend;* hinaufgehen; hinaufeilen; hinaufblicken; er kommt nicht hinauf

hin'auf|ar·bei·ten ⟨V. 500/R3⟩ sich ~ *durch Fleiß u. Tüchtigkeit eine höhere Stellung erringen;* er hat sich schnell zum Abteilungsleiter hinaufgearbeitet
hin'auf|set·zen ⟨V. 500⟩ **1** jmdn. od. etwas ~ *höher setzen, nach oben setzen* **1.1** eine Ware im Preis ~ *den P. erhöhen*
hin'auf|trei·ben ⟨V. 267/500⟩ **1** Vieh ~ *von (hier) unten nach (dort) oben treiben;* Kühe (auf die Alm) ~ **2** etwas ~ ⟨fig.⟩ *steigern, Erhöhung veranlassen von etwas;* er trieb mit seinen Angeboten den Preis des Teppichs sprunghaft hinauf
hin'aus ⟨Adv.⟩ **1** *von (hier) innen nach (dort) draußen* **1.1** ⟨räuml.⟩ über etwas ~ *etwas überschreitend, weiter als etwas* **1.2** ~ (mit Ihnen)! *verlassen Sie sofort den Raum!* **2** auf, über Jahre ~ *länger dauernd als mehrere J.;* wir sind auf Wochen ~ ausverkauft
hin'aus... ⟨Vors.; in Zus. mit Verben trennbar⟩ **1** *von (hier) innen nach (dort) draußen;* hinauswerfen; hinaussehen; er fand nicht hinaus **2** *in die Ferne dringend;* er lief weit hinaus **3** *einen gewissen Zeitraum überschreitend;* er konnte die Entscheidung nicht mehr hinauszögern
hin'aus|ge·hen ⟨V. 145(s.)⟩ **1** ⟨400⟩ *von (hier) drinnen nach (dort) draußen gehen, ein Zimmer, ein Gebäude u. ä. verlassen;* geh hinaus! **1.1** aus einem Raum ~ *den R. verlassen* **2** ⟨450⟩ eine Wohnung, ein Fenster, ein Zimmer geht nach, auf etwas hinaus *ist in Richtung auf etwas gelegen;* unsere Wohnung geht auf den Hof hinaus **2.1** die Fenster gehen nach Süden hinaus ⟨umg.⟩ *liegen an der Südseite des Hauses* **3** ⟨400; umg.⟩ *den Weg nach draußen öffnen;* diese Tür geht in den Garten hinaus **4** ⟨800⟩ **4.1** eine Menge, Anzahl geht über etwas hinaus *ist größer als erwartet;* seine Forderung geht weit über das hinaus, was wir tun oder geben können **4.2** jmds. Fähigkeiten gehen über die anderer Personen hinaus *sind größer als die F. der anderen*
hin'aus|kom·men ⟨V. 170(s.)⟩ **1** ⟨400⟩ *von (hier) drinnen nach (dort) draußen kommen;* Sie brauchen nicht mit hinauszukommen, ich finde den Weg allein **2** ⟨400⟩ = *herauskommen(2)* **2.1** ich bin heute den ganzen Tag nicht hinausgekommen *nicht an die Luft gekommen, ich habe die Wohnung nicht verlassen* **3** ⟨805⟩ = *herauskommen(8.1);* das kommt auf dasselbe hinaus
hin'aus|lau·fen ⟨V. 176(s.)⟩ **1** ⟨400⟩ *von (hier) drinnen nach (dort) draußen laufen, hinauseilen;* die Kinder liefen zum Spielen hinaus; sie lief noch einmal hinaus, um das Vergessene zu holen; in den Garten ~ **2** ⟨800⟩ etwas läuft auf etwas hinaus **2.1** *führt zu einem Punkt hin, endet mit;* das Ganze wird darauf ~, daß wir alles selbst bezahlen müssen **2.2** ein Plan läuft auf etwas hinaus *strebt ein Ziel an, bezweckt etwas;* der Plan läuft darauf hinaus, Obdachlosen ein Heim zu geben
hin'aus|schie·ben ⟨V. 214/500⟩ **1** jmdn. od. etwas ~ *von (hier) drinnen nach (dort) draußen;* einen Fahnenmast zum Fenster ~ **2** eine Sache ~ ⟨fig.⟩ *auf später verschieben;* Termine, Vorhaben ~; seinen Urlaub um eine Woche ~
hin'aus|sein ⟨240/800(s.)⟩ **1** über einen Zeitpunkt, Zeitraum ~ *einen bestimmten Z. überschritten haben* **1.0.1** über die 60 ~ *älter als 60 Jahre sein* **1.1** *eine Entwicklungsstufe hinter sich gelassen haben* **1.1.1** über solche Kindereien bin ich hinaus *solche K. interessieren mich nicht mehr*
hin'aus|wach·sen ⟨V. 277/800(s.)⟩ über jmdn. od. etwas ~ **1** *größer, höher werden als jmd. od. etwas;* der Junge ist über seine Schwester hinausgewachsen; die Bäume wachsen über das Dach hinaus **2** ⟨fig.⟩ *jmdm. od. einer Sache überlegen werden, jmdn. od. etwas übertreffen;* über diese Spiele ist er längst hinausgewachsen **2.0.1** über sich (selbst) ~ *sich in ungewöhnlichem Maße steigern, sich selbst übertreffen*
hin'aus|wol·len ⟨V. 290; umg.⟩ **1** ⟨400⟩ *hinausgehen wollen;* ich will hinaus **2** ⟨413⟩ hoch ~ *eine glänzende Karriere machen wollen, eine hohe Stellung anstreben, ein hohes Ziel verfolgen* **3** ⟨800⟩ auf etwas ~ *etwas meinen, beabsichtigen;* ich weiß, worauf du hinauswillst
hin'aus|zie·hen ⟨V. 293⟩ **1** ⟨500⟩ jmdn. od. etwas ~ *von (hier) drinnen nach (dort) draußen ziehen;* sie zog ihn mit sich hinaus **2** ⟨500⟩ etwas ~ ⟨fig.⟩ *in die Länge ziehen, zeitl. verlängern;* seinen Urlaub noch etwas ~ **2.1** ⟨R3⟩ etwas zieht sich hinaus *zieht sich in die Länge* **3** ⟨500⟩ etwas ~ *verzögern, hinausschieben;* einen Termin ~ **3.1** ⟨R3⟩ etwas zieht sich hinaus *verzögert sich* **4** ⟨400(s.)⟩ *hinausgehen, -wandern, -marschieren;* in die Wälder ~ **4.1** ⟨400(s.)⟩ *an die Front gehen;* ins Feld ~ **5** ⟨400⟩ (aufs Land) ~ *eine Wohnung auf dem L. nehmen;* vor die Stadt ~
'Hin·blick ⟨m.; unz.; nur in der Wendung⟩ im ~ auf *unter Berücksichtigung des, der, von ..., unter dem Gesichtspunkt des, der ... betrachtet;* im ~ auf seinen Gesundheitszustand
'hin|brin·gen ⟨V. 118/500⟩ **1** jmdn. od. etwas ~ *hinbegleiten, an einen bestimmten Ort bringen, tragen, hinschaffen;* würdest du mich mit dem Auto ~? **2** etwas ~ ⟨umg.⟩ *fertigbringen;* ich weiß noch nicht, ob ich das hinbringe **3** eine Zeit ~ *verbringen;* seine freie Zeit mit Schlafen ~ **3.1** ⟨513⟩ die Zeit mit Lesen ~ *sich die Zeit mit Lesen vertreiben* **3.2** sein Leben kümmerlich ~ *fristen*
'hin·dern ⟨V. 505/R7 od. R8⟩ jmdn. od. etwas an etwas ~ *bei etwas stören, hemmen, behindern, es ihm unmöglich machen;* jmdn. am Sehen, Schreiben ~
'Hin·der·nis ⟨n.; -s·ses, -s·se⟩ **1** *Sperre;* Draht~; ein ~ beseitigen **1.1** ⟨Sp.⟩ *Hürde* **2** ⟨fig.⟩ *Behinderung, Hemmung, Störung, Schwierigkeit;* alle ~se überwinden; ein unüberwindliches ~; auf ein (unvermutetes) ~ stoßen; seine (gegensätzliche) Meinung ist für mich, meinen Plan kein ~; jmdm. ~se in den Weg legen; es war eine Fahrt mit ~sen; sich über alle ~se hinwegsetzen
'hin|deu·ten ⟨V. 411⟩ **1** auf etwas od. jmdn. od. in eine bestimmte Richtung ~ *zeigen, hinweisen* **2** etwas deutet auf jmdn. od. etwas hin ⟨fig.⟩ *kündigt jmdn. od. etwas an, spricht für jmdn. od. etwas;* diese Anzeichen deuten schon auf die kommende Entwicklung hin; alle Spuren deuten darauf hin, ...
hin'durch ⟨Adv.⟩ **1** durch einen Raum ~ *völlig, quer, mitten durch;* durch den Wald ~

2 eine Zeit ~ *einen Zeitraum völlig in Anspruch nehmend;* Jahre ~; den ganzen Tag ~
hin'ein ⟨Adv.⟩ **1** *von (hier) draußen nach (dort) drinnen, ins Innere;* mitten ~ **1.1** in ... ~ ⟨a. fig.; verstärkend⟩ *weit in ... eindringend;* er erschrak bis ins Mark ~; ich will bis in alle Einzelheiten ~ Bescheid wissen **1.2** ins Blaue ~ ⟨umg.⟩ *ohne Plan u. bestimmte Absicht;* ins Blaue ~ fahren, reden, träumen **2** in ... ~ ⟨zeitl.; verstärkend⟩ *lange in ... reichend, dauernd;* bis in die Nacht, den Tag ~; bis in unsere Tage ~
hin'ein... ⟨Vors.; in Zus. mit Verben trennbar⟩ **1** *von (hier) draußen nach (dort) drinnen, ins Innere kommend;* (sich) hineinbegeben; in einen Apfel hineinbeißen; er ging hinein **2** *von (hier) draußen nach (dort) drinnen, ins Innere bringend;* jmdn. ins Wasser hineinstoßen; in das Heft hineinschreiben
hin'ein|den·ken ⟨V. 119/550/R3⟩ sich in jmdn. od. etwas ~ *sich an jmds. Stelle versetzen, jmdm. etwas nachfühlen, sich in etwas denken;* ich kann mich jetzt in ihn, in seine Lage ~; das liegt schon so lange zurück, ich muß mich erst wieder ~
hin'ein|ge·ra·ten ⟨V. 195(s.)⟩ **1** ⟨411⟩ *ohne es zu wollen, irgendwohin gelangen;* er versuchte, aus dem Sumpf herauszukommen, aber er geriet nur immer tiefer hinein **2** ⟨800; fig.⟩ *unfreiwillig in eine (unangenehme) Lage geraten;* ich weiß selbst nicht, wie ich hier ~ bin
hin'ein|le·gen ⟨V. 500⟩ **1** jmdn. od. etwas ~ *von (hier) draußen nach (dort) drinnen legen;* wenn du dir etwas aus dem Fach nimmst, dann leg es auch bitte wieder hinein; bitte legen Sie dem Chef die Akten (in sein Zimmer) hinein **2** jmdn. ~ ⟨fig.⟩ = *hereinlegen(2)*
hin'ein|leuch·ten ⟨V.⟩ **1** ⟨400⟩ *von (hier) draußen nach (dort) drinnen leuchten;* in eine Höhle, einen Raum ~ **2** ⟨800⟩ in etwas ~ ⟨fig.⟩ *Licht, Klarheit (in etwas) hineinbringen;* in eine dunkle Angelegenheit ~
hin'ein|re·den ⟨V. ⟩ **1** ⟨400⟩ *unbefugt dazwischenreden, sich ins Gespräch mischen;* redet nicht hinein, wenn wir uns unterhalten **2** ⟨600⟩ jmdm. ~ ⟨fig.⟩ *sich in jmds. Angelegenheiten einmischen;* ich lasse mir (in meine Angelegenheiten, Pläne) nicht ~ **3** ⟨800⟩ in jmdn. ~ *auf jmdn. einreden, jmdm. heftig zureden, jmdn. zu beeinflussen suchen;* er redete in sie hinein, aber sie gab nicht nach **4** ⟨550/R3⟩ sich in etwas ~ *reden u. dabei immer erregter werden;* sich in Wut ~
hin'ein|stei·gern ⟨V. 550/R3⟩ sich in etwas ~ *einen Gedanken od. ein Gefühl so übertreiben od. übertrieben ernst nehmen, daß man nicht mehr davon loskommt;* sie hat sich in den Gedanken, aus dem Kind etwas Großes zu machen, so hineingesteigert, daß ...; du darfst dich in deinen Schmerz, deine Reue, deinen Zorn nicht so ~
hin'ein|stür·zen ⟨V.⟩ **1** ⟨400(s.)⟩ *von (hier) draußen nach (dort) drinnen stürzen;* er sah die Grube nicht und stürzte kopfüber hinein **1.1** ⟨500⟩ jmdn. (in etwas) ~ *jmdn. so stoßen, daß er (in etwas) hineinfällt;* er wollte ihn in den Schacht ~ **1.2** ⟨500/R3⟩ sich (in etwas) ~ *(in etwas) hineinspringen;* er lief zum See und stürzte sich kopfüber hinein **2** ⟨400(s.); fig.⟩ *überstürzt hineinlaufen, -eilen;* als aus dem Zimmer Geschrei ertönte, stürzte die Mutter sofort hinein **3** ⟨550/R3⟩ sich (in etwas) ~ *sich mit Eifer, Begeisterung in etwas begeben (um teilzunehmen);* er schaute sich das Faschingstreiben eine Weile an, dann stürzte er sich mit hinein
hin'ein|wach·sen ⟨V. 277(s.)⟩ **1** ⟨400⟩ *durch Wachsen allmähl. in etwas hineinpassen;* die Hosen sind ihm jetzt noch zu groß, er muß erst ~ **2** ⟨411⟩ in eine Sache ~ *allmähl. mit einer S. vertraut werden, sie liebgewinnen;* er hat seinen Beruf, seine neue Tätigkeit zuerst nicht geliebt, ist aber mit der Zeit (gut) hineingewachsen
hin'ein|zie·hen ⟨V. 293⟩ **1** ⟨500⟩ jmdn. od. etwas ~ *von (hier) draußen nach (dort) drinnen ziehen;* sie zog ihn mit sich (ins Haus, Zimmer) hinein **2** ⟨500⟩ jmdn. (in etwas) ~ ⟨fig.; umg.⟩ *jmdn. mit in eine Angelegenheit verwickeln, ihn zwingen, sich mit einer A. zu befassen;* ich möchte mich keinesfalls in die Sache ~ lassen **3** ⟨400(s.)⟩ *nach dort drinnen einmarschieren;* der Zirkus zog in die Stadt hinein **4** ⟨400⟩ *Wohnung nehmen;* in dieses Haus will ich nicht ~ **4.1** in die Stadt ~ *vom Land in die Stadt umziehen*
'hin|fah·ren ⟨V. 130⟩ **1** ⟨400(s.)⟩ *an einen bestimmten Ort, zu einem Ziel fahren;* wir wollen mit dem Auto, Zug ~; ich bin sofort zu ihm hingefahren **2** ⟨500⟩ jmdn. od. etwas ~ *mit einem Fahrzeug hinbringen;* kannst du mich nicht ~? **3** ⟨800⟩ über etwas ~ *(mit der Hand) über etwas streichen;* zärtlich fuhr sie ihm über das Haar hin **4** ⟨400(s.); fig.; veralt.⟩ *sterben* **4.1** fahr hin! *lebewohl, mit deinem Verlust habe ich mich abgefunden*
'hin|fal·len ⟨V. 131/400(s.)⟩ *zu Boden fallen, stürzen;* der Länge nach ~
'hin·fäl·lig ⟨Adj. 70⟩ **1** *gebrechlich, kraftlos, altersschwach;* ein ~er alter Mann; er ist seit seiner Krankheit sehr ~ geworden **2** *gegenstandslos, ungültig;* unsere Verabredung ist durch deinen Brief ~ geworden
hin'fort ⟨Adv.⟩ *von nun an, in Zukunft, fortan*
'Hin·ga·be ⟨f.; -; unz.⟩ **1** *Opferfreudigkeit, Opferbereitschaft, Selbstaufopferung;* einen Kranken mit ~ pflegen **1.1** mit ~ Klavier spielen, üben ⟨scherzh.⟩ *ausdauernd u. gefühlvoll*
'hin|ge·ben ⟨V. 143/500⟩ **1** ⟨503⟩ (jmdm.) etwas ~ *reichen, übergeben;* er gibt ihm die Tüte hin **2** etwas ~ *weggeben, verschenken, opfern;* er gibt sein letztes Geld für andere hin **3** ⟨530/R3⟩ sich einer Sache ~ *sich für eine Sache aufopfern, sich ihr ausschließlich widmen, nur mit ihr beschäftigt sein;* sich einem Genuß (ganz) ~ **3.1** sich einer Hoffnung ~ *fest auf etwas hoffen* **3.2** darüber gebe ich mich keinen Illusionen hin *darüber mache ich mir keine I.* **3.3** gib dich darüber keiner Täuschung hin *täusche dich darüber nicht* **4** ⟨530/R3⟩ sich einem Mann ~ *intime Beziehungen mit einem M. haben* **5** ⟨Part. Präs.⟩ ~d *aufopfernd, selbstlos;* ~d für jmdn. sorgen; jmdn. mit ~der Liebe pflegen
hin'ge·gen ⟨Konj.⟩ *dagegen;* er ist sehr sparsam, seine Schwester ~ gibt gern Geld aus
'hin|ge·hen ⟨V. 145/400(s.)⟩ **1** ⟨400⟩ *an einen bestimmten Ort, an ein Ziel gehen;* ich habe gar keine Lust, hinzugehen; läßt du die Kinder allein ~?; wo gehst du hin?; wo du hingehst, da will ich auch ~ (Buch Ruth, 1,16); gehet hin

und lehret alle Völker (Matth. 28,19) 1.1 wo geht es hier hin? *wohin führt dieser Weg?* **2** ⟨400⟩ zu jmdm. ~ *jmdn. besuchen, jmdn. aufsuchen;* wir wollen zu ihm ~ **3** ⟨411⟩ der Blick geht über etwas hin ⟨geh.⟩ *gleitet über etwas;* sein Blick ging über die Felder hin **4** die Zeit geht hin *vergeht, verstreicht;* das Jahr ging hin, ohne daß etwas geschah **5** (jmdm.) etwas ~ lassen ⟨fig.⟩ *etwas unbeachtet lassen, etwas dulden, absichtl. übersehen, durchgehen lassen;* ich will es noch einmal ~ lassen 5.1 diesmal mag es ~ *diesmal will ich nichts dazu sagen (aber es darf nicht wieder vorkommen!)* 5.2 etwas geht hin ⟨umg.; landschaftl.⟩ *ist an der Grenze des Tragbaren*

'hin|hal·ten ⟨V. 160/500⟩ **1** ⟨503⟩ (jmdm.) etwas ~ *etwas entgegenstrecken, -halten, anbieten, so halten, daß jmd. es nehmen kann;* jmdm. die Hand ~; jmdm. eine Schachtel Konfekt ~; nimm es doch, ich halte es dir doch die ganze Zeit hin!; einem Tier ein Stück Zukker ~ 1.1 → a. *Kopf(2.4)* **2** jmdn. ~ *jmdn. absichtlich mehrmals vertrösten, warten lassen;* sie haben ihn wochenlang, immer wieder hingehalten; jmdn. mit Versprechungen ~

'hin|hän·gen ⟨V. 161/500⟩ **1** etwas ~ *an eine bestimmte Stelle hängen;* du kannst deinen Mantel hier ~ **2** eine Angelegenheit ~ lassen ⟨fig.⟩ *sich nicht mehr für eine A. einsetzen, sich kaum um sie kümmern*

'hin|hau·en ⟨V.; schwach konjugiert⟩ **1** ⟨411⟩ *auf eine bestimmte Stelle hauen, schlagen;* wo du hinhaust, wächst kein Gras mehr ⟨umg.; scherzh.⟩ **2** ⟨500⟩ etwas ~ ⟨umg.⟩ *etwas von sich, an einen bestimmten Ort werfen* 2.1 ⟨fig.⟩ *etwas aufgeben;* seine Arbeit ~ **3** ⟨500; umg.⟩ *zu Boden werfen* 3.1 etwas ~ *niederwerfen, zu Boden werfen;* hau den Teller nicht hin! 3.2 jmdn. ~ *niederwerfen;* beim Ringen den Gegner ~ 3.3 das haut einen hin! ⟨fig.; umg.⟩ *(Ausruf der Verblüffung, des Erstaunens, der Entrüstung)* **4** ⟨500⟩ etwas ~ ⟨umg.⟩ *schnell und flüchtig zu Papier bringen;* er hat dieses Referat in letzter Minute hingehauen **5** ⟨400(s.)⟩ *hinfallen, stürzen;* der Länge nach ~ **6** ⟨Imperativ; fig.; umg.⟩ *sich beeilen, schnell machen;* hau hin! **7** ⟨510/R3⟩ sich ~ ⟨umg.⟩ *sich zum Schlafen, Ausruhen hinlegen, sich lang legen;* sich aufs Bett ~ **8** ⟨400⟩ das haut hin ⟨umg.⟩ 8.1 *das geht (gut) so, ist in Ordnung;* das haut nicht hin 8.2 *das hat einen großen Effekt*

'hin·ken ⟨V. 400⟩ **1** *einen Fuß beim Gehen nachziehen, lahmen;* auf dem rechten Fuß ~ 1.1 ⟨(s.)⟩ *sich in hinkender(1) Weise vorwärtsbewegen;* er hinkte über die Straße, so schnell er konnte **2** der Vergleich hinkt ⟨fig.⟩ *beide Vergleichspunkte stimmen nicht zusammen, der V. stimmt nicht* **3** der ~de Bote kommt nach! ⟨fig.; umg.⟩ *zum Schluß erfährt man noch etwas Unangenehmes* **4** der Hinkende Bote *Bezeichnung für Volkskalender mit den Neuigkeiten des Jahres*

'hin|kom·men ⟨V. 170/400(s.)⟩ **1** *an einen bestimmten Ort kommen;* als ich hinkam, war er schon fort **2** wo sollen wir ~, wenn ... ⟨fig.⟩ *wohin führte es, wenn ...;* wo kämen wir hin, wenn niemand mehr arbeiten wollte **3** wo ist mein Hut hingekommen? ⟨fig.; umg.⟩ *wo befindet sich, ist mein H.?* **4** ⟨unpersönl.⟩ es wird schon ~ ⟨fig.; umg.⟩ *es wird schon gehen, richtig werden* **5** ⟨405⟩ (mit etwas) ~ ⟨umg.⟩ *auskommen, (aus)reichen;* ich komme (mit meinem Geld, dieser Summe) gut hin, nicht hin

'hin|le·gen ⟨V. 500⟩ **1** etwas ~ *an eine bestimmte Stelle legen;* ich habe ihm einen Zettel hingelegt, damit er weiß, wo ich bin 1.1 ich lege das Kind abends um sieben Uhr hin *bringe es zu Bett* 1.2 ⟨Imperativ⟩ ~! (militär. Kommando) *auf den Boden werfen!* **2** ⟨R7⟩ sich, sein Haupt ~ *sich lang legen (zum Ausruhen, zum Schlafen, sich auf einem Lager ausstrecken;* er hat sich eine Stunde, eine Weile hingelegt 2.1 ⟨511⟩ er wußte nicht, wo er sein Haupt ~ sollte *wo er (heute) schlafen sollte, er hatte keine Unterkunft* **3** etwas ~ *weglegen, aus der Hand legen;* leg das Messer sofort hin! (Aufforderung an ein Kind) **4** eine Sache ~ ⟨umg.⟩ *eine gekonnte Vorführung, Darstellung bieten;* er hat einen Twist hingelegt - es war großartig!; er hat den Wallenstein großartig hingelegt

'hin|neh·men ⟨V. 189/500⟩ **1** etwas ~ *an sich nehmen, annehmen;* er nahm das Geld hin, als sei es selbstverständlich **2** ⟨R8⟩ jmdn. od. etwas ~ ⟨fig.⟩ *dulden, ertragen, sich gefallen lassen;* eine Beleidigung ~; wie kannst du das nur so ruhig ~?; man kann dagegen nichts machen, man muß es eben ~; wir müssen es als unabänderlich ~

'hin|nei·gen ⟨V.⟩ **1** ⟨800⟩ zu etwas ~ ⟨fig.⟩ *eine Vorliebe für etwas haben, zu etwas neigen* **2** ⟨511/R3⟩ sich zu etwas od. jmdm. ~ *sich einer Sache od. jmdm. zuwenden, sich zu einer Sache od. jmdm. niederbeugen*

'hin·nen ⟨Adv.⟩ von ~ *von hier fort;* von ~ gehen, fahren usw.

'hin|rei·chen ⟨V.⟩ **1** ⟨503/R6⟩ (jmdm.) etwas ~ *reichen, geben, hinübergeben, -reichen, hinhalten;* bitte wollen Sie ihm das Brot ~ **2** ⟨400⟩ *genügen, ausreichen, langen;* sein Verdienst reicht gerade hin, ihn und seine Familie notdürftig zu erhalten; das Geld reicht nicht hin

'hin|rei·ßen ⟨V. 198/500⟩ **1** jmdn. ~ *entzükken, begeistern;* seine Rede riß alle Zuhörer hin; er hat ~d gespielt, gesungen **2** sich ~ lassen *sich von seinen (negativen) Gefühlen überwältigen lassen;* ich habe mich leider ~ lassen, ihn zu ohrfeigen; er ließ sich zu Tätlichkeiten ~

'hin|rich·ten ⟨V. 500⟩ **1** jmdn. ~ *die Todesstrafe an jmdm. vollstrecken;* einen Verbrecher ~; jmdn. durch den Strang ~ **2** ⟨530⟩ jmdm. etwas ~ ⟨umg.⟩ *zurechtlegen, herrichten, bereitlegen, -stellen;* ich habe ihm das Frühstück, seine Sachen hingerichtet

'hin|schla·gen ⟨V. 218/400⟩ **1** *auf eine bestimmte Stelle schlagen;* ich habe nur einmal hingeschlagen **2** ⟨(s.)⟩ *stürzen, hinfallen;* der Länge lang, nach ~

'hin|schlep·pen ⟨V. 500⟩ **1** jmdn. od. etwas ~ ⟨umg.⟩ *an einen bestimmten Ort, zu einem Ziel schleppen;* soll ich das alles allein ~? **2** ⟨R3⟩ sich ~ *sich mühsam fortbewegen (vor Müdigkeit, Schwäche)* **3** ⟨R3⟩ etwas schleppt sich hin ⟨fig.⟩ *verzögert sich lange, verläuft langsam;* der Prozeß schleppte sich über Monate hin

'hin|sein ⟨V. 240/300(s.); umg.⟩ → a. *sein[3](1.9)* **1** etwas ist hin *verloren, kaputt;* das Auto ist hin 1.1 hin ist hin *was verloren od. entzwei ist, ist* *nicht mehr zu ersetzen* **2** *tot sein* 2.1 ganz ~ *völlig erschöpft sein* **3** *hingerissen, begeistert sein;* er ist ganz hin von der Musik 3.1 ⟨800⟩ in jmdn., von jmdm. ~ *sehr verliebt sein* **4** *hingegangen sein;* wo ist er hin?

'Hin·sicht ⟨f.; -; unz.⟩ *Beziehung;* in dieser ~ habe ich gar keine Sorgen; in gewisser, mancher ~ hat er ja recht, aber ...; es war in jeder ~ richtig, falsch, was du getan hast

'hin·sicht·lich ⟨Präp. m. Gen.⟩ *was ... betrifft;* ~ seiner Forderung, Voraussage muß ich allerdings bemerken, daß ...; ich habe ~ seines Gesundheitszustandes doch einige Bedenken

'hin|stel·len ⟨V. 500/R7⟩ **1** jmdn. od. etwas ~ *an einen bestimmten Platz stellen, niederstellen;* sich vor jmdn. od. etwas ~; ich stell' mich doch nicht zwei Stunden hin und warte!; hier möchte ich den Tisch und dort den Sessel ~; sich gerade ~ **2** ⟨518⟩ etwas od. jmdn. ~ als ⟨fig.⟩ *bezeichnen, bewerten als, so schildern, als ob ...;* jmdn. als Betrüger ~; jmdn. als Muster, Vorbild ~; jmdn. als dumm, faul ~; er hat die Sache so hingestellt, als habe er alles allein getan

'hin|steu·ern ⟨V. 400⟩ **1** ⟨(h. od. s.)⟩ *auf ein Ziel zusteuern;* wo steuert das Schiff hin? 1.1 ⟨a. fig.⟩ *auf ein Ziel zugehen;* zielstrebig steuerte er zur Wirtschaft hin **2** ⟨411⟩ auf etwas ~ ⟨fig.⟩ *eine bestimmte Absicht verfolgen;* ich weiß nicht, auf was er hinsteuert

'hin|strecken ⟨-k·k-; V. 500⟩ **1** ⟨500⟩ etwas ~ *entgegenstrecken, hinhalten, hinreichen;* jmdm. die Hand ~ **2** ⟨R7⟩ sich ~ *lang ausstrecken, hinlegen;* er streckte sich auf der Bank zum Schlafen hin **3** jmdn. ~ ⟨poet.⟩ *töten;* seine Feinde lagen hingestreckt am Boden 3.1 Wild ~ *zur Strecke bringen*

hint'an... ⟨Adv.; in Zus.⟩ **1** *an letzter Stelle, hinten anschließend an;* hintanbleiben **2** ⟨fig.⟩ *unberücksichtigt;* hintansetzen

hint'an|set·zen ⟨V. 500/R7⟩ jmdn. od. etwas ~ ⟨fig.⟩ **1** *vernachlässigen, zurücksetzen* **2** *unbeachtet, unberücksichtigt lassen*

'hin·ten ⟨Adv.⟩ **1** *auf der Rückseite, am Ende, an letzter Stelle;* ganz ~ sitzen, stehen; ein Register befindet sich (ganz) ~ im Buch; ganz ~ im Korridor, in einer Ecke; ich habe ~ keine Augen!; ich kann doch ~ nichts sehen! (Verteidigung bei einem Zusammenstoß, beim Vorwurf der Unachtsamkeit) 1.0.1 ~ bleiben *am Ende bleiben, zurückbleiben* 1.0.2 sich ~ anschließen, anstellen (vor Schaltern usw.) *am Ende der Reihe Wartender anstellen* 1.0.3 ~ im Auto sitzen *auf dem Rücksitz* 1.0.4 ~ 'runterfallen ⟨fig.; umg.⟩ *benachteiligt werden, den kürzeren ziehen* 1.0.5 jmdm. ~ hineinkriechen, 'reinkriechen ⟨fig.; vulg.⟩ *jmdm. plump schmeicheln* **2** nach ~ 2.1 *zurück, ans Ende;* bitte gehen Sie (doch) nach ~! 2.2 *rückwärts;* mit dem Stuhl nach ~ überkippen 2.3 von ~ *von der Rückseite, vom Ende her;* ein Schlag, Schuß von ~; jmdn. von ~ überfallen; von ~ nach vorn (zur Bühne usw.) kommen 2.3.1 ein Stich von ~ ⟨a. fig.⟩ *eine boshafte, hinterhältige Bemerkung, Anspielung* **3** von vorn bis ~ *durchaus, gründlich;* ich habe die Zeitung von vorn bis ~ gelesen **4** von vorn und ~ *von allen Seiten;* etwas von vorn und ~ betrachten 4.1 sich ~ und vorn bedienen lassen ⟨umg.⟩ *sich von allen, sich sehr viel bedienen lassen, nichts selbst tun* 4.2 es stimmt ~ und vorn nicht ⟨umg.⟩ *es stimmt überall nicht, stimmt nirgends*

hin·ten'drein ⟨Adv.⟩ = *hinterdrein*

'hin·ten·he·rum ⟨Adv.⟩ **1** *um die hintere Seite;* der Rock spannt ~ 1.1 ⟨umg.⟩ *durch die Hintertür;* wenn die vordere Tür geschlossen ist, gehen Sie bitte ~ **2** ⟨fig.; umg.⟩ *heimlich, auf versteckte Weise, auf Umwegen* 2.1 Waren ~ bekommen *über das Kontingent hinaus, heimlich u. illegal, im Schwarzhandel*

hin·ten'nach ⟨Adv.⟩ = *hinterher*

hin·ten'über ⟨Adv.⟩ *nach hinten, rückwärts*

'hin·ter ⟨Präp. m. Dat. auf die Frage wo?, m. Akk. auf die Frage wohin?⟩ **1** *auf der, auf die Rückseite von;* Ggs *vor*[1]; ~ dir, mir; vor und ~ uns war niemand zu sehen; sich ~ einem Baum verstecken; ~ dem Haus liegt eine Wiese 1.1 er steht ~ ihm ⟨a. fig.⟩ *er unterstützt ihn* 1.2 einer ~ dem anderen *hintereinander, einer nach dem anderen, der Reihe nach* 1.3 ~ seinem Gerede steckt nicht viel *sein G. hat nicht viel zu bedeuten* 1.4 → a. *Licht(3.5), Ohr(1.1.04-1.1.06), Rücken(1.11)* **2** ~ sich *erledigt, überwunden, zu Ende;* die Arbeit ~ sich bringen 2.1 einen Weg ~ sich haben *zurückgelegt haben;* zwei Kilometer ~ sich haben 2.1.1 den Wald ~ sich haben *durchquert haben* 2.2 eine Zeit ~ sich haben *überstanden, vollendet haben;* ich habe ein paar anstrengende Tage ~ mir; er hat ein Jahr Ausbildung ~ sich 2.3 jmdn. ~ sich lassen 2.3.1 *jmdn. überholen* 2.3.2 ⟨a. fig.⟩ *jmds. Leistungen übertreffen* **3** ~ ... her 3.1 ~ jmdm. her sein *jmdn. verfolgen;* ~ einem Verbrecher her sein 3.1.1 ~ einem Mädchen her sein ⟨a. fig.⟩ *einem M. heftig den Hof machen* 3.2 er ist sehr ~ seinen Sachen her ⟨a. fig.⟩ *er achtet sehr auf seine S., hält sie gut instand, in Ordnung*

'Hin·ter·bein ⟨n.⟩ **1** *hinteres Bein (von Vierfüßern);* sich auf den ~en aufrichten, sich auf die ~e stellen 1.1 sich auf die ~e stellen ⟨fig.⟩ *Widerstand leisten, sich widersetzen, sich aufbäumen*

Hin·ter'blie·be·ne(r) ⟨f. 2 (m. 1)⟩ *Angehörige(r) eines Verstorbenen, Leidtragende(r)*

hin·ter'brin·gen ⟨V. 530⟩ jmdm. etwas ~ *heimlich mitteilen, zutragen*

hin·ter'drein ⟨Adv.⟩ oV *hintendrein* = *hinterher*

hin·ter·ein'an·der ⟨Adv.⟩ *einer hinter dem anderen, nacheinander, der Reihe nach;* sich ~ aufstellen 1.0.1 ~ hergehen *einer hinter dem anderen gehen* 1.1 ⟨zeitl.⟩ *in unmittelbarer Folge aufeinander;* vierzehn Tage ~

hintere(r, -s) ⟨Adj. 24/60⟩ *hinten, am Ende, auf der Rückseite befindlich;* das ~ Zimmer; die hinterste Reihe; die ~n Reihen

'Hin·ter·ge·dan·ke ⟨m.⟩ **1** *heiml. Gedanke in bestimmter Absicht;* als er das sagte, hatte er einen boshaften ~n 1.1 ohne ~n *rückhaltlos, ganz offen*

'hin·ter|ge·hen[1] ⟨V. 145/400(s.); umg.⟩ *nach hinten gehen*

hin·ter'ge·hen[2] ⟨V. 145/500/R8⟩ jmdn. ~ *betrügen, täuschen;* er hat sie schon lange hintergangen

'Hin·ter·grund ⟨m.⟩ **1** *der am weitesten entfernte Teil dessen, was man in der Wirklichkeit, auf der Bühne, auf einem Bild sieht;* im ~ werden Türme sichtbar 1.1 ⟨Mal.⟩ *mit Hilfe der Perspektive von den Gegenständen des Vorder- u. Mittelgrundes abgeteilter Raum eines Bildes;* im ~ des Bildes sieht man ... 1.2 ⟨Theat.⟩ *hinterer Bühnenteil, den Bühnenraum nach hinten abschließende Dekoration, Prospekt* **2** ⟨fig.⟩ *Raum, Gebiet, Sphäre von geringer Bedeutung* 2.1 in den ~ treten *an Bedeutung verlieren, verblassen, abnehmen, schwinden* 2.2 im ~ stehen *unbeachtet, wenig beachtet sein* 2.3 sich im ~ halten *sich nicht bemerkbar machen, nicht in Erscheinung treten* 2.4 etwas in den ~ drängen *der allgemeinen Beachtung entziehen* **3** ⟨fig.⟩ *verborgener od. wenig hervortretender Zusammenhang, Ursache;* die Angelegenheit hat politische Hintergründe, einen politischen ~; der Roman hat einen historischen ~; der Roman spielt vor dem ~ der Bauernkriege; den ~ für das Drama bildet die Reformation(szeit) 3.1 noch etwas im ~ haben *eine geheime Absicht, einen Plan haben, noch eine Überraschung haben*

'hin·ter·grün·dig ⟨Adj.⟩ *schwer durchschaubar;* ~e Absichten; ein ~er Mensch; ein ~es Schweigen; ~ lächeln

'Hin·ter·halt ⟨m.⟩ **1** *Versteck, um jmdn. zu überfallen;* aus dem ~ hervorbrechen, -stürzen; sich in den ~ legen; im ~ liegen **2** *Versteck, von dem aus jmd. unerwartet überfallen wird, Falle für den Gegner;* in einen ~ fallen, geraten

'hin·ter·häl·tig ⟨Adj.⟩ *tückisch, lauernd, hinterlistig*

hin·ter'her ⟨a. ['---] Adv.⟩ *danach, später, nachträglich;* Sy *hintennach, hinterdrein;* jmdm. ~ (noch) Vorwürfe machen; und ~ bereust du es; ~ ist es leicht, Mut zu zeigen; ~ sieht alles oft ganz anders aus

hin·ter'her|sein ⟨V. 240/300(s.)⟩ **1** *zurück(geblieben) sein;* sie ist mit ihren Aufgaben, Leistungen weit hinterher **2** ⟨umg.⟩ *auf etwas sorgsam bedacht sein, achten;* ich bin sehr hinterher, daß das Kind rechtzeitig schlafen geht

'Hin·ter·land ⟨n.⟩ **1** *Region im (wirtschaftl.) Einzugsbereich eines Zentrums (Stadt, Hafen usw.)* **2** *Gebiet hinter der Front*

hin·ter'las·sen ⟨V. 175/500⟩ **1** jmdn. od. etwas ~ *(einem anderen) zurücklassen;* sie hinterließ drei Kinder; eine Bestellung, einen Auftrag, Schulden ~; er hat bei seinem Weggang ein großes Durcheinander ~; so unordentlich kannst du doch das Zimmer nicht ~! 1.1 ⟨530⟩ jmdm. testamentarisch etwas ~ *vererben* 1.2 ~e Werke *erst nach dem Tode des Verfassers veröffentlichte W.* **2** etwas ~ *als Folge der Anwesenheit von jmdm. od. etwas (unbeabsichtigt) verursachen;* sein Wagen hinterließ tiefe Spuren 2.1 ⟨fig.⟩ *(als zurückbleibenden Eindruck) bewirken;* sein Auftreten hinterließ einen tiefen Eindruck

hin·ter'le·gen ⟨V. 500⟩ etwas ~ **1** *sicherstellen, verwahren lassen;* Handgepäck, Schmuck ~ **2** *als Pfand zurücklassen;* Geld, eine bestimmte Summe ~

'hin·ter·li·stig ⟨Adj.⟩ *tückisch, falsch, unaufrichtig, hinterhältig, lauernd*

'Hin·ter·mann ⟨m.⟩ **1** *jmd., der hinter einem sitzt od. steht;* Ggs *Vordermann;* mein ~ (in der Schulklasse, im Kino) **2** *späterer Wechselinhaber* **3** ⟨fig.⟩ *geheimer Ratgeber, jmd., der einen anderen heiml. unterstützt, lenkt* **4** ⟨fig.⟩ *heiml. Gewährsmann*

'Hin·tern ⟨m.; -s, -; umg.⟩ **1** Sy *Steiß(1)* = *Gesäß* 1.0.1 jmdm. den ~ versohlen *jmdn. verhauen* 1.0.2 du bekommst den ~ voll, wenn du nicht folgst *du bekommst Schläge* 1.0.3 ein paar auf den ~ bekommen *Schläge bekommen* 1.1 sich auf den ~ setzen *hinfallen* 1.2 ich könnt' mich in den ~ beißen, weil ich das (nicht) getan habe *ich ärgere mich sehr, bereue es heftig*

'hin·ter·rücks ⟨Adv.⟩ **1** *von hinten;* jmdn. ~ erstechen **2** *arglistig, heimtückisch;* jmdn. ~ überfallen

'Hin·ter·tref·fen ⟨n.; -s; unz.⟩ **1** ins ~ geraten, kommen *Nachteile haben* **2** jmdn. od. eine Sache ins ~ bringen *in eine ungünstige Lage*

hin·ter'trei·ben ⟨V. 267/500⟩ eine Sache ~ *vereiteln, verhindern;* Pläne, Vorhaben ~

'Hin·ter·tür ⟨f.⟩ **1** *hintere Eingangstür, Tür an der Rückseite des Hauses, Notausgang* **2** ⟨fig.⟩ *Ausweg, Umweg;* er findet immer noch ein ~chen, durch das er entschlüpfen kann 2.0.1 sich eine ~ offenhalten *eine Ausflucht, Ausrede bereithalten; sich eine Möglichkeit zum Rückzug offenhalten* 2.0.2 durch eine ~ hereinkommen *auf Umwegen hereinkommen, etwas auf U. erreichen*

'Hin·ter·wäld·ler ⟨m.; -s, -⟩ *ungeschliffener, bäurischer, weltfremder, einfältiger Mensch*

'hin·ter·wärts ⟨Adv.⟩ *nach hinten, rückwärts*

'hin·ter|zie·hen[1] ⟨V. 293/500⟩ jmdn. od. etwas ~ ⟨umg.⟩ *nach hinten ziehen*

hin·ter'zie·hen[2] ⟨V. 293/500⟩ etwas ~ *unterschlagen, nicht angeben, nicht melden;* Steuern ~

hin'über ⟨Adv.⟩ **1** *von hier nach drüben, von dieser Seite auf die andere Seite, von diesem Raum in den anderen Raum;* ~ und herüber **2** ein Lebewesen ist ~ *tot* **3** etwas ist ~ *kaputt, verbraucht, unbrauchbar geworden*

hin'über... ⟨in Zus. mit Verben trennbar⟩ *von hier nach drüben;* hinüberfahren; er kommt nicht hinüber

hin'über|ge·hen ⟨V. 145/400(s.)⟩ **1** *auf die andere Seite, in den anderen Raum gehen;* bitte geh einmal hinüber und sieh nach, was die Kinder machen 1.0.1 ⟨411⟩ über eine Straße, einen Platz ~ *eine S., einen P. überqueren* **2** ⟨umg.; verhüllend⟩ *sterben;* Großvater ist gestern abend hinübergegangen

hin'über|set·zen ⟨V.⟩ **1** ⟨400⟩ *hinüberspringen, -fahren;* er setzte mit einem großen Sprung hinüber 1.0.1 über einen Fluß ~ *einen F. mit dem Boot überqueren* **2** ⟨500⟩ jmdn., ein Fahrzeug ~ *auf die andere Seite, ans gegenüberliegende Ufer bringen, übersetzen;* jmdn. über den Fluß ~

hin'un·ter ⟨Adv.⟩ *von (hier) oben nach (dort) unten, hinab;* hinauf und ~

hin'un·ter|schlucken ⟨-k·k-; V. 500⟩ **1** etwas ~ *in den Magen befördern, schlucken;* einen Bissen, eine Pille ~ **2** eine Gefühlsregung ~ ⟨fig.⟩ *überwinden, für sich behalten, nicht merken lassen;* Ärger ~ **3** etwas Unangenehmes ~ ⟨fig.⟩ *überhören, widerspruchslos hinnehmen;* eine Beleidigung ~

hin'un·ter|stür·zen ⟨V.⟩ **1** ⟨400(s.)⟩ *von (hier)*

oben nach (dort) unten stürzen; die Treppe ~; er ist von diesem Fenster (auf die Straße) hinuntergestürzt 1.1 ⟨fig.⟩ *in Eile nach unten laufen;* er stürzte den Abhang hinunter, um den Freund noch zu erreichen **2** ⟨500⟩ jmdn. od. etwas ~ *so stoßen, daß er od. es in die Tiefe stürzt* 2.1 ⟨R3⟩ sich ~ *hinunterspringen (um Selbstmord zu begehen)* 2.2 ein Getränk ~ *rasch, hastig trinken* 2.2.1 ein Glas ~ *in einem Zug leeren*

'hin·wärts ⟨Adv.⟩ *auf dem Hinweg*

hin'weg ⟨Adv.⟩ *weg, fort von hier*

hin'weg|ge·hen ⟨V. 145/800(s.)⟩ über jmdn. od. etwas ~ ⟨fig.⟩ *jmdn. od. etwas nicht beachten, absichtlich überhören od. übersehen;* sie ging schweigend über seine Bemerkung hinweg; er ging mit einer Handbewegung über den Einwand hinweg

hin'weg|se·hen ⟨V. 239/800⟩ über jmdn. od. etwas ~ **1** *über jmdn. od. etwas sehen, schauen;* er konnte über die ganze Stadt ~ **2** ⟨fig.⟩ *jmdn. od. etwas absichtl. nicht beachten, kein Wort darüber verlieren;* daß er mich nicht begrüßt hat, darüber will ich noch ~, aber ...

hin'weg|set·zen ⟨V. 550⟩ **1** ⟨411⟩ über etwas ~ *springen;* er setzte mit einem Satz über den Zaun hinweg **2** ⟨500/R3⟩ sich über etwas ~ ⟨fig.⟩ *etwas übergehen, bewußt außer acht lassen;* er hat sich über die Vorschrift, Anordnung einfach hinweggesetzt

hin'weg|täu·schen ⟨V. 550/R7 od. R8⟩ **1** jmdn. über etwas ~ *jmdm. etwas vorspiegeln, um ihn über eine Sache besser hinwegkommen zu lassen;* versuche nicht, ihn über seine Lage hinwegzutäuschen 1.1 sich über etwas ~ *etwas übersehen, sich über etwas täuschen lassen, um darüber besser hinwegzukommen;* du darfst dich nicht darüber ~, daß er ja noch lange kein Geld verdienen wird

'Hin·weis ⟨m.; -es, -e⟩ *kurze Information, Andeutung, Angabe;* könnten Sie mir einen ~ geben, an wen ich mich wenden kann, was ich tun soll?; ein brauchbarer, guter, wertvoller ~

'hin|wei·sen ⟨V. 282/800⟩ **1** auf jmdn. od. etwas ~ *zeigen* **2** jmdn. auf etwas ~ ⟨fig.⟩ *auf etwas anspielen, verweisen, etwas zu verstehen geben, bemerken;* es wird immer wieder auf die Gefahren hingewiesen, die ...; es besteht Veranlassung, darauf hinzuweisen, daß ...; ich möchte nachdrücklich darauf ~, daß ... 2.1 ~des Fürwort ⟨Gramm.⟩ *F., das für etwas in der Situation der Rede Bekanntes steht, z. B. dieser, jener*

'hin|wer·fen ⟨V. 286/500⟩ **1** ⟨R7⟩ etwas od. sich ~ *fallen lassen, zu Boden werfen;* paß auf, wirf die Vase nicht hin! 1.1 ⟨umg.⟩ *nicht aufräumen;* er wirft seine Kleider einfach hin 1.2 ⟨505/R3 od. 511/R3⟩ sich vor jmdm. ~ ⟨a. fig.⟩ *flehend vor jmdm. auf die Knie fallen* **2** ⟨530⟩ jmdm. od. einem Tier etwas ~ *an einen bestimmten Platz werfen, zuwerfen;* den Vögeln Brotkrumen ~; er warf ihr den Ball hin **3** Gedanken, Worte ~ 3.1 *beiläufig äußern* 3.2 *flüchtig, provisorisch zu Papier bringen;* ein paar Zeilen ~ **4** eine Arbeit ~ *vorzeitig beenden, gelangweilt od. verärgert damit aufhören*

hin'wie·derum ⟨veralt.⟩ **1** ⟨Adv.⟩ *wiederum, nochmals, aufs neue;* er hatte ~ ein neues Abenteuer zu bestehen **2** ⟨Konj.⟩ *auf der anderen Seite, dagegen, hingegen;* du schreibst, du habest dich über mein Geschenk gefreut, das ~ freut mich

'hin|zie·hen ⟨V. 293⟩ **1** ⟨411(s.)⟩ an einen Ort, in eine Richtung ~ ⟨poet.⟩ *sich an einen Ort begeben, in eine Richtung bewegen* **2** ⟨400(s.)⟩ (an einen Ort) ~ *einen neuen Wohnsitz an einem Ort nehmen;* X ist jetzt in Berlin, er ist vor zwei Monaten hingezogen **3** ⟨400(s.)⟩ Wolken, Vogelschwärme ziehen hin *bewegen sich fort* **4** ⟨511⟩ etwas zieht jmdn. zu jmdm. od. etwas hin *jmd. wird von jmdm. od. etwas angezogen;* es zieht mich immer wieder zu dem Platz, zu dem alten Haus hin **5** ⟨500/R3⟩ etwas zieht sich hin *erstreckt sich lang hin;* das Grundstück zieht sich bis zum Wald hin **6** ⟨500/R3⟩ etwas zieht sich hin *dauert (lange), dauert länger als geplant;* der Prozeß hat sich noch wochenlang, lange hingezogen; die Versammlung zog sich endlos hin; seine Krankheit hat sich noch bis Weihnachten hingezogen **7** ⟨500⟩ etwas ~ *verzögern, in die Länge ziehen;* wir wollen das Zusammensein nicht so lange ~

hin'zu ⟨Adv.⟩ *(noch) dazu, obendrein*

hin'zu... ⟨Vors.; in Zus. mit Verben trennbar⟩ **1** *zusätzlich zum Erwähnten;* hinzubekommen; hinzuschreiben **2** *zu einem Ort, Geschehnis kommend;* hinzulaufen; hinzuspringen

hin'zu·den·ken ⟨V. 119/500⟩ etwas ~ *in Gedanken hinzufügen*

hin'zu·fü·gen ⟨V. 500⟩ etwas ~ **1** *ergänzend beifügen, beimischen;* großzügig fügte er noch etwas Taschengeld hinzu; bei diesem Rezept sind noch zwei Eier hinzuzufügen **2** *ergänzend dazu bemerken, dazusagen;* „...", fügte er hinzu; etwas erklärend ~

hin'zu|kom·men ⟨V. 170/400(s.)⟩ **1** *dazu-, herankommen, zu den andern kommen;* ich kam gerade hinzu, als ... **2** *zusätzlich zu berücksichtigen sein, außerdem vorhanden sein, erwähnt werden müssen;* hinzu kommt noch, daß er ja gar keinen Führerschein hat; es kommen auch noch die vielen Obdachlosen hinzu, die in unseren Listen gar nicht erfaßt sind; ein Umstand kommt noch erschwerend hinzu

hin'zu|zie·hen ⟨V. 293/500⟩ jmdn. ~ *(zusätzl.) zu Rate ziehen, konsultieren;* einen Lehrer, Fachmann zu den Beratungen ~; der Arzt zog einen Kollegen hinzu, um kein Risiko einzugehen

Hirn ⟨n.; -(e)s, -e⟩ **1** = *Gehirn;* gebackenes (Kalbs-)~ **2** ⟨fig.; umg.⟩ *Verstand, Kopf;* sein ~ anstrengen 2.1 sich sein ~ zermartern *scharf nachdenken, grübeln* 2.2 er hat kein, wenig ~ *er ist (ziemlich) dumm*

'hirn·ver·brannt ⟨Adj.; fig.; umg.⟩ *verrückt, unsinnig;* eine ~e Idee

Hirsch ⟨m.; -(e)s, -e⟩ *Angehöriger einer wiederkäuenden Familie der Paarhufer, deren Männchen meist Geweih tragen: Cervidae;* der ~ schreit, röhrt; ein schwacher, starker ~; wie der ~ schreit nach frischem Wasser, so schreit meine Seele, Gott, zu dir (Psalm 42, 2)

'Hir·se ⟨f.; -, -n⟩ *zur Familie der Gräser gehörige, kleine, runde Körner bildende, einjährige Getreideart, ausgezeichnet durch hohe Dürrefestigkeit: Panicum;* Echte ~; Gemeine ~

Hirt ⟨m.; -en, -en⟩ **1** *Hüter einer Tierherde;* Rinder~, Schaf~, Schweine~, Ziegen~ 1.1 wie der ~, so die Herde ⟨Sprichw.⟩ *ein guter (schlechter) Vorgesetzter hat auch gute (schlechte) Angestellte*

Hi'sto·rie ⟨[-riə] f.; -, -n⟩ **1** *Geschichte* **2** *Bericht, Kunde*

hi'sto·risch ⟨Adj. 24⟩ **1** *die Geschichte betreffend, von ihr stammend, zu ihr gehörig* 1.1 ~e Stätten *S., an denen überlieferte Ereignisse stattgefunden haben;* ~e Landschaften 1.2 ~e Dichtung *D., der ein überliefertes Ereignis zugrunde liegt;* ein ~es Drama, ~er Roman 1.3 ~es Verständnis *V. für die Geschichte, für die Geschichtswissenschaft* 1.4 ~e Tat *eine für die geschichtliche Entwicklung entscheidende T.* 1.5 ~e Hilfswissenschaften *für die Erforschung der Geschichte wichtige Wissenschaften wie Urkundenlehre, Wappen-, Siegel-, Münzkunde, Genealogie* 1.6 ~er und dialektischer Materialismus ⟨Philos.⟩ *die der kommunist. Weltanschauung zugrunde liegende Lehre, wonach die geschichtliche Entwicklung auf der Entwicklung der Produktivkräfte einer Gesellschaft beruht*

'Hit·ze ⟨f.; -; unz.⟩ **1** *hohe Temperatur, (große) Wärme;* ist hier, heute eine ~!; drückende, glühende, tropische ~; bei schwacher, starker ~ 30 Minuten backen (in Kochrezepten) 1.1 → a. *fliegend(2.4)* **2** ⟨fig.⟩ *Leidenschaft, starke, (bes.) zornige Erregung, Heftigkeit* 2.1 in der ersten ~ *in der ersten Gefühlsaufwallung, in der ersten Erregung* 2.2 in ~ geraten *sich erregen, sich aufregen, zornig werden* 2.3 in der ~ des Gefechts *in der Erregung*

'Hit·ze·wel·le ⟨f.⟩ **1** *mehrere Tage od. Wochen anhaltendes sehr heißes Wetter* **2** *plötzl., mit Hitzegefühl verbundener Blutandrang zum Kopf, z. B. bei Frauen in den Wechseljahren*

'hit·zig ⟨Adj.⟩ **1** ⟨fig.⟩ *leidenschaftl., ungestüm, heftig, jähzornig, aufbrausend;* ~e Auseinandersetzung; ~er Streit; er wird schnell ~; nur nicht so ~! **2** eine Hündin ist ~ *brünstig, läufig* **3** ~er Boden *für starkes Wachstum günstiger B.*

'Hitz·kopf ⟨m.⟩ *rasch aufbrausender, unbesonnener, ungestümer Mensch*

'Hitz·schlag ⟨m.⟩ *Übelkeit, Kopfschmerzen, Störungen von Atmung u. Kreislauf, Erbrechen, Reizerscheinungen im Gehirn, die sich bis zu Krämpfen steigern können, infolge großer Hitzeeinwirkung auf den menschl. Körper*

'Hob·by ⟨n.; -s, -s⟩ *Liebhaberei, Lieblingsbeschäftigung;* Sy *Steckenpferd*

'Ho·bel ⟨m.; -s, -⟩ **1** *spanabhebendes Werkzeug mit einem Schneidmesser zum Glätten von Holzflächen, Metall, Steinen, Kunststoffen* **2** *Küchengerät zum Kleinschneiden, bes. von Kohl u. Gurken*

hoch ⟨Adj.; hohe(r, -s); höher, höchste(r, -s)⟩ **1** ein Gegenstand ist ~ Ggs *niedrig(1)* 1.1 *erstreckt sich verhältnismäßig weit von unten nach oben;* ein hoher Baum, Berg; das Haus ist zehn Meter ~; dieser Tisch ist (nicht) so ~ wie der andere; dieses Haus ist höher als jenes; ist dir der Stuhl ~ genug?; wie ~ ist das Haus?; das Haus ist fünf Stockwerke ~; Schuhe mit hohen Absätzen; der Schnee liegt ~; es liegt hoher Schnee; die Hohe Tatra, die Hohen Tauern 1.1.1 hohe Schuhe *S., die mindestens die Knöchel bedecken* 1.1.2 in hohem Bogen *schwungvoll, heftig;* er warf das Buch in hohem Bogen aus dem Fenster 1.1.3 wer ~ steigt, fällt tief ⟨Sprichw.⟩ *wer viel erreicht, kann auch viel verlieren* 1.2 *in relativ großer Höhe über dem Erdboden befindlich;* die Sonne steht ~ (im Mittag, am Himmel); ~ oben am Himmel, in den Bergen; das Flugzeug fliegt sehr ~; das Schloß liegt ~ über der Stadt; drei Treppen ~ 1.2.1 hohe See *bewegtes, aufgewühltes Meer;* die See geht ~ 1.2.2 ~ zu Roß ⟨bes. scherzh.⟩ *auf dem Pferd, beritten* 1.2.3 wie ~ steht das Thermometer? *wieviel Grad zeigt das T.?* 1.2.4 im hohen Norden *sehr weit im N. der Erdkugel* 1.2.5 in höheren Sphären schweben ⟨umg.; scherzh.⟩ *keinen Wirklichkeitssinn haben* 1.2.6 eine Sache von der hohen Warte aus betrachten *von einem überlegenen Standpunkt aus* 1.3 ⟨50⟩ ~ stehen *nach oben gerichtet sein* 1.4 ⟨60⟩ etwas auf die hohe Kante legen *sparen* 1.5 → a. *Hand(1)* **2** ⟨60⟩ eine hohe Persönlichkeit *in der gesellschaftlichen Hierarchie weit oben stehend* 2.1 die hohe Frau *die Fürstin* 2.2 der hohe Herr 2.2.1 *der Fürst* 2.2.2 ⟨scherzh.⟩ *jmd., vor dem man Respekt haben muß, sehr anspruchsvoller Mensch* 2.2.3 ⟨scherzh.⟩ *Chef* 2.3 die hohen Herrschaften 2.3.1 *der Fürst, König, Gutsherr usw. und seine Familie* 2.3.2 ⟨umg.; scherzh.⟩ *die Vorgesetzten, der Vorgesetzte und seine Familie* 2.4 höhere Tochter ⟨umg.; veralt.⟩ *wohlerzogene T. aus gutem Hause* **3** ⟨60⟩ das höhere Wesen *Person od. Gewalt, die die Welt beherrscht* 3.1 ein Höherer, der Höchste *Gott;* ein Höherer hat unser Schicksal in der Hand 3.2 höhere Gewalt *Naturgewalt(en), Geschehen, das man nicht verhindern kann* 3.3 das höhere Wesen 3.3.1 *das die Welt beherrschende (geistige Wesen), Prinzip* 3.3.2 *Gott* 3.4 der höchste Richter *Gott* **4** ⟨60⟩ die höheren Klassen *die oberen gesellschaftlichen Schichten;* Ggs *nieder(3)* 4.1 der hohe Adel *die obersten Adelsklassen* 4.2 ~ und niedrig *die Angehörigen der oberen Stände und das Volk, jedermann* **5** ⟨60⟩ *von vorgesetzter Stelle, von der Regierung ausgehend, die Regierung selbst ausmachend;* auf höheren Befehl (hin) handeln 5.1 höheren Ortes *bei einer übergeordneten Dienststelle* 5.2 das Hohe Haus *das Parlament* 5.3 Hohe Behörde *das leitende Organ der Montanunion* 5.4 Hohe Pforte 5.4.1 *Residenz des türkischen Sultans* 5.4.2 *die Regierung des Osmanischen Reiches (bzw. der Türkei bis 1922)* 5.5 höhere Gerichtsbarkeit *G. einer Instanz, die sich mit Berufungen beschäftigt* **6** ⟨60⟩ *das Ende, den letzten Teil der Ausbildung vermittelnd* 6.1 höhere Schule *Schule, auf der man das Abitur ablegen kann;* Sy *Gymnasium* 6.2 Höhere Töchterschule ⟨schweiz.⟩ *Gymnasium für Mädchen* 6.3 die höheren Klassen *die fortgeschrittenen, oberen K. der Schule* 6.4 Hohe Schule 6.4.1 *bestimmte Art der Dressur des Reitpferdes* 6.4.2 ⟨fig.⟩ *der Weg zur Kunstfertigkeit, zur vollkommenen Beherrschung einer Kunst* **7** *groß, beträchtlich, dem Maximum zugehend;* es ist uns eine hohe Ehre; dort werden hohe Anforderungen gestellt; eine hohe Strafe erhalten; in hohem Grade; der Handel stand um diese Zeit in hoher Blüte; er hat hohes Fieber, hohe Temperatur 7.0.1 Karfreitag ist ein hoher Feiertag *ein für die christl. Gemeinde sehr wichtiger F.* 7.0.2 ⟨50⟩ ~ und heilig versprechen *ganz fest* 7.0.3 das ist höherer Blödsinn ⟨fig.; umg.⟩ *das muß man schon fast geistig anspruchsvollen B., Unsinn nennen* 7.0.4 eine hohe Stirn *eine ausgeprägte S.* 7.0.5 ⟨50⟩ jmdm. etwas ~ anrechnen *jmds. Verhalten zu schätzen wissen* 7.0.6 es ist hohe Zeit *es ist unbedingt an der Zeit, wir müssen uns beeilen* 7.0.7 bei jmdm. ~ im Kurs stehen *angesehen sein* 7.0.8 wenn es ~ kommt ⟨umg.⟩ *wenn es viel wird, im besten Fall;* wenn es ~ kommt, haben wir noch 20 Mark in der Kasse 7.0.9 ~ hergehen *sehr lustig und lebhaft zugehen;* heute geht es bei uns ~ her 7.1 ⟨80; Superlativ⟩ *äußerst, wichtigste(r, -s), am wichtigsten;* das Leben ist der Güter höchstes nicht (Schiller, Die Braut von Messina, 4,7); er hat den Auftrag zu meiner höchsten Zufriedenheit ausgeführt; in höchstem Grade; Hilfe in der höchsten Not; ich bin aufs Höchste überrascht; Ihr Vorschlag ist mir höchst willkommen; ich war höchst erstaunt, erfreut, überrascht 7.1.1 das höchste der Gefühle *die oberste Grenze der G.* 7.1.2 es ist höchste Zeit (etwas zu tun, für ...) *es ist dringend an der Zeit, die Zeit drängt* 7.1.3 an höchster Stelle vorsprechen *bei der obersten, verantwortl. Behörde* 7.1.4 jmdn. in den höchsten Tönen loben ⟨fig.⟩ *überschwenglich loben* **8** hohe Zahl (von etwas) *verhältnismäßig viele;* eine hohe Zahl von Besuchern **8.0.1** zwei, drei, vier Mann ~ ⟨scherzh.⟩ *insgesamt zwei, drei, vier Mann, zu zweit, zu dritt, zu viert, zwei, drei, vier an der Zahl* 8.1 hohe Geschwindigkeit *große G.* 8.2 hohes Alter *vorgeschrittenes, fortgeschrittenes A.* 8.2.1 er war schon ~ in den Jahren *schon alt* 8.2.2 ~ in den Fünfzigern, Sechzigern sein *bald sechzig, siebzig Jahre alt sein, weit über fünfzig, sechzig Jahre alt sein;* er ist ~ in den Sechzigern 8.2.3 ~ an Jahren *alt* 8.3 zu ~ greifen *zu viel annehmen* 8.3.1 600 dürften nicht zu ~ gegriffen sein *es sind wohl nicht weniger als 600* **9** hoher Preis *P., den zu (be)zahlen viel Geld erfordert;* er muß hohe Zinsen zahlen 9.0.1 wie ~ ist der Preis? *welcher Preis ist zu zahlen? was kostet es?* 9.0.2 wie ~ stehen die Aktien? *zu welchem Preis kann man A. kaufen bzw. verkaufen?* 9.0.3 ⟨60⟩ hohes Spiel *gewagtes S., S. mit großem Einsatz* 9.0.4 ~ spielen *mit großem Einsatz spielen* 9.1 ⟨50⟩ Preise höher treiben *absichtlich steigern* 9.2 ⟨50⟩ höher bieten (auf Versteigerungen) *das letzte Angebot überbieten, mehr bieten* **10** hoher Rang, hohe Stellung *ein mit vielen Ehren und Pflichten verbundener R., eine mit vielen Ehren und Pflichten verbundene Stellung;* eine hohe Stellung bekleiden, einnehmen; von hohem Rang sein; einen hohen Rang bekleiden 10.0.1 ein hohes Tier ⟨fig.; umg.⟩ *jmd., der eine mit vielen Ehren u. Pflichten verbundene Stellung, einen mit vielen Ehren u. Pflichten verbundenen Rang innehat* 10.0.2 ~ hinaus wollen *ein anspruchsvolles Ziel erreichen wollen* 10.0.3 ~! *(Preis-, Heilruf);* ~ soll er leben! **11** ⟨60⟩ hohe Jagd ⟨Jagdw.⟩ 11.1 *Jagd auf Hochwild;* Ggs *niedere Jagd* 11.2 *das jagdbare Hochwild* **12** ⟨60⟩ höhere Mathematik *M., die schwierige Rechenoperationen (z. B. Differential- u. Integralrechnung) einschließt* **13** ⟨60⟩ hohe Meinung *weit über dem Durchschnitt stehende Bewertung, Beurteilung* **13.1** eine hohe Meinung von etwas od. jmdm. haben *von etwas od. jmdm. viel halten* 13.2 ⟨43⟩ etwas ist jmdm. zu ~ ⟨fig.; umg.⟩ *jmd. versteht etwas nicht, seine Kenntnisse reichen dazu nicht aus* **14** hoher Ton ⟨Mus.⟩ *T. von hoher Schwingungszahl;* Ggs *tief(9);* eine hohe Stimme haben **14.1** ⟨50⟩ ein Instrument höher stimmen *die Tonhöhe steigern* **14.2** ⟨60⟩ das hohe C *das C der zweigestrichenen Oktave* 14.3 ⟨60⟩ das Kind schrie in den höchsten Tönen *schrill, sehr laut, angstvoll* **15** ⟨Math.⟩ *zur Potenz erhoben* 15.1 2 ~ 4 (2^4) *2 zur 4. Potenz erhoben, die 2 viermal als Faktor genommen, 2x2x2x2*

Hoch ⟨n.; -s, -s⟩ **1** *Preis-, Heilruf, Trinkspruch;* ein dreifaches ~ auf jmdn. ausbringen **2** ⟨Meteor.⟩ *Hochdruckgebiet;* barometrisches ~

hoch... ⟨in Zus.⟩ **1** ⟨mit Adj.⟩ *sehr;* hochwohlgeboren **2** ⟨mit Verben⟩ *empor..., hinauf...;* hochheben

'**Hoch·bau** ⟨m.⟩ *Zweig der Bautechnik, in dem Bauten über der Erde, bes. vielgeschossige Häuser, ausgeführt werden;* Ggs *Tiefbau*

'**hoch|brin·gen** ⟨V. 118/500⟩ jmdn. od. etwas ~ *(wieder) gesund u. leistungsfähig machen;* einen Kranken wieder ~; ein Unternehmen ~

'**Hoch·burg** ⟨f.⟩ **1** *Bollwerk* **2** ⟨fig.⟩ *Mittelpunkt, Brennpunkt von Bestrebungen*

'**hoch·deutsch** ⟨Adj. 24⟩ **1** *ober- u. mitteldeutsch;* alt~, mittel~, neu~ 1.1 ~e Sprache *die ober- u. mitteldeutschen Mundarten, die sich durch eine Lautverschiebung von den niederdeutschen trennten* **2** *auf der Sprache der sächs. Kanzleien beruhende deutsche Schriftsprache, im Unterschied zu den Mundarten;* ~ sprechen

'**Hoch·druck** ⟨m.⟩ **1** *hoher Luftdruck* **2** ⟨Tech.⟩ *Druck von Gasen u. Dämpfen über 100 at* **3** ⟨Typ.⟩ *Druck(verfahren) mit erhabenen Lettern;* Ggs *Tiefdruck* **4** ⟨fig.; umg.⟩ *große Eile, Anspannung, Anstrengung aller Kräfte;* wir haben augenblicklich ~ (im Betrieb); mit ~ arbeiten

'**hoch·fah·rend** ⟨Adj.⟩ *anmaßend, stolz u. aufbrausend*

'**hoch·flie·gend** ⟨Adj.⟩ *ehrgeizig, nach hohen Zielen strebend;* ~e Pläne

'**Hoch·ge·bir·ge** ⟨n.⟩ *Gebirge von großer Höhe (über 1500 m)*

'**Hoch·ge·fühl** ⟨n.⟩ *umfassendes Stolz- u. Glücksgefühl*

'**hoch|ge·hen** ⟨V. 145/400(s.)⟩ **1** ⟨400; umg.; nddt.; mitteldt.⟩ *nach oben, in die Höhe gehen;* ich gehe schon (in mein Zimmer) hoch **2** etwas geht hoch *schwebt in die Höhe, steigt auf;* der Ballon ging hoch **3** ein Sprengkörper geht hoch *explodiert;* die Mine ging hoch **4** ⟨400; fig.; umg.⟩ *aufbegehren, auffahren, seinem Zorn, Ärger laut Ausdruck verleihen, wütend werden;* als ich es ihm sagte, ging er hoch **5** ⟨fig.; gaunerspr.⟩ *von der Polizei entdeckt werden;* er ist hochgegangen 5.1 eine Sache geht hoch *ein Schwindel wird aufgedeckt, ein Betrug wird entdeckt*

'**hoch·ge·mut** ⟨Adj. 24⟩ *froh u. zuversichtlich, froh u. festl. gestimmt, froh-, wohlgemut*

'hoch·ge·spannt ⟨Adj.⟩ **1** ⟨El.⟩ *unter Hochspannung stehend, mit Hochspannung arbeitend* **2** *unter hohem Druck stehend;* ~er Dampf **3** ⟨fig.⟩ *sehr gespannt;* ~e Erwartungen

'hoch·ge·stellt ⟨Adj.⟩ **1** *nach oben gestellt, eine halbe Zeile höher gesetzt;* ein ~er Buchstabe; eine ~e Zahl **2** ⟨70; fig.⟩ *von hohem Rang, von hohem Ansehen, bedeutend, wichtig;* ~e Persönlichkeit

'hoch·ge·stimmt ⟨Adj. 24; geh.⟩ *frohgestimmt, froh u. zufrieden, froh u. erwartungsvoll*

'hoch·ge·sto·chen ⟨Adj.; umg.⟩ **1** *geistig übertrieben anspruchsvoll;* eine Gesellschaft, ein Buch, eine Zeitschrift ist ~ **2** *hochtrabend, geschraubt, eingebildet;* sie spricht ziemlich ~

'hoch·gra·dig ⟨Adj. 90⟩ *in hohem Grade, sehr, stark, heftig, besonders;* ~ geistesgestört; ~ nervös

'hoch|hal·ten ⟨V. 160/500⟩ **1** etwas ~ *in die Höhe, nach oben halten;* er hielt das Bild hoch, damit alle es sehen konnten 1.1 → a. *Fahne(3.2)* **2** eine Sache ~ ⟨fig.⟩ *in Ehren halten, achten;* jmds. Andenken ~

'hoch·her·zig ⟨Adj.; geh.⟩ *großmütig, edel*

'hoch·kant ⟨Adv. 24/50⟩ *auf die, auf der Schmalseite;* eine Kiste ~ stellen; der Balken liegt ~

'hoch|kom·men ⟨V. 170/400(s.)⟩ **1** *hinauf, herauf, nach oben kommen;* deine Mutter hat gerufen, du sollst ~! **2** *aus einer Flüssigkeit auftauchen;* nach dem Sprung ins Wasser kam er schnell wieder hoch **3** ⟨400⟩ *(in der sozialen Hierarchie) nach oben kommen, nach oben gelangen;* er versucht verzweifelt hochzukommen 3.1 er läßt niemanden (neben sich) ~ *er läßt niemanden sich heraufarbeiten, duldet niemanden neben sich* **4** ⟨410; fig.; mitteldt., niederdt.⟩ *(in physischer od. psychischer Beziehung) gesund werden;* er ist nach seiner Krankheit einfach nicht mehr hochgekommen **5** ⟨fig.⟩ 5.1 ⟨400⟩ *sich aufraffen, sich moralisch aufrichten, Not überwinden;* er kommt immer wieder schnell hoch 5.2 ⟨601⟩ es kommt jmdm. hoch ⟨a. fig.⟩ *es wird jmdm. übel;* es kommt einem, mir hoch; es kommt mir hoch, wenn ich so etwas sehe, höre 5.2.1 ⟨600⟩ da kommt einem ja der kalte Kaffee hoch, wenn man das sieht! ⟨fig.; umg.⟩ *das widert einen ja an!*

'hoch|le·ben ⟨V. 400⟩ **1** *durch Hochrufe gefeiert werden;* er lebe hoch! 1.1 jmdn. ~ lassen *durch Hochrufe feiern*

'Hoch·mut ⟨m.; -(e)s; unz.⟩ **1** *übertriebener od. unberechtigter Stolz, Überheblichkeit, Dünkel* 1.1 ~ kommt vor dem Fall ⟨Sprichw.⟩ *wer hochmütig ist, wird auch einmal gedemütigt*

'hoch|neh·men ⟨V. 189/500; nord- u. mitteldt.⟩ jmdn. ~ **1** ein Kind ~ *auf den Arm nehmen* **2** ⟨fig.; umg.⟩ *ausbeuten, übervorteilen* **3** ⟨R8; fig.; umg.⟩ *aufziehen, necken* **4** ⟨gaunerspr.⟩ *verhaften*

'Hoch·ofen ⟨m.⟩ *15–27 m hoher Schachtofen zur Gewinnung von Roheisen*

'Hoch·sai·son ⟨f.⟩ *Hauptsaison, Jahreszeit des meisten Betriebes, Jahreszeit mit dem meisten Fremdenverkehr*

'hoch|schät·zen ⟨V. 500/R8⟩ jmdn. od. etwas ~ *sehr schätzen;* ich schätze ihn sehr hoch

'Hoch·schu·le ⟨f.⟩ *wissenschaftl. Lehr- u. Forschungsanstalt mit Abitur als Voraussetzung u. Möglichkeit zur Promotion;* → a. *Universität(1);* landwirtschaftliche ~; technische ~; ~ für Musik

'Hoch·see ⟨f.; unz.⟩ *jenseits des Kontinentalsockels liegender Teil des Ozeans*

'Hoch·span·nung ⟨f.⟩ **1** *elektr. Spannung über 250 V gegen Erde bzw. über 1000 V Transformatorspannung;* Vorsicht ~! (Aufschrift auf Warnschildern) **2** ⟨fig.⟩ *große Spannung, gespannte Erwartung;* wochenlang in ~ leben 2.1 sich in ~ befinden *kurz vor einem heftigen Gefühlsausbruch stehen*

'hoch|spie·len ⟨V. 500/R7⟩ **1** jmdn. od. eine Sache ~ *durch geschicktes Verhalten in den Vordergrund, an die Öffentlichkeit bringen;* eine Angelegenheit (künstlich) ~ **2** ⟨aber getrennt⟩ 'hoch 'spielen → *hoch(9.0.4)*

'Hoch·spra·che ⟨f.⟩ *mundartfreie Sprache*

'Hoch·sprung ⟨m.; Sp.⟩ *Sprung über eine auf zwei Ständern ruhende Latte aus dem Stand od. mit Anlauf von vorn od. schräg von der Seite*

'Hoch·stap·ler ⟨m.; -s, -⟩ *jmd., der durch das Vortäuschen einer gehobenen gesellschaftl. Stellung Betrügereien begeht*

'hoch·ste·hend ⟨Adj.⟩ **1** *eine hohe gesellschaftl. od. berufl. Stellung innehabend, bedeutend, wichtig;* eine ~e Persönlichkeit 1.1 geistig ~ *gebildet, kenntnisreich u. geistig anspruchsvoll*

'höch·stens ⟨Adv.⟩ **1** *nicht mehr als, nicht länger, weiter als;* ~ zehn Minuten; es waren ~ 20 Zuschauer **2** *im äußersten Falle;* ich kann dich ~ noch einmal anrufen, zu einem Besuch fehlt mir die Zeit 2.1 ~ wenn ... *nur wenn ..., es sei denn ...;* ich komme nicht mit, ~ wenn Du mich abholst

'Hoch·stim·mung ⟨f.⟩ *frohe, festl. Stimmung, frohe, zuversichtl. Stimmung;* in ~ sein

'hoch·tö·nend ⟨Adj.⟩ *hochtrabend, prahlerisch;* etwas od. jmdn. in ~en Worten loben

'hoch·tra·bend ⟨Adj.⟩ *übertrieben, zu großartig, schwülstig;* ~e Redensarten

'Hoch·ver·rat ⟨m.⟩ *Angriff auf Staatsverfassung, Staatsoberhaupt od. die innere Ordnung eines Staates*

'Hoch·wald ⟨m.⟩ *aus Samen od. Setzlingen erwachsener Wald, der mindestens 80 Jahre alt ist*

'Hoch·was·ser ⟨n.⟩ **1** *Hochflut, höchster Wasserstand eines Flusses od. Sees* **2** *Überschwemmung*

'Hoch·wild ⟨n.; -(e)s; unz.; Sammelbez. für⟩ *Elch-, Rot-, Dam-, Stein-, Gams-, Schwarz-, Auerwild, Bär, Luchs, Wolf, Adler, Falke, Schwan*

'Hoch·zeit ⟨f.⟩ **1** ⟨[hɔx-]⟩ *Eheschließung* 1.0.1 ~ feiern, halten, machen *heiraten* 1.1 diamantene ~ *60. Jahrestag der H.* 1.2 eiserne ~ *65. Jahrestag der H.* 1.3 goldene ~ *50. Jahrestag der H.* 1.4 kupferne ~ *7. Jahrestag der H.* 1.5 silberne ~ *25. Jahrestag der H.* **2** ⟨[hɔx-]; Typ.⟩ *versehentl. doppelt gesetztes Wort* **3** ⟨[ho:x-]⟩ *Glanzzeit, Höhepunkt (einer Entwicklung);* eine ~ des Opernschaffens

'hocken ⟨-k·k-; V.⟩ **1** ⟨411⟩ *Stellung in tiefer Kniebeuge einnehmen, bei der die Füße den Boden entweder nur mit dem Ballen od. aber mit der ganzen Sohle berühren;* er hockte am

Boden **2** ⟨411⟩ *sich kleinmachend, (unglücklich) zusammengesunken dasitzen;* die Hühner hockten nebeneinander auf der Stange; eine Arbeit hockend ausführen **3** ⟨402/R3⟩ (sich) ~ ⟨umg.⟩ *in nachlässiger Haltung dasitzen;* er hockte am Tisch **4** ⟨511/R3⟩ sich ~ *Stellung des Hockens(1) einnehmen, sich kauern;* er hockte sich vor den Ofen **4.1** sich auf den Boden ~ *am B. kauern* **5** ⟨411⟩ *lange untätig sitzen (bleiben), sich längere Zeit untätig an einem Ort aufhalten;* er hockt immer noch auf dem gleichen Platz; er hockt immer nur bei anderen Leuten, in seinem Zimmer **5.1** (immer) zu Hause ~ ⟨umg.⟩ *viel zu Hause sein, wenig außer Haus kommen*

'**Hocker** ⟨-k·k-; m.; -s, -⟩ *Stuhl ohne Lehne;* Bar~

'**Höcker** ⟨-k·k-; m.; -s, -⟩ **1** *knöcherner Auswuchs* **2** *Rückgratverkrümmung, Buckel* **3** *hohes Fettpolster auf dem Rücken von Kamel u. Dromedar*

Hof ⟨m.; -(e)s, ⸚e⟩ **1** *zum Haus gehörender, umschlossener Platz;* Hinter~, Kasernen~, Schloß~, Schul~; auf dem ~, im ~ spielen **2** *landwirtschaftl. Betrieb, meist Wohnhaus mit Ställen u. Feldern;* Bauern~; Pacht~; einen ~ bewirtschaften **2.1** → a. *Haus(1.6)* **3** *Gebäude mit dazugehörigem Betriebsgelände;* Bahn~, Schlacht~ **4** *fürstl. Wohnsitz, fürstl. Haushalt;* am ~ des Königs Ludwig **4.1** bei ~e *in einem fürstl. Haushalt;* das ist bei ~e so üblich; jmdn. bei ~e vorstellen, einführen **5** *fürstl. Gefolge, Hofstaat;* Königs~, Kaiser~; der König erschien mit seinem ganzen ~ **5.1** einem Mädchen den ~ machen *sich um ein M. bemühen, bewerben, mit ihm flirten* **6** *oft Name von Hotels u. Gasthöfen (mit Ortsbezeichnung verbunden);* Bayerischer ~, Thüringer ~ **7** ⟨Meteor.⟩ *durch Brechung u. Spiegelung an Eiskristallen in der oberen Atmosphäre entstehender, leicht farbiger Ring um Sonne od. Mond;* der Mond hat heute einen ~ **8** *Feld in der Ecke des Halmabrettes*

'**hof·fä·hig** ⟨Adj. 24⟩ **1** *berechtigt, bei Hofe zu erscheinen* **2** ⟨allg.⟩ *fähig, sich in der Öffentlichkeit gut zu benehmen;* er ist (nicht) ~

Hof·fart ⟨['hɔf-]; f.; -; unz.⟩ *verletzender Hochmut, übersteigerter Stolz, Dünkel*

'**hof·fen** ⟨V.⟩ **1** ⟨500 od. 510⟩ etwas ~ *für die Zukunft wünschen, zuversichtlich annehmen;* ~ wir das Beste!; er hofft, schon bald abreisen zu können; das ist ja besser, mehr, als ich zu ~ gewagt hätte!; ich hoffe stark, daß er morgen kommen wird; alles Hoffen war vergebens; ich wage es nicht zu ~, daß ... **1.1** Hoffen und Harren macht manchen zum Narren ⟨Sprichw.⟩ *so mancher versäumt seine Zeit mit der Hoffnung auf etwas, das nie eintreffen wird* **1.2** es steht zu ~, daß ... *wir hoffen, daß ...* **2** ⟨800⟩ auf etwas ~ *die Verwirklichung von etwas wünschen;* wir ~ auf baldige Besserung **3** ⟨800⟩ auf jmdn. ~ *von jmds. Kommen, jmds. Hilfe viel erwarten* **4** ⟨500⟩ etwas ~ (wollen) *annehmen, voraussetzen;* ich will es ~!; ich will nicht ~, daß ...

'**hof·fent·lich** ⟨Adv.⟩ *es ist zu hoffen, daß ..., ich hoffe, wünsche, daß ...;* ob morgen wohl schönes Wetter wird? ~!; ob der Zug wohl Verspätung hat? ~ nicht; ~ hast du dich nicht erkältet; ~ kommt er bald; ~ ist es so

'**Hoff·nung** ⟨f.; -, -en⟩ **1** *Wunsch für die Zukunft, Wunsch, daß in der Zukunft etwas geschehen möge;* die ~ hegen, daß ...; der Ausgang der Sache hat alle unsere ~en noch übertroffen; das ist eine törichte ~; meine ~ hat sich (nicht) erfüllt; ihre ~(en) wurde(n) enttäuscht; in der ~, bald von Ihnen zu hören, grüße ich Sie ... (Schlußformel im Brief); eine ~ begraben, zu Grabe tragen; ich möchte der ~ Ausdruck geben, verleihen, daß ... ⟨geh.⟩ **2** *Glauben an die Erfüllbarkeit des Gewünschten;* falsche ~en hegen; wir hegen, haben begründete ~, daß ...; ~ auf Genesung; jmdm. (neue) ~ einflößen, machen; er hat die ganze Zeit in der ~ gelebt, daß ...; sie lebt nur noch von der ~, daß ...; seine Bemerkung bestärkt mich in der ~, daß ...; (neue) ~ schöpfen; sich der ~ hingeben, daß ...; sie klammert sich noch an die ~, daß ...; jmdm. jede ~ nehmen; wir haben jede ~ aufgegeben; laßt alle ~ fahren, ihr, die ihr eintretet (Übersetzung der Inschrift über der Tür zur Hölle in Dantes „Göttlicher Komödie", 3,9); die ~ (im Busen) nähren ⟨poet.⟩ **2.0.1** er knüpfte seine ~ an den Erfolg seines Konzerts *versprach sich etwas (Bestimmtes) vom E. seines Konzerts* **2.1** jmdm. ~ (auf etwas) machen *jmdn. (fälschlicherweise) an die Erfüllbarkeit des Gewünschten glauben machen;* einem Mann ~en machen; sich vergebliche ~ machen **3** *(zuversichtliche) Erwartung;* der Junge berechtigt zu den schönsten ~en; seine ~ auf jmdn. od. etwas setzen **3.1** guter ~, in ~ sein ⟨fig.⟩ *schwanger sein, in Erwartung sein* **4** *Möglichkeit, daß der gewünschte Erfolg eintritt;* es besteht noch eine schwache ~, daß ...; es besteht keine ~ mehr, daß ... **5** *nicht gerechtfertigte, falsche Vorstellung von der Wirklichkeit, Illusion;* bitte machen Sie sich keine ~en, daß ... **6** *jmd., von dem man glaubt, daß er zum gewünschten Erfolg verhelfen kann* **6.1** er ist meine letzte ~ *er allein kann vielleicht noch helfen*

'**hof|hal·ten** ⟨V. 160/400⟩ ein Fürst hält hof *hält sich mit seinem Gefolge an einem Ort auf, erledigt dort seine Regierungsgeschäfte u. gewährt Audienzen*

ho'fie·ren ⟨V. 500/R8⟩ jmdn. ~ *jmdm. Schmeicheleien sagen, sich um seine Gunst bewerben*

'**höf·lich** ⟨Adj.⟩ *wohlerzogen, verbindl., takt-, rücksichtsvoll, zuvorkommend;* jmdm. ~ seinen Platz anbieten; wir bitten Sie ~(st) (Briefstil); es wird ~ gebeten, den Rasen nicht zu betreten (Verbotsschild); sich ~ verbeugen; in ~em Ton etwas sagen

'**Hof·staat** ⟨m.⟩ *fürstl. Gefolge, fürstl. Haushalt*

'**Hö·he** ⟨f.; -, -n⟩ **1** *Bodenerhebung, Hügel, Anhöhe, Berg;* bewaldete ~n; oben auf der ~ steht eine Kirche; die ~n des Taunus **2** *Ausdehnung, Erhebung, Erstreckung, Abmessung nach oben, Abstand nach unten;* die ~ eines Berges, Hauses, Turmes, Wasserspiegels; die ~ eines Gegenstandes messen; die ~ dieses Turmes beträgt 100 Meter; an ~ gewinnen **2.1** in die ~ *nach oben;* einen Ball in die ~ werfen; Preise in die ~ treiben; etwas in die ~ heben **2.1.1** in der ~ *im Himmel;* Ehre sei Gott in der ~ **2.2** in die ~ fahren ⟨fig.⟩ *aufspringen, sich schnell aufrichten* **2.3** in die ~ gehen ⟨a. fig.⟩ *sich erregen, zornig werden* **2.4** der Teig ist in die ~ gegangen *(auf)gegangen* **3** ~ (über Normalnull) *Höhe(2) über dem Meeresspiegel;* die Stadt liegt in 300 m (NN) ~; die Straße erreicht hier eine ~ von 1000 m (NN) **4** *Abstand von einem festen Punkt;* zwei Gegenstände, Linien o. ä. auf gleiche ~ bringen **4**.1 die beiden Läufer lagen in gleicher ~ *liefen nebeneinander* **4**.2 *geograph. Breite;* Oslo liegt ungefähr auf der gleichen ~ wie Leningrad **5** ⟨fig.⟩ *Ausmaß, Größe einer Summe, eines Betrages;* die ~ eines Betrages, Preises, einer Summe; die ~ des Schadens ist noch nicht festgestellt; einen Beitrag in voller ~ bezahlen, ersetzen; ein Geschenk in ~ von zwanzig Mark; die ~ der Temperatur **6** *Höhepunkt, höchste Stufe (der Entwicklung);* in diesen Jahren stand er auf der ~ seines Ruhmes **6**.1 ich bin heute nicht ganz, wieder auf der ~ *ich fühle mich gesundheitl. nicht ganz, wieder wohl* **6**.2 jmdn. in die ~ bringen *jmdn. wieder gesund machen* **6**.3 ein Geschäft, ein Unternehmen (wieder) in die ~ bringen *(wieder) leistungsfähig, gewinnbringend machen* **6**.4 das ist doch, ja die ~! *der Gipfel der Unverschämtheit* **7** ⟨Math.⟩ *senkrechter Abstand eines Eckpunktes von der gegenüberliegenden Seite;* (auf einer Linie) die ~ errichten **8** ~ eines Tones ⟨Phys.⟩ *Schwingungszahl in einer Sekunde;* Ton~ **9** ⟨Astr.⟩ *Winkel zwischen dem Horizont und einem Gestirn, gemessen auf dessen Vertikalkreis*

'**Ho·heit** ⟨f.; -, -en⟩ **1** ⟨unz.⟩ *Erhabenheit, Vornehmheit, Würde;* die ~ seiner Erscheinung **2** ⟨unz.⟩ *oberste Staatsgewalt u. ihre Rechte;* Finanz~, Gerichts~ **3** ⟨Titel für⟩ *fürstl. Person;* die ~en begaben sich zu Tisch; Eure ~; Kaiserliche ~ (Titel für den dt. Kronprinzen u. die österr. Erzherzöge); Königliche ~ (Titel für Angehörige eines regierenden od. großherzoglichen Hauses)

'**Hö·he·punkt** ⟨m.; fig.⟩ Ggs *Tiefpunkt* **1** *wichtigster, bedeutendster, bester Teil einer Entwicklung, eines Vorgangs;* der ~ einer Entwicklung; den ~ des Spiels, des Wettkampfes erreichen, überschreiten **1**.1 *schönster Augenblick;* der ~ des Abends war ein Feuerwerk

hohl ⟨Adj.⟩ **1** *innen leer, ausgehöhlt;* eine ~e Nuß; ein ~er Baum; ein ~er Zahn **2** *muldenförmig vertieft* 2.0.1 ein ~es Kreuz, ein ~er Rücken *übermäßige Krümmung der Wirbelsäule nach vorn* 2.1 ~e Gasse *Hohlweg* 2.2 die ~e Hand 2.2.1 *gekrümmte Handfläche* 2.2.2 *(Sinnbild der Bestechlichkeit u. Neigung, überall Geld zu fordern)* 2.3 *konkav, nach innen gekrümmt;* eine ~e Linse **2**.4 *eingefallen;* ~e Wangen **3** *dumpf;* ~er Husten; ~e Stimme; ~ klingen **4** etwas für (auf) den ~en Zahn ⟨umg.⟩ *zu wenig, um satt zu werden* **5** ⟨fig.⟩ *inhaltsleer, ohne inneren Gehalt;* ~e Phrasen **5**.1 ein ~er Kopf *geistloser, dummer Mensch*

'**Höh·le** ⟨f.; -, -n⟩ **1** *natürlicher Hohlraum in Gestein od. Baum mit verhältnismäßig kleinem Zugang;* sich in einer ~ verstecken **1**.1 sich in die ~ des Löwen begeben ⟨fig.⟩ *sich mutig zu jmdm., der einem nicht wohlwill od. gefährlich werden kann, begeben* **2** *Behausung wilder Tiere unter der Erde, Bau;* der Fuchs kroch aus seiner ~ **3** *Loch;* Felsen~, Mund~ **4** ⟨kurz für⟩ *Augenhöhle* **5** ⟨fig.; umg.⟩ *elende Behausung, schlechte Wohnung;* sie hausten in ärmlichen ~n **6** ⟨veralt.; Bgb.⟩ *Fördertrog u. -maß von 16 Zentnern*

'**Hohl·maß** ⟨n.⟩ *Maß zur Bestimmung von Rauminhalt od. Flüssigkeitsmengen, z. B. Kubikmeter, Liter*

'**Hohl·spie·gel** ⟨m.; Opt.⟩ *Spiegel mit nach innen gewölbter Fläche, der das Spiegelbild vergrößert*

'**Hohl·tier** ⟨n.; -(e)s, -e; meist Pl.⟩ ~e *Angehöriges einer Unterabteilung niedrig organisierter Meerestiere, deren Körper aus einem Hohlraum besteht, der zur Verdauung dient: Coelenterata*

'**Hohl·weg** ⟨m.⟩ *Weg durch einen Geländeeinschnitt, z. B. eine Schlucht*

Hohn ⟨m.; -(e)s; unz.⟩ **1** *scharfer, böser Spott;* beißender, bitterer ~; nichts als, nur ~ und Spott ernten **1**.1 es ist der reinste ~ *es widerspricht jedem Gefühl für Takt, Rücksicht, Achtung* **1**.2 jmdm. etwas zum ~e tun *gegen seinen Willen, um ihn zu ärgern*

'**höh·nen** ⟨V.⟩ **1** ⟨402⟩ (etwas) ~ *höhnisch sagen;* „...!" höhnte er **2** ⟨500⟩ jmdn. od. etwas ~ *verhöhnen, böse verspotten*

'**hohn|spre·chen** ⟨V. 251/600 od. 700⟩ einer Sache ~ *eine S. in beleidigender Weise mißachten, zu einer S. in verletzendem Widerspruch stehen;* das spricht allen Gesetzen des Anstandes hohn; das spricht jeglicher Menschlichkeit hohn

hold ⟨Adj. 43; geh.; veralt.⟩ **1** *günstig gesinnt, gewogen, zugetan;* jmdm. ~ sein; er ist mir nicht ~ (gestimmt) **1**.1 das Glück ist jmdm. ~ *jmd. hat G.* **2** *lieblich, bezaubernd, anmutig u. zierlich;* ihr ~es Antlitz; ein ~es Mädchen, Wesen

'**hold·se·lig** ⟨Adj.; veralt.⟩ *reizend, lieblich, überirdisch schön;* ein ~es Antlitz, Lächeln

'**ho·len** ⟨V. 500⟩ **1** etwas ~ *hingehen u. etwas herbringen, herbeischaffen, heranbringen;* morgens die Post, Semmeln ~; Kohlen aus dem Keller ~; einen Anzug vom Schneider ~ **1**.1 ⟨516⟩ ein Kind (bei der Geburt) mit der Zange ~ *bei der G. mit der Z. nachhelfen* **1**.2 Atem, Luft ~ *einatmen* **1**.2.1 ⟨513⟩ tief Luft ~ *tief einatmen* **2** jmdn. ~ *veranlassen, bitten zu kommen;* den Arzt ~; hol den Vater, er wird am Telephon verlangt; ein Mädchen zum Tanz ~ **2**.1 → a. *Teufel(5.1)* **3** ⟨530/R1⟩ sich etwas ~ *sich etwas zuziehen, etwas bekommen;* sich einen Schnupfen ~ **3**.1 sich eine Abfuhr ~ *(barsch, kurz) abgewiesen werden* **3**.2 sich (bei jmdm.) Rat ~ *sich von jmdm. beraten lassen* **4** hier, dabei, in dieser Angelegenheit ist nichts zu ~ ⟨umg.⟩ *nichts zu gewinnen*

'**hol·la** ⟨Int.⟩ **1** *(Anruf);* ~, wer kommt denn da? **2** *(Ausruf, mit dem eine Einschränkung, ein leichtes Erschrecken od. Erstaunen od. der Wunsch, mit etwas aufzuhören, ausgedrückt wird);* ~, das geht zu weit, so geht das nicht!; ~, das hätte ich aber nicht von ihm gedacht!; ~, fast wäre ich hingefallen!

'**Höl·le** ⟨f.; -, -n⟩ **1** *in vielen Religionen gedachter Ort der Qual u. Pein für Sünder;* Angst vor der ~ haben **1**.1 der Fürst der ~ *der Teufel* **1**.2 Ausgeburt der ~ *schreckl., furchteinflößendes Wesen* **1**.3 der Weg zur ~ ist mit guten Vorsätzen gepflastert ⟨Sprichw.⟩ *was nützen alle guten Vorsätze, wenn man sich* *nicht daran hält* 1.4 → a. *Himmel(2.6, 2.7)* 2 ⟨fig.⟩ *Ort großer Qual* 2.1 fahr, scher dich zur ~! ⟨umg.⟩ *mach, daß du fortkommst!* 2.2 jmdn. zur ~ wünschen *jmdn. verwünschen* 2.3 jmdm. die ~ heiß machen *jmdn. einschüchtern, jmdm. eindringl. ins Gewissen reden* 3 ⟨fig.⟩ *Qual;* das Leben dort ist eine ~; jmdm. das Leben zur ~ machen; der ~ der Schlacht entkommen sein; er hat dort die ~ 3.1 dort ist die ~ los *dort tobt ein heftiges Unwetter, sind gefährliche Unruhen, ist ein lärmendes Durcheinander u. ä.* 4 ⟨veralt.; süddt.⟩ *Raum zwischen Ofen u. Wand* 5 *Loch im Schneidertisch zur Aufnahme von Abfall*

'höl·lisch ⟨Adj.⟩ 1 ⟨60; Rel.⟩ *zur Hölle gehörig;* im ~en Feuer brennen 1.1 *teuflisch;* ~e Zauberei; ~e Künste betreiben 2 ⟨fig.; umg.⟩ *schrecklich, qualvoll, grausam;* ~e Schmerzen; die Wunde brennt ~; es tut ~ weh 3 ⟨90; fig.; umg.⟩ *sehr groß, sehr stark;* eine ~e Hitze; in einem ~en Tempo marschieren; ~es Vergnügen; ich muß ~ aufpassen, daß ...

Holm[1] ⟨m.; -(e)s, -e⟩ 1 *jede der beiden Längsstangen an Leiter u. Barren* 2 ⟨Flugw.⟩ *im Tragflügel vom Rumpf nach außen führender Träger* 3 *Axtstiel* 4 *Schaft, Griff des Ruders* 5 ⟨Bauw.⟩ *mit Pfählen verzapfter, querliegender Balken*

Holm[2] ⟨m.; -(e)s, -e⟩ 1 *Flußinsel, kleine Insel od. Halbinsel* 2 ⟨nddt.⟩ *Schiffswerft*

'hol·pe·rig ⟨Adj.⟩ oV *holprig* 1 *uneben, voller Löcher u. Steine, grob gepflastert;* ein ~er Weg, eine ~e Straße 2 ⟨fig.⟩ *ungeschliffen, ungewandt;* ein ~er Stil

'hol·pern ⟨V. 400⟩ 1 ⟨(s.)⟩ ein Wagen holpert *fährt rüttelnd auf unebenem Weg* 2 Sätze ~ *sind ungeschickt gebaut, nicht flüssig geschrieben* 3 beim Lesen ~ *nur stockend lesen*

'holp·rig ⟨Adj.⟩ = *holperig*

Ho'lun·der ⟨m.; -s, -⟩ 1 *einer Gattung der Geißblattgewächse angehörendes Holzgewächs mit dickem Mark, gefiederten Blättern u. schirm- od. straußförmigen weißen Blütenständen: Sambucus* 1.1 → a. *schwarz(2.18)*

Holz ⟨n.; -es, ¨er⟩ 1 *hauptsächlicher Bestandteil der Wurzeln, des Stammes und der Äste der Bäume u. Sträucher;* dürres, grünes, hartes, trockenes, weiches ~; ~ hacken, sägen, spalten 1.0.1 ~ fällen, hauen *Bäume fällen* 1.0.2 der Baum ist ins ~ geschossen *hat viele Äste u. Zweige, aber wenig Früchte* 1.1 *Brennstoff aus Holz(1);* einen Ofen mit ~ heizen; ~ auflegen, nachlegen 1.2 *Bau-, Werkstoff aus Holz(1);* ein Gegenstand aus ~; ein auf ~ gemaltes Bild; edles, gemasertes, helles, dunkles, poliertes ~; eine Wand, ein Zimmer mit ~ verkleiden 2 ⟨unz.; Biol.⟩ *von Bäumen u. Sträuchern nach innen abgeschiedenes Zellgewebe, das zur Leitung von Wasser, zur Erhöhung der Festigkeit u. zur Speicherung organischer Substanzen dient* 3 ⟨unz.; jägerspr.; landschaftl.⟩ *Wald;* ins ~ gehen, fahren; das Wild zieht zu ~e 4 *Gegenstand aus Holz(1)* 4.1 *länglich-runder, aus Holz gearbeiteter Gegenstand;* Nudel~, Schlag~ 4.2 ⟨umg.⟩ *Gesamtheit der Holzblasinstrumente im Orchester;* das ~ war zu laut, zu leise, zu stark, zu schwach 4.3 *Kegel;* gut ~! (Gruß der Kegler) 4.4 ⟨nur Pl.⟩ Hölzer *zum Bauen od. für andere Zwecke präparierte Stämme* 5 ⟨unz.; fig.⟩ 5.1 *steifes, stummes, unempfindliches Wesen* 5.1.1 dasitzen wie ein Stück ~ *steif u. stumm* 5.1.2 ich bin doch nicht aus ~! *unempfindlich gegen sinnliche Reize* 5.2 aus anderem, feinem, grobem ~ geschnitzt *von anderer, feiner, grober Wesensart* 5.3 ~ in den Wald tragen *etwas Überflüssiges tun* 5.4 → a. *Dummheit(1.2)* 5.5 ~ sägen ⟨umg.; scherzh.⟩ *schnarchen* 5.6 ~ auf sich hacken lassen *sich alles gefallen lassen*

'Holz·ap·fel ⟨m.⟩ *in Laubwäldern u. Gebüschen vorkommende Wildapfelart mit kleinen, herben Früchten: Malus silvestris;* Sy *wilder Apfel*

'Holz·bir·ne ⟨f.⟩ *in Laubwäldern vorkommende wilde Birnenart mit kleinen, herben Früchten: Pyrus communis;* Sy *wilde Birne*

'hol·zen ⟨V. 400⟩ 1 ⟨500⟩ Wald ~ *Bäume des W. schlagen;* den Wald ~ 2 ⟨fig.; umg.⟩ *ohne Sorgfalt arbeiten* 3 ⟨umg.; Sp.⟩ *roh od. regelwidrig spielen (bes. Fußball)* 4 ⟨Mus.⟩ *oft falsch spielen* 5 Raubwild holzt ⟨jägerspr.⟩ *klettert auf Bäume* 6 Flugwild, Marder ~ ⟨jägerspr.⟩ *bewegen sich von Baum zu Baum fort*

'höl·zern ⟨Adj.⟩ 1 aus Holz ~es Spielzeug; eine ~e Brücke 2 ⟨fig.⟩ *trocken, steif, langweilig, linkisch, unbeholfen;* ein ~er Mensch, ~e Manieren, ein ~er Stil

'Holz·ham·mer ⟨m.⟩ 1 *hölzerner Hammer* 1.1 jmdm. etwas mit dem ~ beibringen ⟨fig.; umg.⟩ *grob, schonungslos* 1.2 der hat wohl eines mit dem ~ gekriegt? ⟨fig.; umg.⟩ *der ist wohl nicht recht bei Verstand?*

'Holz·koh·le ⟨f.⟩ *durch Holzverkohlung gewonnene Kohle*

'Holz·schnitt ⟨m.; -(e)s, -e⟩ 1 ⟨unz.⟩ *Holzschneidekunst, die Kunst, mit dem Messer aus einer Holzplatte (weiches Holz, längs der Faser) eine bildl. Darstellung herauszuschneiden, so daß sie erhaben stehenbleibt, eingefärbt u. auf Papier abgedruckt werden kann* 2 *der Abzug von dem Holzschnitt(1)*

'Holz·stich ⟨m.; -(e)s, -e⟩ 1 ⟨unz.⟩ *dem Holzschnitt ähnl. Kunst, mit dem Stichel aus einer Holzplatte (hartes Holz, quer zur Faser) eine bildl. Darstellung herauszuarbeiten* 2 *der Abzug von dem Holzstich(1)*

'Holz·weg ⟨m.⟩ 1 ⟨urspr.⟩ *nur der Waldwirtschaft dienender Weg, der keine Orte miteinander verbindet* 2 ⟨fig.⟩ *falsche Fährte* 2.0.1 da bist du auf dem ~ *da irrst du dich, da bist du im falschen Glauben*

ho·mo'gen ⟨Adj.⟩ *gleichartig, gleichmäßig zusammengesetzt, übereinstimmend;* Ggs *heterogen*

ho·mo·se·xu'ell ⟨Adj. 24⟩ *zum gleichen Geschlecht hinneigend*

'Ho·nig ⟨m.; -s; unz.⟩ 1 *als Nährstoff u. Heilmittel dienender brauner bis gelblicher, meist dünner bis zähflüssiger süßer Stoff, der von den Arbeitsbienen als Nektar aufgesogen, verarbeitet u. in den Waben im Stock gespeichert wird;* ein Brot mit ~; Gebäck mit ~; ~ kaufen 1.1 → *Milch(1.1.2)* 2 ⟨fig.; umg.⟩ *schöne Worte;* sie redet süß wie ~ 2.1 jmdm. ~ um den Bart, ums Maul, um den Mund schmieren, streichen ⟨fig.; umg.⟩ *jmdm. schmeicheln*

'ho·nig·süß ⟨Adj.⟩ 1 *süß wie Honig, sehr süß* 2 ⟨fig.⟩ *übertrieben freundlich, aber falsch;* ein ~es Lächeln, ~e Worte

Ho·no'rar ⟨n.; -s, -e⟩ *Vergütung von Leistungen freier Berufe;* Autoren~, Stunden~

ho·no'rie·ren ⟨V. 500⟩ **1** etwas ~ *dankbar anerkennen* **2** freiberufliche Arbeit ~ *bezahlen, vergüten* **3** Wechsel ~ *einlösen*

'Hop·fen ⟨m.; -s, -⟩ **1** *einer Gattung der Hanfgewächse angehörende zweihäusige Schlingpflanze: Humulus* **2** *Fruchtstände des Hopfens(1), die als Rohstoff bei der Bierbereitung verwendet werden* 2.1 bei ihm ist ~ und Malz verloren ⟨fig.; umg.⟩ *ihm ist nicht zu helfen, er ist nicht mehr erziehbar*

'hop·peln ⟨V. 400⟩ *ungleichmäßig hüpfen;* drei Hasen hoppelten über den Weg

hopp! ⟨Int.⟩ **1** *(Aufforderung zum raschen Aufstehen, zum Beeilen, zum Springen)* 1.1 ~! *los!;* ~, steh auf! 1.2 bei ihm muß alles ~ ~ gehen *sehr schnell, zu schnell u. daher flüchtig* 1.3 jmdn. ~ nehmen ⟨umg.⟩ *fangen* 1.4 aber nun ein bißchen ~! ⟨umg.⟩ *ein bißchen schnell*

'hop·sen ⟨V. 400(s.); umg.⟩ **1** *hüpfen;* die Kinder hopsten auf dem Bett **2** ⟨fig.⟩ *schlecht tanzen, mehr hüpfen als tanzen*

'hor·chen ⟨V. 400⟩ **1** *aufmerksam zuhören;* horch! **2** *etwas zu hören versuchen, auf ein Geräusch warten;* ich horche schon die ganze Zeit, ob ich nicht seine Schritte höre; auf die Atemzüge eines Kranken ~ **3** ⟨umg.⟩ *lauschen, heimlich mithören;* an der Tür ~

'Hor·de[1] ⟨f.; -, -n⟩ *Lattengestell, ein- od. mehrstöckiger Rost zum längeren Aufbewahren von Obst od. Kartoffeln;* oV *Hürde(4)*

'Hor·de[2] ⟨f.; -, -n⟩ **1** *wilde Menge, ungeordnete Schar;* eine ~ von Kindern, Soldaten **2** ⟨bei Naturvölkern⟩ *eine kleine Gruppe miteinander verwandter, gleichgestellter, nicht dauernd zusammenwohnender Familien in einem fest umgrenzten Gebiet*

'hö·ren ⟨V.⟩ **1** ⟨410⟩ *mit den Gehörorganen wahrnehmen;* gut, schlecht, nicht(s), schwer ~; nur auf einem Ohr ~ 1.1 → a. *Ohr(1.2.05)* 1.2 ⟨500⟩ (auf beiden Ohren) nichts ~ *taub sein* 1.3 ihm verging Hören und Sehen *er konnte vor Schreck od. Aufregung nichts mehr wahrnehmen* **2** ⟨507⟩ etwas od. ein Lebewesen (kommen) ~ *mit den Gehörorganen wahrnehmen;* ein Geräusch, einen Ton, Schrei, Knall ~; man hörte die Schlangen im Gras rascheln; ich habe gehört, daß, ob, wie jmd. od. etwas kommt; jmdn. lachen, singen sprechen ~ 2.1 ⟨513/R3⟩ er hört sich gern (sprechen) *er meint, was er sagt sei sehr wichtig* 2.2 jmdn. od. etwas ~ *anhören* 2.2.1 wir müssen auch ihn ~ *ihn seine Meinung sagen lassen* 2.2.2 ich kann das ewige Klagen nicht mehr ~ *nicht mehr ertragen* **3** *an einer Veranstaltung teilnehmen;* eine Oper, ein Konzert, einen Vortrag ~; das Hören von (guter) Musik 3.1 ein Kolleg, eine Vorlesung ~ *besuchen, (regelmäßig) daran teilnehmen;* bei Professor X ~; neuere Geschichte ~ 3.2 die Beichte ~ *die B. abnehmen* 3.3 die Messe ~ *an der M. teilnehmen* **4** ⟨400; Imperativ⟩ höre und staune! *(Ausruf der Verwunderung)* 4.1 hör einmal! ⟨umg.⟩ *paß auf, was ich dir sagen will!* 4.2 hört! hört! *(Ausruf des Mißfallens)* 4.3 aber hör (doch) mal!, na, ~ Sie mal! ⟨umg.⟩ *(Einwand)* **4.4** laß ~! ⟨umg.⟩ *(Aufforderung, über etwas zu sprechen od. zu berichten)* **5** sich ~ lassen **5.1** sich vor einem Publikum ~ lassen *etwas vortragen, vorspielen, vorsingen* **5.2** das läßt sich ~ *das ist ein vernünftiger Vorschlag, damit bin ich einverstanden* **6** ⟨500⟩ eine Nachricht ~ *vernehmen, in Erfahrung bringen;* wie ich gestern hörte; ich habe von ihm (über ihn) nicht viel Gutes gehört; ich habe gehört, daß ...; hast du schon gehört, der X soll verhaftet sein; ich habe davon gehört; von dir hört man ja schöne Sachen ⟨iron.⟩ **6.1** ⟨570⟩ von jmdm. od. etwas nichts ~ wollen *nichts zu tun haben wollen mit;* ich will von ihm, davon nichts ~ **6.2** ⟨800⟩ *Nachricht geben, bekommen;* Sie werden wieder von mir ~; laß mal etwas von dir ~; lassen Sie bald von sich ~ **6.3** ⟨470⟩ ich habe sagen ~ *erfahren* **6.3.1** → a. *Hörensagen* **6.4** ⟨514⟩ ich höre an seiner Stimme, daß er ärgerlich ist *erkenne es an seiner S.* **7** ⟨405⟩ (auf jmdn. od. etwas) ~ *(jmdm. od. etwas) folgen, gehorchen;* ich kann sagen, was ich will, der Junge hört nicht; auf einen Rat ~; der Hund hört auf den Namen Bello; alles hört auf mein Kommando! ⟨Mil.⟩ 7.1 ⟨400 + Modalverb⟩ wer nicht ~ will, muß fühlen ⟨Sprichw.⟩ *wer keinen Rat annehmen will, muß die Folgen tragen*

'Hö·ren·sa·gen ⟨n.; unz.; nur in der Wendung⟩ etwas nur vom ~ kennen, wissen *gerüchtweise, nur von anderen, vom Erzählen, nicht aus eigener Erfahrung od. Anschauung*

'Hö·rer ⟨m.; -s, -⟩ **1** *jmd., der etwas anhört, einer Sache zuhört, Zuhörer;* Rundfunk~; verehrte ~innen und ~! **2** *Teilnehmer eines Kollegs, einer Vorlesung;* viele, wenig ~ haben (Hochschullehrer); eine Vorlesung für ~ aller Fakultäten; sich als ~ (an der Universität, für eine Vorlesung) einschreiben **3** *Teil des Telephons, der die Schallwellen überträgt;* Telephon~; den (Telephon-)~ abnehmen, auflegen, auf die Gabel legen

'Hör·funk ⟨m.⟩ *Rundfunk im Unterschied zum Fernsehen*

'hö·rig ⟨Adj. 70⟩ **1** *an den vom Grundherrn verliehenen Grund u. Boden gebunden u. zu Abgaben u. Frondienst verpflichtet* **2** ⟨fig.⟩ *an einen Menschen bis zur Selbstaufgabe innerlich gebunden, bes. durch sexuellen Reiz;* jmdm. (sexuell) ~ sein

Ho·ri'zont ⟨m.; -(e)s, -e⟩ **1** *waagerechte (scheinbare) Trennungslinie zwischen Himmel u. Erde;* Sy *Gesichtskreis;* die Sonne berührte den ~, sank unter den ~ **2** jmd. hat einen ~ *Umfang der geistigen Interessen u. der Bildung;* Sy *Gesichtskreis;* geistiger ~; weiter, enger, beschränkter ~; das geht über seinen ~ **3** ⟨Geol.; Archäol.⟩ *waagerechte Fläche od. Schicht in der Erde mit besonderen Merkmalen* **4** = *Prospekt(1)*

ho·ri·zon'tal ⟨Adj. 24⟩ **1** *waagerecht;* Ggs *vertikal* **2** ~es Gewerbe ⟨vulg.⟩ *Prostitution*

Hor'mon ⟨n.; -s, -e⟩ *vom Körper gebildeter Wirkstoff, der eine bestimmte Körperfunktion reguliert*

Horn[1] ⟨n.; -(e)s, ¨er⟩ **1** *bei vielen Säugetieren auf der Stirn befindlicher spitzer Auswuchs zur Zierde od. als Waffe;* der Stier nahm den Mann auf die Hörner 1.2 den Stier bei den Hörnern nehmen, packen *eine unangenehme Angelegenheit energ., ohne zu zögern angreifen* **2** *etwas, das entweder ursprünglich die Form eines Horns(1) hatte od. immer noch daran erinnert* 2.1 *Zacke am Amboß* 2.2 *Bergspitze, Felsspitze usw.* 2.3 *altes Trinkgefäß;* Trink~ **3**

(umg.) *Beule (am Kopf, an der Stirn):* sich ein ~ stoßen, rennen **4** (fig.) **4.1** sich die Hörner ablaufen, abstoßen *Jugendtorheiten begehen und überwinden, Erfahrungen machen, sammeln* **4.4** in jmds. ~ blasen, tuten, in dasselbe ~ blasen, tuten wie jmd. *der gleichen Meinung sein, jmdn. in seiner Meinung unterstützen* **5** (Mus.) *ursprünglich aus Tierhorn od. -zahn gefertigtes, mehrmals kreisförmig gewundenes Blechblasinstrument mit drei Ventilen;* Wald~; Ventil~ **5.1** ins ~ stoßen *das Horn(5) blasen* **6** einem Ehemann Hörner aufsetzen (fig.) *einen E. durch Ehebruch betrügen*

Horn[2] (n.; -(e)s; unz.) *in den Epidermiszellen vieler Wirbeltiere gebildete, harte od. elastische Substanz, aus der auch Horn*[1]*(1) besteht;* Haare, Nägel bestehen aus ~

'Hörn·chen (n.; -s, -) **1** *kleines Horn* **2** *hornartig gebogenes, leicht süßes Gebäck;* ein frisches ~ **3** *der Familie der Nagetiere angehörender Sohlengänger, meist mit langem, behaartem Schwanz: Sciuridae;* Eich~, Flug~

'Horn·haut (f.) **1** *Schwiele, verhornte Hautstelle* **2** *im Auge der Wirbeltiere der durchsichtige, uhrglasförmige Teil der Lederhaut im Vorderteil des Augapfels: Cornea*

Hor'nis·se (a. ['---] f.; -, -n) *größte mitteleurop. Wespe: Vespa crabro*

Ho·ro'skop (n.; -s, -e) *Aufzeichnung der Gestirnkonstellation als Grundlage zur Charakter- u. Schicksalsdeutung;* jmdm. das ~ stellen

'Hör·rohr (n.) **1** *ärztl. Untersuchungsgerät zum Abhören von Herz u. Lunge* **2** *veralteter Hörapparat für Schwerhörige*

'Hör·saal (m.) **1** *großer Unterrichtsraum, häufig mit ansteigenden Sitzreihen (in Universitäten)* **2** (umg.) *die im Hörsaal(1) versammelten Zuhörer*

'Hör·spiel (n.) *für u. durch den Rundfunk entwickelte dramat. Literaturgattung, die nur auf das Hören zugeschnitten u. durch intimen Charakter, starke Konzentration der Handlung u. geringe Personenzahl gekennzeichnet ist*

Horst (m.; -(e)s, -e) **1** (Forstw.) *Gehölz, Baumgruppe* **2** *großes von Greifvögeln gebautes Nest aus Reisig;* Adler~ **3** (Geol.) *Scholle, die über die Umgebung nach oben gehoben worden ist*

Hort (m.; -(e)s, -e) **1** (poet.) *Schatz;* Nibelungen~ **2** *Schutz, Zuflucht;* ein sicherer ~ **3** *Tagesheim für Kinder;* Kinder~; ein Kind in den ~ geben **4** *Schützer;* Herr, mein ~ und mein Erlöser (Psalm 19,15)

'hor·ten (V. 500) etwas ~ *aufspeichern, ansammeln, anhäufen;* Gold ~

'Hör·wei·te (f.) *Bereich, in dem ein Schall zu hören ist;* er ist außer ~; bitte bleib in ~

'Ho·se (f.; -, -n; oft Pl. statt des Sing. gebraucht) **1** *Bekleidung für den unteren Teil des Rumpfes u. die Beine od. einen Teil der Beine;* kurze, lange, enge, weite ~n; in die ~n machen (Kind) **1.1** ein Paar ~n *eine Hose* **2** (fig.) **2.1** einem Jungen die ~n strammziehen *einen J. verhauen, züchtigen* **2.2** sich auf die ~n setzen (umg.) *fleißig sein, tüchtig arbeiten (geistig)* **2.3** die ~n (gestrichen) voll haben (vulg.) *große Angst haben* **2.4** sie hat die ~n an (umg.) *sie ist der Herr im Haus, sie gibt in der Ehe den Ton an, sie bestimmt alles* **3** (Zool.) *die Muskulatur an Ober- u. Unterschenkeln v. Pferden* **4** (Zool.) *starkes Gefieder an den Beinen mancher Greifvögel* **5** (Bot.) *von der Honigbiene eingetragene Pollen, der an ihren Hinterschenkeln klebt*

'Ho·sen·bo·den (m.) **1** (umg.) *Sitzfläche der Hose* **1.1** den ~ vollkriegen *Schläge bekommen* **1.2** sich auf den ~ setzen (fig.; umg.) *fleißig lernen*

'Ho·sen·rol·le (f.) *von einer Schauspielerin verkörperte Männerrolle*

Ho·spi'tal (n.; -s, -e od. -täler; veralt.) **1** *Krankenhaus* **1.1** (i. e. S.) *Anstalt zur längeren od. dauernden Aufnahme chronisch Kranker*

hos·pi'tie·ren (V. 400) **1** *als Gast teilnehmen;* beim Unterricht ~ (bes. als Studienreferendar) **2** *als Gast Vorlesungen hören*

Hos'piz (n.; -es, -e) **1** *von Mönchen errichtetes Übernachtungsheim* **2** *christl. Fremdenheim;* christliches ~

'Ho·stie ([-stjə] f.; -, -n) *das beim Abendmahl in Form einer kleinen Oblate gereichte ungesäuerte Brot;* Sy *Leib des Herrn* (geh.)

Ho'tel (n.; -s, -s) **1** *Betrieb für Unterkunft u. Verpflegung für gehobene Ansprüche* **1.1** ~ garni *Hotel(1), das nur Unterkunft und Frühstück gewährt*

Hub (m.; -(e)s, ¨-e) **1** *Heben, Hebebewegung, Hin- od. Herbewegung eines Maschinenteils zwischen zwei toten Punkten;* Kolben~ **2** = *Hubraum*

'hü·ben (Adv.) **1** *auf dieser Seite* **1.1** ~ und drüben *auf beiden Seiten* **1.2** *diesseits der Grenze zwischen den beiden Teilen Deutschlands*

'Hub·raum (m.) *derjenige Teil des Zylinders von Verbrennungskraftmaschinen, der vom Hin- u. Hergehen des Kolbens ausgefüllt wird;* Sy *Hub(2)*

hübsch (Adj.) **1** *angenehm, nett (zum Ansehen, anzusehen);* ~ aussehen; wie ~!; ein ~es Kind, Kleid, Mädchen; das ist aber ~!; sich ~ machen **1.1** sich ~ anziehen *sich so anziehen, daß man nett anzusehen ist* **2** (70; umg.) *freundlich, angenehm;* ein ~er Abend **2.1** etwas ist ~ von jmdm. *freundlich, anständig, korrekt;* das ist nicht ~ von Ihnen! **2.2** das ist ja ~! (umg.; iron.) *unangenehm;* das ist ja eine ~e Angelegenheit! **3** (50) *recht;* sei ~ artig! (umg.); ~ viel (umg.) **4** (60; umg.) *ziemlich groß, ziemlich viel, ziemlich gut, ordentlich;* ein ~es Stück Arbeit, Stück Weg; eine ~e Summe (Geldes) **4.1** (50) er spielt schon recht ~ Klavier *ganz gut, ganz ordentlich* **5** (50; als Füllwort od. zur Verstärkung; umg.) *auf jeden Fall;* das wirst du ~ bleibenlassen!

'Hub·schrau·ber (m.) *Flugzeug, das seinen Auftrieb durch umlaufende Drehflügel erhält*

'hucke·pack (-k·k-; Adv.) **1** *auf dem od. den Rücken;* ein Kind ~ nehmen; ein Kind, eine Last ~ tragen **1.1** wir machen ~ *ich trage dich auf dem Rücken*

'hu·deln (V.) **1** (400) *unsorgfältig arbeiten, pfuschen, nachlässig sein* **2** (400; oberdt.) *mit Getreide handeln* **3** (500) jmdn. ~ *schlecht behandeln, plagen, hänseln*

Huf (m.; -(e)s, -e) *mit Horn überzogenes Zehenende der Huftiere;* Pferde~

'Huf·ei·sen (n.; -s, -) **1** *flaches, nach hinten*

meist offenes, mit Nagellöchern versehenes Eisen, das dem Huf eines Tieres (meist Pferd od. Rind) angepaßt u. angeschlagen wird **2** *Sinnbild des Glückes u. Wohlergehens*

'Hüf·te ⟨f.; -, -n⟩ **1** *seitl. Partie des Körpers vom oberen Rand des Hüftknochens bis zum Ansatz des Oberschenkels;* sich (beim Gehen) in den ~n wiegen **1.1** aus der ~ schießen *das Gewehr od. die Pistole an der Hüfte anlegen u. schießen*

'Hü·gel ⟨m.; -s, -⟩ **1** *Bodenerhebung, kleiner Berg;* bewaldete, grüne, sanfte ~ **1.1** *aufgeschütteter Erdhaufen;* Grab~, Maulwurfs~

hüh ⟨Int.⟩ **1** *(Ruf zum Antreiben von Zugtieren);* Ggs *hott;* mit ~ und hott und Peitschenknall **1.1** man kann nicht miteinander arbeiten, wenn der eine ~, der andere hott sagt *wenn man entgegengesetzter Meinung ist, wenn einander widersprechende Anweisungen gegeben werden*

Huhn ⟨n.; -(e)s, ¨er⟩ **1** *Angehöriges einer in zahlreichen Rassen u. Spielarten vorkommenden, über die ganze Erde verbreiteten Ordnung der Hühnervögel: Galli* **1.1** *von dem Bankivahuhn, aus der Familie der Kammhühner (Phasianidae: Gallinae) abstammendes Haustier: Gallus gallus domesticus;* Haus~; ein ~ gackert, gluckt; ein ~ schlachten, rupfen, ausnehmen; (sich) Hühner halten **2** *Fleisch von Huhn(1.1);* ~ mit Reis; gebratenes, gefülltes ~ **3** = *Henne* **4** ⟨kurz für⟩ *jagdbarer Vogel;* Reb~, Feld~ **5** ⟨fig.⟩ **5.1** ⟨umg.⟩ *(weibl.) Person;* ein fideles, lustiges, verrücktes ~; dummes ~ ⟨Schimpfw.⟩ **5.1** sein ~ im Topfe haben ⟨umg.⟩ *eine Sache sicher haben, so daß sie einem nicht mehr entgehen kann* **5.2** er sieht aus, als hätten ihm die Hühner das Brot weggefressen *er macht ein sehr dummes u. erstauntes Gesicht* **5.3** mit den Hühnern aufstehen, zu Bette gehen ⟨fig.; umg.⟩ *sehr früh aufstehen, schlafen gehen* **5.4** da lachen ja die Hühner! ⟨umg.⟩ *das ist albern, unsinnig!*

'Hüh·ner·au·ge ⟨f.⟩ **1** *an Druckstellen des Fußes, meist infolge Tragens unzweckmäßiger Fußbekleidung entstehende, schmerzhafte Hornhautverdickung: Clavus* **2** jmdm. auf die ~n treten ⟨fig.; umg.; scherzh.⟩ *jmdm. zu nahe treten, jmdn. verletzen, kränken*

'hu·hu ⟨Int.; umg.⟩ *(Ruf, um jmdn. in einiger Entfernung auf sich aufmerksam zu machen)*

hui ⟨Int.⟩ **1** *(Ausruf des freudigen Staunens, der Überraschung)* **1.1** → a. *oben(3)* **2** *(Geräusch des Windes)* **2.1** in einem, im Hui *so schnell wie der Wind, sehr schnell*

Huld ⟨f.; -; unz.; geh.; veralt.⟩ **1** *herablassendes Wohlwollen;* er gestattete in seiner ~, daß ... **2** *Gunst, gnädige Geneigtheit, Gnade;* in jmds. ~ stehen

'hul·di·gen ⟨V. 600⟩ **1** j m d m. ~ ⟨fig.⟩ *jmdm. seine Verehrung, Ergebenheit ausdrücken;* einer schönen Frau ~; dem König ~ **1.1** einem H e r r s c h e r ~ *jmds. Herrschaft durch Treueid anerkennen, Treue geloben, sich unterwerfen* **2** einer S a c h e ~ ⟨geh.⟩ *für eine S. eintreten;* einer Ansicht, Anschauung ~; dem Fortschritt ~ **3** einer S a c h e ~ ⟨geh.⟩ *einer Sache ergeben sein, sie gern tun, oft genießen;* dem Spiel, dem Wein ~

'Hül·le ⟨f.; -, -n⟩ **1** *das, was etwas anderes umhüllt, einhüllt;* Briefbogen und ~n; eine undurchdringliche ~ des Schweigens ⟨fig.⟩; die ~n abstreifen, fallen lassen; wärmende ~n **1.1** irdische, sterbliche ~ *Leib des Toten* **1.2** in ~ und Fülle *im Überfluß* **2** *bei zusammengesetzten Dolden die Gesamtheit der Blätter, in deren Achseln sich die Teile der Blüten entwickeln*

'hül·len ⟨V. 550/R7⟩ **1** j m d n. od. e t w a s i n e t w a s ~ *einpacken, rundum mit etwas bedecken, etwas um jmdn. od. etwas herumlegen;* einen Blumenstrauß in Papier ~; sich in seinen Mantel ~ **1.1** sich in Schweigen ~ ⟨fig.⟩ *nichts sagen, nichts verraten, schweigen*

'Hül·se ⟨f.; -, -n⟩ **1** *steife Hülle, Behälter aus festem Papier, Pappe, Leder, Blech u. ä., Futteral, Kapsel, Röhre;* Geschoß~ **2** *Frucht der Hülsenfrüchtler;* Sy *Schote[1](2)* **3** *Schale um Samen (z. B. Korn)*

'Hül·sen·frucht ⟨f.; -, ¨e; meist Pl.; nicht botan. Bez. für⟩ *Samen von Erbsen, Bohnen u. Linsen*

hu'man ⟨Adj.⟩ *menschlich, menschenfreundlich, menschenwürdig*

'Hum·bug ⟨m.; -s; unz.⟩ **1** *Täuschung, Schwindel* **2** *Unsinn, Aufschneiderei;* das ist doch alles ~!

'Hum·mel ⟨f.; -, -n⟩ **1** *Angehörige einer Gattung plump geformter Stechimmen mit pelzigem Haarkleid: Bombus* **1.1** ~n unterm Hintern haben ⟨umg.⟩ *nicht still sitzen können, ungeduldig, unruhig sein* **2** eine wilde ~ ⟨fig.; umg.⟩ *sehr lebhaftes Mädchen* **3** ~ ~! *(Erkennungsruf der Hamburger)*

'Hum·mer ⟨m.; -s, -⟩ *sehr großer, wertvoller Speisekrebs mit stark entwickeltem ersten Scherenpaar aus der Gruppe der Panzerkrebse: Homaridae*

Hu'mor ⟨m.; -s; unz.⟩ *Fähigkeit, auch die Schattenseiten des Lebens mit heiterer Gelassenheit u. geistiger Überlegenheit zu betrachten, überlegene Heiterkeit, heitere seel. Grundhaltung;* (keinen) ~ haben; einen goldenen, unverwüstlichen ~ haben; (keinen) Sinn für ~ haben; eine Mitteilung mit ~ aufnehmen; sich mit ~ in etwas fügen, schicken

'hum·peln ⟨V. 400(h. od. s.)⟩ *hinken*

'Hum·pen ⟨m.; -s, -⟩ **1** *großes, meist zylinderförmiges Trinkgefäß* **1.1** den ~ schwingen *zechen, sich betrinken*

'Hu·mus ⟨m.; -; unz.⟩ *oberste, aus organischen Resten gebildete, sehr fruchtbare, bräunliche Schicht des Bodens*

Hund[1] ⟨m.; -es, -e⟩ **1** *Angehöriger einer Familie weltweit verbreiteter, kleiner bis mittelgroßer Raubtiere mit gut ausgebildetem Geruchs- u. Gehörsinn, die in der Gefangenschaft rasch zahm werden: Canidae* **1.1** *gezähmte Form des Hundes(1), der wegen seiner Gelehrigkeit u. Treue als Haustier gehalten od. auf der Jagd od. zur Wache verwendet wird: Canis familiaris;* der ~ heult, kläfft, winselt; der ~ schlägt an, gibt Laut; einen ~ an der Leine führen; ~e an die Leine nehmen! (Aufschrift auf Schildern in Parks); Vorsicht, bissiger ~!; (Warnungstafel); ein scharfer, wachsamer ~; er läuft ihr nach wie ein ~ **1.1.1** sie leben wie ~ u n d K a t z e miteinander *ohne sich vertragen zu können* **1.1.2** er steht da wie ein geprügelter ~ ⟨fig.⟩ *beschämt* **1.1.3** frieren wie ein (junger) ~ ⟨fig.⟩ *sehr frieren* **1.1.4** wie ein ~ leben ⟨fig.⟩ *sehr kärglich, kümmerlich, schlecht* **1.1.5**

jmdn. wie einen ~ behandeln ⟨fig.⟩ *jmdn. schlecht, menschenunwürdig behandeln* 1.1.6 → a. *bunt(2.2.1)* **2** ⟨umg.; abwertend⟩ *Kerl, Bursche;* er ist ein gerissener ~; er ist ein falscher, feiger ~; er ist ein armer ~ **2.1** ⟨umg.⟩ *gemeiner Kerl;* er ist ein ~; der ~! **3** ⟨fig.⟩ **3.1** ~e, die bellen, beißen nicht ⟨Sprichw.⟩ *wer mit etwas droht, tut es nicht* **3.2** mit allen ~en gehetzt sein ⟨umg.⟩ *in allen Schlichen u. Tricks erfahren, schlau, durchtrieben;* er ist mit allen ~en gehetzt **3.3** j m d n. a u f d e n ~ b r i n g e n ⟨umg.⟩ *jmdn. zugrunde richten* **3.4** a u f d e n ~ k o m m e n ⟨umg.⟩ *gesundheitl. schwach u. elend werden, moral. sinken, wirtschaftl. zugrunde gehen* **3.5** v o r d i e ~e g e h e n ⟨umg.⟩ *zugrunde gehen* **3.6** das könnte od. möchte einen ~ erbarmen *es ist ganz jämmerlich, erregt Mitleid* **3.7** da liegt der ~ begraben! *das ist die Quelle des Übels, der Kern der (unangenehmen) Angelegenheit* **3.8** von ihm nimmt kein ~ ein Stück Brot *er wird von allen verachtet, gemieden* **3.9** damit lockt man keinen ~ hinterm Ofen hervor *damit kann man niemanden reizen, verlocken* **3.10** eine Sache ist ein dicker ~! ⟨umg.⟩ *ein grober Fehler, eine unangenehme Sache, eine schwierige Angelegenheit*

Hund[2] ⟨m.; -(e)s, -e; Bgb.⟩ *kleiner Förderwagen*

'hun·de·kalt ⟨Adj.; umg.⟩ *sehr kalt*

'hun·dert ⟨Num. 11; in Ziffern: 100; lat. Zahlzeichen: C⟩ **1** *zehnmal zehn;* von eins bis ~ zählen; ein paar, einige ~ Menschen; mehrere ~ Stück bestellen; an die ~ Menschen; in, nach, vor ~ Jahren **1.1** (mit) ~ fahren, ~ Sachen drauf haben ⟨umg.⟩ *mit einer Geschwindigkeit von 100 km pro Stunde fahren* **1.2** ich wette ~ gegen eins, daß ... ⟨fig.⟩ *ich weiß ganz sicher, daß ...* **2** da war ich auf ~ ⟨fig.; umg.⟩ *sehr wütend, aufgebracht, erbost* **3** ⟨fig.⟩ *sehr viel, ungezählt;* er hat ihm ~ gute Ratschläge gegeben; ~ Einfälle kamen ihm **4** was drei wissen, erfahren ~ ⟨fig.⟩ *was man einigen sagt, werden bald viele wissen*

'Hun·dert ⟨n.; -s, -e⟩ **1** ⟨Pl. -⟩ *eine Menge von 100 Dingen, Stück, Lebewesen;* ein halbes ~; mehrere ~ Packungen zu je 100 Zigarren bestellen; das ~ kostet 20 DM **1.1** (vier, sechs) v o m ~ ⟨Abk.: v. H.; Zeichen: %⟩ *Prozent* **2** ⟨nur Pl.⟩ *unbestimmte große Anzahl;* der Schaden geht in die ~e (von Mark); unter ~en ist nur einer od. nicht einer zu finden, der das kann; ~e und Tausende von Menschen, Tieren; ~e (und aber ~e) von Menschen; sie kamen zu ~en **2.1** er kam v o m ~sten i n s Tausendste ⟨fig.⟩ *er hörte nicht auf mit Erzählen, wußte immer wieder etwas Neues*

'Hün·din ⟨f.; -, -n·nen⟩ *weibl. Hund*

'Hunds·tag ⟨m.; -(e)s, -e; nur Pl.⟩ ~e *die im alten Ägypten vom Sternbild des Großen Hundes beherrschte, heißeste Zeit des Jahres, 23. Juli bis 23. August*

'Hü·ne ⟨m.; -n, -n⟩ **1** *Riese;* ein ~ von Gestalt **1.1** *großer u. starker Mann*

'Hun·ger ⟨m.; -s, unz.⟩ **1** *Verlangen nach Nahrung;* ~ haben; ~ wie ein Wolf haben **1.1** ~ ist der beste Koch *dem Hungrigen schmeckt jedes Essen* **1.2** seinen ~ stillen *essen* **1.3** ~s sterben ⟨geh.⟩ *verhungern* **1.4** → a. *leiden(4)* **2** *das Entbehren von Nahrung, der Mangel, das Fehlen von Nahrung;* die Bekämpfung des ~s auf der Welt **3** ⟨fig.; geh.⟩ *Begierde, starkes Bedürfnis;* ~ nach frischer Luft, nach Sonne; ~ nach Rache

'Hun·ger·lohn ⟨m.⟩ *sehr geringer Lohn, Lohn, mit dem man kaum leben kann;* für einen ~ arbeiten

'hun·gern ⟨V.⟩ **1** ⟨400; geh.⟩ *Hunger haben, hungrig sein* **1.1** j m d n. od. ein T i e r ~ l a s s e n *(willentlich) Hunger leiden lassen* **1.2** ⟨501⟩ m i c h hungert, e s hungert m i c h *ich habe Hunger* **2** ⟨400⟩ *(stets) nicht genügend zu essen haben, Hunger leiden;* viele Menschen in anderen Kontinenten müssen ~ **3** ⟨400⟩ *fasten, keine od. sehr wenig Nahrung zu sich nehmen;* sie hungert, um abzunehmen **4** ⟨800⟩ n a c h e t w a s ~ ⟨fig.⟩ *sich nach etwas heftig sehnen, verlangen;* nach Liebe, nach einem freundlichen Wort ~

'Hun·ger·streik ⟨m.⟩ *Verweigerung der Nahrungsaufnahme, um etwas zu erzwingen (bes. aus polit. Gründen);* in den ~ treten

'Hun·ger·tuch ⟨n.⟩ **1** ⟨bis zum 18. Jh.⟩ *Tuch mit bibl. Szenen, bes. aus der Passion Christi, das in der Fastenzeit vor den Altar od. Chor gehängt wurde* **1.1** am ~e nagen ⟨fig.⟩ *Hunger leiden, nichts zu essen haben*

'Hu·pe ⟨f.; -, -n⟩ *akust. Warnsignal der Kraftfahrzeuge;* Auto~

'hüp·fen ⟨V. 400(s.)⟩ **1** *sich in kleinen Sprüngen fortbewegen;* das kleine Mädchen hüpft auf einem Bein, hin und her, über die Pfützen; ein Hase ist über den Weg, zum Wald, durch das Gras gehüpft **2** ⟨650⟩ jmdm. hüpft das Herz vor Freude ⟨fig.⟩ *jmd. ist in freudiger Erregung* **3** ⟨umg.⟩ *schlecht tanzen, mehr springen*

'Hür·de ⟨f.; -, -n⟩ **1** *Hindernis (bes. beim Hürdenlauf);* eine ~ (im Sprung) nehmen **2** *tragbarer Zaun aus Flechtwerk für Viehweiden* **3** *von Flechtwerk umschlossener Raum, Weideplatz* **4** = *Horde*[1]; Obst~

'Hu·re ⟨f.; -, -n; abwertend⟩ **1** *weibl. Person, die geschlechtl. Beziehungen ohne innere Bindung zu häufig wechselnden Partnern hat* **2** *Frau, die der Prostitution nachgeht*

hur'ra ⟨a. ['--] Int.⟩ **1** *(Hochruf)* **2** *(Ruf beim Angriff)* **3** *(Jagdruf)*

Hu'sa·ren·streich ⟨m.⟩ *tollkühner Handstreich, geschickte u. wagemutige Tat*

husch ⟨Int.⟩ **1** *(Ruf, um kleine Tiere zu verscheuchen);* ~, hinaus mit dir! **2** *(Ruf, um Kinder anzutreiben);* ~, ~, ins Bett! **3** *(Ausdruck der schnellen u. lautlosen Bewegung);* und ~, weg war er

'hu·schen ⟨V. 411(s.)⟩ *sich schnell u. lautlos fortbewegen;* sie huschte durchs Zimmer; eine Libelle huschte übers Wasser; eine Eidechse huschte über den Weg

'hü·steln ⟨V. 400⟩ **1** *oft ein wenig husten* **2** *sich räuspern, leicht husten*

'hu·sten ⟨V.⟩ **1** ⟨400⟩ *über die Atemwege stoßweise u. geräuschvoll Luft ausstoßen;* er hustete während der ganzen Nacht **1.1** ⟨500⟩ e t w a s ~ *etwas beim Husten auswerfen;* Blut ~ **2** ⟨400⟩ der M o t o r hustet ⟨fig.; umg.⟩ *arbeitet unregelmäßig, stockt ab u. zu* **3** ⟨530⟩ jmdm. etwas, e i n s ~ *absichtlich nicht jmds. Wunsch, Vorstellungen entsprechend handeln* **3.1** ich werde dir eins ~! ⟨fig.; umg.⟩ *das könnte dir so passen!, ich denke nicht daran!*

'Hu·sten ⟨m.; -s, (selten) -⟩ *durch Reize auf die*

Atemwege ausgelöste, krampfhafte Stöße beim Ausatmen: Tussis; (den) ~ haben; ein trockener ~

Hut[1] ⟨m.; -(e)s, ¨e⟩ **1** *Kopfbedeckung meistens mit Krempe für Männer u. Frauen;* Damen~, Filz~, Stroh~, Herren~; den ~ ziehen, abnehmen (als Zeichen höflicher Begrüßung); an den ~ tippen (als angedeuteter Gruß); den ~ (vor jmdm.) abnehmen (als Gruß) **2** ⟨fig.⟩ **2.1** unter einen ~ bringen *in Übereinstimmung, Einklang bringen;* mehrere Sachen (Pläne, Vorhaben, Programmpunkte) unter einen ~ bringen **2.1.1** mehrere Leute unter einen ~ bringen *zu gemeinsamer Ansicht, gemeinsamem Handeln bringen* **2.2** das ist ein alter ~ *eine längst bekannte Sache, eine alte Geschichte* **2.3** ~ ab vor ihm, vor dieser Leistung! *vor ihm, davor muß man Respekt haben!* **2.4** da geht einem ja der ~ hoch! *da verliert man die Geduld, das ist ja empörend* **2.5** eins auf den ~ bekommen ⟨umg.⟩ *gerügt werden* **2.6** das kannst du dir an den ~ stekken! *das kannst du behalten, auf die Sache lege ich keinen Wert* **2.7** steig mir doch am (= auf den) ~! ⟨bair.⟩ *laß mich in Frieden!* **2.8** mit dem ~e in der Hand kommt man durch das ganze Land ⟨Sprichw.⟩ *Höflichkeit vermag viel, hilft jedem* **2.9** → a. *Spatz(1.2)* **3** *runder, hohler Gegenstand als Deckel* **4** *Gegenstand in Form eines Kegels od. Kegelstumpfes;* Finger~; Zucker~ **5** ⟨Bot.⟩ *Oberteil des Pilzes*

Hut[2] ⟨f.; -; unz.⟩ **1** *Obhut, Schutz, Geborgenheit;* jmdn. in guter ~, in jmds. ~ wissen; in guter, sicherer ~ sein **2** *Vorsicht* **2.1** (vor etwas od. jmdm.) auf der ~ sein *sich in acht nehmen, vorsichtig u. mißtrauisch sein* **3** ⟨mitteldt.⟩ *Weiderecht, Weideland* **4** *gehütetes Vieh*

'hü·ten ⟨V. 500⟩ **1** jmdn. od. etwas ~ *beaufsichtigen, bewachen;* Kinder ~; Vieh ~; etwas wie seinen Augapfel ~ ⟨geh.⟩ **1.1** → a. *Zunge(4.3.2)* **2** das Bett, das Haus, das Zimmer ~ *wegen Krankheit im B., zu H., im Z. bleiben müssen, das B., d. H., d. Z. nicht verlassen können* **3** ⟨505/R3⟩ sich (vor jmdm. od. etwas) ~ *sich in acht nehmen (vor jmdm. od. etwas);* hüte dich vor ihm!; sich vor Ansteckung, vor Erkältungen ~; hüte dich, daß du nicht ... **4** ⟨580/R3⟩ sich ~ eine Sache zu tun *eine S. mit Bedacht nicht tun, es vermeiden, sie zu tun* **4.1** ⟨als verneinende Antwort⟩ ich werde mich ~, es zu tun! *ich denke nicht daran, es zu tun!; auf keinen Fall!*

'Hut·schnur ⟨f.⟩ **1** *Schnur um den Hut* **1.1** das geht mir über die ~! ⟨fig.; umg.⟩ *das geht zu weit!*

'Hüt·te ⟨f.; -, -n⟩ **1** *kleines, mit einfachen Mitteln gebautes Haus (mit meist nur einem Raum);* Holz~, Lehm~; Raum ist in der kleinsten ~ für ein glücklich liebend Paar (Schiller, Der Jüngling am Bache) **1.1** ⟨umg.⟩ *alte baufällige Hütte(1) als ständige Unterkunft für arme Leute dienend;* in einer ~ leben müssen **1.1.1** welch Glanz in meiner (armen) ~! ⟨scherzh.⟩ *welch vornehmer, seltener Besuch!* **1.2** *im Wald od. in den Bergen liegende Hütte(1) für Sportler u. Bergbauern od. Förster;* Silvester auf einer ~ feiern; auf einer ~ übernachten; eine (Schi-)~ im Gebirge haben **2** ⟨Mar.⟩ *von Bord zu Bord reichender Aufbau auf dem hinteren Deck, der auch Wohnraum enthält* **3** ⟨Tech.⟩ *Hüttenwerk, industrielle Anlage zur Gewinnung u. teilweisen Weiterverarbeitung der nutzbaren Metalle od. zur Herstellung keramischer Produkte*

Hyä·ne ⟨[-'--] f.; -, -n⟩ **1** *Angehörige einer Familie der Raubtiere, nächtlich aktiver Aasfresser, die gelegentlich auch lebende Beute schlagen: Hyaenidae* **2** ⟨fig.⟩ *hemmungslos gieriger Mensch, Plünderer, Leichenfledderer* **2.1** *außer sich geratene, besinnungslos wütende Frau*

Hya'zin·the ⟨f.; -, -n⟩ *einer Gattung der Liliengewächse angehörendes Zwiebelgewächs mit in lockeren od. dichten Trauben stehenden, röhren- od. glockenförmigen Blüten: Hyacinthus*

Hy'drant ⟨m.; -en, -en⟩ *Wasserzapfstelle auf der Straße für die Feuerwehr*

hy'drau·lisch ⟨Adj. 24⟩ **1** *durch Flüssigkeiten betrieben* **1.1** ~e Bremse *B., der mittels einer Flüssigkeit Energie zugeführt wird* **1.2** ~es Getriebe, ~er Antrieb *G., A., bei dem eine Flüssigkeit die benötigte Energie überträgt* **1.3** ~e Förderung *F. von Bodenschätzen mittels Wassers* **1.4** ~er Widder *veraltete Maschine zum Heben von Wasser, wobei eine große, fließende Wassermasse mittels Staudrucks eine kleine Menge nach oben befördert* **2** *durch Anlagerung von Wasser entstanden* **2.1** ~e Bindemittel *B., die auch unter Wasser erhärten*

Hy·gie·ne ⟨[--'--] f.; -; unz.⟩ **1** *Gesundheitslehre* **2** *Gesundheitspflege* **3** *vorbeugende Medizin*

Hym·ne ⟨f.; -, -n⟩ *Lobgesang, feierl. Gedicht od. Gesangsstück weltl. Inhalts*

Hy'per·bel ⟨f.; -, -n⟩ **1** ⟨Geom.⟩ *unendliche ebene Kurve aus zwei getrennten Ästen, die aus allen den Punkten besteht, deren Abstände von zwei bestimmten Punkten eine konstante Differenz haben* **2** *sprachl., dichter. Übertreibung, z. B. der „Balken im Auge", oft um eine komische Wirkung zu erzielen*

Hyp'no·se ⟨f.; -, -n⟩ *durch Suggestion herbeigeführter Schlaf, in dem der Schlafende auf Befehl des Hypnotiseurs Handlungen ausführen kann*

Hy·po'the·se ⟨f.; -, -n⟩ **1** *unbewiesene Voraussetzung, Unterstellung* **2** *noch unbewiesene Annahme als Hilfsmittel für wissenschaftl. Erkenntnisse;* Sy *Theorie(3)*

Hy·ste'rie ⟨f.; -, -n⟩ *Zustand, in dem sich seelische Erregung durch körperliche Veränderungen od. Funktionsstörungen äußert*

I

ich ⟨Personalpron., 1. Person Sg.; Gen. mein(er), Dat. mir, Akk. mich⟩ **1** *(meine Person, der Sprecher selbst);* ich Unglückliche!; ~ komme; ~ bin es; hier bin ~! (als Antwort auf Ruf); ~ weiß nicht; ~ nicht!; sie erinnern sich meiner; er gab es mir; sie liebt mich nicht; das geht mich nichts an; laß mich in Ruhe!; für, ohne mich; vergiß mein nicht ⟨poet.⟩ **2** immer ~! *immer gibt man mir die Schuld, immer soll ich es tun* **3** mir brauchen Sie das nicht zu sagen! *ich weiß doch Bescheid* **4** mir ⟨als freies Satzglied, ohne von einem Verb formal gefordert zu sein⟩ *nach meiner Meinung, Ansicht, nach meinem Gefühl, Urteil* **4**.1 du bist mir der Rechte (dafür)! ⟨umg.; iron.⟩ *du bist am wenigsten dafür geeignet* **4**.2 er trödelt mir zu sehr *für meine Zwecke, nach meiner Meinung* **4**.3 und das (ausgerechnet) mir! ⟨umg.⟩ *ich kann es nicht begreifen, daß mir(1) so etwas passieren konnte* **4**.4 daß du mir aber auch rechtzeitig heimkommst! ⟨umg.⟩ *ich wünsche es* **5** mit mir kann er das nicht machen *ich lasse mir so etwas nicht gefallen* **6** mir nichts, dir nichts ⟨fig.⟩ *ohne weiteres, ohne Umstände, plötzlich, unversehens* **7** von mir aus ⟨umg.⟩ *meinetwegen, ich habe nichts dagegen* **8** wie du mir, so ~ dir ⟨Sprichw.⟩ *wie du zu mir bist, so bin ich zu dir, was du mir getan hast, tu ich dir auch* **9** von mir ⟨Ersatz für Gen.⟩ *mein;* ein Freund von mir

Ich ⟨n.; -(s), -(s)⟩ **1** *die eigene Person, das eigene Wesen, das eigene Innere u. Äußere;* sein eigenes ~ erforschen; mein ganzes ~; das liebe ~; er stellt immer sein wertes ~ in den Mittelpunkt ⟨iron.⟩ 1.1 ⟨Psych.⟩ *die grundlegende Struktur einer Person, die jmd. als mit sich identisch u. als Ursache des eigenen Handelns, Fühlens, Wollens empfindet* **2** mein anderes, besseres, zweites ~ *das Gewissen* 2.1 ⟨Psych.⟩ *die psychische Instanz, die zwischen der Außenwelt, den Trieben mit ihren Affekten u. dem Über-Ich (Gewissen) vermittelt*

ide'al ⟨Adj.⟩ **1** ⟨24⟩ *nur gedacht, nur in der Vorstellung existierend;* oV *ideell;* ~es Denken **2** *vollkommen, mustergültig;* ~e Ehe; ein ~er Reisegefährte; dieser Apparat ist einfach ~ **3** ⟨umg.⟩ *überaus schön, herrlich, wunderbar;* der See ist ~ zum Baden; ~es Wetter 3.1 eine ~e Landschaft ⟨Mal.⟩ *Darstellung einer harmon., meist bewaldeten sommerlichen L.*

Ide'al ⟨n.; -s, -e⟩ **1** *Inbegriff höchster Vollkommenheit, Mustergültiges, Leitgedanke;* einem ~ nachstreben **2** *erstrebenswertes Vorbild, Wunschbild;* ein ~ von einem Lehrer

Idea'lis·mus ⟨m.; -; unz.⟩ Ggs *Materialismus* **1** *durch sittliche, nicht materielle Ziele bestimmte Anschauung u. Verhaltensweise, Glaube an Ideale, nach Idealen ausgerichtete Lebensführung* **2** ⟨Philos.⟩ *Auffassung, daß es die Wirklichkeit nur als rein geistiges Sein gibt u. die Materie dessen Erscheinungsform ist* **3** ⟨fig.⟩ *opferfreudige Begeisterung*

Idee ⟨[-'-] f.; -, -n⟩ **1** *reiner Begriff;* die Lehre Platos von den ~n **2** *vorbildliche Urform;* die ~ einer Dichtung **3** *leitender Gedanke, Vorstellung;* politische ~n; für eine ~ eintreten, kämpfen, auf eine ~ verfallen 3.1 → a. *fix[1](1.1)* **4** *Einfall, Gedanke, Ahnung;* ich habe eine ~; hast du eine ~, wie man ...; du machst dir keine ~ davon, ...; das ist eine ~; glänzende, komische, gute, verrückte ~n; das ist gar keine schlechte ~; ein Plan nach seiner ~ **4**.1 keine ~! *keineswegs* **5** eine ~ Salz, Pfeffer zugeben *ganz wenig, eine Kleinigkeit, Spur*

ide'ell ⟨Adj. 24⟩ Ggs *materiell* = *ideal(1);* der ~e Gehalt eines Werkes (im Unterschied zum sachlichen, stofflichen Gehalt)

iden·ti·fi'zie·ren ⟨V. 500⟩ **1** jmdn. od. etwas ~ *feststellen, ob jmd. eine bestimmte Person od. etwas ein bestimmter Gegenstand ist* **2** Sachen ~ *als ein u. dieselben betrachten, einander gleichsetzen* **3** ⟨517/R3⟩ sich mit jmdm. od. etwas ~ *jmds. Anliegen od. etwas zu seiner Sache machen*

iden·tisch ⟨[-'--]; Adj. 24⟩ *übereinstimmend, völlig gleich, ein u. dasselbe;* es stellte sich heraus, daß X. Y. und N. Z. ~ sind

Ideo·lo'gie ⟨f.; -, -n⟩ **1** *die Gesamtheit der Anschauungen u. des Denkens einer bestimmten gesellschaftl. Schicht* **2** *polit. Theorie, Anschauung;* die ~ des Bürgertums, des Kapitalismus, des Kommunismus

Idi'ot ⟨m.; -en, -en⟩ **1** ⟨Med.⟩ *völlig bildungsunfähiger Schwachsinniger* **2** ⟨fig.; umg.⟩ *Dummkopf*

Idol ⟨[-'-] n.; -s, -e⟩ **1** *bildl. Darstellung einer (nichtchristl.) Gottheit* 1.1 *Idol(1) als Gegenstand der Verehrung* **2** ⟨fig.⟩ *innig geliebtes Wesen;* seine Frau ist sein ~

idyl·lisch ⟨[-'--]; Adj.⟩ **1** *ländlich-friedlich, beschaulich u. beglückend* **2** ⟨Lit.⟩ *das natürl. Leben einfacher Menschen schildernd, z. B. in der Hirtendichtung*

'Igel ⟨m.; -s, -⟩ **1** *ein kleines insektenfressendes Säugetier mit kurzgedrungenem Körper u. auf dem Rücken aufrichtbaren Stacheln: Erinaceus europaeus* 1.1 das paßt wie der ~ zum Handtuch, zur Türklinke *überhaupt nicht* **2** ⟨Mil.⟩ *kreisförmige Verteidigungsstellung im modernen Bewegungskrieg* **3** *Furchenegge zum Beseitigen von Unkraut* **4** ⟨fig.⟩ *mit Schokoladenguß überzogener u. Mandelsplittern besteckter Kuchen* **5** ⟨fig.⟩ *kratzbürstiger, unfreundl. Mensch*

igno'rie·ren ⟨V. 500⟩ jmdn. od. etwas ~ *absichtl. übersehen, unbeachtet lassen, keine Kenntnis nehmen von jmdm. od. etwas*

ihm ⟨Dat. von⟩ **1** *er* **2** *es[1]*

ihn ⟨Akk. von⟩ *er*

'ih·nen ⟨Dat. von⟩ *sie[2]*

'Ih·nen ⟨Dat. von⟩ *Sie[1]*

ihr[1] ⟨Personalpron., 2. Person Pl.; Gen. euer, Dat. u. Akk. euch; in Briefen Großschreibung; Pl. von⟩ *du(1);* habt ~ mich gesehen?; sie erbarmten sich euer; euch kann man nicht trauen; sie wollten euch sprechen

ihr[2] ⟨Dat. von⟩ *sie[1]*

ihr[3] ⟨Possessivpron. 3. Person Sg. f. 4⟩ → a. *mein (1.1-3.4)* **1** ~ Buch (usw.) *sie hat ein B. (usw.)* 1.1 *ihr gehörend, aus ihrem Eigentum od. Besitz* *stammend* 1.1.1 das Ihre *ihr Eigentum* 1.2 *mit ihr verwandt, bekannt, befreundet* 1.2.1 die Ihren *ihre (engen) Verwandten* 1.3 *einen Teil von ihr bildend* 1.4 *von ihr ausgehend, bei ihr Ursprung habend* 1.5 *ihr zukommend* 2 *eine Eigenschaft von ihr darstellend* 2.1 *ihr zur Gewohnheit geworden* 3 *von ihr getan* 3.1 *von ihr verursacht* 3.2 *von ihr vertreten, gerechtfertigt* 3.3 *ihr erwünscht* 3.4 *von ihr benutzt* 4 Ihre Durchlaucht, Hoheit, Magnifizenz, Majestät *(Teil des Titels von weibl. Adligen u. a. Würdenträgerinnen)*

ihr[4] ⟨Possessivpron. 3. Person Pl. 4⟩ → a. *mein (1.1-3.4)* 1 ~ Buch (usw.) *sie haben ein B. (usw.)* 1.1 *ihnen gehörend, aus ihrem Eigentum od. Besitz stammend* 1.1.1 das Ihre *ihr Eigentum* 1.2 *mit ihnen verwandt, bekannt, befreundet* 1.2.1 die Ihren *ihre (engen) Verwandten* 1.3 *einen Teil von Ihnen bildend* 1.4 *von ihnen ausgehend, bei ihnen Ursprung habend* 1.5 *ihnen zukommend* 2 *eine Eigenschaft von ihnen darstellend* 2.1 *ihnen zur Gewohnheit geworden* 3 *von ihnen getan* 3.1 *von ihnen verursacht* 3.2 *von ihnen vertreten, gerechtfertigt* 3.3 *ihnen erwünscht* 3.4 *von ihnen benutzt*

Ihr ⟨Possessivpron. 3. Person Pl. 4⟩ *(für die Anrede einer od. mehrerer nicht verwandter u. nicht befreundeter erwachsener Personen);* → a. *mein (1.1-3.4)* 1 ~ Buch (usw.) *Sie haben ein B. (usw.)* 1.1 *Ihnen gehörend, aus ihrem Eigentum od. Besitz stammend* 1.1.1 das ~e *Ihr Eigentum* 1.2 *mit Ihnen verwandt, bekannt, befreundet* 1.2.1 die ~en *Ihre (engen) Verwandten* 1.3 *einen Teil von Ihnen bildend* 1.4 *von Ihnen ausgehend, bei Ihnen Ursprung habend* 1.5 *Ihnen zukommend* 2 *eine Eigenschaft von Ihnen darstellend* 2.1 *Ihnen zur Gewohnheit geworden* 3 *von Ihnen getan* 3.1 *von Ihnen verursacht* 3.2 *von Ihnen vertreten, gerechtfertigt* 3.3 *Ihnen erwünscht* 3.4 *von Ihnen benutzt* 4 mit den besten Grüßen ~(e) ... *(Schlußformel in Briefen, weniger vertraulich als euer(4))*

'ih·rer ⟨Gen. von⟩ 1 *sie*[1] 2 *sie*[2]

'Ih·rer ⟨Gen. von⟩ *Sie*[1]

'ih·res·glei·chen ⟨Pronominaladv.⟩ 1 *eine Frau, eine Angelegenheit wie diese, Leute (Dinge) wie diese* 1.1 das ist eine Unverschämtheit, die ~ sucht *die man mit nichts vergleichen kann, die einmalig ist* 1.2 sie bleibt lieber unter ~ *unter Frauen ihres Standes, ihres Gesellschafts- od. Berufskreises*

'ih·ret·hal·ben ⟨Pronominaladv.⟩ = *ihretwegen*

'ih·ret·we·gen ⟨Pronominaladv.⟩ *um ihretwillen, ihr od. ihnen zuliebe;* Sy *ihrethalben;* ich habe es nur ~ getan

'il·le·gal ⟨Adj. 24⟩ *gesetzwidrig, ungesetzlich;* Ggs *legal;* ~e Handlungen, Organisationen

il·lu·mi'nie·ren ⟨V. 500⟩ 1 Räume, Bauwerke ~ *festl. erleuchten* 2 Stiche, Drucke ~ *ausmalen* 3 Manuskripte ~ *mit Buchmalereien verzieren*

Il·lu·si'on ⟨f.; -, -en⟩ 1 *trüger. Hoffnung, Selbsttäuschung, idealisierte, falsche Vorstellung von der Wirklichkeit;* jmdm. die ~en rauben; seine ~en verlieren; sich ~en über jmdn. oder eine Sache hingeben; darüber mache ich mir keine ~en 2 *Vortäuschung von räumlicher Tiefe auf Bildern, im Theater od. Film mit den Mitteln der Perspektive;* Raum~, Tiefen~ 3 *Täuschung durch ein Zauberkunststück* 4 *ein auf Täuschung(3) beruhendes Zauberkunststück*

Il·lu·stra·ti'on ⟨f.; -, -en⟩ 1 *Abbildung zu einem Text* 2 ⟨unz.⟩ *das Illustrieren, Illustrierung* 3 ⟨unz.⟩ *Veranschaulichung*

il·lu'strie·ren ⟨V. 500⟩ 1 Texte ~ *mit Illustrationen versehen, bebildern;* ein Buch ~; illustrierte Zeitschrift 2 Sachverhalte ~ *veranschaulichen, erläutern;* etwas durch Beispiele ~ 3 stell dir das einmal illustriert vor! ⟨iron.; umg.⟩ *bildlich, anschaulich*

im ⟨Präp. u. Art.⟩ = *in dem*

Imi·ta·ti'on ⟨f.; -, -en⟩ 1 *Nachahmung* 2 = *Fälschung(2)* 3 ⟨Mus.⟩ *Wiederholung eines Themas in gleicher (Kanon) od. anderer (Fuge) Tonhöhe*

'Im·ker ⟨m.; -s, -⟩ *Bienenzüchter*

'im·mer ⟨Adv.⟩ 1 *ständig, stets, jederzeit;* es ist ~ (wieder) dasselbe; ~ ich (soll es gewesen sein, soll alles tun)!; sie ist ~ fröhlich; hast du ~ so viel zu tun?; nein, nicht ~! 1.1 ~ mit der Ruhe! *nur ruhig* 1.1.1 nur ~ zu! *frisch ans Werk!* 1.2 ~ langsam! *nicht so schnell!* 2 ⟨mit Adj. im Komparativ⟩ *in zunehmendem Maße;* ~ mehr, weniger; ~ besser, schlechter, höher, tiefer; es wurde ~ kälter; eines ist ~ schöner als das andere 2 *jedesmal;* ~ zwei auf einmal, zusammen; das sagst du ~, und dann tust du es doch nicht; seine Leistungen werden ~ besser; ~, wenn ...; er fängt ~ an (Streit usw.) 2.1 er kommt ~ montags *jeden Montag* 2.2 ~ noch, noch ~ *bis jetzt, bisher ohne Unterbrechung* 3 *inzwischen;* fangen Sie ~ an! 4 für, auf ~ *ständig, endgültig;* sie mußten sich für ~, auf ~ damit abfinden, daß ... 4.1 die Augen für ~ schließen ⟨fig.⟩ *sterben* 5 ⟨mit Pron.⟩ 5.1 wer ~ *jeder(mann), der ...;* es ist uns jeder willkommen, wer ~ es auch sein mag; laß niemanden herein, wer (auch) ~ es sein mag 5.2 was ~ *alles, was ...;* was ~ er auch sagen mag, es ist erlogen 6 ⟨mit Adv.⟩ 6.1 wo ~ *überall, wo ...* 6.1.1 er denkt an sie, wo ~ er auch ist *wo er auch ist, überall* 6.2 wann ~ *jederzeit, wenn ...;* du kannst kommen, wann ~ du willst 6.3 wie ~ *auf jede Art und Weise, die ...;* ich halte zu dir, wie ~ es auch gehen mag 6.3.1 wie ~ *wie üblich, wie gehabt, wie sonst*

im·mer'dar ⟨Adv.⟩ *für immer, für ewig*

im·mer'fort ⟨Adv.⟩ *immerzu, ununterbrochen*

im·mer'hin ⟨Adv.⟩ 1 *wenigstens, jedenfalls;* ~ hat er doch einmal angerufen; es ist doch ~ ein Versuch 1.1 ~! *besser als nichts*

im·mer'wäh·rend ⟨a. ['----] Adj. 24⟩ *ununterbrochen, fortwährend, dauernd, ständig;* ~er Kalender

im·mer'zu ⟨Adv.; umg.⟩ *immerfort, dauernd, ständig*

im'mun ⟨Adj.⟩ 1 Diplomaten u. Parlamentsmitglieder sind ~ *genießen gesetzl. Schutz vor Strafverfolgung* 2 ⟨86⟩ jmd. ist ~ gegen *unempfänglich für;* ~ gegen Krankheitserreger, ungünstige Einflüsse 2.1 dagegen bin ich ~ ⟨fig.⟩ *das berührt, beeindruckt mich nicht, das kann mich nicht beeinflussen*

Im'pe·ri·um ⟨n.; -s, -rien⟩ *Weltmacht, Weltreich, bes. das röm. Weltreich*

'imp·fen ⟨V. 500⟩ **1** jmdn. od. ein Tier ~ *bei jmdm. od. einem T. eine Impfung(1) vornehmen* **2** eine Planze ~ ⟨Bot.⟩ *veredeln, pfropfen*

'Imp·fung ⟨f.; -, -en⟩ **1** ⟨Med.⟩ *das Einbringen von Impfstoff in den Körper eines Menschen, um Immunität gegen eine od. mehrere Krankheiten zu erzielen;* Schutz ~ **2** ⟨Biol.⟩ *Aufbringen von Mikroben od. Material, in dem man Mikroben vermutet, auf einen Nährboden od. auf einen lebenden Organismus zum Zwecke des Nachweises od. der Weiterzüchtung* **3** ⟨Landw.⟩ *Einbringen von Stickstoff erzeugenden Bakterien in den Boden;* Boden ~

im·po'nie·ren ⟨V. 600⟩ jmdm. ~ *großen Eindruck machen, Achtung od. Bewunderung einflößen*

Im'port ⟨m.; -(e)s, -e⟩ Ggs *Export* = *Einfuhr;* ~ von Waren, Dienstleistungen

'Im·po·tenz ⟨f.; -; unz.⟩ Ggs *Potenz(1)* **1** ~ des Mannes **1.1** *Unfähigkeit zum Geschlechtsverkehr: Impotentia coeundi* **1.2** *Unfruchtbarkeit des Mannes: Impotentia generandi* **2** ⟨fig.⟩ *Unvermögen, Schwäche*

im·prä'gnie·ren ⟨V. 505⟩ Stoffe, Werkstoffe ~ (gegen) *mit Chemikalien als Schutzmittel tränken, um sie gegen äußere Einflüsse widerstandsfähig zu machen;* Holz gegen Fäulnis ~; Gewebe ~, um sie wasserundurchlässig zu machen; imprägnierter Mantel

im·pro·vi'sie·ren ⟨[-v-] V.⟩ **1** ⟨500⟩ Handlungen ~ *ohne Vorbereitung tun* **1.1** literarische Darbietungen ~ *aus dem Stegreif vortragen* **2** ⟨400; Theat.⟩ *etwas sprechen, einfügen, was nicht in der Rolle steht*

im'stan·de ⟨Adv.⟩ **1** ~ sein, etwas zu tun *fähig sein, etwas zu tun, etwas vermögen, können;* er ist nicht ~, diese einfache Aufgabe zu lösen; dazu bin ich nicht ~ **1.1** er ist ~ und erzählt es allen weiter *er hat (wie zu fürchten ist) keine Hemmungen*

in ⟨Präp. mit Dat. auf die Frage „wo"?, mit Akk. auf die Frage „wohin"?⟩ **1** ⟨örtlich⟩ *an einer bestimmten Stelle, in Richtung auf;* ~ Berlin; ~ diesem Buche; ~ Deutschland; ~ der Ferne; ~ der Nähe; ~ eurer Mitte; ~s Theater gehen; im Wald, im Wasser; ~s Zimmer kommen **2** ⟨modal⟩ **2.1** *auf bestimmte Weise;* ~ Gold bezahlen; ~ aller Eile; jmdm. ~ aller Güte etwas sagen; ~ Liebe Deine X (als Briefschluß); im Mantel; im Schritt, Trab; ~ tiefer Trauer, Verzweiflung **2.2** *in bestimmtem Zustand, bei bestimmtem Verhalten;* im Begriff stehen zu; im Fluge; ~ Schweiß geraten; im Traum; tief ~ der Arbeit stecken; das Leben besteht nicht ~ Genuß; ~ Wahnsinn verfallen; ~ Erwägung ziehen; im großen und ganzen **2.3** ~ einem Fach *ein F. betreffend;* Nachhilfestunden ~ Mathematik **3** ⟨zeitlich⟩ *während eines Zeitraums, auf einen Zeitraum zu;* ~ den Ferien; im Frühling; im Jahre 1962; ~s sechzigste Jahr gehen; im vorigen Jahr; ~ der Nacht, bis ~ die Nacht; ~ zwei Stunden; ~ acht Tagen; ~ kurzer Zeit; bis ~ den Sommer hinein **4** *(Identität)* **4.1** ~ ihm haben wir viel gewonnen *daß wir ihn haben, ist ein Gewinn für uns* **4.2** du wirst ~ dem Buch einen guten Ratgeber finden *das Buch wird dir ein R. sein* **4.3** Vertrauen ~ jmdn. setzen *jmdm. Vertrauen entgegenbringen* **5** ⟨in festen präpositionalen Wendungen⟩ → a. *Anbetracht, Hinsicht, Hand(2.6.03, 2.8), Frage(3.4, 3.5), Wort*

'In·be·griff ⟨m.; -(e)s; unz.⟩ **1** *das Höchste, Musterfall;* sie ist der ~ des Schönen für mich **2** *Summe, Abstraktion der unter einen Begriff gefaßten Einzelheiten;* der ~ der Weisheit

'in·be·grif·fen ⟨Adj. 24/40⟩ *(mit) eingeschlossen, mitgerechnet, mitgezählt;* alles ~; Bedienung, Trinkgeld ist ~; Nebenkosten sind nicht ~

'In·brunst ⟨f.; -; unz.⟩ *innere Leidenschaft, alle Seelenkraft, leidenschaftl. Eifer;* mit ~ arbeiten, beten, flehen, Theater spielen

in'dem ⟨unterordnende Konj.⟩ **1** ⟨instrumental⟩ *dadurch, daß;* du kannst ihm eine Freude bereiten, ~ du ihn einmal besuchst **2** ⟨temporal⟩ *während;* ~ er dies sagte, klingelte es **3** ⟨oft fälschlich für⟩ *indessen(1)*

in'des ⟨Konj.⟩ = *indessen(2)*

in'des·sen ⟨Konj.⟩ **1** ⟨unterordnend, temporal⟩ *währenddessen, unterdessen, inzwischen;* ~ hatten sich alle erhoben; ich habe noch einiges zu erledigen, du kannst ~ schon das Essen vorbereiten **2** ⟨nebenordnend, adversativ⟩ *immerhin, allerdings, aber, doch;* Sy *indes;* wir hatten wenig erwartet, ~, wir wurden beschämt; etwas muß man ihm ~ zugute halten

'In·dex ⟨m.; - od. -es, -e od. -di·zes⟩ **1** *Namen-, Sach-, Stichwortverzeichnis, Register;* ein Wort im ~ nachschlagen **1.1** ⟨kurz für⟩ ~ librorum prohibitorum ⟨bis 1967⟩ *Verzeichnis der von der kath. Kirche verbotenen Schriften;* ein Buch auf den ~ setzen **2** *hoch- oder tiefgestellte Ziffer verschiedener Funktion, z. B. L_2,* K^3, 2^1 **3** *zur Verbesserung der Übersichtlichkeit von Statistiken meist mit 100 gleichgesetzte Zahl, auf die die übrigen Werte einer Reihe bezogen werden*

In·dia·ner ⟨[--'--]; m.; -s, -⟩ *Ureinwohner von Amerika (außer den Eskimos)*

'in·di·rekt ⟨Adj. 24⟩ Ggs *direkt(3)* **1** *auf Umwegen* **2** *mittelbar, abhängig* **2.1** ~e Beleuchtung *B. mit unsichtbarer (verdeckter) Lichtquelle* **2.2** ~er Druck ⟨Typ.⟩ *D. von einer Form mit seitenrichtigem Bild auf einen Gummizylinder, der das seitenverkehrte Motiv seitenrichtig auf den Druckträger überträgt* **2.3** ~e Rede ⟨Gramm.⟩ *nicht wörtl. R.* **2.4** ~e Steuer *vom Staat erhobener Aufschlag auf bestimmte Waren, z. B. Getränke-, Tabak-, Umsatz-, Vergnügungssteuer, Zölle* **2.5** ~e Wahl *W. des Abgeordneten durch Mittelspersonen* **2.6** ~er Beweis ⟨Logik⟩ *Widerlegung des Gegenteils eines Urteils, um dieses zu bestätigen*

in·di·vi·du'ell ⟨[-v-] Adj.⟩ **1** *das Individuum betreffend, zu ihm gehörig* **2** *eigentümlich, der Eigenart des einzelnen entsprechend, persönlich;* ~e Bedienung, Behandlung; das ist ~ verschieden

In·di·vi·du·um ⟨[-'vi:-] n.; -s, -du·en⟩ **1** *das Einzelwesen in seiner Besonderheit, im Verhältnis zur Gemeinschaft* **2** ⟨umg.; abwertend⟩ *unbekannte Person, Kerl, Lump;* ein verdächtiges ~

In'diz ⟨n.; -es, -zi·en⟩ **1** *eine Tatsache, die auf das Vorhandensein einer anderen schließen läßt* **1.1** ⟨Rechtsw.⟩ *Tatsache, die eine Straftat*

nicht unmittelbar erweist, aber auf diese schließen läßt

In·du'strie ⟨f.; -, -n⟩ **1** *Herstellung großer Mengen gleichartiger Waren mit techn. Mitteln u. auf Grund von Arbeitsteilung in Großbetrieben od. in Heimarbeit;* Fabrik ~; Heim ~; Haus ~ **2** *die Gesamtheit der Fabrikbetriebe;* Metall ~, Textil ~; chemische, einheimische, keramische, weiterverarbeitende ~

in·ein'an·der ⟨Adv.⟩ **1** *eins in das andere (hinein);* die bunten Bänder ~ flechten **2** *eins in dem anderen;* ~ aufgehen

'In·fan·te·rie ⟨f.; -, -n; früher; Abk.: Inf.⟩ *zu Fuß kämpfende Truppe, die den größten Teil eines Heeres ausmacht*

in·fan'til ⟨Adj.⟩ **1** *kindisch* **2** *zurückgeblieben, unentwickelt*

In'farkt ⟨m.; -(e)s, -e⟩ *durch Unterbrechung der Blutversorgung abgestorbenes Gewebe eines begrenzten Organteils;* Herz ~

In·fek·ti'on ⟨f.; -, -en⟩ *Ansteckung, Übertragung von Krankheitserregern*

in·fi'zie·ren ⟨V. 500/R7 od. R8⟩ jmdn. ~ *eine Infektion verursachen bei jmdm.;* Sy *anstekken(4);* er hat sich in der Schule infiziert; jmdn. mit der Cholera ~

In·fla·ti'on ⟨f.; -, -en⟩ *starke Ausweitung des Geldumlaufs ohne entsprechende Erhöhung der Produktion, verbunden mit Geldentwertung;* Ggs *Deflation*

in'fol·ge ⟨Präp. m. Gen.⟩ **1** ~ eines Geschehens, Zustandes *als Wirkung, Folge, Folgerung;* ~ eines Unfalls war die Straße gesperrt; ~ von Straßenglätte 1.1 ⟨bei stark gebeugten Subst. ohne Artikel im Sg. schwindet das Gen.-s häufig⟩; ~ Vertragsabschluß(es)

in·fol·ge'des·sen ⟨nebenordnende konsekutive Konj.⟩ *als Folge davon, daher, deshalb;* die Straße war wegen eines Unfalls gesperrt, ~ mußten wir einen Umweg machen

In·for·ma·ti'on ⟨f.; -, -en⟩ **1** *Auskunft, Nachricht, Aufklärung, Belehrung;* ~en ausgeben, austeilen, erteilen, weitergeben; ~en einholen, empfangen; ~en erhalten, sammeln; jmdm. eine ~ (über jmdn. od. etwas) geben **2** ⟨Kyb.⟩ *Einwirkung eines dynamischen Systems auf ein anderes, mit dem es gekoppelt ist, wobei Nachrichten über Zustände u. Vorgänge ausgetauscht werden;* genetische ~

In·ge·ni·eur ⟨[inʒen'jør] m.; -s, -e; Abk.: Ing.⟩ *Techniker mit Ausbildung an einer Hochschule od. Fachschule;* Diplom- ~ ⟨Abk.: Dipl.-Ing.⟩; graduierter ~ ⟨Abk.: Ing. grad.⟩

'In·ha·ber ⟨m.; -s, -; Abk.: Inh.⟩ **1** *jmd., der die Gewalt über eine Sache hat, ohne ihr Besitzer od. Eigentümer sein zu müssen;* der ~ einer Auszeichnung, eines Ordens, eines Rekordes 1.1 ~ eines Regiments ⟨veralt.⟩ *Gründer eines Regiments*

in·ha'lie·ren ⟨V. 500⟩ Dämpfe, Gase ~ *(zu Heilzwecken) einatmen*

'In·halt ⟨m.; -(e)s, -e⟩ **1** *das in etwas Enthaltene, Befindliche;* der ~ einer Ladung, einer Sendung 1.0.1 ~: leichtverderbliche Lebensmittel *enthält* 1.1 der ~ eines Behälters *das, was sich in einem B. befindet;* den ~ ausgießen, ausschütten, herausnehmen, wegwerfen; ~ eines Glases, Kastens, Paketes; der ~ einer Flasche, Konservendose, Tasche 1.2 der ~ beträgt fünf Liter *(etwas) enthält fünf L.* **2** ⟨fig.⟩ *Wesen und Bedeutung einer Sache, das Mitgeteilte, Dargebotene, Dargestellte;* den ~ eines Buches, eines Films, eines Theaterstückes erzählen; der ~ eines Begriffes, Briefes, Vortrags **3** *Sinn;* ein Leben ohne ~ **4** ⟨Math.⟩ *in Flächen- od. Raummaßen ausgedrückte Größe;* den ~ eines Gefäßes, Körpers berechnen

In·itia'ti·ve ⟨[-və] f.; -, -n⟩ **1** ⟨unz.⟩ *der erste Schritt zu einer Handlung;* die ~ ergreifen; auf jmds. ~ **2** ⟨unz.⟩ *Entschlußkraft, Unternehmungsgeist;* jmd. hat ~; durch jmds. ~ 2.1 *Fähigkeit, aus eigenem Antrieb zu handeln;* aus eigener ~ handeln **3** ⟨schweiz.⟩ *Volksbegehren* **4** *lockere Vereinigung von Personen zur Durchsetzung bestimmter Forderungen;* Schüler ~; Eltern ~; Bürger ~

'in·klu·si·ve ⟨[-və] Präp. mit Gen.; folgende Substantive ohne Artikel meist ohne -s des Gen.; Abk.: inkl.⟩ *einschließlich, eingeschlossen;* Ggs *exklusive;* ~ des Bearbeitungshonorars; ~ Trinkgeld

'In·land ⟨n.; -(e)s; unz.⟩ *das Innere eines Landes, Staatsgebiet innerhalb der Grenzen;* Ggs *Ausland*

in'mit·ten ⟨Präp. mit Gen.⟩ *mitten in, in der Mitte von;* ~ dieses Gebietes; ~ von Blumen

'in·ne|ha·ben ⟨V. 159/500; geh.⟩ ein Amt, eine Stellung ~ *bekleiden;* er hat das Amt des Bürgermeisters inne, innegehabt

'in·ne|hal·ten ⟨V. 160/400; ich halte inne, innegehalten, innezuhalten⟩ *aufhören, stocken, etwas unterbrechen;* er hielt im Sprechen inne

'in·nen ⟨Adv.⟩ *in einem Raum, drinnen;* Ggs *außen;* die Nuß war ~ faul, hohl; ~ und außen; nach ~ (hinein od. zu); von ~ her(aus)

'In·nen·le·ben ⟨n.; -s, -⟩ *das geistige u. seel. Leben des Menschen, seine Gedanken u. Gefühle, seel. Regungen, Seelenleben;* ein reiches ~ besitzen, haben

'In·nen·welt ⟨f.⟩ *die geistige, seel. Welt des Menschen, die Gesamtheit seiner Gedanken u. Gefühle*

'in·nere(r, -s) ⟨Adj. 70⟩ **1** *im Innern von etwas befindlich, innen stattfindend;* Ggs *äußere(r, -s)(1);* in der ~n Spur fahren zum Abbiegen; die ~n Äste eines Baumes 1.1 die ~ Stadt *das Zentrum der S.* 1.2 die ~n Angelegenheiten eines Staates *A., die nur die Bürger eines S., aber nicht andere S. betreffen* **2** *geistig, seelisch, im (eigenen) Wesen begründet;* es fehlt ihm an ~m Halt; einen ~n Konflikt, Zwiespalt haben; seiner innersten Überzeugung entsprechend 2.1 im innersten Herzen hoffen *mit der ganzen Kraft des Gemütes, zutiefst* 2.2 eine ~ Stimme warnte mich ⟨fig.⟩ *mein Instinkt* 2.3 ~ Reserven haben ⟨fig.⟩ *seelisch widerstandsfähig sein* 2.4 vor meinem ~n Auge stand ... ⟨fig.⟩ *im Geiste sah ich* **3** ⟨60; fig.⟩ 3.1 für den ~n Menschen etwas tun ⟨umg.; scherzh.⟩ *für das leibliche Wohl* 3.2 ~ Kolonisation *Maßnahmen zur Erschließung des eigenen Landes, die im Ausbau existierender bäuerlicher Siedlungen bestehen (die Urbarmachung, das Roden etc.)* 3.3 ~r Monolog ⟨Lit.⟩ *moderne Technik der Erzählung u. des Romans, die die bewußten und unbewußten Gedanken so wiedergibt, wie sie die handelnden Personen im Augenblick erleben und die damit die Identifikation von Leser und Romanheld zu erreichen sucht* 3.4 Innere

Mission (Abk.: I. M.) *evang. Vereinstätigkeit zur Hilfe von Bedürftigen aller Art u. Festigung der Gemeinden* **4** ~ Krankheiten (Med.) *alle Erkrankungen, die den ganzen Organismus in Mitleidenschaft ziehen u. deren Behandlung im allg. nicht chirurgisch ist* **4.0.1** Innere Medizin *Erkennung u. Behandlung der inneren Krankheiten* **4.0.2** Innere Abteilung, *Station, Abteilung eines Krankenhauses zur Behandlung innerer Krankheiten* **4.1** ~ Atmung *die Stoffwechselvorgänge, bei denen Stoffe unter Verwendung von Sauerstoff, der mit dem roten Blutfarbstoff herangebracht wurde, durch Oxydation abgebaut werden* **4.2** die ~n Organe *Eingeweide* **4.2.1** (i. w. S.) *alle Organe, die nicht der Stützung u. Fortbewegung des Körpers dienen* **4.2.2** (i. e. S.) *Eingeweide, die in den großen Körperhöhlen liegenden Organe* **4.3** ~ Sekretion *Absonderung von Stoffen (Hormonen) durch Drüsen ins Innere des Körpers, direkt ins Blut* **5** (Mil.) **5.1** auf der ~n Linie operieren *die kürzesten Verbindungen nutzen* **5.2** Innere Führung (in der Bundeswehr) *Gesamtheit der Maßnahmen, die zur Menschen- und Truppenführung angewandt werden* **6** ~ Spannung (Phys.) *S. innerhalb eines festen Körpers ohne äußere Beanspruchung*

'in·ner·halb (Präp. mit Gen., wenn dieser formal erkennbar ist) **1** ~ eines Raumes *im Inneren eines R.;* ~ des Gartens, des Hauses **2** ~ eines Zeitraumes *von Anfang u. Ende eines Z. begrenzt* **2.1** (häufig wird der Dat. Pl. verwendet, wenn der Gen. Pl. undeutlich ist; das ist bei stark deklinierten Subst. der Fall, bei denen kein Attribut den Gen. Pl. kennzeichnet); ~ zehn Jahren **2.2** (aber, mit gebeugtem Attr.); ~ dreier Jahre; ~ von drei Jahren **3** ~ einer Gegebenheit *soweit es eine G. zuläßt;* ~ eines Wissensgebietes; ~ des Möglichen

'in·ner·lich (Adj. 24) **1** *im Inneren befindlich, innen, ins Innere gelangend;* Ggs *äußerlich;* ~e Anwendung (einer Arznei); die Arznei ist ~ anzuwenden **1.1** ~ betroffen, erregt sein *im Innersten, zutiefst* **1.2** er lachte ~ *heimlich, für sich* **2** (fig.) *nach innen gerichtet, mit reichem Seelenleben, tief veranlagt;* sie ist ein sehr ~er Mensch

'in·ne|sein (V. 240/700(s.)) **1** *sich vor Augen halten, vergegenwärtigen;* ... so daß wir dessen bald inne waren **1.1** → a. *sein[3](1.9)*

'in·ne|wer·den (V. 285/700(s.)) **1** *gewahr werden, begreifen;* einer Sache ~ **1.1** → a. *werden(1.2)*

'in·nig (Adj.) **1** *herzlich, voller Zuneigung, liebreich, liebevoll, tief empfunden;* ~e Anteilnahme, Freude, Freundschaft, Liebe, Verehrung; mein ~es Beileid; eine ~e Freundschaft; ~sten Dank sagen; ~e Grüße!; es ist sein ~er Wunsch **2** (40 od. 60) *eng, unlösbar, aufs engste verbunden;* ~ befreundet sein **3** (50) *von Herzen, sehr;* jmdm. ~ zugetan sein; etwas aufs ~ste erhoffen, wünschen **3.1** ~ gerührt sein *sehr gerührt sein*

'In·nung (f.; -, -en) **1** *freiwillige Vereinigung selbständiger Handwerker;* Tischler~ **1.1** du blamierst die ganze ~! (umg.) *uns alle, die dazugehören*

ins (Präp. u. Artikel) = *in das*

'In·sas·se (m.; -n, -n) *Bewohner, jeder, der sich mit anderen gemeinsam in einem Gebäude, Verkehrsmittel u. ä. aufhält;* die ~n eines Altersheims, eines Dampfers, Flugzeugs, eines Gefängnisses, eines Mietshauses, eines Omnibusses

'In·schrift (f.) **1** *in Stein, Metall od. Holz gegrabene od. aus diesen herausgearbeitete Schrift;* ~en auf Denkmälern, Grabsteinen, über Haustüren, auf Münzen **2** *Aufschrift;* eine ~ auf dem Bilde

In'sekt (n.; -(e)s, -en) *Angehöriges einer Klasse der Gliederfüßer mit Tracheen u. meist scharfen Einkerbungen zwischen Kopf, Brust u. Hinterleib: Insecta, Hexapoda*

'In·sel (f.; -, -n) **1** *von Wasser umgebenes Landstück, das kleiner als ein Kontinent ist;* auf eine ~ verschlagen werden; auf einer ~ landen **1.1** → a. *grün(1.3)* **2** *Fläche, Raum innerhalb einer Umgebung von andersartiger Beschaffenheit* **2.1** *kleiner Platz für Fußgänger auf der Fahrbahn;* Verkehrs~ **2.2** die ~ der Seligen *das Elysium, das Paradies* **3** (fig.) *abgegrenzter Bezirk;* eine ~ der Ruhe inmitten allgemeinen Lärms od. überhasteten Lebens **4** *geograph. Raum, dessen Bewohner eine andere Sprache sprechen als die der umgebenden Landschaft;* Sprach~

In·se'rat (n.; -(e)s, -e) = *Anzeige(1)*

in'so·fern (Konj.) Sy *insoweit* **1** (nebenordnend, restriktiv, d. h. einschränkend) *was dies betrifft, bis zu diesem Punkt;* ~ hat er recht; ~ kannst du dich auf ihn verlassen **2** ([--'-]; unterordnend) *wenn, soweit(3);* er wird kommen, ~ es seine Zeit erlaubt; er hat recht, ~ er die Lage beurteilen kann **3** ([-'--] als Korrelat zu „als" im Vergleichssatz) *in dem Maß, Umfang;* er hat nur ~ recht, als er die Lage beurteilen kann

in·so'weit (a. [-'--] im hinweisenden Sinn; restriktive, d. h. einschränkende Konj.) = *insofern*

In·spek·ti'on (f.; -, -en) **1** *prüfende Besichtigung* **2** *Aufsicht, Überwachung* **3** *Prüf-, Aufsichtsstelle* **4** *Verwaltung, Behörde*

in·spi'zie·ren (V. 500) **1** etwas ~ *prüfen, prüfend besichtigen* **2** jmdn. ~ *überwachen, beaufsichtigen*

In·stal·la·ti'on[1] (f.; -, -en) *das Einrichten von techn. Anlagen (Wasser, Heizung, Gas, Elektrizität, Lüftung usw.) in Gebäuden*

In·stal·la·ti'on[2] (f.; -, -en) *Einweisung (von Geistlichen) in ein Amt*

in·stal'lie·ren[1] (V. 500) Anlagen ~ *einrichten, einbauen*

in·stal'lie·ren[2] (V. 500) Geistliche ~ *in ein kirchl. Amt einweisen*

in'stand (Adv.; nur in den Wendungen) **1** ~ halten *in gutem Zustand erhalten, pflegen;* Gebäude, Geräte, Grundstücke ~ halten; sie muß ihre Kleidung selbst ~ halten; sie hat ihre Kleidung schlecht ~ gehalten **2** etwas ~ setzen *ausbessern, wiederherstellen;* er muß die Wohnung auf eigene Kosten ~ setzen lassen **3** jmdn. ~ setzen, zu ... *in die Lage versetzen, ausrüsten, damit ...;* der Gewinn hat ihn ~ gesetzt, seine Schulden zu begleichen

'in·stän·dig (Adj.) *eindringlich, flehentlich;*

auf sein ~es Bitten hin; jmdn. ~ um etwas bitten

In'stanz ⟨f.; -, -en; Abk.: Inst.⟩ **1** *zuständige Behörde* **2** ⟨Rechtsw.⟩ *zuständige Stufe des gerichtl. Verfahrens;* eine Sache in erster, zweiter ~ entscheiden, verhandeln

In'stinkt ⟨m.; -(e)s, -e⟩ **1** *Naturtrieb, der Menschen u. Tiere auf bestimmte Umweltreize ohne Überlegung handeln läßt;* seinem ~ folgen, gehorchen; den ~ verlieren; etwas aus ~ tun **2** *unbewußter Antrieb;* ihr ~ bewahrte sie davor; damit werden die niedersten ~e wachgerufen, geweckt; mit mütterlichem, weiblichem ~ fühlte sie es; einen sicheren, untrüglichen ~ besitzen; diese Art Lektüre wendet sich an die niedersten ~e; sich auf seinen ~ verlassen können **3** *sicheres Gefühl, Ahnungsvermögen;* mit feinem ~ das Richtige treffen; sich von seinem ~ leiten lassen

In·sti'tut ⟨n.; -(e)s, -e⟩ *Anstalt, Einrichtung, die bes. der Ausbildung, Erziehung u. wissenschaftl. Arbeit dient*

In·struk·ti'on ⟨f.; -, -en⟩ **1** *Anweisung, Verhaltensmaßregel* **2** ⟨Mil.⟩ *Unterricht, Unterweisung*

In·stru'ment ⟨n.; -(e)s, -e⟩ **1** *Gerät, Werkzeug (bes. für wissenschaftl. Untersuchungen);* Meß~; chirurgische ~e 1.1 *Mittel;* ein ~ der Macht **2** *Musikinstrument;* ein ~ beherrschen, erlernen, spielen

in·sze'nie·ren ⟨V. 500⟩ **1** ein dramatisches Werk ~ ⟨Theat., Film, Fernsehen, Funk⟩ *in Szene setzen, die Aufführung techn. u. künstler. vorbereiten u. leiten* **2** einen Skandal ~ ⟨fig.⟩ *ins Werk setzen, hervorrufen*

in'takt ⟨Adj. 24⟩ *unbeschädigt, unversehrt, unberührt*

In·te·gra·ti'on ⟨f.; -, -en⟩ **1** *Herstellung eines Ganzen, Zusammenschluß, Vereinigung* **2** ⟨Math.⟩ *Berechnung des Integrals* **3** ⟨Wirtsch.⟩ *Zusammenschluß zu einer übernationalen Wirtschaftseinheit* **4** ⟨Politik⟩ *Abstimmung der Ziele (z. B. in der EWG, in der NATO) aufeinander* 4.1 europäische ~ *Zusammenarbeit europ. Staaten durch Bildung übernationaler Organe* **5** ⟨Sprachw.⟩ *Verschmelzung verschiedener Sprachen od. Mundarten zu einer gemeinsamen Schriftsprache*

In·tel'lekt ⟨m.; -(e)s; unz.⟩ *Verstand, Denkvermögen*

in·tel·lek·tu'ell ⟨Adj.⟩ **1** *den Intellekt betreffend, auf ihm beruhend* **2** *den Verstand, das Verstandesmäßige betonend, betont geistig*

in·tel·li'gent ⟨Adj.⟩ **1** *einsichtsvoll* **2** *schnell auffassend, klug, geistig begabt*

In·tel·li'genz ⟨f.; -, -en⟩ **1** *Einsicht* **2** *rasche Auffassungsgabe, Klugheit, geistige Begabung, Verstandeskraft* **3** ⟨unz.⟩ *Gesamtheit der geistig Schaffenden*

In·ten'dant ⟨m.; -en, -en⟩ **1** *militär. Verwaltungsbeamter, Vorsteher einer Intendantur* **2** *Leiter eines Theaters od. Rundfunksenders*

in·ten'siv ⟨Adj.⟩ **1** *stark, gewaltig, angespannt, angestrengt;* ~ arbeiten **2** *stark, kräftig;* ~e Wirkung **3** ~e Landwirtschaft *L. mit hoher Bodennutzung, hohem Aufwand u. Ertrag;* Ggs *extensive Landwirtschaft* **4** *tief, leuchtkräftig;* ~e Farben

in·ter..., **In·ter...** ⟨in Zus.⟩ *zwischen..., Zwischen...*

in·ter·es'sant ⟨Adj.⟩ **1** *Interesse weckend od. fordernd* 1.1 *beachtenswert, bedeutend, anregend;* ein ~er Mensch, Kopf **2** *aufschlußreich;* das ist mir ja sehr ~!; der Hinweis, ihre Mitteilung war sehr ~ **3** *fesselnd, spannend, unterhaltend;* ein ~es Buch, Theaterstück, Fernseh-, Hörspiel; ~ erzählen, plaudern; jetzt wird's erst ~ **4** *außergewöhnlich, eigenartig, auffällig;* sich ~ machen **5** ⟨kaufmannsspr.⟩ *vorteilhaft;* ein ~es Angebot; das Angebot ist nicht ~

In·ter'es·se ⟨n.; -s, -n⟩ **1** ⟨unz.⟩ *Aufmerksamkeit, Beachtung;* außerordentliches, großes, geringes, lebhaftes, offenkundiges, reges, wachsendes ~ **2** ⟨unz.⟩ *Anteilnahme, Wißbegierde;* ~ beweisen, erregen, erwecken, gewinnen, zeigen; ihr besonderes ~ gilt der modernen Malerei; ich habe kein ~ an diesem Konzert; etwas mit großem ~ verfolgen **3** *Wunsch, etwas zu tun, Neigung;* jmds. ~n entsprechen, förderlich sein; ich habe das ~ daran verloren; geistige, literarische, naturwissenschaftliche, sportliche ~n; etwas aus ~ tun; bei ihr überwiegt das ~ für Kammermusik **4** *Vorteil, Nutzen;* das ~ der Allgemeinheit, der breiten Masse, des Volkes, des Wählers; im ~ des Konsumenten, Kunden, des Verbrauchers; sollten unsere ~n in diesem Punkt auseinandergehen, so ...; wir wollen versuchen, die gegenseitigen ~n auszugleichen, zusammenzuführen; unsere ~n berühren sich, laufen parallel; jmds. ~n vernachlässigen; jmds. ~n vertreten, wahren, wahrnehmen; gegensätzliche ~n; er denkt nur an sein eigenes ~; er hat gegen das ~ seiner Firma gehandelt; in jmds. ~ handeln; es liegt in unser aller ~; es ist auch in deinem ~, daß du ... **5** *Sache, für die man eintritt, Belang, Wichtigkeit;* wir haben viele gemeinsame ~n; ich habe nicht das geringste, leiseste ~ daran; es geht hier um persönliche ~n; im ~ der Sache etwas tun; das ist für mich nicht von ~ **6** ⟨unz.; kaufmannsspr.⟩ *Nachfrage;* für diesen Artikel besteht kein, starkes, wenig ~; haben Sie ~ an einer Küchenmaschine? **7** ⟨nur Pl.⟩ ~n ⟨veralt.; kaufmannsspr.⟩ *Zinsen*

in·ter·es'sie·ren ⟨V.⟩ **1** ⟨505/R3⟩ sich (für jmdn. od. etwas) ~ *(für jmdn. od. etwas) Interesse zeigen, sich mit jmdm. od. etwas geistig beschäftigen, regen Anteil an jmdm. od. etwas nehmen;* sich für ein Buch, Theaterstück ~ 1.1 sich für alles ~ *wißbegierig u. allem gegenüber aufgeschlossen sein* 1.2 ein interessierter Student *ein geistig aufgeschlossener S.* 1.3 ⟨Part. Perf.⟩ interessiert ⟨veralt.⟩ *auf seinen Vorteil bedacht, eigennützig* **2** ⟨550⟩ jmdn. an einer, für eine Sache ~ *jmds. Interesse auf eine S. lenken* 2.1 interessiert sein an jmdm. od. etwas *Interesse für jmdn. od. etwas haben;* daran bin ich nicht interessiert **3** ⟨500⟩ jmdn. ~ *jmds. Interesse erregen, jmds. Anteilnahme wecken;* so etwas interessiert ihn nicht; das würde ihn (lebhaft) ~

in'tern ⟨Adj. 24⟩ **1** *im Innern befindlich, innerlich* 1.1 *Angelegenheiten innerhalb einer Gemeinschaft betreffend, nicht für Außenstehende bestimmt, vertraulich;* ~e Angelegenheit, Besprechung 1.2 *in einer Anstalt, einem Internat wohnend;* ~er Schüler

In·ter'nat ⟨n.; -(e)s, -e⟩ *meist höhere Lehran-*

stalt, deren Schüler(innen) in einem zur Schule gehörenden Heim wohnen u. verpflegt werden; Sy *Pensionat*

in·ter·na·tio'nal ⟨Adj.⟩ **1** *zwischen-, überstaatlich, nicht national begrenzt, mehrere Staaten bzw. Völker od. ihre Beziehungen zueinander betreffend;* Internationales Olympisches Komitee ⟨Abk.: IOK⟩ 1.1 Internationale Einheit ⟨Abk.: I. E.⟩ *durch internationale Vereinbarungen festgelegte Mengeneinheit für solche Arzneistoffe, die auf natürl. Wege aus Pflanzen, Organen usw. gewonnen werden (manche Antibiotika, Hormone usw.)*

in·ter'nie·ren ⟨V. 500⟩ Angehörige einer kriegführenden Macht im gegnerischen Land ~ *in Haft, staatl. Gewahrsam nehmen*

in·ter·pre'tie·ren ⟨V. 500⟩ **1** einen Text ~ *erklären, auslegen, deuten;* etwas sprachlich, sachlich, künstlerisch ~ **2** ein Musikstück ~ *künstlerisch wiedergeben u. dabei inhaltlich deuten*

In·ter·vall ⟨[-'val] n.; -s, -e⟩ **1** *Zwischenraum, Zwischenzeit, Abstand, Pause* **2** ⟨Mus.⟩ *Höhenunterschied zwischen zwei Tönen, die gleichzeitig od. nacheinander klingen*

in·ter·ve'nie·ren ⟨[-v-] V. 400⟩ *dazwischentreten, einschreiten, sich einmischen, vermitteln*

In·ter·view ⟨[-'vju:] od. ['---] n.; -s, -s⟩ *Befragung (meist bekannter Persönlichkeiten) durch Berichterstatter von Presse od. Rundfunk*

in'tim ⟨Adj.⟩ **1** *vertraut, eng verbunden, befreundet;* ein ~er Freundeskreis **2** *den Sexualbereich betreffend* **2** *gemütlich, mit privatem Charakter;* ein ~es Lokal, Eckchen; ~e Beleuchtung 2.1 mit jmdm. ~ sein, werden *geschlechtlich verkehren* **3** *vertraulich;* ~e Mitteilungen

In'tri·ge ⟨f.; -, -n⟩ *hinterlistige Handlung, Machenschaft*

In·tui·ti'on ⟨f.; -, -en⟩ **1** *Eingebung, unmittelbare Anschauung ohne wissenschaftl. Erkenntnis* **2** *Fähigkeit, verwickelte Vorgänge sofort richtig zu erfassen*

in·tui'tiv ⟨Adj.⟩ *auf Intuition beruhend, durch Intuition erfaßt*

in·va'li·de ⟨[-v-] Adj. 24⟩ *durch Krankheit, Unfall od. Kriegsverletzung arbeitsunfähig od. -behindert*

In·va'li·de ⟨[-v-] m.; -n, -n⟩ *durch Krankheit, Unfall od. Kriegsverletzung arbeitsunfähig gewordener od. bei der Ausübung seines Berufes behinderter Mensch;* Kriegs~

In·ven'tar ⟨[-v-] n.; -s, -e⟩ **1** *Verzeichnis der zu einem Raum, Haus, Grundstück gehörenden Gegenstände od. zu einem Betrieb, einer Vermögensmasse (z. B. Erbe) gehörenden Gegenstände, Vermögenswerte u. Schulden* **2** *die im Inventar(1) verzeichneten Gegenstände* **3** *Einrichtung, Bestand* 3.1 → a. *leben(6.4), tot(2.2)*

'in·wen·dig ⟨Adj.⟩ **1** *im Innern, an der Innenseite befindlich* 1.1 der ~e Mensch ⟨Spr. der Bibel⟩ *der innere M.* 1.2 ~ weiß er es, aber auswendig nicht ⟨umg.; scherzh.⟩ *er weiß es nicht* 1.3 etwas in- und auswendig kennen ⟨umg.⟩ *gründlich*

in·wie'fern ⟨unterordnende restriktive, d. h. einschränkende Konj.⟩ *in welcher Weise, wieso;* ich kann nicht sagen, ~ das eine besser sein soll als das andere

in·wie'weit ⟨unterordnende restriktive, d. h. einschränkende Konj.⟩ *in welchem Maße;* ich weiß nicht, ~ er recht hat

'In·zucht ⟨f.; -; unz.⟩ *Fortpflanzung unter nahe verwandten Lebewesen, beim Menschen unter engen Blutsverwandten*

in'zwi·schen ⟨Adv.⟩ *mittlerweile, unterdessen;* ~ war folgendes geschehen ...

Ion ⟨[i'o:n] od. ['jɔn] n.; -s, -en; [i'o:nən]; Phys.⟩ *elektr. geladenes Atom, Atomgruppe od. Molekül*

'ir·den ⟨Adj. 24/70⟩ *aus gebrannter Erde, gebranntem Ton bestehend, hergestellt;* ~es Geschirr

'ir·disch ⟨Adj. 24⟩ **1** *die Erde betreffend, zu ihr gehörig, auf ihr lebend;* ~e Gesteine, Lebewesen **2** ⟨fig.⟩ *zeitlich, weltlich, von dieser Welt seiend, diesseitig;* die ~en Dinge, Freuden; das ~e Dasein, Leben 2.1 der ~en Gerechtigkeit überantworten *der weltlichen Gerichtsbarkeit (im Gegensatz zur göttlichen)* 2.2 den Weg alles Irdischen gehen ⟨fig.⟩ *sterben, vergehen* **3** *sterblich;* die ~e Hülle des Verstorbenen

'ir·gend[1] ⟨Pron.; indeklinabel; nur attr.⟩ *eine Person od. Sache betreffend, die nicht weiter bezeichnet ist;* ~ jemand wollte dich sprechen; er hat ~ etwas gesagt; hast du ~ etwas zum Lesen für mich?; ~ etwas Unheimliches war im Gange; ~ so ein Kerl ⟨umg.⟩

'ir·gend[2] ⟨Adv.⟩ *auf eine nicht näher zu bezeichnende Weise, überhaupt;* wenn ich ~ kann, dann werde ich dir helfen; bitte komm, wenn es dir ~ möglich ist

'ir·gend... **1** ⟨in Zus. zur Bildung unbestimmter Pron.⟩; irgendein, -eine, -einer; irgendwelcher, -welche, -welches; aus irgendwelcher inneren, innerer Ursache; irgendwer **1.1** irgendwas ⟨umg.⟩ *irgend etwas* **2** ⟨in Zus. zur Bildung unbestimmter Adv.⟩; irgendeinmal; irgendwann; irgendwie; irgendwo; irgendwoher; irgendwohin; irgendworan

Iro'nie ⟨f.; -, -n⟩ **1** *hinter Ernst versteckter Spott, mit dem man das Gegenteil von dem ausdrückt, was man meint, seine wirkl. Meinung aber durchblicken läßt;* ~ fühlen, spüren lassen; beißende, überlegene ~; seine Rede steckte voller ~; jmdn. od. etwas mit ~ abfertigen, behandeln 1.1 → a. *romantisch(2.1)* **2** ~ des Schicksals ⟨fig.⟩ *zufälliges Ereignis, das dem erwarteten Verlauf überraschend widerspricht*

irr ⟨Adj.⟩ = *irre*

'ir·ra·tio·nal ⟨Adj.⟩ Ggs *rational* **1** *mit dem Verstand nicht erfaßbar* **2** *vernunftswidrig* **3** *unberechenbar* **4** ⟨24⟩ ~e Zahl ⟨Math.⟩ *Z., die weder eine ganze Zahl noch ein Quotient zweier ganzer Zahlen ist, z. B. Wurzel aus 2*

'ir·re ⟨Adj.⟩ oV *irr* **1** *irrsinnig, geistesgestört;* ~ sein, werden; er ist ~ (im Kopf); ich werde noch ~ vor Angst; ein ~r Blick traf mich; ~r Mut ⟨poet.⟩ 1.1 mit ~r Geschwindigkeit fahren ⟨umg.⟩ *unvernünftig schnell* **2** *unsicher, zweifelnd, verwirrt;* was er sagte, hat mich ganz ~ gemacht 2.0.1 der Redner wurde ~ *kam aus dem Konzept, verlor den Faden* 2.1 an jmdm. ~ werden *an jmdm. zweifeln*

'Ir·re ⟨f.; -; unz.⟩ *Weglosigkeit, falscher Weg, falsche Richtung;* in die ~ fahren, führen, gehen

'ir·re|füh·ren ⟨V. 500⟩ **1** jmdn. ~ *in die Irre führen, vom Ziel, vom Weg abbringen;* der Bergführer hatte sie irregeführt **2** ⟨R8⟩ jmdn. ~ ⟨fig.⟩ *täuschen;* dein Verhalten führt ihn irre; durch einen Trick des Kriminalschriftstellers werden die Leser irregeführt; sie ließ sich leicht ~; eine ~de Angabe, Auskunft, Darstellung

'ir·re|ge·hen ⟨V. 145/400(s.)⟩ **1** *in die Irre gehen, vom Weg, vom Ziel abkommen, sich verlaufen;* er ist irregegangen, obwohl ich ihm den Weg genau beschrieben habe **2** ⟨fig.⟩ *sich täuschen;* ihr geht irre in der Annahme, daß ...

'ir·re|ma·chen ⟨V. 500/R8⟩ **1** jmdn. ~ *beirren, verwirren, ablenken, aus der Fassung, aus dem Konzept bringen;* du hast mich völlig irregemacht **1.1** das macht mich an ihm irre *das läßt mich an ihm zweifeln*

'ir·ren ⟨V.⟩ **1** ⟨411⟩ *umherirren, umherschweifen, ohne Kenntnis der Richtung umherlaufen, -fahren;* durch den Wald ~; von einem Ort zum andern ~ **2** ⟨400; fig.⟩ *falscher Meinung sein, von der rechten Überzeugung abkommen;* du irrst; Irren ist menschlich ⟨Sprichw.⟩ **2.1** *auf dem falschen Weg sein, einen Irrtum begehen;* es irrt der Mensch, solang er strebt (Goethe, Faust, Prolog im Himmel) **3** ⟨500/R3⟩ sich ~ *sich täuschen, falscher Meinung sein;* sich im Datum, in der Zeit ~; wenn ich mich nicht irre, so kennen wir uns bereits; ich habe mich in der Hausnummer, Telephonnummer geirrt; ich kann mich auch ~; du mußt dich ~; ich habe mich gründlich in ihm geirrt **3.1** ⟨550⟩ sich in der Person ~ *die P. falsch einschätzen, beurteilen*

'Ir·re(r) ⟨f. 2 (m. 1)⟩ **1** *Geisteskranke(r);* diese(r) ~ ist gemeingefährlich **1.1** du armer ~r! ⟨umg.⟩ *(Beschimpfung)* **1.2** wie ein ~r fahren, laufen ⟨umg.⟩ *übermäßig schnell*

'Irr·gar·ten ⟨m.⟩ *Garten od. große Höhle mit vielfach ineinander verschlungenen, unübersichtl. Wegen;* Sy *Labyrinth;* sich im ~ verlaufen

ir·ri'tie·ren ⟨V. 500⟩ jmdn. od. ein Tier ~ **1** *reizen, erregen* **2** *ärgern, erzürnen* **3** *stören* **4** ⟨umg.⟩ *irremachen, verwirren, ablenken, beunruhigen*

'Irr·tum ⟨m.; -(e)s, ¨er⟩ **1** *falsche, fehlerhafte Beurteilung einer Sache, Sachlage;* das muß auf einem ~ beruhen; diesen ~ mußte er teuer bezahlen; das Ganze lief auf einen ~ hinaus **1.0.1** einen ~ einsehen, herausfinden, richtigstellen *einsehen, herausfinden, richtigstellen, daß es sich um eine falsche Beurteilung der Sache handelt* **1.0.2** ein großer, kleiner, schwerer, verhängnisvoller, verzeihlicher ~ *eine falsche Beurteilung einer Sache, die große usw. Konsequenzen hat, verzeihlich ist* **1.0.3** einem ~ unterliegen *eine Sache falsch beurteilen* **1.1** *Verhalten od. Resultat, das sich auf Grund der falschen Beurteilung ergibt, Täuschung, Versehen;* es war ein ~ von mir; ~ vorbehalten! (Aufdruck auf Rechnungen) ⟨kaufmannsspr.⟩ **1.1.1** einen ~ begehen *sich auf Grund einer falschen Beurteilung falsch verhalten* **1.1.2** da sind Sie im ~! *da täuschen Sie sich!* **1.1.3** im ~ sein, sich im ~ befinden *sich täuschen;* Sie befinden sich im ~, wenn Sie annehmen ...

Iso·la·ti'on ⟨f.; -, -en⟩ **1** *das Isolieren(1);* ~ von Geisteskranken, Häftlingen **1.1** *Vereinzelung, Vereinsamung* **2** *das Isolieren(2);* ~ gegen elektrischen Strom **2.1** *Gegenstand, Vorrichtung zum Isolieren(2)*

Iso'la·tor ⟨m.; -s, -'to·ren⟩ **1** *Stoff, Gegenstand zum Isolieren(2)* **1.1** *elektrisch nicht leitender Stoff, Gegenstand*

iso'lie·ren ⟨V. ⟩ **1** ⟨500⟩ jmdn. ~ = *absondern(1);* Kranke, Häftlinge ~; jmd. ist politisch isoliert **2** ⟨505⟩ Gegenstände (gegen Feuchtigkeit, Luft, Wärme, Kälte od. Elektrizität) ~ *abdichten, undurchlässig machen* **3** ⟨400⟩ ~de Sprachen *S., die endungslose Wörter verwenden, keine Formenbildung kennen u. die Beziehungen der Wörter zueinander im Satz nur durch die Wortstellung ausdrücken, z. B. das Chinesische;* Sy *amorphe Sprachen*

J

ja[1] ⟨Partikel der Affirmation⟩ Ggs *nein* **1** *(zustimmende Antwort);* gefällt dir das?, ~!; ich glaube, ~!; er sagt „vielleicht" und meint doch „~"; sag doch ~!; ach ~!; ~ doch!; ~ freilich!; warst du dabei? ~ oder nein!; er nicht, ich ~!; o ~!; aber ~! **2** ~ sagen *zustimmen;* dazu kann ich nur ~ sagen 2.1 zu allem ~ und amen sagen *immer zustimmen, sich mit allem einverstanden erklären* **3** ~ und nein! *es stimmt u. stimmt auch nicht, wie man's nimmt*

ja[2] ⟨Adv.⟩ **1** ⟨betont⟩ **1.1** *unbedingt, auf jeden Fall;* besuchen Sie mich ~, wenn Sie wieder hier sind; damit es nur ~ alle sehen; sei ~ still! (als Drohung); seien Sie ~ vorsichtig! 1.1.1 tu das ~ nicht! *keinesfalls* 1.2 *sogar, geradezu;* er hat sie sehr geschätzt, ~ bewundert; ~, es gibt sogar Leute, die ...; ~ sogar der König; das ist schwer, ~ unmöglich 1.2.1 nun ~ *einschränkend ist zu sagen ...;* nun ~, es ist eben nicht zu ändern! **2** ⟨unbetont⟩ *aber, doch;* ~, hör mal!; ~, wenn ich das gewußt hätte!; ich habe ~ gar nichts gesagt!; das ist ~ gar nicht wahr!; das ist ~ nicht schlimm; das ist ~ schrecklich!; das ist ~ großartig!; da ist er ~!; du weißt ~, daß ... 2.1 ~ so! *ach so!, so ist das!* 2.2 ich sag's ~! *also doch!, ich wußte es doch!* 2.3 na ~! *meinetwegen!, ich will nichts dagegen sagen!;* ist das nicht herrlich? Na ~, so besonders gefällt es mir eigentlich nicht!

Ja ⟨n.; -, - od. (selten) -s⟩ *bejahende, zustimmende Antwort;* ein einstimmiges, lautes, leises ~ war die Antwort; nur mit ~ oder Nein antworten; mit ~ stimmen; eine Frage mit ~ beantworten; (bei der Trauung) das ~ sprechen

Jacht ⟨f.; -, -en⟩ *leichtes, schnelles Schiff (bes. Segelschiff) für Sport- u. Vergnügungszwecke*

'**Jacke** ⟨-k·k-; f.; -, -n⟩ **1** *bis zur Hüfte reichendes, vorne zu öffnendes Oberbekleidungsstück für Männer u. Frauen;* Kostüm~; Strick~; Unter~; Woll~ 1.1 jmdm. die ~ vollhauen ⟨fig.; umg.⟩ *jmdn. verprügeln* 1.2 jmdm. die ~ vollügen ⟨fig.; umg.⟩ *jmdn. frech belügen* 1.3 das ist ~ wie Hose ⟨umg.⟩ *das ist ganz gleich, das kommt auf dasselbe heraus*

Jagd ⟨f.; -, -en⟩ **1** *Erlegen von Wild nach dem Jagdrecht u. -brauch;* Hetz~, Hoch~, Nieder~, Treib~; auf die ~ gehen **2** *Veranstaltung zum Zweck des Jagens;* die ~ geht auf **3** *Wildbestand eines Jagdreviers* **4** ⟨kurz für⟩ *Jagdrevier;* eine ~ pachten **5** ⟨fig.⟩ *Verfolgung, Hetze;* Verbrecher~ 5.1 auf jmdn. ~ machen *jmdn. verfolgen* **6** *heftiges Bemühen, etwas zu erlangen;* die ~ nach Geld, nach dem Glück; eine wilde ~ nach dem besten Platz 6.1 auf etwas ~ machen ⟨fig.⟩ *etwas mit allen Mitteln zu erlangen suchen, heftig erstreben*

'**ja·gen** ⟨V.⟩ **1** ⟨500/R8⟩ ein Lebewesen ~ *schnell verfolgen, treiben, hetzen, zu fangen od. zu erlegen versuchen;* die Kinder, Hunde ~ einander, sich; Hasen, Enten, Rebhühner ~; jmdn. in die Flucht ~; jmdn. od. ein Tier zu Tode ~; wie gejagt davonrennen 1.1 ⟨511⟩ jmdn. od. ein Lebewesen aus etwas ~ *aus etwas vertreiben;* jmdn. aus dem Hause ~; er hat seine Tochter aus dem Hause gejagt 1.2 ⟨511⟩ jmdn. in etwas ~ *treiben* 1.2.1 jmdn. in den Tod ~ *an jmds. Tod schuldig sein* 1.3 ⟨516 m. Modalverb⟩ damit kannst du mich ~! *das tue, esse ich nicht gerne* **2** ein Ereignis jagt das andere ⟨fig.⟩ *die Ereignisse folgen in kurzen Abständen aufeinander;* ein Unglück jagte das andere **3** ⟨400(s.); fig.⟩ *sich rasch bewegen, gehetzt laufen;* die Wolken jagten am Himmel ⟨poet.⟩ 3.1 ~der Puls *stark beschleunigter P.* **4** ⟨511 od. 531/R1⟩ (sich) etwas durch, in den Körper ~ *etwas rasch od. wiederholt durch, in den Körper stoßen, in den Körper dringen lassen;* jmdm. den Degen durch den Leib ~; sich eine Kugel durch den Kopf ~ 4.1 sein Geld durch die Gurgel, Kehle ~ *vertrinken* **5** ⟨400⟩ *auf die Jagd gehen, Jagd betreiben, auf der Jagd sein;* in gewissen Gegenden darf man nicht während des ganzen Jahres ~ **6** ⟨800⟩ nach etwas ~ ⟨fig.⟩ *etwas unbedingt zu erlangen suchen;* nach Geld, Genuß, Orden, Ruhm ~

jäh ⟨Adj.⟩ **1** *hastig, plötzlich, überraschend, unerwartet, schnell u. heftig;* eine ~e Bewegung; ein ~er Schmerz, Schrecken, Tod; ein ~er Sprung, Sturz; ~ aufspringen, davonstürzen; ~ überfiel mich die Angst, Furcht, Müdigkeit, Reue **2** ⟨90⟩ *steil, abschüssig;* ein ~er Abgrund

Jahr ⟨n.; -(e)s, -e⟩ **1** *Zeitraum eines Umlaufs der Erde um die Sonne, Zeitraum von 365 Tagen;* Kalender~, Sonnen~; Geschäfts~; Studien~; Kirchen~; die ~e gehen, fliegen dahin; dieses, nächstes, voriges ~; das ~ neigte sich seinem Ende zu; seit drei ~en; ein halbes ~; jmdm. ein gesundes, glückliches, gutes neues ~ wünschen; ein dürres, fruchtbares, gutes, nasses, schlechtes, sonnen- od. regenreiches, trockenes ~; noch nach ~en, vor ~en; einmal im ~e 1.1 ~ für ~ *alljährlich;* wir fahren ~ für ~ im Sommer an die See 1.2 ~ und Tag *sehr langer Zeitraum;* seit ~ und Tag, vor ~ und Tag **2** *Zeitraum vom 1. Januar bis 31. Dezember;* im ~e 1600; das ~ 1975 2.1 in den achtziger (80er) Jahren des 19. Jahrhunderts *zwischen 1880 und 1889* **3** *Anzahl der Jahre(1) von der Geburt an gerechnet, Lebensjahre;* 40 ~e alt sein; er ist noch jung an ~en; ein Kind von zehn ~en; Kinder unter 14 ~en zahlen die Hälfte; er hat 80 ~e auf dem Buckel ⟨fig.; umg.⟩ 3.1 er hat noch nicht die ~e dazu *er ist noch nicht alt genug dazu* 3.2 ein Mann in seinen ~en *in seinem Alter* 3.3 in die ~e kommen *allmählich alt werden, ein fortgeschrittenes Alter erreichen;* er kommt nun in die ~e 3.4 schon bei ~en sein *nicht mehr jung sein, schon in fortgeschrittenem Alter sein*

'**Jahr·buch** ⟨n.⟩ **1** *von Gesellschaften, Bibliotheken, Instituten u. ä. herausgegebenes, meist (ganz)jährlich erscheinendes Buch mit Aufsätzen, Forschungsberichten, Bibliographien usw. über ein Wissensgebiet;* Goethe~, musikalisches ~ 1.1 *statist. Kalender*

'**jäh·ren** ⟨V. 500/R3⟩ **1** ein Ereignis jährt sich *ist vor einem Jahr geschehen* 1.1 ⟨510⟩

sich zum fünften Male ~ *vor genau fünf Jahren geschehen sein* **2** der Tag eines Ereignisses jährt sich *hat jährl. Wiederkehr;* der Tag jährt sich jetzt bald, an dem das Unglück geschehen ist; sein Geburtstag jährt sich heuer zum 40. Male

'Jah·res·frist ⟨f.⟩ *Ablauf eines ganzen Jahres;* binnen ~; nach ~

'Jah·res·tag ⟨m.⟩ *jährl. wiederkehrender Gedenktag*

'Jah·res·zahl ⟨f.⟩ *Nummer des Jahres in der Zeitrechnung, bes. eines Jahres mit histor. Ereignissen;* sich ~en gut, schlecht merken können

'Jah·res·zeit ⟨f.⟩ *jeder der vier Zeitabschnitte des Jahres (Frühling, Sommer Herbst u. Winter);* die kalte, warme ~; im Wechsel der ~en

'Jahr·gang ⟨m.⟩ **1** *alles im gleichen Jahr Hervorgebrachte, Erschienene, Geerntete;* zehn Jahrgänge einer Zeitschrift; der ~ 1963 einer Zeitschrift; ein guter, schlechter ~ (von Weinen) **1.1** *alle im gleichen Jahr Geborenen;* Rekruten ~; wir sind beide ~ 1930; jetzt wird der ~ 1935 einberufen

Jahr'hun·dert ⟨n.⟩ **1** *Zeitraum von 100 Jahren;* zwei, drei ~e **1.1** er ist der Mann des ~s *der bedeutendste M. der letzten hundert Jahre, eine epochemachende Persönlichkeit* **1.2** 20. ~ *Zeitraum von 1900 bis 1999* **1.3** nach ~en *mehrere hundert Jahre später*

...jäh·rig ⟨Adj. 24⟩ *eine bestimmte Zahl von Jahren alt od. dauernd;* dreijährig

'jähr·lich ⟨Adj. 24/90⟩ **1** *jedes Jahr (sich wiederholend), im Abstand von jeweils einem Jahr;* die Tagung findet ~ statt; ~e Kosten; ~er Urlaub; in dieser Buchreihe kommen ~ drei neue Bände heraus; einmal, zweimal ~ **2** *für den Zeitraum eines Jahres bestimmt, nötig;* ein ~er Beitrag

'Jahr·markt ⟨m.⟩ *(zu bestimmten Zeiten) jährl. stattfindender Markt mit Karussells, Schaustellungen usw.;* Sy *Messe(3.1);* etwas auf dem ~ kaufen

Jahr'zehnt ⟨n.; -(e)s, -e⟩ *Zeitraum von zehn Jahren*

'Jam·mer ⟨m.; -s; unz.⟩ **1** *laute Klage;* lauter ~ erfüllte das Dorf **2** *schmerzl., bedauerl. Zustand, Elend, Unglück;* er bot ein Bild des ~s; es ist ein ~, zu sehen, wie ... **2.1** es wäre ein ~, wenn du das nicht tätest *sehr schade* **3** *Kummer, Verzweiflung;* es herrschte großer ~

'jäm·mer·lich ⟨Adj.⟩ **1** *elend, erbärmlich, abgemagert, zerlumpt;* eine ~e Person, Gestalt **2** *kläglich;* ein ~es Geschrei, Weinen; ~ schreien **3** *beklagenswert;* er mußte einen ~en Tod erleiden **3.1** jmdn. ~ verprügeln *sehr* **4** *kümmerlich, sehr arm;* ein ~es Leben; eine ~e Behausung **5** *verächtlich, feig;* er legte ein ~es Verhalten an den Tag

'jam·mern ⟨V.⟩ **1** ⟨414⟩ (über, wegen etwas) ~ **1.1** *laut klagen, wehklagen, kläglich schreien;* es erhob sich ein großes Jammern **1.2** *sich laut, anhaltend od. übertrieben über etwas beklagen;* sie muß immer ~ **2** ⟨800⟩ nach etwas od. jmdm. ~ *kläglich verlangen;* das Kind jammerte nach der Mutter **3** ⟨800⟩ um etwas ~ *den Verlust von etwas laut, anhaltend, übertrieben betrauern;* er jammerte um seinen entlaufenen Hund **4** ⟨500⟩ jmdn. ~ *jmds. Mitleid, Erbarmen erregen;* er jammert mich **4.1** ⟨501⟩ es kann einen ~, es jammert einen, wenn man sieht, wie ... *man fühlt Mitleid, Erbarmen*

'jam·mer·scha·de ⟨Adv.⟩ *sehr schade, sehr bedauerlich*

'Ja·nu·ar ⟨m.; - od. -s, -e⟩ *der 1. Monat im Jahr*

Jar·gon ⟨[ʒar'gɔ̃] m.; -s, -s⟩ *(oft derbe) Ausdrucksweise bestimmter sozialer od. berufl. Gesellschaftskreise innerhalb einer Sprache;* Schüler ~

'jä·ten ⟨V. 500⟩ Unkraut ~ *mit der Hand herausziehen, entfernen*

'Jau·che ⟨f.; -, -n⟩ **1** *flüssiger Dünger aus vergärten menschl. od. tier. Ausscheidungen;* ~ auf das Feld fahren **2** *flüssige, faulige Absonderung aus Geschwüren;* eitrige ~ **3** ⟨umg.⟩ *schmutziges, übelriechendes Wasser*

'jauch·zen ⟨V. 400⟩ **1** *jubeln, einen Jubelruf ausstoßen;* vor Freude, Begeisterung ~ **2** *fröhlich, hell schreien;* er hielt den ~den Säugling im Arm

'jau·len ⟨V. 400⟩ *laut winseln, heulen, klagen;* ~d lag der Hund an der Kette

ja'wohl ⟨Adv.; verstärkend⟩ *ja*

'Ja·wort ⟨n.; -(e)s, -e⟩ *Zustimmung zur Heirat (vom Mädchen);* einem Mann das ~ geben; von einem Mädchen das ~ erhalten

Jazz ⟨a. [dʒæs] m.; -; unz.⟩ *aus geistl. Gesängen, Arbeits- u. Tanzliedern nordamerikan. Neger hervorgegangener Musizierstil, gekennzeichnet durch starke Synkopierung u. Improvisation*

je[1] ⟨Adv.⟩ **1** *jemals, irgendwann (einmal);* wer hätte das ~ gedacht!; hast du ~ davon gehört, daß ...; dies ist die schönste Stadt, die ich ~ gesehen habe; mehr als ~ zuvor; es ist schlimmer denn ~ **1.1** seit eh und ~ *schon immer, seit sehr langer Zeit* **1.2** ~ und ~ **1.2.1** immer **1.2.2** *von Zeit zu Zeit, bisweilen* **2** ~ nach ... *entsprechend, gemessen an ...;* ~ nach Größe; ~ nach den Umständen **2.1** ~ nachdem! (als Antwort) *das kommt darauf an;* wann kommst du? ~ nachdem, wann ich fertig bin

je[2] ⟨Indefinitpron.; indeklinabel; zur Bez. von Distributivzahlen⟩ **1** ⟨vor Zahlen⟩ **1.1** *jedesmal, zugleich;* ~ einer; ~ zwei, drei **1.2** *für jede(n, -s);* er gab ihnen ~ fünf Mark; 40 Mark ~ Kopf der Bevölkerung; ~ Person zehn Stück

je[3] ⟨Konj. vor Komparativ⟩ *im selben Maße wie ...;* ~ eher, desto, um so besser; ~ älter er wird, um so vernünftiger wird er auch; man weiß das Geld um so mehr zu schätzen, ~ weniger man davon hat

je[4] ⟨Adv.⟩ ~ nun *ja, also;* ~ nun, dann wollen wir's eben versuchen! ⟨abschwächend⟩; ~ nun, so einfach ist das nicht ⟨einschränkend, ablehnend⟩

je[5] ⟨Int.⟩ **1** ach ~!, o ~! *(Ausruf des Bedauerns)* **2** o ~! *(Ausruf des Schreckens)*

'je·den·falls ⟨Adv.⟩ **1** *also, wie erwähnt, wie vereinbart;* ich rufe ~ morgen an, dann besprechen wir das Weitere **2** ⟨anknüpfend⟩ *wie dem auch sei;* das weiß ich nicht, ~ hat er nichts davon gesagt; ob er nun kommt oder nicht, ich bleibe ~ zu Hause

'je·de(r, -s) ⟨Indefinitpron.; attr. u. substantivisch⟩ **1** *der (die, das) einzelne aus einer Menge in ihrer Gesamtheit;* Ggs *kein, niemand;* ~r, der kommt; ~ der Frauen; ~s der Kinder hat sein eigenes Zimmer; ich habe ~n gefragt, der vorbeiging; hier darf ~r herein; das kann ~r machen, wie er will; ein ~r; ~r für sich; ~r von uns; er gab ~m von ihnen fünf Mark; ~r Fehler kann hier gefährlich werden; ~r Mann, ~e Frau, ~s Kind; ~n Sonntag; ~r zweite, dritte; ~r beliebige; in ~r Hinsicht; zu ~r Zeit 1.0.1 ~s Mal = *jedesmal* **2** alles und ~s (verstärkend) *alles* **2.1** ich komme auf ~n Fall *unter allen Umständen* **2.2** er kann ~n Augenblick kommen (umg.) *im nächsten A., gleich* **2.3** er kommt ~n Monat, ~ Woche (umg.) *einmal im Monat, in der Woche* **2.4** ohne ~ Anstrengung (umg.) *ohne die geringste A.* **2.5** ~m das Seine *ein Mensch bekommt den Lohn, der ihm gebührt*

'je·der·mann (Indefinitpron.) **1** *jeder* **1.1** (umg.) *alle Leute;* man kann nicht ~s Freund sein; er ist höflich gegen ~

'je·des·mal (Adv.) **1** *jedes einzelne Mal, bei jedem Mal;* er war ~ verreist, wenn ich kam **2** (umg.) *immer;* es ist ~ dasselbe

je'doch (Konj.) *doch, aber, indessen;* wir wären gerne schigelaufen, ~ fehlte der Schnee; er ist kein guter Turner, ~ in den Sprachen ist er allen anderen voraus; ich habe ihm zweimal geschrieben, er hat ~ nicht geantwortet

'jeg·li·cher (Indefinitpron.) = *jeder*

'je·her (Adv.) von ~ *schon immer*

'je·mals (Adv.) *irgendwann;* ob ich das ~ erreichen werde, weiß ich nicht; hast du ~ so etwas gesehen?

'je·mand (Indefinitpron.; nur substantivisch) *eine nicht näher bestimmte Person;* wenn ich ~es Freund sein will, muß ich auch für ihn eintreten; ist ~ gekommen?; ~ anders, ~ anderer; wenn Sie weggehen wollen, sagen Sie es bitte ~em aus Ihrer Abteilung; ist sonst noch ~ hier, der ...; hast du ~en gesehen?; es ist ~ draußen; er ist (so) ~, der sich nur schwer anderen anschließt

'je·ne(r, -s) (Demonstrativpron. 6) **1** (substantivisch) *der vorher, zuerst Erwähnte ..., der weiter abseits Befindliche;* → a. *diese(r, -s);* er war mit seiner Frau und seiner Tochter gekommen ... während diese sich sofort mit den andern unterhielt, blieb ~ sehr zurückhaltend; bald dieser, bald ~r; dieses hier und ~s dort **1.1** dies und ~s *alles mögliche, verschiedenes, einiges;* wir haben von diesem und ~m gesprochen **1.2** dieser und ~r *einige, etliche, hin u. wieder einer* **2** (attr.) *der zuerst, vorher erwähnte ..., der weiter abseits Befindliche ...;* das sind ~ Leute, die es immer schon vorher gewußt haben wollen **2.1** an ~m Tage *damals an dem T. (von dem wir eben sprachen)* **2.2** (oft nur zur stärkeren Hervorhebung) *der, die, das;* ich möchte diesen Strauß Astern, und was kosten ~ Dahlien dort? **2.3** diese und ~ Welt *Diesseits und Jenseits*

...je·ni·ge (Grundwort zur Erweiterung des Demonstrativpronomens) → *derjenige*

'jen·sei·tig (Adj. 24) Ggs *diesseitig* **1** *auf der anderen Seite gelegen, gegenüberliegend;* auf das ~e Ufer **2** *das Jenseits betreffend*

'jen·seits (Präp. mit Gen.) *auf der anderen Seite;* ~ des Flusses; ~ der Grenze

'Jen·seits (n.; -; unz.) **1** (Rel.) *über-, außerird. Reich, Reich der Toten, Himmel(reich);* Ggs *Diesseits* **1.1** jmdn. ins ~ befördern (umg.) *ermorden*

jetzt (Adv.) *in diesem Augenblick, zum gegenwärtigen Zeitpunkt;* ich habe ~ keine Zeit; ~ hob er die Hand und ...; ~ kommt gleich die Stelle, an der ...; wo habe ich denn ~ wieder meine Brille hingetan?; ich muß ~ gehen; ~ ist es aber genug!; was ist denn ~ schon wieder los?; das ist ~ ja alles ganz anders als früher; eben ~; erst ~ ist mir klar geworden, daß ...; gerade ~ mußte das passieren; komm doch gleich ~; bis ~; ~ oder nie!; von ~ an; noch ~ muß ich lachen, wenn ich daran denke

'je·wei·lig (Adj. 24/90) *zur Zeit vorkommend, vorhanden, augenblicklich amtierend;* die Ausgestaltung der jährlichen Schulfeier ist immer das Amt der ~en obersten Klasse

'je·weils (Adv.) *jedesmal in einem bestimmten Fall, zu einem bestimmten Zeitpunkt;* die Zeitschrift erscheint am Ersten jedes Monats, wir werden Ihnen ~ ein Exemplar zuschicken; unsere Vertreter bereisen ganz Deutschland, es gehen immer ~ zwei zusammen; dafür werden immer die ~ Besten der Klasse ausgesucht

Job ([dʒɔb]; m.; -s, -s) *(vorübergehende) Beschäftigung, Stellung, Gelegenheit zum Geldverdienen*

Joch (n.7; -(e)s, -e) **1** *Teil des Geschirrs für Zugtiere, der über der Stirn od. dem Nacken liegt;* die Pferde gehen im ~; Ochsen ins ~ spannen **2** (fig.) *schwere Last, Zustand drükkender, schwerer Arbeit, Zustand der Unfreiheit, der Unterdrückung;* das ~ (der Sklaverei o. ä.) abschütteln; unter dem ~ (der Fremdherrschaft o. ä.) seufzen; das ~ der Ehe (scherzh.) **2.1** etwas spannt jmdn. in ein ~ (geh.) *bürdet jmdm. eine große Last auf* **2.2** im ~ gehen *eine mühsame Arbeit, demütigende Handlung verrichten* **2.3** sich unter jmds. ~ beugen *sich demütigen, sich jmdm. unterwerfen* **3** *ein Gespann (Ochsen);* zwei ~ Ochsen **4** *Feldmaß, so viel Land, wie man an einem Tage mit einem Joch(3) Ochsen umpflügen kann* **5** *Schultertrage für Eimer* **6** (Geogr.) *Sattel eines Berges* **7** (Baukunst) *durch vier Pfeiler od. Säulen begrenzter, überwölbter Teil eines Kirchenraumes, der durch eine Wölbung bestimmte Raumabschnitt* **8** (Bauw.) *Konstruktion zum Stützen* **8.1** *schmales Gerüst, das zur Unterstützung von Brücken während des Bauens dient* **8.2** *Hilfskonstruktion aus hölzernen Rahmen, die zum Ausbau von Schächten u. Stollen im Berg- und Tunnelbau dient* **8.3** *Teil der Brücke von einem Pfeiler zum andern;* Brücken~ **8.4** *hölzerne Stütze mit Querbalken, Tragbalken;* Glocken~

Jockei (m.; -s, -s) = *Jockey*

Jockey (-k·k-; ['dʒɔki] m.; -s, -s) *berufsmäßiger Rennreiter;* oV *Jockei*

'jo·deln (V. 400; Schweiz, Tirol, Oberbayern) *mit schnellem Wechsel zwischen Kopf- u. Bruststimme ohne Worte singen*

'Jo·ghurt (m. od. n.; -s; unz.) *unter Einwirkung von Bakterien hergestelltes, sauermilchartiges Nahrungsmittel*

Jo'han·nis·bee·re (f.) **1** *Angehörige einer Gattung der Steinbrechgewächse, zu der wichtige Beerenfrüchte gehören: Ribes* **1.1** → a. *rot(1.20); schwarz(2.18)* **2** *Frucht der Johannisbeere(1)*

Jo'han·nis·nacht (f.) *mit Festlichkeiten u.*

Volksbräuchen verbrachte Nacht zum Johannistag

Jo'han·nis·tag ⟨m.⟩ *Johannes dem Täufer heiliger Tag, Sonnenwende (24. Juni)*

'joh·len ⟨V. 400⟩ *laut u. unartikuliert rufen, ungezügelt schreien;* ~de Kinder

Jour'nal ⟨[ʒur-]; n.; -s, -e⟩ **1** *Buch, in das Rechnungen eingetragen werden* **2** = *Tagebuch;* Schiffs~ **3** = *Zeitschrift*

Jour·na'list ⟨[ʒur-] m.; -en, -en⟩ *für die Presse tätiger Schriftsteller*

jo·vi'al ⟨[-v-] Adj.⟩ **1** *leutselig, wohlwollend;* er gibt sich sehr ~ **2** *gutmütig herablassend;* jmdm. ~ auf die Schulter klopfen

'Ju·bel ⟨m.; -s; unz.⟩ *lauter Freudenausbruch, laute Freude*

'Ju·bel·jahr ⟨n.⟩ **1** *Jahr, in dem ein Jubiläum gefeiert wird* **2** ⟨jüd. Glaube⟩ *jedes 50. Jahr* **3** ⟨kath. Kirche⟩ *Jahr, in dem die Kirchenstrafen erlassen werden (jedes 25. Jahr)* **3.1** das kommt alle ~e (einmal) vor ⟨umg.⟩ *sehr selten*

'ju·beln ⟨V. 400⟩ *seiner Freude laut Ausdruck verleihen;* „...!" jubelte sie; wir wollen nicht zu früh ~; die Menge begrüßte ihn ~d; die Kinder liefen dem Vater ~d entgegen

Ju·bi'lä·um ⟨n.; -s, -en⟩ *Gedenkfeier, Jahrestag, bes. nach einer runden Zahl von Jahren;* 10., 25., 50., 100. ~

ju·bi'lie·ren ⟨V. 400⟩ **1** *singen, trillern;* Vögel ~ **2** ⟨fig.; poet.⟩ *jubeln* **3** *ein Jubiläum feiern*

'jucken ⟨-k·k-; V.⟩ **1** ⟨402⟩ etwas juckt (jmdn.) *verursacht eine brennende, prikkelnde Empfindung, einen Reiz od. Schmerz auf der Haut;* eine ~de Flechte; der Pullover, die Wolle juckt mich; die Nase, der Rücken juckt mich **1.1** ⟨501⟩ es juckt jmdn. *jmd. spürt ein Kribbeln od. kribbelndes Brennen auf der Haut;* es juckt mich am Rücken, in der Nase **1.2** ⟨500/R3⟩ sich ~ *sich kratzen;* juck dich nicht ständig! **2** ⟨580/R7⟩ es juckt jmdn., etwas Bestimmtes zu tun ⟨fig.⟩ *jmd. möchte etwas B. (zu) gern tun* **2.1** ⟨500⟩ wen's juckt, der kratze sich *wer sich getroffen fühlt (von einer Anspielung), der soll sich wehren* **2.2** ⟨500⟩ dich juckt wohl das Fell ⟨fig.; umg.⟩ *du willst wohl Prügel haben?* **3.1** ⟨611; unpersönl.⟩ jmdm. juckt es in den Fingern! ⟨umg.⟩ *jmd. möchte etwas zu gern tun*

'Ju·de ⟨m.; -n, -n⟩ **1** *Angehöriger eines über die ganze Welt verstreuten semit. Volkes* **1.1** → a. *ewig(1.3)* **2** *Anhänger des Judaismus*

'Ju·di·ka·ti·ve ⟨[-və] od. [---'-və]; f.; -, -n⟩ *Teil der Staatsgewalt, der die Rechtsprechung betrifft;* → a. *Exekutive, Legislative*

'Ju·do ⟨n.; - od. -s; unz.⟩ *Jiu-Jitsu als sportl. Wettkampfübung*

'Ju·gend ⟨f.; -; unz.⟩ **1** ⟨i. w. S.⟩ *Wachstums- und Entwicklungsphase des Menschen, die Pubertät und die darauffolgende Zeit der Ausbildung der geistigen, seelischen, beruflichen und sozialen Reife umfaßt;* Ggs *Alter(2);* eine schöne, sorglose, schwere ~ gehabt haben; Kindheit und ~ **2** ⟨i. e. S.⟩ *Wachstums- und Entwicklungsphase bis zum ca. 17. Lebensjahr;* ich habe meine ~ in England verbracht; von ~ an, auf; in früher ~; er starb in blühender ~ **3** *jugendl. Wesen, Jugendlichkeit;* ihre ~ bezauberte alle **4** *junge Leute;* Ggs *Alter(3);* wir haben viel, wir sehen gern ~ um uns; ~ will unter sich sein; die ~ von heute; die studierende ~

'Ju·gend·stil ⟨m.; -(e)s; unz.⟩ *Kunstrichtung um 1900, bes. in Kunstgewerbe, Buchgestaltung u. auch Malerei, gekennzeichnet durch stilisierte pflanzl. Ornamente*

'Ju·li ⟨m.; -(s), -s⟩ *der 7. Monat im Jahr*

jung ⟨Adj.⟩ **1** jmd. ist ~ **1.1** *befindet sich im Jugendalter, ist im Jugendalter befindlich;* die Jungen und die Alten; ein ~er Dichter; ~e Leute; ein ~es Mädchen; ein ~er Mann; hallo, ~er Mann!; er ist nicht mehr ganz ~; ~ heiraten **1.1.1** → a. *alt(8.3)* **1.1.2** von ~ auf *von Kindheit an* **1.1.3** in ~en Jahren *in der Jugend* **1.1.4** ~es Volk *Jugendliche u. Leute bis etwa 25 Jahre* **1.1.5** der ~e Schiller *S. in seinen jüngeren Jahren, etwa zwischen 20 u. 30* **1.1.6** ~ gefreit hat nie(mand) gereut ⟨Sprichw.⟩ *es hat noch nie jmd. bereut, in jugendlichem Alter geheiratet zu haben* **1.1.7** ~ gewohnt, alt getan ⟨Sprichw.⟩ *man handelt im Alter so, wie man in der Jugend handelte, wie man es früh gelernt hat* **1.1.8** ~ und alt *alle, jedermann* **1.2** *zählt weniger Lebensjahre im Verhältnis zu anderen;* die ~e Generation **1.2.1** er ist noch ~ an Jahren *zählt weniger J.* **1.2.2** die ~e Frau *die F. des Sohnes bzw. die verheiratete Tochter (im Unterschied zur Mutter)* **1.2.3** die ~en Leute *Jugend(liche), das junge Ehepaar, (im Unterschied zu den Eltern)* **1.2.4** der ~e Schmidt ⟨umg.⟩ *der (erwachsene) Sohn von Herrn S.* **1.2.5** der ~e Herr ⟨veralt.⟩ *Sohn des Hausherrn* **1.2.6** das ~e Paar *erst kurze Zeit verheiratetes P.* **1.3** *hat ein Verhalten, wie eine Person, die jung(1) ist, ist frisch, fühlt mit der Jugend;* er ist ~ geblieben; er ist mit seinen Enkeln wieder ~ geworden; sich ein ~es Herz erhalten, bewahren ⟨fig.⟩ **1.3.1** ~ mit der Jugend sein *sich als älterer Mensch mit jungen Leuten gut verstehen* **2** etwas ist ~ ⟨fig.⟩ *ist erst vor kurzem entstanden, existiert erst seit kurzem, ist neu, frisch;* ~e Aktien **2.1** ~er Wein *diesjähriger W.* **2.2** der ~e Tag *die Morgenfrühe* **3** ⟨60; in feststehenden Benennungen⟩ **3.1** das Junge Deutschland *revolutionäre Dichtergruppe nach 1830* **3.2** Junge Union *Organisation der CDU für Mitglieder von 16 bis 35 Jahren* **3.3** Junge Kirche *aus der Mission hervorgegangene evangel. Kirche* **4** ~e Dienste ⟨Arch.⟩ *Dienst(7) geringen Durchmessers*

'Jung·brun·nen ⟨m.⟩ **1** ⟨Myth.⟩ *Wunderquelle für ständige Jugend* **2** ⟨fig.⟩ *Kraftquelle, etwas, woraus man neuen Lebensmut u. Schwung gewinnt*

'Jun·ge ⟨m.; -n, -n⟩ **1** *Knabe;* X.s haben einen ~n bekommen; ein artiger, unartiger, ungezogener ~; dummer ~; ein großer, kleiner, hübscher, kräftiger ~; als ~ war ich oft dort; armer ~! **2** ~, ~! *(Ausruf des Staunens, der Überraschung, des leichten Schreckens)* **2.1** ⟨umg.⟩ *(vertrauliche, freundschaftliche Anrede);* (mein) lieber ~!; alter ~! **3** ⟨meist in Zus.⟩ *Gehilfe, Lehrling;* Bäcker~, Lauf~, Schiffs~ **4** ⟨Kart.⟩ = *Unter;* er hielt alle vier ~n in der Hand

'jün·ger ⟨Adj.; Komparativ von⟩ **1** *jung* **1.1** *weniger Jahre zählend, später geboren;* Hans Holbein der Jüngere; lauf und hol meine Tasche, du hast ~e Beine; mein ~er Bruder; er ist um zwei Jahre ~ als ich; ich bin zehn Jahre ~ als er; er sieht ~ aus, als er ist **1.1.1** in ~en Jahren *in J., als jmd. noch jünger war* **1.2** *später, der Gegenwart näherliegend;* die ~e Steinzeit

'**Jün·ger** ⟨m.; -s, -⟩ **1** *jeder der zwölf Apostel Christi* **2** *Schüler* **3** *Anhänger, geistiger Gefolgsmann*

'**Jung·fer** ⟨f.; -, -n⟩ **1** ⟨veralt.⟩ *Jungfrau* **2** ⟨veralt.⟩ *Mädchen;* Kammer~ 2.1 ⟨heute noch in der Wendung⟩ alte ~ *altes, vertrocknetes, altmod. Fräulein* **3** ~ im Busch, im Grünen ⟨Bot.⟩ = *Braut(3) in Haaren* **4** ⟨Kart.⟩ *Spieler, der beim Ramsch[1](1) keinen Stich bekommen hat u. infolgedessen gewinnt*

'**Jung·fern·fahrt** ⟨f.⟩ *erste Fahrt (eines Schiffes)*

'**Jung·frau** ⟨f.⟩ **1** *unberührtes Mädchen, Mädchen, das noch keinen Geschlechtsverkehr gehabt hat;* sie ist noch ~ **2** die (heilige) ~ *Maria, Mutter Jesu* **3** *Sinnbild der Reinheit* **4** *Sternbild*

'**jung·fräu·lich** ⟨Adj.⟩ *unberührt, unverletzt, rein;* ihr ~er Leib; ~e Seele; ~er Wald

'**Jung·ge·sel·le** ⟨m.⟩ *unverheirateter Mann*

jüngst ⟨Adj.⟩ **1** ⟨Superlativ von⟩ *jung(1.2);* der Jüngste (in der Familie); er ist mein Jüngster; er ist der ~e von uns **1.1** er ist nicht mehr der Jüngste *er ist schon in mittlerem Alter* **2** ⟨70⟩ ~e Zeit *eben erst vergangene Z.;* die ~e Vergangenheit; in ~er Zeit **3** ⟨90⟩ *eben erst entstanden, neu, letzt;* sein ~es Werk ist sehr bedeutend; die ~en Ereignisse, Nachrichten **4** ⟨60⟩ *(sich auf die Zukunft beziehend) letzte(r, -s)* **4.1** der Jüngste Tag ⟨Rel.⟩ *der letzte Tag der Welt* **4.2** das Jüngste Gericht ⟨Rel.⟩ *Weltgericht am Jüngsten Tag* **5** ⟨50; poet.⟩ *vor kurzem, vor kurzer Zeit, neulich, kürzlich;* als ich ~ dort spazierenging

'**Ju·ni** ⟨m.; -(s), -s⟩ *der 6. Monat im Jahr*

'**Ju·ni·or** ⟨m.; -s, -'o·ren⟩ Ggs *Senior* **1** *der Jüngere, der Sohn* **2** ⟨Sp.⟩ *Jugendlicher*

'**Jun·ker** ⟨m.; -s, -⟩ **1** *adliger Gutsbesitzer* **2** *junger Adliger*

Ju'rist ⟨m.; -en, -en⟩ *Kenner, Lehrer, Student der Rechtswissenschaft, Rechtskundiger, Rechtsgelehrter*

'**Ju·ry** ⟨a. [ʒy'ri:] f.; -, -s⟩ *Ausschuß von Sachverständigen als Preisrichter bei Kunstausstellungen, sportl. Veranstaltungen u. ä.*

Ju'stiz ⟨f.; -; unz.⟩ *Rechtswesen, Rechtspflege*

Ju'stiz·mord ⟨m.⟩ *auf einem Justizirrtum beruhende Verurteilung eines Unschuldigen zum Tode*

Ju'wel ⟨n. od. m.; -s, -en⟩ **1** *Kleinod, Schmuckstück, geschliffener Edelstein* **2** ⟨nur n.; fig.; umg.; scherzh.⟩ *wertvoller Mensch, Mensch, der alle Arbeiten hervorragend erledigt*

Ju·we'lier ⟨m.; -s, -e⟩ **1** *Goldschmied* **2** *Schmuckhändler*

K

Ka·ba'rett ⟨n.; -s, -e od. -s⟩ **1** *kurze, meist humorist. Darbietung auf einer Bühne;* literarisches, politisches ~ **1.1** *Raum, Gebäude, Bühne für ein Kabarett(1)* **2** *drehbare Speiseplatte*

'Ka·bel[1] ⟨n.; -s, -⟩ **1** ⟨Mar.⟩ *starkes Tau* **2** ⟨El.⟩ *mehrere zusammengefaßte u. isolierte Leitungsdrähte* **3** *Telegramm aus Übersee*

'Ka·bel[2] ⟨f.; -, -n; veralt.; niederdt.⟩ *Gewinnanteil, Losgewinn*

Ka'bi·ne ⟨f.; -, -n⟩ **1** *kleiner, abgeschlossener Raum;* Bade ~, Umkleide ~ **2** *Wohn- u. Schlafraum an Bord* **3** *Gondel einer Seilbahn*

Ka·bi'nett ⟨n.; -s, -e⟩ **1** *kleines Zimmer, Nebenraum* **1.1** *Arbeits- u. Beratungszimmer eines Fürsten* **2** *Raum zur Aufbewahrung von Kunstsammlungen;* Kunst ~, Kupferstich ~ **3** ⟨16./17. Jh.⟩ *Schrank mit vielen Fächern u. Schubladen zur Aufbewahrung von Kunstsammlungen* **4** ⟨fig.⟩ *die persönl. Berater eines Staatsoberhauptes* **5** *Ministerrat, Gesamtministerium;* ein ~ bilden, stürzen, umbilden

Ka·bi'nett·stück ⟨n.⟩ **1** ⟨urspr.⟩ *bes. wertvoller Gegenstand der Kunst od. Wissenschaft, der nicht in einer allg. Sammlung, sondern im Kabinett untergebracht ist* **2** ⟨danach⟩ *bes. schöner, wertvoller Gegenstand* **3** ⟨fig.⟩ *bes. geschicktes, kluges Vorgehen od. Verhalten, Meisterstück*

'Ka·chel ⟨f.; -, -n⟩ *gebrannte, meist glasierte, oft bemalte Tonplatte für Öfen, als Wandverkleidung u. Untersetzer;* ~n legen

Ka'da·ver ⟨[-v-] m.; -s, -⟩ *toter Körper, Leiche eines Tieres;* Sy *Aas(1)*

Ka'dett[1] ⟨m.; -en, -en⟩ **1** ⟨bis 1918⟩ *Zögling einer militär. Erziehungsanstalt, der die Offizierslaufbahn ergreifen will* **2** ⟨umg.; scherzh.⟩ *Bursche, Kerl*

Ka'dett[2] ⟨m.; -en, -en⟩ *Angehöriger einer 1905 gegründeten, liberal-monarchist. russ. Partei*

'Kad·mi·um ⟨n.; -s; unz.; chem. Zeichen: Cd⟩ *silberweißes Metall, chem. Element, Ordnungszahl 48*

'Kä·fer ⟨m.; -s, -⟩ **1** *Angehöriger einer rd. 300.000 bekannte Arten umfassenden, formenreichen Ordnung der Insekten, deren vorderes Flügelpaar durch Chitineinlagerung meist zu harten Deckflügeln geworden ist: Coleoptera* **2** ⟨umg.; scherzh.⟩ *junges Mädchen;* ein hübscher, netter, niedlicher ~

'Kaf·fee ⟨a. [-'-] m.7; -s, -s⟩ **1** *Angehöriger einer aus Afrika stammenden Gattung der Rötegewächse, deren Samen Koffein enthalten: Coffea* **2** *Samen von Kaffee(1);* 1/2 kg ~; gebrannter, gemahlener, gerösteter, grüner ~ **2.1** *Sorte von Kaffee(2)* **3** *Getränk aus geröstetem Kaffee(2);* eine Tasse, ein Kännchen (eine Portion) ~; bitte drei (Tassen) ~!; schwarzer, starker, dünner ~; ~ kochen, aufbrühen, filtern; einen ~ trinken; ~ mit Milch, Sahne, Zucker; ~ u. Kuchen; jmdn. zu einem ~ einladen (ins Café) **3.1** ~ verkehrt *mit mehr Milch als Kaffee* **3.2** dir haben sie wohl etwas in den ~ getan? ⟨umg.⟩ *du bist wohl verrückt* **3.3** → a. *kalt(3.2)* **4** *kleine Mahlzeit am Morgen od. Nachmittag, bei der Kaffee(3) getrunken wird;* jmdn. zum ~ (zu sich) einladen

'Kaf·fee·satz ⟨m.⟩ **1** *nach dem Aufbrühen od. Filtern von Kaffee zurückbleibender Bodensatz* **1.1** aus dem ~ wahrsagen ⟨abwertend⟩ *plumpe Wahrsagerei treiben*

'Kä·fig ⟨m.; -s, -e⟩ **1** *von Gitter umschlossener Raum für Tiere;* Affen ~, Vogel ~; ein Tier in einen ~ sperren **1.1** → a. *golden(2.5)* **2** ⟨Tech.⟩ *Kugellager*

kahl ⟨Adj.⟩ **1** ein Lebewesen ist ~ *ohne Fell, ohne Haar;* ~ geschoren; ~e Stelle **1.1** jmd. ist ~ *ohne Haare auf dem Kopf, glatzköpfig;* er ist schon völlig ~ **2** ~e Wände, Mauern, Räume *leer, entblößt, schmucklos;* die ~en Wände machten einen traurigen Eindruck auf ihn **3** ⟨70⟩ ~e Berge, Felsen *baumlos, ohne Pflanzenwuchs, nackt;* ringsum erhoben sich ~e Berge **4** ⟨70⟩ Bäume, Stengel, Äste sind ~ *haben keine Blätter;* noch sind die Bäume ~

Kahm ⟨m.; -(e)s; unz.⟩ *Schimmelüberzug, Schimmelhaut auf Flüssigkeiten*

Kahn ⟨m.; -(e)s, ¨e⟩ **1** *kleines Boot;* ~ fahren **2** *Lastschiff auf Flüssen;* Elb ~, Schlepp ~ **3** ⟨abwertend⟩ *Schiff;* ein alter ~ **4** ⟨fig.; umg.⟩ *Pantoffel, großer Schuh* **5** ⟨fig.; umg.⟩ *Bett;* im ~ liegen; in den ~ steigen **6** ⟨fig.; umg.⟩ *Arrestlokal*

Kai ⟨m.; -s, -e od. -s⟩ Sy *Bollwerk(3)* **1** *befestigte Anlegestelle für Schiffe am Ufer* **2** *befestigtes Ufer an Meer, Fluß oder See*

'Kai·ser ⟨m.; -s, -⟩ **1** ⟨urspr.⟩ *(Beiname des Alleinherrschers im alten Rom)* **2** ⟨danach⟩ *höchster Herrscher;* so gebt dem ~, was des ~s ist, und Gott, was Gottes ist (Matth. 22,21); der deutsche ~, der ~ von Österreich **2.1** wo nichts ist, hat (auch) der ~ sein Recht verloren *wo nichts ist, kann auch kein Recht gesprochen werden* **2.2** → a. *Bart(1.0.5)* **3** ein Kind ist ~ ⟨scherzh.⟩ *ist zuerst mit dem Essen fertig;* ich bin ~!

'Kai·ser·schnitt ⟨m.⟩ *geburtshilfliche Operation, bei der die Gebärmutter zur Geburt des Kindes aufgeschnitten wird: Sectio caesarea*

Ka'jü·te ⟨f.; -, -n⟩ *Wohnraum auf dem Schiff*

Ka'kao ⟨a. [-'kau] m.; -s, -s⟩ **1** *einer Gattung der Sterkuliengewächse angehörender trop. Baum, dessen Samen ein wertvolles Nahrungsmittel liefert: Theobroma* **2** *Samen von Kakao(1)* **3** *Pulver aus Kakao(2)* **3.1** *Sorte von Kakao(3)* **4** *Getränk aus Kakao(4) mit Milch u. Zucker;* eine Tasse ~; ~ kochen, trinken **4.1** jmdn. durch den ~ ziehen ⟨fig.⟩ *boshaft über jmdn. reden, jmdn. sehr veralbern, lächerlich machen*

'Kak·tus ⟨m.; -, -'te·en od. (österr. a.) -s·ses, -s·se⟩ *Angehöriger der einzigen Familie der Kaktuspflanzen mit säulenförmigem, kugeligem od. blattförmigem Stamm u. Dornen statt Blättern, vorwiegend in Wüsten u. Halbwüsten Amerikas: Cactaceae*

Kalb ⟨n.; -(e)s, ¨er⟩ **1** *junges Rind* **1.1** Augen wie ein ~ haben, machen *dumm u. dabei erstaunt aussehen* **1.2** → a. *golden(1.3)* **2** *Junges vom Rot-, Elch- u. Damwild*

Kal'dau·ne ⟨f.; -, -n; meist Pl.⟩ ~n *eßbare Eingeweide, Darmzotten vom Rind;* Sy *Kuttel;* → a. *Fleck(4)*

Ka'len·der ⟨m.; -s, -⟩ **1** *Verzeichnis der Tage, Wochen u. Monate des Jahres in zeitl. Folge mit Angaben über Sonnen- u. Mondaufgänge u. -untergänge usw.;* Abreiß~, Taschen~ **2** = *Zeitrechnung;* Gregorianischer, Hundertjähriger, Julianischer ~ **3** einen Tag im ~ rot anstreichen *sich bes. merken*

Kal'fak·tor ⟨m.; -s, -'to·ren⟩ **1** *jmd., der alle mögl. Dienste verrichtet, z. B. Heizer, Schuldiener, Hausmeister* **2** *Aushorcher, Schmeichler, Zwischenträger* **3** *Strafgefangener, der dem Gefangenenwärter zur Hand geht*

'Ka·li ⟨n.; -s, -s; Sammelbez. für⟩ *Kaliumverbindungen*

Ka'li·ber ⟨n.; -s, -⟩ **1** *lichte Weite von Röhren u. Bohrungen* **2** *Durchmesser von Geschossen* **3** ⟨Tech.⟩ *Abstand der Walzen im Walzgerüst eines Walzwerkes* **4** ⟨attr.; fig.; umg.⟩ *Art, Sorte, Größenordnung;* ein Wissenschaftler größten (kleinen) ~s

'Ka·li·um ⟨n.; -s; unz.; chem. Zeichen: K⟩ *chem. Grundstoff, Alkalimetall, Ordnungszahl 19*

Kalk ⟨m.; -(e)s, -e⟩ **1** *durch Brennen von Kalkstein hergestelltes Kalziumoxid, das zur Herstellung von Zement u. a. verwendet wird, chem. Formel CaO;* ~ brennen; ~ löschen; gebrannter, gelöschter ~ 1.1 bei ihm rieselt schon der ~ ⟨fig.; umg.; scherzh.⟩ *er ist schon sehr alt, vergeßlich u. unbeweglich*

'kal·kig ⟨Adj. 24⟩ **1** *kalkhaltig;* ~es Wasser **2** *voller Kalk* **3** *wie Kalk, kalkweiß;* ~e Blässe; ~ grau

Kal·ku·la·ti'on ⟨f.; -, -en⟩ *das Kalkulieren, Berechnung, Ermittlung;* ~ von Kosten

kal·ku'lie·ren ⟨V. 500⟩ etwas ~ **1** *berechnen, ermitteln, veranschlagen;* Preise für die Herstellung eines Fabrikats ~ **2** ⟨fig.⟩ *überlegen, erwägen*

Ka·lo'rie ⟨f.; -, -n; Zeichen: cal⟩ **1** *Maßeinheit für die Wärmemenge, die 1 g Wasser von 14,5 °C auf 15,5 °C erwärmt;* 15-Grad- ~ **2** *Maßeinheit für den Energiewert der Nahrungsmittel* 2.1 große ~ ⟨veralt.⟩ *1000 Kalorien(1)* 2.2 kleine ~ ⟨veralt.⟩ = *Kalorie(1)*

kalt ⟨Adj.⟩ **1** ⟨70⟩ *keine od. wenig Wärme enthaltend, ausstrahlend, von tiefer Temperatur;* ~es Wasser; ein ~er Wind; ~e Umschläge; das Essen wird, ist ~; ~ wie Marmor ⟨fig.⟩ 1.0.1 ~e Getränke *gekühlte G.* 1.0.2 ~e Gliedmaßen haben *an den G. zu wenig Körperwärme haben* 1.0.3 mir ist ~ *ich friere* 1.1 ⟨60⟩ die ~e Jahreszeit *der Winter* 1.2 ⟨70⟩ es ist, wird ~ draußen *die Lufttemperatur ist niedrig, fällt* 1.2.1 ~ schlafen *im ungeheizten Zimmer* 1.3 ~ baden *in kaltem Wasser baden* 1.4 Getränke, Wein ~ stellen *an einen Ort stellen, wo eine Temperatur wie im Kühlschrank herrscht* 1.4.1 ~e Ente *Getränk aus Weißwein, Sekt u. Zitrone u. evtl. Selterswasser* 1.5 ⟨60⟩ ~er Schweiß *Angstschweiß* 1.6 etwas auf dem ~en Weg produzieren, herstellen *ohne Erhitzung* 1.6.1 ~ biegen, schneiden *ohne zu erhitzen* 1.6.2 ~es Licht *L., das ohne gleichzeitige Wärmeentwicklung entsteht, z. B. in Leuchtstoffröhren, bei Glühwürmchen* 1.6.3 ~er Blitz, Schlag *beim Einschlagen nicht zündender Blitz* **2** ⟨90⟩ ~e Küche, Speisen *abgekühlte, nicht mehr warme od. nicht gekochte Sp.;* ~er Braten; ~ essen 2.1 ~e Platte *Platte mit Wurst, Schinken u. kaltem Braten* 2.2 ~er Kuß ⟨fig.⟩ *festes, mit Schokolade überzogenes Speiseeis am Stiel* **3** ⟨fig.⟩ 3.1 *gefühllos, gefühlsarm, gleichgültig, frostig;* gefühls~, gemüts~; ein ~es Herz haben; er ist eine ~e Natur; ~ wie eine Hundeschnauze sein; „...", sagte er ~; ~ bleiben; das läßt mich ~ 3.1.1 ~es Blut bewahren *sich nicht aufregen, gelassen, ruhig bleiben* 3.1.2 auf ~em Wege *ohne Erregung, ohne Kampf, Streit* 3.1.3 jmdm. die ~e Schulter zeigen *jmdn. gleichgültig behandeln, nicht beachten* 3.1.4 weder ~ noch warm sein *gleichgültig, lau sein, keine eigene Meinung haben* 3.2 das ist ja ~er Kaffee ⟨umg.⟩ *völlig uninteressant, eine längst bekannte Sache* 3.3 ⟨60⟩ ~e Füße bekommen ⟨umg.⟩ *Angst bekommen* 3.4 ⟨60⟩ eine ~e Dusche *eine Ernüchterung, ein Dämpfer* 3.5 ⟨60⟩ ~er Abszeß *tuberkulöser A. ohne entzündliche Erscheinungen* 3.6 ⟨60⟩ ~es Fieber = *Malaria* 3.7 ⟨60⟩ ~e Farben *F. mit bläul. od. weißl. Schimmer* 3.8 ⟨60⟩ ~e Miete *ohne Heizung berechnete M.* 3.9 ~e Pracht ⟨umg.⟩ *reich ausgestattete, aber unwohnl. Räume* 3.10 ⟨60⟩ ~er Krieg *zwischen Ländern herrschender Zustand der Feindseligkeit ohne Anwendung der Waffengewalt* **4** ⟨60⟩ ~e Fährte, Spur ⟨jägerspr.⟩ *F., S., die mehr als zwei Stunden alt ist*

'kalt·blü·tig ⟨Adj.⟩ **1** ⟨Zool.⟩ *die Körpertemperatur entsprechend der Temperatur der Umgebung wechselnd* **2** ⟨fig.⟩ *nicht leicht erregbar;* ~ bleiben, sein 2.1 *ruhig, unerschrocken, gelassen;* ~ der Gefahr ins Auge blicken **3** ⟨fig.; abwertend⟩ *skrupellos, brutal;* jmdn. ~ ermorden, umbringen

'Käl·te ⟨f.; -; unz.⟩ **1** *das Kaltsein, Mangel an, Fehlen von Wärme, geringe Wärme;* beißende, schneidende ~; bittere, eisige, grimmige, strenge ~; vor ~ zittern 1.1 *Temperatur unter 0 °C;* zwei, drei Grad ~ (−2 *°C,* −*3* °C) **2** ⟨fig.⟩ *Gleichgültigkeit, Gefühlsarmut, Empfindungslosigkeit;* Gefühls~, Gemüts~, Herzens~; ihre ~ überraschte alle

'kalt·her·zig ⟨Adj.⟩ *gefühllos, hartherzig;* ein ~er Mensch

'kalt|stel·len ⟨V. 500⟩ jmdn. ~ ⟨fig.⟩ *jmdm. die Wirkungsmöglichkeit nehmen, jmdn. seines Einflusses berauben*

'Kal·zi·um ⟨n.; -s; unz.; chem. Zeichen: Ca⟩ *chem. Element, Erdalkalimetall, Ordnungszahl 20*

Ka'mel ⟨n.; -s, -e⟩ **1** *Angehöriges einer Gattung paarhufiger Wiederkäuer trockener Klimate mit Fetthöcker auf dem Rücken: Camelidae* 1.1 *als Lasttier in Afrika u. Vorderasien gehaltenes Kamel(1) mit einem Höcker: Camelus dromedarius* 1.2 *als Lasttier in Mittel- u. Ostasien gehaltenes Kamel(1) mit zwei Höckern: Camelus bactrianus* **2** ⟨fig.; Schimpfw.⟩ *Dummkopf, Trottel*

Ka'me·lie ⟨[-ljə] f.; -, -n⟩ *einer Gattung der Teegewächse angehörende Zierpflanze mit dunkelgrünen, lederigen Blättern u. großen, meist gefüllten Blüten: Camellia*

'Ka·me·ra ⟨f.; -s, -s⟩ *photograph. Apparat zur*

Aufnahme photograph. Bilder u. Filme; Film ~, Kleinbild ~, Spiegelreflex ~

Ka·me'rad ⟨m.; -en, -en⟩ **1** *jmd., der die gleiche Tätigkeit ausübt, der einen Teil des Lebens, des Tages mit einem verbringt* 1.1 *Gefährte, Genosse, bes. innerhalb einer Gemeinschaft;* Berufs ~, Kriegs ~, Lebens ~, Schul ~, Spiel ~, Wander ~; ein guter, schlechter, treuer ~ sein; sie sind immer gute ~en gewesen **2** *jmd., der einem eng verbunden ist, Gefährte;* er war ein echter ~

Ka'mil·le ⟨f.; -, -n⟩ *Angehörige einer Gattung der Korbblütler, deren Blütenstand in der Mitte eine gelbe Scheibe bildet, die von weißen, zungenförmigen Blüten umgeben ist: Matricaria*

Ka'min ⟨m. od. (schweiz.) n.; -s, -e⟩ **1** *Schornstein, Esse* **2** *offene Feuerstelle mit Rauchfang im Zimmer;* traulich am, vor dem ~ sitzen **3** ⟨Bergsp.⟩ *schmaler, steiler Felsspalt*

Kamm ⟨m.; -(e)s, ¨-e⟩ **1** *mit Zähnen versehenes Gerät zum Ordnen, Reinigen od. Halten des Haares, oft als Schmuck;* Zier ~; Staub ~; ein enger, feiner, grober, weiter ~ **2** *Bergrücken, wenig unterbrochener, gerader Gerbirgszug;* Berg ~, Gebirgs ~; der bewaldete ~ des Gebirges **3** *oberster Teil einer Welle, eines Deiches, Schaumkrone;* Wellen ~; der weiße ~ der Wellen sah entzückend aus **4** *Nackenstück des Schlachtviehs;* ich möchte ein Stück vom ~! (beim Fleischer) **5** *oberer Rand des Pferdehalses, auf dem die Mähne sitzt* **6** ⟨jägerspr.⟩ *Nacken und Vorderrücken des Schwarzwildes mit den Borsten* **7** ⟨Zool.⟩ *häutiger Anhang auf dem Kopf od. Schnabel von Hühnervögeln;* Hahnen ~ **8** ⟨Zool.⟩ *Hautstück auf dem Rükken von Molchen u. Eidechsen* **9** ⟨Technik⟩ *Art des Holzverbandes, Verbindung zweier rechtwinklig zueinander stehender Holzteile;* Kreuz ~ **10** *die Zähne eines hölzernen Zahnrades* **11** *Gerät zum Entfernen kurzer Woll-, Flachs- od. Baumwollfasern aus der Rohfaser, Flachsriffel;* Weber ~ **12** ⟨Anat.⟩ *vorspringende Leiste an einem Knochen: Crista* **13** ⟨Bot.⟩ *Stielchen der Beere an der Traube* **14** ⟨fig.⟩ 14.1 man kann nicht alles über einen ~ scheren *man kann nicht verschiedenartige Dinge in derselben Weise behandeln* 14.2 ihm schwillt der ~ 14.2.1 *er wird übermütig* 14.2.2 *er wird zornig* 14.3 in jmds. Wohnung, bei jmdm. liegt der ~ neben der Butter ⟨umg.⟩ *herrscht eine unglaubliche Unordnung*

'käm·men ⟨V. 500⟩ **1** ⟨R7 od. R8⟩ jmdn. ~ *jmdm. mit dem Kamm das Haar ordnen;* das kleine Mädchen hatte sich schon alleine gekämmt **2** ⟨503/R5⟩ (jmdm.) das Haar ~ *mit dem Kamm ordnen, glätten, frisieren;* jmdm., sich das Haar ~ **3** Baumwolle, Flachs, Wolle ~ *die kurzen Fasern (aus Rohwolle, -baumwolle u. -flachs) entfernen*

'Kam·mer ⟨f.; -, -n⟩ **1** *kleiner, gewöhnlich nicht heizbarer Raum als Schlafstelle od. zum Aufbewahren von Gebrauchsgegenständen, Kleidern u. ä.;* Kleider ~, Schlaf ~; eine Wohnung mit Stube, ~ und Küche **2** *Behörde (früher auch Personal) für den fürstlichen Haushalt;* Hof ~, Rent ~; die fürstlichen ~n **3** *Gerichtshof;* Straf ~, Zivil ~; der Fall kam vor die dritte ~ 3.1 ~ für Handelssachen *Gerichtshof für H., Handelsgericht* **4** *Volksvertretung im Parlament;* Abgeordneten ~, Deputierten ~; die beiden ~n stimmten dem Gesetzesvorschlag zu **4.1** Erste ~ *Oberhaus, Senat* **4.2** Zweite ~ *Unterhaus* **5** ⟨oft in Zus.⟩ *Vereinigung von Vertretern bestimmter Berufe od. Interessengruppen;* Handels ~; Anwalts ~, Ärzte ~, Handwerks ~ **6** ⟨Mil.⟩ *Raum zum Aufbewahren der Kleidung u. Ausrüstungsgegenstände;* sich auf der ~ einkleiden lassen **7** ⟨Mil.⟩ *an alten Gewehren Teil der Feuerwaffe, Laderaum für das Pulver* **8** *bei den heutigen Handfeuerwaffen Teil des Schlosses, bei Minen Raum für die Sprengladung* **9** ⟨Anat.⟩ *Hohlraum im Herzen;* Herz ~ **10** ⟨Jagdw.⟩ *bei Treibjagden der mit dem Jagdzeug abgesperrte Raum* **11** ⟨jägerspr.⟩ *im Fuchs-, Dachs-, Kaninchenbau erweiterter Raum hinter der Eingangsröhre*

Käm·me'rei[1] ⟨f.; -, -en⟩ *Verwaltung der Einkünfte einer Stadtgemeinde durch den Kämmerer*

Käm·me'rei[2] ⟨f.; -, -en⟩ *Abteilung einer Spinnerei, in der das Garn gekämmt wird;* Woll ~

'Käm·me·rer ⟨m.; -s, -⟩ **1** *Vorsteher der städt. Kämmerei* **2** *Aufseher über eine Schatz- od. Kunstkammer* **3** ⟨ bayr. u. österr. Hof⟩ *Hofbeamter für den Ehrendienst beim Fürsten*

'Kam·mer·jä·ger ⟨m.⟩ **1** ⟨früher⟩ *Leibjäger eines Fürsten* **2** *jmd., der beruflich Ungeziefer vernichtet*

'Kam·mer·mu·sik ⟨f.⟩ **1** ⟨urspr.⟩ *Musik zur Darbietung in kleinem Raum, d. h. nicht in Kirche, Oper od. Konzert* **2** ⟨heute⟩ *Musik für wenige Instrumente, Duos, Trios, Quartette, Quintette bis zu kleinen Orchesterstücken*

'Kamm·garn ⟨n.⟩ *Garn aus reiner gekämmter Wolle od. reinen Chemiefasern von kämmfähiger Länge od. Mischungen dieser Materialien untereinander od. mit anderen gekämmten Spinnstoffen*

Kam·pa·gne ⟨[-'panjə] f.; -, -n⟩ **1** *Feldzug* **2** *Betriebszeit in saisonbedingten Unternehmen;* Zucker ~ **3** ⟨fig.⟩ *Unternehmungen zu einem bestimmten Zweck;* Wahl ~, Presse ~

Kampf ⟨n.; -(e)s, ¨-e⟩ **1** *auf Selbsterhaltung, Erhaltung od. Gewinn von Gütern od. Macht ausgerichtetes Verhaltensmuster von Tier u. Mensch, unerbittliche Auseinandersetzung;* der ~ um die Macht; ~ ums Dasein (Grundsatz des Darwinismus) 1.0.1 ~ auf Leben und Tod *Auseinandersetzung, bei der die Existenz des Betroffenen auf dem Spiel steht* 1.1 *Wettkampf zu zweit, Mann gegen Mann, unerbittliche Auseinandersetzung;* Box ~, Ring ~; ein blutiger, erbitterter, harter, heißer, wilder ~; den ~ aufnehmen, aufgeben; ~ mit dem Tode; ~ bis aufs Messer 1.2 *Schlacht;* Straßen ~; der ~ um Troja; der ~ tobte

'kämp·fen ⟨V.⟩ **1** ⟨402⟩ (einen Kampf) ~ *einen Kampf führen, sich schlagen, sich verteidigen;* einen aussichtslosen, ehrlichen, guten, schweren Kampf ~; wie ein Löwe ~; auf verlorenem Posten ~ 1.1 ⟨417⟩ mit jmdm. ~ *sich mit jmdm. an Kraft u. Geschicklichkeit messen;* er kämpfte gerne mit den Mitschülern 1.2 ⟨417⟩ mit sich (selbst) ~ *eine Begierde od. Neigung zu unterdrücken, einen Entschluß zu fassen suchen, um eine Entscheidung ringen;* sie kämpfte lange mit sich 1.3 ⟨417⟩ mit etwas ~ *sich gegen etwas zu behaupten suchen,* *etwas zu überwinden suchen;* mit dem Tode ~; mit den Fluten, Wellen ~ 1.3.1 mit den Tränen ~ *die T. zu unterdrücken suchen* 1.4 ⟨800⟩ um etwas od. jmdn. ~ *etwas od. jmdn. zu gewinnen, zu erringen suchen, zu schützen suchen;* um den Sieg ~; um sein Leben, seine Freiheit ~; um sein Kind ~ 1.5 ⟨417⟩ gegen etwas od. jmdn. ~ *jmdn. od. etwas zu besiegen od. zu vernichten suchen, sich gegen etwas od. jmdn. zur Wehr setzen;* gegen einen Feind, gegen Unterdrückung ~ 1.5.1 gegen, mit Schwierigkeiten ~ *S. zu überwinden suchen* 1.6 ⟨415⟩ für etwas od. jmdn. ~ *sich für etwas od. jmdn. mit ganzer Kraft einsetzen;* für seine Überzeugung ~

'Kamp·fer ⟨m.; -s; unz.⟩ *ursprüngl. aus dem Kampferbaum, auch durch Dampfdestillation des Holzes, synthet. aus Terpentinöl hergestellte kristalline, grauweiße Masse von stechendem Geruch, chem. Formel $C_{10}H_{16}O$, als Desinfektionsmittel u. in der chem. Industrie verwendet: Camphora*

'Kämp·fer ⟨m.; -s, -⟩ **1** *jmd., der kämpft;* Freiheits~, Front~ 1.0.1 → a. *alt(2.2)* 1.1 *Sportler in einem Wettkampf Mann gegen Mann;* Box~, Ring~, Olympia~ **2** *oberste vorspringende Platte einer Säule od. eines Pfeilers, Träger des Bogens od. Gewölbes*

Ka'nal ⟨m.; -s, ¨e⟩ **1** *künstl. Wasserlauf als Schiffahrtsweg od. zur Be- u. Entwässerung sowie für Abwässer;* zwei Flüsse durch einen ~ verbinden **2** *Wasserstreifen zwischen zwei Kontinenten od. Ländern;* Ärmel~, Panama~; den (Ärmel)~ durchschwimmen **3** *Rohr, Leitung* **4** ⟨Funk⟩ *Frequenzband bestimmter Breite* **5** ⟨Anat.⟩ *Verdauungsweg;* Magen-Darm-~ **6** ⟨fig.⟩ *geheime od. unbekannte Verbindung od. Verbindungslinie;* die Gelder fließen ihm durch dunkle Kanäle zu; das Geheimnis ist durch unkontrollierbare Kanäle an die Öffentlichkeit gelangt **7** den ~ vollhaben ⟨fig.; vulg.⟩ *es satt haben*

Ka·na·li·sa·ti'on ⟨f.; -, -en⟩ **1** *das Kanalisieren* **2** *System von unterird. Rohren zum Ableiten der Abwässer;* städtische ~ **3** *Schiffbarmachen von Flüssen*

Kan·di'dat ⟨m.; -en, -en⟩ **1** *jmd., der sich um ein Amt bewirbt* **2** *jmd., der sich darum bewirbt, gewählt zu werden;* Wahl~; jmdn. als ~en aufstellen **3** *jmd., der sich einer Universitätsprüfung unterzieht od. darauf vorbereitet;* Prüfungs~

kan·di'die·ren ⟨V. 415⟩ *sich als Kandidat bewerben;* für ein Amt ~; gegen einen anderen Bewerber ~

kan'die·ren ⟨V. 500⟩ **1** Früchte ~ *mit Zucker überziehen u. dadurch haltbar machen* **2** Zucker ~ *durch Erhitzen bräunen*

'Kan·dis ⟨m.; -; unz.⟩ *Zuckerkristalle, die aus konzentrierten Lösungen an Zwirnsfäden auskristallisieren*

'Kän·gu·ruh ⟨n.; -s, -s⟩ *Angehöriges einer Unterfamilie der Springbeutler, mit kleinen Vorderbeinen u. stark verlängerten Hinterbeinen, deren Junge sich rd. 7 Monate lang in einem Brutbeutel entwickeln: Macropodidae*

Ka'nin·chen ⟨n.; -s, -⟩ *gesellig lebendes, zur Familie der Hasen gehörendes Nagetier: Oryctolagus cuniculus;* Europäisches Wild~; Haus~

Ka'ni·ster ⟨m.; -s, -⟩ *tragbarer, meist viereckiger Behälter aus Metall od. Kunststoff für Flüssigkeiten;* Benzin~, Blech~, Öl~

'Kan·ne ⟨f.; -, -n⟩ **1** *Gefäß für Flüssigkeiten* 1.1 *bauchiges Gefäß mit röhrenförmigem Ausguß u. Henkel zum Ausschenken von Flüssigkeiten;* Kaffee~, Tee~ 1.2 *großes zylinderförmiges Gefäß mit verengtem Hals zum Transportieren von Flüssigkeiten;* Milch~ **2** *altes Flüssigkeitsmaß, etwa 1 l* **3** es gießt wie aus, mit ~n ⟨fig.⟩ *es regnet sehr stark* **4** in die ~! *Kommando zum allg. Trinken in student. Verbindungen* **5** jmdn. in die ~ steigen lassen ⟨fig.⟩ *jmdn. zum Trinken veranlassen*

Kan·ni'ba·le ⟨m.; -n, -n⟩ **1** *Angehöriger eines Naturvolkes, das rituell Teile des getöteten Feindes verzehrt, Menschenfresser* **2** ⟨fig.⟩ *roher, brutaler Mensch*

'Ka·non ⟨m.; -s, -s⟩ **1** *Regel, Richtschnur, Leitfaden* **2** *Gesamtheit der für ein Gebiet geltenden Regeln od. Vorschriften* **3** *stilles Gebet bei der Messe* **4** ⟨kath. Kirche⟩ *Verzeichnis der Heiligen der kath. Kirche* **5** *mehrstimmiges Musikstück, in dem die Stimmen in Abständen nacheinander mit der gleichen Melodie einsetzen* **6** ⟨bildende Kunst⟩ *Gesetz, das die Proportionen des menschl. Körpers festlegt u. eine ästhet. befriedigende Darstellung ermöglicht* **7** ⟨Pl. Ka'no·nes⟩ *einzelne (kirchl.) Rechtsvorschrift* **8** ⟨unz.⟩ *die als echt anerkannten Bücher der Bibel* 8.1 *Liste mit Werken klassischer Autoren, die von Philologen als Vorbilder angesehen wurden* **9** *Schriftgrad, 36 Punkt* **10** ⟨Astron.⟩ *Zeittafel für Ereignisse am Himmel, z. B. für Sonnen- u. Mondfinsternisse* **11** ⟨Mus.⟩ *altgriech. Zupfinstrument zum Messen von Intervallen*

Ka'no·ne ⟨f.; -, -n⟩ **1** ⟨früher⟩ *Geschütz* 1.1 mit ~n auf Spatzen schießen ⟨fig.; umg.⟩ *viel Aufhebens um Kleinigkeiten machen* **2** ⟨heute⟩ *Flachfeuergeschütz mit großer Reichweite* **3** ⟨fig.; umg.⟩ *Könner, fähiger Mensch;* er ist auf seinem Gebiet, in seinem Fach eine ~ **4** das ist unter aller ~ ⟨fig.⟩ *unter aller Kritik, sehr schlecht*

Ka'no·nen·fut·ter ⟨n.; fig.; abwertend⟩ *Truppen, die sinnlos geopfert werden*

Kan'ta·te[1] ⟨f.; -, -n⟩ *mehrsätziges Gesangsstück für Solo u. (od.) Chor mit Instrumentalbegleitung*

Kan'ta·te[2] ⟨undeklinierbar; ohne Artikel; Name für⟩ *den 4. Sonntag nach Ostern*

'Kan·te ⟨f.; -, -n⟩ **1** *scharf abgesetztes Ende, Rand an (harten) Körpern;* Tisch~, Stuhl~; Webe~; sich an der ~ eines harten Gegenstands stoßen 1.1 → a. *Ecke(4.2), hoch(1.4)* **2** *an verarbeiteten Stoffen befindlicher Besatz, Borte;* die ~ abtrennen **3** *eine Fläche od. ein Muster abschließender Streifen;* eine weiße ~ am Ärmel **4** ⟨Math.⟩ *Strecke im Raum, längs derer ebene Flächenstücke, die einen Körper begrenzen, zusammenstoßen;* die ~n des Würfels **5** ⟨Theorie der Graphen⟩ *Verbindungslinie zwischen zwei Knoten, die eine Relation (Beziehung, Veränderung) darstellt*

'kan·ten ⟨V. 500⟩ **1** etwas ~ *auf die Kante stellen* 1.1 nicht ~! *nicht auf die Kante stellen! (Aufschrift auf Kisten)* **2** Baumstämme ~ *mit einer Kante(1) versehen* **3** die Schier ~

beim Fahren auf die Innenkanten drehen (z. B. beim Pflug)

'Kan·ten ⟨m.; -s, -⟩ *Anschnitt od. letztes Stück des Brotlaibs*

'kan·tig ⟨Adj.⟩ **1** *mit Kanten od. einer Kante versehen* **2** ~es Gesicht ⟨fig.⟩ *eckiges G.*

Kan'ti·ne ⟨f.; -, -n⟩ *Küche u. Speiseraum in Betrieben, Kasernen u. ä., in dem oft auch Lebensmittel verkauft werden*

Kan'ton ⟨m.; -s, -e⟩ **1** *Bundesland in der Schweiz* **2** *Verwaltungsbezirk in Frankreich u. Belgien* **3** ⟨seit 1733; veralt.⟩ *Wehrverwaltungsbezirk in Preußen*

'Kan·tor ⟨m.; -s, -'to·ren⟩ **1** ⟨urspr.⟩ *Vorsänger im kath. Gottesdienst, Leiter des Gemeindegesangs* **2** ⟨seit dem 15. Jh.⟩ *Gehilfe des Schulmeisters u. Gesanglehrer* **3** ⟨heute⟩ *Leiter des Kirchenchores u. Organist*

'Ka·nu ⟨n.; -s, -s⟩ **1** ⟨bei Naturvölkern⟩ **1.1** = *Einbaum* 1.2 *mit Rinde od. Fell bespanntes Boot* **2** ⟨heute⟩ *Paddelboot*

'Kan·zel ⟨f.; -, -n⟩ **1** *erhöhter Stand für den Prediger in der Kirche;* eine mit Schnitzereien verzierte ~ **2** ⟨fig.⟩ *Lehrstuhl an einer Hochschule;* Lehr~ **3** ⟨Flugw.⟩ *verglaste Kabine im Flugzeug für den größten Teil der Besatzung* **4** = *Anstand*[2]

Kanz'lei ⟨f.; -, -en⟩ **1** *Büro, Dienststelle, Schreibstube, Ausfertigungsbehörde;* Notariats~, Rechtsanwalts~ **2** *dem Staatsoberhaupt unmittelbar unterstehende Verwaltungsbehörde;* Bundes~, Reichs~, Staats~

'Kanz·ler ⟨m.; -s, -⟩ **1** ⟨im MA⟩ *Beamter bei Hofe, meist Geistlicher, der die Staatsurkunden anfertigte* **2** ⟨seit dem 15. Jh.⟩ *Präsident des obersten Gerichtshofes* **3** ⟨1747 - 1807⟩ *Justizminister in Preußen;* Groß~ **4** ⟨später⟩ *Titel des Vorstehers der Kanzlei eines diplomat. Vertreters od. eines Konsuls* **5** ⟨heute⟩ *Kurator einer Universität* **6** ⟨heute⟩ *Regierungschef;* Bundes~, Reichs~

Kap ⟨n.; -s, -s⟩ *vorspringender Teil einer Felsenküste*

Ka·pa·zi'tät ⟨f.; -, -en⟩ **1** = *Fassungsvermögen;* die ~ einer Talsperre; die ~ des Kernspeichers in einem Elektronenrechner; jmd. mit geringer geistiger ~ **1.1** *Meßgröße für die Aufnahmefähigkeit eines Kondensators* **2** ~ eines Betriebes, Werkes, einer Maschine *Leistungsfähigkeit;* alle ~en auslasten; ein Kraftwerk mit einer ~ von 10 Mill. kW **3** *hervorragender Könner;* → a. *Koryphäe;* eine wissenschaftliche ~; es waren nur ~en anwesend

Ka'pel·le[1] ⟨f.; -, -n⟩ **1** *kleines Gotteshaus;* Schloß~, Wallfahrts~ **2** *abgeteilter Raum für gottesdienstl. Handlungen;* Grab~, Tauf~

Ka'pel·le[2] ⟨f.; -, -n; Mus.⟩ **1** ⟨urspr.⟩ *Kirchenchor* **2** ⟨heute⟩ *Gruppe von Musikern, kleines Orchester;* Musik~, Tanz~

Ka'pel·le[3] ⟨f.; -, -n⟩ **1** *geschlossener Raum mit Abzug zum Untersuchen gesundheitsschädlicher Stoffe* **2** *Tiegel aus Knochenasche zum Untersuchen von silberhaltigem Blei*

'Ka·per[1] ⟨f.; -, -n⟩ *in Essig eingelegte Blütenknospe des Kapernstrauches als Gewürz*

'Ka·per[2] ⟨m.; -s, -⟩ *privates bewaffnetes Schiff im Handelskrieg, das auf Grund eines Kaperbriefes feindl. Handelsschiffe erbeuten konnte;* Ggs *Freibeuter(1)*

ka·pi'tal ⟨Adj. 24/60⟩ **1** *besonders, hauptsächlich* 1.1 ein ~er Irrtum *grundlegender I.* **2** ⟨jägerspr.⟩ *stark, groß, mit bes. schönem Geweih versehen;* ein ~er Bock, Hirsch

Ka·pi'tal ⟨n.; -s, -e od. (österr. nur) -li·en⟩ **1** *Geldbetrag zu Investitionszwecken;* fixes, bewegliches, flüssiges, totes, verfügbares ~; ~ gut, schlecht, gewinnbringend anlegen; das ~ erhöhen; ~ in ein Unternehmen stecken; über kein ~ verfügen **2** *Besitz an Bargeld u. Wertpapieren;* das ~ bringt jährlich 10 000 DM, 12% Zinsen, Rendite **3** ⟨fig.⟩ *großer Wert, Wertgegenstand;* an seiner Stimme besitzt er ein großes ~; seine Arbeitskraft ist sein ~ **3.1** aus einer Sache ~ schlagen *Nutzen ziehen*

Ka·pi'tän ⟨m.; -s, -e⟩ **1** *Befehlshaber eines Schiffes* **2** *Pilot als Leiter eines zivilen Flugzeugs* **3** *Anführer einer Sportmannschaft* **4** ⟨in einigen Staaten Bez. für⟩ *Hauptmann* **4.1** ~ zur See *Seeoffizier im Range eines Obersten*

Ka'pi·tel ⟨n.; -s, -; Abk.: Kap.⟩ **1** *(durch Zahl od. Überschrift gekennzeichneter) Abschnitt eines Schriftwerkes* **2** *Körperschaft der zu einer Dom- od. Stiftskirche gehörenden Geistlichen;* Dom~, Stifts~ **2.1** *Versammlung der Geistlichen eines Kapitels(2)* 2.2 *Versammlung eines geistl. Ordens, bei der die in Kapitel(1) eingeteilten Ordensregeln verlesen wurden* **3** ⟨fig.⟩ *Angelegenheit, Sache;* ein ~ abschließen, als erledigt betrachten; das ist ein schwieriges ~ **3.1** ein ~ für sich *eine besondere Sache, die man genauer erklären muß*

Ka·pi'tell ⟨n.; -s, -e⟩ *oberster, plastisch verschieden geformter Teil einer Säule od. eines Pfeilers;* Sy *Knauf(2);* Blatt~, Knospen~, Würfel~

Ka·pi·tu·la·ti'on ⟨f.; -, -en⟩ **1** ⟨früher⟩ *Vertrag über die Dienstverlängerung eines Soldaten (Kapitulanten)* **2** ⟨allg.⟩ *Vertrag, durch den sich ein Staat, eine Stadt od. Festung dem siegreichen Feind unterwirft*

ka·pi·tu'lie·ren ⟨V. 400⟩ **1** ⟨früher⟩ *eine Kapitulation(1) abschließen* **2** *eine Kapitulation(2) vereinbaren, sich ergeben* **3** ⟨fig.⟩ *zu streiten, zu argumentieren aufhören, aufgeben*

Ka'plan ⟨m.; -s, ¨e⟩ **1** *kath. Hilfsgeistlicher* **2** *kath. Geistlicher mit besonderen Aufgaben der Seelsorge* **3** ⟨früher⟩ *Kleriker bei der Kapelle des fränkischen Königshofs*

'Kap·pe ⟨f.; -, -n⟩ **1** *eng anliegende Kopfbedekkung aus weichem Material mit od. ohne Schild* **2** *fest aufsitzender, über den Rand des zu bedeckenden Gefäßes reichender Deckel* **3** *Teilstück des Kreuzgewölbes* **4** ⟨Bgb.⟩ *beim Grubenausbau der quer unter dem Hangenden liegende Holzbalken od. Stahlträger* **5** *Versteifung an Ferse u. Spitze des Schuhs* **6** ⟨fig.⟩ 6.1 etwas geht auf jmds. ~ *jmd. hat für etwas zu bezahlen* 6.2 etwas auf seine (eigene) ~ nehmen *für etwas die Verantwortung übernehmen, für die Folgen einer Handlung aufkommen* 6.3 → a. *gleich(2.1), Narr(2.0.1)*

'kap·pen ⟨V. 500⟩ **1** etwas ~ *das Ende od. einen Teil von etwas abschneiden, abhauen, etwas um ein Stück verkürzen;* Taue, Masten, Zweige ~ **2** der Hahn kappt die Henne *er begattet sie*

Ka·pri'ole ⟨f.; -, -n⟩ **1** *Luftsprung* **2** *tolles Stückchen, verrückter Streich* **3** ⟨Reitkunst, Hohe Schule⟩ *Sprung des Pferdes auf der*

Stelle mit angezogenen Vorder- u. nach hinten ausgestreckten Hinterbeinen

'Kap·sel ⟨f.; -, -n⟩ **1** *runder od. ovaler Behälter aus dünnem, aber festem Material* **2** ⟨Bot.⟩ *aus mindestens zwei Fruchtblättern zusammengewachsene Streufrucht* **3** ⟨Anat.⟩ *Umhüllung von Organen u. Funktionseinheiten od. Krankheitsherden* **4** ⟨Pharm.⟩ *aus Stärke od. Gelatine hergestellte Umhüllung für Medikamente, die sich erst im Magen od. im Darm auflöst*

ka'putt ⟨Adj.24⟩ **1** *zerbrochen, zerstört, entzwei* **2** ⟨70; umg.⟩ 2.1 *müde, erschöpft* 2.2 *bankrott*

Ka'pu·ze ⟨f.; -, -n⟩ *an Mantel, Kleid od. Bluse befestigte, meist spitze Kopfbedeckung*

Ka·ra'bi·ner ⟨m.; -s, -⟩ *Gewehr mit kurzem Lauf u. geringer Schußweite, früher bes. zur Bewaffnung der Kavallerie*

Ka·ra'bi·ner·ha·ken ⟨m.⟩ *Haken mit federndem Verschluß, z. B. an Rucksäcken, Hundeleinen*

Ka·ram·bo'la·ge ⟨[-ʒə] f.; -, -n⟩ **1** ⟨Billard⟩ *Treffer, Anstoßen des Spielballes an die beiden anderen Bälle* **2** ⟨Sp.⟩ *Zusammenstoß mehrerer Spieler bei Wettkämpfen* **3** ⟨allg.⟩ *Zusammenstoß;* Auto~ **4** ⟨fig.⟩ *Streit*

ka·ram·bo'lie·ren ⟨V. 400⟩ **1** ⟨Billard⟩ *eine Karambolage(1) machen* **2** ⟨fig.⟩ *zusammenstoßen*

Ka·ra'mel ⟨m.; -s; unz.⟩ *dunkelbrauner, etwas bitter schmeckender Stoff, der bei Erhitzen von Trauben- od. Rohrzucker entsteht, zum Färben von Likör, Rum, Bier, Bonbons, Essig verwendet*

Ka'rat ⟨n. 7; -(e)s, -e⟩ **1** *getrockneter Samen des Johannisbrotbaumes* **2** ⟨Zeichen: k od. Kt.⟩ *Gewichtsmaß für Edelsteine u. Perlen = 0,200 g* **3** *Angabe der Qualität von Goldlegierungen in Vierundzwanzigstel reinen Goldes*

Ka·ra'wa·ne ⟨f.; -, -n⟩ *Zug von Kaufleuten od. Pilgern u. ä., die sich zur Reise zusammengeschlossen haben (bes. mit Kamelen durch Wüstengebiete)*

Kar·bo'na·de ⟨f.; -, -n⟩ **1** *in Scheiben geschnittenes Rippenstück vom Schwein, Kalb od. Hammel* **2** *= Kotelett*

Kar'bun·kel ⟨m.; -s, -; Med.⟩ *mehrere dicht beieinander stehende u. ein gemeinsames Entzündungsgebiet bildende Furunkel*

Kar'dät·sche ⟨f.; -, -n⟩ **1** *ovale Bürste zum Striegeln von Haustieren* **2** ⟨Weberei⟩ *Bürste zum Aufrauhen* **3** ⟨Bauw.⟩ *zum Auftragen u. Verteilen des Putzes verwendetes Brett mit Handgriff*

'Kar·de ⟨f.; -, -n⟩ **1** *einer Gattung der Kardengewächse angehörendes Kraut mit stechenden Blättern an den Blüten, dessen Blütenköpfe zum Aufrauhen wollener Tuche verwendet wurden: Dipsacus* **2** ⟨Text.⟩ *Maschine in der Spinnerei zum Auflösen des Fasergutes bis zur Einzelfaser, zum Ausrichten der Fasern u. Ausscheiden von kurzen Fasern u. Verunreinigungen, Krempel*

Kar·di'nal ⟨m.; -s, ⸚e⟩ **1** ⟨kath. Kirche⟩ *höchster Würdenträger nach dem Papst, mit dem Recht, den Papst zu wählen u. zum Papst gewählt zu werden* **2** ⟨Zool.⟩ *Angehöriger verschiedener Gruppen kernbeißerartiger Finkenvögel aus Amerika, oft Stubenvögel: Pyrrhuloxia cardinalis, Cardinalinae, Richmondinae* **3** *Getränk aus Weißwein mit Zucker u. Pomeranzen*

Kar'frei·tag ⟨m.⟩ *Tag der Kreuzigung Christi, Freitag vor Ostern;* Sy *Stiller Freitag*

Kar'fun·kel·stein ⟨m.⟩ **1** ⟨Antike⟩ *roter Granat* **2** ⟨später⟩ *Rubin* **3** *fabelhafter, feuerroter, wie Gold glänzender, im Dunkeln hell leuchtender Stein*

karg ⟨Adj. 23⟩ **1** *spärlich, kümmerlich;* ~er Lohn, ~e Freizeit, eine ~e Mahlzeit **2** *ärmlich, armselig;* eine ~e Unterkunft haben **3** ~ an ... *wenig von ..., arm an ...* **4** ⟨46⟩ ~ mit Worten sein *wenig Worte machen, schweigsam sein*

'kärg·lich ⟨Adj.⟩ *karg, kümmerlich, knapp bemessen;* ~ leben

ka'riert ⟨Adj.⟩ **1** ⟨24⟩ *mit Quadraten, Karos, Rhomben od. in diesen Formen sich kreuzenden Streifen versehen;* ~es Kleid, ~er Stoff **2** ⟨50⟩ *sinnlos, dumm, verständnislos;* ~ denken 2.1 schau, guck nicht so ~! ⟨umg.⟩ *so dumm erstaunt*

Ka·ri·ka'tur ⟨f.; -, -en⟩ *bildl. Darstellung, die eine Eigenschaft od. ein Merkmal stark übertreibt u. dadurch lächerlich macht;* Sy *Zerrbild, Spottbild*

Kar'min ⟨n.; -s; unz.⟩ *leuchtend roter Farblack aus Koschenilleläusen*

'Kar·ner ⟨m.; -s, -⟩ **1** *(Friedhofskapelle mit) Beinhaus, in dem beim Anlegen neuer Gräber die alten Gebeine gesammelt u. aufbewahrt werden* **2** *Fleisch-, Räucherkammer*

'Kar·ne·val ⟨[-v-] m.; -s, -e od. -s⟩ **1** = *Fastnacht* **2** *gesellige Veranstaltung während der Fastnacht*

Kar'nickel ⟨-k·k-; n.; -s, -⟩ **1** = *Kaninchen* **2** ⟨fig.⟩ *Sündenbock, Dummkopf, Einfaltspinsel*

'Ka·ro ⟨n.; -s, -s⟩ **1** *Viereck, Rhombus, Quadrat* **2** *viereckiges, rhomb. od. quadrat. Muster* **3** *Farbe französischer Spielkarten mit rotem Rhombus;* Sy *Eckstein(5)* ⟨eindeutschend⟩

Ka'rot·te ⟨f.; -, -n⟩ = *Möhre*

'Karp·fen ⟨m.; -s, -⟩ *Süßwasserfisch mit weichen Flossen u. zahnlosen Kiefern mit zahlreichen, durch Züchtung entstandenen Unterarten u. Rassen: Cyprinus carpio;* Schleim~, Spiegel~; ~ blau; ~ polnisch

'Kar·re[1] ⟨f.; -, -n⟩ **1** = *Karren(3);* Schieb~, Schub~ **2** ⟨umg.⟩ *altes, klappriges Auto od. Fahrrad* **3** ⟨fig.⟩ *Angelegenheit* 3.1 die ~ laufen lassen *einer Angelegenheit ihren Lauf lassen, ohne einzugreifen od. eingreifen zu können* 3.2 jmdm. die ~ aus dem Dreck ziehen *jmdm. aus einer schwierigen Lage helfen, in die er sich selbst gebracht hat* 3.3 die ~ steckt im Dreck *die Angelegenheit ist verfahren, geht nicht mehr voran*

'Kar·re[2] ⟨f.; -, -n; nur Pl.⟩ ~n ⟨Geol.⟩ *durch Erosion mittels Schmelzwassers entstandene Rinnen u. Schluchten in Kalkstein*

Kar'ree ⟨n.; -s, -s⟩ **1** *Viereck, Rhombus, Quadrat* **2** ⟨Kochk.⟩ *Rippenstück vom Kalb, Schwein od. Hammel*

'Kar·ren ⟨m.; -s, -⟩ **1** *ein- od. zweirädriges, kleines Gefährt zur Beförderung von Lasten, das an zwei Griffen geschoben wird;* Schieb~, Schub~ **2** *solide gebautes, einfaches zwei-, drei- od. vierrädriges Gefährt, Wagen;* Ochsen~ **3** = *Karre*[1]*(2)* **4** jmdm. an den ~ fahren ⟨fig.⟩ *jmdm. zu nahe treten, jmdn. grob beleidigen* **5** mehrere Leute vor den gleichen ~ spannen ⟨fig.⟩ *sie an der gleichen Sache arbeiten lassen*

Kar·rie·re ⟨[-ri'ɛ:-]; f.; -, -n⟩ **1** *(rascher) Aufstieg im Leben u. Beruf, (glänzende) Laufbahn;* eine glänzende ~ vor sich haben **2** ~ des Pferdes *schneller Galopp;* in voller ~ daherkommen, -reiten

Karst[1] ⟨m.; -(e)s, (selten) -e; Geol.⟩ *Gebirge aus durchlässigen, wasserlöslichen Gesteinen (Kalk, Gips), die durch Oberflächen- u. Grundwasser ausgelaugt werden*

Karst[2] ⟨m.; -(e)s, -e⟩ *Breithacke, Hacke mit platten Zinken*

'Kar·te ⟨f.; -, -n⟩ **1** *steifes Blatt Papier in verschiedenen Größen u. zu verschiedenen Zwekken* **1.1** *steifes Blatt Papier (bes. im Format 14,8 x 10,5 cm) für Mitteilungen durch die Post;* Ansichts~, Post~, Brief~; eine ~ bekommen; zur Hochzeit ~n verschicken; jmdm. eine ~ schreiben **1.2** *steifes Blatt Papier in kleinem Format* **1.2.1** *Bescheinigung für bezahlte Gebühr;* Fahr~, Eintritts~, Kino~, Theater~; sich eine ~ (für ein Konzert) besorgen; ich habe (fürs Theater heute abend) keine ~n mehr bekommen **1.2.2** *mit aufgedrucktem Namen des Besitzers;* Besuchs~, Visiten~; seine ~ abgeben **1.3** *Liste von Speisen u. Getränken in Gasthäusern;* Speise~, Wein~; Herr Ober, bitte die ~! **1.3.1** nach der ~ essen *sich ein Gericht auf der Speisekarte aussuchen* **1.4** ⟨Kart.⟩ *steifes Blatt Papier mit aufgedruckten Zahlen u. Bildern;* Spiel~; ~n spielen; eine gute, schlechte ~ haben, (od.) gute, schlechte ~n haben; die ~n mischen; eine ~ ausspielen; eine ~ abwerfen **1.4.1** ein Spiel ~n *alle zu einem Spiel gehörigen Karten(1.4)* **1.4.2** ~n legen, schlagen *Spielkarten auflegen u. daraus (angebl.) Charakter u. Zukunft deuten* **1.4.3** alles auf eine ~ setzen ⟨a. fig.⟩ *ein großes Risiko eingehen, sämtl. Reserven für eine Sache einsetzen* **1.4.4** sich (nicht) in die ~n gucken lassen ⟨a. fig.⟩ *seine Pläne (nicht) preisgeben* **1.4.5** seine ~n aufdecken ⟨a. fig.⟩ *die wahre Sachlage bekanntgeben* **1.5** *steifes Blatt Papier für Vermerke, Notizen, Namen in bestimmter Ordnung;* Kartei~ **2** *zeichner. Darstellung eines Teils, der von oben betrachteten Erdoberfläche;* Land~, See~; die ~ aufschlagen; physikalische, politische ~; eine ~ von Deutschland

Kar'tei ⟨f.; -, -en⟩ *alphabetisch od. nach bestimmten Gesichtspunkten geordnete Sammlung von Aufzeichnungen auf Zetteln od. Karten gleichen Formats;* Kranken~

'Kar·ten·haus ⟨n.⟩ **1** *Raum (auf dem Schiff), in dem die Seekarten aufbewahrt werden* **2** *aus Spielkarten erbautes hausähnliches Gebilde* **3** ⟨fig.⟩ *Vorhaben, Unternehmen, das keinen Bestand, keinen Halt hat;* seine Pläne stürzten zusammen wie ein ~

Kar'tof·fel ⟨f.; -, -n⟩ **1** ⟨Bot.⟩ *zu den Nachtschattengewächsen gehörende Gemüsepflanze, deren Wurzelknollen als Nahrung dienen: Solanum tuberosum* **2** *die Wurzelknolle der Kartoffel(1);* gebratene, gekochte, rohe ~n; neue ~n; ~n braten, dämpfen, kochen **3** ⟨fig.; umg.; scherzh.⟩ *plumpe, dicke Nase* **4** ⟨fig.; umg.; scherzh.⟩ *Loch (im Strumpf)* **5** ⟨fig.; umg.; scherzh.⟩ *große, dicke Taschenuhr*

Kar'tof·fel·puf·fer ⟨m.⟩ *in der Pfanne in Fett gebackener Fladen aus geriebenen, rohen Kartoffeln*

Kar·ton ⟨[-'tɔ̃] od. [-'to:n] m.; -s, -s od. -e⟩ **1** *dünne Pappe, steifes, dickes Papier* **2** *Schachtel aus Pappe* **3** *Skizze zu einem Wandgemälde in gleicher Größe* **4** *Ersatzblatt in einem Buch für ein fehlerhaftes Blatt od. zur Ergänzung*

Ka·rus'sell ⟨n.; -s, -s od. -e⟩ **1** *eine sich im Kreis drehende Rundfläche mit Reit- od. Fahrsitzen als Volksbelustigung auf Jahrmärkten* **1.1** mit jmdm. ~ fahren ⟨umg.⟩ *jmdn. energisch herannehmen, ihn laufen, springen lassen*

ka'schie·ren ⟨V. 500⟩ **1** etwas ~ *bemänteln, verheimlichen, verhüllen, verdecken, verbergen;* eine schlechte Figur geschickt ~ **2** einen Einband ~ *mit buntem Papier bekleben* **3** Gegenstände ~ *mit einer Masse aus dem gleichen od. einem anderen Material überkleben, zusammenkleben;* plast. Bühnenbildteile, Architekturformen, Pflanzen aus Holz, Pappe, Draht ~ **4** Textilien ~ *(zwei übereinandergelegte Gewebebahnen) mittels Klebemittels, z. B. Gummi verbinden*

'Kä·se ⟨m.; -s, -⟩ **1** *als Nahrungsmittel dienender, aus der Milch durch Zusatz von Lab od. Milchsäurebakterien ausgeschiedener u. weiterbehandelter Eiweißstoff mit Gehalt an Fett u. Mineralstoffen;* Schweizer ~; ~ zum Frühstück essen **1.1** → a. *weiß(1.8)* **2** ⟨fig.; umg.⟩ *Unsinn, dummes Zeug, dummes Gerede;* das ist doch alles ~, was du erzählst ... und lauter solcher ~ **3** ⟨Bot.⟩ *der fleischige Fruchtboden der Artischocke* **4** ⟨Bot.⟩ *der unreife Blütenstand des Blumenkohls in dem Zustand, in dem er gegessen wird*

Ka·se'mat·te ⟨f.; -, -n⟩ **1** *dick ummauerter, schußsicherer Raum in Befestigungswerken* **2** *gepanzerter Geschützraum auf Kriegsschiffen*

Ka'ser·ne ⟨f.; -, -n⟩ *Gebäude(komplex) zur dauernden Unterbringung von Truppen*

Ka'si·no ⟨n.; -s, -s⟩ **1** *Gesellschaftshaus, Unterhaltungsstätte* **2** *Speiseraum für Offiziere;* Offiziers~ **3** *öffentl. Betrieb für Glücksspiele;* Spiel~

Kas'ka·de ⟨f.; -, -n⟩ **1** *künstl., stufenförmiger Wasserfall* **2** *wasserfallähnl. Feuerwerk* **3** *wagemutiger Sprung des Artisten*

'Kas·per ⟨m.; -s, -⟩ **1** *österr. Sonderform des Hanswursts im Volksstück* **2** *lustige Gestalt im Puppenspiel, Kasperl, Kasperle* **3** ⟨fig.; umg.⟩ *sich albern benehmende, alberne Reden führende Person*

'Kas·se ⟨f.; -, -n⟩ **1** *Kasten für Geld;* Laden~, Wechselgeld in der ~ haben **1.1** einen Griff in die ~ tun ⟨umg.; verhüllend⟩ *Geld stehlen* **2** *Vorrat an Geld;* die ~ ist voll, leer; gut, schlecht, nicht bei ~ sein **2.1** die ~ führen *für die Abrechnung verantwortlich sein* **2.2** ~ machen *abrechnen, kassieren* **2.3** getrennte ~ (machen, führen) *jeder bezahlt für sich* **2.4** volle ~n machen *viel Geld einnehmen;* der Film, das Theaterstück bringt volle ~n **3** *Raum, Schalter des Kassierers;* Kino~, Theater~, Abend~, Tages~; sich an der ~ anstellen **4** per ~ *bar bezahlen* **4.1** netto ~ *bar ohne Abzug* **5** *Krankenkasse;* die Operation bezahlt die ~ **5.1** alle ~n *Mitglieder aller Krankenkassen werden behandelt* **5.2** ~ machen ⟨umg.⟩ *(krank sein u.) Krankengeld beziehen* **6** *Sparkasse;* Geld zur ~ bringen

'Kas·sen·sturz ⟨m.; nur in der Wendung⟩ ~ machen *den Kassenbestand feststellen (eigtl., indem man die Kasse umstürzt)*

Kas·se'rol·le ⟨f.; -, -n⟩ *ein runder od. längl. Topf mit Stiel u. Deckel zum Kochen u. Schmoren*

Kas'set·te ⟨f.; -, -n⟩ **1** *Holz- od. Metallkasten für Geld od. Wertgegenstände;* Geld~, Schmuck~ **2** ⟨Arch.⟩ *kastenförmig vertieftes Feld in der Decke eines Raumes;* Decken~ **3** ⟨Phot.⟩ 3.1 *flacher Metallbehälter zum Aufbewahren der lichtempfindl. Platte u. zum Einlegen in die Kamera* 3.2 *zylinderförmige Kapsel zum Aufbewahren eines Rollfilms u. Einlegen in die Kamera* **4** *flacher Behälter aus Kunststoff für Magnetbänder;* Video~; Tonband~; ~nrecorder **5** *mehrere zusammengehörige Bücher in gemeinsamem, die Rücken offenlassendem Karton*

kas'sie·ren[1] ⟨V. 500⟩ **1** Geld ~ *annehmen, einnehmen;* einen Beitrag ~ **2** etwas ~ *sich aneignen, entwenden* **3** jmdn. ~ ⟨fig.; umg.⟩ *gefangennehmen, verhaften*

kas'sie·ren[2] ⟨V. 500⟩ **1** ein Urteil ~ *für ungültig erklären* **2** eine (Plan-)Stelle ~ *streichen* **3** Beamte, Soldaten ~ ⟨veralt.⟩ *entlassen*

Kas'sie·rer ⟨m.; -s, -⟩ *Angestellter, der Zahlungen annimmt u. Geld auszahlt, u. der die Kasse führt;* oV *Kassier* ⟨österr., a. süddt.⟩

Ka'sta·nie ⟨[-niə]; f.; -, -n⟩ **1** *einer Gattung der Buchengewächse angehörender Baum: Castanea* 1.1 ⟨i. e. S.⟩ *subtropische Art der Kastanie(1) mit eßbaren Früchten u. hartem, festem Holz: Castanea sativa* **2** *Frucht der Kastanie(1.1) od. der Roßkastanie* 2.1 für jmdn. die ~n aus dem Feuer holen ⟨fig.⟩ *für jmd. anderen etwas Unangenehmes od. Gefährliches tun* **3** *Hornschwiele an der Innenseite des Beins bei Pferden*

'Ka·ste ⟨f.; -, -n⟩ *von anderen Ständen abgeschlossener gesellschaftl. Stand mit strengen gesellschaftl., religiösen u. wirtschaftl. Normen, bes. im Hinduismus;* Krieger~, Priester~

ka'stei·en ⟨V. 500/R3 od. R4⟩ **1** sich ~ *sich (aus religiöser Überzeugung) körperliche Züchtigungen, Entbehrungen od. Bußübungen auferlegen;* gewisse Mönche ~ sich **2** sich ~ *streng, enthaltsam leben;* während einer Woche kasteite er sich und trank keinen Schluck Alkohol

'Ka·sten ⟨m.; -s, ¨-⟩ **1** *rechtwinkeliger Behälter mit od. ohne Deckel, Kiste, Truhe;* Brief ~, Geld~, Kohlen~, Schmuck~, Schub~; ein tiefer ~; alle Kisten und Kästen 1.1 einen Brief in den ~ werfen, zum ~ bringen *Briefkasten* **2** *Kommode* **3** ⟨süddt., österr., schweiz.⟩ *Schrank* **4** ⟨fig.; umg.; abwertend⟩ *Dinge, die äußerlich an einen Kasten erinnern* 4.1 *(großes) Gebäude od. Raum mit wenigen, kleinen Fenstern* 4.1.1 *Schule* 4.1.2 *Strafanstalt* 4.1.3 *Arrestlokal* 4.1.4 eine Woche ~ bekommen ⟨Mil.⟩ *Arrest* 4.1.5 alter ~ *altes Haus, alter Wagen* 4.1.6 alter ~ *altes Schiff* **5** er hat nichts, viel, etwas auf dem ~ ⟨fig.; umg.⟩ *er ist (nicht) klug, weiß (nicht) viel* **6** *Teil des Wagens über dem Fahrgestell* **7** ⟨Turnen⟩ *Turngerät aus einem Rahmen von 150 cm Länge, 50 cm Breite u. verstellbarer Höhe (etwa 1 m) mit Lederpolster*

ka'strie·ren ⟨V. 500⟩ **1** Lebewesen ~ *die Keimdrüsen entfernen;* Sy *verschneiden(3);* → a. *sterilisieren;* einen Mann ~; ein Tier ~ **2** eine Pflanze ~ *die Staubgefäße entfernen, bevor die Narbe reif ist*

Ka·sui·stik ⟨[--'--] f.; -; unz.⟩ **1** ⟨Ethik⟩ *Lehre von bestimmten Einzelfällen innerhalb der Morallehre u. dem dafür richtigen Verhalten* **2** ⟨Rechtsw.⟩ *Methode, Regeln für die Anwendung des Rechts aus Einzelfällen zu bilden od. in die Gesetze viele Einzelfälle aufzunehmen* **3** ⟨fig.⟩ *Haarspalterei, Wortklauberei*

Ka·ta'log ⟨m.; -(e)s, -e⟩ = *Verzeichnis;* ~ von Büchern, Waren, Gegenständen einer Ausstellung u. a.

Ka·ta'pult ⟨n.; od. m.; -(e)s, -e⟩ **1** ⟨Altertum⟩ *armbrustähnl. Wurf-, Schleudermaschine* **2** *Schleuder zum Starten von Flugzeugen* **3** *Schleudersitz (im Flugzeug)*

Ka·ta'rakt[1] ⟨m.; -(e)s, -e⟩ *Stromschnelle, niedriger Wasserfall*

Ka·ta'rakt[2] ⟨f.; -, -e; Med.⟩ *Augenkrankheit, Linsentrübung, grauer Star*

Ka'tarrh ⟨m.; -s, -e; Med.⟩ **1** *entzündl. Reizung der Schleimhäute mit vermehrter Flüssigkeitsabsonderung;* Blasen~, Magen-Darm-~ **2** ⟨umg.⟩ *Schnupfen, Erkältung*

Ka'ta·ster ⟨m. (österr. nur so) od. n.; -s, -⟩ **1** ⟨früher⟩ *amtl. Verzeichnis der steuerpflichtigen Personen* **2** ⟨heute⟩ *amtl. Verzeichnis der Steuerobjekte, bes. der Grundstücke*

Ka·ta'stro·phe ⟨f.; -, -n⟩ **1** *unvorhergesehenes Geschehen mit verheerenden Folgen;* Natur~ **2** ⟨Drama⟩ *entscheidende Wendung, die den Untergang des Helden u. die Lösung des Konflikts herbeiführt*

Ka·te'chis·mus ⟨m.; -, -men⟩ *kurzes Lehrbuch (bes. für den Religionsunterricht) in Frage u. Antwort*

Ka·te·go'rie ⟨f.; -, -n⟩ **1** ⟨urspr.⟩ *Aussage (über einen Gegenstand)* **2** ⟨Logik⟩ *Grundbegriff, von dem andere Begriffe abgeleitet werden können* **3** ⟨allg.⟩ *Begriffsklasse, Begriffsart, Begriffsgattung, Sorte, Art*

'Ka·ter[1] ⟨m.; -s, -⟩ **1** *männliche Hauskatze;* der gestiefelte ~ (Märchengestalt); Hokuspokus fidibus, dreimal schwarzer ~ (scherzh. Zauberformel); verliebt wie ein ~ sein ⟨umg.; scherzh.⟩ **2** ⟨Jagdw.⟩ *Männchen von Wildkatze u. Luchs*

'Ka·ter[2] ⟨m.; -s, -⟩ *schlechtes Befinden, Unwohlsein nach zuviel Alkoholgenuß*

Ka'the·der ⟨n. od. m.; -s, -⟩ **1** *Podium, Lehrerpult* **2** *Lehrstuhl (an einer Hochschule)*

Ka'the·ter ⟨m.; -s, -; Med.⟩ *Röhrchen zum Einführen in Körperhöhlen, bes. in die Harnblase*

ka'tho·lisch ⟨Adj. 24⟩ **1** ⟨urspr.⟩ *allgemein, die Erde umfassend;* die ~e christl. Kirche **2** ⟨allg.⟩ *zur (röm.-)kath. Kirche gehörend* 2.1 ~e Kirche, (seit der Reformation auch) römisch-~e Kirche *die dem Papst unterstehende christl. Kirche*

Kat'tun ⟨m.; -s, -e⟩ *bedruckter, dünner Baumwollstoff in Leinwandbindung*

'Kätz·chen ⟨n.; -s, -⟩ **1** *kleine, junge Katze* **2** *Ähren od. ährenähnl. Blütenstände der Birke, Erle, Hasel-, Walnuß, Weide u. a.*

'Kat·ze ⟨f.; -, -n⟩ **1** *Angehörige einer Familie der fleischfressenden Raubtiere mit scharfen Eckzähnen: Felidae* 1.1 ⟨i.e.S.⟩ *Zuchtform einer* *im Altertum gezähmten nordafrikan. Katze mit einer mitteleuropäischen Wildkatze: Felis catus;* die ~ macht einen Buckel; die ~ faucht, miaut, schnurrt, spinnt; sie schmeichelt wie eine ~ 1.1.1 → a. *Hund(1.1.1)* **2** wie die ~ um den heißen Brei herumgehen *sich nicht an eine heikle Sache wagen* **3** ⟨fig.⟩ 3.1 der ~ die Schelle anhängen *ein Geheimnis, eine Sache öffentl. ausplaudern* 3.2 die ~ läßt das Mausen nicht ⟨Sprichw.⟩ *eine angeborene Eigenschaft kann man sich nicht abgewöhnen* 3.3 ~ und Maus mit jmdm. spielen *jmdm. wiederholt etwas versprechen u. es nie halten, jmdn. absichtlich hinhalten, um ihm dann doch nur einen abschlägigen Bescheid zu geben* 3.4 das ist für die Katz ⟨umg.⟩ *umsonst, vergeblich* 3.5 die ~ im Sack kaufen *etwas kaufen, ohne es vorher gesehen od. geprüft zu haben* 3.6 die ~ aus dem Sack lassen *eine bisher verheimlichte Absicht od. Sache aussprechen, verraten* 3.7 wenn die ~ aus dem Hause ist, tanzen die Mäuse ⟨Sprichw.⟩ *ohne Aufsicht wird Verbotenes getan* 3.8 das klingt ja, wie wenn man einer ~ auf den Schwanz tritt ⟨umg.; scherzh.⟩ *mißtönend* 3.9 das hat wohl die ~ gefressen? ⟨umg.⟩ *das ist auf unerklärl. Weise verschwunden* 3.10 es war keine ~ da ⟨umg.⟩ *es war niemand da* 3.11 mach es nicht zur ~! ⟨umg.⟩ *mach es nicht kaputt* 3.12 → a. *Nacht(2.3)* **4** = *Laufkatze* **5** ⟨früher⟩ *am Gürtel getragener Geldbeutel*

'Kat·zen·au·ge ⟨n.⟩ **1** *Mineral, das Licht in hellen Streifen reflektiert, z. B. Korund, Quarz* **2** *auffallendes Licht reflektierendes Stück Glas, das hinten an einem Fahrzeug angebracht ist*

'Kat·zen·sprung ⟨m.; umg.⟩ *kurzer Weg, geringe Entfernung;* es ist nur ein ~ bis dorthin

'Kau·der·welsch ⟨n.; - od. -s; unz.⟩ **1** *aus unverständlichen Lauten od. Worten bestehende Sprache ohne Sinnzusammenhang;* das ~ eines kleinen Kindes, eines Träumenden **2** *aus mehreren Sprachen gemischte Ausdrucksweise* **3** *fehlerhafte Sprache;* dieses Kind redet immer noch ein furchtbares ~

'kau·en ⟨V.⟩ **1** ⟨402⟩ (etwas) ~ *mit den Zähnen zerkleinern;* Tabak ~; Speisen gut, gründlich, schlecht ~; gut gekaut ist halb verdaut ⟨Sprichw.⟩ 1.1 ⟨500⟩ Nägel ~ *die Fingernägel abbeißen (als Angewohnheit)* 1.1.1 ⟨411⟩ an den Nägeln ~ *die Nägel abbeißen (vor Langerweile, Spannung o. ä.)* 1.2 ⟨500⟩ Worte, Silben ~ *langsam, schwerfällig aussprechen* 1.3 ⟨411⟩ an etwas ~ *an etwas nagen, es mühselig zu zerbeißen suchen* **2** ⟨fig.⟩ 2.1 ⟨800⟩ an etwas ~ *sich mit etwas abplagen, eine Aufgabe mühsam zu lösen suchen, mit einem Kummer nicht fertig werden* 2.2 ⟨413⟩ hoch ~ *die Kiefer stark auseinandernehmen beim Essen, mit Widerwillen essen*

'kau·ern ⟨V.⟩ **1** ⟨411⟩ *auf den Fersen sitzen, in tiefer Kniebeuge hocken;* auf dem Boden ~ **2** ⟨500/R3⟩ sich ~ *sich niederhocken, in tiefe Kniebeuge gehen, sich auf die Fersen setzen*

Kauf ⟨m.; -(e)s, ¨-e⟩ **1** *Erwerb eines Gutes gegen Bezahlung;* etwas zum ~ anbieten; ~ und Verkauf; einen ~ abschließen; ~ auf Kredit, auf Teilzahlung, in Raten 1.1 einen guten, schlechten (teuren) ~ machen, (od.) tun *etwas zu günstigem od. ungünstigem Preis bzw. in bes. guter od. schlechter Qualität kaufen* **2** ⟨fig.⟩ *etwas, wofür man viel bezahlen, opfern, auf sich nehmen muß* 2.1 leichten ~es davonkommen *ohne viel Schaden zu erleiden, ohne Strafe* 2.2 etwas in ~ nehmen *sich mit etwas abfinden*

'kau·fen ⟨V. 500⟩ **1** etwas ~ *gegen Geld oder Geldeswert erwerben;* sich od. jmdm. ein Auto ~; ~ und verkaufen; dieser Stoff wird viel, gern gekauft; etwas auf Raten, auf Stottern ~; etwas für teures Geld ~ ⟨umg.⟩ 1.0.1 *in Raten bezahlen* 1.1 ⟨400⟩ bei wem ~ Sie? *in welchem Geschäft sind Sie Kunde?* **2** jmdn. ~ *bestechen;* ein gekaufter Zeuge **3** ⟨530; fig.; umg.⟩ 3.1 ⟨R1⟩ sich jmdn. ~ *jmdn. zur Rechenschaft ziehen, jmdm. gründlich die Meinung sagen;* den Kerl werde ich mir ~! 3.2 ⟨R1⟩ sich einen Affen ~ *sich einen Rausch antrinken* 3.3 ⟨530/R1 mit Modalverb⟩ dafür kann ich mir auch nichts ~ *das hat für mich keinen Wert, keinen Zweck* **4** eine Karte ~ ⟨Kart.⟩ *vom Stoß, vom Rest der Karten nehmen*

'Kauf·haus ⟨n.⟩ **1** ⟨urspr.⟩ *großes Geschäft für Einzelhandelswaren bestimmter Arten;* Textil~ **2** ⟨heute⟩ *Geschäft für Einzelhandelswaren aller Art, Warenhaus*

'Kauf·mann ⟨m.; -(e)s, -leute⟩ **1** *jmd., der berufl. Kauf u. Verkauf betreibt, der Handel betreibt;* ein guter, schlechter ~ sein **2** *jmd., der die kaufmänn. Lehre abgeschlossen hat;* gelernter ~ ⟨umg.⟩ **3** ⟨mitteldt.⟩ *Lebensmittelhändler;* bitte, lauf schnell zum ~ und hol Kartoffeln

'Kau·gum·mi ⟨m.⟩ *kaubares, aber unlösliches Erzeugnis mit erfrischender Wirkung aus natürlichem Kautschuk, Gutta od. künstl. Ersatz dafür als Grundlage mit Zusätzen von Zucker, geschmackgebenden u. weichmachenden Stoffen*

kaum ⟨Adv.⟩ **1** *nur mit Mühe, fast nicht;* er kann es ~ erwarten, daß, (od.) bis ...; ich kann ~ gehen; es ist ~ zu glauben; er hat ~ etwas gegessen 1.1 *schwerlich, sicher nicht;* er wird ~ noch kommen; ob sie heute noch kommt? Wohl ~! 1.3 ⟨bei Maß- und Zeitangaben⟩ *soeben, fast, noch nicht ganz, etwas weniger als;* ~ zwei Meter hoch; er ist ~ größer als ich; es dauerte ~ drei Stunden **2** ~ ..., als ... *sehr bald, nachdem ...;* er war ~ angekommen, als er auch schon wieder weggerufen wurde; ~ hatte ich mich hingelegt, als auch schon das Telephon klingelte **3** ~ daß *fast ohne daß, fast ... nicht;* er war sehr beschäftigt, ~ daß er Zeit hatte, etwas zu essen

kau'sal ⟨Adj. 24⟩ **1** *ursächlich, auf dem Verhältnis zwischen Ursache u. Wirkung beruhend, mit der Ursache verbunden* **2** *begründend* 2.1 ~e Konjunktion *K. des Grundes, z. B. weil*

'kau·sa·tiv ⟨Adj. 24⟩ **1** ~e Formen ⟨Gramm.⟩ *F., die einen Grund, eine Ursache bezeichnen* **2** *Veranlassung angebend, verursachend, bewirkend, begründend*

Kau·ti'on ⟨f.; -, -en⟩ **1** *Bürgschaft* **2** *Sicherheit(sleistung) durch Hinterlegung einer Geldsumme od. von Wertpapieren*

'Kau·tschuk ⟨m.; -s, -e⟩ **1** *geronnener Milchsaft einiger tropischer Pflanzenfamilien;* Roh~ **2** *durch Vulkanisation daraus gewonnene feste, zähe, elastische Masse;* Sy *Gummi* ⟨nicht fachspr.⟩

Kauz ⟨m.; -es, ¨-e⟩ **1** *zur Ordnung d. Eulen gehörender, kräftiger, gedrungener Vogel* **2** ⟨fig.⟩ *schnurriger, wunderl. Mensch, Sonderling;* er ist ein ~; er ist ein komischer ~ **3** *Haarknoten;* das Haar in, zu einem ~ aufstecken

Ka·va'lier ⟨[-v-] m.; -s, -e⟩ **1** ⟨früher⟩ *Reiter, Ritter* **2** ⟨heute⟩ *Begleiter einer Dame* **3** *(bes. gegen Frauen) höfl., ritterl. Mensch*

Ka·val·le'rie ⟨[-v-] f.; -, -n⟩ *Reiterei, Reitertruppe*

'Keb·se ⟨f.; -, -n; veralt.⟩ *Nebenfrau, Frau, mit der eine Beziehung außerhalb des ehelichen Rahmens besteht*

keck ⟨Adj.⟩ **1** *munter, unbefangen, frisch;* eine ~e Antwort, Frage; er trat ~ vor und sagte... **2** *dreist, vorwitzig, verwegen;* ein ~er Bursche; ein Hütchen ~ auf einem Ohr

'Ke·gel ⟨m.; -s, -⟩ **1** *spitz zulaufender Körper mit runder od. ovaler Grundfläche, Konus;* gerader, schiefer, stumpfer ~ **2** *Holzfigur im Kegelspiel;* die ~ aufstellen (zum Spiel); ~ schieben, spielen **3** *kegelförmiges Gebilde;* Berg~ **4** ⟨veralt.⟩ *uneheliches Kind;* → a. *Kind(5.1)* **5** ⟨Typ.⟩ *Stärke einer Schrifttype in der Höhenrichtung des Schriftbildes* **6** ⟨jägerspr.⟩ *aufrechte Haltung bei Hase, Kaninchen u. Wiesel, wenn sie auf den Hinterläufen sitzen u. mit den Vorderläufen den Boden nicht berühren, „Männchen";* einen ~ machen

'Ke·gel·schnitt ⟨m.⟩ *Kurve, die sich als Schnitt einer Ebene mit einem geraden Kreiskegel ergibt*

'Ke·gel·spiel ⟨n.⟩ *Spiel, bei dem man mit einem einzigen Schwung eine Holzkugel über eine glatte Bahn rollt u. versucht, dadurch die am Ende aufgestellten neun (od. zehn) Kegel umzuwerfen*

'Keh·le ⟨f.; -, -n⟩ **1** *vorderer Teil des Halses mit dem Kehlkopf;* Sy *Gurgel;* eine trockene ~ haben (vor Durst); jmdn. an od. bei der ~ packen; ein Bissen, eine Gräte blieb ihm in der ~ stecken 1.1 jmdm. die ~ durchschneiden ⟨umg.⟩ *jmdn. töten* 1.2 jmdm. an die ~ springen *jmdn. tätlich angreifen* 1.3 sich (fast) die ~ aus dem Hals schreien *sehr laut schreien* 1.4 jmdm. ist die ~ (wie) zugeschnürt ⟨fig.⟩ *jmd. kann nicht sprechen* 1.4.1 der Schreck schnürte mir die ~ zu ⟨fig.⟩ *ich konnte vor S. kein Wort sprechen* 1.5 j m d m. das Messer a n die ~ setzen ⟨fig.⟩ *jmdm. mit etwas drohen* 1.6 → a. *falsch(1.2.3)* **2** ⟨kurz für⟩ *Hohlkehle, langgestreckte gerundete Vertiefung zur Gliederung einer Fläche* **3** *Rückseite einer Befestigungsanlage*

'Kehl·kopf ⟨m.⟩ *knorpeliges Eingangsteil der Luftröhre u. Organ der Stimmbildung*

'Kehr·aus ⟨m.; -; unz.⟩ **1** *der letzte Tanz am Ende eines Festes;* den ~ tanzen **2** den ~ machen *Schluß machen, aufräumen*

'Keh·re ⟨f.; -, -n⟩ **1** *scharfe Biegung (des Weges), scharfe Kurve* **2** ⟨Sp.⟩ 2.1 *Wendung am Turngerät* 2.2 *Absprung mit dem Rücken zum Gerät* **3** ich habe die ~, ich bin an der ~ ⟨veralt.⟩ *ich bin dran, ich bin an der Reihe*

'keh·ren¹ ⟨V. 402⟩ (e t w a s) ~ **1** *fegen, mit dem Besen sauber machen;* den Ofen, Schornstein ~; den Hof, die Straße, Treppe, das Zimmer ~; den Schnee vom Dach, vom Fenstersims ~ 1.1 jeder kehre vor seiner Tür! ⟨fig.⟩ *jeder kümmere sich um seine eigenen Angelegenheiten* 1.2 → a. *neu(1.0.2)*

'keh·ren² ⟨V.⟩ **1** ⟨511⟩ e t w a s, einen Körperteil zu od. nach einem Gegenstand ~ *etwas drehen, wenden, richten auf od. zu etwas (hin);* die Augen, das Gesicht zum Himmel ~; die Innenseite nach außen ~ 1.1 ⟨530⟩ jmdm. den R ü c k e n ~ *zuwenden* 1.2 ⟨511⟩ das Unterste zuoberst ~ *alles durcheinanderbringen* 1.3 ⟨400⟩ der Wind hat gekehrt ⟨schweiz.⟩ *kommt jetzt aus einer anderen Richtung* **2** ⟨500/R3⟩ s i c h ~ *eine halbe Drehung ausführen;* ganze Abteilung kehrt! (erg. euch!) ⟨militär. Kommando⟩ **3** ⟨550/R3⟩ s i c h n i c h t a n e t w a s ~ *nicht um etwas kümmern, etwas nicht beachten;* sie kehrte sich nicht an seinen Zorn, seine Ermahnungen **4** ⟨511, nur im Part. Perf.⟩ in sich gekehrt ⟨fig.⟩ *still, nicht geneigt, sich mitzuteilen, verschlossen*

'Keh·richt ⟨m.; -s; unz.⟩ *zusammengekehrter Unrat, Abfall, Müll*

'Kehr·sei·te ⟨f.⟩ **1** *die Rückseite;* die ~ eines Bildes **2** ⟨fig.; umg.; scherzh.⟩ *hintere Seite einer Person, Rücken, Gesäß;* jmdm. seine ~ zuwenden **3** ⟨fig.⟩ *die ungünstige Seite (einer Sache)* 3.1 die ~ der Medaille ⟨fig.⟩ *die negative Seite einer Angelegenheit*

Keil ⟨m.; -(e)s, -e⟩ **1** *zum Spalten od. als Hemmvorrichtung dienender prismat. Körper, von dem zwei Seiten spitzwinklig in einer Kante zusammenstoßen;* einen ~ in einen Spalt treiben; einen ~ unter die Räder legen 1.1 ~ und Gegenkeil *zwei Keile, die nacheinander mehrmals so ins Holz getrieben werden, daß der eine den anderen lockert u. das Holz schließlich gespalten wird* **2** ⟨fig.⟩ 2.1 einen ~ zwischen zwei Menschen treiben *das gute Einvernehmen zwischen zwei M. zu stören suchen, Zwietracht säen* 2.2 ein ~ treibt den anderen *auf eine Zwangsmaßnahme muß eine weitere folgen* 2.3 → a. *grob(4.0.2)* **3** *dreieckiger, spitzwinkliger Stoffteil in Kleidungsstücken*

'Kei·le ⟨nur Pl.; umg.⟩ *Schläge, Prügel;* ~ kriegen

Kei·le'rei ⟨f.; -, -en; umg.⟩ *Schlägerei, Prügelei*

Keim ⟨m.; -(e)s, -e⟩ **1** *einfaches Ausgangsgebilde eines Lebewesens, Embryo;* der junge, zarte ~ (einer Pflanze u. a.) **2** *Krankheitserreger;* Krankheits~; ~ der Ansteckung; die ~e beim Kochen abtöten **3** ⟨fig.⟩ *Anfang, Beginn, Ausgangspunkt;* der ~ der Liebe, des Hasses 3.0.1 dieses Erlebnis hat den ~ für seine spätere Entwicklung, Handlungsweise gelegt *stellte den Ausgangspunkt dar* 3.0.2 einen Aufstand im ~ ersticken *vor dem Ausbruch, im Entstehen* 3.0.3 die Absicht war damals schon im ~ vorhanden *im Ansatz*

'kei·men ⟨V. 400⟩ **1** *aus einem Keim zu wachsen beginnen, Triebe hervorbringen* 1.1 ~des L e b e n ⟨geh.⟩ *werdendes (menschliches) Leben, Kind im Mutterleib* **2** eine S a c h e keimt *beginnt sich zu entwickeln;* in ihrem Herzen keimte eine schüchterne Liebe

'Keim·zel·le ⟨f.⟩ *Zelle der Vielzeller, die nur der Fortpflanzung dient, Geschlechtszelle*

kein ⟨Indefinitpron.⟩ **1** *nicht einer (eine Person), nicht ein (eine Sache);* Ggs *jede(r, -s);* ~ Kind, ~es der Kinder; ~ einziges Mal; er ist ~ (nicht) Deutscher; ich habe ~ Geld; ich habe ~e Lust; ich habe (gar) ~e Zeit; nur ~e

Angst!; Sie machen sich ~e Vorstellung, wie herrlich es war; ~er von ihnen, von uns, von beiden; ~ anderer war es 1.1 ~er, ~ Mensch ⟨umg.⟩ *niemand;* und wenn man dann fragt, will es ~er gewesen sein; das weiß ~er; ~ Mensch war da **2** ⟨Wendungen⟩ 2.1 ~ bißchen *überhaupt nicht(s)* 2.2 ~e Spur! *ganz und gar nicht, wirklich nicht* 2.3 ~e Ahnung! *ich weiß es nicht* 2.4 an ~er Stelle *nirgends* 2.5 in ~er Weise *überhaupt nicht, gar nicht* 2.6 auf ~en Fall *ganz bestimmt nicht* 2.7 ~e Ursache! *bitte, gern geschehen (als Antwort auf Dank)*

'kei·ner·lei ⟨Adj. 24/60⟩ *nicht das, die geringste, nicht den geringsten, nicht die geringsten, von keiner Art;* er hat auf sie ~ Einfluß; ich mache mir darüber ~ Gedanken; auf ~ Weise

'kei·nes·falls ⟨Adv.⟩ *auf keinen Fall;* ich komme ~; er darf mich ~ hier sehen

'kei·nes·wegs ⟨a. [--'-] Adv.⟩ *durchaus nicht, ganz u. gar nicht;* möchtest du gern mitkommen? ~!; er ist ~ so klug, wie er scheint

Kelch ⟨m.; -(e)s, -e⟩ **1** *(meist kostbares, geschliffenes) Trinkglas mit Fuß, bes. das Gefäß für den Wein beim Abendmahl;* der Priester trinkt aus dem ~ **2** ⟨fig.⟩ *schweres Schicksal;* der ~ des Leidens 2.0.1 bitterer ~ *schwer zu bewältigendes Schicksal, bitteres Erlebnis* 2.1 den (bitteren) ~ bis zur Neige, bis auf die Hefe leeren *etwas Schweres bis zu Ende tragen, keine Widerwärtigkeit erspart bekommen* 2.2 möge dieser ~ an mir vorübergehen ⟨fig.⟩ *möge mir dieses Schwere erspart bleiben (nach dem Ausspruch Christi, Matth. 26,39)* **3** ⟨Bot.⟩ *meist grüner, oft verwachsener äußerer Teil einer doppelten Blütenhülle*

'Kel·le ⟨f.; -, -n⟩ **1** *Gerät aus dreieckiger Platte u. geschwungenem Griff zum Anwerfen des Putzes an die Mauer;* Maurer~ **2** *runder, tiefer Löffel zum Schöpfen;* Schöpf~ **3** ⟨Eisenb.⟩ *Stab, mit dem das Abfahrtszeichen gegeben wird* **4** ⟨jägerspr.⟩ *Schwanz des Bibers*

'Kel·ler ⟨m.; -s, -⟩ **1** *Geschoß des Hauses unter der Höhe der Straße;* im ~ befindet sich noch ein Bastelraum **2** *unterird. Aufbewahrungsraum;* Kartoffel~, Wein~; Wein, Bier aus dem ~ holen 2.1 auftischen, was Küche und ~ zu bieten haben ⟨fig.⟩ *reichlich Speise und Trank auftischen* **3** *(urspr. im Keller liegende) Bierwirtschaft, Gaststätte; (hervorgegangen aus den Bierkellern der Brauereien, die dort oft auch einen kleinen Ausschank betrieben, bzw. aus der Gaststätte im Rathaus);* Löwenbräu~, Rats~

'Kell·ner ⟨m.; -s, -⟩ *Angestellter in einer Gaststätte zum Bedienen der Gäste*

'Kel·ter ⟨f.; -, -n⟩ *Fruchtpresse, bes. für Trauben*

'ken·nen ⟨V. 166/500⟩ **1** ⟨R7 od. R8⟩ jmdn. od. etwas ~ *über das Wesen von jmdm. od. etwas Bescheid wissen;* jmdn. (nur) vom Sehen ~; ich kenne ihn von früher; jmdn. flüchtig, etwas, gut ~ 1.0.1 ⟨513⟩ jmdn. (nur) dem Namen nach ~ *über das Wesen von jmdm. nicht aus eigener Erfahrung Bescheid wissen* 1.1 ⟨513⟩ jmdn. (persönlich) ~ *sich aufgrund einer od. wiederholter Begegnungen ein Bild von einer Person machen können, sich mit ihrer Eigenheit vertraut gemacht haben, Erfahrungen mit ihr gemacht haben;* ~ Sie Herrn X? (als einleitende Frage bei der Vorstellung); ich habe Ihren (verstorbenen) Vater gut gekannt; da kennst du mich aber schlecht (wenn du so etwas von mir denkst)!; ich kenne ihn nur als anständig und bescheiden 1.2 kennst du mich (überhaupt) noch? *erinnerst du dich noch an mich?* 1.3 er kennt mich nicht mehr *er beachtet mich nicht, verleugnet unsere Bekanntschaft* **2** etwas ~ *von etwas wissen, Bescheid wissen über etwas, bewandert sein in etwas;* ich kenne das Lied auswendig; kennst du hier ein gutes Wäschegeschäft?; diese Blumen kennt man hier nicht 2.1 eine Stadt, ein Land ~ *(schon) in einer Stadt, in einem Land gewesen sein* **3** ein literarisches Werk, musikalisches Werk ~ *(schon einmal) gesehen, gelesen, gehört haben;* ich kenne von Mozart nur die „Zauberflöte"; kennst du etwas (ein Werk) von Hemingway? **4** ⟨fig.⟩ **4**.1 er kennt nichts anderes als seine Arbeit *er beschäftigt sich nur mit seiner A.* **4**.2 die Begeisterung, der Jubel kannte keine Grenzen *der J., die B. war unbeschreiblich groß* **4**.3 ⟨514⟩ er kennt sich nicht vor Wut *er ist vor Wut außer sich* **4**.4 ⟨510⟩ da kenne ich nichts! *da ist mir alles gleichgültig, ich tue es doch!* **4**.5 ja, das kenne ich! ⟨umg.⟩ *das habe ich schon oft gehört od. erlebt u. will davon nichts mehr wissen, hör mir damit auf!* **4**.6 ich kenne meine Leute ⟨umg.⟩ *mir kann keiner etwas vormachen, ich durchschaue sie alle*

'Ken·ner ⟨m.; -s, -⟩ *erfahrener Fachmann auf einem Gebiet, jmd., der sehr gut über etwas Bescheid weiß;* Wein~; er ist ein ausgezeichneter ~ der altgriechischen Literatur, orientalischer Teppiche usw.

'kennt·lich ⟨Adj. 80⟩ **1** etwas ist (an etwas) ~ *ist (an gewissen Anzeichen) zu erkennen, wahrnehmbar;* das Vogelmännchen ist im Unterschied zum Weibchen an seinem bunteren Gefieder ~ **2** etwas (als etwas) ~ machen *ein Zeichen anbringen, um etwas als etwas Bestimmtes erkennbar zu machen;* eine Flüssigkeit durch ein rotes Etikett auf der Flasche als Gift ~ machen

'Kenntnis ⟨f.; -, -s·se⟩ **1** *Wissen (von), Erfahrung;* Fach~, Sach~; seine ~se reichen dazu nicht aus; ohne ~ der Umstände; ausgezeichnete, hervorragende, große, reiche, umfassende ~se haben 1.1 in einer Sprache (gute) ~se besitzen *eine S. schon (gut), bis zu einem gewissen Grade beherrschen* 1.2 das entzieht sich meiner ~ *das weiß ich nicht* **2** jmdm. etwas zur ~ bringen, geben *mitteilen* 2.1 jmdn. davon in ~ setzen *jmdm. mitteilen, daß ..., jmdn. davon unterrichten, daß ...* 2.2 etwas zur ~ nehmen ⟨geschäftl. Briefstil⟩ *die Mitteilung von etwas bestätigen* 2.3 ich habe es zur ~ genommen *ich habe es mir angehört, (od.) angesehen u. kenne es nun, aber ich will nicht darüber urteilen*

'kenn·zeich·nen ⟨V. 500⟩ **1** jmd. kennzeichnet etwas (durch etwas) *bringt an etwas ein Zeichen an;* einen Weg (durch Steine, Zweige usw.) ~; eine Flasche durch ein Etikett, eine Kiste durch eine Aufschrift ~; Namen in einer Liste durch Kreuze ~ **2** ⟨R7⟩ ein Verhalten kennzeichnet jmdn. *ein V. läßt jmds. Eigenart, Wesen deutlich werden, erkennen;* diese Tat kennzeichnet seinen Mut, seine Anständigkeit; sein Verhalten kennzeichnet ihn als gut erzogenen Menschen

'ken·tern ⟨V. 400⟩ ein Boot kentert *schlägt um, kippt um*

Ke'ra·mik ⟨f.; -, -en⟩ **1** ⟨unz.⟩ *Technik zur Herstellung von Gegenständen aus gebranntem Ton;* an der TH ~ studieren **2** *Gesamtheit der Erzeugnisse aus gebranntem Ton* 2.1 *Produkt des Töpferhandwerks* **3** ⟨unz.⟩ *Industrie, die Gegenstände aus gebranntem Ton herstellt;* in der ~ tätig sein

'Kerb·holz ⟨n.; im MA⟩ **1** *längs gespaltener Stock, von dem jeder der beiden Geschäftspartner eine Hälfte bekam, in die Kerben als Merkzeichen für Zahlungen usw. geschnitten wurden* 1.1 etwas auf dem ~ haben 1.1.1 ⟨urspr.⟩ *etwas schuldig sein* 1.1.2 ⟨heute⟩ *etwas Unrechtes getan haben*

'Ker·ker ⟨m.; -s, -; veralt.⟩ **1** *(unterird.) Gefängnis* **2** ⟨veralt.; noch österr.⟩ *schwere Form der Freiheitsstrafe;* zehn Jahre schweren ~ bekommen; im ~ schmachten

Kerl ⟨m.; -(e)s, -e; umg.⟩ **1** *Mensch, Mann, Bursche, Junge;* er ist ein anständiger, feiner, gutmütiger, lieber ~; großer, junger, kräftiger, strammer ~; braver, ganzer (= tüchtiger), tapferer ~; der arme ~!; kleiner ~ (meist liebevoll von kleinem Jungen) 1.1 sie hat einen ~ ⟨vulg.⟩ *einen Freund, Geliebten* **2** *Mädchen;* sie ist ein hübscher ~; gemeiner, schlechter ~ 2.1 → a. *lang(1.1.6)* **3** ⟨abwertend für⟩ *Mensch, Mann, Bursche, Junge;* wenn doch der ~ endlich ginge!; ich kann den ~ nicht leiden; dummer, blöder, grober ~; er ist ein komischer ~

Kern ⟨m.; -(e)s, -e⟩ **1** *innerer, mittlerer Teil von etwas, Mittelpunkt;* Stadt~ 1.1 *harter innerer Teil einer Frucht;* Apfel~, Apfelsinen~, Nuß~ 1.2 *Stein des Steinobstes;* Kirsch~; vor dem Einmachen die ~e entfernen **2** ⟨fig.⟩ *das Innerste* 2.1 *das Wesen, der Charakter einer Person* 2.1.1 sie hat einen guten ~ *im Grunde einen guten Charakter, wenn es nach außen hin auch nicht so scheint* 2.2 *das Wesen einer Sache, das einer Sache Zugrundeliegende, Wesentliche;* zum ~ der Frage, Sache vorstoßen; damit hast du den ~ des Problems getroffen 2.3 → a. *Pudel(2)* **3** ⟨Biol.⟩ *Zellkern* **4** ⟨Biol.⟩ *Ausgangs- od. Endteil der Hirn- u. Rückenmarksnerven in der grauen Substanz* **5** ⟨Phys.⟩ *Atomkern* **6** ⟨Astr.⟩ *Kernschatten* **7** ⟨Met.⟩ *in eine Gießform eingebrachtes Formteil, das einen Hohlraum in einem Gußstück aussparen soll* **8** ⟨Chem.⟩ *Ausgangspunkt einer Kristallbildung*

'ker·nig ⟨Adj.⟩ *kräftig u. gesund, fest u. stark, kraftvoll, markig, urwüchsig;* ~er Ausspruch; ~er Mann

'Kern·obst ⟨n.⟩ *Obstgattungen der zur Familie der Rosengewächse gehörenden Unterfamilie der Pomoidae, deren Frucht aus dem Kernhaus mit den Kernen als Samen besteht und zu denen z. B. Apfel, Birne, Eberesche u. Weißdorn gehören*

'Kern·re·ak·tor ⟨m.⟩ *Anlage, in der Spaltungen von Atomkernen in einer kontrollierten Kettenreaktion ablaufen u. Energie frei wird*

'Ker·ze ⟨f.; -, -n⟩ **1** *zylindr. Beleuchtungskörper aus Stearin, Wachs, Talg, Paraffin mit einem Docht aus geflochtener Baumwolle;* Altar~, Stearin~, Wachs~, Weihnachts~; ~n gießen, ziehen; die ~n anzünden, auslöschen, ausbrennen lassen; für einen Altar, einen Heiligen, die Muttergottes eine ~ stiften; gegossene, gezogene ~; sein Leben verlosch so still wie eine ~ ⟨poet.⟩ **2** ⟨fig.⟩ *kerzenähnl. Gebilde* 2.1 *kerzenähnl. Pflanzenblüten;* Kastanien~ **3** = *Zündkerze;* die ~n auswechseln, reinigen **4** ⟨Turnen⟩ *Nackenstand, Turnübung, bei der Beine u. Rumpf aus der Rückenlage gerade nach oben gestreckt werden, so daß nur noch Kopf, Nacken, Schultern u. Arme den Boden berühren;* die ~ machen **5** ⟨Fußb.⟩ *steiler Schuß* **6** ⟨veralt.; Phys.⟩ *Maßeinheit der Lichtstärke* 6.1 eine Lampe von 100 ~n ⟨meist fälschlich für⟩ *Watt*

keß ⟨Adj.; landschaftl.⟩ **1** jmd. ist ~ *ist auf harmlose Weise frech, dreist od. vorlaut;* ein kesser Bursche **2** jmd. ist ~ *flott, schneidig* **3** ein Kleidungsstück ist ~ *ist modisch u. dabei herausfordernd;* ein kesses Hütchen

'Kes·sel ⟨m.; -s, -⟩ **1** *größeres, bauchiges Metallgefäß zum Erhitzen od. Verdampfen von Flüssigkeiten;* Dampf~, Wasser~; den ~ aufs Feuer setzen, vom Feuer nehmen; Wäsche im ~ kochen 1.0.1 *weites, gerundetes Tal;* Tal~ **2** ⟨Mil.⟩ *umstelltes, umzingeltes, kreisförmiges Stück Land, in dem sich der Feind, Flüchtling od. ä. befindet;* die feindl. Truppen in einem ~ einschließen **3** ⟨jägerspr.⟩ 3.1 *Lager mehrerer Wildschweine* 3.2 *kreisförmiges Stück Feld, in dem das Wild (bes. Hasen) bei der Kesseljagd zusammengetrieben wird* 3.3 *der kreisförmig erweiterte Wohnraum nach der Eingangsröhre im Dachs- und Fuchsbau*

'Kes·sel·trei·ben ⟨n.; -s, -⟩ **1** ⟨Jagdw.⟩ *Treibjagd (bes. auf Hasen), bei der die Treiber, von einem Punkt nach zwei Seiten ausgehend, einen Ring bilden, in dem das Wild wie in einem Kessel eingeschlossen ist u. auf den Mittelpunkt zugetrieben wird* **2** ein ~ gegen jmdn. veranstalten ⟨fig.⟩ 2.1 *ihn einkreisen, um ihn zu vernichten* 2.2 *gegen ihn von allen Seiten hetzen, um ihn mundtot zu machen*

'Ket·te[1] ⟨f.; -, -n⟩ **1** *Band aus (meist metallenen) Gliedern, die ineinander greifen od. durch Gelenke miteinander verbunden sind;* Glieder~, Gelenk~ 1.1 *Kette(1) für Zug u. Antrieb;* Anker~, Fahrrad~; die ~ ölen 1.2 *Band(1) als Schmuck od. zum Befestigen eines Anhängers;* Ordens~, Uhr~; Bernstein~, Perlen~, Hals~; goldene, silberne ~; eine ~ um den Hals tragen 1.3 *Kette(1) zum Anbinden, Festhalten;* die ~ (an der Tür) vorlegen; einen Hund an die ~ legen **2** *eine Reihe nahe beieinanderliegender od. miteinander verbundener Gegenstände;* Berg~, Blumen~, Seen~ **3** *zu einem bestimmten Zweck aufgestellte Reihe von Personen;* Posten~; eine ~ bilden (um Bausteine, Bücher o. ä. weiterzureichen) **4** ⟨nur Pl.⟩ ~n *Eisenfesseln;* die Gefangenen wurden früher mit ~n aneinandergeschmiedet; einen Gefangenen in ~n legen; zwei Gefangene mit ~n aneinanderschmieden 4.1 seine ~n abwerfen, sprengen, zerreißen ⟨a. fig.⟩ *ein Joch, eine Fremdherrschaft abschütteln, sich mit Gewalt befreien* **5** ⟨fig.⟩ 5.1 *Folge von Vorgängen, Ereignissen od. Handlungen;* Gedanken~; eine ~ von Ereignissen, Unglücksfällen 5.2 ein Glied in einer ~ sein *zu einer Gemeinschaft gehören, die jedes Mitglied braucht* 5.3 ⟨Wirtsch.⟩ *eine Reihe von gleichartigen Dienstleistungsbetrieben, die zu demselben Unternehmen gehören u. an verschiedenen Orten* *tätig sind;* Laden～; Hotel～ **6** ⟨Text.⟩ *Gesamtheit der Kettfäden, der Längsfäden eines Gewebes;* Ggs *Schuß(7)*

'Ket·te² ⟨f.; -, -n⟩ **1** ⟨jägerspr.⟩ *Familie jagdbarer Hühnervögel* **2** ⟨Mil.⟩ *drei gemeinsam fliegende Flugzeuge*

'Kett·fa·den ⟨m.⟩ *Garn für die Kette(6) eines Webstuhls*

'Ket·zer ⟨m.; -s, -⟩ **1** ⟨Rel.⟩ *jmd., der eine von einem kirchlichen Dogma abweichende Lehre vertritt* **2** *jmd., der offen von der allg. herrschenden Meinung abweicht, sich offen gegen die allg. herrschende Meinung stellt*

'keu·chen ⟨V. 400⟩ **1** *mit geöffnetem Mund hörbar u. mit Mühe atmen, schnaufen;* „...!" keuchte er; unter einer schweren Last ～; vom schnellen Laufen ～; ～d die Worte hervorstoßen **2** ⟨umg.; verhüllend⟩ *sich übergeben, erbrechen*

'Keu·le ⟨f.; -, -n⟩ **1** *nach unten dicker werdender, starker Stock als Schlag- u. Wurfgerät, Turngerät von ähnl. Form zum Schwingen* **2** *Oberschenkel des Schlachtviehs u. Haarwildes;* Hammel～, Kalbs～, Reh～

keusch ⟨Adj.⟩ **1** *rein, unberührt, jungfräulich* **2** *enthaltsam;* ein ～es Leben führen; ～ leben **3** *zurückhaltend, schamhaft, züchtig;* die Augen ～ niederschlagen; ～ und züchtig **3.1** ein ～er Joseph ⟨umg.; scherzh.⟩ *ein sehr zurückhaltender Mann*

kg ⟨Abk. für⟩ *Kilogramm*

'ki·chern ⟨V. 400⟩ *leise in kurzen Tönen u. mit hoher Stimme lachen*

'Kie·bitz¹ ⟨m.; -es, -e⟩ *mittelgroßer, schwarzweißer Watvogel aus der Familie der Regenpfeifer mit aufrichtbarem Federschopf am Hinterkopf: Vanellus vanellus*

'Kie·bitz² ⟨m.; -es, -e⟩ *Zuschauer beim Kartenspiel, bes. Skat, der oft lästige Ratschläge gibt*

'Kie·fer¹ ⟨m.; -s, -⟩ *einer von zwei starken, meist gegeneinander beweglichen, Zähne tragenden Knochen vieler Tiere u. des Menschen zum Erfassen u. Zerkleinern der Nahrung*

'Kie·fer² ⟨f.; -, -n⟩ *Gattung der Nadelhölzer mit zwei bis fünf Nadeln an einem kurzen Trieb: Pinus*

Kiel¹ ⟨m.; -(e)s, -e⟩ *harter Teil der Vogelfeder, der früher als Schreibgerät diente;* Feder～, Gänse～

Kiel² ⟨m.; -(e)s, -e⟩ **1** *unterster, von vorn der Länge nach bis hinten durchgehender, mittlerer Teil (aus Holz od. Stahl) mancher Schiffe* **1.1** ein Schiff auf ～ legen *zu bauen beginnen*

'Kie·me ⟨f.; -, -n⟩ *dünnhäutiges Atmungsorgan im Wasser lebender Tiere, durch dessen Wand der Gasaustausch stattfindet, indem von außen das zum Atmen aufgenommene Wasser, von innen die Körperflüssigkeit daran herantritt: Branchia*

Kies ⟨m.; -es, (selten) -e⟩ **1** *lose Anhäufung von zerkleinerten, durch Wassereinwirkung abgerundeten Gesteinsstücken bis rd. 3 cm Durchmesser* **2** ⟨Min.⟩ *Schwefel-, Arsen- od. Antimonerz von metallischem Aussehen;* Arsen～, Schwefel～ **3** ⟨unz.; umg.; studentenspr.⟩ *Geld*

'Kie·sel ⟨m.; -s, -⟩ *Kieselstein, kleiner, durch strömendes Wasser rundgeschliffener Stein*

'Ki·lo ⟨n.7; -s, -s; umg.; Kurzw. für⟩ *Kilogramm*

ki·lo..., Ki·lo... ⟨in Zus.; Abk.: k⟩ *tausendfach, Tausend...*

Ki·lo'gramm ⟨n.; -s, -; Abk.: kg⟩ *1000 Gramm*

Ki·lo'me·ter ⟨m.; Abk.: km⟩ *1000 Meter*

Ki·lo'watt ⟨n.; Abk.: kW⟩ *1000 Watt*

'Kim·me ⟨f.; -, -n⟩ **1** *Einschnitt am Visier der Handfeuerwaffen, der mit dem Korn beim Zielen eine Linie bilden muß;* ～ und Korn **2** *in der Daube befindlicher Einschnitt, in dem der Faßboden gehalten wird*

Kind ⟨n.; -(e)s, -er⟩ **1** *Mensch von der Geburt bis zum Eintritt der Geschlechtsreife;* sie ist bei der Geburt des ～es gestorben; ein ～ stillen, nähren, entwöhnen; sein leibliches ～; neugeborenes ～; uneheliches ～; ein ～ in Pflege geben, haben; artiges, braves, gutes, kluges, liebes, schwieriges, ungezogenes, verwöhntes ～; hübsches, niedliches, reizendes ～; das hat er schon als (kleines) ～ getan; ein ～ bekommen, kriegen, empfangen, gebären, zeugen; ～er unter 14 Jahren haben keinen Zutritt; als ～ war ich oft dort; er ist doch noch ein ～!; bitte benimm dich, bu bist kein (kleines) ～ mehr!; Weib und ～ haben, verlassen ⟨poet.⟩; ～er und Narren sagen die Wahrheit ⟨Sprichw.⟩; kleine ～er, kleine Sorgen - große ～er, große Sorgen ⟨Sprichw.⟩ **1.1** mit einem ～e gehen *schwanger sein* **1.2** ein ～ unter dem Herzen tragen *schwanger sein* **1.3** ein ～ erwarten *schwanger sein* **1.4** einer Frau ein ～ machen ⟨vulg.⟩ *eine F. schwängern* **1.5** ein ～ der Liebe ⟨fig.⟩ *unehel. Kind* **1.6** aus ～ern werden Leute ⟨Sprichw.⟩ *die Zeit geht hin, man wird alt* **1.7** wer sein ～ lieb hat, züchtigt es ⟨Sprichw.⟩ *strenge Erziehung ist ein Zeichen der Liebe* **1.8** von ～ an od. auf *von den ersten Lebensjahren an* **1.9** wie sag' ich's meinem ～e? *wie kläre ich es am besten über sexuelle Dinge auf?* **1.10** ich bin bei ihnen wie (das) ～ im Hause *ganz vertraut, ganz heimisch* **2** ⟨nur Pl.; Sammelbez. für⟩ ～er *Knabe u. Mädchen, Sohn u. Tochter;* hat er ～er?; unsere ～er; sie haben fünf ～er; sie haben schon große, erwachsene ～er **3** *(liebevolle Anrede vor allem für Kinder und Jugendliche);* mein (liebes) ～!; ～er, hört mal zu!; schönes ～! (Anrede eines Mannes an ein junges Mädchen); aber ～! (das geht doch nicht) **4** ⟨fig.⟩ *Abkömmling, jmd., der (noch) von seiner Herkunft, Abstammung, seinem Schicksal geprägt ist* **4.1** er ist ein Berliner, Münchner ～ *er stammt aus B., M.* **4.2** die ～er Gottes ⟨poet.⟩ *die Menschen* **4.3** er ist ein ～ seiner Zeit *er ist durch seine Zeit geprägt worden* **4.4** da sieht man, wes Geistes ～ er ist *was für eine Bildung, (od.) Gesinnung er hat* **4.5** er ist ein ～ des Todes ⟨fig.⟩ *er wird sterben* **5** ⟨fig.⟩ **5.1** mit ～ und Kegel *mit der ganzen Familie* **5.2** an ～es Statt annehmen *adoptieren* **5.3** wie sag' ich's meinem ～e? *wie bringe ich ihm (einem Erwachsenen) die Sache schonend bei?* **5.4** das weiß jedes ～ *jeder* **5.5** das ～ beim (richtigen) Namen nennen ⟨fig.⟩ *etwas ohne Umschweife aussprechen* **5.6** wir werden das ～ schon schaukeln *die Sache zuwege bringen, die Angelegenheit richtig, gut erledigen* **5.7** das ～ muß doch einen Namen haben ⟨fig.⟩ *die Sache muß irgendwie bezeichnet werden, braucht eine Begründung* **5.8** das ～ mit dem Bade ausschütten *zu schnell, zu radikal handeln* **5.9** → a. *Brunnen(1.0.1)*

'Kind·bett ⟨n.; -(e)s; unz.⟩ **1** *Zeit, während*

derer die Mutter nach der Geburt des Kindes im Bett liegen muß: Puerperium; Sy *Wochenbett, Wochen(3);* im ~ liegen 1.1 ins ~ kommen *ein Kind bekommen, niederkommen* 1.2 im ~ sterben *an den Folgen einer Geburt sterben*

'Kin·der·schuh ⟨m.⟩ **1** *Schuh für Kinder* **2** ⟨nur Pl.⟩ ~e ⟨fig.⟩ *Beginn einer Entwicklung, Jugend* 2.1 die ~e ausziehen, ausgetreten haben *erwachsen geworden sein, die Kindheit, Jugend hinter sich haben* 2.2 jmd. steckt noch in den ~en *ist noch nicht erwachsen* 2.3 eine Entwicklung, ein Verfahren steckt noch in den ~en *steht noch am Beginn, ist noch in Entwicklung begriffen;* die Herzchirurgie steckte damals noch in den ~en

'Kin·der·spiel ⟨n.⟩ **1** *Spiel für Kinder* **2** ⟨fig.⟩ *etwas sehr Leichtes, sehr Einfaches, etwas, das einem sehr leicht fällt;* das ist ein ~ für ihn

'Kin·der·stu·be ⟨f.⟩ **1** *Zimmer für die Kinder* **2** ⟨fig.⟩ *Erziehung im Elternhaus, Umgangsformen* **3** eine gute, schlechte ~ haben *eine gute, schlechte Erziehung genossen haben, gute, schlechte Umgangsformen haben* 3.1 seine gute ~ verleugnen *sich (trotz guter Erziehung) schlecht benehmen*

'Kind·heit ⟨f.; -; unz.⟩ *Lebensjahre des Menschen von der Geburt bis zur Geschlechtsreife;* eine glückliche, schöne, sorglose ~ haben, verbringen ich habe meine ~ in England verbracht; in früher ~; von ~ an

'kin·disch ⟨Adj.⟩ **1** ein Erwachsener ist ~ *verhält sich wie ein Kind;* alte Leute werden oft ~ **2** jmd. verhält sich ~ *albern, lächerlich;* sich ~ benehmen; sei nicht so ~!

'kind·lich ⟨Adj.⟩ **1** *einem Kinde gemäß, entsprechend, in der Art eines Kindes, unschuldig, naiv;* eine ~e Freude an etwas haben 1.1 er, sie ist ein ~es Gemüt *ein wenig einfältig;* ~e Liebe; ~er Gehorsam; ~e Spiele; sein Gesicht war noch weich und ~

Kinn ⟨n.; -(e)s, -e⟩ *rundlicher Vorsprung am unteren Ende des Unterkieferknochens des Menschen: Mentum;* sich (bedächtig, nachdenklich) das ~ reiben, streichen; energisches, fliehendes, kräftiges, rundes, spitzes, vorspringendes ~; das ~ in die Hand stützen; jmdn. unters ~ fassen (um sein Gesicht hochzuheben)

'Ki·no ⟨n.; -s, -s⟩ *Raum od. Gebäude zur Vorführung von Filmen*

Ki'osk ⟨österr. a. ['--] m.; -(e)s, -e⟩ **1** *oriental. Gartenhäuschen;* Sy *Pavillon(3)* **2** *Erker od. Aufbau auf dem Dach oriental. Paläste* **3** *freistehendes Verkaufshäuschen od. Stand für Zeitungen, Zigaretten, Süßigkeiten u. Getränke usw.;* Zeitungs~

'Kip·pe¹ ⟨f.; -, -n⟩ **1** ⟨Turnen⟩ *Turnübung, bei welcher der am Gerät Hängende die Beine gerade nach vorn hebt u. sich dann mit den Hüften einen Schwung nach rückwärts gibt, so daß er im Stütz landet* **2** auf der ~ stehen ⟨fig.⟩ *unsicher, wackelig sein;* das Unternehmen steht auf der ~; es stand auf der ~, ob wir unseren Ausflug machen konnten od. nicht; er steht im Rechnen auf der ~ zwischen 1 u. 2 **3** ⟨Bgb.⟩ 3.1 *Stelle, an der aus einem Bergwerk geförderter Abraum gelagert wird* 3.2 *der so gelagerte Abraum*

'Kip·pe² ⟨f.; -, -n; mittel-, norddt.⟩ *Zigarettenstummel*

'kip·peln ⟨V.400⟩ **1** ein Gegenstand kippelt *wackelt, steht nicht fest;* der Schrank, Stuhl kippelt **2** *sich mit dem Stuhl nach hinten beugen u. auf den beiden hinteren Stuhlbeinen schaukeln*

'kip·pen ⟨V.⟩ **1** ⟨400⟩ jmd. od. ein Gegenstand kippt *droht umzustürzen, fällt (fast) um;* der Schrank kippt; vom Stuhl ~ **2** ⟨500⟩ 2.1 einen Behälter ~ *aus einer stabilen in eine labile Lage bringen (u. umwerfen);* eine Kiste ~ **3** Flüssigkeiten (Gefäße) ~ *F. (aus Gefäßen) ausschütten, ausgießen;* (einen Eimer) Wasser vor die Tür ~ **4** ⟨500⟩ einen ~ ⟨fig.⟩ *ein Glas Schnaps trinken* **5** ⟨500⟩ eine Zigarette ~ *zur Hälfte geraucht ausdrücken* **6** ⟨500⟩ Münzen ~ und wippen 6.1 ⟨17/18. Jh.⟩ *etwas von ihnen abschneiden und sie heftig in die Waagschale werfen (damit sie sinkt)* 6.2 *Münzen verschlechtern u. einschmelzen*

'Kir·che ⟨f.; -, -n⟩ **1** *(bes. christl.) institutionalisierte Glaubensgemeinschaft;* die christliche, evangelische, katholische, lutherische, reformierte ~; aus der ~ austreten; zu einer ~ gehören 1.1 → a. *sichtbar(1.1)* **2** *christl. Gotteshaus;* gotische, romanische, moderne ~ 2.1 mit der ~ ums Dorf fahren, laufen, mit der ~ ums Kreuz gehen ⟨fig.; österr.⟩ *einen unnötigen Umweg machen* 2.2 wir wollen die ~ im Dorf lassen ⟨fig.⟩ *wir wollen die Sache nicht übertreiben* **3** *Gottesdienst;* die ~ ist aus; heute ist (keine) ~; zur ~ läuten; aus der ~ kommen; in die ~ gehen; zur ~ gehen; das ist so gewiß, so sicher wie das Amen in der ~ ⟨Sprichw.⟩

'Kir·chen·licht ⟨n.⟩ **1** *Kerze in der Kirche* **2** ⟨nur noch in der Wendung⟩ er ist kein (großes) ~ ⟨fig.⟩ *er ist nicht sehr klug*

'Kir·chen·maus ⟨f.; nur in der Wendung⟩ arm wie eine ~ sein *sehr arm (da es in der Kirche keine Nahrung für Mäuse gibt)*

'kirch·lich ⟨Adj.⟩ **1** *zur Kirche gehörend, von ihr ausgehend, ihr gemäß, ihr zukommend;* ~er Feiertag; ~er Würdenträger 1.1 ~e Gerichtsbarkeit *Recht u. Rechtsausübung der Kirche über ihre Mitglieder* 1.2 ~e Trauung *T. durch einen Geistlichen in der Kirche* **2** jmd. denkt, handelt ~ *denkt, handelt, verhält sich im Sinne der Kirche;* ~ gesinnt

'Kirch·turm·po·li·tik ⟨f.⟩ *engstirnige Politik, Handlungsweise, Denken von Menschen mit beschränktem Gesichtskreis*

'Kirch·weih ⟨f.; -, -en⟩ *Jahresfeier der Einweihung der Kirche mit Jahrmarkt u. Lustbarkeiten;* Sy *Kirmes*

'Kir·mes ⟨f.; -, -mes·sen⟩ = *Kirchweih*

'Kir·sche ⟨f.; -, -n⟩ **1** *einer Gattung der Steinobstgewächse angehörender Obstbaum: Prunus avium;* Süß ~, Sauer~ **2** *Frucht der Kirsche(1)* 2.1 mit jmdm. ist nicht gut ~n essen ⟨fig.⟩ *mit jmdm. kann man nicht gut auskommen*

'Kis·sen ⟨n.; -s, -⟩ **1** *weiches Polster, viereckiger od. runder Beutel mit weicher Füllung;* Kopf~, Nadel~, Sitz~, Sofa~; jmdm. ein ~ unter den Kopf legen **2** ⟨nur Pl.⟩ *Bett, Bettzeug;* einem Kranken die ~ aufschütteln; sich in den ~ aufrichten; in die ~ zurücksinken

'Ki·ste ⟨f.; -, -n⟩ **1** *rechtwinkliger Holz- od. Metallbehälter, Truhe;* Blech~, Holz~, Bücher ~, Porzellan ~, Zigarren ~; eine ~ Wein, Zigarren 1.1 (alle) ~n und Kasten durchsuchen *alle Behälter* 2 ⟨fig.; umg.⟩ *Sache, Angelegenheit* 2.1 und fertig ist die ~! *Sache, Arbeit;* die ganze ~ kostet nur zehn Mark 2.2 eine faule ~ *eine bedenkl., anrüchige Angelegenheit* 3 ⟨fig.; umg.⟩ *alter Kraftwagen, altes Schiff* 3.1 eine alte ~ *altes Fahrzeug* 4 ⟨scherzh.; Fußb.⟩ *Tor* 5 ⟨fliegerspr.⟩ *Flugzeug;* in die ~ steigen

Kitsch ⟨m.; -(e)s; unz.⟩ *süßliche, sentimentale Scheinkunst*

Kitt ⟨m.; -(e)s, -e⟩ 1 *flüssiger od. plastischer Stoff, der an der Luft hart wird u. zum Kleben u. Dichten von Gegenständen od. zum Ausfüllen von Fugen dient;* Glaser ~, Holz ~, Porzellan ~, Stein ~ 1.1 der ganze ~ ⟨fig.; umg.⟩ *das ganze Zeug, die ganze Sache*

'Kit·tel ⟨m.; -s, -⟩ 1 *hemdartiges Obergewand, hemdartige, über Rock od. Hose getragene Bluse* 2 *Arbeitsmantel;* Arbeits ~, Arzt ~, Maler ~

'kit·ten ⟨V. 500⟩ 1 Glas ~ *mit Kitt zusammenfügen;* eine Fensterscheibe in den Rahmen ~ 2 etwas ~ *leimen, wieder verbinden;* einen zerbrochenen Krug ~ 3 eine Sache ~ ⟨fig.⟩ *reparieren, wieder in ihren heilen Zustand überführen;* dieser Bruch, ihre Ehe, ihre Freundschaft läßt sich nicht wieder ~

'Kit·zel ⟨m.; -s; unz.⟩ 1 *durch Berühren od. leichtes Zwicken des Körpers verursachter Juckreiz, der oft Lachen hervorruft* 2 ⟨fig.⟩ *Erregung, Spannung;* Nerven ~ 3 ⟨fig.⟩ *Lust, Reiz, Antrieb, etwas zu tun, was man eigentl. nicht tun sollte;* einen ~ (nach etwas) verspüren

'kit·zeln ⟨V. 500⟩ 1 ⟨402⟩ (jmdn.) ~ *durch streichelndes Berühren od. leichtes Zwicken mit krampfhaftem Lachen verbundenen Juckreiz erregen;* hör auf, das kitzelt! (erg.: mich); die Wolle des Pullovers kitzelt mich; jmdn. an den Fußsohlen, unterm Kinn ~; jmdn. mit einem Grashalm ~ 2 ⟨fig.⟩ 2.1 ⟨580; unpersönl.⟩ es kitzelt mich, etwas zu tun ⟨fig.⟩ *ich möchte zu gern ..., obwohl ich es nicht tun sollte;* es kitzelt mich, ihn zu ärgern; es kitzelt mich, das einmal zu probieren 2.2 den Gaumen ~ *den G. reizen, den Appetit anregen* 2.3 jmds. Eitelkeit ~ *jmdm. schmeicheln* 2.4 jmds. Ehre ~ *etwas zu jmdm. sagen, was sein Ehrgefühl weckt (um ihn damit zu einer Handlung zu bringen)*

'Kitz·ler ⟨m.; -s, -⟩ *aufrichtbarer, dem Penis entsprechender Teil der weibl. Geschlechtsorgane am oberen Zusammenstoß der kleinen Schamlippen: Clitoris*

'kitz·lig ⟨Adj.⟩ oV *kitzelig* 1 jmd. ist ~ *empfindlich gegen das Kitzeln;* (sehr, nicht) ~ sein 2 eine Angelegenheit, ein Problem ist ~ *peinlich, heikel, schwer zu lösen*

'klaf·fen ⟨V. 400⟩ 1 etwas klafft *bildet einen tiefen Spalt, ist, liegt weit offen;* ein Abgrund klaffte vor ihnen; eine ~de Lücke; ein ~der Riß, Spalt; eine ~de Wunde 2 hier klafft ein (tiefer) Widerspruch *herrscht ein großer W., wird ein großer W. deutlich*

'kläf·fen ⟨V. 400⟩ 1 ein Hund kläfft *bellt hell, schrill* 2 ⟨fig.; umg.⟩ *häßlich schimpfen*

'Klaf·ter ⟨n. 7; -s, -⟩ 1 *altes Längenmaß, Spannweite der seitwärts gestreckten Arme* 2 *altes Raummaß für Holz bei jeweils verschiedener Länge der Scheite, etwa 3 m³*

'Kla·ge ⟨f.; -, -n⟩ 1 *Äußerung von Schmerz od. Trauer, Jammern;* laute ~n anstimmen (über); bittere, laute ~en; in laute ~n ausbrechen 2 *Äußerung der Unzufriedenheit (über jmdn. od. etwas), Beschwerde (über jmdn. od. etwas);* sich in (ständigen) ~n ergehen (über); sein Verhalten gibt (keinen) Anlaß zur ~; (keinen) Grund zur ~ haben; es ist die ~ laut geworden, daß ...; daß mir keine ~n kommen (ermahnende Abschiedsworte, bes. an Kinder od. junge Leute) 3 ⟨Rechtsw.⟩ *Geltendmachen eines Anspruchs vor Gericht, gerichtliches Vorgehen;* eine ~ einreichen, abweisen, zurückziehen; ~ erheben, führen (über jmdn. od. etwas); eine ~ anhängig machen 3.1 → a. *öffentlich(3.2)*

'kla·gen ⟨V.⟩ 1 ⟨405⟩ jmd. klagt (über etwas) *äußert Trauer od. Schmerz;* „...!" klagte sie; weinen und ~; „...!" rief sie ~d aus; mit ~der Stimme; über Schmerzen (im Leib usw.) ~ 2 ⟨400⟩ Wild klagt ⟨jägerspr.⟩ *schreit aus Angst od. Schmerz* 3 ⟨400 od. 503⟩ (jmdm. etwas) ~ *Teilnahme, Mitleid heischend darstellen, erzählen;* jmdm. seine Not, sein Leid ~; sie ist ein Mensch, der immer klagt, immer ~ muß 4 ⟨800⟩ um jmdn. od. etwas ~ *den Verlust von jmdm., etwas beklagen;* um die einzige Tochter ~ 5 ⟨800⟩ (über jmdn., jmds. Verhalten) ~ *bemängeln, tadeln;* dein Lehrer hat (sehr) über dich geklagt; Sie sollen, werden nichts zu ~ haben 6 ⟨400; Rechtsw.⟩ *Klage erheben, einen Anspruch geltend machen (vor Gericht);* der ~de Teil, die ~de Partei (im Prozeß); auf Entschädigung, Schadenersatz ~; auf Scheidung ~ (gegen)

'kläg·lich ⟨Adj.⟩ 1 *klagend, jammernd, mitleiderregend;* sich in einem ~en Zustand befinden 1.1 ~es Geschrei, Weinen, Wimmern *jämmerliches G., W., W.;* ~ miauen, schreien, weinen 2 *enttäuschend, geringwertig, dürftig, verächtlich;* eine ~e Rolle (bei einer Sache) spielen; ein ~es Verhalten an den Tag legen, der Ausflug nahm ein ~es Ende 3 ⟨50; verstärkend⟩ *völlig;* der Plan, Versuch ist ~ mißlungen; er hat ~ versagt

Kla'mauk ⟨m.; -s; unz.; umg.⟩ *Geschrei, Lärm, lärmende Veranstaltung, Aufregung, Aufsehen, Skandal;* wenn das herauskommt, gibt es einen großen ~

klamm ⟨Adj.⟩ 1 *feuchtkalt;* ~e Bettwäsche 2 *steif, erstarrt vor Kälte;* meine Finger sind ganz ~ 3 ⟨40; umg.⟩ *knapp an (Geld, Material);* er ist ~

'Klam·mer ⟨f.; -, -n⟩ 1 *kleines Gerät aus Draht, Eisen, Plastik od. Holz in verschiedenen Formen zum Zusammenhalten;* Büro ~, Wäsche ~, Wund ~; eine Wunde mit ~n verschließen 2 *Schriftzeichen zum Kennzeichnen eines eingeschalteten Wortes od. Satzes;* ~ auf, ~ zu (Angabe beim Diktieren); einen Satz, ein Satzteil, ein Wort in ~(n) setzen; eckige ~ ⟨Zeichen: [ ]⟩; runde ~ ⟨Zeichen: ( )⟩; spitze ~ ⟨Zeichen: ⟨ ⟩⟩ 3 ⟨Sp.⟩ *Griff beim Ringen;* den Gegner in die ~ nehmen

'klam·mern ⟨V. 500⟩ 1 eine Wunde ~ *mit Klammern verschließen* 2 ⟨511⟩ einen Gegenstand an etwas ~ *mit Klammer an etwas befestigen* 3 ⟨511/R3⟩ 3.1 sich an etwas od. jmdn. ~ *sich so fest wie möglich an etwas od. jmdm. festhalten;* sich an ein Geländer ~; sich an jmds. Arm ~ 3.2 sich an etwas od. jmdn. ~ ⟨fig.⟩ *all seine Hoffnung auf jmdn., etwas setzen, Hilfe bei jmdm. suchen* 3.2.1 sich an eine Hoffnung ~ *eine H. nicht aufgeben* 3.3 → a. *Strohhalm(1.1)*

Kla'mot·te ⟨f.; -, -n⟩ **1** *Stück eines zertrümmerten Ziegelsteins od. anderen Bausteins* **2** ⟨Pl.⟩ ~n ⟨fig.⟩ *Kleider, Hausrat, Siebensachen* 2.1 alte ~n *altes Zeug, alter Kram*

Klang ⟨m.; -(e)s, ¨e⟩ **1** *mit dem Ohr wahrnehmbare Erscheinung, die durch einen einzelnen Ton od. mehrere gleichzeitig od. einander folgende Töne von regelmäßigen Schwingungen gekennzeichnet ist, das Klingen, der Schall;* der ~ der Gläser, Schwerter; der ~ von Glokken, Geigen, Hörnern, Trompeten; beim ~ der bekannten Stimme horchte er auf; seine Stimme hat einen metallischen ~; ein dumpfer, hoher, klarer, reiner, tiefer, voller ~; beim ~ der Musik 1.0.1 das Instrument hat einen guten ~ *klingt gut* 1.1 der Name hat einen guten ~ ⟨fig.⟩ *man hat im Zusammenhang mit dem N. schon manches Gute gehört (ohne Genaueres zu wissen)* 1.2 → a. *Sang(1.1)* **2** ⟨nur Pl.⟩ Klänge *Musik* 2.0.1 unter, zu den Klängen des Hochzeitsmarsches *bei der Musik des H.*

'Klang·far·be ⟨f.⟩ *durch Grund- u. Obertöne des jeweiligen Instrumentes bestimmte Charakteristik eines Klanges*

'Klap·pe ⟨f.; -, -n⟩ **1** *an einer Seite befestigter, dreh-, aufklappbarer oder sonst leicht zu öffnender Verschluß od. Deckel;* Herz~; Ofen~; Ventil~; die ~ am Briefkasten, an der Jacken-, Manteltasche 1.1 → a. *Fliege(1.5)* **2** *beweglich verschließbares Luftloch;* Luft~ **3** ⟨fig.⟩ 3.1 ⟨umg.; derb⟩ *Mund* 3.1.1 die ~ halten *schweigen;* halt endlich deine, die ~! 3.1.2 eine große ~ haben *gern prahlen, großsprecherisch reden, viel u. laut reden* 3.1.3 die große ~ schwingen *großsprecherisch daherreden* 3.1.4 die ~ aufreißen *prahlen* 3.2 ⟨umg.⟩ *Bett;* in die ~ gehen, kriechen, steigen **4** ⟨bei Blasinstrumenten⟩ *durch einen Hebel mit dem Finger niederdrückbares, selbsttätig zurückspringendes Plättchen über einem Loch*

'klap·pen ⟨V.⟩ **1** ⟨511; meist in Zus.⟩ etwas ~ *(um)schlagen, (um)drehen;* auf~, hoch~, auseinander~, zusammen~; den Deckel in die Höhe ~ **2** ⟨400⟩ etwas klappt *gibt einen leisen Knall, macht ein leichtes, hartes Geräusch;* seine Schritte klappten auf dem Flur 2.1 die Tür klappte *schloß sich mit leise knallendem Geräusch, fiel ins Schloß* **3** ⟨400⟩ eine Sache klappt *gelingt, geht gut, wird erledigt od. in Ordnung sein, funktioniert reibungslos;* hat es geklappt?; ich habe versucht, ihn zu treffen, aber es hat leider nicht geklappt; wenn es heute nicht geht, dann klappt es eben ein anderes Mal; die Sache klappt nicht recht; es hat nichts geklappt!; es hat alles gut geklappt 3.1 die Sache zum Klappen bringen *die S. zum guten Schluß führen, zur günstigen Entscheidung bringen* 3.2 der Laden klappt *die Angelegenheit läuft, funktioniert* 3.3 ⟨410⟩ es klappt alles wie am Schnürchen *es geht ausgezeichnet (voran)*

'Klap·per ⟨f.; -, -n⟩ *Instrument, das durch Aneinanderschlagen von zwei od. mehreren Teilen Lärm verursacht, z. B. als Kinderspielzeug, Jagdgerät u. ä.*

'klap·pe·rig ⟨Adj.⟩ oV *klapprig* **1** ein Gegenstand ist ~ *alt u. leicht zerbrechlich;* ein ~es Auto **2** ein Lebewesen ist ~ *alt u. schwächlich;* ein alter, ~er Gaul; er ist schon etwas ~

'klap·pern ⟨V. 400⟩ **1** *durch rasches, häufiges Aneinanderschlagen zweier harter Gegenstände ein Geräusch machen;* ein Fensterladen, eine Tür klappert; sein Gebiß klappert; die Schreibmaschine klappert; die Zähne klapperten ihm (vor Kälte, Angst); der Storch klappert (mit dem Schnabel); es klappert die Mühle am rauschenden Bach (Kinderlied); ihre Holzschuhe ~ auf dem Pflaster; die Hufe der Pferde ~ auf der Straße; auf der Schreibmaschine ~; mit dem Geschirr, den Tellern (in der Küche) ~ 1.1 ⟨411⟩ der Wagen klapperte durch die Straßen *fuhr mit klapperndem Geräusch* 1.2 ⟨416⟩ mit den Zähnen ~ *die Z. aufeinanderschlagen (vor Kälte, Aufregung)* 1.2.1. ⟨400; fig.⟩ *große Angst haben* 1.3 ⟨416⟩ mit den Augen ~ ⟨umg.; scherzh.⟩ *Augenaufschläge machen, kokettieren* 1.4 Klappern gehört zum Handwerk *man muß sein Können auch ein wenig anpreisen*

'Klap·per·storch ⟨m.⟩ **1** *Storch, von dem man früher den Kindern erzählte, daß er die kleinen Kinder bringe* 1.1 zu Müllers ist der ~ gekommen ⟨verhüllend für⟩ *Müllers haben ein Baby bekommen*

'klapp·rig ⟨Adj.⟩ = *klapperig*

Klaps ⟨m.; -es, -e⟩ **1** *leichter Schlag, leichte Ohrfeige;* einem Kind, Hund einen ~ geben **2** ⟨fig.⟩ *kleine Verrücktheit, Schrulle;* er hat einen ~; du hast wohl einen ~?

klar ⟨Adj.⟩ **1** *durchsichtig, ungetrübt, rein;* ~e Sicht haben; durch diese Brille kann ich nicht ~ sehen; die Flüssigkeit wird wieder ~; ~e Luft; das Fenster ist wieder ~; ~e Augen haben 1.1 ~er Himmel *wolkenloser H.* 1.2 ~e Farben *F., die frei von Grau sind* 1.3 das Photo ist nicht ganz ~ *nicht ganz scharf* 1.4 ~er Zucker *fein gemahlener Z.* 1.5 ein Klarer ⟨norddt.⟩ *klarer Branntwein, klarer Schnaps* **2** eine Aussage, Stimme ist ~ *ist deutlich, verständlich, unmißverständlich;* ich möchte eine ~e Antwort haben; sich ein ~es Bild von etwas machen; einen ~en Stil schreiben; mit ~er Stimme sprechen; eine ~e Vorstellung von etwas haben; es ist (ganz) ~, daß ...; ich habe es ihm ~ und deutlich gesagt; etwas ~ und offen sagen; jmdm. etwas kurz und ~ mitteilen; etwas mit ~en Worten sagen 2.1 das ist mir (noch nicht ganz) ~ *das habe ich (noch nicht ganz) verstanden* 2.2 das ist doch ~ wie Kloßbrühe, wie dicke Tinte! ⟨umg.; scherzh.⟩ 2.2.1 *ganz deutlich, ganz einfach zu verstehen* 2.2.2 *ganz sicher, selbstverständlich* 2.3 ~er Fall! ⟨umg.⟩ *selbstverständlich, ganz richtig, ohne Zweifel!* 2.4 eine ~e Schrift *leicht lesbare S.* 2.5 ~e Verhältnisse *leicht durchschaubare, geordnete V.* **3** jmd. hat einen ~en Kopf, Geist ⟨fig.⟩ *ist nüchtern od. vernünftig denkend, scharfsinnig;* ~ denken (können) 3.1 einen ~en Blick haben 3.1.1. *nüchtern denken, sich nicht täuschen lassen* 3.1.2. *einen offenen B.* 3.2 ~en Kopf behalten *sein nüchternes, vernünftiges Denkvermögen behalten, sich nicht verwirren lassen* 3.3 er ist nicht ganz ~ im Kopf *er kann nicht vernünftig denken* **4** *bei Bewußtsein sein;* der Kranke hatte heute ein paar ~e Augenblicke, war bei ~em Bewußtsein **5** ⟨fig.⟩ **5.1** sich über etwas im ~en sein *etwas eingesehen haben, etwas genau wissen;* man muß sich darüber im ~en sein, daß ... **5.2** mit einer Sache ins ~e kommen *eine S. verstehen u. sie richtig erledigen können* **6** ⟨40⟩ etwas ist ~ *ist sicher, gewiß, natürlich, selbstverständlich;* ~!; ~, ich helfe dir!; na ~! **6.1** das ist doch ~! *selbstverständlich* **7** ein Geschütz, Schiff ist ~ ⟨Mar.; Mil.⟩ *bereit, fertig;* ~ zum Einsatz, zum Gefecht, zum Start; ~ Deck! ⟨Mar.⟩

'klä·ren ⟨V. 500⟩ **1** eine Flüssigkeit ~ *klar, durchsichtig machen* **2** eine Sache ~ *durch Diskussion, Nachforschung usw. die Unklarheiten über eine S. ausräumen;* Fragen ~; die Schuldfrage ~ **3** ⟨R3⟩ eine Sache klärt sich *wird klar;* die Frage hat sich geklärt

Kla·ri'net·te ⟨f.; -, -n⟩ *Holzblasinstrument mit einfachem Rohrblatt am schnabelförmigen Mundstück*

'Klas·se ⟨f.; -, -n⟩ **1** ⟨a. Logik⟩ *Gruppe von Lebewesen, Dingen, Begriffen mit gleichen Merkmalen;* Lebewesen, Dinge in ~n einteilen; Begriffs~, Alters~, Rang~ **1.1** *Gruppe von Dingen od. Leistungen mit demselben Wert;* Güte~, Handels~; Abteil, Fahrkarte erster, zweiter ~, erster ~ reisen; ein Lokal dritter ~ **1.2** *einzelne Ziehung einer Klassenlotterie* **1.3** *Gewinne desselben Wertes;* Gewinn~ **1.4** ⟨Biol.⟩ *mehrere Ordnungen umfassende obligatorische Kategorie;* die ~ der Säugetiere **1.5** *durch gemeinsame wirtschaftl. Interessen gekennzeichnete Gruppe von Menschen;* die oberen, unteren, besitzenden, besitzlosen ~n; die Arbeiter~, Gesellschafts~ **1.6** *Gruppe etwa gleichaltriger Kinder, die gemeinsam unterrichtet werden;* in unserer ~ sind 25 Schüler; eine gute, schlechte, unruhige ~; unsere ~ fährt ins Gebirge; in die dritte ~ gehen **1.7** *Raum, in dem eine Schulklasse unterrichtet wird;* Sy *Klassenzimmer, Schulzimmer* **1.8** *Leistungsfähigkeit;* ein Künstler erster, zweiter, dritter ~ **1.9** ⟨Sp.⟩ *Gewichtsklasse* **2** das ist ~! *großartig, ganz hervorragend*

'Klas·sik ⟨f.; -; unz.⟩ **1** ⟨i. w. S.⟩ *Zeitabschnitt (bes. künstlerisch) bedeutender Leistungen eines Volkes* **2** ⟨i. e. S.⟩ = *klassisches Altertum* **3** *dt. literar. Bewegung von etwa 1786 (Goethes italien. Reise) bis 1805 (Schillers Tod), die durch harmon. Ausgewogenheit, Maß u. Reife sowie durch die Orientierung an der Antike gekennzeichnet ist* **4** ⟨Mus.⟩ *Zeitabschnitt von etwa 1770 bis 1825 mit dem von Haydn, Mozart u. Beethoven geschaffenen einfachen, natürl. Stil, der die Sonatenform bevorzugte u. zur Vollendung führte;* Wiener ~

'klas·sisch ⟨Adj. 24⟩ **1** *die Klassik betreffend, zu ihr gehörig, aus ihr stammend* **2** *in der Art der Klassik, nach dem Vorbild der K. strebend* **3** *mustergültig* **3.1** *von dauerndem Wert* **3.2** *vorbildlich ausgewogen, ausgereift, maßvoll;* ein ~es Beispiel, ~er Beweis; ein Werk von ~er Schönheit **3.3** das ~e Altertum *Blütezeit der altgriechischen u. altrömischen Kultur;* Sy *Klassik(2), Antike(1)* **3.4** ~e Philologie *Wissenschaft von den Sprachen des klass. Altertums (Altgriechisch, Latein)* **3.5** ~e Logik *mit den Mitteln der natürlichen Sprachen formulierte L.* **3.6** die ~en Sprachen *Altgriechisch u. Latein* **4** das ist ja ~! ⟨umg.; iron.⟩ *köstlich, komisch*

Klatsch ⟨m.; -(e)s, -e⟩ **1** *Geräusch beim Fallen in eine Flüssigkeit, beim Fallen eines nassen od. breiigen Gegenstandes auf den Boden od. beim Schlag mit der flachen Hand od. mit einem flachen Gegenstand;* es gab einen großen ~, als er ins Wasser fiel; mit einem ~ herunterfallen **2** ⟨unz.⟩ *Geschwätz, Gerede, üble Nachrede, Neuigkeiten über persönl. Angelegenheiten anderer, meist negativer Art;* Stadt~; sie wußte allerlei neuen ~ zu erzählen

'klat·schen ⟨V.⟩ **1** ⟨511⟩ jmd. klatscht etwas an, auf, gegen etwas **1.1** *wirft etwas so an, auf, gegen etwas, daß ein helles kurzes Geräusch entsteht;* die Karten beim Spielen auf den Tisch ~ **1.2** *etwas heftig, wütend, an, auf, gegen etwas werfen;* das Heft mit der schlechten Prüfungsarbeit auf den Tisch ~ **2** ⟨411⟩ jmd. klatscht (in die Hände) *erzeugt (mit den Händen) ein helles, kurzes Geräusch;* in die Hände ~ **2.1** *die Hände zusammenschlagen als Beifallskundgebung* **2.1.1** ⟨530⟩ jmdm. Beifall ~ *jmdm. Beifall bezeigen* **2.2** ⟨530⟩ jmdm. eine ~ *eine Ohrfeige geben* **2.3** ⟨401⟩ nimm dich in acht, sonst klatscht's! *sonst gibt's Ohrfeigen, Prügel* **3** ⟨411⟩ etwas klatscht an, auf, gegen etwas *fällt mit einem hellen kurzen Geräusch auf etwas, prallt, schlägt an, gegen etwas;* der Regen klatscht gegen die Fenster; die Eier klatschten zu Boden **4** ⟨400; fig.; umg.⟩ *von Abwesenden sensationelle Neuigkeiten od. Negatives erzählen;* über andere ~ **5** ⟨400 od. 503⟩ (jmdm. etwas) ~ *ausplaudern, verraten, hinterbringen, petzen;* er hat alles dem Lehrer geklatscht; wehe, wenn du (erg.: es) klatschst!

'Klaue ⟨f.; -, -n⟩ **1** *Teil des Fußes verschiedener Tiere* **1.1** *Teil des Fußes der Greifvögel, der die Klauen trägt;* die ~n der Adler **1.2** *Nagel der jagdbaren Raubtiere* **1.3** *verhornte Zehe der Wiederkäuer u. Schweine* **1.4** an der ~ erkennt man den Löwen ⟨Sprichw.⟩ *man erkennt jeden an seiner charakteristischen Eigenschaft* **2** *Werkzeug in Form einer Gabel, eines Hakens* **3** *Holzverbindung, bei der das untere Holz in eine Kerbe des oberen greift* **4** ⟨fig.⟩ *gierige Hand, die jmdn. od. etwas festhalten will;* jmdn. den ~n des Todes entreißen; etwas od. jmdn. in seinen ~n haben, halten **5** ⟨fig.; umg.⟩ *Handschrift* **5.1** eine (fürchterliche) ~ haben *eine schlechte Handschrift schreiben*

'Klau·se ⟨f.; -, -n⟩ **1** *Zelle eines Mönches, Einsiedelei;* Einsiedler~ **2** ⟨fig.⟩ *Zimmer, Heim, kleine Wohnung;* er hat eine gemütliche ~; in meiner stillen ~ **3** *Talenge, Engpaß, Schlucht* **4** ⟨Bot.⟩ *einsamige Teilfrucht der Röhrenblütler (Tubiflorae)*

'Klau·sel ⟨f.; -, -n⟩ **1** ~ in Verträgen *Vorbehalt, beschränkende od. erweiternde Nebenbestimmung* **2** ⟨antike Rhetorik⟩ *rhythmisierter Schluß eines Satzes od. Satzabschnittes* **3** ⟨mittelalterl. Musik⟩ *Schlußformel einer Melodie od. eines Abschnittes einer Melodie*

Kla'vier ⟨[-v-]; n.; -s, -e⟩ **1** *Tasteninstrument, bei dem die Saiten durch Filzhämmerchen angeschlagen werden;* Sy *Piano(1);* ~ spielen, üben;

das ~ stimmen; jmdn. (zu seinem Gesang, Geigenspiel o. ä.) auf dem ~ begleiten **2** wo steht das ~? *(scherzh. Frage, wenn man um eine kleine Hilfeleistung gebeten wird)*

'kle·ben ⟨V.⟩ **1** ⟨511⟩ etwas an, auf (usw.) etwas ~ *(mittels Klebstoff u. (od.) Anfeuchten) haften machen;* Plakate, Zettel an eine Mauer ~; eine Marke auf einen Brief ~; Photos in ein Album ~ (mittels Klebstoff u. Feuchtigkeit) **2** ⟨400; umg.⟩ *Beitragsmarken für die Altersversicherung kaufen u. in ein Heft kleben, d. h. Versicherungsbeiträge bezahlen* **2.1** er hat schon zwanzig Jahre lang geklebt *er hat schon zwanzig Jahre lang Versicherungsmarken geklebt* **3** ⟨400⟩ *fest haften;* die Briefmarke klebt gut, schlecht, nicht **3.1** ⟨411⟩ Kleider, Haare ~ an etwas *haften an etwas (infolge Feuchtigkeit);* das Hemd klebte ihm am Körper; die Haare klebten ihm an der Stirn **4** ⟨400; fig.⟩ **4.1** Vorsicht, ich klebe ⟨umg.⟩ *meine Hände sind klebrig* **4.2** ⟨414⟩ das Kleidungsstück klebt vor Dreck ⟨umg.⟩ *ist sehr dreckig* **4.3** ⟨411⟩ die Zunge klebt mir am Gaumen *ich bin sehr durstig* **4.4** ⟨400⟩ ich klebe! ⟨umg.⟩ *ich schwitze u. bin schmutzig* **4.5** ⟨411⟩ er klebt an der Felswand ⟨fig.⟩ *er kann nicht vorwärts od. rückwärts* **4.6** ⟨800⟩ er klebt zu sehr am alten *er hängt zu sehr am alten, kann sich davon nicht lösen* **4.7** ⟨530⟩ jmdm. eine ~ *eine Ohrfeige geben* **4.8** → a. *Blut(2.2)*

'kle·be·rig ⟨Adj.⟩ = *klebrig*

'kleb·rig ⟨Adj.⟩ *voller Klebstoff, mit Klebstoff versehen, klebend, haften bleibend, mit etwas Zähflüssigem od. Feuchtem u. Schmutzigem behaftet;* oV *kleberig;* meine Hände, Finger sind ~ (vom Honig, von Marmelade, von Schweiß)

'kleckern ⟨-k·k-; V.⟩ **1** ⟨405⟩ (auf etwas) ~ *(mit etwas Flüssigem od. Breiigem) Flecken (auf etwas) machen;* paß auf, daß du nicht kleckerst! (bei Tisch); aufs Tischtuch, auf die Schürze ~ **2** ⟨511⟩ eine Flüssigkeit (auf etwas) ~ *tropfenweise auf etwas schütten, etwas mit Flüssigem tropfenweise beschmutzen;* Farbe auf den Boden ~; Suppe, Soße aufs Kleid ~ **3** ⟨400⟩ eine Angelegenheit kleckert ⟨fig.⟩ *geht langsam, mühsam voran, vorwärts*

Klecks ⟨m.; -es, -e⟩ *Fleck;* Tinten~, Farb~

'kleck·sen ⟨V. 400⟩ **1** *Kleckse machen;* paß auf, daß du nicht kleckst!; die Feder kleckst **2** ⟨402; fig.; umg.⟩ (ein Bild) ~ *schlecht malen*

Klee ⟨m.; -s; unz.⟩ **1** *einer Gattung der Schmetterlingsblütler angehörendes aufrechtes od. niederliegendes, häufig kriechendes Kraut mit gefingerten Blättern: Trifolium* **1.1** jmdn. über den grünen ~ loben ⟨fig.⟩ *jmdn. sehr, auf übertriebene Weise loben*

Kleid ⟨n.; -(e)s, -er⟩ **1** ⟨i. w. S.⟩ = *Kleidung* **1.1** ~er machen Leute ⟨Sprichw.⟩ *der Mensch wird auf Grund seiner Kleidung eingeschätzt* **2** ⟨i. e. S.⟩ *Oberbekleidungsstück für Frauen;* Seiden~, Woll~, Sommer~, Winter~, Nachmittags~, Abend~; ein ~ bügeln, nähen, zuschneiden; sich ein ~ machen lassen; altes, altmodisches, modernes, neues ~; ausgeschnittenes, kurz-, langärmeliges, hochgeschlossenes ~; buntes, helles, dunkles ~; einfaches, festliches, praktisches ~; kurzes, langes ~; zweiteiliges ~; ein ~ auf den Bügel hängen; ein ~ in den Schrank hängen; ein hübsches, neues ~ anhaben **3** ⟨nur Pl.⟩ ~er *Gesamtheit der auf dem Körper getragenen Kleidungsstücke;* die ~er ablegen, abstreifen, ausziehen **3.1** ich bin zwei Tage nicht aus den ~ern gekommen *ich habe zwei Tage fast nicht geschlafen, bin zwei T. kaum ins Bett gekommen, da ich so viel zu tun hatte* **4** ⟨unz.⟩ *Uniform, Tracht;* Ordens~, Schwestern~; das ~ des Soldaten **5** ⟨poet.⟩ *Hülle, Bedeckung, äußerliche Veränderung, Verschönerung von etwas;* der Winter hat der Erde ein weißes ~ angezogen; die Berghänge im ~ des bunten Herbstlaubes **6** ⟨jägerspr.⟩ *Gefieder der Vögel;* Feder~, Hochzeits~ **7** ⟨jägerspr.⟩ *Fell des Hasen u. Hermelins*

'klei·den ⟨V. 500⟩ **1** jmdn. ~ *mit Kleidung versehen, für (jmds.) Bekleidung sorgen;* sie kleidet ihre Kinder immer sauber und ordentlich; jmdn. nähren und ~ **2** eine Sache kleidet jmdn. *steht jmdm. gut, sieht gut aus bei jmdm., paßt jmdm.;* der Mantel, die Bluse, der Hut kleidet dich (gut), kleidet dich nicht **3** ⟨513/R3⟩ sich (...) ~ *(eine bestimmte Art von) Kleidung tragen;* sich auffallend, elegant, geschmackvoll, gut, jugendlich, schlicht ~; (ganz) in Rot, Schwarz gekleidet sein; sich nach der neuesten Mode ~; er ist, geht immer anständig, gut gekleidet; hell, dunkel, leicht, schwarz, weiß gekleidet; warm gekleidet **3.1** sich in Samt und Seide ~ ⟨poet.⟩ *sich teuer und elegant anziehen* **4** ein Modeschöpfer kleidet jmdn. *läßt jmdn. (eine bestimmte Art von) Kleidung tragen* **5** ⟨513; fig.⟩ **5.1** eine Jahreszeit kleidet die Erde, Landschaft o. ä. in eine Farbe *hüllt die E., L. in eine F.;* der Frühling kleidet die Erde in junges Grün ⟨poet.⟩ **5.1.1** eine Landschaft kleidet sich in eine Farbe *hüllt sich in eine F.* **5.2** Gedanken, Empfindungen in Worte ~ ⟨fig.⟩ *in Worten ausdrücken* **5.3** eine Sache in eine Form ~ *einer S. eine bestimmte Form geben, sie auf eine bestimmte Weise ausdrücken*

'Klei·dung ⟨f.; -; unz.⟩ *alles, was man auf sich trägt, um sich zu bedecken u. den Körper zu schützen;* Sy *Kleid(1);* seine ~ ablegen; leichte, warme ~; für jmds. Nahrung u. ~ sorgen

'Kleie ⟨f.; -, -n⟩ *beim Mahlen abfallende mehr od. weniger mit Mehl gemischte Schalen u. Hüllen des Getreides, die als Viehfutter verwendet werden*

klein ⟨Adj.⟩ **1** *von geringem Ausmaß* **1.1** *von geringem Ausmaß in bezug auf die Größe;* Ggs *groß;* ~e Anzeigen (in der Zeitung); ich brauche die Schuhe eine Nummer ~er; ~ von Wuchs, Gestalt; winzig, sehr ~ **1.1.1** im ~en *in verkleinertem Maßstab* **1.1.2** der ~e Finger *der fünfte, kleinste Finger* **1.1.3** ~ schreiben *eine kleine Schrift haben* **1.1.4** sich ~ machen *sich bücken* **1.2** *von geringem Ausmaß in bezug auf den zeitlichen Ablauf, kurz;* ein ~er Ausflug, eine ~e Weile **1.2.1** über ein Kleines *nach kurzer Zeit* **1.2.2** ~er Grenzverkehr **1.2.2.1** *kurzfristiger Übertritt über die Grenze mit einem Grenzschein* **1.2.2.2** *erleichterter Warenverkehr für Bedarfsgüter im Grenzgebiet* **1.3** *von geringer Intensität* **1.3.1** das ~ste Geräusch ließ ihn zusammenfahren *das geringste G.* **1.3.2** das Gas, den elektr. Herd (auf) ~ stellen, drehen *auf geringe*

Stärke einstellen 1.3.3 ~e Fahrt *erste F. eines Schiffes mit geringer Geschwindigkeit* 1.3.4 ~e Fahrt *Schiffahrt in begrenztem Seegebiet* 1.4 ein Lebewesen, eine Pflanze ist ~ *von geringem Alter, jung;* ein ~es Kind; ein ~er Schelm 1.4.1 mein ~er Bruder *mein jüngerer B.* 1.4.2 ~e Leute *Kinder* 1.4.3 das ~e Volk *die Kinder* 1.4.4 er liebt die ~en Mädchen ⟨umg.; scherzh.⟩ *die jungen M.* 1.4.5 von ~ an, auf *von Kindheit an* 1.4.6 → a. *groß(5.0.3)* **2** etwas ist ~ *ist von geringer Zahl, von geringem Preis, Wert, Gewinn* 2.1 ~es Geld *Hartgeld, Münzen* 2.2 Waren im ~en verkaufen *in geringen Mengen, einzeln* 2.3 bis ins ~ste *bis in jede Einzelheit* **3** etwas ist ~ *ist von geringem Grade, unbedeutend, geringfügig;* das ~ere Übel (von beiden Übeln); jmdm. eine ~e Freude machen; das ist eine ~e Mühe 3.1 ein ~ bißchen, ein ~ wenig *ein bißchen, sehr wenig* 3.2 es wäre ihm ein ~es, (das zu tun) *es wäre keine Mühe für ihn, es fiele ihm nicht schwer* 3.3 sich ~ machen ⟨fig.⟩ *sich demütigen, seine Fähigkeiten herabsetzen* **4** ein Geist ist ~, Verhältnisse sind ~ *bescheiden, beschränkt, eng;* ein ~er Geist 4.1 ~ denken *kleinlich, unedel* 4.2 ~e Leute *arme Leute der niederen Gesellschaftsklasse* 4.3 die ~en Leute *einfache Menschen* 4.4 ~ anfangen (im Beruf) *auf der untersten Stufe, mit wenig Geld* 4.5 der ~e Mann *der einfache Mensch, der M. aus dem Volk* **5** *kleinlaut* 5.0.1 er war, wurde (ganz) ~ und häßlich ⟨umg.; scherzh.⟩ *kleinlaut, verlegen* 5.1 jmd. ist, wird ~ (und häßlich) ⟨umg.; scherzh.⟩ *kleinlaut werden, den Mund halten, nichts mehr sagen, weil man unrecht hat* 5.2 ~ beigeben *sich fügen, nachgeben, die Überlegenheit des anderen anerkennen* **6** ~er Hahn ⟨60; jägerspr.⟩ *Birkhahn*

'Klei·ne(r, -s) ⟨f. 2(m.1, n.3)⟩ **1** *(kleines) Kind, Baby (auch als Kosewort u. Anrede);* der ~ kann noch nicht laufen; hallo, du, ~r! (Anrede für einen Jungen, dessen Namen man nicht weiß); die ~ schreit; na, ~r? (kokette Anrede eines Mädchens an einen jungen Mann); meine ~!, mein ~r!, mein ~s! ⟨Kosewörter⟩ 1.1 der ~ von Müllers ⟨umg.⟩ *der kleine Sohn* 1.2 Frau Müller erwartet was ~s ⟨umg.⟩ *ein Kind* **2** die ~n *die Kinder;* wie geht's den ~n? **3** eine hübsche ~ *ein hübsches junges Mädchen*

'Klei·nig·keit ⟨f.; -, -en⟩ **1** *Sache von geringer Bedeutung, geringem Wert, die geringe Anstrengung erfordert;* allerhand (hübsche) ~en kaufen; ich kann mich nicht bei ~en aufhalten; sich nicht mit ~en abgeben; das ist für ihn eine ~ 1.1 jmdm. eine ~ mitbringen *ein kleines Geschenk* 1.2 sich an ~en stoßen *Unwesentliches übelnehmen od. als störend empfinden* 1.3 er braust bei jeder ~ auf *beim geringsten Anlaß* 1.4 das ist keine ~! ⟨umg.⟩ 1.4.1 *das ist wichtig* 1.4.2 *das ist nicht so einfach* **2** *geringe Menge, Summe, wenig von etwas;* die ~ von 1000 DM ⟨iron.⟩ 2.1 es kostet (aber) eine ~! ⟨umg.; iron.⟩ *ziemlich viel* 2.2 eine ~ essen *eine Zwischenmahlzeit, kleine Mahlzeit zu sich nehmen* 2.3 den Schrank (um) eine ~ nach vorn rücken *einige Zentimeter*

'klein·laut ⟨Adj.⟩ *zurückhaltend, verlegen, (nachdem man vorher prahlte od. vorlaut war);* ~ werden

'klein·lich ⟨Adj.⟩ **1** *engherzig, zu genau, Kleinigkeiten übertrieben wichtig nehmend, pedantisch* **2** *jeden Pfennig übertrieben genau berechnend, knauserig*

'Klein·od ⟨n.; -(e)s, -e od. -ien⟩ **1** *kostbares Schmuckstück, Juwel* **2** ⟨fig.⟩ *etwas sehr Wertvolles, Kostbarkeit;* etwas hüten, bewahren wie ein ~

'Klei·ster ⟨m.; -s, -⟩ **1** *Klebstoff aus Stärke od. Mehl u. Wasser;* Mehl~ **2** ⟨fig.⟩ *dicker, zäher Brei*

'Klem·me ⟨f.; -, -n⟩ **1** *kleines Gerät mit zwei bewegl. od. federnden Armen zum Zusammendrücken, Befestigen;* Nasen~, Haar~ **2** ⟨Med.⟩ *kleine, sterile Metallklammer zum raschen Schließen einer stark blutenden Wunde, bes. einer verletzten Arterie* **3** ⟨fig.; umg.⟩ *Verlegenheit, Notlage;* jmdm. aus der ~ helfen; in der ~ sitzen

'klem·men ⟨V.⟩ **1** ⟨511/R5⟩ etwas an eine Stelle ~ *etwas befestigen od. durch Druck so festhalten, daß ein Herausrutschen od. Verrükken nicht mehr möglich ist, einzwängen;* ein Stück Holz in einen Spalt ~; sich ein Buch unter den Arm ~ ⟨umg.⟩ **2** ⟨400⟩ etwas klemmt *ist so befestigt, daß es nicht verrückt werden kann* 2.1 die Tür klemmt *hängt fest, geht nicht auf* **3** ⟨530/R1⟩ sich einen Körperteil ~ *mit einem K. zwischen zwei aufeinanderschlagenden Gegenständen steckenbleiben, sich einen K. quetschen;* sich den Finger ~ **4** ⟨550/R3⟩ sich hinter jmdn. ~ ⟨fig.; umg.⟩ *bei jmdm. etwas zu erreichen suchen;* ich werde mich mal hinter ihn ~ **5** ⟨550/R3⟩ sich hinter etwas ~ ⟨fig.; umg.⟩ *sich daranmachen, eifrig betreiben;* sich hinter eine Arbeit ~ **6** ⟨503⟩ (jmdm) etwas ~ ⟨umg.⟩ *stehlen;* er hat ihm die Ausweise geklemmt **7** ⟨402; schülerspr.; schweiz.⟩ (Schulstunden) ~ = *schwänzen;* er hat die Lateinstunde geklemmt

'Klemp·ner ⟨m.; -s, -⟩ *Handwerker, der Blech-, Kupfer- u. Aluminiumgegenstände herstellt u. repariert sowie Gas- u. Wasserinstallationen ausführt*

'Kle·ri·ker ⟨m.; -s, -⟩ *Angehöriger des Klerus, (kath.) Geistlicher*

'Klet·te ⟨f.; -, -n⟩ **1** *Angehörige einer durch hakenförmige, mit Grannen versehene Hüllblätter ausgezeichneten Gattung der Korbblütler: Arctium, A. Lappa* **2** *Blütenkopf dieser Pflanze* **3** ⟨fig.; umg.⟩ *übermäßig anhängl. Mensch, (der dadurch lästig wird);* sich wie eine ~ an jmdn. hängen; sie halten zusammen wie die ~n 3.1 in der Schulzeit hingen wir wie die ~n zusammen *waren wir sehr eng befreundet*

'klet·tern ⟨V. 400(s.)⟩ **1** ⟨400⟩ *mit Hilfe der Hände hinauf-, hinab-, hinaussteigen;* auf einen Baum, Berg, eine Leiter ~; aus dem Bett, dem Wagen ~; über einen Zaun ~; er kann ~ wie ein Affe 1.1 es ist, um auf die Bäume zu ~! ⟨fig.⟩ *zum Verzweifeln* **2** ⟨400⟩ *hohe, schwierig zu erreichende Berggipfel besteigen, bergsteigen;* gestern sind wir vier Stunden lang geklettert **3** ⟨400⟩ Preise, Barometer, Thermometer ~ in die Höhe ⟨fig.⟩ *steigen in die H.*

'Klet·ter·pflan·ze ⟨f.⟩ *Pflanze, die an natürl. od. künstl. Stützen emporwächst*

'Kli·ma ⟨n.; -s, -s od. -'ma·te⟩ **1** *die für ein bestimmtes Gebiet charakterist. durchschnittl.*

Wetterlage; Meeres ~; feuchtes, heißes, kaltes, mildes, rauhes, trockenes, tropisches ~; maritimes, ozeanisches ~ **2** ⟨fig.⟩ *Atmosphäre;* Betriebs ~

'klim·pern ⟨V. 400⟩ **1** *schlecht od. gedankenlos, spielerisch auf einem Tasten- od. Zupfinstrument spielen;* auf dem Klavier, auf der Gitarre ~ **2** *ein metallisches Geräusch erklingen lassen, metallische Gegenstände wiederholt rasch aneinanderschlagen lassen*

'Klin·ge ⟨f.; -, -n⟩ **1** *der schneidende, stechende Teil eines Werkzeugs, einer Waffe;* Degen ~, Messer ~, Rasier ~; jmdn. mit der flachen ~ schlagen 1.2 eine gute ~ führen, schlagen *gut fechten* 1.3 jmdn. über die ~ springen lassen ⟨fig.⟩ *töten, vernichten* **2** *die Waffe selbst, Degen, Säbel, Schwert* 2.1 jmdn. vor die ~ fordern *zum Fechtkampf fordern* **2.2** die ~n (miteinander) kreuzen **2.2.1** *einen Zweikampf mit blanker Waffe austragen* **2.2.2** ⟨fig.⟩ *ein Wortgefecht führen*

'klin·geln ⟨V.⟩ **1** ⟨400⟩ *die Klingel in Bewegung setzen, läuten, schellen;* es hat geklingelt; es klingelt zum Unterricht, zur Pause, zum Beginn der Vorstellung **2** ⟨600 od. 800⟩ jmdm., nach jmdm. ~ *jmdn. durch Klingeln herbeirufen* **3** ⟨550⟩ jmdn. aus dem Bett, aus dem Schlafe ~ *durch Klingeln(1) aufwecken und aus dem Bett holen*

'klin·gen ⟨V. 168/400⟩ **1** ⟨413⟩ *hell tönen, einen reinen wohllautenden Ton, Klang erzeugen, tönen, hallen;* das Instrument klingt gut, schlecht; dumpf, heiser, hell, schrill ~; der Lärm klang bis zu uns; mit ~der Stimme lachen, sprechen, etwas rufen 1.1 → a. *Ohr(1.2.26)* **2** ⟨413⟩ ein Ton, Lied klingt ... ⟨fig.⟩ *hört sich auf eine bestimmte Weise an;* das Lied klingt schön; der Ton klingt falsch **3** ⟨413⟩ etwas klingt ... ⟨fig.⟩ *wirkt, erscheint auf eine bestimmte Weise;* das klingt ja, als ob du schon dortgewesen wärst; das klingt jetzt schon ganz anders!; das klingt mir fremd; es klingt zwar grob, aber ich muß es doch sagen; gut, häßlich, schlecht, schön ~; sein Lob, seine Worte klang(en) mir lieblich in den Ohren **3.0.1** das klingt ganz nach schlechter Erfahrung *als ob er, sie schlechte Erfahrungen gemacht hätte* **4** ⟨fig.⟩ 4.1 die Gläser ~ lassen *anstoßen* **4.2** ~der Reim = *weiblicher Reim* **4.3** mit ~der Münze bezahlen ⟨poet.⟩ *bar* **4.4** etwas, eine Saite in jmdm. zum Klingen bringen *ein Gefühl, eine Regung in jmdm. wecken* **4.5** mit ~dem Spiel *mit Militärmusik*

'Kli·nik ⟨f.; -, -en⟩ *Anstalt zur Behandlung bettlägriger Patienten, Krankenhaus;* Frauen ~, Kinder ~, Poli ~ **2** ⟨unz.⟩ *Unterricht der Medizinstudenten am Kranken(bett)*

'Klin·ke ⟨f.; -, -n⟩ **1** *Griff an der Tür zum Öffnen u. Schließen* **2** *Sperrhebel, Schalthebel (einer Maschine)* **3** *Verbindungsstöpsel am Schalter einer Fernsprechvermittlung*

'klin·ken ⟨V. 400⟩ *die Klinke betätigen;* an einer verschlossenen Tür einige Male ~

klipp ⟨Adj. 80; nur in der Wendung⟩ ~ und klar *deutlich, eindeutig;* jmdm. etwas ~ und klar sagen

'Klip·pe ⟨f.; -, -n⟩ **1** *steil hervorspringender Felsen im Meer, Riff;* gefährliche ~n; auf eine ~ auflaufen **2** ⟨fig.⟩ *Hindernis, gefährl., heikle Stelle;* in einer Prüfung, Unterhaltung alle ~n vermeiden, umschiffen

'klir·ren ⟨V. 400⟩ etwas klirrt *gibt ein helles, hartes Geräusch (wie von angeschlagenem Metall, Glas, Porzellan) von sich, klingt hell, hart;* die Fenster ~; er schlug auf den Tisch, daß die Gläser klirrten; die Gläser fielen ~d auf den Boden; die Ketten, Sporen, Waffen klirrten; eine abgespielte Schallplatte klirrt; ~des Eis, ~der Frost; ~de Kälte (nach dem Geräusch des Eises unter den Füßen)

Kli'schee ⟨n.; -s, -s⟩ **1** ⟨Typ.⟩ = *Druckstock* **2** *Abdruck, genaues Abbild* **3** ⟨fig.⟩ *abgegriffenes, schon zu oft gebrauchtes Wort*

Kli'stier ⟨n.; -s, -e⟩ *Einbringen einer kleinen Flüssigkeitsmenge durch den After in den Darm (bei Verstopfung usw.);* → a. *Einlauf(5)*

Klitsch ⟨m.; -(e)s, -e; umg.⟩ **1** *Brei, breiige, klebrige Masse* **2** *nicht aufgegangenes Gebäck;* der Kuchen ist ~ geworden **3** *leichter Schlag (bes. auf den nackten Körper);* einem Kind einen ~ geben 3.1 ⟨nur Pl.⟩ ~e *Schläge;* das Kind hat ordentlich ~e gekriegt

'klit·tern ⟨V.⟩ **1** ⟨500⟩ etwas ~ *basteln, bosseln*[1] **2** ⟨500⟩ eine Sache ~ *zusammenstoppeln, (unschöpferisch) zusammentragen* **3** ⟨400⟩ *schmieren, Kleckse machen*

Klo'ake ⟨f.; -, -n⟩ **1** *Schleuse, Abwasserkanal* **2** ⟨Zool.⟩ *gemeinsamer Ausgang von Darm, Harnblase u. Geschlechtsorganen bei manchen Tieren*

'klop·fen ⟨V.⟩ **1** ⟨402 od. 611/R5 od. R6⟩ (jmdn.) od. (etwas) ~, jmdm. auf die Schulter (u. ä.) ~ *mehrere Male (leicht) schlagen, pochen;* Fleisch, ein Kotelett ~ (damit es weich wird); es klopft (an der Tür); an die Tür ~; mit dem Hammer auf einen Nagel ~; der Specht klopft (mit dem Schnabel an den Baum); jmdm. freundschaftlich auf die Schulter ~; Teppiche ~; Staub aus dem Mantel ~ 1.1 Steine ~ *fest in den Untergrund der Straße schlagen* 1.2 der Motor klopft *gibt infolge Frühzündung ein pochendes (ungewohntes) Geräusch von sich* 1.3 jmdn. aus dem Schlaf ~ *an die Tür klopfen, damit jmd. wach wird* 1.4 jmdm. auf die Finger ~ ⟨a. fig.⟩ *jmdn. zurechtweisen* 1.5 → a. *Busch(1.1)* **2** ⟨400⟩ das Herz, der Puls klopft *schlägt ständig, pocht;* das Herz klopfte ihr zum Zerspringen; das Blut klopfte ihm in den Adern, den Schläfen; mit ~dem Herzen

'Klöp·pel ⟨m.; -s, -⟩ **1** *keulenartiges Gerät zum Anschlagen, z. B. von Trommeln od. Glocken;* Sy *Schwengel(1);* Glocken ~ **2** ⟨Text.⟩ *Garnspule zum Klöppeln, Verschlingen, Zwirnen u. Flechten von Fäden nach vorgezeichnetem Muster*

Klo'sett ⟨n.; -s, -s od. -e⟩ *Abort mit Wasserspülung*

Kloß ⟨m.; -es, ⸚e⟩ **1** *ungeformter od. runder, feuchter Klumpen, Masse von etwas;* Erd ~; ein ~ Lehm, Erde, Dreck 1.1 einen ~ im Halse haben ⟨fig.⟩ *ein würgendes Gefühl bes. von unterdrücktem Weinen* **2** *zur Kugel geformte Speise, Knödel;* Kartoffel ~, Semmel ~ 2.1 gekochte Klöße *Klöße aus gekochten Kartoffeln* 2.2 → a. *grün(2.1), roh(1.2), seiden(2)*

'Klo·ster ⟨n.; -s, ⸚⟩ **1** *(von der Außenwelt abgeschlossene) Wohn- und Arbeitsstätte von Mönchen od. Nonnen;* Mönchs ~, Nonnen ~;

ins ~ gehen; jmdn. ins ~ sperren, stecken **2** *die im Kloster(1) lebende religiöse Gemeinschaft*

Klotz ⟨m.; -es, ¨-e⟩ **1** *großes Stück Holz, (meist) Teil eines Baumstamms* 1.0.1 schlafen wie ein ~ *tief, fest schlafen* 1.0.2 sich einen ~ ans Bein binden ⟨fig.; umg.⟩ *sich mit etwas belasten u. dadurch am Vorwärtskommen gehindert werden* 1.1 *Klotz(1) zum Holz- od. Fleischhakken;* Hack~, Fleisch~ **2** ⟨fig.⟩ *ungeschlachter, unbeholfener od. grober Mensch* 2.1 dastehen wie ein ~ *unbeholfen, steif, hilflos dastehen*

'klot·zig ⟨Adj.⟩ **1** *wie ein Klotz beschaffen, wuchtig, massig, ungeschlacht;* ein ~es Möbelstück **2** ⟨50; fig.; umg.⟩ *sehr, ungeheuer;* es ist ~ heiß; er ist ~ reich; der Mantel ist ~ teuer

Klub ⟨m.; -s, -s⟩ **1** *geschlossene Vereinigung von Personen zur Pflege bestimmter Interessen;* oV *Club;* → a. *Verein;* Photo~, Kegel~, Sport~ **2** *Raum od. Gebäude für Klub(1)*

Kluft[1] ⟨f.; -, ¨-e⟩ **1** *Spalte, Riß, Einschnitt in Gestein, Gletschern o. ä.;* Felsen~ **2** ⟨fig.⟩ *unüberbrückbar scheinender Gegensatz;* eine ~ überbrücken; es bestand eine tiefe ~ zwischen ihnen

Kluft[2] ⟨f.; -, -en; umg.⟩ **1** *Uniform, Dienstkleidung* **2** *Anzug*

klug ⟨Adj.⟩ **1** jmd. ist ~ *gescheit, intelligent;* sie war ~ genug, einzusehen, daß ...; seid ~ wie die Schlangen (Matth. 10,16); der Klügere gibt nach 1.1 → a. *Ei(1.1.4)* **2** ein Tier ist ~ *verständig* **3** eine Ansicht, ein Rat ist ~ *vernünftig, weise* 3.1 ~ reden *gescheit, vernünftig reden* **4** ein Vorgehen, ein Verhalten ist ~ *schlau, überlegt, geschickt, diplomatisch;* hier heißt es, ~ vorgehen; es wird am klügsten sein abzuwarten **5** ⟨50; fig.⟩ 5.1 aus einer Sache nicht ~ werden *etwas nicht begreifen, nicht durchschauen* 5.2 ich werde nicht ~ aus ihm *ich erfasse sein Wesen nicht* 5.3 jetzt bin ich so ~ wie zuvor *das habe ich nicht verstanden, mit dieser Erklärung weiß ich nichts anzufangen, die Nachforschung hat zu nichts geführt* 5.4 er ist nicht recht ~ ⟨umg.⟩ *er ist ein bißchen verrückt*

'Klum·pen ⟨m.; -s, -⟩ **1** *feuchte, zähe, zusammengeballte Masse;* Butter~, Erd~ **2** *großer Brocken;* Gold~; der Brei, die Soße hat ~; zu ~ geballt

'Klün·gel ⟨m.; -s, -; abwertend⟩ *Gruppe von Menschen, die sich gegenseitig fördern, die übrigen aber unterdrücken;* Sy *Sippschaft(2)*

'knab·bern ⟨V.⟩ **1** ⟨411⟩ an etwas ~ *(hörbar) von etwas abbeißen, an etwas kauen;* die Mäuse haben am Käse, am Speck geknabbert; an einem Apfel ~ **2** ⟨800⟩ an etwas ~ *in sehr kleinen Bissen von etwas abbeißen;* an einem Stück Brot ~ **3** ⟨500⟩ etwas ~ ⟨umg.⟩ *essen, naschen;* Gebäck, Nüsse ~; etwas zum Knabbern (Gebäck, Nüsse u. ä.) **4** ⟨800⟩ an einer Sache (noch lange) ~ ⟨a. fig.⟩ *eine S. wird jmdm. noch lange Sorgen od. Schmerzen bereiten;* daran wird er noch lange zu ~ haben

'Kna·be ⟨m.; -n, -n⟩ **1** *Kind männl. Geschlechts bis etwa zum 15. Lebensjahr;* Sy *Junge, Bub;* ein älterer, fünfjähriger, kleiner ~; ein hübscher ~ **2** ⟨umg.⟩ *Bursche, Kerl;* alter ~! (burschikose, freundschaftl. Anrede auch für Jüngere) 2.1 er ist schon ein alter ~ *alter, älterer Mann*

'knacken ⟨-k·k-; V.⟩ **1** ⟨400⟩ etwas knackt *gibt einen kurzen, hellen Laut von sich wie zerbrechendes Holz;* Dielen, alte Möbel ~; Holzscheite ~ im Feuer **2** ⟨500⟩ Nüsse ~ *mit hellem Geräusch aufbrechen* **3** ⟨500⟩ Flöhe, Läuse ~ *zwischen den Fingernägeln zerquetschen* **4** ⟨500⟩ einen Geldschrank ~ ⟨fig.; umg.⟩ *mit Gewalt öffnen (um zu stehlen)* **5** ⟨500⟩ Rätsel ~ *lösen*

Knacks ⟨m.; -es, -e; umg.⟩ **1** *einmaliges Knakken* **2** *Riß, Sprung;* das Ei, das Glas hat einen ~ (bekommen) **3** ⟨fig.⟩ *(seel. od. körperl.) Schaden;* durch einen Unfall, ein erschütterndes Erlebnis einen ~ bekommen; einen ~ weghaben

Knall ⟨m.; -(e)s, -e⟩ **1** *kurzes, scharfes, peitschenschlag- od. schußartiges Geräusch;* Peitschen~; der ~ eines Schusses; die Tür fiel mit einem ~ ins Schloß; der Reifen platzte mit einem lauten ~ **2** ⟨fig.; umg.⟩ 2.1 (auf) ~ und Fall *plötzlich, von heute auf morgen;* (auf) ~ und Fall entlassen werden 2.2 *Verrücktheit, Klaps, Fimmel;* du hast (ja) einen ~!

'Knall·ef·fekt ⟨m.⟩ *verblüffender Höhepunkt, verblüffende, große Wirkung*

'knal·len ⟨V.⟩ **1** ⟨400⟩ etwas knallt *gibt ein kurzes, scharfes, peitschenschlag- od. schußartiges Geräusch von sich;* ein Schuß knallt; den Sektpropfen ~ lassen 1.1 ⟨411(s.)⟩ *sich mit Knall(1) schließen;* die Tür knallte ins Schloß **2** *eine Bewegung machen, bei der ein Geräusch wie bei einem Knall(1) entsteht;* mit der Peitsche ~ 2.0.1 ⟨511⟩ etwas auf etwas ~ *laut, heftig hinwerfen;* Bücher auf den Tisch ~; den Hörer auf die Gabel ~ 2.0.2 ⟨530⟩ jmdm. eine ~ ⟨umg.⟩ *eine Ohrfeige geben* **3** ⟨400⟩ die Farbe knallt ⟨fig.; umg.⟩ *ist zu grell, fällt zu sehr auf*

'Knall·kopf ⟨m.; umg.; derb⟩ *dummer, beschränkter Mensch*

knapp ⟨Adj.⟩ **1** *gerade noch ausreichend, wenig, gering, beschränkt, dürftig;* Lebensmittel sind ~; die Kohlen sind ~ geworden; die Mahlzeit ist ~; die Lebensmittel sind ~ 1.1 ~ bei Kasse sein ⟨umg.⟩ *(augenblickl.) wenig Geld haben* 1.2 es geht bei ihnen etwas ~ zu, her ⟨umg.⟩ *sie müssen sparen* 1.3 mit ~er Not (einer Sache) entgehen, entkommen ⟨fig.⟩ *nur mit Mühe, gerade noch* **2** ein Kleidungsstück ist ~ *eng, liegt eng an;* das Kleid sitzt ~; die Schuhe sind etwas ~ **3** *kurz, eben noch zureichend, nicht ganz (bei Zeit- u. Maßangaben);* eine ~e Mehrheit; ~ zwei Meter; die Zeit ist ~; eine ~e Stunde; ~ vier Wochen; meine Zeit ist ~ bemessen; ein ~er Sieg ⟨Sp.⟩ 3.1 und nicht zu ~! ⟨umg.⟩ *ziemlich viel* **4** ⟨50⟩ ~ an, vor *dicht an, dicht vor, in minimalem Abstand von;* das Auto fuhr (ganz) ~ an mir vorbei; er kam ~ vor ihm durchs Ziel **5** die Ausdrucksweise, der Stil ist ~ *kurz gefaßt, gedrängt, bündig, das Wesentliche umfassend;* in ~en Worten

'knar·ren ⟨V. 400⟩ etwas knarrt *gibt einen Laut von sich, wie wenn Holz unter Druck gegeneinander reibt, erzeugt ein schnarrendes Geräusch;* alte Bäume, Dielen, Treppen ~; Holz knarrt; gebrochene Knochen ~; ein Lederriemen, eine Tür, ein alter Wagen knarrt; eine ~de Stimme haben

'knat·tern ⟨V. 400⟩ etwas knattert *gibt kurze,*

helle, schnell aufeinanderfolgende knallende Geräusche von sich; ein Maschinengewehr, ein Motorrad knattert, Schüsse ~; eine Fahne knattert im Wind

'Knäu·el ⟨n. od. m.; -s, -⟩ **1** *zu einer Kugel gewickelter Faden;* Garn~, Woll~ **2** *Durcheinander von (Gegenständen aus) Stoff, Wolle usw.* **3** ⟨fig.⟩ *geballte, formlose Masse von Lebewesen;* Menschen~; ein ~ sich balgender Buben, sich beißender Hunde; sich zu einem ~ ballen **4** ⟨Bot.⟩ *Angehöriger einer Gattung der Nelkengewächse: Scleranthus*

Knauf ⟨m.; -(e)s, ¨-e⟩ **1** *kugel- od. knopfartiger Griff;* Schwert~, Stock~ **2** = *Kapitell;* Säulen~

'knau·sern ⟨V. 400⟩ *übertrieben sparen, geizen;* mit seinem Geld ~; er knauserte nicht mit Lob und Anerkennung

'knaut·schen ⟨V.; umg.⟩ **1** ⟨500⟩ etwas ~ *zerdrücken, zerknüllen;* bitte knautsch das Kleid nicht zu sehr **2** ⟨400⟩ etwas knautscht ⟨umg.⟩ *bildet Druckfalten;* der Stoff knautscht sehr, knautscht nicht

'Kne·bel ⟨m.; -s, -⟩ **1** *Holzstück zum Spannen der Säge* **2** *(durch den Bindfaden gestecktes) Stückchen Holz zum Tragen von Paketen* **3** *zusammengeballtes Stück Stoff, das einem Überfallenen in den Mund gesteckt wird, um ihn am Schreien zu hindern;* Mund~

'kne·beln ⟨V. 500⟩ **1** jmdn. ~ *jmdm. mit einem Knebel den Mund verstopfen;* jmdn. gefesselt u. geknebelt liegenlassen **2** jmdn. od. eine Sache ~ *in ihrer Entwicklung, Entfaltung gewaltsam behindern;* die Presse wird in einer Diktatur geknebelt

Knecht ⟨m.; -(e)s, -e⟩ **1** ⟨früher⟩ *Diener, Dienstmann;* Edel~; ein treuer ~; ein ~ Gottes ⟨fig.⟩ **2** *Gehilfe des Bauern;* Stall~; sich als ~ verdingen

'knech·tisch ⟨Adj.⟩ *von unterwürfigem, kriecherischem Benehmen, Gesinnung*

'knei·fen ⟨V. 169⟩ **1** ⟨500⟩ etwas ~ *zusammendrücken, klemmen;* der Hund kniff den Schwanz zwischen die Beine **1.1** ⟨500⟩ jmdn. (in einen Körperteil) ~ *das Fleisch od. die Haut von jmdm. zwischen zwei Fingern zusammendrücken (meist so, daß der andere eine unangenehme od. schmerzhafte Empfindung hat);* jmdn. (in den Arm, in die Wange) ~ **2** ⟨400; fig.⟩ *sich vor etwas drücken, feige zurück-, ausweichen;* Kneifen gibts nicht!; er hat gekniffen **3** ⟨400; Fechten⟩ *(hinter die Mensur) zurückweichen* **4** ⟨400; Mar.⟩ *ein Schiff hart an den Wind bringen, dicht beim Wind segeln*

'Knei·pe ⟨f.; -, -n⟩ **1** ⟨abwertend⟩ *(einfaches) Gasthaus, Wirtshaus;* Bier~, Hafen~, Wein~; er sitzt jeden Abend in der ~ **2** *regelmäßige Zusammenkunft von Korpsstudenten zum Trinken und Singen*

'knei·pen[1] ⟨V. 400⟩ **1** *trinken, zechen* **2** *einen (student.) Kneipabend haben*

'knei·pen[2] ⟨V. 500/R8; mitteldt.⟩ = *kneifen(1)*

'kne·ten ⟨V. 500⟩ **1** eine weiche Masse ~ *mit den Händen drücken, bearbeiten;* Teig ~ **1.1** Ton, Plastilin ~ *mit den Händen drükkend formen;* aus Ton usw. Figuren ~ **2** jmds. Körper ~ *massieren*

Knick ⟨m.; -(e)s, -e od. -s⟩ **1** *angeschlagene Stelle, Sprung, Riß;* das Ei hat einen ~ **2** *scharfe Biegung, Kurve;* die Straße macht hier einen ~ **3** *scharf umgebogene Stelle, Falte, Kniff;* ein ~ in der Buchseite, im Stoff **4** ⟨Pl. nur -s⟩ *mit Büschen bepflanzter Erdwall, Hecke*

'knicken ⟨-k·k-; V.⟩ **1** ⟨500⟩ ein Papier, eine Buchseite ~ *scharf umbiegen, falten* **2** ⟨500⟩ einen Baum ~ *brechen;* der Sturm hat die Bäume geknickt **2.1** einen Zweig, einen Blumenstengel ~ *fast ganz abbrechen* **3** das Bein, Knie ~ *beugen* **3.1** ⟨411(s.)⟩ in die Knie ~ *in die K. sinken* **4** ⟨500⟩ einen Floh, eine Laus ~ ⟨umg.⟩ *zwischen den Fingernägeln zerquetschen* **5** ⟨400(s.)⟩ ein Ei knickt *bekommt einen Riß, Sprung*

knicke·rig ⟨-k·k-; Adj.; umg.⟩ *geizig, übertrieben sparsam;* oV *knickrig*

'knick·rig ⟨Adj.; umg.⟩ = *knickerig*

Knicks ⟨m.; -es, -e⟩ *Beugung eines Knies als ehrerbietiger Gruß einer Dame;* Hof~; einen (tiefen) ~ machen

Knie ⟨n.; -s, -⟩ **1** *Gelenk zw. Oberschenkelknochen u. Schienbein;* das ~ beugen; die ~ durchdrücken; die ~ schlottern, zittern ihm vor Angst; runde, schmale, spitze ~; ein steifes ~ haben; sich auf ein ~ niederlassen; auf dem ~ des Vaters reiten; sich vor jmdm. auf die ~ werfen; er zog das Kind auf seine ~; in die ~ sinken; die ~ wurden ihm weich (vor Angst) ⟨fig.⟩; vor etwas od. jmdm. auf den ~n liegen ⟨a. fig.⟩; (vor jmdn.) auf die ~ fallen ⟨a. fig.⟩ **1.1** jmdn. übers ~ legen *verhauen* **1.2** etwas übers ~ brechen ⟨a. fig.⟩ *überstürzt handeln, flüchtig erledigen* **1.3** in die ~ brechen *zusammenbrechen, -sinken* **2** ⟨fig.⟩ *Zeichen der Unterwerfung* **2.1** in die ~ gehen *sich (der Gewalt) fügen, (der Gewalt) nachgeben, sich als unterlegen erklären* **2.2** jmdn. auf den ~n (darum) bitten *inständig, flehentlich bitten* **2.3** jmdn. in die ~ zwingen *besiegen, unterwerfen* **2.4** jmdm. auf ~n danken *herzlichst danken* **3** ⟨fig.⟩ *Biegung, Krümmung, gekrümmte Stelle, gebogenes Teil;* der Fluß macht hier ein ~; ein ~ im Ofenrohr einsetzen **4** *Stelle des Knies im Hosenbein;* die Hose hat schon ausgebeulte, abgewetzte ~ **5** ⟨Zool.⟩ *Glied des Beins der Spinnentiere zwischen Schenkel u. Schiene*

'Knie·fall ⟨m.⟩ **1** *das Niederlassen auf die Knie (als Zeichen der Ehrerbietung, Huldigung od. des flehentl. Bittens)* **2** einen ~ (vor jmdm.) tun ⟨fig.⟩ *sich (vor jmdm.) demütigen (um etwas zu erreichen);* deshalb mache ich (noch lange) keinen ~ vor ihm

knien ⟨V. 400⟩ *auf den Knien liegen;* auf dem Boden, auf dem Stuhl ~; vor dem Altar, vor jmdm. ~

Kniff ⟨m.; -(e)s, -e⟩ **1** *das Kneifen;* ein ~ in den Arm **2** *scharfe Falte, umgebogene Stelle;* ein ~ im Papier, in der Buchseite **3** ⟨fig.⟩ *Kunstgriff, Trick;* jmdn. die ~e des Zauberns lehren; es ist ein ~ dabei

'knip·sen ⟨V.⟩ **1** ⟨500⟩ einen Fahrschein ~ *lochen, um eine nochmalige Benutzung zu verhindern;* der Schaffner hat die Fahrkarte geknipst **2** ⟨400⟩ *den Auslöser am Photoapparat betätigen;* hast du schon geknipst? **3** ⟨402⟩ (jmdn. od. etwas) ~ *(dilettantisch) photographieren;* ich habe im Urlaub viel geknipst **4** ⟨416⟩ mit den Fingern ~ *einen Laut erzeugen, der dem des Knipsens(1) ähnlich ist*

Knirps ⟨m.; -es, -e⟩ **1** ⟨abwertend⟩ *kleiner Junge*

2 *kleiner Mensch* **3** ⟨Warenzeichen für⟩ *zusammensteckbarer Schirm, Taschenschirm*

'knir·schen ⟨V.⟩ **1** ⟨400⟩ etwas knirscht *gibt ein hartes, reibendes Geräusch von sich;* die Räder knirschten auf dem Schnee; der Kies, Sand, Schnee knirschte unter seinen Schritten **2** ⟨416⟩ mit den Zähnen ~ ⟨a. fig.⟩ *die Zähne (vor Wut) aufeinanderreiben* **3** ⟨500⟩ etwas ~ *wütend zwischen den Zähnen sagen;* „...!" knirschte er

'kni·stern ⟨V. 400⟩ etwas knistert **1** *bei Bewegung feine, leise u. hell knackende, raschelnde Laute von sich geben;* Papier knistert; trockene oder brennende Zweige ~; das Feuer knistert im Ofen; ~de Seide **1.1** man glaubt die Atmosphäre ~ zu hören *die in der Luft liegende Spannung, Erregung spüren* **1.2** ⟨411 unpersönl.⟩ es knistert im Gebälk ⟨fig.⟩ *Gefahr droht (urspr. wie von Feuer od. nicht mehr tragfähigen Balken)*

'knit·tern ⟨V.⟩ **1** ⟨400⟩ Stoff knittert *bildet kleine Druckfalten;* Blusen, Kleider ~ **2** ⟨500⟩ etwas ~ ⟨umg.⟩ *zerknittern, zerdrücken, kleine Fältchen in etwas machen;* paß auf, daß du den Stoff nicht knitterst

'kno·beln ⟨V. 400⟩ **1** (um etwas) ~ *durch Würfeln entscheiden, wer von den beiden Beteiligten etwas Bestimmtes tun soll;* ~, wer beginnt **2** (an einer Aufgabe) ~ *durch Probieren nach der Lösung einer A. suchen;* an einem schwierigen Problem lange ~

'Knob·lauch ⟨m.; -s; unz.⟩ *zu den Liliengewächsen gehörende Pflanze mit einer Zwiebel, die als Gewürz verwendet wird: Allium sativum*

'Knö·chel ⟨m.; -s, -⟩ **1** *vorspringendes Knochenende der Unterschenkelknochen: Malleolus;* Fuß~; sich den ~ brechen, verstauchen **2** *Fingerknöchel* **3** ⟨landschaftl.⟩ *Würfel*

'Kno·chen ⟨m.; -s, -⟩ **1** *die feste Stützsubstanz des Skeletts der Wirbeltiere;* sich die ~ brechen; feste, schwere, starke, weiche, zarte ~ haben; die Wunde geht bis auf den ~; der Hund nagt an einem ~; bis auf die ~ abmagern; Fleisch mit, ohne ~ (zum Braten od. Kochen); ~ zur Suppe kaufen; er ist nur noch Haut und ~; der Schreck fuhr mir in die ~ ⟨umg.⟩; der Schreck liegt, sitzt mir noch in den ~ ⟨umg.⟩; die Krankheit lag mir schon lange in den ~ ⟨umg.⟩; seine müden ~ ausruhen ⟨umg.⟩ **1.1** mir tun alle ~ weh ⟨a. fig.⟩ *ich bin zerschlagen, erschöpft* **1.2** jmdm. die ~ (im Leibe) zusammenschlagen ⟨umg.⟩ *jmdn. heftig verprügeln* **2** ⟨fig.⟩ **2.1** *Mensch* **2.1.1** ein müder ~ ⟨fig.; umg.⟩ *schlapper, energieloser Mensch* **2.1.2** alter ~! *alter Kerl, Bursche* **2.2** *Innerstes, Sitz des Willens, der Entscheidungskraft u. des Mutes* **2.2.1** er hat keinen Mumm in den ~ *er hat keine Kraft, keinen Mut, keinen Schneid* **2.2.2** nimm, reiß deine ~ zusammen! ⟨umg.⟩ *nimm dich zusammen!* **2.2.3** er ist konservativ bis in die ~ ⟨umg.⟩ *sehr, zutiefst, bis ins Innerste konservativ* **2.3** sich bis auf die ~ blamieren ⟨umg.⟩ *sehr blamieren*

'Knol·le ⟨f.; -, -n⟩ **1** *fleischig verdicktes pflanzl. Organ, das der Speicherung von Nährstoffen u. z. T. auch der vegetativen Vermehrung dient;* Wurzel~, Sproß~ **2** *Gebilde, das einer Knolle(1) gleicht*

'knol·lig ⟨Adj.⟩ **1** *mit Knollen versehen* **2** *wie eine Knolle beschaffen*

Knopf ⟨m.; -(e)s, ¨e⟩ **1** *meist rundes, scheiben- od. auch kugelförmiges Verschlußstück an der Kleidung;* Jacken~, Hemd~, Hosen~, Holz~, Perlmutt~; der ~ ist abgerissen; einen ~ annähen, überziehen, verlieren; die Knöpfe (am Mantel usw.) zuknöpfen; es sich an den Knöpfen abzählen (ob man etwas tun soll oder nicht) **2** *Gegenstand, der einem Knopf(1) äußerlich ähnlich ist* **2.1** *Griff, Knauf;* Tür~; einen neuen ~ an der Tür anbringen **2.2** *runde Vorrichtung, auf die man drückt, um eine gewünschte Wirkung zu erzielen;* Klingel~, Schalt~; auf den ~ drücken **2.3** *verdicktes Ende eines Gegenstandes;* Stecknadel~, Turm~ **3** ⟨oberdt.; schweiz.⟩ *Knoten;* einen ~ machen **4** ⟨fig.; umg.; scherzh.⟩ *Kerl, Bursche, Mensch;* ein kleiner, ein ulkiger ~ **5** *Knospe;* die kleinen Knöpfe der Rosen **5.1** ⟨fig.⟩ *Verständnis, Verstand* **5.1.1** den ~ auftun ⟨umg.; schweiz.⟩ *plötzlich Sinn für das Wesentliche bekommen, nun die Zusammenhänge erfassen können;* das Kind tut den ~ auf, hat den ~ aufgetan **6** ⟨umg.; scherzh.⟩ *Kind, kleines Kind;* sie haben einen hübschen ~ **7** ⟨jägerspr.⟩ *sehr kleine, bis zu 2 cm hohe Geweihstange (beim jungen Hirsch, Elch od. Rehbock)*

'Knor·pel ⟨m.; -s, -⟩ *bes. festes, aber im Gegensatz zum Knochen schneidbares und elastisches, als Stützsubstanz dienendes Bindegewebe, in das Chondrin (Knorpelleim) eingelagert ist: Cartilago*

'knor·rig ⟨Adj.⟩ **1** *astreich;* ~es Holz **2** *voller Auswüchse u. krumm gewachsen;* ein ~er Ast, Baum **3** ⟨fig.⟩ *mürrisch, rauh, wenig umgänglich;* ein ~er Charakter, Mensch

'Knos·pe ⟨f.; -, -n⟩ *jugendl. Pflanzensproß mit Anlage eines Blattes od. einer Blüte;* Blüten~, Blatt~; ~n ansetzen, treiben; die zarte ~ ihrer Liebe ⟨fig.; poet.⟩

'Kno·ten ⟨m.; -s, -⟩ **1** *Verdickung, die durch fest verschlungene Fäden, Stricke od. Taue gebildet wird;* einen ~ aufknüpfen, lösen; sich einen ~ ins Taschentuch machen (als Merkzeichen, Gedächtnisstütze); den ~ schürzen, auflösen ⟨a. fig.⟩ **1.1** *Schlinge der Krawatte;* ein fester, lockerer ~; einen ~ machen **2** *Anschwellung, Auswuchs, Verdickung (an lebenden Organismen entstehend);* ein ~ am Holz **2.1** ⟨Anat.⟩ *Verdickung an Kreuzungs- u. Verzweigungsstellen;* Nerven~; Gicht~ **2.2** ⟨Bot.⟩ *die oft verdickte Stelle eines Sprosses, an der das Blatt angesetzt ist: Nodus* **3** *aufgestecktes Haar;* Haar~; das Haar zu einem ~ aufstekken; einen ~ (im Nacken) tragen **4** ⟨fig.⟩ **4.1** *Verwicklung, Konflikt (im Drama, Roman)* **4.2** *Schwierigkeit;* da steckt der ~ **4.2.1** → a. *gordisch(1)* **4.3** bei ihm ist der ~ noch nicht gerissen *er hat die Forderungen des Lebens noch nicht begriffen* **5** ⟨Mar.; Abk.: kn⟩ *Maß für die Geschwindigkeit eines Schiffes, 1 kn = eine Seemeile pro Stunde (nach den als Knoten in die Logleine eingeknüpften Marken);* mit 18 ~ fahren **6** ⟨Phys.⟩ *Ruhepunkt einer stehenden Welle* **7** ⟨Astr.⟩ *Schnittpunkt einer Gestirnbahn mit einer Grundebene* **8** ⟨Theorie der Graphen⟩ *als Kästchen, Punkt o. ä. dargestellte Einheit (Begriff, Zeichen, Ergebnis), die* *mit anderen Einheiten durch Kanten verbunden ist*

'Knö·te·rich ⟨m.; -s, -e⟩ *Angehöriger einer Gattung der Knöterichgewächse deren Arten z. T. zu den am weitesten verbreiteten Unkräutern gehören: Polygonum*

'knül·len ⟨V.⟩ **1** ⟨400⟩ etwas knüllt *knittert, bildet Druckfalten;* der Stoff knüllt leicht, nicht **2** ⟨500⟩ etwas ~ *zusammendrücken, zerknüllen, zerknittern;* knüll das Papier, den Stoff nicht so!

'Knül·ler ⟨m.; -s, -⟩ *eine Sache, die einschlägt, Schlager, Erfolg;* das Lied, der Film, die Ware ist ein ~

'knüp·fen ⟨V. 500⟩ **1** etwas ~ *die Enden von etwas zu einem Knoten verschlingen, zu einer Schlinge, Schleife binden;* ein Tuch im Nacken ~ 1.1 ⟨511⟩ etwas an etwas anderes ~ *durch Knoten an etwas befestigen* **2** Teppiche ~ *Fäden miteinander verschlingen, bes. zu kunstvollen Mustern u. daraus T. herstellen* **3** ⟨511⟩ eine Sache an eine andere Sache ~ ⟨fig.⟩ *anschließen;* er knüpfte daran die Bedingung, daß ...; eine Frage an ein Gespräch ~ **4** ⟨511⟩ an etwas knüpft sich etwas *mit etwas verbindet sich etwas (anderes), etwas schließt an etwas an;* an die alte Stadt ~ sich für mich viele Erinnerungen **5** Bande ~ ⟨fig.⟩ *eine enge Verbindung, einen engen Zusammenhang herstellen;* Bande der Freundschaft ~; die Bande enger ~

'Knüp·pel ⟨m.; -s, -⟩ **1** *kurzer, aus hartem Material bestehender Gegenstand mit meist abgerundeten Enden, Prügel;* dem Hund einen ~ zuwerfen 1.1 *Stock, der zum Schlagen dient;* Gummi~; man könnte, sollte mit dem ~ dreinschlagen! (weil solche Übelstände herrschen) ⟨umg.⟩ 1.2 *armlang geschnittenes, rohes od. bearbeitetes Holz mit natürlichem, rundem Querschnitt;* ~ stapeln, entwenden, bearbeiten **2** *Dinge, die einem Knüppel(1) äußerlich ähnlich sind* 2.1 der ~ im Kraftwagen *Gangschalthebel bei Knüppelschaltung* 2.2 der ~ im Flugzeug *Steuerhebel* 2.3 ⟨landschaftl.⟩ *langes Brötchen, Semmel;* einen ~ verspeisen **3** ⟨fig.⟩ 3.1 jmdm. einen ~ zwischen die Beine werfen *jmdm. Hindernisse in den Weg stellen, Schwierigkeiten machen* 3.2 der ~ liegt beim Hunde *die Sache hat eine notwendige Folge, die Folgen werden nicht auf sich warten lassen* **4** ⟨Met.⟩ *vorgewalzter Stahlblock von 50 bis 350 mm vierkant*

'knüp·pel·dick ⟨Adj.⟩ **1** *dick wie ein Knüppel* **2** ⟨50⟩ jetzt, dann kommt's ~ *viel, lauter Unerwünschtes kommt jetzt, dann auf einmal;* lange Zeit hat man nichts zu tun und dann kommt's plötzlich ~ **3** ~e voll sein ⟨fig.; umg.⟩ *zum Bersten voll sein*

'knus·pern ⟨V. 402⟩ (etwas, an etwas) ~ *knabbern, in kleinen Bissen hörbar essen;* an hartem Gebäck ~; altes Brot ~

'Knu·te ⟨f.; -, -n⟩ **1** *Peitsche aus aufeinandergenähten Lederriemen;* einem Tier die ~ geben; die ~ zu spüren bekommen **2** unter jmds. ~ ⟨fig.⟩ *Gewalt(herrschaft);* jmdn. unter seine ~ bringen; unter jmds. ~ seufzen 2.1 unter jmds. ~ stehen ⟨fig.⟩ *nichts zu sagen haben, unterdrückt sein*

'Ko·bold ⟨m.; -(e)s, -e⟩ *Erdgeist, (guter) Hausgeist, Wichtel*

Koch ⟨m.; -(e)s, ¨-e⟩ **1** *jmd., der (berufsmäßig) Speisen zubereitet* **2** *Lehrberuf mit dreijähriger Lehrzeit;* Diät~, Hotel~ **3** viele Köche verderben den Brei ⟨fig.⟩ *wenn allzu viele mit einer Sache zu tun haben, wird nichts Rechtes daraus* **4** Hunger ist der beste ~ ⟨Sprichw.⟩ *dem Hungrigen schmeckt jedes Essen*

'ko·chen ⟨V.⟩ **1** ⟨400⟩ eine Flüssigkeit kocht *hat die Siedetemperatur erreicht, siedet, wallt;* Milch zum Kochen bringen; ~des Wasser; den Pudding langsam ~ lassen 1.0.1 ~d heiß *sehr, übermäßig warm;* die Brühe ist noch ~d heiß 1.1 Gemüse kocht *das Wasser, in dem sich das G. befindet, kocht;* die Kartoffeln ~ (schon); das Gemüse muß 20 Minuten ~ 1.2 → a. *heiß(1.3)* **2** ⟨500⟩ Speisen ~ *mit siedendem Wasser zubereiten od. garmachen;* Fleisch, Gemüse, Kartoffeln, Milch, Suppe ~; gekochtes Obst; Kaffee, Tee ~ **3** ⟨402⟩ (etwas) ~ *Speisen zubereiten;* ~ können; ~ lernen; gern, gut, schlecht ~; Essen ~ **4** Leim, Farblösungen, Teer ~ *durch Erhitzen zum Gebrauch präparieren* **5** ⟨400⟩ die Brandung, das Wasser kocht ⟨fig.⟩ *brodelt, schäumt, strudelt;* das Wasser kochte in der Tiefe **6** ⟨400; fig.⟩ *stark erregt sein, wütend sein (ohne es zu zeigen);* sein Blut kochte vor Leidenschaft; in ihm kochte es; er kochte vor Zorn

'Kö·cher ⟨m.; -s, -⟩ *(am Gürtel getragener) Behälter für Pfeile*

Kode ⟨[ko:d] m.; -s, -s⟩ → a. *Code* **1** *Vorschrift für die Zuordnung von Zeichen eines Zeichensystems zu Zeichen eines anderen Systems, so daß der Gehalt an Information unverändert bleibt* 1.1 *Schlüssel zum Übertragen von chiffrierten Texten in Klarschrift* **2** *Verzeichnis von Kurzwörtern u. Ziffern* **3** ⟨Sprachw.⟩ *das Zeichensystem einer Sprache, eines Dialektes od. Soziolektes*

'Kö·der ⟨m.; -s, -⟩ **1** *Lockspeise zum Fangen von Tieren;* Fisch~; einen ~ auslegen, auswerfen **2** ⟨fig.⟩ *Lockmittel*

'Ko·dex ⟨m.; -es od. -, -e od. -di·zes⟩ oV *Codex* **1** ⟨Rechtsw.⟩ *Gesetzbuch, Gesetzessammlung* **2** *Gesamtheit der Regeln, die in einer Gesellschaft od. Gesellschaftsgruppe maßgebend sind;* Sitten~, Ehren~

'Kof·fer ⟨m.; -s, -⟩ **1** *rechteckiger, verschließbarer, tragbarer Behälter für Kleider u. kleine Utensilien, die man auf der Reise braucht;* Auto~, Hand~, Muster~ (eines Vertreters), Reise~, Schrank~; den ~ auspacken; mit drei ~n reisen 1.1 den ~ aufgeben *als Reisegepäck durch die Eisenbahn schicken lassen* 1.2 den ~ packen ⟨a. fig.⟩ *sich auf die Abreise vorbereiten* **2** ⟨Bauw.⟩ *unter der Decke (einer Straße) befindliches Lager aus Sand u. Steinen* **3** ⟨soldatenspr.⟩ *Geschoß, Granate;* mit schweren ~n schießen

Kohl[1] ⟨m.; -(e)s, -e⟩ **1** *Angehöriger einer Gattung der Kreuzblütler mit wichtigen Kulturpflanzen: Brassica* 1.1 ⟨i. e. S.⟩ *Gemüsekohl: B. oleracea;* Blatt~, Blumen~, Grün~, Kopf~, Rosen~, Sauer~, Weiß~, ~rabi 1.1.1 seinen ~ pflanzen ⟨fig.⟩ *ein einfaches (bäuerliches) Leben führen* 1.1.2 das macht den ~ auch nicht fett ⟨fig.⟩ *das nützt auch nichts (mehr)*

Kohl[2] ⟨m.; -(e)s; unz.⟩ *Geschwätz, dummes Ge-*

rede, Unsinn; so ein ~!; red nicht solchen ~!; das ist doch ~!

'Koh·le ⟨f.; -, -n⟩ **1** *Brennstoff, der aus pflanzlichen Resten durch langdauernde Lagerung unter Luftabschluß u. Druck entstanden ist;* Braun~, Glanz~, Stein~; ~ abbauen, fördern; mit ~n heizen; ~n brennen; glühende ~n; ~n schichten, schippen, trimmen **1.1** → a. *glühen(1.0.1-1.0.2)* **2** = *Holzkohle;* zu ~ verbrennen **3** *Holzkohle zum Zeichnen;* ~stift, Zeichen~; mit ~ zeichnen **4** ⟨nur Plural⟩ ~n ⟨fig.; umg.⟩ *Geld;* keine ~n mehr haben

Koh·len'di·oxid ⟨n.⟩ *schwach säuerlich schmeckendes, farbloses, nicht brennbares Gas, chem. Kohlensäureanhydrid,* CO_2

'Koh·len·hy·drat ⟨n.⟩ *organ.-chem. Verbindung, meist der allg. Form* $C_nH_{2n}O_n$, *die neben Kohlenstoff noch Wasserstoff u. Sauerstoff enthält*

'Koh·len·säu·re ⟨f.⟩ *durch Lösen von Kohlendioxid in Wasser entstehende schwache Säure,* H_2CO_3

'Koh·len·stoff ⟨m.; chem. Zeichen: C⟩ *nichtmetallisches Element, Ordnungszahl 6*

Koh·len'was·ser·stoff ⟨m.⟩ *ausschließlich aus Kohlenstoff u. Wasserstoff aufgebaute chemische Verbindung*

'Koh·le·pa·pier ⟨n.⟩ *dünnes, einseitig gefärbtes Papier (für Durchschläge)*

'Köh·ler[1] ⟨m.; -s, -⟩ *Handwerker, der Holz zu Holzkohle verbrennt*

'Köh·ler[2] ⟨m.; -s, -⟩ *blauschwarzer Meeresfisch, dessen geräuchertes od. gebratenes Fleisch als „Seelachs" gehandelt wird: Gadus virens*

Kohl'ra·bi ⟨m.; - od. -s, - od. -s⟩ *Zuchtform des Gemüsekohls mit Stengelknolle: Brassica oleracea var. gongylodes*

'Kohl·rü·be ⟨f.⟩ *als Viehfutter od. Kochgemüse verwendete Zuchtform des Kohls: Brassica napus var. napobrassica*

'Kohl·weiß·ling ⟨m.; -s, -e⟩ *Tagfalter, dessen Raupen aus den in Massen an Kohl abgelegten Eiern oft großen Schaden anrichten: Pieris brassicae*

'Ko·itus ⟨m.; -, -⟩ = *Geschlechtsakt*

Ko'jo·te ⟨m.; -, -n⟩ *in der Lebensweise dem Wolf ähnelnder Präriehund des westl. Nordamerikas: Canis latrans, Thos latrans*

ko'kett ⟨Adj.⟩ *in einer spielerischen Art darauf bedacht, anderen zu gefallen;* ein ~er Blick, ~es Lächeln; ~e Mädchen; ~ lächeln; sie ist sehr ~

ko·ket'tie·ren ⟨V.⟩ **1** ⟨400⟩ *sich kokett benehmen, seine Reize spielen lassen* **2** ⟨450⟩ mit jmdm. ~ *jmds. Gefallen zu erregen suchen, jmdn. erotisch zu reizen suchen* **3** ⟨450⟩ mit einer Möglichkeit ~ *eine M. spielerisch erörtern* **3.1** mit seiner Schwäche ~ *eine S. spielerisch betonen, um Widerspruch od. Nachsicht hervorzurufen;* sie kokettiert mit ihrer Unpünktlichkeit, Schreibfaulheit

Ko·kon ⟨[ko'kõ] österr. a. [-'kon]; m.; -s, -s⟩ *von den Larven verschiedener Insekten aus dem erhärteten Sekret der Spinndrüsen bei der Verpuppung angefertigtes Gehäuse*

'Ko·kos·pal·me ⟨f.⟩ *große, nahrhafte Steinfrüchte (Kokosnüsse) liefernde 20—30 m hohe Palme mit an der Basis etwas angeschwollenem Stamm u. an der Spitze 4—5 m langen, steifen Fiederblättern: Cocos nucifera*

Koks[1] ⟨m.; -es, -e⟩ *beim Erhitzen unter Luftabschluß von Stein- od. Braunkohle entstehender, fast reiner Kohlenstoff*

Koks[2] ⟨m.; -(e)s; unz.; gaunerspr.⟩ = *Rauschmittel, z. B. Kokain*

'Kol·ben ⟨m.; -s, -⟩ **1** *Stab mit verdicktem Ende, Rohrkolben* **2** ⟨Waffenk.⟩ *das hintere, breite Ende des Gewehrschaftes;* Gewehr~ **3** ⟨Techn.⟩ *in einem Zylinder hin- u. hergehendes Teil in Kraftmaschinen* **4** ⟨Bot.⟩ *Art des Blütenstandes, eine Ähre mit verdickter Hauptachse;* Mais~ **5** ⟨Chem.⟩ *flaschenförmiges, bauchiges, enghalsiges Glasgefäß;* Destillier~ **6** ⟨jägerspr.⟩ *beim Gehörn u. Geweih die noch unfertigen Stangen und Enden im Bast*

'Ko·lik ⟨f.; -, -en; Med.⟩ *schmerzhafte, krampfartige Zusammenziehung eines inneren Organs;* Darm~, Gallen~, Magen~, Nieren~

'Kol·laps ⟨a. [-'-] m.; -es, -e; Med.⟩ *durch mangelhafte Durchblutung des Gehirns verursachter, oft auf einen Schock folgender Zusammenbruch des Kreislaufs;* Herz~, Kreislauf~

Kol'leg ⟨n.; -s, -s⟩ **1** = *Vorlesung;* ein ~ belegen; ein ~ besuchen, hören; wir haben heute kein ~; ein ~ halten, lesen; dreistündiges ~; ins ~ gehen; ein ~ über Goethes „Faust" **2** *das Gebäude, in dem ein Kolleg(1) gehalten wird* **3** *kath. Studienanstalt;* Jesuiten~

Kol'le·ge ⟨m.; -n, -n⟩ **1** *jmd., der den gleichen Beruf ausübt wie man selbst* **2** *Mitarbeiter desselben Arbeitgebers*

Kol'le·gi·um ⟨n.; -s, -gi·en⟩ *Körperschaft, Ausschuß, Gemeinschaft (von Personen gleichen Amtes od. Berufs);* Ärzte~, Lehrer~

kol·lek'tiv ⟨Adj. 24⟩ **1** *gemeinsam, gemeinschaftlich, geschlossen* **2** ~e Sicherheit *S., die von vielen Staaten garantiert wird*

'Kol·ler[1] ⟨m.; -s, -⟩ **1** ⟨früher⟩ *lederner Brustharnisch, Wams* **2** *Halskragen* **3** *Schulterpasse (am Kleid, Mantel)*

'Kol·ler[2] ⟨m.; -s, -⟩ **1** *Tobsuchtsanfall, Wutanfall;* einen ~ bekommen; seinen ~ haben **2** ⟨Vet.⟩ *durch einen Tumor hervorgerufene Gehirnerkrankung der Pferde*

kol·li'die·ren ⟨V. 405⟩ (mit jmdm. od. etwas) ~ **1** Vorgänge ~ *fallen zusammen, überschneiden sich;* die Vorlesungen ~ (miteinander) **2** Fahrzeuge ~ *stoßen zusammen;* ein Güterwagen kollidierte mit einem Lastzug **3** Personen ~ *geraten aneinander (im Streit)* **4** Meinungen ~ *geraten in Konflikt, widerstreiten;* unsere Meinungen, Auffassungen kollidieren miteinander

Kol·li·si'on ⟨f.; -, -en⟩ **1** *(zeitl.) Überschneidung, Zusammenfallen* **2** *Zusammenstoß* **3** = *Konflikt(1);* mit jmdm., mit etwas, mit dem Gesetz in ~(en) geraten, kommen

kol·lo·idal ⟨[---'-] Adj. 24⟩ *fein zerteilt, fein verteilt*

Ko·lo'nie ⟨f.; -, -n⟩ **1** *Ansiedlung von Ausländern in einem Staat* **2** *in einem Staat geschlossen siedelnde Kolonie(1)* **3** *ausländ., meist übersee. Besitz eines Staates* **4** *Ansiedlung von Menschen in einsamen Gegenden;* Verbrecher~; Militär~ **5** Sy *Lager(3.0.1);* Ferien~, Schüler~ **6** ⟨Biol.⟩ *lockerer Zellverband, in dem die Individuen nach der Teilung durch gemeinsame Gallerten od. durch die gemeinsame Muttermembran verbunden bleiben:*

Coenobium **7** ⟨Zool.⟩ *Tierverband, Vereinigung gesellig lebender Tiere*

Ko'lon·ne ⟨f.; -, -n⟩ **1** *geordnete, gegliederte Schar, Zug;* Marsch~; in ~n marschieren **2** *Transporttruppe;* Rettungs~, Sanitäts~ **3** *Arbeitsgruppe;* Arbeits~ **4** *Druckspalte, Spalte innerhalb einer Tabelle* **5** ⟨Chem.⟩ *Apparat in Form eines Turms od. einer Säule, in der Dampf aufsteigt u. eine Flüssigkeit (zur fraktionierten Destillation) herunterrieselt* **6** fünfte ~ *im geheimen wirkende feindl. Gruppe im Innern eines Landes*

ko·los'sal ⟨Adj.⟩ **1** *riesig, riesenhaft* **2** *gewaltig* **3** ⟨fig.; umg.⟩ *sehr, ungeheuer*

kol·por'tie·ren ⟨V. 500⟩ **1** Bücher ~ *mit Büchern hausieren* **2** Nachrichten ~ ⟨fig.⟩ *als Gerücht verbreiten*

Kom·bi·na·ti'on ⟨f.; -, -en⟩ **1** *Verknüpfung, Zusammenfügung* **2** *Herstellung von Beziehungen, die gedankl. zusammenhängen;* ~ im Schach **3** ⟨Sp.⟩ *planmäßiges Zusammenspiel* 3.1 → a. *alpin(1.1), nordisch(1.1)* **4** *Kleidungsstück aus mehreren Teilen* **4.1** *Hemdhose* **4.2** *Arbeitsanzug aus einem Stück;* Flieger~ **4.3** *Herrenanzug aus Hose u. Jacke von verschiedener Farbe od. aus verschiedenen Stoffen* **4.4** *Garnitur von Unterwäsche für Damen*

kom·bi'nie·ren ⟨V.⟩ **1** ⟨400⟩ *gedankl. Zusammenhänge finden zwischen, Beziehungen herstellen zwischen;* schnell, gut ~ **2** ⟨517⟩ einen Sachverhalt mit einem anderen ~ *(gedanklich) verbinden, verknüpfen*

Kom·fort ⟨[-'fo:r] od. [-'fɔrt] m.; - od. -(e)s; unz.⟩ **1** *Bequemlichkeit, Behaglichkeit* **2** *bequeme, prakt. Einrichtung;* Wohnung, Zimmer mit allem ~

'Ko·mik ⟨f.; -; unz.⟩ **1** *das Komische;* Sinn für ~ haben **2** *komische, erheiternde Wirkung;* eine Szene von unsagbarer, unwiderstehlicher ~ **3** *die Kunst, etwas erheiternd, belustigend darzustellen*

'ko·misch ⟨Adj.⟩ **1** *Lachen, Heiterkeit erregend, spaßhaft, spaßig;* eine ~e Figur machen 1.1 *drollig, ulkig* 1.2 ⟨Theat.⟩ *possenhaft;* die ~e Person, die ~e Alte (als Rollenfach) **2** ⟨fig.; umg.⟩ *seltsam, sonderbar, merkwürdig;* ein ~es Gefühl haben; er ist ein ~er Kerl, Kauz; du bist aber ~!; er ist seit einiger Zeit so ~ **2.1** das ist doch ~! *erregt Staunen* 2.2 mir ist, wird so ~ *übel, schlecht* 2.3 das kommt mir ~ vor *verdächtig*

'Kom·ma ⟨n.; -s, -s od. -ma·ta⟩ **1** ⟨Gramm.; Zeichen: ,⟩ *Satzzeichen, das den Satz in Sinnabschnitte teilt* **2** ⟨Math.⟩ *Zeichen, das ganze Zahlen von den Ziffern der Dezimalbrüche trennt;* drei ~ vier (3,4); drei ~ null vier (3,04) **3** ⟨Mus.⟩ 3.1 *Differenz zwischen zwei fast gleichen Tönen* 3.2 *kleiner senkrechter Strich über der obersten Notenlinie zum Zeichen des Absetzens, neuen Ansetzens*

Kom·man'dant ⟨m.; -en, -en⟩ *Befehlshaber eines Kriegsschiffes od. Flugplatzes, einer Festung od. Stadt*

kom·man'die·ren ⟨V. 500⟩ **1** Personen, Truppen ~ *den Befehl über P., T. führen* 1.1 Soldaten ~ ⟨Mil.⟩ *versetzen;* einen Soldaten zu einer anderen Einheit ~ **2** jmdn. ~ *jmdm. (wiederholt) Befehle erteilen;* ich lasse mich nicht von dir ~ **3** ⟨400⟩ *befehlen, was zu tun ist;* hier kommandiere ich! 3.1 kommandierender General *Kommandeur eines Korps des Heeres od. einer Gruppe der Luftwaffe* 3.2 ⟨umg.⟩ *in barschem Befehlston reden;* ~ Sie nicht so!

Kom'man·do ⟨n.; -s, -s od. (österr.) -da⟩ **1** *ein vorgeschriebenes Befehlswort für die Ausführung bestimmter Tätigkeiten;* ein ~ geben; auf das ~ „los!"; sich wie auf ~ umdrehen **2** *Befehlsgewalt;* das ~ führen, übernehmen (über eine Truppe); General~, Ober~ **3** *zu bestimmten Zwecken zusammengestellte Truppenabteilungen;* Sonder~, Wach~

'kom·men ⟨V. 170⟩ **1** ⟨400⟩ 1.1 *sich einem Ort nähern, einen Ort erreichen, eintreffen;* ich komme!; ich freue mich, daß Sie ~, gekommen sind; kannst du zu mir ~?; ~ Sie doch zum Essen, zum Kaffee, zum Tee zu uns!; nach Hause ~; gegangen, gefahren ~; ist Post (für mich) gekommen?; es ist ein Brief für dich gekommen; warum kommt er (nur) nicht?; gut, daß du kommst!; angelaufen ~; er kam und setzte sich an den Tisch; er ist (bis jetzt) nicht gekommen; wann kommst du?; er kommt erst um fünf Uhr; ich komme am Montag; zu spät ~; rechtzeitig, zurecht ~; ich komme gleich, morgen; spät kommt Ihr, doch Ihr kommt (Schiller, Die Piccolomini, I,1); ~ und gehen; das dauernde Kommen und Gehen der vielen Leute macht mich nervös; er ist mit dem Flugzeug, mit dem Zug gekommen; sein Kommen (durch einen Pfiff) ankündigen; wir freuen uns auf Ihr Kommen 1.1.1 ⟨410⟩ die Zeitung kommt zweimal die Woche *wird zweimal in der Woche gebracht* 1.1.2 er kommt wie gerufen *ich brauche ihn gerade* 1.1.3 kommst du heute nicht, so kommst du morgen ⟨umg.⟩ *er läßt sich immer viel Zeit, er beeilt sich nie* 1.1.4 (sich) jmdn. ~ lassen *jmdn. zu sich bitten, nach ihm schicken* 1.1.5 (sich) etwas ~ lassen *schicken lassen (Waren)* 1.2 *als nächste(r, -s) folgen;* Achtung, es kommt eine Kurve!; der Abend, Morgen, die Nacht kam; jetzt ist der Augenblick, die Stunde gekommen, da ...; die Jahre ~ (und gehen); am ~den Sonntag; im ~den Jahr; es kam ein Gewitter; Sie ~ zuerst (an die Reihe); kommt Zeit, kommt Rat! ⟨Sprichw.⟩ 1.2.1 er ist der ~de Mann im Schisport *er wird wahrscheinlich große Erfolge im S. haben* 1.2.2 ⟨400 m. Modalverb⟩ das durfte nicht ~! ⟨umg.⟩ *das durfte nicht gesagt werden!* 1.2.3 ⟨411⟩ neben jmdn. (zu sitzen) ~ ⟨umg.⟩ *(zufällig) neben jmdm. Platz finden* 1.2.4 erst kommt ..., dann kommt ... *aufeinander folgen;* wenn Sie hier weiterfahren, kommt zuerst ein Sportplatz und dann das Museum 1.3 (zum Vorschein) ~ *erscheinen, auftauchen;* da kommt mir ein Gedanke; die Knospen ~ (schon); mach schnell, ehe er kommt!; ich komme, die Bücher abzuholen; ich komme wegen der Reparatur; eine neue Entwicklung ist im Kommen 1.3.1 ⟨410⟩ an den Tag ~, ans Licht ~ *bekannt, ruchbar werden* 1.3.2 ⟨410⟩ wir ~ wenig unter Menschen *wir gehen wenig aus, sehen wenig M.* 1.4 *geschehen, zur Folge haben;* ein schweres Unglück ist gekommen; man muß es nehmen, wie es gerade kommt; komme, was da wolle; ich habe es ~ sehen (daß es so geschehen würde); das mußte ja (so) ~!; wie ist das nur gekommen?; wir dürfen es nicht so weit ~ lassen, daß ...; es ist so weit gekommen, daß sie nicht mehr miteinander sprechen **1.4.1** ⟨410⟩ wie, woher kommt etwas? *warum geschieht es, ist es möglich?;* wie kommt denn das?; wie kommt es, daß ...?; woher kommt das? **1.4.2** ⟨410⟩ wohin ~ wir? *was würde geschehen?* **2** ⟨411⟩ **2.1** von einem Ort od. jmdm. ~ *sich von einem anderen Ort od. jmdm. hierher bewegen;* ich komme gerade von ihm, von dort, von daheim; von der Arbeit ~; aus dem Hause, aus dem Walde ~; woher kommst du? **2.2** durch einen Ort ~ *hindurchfahren, -gehen;* durch eine Stadt ~ **2.3** an, in, über einen Ort, zu einem Ort ~ **2.3.1** *dort eintreffen, zu dem O. gelangen;* an einen Fluß, in den Laden, auf den Markt ~ **2.3.2** *dort hingehören, seinen eigtl. Platz haben;* der Brief kommt in einen Umschlag; das Fahrrad kommt in den Gepäckwagen; der Besen kommt vor die Tür **2.4** in, auf die Schule ~ *als Lernender in der S. aufgenommen werden;* in die Lehre, Schule ~; auf einen Lehrgang, die Universität ~ **2.5** ⟨411⟩ zu einer Gemeinschaft ~ *anfangen, zu einer G. zu gehören;* beim Friedensschluß kamen bestimmte Gebiete zu, an Österreich **2.6** *gebracht werden;* ins Gefängnis ~ **2.6.1** auf die Welt ~ *geboren werden* **2.7** (nicht) aus dem Haus ~ *das Haus (nicht) verlassen (können)* **3** ⟨413⟩ etwas kommt teuer usw. *wird teuer usw. werden* **3.1** ⟨580⟩ das kommt mich teuer zu stehen ⟨a. fig.⟩ *wird mir schaden* **3.2** ⟨410⟩ etwas kommt von *ist zurückzuführen auf, begründet durch;* sein Husten kommt vom vielen Rauchen; das kommt davon, wenn man nicht aufpaßt; das kommt davon! (Ausdruck der Schadenfreude) **3.3** → a. *hoch (7.0.8)* **4** ⟨Imperativ⟩ komm! ⟨a. fig.⟩ *tu, was man von dir erwartet, sei vernünftig!;* nun komm schon!; komm, komm!; komm, sei friedlich!; komm, wir wollen gehen! **5** ⟨600⟩ **5.1** ihr kamen die Tränen *sie begann zu weinen* **5.2** ⟨m. Modalverb⟩ da soll mir einer ~ und sagen ... ⟨umg.⟩ *es soll keiner wagen ...;* komm mir dann aber nicht und sage, ich hätte nicht gewarnt! **6** ⟨613⟩ jmdm. ... ~ ⟨umg.⟩ *sich ... zu, gegenüber jmdm. verhalten;* jmdm. dumm, frech, grob ~ **6.1** ⟨m. Modalverb⟩ so darfst du mir nicht ~! *das lasse ich mir nicht gefallen!* **6.2** ⟨650⟩ jmdm. mit etwas ~ *jmdm. etwas (Unerwünschtes) vorschlagen, sagen;* komm mir nicht immer wieder mit den alten Geschichten **6.3** ⟨610⟩ jmdm. zu(r) Hilfe ~ *jmdm. helfen* **6.3.1** ⟨613⟩ etwas kommt jmdm. ... *jmd. beurteilt, empfindet etwas als ...;* dein Vorschlag kommt mir sehr gelegen; die Einladung kommt mir sehr überraschend **6.4** ⟨611⟩ etwas kommt jmdm. in die Hände, unter die Finger *jmd. erhält, findet etwas zufällig od. ungewollt* **6.4.1** jmdm. in den Weg ~ *zufällig begegnen* **7** ⟨800⟩ **7.1** in einen Zustand ~ *versetzt, umgewandelt werden* **7.1.1** in Stimmung ~ *in S. geraten, fröhlich werden* **7.1.2** er kommt leicht in Zorn *er gerät leicht in Z.* **7.1.3** in Gefahr ~ *in G. geraten* **7.1.4** in Bewegung ~ *sich in B. setzen* **7.2** aus etwas ~ ⟨fig.⟩ **7.2.1** aus dem Takt ~ *den T. nicht einhalten* **7.2.2** aus der Mode ~ *unmodern werden* **7.3** zu etwas ~ ⟨fig.⟩ *etwas erreichen, erlangen, gewinnen;* zu Gelde ~; zu der Überzeugung ~, daß ...; zur Ruhe ~; (wieder) zu Kräften ~; er kommt zu nichts **7.3.1** zur Sache ~ *sachlich werden, die (eigentliche, wichtige) Sache besprechen* **7.3.2** wieder zu sich ~ *die Besinnung, das Bewußtsein wiedererlangen* **7.3.3** zu Schaden ~ *geschädigt, beschädigt werden* **7.3.4** ⟨unpersönl.⟩ es kam zu einem Streit, (Krieg) *ein S. (K.) begann* **7.3.5** ⟨805⟩ (mit etwas) zu Ende ~ *etwas beenden* **7.4** ⟨800⟩ dazu ~, (etwas zu tun) **7.4.1** *Zeit haben, etwas zu erledigen;* er ist noch nicht dazu gekommen, es zu tun **7.4.2** *Grund, Ursache haben, etwas zu tun, zu erhalten;* wie komme ich dazu, ihm Geld zu geben?; wie bist du dazu gekommen?; vielen Dank, aber ich weiß wirklich nicht, wie ich dazu komme! (Floskel, wenn man ein sehr unerwartetes Geschenk bekommt) **7.5** etwas kommt zu einem anderen *wird hinzugefügt;* zu diesem Betrag kommt noch die Mehrwertsteuer **7.6** auf jmdn. kommt ein Anteil *jmd. erhält einen A. od. hat einen A. zu geben;* auf jeden ~ 5 Mark **7.7** auf etwas ~ **7.7.1** *sich (durch Nachdenken) an etwas erinnern;* ich komme nicht auf seinen Namen; ich komme nicht darauf **7.7.2** auf einen Gedanken ~ *sich etwas einfallen lassen* **7.7.3** auf etwas (zu sprechen) ~ *von etwas zu sprechen anfangen* **7.7.4** ⟨611⟩ es kommt mir nicht aus dem Sinn *ich muß immer daran denken* **7.8** hinter etwas ~ *etwas ergründen, herausbekommen, erfahren;* hinter jmds. Schliche ~; endlich bin ich hinter sein Geheimnis gekommen **7.9** um etwas ~ *etwas verlieren, auf etwas verzichten müssen;* um ein Vergnügen ~; ich bin um meinen Schlaf, um meine wohlverdiente Ruhe gekommen; er ist um all sein Geld gekommen **7.9.1** ums Leben ~ *sein L. verlieren, getötet werden* **8** ⟨800 m. Modalverb⟩ auf jmdn. nichts ~ lassen *von jmds. guten Eigenschaften überzeugt sein*

Kom·men'tar ⟨m.; -s, -e⟩ **1** *nähere Erläuterung;* einen ~ zu etwas geben **1.1** ~ überflüssig *dazu braucht man nichts zu sagen, die Sache spricht für sich selbst, ist offensichtlich* **2** *fortlaufende sachliche u. sprachliche (von einem wissenschaftl. Standpunkt aus gegebene) Erläuterung des Textes eines literar. Werkes, Gesetzes u. ä.* **3** einen ~ zu allem haben *angeblich über alles Bescheid wissen*

kom·men'tie·ren ⟨V. 500⟩ **1** Gesetze ~ *(wissenschaftl.) erläutern* **2** etwas ~ *erklären;* eine kommentierte Ausgabe von Goethes „Faust"; aus dem Stadion kommentiert jetzt unser Reporter ...

Kom'miß ⟨m.; -s·ses; unz.⟩ **1** ⟨urspr.⟩ *die vom Staat gelieferte Ausrüstung u. der Unterhalt des Soldaten* **2** ⟨umg.; heute⟩ *Militär, Militärdienst;* beim ~ sein

Kom·mis'sar ⟨m.; -s, -e⟩ **1** *im Auftrag des Staates arbeitende, mit bes. Vollmachten ausgerüstete Person;* Staats~ **2** *einstweiliger Vertreter eines Beamten* **3** *Dienstrang im Polizeidienst;* Polizei~, Kriminal~

Kom·mis·si'on ⟨f.; -, -en⟩ **1** ⟨Hdl.⟩ *Auftrag, ein Geschäft im eigenen Namen, aber für fremde Rechnung zu besorgen;* eine Ware in ~ geben, in ~ nehmen **2** *Ausschuß(3) für eine bestimmte Aufgabe;* Ärzte~; eine ~ bilden, wählen **3** ~en machen ⟨schweiz.⟩ *einkaufen*

kom·mu'nal ⟨Adj. 24⟩ *eine Gemeinde od. einen Landkreis betreffend, zu ihnen gehörig,* *von ihnen ausgehend;* ~e Einrichtungen; ~e Selbstverwaltung

Kom·mu'nis·mus ⟨m.; -; unz.⟩ **1** *ökonom. u. polit. Lehre, die sich eine Gesellschaft ohne Privateigentum, mit sozialer Gleichstellung der Individuen u. deren Aufgehen in der Gemeinschaft sowie gemeinschaftliche Lebensführung zum Ziel gesetzt hat* **2** *die auf Kommunismus(1) beruhende Wirtschafts- u. Gesellschaftsordnung* **3** *von den kommunist. Parteien vertretene polit. Bewegung, die den Kommunismus(2) anstrebt*

Ko'mö·die ⟨[-diə] f.; -, -n⟩ **1** *heiteres Drama, Lustspiel;* Ggs *Tragödie(1);* sich eine ~ ansehen; eine ~ aufführen; eine ~ schreiben **2** *Theater, in dem (nur) Komödien(1) gespielt werden;* in die ~ gehen **3** ⟨fig.⟩ *lustiges, erheiterndes Ereignis* **4** ⟨fig.; umg.⟩ *Täuschung, Verstellung;* das war ja alles nur ~ **4.1** jmdm. eine ~ vorspielen *jmdn. durch geschicktes Verhalten zu täuschen suchen*

Kom·pa'nie ⟨f.; -, -n⟩ **1** ⟨Abk.: Co., Cie⟩ *Handelsgesellschaft* **2** ⟨Mil.; Abk.: Komp.⟩ *unterste Gliederungsform der Truppe, 100 bis 250 Mann stark* **2.1** sie hat belegte Brote hergerichtet wie für eine ganze ~ ⟨umg.; scherzh.⟩ *sehr viele*

'Kom·paß ⟨m.; -s·ses, -s·se⟩ *Gerät zum Bestimmen der Himmelsrichtung;* Magnet~; Steuer~, Peil~; Marsch~

kom·pen'sie·ren ⟨V. 500⟩ **1** zwei gegeneinander wirkende Vorgänge ~ ⟨Phys.; Tech.⟩ *ausgleichen, aufheben;* Kräfte, Wirkungen ~ **1.1** die magnet. Wirkung von Stahlteilen in Schiffen u. Flugzeugen ~ *durch Anbringen entgegengesetzt wirkender Magnete in der Nähe des Kompasses aufheben* **2** Beträge ~ ⟨Bankgeschäft⟩ *vergüten, verrechnen* **3** Güter, Dienstleistungen ~ ⟨Hdl.⟩ *austauschen;* Ware gegen Ware ~ **4** anatomische od. funktionelle Störungen eines Organes od. Organteiles ~ ⟨Med.⟩ *durch gesteigerte Tätigkeit eines anderen Organes od. Organteiles ausgleichen*

kom·pe'tent ⟨Adj.⟩ **1** *zuständig, befugt* **2** *maßgebend, urteilsfähig;* ich bin (in dieser Angelegenheit, Frage) nicht ~

kom'plett ⟨Adj.⟩ *vollkommen, vollständig, vollzählig;* ein ~es Mittagessen; unsere Wohnung ist jetzt ~; du bist ~ verrückt ⟨umg.⟩

kom·plet'tie·ren ⟨V. 500⟩ eine Sammlung ~ *vervollständigen, ergänzen, auffüllen*

kom'plex ⟨Adj.⟩ **1** *zusammengesetzt, verwikkelt, vielfältig u. doch einheitlich* **2** ~e Zahl ⟨Math.⟩ *eine Summe aus einer reellen u. einer imaginären Zahl, a + bi*

Kom'plex ⟨m.; -es, -e⟩ **1** *Gesamtheit, Gesamtumfang, Inbegriff* **2** *zusammenhängende Gruppe;* Häuser~ **3** ⟨Psych.⟩ *ins Unterbewußtsein verdrängte Gruppe von Vorstellungen od. nicht verarbeiteten Erlebnissen, die zu dauernder Beunruhigung führen;* an verdrängten ~en leiden

Kom·pli·ka·ti'on ⟨f.; -, -en⟩ **1** *Verwicklung, Schwierigkeit* **2** ⟨Med.⟩ *Auftreten zusätzlicher Schwierigkeiten bei einer schon bestehenden Krankheit;* es wird, könnte ~en geben; bei der Operation sind ~en eingetreten

Kom·pli'ment ⟨n.; -(e)s, -e⟩ **1** *Höflichkeitsbezeigung, Verbeugung, Diener* **2** *Artigkeit, Huldigung, Schmeichelei;* jmdm. ein ~, ~e machen **2.1** mein ~! *alle Achtung!* **2.2** nach ~en fischen, angeln ⟨umg.; scherzh.⟩ *durch Betonen eigener Schwächen od. schwacher Seiten Widerspruch herausfordern, der zum Lob des Sprechenden wird*

kom·pli'zie·ren ⟨V. 500⟩ etwas ~ *verwikkeln, erschweren;* wir wollen die Sache nicht unnötig ~

Kom'plott ⟨n. od. (umg.) m.; -(e)s, -e⟩ *Verschwörung, Verabredung zu Straftaten, Anschlägen, heiml. Handlungen;* ein ~ schmieden (gegen)

Kom·po'nen·te ⟨f.; -, -n⟩ *Teil eines Ganzen, einer Kraft, Mischung usw.*

kom·po'nie·ren ⟨V. 500⟩ **1** etwas ~ *zusammensetzen, zusammenstellen, kunstvoll anordnen, aufbauen* **2** Kunstwerke ~ *nach bestimmten Formgesetzen aufbauen, zusammenfügen;* ein Bild (geschickt) ~ **3** ein Musikstück ~ *in Töne setzen;* ein Konzert, eine Oper, Sinfonie ~

Kom'post ⟨m.; -es, -e⟩ *natürl. Dünger aus Erde, Pflanzenresten u. evtl. Jauche*

Kom·pro'miß ⟨m. od. n.; -'mis·ses, -'mis·se⟩ **1** *Ausgleich, Übereinkunft durch beiderseitiges Nachgeben, Verständigung* **2** *Zugeständnis;* man muß im Leben Kompromisse machen; einen ~ schließen

kom·pro·mit'tie·ren ⟨V. 500/R7 od. R8⟩ jmdn. ~ *bloßstellen, in Verlegenheit bringen;* er hat sich mit dem Brief kompromittiert

Kon·den·sa·ti'on ⟨f.; -, -en⟩ **1** ⟨Phys.⟩ *Übergang eines Stoffes aus gas- od. dampfförmigem in den flüssigen Zustand durch Abkühlung od. Druckerhöhung* **2** ⟨Chem.⟩ *Reaktion, bei der zwei Moleküle unter Abspaltung eines einfachen Stoffes (z. B. Wasser) zu einem neuen Molekül reagieren od. bei der innerhalb eines Moleküls ein einfacher Stoff abgespalten wird*

Kon·den'sa·tor ⟨m.; -s, -'to·ren⟩ **1** *Apparat, in dem der aus Dampfmaschinen austretende Dampf gekühlt u. verflüssigt wird* **2** ⟨El.⟩ *eine Anordnung von isolierten Leitern zur Speicherung elektrischer Ladung bzw. elektrischer Feldenergie*

kon·den'sie·ren ⟨V.⟩ **1** Gase ~ **1.1** ⟨400⟩ *gehen vom gasförmigen in den flüssigen Zustand über* **1.2** ⟨500⟩ Gase ~ *werden vom gasförmigen in den flüssigen Zustand übergeführt* **2** ⟨500⟩ Milch ~ *durch Entzug von Wasser eindicken;* kondensierte Milch **3** kondensierte Systeme *chem. Verbindungen, deren Formeln mehrere Benzolringe enthalten, von denen je zwei zwei Kohlenstoffatome gemeinsam haben*

Kon'di·tor ⟨m.; -s, -'to·ren⟩ **1** *Lehrberuf des Handwerks mit dreijähriger Lehrzeit, Gesellen- u. Meisterprüfung* **2** *Handwerker, der feine Backwaren, Eis u. Konfekt herstellt*

Kon·do'lenz ⟨f.; -, -en⟩ *Beileid, Beileidsbezeigung*

kon·do'lie·ren ⟨V. 600⟩ jmdm. ~ *sein Beileid aussprechen;* jmdm. zum Tod des Vaters ~

Kon'fekt ⟨n.; -(e)s, -e⟩ *(feine) Süßigkeiten, Zuckerwerk;* Sy *Konfetti(2)* ⟨österr.⟩

Kon·fek·ti'on ⟨f.; -, -en⟩ **1** *industrielle Herstellung von Kleidung* **2** *industriell hergestellte, serienmäßige Kleidung;* Herren~, Damen~ **3** *Bekleidungsindustrie*

Kon·fe'renz ⟨f.; -, -en⟩ *Beratung, Verhandlung, Sitzung;* Lehrer ~

Kon·fes·si'on ⟨f.; -, -en⟩ **1** = *Glaubensbekenntnis;* evangelische, katholische ~ **2** *Bekenntnisschrift;* die Augsburgische ~ 1530

Kon'fet·ti ⟨n.; -s od. -; unz.⟩ **1** *runde Blättchen aus buntem Papier;* sich beim Karneval u. an Silvester mit ~ bewerfen **2** ⟨österr.⟩ = *Konfekt*

Kon·fir·ma·ti'on ⟨f.; -, -en; evang. Kirche⟩ *feierl. Aufnahme der Jugendlichen in die Gemeinde durch den Geistlichen, womit sie zum Empfang des hl. Abendmahls u. zur Übernahme von Patenschaften berechtigt werden*

kon·fir'mie·ren ⟨V. 500; evang. Kirche⟩ jmdn. ~ *in die Gemeinde aufnehmen u. damit zum hl. Abendmahl zulassen u. zur Patenschaft berechtigen*

Kon'flikt ⟨m.; -(e)s, -e⟩ **1** *Streit, Widerstreit, Zwiespalt;* Sy *Kollision(3);* bewaffneter, innerer, politischer ~; in einen ~ geraten; mit jmdm. in ~ geraten **2** mit dem Gesetz in ~ geraten *das G. übertreten*

kon·fron'tie·ren ⟨V. 550⟩ **1** jmdn. mit einem anderen ~ *jmdn. einem anderen gegenüberstellen* **2** jmdn. mit einer Tatsache ~ *jmdn. vor eine T. stellen (u. warten, wie er darauf reagiert)*

kon'fus ⟨Adj.⟩ *verworren, unklar, verwirrt;* ~es Gerede; er hat in seinem Brief nur ~es Zeug geschrieben; du machst mich mit deiner Aufregung ganz ~; ich bin ganz ~

Kon·gre·ga·ti'on ⟨f.; -, -en⟩ **1** *Vereinigung, Versammlung* **2** *Verband mehrerer Klöster desselben Ordens* **3** *kath. Vereinigung mit einfachem od. ohne Gelübde*

Kon'greß ⟨m.; -s·ses, -s·se⟩ **1** *polit. od. fachl. Tagung;* Ärzte~ **2** *beratende u. beschließende Versammlung;* Berliner ~, Wiener ~ **3** ⟨USA⟩ *Volksvertretung im Parlament (Senat u. Repräsentantenhaus)*

kon·gru'ent ⟨Adj. 24⟩ **1** *übereinstimmend* **2** ⟨Math.⟩ *deckungsgleich;* ~e Dreiecke

'Kö·nig ⟨m.; -s, -e⟩ **1** *höchster Herrscher eines Staates;* die Heiligen Drei ~e; die preußischen ~e; der ~ von Griechenland; einen Fürsten zum ~ krönen, wählen **1.1** des ~s Rock tragen ⟨fig.; veralt.⟩ *Uniform tragen, (auf einen König vereidigter) Soldat sein* **2** ⟨Kart.⟩ eine *Spielkarte* **3** ⟨Schachspiel⟩ *Hauptfigur;* Schach dem ~! **4** ⟨Kegelspiel⟩ *in der Mitte stehender Kegel* **5** *Sieger beim Preisschießen;* Schützen~ **6** ⟨fig.⟩ *der Beste schlechthin;* er ist der ~ der Jazzinterpreten **6.1** der ~ der Tiere, ~ der Wüste *der Löwe* **6.2** der ~ der Vögel *der Adler*

'kö·nig·lich ⟨Adj.⟩ **1** ⟨60⟩ *den König betreffend, zum König gehörig, ihm gehörend, ihm gemäß, ihm zustehend;* ~er Beamter, ~er Hofstaat; (Seine) Königliche Hoheit (Anrede für Prinzen u. Prinzessinnen eines königl. Hauses sowie für Großherzöge) **2** ⟨fig.⟩ *wie ein König, vornehm, hoheitsvoll;* mit ~er Gebärde; von ~er Gestalt **3** ⟨fig.; umg.⟩ *herrlich, großartig;* sich ~ amüsieren; jmdn. ~ bewirten

'ko·nisch ⟨Adj. 24⟩ *in der Form eines Kegels od. Kegelstumpfes*

Kon·junk·ti'on ⟨f.; -, -en⟩ **1** ⟨Gramm.⟩ *Wort, das zwei Sätze od. Satzteile verbindet, z. B. und, weil;* disjunktive, koordinierende, subordinierende, einräumende ~ **2** ⟨Logik⟩ *Aussagenverbindung, die nur dann wahr ist, wenn die miteinander verknüpften Aussagen wahr sind* **3** ⟨Astr.⟩ *Stellung der Sonne zw. Erde u. Planet*

Kon·junk'tur ⟨f.; -, -en⟩ *Wirtschaftslage mit bestimmter Entwicklungstendenz;* Hoch~; die ~ ausnutzen; fallende, steigende ~

Kon·kor'dat ⟨n.; -(e)s, -e⟩ *Vertrag zwischen einem Staat u. dem Heiligen Stuhl*

kon'kret ⟨Adj.⟩ *wirklich, gegenständlich, sinnlich wahrnehmbar, anschaulich, sachlich;* Ggs *abstrakt;* ~e Angaben machen; ~e Formen annehmen

Kon·kur'rent ⟨m.; -en, -en⟩ *jmd., der mit jmdm. konkurriert, im Wettstreit steht, wirtschaftl. od. sportl. Gegner*

Kon·kur'renz ⟨f.; -, -en⟩ **1** *Wettstreit (bes. wirtschaftl. Wettbewerb)* **1.1** jmdm. ~ machen *mit jmdm. in Wettstreit treten* **1.2** außer ~ laufen (bei Wettrennen) *sich (am W.) beteiligen, aber nicht gewertet werden* **2** *der (wirtschaftl.) Gegner selbst, Konkurrenzunternehmen;* bei der ~ einkaufen; zur ~ gehen, übergehen

kon·kur'rie·ren ⟨V. 405⟩ (mit jmdm.) ~ *jmdm. Konkurrenz machen, in Wettstreit stehen (mit);* mit jmdm., mit niemandem ~ können

Kon'kurs ⟨m.; -es, -e⟩ **1** *Zahlungsunfähigkeit, Zahlungseinstellung* **1.1** ~ machen *zahlungsunfähig werden* **2** *Verfahren zur Befriedigung der Gläubiger eines zahlungsunfähigen Schuldners;* ~ anmelden; den ~ eröffnen; in ~ gehen

'kön·nen ⟨V. 171⟩ **1** ⟨500⟩ etwas ~ *gelernt haben, verstehen, beherrschen;* ich kenne das Lied, aber ich kann es nicht; ein Gedicht, Lied auswendig ~; eine Sprache ~; Englisch, Spanisch ~; seine Aufgaben nicht ~; er hat sie nicht gekonnt; was ~ Sie?; was du alles kannst ⟨staunend⟩ **1.1** ⟨550⟩ etwas (nichts) dafür ~ *(nicht) schuld an etwas sein;* für den Unfall kann er nichts **1.2** ⟨413⟩ ich kann nicht (mehr)! *ich habe keine Kraft (mehr), bin erschöpft* **1.3** ⟨Part. Perf.⟩ gekonnt ⟨umg.⟩ *mit großen Fähigkeiten, großer Begabung vollbracht;* eine gekonnte Leistung; das Bild ist sehr gekonnt gemalt **1.4** ⟨600⟩ ihm kann keiner *er ist allen überlegen* **2** ⟨Modalverb 470⟩ etwas tun ~ *vermögen, fähig sein, imstande, in der Lage sein (etwas zu tun);* ich kann es (doch auch) nicht ändern!; ich kann die Schmerzen nicht mehr aushalten; ich kann mir nicht denken, daß ...; laufen, schwimmen ~; er kann weder lesen noch schreiben; ~ Sie mir bitte sagen, wie ...; Klavier spielen ~; ich kann nichts (dazu) tun; ich könnte mir vorstellen, daß ...; ich will es versuchen, so gut ich kann; er schrie, so laut er konnte; er tat, was er konnte; mir kann keiner! (etwas anhaben) ⟨umg.⟩; man kann alles, wenn man (nur) will ⟨Sprichw.⟩ **2.0.1** ~ vor Lachen! ⟨umg.⟩ *wie soll ich das tun, wenn ich es nicht kann, wenn es nicht möglich ist? (als Antwort auf eine Aufforderung, etwas zu tun)* **2.1** *dürfen, berechtigt sein;* man kann annehmen, daß ...; das kann ich nicht erlauben, zulassen; du kannst jetzt kommen!; du kannst mir doch keine Vorschriften machen!; Vorsicht kann nichts, nie schaden; du kannst doch nicht einfach ohne anzuklopfen hineingehen! **2.2** das hättest du gleich sagen ~ *sollen* **2.3** du kannst mich mal ...! ⟨umg.⟩ *du darfst mir keine Vorschriften machen;* → a. *Arsch(1.1)* 2.4 *Grund haben (etwas zu tun);* etwas, jmdn. nicht leiden ~ 2.4.1 du kannst mich gernhaben! ⟨umg.⟩ *laß mich in Ruhe!, ich denke nicht daran, zu tun, was du willst (unhöfl. Ablehnung)* 2.4.2 so etwas kann mich ärgern ⟨umg.⟩ *ärgert mich jedesmal, immer wieder* 2.4.3 nicht umhin ~ *keinen anderen Weg wissen, einsehen;* ich konnte nicht umhin zuzugeben, daß ich mich geirrt hatte 2.5 *möglich sein;* es kann sein, daß ...; wer kann das gewesen sein, getan haben?; er kann jeden Augenblick kommen; wie konnte das nur geschehen?; er kann nur gestern gekommen sein 2.6 kann sein! ⟨umg.⟩ *möglich!*

kon·se'quent ⟨Adj.⟩ **1** = *folgerichtig* **2** *beharrlich, beständig, grundsatztreu;* ~ handeln, sein

Kon·se'quenz ⟨f.; -, -en⟩ **1** *Folge, Folgerung, Folgerichtigkeit;* daraus ergibt sich die ~, daß ... 1.1 die ~en (seiner Handlungsweise) ziehen *die Folgen (seiner Handlungsweise) tragen* **2** ⟨unz.⟩ *Beharrlichkeit;* mit äußerster ~ seinen Weg gehen, ein Ziel verfolgen; mit eiserner ~ ⟨umg.⟩

kon·ser·va'tiv ⟨[-v-] Adj.⟩ *am Hergebrachten hängend, das Bestehende bejahend, erhaltend, bewahrend;* er ist sehr ~

Kon'ser·ve ⟨[-və] f.; -, -n⟩ **1** *in Glas oder Blechdose eingekochtes Obst, Gemüse, Fleisch usw., das sich, luftdicht verschlossen, lange Zeit hält* 1.1 ⟨i. w. S.⟩ *durch Trocknen od. Gefrieren haltbar gemachte Nahrungsmittel*

kon·ser·vie·ren ⟨[-'vi:-] V. 500⟩ **1** Nahrungsmittel ~ *einkochen, haltbar machen, vor Fäulnis schützen;* Gemüse, Obst, Fleisch ~ **2** Kunstschätze ~ *erhalten, bewahren, pflegen;* Gemälde ~

kon·so·li'die·ren ⟨V. 500/R3⟩ **1** etwas ~ *festigen, sichern;* die Lage hat sich konsolidiert **2** (öffentl.) Anleihen ~ ⟨Wirtsch.⟩ *vereinigen, zusammenlegen (mit meist längerer Frist u. besseren Bedingungen)*

Kon·so'nant ⟨m.; -en, -en; Phon.⟩ *Laut, der dadurch entsteht, daß mit den Organen des Mund- u. des Nasen-Rachen-Raumes Hindernisse für den Luftstrom gebildet u. überwunden werden;* Ggs *Vokal*

kon·spi'rie·ren ⟨V. 405⟩ (mit jmdm.) ~ *sich verschwören*

kon'stant ⟨Adj.⟩ **1** *fest, beständig, unveränderlich;* Ggs *inkonstant, variabel;* die Temperatur, eine Bewegung ~ halten; ~e Größe ⟨Math.⟩ **2** *immer wiederkehrend;* etwas mit ~er Bosheit tun ⟨umg.; scherzh.⟩

Kon'stan·te ⟨f.; -, -n; Math.⟩ *unveränderl. Größe*

Kon·stel·la·ti'on ⟨f.; -, -en⟩ **1** *Lage, Zusammentreffen bestimmter Umstände;* politische ~ **2** ⟨Astr.⟩ *Stellung der Gestirne zueinander, zur Sonne u. zur Erde;* günstige, ungünstige ~

kon·ster'nie·ren ⟨V. 500⟩ **1** jmdn. ~ *bestürzen, verblüffen* **2** konsterniert sein *betroffen, bestürzt, fassungslos sein*

kon·sti·tu'ieren ⟨V. 500⟩ **1** eine Vereinigung ~ *bilden, gründen, einrichten, zur festen Einrichtung machen* **2** ~de Versammlung *verfassunggebende V.*

Kon·sti·tu·ti'on ⟨f.; -, -en⟩ **1** *Anordnung, Zusammensetzung* **2** ⟨Chem.⟩ *Anordnung der Atome im Molekül od. in einem Kristallgitter* **3** ⟨Anthropologie, Med.⟩ *Summe aller angeborenen körperlichen Eigenschaften;* kräftige, schwache, zarte ~ **4** *Verfassung, Grundgesetz (eines Staates);* sich, einem Staat eine ~ geben

kon·stru'ieren ⟨V. 500⟩ **1** Maschinen ~ *entwerfen, bauen, zusammensetzen* **2** Sätze ~ *nach den Regeln der Syntax zusammenfügen* **3** Figuren, Dreiecke ~ ⟨Math.⟩ *nach gegebenen Größen zeichnen* **4** etwas ~ ⟨fig.⟩ *künstlich, schematisch darstellen, erfinden;* einen Fall, Vorgang ~; die Handlung des Buches ist allzu konstruiert; ein konstruierter Fall

Kon·struk·ti'on ⟨f.; -, -en⟩ **1** *Entwurf, Gefüge, Bau, Bauart, Aufbau;* ~ eines Gebäudes, einer Maschine, eines Satzes **2** ~ einer geometr. Figur ⟨Math.⟩ *Zeichnung*

'Kon·sul ⟨m.; -s, -n⟩ **1** ⟨im alten Rom u. im napoleon. Frankreich⟩ *höchster Staatsbeamter* **2** ⟨heute⟩ *ständiger Vertreter eines Staates in einem anderen Staat*

Kon·sul·ta·ti'on ⟨f.; -, -en⟩ **1** *Beratung (durch einen Wissenschaftler);* ärztliche ~ **2** *Befragung (eines Wissenschaftlers)* **3** *gemeinsame Besprechung, Beratung*

kon·sul'tie·ren ⟨V. 500⟩ einen Fachmann ~ *zu Rate ziehen;* den Arzt ~

Kon'sum ⟨m.; -s; unz.⟩ **1** *Verbrauch(1)* **2** ⟨meist ['--]⟩ *genossenschaftl. Vereinigung von Verbrauchern zur Versorgung mit preiswerten Waren des tägl. Bedarfs* 2.1 *Verkaufsstelle des Konsums(2)*

Kon'takt ⟨m.; -(e)s, -e⟩ **1** ~ zwischen mehreren Gegenständen *Berührung, enge Verbindung* 1.1 ~ in einem Stromkreis ⟨El.⟩ *leitende Verbindung, die es ermöglicht, daß Strom fließt;* einen ~ schließen, ~ haben 1.2 ⟨El.⟩ *Schalter, der einen Kontakt(1.1) bewirkt* **2** ⟨Chem.⟩ *fester Katalysator bei techn. Prozessen* **3** ~ zwischen Personen *Beziehung, Fühlungnahme;* mit jmdm. ~ aufnehmen; in ~ stehen; keinen ~ mit jmdm. haben; netter, herzlicher, freundschaftlicher ~; keinen ~ mit, zu jmdm. finden

'Kon·ter·ban·de ⟨f.; -; unz.⟩ **1** *Schmuggelware* **2** ⟨Völkerrecht⟩ *kriegswichtige Ware, die neutrale Staaten nicht in kriegführende Staaten einführen dürfen*

Kon·ti'nent ⟨m.; -(e)s, -e⟩ **1** = *Festland(2);* England und der ~ **2** = *Erdteil*

kon·ti·nen'tal ⟨Adj. 24⟩ *den Kontinent betreffend, zu ihm gehörig, auf ihm vorkommend*

Kon·tin'gent ⟨n.; -(e)s, -e⟩ **1** *Pflichtbeitrag, Pflichtanteil* **2** *begrenzte, festgesetzte, zugeteilte Menge;* Waren~; Lebensmittel~ **3** *größere Einheit von Truppen außerhalb eines Gesamtheeres;* ein Staat stellt ein Truppen~

'Kon·to ⟨n.; -s, -ten od. -ti od. -s⟩ **1** *Zusammenstellung gleichartiger Geschäftsvorgänge (Einnahmen u. Ausgaben) in zeitl. Reihenfolge;* Personen~, Sach~; einen Betrag einem ~ gutschreiben; ein ~ eröffnen, löschen, schließen **2** *Gegenüberstellung von Guthaben u. Schulden* **3** *Aufzeichnung eines Geldinstitutes über Guthaben seiner Kunden u. Forderungen an seine Kunden;* Bank~; Geld aufs ~ einzahlen, vom ~ abheben; 1000 Mark auf dem ~ haben; laufendes ~ 3.1 ein ~ überziehen *bei* *einem Geldinstitut Schulden machen* **4** das geht auf mein ~ ⟨fig.; umg.⟩ *das übernehme, zahle ich, daran bin ich schuld*

Kon'tor ⟨n.; -s, -e⟩ **1** *Geschäftsraum eines Kaufmanns* **2** *Handelsniederlassung (meist im Ausland)* **3** *Niederlassung einer Reederei im Ausland*

Kon·to'rist ⟨m.; -en, -en⟩ *Angestellter eines kaufmänn. Betriebes*

Kon'trakt ⟨m.; -(e)s, -e⟩ = *Vertrag;* Miet~; einen ~ schließen

Kon·trak·ti'on ⟨f.; -, -en⟩ **1** ⟨Med.⟩ *Zusammenziehung, Schrumpfung, z. B. von Muskeln* **2** ⟨Gramm.⟩ *Zusammenziehung zweier Laute zu einem neuen Laut, z. B. haben zu han*

Kon'trast ⟨m.; -es, -e⟩ *starker Gegensatz, auffallender Unterschied;* ein schreiender ~ zwischen ...

Kon'trol·le ⟨f.; -, -n⟩ **1** *Überwachung, Aufsicht;* ~ über eine Arbeit, einen Vorgang, eine Gruppe von Personen; unter jmds. ~ stehen **2** = *Prüfung(3);* Fahrschein~, Paß~, Zoll~ **3** *Probe;* eine Maschine zur ~ laufen lassen **4** *Beherrschung, Gewalt;* die ~ über ein Fahrzeug verlieren

kon·trol·lie·ren ⟨V. 500⟩ **1** jmdn. od. einen Vorgang ~ = *überwachen* **2** jmdn. od. etwas ~ = *überprüfen* **3** einen Markt ~ *beherrschen*

Kon·tro·ver·se ⟨[-'vɛr-] f.; -, -n⟩ **1** *Streitfrage* **2** *heftige Meinungsverschiedenheit, Streit* **3** *wissenschaftl. Auseinandersetzung*

Kon'tur ⟨f.; -, -en od. (in der Kunst) m.; -s, -en⟩ = *Umriß*

kon·tu'rie·ren ⟨V. 500⟩ **1** eine Figur ~ ⟨Mal.⟩ *mit einer Kontur umgeben;* Sy *umreißen* **2** einen Plan ~ *in groben Zügen darlegen*

'Ko·nus ⟨m.; -, -nus·se od. (in der Tech.) -nen⟩ **1** = *Kegel* 1.1 *Kegel ohne Spitze;* Sy *Kegelstumpf* **2** *kegelförmiger Stift, Zapfen (an einem Werkzeug)* **3** ⟨Typ.⟩ *der leicht konisch verlaufende obere Teil der Type, der das Schriftbild trägt;* Sy *Kopf(8.3)*

Kon'vent ⟨[-'vɛnt] m.; -(e)s, -e⟩ **1** *Zusammenkunft, Versammlung (bes. von Mitgliedern eines Klosters)* **2** *Kloster, Stift* **3** *Mitgliederversammlung einer Studentenverbindung* **4** (National)~ **4.1** ⟨unz.⟩ *die französische Nationalversammlung 1792-5* **4.2** ⟨in den USA⟩ *Versammlung von Delegierten einer polit. Partei, die den Kandidaten für die Wahl des Präsidenten nominieren*

Kon·ven·ti'on ⟨[-v-] f.; -, -en⟩ **1** *Vereinbarung, Übereinkommen* **2** *mehrseitiger völkerrechtl. Vertrag (über wirtschaftl., humanitäre od. kulturelle Angelegenheiten);* die Genfer ~ **3** *Herkommen, gesellschaftl. Brauch, Förmlichkeit;* sich über die gesellschaftlichen ~en hinwegsetzen

kon·ven·tio'nell ⟨[-v-] Adj.⟩ **1** *auf Konvention(1) beruhend* **2** *auf Konvention(3) beruhend;* ~es Verhalten, Benehmen **3** ~e Redensarten *förmliche, nichtssagende Ausdrücke* 3.1 sich sehr ~ benehmen *korrekt, kühl, unpersönlich* **4** ~e Waffen *herkömml. Kampfmittel*

Kon·ver·sa·ti'on ⟨[-v-] f.; -, -en⟩ *geselliges, leichtes, etwas förml. Gespräch, gepflegte Unterhaltung;* ~ machen

Kon·ver·si'on ⟨[-v-] f.; -, -en⟩ **1** *Umwandlung* **2** *Umkehrung* **3** *Glaubenswechsel (bes. von einer nichtchristl. zur christl. Religion od. von der evang. zur kath. Konfession)* **4** *Umwandlung eines Schuldverhältnisses in ein anderes (meist zugunsten des Schuldners)* **5** ⟨Psych.⟩ **5.1** *grundlegende Änderung einer Einstellung od. Meinung* **5.2** *Umwandlung od. Umkehrung von verdrängten Trieben od. Affekten in körperliche Symptome* **6** ⟨Logik⟩ *Veränderung einer Aussage durch Vertauschung von Subjekt u. Prädikat*

Kon·zen·tra·ti'on ⟨f.; -, -en⟩ **1** *Zusammendrängung um einen Mittelpunkt* **2** *Zusammenfassung, Zusammenballung;* ~ wirtschaftl., militär. o. ä. Kräfte **3** ⟨Chem.⟩ *Anreicherung, Gehalt einer Lösung an gelöstem Stoff* **4** ⟨Psych.⟩ *Anspannung, Sammlung (aller Gedanken auf ein Problem, Ziel), angespannte Aufmerksamkeit;* mit äußerster ~ arbeiten, zuhören

Kon·zen·tra·ti'ons·la·ger ⟨n.; Abk.: KZ od. KL⟩ *(1933-45) Arbeits- u. Massenvernichtungslager für Juden u. Gegner des Nationalsozialismus*

kon·zen'trie·ren ⟨V. 500⟩ **1** jmdn. od. etwas ~ *(um einen Mittelpunkt) sammeln, zusammendrängen* **2** Lösungen ~ ⟨Chem.⟩ *verstärken, verdichten, anreichern mit, sättigen* **3** militärische od. wirtschaftliche Kräfte ~ *zusammenziehen, zusammenballen;* Truppen, wirtschaftl. Kräfte in einem Raum, auf eine Aufgabe ~ **4** ⟨R3⟩ sich ~ *sich geistig sammeln, alle Aufmerksamkeit auf einen Gedanken, ein Ziel lenken;* ich kann mich gut, schlecht, schwer ~; sich auf seine Arbeit, seine Aufgaben ~ **4.1** ⟨Part. Perf.⟩ konzentriert *sehr aufmerksam, (geistig) angespannt;* mit konzentrierter Aufmerksamkeit; konzentriert arbeiten, zuhören **5** ⟨550⟩ etwas auf jmdn. od. etwas ~ *richten;* alle Gedanken auf ein Problem ~; Strahlen auf einen Punkt ~

kon'zen·trisch ⟨Adj. 24⟩ **1** *einen gemeinsamen Mittelpunkt habend, nach einem Punkt strebend, auf einen Punkt gerichtet* 1.1 ~es Feuer ⟨Mil.⟩ *F. von allen Seiten* 1.2 ~e Kreise *K., die den gleichen Mittelpunkt haben*

Kon'zept ⟨n.; -(e)s, -e⟩ **1** *erste Niederschrift, erste Fassung, Plan, Entwurf;* der Aufsatz ist im ~ fertig **2** *Vorhaben, Plan;* das paßt mir nicht in mein ~ **3** aus dem ~ ⟨fig.; umg.⟩ *in Verwirrung;* jmdn. aus dem ~ bringen; aus dem ~ kommen

Kon'zern ⟨m.; -s, -e⟩ *unter gemeinsamer Leitung u. Verwaltung stehende Gruppe rechtlich selbständiger Unternehmen*

Kon'zert ⟨n.; -(e)s, -e⟩ **1** *öffentl. Aufführung von Musikwerken* **2** *Musikstück für Soloinstrument u. Orchester;* Violin~; ~ für Klavier und Streicher **3** ⟨fig.⟩ *aufeinander abgestimmtes Zusammenwirken;* das ~ der Völker

Kon·zes·si'on ⟨f.; -, -en⟩ **1** = *Zugeständnis;* im Leben ~en machen; er ist (nicht) zu ~en bereit **2** *behördl. Genehmigung, z. B. für ein Gewerbe* **3** *(dem Staat vorbehaltenes) Recht, ein Gebiet zu erschließen u. auszubeuten;* Inhaber einer ~ **4** *das Gebiet, für das eine Konzession(3) vergeben ist*

Kon'zil ⟨n.; -s, -e od. -li·en; kath. Kirche⟩ *(umfassende) Versammlung kirchl. Würdenträger;* Sy *Synode(2)*

Ko·ope·ra·ti'on ⟨f.; -, -en⟩ *Zusammenarbeit, Zusammenwirken*

Ko·or·di'na·te ⟨f.; -, -n; Math.⟩ *Zahlenangabe zur Festlegung der Lage eines Punktes*

Ko·or·di·na·ti'on ⟨f.; -, -en⟩ **1** *Zuordnung, Beiordnung* **2** *das Abstimmen verschiedener Dinge, Vorgänge usw. aufeinander* **3** ⟨Physiol.⟩ *Zusammenspiel der Muskeln zu bestimmten, beabsichtigten Bewegungen* **4** ⟨Gramm.⟩ *das Neben-, Beiordnen von Satzgliedern od. Sätzen durch koordinierende Konjunktionen*

Kopf ⟨m.; -(e)s, ¨-e⟩ **1** *das vom übrigen Körper abgesetzte u. unterschiedene Vorderende vieler Tiere u. des Menschen;* den ~ neigen, senken, wenden; den ~ (zur Tür) hereinstecken; ein großer, kahler, kleiner, runder, schmaler ~; den ~ einziehen; den ~ an jmds. Schulter lehnen; auf dem ~ stehen können; sich ein Loch in den ~ stoßen; mit dem ~ nicken (als Zeichen der Zustimmung); den ~ schütteln (als Verneinung) **1.0.1** mit bloßem ~ *ohne Hut, Mütze od. Tuch* **1.0.2** ~ weg! ⟨umg.⟩ *Vorsicht!* **1.0.3** er ist einen ~ größer als ich *so viel, wie ein Kopf hoch ist* **1.0.4** mit dem ~ voran, zuerst *kopfüber* **1.1** die Köpfe zusammenstekken *miteinander tuscheln* **1.1.1** die Leute standen ~ an ~ *dichtgedrängt* **1.2** jmdn. beim ~ nehmen ⟨umg.⟩ *jmds. Kopf ergreifen u. ihn küssen* **1.3** einen heißen ~ haben *Fieber haben* **1.4** mir brummt der ~ **1.4.1** *ich habe Kopfschmerzen* **1.4.2** ⟨fig.⟩ *ich bin ganz verwirrt (wegen vieler Eindrücke)* **1.5** einen schweren ~ haben *Kopfschmerzen haben (bes. als Nachwirkung eines Rausches)* **1.6** und wenn du dich auf den ~ stellst, ich gehe doch nicht hin ⟨fig.; umg.⟩ *ganz gleich, was du tust* **1.6.1** alles auf den ~ stellen ⟨fig.; umg.⟩ *alles durcheinanderbringen;* stell nicht gleich das ganze Haus auf den ~! **1.7** jmdm. eine Beleidigung, Unfreundlichkeit an den ~ werfen ⟨fig.; umg.⟩ *etwas Beleidigendes, Unfreundliches sagen* **1.7.1** jmdm. etwas auf den ~ zusagen *etwas mit Sicherheit feststellen, so daß er nicht leugnen kann* **1.8** sich die Augen nach etwas od. jmdm. aus dem ~ gucken *angestrengt (mit den A.) suchen* **2** ⟨fig.⟩ *Sitz des Lebens* **2.1** es geht um seinen ~ *um sein Leben* **2.1.1** es geht jmdm. an ~ und Kragen *jmd. begibt sich in ernste Gefahr* **2.1.2** es geht bei jmdm. um ~ und Kragen *jmds. Leben steht auf dem Spiel* **2.1.3** jmdn. (um) einen ~ kürzer machen *jmdn. köpfen, durch das Beil hinrichten* **2.1.4** jmdm. den ~ vor die Füße legen *jmdm. den Kopf abschlagen* **2.1.5** sich eine Kugel durch den ~ schießen, jagen *Selbstmord begehen* **2.1.6** eine Tat mit seinem ~ bezahlen *dafür sterben* **2.2** es wird nicht gleich den ~ kosten *es wird nicht so schlimm, nicht so gefährlich sein;* er wird dir nicht gleich den ~ abreißen ⟨umg.; scherzh.⟩ **2.3** einen Preis auf jmds. ~ aussetzen *einen P. versprechen, wenn man jmdn. (Verbrecher o. ä.) fängt u. ausliefert* **2.4** den ~ für jmdn. hinhalten *für jmdn. einstehen, dessen Strafe auf sich nehmen* **3** ⟨fig.⟩ *Organ des Gedächtnisses* **3.1** etwas im ~ behalten *sich etwas merken* **3.1.1** was man nicht im ~ hat, das hat man in den Beinen ⟨umg.; scherzh.⟩ *wenn man etwas vergessen hat, muß man noch einmal gehen* **3.2** aus dem ~ aufsagen (ein Gedicht) *auswendig, aus dem Gedächtnis* **3.3** es will mir nicht aus dem ~ *ich muß immer daran denken* **4** ⟨fig.⟩ *Organ des Verstandes* **4.1** mir ist neulich in den ~ gekommen, daß ... *mir ist eingefallen, der Gedanke kam mir, daß ...* **4.1.1** sich etwas durch den ~ gehen lassen *sich etwas überlegen, über etwas nachdenken* **4.1.2** die Sache geht mir im ~ herum *ich muß immer wieder daran denken* **4.2** sich den ~ (über etwas) zerbrechen *angestrengt (über etwas) nachdenken, sich mit Mühe (an etwas) zu erinnern suchen* **4.2.1** sich die Köpfe heiß reden *leidenschaftl. debattieren* **4.3** eine Aufgabe im ~ rechnen *ohne Papier und Bleistift* **4.4** er ist nicht ganz richtig im ~ *er ist leicht schwachsinnig* **4.4.1** er ist nicht auf den ~ gefallen *er ist nicht dumm* **4.4.2** kühlen ~ bewahren *die Besonnenheit bewahren* **4.4.3** Rosinen im ~ haben ⟨umg.⟩ *überschwengl. Pläne schmieden, großartige Ziele verfolgen* **4.4.4** mir raucht der ~ ⟨umg.⟩ *ich habe sehr viel (geistig) gearbeitet* **4.5** den ~ voll haben ⟨umg.⟩ **4.5.1** *viel zu bedenken haben* **4.5.2** *Sorgen haben* **4.5.3** ich weiß kaum mehr, wo mir der ~ steht ⟨umg.⟩ *ich weiß vor lauter Arbeit nicht mehr, wo ich anfangen soll* **4.5.4** man greift sich an den ~, wenn man das hört, sieht *es ist einem unbegreiflich* **4.6** den ~ verlieren *die Geistesgegenwart verlieren, sich verwirren lassen u. unüberlegt handeln* **4.6.1** ich bin wie vor den ~ geschlagen! *ich kann es nicht fassen* **4.6.2** jmdm. den ~ verdrehen *jmdn. in sich verliebt machen* **4.6.3** den ~ über etwas oder jmdn. schütteln *etwas od. jmdn. nicht begreifen, über etwas od. jmdn. erstaunt sein* **4.7** den ~ in den Sand stecken *sich gegenüber Gefahren blind stellen, Gefahren nicht sehen wollen* **4.8** das will mir nicht in den ~ ⟨umg.⟩ *das sehe ich nicht ein, das kann ich nicht begreifen* **4.9** jmdm. den ~ waschen ⟨umg.⟩ *jmdn. energisch zurechtweisen* **4.9.1** jmdm. den ~ zurechtrücken, zurechtsetzen ⟨umg.⟩ *jmdm. energisch die Meinung sagen* **4.9.2** jmdm. den ~ zwischen die Ohren setzen ⟨umg.; scherzh.⟩ *jmdm. die Meinung sagen, ihn zurechtweisen* **5** ⟨fig.⟩ *Organ des Bewußtseins, des Selbstbewußtseins* **5.1** jmdn. vor den ~ stoßen ⟨umg.⟩ *jmdn. verletzen, kränken* **5.1.1** den ~ hoch tragen *stolz sein* **5.2** einen roten ~ bekommen *erröten* **5.3** der Alkohol ist ihm zu ~ gestiegen *er ist berauscht* **5.3.1** der Erfolg ist ihm zu ~ gestiegen *wegen seinem E. kann er nicht mehr beurteilen, wo seine Grenzen liegen* **5.4** er ist seinen Eltern über den ~ gewachsen *er läßt sich von den E. nichts mehr sagen* **5.4.1** die Sache ist ihm über den ~ gewachsen *er ist der S. nicht mehr gewachsen* **5.5** jmdm. auf den ~ spucken ⟨umg.⟩ *jmdm. überlegen sein, gegen jmdn. dreist, frech sein* **5.6** wenn der Junge größer ist, trampelt er ihr auf dem ~ herum ⟨umg.⟩ *wird sie nicht mehr mit ihm fertig, gehorcht er ihr nicht mehr* **6** ⟨fig.⟩ *Organ des Willens* **6.1** seinen ~ durchsetzen wollen *seinen Willen durchsetzen wollen* **6.1.1** einen harten ~ haben *eigensinnig sein* **6.1.2** er hat seinen ~ für sich *er ist eigenwillig* **6.1.3** den, einen ~ machen ⟨umg.; schweiz.⟩ *mürrisch sein, widerspenstig sein* **6.2** den ~ oben behalten *zuversichtlich bleiben* 6.3 er will immer mit dem ~ durch die Wand ⟨umg.⟩ *er will das, was er sich vorgenommen hat, unbedingt u. sofort durchsetzen, er hört auf keinen Rat* 6.4 sie hat nichts anderes als Vergnügen im ~ ⟨umg.⟩ *sie denkt an nichts anderes als an V.* 6.5 sich etwas in den ~ setzen ⟨umg.⟩ *sich etwas vornehmen u. eigensinnig darauf beharren* 6.5.1 es muß immer nach seinem ~ gehen ⟨umg.⟩ *es muß immer alles so gemacht werden, wie er es will* 6.6 sich ein Vorhaben aus dem ~ schlagen *ein V. aufgeben, auf ein V. verzichten* 6.7 den ~ hängen lassen *niedergeschlagen, mutlos sein* **7** ⟨fig.⟩ *Mensch, Person;* die Besatzung des Schiffes war 100 Köpfe stark; auf den ~ der Bevölkerung entfallen, kommen ...; pro ~ zwei Stück; die besten Köpfe des Landes, der Universität; ein kluger, heller ~ 7.1 von ~ bis Fuß *von oben bis unten, die ganze Person;* jmdn. von ~ bis Fuß neu einkleiden; jmdn. von ~ bis Fuß mustern 7.2 jmdm. das Haus über dem ~ anzünden ⟨umg.⟩ *Feuer legen, während jmd. darin ist* 7.3 der ~ eines Unternehmens *Anführer, Leiter;* der ~ einer Bande, Verschwörung **8** ~ eines Gegenstandes ⟨fig.⟩ *oben gelegener, verdickter Teil eines G.* **8.1** *kugelförmige, geschlossene Kohl- od. Salatpflanze;* Kohl~, Salat~; drei Köpfe Salat **8.2** *(meist oberes) verdicktes Ende, Knopf;* Nagel~, Noten~, Stecknadel~ **8.3** ⟨Typ.⟩ = *Konus(3)* **9** ⟨fig.⟩ *oberer Teil, Anfang, Überschrift;* Brief~ 9.1 *Titel;* ~ einer Zeitung **10** das Geld auf den ~ hauen ⟨fig.; umg.⟩ *leichtsinnig ausgeben*

'köp·fen ⟨V.⟩ **1** ⟨500⟩ jmdn. ~ *jmdm. den Kopf abschlagen, jmdn. enthaupten* **2** ⟨500⟩ etwas ~ *das obere Ende von etwas abschlagen, verschneiden, kappen;* Blumen, Bäume ~; ein Ei ~ **3** ⟨500⟩ den Ball ~ ⟨Fußb.⟩ *den B. mit dem Kopf stoßen*

'Kopf·geld ⟨n.⟩ *Prämie für die Ergreifung von Verbrechern, Deserteuren, Flüchtlingen usw.*

'kopf·los ⟨Adj.; fig.⟩ *überstürzt, unüberlegt (infolge Schrecks od. Verwirrung);* ~ handeln

'Kopf·sa·lat ⟨m.⟩ *zu der Familie der Korbblütler gehörende Gemüsepflanze: Lactuca sativa var. capitata*

'Kopf·zer·bre·chen ⟨n.; -s; unz.⟩ *angestrengtes Nachdenken;* die Sache hat mir viel ~ gemacht, verursacht

Ko'pie ⟨f.; -, -n⟩ **1** = *Abschrift, Zweitschrift* **2** = *Durchschrift* 2.1 = *Durchschlag(1)* **3** ⟨Phot.⟩ *Abzug (eines Negativs) auf lichtempfindl. Papier* **4** ⟨Drucktechnik⟩ *die photomechanische Übertragung eines Negativs auf eine feste Druckform* **5** ~ eines Kunstwerkes *Nachbildung;* eine ~ von Michelangelos „David"

ko'pie·ren ⟨V. 500⟩ **1** ein Schriftstück ~ *eine Abschrift herstellen von einem S.* **2** eine Vorlage ~ ⟨Drucktechnik⟩ *im Kontakt mit einer lichtempfindl. Schicht belichten, photographisch wiedergeben* **3** ein Negativ ~ ⟨Phot.⟩ *einen Abzug (Positiv) herstellen* **4** einen Menschen ~ *nachahmen;* jmds. Gang, Sprechweise ~ **5** ein Kunstwerk ~ *nachbilden*

'Kop·pel[1] ⟨f.; -, -n⟩ **1** *eingezäuntes Stück Land, Weide;* das Vieh auf, in die ~ treiben **2** *mehrere Tiere, die durch Leinen, Riemen zusammengebunden sind;* eine ~ Hunde, Pferde **3** *Einrichtung an der Orgel zum Mitklingenlassen der Register einer zweiten Reihe von Tasten od. der höheren od. tieferen Oktave eines Tones*

'Kop·pel[2] ⟨n.; -s, -⟩ *Leibriemen, -gurt (meist an Uniformen) zum Befestigen der Waffen*

'kop·peln ⟨V. 500⟩ **1** Gegenstände ~ *verbinden, beweglich vereinigen* **2** Tiere ~ *mit Riemen aneinander binden;* Hunde, Pferde ~ **3** Wörter ~ *mit Bindestrich verbinden* **4** ⟨517⟩ eine Sache mit einer (anderen) Sache ~ *eine S. mit einer andern in enge Verbindung bringen* **5** ⟨Navigation⟩ *die gefahrenen od. geflogenen Kurse in die Karte eintragen* **6** ein Stück Land ~ ⟨niederdt.⟩ *zur Weide einzäunen*

Ko'ral·le ⟨f.; -, -n⟩ **1** *einer Klasse der Nesseltiere angehörendes, meist in Kolonien lebendes Meerestier, dessen Grundsubstanz aus Kalk besteht: Anthozoa* **2** *Kalkgerüst der Koralle(1)* **3** *Schmuckstein aus Koralle(2)* **4** *kleine Holzkugel mit Eisenstiften an der Innenseite von Halsbändern abzurichtender Hunde*

Korb ⟨m.; -(e)s, ¨-e⟩ **1** *(meist geflochtenes) oben offenes Behältnis zu verschiedenen Zwecken* 1.1 *zum Tragen von kleineren Gegenständen;* ein ~ voll Holz 1.2 *zum Tragen von Eingekauftem;* mit einem vollen ~ heimkehren 1.3 *zum Sammeln von Früchten u. Pilzen;* ein ~ voll Beeren 1.4 *zum Aufbewahren von kleinen Gegenständen;* Handarbeits~, Näh~; der ~ für das Strickzeug 1.5 *zum Fortbewegen von Lasten;* Förder~, Trag~; die Briefe werden auf der Post in Körben von einer Stelle zur anderen bewegt **2** ⟨fig.⟩ *Abweisung, Abfuhr, Absage, bes. Ablehnung eines Heiratsantrages* 2.1 Körbe austeilen *ständig Absagen erteilen* 2.2 jmdm. einen ~ geben *jmdn. abweisen, jmds. Aufforderung ablehnen* 2.3 einen ~ bekommen *abgewiesen werden* **3** → a. *Hahn(1.2)* **4** ⟨Waffenk.⟩ *Handschutz an Degen u. Säbel;* Degen~, Säbel~

'Korb·blüt·ler ⟨m.; -s, -⟩ *artenreiche Familie der Ordnung Synandrae, gekennzeichnet durch kleine korbförmige Blütenstände, die wie einzelne Blüten aussehen: Compositae*

Kord ⟨m.; -(e)s, -e⟩ **1** *strapazierfähiges Gewebe mit dichten, schnurartigen Rippen* **2** *Gewebe, das in Fahrzeugreifen als Zwischenlage dient*

'Kor·del ⟨f.; -, -n⟩ *Schnur aus mehreren gedrehten glatten Fäden*

Ko'rin·the ⟨f.; -, -n⟩ *kleine schwarze Rosine ohne Kern*

Kork ⟨m.; -(e)s, -e⟩ **1** *die elastische, leichte Rinde der Korkeiche* **2** = *Korken*

'Kor·ken ⟨m.; -s, -⟩ *Pfropfen aus Kork(1) zum Verschließen von Flaschen;* oV *Kork(2);* die Flasche mit einem ~ verschließen

Korn ⟨n.; -(e)s, ¨-er⟩ **1** ⟨unz.⟩ *Getreide, bes. die als Brotgetreide (in einem Gebiet od. Land) verwendete Getreidesorte;* das ~ dreschen, einfahren, mähen, schneiden; das ~ steht gut, steht hoch 1.1 *Kornfeld;* der Wind streicht über das wogende ~ 1.1.1 → *Flinte(3)* **2** *Samen, kleine Frucht, bes. von Gräsern, Getreide;* Gersten~; Samen~; den Hühnern, Vögeln Körner streuen (als Futter) 2.1 → a. *blind(1.0.2)* **3** *kleines Bröckchen, Stückchen, Krümchen, Teilchen von etwas;* Hagel~, Salz~, Sand~,

Staub ~ 3.1 *kleines Stück reinen Metalles* 3.2 ~ einer Münze *Edelmetallteilchen* 4 *Narbe, Beschaffenheit der Oberfläche (des Papiers);* rauhes ~ 5 ⟨unz.; umg.⟩ *aus Getreide hergestellter Branntwein* 5.1 einen ~ trinken *ein Glas Korn(5)* 5.1.1 ein doppelter ~ *Glas mit dem Inhalt von zwei Glas Korn(5)* 6 ⟨Pl. -e; Waffenk.⟩ *der vorn auf dem Lauf von Schußwaffen aufsitzende Teil der Visiereinrichtung* 6.1 etwas aufs ~ nehmen *nach etwas zielen* 6.1.1 ⟨fig.⟩ *etwas mit einer bestimmten Absicht scharf beobachten* 6.2 jmdn. aufs ~ nehmen ⟨fig.⟩ 6.2.1 *jmdn. scharf ansehen* 6.2.2 *jmdn. mit Spott, Witz bedenken, als Zielscheibe des Spottes o. ä. benutzen* 7 ⟨Typ.⟩ *druckendes Pünktchen im Raster* 8 ⟨Phot.⟩ *kleinstes Silberteilchen in der lichtempfindl. Schicht von Platte od. Film* 9 ⟨Met.⟩ *beim Erstarren von Metallen entstehender ungleichförmig ausgebildeter Kristall*

'Korn·blu·me ⟨f.⟩ *Korbblütler mit azurblauen Blüten, häufig in Getreidefeldern: Centaurea cyanus*

'kör·nen ⟨V. 500⟩ 1 etwas ~ *zu kleinen Stükken, Körnern zerkleinern* 1.1 gekörnte Brühe *Fleischextrakt für eine B.* 2 eine Oberfläche ~ *anrauhen, körnig formen* 3 ein Werkstück ~ *mit gehärtetem, spitzem Stahlstück Vertiefungen in ein W. schlagen* 4 Tiere ~ ⟨jägerspr.⟩ *mit Körnern ködern, lokken*

'Kör·per ⟨m.; -s, -⟩ 1 ~ eines Lebewesens *die geformte, materielle (sichtbare, greifbare) Gesamtheit eines L.;* seinen ~ abhärten, pflegen, stählen, trainieren; Fieberschauer schüttelten seinen ~; ein gesunder, kräftiger, kranker, schwacher, starker, trainierter ~; er zitterte am ganzen ~ (vor Angst, Kälte) 1.1 *das speziell Nichtgeistige an einem Menschen od. Tier;* den ~ verachten 2 *materieller, geformter Gegenstand, der einem Körper(1) ähnlich ist;* Schiffs~; ein eckiger, runder, harter, weicher ~ 3 ⟨Math.; Phys.⟩ *von ebenen od. gekrümmten Flächen begrenzter Teil des dreidimensionalen Raumes;* ein eckiger, fester, harter, runder, weicher ~ 3.1 regelmäßiger ~ *Vielflächner* 4 ⟨meist in Zus.⟩ *Gruppe von Personen, die zu einem bestimmten Zweck zusammenwirken;* Lehr~; der gesetzgebende ~

'Kör·per·bau ⟨m.⟩ *Bau des (menschl. od. tier.) Körpers;* kräftiger, schwacher, zarter ~

'kör·per·lich ⟨Adj. 24/90⟩ 1 *den Körper betreffend, zu ihm gehörig, auf ihm beruhend;* Sy *leiblich, physisch;* Ggs *geistig*[1]*(1), seelisch;* ~e Schmerzen; ~es Unbehagen; ~e Vorzüge, Nachteile; sich ~ (nicht, sehr) wohl fühlen 1.1 ~e Vereinigung *geschlechtliche V.* 1.2 ~e Strafe *Züchtigung, Hiebe* 1.2.1 jmdn. ~ strafen *jmdn. züchtigen* 2 *stofflich* 3 ~er Eid *mündl. E. (im Unterschied zum schriftl.)*

'Kör·per·schaft ⟨f.; -, -en⟩ 1 *Gemeinschaft, Gruppe* 2 *Vereinigung von Personen zu einem bestimmten Zweck mit den Rechten einer jurist. Person;* ~ des öffentlichen Rechts 2.1 gesetzgebende ~ *gesetzgebende Versammlung, Legislative*

Korps ⟨[ko:r] n.; -, - [ko:rs] [ko:rs]⟩ oV *Corps* 1 *Armeekorps* 2 *Studentenverbindung* 3 *Gemeinschaft von Personen gleichen Standes od. Berufes;* Offiziers~; diplomatisches ~

kor·pu'lent ⟨Adj.⟩ *beleibt, füllig, dick*

kor'rekt ⟨Adj.⟩ *richtig, fehlerfrei, einwandfrei;* Ggs *inkorrekt;* ~es Betragen, Verhalten; ein Wort ~ aussprechen; sich ~ benehmen; er ist immer sehr ~

Kor'rek·tor ⟨m.; -s, -'to·ren⟩ *Angestellter (einer Druckerei od. eines Verlages), der den Schriftsatz auf Fehler überprüft*

Kor·rek'tur ⟨f.; -, -en⟩ 1 *Berichtigung, Verbesserung* 2 ⟨Typ.⟩ *Prüfung u. Berichtigung des Schriftsatzes;* Fahnen~, Bogen~; eine ~ anbringen 2.1 ~ lesen *den Satz auf Fehler überprüfen*

Kor·re·spon'dent ⟨m.; -en, -en⟩ 1 *Teilnehmer an einem Schriftwechsel* 1.1 *Geschäftspartner* 2 *auswärtiger Berichterstatter;* ~ einer Zeitung 3 *die Korrespondenz führender Angestellter;* Fremdsprachen~

Kor·re·spon'denz ⟨f.; -, -en⟩ 1 *Briefverkehr, Briefwechsel* 2 *Nachrichten für die Presse* 3 *Übereinstimmung*

kor·re·spon'die·ren ⟨V. 417⟩ 1 mit jmdm. ~ *im Briefwechsel stehen* 1.0.1 englisch mit jmdm. ~ *mit jmdm. einen Briefwechsel in engl. Sprache führen* 1.1 ~des Mitglied (einer gelehrten Gesellschaft) *auswärtiges M.* 2 mit etwas ~ *übereinstimmen* 2.1 ~der Winkel *Gegenwinkel*

'Kor·ri·dor ⟨m.; -s, -e⟩ 1 = *Flur(1)* 2 *schmaler Landstreifen*

kor·ri'gie·ren ⟨V. 500/R7 od. R8⟩ 1 jmdn. od. einen Text ~ *berichtigen, verbessern;* bitte ~ Sie mich, wenn ich etwas Falsches sage; einen Fehler ~; das läßt sich leicht ~; Fahnen, Bogen ~ ⟨Typ.⟩ 2 *regeln, ausgleichen;* das Gewicht ~; den Kurs einer Rakete ~; seine Meinung ~

Kor·rup·ti'on ⟨f.; -, -en⟩ 1 *Bestechung* 2 *Bestechlichkeit* 3 *moral. Verfall*

Kor'sett ⟨n.; -(e)s, -e od. -s⟩ *die ganze Figur formendes Mieder*

Ko·ry'phäe ⟨f.; -, -n⟩ *ausgezeichneter Fachmann, hervorragender Sachkenner (auf wissenschaftl. Gebiet);* → a. *Kapazität(3);* eine ~ auf seinem Gebiet sein

'ko·sen ⟨V. 405⟩ (mit jmdm.) ~ *Zärtlichkeiten tauschen, ein Gespräch unter Liebenden führen*

Kos'me·tik ⟨f.; -; unz.⟩ *Schönheitspflege*

'kos·misch ⟨Adj. 24⟩ 1 *den Kosmos betreffend, zu ihm gehörig, aus ihm stammend* 2 ~e Geschwindigkeit ⟨Phys.⟩ 2.1 erste ~e Geschwindigkeit *G., die erforderlich ist, um ein Raumfahrzeug auf eine Kreisbahn um die Erde zu bringen* 2.2 zweite ~e Geschwindigkeit *G., die es gestattet, den Anziehungsbereich der Erde zu verlassen* 3 ~e Strahlung *aus dem Weltraum kommende S.*

'Kos·mos ⟨m.; -; unz.⟩ = *Weltall*

Kost ⟨f.; -; unz.⟩ 1 *Nahrung, Essen, Ernährung, Beköstigung, Verpflegung;* einfache, gesunde, kräftige, leichte, schwere ~ 1.1 (freie) ~ und Logis *(kostenlose) Verpflegung u. Unterkunft;* er hat bei ihnen freie ~ und Wohnung 1.2 jmdn. in ~ nehmen *jmdn. beköstigen, verpflegen, regelmäßig mit Essen versorgen* 2 ⟨fig.⟩ *etwas, das jmd. geistig verarbeiten, begreifen kann;* geistige ~; leichte, schwere ~; das neue Buch von X ist ziemlich schwere ~

'kost·bar ⟨Adj.⟩ 1 *sehr wertvoll, sehr teuer;*

~er Schmuck, ~e Teppiche; ein ~ eingerichtetes Haus 1.1 meine Zeit ist mir zu ~, um sie mit unnützen Dingen zu vergeuden ⟨fig.⟩ *zu schade*

'ko·sten¹ ⟨V. 402⟩ **1** (etwas) ~ *den Geschmack von etwas prüfen, probieren, versuchen;* eine Speise od. ein Getränk ~; koste bitte einmal, ob die Soße scharf genug ist! **2** die Gefahr zu ~ bekommen ⟨fig.⟩ *eine Ahnung, einen Begriff von der G. bekommen;* jetzt hast du einmal die Gefahr zu ~ bekommen, in die man kommt, wenn ...

'ko·sten² ⟨V. 500⟩ **1** etwas kostet einen bestimmten Preis *hat einen Kaufwert (von), hat einen Preis von;* der Mantel kostet 120 Mark 1.1 wieviel, was kostet es? *wieviel muß ich dafür bezahlen?, wie hoch ist der Preis?* 1.2 ⟨501⟩ koste es, was es wolle *ganz gleich, was ich dafür aufwenden muß (an Kosten, Mühe u. ä.)* 1.3 das kostet nicht die Welt ⟨fig.; umg.⟩ *ist nicht allzu teuer* **2** ⟨500 m. Modalverb⟩ sich eine Sache etwas ~ lassen *bei einer Sache nicht sparen* **3** ⟨520⟩ etwas kostet jmdn. etwas 3.1 *verursacht jmdm. Kosten;* das Essen im Restaurant hat mich viel gekostet 3.2 ⟨fig.⟩ *verlangt etwas von jmdm.* 3.2.1 es kostet mich nur ein Wort, um ihn von seinem Vorhaben abzubringen *ich brauche nur ein Wort zu sagen* 3.2.2 es kostet mich einige Überwindung, das zu tun *ich muß mich überwinden* 3.3 *bedeutet den Verlust von etwas* 3.3.1 die Arbeit hat mich zwei ganze Tage gekostet *hat mich zwei T. beschäftigt, wegen der A. habe ich zwei T. verloren* 3.3.2 das kostet ihn den Kopf, das Leben *er wird seinen K., sein L. verlieren*

'Ko·sten ⟨nur Pl.⟩ **1** *Gesamtheit des Betrags, der für eine Sache aufgewendet wird, Gebühren, Ausgaben;* Gerichts~; die ~ (für eine Sache) bestreiten; wir werden keine ~ scheuen; die entstehenden ~ übernehme ich; geringe, hohe ~; die Sache ist mit (großen) ~ verbunden 1.1 die ~ (für etwas) tragen *(etwas) bezahlen* 1.2 die ~ decken *die Ausgaben durch Einnahmen ausgleichen* 1.3 die ~ für etwas (nicht) aufbringen können *(nicht) imstande sein, etwas zu bezahlen* **2** ⟨a. fig.⟩ *Rechnung;* auf eigene ~ 2.1 das geht auf meine ~ *das bezahle ich* 2.2 auf ~ anderer leben *andere für seinen Lebensunterhalt bezahlen lassen* 2.3 das geht auf ~ deiner Gesundheit *damit schadest du deiner G.* 2.4 ich bin heute abend auf meine ~ gekommen ⟨umg.⟩ *ich habe mich sehr amüsiert, es hat mir sehr gut gefallen*

'köst·lich ⟨Adj.⟩ **1** eine Speise, ein Wein ist ~ *hat einen feinen, edlen Geschmack;* heute schmeckt der Nachtisch wieder ~ **2** *erlesen;* ~e Dinge, Kleinigkeiten **3** *wertvoll u. schön;* ein ~er Genuß; es war eine ~e Zeit **4** ⟨fig.; umg.⟩ *sehr komisch, erheiternd;* das ist ja ~! 4.1 sich ~ amüsieren *sich sehr amüsieren;* gestern habe ich mich im Kino ~ amüsiert

'kost·spie·lig ⟨Adj.⟩ *teuer, mit großen Kosten verbunden;* eine ~e Reise; das ist mir zu ~

Ko'stüm ⟨n.; -s, -e⟩ **1** *der Mode unterworfene Kleidung für bestimmte Gelegenheiten* **2** *der Mode unterworfene Kleidung in ihrer geschichtl. Veränderung;* Biedermeier~ **3** *auf die Art der Darbietung abgestimmte Kleidung von Schauspielern* **4** *Damenbekleidung aus Rock u. Jacke*

Kot ⟨m.; -(e)s; unz.⟩ **1** *Darmausscheidung, Exkrement* **2** *Schmutz, aufgeweichte Erde;* Straßen~; mit ~ bespritzen

Ko·te'lett ⟨n.; -s, -s⟩ **1** *aus dem Rippenstück von Schwein, Kalb, Hammel geschnittene Scheibe;* Sy *Karbonade(2)* **2** ⟨nur Pl.⟩ ~en *wie ein Kotelett(1) geformter kleiner, kurzer Bakkenbart*

'Kot·flü·gel ⟨m.⟩ *Schutzblech (über den Rädern an Kraftwagen)*

'kot·zen ⟨V. 400; vulg.⟩ **1** *sich übergeben, erbrechen* **2** es ist zum Kotzen ⟨fig.; vulg.⟩ *es ist abscheulich, widerwärtig*

'Krab·be ⟨f.; -, -n⟩ **1** *zur Ordnung der Zehnfußkrebse (Decapoda) gehöriges Krebstier, dessen Hinterleib stets unter den Kopf-Brust-Abschnitt geklappt u. von oben nicht sichtbar ist: Branchyura* **2** ⟨bildende Kunst⟩ *kleines, sich an der Wand emporrankendes Blattornament* **3** ⟨fig.; umg.⟩ *kleines, niedliches Kind* **4** ⟨fig.; umg.⟩ *junges, hübsches Mädchen;* eine süße, kleine ~

'krab·beln ⟨V.⟩ **1** ⟨402⟩ etwas krabbelt (jmdn.) ⟨umg.⟩ *kitzelt, juckt (jmdn.);* es krabbelt (mich); der Pullover, die Wolle krabbelt (mich) **2** ⟨400(h.) od. 411(s.)⟩ *mit raschen Bewegungen kriechen, klettern;* der Käfer krabbelte mir über die Hand; das Kind krabbelte auf den Sessel, durchs Zimmer

Krach ⟨m.; -(e)s, -e od. -s; (umg. a) ¨e⟩ **1** *Lärm;* mach nicht solchen ~!; die Maschinen machen einen ohrenbetäubenden ~ **2** *heftiger, lauter Schlag, lautes Klirren, Knall;* mit einem ~ fiel die Tür ins Schloß **3** ⟨fig.; umg.⟩ *Zerwürfnis, Zank, Streit;* ich habe mit ihm ~ bekommen, gehabt; wenn die Eltern das erfahren, gibt's ~ 3.1 die beiden haben ~ miteinander *haben sich gestritten u. noch nicht versöhnt* 3.2 ~ machen od. schlagen *seine Mißbilligung laut äußern* **4** ⟨fig.; umg.⟩ *Schelte;* ich habe (von den Eltern) ~ gekriegt **5** ⟨fig.⟩ *Bankrott, Wirtschaftskrise, wirtschaftl. Zusammenbruch;* Bank~, Börsen~; der ~ der dreißiger Jahre

'kra·chen ⟨V. 400⟩ **1** etwas kracht *erzeugt ein dunkel klirrendes od. polterndes Geräusch;* das Eis krachte unter seinen Füßen, Schritten; das Haus, die Brücke brach ~d zusammen; der Hund biß den Knochen ~d entzwei **2** etwas kracht *macht plötzlich u. kurz lauten Lärm;* der Donner krachte 2.1 ⟨411⟩ die Tür krachte ins Schloß *fiel mit lautem Krach(2) ins S.* 2.2 ein Schuß kracht *knallt* **3** ⟨500/R3⟩ sich (mit jmdm.) ~ ⟨fig.; umg.⟩ *sich heftig streiten, sich zanken* **4** ⟨411⟩ es kracht in der Wirtschaft, in einer Institution o. ä. ⟨fig.⟩ *erste Anzeichen deuten auf eine kritische Entwicklung in der W. o. ä. hin* **5** ⟨(s.)⟩ etwas kracht ⟨umg.⟩ *geht kaputt;* der Sessel ist gekracht **6** etwas tun, daß es (nur so) kracht ⟨fig.; umg.⟩ *sehr angestrengt, mit großer Kraft;* er arbeitet, schuftet, daß es (nur so) kracht

kraft ⟨Präp. m. Gen.⟩ *auf Grund von, mittels, durch;* ~ seines Amtes; ~ meiner Vollmachten kann ich ...; ~ seines großen Wissens

Kraft ⟨f.; -, ¨e⟩ **1** *physische od. geistige Disposition, Fähigkeit zu etwas* 1.0.1 Kräfte sparen *sich nicht anstrengen* 1.0.2 er hat seinen Kräften zu viel zugemutet *er hat sich überan-*

strengt 1.0.3 wieder zu Kräften kommen *wieder gesund werden, sich wieder erholen, sich kräftigen* 1.0.4 mit seinen Kräften sparsam umgehen, Kräfte sammeln *sich erholen, sich ausruhen* 1.0.5 → a. *Saft(4.1)* 1.1 *Verfassung, Konstitution auf Grund derer man man eine große körperliche Leistung vollbringen kann, Stärke;* Muskel ~ ; Körper ~ ; er strotzt vor ~ (und Gesundheit); körperliche ~; mit aller ~ schreien 1.2 *(geistige) Verfassung, die einen Willensakt, eine (geistige) Leistung möglich macht, Energie;* Tat ~ ; Willens ~ ; Geistes ~ ; geistige, seelische ~; alle ~ darauf verwenden, etwas zu tun 1.2.1 ich werde tun, was in meinen Kräften steht *was ich vermag* 1.2.2 nach Kräften (helfen o. ä.) *in dem Maße helfen, in dem es einem möglich ist* **2** die ~ eines Medikaments *Wirksamkeit;* Heil ~ ; die heilende ~ einer Arznei **3** die ~ von Naturgewalten *Heftigkeit, Gewalt;* der Sturm blies mit solcher ~, daß ... **4** die ~ eines Gesetzes, einer Verordnung *Gültigkeit;* Gesetzes ~, Rechts ~ **4.1** ein Gesetz, eine Verordnung außer ~ setzen *ungültig machen* **4.2** außer ~ treten *ungültig werden* **4.3** in ~ treten *gültig werden;* das Gesetz tritt am 1. 10. in ~ **4.4** in ~ sein *gültig sein;* das Gesetz ist noch in ~ **5** *Hilfskraft, Mitarbeiter;* Büro ~, Lehr ~, Schreib ~ ; wir brauchen für unsere Abteilung noch eine ~; wir müssen noch einige Kräfte einstellen; er, sie ist eine ausgezeichnete ~ **6** ⟨Phys.⟩ *den Bewegungszustand eines Körpers ändernde Größe;* das Gleichgewicht der Kräfte; das freie Spiel der Kräfte; Parallelogramm der Kräfte

'kräf·tig ⟨Adj.⟩ **1** jmd. ist ~, hat ~e Gliedmaßen *besitzt viel Kraft(1.1), ist stark;* ~er Mensch; ~e Arme; uns wurde ein ~er Junge geboren (in Anzeigen) **2** ein Gegenstand ist ~ *ist von robuster, widerstandsfähiger Beschaffenheit, solide;* ein ~er Stock **3** ⟨fig.⟩ *heftig, intensiv, tüchtig;* jmdm. eine ~e Ohrfeige geben; ~ Beifall klatschen; jmdm. ~ die Meinung sagen; jmdn. ~ verprügeln 3.1 ~e Farben *intensive, leuchtende, tiefe F.* 3.2 ~e Stimme *laute S.* **4** ⟨60; fig.⟩ 4.1 eine ~e Mahlzeit *gehaltvolle M.;* ~es Essen 4.2 ein ~er Witz *derber, anstößiger W.*

'Kraft·rad ⟨n.; Kurzwort: Krad⟩ *einspuriges Kraftfahrzeug mit zwei Rädern zur Beförderung von Personen u. Sachen;* Klein ~

'Kraft·stoff ⟨m.⟩ *flüssiger, gas- od. staubförmiger Brennstoff für Verbrennungsmotoren;* Sy *Treibmittel(3)*

'Kraft·ver·kehr ⟨m.⟩ *Verkehr von, mit Kraftwagen*

'Kraft·wa·gen ⟨m.⟩ *Kraftfahrzeug mit mehr als zwei Rädern, Auto, Automobil;* Personen ~, Last ~

'Kraft·werk ⟨n.⟩ *Anlage zum Erzeugen, Umwandeln u. Verteilen von Elektrizität;* Sy *Elektrizitätswerk;* Atom ~, Dampf ~, Wasser ~

'Kra·gen ⟨m.; -s, -⟩ **1** *den Hals umschließender Teil der Kleidung;* Hemd ~, Mantel ~, Pelz ~, Rock ~ ; den ~ hochschlagen; eckiger, runder ~ ; steifer, weicher ~ **2** ⟨fig.⟩ 2.1 ⟨umg.⟩ *Hals, Leben* 2.1.1 es geht jmdm. an den ~ *es geht an jmds. Leben, um jmds. Kopf, es wird sehr gefährlich für jmdn.* 2.2 jmdn. am, (od.) beim ~ nehmen *handgreiflich zurechtweisen* 2.3 jetzt platzt mir aber der ~ ! *jetzt wird es mir zu viel, jetzt verliere ich die Geduld!* **3** der ~ der Tiere ⟨Zool.⟩ *d. Halsfedern, d. Halspelz*

'Krä·he ⟨f.; -, -n⟩ **1** *mittelgroßer Rabenvogel, die kleinen Angehörigen verschiedener Arten der Gattung Corvus;* Nebel ~, Raben ~, Saat ~ **2** → a. *Auge(2.3)*

'krä·hen ⟨V. 400⟩ **1** ein Hahn kräht *gibt schrille Laute von sich* **2** jmd. kräht ⟨fig.⟩ *singt, schreit zu laut od. unschön* **3** Kinder ~ *schreien vergnügt mit heller Stimme* **4** → a. *Hahn(1.1)*

Kra'keel ⟨m.; -s; unz.⟩ **1** *lauter Streit, lärmender Zank;* es gibt einen ~, wenn das herauskommt **2** *Lärm, Unruhe;* macht nicht solchen ~ !

kra'kee·len ⟨V. 400; umg.⟩ **1** *lärmen* **2** *laut streiten*

'kra·keln ⟨V. 402; umg.⟩ *unsicher u. eckig, zittrig schreiben*

'Kral·le ⟨f.; -, -n⟩ **1** *schärfer, gebogener Zehennagel von Vögeln sowie manchen Säugetieren u. Kriechtieren;* die Katze zieht ihre ~n ein; einem Vogel die ~n verschneiden; der Raubvogel hat eine Maus in den ~n; die Katze zeigt ihre ~n ⟨a. fig.⟩ **2** ⟨fig.⟩ 2.1 ⟨nur Pl.⟩ ~n *gieriges Festhalten von etwas* 2.1.1 etwas (fest) in seinen ~n haben *gierig festhalten* 2.1.2 etwas nicht aus den ~n lassen *nicht hergeben* 2.2 *Zeichen von Gefährlichkeit* 2.2.1 die ~n zeigen *zu erkennen geben, daß man gefährlich, böse, boshaft werden kann;* warte nur, bis sie die ~n zeigt!

'kral·len ⟨V. 511⟩ **1** ⟨R3⟩ ein Tier krallt sich an etwas *hält sich mit den Krallen an etwas fest;* die Katze krallte sich an den Stamm des Baumes fest; **2** ⟨R3⟩ sich an jmdn. od. etwas ~ *sich mit den Fingern krampfhaft an jmdm. od. etwas festhalten;* er krallte sich ans Geländer **3** die Finger in, um etwas ~ *die F. krampfhaft in etwas bohren (um Halt zu finden) od. fest um etwas schließen;* sie krallte die Finger in seinen Ärmel; er krallte vor Schmerz die Finger in den Sand; seine Finger krallten sich um das Seil

Kram ⟨m.; -s; unz.; umg.⟩ **1** *Gegenstände von geringem Wert, Gerümpel, Plunder, unnützes Zeug;* ich will den ganzen ~ verkaufen; alter ~ ; wohin soll ich mit all dem ~, mit dem ganzen ~ ? **2** *Habseligkeiten, Sachen;* laß deinen ~ nicht überall herumliegen; pack deinen ~ zusammen und komm mit!; seinen ~ in Ordnung halten ⟨a. fig.⟩ **3** ⟨fig.; umg.⟩ *(unwichtige) Angelegenheit, Sache;* was hast du denn noch zu tun? Ach, nur so ~ ! 3.1 das paßt ihm nicht in den ~ *das paßt ihm nicht, stört seine Pläne, kommt ihm ungelegen* 3.2 den (ganzen) ~ hinwerfen, hinschmeißen (wollen) *mit einer Arbeit aufhören, von einer Verpflichtung zurücktreten (wollen)* 3.3 ich habe den ~ satt *ich habe alles, die Sache, die Arbeit, die Angelegenheit satt* **4** ⟨fig.⟩ *Umstände, Aufhebens;* mach nicht so viel ~! ⟨umg.⟩ **5** ~ des Schlachtviehs *Eingeweide*

'kra·men ⟨V. 410⟩ **1** *sich mit etwas zu schaffen machen* **2** ⟨umg.; schweiz.⟩ *kleine Einkäufe machen, Kleinigkeiten besorgen* **3** in etwas ~ *herumsuchen, stöbern;* in alten Papieren, alten Sachen ~

'Krä·mer ⟨m.; -s, -⟩ **1** *Kleinhändler, Lebensmittelhändler mit sehr kleinem Laden* 1.2 jeder ~

lobt seine Ware ⟨fig.; umg.⟩ *auf Eigenlob kann man nichts geben* **2** ⟨fig.; umg.⟩ *kleinl., engstirniger Mensch*

'Kram·la·den ⟨m.⟩ *kleiner Lebensmittel- od. Kurzwarenladen*

'Kram·pe ⟨f.; -, -n⟩ *U-förmig gebogener Haken mit spitzen Enden zum Befestigen von Draht, Ketten usw.;* oV *Krampen*

'Kram·pen ⟨m.; -s, -⟩ = *Krampe*

Krampf ⟨m.; -(e)s, ¨e⟩ **1** *unwillkürliche, zuweilen schmerzhafte Zusammenziehung der Muskeln;* Magen~, Muskel~, Waden~ **2** ⟨unz.; fig.; umg.⟩ *übertriebener Eifer, übertriebenes Getue;* so ein ~!; das ist doch alles ~! **3** ⟨umg.; schweiz.⟩ *harte, aufreibende Arbeit, Mühe;* heute haben wir einen ~ gehabt

'kramp·fen ⟨V.⟩ **1** ⟨500/R3⟩ sich ~ *sich im Krampf zusammenziehen;* sein Magen krampfte sich vor Schmerzen **1.1** ⟨511/R7⟩ etwas in etwas ~ *etwas, sich in etwas hineinbohren u. sich daran anklammern;* sie krampfte die Finger in seinen Ärmel **2** ⟨511/R7⟩ etwas um etwas ~ *etwas fest, heftig um etwas schließen u. sich daran festhalten;* die Finger, Hände um etwas ~; er krampfte die Finger, Hände um das Seil, um die Armlehnen seines Stuhls **3** ⟨400; umg.; schweiz.⟩ *hart, aufreibend arbeiten*

'krampf·haft ⟨Adj.⟩ **1** *wie im Krampf befindlich, krampfartig;* ~e Zuckungen **2** ⟨fig.⟩ *mit großer Mühe, heftig, verbissen, angestrengt;* er bemühte sich ~, ernst zu bleiben; er versuchte ~, sich an dem Ast hochzuziehen; sich ~ an etwas festhalten, klammern

Kran ⟨m.; -(e)s, ¨e od. -e⟩ **1** *Maschine zum Heben, Versetzen u. Senken von Lasten;* fahrbarer ~ **2** ⟨norddt.⟩ *Hahn, Zapfen*

'Kra·nich ⟨m.; -s, -e⟩ **1** *einer Familie der Kranichartigen angehörender, großer, langbeiniger Vogel, der sich in Sumpfgebieten von Pflanzen ernährt: Gruidae* **1.1** Grauer ~ *einheimische, paarweise lebende Art aus der Familie der Kraniche: Grus grus*

krank ⟨Adj.⟩ **1** *eine organische od. funktionelle Störung der Gesundheit erleidend, in der Gesundheit beeinträchtigt;* geistes~, gemüts~, herz~, lungen~; sich ~ fühlen; gefährlich ~ sein; auf den Tod ~ sein; ~ im Bett liegen **1.1** ~ werden *erkranken* **1.2** sich ~ stellen *sich zum Schein wie jmd., der in der Gesundheit beeinträchtigt ist, verhalten* **1.3** sich ~ melden *sich als arbeitsunfähig, dienstunfähig melden* **1.4** jmdm. zureden wie einem ~n Gaul *lange Zeit (aber vergeblich) zureden* **2** ⟨fig.⟩ *seelisch leidend;* heimweh~; ~ vor Sehnsucht sein **2.1** das macht mich ~! ⟨umg.⟩ *das macht mich nervös, verrückt* **3** ⟨70⟩ ~es Wild ⟨jägerspr.⟩ *angeschossenes, verwundetes W.*

'krän·keln ⟨V. 400⟩ *häufig od. ständig leicht krank sein, nie völlig gesund sein*

'kran·ken ⟨V. 800⟩ **1** an etwas ~ *an etwas (für längere Zeit) erkrankt sein, leiden;* sie krankt an Leukämie **2** etwas krankt an etwas *der Fehler von etwas liegt an etwas, etwas wird durch etwas beeinträchtigt;* die ganze Arbeit krankt am Mangel an Vorbereitung, am Mangel an einer festen Führung

'krän·ken ⟨V. 500⟩ **1** ⟨R8⟩ jmdn. ~ *jmdn. demütigen, jmdn. in seiner Ehre, seinem Selbstgefühl verletzen, jmds. Gefühle verletzen;* es kränkt mich, daß du nie zu mir gekommen bist; verzeihen Sie, ich wollte Sie nicht ~! **2** ⟨550/R3⟩ sich über jmdn. od. etwas ~ *Kummer haben, sich härmen, verletzt sein über;* sie kränkt sich über seinen Mangel an Verständnis

'Kran·ken·haus ⟨n.⟩ *Gebäude zur Aufnahme u. ärztl. Betreuung von Kranken;* jmdn. ins ~ bringen; im ~ liegen; er muß sofort ins ~

'Kran·ken·kas·se ⟨f.⟩ *Träger der Krankenversicherung*

'Kran·ke(r) ⟨f. 2 (m. 1)⟩ *jmd., der krank ist*

'krank·haft ⟨Adj. 24⟩ **1** *durch Krankheit verursacht;* ~e Vergrößerung eines Organs; seine Erregbarkeit ist schon ~ **2** ⟨fig.⟩ *übertrieben heftig;* ein ~er Trieb; ~e Sucht nach Abwechslung

'Krank·heit ⟨f.; -, -en⟩ **1** *organische od. funktionelle Störung der Gesundheit;* Geistes~; Gemüts~; Herz~; ~en des Leibes und der Seele; eine ~ bekämpfen, heilen; eine ~ durchmachen; ansteckende ~; gefährliche, leichte, schwere, tödliche ~; Facharzt für innere ~en; an einer ~ leiden; er ist nach langer ~ gestorben; von einer ~ befallen werden; von einer ~ genesen, gesunden; welche ~en haben Sie als Kind durchgemacht?; eine ~ vortäuschen; ~ vorschützen (um irgend etwas nicht tun zu müssen) **2** ⟨fig.⟩ *Übel;* eine ~ der Zeit

'kränk·lich ⟨Adj.⟩ *ständig leicht krank, kränkelnd*

'Krän·kung ⟨f.; -, -en⟩ *das Kränken, Demütigung, Verletzung von jmds. Gefühlen*

Kranz ⟨m.; -es, ¨e⟩ **1** *zusammengebundene, -gewundene od. -gefädelte Gegenstände (Pflanzen, meist Blumen, Früchte), die als Schmuck, Auszeichnung od. dem Gedenken Verstorbener dienen;* Blumen~, Efeu~, Lorbeer~, Sieger~; einem Mädchen einen ~ aufsetzen, aufs Haar setzen; einen ~ binden, winden; ein ~ von Vergißmeinnicht; einen ~ auf dem Kopf tragen; dem Sieger den ~ überreichen; den Hinterbliebenen einen ~ schicken (als Zeichen des Beileids); das Grab, der Sarg war mit vielen Kränzen geschmückt; Wirtshaus „Zum grünen ~(e)“ **1.1** ein ~ Feigen *zu einem Kranz(1) zusammengebundene, getrocknete F.* **2** *etwas, das etwas od. jmdn. kranz-, kreis-, ringförmig umgibt;* Strahlen~; ein ~ junger Mädchen scharte sich um den jungen Hund **3** *etwas, das in der Form an einen Kranz(1) erinnert;* das Haar flechten und zum ~ aufstecken **3.1** *trockener Hefekuchen in Form eines Kranzes(1)* **4** ⟨fig.⟩ **4.1** das kommt nicht in die Kränze ⟨umg.; schweiz.⟩ *das hat keine Aussicht auf Erfolg, auf Verwirklichung* **4.2** er kommt in die Kränze ⟨umg.; schweiz.⟩ *er kommt in die engere Auswahl, ist unter den Anwärtern auf den Sieg* **4.3** wenn du das tust, kannst du dir gleich einen ~ schicken lassen! ⟨umg.⟩ *dann setzt du dein Leben aufs Spiel (und andere werden dir einen Trauerkranz schicken)*

'Krap·fen ⟨m.; -s, -⟩ *kugelförmiges Schmalzgebäck, Berliner Pfannkuchen;* Fastnachts~

'Kratz·bür·ste ⟨f.⟩ **1** *Drahtbürste* **2** ⟨fig.; umg.; scherzh.⟩ *widerspenstige Person, bes. widerspenstiges junges Mädchen*

'Krat·ze ⟨f.; -, -n⟩ **1** *Werkzeug zum Kratzen, Kratzeisen* **2** ⟨Bgb.⟩ *an einem Holzstiel befestigtes, dreieckiges Stahlblech zum Wegkratzen von gesprengtem Mineral od. Gestein* **3** ⟨Spinnerei⟩ *mit Häkchen aus Stahldraht besetzte Leiste*

'Krät·ze[1] ⟨f.; -, -n; süddt.⟩ *Rückenkorb, Traggestell*

'Krät·ze[2] ⟨f.; -; unz.⟩ **1** *durch Milben, die sich in die Haut einbohren, hervorgerufene, juckende Hautkrankheit des Menschen: Scabies* **2** ⟨Vet.⟩ = *Räude(1)*

'krat·zen ⟨V.⟩ **1** ⟨402⟩ (etwas) ~ *mit rauhem, spitzem od. scharfem Gegenstand, Kralle od. Fingernagel reiben, schaben od. ritzen;* sie kratzte und biß, um sich von ihm zu befreien; die Katze hat mich gekratzt; die Wolle kratzt auf der Haut; der Hund kratzt im Sand, in der Erde; einen Fleck von der Wand ~; Schmutz von den Schuhen ~; Zeichen in eine Wand ~ **1.1** ⟨m. Modalverb⟩ sich den Bart ~ (lassen) ⟨fig.; umg.; scherzh.⟩ *sich rasieren (lassen)* **1.2** ⟨411⟩ der Rauch kratzt (mich) im Hals *reizt die Schleimhäute* **1.3** Wolle ~ *kardieren, Faserflocken mit einer mit Stahldrahthäkchen besetzten Leiste in einzelne Fasern auflösen* **2** ⟨400⟩ *ein unangenehmes Geräusch verursachen beim Kratzen(1);* der Hund kratzt an der Tür (weil er herein möchte); die Schreibfeder kratzt (auf dem Papier) **2.1** ⟨411⟩ auf der Geige ~ ⟨fig.; umg.; scherzh.⟩ *sehr schlecht spielen* **3** ⟨500/R3⟩ sich ~ *einen Juckreiz (bes. mit den Fingernägeln) befriedigen;* sich hinter den Ohren ~ (als Geste der Verlegenheit od. des Nachdenkens) **4** ⟨500/R3⟩ **4.1** wen es juckt, der kratze sich *jeder soll sagen, was ihm fehlt, was er braucht, man muß sich melden, wenn einem etwas nicht paßt*

'Kratz·fuß ⟨m.⟩ **1** ⟨urspr.⟩ *tiefe, höfische Verbeugung, bei der ein Fuß von vorn nach hinten gezogen wird* **2** ⟨heute fig.; scherzh.⟩ *höfl. Verbeugung;* einen ~ machen

kraus ⟨Adj.⟩ **1** ~es Haar *sehr eng gelocktes, eng geringeltes H.* **2** ~e Stirn *faltige, runzlige S.* **2.1** die Stirne ~ ziehen *runzeln* **3** ~e Gedanken, Reden ⟨fig.⟩ *wirre, ungeordnete, absonderliche G., R.*

'Krau·se ⟨f.; -, -n⟩ **1** *in enge Falten gelegter Kragen;* Hals~, Hemd~ **2** ⟨unz.; umg.⟩ *Dauerwelle, künstl. krause Beschaffenheit (des Haars);* in meinem Haar ist keine ~ mehr (drin)

'kräu·seln ⟨V. 500⟩ **1** Haar ~ *in enge Locken drehen* **1.1** ⟨R3⟩ Haar kräuselt sich *lockt sich eng, ringelt sich* **2** Stoff ~ *fälteln* **3** die Stirne ~ *runzeln* **4** der Wind kräuselt das Wasser *bewegt es zu kleinen Wellen* **5** die Lippen (zu einem spöttischen Lächeln) ~ *verziehen, hochziehen*

'krau·sen ⟨V. 500⟩ **1** etwas ~ *kraus machen, kraus ziehen, kräuseln;* Haar (durch Dauerwelle) ~; gekrauster Rock **2** die Stirn ~ *runzeln*

Kraut[1] ⟨n.; -(e)s, ¨er⟩ **1** *die nicht der menschlichen Ernährung dienenden oberirdischen Teile mancher Nutzpflanzen;* Bohnen~, Kartoffel~, Spargel~; das ~ entfernen **2** ⟨unz.⟩ *Kohl;* Rot~, Sauer~, Weiß~; Bratwürste mit ~ **3** *sirupartig eingedickter pflanzlicher Saft aus gekochten od. gedämpften u. dann ausgepreßten Rüben, Äpfeln, Birnen u. a. Obst;* ~ trinken **4** ⟨kurz für⟩ *Heilkraut, Würzkraut, Heilmittel;* Kräuter sammeln **4.1** dagegen ist kein ~ gewachsen ⟨fig.⟩ *dagegen gibt es kein Heilmittel* **5** ⟨abwertend; umg.⟩ *Tabak;* ein billiges ~ rauchen **6** Mißbräuche, Unarten schießen ins ~ ⟨fig.⟩ *M., U. wachsen unkontrolliert, entwickeln sich ungehemmt u. zu stark* **6.1** es liegt alles wie ~ und Rüben durcheinander ⟨umg.⟩ *bunt durcheinander* **7** einjähriges, mehrjähriges ~ ⟨Bot.⟩ *unverholzte Pflanze, die am Ende der Vegetationsperiode entweder nach einmaliger Blüten- u. Fruchtbildung ganz od. bis auf ihre unterirdischen Teile abstirbt* **7.1** *die oberirdischen, nie verholzenden Teile von Kräutern u. Halbsträuchern, die am Ende der Vegetationsperiode absterben*

Kraut[2] ⟨m.; -s; unz.; norddt.; Sammelbez. für⟩ *Krabben, Garnelen*

Kra'wall ⟨m.; -s, -e⟩ **1** ⟨umg.⟩ *Aufruhr;* die ~e dauern noch an; auf der Straße brachen ~e aus **2** ⟨unz.⟩ *Lärm, Streit, Unruhe;* einen ~ machen; der ~ ist unerträglich

Kra'wat·te ⟨f.; -, -n⟩ **1** *unter dem Hemdkragen befestigtes schmückendes Halstuch od. breites Band;* Sy *Schlips, Binder(3)* **2** *schmaler Pelzkragen* **3** ⟨Ringen⟩ *am Kinn angesetzter zangenartiger Griff um den Kopf*

Krea'tur ⟨f.; -, -en⟩ = *Geschöpf(1-2)*

Krebs ⟨m.; -es, -e⟩ **1** *Angehöriger eines Unterstammes u. einer Klasse der Gliederfüßer, vorwiegend im Wasser lebend, mit 2 Paar Kopffühlern, zahlreichen Beinpaaren, Kiemenatmung u. einem Körper, der aus einer unterschiedlichen Anzahl von Körpersegmenten gebildet ist: Crustacea;* die Klein~e od. niedere ~e, die Groß~e od. höhere ~e; ~e im Fluß fischen; von der Sonne rot wie ein ~ sein **2** ⟨nur Pl.⟩ ~e *Stamm der Gliederfüßer (Arthropoda)* **3** *Brustharnisch (nach der Ähnlichkeit mit der Krebsschale)* **4** ⟨Buchw.⟩ ~e *vom Buchhändler als unverkäuflich an den Verleger zurückgesandte Bücher (wohl nach dem angebl. Rückwärtsgang des Krebses)* **5** ⟨Astr.⟩ *Sternbild des nördl. Himmels: Cancer* **6** ⟨Bot.⟩ *zahlreiche Fälle pathologischer Gewebewucherungen, die meist parasitäre Ursachen haben* **7** ⟨Biol.⟩ *bösartige Geschwulstbildung des menschlichen u. tierischen Gewebes: Carcinoma*

'kreb·sen ⟨V. 400⟩ **1** *Krebse fangen* **2** ⟨⟨s.⟩; fig.; umg.⟩ *mühsam klettern od. kriechen* **3** ⟨fig.⟩ *sich abmühen*

Kre'dit[1] ⟨m.; -(e)s, -e⟩ **1** *Geldmittel, die jmdm. vorübergehend überlassen werden, Darlehen eines Kreditinstituts;* bei der Bank einen ~ aufnehmen **1.1** jmdm. ~ geben *ohne sofortige Bezahlung Waren überlassen* **1.2** auf ~ kaufen *ohne sofortige Bezahlung* **2** *Vertrauen, daß jmd. einen Kredit(1) ordnungsgemäß zurückzahlen kann u. will* **3** *Vertrauenswürdigkeit*

'Kre·dit[2] ⟨n.; -s, -s; Buchführung⟩ *die rechte Seite des Kontos*

'Krei·de ⟨f.; -, -n⟩ **1** ⟨unz.⟩ *aus den Schalen fossiler Tiere entstandener, feinerdiger, weißfärbender Kalkstein;* ~ abbauen **2** *Stift aus Kreide(1), mit dem man auf Schiefertafeln od. auf Stoff schreibt od. zeichnet;* etwas mit ~ an die Wandtafel schreiben **3** ⟨norddt.⟩ *Brei, Mus,*

Schlacke; ~ essen **4** bei jmdm. tief in der ~ sitzen (fig.) *stark verschuldet sein (weil früher im Gasthaus u. beim Kaufmann die Schulden mit Kreide auf eine Tafel geschrieben, d. h. angekreidet wurden)* **5** (Geol.) *zw. Jura u. Tertiär liegende jüngste Formation des Erdmittelalters (Mesozoikums)*

Kreis (m.; -es, -e) **1** *geschlossene ebene Kurve, deren Punkte alle den gleichen Abstand vom Mittelpunkt haben;* einen ~ (um einen Punkt) ziehen **2** *das vom Kreis Eingeschlossene, Kreisfläche;* im Innern des ~es befindlich **3** *(runde) Linie, die sich schließt;* → a. *Ring;* mit den Armen einen ~ beschreiben; einen ~ um jmdn. od. etwas schließen; alle standen im ~ um ihn her; die Kinder liefen, tanzten im ~ herum; im ~ um jmdn. oder etwas herumgehen; sich im ~ um etwas od. jmdn. setzen; sich im ~e drehen; die Kinder bildeten einen ~; am Himmel zog ein Raubvogel seine ~e **3.1** wir sind im ~ gegangen *wieder dort angekommen, wo wir weggegangen sind* **4** *durch gemeinsame Interessen od. durch denselben sozialen Status verbundene Gruppe;* Freundes~, Arbeits~, Sing~; ein fröhlicher ~ junger Leute; wie aus unterrichteten ~en bekannt wurde ... **4.0.1** im ~ der Freunde *unter Freunden* **4.0.2** im ~ der Familie *in d. F.* **4.1** in meinen ~en *bei den Menschen, mit denen ich verkehre* **4.2** in politischen ~en *unter Politikern* **5** *Bereich, Bezirk;* Bann~; Licht~, Wirkungs~ **5.1** störe meine ~e nicht! (fig.) *angebl. Ausspruch des Archimedes zu einem röm. Soldaten, der in sein Haus eindrang: „Noli turbare circulos meos!"* **5.2** *Anzahl von Sagen, die denselben Ort, dieselben Personen od. dasselbe Ereignis zum Thema haben;* Sagen~ **6** *der Gemeinde übergeordnete Verwaltungseinheit;* Land~, Stadt~ **7** → a. *Stromkreis* **8** *durch gemeinsame Interessen verbundene Gruppe von Personen;* Sy *Zirkel(3)*

'**krei·schen** (V. 172/400) **1** Vögel ~ *schreien schrill, mißtönend;* Papageien, Häher ~ **2** Räder ~ *quietschen* **3** jmd. kreischt *schreit wütend, mit sich überschlagender Stimme od. schimpft;* „...!" kreischte sie

'**Krei·sel** (m.; -s, -) **1** *gleichmäßig um eine Achse gebauter u. um diese drehbarer Körper (als technische Vorrichtung od. als Spielzeug)* **2** *Verkehrsknoten, in dem sich der Verkehr kreisförmig in einer Richtung bewegt;* den ~ verlassen

'**krei·seln** (V. 400) **1** *mit einem Kreisel spielen (indem man ihn mit einer Peitsche schlägt u. in Drehbewegung erhält)* **2** *sich um die eigene Achse drehen*

'**krei·sen** (V. 410) **1** ((s.)) *sich im Kreise (um etwas) bewegen;* ein Flugzeug kreist über der Stadt; die Erde kreist um die Sonne; die Raubvögel kreisten um das verwundete Tier **1.1** seine Gedanken ~ ständig um sie (fig.) *er denkt ständig an sie* **2** mit den Armen ~ *kreisförmige Bewegungen ausführen (bei der Gymnastik)* **3** ((s.)) einen Gegenstand ~ lassen *einen Gegenstand in der Runde herumgehen lassen*

'**Kreis·lauf** (m.) **1** *Kreisbewegung, zum Ausgangspunkt zurückkehrende Bewegung;* der ewige ~ des Lebens, der Natur (fig.) **2** (Med.; kurz für) *Blutkreislauf*

'**Kreis·lauf·stö·rung** (f.; -, -en; Med.) *eine Reihe von Symptomen, wie Herzschwäche, Versagen der Gefäßnerven, Unregelmäßigkeit des Blutdrucks, Ohnmachten, Wallungen u. örtliche Durchblutungsstörungen, die mit Unregelmäßigkeiten im Blutkreislauf verbunden sind*

'**krei·ßen** (V. 400) **1** *in Geburtswehen liegen* **1.1** → a. *Berg(1.6)*

Kre·ma'to·ri·um (n.; -s, -rien) *Anlage zur Feuerbestattung*

'**Krem·pe** (f.; -, -n) *Hutrand*

'**Krem·pel**[1] (m.; -s; unz.) *Kram, wertloses Zeug, Plunder*

'**Krem·pel**[2] (f.; -, -n; Spinnerei) *Maschine zum Auflösen des Fasergutes bis zur Einzelfaser, zum Ausrichten der Fasern u. Ausscheiden von kurzen Fasern u. Verunreinigungen*

kre'pie·ren (V. 400(s.)) **1** Sprengkörper ~ *platzen, bersten* **2** Lebewesen ~ (umg.) *verenden, sterben;* Menschen ~ (vulg.)

Krepp (m.; -s, -s od. -e) *krauses od. genarbtes Gewebe mit rauhem Griff*

'**Kres·se** (f.; -, -n) *Gattung der Kreuzblütler mit verschiedenen Salat- u. Gewürzpflanzen: Lepidium;* Kapuziner~, Brunnen~

kreuz (Adv.; nur in der Wendung) ~ und quer *planlos hin u. her, durcheinander;* ~ und quer laufen; alles liegt ~ und quer

Kreuz (n.; -es, -e) **1** *Zeichen od. Gebilde aus zwei sich (rechtwinklig od. schräg) schneidenden Balken od. Strichen;* ein ~ zeichnen, basteln **1.1** zwei Gegenstände über(s) ~ legen *rechtwinklig od. schräg übereinanderlegen* **1.2** mit jmdm. über(s) ~ sein *sich mit jmdm. gezankt haben, in gespannter Beziehung mit jmdm. stehen* **2** *etwas, das äußerlich in irgendeiner Weise an Kreuz(1) erinnert;* Faden~, Fenster~ **2.1** (nur zusammen mit Ortsangabe) *Kreuzung zweier Autobahnen;* Autobahn~; Frankfurter ~ **2.2** ~ des Südens (Astr.) *ein Sternbild des südlichen Himmels* **2.3** in die~ und (in die) Quer *ohne Ziel* **2.3.1** die ~ und die Quere laufen, fahren *planlos od. aus Unkenntnis hin u. her laufen, fahren* **3** *Rücken, unterer Teil des Rückens;* Schmerzen im ~ haben **3.1** jmdn. aufs ~ legen (umg.) **3.1.1** *rücklings umwerfen* **3.1.2** (fig.) *übertölpeln, überlisten, betrügen* **3.2** aufs ~ fallen (umg.) *aufs Hinterteil fallen, stürzen* **4** *Kreuz(1) als Zeichen vieler Orden, Auszeichnungen od. Organisationen;* das Eiserne ~; das ~ der Ehrenlegion **4.1** → a. *rot(1.14)* **5** *Kreuz(1) als religiöses Symbol* **6** *aus Balken gefügtes Kreuz(1), an das Menschen gebunden od. genagelt werden, um sie zu foltern od. hinzurichten* **6.0.1** jmdn. ans ~ schlagen *hinrichten, den Kreuzestod sterben lassen* **6.0.2** am ~ sterben *den Kreuzestod erleiden* **6.1** *Kreuz(5) als christl. Symbol;* ein ~ schlagen; das Zeichen des ~es machen **6.1.1** das ~ predigen (veralt.; fig.) *zum Kreuzzug aufrufen* **6.1.2** das ~ nehmen (veralt.; fig.) *auf den Kreuzzug gehen* **6.1.3** zu ~e kriechen (a. fig.; umg.) *demütig um Verzeihung bitten* **7** (†) *Zeichen für „gestorben" od. „veraltet";* ein ~ hinter jmds. Namen setzen (zum Zeichen, daß er gestorben ist) **8** (fig.) **8.1** *Unglück, Mühsal, Last* **8.1.1** es ist ein ~!

⟨umg.⟩ *es ist wirklich eine Last!* **8.2** *Kummer, Leid* **8.2.1** sein ~ tragen (od.) auf sich nehmen *sein Leid tapfer ertragen, auf sich nehmen* **8.3** jmdm. Geld aus dem ~ leiern ⟨umg.; scherzh.⟩ *jmdm. durch Bitten, Mahnungen usw. Geld abnehmen* **9** ⟨Kart.⟩ *durch ein schwarzes stilisiertes Kreuz(1) symbolisierte Spielkartenfarbe;* ~ ist Trumpf **10** ⟨Mus.; Zeichen: #⟩ *Notenschriftzeichen für die chromat. Erhöhung eines Tones um einen Halbton*

'Kreuz·bein ⟨n.; Anat.⟩ *beim Menschen aus fünf Wirbelkörpern verschmolzener Teil der Wirbelsäule, der als einheitlicher Knochen mit den beiden Darmbeinen den Beckengürtel bildet: Os sacrum*

'Kreuz·blüt·ler ⟨m.; -s, -; Bot.⟩ *Pflanzenfamilie mit kreuzförmig angelegter Blüte: Cruciferae*

'kreu·zen ⟨V. 500⟩ **1** etwas ~ *über(s) Kreuz legen, kreuzförmig legen;* die Arme ~; mit gekreuzten Armen dastehen; mit gekreuzten Beinen sitzen **2** eine Straße, einen Weg ~ *durchschneiden, überqueren* **3** ⟨R4⟩ Linien, Bahnlinien, Straßen ~ sich *durchschneiden, überschneiden sich;* die beiden Wege ~ sich hier **4** ⟨R4⟩ Züge ~ sich *fahren etwa im rechten Winkel auf verschiedenen Ebenen aneinander vorüber* **5** ⟨fig.⟩ **5.1** ⟨R4⟩ unsere Briefe haben sich gekreuzt *wir haben einander zur gleichen Zeit geschrieben u. den Brief des andern zur gleichen Zeit erhalten* **5.2** er hat meinen Weg mehrmals gekreuzt *er ist mir im Leben mehrmals begegnet* **5.3** ⟨R4⟩ unsere Ansichten, Meinungen ~ sich *sind verschieden, entgegengesetzt* **6** ⟨Biol.⟩ *zwei Elternteile unterschiedl. Rasse, Art od. Gattung vereinigen u. Nachkommen hervorbringen lassen* **6.1** ⟨R4⟩ Rassen ~ sich *vermischen sich* **7** ⟨400; Mar.⟩ (vor dem Wind) ~ *im Zickzack gegen den W. segeln*

'Kreu·zer[1] ⟨m.; -s, -; 1300—1900 in Dtschld. u. Österr.-Ungarn⟩ *Münze mit aufgeprägtem Kreuz von wechselndem Wert, im 17. Jh. in Dtschld. 1/60 Gulden bzw. 1/90 Taler*

'Kreu·zer[2] ⟨m.; -s, -⟩ *gepanzertes, schnelles Kriegsschiff*

'kreu·zi·gen ⟨V. 500⟩ jmdn. ~ *ans Kreuz schlagen*

'Kreuz·spin·ne ⟨f.⟩ *zu der Familie der Radnetzspinnen gehörende Spinne mit weißer, kreuzartiger Zeichnung auf dem Rücken des Hinterleibs: Araneus diadematus*

'Kreu·zung ⟨f.; -, -en⟩ **1** *Schnittpunkt zweier od. mehrerer sich kreuzender Verkehrswege;* an der ~ halten, rechts abbiegen **2** ~ von Tieren od. Pflanzen ⟨Biol.⟩ *das Kreuzen(6) von T. od. P.* **3** *Produkt einer Kreuzung(2)*

'kreuz·wei·se ⟨Adv.⟩ *so übereinander, daß ein Kreuz(1) entsteht;* zwei Dinge ~ übereinanderlegen; die Hände ~ über die Brust schlagen

'Kreuz·wort·rät·sel ⟨n.⟩ *Rätsel, bei dem die zu erratenden Wörter buchstaben- od. silbenweise in senkrecht u. waagerecht sich kreuzende Reihen von Vierecken eingetragen werden müssen;* ein ~ lösen

'Kreuz·zug ⟨m.⟩ **1** ⟨i. w. S.⟩ *jeder, von der katholischen Kirche ausgehende Kriegszug gegen Ungläubige u. Ketzer* **2** ⟨nur Pl.; i. e. S.⟩ Kreuzzüge *die kriegerischen Unternehmungen der europäischen Christen (vom Ende des 11. Jh.s bis zum Anfang des 13. Jh.s), die offiziell die Eroberung des heiligen Landes zum Ziel hatten, in der Folge aber der Machtausdehnung der katholischen Kirche u. gewisser europäischer Staaten und materiellen Interessen dienten* **3** ⟨fig.⟩ *Unternehmung für eine gute od. ideale Sache*

'krib·beln ⟨V.⟩ **1** ⟨405; unpersönl.⟩ es kribbelt (von Lebewesen) *L. sind in sehr großer Zahl vorhanden u. bewegen sich schnell u. lebhaft, es wimmelt von L.;* es kribbelt in einem Ameisenhaufen; es kribbelt nur so von Ameisen; es kribbelt u. krabbelt **2** ⟨402⟩ etwas od. jmd. kribbelt (jmdn.) *verursacht (bei jmdm.) ein Gefühl wie von vielen winzigen Stichen, juckt, kitzelt, kratzt leicht;* die Wolle kribbelt auf der Haut; es kribbelt mir in den Füßen (wenn sie „eingeschlafen" sind) **2.1** es kribbelt mir in der Nase *ich muß gleich niesen* **3** ⟨611⟩ es kribbelt mir in den Fingern ⟨fig.⟩ **3.1** *ich verspüre große Lust, etwas zu tun, ich kann mich kaum zurückhalten, etwas nicht zu tun* **3.2** *ich bin ungeduldig, möchte dreinschlagen*

'Kricket ⟨-k·k-; n.; -s, -s⟩ *Ballspiel zwischen zwei Mannschaften, von denen die Werfer den Ball ins gegner. Tor zu bringen suchen, während die Schläger den Ball abwehren u. mit dem Schlagholz möglichst weit wegschlagen*

'krie·chen ⟨V. 173 (s.)⟩ **1** ⟨400⟩ ein Tier kriecht *bewegt sich (auf dem Bauch) am Boden od. dicht am Boden fort;* die Schlange, Schnecke kriecht über den Boden **2** ⟨400⟩ ein Mensch kriecht *bewegt sich auf allen vieren, auf Händen u. Füßen bzw. Knien fort;* das kleine Kind kriecht durchs Zimmer **3** ⟨fig.⟩ **3.1** ⟨400⟩ *sich sehr langsam fortbewegen;* der Zug kriecht auf den Berg; die Zeit kriecht ⟨fig.⟩ **3.2** ⟨bezeichnet bestimmte Bewegungsarten⟩ **3.2.1** ⟨411⟩ durch eine Zaunlücke ~ *sich hindurchzwängen* **3.2.2** der Vogel kriecht aus dem Ei *schlüpft aus dem Ei* **3.2.3** ins Bett ~ ⟨umg.⟩ *ins B. gehen, schlüpfen* **3.3** → a. *Leim(2)* **4** ⟨800⟩ vor jmdm. ~ ⟨fig.⟩ *jmdm. demütig schmeicheln* **5** ~de Pflanzen ⟨Bot.⟩ *P., die sich dicht am Boden ausbreiten* **6** ⟨400; Techn.⟩ *langsam seine Form verändern od. sein Volumen verringern*

'Krie·cher ⟨m.; -s, -⟩ **1** ⟨fig.; abwertend⟩ *jmd., der vor einem anderen kriecht, unterwürfiger Schmeichler* **2** *Tier, das sich kriechend fortbewegt*

'krie·che·risch ⟨Adj.; abwertend⟩ *sich wie ein Kriecher(1) verhaltend, unterwürfig u. schmeichlerisch*

Krieg ⟨m.; -(e)s, -e⟩ **1** *Zustand der bewaffneten Auseinandersetzung zwischen Staaten, Stämmen od. Völkern;* die Sinnlosigkeit der ~e; der ~ ist ausgebrochen; einen ~ gewinnen, verlieren, vom Zaun brechen; der Siebenjährige ~; aus dem ~ heimkehren; in den ~ ziehen; mit jmdm. ~ führen; ~ auf Leben und Tod; zum ~ hetzen, rüsten **1.1** einem Staat den ~ erklären *offiziell ankünden, daß man die militärische Auseinandersetzung wünscht* **1.2** im ~e fallen *im Kampf getötet werden* **2** ⟨fig.⟩ *ständiger Kampf, dauernde Feindschaft;* Klein~; einer Partei, Bewegung den ~ ansagen; ~ spielen (Kinder); mit jmdm. ~ anfangen **2.1** häuslicher ~ *dauernder Streit in der Familie*

'krie·gen ⟨V. 500; umg.⟩ **1** jmdn. od. etwas ~ *bekommen, erhalten;* Post ~; Prügel ~;

einen Schrecken ~; du wirst es (schon) noch zu hören, zu sehen ~; etwas geschenkt ~; jmdn. zu fassen ~ 1.1 ein Kind ~ *ein K. erwarten od. bekommen* 1.2 er hat sie doch noch gekriegt *zur Frau bekommen* 2 jmdn. ~ *erwischen, ergreifen, packen;* na warte, wenn ich dich kriege!; ich werde dich schon noch ~ 2.1 die Polizei hat den Täter nicht gekriegt *nicht gefangen* 3 ⟨R4⟩ sich (eigtl. einander) ~ *ein Paar werden (bes. im Roman, Film usw.);* es ist selten, daß sich die Hauptpersonen eines Romans am Ende nicht ~ 4 ⟨fig.⟩ 4.1 ⟨515⟩ jmdn. nicht dazu ~ (etwas zu tun) *nicht dazu bringen, nicht von der Notwendigkeit überzeugen können* 4.2 das werden wir schon ~! *das werden wir schon in Ordnung bringen, erledigen, darüber werden wir uns schon einigen*

'Kriegs·beil ⟨n.⟩ 1 ⟨fig.⟩ *Krieg* 1.1 das ~ ausgraben *Krieg beginnen* 1.2 das ~ begraben 1.2.1 *Frieden schließen* 1.2.2 *sich versöhnen*

'Kriegs·fuß ⟨m.; fig.; nur in den Wendungen⟩ 1 mit jmdm. auf ~ stehen *in ständigem leichtem Streit, in ständiger Spannung mit jmdm. leben* 2 mit etwas auf ~ stehen *ständig mit etwas zu kämpfen haben, etwas nicht beherrschen*

kri·mi'nal ⟨Adj. 24⟩ *Strafrecht, Strafverfahren, Straftat u. Täter betreffend*

Kri·mi·na'list ⟨m.; -en, -en⟩ 1 *Kriminalbeamter* 2 *Vertreter, Lehrer der Kriminalwissenschaft, Strafrechtslehrer*

kri·mi'nell ⟨Adj.⟩ 1 jmd. ist ~ *verbrecherisch, straffällig* 2 eine Tat ist ~ *strafbar*

'Krims·krams ⟨m.; -; unz.; umg.⟩ *Kram, Plunder, wertlose Kleinigkeiten*

'Krin·gel ⟨m.; -s, -⟩ 1 *kleiner Kreis, kleiner Bogen, Schnörkel;* ~ auf die Zeitung malen 2 *Krengel, ringförmiges Gebäck, Brezel;* Zukker ~

'krin·geln ⟨V. 500/R3⟩ 1 sich ~ *sich zu einem Kringel formen, sich ringeln;* ihr Haar kringelt sich 2 ⟨514/R3⟩ sich ~ vor Lachen ⟨fig.; umg.⟩ *sehr lachen, herzlich lachen*

'Krip·pe ⟨f.; -, -n⟩ 1 *an der Wand od. auf einem Gestell befestigter, zaunartiger Futtertrog für größere Tiere* 1.1 an der ~ sitzen ⟨fig.; umg.⟩ *gut leben, keine Sorgen haben* 2 *figürliche Darstellung der Heiligen Familie mit dem Jesuskind in der Krippe;* Weihnachts ~ 3 *Einrichtung zur Unterbringung u. Betreuung von Säuglingen u. Kleinkindern während einiger Stunden, od. während des ganzen Tages, Hort* 4 *Flechtwerk (als Uferbefestigung)* 5 ⟨Astr.⟩ *Sternhaufen im Sternbild des Krebses*

'Kri·se ⟨f.; -, -n⟩ 1 ⟨Wirtsch.⟩ *Zustand akuter Schwierigkeiten in der Finanzwirtschaft* 1.1 *oberer Wendepunkt einer Konjunkturphase als Übergang von wirtschaftlichem Aufschwung zu Depression* 2 ⟨Psych.⟩ *Abschnitt eines psychol. Entwicklungsprozesses, in dem sich nach einer Zuspitzung der Situation die weitere Entwicklung entscheidet* 3 = *Krisis*

'Kri·sis ⟨f.; -, -sen; Med.⟩ oV *Krise(3)* 1 *die Genesung einleitender, schneller Abfall des Fiebers bei Infektionskrankheit* 2 *anfallsweises Auftreten von Krankheitszeichen von besonderer Heftigkeit*

'Kri'stall[1] ⟨m.; -s, -e⟩ *von gleichmäßig angeordneten, ebenen Flächen begrenzter Körper, in dem die Atome, Moleküle od. Ionen raumgitterartig angeordnet sind;* ~e bilden; klar, rein wie ein ~

Kri'stall[2] ⟨n.; -s; unz.⟩ 1 *sehr reines, geblasenes, geschliffenes Glas;* Sy *Kristallglas* 2 *Gegenstand aus Kristall*[2]*(1)*

kri·stal·li'sie·ren ⟨V. 402/R3⟩ Stoffe ~ (sich) *bilden sich zu Kristallen um;* der Zucker kristallisiert (sich)

Kri'te·ri·um ⟨n.; -s, -ri·en⟩ 1 *Kennzeichen, unterscheidendes Merkmal* 2 *sinnvolle Begründung, Prüfstein* 3 ⟨Sp.⟩ *Radrennen im Rundkurs*

Kri'tik ⟨f.; -, -en⟩ 1 *wissenschaftl. od. künstler. Beurteilung;* Kunst ~, Literatur ~, Musik ~ 2 *wertende Besprechung;* Buch ~, Film ~; ~ von Büchern, Theaterstücken, Kunstwerken, Konzerten; eine ~ über ein Buch, Stück schreiben; eine ausgezeichnete, gute, schlechte ~; lobende, tadelnde, scharfe ~ 3 *Beanstandung, Tadel, Äußerung des Mißfallens;* ~ an etwas od. jmdm. üben; ich verbitte mir jede ~! 3.1 das Buch ist unter aller ~ *sehr schlecht* 4 ⟨unz.⟩ *Urteilsfähigkeit, Unterscheidungsvermögen* 5 *Gesamtheit der Kritiker;* die ~ war sich darüber einig, daß ...

'kri·tisch ⟨Adj.⟩ 1 *gewissenhaft prüfend* 1.1 ~e Ausgabe *nach den Methoden der Textkritik bearbeitete A. eines Werkes der Literatur* 1.2 ~er Apparat *mit wissenschaftl. Genauigkeit gegebene Anmerkungen zu einer kritischen Ausgabe od. einem wissenschaftl. Werk* 2 *streng urteilend;* etwas od. jmdn. ~ betrachten; einer Sache ~ gegenüberstehen; er ist sehr ~ 3 *entscheidend, eine Wende ankündigend;* ein ~er Punkt; das ~e Stadium einer Krankheit 3.1 das ~e Alter 3.1.1 *die Entwicklungsjahre (von Jugendlichen)* 3.1.2 *die Wechseljahre (von Erwachsenen)* 3.1.3 ein Reaktor wird ~ ⟨Kernphysik⟩ *im R. beginnen nukleare Prozesse abzulaufen* 4 *bedrohlich, gefährlich;* ~er Augenblick; eine ~e Situation 5 ~e Temperatur *die für jeden Stoff verschiedene T., oberhalb deren sich ein Gas auch bei beliebig hohem Druck nicht mehr verflüssigen läßt*

kri·ti'sie·ren ⟨V.⟩ 1 ⟨500⟩ ein wissenschaftl. od. künstler. Werk ~ *beurteilen, werten, begutachten;* Buch, Theaterstück ~ 2 ⟨550⟩ etwas an jmdm. od. etwas ~ *beanstanden, tadeln;* er hat an allem etwas zu ~

'krit·zeln ⟨V. 402⟩ (etwas) ~ 1 *klein u. schlecht leserlich schreiben* 2 *sinnlose Striche u. Schnörkel machen*

Krocket ⟨-k·k- ; [-'-] od. ['--] n.; -s, -s⟩ *Rasenspiel, bei dem die Spieler abwechselnd mit Holzhämmern die Holzbälle durch zehn Tore bis zu einem Zielstab schlagen, wobei nach Zusammenstoß mit einem gegner. Ball dieser weggeschlagen (krockiert) werden kann*

Kro'kant ⟨m.; -s; unz.⟩ *Karamelzucker mit Mandel- od. Nußstückchen*

Kro·ko'dil ⟨n.; -s, -e⟩ 1 *Angehöriger der höchstentwickelten Ordnung der Reptilien, großes, räuberisches, im Wasser lebendes Tier mit in Kieferhöhlen sitzenden Zähnen u. seitl. zusammengedrücktem Ruderschwanz: Crocodylia* 2 ⟨i. e. S.⟩ *Angehöriger einer Familie der Krokodile(1) mit einem bei geschlossenem Maul sichtbaren Unterkieferzahn: Crocodylidae*

Kro·ko'dils·trä·ne ⟨f.; fig.; umg.⟩ *geheuchelte Träne;* ~n weinen, vergießen

'Kro·kus ⟨m.; -, - od. -kus·se⟩ *Angehöriger einer Gattung der Schwertliliengewächse, deren im Frühling blühende Arten beliebte Zierpflanzen sind: Crocus*

'Kro·ne ⟨f.; -, -n⟩ **1** *auf dem Kopf getragener, verzierter Goldreif mit Zacken (als Zeichen der Würde u. Macht des Herrschers);* Grafen~, Kaiser~, Königs~ **1.1** einem Fürsten die ~ aufsetzen *eine F. zum Kaiser bzw. König machen, ihm die Herrschaft übergeben* **1.2** die ~ niederlegen *als Herrscher abdanken* **1.3** dem Verdienste seine ~! ⟨fig.⟩ *wer etwas geleistet hat, verdient auch Ruhm (Schiller, „An die Freude")* **2** ⟨fig.⟩ *Monarch, monarch. Regierung, Träger der Krone(1);* die Haltung, Zustimmung der ~ **3** *hoher, meist reich verzierter Kopfschmuck od. Kranz;* Braut ~ **4** *oberer od. oben aufgesetzter Teil von etwas; Mauer~, Schaum~, Zahn~* **4.1** *oberster Teil des Baumes, Wipfel:* Baum ~ **5** ⟨fig.⟩ **5.1** *das Beste, Schönste, der Höhepunkt einer Sache;* die ~ des Ganzen war...; sei getreu bis in den Tod, so will ich dir die ~ des Lebens geben (Offenbarung des Johannes, 2,10) **5.1.1** die ~ der Schöpfung **5.1.1.1** *der Mensch* **5.1.1.2** ⟨scherzh.⟩ *die Frau* **5.2** das setzt doch der Sache, allem die ~ auf! ⟨umg.⟩ *das ist doch unerhört* **5.3** das ist ihm in die ~ gestiegen ⟨umg.⟩ *darauf bildet er sich etwas ein* **5.4** es wird ihm kein Stein, keine Perle aus der ~ fallen ⟨umg.⟩ *er wird sich dabei nichts vergeben* **5.5** einen in der ~ haben ⟨umg.⟩ *angetrunken sein* **5.6** deine Bemerkung ist ihm in die ~ gefahren ⟨umg.⟩ *er hat deine B. überlgenommen* **6** *gezahntes Rädchen zum Aufziehen u. Stellen von Taschen- u. Armbanduhren* **7** ⟨Jagdw.⟩ *oberer Teil (mit mindestens drei Enden) des Geweihs vom Rothirsch* **8** ⟨Zool.⟩ bei bestimmten Säugetieren Ringwulst am Oberrand der Hufe u. Klauen, bildet den Übergang von der behaarten Haut zum Horn der Hufe u. Klauen **9** *Währungseinheit in verschiedenen europäischen Ländern* **9.1** ⟨1892 bis 1924⟩ *österreich.-ungar. Währungseinheit, 100 Heller* **9.2** ⟨1871 - 1924⟩ *deutsche Goldmünze, Zehnmarkstück u. Zwanzigmarkstück;* Doppel~ **9.3** *heutige Währungseinheit in verschiedenen nordeurop. Ländern* **9.3.1** ⟨Abk.: nkr⟩ *norweg. Währungseinheit* **9.3.2** ⟨Abk.: skr⟩ *schwed. Währungseinheit* **9.3.3** ⟨Abk.: dkr⟩ *dän. Währungseinheit* **9.3.4** ⟨Abk.: ikr⟩ *isländ. Währungseinheit* **9.4** ⟨Abk.: Kčs⟩ *tschechoslowak. Währungseinheit, 100 Heller*

'krö·nen ⟨V. 500⟩ **1** jmdn. ~ *jmdm. die Krone(1) aufsetzen, um ihn zu ehren;* einen Dichter, Sieger mit dem Lorbeerkranz ~ **2** jmdn. ~ *jmdn. zum Herrscher machen;* jmdn. zum Kaiser, zum König ~ **2.1** gekröntes Haupt ⟨fig.⟩ *Herrscher* **3** ein Bauwerk, eine Erhebung ~ *wirkungsvoll nach oben abschließen;* einen Bau, Turm ~; der Berggipfel wird von einer Kirche, einer Burg gekrönt; eine große Kuppel krönt die Kirche, das Gebäude **4** ein Werk ~ ⟨fig.⟩ *erfolgreich beenden, abschließen* **4.1** seine Bemühungen waren von Erfolg gekrönt ⟨fig.⟩ *waren erfolgreich*

'Kron·leuch·ter ⟨m.⟩ *von der Decke hängender, vielarmiger Leuchter, Lüster*

'Kron·zeu·ge ⟨m.⟩ **1** *Hauptzeuge* **2** ⟨im engl. u. amerik. Strafprozeß⟩ *Mittäter als Belastungszeuge gegen Zusicherung der Straflosigkeit*

Kropf ⟨m.; -(e)s, ¨-e⟩ **1** *krankhafte Vergrößerung der menschlichen Schilddrüse: Struma* **2** ⟨Zool.⟩ *bei vielen Vögeln eine Erweiterung od. Ausstülpung der Speiseröhre, die zur vorübergehenden Aufnahme der Nahrung dient: Ingluvies* **3** ⟨Bot.⟩ *durch Bakterien od. Pilze verursachte, knollige Wucherung, bes. am Wurzelhals* **4** ⟨in der Orgel⟩ *recht- od. stumpfwinklig geknickte Röhre zwischen Kanälen u. Bälgen*

'Krö·sus ⟨m.; -, -sus·se; fig.⟩ *außerordentlich reicher Mann;* er ist ein ~; ich bin doch kein ~!

'Krö·te ⟨f.; -, -n⟩ **1** *jeder warzenbedeckte, kurzbeinige, laufende Froschlurch* **2** ⟨Zool.⟩ *Angehöriger einer Familie der Froschlurche von plumper Körpergestalt, mit kurzen Beinen u. oft drüsenreicher, warziger Haut, nützlich als Schädlingsvertilger: Bufonidae* **3** ⟨fig.; umg.⟩ *freches kleines Mädchen;* so eine freche ~! **4** ⟨nur Pl.⟩ ~n ⟨fig.; umg.⟩ *Geld;* meine letzten ~n; behalt deine (paar) ~n nur für dich

'Krücke ⟨-k·k-; f.;-, -n⟩ **1** *Stock für Gehbehinderte mit Gummizwinge am unteren Ende u. Querholz zur Stütze in den Achselhöhlen od. mit Unterarmstützen;* an ~en gehen **2** *Griff (des Stocks od. Schirms)* **3** *Werkzeug aus einem unten umgebogenen Holzstab zum Umrühren, Aufhängen od. Ausbreiten breiiger Stoffe*

Krug[1] ⟨m.; -(e)s, ¨-e⟩ **1** *zylindr. od. bauchiges, kannenartiges Gefäß mit einem od. zwei Henkeln;* ein ~ Bier, Milch, Wasser; Blumen in einen ~ stellen **2** der ~ geht so lange zum Wasser (zum Brunnen), bis er bricht ⟨Sprichw.⟩ **2.1** *jede Langmut nimmt einmal ein Ende, wenn man sie zu sehr ausnutzt* **2.2** *jedes Unrecht wird schließlich doch bestraft*

Krug[2] ⟨m.; -(e)s, ¨-e; norddt.⟩ *Schenke, Wirtshaus;* Dorf~

'Kru·me ⟨f.;-,-n⟩ **1** *abgebröckeltes, sehr kleines Stückchen von Gebackenem:* Brot ~ **2** *weiches Inneres des Brotes* **3** *oberste Schicht des Bodens;* Acker ~

'Krü·mel ⟨m.; -s, -⟩ **1** *kleine Krume(1)* **2** in den ~n wühlen *ein kleinliches u. pedantisches Verhalten zeigen*

'krü·me·lig ⟨Adj. 70⟩ **1** *leicht in Krümel zerfallend;* ~es Gebäck; ~e Masse; die Erde ist ganz ~ **2** *voller Krümel;* ~e Tischdecke

'krü·meln ⟨V.⟩ **1** ⟨400⟩ etwas krümelt *zerfällt in Krümel;* das Brot, der Kuchen krümelt **2** ⟨500⟩ etwas ~ *zu Krümeln zerreiben;* bitte krümle mir nicht alles auf den Boden!

krumm ⟨Adj.⟩ **1** *von der ursprünglichen Richtung abweichend, bogenförmig, auf unregelmäßige Art verbogen, gekrümmt;* Ggs *gerade(1.1);* die Linien, Buchstaben sind alle ~ und schief; eine ~e Nase; ein ~er Nagel; ~e Beine haben; einen Draht ~biegen; sich ~ halten; ein ~ gewachsener Ast, Baum **1.1** einen ~en Rücken, Buckel machen **1.1.1** *sich bücken, sich nicht gerade halten* **1.1.2** ⟨fig.⟩ *unterwürfig, kriecherisch sein, sich vor einem Vorgesetzten demütig verbeugen* **1.2** jmdn. ~ und lahm schlagen ⟨umg.⟩ *heftig verprügeln* **2** ⟨fig.; umg.⟩ **2.1** *unehrlich, unehrenhaft, betrügerisch;* ~e Geschäfte, Sachen; ~er Hund! (Schimpfwort); so schlimm ist das doch nicht, deshalb brauchst du mich nicht gleich „~er Hund" zu schimpfen ⟨scherzh.⟩ **2.1.1** etwas auf die ~e Tour machen *etwas betrügerisch, unehrlich erledigen, erreichen* **2.1.2** ~e Finger machen *etwas entwenden, stehlen* **2.1.3** ~e Wege gehen *unehrlich, betrügerisch handeln* **2.2** ~ liegen *kein Geld mehr haben*

'krüm·men ⟨500⟩ **1** etwas ~ *krumm(1) machen, biegen, wölben;* den Rücken ~ **2** ⟨R3⟩ sich ~ **2.1** jmd. krümmt sich *zieht den Leib zusammen, windet sich;* sich vor Schmerzen ~ **2.1.1** ⟨514⟩ sich vor Lachen ~ ⟨fig.; umg.⟩ *so heftig lachen, daß man dabei nicht mehr gerade sitzen kann* **2.2** Holz, Balken ~ sich *verbiegen sich, wellen sich;* die Dachbalken krümmen sich unter der großen Schneelast **2.3** ein Fluß, eine Straße krümmt sich *macht eine Biegung* **3** ⟨R3; fig.⟩ **3.1** sich ~ und winden ⟨umg.⟩ *Ausflüchte machen* **3.2** → a. *Haar(4.3)* **4** gekrümmter Raum ⟨Math.; Phys.⟩ *ein R., in dem es keine Geraden gibt, in dem die Linien kürzesten Abstands zwischen Punkten Eigenschaften haben, die Geraden nicht haben*

'krumm|neh·men ⟨V. 189/503; fig.; umg.⟩ (jmdm.) eine Sache ~ *übelnehmen*

'Krüm·mung ⟨f.; -, -en⟩ **1** *gekrümmte Linie, Biegung, Kurve;* Weg~; ~ der Wirbelsäule **2** ⟨Math.⟩ *jede gekrümmte Linie in einer Ebene od. im Raum*

'krum·peln ⟨V. 402/R7; umg.⟩ Papier, Stoff krumpelt (sich), jmd. krumpelt Stoff, Papier *zerknitterte Stellen, Falten bilden, machen, knittern;* oV *krümpeln;* Papier krumpelt leicht

'krüm·peln ⟨V.⟩ = *krumpeln*

'Krüp·pel ⟨m.; -s, -⟩ **1** *Körperbehinderter infolge mißgebildeter od. fehlender Gliedmaßen, in seinen Bewegungsmöglichkeiten od. in der Körperhaltung schwer beeinträchtigter Mensch;* zum ~ werden **1.1** jmdn. zum ~ schlagen *jmdn. so verprügeln, daß er einen bleibenden Schaden davon behält*

'krüp·pe·lig ⟨Adj.⟩ **1** ein ~er Mensch *verkrüppelter M.* **2** ~er Baum *schief gewachsener B.*

'Kru·ste ⟨f.; -, -n⟩ **1** *trocken u. hart gewordene Oberfläche, Rinde;* Brot~ **2** *harter Überzug über etwas Weichem;* Zucker~

Kru·zi'fix ⟨a. ['---] n.; -es, -e⟩ *plast. Darstellung von Christus am Kreuz*

'Kü·bel ⟨m.; -s, -⟩ **1** *größeres, eimerähnl. Gefäß, Bottich;* Wasch~; ein ~ (mit, voll) Wasser **1.1** es gießt (wie) mit, aus, in ~n ⟨umg.⟩ *es regnet sehr stark* **2** *Abort in Zellen von Strafanstalten*

ku'bik···, Ku'bik··· ⟨in Zus.⟩ *dritte Potenz von ..., Raum...*

Ku'bik·me·ter ⟨m. od. n.; Abk.: m³, früher: cbm⟩ *Raummaß von je einem Meter Länge, Breite u. Höhe*

Ku'bik·wur·zel ⟨f.⟩ *die dritte Wurzel;* ~ aus einer Zahl

Ku'bik·zahl ⟨f.⟩ *dritte Potenz (einer Zahl)*

'ku·bisch ⟨Adj. 24⟩ **1** *würfelförmig* **2** *in die dritte Potenz erhoben* **3** ~er Ausdehnungskoeffizient ⟨Phys.⟩ *relative Volumenänderung von Gasen u. Flüssigkeiten bei Erwärmung um 1 Grad C*

'Ku·bus ⟨m.; -, - od. (österr. nur so) -ben⟩ **1** = *Würfel(1)* **2** *dritte Potenz*

'Kü·che ⟨f.; -, -n⟩ **1** *Raum zum Zubereiten von Speisen;* Wohnung mit zwei Zimmern, Bad und ~ **1.1** → a. *Teufel(2.2.3)* **2** *Gesamtheit der Einrichtung für eine Küche(1);* eine moderne ~ kaufen **3** ⟨unz.; zusammen mit Adjektiven⟩ *die Speisen selbst, Nahrung* **3.1** kalte, warme ~ *Speisen, die man kalt bzw. warm genießt* **4** ⟨unz.⟩ *Kochkunst, die Art zu kochen;* dieses Hotel ist berühmt für seine feine, gute ~; französische, italienische ~ **5** ⟨fig.⟩ **5.1** die ~ besorgen *kochen, fürs Essen sorgen* **5.2** den ganzen Tag in der ~ stehen ⟨umg.⟩ *Hausarbeit leisten*

'Ku·chen[1] ⟨m.; -s, -⟩ **1** *größeres Gebäck aus Mehl, Fett, Eiern, Zucker u. a.;* Hefe~, Obst~; ~ backen; trockener ~ **1.1** → a. *Rosine(2)* **2** *breiartige Masse* **2.1** *durch Rückstände beim Pressen von Ölfrüchten, Trauben etc. entstandene Masse* **2.2** *Erzmasse u. a.* **2.3** → a. *Mutterkuchen* **3** ja, ~! ⟨fig.; umg.⟩ *daraus wird nichts!, daran ist nicht zu denken!*

'Ku·chen[2] ⟨m.; -s, -; bair.⟩ *Schlittenkufe*

'Kuckuck ⟨-k·k-; m.; -s, -e⟩ **1** *Angehöriger einer weltweit verbreiteten Familie schlanker, langschwänziger Vögel, meist Brutschmarotzer: Cuculidae* **2** *einheimischer Kuckuck(1): Cuculus canorus;* Gemeiner ~; der Ruf des Kuckucks kündet den Frühling an **3** ⟨fig.; scherzh.⟩ *Siegel des Gerichtsvollziehers (zum Zeichen der Pfändung);* bei ihnen klebt der ~ an den Möbeln **4** ⟨umg. oft verhüllend in Verwünschungen, Äußerungen der Ungeduld od. der Verärgerung⟩ *Teufel;* hol dich der ~!; zum ~! (Ausruf der Ungeduld); jmdn. zum ~ wünschen **4.1** weiß der ~, wo mein Schirm geblieben ist ⟨umg.⟩ *ich habe keine Ahnung, wo ...*

'Kuckucks·ei ⟨-k·k-; n.; umg.⟩ **1** *Ei des Kukkucks* **2** ⟨fig.⟩ *etwas Untergeschobenes, für das ein anderer sorgen soll, zweifelhafte Gabe*

'Ku·fe[1] ⟨f.; -, -n⟩ **1** *lange, schmale u. vorn aufgebogene Schiene, die das Gleiten ermöglicht;* Schlitten~ **2** ~ an Segelflugzeugen od. Motorflugzeugen *gebogenes Holzbrett, auf dem S. landen, od. an M., die auf Schnee od. Eis landen*

'Ku·fe[2] ⟨f.; -, -n⟩ **1** *Kübel, Bottich* **2** *altes dt. Biermaß, 4 od. 8 Tonnen, 450—700 l*

'Kü·fer ⟨m.; -s, -⟩ **1** *jmd., der die Aufsicht über einen Weinkeller hat u. den Wein sachgemäß behandelt* **2** *Böttcher*

'Ku·gel ⟨f.; -, -n⟩ **1** *geometr. Körper, dessen Oberfläche von sämtlichen Punkten gebildet wird, die von einem Mittelpunkt den gleichen Abstand haben;* eine ~ aus Messing; die ~ 15 m weit stoßen ⟨Sp.⟩ **2** *Geschoß der Feuerwaffen (nach der ursprünglichen Kugelform);* Gewehr~, Kanonen~; da traf ihn die tödliche ~; er wurde von einer ~ getroffen **2.1** sich eine ~ durch den Kopf schießen, jagen ⟨umg.⟩ *sich erschießen* **3** *kugelförmiges Gebilde;* Erd~; die Erde ist eine ~ **4** *aus der Keule von Rind, Kalb od. Schwein geschnittenes Fleischstück, Maus, Nuß;* sich Fleisch aus der ~ geben lassen **5** ⟨Anat.⟩ *runder Gelenkkopf*

'ku·ge·lig ⟨Adj.⟩ *rund wie eine Kugel, kugelförmig*

'Ku·gel·la·ger ⟨n.⟩ *Lager von Wellen u. Achsen auf einem Kranz von Stahlkugeln, die die Reibung stark vermindern*

'ku·geln ⟨V.⟩ **1** ⟨500⟩ einen Gegenstand ~ *so bewegen, daß er sich auf einer Ebene um* *sich selbst drehend fortbewegt, rollen, wälzen;* Murmeln über den Boden, den Tisch ~ **2** ⟨400⟩ *sich auf einer Ebene um sich selbst drehend fortbewegen;* der Ball kugelte unter den Schrank **3** ⟨500/R3⟩ sich ~ *sich rollend od. wälzend fortbewegen;* die Kinder ~ sich im Sand, Schnee **4** ⟨405; veralt.⟩ *durch Abgabe von Kugeln abstimmen;* über jmdn. ~ **5** ⟨514/R3⟩ sich vor Lachen ~ ⟨fig.; umg.⟩ *sehr heftig lachen* **5.1** es war zum Kugeln *es war zum Totlachen, sehr komisch*

'Ku·gel·schrei·ber ⟨m.⟩ *Schreibgerät mit einer kleinen Kugel als Schreibspitze, die aus einem auswechselbaren Röhrchen mit (sofort trocknender) Tinte gespeist wird*

Kuh ⟨f.; -, ¨-e⟩ **1** *das Muttertier von Rind, Büffel, Elch, Elefant, Flußpferd, Hirsch u. Nashorn;* die ~ hat gekalbt; eine ~ melken; blöde, dumme ~ (Schimpfwort) ⟨ vulg.⟩ **1.1** da stand er nun wie die ~ vorm neuen Tor ⟨fig.; umg.⟩ *da war er ratlos, da wußte er nicht weiter*

'Kuh·haut ⟨f.⟩ **1** *Fell der Kuh* **2** das geht auf keine ~ ⟨fig.; umg.⟩ *das übersteigt das normale Maß, geht zu weit*

kühl ⟨Adj.⟩ **1** *mäßig kalt, frisch;* es ist ~es Wetter; am Abend wird es ~; sich in die ~en Fluten stürzen; Speisen ~ aufbewahren **1.1** ⟨43⟩ mir wird ~ ⟨umg.⟩ *ich beginne zu frieren* **2** ⟨fig.⟩ **2.1** eine Person ist ~ *gefühlsarm, unfähig zu echter, warmer Empfindung;* ~ bis ans Herz hinan (Goethe, Der Fischer) **2.2** eine Person verhält sich ~ *sehr zurückhaltend, abweisend;* jmdn. ~ empfangen **2.3** eine ~e Atmosphäre, ein ~er Empfang *nicht herzliche A., unpersönlicher, steifer E.* **2.4** eine ~e Antwort *frostige, abweisende A.;* „...!" entgegnete er ~ **2.5** *nur vom Verstand gelenkt, berechnend;* ein ~es Abschätzen der Chancen **2.5.1** ~en Kopf behalten, bewahren *in einer schwierigen Situation besonnen bleiben, nüchtern, überlegen*

'Küh·le ⟨f.; -; unz.⟩ **1** *das Kühlsein, Frische, frische Luft;* Morgen~, Abend~; der Abend brachte etwas ~; die ~ genießen; zum Fenster kam eine erfrischende ~ herein **2** ⟨fig.⟩ *kühles Wesen, Gefühlsarmut, kühles, unpersönliches Benehmen, Steifheit;* jmdn. mit großer ~ empfangen; abwartende ~ **3** die ~ in der Brauerei *Kühlbottich* **4** ⟨Mar.⟩ *leichter bis mittelstarker Wind;* frische, leichte, steife ~

'küh·len ⟨V. 500⟩ **1** ⟨503/R5⟩ (jmdm.) etwas ~ *kühl machen, kalt machen;* Bier, Sekt, Wein ~; jmdm. einen ~den Umschlag machen; etwas mit Eis, mit Wasser ~; sich die heiße Stirn (im Wind) ~ **1.1** ~de Getränke *erfrischende G.* **2** ⟨511⟩ sein Mütchen an jmdm. ~ ⟨fig.; umg.⟩ *seinen Zorn an jmdm. auslassen*

'Küh·ler ⟨m.; -s, -⟩ **1** *Kühleinrichtung an Verbrennungsmotoren* **2** *Gefäß für Eis, um darin Getränke zu kühlen;* Sekt~, Wein~

kühn ⟨Adj.⟩ **1** *unwahrscheinlich, phantasievoll;* das hätte ich in meinen ~sten Träumen nicht für möglich gehalten; eine ~e Hypothese; der Plan erscheint mir ziemlich ~ **2** *Kühnheit, Mut erfordernd;* ein ~es Abenteuer, Wagnis, ein ~er Plan; ~ vorgehen ein ~er Sprung; eine ~e Tat **3** *ungewöhnlich;* eine ~ gebogene Nase; ~ geschwungene Linien (eines Bauwerks, einer Zeichnung)

'Kü·ken ⟨n.; -s, -⟩ **1** *das gerade ausgeschlüpfte Junge vom Hausgeflügel, bes. vom Huhn* **2** ⟨fig.; umg.⟩ *junges, unreifes Mädchen;* so ein ~!

ku'lant ⟨Adj.⟩ *entgegenkommend, großzügig;* im Geschäftsverkehr ~ sein

Ku'lanz ⟨f.; -; unz.⟩ *kulantes Wesen*

'Ku·li ⟨m.; -s, -s⟩ **1** *ostasiat. Tagelöhner, Lastträger* **2** *süd- u. mittelamerikan. Plantagenarbeiter* **3** ⟨fig.⟩ *ausgebeuteter Arbeiter* **3.1** arbeiten wie ein ~ *sehr schwer (bes. körperlich) arbeiten*

ku·li'na·risch ⟨Adj. 24⟩ *feine, erlesene Gerichte u. Kochkunst betreffend, auf ihnen beruhend;* ~e Genüsse

Ku'lis·se ⟨f.; -, -n⟩ **1** ⟨urspr.⟩ *verschiebbarer, mit bemalter Leinwand bespannter Rahmen als seitl. Abschluß der Bühne u. zur Vortäuschung eines Schauplatzes* **1.1** ⟨heute⟩ *jedes Dekorationsstück auf der Bühne* **2** ⟨a. fig.⟩ **2.1** hinter den ~n *heimlich, nicht vor der Öffentlichkeit;* einen Blick hinter die ~n werfen **2.2** hinter die ~n blicken *die Hintergründe eines Vorgangs zu durchschauen suchen* **3** *Steuerungselement an Dampfmaschinen, das sowohl die Füllung des Zylinders verändern als auch Vor- od. Rückwärtsgang bewirken kann*

'kul·lern ⟨V.; umg.⟩ **1** ⟨400(s.)⟩ *sich um die eigene Achse drehend fortbewegen, rollen, sich wälzen;* der Apfel kullerte über den Boden, unter den Tisch **2** ⟨511⟩ etwas ~ *etwas mit Geräusch rollen, wälzen;* Murmeln über den Tisch ~ **3** ⟨416⟩ mit den Augen ~ *mit den A. rollen*

kul·mi'nie·ren ⟨V. 411⟩ **1** *den höchsten bzw. tiefsten Punkt erreichen;* ein Gestirn kulminiert im Zenit **2** ⟨fig.⟩ *den Gipfelpunkt erreichen*

Kult ⟨m.; -(e)s, -e⟩ **1** *öffentl., geregelter Gottesdienst* **2** ⟨fig.⟩ *verehrungsvolle, übertrieben sorgfältige Behandlung;* einen ~ mit etwas treiben

'kul·tisch ⟨Adj. 24⟩ *zum Kult gehörig, auf ihm beruhend, beim Kult gebraucht;* ~e Gegenstände; ~e Verehrung (eines Heiligtums)

kul·ti·vie·ren ⟨[-'vi:-] V. 500⟩ **1** Land, Boden ~ *urbar machen* **2** ein Volk ~ *menschlicher Gesittung angleichen, annähern* **3** ein Benehmen, Verhalten ~ *verfeinern, veredeln*

Kul'tur ⟨f.; -, -en⟩ **1** *das Kultivieren(1), das Urbarmachen des Bodens, Anbau von Pflanzen* **1.1** *auf bes. Nährböden gezüchtete Bakterien od. andere Lebewesen;* Bakterien~, Pilz~ **2** *Gesamtheit der geistigen u. künstler. Ausdrucksformen eines Volkes;* die antiken, orientalischen ~en; eine hochentwickelte ~ **3** ⟨unz.⟩ *geistige u. seelische Bildung, verfeinerte Lebensweise, Lebensart;* jmd. hat (keine) ~

kul·tu'rell ⟨Adj. 24⟩ *die Kultur betreffend, zu ihr gehörig, auf ihr beruhend*

'Kul·tus·mi·ni·ste·ri·um ⟨n.⟩ *Ministerium für alle Angelegenheiten der Kultur(2, 3)*

'Küm·mel ⟨m.; -s, -⟩ **1** *zu der Gattung der Doldengewächse gehörende, auf Äckern u. Wiesen wachsende zweijährige Pflanze, deren Früchte, die ätherische Öle enthalten, als Gewürz dienen: Carum carvi* **2** *die Früchte von Kümmel(1)* **3** *mit Kümmel(1) gewürzter Branntwein* **4** den ~ aus dem Käse suchen, bohren ⟨fig.; umg.; scherzh.⟩ *übertrieben genau sein, Haarspalterei treiben*

'Kum·mer ⟨m.; -s; unz.⟩ **1** *Sorge, Gram, seel.*

Schmerz; jmdm. ~ bereiten; sie hat (irgendeinen) ~; du machst mir ~; einen geheimen ~ haben; aus, vor ~ sterben **2** ⟨fig.⟩ *Problem, Sorge, Unannehmlichkeiten* **2.1** das ist mein geringster ~ *das macht mir keine Sorgen, geht mich nichts an* **2.2** wir sind ~ gewöhnt! ⟨umg.⟩ *so etwas kommt bei uns öfter vor, das ist nicht so schlimm*

'küm·mer·lich ⟨Adj.⟩ **1** *armselig, jämmerlich, spärlich, kärglich, dürftig;* ~er Lohn, ~es Gehalt; ~e Reste; sich ~ ernähren von ...; ~ leben; sich ~ durchs Leben bringen **2** *unzulänglich, unbefriedigend, nicht ausreichend;* deine Leistungen sind ~ **2.1** ein ~er Versuch *ein schwacher V.*

'küm·mern ⟨V.⟩ **1** ⟨550/R3⟩ sich um etwas ~ *sich sorgsam, hilfreich mit etwas beschäftigen, sorgen, daß etwas geschieht;* darum kümmere ich mich nicht; kümmere dich um deine eigenen Angelegenheiten!; kümmere dich nicht um Dinge, die dich nichts angehen!; ich muß mich um alles ~!; darum möge er sich selbst ~ **2** ⟨550/R3⟩ sich um jmdn. ~ *jmdm. helfen, für jmdn. sorgen, jmdn. beaufsichtigen;* mach dir keine Sorgen, ich kümmere mich um ihn; bitte kümmere dich (solange) um die Kinder **3** ⟨500⟩ etwas kümmert jmdn. *etwas geht jmdn. an, jmd. muß für etwas sorgen, sich mit etwas befassen;* was kümmert's mich?; das kümmert mich nicht **4** ⟨400⟩ *kümmerlich dahinleben, in der Entwicklung zurückbleiben, schlecht gedeihen;* Pflanzen, Tiere ~; ein Jugendlicher kümmert

'Kum·met ⟨n.; -s, -e⟩ *um den Hals liegender Teil des Pferdegeschirrs;* oV *Kumt;* einem Pferd das ~ anlegen

Kum'pan ⟨m.; -s, -e; umg.⟩ **1** *Geselle, Genosse;* Sauf~, Zech~ **2** ⟨abschätzig⟩ *Kerl* **3** *Helfershelfer;* der Dieb verriet seine ~e nicht

'Kum·pel ⟨m.; -s, - od. -s⟩ **1** *Bergmann* **2** *Arbeitskamerad, Kollege*

kund ⟨Adj. 24; veralt.⟩ **1** ⟨40⟩ *bekannt* **2** ⟨52⟩ jmdm. etwas ~ (und zu wissen) tun ⟨poet.⟩ *mitteilen, bekanntgeben*

'Kun·de[1] ⟨f.; -, -n; poet.⟩ *Nachricht, Kenntnis;* ~ haben (von etwas); gute, schlimme, traurige ~; sichere, zuverlässige ~; jmdm. von etwas ~ geben

'Kun·de[2] ⟨m.; -n, -n⟩ **1** *Person od. Firma, die in einem Geschäft etwas kauft;* ~n anlocken; (neue) ~n werben **1.1** *Person od. Firma, die häufig od. regelmäßig im selben Geschäft kauft;* Stamm~; alter, guter, langjähriger, treuer ~ **2** *Person od. Firma, die eine Dienstleistung in Anspruch nimmt;* ~n bedienen **2.1** *Person od. Firma, die häufig od. regelmäßig vom selben Geschäftsunternehmen Dienstleistungen in Anspruch nimmt;* Stamm~; einen festen Kreis, Stamm von ~n haben **3** ⟨umg.⟩ *Mensch, Kerl;* ein gerissener, schlauer, übler ~ **4** ⟨gaunerspr.⟩ *wandernder Handwerksbursche, Landstreicher*

'Kun·de[3] ⟨f.; -, -n⟩ *Vertiefung an der Reibefläche des Schneidezahns beim Pferd*

'kün·den ⟨V.; veralt.; nur noch poet.⟩ **1** ⟨503⟩ (jmdm.) etwas ~ *bekannt-, kundgeben, mitteilen, feierl. sagen* **2** ⟨800⟩ von etwas ~ *von etwas Kunde bringen*

'kund|ge·ben ⟨V. 143/500⟩ *mitteilen, bekanntmachen, offenbaren;* Sy *kundtun;* seine Ansicht, eine Neuigkeit, Gefühle ~

'Kund·ge·bung ⟨f.⟩ **1** *das Kundgeben* **2** *(öffentl.) Äußerung;* Sympathie~ **3** *öffentl. polit. Versammlung, bes. auf freien Straßen u. Plätzen;* Massen~

'kun·dig ⟨Adj.⟩ **1** ⟨70⟩ *wissend, erfahren, (sach)verständig, eine Sache genau kennend;* fach~, sach~ **1.1** ⟨44⟩ einer Sache ~ sein *eine Sache gut können, beherrschen*

'kün·di·gen ⟨V.⟩ **1** ⟨503⟩ (jmdm.) etwas ~ *mitteilen, daß man einen Vertrag, ein Verhältnis von einem bestimmten Datum an als nichtig, gelöst betrachten wird;* jmdm. die Freundschaft ~; einem Mieter ~; eine Wohnung ~; ihm ist zum 1.4. gekündigt; eine Hypothek ~; einem Angestellten ~ **1.1** ⟨402⟩ (eine Stellung) ~ *(an zuständiger Stelle) erklären, daß man die Stellung aufgeben will*

'Kund·schaft[1] ⟨f.; -, (selten) -en⟩ *Erkundung;* jmdn. auf ~ aussenden

'Kund·schaft[2] ⟨f.; -, (selten) -en⟩ **1** *Gesamtheit der Kunden, mehrere Kunden* **2** ⟨umg.⟩ *Kunde, Kundin;* alte, langjährige ~; es ist ~ im Laden

'kund|tun ⟨V. 272/503⟩ (jmdm.) etwas ~ = *kundgeben*

'künf·tig ⟨Adj. 24⟩ **1** ⟨60⟩ *in der Zukunft eintretend od. vorhanden, kommend;* ein ~er Dichter; ~e Geschlechter **2** ⟨50⟩ *in Zukunft, von jetzt an;* ich bitte darum, daß es ~ so gemacht wird; ich werde mich ~ mehr in acht nehmen

Kunst ⟨f.; -, ¨e⟩ **1** *Gesamtheit der ästhetischen Ausdrucks- u. Darstellungsformen eines Individuums od. einer Gruppe, eines Bereichs od. einer bestimmten Zeit;* Bau~, Dicht~, Volks~, Neger~, Indianer~; Sinn für ~ haben; der Zeitgeist manifestiert sich oft zuerst in der ~; Gott grüß die ~! (alter Gruß der wandernden Buchdrucker) **1.1** *bildende Kunst;* ein Liebhaber der ~ sein **1.2** →a. *anwenden(1.2), bilden(2.1), schön(1.5), sieben²(1.1), schwarz(1.6)* **2** *die Gesamtheit der Erzeugnisse der Kunst(1);* die ~ der Antike, des Barocks, des alten Orients; die antike, mittelalterliche, moderne ~; alte, neuere, neue ~; abstrakte, realistische ~ **3** *Können, Fertigkeit, Geschicklichkeit;* Kletter~, Taschenspieler~; die ~ des Schreibens, Singens; er möchte gern seine ~ zeigen; ärztliche ~ **3.1** jetzt bin ich mit meiner ~ zu Ende ⟨fig.⟩ *jetzt weiß ich nicht mehr weiter* **3.2** nach allen Regeln der ~ *mit aller Geschicklichkeit* **3.3** das ist keine ~ *das ist leicht* **3.4** was macht die ~? ⟨umg.⟩ *wie geht es?* **4** ⟨Philos.⟩ *das künstlich Geschaffene, im Unterschied zu dem in der Natur Gewachsenen*

'Kunst·fa·ser ⟨f.⟩ *künstl. hergestellte, synthetische Faser*

'Kunst·ge·wer·be ⟨n.⟩ *Zweig der bildenden Kunst, in dem künstlerisch gestaltete Gebrauchs- u. Schmuckgegenstände hergestellt werden*

'Kunst·harz ⟨n.⟩ *künstl. hergestelltes Harz od. harzähnl. Stoff*

'Künst·ler ⟨m.; -s, -⟩ **1** *jmd., der in einem Bereich der Kunst schöpferisch tätig ist;* bildender ~; freischaffender ~ **2** *jmd., der sich in einem Bereich d. Kunst als Interpret betätigt, Sänger, Musiker, Schauspieler usw.;* Bühnen~; Film~; in seinem Haus verkehren viele ~ **3**

jmd., der in der Ausführung einer Sache große Fertigkeit erlangt hat; er ist ein wahrer ~ im Geigenspiel

'künst·le·risch ⟨Adj.⟩ **1** *die Kunst betreffend, zu ihr gehörig, auf ihr beruhend, nach ihren Regeln;* der ~e Wert eines Buches **2** *einem Künstler gemäß, entsprechend, wie ein Künstler, schöpferisch*

'künst·lich ⟨Adj.⟩ **1** ⟨urspr.⟩ *künstlerisch, kunstvoll* **2** ⟨heute⟩ *von Menschen gemacht, nicht natürlich;* Ggs *natürlich(1)* 2.1 ~e Atmung *Anregung der Atmung durch Dritte (bei Erstickungsgefahr) od. durch medizin. Geräte, z. B. die eiserne Lunge* 2.2 ~e Befruchtung ⟨fälschl. für⟩ *künstl. Besamung, Beförderung von Samenflüssigkeit in die weibl. Geschlechtsorgane* 2.3 ~e Ernährung *E. durch eine dünne Magensonde über die Speiseröhre od. eine Magen- od. Darmfistel, durch Einlauf vom After aus* 2.3.1 einen Kranken ~ ernähren *durch Magensonde* 2.4 ~e Niere *Apparatur zur Entfernung auszuscheidender Stoffe aus dem Blut, bes. bei akutem Nierenversagen* 2.5 einen Säugling ~ ernähren *nicht stillen, sondern mit Flaschenmilch ernähren* 2.6 ~e Brut *B., die im Brutapparat ausgebrütet wurde* **3** ~e Gegenstände *nachgeahmte, unechte G.* 3.1 ~e Blumen *B. aus Papier od. Stoff* 3.2 ~es Gebiß *Zahnersatz* 3.3 ~es Licht *elektr. Licht, Neon, Gaslicht, Kerzenlicht* **4** ~e Sprache *künstlich geschaffene, aus verschiedenen Elementen mehrerer Sprachen zusammengesetzte Sprache, die den Verkehr zwischen den Völkern erleichtern soll, z. B. das Esperanto, Volapük, Kunstsprache, Welthilfssprache* **5** ⟨fig.⟩ *gezwungen, unnatürlich, gewollt;* reg dich nicht ~ auf ⟨umg.; scherzh.⟩

'Kunst·stoff ⟨m.⟩ *chem.-organ. Verbindung, die durch Veränderung von Naturstoffen od. aus anorganischen Stoffen meist künstl. hergestellt wird;* Sy *Plastik(3.1)*

'Kunst·stück ⟨n.⟩ **1** *Leistung, zu der bes. Können gehört* 1.1 das ist kein ~ *das ist einfach* **2** *Vorführung, schwierige Darbietung der Akrobaten, Zauberkünstler usw.;* Karten~, Zauber~; ein ~ vormachen, zeigen **3** ~! ⟨fig.; umg.⟩ *das glaub' ich gern, das ist ja auch nicht schwierig*

'Kunst·werk ⟨n.⟩ **1** *schöpfer. gestaltetes Werk der Kunst* **2** *kunst- u. sinnvolles Gebilde* **3** *geschickt hergestelltes, kompliziertes (mechanisches) Erzeugnis;* dieses Türschloß, diese Uhr ist (wirklich) ein ~; diese Torte ist ja ein wahres ~!

'kun·ter·bunt ⟨Adj.; fig.; umg.⟩ **1** *sehr bunt* **2** *sehr ungeordnet, durcheinander;* ~es Durcheinander; hier sieht es ja ~ aus!; ~ durcheinanderliegen **3** *aus verschiedenartigsten Dingen bestehend;* ein ~es Programm

'Kup·fer ⟨n.; -s, -; meist unz.; Zeichen: Cu⟩ **1** *hellrotes, zähes, dehnbares, ziemlich weiches, 1-, 2- u. sehr selten 3wertiges Metall, chem. Element, Ordnungszahl 29* **2** *Münze aus Kupfer(1), Kupfergeld* **3** *aus Kupfer(1) gefertigter Gegenstand* **4** *Kupferstich;* Titel~

'Kup·fer·ste·cher ⟨m.⟩ **1** *Künstler, der Kupferstiche herstellt* **2** mein lieber Freund und ~! ⟨fig.; umg.⟩ *(Ausdruck der Warnung od. des leicht erschrockenen Staunens)* **3** ⟨Zool.⟩ *Angehöriger der Familie der Borkenkäfer, der meist gemeinsam mit dem Buchdrucker an den dünnrindigen Teilen von Fichten auftritt: Pityogenes chalcographus*

'Kup·fer·stich ⟨m.⟩ **1** *auf einem Blatt befindlicher Abzug von einer, auf einer Kupferplatte eingeritzten Zeichnung, Chalkographie* **2** *die Kunst, Kupferstiche(1) herzustellen, Kupferstechkunst*

ku'pie·ren ⟨V. 500⟩ **1** einen Hund, ein Pferd ~ *einem H., P. Schwanz u. (od.) Ohren stutzen* **2** eine Fahrkarte ~ *lochen, knipsen* **3** Wein ~ *verschneiden* **4** eine Krankheit ~ *in den ersten Anfängen unterdrücken* **5** Karten ~ = *abheben(1.2)*

Ku·pon ⟨[-'põ] m.; -s, -s⟩ **1** *Abschnitt, Stoffabschnitt* **2** *Zinsschein an Wertpapieren*

'Kup·pe ⟨f.; -, -n⟩ **1** *abgerundetes, oberes Ende von etwas;* Finger~, Nagel~, Stecknadel~ 1.1 *runder Berggipfel;* Berg~

'Kup·pel ⟨f.; -, -n⟩ *gleichmäßig gewölbtes Dach über einem Raum, bes. Kirchenraum, meist in Form einer Halbkugel*

Kup·pe'lei ⟨f.; -; unz.⟩ **1** ⟨abwertend⟩ *Begünstigung od. Vermittlung einer geschlechtlichen Beziehung od. Heirat (durch fragwürdige Mittel)* **2** ⟨Rechtsw.⟩ *gewohnheitsmäßige od. eigennützige Begünstigung fremder Unzucht*

'kup·peln ⟨V.⟩ **1** ⟨500⟩ Lebewesen od. Gegenstände ~ *vereinigen, miteinander verbinden, koppeln* 1.1 Tiere ~ *mit Riemen aneinander binden* **2** ⟨400⟩ *die Kupplung(3.2) betätigen* **3** ⟨410⟩ *Kuppelei betreiben*

'Kupp·ler ⟨m.; -s, -⟩ *jmd., der Kuppelei betreibt*

'Kupp·lung ⟨f.; -, -en⟩ **1** ⟨unz.⟩ *das Verbinden zweier sich bewegender Teile mittels einer lösbaren Vorrichtung, das Kuppeln* **2** ⟨i. w. S.⟩ *Maschinenteil zur Verbindung zweier anderer Teile* **3** ⟨i. e. S.⟩ *Vorrichtung zum Verbinden eines ziehenden u. eines gezogenen Fahrzeugs* 3.1 *Vorrichtung zur trennbaren Verbindung von Rohren u. Schläuchen bes. der Bremsen der Fahrzeuge* 3.2 *an Kraftfahrzeugen Vorrichtung zur Herstellung od. zum Trennen der Verbindung zwischen Motor u. Getriebe;* die ~ betätigen 3.2.1 mit schleifender ~ *nicht ganz fest geschlossener Kupplung*

Kur[1] ⟨f.; -, -en⟩ **1** *zur Heilung angewendete ärztl. Maßnahme;* Kaltwasser~, Trauben~, Trink~, eine ~ anwenden, gebrauchen, machen **2** *Aufenthalt in einem Kurort zu Heilzwecken;* zur ~ (in ein Bad) fahren **3** jmdn. in die ~ nehmen ⟨fig.; umg.⟩ *zurechtweisen, ihm die Meinung sagen*

Kur[2] ⟨f.; -, -en; veralt.⟩ = *Kür*

Kür ⟨f.; -, -en; Sp.⟩ *frei gewähltes, bzw. zusammengestelltes Programm von Übungen, das an einem Wettkampf vorgetragen wird;* Sy *Kur* ⟨veralt.⟩; eine ausgezeichnete, erstklassige ~ zeigen

Ku'ra·tor ⟨m.; -s, -'to·ren⟩ **1** *Vormund, gesetzl. Vertreter* **2** *Beamter in der Universitätsverwaltung* **3** *Verwalter einer Stiftung*

Ku·ra'to·ri·um ⟨n.; -s, -ri·en⟩ **1** *Amt eines Kurators* **2** *Aufsichtsbehörde von öffentl. Körperschaften od. privaten Einrichtungen*

'Kur·bel ⟨f.; -, -n⟩ *Hebel zum Drehen einer Welle*

'kur·beln ⟨V. 400⟩ *an einer Kurbel drehen*

'Kür·bis ⟨m.; -s·ses, -s·se⟩ *Angehöriger einer*

Gattung der Kürbisgewächse mit lappenartigen Blättern, zwei- od. mehrspaltigen Ranken u. großen, glockenförmigen Blüten: Cucurbita

'Kur·fürst ⟨m.; bis 1806⟩ *Fürst, der das Recht hatte, den dt. König mitzuwählen*

'Ku·rie ⟨[-riə] f.; -, -n⟩ **1** ⟨im alten Rom⟩ **1.1** *einer der insgesamt 30 Familienverbände, Einheit der bürgerschaftl. Gliederung* **1.2** *Versammlungsraum des Senats* **2** ⟨heute⟩ **2.1** *die päpstl. Behörden* **2.2** *der Hofstaat des Papstes*

Ku'rier ⟨m.; -s, -e⟩ *Bote, Eilbote;* einen Brief durch, mit ~ schicken

ku'rie·ren ⟨V. 550⟩ **1** jmdn. von einer Krankheit ~ = *heilen* **2** jmdn. von einer Einstellung, einem Verhalten ~ *überzeugen, daß er sich nicht richtig verhalten hat;* davon bin ich kuriert

ku·ri'os ⟨Adj.⟩ **1** *merkwürdig, sonderbar* **2** *wunderlich, spaßig, komisch*

Ku·ri·osi'tät ⟨f.; -, -en⟩ **1** ⟨unz.⟩ *kuriose Beschaffenheit, Seltsamkeit, Merkwürdigkeit;* etwas (nur) der ~ wegen erzählen **2** *kurioses Ding, kuriose Sache;* ~en sammeln

'Kur·ort ⟨m.⟩ *Ort mit Heilquelle od. günstigem Klima, der für bestimmte Kuren od. zur Erholung bes. geeignet ist;* Höhen~, Klima~, Luft~

'kur·pfu·schen ⟨V. 400⟩ *als Kurpfuscher arbeiten, Kurpfuscherei betreiben*

'Kur·pfu·scher ⟨m.⟩ Sy *Quacksalber* **1** *jmd., der ohne ärztl. Vorbildung u. behördl. Genehmigung Kranke behandelt* **2** ⟨abwertend; umg.⟩ *schlechter, unfähiger Arzt*

Kurs ⟨m.; -es, -e⟩ **1** = *Richtung* **1.1** *Fahrt-, Flugrichtung;* ~ nehmen (auf); vom ~ abkommen; den ~ halten **1.2** ⟨fig.⟩ *Richtung in der Politik, in der Wirtschaft;* den ~ ändern; harter, weicher ~; neuer ~ **2** *Preis der an der Börse gehandelten Wertpapiere* **2.1** *Handelspreis einer Währung;* Wechsel ~; die ~e fallen, steigen, ziehen an **2.2** hoch im ~ stehen ⟨fig.⟩ *angesehen, beliebt sein* **2.3** außer ~ setzen *für ungültig erklären* **3** oV *Kursus* = *Lehrgang;* Koch~; Sprach~

'Kurs·buch ⟨n.⟩ *Buch mit den Fahrplänen der Eisenbahn u. Bahnbusse*

'Kürsch·ner ⟨m.; -s, -⟩ **1** *Handwerker, der eine dreijährige Lehrzeit absolviert hat und berufsmäßig Pelzbekleidung herstellt od. Kleidung mit Pelz füttert od. verziert* **2** *schwarzer Käfer mit dunkelbraunen Flügeldecken, dessen Larve in Pelzwerk, Teppichen u. ä. sehr schädlich werden kann, Pelzkäfer*

kur'sie·ren ⟨V. 400⟩ **1** Geld kursiert *ist im Umlauf* **2** Nachrichten ~ *werden von einem zum anderen weitergegeben*

'Kur·sus ⟨m.; -, -se⟩ = *Kurs(3)*

'Kurs·wa·gen ⟨m.; Eisenb.⟩ *durchgehender Wagen, der vom Ausgangs- bis zum Bestimmungsbahnhof von verschiedenen Zügen befördert wird*

Kur·ti'sa·ne ⟨f.; -, -n⟩ **1** ⟨früher⟩ *Geliebte eines Fürsten* **2** ⟨dann⟩ *vornehme, elegante Geliebte*

'Kur·ve ⟨[-və] f.; -, -n⟩ **1** ⟨Math.⟩ *gekrümmte Linie* **2** ~ eines Weges *Krümmung, Biegung;* eine enge, scharfe, steile, weite ~; eine ~ fahren, nehmen; in die ~ gehen; das Fahrzeug wurde aus der ~ getragen, geschleudert **3** die ~ kratzen ⟨fig.; umg.⟩ **3.1** *sich schnell u. unauffällig entfernen* **3.2** *sterben* **4** die ~ raushaben, weghaben ⟨fig.; umg.⟩ *eine Sache begriffen haben u. richtig, geschickt ausführen*

kurz ⟨Adj. 22⟩ **1** ⟨räumlich⟩ ein Gegenstand, eine Straße, Strecke ist ~ *ist von verhältnismäßig geringer Längenausdehnung;* ein Kleid mit ~en Ärmeln; die Ärmel, das Kleid kürzer machen; die Schnur ist zu ~; ~ verliert u. lang gewinnt (beim Losen mit einem kurzen u. einem längeren Hölzchen) **1.1** den kürzeren ziehen ⟨fig.⟩ *benachteiligt werden, nachgeben müssen, verlieren, unterliegen (nach der alten Form des Losens, wer das kürzere von zwei Hölzchen zieht, hat verloren)* **1.2** ~es Haar haben *H., das höchstens bis zum Nacken reicht;* sich das Haar ~ schneiden **1.3** der Rock ist dem Mädchen zu ~ geworden *das M. hat den R. ausgewachsen* **1.4** → a. *Kopf(2.1.3)* **2** ⟨zeitl.⟩ **2.1** *eine geringe Zeitspanne dauernd, vorübergehend;* ein ~er Aufenthalt, Besuch; ~e Frist; sein ~es Leben; (eine) ~e Zeit; die Freude war nur von ~er Dauer **2.1.1** meine Zeit ist ~ bemessen *knapp, ich habe nicht viel Z.* **2.2** ⟨50⟩ *bald, kurze(2.1) Zeit, eine kleine Zeitspanne;* ~ bevor ich kam; ~ darauf; ~ nach fünf Uhr; ~ nach diesem Vorfall; ~ nachdem er gegangen war; seit ~em; ~ vor seinem Geburtstag; ~ vor acht Uhr; vor ~em; bis vor ~em; ~ vorher, zuvor; nach, vor ~er Zeit **2.2.1** über ~ oder lang *bald od. später* **2.3** *während, innerhalb kurzer Zeit, schnell;* kannst du das Tablett bitte ~ halten?; ~ entschlossen machte er kehrt; sich ~ entschließen **2.3.1** in kürzester Frist (od.) Zeit *so schnell wie möglich* **2.3.2** etwas auf dem kürzesten Wege erledigen *möglichst schnell* **2.3.3** einen ~en Blick auf etwas werfen *einen flüchtigen B.* **2.3.4** ~ und schmerzlos ⟨fig.; umg.⟩ *ohne viel Umstände;* die Sache verlief ~ und schmerzlos **3** eine Rede, ein Bericht ist ~ ⟨fig.⟩ *knapp, gedrängt, bündig;* etwas ~ und bündig erklären; etwas in, mit ~en Worten erklären **3.1** wir wollen es ~ machen *schnell abschließen* **3.2** um es ~ zu machen *um es mit wenigen Worten zu Ende zu bringen, abzuschließen* **3.3** sich ~ fassen *etwas mit wenigen Worten sagen* **3.4** fasse dich ~! (auf Schildern in Telephonzellen) *sprich nicht zu lange!* **3.5** mach's ~ **3.5.1** *rede nicht mehr viel!* **3.5.2** *drück dich nicht so umständlich aus!* **4** ⟨fig.⟩ **4.1** alles ~ und klein schlagen *entzwei machen, zerstören* **4.2** zu ~ kommen *weniger bekommen als andere* **4.3** jmdn. ~ abfertigen *barsch, ungeduldig behandeln u. stehenlassen* **4.4** ~ angebunden *barsch, unfreundlich* **4.5** ~ von Verstand *dumm* **4.6** ein ~es Gedächtnis haben *ein schlechtes G.* **4.7** ~ und gut *um das Gesagte rasch zusammenzufassen, um es rasch zu Ende zu bringen* **4.8** ~en Atem haben **4.8.1** *mit Atembeschwerden behaftet, asthmatisch, kurzatmig sein* **4.8.2** *nicht viel Ausdauer, Energie haben* **4.9** ~en Prozeß machen **4.9.1** mit einer Sache ~en Prozeß machen *entschlossen eingreifen und der S. ein Ende machen, sie erledigen* **4.9.2** mit jmdm. ~en Prozeß machen *jmdm. energisch erklären, was er zu tun hat, ohne Rücksicht über jmdn. verfügen;* ich habe mit ihm ~en Prozeß gemacht **5** ~e Welle ⟨Physik⟩ *elektromagnetische W. im Bereich 10—100 m,;* Kurzwelle

'Kür·ze ⟨f.; -; unz.⟩ **1** *räumlich kleine Ausdehnung;* die ~ der Strecke, des Weges **2** *Zeitspanne von geringer Dauer* 2.1 in ~ *bald* **3** ⟨fig.⟩ *Bündigkeit, Knappheit;* ~ des Ausdrucks, der Rede, des Stils 3.1 etwas in aller ~ erzählen *schnell, mit wenigen Worten* 3.2 in der ~ liegt die Würze *eine knappe, treffende Darstellung ist besser als eine weitschweifige*

'kür·zen ⟨V. 500⟩ **1** etwas ~ *etwas um etwas vermindern* 1.1 ein Kleid ~ *kürzer(1) machen* 1.2 ein Manuskript, eine Rede ~ *an mehreren Stellen etwas aus einem M., einer R. streichen, Teile davon weglassen* 1.3 einen Bruch ~ ⟨Math.⟩ *Zähler u. Nenner durch dieselbe Zahl teilen u. dadurch vereinfachen* 1.4 ⟨530⟩ jmdm. das Gehalt ~ *jmdm. weniger G. bezahlen* 1.5 etwas tun, um sich die Zeit zu ~ *um sich zu unterhalten, sich die Langeweile zu vertreiben* 1.6 Wörter ~ ⟨Stenographie⟩ *verkürzen, abkürzen, nur Symbole schreiben*

'kürz·lich ⟨Adj. 50⟩ *neulich, vor kurzer Zeit*

'Kurz·schluß ⟨m.⟩ *(unerwünschte) leitende Verbindung zweier gegeneinander unter Spannung stehender Leiter ohne dazwischengeschalteten Widerstand;* es ist ein ~ in der Leitung

'Kurz·schrift ⟨f.⟩ *Schrift mit verkürzten Schriftzeichen zur schnellen Niederschrift bes. von Diktaten, Reden usw.;* Sy *Stenographie*

'kurz·sich·tig ⟨Adj.⟩ Ggs *weitsichtig* **1** *an Kurzsichtigkeit leidend* **2** ⟨fig.⟩ *nicht vorausdenkend, nicht weitblickend, nur ans Nächstliegende denkend*

'Kurz·sich·tig·keit ⟨f.; -; unz.⟩ **1** *mangelhafte Funktion des Auges, die auf einer Verlängerung der Augenachse od. zu starker Brechkraft der Linse beruht, wodurch das Sehen auf kurze Entfernung zwar noch möglich ist, das Bild aber auf normale u. weitere Entfernung unklar wird;* Ggs *Weitsichtigkeit* **2** ⟨fig.⟩ *Mangel an Weitblick;* Ggs *Weitsichtigkeit*

'kurz|tre·ten ⟨V. 268/400(s.)⟩ **1** *in kurzen Schritten marschieren* **2** ⟨fig.; umg.⟩ *sich zurückhalten, bescheiden sein, sparsam sein* **3** ⟨fig.⟩ *mit seinen Kräften haushalten, sich nicht zu sehr anstrengen;* er muß nach seiner Krankheit jetzt etwas ~ ⟨umg.⟩

'Kür·zung ⟨f.; -, -en⟩ *das Kürzen*

'Kurz·wa·re ⟨f.; -, -n; nur Pl.⟩ ~n *kleine Gegenstände für den Nähbedarf, z. B. Knöpfe, Zwirn, Band, Schnallen, Nadeln*

'Kurz·weil ⟨f.; -; unz.⟩ **1** *leichte Unterhaltung, Zeitvertreib* 1.1 (allerlei) ~ treiben *sich vergnügen*

kusch ⟨Int.⟩ **1** *leg dich!, still! (Aufforderung an den Hund)* **2** ⟨derb⟩ *sei still!*

'ku·scheln ⟨V. 511/R3⟩ sich an jmdn. od. in etwas ~ *sich behaglich an jmdn. anschmiegen od. in etwas schmiegen;* sich in jmds. Arme ~; sich in die Kissen, in einen Sessel ~

'ku·schen ⟨V. 402/R3⟩ **1** ein Hund kuscht sich *legt sich nieder* **2** ⟨fig.⟩ *sich fügen, nachgeben, schweigen*

Ku'si·ne ⟨f.; -, -n⟩ *Tochter des Onkels od. der Tante;* Sy *Base¹(1)*

Kuß ⟨m.; -s·ses, ¨s·se⟩ *Aufdrücken der Lippen auf den Körper, bes. Wange, Stirn, Mund od. Hand eines anderen Menschen (als Liebes- od. Ehrfurchtsbezeugung);* jmdm. einen ~ geben; Küsse tauschen; ein flüchtiger, glühender, heimlicher, heißer, herzlicher, inniger, langer, scheuer, zärtlicher ~; jmdn. mit einem ~ begrüßen, wecken; er bedeckte ihr Gesicht mit (glühenden, leidenschaftlichen, wilden) Küssen; Gruß und ~ Dein X (als Briefschluß); tausend Grüße und Küsse Dein X (als Briefschluß); einem Mädchen einen ~ rauben ⟨poet.⟩

'küs·sen ⟨V. 500⟩ **1** ⟨R8⟩ jmdn. ~ *jmdm. einen Kuß od. Küsse geben;* es grüßt und küßt Dich Dein X (als Briefschluß); jmdn. herzen und ~; jmdn. heiß, heftig, leidenschaftlich, wild, zärtlich ~; jmdn. auf den Mund, die Wange, die Stirn ~; einer Dame die Hand ~ (bes. als Zeichen der Höflichkeit od. Verehrung); Küss' die Hand! (österr., bes. wiener. Verabschiedungsformel an Frauen); sie küßten sich ⟨umg.; eigtl.: einander⟩ **2** etwas ~ *mit den Lippen etwas berühren (als Zeichen großer Ehrfurcht od. Unterwerfung);* den Ring, die Füße ~

'Kü·ste ⟨f.; -, -n⟩ **1** *Gestade, Meeresufer, Grenzbereich zwischen Land u. Meer;* felsige, flache, steile ~; an der ~ entlangfahren **2** *Landschaft am Meeresufer;* an der ~ wohnen; die deutsche, französische ~

'Kü·ster ⟨m.; -s, -⟩ *Angestellter, der die Kirche u. ihre Einrichtungen beaufsichtigt u. niedere Kirchendienste tut*

Ku'ti·ku·la ⟨f.; -, -s od. -lä⟩ *bei bestimmten Tieren u. Pflanzen ein von den Zellen der Körperoberfläche ausgeschiedenes dünnes Häutchen, das aus organischem Material u. für Wasser u. Gase fast unpassierbar ist*

'Kut·sche ⟨f.; -, -n⟩ *gefederter mit einem Verdeck versehener Pferdewagen mit einem od. mehreren Gespannen zur Beförderung von Personen;* Post~, Staats~

'Kut·scher ⟨m.; -s, -⟩ *Lenker eines Pferdewagens*

kut'schie·ren ⟨V.⟩ **1** ⟨400⟩ *eine Kutsche lenken;* ~ lernen, können **2** ⟨400(s.); umg.⟩ *fahren;* durch die Gegend, durchs Land ~ **3** mit jmdm. läßt sich gut, schlecht ~ ⟨umg.; schweiz.⟩ *zusammenleben, auskommen, zusammenarbeiten*

'Kut·te ⟨f.; -, -n⟩ *bis zu den Füßen reichender, weiter, wollener, mit Strick gegürteter Rock der Mönche, mit Kapuze;* Mönchs~

'Kut·tel ⟨f.; -, -n; meist Pl.⟩ ~n = *Kaldaunen*

'Kut·ter ⟨m.; -s, -⟩ **1** *einmastiges, hochseetüchtiges, sehr wendiges Schiff mit mehreren Segeln;* Fisch~ **2** *Küstenfahrzeug mit Motor u. ä. bis etwa 150 t ohne Segel* **3** *Beiboot auf Kriegsschiffen, zuweilen mit zwei Masten*

Ku·vert ⟨[-'vɛrt] od. [-'vɛːr]; n.; -(e)s, -e od. -s⟩ **1** *Briefumschlag* **2** = *Gedeck(1)*

KZ ⟨Abk. für⟩ *Konzentrationslager*

L

Lab ⟨n.; -(e)s, -e⟩ *Ferment im Magen des Kalbes u. des Schafes, bringt Milch zum Gerinnen*

'La·be ⟨f.; -; unz.⟩ **1** *Erfrischung, Erquickung* **2** *Erholung*

la'bil ⟨Adj.⟩ **1** ~e Lage *zur Veränderung neigende, vorübergehende L.;* Ggs *stabil(1-1.1);* ~e Wetterlage; ~e politische Zustände **1.1** ⟨24⟩ ~es Gleichgewicht *G., bei dem ein Körper bei einer kleinen Verschiebung seiner Lage von außen sich von der alten Lage zu entfernen sucht* **2** jmd. ist ~ *leicht zu beeinflussen, von seinen Vorsätzen leicht abzubringen;* ein ~er Mensch, Charakter; sich ~ verhalten **3** eine ~e Gesundheit haben *häufig krank werden*

La·by'rinth ⟨n.; -s, -e⟩ **1** = *Irrgarten* **2** ⟨Anat.⟩ **2.1** *Gleichgewichts- u. Hörorgan der Wirbeltiere u. des Menschen;* Ohr~ **2.2** *Atemorgan eines Fisches* **3** ⟨fig.⟩ *Durcheinander, Wirrwarr*

'La·che[1] ⟨f.; -, -n⟩ *Stelle an Nadelbäumen, an der die Rinde entfernt wurde, damit dort das Harz austritt u. gewonnen werden kann*

'La·che[2] ⟨f.; -, -n⟩ **1** *kleine Ansammlung von Flüssigkeit, Pfütze;* Blut~, Wasser~ **2** *Tümpel*

'La·che[3] ⟨f.; -, -n; umg.⟩ *eine bestimmte Art zu lachen;* alberne, häßliche, heisere, laute, drekkige ~

'lä·cheln ⟨V.⟩ **1** ⟨400⟩ *lautlos lachen, die Lippen zu einem Lachen verziehen;* freundlich, gütig, herablassend, milde, nachsichtig, spöttisch ~; „...", sagte er ~d; ein Lächeln spielte, huschte um seine Lippen; sie dankte ihm mit einem Lächeln **2** ⟨800⟩ über eine Sache ~ ⟨a. fig.⟩ *eine S. nicht ernstnehmen, sie lächerlich finden;* darüber kann ich nur ~; er lächelte über ihre vergeblichen Anstrengungen **2.1** mit einem Lächeln über eine Sache hinwegsehen *kein großes Aufhebens machen*

'la·chen ⟨V.⟩ **1** ⟨400⟩ *Freude, Heiterkeit od. Spott äußern durch Verziehen des Gesichts und stoßweises Ausatmen, bei dem Laute produziert werden;* Ggs *weinen;* freundlich, fröhlich, hämisch, herzhaft, herzlich, laut, leise ~; jmdn. zum Lachen bringen; sich das Lachen verbeißen; über das ganze Gesicht ~; ein lautes Lachen war die Antwort; alle stimmten in sein Lachen ein; lauthals ~; aus vollem Halse ~; schallend, dröhnend ~; brüllen, sich zerreißen, umfallen vor Lachen; „...!" sagte er ~d; die ~den Erben ⟨umg.; scherzh.⟩ **1.1** ⟨500⟩ Tränen ~ *so lachen, daß die T. kommen* **1.2** ⟨611⟩ jmdm. ins Gesicht ~ *jmdn. frech anlachen* **1.3** eine Sache mit einem ~den und einem weinenden Auge betrachten *froh und betrübt zugleich* **1.4** mir ist nicht zum Lachen *ich fühle mich traurig, bin ernst gestimmt, wenn ihr auch lacht* **1.5** da gibt es nichts zu ~ *das ist sehr ernst, unerfreulich* **1.5.1** er hat bei ihr nichts zu ~ ⟨fig.; umg.⟩ *sie behandelt ihn schlecht od. streng* **1.6** → a. *können(2.0.1)* **2** *Triumph, Sieg, Erfolg durch Lachen(1) äußern* **2.1** ⟨400 m. Hilfsverb⟩ ja, er kann ~! ⟨umg.⟩ *er hat erreicht, was er will* **2.2** ⟨530/R1⟩ er lachte sich eins ⟨umg.⟩ *er triumphierte heimlich* **2.2.1** sich (eins) ins Fäustchen ~ *schadenfroh u. heimlich (lachend) triumphieren* **2.3** der ~de Dritte *der, der den Vorteil von einer Angelegenheit zwischen zweien hat* **2.4** das wäre ja gelacht, wenn wir das nicht könnten! ⟨umg.⟩ *das wäre eine Schande, wenn ..., aber sicher können wir das!* **2.5** → a. *Ast (3.2)* **3** ⟨800⟩ über jmdn. od. etwas ~ *spotten, sich über jmdn. od. etwas lustig machen;* über eine ungeschickte Handbewegung ~; sie lachte nur über seine Drohungen, Mahnungen **4** eine Sache ist zum Lachen *eine S. ist lächerlich, unglaubhaft, unsinnig* **4.1** daß ich nicht lache! *das ist ja lächerlich, unglaubhaft, unsinnig* **5** ⟨fig.⟩ **5.1** ⟨400⟩ die Sonne lacht ⟨poet.⟩ *scheint hell, strahlt* **5.2** ⟨600⟩ das Glück lacht jmdm. ⟨poet.⟩ *jmd. hat G.* **5.3** ⟨400⟩ da ~ ja die Hühner! ⟨umg.⟩ *das ist ja lächerlich* **5.4** gut ~ haben, können ⟨umg.⟩ *Grund, Anlaß haben, guter Laune zu sein* **5.4.1** du hast gut ~! *für dich ist es leicht, zu lachen, weil du nicht das zu tun brauchst, was ich tun muß* **5.5** wer zuletzt lacht, lacht am besten ⟨Sprichw.⟩ *auch für den, der anfangs Pech hat, kann sich noch alles zum Guten wenden*

'lä·cher·lich ⟨Adj.⟩ **1** etwas ist ~ *ist so beschaffen, daß man darüber (spöttisch) lachen muß;* das ist ja (einfach) ~! **1.1** mir ist ~ zumute *ich muß ständig lachen* **1.2** sich ~ machen *sich so benehmen, daß andere darüber lachen, spotten;* machen Sie sich nicht ~! **1.3** jmdn. ~ machen *so über jmdn. reden od. sich so jmdm. gegenüber verhalten, daß die anderen über ihn lachen, spotten* **1.4** eine ~e Figur machen *sich blamieren* **2** eine Sache ist ~ *ist töricht, ist nicht ernstzunehmen;* wegen dieser ~en Kleinigkeit brauchst du dich nicht aufzuregen! **2.1** eine ernste Sache ins Lächerliche ziehen *eine ernste S. so behandeln, daß die anderen darüber lachen, den Ernst der Sache nicht mehr begreifen* **3** ⟨70⟩ etwas ist ~ *unbedeutend, gering(fügig);* einen ~en Preis für etwas bezahlen; ein ~ niedriger Preis

Lack ⟨m.; -(e)s, -e⟩ *zur Veredelung od. zum Schutz von Oberflächen verwendete Lösung, Suspension(3) von Harzen, Kunstharzen od. Erzeugnissen aus Zellulose, die, mit Farbstoffen versetzt, auf die zu lackierenden Gegenstände aufgebracht wird*

lackie·ren ⟨-k'k-; V. 500⟩ **1** Gegenstände ~ *mit Lack überziehen* **2** wenn das schiefgeht, bist du der Lackierte! ⟨fig.; umg.⟩ *bist du der Hereingefallene*

'La·de ⟨f.; -, -n⟩ **1** *hölzerner, eckiger, breiter Behälter mit Deckel, Truhe, Kasten* **2** ⟨kurz für⟩ *Schublade* **3** *Sarg* **4** ⟨AT⟩ *heiliger Schrein der Israeliten mit den Gesetzestafeln des Moses;* Bundes~ **5** *Teil des Webstuhls, der die Weberschiffchen aufnimmt*

'La·de·hem·mung ⟨f.⟩ **1** *Unfähigkeit einer Feuerwaffe, geladen zu werden od. sich selbst zu laden* **2** ~ haben ⟨fig.; umg.⟩ *starke Hemmung haben, etwas zu sagen od. zu tun, was man in diesem Augenblick sagen od. tun müßte*

'la·den[1] ⟨V. 174⟩ **1** ⟨500⟩ Waren ~ *aufladen,*

auf einen Wagen od. ein Schiff (zum Transport) bringen; Kartoffeln, Kohlen, Sand ~; Fracht, Waren auf einen Wagen ~; Lasten auf Lasttiere ~; der Wagen hat zu schwer geladen **2** ⟨500⟩ eine Waffe ~ *mit Munition versehen, ein od. mehrere Geschosse in eine W. einlegen;* die Waffe ist scharf geladen; ein Gewehr mit Kugeln, mit Schrot ~; Vorsicht, die Pistole ist geladen! **2.1** geladen sein ⟨fig.; umg.; scherzh.⟩ *wütend sein* **2.2** auf jmdn. geladen sein ⟨fig.; umg.⟩ *wütend auf jmdn. sein* **3** ⟨500⟩ einen Akkumulator ~ *mit einer elektr. Ladung versehen* **3.1** er ist mit (neuer) Energie geladen ⟨fig.; umg.⟩ *sehr erholt, gekräftigt, arbeitsfreudig* **3.2** die Atmosphäre war mit Spannung geladen ⟨fig.⟩ *man spürte die Spannung deutlich* **4** ⟨550⟩ eine Sache auf sich ~ *eine S. auf sich nehmen, sich einer schwierigen S. unterziehen, sich mit einer S. belasten;* die Verantwortung auf sich ~; eine Schuld auf sich ~ **4.1** ein Verbrechen auf sich ~ *ein V. begehen* **4.2** jmds. Haß auf sich ~ *sich jmds. Haß zuziehen* **5** ⟨413⟩ jmd. hat schwer geladen ⟨fig.; umg.; scherzh.⟩ *ist betrunken*

ˈla·den² ⟨V. 174/500⟩ **1** jmdn. ~ ⟨geh.⟩ *einladen;* jmdn. zum Essen, zum Kaffee ~; jmdn. zu einer Versammlung ~; Aufführung für geladene Gäste **2** ⟨510⟩ jmdn. als Zeugen, vor Gericht ~ ⟨Rechtsw.⟩ jmdn. ~ *fordern, daß sich jmd. zu einer bestimmten Stunde an einem bestimmten Ort einfindet*

ˈLa·den ⟨m.; -s, ¨⟩ **1** *Raum (mit Schaufenster), in dem Waren verkauft werden, Geschäft;* Kurzwaren~, Schreibwaren~; einen ~ eröffnen, aufmachen; der ~ ist von 8 bis 18 Uhr geöffnet; den ~ um acht Uhr schließen **1.1** den ganzen Tag im ~ stehen *Kunden im Geschäft bedienen* **2** *Verschluß des Fensters von außen zum Vorklappen od. zum Hinaufziehen u. Herunterlassen;* Fenster~; Rolladen; ein Haus mit grünen Läden; den ~ herunterlassen **3** ⟨unz.; fig.; umg.⟩ *Unternehmen, Angelegenheit* **3.1** der ~ klappt *die Sache ist in Ordnung, läuft* **3.2** wir werden den ~ schon schmeißen *die Sache erledigen, zustande bringen* **3.3** wenn es so weitergeht, kann er seinen ~ (bald) zumachen *ist er ruiniert, erledigt, am Ende* **3.4** er würde am liebsten den ~ hinschmeißen *die Sache aufgeben, sich davon zurückziehen*

ˈLa·den·hü·ter ⟨m.; fig.⟩ *Ware, die lange nicht verkauft wird*

läˈdie·ren ⟨V. 500⟩ **1** Sachen ~ = *beschädigen(1)* **2** Personen ~ = *verwunden(2)*

ˈLa·dung ⟨f.; -, -en⟩ **1** *die geladenen Güter, Fracht;* eine ~ Kohlen; die ~ eines Lastwagens, eines Schiffes **2** ⟨umg.⟩ *Menge;* und ich bekam die ganze ~, eine ~ voll Schmutz, Schnee, Wasser ins Gesicht **3** *Füllung, Inhalt eines Hochofens* **4** ⟨Waffenk.⟩ **4.1** *die Menge Pulver, die nötig ist, um ein Geschoß zu treiben;* Treib~ **4.2** *Ladungsraum bei Handfeuerwaffen* **5** ⟨Rechtsw.⟩ *Aufforderung zu einem bestimmten Zeitpunkt zu erscheinen, Vorladung;* die ~ des Zeugen, Angeklagten **6** ⟨Phys.⟩ *Elektrizitätsmenge, die auf einem Körper vorhanden ist*

ˈLa·ge ⟨f.; -, -n⟩ **1** *Stellung, Anordnung (eines Körpers), bezogen auf einen Raum od. eine Fläche;* die ~ des Hauses, des Grundstücks; eine günstige, ungünstige, schöne ~; Luftkurort in schöner ruhiger ~; ein Zimmer mit ~ nach der See; in höheren ~n hört der Baumwuchs auf; eine schräge, senkrechte, waagerechte ~; eine bequeme, unbequeme ~ **2** *Zustand, derzeitige Stellung, Position (einer Person od. Sache), bezogen auf politische, gesellschaftl., wirtschaftl. od. persönl. Verhältnisse;* Sy *Situation;* Lebens~; Wirtschafts~; die ~ hat sich gebessert, gewandelt, verschlechtert; die allgemeine, politische, wirtschaftliche ~; sich in einer bedauernswerten, peinlichen, schlimmen, schwierigen, unangenehmen ~ befinden; die ~ ist ernst, hoffnungslos; er befindet sich in einer glücklichen ~, daß er sich das leisten kann; jmdn. aus einer schwierigen ~ befreien; sich in einer schwierigen ~ befinden; jmdn. in eine schwierige ~ bringen; in eine schwierige ~ geraten; ich möchte nicht in seiner ~ sein; nach ~ der Dinge können wir das nicht tun **2.1** jmdn. in die ~ versetzen, etwas zu tun *jmdm. dazu verhelfen* **2.2** in der ~ sein, etwas zu tun *imstande, fähig sein, etwas zu tun, etwas tun können;* ich bin nicht in der ~ zu kommen **3** *Schicht;* eine ~ von Steinen; abwechselnd eine ~ Fleisch und eine ~ Kartoffelscheiben; jeweils eine ~ Papier, eine ~ Holz **4** ⟨umg.⟩ *Bier od. Schnaps für eine kleine Tischgesellschaft, Runde;* eine ~ Bier, Schnaps ausgeben, spendieren **5** ⟨ostmitteldt.⟩ *Stubendecke* **6** ⟨Buchw.⟩ *bestimmte Anzahl von Papierbogen, meist so viel, wie von Hand bewegt werden können* **7** ⟨Mus.⟩ *Tonhöhe, Höhe, Umfang der Stimme;* Ton~, Stimm~; hohe, tiefe ~ **8** ⟨Mil.⟩ *mehrere auf einmal abgefeuerte Schüsse;* eine volle ~ abbekommen

ˈLa·ger ⟨n.; -s, -⟩ **1** ⟨Pl. umg. a. ¨⟩ *Raum, in dem Waren aufbewahrt werden;* Waren~, Vorrats~ **1.1** eine Ware (nicht mehr) auf, am ~ haben *vorrätig haben* **1.2** das ~ räumen ⟨kaufmannsspr.⟩ *alle Waren verkaufen* **1.3** Vorschläge auf ~ haben ⟨fig.⟩ *bereithalten, machen können* **2** *Stätte zum Schlafen, Ruhen;* Kranken~; Nacht~; Ruhe~; Stroh~; ein einfaches, hartes, weiches ~; jmdm. ein ~ zurechtmachen **2.1** ~ des Nieder- u. Schwarzwildes ⟨jägerspr.⟩ *Ruheplatz* **3** *Gelände mit Wohn- u. sanitären Anlagen sowie Küche u. Verwaltungsräumen zum vorübergehenden Unterbringen von Personen;* Ferien~, Flüchtlings~, Gefangenen~, Internierungs~; im ~ arbeiten **3.0.1** *Lager(3) zur Erholung für Jugendliche;* Sy *Kolonie(5);* Ferien~ **3.1** *längerer Aufenthalt im Freien;* Ferien~, Zelt~ **3.1.1** *alle zum Lager(3.1) gehörenden Gegenstände;* das ~ abbrechen **4** ⟨Geol.⟩ *Schicht von Gesteinen od. Mineralien* **5** ⟨Bot.⟩ *reich gegliederter Körper von nicht in einzelne Organe gegliederten Pflanzen wie Algen, Pilze, Flechten: Thallus;* ~pflanzen **6** ⟨Tech.⟩ **6.1** *Bauteil, der Lasten von Tragwerken aufnimmt;* Balken~, Wider~ **6.2** *Maschinenteil, der drehende od. schwingende Maschinenteile aufnimmt u. sie führt;* Gleit~; Rollen~; Kugel~ **7** ⟨fig.⟩ *Gruppe von Personen, die in einer Sache eine einheitliche Meinung vertritt;* ins gegnerische ~ überlaufen; die Partei spaltete sich in mehrere ~

ˈLa·ger·buch ⟨n.⟩ *ständig geführtes Verzeichnis über den Lagerbestand, Lagerkartei*

'la·gern ⟨V.⟩ **1** ⟨500⟩ etwas ~ *längere Zeit aufbewahren, speichern;* Nahrungsmittel ~ **2** ⟨400⟩ etwas lagert *liegt längere Zeit auf Lager, wird aufbewahrt;* der Wein muß noch ~; eine Ware lagert im Keller, Speicher usw. **2.1** ~de Post *am Schalter abzuholende Post* **3** ⟨500⟩ jmdn. ~ *bequem hinlegen, betten;* den Verunglückten auf eine Bahre ~; den Kopf eines Ohnmächtigen hoch, tief ~; ein verletztes Glied ruhig ~ **4** ⟨500/R3⟩ Getreide lagert sich *sinkt durch Nässe od. Sturm um* **5** ⟨500/R3⟩ sich ~ *sich im Freien für einige Zeit niederlassen, im Freien rasten;* sich auf dem Waldboden, sich ins Gras ~ **6** ⟨400⟩ *ein Lager im Freien aufschlagen, im Freien ausruhen, rasten;* ein Teil des Heeres lagerte am Fluß **6.1** *die Nacht im Freien zubringen* **7** ⟨Zustandspassiv⟩ anders gelagert sein *andersartig, nicht von derselben Beschaffenheit sein* **7.1** dieser Fall ist anders gelagert *liegt anders*

lahm ⟨Adj.⟩ **1** jmd. ist ~ *ist infolge eines körperlichen Schadens bewegungsunfähig, gehbehindert od. unfähig, zu gehen;* von Geburt an ~ sein **1.1** jmd. geht ~ *hinkt* **1.2** → a. *krumm(1.2)* **2** ein Tier ist ~ *hinkt* **3** ein Körperteil od. ein Glied ist ~ *ist kraftlos, gelähmt;* einen ~en Arm, ein ~es Bein haben **4** jmd. od. ein Körperteil von jmdm. ist ~ *müde, erschöpft, steif;* mir ist der Rücken (ganz) ~ vom vielen Bücken **5** jmd. ist ~ ⟨fig.⟩ *schwach, schlapp, langweilig, ohne Schwung;* ein ~er Kerl **6** eine Sache ist ~ ⟨fig.⟩ *langweilig;* ein ~er Film **7** eine ~e Entschuldigung ⟨fig.⟩ *nicht ausreichende E.*

'läh·men ⟨V. 500⟩ **1** etwas lähmt jmdn. *macht jmdn. lahm, beraubt jmdn. der Fähigkeit, sich zu bewegen* **1.1** gelähmt sein *unbeweglich sein, nicht gehen können;* er war wie gelähmt vor Schreck **2** ⟨402⟩ etwas lähmt (jmdn. od. etwas) *beraubt der Tatkraft, macht unwirksam;* die Angst lähmte ihre Entschlußkraft; ~de Angst, ~des Entsetzen befiel, ergriff sie

'lahm|le·gen ⟨V. 500⟩ jmdn. od. etwas ~ *die Möglichkeit zu wirken nehmen, an weiterer Tätigkeit hindern;* die Krankheit hat ihn lange Zeit lahmgelegt; den Verkehr, eine Eisenbahnstrecke ~

Laib ⟨m.; -(e)s, -e⟩ *rund od. oval geformte, feste Masse;* Brot~; ein ~ Brot, Käse

Laich ⟨m.; -(e)s, -e⟩ *die ins Wasser abgelegten, von einer Schleim- oder Gallerthülle umgebenen Eier der Mollusken, Fische u. Amphibien*

'Laie ⟨m.; -n, -n⟩ **1** *jmd., der von einem (bestimmten) Fach nichts versteht, Nichtfachmann* **2** *jmd., der kein Geistlicher ist*

'Lai·en·spiel ⟨n.⟩ *Theateraufführung, Theaterspiel von nicht schauspielerisch ausgebildeten Personen*

La'kai ⟨m.; -en, -en⟩ **1** *fürstl. od. herrschaftl. Diener* **2** ⟨fig.⟩ *unterwürfiger, kriecher. Mensch*

'La·ken ⟨n.; -s, -⟩ **1** *Bettuch;* Bett~ **2** *großes Tuch;* Bade~

La'krit·ze ⟨f.; -, -n⟩ *schwarze Masse aus dem Saft von Süßholz, aus der z. B. Süßwaren hergestellt werden*

'lal·len ⟨V. 402⟩ (etwas) ~ *mit gehemmter Zunge unartikuliert sprechen*

'La·mel·le ⟨f.; -, -n⟩ **1** *dünnes Blättchen, dünne Scheibe* **2** ⟨Tech.⟩ **2.1** *Scheibe aus Metall, Papier, Kunststoff* **2.2** *Rippe, Glied eines Heizkörpers* **3** ⟨Bot.⟩ *streifenförmiger Träger des Fruchtkörpers unter dem Hut der Blätterpilze*

la·men'tie·ren ⟨V. 405⟩ (über etwas od. jmdn.) ~ *wehklagen, jammern*

La'met·ta ⟨n.; -s, od. f.; -; beides unz.⟩ **1** *dünner schmaler Streifen aus Metallfolie (als Christbaumschmuck)* **2** ⟨umg.; scherzh.⟩ *(viele) Orden (an der Brust)*

Lamm ⟨n.; -(e)s, ¨er⟩ **1** *junges Schaf* **2** *junge Ziege* **3** *Sinnbild der Unschuld u. Geduld;* geduldig, unschuldig wie ein ~ sein **3.1** das ~ Gottes ⟨fig.; poet.⟩ *Christus*

'Lam·pe[1] ⟨f.; -, -n⟩ **1** *Gerät zum Erzeugen von Licht durch Verbrennung, Erhitzung od. Gasentladung;* Bogen~, Gas~, Gasentladungs~, Glüh~, Öl~, Petroleum~; die ~ anzünden, ein-, ausschalten; elektrische ~n **2** = *Leuchte(1);* Hänge~; Taschen~; Steh~; Schreibtisch~; beim (traulichen) Schein der ~ **2.1** bei der ~ sitzen *bei künstlicher Beleuchtung*

'Lam·pe[2] ⟨m.; -s; unz.⟩ Meister ~ *der Hase (in der Tierfabel)*

'Lam·pen·fie·ber ⟨n.⟩ *Erregung, Angst, Nervosität (des Schauspielers) vor dem öffentlichen Auftreten;* ~ haben; an ~ leiden

Lam·pi·on ⟨[lãpi'ɔ̃, lamp'jɔŋ], österr. [-'jo:n] m. od. n.; -s, -s⟩ *Laterne aus buntem Papier od. bunter Seide mit einer Kerze im Innern*

Land ⟨n.; -es, ¨er⟩ **1** ⟨unz.⟩ *abgegrenztes, bestimmtes Stück Erdboden, Grundstück, Grundbesitz;* Bau~; 50 Hektar ~; ein Stück ~ besitzen **1.1** *zur landwirtschaftl. Nutzung bestimmtes Land(1);* Acker~, Weide~, Wald~; fruchtbares, unfruchtbares ~ **2** ⟨unz.⟩ *Festland, nicht mit Wasser bedeckter Teil der Erdoberfläche;* (wieder) festes ~ unter den Füßen haben; (vom Schiff aus) an ~ gehen od. steigen; an od. ans ~ schwimmen, steigen; Streitkräfte zu Wasser, zu ~e und in der Luft; auf trockenem ~e **3** ⟨unz.⟩ *Gebiet, Gegend, wo Landwirtschaft getrieben wird;* Ggs *Stadt;* Stadt und ~; aufs ~ gehen, reisen, ziehen; auf dem ~e leben, wohnen; ein ebenes, flaches, hügeliges, offenes, weites ~ **4** ⟨unz.⟩ *Wald, Wiese u. Feld, freie Gegend, Landschaft;* über ~ gehen **5** ⟨Pl. (poet.) -e⟩ *von Grenzen umgebenes Gebiet, Staat;* von ~ zu ~ fahren, reisen; ferne, fremde Länder; die Vertreter aller Länder; nördliche, südliche Länder; das ~ meiner Träume, meiner Sehnsucht; andere Länder, andere Sitten; ~ und Leute kennenlernen; in fernen ~en ⟨poet.⟩ **5.0.1** das ~ meiner Väter *meine Heimat* **5.0.2** Menschen aus aller Herren Länder(n) *von überallher* **5.0.3** außer ~es gehen *einen Staat verlassen* **5.0.4** jmdn. des ~es verweisen *jmdm. den Aufenthalt im Staat verbieten* **6** ⟨1919–1949⟩ *Gliedstaat des Deutschen Reiches u. der Nachfolgestaaten;* ~ Preußen **6.1** ⟨1949–1952⟩ *Gliedstaat der DDR;* ~ Sachsen, Mecklenburg **6.2** ⟨seit 1949⟩ *Gliedstaat der Bundesrepublik Deutschland;* das ~ Hessen **7** ⟨in Zus.⟩ *(geographischer) Landschaftstyp;* Küsten~, Binnen~, Tief~, Hoch~, Flach~ **8** ⟨fig.⟩ **8.1** eine Unschuld vom ~e ⟨früher⟩ *naives Bauernmädchen* **8.2** ich sehe noch kein ~ *kein Ende* **8.3** ich habe noch etwas ~ ⟨umg.⟩ *noch etwas Zeit, bis etwas (Unangenehmes) eintritt* **8.4** zehn

Jahre gingen ins ~ ⟨veralt.⟩ *zehn Jahre vergingen*
land'aus ⟨Adv.; nur in der Wendung⟩ ~, landein **1** *im Inland u. Ausland* **2** *durch viele Länder (hindurch)*
land'ein ⟨Adv.⟩ → *landaus*
'lan·den ⟨V.⟩ **1** ⟨400(s.)⟩ *an seinem Bestimmungsort ankommen;* wir sind wieder gut zu Hause gelandet 1.1 *am Festland, am Ufer anlegen;* ein Schiff landet 1.2 *auf den Boden niedergehen;* Ggs *starten(1.2);* ein Flugzeug landet 1.3 an einem Ort od. bei jmdm. ~ ⟨umg.⟩ *(mehr od. weniger) zufällig an einen Ort od. an jmdn. geraten, an einem Ort od. bei jmdm. ankommen;* der Wagen landete an einem Baum, im Straßengraben; schließlich landete ich bei Freunden, im Kino **2** ⟨500⟩ jmdn. od. etwas (Truppen) ~ *an Land od. auf den Erdboden bringen (vom Schiff od. Flugzeug)* **3** ⟨fig.⟩ 3.1 ⟨500⟩ etwas ~ ⟨umg.⟩ *anbringen, plazieren;* er landete eine kräftige Linke am Kinn des Gegners ⟨Boxsp.⟩ 3.2 ⟨411(s.) m. Modalverb⟩ bei jmdm. nicht ~ können ⟨umg.; scherzh.⟩ *keinen Erfolg haben;* er konnte bei ihr nicht ~
'Land·jä·ger ⟨m.⟩ **1** *Polizist auf dem Lande, Gendarm* **2** *flach gepreßte, hart geräucherte Wurst*
'Land·kar·te ⟨f.⟩ *Blatt Papier mit der zeichnerischen Darstellung der Erdoberfläche od. eines ihrer Teile*
'Land·kreis ⟨m.⟩ *kleinster staatl. Verwaltungsbezirk*
'land·läu·fig ⟨Adj. 24/80⟩ **1** eine ~e Meinung *gewöhnliche, allg. bekannte, verbreitete M.* **2** eine ~e Redensart *gebräuchliche, übliche R.*
'länd·lich ⟨Adj.⟩ **1** *das (freie) Land betreffend, zu ihm gehörig;* Ggs *städtisch(1);* ~e Gegend 1.1 ~er Roman *R., der auf dem Lande spielt* **2** *einfach, bäuerlich;* ~e Idylle **3** *auf dem Lande üblich;* Ggs *städtisch(2);* ~er Tanz; ~e Tracht 3.1 ~-sittlich *noch nicht durch städt. Sitten verdorben, urwüchsig, bieder*
'Land·schaft ⟨f.; -, -en⟩ **1** *geograph. Gebiet mit bestimmter, von der Natur geprägter Eigenart;* bergige, hügelige, waldige ~ **2** *freies Land, Gegend;* herbe, liebliche, öde ~ **3** ⟨Mal.⟩ *Darstellung einer Landschaft;* ideale, mythologische, realistische ~
'Lands·knecht ⟨m.⟩ **1** ⟨15./16. Jh.⟩ *zu Fuß kämpfender Söldner* **2** ⟨fig.; abwertend⟩ *Söldner*
'Lands·mann ⟨m.; -(e)s, -leu·te⟩ **1** *Einwohner des gleichen Landes od. der gleichen Landschaft;* er ist ein ~ von mir **2** *Einwohner eines bestimmten Landes;* was ist er für ein ~?
'Land·straße ⟨f.⟩ *Straße mit befestigter Fahrbahn, die über Land führt*
'Land·strei·cher ⟨m.; -s, -⟩ *jmd., der keinen festen Wohnsitz hat u. sich Unterkunft u. Verpflegung nur durch Gelegenheitsarbeit (od. Bettelei) verdient, Vagabund*
'Land·strich ⟨m.⟩ *schmaler Teil einer Landschaft, kleines Gebiet*
'Land·sturm ⟨m.⟩ **1** ⟨urspr.⟩ *letztes Aufgebot aller Wehrpflichtigen* **2** *die älteren Jahrgänge der Wehrpflichtigen* 2.1 ⟨in der Schweiz⟩ *die wehrfähigen Männer vom 43. bis zum 50. Lebensjahr*
'Land·tag ⟨m.⟩ **1** ⟨im alten Dt. Reich⟩ *Versammlung der Landstände* **2** ⟨heute⟩ *Volksvertretung der Bundesländer*
'Lan·dung ⟨f.; -, -en⟩ *das Landen (von Schiffen, Flugzeugen)*
'Land·wirt ⟨m.⟩ **1** *Besitzer od. Pächter eines landwirtschaftl. Betriebes, Bauer;* er ist ein echter ~ **2** *jmd., der eine Lehre in einem landwirtschaftl. Betrieb sowie eine Landwirtschafts- od. Landbauschule bzw. höhere Schule (Abitur) u. landwirtschaftl. Hochschule absolviert hat;* das Studium des ~es
'Land·wirt·schaft ⟨f.⟩ Sy *Ökonomie(2)* ⟨veralt.⟩ **1** *planmäßiger Betrieb von Ackerbau u. Viehzucht;* es ist wichtig, die ~ zu erhalten **2** ⟨umg.⟩ *kleiner Besitz auf dem Land mit Kleintierhaltung;* eine ~ besitzen
lang ⟨Adj. 22⟩ **1** ⟨räuml.⟩ *von einer (durch Maßangabe) bestimmten Ausdehnung;* wie ~ ist das Seil?; der Tisch ist fünf Meter ~ 1.1 *von (verhältnismäßig) großer Ausdehnung in einer Richtung;* Ggs *kurz;* eine ~e Schnur, Strecke; ein ~er Weg; einen Rock länger machen 1.1.1 ~es Haar tragen, das Haar ~ tragen *einen Haarschnitt haben, bei dem die Haare mindestens den Nacken bedecken* 1.1.2 ein ~es Kleid tragen *ein bis zu den Füßen reichendes K.* 1.1.3 jmdm. einen ~en Brief schreiben *Brief, der mehrere Seiten umfaßt* 1.1.4 ein Pfahl, Mast ist ~ *hoch, hochragend* 1.1.5 ein Mensch, ein Tier ist ~ *groß und schlank* 1.1.6 die ~en Kerls *die von Friedrich Wilhelm I. von Preußen geschaffene Leibgarde aus bes. großen Soldaten* **2** ⟨zeitl.⟩ *von einer bestimmten Ausdehnung in der Zeit (seiend)* 2.1 *von großer zeitl. Ausdehnung, Dauer;* Ggs *kurz;* ein ~es Leben; eine ~e Rede halten 2.1.1 → a. *kurz(2.2.1)* 2.2 eine Zeiteinheit ~ *(eine bestimmte) Zeit beanspruchend, dauernd, sich über einen bestimmten Zeitraum hin erstreckend;* fünf Jahre ~; viele Jahre ~; nach ~em Nachdenken, Überlegen; einen Sommer ~ 2.2.1 er hat sein Leben ~ hart gearbeitet *sein ganzes L. (hindurch)* 2.3 ~e Zeit *viel Zeit, großer Zeitraum;* seit ~er Zeit 2.3.1 auf, für ~e Zeit *für die Dauer eines großen Zeitraums* 2.3.2 vor (noch) nicht ~er Zeit *vor ziemlich kurzer Z.* 2.3.3 längere Zeit *ziemlich lange Z. (weniger als „lange" Z.)* 2.3.4 es hat die längste Zeit gedauert ⟨umg.⟩ *es wird bald zu Ende sein* 2.3.5 ⟨40⟩ die Zeit wird mir ~ *es ist mir langweilig* 2.3.6 vor ~en Jahren *vor vielen J.* 2.4 → a. *Hand(3.9)* **3** = *lange;* ~, ~ ist's her (aus einem Volkslied) **4** ⟨fig.⟩ 4.1 dafür kann ich eine ~e Reihe von Beispielen nennen *viele, eine große Anzahl* 4.2 ein ~es Gesicht machen ⟨umg.⟩ *ein enttäuschtes G.* 4.3 einen ~en Hals machen *neugierig etwas sehen wollen* 4.4 ~e Soße ⟨fig.⟩ *dünne S.* 4.5 ⟨60⟩ von ~er Hand vorbereitet *lange Zeit vorbereitet* 4.6 ⟨50⟩ eine Sache ~ und breit, des ~en und breiten ausführen, darlegen, erzählen, schildern *sehr, zu ausführlich* 4.7 ein ~es u. breites darüber reden *viel, ausführlich* 4.8 ⟨60⟩ ~e Finger machen ⟨umg.⟩ *stehlen* 4.9 ⟨60⟩ etwas auf die ~e Bank schieben *auf-, hinausschieben, verzögern*
'lang·at·mig ⟨Adj.⟩ *zu ausführlich, weitschweifig;* ~er Stil; etwas ~ beschreiben, erzählen
'lan·ge ⟨Adv.⟩ oV *lang* ⟨umg.⟩ **1** *lange Zeit,*

einen relativ großen Zeitraum (ausmachend); ~ bevor er kam; das geschah erst ~ danach; es ist länger als ein Jahr her; ich kann nicht länger warten; ~ schlafen; es wird noch, nicht mehr ~ dauern; er hat ~ gebraucht, bis -; bleib nicht so ~ (aus)!; ich kann es nicht länger aushalten, ertragen, mit ansehen; er wird noch ~ nicht kommen; es ist ~ her, seit, daß er mir geschrieben hat; schon ~ vorher; wie ~ soll ich noch warten? (Ausdruck der Ungeduld); was ~ währt, wird endlich gut ⟨Sprichw.⟩ **1.1** nicht ~ darauf *bald darauf* **2** *seit geraumer Zeit;* ich habe schon ~ nichts mehr von ihm gehört; das weiß ich schon ~; seit ~ m **3** ⟨verstärkend; fig.; umg.⟩ *bei weitem, völlig;* das ist noch ~ nicht genug; du hast nun ~ genug gespielt; dies ist ~ nicht so schön wie jenes **4** ⟨fig.⟩ **4.1** da fragt man nicht erst ~ ⟨umg.⟩ *viel* **4.2** er ließ sich ~ bitten *oft* **4.3** da kann er ~ warten! ⟨umg.⟩ *seine Hoffnung ist vergeblich*

'Län·ge ⟨f.; -, -n⟩ **1** *größte räuml. Ausdehnung (eines Körpers) in einer Richtung, in der Hauptrichtung;* die ~ eines Gegenstandes messen; eine Strecke von drei Meter ~ **1.1** der Tisch mißt 2 m in der ~ *ist zwei Meter lang* **1.2** das Pferd war den anderen um einige, mehrere ~n voraus *Pferdelängen* **1.3** er fiel der ~ nach hin *in seiner ganzen Größe* **2** ⟨unz.⟩ *Längengrad* **2.1** 20° westlicher (östlicher) ~ *20 ° westlich (östlich) des Nullmeridians von Greenwich* **3** *relativ große zeitliche Ausdehnung, Dauer* **3.1** die Angelegenheit zieht sich in die ~ *dauert länger als gedacht* **3.2** eine Sache in die ~ ziehen ⟨umg.⟩ *verlängern, länger dazu brauchen als nötig od. geplant* **4** *langweilige, spannungslose, zu weitschweifig geschilderte Stelle (im Buch, Film, Theaterstück);* der Roman hat ~n **5** ⟨Metrik⟩ *lange Silbe*

'lan·gen ⟨V.⟩ **1** ⟨400; umg.⟩ *genügen, ausreichen;* langt das?; es langt (gerade) noch; der Stoff wird zu einem Kleid ~ **1.1** es langt nicht hinten u. nicht vorn, (od.) nicht hin u. nicht her ⟨umg.⟩ *man kann nicht damit auskommen, es ist nicht genug* **1.2** ⟨416⟩ mit dem Gelde ~ ⟨umg.⟩ *auskommen* **2** ⟨411⟩ *die Hand ausstrecken, um etwas od. jmdn. zu ergreifen, festzuhalten;* kannst du bis zu mir ~? **2.1** in, nach etwas ~ *in, nach etwas greifen;* in die Tasche ~; er langte nach der Zuckerdose **3** ⟨fig.⟩ **3.1** ⟨403⟩ (danke,) es langt (mir)! *es genügt (mir)* **3.2** ⟨403⟩ jetzt langt's (mir) aber! ⟨umg.⟩ *jetzt habe ich genug, jetzt reißt mir die Geduld!* **3.3** ⟨530⟩ jmdm. eine ~ *jmdm. eine Ohrfeige geben* **3.4** ⟨530⟩ ich werde ihn mir schon ~! ⟨umg.⟩ *vornehmen, ihm meine Meinung sagen*

'Län·gen·grad ⟨m.⟩ *in Winkelgrad gemessener, auf den Längenkreis von Greenwich bezogener Längenkreis*

'Län·gen·kreis ⟨m.⟩ *in kürzester Linie vom Nordpol zum Südpol der Erde verlaufende Linie als Teil eines über die Erde gelegten gedachten Netzes;* Sy *Meridian;* Ggs *Breitenkreis*

Lan·ge'wei·le ⟨f.; Gen. der Lange(n)weile; aus Lange(r)weile⟩ **1** *Mangel an Abwechslung, Überdruß;* oV *Langweile* **1.1** ~ haben *nicht wissen, womit man die Zeit verbringen, sich die Zeit vertreiben soll;* sich mit Spielen die ~ vertreiben; ich tue das nur aus Langerweile, aus ~

'Lang·mut ⟨f.; -, unz.⟩ *Geduld, geduldige Haltung, Gesinnung, Nachsicht;* ~ üben (gegen jmdn.); jetzt ist seine ~ erschöpft, zu Ende

längs[1] ⟨Präp. m. Gen.⟩ *entlang;* Ggs *quer zu -;* ~ des Flusses, der Straße

längs[2] ⟨Adv.⟩ **1** *in Richtung der größten Ausdehnung;* den Stiel ~ durchschneiden; einen Stoff ~ nehmen, verarbeiten **2** ⟨köln.⟩ *vorbei;* komm doch gelegentlich (bei uns) ~

'lang·sam ⟨Adj.⟩ **1** *eine geraume Zeit brauchend, um etwas auszuführen;* Ggs *schnell;* ~ fahren, gehen, laufen; er ist sehr ~; ein ~er Esser; ~, aber sicher ⟨Sprichw.⟩ **2** jmd. ist ~ in der Bewegung *träge, schwerfällig;* ~ arbeiten **3** eine Sache geht, macht ~ *nimmt zögernd ihren Fortgang;* seine Genesung macht nur ~e Fortschritte; die Zeit vergeht ~; ~e Fortschritte machen **3.1** das geht mir zu ~ *nicht schnell genug* **4** *nicht schnell, gemächlich, gemessenen Schrittes;* ~er Walzer; ~ näherkommen; ganz ~ **4.1** ~! **4.1.1** *nicht so schnell!, vorsichtig!* **4.1.2** *nur Geduld!* **5** *allmählich;* es wird ~ Zeit zu gehen; es wird mir ~ zu viel

'Längs·schnitt ⟨m.⟩ Ggs *Querschnitt* **1** *Schnitt der Länge nach durch einen Körper* **2** *Zeichnung, die diesen Längsschnitt(1) darstellt*

längst ⟨Adv.⟩ **1** *schon lange, (schon) seit langer Zeit;* ich weiß es ~; das ist ja ~ fertig, ~ vorbei; er ist (schon) ~ wieder gesund **2** ~ nicht *bei weitem nicht;* ich habe ~ nicht so viel Beeren gepflückt wie du

'läng·stens ⟨Adv.; zeitl.; umg.⟩ **1** *höchstens;* er ist ~ eine halbe Stunde dort gewesen **2** *spätestens;* in ~ zwei Stunden, zwei Wochen

'Lang·wei·le ⟨f.; -; unz.⟩ = *Langeweile*

'lang·wei·lig ⟨Adj.⟩ **1** *Langeweile bereitend, eintönig, ermüdend, einförmig;* eine ~e Geschichte, Rede; ein ~er Kerl; das ist ja ~!; das lange Warten wird mir (allmählich) ~ **1.1** ein Gericht schmeckt ~ ⟨fig.; umg.⟩ *fade* **1.2** jmd. ist ~ *weiß nicht viel zu sagen u. zu tun* **1.3** eine Landschaft ist ~ *wenig abwechslungsreich, öde*

'lang·wie·rig ⟨Adj.⟩ eine ~e Sache *lange dauernde u. (meist auch) schwierige S.;* ~e Arbeit; ~e Krankheit

'Lan·ze ⟨f.; -, -n⟩ **1** *Stichwaffe mit langem Schaft, Speer, Spieß* **2** eine ~ für jmdn. brechen ⟨fig.⟩ *es als erster wagen, für jmdn. einzutreten, für ihn sprechen*

la·pi'dar ⟨Adj.⟩ **1** *wuchtig, kraftvoll* **2** *kurz u. bündig*

'Lap·pen ⟨m.; -s, -⟩ **1** *kleines Stück Stoff zum Gebrauch im Haushalt, zum Putzen von Maschinen usw.;* Putz~, Wasch~, Wisch~ **2** ⟨fig.; umg.⟩ *Geldschein von hohem Wert* **3** ⟨Pl.; Jagdw.⟩ *große Stücke Stoff, mit denen bei Treibjagden ein Stück Wald eingegrenzt wird, um das Wild in eine bestimmte Richtung zu treiben* **3.1** jmdm. durch die ~ gehen ⟨fig.; umg.⟩ *entgehen, entweichen, entwischen ⟨urspr. von Wild, das durch die aufgehängten Lappen entkommt⟩* **4** ⟨jägerspr.⟩ *Haut zwischen den Zehen des Wasserwildes* **5** ⟨Zool.⟩ *Hautlappen an den Zehen der Lappentaucher*

'läp·pisch ⟨Adj.⟩ **1** jmd. benimmt sich ~ *sehr töricht, kindisch, albern;* ~es Benehmen, Verhalten **2** etwas ist ~ *lächerlich, (ge-*

schmacklos) u. kleinlich; es ist ja ~, das als Grund anzuführen

Lärm ⟨m.; -(e)s; unz.⟩ **1** *sehr lautes Geräusch, Krach, Getöse;* Straßen ~; der ~ der Maschinen, der Flugzeuge; macht nicht solchen ~!; die Kinder machen viel ~; ohrenbetäubender ~ **2** *Geschrei;* der ~ auf dem Schulhof **2.1** viel ~ um nichts ⟨fig.⟩ *viel Aufhebens von einer geringfügigen Sache machen* **3** ~ schlagen *Alarm schlagen*

'Lar·ve ⟨f.; -, -n⟩ **1** ⟨Zool.⟩ *Jugendform von Tieren mit indirekter Entwicklung (Metamorphose), nach dem Grade der Entwicklung u. durch den Besitz bes. Organe von den erwachsenen Tieren unterschieden, manchmal auch von völlig anderer Gestalt u. Lebensweise* **2** *Maske, die einen Teil des Gesichts bedeckt* **2.1** jmdm. die ~ vom Gesicht reißen ⟨fig.⟩ *jmds. wahres Wesen öffentl. zeigen*

lasch ⟨Adj.⟩ *schlaff, träge, energielos, disziplinlos;* ein ~er Direktor; eine ~e Stimme haben

'La·sche ⟨f.⟩ **1** *metallenes Verbindungsstück zweier Teile, z. B. von Eisenbahnschienen* **2** *ovales Leder-, Stoff- od. Papierstück, z. B. unter den Schnürsenkeln des Schuhs (Zunge), als Verschluß od. Schmuck an Handtaschen, als Verschlußstück, das durch eine Öffnung gezogen wird, an Hüllen jegl. Art*

'las·sen ⟨V. 175/500⟩ **1** ⟨570⟩ etwas geschehen ~, jmdn. etwas tun ~ *zulassen, dulden, erlauben, daß etwas geschieht, daß jmd. etwas tut;* das lasse ich mir nicht bieten, gefallen; laß dich nicht so lange bitten!; laß dir ja nicht einfallen, dort hinzugehen!; jmdn. entkommen, entwischen ~; laß dich nur nicht, ja nicht erwischen!; einen Gegenstand fallen ~; jmdn. fühlen ~, daß ...; laß sie nur kommen (leicht drohend); laß mich den Brief lesen; das dürfen wir nicht geschehen ~; ~ Sie mich Ihnen helfen!; laß dir doch keine Angst machen!; sich seine Enttäuschung (nicht) anmerken ~; er läßt mit sich reden, mit sich handeln; jmdn. schlafen ~; ~ Sie sich nicht stören!; laß dich nicht unterkriegen!; jmdn. warten ~; laß mich gehen **1.0.1** laß mich (das) nur machen! *ich bringe es schon in Ordnung* **1.0.2** laß uns gehen! *wir wollen gehen* **1.0.3** laß dir das ein für allemal gesagt sein! *ich will es dir nicht noch einmal sagen müssen!* **1.0.4** er läßt sich nichts sagen *er duldet keine Zurechtweisung* **1.0.5** in dem neuen Anzug kann er sich sehen ~ *braucht er sich nicht zu schämen* **1.0.6** laß dich bald einmal (bei uns) sehen! *besuch uns bald einmal* **1.0.7** ~ Sie sich gesagt sein, daß ... *ich sage es Ihnen ganz offen u. deutlich, daß ... (meist warnend od. ermahnend)* **1.0.8** ⟨511⟩ jmdn. an einen Ort ~ *erlauben, daß jmd. an einen O. kommt;* der Hund läßt niemanden in die Wohnung; der Kranke läßt niemanden zu sich **1.1** jmdn. ... ~ *bitten, fordern, machen, veranlassen, daß etwas geschieht;* sich seine Arbeit gut bezahlen ~; ~ Sie ihn eintreten!; er ließ ihn erschießen; er läßt dich vielmals grüßen; jmdn. holen, kommen, rufen ~; sich ein Kleid machen ~; der Dichter läßt seinen Helden folgendes sagen: ...; ich werde es dich wissen ~, was daraus geworden ist **1.1.1** ich lasse bitten! *führen Sie den Besucher herein!* **1.1.2** ich habe mir sagen ~, daß ... *ich habe erfahren, daß ...* **1.1.3** laß hören! *sprich!* **1.1.4** laß bald (etwas) von dir hören! *schreibe bald, ruf einmal an!* **1.1.5** laß (einmal) sehen! *zeig (einmal) her!* **1.1.6** das hätte ich mir nicht träumen ~ *das hätte ich nie gedacht, nie vermutet* **2** ⟨510⟩ **2.1** ⟨511⟩ etwas an einem Ort ~ *erlauben od. veranlassen, daß etwas bleibt, wo es ist;* den Hut in der Garderobe ~; laß die Teller im Schrank; wo habe ich nur meinen Schirm gelassen?; alles stehen und liegen ~; bitte laß alles so (stehen, liegen), wie es ist **2.1.1** wo soll ich so lange meinen Koffer ~? *hinstellen, unterbringen* **2.1.2** die Stadt, den Wald hinter sich ~ *sich davon entfernen* **2.2** ⟨513⟩ etwas ... ~ *erlauben od. veranlassen, daß etwas bleibt, wie es ist;* ~ wir es gut sein!; sich's wohl sein ~; alles beim alten ~; jmdn., ein Tier am Leben ~; jmdn. in Frieden, in Ruhe ~; etwas nicht aus den Augen, aus den Händen ~; wir wollen es dabei ~ **2.2.1** die Dinge laufen ~ *nicht in den Gang der D. eingreifen* **2.2.2** etwas außer acht ~ *nicht beachten* **3** etwas ~ *unterlassen, bleibenlassen, aufhören mit;* laß das!; laß mich!; laß doch endlich das Heulen!; das Rauchen ~; etwas tun oder ~; sein Tun und Lassen **3.1** ~ wir das! *reden wir von etwas anderem!* **3.2** tu, was du nicht ~ kannst! *mach, was du willst (obgleich ich nicht einverstanden bin)* **3.3** *geben, weggeben;* sein Leben ~ **3.3.1** Wasser ~ *urinieren, harnen* **4** ⟨530⟩ **4.1** jmdm. einen Gegenstand, eine Ware ~ *geben, verkaufen, überlassen;* ich lasse Ihnen das Bild für 200 Mark; können Sie mir das Buch nicht etwas billiger ~? **4.2** jmdm. etwas ~ *nicht wegnehmen, erlauben, daß jmd. etwas behält;* er läßt den Kindern ihre Freiheit; jmdm. seinen Willen ~; laß ihm doch das Vergnügen!; jmdm. seine Ruhe ~ **4.2.1** das muß man ihm ~ *das kann man nicht bestreiten* **4.2.2** ~ Sie das nur meine Sorge sein! *kümmern Sie sich nicht darum!* **4.2.3** jmdm. den Vortritt ~ *erlauben od. veranlassen, daß jmd. als erster geht* **4.2.4** ⟨R5⟩ jmdm. Zeit ~ *erlauben, daß jmd. etwas ohne Hast tut* **4.2.5** ⟨R1; unpersönl.⟩ es sich (gut) schmecken ~ *mit Genuß essen* **4.3** ⟨R3⟩ etwas läßt sich machen *(es) ist möglich, ausführbar, (daß ...);* das läßt sich nicht, leicht, schwer beweisen; das läßt sich denken!; das wird sich einrichten ~; dagegen läßt sich nichts einwenden, nichts machen; das Fenster läßt sich leicht, schwer öffnen; ich will sehen, was sich tun läßt; das läßt sich nicht vermeiden **4.3.1** der Wein läßt sich trinken ⟨umg.⟩ *der W. ist gut* **4.3.2** das läßt sich hören! *das ist annehmbar, das ist ein guter Gedanke* **4.3.3** sie wußte sich vor Freude nicht zu ~ *sie wußte nicht, was sie vor F. tun sollte* **5** jmdn. ~ ⟨veralt.; nur noch poet.⟩ *verlassen, aufgeben;* ich lasse dich nicht, du segnest mich denn (1. Mose 32,27); ach, wie ist's möglich dann, daß ich dich ~ kann (Volkslied) **5.1** ⟨800⟩ von etwas od. jmdm. ~ *etwas od. jmdn. aufgeben, verlassen;* er kann von seiner Spielleidenschaft nicht ~; er kann von ihr nicht ~

'läs·sig ⟨Adj.⟩ **1** *ungezwungen, zwanglos;* „...?" fragte er ~; ~ den Mantel von den Schultern gleiten lassen; sich ~ in einen Sessel lehnen **2** *träge und gleichgültig, herablassend;* ~ die Achseln zucken; ~ mit der Hand winken **3**

nachlässig, unachtsam; Sy *lax(2);* eine Beschwerde ~ behandeln

'**läß·lich** ⟨Adj.⟩ **1** sich ~ verhalten *nachlässig* **2** eine Sache ~ behandeln *eine S. unachtsam, in nicht zutreffender Weise behandeln;* ein ~es Urteil **3** ⟨Rel.⟩ *geringfügig, verzeihlich;* ~e Sünde

Last ⟨f.; -, -en⟩ **1** *etwas Schweres, das jmdm. od. einem Tier aufgeladen wird, Bürde;* ~en befördern, schleppen, tragen; jmdm. eine ~ abnehmen, aufbürden 1.1 *Gewicht, Gewichtsdruck von Last(1);* er brach unter der ~ zusammen **2** *etwas Schweres, das auf etwas geladen wird (um an einen andern Ort gebracht zu werden);* eine ~ transportieren, ausladen 2.1 *Fracht, Frachtgut;* eine ~ in Empfang nehmen **3** *Vorratskammer, Frachtraum unter dem Zwischendeck auf Schiffen;* Ketten~, Proviant~, Wasser~ **4** ⟨unz.⟩ 4.1 ⟨fig.⟩ *etwas Bedrückendes, Schweres, drückende Sorge;* Sorgen~; sich eine ~ von der Seele reden; frei von jeder ~; eine ~ auf jmdn. abwälzen; mir fiel eine ~ von der Seele, als ich das hörte 4.2 *Mühsal, Bürde, Belastung;* nach des Tages ~ und Mühe; diese Pflicht ist mir eine schwere ~; der Kranke ist sich, uns anderen eine ~; das Leben wird ihm zur ~ 4.2.1 jmdm. zur ~ fallen *lästig werden* 4.3 *Gewicht(2);* die ~ der Beweise 4.4 jmdm. etwas zur ~ legen *jmdn. einer Sache beschuldigen* **5** zu ~en (von jmdm.) *auf Kosten (von jmdm.)* 5.1 die Rechnung geht zu ~en der Firma X *die Firma X hat die R. zu bezahlen* 5.2 die Kosten gehen zu unseren ~en *auf unsere Rechnung* **6** ⟨veralt.⟩ *Maßeinheit* 6.1 *Schiffslast, Maßeinheit für die Schiffsfracht, in Dtschld. seit 1872 1000 kg* 6.2 ⟨in Norddtschld. u. Nordeuropa⟩ *Maßeinheit für die Tragfähigkeit eines Schiffes, 2500–3000 kg* 6.3 ⟨in Nordeuropa⟩ *altes Hohlmaß schwankenden Umfangs* **7** ⟨meist Pl.; Wirtsch.⟩ *Verbindlichkeiten, Schulden, Hypotheken, Steuern, Zinsen;* Steuer~; soziale, steuerliche ~en

'**Last·arm** ⟨m.⟩ *der Teil des Hebels, der eine Last bewegen soll*

'**la·sten** ⟨V. 411⟩ eine Sache lastet auf jmdm. od. etwas *liegt als Last auf jmdm., drückt (jmdn.) schwer, bedrückt (jmdn.);* die Schuld, Verantwortung lastet (schwer) auf ihm; alle Arbeit lastet auf ihm, auf seinen Schultern; auf dem Grundstück ~ hohe Schulden; die Stille lastete im Raum; ~de Schwüle; eine ~de Stille breitete sich im Raum aus

'**La·ster**[1] ⟨n.; -s, -⟩ **1** *sittlich nicht einwandfreie Gewohnheit, starke Untugend;* das ~ des Opiumrauchens 1.1 → a. *Müßiggang* **2** ein langes ~ ⟨fig.; umg.; scherzh.⟩ *ein großer, langer Kerl*

'**La·ster**[2] ⟨m.; -s, -; umg.; kurz für⟩ *Lastkraftwagen*

'**lä·stern** ⟨V.⟩ **1** ⟨402⟩ *fluchen, schmähen;* Gott, den Glauben ~ **2** ⟨800⟩ über jmdn. ~ ⟨umg.⟩ *über jmdn. schlecht od. nachteilig sprechen, über jmdn. klatschen*

'**lä·stig** ⟨Adj.⟩ **1** ⟨70⟩ *Überdruß, Abneigung u. Ungeduld hervorrufend, störend;* eine ~e Pflicht; seine Besuche werden mir allmählich ~ **2** jmd. ist ~ *aufdringlich, zudringlich u. dadurch störend;* er ist ~ wie eine Fliege; ein ~er Mensch 2.1 jmdm. ~ sein, fallen *jmdn. stören;* bin ich Ihnen (mit meinen Fragen) ~?; ist Ihnen der Rauch ~? **3** ⟨70⟩ *unangenehm, unbequem, beschwerlich;* der Lärm wird mir jetzt recht ~; der warme Mantel wird, ist mir ~

'**Last·kraft·wa·gen** ⟨m.; Abk.: Lkw, LKW⟩ *Kraftwagen zur Güterbeförderung;* Ggs *Personenkraftwagen*

la'tent ⟨Adj. 24⟩ **1** *verborgen (vorhanden)* **2** *vorhanden, aber nicht in Erscheinung tretend* 2.1 ~e Krankheit *K. ohne typ. Merkmale*

La'ter·ne ⟨f.; -, -n⟩ **1** *durch Glas- od. Papiergehäuse geschützte Lichtquelle;* Papier~, Stall~, Straßen~ **2** solche Menschen kannst du mit der ~ suchen ⟨fig.; umg.⟩ *kannst du mühsam suchen, solche M. gibt es nur sehr wenige* **3** ⟨Arch.⟩ *mit Fenstern versehenes Türmchen auf dem durchbrochenen Scheitel einer Kuppel* **4** *weißer Stirnfleck verschiedener Haustiere* **5** ~ des Aristoteles ⟨Zool.⟩ *bei vielen Seeigeln den Vorderarm umgebendes Organ aus Muskeln u. Kalkspangen, das der Bewegung der den Mund umstehenden Zähne dient*

'**Lat·te** ⟨f.; -, -n⟩ **1** *schwaches, langes u. dünnes Stück Holz mit kleinem Querschnitt, meist als Baustoff verwendet;* Zaun~ **2** ⟨Forstw.⟩ *gerader Schößling* **3** ⟨fig.; umg.; scherzh.⟩ *langer, dünner Mensch;* eine lange ~ **4** eine lange ~ von Wünschen ⟨fig.; umg.⟩ *viele W., eine lange Liste von W.*

Latz ⟨m.; -es, ¨e od. (österr.) -e⟩ **1** *Bruststück an Kleid, Schürze od. Hose;* Brust~ **2** *herunterklappbarer Vorderteil an Trachtenhosen;* Hosen~

'**Lätz·chen** ⟨n.; -s, -⟩ *kleines Tuch mit Bändern, das Kindern beim Essen um den Hals gebunden wird, um zu verhüten, daß sie sich beschmutzen*

lau ⟨Adj.⟩ **1** *von mäßiger Temperatur, ein wenig warm;* das Wasser ist ~ **2** das Wetter ist ~ *angenehm warm, nicht heiß, mild;* es weht ein ~er Wind **3** jmd. ist ~ ⟨fig.⟩ *unentschlossen, schwankend, ohne eigene Meinung*

Laub ⟨n.; -(e)s; unz.⟩ **1** *Gesamtheit der Blätter von Bäumen u. Sträuchern;* buntes, grünes, herbstliches ~ **2** *abgefallene trockene Blätter;* dürres, raschelndes ~

'**Lau·be**[1] ⟨m.; -, -n⟩ *länglicher Karpfenfisch, Ukelei: Alburnus alburnus*

'**Lau·be**[2] ⟨f.; -, -n⟩ **1** *Gartenhäuschen;* Garten~, Wohn~ **2** ⟨nur Pl.⟩ *offener Vorraum, Bogengang (am Erdgeschoß von Häusern), meist mit Läden* **3** *gedeckter u. seitl. begrenzter Teil des Zuschauerraumes für mehrere Personen, Loge;* Balkon~, Bühnen~ **4** und fertig ist die ~ ⟨fig.; umg.⟩ *die Sache ist erledigt* **5** ⟨Sp.⟩ *Turnübung, Liegestütz rückwärts*

'**Laub·holz** ⟨n.⟩ **1** ⟨i. w. S.⟩ *Gehölz, das zu den bedecktsamigen Pflanzen gehört* **2** ⟨i. e. S.⟩ *zweikeimblättrige Holzpflanze mit allg. flächig ausgebildeten Blättern;* Ggs *Nadelholz*

'**Laub·sä·ge** ⟨f.⟩ *Säge mit dünnem, feingezahntem Blatt an einem U-förmigen Rahmen mit Griff zum Aussägen von Figuren u. Verzierungen*

'**Laub·werk** ⟨n.; -(e)s, -e⟩ **1** ⟨unz.⟩ *Gesamtheit der Blätter eines Baumes (mit den Zweigen)* **2** *laubähnl. Verzierungen an Bauteilen (Kapitellen) u. kunstgewerbl. Gegenständen*

'Lau·er[1] ⟨m.; -s, -⟩ *Wein, der aus Preßrückständen von Weinbeeren gewonnen wird*

'Lau·er[2] ⟨f.; -; unz.⟩ *das Lauern, Hinterhalt;* auf der ~ liegen; sich auf die ~ legen

'lau·ern ⟨V.⟩ **1** ⟨800⟩ (auf jmdn. od. etwas) ~ *auf der Lauer liegen, mit böser Absicht im Versteck (auf jmdn. od. etwas) warten* **2** ⟨Part. Präs.⟩ ~d *in böser Absicht abwartend, eine böse Absicht verfolgend;* ein ~der Blick; „...“? fragte er ~d **3** ⟨411⟩ Gefahren ~ *drohen;* in diesem Wald, Gebirge ~ überall Gefahren **4** ⟨800⟩ auf jmdn. od. etwas ~ ⟨fig.; umg.⟩ *sehnsüchtig, ungeduldig warten, wartend horchen;* ich lauere schon seit einer Stunde auf dich; auf jmds. Schritt ~

Lauf ⟨m.; -(e)s, ¨-e⟩ **1** ⟨unz.⟩ *Fortbewegung ohne Hilfsmittel, zu Fuß;* in seinem ~ behindert werden **2** ⟨unz.⟩ *schnelle Fortbewegung ohne Hilfsmittel, das Laufen, schnelle Gangart;* in schnellem ~; atemlos vom schnellen ~ **3** *sportl. betriebenes Laufen, bes. im Wettkampf;* Eis~, Schi~, Hindernis~, Kurzstrecken~, Langstrecken~, Querfeldein~, Wald~, Wett~; zum ~ antreten **4** ⟨unz.⟩ der ~ einer Maschine *Gang;* den ~ der Maschine überwachen **5** *Bahn, Strecke;* Fluß~, Kreis~; der ~ der Gestirne **5.1** der obere, untere ~ eines Flusses *Teil eines F.* **6** *Verlauf, Entwicklung, Bewegung* **6.1** die Sache nimmt nun ihren ~ *entwickelt sich natürlich* **6.2** wir müssen den Dingen ihren ~ lassen *wir müssen abwarten* **6.3** einer Sache (ihren) freien ~ lassen *sie nicht behindern* **6.4** das ist der ~ der Dinge, der Welt *so ist es, so geht es nun einmal* **7** im ~e eines Zeitraumes *während der Dauer eines bestimmten Z.;* im ~e des Jahres; im ~ des Gesprächs **7.1** im ~e der Jahre, der Zeit *nach u. nach, allmählich* **8** ⟨Waffenk.⟩ *Rohr von Handfeuerwaffen;* Gewehr~; der ~ wurde heiß **8.1** ein Rehbock kam ihm vor den ~ *er hatte Gelegenheit, einen R. zu schießen* **9** ⟨jägerspr.⟩ *Bein (vom Hund u. Haarwild außer Bär, Dachs, Marder)* **10** ⟨Mus.⟩ *schnelle, ununterbrochene Folge von Tönen;* einen ~ blasen, spielen; Läufe üben

'Lauf·bahn ⟨f.⟩ *berufl. Werdegang;* eine glänzende ~ vor sich haben

'lau·fen ⟨V. 176(s.)⟩ **1** ⟨400⟩ *sich mit schnellen Schritten leicht springend fortbewegen;* Menschen, Tiere ~; einen neuen Rekord ~ **1.0.1** lauf! *mach geschwind!; reiß aus!* **1.1** Rollschuh, Schlittschuh, Schi ~ *sich mit Hilfe von R., S. usw., die an den Schuhen befestigt sind, fortbewegen* **1.2** ⟨mitteldt.⟩ *zu Fuß gehen;* eine Strecke (zu Fuß) ~; ich kann in diesen Schuhen gut, schlecht ~; langsam, schnell ~; hin und her ~; ~ lernen (Kind); das Kind läuft schon, (od.) noch nicht; das Kind kann schon ~; ich bin gelaufen (nicht gefahren); man läuft etwa eine Stunde bis dorthin **1.3** jmdn. ~ lassen *jmdn. nicht festnehmen, nicht verhaften (nachdem man ihn bei einem Vergehen erwischt hat)* **1.4** ⟨800⟩ nach etwas ~ ⟨umg.⟩ *etwas lange in Geschäften suchen* **1.5** ⟨611⟩ jmdm. in den Weg ~ **1.5.1** *den Weg mit jmdm. kreuzen, ihn dabei an der Fortbewegung hindern* **1.5.2** ⟨fig.⟩ *jmdn. zufällig treffen* **1.6** ⟨513/R1(h.)⟩ **1.6.1** ⟨513/R3⟩ sich müde (usw.) ~ *durch Laufen(1.2) müde (usw.) werden;* ich habe mir eine Blase gelaufen; sich heiß, warm ~; sich die Füße wund ~ **1.6.2** ⟨513/R3; unpersönl.⟩ auf diesem Wege läuft es sich gut, schlecht *man kann auf diesem W. gut, schlecht laufen(1.2)* **1.7** eine Hündin läuft *ist läufig* **1.8** ~der Hirsch *Zielfigur im Schießsport* **2** ⟨400(s.)⟩ eine Maschine, ein Gerät läuft *ist in Gang, arbeitet;* der Motor läuft (gut, schlecht); die Uhr läuft wieder; einen Motor ~ lassen **2.1** ⟨400⟩ das Schiff ist auf Grund gelaufen *durch ein unvermutetes Hindernis steckenbleiben* **3** ⟨400⟩ Flüssigkeiten ~ *rinnen, strömen;* das Wasser läuft; das Blut lief aus der Wunde; die Tränen liefen ihr über die Wangen; Wasser in die Wanne ~ lassen; der Schweiß lief ihm übers Gesicht; Eiter lief aus der Wunde **3.1** ein Behälter läuft *läßt Flüssigkeit entweichen;* der Topf, Kessel läuft **3.1.1** der Wasserhahn läuft *ist undicht* **3.2** ein Organ läuft *sondert Eiter, Sekret ab;* die Nase läuft; sein Ohr läuft **4** ⟨400⟩ die Angelegenheit läuft *geht weiter, entwickelt sich, hat begonnen;* mein Auftrag, meine Bewerbung läuft noch; die Vorlesung läuft parallel mit der anderen; der Hauptfilm läuft bereits; im Fernsehen läuft ein neuer Film **4.1** ⟨800⟩ das läuft ins Geld ⟨fig.⟩ *das kostet allmählich viel* **4.2** ⟨580⟩ jmd. läuft Gefahr, ... *es besteht die Gefahr, daß jmd. ...;* jmd. läuft Gefahr, daß er etwas verliert **4.3** ⟨400⟩ *gültig sein, gelten;* das Abonnement läuft noch zwei Monate; der Wechsel läuft auf seinen Namen **5** ⟨410⟩ etwas läuft ... *nimmt einen Weg, schlägt eine Richtung ein;* die Straße, der Weg läuft hier am Fluß entlang, durch den Wald; die Linien ~ parallel; das Gestirn, der Komet läuft von der Wega zum Bären; das Seil läuft über eine Rolle; ein Flüstern, Murmeln, Raunen lief durch die Menge **5.1** an meinem Strumpf läuft eine Masche *hat sich eine M. gelöst* **5.2** ~des Gut ⟨Mar.⟩ *bewegliches Tauwerk* **5.3** ⟨611; unpersönl.⟩ es läuft jmdm. über den Rücken *jmd. spürt etwas Unangenehmes od. Ungewohntes;* ein Schauer lief mir über den Rükken; es lief mir heiß und kalt über den Rücken, als ...

'lau·fend **1** ⟨Part. Präs. von⟩ *laufen* **2** ⟨Adj. 24⟩ **2.1** *dauernd, ständig;* ~er Kredit; ~e Unkosten; ~e Ausgaben; die ~en Arbeiten; ~ zu tun haben ⟨umg.⟩ **2.2** ~es Band **2.2.1** = *Fließband;* am ~en Band **2.2.2** ⟨60; fig.⟩ *ununterbrochen, ständig, immerzu* **2.3** *in einer bestimmten Reihenfolge aufeinanderfolgend* **2.3.1** ~e Nummer ⟨Abk.: lfd. Nr.⟩ *die Nummer in einer Reihe* **2.3.2** der ~e Monat *der jetzige M.* **2.3.3** das ~e Meter ⟨Abk.: lfd. m., lfm.⟩ *Maß für eine Ware, die von einem größeren Stück abgeschnitten wird* **2.4** auf dem ~en *über den neuesten Stand der Dinge informiert, Bescheid wissend;* auf dem ~en sein; jmdn. auf dem ~en halten

'Läu·fer ⟨m.; -s, -⟩ **1** *jmd., der läuft;* ein guter, schlechter ~ **1.1** *jmd., der das Laufen sportl. betreibt;* Kurz-, Langstrecken-, Schlittschuh-, Schi~; ein schneller, langsamer ~ sein **2** *langer schmaler Teppich;* Treppen~ **3** ⟨veralt.⟩ *lange, schmale Zierdecke auf der Tischdecke;* Tisch~ **4** ⟨nicht zoologisch systematische Bezeichnung⟩ *flugunfähiger Flachbrustvogel (Strauß, Kiwi, Moa, Kasuar, Emu, Nandu)* **5** *Laufkatze* **6** *Laufstein, oberer Mühlstein* **7**

⟨Schach⟩ *Schachfigur, Offizier, der diagonal ziehen u. schlagen kann* **8** ⟨Landw.⟩ *junges Schwein* **9** ⟨Bauw.⟩ *Mauerstein, der mit der längeren Seite nach außen liegt;* Ggs *Binder(4.2)* **10** ⟨Ballsport (im Fußball veralt.)⟩ *im Fußball, Hockey u. a. links bzw. rechts neben od. hinter dem Stürmer kämpfender Spieler* **11** ⟨Elektrotech.; Maschinenbau⟩ *beweglicher Maschinenteil, bes. rotierender Teil elektr. Maschinen, Rotor;* Ggs *Ständer(3)* **12** ⟨Spinnerei⟩ *umlaufende Öse an Ringspinnmaschinen*

'Lauf·feu·er ⟨n.⟩ **1** *Bodenfeuer, das sich im Gras weiterfrißt* 1.1 eine Nachricht verbreitet sich wie ein ~ *sehr schnell*

'läu·fig ⟨Adj. 24/70⟩ eine Hündin ist ~ *befindet sich in der Paarungszeit*

'Lauf·kat·ze ⟨f.⟩ *Fahrwerk auf Trägern mit Einrichtung zum Heben u. Befördern von Lasten*

'Lauf·paß ⟨m.⟩ **1** ⟨urspr.⟩ *Entlassungsbescheinigung* **2** ⟨fig.; nur in den Wendungen⟩ 2.1 jmdm. den ~ geben *ein Verhältnis mit jmdm. in nicht sehr korrekter Weise beenden, jmdn. fortschicken;* sie hat ihm den ~ gegeben 2.2 den ~ erhalten, bekommen *auf nicht sehr angenehme Weise aus einem Verhältnis entlassen, verlassen werden*

'Lauf·schritt ⟨m.⟩ *Lauf, leicht springender Schritt, rasche Gangart;* sich im ~ entfernen, nähern; im ~ marsch, marsch! (militär. Kommando)

'Lauf·zeit ⟨f.⟩ **1** ⟨Bankw.⟩ ~ einer Anleihe, eines Wechsels, eines Wertpapiers *Zeit bis zur Fälligkeit einer A. usw.* **2** ⟨Sp.⟩ *Zeit, die für das Durchlaufen einer Strecke gebraucht wird* **3** ~ einer Hündin *Brunstzeit*

'Lau·ge ⟨f.; -, -n⟩ **1** ⟨i. w. S.⟩ *techn. Lösung der verschiedensten Stoffe* **2** ⟨i. e. S.⟩ *wäßrige Lösung von Basen[2];* Seifen~

'Lau·ne ⟨f.; -, -n⟩ **1** *augenblickl. Gemütsstimmung;* jmdm. die ~ verderben; gute, schlechte ~ haben; jmdn. bei (guter) ~ erhalten; je nach (Lust und) ~; was hat er heute für ~? 1.0.1 ~n haben *Stimmungen unterworfen sein* 1.0.2 guter, glänzender, schlechter, übler ~ sein *sich in guter usw. Gemütsstimmung befinden* 1.1 er ist heute nicht bei ~ ⟨umg.⟩ *er hat heute schlechte Laune* **2** *einer augenblickl. Stimmung entspringender Einfall;* etwas aus einer ~ heraus tun **3** ⟨nur Pl.⟩ ~n *Grillen, sonderbare Einfälle, wechselnde Gemütsstimmungen;* jmds. ~n ertragen müssen **4** ⟨nur Pl.⟩ ~n ⟨fig.⟩ *Schwankungen* **4.1** die ~n des Glücks *die guten od. schlechten Fügungen* 4.2 die ~n des Wetters *rascher Wechsel des W.*

'lau·nig ⟨Adj.⟩ *humorvoll u. witzig, geistreich u. heiter;* ein ~er Einfall; eine ~e Rede halten

Laus ⟨f.; -, ¨e⟩ **1** *Angehörige einer Unterordnung der Tierläuse mit einem in der Ruhelage auf der unteren Seite des Kopfes verborgenen Rüssel zum Stechen u. Saugen: Anoplura, Siphunculata;* Filz~, Kleider~, Kopf~; Läuse haben **2** jmdm. eine ~ in den Pelz setzen ⟨fig.⟩ *jmdm. Schwierigkeiten, Ärger bereiten* **3** jmdm. ist eine ~ über die Leber gelaufen, gekrochen ⟨fig.; umg.⟩ *jmd. hat schlechte Laune*

'lau·schen ⟨V.⟩ **1** ⟨400⟩ *horchen, unbemerkt zuhören;* an der Tür ~ **2** ⟨403⟩ *aufmerksam zuhören;* einem Konzert ~; jmds. Worten ~; andächtig ~

'Lau·scher ⟨m.; -s, -⟩ **1** *jmd., der lauscht, heimlicher Zuhörer, Horcher* 1.1 der ~ an der Wand hört seine eigene Schand ⟨Sprichw.⟩ *wer heimlich zuhört, muß es hinnehmen, daß er Ungünstiges über sich hört* **2** ⟨jägerspr.⟩ *Ohr (beim Schalenwild)*

'lau·schig ⟨Adj.⟩ *einsam u. dabei gemütlich, traulich;* ein ~es Plätzchen

'lau·sen ⟨V. 500/R7 od. R8⟩ **1** jmdn. od. ein Tier ~ *an jmds. Körper od. im Fell eines Tieres Läuse suchen* **2** ich denke, mich laust der Affe *ich bin sehr erstaunt, will meinen Augen, Ohren nicht trauen (Ausdruck der Überraschung, des Erstaunens)*

'Lau·ser ⟨m.; -s, -; umg.⟩ *frecher kleiner Junge, Tunichtgut*

'lau·sig ⟨Adj.⟩ **1** *schlecht, arm, armselig;* deine paar ~en Groschen 1.1 *unangenehm, schlecht;* eine ~e Sache; ~e Zeiten **2** ⟨50; umg.; verstärkend⟩ *sehr;* es ist ~ kalt; die Sache ist ~ schwer; ~ viel Geld

laut[1] ⟨Adj.⟩ **1** *deutlich vernehmbar, gut od. weithin hörbar, kräftig im Ton;* ein ~er Schrei; ~ aufschreien; er lachte ~ auf; Freude, Schmerz ~ äußern; ~ bellen; ~ lachen, schreien, singen, sprechen, weinen; ~es Gelächter 1.1 ~ lesen *vorlesen, den Text beim Lesen sprechen* **2** *geräuschvoll;* sich ~ die Nase putzen 2.1 eine ~e Straße *S. mit sehr viel Verkehr* **3** *Lärm erzeugend, machend;* ~ sein; seid nicht so ~! 3.1 ein ~es Wesen haben *sich nicht leise, diskret verhalten können* **4** ⟨fig.⟩ **4.1** ⟨40⟩ ~ werden *sich herumsprechen, bekannt werden;* die Angelegenheit darf nicht ~ werden **4.1.1** nichts ~ werden lassen *etwas verschweigen, nichts bekannt werden lassen* **4**.1.2 laß das ja nicht ~ werden *sag das ja nicht öffentlich* **4**.1.3 es wurden Stimmen ~, daß ... *es wurde die Meinung geäußert, daß ...* **4**.2 ⟨50⟩ etwas nicht ~ sagen *nicht öffentlich, nicht zu Außenstehenden;* so etwas darf man nicht ~ sagen **5** ⟨jägerspr.⟩ *windstill, so daß man Geräusche weithin hören kann;* im Wald ist es ~

laut[2] ⟨Präp. m. Dativ; nachfolgende Substantiva ohne Artikel werden nicht flektiert⟩ *gemäß dem Wortlaut des, der ..., entsprechend, auf Grund von;* ~ Bericht vom 1. 6.; ~ Übereinkunft; ~ Vertrag; ~ ärztlicher Verordnung

Laut ⟨m.; -(e)s, -e⟩ **1** *Schall, Ton, etwas Hörbares (vor allem von Mensch u. Tier erzeugt);* kein ~ war zu hören; heimatliche ~e; unartikulierte ~e ausstoßen; einen ~ der Überraschung, des Schreckens ausstoßen; 1.1 keinen ~ von sich geben *ganz still sein* 1.2 der Hund gibt ~ *schlägt an, bellt kurz* **2** *durch die Organe in Kehlkopf, Mund u. Nasen-Rachen-Raum hervorgebrachtes Geräusch als kleinste Einheit der menschl. Sprache;* → a. *Konsonant, Vokal;* einen ~ bilden

'lau·ten ⟨V.⟩ **1** ⟨413⟩ ein Text lautet *hat einen bestimmten wörtlichen Inhalt;* der Brief lautet wörtlich ...; die Verordnung lautet folgendermaßen ... 1.1 die Antwort, Lösung lautet *heißt, ist, sieht folgendermaßen aus;* wie lautet die Lösung der ersten Aufgaben? 1.2 ⟨800⟩ etwas lautet auf etwas *etwas hat einen bestimmten Inhalt;* das Urteil lautet auf fünf Jahre Gefängnis 1.3 etwas lautet *hört sich in bestimmter Weise an;* günstig, ungünstig ~

'läu·ten ⟨V.⟩ **1** ⟨400⟩ eine Glocke läutet *klingt, ertönt, gibt Klang* 1.1 es läutet *die Glocke läutet zur Kirche* **2** ⟨410; oberdt.⟩ *klingeln;* an der Tür, zur Schulpause u. ä. ~ **3** ⟨600⟩ jmdm. ~ *jmdn. durch Glocke, Klingel rufen* **4** ⟨400⟩ etwas ~ hören ⟨fig.⟩ *etwas als Gerücht hören, vernehmen* **5** ⟨500⟩ die Glocken ~ *ertönen lassen;* der Küster läutet die Glocken 5.1 → a. *Glocke(1.0.1)*

'lau·ter ⟨Adj.⟩ **1** etwas ist ~ ⟨a. fig.⟩ *rein, echt, unvermischt;* ~es Gold; die ~e Wahrheit **2** eine Flüssigkeit ist ~ *unvermischt, ungetrübt* 2.1 Metalle sind ~ = *pur(1)* **3** jmd. od. eine Sache ist ~ ⟨fig.⟩ *aufrichtig, ehrlich;* ~e Absichten haben; ein ~er Mensch; einen ~en Charakter besitzen **4** ⟨50⟩ *nichts als, nur;* das sind ~ Lügen **4.1** vor ~ ... *wegen, aus ...;* vor ~ Angst; er wußte sich vor ~ Freude nicht zu lassen

'läu·tern ⟨V. 500⟩ **1** eine Flüssigkeit ~ *klären, filtern, von Verunreinigung befreien* **2** Metalle, Mineralien ~ *von Schlacken befreien* **3** jmdn. ~ ⟨fig.⟩ *zum Ablegen von Fehlern veranlassen, bessern;* aus einem Unglück, Unheil geläutert hervorgehen

'laut·hals ⟨Adv.⟩ *laut, aus voller Kehle;* er lachte ~ los; ~ schreien

Laut·ma·le'rei ⟨f.⟩ *Nachahmung von Naturlauten, Geräuschen od. Klängen durch ähnl. Sprachlaute, durch Häufung von Vokalen od. Konsonanten, z. B. in knattern, rasseln, zirpen*

'Laut·spre·cher ⟨m.⟩ *elektromagnet. Gerät, das Wechselströme in Schallwellen umsetzt*

'La·va ⟨[-v-] f.; -, -ven⟩ *bei Vulkanausbrüchen ausgeworfenes geschmolzenes Gestein*

la'vie·ren[1] ⟨[-v-] V. 400⟩ **1** ⟨veralt.⟩ *gegen den Wind kreuzen* **2** ⟨fig.⟩ *sich geschickt durch Schwierigkeiten hindurchwinden*

la'vie·ren[2] ⟨[-v-] V. 500⟩ Farben ~ *so auftragen, daß sie sich verwischen, ineinander übergehen;* lavierte Federzeichnung

La'wi·ne ⟨f.; -, -n⟩ **1** *herabstürzende Schnee-, Eis- od. Steinmasse im Hochgebirge* **2** ⟨fig.⟩ *durch einen geringfügigen Anstoß in Bewegung geratene Massen;* eine ~ von Zuschriften **3** ⟨fig.⟩ *Kette von sich überstürzenden Ereignissen*

lax ⟨Adj.⟩ **1** ~e Disziplin *lockere, unzureichende D.* **2** = *lässig(3);* ~es Benehmen **3** ~e Grundsätze *wenig gefestigte (moral.) G.*

'Le·be·mann ⟨m.⟩ *Mann, der auf großem Fuß lebt u. die sinnlichen Genüsse pflegt*

'le·ben ⟨V.⟩ **1** ⟨400⟩ *am Leben sein;* das Kind hat nur zwei Tage gelebt; als der Arzt kam, lebte sie noch; er lebt nicht mehr; kein ~des Wesen war zu sehen; ein noch ~der Schriftsteller; bringt mir den Flüchtling ~d oder tot; die Lebenden und die Toten 1.0.1 das Bild scheint zu ~ *ist lebensecht gemalt* 1.0.2 es gab keine ~de Seele mehr auf den Straßen *alles war leer von Menschen* 1.1 lebst du denn noch? ⟨umg.; scherzh.⟩ *(Frage, wenn jmd. nach langer Zeit wieder einmal kommt)* 1.2 leb wohl, ~ Sie wohl! *(Abschiedsgruß)* 1.3 so wahr ich lebe! *(Beteuerung der Wahrheit)* 1.4 nicht (mehr) ~ *tot sein* 1.4.1 er hat nicht mehr lange zu ~ *er ist todkrank, er wird bald sterben* 1.4.2 jmdn. ~ lassen *jmdn. nicht töten* 1.4.3 er weilt nicht mehr unter den Lebenden *er ist tot* 1.5 das ist zum Leben zuwenig, und zum Sterben zuviel ⟨fig.; umg.⟩ *das reicht nur ganz knapp* 1.6 ~des Inventar *Bestand an Vieh* 1.7 ~de Bilder *Gesellschaftsspiel, bei dem einige Personen durch Haltung u. Gebärde unbeweglich eine bildl. Szene darstellen, deren Inhalt von den übrigen erraten werden muß* **2** ⟨413⟩ *(das Leben) verbringen, (ein Leben) führen;* bescheiden, kärglich, kümmerlich ~; enthaltsam, gesund, vegetarisch ~; herrlich und in Freuden ~; behaglich ~; er lebt ein behagliches, trauriges Leben; gut ~; hier lebt es sich gut, angenehm, schön 2.0.1 sein eigenes Leben ~ *sein Leben so einrichten, wie es jmdm. entspricht* 2.0.2 ~ und ~ lassen *sein eigenes Leben führen, wie es einem gefällt und auch den anderen nicht in ihre Lebensweise hineinreden* 2.0.3 über seine Verhältnisse ~ *mehr Geld ausgeben, als man eigentlich dürfte* 2.1 ~ wie Gott in Frankreich ⟨umg.⟩ *sorglos, gut, üppig leben* **3** ⟨415 od. 600⟩ für jmdn. od. etwas ~, jmdm. od. einer Sache ~ *seine ganze Kraft jmdm. od. einer S. widmen;* er lebt nur für andere, für seinen Beruf; für seine Kinder ~; seiner Arbeit ~; seiner Gesundheit ~ **4** (nicht) genug zu ~ haben *einen (nicht) ausreichenden Lebensunterhalt haben* **4.1** ⟨800⟩ **4.1.1** von Nahrungsmitteln ~ *sich von N. ernähren;* von Brot, Milch und Eiern ~ **4.1.2** von Einkünften ~ *seinen Lebensunterhalt bestreiten;* er lebt (nur) von seiner Rente **4.1.3** von jmdm. ~ *von einem anderen für den eigenen Lebensunterhalt sorgen lassen;* er lebt von seinem Sohn **5** ⟨410⟩ *ständig wohnen;* in Berlin, in Amerika ~; in der Stadt, auf dem Lande ~; im Wasser, auf Bäumen ~ (Tiere); er lebt bei seinen Eltern; allein ~; getrennt ~ (Ehepaar) **6** ⟨fig.⟩ 6.1 *unvergessen sein, dauern;* sein Andenken, sein Name lebt noch immer (unter seinen Freunden) **6.2** jmdn. ~ lassen *hochleben lassen, einen Trinkspruch auf jmdn. ausbringen;* er lebe (hoch)! **6.3** ~de Sprachen *S., die noch gesprochen werden;* Ggs *tote Sprachen*

'Le·ben ⟨n.; -s, -⟩ **1** *Daseinsform von Menschen, Tieren, Pflanzen vom Entstehen bis zum Tod;* hier möchte ich mein ~ beschließen; Gefahr für Leib und ~; du bist hier deines ~s nicht sicher; das ~ nach dem Tode 1.1 (noch) am ~ sein, bleiben *noch leben* 1.1.1 einem Kind das ~ schenken *ein K. gebären* 1.1.2 einem Verurteilten das ~ schenken *einen V. begnadigen* **1.2** sein ~ (für jmdn.) einsetzen *sich in Lebensgefahr begeben* 1.2.1 Geld oder ~! *Geld oder ich schieße!* 1.2.2 er ist mit dem ~ davongekommen *nach Todesgefahr am Leben geblieben* 1.2.3 zwischen ~ und Tod schweben *in Todesgefahr, todkrank sein* 1.2.4 jmdn. wieder ins ~ zurückbringen, (zurück)rufen *ihn aus Bewußtlosigkeit erwecken* 1.2.5 und koste es mein ~! *und wenn ich sterben muß* 1.2.6 sein ~ (für jmdn. od. eine Sache) lassen, hingeben *um jmds. od. einer Sache willen sterben* 1.2.7 jmdm. nach dem ~ trachten *jmdn. töten wollen* 1.3 sich das ~ nehmen *Selbstmord begehen* 1.3.1 jmdn. ums ~ bringen *jmdn. töten* 1.3.2 ums ~ kommen *tödlich verunglücken* 1.3.3 jmdn. vom ~ zum Tode bringen *jmdn. hinrichten* 1.3.4 er ist nicht mehr am ~ *er ist tot* 1.4 sein ~ teuer verkaufen ⟨fig.⟩ *sich im Kampf heftig wehren* 1.5 sein ~

hängt an einem (seidenen) Faden *er ist todkrank, er schwebt in Lebensgefahr* 1.5.1 es geht auf ~ und Tod, ein Kampf auf ~ und Tod *es geht um das Leben, es ist lebensgefährlich, ein lebensgefährlicher Kampf* **2** *Lebenskraft, Unternehmungsgeist;* in ihm ist noch so viel ~; er steckt (noch) voller ~ 2.1 ~ in eine Gruppe, einen Betrieb bringen *Schwung, Lebendigkeit* 2.2 sich seines ~s freuen *froh u. glücklich sein* **3** *Zeit des Lebens(1), Lebensdauer;* jmdm. das ~ schwer machen; er verbrachte den Rest seines ~s in Berlin; wenn ich das tue, werde ich meines ~s nicht mehr froh 3.1 zeit seines ~s *sein Leben lang, solange er lebte* 3.2 das ~ hinter sich haben *alt sein* 3.2.1 das ~ vor sich haben *jung sein* 3.3 ins ~ treten *sich als junger Mensch selbständig bewähren* 3.4 sich durchs ~ schlagen *mit einiger Mühe u. unregelmäßig seinen Lebensunterhalt verdienen* 3.5 nie im ~! ⟨umg.⟩ *niemals, auf gar keinen Fall* 3.6 Frühling des ~s ⟨fig.⟩ *Jugend* 3.7 Herbst des ~s ⟨fig.⟩ *beginnendes Alter* **4** *Wirken, Wirksamkeit;* sein ~ einer Idee, einer Sache weihen, widmen; sein ~ mit Stundengeben fristen; sein ~ mit wissenschaftl. Studien o. ä. zubringen; das ~ Goethes, Schillers; sein ~ war Arbeit, Pflicht und Aufopferung; ein behagliches, beschauliches, geruhsames, kümmerliches, stilles, zurückgezogenes ~ führen **4.1** eine Sache ins ~ rufen *mit einer S. beginnen, etwas gründen, einrichten;* eine Bewegung, Stiftung ins ~ rufen **5** *Treiben, Geschäftigkeit;* das ~ und Treiben auf den Straßen; das geistige, gesellschaftliche, kulturelle, politische, wirtschaftliche ~ einer Stadt, einer Zeit **6** *Art zu leben, Lebensweise;* das ~ der Insekten; das ~ des Seemanns, des Indianers **6.1** ein neues ~ anfangen ⟨fig.⟩ *neue, gute Vorsätze fürs Leben fassen, sein Leben ändern* 6.2 das tue ich für mein ~ gern *sehr gern* **7** *Wirklichkeit;* der Ernst des ~s; dem ~ nacherzählt (Geschichte); so ist das ~!; der Stoff dieses Romans ist aus dem ~ gegriffen; im (wirklichen) ~ ist es ganz anders (als im Märchen, Roman, Film); die Schule des ~s; nach dem ~ gezeichnet (auf alten Porträts); die Handlung des Stückes ist aus dem ~ gegriffen

le'ben·dig ⟨Adj.⟩ **1** *lebend, am Leben befindlich;* ~e Junge gebären; sie war vor Schreck mehr tot als ~ ⟨umg.; scherzh.⟩ 1.1 bei ~em Leibe verbrennen *lebendig, lebend verbrennen* **2** eine Person ist ~ *lebhaft, munter* **3** ein ~er Geist *reger, aufgeschlossener, beweglicher G.;* trotz fortgeschrittenen Alters einen ~en Geist bewahrt haben **4** ~er Glaube, ~e Erinnerung *fortwirkender G., fortwirkende E.* **5** etwas ist ~ gestaltet, dargestellt *lebensecht, ausdrucksvoll, nicht gekünstelt;* das Buch, der Aufsatz ist sehr ~ geschrieben; er hat ein sehr ~es Photo von uns gemacht **6** ⟨Schiffsbau⟩ ~es Werk *der bei voller Ladung unter Wasser liegende Schiffsteil* **7** ~e Kraft *in einem bewegten Körper enthaltene Energie;* Ggs *tote Energie*

'Le·bens·ge·fahr ⟨f.⟩ **1** *Gefahr, das Leben zu verlieren;* in ~ schweben 1.1 etwas mit, unter ~ tun *Einsatz seines Lebens*

'Le·bens·geist ⟨m.; meist Pl.⟩ ~er ⟨fig.⟩ **1** *Leben, Lebendigkeit, Munterkeit;* meine ~er sind wieder erwacht **1.1** seine ~er auffrischen, wecken *sich aufmuntern*

'Le·bens·ge·mein·schaft ⟨f.⟩ **1** *eheliche od. eheähnliche Gemeinschaft zwischen Mann u. Frau* 1.1 *gesetzlich nicht gültige Ehe* **2** = *Symbiose*

'le·bens·groß ⟨Adj. 24⟩ *in natürlicher Größe;* ein ~es Bild; ein Tier ~ abbilden

'Le·bens·hal·tung ⟨f.⟩ *wirtschaftl. Gestaltung des Lebens;* eine bescheidene, großzügige ~

'Le·bens·lauf ⟨m.⟩ *kurze Beschreibung des Werde- und Bildungsgangs (bei Bewerbungen)*

'Le·bens·mit·tel ⟨n.; -s, -; meist Pl.⟩ *Nahrungs- u. Genußmittel, Eßwaren*

'Le·bens·stan·dard ⟨m.⟩ *Höhe der Lebenshaltung;* ein hoher, niedriger ~

'Le·bens·wan·del ⟨m.⟩ *Gestaltung des Lebens, besonders in sittlicher Hinsicht;* einen (nicht) einwandfreien ~ führen; ihr früherer ~

'Le·bens·weg ⟨m.; fig.⟩ **1** *Gang, Verlauf des Lebens;* wir wünschen Ihnen Glück für Ihren ferneren, weiteren ~ **1.1** einen gemeinsamen ~ gehen wollen *heiraten wollen*

'Le·bens·zei·chen ⟨n.⟩ **1** *Anzeichen dafür, daß jmd. noch am Leben ist, z. B. Herzschlag, Atem;* kein ~ mehr von sich geben **1.1** ein ~ von jmdm. erhalten ⟨fig.⟩ *einen Brief, Gruß (bes. nach langer Zeit)*

'Le·ber ⟨f.; -, -n⟩ **1** *großes Drüsenorgan in der Bauchhöhle der Wirbeltiere u. des Menschen, das den Eiweiß- u. Zuckerstoffwechsel regelt: Hepar* **2** *Tierleber als Speise;* Gänse~, Kalbs~ **3** frei, frisch von der ~ weg sprechen ⟨fig.⟩ *seine Meinung offen sagen, sich keinen Zwang auferlegen* **4** → a. *Laus(3)*

'Le·ber·fleck ⟨m.⟩ *brauner Pigmentfleck auf der Haut*

'Le·be·welt ⟨f.⟩ **1** *Gesamtheit des pflanzl. u. tier. Lebens* **2** ⟨fig.⟩ *Welt der hauptsächlich den sinnl. Genüssen lebenden oberen Gesellschaftsschicht*

'Le·be·we·sen ⟨n.⟩ *Organismus, lebender Körper, lebende Zelle(n)*

Le·be'wohl ⟨n.; -(e)s, -e od. -s⟩ **1** *Abschiedsgruß;* jmdm. ein ~ zurufen **1.1** jmdm. ~ sagen *Abschied nehmen, sich verabschieden*

'leb·haft ⟨Adj.⟩ **1** jmd. ist ~ *voller Leben, munter, rege, temperamentvoll;* ein ~es Kind, ~er Mensch 1.1 ein bißchen ~, bitte! ⟨umg.⟩ *ein bißchen schnell!* **2** etwas ist ~ *voller Leben, beweglich, bewegt, belebt;* ~e Augen; ~es Treiben auf dem Markt, den Straßen **2.1** das Geschäft geht ~ *läuft gut* **3** ein Gespräch, eine Diskussion ist ~ *intensiv, anregend* **4** eine Sache ist ~ *ausgeprägt, kräftig, stark, intensiv;* eine ~e Phantasie haben; eine ~e Freude empfinden; ~er Verkehr; ~er Beifall; ~e Farben **5** ⟨verstärkend⟩ *deutlich, sehr genau, ausgesprochen;* ich bedaure es ~; das kann ich mir ~ vorstellen!; jmdn. od. etwas in ~er Erinnerung haben

'Leb·ku·chen ⟨m.; bes. süddt. u. westdt.⟩ = *Pfefferkuchen*

'Leb·zei·ten ⟨nur Pl.; nur in den Wendungen⟩ zu ~, bei ~ *während der Zeit, in der jmd. gelebt hat;* zu ~ meiner Mutter, zu ihren ~

'lech·zen ⟨V. 800⟩ **1** nach etwas ~ *schmachten, begierig sein auf etwas;* die Erde lechzt nach Regen; nach Wasser ~ **2** nach

Blut ~ ⟨fig.⟩ *auf Rache sinnen, jmdm. nach dem Leben trachten*

leck ⟨Adj. 24/70⟩ *undicht, wasserdurchlässig, mit einem Loch versehen;* unser ~es Boot sank schnell; das Schiff ist ~

'lecken¹ ⟨-k·k-; V. 400⟩ ein Schiff, Gefäß leckt *ist leck, ist undicht;* das Boot, der Kessel leckt

'lecken² ⟨-k·k-; V.⟩ **1** ⟨503⟩ (jmdm.) etwas ~ *mit der Zunge über etwas gleiten;* der Hund leckte seinem Herrn die Hand; die Tiermutter leckt ihre Jungen; eine Wunde ~; an etwas ~ **1.1** wie geleckt aussehen ⟨umg.⟩ *sehr sauber u. (zu) fein zurechtgemacht* **2** ⟨511⟩ leck mich (am Arsch)! ⟨umg.⟩ *du bist mir ganz gleichgültig, dein Anliegen interessiert mich nicht* **3** ⟨530/R1⟩ sich die Lippen, Finger nach etwas ~ ⟨fig.⟩ *lüstern auf etwas sein, etwas sehr gern haben wollen*

'lecker ⟨-k·k-; Adj.⟩ **1** etwas ist ~ *sehr wohlschmeckend, appetitlich, appetitanregend;* ein ~es Mahl; ~ angerichtete Speisen; das sieht ~ aus **2** ein Mädchen ist ~ ⟨fig.; umg.⟩ *adrett, hübsch u. sauber, frisch u. jung*

'Le·der ⟨n.; -s, -⟩ **1** *von den Haaren befreite und gegerbte Tierhaut;* Rinds~, Schweins~; in ~ gebundenes Buch; ~ prägen, pressen **2** *aus Leder gefertigter Gegenstand* **2.1** *Lederlappen;* Fenster~; mit dem ~ die Scheibe reinigen **2.2** ⟨Sp.⟩ *Fußball* **2.2.1** (dicht) am ~ bleiben *am Ball bleiben* **2.3** *vorn od. hinten getragener Lederschurz für bestimmte Handwerker, Bergleute;* Arsch~ **3** ⟨fig.⟩ **3.1** vom ~ ziehen **3.1.1** *die Waffe ziehen (eigtl. „aus der Lederscheide"), jmdn. angreifen* **3.1.2** *zu schimpfen beginnen* **3.2** jmdm. das ~ gerben ⟨umg.⟩ *jmdn. verprügeln*

'le·dern¹ ⟨V. 500⟩ etwas ~ **1** *gerben* **2** *mit Leder versehen*

'le·dern² ⟨Adj.24/60⟩ **1** ein Gegenstand ist ~ *aus Leder* **1.1** eine Sache ist ~ ⟨fig.⟩ *langweilig, ohne Spannung, trocken*

'le·dig ⟨Adj. 24⟩ **1** ⟨70⟩ *frei, ungebunden, befreit;* aller Verpflichtungen, Sorgen los und ~ **1.1** ⟨60⟩ ~es Pferd *P. ohne Reiter* **2** ⟨70⟩ *unverheiratet;* ~ bleiben, ~ sein **2.1** ⟨60⟩ ~e Mutter *M. eines unehelichen Kindes* **2.2** ⟨60⟩ ~es Kind ⟨süddt.⟩ *uneheliches K.* **3** ein Acker ist ~ ⟨mitteldt.⟩ *leer, brach, unbearbeitet* **4** ⟨süddt.⟩ *unbeschäftigt, müßig* **5** ⟨60⟩ ~es Gestein *taubes G.* **6** ⟨60⟩ ~e Schicht ⟨Bgb.⟩ *Überstunden* **7** ⟨Mar.⟩ *unbefrachtet*

'le·dig·lich ⟨Adv.⟩ *nur, bloß;* ich habe ihm ~ die Tatsachen berichtet; es ist ~ eine Formsache

leer ⟨Adj.⟩ **1** *nichts enthaltend, entleert;* ein Gefäß, einen Behälter ~ machen; halb, ganz ~; die Erde war wüst und ~ (1. Mose 1,2); den Teller ~ essen **1.1** mit ~em Magen *nüchtern, ohne etwas zu sich genommen zu haben* **1.2** das Haus, die Stadt war öd und ~ *nicht belebt, menschenleer* **1.3** mit ~en Händen kommen *ohne Geschenk, ohne Geld* **2** ⟨70⟩ ein ~es Zimmer, ~e Wohnung, ~er Platz *frei, unbesetzt* **2.1** die Wohnung, das Haus, Zimmer steht ~ **2.1.1** *ist unbewohnt* **2.1.2** *unmöbliert* **2.2** ~es Zimmer **2.2.1** *Z., in dem sich niemand befindet* **2.2.2** *Z. ohne Möbel* **2.3** vor einem ~en Haus(14) spielen *vor nur wenigen Zuschauern* **3** ⟨fig.⟩ **3.1** *gehaltlos, inhaltslos, ausdruckslos, nichtig;* ein ~er Blick; das ist nur ~es Gerede!; ein ~es Leben **3.1.1** ~e Drohungen *D., die man nicht wahrmacht* **3.1.2** ~e Versprechungen *V., die nicht eingehalten werden* **3.1.3** ein ~er Kopf *geistloser Mensch, Hohlkopf* **3.1.4** ~er Schall *nichtssagendes Gerede* **3.2** ⟨60⟩ ~es Stroh dreschen *Altbekanntes erzählen, Überflüssiges reden* **3.3** vor ~en Bänken predigen *Ratschläge erteilen, die keiner befolgt* **3.3.1** ~ ausgehen *nichts bekommen* **3.3.2** der Motor sollte nicht länger ~ laufen *laufen, ohne Arbeit zu leisten*

'Lee·re ⟨f.; -; unz.⟩ **1** *das Leersein;* gähnende ~ **2** *luftleerer Raum, Vakuum, leerer Raum* **3** ins ~ starren *vor sich hin starren* **4** *Sinnlosigkeit, Gehaltlosigkeit;* die ~ eines Lebens

'lee·ren ⟨V. 500⟩ **1** ein Gefäß, Behälter ~ *leer machen, den Inhalt aus einem G., B. herausnehmen, ausschütten;* seine Taschen ~ **1.1** ⟨510⟩ das Glas auf einen, in einem Zug ~ ⟨geh.⟩ *austrinken, ohne abzusetzen* **1.2** eine Flasche Wein (zusammen) ~ *trinken* **1.3** den Teller ~ *aufessen, was auf dem T. liegt* **2** ⟨R3⟩ ein Raum leert sich *wird leer;* die Vorratskammer leert sich **2.1** ein Versammlungsraum leert sich *wird von Menschen verlassen;* der Saal, das Gebäude, der Hof leert sich

'Leer·lauf ⟨m.⟩ **1** ~ eines Motors *Lauf (eines M.) ohne Arbeitsleistung* **2** ⟨fig.⟩ *nutzlose Bemühungen, nutzlose Arbeit*

le'gal ⟨Adj. 24⟩ *gesetzlich, dem Gesetz entsprechend;* Ggs *illegal*

'le·gen ⟨V. 500⟩ **1** ⟨R7⟩ etwas od. jmdn. ~ *in liegende Stellung, zum Liegen bringen;* du mußt die Bücher, Flaschen usw. ~ (nicht stellen); das Buch auf den Tisch ~ **1.1** der Spieler X wurde gelegt (während des Fußballspiels) *vom Gegner regelwidrig zu Fall gebracht* **1.1.1** jmdn. ~ *in liegende Stellung bringen, hinlegen, lang ausstrecken;* jmdn. ins Grab ~; sich aufs Bett, aufs Sofa ~; sich auf die Seite, auf den Rücken, Bauch ~; sich ins Bett, zu Bett ~; sich in die Sonne ~; leg dich! (Aufforderung an den Hund) **1.1.2** ⟨507/R3⟩ sich schlafen ~ *sich hinlegen, um zu schlafen* **1.2** ⟨R3⟩ jmd. hat sich gelegt, mußte sich legen ⟨umg.⟩ *muß wegen Krankheit das Bett hüten* **1.3** ⟨550/R3⟩ etwas legt sich über ... *breitet sich aus;* der Nebel legte sich über das Dorf **2** etwas ~ *einrichten, installieren;* Gas, Kabel, Rohre, Wasserleitung ~; Fliesen, Linoleum, Parkett ~ **2.1** *anbringen;* Schlingen ~ (zum Fangen von Wild); das Fundament, den Grundstein (zu etwas) ~ **2.2** Knollen, Wurzeln ~ *in die Erde bringen* **2.3** Karten ~ *auflegen;* Patience ~ **2.4** Feuer ~ *zum Zwecke der Brandstiftung anzünden* **2.5** Wäsche ~ *einsprengen u. ordentlich zusammenfalten* **3** ⟨531⟩ jmdm. die Hand auf die Stirn ~ *jmdn. mit der H. auf der S. berühren;* jmdm. den Kopf an die Schulter ~; jmdm. die Hand auf den Kopf, die Schulter ~; jmdm. den Arm um die Schultern ~ **4** ⟨510⟩ **4.1** jmdn. in Fesseln, in Ketten ~ *fesseln, anketten* **4.2** einen Hund an die Kette ~ *an der K. festmachen* **4.3** Truppen in Quartier ~ *Quartier beziehen lassen* **5** ⟨500⟩ **5.1** das Fundament, den Grundstein (zu etwas) ~ ⟨a. fig.⟩ *für etwas die Voraussetzungen schaffen* **5.2** Karten ~ ⟨a. fig.⟩ *aus K. wahrsagen*

5.3 Eier ~ 5.3.1 Vögel ~ Eier *stoßen sie aus dem Körper aus;* die Hühner ~ jetzt gut 5.3.2 Fische ~ Eier *laichen* 5.4 Bauern ~ ⟨MA⟩ *ihr Land abkaufen od. wegnehmen* **6** ⟨550⟩ **6.1** Nachdruck auf etwas ~ *etwas hervorheben, bes. betonen;* die Betonung, den Akzent auf ein Wort, eine Silbe ~ **7** ⟨R3⟩ etwas legt sich *läßt nach, wird weniger;* Wind, Lärm, die Stimmung legt sich; sein Zorn legte sich schnell **8** ⟨550/R3⟩ eine Krankheit legt sich auf ein Organ *greift ein bestimmtes O. an;* seine Erkältung hat sich auf die Nieren gelegt **9** → a. *Hand(2.1.4, 2.3.1-2.3.2, 2.6.14), Handwerk(1.3), Herz(2.0.14), Last(4.4), Mittel(5), Mund(3.15)*

le·gen'där ⟨Adj.⟩ **1** *legendenhaft, sagenhaft* **2** ⟨fig.⟩ *unglaubhaft, unwahrscheinlich*

Le'gen·de ⟨f.; -, -n⟩ **1** *Sage von frommen Menschen* **2** *lange vergangenes, nicht mehr nachweisbares histor. Ereignis;* ein Ereignis ist zur ~ geworden **2.1** *verzerrt dargestellter histor. Vorgang;* die Dolchstoß~ nach dem 1. Weltkrieg **2.2** *unglaubwürdige Geschichte* **3** *Text von Inschriften;* ~n von Münzen **3.1** *erläuternder Text zu Karten, Abbildungen;* Bild~, Karten~

le'gie·ren ⟨V. 500⟩ **1** Metalle ~ *zu einer Legierung zusammenschmelzen* **2** eine Soße, Suppe ~ ⟨Kochk.⟩ *sämig machen* **3** etwas ~ ⟨veralt.⟩ *als Legat vermachen*

Le'gie·rung ⟨f.; -, -en⟩ *durch Zusammenschmelzen mehrerer Metalle (u. Zusätze) entstehendes Metallgemisch*

Le·gi'on ⟨f.; -, -en⟩ **1** *röm. Truppeneinheit* **2** *Name verschiedener Truppen;* Fremden~ **3** *unbestimmt große Anzahl, große Menge;* ihre Zahl war ~

Le·gis·la'ti·ve ⟨[-və-]; f.; -, -n⟩ **1** *Teil der Staatsgewalt, der die Gesetzgebung betrifft;* → a. *Exekutive, Judikative* **2** *gesetzgebende Versammlung*

le·gi'tim ⟨Adj.⟩ **1** *rechtmäßig, gesetzlich anerkannt, gesetzlich zulässig* **2** ⟨24⟩ *ehelich;* ein ~es Kind

'Le·hen ⟨n.; -s, -⟩ **1** ⟨MA bis 19. Jh.⟩ *erbliches Nutzungsrecht an einem Gut (Grundbesitz, Amt, Steuer- u. Zollrechte usw.), das gegen bestimmte (landschaftlich unterschiedliche) Verpflichtungen (Kriegsdienst, Treue usw.) verliehen wurde* **2** *das verliehene Gut selbst;* jmdm. ein Gut zu ~ geben

Lehm ⟨m.; -(e)s, -e⟩ *sandiger Ton, der durch Brauneisenstein gelb bis braun gefärbt ist u. zur Herstellung keramischer Erzeugnisse verwendet wird*

'Leh·ne ⟨f.; -, -n⟩ **1** *Stütze (eines Sitzmöbels) für Rücken od. Arm;* Arm~, Rücken~ **2** ⟨oberdt.⟩ *Abhang;* Berg~

'leh·nen ⟨V. 500⟩ **1** ⟨511⟩ etwas an etwas ~ *etwas so hinstellen, daß es sich in einer schrägen Lage befindet und gestützt wird;* eine Leiter an die Wand ~ **2** ⟨511/R3⟩ sich an jmdn. od. etwas ~ *sich an jmdn. od. etwas gestützt befinden, an jmdn. od. etwas gestützt stehen;* sich an jmds. Schulter ~; sich an jmdn., an eine Mauer ~ **2.1** etwas lehnt an etwas *befindet sich in schräger Lage und wird gestützt von etwas;* die Leiter, der Stock lehnt an der Wand **3** ⟨510/R3⟩ sich an, auf, gegen etwas ~ *sich mit dem ganzen Körper an, auf, gegen etwas stützen* **3.1** sich über ein Geländer, eine Brüstung ~ *sich hinausbeugen und sich dabei am G., an der B. halten* **3.2** sich (weit) aus dem Fenster ~ *sich aufs Fensterbrett gestützt hinausbeugen;* nicht aus dem Fenster ~! (Aufschrift auf Schildern in der Eisenbahn usw.)

'Lehns·herr ⟨m.⟩ *Eigentümer eines Lehens, das er an den Lehnsmann vergeben hat*

'Lehns·mann ⟨m.; -(e)s, ¨er od. -leute⟩ *jmd., der vom Lehnsherrn ein Gut zu Lehen bekommen hat;* Sy *Vasall(2)*

'Lehn·wort ⟨n.⟩ *aus einer fremden Sprache entlehntes Wort, das sich (im Unterschied zum Fremdwort) lautlich der einheim. Sprache angepaßt hat, z. B. Fenster aus lat. fenestra*

'Lehr·amt ⟨n.⟩ *Amt des Lehrers;* ~ an Volksschulen, Mittelschulen, höheren Schulen; die Prüfung für das höhere, mittlere ~ machen

'Leh·re ⟨f.; -, -n⟩ **1** *Regel, Richtschnur, Ratschlag;* jmdm. gute, weise ~n geben (wollen) **2** *Schlußfolgerung, Erfahrung, aus der man lernt;* dieser Vorfall soll mir eine ~ sein; die ~ aus etwas (Ereignis, Unglück, Mißerfolg) ziehen; eine bittere, heilsame ~ **2.1** laß es dir zur ~ dienen *lerne daraus!* **3** *wissenschaftl. System, Anschauung einer bedeutenden Persönlichkeit od. eines Kreises von Menschen über ein Problem der Wissenschaft od. Kunst;* die ~ Fichtes, Kants, Newtons; die Kopernikanische ~ **3.1** *Lehrsatz;* die ~ von der Erhaltung der Energie **4** *Lehrzeit eines Lehrlings, Unterricht, Unterweisung in einem Lehrberuf;* einen Jungen (einem Meister) in die ~ geben; in der ~ sein, in die ~ gehen **5** ⟨Tech.⟩ *Modell, Schablone zur Herstellung von Profilen* **6** ⟨Tech.⟩ *Meßwerkzeug;* Schieb~

'leh·ren ⟨V.⟩ **1** ⟨400⟩ *einen Lernprozeß bei jmdm. auslösen, bewirken* **1.1** ⟨520⟩ jmdn. etwas ~ *jmdn. in etwas unterrichten, unterweisen;* ein Kind das Lesen und Schreiben ~ **1.2** ⟨520⟩ jmdn. etwas ~ *Kenntnisse über etwas vermitteln;* Philosophie wird nur in den oberen Klassen gelehrt; durch Lehren lernt man **1.2.1** *Vorlesungen halten (über);* an der Universität ~; Musiktheorie, deutsche Literatur, Gerichtsmedizin ~ **2** ⟨500; fig.⟩ **2.1** die Zukunft wird es ~! *zeigen* **2.2** ich werde dich ~, so unverschämt zu sein! ⟨umg.⟩ *ich werde dir diese Unverschämtheit austreiben*

'Leh·rer ⟨m.; -s, -⟩ *jmd., der beruflich lehrt, unterrichtet, Inhaber eines Lehramtes, Pädagoge;* Oberschul~, Grundschul~, Hauptschul~, Gymnasial~, Hochschul~, Volksschul~, Privat~; ein guter, schlechter, strenger ~; ~ an einer Schule, Universität; ~ für Deutsch, Mathematik

'Lehr·gang ⟨m.⟩ Sy *Kurs(3), Kursus* **1** *zeitlich begrenzte, schulmäßige Ausbildung in einem Fach bzw. in einer Fächergruppe* **2** *systematische Einführung in ein Fach, Wissensgebiet;* ~ für Erste Hilfe

'Lehr·geld ⟨n.⟩ **1** ⟨früher⟩ *Entgelt für die Lehre(4)* **2** ⟨heute⟩ **2.1** ~ zahlen ⟨fig.⟩ *mit Mühe u. mancherlei Enttäuschungen lernen* **2.2** laß dir dein ~ zurückgeben! ⟨umg.; scherzh.⟩ *du kannst nichts, weil du schlecht gelernt hast*

'lehr·haft ⟨Adj.⟩ **1** *belehrend;* ein ~es Gedicht von Brecht **2** *langweilig u. belehrend, schulmeisterlich;* eine ~e Rede halten

'Lehr·ling ⟨m.; -s, -e⟩ *Jugendliche(r) während der Lehrzeit*
'Lehr·mit·tel ⟨n.⟩ *der Veranschaulichung dienender Gegenstand im Unterricht, Hilfsmittel für den Unterricht, z. B. Karte, Modell*
'Lehr·satz ⟨m.⟩ *eine von mehreren nicht im einzelnen beweisbaren Regeln, die einem wissenschaftl., religiösen od. polit. System angehören;* Sy *Doktrin(1)*
'Lehr·stuhl ⟨m.⟩ *planmäßige Stelle eines Hochschullehrers, Professur;* den ~ für neuere Geschichte innehaben
Leib ⟨m.; -(e)s, -er⟩ **1** ⟨i. w. S.⟩ *(menschl. od. tier.) Körper;* er zitterte am ganzen ~e; den Teufel im ~e haben 1.1 drei Schritt vom ~e! ⟨umg.⟩ *nicht zu nahe an mich heran!* 1.2 bleib mir vom ~e! *komm mir nicht zu nahe!* 1.3 der ~ des Herrn ⟨geh.⟩ = *Hostie* **2** ⟨i. e. S.⟩ *Bauch, Magen, Unterleib;* der ~ schmerzt 2.1 nichts im ~e haben *nichts gegessen haben, hungrig sein* **3** ⟨veralt.; nur noch in formelhaften Verbindungen⟩ ~ und Gut für etwas wagen *Leben und Gut für etwas wagen* 3.1 Gefahr für ~ und Leben ⟨fig.⟩ *für Freiheit u. Leben* **4** keine Ehre im ~e haben *völlig ehrlos sein* 4.1 kein Herz im ~e haben ⟨fig.⟩ *kalt u. herzlos, mitleidlos sein* 4.2 er hat kaum noch ein Hemd auf dem ~e *er ist sehr arm* **5** ⟨fig.; in festen Wendungen⟩ 5.1 drei Schritte vom ~e! *damit will ich nichts zu tun haben* 5.2 bleib mir nur damit vom ~e! *laß mich nur damit in Ruhe* 5.3 sich jmdn. vom ~e halten *jmdn. fernhalten, Abstand halten gegenüber jmdm.* 5.4 jmdm. zu ~e gehen, rükken *jmdn. angreifen* 5.5 jmdm. auf den ~ rükken *jmdn. mit etwas bedrängen* 5.6 einer Sache zu ~e gehen *eine S. tatkräftig anpakken* 5.7 gut essen und trinken hält ~ und Seele zusammen *macht einen gesund u. fröhlich* 5.8 mit ~ und Seele *ganz u. gar, völlig* 5.9 seinen ~ pflegen ⟨umg.⟩ *faul sein, nicht arbeiten*
'Leib·chen ⟨n.; -s, -⟩ **1** *Mieder* **2** ⟨früher⟩ *miederartiges Kleidungsstück für Kinder, an dem die Strumpfhalter befestigt sind*
'leib·ei·gen ⟨Adj. 24/70; im allg. bis zum 18. Jh., in Rußland bis zum 19. Jh.⟩ *im Zustand der persönlichen Abhängigkeit vom Grundherrn befindlich, persönlich unfrei*
'Lei·bes·frucht ⟨f.⟩ *Kind im Mutterleib*
'Leib·ge·richt ⟨n.⟩ *bevorzugtes Gericht, Lieblingsspeise*
'leib·haf·tig ⟨a. [-'--] Adj.⟩ **1** *gegenständlich, echt;* wie der ~e Teufel; da stand er ~ vor mir 1.1 jmd. ist der ~e V a t e r *jmd. sieht seinem V. sehr ähnlich* 1.2 der ~e G e i z *der Gestalt gewordene G.* **2** *wirklich u. wahrhaftig;* er ist es ~
'leib·lich ⟨Adj.⟩ **1** *den Leib betreffend, zu ihm gehörig, körperlich;* ~e Genüsse 1.1 die ~e Hülle des Toten *der Körper des T.* **2** *blutsverwandt;* ~e Erben 2.1 der ~e Vater *V., der das Kind gezeugt hat* 2.2 die ~e Mutter *M., die das Kind geboren hat* 2.3 mein ~es Kind *mein eigenes K. (kein angenommenes)*
'Lei·che ⟨f.; -, -n⟩ **1** *toter menschl. od. tier. Körper, Leichnam;* die ~ identifizieren **2** ⟨oberdt.⟩ *Beerdigung, Bestattungsfeier, Leichenschmaus* 2.1 zur ~ gehen *zur Beerdigung gehen* **3** ⟨fig.⟩ 3.1 ⟨umg.; scherzh.⟩ *jmd., der stark betrunken ist;* Bier~, Schnaps~ 3.2 er ist eine lebende, wandelnde ~ *er sieht sehr bleich u. krank aus* 3.3 er geht über ~n *er ist vollkommen rücksichtslos, herzlos* 3.4 nur über meine ~! ⟨umg.⟩ 3.4.1 *nicht, solange ich lebe!* 3.4.2 *ich bin unter keinen Umständen damit einverstanden* **4** ⟨Typ.⟩ *vom Setzer vergessene Sätze od. Wörter*
'Lei·chen·öff·nung ⟨f.⟩ *patholog. u. anatom. Untersuchung einer Leiche zur Klärung der Todesursache;* Sy *Sektion(1)*
'Lei·chen·schmaus ⟨m.⟩ *Festmahl nach der Bestattung*
'Leich·nam ⟨m.; -(e)s, -e⟩ = *Leiche(1)*
leicht ⟨Adj.⟩ **1** ein G e g e n s t a n d ist ~ *ist von geringem Gewicht;* ein ~er Koffer 1.1 ~e Kleider *sommerliche, luftige, dünne K.* **2** *geringfügig, unbedeutend, gering;* ~ verletzt; eine ~e Krankheit; ein ~er Fehler, eine ~e Strafe, Wunde; ~er Wind 2.1 ein ~es Lächeln *die Andeutung eines Lächelns* 2.2 eine Sache ~er machen *das Gewicht einer S. verringern;* jmdm. das Eingeständnis einer Schuld ~er machen 2.3 eine ~e Berührung *zarte B.* 2.4 eine ~e Speise, ein ~er Wein *bekömmlich, nicht schwer verdaulich;* ~ verdauliche Speisen **3** ⟨fig.⟩ *einfach, nicht schwierig;* das ist, geht ganz ~; das ist ~er gesagt als getan 3.1 nichts ~er als das! *das ist eine Kleinigkeit für mich!* 3.2 das ist mir ein ~es *das macht mir keine Mühe, keine Schwierigkeiten* 3.3 sich eine Arbeit ~ machen *es sich bequem machen mit der Ausführung einer A., sie mit möglichst geringem Aufwand ausführen* 3.4 du machst es dir zu ~ *du gibst dir zu wenig Mühe* 3.4.1 das ist ~ gesagt *so einfach ist das (in Wirklichkeit) nicht* 3.5 *anspruchslos, unterhaltsam* 3.5.1 ~e L e k t ü r e *anspruchslose, unterhaltende L.* 3.5.2 ⟨60⟩ die ~e M u s e *die unterhaltende Kunst* 3.5.3 ~e M u s i k *Unterhaltungsmusik* **4** *ohne Schwierigkeiten, mühelos, schnell;* das Schloß geht ~ auf; ~ begreifen; ein Gerät ~ handhaben; eine Arbeit ~ fertigbringen; man findet nicht ~ einen besseren Arbeiter; das ist ~ zu verstehen; und wie ~ ist dann ein Unglück geschehen 4.1 ⟨60⟩ eine ~e H a n d haben *eine geschickte H.* 4.2 ⟨zusammen mit einem Adjektiv⟩ *etwas besitzt eine Neigung, Tendenz, sich in einer bestimmten Weise zu verhalten;* der Stoff wird ~ schmutzig; ~ zerbrechlich; diese Wurst wird ~ schlecht; er ist ~ verletzt, gekränkt, beleidigt **5** *oberflächlich, leichtfertig, leichtsinnig;* ein ~er Bursche, ~es Mädchen; ~er Lebenswandel 5.1 ~es Blut haben *leichtsinnig sein;* sie hat ~es Blut **6** ~en Sinnes *froh, zuversichtlich* **7** ⟨zusammen mit einem Adjektiv⟩ *ein wenig, etwas;* das ist ~ übertrieben; ~ verrückt **8** ⟨zusammen mit einem Verb⟩ *geringfügig, von geringer Intensität;* ~ fallen, stürzen; ~ klopfen **9** *unbeschwert;* ~en Herzens 9.1 ⟨40⟩ mir ist so ~ ums Herz *unbeschwert, heiter, froh* 9.2 ⟨40⟩ jetzt ist mir viel ~er ⟨umg.⟩ *jetzt bin ich sehr erleichtert* 9.3 ⟨60⟩ etwas auf die ~e Achsel, Schulter nehmen ⟨fig.⟩ *nicht ernst nehmen* **10** ⟨fig.⟩ 10.1 ~en Kaufes davon kommen *ohne viel Schaden zu erleiden, ohne Strafe* 10.2 jmdn. um eine Summe G e l d e s ~er machen 10.2.1 *jmdm. mit List eine Summe Geldes abnehmen* 10.2.2 *jmdm. eine Summe Geldes stehlen* 10.3 das ist ~ möglich *das ist gut, wohl möglich, das kann schon sein*

'Leicht·ath·le·tik ⟨f.; Sammelbez. für⟩ *Laufen, Springen, Werfen u. verwandte sportliche Übungen*

'leicht|fal·len ⟨V. 131/600⟩ **1** etwas fällt jmdm. leicht *macht jmdm. keine Mühe* **2** ⟨aber getrennt⟩ 'leicht 'fallen → *leicht(8)*

'leicht·fer·tig ⟨Adj.⟩ *oberflächlich, leichtsinnig;* ~ handeln

'leicht·her·zig ⟨Adj.⟩ *unbeschwert, oberflächlich-heiteren Gemütes*

'leicht·hin ⟨a. [-'-] Adv.⟩ *ohne sich viel Gedanken zu machen;* etwas ~ sagen; etwas ~ glauben

'Leicht·me·tall ⟨n.⟩ *Metall, dessen spezif. Gewicht unter 5 liegt, z. B. Magnesium u. Aluminium*

'leicht|neh·men ⟨V. 189/500⟩ eine Sache ~ *nicht ernst nehmen*

'Leicht·sinn ⟨m.; -(e)s; unz.⟩ *zu große Sorglosigkeit, Unbekümmertheit, Unvorsichtigkeit;* jugendlicher ~; seinen ~ mit dem Tode büßen

leid ⟨Adv.; nur in festen Wendungen⟩ **1** jmd. tut jmdm. ~ *jmd. erscheint jmdm. beklagenswert;* der arme Junge tut mir ~!; der arme Kerl kann einem ~ tun **2** etwas ist, tut jmdm. ~ *jmd. bedauert etwas, bereut etwas (sehr);* tut mir ~, aber ich kann nicht!; das tut mir herzlich ~! 2.1 es tut einem ~, zu sehen, wie ... *es ist schmerzlich, zu sehen, wie ...* 2.2 es tut einem ~ um jmdn. *jmd. dauert einen, man beklagt sein Schicksal;* es tut mir ~ um ihn **3** etwas ist jmdm. ~ (geworden) ⟨landschaftl.⟩ *jmd. ist einer Sache überdrüssig, hat sie satt* **4** jmd. ist eine Sache ~ *hat eine S. satt, ist ihrer überdrüssig;* den ständigen Klatsch ~ sein **5** ⟨schweiz. a. Adj.; in der Wendung⟩ das ist eine ~e Sache, Geschichte *eine häßliche, böse S., G.*

Leid ⟨n.; -es; unz.⟩ **1** *großer Kummer, seel. Schmerz;* Ggs *Freude;* Freud und ~ miteinander teilen; jmdm. ein ~ antun; sie hat in ihrem Leben viel ~ erdulden, ertragen müssen; in Freud und ~ zusammenstehen; geteiltes ~ ist halbes ~ ⟨Sprichw.⟩ 1.1 jmdm. sein ~ klagen *von seinem Kummer, Ärger erzählen, sein Herz ausschütten* 1.2 um jmdn. ~ tragen ⟨poet.⟩ *um jmdn. trauern* **2** *Unglück, Übel, Schaden;* bitteres, schweres, tiefes ~; jmdm. in seinem (großen) ~ beistehen **3** sich ein ~(s) antun *Selbstmord begehen* **4** ⟨schweiz.⟩ *alles, was mit der Kundgebung der Trauer zusammenhängt* 4.1 *Trauerkleidung* 4.2 *Begräbnis* 4.3 *Leichenschmaus* 4.3.1 Sie sind ins ~ geladen (auf Kärtchen, die der Todesanzeige beiliegen) ⟨schweiz.⟩ *zum Leichenschmaus gebeten* **5** → a. *zuleide*

'lei·den ⟨V. 177⟩ **1** ⟨400⟩ *Qualen ausstehen, Leid erdulden, Schmerzliches erleben;* er hat in seinem Leben viel ~ müssen **2** ⟨414⟩ an, unter etwas ~ *etwas ertragen müssen;* er leidet sehr unter der Strenge seines Vaters; er leidet noch immer an den Folgen seines Sturzes **3** ⟨414⟩ an einer Krankheit ~ *eine K. haben;* er leidet an chronischem Asthma 3.1 an Schwindel ~ *leicht schwindlig werden* 3.2 (durch, unter etwas) ~ *(durch etwas) beeinträchtigt werden;* unter der Hitze ~; die Bäume haben durch den Frost gelitten; das Haus hat durch die Bomben stark gelitten 3.3 der ~de Teil *das Opfer* **4** ⟨500⟩ etwas ~ *ertragen, ausstehen müssen;* Hunger, Durst, Not, Schmerzen ~ **5** ⟨500⟩ etwas ~ *erlauben, zulassen, dulden;* er leidet es nicht, daß man den Hund ärgert 5.1 die Sache leidet keinen Aufschub *eilt, darf nicht aufgeschoben werden* **6** ⟨500/R7 od. R8; mit Modalverb⟩ jmdn. (nicht) ~ können, mögen *jmdm. (nicht) gut gesinnt sein, jmdn. (nicht) gern haben;* ich kann ihn nicht ~ **6.1** ⟨500 m. Modalverb⟩ etwas (nicht) ~ können, mögen *(keinen) Gefallen an etwas finden* 6.2 ⟨Zustandspassiv⟩ bei jmdm. wohl gelitten sein *bei jmdm. gern gesehen sein* **7** ⟨510; unpersönl.⟩ es leidet mich hier nicht länger *hier kann ich nicht länger bleiben* **8** ~d *ständig krank, kränklich;* er ist noch immer ~d; ~d aussehen **8.1** ein ~des Gesicht machen *ein G., als ob man sehr litte*

'Lei·den ⟨n.; -s, -⟩ **1** *anhaltende Krankheit;* Herz~, Magen~; ein chronisches, unheilbares ~; er starb nach langem, schwerem ~ **2** *das, worunter man leidet, Qual, Schmerz;* das ~ Christi **3** ⟨fig.⟩ 3.1 das ist ja (eben) das ~! ⟨umg.⟩ *darin liegt ja die Schwierigkeit* 3.2 es ist immer das alte ~! ⟨umg.⟩ *man ärgert sich immer über dieselben Dinge* 3.3 es ist immer noch das alte ~ ⟨umg.⟩ *immer noch dieselbe unangenehme Sache* 3.4 ein langes ~ ⟨umg.; scherzh.⟩ *ein sehr großer, dummer Mensch*

'Lei·den·schaft ⟨f.; -, -en⟩ Sy *Passion(1)* **1** *heftige Gefühlsregung, starke Zuneigung, Begierde;* ihn erfaßte eine heftige, starke, glühende ~ zu ihr; seine ~ für sie **2** *Tätigkeit, die man gerne macht, Sache, die man gern hat;* Spiel~; Kochen ist meine ~ **3** *große Begeisterung;* ~ fürs Autofahren, Schilaufen, für die Musik; etwas mit ~ tun; einer ~ frönen

'lei·den·schaft·lich ⟨Adj.⟩ **1** *von Leidenschaft bewegt, getragen, glühend, heftig, ungezügelt;* ~er Haß, ~e Liebe, ~es Verlangen, ~e Musik **2** ⟨90⟩ *für eine Sache begeistert, eine Sache sehr gern tuend;* ~ gern reiten, schwimmen; ein ~er Angler, Jäger, Raucher, Schachspieler sein

'lei·der ⟨Adv.⟩ *bedauerlicherweise, unglücklicherweise;* ~ Gottes!; ~ kann ich nicht kommen; ist er immer noch krank? Ja, ~!, ~ ja!; ist das Paket gekommen? ~ nicht!, ~ nein!

'lei·dig ⟨Adj.⟩ *lästig, verdrießlich, unangenehm;* ich will froh sein, wenn ich diese ~e Sache los bin

'leid·lich ⟨Adj. 24⟩ *erträglich, annehmbar, halbwegs gut; nicht ganz gut u. nicht ganz schlecht;* ~es Wetter; eine Sprache (ganz) ~ beherrschen; wie geht's? Danke, ~!; es geht ihm ~

'Leid·we·sen ⟨n.; -s; unz.; nur in der Wendung⟩ zu jmds. ~ *Bedauern;* zu meinem ~ muß ich absagen

'Lei·er ⟨f.; -, -n⟩ **1** *altgriech., harfenartiges Zupfinstrument* **2** *primitives Saiteninstrument, bei dem durch eine Kurbel drei unveränderliche Saiten u. eine Saite für die Melodie angestrichen werden* **3** es ist (immer) die alte, selbe, gleiche ~ ⟨fig.; umg.⟩ *es ist immer dasselbe, das habe ich schon oft gehört*

'Lei·er·ka·sten ⟨m.⟩ = *Drehorgel*

'lei·ern ⟨V.⟩ **1** ⟨400⟩ *die Drehorgel drehen* **2** ⟨411⟩ an einem Gegenstand ~ *wiederholt, anhaltend drehen;* an einer Kurbel ~ **3** ⟨400⟩ *eintönig sprechen* **4** ⟨500⟩ einen Text ~ *me-*

chanisch und monoton hersagen; du darfst das Gedicht nicht so ~

'lei·hen ⟨V. 178/530/R6⟩ **1** jmdm. etwas ~ *borgen, vorübergehend zur Verfügung stellen;* das Auto gehört nicht mir, es ist nur geliehen; kannst du mir zehn Mark ~? **2** ⟨R1⟩ sich etwas (von jmdm.) ~ *sich etwas, das jmd. anderem gehört, zum zeitweiligen Gebrauch erbitten;* ich habe mir von ihm ein Buch geliehen **3** jmdm. eine hilfreiche Hand ~ ⟨geh.⟩ *jmdm. helfen*

'Leih·haus ⟨n.⟩ **1** *städt. od. staatl. Unternehmen, in dem man gegen Pfand Geld leihen kann, Pfandhaus* 1.1 etwas aufs ~ tragen *als Pfand für eine Geldsumme zum L. bringen*

'leih·wei·se ⟨Adv.⟩ *(nur) zum Leihen, zum momentanen Gebrauch, auf Borg;* können Sie mir das Buch ~ einige Wochen überlassen?

Leim ⟨m.; -(e)s, -e⟩ **1** *Klebstoff zum Verbinden von Werkstoffen verschiedener Art;* Büro~, Papier~, Tischler~ 1.1 etwas geht aus dem ~ ⟨a. fig.⟩ *geht entzwei* **2** jmdm. auf den ~ gehen, kriechen ⟨fig.; umg.⟩ *sich von jmdm. überlisten lassen*

'lei·men ⟨V. 500⟩ **1** etwas ~ *(mit Leim) kleben* **2** Vogelruten ~ *mit Leim bestreichen* **3** jmdn. ~ ⟨fig.; umg.⟩ *anführen, betrügen (bes. im Spiel)*

Lein ⟨m.; -s; unz.⟩ = *Flachs(1)*

...lein ⟨Endung zur Bildung der Verkleinerungsform; heute meist nur noch geh.⟩; Männlein

'Lei·ne ⟨f.; -, -n⟩ **1** *langes, schmales Gebilde aus festem (biegsamem) Material, an dem ein Tier od. ein Gegenstand befestigt wird;* einen Hund an der ~ führen, an die ~ nehmen **2** *dicke Schnur, dünnes Tau;* die Wäsche hängt noch auf der ~ 2.1 Ball über die ~ *Spiel zwischen zwei Mannschaften, die sich gegenseitig über eine Schnur in etwa 2 m Höhe einen Ball zuspielen, der Boden u. Schnur nicht berühren darf*

'Lei·nen ⟨n.; -s, -⟩ = *Leinwand(1)*

'Lein·öl ⟨n.⟩ *aus den Samen des Flachses gepreßtes Öl, Gemisch von verschiedenen Glyzerinestern mit meist ungesättigten Fettsäuren*

'Lein·wand ⟨f.⟩ **1** ⟨unz.⟩ *Gewebe aus Flachs (a. Baumwolle, Kunstfaser) in Tuchbindung;* Sy *Leinen;* mit Ölfarben auf ~ malen **2** *Bildwand, Fläche, auf die ein Film projiziert wird* 2.1 das Gesicht eines Schauspielers von der ~ her kennen *vom Film, aus dem Kino*

'lei·se ⟨Adj.⟩ **1** *nur schwach, kaum hörbar;* Ggs *laut;* ein ~s Geräusch; ~ lachen, singen, sprechen, weinen **2** *behutsam, vorsichtig, möglichst wenig Geräusch verursachend;* ~ auftreten; ~! 2.1 ⟨40⟩ sei ~! *mach kein Geräusch, keinen Lärm!* **3** ⟨90⟩ *gering, schwach;* einen ~n Verdacht, Zweifel; ich habe nicht die ~ste Ahnung; eine ~ Hoffnung 3.1 nicht die ~ste Andeutung *nicht die kleinste A.* 3.2 ~ weinend ⟨fig.; umg.; scherzh.⟩ *kleinlaut;* sich ~ weinend davonschleichen, zurückziehen **4** ⟨90⟩ *von geringer Intensität seiend, leicht, schwach, behutsam, sanft;* eine ~ Berührung; ein ~r Wind; jmdm. ~ übers Haar streichen; es regnete ~ 4.1 einen ~n Schlaf haben *schon durch schwache Geräusche störbaren S.*

'Lei·se·tre·ter ⟨m.; -s, -; fig.; umg.⟩ = *Duckmäuser*

'Lei·ste ⟨f.; -, -n⟩ **1** *schmale Randeinfassung aus Holz od. Metall;* Fenster~ **2** ⟨Anat.⟩ *Beugeseite des Hüftgelenks, der Übergang zw. Unterbauch u. Oberschenkel: Regio inguinalis*

'lei·sten ⟨V. 500⟩ **1** etwas ~ *vollbringen, schaffen, bewirken (eine größere schwierige Sache, Arbeit);* (jmdm.) einen Dienst ~; Gewaltiges, Großartiges, Übermenschliches ~; er kann in seinem Alter nicht mehr viel ~; da hast du wirklich etwas geleistet; nichts ~; eine ordentliche Arbeit ~ **2** ⟨530/R1⟩ sich etwas ~ *sich etwas gönnen, sich etwas erlauben* 2.1 *sich eine (unnötige) Ausgabe erlauben;* sich eine Reise nach dem Süden ~; sich eine gute Flasche Wein ~ 2.1.1 das kann ich mir nicht ~ *dazu habe ich nicht genügend Geld* 2.2 ⟨ m. Modalverb⟩ das kann ich mir nicht ~ *damit schade ich meinem Ansehen, Ruf* 2.3 da hast du dir ja etwas Schönes geleistet! ⟨fig.; iron.⟩ *da hast du ja etwas S. angestellt* **3** ⟨503/R6⟩ (jmdm.) eine Sache ~ *gewähren, darbringen, bieten* 3.1 ⟨530⟩ jmdm. Gesellschaft ~ *jmdn. unterhalten, bei jmdm. sein* 3.2 ⟨530⟩ jmdm. Genugtuung ~ *jmdm. G. geben, jmds. Wünsche befriedigen* 3.3 Widerstand ~ *sich widersetzen* 3.4 ⟨500⟩ einen Eid, Schwur ~ *schwören* **4** ⟨Funktionsverb⟩ 4.1 Abbitte ~ *um Verzeihung bitten* 4.2 ⟨503⟩ jmdm. Beistand, Hilfe ~ *beistehen, helfen* 4.3 ⟨550⟩ für jmdn. Bürgschaft ~ *bürgen* 4.4 ⟨505⟩ Ersatz ~ (für etwas) *(etwas) ersetzen* 4.5 ⟨530⟩ einer Einladung, einem Befehl Folge ~ *einer E., einem B. folgen* 4.6 ⟨505⟩ Verzicht ~ (auf etwas) *(auf etwas) verzichten* 4.7 Zahlungen ~ *zahlen*

'Lei·sten ⟨m.; -s, -⟩ **1** *Schuhform zum Spannen der Schuhe;* Schuhe auf ~ spannen 1.1 alles über einen ~ schlagen ⟨fig.⟩ *alles gleich behandeln, keine Unterschiede machen* 1.2 → a. *Schuster(1.1)*

'Lei·stung ⟨f.; -, -en⟩ **1** *das Vollbringen einer Anstrengung, Ausführen einer Arbeit, Aufgabe und das sich daraus ergebende Resultat;* deine ~en müssen noch besser werden; seine ~en steigern; seine ~en haben nachgelassen; seine ~en in der Schule; ausgezeichnete, befriedigende, gute, schlechte, vorzügliche ~en 1.1 *das Vollbringen einer großen Anstrengung, einer anspruchsvollen körperlichen od. geistigen Arbeit und das sich daraus ergebende, besonders zufriedenstellende Resultat;* eine geistige, künstlerische, sportliche, technische, wissenschaftliche ~; das ist (wirklich) eine ~! **2** *finanzielle Verpflichtung, die jmdm. gegenüber besteht;* die ~en der Krankenkasse **3** ⟨Phys.⟩ *Arbeit in der Zeiteinheit;* die ~ einer Maschine **4** ⟨Rechtsw.⟩ *das Tun od. Unterlassen, das ein Gläubiger kraft des Schuldverhältnisses von einem Schuldner zu fordern hat* 4.1 ~ in Geld, in Naturalien *Begleichung einer Schuld in G., in N.*

'lei·ten ⟨V. 500⟩ **1** jmdn. od. etwas ~ *führen, lenken* 1.1 jmdn. ~ ⟨geh.⟩ *jmds. Richtung, Weg bestimmen;* der Instinkt leitete ihn richtig 1.2 jmdn. ~ ⟨geh.⟩ *geleiten* 1.3 etwas ~ *sich an der Spitze von etwas befinden, den Vorsitz von etwas führen, die Leitung (von etwas) innehaben;* eine Diskussion, Versammlung ~; eine Abteilung, Filiale, Schule ~; einen Betrieb

o. ä. verantwortlich, selbständig ~ 1.4 er braucht noch eine ~de Hand *jmdn., der ihn anleitet, überwacht* 1.5 eine ~de Stellung *eine S. mit großer Verantwortung;* er hat eine ~de Stellung inne 1.5.1 ~der Angestellter *A. mit der Befugnis, Entscheidungen selbständig u. verantwortlich zu treffen* 1.6 der ~de Gedanke (eines Buches, Vortrags) *der bestimmende, grundlegende G.* 2 sich von Überlegungen, Gefühlen ~ lassen *Ü., G. zur Grundlage von Entscheidungen machen;* ich habe mich dabei von folgenden Erwägungen ~ lassen 3 etwas ~ *in eine bestimmte Richtung, an einen bestimmten Ort führen, bringen;* Dampf, Gas, Wasser durch Rohre ~ 4 ⟨511⟩ etwas in die Wege ~ *einleiten, organisieren, mit etwas beginnen* 5 Energie, Wärme, Schall ~ ⟨Phys.⟩ *durch einen Stoff weiterführen* 5.1 ein Stoff leitet *läßt Energie, Wärme, Schall durch u. führt sie weiter;* Metall leitet Wärme besser als Holz; gut, schlecht ~

'Lei·ter[1] ⟨m.; -s, -⟩ 1 *jmd., der etwas leitet, verantwortl. Vorgesetzter, Chef;* Bau~, Betriebs~, Filial~, Schul~, Verlags~; ~ einer Expedition, eines Unternehmens; kaufmännischer, technischer ~ 2 ⟨Phys.⟩ *Stoff, der elektr. Strom, Wärme, Schall weitergibt;* Wärme~; elektrischer ~; Metall ist ein guter, Holz, Wolle ein schlechter ~

'Lei·ter[2] ⟨f.; -, -n⟩ *Gerät aus zwei durch Sprossen verbundenen Balken (Holmen) zum Hinaufsteigen (auch als Turngerät);* Sy *Staffelei(2)* ⟨süddt., österr.⟩; eine ~ anlegen, aufstellen; die ~ hinauf-, hinuntersteigen od. -klettern; an der ~ turnen; die ~ des Erfolges, des Ruhmes emporsteigen ⟨fig.⟩

'Leit·fa·den ⟨m.; fig.⟩ *systemat. Einführung in ein Wissensgebiet, Lehrbuch;* ~ der Botanik

'Leit·ham·mel ⟨m.⟩ 1 *die Herde führender Hammel* 2 ⟨fig.; abwertend⟩ *Anführer, dem die Menge gedankenlos folgt*

'Leit·li·nie ⟨f.⟩ 1 *der Verkehrslenkung dienende, auf der Straße aufgezeichnete, gestrichelte gelbe od. weiße Linie, die überfahren werden darf, wenn der übrige Verkehr nicht gefährdet wird* 2 ⟨Math.⟩ *senkrecht auf der Hauptachse eines Kegelschnitts stehende Gerade, die zur Definition des Kegelschnitts dienen kann, Direktrix*

'Leit·mo·tiv ⟨n.⟩ 1 *oft wiederholte, mit einer bestimmten Gestalt, Stimmung o. ä. verbundene Tonfolge in einem Musikstück (bes. Oper)* 2 *grundlegendes, bedeutungsvolles Motiv in einem (literar.) Werk* 3 ~ einer Ausstellung, eines Unternehmens *Gedanke, der einer A., einem U. zugrunde gelegt wird*

'Leit·plan·ke ⟨f.⟩ *am Straßenrand od. am Mittelstreifen von Autobahnen angebrachte Stahl- od. Betonplanke, die verhindern soll, daß Fahrzeuge von der Fahrbahn abkommen*

'Lei·tung ⟨f.; -, -en⟩ 1 ⟨unz.⟩ *das Leiten;* straffe, nachlässige ~; unter ~ des Dirigenten XY; die ~ eines Betriebes übernehmen 2 *Leiter, Gesamtheit mehrerer Leiter (eines Unternehmens);* Betriebs~, Geschäfts~, Verlags~; ~ eines Betriebes; ein Gesuch an die ~ richten 3 *Einrichtung (Kabel, Rohr) zum Weiterleiten von Stoffen, Schall, Energie usw.;* Gas~, Wasser~, Rohr~, Telephon~; elektrische ~; eine ~ legen 3.1 ⟨kurz für⟩ *Telephonleitung;* die ~ ist frei, überlastet, unterbrochen 3.1.1 gehen Sie aus der ~! ⟨umg.⟩ *legen Sie den Telephonhörer auf! (Sie sind versehentlich in unser Gespräch geraten)* 4 eine lange ~ haben ⟨fig.; umg.; scherzh.⟩ *einen langsam arbeitenden Verstand haben, nur langsam begreifen*

'Leit·werk ⟨n.⟩ 1 *die der Steuerung von Flugzeugen dienenden flügelartigen Teile;* Höhen~, Seiten~ 2 *Dammbauten, die die Fließrichtung eines Flusses beeinflussen sollen*

Lek·ti'on ⟨f.; -, -en⟩ 1 *Vorlesung, Lehrstunde* 1.1 ⟨fig.⟩ *Zurechtweisung;* jmdm. eine ~ erteilen 2 *Abschnitt im Lehrbuch* 3 *zu lernende Aufgabe*

Lek'tü·re ⟨f.; -, -n⟩ 1 *Lesestoff;* englische, französische ~; ernste, heitere, leichte, schwere ~; geeignete, ungeeignete, passende, unpassende ~; das ist (nicht) die richtige ~ für dich; bei der ~ dieses Buches; ~ für den Unterricht, für den Urlaub 2 ⟨Schule⟩ *fremdsprachl. Lesestunde, Leseübung* 3 ⟨unz.⟩ *das Lesen*

'Len·de ⟨f.; -, -n⟩ 1 ⟨Anat.⟩ *aus starker Rückenmuskulatur bestehende Gegend zw. Rippenbogen, Darmbein u. Wirbelsäule* 2 *Fleisch unterhalb des Rückgrats beim Schlachtvieh;* Rinds~, Schweine~

'len·ken ⟨V. 500⟩ 1 ein Fahrzeug ~ *führen, steuern;* ein Auto, Flugzeug ~; einen Wagen nach links, rechts ~ 1.1 ⟨511⟩ seine Schritte in eine bestimmte Richtung ~ *in eine bestimmte Richtung gehen;* seine Schritte heimwärts, ins Tal ~ 2 jmdn. ~ ⟨fig.⟩ *jmdm. angeben, wie er sich verhalten soll, jmdn. in seinem Verhalten stark beeinflussen* 2.1 sich ~ lassen *sich in seinem Verhalten beeinflussen lassen;* sich leicht ~ lassen 3 ⟨550⟩ eine Sache auf jmdn. od. etwas ~ *etwas in eine bestimmte Richtung bringen;* ein Gespräch in eine bestimmte Richtung ~; die Aufmerksamkeit auf etwas ~; jmds. Blicke auf sich ~; den Verdacht auf jmdn. ~

'Len·kung ⟨f.; -, -en⟩ 1 *das Lenken(1), Führung, Leitung, Steuerung* 2 *Einrichtung zum Lenken eines Fahrzeugs*

Lenz ⟨m.; -es, -e⟩ 1 *Frühling, Frühjahr* 1.1 ~ des Lebens *Jugend* 2 ⟨nur Pl.⟩ ~e ⟨geh.⟩ *Lebensjahre;* er zählt gerade 19 ~e; er mit seinen 17 ~en 3 sich einen ~ machen ⟨fig.; umg.⟩ *faul sein, geruhsam arbeiten*

'Le·pra ⟨f.; -; unz.; Med.⟩ *chronisch verlaufende bakterielle Infektionskrankheit, die zu schweren Verunstaltungen des Körpers führt;* Sy *Aussatz*

'ler·nen ⟨V.⟩ 1 ⟨402⟩ (etwas) ~ *Fähigkeiten, Fertigkeiten (zu etwas), Kenntnisse, Wissen (von etwas) erwerben;* du mußt ~, vorsichtiger zu sein; das Lernen fällt, wird ihm leicht, schwer; eifrig, fleißig ~; er lernt gut, leicht, schlecht, schwer; so etwas lernt man schon in der Schule; eine Sprache ~; Auto fahren, Schlittschuh laufen, Klavier spielen ~; kochen, laufen, schwimmen, tanzen ~; lesen, schreiben, singen ~; mancher lernt's nie! ⟨umg.; iron.⟩; bei ihm habe ich viel gelernt 1.0.1 einen Beruf ~ *sich Fähigkeiten, Kenntnisse, Wissen für seinen Beruf aneignen* 1.0.2 aus der Erfahrung, aus seinen Fehlern ~ *auf Grund von Erfahrungen, begangenen Fehlern sein Verhalten ändern* 1.0.3 gelernt ist gelernt ⟨umg.⟩ *was man* *richtig gelernt hat, beherrscht man leicht, vergißt man nicht* 1.0.4 was Hänschen nicht lernt, lernt Hans nimmermehr ⟨Sprichw.⟩ *was man nicht in der Jugend lernt, lernt man auch im Alter nicht* 1.1 ⟨802⟩ (etwas) von jmdm. ~ *etwas beigebracht bekommen;* er hat es von seinem Vater gelernt; er lernt von dir nur Dummheiten ⟨umg.⟩ 1.2 *in der Lehre, Ausbildung, Schulausbildung sein;* bei einem Schneider, Tischler ~ 1.2.1 er lernt noch *ist noch in der Lehre* 1.2.2 er hat Buchhändler gelernt ⟨umg.⟩ *er hat die Buchhändlerlehre durchlaufen* 1.2.3 gelernter Arbeiter *A., der eine Lehre durchlaufen hat* 1.3 ein Schüler lernt (eine Sache) *erwirbt sich Kenntnisse für die Schule, prägt sich etwas ein;* ein Gedicht, Lied ~; Vokabeln ~; Englisch ~; auswendig ~ 1.3.1 *Schulaufgaben machen;* die Mutter lernt jeden Tag mit ihm **2** ⟨510/R3⟩ etwas lernt sich *läßt sich lernen, kann gelernt werden;* dieses Gedicht, Lied lernt sich leicht, schwer **3** ⟨507/R8⟩ etwas od. jmdn. lieben ~ *allmählich liebgewinnen*

'Lern·mit·tel ⟨n.⟩ *Hilfsmittel für den Lernenden, Lehrbücher, Hefte usw.*

'Les·art ⟨f.⟩ **1** *vom ursprüngl. od. überlieferten Text abweichende Fassung* **2** *Auslegung, Deutung eines Textes;* die amtliche ~

'Le·se ⟨f.; -, -n⟩ *Ernte, bes. Weinernte;* Wein~

'le·sen ⟨V. 179⟩ **1** ⟨400⟩ *den Sinn von Schriftzeichen erfassen, Schrift in Sprache umsetzen;* falsch, fließend ~; beim Lesen deines Briefes; ~ lernen (von Schülern) 1.1 ⟨500⟩ etwas (in etwas) ~ *den Sinn von etwas Geschriebenem od. Gedrucktem erfassen;* einen Brief, ein Buch ~; Zeitung ~; dieses Buch wird gern, viel gelesen; ich habe in der Zeitung gelesen, daß ... 1.2 ⟨402⟩ (etwas) ~ *den Sinn von etwas Gedrucktem od. Geschriebenem laut wiedergeben;* ein Drama mit verteilten Rollen ~ 1.3 ⟨411⟩ *öffentlich vortragen;* XY liest heute aus eigenen Werken 1.4 ⟨513/R3⟩ etwas Geschriebenes, Gedrucktes liest sich gut, schlecht ⟨umg.⟩ *kann gut, schlecht gelesen werden;* das Buch liest sich leicht, schwer **2** ⟨405⟩ ein Hochschullehrer liest (über ein Gebiet) *hält Vorlesungen;* über deutsche Literatur ~ **3** ⟨500⟩ 3.1 die Messe ~ *halten, zelebrieren* 3.2 Korrektur ~ *Schriftsatz auf Satzfehler prüfen* 3.3 eine Gesetzesvorlage ~ (in einem Parlament) *beraten* **4** ⟨500⟩ etwas ~ *ernten, sammeln;* Beeren, Trauben, Wein ~ 4.1 Ähren ~ *vom abgeernteten Getreidefeld die zurückgebliebenen Ä. sammeln* 4.2 Erbsen ~ *die guten von den schlechten E. trennen* **5** ⟨411⟩ in jmds. Gesicht, Augen ~ ⟨fig.⟩ *den Ausdruck von jmds. G., A. deuten*

'le·ser·lich ⟨Adj.⟩ *so beschaffen, daß man es lesen kann;* ~ schreiben

'Le·sung ⟨f.; -, -en⟩ **1** *das (laute) Lesen von Texten, bes. im Gottesdienst* **2** *öffentl. Veranstaltung, auf der aus dichter. Werken vorgelesen wird;* Dichter~ **3** *Beratung (über eine Gesetzesvorlage);* dritte ~ eines Gesetzesentwurfs

'Let·ter ⟨f.; -, -n⟩ = *Type(1)*

'letz·te(r, -s) ⟨Adj. 24/70⟩ **1** *eine Reihe beschließend;* der ~ Buchstabe; das ~ Mittel; der ~ Versuch; zum dritten und ~n (bei Auktionen); die ~n Jahre seines Lebens; der Letzte des Monats 1.0.1 der ~ *jmd., der eine Reihenfolge beschließt;* als ~r ankommen 1.0.2 den ~n beißen die Hunde *der letzte muß die Zeche zahlen, der letzte muß für alles einstehen* 1.0.3 zum ~n Male *nur noch dieses Mal;* oV *letztenmal* 1.0.4 ich habe es zum ersten u. auch zum ~n Male getan *ich habe es einmal getan od. versucht u. werde es nie wieder tun* 1.1 ⟨40⟩ er wäre der ~, dem ich es sagen würde *ihm würde ich es auf keinen Fall sagen* 1.2 ⟨60⟩ bis auf den ~n Mann *alle* 1.2.1 jmdn. od. etwas bis ins ~ kennen *ganz genau kennen* 1.2.2 die Letzte Ölung ⟨kath. Kirche⟩ *das Sterbesakrament, Salbung eines Todkranken mit geweihtem Öl* 1.2.3 der Letzte seiner Familie *das einzige lebende Mitglied einer F. ohne Nachkommen;* er ist der Letzte seines Namens 1.2.4 im ~n Augenblick *ganz am Schluß, kurz vor dem Ende* 1.3 Letzter Wille = *Testament(1)* 1.4 seine ~ Stunde war gekommen *seine Todesstunde* 1.4.1 in den ~n Zügen liegen *kurz vor dem Tode sein, im Sterben liegen* 1.4.2 den ~n Seufzer tun ⟨fig.⟩ *sterben* 1.4.3 den ~n Gang tun, den ~n Weg gehen ⟨fig.⟩ *begraben werden* 1.4.4 jmdm. die ~ Ehre erweisen *jmdn. zu Grabe tragen* 1.4.5 jmdn. zur ~n Ruhe betten, tragen *jmdn. begraben* 1.4.6 jmdn. auf seinem ~n Weg begleiten ⟨fig.⟩ *jmds. Beerdigung beiwohnen* 1.4.7 er hat das ~ Wort ⟨fig.⟩ *er hat die letzte Entscheidung zu treffen* 1.4.8 darüber ist das ~ Wort noch nicht gesprochen ⟨fig.⟩ *darüber ist noch nicht endgültig entschieden* **2** Letzte(r, -s) 2.1 der Letzte *der im Rang am niedrigsten Stehende;* die Ersten werden die Letzten sein und die Letzten werden die Ersten sein (Matth. 19,30) 2.1.1 er ist in seiner Klasse der Letzte *der schlechteste Schüler* 2.2 der (die, das) Letzte *im Rang am höchsten Stehende* 2.2.1 die Letzten Dinge ⟨Rel.⟩ *Herkunft, Ziel u. Erfüllung religiöser Erwartungen u. den Sinn des irdischen Daseins betreffende Fragen* 2.2.2 der Letzte Richter *Gott, der über die Toten Gericht hält* **3** ⟨60⟩ *eben erst vergangen, vorig;* in ~r Zeit, in der ~n Zeit; in der ~n Woche; am ~n Sonntag; ~s Jahr, ~ Woche **4** ⟨60⟩ *neueste(r, -s);* die ~n Nachrichten 4.1 der ~ Schrei *die neueste (modernste) Errungenschaft, Mode* 4.2 die ~ Neuheit *eben aufgekommene N.* **5** ⟨60⟩ *äußerste(r, -s)* 5.1 mit ~r Kraft *mit der noch übrigen K.* 5.2 ~n Endes ⟨umg.⟩ *schließlich, eigentlich* 5.3 das Letzte *das Äußerste, nicht zu Überbietende, alles Umfassende;* es geht ums Letzte; etwas bis zum Letzten ausnützen 5.4 sein Letztes hergeben 5.4.1 *seinen ganzen Besitz* 5.4.2 ⟨fig.⟩ *tun, soviel man vermag, sich aufs äußerste anstrengen* 5.5 das ist das Letzte ⟨a. iron.⟩ *das Schlechteste* **6** *endgültig* 6.1 das ~ Wort haben *keine Widerrede dulden* 6.2 das ist mein ~s Wort *das, was ich jetzt gesagt habe, ist endgültig* 6.3 der Weisheit ~r Schluß *die höchste W.*

'letzt·hin ⟨a. [-'-] Adv.⟩ *zu einem Zeitpunkt, der noch nicht lange zurückliegt;* Sy *letztlich(2)*

'letzt·lich ⟨Adv.⟩ **1** *schließlich, im letzten, tiefsten Sinne;* ~ macht es keinen Unterschied, ob **2** = *letzthin*

'Leuch·te ⟨f.; -, -n⟩ **1** *Gerät, das eine Lichtquelle enthält;* Sy *Lampe[1](2)* 1.1 *Laterne, Fackel* **2**

⟨fig.; umg.⟩ *kluger Mensch* 2.1 er ist eine ~ der Wissenschaft ⟨fig.⟩ *berühmter Fachmann, bedeutender Gelehrter* 2.2 er ist keine große ~ ⟨fig.⟩ *ein dummer Mensch*

'leuch·ten ⟨V.⟩ **1** ⟨400⟩ *mittels einer Lampe, Leuchte o. ä. einen Lichtstrahl auf jmdn. od. etwas richten;* unter den Tisch ~ (um etwas zu suchen); jmdm. mit der Lampe ins Gesicht ~ 1.1 ⟨600/R5 od. R6⟩ jmdm. ~ *den Weg erhellen* **2** ⟨400⟩ etwas leuchtet *strahlt Licht aus, verbreitet Helligkeit;* durch die Finsternis ~; ~d blauer Himmel 2.1 eine Farbe leuchtet *ist intensiv u. hell;* ein ~des Rot **3** ⟨400⟩ etwas leuchtet *glänzt, schimmert;* Glühwürmchen ~; Mond u. Sterne ~; mit ~den Augen 3.1 jmdm. leuchtet das Glück aus den Augen ⟨fig.⟩ *man sieht an jmds. glänzenden Augen, daß er glücklich ist*

'Leucht·feu·er ⟨n.⟩ **1** *ein Signal, das abwechselnd kurz leuchtet u. erlischt u. Gefahrenstellen für den See- u. Luftverkehr kennzeichnet;* Sy *Blinkfeuer* **2** *Anlage zur Befeuerung, z. B. Leuchttürme, Leuchtbojen, Leuchtbaken usw., die Leuchtsignale aussenden*

'leug·nen ⟨V. 500⟩ **1** *(nicht der Wahrheit entsprechend) behaupten, daß es sich mit einer Sache anders verhalte, als bisher angenommen wurde;* sein langes, hartnäckiges Leugnen half ihm nichts 1.1 *die Wahrheit abstreiten;* eine Tat, die Mitwisserschaft an einer Tat ~ 1.2 es ist nicht zu ~, daß ... *es steht fest, daß ..., es kann nicht bestritten werden, daß ...* 1.3 etwas nicht ~ können *nicht bestreiten können, etwas zugeben müssen*

'Leu·mund ⟨m.; -(e)s; unz.⟩ **1** *Ruf, Nachrede;* einen guten, üblen ~ haben 1.1 jmdn. in schlechten ~ bringen *jmdn. in Verruf bringen*

'Leu·te ⟨nur Pl.⟩ **1** *Personen außerhalb des Bekannten- od. Freundeskreises;* ich kümmere mich nicht um die Meinung der ~; er kann gut mit den ~n umgehen 1.1 *Publikum, Öffentlichkeit;* aber liebe ~! (vertraul., mahnende Anrede an eine Gruppe) 1.2 *Volk, Einwohner, Bewohner;* Land und ~ kennenlernen; arme, reiche ~ **2** jmds. ~ *Familie, Angehörige, Verwandte;* meine, deine ~ **3** *Angestellte, Arbeitskräfte, Untergebene, Gesinde;* wir haben nicht genug ~ für die viele Arbeit 3.1 *Soldaten;* der Feldwebel mit seinen ~n **4** *Menschen;* es ist ja nicht wie bei armen ~n; anständige, ehrliche, gute, rechtschaffene ~; die alten ~ **5** *die anonyme Masse, man;* die ~ sagen ...; laß doch die ~ reden!; es ist mir gleich, was die ~ dazu sagen 5.1 die ~ reden darüber *es wird darüber geklatscht* **6** ⟨fig.⟩ 6.1 viel, wenig unter die ~ kommen *viel, wenig Geselligkeit pflegen* 6.2 etwas unter die ~ bringen *überall erzählen, verbreiten, in Umlauf setzen;* ein Gerücht unter die ~ bringen 6.3 sein Geld unter die ~ bringen ⟨umg.; scherzh.⟩ *ausgeben* 6.4 → a. *Kleid(1.1)*

'Leut·nant ⟨m.; -s, -s od. -e⟩ **1** *unterste Rangstufe des Offiziers* **2** *Offizier auf der untersten Rangstufe;* ~ zur See

'leut·se·lig ⟨Adj.⟩ *wohlwollend, freundlich u. herablassend, umgänglich;* ~ lächeln

'Le·xi·kon ⟨n.; -s, -ka od. -ken⟩ **1** *alphabetisch geordnetes Nachschlagewerk;* Konversations~ **2** *Wörterbuch* **3** *Bestand einer Sprache an Wörtern*

li·be'ral ⟨Adj.⟩ **1** *die Freiheit liebend, nach freier Gestaltung des Lebens strebend, freisinnig* **2** *vorurteilsfrei, großzügig*

licht ⟨Adj.⟩ **1** *hell;* ~es Blau; es war schon ~er Tag **2** *mit Zwischenräumen versehen, weit auseinander stehend, nicht dicht;* eine ~e Stelle im Walde; ~e Saat; die Bäume stehen hier ~er (als dort); der Wald wurde allmählich ~er 2.1 einen Edelstein ~ fassen *so, daß das Licht von oben durchscheinen kann* **3** ⟨60⟩ ~e Höhe, ~e Weite *Abstände zwischen den inneren Begrenzungen einer Öffnung od. eines Raumes* **4** ⟨fig.⟩ *ungetrübt, klar* 4.1 ein Kranker hat einen ~en Augenblick *ist kurze Zeit bei klarem Verstand*

Licht ⟨n.; -(e)s, -er⟩ **1** *mit den Augen wahrnehmbare Helligkeit, Strahlung, die von elektromagnetischen Schwingungen produziert wird* 1.1 *Beleuchtung, Lichtquelle, Lampe;* das ~ ein-, ausschalten, an-, ausdrehen; du hast hier kein (gutes) ~ zum Schreiben; blendendes, gedämpftes, grelles, helles, schwaches, strahlendes ~; elektrisches, künstliches, natürliches ~; gegen das ~ photographieren; einen Gegenstand gegen das ~ halten 1.1.1 jmdm. im ~e stehen *zwischen jmdm. u. einer Lichtquelle stehen, jmdm. Helligkeit nehmen* 1.1.2 jmdm. aus dem ~e gehen *beiseite treten, um jmdm. nicht die Helligkeit beim Lesen od. Schreiben zu nehmen* 1.1.3 ~ machen *die Beleuchtung einschalten* 1.1.4 bei ~ arbeiten *bei künstl. Licht arbeiten* 1.2 ⟨Pl. a. -e⟩ *Kerze;* Stearin~, Talg~, Wachs~; ein ~ anzünden; ~er (auf den Weihnachtsbaum) aufstekken; das ~ brennt, erlischt, flammt auf, flakkert, geht aus, tropft, verlöscht 1.3 *Licht(1), das als Glanz, Schein erscheint;* das ~ der Sonne, des Mondes, der Sterne **2** *hellste Stelle auf einem Bild;* Glanz~ 2.1 ~er aufsetzen *hellste Bildstellen durch helle Farbtupfen betonen;* einem Bild ~er aufsetzen **3** ⟨fig.⟩ 3.1 *Geist, Wissen* 3.1.1 sein ~ leuchten lassen *seine Kenntnisse ausbreiten, (wirkungsvoll) zur Geltung bringen* 3.1.2 jmd. ist kein großes ~ ⟨umg.⟩ *ist nicht sehr intelligent* 3.2 *Klärung, Aufdeckung* 3.2.1 das ~ scheuen *etwas zu verbergen haben* 3.2.2 etwas ans ~ bringen *etwas entdecken, klären, aufdecken, enträtseln* 3.2.3 ~ in eine Sache bringen *Klarheit in eine S. bringen* 3.2.4 ein Geheimnis ans ~ bringen *ein G. lüften, offenbar werden lassen, verraten* 3.2.5 ein Dokument ans ~ bringen *veröffentlichen* 3.2.6 bei ~e besehen, betrachtet *genauer betrachtet* 3.2.7 jmdm. ein ~ aufstekken (über jmdn.) *jmdn. aufklären (über jmdn.)* 3.3 sich selbst im ~e stehen *ungeschickt sein, sich selbst schaden* 3.4 jetzt geht mir ein ~ auf ⟨umg.⟩ *endlich verstehe ich es* 3.5 jmdn. hinters ~ führen *jmdn. betrügen, überlisten, täuschen* 3.6 jmdm. im ~e stehen *jmdm. hinderlich sein* 3.7 das ~ der Welt erblicken *geboren werden* 3.8 sein ~ unter den Scheffel stellen *zu bescheiden sein, seine Fähigkeiten verbergen;* du brauchst dein ~ nicht unter den Scheffel zu stellen 3.9 → a. *ewig(1.2.1), recht(5.3.3)* **4** ~er führen ⟨seemannsspr.⟩ *Schiffslaternen, Positionslampen brennen haben* **5** ⟨nur Pl.⟩ ~er ⟨jägerspr.⟩ *Augen (vom Schalenwild)*

'Licht·bild ⟨n.⟩ **1** ⟨veralt.⟩ *Abbild eines Gegenstandes mit Hilfe von Kamera u. lichtempfindl.*

Film; Sy *Photographie(2);* Vortrag mit ~ern **2** *Paßbild*

'Licht·blick ⟨m.⟩ *angenehmes Ereignis, das einem bevorsteht, Trost, Hoffnung*

'lich·ten[1] ⟨V. 500⟩ **1** etwas lichtet etwas ⟨veralt.⟩ *macht etwas licht, erhellt es, hellt es auf* 1.1 ⟨R3⟩ etwas lichtet sich ⟨geh.⟩ *wird heller;* das Dunkel lichtet sich **2** etwas ~ *die Anzahl von etwas verringern* 2.1 Wald ~ *ausholzen, seinen Baumbestand verringern* 2.2 ⟨R3⟩ etwas lichtet sich *wird dünner, weniger;* der Wald lichtet sich; die Bestände ~ sich allmählich; sein Haar lichtet sich (schon) 2.2.1 die Reihen der Soldaten haben sich (stark) gelichtet *die S. hatten (starke) Verluste* **3** ⟨R3⟩ eine Sache, jmds. Verstand, Bewußtsein lichtet sich ⟨fig.⟩ *wird klarer, verständiger*

'lich·ten[2] ⟨V. 500⟩ etwas ~ ⟨Mar.⟩ **1** *leichter machen, heben* 1.1 den Anker ~ *vom Grund heraufwinden, hochziehen* **2** ein Schiff lichtet die Anker *fährt aus, fährt weg*

'lich·ter·loh ⟨Adv.⟩ **1** etwas brennt ~ *brennt mit heller Flamme;* die Scheune brannte bereits ~, als die Feuerwehr ankam **1.1** jmd. brennt ~ ⟨fig.⟩ *ist heftig verliebt*

'Licht·hof ⟨m.⟩ **1** *großer Lichtschacht, enger, an allen vier Seiten von einem Häuserblock umgebener Hof* **2** ⟨Phot.⟩ *überbelichtete Stelle* **3** ⟨Astr.⟩ *Hof, Lichtschein um Sonne od. Mond*

'licht·scheu ⟨Adj.⟩ **1** ⟨Med.⟩ *überempfindlich gegen Licht* **2** ⟨Biol.⟩ *das Licht des Tages meidend;* ~e Tiere **3** ⟨fig.⟩ *unredlich, unehrlich, verbrecherisch;* ~e Elemente, ~es Gesindel

'Licht·spiel ⟨n.⟩ **1** *Film* **2** ⟨nur Pl.⟩ ~e *Filmtheater, Kino*

'Licht·strahl ⟨m.⟩ **1** *Strahl vom Licht* **2** ⟨fig.⟩ *Lichtblick, Trost*

'Lich·tung ⟨f.; -, -en⟩ *von Bäumen freier Platz, ausgeholzte Stelle im Walde, Waldblöße*

Lid ⟨n.; -(e)s, -er⟩ *Hautfalte zum Bedecken des Augapfels;* Ober~, Unter~

lieb ⟨Adj.⟩ **1** ⟨70⟩ *von jmdm. geliebt od. geschätzt, jmdm. teuer, wert;* komm, (mein) Liebes (zärtl. Anrede); ~er Herr X, ~e Frau Y! (Anrede im Brief); mein ~er Hans! (Anrede im Brief); ~e, ~ste Mutter! (Anrede im Brief); Liebste! (Anrede); mein Lieber! (Anrede; auch warnend); meine Lieben!; ~e Eltern, ~es Kind (Anrede); dieses Schmuckstück ist mir sehr ~ (und wert); je länger ich ihn kenne, desto ~er wird er mir; er ist mir der ~ste (von allen); tu das nicht, wenn dir dein Leben ~ ist!; die ~en Verwandten ⟨iron.⟩ **2** meine Lieben *meine Angehörigen, meine Familie* 2.1 die ~en Kleinen ⟨iron.⟩ *die Kinder (die einem manchmal Ärger machen)* **3** *liebevoll, fürsorglich;* er kann sehr ~ sein (wenn er will); er ist sehr ~ mit, zu den Kindern; seien Sie so ~ und ... ⟨umg.⟩ **4** *freundlich, Liebe(1) ausdrükkend;* viele ~e Grüße, Dein X (Briefschluß) **5** ⟨70⟩ *angenehm, willkommen;* ein ~er Gast; ~en Besuch haben; das ist mir viel ~er; es ist mir sehr ~, daß Sie kommen; das eine ist mir ~er als das andere; das ~ste wäre mir, wenn ...; es wäre mir ~, wenn ...; am ~sten wäre es mir, wenn ... 5.1 jmdm. etwas Liebes tun *etwas Erfreuliches, Gutes* 5.2 → a. *eher(1)* **6** ein Kind ist ~ *artig, brav, folgsam;* sei ~! **7** ⟨60; verstärkend⟩; der ~e Gott; um des ~en Friedens willen; du ~er Himmel, du ~e Zeit! (Ausruf der Überraschung, Bestürzung) 7.1 ich habe meine ~e Not damit *es macht mir viel Mühe* 7.2 das weiß der ~e Himmel! *ich weiß das nicht!, wer kann das wissen?* **8** ⟨60; fig.⟩ **8.1** den ~en langen Tag *den ganzen Tag über* 8.2 hier habe ich so manch ~es Mal gesessen *oft u. gern* 8.3 sich bei jmdm. ~ Kind machen ⟨umg.⟩ *sich einschmeicheln* 8.4 dem ~en Gott den Tag stehlen ⟨umg.⟩ *seine Zeit vertrödeln* 8.5 den ~en Gott einen frommen, guten Mann sein lassen ⟨umg.⟩ *unbekümmert in den Tag hinein leben* 8.6 nicht einmal das ~e Brot haben *sehr arm sein* 8.7 ich habe deine Hilfe nötig wie das ~e Brot ⟨umg.⟩ *sehr nötig*

'lieb·äu·geln ⟨V. 410⟩ **1** ⟨416⟩ mit etwas ~ *mit dem Gedanken an etwas spielen, etwas gern haben, tun wollen* **2** ⟨417⟩ mit jmdm. ~ ⟨veralt.⟩ *jmdm. zärtliche Blicke zuwerfen*

'Lie·be ⟨f.; -, -n⟩ **1** ⟨unz.⟩ *starke Zuneigung, starkes Gefühl des Hingezogenseins, opferbereite Gefühlsbindung;* Menschen~, Mutter~, Nächsten~, Tier~, Vaterlands~; die ~ zu den Eltern, zu den Kindern; ~ für jmdn. empfinden, fühlen; göttliche ~; Glaube, Hoffnung und ~ (nach 1. Korinther 13,13); auf ein Wort der ~ warten; brüderliche, kindliche, schwesterliche, mütterliche, väterliche ~; etwas aus ~ zu jmdm. tun; erbarmende ~; ~ zwischen Eltern und Kindern; die ~ der Eltern, der Kinder **2** ⟨unz.⟩ *enge Beziehung zu etwas, heftiger Drang, heftiges Verlangen, Streben nach etwas;* Freiheits~, Gerechtigkeits~, Wahrheits~; ~ zur Musik, zur Kunst, zur Natur; Lust und ~ zu einer Sache haben **3** ⟨unz.⟩ *eine leidenschaftliche Liebe(1), die meist in eine enge körperliche u. (od.) geistige u. (od.) seelische Bindung zwischen zwei Menschen übergeht;* Ggs *Haß;* ~ zwischen Mann u. Frau; jmdn. aus ~ heiraten; eine heimliche, stille ~; große, heiße, herzliche, innige, leidenschaftliche, treue ~; eheliche, geschlechtliche ~; jmdm. seine ~ gestehen; jmds. ~ (nicht) erwidern; in ~ entbrannt sein; seine ~ war erkaltet, erloschen, gestorben; eine unglückliche ~ 3.1 ein Kind der ~ 3.1.1 *K. aus einer ganz bes. glücklichen Ehe* 3.1.2 *uneheliches K.* 3.2 (kein) Glück in der ~ haben *seine Liebe(3) (nicht) erwidert bekommen* 3.3 ~ macht blind *der, der liebt, sieht nicht die Fehler des geliebten Menschen* 3.4 → a. *frei(1.2.3)* **4** *Person, für die Liebe(3) empfunden wird od. einmal empfunden wurde, mit der man eine Liebschaft hat od. hatte;* meine erste ~; sie war meine große ~ **4.1** → a. *alt(4.0.2), rosten(3)* **5** *Liebschaft, flüchtiges Liebesverhältnis;* alle seine ~n; seine vielen ~n **6** ⟨unz.⟩ *Gefälligkeit, Freundlichkeit, opferbereite Handlung;* jmdm. eine ~ tun, erweisen 6.1 tun Sie mir die ~! ⟨umg.⟩ *ich bitte sehr darum!* 6.2 eine ~ ist der anderen wert *jmdm., der gefällig ist, tut man auch gern einen Gefallen* 6.3 Werke der ~ tun *der Barmherzigkeit* 6.4 etwas mit viel ~ tun *mit viel Geduld u. Mühe*

'Lie·be·die·ner ⟨m.⟩ *Schmeichler (gegenüber Vorgesetzten)*

Lie·be'lei ⟨f.; -, -en⟩ *flüchtige, oberflächl. Liebe, Spiel mit der Liebe, Liebschaft, Flirt*

'lie·beln ⟨V.⟩ **1** ⟨405⟩ (mit jmdm.) ~ *eine spielerische, oberflächl. Liebelei betreiben,* *flirten, mit der Liebe spielen* **2** ⟨500⟩ ein Tier ~ ⟨jägerspr.⟩ *liebkosen*

'lie·ben ⟨V. 500⟩ **1** ⟨R8⟩ jmdn. ~ *für jmdn. Liebe(1-2) empfinden;* seine Eltern, Kinder, Geschwister, seinen Mann, seine Frau ~; die Menschen, seinen Nächsten ~; sie liebt ihn wie einen Vater; Dein Dich ~der Sohn (Briefschluß); jmdn. heiß, herzlich, innig, leidenschaftlich, zärtlich ~ **1.1** die Liebenden *das Liebespaar* **2** ⟨500⟩ etwas ~ **2.1** *etwas gern haben, eine enge Beziehung zu etwas haben;* Blumen, Tiere ~; die Musik, Natur ~ **2.1.1** den Alkohol ~ ⟨scherzh.⟩ *gern A. trinken* **2.2** *sich um etwas sehr bemühen;* die Gerechtigkeit, Wahrheit ~ **2.3** etwas ~d gern tun *sehr gern, bes. gern* **2.4** es nicht ~, wenn ... *jmdm. mißfällt es, wenn ...;* ich liebe es nicht, wenn man schreit

'lie·bens·wür·dig ⟨Adj.⟩ **1** *gewandt u. höflich, sehr freundlich, zuvorkommend* **2** *entgegenkommend, hilfsbereit;* danke, das ist sehr ~ von Ihnen; würden Sie so ~ sein und ...?

'lie·ber ⟨Adv.; Komparativ von⟩ *gern* **1** etwas ~ tun (als ...) *etwas (einer Sache) vorziehen, bevorzugen;* ich gehe ~ zu Fuß; er sieht es ~, wenn man ...; ich trinke ~ Wein als Bier **2** *besser, vorzugsweise;* tu das ~ nicht; ich mag dieses ~ als jenes; ~ spät als nie; das hättest du ~ nicht sagen, tun sollen; komm ~ gleich; wir wollen ~ aufhören; ich möchte, will es ~ gleich tun

'Lieb·ha·ber ⟨m.; -s, -⟩ **1** *Verehrer, Geliebter, Bewerber um ein Mädchen* **2** = *Amateur* **3** ⟨fig.⟩ *Interessent, Kenner, Sammler (auf künstler. Gebiet);* Kunst~, Musik~; das ist nur etwas für ~ **3.1** diese Ware wird viele ~ finden *guten Absatz*

lieb'ko·sen ⟨V. 500/R8⟩ jmdn. ~ *streicheln, zärtlich zu jmdm. sein*

'lieb·lich ⟨Adj.⟩ **1** *anmutig, liebreizend, hübsch u. zart;* ein ~es Gesicht; ein ~es Kind, Mädchen; ~ aussehen **2** *heiter, freundlich, hell;* eine ~e Landschaft **3** *zart u. wohlklingend;* ~e Musik **4** *köstlich, süß, appetitanregend;* ein ~er Duft; diese Blume, der Braten duftet ~

'Lieb·ling ⟨m.; -s, -e⟩ **1** *jmd., der jmds. besondere Zuneigung hat;* der ~ der Familie; der ~ des Publikums; unter seinen Schülern einen besonderen ~ haben **1.1** ⟨Kosewort⟩ *geliebter Mensch;* mein ~

'Lieb·reiz ⟨m.; -es; unz.⟩ *Anmut u. reizendes Aussehen*

'Lieb·schaft ⟨f.; -, -en⟩ *oberflächl., kurzes Liebesverhältnis;* eine flüchtige ~; zahlreiche ~en haben

Lied ⟨n.; -(e)s, -er⟩ **1** *zum Singen bestimmtes vertontes Gedicht mit meist gleichgebauten Strophen u. Versen, die meist auf dieselbe Melodie gesungen werden;* Kinder~, Kirchen~, Kunst~, Schlaf~, Volks~; ein ~ anstimmen, lernen, singen; ein geistliches, weltliches ~ **2** *Melodie, Weise;* Vogel~; das ~ der Nachtigall **3** ⟨fig.⟩ **3.1** davon kann ich ein ~ singen ⟨umg.⟩ *davon könnte ich viel erzählen, damit habe ich unangenehme Erfahrungen gemacht* **3.2** es ist immer das alte ~! *es ist immer das gleiche* **3.3** das ist das Ende vom ~ *so endete die Angelegenheit* **3.4** und das Ende vom ~ wird sein, daß ... ⟨umg.⟩ *und es wird noch so weit kommen, daß ...* **3.5** → a. *Brot(3.0.3)*

'lie·der·lich ⟨Adj.⟩ **1** jmd. ist ~ *kann keine Ordnung halten;* ein ~er Mensch **2** etwas ist ~ *unordentlich, ungeordnet, nachlässig gemacht;* ~e Arbeit; ~e Kleidung; ~ angezogen sein; das Zimmer sah ~ aus; das Haar hing ihm ~ in die Stirn; die Sachen lagen ~ umher **3** jmd. od. etwas ist ~ ⟨fig.⟩ *ausschweifend, sittenlos, moral. nicht einwandfrei;* ein ~es Leben führen **3.1** → a. *Bruder(2.2.2)*

'lie·fern ⟨V. 500⟩ **1** etwas ~ *etwas Bestelltes zustellen, schicken, in jmds. Hände geben;* schnell, schlecht, stockend ~; Waren ins Haus, frei Haus ~; in vier Wochen zu ~; sofort ~; wann können Sie mir den Wagen ~? **2** etwas liefert etwas *produziert, erzeugt, bietet etwas;* die Bienen ~ den Honig; seine Reiseerlebnisse ~ uns genug Gesprächsstoff **3** ⟨503/R6⟩ (sich, dem Feind) eine Schlacht ~ *(sich, dem Feind) eine S. anbieten od. einen Angriff erwidern* **4** ⟨550⟩ jmdn. ans Messer ~ *zugrunde richten, dem Untergang preisgeben* **5** ⟨Funktionsverb⟩ **5.1** den Beweis ~, daß ... *beweisen, daß ...* **5.2** ein hervorragendes Spiel ~ ⟨Sp.⟩ *erstklassig spielen* **6** jmd. ist geliefert ⟨fig.; umg.⟩ *ist verloren;* wenn er es erfährt, bin ich geliefert

'Lie·fe·rung ⟨f.; -, -en⟩ **1** *das Liefern, das Geliefertwerden;* ~ frei Haus; monatliche, verspätete ~; die Ware ist bei ~ zu bezahlen; ~ von Waren **2** *Teil eines Buches, das nach u. nach erscheint;* erste, zweite ~; das Buch erscheint in ~en

'lie·gen ⟨V. 180⟩ **1** ⟨410⟩ jmd. liegt *ist lang ausgestreckt, steht nicht, sitzt nicht;* liegst du bequem?; auf dem Bauch, auf dem Rücken, auf der Seite ~; auf dem Boden, auf dem Sofa ~; ich bleibe morgens gern lange ~; im Bett ~; ~ (bleiben) **1.1** (krank) ~ *krank zu Bett liegen, bettlägerig sein;* er liegt fest (im Bett); ich habe eine Woche gelegen; ich bin eine Woche gelegen ⟨oberdt.⟩ **1.1.1** im Sterben ~ *kurz vorm Tode sein* **1.2** auf den Knien ~ *knien* **1.3** ⟨611⟩ jmdm. zu Füßen ~ *ausgestreckt vor einer stehenden od. sitzenden Person sein* **2** ⟨410⟩ ein Gegenstand liegt *befindet sich auf einer Unterlage (in waagerechter od. schräger Lage);* der Schmutz liegt fingerdick (auf dem Boden); auf den Möbeln liegt Staub; der Teppich liegt gerade, schief, schräg; es liegt viel, wenig Schnee; der Schnee liegt meterhoch; die Wäsche liegt im Fach, im Schrank; dichter Nebel liegt über der Wiese; bitte ~d aufbewahren! (Aufschrift auf Flaschen o. ä.); ich habe 50 Flaschen Wein im Keller ~; laß das ~! **2.1** ~des Kreuz *K. mit sich schräg schneidenden Balken* **3** ⟨410⟩ ein Gebäude, Ort liegt ... *befindet sich, ist ...;* von hier kann man das Haus sehen; das Haus liegt einsam, malerisch, nicht weit vom Wald entfernt, an einem Fluß, am Waldrand; der Ort liegt in den Alpen, 1000 m hoch, an der Elbe; Radebeul liegt nicht weit von Dresden; wo liegt Amsterdam?; das Schiff liegt im Hafen; wie weit liegt der Ort von hier? **3.0.1** ~de Güter, Habe *Grundbesitz;* Ggs *fahrende Habe, Güter* **3.1** das Zimmer liegt nach dem Garten, der Straße zu *hat die Fenster zum G., zur S.* **3.2** vor Anker ~ *verankert sein* **3.3** der Stoff liegt 1,40 m breit *hat eine Breite von 1,40 m* **3.4** ein Raum liegt voller Gegenstände *in dem R. sind viele G. verstreut;* der

Boden lag voller Zeitungen und Bücher; alles lag (bunt) durcheinander 3.5 der Wagen liegt gut auf der Straße, in der Kurve *fährt sicher* 3.6 den ganzen Tag auf der Straße ~ ⟨fig.⟩ *sich auf der S. befinden, unterwegs sein* 3.7 im Wettkampf vorn (hinten) ~ *zu den Gewinnern (Verlierern) gehören;* das Pferd liegt ganz vorn 3.8 das Gesuch liegt noch beim Abteilungsleiter *wird noch vom A. bearbeitet* **4** ⟨410⟩ 4.1 *wahrnehmbar sein;* der Ton liegt auf der vorletzten Silbe; ein Lächeln lag auf ihrem Gesicht; ein spöttischer Zug lag um ihren Mund; in diesem Spruch liegt eine tiefe Weisheit verborgen 4.2 (vor jmdm.) auf den Knien ~, jmdm. zu Füßen ~ ⟨a. fig.⟩ *sich vor jmdm. demütigen, sich jmdm. unterwerfen* 4.3 es liegt auf der Hand ⟨a. fig.⟩ *ist klar, deutlich, einleuchtend, selbstverständlich* 4.4 wie die Dinge (wirklich) ~ *wie (in Wirklichkeit) alles zusammenhängt;* so wie die Dinge ~, können wir nicht anders handeln 4.5 die Ursache liegt woanders *es hat eine andere U.* 4.6 der Unterschied liegt darin, daß ... *der U. ist der, daß ...* 4.7 das liegt ganz bei dir *das kannst du machen, wie du willst* 4.8 es liegt nicht in meiner Macht, das zu tun *ich bin dazu außerstande* 4.9 der Gedanke liegt nahe, daß ... *es ist anzunehmen, daß ...* **5** ⟨800⟩ etwas liegt an etwas anderem od. an jmdm. *hat als Ursache etwas anderes od. jmdn.;* woran liegt es?; es liegt (nur) an ihm 5.1 an mir soll's nicht ~ *ich werde keine Einwände machen, nicht hinderlich sein* 5.2 was an uns liegt, werden wir tun *wir werden tun, was wir können* 5.3 was liegt daran? *was hat es schon zu bedeuten?, es ist doch nicht so wichtig* 5.4 ⟨650⟩ es liegt mir viel daran *ich lege großen Wert darauf* 5.5 → a. *Herz(2.0.13)* **6** ⟨600⟩ diese Dinge ~ mir *entsprechen meinen Neigungen, Fähigkeiten, meiner Wesensart, meinem Geschmack* 6.1 ⟨610⟩ 6.1.1 das Essen liegt mir schwer im Magen *das E. wird schlecht verdaut, ich fühle es* 6.1.2 es liegt mir (schwer) auf der Seele, daß ... *es bedrückt mich, daß ...* 6.1.3 der Schreck liegt jmdm. noch in allen Gliedern *er hat sich noch nicht von seinem S. erholt* 6.1.4 die Schauspielerei liegt ihm im Blut *er ist für sie geboren, er hat eine starke, natürl. Begabung für die S.*

Lift[1] ⟨m.; -(e)s, -e od. -s⟩ = *Aufzug*

Lift[2] ⟨m. od. n.; -s, -s⟩ *kosmet.-chirurg. Verfahren zur Beseitigung von Falten u. zum Straffen erschlafften Gewebes*

'Li·ga ⟨f.; -, -gen⟩ **1** *Bund, Bündnis, Vereinigung* **2** ⟨Sp.⟩ *Klasse im Mannschaftssport*

Li'kör ⟨m.; -s, -e⟩ **1** *süßer Branntwein* **2** *aus Wein u. Kandiszucker bestehender Zusatz für Schaumwein*

'li·la ⟨Adj. 11⟩ **1** *fliederfarben, hellviolett* **2** es geht ihm ~ ⟨fig.⟩ *mittelmäßig*

'Li·lie ⟨[-liə] f.; -, -n⟩ **1** *Angehörige einer Gattung der Liliengewächse (Liliaceae) mit großen, trichterförmigen Blüten, die meist einzeln od. zu wenigen in lockeren Trauben od. Dolden aufrecht stehen: Lilium* **2** *Sinnbild der Reinheit u. Unschuld*

Li·mo'na·de ⟨f.; -, -n⟩ *erfrischendes Getränk aus Wasser, Obstsaft od. -essenz, Zucker u. evtl. Kohlensäure*

lind ⟨Adj.⟩ **1** *mild, sanft, weich* **2** ⟨schweiz.⟩ *gar (gekocht)*

'Lin·de ⟨f.; -, -n⟩ *einer Gattung der Lindengewächse (Tiliaceae) angehörender großer Baum mit meist schief herzförmigen, gesägten Blättern: Tilia*

'lin·dern ⟨V. 500⟩ Unangenehmes ~ *mildern, verringern, erleichtern;* Not, Beschwerden, Schmerzen ~

Li·ne'al ⟨n.; -s, -e⟩ *schmales, rechteckiges od. gebogenes Gerät zum Ziehen von Linien*

'Li·nie ⟨[-niə] f.; -, -n⟩ **1** = *Strich(1);* ~n ziehen 1.1 ⟨Math.⟩ *Gerade, Kurve (bei der Anfang u. Ende beliebig sind)* 1.2 ⟨Sport⟩ *Markierung(sstrich), Abgrenzung im Spielfeld* 1.3 *Folge von Schriftzeichen (auf gleicher Höhe), Druckzeile* 1.4 ⟨Typ.⟩ *gleiche Höhe der Lettern* 1.4.1 die Buchstaben halten nicht ~ *stehen nicht in gleicher Höhe* 1.5 ⟨Typ.⟩ *feiner Metallstreifen zum Drucken einer Linie* **2** *Reihe, Reihung, Aufstellung nebeneinander* 2.1 ⟨früher⟩ *aktive Truppenteile, stehendes Heer* **3** *Strecke, auf der ein Massenbeförderungsmittel verkehrt;* eine Eisenbahn ~, Straßenbahn ~ stillegen 3.1 *Massenbeförderungsmittel, das auf einer bestimmten Strecke verkehrt;* nehmen Sie die ~ 10!; welche ~ fährt nach Schönbrunn? **4** ⟨Geneal.⟩ *Folge von Abkömmlingen;* Haupt ~, Seiten ~; absteigende, aufsteigende ~ **5** ⟨unz.; seemannsspr.⟩ = *Äquator;* die ~ passieren **6** *altes Längenmaß, 1/10 bzw. 1/12 Zoll* **7** ⟨fig.⟩ *eingeschlagene Richtung bei einem bestimmten Vorhaben;* Partei ~; eine bestimmte ~ verfolgen **8** ⟨fig.⟩ *Niveau, wertmäßig bestimmte Stellung;* das liegt auf der gleichen ~ 8.0.1 auf eine, auf die gleiche ~ stellen mit *gleich behandeln* 8.1 in erster ~ *vor allem, hauptsächlich* 8.2 auf der ganzen ~ *überall, völlig* **9** ⟨fig.⟩ *Umriß;* die zarten ~n ihrer Gestalt, ihres Gesichts 9.1 *Figur;* auf die ~ achten

'li·ni·en·treu ⟨Adj.⟩ *kritiklos, streng der Ideologie einer Partei folgend*

'Lin·ke ⟨f.; -n, -n⟩ **1** *die linke Seite, die linke Hand;* jmdm. zur ~n sitzen 1.1 sich zur ~n wenden *nach links* **2** *Gesamtheit der politischen Gruppierungen, die für die Veränderung der politischen, gesellschaftlichen u. ökonomischen Verhältnisse eintritt, Sozialisten u. Kommunisten;* der ~n angehören 2.1 ⟨urspr.⟩ *sämtliche Parteien, die in der französischen Nationalversammlung links (vom Vorsitzenden aus gesehen) saßen*

'lin·ke(r, -s) ⟨Adj. 24/60⟩ **1** *auf der Seite befindlich, auf der das Herz liegt;* Ggs *rechte(1-3);* der ~ Arm, das ~ Bein 1.1 ~r Hand *links* **2** ~ Seite *Innenseite, verkehrte, untere Seite;* Ggs *rechte Seite;* die ~ Seite eines Stoffes **3** ⟨fig.⟩ 3.1 jmd. ist mit dem ~n Bein, Fuß zuerst aufgestanden *ist während des ganzen Tages schlechter Laune;* du bist wohl mit dem ~n Fuß zuerst aufgestanden 3.2 zwei ~ Hände haben ⟨umg.⟩ *ungeschickt sein* 3.3 Ehe zur ~n Hand ⟨veralt.⟩ *unstandesgemäße Ehe, in der Frau u. Kinder nicht die gleichen Rechte wie der Mann genossen* 3.4 etwas mit der ~n Hand machen *mühelos* **4** ~ Masche ⟨Handarbeit⟩ *M. beim Stricken, bei der der Faden vor der Nadel liegt;* Ggs *rechte Masche*

'lin·kisch ⟨Adj.⟩ *unbeholfen, ungeschickt*

links ⟨Adv.⟩ **1** *die linke Seite, auf der linken (Straßen)seite (befindlich), nach der linken Seite (hin);* Ggs *rechts;* erster Stock, zweite Tür ~; sich ~ halten; rechts und ~ verwechseln; von ~ kommen; ~ von jmdm. gehen; ~ fahren, abbiegen; nach ~ gehen; die Augen ~! ⟨militär. Kommando⟩ **2** ~ s e i n ⟨umg.⟩ *Linkshänder sein* **3** ~ s t e h e n ⟨fig.⟩ *einer sozialist., anarchist. od. liberalen Partei nahestehen* **4** j m d n. ~ l i e g e n l a s s e n ⟨fig.⟩ *nicht beachten, übergehen* **5** w e d e r ~ n o c h r e c h t s schauen ⟨fig.⟩ *gerade auf sein Ziel zugehen, sich nicht ablenken lassen* **6** zwei ~, zwei rechts s t r i c k e n ⟨Handarbeit⟩ *immer zwei linke u. zwei rechte Maschen im Wechsel als Muster stricken*

Li'no·le·um ⟨n.; -s; unz.⟩ *Fußbodenbelag aus einer Mischung von Leinöl mit Füll- u. Trokkenstoffen auf einer textilen Unterlage*

Li'nol·schnitt ⟨m.; -(e)s, -e⟩ **1** *dem Holzschnitt ähnl. Kunst, mit dem Messer aus einer Linoleumplatte eine bildl. Darstellung so herauszuarbeiten, daß sie erhaben stehen bleibt* **2** *mit diesem Verfahren gewonnener Abdruck*

'Lin·se ⟨f.; -, -n⟩ **1** *zu den Schmetterlingsblütlern gehörende Kulturpflanze mit flachen, runden, gelben, roten od. schwarzen Samen: Lens* **2** *als Nahrungsmittel verwendeter Same der Linse(1)* **3** ⟨Optik⟩ *durchsichtiger Körper mit zwei brechenden Flächen, von denen mindestens eine meist kugelig gekrümmt ist* **4** ⟨Anat.⟩ *durchsichtiger, das Licht brechender Teil des Auges* **5** ⟨Geol.⟩ *linsenförmige Erzlagerstätte mit bis zu mehreren hundert Metern Durchmesser*

'Lip·pe ⟨f.; -, -n⟩ **1** *bei Menschen u. Tieren Säume u. Falten, die spaltartige Öffnungen begrenzen;* Schamlippen 1.1 *fleischiger Rand des menschlichen Mundes;* Ober~, Unter~; sich die ~n schminken, anmalen; die ~n zusammenpressen (vor Ärger, Schmerz, Ungeduld); die ~n (schmollend, verächtlich) kräuseln, schürzen, verziehen; aufgesprungene, aufgeworfene, feuchte, rissige, trockene ~n; breite, dünne, rote, schmale, volle ~n; die ~n spitzen (zum Kuß, zum Pfeifen) **2** ⟨fig.⟩ 2.1 *Organ der Lautbildung;* sich auf die ~n beißen (um nicht zu lachen) 2.1.1 ich kann es nicht über die ~n bringen *ich scheue mich, es auszusprechen* 2.1.2 kein Wort kam über seine ~n *er sagte nichts* 2.1.3 an jmds. ~n hängen ⟨fig.⟩ *jmdm. gespannt, aufmerksam zuhören* 2.2 eine ~ riskieren ⟨fig.; umg.⟩ *einen Widerspruch wagen* 2.3 die Worte flossen ihm leicht von den ~n *er sprach mühelos, fließend, ohne Hemmungen* 2.4 sich auf die ~n beißen *eine Äußerung unterdrücken (wollen)*

'Lip·pen·be·kennt·nis ⟨n.⟩ *ausgesprochenes Bekenntnis, das nicht der inneren Einstellung entspricht*

li·qui'die·ren ⟨V. 500⟩ **1** ein G e s c h ä f t ~ *auflösen* **2** politische G e g n e r, G e f a n g e n e ~ *beseitigen, töten* **3** K o s t e n ~ *berechnen, fordern für*

'lis·peln ⟨V. 400⟩ **1** *mit der Zunge anstoßen, die S-Laute zwischen den Zähnen aussprechen* **2** *tonlos flüstern* **3** ⟨fig.⟩ *ein dem Flüstern ähnl. Geräusch verursachen;* der Wind lispelt in den Palmen; die Blätter ~ im Wind

List ⟨f.; -, -en⟩ **1** ⟨unz.⟩ *menschl. Eigenschaft, die darin besteht, daß zur Verwirklichung von Plänen u. Absichten geschickte Täuschung eingesetzt wird* 1.1 mit ~ und Tücke ⟨umg.; verstärkend⟩ *mit Schlauheit u. Mühe* **2** *geschickt ausgeklügelter Plan, mit dem durch Täuschung eines anderen ein bestimmtes Ziel erreicht werden soll;* eine ~ anwenden; zu einer ~ greifen 2.1 ~ wider ~! *wer einen andern täuscht, darf selbst getäuscht werden*

'Li·ste ⟨f.; -, -n⟩ *Verzeichnis, in dem Personen od. Sachen aufgeführt werden, Aufstellung, tabellarische Übersicht;* Namens~, Preis~, Wähler~; eine ~ anlegen, aufstellen, führen; etwas od. sich in eine ~ einschreiben; jmdn. od. etwas von der ~ streichen

'li·stig ⟨Adj.⟩ **1** *voller List(1);* jmdm. ~ zulächeln **2** *geschickt täuschend;* ein ~er Plan

'Li·ter ⟨n. od. (schweiz. nur so) m.; -s, -; Zeichen: l⟩ *Hohlmaß, 1 Kubikdezimeter (1 dm³);* zwei ~ Wein

Li·te·ra'tur ⟨f.; -, -en⟩ **1** *Gesamtheit der schriftlichen Äußerungen (eines Volkes od. einer Epoche);* die ~ des Barocks; deutsche, englische, französische ~; antike, klassische, romantische, moderne ~ **2** *schöngeistiges Schrifttum, Sprachkunstwerk (auch mündlich überliefertes);* sein neuester Roman ist ~; belehrende, unterhaltende ~ 2.1 → a. *schön(1.6)* **3** *Gesamtheit der über ein Wissensgebiet veröffentlichten Werke;* Fach~; (benutzte) ~ angeben (bei wissenschaftl. Arbeiten); juristische, medizinische ~; über dieses Gebiet gibt es noch keine, wenig ~

Li·tur'gie ⟨f.; -, -n⟩ *alle ordnungsmäßig bestehenden gottesdienstlichen Handlungen*

'Lit·ze ⟨f.; -, -n⟩ **1** *flache Schnur aus gedrehten od. geflochtenen Fäden, Tresse (als Besatz od. zur Kennzeichnung militär. Dienstgrade)* **2** ⟨El.⟩ *biegsame Leitung aus dünnen Drähten* **3** *Draht zur Führung der Kettfäden an einem mechan. Webstuhl, der Muster herstellt* **4** ⟨niederdt.⟩ *Packschnur*

Li'zenz ⟨f.; -, -en⟩ **1** *Befugnis, Genehmigung zur Ausübung eines Gewerbes* **2** *Erlaubnis zur Benutzung eines Patentes* **3** *Ermächtigung für eine Buchausgabe* **4** ~ z a h l e n *Gebühr für eine Lizenz(2, 3)*

Lob ⟨n.; -(e)s, (selten) -e⟩ **1** *Ausdruck der Anerkennung, ausdrückl. günstiges Urteil;* ein ~ aussprechen, erteilen; jmdm. ~ spenden, zollen; ~ verdienen; ihm gebührt großes, hohes ~; er war des ~es voll über ihren Fleiß; Gott sei ~ und Dank, daß alles gut gegangen ist; er geizte, kargte nicht mit ~ 1.1 es gereicht ihm zum ~e ⟨geh.⟩ *es ehrt ihn, ist ihm hoch anzurechnen* 1.2 über alles, jedes ~ erhaben *so ausgezeichnet, daß man es nicht mehr loben kann* 1.3 zum ~e Gottes *zu Gottes Ehre* 1.4 j m d s. ~ s i n g e n *jmdn. begeistert loben*

'lo·ben ⟨V. 500/R7 od. R8⟩ **1** j m d n. od. e t w a s ~ *über jmdn. od. etwas seine Anerkennung äußern, über jmdn. od. etwas Positives sagen;* jmds. Arbeit ~; sich über etwas od. jmdn. ~d aussprechen; eine gute Leistung ~; etwas od. jmdn. ~d erwähnen 1.1 → a. *Tag(2.7), Krämer(1.2), Abend(2.1)* **2** ⟨fig.⟩ 2.1 das lob' ich mir! *das gefällt mir!* 2.2 da lob ich mir doch ... *da ist mir doch ... lieber;* da lob ich mir doch ein ordentliches Schnitzel!

'löb·lich ⟨Adj.⟩ *lobenswert, anerkennenswert;* die ~e Absicht haben, etwas zu tun

Loch ⟨n.; -(e)s, ¨er⟩ **1** *natürlich entstandene od. künstlich geschaffene Öffnung verschiedenster Art u. Form, Lücke, Riß, Spalte, Vertiefung;* Knopf ~; ein ~ bohren, graben, schaufeln; die Straße ist voller Löcher; ein ~ im Boden, Dach, in der Mauer, im Zaun; ein ~ im Strumpf haben; ein ~ stopfen; seinen Gürtel ein ~ enger schnallen **2** *Tierhöhle;* Mause ~ **3** ⟨fig.; umg.⟩ *armselige Wohnung, enger Raum;* in einem ~ hausen müssen **4** ⟨umg.⟩ *Gefängnis;* im ~ sitzen; jmdn. ins ~ stecken **4**.1 ins ~ fliegen, kommen ⟨fig.; umg.⟩ *ins Gefängnis eingesperrt werden* **5** ⟨vulg.; kurz für⟩ *Arschloch* **6** *Wunde, Verletzung;* jmdm. ein ~ in den Kopf schlagen **6**.1 sich ein ~ in den Kopf stoßen *sich am Kopf verletzen* **7** ⟨fig.⟩ 7.1 etwas reißt (jmdm.) ein ~ in den Geldbeutel *kostet (jmdn.) sehr viel, kommt (jmdn.) teuer zu stehen;* der neue Mantel hat mir ein großes ~ in den Beutel gerissen **7**.2 ein ~ mit dem anderen zustopfen *neue Schulden machen, um alte zu bezahlen* 7.3 wie ein ~ saufen ⟨umg.⟩ *unmäßig viel trinken;* er säuft wie ein ~ **7**.4 ein ~, Löcher in die Luft gukken, starren ⟨umg.⟩ *vor sich hin starren, untätig sein* 7.5 jmdm. ein ~ in den Bauch fragen ⟨umg.⟩ *jmdm. mit vielen Fragen lästig werden;* das Kind fragt mir ein ~ in den Bauch

'lo·chen ⟨V. 500⟩ etwas ~ **1** *mit einem Loch versehen, ein Loch in etwas knipsen (zur Kontrolle od. zum Entwerten);* einen Fahrschein ~ **2** *mit gleichmäßigen Löchern versehen*

'lö·chern ⟨V. 500⟩ jmdn. ~ ⟨umg.⟩ *dauernd bitten, ausfragen;* der Junge löchert mich seit Tagen, wann ich endlich mit ihm in den Zirkus gehe

'Loch·kar·te ⟨f.⟩ *Karte, auf der durch Lochungen Daten gespeichert werden, die dann nach verschiedenen Gesichtspunkten mechanisch od. elektrisch ausgewertet werden können*

'Loch·sticke·rei ⟨-k·k-; f.⟩ *Weißstickerei, bei der das Muster aus fest umnähten Löchern besteht*

'Locke[1] ⟨-k·k-; f.; -, -n⟩ **1** *geringelte Haarsträhne;* jmdm. ~n drehen; blonde, schwarze ~n; natürliche künstliche ~n; Haar in ~n legen; eine ~ fiel ihr in die Stirn; ihr Haar ringelt sich im Nacken zu ~n **2** *Wollflocke*

'Locke[2] ⟨-k·k-; f.; -, -n⟩ **1** *Pfeife zum Nachahmen der Vogelrufe, Lockpfeife* **2** *lebender Lockvogel*

'locken[1] ⟨-k·k-; V. 500⟩ **1** ein Lebewesen ~ *(durch Rufe od. Gebärden, mit etwas) zum Näherkommen zu bewegen suchen;* einen Hund, einen Vogel ~; die Henne lockt ihre Jungen; jmdn. od. ein Tier an sich, zu sich ~; ein Tier mit Futter ~; jmdn. in eine Falle, einen Hinterhalt ~ **2** etwas lockt jmdn. ⟨fig.⟩ *erzeugt Lust, Interesse bei jmdm., führt in Versuchung, reizt (zu etwas);* die Aufgabe lockt mich sehr, nicht, wenig; es lockt mich sehr, es zu tun, zu versuchen; das schöne Wetter lockte uns ins Freie **3** ⟨Part. Präs.⟩ ~d *verlockend, vielversprechend, angenehm, schön erscheinend;* eine ~de Aufgabe; ein ~des Angebot; die ~de Ferne

'locken[2] ⟨-k·k-; V. 500⟩ **1** Haar ~ *zu Locken machen, kräuseln* **2** ⟨R3⟩ etwas lockt sich *kräuselt, ringelt sich* 2.1 gelocktes Haar *in Locken fallendes, lockiges H.*

'locker ⟨-k·k-; Adj.⟩ **1** ein Gegenstand ist ~ *mangelhaft befestigt, wackelig;* eine ~e Schraube, ein ~es Stuhlbein; der Zahn ist ~ **2** *lose, nicht straff;* ein ~es Seil; ~ häkeln, strikken, weben 2.1 ein Seil ~ lassen *nicht fest binden, nicht straff anziehen* **3** etwas ist von ~er Beschaffenheit *weich, mit Hohlräumen durchsetzt, nicht fest zusammengeballt od. -gezogen, porös;* ~er Boden; ~es Brot, Gewebe; einen ~en Teig herstellen; Erde ~ aufschütten **4** ⟨fig.⟩ *nicht einwandfrei, leichtfertig in sittlicher Hinsicht;* ~e Sitten; ~e Beziehungen; ~e Moral **4**.1 ein ~es Leben führen *ein ungebundenes, liederliches L.* **4**.2 ⟨60⟩ ein ~er Vogel, Zeisig ⟨umg.⟩ *ein leichtfertiger, unmoral. Mensch* **5** ⟨fig.⟩ **5**.1 ⟨60⟩ eine ~e Hand haben ⟨fig.⟩ *leicht eine Ohrfeige geben, zum Prügeln neigen* **5**.2 → a. *Schraube(1.2)*

'locker|las·sen ⟨-k·k-; V. 175/400; fig.⟩ *nachgeben;* du darfst nicht ~!

'locker|ma·chen ⟨-k·k-; V. 500⟩ **1** Geld ~ ⟨umg.⟩ *hergeben;* kannst du nicht 100 Mark ~? **2** ⟨550⟩ bei jmdm. Geld ~ *jmdn. dazu veranlassen, G. herzugeben;* ich habe bei ihm 100 Mark lockergemacht

'lockern ⟨-k·k-; V. 500⟩ **1** etwas ~ *locker(1), lose machen;* einen Nagel, eine Schraube ~ **2** etwas ~ *locker(2) machen;* seinen Griff ~; den Gürtel ~; die Zügel ~ **3** etwas ~ *lokker(3) machen;* den Boden mit der Hacke ~; Erdreich ~ **3**.1 Glieder, Muskeln ~ *G., M. entspannen;* die Arm- u. Beingelenke (durch Schütteln) ~ **4** ⟨R3⟩ **4**.1 sich ~ *locker(1) werden, sich zu lösen beginnen;* das Brett, die Schraube hat sich gelockert **4**.2 eine menschliche Bindung lockert sich *löst sich allmählich;* unsere Freundschaft hat sich gelockert **5** Vorschriften, Bestimmungen ~ *nicht mehr so streng handhaben*

'Lock·vo·gel ⟨m.⟩ **1** *gefangener lebender od. künstl. Vogel zum Anlocken anderer Vögel* **2** ⟨fig.⟩ *jmd., der zu verbrecher. Zwecken andere anlocken soll, bes. in Gestalt eines leichten Mädchens;* sie diente der Bande als ~

'lo·den ⟨Adj. 24⟩ *aus Loden*

'Lo·den ⟨m.; -s, -⟩ *gewalktes Wollgewebe od. Filz mit nach unten weisendem Strich für Regenbekleidung*

'lo·dern ⟨V. 400⟩ **1** Feuer lodert *brennt mit heller, großer Flamme, flammt (empor);* das Feuer loderte (zum Himmel); ~de Flammen **2** etwas lodert ⟨fig.⟩ *glänzt feurig;* ihre Augen loderten **3** Begeisterung, Leidenschaft lodert *erfüllt jmdn. mit großer Heftigkeit*

'Löf·fel ⟨m.; -s, -⟩ **1** *aus einem Stiel und einem muldenförmigen Teil bestehendes Gerät zum Essen u. Schöpfen;* Eß ~, Schöpf ~, Tee ~; zwei ~ voll (als Maßangabe); der Kaffee ist so stark, daß der ~ drin steht ⟨fig.⟩ **2** *löffelartiges Gerät für ärztliche u. technische Zwecke;* mit einem ~ etwas aus einer Körperhöhle entfernen **3** ⟨nur Pl.⟩ *Ohren* 3.1 ⟨umg.⟩ *Ohren des Menschen* 3.1.1 sich etwas hinter die ~ schreiben ⟨fig.; umg.⟩ *es sich einprägen, gut merken (eine Maßregel)* 3.1.2 jmdm. ein paar hinter die ~ hauen *eine Ohrfeige geben* 3.2 ⟨jägerspr.⟩ *Ohren des Hasen, Kaninchens* **4** ⟨fig.⟩ **4**.1 jmdn. über den ~ barbieren ⟨fig.⟩ *betrügen (viel-*

leicht aus dem etwas rücksichtslosen Verfahren mancher Barbiere, alten Leuten beim Rasieren einen Löffel in die eingefallene Wange zu stecken) **4.2** mit einem silbernen, großen, goldenen ~ im Mund geboren sein ⟨fig.; bes. norddt.⟩ *Glück haben, reich sein* **4.3** → a. *Weisheit(2.0.2)*

'löf·feln ⟨V. 500⟩ **1** etwas ~ *mit einem Löffel schöpfen u. (achtlos) essen;* schweigend seine Suppe ~ **2** eine Sache ~ ⟨fig.; umg.⟩ *verstehen, begreifen;* das hab' ich nicht gelöffelt

'Lo·ge ⟨[-ʒə] f.; -, -n⟩ **1** *kleiner, abgeteilter Raum mit 4—6 Sitzplätzen im Zuschauerraum des Theaters;* Bühnen~, Balkon~ **2** *Vereinigung von Freimaurern* **3** *Ort ihrer Zusammenkünfte*

'Lo·gik ⟨f.; -; unz.⟩ **1** *Lehre von den Formen u. Gesetzen richtigen Denkens* **2** ⟨allg.⟩ *Fähigkeit, folgerichtig zu denken*

'lo·gisch ⟨Adj.⟩ **1** *die Logik betreffend, zu ihr gehörig, auf ihr beruhend, ihr entsprechend, den Denkgesetzen gemäß, denkrichtig, folgerichtig;* ~ denken, folgern können **2** das ist doch ~! ⟨umg.⟩ *ohne weiteres einleuchtend, klar*

Lohn ⟨m.; -(e)s, ¨-e⟩ **1** *das, was für eine geleistete Arbeit bezahlt wird, Vergütung, Entgelt;* Arbeits~, Fuhr~; hoher, niedriger, reicher, verdienter ~ **1.1** *tägl., wöchentl. od. monatliches Entgelt für Arbeitnehmer;* Tage~, Wochen~; für, um höhere Löhne kämpfen; ~ empfangen; den ~ drücken, steigern; freitags die Löhne auszahlen **2** ⟨fig.⟩ **2.1** bei jmdm. in ~ (und Brot) stehen *bei jmdm. in festem Arbeitsverhältnis stehen* **2.2** jmdn. um ~ und Brot bringen *arbeitslos, brotlos machen* **3** ⟨fig.⟩ *das, was man für eine Tat bekommt, Gegenwert (Belohnung od. Strafe);* als ~ für seine Hilfe, Mühe, Tat; das ist ein schlechter ~ für alle meine Mühe **3.1** seinen ~ empfangen *verdiente Bestrafung empfangen* **3.2** ihm wurde sein gerechter ~ zuteil *seine gerechte Strafe* **3.3** → a. *Undank*

'loh·nen ⟨V.⟩ **1** ⟨402/R7⟩ etwas lohnt (etwas, sich) *ist die Mühe wert, hat Zweck, Sinn, bringt Gewinn;* die Stadt, das Museum lohnt einen Besuch, lohnt den Besuch nicht; der Erfolg, das Ergebnis lohnt die Mühe, den Aufwand nicht; das Geschäft lohnt sich; es lohnt (sich) nicht, hinzugehen; es lohnt sich (nicht), den langen Weg auf sich zu nehmen **2** ⟨530/R6⟩ jmdm. etwas ~ *vergelten, danken;* Gott lohne es Ihnen!; ich werde es Ihnen reichlich ~; sie hat ihm seine Hilfe schlecht gelohnt **3** ⟨Part. Präs.⟩ ~d *nutzbringend, einträglich, vorteilhaft;* eine ~de Arbeit, Aufgabe; eine ~de Aufführung, Ausstellung **4** ⟨Part. Präs.⟩ ~d *hörens-, sehenswert;* ein ~der Anblick

Lok ⟨f.; -, -s; Kurzw. für⟩ *Lokomotive*

lo'kal ⟨Adj. 24⟩ *örtlich beschränkt;* ein Ereignis von ~er Bedeutung

Lo'kal ⟨n.; -(e)s, -e⟩ **1** *Ort, Raum;* Wahl~ **1.1** mit Protest das ~ verlassen ⟨fig.; umg.; scherzh.⟩ *protestierend weggehen* **2** = *Gaststätte;* Speise~, Wein~; ein anrüchiges, anständiges, gutes, gepflegtes, schlechtes ~; im ~ essen

lo·ka·li'sie·ren ⟨V.⟩ **1** ⟨500⟩ Schmerzen, einen Krankheitsherd ~ *ihre Lage genau bestimmen* **2** ⟨511⟩ die Infektion auf den Herd ~ *beschränken, ihre Ausbreitung verhindern*

Lo·ko·mo'ti·ve ⟨f.; -, -n⟩ *Schienenfahrzeug zum Antrieb der Eisenbahn*

'Lor·beer ⟨m.; -s, -en⟩ **1** *einer Gattung der Lorbeergewächse angehörende Pflanze der Hartlaubformationen im Mittelmeergebiet, deren Blätter als Gewürz u. deren Früchte arzneilich verwendet werden: Laurus;* die Blätter des ~s zum Kochen verwenden **2** *Kranz aus Lorbeer(1), der zur Ehrung von Siegern, Dichtern etc. diente;* einen Dichter, den Sieger mit ~ bekränzen, krönen **3** ⟨fig.⟩ **3.1** ~en ernten ⟨fig.⟩ *gelobt werden, Erfolg haben* **3.2** sich auf seinen ~en ausruhen ⟨fig.⟩ *nach anfänglichen guten Leistungen od. großen Taten faul werden*

'Lo·re ⟨f.; -, -n⟩ **1** *offener, auf Schienen laufender Wagen zur Beförderung von Massengütern* **2** *Raummaß für Kohlen, 200 Zentner*

los ⟨Adv.; Getrenntschreibung nur bei „haben" u. „sein"⟩ **1** *nicht fest, nicht befestigt, nicht angebunden, frei;* der Hund ist ~; der Knopf ist ~ **2** jmd. hat etwas ~ ⟨umg.⟩ *besitzt großes Geschick, hat großes Wissen, überragende Intelligenz;* er hat im Rechnen etwas ~ **2.1** er hat da eine Menge ~ *er ist darin bes. geschickt* **3** es ist nicht viel ~ damit, mit ihm *es, er taugt nicht viel, ist nicht interessant* **4** jmd. ist jmdn. od. eine Sache ~ *hat sich von jmdm. od. einer S. befreit;* ich bin froh, daß ich ihn endlich ~ bin; diese Sorge bin ich endlich ~ **4.1** einer Sache ~ und ledig sein *von einer S. frei (geworden) sein* **4.2** meinen Schirm bin ich ~ ⟨umg.; scherzh.⟩ *meinen Sch. habe ich verloren, nicht wiedergefunden* **4.3** ich bin mein Geld ~ *ich habe alles Geld ausgegeben* **5** etwas ist ~ *etwas geschieht* **5.1** hier ist etwas ~ **5.1.1** *hier ist etwas geschehen, etwas nicht in Ordnung* **5.1.2** ⟨umg.⟩ *hier ereignet sich viel, herrscht fröhliche Stimmung* **5.2** was ist hier ~? *was geht hier vor?* **5.3** was ist mit dir ~? *was fehlt dir?* **5.3.1** mit dir ist doch irgend etwas ~ *mit dir stimmt doch etwas nicht, ist doch etwas nicht in Ordnung* **5.4** → a. *Hölle(3.1), Teufel(2.2.4)* **6** *(Aufforderung, aktiv zu werden, sich zu beeilen);* aber nun ~!; auf die Plätze - fertig - ~! (Kommando beim Wettlaufen u. -schwimmen) **6.1** ~! *vorwärts!, schnell!*

Los ⟨n.; -es, -e⟩ **1** *durch Zufall u. unabhängig vom menschlichen Willen herbeigeführte Entscheidung (bes. um jmdn. für eine unangenehme Aufgabe zu bestimmen oder eine schwerwiegende Entscheidung zu fällen);* einen Streit durch das ~ entscheiden; jmdn. durch das ~ bestimmen **1.1** *besonders bezeichneter Gegenstand (bes. Papier od. Hölzchen), der gezogen wird, um Los(1) herbeizuführen* **2** *Anteilschein in der Lotterie;* ein ~ spielen; ein ~ ziehen **3** *(durch das Los erworbener) Anteil, Landstück, Parzelle* **4** ⟨geh.⟩ *Schicksal, Geschick;* das ~ befragen, werfen; bitteres, hartes, trauriges ~ **5** *Warenposten, der (vor allem auf Auktionen) als Ganzes zum Verkauf angeboten wird;* ein ~ Kleider, Röcke, Hosen

...los ⟨Adj.; in Zus.⟩ *Fehlen od. Mangel an einer Sache, ohne;* arbeitslos, hoffnungslos, verantwortungslos

los... ⟨in Zus.⟩ **1** *weg von etwas, ab ...;* losschrauben, loslösen **2** *plötzlich beginnen, bes. nach Überwinden von Hemmungen;* loslaufen, losschreiben **3** *(auf etwas) zu;* auf etwas losmarschieren

'lö·schen¹ ⟨V. 500⟩ **1** Brand, Feuer, Flammen ~ *das Weiterbrennen von etwas verhindern, dafür sorgen, daß es nicht mehr brennt;* der Feuerwehr gelang es, den Brand, die Flammen sofort zu ~ **2** Licht ~ *ausschalten, ausdrehen* **3** eine Flüssigkeit ~ *die Feuchtigkeit von etwas aufsaugen, trocknen;* das Papier löscht nicht 3.1 Tinte ~ *trocknen* **4** etwas ~ *tilgen, streichen, aufheben;* eine Schuld, ein Konto ~ **4.1** eine Firma ~ *im Handelsregister streichen* 4.2 Schrift ~ *auswischen, wegwischen (von der Tafel)* 4.3 Ton (auf dem Tonband) ~ *das Tonband entmagnetisieren u. damit die Aufnahme tilgen* **5** seinen Durst ~ *etwas trinken, damit man keinen D. mehr hat* **6** Kalk ~ *mit Wasser übergießen*

'lö·schen² ⟨V. 500⟩ eine Ladung ~ ⟨Mar.⟩ *ausladen, entladen*

'Lösch·pa·pier ⟨n.⟩ *sehr saugfähiges Papier zum Trocknen von Tinte*

'Lösch·zug ⟨m.⟩ *zum Feuerlöschen eingesetzte Abteilung der Feuerwehr mit Wagen u. Geräten*

'los|drücken ⟨-k·k-; V. 400⟩ *einen Schuß abfeuern*

'lo·se ⟨Adj.⟩ **1** etwas ist ~ *locker, nicht ganz fest, nicht straff befestigt, beweglich;* einen Knoten ~ binden; der Strick hängt ~ herab; das Haar ~ tragen; ~ zusammenhängen, verbunden sein **2** etwas ist ~ *nicht verpackt, offen;* gibt es das Gebäck auch ~ oder nur in Packungen?; Pralinen ~ kaufen, verkaufen **3** ~ Blätter *nicht gebundene B.* **4** jmd. ist ~ ⟨fig.⟩ *leichtfertig, locker;* ein ~s Mädchen; du Lose! du Loser! **5** ⟨fig.⟩ *mutwillig neckend, schelmisch;* ein ~r Streich **5.1** einen ~n Mund haben *gern ein wenig boshafte Reden führen, vorlaut sein*

'Lö·se·geld ⟨n.⟩ *Summe für den Freikauf von Gefangenen*

'lo·sen ⟨V. 400⟩ *das Los ziehen, werfen, jmdn. durch das Los ermitteln;* wir wollen ~, wer gehen soll

'lö·sen ⟨V. 500⟩ **1** etwas ~ *etwas, das mit etwas anderem verbunden ist, von diesem ein wenig od. ganz entfernen;* das Fleisch vom Knochen lösen 1.1 einen Knoten ~ *losbinden, aufbinden;* den Kahn vom Ufer ~ 1.2 ein Brett ~ *lockern* 1.3 ⟨R3⟩ etwas löst sich *geht auf, wird locker, entfernt sich von etwas;* eine Schraube, ein Nagel hat sich gelöst; ein Dachziegel hat sich gelöst; eine Haarlocke hatte sich aus der Frisur gelöst 1.3.1 ein Schuß hatte sich gelöst *war (versehentlich) losgegangen* 1.3.2 ⟨500⟩ einen Schuß ~ *abfeuern, abschießen* 1.4 ein Blatt, eine Briefmarke ~ *abtrennen, abreißen, entfernen von etwas;* ein Blatt aus einem Buch ~; etwas Festgeklebtes von der Unterlage ~ 1.5 einen Verschluß ~ *öffnen* 1.6 Verwickeltes ~ *entwirren* 1.7 ⟨511/R3⟩ jmd. löst sich aus, von etwas *tritt aus etwas heraus, bewegt sich von etwas weg, entfernt sich von etwas;* sie löste sich aus der Gruppe, aus der Reihe; ein Schatten löste sich von der Mauer **2** etwas ~ *auflösen, in Flüssigkeit zergehen lassen;* Zucker, ein Medikament in Milch, Wasser ~ 2.1 ⟨R3⟩ etwas löst sich *zerfällt in ganz kleine Partikel, schmilzt, zergeht, wird flüssig;* Salz löst sich leicht, Zucker schwer **3** ⟨fig.⟩ 3.1 Beziehungen ~ *aufgeben, abbrechen;* ein Verhältnis auf Grund von äußerem Druck ~ 3.1.1 ⟨550/R3⟩ sich von jmdm. od. etwas ~ *sich lossagen, frei machen, befreien von etwas od. jmdm.;* sich von alten Bindungen, von einer Umgebung ~ 3.1.1.1 sich nicht vom Elternhaus ~ können *die enge Beziehung zum E. nicht aufgeben können* 3.2 einen Vertrag, eine Verpflichtung ~ *rückgängig machen, aufheben, für nichtig erklären;* es gelingt ihm immer, sich von seinen Verpflichtungen zu ~ **4** eine Frage, eine Aufgabe, ein Problem ~ *eindeutig klären* 4.1 ein Rätsel ~ *enträtseln, erraten;* Kreuzworträtsel ~ 4.2 eine Rechenaufgabe ~ *das Ergebnis errechnen* 4.3 ⟨R3⟩ ein Problem löst sich *behebt sich von selbst, klärt sich ohne eigenes Zutun* **5** einen Konflikt, Schwierigkeiten ~ *beseitigen, zu einem guten Ende bringen* 5.1 ⟨R3⟩ Konflikte, Schwierigkeiten ~ sich *kommen zum guten Ende, enden gut;* es hat sich alles zu unserer Zufriedenheit gelöst; die Schwierigkeit hat sich (von selbst) gelöst **6** ⟨550/R3⟩ eine Sache löst sich in etwas *endet in etwas;* ihre Spannung löste sich in einem Seufzer, in Tränen **7** eine Eintrittskarte, Fahrkarte ~ *kaufen* **8** jmd. od. jmds. Körper ist gelöst *jmd. hat eine gelockerte Körperhaltung, gelockerte Bewegungen, ist entspannt;* gelöste Haltung, Bewegungen; im Schlaf gelöste Glieder **9** jmd. ist gelöst *hat ein ungezwungenes, freies Benehmen, ist nicht gehemmt;* sie war heute abend sehr gelöst

'los|ge·hen ⟨V. 145(s.)⟩ **1** ⟨400⟩ *entschlossen, zielstrebig weggehen, aufbrechen;* wir müssen ~, sonst kommen wir zu spät **2** ⟨411⟩ auf etwas ~ *zielstrebig auf etwas zugehen;* auf ein Ziel ~ **3** ⟨800⟩ auf eine Sache ~ ⟨fig.⟩ *eine Sache energisch anpacken, tatkräftig mit etwas beginnen* **4** ⟨411⟩ auf jmdn. ~ ⟨fig.⟩ *jmdn. in Wort od. Tat angreifen;* mit dem Messer, mit erhobenen Fäusten auf jmdn. ~ **5** ⟨400⟩ ein Schuß geht los *löst sich, wird versehentlich abgefeuert* **6** ⟨400⟩ eine Veranstaltung geht los *fängt an, beginnt;* nun kann's ~!; wann geht das Theater, Kino, die Vorstellung los?; die Veranstaltung geht um fünf Uhr los

'los|las·sen ⟨V. 175/500⟩ **1** ⟨505⟩ etwas od. jmdn. (von etwas) ~ *nicht länger an einem Ort festhalten;* Vorsicht, nicht ~!; laß mich los!; den Hund von der Kette ~ **2** jmdn. ~ *jmdm. die ursprüngliche Freiheit wiedergeben, jmdn. freilassen, freigeben;* Gefangene ~ 2.1 er war wie losgelassen ⟨umg.⟩ *unbändig, übermütig* **3** ⟨511 od. 550⟩ die Hunde auf jmdn. ~ *den Hunden befehlen, jmdn. anzugreifen, sie auf jmdn. hetzen* **4** eine Sache läßt jmdn. nicht mehr los *beschäftigt jmdn. stark* **5** ⟨550⟩ jmdn. auf etwas od. jmdn. ~ *jmdn. mit einer Aufgabe betrauen, der er nicht gerecht werden kann;* einen jungen Lehrer auf eine schwierige Klasse ~; und so was, so jmdn. läßt man nun auf die Menschheit los! ⟨umg.⟩ **6** einen Brief, eine Rede ~ ⟨fig.;

umg.; scherzh.⟩ *einen B. schreiben, eine R. halten*
'los|sa·gen ⟨V. 550/R3⟩ **1** sich von etwas ~ *von etwas zurücktreten, einer Sache, zu der man eine enge Beziehung hatte, fernerhin nicht mehr angehören wollen;* sich von einer Religion, Überzeugung, Partei ~ **2** sich von jmdm. ~ *sich von jmdm. trennen, mit dem man längere Zeit verbunden war;* sich von seinen Eltern, ehemaligen Freunden ~
'los|schie·ßen ⟨V. 215/400⟩ **1** *plötzlich einen Schuß, Schüsse abfeuern, zu schießen beginnen;* wie ein Verrückter ~ **2** ⟨(s.); fig.⟩ *plötzlich zu laufen beginnen;* die Kinder schossen los, sobald sie auf der Wiese waren **3** ⟨411(s.)⟩ auf jmdn. ~ *plötzlich u. schnell auf jmdn. zulaufen;* sobald er sie aus dem Zug steigen sah, schoß er auf sie los **4** *plötzlich, unerschrocken zu sprechen beginnen* **4.1** schieß los! *fang an!, sprich offen u. frei!*
'los|schla·gen ⟨V. 218⟩ **1** ⟨500⟩ etwas ~ *durch Schlagen lösen, entfernen;* einen krummen Nagel ~ **2** ⟨400⟩ *(ohne Überlegung) zu schlagen anfangen;* der Betrunkene schlug los, als man sich ihm näherte **3** ⟨410⟩ aufeinander ~ *sich prügeln;* Polizisten u. Demonstranten schlugen aufeinander los **4** ⟨400⟩ *Kampfhandlungen beginnen;* wir wissen nicht, wann der Gegner losschlägt **5** ⟨500⟩ Ware (billig) ~ ⟨fig.⟩ *(billig) verkaufen, um sie nicht behalten zu müssen;* es gelang ihm, im Ausverkauf alle Sommerkleider loszuschlagen
'los|spre·chen ⟨V. 251/550⟩ jmdn. von einer Schuld, Verpflichtung ~ *sagen, daß jmd. von einer S., V. befreit ist*
'los|steu·ern ⟨V. 411⟩ auf etwas od. jmdn. ~ ⟨fig.⟩ *gerade, zielbewußt zugehen;* gerade auf sein Ziel ~
'Lo·sung[1] ⟨f.; -, -en⟩ **1** *Spruch, der die Grundsätze enthält, nach denen man sich richtet;* die ~ des Tages **1.1** *für jeden Tag des Jahres ausgeloster Bibelspruch (der Brüdergemeine)* **2** *als Erkennungszeichen vereinbartes Wort*
'Lo·sung[2] ⟨f.; -; unz.; jägerspr.⟩ *Kot (des Wildes u. des Hundes)*
'Lö·sung ⟨f.; -, -en⟩ **1** *Bewältigung eines Problems, durch Überlegung gewonnenes Ergebnis, Resultat;* eine, keine ~ finden; die beste ~ wäre folgendes; das ist eine gute ~; eine ~ für etwas finden **2** *durch Überlegung gewonnenes Resultat einer (mathematischen) Aufgabe;* ein Buch mit den ~en besitzen; die ~ eines Rätsels **3** *das Lösen, Trennung, Aufhebung;* die ~ einer Ehe, die ~ vom Elternhaus **4** ⟨Chem.; Phys.⟩ *das Sichauflösen (einer Substanz in einer Flüssigkeit)* **5** ⟨Chem.; Phys.⟩ *homogene Verteilung eines Stoffes in einem anderen, bes. die homogene Verteilung von Gasen, Flüssigkeiten od. festen Stoffen in Flüssigkeiten (Lösungsmitteln)*
'los|wer·den ⟨V. 285/500(s.)⟩ → a. *werden(1.2)* **1** jmd. wird etwas los *macht sich frei von etwas, wird von etwas Lästigem, Unangenehmem befreit;* ich werde den Gedanken nicht los, daß ...; ich werde den Schnupfen einfach nicht los **2** jmd. wird jmdn. los *wird von der Gesellschaft einer ihm lästigen Person befreit, braucht die Gegenwart einer ihm lästigen Person nicht länger zu ertragen;* ich bin froh, daß ich diesen langweiligen Assistenten losgeworden bin; wenn ich nur wüßte, wie ich ihn ~ kann **3** Geld ~ ⟨umg.⟩ *ausgeben, abgenommen bekommen;* er ist beim Spiel all sein Geld losgeworden; hier kannst du viel Geld ~! **4** Gegenstände, Ware ~ *G., W. verkaufen können, Käufer dafür finden;* ich möchte die Möbel gern verkaufen, aber ich werde sie nicht los
Lot ⟨n.; -(e)s, -e⟩ **1** ⟨7; veralt.⟩ *Gewichtseinheit* **1.1** *Gewichtseinheit, die etwa 1/30 Pfund entspricht;* ein halbes ~ **2** *altes Gewicht zum Abwiegen von Gold u. Silber für Münzen* **2.1** von ihnen gehen fünf, hundert auf ein ~ *sie sind nicht viel wert* **3** ⟨veralt.⟩ *Kugel od. Schrot* **4** ⟨Tech.⟩ *Metallegierung, die zum Löten benutzt wird* **5** ⟨Bauwesen⟩ *mit der Spitze nach unten an einer Schnur hängendes, kegelförmiges Metallstück zum Kontrollieren od. Bestimmen einer senkrechten Fläche, Senklot* **5.0.1** ⟨Mar.⟩ *markierte Leine mit Bleigewicht zum Messen der Wassertiefe* **5.1** die Mauer steht (nicht) im ~ *(nicht) senkrecht* **5.2** ⟨fig.⟩ **5.2.1** etwas (wieder) ins ~ bringen *in Ordnung bringen* **5.2.2** mit ihr ist etwas nicht im ~ *mit ihr stimmt etwas nicht* **6** ⟨Math.⟩ *Gerade, die senkrecht auf einer anderen Geraden steht;* das ~ (auf einer Geraden) errichten; das ~ (auf eine Gerade) fällen
'lö·ten ⟨V. 500⟩ metallische Werkstücke ~ *mit Hilfe einer Metallegierung verbinden, deren Schmelztemperatur niedriger ist als die der Werkstücke*
'lot·recht ⟨Adj.⟩ *senkrecht, im Winkel von 90° auf einer Geraden od. Fläche stehend* = *senkrecht*
'Lot·se ⟨m.; -n, -n⟩ **1** *geprüfter Seemann mit Sonderausbildung in einem bestimmten Ortsbereich, der Schiffe durch schwierige Gewässer leitet;* Sy *Pilot(2)* **2** ⟨fig.⟩ *Person, die Personen, Fahrzeugen od. Flugzeugen den Weg weist;* Schüler ~; Flug ~
'lot·sen ⟨V. 500⟩ **1** ein Schiff ~ *als Lotse führen* **2** ein Flugzeug ~ *vom Boden durch den Luftraum (an eine bestimmte Stelle) dirigieren* **3** ⟨511⟩ jmdn. od. ein Fahrzeug ~ *jmdm. den Weg weisen, indem man ihn begleitet, jmdm. helfen, den Weg durch ein unbekanntes od. unwegsames Gebiet zu finden* **4** ⟨511⟩ jmdn. irgendwohin ~ ⟨fig.; umg.⟩ *als Lotse führen, mitnehmen, mitschleppen, verführen mitzugehen;* jmdn. mit ins Kino, mit zu Freunden ~
Lot·te'rie ⟨f.; -, -n⟩ **1** *staatl. od. private Auslosung von Gewinnen unter den Personen, die ein Los gekauft haben;* Geld~, Waren~ **2** *Glücksspiel mit Karten*
'lot·tern ⟨V. 400⟩ *liederlich leben, sich herumtreiben, faulenzen*
'Lot·to ⟨n.; -s, -s⟩ **1** *Gesellschaftsspiel für Kinder, bei dem jeder eine Anzahl von Kärtchen mit Zahlen od. Bildern vor sich hat, die er, wenn sie aufgerufen werden, zudecken kann, u. wer seine Karten zuerst zugedeckt hat, ist Sieger;* Zahlen~, Bilder~ **2** *eine Art Lotterie, bei der man mit einem bestimmten Einsatz auf die Zahlen wettet, von denen man glaubt, daß sie bei der Ziehung herauskommen werden*
'Lö·we ⟨m.; -n, -n⟩ **1** *gelb- bis rötlichbraune Großkatze, deren Männchen eine Mähne trägt: Panthera leo;* ~n und andere Raubtiere

im Zoo bewundern; brüllen wie ein ~; wie ein gereizter ~ auf jmdn. losfahren; in die Höhle des ~n gehen **2** ⟨fig.⟩ der ~ des Tages *der Held des T.*

'Lö·wen·an·teil ⟨m.⟩ *Hauptanteil*

'Lö·wen·zahn ⟨m.; -(e)s; unz.⟩ *einer Gattung der Korbblütler angehörende, Milchsaft enthaltende Wiesenblume mit grob gezähnten Blättern u. goldgelbem Blütenkorb, deren Früchte mit einem „Fallschirm", aus Haaren ausgestattet sind: Taraxacum*

Luchs ⟨[luks] m.; -es, -e⟩ **1** *hochbeinige Raubkatze mit kurzem Schwanz u. Haarpinseln an den Ohren: Lynx* **1.1** Augen wie ein ~ haben *scharfe, gute Augen* **1.2** aufpassen wie ein ~ *scharf, gut aufpassen*

'Lücke ⟨-k·k-; f.; -, -n⟩ **1** *(infolge eines fehlenden Stücks entstandener) Zwischenraum, Loch, Spalt, Öffnung;* eine ~ ausfüllen, füllen, schließen; hier klafft eine ~; eine ~ im Zaun **1.1** der Krieg hat viele ~n gerissen *Opfer gefordert* **2** *in einem System, Ganzen fehlender Teil, Auslassung;* eine ~ (im Text, in der Reihe) lassen **2.1** durch eine ~ des Gesetzes schlüpfen *der Strafe entgehen, da es für diesen Fall kein Gesetz gibt* **2.2** sein Wissen hat große ~n *sein W. ist mangelhaft, er weiß sehr vieles nicht* **2.3** als er fortging, blieb eine ~ ⟨fig.⟩ *fehlte er den anderen sehr*

'Lücken·bü·ßer ⟨-k·k-; m.; -s, -⟩ *jmd., der die Stelle eines anderen einnehmen, der aushelfen muß, aber weniger gern gesehen od. weniger geeignet ist;* ich will nicht nur ~ sein; als ~ dienen

'Lu·der ⟨n.; -s, -⟩ **1** *leichtfertiges u. gewissenloses Mädchen od. Weib;* sie ist ein ~! **1.1** dieses kleine ~! ⟨gemildert⟩ *durchtriebenes Mädchen* **2** ⟨Schimpfw.⟩ *Gauner, Spitzbube, heimtückischer, gemeiner Kerl;* du kleines ~! **3** ⟨umg.⟩ *armer Kerl, armes Ding, bemitleidenswertes Geschöpf;* sie ist ein armes ~; das arme ~! **3.1** dummes ~! *dummer Kerl!* **3.2** armes ~ *mittelloser Mensch* **4** ⟨jägerspr.⟩ *Aas, Kadaver, totes Tier (zum Anlocken von Raubwild)*

Luft ⟨f.; -, ¨e; Pl. oft nur poet.⟩ **1** *Gasgemenge, das die Atmosphäre bildet;* Licht und ~ hereinlassen; die ~ flimmert vor Hitze; das Flugzeug, der Vogel erhob sich in die ~; der Vogel schwang sich in die Lüfte; einen Motor mit ~ kühlen; mit den Händen, Armen in der ~ herumfuchteln ⟨verstärkend⟩; vor Freude in die ~ springen ⟨a. fig.⟩ **2** *das uns unmittelbar umgebende Gasgemenge;* kalte, kühle, laue, milde, rauhe, warme ~; hier ist schlechte, verbrauchte ~; die ~ ist hier gut, klar, rein, würzig **2.1** (frische) ~ hereinlassen *Fenster od. Tür öffnen* **2.2** seine Hände griffen in die ~ *fanden keinen Halt* **2.3** zwischen Wand und Schrank etwas ~ lassen ⟨fig.⟩ *freien Raum, Abstand, Zwischenraum* **3** (f r e i e) ~ *das Freie;* du kommst zu wenig an die ~; draußen in der freien ~ **3.1** an die (frische) ~ gehen *ins Freie gehen, spazierengehen* **3.2** (frische) ~ schöpfen, schnappen *spazierengehen, ins Freie treten* **3.3** Betten, Kleider an die ~ hängen *auslüften* **4** *leichter Wind, Luftzug;* die lauen Lüfte wehen ⟨poet.⟩ **5** *Atem, Atmung;* der Kragen schnürt mir die ~ ab; keine ~ bekommen; bitte tief ~ holen! (Aufforderung des Arztes) **5.1** wieder ~ bekommen *wieder atmen können* **5.2** nach ~ schnappen *rasch u. mühsam Atem holen* **5.3** mir blieb vor Schreck, vor Überraschung die ~ weg ⟨fig.; umg.⟩ *ich war sprachlos* **5.4** jmdm. die ~ abschnüren ⟨fig.; umg.⟩ *jmdn. wirtschaftlich ruinieren* **6** *die im Reifen eines Fahrzeuges befindliche komprimierte Luft(1);* ~ aufpumpen; die ~ aus dem Reifen herauslassen; die ~ nachsehen lassen ⟨umg.⟩ **6.1** der Schlauch hält keine ~ *der Sch. hat ein Loch, durch das die Luft entweicht* **7** ⟨fig.⟩ **7.01** seinem Ärger, seinem Herzen ~ machen *über seinen Ä., eine wichtige Angelegenheit sprechen, sich aussprechen* **7.02** jetzt hab' ich wieder etwas ~ *nicht mehr so viel zu arbeiten* **7.03** na, jetzt wird ja schon etwas ~! ⟨umg.⟩ *jetzt lichtet sich das Durcheinander, jetzt wird schon etwas Ordnung* **7.04** die ~ ist rein *niemand horcht, es ist niemand in der Nähe, der das Vorhaben vereiteln könnte* **7.05** er lebt von der ~ *er braucht sehr wenig, ist sehr sparsam u. bescheiden* **7.06** du kannst schließlich nicht von der ~ leben *du brauchst Geld, einen Beruf, mußt dir den Lebensunterhalt verdienen* **7.07** jmd. ist für jmdn. ~ *wird von jmdm. überhaupt nicht beachtet, ist für ihn uninteressant* **7.08** das ist aus der ~ gegriffen *erfunden, unwahr* **7.08.1** der Vorwurf ist (völlig) aus der ~ gegriffen *(völlig) unbegründet* **7.09** in die ~ gehen **7.09.1** *explodieren* **7.09.2** ⟨umg.⟩ *zornig, wütend werden, sich sehr aufregen;* das ist zum in die ~ gehen **7.10** die Sache hängt noch in der ~ *ist noch nicht entschieden, hat noch keine Grundlage* **7.11** ich hänge augenblicklich in der ~ *ich habe augenblicklich keine feste Existenzgrundlage* **7.12** ich könnte ihn in der ~ zerreißen! ⟨umg.; scherzh.⟩ *ich bin wütend auf ihn* **7.13** jmdn. an die ~ setzen ⟨umg.⟩ *jmdm. kündigen, jmdn. hinauswerfen* **7.14** es liegt etwas in der ~ *es droht etwas*

'Luft·bal·lon ⟨m.⟩ *mit Gas gefüllter Ballon aus dünnem Gummi als Kinderspielzeug*

'lüf·ten ⟨V.⟩ **1** ⟨400⟩ *Durchzug schaffen, frische Luft zuführen* **2** ⟨500⟩ e t w a s ~ *der Luft aussetzen, Luft eindringen lassen in etwas;* Zimmer, Betten, Kleider ~ **3** ⟨500⟩ e t w a s ~ *leicht anheben;* den Hut (zum Gruß) ~ **3.1** ein G e h e i m n i s ~ ⟨fig.⟩ *preisgeben, bekanntmachen*

'Luft·fahrt ⟨f.⟩ *planmäßige Fortbewegung, Verkehr mit Flugzeugen*

'luf·tig ⟨Adj.⟩ **1** *so beschaffen, daß von allen Seiten Luft u. Wind heran kann;* in ~er Höhe **2** *leicht, dünn, luftdurchlässig;* ein ~es Gewebe, Kleid

'Luft·raum ⟨m.⟩ *der über der Erde befindliche, mit Luft erfüllte Raum, der zum Hoheitsgebiet eines Staates zählt*

'Luft·röh·re ⟨f.⟩ *Atmungsweg des Menschen u. der lungenatmenden Wirbeltiere vom Kehlkopf abwärts in die Lunge: Trachea*

'Luft·schiff ⟨n.⟩ **1** *lenkbares Luftfahrzeug, das wegen einer mitgeführten Gasfüllung leichter ist als Luft* **1.1** → a. *starr(1.1.1)*

'Luft·schloß ⟨n.⟩ **1** *Wunschvorstellung, Gegenstand od. Zustand, den man sich ersehnt, erträumt* **1.1** Luftschlösser bauen *undurchführbare Pläne machen, sich große Hoffnungen machen, die kaum erfüllt werden*

'Lü·ge ⟨f.; -, -n⟩ **1** *absichtl. falsche Aussage, Aussage zur bewußten Täuschung anderer;*

jmdn. der ~ beschuldigen, verdächtigen; es ist alles ~ (was er sagt)!; dreiste, freche, plumpe, unverschämte ~; jmdn. bei einer ~ ertappen; sich in ~n verstricken 1.1 ~n haben kurze Beine ⟨Sprichw.⟩ *L. werden bald erkannt* 1.2 die ~ steht dir auf der Stirn geschrieben *man sieht dir an, daß du lügst* 1.3 jmdn. ~n strafen *jmdm. nachweisen, daß er gelogen hat;* er behauptet, es gehe ihm gut, aber sein schlechtes Aussehen straft ihn, (od.) seine Worte ~n; seine Verlegenheit strafte seine Worte ~n

'lu·gen ⟨V. 410⟩ **1** *vorsichtig, aber aufmerksam, scharf (nach etwas) schauen, sehen;* durch die Gardinen ~; über den Zaun ~; um die Hausecke ~ **2** *vorsichtig hervorschauen;* die ersten grünen Spitzen ~ schon aus der Erde

'lü·gen ⟨V. 181/400⟩ **1** *das Gegenteil der Wahrheit sagen, absichtlich Unwahres sagen, um andere zu täuschen;* „...!" log sie; ich müßte ~, wenn ich sagen wollte, daß es mir nicht gut, daß es mir schlecht geht; wer einmal lügt, dem glaubt man nicht, und wenn er auch die Wahrheit spricht ⟨Sprichw.⟩ 1.1 das ist gelogen! ⟨umg.⟩ *das ist nicht wahr!* 1.2 ⟨413⟩ er lügt wie gedruckt *stark, unverschämt* 1.3 ⟨413⟩ er lügt, daß sich die Balken biegen ⟨fig.; scherzh.⟩ *er lügt unverschämt*

'Lu·ke ⟨f.; -, -n⟩ **1** *sehr kleines Fenster;* Boden~, Dach~ **2** *kleine Öffnung zum Einbringen u. Herausholen von Ladung;* Lade~

lu·kra'tiv ⟨Adj.⟩ *gewinnbringend, einträglich;* ~e Beschäftigung

'lul·len ⟨V. 511⟩ jmdn. in den Schlaf ~ *leise, eintönig in den S. singen;* ein Kind in (den) Schlaf ~

'Lüm·mel ⟨m.; -s, -⟩ *ungezogener, frecher Mensch, Flegel*

Lump[1] ⟨m.; -en, -en⟩ **1** *heruntergekommener, unehrenhafter, gesinnungs-, charakterloser Mensch* **2** ⟨umg.⟩ *Schlingel, Schelm;* du kleiner ~!

Lump[2] ⟨m.; -en, -en⟩ *ein Meeresfisch*

'Lum·pen ⟨m.; -s, -⟩ **1** *Fetzen, zerrissene Kleidung;* Papier aus ~ herstellen; in ~ gehüllt sein 1.1 jmdn. aus den ~ schütteln ⟨fig.; umg.⟩ *jmdm. energisch die Meinung sagen* **2** ⟨oberdt.⟩ *Scheuerlappen*

'Lum·pen·ge·sin·del ⟨n.; -s; unz.⟩ *ehrloses, hergelaufenes Volk, Pack*

'lum·pig ⟨Adj.⟩ **1** *wie ein Lump, gemein;* eine ~e Gesinnung, Tat **2** ⟨umg.⟩ *geringfügig, nicht viel wert;* behalt dein ~es Geld; um ein paar ~e Groschen feilschen; nicht mal ~e zehn Mark hat er herausgerückt

'Lun·ge ⟨f.; -, -n⟩ **1** *das Atmungsorgan des Menschen u. der luftatmenden Wirbeltiere: Pulmo;* aus voller ~ schreien 1.1 eine gute ~ haben ⟨fig.⟩ 1.1.1 *laut schreien können* 1.1.2 *lange schnell laufen können* 1.2 jmd. hat es auf, mit der ~ ⟨umg.⟩ *ist lungenkrank* 1.3 auf ~ rauchen *den Rauch einatmen, inhalieren* 1.4 sich (nach jmdm.) die ~ aus dem Halse rufen, schreien ⟨fig.; umg.⟩ *sehr laut schreien, sehr lange nach jmdm. rufen* 1.5 → a. *eisern(1.0.6)*

'lun·gern ⟨V. 411; umg.⟩ *sich müßig herumtreiben, faul herumstehen;* in der Bahnhofsgegend ~ immer ein paar Halbwüchsige; vor dem Kino lungert ein Angetrunkener

'Lun·te ⟨f.; -, -n⟩ **1** *mit einer Bleioxidlösung getränkte Hanfschnur, die langsam glimmt u. die eine Sprengladung entzünden soll* 1.1 ~ riechen ⟨fig.; umg.⟩ *merken, was los ist, eine Gefahr spüren, Verdacht schöpfen* **2** ⟨Text.⟩ *noch nicht fertig gesponnenes (u. gedrehtes) Garn* **3** ⟨jägerspr.⟩ *Schwanz (bei Fuchs u. Marder)*

'Lu·pe ⟨f.; -, -n⟩ **1** *Sammellinse für meist 8- bis 25fache Vergrößerung* **2** etwas od. jmdn. unter die ~ nehmen ⟨a. fig.⟩ *genau betrachten od. prüfen*

Lurch ⟨m.; -(e)s, -e⟩ = *Amphibie*

Lust ⟨f.; -, ¨e⟩ **1** ⟨unz.⟩ *Gefühl des Wohlbehagens, Wohlgefallen, Freude, Genuß, Gefallen (an etwas);* Lebens~; ~ empfinden, verspüren; es ist eine ~ zu leben! (Äußerung Ulrichs von Hutten in seinem Brief an Pirckheimer); es ist eine (wahre) ~ zu sehen, wie ...; da kann einem ja die, (od.) alle ~ vergehen; etwas mit, ohne ~ und Liebe tun 1.1 ~ und Liebe zu einer Sache haben *eine S. gern tun* 1.2 er arbeitet, daß es eine ~ ist *daß es eine Freude ist, dabei zuzusehen* **2** ⟨unz.⟩ *Neigung, Verlangen, Bedürfnis nach etwas, das Freude bereitet;* ~ (zu etwas) haben, verspüren; eine böse ~ überkam ihn (sie zu kränken o. ä.); ich habe große, keine, viel, wenig ~ dazu; ~ zu einem Beruf, zu einer Tätigkeit haben; je nach ~ und Laune; es wandelte ihn die ~ an spazierenzugehen ⟨poet.⟩ 2.1 ich habe ~ auf ein Stück Kuchen ⟨umg.⟩ *Appetit* 2.2 ich habe keine ~! *ich mag nicht, will nicht* 2.3 das kannst du machen wie du ~ hast *wie du willst* 2.4 er kann warten, solange er ~ hat ⟨umg.⟩ *solange er will* **3** *sinnl., sexuelle Begierde, geschlechtl. Empfinden;* ~ empfinden; seiner ~ nachgeben; er ist ein Sklave seiner Lüste **4** *Erfüllung geschlechtlicher Begierden, Wollust, sexueller Genuß;* (nur) seinen Lüsten leben ⟨geh.⟩

'Lü·ster ⟨m.; -s, -⟩ **1** *Kronleuchter;* Kristall~ **2** *glänzender Überzug auf Keramikwaren* **3** *glänzendes Halbwollgewebe in Leinwandbindung*

'lü·stern ⟨Adj.⟩ **1** *stark sinnlich, geschlechtl. gereizt, erregt, geil* **2** ~ nach etwas sein *großen Appetit auf etwas haben*

'lu·stig ⟨Adj.⟩ **1** *in fröhlicher Stimmung befindlich, vergnügt, ausgelassen;* eine ~e Gesellschaft; ~e Streiche aushecken; „...!" sagte, rief er ~; hier ist es ~; dort geht es ~ her, zu; ein ~es Fest **2** ein Mensch ist ~ *ist zum Lachen u. Fröhlichsein geneigt, bringt die Leute immer zum Lachen;* ein ~er Clown 2.1 ⟨60⟩ ~e Person *der Hanswurst (im frühen dt. Theater)* **3** etwas ist ~ *unterhaltend, heiter, erzeugt eine vergnügte Stimmung;* eine ~e Geschichte; ein ~er Film 3.1 das kann ja ~ werden! ⟨iron.⟩ *schlimm werden* **4** ⟨fig.⟩ 4.1 das ist ~! *komisch, merkwürdig* 4.2 immer ~! *munter los! vorwärts!* 4.3 ~ drauflos ⟨umg.⟩ *munter, ohne Bedenken drauflos* 4.4 das kannst du machen, solange du ~ bist ⟨umg.; verballhornt aus⟩ *solange du Lust hast* 4.5 ⟨55⟩ sich über etwas od. jmdn. ~ machen *über etwas od. jmdn. spotten, jmdn. auslachen*

'Lust·spiel ⟨n.⟩ *heiteres, humorvolles Theaterstück, im Unterschied zur derberen Komödie*

'lust·wan·deln ⟨V. 400 od. 410; poet.⟩ *spazierengehen*

'lut·schen ⟨V.⟩ **1** ⟨500⟩ etwas ~ *im Mund zergehen, schmelzen lassen;* ein Bonbon ~ **2**

⟨411⟩ a n e t w a s ~ *an etwas saugen;* am Daumen ~
'Lu·xus ⟨m.; -; unz.⟩ *den normalen Lebensstandard überschreitender Aufwand, Verschwendung, Prunk*
'lyn·chen ⟨a. ['lintʃən] V. 500⟩ j m d n. ~ *ungesetzlich richten u. töten*
'Ly·rik ⟨f.; -; unz.⟩ *Dichtung(sart) im Rhythmus, oft mit Reim u. in Versen u. Strophen, die Gefühle, Gedanken, inneres od. äußeres Erleben, Stimmung usw. des Dichters selbst ausdrückt;* Gedanken ~, Liebes ~

M

'ma·chen ⟨V.⟩ **1** ⟨500⟩ etwas ~ *schaffen, erzeugen, hervorbringen, herstellen;* das macht Appetit, Hunger, Durst; ein Gedicht, Verse ~; großes, viel Geschrei ~; Krach, Lärm ~; Musik ~; Schulden ~ 1.0.1 Licht, Feuer ~ *anzünden* 1.0.2 Geld ~ ⟨a. fig.; umg.⟩ *viel u. leicht G. verdienen* 1.0.3 er hat (sich) damit ein Vermögen gemacht ⟨umg.⟩ *verdient, zusammengebracht* **1.0.4** ich weiß nicht, was ich daraus ~ soll ⟨a. fig.; umg.⟩ *ich verstehe es nicht, ich weiß nicht, was ich davon denken soll* **1.0.5** mach dir nichts daraus! *nimm es nicht zu schwer, laß dir die Stimmung dadurch nicht verderben!* 1.1 ⟨Part. Perf.⟩ gemacht *künstlich hervorgebracht, gespielt, vorgetäuscht;* seine Empörung war nur gemacht; gemachter Ernst, Zorn 1.2 *zeigen;* er machte ein erstauntes Gesicht; gute Miene zum bösen Spiel ~ ⟨fig.⟩; sie macht ihm schöne Augen ⟨fig.⟩ 1.3 etwas ~ lassen *zur Herstellung in Auftrag geben;* jmdm. od. sich ein Kleid ~ lassen **2** ⟨500⟩ etwas ~ *tun, mit etwas beschäftigt sein;* ich kann ~, was ich will, ich bringe es nicht fertig; was machst du heute abend?; was machst du da?; einen Schritt ~; ich weiß nicht, was ich ~ soll; was wollen wir jetzt (einmal) ~? 2.0.1 was soll ich denn nur ~? *ich weiß mir keinen Rat* 2.0.2 ⟨410⟩ mach nicht so lange! ⟨umg.⟩ *bleib nicht so lange, laß mich nicht zu lange warten* 2.0.3 ⟨512⟩ er wird es nicht mehr lange ~ ⟨umg.⟩ *er wird bald sterben* 2.0.4 das macht man doch nicht! ⟨umg.⟩ *das gehört sich nicht!* 2.0.5 ⟨517⟩ mit mir könnt ihr's ja ~! ⟨umg.⟩ *ich lasse mir ja allerlei gefallen! (wenn man geneckt wird)* **3** ⟨500⟩ etwas ~ *ausführen, durchführen, zustande bringen;* einen Ausflug, Spaziergang, eine Wanderung ~; ein Experiment ~; Schularbeiten, Aufgaben ~; wie soll ich's denn nur ~?; zeig ihm, wie er es ~ soll!; etwas gut, schlecht, falsch, richtig, schön ~; so macht man das!; mach's gut! (Formel beim Verabschieden) ⟨umg.⟩ 3.0.1 wenn es sich ~ läßt *wenn es möglich ist* 3.0.2 das wird sich (nicht) ~ lassen *das wird (nicht) möglich sein* 3.0.3 die Sache will gemacht sein *die S. braucht ihre Zeit, sie will erarbeitet sein* 3.0.4 einen guten Kauf ~ *etwas günstig kaufen* 3.0.5 wie man's macht, macht man's falsch! ⟨umg.⟩ *es ist schwer, es ihm, ihr, allen recht zu machen* 3.0.6 ~ wir! ⟨umg.⟩ *wir erledigen das!* 3.0.7 laß mich nur ~! ⟨umg.⟩ *ich werde das schon in Ordnung bringen!* 3.0.8 ⟨513⟩ nun mach's nur halb! ⟨umg.⟩ *stell dich nicht so an! übertreib nicht so!* 3.1 jmdn. ~ ⟨umg.⟩ *jmdn. spielen, als jmd. dienen;* ich mache den Dolmetscher; immer macht er den Hanswurst 3.2 ⟨800⟩ in etwas ~ ⟨umg.; meist abschätzig⟩ *handeln, sich beschäftigen mit etwas;* er macht in Schmuck, Pelzen; in Kunst ~ **3.2.1** in Patriotismus ~ *mit seinem P. hausieren gehen, sich patriotisch geben* 3.3 ein gemachter Mann *erfolgreicher, zu Wohlstand gekommener M.* **4** ⟨500⟩ etwas ~ *bewirken, veranlassen* 4.0.1 das macht das Wetter *das kommt vom W.* 4.1 ⟨513/R7⟩ (jmdn. od. etwas) ... ~ *bewirken, daß jmd. od. etwas ... ist, ... werden lassen;* jmdn. gesund ~; jmdn. ärgerlich, eifersüchtig, froh, glücklich, lächerlich, unglücklich, zornig ~; sich schön, fein ~; sich bemerkbar, verständlich ~; sich (bei jmdm.) beliebt, unbeliebt, verhaßt ~; ~ Sie sich's bequem; etwas sauber, schmutzig ~; jmdm. etwas leicht, schwer, sauer ~; das macht die Sache ja nur schlimmer; das viele Herumstehen macht müde **4.1.1** ich will es kurz ~ *mich kurz fassen* **4.1.2** ⟨513/R3⟩ sich wichtig ~ *den Anschein erwecken, wichtig zu sein* **4.1.3** ⟨513/R3⟩ mach dich nicht schlechter, besser, als du bist! *erwecke nicht den Anschein, du seist schlechter, besser, als es tatsächlich der Fall ist!* 4.2 ⟨570⟩ jmdn. od. etwas ... ~ *bewirken, daß jmd. od. etwas etwas tut;* jmdn. lachen, weinen ~ **4.3** ⟨503⟩ (jmdm. od. einer Sache) etwas ~ *verursachen, erregen, bewirken, daß jmd. od. etwas etwas hat;* jmdm. Angst, Freude, Hoffnung, Mut ~; jmdm. Sorgen, Kummer, Ärger ~; jmdm. Platz ~; einer Sache ein Ende ~; eine solche Steigung macht jedem Auto Schwierigkeiten; das macht viel Arbeit, viel Mühe; jmdm. (viel) zu schaffen ~ **4.3.1** das macht nichts *das stört nicht, ist nicht schlimm* **4.4** ⟨550⟩ jmdn. zu etwas ~ *ernennen, ausbilden, erziehen;* jmdn. zum Abteilungsleiter ~; jmdn. zu einem Künstler ~; jmdn. zu einem anständigen Menschen ~ **4.5** ⟨550⟩ etwas zu etwas ~ *etwas in etwas umwandeln* 4.5.1 Möbel, Papiere, Grundbesitz zu Geld ~ *verkaufen* **4.6** *ändern;* da ist nichts zu ~ **4.6.1** was soll man ~? *man kann es nicht ändern* **5** ⟨500⟩ etwas ~ *in Ordnung bringen, aufräumen;* er macht sein Bett, Zimmer **5.0.1** ich lasse den Wagen in der Werkstatt ~ *reparieren* 5.0.2 ⟨530/R5 od. R8⟩ jmdm. das Haar ~ *frisieren, ordnen* 5.0.3 die Wohnung, ein Zimmer ~ lassen *vorrichten, tünchen bzw. tapezieren lassen* **6** ⟨500⟩ etwas macht etwas ⟨umg.⟩ *hat etwas als Ergebnis beim Rechnen;* drei mal drei macht neun **7** ⟨500⟩ etwas macht etwas ⟨umg.⟩ *kostet etwas;* was macht es?; das macht im ganzen, zusammen 15 Mark **8** ⟨411; umg.⟩ *die Notdurft befriedigen;* ins Bett, in die Hose ~ **9** ⟨500⟩ den Anfang ~ *der erste sein* 9.1 ⟨550⟩ den Anfang mit etwas ~ *anfangen* **10** ⟨400⟩ *sich beeilen;* mach doch!, nun mach (aber)!; mach, daß du nach Hause kommst! 10.1 mach, daß du fortkommst! *geh!, ich will dich nicht mehr sehen!* **11** ⟨500⟩ was macht jmd. od. etwas? ⟨umg.⟩ *wie befindet sich ...?* 11.1 was macht Ihr Sohn? *wie geht es Ihrem S.?* 11.2 was macht dein Magen? *hast du noch Beschwerden mit dem M.?* **12** ⟨535/R1⟩ sich etwas zu eigen ~ *aneignen* **13** ⟨534/R1⟩ sich etwas aus etwas ~ *etwas schätzen, gern haben* 13.1 ich mache mir nicht viel, nichts aus ihm, ihr *ich kann ihn, sie nicht bes. gut leiden* 13.2 ich mache mir nichts daraus *ich tue, mag es nicht bes. gern* **14** ⟨550/R3⟩ sich an etwas ~ *mit etwas beginnen;* sich an die Arbeit ~ **15** ⟨511/R3⟩ sich auf den Weg ~ *weg-, fortgehen (zu einem bestimmten Ziel)* **16** ⟨513/R3⟩

sich (gut) ~ ⟨umg.⟩ *Fortschritte machen, sich gut ausmachen, passen;* er macht sich jetzt (in der Schule) recht gut; wie geht's? Danke, es macht sich!; das Bild macht sich gut an dieser Stelle; die Brosche macht sich hübsch auf dem Kleid **17** ⟨550⟩ etwas aus sich ~ *sich in ein gutes Licht setzen;* sie versteht leider nicht, etwas aus sich zu ~

'Ma·chen·schaf·ten ⟨f.; nur Pl.; abwertend⟩ *Intrigen, Ränke, geheime Abmachungen;* dunkle, üble ~; sie durchschaute seine ~ nicht

Macht ⟨f.; -, ¨-e⟩ **1** ⟨unz.⟩ *Herrschaft, Gewalt, Befehlsgewalt;* über etwas od. jmdn. ~ haben; ~ ausüben; seine ~ mißbrauchen; zur ~ gelangen, kommen; an die ~ kommen; die ~ haben, etwas zu tun, anzuordnen, zu verhindern; die ~ der herabstürzenden Wassermassen war so groß, daß ...; die ~ der Krankheit, des Fiebers ist gebrochen **1.0.1** das steht nicht in meiner ~ *das kann ich nicht tun* **1.1** geistliche ~ *Herrschaft der kath. Kirche* **1.1.1** *kath. Kirche* **1.2** weltliche ~ *Gewalt, Herrschaft des Staates, der Staaten* **2** ⟨unz.⟩ *Kraft, Stärke;* die ~ seiner Persönlichkeit; mit aller ~; die ~ des Geldes, der Liebe; die ~ der Gewohnheit **2.0.1** die ~ des Schicksals *die Unabwendbarkeit des S.* **3** *einflußreicher, polit. u. wirtschaftl. kraftvoller Staat;* Groß~; Welt~; das Zusammenwirken aller verbündeten Mächte **4** ⟨Volksglauben⟩ *außerird. Kraft, Wesen;* mit bösen Mächten im Bunde stehen; himmlische, höllische Mächte **5** → *Wehrmacht*

'mäch·tig ⟨Adj.⟩ **1** *große Macht besitzend, kraftvoll, einflußreich;* ein ~er Herrscher; eine ~e Stimme **2** ⟨70⟩ einer Sache ~ sein *etwas können, verstehen;* einer Sprache ~ sein **2.1** seiner selbst, seiner Sinne, Kräfte, Sprache ~ sein *sich, seine Sinne, K., S. beherrschen, in der Gewalt haben;* er war seiner Sinne kaum noch ~ **3** *wuchtig, massig;* ein ~er Bau; eine ~e Gestalt **4** ⟨70; umg.⟩ *sehr groß, gewaltig;* ~es Glück, ~en Dusel haben; ~en Hunger haben; wenn du das tust, gibt es ein ~es Donnerwetter, einen ~en Krach **5** ⟨50; umg.⟩ *sehr, ungemein;* ich freue mich ~; es hat ~ geschneit; ~ groß, stark, viel; ich bin ~ neugierig, gespannt; ~ wütend sein

'Macht·stel·lung ⟨f.⟩ **1** *auf Macht beruhende Stellung;* die ~ eines Staates **2** *sehr einflußreiche Stellung;* eine ~ innehaben; seine ~ verteidigen

'Mäd·chen ⟨n.; -s, -⟩ **1** *Kind, junge Person weibl. Geschlechts;* Jungen und ~; ein junges, hübsches ~; ein kleines ~ **1.1** er hat die kleinen ~ so gern ⟨fig.; scherzh.⟩ *er ist ein Frauenheld* **2** *Angestellte für Hausarbeit;* Zimmer~; als es klingelte, ging das ~ an die Tür **2.1** ~ für alles **2.1.1** *Hausangestellte* **2.1.2** ⟨fig.; scherzh.⟩ *jmd., der alles tun muß und auch alles kann* **3** ⟨umg.⟩ *Freundin, Geliebte;* er kam mit seinem ~ **4** spätes, altes ~ ⟨umg.; scherzh.⟩ *ältere od. alte Jungfer*

'Mäd·chen·na·me ⟨m.⟩ **1** *Vorname für Mädchen;* Tatjana ist ein russischer ~ **2** *Familienname der Frau vor ihrer Ehe;* nach der Scheidung hat sie wieder ihren ~n angenommen

'Ma·de ⟨f.; -, -n⟩ **1** *weiße od. fleischfarbige, wurmartige Larve von Insekten, die frei im Wasser od. minierend in lebender od. toter Substanz lebt;* die Himbeeren sind von ~n zerfressen; das Fleisch wimmelte von ~n **2** ⟨Zool.⟩ *Larve ohne Gliedmaßen u. Kopfkapsel, z. B. der Fliegen, Bienen usw.;* Fliegen~

'ma·dig ⟨Adj.⟩ **1** *von Maden od. von einer Made befallen;* ein ~er Apfel; der Käse ist ~ **2** etwas od. jmdn. ~ machen ⟨fig.; umg.⟩ *schlechtmachen, herabsetzen* **2.1** jmdm. etwas ~ machen *zu verleiden suchen;* er wollte mir den Besuch ~ machen

Ma'don·na ⟨f.; -, -nen⟩ *die Jungfrau Maria, Muttergottes*

Ma·ga'zin ⟨n.; -s, -e⟩ **1** *Vorratsraum, Vorratshaus, Lagerraum, Lagerhaus* **2** *Raum zum Aufbewahren der Bücher einer Bibliothek* **3** *Kammer bei Mehrlade-Handfeuerwaffen, die die Patronen aufnimmt;* Gewehr~ **4** *meist bebilderte Zeitschrift* **5** ⟨Rundfunk, Fernsehen⟩ *Sendung über aktuelle Ereignisse, geleitet von einem Moderator u. z. T. mit Musik aufgelokkert*

Magd ⟨f.; -, ¨-e⟩ **1** ⟨früher⟩ *weibliche Arbeitskraft für grobe Arbeiten;* Dienst~, Küchen~ **2** ⟨heute⟩ *Landarbeiterin, Arbeiterin beim Bauern;* eine junge, fleißige ~; sie dient als ~ **3** ⟨poet.; veralt.⟩ *Jungfrau;* Maria, die reine ~

'Ma·gen ⟨m.; -s, ¨ od. -⟩ **1** *mehr od. weniger erweiterter Teil des Darmkanals der höheren Tiere u. des Menschen, der Verdauungsfunktionen hat: Ventriculus, Gaster;* die Arznei auf nüchternen ~ einnehmen; sich den ~ ausheben, auspumpen lassen; sich den ~ verderben; der Aal liegt mir (schwer) im ~; die Sache liegt mir (schwer) im ~ ⟨fig.⟩; jede Aufregung schlägt sich mir auf den ~; mir knurrt der ~ ⟨a. fig.⟩; lieber den ~ verrenkt als dem Wirt was geschenkt ⟨umg.; scherzh.⟩ **1.0.1** einen guten ~ haben *alle Speisen vertragen können* **1.0.2** einen schwachen ~ haben *leicht mit Magenbeschwerden zu tun haben* **1.0.3** nichts im ~ haben *lange nichts gegessen haben, nüchtern sein* **1.0.4** und das auf nüchternen ~! ⟨fig.; umg.⟩ *auch das noch!, das fehlte gerade noch!* **1.0.5** → a. *Auge(7.3)* **1.0.6** Liebe geht durch den ~ ⟨Sprichw.⟩ *man gewinnt (erhält) sich die Liebe von jmdm., wenn man ihm Gutes zu essen kocht* **1.0.7** jmdm. dreht sich der ~ (her)um ⟨fig.; umg.⟩ *jmdm. wird es schlecht, jmd. muß erbrechen*

'Ma·gen·pfört·ner ⟨m.; Anat.⟩ *ringförmiger Muskel am Magenausgang, der die Öffnung zwischen dem oberen Teil des Dünndarms u. dem Magen schließen kann: Pylorus*

'Ma·gen·saft ⟨m.⟩ *die im Magen ausgeschiedene, zur Verdauung benötigte Flüssigkeit (Salzsäure, Pepsin u. a. Fermente)*

'ma·ger ⟨Adj.⟩ **1** *dünn, dürr, knochig;* eine ~e Person, Gestalt; ein ~es Gesicht; sie hat ~e Hände; er ist ~ geworden; ein ~es Pferd, Schwein **1.1** *arm an Fett;* ~es Fleisch; die Kost ist zu ~ **2** ⟨fig.; umg.⟩ *dürftig, kärglich;* eine ~e Ernte, Mahlzeit, Küche; ein ~es Programm; das Ergebnis war ~; er lebt recht ~ **3** ⟨70; fig.; geh.⟩ *wenig fruchtbar, von geringem Ertrag;* ~er Boden; die Felder hier sind ~

Ma'gie ⟨f.; -; unz.⟩ **1** *Beschwörung von geheimnisvollen Kräften, Zauberkunst, Zauberei* **1.1** schwarze ~ *Beschwörung böser Geister zu unheilvollem Tun* **1.2** weiße ~ *Beschwörung guter Geister zu segensreichem Tun*

'ma·gisch ⟨Adj. 24⟩ **1** *zur Magie gehörig, auf*

ihr beruhend, mit ihrer Hilfe **2** ~es Quadrat *Q., das schachbrettartig in Felder mit Zahlen geteilt ist, deren Summe waagerecht, senkrecht u. diagonal jeweils gleich ist* **3** ~es Auge ⟨Rundfunk⟩ *Abstimmanzeigeröhre* **4** ~e Zahlen ⟨Kernphysik⟩ *die empirisch besonders ausgezeichneten Protonen- bzw. Neutronenzahlen 2, 8, 20, 28, 50, 82, 126 (Atomkerne, die so viele Protonen od. Neutronen enthalten, sind besonders stabil)* **5** von etwas ~ angezogen werden ⟨fig.⟩ *sehr stark, unwiderstehlich;* mit ~er Gewalt angezogen werden

Ma'gnet ⟨m.; -en, -en⟩ **1** *natürlicher ferromagnetischer Stoff;* Permanent~, Dauer~ **2** *stromdurchflossene Spule mit Eisenkern;* Elektro~ **3** ⟨fig.⟩ *anziehende Sache od. Person;* diese Stadt zieht die Reisenden an wie ein ~

'mä·hen[1] ⟨V. 500⟩ **1** Gras, Getreide ~ *mit Sichel, Sense od. Maschine abschneiden;* Roggen, Klee ~ **1.1** eine Wiese ~ *das Gras einer W. schneiden*

'mä·hen[2] ⟨V. 400⟩ das Schaf mäht ⟨umg.⟩ *schreit mäh*

Mahl[1] ⟨n.; -(e)s, -e od. (veralt.) ¨er; geh.⟩ *Essen, Mahlzeit;* Fest~, Gast~, Mittags~; ein bescheidenes, einfaches, reichliches, üppiges ~; beim ~(e) sitzen ⟨poet.⟩

Mahl[2] ⟨n.; -(e)s, -e⟩ *german. Gerichtsverhandlung*

'mah·len ⟨V.⟩ **1** ⟨500⟩ etwas ~ *einen festen Stoff sehr klein od. pulverförmig zerkleinern, zerreiben;* Getreide, Kaffee, Pfeffer, Salpeter ~; Mehl grob, fein ~; er ließ den Weizen in der Mühle ~; gemahlener Kaffee, gemahlene Muskatnuß; die Mühle mahlt langsam; der Müller mahlt nicht mehr **1.1** wer zuerst kommt, mahlt zuerst ⟨Sprichw.⟩ *der zuerst Kommende hat das Vorrecht* **2** ⟨400⟩ die Räder ~ (im Sand, Schlamm) *drehen sich, ohne den Wagen vorwärts zu bringen, greifen nicht*

'Mahl·zeit ⟨f.⟩ **1** *(zu bestimmter Zeit eingenommene) Speise od. Speisenfolge, Essen, Mahl;* eine ~ einnehmen; drei ~en am Tage; eine einfache, reichliche ~; eine Arznei nach, vor der ~ einzunehmen; (gesegnete) ~! (Wunschformel bei Beginn u. Ende der Mahlzeit) **2** ~!, prost ~! ⟨fig.; umg.⟩ *das ist ja eine schöne Bescherung!, das kann ja schlimm werden*

'Mäh·ne ⟨f.; -, -n⟩ **1** *meist anhaltend wachsender, nichtperiodischer Haarwuchs am Kopf, Hals bis Schultern u. Bauch, vorwiegend bei männl. Säugetieren;* die ~ des Löwen; das Pferd hat eine lange ~ **2** ⟨fig.; umg.⟩ *langes (ungeordnetes) Haar;* er schüttelte seine ~

'mah·nen ⟨V. 500 od. 400⟩ **1** jmdn. ~ *mit Nachdruck auffordern;* „Beeil dich!" mahnte sie; jmdn. ~, etwas nicht zu vergessen; die Uhr mahnt uns zu gehen; laß dich nicht immer ~!; ich muß ihn immer zwei-, dreimal ~; ein ~der Blick, ~des Wort; ~d den Finger heben **1.0.1** etwas ~d sagen *leicht drängend* **1.1** jmdn. (wegen etwas) ~ *eindringlich daran erinnern, daß etwas fällig ist;* → a. *monieren(2)* **1.1.1** jmdn. wegen einer Schuld ~ *auffordern, seine S. (endlich) zu zahlen* **1.2** ⟨550⟩ jmdn. an jmdn. od. etwas ~ ⟨geh.⟩ *erinnern;* er mahnt mich an einen alten Freund; jmdn. an eine Pflicht, Schuld, ein Versprechen ~

'Mahn·mal ⟨n.⟩ *Denkmal als mahnendes Erinnerungszeichen;* ein ~ für die gefallenen Soldaten

Mai ⟨m.; - od. -(e)s, -e⟩ **1** *fünfter Monat des Jahres* **1.1** Erster ~ *Feiertag der Arbeiter* **2** des Lebens ~ ⟨fig.; geh.⟩ *Zeit der Jugend, der jungen Liebe*

'Mai·glöck·chen ⟨n.; -s, -⟩ *zu der Familie der Liliengewächse gehörende Pflanze mit zwei einander scheidenartig umfassenden Blättern u. überhängenden, weißen, wohlriechenden u. in nach einer Seite gewendeten Trauben stehenden Blüten: Convallaria majalis;* ein Strauß ~

'Mai·kä·fer ⟨m.⟩ *zu der Gattung der Laubkäfer gehörender Schädling, dessen Larven (Engerlinge) sich im Boden entwickeln u. als Käfer an die Oberfläche kommen: Melolontha;* ~ surren durch die Luft

Mais ⟨m.; -es, (für Sorten a. Pl.) -e⟩ *bis 3 m hohe, zu den Süßgräsern gehörende, aus Amerika stammende Getreidepflanze: Zea mays*

Ma·je'stät ⟨f.; -, -en⟩ **1** ⟨unz.⟩ *Hoheit, Erhabenheit* **2** ⟨unz.⟩ *(Titel für) Kaiser, König;* Euer, Eure ~ (Anrede) ⟨Abk.: Ew. M.⟩; Ihre ~ ⟨Abk.: I. M.⟩; Seine ~ ⟨Abk.: S(e). M.⟩ **3** *der Kaiser od. König* **3.1** die ~en *das kaiserl. od. königl. Paar*

ma·je'stä·tisch ⟨Adj.⟩ *erhaben, hoheitsvoll, würdevoll, gemessen*

ma'ka·ber ⟨Adj.⟩ **1** *an den Tod erinnernd, totenähnlich, grausig u. düster;* ein makabrer Anblick **2** *mit dem Tod, dem Schrecklichen, Traurigen spaßend;* ein makabrer Scherz

'Ma·kel ⟨m.; -s, -; geh.⟩ **1** *bleibender körperl. od. moral. Mangel, Fehler;* etwas ist ohne ~; an ihr ist kein ~ **2** *Schande, Schandfleck;* etwas als ~ empfinden; mit einem ~ behaftet sein

'mä·keln ⟨V. 800; umg.; abwertend⟩ an etwas od. jmdm. ~ *nörgeln, mit etwas od. jmdm. nicht zufrieden sein (bes. beim Essen);* er hat immer, an allem etwas zu ~; am Wein, am Essen ~

Make-up ⟨[me:k'ap] n.; -s, -s⟩ **1** *Aufmachung mit kosmetischen Mitteln* **2** *kosmet. Creme zum Tönen u. Glätten der Gesichtshaut;* ein ~ auflegen, auftragen

Mak·ka'ro·ni ⟨f.; -, -⟩ *lange, röhrenförmige Teigware*

'Mak·ler ⟨m.; -s, -⟩ **1** *Vermittler für Kauf u. Verkauf von Waren, Effekten, Grundstücken;* Börsen~; Grundstücks~; ein Haus durch den ~ kaufen, mieten **2** ehrlicher ~ ⟨fig.⟩ *jmd., der in einer Sache ohne eigenen Vorteil vermittelt*

Ma·ku·la'tur ⟨f.; -, -en⟩ **1** *schadhafte od. fehlerhafte Druckbogen* **2** *Abfall der Papierindustrie* **3** *Altpapier* **4** ~ reden ⟨fig.; umg.⟩ *dummes Zeug*

mal 1 ⟨Konj.; Zeichen: x, ·⟩ *vervielfältigt, malgenommen, multipliziert mit;* zwei ~ drei ist sechs **2** ⟨Adv.; umg.; kurz für⟩ *einmal(2-4);* ~ so, ~ anders; sag das noch ~!; noch ~ so alt; ich bin schon ~ dort gewesen; schreib bald ~!; komm ~ her!; es ist nun ~ so!; er hat sich nicht ~ entschuldigt

Mal[1] ⟨n.; -(e)s, -e od. ¨er⟩ **1** *Fleck;* Mutter~; ein ~ auf der Schulter, Wange haben; ein blaues, feuriges, leuchtendes, rotes ~ **2** *Gedenkstein, Monument;* Denk~; Mahn~ **3** *Zeichen,*

Grenzstein, Grenzpfahl 3.1 ⟨Sp.⟩ *bes. gekennzeichneter Punkt (im Schlagballspiel)*

Mal² ⟨n.; -(e)s, -e⟩ **1** *ein Zeitpunkt von mehreren, Wiederholung von Ähnlichem zu verschiedenen Zeitpunkten* 1.0.1 ich komme ein anderes ~ *zu einem anderen Zeitpunkt* 1.0.2 es gefällt mir von ~ zu ~ besser, weniger *mit jeder Wiederholung* 1.0.3 zum ersten ~ blieb er allein im Haus *er blieb allein im Haus, was zuvor noch nicht geschehen war* 1.0.4 das vorige ~ hat unsere Mannschaft die Meisterschaft gewonnen *unsere Mannschaft hat die vorige M. gewonnen* 1.0.5 mit einem ~e *plötzlich* 1.0.6 manch liebes ~ *oft* 1.0.7 zu wiederholten ~en *mehrmals, oft* 1.0.8 das eine od. andere ~ *manchmal, hin u. wieder* 1.0.9 ein ums, übers andere ~, ein ~ ums andere *jedes zweite Mal*

...mal ⟨in Zus.⟩ *eine bestimmte Anzahl von Malen wiederholt;* zweimal, zehnmal

Ma'la·ria ⟨f.; -; unz.⟩ *in bestimmten Gebieten auftretende Infektionskrankheit, die durch im Blut schmarotzende einzellige Lebewesen hervorgerufen wird;* Sy *kaltes Fieber*

'ma·len ⟨V. 402/R7 od. R8⟩ **1** *mit Pinsel u. Farbe künstlerisch tätig sein;* er malt, wenn er sich entspannen will; nach der Natur, nach dem Leben ~; auf Glas, Holz, Leinwand, Papier ~; in Öl, Pastell, Wasserfarben ~ 1.0.1 es war ein Anblick zum Malen *köstl., komischer A.* 1.1 ein Bild ~ *mit Pinsel u. Farbe hervorbringen, schaffen;* ein Ölgemälde, ein Aquarell ~; das ist wie gemalt 1.2 jmdn. od. etwas ~ *mit Pinsel u. Farbe im Bild darstellen;* eine Landschaft, ein Kind ~ 1.2.1 → a. *Teufel(1.4)* 1.3 ⟨513⟩ eine Sache ... ~ ⟨fig.⟩ *schildern, lebendig, anschaulich beschreiben;* eine Situation zu schwarz, zu rosig ~; eine Landschaft, Stadt in den leuchtendsten Farben ~ **2** etwas ~ *mit Farbe bestreichen, anstreichen;* eine Tür, Wand ~ **3** Buchstaben, Zahlen ~ *langsam u. sorgfältig aufzeichnen, schreiben* **4** Lippen, Augenbrauen ~ *schminken;* rot gemalte Lippen

'Ma·ler ⟨m.; -s, -⟩ **1** *jmd., der Bilder malt, Kunstmaler;* Hof~, Ikonen~, Poträt~, Landschafts~; ein bekannter, bedeutender, berühmter ~; ein italienischer, deutscher ~ aus dem 16. Jh. **2** *Handwerker, der etwas mit Farbe anstreicht;* wir hatten heute den ~ im Haus; den ~ bestellen

Ma·le'rei ⟨f.; -, -en⟩ **1** ⟨unz.⟩ *die Kunst, zu malen, Gemälde hervorzubringen;* Aquarell~, Glas~, Tafel~; ~ auf Glas, Holz, Leinwand; ~ in Öl, Pastell **2** ⟨unz.⟩ *Gesamtheit der Gemälde eines Volkes, einer Zeit;* die ~ der Gotik, Renaissance, Romantik; abstrakte, surrealistische ~; alte, moderne ~; deutsche, englische, italienische ~ **3** *gemaltes Bild, Gemälde;* an den Wänden waren schöne ~en zu sehen

'ma·le·risch ⟨Adj.⟩ **1** *die Malerei betreffend, zu ihr gehörig, auf ihr beruhend* **2** *die Farbigkeit betonend, aus der Farbe entwickelt, mit weichen, fließenden Übergängen* **3** *so hübsch, reizvoll, daß man es malen möchte, abwechslungs-, nuancenreich;* ein ~es Fleckchen Erde; ein Umzug in ~en Kostümen; das Haus, der Ort liegt sehr ~ in Berge u. Wiesen eingebettet

...ma·lig ⟨Adj.; in Zus.⟩ *eine bestimmte Anzahl von Malen geschehend, wiederholt;* dreimalig, mehrmalig

'mal|neh·men ⟨V. 189/516⟩ eine Zahl mit einer anderen Zahl ~ = *multiplizieren;* 3 mit 5 ~; 3 mit 5 malgenommen, ergibt 15

Malz ⟨n.; -es; unz.⟩ *nur bis zu bestimmtem Grad angekeimtes Getreide (meist Gerste, auch Roggen und Weizen), das beim Malzen erst zum Quellen eingeweicht u. nach einer Zeit des Keimens wieder getrocknet (gedarrt) wird;* → a. *Hopfen*

'Mam·mut ⟨n.; -s, -s od. -e⟩ *fossile eiszeitl. Elefantenart: Mammonteus primigenius*

man¹ ⟨Indefinitpron.⟩ **1** *die Leute, Menschen, manche Leute;* das kann ~ wirklich nicht behaupten, sagen; ~ sagt (allgemein) ... **2** *jedermann, jeder;* ~ wende sich an den Küster, Pförtner; ~ muß arbeiten; von hier kann ~ das Schloß schon sehen; ~ nehme: ... (in alten Kochrezepten) **3** *(irgend) jemand, einer;* still, wenn ~ uns hörte, ...!; wenn ~ hier vorbeigeht, dann sieht ~ ...; wenn ~ bedenkt, wie ...; ~ braucht nur daran zu denken, wie ... 3.0.1 ~ kann nie wissen (wozu es gut ist)! *niemand, keiner kann wissen ...!* **4** *jmd., der einem Standard genügen will* 4.0.1 diese Farbe, diesen Schnitt trägt ~ nicht mehr *diese F., dieser S. ist nicht mehr modern* 4.0.2 so etwas tut ~ nicht *tut ein wohlerzogener Mensch nicht*

man² ⟨Adv.; umg.; norddt.⟩ **1** *nur;* tu das ~ ja nicht!; der soll ~ ruhig kommen; aber ~ schnell! **2** = *mal(2);* na, denn ~ los!

'Ma·na·ger ⟨['mænidʒər]; m.; -s, -⟩ **1** ~ eines Unternehmens *Leiter* **2** ~ eines Berufssportlers od. Künstlers *Betreuer* **3** *jmd., der eine Sache vorbereitet u. durchführt*

manch ⟨Indefinitpron. 10⟩ **1** *der, die, das eine od. andere, hier u. da, ab u. zu einer, eine, eines;* ~ einer denkt, er könnte ...; ~ böses Wort; ~ guter Vorsatz; ~er glaubt, er könnte ...; wenn ~er Mann wüßte, wer ~er Mann wär', gäb' ~er Mann ~em Mann ~mal mehr Ehr' ⟨Sprichw.⟩ **2** (so) ~ *Personen od. etwas in größerer Anzahl* 2.0.1 so ~ einer *etliche* 2.0.2 so ~es Mal *oft* 2.0.3 ich habe so ~es Buch darüber gelesen *ziemlich viele Bücher* 2.0.4 ich habe Ihnen ~es zu erzählen *einiges, mancherlei* 2.0.5 ~ liebes Mal *manchmal, oft* 2.1 ⟨Pl.⟩ ~e *einige, etliche, leidlich viele;* ~e sind doch so vernünftig einzusehen, daß ...; ~e Leute glauben ...; ~e sind schon vorher wieder gegangen; ~e von uns, von ihnen

man·cher'lei ⟨Indefinitpron.; indeklinabel; attr. od. substantivisch⟩ *allerlei, einiges, einige Dinge;* ~ Dinge; ich habe noch ~ zu tun

'manch·mal ⟨Adv.⟩ *einige Male, von Zeit zu Zeit, ab u. zu, hin u. wieder;* gehst du oft hin? ~!; er kommt ~ zu mir; ~ möchte man glauben, es sei ...; ich habe schon ~ gedacht, man müßte ...; ich bin schon ~ dort gewesen

Man·da'ri·ne ⟨f.; -, -n⟩ **1** *zu den Zitrusgewächsen gehörender Strauch od. kleiner Baum mit kugelförmigen, an den Polen abgeflachten Früchten: Citrus nobilis* **2** *Frucht der Mandarine(1)*

Man'dat ⟨n.; -(e)s, -e⟩ **1** *Auftrag zur Ausführung einer Angelegenheit;* ~ für einen Rechtsanwalt; ~ der Wähler für einen Abgeordneten **2** *auf Wahl beruhendes Amt;* ~

eines Abgeordneten **3** *von einem Staat verwaltetes Gebiet od. verwalteter Staat*

'Man·del[1] ⟨f.; -, -n⟩ **1** *altes Mengenmaß, 15 od. 16 Stück;* eine ~ Eier **2** *15 od. 16 Getreidegarben*

'Man·del[2] ⟨f.; -, -n⟩ **1** *Frucht des Mandelbaums;* bittere, süße ~n; gebrannte ~n; ~n schälen, hacken, essen **2** ⟨Anat.⟩ *mandelförmiges (paariges) Organ aus Bindegewebe in den Nischen der Gaumenbögen (Gaumenmandel) u. am Dach des Rachens (Rachenmandel): Tonsilla;* sich die ~n herausnehmen lassen; entzündete, gerötete, geschwollene, eitrige, vereiterte ~n; einen Belag auf den ~n haben **3** ⟨Geol.⟩ *blasiger Hohlraum in vulkan. Gesteinen, der mit Mineralien gefüllt ist, die von außen nach innen gewachsen sind*

Ma·ne·ge ⟨[-'ne:ʒə] f.; -, -n⟩ **1** *Reitbahn in einer Halle* **2** *Platz für die Darbietungen im Zirkus;* Sy *Arena(3)*

'Man·gel[1] ⟨f.; -, -n⟩ *Maschine zum Glätten der Wäsche, die dabei durch zwei gefederte Walzen hindurchgepreßt od. auf eine Rolle aufgerollt unter einem schweren Kasten hindurchgeführt wird;* die Wäsche auf die ~ bringen

'Man·gel[2] ⟨m.; -s, ¨⟩ **1** ⟨unz.⟩ ~ (an) *Knappheit (an), Fehlen (von);* ein empfindlicher ~ an Niederschlägen bedroht die Ernte; ~ an Arbeitskräften, Facharbeitern; ~ an Ausdauer, Erfahrung, Erziehung, Mut, Selbstvertrauen, Verständnis; ~ an Vitaminen; der Angeklagte wurde aus ~ an Beweisen freigesprochen; daran ist kein ~ **1.1** *Armut, Entbehrung, Not;* ~ empfinden, fühlen, leiden **2** *Fehler, Unzulänglichkeit;* einem ~ abhelfen; Mängel aufweisen, beanstanden, beseitigen, feststellen; bauliche Mängel an einem Gebäude feststellen; charakterliche Mängel haben; über kleine Mängel hinwegsehen

'man·gel·haft ⟨Adj.⟩ **1** *mit Mängeln behaftet, ungenügend;* nur ~es Deutsch sprechen **1.1** → *Note(2.5)* **2** *unvollständig, unvollkommen;* ~e Durchblutung

'man·geln[1] ⟨V. 500⟩ Wäsche ~ *durch Druck (u. Dampf) glätten;* die Bettücher müssen noch gemangelt werden

'man·geln[2] ⟨V. 403 od. 800 unpersönl.⟩ etwas mangelt (jmdm.) od. es mangelt (jmdm.) an etwas *etwas Notwendiges fehlt (jmdm.), etwas ist nicht genügend vorhanden;* ihm mangelt die Einsicht, der Mut, die Vernunft; mangelnde Verantwortung, Aufmerksamkeit; es mangelt am Nötigsten, an Arbeitskräften; er läßt es am guten Willen ~; es mangelt ihm an Einsicht, Mut, Vernunft; bei uns mangelt es am Nötigsten; daran hat es mir nie gemangelt

'man·gels ⟨Präp. mit Gen., im Pl. (wenn Gen. nicht erkennbar ist) mit Dat.⟩ *aus Mangel an;* ~ eines besseren Werkzeugs; ~ eines triftigen Grundes; ~ Plänen, Vorschlägen; ~ notwendiger Mittel

Ma'nie ⟨f.; -, -n⟩ **1** *leidenschaftl. Liebhaberei* **2** *Trieb, Sucht;* das kann zur ~ werden **3** ⟨Psych.⟩ *krankhafte Veränderung des Gemüts mit Erregung, gehobenem Selbstgefühl, Selbstüberschätzung, Ideenflucht, Beschäftigungsdrang*

Ma'nier ⟨f.; -, -en⟩ **1** ⟨unz.⟩ *Art, Eigenart, Art u. Weise;* ~ eines Künstlers, einer Kunstrichtung; das ist seine ~; die besondere, betonte, gesuchte ~ seiner Darstellung; in der ~ Cézannes gemalt **2** ⟨unz.; abwertend⟩ *Künstelei, rein äußerl. Nachahmung bestimmter Formelemente* **3** ⟨meist Pl.⟩ ~en *Umgangsformen, Benehmen, Sitte, Gewohnheit;* jmdm. ~en beibringen ⟨umg.⟩; er hat keine ~en; feine, gute, schlechte ~en; ein Mensch mit, von guten ~en **3.1** das ist keine ~! ⟨umg.⟩ *das gehört sich nicht*

Ma·ni'fest ⟨n.; -es, -e⟩ **1** *öffentl. Erklärung, Rechtfertigung* **2** *Grundsatzerklärung* **3** *programmatischer Aufruf;* → a. *Programm(3.2)* **4** ⟨Mar.⟩ *Verzeichnis der Ladung eines Schiffes*

ma·ni·pu'lie·ren ⟨V.⟩ **1** ⟨400⟩ *(geschickte) Handgriffe tun* **1.1** *Kunstgriffe anwenden* **2** ⟨800⟩ mit Werkzeugen, Instrumenten ~ *W., I. handhaben* **3** ⟨500⟩ Felle ~ ⟨Kürschnerei⟩ *zurichten, färben u. sortieren* **4** ⟨500⟩ jmdn. ~ *jmds. Verhalten steuern, jmdn. beeinflussen, ohne daß er es merkt*

Mann[1] ⟨m.; -(e)s, ¨er; als Zählmaß ungebeugt⟩ **1** *erwachsener Mensch männl. Geschlechts;* ~ und Frau; ein alter, älterer, junger, jüngerer ~; ein ~ mittleren Alters; ein großer, hochgewachsener, korpulenter, untersetzter ~; als ~ denkt er darüber anders; ein tüchtiger Mensch, aber als ~ unsympathisch; ein ~ der Tat; ~ der Wissenschaft; ein ~ von Stand; ein ~ von Welt; ein ~ von Charakter, Einfluß, Geist; er ist kein ~ von großen Worten; den feinen ~ mimen, markieren ⟨umg.⟩; junger ~, können Sie mir sagen, wo ... (Anrede für Fremde) ⟨umg.⟩ **1.1** → a. *schwarz(1.7), Spritze(2.1)* **1.2** der ~ im Mond *(aus dem Schatten im M. gedeutete Gestalt des Aberglaubens)* **1.3** einen kleinen ~ im Ohr haben ⟨umg.⟩ *merkwürdige Einfälle haben, nicht gescheit sein* **2** *betont männlicher(3), tatkräftiger, mutiger Mensch;* ein ganzer ~; sich als ~ zeigen; er ertrug es wie ein ~; den starken, wilden ~ spielen **2.1** ~s genug sein *fähig, stark, mutig genug;* du bist nicht ~s genug, um dich durchzusetzen **2.2** seinen ~ stehen, stellen *seine Aufgaben u. Pflichten gut erfüllen* **2.3** selbst ist der ~! ⟨Sprichw.⟩ *das kann man selbst tun, dazu braucht man keine Hilfe* **2.4** ein ~, ein Wort! ⟨Sprichw.⟩ *das gegebene Versprechen ist unverletzlich* **3** *Ehemann;* einen ~ bekommen, finden; mein lieber ~ ist verreist; sie lebt mit ihrem ~ in Scheidung; sie lebt von ihrem ~ getrennt **3.0.1** sie will ihre Tochter an den ~ bringen ⟨umg.⟩ *verheiraten* **4** ⟨unz.⟩ *Mensch, Person;* ein ~ aus dem Volke; er ist der rechte ~ am rechten Ort; bis auf den letzten ~; der dritte ~ (zum Kartenspielen); den Ball auf den ~ schießen (bes. Torwart) ⟨Fußb.⟩; ~ über Bord! (Notruf, wenn jmd. vom Schiff ins Wasser gefallen ist) ⟨Mar.⟩; alle ~ an Deck! ⟨Mar.⟩ **4.0.1** der Hund ist auf den ~ dressiert *greift Menschen an* **4.0.2** ~ an ~ *dicht gedrängt* **4.0.3** ~ für ~ *jeder einzeln, einer nach dem anderen* **4.0.4** ~ gegen ~ *einer gegen den andern (z. B. im Nahkampf)* **4.0.5** pro ~ *für jeden;* der Unkostenbeitrag beträgt 2 Mark pro ~ **4.0.6** von ~ zu ~ *unter vier Augen, als zwei Ebenbürtige, Gleichberechtigte* **4.0.7** wie ein ~ *mehrere Personen wie eine einzige* **4.1** können Sie für diese Arbeit einen, drei usw. ~ freistellen? *Arbeitskräfte* **4.2** ein Leutnant und zehn ~ *Untergebene, Soldaten* **4.3** mit ~ und Maus untergehen, versinken *alle mit-*

einander, ausnahmslos 4.4 der ~ von der Straße ⟨a. fig.⟩ *der einfache, durchschnittl. Mensch* 4.5 jmds. ~ sein *genau der Richtige für jmdn. sein;* Sie sind mein ~! 4.5.1 er hat seinen ~ gefunden *einen ebenbürtigen Gegner* 4.6 der ~ dazu, danach *die geeignete Person* 4.7 er weiß seine Ware an den ~ zu bringen ⟨umg.⟩ *gut zu verkaufen* 4.8 → a. *hoch(8.0.1), Not(4.4)* 5 ⟨umg.⟩ *(Ausruf, Anrede des Erstaunens, der Warnung);* ~, ist das schwer!; mein lieber ~! 6 → a. *alt(4.5.3)*

Mann[2] ⟨m.; -es, -en⟩ 1 ⟨früher⟩ *Lehnsmann, ritterl. Dienstmann, Gefolgsmann;* der König mit seinen ~en 1.1 ein freier ~ sein *kein Lehnsmann (Leibeigener, Sklave), unabhängig sein* 2 ⟨poet. od. iron.⟩ *Diener, treuer Anhänger;* der Spielleiter scharte seine ~en um sich 2.1 ein ~ Gottes *Heiliger, Mönch, Priester* 2.1.1 ~ Gottes! ⟨umg.⟩ *(aufrüttelnder od. erschrockener Anruf)*

'mann·bar ⟨Adj.⟩ 1 ⟨geh.⟩ *geschlechtsreif;* er war gerade ~ geworden 2 ⟨veralt.⟩ *heiratsfähig;* drei ~e Töchter

'Männ·chen ⟨n.; -s, -; Pl. a. 'Män·ner·chen⟩ 1 *kleiner Mann;* ein altes ~ 2 ⟨Zool.⟩ *männl. Tier;* Vogel~, Fisch~ 3 der Hase, der Hund macht ~ *setzt sich aufrecht auf die Hinterbeine* 3.1 ~ machen ⟨fig.; umg.⟩ *liebedienern* 3.2 ~ bauen, machen ⟨soldatenspr.⟩ *strammstehen*

'mann·haft ⟨Adj.⟩ *tapfer, aufrecht, entschlossen wie ein Mann;* ~es Verhalten; sich ~ wehren; er leistete ~en Widerstand

'man·nig·fach ⟨Adj. 90⟩ *vielfach, mannigfaltig;* ~e Probleme, Ursachen; er hat ihm in den letzten Jahren ~ geholfen

'man·nig·fal·tig ⟨Adj. 90⟩ *vielfältig, vielgestaltig, vielartig, reich an Formen, abwechslungsreich;* ~e Erlebnisse, Erfahrungen, Eindrücke

'männ·lich ⟨Adj.⟩ 1 *zum zeugenden, befruchtenden Geschlecht gehörig;* ~e Blüten, Pflanzen, Tiere; die ~e Linie einer Familie, eines Adelsgeschlechtes 1.1 ~es Glied *Zeugungsglied des Mannes* 1.2 ~er Reim ⟨Metrik⟩ *R., bei dem die einzige od. letzte Silbe eines Wortes reimt, z. B. Klang–Sang;* Sy *stumpfer Reim;* Ggs *weiblicher Reim* 1.3 ~es Substantiv ⟨Gramm.⟩ *S. mit bestimmten Merkmalen der Beugung, vor denen der Artikel „der" steht* 2 *zum Mann, zu Männern gehörig, passend;* ~e Arbeiten, Beschäftigungen, Eigenschaften; ~e Vornamen 3 ⟨fig.⟩ *tapfer, mutig, unerschrocken, ausharrend;* sein ~es Verhalten wurde allgemein anerkannt

'Mann·schaft ⟨f.; -, -en⟩ 1 ⟨Mil.⟩ *alle Soldaten einer Einheit ohne Offiziere;* Begleit~, Bewachungs~; die ~ vor der Kaserne antreten lassen 2 *Besatzung eines Schiffes od. Flugzeuges;* das Schiff ging unter, die ~ konnte gerettet werden; die ~ ging an Land 3 *Mitarbeiter, Belegschaft;* ein dynamisches Unternehmen mit junger ~; der neue Regierungschef mit seiner ~ 4 ⟨Sp.⟩ *zusammengehörige Gruppe von Wettkämpfern;* Fußball~, Hockey~; Herren~, Damen~; Olympia~, Spitzen~; eine starke ~ aufstellen, bilden; eine gemischte, siegreiche ~ 5 ⟨nur Pl.⟩ ~en ⟨Mil.⟩ *die Gesamtheit der Soldaten unterer Dienstgrade;* Offiziere und ~en

Ma'nö·ver ⟨[-v-]; n.; -s, -⟩ 1 ⟨Mil.⟩ *größere Truppenübung;* ein ~ abhalten, veranstalten; die Truppen ziehen ins ~ 2 ⟨Mar.⟩ *mit einem Schiff ausgeführte Bewegung* 3 ⟨fig.⟩ *geschicktes Vorgehen;* durch ein betrügerisches, geschicktes ~ erreichte er sein Ziel 3.1 *Handlung, die einen anderen über jmds. wahre Absicht täuschen soll;* allerhand ~ anwenden, machen, um etwas zu erreichen 3.2 das ist ein billiges ~! *ein billiger Trick*

Man'schet·te ⟨f.; -, -n⟩ 1 *um das Handgelenk liegender Abschluß eines Ärmels von einem Hemd od. einer Hemdbluse;* Hemd~ 1.1 ⟨gaunerspr.⟩ *Handfessel* 2 *zierende Umhüllung aus Papier für Blumentöpfe od. -sträuße* 2.1 ⟨Tech.⟩ *meist runde Dichtung aus elastischem Material an bewegten Maschinenteilen* 3 *verbotener Griff am Hals beim Ringen* 4 vor jmdm. od. etwas ~n haben ⟨umg.⟩ *Respekt, Furcht*

'Man·tel ⟨m.; -s, ⸚⟩ 1 *den Rumpf u. einen Teil der Beine bedeckendes Übergewand, Umhang;* Krönungs~ 1.1 *Übergewand zum Schutz gegen Regen, Kälte od. Schmutz;* Arbeits~; Regen~; Winter~; den ~ ablegen, ausziehen, aufhängen, über den Bügel hängen; den ~ anziehen, überziehen, umhängen; ein dicker, dünner, flauschiger, imprägnierter, knitterfreier, leichter, schwerer ~; ein abgetragener, eleganter, modischer, sportlicher, warmer ~; Mäntel aus Chemiefasern, Leinen, Pelz, Seide, Wolle; den ~ an der Garderobe abgeben; einen ~ anfertigen (lassen); jmdm. den ~ halten (zum An- od. Ausziehen); jmdm. aus dem, in den ~ helfen; mit offenem, wehendem Mantel; Stoff für, zu einem ~ kaufen 1.1.1 er dreht, hängt den ~ nach dem Wind ⟨fig.; umg.⟩ *er paßt sich der jeweils herrschenden Meinung an* 1.1.2 mit dem ~ der Vergessenheit einhüllen *bewußt in V. geraten lassen* 1.1.3 eine Verfehlung mit dem ~ der Barmherzigkeit, der Nächstenliebe bedecken, verhüllen, zudecken *darüber hinwegsehen, nachsichtig darüber schweigen* 1.1.4 etwas mit dem ~ christlicher Nächstenliebe bedecken *aus Mitgefühl verschweigen, übergehen* 2 ⟨fig.⟩ *schützende od. verbergende Umhüllung, Bedekkung, Decke* 2.1 ⟨Tech.⟩ *Hülle von Hohlkörpern;* Kabel~; Rohr~; der ~ einer Gußform; der ~ der Glocke, des Ofens 2.1.1 *Gummireifen zum Schutz des Radschlauchs;* Fahrrad~ 2.1.2 *blecherne Hülle um den Bleikern eines Geschosses* 2.2 ⟨Geom.⟩ *nicht zur Grund- u. Deckfläche gehörende Oberflächenteile;* der ~ des Kegels, der Walze, des Zylinders 2.3 ⟨Anat.⟩ *rückseitiges Dach der Großhirnhälften bei den Wirbeltieren: Pallium* 2.4 ⟨Anat.⟩ *den Körper der Weichtiere seitlich und hinten umgebende Hautfalte: Pallium* 2.5 ⟨Forstw.⟩ *die äußeren Bäume des Waldes* 2.6 ⟨jägerspr.⟩ *das Gefieder von Rücken- u. Flügeldecke (bei allen Vögeln)* 3 ⟨fig.⟩ *rechtl. Form od. Grundlage* 3.1 ⟨Börse⟩ *Urkunde, Hauptteil eines zinstragenden Papiers* 3.2 ⟨Rechtsw.⟩ *Rechtsform einer Gesellschaft*

Ma·nu'skript ⟨n.; -(e)s, -e; Abk. für Sg.: Ms., für Pl.: Mss. od. für Sg. u. Pl.: Mskr.⟩ 1 = *Handschrift(2)* 2 *hand- od. maschinengeschriebene Druckvorlage;* Sy *Handschrift(2)* 2.1 als ~ gedruckt *nicht für die breite Öffentlichkeit, son-*

dern nur für einen begrenzten Leserkreis bestimmt

'Map·pe ⟨f.; -, -n⟩ **1** *größere, flache Tasche;* Schul~; Bücher, Hefte in die ~ packen, stekken; die Schüler öffnen ihre ~n **2** *zusammenklappbare, steife, meist aus Pappe hergestellte Hülle zum Aufbewahren loser Papierblätter;* Brief~, Unterschriften~, Schreib~, Zeichen~; Briefe, Zeugnisse, Photos, Zeichnungen, Landkarten in die ~ legen

'Mär·chen ⟨n.; -s, -⟩ **1** *phantasievolle Erzählung ohne räuml. u. zeitl. Bindung, in der die Naturgesetze aufgehoben sind u. das Wunder vorherrscht;* den Kindern ~ erzählen, vorlesen; ein ~ aus alten Zeiten, aus 1001 Nacht; Drachen, Feen, Hexen gibt es nur im ~ **2** ⟨fig.; umg.⟩ *gelogene, erfundene Geschichte;* erzähl mir doch keine ~! **2.0.1** ich lass' mir doch von dir keine ~ erzählen! *mich kannst du nicht belügen* **2.0.2** es ist wie ein ~! *so wunderbar, überraschend für mich*

'mär·chen·haft ⟨Adj.⟩ **1** *in der Art eines Märchens;* eine ~e Erzählung, Geschichte, Oper; ein ~es Theaterstück; seine Dichtungen tragen ~e Züge **2** *wunderbar wie im Märchen;* ~e Gestalten **3** *zauberhaft schön;* ein ~es Fest, Feuerwerk; die Reise ging durch eine ~e Landschaft; der Anblick war geradezu ~ **4** ⟨umg.⟩ *unglaublich, ungewöhnlich;* mit der Erforschung des Weltraums eröffnet uns die Technik ~e Aussichten; sie hat eine ~e Karriere gemacht; diese Reise war ~

'Mar·der ⟨m.; -s, -⟩ **1** *Angehöriger einer Familie der Raubtiere mit langgestrecktem Körper u. kurzen Beinen u. dichtem, feinem, als Pelzwerk begehrtem Fell: Mustelidae;* Stein~, Haus~ **2** ⟨fig.⟩ *Dieb;* Kleider~

Mar·ga'ri·ne ⟨f.; -, -n; meist unz.⟩ *aus pflanzlichen u. tierischen Fetten hergestelltes, der Butter ähnliches Speisefett*

Mar·ge'ri·te ⟨f.; -, -n⟩ *auf Wiesen häufig auftretender Korbblütler mit gelben Röhrenblüten in der Mitte u. weißen Zungenblüten am Rande: Chrysanthemum leucanthemum od. Leucanthemum vulgare*

Ma'ri·ne ⟨f.; -; unz.⟩ *Gesamtheit der Seeschiffe eines Staates u. der dem Seehandel u. Seekrieg dienenden Einrichtungen*

Ma·rio'net·te ⟨f.; -, -n⟩ **1** *an Fäden bewegte kleine Gliederpuppe;* ~ntheater **2** ⟨fig.⟩ *willenloser, anderen als Werkzeug dienender Mensch*

Mark[1] ⟨f.7; -, - (für einzelne Geldstücke od. Scheine; ~stücke bzw. ~scheine; Pl. umg., scherzh. a. Märker); Abk.: M⟩ **1** ⟨urspr.⟩ *Gewichtseinheit für Edelmetalle u. Silbermünzen* **2** ⟨seit 1871⟩ *dt. Währungseinheit, 100 Pfennig;* ich habe die, meine letzte ~ ausgegeben; der Eintritt kostet fünf ~; es gibt Karten von vier ~ an **2.0.1** sie muß jede ~ (erst) umdrehen (ehe sie sie ausgibt), mit jeder ~ rechnen ⟨fig.; umg.⟩ *sie muß sparsam sein* **3** Deutsche ~ ⟨Abk.: DM⟩ *Währungseinheit der Bundesrepublik Deutschland;* 125 DM; 125,00 DM; 125,-- DM **4** ~ der Deutschen Demokratischen Republik ⟨seit 1967; Abk.: M⟩ *Währungseinheit der DDR* **4.1** ~ der Deutschen Notenbank ⟨1948—1967; Abk.: MDN⟩ = *Mark*[1]*(4)*

Mark[2] ⟨f.; -, -en⟩ **1** ⟨urspr.⟩ *Grenze* **2** *umgrenztes Gebiet;* Dorf~; Feld~ **2.1** *Grenzgebiet, Grenzland (unter einem Markgrafen);* die Ost~, ~ Brandenburg; die ~en des alten Deutschen Reiches **2.1.1** ⟨a. kurz für: ⟩ *Mark Brandenburg* **3** ⟨Rugby⟩ *an der Längsseite des eigtl. Spielfeldes angrenzender Teil*

Mark[3] ⟨n.; -(e)s; unz.⟩ **1** *die im Inneren der Röhrenknochen od. bestimmter Organe gelegenen Gewebe (bei Mensch u. Tier);* Nebennieren~; das ~ aus den Knochen lösen; Brühe mit ~ ⟨Kochk.⟩ **2** ⟨fig.⟩ *Kraft* **2.0.1** er hat (kein) ~ in den Knochen *er ist (nicht) sehr kräftig, er ist (k)ein Feigling* **2.0.2** den Mitmenschen das ~ aus den Knochen saugen *sie ausnutzen, ausbeuten* **3** ~ (und Bein) ⟨fig.⟩ *Inneres, das Innerste;* markerschütternd, markerweichend; der Verlust hat ihn bis ins ~ getroffen **3.0.1** diese Musik kann einem ~ und Bein erweichen ⟨umg.⟩ *sie ist unerträglich, nicht zum Anhören* **3.1** durch ~ und Bein, durch ~ und Pfennig ⟨umg.; scherzh.⟩ *durch und durch;* der Schrei ging mir durch ~ und Bein; der Schreck ging mir durch ~ und Pfennig **4** *im Zentrum der pflanzl. Sprosse gelegenes, von den Leitungsbahnen umgebenes Gewebe*

mar'kant ⟨Adj.⟩ **1** eine ~e Person *auffallende, hervorstechende, bedeutende P.;* eine ~e Erscheinung **2** *scharf ausgeprägt;* ~e Gesichtszüge; er schreibt einen ~en Stil

'Mar·ke ⟨f.; -, -n⟩ **1** *Merkzeichen;* Grenz~; Land~; im Weitsprung wurde die alte ~ um fünf Zentimeter verbessert **2** *Zeichen zur Erkennung od. als Ausweis;* Hunde~ **3** *(durch Eintragung in ein Patentregister) geschütztes Zeichen für eine Ware od. einen Hersteller;* Fabrik~; Handels~; diese ~ ist gesetzl. geschützt **4** *Erzeugnis, Sorte (mit einem Handelszeichen);* welche ~ bevorzugen Sie!; diese ~ führen wir nicht; diese Schokolade, dieser Tabak, Weinbrand ist eine gute ~; wir haben alle führenden ~n vorrätig; diese ~ ist im Handel führend **4.0.1** eine bestimmte ~ rauchen *Zigarettensorte* **5** *Anrechts-, Wertschein od. -münze;* Essens~; Garderoben~; Lebensmittel~; Spiel~; bitte die ~n für die Garderobe sorgfältig aufbewahren, vorzeigen **5.1** ⟨kurz für⟩ *Briefmarke;* 20-Pfennig-~; du mußt noch eine ~ auf den Brief kleben **6** eine ~ sein ⟨umg.⟩ *ein ulkiger Kerl*

mar'kie·ren ⟨V. 500⟩ **1** etwas ~ *mit einem Zeichen, einer Marke versehen, bezeichnen, kennzeichnen;* die Fahrrinne ist mit Bojen markiert; den Weg eines Taifuns auf der Landkarte ~; ein markierter Wanderweg **1.1** eine Fahrkarte ~ ⟨österr.⟩ *lochen* **2** etwas ~ *betonen, hervorheben;* er sprach langsam und markierte jedes Wort; der Gürtel markiert die Taille **3** eine Rolle ~ ⟨Theat.⟩ *andeuten, nicht voll ausspielen;* der Schauspieler markierte die Rolle bei der Probe nur **3.1** beim Manöver den Feind ~ *die Rolle des Gegners übernehmen* **4** jmdn. od. etwas ~ *vorgeben, vortäuschen, so tun als ob;* der Heiratsschwindler markierte den harmlosen Witwer mit Kindern; ein Mitgefühl, tiefe Entrüstung ~; den Ahnungslosen, den Dummen, den feinen, starken Mann ~ ⟨umg.⟩ **5** ⟨402⟩ der Vorstehhund markiert (das Wild) ⟨jägerspr.⟩ *zeigt das Wild vor sich an* **6** ein Tier markiert sein Revier ⟨Biol.⟩ *setzt an den Grenzen sei-*

nes Reviers Marken (Harn, Kot, Drüsensekrete usw.)
'mar·kig ⟨Adj.⟩ *urwüchsig, stark, kernig, kräftig;* ~e Worte sprechen; sein Stil ist ~
'Mark·stein ⟨m.⟩ **1** ⟨veralt.⟩ *Stein zur Markierung eines Weges* **2** ⟨heute fig.⟩ *hervorstechendes Ereignis, entscheidender Punkt, Wendepunkt;* ein ~ der Geschichte
Markt ⟨m.; -(e)s, ¨-e⟩ **1** *Gesamtheit von Waren- u. Geldverkehr, Bereich, in dem Angebot u. Nachfrage zusammentreffen, Absatzgebiet;* ~bericht; ~lage; Welt~; den ~ beliefern, beschicken; sich den ~ erobern; der ~ ist erschöpft, übersättigt; ein solcher Artikel fehlt auf dem ~; dieser Artikel ist vom ~ verschwunden; einen neuen Artikel auf den ~ bringen, werfen; Kaffee wurde in diesem Jahr in großen Mengen auf den ~ geworfen; der Gemeinsame ~ der europäischen Länder; die Entwicklungsländer sind für diese Waren der beste ~; wir müssen uns neue Märkte für diese Waren erobern **1.1** den ~ drücken ⟨kaufmannsspr.⟩ *viel zu billig verkaufen* **1.2** → a. *schwarz(4.4)* **2** *öffentl. Ein- u. Verkauf von Waren (zu bestimmten Zeiten u. an bestimmten Orten);* Getreide~; Jahr~; Vieh~; Wochen~; jeden Mittwoch wird hier ~ abgehalten, findet ~ statt, ist ~; auf den ~ gehen; etwas vom ~ mitbringen **2.1** ⟨oberdt.⟩ *Mitbringsel vom Markt* **3** *Platz, auf dem an Ständen der Ein- u. Verkauf von Waren stattfindet, Marktplatz;* wir wohnen am ~; das Zirkuszelt wurde auf dem ~ aufgeschlagen; über den ~ gehen; die Bauern bringen Obst u. Gemüse zum ~ in die Stadt **3.1** → a. *Haut(8.5)* **4** *Ort mit Marktrecht*
'Markt·wirt·schaft ⟨f.; -; unz.⟩ **1** *Wirtschaft, die von Angebot u. Nachfrage auf dem Markt bestimmt wird* **1.1** soziale ~ *M., die im Interesse der sozialen Gerechtigkeit gewissen Beschränkungen unterliegt*
Mar·me'la·de ⟨f.; -, -n⟩ *durch Einkochen von Früchten mit Zucker hergestellter eingedickter Fruchtbrei;* Erdbeer~, Aprikosen~; Dreifrucht~, Einfrucht~; ~ aufs Brot streichen; ein Glas ~
'Mar·mor ⟨m.; -s, -e⟩ *Kalkstein, der hauptsächlich das Mineral Kalkspat enthält*
Ma'ro·ne ⟨f.; -, -n od. -ni⟩ **1** *eßbare Frucht der Edelkastanie* **2** *Speisepilz mit kastanienbraunem Hut u. grüngelben od. grünlichen Röhren: Boletus badius*
marsch ⟨Int.; Kommando zum Ausführen von Marschbewegungen; bes. Mil.⟩ *vorwärts!, weg!, los!;* im Gleichschritt ~!; im Laufschritt ~, ~!; kehrt ~!; links schwenkt ~!; rechts schwenkt ~!; ohne Tritt ~!; ~, ins Bett
Marsch[1] ⟨m.; -es, ¨-e⟩ **1** *Gehen in regelmäßigem Schritt, Gangart einer Truppe;* ~ im Gleichschritt; ~ ohne Tritt **2** *langandauerndes Gehen über größere Strecken;* ein anstrengender, beschwerlicher, langer ~; wir haben einen langen ~ hinter uns; wir haben noch einen langen ~ vor uns; ein ~ von 25 Kilometern, von 3 Stunden **2.1** einen ~ antreten *beginnen* **2.2** jmdn. od. etwas in ~ setzen ⟨bes. Mil.⟩ *marschieren lassen, in Bewegung setzen* **2.2.1** sich in ~ setzen *zu marschieren beginnen* **2.3** auf dem ~ sein ⟨bes. Mil.⟩ *sich (organisiert) fortbewegen;* die Truppe ist auf dem ~ zur Front **3** *Musikstück in geradem Takt (zur Begleitung marschierender Menschengruppen);* die Kapelle spielte einen ~ **3.1** jmdm. den ~ blasen ⟨fig.; umg.⟩ *jmdn. energisch zur Ordnung rufen, zur Arbeit anhalten, (auch) ihn wegjagen*
Marsch[2] ⟨f.; -, -en⟩ *in Nordwestdtschld. das fruchtbare, bei Flut oft unter dem Meeresspiegel liegende, durch Deiche geschützte Schwemmland längs der Flußtäler u. der Küste;* während der Sturmflut waren die ~en überschwemmt
mar'schie·ren ⟨V. 400; bes. Mil.⟩ **1** *über längere Strecken gehen;* wir sind heute tüchtig marschiert **1.1** ⟨umg.⟩ *zielstrebig u. entschlossen gehen;* er ist nach Hause, in die Kneipe marschiert **2** *sich gleichmäßig in geschlossenen Reihen fortbewegen;* wenn die Soldaten durch die Stadt ~ (Liedanfang); im Gleichschritt ~; in den Krieg, über die Brücke, durch die Stadt ~
'Mar·ter ⟨f.; -, -n⟩ **1** ⟨veralt.⟩ *Folter;* durch die ~ ein Geständnis erzwingen **2** ⟨geh.⟩ *(absichtl.) Peinigung, Qual;* ~n erdulden, erleiden, ertragen; jmdm. körperliche, seelische ~ zufügen; unter ~n sterben
'mar·tern ⟨V. 500/R7 od. R8⟩ jmdn. ~ **1** *foltern;* jmdn. zu Tode ~ **2** ⟨fig.; geh.⟩ *jmdm. seelische Qualen bereiten;* er martert sie mit Vorwürfen, Drohungen; er martert sich mit Selbstvorwürfen, Sorgen, Zweifeln
'Mär·ty·rer ⟨m.; -s, -⟩ **1** *Christ, der für seinen Glauben den Tod erlitten hat;* die ~ der Christenheit **2** *jmd., der für eine Idee gestorben ist;* ein ~ seines Glaubens, einer Idee, seiner Überzeugung
März ⟨m.; - od. -es od. (poet.) -en, -e⟩ *der dritte Monat des Jahres*
Mar·zi'pan ⟨a. ['---] n. od. (selten) m.; -s, -e⟩ *Konfekt aus Mandeln u. Zucker*
'Ma·sche[1] ⟨f.; -, -n⟩ **1** *aus Garn, Draht od. einem Faden gebildete Schlinge;* ~ndraht; ~n abheben, abketten, aufnehmen, aufschlagen, fallen lassen; die ~n des Panzerhemdes; bei dir läuft eine ~ (am Damenstrumpf) **1.1** durch die ~n des Gesetzes schlüpfen ⟨fig.; umg.⟩ *durch die Lücken des G.*
'Ma·sche[2] ⟨f.; -, -n⟩ **1** *Kunstgriff, Lösung* **1.0.1** das ist die ~! *die Lösung, erfolgversprechender Vorschlag* **1.0.2** das ist eine neue ~ von ihm *ein neuer Trick, eine Ausrede, die er bisher noch nicht hatte* **1.0.3** die sanfte ~ *Überredung durch Schmeichelei* **2** *erfolgversprechendes Vorgehen* **2.0.1** er hat die ~ raus *er weiß, wie man zu etwas kommt*
Ma'schi·ne ⟨f.; -, -n⟩ **1** *mechanische, aus beweglichen u. unbeweglichen Teilen zusammengesetzte Vorrichtung, die Kraft überträgt od. Arbeitsgänge selbständig verrichtet bzw. Energie aus einer in eine andere Form umwandelt;* Kraft~, Arbeits~; das Zeitalter der ~(n); eine ~ konstruieren, bedienen, pflegen, reinigen, reparieren; die ~ ist in Betrieb; landwirtschaftliche ~n; mit modernsten ~n ausgestattet **1.1** *Lokomotive;* der Zug fährt mit zwei ~n **1.2** *Motorrad, Rennwagen;* leichte, schwere ~n fahren **1.3** *Flugzeug;* die ~ hat 20 Minuten Verspätung, landet um 15.30 Uhr; mit der nächsten ~ nach H. fliegen **1.4** *Schreibmaschine;* mit der ~ geschriebener Brief **1.5** *Näh-*

maschine; mit der ~ nähen, stopfen **2** jmd. ist eine ~ 2.1 er will nicht bloß eine ~ sein *pausenlos, gedankenlos u. ohne zur Besinnung zu kommen arbeiten;* wie eine ~ arbeiten 2.2 das ist aber eine ~ ⟨umg. derb⟩ *ein dicker Mensch*
Ma'schi·nen·ge·wehr ⟨n.; Abk.: MG, Mg.⟩ *kleinkalibrige, automat. Schnellfeuerwaffe*
Ma·schi·ne'rie ⟨f.; -, -n⟩ **1** *Gruppe von zusammenarbeitenden Maschinen* **2** ⟨Theat.⟩ *alle maschinellen Einrichtungen einer Bühne* **3** ⟨fig.⟩ *für einen Laien nicht durchschaubares System;* in die ~ der Justiz geraten
ma'schi·ne·schrei·ben ⟨V. 230/400; du schreibst Maschine; du hast maschinegeschrieben; maschinezuschreiben⟩ *auf der Schreibmaschine schreiben;* sie kann gut ~
'Ma·ser[1] ⟨f.; -, -n⟩ **1** *wellenförmige Zeichnung im Holz;* Holz mit dekorativen ~n **2** ⟨nur Pl.⟩ ~n *akute, sehr ansteckende Krankheit mit hohem Fieber, Schleimhautentzündung u. Hautausschlag: Morbilli*
'Ma·ser[2] ⟨['me:zər] m.; -s, -⟩ *dem Laser ähnliches Gerät, das mit Wellenlängen im Zentimeterbereich arbeitet*
'Mas·ke ⟨f.; -, -n⟩ **1** *künstliche hohle Gesichtsform als Zauber- u. Beschwörungsmittel od. zum Kennzeichnen der Rolle eines Schauspielers (in der Antike)* 1.1 *das durch Schminke u. Perücke veränderte Gesicht eines Schauspielers;* der Schauspieler muß noch ~ machen 1.2 *Larve vor einem Teil des Gesichts od. vor dem ganzen Gesicht (beim Maskenball);* eine ~ tragen, umbinden, vorbinden; um 24 Uhr die ~n ablegen 1.3 ⟨Bauplastik⟩ *ornamentale, fratzenhafte Maske(1)* 1.4 *die mit einer Maske(1.2) verkleidete Person;* die schönste ~ des Balls prämiieren **2** *Vorrichtung zum Schutz von Kopf u. Gesicht;* Draht~ beim Fechten 2.1 *Drahtgeflecht über dem Gesicht eines Patienten, der narkotisiert werden soll;* Chloroform~ 2.2 *auf dem Gesicht zu tragende Vorrichtung zum Schutz der Atemorgane;* Gas~, Rauch~, Gummi~ 2.3 *Abdruck des Gesichts;* Toten~ **3** ⟨Phot.⟩ *Schablonen, die zum Abdekken bestimmter Teile eines Negativs während des Belichtens od. Kopierens dienen* **4** unter der ~ ⟨fig.⟩ *vortäuschend, heuchelnd;* unter der ~ der Armut, der Bedürftigkeit, der Freundschaft 4.0.1 seine Hilfsbereitschaft ist nur ~ *Täuschung* 4.1 die ~ abwerfen ⟨a. fig.⟩ *seine wahren Absichten offen zeigen, zugeben;* die ~ fallen lassen, ablegen, lüften, von sich werfen 4.2 jmdm. die ~ herunterreißen ⟨a. fig.⟩ *seine wahren Absichten aufdekken, unbeschönigt zeigen;* einem Heuchler die ~ vom Gesicht reißen
mas'kie·ren ⟨V. 500⟩ **1** ⟨R7⟩ jmdn. ~ 1.1 *mit einem Maskenkostüm verkleiden, eine Larve aufsetzen, vermummen* 1.2 ⟨fig.⟩ *verbergen, verdecken, bemänteln* 1.3 ⟨Mil.⟩ *tarnen* **2** eine Speise ~ ⟨Kochk.⟩ *mit Soße, geschlagenem Eiklar o. ä. bedecken*
Maß[1] ⟨n.; -(e)s, -e⟩ **1** *Maßstab, Einheit zum Feststellen von Mengen, Größen, Gewichten u. Werten;* Meter~; in der Technik werden nicht immer metrische ~e verwendet; der Mensch ist das ~ aller Dinge; das ~ ist nicht geeicht 1.0.1 etwas in natürlichem, vergrößertem, verkleinertem ~e zeichnen *in natürl. usw. Maßstab* 1.1 mit zweierlei ~ messen ⟨fig.⟩ *ungerecht sein* 1.2 das ~ ist voll! ⟨fig.⟩ *meine Geduld ist zu Ende* 1.3 dein ~ ist voll ⟨fig.⟩ *du hast genug verschuldet* **2** *die durch Messen gefundene Größe od. Zahl;* in eine Tabelle ~e einzeichnen; auf eine Zeichnung die ~e übertragen 2.1 *(auf den Körper bezogene) Meßwerte;* die Schneiderin muß zunächst ~ nehmen 2.1.1 meine ~e haben sich nicht verändert *Ober-, Taillen- u. Hüftweite* 2.1.2 ein Anzug nach ~ *nach der Figur angefertigt* 2.1.3 sie hat ideale ~e *eine vollkommene Figur* **3** *Umfang, Menge, Ausmaß;* das überschreitet das ~ seiner Kräfte; sie hat ihr gerüttelt ~ an Leid zu tragen; das ~ seiner Strafe steht noch nicht fest; ein gewisses ~ an Mut ist dafür erforderlich; in beschränktem ~e gilt das auch für dich; in gewissem ~e hat er recht; das ist noch im gleichen, in demselben ~e der Fall; jmdm. ein hohes ~ an Vertrauen entgegenbringen; in hohem ~e, höchstem ~e zufrieden sein; für Abwechslung ist in reichem ~e gesorgt; er hat sich in einem solchen ~e darum bemüht, daß ...; er ist in noch stärkerem ~e als früher beansprucht; in zunehmendem ~e; in dem ~e, wie ... **4** ⟨fig.⟩ *die (rechte) Mitte zwischen zuviel u. zuwenig, Mäßigung, Zurückhaltung, Selbstbeherrschung;* es ist nicht leicht, stets das rechte, richtige ~ zu halten; in seinem Zorn überschreitet er jedes ~; ohne ~ und Ziel; weder ~ noch Ziel haben, kennen; das geht über alles ~ (hinaus) 4.1 in, mit ~en *ohne Übertreibung;* man soll alles in (mit) ~en tun 4.2 über die ~en *überaus;* sie freut sich über die, alle ~en
Maß[2] ⟨n.7; -(e)s, -e (süddt. a.) f.; -, -e; bair., österr. u. schweiz.⟩ **1** *1 bis 2 Liter (in altem Flüssigkeitsmaß);* ein halbes, volles ~ 1.1 ein ~ (Bier) *1 Liter Bier, Krug mit 1 Liter Bier*
Mas'sa·ge ⟨[-ʒə] f.; -, -n⟩ *Behandlung durch mechan. Beeinflussung der Körpergewebe mit den Händen, mit Instrumenten od. elektr. Apparaten*
'Mas·se ⟨f.; -, -n⟩ **1** *ungeformter, dickflüssiger Stoff, Brei;* Guß~; Lehm~; eine dickflüssige, klebrige, weiche, zähe ~; die ~ für den Guß; die ~ zum Formen; die ~ rühren, bis sie schaumig wird **2** ⟨umg.⟩ *große Menge* 2.0.1 die ~ muß es bringen ⟨umg.⟩ *der große Umsatz* 2.1 eine ~ ... *sehr viel;* sie hat eine ~ Angebote, Glückwünsche, Zuschriften bekommen; er hat eine ~ Geld gewonnen; es wurde(n) schon eine ~ Karten verkauft; eine ~ Kinder 2.2 in ~n *in großer Zahl, in großer Menge;* Vorräte in ~n; sie kamen in ~n **3** *Hauptteil, Mehrheit;* die breite, große ~ des Volkes **4** *Vielzahl von Menschen, die ihre Individualität zugunsten der Gesamtheit zum Teil od. ganz aufgegeben haben;* die versammelten ~n spendeten tosenden Beifall; der Taschendieb konnte in der ~ untertauchen 4.0.1 in der ~ untergehen *als einzelner nicht zur Geltung kommen* 4.1 ⟨meist im Pl.⟩ *breite Schicht der Bevölkerung;* der Kanzlerkandidat hat die ~n hinter sich **5** ⟨Phys.⟩ *Eigenschaft eines Körpers, in einem Schwerefeld ein Gewicht anzunehmen;* ~ und Energie; die ~ der Sonne **6** ⟨Rechtsw.⟩ *Vermögen, Vermögensbestand eines Schuldners unter der Zwangsversteigerung;* Konkurs~; die ~ der Hinterlassenschaft beträgt ... **7** *schwerer Hammer für Bildhauerarbeiten* **8**

etwas ist nicht die ~! ⟨umg.⟩ *nicht viel wert, nicht bes. gut* 8.0.1 wie war's gestern abend? Nicht die ~! *es hat mir nicht bes. gut gefallen*

'Maß·ein·heit ⟨f.⟩ *nach wissenschaftl. Erkenntnissen od. praktischen Erfordernissen festgelegte Einheit zum Messen von Werten (Größen, Mengen, Gewichten), z. B. Meter, Gramm*

...'ma·ßen ⟨Adverbialsuffix⟩ *die Art u. Weise bezeichnend, wie etwas geschieht od. ist;* verdientermaßen

'maß·ge·bend ⟨Adj.⟩ *als Maßstab dienend, entscheidend, bestimmend, richtunggebend, von entscheidendem Einfluß;* ~e Personen; ich habe es von ~er Seite erfahren; ein ~es Urteil; seine Meinung ist mir nicht ~; an der Entwicklung der Maschine war er ~ beteiligt

mas'sie·ren[1] ⟨V. 500⟩ jmdn. ~ *mit Massage behandeln*

mas'sie·ren[2] ⟨V. 500⟩ **1** Truppen ~ *an einer Stelle zusammenziehen, aufstellen* 1.1 ein massierter Angriff *A. unter Zusammenfassung aller Kräfte*

'mas·sig ⟨Adj.⟩ **1** *wuchtig, umfangreich, groß u. schwer;* ein ~er Mensch, ein ~es Tier, eine ~e Eiche; der Schrank wirkt ~; ~e Hände 1.1 eine ~e Erscheinung *ein großer, dicker Mensch* **2** ⟨50; umg.⟩ *massenhaft, sehr viel;* er hat ~ Geld; er ißt, trinkt ~

'mä·ßig ⟨Adj.⟩ **1** *das rechte Maß einhaltend, nicht übertreibend, zurückhaltend;* ~e Ansprüche, Forderungen, Leistungen, Preise; ~ leben; im Essen u. Trinken ~ sein **2** *nicht besonders groß, angemessen;* ein ~es Tempo **3** *nicht sehr gut;* er ist nur ein ~er Schüler; die Verpflegung war ~

...mä·ßig ⟨Adj.; in Zus.⟩ **1** *in der Art, in Form;* regelmäßig, verhältnismäßig, gewohnheitsmäßig, kreditmäßig, saumäßig **2** *entsprechend, gemäß;* Ggs *...widrig;* ordnungsmäßig, standesmäßig, vorschriftsmäßig **3** *hinsichtlich, in bezug auf;* absatzmäßig, arbeitsmäßig, farbmäßig, gefühlsmäßig

'mä·ßi·gen ⟨V. 500⟩ **1** etwas ~ *wieder ins richtige Maß bringen, mildern, verringern, dämpfen;* mäßige deine Ansprüche, deine Klagen, deinen Zorn; die Geschwindigkeit, den Schritt, das Tempo ~; er sollte sein Temperament, seine Worte ~; diese Pflanze gedeiht nur in einem gemäßigten Klima, in der gemäßigten Zone; die gemäßigte Richtung einer Partei 1.1 ⟨R3⟩ etwas mäßigt sich *etwas schwächt sich ab, läßt nach;* die Hitze, Kälte hat sich etwas gemäßigt; der Sturm mäßigte sich **2** ⟨R 3⟩ sich ~ *sich beherrschen;* er muß sich im Essen u. Trinken ~; mäßige dich!

mas'siv ⟨Adj.⟩ **1** ~er Gegenstand *G. ohne Hohl-, Zwischenräume, fest, dicht, geschlossen, schwer, wuchtig;* ~e Figuren aus Schokolade; ~es Gold **2** ~es Bauwerk *festes, dichtes, geschlossenes, schweres, wuchtiges B.* **3** ein ~er Angriff 3.1 *A. mit starken Truppeneinheiten* 3.2 ⟨fig.⟩ *scharfer, energischer A.* **4** ⟨fig.⟩ *derb, rücksichtslos, grob;* der Redner griff die Gegenpartei ~ an 4.1 dann wurde er ~ ⟨fig.; umg.⟩ *grob, beleidigend, ausfallend*

'maß·los ⟨Adj.⟩ **1** *kein Maß einhaltend, übermäßig (groß, stark, viel);* seine Gier ist ~; er ist ~ eifersüchtig; ~er Ärger, Zorn packte ihn; ~e Erbitterung, Erregung, Wut; er ist ~ in seinen Ansprüchen, Beschuldigungen, Forderungen **2** ⟨50; verstärkend⟩ *sehr;* da hat er wieder einmal ~ übertrieben

'Maß·nah·me ⟨f.; -, -n⟩ *zweckbestimmte Handlung, Vorgehen, Vorkehrung, Schritt, Regelung;* durchgreifende, einschneidende, geeignete, großzügige ~n; organisatorische, politische ~n; vorausschauende, vorläufige, vorsorgliche ~n; diese ~ halte ich für verfehlt; ~n gegen weitere Übergriffe; ~n zum Schutz der Bevölkerung; jmds. ~n durchkreuzen, zuvorkommen; ~n ergreifen, treffen (zu etwas)

'maß·re·geln ⟨V. 500⟩ jmdn. ~ *tadeln, zurechtweisen, durch bestimmte Handlungen strafen;* einen Beamten ~; ein gemaßregelter Beamter

Maß·stab ⟨m.⟩ **1** *mit den Einheiten der Längenmaße versehenes Lineal od. Stahlband, Meterstab, Zollstock* 1.0.1 die beiden Dinge kannst du nicht mit demselben ~ messen ⟨fig.⟩ *du mußt sie verschieden beurteilen* **2** *Größenverhältnis (bes. der Linien auf einer Landkarte zu den wirkl. Strecken);* etwas in vergrößertem, verkleinertem ~ darstellen, nachbilden, zeichnen 2.0.1 im ~ 1 : 10.000 *1 cm auf der Karte = 10 000 cm bzw. 100 m in Wirklichkeit* **3** ⟨fig.⟩ *Prüfstein, Richtlinie;* die Maßstäbe seines Handelns; einen strengen ~ anlegen; den ~ für jmdn., etwas abgeben; das kann dir als ~ dienen 3.0.1 dieser Mensch ist für mich kein ~ *nach ihm richte ich mich nicht*

Mast[1] ⟨m.; -(e)s, -e od. -en⟩ **1** *senkrecht stehendes, ein- bis dreiteiliges Rundholz od. Metallrohr (auf Schiffen) zur Befestigung der Segel, Antennen u. ä., Mastbaum;* der ~ des Schiffes, Segelbootes; den ~ aufrichten, kappen, umlegen; die Antenne an einem ~ befestigen **2** *senkrechte Stange aus Holz od. Stahl (für Telephon-, einfache elektr. Leitungen, Empfangsantennen od. Fahnen), aus vierkantigem Stahlfachwerk (für Hochspannungsleitungen od. Sendeantennen);* ~en für eine elektrische Leitung aufstellen, setzen; die Flagge am ~ emporziehen

Mast[2] ⟨f.; -, -en⟩ **1** ⟨früher⟩ *als Mastfutter verwendete Früchte von Eichen u. Buchen* **2** *das Mästen, die reichl. Fütterung (von Schlachtvieh) zur Steigerung des Fleisch- u. Fettansatzes;* die ~ von Gänsen, Hühnern, Schweinen; Körner zur ~ verwenden

'Mast·darm ⟨m.; Anat.⟩ *letzter Abschnitt des Darmes, der sich an den Dickdarm anschließt u. mit dem After endet: Rectum*

Ma·te·ri'al ⟨n.; -s, -li·en⟩ **1** *für eine Arbeit benötigter Roh-, Bau-, Werkstoff;* brauchbares, edles, gutes, haltbares, minderwertiges, schlechtes ~; aus verschiedenem ~, verschiedenen ~ien zusammengesetzt; ~ zum Bauen, Heizen **2** *Hilfsmittel, Zutat, Gerät;* das rollende ~ **3** *schriftl. Belege, Unterlagen, Beweismittel;* ~ (für einen Artikel, Bericht, eine Reportage) ordnen, sammeln, sichten, suchen, zusammenstellen; das ~ reicht für die, zur Anklage nicht aus

Ma·te·ria'lis·mus ⟨m.; -; unz.; Philos.⟩ *Lehre, daß das Stoffliche das allein Wirkliche in der Welt u. alles Geistige nur als seine Eigenschaft u. Wirkung aufzufassen sei;* Ggs *Idealismus*

Ma'te·rie ⟨[-riə] f.; -, -n⟩ **1** ⟨unz.⟩ = *Urstoff;*

Geist und ~ **2** *Stoff, Masse, das Gegenständliche;* Sy *Substanz(2)* **3** *Gegenstand, Inhalt, Thema eines Gesprächs, einer Schrift o. ä.;* die ~ beherrschen; ich muß mich noch mit der ~ vertraut machen

ma·te·ri'ell ⟨Adj. 24⟩ **1** *aus Materie bestehend, hinsichtlich der Materie, auf ihr beruhend;* Ggs *spirituell* **2** *stofflich, sachlich, gegenständlich, körperlich;* Ggs *ideell* **3** *geldlich;* keine ~en Sorgen kennen

Ma·the·ma'tik ⟨österr. [--'--] f.; -; unz.⟩ **1** *Lehre von den Zahlen u. Figuren;* angewandte ~; höhere ~ **2** das ist ja höhere ~! ⟨fig.; umg.; scherzh.⟩ *sehr, zu schwierig*

Ma'trat·ze ⟨f.; -, -n⟩ **1** *mit Sprungfedern versehener Rahmen in der Form eines Kastens, der in das Gestell eines Bettes gelegt wird;* Sprungfeder~; die ~n quietschen **2** *Polster, das als Auflage auf die Matratze(1) dient u. auf dem man liegt;* Auflege~; eine ~ aus geschäumtem Kunststoff; eine harte, weiche ~ **3** *aufblasbares Liegepolster aus Gummi;* Luft~

Ma'tro·se ⟨m.; -n, -n⟩ **1** ⟨Handelsmarine⟩ *Seemann nach 3jähriger Lehrzeit* **2** ⟨Mar.⟩ *unterster Dienstgrad* **3** *Soldat im Dienstgrad eines Matrosen(2)*

matt ⟨Adj.⟩ **1** *schwach, erschöpft, kraftlos, lustlos, müde;* der Puls ist ~; der Kranke sprach mit ~er Stimme; sie fühlt sich heute ~; müde und ~; ~ von der Anstrengung; ~ vor Hunger; ein ~es Lächeln huschte über ihre Züge 1.1 ⟨kaufmannsspr.⟩ *flau;* der Einzelhandel klagt über ~en Geschäftsgang 1.2 ⟨fig.; umg.⟩ *nicht überzeugend;* seine Ausrede war recht ~; er hatte nur eine ~e Entschuldigung; der Hauptdarsteller hat recht ~ gespielt; das Drama hat leider einen ~en Schluß 1.3 ~e Wetter ⟨Bgb.⟩ *sauerstoffarme, kohlendioxidreiche Luft in einem Grubenbau* **2** *trübe, ohne Glanz, nicht spiegelnd;* ~e Augen, Farben; ~es Glas, Gold, Papier 2.1 ~es Glas *undurchsichtiges G.* **3** *gedämpft, nicht leuchtend, stumpf;* ~es Licht; ein ~er Farbton **4** ⟨24/80; Schach⟩ *besiegt;* Schach und ~!; der König ist ~ **4.1** jmdn. ~ setzen ⟨a. fig.⟩ *handlungsunfähig machen*

'Mat·te[1] ⟨f.; -, -n⟩ **1** *geflochtener od. grob gewebter kleiner Teppich, Unterlage;* Bade~; Fuß~, Turn~; sich die Schuhe auf der ~ abtreten; eine ~ vor die Tür legen 1.1 den Gegner auf die ~ legen ⟨umg.⟩ *im Ringkampf besiegen*

'Mat·te[2] ⟨f.; -, -n; poet.⟩ *Wiese, Viehweide (in den Hochalpen)*

'Mätz·chen ⟨n.; -s, -; umg.⟩ **1** *kleiner Vogel* 1.1 ⟨Kosewort⟩ *kleines Kind* **2** ⟨Pl.⟩ 2.1 *Possen, Unfug, Unsinn;* törichte, überflüssige ~; mach keine ~! 2.2 *Kniffe, Kunstgriffe, um Wirkung zu erreichen, um sich wichtig zu machen, Ausflüchte;* diese ~ kannst du aus dem Spiel lassen; ich habe seine ~ durchschaut

Mau·er ⟨f.; -, -n⟩ **1** *Wand aus übereinandergreifenden, meist mit Mörtel verbundenen Steinen;* eine ~ aufführen, bauen, errichten; eine alte, bröckelige, eingestürzte ~; eine dicke, hohe, massive ~; ein Gelände mit einer ~ umgeben; wir sind durch eine ~ gegen Einsicht von der Straße geschützt; die Chinesische ~ 1.0.1 die (Berliner) ~ *von der DDR in Berlin errichtete M., die die Stadt teilt* 1.1 wie eine ~, wie die ~n stehen *dicht an dicht, ohne zu wanken u. zu weichen;* die Menschen standen wie die ~n; der Gegner stand wie eine ~ **2** *Umgrenzung (bes. einer Stadt), Stadtmauer;* der Präsident weilt seit gestern in den ~n unserer Stadt ⟨geh.⟩ **3** ⟨fig.⟩ *Abgrenzung, Abschirmung, Barriere;* du umgibst dich mit einer ~ von Vorurteilen; sein Mißtrauen errichtet eine ~ zwischen uns

'Mau·er·blüm·chen ⟨n.; -s, -; fig.; umg.⟩ *Mädchen, das beim Tanz selten aufgefordert wird*

'mau·ern ⟨V. 400⟩ **1** ⟨402⟩ (etwas) ~ *Steine mit Mörtel zu einer Mauer zusammenfügen;* er hat lange an dem Haus gemauert; mit dem neuen Verfahren kann er schneller ~; er mauert eine Terrasse, einen Schornstein, eine Treppe **2** ⟨Kart.⟩ *Karten zurückhalten, nicht ausspielen, ängstl. spielen, nichts wagen;* beim Skat ~ **3** ⟨Fußb.⟩ *das eigene Tor mit allen Spielern (wie mit einer Mauer) verteidigen;* in den letzten 10 Minuten hat die gegnerische Mannschaft nur gemauert

Maul ⟨n.; -(e)s, ¨er⟩ **1** *Mund (vieler Tiere);* der Esel, Löwe, Hai reißt das ~ auf 1.0.1 → a. *Gaul(2), Ochse(1.2)* **2** ⟨derb⟩ *Mund (des Menschen);* er drohte, er wolle ihm aufs ~ schlagen 2.1 *Mund (in seiner Eigenschaft als Sprechwerkzeug)* 2.1.1 das ~ aufmachen, auftun ⟨a. fig.⟩ *reden, sprechen* 2.1.2 das ~ nicht aufkriegen ⟨a. fig.⟩ *nicht reden (wollen)* 2.1.3 das ~ aufreißen ⟨a. fig.⟩ *prahlen;* er reißt das ~ gar zu weit auf 2.1.4 ein großes ~ haben ⟨fig.⟩ *wichtigtuerische Reden führen, vorlaut sein* 2.1.5 das ~ halten ⟨fig.⟩ *schweigen;* halt's ~! 2.1.6 jmdm. das ~ stopfen ⟨fig.⟩ *jmdn. zum Schweigen bringen* 2.1.7 nicht aufs ~ gefallen sein ⟨fig.⟩ *schlagfertig sein* 2.1.8 jmdm. übers ~ fahren ⟨fig.⟩ *jmdm. heftig widersprechen* 2.1.9 jmdm. ums ~ gehen ⟨fig.⟩ *jmdm. nach dem Munde reden, das sagen, was er gern hört* 2.1.10 alle Mäuler sind voll davon ⟨fig.⟩ *jedermann spricht darüber* 2.1.11 sich das ~ verbrennen ⟨a. fig.⟩ *sich durch unüberlegte Worte schaden* 2.1.12 sich das ~, die Mäuler zerreißen ⟨fig.⟩ *böse Nachrede führen, klatschen* 2.1.13 die bösen Mäuler (der Leute) ⟨fig.⟩ *die Klatschsucht der Leute* 2.1.14 ein grobes, loses, ungewaschenes, schandbares ~ haben ⟨fig.⟩ *freche od. schmutzige Reden führen* 2.2 *Mund (in seiner Eigenschaft als Eßwerkzeug)* 2.2.1 hungrige, gierige Mäuler ⟨fig.⟩ *hungrige, gierige Personen;* er hat sechs hungrige Mäuler zu Hause, zu stopfen 2.2.2 jmdm. Honig ums ~ schmieren ⟨fig.⟩ *schmeicheln* 2.2.3 eine gebratene Taube fliegt keinem ins ~ ⟨Sprichw.⟩ *man muß sich alles erarbeiten, es wird einem nichts geschenkt* 2.3 *Mund (in seiner mimischen Ausdrucksfähigkeit), Gesicht* 2.3.1 das ~ hängen lassen ⟨a. fig.⟩ *mürrisch, verdrießlich sein, ein mürrisches Gesicht ziehen* 2.3.2 ein schiefes ~ ziehen ⟨a. fig.⟩ *ein mürrisches, enttäuschtes od. unzufriedenes Gesicht machen* **3** *maulartige Öffnung von Werkzeugen (Zange, Schraubenschlüssel o. ä.)*

'Maul·esel ⟨m.⟩ *Kreuzung von Pferdehengst u. Eselstute;* Ggs *Maultier*

'Maul·korb ⟨m.⟩ **1** *aus Lederriemchen netzartig geflochtene Haube, die bissigen Hunden, Pferden od. Ochsen übers Maul gebunden wird* **2** dem Volke einen ~ anlegen ⟨fig.; umg.⟩

das Recht zur freien Meinungsäußerung einschränken

'Maul·tier ⟨n.⟩ *Kreuzung zwischen Eselhengst u. Pferdestute;* Ggs *Maulesel*

'Maul·wurf ⟨m.; -(e)s, ¨e⟩ *Angehöriger einer Familie der Insektenfresser mit walzenförmigem Körper, kurzem, dichtem Pelz, zurückgebildeten Augen u. schaufelförmigen Beinen zum Graben: Talpidae*

Maus ⟨f.; -, ¨e⟩ **1** *kleines, meist graues Nagetier mit spitzer Schnauze, nackten Ohren u. langem Schwanz, Hausmaus: Mus musculus;* Mäuse knabbern, nagen, pfeifen, piepen, rascheln; weiße Mäuse sehen (im Delirium); flink, still wie eine ~ 1.0.1 wie eine gebadete ~ *völlig durchnäßt* 1.0.2 mit jmdm. spielen wie die Katze mit der ~ *jmdn. auf unfaire Weise über eine Entscheidung im unklaren lassen* 1.1 da beißt die ~ keinen Faden ab ⟨fig.; umg.⟩ *da hilft nun alles nichts, es muß sein, ist unumgänglich* 1.2 ⟨i. w. S.; Zool.⟩ *Angehörige einer Unterfamilie der Mäuseartigen mit spitzen Schnauzen u. langen Schwänzen, Echte Mäuse: Murinae* 1.3 → a. *Berg(1.6), Katze(3.3 u. 3.7), Mann(4.3), Speck(1.4)* **2** ⟨Kosewort für⟩ *Kindchen, kleines Mädchen* **3** die weißen Mäuse ⟨fig.; scherzh.⟩ *Verkehrspolizisten (wegen ihrer weißen Mäntel), (od. in der Schweiz) die weiß gespritzten Polizeiautos* **4** *Handballen* **5** = *Kugel(4)*

'mau·scheln ⟨V. 400⟩ **1** *jiddisch sprechen* 1.1 ⟨fig.⟩ *unverständlich reden* **2** ⟨abwertend⟩ *undurchsichtige Geschäfte betreiben* **3** ⟨Kart.⟩ *Mauscheln spielen*

'Mäus·chen ⟨n.; -s, -⟩ **1** *kleine Maus;* still wie ein ~ sein, sich verhalten 1.1 da möchte ich ~ sein, spielen ⟨fig.; umg.⟩ *da möchte ich im Verborgenen dabeisein* **2** ⟨umg.⟩ 2.1 *freier Gelenkkörper in einem Gelenk* 2.2 *sehr schmerzempfindliches unteres Ende des Gelenks am Oberarmknochen* **3** ⟨Kosewort für⟩ *Kindchen, (kleines) Mädchen*

'mau·sen ⟨V.⟩ **1** ⟨500⟩ etwas ~ ⟨umg. mildernd⟩ *stehlen;* er hat Äpfel gemaust **2** ⟨400⟩ ein Tier maust ⟨veralt.⟩ *fängt ein anderes T.* 2.1 → a. *Katze(3.2)*

'mau·sern ⟨V.⟩ **1** ⟨402/R3⟩ ein Vogel mausert (sich) *wechselt die Federn;* Kraniche mausern (sich) im Herbst; der Kanarienvogel hat sich gemausert **2** ⟨505/R3⟩ sich (zu etwas) ~ ⟨fig.⟩ *sich zu seinem Vorteil (zu etwas) entwikkeln;* der Junge hat sich in den letzten 2 Jahren ganz schön gemausert

ma·xi'mal ⟨Adj.⟩ *sehr groß, größt..., höchst...;* Ggs *minimal;* ~e Forderungen, Ansprüche; die Vorstellung dauert ~ 3 Stunden

'Ma·xi·mum ⟨n.; -s, -ma⟩ *größter Wert, Höchstwert;* Ggs *Minimum(1)*

Ma·yon·nai·se ⟨[majo'ne:zə] f.; -, -n⟩ *pikante, kalte, dickflüssige Soße aus Eigelb, Öl, Essig u. Salz*

Mä'zen ⟨m.; -s, -e⟩ *Gönner, Förderer von Künstlern*

Me'cha·nik ⟨f.; -, -en⟩ **1** ⟨unz.⟩ *Lehre von den Kräften, den Bewegungen, die sie hervorrufen, u. ihren Wirkungen auf starre u. deformierbare Körper* **2** *Triebwerk, Getriebe, Mechanismus*

me'cha·nisch ⟨Adj.⟩ **1** ⟨24⟩ *auf der Mechanik beruhend* **2** ⟨24⟩ *von einer Maschine angetrieben u. bewirkt;* etwas im ~en Verfahren herstellen; der ~e Webstuhl hat den Handwebstuhl verdrängt; eine Ware ~ herstellen 2.1 ~es Klavier *K., das automatisch durch Lochstreifen gesteuert wird;* Sy *elektrisches Klavier* **3** ⟨50; fig.⟩ *unwillkürlich, gedankenlos, zwangsläufig, durch Einfluß äußerer Kräfte veranlaßt;* sie arbeitet mir zu ~ 3.1 etwas ~ ablesen, aufsagen *teilnahmslos, ohne Ausdruck* 3.2 etwas ~ abschreiben *ohne dabei mitzudenken, so daß man auch die Fehler gedankenlos abschreibt*

'meckern ⟨-k·k-; V. 400⟩ **1** *helle, kurze Laute wie die Ziege von sich geben* **2** ⟨fig.; umg.⟩ *in kurzen, hellen Tönen lachen* **3** ⟨410; fig.; umg.; abwertend⟩ *an allem etwas auszusetzen haben, nörgeln;* du hast immer etwas zu ~!; er meckert ständig über das Essen

Me·dail·le ⟨[-'daljə] f.; -, -n⟩ **1** *Gedenk-, Schaumünze ohne Geldwert mit figürl. Darstellung od. Inschrift;* Rettungs~; eine ~ gießen, prägen, schlagen lassen; die olympischen ~en; die bronzene, silberne, goldene ~ 1.1 damit kannst du dir keine ~ erringen ⟨iron.⟩ *dein Verhalten gereicht dir nicht zur Ehre* **2** die Kehrseite der ~! ⟨fig.⟩ *die unangenehmere Seite der Angelegenheit*

Me·di·ka'ment ⟨n.; -(e)s, -e⟩ *Stoff, der zur Verhütung u. Behandlung von Krankheiten u. Schmerzen dient, Arzneimittel*

Me·di'zin ⟨f.; -, -en⟩ **1** ⟨unz.⟩ *die Wissenschaft vom kranken u. gesunden Menschen, von seiner Gesunderhaltung u. von den Krankheiten u. ihrer Heilung, Heilkunde;* gerichtliche, innere ~ **2** ⟨umg.⟩ *Heilmittel, Arznei;* seine ~ nehmen; eine bittere ~

Meer ⟨n.; -(e)s, -e⟩ **1** *die Gesamtheit der zusammenhängenden Wassermasse auf der Erdoberfläche;* Welt~ 1.0.1 die Sonne stieg aus, über dem ~ auf ⟨fig.⟩ *ging am Meereshorizont auf* 1.0.2 die Sonne versank im, ins ~ ⟨fig.⟩ *ging am Meereshorizont unter* 1.1 das ~ hat keine Balken ⟨umg.⟩ *bietet keinen festen Halt, keine Sicherheit* **2** *Ozean, größere Wasserfläche;* Binnen~; Rotes ~; das unendliche, weite ~; das aufgewühlte, bewegte, glatte, stille, stürmische, tosende, wogende ~; auf dem ~ fahren, schwimmen, segeln, steuern; das Schiff schwimmt auf dem ~; das Schiff fährt übers ~; diesseits, jenseits des ~es; 1000 m über dem ~ liegen **3** ⟨fig.⟩ *ungeheuer große Menge;* Häuser~, Lichter~; ein ~ von Blut, Tränen; ein unübersehbares ~ von Häusern; ein ~ von Irr'tümern, Mißverständnissen; ein ~ von Licht, Tönen; der Krieg hatte die Stadt in ein ~ von Trümmern verwandelt

'Mee·res·spie·gel ⟨m.; -s; unz.⟩ *der mittlere Wasserstand des Meeres als Grundlage für Höhenmessungen auf dem Festland;* über dem ~ ⟨Abk.: ü. M.⟩; unter dem ~ ⟨Abk.: u. M.⟩

'Meer·schaum ⟨m.; -(e)s; unz.⟩ *für Tabakspfeifen u. Zigarettenspitzen verwendetes, in Kleinasien u. Afrika vorkommendes, weißes od. graues Mineral, chem. wasserhaltiges Magnesiumsilikat*

'Meer·schwein·chen ⟨n.; -s, -⟩ *nur in gezähmtem Zustande lebendes Nagetier, das in vielen Formen als beliebtes Versuchstier in Medizin u. Biologie gezüchtet wird: Cavia porcellus*

Mehl ⟨n.; -(e)s, -e⟩ **1** *durch Zermahlen von Getreidekörnern entstehender Staub zur Herstel-*

lung von Brot; Weizen ~; Roggen ~ **2** *durch Zermahlen fester Körper entstehendes Pulver;* Holz ~; Stein ~

mehr ⟨Adv.⟩ **1** ⟨Komparativ von⟩ *viel, sehr* **1.1** *in höherem Grade, in größerer Menge, Zahl;* in diesem Monat hatten wir ~ Ausgaben als Einnahmen; noch ~ Nachsicht, Verständnis kannst du nicht erwarten, verlangen; das kann er mit ~ Recht behaupten als du; ~ oder weniger hatte er recht; nicht ~ und nicht weniger als ...; es waren ~ Kinder als Erwachsene da; sie haben ~ Kinder als wir; es kamen viel ~ (Gäste), als ich erwartet hatte; ~ Freunde als Feinde; er redet ~, als er handelt; ich liebe niemanden ~ als ihn; du solltest dich ~ schonen; er hatte mich ~ als alle anderen davor gewarnt; du hast ~ als deine Pflicht, Schuldigkeit getan; er hat die Sache ~, als wir ahnten, durchschaut; ich habe ~, als ich erhoffte, erreicht; er fehlt mir ~ als je; seine neue Stellung sagt ihm ~ zu als die vorige; nichts ist mir ~ zuwider als Heuchelei und Intoleranz **1.1.1** ~ als ... *außerordentlich;* die Sache ist mir ~ als peinlich; das Ergebnis ist ~ als kläglich; das ist ~ als leichtsinnig, rücksichtslos gehandelt **1.1.2** ~ und ~, immer ~ *in zunehmendem Maße;* ~ und ~ komme ich zu der Überzeugung ...; sie verlangt immer ~ von mir **1.1.3** je ~ (... desto) *in um so größerer Menge, stärkerem Maße;* je ~, desto besser; je ~ Geld, desto ~ Sorgen ⟨Sprichw.⟩; je ~ er hat, je ~ er will ⟨Sprichw.⟩ **1.2** *ein weiteres, größeres Maß, eine größere Menge, Zahl;* ~ langt es nicht; dazu gehört ~; ~ kann ich nicht schaffen; er hat ~ für dich getan, als du ahnst; ~ als die Hälfte seines Vermögens; ~ als 12 dürfen es nicht sein; er verspricht gern ~, als er halten kann; ich kann ~ essen als du; er kann ~ essen als trinken; demnächst ~ darüber, davon **1.2.1** es schmeckt nach ~ ⟨umg.⟩ *so gut, daß man noch weiter davon essen möchte* **1.3** *zusätzlich, eine vorgegebene Menge, Zahl übertreffend;* er verdient jetzt 200 Mark ~; auf ein paar ~ oder weniger soll es mir nicht ankommen **2** *größer, bedeutender, wichtiger;* ~ sein als scheinen; er ist ~ als ich und bekommt ein höheres Gehalt **2.1** ~ sein (als) ⟨umg.⟩ *eine höhere Position haben (als)* **3** *eher;* er ist ~ Künstler als Geschäftsmann; er ist ~ klug als schön; er war ~ tot als lebendig, als er auf dem Schiff den Sturm erlebte ⟨umg.; scherzh.⟩ **3.1** um so ~, als ... *zumal, besonders auch darum, weil;* der Vater verzieh seinem Sohn, um so ~, als er aufrichtig bereute **4** *ferner, weiter, weiterhin;* es ist keiner, niemand ~ da; es besteht keine Hoffnung ~; wir haben keine Kinder ~ im Haus; ich habe keine Lust, Zeit ~; ich habe keine Wünsche ~; daran bin ich nicht ~ interessiert; da mache ich nicht ~ mit!; von dem Vermögen ist nichts ~ da, übrig; sie wohnt seit einem Jahr nicht ~ bei uns; was willst du ~?; Löhne und Preise steigen immer ~; bitte nicht ~!; er kommt nicht ~; ich sage nichts ~; ich möchte lieber einen Platz ~ nach der Mitte zu, ~ rechts **4.1** nicht ~ können *satt, erschöpft, überarbeitet sein, Ruhe, Entspannung brauchen;* ich kann nicht ~! **4.2** keinesfalls, nie ~ *nicht noch einmal;* er will es nie ~ wieder tun **4.3** nur ~ ⟨umg.⟩ *nur noch;* er war nicht zu verstehen, er konnte nur ~ lallen **4.4** einmal ~ *von neuem;* das beweist einmal ~, daß er nicht zuverlässig ist

Mehr ⟨n.; -; unz.⟩ *Überschuß, Gewinn, Mehrheit, größere Menge;* ein ~ an Erfahrung besitzen; ein ~ an Kosten verursachen; ein ~ von 100 Stimmen; das ~ oder Weniger

'mehr·deu·tig ⟨Adj.⟩ *mehrere Deutungen zulassend u. dadurch mißverständlich;* ein ~er Begriff, Satz; eine ~e Antwort geben

'meh·ren ⟨V. 500; geh.⟩ **1** etwas ~ *vergrößern, wachsen, zunehmen lassen;* seinen Besitz, sein Vermögen ~ **2** ⟨R3⟩ sich ~ *sich vermehren;* seid fruchtbar und mehret euch (1. Buch Mose, 1,22); es mehren sich die Stimmen derer, die ...

'meh·re·re ⟨nur Pl.; Indefinitpron. 10⟩ **1** *einige, ein paar, mehr als eine(r, -s) od. zwei, eine Anzahl;* ~ gute Arbeiten (starke Beugung des nachfolgenden Adj.); das Zustandekommen ~r guter Arbeiten; (im Gen. Pl. neben der starken gelegentl. noch schwache Beugung) ~r guten Arbeiten; ein Wort mit ~n Bedeutungen; nach dem Gutachten ~r Gelehrter, (selten a.) ~r Gelehrten; die Arbeit nahm ~ Tage in Anspruch; hierzu gibt es ~ Meinungen; ~ (Mitglieder) stimmten dagegen, waren anderer Meinung; eine Gleichung mit ~n Unbekannten ausrechnen ⟨Math.⟩ **1.0.1** ⟨Pl. m. bestimmtem Artikel⟩ die ~n Fälle ⟨veralt.⟩ *die Mehrzahl der F.* **2** ~s *manches, mancherlei;* wir haben noch ~s zu tun, bevor wir abreisen

'mehr·fach ⟨Adj. 24/90⟩ **1** *mehr als ein- od. zweifach, öfter auftretend;* ein Schriftstück in ~er Ausfertigung; er hat in ~er Hinsicht unrecht **2** *wiederholt, mehrmalig;* der ~e deutsche Meister im 1000-Meter-Lauf **3** ⟨50; umg.⟩ *mehrmals;* ich bin in letzter Zeit ~ danach gefragt worden

'Mehr·heit ⟨f.; -, -en⟩ *die größere Anzahl od. Menge aus einer Gesamtheit;* Sy *Mehrzahl(1);* → a. *absolut(1.5), relativ(1.5);* die ~ der Stimmen, des Volkes, der Wähler; die ~ besitzen, erringen, gewinnen, verlieren (im Parlament); die einfache ~; der Präsident wurde mit geringer, großer, knapper, überwältigender ~ wiedergewählt; die parlamentarische ~; er berief sich dabei auf die ~; die ~ der Stimmen auf sich vereinigen

'mehr·mals ⟨Adv.⟩ *mehr als zweimal, wiederholt, öfters;* er hat schon ~ angerufen

'Meh·rung ⟨f.; -; unz.; geh.⟩ *das Mehren, Vergrößerung, Bereicherung, Wachstum;* die ~ des Vermögens, des Besitzes

'Mehr·zahl ⟨f.; -; unz.⟩ **1** = *Mehrheit;* die ~ der Mitglieder war gegen den Vorschlag **2** ⟨Gramm.⟩ *Numerus, der eine Vielheit od. etwas mehrfach Vorkommendes ausdrückt;* die ~ von dem Wort Haus bilden

'mei·den ⟨V. 183/500/R8; geh.⟩ **1** jmdn. od. etwas ~ *sich fernhalten von jmdm. od. etwas, jmdm. od. etwas aus dem Wege gehen, jmdn. od. etwas nicht zu treffen suchen;* er mied schlechte Gesellschaft, den Umgang mit ihm; sie haben sich lange Zeit gemieden; was man nicht kann ~, das soll man willig leiden ⟨Sprichw.⟩; der Schlaf hat ihn die ganze Nacht gemieden ⟨fig.⟩ **1.1** ein Gericht, ein Getränk ~ *es nicht essen bzw. trinken* **1.2** einen Ort ~ *nicht aufsuchen;* die Stadt ~

'Mei·le ⟨f.; -, -n⟩ **1** *Längenmaß verschiedener Größe (heute nur noch in den angelsächs. Ländern verwendet)* 1.1 englische ~ *1609 m* 1.2 geographische ~ *7420 m* **1.3** preußische ~ *7532 m* 1.4 römische ~ *1000 Doppelschritte*

'Mei·len·stein ⟨m.⟩ **1** ⟨früher⟩ *Stein, der am Rande von Wegen u. Straßen die Entfernung angibt* **2** ⟨fig.⟩ *hervorragendes Ereignis, wichtiger Punkt;* ein ~ in der Geschichte

mein[1] ⟨Possessivpron. 4; 1. Person Sg.⟩ **1** ~ Buch (usw.) *ich habe ein B. (usw.)* 1.1 *mir gehörend, aus meinem Eigentum od. Besitz stammend;* ~ Eigentum; ~ Hut, ~e Mütze, ~ Kopftuch; ~e Uhr; ~ Haus 1.1.1 das Meine *mein Eigentum* 1.1.2 ⟨nur 1. u. 2. Person Sg.⟩ ~ und dein *eigenes und fremdes Eigentum;* Streit über ~ und dein; das Mein und Dein 1.1.3 ⟨nur 1. u. 2. Person Sg.⟩ ~ und dein nicht unterscheiden können, verwechseln *sich fremdes Eigentum aneignen, stehlen* **1.2** *mit mir verwandt, bekannt, befreundet;* ~e Mutter, ~ Vater; ~e Kinder, Söhne, Töchter; einer ~er Freunde **1.2.1** die Meinen *meine (engen) Verwandten* **1.3** *einen Teil von mir bildend;* ~e Arme, Beine **1.4** *von mir ausgehend, bei mir Ursprung habend;* ~ Einfluß; ~ Vertrauen; ~ Vorschlag; ~e Idee **1.5** *mir zukommend;* ~e Angelegenheit, ~e Aufgabe, ~ Verdienst, ~e Sorge; ich habe ~en schlechten Tag; ich werde das Meine tun **1.5.1** ich gebe dem Kind ~en Namen *ich adoptiere das K.* **2** *eine Eigenschaft von mir darstellend;* ~ Fleiß, ~ Können, ~e Ausdauer; ~ Rheuma 2.1 *mir zur Gewohnheit geworden;* ich rauche ~e 20 Zigaretten am Tag; ich will ~en Mittagsschlaf halten, ~e Arznei noch einnehmen, täglich ~e zwei Glas Wein trinken **3** *von mir getan;* ~e Arbeit, ~e Tätigkeit **3.1** *von mir verursacht;* ~e Schuld **3.2** *von mir vertreten, gerechtfertigt;* ~ Entschluß steht fest; ~e Fürsprache; ~e Ansicht, Meinung, Auffassung; ~es Erachtens ⟨Abk. (nur 1. Person Sg.): m. E.⟩; nach ~em Erachten; nach ~er Meinung, ~er Meinung nach; ~es Wissens ⟨Abk. (nur 1. Person Sg.): m. W.⟩ **3.3** *mir erwünscht;* ich bin mir ~es Sieges sicher; ~ ein und alles; ich habe ~ Glück gemacht **3.4** *von mir benutzt;* ~ Zug, Bus; ~e Straßenbahn **4** ⟨emotiv⟩ **4.1** *(Ausruf des Schreckens, Erstaunens);* (ei du) ~ Gott!; ei du ~! ⟨oberdt.⟩; ach du ~e Güte!; ~ Schreck! **4.2** ~e Damen und Herren! *(Anrede an ein größeres Publikum)* **4.3** ~ lieber Mann, ~e liebe ... *(Anrede in Briefen)* **4.4** ~ lieber Mann! ⟨umg.⟩ *(Ausruf des Erstaunens, der Bewunderung, Warnung)*

mein[2] ⟨Gen. von⟩ *ich;* du gedenkst doch ~?

'Mein·eid ⟨m.; -(e)s, -e⟩ *vorsätzlich falscher Schwur od. falsche eidl. Erklärung;* einen ~ leisten; jmdn. wegen ~s verurteilen

'mei·nen ⟨V. 500⟩ **1** etwas ~ *denken, annehmen, der Meinung sein, seine Meinung äußern, vermuten, für richtig halten;* er meint, daß es damit genug sei; er meint, es sei damit genug; man sollte ~, daß es damit genug sei; er meint, es sei das beste für ihn; du meinst wohl das Richtige, du hast dich aber schlecht ausgedrückt 1.0.1 das will ich ~! *aber ganz bestimmt!, davon bin ich überzeugt!* 1.0.2 ⟨513⟩ ~ Sie das im Ernst? *sind Sie wirklich dieser Meinung?* 1.0.3 was ~ Sie dazu? *was halten Sie davon, welche Meinung haben Sie darüber?* 1.0.4 wenn Sie ~! *wenn es Ihnen recht ist, wenn Sie wollen* **1.0.5** ⟨413⟩ ich meine nur so ⟨umg.⟩ *es war nur ein Vorschlag* **1.0.6** er meint wunder, was er kann ⟨umg.⟩ *er hält zu viel von sich selbst* **2** jmdn. od. etwas ~ *von jmdm. od. etwas sprechen, an jmdn. od. etwas denken;* wen ~ Sie?; dich meine ich!; ich habe dich nicht gemeint; sie sprechen zwar von einem anderen, aber in Wirklichkeit ~ sie mich; Freiheit, die ich meine!; wen meinst du damit?; damit warst du gemeint **2.1** ⟨550⟩ etwas mit etwas ~ *etwas mit etwas sagen wollen, etwas unter etwas verstehen;* was meinst du damit?; meint er mit seinem Beitrag, daß keine Aussicht auf Erfolg mehr besteht? **3** ⟨513⟩ eine Sache ~ *beabsichtigen, wollen;* war es so gemeint?; es war gut gemeint (wenn es auch nicht den Anschein hat); ein gut gemeinter Rat **3.0.1** er meint es nicht böse *er hat nichts Böses sagen od. tun wollen* **3.0.2** er meint es gut mit dir *er will dir etwas Gutes sagen od. tun* **3.0.3** er meint es ehrlich *er ist aufrichtig, er hat ehrliche Absichten* **3.0.4** der junge Mann meint es nicht ehrlich mit ihr ⟨umg.⟩ *er liebt sie nicht, spielt nur mit ihr, wird sie nicht heiraten* **3.0.5** der Chef hat es zu gut mit uns gemeint ⟨iron.; umg.⟩ *er hat uns zuviel Arbeit gegeben* 3.0.6 die Sonne, das Wetter meinte es gut mit uns ⟨umg.⟩ *die S. schien sehr warm, das W. war schön* **4** etwas ~ *sagen, bemerken;* „damit ist es genug", meinte er; „damit", meinte er, „ist es genug"

'mei·ner ⟨Gen. von⟩ *ich*

'mei·ner·seits ⟨Adv.⟩ **1** *von meiner Seite, von mir (aus);* ~ ist nichts einzuwenden 1.1 „ich freue mich, Sie kennenzulernen!" „Ganz ~!" ⟨förml.⟩ *das Vergnügen, die Freude ist auf meiner Seite!*

'mei·nes·glei·chen ⟨Indefinitpron.; indeklinabel⟩ *jmd. wie ich, meiner Art, meines Standes*

'mei·net·hal·ben ⟨Adv.; veralt.⟩ = *meinetwegen*

'mei·net·we·gen ⟨Adv.⟩ Sy *meinethalben* ⟨veralt.⟩ **1** *um meinetwillen, für mich;* bemühe dich nicht ~! **2** ⟨umg.⟩ *ich habe nichts dagegen;* ~!; ~ kann er es haben

'mei·net·wil·len ⟨Adv.⟩ um ~ *für mich, mir zuliebe*

'Mei·nung ⟨f.; -, -en⟩ **1** *Ansicht, Anschauung, Standpunkt;* eine ~ äußern, durchsetzen, haben, kundgeben, sagen, verfechten, vertreten, vorbringen; er beharrt, besteht auf seiner ~; jmds. ~ beipflichten, beistimmen, zustimmen; von einer ~ abkommen; was geht mich die ~ der Leute an!; was ist Ihre ~?; das ist auch meine ~!; wir sind häufig verschiedener ~!; nach meiner ~ war das so; meiner ~ nach war das so; unsere ~en gehen auseinander, sind geteilt; er duldet keine andere ~; ganz meine ~!; die ~ der Allgemeinheit, der Leute, der Masse 1.0.1 du brauchst mit deiner ~ nicht hinter dem Berge zu halten *du kannst offen sagen, was du denkst* 1.0.2 wir könnten einmal unsere ~en darüber austauschen *wir könnten uns gegenseitig sagen, was wir darüber denken* 1.1 der ~ sein *die Anschauung vertreten;* ich bin der ~, daß ... 1.2 einer ~ sein mit jmdm. *übereinstimmen mit jmdm.;* in dieser

Frage bin ich mit dir einer ~ 1.3 → a. *öffentlich(1.2)* 2 *Urteil, Wertschätzung;* seine ~ ändern, aufgeben, fallenlassen; sich eine ~ von jmdm. od. etwas bilden; sich eine ~ über jmdn. od. etwas bilden; eine gute, hohe, schlechte ~ von jmdm. haben; ich habe eine, keine gute ~ von ihm; die öffentliche ~ befragen, erforschen, fürchten, mißachten, verachten; in jmds. ~ sinken, steigen; er kümmert sich nicht um die ~ der anderen 2.0.1 ich habe noch keine eigene ~ darüber *noch kein eigenes Urteil* 2.0.2 ich habe ihm gehörig die, meine ~ gesagt *offen mein Mißfallen ausgedrückt*

'Mei·ßel ⟨m.; -s, -⟩ 1 *keilartig zugespitztes, geschärftes Werkzeug zur Bearbeitung von Stein, Metall u. Knochen;* ein Stück Marmor mit dem ~ bearbeiten; Stemm~, Stoß~ 2 die K u n s t des ~s ⟨poet.⟩ *Bildhauerei*

meist ⟨Adj.⟩ 1 ⟨90; Superlativ von⟩ *viel, sehr* 1.1 *den größten Anteil habend, die Mehrheit darstellend, sehr viel, sehr groß;* die ~en (Leute, Menschen) denken, glauben, meinen, daß ...; in den ~en Fällen ist es so; er hat die ~en Stimmen erhalten; das ~e hat er verschuldet; das ~e davon habe ich wieder vergessen 1.1.1 die ~e Zeit ⟨umg.⟩ *fast die ganze Z.* 1.2 a m ~en *vor allem, mehr als alle(s);* darüber habe ich mich am ~en gefreut; er kann am ~en 2 ⟨50⟩ = *meistens;* er kommt ~ erst gegen Abend; es sind ~ Schüler und Studenten

'mei·stens ⟨Adv.⟩ *im allgemeinen, für gewöhnlich, am häufigsten, fast immer, zum größten Teil;* oV *meist(2);* sie kommt ~ zu spät

'Mei·ster ⟨m.; -s, -⟩ 1 *Handwerker, der nach der Gesellenzeit eine (staatl.) Prüfung abgelegt hat u. damit berechtigt ist, Lehrlinge anzuleiten;* bei einem ~ in der Lehre stehen 1.1 seinen ~ machen ⟨umg.⟩ *die Meisterprüfung ablegen* 2 *großer Könner, hervorragender Fachmann;* er ist ein ~ der Feder, des Gesanges, Klavierspiels, Pinsels, der Sprache; du bist ein ~ im Verdrehen der Worte; Übung macht den ~ ⟨Sprichw.⟩; früh übt sich, was ein ~ werden will ⟨Sprichw.⟩; es ist noch kein ~ vom Himmel gefallen ⟨Sprichw.⟩ 2.1 *in die Kunstgeschichte eingegangener Künstler;* der unbekannte ~ der schönen Madonnen; das Gemälde ist von einem alten niederländischen ~ 2.2 *Sportler, der sich durch eine Höchstleistung ausgezeichnet hat, Mannschaft, die in einem Wettbewerb Sieger geworden ist;* ein ~ im Fußballspiel, Schachspiel 2.3 *Führer, Lehrer, Vorbild;* auf des ~s Worte hören, schwören; zu des ~s Füßen sitzen 2.3.1 *Herr (als Anrede, z. B. der Jünger für Christus od. der Schüler für ihren Lehrer, bes. bei Künstlern)* 3 *Gebieter, Vorgesetzter;* der Herr und ~ 3.1 *(weltl.) Vorsteher eines Ritterordens;* Hoch~ 3.2 *Vorsteher einer Freimaurerloge;* ~ vom Stuhl 4 *Beherrscher, Überwinder* 4.0.1 er hat seinen ~ gefunden *jmdn., der ihm überlegen ist* 4.0.2 einer Sache ~ werden *sie beherrschen lernen* 4.0.3 ~ über etwas werden *etwas beherrschen lernen* 5 ⟨poet.⟩ *(Teil des Namens von Fabel- u. Märchengestalten)* 5.0.1 ~ Petz *der Bär* 5.0.2 ~ Lampe *der Hase* 5.0.3 ~ Urian *der Teufel* 5.0.4 der rote ~ *der Henker* 5.0.5 ~ Knieriem, Pfriem *der Schuhmacher* 5.0.6 ~ Zwirn *der Schneider*

'mei·ster·haft ⟨Adj.⟩ 1 *vorbildlich, vortrefflich, vollkommen, wie ein Meister;* etwas ~ können, beherrschen; er tanzt, singt, spielt ~ 2 *wie von einem Meister;* ein ~es Bild, Werk; wir hörten eine ~e Interpretation dieser Sinfonie

'mei·stern ⟨V. 500; ich meistere od. meistre; geh.⟩ 1 e t w a s ~ *etwas gut bezwingen, überwinden, beherrschen;* eine Arbeit, Aufgabe, Schwierigkeiten ~; jeder muß sein Leben ~; sie sollte ihren Zorn, ihre Zunge endlich ~! 2 j m d n. ~ *ständig tadeln, an ihm etwas auszusetzen haben*

'Mei·ster·schaft ⟨f.; -, -en⟩ 1 ⟨unz.⟩ *gute Beherrschung, großes, ausgereiftes Können, vorbildl., vollkommene, überlegene Leistung;* er spielte mit bewundernswerter, gewohnter, unerreichter, vollendeter ~; seine ~ auf diesem Gebiet ist unbestritten 2 *sportl. Höchstleistung, Sieg im Wettkampf;* Schi~, Welt~; die ~ (in einer Sportart) austragen, erringen, erstreben, erwerben, gewinnen, verlieren, verteidigen; bei den Wettkämpfen um die deutsche ~ im Eistanz kam es zu folgenden Ergebnissen...

Me·lan·cho'lie ⟨[-kɔ-] f.; -; unz.⟩ *Schwermut, Trübsinn, Traurigkeit;* in ~ versinken

me·lan·cho·lisch ⟨[-'ko:-]; Adj.⟩ *schwermütig, trübsinnig, traurig*

'mel·den ⟨V.⟩ 1 ⟨500⟩ e t w a s ~ *mitteilen, kundtun, Nachricht geben von etwas;* der Wetterbericht meldet ein herannahendes Sturmtief; wie unser Korrespondent aus London meldet ... 2 ⟨500⟩ *nennen, angeben* 2.1 j m d n. od. e t w a s ~ *anzeigen;* jmdn. wegen eines Vergehens ~; er hat den Unfall, Vorfall bereits gemeldet 2.2 ⟨R7⟩ j m d n. (p o l i z e i l i c h, bei der Polizei) ~ *anmelden* 2.3 j m d n. ~ *als Besuch ankündigen;* wen darf ich ~? (Frage an den Besucher im Vorzimmer) 2.3.1 ⟨R3⟩ s i c h ~ *seine Anwesenheit anzeigen, sich vorstellen;* sich am Telephon ~; sich ~ lassen 2.4 ⟨550⟩ j m d n. z u, f ü r e t w a s ~ *zur Teilnahme anmelden;* zur, für die Prüfung wurden nur wenige Schüler gemeldet; der Verein meldete zwei Mannschaften für den Wettbewerb 2.4.1 ⟨R3⟩ sich zu, für etwas ~ *sich zur Verfügung stellen, einer Sache (freiwillig) beitreten, sich anmelden;* sich zu einer Aufgabe, einem Dienst ~; er will sich freiwillig ~ (zum Wehrdienst); ich habe mich für den zweiten Lehrgang gemeldet 2.5 ⟨513/R3⟩ s i c h k r a n k, g e s u n d ~ *(dem Arbeitgeber, Vorgesetzten) anzeigen, daß man krank, gesund ist;* er hat sich krank gemeldet 2.6 ⟨R3⟩ e t w a s meldet s i c h *macht sich bemerkbar;* das Alter, mein altes Leiden, der Schlaf meldet sich 2.6.1 der Hunger, mein Magen meldet sich *ich verspüre H.* 2.7 ⟨R3⟩ s i c h ~ *(durch Handheben) ums Wort bitten (in der Schule);* die Schüler meldeten sich in der Unterrichtsstunde eifrig; er meldet sich zu, zum Wort 2.8 ⟨R3⟩ s i c h ~ *sein Bedürfnis anzeigen (vom kleinen Kind);* der Säugling meldet sich durch Schreien, wenn er Hunger hat, wenn die Windeln naß sind 3 ⟨500⟩ n i c h t s z u ~ h a b e n ⟨fig.; umg.⟩ *nichts zu bestimmen haben, ohne Einfluß sein;* du hast hier nichts zu ~; er hat zu Hause nichts zu ~ 4 ⟨400⟩ der H u n d meldet *schlägt an, gibt Laut* 5 ⟨400⟩ der H i r s c h meldet ⟨jägerspr.⟩ *stößt Brunftlaute aus*

'Mel·dung ⟨f.; -, -en⟩ 1 *dienstliche Mitteilung,*

offizielle Nachricht, öffentliche Bekanntmachung; eine ~ abfangen, auffangen, entgegennehmen, erhalten, erwarten, weiterleiten, zurückhalten; eine ~ ausrufen, bestätigen, dementieren, durchgeben, verbreiten; eine aktuelle, amtliche, behördliche, offiziöse, sensationelle, streng vertrauliche, wichtige ~; eine ~ jagte die andere; wir wiederholen eine wichtige ~; eine ~ aus New York; die neuesten ~en über die Lage im Katastrophengebiet; die letzten ~en von den olympischen Wettkämpfen 1.1 jmdm. eine ~ machen *jmdm. etwas melden* 2 *Mitteilung der Anwesenheit, Dienstbereitschaft, Teilnahme;* Gesund~; freiwillige ~en bitte an ...; es sind schon zahlreiche ~en (zur Teilnahme) eingegangen 3 *Anzeige;* es ist eine ~ bei der Dienststelle, Polizei eingegangen

'mel·ken ⟨V. 184⟩ 1 ⟨500⟩ ein Tier ~ *einem Tier mittels Melkmaschine od. durch pressendes Streichen der Euterzitzen Milch entziehen, wegnehmen;* die Kuh, Ziege, Kamelstute, das Schaf ~; die Kühe müssen noch gemolken werden; auf diesem Hof wird seit langem elektrisch gemolken 1.1 jmdn. ~ ⟨fig.⟩ *jmdm. (ständig) Geld ablocken, abnehmen, ihn ausplündern, ausbeuten;* sie haben ihn tüchtig gemolken 2 ⟨400⟩ ein Tier melkt *gibt Milch* 2.1 eine ~de Kuh ⟨a. fig.; umg.⟩ *eine gute Einnahmequelle* 3 Milch ~ *durch Melken(1) gewinnen;* frisch gemolkene Milch

Me·lo'die ⟨f.; -, -n⟩ *in sich geschlossene, sangbare Folge von Tönen*

Me'lo·ne ⟨f.; -, -n⟩ 1 *Kürbisgewächs mit saftigen Früchten, die roh genossen werden: Cucumis melo;* Zucker~, Wasser~, Honig~ 2 ⟨umg.⟩ *steifer, runder Herrenhut*

Mem'bran ⟨f.; -, -en⟩ = *Membrane*

Mem'bra·ne ⟨f.; -, -n⟩ oV *Membran* 1 ⟨Phys.; Tech.⟩ *dünnes, schwingungsfähiges Blättchen aus Metall, Papier, Gummi zum Übertragen von Schallwellen;* Telephon~ 2 ⟨Biol.⟩ *dünnes Häutchen, z. B. Zellwand, Trommelfell*

'Men·ge ⟨f.; -, -en⟩ 1 *große Zahl, Fülle (von);* ich habe dort eine ~ Bekannte, Freunde, Kollegen getroffen; eine ~ Bilder, Bücher besitzen; von dort kann man eine ~ Lichter sehen; zur Auktion waren Interessenten in großer ~ erschienen; die ~ muß es bringen; wir haben eine ~ Arbeit; eine ~ Gold; eine ~ Goldes ⟨poet.⟩ 1.0.1 eine ~ Volk hatte sich versammelt *viele Leute* 1.1 in ~n *in großer Zahl, Fülle;* Obst in ~n ernten; in ~n vorhanden sein; in rauhen ~n ⟨umg.⟩ 1.2 etwas die ~ haben ⟨umg.⟩ *in großer Zahl, Fülle;* er hat Geld die ~ 1.3 ⟨umg.⟩ *viel;* er bildet sich eine ~ darauf ein; du mußt noch eine ~ lernen; ich habe noch eine ~ zu tun 2 *größere Gruppe (von Menschen), ungeordneter Haufen, Volk, Volksmasse;* Menschen~; die ausgelassene, begeisterte, bewegte, bunte, fröhliche, jubelnde, staunende, wartende ~; ein Raunen ging durch die ~; die ~ drängt sich vor dem Rathaus zusammen; die ~ der Schaulustigen schob sich langsam vorwärts; eine ~ neugieriger Menschen hatte sich angesammelt; ich konnte mich nur mühsam durch die ~ hindurchzwängen 2.0.1 der Beifall der ~ ⟨a. fig.⟩ *die Zustimmung der Mehrheit* 3 *(bestimmte) Anzahl, Masse;* Stoff~; wir bitten um Angaben der ~n; wir haben nur noch eine begrenzte ~ dieser Ware vorrätig 4 ⟨Math.⟩ *Zusammenfassung von bestimmten wohlunterschiedenen Objekten zu einem Ganzen;* ~nlehre

'men·gen ⟨V. 500⟩ 1 etwas ~ *mischen, vermischen, durcheinanderbringen;* den Teig ~; Wasser und Mehl zu einem Teig ~; Rosinen in, unter den Teig ~ 2 ⟨550/R3⟩ sich in etwas ~ *sich (ungebeten) einmischen, sich um etwas kümmern, das einen nichts angeht;* meng dich nicht in fremde Angelegenheiten!

Mensch[1] ⟨m.; -en, -en⟩ 1 *menschliches Wesen (in seinen körperl., geistigen u. gesellschaftl. Gegebenheiten);* alle ~en; jeder ~ hat seine Fehler; man muß die ~en nehmen, wie sie sind; ~, ärgere dich nicht! ⟨umg.; a. Gesellschaftsspiel⟩; der ~ denkt und Gott lenkt ⟨Sprichw.⟩; des ~en Wille ist sein Himmelreich ⟨Sprichw.⟩ 1.0.1 der ~ braucht das *jeder* 1.0.2 einen gesitteten ~en aus jmdm. machen *jmdn. erziehen, Anstand lehren* 1.0.3 du benimmst dich wie der erste ~! ⟨umg.; scherzh.⟩ *völlig unbeholfen, unerfahren* 1.0.4 an Gott und den ~en zweifeln *völlig verzweifelt sein* 1.0.5 ist das noch ein ~? *wie kann man nur so unmenschlich sein!* 1.1 *Persönlichkeit;* er ist ein anderer ~ geworden; den alten ~en ablegen, einen neuen ~en anziehen (nach dem Epheserbrief, 4,22 - 24) 1.2 er ist auch nur ein ~ *er kann auch nicht mehr leisten, als in seinen Kräften liegt, er ist auch nicht ohne Fehler* 1.3 von ~ zu ~ mit jmdm. sprechen *ohne konventionelle Schranken* 1.4 des ~en Sohn *Christus, wie er sich selbst genannt hat* 1.5 kein ~ *niemand;* das konnte kein ~ ahnen; kein ~ muß müssen (Lessing; bes. als Antwort auf eine Aufforderung) 1.6 welcher ~ ...? *wer?;* welcher ~ vermag das! 1.7 → a. *äußere(1.4), erste(2.6), innere(3.1), halb(7.4), Seele(4), unter(2.6)* 2 *Person, Mann, Frau;* ein anmaßender, anständiger, bescheidener, boshafter, egoistischer, ehrlicher, gut erzogener, hilfsbereiter, liederlicher, selbstloser, solider, strebsamer, ungeschliffener, zuverlässiger ~; ein eigensinniger, freundlicher, gezierter, netter, natürlicher, steifer, unscheinbarer ~; ein geistreicher, gescheiter, kluger, langweiliger, schlagfertiger, törichter, witziger ~; ein ängstlicher, furchtloser, tapferer, tatkräftiger, unerschrockener, unternehmungslustiger ~; ein guter ~, aber ein schlechter Künstler, Maler, Musiker, Sänger (um ein ungünstiges Urteil über künstler. Fähigkeiten zu mildern); als alter, junger ~ urteilt man ...; dieser junge ~ bildet sich viel darauf ein; sehet, welch ein ~! (Joh. 19,5); einen ~en betrügen, bewundern, hintergehen, lieben, schätzen, verachten, verehren; einem ~en glauben, mißtrauen, vertrauen; sich auf einen ~en (nicht) verlassen können; für einen ~en Achtung, Liebe, Verehrung, Zuneigung empfinden; sich für einen ~en einsetzen; den Umgang mit anderen ~en meiden, suchen 3 ⟨umg.⟩ *(grobe, scheltende Anrede);* ~, hör damit auf!; ~ Meier! (Ausruf des Erstaunens)

Mensch[2] ⟨n.; -(e)s, -er; umg.; abwertend⟩ 1 *weibl. Person* 1.0.1 das liederliche ~ *Dirne, Schlampe*

'Men·schen·recht ⟨n.⟩ *angeborenes, unveräußerl. u. unverletzl. Recht des Menschen* *auf freie Bewegung u. Betätigung gegenüber dem Staat;* die Allgemeine Erklärung der ~e (10. 12. 1948); die ~e verteidigen, wahren; für die ~e eintreten, kämpfen; gegen die ~e verstoßen

'Men·schen·schlag ⟨m.; -(e)s; unz.⟩ *Gruppe rassisch od. landschaftlich zusammengehöriger Menschen;* ein heiterer, schwerfälliger ~

'Men·schen·werk ⟨n.; geh.⟩ *mit unvermeidl. Schwächen, Unzulänglichkeiten behaftetes Werk des Menschen;* alles ~ ist vergänglich

'Mensch·heit ⟨f.; -; unz.⟩ **1** *die Gesamtheit der Menschen, das Menschengeschlecht;* die Entwicklung, Geschichte der ~; die Pest war eine Geißel der ~; eine Erfindung zum Wohle der ~; eine Gefahr für die ~; sich Verdienste um die ~ erwerben; der Abschaum, Auswurf der ~; im Namen der ~ **2** ⟨veralt.⟩ *das Menschsein, die menschl. Natur, Menschlichkeit;* die ~ selbst ist eine Würde (Kant)

'mensch·lich ⟨Adj.⟩ **1** *den Menschen betreffend, zu ihm gehörig;* die ~e Ernährung, Gesellschaft, Gestalt, Natur; der ~e Geist, Körper; ~es Versagen ist schuld an dem Unglück **2** *dem Menschen, seiner Art, seinem Wesen gemäß;* eine liebenswürdige ~e Schwäche; nach ~em Ermessen; nach ~er Voraussicht; das ist nur zu ~; Irren ist ~ ⟨Sprichw.⟩ **2.1** wenn mir etwas Menschliches zustößt ⟨umg.⟩ *wenn ich sterbe* **2.2** es ist ihm etwas Menschliches passiert ⟨umg.⟩ *er mußte dem Bedürfnis, sich zu entleeren, nachgeben, hat sich übergeben* **2.3** ⟨60⟩ ein ~es R ü h r e n **2.3.1** *Hunger;* er verspürte ein ~es Rühren **2.3.2** ⟨ umg.⟩ *Drang, sich zu entleeren* **3** *die persönl. Art, Verhaltensweise (des Menschen) betreffend;* wenn ich sein Handeln auch nicht billigen kann, so kann ich es doch ~ verstehen; rein ~ gesehen; ~ hat er mich enttäuscht **4** *zwischen den Menschen vorhanden;* nach göttlichem und ~em Recht; ~e Bindungen, Kontakte **5** *auf die Bedürfnisse des Mitmenschen gerichtet, verständnisvoll;* ~ handeln, sein; jmdm. ~e Behandlung zuteil werden lassen; ein ~er Zug inmitten der Gewalt; der Gefangene ist nicht ~ behandelt worden; ~ denken, fühlen **5.0.1** es ist nicht mehr ~ zugegangen *die Grausamkeit triumphierte* **5.1** eine ~e R e g u n g fühlen *Mitgefühl haben* **5.2** ein ~es R ü h r e n verspüren *einen Anflug von Menschenfreundlichkeit, Wohlwollen* **6** *erträglich, annehmbar, ordentlich;* die Bedingungen sind ~; endlich sieht es hier wieder ~ aus; ich muß das Zimmer erst wieder in einen ~en Zustand versetzen

Men·strua·ti'on ⟨f.; -, -en; Med.⟩ *die in etwa 28tägigem Abstand erfolgende, mit einer Blutung einhergehende Abstoßung der Gebärmutterschleimhaut bei unbefruchteter Eizelle;* Sy *Periode(5), Regel(4), Monatsblutung*

Men'sur ⟨f.; -, -en⟩ **1** *Maß, Messung* **2** ⟨Sp.⟩ *Abstand zweier Fechter voneinander* **3** *student. Zweikampf mit Säbel od. Degen* **4** ⟨Mus.⟩ *um 1250 festgelegtes Maß, das die Verhältnisse der Notenwerte zueinander bestimmt* **5** *das Verhältnis zwischen den Maßen der einzelnen Musikinstrumente, z. B. Saitenlänge, Hals, Resonanzkörper bei Saiteninstrumenten* **6** ⟨Chem.⟩ *Glasgefäß mit Maßeinteilung zum Abmessen von Flüssigkeiten*

Men·ta·li'tät ⟨f.; -, -en⟩ *seelisch-geistige Einstellung*

Me·ri·di'an ⟨m.; -s, -e⟩ **1** ⟨Astr.⟩ *größter Kreis der Himmelskugel, der durch Nord- u. Südpunkt des Horizonts sowie durch Zenit u. Nadir geht u. auf dem Horizont senkrecht steht* **2** *Großkreis auf der Erdkugel, der senkrecht auf dem Äquator steht u. durch beide Pole geht;* Sy *Längenkreis*

'Merk·blatt ⟨n.⟩ **1** *(gedrucktes) Blatt mit Erläuterungen (einer Verordnung u. ä.);* ein ~ zur Verhütung von Infektionen; das ~ sorgfältig durchlesen **2** *Notizzettel*

'mer·ken ⟨V.⟩ **1** ⟨500⟩ e t w a s ~ *gefühlsmäßig od. durch Beobachtung wahrnehmen, entdekken, erkennen, sich einer Sache bewußt werden, auf etwas kommen, etwas spüren;* erst jetzt merke ich, daß ...; das habe ich gar nicht gemerkt; ich merkte sofort die Absicht; man merkt, daß er ...; laß es keinen, niemanden ~; ich habe geschlafen und gar nichts von dem Gewitter gemerkt; hat er etwas gemerkt?; ich merkte sofort an seinem Benehmen, daß etwas vorgefallen war **1.0.1** er merkt auch alles ⟨umg.⟩ *ihm entgeht nichts* **1.1** merkst du was? ⟨umg.⟩ *erkennst du (endlich) die Absicht, die dahintersteckt?* **1.2** w o h l gemerkt! *darauf sei hingewiesen;* wohl gemerkt, damit ist noch nichts entschieden **1.3** s i c h e t w a s ~ l a s s e n *anmerken lassen;* er hat es sich doch ~ lassen, daß er gekränkt war; er war wütend, aber er ließ sich nichts ~; das darfst du dir, du darfst dir das nicht ~ lassen **2** ⟨530/R1⟩ s i c h j m d n. od. e t w a s ~ *im Gedächtnis, im Auge behalten;* ich kann mir seinen Namen, deine Telephonnummer, diese Zahlen nicht ~; diese Namen sind leicht, schwer zu ~ **2.1** den Namen dieser jungen Schauspielerin wird man sich ~ müssen *diese junge S. hat eine große Karriere vor sich, sie wird noch von sich reden machen* **2.2** den Kerl werde ich mir ~ ⟨umg.⟩ *dem K. werde ich's noch vergelten* **2.3** s i c h e t w a s ~ *sich nach etwas richten;* merken Sie sich das bitte für die Zukunft; merk dir das gefälligst! **3** ⟨800⟩ a u f e t w a s ~ ⟨veralt.⟩ *auf etwas aufpassen, etwas beobachten, hinhören, bei der Sache sein;* er hatte nicht darauf gemerkt, wer zu dieser Zeit anwesend war **4** ⟨500⟩ e t w a s ~ ⟨oberdt.⟩ *aufschreiben, notieren*

'merk·lich ⟨Adj. 24⟩ *fühlbar, spürbar, wahrnehmbar, sichtlich, erheblich;* eine ~e Veränderung; es hat sich ~ abgekühlt; die beiden sind ~ voneinander unterschieden

'Merk·mal ⟨n.; -(e)s, -e⟩ *ein charakteristisches Zeichen od. eine charakteristische Eigenschaft, woran man eine Person od. Sache erkennen u. von anderen unterscheiden kann;* ein ~ aufweisen, besitzen, haben; keine besonderen ~e; ein bezeichnendes, charakteristisches, hervorstechendes ~

'merk·wür·dig ⟨Adj.⟩ **1** *Aufmerksamkeit erregend, eigenartig, verwunderlich, seltsam;* es war eine ~e Angelegenheit, Begebenheit, Geschichte; das ist aber ein ~es Verhältnis; er ist ein ~er Mensch; das finde ich ~; das ist aber ~! **1.1** *auffällig, verdächtig;* er benimmt sich so ~; was ist denn schon Merkwürdiges dabei, wenn ...

'Meß·be·cher ⟨m.⟩ *meist durchsichtiger*

Becher mit Maßeinteilung zum Abmessen häufig gebrauchter Lebensmittel, bes. zum Backen; das Mehl in den ~ geben

'Mes·se[1] ⟨f.; -, -n⟩ **1** ⟨kath. Kirche⟩ *tägl. liturgische Feier des Abendmahls;* die ~ besuchen, halten, hören, lesen, zelebrieren; Paris ist wohl eine ~ wert (Heinrich IV. von Frankreich); zur ~ dienen (als Ministrant) **1.1** stille ~ *ohne Gesang u. Orgelspiel, bei der der Priester den Text nur für sich spricht* **2** *Musik zur feierl. Ausgestaltung der Messe(1);* die Hohe ~ von Bach **3** *Industrieausstellung großen, oft internationalen Ausmaßes;* die Leipziger, Frankfurter ~; Buch~; an der ~ teilnehmen, auf der ~ (in Hannover) ausstellen **3.1** = *Jahrmarkt;* Klein~

'Mes·se[2] ⟨f.; -, -n⟩ **1** *Aufenthalts- u. Speiseraum für Marineoffiziere* **2** *die in der Messe²(1) versammelten Personen*

'mes·sen ⟨V. 185/500⟩ **1** etwas ~ *in der Höhe, Breite, Länge, Zeitdauer, Beschleunigung, im Rauminhalt, Gewicht usw. zahlenmäßig bestimmen;* die Breite, Geschwindigkeit, Höhe, Größe, Länge, Luftfeuchtigkeit, Lufttemperatur, Meerestiefe, elektr. Spannung ~; die Schneiderin muß noch meine Halsweite ~; mit dem Bandmaß, der Elle, dem Hohlmaß, einem Zollstock ~; Flüssigkeiten mißt man nach Litern; einen Stoff nach Metern ~; die Zeit des Laufs mit der Stoppuhr ~; die Temperatur des Kranken ~ **1.0.1** ⟨510⟩ eine Entfernung nur mit den Augen ~ *nur schätzen* **1.1** ich habe (der Länge nach) den Fußboden, die Straße gemessen ⟨umg.; scherzh.⟩ *ich bin hingefallen* **1.2** → a. *Maß(1.1)* **2** ⟨516/R8⟩ jmdn. mit den Augen, einem Blick ~ *scharf, prüfend, erstaunt ansehen;* die Gegner maßen einander mit abschätzenden Blicken; jmdn. mit strengem Blick von oben bis unten ~ **2.1** ⟨510⟩ jmdn. od. etwas an jmdm. od. etwas ~ *mit jmdm. od. etwas vergleichen (das als Maßstab dient);* an dir gemessen, leistet er wenig; gemessen an seinen Fähigkeiten, lassen die Leistungen des Schülers zu wünschen übrig **3** ⟨517/R3⟩ sich mit jmdm. ~ *seine Kraft, Leistung an jmdm. erproben, im Vergleich mit jmdm. bestimmen* **3.0.1** er kann sich nicht mit ihm ~ *kommt ihm nicht gleich* **4** etwas ~ *ein bestimmtes Maß, eine bestimmte Größe haben;* der Tisch mißt 1,50 m in der Länge; dieser Stoffrest mißt 2 Meter

'Mes·ser[1] ⟨m.; -s, -⟩ **1** *Gerät zum Messen;* Gas~, Druck~, Belichtungs~; Entfernungs~ **2** *jmd., der etwas mißt, Vermesser;* Land~, Feld~

'Mes·ser[2] ⟨n.; -s, -⟩ **1** *Werkzeug mit Griff u. einer feststehenden od. einklappbaren Klinge zum Schneiden;* die Klinge, Schneide, Spitze, das Heft, der Rücken des ~s; ein ~ abziehen, schärfen, schleifen, wetzen; ein breites, kurzes, langes, rostfreies, rostiges, scharfes, spitzes, stumpfes, verchromtes ~; etwas mit dem ~ abschneiden, schneiden, zerkleinern; jmdm. ein ~ in den Leib jagen, rennen, stoßen ⟨umg.⟩; Taschen~, Busch~, Jagd~, Papier~; Klapp~, Rasier~; Brot~, Kuchen~ **1.1** jmdn. unter dem ~ haben ⟨fig.; umg.⟩ *operieren* **1.2** ein Kampf bis aufs ~ ⟨fig.; umg.⟩ *ein erbitterter K. ohne jede Rücksicht* **1.3** jmdn. ans ~ liefern ⟨fig.; umg.⟩ *jmdn. durch Verrat zu Fall bringen, jmdn. dem Richter od. Henker ausliefern* **1.4** jmdm. das ~ an die Kehle setzen ⟨fig.; umg.⟩ *jmdn. mit Gewalt od. Drohungen zwingen, etwas zu tun* **1.5** das ~ sitzt ihm an der Kehle ⟨fig.; umg.⟩ *er ist in höchster Geldnot* **1.6** auf diesem ~ kann man reiten ⟨fig.; umg.⟩ *es ist stumpf, schneidet schlecht* **1.7** es steht auf des ~s Schneide ⟨fig.; umg.⟩ *der Ausgang ist noch ungewiß, steht dicht bevor (a. in bezug auf eine Gefahr)* **1.8** jmdm. (erst, selbst) das ~ in die Hand geben ⟨fig.; umg.⟩ *seinem Gegner selbst das Mittel (Argument) zur Vernichtung geben* **2** *Maschinenteil zum Schneiden*

Me'tall ⟨n.; -s, -e⟩ **1** *mit Ausnahme des Quecksilbers bei Zimmertemperatur fester kristalliner Stoff, der einen charakterist. Glanz u. hohes elektr. u. Wärmeleitvermögen hat;* ~ bearbeiten, bohren, drehen, feilen, gießen, glühen, hämmern, härten, legieren, löten, schweißen, veredeln, walzen; edle ~e; flüssiges ~ in Formen gießen; gediegenes ~ **1.1** → a. *gediegen(4)* **2** eine Stimme mit viel, wenig ~ *eine harte, weiche S.*

me'tal·lisch ⟨Adj.⟩ **1** ⟨70⟩ *aus Metall bestehend;* ein ~er Stromleiter; ~e Überzüge **2** *wie Metall, dem Metall ähnlich;* ~ glänzende Haare; ein Gegenstand von ~er Härte; ~er Glanz **3** ⟨fig.⟩ *hart, kräftig klingend;* etwas klingt, klirrt ~; eine ~e Stimme

Me·tall·ur'gie ⟨f.; -, -n; unz.⟩ *Lehre von der Gewinnung u. Verarbeitung der Metalle*

Me·ta·mor'pho·se ⟨f.; -, -n⟩ **1** ⟨Geol.⟩ *Umwandlung eines Gesteins in ein anderes* **2** ⟨Zool.⟩ *Wandlung des jungen Tieres durch verschiedene äußere Stadien, ehe es die Form des erwachsenen Tieres annimmt, z. B. Ei, Kaulquappe, Frosch* **3** ⟨Bot.⟩ *Wandlung eines Organs aus einer andersartigen Anlage, z. B. Dorn aus Laubblatt* **4** ⟨Myth.⟩ *Verwandlung von Menschen in Tiere, Pflanzen, Quellen usw.*

Me·ta'sta·se ⟨f.; -, -n⟩ **1** ⟨Med.⟩ *an einer anderen Stelle des Körpers auftretender Ableger einer Geschwulst, Tochtergeschwulst* **2** *Redefigur, durch die der Redner die Verantwortung für eine Sache auf einen anderen überträgt*

Me·te'or ⟨m. od. n.; -s, -e; Astr.⟩ *punkt- od. kugelförmiges Licht am Nachthimmel, verursacht durch einen aus dem Weltraum stammenden Körper, der in der Erdatmosphäre aufglüht;* Sy *Sternschnuppe*

Me·teo·ro·lo'gie ⟨f.; -; unz.⟩ *Lehre u. Erforschung der Vorgänge in der Lufthülle der Erde*

'Me·ter ⟨n.7, umg. u. schweiz. m.7; -s; -; Zeichen: m⟩ *Längenmaß;* 100-, 3000-, 5000-~-Lauf; einen ~ je Sekunde; drei ~ Stoff; laufendes ~, laufenden ~s; die Mauer ist 20 ~ lang; eine Mauer von 20 ~ Länge, eine Mauer von 20 ~(n); in einer Breite, Höhe, Länge von vier ~(n)

...me·ter ⟨in Zus.⟩ **1** ⟨n. od. m.; -s, -⟩ *Bezeichnung für das Längenmaß;* Kilo~, Zenti~ **2** ⟨n.; -s, -⟩ *Meßgerät;* Chrono~, Hygro~ **3** ⟨m.; -s, -⟩ *jmd., der Messungen ausführt;* Geo~

Me'tho·de ⟨f.; -, -n⟩ **1** *planmäßiges, folgerichtiges Verfahren, Vorgehen, Handeln;* Arbeits~, Lehr~; eine wissenschaftliche ~ anwenden, einführen, entwickeln, prüfen; eine erfolgreiche, fortschrittliche, neue, praktische, rückständige, veraltete, vielversprechende, zuverlässige ~; mit dieser ~ wirst du nichts erreichen, kommst du nicht voran; nach einer bestimmten ~ arbeiten 1.1 er hat ~ (in seiner Arbeit) *er geht planmäßig vor;* er hat ~ in diese Arbeit, dieses Unternehmen gebracht **2** er hat so seine eigene ~ ⟨umg.⟩ *seine eigene Art im Handeln, das ist bei ihm so üblich* 2.1 was sind denn das für ~n? ⟨umg.⟩ *eine solche Art, sich zu verhalten, bin ich nicht gewöhnt*

me'tho·disch ⟨Adj.⟩ **1** *auf einer bestimmten Methode beruhend* 1.1 *planmäßig, durchdacht, sinnvoll*

Me·tro'po·le ⟨f.; -, -n⟩ oV *Metropolis* **1** = *Hauptstadt* **2** *Mittelpunkt, Knotenpunkt, Zentrum;* Handels~, Kultur~

Me'tro·po·lis ⟨f.; -, -'po·len⟩ = *Metropole*

'Mett·wurst ⟨f.⟩ *Wurst aus magerem, gewürztem Hackfleisch, die sich streichen läßt*

'Metz·ger ⟨m.; -s, -; süddt.; westdt.; schweiz.⟩ = *Fleischer*

'Meu·chel·mord ⟨m.⟩ *hinterlistiger, heimtückischer Mord;* einen ~ begehen

'Meu·chel·mör·der ⟨m.⟩ *jmd., der einen Meuchelmord begangen hat;* einen ~ dingen

'Meu·te ⟨f.; -, -n⟩ **1** *Schar von Jagdhunden zur Hetzjagd;* die ~ der Hunde zur Jagd loslassen **2** ⟨fig.; abwertend⟩ *Schar zügelloser Menschen, wilde Horde, Bande;* die ~ der Aufständischen stürmte das Parlamentsgebäude

Meu·te'rei ⟨f.; -, -en⟩ *Aufstand mehrerer Personen gegen Vorgesetzte;* eine ~ niederschlagen, unterdrücken; auf dem Schiff, in der Armee, unter den Soldaten brach eine ~ aus

'meu·tern ⟨V. 400⟩ **1** *sich auflehnen, empören, den Gehorsam verweigern;* Gefangene, Soldaten ~ **2** ⟨fig.; umg.⟩ *seine Unzufriedenheit äußern, murren, aufmucken;* die Gefangenen, Soldaten meuterten; du darfst nicht bei jeder Gelegenheit gleich ~!

mich ⟨Akk. von⟩ *ich;* → a. *sich*

'Mie·der ⟨n.; -s, -⟩ **1** *eng anliegendes Oberteil des Trachten- od. Dirndlkleides, Leibchen;* ein buntes, besticktes ~; das ~ zuhaken **2** *die Figur formendes Teil der weibl. Unterkleidung;* ein straff sitzendes ~

'Mie·ne ⟨f.; -, -n⟩ **1** *Gesichtsausdruck;* eine besorgte, düstere, einfältige, ernste, freundliche, liebenswürdige, heitere, verschlossene ~ aufsetzen; jmdn. mit böser, finsterer ~ anblicken; etwas mit strenger ~ befehlen 1.0.1 ohne eine ~ zu verziehen *unbewegten Gesichts, ohne sich beeindrucken zu lassen* 1.1 → a. *gut(3.1.3)* **2** ~ machen zu ... ⟨fig.⟩ *sich anschicken zu ...;* er machte ~, sich auf ihn zu stürzen 2.0.1 er machte keine ~ aufzustehen *er machte keine Anstalten, dachte nicht daran aufzustehen*

mies ⟨Adj.; umg.⟩ **1** *häßlich, übel, schlecht, wertlos, (moralisch) minderwertig, abstoßend;* eine ~e Angelegenheit, Sache; ~e Laune haben; die Aussichten sind ~ 1.0.1 ein ~er Laden *langweiliger Betrieb* 1.0.2 etwas sieht ~ aus *wenig erfolgversprechend, bedrohlich, unangenehm, schlimm* 1.0.3 jmdm. ist ~ (zumute) *elend, übel*

'Mie·te¹ ⟨f.; -, -n⟩ **1** *Entgelt für die Überlassung des Gebrauchs einer Sache od. einer Dienstleistung;* die ~ überweisen, vorauszahlen; unsere ~ beträgt monatlich 250 Mark; eine hohe, niedrige, überhöhte, sozial zumutbare ~ zahlen 1.1 → a. *kalt(3.8), warm(1.1)* **2** *entgeltl. (vorübergehende) Überlassung des Gebrauchs einer Sache od. einer Dienstleistung* 2.1 einen Platz in ~ haben ⟨Theat.⟩ *einen P. abonniert haben* 2.2 zur ~ wohnen (bei) *eine Wohnung od. ein Zimmer gemietet haben*

'Mie·te² ⟨f.; -, -n⟩ *mit Stroh u. Erde als Frostschutz bedeckter Stapel von Feldfrüchten zum Überwintern;* eine ~ für Kartoffeln, Rüben anlegen; die ~ im Frühjahr aufmachen, öffnen

'mie·ten¹ ⟨V. 500⟩ etwas od. jmdn. ~ *gegen Bezahlung etwas vorübergehend in Gebrauch nehmen od. jmds. Dienste in Anspruch nehmen;* eine Garage, ein Haus, ein Klavier, einen Kraftwagen, einen Lohndiener, einen Platz im Theater, ein Zimmer ~; er fährt einen gemieteten Wagen

'mie·ten² ⟨V. 500⟩ Feldfrüchte ~ ⟨Landw.⟩ *in Mieten² setzen, einmieten;* Kartoffeln, Rüben ~

'Mie·ter ⟨m.; -s, -⟩ *jmd., der etwas gemietet hat, bes. eine Wohnung od. ein Zimmer*

'Miet·ling ⟨m.; -s, -e; abwertend⟩ *jmd., der eine Aufgabe od. Arbeit nur wegen des Geldes ausführt, käufl. Mensch, gedungener Söldling*

Mi·kro'phon ⟨n.; -s, -e⟩ *Gerät zur Umwandlung von mechan. Schallwellen in elektr. Schwingungen*

Mi·kro'skop ⟨n.; -s, -e⟩ *optisches Gerät zur Vergrößerung sehr kleiner Gegenstände*

'Mil·be ⟨f.; -, -n⟩ *Angehörige einer Ordnung der Spinnentiere, deren ursprünglich gegliederter Hinterleib mit dem vorderen, aus Kopf u. Brust bestehenden Abschnitt zu einem ungegliederten Körper verschmolzen ist u. die oft als Parasit u. Schmarotzer auf u. in Tieren u. Menschen lebt: Acari;* Lauf~, Samt~, Ernte~, Käse~, Mehl~, Krätz~

Milch ⟨f.; -; unz.⟩ **1** *weiße Flüssigkeit, die von weibl. Säugetieren u. von Frauen nach dem Gebären aus den Milchdrüsen ausgeschieden wird;* Mutter~ 1.1 ⟨i. e. S.⟩ *bes. von Kühen durch Melken gewonnene u. vielseitig als Nahrungsmittel genützte weiße Flüssigkeit;* abgekochte, dicke, eisgekühlte, entrahmte, fette, frische, gekochte, kondensierte, saure ~; heiße ~ (mit Honig); kuhwarme ~; ~ von der Kuh, Stute, Ziege; die Kuh gibt viel, wenig ~; ~ abrahmen, entrahmen, erhitzen, kochen, sauer werden lassen, trinken, überlaufen lassen (beim Kochen); das Puddingpulver mit ~ anrühren, verrühren; Fruchtsaft mit ~ mixen 1.1.1 wie ~ und Blut aussehen *gesund u. rotbackig* 1.1.2 ein Land, darinnen ~ und Honig fließt *gesegnetes Land (nach dem 2. Buch Mose, 3,8)* **2** ⟨Zool.⟩ *Samenflüssigkeit der männl. Fische;* die ~ des Herings **3** ⟨Bot.⟩ *weißl. Pflanzensaft;* die ~ der Kokosnuß; die ~ des Löwenzahns

'Milch·bart ⟨m.; fig.⟩ *unreifer Jüngling (dem eben der erste Bartflaum zu sprießen beginnt)*

'Milch·ner ⟨m.; -s, -⟩ **1** ⟨mundartl.⟩ *Melker* **2** ⟨Zool.⟩ *männl. Fisch;* Ggs *Rogener*

'Milch·zahn ⟨m.; -(e)s, ⸚e⟩ *Zahn vom ersten Gebiß des Menschen, der im 6.—9. Lebensjahr durch den bleibenden Zahn ersetzt wird;* der ~ läßt sich leicht ziehen

mild ⟨Adj.⟩ oV *milde* **1** *durch Mäßigkeit, Zurückhaltung angenehm* 1.1 *sanft, weich, nachsichtig, gutmütig;* als ~er Herrscher regieren; er fand ~e Richter; ~e Worte sprechen; mit

~em Blick; jmdn. ~er stimmen 1.1.1 euer Verhalten war empörend, und das ist noch ~ formuliert *zurückhaltend* 1.1.2 du solltest ~ere Saiten aufziehen (fig.; umg.) *nicht so streng sein* 1.2 *gnädig, gütig, nicht streng;* eine ~e Behandlung, Erziehung; die Strafe ist ~ ausgefallen; ~e urteilen, verfahren 1.3 ~e Farben *weiche Farbtöne, die alles Grelle vermeiden* 1.4 ~e Speisen *leichte, wenig gewürzte S.* 1.5 *lau, leicht warm, mäßig, gemäßigt;* ein ~es Klima; eine ~e Luft; das Wetter soll wieder ~er werden **2** (60) *barmherzig;* eine ~e Stiftung 2.0.1 mit ~er Hand Gaben verteilen *freigebig Almosen spenden* 2.1 eine ~e Gabe *Almosen;* ich bitte um eine ~e Gabe

'mil·de (Adj.) = *mild*

'Mil·de (f.; -; unz.) **1** *das Mild-, Sanft-, Weichsein;* jmdn. mit ~ ansehen; er war voll ~ **2** *Güte, Nachsicht;* die ~ des Richters anrufen; ~ walten lassen; unverdiente, väterliche ~; ~ gegen jmdn. (walten lassen); versuch es mit ~! (bei der Erziehung) **3** *das Fehlen der Rauheit, der Schärfe;* die ~ der Luft, des Klimas, Wetters 3.1 *milde Beschaffenheit;* die ~ dieser Zigarette, dieses Weines wird in der Werbung angepriesen

'mil·dern (V. 500) **1** etwas ~ *etwas milder, geringer machen, vermindern, verringern;* ein Urteil, eine Strafe, die Wirkung ~; er milderte den Aufprall, den Stoß, indem er ... 1.1 *mäßigen;* jmds. Zorn, Erregung ~ 1.2 *lindern;* jmds. Not, Leid, Schmerz ~ 1.3 ~de Umstände (Rechtsw.) *die Strafe verringernde U. (Verhältnisse, die die Person od. die Umwelt des Straftäters betreffen)* **2** (R3) etwas mildert sich *etwas wird milder, geringer;* die Gegensätze zwischen ihnen haben sich gemildert

Mi·li·eu ([mi'ljø] n.; -s, -s) **1** *Umgebung u. Zeitverhältnisse, in denen ein Lebewesen sich entwickelt* **2** (österr.) *kleine Tischdecke* **3** (schweiz.) *Welt der Prostituierten*

mi·li'tant (Adj.) *kämpferisch;* eine ~e Organisation

Mi·li'tär[1] (n.; -s; unz.) **1** *Stand der Soldaten;* vom ~ entlassen werden, freikommen **2** *Gesamtheit der Streitkräfte* 2.1 beim ~ sein *Soldat sein* 2.2 zum ~ gehen *Soldat werden*

Mi·li'tär[2] (m.; -s, -s) *höherer Offizier;* ein erfahrener, guter ~ sein; es waren hohe ~s anwesend

Mi·li·ta'ris·mus (m.; -; unz.) *Vorherrschaft der militär. Macht, Überbetonung des Militärwesens, übersteigerte militär. Gesinnung*

mil·li..., Mil·li... (in Zus.) *tausendstel, Tausendstel*

Mil·li'ar·de (f.; -, -n; Abk.: Md. od. Mrd.) *1000 Millionen*

Mil·li'on (f.; -, -en; Abk.: Mill. od. Mio.) *tausend mal tausend, 1000 mal 1000;* seid umschlungen, ~n! (Schiller, Lied an die Freude); dreiviertel ~en, (aber:) eine dreiviertel ~; eine und drei viertel ~en, (aber:) ein(und)dreiviertel ~; ~en von hoffenden Menschen, (od.) ~en hoffender Menschen; die Verluste gehen in die ~en; 1 ~ Mal, (od.) (ein)million(en)mal; mit drei ~en beteiligt sein

Mil·lio'när (m.; -s, -e) **1** *Besitzer von Werten über eine Million (Mark)* **2** *sehr reicher Mann*

Milz (f.; -, -en; Anat.) *aus lymphatischem Gewebe aufgebautes, drüsenartiges Organ, das in den Blutkreislauf eingeschaltet ist: Lien, Splen*

'Mi·mik (f.; -, -en; unz.) *Wechsel des Gesichtsausdrucks u. der Gebärden*

Mi'mo·se (f.; -, -n) **1** *zur Familie der Mimosengewächse gehörende Zierpflanze, deren Blätter bei der geringsten Berührung zusammenklappen: Mimosa pudica* **2** (fig.) *empfindsamer, leicht gekränkter Mensch*

'min·der (Adj. 90; Komparativ von) *wenig, gering* **1** (60) *weniger, geringer;* von ~er Güte, Qualität; ~e Waren; von ~er Bedeutung sein 1.1 Minderer Bruder (kath. Kirche) *Franziskaner* 1.2 ~e Sau (jägerspr.) *junge S.* **2** (50) *in geringerem Maße;* etwas ist ~ gut, schön, wichtig; er war ~ streng als sonst 2.1 nicht ~ *genauso;* er legt nicht ~ Wert darauf; darüber habe ich mich nicht ~ gefreut als du; ich habe nicht mehr u. nicht ~ daran gezweifelt als du 2.2 mehr oder ~ *verhältnismäßig, im großen ganzen;* mit mehr oder ~ großem Erfolg, Eifer, Fleiß

'min·der·be·mit·telt (Adj. 70) **1** (veralt.) *mit weniger Geldmitteln ausgestattet, ziemlich arm;* die ~en Schichten **2** geistig ~ (umg.; scherzh.) *geistig beschränkt, dumm*

'Min·der·heit (f.; -, -en) **1** *Unterlegenheit hinsichtlich der Zahl;* eine kleine, schwache ~; die ~ fügte sich der Mehrheit; in der ~ bleiben, sein 1.1 (Politik) *in einer Gemeinschaft den übrigen an Zahl unterlegene Gruppe, z. B. eine Partei;* religiöse ~; die ~ im Parlament 1.1.1 nationale ~ *Volksgruppe innerhalb eines Staatsgebietes, die sich nach Abstimmung u. in der Sprache von dem Volk unterscheidet, in dem sie lebt*

'min·der·jäh·rig (Adj.) *noch nicht volljährig, nicht mündig;* sie war noch ~; ein ~es Mädchen

'min·dern (V. 500) etwas ~ *verringern, geringer machen, herabsetzen;* die Geschwindigkeit, die Lautstärke ~; die Preise ~; die Schärfe seiner Worte minderte sich

'min·der·wer·tig (Adj.) **1** *nur geringe Güte, Qualität aufweisend, schlecht;* ~e Waren, Produkte; ~es Fleisch, Obst **2** *charakterlich, moralisch schlecht, übel;* er ist ein ~es Wesen, ~er Mensch

'min·de·stens (Adv.; Superlativ von) *wenig, gering* **1** *wenigstens, als wenigstes;* Ggs *höchstens;* es wird ~ 50 Mark kosten; sie ist ~ 30 Jahre alt; er hat ~ eine Stunde gewartet **2** *zumindest;* du hättest dich ~ rechtzeitig entschuldigen müssen; sie hat so gut gearbeitet, daß sie ~ ein Lob verdient hat

'min·de·ste(r, -s) (Adj. 60; Superlativ von) *wenig, gering* **1** *das wenigste, das geringste;* das ist noch das ~, was man tun sollte; ich verstehe nicht das ~ davon 1.1 er hat nicht die ~n Aussichten *keine A.* 1.2 nicht im ~n *gar nicht;* daran ist nicht im ~n zu denken 1.3 zum ~n *wenigstens, mindestens;* er hätte ja zum ~n einmal anrufen können

'Mi·ne[1] (f.; -, -n) **1** *Sprengkörper, der durch Zündschnur, Berührung usw. zur Explosion gebracht wird;* Land~, See~, Treib~; eine ~ explodiert, detoniert; ~n legen, werfen; das Schiff lief auf eine ~ 1.1 eine ~ legen (a. fig.) *intrigieren* 1.2 alle ~n springen lassen (a. fig.) *alle Mittel einsetzen* **2** (Bgb.) *Bergwerk;* Erz~,

Gold~ **2.1** *unterirdischer Gang, Stollen;* in den ~n arbeiten **3** *Einlage in Schreibgeräten;* eine neue ~ einsetzen **3.1** *Stäbchen aus Graphit od. Farbstoff;* Bleistift~, Farbstift~ **3.2** *Röhrchen mit schnell trocknendem Farbstoff;* Kugelschreiber~ **4** ⟨Börse⟩ *allg. Bewegung in Richtung auf Aufschwung*

'Mi·ne² ⟨f.; -, -n⟩ *altgriech. Münze, 100 Drachmen*

Mi·ne'ral ⟨n.; -s, -e od. -li·en⟩ *anorganischer Bestandteil der Erdrinde*

Mi·ne'ral·was·ser ⟨n.; -s, ⸚⟩ *zum Trinken geeignetes Wasser mineralhaltiger Heilquellen*

Mi·nia'tur ⟨f.; -, -en⟩ **1** *Malerei od. Zeichnung in alten Handschriften u. Büchern* **2** *sehr kleines Bild*

mi'nie·ren ⟨V. ⟩ **1** ⟨400⟩ *einen unterird. Gang, Stollen anlegen* **2** ⟨500⟩ ein Gebiet ~ *Minen(1) in einem G. legen*

mi·ni'mal ⟨Adj.⟩ *sehr klein, winzig, geringfügig, kleinst..., niedrigst...;* Ggs *maximal;* ~e Ansprüche, Probleme; die Entfernung ist ~ ...

'Mi·ni·mum ⟨n.; -s, -ma⟩ **1** *kleinster, niedrigster Wert;* Ggs *Maximum* **2** *das Geringste;* das Tier braucht ein ~ an Futter

Mi'ni·ster ⟨m.; -s, -⟩ *Leiter eines Ministeriums*

Mi·ni'ste·ri·um ⟨n.; -s, -ri·en⟩ *oberste staatl. Verwaltungsbehörde;* Innen~

'Min·ne ⟨f.; -; unz.⟩ **1** ⟨MA⟩ *höf. Frauendienst, Werben der Ritter um Frauenliebe* **2** ⟨heute poet. u. altertümelnd⟩ *Liebe*

'mi·nus ⟨Konj.; Zeichen: —⟩ Ggs *plus* **1** ⟨Math.⟩ *weniger, abzüglich;* sechs ~ zwei = vier (6 - 2 = 4) **1.1** ~ 15°, 15° ~ *15 Grad unter 0°, 15 Grad Kälte* **2** ⟨Phys.⟩ = *negativ(6)*

Mi'nu·te ⟨f.; -, -n; Abk.: min, Min., m⟩ **1** *der 60. Teil einer Stunde;* ~ auf ~ verging, verstrich, verrann, ohne daß ...; auf fünf ~n kommt es uns auch nicht mehr an (nachdem wir schon so lange gewartet haben); sich in letzter ~ dazu entschließen; wenige ~n später; „wie spät ist es?" „fünf ~n vor zwölf!"; bis zur letzten ~ mit einer Entscheidung warten; in der dritten ~ (der ersten Halbzeit) fiel bereits das erste Tor ⟨Fußb.⟩ **1.1** auf die ~ ⟨umg.⟩ *pünktlich* **1.2** die ~n wurden zur Ewigkeit ⟨fig.⟩ *die Zeit verging sehr langsam* **2** ⟨Math.; Zeichen: '⟩ *der 60. Teil eines Grades(2)*

...mi·nü·tig ⟨Adj. 24; in Zus.⟩ *eine bestimmte Zahl von Minuten dauernd;* fünfminütig, 5minütig

...mi·nut·lich ⟨Adj. 24; in Zus.⟩ *alle ... Minuten stattfindend, wiederkehrend;* oV *...minütlich;* fünfminutlich, 5minutlich

...mi·nüt·lich ⟨Adj.; in Zus.⟩ = *minutlich*

mir ⟨Dat. von⟩ *ich;* → a. *sich*

'mi·schen ⟨V. 500⟩ **1** verschiedene Dinge, Flüssigkeiten o. ä. ~ *zu einer (scheinbaren) Einheit vereinigen, miteinander vermengen, durcheinanderbringen;* die Karten ~; die Maurer mischten Kies, Zement, Kalk u. Wasser; Gift ~ **1.1** ⟨550/R3⟩ sich unter eine Menschenmenge ~ *sich unter Menschen (als einer unter vielen) begeben;* als die Polizei kam, mischte er sich unauffällig unter die Zuschauer im Stadion **2** ein Getränk ~ *zubereiten, zurechtmachen;* Sy *mixen;* einen Cocktail ~ **2.1** Wein ~ *mit Wasser verdünnen* **3** ⟨550/R3⟩ sich in etwas ~ *sich einmischen, sich um Dinge kümmern, die einen nichts angehen;* sich in ein Gespräch ~; misch dich nicht in diese Angelegenheit! **4** ⟨Film, Funk, Fernsehen⟩ *(die Tonspuren mit Geräuschen, Musik u. gesprochenem Text) zu einem einheitl. Klanggebilde auf einem Tonband vereinigen, mixen*

'Misch·ling ⟨m.; -s, -e; Biol.⟩ = *Bastard(1)*

'Mi·schung ⟨f.; -, -en⟩ **1** ⟨unz.⟩ *das Mischen;* eine ~ vornehmen; bei der ~ auf das richtige Verhältnis achten **2** *ein Produkt, das durch das Mischen entstanden ist, das Gemischte;* eine gute, schlechte, bunte, köstliche ~; eine neue, kräftige ~ aus verschiedenen Tabaken; Gewürz~, Tabak~, Tee~, Kaffee~ **3** ⟨fig.⟩ *Durcheinander*

mi·se'ra·bel ⟨Adj.⟩ *elend, sehr schlecht, kläglich, erbärmlich;* das Stück ist ~ gearbeitet; eine miserable Leistung; ein miserables Zeugnis; es geht ihm (gesundheitlich, wirtschaftlich) ~; mir ist ~ zumute

Mi'se·re ⟨f.; -, -n⟩ *Not, Elend, Jammer*

miß..., Miß... ⟨untrennbare Vors.⟩ *schlecht, verfehlt, verunglückt, Fehl...*

miß'ach·ten ⟨V. 500/R8⟩ Ggs *achten(1)* **1** jmdn. ~ *jmdn. für schlecht achten, verachten* **2** etwas ~ *etwas absichtl. nicht beachten;* er mißachtete meinen Rat; ein Gesetz, eine Vorschrift ~; die Vorfahrt ~; ein zu Unrecht mißachtetes Werk

'Miß·be·ha·gen ⟨n.⟩ *unangenehmes Gefühl, Unlust, Unbehagen;* ein tiefes, leichtes, starres ~ empfinden; seine Worte erfüllen sie mit ~

'Miß·bil·dung ⟨f.⟩ **1** *Abweichung vom normalen Bau bei Lebewesen durch Entwicklungsstörungen;* Sy *Anomalie;* körperliche, angeborene, schwere ~ **1.1** *veränderte Form vorhandener Organe*

miß'brau·chen ⟨V. 500⟩ **1** etwas ~ *böswillig falsch, übertrieben viel od. unerlaubt gebrauchen;* seine Macht ~; jmds. Güte, Vertrauen ~; zu solch einer Handlung lasse ich mich nicht ~ **1.1** den Namen Gottes ~ *den N. Gottes herabwürdigen, Gott lästern* **2** ein Mädchen, ein Kind ~ ⟨geh.⟩ *es vergewaltigen, mit ihm Notzucht treiben*

'mis·sen ⟨V. 500/R8; nur m. Modalverben; geh.⟩ jmdn. od. etwas ~ können, mögen *entbehren;* ich möchte diese Zeit nicht ~; er mußte, sollte nicht alle Annehmlichkeiten ~

'Miß·er·folg ⟨m.⟩ *Ausbleiben des Erfolgs, mißlungener Versuch, Fehlschlag;* einen ~ erleiden, haben; mit einem ~ rechnen; die Vorstellung war ein ~

'Mis·se·tat ⟨f.; geh.; veralt.⟩ **1** *böse, schlechte Tat, Verbrechen;* eine ~ begehen **2** *Streich von Schülern, Jugendlichen* **3** *Sünde*

miß'fal·len ⟨V. 131/600⟩ jmdm. ~ *jmdm. nicht gefallen, nicht zusagen;* dein Benehmen mißfällt mir; dieses Buch hat mir sehr ~

'Miß·ge·burt ⟨f.⟩ **1** *ein neugeborenes Kind od. Tier mit schweren Mißbildungen* **2** etwas ist eine ~ ⟨fig.⟩ *völlig mißlungen;* dieses Werk ist eine ~

'Miß·ge·schick ⟨n.⟩ **1** *schicksalhaftes Unglück, Pech;* vom ~ verfolgt werden **2** *durch Ungeschicklichkeit od. Unvorsichtigkeit hervorgerufener ärgerl. od. unglückl. Vorfall;* mir ist ein ~ geschehen, passiert; jmdm. widerfährt ein ~

miß'glücken ⟨-k·k-; V. 403(s.)⟩ etwas mißglückt (jmdm.) *etwas glückt (jmdm.) nicht;*

ein Versuch, Plan, Unternehmen mißglückt; die Suppe ist mir leider mißglückt

'Miß·griff ⟨m.⟩ *Fehlgriff, falsche Handlung, Fehler;* einen ~ tun; etwas erweist sich als ~

'Miß·gunst ⟨f.; unz.⟩ **1** *das Mißgönnen, der Neid;* jmdn. mit ~ betrachten; unter jmds. ~ leiden **2** ⟨selten a.⟩ *Ungunst;* die ~ des Augenblicks

miß'han·deln ⟨V. 500⟩ **1** jmdn. od. ein Tier ~ *jmdm. od. einem Tier Körperverletzungen zufügen (bes. durch grausames Prügeln);* er mißhandelt schon lange seine Frau; der Kutscher hat das Pferd mißhandelt **2** ein Instrument ~ ⟨fig.; scherzh.⟩ *sehr schlecht spielen*

Mis·si'on ⟨f.; -, -en⟩ **1** *ernster, feierl. Auftrag, Sendung mit Vollmacht;* ich komme in einer bestimmten ~; meine ~ ist beendet, erfüllt; jmdn. mit einer (besonderen) ~ betrauen **2** *zu bes. Aufgaben ins Ausland entsandte Gruppe von Personen;* diplomatische, geheime ~ **3** ⟨unz.⟩ *Verbreitung des christl. Glaubens unter Andersgläubigen;* Äußere ~; Innere ~ **3.1** *Vereinigung von Personen zur Mission(3)*

mis·sio'nie·ren ⟨V. 402⟩ (jmdn.) ~ *zum Christentum bekehren, das Christentum unter nichtchristlichen Völkern verbreiten;* er missionierte lange in Afrika; die Mönche haben dieses Land missioniert

'Miß·klang ⟨m.⟩ **1** *unharmon. Klang;* Sy *Dissonanz(1);* diese Musik ist reich an Mißklängen; er brach sein Spiel mit einem ~ ab **2** ⟨fig.⟩ *Unstimmigkeit, Uneinigkeit, Störung der Harmonie;* Sy *Mißton(2);* er brachte einen ~ in unser Verhältnis, Gespräch; die Feier endete mit einem ~

'Miß·kre·dit ⟨m.; unz.; nur in den Wendungen⟩ **1** in ~ geraten, kommen *in schlechten Ruf kommen, an Ansehen verlieren* **2** jmdn. od. sich, etwas in ~ bringen *das Ansehen von jmdm. od. sich, etwas herabsetzen, jmdn. od. etwas verleumden;* man versuchte, ihn in ~ zu bringen; durch seine Schulden wurde das ganze Unternehmen in ~ gebracht

'miß·lich ⟨Adj. 70⟩ *unangenehm, unerfreulich, heikel;* eine ~e Lage; eine ~e Sache

miß'lin·gen ⟨V. 186/403(s.)⟩ etwas mißlingt (jmdm.) *etwas gelingt (jmdm.) nicht, etwas schlägt fehl;* ein Plan, Vorhaben, Versuch mißlingt

'Miß·stand ⟨m.⟩ *Übelstand, schlimmer Zustand, Quelle ständiger Ärgernisse u. Nöte;* einem ~ abhelfen; Mißstände abschaffen; einen ~ beseitigen; Mißstände in der Regierung, Verwaltung

'Miß·stim·mung ⟨f.⟩ *Verstimmung, schlechte, gereizte Stimmung, drohende Auseinandersetzung;* in einem Gespräch, einer Gesellschaft keine ~ aufkommen lassen; der Abend endete leider mit einer leisen, leichten ~

'Miß·ton ⟨m.⟩ **1** *falscher, unharmon. Ton;* das Geigenspiel brach mit einem schrillen ~ ab **2** ⟨fig.⟩ = *Mißklang(2), Mißstimmung;* keinen ~ aufkommen lassen

miß'trau·en ⟨V. 600/R6⟩ jmdm. od. einer Sache ~ *jmdm. od. einer Sache nicht trauen, gegen jmdn. od. eine Sache Argwohn hegen;* ich mißtraue dir; ich mißtraue diesem Frieden, dieser plötzlichen Freundlichkeit; er hat dem Fremden mißtraut

'miß·trau·isch ⟨Adj.⟩ *voller Mißtrauen, nicht (ver)trauend, argwöhnisch;* jmdn. od. etwas ~ betrachten; jmdn. ~ machen; er ist sehr ~; ~e Blicke auf jmdn. richten

'Miß·ver·hält·nis ⟨n.⟩ *nicht passendes Verhältnis, störende Ungleichheit, gestörtes Gleichgewicht;* zwischen seinen Forderungen u. seinen eigenen Leistungen besteht ein schreiendes ~; ein ~ in der Größe zweier Dinge od. Personen

'Miß·ver·ständ·nis ⟨n.⟩ *unbeabsichtigtes falsches Verstehen, ungewollt falsches Deuten (einer Handlung od. Aussage);* ein ~ klären; um ~sen vorzubeugen; unser Streit, der Verdacht gegen ihn beruhte auf einem ~

'miß·ver·ste·hen ⟨V. 256/500/R8⟩ **1** jmdn. od. etwas ~ *falsch verstehen, falsch auffassen, unabsichtl. falsch deuten;* ich habe dich mißverstanden; du darfst mich nicht ~; mißverstandene Äußerungen **1.0.1** in nicht mißzuverstehender Weise *sehr klar u. deutlich* **1.0.2** mit nicht mißzuverstehender Deutlichkeit *völlig eindeutig*

'Miß·wirt·schaft ⟨f.⟩ *unordentl., unsaubere Geschäftsführung od. Verwaltung;* gegen die ~ ankämpfen

Mist[1] ⟨m.; -(e)s; unz.⟩ **1** *tier. Kot;* Hühner~; Kuh~; Pferde~; Schaf~ **2** *mit tier. Kot vermischtes Stallstroh als Dünger;* Stall~; ~haufen; eine Fuhre ~; ~ fahren, streuen; mit ~ düngen; er stolziert herum, er fühlt sich (stolz) wie der Hahn auf dem ~ **2.1** das ist nicht auf seinem ~ gewachsen ⟨fig.; umg.⟩ *das stammt nicht von ihm selbst* **2.2** das kannst du auf den ~ werfen ⟨fig.; umg.⟩ *wegwerfen* **2.3** ich habe den ganzen ~ satt ⟨fig.; umg.⟩ *die ganze Sache* **2.4** so ein ~! ⟨fig.⟩ *so ein Pech!, jetzt hab' ich's satt!* **3** ⟨fig.⟩ *wertloses Zeug, Plunder;* was soll ich mit all dem ~? **4** ⟨fig.; umg.⟩ *Unsinn, dummes Zeug;* ~ reden; er hat so einen ~ geschrieben, gerechnet; das ist ja alles ~, was ihr da sagt; er hat ziemlich viel ~ verzapft **4.1** ~ machen **4.1.1** *Spaß, Unsinn treiben* **4.1.2** *schlechte Arbeit liefern, Fehler machen* **4.1.3** ⟨schweiz.⟩ *Streit beginnen, stiften*

Mist[2] ⟨m.; -es; unz.; seemannsspr.⟩ *leichter Nebel*

Mist... ⟨in Zus.; umg.⟩ **1** *minderwertig, schlecht;* Mistarbeit, Mistkrieg **2** *sehr unangenehm;* Mistkerl, Miststück

mit ⟨Präp. m. Dat.⟩ **1** *in Begleitung von, zusammen, gemeinsam, gemeinschaftlich mit, in Verbundenheit mit;* ~ ihm, ihr, uns; ich muß ~ dir sprechen; er ist sehr ~ sich selbst zufrieden; ~ jmdm. gehen; ~ jmdm. (gegen einen Feind) kämpfen; ~ jmdm. tanzen; ~ jmdm. trauern; sich ~ jmdm. unterhalten; ich verstehe mich gut ~ ihr; sie lebt ~ ihrer Mutter zusammen; ~ meiner Schwester; kannst du bitte mal ~ anfassen; ein Kleid ~ Jacke; eine Flasche Sprudel ~ (erg.: Geschmack) ⟨umg.⟩; eine Weiße ~ (erg.: Schuß) ⟨umg.⟩ **1.1** ~ Vergnügen! *sehr gern* **1.2** *ein Teil bildend von;* einen Krug ~ Deckel, Henkel; das Mädchen ~ dem blonden Haar **1.3** ~ ohne ⟨umg.; scherzh.⟩ *ohne Kleidung, ohne Badeanzug* **1.4** ~ oben ohne ⟨umg.; scherzh.⟩ *mit nicht bekleidetem Oberkörper* **2** *durch Hilfe von, durch, mittels Werkzeugs;* ~ dem Auto, Zug, Schiff fahren; ~ Gewalt; ~ Absicht; ~ Recht; ~ dem Messer schneiden; ~ der Maschine schreiben; ~

einem großen Sprung; ~ lauter, leiser Stimme; den Nagel ~ der Zange herausziehen; er antwortete ~ einem Achselzucken; ~ einem Wort **3** ⟨bei Zeit-, Mengen-, Maßangaben⟩ *bei, zur Zeit des, der, im Alter von, in Höhe von, einschließlich;* ~ mir waren es im ganzen fünf; ~ einsetzender Dämmerung; ~ dem Glokkenschlag fünf; ~ zehn Jahren; etwas ~ 1000 Mark versichern; der Zug fährt ~ 100 Stundenkilometern; ~ anderen Worten, du willst nicht mitkommen 3.0.1 ~ den Jahren, der Zeit *allmählich, nach u. nach* 3.0.2 ~ einem Mal *plötzlich, auf einmal* 3.1 ⟨bes. schweiz.⟩ = *bis;* der Film läuft ~ Donnerstag

'mit|be·kom·men ⟨V. 170/500; umg.⟩ **1** etwas ~ *etwas auf einen Weg zum Mitnehmen als Zubehör od. Ausstattung bekommen;* der Bote hat einen Brief, ein Päckchen ~; der Junge bekam ein Butterbrot mit 1.1 *als Mitgift erhalten;* sie hat eine Aussteuer und 10 000 Mark ~ **2** etwas ~ ⟨fig.; umg.⟩ *etwas verstehen;* das habe ich nicht ~

'mit|brin·gen ⟨V. 118/500⟩ **1** etwas od. jmdn. ~ *mit sich bringen, (irgendwohin) mitnehmen, beim Kommen dabeihaben;* einen Freund, einen Gast ~; er brachte auch Kaffee mit; eine Aussteuer, Bargeld in die Ehe ~; sie hat zwei Kinder aus ihrer ersten Ehe mitgebracht; es genügt, wenn ihr gute Laune mitbringt 1.0.1 darf ich noch jmdn. ~? *darf ich mit einem (ungeladenen) Gast kommen?* 1.1 ⟨530/R6⟩ jmdm. etwas ~ *jmdm. etwas (als Geschenk) beim Kommen bringen;* ich habe dir Blumen mitgebracht

mit·ein'an·der ⟨Adv.⟩ *einer mit (einem) anderen, zusammen, gemeinsam;* ~ gehen, kommen, spielen; zwei Aufgaben ~ verbinden; alle ~

'mit|füh·len ⟨V. 402⟩ jmd. fühlt (etwas) mit *jmd. fühlt (etwas) mit jmdm., jmd. versteht jmds. Gefühle;* ich fühle mit ihm mit; sie konnte mit ihm ~; jmds. Freude, Schmerz, Kummer ~; er fühlte ihr Unglück mit; sie hat ein ~des Herz; er ist ein ~der Mensch

'mit|füh·ren ⟨V. 500⟩ **1** etwas ~ *etwas bei sich haben, mit sich tragen;* führen Sie Wertsachen mit sich? (beim Grenzübertritt) 1.1 der Fluß führt Sand, Geröll mit *spült mit seiner Strömung S., G. fort, weiter*

'mit|ge·hen ⟨V. 145/400(s.)⟩ **1** *mit jmdm. gehen, gemeinsam gehen, jmdn. begleiten;* darf ich ~?; ich werde mit dir bis zum Bahnhof ~ 1.1 mitgegangen, mitgefangen (mitgehangen) *wer bei einer schlechten Tat dabei ist (auch ohne zu handeln), muß die Folgen mittragen* 1.2 mit der Zeit ~ ⟨fig.⟩ *mit der Entwicklung Schritt halten* **2** etwas ~ heißen, lassen ⟨fig.; umg.⟩ *etwas stehlen*

'Mit·gift ⟨f.; -, -en⟩ *das Vermögen (Ausstattung u. Aussteuer), das der Frau von den Eltern in die Ehe mitgegeben wird;* sie hat eine große ~ bekommen; eine gute ~ in die Ehe bringen

'Mit·glied ⟨n.⟩ *Angehöriger einer organisierten Gemeinschaft, bes. eines Vereins, Klubs, einer Partei, Sekte od. einer sonstigen Körperschaft;* Partei~, Vereins~; ~er werben; korrespondierendes ~; sich als ~ aufnehmen, einschreiben lassen

'mit|kom·men ⟨V. 170/400(s.)⟩ **1** *mit (einem) anderen kommen, jmdn. begleiten;* willst du ~?; kommen Sie mit!; ein Päckchen ist mit der Post mitgekommen 1.1 ich bin mit dem Zug nicht mitgekommen *ich habe den Zug nicht mehr rechtzeitig erreicht, ich habe keinen Platz mehr darin gefunden* **2** ⟨fig.; umg.⟩ *eine Sache verstehen, einer Sache folgen können, den Anforderungen einer Sache gewachsen sein;* Sie diktieren zu schnell, ich komme nicht mit; er kommt in der Schule gut, nicht, nicht recht mit

'mit|kön·nen ⟨V. 171/400 od. 410; umg.⟩ **1** *mitgehen können, mitkommen können;* ich kann heute leider nicht mit **2** ⟨fig.; umg.⟩ *verstehen können;* da kann unsereiner nicht mehr mit; der Vortrag ist mir zu speziell, zu wissenschaftlich, da kann ich nicht mit **3** *sich leisten können;* mit seinem Aufwand, seinem Reichtum kann ich nicht mit

'mit|lau·fen ⟨V. 176/400(s.)⟩ **1** *mit (einem) anderen zusammen laufen, nebenherlaufen;* er läuft beim 100-m-Lauf mit; ein Hund lief mit uns mit 1.1 ⟨fig.; abwertend⟩ *sich nur passiv politisch engagieren;* viele Mitglieder der Partei laufen nur mit **2** ⟨fig.⟩ *nebenher, nebenbei erledigt werden;* die Karteiarbeiten laufen täglich (nebenher) mit **3** etwas ~ lassen ⟨fig.; umg.⟩ *stehlen, veruntreuen;* sie hat Tafelsilber ~ lassen

'Mit·läu·fer ⟨m.⟩ *jmd., der an einer Sache teilnimmt, ohne aktiv mitzuwirken, nur formales Mitglied;* ~ einer Partei

'Mit·leid ⟨n.⟩ *Teilnahme an fremdem Leid, Mitgefühl;* ~ erregen, erwecken, wecken; ~ fühlen, haben (mit jmdm.); etwas aus ~ tun

'mit|ma·chen ⟨V.⟩ **1** ⟨500⟩ etwas ~ *an etwas als einer unter vielen teilnehmen;* einen Kochkurs, Ausflug ~; habt ihr die Demonstration mitgemacht? 1.1 die Mode ~ *sich nach der Mode kleiden* **2** ⟨410⟩ *gemeinsam mit (einem) anderen zusammen machen, auch dasselbe machen;* laß mich ~!; ich möchte dabei ~; bei einer Arbeit ~ müssen 2.1 er wird('s) wohl nicht mehr lange ~ ⟨fig.; umg.⟩ *er wird wohl bald sterben* **3** ⟨500⟩ etwas ~ ⟨fig.; umg.⟩ *etwas zu ertragen, zu erleiden haben, durchmachen;* sie hat im Krieg viel, allerhand mitgemacht; er hat Furchtbares mitgemacht

'mit|neh·men ⟨V. 189/500⟩ **1** jmdn. od. etwas ~ *mit sich nehmen, forttragen;* darf ich mir das Buch ~?; nimmst du einen Mantel mit?; sollen wir Ihnen die Waren zuschicken? Nein, danke, ich nehme sie gleich mit; wir nehmen die Kinder auf die Reise mit; jmdn. im Auto ~; jmdn. zu einer Veranstaltung ~ 1.1 etwas ~ ⟨umg.; verhüllend⟩ *stehlen;* er hat im Geschäft die Kasse mitgenommen 1.2 etwas ~ ⟨fig.⟩ *(geistigen) Gewinn von etwas haben;* die Abende bei ihnen sind sehr interessant, man nimmt immer etwas mit **2** eine Sache ~ ⟨fig.; umg.⟩ *(bei Gelegenheit) wahrnehmen, ins Programm mit aufnehmen;* alle Gelegenheiten ~; jede Chance solltest du ~ 2.0.1 wir könnten auf der Heimfahrt den Dom noch ~ *besichtigen, besuchen* **3** jmdn. od. etwas (in übler Weise) ~ *schädigen, jmdm. od. etwas (übel) zusetzen, erschöpfen, abnutzen;* etwas od. jmdn. arg, böse, hart ~; die Krankheit hat ihn sehr mitgenommen; der Krieg hat das Land arg mitgenommen; er sieht noch ganz mitgenommen aus; die Puppe sieht durch vieles Spielen und Küssen schon etwas mitgenommen aus

'mit|re·den ⟨V.⟩ **1** ⟨400⟩ *sich an einem Gespräch beteiligen* **2** ⟨410⟩ *(bei etwas) mitbestimmen, zu einer Entscheidung beitragen;* du kannst hier gar nicht ~ (weil du nicht Bescheid weißt); ich kann hier aus Erfahrung ~; er will überall ~ ⟨umg.⟩ **2.1** auch ein Wort, Wörtchen mitzureden haben ⟨umg.⟩ *bei einer Entscheidung nicht übergangen werden können*

'mit|rei·ßen ⟨V. 198/505⟩ **1** jmdn. od. etwas ~ *(beim Fallen, Laufen, Fahren) mit sich reißen;* jmdn. in den Abgrund ~; andere in sein Unglück ~; er wurde von dem Motorrad ein Stück mitgerissen; er wurde von der starken Strömung mitgerissen **2** jmdn. ~ ⟨fig.⟩ *begeistern, hinreißen;* sein Eifer, Feuer, Schwung riß die Hörer, Zuschauer mit; eine ~de Musik

mit'samt ⟨Präp. mit Dat.⟩ *mit allem, mit allen zusammen (bes. von Sachen, leicht abwertend auch von Personen);* er kam ~ seiner ganzen Familie; ~ dem Zubehör

'mit|schrei·ben ⟨V. 230/402⟩ (Gesprochenes) ~ *nach Diktat schreiben, gleichzeitig aufschreiben, nachschreiben;* ich diktiere, schreiben Sie bitte mit!; eine Debatte, eine Vorlesung, einen Vortrag ~; bei einem Verhör ~

'mit|schwin·gen ⟨V. 237/400⟩ **1** *mit etwas anderem zusammen schwingen, auch schwingen;* bei dieser Übung schwingen die Arme mit **2** ⟨411; fig.⟩ *mitklingen, fühlbar sein;* in ihrer Stimme schwang ein Ton von Enttäuschung, Trauer mit

'mit|spie·len ⟨V.⟩ **1** ⟨402⟩ (etwas) ~ *mit (einem) anderen zusammen spielen;* laßt mich ~!; ein Spiel ~; der Schauspieler X hat auch im „Faust" mitgespielt; er spielt in der Mannschaft XY mit **1.1** ⟨fig.⟩ *teilnehmen, mitmachen;* ich spiel' nicht mehr mit! **2** ⟨411⟩ etwas spielt (bei jmdm. od. etwas) mit ⟨fig.⟩ *ist (bei jmdm. od. etwas) von Bedeutung, hat Einfluß;* es spielen mehrere Gründe bei seiner Entscheidung mit **3** ⟨600⟩ jmdm. (auf schlimme Art) ~ *jmdm. schaden, hart zusetzen, jmdn. schlecht behandeln;* das Schicksal hat ihm hart, übel, grausam, schlimm mitgespielt

'mit|spre·chen ⟨V. 251⟩ **1** ⟨500⟩ etwas ~ *etwas mit (einem) anderen zusammen sprechen;* ein Gebet, ein Gelöbnis ~ **2** ⟨400⟩ *auch sprechen, Wichtiges zu sagen haben, an einer Entscheidung beteiligt sein;* es sprechen verschiedene Gründe mit; entscheidend spricht dabei der Umstand mit, daß ...

'mit·tag ⟨Adv.⟩ *zur Mittagszeit;* gestern, heute, morgen ~

'Mit·tag¹ ⟨m.; -(e)s, -e⟩ **1** *Zeitpunkt des höchsten Sonnenstandes* **1.1** *Stunden des höchsten Sonnenstandes;* gegen ~; bald nach ~; komm doch zu ~ zu uns **1.1.1** unter ~ *während der Mittagszeit od. Mittagspause* **1.1.2** zu ~ essen *das Mittagessen einnehmen* **2** ⟨unz.; veralt.⟩ *Süden;* sie wanderten, wandten sich gen ~; die Sonne steht (hoch) im ~ **3** ⟨umg.; landschaftl., bes. westdt. u. schweiz.⟩ *Nachmittag*

'Mit·tag² ⟨n.; -s; unz.⟩ **1** *Mittagessen, Mittagsmahlzeit* **2** ~ machen, halten *Mittagspause machen*

'Mit·tag·es·sen ⟨n.⟩ *Mahlzeit zur Mittagszeit;* ich bin zum ~ eingeladen

'mit·tags ⟨Adv.⟩ *während der, um die Mittagszeit;* ~ sind die Geschäfte geschlossen

'Mit·te ⟨f.; -; unz.⟩ **1** *Punkt, der von allen Abgrenzungen von etwas, das ihn umgibt, räuml. od. zeitl. gleich weit entfernt ist, Mittelpunkt;* die ~ eines Kreises **1.0.1** in der ~ der Stadt wohnen *im Zentrum* **1.1** ~ einer Sache *gleich weit von Anfang u. Ende;* ~ des Monats **1.2** ~ (der) Zwanzig, Dreißig sein *etwa 25, 35 Jahre alt* **1.3** etwas liegt in der ~ (zwischen ...) *auf halbem Weg (zwischen);* der Ort liegt (genau, ungefähr) in der ~ zwischen Berlin u. Hamburg **1.4** jmdn. in die ~ nehmen *zwischen sich;* wir nahmen sie in die ~ **1.5** in der ~ stehen ⟨fig.⟩ *zwischen den Extremen stehen* **1.6** ab durch die ~ ⟨urspr. Regieanweisung, dann auch umg.; scherzh.⟩ *fort!, weg!* **1.7** → a. *golden(4.3.1), Reich(1.1)* **2** *Gruppe, Kreis (von Menschen);* der Tod hat ihn aus unserer ~ gerissen; wir heißen dich in unserer ~ willkommen **3** *keinem der politischen Extreme zuneigende Partei(en);* die Regierung wurde durch eine Koalition der linken ~ gebildet **4** ⟨poet.⟩ *Taille;* er faßte sie um die ~; er legte seinen Arm um ihre ~

'mit|tei·len ⟨V. 530⟩ **1** jmdm. etwas ~ *jmdn. etwas wissen lassen, jmdn. von etwas benachrichtigen;* jmdm. eine Neuigkeit ~; jmdm. etwas mündlich, schriftlich, vertraulich ~; hierdurch teile ich Ihnen mit, daß ...; ich muß Ihnen leider ~, daß ... **2** ⟨R3⟩ sich jmdm. ~ *sich jmdm. anvertrauen, sich jmdm. gegenüber aussprechen;* er versuchte, sich ihr mitzuteilen, aber sie verstand nicht

'mit·teil·sam ⟨Adj.⟩ *gern mitteilend, gesprächig, aufgeschlossen;* ein ~er Mensch

'Mit·tei·lung ⟨f.; -, -en⟩ *Nachricht, Meldung, Benachrichtigung, Bekanntgabe;* eine ~ erhalten; jmdm. eine ~ machen (von etwas); amtliche, geschäftliche, kurze, offizielle, vertrauliche ~

'mit·tel ⟨Adj.⟩ **1** ⟨11/80; umg.⟩ *durchschnittlich, nicht bes. gut u. nicht bes. schlecht;* das Buch gefällt mir (nur) ~; wie ist er in der Schule? ~! **2** → a. *mittlere(r, -s)(2-3)*

'Mit·tel ⟨n.; -s, -⟩ **1** *mittlerer Wert, Durchschnitt;* das ~ errechnen **1.1** im ~ *im Mittelwert, im Durchschnitt;* die Leistungen der Klasse sind im ~ befriedigend **1.2** → a. *harmonisch(2.4)* **2** *wirkende Kraft, etwas, das zu einem Ziel führt, Hilfsmittel, anwendbare Möglichkeit;* ein gutes, sicheres, unfehlbares, wirksames ~; das äußerste, beste, einfachste, letzte ~; jmdn. od. etwas als ~ zum Zweck benutzen; der Zweck heiligt die ~ (gilt fälschlich als moral. Prinzip der Jesuiten); ~ und Wege finden; ihm ist jedes ~ recht, das ihm zu seinem Ziel verhilft; kein ~ unversucht lassen; zu anderen ~n greifen **2.1** mit allen ~n *auf jede Weise;* er versucht es mit allen ~n **3** *chemisches, technisches Erzeugnis (für einen bestimmten Zweck);* Putz ~; es gibt mehrere ~, die das Wachstum der Pflanzen fördern **3.1** *Heilmittel, Arznei;* beruhigendes, schmerzlinderndes, -stillendes, stärkendes ~; ein ~ (mit, ohne Erfolg) anwenden; ein ~ einnehmen, nehmen; einem Kranken ein ~ verschreiben; ein ~ gegen Schnupfen **4** ⟨nur Pl.⟩ *Geld, Kapital, Vermögen;* → a. *flüssig(3);* mir fehlen die ~ dazu; ich habe (nicht) die ~, das zu tun;

ich habe keine ~ mehr; beschränkte ~ zur Verfügung haben; etwas aus eigenen ~n bestreiten; (völlig) ohne ~ dastehen, sein; ich verfüge nicht über die nötigen ~ **4.1** über seine ~ leben *mehr ausgeben, als man hat* **4.2** → a. *flüssig(3)* **5** sich ins ~ legen *eingreifen, vermitteln*

'Mit·tel·al·ter ⟨n.; -s; unz.; Abk.: MA⟩ *geschichtl. Zeitraum zwischen Altertum u. Neuzeit, etwa 5. bis 15. Jh.;* das frühe, späte ~; das deutsche ~; die Handschriften, Werke des ~s

'Mit·tel·ding ⟨n.; umg.⟩ *etwas, das zwischen zwei anderen Dingen, Begriffen, Vorstellungen liegt bzw. Elemente von beiden vereinigt;* Sy *Zwischending;* Freundlichkeit ist ein ~ zwischen Herzlichkeit u. Höflichkeit; meine neue Kopfbedeckung ist ein ~ zwischen Hut und Mütze

'Mit·tel·ge·bir·ge ⟨n.⟩ *Gebirge mittlerer Höhe, bis etwa 2000 m, mit welligen, rundl. Erhebungen*

'mit·tel·los ⟨Adj.⟩ *ohne Geldmittel, arm;* ~ sein, dastehen

'Mit·tel·punkt ⟨m.⟩ **1** *Punkt, von dem alle Punkte des Umfangs (eines Kreises) od. der Oberfläche (einer Kugel) gleich weit entfernt sind;* ~ eines Kreises, einer Kugel, einer Stadt **1.1** *Schnittpunkt von Längs- u. Querachse (einer Ellipse)* **2** ⟨fig.⟩ *Brennpunkt, Zentrum;* (eine Stadt o. ä. als) geistiger, künstler. ~; im ~ des Interesses stehen **3** ⟨fig.⟩ *wichtigster Gegenstand, Hauptthema;* ~ all unserer Überlegungen war ... **3.1** *Person, auf die sich das allgemeine Interesse richtet, Hauptperson;* er, sie war der ~ des Abends, des Festes, des Kreises; sie will immer überall ~ sein

'mit·tels ⟨Präp. mit Gen.; geh.; noch österr.⟩ *mit Hilfe von, durch;* oV *mittelst;* eine Kiste ~ Brecheisens öffnen

'Mit·tel·schu·le ⟨f.; früher⟩ *auf dem vierten (schweiz. a. fünften od. sechsten) Volksschuljahr aufbauende, sechsklassige Schule*

'Mit·tels·mann ⟨m.; -(e)s, ¨er od. -leu·te⟩ *Vermittler, Unterhändler;* ein geschickter ~; sich an einen ~ wenden

'mit·telst ⟨Präp.; geh.; noch österr.⟩ = *mittels*

'Mit·tel·stand ⟨m.⟩ *gesellschaftl. Schicht zwischen arm u. reich, die sozialen Gruppen zwischen Arbeiterschaft u. Großunternehmern, die kleinen u. mittleren Unternehmer, Beamten sowie die Angestellten u. freien Berufe*

'Mit·tel·weg ⟨m.; fig.⟩ *Weg, Handlungsweise zw. zwei Möglichkeiten, zwei Extremen;* einen ~ einschlagen, gehen; der goldene ~

'Mit·tel·wert ⟨m.⟩ *die Summe mehrerer Zahlen geteilt durch ihre Anzahl*

'mit·ten ⟨Adv.⟩ **1** *in der Mitte, in die Mitte (hinein);* der Stab brach ~ entzwei; ~ auf der Straße; ~ in der Nacht; ~ in die Stadt; es war ~ im Winter; ~ unter ihnen, unter der Menge; ~ durch den Wald **2** ⟨a. fig.⟩ *genau, direkt;* der Schuß traf ihn ~ ins Herz; der Hubschrauber stürzte ~ auf die Straße **3** ~ im Leben stehen *mit beiden Beinen im Leben stehen, lebenstüchtig sein, an allem teilnehmen*

'Mit·ter·nacht ⟨f.⟩ **1** *der Zeitpunkt 24 (0) Uhr, 12 Uhr nachts, 12 Stunden nach dem Mittag, d. h. der Zeitpunkt, in dem die Sonne den tiefsten Stand unter dem Horizont eines Ortes erreicht, Beginn eines neuen Tages;* die Glocke, Uhr, es schlug ~; es war gegen ~; kurz nach, vor ~ **2** ⟨nach altem Volksglauben⟩ *Beginn der Geisterstunde* **3** ⟨veralt.⟩ *Norden;* sie zogen gen ~

'mitt·le·re(r, -s) ⟨Adj. 24/60⟩ **1** *in der Mitte liegend, zwischen zwei anderen befindlich;* das ~ von drei Dingen; der ~ Stuhl ist besetzt **1.1** ~ Reife *Abschluß der Realschule* **1.2** Mittlerer Osten *östlicher Teil der islamischen Länder* **2** *von den extremen Möglichkeiten gleich weit entfernt;* von ~r Größe; eine ~ Geschwindigkeit fahren **2.0.1** ~n Alters, im ~n Alter, in ~n Jahren *nicht mehr jung, aber noch nicht alt* **2.1** ~r Arrest *nicht leichter, aber auch noch nicht verschärfter A.* **2.2** ~r Beamter *B., der nicht mehr im einfachen, aber noch nicht im gehobenen Dienst tätig ist* **2.3** ~ Betriebe *B., die nicht mehr klein u. noch nicht groß zu nennen sind* **3** *durchschnittlich;* die ~ Jahrestemperatur beträgt ...

mitt·ler'wei·le ⟨Adv.⟩ *unterdessen, währenddessen, inzwischen;* ~ hat es aufgehört zu regnen

'Mitt·woch ⟨m.; -(e)s, -e; Abk.: Mi⟩ *der mittlere (dritte) Tag in der Woche;* am ~, dem 29. November; am kommenden, vergangenen ~

mit'un·ter ⟨Adv.⟩ *manchmal, zuweilen, ab und zu;* ~ konnte er schlecht schlafen

'Mit·welt ⟨f.⟩ *die Mitmenschen, die Zeitgenossen, mit denen man zusammenlebt;* er fühlte sich von seiner ~ unverstanden

'mit|wir·ken ⟨V. 411⟩ an, bei, in etwas ~ *an, bei, in etwas mit (einem) anderen zusammen wirken, zu etwas beitragen, mitarbeiten;* die Sendung ist beendet, es wirkten mit ...; an der Aufklärung eines Diebstahls ~; hast du daran, dabei auch mitgewirkt?; bei einer Veranstaltung ~; in einem Theaterstück ~

'Mit·wis·ser ⟨m.; -s, -⟩ *jmd., der mit (einem) anderen etwas weiß, ein Geheimnis kennt, (bes.) jmd., der von einem Verbrechen weiß;* einen gefährlichen, lästigen ~ beseitigen; jmdn. zum ~ machen

'mit|zäh·len ⟨V.⟩ **1** ⟨400⟩ *gleichzeitig mit (einem) anderen zählen;* zähle doch bitte zur Kontrolle mit **2** ⟨500⟩ jmdn. od. etwas ~ *auch zählen, berücksichtigen;* die Abwesenden zählen mit **3** ⟨400; umg.⟩ *gelten, von Bedeutung sein;* das zählt nicht mit; seine Stimme zählt mit; in diesen Fragen zählt sein Urteil nicht mit

'mi·xen ⟨V. 500⟩ **1** Getränke ~ = *mischen(2)* **2** Geräusche ~ ⟨Film, Funk u. Fernsehen⟩ *aufeinander abstimmen u. auf einem Tonband vereinigen;* Tonspuren ~; Musik u. gesprochenen Text ~

Mix'tur ⟨f.; -, -en⟩ **1** *Mischung mehrerer flüssiger Arzneimittel* **2** *gemischte Stimme der Orgel, bei der ein Ton durch Oktave, Quinte, Terz od. Septime verstärkt wird*

mm ⟨Zeichen für⟩ *Millimeter*

mm³ ⟨Zeichen für⟩ *Kubikmillimeter*

'Mö·bel ⟨n.; -s, -⟩ **1** *bewegl. Einrichtungsgegenstand;* Liege~, Sitz~; furnierte, mattierte, polierte ~; ~ rücken, umräumen; neue ~ anfertigen lassen, kaufen **2** ⟨nur Pl.⟩ *Einrichtung eines Raumes, einer Wohnung, eines Zimmers;* Büro~, Eß~, Wohn~, Schlafzimmer~; Biedermeier~; antike, moderne ~ **3** ein fürchterliches ~ ⟨a. fig.⟩ *unhandlicher, großer Gegenstand*

mo'bil ⟨Adj.⟩ **1** ⟨70⟩ *beweglich;* ~e Gegenstände, Einrichtung, Küche **2** ⟨70; fig.; umg.⟩ 2.1 *gesund u. munter* 2.2 *flink, behende;* der alte Mann ist noch recht ~ **3** ⟨50⟩ ~ machen *aus dem Friedens- in den Kriegszustand versetzen, kriegsbereit machen;* Sy *mobilisieren(2);* die Wehrmacht, ein Land ~ machen; ein Land macht ~ 3.1 ⟨70⟩ eine ~e Truppe *einsatzbereite, kriegsbereite T.*

mo·bi·li'sie·ren ⟨V. 500⟩ **1** Geld ~ *verfügbar, flüssig machen;* Vermögen ~ **2** die Wehrmacht, ein Land ~ *mobil(3) machen*

mö'blie·ren ⟨V. 500⟩ **1** Wohnräume ~ *mit Möbeln ausstatten, mit Möbeln einrichten;* eine Wohnung, ein Zimmer ~ 1.1 möbliertes Zimmer *zu vermietender Wohnraum mit Möbeln* 1.2 möbliert wohnen ⟨umg.⟩ *in einem vom Wohnungsinhaber möblierten Zimmer wohnen* **2** möblierter Herr ⟨umg.; veralt.⟩ *Mieter eines möblierten Zimmers*

'Mo·de ⟨f.; -, -n⟩ **1** ⟨i. w. S.⟩ *Sitte, Gepflogenheit, Geschmack einer Zeit, das, was zur Zeit gerade üblich ist;* die ~ der Barockzeit, des Biedermeiers; eine neue, verrückte ~ 1.1 dieses Jahr ist Spanien die große ~ ⟨umg.⟩ *dieses Jahr fahren alle im Urlaub nach S.* 1.2 mit od. nach der ~ gehen *sich nach dem Zeitgeschmack richten* **2** ⟨i. e. S.⟩ *die Art, sich im Stil einer bestimmten Zeit zu kleiden;* sie macht jede ~ mit; das ist jetzt (so) ~; damals waren lange Röcke ~; große Kragen sind (ganz) aus der ~ gekommen; diese Hüte sind jetzt (sehr) in ~; sich nach der neuesten ~ kleiden **3** ⟨nur Pl.⟩ ~n *moderne, elegante Oberbekleidungsstükke, Kleider-, Mantel-, Anzugsmodelle;* Damen~n, Herren~n, Kinder~n; dort kann man die neuesten ~n sehen; die neuesten ~n zeigen, vorführen **4** ⟨fig.; umg.⟩ *Gewohnheit, Sitte;* wir wollen keine neuen ~n einführen

Mo'dell ⟨n.; -s, -e⟩ **1** *Vorbild, Muster, Urbild* **2** *Urform eines Bildwerks (meist aus Ton) sowie deren Abguß in Gips, der dann in anderen Werkstoff übertragen wird;* Gips~ **3** *plastische Darstellung eines (geplanten) Bauwerks in stark verkleinertem Maßstab;* das ~ eines Hauses, einer Stadt 3.1 *stark verkleinertes Vorbild (Nachbildung) einer Maschine;* Schiffs~, Flugzeug~ **4** *Person od. Gegenstand als Vorbild für Maler, Bildhauer u. Photographen;* Photo~; ~ stehen, sitzen **5** *Darstellung derjenigen allgemeinen u. abstrakten Merkmale eines Forschungsgegenstandes, die für das Ziel der Forschung von Bedeutung sind* **6** *einmalig angefertigtes Kleid nach der neuesten Mode;* ~e vorführen **7** *Dame, die Kleider vorführt*

mo·del'lie·ren ⟨V.⟩ **1** ⟨410⟩ in Ton od. Wachs ~ *formen* **2** ⟨500⟩ etwas ~ *nachbilden, ein Muster anfertigen von;* eine Figur ~

'Mo·den·haus ⟨n.⟩ *größeres Geschäft für Damenoberbekleidung*

'Mo·der ⟨m.; -s; unz.⟩ **1** *Verwesung, Fäulnis;* das alte Laub roch nach ~; ein Geruch von ~ erfüllte den ganzen Keller **2** ⟨nddt.⟩ *schlammige Erde*

Mo·de'ra·tor ⟨m.; -s, -'to·ren⟩ **1** ⟨Kernphysik⟩ *Substanz, die beschleunigte Neutronen bei Kernreaktionen abbremsen soll* **2** *Leiter einer Diskussion* 2.1 ⟨Funk u. Fernsehen⟩ *Mitarbeiter, der argumentierende Sendungen moderiert* 2.2 ⟨im Vatikan. Konzil 1964⟩ *Angehöriger eines Konzils, der bei den Aussprachen auf das Wesentliche hinlenken sollte*

mo·de'rie·ren ⟨V. 500⟩ **1** ⟨R3⟩ sich ~ ⟨veralt.⟩ *mäßigen, einschränken* **2** eine Sendung ~ *die verbindenden Informationen u. Kommentare sprechen*

'mo·dern[1] ⟨V. 400⟩ *verfaulen, verwesen;* das nasse Laub modert auf dem Erdboden; ~des Holz

mo'dern[2] ⟨Adj.⟩ **1** *der Mode, dem Zeitgeschmack entsprechend, zeitgemäß;* das Kleid ist nicht mehr ~; alle Zimmer sind ~ eingerichtet 1.1 *neuzeitlich;* ~e Kunst **2** ein ~er Mensch *für die Probleme der Gegenwart aufgeschlossener M.*

Mo·di·fi·ka·ti'on ⟨f.; -, -en⟩ **1** *das Modifizieren, Veränderung, Umwandlung mit dem Ziel der Anpassung* **2** ⟨Biol.⟩ *nicht erbliche, nur durch Einflüsse der Umwelt verursachte Abweichung eines Lebewesens vom Normaltyp;* Ggs *Mutation* **3** ⟨Chem.⟩ *verschiedene Erscheinungsformen ein u. desselben Stoffes infolge unterschiedlicher physikal. Eigenschaften*

mo·di·fi'zie·ren ⟨V. 500⟩ etwas ~ *ein wenig verändern, umwandeln u. den Umständen anpassen;* die Stimme, eine Bewegung ~

'mo·disch ⟨Adj.⟩ *die augenblickl. Mode betreffend, dem Zeitgeschmack entsprechend;* ~e Kleidung; sich ~ kleiden, frisieren

Mo·du·la·ti'on ⟨f.; -, -en⟩ **1** *Abwandlung* **2** ⟨Mus.⟩ 2.1 *Übergang von einer Tonart in eine andere* 2.2 *Abstufung der Tonstärke u. Klangfarbe* **3** ⟨El.⟩ *Aufprägen von Signalen od. Schallwellen auf eine hochfrequente Trägerwelle;* Amplituden~, Frequenz~

mo·du'lie·ren ⟨V. 400⟩ **1** *abwandeln, wechseln* **2** ⟨Mus.⟩ 2.1 *von einer Tonart in eine andere überleiten* 2.2 *Tonstärke u. Klangfarbe (sinnvoll) wechseln* **3** ⟨500⟩ Trägerwellen ~ ⟨El.⟩ *einer Modulation(3) unterwerfen*

'Mo·dus ⟨m.; -, -di⟩ **1** *Art u. Weise, Regel, Maß;* wir müssen einen ~ finden 1.1 ~ procedendi *Art u. Weise des Verfahrens* 1.2 ~ vivendi *eine Form erträgl. Zusammenlebens* **2** ⟨Gramm.⟩ *eine der drei Aussageweisen des Verbs (Indikativ, Konjunktiv, Imperativ)* **3** ⟨in der Notenschrift des 12./13. Jh.⟩ *Rhythmus, der einem der sechs griech. Versfüße nachgebildet ist* **4** *feststehende Melodie, nach der auch andere Lieder gesungen werden;* Sy *Weise(2)* **5** *Kirchentonart, Tonleiter der Kirchentonart*

'mö·gen ⟨V. 187⟩ **1** ⟨500⟩ etwas ~ *gern wollen, gern haben wollen, gern tun, Lust haben zu;* ich mag nicht!; ich möchte nicht, daß er denkt ...; das möchte ich auch können!; ich möchte gern mitgehen; ich möchte lieber nicht mitgehen; ich möchte Herrn X sprechen; ich möchte wissen, ob ...; ich möchte Ihnen eins sagen: ...; möchten Sie noch etwas Kaffee? 1.1 ~ Sie ...? ⟨umg.⟩ *darf ich Ihnen ... anbieten?* **2** ⟨500/R8⟩ jmdn. od. etwas ~ *gern haben;* ich mag ihn nicht (leiden); ich mag so etwas nicht; ich mag (es) nicht, wenn man ...; wir ~ ihn sehr gern 2.1 etwas (nicht) ~ *(nicht) gern essen;* er mag kein Fleisch **3** ⟨Modalverb⟩ *können, werden (zum Ausdruck der Vermutung, Hoffnung, Möglichkeit od. des Wunsches), wenn ... doch ...;* möge er recht behalten!; wo mag er das nur gehört haben?; möchte er doch nur (bald) kommen!; man möchte meinen ...; es mag sein, daß es so ist; wer, was mag das sein? **3.1** mag sein! *ja, vielleicht, das ist schon möglich* **3.2** *können, sollen, dürfen (zum Ausdruck des Erlaubens od. Geschehenlassens);* mag er doch gehen, wohin er will!; er mag nur kommen!, mag er doch kommen! (ich habe keine Angst); er mag ruhig warten!; mag kommen, was da will, wolle; er mag sagen, was er will, was er auch sagen mag, er ist trotzdem schuld daran; er mag wollen oder nicht, er muß es doch tun **3.2.1** für dieses Mal mag es hingehen *dieses eine M. will ich darüber hinwegsehen* **4** ⟨mit Adv.; Zusammenschreibung nur der infiniten Formen⟩ jetzt mag er nicht mehr zurück *zurückgehen, -fahren, umkehren*

'mög·lich ⟨Adj.⟩ **1** *so beschaffen, daß man damit rechnen kann, daß es zu machen, zu verwirklichen, erreichbar, ausführbar ist;* kannst du es ~ machen, daß ...?; man kann von einem Menschen nur das Mögliche verlangen; wenn ~, komme ich noch heute **1.1** so ... wie ~ *so ... wie es zu machen ist* **1.1.1** ich komme so bald wie ~ *sobald ich kann* **1.1.2** komm so schnell wie ~ *so schnell du kannst* **1.1.3** bring mir davon so viel wie ~ *soviel du kannst* **1.2** ~ sein *vielleicht eintretend, annehmbar, denkbar;* das ist alles ~!; das ist gut, leicht ~; es ist (durchaus) ~, daß ...; man sollte es nicht für ~ halten!; das ist kaum, schon, wohl ~ **1.2.1** nicht ~! ⟨umg.⟩ *(Ausruf des Erstaunens) das kann doch nicht sein!, wirklich?* **2** alles ~e *allerlei, die verschiedensten Dinge, viel;* er hat mir alles ~e erzählt **2.0.1** in allen ~en Farben ⟨umg.⟩ *in vielen, in verschiedenen F.*

'Mög·lich·keit ⟨f.; -, -en⟩ **1** *das Möglichsein, Aussicht, Gelegenheit;* die ~ eines neuen Beginns; jmdm. die ~ bieten, etwas zu tun; ich hatte keine andere ~, als so zu handeln; die ~ zu lernen, zu üben, zu spielen **1.0.1** es besteht die ~, daß ... *es ist möglich, daß ..., es wird sich möglich machen lassen, daß ...* **1.1** das Land der unbegrenzten ~en ⟨früher scherzh. für⟩ *Amerika* **1.2** ist das denn die ~? ⟨umg.⟩ *(Ausruf des Erstaunens)* **1.3** nach ~ *wenn es möglich ist, wenn es sich machen läßt* **2** *Hilfsmittel, Form zur Verwirklichung;* gibt es eine ~, heute noch nach X zu fahren?; es ist keine ~ mehr, über den See zu kommen; alle ~en in Betracht ziehen; diese ~ müssen wir von vornherein ausschließen; die einzige, letzte ~ wäre ...; es gibt (dafür) mehrere, verschiedene, nur zwei ~en; neue ~en erschließen; meine ~en sind beschränkt

'mög·lichst ⟨Adj.⟩ **1** ⟨50⟩ *nach Möglichkeit, wenn es geht, so gut, so schnell, so viel es geht usw.;* ~ bald, früh, rasch, viel, wenig; lauf ~ schnell! **2** ⟨60⟩ ich habe mein ~es getan ⟨umg.⟩ *ich habe alles getan, was mir möglich war, alles, was ich konnte*

Mo·ham·me'da·ner ⟨m.; -s, -⟩ = *Moslem*

Mohr ⟨m.; -en, -en; umg.⟩ **1** *Neger;* schwarz, braungebrannt wie ein ~; der ~ hat seine Schuldigkeit (eigtl.: Arbeit) getan, der ~ kann gehen (nach Schiller, „Fiesco", III, 4) **1.1** einen ~en weiß waschen wollen *das Unmögliche versuchen* **2** ~ im Hemd ⟨Kochk.⟩ *mit Rum versetzter Schokoladenkuchen u. Schlagsahne*

'Möh·re ⟨f.; -, -n; mitteldt.⟩ **1** *wild wachsendes Doldengewächs mit mehrfach gefiederten Blättern u. länglichen bis spiralförmigen verdickten Wurzeln: Daucus carota* **1.1** *kultivierte Form der Möhre(1) mit stark verdickten orangegelben Wurzeln, die als Gemüse verwendet werden: Daucus sativus;* Sy *Mohrrübe, gelbe Rübe, Karotte*

'Mohr·rü·be ⟨f.; norddt.⟩ = *Möhre(1.1)*

Mo·le'kül ⟨n.; -s, -e⟩ *kleinstes Teilchen einer chem. Verbindung aus zwei od. mehr Atomen*

'Mol·ke ⟨f.; -; unz.⟩ *Flüssigkeit, die sich von geronnener Milch, von Quark u. Joghurt absetzt*

Mol·ke'rei ⟨f.; -, -en⟩ **1** ⟨unz.⟩ *Behandlung u. Verarbeitung von Milch* **2** *Betrieb hierfür;* in der ~ wird Käse und Butter hergestellt

Moll ⟨n.; -, -; Mus.⟩ *(weibl.) Tongeschlecht mit kleiner Terz im Dreiklang der Tonika;* Ggs *Dur*

'mol·lig ⟨Adj.; umg.⟩ **1** *weich, warm, behaglich;* ~es Kissen; ~er Mantel; wir haben es hier schön ~; hier ist es ~ warm **2** *rundliche, weiche Körperformen habend (nur von weibl. Personen);* eine kleine ~e Dame; sie ist recht, ziemlich ~

Mo'ment[1] ⟨n.; -(e)s, -e⟩ **1** ⟨Phys.⟩ *Produkt zweier physikalischer Größen;* Dreh~, Brems~, Trägheits~, elektrisches ~ **2** *Merkmal, (wichtiger) Umstand;* entscheidendes ~ **3** *Umstand, der etwas bewirkt;* ein Bericht als retardierendes ~ in einem Roman; Spannungs~

Mo'ment[2] ⟨m.; -(e)s, -e⟩ **1** *Augenblick, kürzester Zeitabschnitt;* ~, bitte!; es dauert nur einen ~; bitte warten Sie einen ~; den richtigen ~ erwischen, verpassen; ich komme nur auf einen ~; im ~ habe ich gerade keine Zeit; im entscheidenden ~ zieht er sich immer zurück; ~!, ~ mal! (als Unterbrechung eines Sprechenden) ⟨umg.⟩ **2** ich bin im ~ zurück ⟨umg.⟩ *sofort*

mo·men'tan ⟨Adj. 24⟩ *augenblicklich, vorübergehend*

Mon'arch ⟨m.; -en, -en⟩ *fürstl. Alleinherrscher, gekröntes Staatsoberhaupt (durch Wahl od. Erbanspruch)*

Mon·ar'chie ⟨f.; -, -n⟩ **1** *Staatsform mit einem Monarchen an der Spitze;* Erb~, Wahl~; konstitutionelle ~ **2** *Staat mit der Staatsform der Monarchie(1)*

'Mo·nat ⟨m.; -(e)s, -e⟩ **1** *zwölfter Teil eines Jahres, Zeitabschnitt von 30 bzw. 31 (Februar 28 bzw. 29) Tagen, ungefähre Umlaufzeit des Mondes um die Erde;* das Kind ist drei ~e alt; nach drei ~en; vor drei ~en; er ist zu acht ~en (Haft) verurteilt worden; dieses ~s (Abk.: d. M.) **1.1** das Buch des ~s ⟨in englischsprachigen Ländern⟩ *bes. empfohlene Neuerscheinung auf dem Buchmarkt in einem bestimmten Monat* **1.2** im ersten, zweiten, dritten ~ sein *im ersten, zweiten, dritten Monat (nach der Empfängnis) schwanger sein* **1.3** → a. *laufend(2.3.2), vorig(1.0.2)*

...mo·na·tig ⟨Adj. 24; in Zus.⟩ *eine bestimmte Anzahl von Monaten dauernd od. alt;* drei~; drei~es Krankenlager; ein drei~er Säugling

'mo·nat·lich ⟨Adj. 24⟩ *jeden Monat (wiederkehrend, stattfindend);* eine ~e Veranstaltung; ~ zehn Mark Taschengeld; die Zeitschrift erscheint ~, ~ einmal, zweimal; mit ~er Kündigung

...mo·nat·lich ⟨Adj. 24; in Zus.⟩ *nach einer*

bestimmten Anzahl von Monaten regelmäßig wiederkehrend; dreimonatlich; die Veranstaltung findet dreimonatlich statt

'Mo·nats·bin·de ⟨f.⟩ *Zellstoffbinde, die während der Menstruation getragen wird*

'Mo·nats·blu·tung ⟨f.⟩ = *Menstruation*

Mönch ⟨m.; -(e)s, -e⟩ **1** *Angehöriger eines kath. Ordens, jmd., der als Einsiedler od. in einer Klostergemeinschaft nach einer bestimmten Ordensregel u. gemäß bestimmten Gelübden (Armut, Keuschheit u. a.) ein asket., religiöses Leben führt;* Ggs *Nonne(1);* ein buddhistischer ~; wie ein ~ leben **2** ⟨jägerspr.⟩ *Hirsch ohne Geweih, Kahlhirsch* **3** *stark nach oben gekrümmter Dachziegel;* Ggs *Nonne(3)* **4** ⟨Arch.⟩ *Mittelsäule einer steinernen Wendeltreppe* **5** *Ablaßvorrichtung an einem Teich* **6** ⟨landschaftl.⟩ *Kreisel als Kinderspielzeug*

'mön·chisch ⟨Adj.⟩ **1** *zum Mönch gehörend;* ~e Askese **2** *wie ein Mönch, entsagend, zurückgezogen;* ein ~es Leben führen

Mond ⟨m.; -(e)s, -e⟩ **1** *einen Planeten umkreisender Himmelskörper;* Sy *Satellit(1), Trabant(3);* die ~e des Jupiter **2** ⟨i. e. S.⟩ *die Erde umkreisender Himmelskörper, Erdtrabant;* das bleiche, milde, silberne Licht des ~es; die Scheibe, Sichel des ~es; der bleiche, goldene, silberne ~; abnehmender, zunehmender, halber, voller ~; unter dem wechselnden ~; der ~ geht auf, unter; der ~ scheint; der ~ wechselt; der ~ hat einen Hof; eine Rakete zum ~ schießen 2.1 ich könnt' ihn auf den ~ schießen ⟨fig.; umg.⟩ *ich wünsche ihn weit fort, ich kann ihn nicht ausstehen* 2.2 den ~ anbellen ⟨fig.⟩ *machtlos drohen, ohnmächtig schimpfen* 2.3 auf dem ~ leben ⟨fig.; umg.⟩ *weltfremd sein* 2.3.1 wir leben schließlich nicht auf dem ~! *wir müssen uns mit den Gegebenheiten des Lebens, der Wirklichkeit auseinandersetzen* 2.4 in den ~ gucken ⟨fig.; umg.⟩ *leer ausgehen, benachteiligt werden* 2.5 hinter dem ~ ⟨fig.; umg.⟩ *fern von der Welt, altmodisch, ohne Wissen von der heutigen Zeit;* du lebst wohl drei Meilen hinter dem ~? 2.6 die Uhr geht nach dem ~ ⟨umg.; scherzh.⟩ *geht falsch* 2.7 → a. *Mann(1.2)* **3** ⟨fig.; umg.; scherzh.⟩ *Glatze* 3.1 der ~ geht auf *es kommt ein Mann mit einer Glatze herein* **4** ⟨poet.⟩ *Monat;* nach, seit vielen ~en

mon'dän ⟨Adj.⟩ **1** *sehr elegant u. sehr gewandt, dabei lässig u. überlegen;* ~ gekleidet sein **2** *im Stil der großen Welt;* ~er Bade-, Schiort

'Mond·schein ⟨m.; -(e)s; unz.⟩ **1** *Strahlen, Schein, Licht des Mondes;* es war (heller) ~ **2** du kannst mir (mal) im ~ begegnen ⟨fig.; umg.⟩ *ich denke nicht daran, zu tun, was du willst!, hör endlich auf u. laß mich in Ruhe!*

mo'nie·ren ⟨V. 500⟩ **1** etwas ~ *beanstanden, rügen;* eine Rechnung, Lieferung ~; er hat immer etwas zu ~ **2** etwas ~ *wegen etwas mahnen;* die Lieferung ~

'Mo·ni·tor ⟨m.; -s, -'to·ren⟩ **1** ⟨Fernsehen⟩ *Bildröhre, auf der das jeweils aufgenommene od. gesendete Bild kontrolliert werden kann* **2** ⟨Kernphysik⟩ *automatische Anlage, die die radioaktive Strahlung überwacht*

Mo·no'gramm ⟨n.; -s, -e⟩ *die (oft miteinander verschlungenen) Anfangsbuchstaben des Namens*

mo·no'klin ⟨Adj.⟩ **1** ~es Kristallsystem ⟨Geol.⟩ *ein K., bei dem zwei Achsen im Winkel von 90° zueinander stehen u. eine dritte Achse einen Winkel von mehr als 90° dazu bildet* **2** ~e Blüten ⟨Bot.⟩ *zweigeschlechtig*

Mo·no'log ⟨m.; -(e)s, -e⟩ **1** *Aussprache eines einzelnen;* Ggs *Dialog(1)* **2** *Selbstgespräch*

Mo·no'pol ⟨n.; -s, -e⟩ **1** *alleiniges Vorrecht, alleiniger Anspruch, Dienstleistungen od. Waren anzubieten;* das ~ für die Aus- od. Einfuhr von Kaffee haben; das ~ auf, für eine Ware; (staatliches) Tabak~, Post~ **2** *Situation auf dem Markt, die dadurch charakterisiert ist, daß einzelne Unternehmen od. eine Gruppe von Unternehmen ein Monopol(1) bilden*

mo·no'ton ⟨Adj.⟩ *eintönig, ermüdend einförmig, langweilig;* eine ~e Melodie; ~ sprechen

'Mon·ster ⟨n.; -s, -⟩ = *Monstrum*

'Mon·strum ⟨n.; -s, -stra od. -stren⟩ oV *Monster* **1** = *Ungeheuer(1-3)* **2** *mißgebildetes Wesen* **3** ⟨Med.⟩ *Mißgeburt*

'Mon·tag ⟨m.; Abk.: Mo⟩ **1** *Name des ersten Tages der Woche* 1.1 → a. *blau(4)*

Mon'ta·ge ⟨[-ʒə] f.; -, -n⟩ **1** ~ einer Maschine od. techn. Anlage *das Montieren, Aufstellung u. Zusammenbau* **2** ⟨Film⟩ *Schnitt, Auswahl u. Aneinanderreihen der Handlungseinheiten eines Films nach künstler. Gesichtspunkten zur endgültigen Gestaltung, oft mit den Mitteln der Ein- u. Überblendung u. a.*

mon'tie·ren ⟨V.⟩ **1** ⟨500⟩ eine Maschine, techn. Anlage ~ *aufstellen u. (od.) zusammenbauen* **2** ⟨511⟩ etwas an, auf etwas ~ *(mit techn. Mitteln) anbringen, befestigen;* einen Griff an ein Gerät ~; eine Lampe auf ein Gestell ~

Mo·nu'ment ⟨n.; -(e)s, -e⟩ *(bes. bildhauer.) großes Denkmal*

mo·nu·men'tal ⟨Adj.⟩ **1** *wie ein Monument* **2** ⟨fig.⟩ *gewaltig, ungeheuer groß, von riesigem Ausmaß*

Moor ⟨n.; -(e)s, -e⟩ *Ablagerung pflanzlicher Reste, die sich in langsamer Inkohlung befinden (Torf), an der Erdoberfläche;* Sy *Moos(2)* ⟨oberdt.⟩; ein gefährliches, grundloses, tückisches ~; im ~ versinken, umkommen

Moos¹ ⟨n.; -es, -e⟩ **1** *eine immergrüne, Polster bildende, blütenlose Pflanze mit zahlreichen Arten;* grünes, weiches ~; sich aufs (weiche) Moos legen, setzen; mit ~ bewachsene Steine; isländisches ~ 1.1 ~ ansetzen ⟨fig.; umg.⟩ *alt werden* **2** ⟨-es, Möser; oberdt.⟩ = *Moor;* Dachauer ~ (Landschaft bei Dachau)

Moos² ⟨n.; -es; unz.; umg.⟩ *Geld*

Mops ⟨m.; -es, ¨-e⟩ **1** *kleine Hunderasse mit dikkem Körper, kurzen Beinen u. stumpfem Maul* **2** ⟨fig.; umg.⟩ *kleine, dicke Person*

Mo'ral ⟨f.; -, (selten) -en⟩ **1** *Sittenlehre, Ethik;* die ~ eines Volkes; gegen die ~ verstoßen 1.1 *Nutzanwendung im Hinblick auf die Sittenlehre, Lehre;* die ~ einer Erzählung, Fabel, eines Märchens, Theaterstückes; ... und die ~ von der Geschichte ... **2** = *Sittlichkeit;* ~ einer sozialen Gruppe; eine hohe, keine ~ haben; die ~ sinkt, nimmt zu; lockere, strenge ~ 2.1 ~ einer Truppe *Disziplin, Bereitschaft zu kämpfen*

mo'ra·lisch ⟨Adv.⟩ **1** *die Moral betreffend, zu ihr gehörig, auf ihr beruhend* **2** *sittlich, sittenstreng;* ein ~ einwandfreies Leben führen **3** *Moral lehrend* **4** Moralische Aufrüstung ⟨seit

1938; Abk.: MRA⟩ *Name für eine 1921 von Frank Buchman begründete Bewegung zur geistigen, polit. u. sozialen Erneuerung* **5** Moralische Wochenschriften *Zeitschriften der Aufklärungszeit, die durch Erzählungen, Dialoge, fingierte Briefe u. a. moral. belehren u. den literar. Geschmack verbessern wollten* **6** einen Moralischen haben ⟨fig.; umg.⟩ *niedergeschlagen, reuig sein, bes. nach einem Rausch*

Mo'rast ⟨m.; -(e)s, -e od. ¨e⟩ *sumpfiges Land, schlammiger Boden;* im ~ steckenbleiben; der Regen hatte den Weg in einen ~ verwandelt

mor'bid ⟨Adj.⟩ **1** *krankhaft, kränklich, angekränkelt* **2** *morsch, brüchig*

Mord ⟨m.; -(e)s, -e⟩ **1** *absichtl. Tötung eines Menschen;* Gift~; Lust~; Raub~; einen ~ begehen, verüben; auf ~ sinnen; ein grausamer, heimtückischer ~ **1.1** wenn das geschieht, dann gibt es ~ und Totschlag ⟨fig.; umg.⟩ *dann gibt es heftigen, blutigen Streit, Kampf* **1.2** das ist ja (der reinste, reiner) ~! ⟨fig.; umg.⟩ *das ist ja grausam, fürchterlich*

'mor·den ⟨V.⟩ **1** ⟨400⟩ *einen Mord begehen* **2** ⟨500⟩ jmdn. ~ ⟨veralt.⟩ *jmdn. ermorden, vorsätzl. töten*

'Mör·der ⟨m.; -s, -⟩ **1** *jmd., der einen Mord begangen hat;* einen ~ überführen, verurteilen; zum ~ werden; unter die ~ fallen (nach Lukas 10,30); Massen~, Sexual~ **2** ⟨fig.⟩ *jmd., der etwas vernichtet;* der ~ ihrer Ehre, ihres guten Rufs **3** ⟨jägerspr.⟩ *Hirsch od. Rehbock, dessen Geweih bzw. Gehörn nur aus einer langen Stange (Spieß) besteht*

'Mör·der·gru·be ⟨f.⟩ **1** *Räuberhöhle, Behausung von Mördern (nach Jeremias 7,11 u. Matth. 21,13)* **2** ⟨nur noch in der Wendung⟩ aus seinem Herzen keine ~ machen ⟨fig.; umg.⟩ *freiheraus reden*

'mör·de·risch ⟨Adj.⟩ **1** *mordend, das Leben bedrohend;* ~ über jmdn. herfallen; der Kampf war ~ **2** ⟨fig.⟩ *grausam, furchtbar, sehr stark;* ~e Hitze, Krankheit; ein ~es Klima; er fuhr in einem ~en Tempo

'mor·gen ⟨Adv.⟩ **1** *am folgenden Tag, an dem Tag, der dem heutigen folgt;* Ggs *abend;* ich komme ~; ich werde noch bis ~ warten; ~ ist Sonntag; ~ in acht Tagen, ~ über acht Tage; ~ abend, früh, mittag; das Mittagessen für ~ vorbereiten; ~, ~, nur nicht heute, sagen alle faulen Leute (Anfang eines Liedes von Ch. F. Weiße) **1.1** ~ ist auch ein Tag! *ich will es aufschieben, heute wird es zu viel* **1.2** ich tue es lieber heute als ~ *lieber gleich, ich will es nicht aufschieben* **1.3** → a. *heute(1.1-1.3, 2.2-2.4)* **2** *in (naher) Zukunft* **2.0.1** die Welt von ~ *die zukünftige W.* **2.1** das Morgen *die nahe Zukunft;* das Heute und das Morgen

'Mor·gen ⟨m.; -s, -⟩ **1** *Tagesbeginn;* Ggs *Abend(1);* vom ~ bis zum Abend; der ~ dämmert, zieht herauf, bricht an; es wird ~; gegen ~ eintreffen; sie sah so frisch aus wie der junge ~ ⟨poet.⟩ **2** ⟨Kleinschreibung nach Adv.; umg.⟩ *Vormittag;* ein frischer, heiterer, kalter, klarer, schöner, sonniger, trüber ~; früher, später ~; des ~s; am ~; am nächsten ~; (am) Montag~; jeden ~ um 6 Uhr; heute, gestern morgen **2.1** guten ~! *(Grußformel);* jmdm. guten ~ sagen; jmdm. (einen) guten ~ wünschen **3** ⟨unz.; veralt.⟩ *Osten;* gen ~ wandern **4** *altes Feldmaß von unterschiedl. Ausmaß, 25–34 Ar;* er besaß 3 ~ Land

'Mor·gen·ga·be ⟨f.; früher⟩ *Geschenk des Ehemannes an die Frau am Morgen nach der Hochzeit*

'Mor·gen·grau·en ⟨n.; -s, -⟩ *Morgendämmerung, anbrechender Tag;* beim ~ aufstehen

'Mor·gen·luft ⟨f.⟩ **1** *frische Luft am Morgen* **2** ~ wittern ⟨fig.⟩ *neue Zeit kommen fühlen*

'mor·gens ⟨Adv.⟩ **1** *am Morgen, früh am Tage;* von ~ bis abends **1.0.1** um zwei Uhr ~ *um zwei U. in der Nacht* **2** ⟨umg.⟩ *vormittags;* ~ eintreffen; ~ und nachmittags je eine Tablette einnehmen

'Mor·gen·stun·de ⟨f.⟩ **1** *Zeit des frühen Morgens* **2** ~ hat Gold im Munde ⟨Sprichw.⟩ *was man frühmorgens schafft, gelingt besonders gut*

'mor·gig ⟨Adj. 60⟩ *morgen stattfindend, am nächsten Tag (geschehend);* der ~e Tag; die ~e Vorlesung; das ~e Programm

morsch ⟨Adj.⟩ **1** *brüchig infolge Alters, mürbe, zerbrechlich;* ~es Holz; die Brücke ist ~; seine Knochen sind schon etwas ~ **1.1** alt u. ~ werden ⟨fig.⟩ *(a. von Personen) alt u. hinfällig*

'Mör·ser ⟨m.; -s, -⟩ **1** *ein starkes Gefäß mit halbkugeliger Bodenhöhlung, in dem harte Stoffe mit einem keulenförmigen Stab (Stößel) zerkleinert werden;* etwas im ~ zerstampfen, zerstoßen **2** ⟨Mil.⟩ **2.1** ⟨urspr.⟩ *aus einer Steinschleuder bestehendes Geschütz* **2.2** ⟨früher⟩ *Granatwerfer, ein Steilfeuergeschütz mit Kalibern 21–60 cm, schwere Waffe der Infanterie* **2.3** ⟨Bundeswehr⟩ *120-mm-M Geschütz auf Schützenpanzern;* Panzer~

'Mör·tel ⟨m.; -s, -⟩ *breiförmiges Bindemittel für Bausteine, das in festen Zustand übergeht;* Luft~, Wasser~; Gips~, Kalk~; den ~ auftragen, anrühren

Mo·sa'ik ⟨n.; -s, -en⟩ *aus verschiedenfarbigen Stiften, Glasstückchen, Steinchen o. ä. zusammengesetztes, flächiges Muster od. Bildwerk auf Mauer od. Fußboden*

Mo'schee ⟨f.; -, -n⟩ *islam. Gotteshaus*

'Mos·lem ⟨m.; -s, -s⟩ *Anhänger des Islams;* Sy *Mohammedaner*

Most ⟨m.; -(e)s, -e⟩ **1** *unausgegorener Fruchtsaft, z. B. von Äpfeln, Birnen, Trauben;* ein Glas ~ bestellen, trinken **2** *vergorener Saft aus Trauben od. Obst* **2.1** ⟨süddt., österr., schweiz.⟩ *Obstwein;* junger schäumender ~ **3** *Sinnbild gärender Unruhe, vorwärtsdrängender Jugend;* junger ~ in alten Schläuchen ⟨Sprichw.⟩

Mo'tiv ⟨n.; -s, -e; [-və]⟩ **1** *Beweggrund, Antrieb;* aus welchen ~en heraus mag er das getan haben?; das ~ einer Handlungsweise, einer Tat **2** ⟨Lit.⟩ *kennzeichnender inhaltl. Bestandteil einer Dichtung, charakteristisch geformter Teil des Stoffes;* Dramen~, Märchen~; das ~ der feindlichen Brüder **3** ⟨Mus.⟩ *kleinste selbständige, charakterist. melod. Einheit eines musikal. Stücks;* musikalisches ~ **4** ⟨bildende Kunst⟩ *Gegenstand der Darstellung;* Blumen~; ein beliebtes ~ der Malerei

Mo·tor ⟨['mo:tɔr] od. [mo'to:r]; m.; -s, -'to·ren⟩ **1** *Kraftmaschine, die eine Art Energie (Wärme, Elektrizität, Wind u. a.) in eine Bewegungsenergie umwandelt;* Verbrennungs~, Elektro~, Wind~; den ~ an-, abstellen, ein-, ausschalten; der ~ springt gleich, schwer, nicht an; die ~en brummen, dröhnen, surren, singen; der ~ läuft; elektrischer ~; das Auto braucht einen neuen ~ **2** jmd. ist der ~ eines Unternehmens *derjenige, der das U. voranbringt*

mo·to·ri'sie·ren ⟨V. 500⟩ **1** Maschinen ~ *mit einem Motor(1) versehen;* Fahrzeuge ~ **2** ein Unternehmen ~ *mit Kraftfahrzeugen ausrüsten* 2.1 ⟨R3⟩ sich ~ ⟨umg.; scherzh.⟩ *sich ein Kraftfahrzeug anschaffen*

'Mo·tor·rad ⟨a. [-'--] n.⟩ *Kraftrad mit einem Hubraum von mehr als 50 cm³, bei dem Motor u. Tank zwischen Lenkstange u. Sattel angeordnet sind;* ~ fahren; ein ~ mit Beiwagen

'Mo·tor·sport ⟨m.⟩ *sportlich betriebenes Auto- u. Motorradfahren*

'Mot·te ⟨f.; -, -n⟩ **1** ⟨volkstüml.⟩ *bei Nacht fliegender, bes. kleinerer Schmetterling;* von einer Sache angezogen werden wie die ~n vom Licht **2** ⟨Zool.⟩ *Angehörige einer Familie nachtfliegender Kleinschmetterlinge mit schmalen, am Hinterrand lang befransten Flügeln, deren Raupen in selbst gesponnenen Röhren leben: Tineidae;* Kleider~, Pelz~, Tapeten~; die ~n haben Löcher in die Kleidung gefressen **3** ach, du kriegst die ~n! ⟨fig.; umg.⟩ *Ausruf des Erstaunens, der Bestürzung* **4** die ~n haben ⟨fig.; umg.⟩ *an Lungentuberkulose leiden*

'Mot·to ⟨n.; -s, -s⟩ **1** *Leitspruch, Wahlspruch* **2** *einem Buch od. Kapitel vorangesetzter Spruch od. Ausspruch, der Inhalt od. Absicht kennzeichnen soll*

'Mucke ⟨-k·k-; f.; -, -n; meist Pl.⟩ **1** jmd. hat seine ~n ⟨umg.⟩ *jmd. hat seine Launen, Grillen* **2** etwas hat seine ~n ⟨fig.; umg.⟩ *etwas verursacht Unregelmäßigkeiten, Störungen im Gang, Schwierigkeiten;* das Auto hat seine ~n

'Mücke ⟨-k·k-; f.; -, -n⟩ **1** *Angehörige einer Unterordnung der Zweiflügler, meist langbeinige, zart gebaute u. oft deutlich behaarte Insekten mit langen fadenförmigen Fühlern, deren Weibchen blutsaugende Mundwerkzeuge haben: Nematocera;* ~n schwirren, summen, surren; er war von ~n völlig zerstochen 1.1 aus einer ~ einen Elefanten machen ⟨fig.; umg.⟩ *ein geringfügiges Ereignis gewaltig übertreiben, ihm zu große Wichtigkeit beimessen*

'mucken ⟨-k·k-; V.; umg.⟩ **1** ⟨500/R3⟩ sich ~ *einen halb unterdrückten Laut von sich geben;* das Kind wagte nicht, sich zu ~ **2** ⟨400⟩ *leicht aufbegehren, murren;* ohne zu ~; sie muckte nicht **3** ⟨400⟩ *schmollen, verdrießlich sein*

'Mucker ⟨-k·k-; m.; -s, -; umg.; abwertend⟩ **1** *Duckmäuser* **2** *mürrischer Mensch* **3** *Scheinheiliger, Frömmler, Heuchler*

Mucks ⟨m.; -es, -e; umg.⟩ **1** *halb unterdrückter Laut, schwache Bewegung, leises Aufbegehren* 1.1 keinen ~ machen, von sich geben *sich nicht rühren, ganz still sein* 1.2 keinen ~ mehr machen *tot sein* 1.3 nicht ~ sagen *kein einziges Wort sagen*

'mü·de ⟨Adj.⟩ **1** *ermattet, erschöpft, schlafbedürftig;* seine ~n Augen schließen; seine ~n Glieder ausruhen; sehr ~ sein; ~ werden; ~ aussehen; sich ~ laufen; sich ~ spielen (Kind); der Wein macht mich ~; ein Pferd ~ reiten; ~ von der Arbeit; zum Umfallen, Umsinken ~ **2** *kraftlos, matt;* mit ~r Stimme; sein ~r Gang zeugte von seinem Alter 2.0.1 ein ~s Gesicht *abgespanntes, erschöpft aussehendes G.* **3** ⟨73⟩ einer Sache od. jmds. ~ *überdrüssig;* des vielen Redens ~; ich bin ihrer ~ 3.1 ⟨70⟩ (es) ~ sein, werden, etwas zu tun *die Lust verlieren, (es) aufgeben, etwas zu tun;* er wird nicht ~, es immer wieder zu erklären; ich bin es ~, das immer wieder zu sagen

'Mü·dig·keit ⟨f.; -; unz.⟩ **1** *müde Beschaffenheit;* Boden~, Material~ **2** *Ermattung, Erschöpfung, Schlafbedürfnis;* gegen die ~ ankämpfen; ich könnte vor ~ umfallen, umsinken 2.1 keine ~ vorschützen! ⟨umg.⟩ *los!, voran!, weiter!*

'muf·fe·lig ⟨Adj.; umg.; abwertend⟩ *mürrisch, verdrießlich, unfreundlich, wortkarg;* oV *mufflig;* Sy *muffig*[1]; die alte Frau war ~; eine ~e Verkäuferin

'muf·feln¹ ⟨V.; umg.⟩ **1** ⟨400; abwertend⟩ *mürrisch, verdrießlich sein;* er sitzt in seinem Zimmer und muffelt **2** ⟨400⟩ *anhaltend kauen;* der zahnlose Alte muffelte **3** ⟨500⟩ etwas ~ *undeutlich reden;* die Alte muffelte etwas und ging

'muf·feln² ⟨V. 400; umg.; süddt., österr.⟩ *dumpf riechen, faulig riechen;* in seinem Zimmer muffelt es

'muf·fig¹ ⟨Adj.⟩ = *muffelig;* ein ~es Gesicht machen; er sitzt ~ in der Ecke

'muf·fig² ⟨Adj.⟩ **1** *nach Muff riechend, moderig, dumpf, faulig;* ~e Luft; ~ riechen; ~er Keller, Flur; das Mehl ist ~ **2** ⟨fig.; abwertend⟩ *kleinbürgerlich, engherzig;* die ~e Atmosphäre einer Kleinstadt; ~e Enge

'muff·lig ⟨Adj.⟩ = *muffelig*

'Mü·he ⟨f.; -, -n⟩ **1** *Arbeit, Anstrengung, Plage, Sorgfalt;* etwas nur mit (großer) ~ zustande bringen; er scheute keine ~, ihnen zu helfen; viel ~ auf eine Arbeit verwenden; es ist doch keine kleine ~, das zu tun; das hat mich viel ~ gekostet; die ~ kannst du dir sparen (es hat doch keinen Zweck) 1.0.1 er hat es nicht (für) der ~ wert gehalten, sich zu entschuldigen *er hat sich nicht einmal entschuldigt* 1.0.2 es lohnt nicht die ~ *das Ergebnis ist zu geringfügig für den großen Aufwand an Arbeit od. Anstrengung* 1.0.3 mit ~ und Not *mit großer Anstrengung, nur knapp* 1.1 ~ haben, etwas zu tun *es nur mit Anstrengung fertigbringen, etwas zu tun;* ich habe (viel) ~ gehabt, das wieder in Ordnung zu bringen; er hatte ~, das Lachen zu unterdrücken 1.2 seine ~ haben (mit jmdm. od. etwas) *viel Arbeit haben, sich plagen müssen (mit jmdm. od. etwas);* sie haben ihre ~ mit dem verzogenen Kind 1.3 jmdm. ~ machen *Schwierigkeiten, Anstrengung bereiten;* wenn es Ihnen keine ~ macht 1.4 sich ~ geben, machen *sich anstrengen, sich bemühen, seine Kraft, Aufmerksamkeit zusammennehmen;* ich werde mir ~ geben, es ordentlich, richtig zu machen; gib dir ein bißchen ~, freundlicher zu sein; mach dir keine ~, du schaffst es doch nicht! 1.5 → a. *verloren(2.1)* **2** ⟨veralt.⟩ *Kummer, Sorge, Not;* nach des Tages Last und ~

'mü·hen ⟨V. 500/R3⟩ sich ~ *sich anstrengen, sich plagen;* er hat sich sehr gemüht, ihre Schrift zu entziffern; du mühst dich, es ihm recht zu machen

'Müh·le ⟨f.; -, -n⟩ **1** *Gerät od. Anlage (durch Wasser, Wind, Hand od. Elektrizität betrieben)*

zum Zermahlen von Getreide, Kaffee, Papier u. a.; Getreide ~; Kaffee ~; Papier ~; Pfeffer ~; Wasser ~; Wind ~; das Getreide wird in der ~ zu Mehl gemahlen 1.1 → a. *Wasser(2.2)* **2** *Gebäude mit einer Anlage zum Mahlen;* auf dem Deich steht eine alte ~ **3** *Brettspiel für zwei Personen mit je 9 Steinen auf einem Liniensystem;* ~ spielen 3.1 *Anordnung von drei nebeneinanderliegenden Steinen beim Mühlespiel, bei der dem Spielgegner ein Stein weggenommen werden darf*

'Müh·sal ⟨f.; -, -e; geh.⟩ *große Anstrengung, Mühe, Beschwerde, Plage;* die ~e des Alltags; von ~ ausruhen; die unendliche ~; die ~ des Lebens

'müh·sam ⟨Adj.⟩ *viel Mühe machend, mit viel Mühe (verbunden), anstrengend, beschwerlich, schwierig;* sich ~ fortbewegen; es ist sehr ~; eine ~e Arbeit

'müh·se·lig ⟨Adj.⟩ *sehr mühsam, viel Sorgfalt erfordernd;* etwas in ~er Kleinarbeit anfertigen; ~ aufstehen, atmen

Mu'lat·te ⟨m.; -n, -n⟩ *Mischling zwischen Negern u. Europäern*

'Mul·de ⟨f.; -, -n⟩ **1** *aus einem einzigen Stück angefertigtes, längl., abgerundetes Gefäß, meist aus Holz, Trog;* Back ~, Schlächter ~; Mehl, Futter in die ~ schütten; Fleisch in einer ~ tragen **2** ⟨Geol.⟩ *Teil einer Falte, längl. Senkung der Erdoberfläche, Gesteinssenke* **3** ⟨Geogr.⟩ *eine längl. od. rundl. Hohlform, die ringsum von ansteigenden Böschungen abgeschlossen od. nach einer od. mehreren Seiten geöffnet sein kann*

Mull[1] ⟨m.; -(e)s, -e; niederdt.⟩ *Humus, Erde;* Torf ~

Mull[2] ⟨m.; -(e)s, -e⟩ *dünnes Baumwollgewebe;* Verband ~; Windeln aus ~

Müll ⟨m.; -(e)s; unz.⟩ *Kehricht, Asche, Abfälle;* etwas in den ~ werfen; den ~ abfahren

'Müll·schlucker ⟨-k·k-; m.; -s, -⟩ *Vorrichtung in Wohnhäusern, durch die von der Wohnung od. vom Treppenflur aus der Abfall direkt in eine Mülltonne geleitet wird*

'mul·mig ⟨Adj.⟩ **1** *vermodert, morsch, zerbröckelnd* **2** ⟨fig.; umg.⟩ *gefährlich, bedenklich, unsicher;* eine ~e Lage, Situation; das Wetter ist mir zu ~ **3** ⟨fig.; umg.⟩ *unbehaglich, nicht ganz wohl, übel;* eine ~e Sache; hier wird es ~

mul·ti·pli'zie·ren ⟨V. 550⟩ eine Zahl mit einer anderen ~ *die eine Zahl so oft addieren, wie der Wert der anderen zweiten Zahl ist;* Sy *malnehmen;* 20 mit 30 ~

mu·mi·fi'zie·ren ⟨V.⟩ **1** ⟨400⟩ nekrotisches Gewebe mumifiziert ⟨Med.⟩ *wird trocken, ledern, stirbt ab* 1.1 eine Leibesfrucht mumifiziert ⟨Vet.⟩ *trocknet in der Gebärmutter (bes. bei Hund u. Schwein) ein* **2** ⟨500⟩ eine Leiche ~ *durch Einbalsamieren, Austrocknen u. a. vor Verwesung schützen, zur Erhaltung behandeln*

Mund ⟨m.; -(e)s, ¨er (od. selten) -e od. ¨e⟩ **1** *durch die Lippen begrenzte Öffnung in der unteren Hälfte des menschlichen Gesichts (die der Atmung, der Aufnahme von Nahrung u. der Lautbildung dient);* aus dem ~e riechen; das Kind hielt den Daumen im ~ **2** ⟨i. e. S.⟩ *Lippen;* ein großer, kleiner, roter, sinnlicher, voller ~; einen bösen, scharfen Zug um den ~ haben; den ~ (zum Küssen, zum Kuß, zum Pfeifen) spitzen; den ~ (zum Lächeln, zum Weinen, spöttisch) verziehen 2.1 → *Finger(1.2)* **3** *Organ der Lautbildung* 3.01 den ~ (nicht) aufmachen, auftun ⟨a. fig.; umg.⟩ *(nicht) sprechen, (nicht) laut sprechen;* wenn du doch nur den ~ aufmachen wolltest! 3.02 den ~ halten ⟨fig.⟩ *schweigen, still sein;* halt (endlich) den ~! 3.02.1 → a. *rein[1](2.6)* 3.03 sich den ~ fusselig reden ⟨fig.; umg.⟩ *eindringlich, aber vergeblich reden* 3.04 jmdm. den ~ stopfen, verbieten ⟨fig.⟩ *jmdn. zum Schweigen bringen;* ich lasse mir von dir nicht den ~ verbieten 3.05 jmdm. steht der ~ nicht, nie still ⟨fig.⟩ *jmd. redet (ununterbrochen) sehr viel* 3.06 sich den ~ verbrennen ⟨a. fig.; umg.⟩ *sich durch unbesonnene Äußerungen schaden* 3.07 den ~ (reichlich) voll nehmen ⟨fig.; umg.⟩ *prahlen, übertreiben* 3.08 an jmds. ~e hängen ⟨fig.⟩ *jmdm. gespannt, sehr aufmerksam zuhören* 3.09 nicht auf den ~ gefallen sein ⟨fig.; umg.⟩ *schlagfertig sein;* er ist nicht auf den ~ gefallen 3.10 jmdm. das Wort aus dem ~e nehmen ⟨fig.⟩ *vorwegnehmen, (dasselbe sagen), was jmd. gerade sagen wollte* 3.11 wie aus einem ~e *gleichzeitig;* „...!" riefen sie wie aus einem ~e 3.12 ein Wort, eine Redensart, Sprüche im ~ führen ⟨fig.⟩ *(ständig) benutzen, wiederholen* 3.13 jmdm. das Wort im ~ herumdrehen ⟨fig.⟩ *jmds. Aussage absichtl. falsch deuten* 3.14 in aller ~e *allgemein besprochen, bekannt;* das Ereignis ist bereits in aller ~e 3.15 jmdm. Worte, eine Antwort, eine Frage in den ~ legen ⟨fig.⟩ *jmdm. zu verstehen geben, was er sagen soll, jmdn. etwas sprechen lassen;* er hat mir die Antwort (förmlich) in den ~ gelegt; einer Roman-, Dramengestalt bestimmte Worte in den ~ legen 3.16 ein Wort, einen Ausdruck (nicht) in den ~ nehmen *(nicht) verwenden* 3.17 (immer) mit dem ~ vornweg sein ⟨fig.⟩ *vorlaut sein* 3.18 jmdm. nach dem ~e reden *so reden, wie es jmd. gern hören möchte* 3.19 jmdm. über den ~ fahren ⟨fig.⟩ *jmdn. unhöfl. unterbrechen* 3.20 von ~ zu ~ gehen, laufen *mündlich verbreiten, von einem zum anderen weitersagen* 3.21 → a. *Blatt(1.0.1), groß(1.3.3), lose(5.1)* **4** *Organ der Nahrungsaufnahme;* mit vollem ~e spricht man nicht 4.1 viele Münder zu stopfen haben ⟨umg.⟩ *eine große Familie zu ernähren haben* 4.2 jmdm. den ~ wässerig machen ⟨fig.; umg.⟩ *jmdm. eine Sache schmackhaft machen, sie ihm so schildern, daß er sie gern haben möchte* 4.3 ein Gefäß an den ~ setzen *zum Trinken ansetzen* 4.4 sich etwas vom ~ absparen ⟨fig.⟩ *unter Opfern sparen* 4.5 → a. *Bissen(1.0.2, 1.0.3), Hand(3.2), Honig(2.1)* **5** *Organ zum Ausdruck von Gefühlen* 5.1 ~ und Nase aufreißen, aufsperren ⟨fig.; umg.⟩ *sehr staunen* 5.2 mit offenem ~e ⟨a. fig.⟩ *staunend* **6** ⟨allg.⟩ *Öffnung;* der ~ einer Glocke, eines Schachtes

'Mund·art ⟨f.; -, -en; Sprachw.⟩ *abweichend von einer National- od. Hochsprache in verschiedenen Gegenden gesprochene Sprache;* Sy *Dialekt;* die deutschen ~en; eine ~ sprechen

'Mün·del ⟨n.; -s, -⟩ *unter Vormundschaft stehende(r) Minderjährige(r)*

'mun·den ⟨V. 600; geh.⟩ etwas mundet jmdm. *schmeckt jmdm.;* die Speise, der Wein mundet mir (nicht); sich etwas ~ lassen; es hat mir herrlich gemundet
'mün·den ⟨V. 411⟩ **1** ein Bach, Fluß mündet in etwas *etwas strömt, fließt in etwas hinein;* der Inn mündet in die Donau; die Donau mündet ins Schwarze Meer 1.1 ⟨fig.⟩ *zu etwas führen;* das Gespräch mündete in eine Auseinandersetzung **2** etwas mündet auf, in etwas *etwas endet, läuft auf, in etwas aus;* die Straße mündet auf einen Platz, in einen Park
'mund·ge·recht ⟨Adj.⟩ **1** *bequem zum Essen;* jmdm. Fleisch, belegte Brote ~ hinstellen **2** jmdm. eine Sache ~ machen ⟨fig.⟩ *jmdm. eine S. so schildern, daß er sie gern haben od. tun möchte*
'mün·dig ⟨Adj. 70⟩ *das erforderl. Alter für bestimmte Rechtshandlungen erreicht haben;* Sy *volljährig, großjährig;* (noch nicht) ~ sein; mit 18, 21 Jahren ~ werden; jmdn. (vorzeitig) für ~ erklären
'münd·lich ⟨Adj.⟩ Ggs *schriftlich(1)* **1** *(nur) besprochen, verabredet;* ein ~er Auftrag, eine ~e Vereinbarung **2** *gesprochen, in Gesprächsform;* ~e Prüfung, Überlieferung; alles Weitere ~!; jmdm. etwas ~ mitteilen
'Mund·stück ⟨n.⟩ **1** *für den Mund bestimmter Teil eines Gegenstandes (Tabakspfeife, Zigarette, Blasinstrument usw.)* **2** *der im Maul des Pferdes liegende Teil des Zaumes*
'mund·tot ⟨Adj. 24/50; fig.⟩ *zum (endgültigen) Schweigen verurteilt, unfähig zu widersprechen;* jmdn. ~ machen
'Mün·dung ⟨f.; -, -en⟩ **1** *Stelle des Eintritts eines Flusses in ein anderes Gewässer od. einer Straße in eine andere Fläche;* die ~ der Moldau in die Elbe; die ~ der Straße öffnet sich auf einen Platz **2** *vordere Öffnung einer Feuerwaffe;* die ~ einer Pistole, Kanone
'Mund·werk ⟨n.; -(e)s, unz.; fig.; umg.⟩ **1** *Bedürfnis, viel (u. meist selbstbewußt) zu reden;* ein loses, flinkes, gutes, freches, böses ~ haben; sie hat ein ~! **2** *schlagfertig sein;* mit ihrem ~ kommt sie überall durch; jmd. hat ein scharfes, schnelles ~ **3** jmds. ~ steht nicht still, geht wie geschmiert *jmd. redet ununterbrochen* 3.1 halte dein ~! *sei still*
'Mund·win·kel ⟨m.; meist Pl.⟩ *seitl. Ende des Mundes, der Lippen;* ein Lächeln huschte um seine ~; ihre ~ zuckten vor verhaltenem Lachen, Weinen
Mu·ni·ti'on ⟨f.; -; unz.⟩ *Treibstoff u. Geschosse für Feuerwaffen;* Übungs~; blinde, scharfe ~
'mun·keln ⟨V. 402; umg.⟩ (etwas) ~ *einander heimlich etwas erzählen, raunen, Gerüchte, Vermutungen verbreiten;* man munkelt, daß ...; im Dunkeln ist gut ~ ⟨Sprichw.⟩; man munkelt so allerlei
'mun·ter ⟨Adj.⟩ **1** *lebhaft, heiter, fröhlich, frisch;* ~ und guter Dinge; ein ~es Kind; ~er Laune sein; ~ pfeifen, singen; der Kranke ist schon wieder ganz ~ 1.1 nur ~! *frisch ans Werk!, los, voran!* **2** *wach;* der Kaffee hat mich wieder ~ gemacht; ich bin schon ~
'Mün·ze ⟨f.; -, -n⟩ **1** *mit Bild- u. Schriftprägung versehenes Metallgeldstück, dessen Gewicht u. Zusammensetzung genau festgelegt sind;* Gold~; Kupfer~; Scheide~; Silber~; Gedenk~; ~n prägen, schlagen, fälschen, sammeln 1.1 → a. *bar(1.0.1), gleich(2.3), klingen(4.3)* **2** *Ort (Betrieb od. Stadt), in dem Münzen geprägt werden, Münzanstalt, Münzstätte*
'mün·zen ⟨V. 500⟩ **1** Geldstücke ~ *in Form von Münzen herstellen;* er hat neue Dukaten gemünzt **2** Metall ~ *zu Münzen prägen* **3** ⟨550⟩ eine Sache ist auf jmdn. gemünzt ⟨fig.; umg.⟩ *ist auf jmdn. bezogen, jmd. ist mit einer S. gemeint;* das ist auf dich gemünzt
'mür·be ⟨Adj.⟩ **1** *durch Alter, Verwitterung morsch, brüchig, leicht zerfallend;* das Gestein, Holz, der Stoff ist ~ **2** *leicht zerreibbar, hart u. locker;* ein ~s Gebäck **3** *gut durchgekocht od. durchgebraten, zart, weich;* Fleisch ~ klopfen **4** ⟨fig.⟩ *zermürbt, zum Widerstand nicht mehr fähig* 4.1 ⟨50⟩ jmdn. ~ machen *jmdn. zermürben, jmds. Widerstandskraft schwächen;* sein ewiges Betteln, Bitten, Schreien macht mich (ganz) ~
'mur·meln ⟨V.⟩ **1** ⟨500⟩ etwas ~ *leise, undeutlich sprechen;* er murmelte etwas Unverständliches; was murmelst du da? 1.1 etwas in seinen Bart ~ ⟨umg.⟩ *so sprechen, daß man es nicht verstehen kann* **2** ⟨400⟩ Bäche ~ ⟨fig.; geh.⟩ *rauschen leise*
'mur·ren ⟨V. 400⟩ **1** *(leise) seiner Unzufriedenheit Ausdruck geben, sein Mißfallen äußern;* leise, heimlich ~; über das schlechte Essen ~; „...!" murrte er 1.1 etwas ohne Murren tun *ohne Widerspruch, bereitwillig* **2** *(noch verhalten) aufbegehren;* die Leute fingen an zu ~; ein drohendes Murren
'mür·risch ⟨Adj.⟩ *verdrießlich, übellaunig, brummig, unfreundlich, einsilbig;* ein ~es Gesicht machen; ein ~er Mensch; ~es Wesen; etwas ~ sagen, tun; ~ sein
Mus ⟨n.; -es, -e⟩ = *Brei(1);* Apfel~, Erbs~, Grieß~, Kartoffel~, Pflaumen~; ~ kochen, essen; wir sind fast zu ~ gedrückt, zerdrückt worden (so eng war es) ⟨fig.; umg.⟩; ein Insekt zu ~ zerdrücken, zerquetschen
'Mu·schel ⟨f.; -, -n⟩ **1** *Angehörige einer Klasse der Weichtiere mit zwei den Körper ganz oder teilweise bedeckenden Kalkschalen, die vom Mantelrand abgeschieden werden u. an deren Rückenseite sich ein kräftiger Schließmuskel befindet: Lamellibranchiata, Bivalvia;* Mies~, Herz~, Pfahl~; eßbare ~n; die ~ aufbrechen 1.1 *Schale der Muschel(1);* eine Halskette aus ~n; ~n am Strand finden **2** ⟨fig.⟩ *muschelförmige Dinge* 2.1 ⟨Anat.⟩ *äußerer sichtbarer Teil des Ohres;* Ohr~ 2.2 *Teil des Telephons;* Sprech~, Hör~
'mu·sche·lig ⟨Adj.⟩ **1** *muschelförmig* **2** *unregelmäßig gewellt, bes. bei Bruchflächen* **3** ⟨fig.⟩ *behaglich warm od. weich*
'Mu·se ⟨f.; -, -n⟩ **1** ⟨Myth.⟩ *eine der neun griech. Göttinnen der Künste u. Wissenschaften;* die ~ der Tanzkunst, der Musik usw. **2** die heitere, ernste ~ ⟨fig.⟩ *heitere, ernste Kunst*
Mu'se·um ⟨n.; -s, -se·en⟩ **1** *öffentl. Sammlung von Gegenständen der Kunst od. Wissenschaft* **2** *Gebäude für Museum(1);* das ~ ist montags geschlossen
Mu·si·cal ⟨['mju:zikəl] n.; -s, -s⟩ *bes. in Amerika gepflegtes, heiteres Singspiel, moderne Form der Operette*
Mu'sik ⟨f.; -; unz.⟩ **1** *die Kunst, Töne in ästhetisch befriedigender Form nacheinander (Melodie) u. nebeneinander (Harmonie) zu ordnen,*

rhythmisch zu gliedern u. zu einem geschlossenen Werk zusammenzufügen; ~ studieren **2** *Werk(e) der Musik(1);* ~ hören, machen; die ~ pflegen; die ~ zu einem Film, Text, Theaterstück schreiben; gute, leichte, schwere ~; einen Text in ~ setzen **3** *Orchester, bes. Militärkapelle;* bitte, ~! (Aufforderung an die Musikkapelle); die ~ setzte mit einem Tusch ein; Veranstaltung mit ~ und Tanz **4** *Gesamtheit der Musik(2) eines Landes, Volkes od. einer Zeit;* Barock~; alte, moderne ~; deutsche, italienische, klassische ~ **5** ⟨urspr.⟩ *die Kunst der Musen, Dicht-, Tanz-, Gesangskunst usw.*

mu·si'ka·lisch ⟨Adj.⟩ **1** ⟨90⟩ *die Musik betreffend, zu ihr gehörig, auf ihr beruhend;* ~e Akustik, Völkerkunde 1.1 ~e Zeichen *Vorzeichen, Versetzungszeichen* **2** ⟨70⟩ *begabt für das Aufnehmen u. Ausüben von Musik;* der Junge ist sehr ~ **3** ⟨fig.⟩ *klangvoll, wie Musik klingend;* ~e Verse

'mu·sisch ⟨Adj.⟩ **1** *die Musen betreffend, von ihnen stammend* **2** *empfänglich für Kunst, künstlerisch (begabt)*

'Mus·kel ⟨m.; -s, -n⟩ *der Bewegung dienendes, der Kontraktion(1) fähiges Organ*

'Mus·kel·ka·ter ⟨m.; umg.⟩ *vorübergehende, schmerzhafte Muskelverhärtung nach ungewohnter körperl. Anstrengung*

Mus·ku·la'tur ⟨f.; -, -en⟩ *Gesamtheit der Muskeln (eines Körpers)*

mus·ku'lös ⟨Adj. 70⟩ *mit starken Muskeln versehen, kräftig;* ~e Arme, Beine; jmd. ist ~ gebaut; ein ~er Körper

Muß ⟨n.; -; unz.⟩ *Zwang, Erfordernis, unabänderl. Forderung;* es geht vieles, wenn ein ~ dahintersteht; man soll es tun, aber es ist kein ~; ein bitteres, eisernes, hartes ~; ~ ist eine harte Nuß ⟨Sprichw.⟩

'Mu·ße ⟨f.; -; unz.⟩ *Ruhe u. Zeit, ruhige, beschaul. Freizeit;* dazu fehlt mir die (nötige) ~; (genügend, keine) ~ haben, etwas zu tun; etwas mit ~ betrachten, tun

'müs·sen ⟨V. 188/470; Modalverb⟩ **1** *gezwungen sein zu, nicht anders können, (unbedingt) sollen;* ich muß gestehen, ich habe es vergessen; er muß kommen; ich muß fort (erg.: gehen); man muß Geduld haben; wir ~ Ihnen leider mitteilen, daß ...; kein Mensch muß ~ (Lessing, „Nathan der Weise", I, 3); wann mußt du morgens aufstehen?; ich muß (schon) sagen, das habe ich nicht erwartet; ich habe lachen ~; er tut, als müßte es so sein; es muß sein! 1.0.1 man muß sich fürchten, lachen, wenn man ihn sieht *unwillkürlich fürchtet man sich, lacht man* 1.0.2 wieviel muß ich zahlen? *wieviel habe ich zu zahlen?, was kostet es?* 1.1 *notwendig sein, daß ...;* müßt ihr denn unbedingt streiten? 1.2 ich muß mal ⟨kinderspr., a. umg.⟩ *ich muß einmal die Toilette aufsuchen* **2** *dringend wollen, nötig haben zu;* ich muß wissen, ob ...; ich muß jetzt gehen; das muß man gesehen haben (sonst kann man es sich nicht vorstellen) **3** jmd. od. etwas müßte (denn) ... *es sei denn, daß jmd. od. etwas ...;* er kann noch nicht hier sein, er müßte denn geflogen sein **4** *wahrscheinlich sein, anzunehmen sein, daß ..., zu erwarten sein, daß ...;* er muß bald kommen; er muß sehr krank sein; es muß wohl stimmen, wahr sein; das mußte ja (so) kommen! 4.0.1 das müßte doch wunderbar sein *das wäre doch w.* **5** ⟨mit Adv.; Zusammenschreibung nur der infiniten Formen⟩ ich muß hier durch *hindurchgehen, -fahren*

'mü·ßig ⟨Adj.⟩ **1** *arbeitsfrei, untätig;* das hebe ich mir für ~e Stunden auf; er ist nie ~; ~ dastehen, herumsitzen **2** ⟨70; abwertend⟩ *unnütz, überflüssig;* ~e Frage; es ist ~, zu sagen, daß ...

'Mü·ßig·gang ⟨m.; -(e)s; unz.⟩ *Untätigkeit, Nichtstun, Faulheit;* dem ~ verfallen; ~ ist aller Laster Anfang ⟨Sprichw.⟩

'Mu·ster ⟨n.; -s, -⟩ **1** *Vorlage, Modell;* ich gebe Ihnen das Bild als ~ mit; nach ~ zeichnen, sticken, stricken; das kann als ~ dienen **2** *Warenprobe, einzelnes Stück zur Ansicht, zur Auswahl;* ein ~ anfordern, vorlegen 2.1 ~ ohne Wert *Warenprobe als Postsendung* **3** ⟨Gramm.⟩ *Beispiel(wort od. -satz), Paradigma;* für diese Satzkonstruktion ist ein ~ angegeben **4** *sich wiederholende Verzierung;* Stoff~; Tapeten~; ~ für eine Tapete; ein ~ entwerfen **5** *Vorbild, Vollkommenes in seiner Art;* er ist das ~ eines guten Lehrers; er ist ein ~ an Fleiß, Ordnungsliebe; sich etwas od. jmdn. zum ~ nehmen

'mu·ster·gül·tig ⟨Adj.⟩ *vorbildlich, völlig fehlerfrei, nachahmenswert;* eine ~e Arbeit; sie hat sich ~ benommen; der Betrieb ist ~ organisiert

'mu·stern ⟨V. 500⟩ **1** etwas ~ *mit Mustern versehen, ausstatten;* eine Wand, eine Vase ~; gemusterter Stoff, gemusterte Tapete; bunt, reich gemustert **2** ⟨R7 od. R8⟩ jmdn. od. etwas ~ *prüfend betrachten, gründlich ansehen;* jmdn. abschätzend, kühl, skeptisch, spöttisch ~; jmdn. von oben bis unten ~; sie musterte seinen neuen Hut **3** ⟨Mil.⟩ *auf Wehrdiensttauglichkeit hin prüfen, untersuchen;* der Jahrgang 1960 wird dieses Jahr gemustert 3.1 Truppen ~ *Heerschau halten, T. inspizieren*

Mut ⟨m.; -(e)s; unz.⟩ **1** *Bereitschaft, sich in Gefahr zu begeben, Kühnheit, Unerschrockenheit;* (wieder) ~ bekommen; seinen ~ beweisen; (wieder) ~ fassen; (keinen) ~ haben; den ~ haben, etwas zu tun; jmdm. ~ machen; jmdm. den ~ nehmen, etwas zu tun; sein ~ sank, stieg; den ~ verlieren; jmdm. ~ zusprechen; mit dem ~ der Verzweiflung 1.1 nur ~! *(aufmunternder Zuspruch)* 1.1.1 nur ~, die Sache wird schon schiefgehen! ⟨umg.; iron.⟩ *keine Angst, es wird schon gelingen!* **2** ⟨veralt.⟩ *seelische Verfassung, Stimmung;* Ggs *Angst(1)* 2.1 → a. *froh(1.0.1), frisch(1), gut(3.1)*

Mu·ta·ti'on ⟨f.; -, -en⟩ **1** ⟨Biol.⟩ *sprunghafte, plötzliche, ungerichtete, zufällige erbliche Abänderung der Eigenschaften eines Lebewesens;* Ggs *Modifikation(2)* **2** ⟨Med.⟩ = *Stimmwechsel*

'mut·ma·ßen ⟨V. 500; veralt.⟩ etwas ~ *vermuten, annehmen;* wir hatten nichts Gutes gemutmaßt

'Mut·ter[1] ⟨f.; -, ⸚⟩ **1** *Frau, die ein od. mehrere Kinder geboren hat* 1.1 sich ~ fühlen ⟨geh.⟩ *fühlen, schwanger zu sein* 1.2 ~ werden *ein Kind bekommen;* sie ist ~ geworden 1.3 ~ Erde ⟨poet.⟩ *die E., die nährt u. hervorbringt* 1.4 die ~ Gottes *Maria* 1.5 bei ~ Grün schlafen ⟨poet.⟩ *unter freiem Himmel, in der Natur* 1.6 → a. *Vorsicht(1.0.1-1.0.2)* **2** *Frau im*

Verhältnis zu ihren Kindern; eine gute, liebevolle, schlechte, strenge ~ sein; wie eine ~ zu jmdm. sein; Vater und ~ **2.0.1** ~ und Sohn, Tochter *(die) Frau u. ihr S., ihre T.* **2.0.2** sie ist ~ von drei Kindern *eine Frau mit drei K.* **2.0.3** einem Kind die ~ ersetzen *die Frau, die es geboren hat* **2.1** an ~s Rock hängen ⟨fig.⟩ *unselbständig sein (von größeren Kindern)* **2.2** ich fühle mich hier wie bei ~n ⟨umg.; berlin. mit altem Dativ⟩ *wie zu Hause* **2.3** → a. *leiblich(2.2)*

ˈ**Mut·ter**² ⟨f.; -, -n⟩ *das Gewinde drehbar umschließender Teil einer Schraube, Schraubenmutter;* eine ~ anziehen, festschrauben, lokkern

ˈ**Mut·ter·bo·den** ⟨m.⟩ *fruchtbare, humusreiche oberste Bodenschicht;* Sy *Muttererde(1);* schwarzer ~

ˈ**Mut·ter·er·de** ⟨f.⟩ **1** = *Mutterboden* **2** ⟨fig.⟩ *Heimaterde*

ˈ**Mut·ter·ku·chen** ⟨m.; Med.⟩ *aus der Zottenhaut der Eihüllen u. der Schleimhaut der Gebärmutter gebildetes Organ, das dem Blutaustausch u. Stoffwechsel zwischen Mutter u. Embryo über die Nabelschnur dient*

ˈ**Mut·ter·land** ⟨n.⟩ **1** *Staat im Verhältnis zu seinen Kolonien* **2** *Heimat* **3** *Herstellungsland von Produkten*

ˈ**müt·ter·lich** ⟨Adj.⟩ **1** *von der Mutter stammend, der Mutter gehörend;* mein ~es Erbteil; die ~e Linie, Seite **2** *wie eine Mutter, liebevoll besorgt;* ~e Frau, Freundin; ~e Liebe, Zärtlichkeit; jmdn. ~ umsorgen

ˈ**Mut·ter·milch** ⟨f.⟩ **1** *die von den weiblichen Milchdrüsen in der Stillzeit abgesonderte Milch* **1.1** etwas mit der ~ einsaugen ⟨fig.; umg.⟩ *etwas von Kind an lernen*

ˈ**Mut·ter·mund** ⟨m.; -(e)s; unz.; Med.⟩ **1** *Mündung des den Gebärmutterhals durchziehenden Kanals* **1.1** äußerer ~ *nach der Scheide hin gelegener M.* **1.2** innerer ~ *nach der Gebärmutter hin gelegener M.*

ˈ**Mut·ter·rol·le** ⟨f.⟩ *Verzeichnis der zu einer Gemeinde gehörenden, nach den Eigentümern geordneten Grundstücke*

ˈ**Mut·ter·spra·che** ⟨f.⟩ *die Sprache, die man von Kind auf gelernt hat;* Deutsch ist meine ~

ˈ**Mut·wil·le** ⟨m.; -ns; unz.⟩ *Absicht;* etwas mit ~n tun; seinen ~n an jmdm. auslassen

ˈ**Müt·ze** ⟨f.; -, -n⟩ **1** *Kopfbedeckung (aus weichem Stoff od. gestrickt) ohne Krempe, mit od. ohne Schirm;* Basken~; Zipfel~; die ~ aufsetzen, abnehmen **2** ⟨köln.⟩ *Narrenkappe* **3** *wärmende Bedeckung in Form einer Mütze für Kannen, Haube;* Kaffee~; Tee~

Myˈste·ri·en·spiel ⟨n.; MA⟩ *dramat. Aufführung bibl. Stoffe;* Sy *Mysterium(4)*

Myˈste·ri·um ⟨n.; -s, -ri·en⟩ **1** = *Geheimnis(2)* **2** *Geheimlehre* **3** ⟨meist Pl.⟩ *geheimer Kult;* eleusische, dionysische Mysterien **4** = *Mysterienspiel*

ˈ**My·stik** ⟨f.; -; unz.⟩ *Form relig. Erlebens, in der nach vorbereitender Askese durch Versenkung od. Ekstase innige Verbindung mit dem Göttlichen gesucht wird*

ˈ**My·the** ⟨f.; -, -n⟩ **1** = *Mythus(2-3)* **2** ⟨umg.⟩ *Dichtung, Erdichtetes*

ˈ**My·thos** ⟨m.; -, -then⟩ = *Mythus*

ˈ**My·thus** ⟨m.; -, -then⟩ oV *Mythos* **1** *Überlieferung eines Volkes von seinen Vorstellungen über die Entstehung der Welt, seine Götter, Dämonen usw.* **2** *Sage von Göttern, Helden, Dämonen ;* oV *Mythe* **3** *zur Legende gewordene Begebenheit od. Person von weltgeschichtl. Bedeutung;* oV *Mythe*

N

na ⟨Int.; umg.⟩ **1** *(vertraul. Anrede);* ~, du?; ~, Kleiner, was möchtest du denn?; ~, wie geht's? **2** *(einleitender Ausdruck der begütigenden Abwehr, der Ungläubigkeit);* ~ ja! **2.1** ~, ~! *Vorsicht!, stimmt das wirklich?, nur ruhig, nicht aufregen!* **2.2** ~, ich danke! *das würde ich keinesfalls tun, das würde mir nicht gefallen* **2.3** ~ sowas! *ist das möglich?, das hätte ich nicht gedacht!* **3** *(einleitender Ausdruck des auffordernden Zuspruchs, der Ungeduld);* ~, komm (schon)!; ~, wird's bald?; ~, dann!; ~, denn mal los! **3.1** ~ warte! *(leichte Drohung)* **3.2** ~, hör mal! *was fällt dir ein?, so geht das nicht!* **4** *(einleitender Ausdruck der Erleichterung, der Zustimmung, der Bestätigung);* ~ endlich! **4.1** ~ also! *siehst du, es geht also doch!, ich hab' es ja gleich gesagt!* **4.2** ~ gut! *nun gut!, wenn es sein muß: ja!* **4.3** ~ und ob! *aber selbstverständlich!, mehr als das!* **5** *(einleitender Ausdruck der Herausforderung);* ~, und wenn schon! **5.1** ~ und? *ist das so schlimm?, hast du etwas dagegen?*

'Na·bel ⟨m.; -s, -⟩ **1** *die eingezogene, vernarbte Stelle etwa in der Bauchmitte, wo die Leibesfrucht mittels der Nabelschnur im Mutterleib mit dem Mutterkuchen in Verbindung stand, Bauchnabel: Umbilicus* **2** ⟨Bot.⟩ *Stelle, an der der Samen einer Pflanze am Samenträger festgewachsen ist, Hilum* **3** ⟨fig.; leicht scherzh.⟩ *Mittelpunkt;* am ~ der Welt

'Na·bel·schnur ⟨f.⟩ *die Leibesfrucht mit den Gefäßen des Mutterkuchens verbindendes schnurförmiges Organ, über das das Kind im Mutterleib ernährt wird: Funiculus umbilicalis;* die ~ wird nach der Geburt abgeschnitten

nach[1] ⟨Präp. mit Dat.⟩ **1** ⟨örtlich⟩ *in Richtung auf;* Ggs *von(1);* ~ Berlin, ~ Italien fahren; ~ jeder Richtung; der Weg ~ der Stadt; ~ hinten, ~ vorn gehen; ~ links, rechts; ~ Haus fahren, gehen, kommen; die Fenster liegen ~ dem Garten, ~ der Straße (zu) **2** ⟨modal⟩ *auf ein (erstrebtes) Ziel hin;* ~ jmdm. od. etwas suchen; sich ~ jmdm. od. etwas sehnen; ~ dem Arzt schicken; Verlangen ~ etwas haben; ~ jmdm. fragen; hat jmd. ~ mir gefragt, solange ich fort war?; ~ dem Weg fragen; ~ etwas zielen **2.1** sich ~ jmdm. richten *so handeln, wie jmd. es möchte* **3** ⟨zeitlich⟩ *später als, wenn ... vorbei ist;* Ggs *vor[1](3);* ~ der Arbeit, ~ der Arbeitszeit; im Jahre 5 ~ Christi Geburt; ~ dem Essen; ~ einigen Jahren, Wochen, Tagen; am Tage ~ dem Fest; ~ langem Hin und Her; ~ vieler Mühe; ~ Ostern, Weihnachten; ~ einer halben Stunde; ~ einer Weile; ~ langer, kurzer, einiger Zeit; ~ diesem Zeitpunkt **3.1** ~ Tisch ⟨fig.⟩ *wenn das Essen vorüber ist* **3.2** etwas ~ sich ziehen ⟨a. fig.⟩ *etwas zur Folge haben;* der erste Vertrag zog weitere ~ sich **4** ⟨zur Bez. des Musters, Vorbildes, der Art u. Weise⟩ *so wie ..., gemäß, entsprechend;* ~ Art von, od. des ..., der ...; Spaghetti ~ Mailänder Art; ~ Diktat schreiben; Gegenstände ~ Farben ordnen; ~ dem Gedächtnis zeichnen; meinem Gefühl ~ verhält es sich so ...; ~ dem Gehör lernen, spielen; dem Gesetz ~ müßte er verurteilt werden; eine Ware ~ Gewicht verkaufen (nicht ~ Menge); ~ Leistung bezahlen; ~ Noten singen, spielen; ~ bestimmten Regeln; Gemälde ~ einer Zeichnung von XY; das schmeckt ~ Pfefferminze; hier riecht es ~ Veilchen **4.0.1** das riecht ~ Verrat ⟨fig.; umg.⟩ *das läßt V. ahnen* **4.1** Anzug ~ Maß *genau den Maßen des Betreffenden entsprechend* **4.2** ~ Belieben *wie es beliebt, wie man will* **4.3** man hat ihn ~ seinem Vater genannt *man hat ihm den Namen seines Vaters gegeben* **4.4** allem Anschein ~ *es scheint so, als ob ...* **4.5** meiner Ansicht, Meinung ~ *wie ich es mir denke* **4.6** jmdn. (nur) dem Namen ~ kennen *nur den N. von jmdm. kennen, jmdn. nicht persönlich kennen* **4.7** aller (menschlichen) Voraussicht ~ *voraussichtlich, wahrscheinlich* **5** ⟨zur Bez. der Reihenfolge, Rangordnung⟩ *hinter ... folgend;* einer ~ dem anderen; das Objekt steht ~ dem Subjekt; Sie sind ~ mir an der Reihe; der Major kommt ~ dem Hauptmann; der oberste Beamte ~ dem König **5.1** der Reihe ~ *nacheinander, hintereinander, in bestimmter Reihenfolge* **5.2** bitte ~ Ihnen! *bitte gehen Sie voran!*

nach[2] ⟨Adv.; meist in festen Fügungen⟩ **1** mir ~! *folgt mir!* **2** ~ und ~ *allmählich, mit der Zeit, im Lauf der Zeit;* ~ und ~ besserte sich sein Zustand; ~ und ~ leerte sich der Saal **3** ~ wie vor *immer noch, wie immer, wie bisher;* ich bin ~ wie vor der Meinung, daß ...

nach..., Nach... ⟨Vors.⟩ **1** ⟨in Zus. mit Verben od. Subst.⟩ **1.1** *hinterher;* nachlaufen; nachtrauern; Nachkriegszeit **1.2** *zusätzlich;* nachfordern **1.3** *nachahmend, prüfend wiederholend, noch einmal, wieder;* nachbilden; nacherzählen; nachfüllen; nachmessen; nachrechnen **2** ⟨mit Adj.⟩ *folgend auf, später als;* nachklassisch

'nach|ah·men ⟨V. 500⟩ **1** ⟨R8⟩ jmdn. ~ *sich genauso verhalten wie jmd., jmdn. nachmachen;* er ahmte ihn treffend nach **1.1** jmds. Sprechweise, Bewegungen ~ *sich in einer S., seinen B. an jmdn. angleichen* **2** etwas ~ = *nachbilden;* es gelang ihm nicht, das Meisterwerk nachzuahmen **3** ⟨Mus.⟩ *ähnlich u. auf anderer Tonstufe wiederholen;* ein Thema, Motiv ~

'nach|ar·bei·ten ⟨V. 500⟩ etwas ~ **1** *nachbilden;* er ließ das Original ~ **2** *nochmals bearbeiten, überarbeiten;* einen maschinell hergestellten Gegenstand mit der Hand, von Hand ~ **3** *durch Arbeit wieder einholen;* Ggs *vorarbeiten;* versäumte Zeit ~

'Nach·bar ⟨m.; -n od. -s, -n⟩ **1** *neben jmdm. Sitzender od. Wohnender;* Bank~; Flur~; Tisch~; Äpfel aus ~s Garten stehlen; es kann der Frömmste nicht im Frieden leben, wenn es dem bösen ~n nicht gefällt (Schiller, Wilhelm Tell, IV,3); die lieben ~n ⟨iron.⟩ **1.1** Herr ~! ⟨veralt.⟩ *(Anrede)* **1.2** die ~n *die nebenan od. in unmittelbarer Nähe Wohnenden* **1.3** unsere östlichen, westlichen ~n *die im Osten, Westen an unseren Staat angrenzenden Staaten*

'Nach·bar·schaft ⟨f.; -; unz.⟩ **1** *das Benachbartsein;* ~ bringt auch Pflichten mit sich **2** *unmittelbare Nähe;* sie wohnen in der ~ **3** *Verhältnis zum Nachbarn;* gute ~ halten

'nach|bil·den ⟨V. 500⟩ etwas ~ *nach einem Vorbild, Muster bilden, gestalten;* Sy *nachahmen(2), kopieren(4)*

'nach|blei·ben ⟨V. 114/400(s.)⟩ **1** *nicht mitkommen, zurückbleiben;* im Unterricht ~; hinter den anderen (Läufern, Fahrern, Schülern) ~ 1.1 *(in der Schule) nachsitzen* **2** die Uhr bleibt nach *geht nach*

nach'dem ⟨Konj.⟩ **1** *später als;* ~ er abgereist war; kurz ~ er gekommen war **2** ⟨oberdt.⟩ *da, weil;* ~ das so ist ... **3** → a. *je[1](2.1)*

'nach|den·ken ⟨V. 119/400⟩ *eine Sache gründlich durchdenken, überlegen;* denk nach!; laß mich ~; kurz, lange, scharf, tief ~; nach langem Nachdenken; über etwas ~

'nach·denk·lich ⟨Adj.⟩ **1** *zu Überlegungen neigend, sich über alles Gedanken machend;* ein ~es Kind; ein ~er Mensch **2** *in Gedanken versunken;* „...", sagte er ~; ~ schweigen

'Nach·druck ⟨m.⟩ **1** ⟨Buchw.⟩ *unveränderter Abdruck;* ~ verboten (Vermerk in Schriftwerken) **2** ⟨unz.⟩ *Hervorhebung, Betonung;* auf ein Problem, einen Satz besonderen ~ legen; etwas mit ~ sagen; Worte, Sätze mit ~ sprechen; um seinen Worten besonderen ~ zu verleihen ... **3** ⟨unz.⟩ *Festigkeit, Eindringlichkeit, gesteigerte Tatkraft;* eine Sache mit ~ betreiben

'nach·drück·lich ⟨Adj.⟩ *mit Nachdruck, eindringlich, energisch;* ~ auf etwas hinweisen; jmdn. ~ auffordern, etwas zu tun, zu unterlassen; ~ erklären, daß ...; auf etwas ~ bestehen

nach·ein'an·der ⟨a. ['----]; Adv.⟩ *einer nach dem anderen, hintereinander, nicht gleichzeitig;* bitte ~ eintreten; zweimal ~

'nach|emp·fin·den ⟨V. 134⟩ **1** ⟨503⟩ (jmdm.) etwas ~ *so empfinden, wie jmd. empfunden hat;* Sy *nachfühlen;* das kann ich (dir) nicht ~; jmds. Freude, Schmerz ~ **2** ⟨530⟩ jmdm. etwas ~ *mit jmdm. fühlen*

'Na·chen ⟨m.; -s, -; bes. poet.⟩ *Boot, Kahn*

'Nach·fol·ge ⟨f.⟩ **1** *das Nachfolgen* 1.1 *Übernahme eines Amtes, einer Würde, eines Erbes (vom Vorgänger);* ~ Christi (nach Matthäus 16,24) 1.1.1 jmds. ~ antreten *jmdn. in seinem Amt ablösen*

'nach|fol·gen ⟨V.(s.)⟩ **1** ⟨400⟩ *folgen, hinterhergehen;* ich folge später nach **2** ⟨400; fig.⟩ *später kommen;* die ~den Kapitel **3** ⟨600; fig.⟩ jmdm. (im Amt) ~ *jmds. A. übernehmen*

'Nach·fra·ge ⟨f.⟩ **1** *Erkundigung, Anfrage;* trotz mehrmaliger ~n habe ich nicht erfahren können, ob ... 1.0.1 danke der gütigen ~! *danke, daß Sie sich danach erkundigen* **2** *Bereitschaft der Käufer, eine Ware zu kaufen;* Angebot und ~; die ~ sinkt, steigt, nimmt ab, nimmt zu; große, keine, lebhafte, rege, wenig ~; es herrscht starke, geringe ~ danach

'nach|füh·len ⟨V. 503⟩ = *nachempfinden*

'nach|ge·ben ⟨V. 143⟩ **1** ⟨400⟩ *einem Druck nicht standhalten* 1.1 etwas gibt nach *hält nicht stand, verbiegt sich, dehnt sich, weicht zurück;* der Boden unter seinen Füßen gab plötzlich nach 1.1.1 *erschlaffen, locker werden;* der Stoff gibt mit der Zeit noch etwas nach; das Seil, an dem er sich hielt, gab nach **2** ⟨403⟩ (jmdm. od. einer Sache) ~ ⟨fig.⟩ *endlich doch zustimmen, seinen Widerstand gegen jmdn. od. eine Sache aufgeben;* jmds. Bitten, Drängen ~; der Klügere gibt nach ⟨Sprichw.⟩ 2.1 ⟨600⟩ einem Impuls, einer Laune ~ *einem I., einer L. folgen* **3** ⟨600⟩ jmdm. od. einer Sache nichts ~ *jmdm. od. einer S. gleichkommen* 3.0.1 er gibt seinem Freund an Ausdauer, Hilfsbereitschaft nichts nach *er ist ebenso ausdauernd, hilfsbereit wie sein Freund* **4** ⟨500⟩ etwas ~ *nachträglich geben, zusätzlich geben;* sich Gemüse, Fleisch ~ lassen (beim Essen)

'Nach·ge·bühr ⟨f.⟩ *von der Post erhobene nachträgl. Gebühr für unzureichend frankierte Sendungen*

'Nach·ge·burt ⟨f.⟩ **1** *die Ausstoßung des Mutterkuchens nach der Geburt* **2** *die nach der Geburt ausgestoßene Plazenta*

'nach|ge·hen ⟨V. 145(s.)⟩ **1** ⟨600⟩ jmdm. od. einer Sache ~ *folgen, hinter jmdm. od. etwas hergehen;* er ging dem Leichenzug nach 1.1 einer Sache ~ ⟨fig.⟩ *eine S. untersuchen, eine Angelegenheit zu klären suchen;* einer Frage, einem Problem, einem Gerücht ~ **2** ⟨600⟩ einer Tätigkeit, Sache ~ *sich einer T., S. widmen;* seiner Arbeit, seinen Geschäften ~; einer geregelten Arbeit ~ **3** ⟨400⟩ die Uhr geht nach *geht zu langsam* **4** ⟨600⟩ etwas geht jmdm. nach *wirkt in jmdm. nach, beschäftigt jmdn. in seinen Gedanken;* seine Worte sind mir noch lange nachgegangen

'nach·ge·ra·de ⟨Adv.⟩ **1** *allmählich, schließlich;* jetzt wird es mir ~ zuviel **2** *geradezu;* das kann man ja ~ ein Verbrechen nennen

'Nach·ge·schmack ⟨m.; -(e)s; unz.⟩ **1** *im Mund bleibender Geschmack;* die Medizin hat einen bitteren ~; der Wein hat einen ~ von Harz **2** ⟨fig.⟩ *(unangenehme) Erinnerung;* der Vorfall hat einen bitteren ~ bei mir zurückgelassen, hinterlassen

'nach·gie·big ⟨Adj.⟩ **1** *nachgebend, weich;* der Fußboden in der Turnhalle ist ~ **2** ⟨fig.⟩ *leicht nachgebend, leicht umzustimmen, versöhnlich, fügsam;* er wäre ~er, wenn auch du Zugeständnisse machtest

'nach|hän·gen ⟨V. 161/600⟩ **1** einer Sache ~ *nachtrauern, sich trüben Gedanken überlassen* 1.1 seinen Gedanken ~ *in G. versunken sein, über vieles nachdenken*

'nach|hel·fen ⟨V. 165/403⟩ (jmdm. od. einer Sache) ~ *helfen, daß es vorwärts od. besser geht, eine S. vorantreiben, beschleunigen;* kannst du nicht ein bißchen ~, damit es schneller geht?; hast du das ganz allein gemacht, oder hat die Mutter nachgeholfen?

'nach|hin·ken ⟨V. 410(s.); fig.⟩ **1** *später, verspätet kommen, fertig sein;* bei der Stimmabgabe ~ **2** *nicht mitkommen, nicht Schritt halten können;* beim Wettlauf ~; im Unterricht ~

'nach|ho·len ⟨V. 500⟩ eine Sache ~ *nachträglich einholen, einbringen, nacharbeiten, sich nachträglich erarbeiten;* versäumten Unterricht ~

'nach|ja·gen ⟨V. 600⟩ **1** ⟨(s.)⟩ jmdm. od. etwas ~ *hinterhereilen, jmdn. od. etwas schnell verfolgen;* einem Flüchtling, Verbrecher ~; die Kinder jagen dem Ball nach **2** einer Sache ~ ⟨fig.⟩ *eine S. mit aller Kraft* *anstreben, zu gewinnen suchen;* dem Geld ~; Vergnügungen ~

'nach|klin·gen ⟨V. 168/400⟩ etwas klingt nach **1** *weiterklingen, nachhallen;* lange noch klangen die Glockenschläge nach **2** ⟨fig.⟩ *nachwirken;* seine Worte klangen lange in mir nach

'Nach·kom·me ⟨m.; -n, -n⟩ **1** *Verwandter in absteigender gerader Linie, z. B. Kind, Enkel;* Ggs *Vorfahr* 1.1 ⟨Pl.⟩ die ~n *alle, die leiblich von jmdm. abstammen*

'nach|kom·men ⟨V. 170⟨s.⟩⟩ **1** ⟨400⟩ *später kommen, folgen;* geht schon voraus, ich komme (gleich) nach; die Kinder, den Wagen ~ lassen **2** ⟨410⟩ *mitkommen, Schritt halten;* beim Diktat nicht ~ **3** ⟨600⟩ einer Sache ~ *eine S. erfüllen;* ich kann dieser Verpflichtung nicht ~ **4** ⟨600⟩ jmdm. ~ *(beim Trinken) Bescheid tun, auf Zutrinken antworten*

'Nach·laß ⟨m.; -s·ses, -s·se od. ·̈s·se⟩ **1** *Ermäßigung, Preisherabsetzung;* Preis~; ~ fordern, gewähren **2** *Verzicht auf einen Teil einer Schuld;* über einen ~ verhandeln **3** *Hinterlassenschaft, Erbschaft;* den ~ eröffnen, verwalten 3.1 der literarische ~ eines Dichters *die nachgelassenen Werke eines D.*

'nach|las·sen ⟨V. 175⟩ **1** ⟨500⟩ etwas ~ *die Spannung von etwas lockern, etwas entspannen;* die Zügel, ein straffes Seil ~; ich mußte die Schrauben ein wenig ~ **2** ⟨503⟩ etwas ~ *erlassen, tilgen;* der Rest seiner Schulden, Strafe wurde ihm nachgelassen; bei dieser Ware wurden mir 5 Mark nachgelassen; er hat mir 15 % vom Preis nachgelassen **3** ⟨530⟩ jmdm. etwas ~ = *hinterlassen(1.1)* **4** ⟨400⟩ *schwächer, kleiner, weniger werden, an Heftigkeit, Kraft, Wirksamkeit verlieren;* die Hitze, Kälte läßt allmählich nach; der Regen, Sturm läßt nach; nach der Spritze wird der Schmerz bald ~; ich werde alt, meine Kräfte lassen nach; der Eifer, Fleiß, die Leistungen des Schülers haben in letzter Zeit merklich nachgelassen; bei diesem Kriminalroman erkennt man bald die Zusammenhänge, so daß die Spannung schon im zweiten Drittel nachläßt 4.1 das Fieber läßt nach *die Temperatur sinkt* 4.2 die Geschäfte lassen nach *die G. werden schlechter* 4.3 in seinen Leistungen ~ *schlechter werden* 4.4 jmd. läßt in seiner Kraft nach *jmds. Kraft vermindert sich* 4.5 jmd. läßt in seinem Eifer, Fleiß nach *jmds. E., F. wird geringer* 4.6 o Schmerz, laß nach! ⟨umg.; scherzh.⟩ *(Ausruf bei etwas Unangenehmem)* 4.7 nicht ~! *(aufmunternder Zuruf)*

'nach·läs·sig ⟨Adj.⟩ **1** *nicht sorgfältig, unordentlich, unachtsam, ungenau;* ~ arbeiten 1.0.1 er geht mit seinen Sachen sehr ~ um *er pflegt, schont seine S. nicht* **2** *ungezwungen;* seine ~e Haltung verriet keinerlei Spannung **3** *unbeteiligt, gleichgültig, sorglos;* mit einer ~en Handbewegung

'nach|lau·fen ⟨V. 176/600⟨s.⟩⟩ **1** jmdm. od. etwas ~ *hinterherlaufen, eilig folgen;* die Kinder liefen dem Drehorgelspieler nach 1.1 diese Kleider laufen sich in der Stadt nach ⟨umg.; scherzh.⟩ *es werden hier sehr viele K. des gleichen Modells getragen* **2** jmdm. od. einer Sache ~ ⟨fig.; umg.⟩ *sich anhaltend u. heftig (ohne Selbstachtung) um jmdn. od. eine Sache bemühen;* einer Frau ~; er machte zwar gute Geschäfte, mußte aber seinem Geld ~ 2.1 ich laufe niemandem nach *ich dränge mich niemandem auf*

'nach|le·ben ⟨V. 600⟩ jmdm. ~ *jmdm. (als einem Vorbild) entsprechend leben, jmdm. nachstreben;* versuche, ihm nachzuleben!

'Nach·le·se ⟨f.⟩ **1** Nachernte (z. B. bei der Traubenernte) 1.1 *Ährenlese* **2** ⟨fig.⟩ *Nachtrag, Sammlung von Dingen, die in eine erste Sammlung nicht mit aufgenommen waren;* ~ von Gedichten

'nach|ma·chen ⟨V. 500⟩ **1** ⟨R8⟩ jmdn. od. etwas ~ *nachahmen;* eine Handschrift, Mode, Stimme ~; er kann ihn verblüffend echt ~; sie macht mir alles nach 1.1 Geld ~ *fälschen* 1.2 es sind nur nachgemachte Edelsteine *unechte E.* **2** eine Sache ~ *nachholen, nachträglich tun, hinterher erledigen;* eine Arbeit ~

'nach·ma·lig ⟨Adj. 24/60⟩ *zu einem späteren Zeitpunkt (in bestimmter Funktion od. Eigenschaft) in Erscheinung tretend;* der ~e Präsident

'nach·mals ⟨Adv.⟩ *zu einem späteren Zeitpunkt;* ~ wurde es ihm klar

'Nach·mit·tag ⟨m.⟩ **1** *(Tagesabschnitt, Zeit) zwischen Mittag u. Abend;* ich habe den ganzen ~ gewartet; vom frühen ~ an haben wir gewartet; bis zum ~ warten; ein heißer, regnerischer, schwüler, sonniger, trüber ~; er wollte im Laufe des ~s anrufen; seit diesem ~; am frühen, späten, zeitigen ~; früh, spät, zeitig am ~; gestern, heute, morgen nachmittag 1.1 am Montag, Dienstag nachmittag *M., D. zwischen Mittag u. Abend* 1.2 am ~ *in der Zeit zwischen Mittag u. Abend;* am ~ des 15. Mai zwischen 16 und 17 Uhr 1.3 des ~s *in der Zeit zwischen Mittag u. Abend;* des ~s gehe ich gewöhnlich spazieren

'nach·mit·tags ⟨Adv.; Abk.: nachm.⟩ *am Nachmittag*

'Nach·nah·me ⟨f.; -, -n⟩ **1** *Bezahlung einer Postsendung durch den Empfänger bei Aushändigung der Sendung;* als, gegen, mit, unter ~ schicken; den Betrag durch ~ erheben **2** *mittels Nachnahme(1) zu bezahlende Postsendung;* eine ~ für Herrn X

'Nach·re·de ⟨f.⟩ **1** = *Nachwort* **2** üble ~ *Verbreitung abfälliger Meinungen über jmdn.;* böse, gemeine, niederträchtige, schlechte ~; jmdn. in üble ~ bringen; in üble ~ geraten, kommen; üble ~ über jmdn. führen, verbreiten

'Nach·richt ⟨f.; -, -en⟩ **1** *Botschaft, Benachrichtigung, Mitteilung einer Begebenheit, eines Sachverhalts;* eine ~ abdrucken, bekanntgeben, durchgeben, veröffentlichen, weiterleiten; eine ~ bekommen, empfangen, erhalten, hören; jmdm. eine ~ bringen, mitteilen, senden, übermitteln; eine eilige, gute, schlechte, verspätete, wichtige ~; diese ~ wurde bereits dementiert; diese ~ ist soeben eingegangen, eingetroffen; hat er nicht eine ~ (für mich) hinterlassen, zurückgelassen?; jmdm. eine ~ überbringen; jmdm. ~ geben; die erwartete ~ blieb aus; eine falsche ~; wir haben keine ~ von ihm; schlimme ~ kommt stets zu früh ⟨Sprichw.⟩ **2** *Übermittlung einer (aktuellen) Begebenheit;* die ~ wurde durch das Fernsehen, die Presse, den Rundfunk verbreitet; die ~ wurde in der Presse groß herausgestellt; ~en aus aller Welt; die neuesten ~en; amtliche, lokale, politische, vermischte ~en 2.1 ⟨nur Pl.⟩ ~en *Rundfunk-, Fernsehsendung, in der (aktuelle) Begebenheiten des öffentl. Interesses in kurzer Form mitgeteilt werden;* ~en hören, sehen

'Nach·rich·ten·dienst ⟨m.⟩ **1** *regelmäßige Einholung, Weitergabe von Nachrichten* 1.1 *gewerbl. Unternehmen, das Nachrichten sammelt u. an Zeitungen usw. vermittelt* 1.2 *Rundfunksendung mit Nachrichten* 1.3 *staatl. Spionage(abwehr)organisation*

'Nach·ruf ⟨m.⟩ *Gedenkrede, Würdigung eines Verstorbenen (z. B. am Grab, in der Zeitung);* jmdm. einen ~ widmen; heute steht der ~ in der Zeitung

'nach|sa·gen ⟨V. 500⟩ **1** Vorgesprochenes ~ *wiederholen, nachsprechen;* Sätze, Worte ~ 1.1 ⟨530/R6⟩ jmdm. etwas Unangenehmes ~ *über jmdn. etwas U. sagen, verbreiten;* man sagt ihm nach, er sei Trinker gewesen 1.1.1 das lasse ich mir nicht ~! *das ist eine Verleumdung!*

'Nach·satz ⟨m.⟩ **1** *Nachschrift, Nachtrag, Ergänzung* **2** ⟨Gramm.⟩ *nachgestellter Satz in einer Satzverbindung od. einem Satzgefüge*

'nach|schaf·fen ⟨V. 207/500⟩ etwas ~ **1** *nachträglich wieder neu anschaffen, dazukaufen;* Bett- u. Tischwäsche müssen immer wieder nachgeschafft werden **2** *nach einem Vorbild schaffen;* der Bildhauer hat den Kopf aus Marmor nachgeschaffen

'Nach·schlag ⟨m.⟩ **1** ⟨Mus.⟩ *verzierender Abschluß eines Trillers* **2** *eine od. zwei Ziernoten zwischen zwei Haupttönen* **3** ⟨soldatenspr.⟩ *zusätzl. Essensportion;* einen ~ fassen

'nach|schla·gen ⟨V. 218⟩ **1** ⟨402⟩ (etwas) ~ *(in einem Buch) eine Stelle suchen, nachlesen;* ein Zitat ~ **2** ⟨600⟩ jmdm. ~ *nach jmdm. geraten, genauso werden wie jmd., Wesensart od. Körpergestalt von jmdm. erben;* das Kind schlägt dem Vater nach

'Nach·schlüs·sel ⟨m.⟩ *zufällig passender zweiter od. unrechtmäßig nachgearbeiteter Schlüssel*

'nach|schrei·ben ⟨V. 230/500⟩ etwas ~ **1** *nach Ansage od. Muster schreiben* **2** *in Stichworten aufschreiben;* einen Vortrag, eine Vorlesung ~

'Nach·schrift ⟨f.; Abk.: NS⟩ **1** *Nachsatz, Nachtrag, Zusatz (im Brief)* **2** *das Nachgeschriebene, Niederschrift nach Ansage* 2.1 *schriftl. Wiedergabe in Stichworten;* die ~ eines Vortrages, einer Vorlesung

'Nach·schub ⟨m.⟩ **1** *Versorgung mit neuem Material (bes. der kämpfenden Truppe mit Verpflegung, Munition usw.)* **2** *das Material des Nachschubs(1);* keinen ~ bekommen; jmdn. mit ~ versorgen

'nach|se·hen ⟨V. 239⟩ **1** ⟨600⟩ jmdm. od. einer Sache ~ *nachblicken, hinterherschauen;* dem abfahrenden Zug ~ **2** ⟨500⟩ etwas ~ *prüfen, prüfend ansehen, durchsehen;* Schulaufgaben ~; ich muß die Rechnung noch ~ (auf Fehler hin); ich habe die Strümpfe, die Wäsche schon nachgesehen (ob etwas zu stopfen ist) 2.1 *ansehen, um den Fehler zu finden;* eine defekte Maschine ~ **3** ⟨402⟩ (etwas) ~ *nachschlagen, nachlesen, eine bestimmte Stelle in einem Buch suchen;* sieh doch mal im Lexikon (dieses Wort) nach! **4** ⟨530/R6⟩ jmdm. etwas ~ ⟨fig.⟩ *verzeihen, nicht wichtig nehmen, mit Nachsicht behandeln* 4.0.1 die Mutter sieht dem Kinde zu vieles, alle Unarten nach *bestraft, rügt das Kind nicht, obwohl es nötig wäre*

'nach|set·zen ⟨V.⟩ **1** ⟨500⟩ etwas ~ *dahintersetzen* 1.0.1 ein Wort ~ *im Satz hinter ein anderes setzen* 1.1 eine Sache ~ ⟨fig.⟩ *hintansetzen* 1.1.1 die eigenen Interessen ~ *hinter gemeinsame I. zurückstellen* **2** ⟨600⟩ jmdm. od. etwas ~ *schnell, im Galopp folgen, im Laufschritt folgen;* die Polizei setzte dem ausgebrochenen Gefangenen nach

'Nach·sicht ⟨f.⟩ *Geduld, Milde, verzeihende Betrachtungsweise;* ~ haben, üben; jmdn. um ~ bitten; jmdn. mit ~ behandeln; in solch einem Fall kenne ich keine ~; Vorsicht ist besser als ~ ⟨Sprichw.⟩; je mehr Einsicht, je mehr ~ ⟨Sprichw.⟩

'nach·sich·tig ⟨Adj.⟩ *geduldig, milde, verzeihend;* eine ~e Behandlung, Beurteilung; eine ~e Mutter, ein ~er Vater; jmdn. ~ behandeln; eine Arbeit ~ beurteilen; ~ gegen jmdn. sein

'nach|sit·zen ⟨V. 246/400⟩ *in der Schule zur Strafe länger dableiben müssen;* er mußte heute in der sechsten Stunde ~

'Nach·som·mer ⟨m.⟩ **1** *sommerl. Herbsttage* **2** ⟨fig.⟩ *spätes Liebesglück*

'Nach·spiel ⟨n.⟩ **1** *kurzes Theater- od. Musikstück als Abschluß eines größeren Stückes* **2** ⟨fig.⟩ *Folgen;* die Sache hatte ein gerichtliches ~

'nach|spü·ren ⟨V. 600/R6⟩ jmdm. od. einer Sache ~ *heiml. nachforschen, suchend folgen, auf die Spur zu kommen suchen;* einem Geheimnis, einer Fährte, einem Verbrechen ~

nächst ⟨Adj. 70; Superlativ von⟩ *nahe* **1** *in kürzester Entfernung, sehr bald zu erwarten, sehr vertraut;* → a. *nahe* **2** ~er Weg ⟨umg.⟩ *kürzester W.;* welches ist der ~e Weg nach ...? **3** der Nächste ⟨substantiviertes Adj.⟩ *der Mitmensch, Bruder;* du sollst deinen Nächsten lieben wie dich selbst (3. Buch Mose, 19,18) 3.1 jeder ist sich selbst der Nächste ⟨Sprichw.⟩ *jeder sorgt zuerst für sich selbst* **4** ⟨Präp. mit Dat.⟩ *als erstes danach, außer, neben;* ~ den französischen Impressionisten verdankt er seinem Lehrer seine stärksten Anregungen; ~ seinen Kindern bist du ihm am liebsten **5** *zeitlich od. in der Reihenfolge unmittelbar anschließend, folgend;* wir sollen das ~e Kapitel abschreiben; das ~e Mal, ~es Mal gib besser acht!; am ~en Morgen, am ~en Sonntag; in den ~en Tagen will er die Angelegenheit regeln; ~e Woche will er uns besuchen; er hat die ~e Strophe auf zu lernen; der ~e Weg links führt dorthin; der Nächste (Patient) bitte! (beim Arzt); ~en Jahres ⟨Abk.: n. J.⟩; ~en Monats ⟨Abk.: n. M.⟩ 5.1 ⟨60⟩ bei ~er Gelegenheit *wenn die G. günstig ist* 5.2 ⟨60⟩ im ~en Augenblick *sofort danach*

'nach|ste·hen ⟨V. 256/600 od. 650⟩ (jmdm.) ~ *(hinter jmdm.) zurückstehen, zurückgesetzt sein, werden, (jmdm.) unterlegen sein;* er mußte dem jüngeren Bruder immer ~; er steht ihm an Frechheit nicht nach; er steht ihm in nichts nach

'nach·ste·hend 1 ⟨Part. Präs. von⟩ *nachstehen*

2 ⟨60⟩ *folgend, nächst;* die ~en Ausführungen; ~e Bemerkung, Erläuterung; im ~en wird erläutert werden ...

'nach|stel·len ⟨V.⟩ 1 ⟨500⟩ etwas ~ *nochmals genau einstellen* 1.1 eine Schraube ~ *anziehen* 2 ⟨500⟩ ein Wort ~ ⟨Gramm.⟩ *im Satz hinter ein anderes stellen* 3 ⟨500⟩ die Uhr ~ *auf eine spätere Zeit einstellen* 4 ⟨600/R6⟩ jmdm. ~ *jmdn. verfolgen* 4.1 einem Mädchen ~ *ein M. aufdringlich umwerben*

'näch·stens ⟨Adv.⟩ 1 *bald einmal, demnächst;* ich komme ~ zu Ihnen 1.1 ~ fängt er auch noch an zu trinken! *am Ende*

'nach|su·chen ⟨V.⟩ 1 ⟨500⟩ etwas ~ *nachschlagen, nachsehen* 2 ⟨800⟩ um etwas ~ *förmlich um etwas bitten, etwas beantragen*

Nacht ⟨f.; -, ¨e⟩ 1 *(die) Zeit zwischen Ende der Abend- u. Beginn der Morgendämmerung;* Ggs *Tag(4);* bei Einbruch der ~; Tag und ~ arbeiten; es wird ~; die Nächte zubringen bei, in ...; ich habe die halbe ~ wachgelegen; der Patient hat eine schlaflose, unruhige ~ verbracht; sie hat ganze Nächte an seinem Krankenbett durchwacht; eine durchwachte, durchzechte ~; eine mondhelle, sternklare, stockdunkle, stockfinstere ~; die Schwüle, Wärme südlicher Nächte; im Laufe der ~ kam Sturm auf; er kam erst spät in der ~; mitten in der ~; tief in der ~; in der vergangenen ~; bis spät in die ~, bis in die späte ~ arbeiten; während der ~ stand er oft auf; er ist letzte ~ gestorben; stille ~, heilige ~ (Weihnachtslied); die ~ bricht an, bricht herein, sinkt hernieder, zieht herauf ⟨poet.⟩; die ~ ist keines Menschen Freund ⟨Sprichw.⟩ 1.0.1 er macht den Tag zur ~ und die ~ zum Tag *er arbeitet nachts u. schläft am Tag* 1.0.2 sich die ~ um die Ohren schlagen ⟨fig.; umg.⟩ *nicht schlafen (um zu feiern, zu arbeiten)* 1.0.3 des ~s *nachts* 1.0.4 eines ~s *an einem Tag in der Zeit zwischen Abend u. Morgen;* eines ~s drang ein Einbrecher in die Wohnung ein 1.0.5 gestern, heute, morgen, Montag, Dienstag nacht *in der Zeit zwischen Abend u. Morgen;* er ist gestern nacht nicht zu Hause gewesen 1.0.6 über ~ *die ganze Zeit zwischen Abend u. Morgen, bis zum Morgen;* über ~ bleiben; die ~ über bleiben 1.1 über ~ *plötzlich, ganz überraschend;* sie wurde über ~ berühmt 1.2 zu, zur ~ essen ⟨süddt.⟩ *die abendliche Mahlzeit einnehmen* 1.3 → a. *heilig(3.2.2), zwölf(1.1)* 2 ⟨fig.⟩ *Dunkelheit;* der Dieb konnte im Schutze der ~ unerkannt entkommen; bei ~ fahren; ein Unterschied wie Tag und ~; häßlich wie die ~ (finster ist) 2.1 bei ~ und Nebel ⟨a. fig.⟩ *heimlich;* er versuchte, bei ~ und Nebel über die Grenze zu kommen 2.2 ihm wurde (es) ~ vor Augen ⟨fig.⟩ *er verlor das Bewußtsein* 2.3 bei ~ sind alle Katzen grau *in der Dunkelheit kann man Farben nicht unterscheiden, kann man niemanden, bzw. nichts deutlich erkennen* 3 ⟨fig.⟩ *böse Zeit, Schreckenszeit;* die ~ der Barbarei, des Faschismus, des Wahnsinns ⟨fig.⟩ 4 ewige ~ ⟨fig.; poet.⟩ *Tod* 5 gute ~! *(Gruß beim Zubettgehen, beim Abschied am Abend od. in der Nacht);* gute ~ sagen, wünschen 5.1 na, dann gute ~! ⟨umg.⟩ *(Ausruf der Enttäuschung)*

'Nach·teil ⟨m.⟩ Ggs *Vorteil(1 - 3)* 1 *schlechte Eigenschaft;* dieser Plan hat den ~, daß ...; die Sache hat einen ~, hat ~e; altersbedingte, materielle ~e 2 *Schaden, Verlust;* ein beträchtlicher, erheblicher, geringer, großer ~; dieser Zwischenfall wird dir, deinem Vorhaben ~e bringen; daraus können dir ~e entstehen, erwachsen; wir haben weder ~e noch Vorteile davon; zum ~ von Millionen Fernsehzuschauern ...; das kann dir zum ~ gereichen 3 im ~ sein, sich im ~ befinden *in ungünstiger Lage;* ich bin ihm gegenüber im ~

'Nacht·ge·schirr ⟨n.⟩ = *Nachttopf*

'Nach·ti·gall ⟨f.; -, -en⟩ *unauffälliger rötlichbrauner, mit den Drosseln verwandter Singvogel der tags u. nachts singt: Luscinia megarhynchos*

'näch·ti·gen ⟨V. 411⟩ *übernachten, die Nacht über bleiben, verbringen;* unter freiem Himmel ~

'Nach·tisch ⟨m.⟩ 1 *letzter Gang des Essens* 1.1 *süße Speise od. Obst als letzter Gang des Essens;* Sy *Dessert*

'nächt·lich ⟨Adj. 24⟩ *zur Nacht gehörend, in der Nacht stattfindend;* ~e Ruhestörung

'nach|tra·gen ⟨V. 265/500⟩ 1 ⟨530⟩ jmdm. etwas ~ *hinterhertragen;* ich mußte ihm seinen Schirm wieder einmal ~ (er läßt ihn oft stehen) 2 etwas ~ *ergänzen, hinzufügen, vervollständigen, nachträglich einfügen;* ich habe in dem Artikel noch einige Beispiele nachgetragen; ich muß in der Rechnung noch einen Posten ~ 3 ⟨530/R6⟩ jmdm. etwas ~ ⟨fig.⟩ *nicht verzeihen, lange verübeln;* sei doch nicht so ~d! 3.0.1 er trägt einem nichts nach *vergißt Böses schnell, nimmt nichts übel*

'nach·träg·lich ⟨Adj. 24/90⟩ *später, hinterher (erfolgend);* ein ~er Glückwunsch; ~ etwas einfügen; ~ zum Geburtstag gratulieren

nachts ⟨Adv.⟩ *in der Nacht, während der Nacht, bei Nacht*

'Nacht·schicht ⟨f.⟩ 1 *Nachtarbeitszeit in Betrieben (mit meist dreischichtiger Arbeitszeit)* 2 *die Gesamtheit der Nachtarbeiter*

'Nacht·topf ⟨m.⟩ *Gefäß zur Verrichtung der Notdurft (während der Nacht);* Sy *Nachtgeschirr*

'nacht·wan·deln ⟨V. 400(s.) od. (h.)⟩ *nachts im Schlaf umhergehen;* er ist, er hat genachtwandelt

'Nach·we·he ⟨f.; -, -n; meist Pl.⟩ ~n 1 *nach der Geburt eintretende Wehen* 2 ⟨fig.⟩ *schmerzhafte od. unangenehme Nachwirkungen od. Folgen*

'Nach·weis ⟨m.; -es, -e⟩ 1 *gültiger Beweis, Bestätigung, Beleg (daß etwas vorhanden od. geschehen ist);* der unwiderlegbare, unwiderlegliche ~ 1.0.1 der ~ ist geglückt *es konnte nachgewiesen werden* 1.0.2 den ~ erbringen, führen, geben (daß ...) *nachweisen (daß ...)* 2 ⟨in Zus.⟩ *Vermittlungsstelle;* Zimmer~

'nach|wei·sen ⟨V. 282/500⟩ 1 ⟨503⟩ (jmdm.) eine Sache ~ *beweisen, belegen;* man konnte ihm nicht ~, daß er davon gewußt hatte; ich konnte ihm seinen Fehler, Irrtum ~; er konnte seine Unschuld nicht ~ 2 eine Sache ~ *angeben, aufzeigen, vermitteln;* einen freien Arbeitsplatz, eine Stellung, eine Wohnung, ein Zimmer ~; seine Befähigung, sein Recht, seine Staatsangehörigkeit ~

'Nach·welt ⟨f.; -; unz.⟩ *spätere Generationen, die später Lebenden*

'**Nach·wort** ⟨n.; -(e)s, -e⟩ *Schlußwort, erläuternder od. ergänzender Anhang (in Schriftwerken);* Sy *Nachrede, Epilog;* mit einem ~ von ... (auf Buchtiteln)

'**Nach·wuchs** ⟨m.; -es; unz.; fig.⟩ **1** *die jungen Leute, jungen Kräfte* 1.1 *Lernende, in der Ausbildung Begriffene;* ~ der Wissenschaft; den ~ eines Wissensgebietes heranbilden 1.2 ⟨umg.; scherzh.⟩ *Kinder;* was macht der ~? (Frage an junge Eltern)

'**nach|zie·hen** ⟨V. 293⟩ **1** ⟨500⟩ etwas ~ *hinter sich her ziehen;* er zog ein Bein etwas nach **2** ⟨500⟩ etwas ~ *(nachträglich) fester anziehen;* die Schrauben ~ **3** ⟨500⟩ etwas ~ *nachzeichnen, verstärken;* die Linien, Umrisse ~ 3.1 die Augenbrauen, den Lidrand, die Lippen ~ *schminken* **4** ⟨500⟩ Blumen, Pflanzen ~ *nachträgl. pflanzen, zusätzl. züchten* **5** ⟨600(s.)⟩ jmdm. ~ *jmdm. hinterherziehen, folgen;* dem fliehenden Feind ~; jmdm. an einen neuen Wohnort ~ 5.1 *dem Zug des Partners folgen (bei Brettspielen)*

'**Nach·züg·ler** ⟨m.; -s, -⟩ **1** *verspätet Kommender* 1.1 *nach langer Ehe geborenes Kind*

'**Nacken** ⟨-k·k-; m.; -s, -⟩ **1** *hintere Halsseite;* Sy *Genick(1);* ein gedrungener, kurzer, speckiger, steifer, zarter ~; stolz warf sie den Kopf in den ~ 1.01 jmdm. den ~ steifen ⟨fig.⟩ *jmdn. zum Widerstand ermutigen, jmds. Widerstandswillen stärken* 1.02 jmdm. den ~ beugen ⟨fig.⟩ *jmdn. unterwerfen, gefügig machen* 1.03 endlich mußte er seinen ~ beugen ⟨fig.⟩ *sich unterwerfen* 1.04 jmdm. den Fuß auf den ~ setzen ⟨fig.⟩ *jmdn. besiegen, unterwerfen* 1.05 jmdm. auf dem ~ sitzen ⟨fig.⟩ *jmdn. bedrängen* 1.06 wir hatten den Feind im ~ ⟨fig.⟩ *wurden vom F. verfolgt* 1.07 die Verfolger saßen uns im ~ ⟨fig.⟩ *waren dicht hinter uns* 1.08 jmd. hat den Schelm im ~ ⟨fig.; umg.⟩ *ist ein Schelm, ein Schalk, ist stets zu Späßen aufgelegt* 1.09 jmdm. sitzt der Geiz im ~ ⟨fig.⟩ *jmd. ist geizig* 1.10 jmdm. sitzt die Furcht im ~ *jmd. hat große F.*

'**Nacken·schlag** ⟨-k·k-; m.⟩ **1** *Schlag in den Nacken* **2** ⟨fig.⟩ *harter Schicksalsschlag, Demütigung, geschäftl. Verlust, polit. Niederlage;* sein polit. Gegner mußte harte Nackenschläge hinnehmen

nackt ⟨Adj.⟩ **1** *unverhüllt, unbedeckt* 1.1 *unbekleidet, bloß;* du sollst nicht mit ~en Füßen umherlaufen; er arbeitete mit ~em Oberkörper im Garten; die Darstellung des Nackten in der Kunst 1.2 *ohne Federn;* der junge Vogel war noch ~ 1.3 *ohne Haare;* eine junge Maus, ~ und rosig 1.4 *ohne Laub;* das ~e Geäst des Baumes 1.5 *ohne Pflanzenwuchs;* ~e Felsen 1.6 *schmucklos, kahl;* nur die vier ~en Wände um sich haben 1.7 *nicht eingerichtet;* eine ~e Wohnung 1.8 auf dem ~en Boden, der ~en Erde schlafen *ohne Unterlage auf dem B., auf der E. schlafen* 1.9 *ohne Scheide;* das ~e Schwert in der Hand ... **2** ⟨fig.⟩ *schonungslos, unverblümt;* etwas mit ~en Worten sagen; wir sahen die ~e Armut; die ~en Tatsachen schildern; er verschließt die Augen vor der ~en Wirklichkeit **3** ⟨60⟩ das ~e Leben *nur das L., nichts als das L.;* er konnte nur das ~e Leben retten **4** ⟨60⟩ Nackte Hure, Jungfrau ⟨Bot.⟩ *Herbstzeitlose*

'**Nackt·sa·mer** ⟨m.; -s, -; meist Pl.⟩ *Samenpflanzen, deren Samen nicht von einem Fruchtknoten umschlossen ist: Gymnospermae*

'**Na·del** ⟨f.; -, -n⟩ **1** *feines, spitzes Werkzeug (aus Metall);* man hätte eine ~ zu Boden fallen hören können (so still war es); es konnte keine ~ zur Erde fallen, so dicht standen die Leute; sich an, mit einer ~ stechen 1.0.1 das habe ich wie eine ~ gesucht! *mühsam in allen Ritzen* 1.0.2 ich sitze, stehe wie auf ~n ⟨fig.⟩ *ich bin in peinl. Verlegenheit, (od.) warte mit quälender Ungeduld* 1.1 *feines, spitzes Werkzeug mit einem Öhr zum Nähen, Stopfen, Sticken;* Näh~, Stopf~; eine ~ einfädeln 1.1.1 es ist mit heißer ~ genäht ⟨fig.⟩ *sehr rasch* 1.2 *feines spitzes Werkzeug mit einem Kopf an einem Ende zum Feststecken, mit einem Haken zum Häkeln, mit beiderseitiger Spitze zum Stricken;* Steck~, Häkel~, Strick~ 1.3 *feines, spitzes Rohr (an Injektionsspritzen);* die ~ richtig setzen 1.4 *feines, spitzes Werkzeug zum Ritzen, Radieren;* Radier~, Kalt~ 1.5 *feines spitzes Gerät (aus Metall, Saphir, Diamant) zum Abtasten von Schallplattenaufnahmen;* Grammophon~; die ~ vorsichtig aufsetzen (auf die Schallplatte) **2** *Zeiger (zum Anzeigen der Himmelsrichtung);* Magnet~; Kompaß~ **3** *ansteckbares Schmuckstück, Brosche;* Krawatten~ **4** *Blatt der Nadelbäume;* Tannen~, Fichten~; die ~n fallen schon ab (vom Weihnachtsbaum)

'**Na·del·holz** ⟨n.⟩ *Angehöriger einer Ordnung der Nacktsamer, regelmäßig verzweigte Bäume od. (selten) Sträucher mit nadel- od. schuppenförmigen Blättern: Coniferae;* Ggs *Laubholz*

'**Na·del·stich** ⟨m.⟩ **1** *Stich mit der Nadel;* den Saum, eine Schleife mit ein paar ~en befestigen **2** *die durch einen Nadelstich(1) entstandene Wunde* **3** ⟨fig.; umg.⟩ *versteckte Bosheit, boshafte Bemerkung, kleine raffinierte Quälerei;* jmdm. ~e versetzen

'**Na·gel** ⟨m.; -s, ¨⟩ **1** *hölzerner od. metallener Stift mit zugespitztem Schaft u. einem Kopf zum Befestigen od. Verbinden von Gegenständen;* Dielen~; Huf~; Polster~; ein ~ aus Eisen, Holz, Messing; einen ~ einschlagen, herausziehen, krummschlagen; etwas an einem ~ aufhängen; Bergschuhe mit Nägeln beschlagen lassen 1.1 einen ~ im Kopf haben ⟨fig.; umg.⟩ *dünkelhaft u. dumm sein* 1.2 ein ~ zu jmds. Sarg sein ⟨fig.⟩ *zu jmds. frühem Tod beitragen, jmdm. viel Kummer, Ärger bereiten* 1.3 den ~ auf den Kopf treffen ⟨a. fig.⟩ *eine Sache genau kennzeichnen, richtig beurteilen* 1.4 seinen Beruf, sein Geschäft, sein Studium an den ~ hängen ⟨fig.⟩ *aufgeben* **2** *Hornplatte auf der Oberseite des ersten Gliedes von Fingern u. Zehen;* Finger~; Fuß~; Zehen~; abgekaute, gepflegte, kurze, lange, lackierte, ungepflegte Nägel; die Nägel feilen, lackieren, pflegen, polieren, schneiden, verschneiden; der ~ ist abgebrochen, eingerissen, eingewachsen, entzündet, nachgewachsen, vereitert 2.1 eine Sache brennt jmdm. auf den Nägeln ⟨fig.⟩ *ist jmdm. sehr eilig* 2.2 sich etwas unter den ~ reißen, ritzen ⟨fig.; umg.⟩ *geschickt entwenden, sich bei günstiger Gelegenheit aneignen* **3** ⟨Bot.⟩ *Stiel von Blättern, die sich nach oben verbreitern u. abwinkeln* **4** ⟨Bot.⟩ *Nelke*

'na·gen ⟨V.⟩ **1** ⟨411⟩ an etwas ~ *mit den Zähnen kleine Stückchen von etwas abschälen, in kleinen Bissen beißen;* der Hund nagt an einem Knochen; nachdenklich an der Unterlippe ~ 1.1 am Hungertuch ~ ⟨fig.; umg.⟩ *hungern* **2** ⟨800⟩ an etwas ~ *langsam zerstörend auf etwas einwirken, sich in etwas einfressen;* das subtropische Klima nagte an seiner Gesundheit; die Meeresbrandung nagt am Deich, am Felsen, am Ufer **2.1** ⟨411⟩ (an jmdm.) ~ ⟨fig.⟩ *jmdn. anhaltend quälen, peinigen;* Gram, Kummer, Sorge nagte an ihr; ~de Reue, ~der Zweifel ließ sie nicht schlafen **3** ⟨550⟩ etwas von etwas ~ *in kleinen Stückchen abbeißen, abnagen;* das Fleisch vom Knochen ~; die Rinde von den Bäumen ~

'na·he ⟨Adj.; Komparativ: näher, Superlativ: nächst⟩ **1** *nicht weit entfernt, in der, in die Nähe, benachbart, unmittelbar folgend od. anstoßend;* Ggs *fern;* ein ~r Ausflugsort, See, Wald; in der ~n Stadt; das nächste Dorf ist 20 km von hier entfernt; ~ bringen; ~ gehen; ~ kommen; ~ legen; ~ liegen; du kannst ganz ~ herangehen; das Haus soll ~ am, beim Bahnhof liegen; ~ beieinander; er sitzt mir am nächsten; ~ dabei stand ein altes Haus; wir sahen den Gipfel zum Greifen ~ vor uns; von ~m betrachtet, ändert sich das Bild ⟨fig.⟩ **1.0.1** aus nächster Nähe betrachtet ⟨a. fig.⟩ *ganz genau betrachtet* **1.0.2** von nah und fern ⟨a. fig.⟩ *von überallher;* von nah und fern, von fern und nah kamen die Menschen herbei **1.1** ⟨60⟩ der Nahe Osten *Südosteuropa u. Vorderasien, Vorderer Orient;* Ggs *der Ferne Osten* **1.2** ⟨53⟩ jmdm. zu ~ kommen ⟨fig.⟩ *jmdn. berühren wollen, bedrohen* **1.3** ⟨53⟩ jmdm. zu ~ treten ⟨fig.⟩ *jmdn. kränken, verletzen;* ich wollte Ihnen nicht zu ~ treten **1.4** ⟨Präp. mit Dat.⟩ *nicht weit entfernt von, in der Nähe von;* ~ dem Hause **2** ⟨70⟩ *bald zu erwarten, unmittelbar bevorstehend;* das ~ Ende, den ~n Tod fürchten; Gefahr, Hilfe, Rettung ist ~; die ~ Zukunft wird es zeigen **2.0.1** fürs Nächste habe ich genug davon *vorerst, für die nächste Zeit* **2.1** ⟨46⟩ ~ an die Zwanzig, Dreißig sein *fast zwanzig, dreißig Jahre alt sein;* er muß doch ~ an die Sechzig sein **2.2** ⟨45⟩ einer Sache ~ sein *kurz vor etwas sein, stehen;* sie war einer Ohnmacht, der Resignation, der Verzweiflung ~ **2.3** ⟨46⟩ ~ daran sein zu ... *kurz davor stehen zu ...;* er war ~ daran aufzustehen und zu gehen **3** ⟨fig.⟩ *eng, vertraut;* in ~r Beziehung, Geschäftsverbindung miteinander stehen; in ~r Freundschaft miteinander verbunden sein; unsere nächsten Angehörigen, Freunde, Mitarbeiter, Verwandten; ein ~r Verwandter des Verunglückten; er ist mir im Alter am nächsten

'Nä·he ⟨f.; -; unz.⟩ **1** *geringe Entfernung, Nachbarschaft, unmittelbare Umgebung;* Ggs *Ferne;* ein Schuß aus nächster ~; etwas aus der ~ beobachten, betrachten, prüfen; in der ~ der Stadt; ganz in der ~; es muß hier in der ~ gewesen sein; in unmittelbarer ~ befindet sich ...; bleib in der ~! **2** *das Nahesein;* seine ~ ist mir lästig; seine ~ tat ihr wohl **3** *nahe Zukunft;* sein Ziel ist in greifbare ~ gerückt; der Termin liegt in unmittelbarer ~

'na·he|brin·gen ⟨V. 118/530/R8⟩ **1** jmdm. jmdn. od. etwas ~ *jmdn. mit jmdm. od. etwas vertraut machen, bei jmdm. Verständnis für jmdn. od. etwas wecken;* die gemeinsame Arbeit hat beide einander nahegebracht; den Schülern eine Dichtung ~ **2** ⟨aber getrennt⟩ 'nahe 'bringen → *nahe(1)*

'na·he|ge·hen ⟨V. 145/600(s.)⟩ **1** jmdm. geht etwas nahe *jmdn. ergreift, bewegt, rührt etwas;* sein Schicksal, sein Tod, sein Unglück ist mir nahegegangen **2** ⟨aber getrennt⟩ 'nahe 'gehen → *nahe(1)*

'na·he|kom·men ⟨V. 170/600(s.)⟩ **1** einer Sache ~ *beinahe gleichkommen, gleichen;* das dürfte der Wahrheit ~ **2** ⟨R6⟩ jmdm. ~ *vertraut werden mit jmdm.;* wir sind uns sehr nahegekommen **3** ⟨aber getrennt⟩ 'nahe 'kommen → *nahe(1)*

'na·he|le·gen ⟨V. 530⟩ **1** jmdm. etwas ~ *vorschlagen, empfehlen, raten;* ich habe ihm nahegelegt, seinen Plan aufzugeben **2** ⟨aber getrennt⟩ 'nahe 'legen → *nahe(1)*

'na·he|lie·gen ⟨V. 180/400⟩ **1** eine Sache liegt nahe *ist leicht verständlich, leicht einzusehen, zu vermuten;* es liegt doch nahe, daß man unter diesen Umständen so handeln muß; ein ~der Gedanke, Schluß, Vorschlag, Verdacht; aus ~den Gründen... **2** ⟨aber getrennt⟩ 'nahe 'liegen → *nahe(1)*

'na·hen ⟨V.⟩ **1** ⟨400(s.)⟩ eine Sache naht *kommt näher, nähert sich;* der Abschied, die Entscheidung, die Prüfung naht; Gefahr, ein Unglück, das Verderben ~ sehen; der ~den Gefahr ausweichen; es naht Gefahr **2** ⟨530/R3⟩ sich jmdm. od. einer Sache ~ *nähern, zu jmdm. od. einer Sache hingehen;* sich jmdm. mit einer Bitte ~

'nä·hen ⟨V. 500⟩ **1** *durch Fadenstiche verbinden, befestigen;* einen Saum ~; eine Naht mit der Hand ~; die Wunde muß genäht werden; doppelt genäht hält besser ⟨Sprichw.⟩ **2** *durch Arbeit mit Nadel u. Faden herstellen;* eine Bluse, ein Hemd, ein Kleid ~; als Hausschneiderin ~; für ein Konfektionsgeschäft ~; mit der Hand, mit der Nähmaschine ~

'nä·her ⟨Adj.⟩ **1** ⟨Komparativ von⟩ *nahe* **2** *kürzer;* dieser Weg ist ~ **3** *eingehender, genauer, ausführlicher;* ~e Auskünfte, Aufschlüsse, Erkundigungen einholen, einziehen; ich habe neulich seine ~e Bekanntschaft gemacht; bei ~er Betrachtung stellte sich heraus, daß ...; ich möchte gern ~e Einzelheiten, die ~en Umstände erfahren; etwas ~ ansehen, betrachten, prüfen; etwas ~ ausführen, besprechen, darlegen, erklären, erläutern; ich kann jetzt nicht ~ darauf eingehen; ich habe den Fall nicht ~ verfolgt; ich habe mich ~ damit befaßt; kennst du ihn ~?; ich habe ihn (noch nicht) ~ kennengelernt **3.1** Näheres, das Nähere *(die) Einzelheiten, Genaueres;* Näheres ist zu erfragen bei ...; Näheres hat er mir noch nicht mitgeteilt; wollen wir jetzt das Nähere besprechen?

'nä·her|brin·gen ⟨V. 118/530⟩ jmdm. etwas ~ ⟨fig.⟩ *erklären, verständlich machen, jmdn. mit etwas vertraut machen;* den Schülern den Geist der Klassik ~

'nä·her|kom·men ⟨V. 170/600(s.)/R6⟩ **1** jmdm. ~ ⟨fig.⟩ *mit jmdm. vertraut werden, jmdn. genauer kennenlernen;* wir sind einander nähergekommen **2** ⟨aber getrennt⟩ 'näher 'kommen → *näher(1)*

'nä·her|lie·gen ⟨V. 180/400⟩ **1** eine Sache liegt näher ⟨fig.⟩ *ist leichter verständlich, leichter einzusehen, zu vermuten;* es dürfte ~, zu ...; es lag näher, zuzustimmen, als ...; die ~de Auffassung; das Näherliegende wäre ... **2** ⟨aber getrennt⟩ 'näher 'liegen → *näher(1)*

'nä·hern ⟨V. 500⟩ **1** ⟨530⟩ etwas jmdm. od. etwas ~ *näher an jmdn. od. etwas heranbringen;* er näherte das Messer seiner Kehle **2** ⟨503/R3⟩ sich (jmdm. od. etwas) ~ *(an jmdn. od. etwas) näher herankommen, auf jmdn. od. etwas zugehen;* niemand durfte sich dem Brandherd ~; leise Schritte näherten sich 2.1 ⟨fig.⟩ *jmds. Bekanntschaft zu machen suchen;* ich versuchte vergeblich, mich dem Künstler zu ~ 2.2 ⟨505/R4; fig.⟩ *sich näherkommen, einer Übereinstimmung näherkommen;* sie hatten sich allmählich (in ihren Argumenten) genähert

'nä·her|ste·hen ⟨V. 256/600⟩ **1** jmdm. ~ ⟨fig.⟩ *vertrauter, befreundeter mit jmdm. sein, jmds. Ansichten größtenteils teilen;* eure Ansichten stehen mir näher als die meiner Eltern; sie hat ihm nähergestanden, als wir vermuteten **2** ⟨aber getrennt⟩ 'näher 'stehen → *näher(1)*

'nä·her|tre·ten ⟨V. 268/600(s.)⟩ **1** jmdm. ~ ⟨fig.⟩ *mit jmdm. in Verbindung treten* **2** einer Sache ~ *sich mit einer S. befassen* **3** ⟨aber getrennt⟩ 'näher 'treten → *näher(1)*

'na·he|ste·hen ⟨V. 256/600/R6⟩ **1** jmdm. ~ ⟨fig.⟩ *mit jmdm. vertraut, befreundet sein, jmds. Ansichten teilen;* einst hatte er mir sehr nahegestanden 1.1 die den Konservativen ~de Zeitung *die mit den Konservativen sympathisierende Z.* **2** ⟨aber getrennt⟩ 'nahe 'stehen → *nahe(1)*

'na·he|tre·ten ⟨V. 268/600/R6(s.)⟩ **1** jmdm. ~ ⟨fig.⟩ *mit jmdm. in Verbindung kommen, mit jmdm. bekannt werden* **2** ⟨aber getrennt⟩ 'nahe 'treten → *nahe(1)*

'Nähr·bo·den ⟨m.⟩ **1** *Ackerboden* **2** *feste Nährstoffe zum Züchten von Kleinlebewesen (Bakterien, Pilzen) u. Pflanzenkulturen* **3** *Grundlage, auf der sich etwas gut entwickeln kann;* die allgemeine Arbeitslosigkeit war ein guter ~ für radikale Ideen

'näh·ren ⟨V.⟩ **1** ⟨500⟩ jmdn. od. ein Tier ~ *mit Nahrung versorgen, jmdm. od. einem T. Nahrung geben* 1.1 *stillen, säugen;* die Mutter kann ihr Kind nicht selbst ~ 1.2 ⟨550/R3⟩ sich von etwas ~ *etwas als Nahrung zu sich nehmen;* das Tier nährt sich von Insekten 1.3 → a. *Schlange(1.1)* **2** ⟨500; fig.⟩ *unterhalten, den Unterhalt ermöglichen;* das Handwerk nährt seinen Mann 2.1 ⟨550/R3⟩ sich (von etwas) ~ *(von etwas) leben, sich (durch etwas) seinen Unterhalt ermöglichen;* er nährt sich von seiner Hände Arbeit; bleib im Lande und nähre dich redlich ⟨Sprichw.⟩ **3** ⟨500⟩ etwas ~ ⟨fig.; geh.⟩ *hegen, pflegen, bewahren, wachsen lassen;* jmds. Argwohn, Groll, Haß, Leidenschaft, Liebe, Verdacht ~; eine Hoffnung, einen Wunsch im Herzen ~ **4** ⟨400⟩ *nahrhaft sein;* Milch nährt; ~de Kost, Speisen

'nahr·haft ⟨Adj.⟩ **1** *reich an Nähr-, Aufbaustoffen, kräftig;* ein ~es Essen 1.1 das ~e Gewerbe ⟨umg.; scherzh.⟩ *das Nahrungsmittel herstellende G.* **2** ⟨fig.; umg.⟩ *gewinnbringend, einträglich;* er hat einen ~en Posten

'Nähr·mut·ter ⟨f.⟩ **1** *Amme, Pflegemutter* **2** ⟨fig.⟩ *Ernährerin;* die ~ Erde

'Nähr·stoff ⟨m.⟩ *Stoff, den ein Lebewesen zu seiner Ernährung u. zum Aufbau seines Körpers braucht*

'Nah·rung ⟨f.; -; unz.⟩ **1** *alles zur Ernährung Dienende, Nahrungs-, Lebensmittel, Speise u. Trank;* abwechslungsreiche, gesunde, kalorienarme, kräftige, vitaminreiche ~; feste, flüssige, pflanzliche, tierische ~; die ~ mit Vitaminen anreichern; genügend ~ zu sich nehmen; die ~ schmackhaft zubereiten; jmdn. mit ~ versorgen 1.1 *Brennstoff;* dem Feuer ~ geben 1.2 ⟨fig.⟩ *Arbeitsmaterial;* ein gutes Buch ist geistige ~ 1.3 ⟨fig.⟩ *Antrieb;* jmds. Argwohn, Mißtrauen, Verdacht ~ geben; den Gerüchten, dem Gespräch, dem Klatsch ~ geben; der Kritik neue ~ geben; einem Verdacht neue ~ geben **2** ⟨veralt.⟩ *das zum Leben Notwendige, Unterhalt, Broterwerb, Gewerbe;* jmdm. Brot und ~ geben

'Nah·rungs·mit·tel ⟨n.⟩ *etwas, was gegessen od. getrunken wird u. der Ernährung dient*

Naht ⟨f.; -, ¨-e⟩ **1** ⟨a. Med.⟩ *genähte Linie, mit Faden hergestellte Verbindung;* eine ~ auftrennen, bügeln, nähen, steppen; die ~ ist geplatzt; eine doppelte, einfache, gerade, unsichtbare ~ 1.1 er platzte aus allen Nähten ⟨umg.⟩ *er ist zu dick* 1.2 jmdm. auf den Nähten knien ⟨umg.⟩ *jmdn. bedrängen* 1.3 eine (tüchtige) ~ arbeiten, ernten usw. ⟨umg.⟩ *sehr viel* **2** ⟨Met.⟩ *durch Nieten, Löten, Schweißen, Gießen usw. entstehende Verbindungslinie;* Guß~; eine ~ schweißen **3** ⟨Anat.⟩ *unbewegl. Verbindung zweier Schädelknochen* **4** ⟨Arch.⟩ *Zusammentreffen zweier Gewölbeflächen*

'naht·los ⟨Adj.⟩ **1** *ohne Naht* **2** ⟨fig.⟩ *einheitlich, aus einem Guß*

na'iv ⟨Adj.⟩ **1** *natürlich, ursprünglich;* ~e Malerei; ~e Völker 1.1 ~e Dichtung ⟨bei Schiller⟩ *D., die nur der „einfachen Natur u. Empfindung" folgt* **2** jmd. ist ~ 2.1 *kindlich, unbefangen;* ein ~es Mädchen 2.2 *harmlos, treuherzig, einfältig;* das zeugt von einer sehr ~en Anschauung; eine ~e Bemerkung machen 2.3 *einfältig, töricht;* das finde ich recht ~ von ihr

'Na·me ⟨m.; -ns, -n⟩ **1** *Benennung, Bezeichnung (eines Einzelwesens od. Dinges, z. B. Hans, Mozart, Rhein, od. einer Gattung, z. B. Mensch, Pferd), Eigenname;* ein alter bekannter, berühmter, häufiger, seltener ~; der angenommene, falsche, richtige ~; ein Mann mit ~n X; Ihr ~, bitte?; wie war doch gleich der (werte) ~?; mein ~ ist (Karl) Becker; einen ~n ändern, angeben, annehmen, führen; dem Kinde einen ~n geben; seinen ~n verschweigen; kennst du den ~n dieser Pflanze, dieser Straße, dieses Tieres?; er wollte seinen ~n nicht nennen; dein ~ fiel (nicht), wurde (nicht) genannt; die ~n der Anwesenden wurden verlesen; sich als Künstler einen anderen ~n beilegen; dazu gebe ich meinen ~n nicht her; der Hund hört auf den ~n Teddy; die Papiere lauten auf den ~n Schmidt; jmdn. beim ~n nennen, rufen; mit seinem (vollen) ~n unterzeichnen; nach dem ~n forschen, fragen; er hat ein Buch unter dem ~n X veröffentlicht; er hat sich unter fremdem, falschem ~n eingetragen; der ~ des Herrn, deines Gottes; ~ ist

Schall und Rauch (Goethe, Faust I); Schwachheit, dein ~ ist Weib (Shakespeare, Hamlet I,2) 1.1 ich kenne ihn nur dem ~n nach *nicht näher* 1.2 mein ~ ist Hase, ich weiß von nichts ⟨umg.; scherzh.⟩ *ich will mit der Sache nichts zu tun haben, ich bin völlig ahnungslos* 1.3 das Kind muß einen ~n haben ⟨a. fig.; umg.⟩ *wir müssen eine Bezeichnung für die Sache finden* **1.4** die Dinge, das Kind beim rechten ~n nennen ⟨fig.; umg.⟩ *ohne Umschweife, offen über eine Sache sprechen* **2** *Ruf, Ruhm, Ansehen, das sich mit einem Eigennamen verbindet;* mach deinem (guten) ~n Ehre!; dafür ist mir mein (guter) ~ zu schade; sein ~ hat in Fachkreisen einen guten Klang; seinen (guten) ~n beflecken, beschmutzen, besudeln; ein guter ~ ist mehr wert als Silber und Gold ⟨Sprichw.⟩ **2.1** es gelang ihm, sich in wenigen Jahren einen ~n zu machen *bekannt, berühmt zu werden* **2.2** den ~n Gottes loben, preisen *Gottes Ruhm verkünden* **3** in jmds. ~ *in jmds. Auftrag, als jmds. Vertreter, in jmds. Sinne;* in jmds. ~n sprechen; darf ich Sie im ~n meiner Mutter herzlich grüßen; du kannst es in meinem ~n abholen; im ~n des Volkes; im ~n der Wahrheit muß ich folgendes erklären, feststellen; ich verhafte Sie im ~n des Gesetzes **3.1** in Gottes ~n eine Sache beginnen *im Gedanken an Gott* 3.2 in Gottes ~n! ⟨umg.⟩ *meinetwegen!, wenn es sein muß!* 3.3 in (des) Teufels, drei Teufels ~n!, in des Henkers ~n! *(Fluch)*

'Na·men·kun·de ⟨f.⟩ *die Lehre von Herkunft, Geschichte, Bildungsweise u. Bedeutung der Vor-, Familien-, Orts-, Flur- u. Landschaftsnamen*

'na·mens 1 ⟨Adv.⟩ *mit (dem) Namen;* eine Frau ~ Maier **2** ⟨Präp. mit Gen.⟩ *im Namen, im Auftrag (von);* ~ der Behörde

'na·ment·lich ⟨Adj. 24⟩ **1** *mit Namen genannt, mit Namen versehen;* eine ~e Abstimmung; jmdn. ~ anrufen **2** ⟨50⟩ *besonders, vor allem, in erster Linie;* von dem neuen Steuergesetz sind ~ die unteren Einkommen betroffen

'nam·haft ⟨Adj.⟩ **1** ⟨70⟩ *bekannt, angesehen;* eine ~e Persönlichkeit **2** ⟨70⟩ *beträchtlich, groß;* eine ~e Summe; es wurden ~e Spenden überwiesen **3** ⟨50⟩ jmdn. ~ machen *jmds. Namen ausfindig machen, jmds. Namen erfahren od. mitteilen, nennen;* können Sie Personen ~ machen, die über Sie auszusagen bereit sind?

'näm·lich ⟨nebenordnende kausale Konj.⟩ **1** *genauer gesagt, und zwar;* er ist schon zweimal dagewesen, ~ gestern und heute **2** ⟨nachgestellt⟩ *denn* 2.0.1 er kann nicht kommen, er hat ~ eine Grippe *denn er hat eine G.*

'näm·li·che(r, -s) ⟨Adj. 60; geh.⟩ *eben der, die, das, der-, die-, dasselbe;* er sagt immer das ~; es war der ~ Polizist, der mich schon einmal verwarnt hatte; es waren die ~n Worte, die er erst neulich gesagt hatte

'Nar·be ⟨f.; -, -n⟩ **1** *bleibender Defekt des Gewebes, der sich bei der Heilung von Wunden bildet;* Pocken~; die Wunde hat eine ~ zurückgelassen 1.0.1 die ~ bleibt, wenn auch die Wunde heilt ⟨Sprichw.⟩ *jeder Kummer hinterläßt Spuren* 1.1 ⟨fig.⟩ *Spur;* der Krieg hat in unserem Land viele ~n hinterlassen **2** *geschlossene, unmittelbar auf dem Boden liegende Grasdecke;* Gras~ **3** ⟨Bot.⟩ *der Teil des Fruchtknotens, der den Blütenstaub auffängt;* Sy *Stigma(4)*

Nar'ko·se ⟨f.; -, -n; Med.⟩ **1** *künstliches Herbeiführen eines schlafähnl. Zustandes mit Bewußtlosigkeit, in dem man unempfindlich gegen Schmerzen ist* **2** *der durch Narkose(1) erzeugte Zustand*

Narr ⟨m.; -en, -en⟩ **1** *Tor, sonderlicher, einfältiger Mensch, Tölpel;* sei doch kein ~!; ich bin ein ~, daß ich ihm immer wieder vertraue!; ein ~ fragt viel, worauf ein Weiser nicht antwortet ⟨Sprichw.⟩; ein ~ kann in einer Stunde mehr fragen, als zehn Weise in einem Jahr beantworten können ⟨Sprichw.⟩; die ~en werden nicht alle ⟨Sprichw.⟩; Hoffen und Harren macht manchen zum ~en ⟨Sprichw.⟩ **2** *Spaßmacher, lustige Person;* sich als ~ verkleiden 2.0.1 jedem ~en gefällt seine Kappe ⟨Sprichw.⟩ *wer töricht ist, hält von sich selbst am meisten* 2.0.2 jmdn. zum ~en haben, halten *jmdn. foppen, necken, verspotten* 2.0.3 einen ~en an jmdm. od. etwas gefressen haben *eine bes. große, ins Lächerliche gehende Vorliebe für jmdn. od. etwas haben* 2.1 *Spaßmacher, Possenreißer (im Theater);* den ~en spielen **2.2** *Spaßmacher u. lustiger Ratgeber am Königshof;* Hof~ 2.3 *(kostümierter) Teilnehmer am Faschingstreiben;* ein Büttenredner begrüßte die ~en

'nar·ren ⟨V. 500/R8⟩ jmdn. ~ *zum Narren halten, zum besten haben, foppen, necken, verspotten;* von einer Fata Morgana genarrt; er ist der Genarrte

'Narr·heit ⟨f.; -, -en⟩ **1** ⟨unz.⟩ *Dummheit, Torheit, Einfältigkeit* **2** *dummer, lustiger Streich, Unsinn*

'när·risch ⟨Adj.⟩ **1** *einem Narren(2) ähnlich, verrückt, ulkig;* er hat ~e Einfälle; in einer Fernsehsendung das ~e Treiben aus Mainz übertragen; sie gebärdet sich, ist rein ~ vor Freude 1.0.1 bist du ~? *was fällt dir ein!, bist du nicht recht bei Verstande?* 1.1 *sonderbar, merkwürdig, überspannt;* er ist ein ~er Kauz, Kerl 1.2 ⟨46⟩ ~ sein auf etwas *auf etwas versessen sein, eine übertriebene Vorliebe für etwas haben;* sie ist ganz ~ auf Süßigkeiten

'na·schen ⟨V. 402 od. 800⟩ (etwas) ~ **1** *sich in kleinen Mengen bes. Gutes heraussuchen u. genießen;* sie hat vom Essen nur genascht 1.1 *heiml. kleine Stückchen essen, bes. von Süßem;* sie hat Schokolade, an der Sch., von der Sch. genascht; Naschen macht leere Taschen ⟨Sprichw.⟩ **2** von allem nur ~ ⟨fig.⟩ *an vielen verschiedenen Dingen, Wissensgebieten usw. ein wenig Anteil nehmen, ohne sich mit einem Stoff gründl. zu befassen*

'Na·se ⟨f.; -, -n⟩ **1** *Eingangsorgan zu den Atemwegen;* die ~ blutet mir, meine ~ blutet; du sollst nicht in der ~ bohren!; ich muß mir die ~ putzen, schneuzen, wischen; seine ~ ist verstopft (vor Schnupfen); durch die ~ reden, sprechen (bei Schnupfen) 1.01 immer der ~ nach! ⟨fig.; umg.⟩ *immer geradeaus* 1.02 sich die ~ begießen ⟨fig.; umg.⟩ *etwas Alkoholisches trinken* 1.03 die ~ zu tief ins Glas stekken ⟨fig.; umg.⟩ *zuviel trinken* 1.04 steck deine ~ ins Buch! ⟨fig.; umg.⟩ *lerne etwas!, lies!* 1.05 auf der ~ liegen ⟨fig.; umg.⟩ *krank sein;* wenn du so weiter schuftest, wirst du bald auf der ~

liegen **1.06** ihm läuft die ~, seine ~ läuft ⟨umg.⟩ *er hat Schnupfen, u. es ist höchste Zeit, daß er sich die N. putzt* **1.07** er hat die ~ voll davon ⟨fig.; umg.⟩ *er hat genug davon, ist dessen überdrüssig, will damit nichts mehr zu tun haben* **1.08** faß dich an deine eigene, zieh, zupf dich an deiner eigenen ~! ⟨fig.; umg.⟩ *denk an deine eigenen Fehler (ehe du andere kritisierst), kümmere dich um deine eigenen Angelegenheiten* **1.09** jmdn. an der ~ herumführen ⟨fig.; umg.⟩ *überlisten, mit Worten hinhalten* **1.10** jmdm. etwas auf die ~ binden ⟨fig.; umg.⟩ *etwas verraten, deutl. zu verstehen geben;* das werde ich ihm nicht gerade auf die ~ binden **1.11** du hättest ihm längst eins auf die ~ geben sollen! ⟨fig.; umg.⟩ *ihn zurechtweisen sollen* **1.12** jmdm. auf der ~ herumtanzen ⟨fig.; umg.⟩ *mit jmdm. tun od. ohne Rücksicht auf jmdn. tun, was man will;* die Mutter läßt sich von ihrer Tochter auf der ~ herumtanzen **1.13** jmdn. mit der ~ auf etwas stoßen ⟨fig.; umg.⟩ *jmdm. etwas mit Nachdruck begreiflich machen, jmdn. deutlich auf etwas hinweisen* **1.14** muß man dich immer erst mit der ~ daraufdrücken, daraufstoßen! ⟨fig.; umg.⟩ *bist du so begriffsstutzig, daß du nichts von allein merkst, muß man dich immer erst darauf hinweisen?* **1.15** jmdm. etwas, die Würmer aus der ~ ziehen ⟨fig.; umg.⟩ *durch listige od. hartnäckige Fragen zu erfahren suchen* **1.16** er sollte seine ~ nicht in alles, jeden Dreck, Quark hängen, hineinstecken, stecken ⟨fig.; umg.⟩ *er sollte sich nicht um Dinge kümmern, die ihn nichts angehen, sich nicht überall einmischen* **1.17** jmdm. etwas unter die ~ reiben ⟨fig.; umg.⟩ *deutlich zu verstehen geben, vorhalten* **2** *die Nase(1) in ihrem äußeren Bild;* eine breite, dicke, gebogene, gerade, große, höckerige, kleine, krumme, kurze, lange, spitze, stumpfe ~; eine feine, schmale, zierliche ~; die ~ wird blau, läuft blau an (von Frost); die rote ~ des Trinkers; sie drückte sich die ~ an der Scheibe platt (des Fensters, Schaufensters); ihr regnet es in die ~ (solch eine Stupsnase hat sie) ⟨umg.⟩; du bist wohl auf der ~ gelaufen? (weil sie so zerschunden ist) ⟨fig.; umg.⟩ **3** *Organ der Geruchswahrnehmung;* sich die ~ zuhalten (wegen des schlechten Geruches) **3.0.1** das fährt, geht, sticht einem in die ~ *riecht unangenehm, scharf* **3.0.2** das beleidigt meine ~ ⟨umg.; scherzh.⟩ *es stinkt, riecht unangenehm* **3.0.3** seine ~ in alle Töpfe stecken ⟨fig.⟩ *neugierig nachschauen, was es zu essen gibt* **3.1** ⟨fig.⟩ *Geruchssinn, Spürsinn* **3.1.1** eine feine, gute ~ haben (für etwas) *etwas rasch merken* **3.1.2** er hat die richtige ~ dafür ⟨umg.⟩ *er versteht etwas davon* **3.1.3** er sieht nicht weiter als seine ~ (riecht) ⟨umg.⟩ *sieht, denkt nicht weit, ist engstirnig, beschränkt* **3.1.4** diese Anspielung, Bemerkung ist mir in die ~ gefahren, gestiegen ⟨umg.⟩ *ärgert mich* **3.1.5** das sticht mir in die ~ ⟨umg.⟩ *das lockt, reizt mich* **3.1.6** das ist nicht nach meiner ~ ⟨umg.⟩ *nicht nach meinem Geschmack* **4** *Organ zum Ausdruck von Gefühlen* **4.1** die ~ (über jmdn. od. etwas) rümpfen ⟨fig.⟩ *unzufrieden sein (mit jmdm. od. etwas), sich erhaben fühlen (über jmdn. od. etwas), verächtl. herabblicken (auf jmdn. od. etwas)* **4.2** die ~ hängenlassen ⟨fig.; umg.⟩ *niedergeschlagen, enttäuscht sein* **4.3** die ~ hochtragen ⟨fig.; umg.⟩ *hochmütig sein* **4.4** jmdm. eine ~ drehen ⟨fig.; umg.⟩ *jmdn. verspotten, sich über ihn lustig machen* **4.5** jmdm. etwas an der ~ (an der Nasenspitze) ansehen ⟨fig.; umg.⟩ *auf den ersten Blick erkennen;* das kann ich dir doch nicht an der ~ ansehen! (woher soll ich das also wissen?) **4.6** er mußte mit langer ~ abziehen ⟨fig.; umg.⟩ *erfolglos, enttäuscht weggehen* **4.7** jmdm. eine (lange) ~ machen ⟨fig.; umg.⟩ *jmdn. schadenfroh auslachen, verspotten, sich über jmdn. lustig machen, indem man den Daumen an die Nase hält u. mit gespreizten Fingern auf jmdn. zeigt* **4.8** → a. *Mund(5.1)* **5** *Person, Mensch;* pro ~ ⟨umg.⟩ **5.0.1** du solltest dir erst einmal den Wind um die ~ wehen lassen ⟨fig.; umg.⟩ *in der Welt herumkommen, Erfahrungen sammeln* **5.0.2** sein Gesichtskreis, sein (geistiger) Horizont geht nicht über seine ~, die eigene ~ hinaus ⟨fig.; umg.⟩ *er ist engstirnig, nur auf sich bezogen* **5.1** vor, unter jmds. ~ *dicht vor jmdm. od. jmdn.;* jmdm. die Tür vor der ~ zuschlagen **5.1.1** es liegt vor deiner ~! ⟨fig.; umg.⟩ *unmittelbar vor dir, du müßtest es eigentlich sehen* **5.1.2** jmdm. die Faust unter die ~ halten ⟨fig.; umg.⟩ *drohen* **5.1.3** jmdm. etwas vor der ~ wegschnappen ⟨fig.; umg.⟩ *etwas in dem Moment rasch wegnehmen, als der andere gerade zugreifen will* **5.1.4** der Bus, Zug fuhr mir vor der ~ weg ⟨fig.; umg.⟩ *ich versäumte ihn knapp, ich sah noch, wie er abfuhr* **5.1.5** den lasse ich mir nicht vor die ~ setzen ⟨fig.; umg.⟩ *zu meinem Vorgesetzten machen* **6** *der menschl. od. tier. Nase(1) äußerlich ähnliches Ding* **6.1** *Vorsprung an einem Felsen* **6.2** *Halbinsel* **6.3** ⟨umg.⟩ *herabgelaufener u. getrockneter Lacktropfen (beim Streichen von Möbeln, Türen usw.)* **6.4** ⟨Arch.⟩ *spitze, vorspringende Form im got. Maßwerk* **6.5** ⟨Mech.⟩ *hakenförmiger Ansatz, Handgriff, z. B. am Hobel* **6.6** ⟨Zool.⟩ *ein Karpfenfisch mit nasenartigem Schädelfortsatz, Näsling: Chondrostoma nasus* **7** ⟨fig.; umg.⟩ *Rüge, Verweis;* ich habe eine tüchtige ~ bekommen, einstecken müssen

'na·se·lang ⟨Adj.⟩ = *nasenlang*

'Na·sen·höh·le ⟨f.⟩ *mit der Mund- u. Rachenhöhle in Verbindung stehender innerer Teil der Nase*

'na·sen·lang ⟨Adj. 50; nur in der Wendung⟩ alle ~ ⟨umg.⟩ *sehr oft, immer wieder, in kurzen Abständen;* oV *naselang, naslang*

'Na·sen·län·ge ⟨f.⟩ **1** *Länge eines Pferdekopfes;* die Stute gewann das Rennen mit einer ~ **2** ⟨fig.; umg.⟩ *kleiner Vorsprung;* jmdm. um eine ~ voraus sein; jmdn. um eine ~ schlagen

'na·se·weis ⟨Adj.⟩ *vorlaut, vorwitzig*

'nas·füh·ren ⟨V. 500/R8⟩ jmdn. ~ *an der Nase herumführen, zum besten haben, foppen;* da hat man dich genasführt

'Nas·horn ⟨n.⟩ *Angehöriges einer Familie der Unpaarhufer, von plumpem Körperbau mit kurzen Säulenbeinen, oft stark gepanzerter Haut u. ein od. zwei Hörnern auf dem Kopf, Rhinozeros: Rhinocerotidae*

'nas·lang ⟨Adj.⟩ = *nasenlang*

naß ⟨Adj.; Komparativ: nasser od. nässer, Superlativ: nassesten od. nässesten⟩ **1** *mit Flüssigkeit (bes. mit Wasser) bedeckt, getränkt, vollgesogen;* Ggs *trocken(1);* das vom Regen, vom Tau nasse Gras; nasse Füße, Hände, Kleider, Wände; das Bett, die Höschen, die Windeln ~ machen ; ich bin vom Regen ~ geworden; durch und durch ~; triefend ~ werden 1.1 mit nassen Augen *weinend;* mit nassen Augen Abschied nehmen 1.2 die Farbe, Tinte, das Blut ist noch ~ *noch nicht getrocknet* 1.3 ein nasses Grab finden ⟨fig.⟩ *ertrinken* 1.4 *feucht, regenreich;* nasses Wetter; wir hatten einen nassen Sommer **2** ⟨umg.⟩ *umsonst, unentgeltlich;* ich durfte für ~ hinein **3** ⟨60⟩ nasser Bruder ⟨fig.; umg.⟩ *Trinker*

'Näs·se ⟨f.; -; unz.⟩ **1** *starke Feuchtigkeit* 1.1 vor ~ bewahren, schützen! *trocken aufbewahren!*

'näs·sen ⟨V.⟩ **1** ⟨400⟩ *Feuchtigkeit absondern;* eine ~de Wunde **2** ⟨500⟩ etwas ~ *befeuchten, benetzen, naß machen;* der Tau näßt das Gras

Na·ti'on ⟨f.; -, -en⟩ *nach Abstammung, Sprache, Sitte, kultureller u. polit. Entwicklung zusammengehörige, innerhalb der gleichen Staatsgrenzen lebende, bewußt u. gewollt geformte polit. Gemeinschaft;* → a. *Volk;* die wirtschaftliche Einigung der europäischen ~en; die Vereinten ~en; die Vereinigten ~en ⟨schweiz.⟩

na·tio·na·li'sie·ren ⟨V. 500⟩ **1** jmdn. ~ = *einbürgern(1)* **2** Wirtschaftsunternehmen ~ *verstaatlichen*

Na·tio·na·li'tät ⟨f.; -, -en⟩ **1** *Zugehörigkeit zu einer Nation* **2** *nationale Minderheit, Volksgruppe in einem fremden Staat*

'Na·tri·um ⟨n.; -s; unz.⟩ **1** ⟨Zeichen: Na⟩ *chem. Element, silberweißes, weiches Alkalimetall, Ordnungszahl 11* **2** ⟨veralt.⟩ = *Natron*

'Na·tron ⟨n.; -s; unz.⟩ **1** *doppeltkohlensaures Natrium, Bestandteil vom Backpulver,* $NaHCO_3$ **2** ⟨veralt.⟩ = *Natrium*

'Nat·ter ⟨f.; -, -n⟩ **1** *Angehörige einer Familie der Schlangen: Colubridae* **2** ⟨umg.⟩ *Giftschlange* 2.1 eine ~ am Busen großziehen, nähren ⟨fig.⟩ *einen Unwürdigen begünstigen, einem unehrl., falschen Menschen vertrauen*

Na'tur ⟨f.; -; unz.⟩ **1** *die uns umgebende, vom Menschen nicht geschaffene Welt u. die ihr innewohnende Schöpferkraft;* die unerforschlichen Geheimnisse, die Wunder der ~; die belebte und die unbelebte ~; die erwachende, liebliche ~ (im Frühling); die drei Reiche der ~, Pflanzen, Steine, Tiere; das Buch der ~ ⟨fig.⟩ 1.0.1 sie ist von der ~ stiefmütterlich bedacht, behandelt worden *ist häßlich, hat ein Gebrechen* 1.1 *ursprünglicher, unverfälschter Zustand;* ~ und Kultur; zurück zur ~! 1.2 *vom Menschen nicht Beeinflußtes* 1.2.1 ihr Haar ist ~ *nicht künstl. gewellt, gefärbt od. ersetzt* 1.3 *Original, Urbild;* dieses Bild ist nach der ~ gemalt, gezeichnet **2** *unberührte Landschaft, Wald u. Feld, freies Land;* die ~ genießen; in die freie ~ hinauswandern, -fahren, -ziehen 2.1 bei Mutter ~ übernachten *im Freien* **3** *biologische Anlagen, Bedürfnisse, Körperbeschaffenheit;* eine gesunde, kräftige, schwache, starke ~; er hat eine eiserne ~ 3.1 die Stimme der ~ *der Trieb* 3.2 seine ~ erleichtern ⟨oberdt.⟩ *seine Notdurft verrichten* 3.3 ⟨oberdt.⟩ *Geschlechtsteile* 3.4 ⟨österr.⟩ *Sperma* **4** ⟨Pl. -en⟩ *Wesensart, Veranlagung, Charakter, Temperament (einer Person);* eine leicht erregbare, schwer lenkbare, problematische ~; sie hat eine heitere, glückliche ~; er kann seine ~ nicht ändern, bezwingen, verleugnen; das entspricht nicht seiner ~; sie ist eine schöpferische ~; sie ist von ~ (aus) ängstlich, fröhlich, schüchtern **4**.1 etwas ist gegen jmds. ~ *widerstrebt jmdm., ist jmdm. im Innersten zuwider* **4**.2 etwas wird jmdm. zur zweiten ~ *zur festen Gewohnheit* **4**.3 ⟨Pl. -en⟩ *Mensch mit einer bestimmten Natur(4);* die beiden sind einander widersprechende ~en **5** *Art, Eigenart, Wesen (einer Sache);* das sind Fragen grundsätzlicher ~; seine Verletzungen waren nur leichter ~; diese Schwierigkeiten liegen in der ~ der Sache

Na·tu'ra·li·en ⟨[-liən] nur Pl.⟩ **1** *Naturerzeugnisse* **2** *Gegenstände einer naturkundl. Sammlung, z. B. Mineralien, Pflanzen, ausgestopfte Tiere*

na·tu·ra·li'sie·ren ⟨V. 500⟩ jmdn. ~ = *einbürgern(1)*

na·tu'rell ⟨Adj. 11⟩ *natürlich, ohne Zusätze, unbearbeitet, ungefärbt*

Na·tu'rell ⟨n.; -s, -e⟩ *Naturanlage, Charakter, Temperament, Gemüts-, Wesensart;* er hat ein heiteres ~

na'tür·lich ⟨Adj.⟩ **1** *die Natur betreffend, auf ihr beruhend, in ihr vorkommend;* Ggs *künstlich(2);* Flüsse, Gebirge bilden ~e Grenzen 1.1 ⟨60⟩ ~es Licht *das Tageslicht* 1.2 ⟨60⟩ ~er Tod *nicht gewaltsamer T.;* eines ~en Todes sterben; einen ~en Tod finden 1.3 in ~er Größe *in der Größe des Originals;* eine Darstellung, ein Bild, eine Plastik in ~er Größe **2** *den Naturgesetzen entsprechend;* Ggs *übernatürlich;* das geht ganz ~ zu; das kann nicht mit ~en Dingen zugehen; der ~e Gang, Verlauf, Weg dieser Krankheit **3** *einfach, unverbildet, ungezwungen;* ~e Anmut, ~en Charme haben; sie ist ein sehr ~er Mensch; sie ist, spricht ganz ~; sie hat sich ihr ~es Wesen bewahrt **4** *angeboren;* das ist nicht ihre ~e Haarfarbe **5** *klar, einleuchtend, selbstverständlich;* die ~ste Sache der Welt; das Geld reichte ~ wieder nicht; nichts ist ~er, als daß ...; es ist (nur zu) ~, daß ... 5.1 ~! (als Antwort) *gewiß, jawohl!* **6** ⟨60⟩ ~e Kinder ⟨Rechtsw.⟩ *leibl., nicht adoptierte K.* 6.0.1 ⟨veralt.⟩ *uneheliche K.* 6.1 ⟨60⟩ ~e Vaterschaft *auf Zeugung beruhende Vaterschaft, im Unterschied zur V. durch Adoption* **7** ⟨60⟩ ~e Person ⟨Rechtsw.⟩ *der Mensch als Rechtsträger;* Ggs *juristische Person* **8** ⟨60⟩ ~e Zahlen ⟨Math.⟩ *die Zahlen 1, 2, 3, 4 usw., die positiven ganzen Zahlen* **9** ~er Logarithmus *L. auf der Basis e = 2,71828...*

Na'tur·recht ⟨n.⟩ *im Wesen des Menschen begründetes, von staatl. u. gesellschaftl. Verhältnissen unabhängiges Recht*

Na'tur·schutz ⟨m.; -es; unz.⟩ *alle Maßnahmen zur Erhaltung von Naturdenkmälern, der Tier- u. Pflanzenwelt*

'Ne·bel ⟨m.; -s, -⟩ **1** *Trübung der Luft durch Wasserdampf, Wolken am Erdboden;* der ~ fällt, hebt sich, senkt sich, verdichtet sich, wallt; der ~ hängt, lagert über dem See; der ~ hüllt die Berge ein, verhüllt sie; der ~ hat sich als Tau niedergeschlagen; dichter, dicker, leichter ~; er hat sich im ~ verirrt 1.1 wegen ~s ausfallen ⟨fig.; umg.; scherzh.⟩ *nicht stattfinden;*

das Fest fällt wegen ~s aus 1.2 künstlicher ~ *(durch Nebelbomben, Nebelgranaten) künstl. erzeugter Dampf* 1.3 → a. *Nacht(2.1)* **2** ⟨fig.⟩ *Schleier, Dunkelheit;* etwas dem ~ der Vergangenheit entreißen **3** ⟨Astr.; ⟩ *eines der flächenhaft ausgedehnten Gebilde des Himmels, die nicht dem Sonnensystem angehören;* der ~ des Orion

'ne·bel·haft ⟨Adj.; fig.⟩ **1** *verschwommen, undeutlich wie Nebel* 1.1 das liegt alles noch in ~er Ferne *es ist noch weit, lange bis dahin*

'ne·be·lig ⟨Adj.⟩ *von Nebel umgeben, eingehüllt, dunstig;* oV *neblig*

'ne·ben ⟨Präp.; mit Dat. auf die Frage„wo?"; mit Akk. auf die Frage„wohin?"⟩ **1** *an der Seite, seitlich, in unmittelbarer Nähe, Nachbarschaft, dicht bei, dicht daran vorbei;* ~ jmdm. arbeiten, sitzen, stehen, warten; ~ dem Eingang steht eine Blumenschale; stellt die Schale ~ den Eingang!; ~ dem Fenster, Garten, Haus, Tor stehen; ~ das Fenster, den Garten, das Haus, das Tor stellen; genau ~ das Ziel treffen ⟨umg.; scherzh.⟩ **2** *nebst, außer;* ~ anderen Möglichkeiten **3** *verglichen mit, im Vergleich zu;* ~ ihr kannst du nicht bestehen

'Ne·ben... ⟨in Zus.⟩ Ggs *Haupt...* **1** *daneben befindlich, unmittelbar anstoßend, benachbart, Seiten..., abzweigend;* Nebenzimmer **2** *gleichlaufend;* Nebengleis **3** *hinzutretend;* Nebenfluß **4** *zusätzlich;* Nebenverdienst **5** *nebenbei, außerdem entstehend;* Nebenprodukt **6** *von untergeordneter Bedeutung;* Nebenrolle; Nebenstraße **7** *abrundend, ergänzend;* Nebenbücher

ne·ben'bei ⟨Adv.⟩ **1** *gleichzeitig mit etwas anderem, außerdem, zusätzlich;* ~ ist er noch Arzt **2** *ohne besondere Bedeutung (beizumessen), beiläufig;* etwas ~ bemerken

'Ne·ben·buh·ler ⟨m.⟩ *Mitbewerber (um ein Amt, eine Frau)*

'Ne·ben·fach ⟨n.⟩ **1** *dem Hauptfach untergeordnetes, weniger gründlich betriebenes Studienfach* **2** *kleines Seitenfach (eines Schrankes usw.)*

ne·ben'her ⟨Adv.⟩ **1** *nebenbei, außerdem, zusätzlich* **2** *daneben einher*

ne·ben'hin ⟨Adv.⟩ **1** *obenhin, leichthin, beiläufig;* etwas ~ sagen, bemerken **2** *daneben hin*

'Ne·ben·sa·che ⟨f.⟩ **1** *unwichtige Angelegenheit, bedeutungslose Kleinigkeit* 1.1 das ist ~ *ändert am Grundsätzlichen nichts*

'Ne·ben·satz ⟨m.; Gramm.⟩ *unselbständiger, von einem Hauptsatz abhängiger Satz, der allein nicht sinnvoll bestehen kann;* Ggs Hauptsatz

'Ne·ben·stelle ⟨f.⟩ **1** *Zweigstelle, Filiale* **2** ⟨Tel.⟩ *zweiter Fernsprechanschluß mit gleicher Nummer*

'Ne·ben·zweig ⟨m.⟩ **1** *kleiner Zweig, kleiner neuer Trieb* **2** ⟨fig.⟩ *Nebenlinie;* ein ~ im Stammbaum **3** ⟨fig.⟩ *unbedeutenderes Teilgebiet;* der ~ einer Industrie

'neb·lig ⟨Adj.⟩ = *nebelig*

nebst ⟨Präp. mit Dat.⟩ *zusammen mit, einschließlich;* XY ~ Angehörigen

'necken ⟨-k·k-; V. 500/R8⟩ jmdn. ~ *foppen, zum besten haben, Schabernack treiben mit jmdm.;* jmdn. mit jmdm. od. etwas ~; neckt sie doch nicht immer mit ihm, damit; sie ~ sich, einander gern; was sich liebt, das neckt sich ⟨Sprichw.⟩

'neckisch ⟨-k·k-; Adj.⟩ **1** *zu Neckereien aufgelegt, schelmisch, drollig* **2** *anmutig u. verschmitzt, aufreizend u. niedlich, kokett*

ne·ga'tiv ⟨a. ['---] Adj. 24⟩ Ggs *positiv* **1** *verneinend;* ~er Bescheid **2** *ablehnend;* ~e Haltung **3** *ergebnislos;* alle Bemühungen blieben ~ **4** ⟨Math.; Zeichen: —⟩ *kleiner als Null* **5** ⟨Phot.⟩ *in den Farben bzw. in der Helligkeit gegenüber dem Original vertauscht* **6** ~er Pol *Stelle, an der Elektronen aus einem Körper austreten*

'Ne·ga·tiv ⟨n.; -s, -e; [-və]⟩ *photograph. aufgenommenes Bild nach dem Entwickeln, bei dem Licht u. Schatten gegenüber dem Original vertauscht sind;* Ggs Positiv

'Ne·ger ⟨m.; -s, -⟩ **1** *dunkelhäutiger, kraushaariger Bewohner des größten Teils von Afrika südlich der Sahara* 1.1 *Nachkomme der nach Amerika verschleppten schwarzen Afrikaner*

'neh·men ⟨V. 189⟩ **1** ⟨500⟩ 1.1 etwas ~ *mit den Händen ergreifen, fassen;* den Sack auf den Rücken ~; die Butter aus dem Kühlschrank ~; die Geldbörse aus der Tasche ~; die Vase vom Schrank ~; einen Stich ~ ⟨Kart.⟩ 1.2 ⟨510⟩ etwas (in Besitz) ~ *als B. erhalten, in seinen B. bringen* 1.2.1 woher ~ und nicht stehlen? ⟨umg.⟩ *woher soll ich's denn nur nehmen? ich habe nicht so viel Geld* 1.2.2 er ist vom Stamme Nimm ⟨umg.⟩ *er ist unbescheiden, nimmt alles, was er nur bekommen kann* 1.2.3 ⟨511⟩ einen Betrag auf Konto ~ ⟨kaufmannsspr.⟩ *auf ein K. buchen* 1.3 ein Verkehrsmittel ~ *benutzen;* das Flugzeug, den Omnibus, das Schiff, die Straßenbahn, den Wagen ~; den Zug 12.30 ~; ein Taxi ~ 1.4 ein Hindernis ~ *überspringen, überwinden;* der Läufer nimmt die Hürden mühelos 1.4.1 ⟨513⟩ im Sturm ~ *erobern;* eine Festung ~; eine Frau ~ ⟨fig.⟩ 1.5 Unterricht ~ *sich unterrichten lassen;* (bei jmdm. in einem Fach) Stunden ~ 1.6 ⟨fig.⟩ 1.6.1 seinen Urlaub ~ *verbringen* 1.6.2 den Schleier ~ *Nonne werden* 1.6.3 die Kutte ~ *Mönch werden* 1.6.4 das Wort ~ *zu sprechen beginnen* 1.6.5 Platz ~ *sich setzen* 1.6.6 Anteil ~ *sich in jmds. Lage versetzen* 1.6.7 der Boxer ist hart im Nehmen *er kann schwere Schläge hinnehmen* 1.6.8 sich etwas nicht ~ lassen *sich nicht hindern lassen* 1.6.9 die Gelegenheit ~ *wahrnehmen, ergreifen* 1.7 eine Sache nimmt ihren Lauf *schreitet fort, entwickelt sich* 1.7.1 das Schicksal nimmt seinen Lauf *erfüllt sich* 1.7.2 Anlauf ~ *zu laufen beginnen, um dann zu springen* 1.7.3 Anlauf ~ (zu, für) ⟨a. fig.⟩ *beginnen mit* 1.8 ein Nahrungsmittel, Arznei (zu sich) ~ *einnehmen, essen, trinken;* Tabletten, Tropfen ~; ein Glas Wasser, einen Schluck Kognak, eine Tasse Kaffee ~; man nehme ... (5 Eier usw.; in Kochrezepten); vorm Weggehen noch schnell etwas, eine Kleinigkeit zu sich ~; sich noch einmal, mehr ~ (bei Tisch) 1.8.1 das Abendmahl ~ *die Kommunion empfangen* 1.8.2 Gift ~ *sich durch G. töten* 1.9 ⟨500⟩ jmdn. ~ 1.9.1 eine Frau, einen Mann ~ *heiraten;* sich eine Frau, einen Mann ~; jmdn. zur Frau, zum Mann ~; sie hat ihn dann noch genommen 1.9.2 ⟨503/R5⟩ (sich) jmdn. ~ *jmdn. veranlas-*

sen, gegen Bezahlung eine Arbeit zu tun; sich einen Anwalt, eine Putzfrau ~ **2** ⟨530⟩ jmdm. etwas ~ *wegnehmen, entziehen, jmdn. einer Sache berauben;* du darfst dir deine Ansprüche, Rechte nicht ~ lassen; jmdm. das Geld, den Mantel, die letzten Spargroschen ~; der Junge hat heute wieder eine Mark genommen; Vorsicht, ich kann dir deinen Läufer ~ (beim Schachspiel); jmdm. den Glauben, die Hoffnung, die Illusionen ~ **2.0.1** du hast mir die Freude, den Spaß daran gründlich genommen *verdorben* **2.0.2** das lasse ich mir nicht ~ *ich bestehe darauf, so zu handeln* **2.0.3** ⟨531⟩ jmdm. den Wind aus den Segeln ~ ⟨fig.⟩ *jmdn. seiner Argumente berauben* **2.0.4** einer Sache die Spitze ~ *eine S. abschwächen, weniger aufregend, gefährlich machen* **2.1** ⟨R1⟩ **2.1.1** sich die Mühe ~ *sich bemühen* **2.1.2** sich Zeit ~ *etwas langsam u. mit Muße tun;* für dieses Buch, diese Schallplatte mußt du dir genügend Zeit ~ **2.1.3** darf ich mir die Freiheit ~, Sie darauf hinzuweisen ... *(Höflichkeitsfloskel)* **2.1.4** sich das Leben ~ *Selbstmord begehen* **3** ⟨510⟩ **3.1** *festhalten;* jmdn. bei der Hand ~; wenn du über die Straße gehst, nimm deine kleine Schwester an der Hand; jmdn. am, beim Kragen ~; das Kind auf den Arm, Schoß, die Schulter ~ **3.1.1** die Beine unter den Arm, die Arme ~ ⟨fig.; umg.; scherzh.⟩ *davonrennen, so schnell man kann* **3.1.2** eine Gelegenheit beim Schopfe ~ ⟨fig.⟩ *ausnutzen* **3.1.3** ⟨531⟩ jmdm. das Wort aus dem Munde ~ *sagen, was er im gleichen Augenblick sagen wollte* **3.1.4** kein Blatt vor den Mund ~ ⟨fig.⟩ *frei u. schonungslos die Meinung sagen* **3.2** *bewirken, daß jmd. od. etwas an einem Ort ist;* jmdn. in die Mitte ~; den Feind zwischen zwei Feuer ~ **3.2.1** jmdn. ins Verhör ~ *verhören* **3.2.2** jmdn. in Gewahrsam, in Haft ~ *verhaften* **3.2.3** jmdn. an die Kandare ~ ⟨fig.; umg.⟩ *(streng) beaufsichtigen* **3.2.4** jmdn. in Schutz ~ *verteidigen, entschuldigen* **3.2.5** jmdn. unter seine Fittiche ~ ⟨a. fig.⟩ *behüten* **3.2.6** jmdn. ins Schlepptau ~ ⟨a. fig.⟩ *jmdm. die Wege ebnen, ihn abhängig machen* **3.2.7** jmdn. auf den Arm ~ ⟨a. fig.⟩ *verspotten* **3.3** jmdn. oder etwas zum Vorbild ~ *nacheifern, so handeln wie* ... **3.4** jmdn. beim Wort ~ *zwingen, ein Versprechen zu halten, daran erinnern* **3.5** jmdn. ins Gebet ~ *jmdm. Vorhaltungen machen, eindringlich mit jmdm. sprechen* **3.6** jmdn. aufs Korn ~ ⟨a. fig.⟩ *scharf ins Auge fassen, es auf jmdn. abgesehen haben* **3.7** jmdn. zu sich ~ *in die Familie aufnehmen u. (od.) bei sich wohnen lassen;* sie wollen seine alte Mutter zu sich ~; sie wollen ein Kind zu sich ~ **3.7.1** Gott hat ihn zu sich genommen *er ist gestorben* **3.8** etwas auf sich ~ *übernehmen;* eine Bürde, Last, die Verantwortung auf sich ~; die Schuld, die Folgen auf sich ~ **3.8.1** etwas auf seine Kappe ~ *etwas selbst verantworten* **3.8.2** das kann ich auf meinen Eid ~ *beschwören* **3.8.3** darauf kann man Gift ~ ⟨fig.; umg.⟩ *sich verlassen* **3.9** etwas an sich ~ *verwahren, aufbewahren* **4** ⟨513; fig.⟩ **4.1** etwas ... ~ *auffassen, betrachten als;* das solltest du nicht ernst, zu leicht, tragisch, wörtlich ~; nimm es nicht so tragisch; das kann man doch nicht ernst ~; er nimmt sich sehr wichtig; du mußt es als Scherz ~; ich nehme es für ein günstiges Omen, Zeichen; wenn Sie's so ~ ⟨umg.⟩; wie man's nimmt ⟨fig.; umg.⟩; sie nimmt alles für bare Münze ⟨fig.; umg.⟩; man muß das Leben (eben) ~, wie das Leben (eben) ist ⟨umg.⟩ **4.1.1** etwas auf die leichte Schulter, Achsel ~ *zu oberflächlich betrachten, nicht mit dem nötigen Ernst behandeln* **4.1.2** genau genommen *wenn man's genau betrachtet;* streng genommen; im Grunde genommen **4.1.3** im ganzen genommen *im großen u. ganzen, alles in allem* **4.2** jmdn.... ~ *behandeln;* man weiß nie, wie man ihn ~ soll; er ist schwer zu ~; er weiß seine Leute zu ~; man muß ihn (sie, es) ~, wie er (sie, es) ist **5** ⟨510⟩ **5.1** etwas in ... ~ *beginnen mit etwas;* eine Sache in Angriff ~; die Maschine in Betrieb ~ **5.1.1** etwas in Kauf ~ *hinnehmen, ertragen;* einen Verlust, Nachteile, Unangenehmes in Kauf ~, um ... **5.1.2** eine Sache in die Hand ~ *beginnen, sich um eine S. selbst zu kümmern, sie selbst erledigen;* die Zügel fest in die Hand ~ ⟨a. fig.⟩ **5.1.3** sich in acht ~ *sich hüten (vor), sich vorsehen* **5.2** etwas von jmdm. ~ *jmdn. von etwas befreien;* eine Sorge, Last, Ungewißheit von jmdm. ~ **5.2.1** jmdm. die Binde von den Augen ~ *jmdn. über etwas schonungslos aufklären* **5.2.2** Notiz von etwas ~ *etwas beachten* **5.3** etwas zu ... ~ *benutzen als;* zum Anlaß, zum Ausgangspunkt ~ **5.3.1** sich etwas zu Herzen ~ *beachten u. bei künftigem Handeln berücksichtigen* **5.3.2** zu etwas Stellung ~ *seinen Standpunkt, seine Meinung zu etwas erklären* **5.4** auf jmdn. od. etwas Rücksicht ~ *jmdn. od. etwas berücksichtigen, rücksichtsvoll behandeln* **5.5** jmdn. od. etwas unter die Lupe ~ ⟨a. fig.⟩ *genau prüfen* **5.6** für jmdn. od. etwas Partei ~ *sich (in einer umstrittenen Angelegenheit) für jmdn. od. etwas einsetzen* **5.7** etwas für ein anderes ~ *als Gegenwert annehmen, verlangen;* wieviel hat er dafür genommen?; ein Darlehen ~; Waren auf Kredit ~; er nimmt kein Geld, keine Bezahlung, kein Trinkgeld; Geben ist seliger denn Nehmen (Apostelgeschichte, 20,35) wir wollen den guten Willen für die Tat ~ **5.7.1** der nimmt's auch von den Lebendigen ⟨umg.⟩ *nimmt Überpreise, plündert die Käufer aus* **6** ⟨Funktionsverb 500; die stilistisch gewichtigere Wendung mit Substantiven kann häufig durch ein einfacheres Verb ersetzt werden⟩ **6.01** Abschied ~ *sich verabschieden, scheiden* **6.02** Abstand ~ *etwas unterlassen* **6.03** seinen Anfang ~ *beginnen* **6.04** in Anspruch ~ *beanspruchen* **6.05** etwas in Arbeit ~ *bearbeiten, herstellen* **6.06** Anstoß, Ärgernis ~ an *sich ärgern über* **6.07** einen Aufschwung ~ *sich sehr günstig entwickeln* **6.08** in Augenschein ~ *besichtigen, ansehen* **6.09** in Aussicht ~ *beabsichtigen, planen* **6.10** ein Bad ~ *baden* **6.11** ein Beispiel ~ an ... *zum Vorbild machen, nachahmen, nacheifern* **6.12** ~ Sie meinen Dank! *ich danke Ihnen herzlich* **6.13** in Dienst ~ *anstellen, einstellen* **6.14** jmdn. in Empfang ~ *jmdn. (formell) empfangen* **6.15** etwas in Empfang ~ *annehmen* **6.16** kein Ende ~ *zu lange dauern, nicht enden* **6.17** ein schlimmes Ende ~ *schlimm enden* **6.18** ~ wir den Fall, daß ... *setzen wir* *voraus, daß ...* 6.19 Interesse an etwas ~ *sich dafür interessieren* 6.20 Kenntnis von etwas ~ *es kennenlernen, erfahren* 6.21 Maß ~ *die Körpermaße messen u. aufschreiben* 6.22 in Pacht ~ *pachten* 6.23 Rache ~ an *sich rächen an* 6.24 Reißaus ~ *davonlaufen, ausreißen* 6.25 Schaden ~ *beschädigt, verletzt, beeinträchtigt werden* 6.26 eine (andere, günstige, neue, unerwartete) Wendung ~ *sich wenden, sich grundlegend ändern* 6.27 zu etwas Zuflucht ~ *sich zu etwas flüchten*

Neid ⟨m.; -(e)s; unz.⟩ **1** *Unlustgefühl, das jmdn. befällt, wenn er einem andern etwas nicht gönnt od. das gleiche haben will u. es nicht bekommt, Mißgunst;* jmds. ~ erregen, erwecken; der ~ frißt, nagt, zehrt an ihm; der ~ ließ ihm keine Ruhe; der blasse ~ sprach aus ihm; mir grauet vor der Götter ~e (Schiller, Ring des Polykrates); blaß, gelb, grün vor ~ werden ⟨fig.⟩; der ~ gönnt dem Teufel nicht die Hitze in der Hölle ⟨Sprichw.⟩ 1.1 das ist (nur) der ~ der Besitzlosen! ⟨umg.⟩ *ihr kritisiert das nur, weil ihr es selbst nicht habt* 1.2 das muß der ~ ihm lassen ⟨umg.⟩ *das muß auch der Übelwollende zugeben, daß er ...* 1.3 jmd. könnte vor ~ bersten, platzen, vergehen *ist sehr neidisch*

'**nei·den** ⟨V. 530/R6⟩ jmdm. etwas ~ ⟨geh.⟩ *jmdn. um etwas beneiden, jmdm. etwas mißgönnen;* jmdm. den Erfolg, sein Glück ~

'**Nei·ge** ⟨f.; -, -n⟩ **1** *Rest (in einem Gefäß);* die ~ austrinken, stehenlassen 1.1 bis zur ~ *völlig, restlos;* ein Glas bis zur ~ leeren 1.1.1 → a. *Kelch(2.1)* **2** etwas geht zur, auf die ~ *geht dem Ende zu, hört (langsam) auf, schwindet;* das Geld, die Vorräte gehen zur, gehen auf die ~; das Jahr, der Tag, geht zur ~; das Leben geht zur ~ **3** *Abhang, Senke*

'**nei·gen** ⟨V.⟩ **1** ⟨500/R7⟩ jmdn. od. etwas ~ *schräg stellen, beugen, senken;* das Haupt in Demut, zum Gruß ~; eine geneigte Ebene; die Waage neigt sich nach dieser Seite 1.1 *herabbeugen, nähern;* ach neige, du Schmerzensreiche, dein Antlitz gnädig meiner Not (Goethe, Faust I) 1.2 ⟨550/R3⟩ sich vor jmdm. od. einer Sache ~ ⟨geh.⟩ *verbeugen;* er neigte sich respektvoll vor dem Denkmal **2** ⟨R3⟩ eine Zeit neigt sich ⟨fig.⟩ *geht zu Ende;* der Tag neigt sich; sein Leben neigt sich (zum Ende) **3** ⟨800⟩ zu etwas ~ *eine Vorliebe, einen Hang haben für etwas, sich einer Sache zuwenden, ihr nähern;* er neigt zum Alkohol, zum Trinken, zur Verschwendung; ich neige dazu, ihm zu glauben; sie ist stets zum Ausgleich, Kompromiß geneigt 3.1 ich neige zu der Ansicht *ich nehme an, daß ...*

'**Nei·gung** ⟨f.; -, -en⟩ **1** *das Neigen, Sichneigen;* sie grüßte ihn mit einer flüchtigen ~ des Kopfes **2** *geneigte Lage, Stellung, Schräglage, -stellung, Gefälle;* der Turm hat eine ~ nach rechts; die ~ einer Ebene, eines lecken Schiffes **3** ~ (zu etwas) ⟨fig.⟩ *Veranlagung, Hang (zu etwas), Vorliebe (für etwas);* eine ~ zum Theater, zum Trinken haben; ~ zu Migräne, zu rheumat. Beschwerden; er hat, verspürt, zeigt wenig ~ dazu; ein Mensch mit künstlerischen, musikalischen, politischen ~en; diese ~ kann ich nicht billigen, teilen, verstehen 3.0.1 er kann ganz seinen ~en leben *er braucht nur das zu tun, was ihm Freude macht* **4** ~ (zu jmdm., für jmdn.) ⟨fig.⟩ *Zuneigung, Freundschaft, Liebe;* seine ~ zu ihr entwickelte sich schnell, erwachte plötzlich; er faßte, gewann eine tiefe ~ zu ihr; sie erwiderte seine ~ nicht; jmds. ~ gewinnen **5** ⟨Astr.⟩ *Winkelabstand eines Gestirns vom Himmelsäquator* **6** ⟨Geophysik⟩ *Abweichung der Richtung einer Magnetnadel von der wahren Nordrichtung, Mißweisung*

nein ⟨Partikel der Negation⟩ **1** *(ablehnende Antwort);* Ggs *ja[1];* wirst du kommen? Nein, ich habe keine Zeit; ~ das ist unmöglich!; er kann nicht, schwer ~ sagen; ach ~ (lieber nicht)!; aber ~!; o ~!; ~ so etwas!; ~ und abermals ~!; ~, ~ und nochmals ~!; ~ doch! 1.1 ~ sagen *ablehnen* **2** ⟨berichtigend⟩ *besser;* Hunderte, ~ Tausende waren gekommen **3** ⟨bekräftigend⟩; ~, ist das eine Freude, Überraschung!; ~, ist das reizend!

'**nein** ⟨Adv.; umg.⟩ = *hinein*

Nein ⟨n.; -(s), -(s)⟩ *ablehnende Antwort;* das Ja und das ~; mit einem klaren ~ antworten; jmdm. ein entschiedenes ~ entgegensetzen; ein ~ zur rechten Zeit erspart viel Widerwärtigkeit

'**Nek·tar** ⟨m.; -s; unz.⟩ **1** ⟨griech. Myth.⟩ *Unsterblichkeit verleihender Göttertrank* **2** ⟨Bot.⟩ *eine zuckerhaltige Absonderung der Blüten*

'**Nel·ke** ⟨f.; -, -n⟩ **1** *einer Gattung der Nelkengewächse angehörende Pflanze mit wohlriechenden Blüten: Dianthus;* Sy *Nagel(4)* **2** *als Gewürz dienende getrocknete Blütenknospe eines auf den Molukken heimischen Myrtengewächses (Eugenia caryophyllata, Syzygium aromaticum);* Gewürz ~

'**nen·nen** ⟨V. 190/500⟩ **1** jmdn. od. etwas ~ *jmdm. od. einer Sache einen Namen, eine Bezeichnung geben;* wir ~ ihn Karl; wie wollen wir das Kind ~? 1.0.1 → a. *Name(1.4)* 1.1 ⟨R3⟩ sich ~ *heißen, einen Namen, eine Bezeichnung führen;* sich nach seiner Mutter ~; diese Straße nennt sich Webergasse 1.2 ⟨520 od. 513⟩ jmdn. od. etwas ... ~ *als ... bezeichnen;* etwas sein eigen ~; ich muß dich loben, das nenne ich Mut!; man muß ihn, sein Verhalten klug, weise, weitblickend ~; er nannte ihn Lügner; er nennt sich Dichter; Otto I., genannt der Große; und so etwas nennt sich Künstler! ⟨iron.⟩ **2** jmdn. od. etwas ~ *den Namen von jmdm. od. etwas angeben;* können Sie mir Beispiele dafür nennen?; nenne mir die wichtigsten Flüsse, Städte des Landes; er nannte einige Personen, die dabeigewesen waren; in dem schon genannten Schloß

'**Nen·ner** ⟨m.; -s, -; Math.⟩ **1** *die unter dem Bruchstrich stehende Zahl;* Ggs *Zähler(1)* 1.1 mehrere Brüche auf einen ~ bringen *so verwandeln, daß alle den gleichen Nenner haben, so daß man sie zusammenzählen od. voneinander abziehen kann* 1.1.1 es ist schwer, die verschiedenen Wünsche auf einen ~ zu bringen ⟨fig.⟩ *Gemeinsames aus verschiedenen W. hervorzuheben u. alle in gleicher Weise zu berücksichtigen*

'**Ne·on** ⟨n.; -s; unz.; Zeichen: Ne⟩ *Edelgas, chem. Element, Ordnungszahl 10*

Nerv ⟨m.; -s, -en⟩ **1** ⟨Med.⟩ *faser- od. strangartiges Gebilde zwischen Gehirn, Rückenmark u. Körperteilen zur Weiterleitung von Reizen u. Bewegungsimpulsen;* Rauschgifte greifen die

~en an; den ~ im Zahn töten **2** ⟨fig.⟩ *geistige u. seelische Spannkraft;* ~en wie Bindfäden, Stricke; eiserne, gesunde ~en; schwache, überreizte, angestrengte ~en **2.1** die ~en behalten, verlieren *die Ruhe, Fassung bewahren, verlieren* **2.2** jmdm. auf die ~en fallen, gehen *jmdn. nervös machen, reizen, jmdm. sehr lästig sein* **2.3** jmds. ~en sind zum Zerreißen gespannt *jmd. ist sehr nervös, ungeduldig* **2.4** mit den ~en herunter ⟨umg.⟩ *äußerst nervös, nahe am Zusammenbruch* **2.5** jmdm. den ~ töten ⟨a. fig.; umg.⟩ *jmdn. durch sein Verhalten quälen, nervös machen, belästigen* **2.6** der hat ~en! ⟨umg.⟩ *er verlangt zuviel!, was denkt er sich dabei?* **3** *Strang von Leitbündeln, die das Skelett eines Pflanzenblattes bilden* **4** *Ader in den Flügeln von Insekten* **5** ⟨veralt.⟩ = *Sehne(1);* jeder ~ spannte sich

'Ner·ven·bün·del ⟨n.⟩ **1** *Bündel aus Nervenfasern* **1.1** jmd. ist ein ~ ⟨fig.; umg.⟩ *ein übernervöser, nervlich stark angegriffener Mensch*

ner·vös ⟨[-'vø:s]; Adj.⟩ **1** ⟨24⟩ *zu den Nerven(1) gehörend, auf ihnen beruhend;* ~e Erschöpfung; ein ~er Reflex; ein ~es Herz **2** *leicht reizbar, erregbar, überempfindlich;* sie ist ein ~er Mensch; du machst mich ~ mit deinen vielen Fragen; sie ist heute wieder sehr ~

'Nes·sel[1] ⟨f.; -, -n⟩ **1** = *Brennessel* **1.1** sich in die ~n setzen ⟨fig.; umg.⟩ *sich Unannehmlichkeiten zuziehen* **1.2** wie auf ~n sitzen ⟨umg.⟩ *unruhig, ungeduldig, verlegen sein*

'Nes·sel[2] ⟨m.; -s; unz.⟩ *aus Nesselgarn hergestelltes Gewebe in Leinwandbindung*

Nest ⟨n.; -(e)s, -er⟩ **1** *Wohn- od. Brutstätte, Bau (von Tieren);* Vogel~; Wespen~; Ratten~; ein ~ ausnehmen; die Vögel bauen, hüten, verteidigen ihr ~; ein ~ aus Gräsern, aus Stroh u. Zweigen; ein leeres, verborgenes, verstecktes, volles, warmes, weiches ~ **1.1** sich ein ~ bauen ⟨fig.⟩ *eine Wohnung einrichten* **1.2** sich ins warme ~ setzen ⟨fig.; umg.⟩ *ohne eigene Anstrengungen in eine gute Position, in gute Verhältnisse gelangen;* mit dieser Heirat hat er sich ins warme ~ gesetzt **1.3** sein eigenes ~ beschmutzen ⟨fig.⟩ *über die eigenen Angehörigen, über das eigene Volk häßlich reden* **1.4** das ~ reinhalten ⟨fig.⟩ *keine unsauberen Handlungen in der Familie dulden* **2** *Höhle, Versteck, Schlupfwinkel;* Diebes~; ein (Räuber-)~ ausheben; die Polizei fand das ~ bereits leer **3** ⟨umg.⟩ *Bett;* es ist Zeit, ins ~ zu steigen; 'raus aus dem ~! **4** ⟨umg.; abwertend⟩ *Kleinstadt, kleiner Ort, verlassenes Dorf;* in diesem elenden, verlassenen ~ möchte ich nicht wohnen! **5** *etwas Verwickeltes, Verklebtes;* ein ~ von Haaren, Läuseeiern **6** ⟨Bgb.⟩ *kleines Erzlager* **7** ⟨Turnen⟩ *Hang an Händen u. Füßen mit hohlem, nach oben gewandtem Rükken*

'ne·steln ⟨V.⟩ **1** ⟨500⟩ etwas ~ *knüpfen, (ver)schlingen, haken, binden;* sie nestelte ihren Schmuck vom Hals **2** ⟨411⟩ an etwas ~ *herumfingern, etwas ungeschickt od. ungeduldig zu öffnen od. zu lösen versuchen;* vergeblich nestelte er an dem Knoten

'Nest·flüch·ter ⟨m.; -s, -⟩ *Vogeljunges, das sehr bald das Nest verläßt u. sich seine Nahrung selbst sucht;* Ggs *Nesthocker*

'Nest·häk·chen ⟨n.; -s, -⟩ **1** *zuletzt flügge werdender Vogel* **2** ⟨fig.⟩ *jüngstes Kind der Familie*

'Nest·hocker ⟨-k·k-; m.; -s, -⟩ *Vogeljunges, das lange im Nest von den Eltern ernährt wird;* Ggs *Nestflüchter*

'Nest·ling ⟨m.; -s, -e⟩ **1** *Vogel, der noch nicht flügge ist* **2** ⟨fig.⟩ *kleines Kind*

nett ⟨Adj.⟩ **1** *freundl. Gefühle hervorrufend* **1.1** *liebenswürdig, anziehend, ansprechend, freundlich, entgegenkommend;* ein ~es Bild, Häuschen, Kind, Kleid, Mädchen, Städtchen; einen Kreis ~er Menschen finden; er ist recht ~; das ist ~ von Ihnen; wie ~, daß Sie kommen **1.1.1** ein ~es Früchtchen ⟨iron.⟩ *ein ungeratener, leichtfertiger junger Mensch* **1.2** *geschmackvoll, adrett, gepflegt;* ein ~es Kleid; eine ~e Frisur; sie ist ~ angezogen **1.3** *angenehm, lustig, gemütlich;* einen ~en Abend verbringen; in eine ~e Gesellschaft kommen **1.3.1** das sind ja ~e Aussichten! ⟨iron.⟩ *da ist einiges zu befürchten* **1.3.2** das kann ja ~ werden! ⟨iron.⟩ *da ist einiges zu befürchten* **2** ⟨umg.⟩ *stattlich;* das ist eine ~e Summe, Rechnung

'net·to ⟨Adj. 11/80; kaufmannsspr.⟩ Ggs *brutto* **1** *ausschl. der Verpackung* **2** *nach Abzug von Unkosten od. Steuern* **3** ~ Kassa, Kasse *bar ohne jeden Abzug*

Netz ⟨n.; -es, -e⟩ **1** *geknüpftes Maschenwerk;* die Maschen des ~es; ~e knüpfen; ein dichtes, enges, weitmaschiges ~; das ~ der Heuchelei, Lüge zu zerreißen suchen ⟨fig.⟩ **1.1** *Gerät aus Maschenwerk zum Fangen von Tieren;* Fischer~; Schmetterlings~; sein ~ auswerfen, schleppen, stellen, spannen, ziehen; heute will kein Fisch ins ~ gehen **1.1.1** in jmds. ~ fallen, gefangen werden, geraten, hineinstolpern ⟨fig.⟩ *von jmdm. überlistet werden* **1.1.2** jmdm. ins ~ gehen ⟨fig.⟩ *von jmdm. überlistet werden* **1.1.3** jmdn. ins ~ locken ⟨fig.⟩ *überlisten* **1.1.4** er hat sich im ~ seiner Intrigen, Lügen selbst gefangen, verstrickt ⟨fig.⟩ *er hat so viel intrigiert, gelogen, daß er nun selbst keinen Ausweg mehr sieht* **1.1.5** er wirft überall seine ~e aus ⟨fig.⟩ *er unternimmt, plant vieles* **1.2** *Beutel, Tasche aus Maschenwerk;* Einkaufs~; mit dem ~ einkaufen **1.3** *Vorrichtung aus Maschenwerk zur Absicherung (bei gefährlicher Arbeit);* der Seiltänzer arbeitet ohne ~ **1.3.1** ohne ~ und doppelten Boden ⟨fig.⟩ *mit vollem Risiko* **1.4** *Hülle aus Maschenwerk zum Schutz der Frisur;* Haar~; um den Haarknoten ein ~ tragen **1.5** *Einrichtung in Verkehrsmitteln zur Ablage von Gepäck;* Gepäck~; im Eisenbahnabteil den Koffer ins ~ legen **1.6** ⟨Sp.⟩ *Grenze od. Abgrenzung aus Maschenwerk* **1.6.1** *Maschengeflecht, das (bei vielen Rückschlagspielen, z. B. Tennis, Tischtennis, Volleyball, Badminton) eine Spielfläche halbiert;* den Ball übers ~ schlagen **1.6.2** *an Toren (z. B. im Fußball, Handball) od. Körben (z. B. im Basketball) zum Auffangen des Balles aufgespanntes Netz(1)* **2** *haarfeines, lockeres Gespinst der Spinne;* Spinnen~; im ~ der Spinne hat sich ein Insekt gefangen; die Spinne spinnt ein ~ **3** *System von sich kreuzenden Linien od. Strecken* **3.1** *Gesamtheit vieler sich kreuzender u. voneinander abzweigender Bahnlinien, Straßen usw.;* Eisenbahn~; Verkehrs~; ein ~ von elektr. Drähten, Röhren, Schienen; es gibt in diesem Land ein dichtes ~ von Bahn- u. Flugstrecken

3.2 ⟨fig.⟩ *kompliziertes System;* das ~ der Adern, Nerven; ein weitverzweigtes ~ schulischer Einrichtungen 3.3 ⟨El.⟩ *kompliziertes System elektr. Leitungen mit vielen Schaltelementen;* Licht~; Telephon~; das Haus ist noch nicht an das (öffentliche) ~ angeschlossen; das ~ ist überlastet 3.4 ⟨Geogr.⟩ *System von rechtwinklig sich kreuzenden Linien zum Bestimmen von geograph. Punkten;* Grad~ **4** ⟨Math.⟩ *die in einer Ebene ausgebreitete Oberfläche eines Körpers* **5** ⟨Anat.⟩ *schürzenförmige Falte des Bauchfells über den Darmschlingen*

'net·zen ⟨V. 500⟩ etwas ~ ⟨geh.⟩ *befeuchten, naß machen, benetzen*

'Netz·haut ⟨f.⟩ *die innerste, lichtempfindliche, der Aderhaut aufliegende Hautschicht des Augapfels: Retina*

neu ⟨Adj.⟩ **1** *seit kurzem vorhanden;* Ggs *alt(6);* ein ~es Haus, ein ~er Stadtteil, eine ~e Wohnung; hierbei wurde bereits der ~este Stand der Forschung berücksichtigt **1.0.1** ein ~er Stern am Filmhimmel ⟨fig.⟩ *ein(e) eben bekannt werdende(r) Filmschauspieler(in)* **1.0.2** ~e Besen kehren gut ⟨Sprichw.⟩ *ein neuer Arbeiter ist zunächst bes. fleißig* **1.1** *unlängst geschehen, kurz Zurückliegendes betreffend;* was gibt es Neues?; weißt du schon das Neueste?; die ~esten Nachrichten (im Fernsehen, in Presse u. Rundfunk) **1.1.1** die ~eren Sprachen *die heute noch gesprochenen (lebenden) S.;* Ggs *die Alten Sprachen(4.7.2)* **1.2** ⟨60⟩ *eben begonnen, angebrochen;* in ~erer, ~ester Zeit; eine ~e Flasche Wein; eine ~e Liebe; das Fernsehprogramm für die ~e Woche **1.2.1** das ~e Jahr *das eben begonnene J. beim Jahreswechsel;* jmdm. zum ~en Jahr gratulieren **1.3** ⟨50⟩ *eben erst, gerade, kürzlich;* diese Gäste sind ~ angekommen; der ~ ernannte Bürgermeister; diese beiden Schüler sind ~ hinzugekommen **1.3.1** das ~ eröffnete Geschäft *erneut (z. B. nach Renovierung)* **1.4** *bisher unbekannt;* eine ~e Welt geht mir auf; die Bekanntschaft mit der Musik eröffnete dem Knaben eine ~e Welt; die Sache hat nunmehr einen ~en Sinn für mich bekommen; viel, wenig Neues; er hat viel Neues erlebt, gehört, gesehen; du mußt dir etwas Neues ausdenken; das ist mir ~ an ihm; das ist mir ganz, völlig ~!; ich habe nichts Neues darüber gehört; das ist mir nichts Neues; Im Westen nichts Neues (Titel eines Romans von Remarque); ich habe eine ~e Seite seines Wesens kennengelernt ⟨fig.⟩ **1.4.1** ⟨60⟩ die Neue Welt *Amerika;* Ggs *die Alte Welt(4.7.5)* **1.5** ⟨umg.⟩ *unerfahren (in einer Arbeit);* ich bin noch ~ in der Arbeit u. brauche etwas länger; er ist noch ~ in dieser Arbeit, unserem Betrieb, diesem Beruf **1.6** ⟨70⟩ *soeben aufgekommen, der Zeit entsprechend, modern;* das Neueste (Mode, Neuigkeit); sie ist stets nach ~estem Geschmack, nach ~ester Mode gekleidet; er schätzt die ~ere Kunst (nicht); die ~en Tänze lernen; diese Platte ist das Neueste auf dem Schlagermarkt; sie ist stets auf alles Neue erpicht; das Neueste vom Neuen **1.7** *von der letzten Lieferung, letzten Ernte, frisch, jung* **1.7.1** ~e Kartoffeln *K. der diesjährigen Ernte zu einem Zeitpunkt, zu dem es noch alte gibt* **2** *ander(s), besser als früher;* oh, du hast eine ~e Frisur!; ein ~es Leben anfangen; ein ~er Mensch werden; eine ~e Methode versuchen **2.1** das wirft ein ~es Licht auf die Sache ⟨fig.⟩ *dadurch erscheint die S. ganz anders* **2.2** ⟨60⟩ ~er Stern[1] *Fixstern, dessen Helligkeit plötzlich sehr stark ansteigt, Nova* **3** *sich in einer Reihenfolge anschließend* **3.1** *weiter, folgend (auf etwas Vorangegangenes), zusätzlich;* ein ~es Ereignis, ein ~es Verbrechen erhitzt die Gemüter; ~e Straßen werden angelegt; an einer ~en Erfindung, einem ~en Werk arbeiten; eine ~e Seite, Zeile beginnen; ein ~es Buch, Kapitel zu lesen anfangen; als die Fackel verlosch, zündete er eine ~e an; einen ~en Mitarbeiter gewinnen; ein ~er Schüler; ~e Truppen an die Front werfen; ~e Folge ⟨Abk.: N. F.⟩ **3.1.1** aufs ~e, von ~em *noch einmal von vorn;* von ~em anfangen; etwas aufs ~e beginnen **3.1.2** auf ein ~es! ⟨umg.⟩ *(trinken wir) auf den neuen Beginn!* **3.1.3** ⟨60⟩ Neue Kerze ⟨veralt.; Abk.: NK⟩ *Einheit der Lichtstärke* **3.1.4** ⟨60⟩ die ~e Linke *polit. Linksgruppierungen, die sich vom herkömmlichen Sozialismus u. Marxismus abgegrenzt haben* **3.1.5** ⟨60⟩ die ~e Mathematik *auf der formalen Logik u. der Mengenlehre basierende M.* **3.1.6** ⟨60⟩ die Neue Sachlichkeit *gegen den Expressionismus, bzw. die abstrakte Kunst gerichtete Strömung der europäischen Malerei u. Literatur seit etwa 1925* **3.1.7** ⟨60⟩ das Neue Testament *der die ältesten Schriften des Christentums enthaltende Teil der Bibel;* das Alte und das Neue Testament **3.1.8** ~e Musik *eine der sehr verschiedenartigen Richtungen der Musik seit dem Beginn des 20. Jh., z. B. Zwölftonmusik* **3.2** *noch einmal, wieder, erneut, erneuert;* das Buch, die Schallplatte wurde ~ aufgelegt; das Buch sollte ~ bearbeitet werden; das Buch ist ~ erschienen; wir müssen unsere Polstermöbel ~ beziehen lassen; etwas ~ formulieren, schreiben; ich fühle mich ~ gekräftigt, ~ gestärkt; sie schöpfte ~e Hoffnung, ~en Mut; mit ~en Kräften ein Werk beginnen; das muß den Gerüchten ~e Nahrung geben; und ~es Leben blüht aus den Ruinen (Schiller, Tell, III, 1) **3.2.1** das ~ vermählte Paar *erneut vermählt* **3.2.2** eine Wohnung, ein Zimmer ~ herrichten, vorrichten *renovieren* **3.3** *etwas Vorausgegangenes ersetzend, ablösend;* die Preise werden ~ festgesetzt; er braucht ein ~es Auto (anstatt des alten); nachdem die alten Verträge ausgelaufen sind, brauchen wir ~e; der Fußboden muß ~ versiegelt werden **4** *noch ungebraucht, nicht abgenutzt;* die Möbel sind ~; ich werde den ~en Hut aufsetzen; ein ~es Kleid anziehen; der Mantel ist nicht mehr ganz ~; die Bluse ist noch wie ~ **4.1** *frisch, frisch gewaschen;* ~e Wäsche

'neu·ar·tig ⟨Adj.⟩ *von neuer Art, neu, noch nicht gesehen, bisher noch nicht dagewesen*

'neu·er·dings ⟨Adv.⟩ *seit kurzem, in letzter Zeit*

'Neue·rung ⟨f.; -, -en⟩ *Änderung, Erneuerung, Neuheit*

'neu·ge·backen ⟨-k·k-; Adj. 24⟩ **1** *eben gebakken, frisch;* ein ~es Brot **2** ⟨70; fig.; umg.⟩ *mit neuer Würde bekleidet;* ein ~er Doktor, Ehemann

'Neu·gier ⟨f.; -; unz.⟩ *Begierde, Neuigkeiten od. etwas über Angelegenheiten anderer zu erfah-*

ren; oV *Neugierde;* dadurch wird meine ~ angestachelt; seine ~ befriedigen, stillen, nicht verbergen; keine ~ zu erkennen geben, zeigen; das erregt, reizt, weckt meine ~; plagt, quält dich die ~?; nur aus ~, aus reiner ~ fragen; er brannte vor ~, zu erfahren, ob ...

'Neu·gier·de ⟨f.; -; unz.⟩ = *Neugier*

'Neu·heit ⟨f.; -, -en⟩ **1** ⟨unz.⟩ *das Neusein;* der Reiz der ~ **2** *etwas Neues, etwas, das eben hergestellt worden ist* 2.1 *neuartige Ware, Kleidung;* die ~en der Frühjahrsmode; ~en vorlegen, zeigen; auf der hauswirtschaftlichen Ausstellung waren viele ~en ausgestellt, zu sehen; letzte ~; die literarischen ~en auf der Buchmesse

'Neu·ig·keit ⟨f.; -, -en⟩ *neue Nachricht, etwas Neues;* die ~ des Tages; jmdm. eine ~ berichten, erzählen, mitteilen, übermitteln, vorenthalten

'Neu·jahr ⟨n.⟩ *der erste Tag eines neuen Jahres, der 1. Januar;* Prosit ~!

'Neu·land ⟨n.; -(e)s; unz.⟩ **1** *neu in Kultur genommenes Land, Neubruch* **2** *unbekanntes, unerforschtes Land, Gebiet* **3** ⟨fig.⟩ *Forschungsbereich, in dem noch nicht gearbeitet worden ist;* mit diesen Forschungen betreten wir wissenschaftliches ~

'neu·lich ⟨Adv.⟩ *kürzlich, vor kurzem, vor kurzer Zeit;* ich habe ihn ~ erst gesprochen, getroffen

'Neu·ling ⟨m.; -s, -e⟩ *jmd., der in einem Betrieb od. auf einem Gebiet zu arbeiten beginnt, Anfänger*

'Neu·mond ⟨m.; -(e)s; unz.⟩ *Zeitabschnitt, während dessen der Mond zwischen Erde u. Sonne steht u. uns seine unbeleuchtete Seite zuwendet*

neun ⟨Num. 11; in Ziffern: 9⟩ → a. *vier* **1** *Zahl 9;* die ~ Musen 1.1 alle ~ schieben, werfen ⟨umg.⟩ *beim Kegeln den besten Wurf tun, bei dem alle Kegel fallen;* alle ~e! ⟨umg.⟩

Neun ⟨f.; -, -en⟩ **1** *die Ziffer 9* 1.1 *die Straßenbahn-, Buslinie Nr. 9;* in die ~ (um)steigen, mit der ~ fahren **2** du grüne ~e! ⟨umg.⟩ *(Ausruf der Verwunderung)*

'neun·fach ⟨Adj. 24/90⟩ *neunmal (so viel)*

'neun·hun·dert ⟨Num.; in Ziffern: 900⟩ *neunmal hundert*

'neun·zehn ⟨Num.; in Ziffern: 19⟩ **1** *Zahl 19* 1.1 im Jahre ~ *1919*

'neun·zig ⟨Num.; in Ziffern: 90⟩ *Zahl 90*

Neu'ro·se ⟨f.; -, -n; Med.⟩ *anlage- u. umweltbedingte Neigung, seel. Erlebnisse abnorm u. krankhaft zu verarbeiten, was zu einer dauernden körperl. u. seel. Erkrankung der Gesamtpersönlichkeit führt*

neu'tral ⟨Adj. 24⟩ **1** *unbeteiligt, sich der Stellungnahme enthaltend, unparteiisch;* ~ bleiben; sich bei einer Auseinandersetzung ~ verhalten 1.1 ~e Ecke ⟨Boxsp.⟩ *E. des Boxringes, die keinem der beiden Boxer zum Aufenthalt in der Pause dient* 1.2 ~er Staat *nicht am Krieg beteiligter S.* **2** ⟨Chem.⟩ *in der Reaktion(2) weder sauer noch basisch;* ~er Boden; eine ~e Flüssigkeit **3** ⟨Gramm.⟩ *keinem der beiden Geschlechter angehörend;* Sy *sächlich(1);* ~e Substantive

Neu·tra·li·sa·ti'on ⟨f.; -, -en⟩ **1** *das Aufheben einer Wirkung, das Unwirksammachen* **2** ⟨Chem.⟩ *Aufhebung der sauren od. basischen Reaktion* **3** ⟨Pol.⟩ *Auferlegung der Pflicht, neutral zu bleiben, Abbau von Befestigungen u. Abzug von Truppen in bestimmtem Gebiet* **4** ⟨Sp.⟩ *Unterbrechung der Wertung während des Wettkampfes*

neu·tra·li'sie·ren ⟨V. 500⟩ **1** Kräfte ~ *ihre Wirkung aufheben, unwirksam machen* **2** Lösungen ~ ⟨Chem.⟩ *Säuren u. Basen so mischen, daß weder eine saure noch eine basische Reaktion entsteht* **3** eine politische Einheit ~ *für neutral(1) erklären* 3.1 ein Gebiet ~ *in einem G. Befestigungen abbauen u. Truppen abziehen, es von Kriegshandlungen ausnehmen* 3.2 einen Staat ~ *zur Neutralität verpflichten* **4** einen Wettkampf ~ ⟨Sp.⟩ *die Wertung während des Wettkampfes unterbrechen*

Neu·tra·li'tät ⟨f.; -; unz.⟩ *Unbeteiligtsein, Nichtbeteiligung, Nichteinmischung, unparteiisches Verhalten*

'Neu·tron ⟨n.; -s, -'tro·nen; Phys.; Abk.: n⟩ *elektrisch nicht geladenes Elementarteilchen mit der Masse eines Protons*

'Neu·zeit ⟨f.; -; unz.⟩ *die Zeit von etwa 1500 bis zur Gegenwart;* Ggs *Altertum(1)*

nicht ⟨Adv.⟩ **1** *(Ausdruck für die Verneinung);* ~ sein Bruder war es, sondern er selbst; ~ ausspucken!; bitte ~ berühren (Aufschrift an Gegenständen einer Ausstellung); ~ füttern! (Aufschrift an Käfigen im Zoo); (es ist) ~ zu glauben, ~ zu sagen, was sich da zugetragen hat; ~ rauchen!; du sollst ~ stehlen (7. Gebot); ~ stürzen!, ~ werfen! (Aufschrift auf Paketen); das kann ich ~ verantworten; die Menge wollte ~ wanken und ~ weichen; warte ~ auf mich; ich ~!, du ~!, er ~!, wir ~!; das ~!; ich auch ~; du etwa ~?; ich habe ~ dich gemeint, sondern ...; er ist ~ dumm; er ist ~ dumm, nur faul; das ist ~ gut, ~ schön, ~ richtig, ~ übel; ~ so schön wie ...; ~ so schnell!; bestimmt ~; es ist ~ so; er hat ~ mehr als 500 Mark; ~ mehr und ~ weniger als ...; er arbeitet ~ mehr; ~ weniger als; ~ sehr; ~ viel; ~ nur ..., sondern auch; ~ einmal; ~ doch!; ~ Baum noch Strauch; ~ lange danach, darauf; ~ heute und ~ morgen; ~ im geringsten; noch ~; etwas noch ~ Dagewesenes, Gesehenes, wirklich ~; durchaus ~; ganz und gar ~; überhaupt ~!; warum ~?; wieso ~?; wenn ~, dann ...; ~ mal ⟨umg.⟩ 1.1 ~ ganz *beinahe* 1.2 ~, daß ich wüßte *davon weiß ich nichts* 1.3 ~!, bitte ~! *laß das!* 1.4 im Leben ~! *keinesfalls!* 1.5 wie geht es dir? ~ besonders ⟨umg.⟩ *nicht gut* 1.6 ~ ohne ⟨umg.⟩ *mit, von großer Wirkung, gefährlich* 1.6.1 jmd. ist ~ ohne *sehr begabt, befähigt* 1.6.2 dieser Plan ist ~ ohne ⟨umg.⟩ *ist verlockend, bietet Anreiz* 1.7 wo ~, ... ⟨umg.⟩ *wenn dieser Fall ausscheidet* **2** *gewiß, sicher (Ausdruck der Bekräftigung, Bestätigung, bes. in Fragen u. Ausrufen);* hattest du ~ gesagt, daß du früher kommen wolltest?; habe ich es ~ gleich gesagt?; du wartest doch, ~ (wahr)? 2.1 ~ wahr? *so ist es doch?*

'Nich·te ⟨f.; -, -n⟩ *Tochter des Bruders od. der Schwester*

'nich·tig ⟨Adj.⟩ **1** *unbedeutend, wertlos* **2** ⟨Rechtsw.⟩ *ungültig;* → a. *null(2);* ein ~er Einwand; der Vertrag ist dadurch ~ geworden

nichts ⟨Indefinitpron.; undeklinierbar⟩ **1** *kein Ding, kein Lebewesen, nicht etwas, nicht das* *mindeste, nicht die Spur;* was hast du gesehen? ~!; was weißt du von ...? ~!; noch ~ ahnend, kam er herein; ich konnte ~ erfahren; ich fürchte ~, weil ich ~ habe (Luther); wir wollen ~ unversucht lassen; ich will ~ gesagt haben; er hat ~ getan!; er weiß auch ~; daraus wird ~!; ~ dergleichen; er will sich durch ~ davon abbringen lassen; durchaus ~; sich in ~ auflösen, zerfließen; sich in ~ voneinander unterscheiden; alles oder ~!; sonst ~?; es gibt ~, was ihn aus der Ruhe bringen könnte; ~ zu danken! (freundl. Erwiderung auf einen Dank); zu ~ nütze sein; ~ zu essen haben; viel Lärm um ~!; um ~ gebessert sein, um ~ besser daran sein; ich will ~ davon hören!; ganz und gar ~, (rein) gar ~ ⟨verstärkend⟩ **1.0.1** ⟨das folgende substantivierte Adj. dekliniert stark⟩; es kann ~ anderes gewesen sein; er spricht von ~ anderem (so begeistert ist er davon); ich weiß ~ Besseres; ich ahnte ~ Böses, Gutes; er weiß auch ~ Genaues, Näheres; es gibt ~ Neues; ich kenne ~ Schöneres als ... **1.1** es ist ~ von Bedeutung, Belang *es ist nicht wichtig* **1.2** du bist aber auch mit ~ zufrieden *stets unzufrieden* **1.3** das Geschenk sieht nach ~ aus ⟨umg.⟩ *ist wenig eindrucksvoll* **1.4** das macht, tut, schadet ~ *ist nicht (so) schlimm* **1.5** das tut ~ zur Sache *das verändert die Sache nicht* **1.6** der Hund tut ~ *beißt nicht* **1.7** ~ da! ⟨umg.⟩ *das gibt es nicht, das könnte dir so passen!* **1.8** ~ zu machen! ⟨umg.⟩ *ich bedauere, aber diese Sache kann nicht mehr geändert werden* **1.8.1** da ist ~ zu wollen, zu machen *man muß es hinnehmen, man kann es nicht ändern* **1.9** so gut wie ~ *kaum etwas* **1.9.1** er verschlang das Stück Kuchen wie ~ ⟨umg.⟩ *sehr schnell* **2** ⟨Wendungen⟩ **2.1** *das ist alles;* weiter ~?; wenn es weiter ~ ist ... **2.2** ~ als, wie *nur;* ~ als Ärger hat man mit dir **2.2.1** ~ weniger als ⟨verstärkende Verneinung⟩ *gar nicht;* ~ weniger als schön **2.3** ~ für ungut! *nimm es mir nicht übel!* **2.4** mir ~, dir ~ *ohne weiteres, so einfach (ohne zu fragen);* du kannst doch nicht so mir ~, dir ~ davonlaufen! **2.5** es zu ~ bringen, zu ~ kommen *keinen Erfolg haben, nicht vorwärtskommen im Leben* **2.6** für, um ~ *nutzlos, umsonst;* da habe ich mich für ~ so beeilt! **2.6.1** für ~ und wieder ~ ⟨verstärkend⟩ *völlig nutzlos, ganz umsonst;* ich mache mir doch nicht für ~ und wieder ~ so viel Arbeit! **2.6.2** um ~ in der Welt *um keinen Preis, unter keinen Umständen* **2.7** aus ~ wird ~ ⟨Sprichw.⟩ *wenn man sich nicht anstrengt, kommt man nicht weiter* **2.7.1** von ~ kommt, wird ~ ⟨Sprichw.⟩ *wenn man sich nicht anstrengt, kommt man nicht weiter* **2.8** ich habe ~ davon ⟨bes. fig.⟩ *keinen Gewinn* **2.8.1** mir liegt ~ daran *ich möchte es nicht, habe keine Lust dazu* **2.8.2** ich mache mir ~ daraus *es interessiert mich nicht, kränkt mich nicht* **2.9** er läßt auf jmdn. ~ kommen ⟨umg.⟩ *verteidigt jmdn. gegenüber Tadel*

Nichts ⟨n.; -; unz.⟩ **1** ⟨allg.⟩ *Geringfügigkeit, Kleinigkeit;* wollt ihr euch um ein ~ streiten? **2** *(geschäftl.) Ruin, Zusammenbruch, Fehlen aller Mittel, Hoffnungen;* nach der Aufgabe seines Geschäftes steht er vor dem ~ **3** ⟨Philos.⟩ *Fehlen alles Seienden, Leere, Chaos;* am Anfang war das ~; etwas aus dem ~ erschaffen; das Geworfensein in das ~

nichts·de·sto'min·der ⟨Konj.⟩ = *nichtsdestoweniger*

nichts·de·sto'we·ni·ger ⟨nebenordnende adversative Konj.⟩ *trotzdem, und doch;* Sy *nichtsdestominder*

'Nichts·nutz ⟨m.; -es, -e⟩ **1** *nichtsnutziges Kind od. junger Mensch, das bzw. der nur Unsinn treibt* **2** *Tunichtgut, Taugenichts*

'nichts·sa·gend ⟨Adj.⟩ *unbedeutend, gleichgültig, fade, farblos, ausdruckslos;* er gab eine ~e Antwort; ein ~es Gesicht; das Buch ist ~

'Nichts·tun ⟨n.; -s; unz.⟩ *Faulheit, Müßiggang;* süßes ~; in ~ versinken; viel Zeit mit ~ verbringen

'nichts·wür·dig ⟨Adj.⟩ *(moralisch) nichts taugend, verachtenswert, erbärmlich, schurkisch*

'Nickel¹ ⟨-k·k-; m.; -s, -⟩ **1** ⟨Myth.⟩ *Wassergeist, Nöck, Neck* **2** ⟨fig.; umg.⟩ *eigensinniges Kind, mutwilliger Mensch* **3** ⟨mundartl.⟩ *Nikolaus, Knecht Ruprecht*

'Nickel² ⟨-k·k-; n.; -s; unz.; Zeichen: Ni⟩ *chem. Element, silberweißes zähes Metall, Ordnungszahl 28*

'Nickel³ ⟨-k·k-; m.; -s, -; veralt.⟩ *Nickelmünze, Zehnpfennigstück*

'nicken¹ ⟨-k·k-; V. 400⟩ **1** *den Kopf senken u. heben als Zeichen der Bejahung, des Einverständnisses, als Gruß;* er hat zustimmend genickt; mit dem Kopf ~; er grüßte mit leichtem Nicken **2** *den Kopf heben u. senken beim Gehen (von Tieren);* mit ~den Köpfen (von Pferden, Tauben) **3** ⟨poet.⟩ *sich heben u. senken;* die Ähren, die Gräser, die Halme ~ im Wind

'nicken² ⟨-k·k-; V. 500; Jagdw.⟩ Wild ~ *durch Schlag od. Stich ins Genick töten*

'nicken³ ⟨-k·k-; V. 400; umg.⟩ *leicht schlafen, schlummern (bes. im Sitzen, wobei der Kopf sich ein wenig auf u. ab bewegt);* er liebt es, nach dem Essen im Lehnstuhl ein Stündchen zu ~

nie ⟨Adv.⟩ *nicht ein einziges Mal, zu keinem Zeitpunkt;* so etwas habe ich noch ~ gehört, gesehen; das ist eine ~ wiederkehrende Gelegenheit; ~ im Leben!; jetzt oder ~; ~ mehr!; ~ und nimmer; ~ wieder!; besser spät als ~ ⟨Sprichw.⟩

'nie·der ⟨Adj.⟩ **1** ⟨60⟩ = *niedrig(3)* **1.1** *in einer (gesellschaftl.) Rangordnung auf unterer Stufe stehend;* in den ~en Offiziersrängen; eine ~e Laufbahn; die ~e Gerichtsbarkeit **1.1.1** ~e Tiere ⟨Zool.⟩ *die Wirbellosen* **2** ⟨60⟩ = *niedrig(1)* **2.1** ~e Jagd ⟨Jagdw.⟩ *Jagd auf Niederwild;* Ggs *hohe Jagd* **3** ⟨60⟩ = *niedrig(2,4)* **4** ⟨50⟩ *herab, herunter, hinab, hinunter, zu Boden;* die Waffen ~!; ~ mit ihm!; ~ mit dem Krieg! **4.0.1** ~! *(als Haßruf, Aufforderung zum Niederschlagen, zur Empörung)* **4.0.2** sich auf und ~ bewegen *hinauf u. herunter* **4.0.3** er ging im Zimmer auf und ~ *auf u. ab, hin u. her*

'nie·der|bre·chen ⟨V. 116⟩ **1** ⟨500⟩ etwas ~ *abbrechen, zum Zusammensturz bringen;* ein Gebäude ~ **2** ⟨400(s.)⟩ *zusammenbrechen, in die Knie brechen, zu Boden stürzen*

'nie·der|don·nern ⟨V.⟩ **1** ⟨400(s.)⟩ *mit großem Getöse nach unten stürzen, herunterkommen;* die Lawine donnerte ins Tal nieder **2** ⟨500⟩ jmdn. ~ ⟨fig.; umg.⟩ *so scharf u. laut tadeln,* *daß er nichts mehr zu sagen wagt;* der Abteilungsleiter hat ihn niedergedonnert

'nie·der|drücken ⟨-k·k-; V. 500⟩ **1** jmdn. od. etwas ~ *nach unten drücken, herunterdrükken, zu Boden drücken;* die Last der Früchte drückte die Zweige nieder **2** jmdn. od. eine Sache ~ ⟨fig.⟩ *bedrücken, entmutigen, niedergeschlagen machen;* er ist heute so niedergedrückt; ~de Ereignisse, Nachrichten; ~de Stimmung

'nie·der|ge·hen ⟨V. 145/411(s.)⟩ **1** *herunterkommen* 1.1 ein Flugzeug geht nieder *nähert sich der Erde, landet* 1.2 ein Vorhang geht nieder *senkt sich* 1.3 Regen geht nieder *fällt* 1.4 ein Gewitter geht nieder *entlädt sich* 1.5 ein Boxer geht nieder *sinkt zu Boden, stürzt*

'nie·der·ge·schla·gen ⟨Adj.; fig.⟩ *bekümmert, (nieder)gedrückt, bedrückt, mutlos*

'nie·der|glei·ten ⟨V. 155/400(s.)⟩ *herab-, zur Erde gleiten;* das Blatt, das Segelflugzeug gleitet nieder

'nie·der|kom·men ⟨V. 170/400 (s.)⟩ *gebären, entbunden werden;* sie kam mit einem Mädchen nieder

'Nie·der·la·ge ⟨f.⟩ **1** *Unterliegen, Besiegtwerden (im Kampf, in einem Streitgespräch), Fehlschlag;* jmdm. eine ~ beibringen, bereiten, zufügen; eine ~ erleben, erleiden, einstecken, hinnehmen müssen, (nicht) überleben; eine demütigende, schmähliche, schwere, vernichtende ~; von dieser ~ hat er sich noch nicht wieder erholt; das muß zu einer ~ führen **2** *Zweiggeschäft, Filiale;* die Firma hat keine ~ in unserer Stadt **3** *Lager, Aufbewahrungsort für Waren, Stapelplatz;* Waren in die ~ bringen, schaffen

'nie·der|las·sen ⟨V. 175/500⟩ **1** etwas ~ *herab-, herunterlassen;* die Fahne, den Vorhang ~ **2** ⟨R3⟩ sich ~ *sich setzen;* sich auf die Knie ~; der Vogel ließ sich auf dem, auf das Fensterbrett nieder; er ließ sich auf dem, auf den Sessel nieder **3** ⟨R3⟩ sich ~ *seinen Wohnsitz nehmen, ein Geschäft, eine Praxis eröffnen;* er hat sich als Anwalt, Arzt in unserer Stadt niedergelassen; in jungen Jahren hatte er sich in Berlin niedergelassen 3.1 ⟨513⟩ sich häuslich ~ *für längere Zeit Wohnung nehmen, sich gemütlich einrichten*

'nie·der|le·gen ⟨V. 500⟩ **1** etwas ~ *zu Boden legen, hinlegen;* eine Last ~; der Präsident legte am Grabmal des Unbekannten Soldaten einen Kranz nieder 1.1 die Waffen ~ ⟨fig.⟩ *den Kampf beenden, sich ergeben* 1.2 die Krone, das Zepter ~ ⟨fig.⟩ *auf die Regierung verzichten* **2** ⟨R7⟩ jmdn. ~ *zum Schlafen, zum Ausruhen hinlegen, ins Bett legen;* ich bin müde, ich werde mich jetzt ~; ein Kind ~ **3** etwas ~ *durch Gewaltanwendung zu Boden bringen* 3.1 ein Gebäude ~ *nieder-, abreißen;* die Baracken, das Hinterhaus ~ 3.2 einen Baum ~ *fällen* **4** ⟨511⟩ etwas ~ *urkundlich, schriftlich festhalten, festlegen;* in diesem Buch sind alle seine Forschungsergebnisse niedergelegt **5** etwas ~ *mit etwas aufhören* 5.1 ein Amt ~ *aufgeben;* den Vorsitz ~ 5.1.1 die Regierung ~ *zurücktreten* 5.2 die Arbeit ~ *bis auf weiteres unterbrechen* **6** einen Wertgegenstand, eine Urkunde ~ ⟨veralt.⟩ *hinterlegen*

'nie·der|mä·hen ⟨V. 500⟩ **1** etwas ~ *mähen;* Gras, Getreide ~ **2** Menschen ~ *reihenweise töten (mit dem Maschinengewehr)*

'nie·der|pras·seln ⟨V. 400(s.)⟩ **1** *prasselnd herunterkommen, herab-, herunterprasseln;* man hörte die Hagelkörner, den Regen auf das Dach ~ **2** ⟨411⟩ auf jmdn. ~ ⟨a. fig.⟩ *sich gegen jmdn. richten;* eine Flut von Beschimpfungen, Flüchen, Verwünschungen prasselte auf ihn nieder

'nie·der|rei·ßen ⟨V. 198/500⟩ **1** etwas ~ *ab-, einreißen, völlig zerstören;* dieses baufällige Haus sollte endlich niedergerissen werden **2** etwas ~ ⟨a. fig.⟩ *beseitigen;* wir wollen die trennenden Schranken zwischen unseren Völkern ~

'nie·der|rin·gen ⟨V. 202/500⟩ **1** jmdn. ~ *beim Ringen besiegen, zu Boden zwingen* **2** etwas ~ ⟨fig.⟩ *überwinden, besiegen;* Leidenschaften, Zweifel ~

'Nie·der·schlag ⟨m.⟩ **1** ⟨Meteor.⟩ *Ausscheidung von Wasser aus der Atmosphäre;* die atmosphärischen Niederschläge in Form von Hagel, Nebel, Regen, Schnee, Tau; der Wetterbericht sagte leichte, schwere, starke Niederschläge voraus 1.1 *Beschlag, Abscheidung von Wasser aus der Luft an festen Gegenständen* **2** ⟨Boxsp.⟩ *Schlag, Hieb, der den Gegner zu Boden zwingt;* beim dritten ~ kam der Boxer nicht rechtzeitig wieder hoch **3** ⟨Mus.⟩ *Schlag abwärts mit dem Taktstock* **4** ⟨Chem.⟩ *ein sich aus einer Lösung abscheidender Stoff, Bodensatz;* auf dem Boden der Flasche hat sich ein ~ abgesetzt **5** ⟨fig.⟩ *sichtbarer, meist schriftl. Ausdruck eines Gedankens, Erlebnisses, einer Bewegung, Strömung;* die Begegnung des Dichters mit ... fand ihren ~ in zahlreichen Gedichten **6** *Auswirkung;* die innenpolitischen Spannungen finden ihren ~ auch in der Außenpolitik

'nie·der|schla·gen ⟨V. 218/500⟩ **1** jmdn. od. etwas ~ *(gewaltsam) nach unten, zu Boden bringen* 1.1 jmdn. ~ *durch einen Schlag, Schläge zu Boden zwingen;* den Angreifer, den Gegner ~ 1.2 Pflanzen ~ *umknicken, umlegen, zu Boden drücken;* der Hagel hat in unserer Gegend das Getreide niedergeschlagen 1.3 den Kragen ~ *herunterschlagen* **2** etwas ~ *beseitigen, bezwingen* 2.1 *unterdrükken;* einen Aufstand, Streik, eine Revolte ~ 2.2 einen Prozeß, ein Verfahren ~ ⟨Rechtsw.⟩ *einstellen* 2.2.1 eine Strafe, Kosten ~ *erlassen* 2.3 ⟨Med.⟩ *beruhigen, beschwichtigen;* eine Erregung ~; ~de Mittel, Pulver, Tabletten 2.3.1 Fieber ~ *herunterdrücken, mindern* 2.4 ⟨fig.⟩ *bezwingen, entkräften;* Zweifel, Bedenken, einen Verdacht ~ **3** die Augen, den Blick ~ *senken;* errötend schlug sie die Augen nieder; schuldbewußt, mit niedergeschlagenem Blick stand er da **4** ⟨R3⟩ etwas schlägt sich nieder *setzt sich ab;* der Tau hat sich am Morgen als feine Tröpfchen an den Gräsern niedergeschlagen 4.1 etwas ~ ⟨Chem.⟩ *als Bodensatz ausscheiden lassen, ausfällen* **5** ⟨511/R3⟩ etwas schlägt sich in etwas nieder ⟨fig.⟩ *kommt in etwas zum Ausdruck, wird in etwas erkennbar;* seine Erregung schlug sich auch in seinen schwachen Leistungen nieder

'nie·der|schmet·tern ⟨V. 500⟩ **1** etwas ~ *heftig zu Boden schlagen, brutal niederschla-*

gen **2** jmdn. ~ ⟨fig.⟩ *stark bedrücken, erschüttern, entmutigen;* diese Meldung schmetterte ihn nieder; ich habe einen ~den Eindruck davon bekommen; eine ~de Erkenntnis, Mitteilung, Nachricht, Tatsache; das ist das ~de Ergebnis unserer langen Besprechungen

'Nie·der·schrift ⟨f.⟩ **1** *das Niederschreiben* **2** *das Niedergeschriebene*

'nie·der|stim·men ⟨V. 500⟩ **1** ein Instrument ~ *die Stimmung(1) eines I. herabsetzen* **2** jmdn. od. etwas ~ *durch Abstimmen ablehnen, überstimmen*

'Nie·der·tracht ⟨f.; -; unz.⟩ *niederträchtige Gesinnung;* er ist einer solchen, zu solch einer ~ nicht fähig

'nie·der·träch·tig ⟨Adj.⟩ *berechnet boshaft, bewußt gemein, hinterlistig, schändlich;* wie ~!; eine ~e Geschichte, Tat, Verleumdung; daraus spricht eine ~e Gesinnung; er hat sie ~ behandelt; das war ~!

'Nie·de·rung ⟨f.; -, -en⟩ **1** *Ebene, tiefliegendes Land an Flußläufen, Küsten;* die ~en wurden überschwemmt **2** ⟨fig.⟩ *moral. od. sozial niederes Milieu, Sumpf;* die ~en des Lebens kennen

'nie·der|wer·fen ⟨V. 286/500⟩ **1** jmdn. od. etwas ~ *zu Boden werfen* 1.1 ⟨R3⟩ sich ~ *sich auf den Boden fallen lassen* 1.1.1 ⟨550/R3⟩ sich vor jmdm. od. einer Sache ~ *zu Boden, auf die Knie werfen* **2** eine Krankheit wirft jmdn. nieder ⟨fig.⟩ *macht jmdn. bettlägerig* **3** einen Gegner ~ ⟨a. fig.⟩ *besiegen* **4** einen Aufstand ~ ⟨fig.⟩ *niederschlagen(2.1)*

'Nie·der·wild ⟨n.⟩ *kleines, weniger edles Wild (Rehwild, Hase, Fuchs, Dachs, kleines Haarraubwild, Flugwild, außer Auerwild)*

'nied·lich ⟨Adj.⟩ **1** *wohlgefällig u. klein, zierlich, hübsch, nett, ansprechend;* sie hat ein ~es Gesicht; ein ~es Kind, Köpfchen, Mädchen, Persönchen 1.1 das ist ja ~!, das kann ja ~ werden! ⟨iron.⟩ *unangenehm*

'nied·rig ⟨Adj.⟩ Sy *nieder* ⟨nur attributiv⟩ **1** Ggs *hoch(1)* ein Gegenstand ist ~ 1.1 *von geringer Höhe, flach;* die Absätze der Schuhe sind ~; ~e Berge, Fenster, Türen; eine ~e Stirn; der ~ste Wasserstand des Jahres 1.2 *in relativ geringer Höhe (über dem Erdboden) befindlich;* wenn die Schwalben ~ fliegen, regnet es bald; der Ort liegt ~; ich würde das Bild ~er hängen; ~e Wolken ziehen über uns hinweg 1.2.1 eine Sache ~er hängen ⟨fig.⟩ *einer S. weniger Bedeutung beimessen* **2** *zahlenmäßig, dem Preis nach klein, gering;* ein ~er Einsatz, Gewinn, Preis, Zinsfuß; den ~sten Preis berechnen; ich bin im Theater in einer ~en Preisgruppe abonniert; die Preise wurden als ~ bezeichnet **3** Ggs *hoch(4) in einer gesellschaftl. Rangordnung auf unterer Stufe stehend;* der ~e Adel; ~en Standes; von ~er Geburt, Herkunft; er wurde ~ geboren, stieg aber bis in die höchsten Gesellschaftsschichten auf 3.1 → a. *hoch(4.2)* **4** *gemein, verderbt, minderwertig;* damit verrät er seinen ~en Charakter; ~e Denkweise, Gesinnung; die ~en Instinkte im Menschen wecken; von jmdm. ~ denken; jmdn. ~ einschätzen; ~ gesinnt sein

'nied·rig·ste·hend ⟨Adj.⟩ **1** *unentwickelt, untergeordnet;* eine ~e Rasse **2** ⟨aber getrennt⟩ 'niedrig 'stehend → *niedrig(3)*

'nie·mand ⟨Indefinitpron. 10; Gen. -(e)s; Dat. -em od. (selten)-; Akk. -en od. (selten)-⟩ **1** *kein Mensch, keiner, kein einziger;* Ggs *jede(r, -s)(1);* ~ weiß es; ~ als er war dabei; ich habe es ~em, (selten) ~ erzählt; ich habe ~en, (selten) ~ gesehen 1.0.1 ⟨vor „anders" od. flektiertem Adj. steht meist endungslose Form⟩; ich habe ~ anders, ~ Besseres gefunden

'Nie·mand ⟨m.; -(e)s; unz.⟩ der böse ~ ⟨verhüllend⟩ *der Teufel*

'Nie·mands·land ⟨n.; -(e)s; unz.⟩ *Gelände zwischen zwei Fronten, unbesiedelter Grenzstreifen, unerforschtes Land*

'Nie·re ⟨f.; -, -n⟩ **1** *paariges, drüsiges Ausscheidungsorgan von bohnenartiger Gestalt: Ren, Nephros* 1.1 das geht mir an die ~n ⟨fig.; umg.⟩ *trifft mich hart, empfindlich* 1.2 → a. *Herz(1.o.2)*

'nie·seln ⟨V. 401⟩ *in kleinen Tropfen ein wenig regnen;* es nieselt

'nie·sen ⟨400⟩ **1** *infolge Reizung der Nasenschleimhaut die Luft krampf- u. ruckartig durch Mund u. Nase ausstoßen* 1.1 ⟨530⟩ ich werde dir eins ~! ⟨fig.; umg.⟩ *ich werde dir helfen!, das könnte dir so passen!*

'Nieß·brauch ⟨m.; -(e)s; unz.; Rechtsw.⟩ *Nutzungsrecht an fremdem Vermögen, fremden Rechten, bewegl. u. unbewegl. Sachen, wobei die Substanz nicht geschmälert werden darf;* Sy *Nießnutz*

'Nieß·nutz ⟨m.⟩ = *Nießbrauch*

Niet[1] ⟨m.; -(e)s, -e; alemann.⟩ *Lehm, Mergel*

Niet[2] ⟨m.; -(e)s, -e; Techn.⟩ = *Niete*[2]

'Nie·te[1] ⟨f.; -, -en⟩ *ein Los, das nicht gewinnt, Fehlschlag, Versager, Mensch, der zu nichts zu gebrauchen ist;* er ist eine ~; sein neuestes Lustspiel war eine ~; eine ~ ziehen (in der Lotterie)

'Nie·te[2] ⟨f.; -, -en⟩ *Metallbolzen mit Kopf zum festen Verbinden von Werkstücken;* oV *Niet*[2] ⟨Techn.⟩

'nie·ten ⟨V. 500⟩ **1** etwas ~ *durch Nieten verbinden* **2** Nägel ~ *mit Köpfen versehen*

Ni·ko'tin ⟨n.; -s; unz.⟩ *giftiges Alkaloid des Tabaks, Reiz- u. Genußmittel*

Nim·bo'stra·tus ⟨m.; Meteor.⟩ *dunkle, gleichmäßig dichte, tiefhängende Regenwolke;* Sy *Nimbus*[2]

'Nim·bus[1] ⟨m.; -, -bus·se⟩ **1** *Heiligenschein* **2** ⟨fig.⟩ *Ansehen, Glanz, der eine Person od. Sache umgibt;* jmdn. seines ~ entkleiden; das verleiht ihm, der Sache noch einen besonderen ~; im ~ der Heiligkeit, Unfehlbarkeit stehen; er hüllt sich gern in einen gewissen ~

'Nim·bus[2] ⟨m.; -, -bus·se; veralt.⟩ = *Nimbostratus*

'nim·mer ⟨Adv.⟩ **1** *nie, niemals;* nie und ~; nun und ~ **2** ⟨oberdt.⟩ *nicht mehr, nicht wieder, nicht länger;* ich kann ~; ich will's ~ tun

'nim·mer·mü·de ⟨Adj. 24⟩ *nicht ermüdend, unermüdlich*

'nim·mer·satt ⟨Adj. 24; fig.; umg.⟩ *niemals satt, unersättlich*

'Nim·mer·satt ⟨m.; -(e)s od. -, -e; umg.⟩ **1** *jmd., der nie satt wird, der nie genug bekommen kann, Vielfraß* **2** ⟨Zool.⟩ *Ibis, der in Afrika bzw. Südasien vorkommt*

'nip·pen ⟨V. 405⟩ an, (von) etwas ~ *einen kleinen Schluck trinken, (von einem Getränk) kosten;* vom Wein ~

'nir·gends ⟨Adv.⟩ *an keinem Ort;* Sy *nir-*

gendwo ⟨veralt.⟩; ich habe ihn ~ gesehen; ich fühle mich ~ so wohl wie hier; überall und ~

'nir·gends·wo ⟨Adv.⟩ = *nirgendwo*

'nir·gend·wo ⟨Adv.⟩ oV *nirgendswo* = *nirgends*

'Ni·sche ⟨f.; -, -n⟩ *Vertiefung in der Mauer, Wand*

'ni·sten ⟨V.⟩ **1** ⟨400⟩ Vögel ~ *(bauen u.) bewohnen ein Nest* **2** ⟨411⟩ etwas nistet irgendwo ⟨fig.⟩ *hat sich irgendwo angesiedelt, festgesetzt;* in den Ecken nistet Schimmel; Trauer nistet in ihrem Herzen **2.1** ⟨511 od. 550⟩ etwas nistet sich in etwas ⟨fig.⟩ *setzt sich in etwas fest;* Kleinmut nistete sich in seine Gedanken

Ni·veau ⟨[-'vo:] n.; -s, -s⟩ **1** *waagerechte Ebene;* auf gleichem ~ mit der Erde **2** *Höhenlage;* das ~ liegt 150 m über dem Meeresspiegel **3** *Wasserspiegel, bes. Meeresspiegel* **4** ⟨Atomphysik⟩ *Energiezustand eines Atoms, Moleküls od. Atomkerns* **5** ⟨fig.⟩ *Stufe, Rang, geistige Höhe, Bildungsgrad;* das ~ halten, heben, senken, wahren; das geistige, kulturelle, wirtschaftliche ~; sein Unterricht hat ein geringes, hohes, niedriges, überdurchschnittliches ~; eine Zeitschrift mit (einem gewissen) ~ **5.1** kein ~ haben *geistig anspruchslos sein, auf geringer geistiger Höhe stehen*

ni·vel'lie·ren ⟨[-v-] V.⟩ **1** ⟨500⟩ ein Gelände ~ *ebnen, auf gleiche Höhe bringen* **1.1** Unterschiede ~ *durch Gleichmachen beseitigen* **2** ⟨400⟩ *Höhenunterschiede messen*

'no·bel ⟨Adj.⟩ **1** *vornehm, adelig* **2** *edel, großzügig;* ein nobler Charakter, Mann, Mensch; daraus spricht eine noble Gesinnung **3** *freigebig;* er gibt noble Trinkgelder; er hat sich stets ~ verhalten, gezeigt **3.1** noble Passionen *teure P. (wie sie einem reichen Adligen zukommen)* **3.2** ~ geht die Welt zugrunde ⟨iron.; umg.⟩ *bei großer Verschwendung*

noch[1] ⟨Adv.⟩ **1** ~ etwas od. jmd. *außerdem, zusätzlich;* ~ etwas!; nur schnell ~ eins (muß ich dir sagen); möchtest du ~ Fleisch (haben)?; bitte ~ ein, zwei Bier; ~ einer!; der hat mir gerade ~ gefehlt; ~ ein Wort, und ich schlage zu!; schnell ~ ein Wort! (das ich dir sagen muß); das fehlte ~!; dazu kommt ~ folgendes: ... **1.1** ~ und ~ *ohne Ende, zahllos, in Mengen;* er hat Geld ~ und ~ **1.2** ~ einmal *ein zusätzliches Mal* **1.2.1** etwas ~ einmal tun *es wiederholen* **1.2.2** ~ einmal so breit, so groß *doppelt so breit, so groß* **1.3** ~ dazu, wenn ... *vor allem* **2** ⟨in der Gegenwart⟩ *weiterhin (aber nicht mehr lange);* es ist ~ nicht so weit; ~ ist es Zeit (für deinen Entschluß); es ist ~ warm; du bist ~ zu jung, zu klein, um das zu begreifen; haben Sie ~ ein Zimmer frei (zu vermieten)?; ~ immer keine Nachricht; ich denke kaum ~ daran; da kannst du ~ lachen?; ich will nur schnell ~ den Brief fertig schreiben; warte ~! **2.1** weißt du ~, ... *erinnerst du dich, ...?* **2.2** er ist ~ heute so *so geblieben* **2.3** ~ ist Polen nicht verloren (Liedanfang) ⟨fig.; umg.⟩ *es wird noch gut ausgehen* **2.4** ist sie, er ~ zu haben? ⟨umg.⟩ *ledig, ungebunden* **2.5** ich habe ~ Zeit *es eilt mir nicht* **2.6** das mag ~ angehen, hingehen *ist erträglich* **2.7** aber ~ heute! *sofort, jetzt* **3** ⟨in der Vergangenheit⟩ *nicht später als;* ich habe ~ gestern mit ihm telephoniert; ~ im 18. Jahrhundert; ich kam gerade ~ zurecht **4** ⟨in der Zukunft⟩ *irgendwann, später;* ich werde es dir ~ erzählen; er wird schon ~ kommen; ich werde dir ~ Bescheid sagen; ~ vor Dienstag, Monatsende **5** ⟨verstärkend mit Adv., Pron. u. Adj. im Komparativ⟩ *wesentlich, erheblich;* ~ größer; das wäre ja ~ schöner!; er ist ~ tüchtiger als du; ein Dutzend oder ~ mehr; ich habe ~ viel zu tun; nur ~ wenig **5.1** ~ so *ganz und gar;* und wenn es ~ so sehr regnet, schneit, stürmt, ...; jede ~ so kleine Spende; und wenn du ~ so schreist, es nützt dir nichts

noch[2] ⟨Konj.⟩ (weder) ... ~ *und nicht, auch nicht;* er besaß nicht Geld ~ Gut; weder Schuhe ~ Strümpfe; wir sind weder arm ~ reich

No'ma·de ⟨m.; -n, -n⟩ *Angehöriger eines wandernden Hirtenvolkes*

'No·men ⟨n.; -s, -mi·na; Gramm.⟩ **1** *der Beugung unterliegende Wortart, Substantiv, Pronomen, Adjektiv* **2** ~ est (eigtl. et) omen *der Name hat (ist) zugleich eine Vorbedeutung, dieser Name sagt alles (eigtl. Name u. Vorbedeutung)* **3** ~ proprium ⟨- -, -mi·na -pria⟩ *Eigenname*

no·mi'nell ⟨Adj. 24⟩ **1** *zum Nomen(1) gehörig* **2** *(nur) dem Namen nach, angeblich*

no·mi'nie·ren ⟨V. 500/R7 od. R8⟩ jmdn. ~ **1** *nennen, benennen, namhaft machen* **2** *ernennen*

'Non·ne ⟨f.; -, -n⟩ **1** *Angehörige eines weibl. Ordens, die die Gelübde abgelegt hat;* Ggs *Mönch(1)* **2** ⟨Zool.⟩ *Nachtschmetterling aus der Familie der Trägspinner mit rötl. Leib u. weißl. Flügeln mit dunklen Querbinden, Fichtenspinner: Lymantria monacha* **3** konkav *gekrümmter Dachziegel;* Ggs *Mönch(3)*

'Nor·den ⟨m.; -s; unz.⟩ **1** ⟨Abk.: N⟩ *Himmelsrichtung;* nach, von ~ **2** *nördlich gelegenes Gebiet;* im ~ der Stadt; im ~ liegen; im hohen ~ **2.1** *die nördl. Länder der Erde;* die Völker des ~s

'nor·disch ⟨Adj. 24⟩ **1** *den Norden betreffend, zu ihm gehörig, aus ihm stammend* **1.1** ~e Kombination ⟨Schisp.⟩ *Wettkampf, der sich aus Sprunglauf (drei Sprünge) u. Langlauf über 15 km zusammensetzt* **1.2** die ~en Länder *die skandinav. L.* **1.3** ~e Rasse *eine in Europa lebende, u. a. durch helle Haut, blonde Haare, blaue Augen charakterisierte Menschenrasse* **1.4** die ~en Sprachen *die skandinav. S.*

'nörd·lich ⟨Adj.⟩ **1** *in Richtung nach Norden;* die Wolken ziehen ~ **1.1** ⟨60⟩ ~e Breite ⟨Abk.: n. Br.⟩ *geograph. Breite nördl. des Äquators* **2** *im Norden (gelegen);* der Ort liegt weiter ~; Nördliches Eismeer **2.0.1** die ~en Länder ⟨i. e. S.⟩ *Dänemark, Finnland, Norwegen, Schweden* **2.1** ~ von einem bestimmten Gebiet *außerhalb eines bestimmten Gebietes im Norden;* ~ von Wien gelegen

'Nord·pol ⟨m.⟩ *nördlicher Pol der Erde, der Planeten u. des (von der Erde aus betrachteten) Sternhimmels*

'nör·geln ⟨V.⟩ **1** ⟨400⟩ *kleinlich tadeln, kritisieren* **1.1** ⟨800⟩ an etwas ~ *mit etwas nicht zufrieden sein;* er muß an allem ~

Norm ⟨f.; -, -en⟩ **1** *Richtschnur, Vorbild, Regel;* als ~ dienen, gelten; der ~ entsprechend **1.1** *Vorschrift für Größen, Qualitäten, Verfahren, Darstellungsweisen;* Sy *Standard* **2** *am Fuß der* *ersten Seite eines Druckbogens gesetzter Name des Autors u. des abgekürzten Titels eines Buches* **3** ⟨DDR⟩ *vorgeschriebene Arbeitsleistung;* Leistungs~; die ~ erreichen, erfüllen

nor'mal ⟨Adj.⟩ **1** *regelmäßig, regelrecht* **2** *gewöhnlich, üblich, landläufig;* ~es Gewicht; ~e Größe; in, unter ~en Verhältnissen **3** ⟨umg.⟩ *geistig gesund;* er ist nicht ganz ~ **4** ⟨Chem.; Zeichen: n⟩ *auf eine Normallösung bezogen*

nor'mal…, Nor'mal… ⟨in Zus.⟩ *der Norm entsprechend, durchschnittlich, üblich*

Nor'mal·zeit ⟨f.⟩ *für ein größeres Gebiet festgelegte Zeit, Zonenzeit, Standardzeit;* Ggs *Ortszeit*

not ⟨Adv.; nur in bestimmten Wendungen⟩ **1** *nötig;* ~ sein; eins ist ~, nämlich ... 1.0.1 ~ tun *nötig sein;* Eile tut ~

Not ⟨f.; -, ¨e⟩ **1** ⟨unz.⟩ *Knappheit, Mangel;* Geld~; Zeit~; ~ macht erfinderisch ⟨Sprichw.⟩ 1.0.1 aus der ~ eine Tugend machen *das Beste aus einer unangenehmen Sache machen* 1.0.2 in der ~ frißt der Teufel Fliegen ⟨Sprichw.⟩ *wenn Mangel herrscht, kann man sich mit wenig begnügen* 1.1 *Armut, Elend;* bittere, drückende, große ~; jmds. ~ erleichtern, lindern, mildern; ~ leiden; jmdm. in der ~ beistehen, helfen; jmdn. aus der, aus großer ~ retten; in ~ leben; in ~ sein; wenn du in ~ bist, dann komm zu mir; einen Diebstahl aus ~ begehen; wenn die ~ am größten, ist Gottes Hilfe am nächsten ⟨Sprichw.⟩ 1.1.1 ~ kennt kein Gebot ⟨Sprichw.⟩ *in schlimmer Lage ist der Mensch zu allem fähig* **2** *schwierige Lage, Bedrängnis, Hilflosigkeit;* innere, seelische, schwere, tiefe ~; in höchster ~ schrie er um Hilfe 2.0.1 jetzt ist Holland in ~ ⟨umg.⟩ *jetzt ist Hilfe dringend nötig* 2.1 *Gefahr;* in der höchsten ~ erschien ein Retter **3** *Mühe, Sorge, Schwierigkeit;* jmdm. seine ~ klagen; er macht mir große ~, Nöte; in tausend Nöten 3.0.1 → a. *Mühe(1.0.3)* 3.1 mit genauer, knapper ~ entkommen *nur mit Mühe, gerade noch* 3.2 seine (liebe) ~ (mit jmdm. od. etwas) haben *Mühe (mit jmdm. od. etwas) haben* **4** *dringende Notwendigkeit;* der ~ gehorchend, nicht dem eignen Triebe (Schiller, Braut von Messina, I, 1) 4.1 es hat keine ~ *es ist nicht notwendig, es eilt nicht* 4.2 ohne ~ werde ich das nicht tun *ohne daß es nötig ist* 4.3 zur ~ ⟨umg.⟩ *wenn es unbedingt sein muß;* zur ~ geht es schon; ich habe zur ~ noch ein Feldbett 4.4 ich helfe euch aus, wenn ~ am Mann ist ⟨umg.⟩ *wenn es eilt, wenn es dringend nötig ist* 4.5 Freunde in der ~ gehen tausend auf ein Lot ⟨Sprichw.⟩ *wenn man Hilfe braucht, verlassen einen die meisten Freunde* 4.6 ~ bricht Eisen ⟨Sprichw.⟩ *im Fall dringender Notwendigkeit ist das Schwerste möglich*

No'tar ⟨m.; -s, -e⟩ *ausgebildeter Jurist, der Unterschriften, Schriftstücke beglaubigt u. Rechtsgeschäfte beurkundet u. ä.*

'Not·durft ⟨f.; -; unz.⟩ **1** *Entleerung des Darms bzw. der Harnblase;* seine ~ verrichten; große, kleine ~ **2** ⟨veralt.⟩ *Bedarf am Notwendigsten;* des Leibes, Lebens ~

'not·dürf·tig ⟨Adj.⟩ *nicht befriedigend, nur knapp (ausreichend);* einen Schaden ~ ausbessern; sich ~ bekleiden; von seinem Lohn kann er ~ leben

'No·te ⟨f.; -, -n⟩ **1** ⟨Mus.⟩ *Schriftzeichen für einen Ton;* ~n lesen, schreiben können; nach ~n singen, spielen 1.0.1 jmdn. nach ~n verprügeln ⟨fig.; umg.⟩ *gehörig, tüchtig* 1.1 *(durch ein Schriftzeichen angegebener) Ton;* eine ~ aushalten, treffen, verfehlen; ganze, halbe ~n 1.2 ⟨nur Pl.⟩ ~n *Buch, Heft, Blatt mit Kompositionen;* die ~n für ein Duo, Quartett 1.2.1 ohne ~n singen, spielen *auswendig* **2** *in Wort oder Zahl ausgedrückte Beurteilung;* Sy *Zensur, Prädikat(2);* Schul~; gute, schlechte ~n; jmdm. die ~ 1 geben; ~n bekommen; heute gibt es ~n 2.1 ~ „Eins", „sehr gut" *erheblich über gut hinausgehend* 2.2 ~ „Zwei", „gut" *merklich über dem Durchschnitt stehend* 2.3 ~ „Drei", „befriedigend" *tüchtige Leistungen von gutem Durchschnitt* 2.4 ~ „Vier", „ausreichend" *ausreichende Leistungen* 2.5 ~ „Fünf", „mangelhaft" *nicht ausreichende Leistungen, jedoch bei Vorhandensein genügender Grundlagen mit der Möglichkeit baldigen Ausgleichs* 2.6 ~ „Sechs", „ungenügend" *völlig unzureichende Leistungen ohne sichere Grundlage, Ausgleich in absehbarer Zeit nicht möglich* **3** ⟨Pol.⟩ *förml. schriftl. Mitteilung einer Regierung an eine andere;* diplomatische ~n; eine ~ überreichen **4** ⟨kurz für⟩ *Banknote, Papiergeld;* ~n drucken, fälschen, aus dem Verkehr ziehen **5** *Bemerkung, Anmerkung;* Fuß~; etwas in einer ~ festhalten **6** ⟨fig.⟩ *Prägung, Eigenart;* der Raum hat seine besondere ~; sein Vortrag erhielt durch die Schilderung eigener Erlebnisse eine persönliche ~

'Not·fall ⟨m.⟩ **1** *Eintreten einer Notwendigkeit, Gefahr od. Ausnahmesituation, Zwangslage;* für den ~ einen Schirm mitnehmen 1.1 im ~ *wenn es unbedingt sein muß, notfalls;* im äußersten ~

'not·falls ⟨Adv.⟩ *im Notfall, wenn es sein muß;* ~ werde ich selbst hingehen

'not·ge·drun·gen ⟨Adj. 24⟩ *weil es nicht anders geht, aus Not, aus dringender Notwendigkeit (geschehend), gezwungen*

no'tie·ren ⟨V. 500⟩ **1** eine Sache ~ *aufschreiben (um sie sich zu merken);* (sich) ein Datum, eine Verabredung ~ **2** einen Kurswert ~ *festsetzen u. veröffentlichen;* zum notierten Kurs **3** ⟨505⟩ jmdn. (für etwas) ~ *vormerken;* jmdn. für die Teilnahme an einem Lehrgang ~

'nö·tig ⟨Adj.⟩ **1** *notwendig, erforderlich, unentbehrlich;* das Nötige besorgen, veranlassen; die ~en Mittel, Unterlagen; danke, es ist nicht ~; es ist nicht ~, zu sagen, daß ...; dringend, unbedingt ~; es fehlt ihm am Nötigsten; es (nicht) für ~ halten, etwas zu tun; wenn ~, komme ich sofort 1.0.1 er hat es nicht mal für ~ gehalten, sich zu entschuldigen ⟨umg.⟩ *er hat sich nicht einmal entschuldigt* 1.1 jmdn. od. etwas ~ brauchen *dringend, unbedingt;* er braucht ~ ein neues Fahrrad 1.2 jmdn. od. etwas ~ haben *benötigen, brauchen;* er hat Ruhe, Schonung, Urlaub ~; er hat es bitter ~, daß man ihm hilft 1.2.1 du hast es (gerade) ~, so anzugeben! ⟨umg.⟩ *du brauchst nicht so anzugeben, es glaubt dir doch niemand* 1.3 nicht ~ haben, etwas zu tun *etwas nicht zu tun brauchen, nicht tun müssen;* er hat es nicht ~, noch länger zu warten

'nö·ti·gen ⟨V. 500⟩ **1** ⟨505⟩ jmdn. (zu etwas) ~ *dringend darum bitten, dazu auffordern, zwingen, (etwas zu tun);* zum Bleiben, Essen, Trinken ~; lassen Sie sich nicht nötigen! (beim Essen, Trinken zuzulangen) **1.0.1** sich genötigt sehen, etwas zu tun *sich gezwungen, sich veranlaßt sehen* **1.1** ⟨Rechtsw.⟩ *jmdn. mit Gewalt od. Drohung dazu bringen (etwas zu tun, zu dulden od. zu unterlassen);* er kann straffrei ausgehen, wenn er (dazu) genötigt worden ist

No'tiz ⟨f.; -, -en⟩ **1** *notierte Bemerkung, kurze Angabe, Vermerk;* Zeitungs~; sich ~en machen; eine kurze ~ bringen **2** ~ nehmen *Kenntnis, Beachtung;* (keine) ~ nehmen von etwas od. jmdm.

'Not·la·ge ⟨f.⟩ *Bedrängnis, schwierige, schlimme Lage;* jmds. ~ (zum eigenen Vorteil) ausnützen; wirtschaftliche ~; sich in einer ~ befinden; jmdn. in eine ~ bringen; in eine ~ geraten

'Not·lan·dung ⟨f.⟩ *durch eine Notlage (z. B. Motorschaden) erzwungene Landung auf unvorbereitetem Platz;* das Flugzeug setzt zur ~ an

'Not·lü·ge ⟨f.⟩ *Lüge aus Höflichkeit, um den andern nicht zu kränken;* gesellschaftliche ~; zu einer ~ greifen, Zuflucht nehmen

no'to·risch ⟨Adj.⟩ **1** *offenkundig, allbekannt* **2** *gewohnheitsmäßig;* ein ~er Trinker, Verbrecher

'not·reif ⟨Adj.⟩ *vorzeitig reif, ohne ausgewachsen zu sein;* ~es Korn

'Not·sitz ⟨m.⟩ *Behelfssitz, kleiner zusätzl. Sitz (im Auto, Zug)*

'Not·stand ⟨m.; Rechtsw.⟩ **1** *Zustand der Gefahr, aus der sich jmd. nur durch den Eingriff in das Recht eines anderen retten kann* **2** *Notlage*

'Not·wehr ⟨f.; -; unz.⟩ *Abwehr eines rechtswidrigen Angriffs;* die ~ überschreiten; aus ~ handeln; jmdn. in ~ erschießen

'not·wen·dig ⟨Adj.⟩ **1** ⟨70⟩ *erforderlich, unentbehrlich, unerläßlich, unvermeidlich;* dringend, unbedingt ~; ~e Anschaffungen, Unterlagen; eine ~e Voraussetzung; die ~en Formalitäten erledigen; die ~en Schritte unternehmen; das Notwendige veranlassen; es ist ~, sofort zu beginnen; es könnte ~ werden, daß ...; ich halte es für ~; nur das Notwendigste mitnehmen **1.1** etwas od. jmdn. als ~es Übel betrachten ⟨umg.⟩ *als lästige aber unumgängliche Sache, lästige Person betrachten* **2** ⟨50⟩ *unbedingt, dringend;* etwas ~ brauchen; ich muß mal ~ (erg.: auf die Toilette) ⟨umg.⟩ **3** ⟨50⟩ *zwangsläufig;* deine Worte mußten ~ Ärger hervorrufen

'Not·zucht ⟨f.; -; unz.⟩ *Nötigung einer weibl. Person, außerehel. Geschlechtsverkehr zu dulden, Vergewaltigung*

Nou·gat ⟨['nu-] n. od. m.; -s, -s⟩ *Konfekt aus fein zerkleinerten Nüssen od. Mandeln mit Zucker u. Kakao*

No·vel·le[1] ⟨[-'vɛlə] f.; -, -n; Rechtsw.⟩ *ergänzender od. ändernder Nachtrag zu einem Gesetz*

No·vel·le[2] ⟨[-'vɛlə] f.; -, -n⟩ *von einem einzelnen ungewöhnl. („neuen") Ereignis handelnde, kürzere, geradlinig sich steigernde, gedrängt berichtende Erzählung*

No·vem·ber ⟨[-'vɛm-] m.; - od. -s, -; Abk.: Nov.⟩ *der elfte Monat im Jahr*

Nu ⟨m.; nur in den Wendungen⟩ im ~, in einem ~ *sehr schnell;* ich bin im ~ zurück

Nu·an·ce ⟨[ny'ãsə] f.; -, -n⟩ **1** *Abstufung, feine Tönung;* eine ~ heller, dunkler **2** *winzige Kleinigkeit, Spur, Schimmer;* (keine) ~n unterscheiden (können); um eine ~ anders

'nüch·tern ⟨Adj. 70⟩ **1** *ohne gegessen zu haben, mit leerem Magen;* er muß ~ zum Arzt **1.1** ~er Magen *leerer M.;* eine Arznei auf ~en Magen einnehmen **2** ⟨70⟩ *nicht betrunken;* er ist nicht mehr ganz ~ **2.1** allmählich wieder ~ werden ⟨a. fig.⟩ *aus einem Rausch od. Begeisterungstaumel erwachen* **3** *besonnen, wirklichkeitsnah;* ein ~er Mensch; eine Sache ~ betrachten; ~ denken **4** *langweilig, trocken, phantasielos, alltäglich;* ein allzu ~er Bericht, Stil **5** *nach nichts (schmeckend), fad;* der Salat, die Suppe schmeckt etwas ~

'Nu·del ⟨f.; -, -n⟩ **1** *Eierteigware in Faden-, Röhrchen-, kleiner Muschel- o. a. Form;* Faden~; ~n essen **2** *Teigröllchen (zum Mästen von Gänsen)* **3** ⟨fig.; umg.⟩ *Person, Mensch;* eine putzige, ulkige ~; eine dicke ~

'Nu·del·holz ⟨n.⟩ *(hölzernes) Küchengerät in Form einer Rolle mit zwei Griffen zum Ausrollen von Teig*

'nu·deln ⟨V. 500⟩ **1** Gänse ~ *mit Nudeln füttern, mästen* **2** jmdn. ~ ⟨fig.⟩ *überfüttern* **2.1** (wie) genudelt sein ⟨umg.⟩ *sehr satt sein*

nu·kle'ar ⟨Adj. 24⟩ **1** *den Atomkern betreffend, von ihm ausgehend* **2** *auf Kernreaktion beruhend*

null ⟨Num.; Zeichen: 0⟩ **1** *kein, nichts;* das Spiel steht zwei zu ~ (2:0); das Ergebnis der Sache ist ~ **2** ~ und nichtig *ungültig* **3** eine Temperatur von ~ Grad (0 °C) *am Anfang der Skala von Celsius, auf dem Gefrierpunkt*

Null[1] ⟨f.; -, -en; Zeichen: 0⟩ **1** *Ziffer ohne Wert* **2** *Ziffer, die einen Stellenwert im Zehner-, Zweier- od. anderen Zahlensystem bezeichnet* **2.1** einer Zahl eine ~ anhängen *sie mit 10 multiplizieren;* da kannst du noch ein paar ~en anhängen! **3** *null(3) Grad;* zwei Grad über (unter) ~ **4** jmd. ist eine ~ *ein untüchtiger, bedeutungsloser Mensch* **5** in ~ Komma nichts ⟨umg.⟩ *im Nu*

Null[2] ⟨m. od. n.; - od. -s, -s⟩ **1** *im Skat ein Spiel, bei dem der Spieler keinen Stich bekommen darf* **1.1** ~ ouvert ⟨[u'vɛːr]⟩ *Nullspiel, bei dem der Spieler nach dem ersten Stich die Karten offen hinlegen muß*

nu·me'rie·ren ⟨V. 500⟩ Personen od. Gegenstände ~ *mit Nummern(1) versehen*

'Num·mer ⟨f.; -, -n; Abk.: Nr, Nr., No.⟩ **1** *Glied in einer Reihe von Ordnungszahlen;* Haus~, Los~, Telephon~, Zimmer~; er hat Zimmer ~ 10; laufende ~; in welcher ~ (Haus~) wohnen Sie?; wir sind unter ~ (Telephon~) 25871 zu erreichen **1.1** *Exemplar;* ~ einer Zeitschrift **1.2** *einzelne Darbietung innerhalb einer Folge von Vorführungen;* eine hervorragende, komische, tolle ~ **1.3** Fräulein ~ ⟨Zirkus, Varieté⟩ *Dame, die mit einem Schild die nächste Darbietung anzeigt* **2** *Größe (eines Kleidungsstückes);* Handschuh ~ 10, Anzug ~ 56, Schuh ~ 42 **3** bei jmdm. eine gute ~ haben ⟨fig.⟩ *von jmdm. sehr geschätzt werden* **4** jmd. ist eine komische, ulkige ~ *ein Spaßmacher* **4**.1 jmd. ist eine tolle ~ ⟨fig.⟩ *ein allen Vergnügungen zugeneigter Mensch, der Freude am Leben hat* **5** auf ~ Sicher ⟨fig.; umg.⟩ **5**.1 auf ~ Sicher gehen *kein Risiko eingehen wollen* **5**.2 auf ~ Sicher sein *im Gefängnis*

nun ⟨Adv.⟩ **1** *jetzt;* ~, da es soweit ist, bin ich ganz ruhig; ~ hab' ich aber genug!; wir kommen ~ zu der Frage, ob ...; ich muß ~ gehen; ~ aber soll alles anders werden; ~ und nimmermehr; von ~ an **1**.0.1 was ~? *was soll jetzt weiter geschehen?* **2** ⟨Partikel ohne eigentl. Bedeutung⟩ **2**.1 *also;* er mag ~ wollen oder nicht; ~ sag bloß, du hättest ... **2**.1.1 ~? *was ist damit?, was soll geschehen, was möchtest du?;* ~, warum antwortest du nicht?; ~, wird's bald?; ~, wie steht's? (als Aufforderung zu antworten od. etwas zu tun, was erwartet wird) **2**.1.2 ~ gut! *meinetwegen!, einverstanden!* **2**.2 ~ dann! *auf denn!, laßt uns beginnen, frisch ans Werk* **2**.3 ~ ja *(Ausdruck der Gleichmütigkeit, auch des leisen Einwands);* ~ ja, wie dem auch sei ...; ~ ja, ganz so ist es auch wieder nicht **2**.4 ~, ~! *(Ausdruck beschwichtigenden Zuspruchs);* ~, ~, so schlimm wird es doch nicht gewesen sein! **2**.5 ~ einmal, mal *eben;* das ist ~ mal so, ~ mal nicht anders **3** ⟨Konj.; veralt., noch poet.⟩ *nachdem, da, weil;* ~ er so lange gezögert hat, muß er auch ...

'**nun·mehr** ⟨Adv.⟩ *jetzt, von jetzt an*

nur ⟨Adv.⟩ **1** *nicht mehr als, nichts anderes als, niemand anders als, bloß;* es kostet ~ fünf Mark; ~ noch eine Stunde; ich habe ~ einen Schlüssel; ~ ich; alle, ~ ich nicht; es trifft ja ~ ihn **1**.1 nicht ~ (...), sondern auch (...) *sowohl als auch;* nicht ~ billig, sondern auch gut **2** ~ so ⟨umg.⟩ *ohne besonderen Grund, aus Vergnügen;* ich bin ~ so vorbeigekommen; ich habe das ~ so gesagt; ich meine (ja) ~ so **2**.1 der Wind sauste mir ~ so um die Ohren *sehr heftig* **3** ⟨konjunktional; Vorausgehendes einschränkend⟩ **3**.1 *allerdings, jedoch;* ~ hab' ich leider vergessen, zu sagen ...; ~ weiß ich nicht, ob ... **3**.2 *lediglich;* er braucht es ~ zu sagen **3**.3 ~ daß ... *ausgenommen daß;* die Zimmer waren in Ordnung, ~ daß die Duschen fehlten **4** ⟨Partikel ohne bestimmte Bedeutung; meist verstärkend⟩ **4**.1 ~ zu gut, schnell *sehr, ganz besonders gut, schnell;* das weiß er ~ zu gut **4**.2 ⟨in Aufforderungssätzen⟩ *(bitte);* schau doch ~!; ~ Mut, Geduld!; ~ keine Umstände!; ~ das nicht! **4**.2.1 ~ zu! *vorwärts!, keine Angst!* **4**.3 ⟨in Wunschsätzen⟩ *doch (endlich);* wenn er ~ (endlich) käme!; wenn er ~ nicht sagt ...; wenn ich ~ wüßte, ob ...! **4**.4 ⟨in Fragesätzen der Anteilnahme, des Unmuts⟩ *eigentlich;* was hat er ~?; was hat er ~ von dir gewollt?

Nuß ⟨f.; -, ¨s·se⟩ **1** *trockene pflanzl. Schließfrucht, die mit Hilfe eines Trennungsgewebes als Ganzes abfällt;* Hasel~ **1**.0.1 Nüsse knakken *Schalen der Nüsse aufbrechen* **1**.1 → a. *hart(4.3)* **2** ⟨i. w. S.⟩ *eßbarer Kern von Schalenobstarten;* Wal~; Kokos~ **3** *nußförmiges Stück;* ~kohle **3**.1 = *Kugel(4)* **4** *Teil des Schlosses am Gewehr* **5** ⟨jägerspr.⟩ *äußeres Geschlechtsteil (von Wölfin, Füchsin, Hündin)* **6** ⟨umg.⟩ *Kopf;* jmdm. eins auf die ~ geben **7** eine alberne, doofe, komische ~ ⟨umg.⟩ *Person*

'**Nü·ster** ⟨f.; -, -n; meist Pl.⟩ *Nasenloch (bes. bei Mensch u. Pferd)*

Nut ⟨f.; -, -en⟩ *rinnenförmige Vertiefung in der Oberfläche von Werkstoffen*

'**Nut·te** ⟨f.; -, -n; vulg.⟩ = *Prostituierte*

'**nüt·ze** ⟨Adv.⟩ *nützlich, brauchbar;* das ist zu nichts ~; du bist auch zu gar nichts ~!

'**nut·zen** ⟨V.⟩ oV *nützen* **1** ⟨600/R6⟩ jmdm. od. einer Sache ~ *förderlich sein, Nutzen bringen;* zu etwas ~; wozu soll das ~?; wem nützt du damit?; das nützt mir viel, wenig, nichts; ich freue mich, wenn ich Ihnen, wenn Ihnen das Buch etwas ~ kann **1**.1 ⟨501⟩ es nutzt nichts *es hilft nichts, es hat keinen Zweck* **2** ⟨500⟩ etwas ~ *ausnutzen, aus etwas Vorteil ziehen, etwas vorteilhaft gebrauchen;* Bodenschätze ~; den Augenblick, die Gelegenheit ~; ich will die Zeit ~, um noch etwas zu erledigen

'**nüt·zen** ⟨V.⟩ = *nutzen*

'**Nut·zen** ⟨m.; -s; unz.⟩ *Ertrag, Gewinn, Vorteil;* ~ abwerfen, bringen; aus etwas ~ ziehen; von etwas ~ haben; das kann mir sehr von ~, von großem ~ sein

'**nütz·lich** ⟨Adj.⟩ **1** *Nutzen bringend, gewinnbringend, ertragreich, vorteilhaft;* Ggs *schädlich;* ~e Pflanzen, Tiere; allerlei ~e Dinge; deine Arbeit, dein Buch, dein Hinweis war mir sehr ~; das Angenehme mit dem Nützlichen verbinden **1**.1 ⟨72⟩ jmdm. (bei, in, mit etwas) ~ sein *behilflich sein, helfen;* ich hoffe, ich kann Ihnen bei der Suche ~ sein **1**.1.1 sich (bei, in etwas) ~ machen *Hand anlegen, helfen (bei, in);* er sagt, er wolle sich im Haus, bei der Hausarbeit ~ machen

'**nutz·los** ⟨Adj.⟩ *ohne Nutzen, unergiebig, unfruchtbar, vergeblich;* ~e Anstrengungen, Bemühungen, Mühe, Versuche; es war alles ~; sein Leben ~ aufs Spiel setzen

'**Nutz·nie·ßer** ⟨m.; -s, -⟩ *jmd., der den Nutzen von etwas hat, der den Vorteil von etwas genießt*

Ny·lon ⟨['nai-] n.; -s, -s; Warenzeichen⟩ **1** *zu den Polyamiden gehörige synthet. Faser* **2** ⟨nur Pl.⟩ ~s ⟨umg.⟩ *Strümpfe aus Nylon*

'**Nym·phe** ⟨f.; -, -n⟩ **1** *griech. weibl. Naturgottheit* **2** ⟨Zool.⟩ *Übergangsstadium in der Entwicklung bestimmter Insekten (z. B. der Fransenflügler) zwischen Larve u. Puppe* **3** ⟨Anat.⟩ = *Schamlippe(1.2)*

O

o ⟨Int.⟩ **1** *(gefühlsbetonter, verstärkender An- od. Ausruf, nur in Verbindung mit anderen Wörtern);* ~ Herr!; ~ Jubel; ~ Vater!; ~ doch! 1.1 ~ ja! *gewiß doch!, aber ja!* 1.2 ~ nein! *bestimmt nicht!, ganz u. gar nicht, im Gegenteil* 1.3 ~ weh! *wie schade!; wie schrecklich!*

Oa·se ⟨[-'--] f.; -, -n⟩ **1** *fruchtbare Stelle mit Quelle in der Wüste* **2** ⟨fig.⟩ *vom Lärm der Welt abgeschlossener Ort;* eine ~ des Friedens, der Stille

ob[1] ⟨Konj.⟩ **1** *(einleitendes Wort für den indirekten abhängigen od. unabhängigen Fragesatz);* frag ihn, ~ er zum Essen kommt; ich möchte wissen, ~ ich recht habe; ~ er wohl noch kommt?; ~ ich doch lieber einmal nachsehe? **2** ~ ... auch, gleich, schon ⟨poet.⟩ *obgleich, wenn auch;* ~ auch alle gegen ihn waren, er setzte sich doch durch; und ~ er gleich erschöpft war, er ruhte nicht **3** ~ er nun kommt oder nicht, wir müssen jetzt anfangen *entweder er kommt, od. er kommt nicht, das ist jetzt gleich* **4** ~ ..., ~ ... *sowohl ... als auch;* alle, ~ arm, ~ reich **5** → a. *als*[1]*(5.2)* **6** und ~! ⟨umg.; verstärkend⟩ *und wie!, freilich!, gewiß;* ist es sicher? Und ~!; und ~ ich ihn kenne!

ob[2] ⟨Präp.⟩ **1** ⟨mit Gen.; veralt.; noch poet.⟩ *wegen;* ~ dieser Bemerkung; sie machte ihm Vorwürfe ~ seines langen Ausbleibens **2** ⟨mit Dat.; veralt.⟩ *oberhalb, über;* ~ dem Wasserfall; Rothenburg ~ der Tauber

'Ob·acht ⟨f.; -; unz.⟩ **1** *Aufmerksamkeit, Beachtung* 1.1 ~! ⟨bes. süddt.⟩ *Vorsicht!, aufgepaßt!* 1.2 auf etwas od. jmdn. ~ geben *aufpassen* 1.2.1 gib ~! *paß auf!, sieh dich vor!*

'Ob·dach ⟨n.; -(e)s; unz.⟩ *Unterkunft, Zufluchtsstätte, Wohnung;* jmdm. (ein) ~ gewähren; kein ~ haben, finden

'oben ⟨Adv.⟩ **1** *in der Höhe, an hochgelegener Stelle;* da ~, dort ~; hoch ~; weit ~; hier ~ ist es windig; links, rechts ~; die Märchenbücher stehen ganz ~ (im Schrank); ich habe den Koffer ~ auf den Schrank gelegt 1.1 ~ herum ⟨umg.⟩ *um den Oberkörper, am Oberkörper* 1.2 ~ ohne ⟨umg.; scherzh.⟩ *mit unbekleidetem Oberkörper* 1.3 jmdn. von ~ bis unten ansehen, mustern *jmdn. von Kopf bis Fuß mustern* 1.4 jmdn. von ~ herab behandeln ⟨fig.⟩ *hochmütig jmdm. gegenüber sein, jmdn. herablassend behandeln* 1.5 von ~ *aus der Höhe (herab);* von ~ hat man einen weiten Blick 1.6 er war von ~ bis unten naß *ganz u. gar durchnäßt* 1.7 nach ~ *hinauf* 1.8 mir steht die Sache bis (hier) ~ ⟨fig.; umg.⟩ *ich habe die Sache gründlich satt* 1.9 behalt den Kopf ~! ⟨fig.⟩ *bleib tapfer!* **2** *auf der Oberfläche;* Fett schwimmt ~ 2.1 ~! (Aufschrift auf Kisten) *hier Oberseite!* **3** *außen* 3.1 ~ hui, unten pfui ⟨umg.⟩ *nach außen sauber u. ordentlich, darunter unordentlich u. schmutzig* **4** ⟨umg.⟩ *im Haus, in der (oberhalb des Erdgeschosses gelegenen) Wohnung;* die Mutter ist ~ 4.1 der Junge muß heute ~ bleiben *in der Wohnung, er darf nicht auf die Straße* 4.2 nach ~ gehen, kommen *die Treppe hinaufgehen, in ein höheres Stockwerk* **5** ~ (am Tische) sitzen *am Anfang der Tafel* **6** von ~ nach unten schreiben *die Schriftzeichen untereinander setzen;* die chinesische Schrift wird von ~ nach unten geschrieben **7** *weiter vorn in dem Buch, Text;* wie ~ erwähnt; siehe ~ **8** ⟨fig.; umg.⟩ *an leitender Stelle, bei den Vorgesetzten;* er ist ~ sehr, nicht beliebt 8.1 die Anordnung kommt von ~ *von übergeordneter Stelle*

oben'an ⟨Adv.⟩ *ganz oben, an erster Stelle, am Anfang einer Reihe;* er sitzt (am, bei Tisch) ~; sein Name steht ganz ~ (auf der Liste)

oben'auf ⟨Adv.⟩ **1** *ganz oben darauf, über allem anderen, zuoberst;* ein Stück Wurst (noch) ~ legen; dein Heft liegt gleich ~ **2** ~ sein ⟨fig.; umg.⟩ *munter, wohlauf* 2.1 immer ~ sein *immer munter u. fröhlich sein* 2.2 wieder ~ sein *gesund u. munter*

oben'drauf ⟨Adv.; umg.⟩ *obenauf, ganz oben, auf allem anderen, (bzw.) auf alles andere*

oben'drein ⟨Adv.⟩ *außerdem, noch dazu;* wir kamen zu spät und hatten ~ noch die Eintrittskarten vergessen

oben'hin ⟨Adv.⟩ *oberflächlich, flüchtig;* einen Einwand ~ abtun; etwas nur ~ ansehen

oben·hin'aus ⟨Adv.⟩ ~ wollen *hoch hinaus wollen, sehr ehrgeizig sein*

'Ober ⟨m.; -s, -⟩ **1** *dt. Spielkarte* **2** *Oberkellner* 2.1 *Kellner;* Herr ~, bitte zahlen!

'ober..., Ober... ⟨in Zus.⟩ **1** *räuml. darüberliegend, höher gelegen;* Oberarm, Oberteil **2** *der höher gelegene Teil von (in geograph. Namen);* Oberbayern; Oberitalien **3** *höchst, umfassend, allein verantwortlich;* Oberbefehlshaber, Oberbegriff, Oberleitung **4** *höher, am höchsten im Rang stehend;* Oberbürgermeister, Oberleutnant

'Ober·bau ⟨m.⟩ **1** *der auf Pfeilern ruhende Teil (bei Brücken)* **2** *Gleisanlage (der Eisenbahn) u. ihre Bettung*

'Ober·be·fehl ⟨m.⟩ *höchste militär. Befehlsgewalt;* den ~ haben (über)

'Ober·be·klei·dung ⟨f.⟩ *zuoberst, über der Unterwäsche getragene Kleidung, z. B. Rock, Bluse, Kleid, Mantel, Anzug usw.;* Geschäft für Damen- u. Herren~

'obere(r, -s) ⟨Adj. 60⟩ **1** *höher, darüberstehend, -liegend;* das ~e Stockwerk 1.1 die Oberen *die Vorgesetzten, Vorsteher* 1.2 der ~e Flußlauf *der erste Teil des Flusses nach der Quelle* 1.3 die ~n Klassen, Schichten *gesellschaftl. höherstehende K., S.* 1.4 das Oberste zuunterst kehren ⟨a. fig.⟩ *alles durcheinanderbringen* 1.5 → a. *zehntausend(1.1)*

'Ober·flä·che ⟨f.⟩ **1** *Gesamtheit der einen Körper begrenzenden Flächen;* glänzende, glatte, harte, rauhe, weiche ~ 1.1 alles, was er sagt, bleibt an der ~ ⟨fig.⟩ *geht nicht in die Tiefe, berührt die Fragen nur flüchtig, bleibt bei Äußerlichkeiten hängen* **2** *obere Begrenzungsfläche einer Flüssigkeit;* auf der ~ (einer Flüssigkeit, des Wassers) schwimmen

'ober·fläch·lich ⟨Adj.⟩ **1** *an der Oberfläche haftend, nicht tief eindringend;* eine ~e

Wunde **2** ⟨fig.⟩ *flüchtig, nicht gründlich;* jmdn. od. etwas nur ~ kennen; etwas ~ ausführen; etwas nur ~ ansehen, lesen **3** ⟨fig.⟩ *ohne tiefere Gefühle, ohne Ernst u. ohne Ausdauer, leichtfertig, äußerlich;* ein ~er Mensch

'Ober·ge·schoß ⟨n.⟩ **1** *höher als das Erdgeschoß gelegenes Stockwerk* 1.0.1 zweites ~ *zweites Stockwerk*

'ober·halb ⟨Präp. m. Gen.⟩ *über, höher als ... gelegen;* ~ des Balkons, der Tür

'Ober·hand ⟨f.; fig.⟩ *Überlegenheit, Übermacht;* die ~ behalten; die ~ gewinnen (über)

'Ober·haupt ⟨n.⟩ **1** *Herrscher, Leiter;* Staats~ **2** *Führer, Anführer (einer Bande)*

'Obe·rin ⟨f.; -, -n·nen⟩ **1** *Vorsteherin der Schwesternschaft eines Mutterhauses* **2** *Leiterin eines Krankenhauses*

'ober·ir·disch ⟨Adj. 24⟩ *über dem Erdboden gelegen;* ein ~er Keller; eine ~e Leitung

'Ober·kör·per ⟨m.⟩ *menschl. Rumpf vom Nabel bis zum Hals*

'Ober·lauf ⟨m.⟩ *nach der Quelle zu liegender Flußteil*

'Ober·schicht ⟨f.⟩ *führende Gesellschaftsschicht*

'Ober·schu·le ⟨f.⟩ *höhere Schule, weiterführende Schule*

'Oberst ⟨m.; -s od. -en, -en od. (selten) -e⟩ **1** *Offiziersrang zwischen Oberstleutnant u. Brigadegeneral* **2** *Offizier im Rang eines Oberst(1)*

'oberste(r, -s) ⟨Adj. 70⟩ **1** ⟨Superlativ zu⟩ ober 1.1 *ganz oben befindlich, die höchste Stelle, den höchsten Rang einnehmend;* das ~ Fach der Oberste Gerichtshof; die ~ Sprosse

Oberst'leut·nant ⟨m.⟩ **1** *Offiziersrang zwischen Major u. Oberst* **2** *Offizier im Rang eines Oberstleutnants*

'Ober·was·ser ⟨n.⟩ **1** *oberhalb eines Wehres od. einer Talsperre gestautes Wasser* 1.1 (wieder) ~ haben ⟨fig.⟩ *(wieder) im Vorteil sein, überlegen sein*

ob'gleich ⟨Konj.⟩ *obwohl, obschon, wenn auch;* → a. *gleich(5.3);* ~ es regnet, gehe ich aus

'Ob·hut ⟨f.; -; unz.⟩ *fürsorgl. Aufsicht, Schutz;* jmdn. in seine ~ nehmen; in jmds. ~ stehen

'obig ⟨Adj. 24/60⟩ **1** *oben erwähnt, oben genannt (im Text);* Sie teilten uns in Ihrem ~en Schreiben mit, daß ... 1.1 der, die Obige ⟨Abk.: d. O.⟩ *(Unterschrift unter eine Nachschrift im Brief)*

Ob'jekt ⟨n.; -(e)s, -e⟩ **1** *Sache, Gegenstand einer Untersuchung;* Forschungs~; das ~ einer Betrachtung 1.1 *Sache, die zu kaufen od. zu verkaufen ist;* Wert~, Pfand~; dieses Grundstück ist ein wertloses ~ **2** ⟨Philos.⟩ *Gegenstand des Wahrnehmens, Erkennens u. Denkens* **3** *Satzteil, der aus einer nominalen Ergänzung zum Verb besteht;* Ggs *Subjekt;* Akkusativ~, Dativ~, Genitiv~ **4** die Tücke des ~s ⟨fig.; umg.⟩ *plötzlich auftretende, unvorhergesehene Schwierigkeit*

ob·jek'tiv ⟨Adj.⟩ **1** *gegenständlich, tatsächlich* **2** Ggs *subjektiv* 2.1 *sachlich, vorurteilsfrei, unparteiisch;* ein ~es Urteil; eine Sache ~ betrachten 2.2 *allgemeingültig*

Ob·jek'tiv ⟨n.; -s, -e; [-və]; Optik⟩ *dem Gegenstand zugewandte Linse(nkombination)*

Ob'la·te[1] ⟨f.; -, -n⟩ **1** *noch nicht geweihte Hostie* **2** ⟨Bäckerei⟩ 2.1 *dünne, aus Weizenmehl gebackene Scheibe (als Unterlage für Backwerk, bes. Lebkuchen)* 2.2 *rundes, scheibenförmiges, dünnes, waffelartiges Gebäck* **3** *Marke zum Versiegeln, z. B. von Briefen* **4** *Kapsel zum Umhüllen von schlecht schmeckender Arznei*

Ob'la·te[2] ⟨m.; -n, -n⟩ **1** *für das Kloster bestimmtes u. dort erzogenes Kind* **2** ⟨nur Pl.⟩ ~n *Angehörige mehrerer Kongregationen(2)*

'ob·lie·gen ⟨[a. -'--]; V. 180/600⟩ **1** einer Sache ~ *sich anhaltend mit einer S. beschäftigen, eine S. ausführen, erfüllen;* er obliegt seiner Aufgabe mit großer Gewissenhaftigkeit 1.1 es liegt ihm ob, es obliegt ihm, die täglich einlaufende Post zu verteilen *er hat die Aufgabe, es gehört zu seinen Pflichten*

ob·li'gat ⟨Adj. 24⟩ **1** *verbindlich, unerläßlich, notwendig* **2** ⟨Mus.⟩ *als Begleitstimme selbständig geführt u. deshalb nicht weglaßbar;* Sonate für zwei Flöten u. ~es Cembalo

ob·li·ga'to·risch ⟨Adj. 24⟩ *verbindlich, verpflichtend, vorgeschrieben;* die Vorlesung ist ~

'Ob·mann ⟨m.⟩ **1** *Vorsitzender* **2** *Vertrauensmann;* Partei~ **3** ⟨früher⟩ *Beratungsleiter der Geschworenen*

Oboe ⟨[o'bo:ə] f.; -, -n⟩ *aus der Schalmei entwickeltes Holzblasinstrument mit doppeltem Rohrblatt im Mundstück u. näselndem Klang*

'Ob·rig·keit ⟨f.; -, -en⟩ *Träger der Regierungsgewalt, Regierung;* die kirchliche, weltliche ~

ob'schon ⟨Konj.⟩ *obwohl, obgleich, wenngleich*

Ob·ser·va'to·ri·um ⟨[-v-] n.; -s, -ri·en⟩ *Institut zur wissenschaftl. Beobachtung, z. B. Sternwarte, Wetterwarte*

'ob·sie·gen ⟨V. 800; geh.⟩ über etwas od. jmdn. ~ *etwas od. jmdn. besiegen, überwinden*

ob'skur ⟨Adj.⟩ **1** *dunkel, unklar* **2** *verdächtig*

Obst ⟨n.; -es; unz.⟩ *als Nahrung dienende Früchte;* ~ ernten, einkochen, pflücken; frisches, gekochtes, getrocknetes, rohes, reifes, unreifes ~

ob·stru'ie·ren ⟨V.⟩ **1** ⟨400⟩ *hindern, hemmen* **2** ⟨500⟩ Parlamentsbeschlüsse ~ *durch formale Einwände die Verabschiedung der P. verhindern* **3** ⟨500⟩ Durchgänge ~ ⟨Med.⟩ *verstopfen*

ob'szön ⟨Adj.⟩ *unanständig, schamlos, anstößig*

ob'wohl ⟨Konj.⟩ *obgleich, wenn auch*

'Och·se ⟨[-ks-] m.; -n, -n⟩ **1** *verschnittenes männl. Rind* 1.1 dastehen wie der ~ vorm Berg ⟨fig.⟩ *ratlos sein, nicht weiter wissen* 1.2 du sollst dem ~n, der da drischt, nicht das Maul verbinden (nach 5. Buch Mose, 25,4) *man soll jmdm., der eine Arbeit verrichtet, nicht übelnehmen, wenn er ein wenig davon profitiert* **2** ⟨umg.; Schimpfw.⟩ *Dummkopf, blöder Kerl*

'Och·sen·au·ge ⟨n.⟩ **1** *Vergrößerung des Augapfels infolge Erhöhung des Drucks in seinem Inneren: Buphthalmus* **2** *Gattung der Korbblütler: Buphthalmum* **3** *Tagfalter aus der Familie der Augenfalter, Kuhauge: Maniola jurtina* **4** ⟨fig.⟩ *rundes Dachfenster, Bullauge* **5** ⟨umg.⟩ *Spiegelei* **6** *mit einer Aprikose belegtes rundes Gebäck*

'öde ⟨Adj.⟩ **1** *unbewohnt, unbebaut, einsam, leer, verlassen;* eine ~ Gegend; der Hof lag ~ und verlassen; ~ und leer **2** ⟨fig.⟩ *langweilig, fade, geistlos;* ein ~s Buch; ein ~s Dasein, Leben; eine ~ Gesellschaft; der Tag ist so ~

'Ode ⟨f.; -, -n⟩ *Form des lyr. Gedichts in freien Rhythmen, von erhabener, feierl. Stimmung*

'Öde ⟨f.; -, -n⟩ **1** *Einöde, einsame, verlassene Gegend* **2** ⟨fig.⟩ *Langweiligkeit, innere Leere*

'Odem ⟨m.; -s; unz.; poet.⟩ *Atem*

Ödem ⟨[-'-] n.; -s, -e; Med.⟩ *krankhafte Ansammlung von wasserähnlicher, aus dem Blut stammender Flüssigkeit in den Zellen od. Spalten des Gewebes*

'oder ⟨Konj.⟩ **1** *(als Verbindung von Alternativen);* der eine ~ der andere; rechts ~ links?; jetzt ~ nie!; hell ~ dunkel; heute ~ morgen; zwei- ~ dreimal; möchten Sie lieber Bier ~ Wein?; du kannst dies haben ~ auch das; kommst du mit, ~ bleibst du noch?; willst du, ~ willst du nicht?; willst du? ja ~ nein?; soll die Wolle grün ~ blau sein? **1.1** dieser ~ jener ⟨umg.⟩ *irgendeiner, mancher* **1.2** ~? ⟨umg.⟩ *nicht wahr?, das soll doch so sein, geschehen?;* es ist doch so, ~ (etwa) nicht?; du hast gesagt, du willst weggehen, ~? **1.3** ~ (wehe dir)! *sonst, andernfalls;* du gehst jetzt nach Hause, ~ wehe dir! **1.4** → a. *entweder*

'Ofen ⟨m.; -s, ⸚⟩ **1** *Vorrichtung, Anlage zum Heizen, Kochen od. Backen;* Back~, Küchen~, Zimmer~; Kachel~; ein eiserner, transportabler ~; den ~ heizen, kehren, zuschrauben; einen ~ setzen, umsetzen (lassen); am warmen ~ sitzen; Holz, Kohlen im ~ nachlegen; einen Kuchen in den ~ schieben **1.1** jetzt ist der ~ aus! ⟨fig.; umg.⟩ *jetzt ist es vorbei, ist es schiefgegangen* **1.2** hinter dem ~ hocken ⟨fig.⟩ *zu viel zu Hause sein, ein Stubenhocker sein* **1.3** → a. *Hund[1](3.9)* **2** ⟨Tech.⟩ *Vorrichtung zum Schmelzen von Metallen;* Hoch~; Schmelz~

'of·fen ⟨Adj.⟩ **1** *nicht geschlossen, nicht zugemacht;* mit ~em Hemd, ~em Mantel; das Fenster, die Tür soll ~ bleiben; die Tür war halb, weit ~; bei ~er Tür; an einem Kleid ist ein Knopf ~; mit ~em Mund essen, kauen **1.0.1** mit ~en Augen träumen *geistesabwesend sein, nicht aufpassen, in Gedanken verloren sein* **1.0.2** jmdn. mit ~en Armen empfangen *sehr freundlich* **1.0.3** eine ~e Hand haben *gern schenken (bes. Geld), freigiebig sein* **1.0.4** ~er Biß *Kieferanomalie, bei der die vorderen Zähne beim Beißen nicht mehr zusammentreffen u. nur die Mahlzähne sich berühren* **1.0.5** mit ~em Mund dastehen ⟨fig.⟩ *töricht, staunend* **1.0.6** ~e Bauweise *lokkere B., bei der die Häuser einzeln, frei stehen* **1.1** *nicht abgeschlossen, nicht verschlossen;* das Vorhängeschloß war ~ **1.1.1** Politik der ~en Tür ⟨fig.⟩ *P. des Handels mit allen Staaten* **1.1.2** ~e Türen einrennen ⟨fig.⟩ *gegen nur scheinbare Widerstände kämpfen, längst gelöste Probleme behandeln* **1.1.3** überall ~e Türen finden ⟨fig.⟩ *überall willkommen sein, Entgegenkommen, Unterstützung finden* **1.2** ⟨60⟩ *unbedeckt, unverdeckt;* Fleisch am ~en Feuer braten **1.2.1** Arbeiten mit ~em Licht verboten! (Aufschrift auf Schildern in Räumen, in denen Explosionsgefahr besteht) *mit Kerzen usw.* **1.2.2** Milch ~ verkaufen *nicht in Flaschen abgefüllt, aus der Kanne* **1.2.3** ~er Wein *im Glas (nicht in der Flasche) servierter W.* **1.3** *der Betrachtung zugänglich* **1.3.1** auf ~er Bühne *ohne daß der Vorhang gefallen ist* **1.3.2** ~es Buch *aufgeschlagenes B.;* er las in ihrem Gesicht wie in einem ~en Buch **1.3.3** mit ~en Karten spielen **1.3.3.1** *die Karten beim Spiel nicht verdecken, so daß die Mitspieler sie sehen können* **1.3.3.2** ⟨fig.⟩ *keine Geheimnisse haben, keine geheimen Vorbehalte machen* **1.3.4** ~er Brief ⟨fig.⟩ *in der Presse veröffentlichte Mitteilung an einen einzelnen od. an eine Behörde* **1.4** ⟨fig.⟩ *aufnahmebereit, empfänglich;* ~en Sinnes für alles Schöne **1.4.1** ein ~es Ohr bei jmdm. finden *Gehör, Verständnis* **1.4.2** mit ~en Augen durch die Welt gehen *aufmerksam, aufgeschlossen alle Eindrücke willig aufnehmend* **1.4.3** mit ~en Augen in sein Unglück rennen *ohne sich klar darüber zu sein (obwohl alle anderen es sehen)* **1.5** *freien Zutritt gewährend* **1.5.1** das Geschäft ist, hat noch ~ *läßt noch Kunden ein* **1.5.2** ein ~es Haus haben, führen ⟨fig.⟩ *gastfreundlich sein* **1.5.3** Tag der ~en Tür *Tag, an dem das Publikum Zutritt zu Betrieben aller Art hat, um sie kennenzulernen* **1.5.4** ~e Stadt *Stadt, die im Krieg nicht verteidigt werden soll;* Paris wird zur ~en Stadt erklärt **1.5.5** mir bleibt kein anderer Weg ~ ⟨fig.⟩ *ich habe keine andere Möglichkeit* **1.5.6** ~e Gesellschaft ⟨soziol.⟩ *Gesellschaftsform, zu der jeder Zutritt hat und in der die wichtigen Staatsangelegenheiten in der Öffentlichkeit diskutiert werden* **1.6** *nicht verheilt;* eine ~e Wunde **1.6.1** ein ~es Bein haben *B. mit nicht heilendem Geschwür* **1.7** *mit größerer Mundöffnung (gesprochen);* das e in „Berg" ~ aussprechen **1.7.1** ~e Silbe *mit einem Vokal endende S.* **2** ⟨60⟩ ~e Handelsgesellschaft ⟨Abk.: OHG⟩ *H., in der jeder Gesellschafter mit seinem Vermögen haftet* **3** ⟨fig.⟩ *nicht besetzt, frei;* die Stelle eines Assistenten ist noch ~ **4** *unbegrenzt, nicht eingeschlossen, frei;* das Grundstück ist nach allen Seiten hin ~ **4.1** ⟨60⟩ auf ~er Strecke *zwischen zwei Stationen* **4.2** ⟨60⟩ auf ~er See, ~em Meer *weitab vom Land, auf dem freien Meer* **4.3** ⟨60⟩ auf ~er Straße *auf freier S., mitten auf der S.* **5** ⟨fig.⟩ *nicht heimlich, unverhüllt, unverhohlen;* ich muß ~ gestehen, zugeben, daß ...; ~ gestanden, wäre es mir lieber ...; es kam zum ~en Aufruhr, Widerstand; ~e Feindschaft **5.0.1** es ist ein ~es Geheimnis *alle wissen es, es hat sich herumgesprochen* **5.0.2** seine Habgier liegt ~ zutage, ist ~ hervorgetreten *ist offensichtlich geworden, klar, deutlich geworden* **5.1** *aufrichtig, ehrlich, freimütig, ohne Umschweife;* ein ~er Mensch, Charakter; ~ reden, sprechen; etwas ~ sagen, aussprechen; ~ heraus gesagt ...; sei ~ zu mir!; ~ und ehrlich; frei und ~; einen ~en Blick haben **6** ⟨fig.⟩ *unentschieden, ungelöst, unerledigt, noch nicht abgeschlossen;* eine ~e Angelegenheit **6.1** die Rechnung steht noch ~ *ist noch nicht bezahlt*

of·fen'bar ⟨Adj.⟩ **1** *offen zutage liegend od. tretend, deutlich, erkennbar, sichtbar;* ~e Absicht; ~er Irrtum; nun wird es ~, daß... **2** *offensichtlich, anscheinend, wie man sehen kann;* er ist ~ noch nicht, schon hiergewesen; das hat er ~ mißverstanden; das ist ~ ein Fehler, Irrtum, Versehen

of·fen'ba·ren ⟨V. 503⟩ (jmdm.) etwas ~ **1** *offenbar machen, bekennen* **1.1** ⟨R3⟩ sich ~ *etwas bekennen, sich od. seine Absichten zu* *erkennen geben;* sich jmdm. ~; Gott hat sich dem Johannes geoffenbart **2** *enthüllen, zeigen;* ein Geheimnis ~; das Christentum ist eine geoffenbarte Religion

Of·fen'ba·rung ⟨f.; -, -en⟩ **1** *Bekenntnis* **2** *plötzliche Erkenntnis;* es kam mir wie eine ~ über mich **3** *Kundgebung Gottes;* ~ des Johannes (ein Buch des Neuen Testaments)

Of·fen'ba·rungs·eid ⟨m.⟩ *eidl. Versicherung eines Schuldners, daß er sein ganzes Vermögen angegeben hat*

'of·fen|blei·ben ⟨V. 114/400(s.)⟩ eine Sache bleibt offen *wird nicht geklärt, nicht erledigt, bleibt ungelöst;* die Angelegenheit, Frage bleibt offen

'of·fen|hal·ten ⟨V. 160/500⟩ **1** etwas ~ *geöffnet lassen;* die Tür ~ **2** eine Sache ~ ⟨fig.⟩ *frei, unbesetzt lassen;* eine Stelle, ein Amt ~; sich den Rückzug, einen Weg ~ **3** seine Hand ~ ⟨a. fig.⟩ **3.1** *freigebig sein* **3.2** *ein Trinkgeld erwarten*

'of·fen·her·zig ⟨Adj.⟩ **1** *aufrichtig, ehrlich, mitteilsam, vertrauensselig;* ein ~es Bekenntnis; ~ sein **2** ⟨fig.; umg.; scherzh.⟩ *tief ausgeschnitten;* ein ~es Kleid

'of·fen·kun·dig ⟨Adj.⟩ *offensichtlich, deutlich, klar;* ein ~er Irrtum, ~es Mißverständnis; es ist ~, daß er den Betrug begangen hat

'of·fen|las·sen ⟨V. 175/500⟩ etwas ~ **1** *geöffnet lassen, nicht schließen;* einen Brief, das Fenster, die Tür ~ **2** *unbeantwortet lassen;* wir wollen die Frage vorläufig ~ **3** *unentschieden lassen, (noch) nicht entscheiden;* wir müssen die Entscheidung in dieser Angelegenheit noch ~

'of·fen·sicht·lich ⟨a. [--'--] Adj.⟩ **1** *offenbar, offenkundig* **2** *anscheinend;* er hat es ~ vergessen

of·fen'siv ⟨Adj.⟩ **1** ⟨24⟩ *angreifend, angriffslustig;* Ggs *defensiv* **2** *beleidigend*

'of·fen|ste·hen ⟨V. 256/400(s.)⟩ **1** etwas steht offen *ist geöffnet;* das Fenster, die Tür steht offen **1.1** ⟨600⟩ die Welt steht ihm offen ⟨fig.⟩ *er hat alle Möglichkeiten der freien Wahl* **1.2** eine Rechnung steht offen *ist ungedeckt, nicht bezahlt, nicht beglichen;* auf Ihrem Konto steht noch ein Betrag offen ⟨fig.⟩ **1.3** eine Stelle steht offen *ist unbesetzt, frei*

'öf·fent·lich ⟨Adj. 24⟩ **1** *allgemein bekannt, hörbar, sichtbar;* ~es Ärgernis erregen; etwas ~ bekanntmachen; die ~e Moral; ~ auftreten, reden, sprechen; ~ zeigen **1.1** ~es Geheimnis ⟨umg.⟩ *bereits allgemein bekannte Angelegenheit, die eigentl. geheim bleiben soll* **1.2** die ~e Meinung *die M. des Publikums, der Menschen, der Allgemeinheit, des Volkes* **2** *allgemein, allen zugänglich, für die Allgemeinheit bestimmt;* ~e Anlagen; ~e Prüfung; ~e Verhandlung (vor Gericht) **2.1** ~er Fernsprecher *F., der von jedermann gegen Gebühr benutzt werden darf* **2.2** ⟨60⟩ die ~e Hand *Staat und Gemeinde als Unternehmer* **2.3** ⟨60⟩ ~es Haus *Bordell* **2.4** ⟨60⟩ ein Mann des ~en Lebens *allgemein bekannte Persönlichkeit, z. B. Politiker* **2.5** ~es Verkehrsmittel *dem allgemeinen Verkehr dienendes Fahrzeug* **3** *staatlich, städtisch, der Gemeinde gehörend;* ein ~es Gebäude; ~e Gelder, Mittel; die ~e Ordnung aufrechterhalten, gefährden **3.1** ⟨60⟩ ~er Dienst *Gesamtheit der Beamten u. Angestellten des Staates, der Länder u. Gemeinden* **3.2** ⟨60⟩ ~e Klage ⟨Strafprozeß⟩ *Anklage* **3.3** ⟨60⟩ eine ~e Urkunde *von einer Behörde od. einem Notar ausgestellte U.* **3.4** ~er Ankläger ⟨Strafprozeß⟩ = *Staatsanwalt*

'Öf·fent·lich·keit ⟨f.; -; unz.⟩ **1** *die Leute, das Volk, alle anderen Menschen, das Publikum* **1.1** etwas in aller ~ tun, sagen *vor allen Leuten* **1.2** ein Schriftstück der ~ übergeben *zum Verkauf freigeben, ausliefern* **1.3** ein Bauwerk der ~ übergeben *einweihen, zur Besichtigung, zur Benutzung freigeben* **1.4** etwas an, vor die ~ bringen *allgemein bekanntgeben, veröffentlichen* **1.5** an, in die ~ dringen *sich herumsprechen, bekanntwerden* **1.6** mit einem Buch an die ~ treten *hervortreten, bekannt werden*

of·fi·zi'ell ⟨Adj.⟩ **1** ⟨24⟩ *amtlich;* etwas ~ bekanntgeben **1.1** eine ~e Nachricht, Meldung *amtlich beglaubigte, verbürgte N., M.* **2** ⟨24⟩ *öffentlich (bekannt);* etwas ~ bekanntgeben; sich ~ verloben **3** *förmlich, feierlich;* ~e Einladung, Veranstaltung; ~es Benehmen; ein ~er Besuch, Empfang; er nahm wieder seinen ~en Ton an, wurde wieder ~; sie stehen sehr ~ miteinander **3.1** ~er Anzug *vorgeschriebener (dunkler) A.*

Of·fi'zier ⟨m.; -s, -e⟩ **1** *militär. Rang vom Leutnant an aufwärts* **2** *Soldat in diesem Rang*

of·fi·zi'ös ⟨Adj. 24⟩ *halbamtlich;* ~e Nachricht, Presse

'öff·nen ⟨V. 500⟩ **1** etwas ~ *von etwas einen Verschluß entfernen, die Bedeckung abnehmen, etwas aufmachen;* die Augen, Lippen, den Mund ~; einen Brief, Kasten, Schrank, eine Truhe ~; ein Fenster, eine Tür ~; die Jacke, das Kleid, den Mantel ~; ein Ventil ~; eine Leiche zur Feststellung der Todesursache ~; eine Büchse mit dem Büchsenöffner, eine Kiste mit dem Stemmeisen ~; und damit war der Korruption Tür und Tor geöffnet ⟨fig.⟩ **1.0.1** ⟨530⟩ jmdm. die Augen ~ ⟨fig.⟩ *jmdm. die Wahrheit über etwas od. jmdn. sagen;* er hat mir den Blick für die Schönheiten der Natur geöffnet **1.1** ⟨R3⟩ etwas öffnet sich *geht auf;* die Blüte öffnet sich **2** etwas ~ *zugänglich machen;* der Laden ist durchgehend geöffnet; das Geschäft ist von 8 bis 17 Uhr geöffnet; das Museum wird um 8 Uhr geöffnet

'Öff·nung ⟨f.; -, -en⟩ **1** *das Öffnen, das Aufmachen* **1.1** ~ von Leichen *Autopsie, Obduktion* **2** *Loch, Lücke, ausgesparte Stelle (in einer Fläche);* Leibes~; Mauer~

oft ⟨Adv.⟩ **1** *häufig, mehrfach, mehrmals, viele Male;* ich habe ihn ~ dort gesehen; es ist doch ~ so, daß man glaubt ...; ich habe es ihr ~ genug angeboten; ich war schon ~ dort; sehr, ziemlich ~; wie ~ warst du dort?; ich habe es nur zu ~ erleben müssen, daß ... **1.0.1** so ~ ich dort gewesen bin, war er nicht da *jedes Mal, wenn ...* **1.0.2** ich habe es dir schon so und so ~ gesagt ⟨umg.⟩ *immer wieder*

'öf·ter ⟨Adv.⟩ **1** ⟨Komparativ zu⟩ *oft* **1.1** ⟨umg.⟩ = *öfters* **1.2** des ~en *oft, öfters, wiederholt* **1.3** je ~ ich sie singen höre, um so besser gefällt mir ihre Stimme *je häufiger*

'öf·ters ⟨Adv.⟩ *mehrmals, manchmal, ab u. zu;* ich bin schon ~ dortgewesen

oh ⟨Int.; nur alleinstehend⟩ *(Ausruf des Stau-*

nens, des Bedauerns, der Ablehnung); ~, Verzeihung!; ~, entschuldigen Sie!; ~, das möchte ich nicht sagen!; ~, wie schön!

'oh·ne ⟨Präp. m. Akk. od. Inf. od. „daß"⟩ **1** *nicht mit;* das ist ~ seine Schuld geschehen; ~ mein Wissen; ~ ein Wort des Dankes; ich bin auf meinen Brief ~ Antwort geblieben; ~ Hilfe **1.0.1** ~ (allen) Zweifel *zweifellos* **1.0.2** das ist ~ Bedeutung *nicht von B., bedeutungslos* **1.0.3** ich habe ihn ~ mein Wissen, ~ es zu wissen, ~ daß ich es wußte, gekränkt *nicht wissentlich* **1.1** ~ jmdn. *getrennt von jmdm.;* sie verreisen ~ die Kinder; sie kam ~ ihren Mann; er glaubt, ~ sie nicht leben zu können **2** *unter Weglassung von, unter Verzicht auf, ungerechnet;* Ware ~ Verpackung; Kaffee ~ Zucker und Milch; Gehalt ~ Spesen, ~ Provision; ~ Hut, ~ Strümpfe ausgehen; er ging ~ Gruß, ~ zu grüßen, ~ daß er gegrüßt hätte, fort; ~ etwas zu sagen; er hörte sich alles an, ~ eine Miene zu verziehen; ~ zu fragen, ~ zu lachen **2.1** ~ weiteres *wie selbstverständlich, Bedenken, Zögern ausschließend;* er war ~ weiteres bereit, uns zu helfen **2.2** ⟨in bibliograph. Angaben⟩ **2.2.1** ~ Ort ⟨Abk.: o. O.⟩ *mit fehlender Angabe des Erscheinungsortes eines Buches* **2.2.2** ~ Jahr ⟨Abk.: o. J.⟩ *mit fehlender Angabe des Erscheinungsjahres eines Buches* **3** *frei von, nicht ausgerüstet, ausgestattet, begabt mit;* ich bin ~ Geld; er ist nicht ~ Temperament; er ist ~ Falsch **3.1** ~ Fleiß, ~ fleißig zu sein, ~ daß man fleißig ist, kann man nicht vorwärts kommen *man kommt nur mit Fleiß vorwärts* **4** nicht ~ sein ⟨umg.⟩ *eine besondere Bedeutung haben, etwas für sich haben* **4.1** die Sache ist nicht ~ *die Sache ist nicht so harmlos, wie sie aussieht* **4.2** er ist nicht ~ *er hat seine Vorzüge* **4.3** das ist gar nicht ~! *das könnte mich reizen, der Vorschlag ist gut*

oh·ne'dies ⟨Adv.⟩ *sowieso, ohnehin*

oh·ne'glei·chen ⟨Adv.⟩ *so, daß ihm, ihr nichts gleicht, wie es niemand anders kann, unvergleichlich, einzigartig;* seine Tapferkeit war ~; er singt, spielt ~

oh·ne'hin ⟨Adv.⟩ *sowieso;* jetzt können wir uns Zeit lassen, wir kommen ~ zu spät; ich nehme dein Paket mit, ich muß ~ zur Post

'Ohn·macht ⟨f.; -, -en⟩ **1** *Bewußtlosigkeit* **1.1** in ~ fallen, sinken *ohnmächtig werden* **2** *Unvermögen, Machtlosigkeit;* er mußte seine ~ einsehen

'ohn·mäch·tig ⟨Adj. 70⟩ **1** *in Ohnmacht befindlich, bewußtlos;* ~ werden **2** *machtlos;* ~ zusehen, wie etwas geschieht **2.1** ~e Wut *W., die nichts nützt, W. einem Mächtigeren gegenüber*

Ohr ⟨n.; -(e)s, -en⟩ **1** *paariges Gehör- u. Gleichgewichtsorgan am Kopf des Menschen u. der Wirbeltiere* **1.0.1** äußeres ~ *sichtbarer Teil des Ohrs, Ohrmuschel* **1.0.2** inneres ~ *Sitz des Gehörs* **1.1** *Ohrmuschel;* der Hut saß ihm keck, schief auf einem ~; ein Tier hinter den ~en kraulen; er wurde bis über die, beide ~en rot; mit den ~en wackeln (können); sich hinter den ~en kratzen (als Zeichen der Ratlosigkeit) **1.1.01** jmdn. bei den ~en nehmen ⟨fig.⟩ *jmdn. energisch verwarnen* **1.1.02** jmdm. eins hinter die ~en geben *jmdm. eine Ohrfeige geben* **1.1.03** sich aufs ~ legen, hauen ⟨umg.⟩ *sich schlafenlegen* **1.1.04** schreib es dir hinter die ~en! ⟨fig.; umg.⟩ *merk dir das gut!* **1.1.05** noch die Eierschalen hinter den ~en haben ⟨fig.; umg.⟩ *noch jung und unerfahren sein* **1.1.06** es (faustdick) hinter den ~en haben ⟨fig.; umg.⟩ *schlau sein, ohne daß es einem anzusehen ist* **1.1.07** sich den Wind um die ~n wehen, pfeifen lassen ⟨fig.⟩ *Erfahrungen sammeln* **1.1.08** sich eine Nacht um die ~en schlagen ⟨umg.⟩ *eine Nacht ohne Schlaf verbringen* **1.1.09** du hast wohl einen kleinen Mann im ~? ⟨umg.⟩ *du bist wohl nicht gescheit?* **1.1.10** jmdn. übers ~ hauen ⟨umg.⟩ *jmdn. betrügen* **1.1.11** → a. *Fell(2.2), Floh(1.2), trocken(8.2)* **1.1.12** bis an, über die ~en ⟨umg.⟩ *völlig, sehr;* bis an die ~en verschuldet sein; bis über die ~en in Schulden stecken; bis über die ~en verliebt sein **1.2** *Gehörorgan;* schlechte, taube ~en; auf einem ~ taub sein; der Schrei gellte mir in den ~en; es saust, braust mir in den ~en; wer ~en hat (zu hören), der höre (mahnender Aufruf, den verborgenen Sinn einer Sache zu erkennen, nach Matth. 11,15 u. 13,13; Offenbarung 2,7) **1.2.01** wasch dir die ~en! ⟨fig.; umg.⟩ *hör besser zu!* **1.2.02** die ~en aufsperren ⟨fig.; umg.⟩ *aufmerksam zuhören* **1.2.03** hast du keine ~en? ⟨umg.⟩ *du willst wohl nicht hören?* **1.2.04** die Wände haben ~en *hier sind Lauscher in der Nähe* **1.2.05** auf dem ~ höre ich schlecht!, bin ich taub! ⟨fig.; umg.; scherzh.⟩ *davon möchte ich nichts hören!, für solche Andeutungen od. Bitten bin ich nicht zugänglich, das will ich nicht verstehen* **1.2.06** ganz ~ sein *aufmerksam zuhören* **1.2.07** ein aufmerksames, geneigtes, offenes ~ finden ⟨fig.⟩ *Verständnis u. Hilfsbereitschaft finden* **1.2.08** leih mir dein ~ ⟨geh.⟩ *hör mir zu!* **1.2.09** jmdm. die ~en volljammern ⟨umg.⟩ *jmdn. mit Klagen belästigen* **1.2.10** jmdm. die ~en vollschreien *jmdn. durch Geschrei belästigen* **1.2.11** tauben ~en predigen *vergeblich an Einsicht u. Vernunft appellieren, vergeblich etwas sagen* **1.2.12** spitze, lange ~en machen *aufmerksam, angespannt, neugierig zuhören* **1.2.13** die ~en spitzen *aufmerksam od. angestrengt zuhören, lauschen* **1.2.14** mach doch die, deine ~en auf! ⟨fig.; umg.⟩ *hör doch richtig zu!* **1.2.15** sich die ~en zuhalten, zustopfen *nichts hören wollen* **1.2.16** auf den ~en sitzen ⟨fig.; umg.⟩ *nicht zuhören* **1.2.17** Worte, Ermahnungen im ~ haben *sich an W., E. erinnern* **1.2.18** hast du Dreck in den ~en? ⟨umg.⟩ *kannst du nicht hören?* **1.2.19** jmdm. etwas ins ~ sagen *heimlich zuflüstern* **1.2.20** jmdm. in den ~en liegen ⟨fig.; umg.⟩ *jmdn. durch Bitten belästigen, ständig auf jmdn. einreden* **1.2.21** die Melodie geht leicht ins ~ *läßt sich leicht merken* **1.2.22** das ist nicht für fremde ~en bestimmt *das soll nicht jeder hören* **1.2.23** nur mit halbem ~ zuhören *wenig aufmerksam* **1.2.24** es ist mir zu ~en gekommen *ich habe gehört* **1.2.25** das geht ihm zum einen ~ hinein u. zum anderen wieder hinaus ⟨umg.⟩ *er beachtet es nicht, er vergißt es wieder* **1.2.26** jmdm. klingen die ~en ⟨fig.; umg.⟩ *jmd. spürt, daß man an ihn denkt* **1.3** ⟨fig.⟩ *Gehör;* scharfe, gute, feine ~en **1.3.1** ein feines, scharfes ~ haben *sehr gut hören* **1.4** *Organ zum Ausdruck von Gefühlen* **1.4.1** mit hängenden ~en dastehen, zurückkommen ⟨fig.⟩ *betrübt, bedrückt, enttäuscht* **1.4.2** die ~en anlegen *ängst-*

lich sein od. werden (weil man ein schlechtes Gewissen hat), sofort gehorchen 1.4.3 mit den ~en schlackern ⟨fig.; umg.⟩ *sehr überrascht, erstaunt, äußerst beeindruckt sein* 1.4.4 die ~en steifhalten ⟨fig.; umg.⟩ *tapfer bleiben, sich nicht unterkriegen lassen* **2** ⟨fig.; umg.⟩ *umgeknickte Ecke einer Buchseite;* Esels~

Öhr ⟨n.; -(e)s, -e⟩ **1** *kleines Loch (bes. in der Nähnadel, in Hämmern, Äxten)* **2** ⟨niederdt.⟩ *Henkel, Griff* **3** *Öse, Heftel*

'Ohr·fei·ge ⟨f.; -, -n⟩ *Schlag mit der Hand auf die Backe;* Sy *Schelle*[1]*(3)* ⟨mitteldt.⟩

'Ohr·la·by·rinth ⟨n.⟩ *das aus mehreren Teilen bestehende Organ des Gleichgewichts- u. Gehörsinns der Wirbeltiere u. des Menschen*

'Ohr·mu·schel ⟨f.⟩ **1** *Teil des äußeren Ohrs: Auricula* **2** ⟨17. Jh.⟩ *ovale Ornamentform*

ok'kult ⟨Adj.⟩ *verborgen, heimlich, geheim;* ~e Wissenschaften

ok·ku'pie·ren ⟨V. 500⟩ ein Land ~ *besetzen;* fremdes Staatsgebiet ~

Öko·no'mie ⟨f.; -, -n⟩ **1** = *Wirtschaft(1)* **2** ⟨veralt.⟩ = *Landwirtschaft* **3** ⟨unz.⟩ *Sparsamkeit, Wirtschaftlichkeit*

öko'no·misch ⟨Adj.⟩ **1** ⟨24⟩ *die Ökonomie(1-2) betreffend, auf ihr beruhend* **2** *wirtschaftlich, sparsam*

Ok'ta·ve ⟨[-və] f.; -, -n⟩ **1** ⟨Mus.⟩ 1.1 *achter u. letzter Ton der diaton. Tonleiter* 1.2 *Intervall von acht Tönen* 1.2.1 kleine ~ *unter der eingestrichenen Oktave liegende, mit kleinem Buchstaben gekennzeichnete Oktave(1.2)* 1.2.2 große ~ *Gesamtheit aller Töne in einer Oktave(1.2) bezogen auf den Grundton C* **2** ⟨kath. Kirche⟩ *mit dem Festtag beginnende achttägige Feier hoher Feste*

Ok'tett ⟨n.; -(e)s, -e⟩ **1** *Musikstück für acht selbständige Stimmen* **2** *Gruppe von acht Instrumentalisten od. Sängern*

Ok'to·ber ⟨m.; -s, -; Abk.: Okt.⟩ *der 10. Monat im Jahr*

Öku'me·ne ⟨f.; -; unz.⟩ *die bewohnte Erde, die Erde als Lebensraum der Menschen*

'Ok·zi·dent ⟨m.; -s; unz.⟩ Ggs *Orient* **1** *Westen, Abend* **2** *Abendland (Europa)*

Öl ⟨n.; -(e)s, -e⟩ **1** *unter normalen Temperaturbedingungen flüssiges Fett, gewonnen aus Pflanzen, von Tieren od. aus der Erdrinde;* Mineral~; pflanzliches, tierisches ~; in, mit ~ backen, braten; mit ~ heizen; nach ~ bohren 1.1 ~ auf die Wogen gießen ⟨fig.; umg.⟩ *die Wogen glätten, einen Streit schlichten, jmdn. besänftigen* 1.2 ~ ins Feuer gießen ⟨fig.; umg.⟩ *jmds. Zorn noch mehr entfachen, einen Streit schüren* 1.3 → a. *ätherisch(1.1), fett(1.1)* **2** ⟨kurz für⟩ *Ölfarbe* 2.0.1 in ~ malen *mit Ölfarbe malen*

'Öl·bild ⟨n.⟩ = *Ölgemälde*

'ölen ⟨V.⟩ **1** ⟨500⟩ etwas ~ *mit Maschinenöl einfetten* 1.1 ⟨Part. Perf.⟩ es geht wie geölt ⟨fig.⟩ *es geht leicht, es geht schnell* 1.2 wie ein geölter Blitz davonsausen ⟨fig.; umg.; scherzh.⟩ *ganz schnell* **2** ⟨500⟩ jmdn. ~ *salben*

'Öl·far·be ⟨f.⟩ *aus trocknendem Pflanzenöl bestehende Mal- u. Anstrichfarbe*

'Öl·ge·mäl·de ⟨n.⟩ *mit Ölfarben gemaltes Bild;* Sy *Ölbild*

Olig·ar'chie ⟨f.; -, -n⟩ **1** *Herrschaft einer kleinen Gruppe, urspr. der Reichsten im Staat* **2** *Staatsform, bei der auch bei formeller Gleichberechtigung der Staatsbürger die tatsächliche Herrschaft in der Hand einer kleinen Gruppe liegt*

oliv ⟨[-'-] Adj. 24⟩ *von der Farbe einer Olive(2), graugrün, braungrün*

Oli·ve ⟨[-'li:və] f.; -, -n⟩ **1** *einer Gattung der Ölbaumgewächse angehörender Baum od. Strauch, der fleischige Steinfrüchte trägt: Olea* 1.1 ⟨i. e. S.⟩ *immergrüner Baum des Vorderen Orients u. des Mittelmeeres, der länglich-runde, grüne bis schwarzblaue Früchte trägt, welche Olivenöl liefern: Olea europaea* **2** *Frucht der Olive(1.1)* **3** ⟨Tech.⟩ *Drehgriff eines Fensterverschlusses* **4** ⟨Med.⟩ *Teil des verlängerten Rückenmarks*

Olym·pia·de ⟨[---'--] f.; -, -n⟩ **1** *Zeitraum von vier Jahren zwischen den altgriech. Olympischen Spielen* **2** *Olympische Spiele*

olym·pisch ⟨[-'--] Adj. 24⟩ **1** *zum Olymp als Wohnsitz der altgriech. Götter gehörend* 1.1 ⟨fig.⟩ *erhaben u. ruhig, majestätisch* **2** *zu Olympia gehörend, von ihm ausgehend* **3** *zu den Olympischen Spielen gehörend* 3.1 Olympische Spiele 3.1.1 ⟨bis 394 n. Chr.⟩ *im alten Griechenland alle vier Jahre stattfindende sportl. u. auch musikal. Wettkämpfe* 3.1.2 ⟨seit 1894⟩ *alle vier Jahre veranstaltete internationale Wettkämpfe im Sport* 3.2 ~es Dorf *Gelände mit den Wohnungen für die Teilnehmer an den Olymp. Spielen*

'Oma ⟨f.; -, -s; kinderspr.⟩ *Großmutter*

'Omen ⟨n.; -s, - od. 'Omi·na⟩ **1** *Vorzeichen;* böses, gutes ~ **2** *Vorbedeutung*

'Om·ni·bus ⟨m.; -bus·ses, -bus·se; Kurzw.: Bus⟩ *Kraftwagen zur Beförderung von mehr als 8 Fahrgästen*

'On·kel[1] ⟨m.; -s, - od. (umg.) -s⟩ **1** *Bruder der Mutter od. des Vaters* **2** ⟨kinderspr.⟩ *männl. (dem Kind bekannter) Erwachsener* **3** ~ Sam ⟨scherzh.⟩ *die Vereinigten Staaten von Amerika*

'On·kel[2] ⟨m.; nur in der Wendung⟩ über den ~ gehen, laufen ⟨umg.⟩ *mit einwärts gerichteten Füßen gehen, onkeln*

'Opa ⟨m.; -s, -s; kinderspr.⟩ *Großvater;* Sy *Opapa*

'Opa·pa ⟨m.; -s, -s⟩ = *Opa*

'Oper ⟨f.; -, -n⟩ **1** *musikal. gestaltetes Bühnenstück* **2** *Opernhaus*

Ope·ra·ti'on ⟨f.; -, -en⟩ **1** ⟨Med.⟩ *chirurg. Eingriff* **2** *Ablauf einer Arbeit* **3** ⟨Math.⟩ *Ausführung einer Rechnung* **4** *Truppenbewegung, militär. Unternehmen*

ope·ra'tiv ⟨Adj.⟩ **1** *auf chirurg. Wege;* ein ~er Eingriff; eine Geschwulst ~ entfernen **2** *mit Hilfe einer Operation(2), auf einer Operation(2) beruhend* **3** ⟨fig.⟩ *weitschauend u. planvoll tätig*

Ope'ret·te ⟨f.; -, -n⟩ *leichtes, heiteres, unterhaltendes Bühnenstück mit Musik u. gesprochenen Dialogen*

ope'rie·ren ⟨V.⟩ **1** ⟨500⟩ jmdn. od. ein Tier ~ *an jmdm. od. einem T. eine Operation(1) vornehmen;* sich ~ lassen; jmdn. am Magen ~; am Blinddarm operiert werden **2** ⟨410⟩ 2.1 *eingreifen, handeln, wirken, verfahren;* bei einer Sache wenig glücklich ~ 2.2 ⟨Mil.⟩ *eine Operation(4) durchführen;* die Truppen ~ im Geist des Gegners

'Op·fer ⟨n.; -s, -⟩ **1** *schmerzl. Verzicht (zugun-*

sten eines anderen Menschen); jmds. ~ (dankbar) annehmen; ein ~ für jmdn. bringen; kein ~ scheuen, um jmdm. zu helfen 1.1 *unter schmerzl. Verzicht gebrachte Spende;* es war ein großes ~ für mich, ihm das Geld zu geben **2** *Gabe für die Gottheit;* Tier~; Trank~; ein ~ bringen; ein religiöses ~ 2.0.1 ein Tier od. einen Gegenstand zum ~ bringen *opfern* **3** *betroffenes Objekt (einer Missetat, eines Übels);* das ~ einer Intrige, eines Mordes, Unfalls, Verkehrsunglücks werden; er wurde ein ~ seines eigenen Leichtsinns; das Erdbeben forderte zahlreiche ~ (an Menschenleben); und wer ist das arme ~? ⟨scherzh.⟩ 3.0.1 ein ~ der Flammen werden *im Feuer ums Leben kommen od. zerstört werden*

'op·fern ⟨V.⟩ **1** ⟨500⟩ etwas ~ *für andere hingeben, schmerzlich verzichten auf, spenden, obgleich es schwerfällt;* seine Zeit ~; Geld für etwas ~; Gut und Blut ~ 1.1 ⟨550/R3⟩ sich für jmdn. od. etwas ~ *für jmdn. od. etwas alles tun, sein Leben für jmdn. od. etwas hingeben;* er hat sich für den Freund geopfert 1.1.1 ⟨fig.; umg.⟩ *etwas (für jmdn.) tun, obgleich es schwerfällt;* opfere dich und arbeite heute etwas länger! **2** ⟨602⟩ einem Gott (etwas) ~ *eine Opfergabe, etwas als Opfergabe darbringen;* dem Gott ~; dem Gott ein Tier ~

'Op·fer·stock ⟨m.⟩ *auf einem kleinen Podest stehender Behälter für Geldspenden in der Kirche*

'Op·fer·tier ⟨n.⟩ **1** *als Opfer dargebrachtes Tier* **2** ⟨fig.⟩ *unschuldiges Opfer*

'Opi·um ⟨n.; -s; unz.⟩ *aus dem Saft des Schlafmohns gewonnenes, auch als Heilmittel verwendetes Rauschgift*

op·po'nie·ren ⟨V. 405⟩ (gegen jmdn. od. etwas) ~ *sich widersetzen, widerstreben, eine gegenteilige Meinung vertreten*

op·por'tun ⟨Adj.⟩ **1** *gelegen, nützlich, bequem* **2** *passend, angebracht*

Op·por·tu'nis·mus ⟨m.; -; unz.⟩ **1** *Handeln allein unter dem Gesichtspunkt dessen, was Vorteile bringt* **2** *geschickte Anpassung an die jeweilige Lage*

Op·po·si·ti'on ⟨f.; -, -en⟩ **1** *Gegensatz, Widerstand* 1.1 ~ machen ⟨umg.⟩ *widersprechen, eine gegenteilige Meinung verfechten* **2** *der Regierung sich entgegensetzende Partei od. Gruppe der Bevölkerung* **3** ⟨Astr.⟩ *entgegengesetzte Konstellation*

'Op·tik ⟨f.; -, -en⟩ **1** ⟨unz.⟩ *Lehre vom sichtbaren Licht u. diesem ähnlichen Strahlungen* **2** *der die Linsen, das Linsensystem enthaltende Teil eines opt. Gerätes* **3** *äußerer Eindruck;* das ist nur für die ~

Op·ti'mis·mus ⟨m.; -; unz.⟩ Ggs *Pessimismus* **1** *Lebensbejahung, Zuversichtlichkeit in allen Dingen, Lebenseinstellung, infolge derer man alle Dinge von der besten Seite sieht* **2** ⟨Philos.⟩ *Auffassung, daß diese Welt die beste aller möglichen Welten u. in ständigem Fortschritt begriffen sei*

'op·tisch ⟨Adj. 24⟩ **1** *die Optik betreffend, zu ihr gehörig, auf ihr beruhend* **2** = *visuell(1);* ~er Eindruck 2.1 ~e Täuschung *auf der unvollkommenen Verarbeitung der opt. Wahrnehmungen durch die Augen beruhende T.*

'Opus ⟨n.; -, 'Ope·ra; Abk.: op.⟩ **1** *schriftlich fixiertes wissenschaftl. Werk od. Kunstwerk* 1.1 *einzelnes Werk in der Reihe der Werke eines Komponisten;* Konzert für Violine und Orchester, a-Moll, op. 26 **2** *Gesamtwerk eines Künstlers od. Wissenschaftlers*

Ora·kel ⟨[-'--] n.; -s, -⟩ **1** *Weissagung, Deutung der Zukunft u. des Schicksals* **2** ⟨Antike⟩ *Ort, an dem ein Gott durch den Mund eines Priesters weissagen läßt;* das ~ von Delphi **3** *rätselhafter Ausspruch*

oran·ge ⟨[o'rãʒə] Adj. 24⟩ *rötlichgelb, von der Farbe der Orange*

Oran·ge[1] ⟨[o'rãʒə] f.; -, -n⟩ = *Apfelsine*

Oran·ge[2] ⟨[o'rãʒə] n.; -s od. -; unz.⟩ *orange Farbe*

Ora'to·ri·um ⟨n.; -s, -ri·en⟩ **1** *zum Beten bestimmter, mit Kruzifix ausgestatteter Raum in Klöstern, Schlössern, Privathäusern* 1.1 *durch Fenster abgeschlossene Empore im Chor od. Langhaus einer Kirche (für Fürsten u. hohe Persönlichkeiten)* **2** ⟨kath. Kirche⟩ 2.1 ~ des hl. Filippo Neri *1575 gegründete Kongregation für Priester u. Laien für seelsorgerische u. erzieherische Tätigkeit* 2.2 ~ von Jesus und Maria *1611 gegründete französ. Weltpriesterkongregation* **3** *Gemeinschaftshaus für Angehörige der Kongregationen Oratorium(2.1) u. Oratorium(2.2)* **4** ⟨Mus.⟩ *mehrteilige, episch-dramatische geistliche (auch weltliche) Komposition für Chor, Einzelstimmen u. Orchester*

Or·che·ster ⟨[-'kɛ-] n.; -s, -⟩ **1** ⟨urspr. im altgriech. Theater⟩ *Raum für das Auftreten des Chores* **2** ⟨ab 1600⟩ *vertiefter Platz vor der Bühne für die Musiker* **3** ⟨heute⟩ *größere Zahl von Musikern zum Zusammenspiel unter einem Dirigenten;* Rundfunk~, Schul~, Sinfonie~

Or·chi·dee ⟨[-'de:ə]; f.; -, -n⟩ *Angehörige einer sehr umfangreichen Pflanzenfamilie, deren Blüten oft auffällige Farben u. ungewöhnliche Formen aufweisen: Orchidaceae*

'Or·den ⟨m.; -s, -⟩ **1** *relig. Gemeinschaft, die nach bestimmten Regeln lebt u. bestimmte Gelübde abgelegt hat;* Mönchs~, Nonnen~; einem ~ angehören **2** *weltl. Gemeinschaft, die nach bestimmten Regeln lebt;* Ritter~; die Satzungen des ~s **3** *Ehrenzeichen, Auszeichnung;* Verdienst~; einen ~ bekommen, tragen; jmdm. einen ~ verleihen

'or·dent·lich ⟨Adj.⟩ **1** *geordnet, am rechten Platz, aufgeräumt;* das Zimmer sah ~ aus; alles lag ~ an seinem Platz **2** ⟨70⟩ *ordnungsliebend;* er, sie ist sehr ~ **3** *genau, sorgfältig;* eine Arbeit ~ machen **4** ⟨60⟩ ganz, recht, sehr ~ *gut, zufriedenstellend;* das Kind ißt, spricht schon sehr ~; wie hat er die Arbeit gemacht? Ganz ~! **5** ⟨60⟩ *ordnungsgemäß, regelrecht, planmäßig;* ~e Gerichte; ~es Mitglied 5.1 ~er Professor ⟨Abk.: o. Prof.⟩ *P., der einen Lehrstuhl innehat* **6** ⟨umg.⟩ *anständig, rechtschaffen;* ~e Leute; ein ~er Mensch **7** ⟨umg.⟩ *tüchtig, kräftig;* ein ~es Frühstück; ein ~er Schluck **8** ⟨umg.⟩ *richtig, wie man es erwartet;* zu einem ~en Sonntag gehört ein gutes Mittagessen **9** ⟨50; umg.⟩ *sehr;* er sah ~ blaß aus; es ist heute ~ kalt 9.1 *geradezu, regelrecht, wirklich, richtig;* der Schreck ist mir ~ in die Glieder gefahren; er hat ihm ~ die Meinung gesagt

'Or·der ⟨f.; -, -n⟩ **1** *Anordnung, Auftrag* **2** *Verfügung, Befehl* **3** ~ parieren ⟨fig.; umg.; veralt.⟩ *gehorchen*

or·di'när ⟨Adj.⟩ **1** ⟨urspr.⟩ *landläufig, alltäglich, gebräuchlich* **2** ⟨meist fig.⟩ *gemein, gewöhnlich, unanständig* **3** ⟨24⟩ das Buch kostet ~ 10,- DM ⟨Buchhandel; Abk.: ord.⟩ *im Laden, ohne Rabatt*

or·di'nie·ren ⟨V.⟩ **1** ⟨500⟩ jmdn. ~ 1.1 ⟨kath. Kirche⟩ *zum Priester weihen* 1.2 ⟨evang. Kirche⟩ *in das Amt des Pfarrers einsetzen* **2** ⟨500⟩ Arzneimittel ~ *ärztl. verordnen* **3** ⟨400⟩ *ärztl. Sprechstunde halten;* Herr Dr. B. ordiniert heute nicht

'ord·nen ⟨V. 500⟩ **1** etwas ~ *in (eine bestimmte) Ordnung, in die richtige Reihenfolge bringen, sortieren;* seine Gedanken ~; Gegenstände in den Fächern, auf dem Schreibtisch ~; in Gruppen ~; Blumen in der Vase ~; geordneter Rückzug ⟨Mil.⟩ 1.1 *in einen ordentlichen Zustand bringen;* seine Haare ~; die Kleidung ~ 1.2 jmds. Angelegenheiten ~ *regeln* 1.3 geordnete Verhältnisse *klare u. übersichtl. V.;* in geordneten Verhältnissen leben 1.3.1 es herrschen wieder geordnete Verhältnisse *Ruhe u. Ordnung* 1.4 ⟨R3⟩ sich ~ *sich (in einer bestimmten Ordnung, Reihenfolge) aufstellen;* die Massen ordneten sich zu einem Demonstrationszug

'Ord·nung ⟨f.; -, -en⟩ **1** *das Ordnen;* er macht sich an die ~ seiner persönlichen Angelegenheiten **2** *das Geordnetsein, ordentlicher Zustand;* ~ machen, schaffen; für ~ sorgen; die ~ stören; es muß alles seine (bestimmte) ~ haben; er kann (in seinen Sachen) keine ~ halten; hier herrscht (keine, vorbildliche) ~; es ist alles in bester, schönster ~ ⟨a. fig.⟩; ~ muß sein! ⟨fig.⟩; ~, ~, liebe sie, sie erspart dir Zeit und Müh ⟨Sprichw.⟩ 2.1 jmdn., ein Kind zur ~ anhalten *dazu anhalten, ordentlich zu sein* 2.2 das Zimmer ist in ~ *aufgeräumt u. sauber* 2.3 eine Sache in ~ bringen ⟨fig.⟩ *regeln, erledigen* 2.4 ich finde es (nicht) in ~, daß ... *ich finde es (nicht) richtig, daß ...* 2.5 in ~! ⟨umg.⟩ *gut!, erledigt!, wird erledigt, wird gemacht!* 2.6 (es) geht in ~ ⟨umg.⟩ *es ist gut so, es wird, ist erledigt* 2.7 das ist ganz in ~ *das ist ganz richtig so, das ist ganz nach Vorschrift* 2.8 der ist in ~! ⟨umg.⟩ *er ist ein tüchtiger Kerl, so, wie er sein soll* 2.9 die Maschine ist nicht in ~ *ist kaputt, läuft nicht richtig* **3** *geregelter, übersichtlicher Ablauf, Tagesablauf;* ein kleines Kind braucht seine ~; jmdn. aus seiner ~ bringen **4** ⟨unz.⟩ *Ruhe, Zucht, Gehorsam, Disziplin;* es gelang dem Lehrer nicht, ~ zu halten 4.1 jmdn. zur ~ rufen *ermahnen* **5** *Regel, Vorschrift, Verfahrensregelung;* Straßenverkehrs~; die ~ im Strafprozeß 5.1 nur der ~ halber, wegen *der Form halber* **6** *Aufbau, System;* Gesellschafts~; eine neue politische ~ entsteht; die innere ~ des Systems, eines Organismus, eines Atoms **7** *Stufenfolge, Reihenfolge;* Rang~; Sitz~; alphabetische ~ 7.1 *Stufe in einer Reihenfolge, Rangordnung, Grad;* er ist eine Kapazität erster ~; das ist ein Problem dritter ~; Straße erster, zweiter ~ 7.2 Kurve erster, zweiter, n-ter ~ ⟨Math.⟩ *K., die ein, zwei, n Schnittpunkte mit einer Geraden hat* **8** ⟨Biol.⟩ = *Reihe(4)*

'Ord·nungs·zahl ⟨f.⟩ *Zahl, die eine Reihenfolge bezeichnet, z. B. erste, zweiter, fünftes;* Ggs *Grundzahl*

Or'gan ⟨n.; -s, -e⟩ **1** ⟨Biol.⟩ *funktionelle Einheit bestimmter Gestalt, die bestimmte Leistungen erbringt;* die inneren ~e **2** = *Stimme(1);* ein lautes, angenehmes, unangenehmes, sonores ~ haben 2.1 ⟨fig.⟩ *Zeitung od. Zeitschrift als Sprachrohr einer Partei* **3** (k)ein ~ für etwas haben ⟨fig.⟩ *(k)einen Sinn, (k)eine Begabung für etwas haben, nicht empfänglich für etwas sein* **4** *mit bestimmten Aufgaben, Rechten u. Pflichten betraute Person od. Personengruppe im öffentlichen Leben;* ausführendes, beratendes ~

Or·ga·ni·sa·ti'on ⟨f.; -, -en⟩ **1** ⟨unz.⟩ *das Organisieren* 1.1 *planmäßiger Aufbau, Ordnung, Gliederung, Gestaltung* **2** ⟨Biol.⟩ *Aufbau u. Tätigkeit der Organe* **3** *Zusammenschluß zu einem bestimmten Zweck*

or'ga·nisch ⟨Adj. 24⟩ **1** *ein Organ(1) betreffend, zu ihm gehörig, von ihm ausgehend* 1.1 ~es Leiden *auf Veränderungen der Organe beruhendes Leiden;* ~ erkrankt **2** *der belebten Natur angehörend;* Ggs *anorganisch* 2.1 *tierisch-pflanzlich* 2.2 *Kohlenstoffverbindungen betreffend;* ~e Chemie, ~e Verbindung, ~e Basen; ~e Säuren **3** *gegliedert, gesetzmäßig geordnet;* ein ~es Ganzes

or·ga·ni'sie·ren ⟨V. 500⟩ **1** eine Veranstaltung ~ *einrichten, aufbauen, gestalten, planen;* eine Gesellschaftsreise ~ **2** Gegenstände, Waren ~ ⟨umg.⟩ *beschaffen, bes. auf nicht ganz einwandfreie Weise* **3** ⟨R3⟩ sich ~ *sich einer Gewerkschaft od. Partei anschließen;* organisierte Arbeiter

Or·ga'nis·mus ⟨m.; -, -men⟩ **1** *selbständiges Lebewesen, lebendiger menschl., tier. od. pflanzl. Körper* **2** *sinnvoll gegliedertes Ganzes*

Or'gas·mus ⟨m.; -, -men⟩ *Höhepunkt des Geschlechtsakts od. anderer sexueller Handlungen*

'Or·gel ⟨f.; -, -n⟩ *größtes Musikinstrument, bei dem von einem Spieltisch aus durch Tasten u. Pedal sowie mechan. od. elektr. Luftzuführung Pfeifen in den verschiedensten Klangfarben zum Tönen gebracht werden*

'or·geln ⟨V. 400⟩ **1** *Orgel spielen* 1.1 der Wind orgelt in den Bäumen ⟨fig.⟩ *saust, braust mit tiefem Ton* **2** der Hirsch orgelt ⟨jägerspr.⟩ *schreit brünstig*

'Or·gel·pfei·fe ⟨f.⟩ **1** *Pfeife der Orgel* 1.1 die Kinder standen da wie die ~n ⟨umg.; scherzh.⟩ *der Größe nach, eines immer etwas größer als das andere*

'Or·gie ⟨[-giə] f.; -, -n⟩ *Ausschweifung, wüstes Gelage*

'Ori·ent ⟨m.; -s; unz.⟩ Ggs *Okzident* **1** ⟨veralt.⟩ *Osten, Morgen* **2** *Morgenland* **3** der Vordere ~ *Vorderasien*

ori·en'tie·ren ⟨V.⟩ **1** ⟨505/R7 od. R8⟩ jmdn. (über etwas) ~ *unterrichten, in Kenntnis setzen;* darüber bin ich nicht orientiert 1.1 ⟨550/R3⟩ sich über etwas ~ *über etwas Auskünfte einholen* **2** ⟨500/R3⟩ sich ~ *den eigenen Standort nach der Himmelsrichtung feststellen* 2.1 ⟨fig.⟩ *sich zurechtfinden, die eigene Lage bestimmen*

Ori·en'tie·rung ⟨f.; -, -en⟩ **1** *das Orientieren, das Orientiertsein* 1.1 die ~ verlieren *die Richtung verlieren, nicht mehr wissen, wo man*

sich befindet **2** zu Ihrer ~ *damit Sie Bescheid wissen*
ori·gi'nal ⟨Adj. 24⟩ **1** *ursprünglich, echt, urschriftlich* **2** *schöpferisch, eigen*
Ori·gi'nal ⟨n.; -s, -e⟩ **1** = *Urbild* **2** *erste Niederschrift, ursprüngliche Fassung, Urtext;* Ggs *Kopie(1);* das ~ eines Briefes, Gemäldes; Kopie nach einem ~ von Raffael **3** jmd. ist ein ~ ⟨fig.; umg.⟩ = *Sonderling*
ori·gi'nell ⟨Adj.⟩ **1** *ursprünglich, eigen;* ein ~er Gedanke **2** *neuartig u. treffend;* etwas ~ gestalten **3** *eigenartig;* ein ~er Mensch **4** *heiter-merkwürdig;* ein ~er Einfall
Or'kan ⟨m.; -(e)s, -e⟩ *Sturm von größter Windstärke*
Or·na'ment ⟨n.; -(e)s, -e⟩ *Verzierung, Schmuck, schmückende Form*
Ort[1] ⟨m.; -(e)s, -e⟩ **1** *Platz, Stelle, Punkt;* ein ~ des Schreckens, Grauens; hier sind wir am rechten, richtigen ~; jetzt steht alles am rechten, richtigen ~ 1.1 fehl am ~ *am falschen Platz, unangebracht* 1.2 an ~ und Stelle sein *dasein (an gehöriger Stelle)* 1.3 ein gewisser, heimlicher, verschwiegener ~ ⟨umg.; verhüllend⟩ *Abort, Toilette* 1.4 → a. *all(1.0.3), astronomisch(1.4), dritte(2.3), hoch(5.1)* **2** *Ortschaft, Gemeinde, Dorf;* von ~ zu ~ ziehen 2.1 hier am ~ *in der gleichen Ortschaft, hier* **3** ⟨fig.⟩ *Gelegenheit, (richtiger) Zeitpunkt;* es ist hier nicht der ~, darüber zu diskutieren 3.1 eine Bemerkung am unrechten ~ *eine unter gegebenen Umständen unangebrachte B.* **4** ⟨Pl. ¨er; Bgb.⟩ *Ende einer Strecke, an der gearbeitet wird* 4.1 vor ~ arbeiten *die Strecke vortreiben*
Ort[2] ⟨n.; -(e)s, -e⟩ **1** ⟨veralt.⟩ *Spitze, Anfangs- u. Endpunkt* **2** ⟨oberdt.⟩ = *Ahle*
'or·ten ⟨V. 500⟩ etwas ~ *den Standort von etwas bestimmen;* ein Schiff, Flugzeug ~
or·tho'dox ⟨Adj.⟩ **1** *rechtgläubig, strenggläubig* **2** ~e Kirche *Ostkirche*
Or·tho·gra'phie ⟨f.; -, -n⟩ = *Rechtschreibung*
'ört·lich ⟨Adj. 24⟩ → a. *lokal* **1** *einen Ort betreffend, zu ihm gehörend;* die ~en Verhältnisse 1.1 das ist ~ verschieden *je nach Ort* **2** *auf einen Ort, eine Stelle des Körpers begrenzt, in der Ausdehnung beschränkt, nur wenig verbreitet* 2.1 ~e Betäubung ⟨Med.⟩ *Ausschaltung der Empfindlichkeit gegen Schmerzen an bestimmten Stellen des Körpers*
'Ört·lich·keit ⟨f.; -, -en⟩ **1** *Ort, Gelände* **2** eine gewisse ~, die ~en ⟨umg.; verhüllend⟩ *Abort, Toilette*
'Ort·schaft ⟨f.; -, -en⟩ *Gemeinde, Siedlung, Dorf*
'Orts·ge·spräch ⟨n.⟩ **1** *Angelegenheit, über die alle Bewohner eines Ortes sprechen* **2** *Telephongespräch zwischen Teilnehmern des gleichen Ortsnetzes;* Ggs *Ferngespräch*
'Orts·sinn ⟨m.⟩ *Fähigkeit, sich auch in unbekanntem Gelände zurechtzufinden, Orientierungssinn*
'Orts·zeit ⟨f.⟩ *die auf den Längenkreis bezogene wahre Sonnenzeit eines Ortes;* Ggs *Normalzeit*
'Öse ⟨f.; -, -n⟩ *kleiner Metallring zum Einhängen eines Hakens od. zum Durchziehen einer Schnur;* → a. *Haken(1.1)*
'Osten ⟨m.; -s; unz.; Abk.: O⟩ **1** *Himmelsrichtung, Richtung, in der die Sonne aufgeht;* gen. nach ~ **2** *östlich gelegenes Gebiet;* im ~ der Stadt 2.1 → a. *fern(1.0.1), mittlere(1.2), nahe(1.1)* **3** ⟨umg.⟩ *Ostblock* 3.1 *Ostdeutschland, DDR*
osten·ta'tiv ⟨Adj.⟩ **1** *offensichtlich, augenfällig* **2** *prahlerisch, herausfordernd, betont*
'Ostern ⟨n.; -, (landschaftl.) -⟩ **1** *Fest der Auferstehung Christi* 1.1 wenn ~ und Pfingsten auf einen Tag fällt ⟨fig.; umg.; scherzh.⟩ *niemals* 1.2 → a. *weiß(2.9)*
'öst·lich ⟨Adj.⟩ **1** *im Osten liegend* 1.1 ~e Länge *Längengrad östlich des Nullmeridians (von Greenwich)* 1.2 ~ von Berlin *außerhalb Berlins in östl. Richtung*
Ou·ver'tü·re ⟨[uvər-] f.; -, -n⟩ **1** *instrumentale Einleitung zu größeren, meist zyklischen Musikwerken, bes. Opern, Operetten, Suiten;* Sy *Vorspiel(1)* **2** ⟨bei Bach u. a.⟩ *selbständige Komposition, Suite*
oval ⟨[-'va:l] Adj.⟩ ~e Fläche *länglich-runde F.*
Ova·ti'on ⟨[-v-]; f.; -, -en⟩ *Huldigung, Beifallssturm;* jmdm. eine ~, ~en darbringen
Oxid ⟨[-'-] n.; -(e)s, -e⟩ *Verbindung eines chem. Elements mit Sauerstoff;* oV *Oxyd*
Oxyd ⟨[-'-] n.; -(e)s, -e⟩ = *Oxid*
oxy'die·ren ⟨V.⟩ **1** ⟨400⟩ chem. Elemente, Stoffe ~ *verbinden sich mit Sauerstoff, nehmen Sauerstoff auf* **2** ⟨800⟩ zu einem anderen Stoff ~ *sich durch Verbindung mit Sauerstoff in einen anderen S. umwandeln;* Wasserstoff oxydiert zu Wasser
'Oze·an ⟨m.; -s, -e⟩ = *Weltmeer*

P

paar[1] ⟨Adj.; Biol.⟩ *paarig, gepaart, zueinander gehörend;* ~e Blätter, Flossen
paar[2] ⟨Indefinitpron.; indeklinabel⟩ **1** ein ~ *einige, wenige;* ein ~ Freunde; ein ~ Mark, Pfennige; ein ~ Minuten; in ein ~ Tagen; alle ~ Wochen; schreib ihm ein ~ Zeilen; mit ein ~ Worten 1.1 ein ~ hundert ... *mehrere hundert* **2** ein ~ ...zig *etwas mehr als;* ein ~ zwanzig
Paar[1] ⟨n.; -(e)s, -e⟩ **1** *zwei zusammengehörige Personen, Tiere od. Dinge;* Ehe~, Tanz~; ein ~ Ochsen; ein ~ Schuhe, Strümpfe 1.1 ein ~ werden *heiraten* 1.2 das junge ~ *Liebes-, Braut-, Ehepaar*
Paar[2] ⟨nur in der Wendung⟩ zu ~en treiben *in die Flucht schlagen, in die Enge treiben*
'**paa·ren** ⟨V.⟩ **1** ⟨500⟩ Tiere ~ *zur Zucht paarweise zusammenbringen* **2** ⟨500/R3⟩ sich ~ *sich begatten, bes. von Tieren;* die meisten Tiere ~ sich im Frühjahr **3** ⟨517⟩ etwas mit etwas ~ ⟨fig.⟩ *vereinigen;* er paart in seinen Bemerkungen, Erzählungen Geist mit Witz; bei ihm ist Strenge mit Güte gepaart 3.1 ⟨R3⟩ etwas paart sich mit etwas *etwas verbindet sich, kommt mit etwas zusammen;* bei ihm paart sich die Schnelligkeit mit Kraft
Pacht ⟨f.; -, -en⟩ **1** *die Überlassung einer Sache zu Gebrauch u. Nutzung gegen Entgelt;* die ~ kündigen, verlängern 1.1 in ~ geben *verpachten* 1.2 in ~ nehmen *pachten* **2** *vertraglich festgelegte u. regelmäßig zu zahlende Summe für das Gepachtete;* die ~ beträgt monatlich 500 DM; die ~ erhöhen, senken
'**pach·ten** ⟨V. 500⟩ **1** etwas ~ *in Pacht nehmen, gegen Entgelt zur Nutzung übernehmen;* einen Betrieb, ein Hotel ~; ein Grundstück ~ **2** etwas für sich gepachtet haben ⟨fig.⟩ *etwas für sich allein in Anspruch nehmen;* er tut so, als ob er die Weisheit, die Schlauheit gepachtet hätte
Pack[1] ⟨m.; -(e)s, -e od. ¨e⟩ **1** = *Packen(1)* **2** → a. *Sack(1.0.3)*
Pack[2] ⟨n.; -s; unz.; umg.; abwertend⟩ *Gesindel, Bande, Pöbel;* hier treibt sich nachts allerlei ~ herum; ~ schlägt sich, ~ verträgt sich; elendes ~
'**Päck·chen** ⟨n.; -s, -⟩ **1** ⟨Postw.⟩ *eine offene od. verschlossene Briefsendung mit beliebigem Inhalt von höchstens 2 kg Gewicht, die die entsprechende Aufschrift trägt;* sie hat 4 ~ zur Post gebracht; ein ~ packen **2** jeder hat sein ~ zu tragen ⟨fig.; umg.⟩ *jeder hat seine Sorgen* **3** *in einer Umhüllung verpackte kleine Menge einer Ware;* ein ~ Tee, Zigaretten
'**packen** ⟨-k·k-; V. 500⟩ **1** ⟨R8⟩ jmdn. (an, bei etwas) ~ *(derb) ergreifen, fassen (u. festhalten);* jmdn. bei der Hand ~; jmdn. am, beim Kragen ~; der Hund packte ihn an der Hose, am Bein 1.0.1 jmdn. bei der Ehre ~ *jmds. Ehrgefühl wecken* **2** etwas (in, auf, unter, über etwas) ~ *geordnet legen;* die Wäsche in den Koffer, Schrank ~; das Gepäck auf, in den Wagen ~; die Pullover über die Hemden ~ 2.1 seine Sachen ~ *reisefertig machen, zum Mitnehmen einpacken* 2.2 ⟨511⟩ etwas in Papier ~ *einwickeln* 2.3 ⟨511⟩ jmdn. ins Bett ~ ⟨umg.⟩ *zu Bett bringen u. warm zudecken* **3** einen Behälter ~ *zum Mitnehmen, Verreisen, für den Versand vorbereiten, fertig machen;* den Koffer, Rucksack, die Schultasche, das Päckchen ~ **4** jmdn. ~ ⟨fig.⟩ *jmdm. Eindruck machen, jmdn. innerl. stark bewegen, fesseln, ergreifen, erschüttern;* sein Bericht, das Buch, Theaterstück hat mich sehr gepackt; der Redner wußte, verstand seine Zuhörer zu ~; von Entsetzen gepackt; ich war von dem Film sehr gepackt; das Buch ist ~d geschrieben; ein ~der Bericht, Vortrag **5** ⟨R3⟩ sich ~ ⟨fig.; umg.⟩ *machen, daß man fortkommt, sich davonmachen, sich fortscheren;* er soll sich ~!; pack dich!
'**Packen** ⟨-k·k-; m.; -s, -⟩ **1** *großes Bündel, großes Paket, Ballen;* oV *Pack*[1]*(1);* ein ~ Bücher, Wäsche **2** ⟨fig.⟩ *große Menge;* ein (großer) ~ Arbeit
'**Pack·esel** ⟨m.⟩ **1** *Lastesel* **2** ⟨fig.⟩ *Mensch, dem alles aufgebürdet wird;* wie ein ~ beladen
'**Packung** ⟨-k·k-; f.; -, -en⟩ **1** *in eine (hübsche) Hülle verkaufsfertig gepackte Ware;* Pralinen~; eine ~ Zigaretten **2** *die Umhüllung, Hülle selbst;* eine ~ aufreißen, öffnen, anbrechen **3** ⟨Tech.⟩ *Dichtung* **4** ⟨Straßenbau⟩ *Unterbau einer Straße* **5** ⟨Med.⟩ *Umhüllung des Körpers od. eines Körperteils mit feuchten Tüchern;* kalte, warme ~en
Päd·ago·ge ⟨[--'--] m.; -n, -n⟩ **1** *Erzieher, Lehrer* **2** *Wissenschaftler der Pädagogik*
'**Pad·del** ⟨n.; -s, -⟩ *frei (ohne Dolle) geführtes Ruder mit einem od. zwei gegeneinander verdrehten Blättern an den Enden des Schaftes*
'**pad·deln** ⟨V. 400(s.)⟩ **1** *mit Paddeln rudern, mit dem Paddelboot fahren* **2** ⟨fig.⟩ *wie ein Hund schwimmen*
Pa'ket ⟨n.; -(e)s, -e⟩ **1** *etwas Zusammengepacktes, verschnürter Packen;* Akten~, Bücher~, Post~ 1.1 ⟨Post⟩ *Sendung von 2 bis 20 kg*
Pakt ⟨m.; -(e)s, -e⟩ *Vertrag, Bündnis;* Atlantik~, Freundschafts~
Pa'last ⟨m.; -(e)s, ¨e⟩ *ein repräsentatives Gebäude, bes. in der Feudalzeit ein fürstl. od. herrschaftl. Wohnsitz, Schloß;* der alte, neue ~
Pa'la·ver ⟨[-v-] n.; -s, -⟩ **1** ⟨urspr.⟩ *Versammlung von Negern, Unterredung von Weißen mit Negern* **2** ⟨fig.⟩ *überflüssiges Gerede, nutzlose Verhandlung*
Pa'let·te ⟨f.; -, -n⟩ **1** *Scheibe mit Loch für den Daumen zum Mischen der Farben beim Malen* **2** ⟨Tech.⟩ *Untersatz für Stapelwaren, die dadurch mit Gabelstaplern leicht u. in größerer Menge bewegt werden können*
Pa·li'sa·de ⟨f.; -, -n⟩ **1** *starker, oben zugespitzter Pfahl zur Befestigung* **2** *aus einer Reihe von Palisaden(1) bestehendes Hindernis*
'**Pal·me** ⟨f.; -, -n⟩ **1** *Angehörige einer Familie meist tropischer einkeimblättriger Bäume mit schlankem Stamm u. gefiederten Blättern: Palmae* 1.1 jmdn. auf die ~ bringen ⟨fig.; umg.⟩ *jmdn. erbosen, jmdn. wütend machen;* da war ich ganz oben auf der ~ **2** *Blatt einer Palme* 2.1 die ~ erringen ⟨fig.⟩ *siegen*

Pam·pel'mu·se ⟨f.; -, -n⟩ *Zitrusgewächs mit großen, gelben, säuerlich (bitter) schmeckenden, der Orange ähnlichen Früchten: Citrus aurantium decumana*

Pam'phlet ⟨n.; -(e)s, -e⟩ *polit. Schmähschrift, Streitschrift*

Pa'nier ⟨n.; -s, -e; veralt.⟩ **1** *Banner, Feldzeichen* **2** ⟨fig.⟩ *Wahlspruch, Motto*

pa'nie·ren ⟨V. 500⟩ etwas ~ ⟨Kochk.⟩ *in Ei u. Mehl od. geriebener Semmel wenden;* Fisch, ein Schnitzel, eine Scheibe Weißbrot ~

'Pa·nik ⟨f.; -, -en⟩ *allgemeine Verwirrung, plötzlich ausbrechende Angst (bes. bei Massenansammlungen)*

'Pan·ne ⟨f.; -, -n⟩ **1** *Schaden, Betriebsstörung (bes. an Fahrzeugen);* Auto ~, Rad ~, Reifen ~ **2** *Störung im Arbeitsablauf, Fehler, Mißgeschick;* da ist beim Abschreiben, Setzen eine ~ passiert

Pan·ora·ma ⟨[--'--] n.; -s, -men⟩ **1** *Rundblick, Ausblick in die Landschaft* **2** *Rundbild, das einen weiten Horizont vortäuscht* 2.1 ⟨Theat.⟩ *im Halbkreis um die Bühne reichendes Rundbild einer Landschaft o. ä. als Hintergrund, Vorläufer des Rundhorizonts*

'pan·schen ⟨V.⟩ **1** ⟨500⟩ ein Getränk ~ *mit Wasser verfälschen, verdünnen;* Wein, Milch ~ **2** ⟨400⟩ *mit Wasser spielen, im Wasser wühlen;* die Kinder ~ gern

Pan'tof·fel ⟨m.; -s, -n⟩ **1** *Hausschuh ohne Fersenteil;* Filz ~ **2** *Sinnbild des häusl. Regiments der Ehefrau;* paß auf, daß du nicht unter den ~ kommst, gerätst! 2.1 sie hat ihn unter dem ~ ⟨fig.; umg.⟩ *sie beherrscht ihren Ehemann, sie ordnet alles an* 2.2 unter dem ~ stehen ⟨fig.; umg.⟩ *von seiner Ehefrau beherrscht werden, daheim nichts zu sagen haben*

Pan·to'mi·me[1] ⟨f.; -, -n⟩ *Bühnenstück, das ohne Worte, nur durch Gebärden, Mienenspiel u. Bewegung od. Tanz dargestellt wird*

Pan·to'mi·me[2] ⟨m.; -, -n⟩ *Künstler, der Pantomimen*[1] *darstellt*

'Pan·zer ⟨m.; -s, -⟩ **1** *mittelalterl. Rüstung, metallener Schutz für den Körper;* einen ~ tragen; Naturvölker tragen ~ aus Leder, Holz, Faserstoffen **2** *Panzerung, Panzerdecke, Stahlhülle als Schutz gegen Geschosse* **3** ⟨Mil.⟩ *mit Panzerplatten u. Kettenrädern versehener Kampfwagen, Panzerwagen;* Sy *Tank(2)* ⟨veralt.⟩; Kampf ~, Sturm ~, Jagd ~, Schützen ~ **4** ⟨Zool.⟩ *eng anliegende Schutzhülle bestimmter Tiere;* der ~ der Schildkröte **5** sich mit einem ~ (aus Gleichgültigkeit o. ä.) umgeben ⟨fig.⟩ *sein Inneres, sein Gefühl verbergen*

'Pan·zer·faust ⟨f.; Mil.; im 2. Weltkrieg⟩ *aus einer Rakete bestehende Handfeuerwaffe der Infanterie zur Bekämpfung von Panzern*

'Pan·zer·schrank ⟨m.⟩ *mit Panzerplatten versehener Geldschrank;* Sy *Tresor(1);* Schmuck in den ~ einschließen

Pa·pa ⟨['pa:-] m.; -s, -s⟩ **1** *Papst* **2** ⟨Ostkirche⟩ *höherer Geistlicher* **3** ⟨umg.⟩ = *Vater*

Pa·pa'gei ⟨m.; -(e)s od. -en, -e od. -en⟩ **1** *Angehöriger einer in den wärmeren Zonen der Erde verbreiteten Ordnung von Vögeln, die die menschliche Stimme bes. gut nachahmen können, mit meist farbenprächtigem Gefieder u. großem Kopf sowie stark gekrümmtem Schnabel u. Greiffüßen: Psittaci;* alles nachplappern wie ein ~ 1.1 schwatzen wie ein ~ *unaufhörlich u. ohne Sinn reden*

Pa'pier ⟨n.; -(e)s, -e⟩ **1** *durch Faserverfilzung entstandenes, blattartiges Gebilde zum Schreiben, Drucken, Einpacken;* handgeschöpftes, maschinenglattes, satiniertes ~; holzfreies, holzhaltiges ~; lichtempfindliches ~; glattes, rauhes, weiches ~; bedrucktes, beschriebenes ~; ein Blatt, Bogen, Fetzen, Stück ~; einen Gegenstand in ~ (ein)wickeln 1.1 Gedanken zu ~ bringen *aufschreiben, notieren* 1.2 das steht nur auf dem ~ *das ist zwar vorgeschrieben, vereinbart, wird aber praktisch nicht befolgt* 1.3 ~ ist geduldig ⟨fig.; umg.⟩ *mancher schreibt eine Menge Unsinn zusammen* **2** ⟨meist Pl.⟩ *Aufzeichnung, Schriftstück, Dokument;* er suchte in seinen ~en nach dem Vertrag; vertrauliche ~e 2.1 *kurze schriftl. Arbeit, Flugblatt o. ä.;* Seminar ~ 2.2 *Ausweis, beglaubigtes Dokument;* Personal ~; Kraftfahrzeug ~e; er hat keine ~e bei sich; seine ~e in Ordnung bringen 2.2.1 seine ~e bekommen (vom Militärdienst u. ä.) *entlassen werden* 2.3 *Wertpapier, Aktie, Pfandbrief;* festverzinsliche ~e

'Pap·pe ⟨f.; -, -n⟩ **1** *starker, flächiger Werkstoff aus Papierrohstoffen;* Dach ~, Well ~, Teer ~; starke, steife, dicke ~; ~ schneiden 1.1 nicht von ~ sein ⟨fig.; umg.⟩ *nicht schlecht, ganz ordentlich, nicht zu unterschätzen* **2** ⟨unz.; oberdt.; mitteldt.⟩ *Leim, Kleister, klebriger Brei*

'pap·pen ⟨V.⟩ **1** ⟨511⟩ etwas auf, an etwas ~ *kleben;* einen Zettel auf eine Kiste ~ **2** ⟨400⟩ etwas pappt ⟨umg.⟩ *ballt sich leicht zusammen;* der Schnee pappt

'Pap·pen·stiel ⟨m.; fig.; umg.; nur in den Wendungen⟩ **1** etwas ist keinen ~ wert *nichts wert* **2** etwas für einen ~ hergeben, verkaufen *für sehr wenig Geld* **3** etwas ist kein ~ *etwas ist keine Kleinigkeit*

'Pa·pri·ka ⟨m.; -s, -(s)⟩ *Angehöriger einer Gattung der Nachtschattengewächse, eine krautige Pflanze, die wegen ihrer sehr würzigen Frucht angebaut wird: Capsicum*

'päpst·lich ⟨Adj.⟩ **1** *das Oberhaupt der kath. Kirche betreffend, zu ihm gehörig, ihm zustehend, entsprechend, von ihm ausgehend;* ~er Erlaß; ~er Gesandter **2** ~er sein als der Papst ⟨fig.⟩ *eine übertrieben strenge Haltung einnehmen, strenger sein als der dazu berufene, dafür Verantwortliche*

Pa'ra·bel ⟨f.; -, -n⟩ **1** *lehrhafte Erzählung, die eine allg. sittl. Wahrheit an einem Beispiel veranschaulicht* **2** ⟨Math.⟩ *Kegelschnitt ohne Mittelpunkt, der gebildet wird von allen Punkten, die von einem festen Punkt u. einer festen Geraden den gleichen Abstand haben*

Pa'ra·de ⟨f.; -, -n⟩ **1** ⟨Mil.⟩ *Vorbeimarsch* **2** ⟨Fechten, Boxen⟩ *Abwehrbewegung gegen einen Angriff* **3** ⟨Reiten⟩ 3.1 *Anhalten des Pferdes* 3.2 *Verkürzen der Gangart*

Pa'ra·de·pferd ⟨n.⟩ **1** *gutes Pferd zum Vorführen* **2** ⟨fig.⟩ *jmd. od. ein Gegenstand, der sich bes. dafür eignet, etwas zu zeigen od. vorzuführen, womit man Eindruck machen möchte*

Pa·ra'dies ⟨n.; -es, -e⟩ **1** ⟨unz.; Rel.⟩ *Garten Eden, Garten Gottes, Himmel;* die Vertreibung aus dem ~ 1.1 im ~(e) sein *gestorben sein* **2** ⟨fig.⟩ *Ort der Freude, Glückseligkeit;* dieser

Garten ist ein ~ für Kinder **3** ⟨fig.⟩ *bes. schöner Ort;* dieses Fleckchen Erde ist wirklich ein ~ **4** ⟨Arch.⟩ *Vorhalle der altchristl. Basilika mit Brunnen*

Par·af'fin ⟨n.; -s, -e⟩ **1** *farbloses Gemisch von gesättigten höheren aliphat. Kohlenwasserstoffen mit flüssiger, wachsartiger od. fester Konsistenz* **2** ⟨i. w. S.⟩ *einer der gesättigten aliphat. Kohlenwasserstoffe, z. B. Methan, Äthan, Propan, auf denen sich die gesamte aliphat. Chemie aufbaut*

Pa·ra'graph ⟨m.; -en od. -s, -en; Zeichen: §⟩ *numerierter Absatz in amtl. formellen Schriftstücken, z. B. Verträgen u. Gesetzbüchern*

par·al'lel ⟨Adj. 24⟩ *in der Parallele, in gleicher Richtung u. gleichbleibendem Abstand zueinander verlaufend;* ~e Linien; die Straßen laufen ~ (miteinander); der Weg läuft ~ zum Fluß

Par·al'le·le ⟨f.; -, -n⟩ **1** ⟨Math.⟩ *Gerade, die zu einer anderen Geraden in gleichem Abstand verläuft;* eine ~ ziehen **2** ⟨fig.⟩ *etwas Vergleichbares, etwas Ähnliches, ähnliche Begebenheit, Erscheinung;* eine ~ zu einem Ereignis ziehen; als ~ dazu ...

Par·al·le·lo'gramm ⟨n.; -s, -e⟩ *Viereck, das von zwei Paaren paralleler Geraden begrenzt wird*

Pa·ra'phra·se ⟨f.; -, -n⟩ **1** ⟨Sprachw.⟩ 1.1 *verdeutlichende Umschreibung* 1.2 *freie Übertragung* **2** ⟨Mus.⟩ *Ausschmücken, Verzieren (einer Melodie)*

Pa·ra'sit ⟨m.; -en, -en⟩ **1** = *Schmarotzer(1, 2)* **2** *kleiner am Hang eines Vulkans gebildeter Krater*

pa'rat ⟨Adj. 24/80⟩ *bereit, gebrauchsfertig;* eine Antwort, Ausrede ~ haben

Par'füm ⟨n.; -s, -s od. -e⟩ **1** *meist wäßrige, alkoholische Lösung tier. od. synthet., vorwiegend jedoch pflanzl. Riechstoffe* **2** *Wohlgeruch*

pa'rie·ren ⟨V.⟩ **1** ⟨500⟩ einen Angriff ~ ⟨Fechten⟩ *abwehren* 1.2 ein Pferd ~ ⟨Reiten⟩ *zum Stehen bringen* 1.3 Fleisch, Fisch ~ ⟨Kochk.⟩ *zurechtschneiden* **2** ⟨403⟩ (jmdm.) ~ ⟨umg.⟩ = *gehorchen(1)*

Pa·ri'tät ⟨f.; -, -en⟩ **1** ⟨unz.⟩ *Gleichberechtigung, Gleichwertigkeit* **2** *Verhältnis des Wertes zweier Währungen* **3** ⟨unz.; Math.⟩ *die Eigenschaft eines Integrals im Hinblick darauf, ob es gerade oder ungerade ist;* 3 und 7 haben die gleiche ~ 3.1 ⟨Datenverarbeitung⟩ *die Eigenschaft, gerade od. ungerade zu sein, die dazu dient, Fehler in binären Systemen zu entdecken* **4** ⟨Phys.⟩ *Eigenschaft eines Elementarteilchens od. eines physikal. Systems, ein Spiegelbild in der Natur zu haben od. nicht*

Park ⟨m.; -s, -s od. -e⟩ *sehr großer Garten*

'par·ken ⟨V.⟩ **1** ⟨400⟩ ein Kraftfahrzeug parkt *ist abgestellt;* ein Auto, Motorrad parkt **2** ⟨500⟩ ein Kraftfahrzeug ~ *abstellen, stehen lassen;* seinen Wagen ~

Par'kett ⟨n.; -(e)s, -e⟩ **1** *Fußbodenbelag aus Holz, dessen einzelne Teile zu Mustern zusammengefügt sind;* das ~ bohnern; ~ legen; ~ versiegeln 1.1 sich auf dem ~ bewegen können ⟨fig.⟩ *sich ungezwungen, sicher in guter Gesellschaft benehmen können* **2** ⟨Theat.⟩ *vorderer Teil des Zuschauerraums zu ebener Erde;* im ~ sitzen **3** ⟨an der Pariser Börse⟩ *Raum, in dem die Geschäfte abgeschlossen werden* 3.1 *gesamter offizieller Börsenverkehr*

Par·la'ment ⟨n.; -(e)s, -e⟩ *gewählte Volksvertretung aus einer od. zwei Kammern mit beratender u. gesetzgebender Funktion*

Par·odie ⟨[--'-] f.; -, -n⟩ **1** *komisch-satir., übertreibende Nachahmung eines literar. Werkes od. des Stils eines Dichters in gleicher Form, aber mit anderem, meist unpassendem Inhalt* **2** *Unterlegung einer Komposition mit anderem Text od. eines Textes mit anderer Melodie* **3** *Austausch von instrumentaler u. vokaler Musik* **4** *Austausch von geistl. u. weltl. Texten u. Kompositionen* **5** ⟨Mus.; bei Bach⟩ *Austausch der Teile verschiedener Musikstücke innerhalb des eigenen Gesamtwerkes*

Pa'ro·le ⟨f.; -, -n⟩ **1** *Wort als Erkennungszeichen;* Sy *Kennwort* **2** ⟨fig.⟩ *Wort als Anweisung für eine Handlung, z. B. an eine polit. Partei;* Wahl~

Part ⟨m.; -s, -e⟩ **1** *Teil, Anteil* **2** *Anteil am Eigentum eines Schiffes* **3** *Stimme (eines Gesangs- od. Instrumentalstücks)* **4** *Rolle (im Theaterstück)*

Par'tei ⟨f.; -, -en⟩ **1** *Vereinigung von Personen der gleichen polit. Überzeugung, die sie im polit. Leben durchzusetzen suchen;* sich einer ~ anschließen; eine ~ bilden, gründen; in eine ~ eintreten **2** *Mannschaft, eine von zwei od. mehreren gegeneinanderspielenden Gruppen;* unsere ~ hat gewonnen **3** *Partner eines Vertrages;* die vertragschließenden ~en **4** *Gegner im Rechtsstreit;* die streitenden ~en (vor Gericht) **5** *Mieter (einer Wohnung im Mietshaus);* auf unserem Stockwerk wohnen drei ~en **6** für od. gegen jmdn. od. etwas ~ ergreifen, nehmen ⟨fig.⟩ *für od. gegen einen der Streitenden od. eine Sache sprechen, auftreten;* er hat für mich ~ ergriffen; für die Sache der Revolution ~ nehmen 6.1 ~ sein *parteiisch;* in diesem Fall ist er ~

par'tei·isch ⟨Adj.⟩ *einseitig für eine von zwei od. mehreren streitenden Parteien eingestellt, voreingenommen, befangen;* oV *parteilich(3)* ⟨veralt.⟩; eine ~e Haltung, Entscheidung; der Schiedsrichter war ~

par'tei·lich ⟨Adj.⟩ **1** *die Partei betreffend;* die ~en Interessen; ~e Arbeit **2** *bewußt auf der Seite einer Partei stehend;* ~ auftreten, diskutieren; seine Haltung war stets ~ **3** ⟨veralt.⟩ = *parteiisch*

Par·terre ⟨[-'tɛr] n.; -s, -s⟩ **1** = *Erdgeschoß* **2** ⟨Theat.⟩ *mittlere u. hintere Reihen des Zuschauerraumes zu ebener Erde* **3** *kunstvoll angelegtes großes Blumenbeet*

Par'tie ⟨f.; -, -n⟩ **1** *Teil, Abschnitt, Stück, Ausschnitt;* die obere, untere ~ des Bildes, des Gesichtes; die reizvollsten, schönsten ~en des Parks, des Gebirges 1.1 *Warenposten, Restwaren, die im großen gekauft u. billig abgegeben werden;* eine ~ Bettwäsche, Schürzen 1.2 *einzelne Stimme eines Musikstückes;* Gesang~, Klavier~; ~ der Flöte; eine ~ übernehmen 1.3 ⟨Theat.⟩ *einzelne Rolle eines Sängers od. einer Sängerin;* die ~ des Rigoletto **2** *Ausflug, kleine Reise;* Land~, Jagd~ 2.1 mit von der ~ sein ⟨a. fig.⟩ *mitspielen, mitmachen, sich beteiligen* **3** eine ~ (Schach) spielen *Spiel als Einzelspiel* **4** eine gute ~ machen *ein reiches Mädchen od. einen reichen Mann heira-*

ten od. sonstige Vorteile bei der Heirat gewinnen; er (sie) ist eine gute ~

Par'ti·kel ⟨f.; -, -n⟩ **1** *unbeugbares Wort, z. B. Präposition* **2** ⟨Phys.⟩ *kleiner Bestandteil, Teilchen* **3** ⟨kath. Kirche⟩ 3.1 *kleine Hostie* 3.2 *Teilchen einer (größeren) Reliquie*

'Part·ner ⟨m.; -s, -⟩ **1** *jmd., der mit an etwas teilnimmt, teilhat, an derselben Sache beteiligt ist;* Ehe~, Geschäfts~, Gesprächs~, Tanz~, Vertrags~ **2** *Mitspieler, der im Spiel auf derselben Seite steht;* Tennis~

Par·ty ⟨['pa:rti] f.; -, -s od. -ties⟩ *zwanglose Gesellschaft, geselliges Beisammensein;* Cocktail~, Garten~; eine ~ geben, veranstalten

Paß ⟨m.; -s·ses, ¨s·se⟩ **1** *amtl. Ausweis für eine Person zur Reise in fremde Länder;* sich einen ~ ausstellen lassen; mein ~ ist abgelaufen; seinen ~ erneuern, verlängern lassen; die Pässe kontrollieren, vorzeigen; einen, keinen gültigen ~ haben **2** *Durchgang, Weg, Straße als Durchgang quer durch ein Gebirge od. zwischen zwei Bergen hindurch;* über einen ~ laufen, fahren **3** ⟨jägerspr.⟩ *Wechsel des niederen Haarwildes u. Raubwildes* **4** *aus mehreren Kreisbogen gleichen Durchmessers gebildete Figur des got. Maßwerks;* Drei~, Vier~, Viel~ **5** ⟨unz.⟩ *Gangart mancher Vierfüßer, bei der beide Beine einer Seite gleichzeitig vorgesetzt werden*

Pas'sa·ge ⟨[-ʒə] f.; -, -n⟩ **1** *Durchgang(1)* **2** *Durchfahrt, Meerenge* **3** *überdachte Ladenstraße* **4** *Reise mit Schiff od. Flugzeug, bes. übers Meer, Überfahrt* **5** ⟨Astr.⟩ *Durchgang(2)* **6** ⟨Mus.⟩ *Lauf, schnelle Tonfolge* **7** ⟨Hohe Schule⟩ *Trab in höchster Versammlung, bei dem die Vorderbeine schwungvoll gehoben werden*

'Pas·se ⟨f.; -, -n⟩ *angesetztes Stück über beide Schultern (an Kleidern, Blusen, Hemden)*

'pas·sen ⟨V. 400⟩ **1** ⟨400⟩ *sich eignen, angemessen sein;* ein ~des Wort finden, suchen; bei ~der Gelegenheit 1.0.1 das paßt nicht hierher *gehört nicht hierher* 1.1 ⟨411⟩ zu etwas od. jmdm. ~ *mit etwas od. jmdm. zusammenstimmen, harmonisieren;* dieses Benehmen paßt (nicht) zu ihm; der Hut paßt (nicht) zum Mantel; die Farbe paßt nicht dazu; die ~den Schuhe zum Anzug kaufen; die beiden ~ (gut, nicht) zueinander 1.2 ein Kleidungsstück paßt *ist in Größe u. Schnitt (für jmdn.) richtig;* das Kleid paßt (nicht); die Schuhe ~ (gut, nicht); ein Kleidungsstück ~d machen 1.3 ⟨411⟩ auf, in, über, unter, zwischen etwas ~ *die richtige Größe, Form haben, um auf, in, über, unter, zwischen etwas gelegt, gesetzt, gestellt zu werden;* der Deckel paßt (nicht) auf den Kasten, Topf; das Buch paßt (nicht) in den Karton 1.4 ⟨600⟩ jmdm. ~ *recht sein, gefallen;* das paßt mir nicht; um diese Zeit, am Montag paßt es mir nicht; paßt es dir heute nachmittag um fünf Uhr?; das paßt mir nicht in den Kram, in den Streifen ⟨umg.⟩ 1.4.1 das könnte dir so ~! ⟨umg.⟩ *das wäre dir recht, aber es wird nichts!* 1.5 ⟨501/R3⟩ es paßt sich ⟨umg.⟩ *schickt sich, gehört sich;* es paßt sich nicht, daß ... **2** ⟨800⟩ auf etwas od. jmdn. ~ ⟨umg.⟩ *lauern, ungeduldig, aufmerksam warten* **3** ⟨Kart.⟩ *auf ein Spiel verzichten, nicht (weiter) reizen können;* passe! (Ansage beim Kartenspiel) **4** ⟨511⟩ etwas in etwas ~ *passend machen, genau einfügen;* ein Teil in ein anderes ~

'pas·send 1 ⟨Part. Perf. von⟩ *passen* **2** ⟨Adj.⟩ jmd. hat es ~ ⟨beim Bezahlen⟩ *kann einen gewünschten Betrag genau abgezählt geben;* haben Sie es nicht ~?

pas'sie·ren ⟨V.⟩ **1** ⟨500⟩ einen Ort ~ *sich an einem O. vorbei (durch einen O. hindurch) bewegen;* eine Brücke, Grenze ~; jmdn. ungehindert ~ lassen 1.1 die Zensur ~ *durch eine Z. gehen;* die Meldung, Nachricht, der Film hat die Z. passiert **2** ⟨500⟩ Speisen ~ ⟨Kochk.⟩ *durch ein Sieb streichen;* Quark, Gemüse, Suppe, Kartoffeln (durch ein Sieb, Tuch) ~ **3** ⟨400⟩ Ereignisse ~ *geschehen, ereignen sich;* ist etwas passiert?; es ist ein Mißgeschick, Unglück passiert; es ist etwas Schreckliches passiert; so etwas passiert schließlich nicht alle Tage!; paßt gut auf, damit nichts passiert **4** ⟨600⟩ etwas passiert jmdm. *stößt jmdm. zu;* mir ist etwas Dummes, Unangenehmes passiert; mir ist ein (kleines) Malheur passiert 4.1 das kann auch nur ihm ~ ⟨umg.⟩ *er ist immer so ungeschickt* 4.2 das kann jedem (mal) ~ *das ist nicht so schlimm*

Pas·si'on ⟨f.; -, -en⟩ **1** = *Leidenschaft* **2** *Leidensgeschichte (Christi)*

'pas·siv ⟨a. [-'-] Adj.⟩ Ggs *aktiv(1)* **1** *nicht tätig* 1.1 ~e Immunisierung *I. durch Übertragung von Serum aktiv immunisierter Tiere* 1.2 ~er Widerstand, ~e Resistenz *W. durch Nichtbefolgen von Befehlen ohne Anwendung von Gewalt* 1.3 ~es Wahlrecht *das Recht, gewählt zu werden* 1.4 ~er Wortschatz *W., der im Gedächtnis gespeichert ist, den man kennt, ohne ihn anzuwenden* **2** ⟨Gramm.⟩ *in der Leideform stehend* **3** *untätig, träge, teilnahmslos, still duldend;* er ist ein ~er Charakter, eine ~e Natur; sich ~ verhalten

'Pa·ste ⟨f.; -, -n⟩ **1** *streichbare Masse;* Fleisch~, Sardellen~ **2** *Mischung aus Salbe u. Pulver;* Zink~

Pa'ste·te ⟨f.; -, -n; Kochk.⟩ **1** *mit Fleisch, Fisch, Gemüse od. anderem gefülltes Gebäck aus Blätterteig* **2** *streichbare Masse aus bes. feiner Kalbs- od. Gänseleber;* Leber~, Gänseleber~

'Pa·stor ⟨m.; -s, -'to·ren; Abk.: P.⟩ *Pfarrer, Geistlicher*

pa'stos ⟨Adj.⟩ **1** *dick, reliefartig aufgetragen;* ~e Farbe **2** ⟨Kochk.⟩ *teigig, dickflüssig*

pa'stös ⟨Adj.; Med.⟩ *gedunsen, aufgeschwemmt*

'Pa·te ⟨m.; -n, -n⟩ **1** *Zeuge der Taufe bzw. Firmung, der die Mitverantwortung für die christl. Erziehung des Kindes (Täuflings bzw. Firmlings) übernimmt* 1.1 bei einem Kind ~ stehen *die Patenschaft eines K. übernehmen* **2** *Täufling, Firmling im Verhältnis zum Paten(1)*

pa'tent ⟨Adj.⟩ **1** jmd. ist ~ *geschickt, praktisch, tüchtig* **2** ein Vorgehen, Verfahren ist ~ *gut ausgedacht, brauchbar*

Pa'tent ⟨n.; -(e)s, -e⟩ **1** *Urkunde;* ein ~ erteilen 1.1 *Urkunde über die Ernennung von Beamten u. Offizieren;* Kapitäns~, Offiziers~ 1.2 *Urkunde über ein verliehenes Recht, z. B. zur alleinigen Benutzung einer Erfindung;* eine Erfindung zum ~ anmelden **2** *durch ein Patent(1.2) erteilte Erlaubnis* 2.1 ⟨schweiz.⟩ *Erlaubnis zur Ausübung gewisser Berufe od. Be-*

tätigungen; Fischer ~, Gastwirtschafts ~, Hausier ~, Musizier ~

'Pa·ter ⟨m.; -s, -tres od. (umg.) -; Abk.: P.; Pl. Abk.: PP.⟩ **1** *Mönch, der die Priesterweihen erhalten hat* **2** ~ patriae *Vater des Vaterlandes (Ehrentitel röm. Kaiser)*

pa'the·tisch ⟨Adj.⟩ **1** *voller Pathos, erhaben, feierlich* **2** ⟨fig.⟩ *übertrieben feierlich*

Pa·tho·lo'gie ⟨f.; -; unz.⟩ *Lehre von den Krankheiten*

'Pa·thos ⟨n.; -; unz.⟩ *erhabene Leidenschaft, leidenschaftl., gefühlvoller Nachdruck;* falsches, unnatürliches ~; feierliches ~; etwas mit ~ sagen, vorbringen

Pa·ti·ent ⟨[pa'tsjɛnt] m.; -en, -en⟩ *Kranker in ärztl. Behandlung*

Pa·tri'arch ⟨m.; -en, -en⟩ **1** ⟨AT⟩ *Stammvater der Israeliten, Erzvater (Abraham, Isaak, Jakob)* **2** *Bischof in bes. hervorgehobener Stellung, z. B. der Bischof von Rom als Papst* 2.1 ~ des Abendlandes *der Papst* **3** ⟨Titel für⟩ *oberster Geistlicher in Moskau, Konstantinopel u. den christl. Ostkirchen*

Pa·tri'ot ⟨m.; -en, -en⟩ *jmd., der vaterländisch gesinnt ist*

Pa'tron ⟨m.; -s, -e⟩ **1** ⟨im alten Rom⟩ *Herr (seiner freigelassenen Sklaven)* **2** *Schutzherr, Schirmherr, Gönner* 2.1 *Stifter einer Kirche* **3** *Handelsherr, Schiffseigentümer;* Schiffs ~ **4** ⟨kath. Kirche⟩ *Schutzheiliger (einer Kirche od. eines Berufsstandes);* St. Hubertus ist der ~ der Jäger **5** ⟨umg.; meist abwertend⟩ *Kerl, Bursche*

Pa'tro·ne ⟨f.; -, -n⟩ **1** *mit Sprengstoff u. Zünder versehener Behälter;* Spreng ~ 1.1 *als Munition für Handfeuerwaffen dienende Hülse mit Zünder, Treibladung u. aufgesetztem Geschoß;* Gewehr ~ **2** *lichtundurchlässiger Behälter für Filme einer Kleinbildkamera* **3** *auf kariertes Papier gezeichnetes Muster für das Weben gemusterter Stoffe u. Teppiche*

'pat·schen ⟨V. 410⟩ **1** *mit Händen od. Beinen ein klatschendes Geräusch machen, klatschen (bes. von Kindern);* mit den Händen od. Beinen aufs, ins Wasser ~; in die Hände ~ **2** ⟨411(s.)⟩ durch, in etwas ~ *laufen, daß es klatscht u. spritzt;* durch die Pfützen ~

'pat·zen ⟨V. 410; umg.⟩ **1** *etwas verderben, ungeschickt sein;* er patzt zu viel; er hat im Betrieb gepatzt 1.1 beim Schreiben ~ *klecksen* 1.2 beim Klavierspiel ~ *falsch, unsauber spielen*

'pat·zig ⟨Adj.; umg.; abwertend⟩ **1** *eingebildet u. frech, schroff abweisend;* eine ~e Antwort geben; sie ist sehr, ziemlich ~ **2** ⟨oberdt.⟩ *klebrig, breiig*

'Pau·ke ⟨f.; -, -n; Mus.⟩ **1** *kesselförmiges Schlaginstrument mit über die Öffnung gezogenem Kalbfell;* Kessel ~ 1.1 auf die ~ hauen ⟨fig.; umg.⟩ 1.1.1 *ausgiebig u. ausgelassen feiern* 1.1.2 *angeben* 1.2 mit ~n und Trompeten durch die Prüfung fallen ⟨fig.; umg.⟩ *in der P. kläglich versagen* 1.3 jmdn. mit ~n und Trompeten empfangen ⟨fig.; umg.⟩ *mit großen Ehren empfangen* **2** jmdm. eine ~ halten ⟨fig.; umg.⟩ *eine Strafrede, Strafpredigt halten;* Stand ~, Moral ~

'pau·ken ⟨V.⟩ **1** ⟨400⟩ *auf der Pauke spielen* **2** ⟨400; studentenspr.⟩ *fechten* **3** ⟨402⟩ (etwas) ~ ⟨schülerspr.⟩ *angestrengt lernen;* englische Vokabeln, Mathematik ~; für eine Prüfung ~; mit jmdm. ~

'Paus·backe ⟨-k·k-; f.; -, -n; meist Pl.⟩ ~n *rote dicke Backen (bes. von Kindern)*

pau'schal ⟨Adj. 24⟩ **1** *alles zusammen (gerechnet), rund;* Pauschalbetrag, -summe **2** *alle Kosten enthaltend;* Pauschalreise

'Pau·se[1] ⟨f.; -, -n⟩ **1** *Unterbrechung, kurze Rast;* Erholungs ~, Frühstücks ~; Kampf ~; Mittags ~; 10 Minuten ~; kleine, große ~ (in der Schule, im Theater); wir haben jetzt, gerade ~; eine ~ machen, einlegen; er machte eine kurze ~, ehe er fortfuhr ...; ohne ~ arbeiten, marschieren **2** ⟨Mus.⟩ *Taktteil, der nicht durch einen Ton ausgefüllt ist;* Achtel ~; Viertel ~; fünf Takte ~; die Geigen haben hier ~

'Pau·se[2] ⟨f.; -, -n⟩ **1** *Durchzeichnung, Kopie mit Hilfe von durchsichtigem, auf das Original gelegtem Papier* **2** *Kopie von Zeichnungen u. ä. Schriftstücken auf lichtempfindlichem Papier;* Licht ~

'Pa·vil·lon ⟨[-viljɔ̃] m.; -s, -s⟩ **1** *großes, viereckiges Zelt* **2** *kleines, meist rundes, leichtgebautes, häufig offenes, freistehendes Gebäude in Gärten od. auf Ausstellungen;* Garten ~ 2.1 = *Kiosk(3)* **3** *runder od. viereckiger Vorbau (bes. an Barockschlössern)*

Pa·zi'fis·mus ⟨m.; -; unz.⟩ *Bestreben, unter allen Umständen den Frieden zu erhalten, Ablehnung des Krieges u. Kriegsdienstes*

Pech ⟨n.; -(e)s, -e⟩ **1** *dunkler, klebriger Rückstand bei der Destillation von Stein-, Braun- u. Holzkohlenteer u. Erdöl;* mit ~ bestreichen, dichten; schwarz wie ~ 1.1 wie ~ und Schwefel zusammenhalten ⟨fig.; umg.⟩ *fest zusammenhalten, einander nicht im Stich lassen;* die beiden halten zusammen wie ~ und Schwefel **2** ⟨unz.; fig.⟩ *unglückl. Zufall, unglückl. Fügung, Mißgeschick;* Ggs *Glück(1);* so ein ~!; ~ haben; ~ im Spiel haben; er hat ~ bei der Prüfung gehabt

'Pech·vo·gel ⟨m.; fig.; umg.⟩ *jmd., der oft Pech hat*

Pe'dal ⟨n.; -s, -e⟩ **1** *mit dem Fuß zu betätigende Kurbel;* Fahrrad ~ 1.1 (stärker) in die ~e treten *schneller fahren* **2** ⟨Mus.⟩ 2.1 ⟨Orgel⟩ *Reihe der Tasten, die mit den Füßen bedient wird* 2.2 ⟨Klavier⟩ *Fußhebel, der bewirkt, daß Saiten nachschwingen od. Töne gedämpft werden* 2.3 ⟨Cembalo⟩ *Fußhebel, der bewirkt, daß Saiten nachschwingen* 2.4 ⟨Harfe⟩ *Fußhebel zum chromat. Umstimmen der Saiten*

Pe'dant ⟨m.; -en, -en⟩ *pedantischer Mensch*

pe'dan·tisch ⟨Adj.⟩ *übertrieben genau, übertrieben gewissenhaft od. ordentlich;* ein ~er Mensch; eine ~e Untersuchung

'pei·len ⟨V. 402⟩ (etwas) ~ **1** ⟨Navigation⟩ *eine Richtung bestimmen;* einen festen Punkt ~; das Schiff peilt 1.1 die Lage ~ ⟨fig.; umg.⟩ *auskundschaften* **2** *die Wassertiefe feststellen;* eine Bucht ~ **3** → a. *Daumen(1.2)*

Pein ⟨f.; -; unz.⟩ **1** ⟨geh.⟩ *Qual, quälender Schmerz;* das macht mir große ~; es ist eine ~, ihm zuzuhören; eine körperliche, seelische ~ **2** ⟨veralt.⟩ *Strafe;* dir, ihm zur ~ 2.1 die ewige ~ *Höllenstrafe*

'pei·ni·gen ⟨V. 500/R7 od. R8⟩ jmdn. od. ein Tier ~ ⟨geh.⟩ *quälen, jmdm. od. einem T. Pein bereiten, quälenden Schmerz zufügen;* der Gedanke peinigt mich, daß ...; mein Gewissen pei-

nigt mich; jmdn. bis aufs Blut ~; ~der Schmerz; Stechfliegen ~ das Pferd
'pein·lich ⟨Adj.⟩ **1** *unangenehm, Verlegenheit bereitend, beschämend;* von etwas ~ berührt sein; um der Lage, der Frage das Peinliche zu nehmen, sagte er ...; es ist mir sehr ~, aber ich muß Ihnen leider mitteilen, daß ...; sein Benehmen war für alle sehr ~ **2** *sehr gewissenhaft, fast übertrieben sorgfältig;* er vermied es ~, davon zu sprechen; ~ genau; ~ sauber **3** ⟨60; veralt.; Rechtsw.⟩ *Leib u. Leben betreffend;* ~es Gericht **3.1** ⟨60⟩ ~e Befragung *Verhör mit Folter*
'Peit·sche ⟨f.; -, -n⟩ *Schlaggerät aus einem sehr schmalen Lederriemen od. einer Schnur an langem Stiel;* die ~ schwingen; mit der ~ knallen
'peit·schen ⟨V.⟩ **1** ⟨500/R7 od. R8⟩ jmdn. od. ein Tier ~ *mit der Peitsche schlagen;* Pferde, Hunde ~; die Sklaven wurden gepeitscht **1.1** ⟨411 od. 500⟩ etwas peitscht (gegen, an, durch, in) etwas ⟨fig.⟩ *etwas schlägt heftig (gegen, an, durch, in) etwas;* der Regen, Sturm peitscht die Bäume, die Wellen; Schüsse ~ durch die Straße; Schnee peitschte ans Fenster, ihm ins Gesicht; das Segel peitschte im Wind **1.2** ⟨500⟩ etwas peitscht jmdn. od. etwas ⟨fig.⟩ *treibt jmdn. od. etwas heftig an;* von Angst gepeitscht
'Pel·le ⟨f.; -, -n⟩ **1** *dünne Schale, Haut;* Kartoffeln mit, in der ~ kochen; die ~ von der Wurst abziehen, aufschneiden **1.1** jmdm. auf der ~ liegen, sitzen ⟨fig.; umg.⟩ *jmdm. (ständig) lästig sein* **1.2** jmdm. auf die ~ rücken ⟨fig.; umg.⟩ *jmdm. zu nahe kommen* **1.3** jmdm. nicht von der ~ gehen ⟨fig.; umg.⟩ *nicht aufhören, jmdm. lästig zu sein*
'pel·len ⟨V. 500⟩ **1** etwas ~ *die Pelle von etwas abziehen, etwas schälen;* Kartoffeln, Eier ~ **2** ⟨R3⟩ meine Haut pellt sich *schält sich (vom Sonnenbrand)*
Pelz ⟨m.; -es, -e⟩ **1** *Fell, Haarkleid (von Tieren);* dem Bären den ~ abziehen **1.1** einem Tier eins auf den ~ brennen *auf es schießen* **1.2** sich die Sonne auf den ~ brennen lassen ⟨fig.; umg.⟩ *sich sonnen* **1.3** jmdm. auf den ~ rücken ⟨fig.; umg.⟩ *jmdn. mit einer Bitte o. ä. bedrängen* **1.4** → a. *Laus* **2** *für Kleidungsstücke bearbeitetes (gegerbtes) Tierfell, pelzähnliches Textilprodukt;* einen Mantel mit ~ füttern **2.1** ⟨kurz für⟩ *Pelzmantel, Pelzkragen;* er schenkte ihr einen kostbaren ~
'pel·zig ⟨Adj.⟩ **1** *behaart, wie Pelz;* ~e Wolle **2** *mit dichtem Flaum besetzt;* ~e Blätter **3** ~es Gefühl im Mund *G., als ob der M. rauh u. trocken wäre;* eine ~e Zunge
Pen·dant ⟨[pã'dã] n.; -s, -s⟩ **1** *Gegenstück(2)* **2** ⟨Pl.⟩ ~s ⟨veralt.⟩ *Ohrgehänge*
'Pen·del ⟨n.; -s, -⟩ *länglicher Körper, der, an einem Punkt drehbar aufgehängt, unter der Wirkung der Schwerkraft um seine Ruhelage schwingt;* Uhr~
'pen·deln ⟨V. 400⟩ **1** *frei hängend hin u. her schwingen* **1.1** ⟨fig.⟩ *schwanken;* zwischen zwei Möglichkeiten hin und her ~ **2** ⟨(s.); fig.⟩ *sich ständig zwischen zwei Orten hin u. her bewegen;* ein Bus, Zug pendelt
pe·ne'trant ⟨Adj.⟩ **1** = *durchdringend;* ein ~er Geruch; es riecht, schmeckt ~ nach Fisch **2** ⟨fig.; umg.⟩ = *aufdringlich;* ein ~er Kerl

'Pe·nis ⟨m.; -, -nis·se od. -nes⟩ *schwellfähiges, männliches Begattungsorgan verschiedener Tiere u. des Menschen*
Pen·si'on ⟨[pã-], bair., österr. [pɛn-]; f.; -, -en⟩ **1** *Ruhegehalt der Beamten;* ~ beziehen **2** *Ruhestand der Beamten;* in ~ gehen **3** *Fremdenheim;* in einer ~ wohnen **4** *Unterkunft u. Verköstigung* **4.1** volle ~ *Unterkunft u. vollständige Verköstigung;* Voll~ **4.2** halbe ~ *Unterkunft mit Frühstück u. Mittag- od. Abendessen;* Halb~ **5** = *Internat*
Pen·sio'nat ⟨[pã-], bair., österr. [pən]; n.; -(e)s, -e⟩ = *Internat*
'Pen·sum ⟨n.; -s, -sa od. -sen⟩ **1** *in einer bestimmten Zeit zu erledigende Arbeit, Aufgabe;* Arbeits~, Tages~ **2** *Abschnitt (einer Arbeit od. Aufgabe), für eine bestimmte Zeit vorgeschriebener Lehrstoff;* Schul~
Pep'sin ⟨n.; -s, -e⟩ *Ferment des Magensaftes, das Eiweiß spaltet*
per ⟨Präp. m. Akk.⟩ **1** ⟨umg.⟩ *mittels, durch, mit;* ~ Bahn, Flugzeug; ~ Eilboten; ~ Post schikken **1.1** ~ Adresse ⟨Abk.: p. Adr.⟩ *bei;* Herrn Schulze p. Adr. Familie Meier **1.2** ~ aspera ad astra *auf rauhen Wegen zu den Sternen* **1.3** ~ exemplum *zum Beispiel* **1.4** ~ fas ⟨veralt.⟩ *auf rechtlich erlaubte Weise* **1.5** ~ nefas ⟨veralt.⟩ *widerrechtlich, auf unerlaubte Weise* **1.6** ~ pedes ⟨umg.; scherzh.⟩ *zu Fuß* **1.7** ~ procura ⟨vor der Unterschrift des Prokuristen einer Firma; Abk.: ppa., pp.⟩ *mit im Handelsregister eingetragener Vollmacht ausgestattet* **1.8** ~ saldo *durch Ausgleich (der beiden Seiten eines Kontos)* **1.9** ~ se *von selbst* **2** *gegen, im Austausch für* **2.1** ~ cassa *gegen Barzahlung* **3** ⟨zeitlich⟩ *bis, am;* ~ 1. April zu liefern; zu zahlen ~ 15. Mai
per'fekt ⟨Adj.⟩ **1** *vollkommen (ausgebildet);* ~ Englisch, Französisch sprechen; ~ im Kochen sein; ~ in Stenographie und Maschinenschreiben **2** ⟨24⟩ *gültig, abgemacht, abgeschlossen;* einen Vertrag, ein Geschäft ~ machen
per'fid ⟨Adj.⟩ *treulos, hinterhältig, heimtükkisch, niederträchtig;* oV *perfide*
per'fi·de ⟨Adj.⟩ = *perfid*
per·fo'rie·ren ⟨V. 500⟩ **1** ein Organ ~ ⟨Med.⟩ *durchbohren, durchstoßen* **2** Papier, Filme ~ *durchlöchern, mit Löchern in gleichem Abstand u. gleicher Größe versehen*
Per·ga'ment ⟨n.; -(e)s, -e⟩ **1** *bearbeitete, als Schreibstoff dienende Tierhaut* **2** *Schriftstück auf Pergament(1)*
Pe·ri'ode ⟨f.; -, -n⟩ **1** *Zeitabschnitt* **2** *Umlaufzeit eines Sternes* **3** *Zeitabschnitt einer Formation der Erdgeschichte* **4** *Gesamtheit eines Systems von Schwingungen* **5** = *Menstruation* **6** *in bestimmter stilistischer Absicht mehrfach zusammengesetzter Satz* **7** *musikal. Satz aus 8 od. 16 Takten, der sich aus zwei miteinander korrespondierenden Teilen zusammensetzt*
pe·ri'pher ⟨Adj.⟩ **1** *am Rand (befindlich), an der Peripherie (liegend)* **1.1** ~e Fragen, Probleme ⟨fig.⟩ *(im Augenblick) nicht so wichtige F., P.*
Pe·ri·phe'rie ⟨f.; -, -n⟩ **1** ~ einer (Kreis-)Fläche ⟨Math.⟩ *äußere Begrenzung* **2** ~ einer Gegend *Rand;* an der ~ der Stadt
'Per·le ⟨f.; -, -n⟩ **1** *schimmerndes, von Weichtieren, meist den Perlmuscheln, abgesondertes Kügelchen aus kohlensaurem Kalk;* eine

echte, imitierte ~; ~n fischen; nach ~n tauchen; Zähne (gleichmäßig) wie ~n 1.1 es wird dir keine ~ aus der Krone fallen, wenn du das tust ⟨fig.; umg.⟩ *es wird dir nichts schaden, es wird dein Ansehen nicht beeinträchtigen* **2** *Ding in der äußeren Form einer Perle* 2.1 *durchbohrtes Kügelchen aus Glas, Holz od. anderem Material;* Glas~; Holz~; ~n des Rosenkranzes; ~n auf eine Schnur reihen 2.2 *Tropfen;* Schweiß~; Tau~; der Schweiß stand ihm in ~n auf der Stirn 2.2.1 *Luftbläschen;* Sekt~; Wasser~; ~n im Sekt aufsteigen sehen 2.3 *Arznei in Kugelform* **3** ⟨fig.⟩ *etwas bes. Schönes, Gutes od. Wertvolles;* dieses Werk ist eine ~ der deutschen Dichtkunst, Musik, Malerei; diese Stadt ist eine ~ des Landes, dieser Landschaft 3.1 ~n vor die Säue werfen *jmdm. etwas geben, was er nicht zu schätzen weiß (nach NT, Matthäus 7,6)* **4** ⟨fig.⟩ *jmd., der wertvolle Dienste (im Alltag) leistet* 4.1 ⟨umg.; scherzh.⟩ *(gute) Hausangestellte;* sie ist eine ~

'per·len ⟨V. 400; geh.⟩ **1** ⟨⟨s.⟩⟩ etwas perlt *etwas rollt, fällt schimmernd u. gleichmäßig wie Perlen ab;* Tau perlt von den Blumen, Blättern; der Schweiß perlte ihm von der Stirne 1.1 ⟨⟨h.⟩⟩ Sekt, Wein perlt (im Glase) *schäumt in Bläschen* 1.2 ⟨⟨h.⟩⟩ *in Perlen erscheinen;* der Tau perlt auf den Blumen **2** ⟨fig.⟩ *in kurzen, angenehmen, rasch aufeinanderfolgenden Tönen erklingen;* ~des Lachen; ~de Koloratur

'Perl·mutt ⟨n.; -s; unz.⟩ = *Perlmutter*

'Perl·mut·ter ⟨f.; -; unz. od. n.; -s; unz.⟩ oV *Perlmutt* **1** *von einer Perlmuschel abgesonderter Stoff, aus dem sich die Innenschicht der Schale u. evtl. die Perle bildet* **2** *die Innenschicht der Schale von Perlmuscheln u. Seeschnecken*

per·ma'nent ⟨Adj. 24⟩ *ununterbrochen, dauernd, bleibend, ständig*

per'plex ⟨Adj.⟩ *verblüfft, überrascht, bestürzt, betroffen*

Per'son ⟨f.; -, -en⟩ **1** *Mensch (als lebendes Wesen);* zehn ~en sind beim Unfall verletzt worden; das Fahrzeug faßt 20 ~en od. 1500 kg; bei einer Beurteilung die ~ von der Sache trennen 1.1 *Mensch besonderer Eigenart;* eine dumme, eingebildete, lästige ~; eine große, hübsche, stattliche ~; eine unbekannte, geheimnisvolle ~; ich für meine ~ 1.2 *Mensch im Gefüge von Staat u. Gemeinschaft;* du nimmst deine ~ zu wichtig; er ist dort eine wichtige ~ 1.3 ⟨Lit.⟩ *handelnde Figur, Gestalt;* in diesem Stück, Roman treten Eigenschaften als ~en auf 1.4 eine Eigenschaft in ~ sein *eine Eigenschaft in reinster Ausprägung zeigen;* er ist die Gutmütigkeit, Geduld, Gehässigkeit in ~ 1.5 in einer ~ *gleichzeitig;* Hausmeister u. Gärtner in einer ~ 1.6 in eigener ~ *selbst* **2** ⟨abwertend⟩ *weibl. Wesen, Frau, Mädchen* **3** *Sprecher, Hörer od. etwas Drittes (einen Dritten) bezeichnende grammat. Kategorie, z. B. ich, du, er;* erste, zweite, dritte ~

Per·so'nal ⟨n.; -s; unz.⟩ *Gesamtheit der beschäftigten, angestellten, bes. dienstleistenden Personen (in Betrieben, Hotels, Haushalten);* Dienst~, Küchen~

Per·so'na·li·en ⟨Pl.⟩ *Angaben über Geburt, Ehestand, Beruf einer Person;* jmds. ~ aufnehmen; seine ~ angeben

Per'so·nen·kraft·wa·gen ⟨m.; Abk.: Pkw⟩ *Kraftwagen zum Befördern von Personen;* Sy *Auto[1], Automobil;* Ggs *Lastkraftwagen*

per'sön·lich ⟨Adj. 24⟩ **1** *die Person betreffend, zu ihr gehörend, ihr entsprechend, auf ihr beruhend, von ihr ausgehend, privat;* eine ~e Anspielung; die ~e Freiheit; mein ~es Eigentum; darf ich mir eine ~e Bemerkung, Frage erlauben?; er unterhielt sich sehr offen und ~ mit ihr; ich möchte aus ~en Gründen nicht darüber sprechen 1.1 ich habe diese Bemerkung nicht ~ gemeint *ich habe mit dieser B. nicht dich, Sie, ihn usw. gemeint* 1.2 du darfst diese Äußerung nicht ~ nehmen *nicht auf dich beziehen* 1.3 ~ werden ⟨umg.⟩ *unsachl., auf jmds. Privatleben od. Verhalten zielende, unangenehme Anspielungen machen* **2** *selbst, in Person;* für Verluste ~ haften; bei jmdm. ~ erscheinen, vorsprechen ⟨umg.; verstärkend⟩ 2.1 ~! (Vermerk auf Briefen) *nur für den Betreffenden selbst bestimmt* 2.2 ich kenne ihn (nicht) ~ *ich habe mit ihm schon einmal (noch nicht) gesprochen* **3** ⟨60⟩ ~e Gleichung ⟨Astr.⟩ *die Zeitdifferenz zwischen einem zu beobachtenden Ereignis u. dem Erfassen dieses Vorgangs durch einen Beobachter*

Per'sön·lich·keit ⟨f.; -, -en⟩ **1** ⟨unz.⟩ *Gesamtheit aller Wesenszüge, Verhaltensweisen, Äußerungen u. bes. Eigenarten eines Menschen* **2** ⟨unz.⟩ *der Mensch als Person, als Einzelwesen, in seiner Eigenart;* Entwicklung, Ausbildung der ~; Höchstes Glück der Erdenkinder sei nur die ~ (Goethe, Westöstl. Diwan, Buch Suleika) **3** *bedeutender Mensch, Mensch eigener, besonderer Prägung;* bekannte ~en unserer Stadt; er ist eine ~ **4** *durch Stellung, Rang sich aus den übrigen heraushebender Mensch;* (allerlei) prominente ~en; eine einflußreiche, angesehene, maßgebende ~

Per·spek'ti·ve ⟨[-ve]; f.; -, -n⟩ **1** *scheinbare Verkürzung u. scheinbares Zusammentreffen der in die Tiefe des Raumes laufenden parallelen Strecken in einem Punkt (Fluchtpunkt)* **2** *Darstellung des Raumes u. räumlicher Gegenstände auf einer ebenen Bildfläche mit räuml. Wirkung;* ein Gemälde ohne ~ **3** ⟨fig.⟩ *Blick in die Zukunft, Aussicht;* hier öffnen sich neue, erstaunliche, nicht geahnte ~n **4** = *Blickwinkel(2);* aus dieser ~ sieht es schon anders aus

Pe'rücke ⟨-k·k-; f.; -, -n⟩ **1** *künstl. Haartracht aus Haaren od. synthetischen Fasern* 1.1 *den ganzen Kopf bedeckender Haarersatz* **2** ⟨jägerspr.⟩ *durch Verletzung hervorgerufene krankhafte Wucherung am Gehörn, seltener am Geweih*

per·vers ⟨[-'vərs] Adj.⟩ **1** *abartig (im geschlechtl. Verhalten)* **2** *widernatürlich, verderbt*

Pes·si'mis·mus ⟨m.; -; unz.⟩ *Neigung, in der Welt, im Leben od. bei einer Sache nur das Schlechte zu sehen;* Ggs *Optimismus*

Pest ⟨f.; -; unz.⟩ **1** *durch Bakterien hervorgerufene epidemische Krankheit, bei der sich die Haut dunkelblau bis schwarz färbt;* Sy *schwarzer Tod* 1.1 jmdm. die ~ an den Hals wünschen ⟨fig.⟩ *jmdm. Schlechtes wünschen* 1.2 jmdn. od. etwas wie die ~ hassen ⟨fig.⟩ *sehr hassen* 1.3 wie die ~ stinken ⟨fig.⟩ *sehr, unerträglich*

Pe·ter'si·lie ⟨[-liə] f.; -, -n⟩ **1** *als Küchengewürz verwendetes Doldengewächs: Petroselinum crispum;* krause, getrocknete ~ **2** jmdm. ist die ~ verhagelt ⟨fig.; umg.⟩ *etwas ist jmdm. mißlungen, man hat jmdm. sein Vorhaben verdorben*

Pfad ⟨m.; -(e)s, -e⟩ **1** *schmaler Weg;* ein steiler, steiniger, gewundener ~ **2** auf (von) dem ~ der Tugend wandeln (abweichen) ⟨fig.; geh.⟩ *(nicht mehr) tugendhaft sein*

'Pfaf·fe ⟨m.; -n, -n⟩ **1** ⟨urspr.⟩ *Weltgeistlicher* **2** ⟨heute abwertend⟩ *Geistlicher*

Pfahl ⟨m.; -(e)s, ¨-e⟩ **1** ⟨Bautech.⟩ *ein langer, unten zugespitzter, dicker Stab od. Balken;* einen ~ zuspitzen, einrammen; morsche Pfähle; das Gebäude steht auf Pfählen **1.1** in seinen vier Pfählen ⟨fig.; umg.⟩ *zu Hause* **2** ⟨Her.⟩ *senkrecht über die Mitte des Schildes gezogener Streifen* **3** ein ~ im Fleische ⟨fig.⟩ *etwas Peinigendes, Quälendes, großes Ärgernis*

Pfand ⟨n.; -(e)s, ¨-er⟩ **1** *Gegenstand, der als Bürgschaft für eine Forderung gegeben wird;* ein ~ einlösen; den Ausweis als ~ zurücklassen, abgeben; die verfallenen Pfänder werden versteigert **2** *Geldbetrag, der bei Rückgabe eines geliehenen Gegenstandes zurückgegeben wird;* Sy *Depot(6)* ⟨schweiz.⟩; Flaschen~ **3** ⟨Pfänderspiele⟩ *Gegenstand, der abgegeben wird, wenn man einen Fehler macht od. auf eine Frage nicht antworten kann, u. den man nur zurückbekommt, wenn man eine lustige Forderung erfüllt;* ein ~ geben

'pfän·den ⟨V. 500⟩ **1** etwas ~ *gerichtl. beschlagnahmen, um dadurch eine Geldforderung (Steuerschuld) zu befriedigen;* das Haus, den Fernsehapparat ~ **2** jmdn. ~ *jmds. Eigentum pfänden*

'Pfan·ne ⟨f.; -, -n⟩ **1** *flaches Gefäß zum Backen u. Braten od. Schmelzen mit Stiel od. zwei Henkeln;* Sy *Tiegel(1);* Brat~; eine kupferne, eiserne ~; ein Stück Fleisch in der ~ braten; zwei Eier in die ~ hauen ⟨umg.⟩ **2** jmdn. in die ~ hauen ⟨fig.; umg.⟩ *besiegen, schlagen, vernichten* **3** ⟨Anat.⟩ *hohler Teil eines Gelenks;* Gelenk~ **4** ⟨Bauw.⟩ *hohler Dachziegel;* Dach~ **5** ⟨Mil.⟩ *Behälter an alten Gewehrschlössern zum Aufnehmen des Zündmittels;* Zünd~ **6** etwas auf der ~ haben ⟨fig.⟩ *etwas in Bereitschaft haben* **7** ⟨Geol.⟩ *flache, rundliche Geländesenke in Trockengebieten mit dauernder od. zeitweiliger Wasserführung;* Salz~, Sand~

'Pfar·rer ⟨m.; -s, -⟩ *theologisch ausgebildeter Inhaber der gottesdienstl. u. seelsorgerl. Pflichten innerhalb einer Gemeinde*

Pfau ⟨m.; -(e)s, -en od. (bes. österr.) -e⟩ *Vogel mit einer Federkrone auf dem Kopf u. im männl. Geschlecht Prachtgefieder mit stark verlängerten Schwanzdeckfedern, die in der Balz zu einem Rad aufgerichtet werden: Pavo cristatus;* der ~ schlägt ein Rad; einherstolzieren wie ein ~; sich spreizen wie ein ~

'Pfef·fer ⟨m.; -s; unz.⟩ **1** *als Gewürz verwendete Früchte des Pfefferstrauchs; Piper nigrum;* das brennt wie ~, ist scharf wie ~; mit ~ und Salz würzen **1.01** → a. *schwarz(2.10), weiß(2.6)* **1.1** Stoff im ~-und-Salz-Muster *dunkel u. hell gesprenkelter S.* **1.2** jmdm. ~ geben ⟨fig.; umg.⟩ *jmdn. reizen* **1.3** wo der ~ wächst ⟨fig.; umg.⟩ *möglichst weit weg;* er soll bleiben, wo der ~ wächst!; jmdn. dahin wünschen, wo der ~ wächst **1.4** → a. *Hase(2.3), schwarz(2.10), weiß(2.6)* **2** ⟨soldatenspr.⟩ *Schießpulver*

'Pfef·fer·ku·chen ⟨m.⟩ *stark gewürztes, süßes, oft mit Honig versetztes, zur Weihnachtszeit übl. Gebäck;* Sy *Lebkuchen* ⟨bes. süddt. u. westdt.⟩

'pfef·fern ⟨V. 500⟩ **1** etwas ~ *mit Pfeffer würzen;* Speisen ~; das Gulasch ist zu sehr gepfeffert **1.1** gepfefferte Preise, Rechnung ⟨fig.; umg.⟩ *sehr hohe P., R.* **1.2** ein gepfefferter Witz ⟨fig.; umg.⟩ *derber, unanständiger W.* **2** ⟨511⟩ etwas irgendwohin ~ ⟨umg.⟩ *scharf, kräftig werfen;* er pfefferte die Bücher in die Ecke

'Pfei·fe ⟨f.; -, -n⟩ **1** *Rohr, in dem durch Blasen die Luft in Schwingungen versetzt u. dadurch ein Ton erzeugt wird;* Orgel~; Signal~; Triller~; auf der ~ blasen **1.1** nach jmds. ~ tanzen ⟨fig.⟩ *widerspruchslos tun, was der andere will, sich in allem nach jmdm. richten* **2** ⟨kurz für⟩ *Tabakspfeife;* sich eine ~ stopfen; sich eine ~ anzünden; eine ~ rauchen; die ~ ausklopfen, reinigen **3** *röhrenförmiges Werkzeug des Glasbläsers* **4** ⟨Sprengtechnik⟩ *ein nicht mit weggesprengter Bohrlochrest*

'pfei·fen ⟨V. 191⟩ **1** ⟨400⟩ *mit der Atemluft Töne hervorbringen;* Amseln, Stare u. a. Vögel ~; Mäuse, Murmeltiere ~; auf einem Schlüssel ~; auf zwei Fingern ~; durch die Zähne ~; im Theater wurde gepfiffen (zum Zeichen des Mißfallens); die Spatzen ~ es schon von allen Dächern ⟨fig.; umg.⟩ **1.1** ich pfeife darauf! ⟨fig.; umg.⟩ *das ist mir völlig gleichgültig, ich kann leicht darauf verzichten* **1.2** ⟨530⟩ ich werd' dir was ~! ⟨fig.; umg.⟩ *ich denke nicht daran (zu tun, was du willst)!* **2** ⟨500⟩ etwas ~ *mit gespitzten Lippen Töne od. eine Melodie hervorbringen;* eine Melodie, einen Schlager ~ **2.1** ⟨530/R1⟩ sich eins ~ *ein Liedchen vor sich hin pfeifen* **3** ⟨600⟩ jmdm. od. einem Tier ~ *jmdn. od. ein Tier durch Pfeifen zu sich rufen;* der Jäger pfiff dem Hund **4** ⟨400⟩ *Luft in eine Pfeife(1) blasen u. dadurch einen Ton erzeugen;* die Lokomotive pfeift **4.1** ⟨410⟩ auf dem letzten Loch ~ ⟨fig.⟩ *in sehr elendem Zustand sein, kein Geld mehr haben* **4.2** → a. *trommeln(1.1)* **5** ⟨400⟩ etwas pfeift ⟨fig.⟩ *bringt ein zischend-heulendes, sausendes Geräusch hervor;* der Wind pfeift im Schornstein, pfeift ums Haus; die Kugeln pfiffen ihm um die Ohren; ~der Atem; ~de Geräusche im Lautsprecher **5.1** jetzt pfeift der Wind aus einem anderen Loch ⟨fig.; umg.⟩ *jetzt werden strengere Maßnahmen ergriffen* **5.2** daher pfeift der Wind? *also so ist das?, also das ist der wahre Grund* **6** ⟨500⟩ etwas ~ ⟨fig.; umg.⟩ *verraten;* er hat nichts davon gepfiffen

Pfeil ⟨m.; -(e)s, -e⟩ **1** *aus einem dünnen Stab mit einer Spitze aus Hartholz, Stein od. Metall bestehendes Geschoß, das mit dem Bogen abgeschossen wird;* ~ und Bogen; ein gefiederter, vergifteter ~ **1.1** er schoß wie ein ~ davon *lief sehr schnell davon* **1.2** von Amors ~ getroffen sein ⟨fig.⟩ *verliebt sein* **1.3** seine ~e abschießen ⟨fig.⟩ *beißende, sehr boshafte Anspielungen machen*

'Pfei·ler ⟨m.; -s, -⟩ **1** ⟨Bauw.⟩ *freistehende od.*

aus der Wand herausstehende Stütze von Decken, Gewölben, Trägern usw. mit meist rechteckigem Querschnitt; Wand~, Strebe~, Eck~, Stahl~ **2** ⟨Bgb.⟩ *Teil einer Braunkohlenlagerstätte, der vorübergehend nicht abgebaut wird*

'Pfen·nig ⟨m. 7; -(e)s, -e⟩ **1** *deutsche Währungseinheit, 1/100 Mark;* ich habe nur noch wenige ~(e); dreißig ~(e) **1.1** das ist keinen ~ wert *nichts wert* **1.2** keinen ~ (Geld) haben *kein Geld* **1.3** sie müssen mit jedem ~ rechnen *sie müssen sehr sparen* **1.4** wer den ~ nicht ehrt, ist des Talers nicht wert ⟨Sprichw.⟩ *man soll auch im Kleinen sparsam sein* **1.5** ich habe nicht für fünf ~ Lust dazu ⟨fig.; umg.⟩ *gar keine Lust* **1.6** jeden ~ dreimal umdrehen, ehe man ihn ausgibt ⟨fig.⟩ *sehr sparsam sein* **1.7** → a. *Heller(5.2)*

'pfer·chen ⟨V. 511⟩ Menschen od. Tiere in einen Raum ~ *(hinein) drängen, in einem R. eng zusammendrängen*

Pferd ⟨n.; -(e)s, -e⟩ **1** *einer Familie der Unpaarhufer angehörendes Reit- u. Zugtier: Equidae* **2** ⟨i. e. S.⟩ *das vom Wildpferd (Equus przewalskii) abstammende, zur Familie der Pferde(1) gehörige Haustier, das auch verwildert vorkommt, Equus przewalskii caballus;* ein edles, feuriges, rassiges ~; ein gutes, schnelles ~; ein ~ anspannen, ausspannen; ein ~ besteigen; ein ~ lenken, reiten, zügeln, zureiten; ein ~ satteln, striegeln, zäumen; vom ~ steigen, fallen; sich aufs ~ schwingen; das ~ ist (ihm) durchgegangen; das ~ hat den Reiter abgeworfen; das ~ schnaubt, wiehert; das ~ bäumt sich auf, bockt, scheut, schlägt aus, scharrt, stampft (mit den Hufen); das ~ galoppiert, greift aus, trabt; den ~en in die Zügel fallen **2.1** zu ~e *reitend* **2.1.1** er sitzt gut zu ~ *er hat eine gute Haltung als Reiter* **2.2** wie ein ~ arbeiten ⟨fig.; umg.⟩ *sehr schwer arbeiten* **2.3** das hält ja kein ~ aus ⟨fig.; umg.⟩ *niemand* **2.4** das beste ~ im Stall ⟨fig.; umg.⟩ *die beste Kraft (eines Unternehmens), der, die, das Beste (einer Gruppe, einer Sammlung)* **2.5** die ~e gehen leicht mit ihm durch ⟨fig.; umg.⟩ *er verliert leicht die Beherrschung, kann seinen Zorn nicht zügeln* **2.6** mit jmdm. kann man ~e stehlen ⟨fig.; umg.⟩ *mit jmdm. kann man manches wagen, unternehmen, er läßt einen nicht im Stich* **2.7** keine zehn ~e brächten mich dahin ⟨fig.; umg.⟩ *auf keinen Fall gehe ich dahin* **2.8** das ~ beim Schwanz aufzäumen ⟨fig.⟩ *eine Sache falsch anfangen* **2.9** aufs falsche, richtige ~ setzen (bei einer ungewissen Sache) ⟨fig.⟩ *falsch, richtig handeln* **3** *Turngerät aus einer gepolsterten Lederrolle auf vier Füßen mit zwei herausnehmbaren Griffen (Pauschen) oben in der Mitte für Spring- u. Stützübungen;* Übungen am ~ **4** ⟨Schachspiel⟩ *Figur mit stilisiertem Pferdekopf, Springer, Rössel*

'Pfer·de·fuß ⟨m.⟩ **1** *Attribut des Teufels* **2** ⟨Path.⟩ *Fußbildung, die nur ein Auftreten mit Ballen u. Zehen zuläßt: Pes equinus* **3** ⟨fig.⟩ *ein verborgener Nachteil;* die Sache hat aber einen ~; bei etwas schaut der ~ heraus; bei etwas kommt der ~ zum Vorschein

'Pfer·de·schwanz ⟨m.⟩ **1** *Schwanz des Pferdes* **2** ⟨fig.⟩ *langer, am Hinterkopf zusammengebundener, herabhängender Haarschopf bei Mädchen*

Pfiff ⟨m.; -(e)s, -e⟩ **1** *(schriller) Ton des Pfeifens;* scharfer, durchdringender ~ **2** ⟨fig.⟩ *Kniff, Trick;* die Sache hat einen ~ **2.1** den ~ heraushaben *eine Sache verstehen, richtig beherrschen, geschickt bei einer S. sein* **3** *der eigentl. Reiz einer Sache, das, was eine Sache erst vollkommen macht;* die Schleife gibt dem Kleid erst den richtigen ~

'Pfif·fer·ling ⟨m.; -s, -e⟩ **1** *sehr würziger Speisepilz mit gelbem Hut u. dicken Lamellen: Cantharellus cibarius* **2** keinen, nicht einen ~ ⟨fig.; umg.⟩ *gar nicht(s);* das ist keinen ~ wert; er kümmert sich nicht einen ~ darum

'pfif·fig ⟨Adj.⟩ *schlau, gewitzt;* ein ~er Bursche

'Pfing·sten ⟨n.; -s; unz. od. (nur Pl.) -⟩ **1** *Fest der Ausgießung des Heiligen Geistes über die Jünger Jesu;* ~ fällt dieses Jahr früh, spät, (die) ~ fallen früh, spät **1.1** → a. *Ostern(1.1)*

'Pflan·ze ⟨f.; -, -n⟩ **1** *Lebewesen, das in der Lage ist, aus anorgan. Stoffen mit Hilfe des Sonnenlichts od. in einigen Fällen mit Hilfe aus chem. Reaktionen gewonnener Energie organ. Stoffe aufzubauen;* ~n sammeln; eine einjährige, immergrüne, kräftige, zarte ~ **2** ⟨fig.; umg.⟩ *Person (mit auffälligem, bes. negativen Eigenschaften);* eine kesse ~; das ist ja eine ~! **2.1** eine Berliner ~ *eine typische Berlinerin*

'pflan·zen ⟨V. 500⟩ **1** Pflanzen ~ *zum Wachsen in die Erde setzen;* Bäume, Blumen, Sträucher ~ **2** ⟨511/R7⟩ etwas od. sich (an einen bestimmten Ort) ~ ⟨fig.; umg.⟩ *(breit) hinsetzen;* die Fahne auf das Dach ~; sich aufs Sofa ~

'Pflan·zung ⟨f.; -, -en⟩ **1** *das Pflanzen* **2** *bepflanztes Stück Land, bes. in großem Ausmaß in Übersee, Plantage;* Baumwoll~, Tabak~ **3** ⟨Forstw.⟩ *neuangelegte Kultur*

'Pfla·ster ⟨n.; -s, -⟩ **1** *Belag aus dichtgefügten Steinen zur Befestigung der Straße;* Straßen~; holpriges ~ **1.1** das ~ wurde ihm zu heiß unter den Füßen ⟨fig.⟩ *die Lage wurde zu gefährlich für ihn, er mußte fliehen* **1.2** ~ treten ⟨fig.⟩ *lange Zeit zu Fuß durch eine Stadt gehen* **1.3** diese Stadt ist ein teures ~ ⟨fig.⟩ *in dieser S. ist das Leben teuer* **2** *Heilmittel aus klebend gemachtem Stoff mit einem Stück Mull in der Mitte zum Schutz von Wunden;* Heft~; ein ~ aufkleben, auflegen **2.1** ⟨fig.⟩ *Linderungsmittel, Trost;* Trost~; seine Worte waren ein ~ für ihren Schmerz

'Pflau·me[1] ⟨f.; -, -n⟩ **1** *aus Vorderasien stammender mittelgroßer Baum mit kurzen Ästen, weißen Blüten, blauen, grünen od. gelben, ovalen bis runden Steinfrüchten: Prunus domestica;* Sy *Zwetsche, Zwetschge* **2** *Frucht der Pflaume[1](1);* frische, eingemachte, reife ~n

'Pflau·me[2] ⟨f.; -, -n⟩ **1** ⟨landschaftl.⟩ *anzügl., leicht boshafte, neckende Bemerkung* **2** *ungeschickter, untauglicher Mensch;* du bist eine ~!

'Pfle·ge ⟨f.; -; unz.⟩ **1** *Obhut u. Fürsorge, sorgende Behandlung;* Kinder~; Kranken~; aufopfernde, liebevolle, sorgfältige, treue ~ **2** *Sorge für Sauberkeit u. Gesunderhaltung bzw. Instandhaltung;* Denkmals~; Körper~; Fuß~ **3** *Aufsicht u. Sorge für den Lebensunterhalt (meist gegen Entgelt);* der Hund hat bei ihnen gute ~; jmdm. ein Kind, Tier, eine Pflanze in ~ geben; ein Kind, Tier, eine Pflanze in ~ nehmen

'pfle·gen[1] ⟨V.⟩ **1** ⟨500⟩ jmdn. od. etwas ~ → a. *hegen(1.1) fürsorglich behandeln, betreuen;* sie pflegte ihren kranken Mann bis zu seinem Tod; während der Ferien wurden die Blumen von den Nachbarn gepflegt 1.1 ⟨R3⟩ sich ~ *für sein Äußeres sorgen, Körper-, Schönheitspflege treiben* 1.2 ⟨R3⟩ sich ~ ⟨umg.⟩ *sich schonen, gut essen u. trinken u. nicht zuviel arbeiten* **2** etwas ~ *so behandeln, daß es ordentlich u. sauber aussieht;* sein Äußeres ~; die Haut, Haare, Zähne ~ 2.1 seinen Stil ~ *ständig üben u. verbessern*

'pfle·gen[2] ⟨V. 192⟩ **1** ⟨500⟩ etwas ~ *sich ständig beschäftigen mit etwas, etwas anhaltend ausüben, betreiben* 1.1 ⟨517⟩ mit jmdm. Freundschaft ~ *F. halten* 1.2 Geselligkeit ~ *gern G. haben, oft Gäste haben u. zu Gast bei anderen sein* 1.3 Umgang mit jmdm. ~ *mit jmdm. verkehren* **2** ⟨700; veralt.⟩ 2.1 eines Amtes ~ *ein Amt versehen* 2.2 ⟨717⟩ mit jmdm. Rats ~ *sich mit jmdm. beraten* 2.3 der Ruhe ~ *sich ausruhen* **3** ⟨480⟩ etwas zu tun ~ *gewohnheitsmäßig tun;* er pflegt morgens zeitig aufzustehen 3.1 mein Großvater pflegt zu sagen: „...!" *sagt häufig* 3.2 etwas pflegt zu sein *ist normalerweise so* 3.3 wie es zu gehen pflegt *wie es eben geht, wie es immer ist*

'Pfle·ger ⟨m.; -s, -⟩ **1** *männl. Betreuer der Kranken im Krankenhaus;* Kranken~ **2** *Betreuer der Tiere im Zoo u. ä.;* Tier~ **3** *jmd., der vom Gericht eingesetzt worden ist, um bestimmte Angelegenheiten einer dritten Person zu verwalten* **4** ⟨schweiz.⟩ *gewählter Vermögensverwalter;* Kirchen~, Schul~

Pflicht[1] ⟨f.; -, -en⟩ **1** *sittl. od. dienstl. Aufgabe, Obliegenheit, etwas, das man tun muß;* Amts~; Dienst~; Ehren~; Schul~; berufliche, dienstliche häusliche, tägliche ~en; eheliche ~en; elterliche, kindliche ~; gleiche Rechte und gleiche ~en haben; seine ~ tun; seine ~en (treu, gewissenhaft) erfüllen; sie brauchen mir nicht zu danken, ich habe nur meine ~ getan; ich habe es mir zur ~ gemacht, ihn zu unterstützen; ich habe die schwere, traurige ~, Ihnen mitzuteilen ...; ich halte es für meine ~, ihm zu helfen 1.0.1 das ist deine (verdammte) ~ und Schuldigkeit ⟨umg.⟩ *selbstverständliche Obliegenheit* 1.1 die ~ ruft ⟨fig.; umg.⟩ *ich muß zur Arbeit, zum Dienst* **2** ⟨Sp.⟩ *in seinem Ablauf vorgeschriebener Übungsteil;* er ist gut in der ~, auf jeden Fall besser als in der Kür

Pflicht[2] ⟨f.; -, -en⟩ *Schutzdach im Vorschiff*

Pflock ⟨m.; -(e)s, ¨-e⟩ **1** *zugespitzter, dicker, kurzer Stock, Stab, Pfahl, Zapfen, den man in die Erde schlägt, um etwas daran zu befestigen;* die Zeltplanen an Pflöcken befestigen; ein Tier an einen ~ binden; einen ~ in die Erde schlagen 1.1 einen ~ zurückstecken ⟨fig.⟩ *nachgeben, seinen Willen nicht durchsetzen wollen*

'pflücken ⟨-k·k-; V. 500⟩ **1** etwas ~ *abbrechen, von der Pflanze abnehmen;* Blumen, Obst ~; sie hat Kirschen vom Baum gepflückt **2** Geflügel ~ ⟨veralt.⟩ *rupfen, entfedern*

Pflug ⟨m.; -(e)s, ¨-e⟩ *Ackergerät zum Lockern, Wenden, Zerkrümeln der Erde;* den ~ führen; hinter dem ~ gehen

'Pflug·schar ⟨f.; -, -en; Landw.⟩ *Eisen am Pflug, das die Erde waagerecht durchschneidet;* Sy *Schar[1]* ⟨landschaftl.⟩

'Pfor·te ⟨f.; -, -n⟩ **1** *kleine Tür;* Garten~, Seiten~ **2** *vom Pförtner bewachter Eingang zu Klöstern, Heimen u. ä.;* etwas an der ~ für jmdn. abgeben; Dienst an der ~ haben **3** *Palast des Sultans* **4** (Hohe) ~ *die Regierung des Osmanischen Reiches* **5** ⟨veralt.⟩ *Öffnung in der Seitenwand des Schiffes;* Geschütz~ **6** *Senke zwischen Bergen (als Verkehrsstraße);* Burgundische, Westfälische ~

'Pfört·ner ⟨m.; -s, -⟩ **1** *Angestellter, der die Pforte bewacht, sie öffnet u. schließt, Besuchern den Weg weist usw.;* Sy *Portier* **2** ⟨Anat.⟩ *Magenausgang*

'Pfo·sten ⟨m.; -s, -⟩ *kurzer Stützpfeiler;* Bett~, Tür~

'Pfo·te ⟨f.; -, -n⟩ **1** *der in Zehen gespaltene Tierfuß;* der Hund gibt die ~; die Katze leckt sich die ~n **2** ⟨umg.⟩ *Hand;* sich die ~n waschen; schmutzige ~n haben **3** ⟨fig.; umg.⟩ *Schrift;* eine fürchterliche, unleserliche ~ haben

Pfriem ⟨m.; -(e)s, -e⟩ = *Ahle*

'pfropf·fen ⟨V. 500⟩ **1** Bäume, Sträucher ~ *durch ein Reis veredeln;* der Gärtner hat Pfirsiche gepfropft **2** ⟨511⟩ einen Gegenstand in etwas ~ ⟨umg.⟩ *fest hineindrücken, hineinstopfen;* Sachen in einen Koffer ~ 2.1 der Saal war gepfropft voll *sehr voll, überfüllt*

'Pfrop·fen ⟨m.; -s, -⟩ *Korken, Stöpsel, Zapfen;* den ~ aus der Flasche ziehen; die Flasche mit einem ~ verschließen

'Pfrün·de ⟨f.; -, -n⟩ **1** *Einkünfte aus einem Kirchenamt* **2** ⟨kath. Kirche⟩ *das Kirchenamt selbst* **3** ⟨fig.; umg.⟩ *Amt, das etwas einbringt, ohne daß man die damit verbundenen Pflichten zu erfüllen braucht;* eine fette ~

Pfuhl ⟨m.; -(e)s, -e⟩ **1** *sumpfiger Teich, Tümpel, große Pfütze* **2** ⟨fig.⟩ *Ort des Schmutzes u. der Sünde;* Sünden~

pfui ⟨Int.⟩ **1** *Ausdruck des Ekels, Abscheus, der Mißbilligung, Empörung;* ~, das ist gemein!; ~, wie schmutzig!; ~ rufen; ~ Teufel! ⟨verstärkend⟩ 1.1 ~ über ihn! *er soll sich schämen* **2** ~! *nicht doch!, nicht anfassen! (Ausruf, der jmdn. hindern soll, etwas zu tun);* ~, laß das!; ~, leg das weg!

Pfund ⟨n. 7; -(e)s, -e⟩ **1** *Gewichtseinheit, 1/2 kg, 500 g;* drei ~ Fleisch kaufen **2** ⟨Zeichen: ⟩ *brit. u. ir. Währungseinheit, 100 Pence;* englisches ~; ein ~ Sterling **3** mit seinem ~e wuchern ⟨fig.⟩ *etwas zum Nutzen verwenden*

'pfu·schen ⟨V. 400⟩ **1** *die Stoppeln unterpflügen* **2** ⟨umg.⟩ *flüchtig, unfachmännisch, schlecht arbeiten;* bei der Reparatur hat er gepfuscht **3** ⟨umg.⟩ *(beim Spielen auf einem Instrument) Fehler machen, unsauber spielen*

'Pfüt·ze ⟨f.; -, -n⟩ **1** *Lache, kleine Ansammlung von Flüssigkeit;* in eine ~ treten **2** über die große ~ fahren ⟨umg.⟩ *nach Übersee, übers Meer fahren*

'Pha·lanx ⟨f.; -, -'lan·gen⟩ **1** ⟨Antike⟩ *lange, geschlossene Schlachtreihe in mehreren Gliedern* **2** ⟨Anat.⟩ *Knochen der Finger bzw. Zehen*

Phä·no'men ⟨n.; -s, -e⟩ **1** *Erscheinung, etwas sich den Sinnen Zeigendes* **2** *der sich der Er-*

kenntnis zeigende Bewußtseinsinhalt **3** ⟨fig.⟩ *Wunder, Wunderding, ungewöhnl. Mensch*

Phan·ta'sie ⟨f.; -, -n⟩ **1** ⟨unz.⟩ *Einbildungskraft, schöpfer. Denken, Erfindungsgabe;* Erzeugnis, Produkt, Spiel der ~; er, sie hat ~; eine blühende, schmutzige, ungezügelte ~; dichterische ~; er hat viel, wenig, keine ~; in seiner ~ sah er sich schon als berühmten Naturforscher **2** *Trugbild, Wahngebilde* 2.1 *Träumerei, vorgestelltes Bild*

phan'ta·stisch ⟨Adj.⟩ **1** *nur in der Phantasie bestehend, nicht wirklich* **2** *verstiegen, überspannt, etwas verrückt;* die Preise sind ~ **3** ⟨fig.⟩ *merkwürdig, seltsam* **4** ⟨fig.; umg.⟩ *wunderbar, herrlich;* wie war es gestern? ~!; ein ~es Buch, ~er Film; ein ~es Haus

Phan'tom ⟨n.; -s, -e⟩ **1** *Trugbild, gespenst. Erscheinung* **2** ⟨Med.⟩ *Nachbildung eines Körperteils als Anschauungsmittel*

Pha·ri'sä·er ⟨m.; -s, -⟩ **1** *Angehöriger der führenden altjüd. religiös-polit. Partei seit dem 2. Jh. v. Chr., die sich streng an das Mosaische Gesetz hielt* **2** ⟨fig.⟩ *selbstgerechter, engstirniger Mensch*

Phar·ma·ko·lo'gie ⟨f.; -; unz.⟩ *Lehre von den Wirkungen u. Anwendungen der Medikamente*

Phar·ma'zie ⟨f.; -; unz.⟩ *Lehre von der chem. Zusammensetzung u. Herstellung von Medikamenten*

'Pha·se ⟨f.; -, -n⟩ **1** *Abschnitt, Stufe einer Entwicklung* **2** ⟨ Astr.⟩ *Figur, die ein von der Sonne beschienener Himmelskörper (Mond, Planet) dem Betrachter von der Erde aus zeigt;* Mond~ **3** ⟨Phys.⟩ *jeweiliger Zustand eines schwingenden Systems*

Phi'li·ster ⟨m.; -s, -⟩ **1** *Angehöriger eines wahrscheinlich indogerman. Volkes, das von Ramses III. um 1180 v. Chr. an der Küste Palästinas in der Nachbarschaft der Israeliten angesiedelt wurde* **2** ⟨fig.⟩ *engstirniger Mensch, Spießbürger, kleinlicher Besserwisser* **3** ⟨veralt.; studentenspr.⟩ 3.1 *jmd., der nicht Student ist* 3.2 *Alter Herr einer Verbindung*

Phi·lo·lo'gie ⟨f.; -, -n⟩ *Sprach- u. Literaturwissenschaft*

Phi·lo·so'phie ⟨f.; -, -n⟩ *Lehre vom Wissen, von den Ursprüngen u. vom Zusammenhang der Dinge der Welt, vom Sein u. Denken*

phi·lo'so·phisch ⟨Adj.⟩ **1** ⟨24⟩ *zur Philosophie gehörend, auf ihr beruhend* **2** ⟨fig.⟩ *denkend, denkerisch, weise*

Pho'ne·tik ⟨f.; -; unz.⟩ *Lehre von der Art u. Erzeugung der Laute, vom Vorgang des Sprechens*

Pho·no·lo'gie ⟨f.; -; unz.⟩ *Lehre von den Lauten u. Lautgruppen im Hinblick auf ihre Bedeutung für die Wörter*

'Phos·phor ⟨m.; -s; unz.; Zeichen: P⟩ *nichtmetall. chem. Element, Ordnungszahl 15*

Pho·to'graph ⟨m.; -en, -en⟩ *jmd., der gewerbsmäßig photographiert*

Pho·to·gra'phie ⟨f.; -, -n⟩ **1** ⟨unz.⟩ *Verfahren zur Erzeugung von dauerhaften Lichtbildern* **2** *Lichtbild*

'Phra·se ⟨f.; -, -n⟩ **1** *Teil eines Satzes;* einen Satz in ~n teilen **2** *nichtssagende, abgegriffene Redensart;* er redet nur ~n 2.1 *Versprechen, die nicht erfüllt werden;* jmdn. mit ~n abfertigen, abspeisen **3** *kleinster Abschnitt eines Musikstückes, zusammengehörige Gruppe von Tönen*

Phy'sik ⟨f.; -; unz.⟩ *Lehre von unbelebten Dingen der Natur, ihrem Aufbau u. ihrer Bewegung sowie von den Strahlungen u. Kraftfeldern*

phy·si'ka·lisch ⟨Adj. 24⟩ **1** *die Physik betreffend, zu ihr gehörend, auf ihr beruhend* 1.1 ~e Chemie *Lehre von physikal. Erscheinungen chemischer Vorgänge* 1.2 ~e Konstanten *wichtige Größen in der Physik, die universell einen festen Wert haben od. aber eine Eigenschaft eines Stoffes zahlenmäßig festlegen* 1.3 ~e Therapie *T. mit Wärme, Licht usw.* 1.4 ~e Atmosphäre ⟨Zeichen: atm⟩ *früher als Druck einer Quecksilbersäule von 760 mm definierte Maßeinheit des Drucks, 1 atm = 1,033227 kg/cm²*

'phy·sisch ⟨Adj. 24⟩ *die Physis betreffend, zu ihr gehörend, auf ihr beruhend, körperlich, natürlich, in der Natur begründet*

Pia·no ⟨[-'--] n.; -s, -s⟩ **1** = *Klavier* **2** *Stelle, die leise zu spielen ist* 2.1 ⟨unz.⟩ *leises Spiel*

'Pickel[1] ⟨-k·k-; m.; -s, -⟩ *Spitzhacke, (bes.) Eispickel*

'Pickel[2] ⟨-k·k-; m.; -s, -⟩ *kleine Erhebung auf der Haut, meist entzündlich gerötet u. eiterhaltig;* Sy *Pustel*

'picken ⟨-k·k-; V.⟩ **1** ⟨500⟩ etwas ~ *die Nahrung mit dem Schnabel leicht hacken u. dann aufheben, aufnehmen;* die Vögel ~ Körner; die Geier haben am Aas gepickt; der Specht pickte am Baum; die Stare ~ Kirschen **2** ⟨411⟩ nach, in etwas ~ *mit dem Schnabel leicht zustoßen;* der Kanarienvogel hat nach meiner Hand gepickt; jmdn. in den Finger ~

'pie·pen ⟨V.⟩ **1** ⟨400⟩ Vögel ~ *geben hohe, kurze Laute von sich;* oV *piepsen(1)* **2** ⟨411; unpersönl.⟩ bei dir piept's wohl? ⟨fig.; umg.⟩ *du bist wohl nicht gescheit!, was denkst du dir eigentlich?* **3** das ist zum Piepen! ⟨umg. ⟩ *zum Lachen, sehr komisch*

'piep·sen ⟨V. 400⟩ **1** = *piepen(1)* **2** ⟨402⟩ (etwas) ~ ⟨fig.⟩ *mit hoher Stimme sprechen od. etwas sagen*

Pie'tät ⟨[pie-] f.; -; unz.⟩ **1** *Ehrfurcht vor der Religion, Achtung vor dem religiösen Empfinden anderer* **2** *Ehrfurcht bes. vor Toten bzw. dem Gedenken an Tote* **3** *kindl. Liebe, Achtung, Rücksicht*

Pig'ment ⟨n.; -(e)s, -e⟩ **1** *in einem Bindemittel angeriebener, praktisch unlösl. Stoff, der auf einen Körper aufgetragen wird, um diesem eine bestimmte Farbe zu geben* **2** ⟨Biol.⟩ *in menschl. u. tier. Zellen abgesetzter Farbstoff*

pi'kant ⟨Adj.⟩ **1** ~e Speisen *kräftig gewürzte, scharfe S.* **2** ⟨fig.⟩ *prickelnd, schlüpfrig, anzüglich;* ~e Lektüre; eine ~e Bemerkung, Anekdote

'Pi·ke ⟨f.; -, -n⟩ **1** *Spieß (des Landsknechts)* **2** von der ~ auf dienen ⟨fig.⟩ *seinen Beruf gründlich erlernen, die berufliche Karriere ganz von unten anfangen*

'Pil·ger ⟨m.; -s, -⟩ *jmd., der nach einem heiligen Ort, bes. Jerusalem, wandert*

'pil·gern ⟨V. 410 (s.)⟩ **1** *als Pilger nach einem heiligen Ort wandern;* nach Rom, Mekka ~ **2** ⟨fig.; umg.⟩ *beschaulich wandern, gehen*

'Pil·le ⟨f.; -, -n⟩ **1** *Arzneimittel in Kugelform;* ~n verschreiben, nehmen, schlucken **2** eine bittere ~ ⟨fig.; umg.⟩ *etwas Unangenehmes* 2.1 die bittere ~ schlucken *das Unangenehme auf sich nehmen* 2.2 jmdm. eine bittere ~ versüßen, verzuckern *jmdm. eine unangenehme Sache angenehm machen*

Pi'lot ⟨m.; -en, -en⟩ **1** *Flugzeugführer* **2** = *Lotse* **3** *strapazierfähiger Baumwollstoff für Berufskleidung*

Pilz ⟨m.; -es, -e⟩ **1** Höherer od. Echter ~ *Angehöriger einer Abteilung der Lagerpflanzen ohne Chlorophyll mit feinfädigen Vegetationskörpern, die ein Wurzelgeflecht aus einzelnen Zellen (Myzel) bilden;* eßbarer, giftiger ~; ~e suchen, sammeln **1.1** in die ~e gehen ⟨umg.⟩ *Pilze suchen* **1.2** hier sind überall neue Häuser wie ~e aus dem Boden geschossen ⟨umg.⟩ *sehr rasch gebaut worden* **2** niedere ~e *Gruppe niederer Pflanzen ohne Chlorophyll, die u. a. bei der Herstellung von Arzneimitteln od. von Nahrungs- u. Genußmitteln von Bedeutung sind u. teilweise a. als Krankheitserreger auftreten;* Antibiotika verdanken wir den ~n

'Pin·ne ⟨f.; -, -n⟩ **1** ⟨landschaftl.⟩ *kleiner Nagel, Stift, Reißzwecke* **2** ⟨seemannsspr.⟩ *Hebelarm des Steuerruders;* Ruder~ **3** *Stift, auf dem die Kompaßnadel ruht* **4** *flache Seite des Hammers*

'Pin·sel[1] ⟨m.; -s, -⟩ *Werkzeug mit Holzgriff mit eingesetzten Borsten zum Auftragen von Flüssigkeit, bes. Farbe;* Maler~, Kleister~, Rasier~; den ~ auswaschen; ein feiner, dicker ~

'Pin·sel[2] ⟨m.; -s, -; abwertend⟩ *einfältiger Mensch;* Einfalts~; eingebildeter ~

'pin·seln ⟨V.⟩ **1** ⟨402⟩ (etwas) ~ *mit dem Pinsel malen;* die Kinder pinselten eifrig; er hat (ein Bild) in sein Malbuch gepinselt **2** ⟨500⟩ etwas ~ *mit dem Pinsel anmalen, anstreichen;* einen Zaun grün ~ **3** ⟨500⟩ etwas ~ ⟨fig.; umg.⟩ *lange u. sorgfältig schreiben;* einen Aufsatz ins reine ~; die einzelnen Buchstaben ~ **4** ⟨530/R5⟩ jmdm. etwas ~ *mit einem kleinen Pinsel Arzneimittel auf etwas auftragen;* einem Kranken den Rachen ~

Pio'nier ⟨m.; -s, -e⟩ **1** *Angehöriger einer für kriegstechn. Arbeiten an der Front (Brücken-, Wegebau) ausgebildeten Truppe* **2** ⟨fig.⟩ *Bahnbrecher, Wegbereiter* **3** ⟨nur Pl.⟩ ~e *Organisation der DDR u. a. sozialist. Staaten für Kinder von 6 bis 10 u. 10 bis 13 Jahren;* Jung~e; Thälmann-~e

Pi'rat ⟨n.; -en, -en⟩ = *Seeräuber*

Pirsch ⟨f.; -; unz.; jägerspr.⟩ **1** *das weidgerechte Anschleichen des Jägers an das Wild* **2** *langsamer, vorsichtiger Gang durch das Revier, um Wild zu erlegen;* auf die ~ gehen

'Pi·ste ⟨f.; -, -n⟩ **1** *Einfassung der Manege im Zirkus* **2** *Radrennbahn* **3** *Bahn, Hang zum Rodeln u. Schilaufen* **4** ⟨Flugw.⟩ *Rollbahn*

Pi'sto·le[1] ⟨f.; -, -n⟩ **1** *kurze Handfeuerwaffe;* sich auf ~n duellieren; jmdn. auf ~n fordern **1.1** jmdm. die ~ auf die Brust setzen ⟨fig.⟩ *jmdn. unter Drohungen zu etwas zwingen, jmdn. zu einer Entscheidung drängen* **1.2** seine Antwort kam wie aus der ~ geschossen *ohne daß er überlegte, rasch*

Pi'sto·le[2] ⟨f.; -, -n; 17./19. Jh.⟩ *urspr. span., dann auch frz. u. dt. Goldmünze von 6,7 g*

pla'cie·ren ⟨a. [-'si:rən] V. 500⟩ oV *plazieren* **1** etwas ~ *an einen bestimmten Platz stellen, befördern, legen* **1.1** einen Ball (an eine bestimmte Stelle) ~ ⟨Tennis, Tischtennis⟩ *so schlagen, daß er auf einer bestimmten Stelle auftrifft* **1.2** eine kräftige Linke, Rechte an des Gegners Kinn ~ *mit der linken, rechten Faust genau ans Kinn schlagen* **1.3** einen Schuß ~ *treffsicher auf eine bestimmte Stelle schießen* **2** Kapital ~ *anlegen* **3** ⟨R7⟩ jmdn. (auf einen bestimmten Platz) ~ *jmdm. einen bestimmten Platz anweisen*

plä'die·ren ⟨V.⟩ **1** ⟨405⟩ ~ (auf) *ein Plädoyer halten;* auf Freispruch ~ **2** ⟨416⟩ für etwas ~ *für etwas sprechen, sich (mit Worten) für etwas einsetzen, (mit Worten) etwas unterstützen*

'Pla·ge ⟨f.; -, -n⟩ **1** ⟨umg.⟩ *mühsame, schwere Arbeit, große Mühe;* man hat schon seine ~ mit dir!; es ist eine ~ mit diesen Fußböden! **2** *anhaltende, lästige Beschwerde;* schreckliche, unerträgliche ~; die Bremsen sind eine ~ für das Pferd

'pla·gen ⟨V. 500⟩ **1** jmdn. ~ *jmdn. mit etwas belästigen, quälen;* mich plagte die Hitze, der Durst, Hunger; er wurde von Kopfschmerzen geplagt; das böse Gewissen hat sie geplagt **2** ⟨R3⟩ sich ~ *sich abmühen, schwer arbeiten;* sich mit einer Arbeit ~; du plagst dich den ganzen Tag

Pla·gi'at ⟨n.; -(e)s, -e⟩ *Diebstahl geistigen Eigentums, Veröffentlichung des geistigen Werkes (od. eines Teils davon) eines anderen als eigenes Werk;* Sy *geistiger Diebstahl*

Pla'kat ⟨n.; -(e)s, -e⟩ *öffentl. Aushang, Bekanntmachung in großem Format (bes. zu Werbezwecken, an Wänden, Litfaßsäulen usw.)*

Pla'ket·te ⟨f.; -, -n⟩ *kleine Platte mit einer bildl. Darstellung als Anstecknadel od. Gedenkmünze*

Plan[1] ⟨m.; -(e)s, ¨-e⟩ **1** *Vorhaben, Absicht;* einen ~ ausführen, verwirklichen, fallenlassen; jmds. ~, jmds. Pläne durchkreuzen, stören; wir haben den ~, uns ein Haus zu bauen; hast du schon Pläne für deinen Urlaub?; Pläne machen, schmieden; sich einen ~ für die Reise machen; der ~ ist gut, die Ausführung schwer; ein genialer, heimtückischer, kluger, kühner ~; er steckt immer voller Pläne **2** *schemat. Zeichnung aus der Vogelschau, Grundriß;* Stadt~; den ~ eines Gebäudes, Raumes, Grundstücks zeichnen **3** *Skizze für eine zu leistende Arbeit, ein Vorhaben, Einteilung einer Arbeit, eines Vorhabens;* Zeit~; einen ~ entwerfen

Plan[2] ⟨m.; -(e)s, (selten) -e⟩ **1** *ebene Fläche, freier Platz;* Wiesen~ **2** *Kampfplatz;* als Sieger auf dem ~ bleiben **3** auf dem ~ erscheinen ⟨fig.⟩ *in Erscheinung treten*

'Pla·ne ⟨f.; -, -n⟩ *dichtes Flachs- od. Hanfsegeltuch zum Überdecken von Wagenladungen u. a.;* Wagen~; ein Boot, Auto mit einer ~ abdecken

Pla'net ⟨m.; -en, -en⟩ *Himmelskörper, der sich auf ovaler Bahn um die Sonne bewegt*

pla'nie·ren ⟨V. 500⟩ Gelände, Boden ~ *ebnen, glätten*

'Plan·ke ⟨f.; -, -n⟩ **1** *breites Brett, bes. zur Umzäunung;* ein Zaun aus morschen, starken ~n **2** *Brett der Außenhaut des Schiffes u. der Schiffsböden*

'plän·keln ⟨V. 400⟩ **1** ⟨veralt.⟩ *ein leichtes Gefecht ausführen, Schüsse wechseln, ein wenig kämpfen* **2** ⟨fig.⟩ *sich neckend streiten*
'plan·schen ⟨V. 400⟩ *im Wasser spielen, sich im Wasser tummeln, mit Wasser spritzen;* Sy *plätschern(1.1);* die Kinder ~ gern in der Badewanne
'Plan·spiel ⟨n.⟩ *an besonderen Plänen od. an Landkarten durchgeführte militär. Übung im Lehrsaal, zuweilen von zwei „gegnerischen" Parteien geführt, Kriegsspiel*
Plan'ta·ge ⟨[-ʒə] f.; -, -n⟩ *Pflanzung in großem Umfang, großes bepflanztes Stück Land;* Baumwoll~, Erdbeer~, Kaffee~, Tabak~
'Plan·wirt·schaft ⟨f.⟩ *Wirtschaft, die vorwiegend auf staatlicher Planung beruht;* Ggs *Marktwirtschaft*
'plap·pern ⟨V. 402 od. 410⟩ **1** (etwas) ~ *viel u. nichtssagend reden, schwätzen;* er plappert wie ein Papagei; sie hat viel Unsinn geplappert **2** *unaufhörlich sprechen (von kleinen Kindern)*
'plär·ren ⟨V. 400⟩ **1** ⟨umg.⟩ *laut u. ungezogen weinen, schreien (bes. von Kindern);* der Säugling plärrt **2** ⟨402⟩ (etwas) ~ *seine Stimme schrill u. unschön (bei etwas) ertönen lassen;* ein Lied ~; die Befehle ~; das Radio plärrt (den ganzen Tag)
'Plas·ma ⟨n.; -s, -men⟩ **1** ⟨Biol.⟩ = *Protoplasma* **2** ⟨Med.⟩ *flüssiger Bestandteil von Blut u. Milch* **3** ⟨Phys.⟩ *Gas, das nicht aus neutralen Atomen u. Molekülen, sondern aus freien Elektronen u. Ionen besteht* **4** ⟨Min.⟩ *grüner Chalzedon*
'Pla·stik[1] ⟨f.; -, -en⟩ **1** ⟨unz.⟩ *Bildhauerkunst* **2** *Erzeugnis der Bildhauerkunst, z. B. Statue* **3** ⟨unz.; Chir.⟩ *Ersatz, Wiederherstellung von zerstörten Gewebs- u. Organteilen* **4** ⟨unz.⟩ *plastische(3-4) Beschaffenheit*
'Pla·stik[2] ⟨n.; -s, -s od. (selten) f.; -, -en⟩ *Kunststoff;* ein Gegenstand aus ~
'pla·stisch ⟨Adj.⟩ **1** ⟨24⟩ *die Plastik[1](1-3) betreffend, zu ihr gehörig* 1.1 ~e Chirurgie = *Plastik(3)* **2** *modellierbar, knetbar;* eine ~e Masse 2.1 ~er Sprengstoff = *Plastikbombe* **3** *dreidimensional;* das Bild wirkt fast ~ **4** ⟨fig.⟩ *anschaulich, einprägsam, deutlich, bildhaft;* etwas ~ darstellen
'Pla·tin ⟨n.; -s; unz.; Zeichen: Pt⟩ *chem. Element, weißes, glänzendes Edelmetall, Ordnungszahl 78*
pla'to·nisch ⟨Adj. 24⟩ **1** *die Philosophie Platos betreffend, zu ihr gehörend, auf ihr beruhend* **2** ~e Körper ⟨Geom.⟩ *von lauter regelmäßigen, kongruenten Vielecken begrenzte K.;* Sy *regelmäßige K.* **3** ~e Liebe ⟨fig.⟩ *nicht körperliche, rein seelische od. geistige L.*
'plät·schern ⟨V. 400⟩ **1** das Wasser plätschert *fließt od. fällt mit leisem, klatschendem Geräusch;* der Bach, Brunnen plätschert leise; die Wellen ~ 1.1 im Wasser ~ = *planschen* **2** jmds. Rede plätschert ⟨fig.; umg.⟩ *jmd. spricht monoton u. ununterbrochen*
platt ⟨Adj.⟩ **1** *flach, eben, breitgedrückt;* eine ~e Nase; ~ auf dem Bauch liegen; sich ~ auf die Erde, den Boden legen 1.1 ⟨60⟩ ~er Reifen *R. ohne Luft, Reifenpanne* 1.2 ⟨60⟩ auf dem ~en Lande *in der Ebene, im Tiefland* **2** ⟨fig.⟩ *geistlos, nichtssagend;* ~e Redensarten, Sprüche, Witze **3** ⟨40⟩ ~ sein ⟨fig.; umg.⟩ *sprachlos, sehr erstaunt;* er war (einfach) ~
'Plat·te ⟨f.; -, -n⟩ **1** *ebenes, flaches Gebilde, meist von geringer Stärke, Scheibe;* Holz~; Marmor~; Metall~; Stein~; Herd~; Tisch~ 1.1 *Schallplatte;* eine ~ auflegen; ~n hören, spielen; ~n kaufen, sammeln; ich besitze das Weihnachtsoratorium auf ~n; Musik auf ~n übertragen 1.1.1 immer dieselbe ~ ablaufen lassen ⟨fig.; umg.⟩ *immer wieder von derselben Sache sprechen* 1.1.2 leg endlich mal eine neue ~ auf! ⟨fig.; umg.⟩ *sprich endlich einmal von etwas anderem!* 1.2 *sehr flache Schüssel zum Anrichten von Speisen;* Fleisch~; Torten~ 1.2.1 *auf einer Platte(1.2) angerichtete Speisen;* Aufschnitt~; Gemüse~; Käse~; kalte ~ 1.3 *Druckstock;* Druck~ 1.4 *Glasscheibe mit lichtempfindl. Schicht für photograph. Aufnahmen* 1.4.1 jmdn. auf die ~ bannen ⟨umg.; veralt.⟩ *photographieren* 1.4.2 (das) kommt nicht auf die ~! ⟨fig.; umg.⟩ *(das) kommt nicht in Frage!* **2** *obere ebene Fläche;* Fels~ 2.1 *obere Fläche eines Tafelberges* **3** ⟨fig.; umg.⟩ = *Glatze;* eine ~ haben
'plät·ten ⟨V.⟩ = *bügeln*
'Platt·form ⟨f.⟩ **1** *flacher, erhöhter Platz;* einen herrlichen Blick von der ~ des Aussichtsturmes haben; auf die ~ hinaufsteigen **2** *Raum ohne Sitzplätze an beiden Enden des Eisen- u. Straßenbahnwagens;* vordere, hintere ~ **3** *Basis, von der man bei seinen Handlungen ausgeht;* nach einer gemeinsamen ~ suchen
'Platt·fuß ⟨m.⟩ **1** *Fuß mit zu geringer Wölbung des Fußgelenkes nach oben: Pes planus* **2** ⟨unz.; fig.⟩ *Reifen, aus dem die Luft entwichen ist*
Platz ⟨m.; -(e)s, ¨-e⟩ **1** *Stelle, Ort (zu einem bestimmten Zweck);* Bau~, Sitz~; Steh~; seinen ~ einnehmen; nicht vom ~(e), von seinem ~(e) weichen; (nicht) am richtigen ~ stehen; hier ist noch ein leerer ~; er bot mir seinen ~ an; wir haben im Wagen noch einen ~ frei; den ~ (mit jmdm.) tauschen, wechseln; seinen ~ wechseln; er ist der rechte Mann am rechten ~; ~ da! (unhöfl. Aufforderung, beiseite zu gehen); auf die Plätze, fertig, los! (Kommando beim Wettlauf, Wettschwimmen usw. für den Start); er ist hier fehl am ~e ⟨fig.⟩ 1.1 auf dem ~e bleiben ⟨a. fig.⟩ *besiegt werden, umkommen* 1.2 diese Bemerkung, dieses Verhalten ist hier nicht am ~e ⟨fig.⟩ *nicht richtig, nicht angebracht* **2** *Sitzplatz;* alle erhoben sich von ihren Plätzen; sich od. jmdm. einen ~ belegen, reservieren; ~! (Befehl an einen Hund, sich zu setzen) 2.0.1 ~ behalten *sitzen bleiben* 2.0.2 ~ nehmen *sich setzen;* bitte nehmen Sie ~! 2.1 *durch Güte und Preis bestimmter Sitzplatz (im Theater usw.);* jmdm. einen ~ anweisen; einen ~ im Theater, Zirkus usw. bestellen; wir haben im Theater unseren festen ~; erster, zweiter ~ (im Theater, Kino) **3** *freie Stelle innerhalb eines bebauten Geländes, bes. einer Stadt, meist an der Kreuzung mehrerer Straßen;* Markt~; Straßen und Plätze einer Stadt; ein geschützter, windstiller ~ **4** *abgegrenztes, für bestimmte, bes. sportl. Zwecke hergerichtetes Gelände;* Golf~; Spiel~; Sport~; Tennis~ **5** *Ort, Stadt;* Handels~ 5.1 das beste Geschäft am ~e *hier, am Ort, in dieser Stadt* 5.2 → a. *fest(2.1)* **6** ⟨unz.⟩ *Raum, Unterbringungsmöglichkeit;* der Schrank nimmt viel ~ ein; der Saal hat, bietet ~ für 100 Personen; ~ (für etwas) lassen; ~ (für etwas) schaffen; hier ist

kein ~ mehr für Bücher; das findet hier auch noch ~ 6.1 jmdm. ~ machen *beiseite treten, rücken* 6.2 ~ greifen ⟨fig.⟩ *um sich greifen, sich ausbreiten;* ein Brauch, Mißbrauch, Übelstand greift ~ **7** *verfügbare Stelle (für die Teilnahme an etwas od. die Unterbringung an einem bestimmten Ort);* für die Flugreise sind noch verschiedene Plätze frei **8** *Rang, Position in einer Reihenfolge (im Ergebnis eines Wettkampfs);* den ersten, zweiten ~ belegen 8.1 auf ~ wetten (beim Pferderennen) *darauf wetten, daß ein bestimmtes Pferd als erstes, zweites, drittes, (auch) viertes durchs Ziel geht* 8.2 die anderen Teilnehmer auf die Plätze verweisen *auf eine Position nach der des Siegers verweisen*

'Plätz·chen ⟨n.; -s, -⟩ **1** *kleiner Platz;* ist hier noch ein ~ frei? **2** ⟨landschaftl.⟩ *schmales, kleines Gebäck;* ~ backen, essen, ausstechen

'plat·zen ⟨V. (s.)⟩ **1** ⟨400⟩ etwas platzt *etwas zerspringt mit großem Knall, wird durch übermäßigen Druck von innen auseinandergerissen;* der Dampfkessel ist geplatzt; ein Rohr, Reifen, Luftballon platzte; Bomben, Minen, Granaten ~; die Hose, die Naht platzte beim Bücken 1.1 ⟨410⟩ aus allen Nähten ~ ⟨fig.; umg.⟩ *zu dick werden* 1.2 → a. *Kragen(2.3), Bombe(3.1)* **2** ⟨400⟩ etwas platzt ⟨fig.; umg.⟩ *nimmt ein plötzliches Ende, scheitert;* die Sache ist geplatzt; die Verlobung ~ lassen 2.1 *auf-, entdecken;* die Lüge, der Schwindel, Betrug, Spionagering ist geplatzt **3** ⟨414⟩ vor ... ~ ⟨fig.; umg.⟩ *von etwas sehr ergriffen, stark mitgenommen sein;* er konnte vor Wut, Ärger, Neid ~; wir sind vor Lachen fast geplatzt **4** ⟨611⟩ jmdm. ins Haus ~ ⟨fig.; umg.⟩ *unerwartet zu jmdm. zu Besuch kommen*

'plau·dern ⟨V.⟩ **1** ⟨410⟩ *zwanglos unterhaltend reden;* wir haben eine ganze Stunde gemütlich, nett, angeregt miteinander od. zusammen geplaudert; er kann reizend ~; er plauderte von seinen Erlebnissen **2** ⟨417⟩ mit jmdm. ~ *sich zwanglos u. nicht tiefgründig mit jmdm. unterhalten;* wir haben mit Bekannten, Nachbarn, Freunden geplaudert **3** ⟨410⟩ aus der Schule ~ ⟨fig.; umg.⟩ *etwas, das eigentl. nur für einen kleinen Kreis bestimmt ist, erzählen*

pla'zie·ren ⟨V. 500⟩ = *placieren*

'Plei·te ⟨f.; -, -n⟩ **1** = *Bankrott;* ~ machen **2** ⟨fig.; umg.⟩ *Reinfall, Mißerfolg;* die ganze Sache war eine ~; das ist ja eine schöne ~!

'Ple·num ⟨n.; -s; unz.⟩ *Vollversammlung*

'Plom·be ⟨f.; -, -n⟩ **1** *Siegel aus Metall zum Verschluß von Behältern od. Eisenbahnwagen* **2** = *Füllung(2.3)*

'plötz·lich ⟨Adj.⟩ **1** *unerwartet, mit einemmal, sehr schnell (eintretend od. geschehend), jäh;* ~er Besuch; eine ~e Bewegung; ein ~er Entschluß; die Krankheit ist ganz ~ aufgetreten; ~ kam mir ein Gedanke; ~ sagte er ...; ~ sah, hörte ich ...; ~ stand er vor mir 1.1 bitte, etwas ~! ⟨umg.; scherzh.⟩ *nun aber schnell!* 1.2 es kommt mir so ~ ⟨umg.⟩ *ich bin gar nicht darauf vorbereitet*

plump ⟨Adj.⟩ **1** *grob (in der Form), unförmig;* ~e Gestalt, ~er Körper; ~e Hände, Füße **2** *schwerfällig, ungeschickt;* ~er Gang, ~e Bewegungen; sich ~ ausdrücken **3** ⟨fig.⟩ *nicht fein, derb, unzart;* ~er Annäherungsversuch; ~er Witz 3.1 ⟨50⟩ ~ vertraulich *zudringlich vertraulich* **4** *dummdreist, unverschämt u. gleichzeitig leicht durchschaubar;* ~e Lüge, Falle; ein ~er Betrug, Schwindel

'plump·sen ⟨V. 411(s.); umg.⟩ *(durch Ungeschicklichkeit, Unbeholfenheit) schwerfällig od. mit dumpf klatschendem Geräusch fallen, hineinfallen;* ins Wasser ~

'Plun·der ⟨m.; -s; unz.; abwertend⟩ **1** *unbrauchbar gewordener Kram;* er hebt allen möglichen ~ auf **2** *billige, wertlose od. unnütze Dinge*

'plün·dern ⟨V. 500⟩ **1** jmdn. od. etwas ~ *ausrauben, rücksichtslos, roh alles wegnehmen;* Läden ~; Obstbäume ~; die Soldaten haben die Kirche nicht geplündert; eine Stadt (nach der Eroberung) ~ 1.1 den Weihnachtsbaum ~ ⟨fig.; umg.⟩ *am Ende der Weihnachtszeit das letzte Zuckerzeug vom Baum nehmen* 1.2 die Speisekammer ~ ⟨fig.; umg.⟩ *alles Eßbare aufessen*

Plu·ra'lis·mus ⟨m.; -; unz.⟩ **1** ⟨Philos.⟩ *Lehre, nach der die Wirklichkeit aus vielen selbständigen Wesen besteht, die insgesamt keine Einheit bilden* **2** ⟨Pol.⟩ *Auffassung, daß der Staat aus vielen koexistierenden Interessengruppen besteht*

plus ⟨Konj.; Zeichen: +⟩ *und, dazu, zuzüglich;* Ggs *minus, ab(4)* ⟨kaufmannsspr.⟩

Plus ⟨n.; -, -⟩ Ggs *Minus* **1** *Mehrbetrag, Überschuß* **2** ⟨umg.⟩ *Vorteil, Gewinn*

Plüsch ⟨m.; -es, -e⟩ **1** *Baumwollstoff mit langem Flor* **2** *Wirkware mit langem Flor*

Pneu'ma·tik[1] ⟨m.; -s, -s od. österr. f.; -, -en⟩ *Luftreifen*

Pneu'ma·tik[2] ⟨f.; -; unz.; Phys.⟩ *Lehre von der Luft u. ihren Bewegungen*

'Pö·bel ⟨m.; -s; unz.; abwertend⟩ *gemeine, rohe Volksmasse, Abschaum des Volkes;* jmdn. der Wut des ~s ausliefern

'po·chen ⟨V.⟩ **1** ⟨400⟩ etwas pocht *etwas schlägt ununterbrochen im gleichen Takt;* das Herz pocht (mir bis zum Hals); der Puls pocht; mit pochendem Herzen **2** ⟨410⟩ *(an)klopfen;* laut, leise ~; er hat an die Tür, ans Fenster gepocht; es pocht **3** ⟨800⟩ auf etwas ~ ⟨fig.⟩ *auf etwas bestehen, etwas energisch verlangen;* auf sein Recht, Geld ~; er pochte auf die Zahlung **4** ⟨500⟩ Erz, Kohlen ~ ⟨bergmannsspr.⟩ *zerklopfen*

Po'dest ⟨n. od. m.; -es, -e⟩ **1** *Treppenabsatz* **2** *schmales Podium* **3** *schmales Gestell mit einem Fuß*

'Po·di·um ⟨n.; -s, -di·en⟩ *gegenüber dem Fußboden erhöhte Fläche*

Poe'sie ⟨f.; -, -n⟩ **1** ⟨i. w. S.⟩ *Dichtkunst* 1.1 ⟨i. e. S.⟩ *Dichtung in Versen, in gebundener Rede;* Ggs *Prosa(1)* **2** ⟨fig.⟩ *Stimmungsgehalt, Zauber;* Ggs *Prosa(2);* die ~ des Alltags

Pointe ⟨[po'ɛ̃t(ə)]; f.; -, -n⟩ *geistreicher, überraschender Höhepunkt einer Erzählung od. Darstellung;* die ~ des Witzes

Po'kal ⟨m.; -s, -e⟩ *Trinkgefäß aus Metall (Silber, Gold) od. Kristall mit Fuß u. oft mit Deckel (auch als Siegespreis bei sportl. Wettkämpfen)*

Pol[1] ⟨m.; -s, -e⟩ **1** *Drehpunkt, Mittelpunkt* 1.1 ⟨Geogr.⟩ *nördl. bzw. südl. Endpunkt der Erdachse;* Nord~, Süd~ **2** ⟨Math.⟩ *Punkt mit bes. Bedeutung* **3** ⟨El.⟩ 3.1 *Anschlußklemme von Stromquellen;* Minus~, Plus~ 3.2 *Ein- od. Austrittsstelle magnet. Feldstärkenlinien;* Magnet ~, Minus ~, Plus ~; negativer, positiver ~

Pol² ⟨m.; -s, -e⟩ *die mit Flor bedeckte Oberseite von Samt u. Plüsch*

po'lar ⟨Adj. 24; Geogr.⟩ *zu den Polen gehörend*

Po'le·mik ⟨f.; -, -en⟩ *wissenschaftl., meist publizist. ausgetragener Streit*

po'le·misch ⟨Adj.⟩ *in der Art einer Polemik*

Po'lier ⟨m.; -s, -e⟩ *Vorarbeiter der Maurer u. Zimmerleute*

po'lie·ren ⟨V. 500⟩ etwas ~ **1** *glänzend machen, putzen;* Möbel, den Fußboden ~ **2** *die letzten Unebenheiten entfernen von, fein glätten;* Metall ~

Po·li'tik ⟨f.; -, (selten) -en⟩ **1** *alle Maßnahmen zur Führung eines Gemeinwesens hinsichtl. seiner inneren Verwaltung u. seines Verhältnisses zu anderen Gemeinwesen;* Partei ~, Kommunal ~; eine (bestimmte) ~ betreiben, verfolgen; eine erfolgreiche, geschickte, kluge, kriegerische ~; sich (nicht) für ~ interessieren; sich mit ~ beschäftigen 1.1 ⟨i. e. S.⟩ *Politik(1) eines Staates;* Außen ~, Innen ~; äußere, innere ~; die deutsche, englische, französische ~ **2** ⟨fig.⟩ *berechnendes Verhalten;* mit dieser ~ kommt er nicht durch

po'li·tisch ⟨Adj. 24⟩ **1** *die Politik betreffend, zu ihr gehörend, auf ihr beruhend;* im ~en Leben stehen; ~e Nachrichten; einen ~en Fehler machen 1.1 ~es Verbrechen *gegen Bestand u. Sicherheit eines (bes. totalitären) Staates gerichtetes V.* 1.2 ~er Flüchtling *F. mit politischen(1) Motiven* **2** ~e Ökonomie *Volkswirtschaftslehre*

Po·li'zei ⟨f.; -; unz.⟩ **1** *Behörde zur Aufrechterhaltung der öffentl. Ordnung u. Sicherheit;* die ~ holen; jmdn. der ~ übergeben **2** *die Amtsräume der Polizei(1);* auf die ~ gehen **3** *Gesamtheit der bei der Polizei(1) beschäftigten Beamten* **4** dümmer, als die ~ erlaubt ⟨umg.⟩ *außergewöhnlich dumm*

po·li'zei·lich ⟨Adj. 24/90⟩ **1** *die Polizei betreffend, zu ihr gehörend, mit ihrer Hilfe durchgeführt;* unter ~er Bewachung; ~e Vorschriften; Rauchen ist hier ~ untersagt; Mißbrauch wird ~ verfolgt, bestraft (Aufschrift auf Verbotsschildern) 1.1 sich ~ an-, abmelden *bei der zuständigen Polizeibehörde*

'Pol·ster ⟨n.; -s, -; (österr.) m.; -s, ¨ od. -⟩ **1** *mit weicher, aber fester Füllung, meist auch mit Sprungfedern sowie Stoffüberzug versehene Auflage für Stühle, Sessel, Sofas, Couches;* die ~ reinigen, neu beziehen; sich in die ~ zurücklehnen; ein weiches, hartes ~; Leder ~, Plüsch ~, Schaumgummi ~; Sessel ~, Stuhl ~ 1.1 *Auflegematratze* **2** ⟨allg.⟩ *dicke, weiche Unterlage;* sich od. jmdm. einen Mantel als ~ unter den Kopf legen **3** ⟨fig.; umg.⟩ *Fettpolster;* über den Winter hatte sich bei ihr ein ganz schönes ~ angesetzt; Speck ~ **4** ⟨fig.⟩ *(größere) finanzielle Rücklage, Reserven;* ein finanzielles ~ haben

'Pol·ter·abend ⟨m.⟩ *Vorabend der Hochzeit, an dem nach altem Brauch vor der Tür Geschirr zerschlagen wird, dessen Scherben dem Brautpaar Glück bringen sollen;* den ~ feiern

'pol·tern ⟨V.⟩ **1** ⟨400⟩ es od. etwas poltert *fällt mit dumpf krachendem Geräusch hin;* im Nebenzimmer hat es gepoltert; Steine, Kisten ~ vom Wagen auf die Straße; die Tür fiel ~d zu; in der Wohnung über uns war ein Poltern zu hören 1.1 ⟨411⟩ an die Tür ~ *laut klopfen, schlagen* **2** ⟨411(s.)⟩ jmd. od. etwas poltert *geht od. fährt mit dumpf krachendem Geräusch, bewegt sich geräuschvoll;* der Wagen poltert über das Pflaster, über die Brücke; ~d die Treppe hinunterlaufen; er polterte über die Schwelle, Treppe **3** ⟨400; fig.⟩ *schimpfen, ohne es böse zu meinen;* er polterte (ein wenig), weil ich zu spät kam; er fing zu ~ an **4** ⟨umg.⟩ *am Polterabend Geschirr vor der Tür zerschlagen;* heute abend wird bei uns gepoltert

Po·ly·amid ⟨[---'-] n.⟩ *durch Kondensation von organ. Säuren mit Aminen hergestellter thermoplast. Kunststoff, z. B. Nylon, Perlon*

Po'lyp ⟨m.; -en, -en⟩ **1** ⟨Med.⟩ *gestielte Geschwulst* **2** *Kopffüßler* 2.1 *auf einer Unterlage festsitzendes einzelnes Nesseltier mit Fangarmen;* Süßwasser ~ **3** ⟨umg.; scherzh.⟩ *Schutzmann*

Po·ly'tech·ni·kum ⟨n.⟩ *höhere techn. Fachschule*

Po·ly·the'is·mus ⟨m.⟩ *Glaube an mehrere Götter zugleich*

Po·me'ran·ze ⟨f.; -, -n⟩ *Zitrusgewächs, dessen bittere Fruchtschale als Gewürz verwendet wird: Citrus aurantium;* Sy *Bitterorange*

Pomp ⟨m.; -(e)s; unz.⟩ *Prunk, übertriebene Pracht*

'Po·ny ⟨n.; -s, -s⟩ **1** *Pferd, dessen Widerrist nicht höher als 1,50 m ist* **2** ⟨fig.⟩ *in die Stirn gekämmtes, gleichmäßig geschnittenes Haar*

'Po·panz ⟨m.; -es, -e⟩ **1** = *Schreckgespenst(1)* **2** *spaßige Figur, Strohpuppe* **3** ⟨fig.⟩ *willenloser, von anderen in seinen Handlungen abhängiger Mensch*

Po'po ⟨m.; -s, -s; umg.⟩ *Gesäß*

po·pu'lär ⟨Adj.⟩ *volkstümlich, beliebt*

'Po·re ⟨f.; -, -n⟩ **1** *feines Loch, kleine Öffnung* **2** *Mündung der Schweißdrüsen in der Haut*

Por·no·gra'phie ⟨f.; -; unz.⟩ *obszöne Darstellung geschlechtl. Vorgänge in Wort u. Bild*

po'rös ⟨Adj.⟩ **1** *durchlässig (für Flüssigkeit u. Luft)* **2** *mit feinsten Löchern versehen*

Por'tal ⟨n.; -s, -e⟩ *architektonisch verziertes Tor;* Kirchen ~

Porte·mon·naie ⟨[pɔrtmɔ'ne:] n.; -s, -s⟩ = *Geldbeutel*

Por·tier ⟨[-'tje:] m.; -s, -s⟩ = *Pförtner(1)*

Por·ti'on ⟨f.; -, -en⟩ **1** *abgemessene Menge (bes. von Speisen);* eine ~ Eis, Gemüse, Kartoffeln; sich noch eine ~ nehmen 1.1 er ist nur eine halbe ~ ⟨fig.; umg.⟩ *er ist sehr dünn, klein* 1.2 er besitzt eine tüchtige ~ Frechheit ⟨fig.; umg.⟩ *ist sehr frech*

'Por·to ⟨n.; -s, -s od. -ti⟩ *Gebühr für das Befördern von Postsendungen;* Brief ~, Paket ~

Por·trait ⟨[-'trɛ:] n.; -s, -s⟩ = *Porträt*

Por·trät ⟨[-'trɛ:] od. [-'trɛt] n.; -s, -s⟩ oV *Portrait* = *Bildnis*

Por·zel'lan ⟨n.; -s, -e⟩ **1** *dichtes, weißes, durchscheinendes keramisches Erzeugnis* **2** *Tafelgeschirr aus Porzellan(1)*

Po'sau·ne ⟨f.; -, -n⟩ **1** *Blechblasinstrument mit zwei ineinander liegenden U-förmigen Rohren, von denen das eine (der Zug) verschoben werden kann;* ~ spielen, blasen; Zug ~; tönen, schmettern wie die ~n von Jericho **2** die ~n des Jüngsten Gerichts *Ankündigung des J. G. (nach 1. Korintherbrief 15,52)*

'Po·se¹ ⟨f.; -, -n⟩ **1** *gekünstelte, gezierte Haltung;* eine ~ einnehmen **2** ⟨bildende Kunst⟩ *Stellung, Haltung (einer Person);* Figur in der ~ eines Schlafenden, Kämpfenden

'Po·se² ⟨f.; -, -n⟩ **1** ⟨nddt.⟩ *Federkiel* **2** ⟨landschaftl.⟩ *(ursprünglich mit Hilfe einer Feder hergestellter) Schwimmkörper an der Angelschnur*

Po·si·ti'on ⟨f.; -, -en⟩ **1** *Haltung, Stellung;* sich jmdm. gegenüber in einer starken, schwachen ~ befinden **2** *Stellung im Beruf;* eine gesicherte, unsichere, gute, schlechte ~ haben **3** *Lage;* ~ einer Figur 3.1 = *Standort(1);* die ~ eines Schiffes, Flugzeugs ermitteln, feststellen 3.2 = *astronomischer Ort;* ~ eines Gestirns **4** *Stelle in einem System;* ~ einer Zahl, Ziffer **4**.1 ⟨Abk.: Pos.⟩ *einzelner Posten (in einem Haushaltsplan, einer Liste)* **5** *Bejahung;* ~ eines Urteils

'po·si·tiv ⟨Adj.⟩ **1** Ggs *negativ* 1.1 *bejahend;* eine ~e Antwort; ~es Ergebnis, ~e Haltung 1.2 ~er Befund ⟨Med.⟩ *B., daß tatsächlich Anzeichen einer Krankheit vorliegen* 1.3 ~es Urteil *zustimmend;* eine ~e Kritik; sich zu einer Sache ~ äußern 1.4 ⟨Math.⟩ *größer als Null;* ~e mathemat. Größen 1.5 ⟨Philos.⟩ *wirklich vorhanden, gegeben* 1.6 ~er Pol ⟨El.⟩ *P., an dem Elektronen in einen Körper eintreten;* ~e Ladung **2** ⟨umg.⟩ *bestimmt, gewiß;* weißt du das ~?

'Po·si·tiv¹ ⟨m.; -s, -e; [-və]⟩ *Form des Adjektivs, das nicht gesteigert ist*

'Po·si·tiv² ⟨n.; -s, -e; [-və]⟩ **1** *kleine Orgel ohne festen Standort u. nur mit Tasten, die von der Hand bedient werden* **2** *Bild in der richtigen Wiedergabe der Seiten u. von Licht u. Schatten;* Ggs *Negativ*

'Pos·se ⟨f.; -, -n⟩ = *Farce(1.1)*

Post ⟨f.; -; unz.⟩ **1** *(staatl.) Einrichtung zur Beförderung von Nachrichten (z. B. Briefen, Karten, Fernschreiben, Telephongesprächen), Geld, Gütern (z. B. Päckchen, Paketen);* er arbeitet, ist bei der ~; Zeitungen durch die ~ beziehen **2** *die von der Post(1) beförderten Briefe u. a. Gegenstände;* die ~ wird nur noch einmal am Tag ausgetragen; ist ~ für mich da?; ich habe meine ~ noch nicht gelesen; die eingegangene, heutige ~ 2.1 mit gleicher ~ senden wir Ihnen *gleichzeitig, am selben Tage* **3** *der Inhalt einer Nachricht;* von jmdm. ~ bekommen; ~ beantworten; gute, schlechte, traurige ~ **4** *Postamt;* die ~ ist von 8 bis 18 Uhr geöffnet; einen Brief auf die ~ bringen **5** *Postkutsche* 5.1 *zur Post(1) gehörendes Kraftfahrzeug zur Personenbeförderung;* Kraft~; mit der ~ fahren

'Post·bo·te ⟨m.; bes. süddt.⟩ *Briefträger*

'Po·sten ⟨m.; -s, -⟩ **1** *jmd., der Wache hält, etwas beobachtet, bewacht;* Wacht~; die ~ aufstellen, einziehen, ablösen, verdoppeln, verstärken 1.1 auf ~ ziehen *den Dienst als Wache antreten* 1.2 ~ stehen *Wache halten* 1.3 auf dem ~ sein *aufpassen, Wache halten;* auf seinem ~ bleiben 1.4 auf dem ~ ⟨a. fig.⟩ *wohlauf, gesund* 1.5 → a. *verloren(2.3)* **2** *Anstellung, Stelle, Amt;* ein guter ~, einen ~ bei einer Partei haben **3** *bestimmte Menge von Waren (aus einem Sortiment);* einen ~ Unterhemden kaufen **4** *einzelner Betrag (in einer Rechnung)* 4.1 *gebuchter Betrag;* dieser ~ stimmt nicht **4**.2 *einzelne Ziffer in einem Haushalt* **5** ⟨Jagdw.⟩ *grober Schrot;* Reh~

po'stie·ren ⟨V. 500/R7⟩ jmdn. (an eine, an einer Stelle) ~ *an einer Stelle aufstellen;* sich (als Wache) vor die, vor der Tür, vor ein, einem Gebäude ~

'Po·stil·li·on ⟨m.; -s, -e⟩ **1** *Fahrer der Postkutsche* **2** ⟨Zool.⟩ *zu den Weißlingen gehörender Falter mit dunkel gesäumten, gelben Flügeln: Colias croceus*

'post·wen·dend ⟨Adj. 24/90⟩ *mit der nächsten Post, sofort;* ~ antworten, schreiben, schicken

po·ten·ti'ell ⟨Adj. 24/80⟩ **1** *möglich, denkbar* **2** ~e Energie ⟨Phys.⟩ *E. der Lage*

Po'tenz ⟨f.; -, -en⟩ **1** ⟨unz.; Med.⟩ Ggs *Impotenz(1)* 1.1 *Fähigkeit des Mannes, den Geschlechtsverkehr auszuüben* 1.2 *Zeugungsfähigkeit* **2** ⟨unz.; Homöopathie⟩ *Grad der Verdünnung (eines Arzneimittels)* **3** ⟨Math.⟩ *Produkt mehrerer gleicher Faktoren* 3.1 eine Zahl in die zweite, dritte, vierte ~ erheben *das Produkt aus zwei-, drei-, viermal derselben Zahl*

po·ten'zie·ren ⟨V. 500⟩ **1** eine Kraft ~ *steigern, erhöhen* **2** Zahlen ~ ⟨Math.⟩ *in die Potenz erheben, mit sich selbst multiplizieren* **3** Arzneimittel ~ ⟨Homöopathie⟩ *durch (mehrfaches) Hinzufügen der jeweils gleichen Menge Wasser verdünnen*

potz'tau·send ⟨Int.⟩ *(Ausruf des Erstaunens, der Überraschung)*

Pracht ⟨f.; -; unz.⟩ **1** *strahlende Schönheit, reicher, glänzender Aufwand, strahlender Glanz von Silber, Gold, Edelsteinen u. Farben, Prunk;* verschwenderische ~; sich mit großer ~ umgeben; große ~ entfalten 1.1 es ist eine ~ ⟨fig.⟩ *es ist herrlich* 1.2 → a. *kalt(3.9)*

'präch·tig ⟨Adj.⟩ **1** *mit großer Pracht ausgestattet, prachtvoll;* eine ~e Ausstattung (von Räumen); ~e Gewänder **2** *herrlich, großartig, vortrefflich;* der Festzug war ~ anzuschauen; das ist ja ~! ⟨umg.⟩; das hat er ~ gemacht ⟨umg.⟩ 2.1 ein ~es Mahl *üppiges, reichhaltiges M.* 2.2 ein ~er Mensch ⟨umg.⟩ *M. mit vielen guten Eigenschaften*

Prä·di'kat ⟨n.; -(e)s, -e⟩ **1** *Titel, Bezeichnung für einen Rang;* Adels~ **2** *Ergebnis einer Bewertung, Beurteilung;* Sy *Note(2);* eine Arbeit mit dem ~ „sehr gut" bewerten **3** ⟨Logik⟩ *Glied eines Urteils, das die Aussage über ein Subjekt enthält* 3.1 ⟨Gramm.⟩ *Satzteil, der Tätigkeit, Zustand od. Eigenschaft eines Subjektes angibt*

'prä·gen ⟨V. 500⟩ **1** etwas ~ *durch Druck mechanisch so formen, daß in eine Form (Prägestock, Prägestempel) erhaben od. vertieft eingearbeitete Figur, Gestalt, Schrift o. ä. plastisch abgebildet wird;* Münzen ~; geprägte Pappe, geprägtes Leder 1.1 ⟨531/R3⟩ sich etwas ins Gedächtnis, Herz ~ ⟨fig.⟩ *etwas (fest) im G., H. behalten;* das Erlebnis hat sich mir fest, tief ins Gedächtnis geprägt **2** eine Sache ~ ⟨fig.⟩ *gestalten, mit einem bestimmten Gepräge, einer bestimmten Eigenart versehen;* die Literatur der Klassik ist durch Goethe u. Schiller geprägt worden; sein Charakter ist durch tiefe Eindrücke, schwere Erlebnisse in seiner Jugend geprägt worden **3** (etwas Sprachliches) ~ *erstmalig bilden, hervorbringen;* ein Wort ~; einen Begriff, Ausspruch, Satz ~

Prag'ma·tik ⟨f.; -; unz.⟩ **1** *derjenige Aspekt der allgemeinen Zeichenlehre, der die Beziehungen zwischen den Zeichen und den Menschen, die sie vereinbaren und anwenden, betrifft* **2** ⟨österr.⟩ *Ordnung des Staatsdienstes*

prag'ma·tisch ⟨Adj.⟩ **1** *im Sinne des Pragmatismus* **2** *zur Pragmatik(1) gehörig, auf der Pragmatik(1) beruhend* **3** *sachlich, den Tatsachen, Erfahrungen, der Praxis des Lebens entsprechend, dem prakt. Nutzen dienend* 3.1 ~e Geschichtsschreibung *G., die die Ursachen u. Wirkungen von histor. Ereignissen erforscht u. daraus Lehren zu ziehen sucht* 3.2 ~e Sanktion ⟨früher⟩ *die Angelegenheiten des Staates regelndes Grundgesetz, bes. das Karls VI. von 1713, in dem er die Unteilbarkeit der habsburg. Erbländer u. die Erbfolge festlegte*

Prag·ma'tis·mus ⟨m.; -; unz.⟩ *Lehre, nach der sich das Wesen des Menschen in seinem Handeln ausdrückt u. nach der Handeln u. Denken dem prakt. Leben dienen sollen*

'Prä·gung ⟨f.; -, -en⟩ **1** *das Prägen;* die ~ einer Münze **2** *geprägtes Bild od. Muster;* die ~ der Medaille ist zu flach; eine schöne, saubere ~ **3** ⟨fig.⟩ *Gepräge, Eigenart;* ein Mensch von (ganz) eigener ~; ein Buch von besonderer ~; Stil~, Wort~

'prah·len ⟨V. 400; abwertend⟩ (mit etwas) ~ *sich einer Sache rühmen, sich wichtig machen, großtun;* mit seinen Erfolgen, seinem Können ~; er hat vor ihr mit seinen Beziehungen geprahlt

'Prak·tik ⟨f.; -, -en⟩ **1** *Ausübung (einer Tätigkeit)* **2** *Handhabung (eines Werkzeugs)* **3** *Verfahren* **4** ⟨fig.⟩ *Kunstgriff, Kniff* **5** ⟨15./17. Jh.⟩ *(Anhang an den) Kalender mit Bauernregeln* **6** ⟨nur Pl.⟩ ~en *Machenschaften;* dunkle ~en

'Prak·ti·ker ⟨m.; -s, -⟩ **1** *prakt. Mensch, Mann mit prakt. Erfahrung;* Ggs *Theoretiker* **2** = *praktischer Arzt*

'Prak·ti·kum ⟨n.; -s, -ka⟩ **1** *Übungen, Kurs zur prakt. Anwendung des in der Vorlesung Erlernten* **2** *zeitl. zusammenhängende Ausbildung in der prakt. Arbeit als Teil der gesamten Ausbildung*

'prak·tisch ⟨Adj.⟩ **1** *auf Praxis(1) beruhend, in der Praxis(1), in Wirklichkeit, tatsächlich;* Ggs *theoretisch;* etwas läßt sich ~ kaum durchführen **2** *zweckmäßig, gut zu handhaben;* ~e Werkzeuge, Gegenstände, Verfahren; eine ~e Einrichtung 2.1 *geschickt, findig;* du machst das sehr ~ **3** ~er Arzt *A. für alle Krankheiten, nicht spezialisierter A.* **4** ~es Jahr *Praktikum von einem Jahr Dauer*

prak·ti'zie·ren ⟨V.⟩ **1** ⟨500⟩ ein Verfahren, eine Methode ~ *in die Praxis umsetzen, in der Praxis anwenden, durchführen, ausführen* **2** ⟨511⟩ etwas an eine Stelle ~ ⟨umg.⟩ *geschickt an eine S. bringen* **3** ⟨400⟩ *als Arzt tätig sein;* Dr. X praktiziert ab 1. 10. wieder 3.1 ~der Arzt *in der eigenen Praxis tätiger A.*

Pra'li·ne ⟨f.; -, -n⟩ *kleines Stück Konfekt mit einem Überzug aus Schokolade u. mit verschiedenen Füllungen*

prall ⟨Adj.⟩ **1** *ganz gefüllt;* ein ~er Beutel, Sack; der Sack ist ~ gefüllt **2** *straff gespannt u. gewölbt;* ein ~es Segel, Kissen; die Hose liegt ~ an **3** ⟨umg.⟩ *dick, fest u. rund;* ~e Arme, Waden, Muskeln, Schenkel **4** in der ~en Sonne *in der heißen, stark scheinenden S. ohne jeden Schatten;* die Sonne scheint ~

'pral·len ⟨V. 400⟩ **1** ⟨411(s.)⟩ gegen, an od. auf etwas, gegen od. auf jmdn. ~ *heftig gegen, an od. auf etwas od. gegen, auf jmdn. stoßen u. zurückgeworfen werden;* die Brandung prallt an das Felsriff; in der Tür prallte er auf seinen Chef; er rannte um die Ecke und prallte gegen eine Frau; der Ball prallte gegen die Mauer **2** die Sonne prallt *die S. scheint mit voller Intensität*

'Prä·mie ⟨[-miə] f.; -, -n⟩ **1** *Preis, Belohnung für gute Leistung;* Buch~, Geld~ **2** *Betrag, den der Versicherte der Versicherung regelmäßig zu zahlen hat;* Versicherungs~

prä·mi'ie·ren ⟨V. 500⟩ jmdn., eine Leistung ~ *mit einer Prämie belohnen, auszeichnen;* oV *prämieren*

prä'mie·ren ⟨V. 500⟩ = *prämiieren*

'pran·gen ⟨V.⟩ **1** ⟨411; geh.⟩ *in Glanz u. Pracht erscheinen, auffallend glänzen, leuchten;* auf den Wiesen ~ bunte Blumen; Sterne ~ am Himmel **2** ⟨411⟩ *an einer bestimmten Stelle auffällig angebracht sein;* an der Tür prangte ein Schild mit einer Girlande; auf der Kommode prangt eine kostbare Vase **3** ⟨400; Mar.⟩ *Segel, Masten, Maschinen od. Kessel überbeanspruchen, um eine Gefahr für das Schiff od. die Ladung abzuwenden* **4** ⟨417⟩ mit etwas od. jmdm. ~ *mit jmdm. od. etwas prahlen, angeben, sich einer Sache rühmen, etwas stolz zur Schau tragen*

'Pran·ger ⟨m.; -s, -⟩ **1** ⟨früher⟩ *Pfahl auf einem öffentl. Platz, an dem Übeltäter zur Schau gestellt wurden* **2** jmdn. od. etwas an den ~ stellen ⟨fig.⟩ *der öffentl. Schande preisgeben* **3** am ~ stehen ⟨fig.⟩ *öffentlich getadelt, angeklagt werden*

'Pran·ke ⟨f.; -, -n⟩ **1** *(Vorder)tatze (großer Raubtiere);* der Tiger schlug mit seiner ~ zu **2** ⟨fig.; umg.; scherzh.⟩ *große, starke Hand*

Prä·pa'rat ⟨n.; -(e)s, -e⟩ **1** *etwas kunstgerecht Vor-, Zubereitetes, z. B. Arzneimittel* **2** *getrocknete Pflanze od. ausgestopftes Tier als Lehrmittel* **3** *zum Mikroskopieren vorbereiteter Teil eines Gewebes*

prä·pa'rie·ren ⟨V. 500⟩ **1** tote menschl. od. tier. Körper od. Pflanzen ~ *(zu Lehrzwecken) zerlegen (u. zur Aufbewahrung dauerhaft haltbar machen)* **2** einen Stoff ~ *(für den Unterricht) vorbereiten* 2.1 ⟨505/R7⟩ jmdn. (für eine Aufgabe) ~ *vorbereiten*

prä·sen'tie·ren ⟨V.⟩ **1** ⟨503⟩ (jmdm.) etwas ~ *darreichen, darbieten, vorlegen* 1.1 jmdm. die Rechnung ~ ⟨a. fig.⟩ *jmdn. zwingen, die Konsequenzen seines Tuns zu tragen* 1.2 (jmdm.) einen Wechsel ~ *zur Einlösung vorlegen* **2** ⟨500⟩ das Gewehr ~ *das G. senkrecht vor den Körper halten (als militär. Ehrenbezeigung)* 2.1 präsentiert das Gewehr! *(militär. Kommando)* **3** ⟨500/R7 od. R8⟩ jmdn. ~ *in der Öffentlichkeit vorstellen;* die Staatsoberhäupter ~ sich

Prä·si'dent ⟨m.; -en, -en⟩ **1** *Vorsitzender (einer Versammlung)* **2** *Leiter (einer Behörde, eines Vereins)* **3** *republikan. Staatsoberhaupt;* Bundes~, Reichs~, Staats~

Prä'si·di·um ⟨n.; -s, -di·en⟩ **1** *Vorsitz, Leitung* **2** *Amtsgebäude eines Polizeipräsidenten;* Polizei~

'pras·seln ⟨V.⟩ **1** ⟨411(s.)⟩ etwas prasselt auf od. gegen etwas *etwas schlägt mit trommelndem Geräusch auf, fällt mit knatterndem Geräusch auf od. gegen etwas;* der Regen prasselt aufs Dach; Steine prasselten gegen das Fenster 1.1 ⟨800⟩ Fragen, Vorwürfe ~ auf jmdn. ⟨fig.⟩ *jmd. ist sehr vielen F., V. ausgesetzt* **2** ⟨400⟩ etwas prasselt *gibt beim Verbrennen ein knisterndes Geräusch von sich;* Feuer prasselt im Ofen; das Holz brennt ~d

'pras·sen ⟨V. 400⟩ *schwelgen, in Saus u. Braus leben, Geld verschwenden;* er hat geschlemmt und gepraßt

prä·ven'tiv ⟨[-v-] Adj. 24⟩ *vorbeugend;* ~e Medizin

'Pra·xis ⟨f.; -, -xen⟩ **1** ⟨unz.⟩ *Ausübung, Anwendung, Tätigkeit;* Ggs *Theorie;* das ist in der Theorie richtig, sieht in der ~ anders aus; etwas in der ~, durch die ~ lernen 1.1 *Erfahrung in der Ausübung eines Berufes;* auf einem Gebiet ~ besitzen; sich eine gewisse ~ aneignen; eine langjährige ~ besitzen **2** ⟨unz.⟩ *Sprechstunde eines Arztes;* Dr. W. hat (hält) heute ~ **3** *Raum od. Räume für Ausübung des Berufes (von Ärzten u. Rechtsanwälten);* Arzt~, Anwalts~; die ~ des Vaters übernehmen; die große gutgehende ~ eines Arztes

prä'zis ⟨Adj.⟩ *genau, exakt;* oV *präzise;* ~e Ausdrucksweise; 3 Uhr ~; ~ arbeiten, sich ~ ausdrücken; etwas ~ formulieren

prä'zi·se ⟨Adj.⟩ = *präzis*

'pre·di·gen ⟨V.⟩ **1** ⟨400⟩ *im Gottesdienst die Predigt halten;* über ein bestimmtes Bibelwort ~ **2** ⟨500⟩ etwas ~ *verkündigen;* das Evangelium, das Wort Gottes ~ 2.1 ⟨530⟩ jmdm. etwas ~ ⟨fig.; umg.⟩ *jmdn. häufig zu etwas mahnen, jmdm. etwas immer wieder mahnend sagen;* jmdm. Ordnung, Vernunft ~ 2.1.1 ⟨600⟩ tauben Ohren ~ ⟨umg.⟩ *mahnen, raten, ohne daß der andere sich danach richtet*

'Pre·digt ⟨f.; -, -en⟩ **1** *Ansprache des Geistlichen im Gottesdienst, meist von der Kanzel, über einen Bibeltext;* die ~ halten; eine zu Herzen gehende, erbauliche, trockene ~; Oster~, Weihnachts~; Grab~, Fest~ **2** ⟨fig.; umg.⟩ *ermahnende Rede;* jmdm. eine ~ halten; verschone mich mit deinen ewigen ~en!; Gardinen~, Moral~, Straf~

Preis ⟨m.; -es, -e⟩ **1** *als Geldwert ausgedrückter Wert einer Ware;* Kauf~; Markt~; Liebhaber~; hohe, niedrige, unerschwingliche ~e; die ~e fallen, sinken, steigen, klettern in die Höhe; die ~e drücken, hochtreiben; einen ~ festsetzen; sich auf einen ~ einigen; jmdm. eine Ware zum halben ~ überlassen; Waren zu herabgesetzten, ermäßigten ~en verkaufen; wie hoch ist der ~?; der ~ des Mantels beträgt 200,-- DM 1.1 unter(m) ~ verkaufen *billiger verkaufen, als der festgesetzte P. beträgt, mit sehr geringer Gewinnspanne* 1.2 um jeden ~ ⟨a. fig.⟩ *unbedingt, unter allen Umständen* 1.3 um keinen ~ ⟨fig.⟩ *auf keinen Fall* **2** *Belohnung für einen Sieg;* Sieges~; erster, zweiter, dritter ~; einen ~ erringen, gewinnen, stiften; jmdm. den ~ zuerkennen 2.1 einen ~ (auf etwas) (aus)setzen *eine Belohnung für etwas versprechen* 2.1.1 einen ~ auf den Kopf eines Mörders setzen *eine Belohnung für die Entdeckung des Mörders versprechen* 2.2 → a. *Fleiß(1.0.1)* **3** ⟨umg.; poet.⟩ *hohes Lob, Ehre;* zu Gottes ~; Gott sei ~ und Dank; jmdm., bes. Gott, Lob und ~ singen

'Preis·aus·schrei·ben ⟨n.; -s, -⟩ *öffentl. ausgeschriebener Wettbewerb mit einer od. mehreren Aufgaben, auf deren richtige od. beste Lösung Preise ausgesetzt sind;* sich an einem ~ beteiligen

'Prei·sel·bee·re ⟨f.⟩ *der Heidelbeere ähnliches Heidekrautgewächs mit lederartigen immergrünen Blättern u. roten, eßbaren Beeren mit herbem Geschmack: Vaccinium vitis idaea*

'prei·sen ⟨V. 193/500⟩ **1** jmdn. od. etwas ~ ⟨geh.⟩ *loben, rühmen;* Gott ~; er pries sie als gute Fahrerin; sie hat seine Tüchtigkeit, den glücklichen Zufall gepriesen; sie ist eine gepriesene Schönheit 1.1 ⟨513/R7⟩ jmdn. od. sich glücklich ~ (können) *glücklich nennen (können)*

'Preis·fra·ge ⟨f.⟩ **1** *Frage eines Preisausschreibens* **2** ⟨fig.⟩ *schwierige Frage* **3** ⟨fig.; umg.⟩ *den Preis betreffende Angelegenheit;* es ist nur eine ~, ob wir uns dieses oder jenes Auto kaufen

'preis|ge·ben ⟨V. 143⟩ **1** ⟨503/R7⟩ jmdn. od. sich, etwas (jmdm. od. einer Sache) ~ *ausliefern, nicht mehr schützen, überlassen, hingeben;* jmdn. der Schande, dem Spott der anderen ~; das Boot war dem Wind und den Wellen (hilflos) preisgegeben; der Witterung preisgegeben sein; er fühlte sich preisgegeben **2** ⟨503⟩ (jmdm.) etwas ~ *verraten, etwas vor jmdm. nicht bewahren;* ein Geheimnis, einen Plan ~; er hat den Namen seines Komplicen der Polizei preisgegeben; sich selbst ~

'Preis·la·ge ⟨f.⟩ *Lage, Höhe des Preises;* haben Sie noch andere Stoffe in dieser ~?; in welcher ~?

'preis·wert ⟨Adj.⟩ *im Preis verhältnismäßig niedrig u. dabei gut;* ein ~es Essen, Zimmer; etwas ~ kaufen

'Prell·bock ⟨m.⟩ **1** *Bock, Klotz am Ende eines Gleises zum Anhalten von Wagen* **2** ⟨fig.; umg.⟩ *jmd., dem man ständig die Schuld gibt, der für alles gradestehen muß*

'prel·len ⟨V.⟩ **1** ⟨505⟩ jmdn. (um etwas) ~ ⟨umg.⟩ *jmdn. betrügen, durch List um etwas bringen;* er hat seine Kunden tüchtig geprellt; er prellte ihn um Geld, seinen Lohn; die geprellten Gläubiger 1.1 die Zeche ~ *die Z. im Gasthaus in betrüger. Absicht nicht bezahlen* **2** ⟨500/R3 od. 530/R1⟩ sich (etwas) ~ *sich stoßen, ohne daß eine offene Wunde entsteht;* ich habe mir den Arm geprellt; ich prellte mich an der Schulter; sie hat sich nur geprellt; ein geprelltes Knie **3** ⟨500⟩ einen Fuchs ~ ⟨jägerspr.; früher bei der Fuchsjagd⟩ *den F. auf straffgespanntem Tuch od. Netz so lange hochschnellen, bis er verendet* **4** ⟨400(s.); landschaftl.⟩ *rasch, heftig laufen (bes. vom Wild u. Jagdhund)*

Pre·mie·re ⟨[prə'mjɛ:rə] f.; -, -n⟩ *Ur- od. Erstaufführung*

'Pres·se ⟨f.; -, -n⟩ **1** *Gerät od. Maschine zum Pressen* 1.1 *Maschine, die mittels Druck Werkstücke formt* 1.2 *Apparat zum mechan. Auspressen von Saft;* Obst~ 1.3 *Druckmaschine;* die Buchseite kommt eben aus der ~ **2** ⟨unz.⟩ *die Gesamtheit der Zeitungen u. Zeitschriften;* die deutsche, englische, französische, inländische, ausländische ~; die ~ ist sich darüber einig, daß ... 2.1 er hat eine gute, schlechte ~ ⟨umg.⟩ *er wird in der Zeitung gut, schlecht beurteilt* **3** ⟨fig.; umg.⟩ *Privatschule für schwache Schüler zur Vorbereitung auf die Abschlußprüfung;* einen Jungen auf eine ~ geben

'pres·sen ⟨V. 500⟩ **1** etwas ~ *durch Druck od. mittels einer Presse bearbeiten;* Pflanzen, Holz, Papier ~; gepreßte Blumen; eine Karosserie ~ 1.1 *eine Flüssigkeit durch Zusammendrücken gewinnen;* Früchte ~; Saft aus einer Zitrone ~; Wein, Most ~ **2** ⟨511/R7⟩ etwas od. jmdn. irgendwohin ~ *heftig, stark drücken;* den Saft in ein Gefäß ~; die Kleider in einen Koffer ~; er preßte das Kind an seine Brust; die Hand aufs Herz ~; ich preßte mich eng an die Hauswand; ich preßte mir die Hand an die Stirn; die Menschen standen gepreßt am Eingang; in den engen Raum waren 20 Leute gepreßt 2.1 der Saal war gepreßt voll *überfüllt* 2.2 ⟨fig.⟩ *zwängen;* seine Gedanken in ein Schema ~; jmdn. in eine Entscheidung ~ **3** ⟨550/R8⟩ jmdn. zu etwas ~ *drängen, mit Zwang etwas von jmdm. zu erreichen suchen;* jmdn. zum Wehrdienst ~ **4** jmdn. ~ ⟨fig.⟩ *unterdrücken, ausbeuten;* die Bevölkerung, die Bauern, das arme Volk ~ **5** Segel ~ ⟨seemannsspr.⟩ *mehr S. führen, als bei dem herrschenden Wind ratsam wäre*

Pre·stige ⟨[-'stiːʒ] n.; -s; unz.⟩ *Ansehen, Geltung bei anderen*

'prickeln ⟨-k·k-; V. 400⟩ **1** etwas prickelt (auf, gegen, in etwas) *verursacht ein jukkendes Gefühl, wie von vielen feinen Stichen;* kleine Eiskristalle ~ auf der Haut, gegen mein Gesicht; am ganzen Körper hat es geprickelt; seine Hände prickelten; Sekt, Selterswasser prickelt (mir) auf der Zunge; ein ~der Schmerz; etwas Prickelndes (für den Gaumen) 1.1 ⟨Part. Präs.⟩ ~d ⟨fig.⟩ *(geschlechtl.) leicht erregend, reizend, beunruhigend;* ein ~des Gefühl; einen ~den Reiz verspüren; eine ~de Atmosphäre, Unruhe; er erzählte ~de Witze **2** Sekt, Selterswasser prickelt *perlt u. spritzt leicht*

'Prie·ster ⟨m.; -s, -⟩ **1** ⟨i. w. S.⟩ *mit bes. Vollmachten ausgestatteter Träger eines relig. Amtes u. Vertreter der Gemeinde bei kult. Handlungen* **2** ⟨i. e. S.⟩ *kath. Geistlicher;* er wurde zum ~ geweiht

'pri·ma ⟨Adj. 11⟩ **1** ⟨kaufmannsspr.; Abk.: pa., Ia⟩ *erstklassig, erster Güte, bester Qualität* **2** etwas ist ~ ⟨umg.⟩ *ausgezeichnet, hervorragend;* ~ Qualität; das hast du ~ gemacht **3** *herrlich, großartig, sehr schön;* wie war es im Urlaub? ~!; das ist ~! **4** jmd. ist ~ ⟨umg.⟩ *tüchtig, prächtig;* er ist ein ~ Kerl, Schüler

pri'mär ⟨Adj. 24⟩ **1** *unmittelbar entstanden, erst...* **2** *ursprünglich, Anfangs...* **3** *die Grundlage, Voraussetzung bildend;* Ggs *sekundär(1)*

Pri'mat[1] ⟨m. od. n.; -(e)s, -e⟩ **1** *Vorrang, Vorzug, Vorherrschaft* **2** *Erstgeburtsrecht* **3** *Vorrangstellung (des Papstes als Oberhaupt der kath. Kirche)*

Pri'mat[2] ⟨m.; -en, -en; meist Pl.⟩ *Angehöriger einer Ordnung der Säugetiere, zu denen Halbaffen, Affen u. Menschen gerechnet werden*

'Pri·mel ⟨f.; -, -n⟩ *gezüchtete Form der Schlüsselblume: Primula*

pri·mi'tiv ⟨Adj.⟩ **1** *ursprünglich, dem Urzustand nahe* 1.1 ~e Völker *Naturvölker* **2** *einfach, dürftig, unvollkommen;* ~e Häuser, Geräte **3** *geistig anspruchslos, wenig entwickelt;* sie ist sehr ~; ein ~ geschriebenes Buch

Prinz ⟨m.; -en, -en⟩ *nichtregierendes Mitglied eines Fürstenhauses*

Prin'zes·sin ⟨f.; -, -n·nen⟩ *weibl., nicht regierendes Mitglied eines Fürstenhauses*

Prin'zip ⟨n.; -s, -pi·en od. (selten) -e⟩ *Grundsatz, Regel, Richtschnur;* ~ien haben; es ist mein ~, mich nie sofort zu entscheiden; er hat sehr strenge ~ien; seinen ~ien treu bleiben; etwas aus ~ tun od. nicht tun; im ~ habe ich nichts dagegen; ein Mensch mit, von ~ien

prin·zi·pi'ell ⟨Adj. 24⟩ **1** *grundsätzlich, im Prinzip;* ~ bin ich einverstanden **2** *aus Prinzip;* das tue ich ~ nicht

Prio·ri'tät ⟨f.; -, -en⟩ **1** *Vorrang, Vorrecht (bes. eines älteren Rechts vor dem jüngeren)* **2** ⟨Pl.⟩ ~en *Wertpapiere, die vor anderen gleicher Art bevorzugt sind*

'Pri·se ⟨f.; -, -n⟩ **1** *von einem kriegführenden Staat weggenommenes feindl. od. neutrales Handelsschiff od. Handelsgut* **2** *kleine Menge, die man mit zwei Fingern fassen kann;* eine ~ Salz, eine ~ Schnupftabak

'Pris·ma ⟨n.; -s, -men⟩ **1** ⟨Math.⟩ *Körper, der von zwei kongruenten n-Ecken (z. B. Drei-, Vierecken) u. n (z. B. drei, vier) Rechtecken od. Parallelogrammen begrenzt ist;* gerades, schiefes ~ **2** ⟨Kristallographie⟩ *Körper in der Form eines Prismas(1)* **3** ⟨Optik⟩ *durchsichtiger, keilförmiger Körper in der Form eines Prismas(1), der zur Totalreflexion von Lichtstrahlen od. zu ihrer Zerlegung in Spektralfarben dient*

'Prit·sche ⟨f.; -, -n⟩ **1** *flaches Schlagholz* **2** *schmales, bis auf den Griff mehrmals gespaltenes Holz als Schlag- u. Klapperinstrument des Hanswursts;* Narren~ **3** *Holzschlegel zum Glätten von Lehmböden* **4** *Ladefläche auf Lastkraftwagen mit nach drei Seiten abklappbaren Seitenwänden* **5** *aus Holzbrettern zusammengefügte Liegestätte*

pri·vat ⟨[-'vaːt] Adj.⟩ **1** *nicht öffentlich, einzelnen vorbehalten;* ~e Angelegenheiten; Privat (Aufschrift an Türen); ~er Eingang **2** ~e Meinung *M., die jmd. als einzelner, nicht als Vertreter seiner Gruppe od. als Inhaber eines Amtes äußert* **3** ~e Information *nicht öffentliche, persönliche, vertrauliche I.;* ~e Mitteilung; jmdn. ~ sprechen wollen **4** ~es Unternehmen *einer oder mehreren Personen, nicht dem Staat od. einer Genossenschaft gehörendes U.;* Privatgeschäft

Pri·vi'leg ⟨[-v-] n.; -s, -gi·en⟩ *besonderes Recht einzelner od. einer gesellschaftl. Gruppe*

pro ⟨Präp.⟩ **1** *für;* Ggs *kontra;* ~ und kontra 1.1 ~ domo *in eigener Sache, für sich;* ~ domo sprechen 1.2 ~ forma *nur der Form wegen, nur zum Schein* **2** *je;* 5 Mark ~ Person, ~ Stunde, ~ Stück 2.1 ~ centum ⟨veralt.; Abk.: p. c.⟩ *Prozent*

'Pro·be ⟨f.; -, -n⟩ **1** *Versuch (der eine bestimmte Fähigkeit od. Eigenschaft belegen soll), Untersuchung, Prüfung;* Bewährungs~; Geduld~; mit jmdm. od. einer Sache eine ~ machen; die ~ bestehen; jmdn. od. eine Sache einer ~ unterziehen; es käme auf eine ~ an; da hast du eine ~ seines Mutes, seiner Tapferkeit, Ausdauer gesehen 1.1 etwas od. jmdn. auf ~ nehmen *versuchsweise* 1.2 jmdn. od. etwas auf die ~ stellen *prüfen;* jmdn., jmds. Geduld auf die ~, auf eine harte ~ stellen 1.3 eine ~ von seinem Können ablegen *sein Können zeigen, beweisen* 1.4 die ~ aufs Exempel machen *überprüfen, ob eine Behauptung, Überlegung, ein Resultat richtig ist* **2** *Übung vor einer Aufführung;* Sing~; Theater~; die ~n für den „Faust" haben begonnen; heute ist um 10 Uhr ~; ich muß zur ~ **3** *Teil einer Gesamtmenge, der ihre Beschaffenheit anzeigt, Prüfungsstück;* Waren~; Stoff~; Mineral~; Gewebs~; eine ~ entnehmen; sich eine ~ (einer Ware) kommen lassen; ich lege Ihnen eine ~ zur Ansicht bei 3.1 ⟨fig.⟩ *typ. Teil, Beweis;* eine ~ seiner Kunst zeigen, geben, ablegen

pro'bie·ren ⟨V.⟩ **1** ⟨500⟩ etwas ~ *versuchen;* kannst du das auch?, ich hab' es noch nicht probiert; den Kopfstand, das Radfahren, Schwimmen ~; laß mich (es) mal ~!; willst du es einmal ~? 1.1 Probieren geht über Studieren ⟨Sprichw.⟩ *Praxis ist im Leben wichtiger als alle Theorie* 1.2 Speisen ~ *ihren Geschmack prüfen, kosten;* ein Getränk, eine Soße ~ **2** ⟨400; Theat.⟩ *proben*

Pro'blem ⟨n.; -s, -e⟩ *schwierige, ungelöste Aufgabe od. Frage*

Pro'dukt ⟨n.; -(e)s, -e⟩ **1** = *Erzeugnis(1);* ~ der Landwirtschaft; Industrie~; chemische, tierische, pflanzliche ~e; handwerkliche, landwirtschaftliche, maschinelle ~e **2** *Ergebnis menschl. Bemühens;* ein geistiges, künstlerisches ~; das ist das ~ unserer Erziehung ⟨iron.⟩ **3** *Ergebnis der Multiplikation;* das ~ aus (von) drei mal vier ist zwölf

Pro·duk·ti'on ⟨f.; -, -en⟩ *Herstellung, Erzeugung von Gütern, Waren mit Hilfe menschl. Arbeit;* handwerkliche, landwirtschaftliche, literarische, maschinelle ~; in der ~ arbeiten

pro·du'zie·ren ⟨V. 500⟩ **1** Güter, Waren ~ *schaffen, hervorbringen, erzeugen* **2** ⟨R3⟩ sich ~ *zeigen, was man kann (u. dabei die Aufmerksamkeit auf sich lenken)*

pro'fan ⟨Adj.⟩ **1** *weltlich, unkirchlich, nicht heilig* **2** *alltäglich(1)*

Pro·fes·sio'nal ⟨a. [prɔ'fɛʃənl]; m.; -s, -e od. -s; Kurzw.: Profi⟩ *Berufssportler*

Pro'fes·sor ⟨m.; -s, -en; Abk.: Prof.⟩ **1** *beamteter Hochschullehrer;* Universitäts~; ~ der Germanistik, der Medizin; ordentlicher ~ ⟨Abk.: o. Prof.⟩; außerordentlicher ~ ⟨Abk.: a. o. Prof., ao. Prof.⟩ **2** ⟨Ehrentitel für⟩ *Gelehrter, Künstler* **3** ⟨schweiz., österr., früher auch in Dtschld. Titel für⟩ *Lehrer an einer höheren Schule;* Studien~ **4** ein zerstreuter ~ ⟨umg.; scherzh.⟩ *sehr zerstreuter Mensch*

'Pro·fi ⟨m.; -s, -s; umg.; Kurzw.⟩ = *Professional*

Pro'fil ⟨n.; -s, -e⟩ **1** *Seitenansicht;* das ~ eines Gesichts; er wandte mir das, sein ~ zu; ein hübsches, klares, markantes, scharfes ~ haben (Person); jmdn., etwas im ~ darstellen, malen, zeichnen **2** *Umriß, Längs- od. Querschnitt;* das ~ eines Eisenbahnwagens, Gebäudes, Turmes **3** *vorspringendes Bauelement* **4** *senkrechter Schnitt durch die Erdoberfläche;* geologisches ~ **5** *Erhebungen aufweisende Oberfläche;* ~ von Reifen, Schuhsohlen; Kreppsohlen mit ~ **6** ⟨Tech.⟩ *Höhe u. (od.) Breite einer Durchfahrt;* Brücken~ **7** ~ haben ⟨fig.⟩ *eine klare Richtung verfolgen, eine klare Haltung einnehmen;* der Verlag hat kein ~

Pro'fit ⟨m.; -(e)s, -e⟩ *Gewinn, Vorteil, Nutzen;* ~ aus etwas schlagen, ziehen; mit, ohne ~ arbeiten; ~ von etwas haben

Pro'gno·se ⟨f.; -, -n⟩ *Voraussage auf Grund wissenschaftlicher Daten od. Erkenntnisse, wie eine Entwicklung vor sich gehen wird;* die ~ für eine Krankheit stellen; Wetter~

Pro'gramm ⟨n.; -s, -e⟩ **1** *Folge der Darbietungen bei Veranstaltungen, Sendungen im Rundfunk;* Rundfunk~, Sende~, Film~, Theater~; das ~ der Woche; auf dem ~ stehen tänzerische Darbietungen 1.1 *Blatt od. Heft mit dem Programm(1);* ein ~ kaufen, mitnehmen **2** *Angebot von Waren* = *Sortiment(1);* Möbel~ **3** *Plan, Pläne, Vorhaben;* hast du für heute abend ein ~?; jmds. ~ stören; das paßt mir nicht in mein ~ 3.1 das steht nicht in unserem ~ ⟨a. fig.⟩ *das beabsichtigen wir nicht* 3.2 *öffentl. verkündete Gesamtheit der Tätigkeit u. Ziele einer polit. Partei;* Partei~, Godesberger ~; ein ~ aufstellen, verkünden **4** ⟨EDV; Kyb.⟩ *eindeutige Anweisung an eine Maschine, bestimmte Aufgaben in einer bestimmten Reihenfolge zu erfüllen;* ein ~ für einen Rechner entwickeln, in einen R. eingeben

pro·gram'mie·ren ⟨V. 500⟩ **1** einen Rechenautomaten ~ *ein Programm für einen R. aufstellen* **2** programmierter Unterricht *durch Bücher od. Lernmaschinen vermittelter U., bei dem der Lehrstoff in kleinste Einheiten eingeteilt ist und jeder Schritt des Lernens überprüft werden kann*

Pro'jekt ⟨n.; -(e)s, -e⟩ **1** *Plan, Vorhaben, Absicht* **2** = *Entwurf(1)* **3** ⟨Päd.⟩ *Vorhaben im Schulunterricht, wobei die Schüler aktiv an der Lösung eines Problems mitarbeiten*

Pro·jek'til ⟨n.; -s, -e⟩ = *Geschoß*

Pro·jek·ti'on ⟨f.; -, -en⟩ **1** ⟨Math.⟩ *die Abbildung räuml. Gebilde auf einer Ebene* **2** ⟨Kartographie⟩ *die Darstellung der gekrümmten Erdoberfläche auf einer Ebene* **3** ⟨Opt.⟩ *die vergrößerte Abbildung durchsichtiger od. undurchsichtiger Bilder mittels Lichtstrahlen auf einer hellen Fläche*

pro·ji'zie·ren ⟨V. 500⟩ **1** einen Körper ~ *auf einer Fläche zeichnerisch darstellen* **2** ein Lichtbild ~ *auf eine Bildwand werfen*

pro·kla'mie·ren ⟨V. 500⟩ etwas ~ *öffentlich bekanntmachen, feierlich verkünden, einen Aufruf erlassen über*

Pro·le'ta·ri·er ⟨m.; -s, -⟩ **1** ⟨im alten Rom⟩ *Angehöriger der Klasse, die nicht besteuert wurde, da ihr Vermögen den Mindestsatz nicht erreichte* **2** ⟨nach Marx u. Engels⟩ *Lohnarbeiter ohne Besitz an Produktionsmitteln*

Pro·me'na·de ⟨f.; -, -n⟩ **1** = *Spaziergang* **2** *Spazierweg, meist mit Grünanlagen*

pro·mi'nent ⟨Adj.⟩ *hervorragend, bedeutend, allgemein bekannt, maßgebend, tonangebend;* ~e Persönlichkeit

prompt ⟨Adj.⟩ **1** *rasch, unmittelbar, sofort;* ~e Erledigung eines Auftrags; ich ließ ihn einen Augenblick los, und ~ fiel er herunter **2** = *schlagfertig(2);* eine ~e Antwort; „...!" erwiderte er ~; und ~ kam die Antwort ... **3** *ohne* *zu überlegen;* sie wollten mich veralbern, und ich bin auch ~ darauf hereingefallen

Pro'no·men ⟨n.; -s, - od. -mi·na⟩ *Vertreter einer Klasse von Wörtern, die entweder anstelle eines Namens stehen, der Sprecher u. Hörer bekannt ist u. in der Rede nicht wiederholt werden soll, od. die auf bestimmte Individuen der mit einem folgenden Namen benannten Klasse von Sachen hinweisen;* Sy *Fürwort;* Personal~, Indefinit~, Possessiv~, Relativ~, Interrogativ~, Demonstrativ~

Pro·pa'gan·da ⟨f.; -; unz.⟩ *werbende Tätigkeit für Ziele, bes. auf polit. Gebiet*

pro·pa'gie·ren ⟨V. 500⟩ etwas ~ *für etwas Propaganda machen, für etwas werben*

Pro'phet ⟨m.; -en, -en⟩ **1** *jmd., der etwas Zukünftiges vorhersagt* **2** *Verkünder u. Deuter einer göttl. Botschaft* **3** ⟨im Islam Bez. für⟩ *Mohammed* **4** der ~ gilt nichts in seinem Vaterlande (nach Matth. 13,57) *in der näheren Umgebung werden bedeutende Leistungen oft nicht anerkannt*

pro·phe'zei·en ⟨V. 503⟩ (jmdm.) etwas ~ **1** = *weissagen* **2** *in der Art eines Propheten(2) verkünden*

Pro·phy'la·xe ⟨f.; -, -n; Med.⟩ *Vorbeugung, Verhütung von Krankheiten*

Pro·por·ti'on ⟨f.; -, -en⟩ **1** *Größenverhältnis;* die Zeichnung ist in den ~en falsch, richtig **2** gute ~en haben ⟨umg.⟩ *eine Figur mit gut ausgewogenen Formen*

'Pro·sa ⟨f.; -; unz.⟩ **1** *nicht durch Verse, Rhythmus od. Reim gebundene Sprachform;* Ggs *Poesie(1.1);* Poesie und ~; er schreibt eine gute ~ **1.1** gereimte ~ ⟨umg.⟩ *holprige, schlecht gereimte Verse* **2** ⟨fig.⟩ *Nüchternheit, Nüchternes;* Ggs *Poesie(2);* die ~ des Alltags

'pro·sit ⟨Int.; Trinkspruch; Zuruf beim Niesen⟩ oV *prost* ⟨umg.⟩ **1** *wohl bekomm's, zum Wohl!;* ein Prosit ausbringen; ein Prosit dem Hausherrn! **2** ~ Neujahr! *ein glückliches neues Jahr!*

Pro'spekt ⟨m.; -(e)s, -e⟩ **1** *in der Form eines senkrecht halbierten Zylinders gespannte Leinwand als hinterer Abschluß des Bühnenraumes mit darauf gemalter od. projizierter Landschaft bei Szenen im Freien;* Sy *Horizont(4)* **2** *meist perspektivisch übertriebene Ansicht, bildl. Darstellung (von Gebäuden, Straßen, Plätzen)* **3** *meist bebilderte Werbeschrift* **4** *Preisliste* **5** *das kunstvoll gestaltete Gehäuse des Pfeifenwerks der Orgel*

prost ⟨Int.; umg.⟩ = *prosit*

Pro·sti·tu·ti'on ⟨f.; -; unz.⟩ *Geschlechtsverkehr gegen Bezahlung als Gewerbe;* der ~ nachgehen

Pro·te'in ⟨n.; -s, -e⟩ = *Eiweiß(2)*

Pro·tek·ti'on ⟨f.; -, -en⟩ *Schutz, Förderung, Gönnerschaft*

Pro'test ⟨m.; -(e)s, -e⟩ **1** *Einspruch, Widerspruch;* ~ erheben (gegen); unter ~ den Saal verlassen; die Vorlesung wurde unter lautem ~ aller Anwesenden abgebrochen **1.1** einen Wechsel zu ~ gehen lassen *feststellen lassen, daß ein W. nicht angenommen od. nicht eingelöst worden ist* **2** *Beurkundung der vergebl. Präsentation eines Wechsels auf diesem selbst od. auf einem angefügten Blatt;* ~ mangels Annahme od. Zahlung

Pro·te'stant ⟨m.; -en, -en⟩ *Angehöriger einer evangelischen Kirche*

Pro'the·se ⟨f.; -, -n⟩ **1** *künstl. Ersatz für ein fehlendes Glied* **2** *Zahnersatz* **3** ⟨Gramm.⟩ *Voransetzen eines Lautes vor den Anfang des Wortes im Laufe der Sprachentwicklung, z. B. frz. „esprit" aus lat. „spiritus"*

Pro·to'koll ⟨n.; -s, -e⟩ **1** *gleichzeitig erfolgende od. erfolgte (wortgetreue) Niederschrift einer Verhandlung od. eines Verhörs;* ~ eines Prozesses; ein ~ aufnehmen; das ~ führen; aus dem ~ geht hervor, daß ...; laut ~ hat der Angeklagte ...; eine Aussage zu ~ geben, zu ~ nehmen **2** *Gesamtheit der Regeln für Höflichkeit u. angemessene Form im diplomat. Verkehr, diplomat. Etikette;* das ~ schreibt vor, daß ... **2.1** Chef des ~s *Diplomat, der für die Einhaltung des Protokolls verantwortlich ist*

'Pro·ton ⟨n.; -s, -'to·nen; Zeichen: p⟩ *positiv geladenes Elementarteilchen, zusammen mit dem Neutron Baustein von Atomkernen*

Pro·to'plas·ma ⟨n.; -s; unz.⟩ *die von der Zellmembran umhüllte grundlegende Substanz der lebenden Zelle;* Sy *Plasma(1)*

'prot·zen ⟨V. 405; umg.⟩ *prahlen, plump wichtigtun;* mit seinen Erfolgen, seinem Geld, seiner Kraft ~

Pro·vi'ant ⟨[-v-] m.; -s; unz.⟩ *Lebensmittel für einen begrenzten Zeitraum;* Reise~

Pro·vinz ⟨[-'vints]; f.; -, -en⟩ **1** *Verwaltungsbezirk;* ~ Sachsen **2** ⟨fig.⟩ *ländl. Gegend im Unterschied zur Stadt;* aus der ~ kommen, stammen; wir leben hier wie in der ~

Pro·vi·si'on ⟨[-v-]; f.; -, -en⟩ **1** *Vermittlungsgebühr;* für die Vermittlung eines Auftrags eine ~ bekommen **2** *Vergütung durch prozentualen Gewinnanteil;* auf ~ arbeiten

pro·vi'so·risch ⟨[-v-] Adj.⟩ *vorübergehend, vorläufig, behelfsmäßig*

pro·vo'zie·ren ⟨[-v-] V. 500⟩ **1** etwas ~ *heraufbeschwören, hervorrufen;* eine Krankheitserscheinung ~ **2** jmdn. ~ *zu einer unbedachten Handlung veranlassen, herausfordern;* Widerstand, Widerspruch ~ **2.1** ein solches Verhalten wirkt ~d *herausfordernd*

Pro'zent ⟨n.7; -(e)s, -e; Abk.: p.c.; Zeichen: %⟩ **1** *Hundertstel;* 10 % Bedienungszuschlag; der Schnaps enthält 40 % Alkohol; es waren höchstens 75 % aller Mitglieder anwesend; das Kapital verzinst sich mit 4 % **2** ~e für eine Arbeit bekommen *einen nach Prozenten berechneten Gewinnanteil* **3** ⟨nur Pl.⟩ ~e (beim Verkauf einer Ware) = *Rabatt*

Pro'zeß ⟨m.; -s·ses, -s·se⟩ **1** *Gerichtsverfahren, Rechtsstreit;* in dem ~ X gegen Y; einen ~ gegen jmdn. anstrengen, führen; einen ~ gewinnen, verlieren **1.1** jmdm. den ~ machen *jmdn. verklagen* **2** → a. *kurz(4.9-4.9.2)* **3** *Vorgang, Verlauf;* Entwicklungs~, Fäulnis~, Wachstums~; ein langwieriger, schwieriger, schneller ~ **3.1** (chemischer) ~ *Vorgang bei der Umwandlung von Stoffen*

Pro·zes·si'on ⟨f.; -, -en⟩ **1** ⟨kath. Kirche⟩ *feierl. Umzug der Geistlichen u. der Gemeinde;* Fronleichnams~ **2** ⟨allg.⟩ *feierl. Aufzug, Umzug*

'prü·de ⟨Adj.⟩ jmd. ist ~ *übertrieben sittsam, zimperlich (in geschlechtl. Dingen)*

'prü·fen ⟨V.⟩ **1** ⟨505/R7 od. R8⟩ jmdn. (in etwas) ~ *jmds. Fähigkeiten, Eigenschaften fest-*

stellen; gründlich, gewissenhaft ~; einen Examenskandidaten, Schüler ~; einen Schüler in Deutsch, Englisch, Mathematik ~ **1.1** ⟨550/R7 od. R8⟩ jmdn. auf etwas (hin) ~ *feststellen, ob jmd. bestimmte Fähigkeiten, Eigenschaften hat;* alle Bewerber wurden auf Reaktionsschnelligkeit geprüft **1.2** ⟨500/R3⟩ sich ~ *sein Gewissen erforschen* **1.3** ⟨Passiv⟩ er ist vom Leben schwer geprüft ⟨fig.⟩ *er hat viel Schweres erleben müssen* **2** ⟨505⟩ etwas (auf etwas) ~ *die Beschaffenheit (in bezug auf etwas) erkunden, feststellen, untersuchen;* der Juwelier prüfte den vorgelegten Schmuck (auf seine Echtheit); den Geschmack einer Speise ~ **2.1** *die Richtigkeit, ordnungsgemäße Beschaffenheit, Leistungsfähigkeit (in bezug auf etwas) erkunden, feststellen, untersuchen;* eine Rechnung ~; eine Maschine ~; eine Ware (auf ihren einwandfreien Zustand) ~; eine Behauptung (auf ihre Wahrheit) ~

'Prüf·ling ⟨m.; -s, -e⟩ *jmd., der geprüft wird, Prüfungskandidat*

'Prüf·stein ⟨m.; fig.⟩ *Probe, die jmdm. die Gelegenheit bietet, sich zu bewähren, etwas zu beweisen;* diese Aufgabe ist ein ~ für seine Leistungsfähigkeit, Ehrlichkeit, Zuverlässigkeit

'Prü·fung ⟨f.; -, -en⟩ **1** *Feststellung der Fähigkeiten, die eine Person im Rahmen einer Ausbildung erworben hat od. die für eine zukünftig auszuübende Tätigkeit erforderlich sind;* Sy *Examen;* Abschluß~; Eignungs~; Zwischen~; eine leichte, schwere, strenge ~; die mündliche, schriftliche ~; eingehende, gründliche, sorgfältige ~; juristische, medizinische, philologische ~; eine ~ abhalten; eine ~ ablegen; eine ~ bestehen; sich einer ~ unterziehen; sich auf eine ~ vorbereiten; durch die ~ fallen; für die ~(en) arbeiten; in der ~ durchfallen; in die ~ steigen ⟨umg.⟩ **2** ⟨fig.⟩ *Heimsuchung, schwerer Schicksalsschlag;* (schwere) ~en durchmachen, durchstehen **3** *das Prüfen(2.1), Ergebnis des Prüfens(2.1);* Sy *Kontrolle(2)*

'Prü·gel ⟨m.; -s, -⟩ **1** *Stock, Knüppel;* einen ~ in die Hand nehmen; mit einem ~ auf jmdn. einschlagen **2** ⟨nur Pl.; umg.⟩ *Schläge;* jmdm. eine Tracht ~ verabreichen; ~ bekommen, beziehen, kriegen; komm her, oder es gibt, setzt ~!; du verdienst ~, wenn du das tust!

Prunk ⟨m.; -(e)s; unz.⟩ *Prachtentfaltung, üppig zur Schau gestellter Reichtum, Gepränge;* der ~ dieses Schlosses, Raumes; kalter, leerer, steifer ~

'pru·sten ⟨V.⟩ **1** ⟨400⟩ *mehrmals kräftig u. hörbar den Atem durch den Mund u. die Nase ausstoßen, heftig schnauben, schnaufen;* jmdm. Wasser ins Gesicht ~; der alte Mann näherte sich ~d; das Pferd prustete **1.1** ⟨414⟩ vor Lachen ~ *mit einem blasenden Geräusch lachen, mit Lachen losplatzen*

Pseud·onym ⟨[--'-] n.; -s, -e⟩ = *Deckname (bes. von Schriftstellern)*

'Psy·che ⟨f.; -, -n⟩ **1** *Seele, seelisches u. geistiges Leben* **2** ⟨österr.⟩ *dreiteiliger Spiegel*

'psy·chisch ⟨Adj. 24⟩ *die Psyche betreffend, zu ihr gehörend, seelisch*

Psy·cho·lo'gie ⟨f.; -; unz.⟩ *Wissenschaft vom Seelenleben*

psy·cho'lo·gisch ⟨Adj. 24⟩ **1** *die Psychologie betreffend, auf ihr beruhend, mit ihrer Hilfe, seelenkundlich;* das ist ~ falsch, richtig (gedacht, gehandelt, geurteilt); in einer Sache ~ vorgehen **2** ~e Kampfführung *K. durch psychische Beeinflussung von Freund u. Feind zur Erlangung bestimmter politischer, propagandistischer od. wirtschaftl. Ziele*

Pu·ber'tät ⟨f.; -; unz.⟩ *Zeit des Eintritts der Geschlechtsreife*

'Pu·bli·kum ⟨n.; -s; unz.⟩ **1** *Allgemeinheit, Öffentlichkeit* **1.1** *Gesamtheit der an Kunst u. Wissenschaft interessierten Menschen;* er wendet sich mit seinen Büchern an ein großes, breites ~ **2** *Gesamtheit der Zuhörer, Besucher;* bei der Vorlesung, dem Vortrag war viel ~ anwesend; das ~ lachte, pfiff, schrie, tobte; er hat in den Kindern ein dankbares ~ für seine Späße; in diesem Lokal verkehrt gutes, schlechtes ~; vor einem großen ~ sprechen **2.1** er braucht immer ein ~ ⟨umg.⟩ *er tut sich gern vor anderen hervor* **3** ⟨veralt.⟩ *öffentl. gebührenfreie Vorlesung an der Universität*

pu·bli'zie·ren ⟨V. 500⟩ Nachrichten, Informationen ~ *veröffentlichen, bekanntmachen, bes. im Druck*

'Pud·ding ⟨m.; -s, -e od. -s⟩ **1** *warme, gestürzte, salzige od. süße Speise, die im Wasserbad gegart wurde* **2** *einfache, kalte Süßspeise aus Milch od. Fruchtsaft, eingedickt mit Grieß, Stärke o. ä.*

'Pu·del[1] ⟨m.; -s, -⟩ **1** *kleine bis mittelgroße, gelehrige Hunderasse mit krausem, meist schwarzem, auch weißem, braunem od. grauem Fell;* Zwerg~; ein schwarzer, weißer ~ **1.1** wie ein begossener ~ dastehen, abziehen ⟨umg.⟩ *sehr beschämt, verlegen* **2** des ~s Kern ⟨fig.⟩ *das Wichtigste, Wesentliche der Sache (nach Goethe, Faust I, Studierzimmer)* **3** *Fehler, z. B. beim Kegeln*

'Pu·del[2] ⟨f.; -, -n; oberdt.⟩ **1** *Ladentisch* **2** *Kegelbahn* **3** *Pfütze*

'Pu·del[3] ⟨m.; -s, -; studentenspr.⟩ *Hochschulpedell*

'Pu·der ⟨m.; -s, -⟩ *zur Körperpflege u. Heilung verwendetes feines Pulver auf der Grundlage von Talk[1], Stärke, Zinkoxid mit Zusätzen*

Puff[1] ⟨m.; -(e)s, ¨e⟩ **1** *Stoß (bes. mit der Faust);* Püffe austeilen; jmdm. einen ~ in den Rücken, in die Seite geben **1.1** einen ~ vertragen können ⟨fig.; umg.⟩ *nicht empfindlich sein*

Puff[2] ⟨m.; -(e)s, -e⟩ **1** *niedriger, gepolsterter Sitz ohne Beine u. Lehne, festes Sitzkissen* **2** *gepolsterter Behälter;* Wäsche~ **3** ⟨veralt.⟩ *Bausch (an der Kleidung), Wulst*

Puff[3] ⟨m. od. n.; -s, -s⟩ **1** ⟨umg.⟩ *Bordell* **2** ⟨unz.⟩ *Würfel-Brettspiel mit je 15 Steinen auf dem Puffbrett, die in das Spiel hinein- u. wieder herausgespielt werden müssen, Tricktrack* **3** *Wurf mit gleicher Augenzahl beider Würfel*

'puf·fen ⟨V.⟩ **1** ⟨500/R8⟩ jmdn. ~ ⟨umg.⟩ *jmdm. einen Puff[1](1) geben, jmdn. (mit der Faust) stoßen, knuffen;* er hat mich in die Rippen gepufft; sie ~ sich; jmdn. leicht, derb, heimlich ~ **2** ⟨500⟩ etwas ~ *bauschig machen, aufblähen, weit u. faltig machen;* Stoff ~; gepuffte Ärmel **3** ⟨500⟩ zu allem muß man ihn ~ ⟨fig.; umg.⟩ *er braucht immer erst einen Anstoß, er tut nichts von selbst* **4** ⟨400⟩ etwas pufft ⟨umg.⟩ *etwas stößt unter (leise) knallendem od. zischendem Geräusch Luft od. Rauch aus;* die Lokomotive,

Dampfmaschine puffte (schwarzen Qualm in die Luft); ein ~der Motor

'Puf·fer ⟨m.; -s, -⟩ **1** *Vorrichtung zum Auffangen von Stößen an Schienenfahrzeugen* **2** = *Kartoffelpuffer* **3** ⟨veralt.⟩ *Pistole*

Pull'over ⟨m.; -s, -⟩ *über den Kopf zu ziehendes, gestricktes Stück der Oberbekleidung*

Puls ⟨m.; -es, -e⟩ *durch rhythm. Zusammenziehungen des Herzens u. dadurch stoßweises Einfließen des Blutes in die Arterien erzeugter leichter, an manchen Stellen des Körpers (Hals, Innenseite des Handgelenks) fühlbarer Schlag der Arterien;* jmdm. den ~ fühlen (am Handgelenk, um die Tätigkeit des Herzens zu prüfen); der ~ geht ruhig, langsam, schnell; der ~ hämmert, jagt, klopft, pocht; aussetzender, beschleunigter, fliegender, hämmernder, jagender, matter, regelmäßiger, schwacher, unregelmäßiger, verlangsamter ~

pul'sie·ren ⟨V. 400⟩ etwas pulsiert **1** *durch Schlagen, Klopfen, Strömen sein Leben zeigen;* das Blut pulsiert in den Adern 1.1 ⟨fig.⟩ *hin und her wogen;* ~des Leben in den Straßen, in der Stadt 1.2 ~der Schmerz *sich rhythmisch wiederholender S.* 1.3 ~de Vakuole *sich periodisch nach außen entleerendes, mit Flüssigkeit gefülltes Bläschen vieler Protozoen zur Ausscheidung u. zur Aufrechterhaltung des isoton. Gleichgewichts* **2** ~der Gleichstrom *gleichgerichteter Wechselstrom, der keine weiteren Umwandlungen erfahren hat*

'Puls·schlag ⟨m.⟩ **1** *einzelner Schlag des Pulses;* jmds. Pulsschläge zählen **2** ⟨fig.⟩ *fühlbares, sichtbares Leben;* der ~ der Stadt

Pult ⟨n.; -(e)s, -e⟩ **1** *tischähnl. Gestell mit schräger Fläche;* Lese~, Noten~, Schreib~; am ~ sitzen, stehen; die Noten aufs ~ legen, stellen; der Redner trat hinter das ~ **2** *schräg gedeckter Festungsgang*

'Pul·ver ⟨n.; -s, -⟩ **1** *staubfein zerteilter, fester Stoff* 1.1 *explosive Mischung aus pulverförmigen Stoffen, die bei der Verbrennung Gas entwickeln, das sich plötzlich stark ausdehnt, Schießpulver* 1.1.1 er ist keinen Schuß ~ wert ⟨fig.; umg.⟩ *er taugt nichts* 1.1.2 er hat das ~ nicht erfunden ⟨fig.; umg.⟩ *er ist ein bißchen dumm, beschränkt* 1.1.3 er kann kein ~ riechen ⟨fig.⟩ *er hat keinen Mut* 1.1.4 er hat schon ~ gerochen ⟨fig.⟩ *er hat schon an einem Gefecht teilgenommen* 1.1.5 er hat sein ~ schon verschossen ⟨fig.⟩ *er hat seine Argumente schon alle (vorzeitig) in die Diskussion gebracht* 1.2 *Arznei in Pulverform;* Schlaf~; ein ~ einnehmen, verschreiben; blutstillendes, schmerzstillendes ~ **2** ⟨fig.; umg.⟩ *Geld;* es fehlt mir am nötigen ~

'Pul·ver·faß ⟨n.⟩ **1** ⟨urspr.⟩ *Faß mit Schießpulver* **2** ⟨heute nur fig. in den Wendungen⟩ 2.1 auf einem ~ sitzen *sich in einer sehr gefährlichen Lage befinden* 2.2 ein Funke im ~ sein *der Anlaß zu einem aufregenden Geschehen sein* 2.3 den Funken ins ~ schleudern *den Kampf entfachen, die Aufregung auslösen* 2.4 einem ~ gleichen *jederzeit die Gefahr eines Konflikts, Krieges in sich bergen*

'Pum·pe ⟨f.; -, -n⟩ *Arbeitsmaschine od. -gerät zum Fördern von Flüssigkeiten u. Gasen;* Luft~, Wasser~; eine elektrische ~; Wasser von der ~ holen

'pum·pen¹ ⟨V.⟩ **1** ⟨400⟩ *eine Pumpe betätigen;* jmd., die Maschine pumpt zu langsam **2** ⟨500⟩ etwas ~ *mittels Pumpe hervor-, heraufbringen;* Luft ~; Wasser ~; Wasser in einen Eimer ~; das Herz pumpt das Blut durch den Körper

'pum·pen² ⟨V.; umg.⟩ **1** ⟨531/R1 od. R2⟩ sich etwas von jmdm. ~ *entleihen, borgen;* ich habe mir von ihm 20 Mark gepumpt; ich möchte mir von dir dein Rad, deine Schuhe ~ **2** ⟨530⟩ jmdm. etwas ~ *ausleihen, jmdm. etwas leihen;* ich habe ihm 20 Mark gepumpt; kannst du mir (mal) deinen Schirm ~?; er ist mit einem gepumpten Wagen losgefahren

Punkt ⟨m.; -(e)s, -e⟩ **1** *sehr kleiner Fleck, Tupfen;* die Bluse ist rot mit weißen ~en; das Flugzeug war nur noch als ~ am Himmel zu erkennen; ein Stoff, Kleid mit ~en **2** *kleines schriftl. Zeichen;* Doppel~; der ~ über dem i; ein Wort durch drei ~e ersetzen; einen ~ setzen, machen 2.1 *Satzzeichen am Satzende u. bei manchen Abkürzungen* 2.1.1 er redet ohne ~ und Komma ⟨fig.; umg.⟩ *ohne innezuhalten, unaufhörlich* 2.1.2 nun mach mal einen ~! ⟨umg.⟩ *mach Schluß jetzt!, hör damit auf!* 2.2 *hinter einer Note gesetztes Zeichen, das die Note um ihren 1/2 Zeitwert verlängert* 2.2.1 *über eine Note gesetztes Zeichen, das ein kurz abgestoßenes Spiel vorschreibt* **3** ⟨Typ.; Abk.: p⟩ *Maßeinheit von 0,376 mm für den Schriftsatz, den Zeilenabstand;* eine Zehn-~-Schrift; diese Schrift hat die Größe von 10 ~ **4** *gedachtes geometr. Gebilde ohne Ausdehnung, gedacht als Stelle, an der sich zwei Linien schneiden;* die beiden Geraden schneiden sich in einem ~ **5** *bestimmter Ort, bestimmte Stelle;* die Linie verläuft von ~ A nach ~ C; an diesem ~ gabelt sich der Weg **6** *Zeitpunkt* 6.1 ~ 12 Uhr *pünktlich um 12 Uhr* 6.2 er kam auf den ~ (genau) *pünktlich* **7** *Einheit der Bewertung (im Sport, bei Prüfungen);* Sieg, Niederlage nach ~en; den Gegner nach ~en schlagen; er bekam 20 ~e von 30 möglichen **8** ⟨fig.⟩ *Sache, Frage, Angelegenheit, Einzelheit;* ein strittiger ~; ein wunder ~; den empfindlichen ~ treffen; der wichtigste, schwierigste ~ der Sache ist ...; im ~ der Ehrlichkeit ist er sehr empfindlich; wir kommen noch auf diesen ~ zurück; wir sind in allen ~en einer Meinung; es gibt in seiner Vergangenheit einige dunkle ~e 8.1 → a. *springen(3.5)* **9** *Abschnitt;* die einzelnen ~e eines Vertrages; ich bin jetzt an, auf dem ~, an, auf dem ich allein nicht weiterarbeiten kann; eine Angelegenheit, Arbeit ~ für ~ durchgehen 9.1 → a. *tot(5.4, 6.11)*

punk'tie·ren ⟨V. 500⟩ **1** jmdn. ~ ⟨Med.⟩ *an jmdm. eine Punktion vornehmen* **2** etwas ~ *mit vielen Punkten versehen, durch Punkte andeuten;* eine punktierte Linie **3** ⟨Mus.⟩ eine Note ~ *durch einen Punkt hinter der Note ihren Wert um die;* → a. *Punkt(2.2.1) Hälfte verlängern;* punktierter Rhythmus

Punk·ti'on ⟨f.; -, -en; Med.⟩ *Entnahme von Flüssigkeit od. Gewebe aus dem Körper mit einer Hohlnadel für diagnost. Zwecke;* Sy *Punktur*

'pünkt·lich ⟨Adj.⟩ **1** *zur rechten Zeit, auf die Minute genau;* ~ um 3 Uhr; ~ ankommen, gehen **2** *gewissenhaft, genau;* es wird ~ erledigt; er ist immer sehr ~

Punk'tur ⟨f.; -, -en⟩ = *Punktion*

Punsch ⟨m.; -es, -e⟩ *Getränk aus Rum od. Arrak mit Wasser od. Tee, auch Wein, u. Zukker, meist heiß getrunken*

'Pun·ze ⟨f.; -, -n⟩ **1** *meißelartiger Stempel zum Anfertigen erhabener Muster in Metall od. Leder* **2** ⟨österr.⟩ *eingestanztes Zeichen zur Angabe des Goldgehalts* **3** *an Meßgeräten u. Gewichten nach dem Eichen angebrachtes Zeichen*

'Pup·pe ⟨f.; -, -n⟩ **1** *Nachbildung der Figur eines Menschen* **1.1** *Kinderspielzeug in Form eines kleinen Menschen;* sie spielt mit ihrer ~ **1.2** *Figur des Puppen- u. Kasperletheaters;* Hand~; Kasper~ **1.3** *Gebilde in Form einer menschl. Gestalt od. des menschl. Rumpfes zum Anprobieren od. Ausstellen von Kleidung;* Schaufenster~; Schneider~ **2** ⟨Zool.⟩ *Hülle, in der Insekten mit vollkommener Verwandlung ein Ruhestadium durchmachen;* ~n von Ameisen, Bienen, Schmetterlingen **3** *mehrere aufrecht zusammengestellte Getreidegarben* **4** ⟨fig.⟩ *unselbständige, dem Willen anderer unterworfene Person;* er ist nur eine ~ in seinen Händen **5** ⟨fig.; umg.⟩ *weibl. Person* **5.1** *Mädchen, Freundin;* sie ist seine ~ **5.2** *aufgeputztes Dämchen* **6** bis in die ~n schlafen, zechen *sehr lange, bis in den Morgen hinein*

pur ⟨Adj.⟩ **1** ⟨70⟩ ~e Metalle *M. ohne Beimischung = rein(1);* ~es Gold **2** ⟨80⟩ Getränke ~ trinken *unverdünnt* **3** ⟨60⟩ *weiter nichts als;* aus ~er Neugierde; es war ~er Zufall **4** ⟨60⟩ ~er Wahnsinn ⟨umg.⟩ *völliger, uneingeschränkter W.*

'Pur·pur ⟨m.; -s; unz.⟩ *blaustichiger roter Farbstoff, ursprünglich aus den im Mittelmeer lebenden Purpurschnecken gewonnen*

'Pur·zel·baum ⟨m.⟩ *Rolle um die eigene Querachse auf dem Boden;* einen ~ machen, schlagen, schießen

'pur·zeln ⟨V. 411(s.); umg.⟩ *fallen, hinfallen, stürzen (bes. von Kindern);* aus dem Bett ~; er purzelte in den Schnee

'Pu·stel ⟨f.; -, -n; Med.⟩ = *Pickel*[2]

'pu·sten ⟨V.; umg.⟩ **1** ⟨411⟩ irgendwohin ~ *blasen, Luft ausstoßen;* er pustete ins Feuer; in einen Luftballon ~; jmdm. (den Rauch) ins Gesicht ~; den Staub von einem Buch ~ **1.1** ⟨530⟩ jmdm. was, eins ~ ⟨fig.⟩ *jmds. Wunsch nicht erfüllen* **2** ⟨400⟩ *außer Atem sein, keuchen*

'Pu·te ⟨f.; -, -n⟩ **1** *Truthenne* **2** ⟨fig.; umg.; Schimpfw.⟩ *Mädchen, Frau;* dumme ~!; eingebildete ~

Putsch ⟨m.; -(e)s, -e⟩ **1** *polit. Umsturz od. Umsturzversuch;* der ~ mißlang; sich an einem ~ beteiligen **2** ⟨schweiz.⟩ *Stoß*

Putz[1] ⟨m.; -es, -e; umg.⟩ *kleines Kind;* oV *Puz*

Putz[2] ⟨m.; -es; unz.⟩ **1** ⟨veralt.⟩ *schmucke Kleidung;* sie gibt viel Geld für den ~ aus **1.1** *Gegenstände zum Schmücken der Kleidung, Zierat* **2** *Mauerbewurf, Mörtel;* der ~ bröckelt von den Wänden; Mauern mit ~ verkleiden, bewerfen

'put·zen ⟨V. 500⟩ **1** etwas ~ *durch Reiben od. Wischen blank machen;* Silber, Bestecke ~; das Gewehr ~ **1.1** Schuhe ~ *einkremen u. blankreiben* **1.2** Klinken ~ ⟨fig.; umg.⟩ *von Tür zu Tür gehen (um etwas anzubieten, zu verkaufen)* **2** etwas ~ *säubern, reinigen;* die Zähne ~; das Fenster ~ **2.1** ⟨503/R1⟩ (sich) die Nase ~ *schneuzen* **2.2** die Kerze ~ *den Docht der K. kürzer schneiden* **3** ⟨500/R3⟩ jmdn. ~ *jmdn. schmücken, zieren, hübsch anziehen u. frisieren* **3.1** den Weihnachtsbaum ~ *mit Christbaumschmuck behängen* **4** ⟨400; oberdt.⟩ *Räume, Zimmer, die Wohnung reinigen;* sie muß heute noch ~

'put·zig ⟨Adj.; umg.⟩ *drollig, erheiternd, spaßig u. merkwürdig;* ein ~es Tier; das kleine Mädchen war ~; ~ aussehen

'Putz·ma·che·rin ⟨f.; -, -n·nen⟩ *weibliche Person, die Hüte anfertigt u. schmückt*

Puz ⟨m.; -es, -e⟩ = *Putz*[1]

Py·ja·ma ⟨[py'dʒa:ma] m.; -s, -s; schweiz. u. österr.; n.; -s, -s⟩ *Schlafanzug*

Py·ra'mi·de ⟨f.; -, -n⟩ **1** *geometr. Körper mit einem Viereck als Basis u. dreieckigen Seitenflächen, die in einer Spitze zusammenlaufen* **2** *altägypt. Grabbau in Form einer Pyramide(1)* **3** *nach oben sich verjüngendes, oft in mehreren Etagen gebautes, mit einem durch Kerzen angetriebenen drehenden Innenteil ausgestaltetes, einem Gebäude ähnelndes Spielzeug;* Weihnachts~ **4** *in Form einer Pyramide(1) zusammengestellte Gewehre;* Gewehr~

Q

'Quack·sal·ber ⟨m.; -s, -⟩ *(angebl.) Arzt, der von seinem Handwerk nichts versteht;* Sy *Kurpfuscher*

'Qua·der ⟨m.; -s, -⟩ **1** *rechteckig behauener Block* **2** ⟨Math.⟩ *Körper mit drei Paar kongruenten, in parallelen Ebenen liegenden Rechtecken als Oberfläche*

Qua'drat¹ ⟨n.; -(e)s, -e⟩ **1** *Viereck mit vier gleichen Seiten u. vier rechten Winkeln* **2** ⟨Math.⟩ *die zweite Potenz;* eine Zahl ins ~ erheben 2.1 drei zum ~ *zweite Potenz von drei* = 3^2

Qua'drat² ⟨m.; -(e)s, -en; Typ.⟩ *Ausschluß verschiedener Länge u. Dicke*

Qual ⟨f.; -, -en⟩ **1** *großer körperl. od. seel. Schmerz, Pein;* die ~ des bösen Gewissens, der Reue; körperl., seel. ~en aushalten, ertragen müssen; jmdm. ~en bereiten; jmdm. seine ~en erleichtern; es ist mir eine ~, das ansehen, anhören zu müssen; er starb unter großen ~en; er wurde von seinen ~en erlöst, befreit **2** → a. *Wahl(2.0.1)*

'quä·len ⟨V. 500⟩ **1** ⟨R7 od. R8⟩ jmdn. od. ein Tier ~ *peinigen, jmdm. od. einem Tier Qual, Schmerz zufügen;* den Gefangenen ~; die Kinder quälten die Katze; die Reue quält ihn 1.1 trübe Gedanken ~ mich *beunruhigen mich* **2** jmdn. ~ ⟨fig.⟩ *dauernd u. heftig bedrängen, mit Bitten verfolgen;* das Kind quält mich schon seit Tagen, ich soll mit ihm in den Zirkus gehen **3** ⟨505/R3⟩ sich (mit etwas) ~ *sich (bei etwas) anstrengen;* er hat sich anfangs sehr ~ müssen; das Pferd mußte sich sehr ~, den schweren Wagen den Berg hinaufzuziehen; ~der Durst, ~de Zweifel

qua·li·fi'zie·ren ⟨V. 500⟩ **1** jmdn. ~ *befähigen, fähig machen (zu etwas), durch Unterricht u. Übung ausbilden u. entwickeln (für etwas);* qualifizierte Arbeit leisten 1.1 ⟨R3⟩ sich ~ *sich ausbilden, sich durch Fleiß u. Übung entwikkeln, sich als geeignet erweisen* **2** etwas ~ *als geeignet anerkennen* 2.1 qualifizierter Diebstahl *unter erschwerenden Umständen begangener u. deshalb schwerer bestrafter D.* 2.2 qualifizierte Mehrheit *für bestimmte Beschlüsse des Parlaments notwendige M. (Zweidrittel-, Dreiviertelmehrheit)* 2.3 ⟨513⟩ jmdn. od. etwas als ... ~ *beurteilen, einordnen, kennzeichnen;* er qualifizierte ihn als begabten Künstler

Qua·li'tät ⟨f.; -, -en⟩ → a. *Quantität* **1** *Art, Beschaffenheit* 1.1 *Eigenschaft, Fähigkeit;* auch er hat seine ~en; er hat besondere ~en 1.2 ⟨Phon.⟩ *Vokalfärbung, z. B. e gegenüber o* **2** *Sorte, Güte, Brauchbarkeit;* ausgezeichnete, hervorragende, gute ~; beste, mittlere ~; von guter ~

'qual·men ⟨V.⟩ **1** ⟨400⟩ etwas qualmt *gibt Qualm von sich, raucht stark;* der Schornstein, die (eben) ausgelöschte Kerze qualmt 1.1 aber dann qualmt's! (Drohung) ⟨fig.; umg.⟩ *aber dann gibt's Schelte od. Prügel!* **2** ⟨400; fig.; umg.⟩ *(stark, häufig) rauchen;* die Tafelrunde qualmte den ganzen Abend lang; er, sie qualmt wie ein Schlot **3** ⟨500⟩ etwas ~ ⟨umg.⟩ *rauchen;* eine Zigarre, Pfeife ~; er qualmt täglich 30 Zigaretten

Quan·ti'tät ⟨f.; -, -en⟩ → a. *Qualität* **1** *Menge, Masse, Größe, Umfang* 1.1 ⟨Phon.⟩ *Dauer der Vokale (Länge bzw. Kürze)* **2** *Anzahl*

'Quan·tum ⟨n.; -s, -ten⟩ *bestimmte Menge, Anzahl;* ein großes, kleines ~; ein ordentliches, tüchtiges ~ ⟨umg.⟩; welches ~ Zucker rechnet man auf 1 kg Früchte?

Qua·ran'tä·ne ⟨[karã-, karan-] f.; -, -n⟩ *Isolierung (von Personen) als Schutzmaßnahme gegen das Einschleppen od. Verbreiten epidem. Krankheiten*

Quark ⟨m.; -(e)s; unz.⟩ **1** *beim Gerinnen der Milch ausgefällter Käsestoff, (daraus gewonnenes) breiiges Nahrungsmittel;* Sy *weißer Käse;* Kartoffeln mit ~ **2** ⟨fig.; umg.⟩ *lächerl. Kleinigkeit, belanglose Sache;* sich über jeden ~ aufregen; seine Nase in jeden ~ stecken 2.1 einen ~ *gar nichts;* das geht dich einen ~ an; davon verstehst du einen ~ 2.2 *Unsinn, Unfug, Quatsch;* das ist doch (alles) ~!

Quar'tal ⟨n.; -s, -e⟩ **1** *Vierteljahr;* erstes, zweites ~ 1.1 zum ~ kündigen *zum Ende des Quartals(1)*

Quar'tett ⟨n.; -(e)s, -e⟩ **1** *Musikstück für vier Stimmen od. Instrumente;* Vokal~; Bläser~, Streich~ **2** *Gruppe von vier Sängern od. Instrumentalisten* **3** *Kartenspiel, bes. für Kinder, bei dem vier zusammengehörige Karten abgelegt werden, die man durch Fragen von den anderen Spielern zu erhalten sucht*

Quar'tier ⟨n.; -s, -e⟩ **1** *Unterkunft;* Nacht~; Ferien~, Urlaubs~; sich ein ~ bestellen, suchen; haben Sie schon ein ~? 1.1 *Unterkunft von Truppen außerhalb einer Kaserne;* ~e beziehen, nehmen; bei einem Bauern im ~ sein ⟨a. Mil.⟩ 1.2 ~ machen *Unterkünfte für Truppen bestimmen* **2** ⟨schweiz., österr.⟩ *Stadtviertel*

Quarz ⟨m.; -es, -e⟩ *häufigstes Mineral der Erdoberfläche, chem. Siliziumoxid,* SiO_2; Rauch ~, Rosen ~

'Qua·ste ⟨f.; -, -n⟩ **1** *an einem Ende zusammengebundenes Büschel von Fäden, Fransen, dünnen Schnüren od. Litzen;* Sy *Troddel(1)* **2** *Watte- od. Faserbausch;* Puder~

Quatsch ⟨m.; -(e)s; unz.⟩ **1** *falsches, dummes Zeug, Fehler;* hier hast du ~ gemacht; das ist doch (alles) ~ **2** *dummes Gerede, Unsinn;* (ach) ~!; ich kann mir diesen ~ nicht länger anhören; red' keinen ~! 2.1 ~ mit Soße! ⟨verstärkend⟩ *Unsinn!* **3** *dumme Späße, Kinderei, Alberei;* die Kinder machen im Unterricht nur, viel ~; macht nicht so viel, zuviel ~!; der Film ist ein herrlicher, fürchterlicher ~

'Queck·sil·ber ⟨n.⟩ **1** ⟨chem. Zeichen: Hg⟩ *bei Zimmertemperatur flüssiges, silberglänzendes Metall, chem. Element, Ordnungszahl 80;* das ~ im Thermometer fiel **2** er hat ~ im Leib ⟨fig.; umg.⟩ *er ist äußerst lebhaft, unruhig* **3** er ist ein ~ ⟨fig.; umg.⟩ *ein sehr unruhiger, überlebhafter Mensch, ein Kind, das nicht stillsitzen kann*

'Quel·le ⟨f.; -, -n⟩ **1** *aus der Erde tretendes, fließendes Wasser, Ursprung eines Baches, Flusses;* eine heiße, kalte, warme ~; die ~ springt, sprudelt aus dem Felsen; die ~ der Donau; mit der Wünschelrute eine ~ suchen; Wasser aus einer ~ schöpfen; aus einer ~ trinken; die ~ ist versiegt ⟨a. fig.⟩ **1.1** an der ~ sitzen ⟨fig.; umg.⟩ *gute Verbindungen zu etwas haben* **1.2** ⟨kurz für ⟩ *Heilquelle;* Mineral~ **2** ⟨fig.⟩ *Herkunft, Ursprung, Ursprungsort;* die ~ seiner Freuden, Leiden, seines Glücks; das ist die ~ alles (allen) Übels; neue ~n (für Rohstoffe) erschließen **2.1** *Person, Stelle, Zeitung, von der man eine Nachricht od. Ware bekommen, Kenntnis erlangt hat;* ich habe, weiß es aus erster, sicherer ~; aus welcher ~ haben Sie das (gehört, erfahren)? **3** *(schriftl.) Zeugnis (für die wissenschaftl. Forschung), Urkunde, wissenschaftl. Werk;* historische, sprachliche ~n; ~n lesen, studieren; die ~n angeben (bei histor., literar. Arbeiten); für die frühe Geschichte haben wir nur nichtsprachliche ~n

'quel·len[1] ⟨V. 194/400⟩ **1** etwas quillt aus, über etwas *fließt aus etwas heraus, dringt aus etwas hervor;* das Wasser quillt aus dem Boden; das Blut quillt aus der Wunde; die Tränen quollen ihr aus den Augen; der Brei quillt über den Rand des Topfes; Rauch quoll aus den Fenstern, aus dem Krater; ihm quollen (vor Entsetzen, vor Zorn) fast die Augen aus dem Kopf; die Menschen quollen aus dem Saal **2** etwas quillt *schwillt durch Aufnehmen von Wasser an, vergrößert sich;* das Holz ist durch die Feuchtigkeit gequollen; Erbsen vor dem Kochen ~ lassen; der Grieß, Reis muß noch etwas ~

'quel·len[2] ⟨V. 500; schwach konjugiert⟩ etwas ~ *zum Aufschwemmen ins Wasser legen, durch Wasser aufschwellen lassen;* Erbsen, Linsen ~

'quen·geln ⟨V. 400; umg.⟩ *weinerlich immer wieder bitten, weinerlich nörgeln (bes. von Kindern);* das Kind quengelte den ganzen Tag

quer ⟨Adv.⟩ **1** *von einer Breitseite zur gegenüberliegenden, die Längsausdehnung kreuzend, senkrecht zur Längsausdehnung;* Ggs *längs[1];* leg das Blatt ~; eine Schnur ~ durch einen Raum spannen; ein Brett ~ über einen Bach legen; ~ über den See, den Fluß fahren; ~ über die Straße gehen; den Stoff ~ nehmen (beim Zuschneiden) **1.1** ~ übereinanderlegen *gekreuzt* **2** ⟨fig.⟩ *störend, verkehrt* **2.0.1** es geht ihm alles ~ *es mißrät ihm alles* **2.0.2** → a. *kreuz* **2.1** ⟨Adj. 60⟩ *verkehrt, seltsam;* er hat recht ~e Ansichten

'Que·re ⟨f.; -; unz.⟩ **1** *Querrichtung;* den Stoff (in) der ~ nehmen **2** ⟨fig.; umg.; meist in festen Wendungen⟩ **2.1** etwas geht der ~ *mißglückt* **2.2** etwas kommt der ~ *ungelegen, paßt nicht;* das kommt mir sehr der ~ **2.3** jmdm. in die ~ kommen *jmds. Weg störend kreuzen, jmdn. bei der Arbeit stören;* Vorsicht, komm mir nicht in die ~! **2.3.1** es ist ihm etwas in die ~ gekommen *er wurde durch etwas abgehalten, gestört* **2.4** → a. *Kreuz(2.3.1)*

'Quer·schnitt ⟨m.⟩ **1** ⟨Geom.⟩ *oberer Schnitt quer zur Längs- od. Drehachse eines Körpers;* Ggs *Längsschnitt;* der ~ eines Kegels; ein kreisförmiger ~ **2** ⟨fig.⟩ *Überblick, Zusammenfassung der wichtigsten Punkte, Teile;* das Buch gibt einen ~ durch die Geschichte der Seefahrt; eine Schallplatte mit einem ~ deutscher Volkslieder

'quet·schen ⟨V. 500⟩ **1** etwas ~ *heftig zusammendrücken, pressen;* Kartoffeln (zu Brei) ~; Trauben, Obst, Beeren ~ **2** ⟨511/R3⟩ sich irgendwohin ~ ⟨umg.⟩ *sich mit Mühe vorwärts zwängen, drängen;* ich habe mich in das überfüllte Abteil gequetscht; sich mit anderen in einen Wagen ~; wir mußten uns durch die Menge ~ **3** ⟨511⟩ jmdn. od. etwas irgendwohin ~ *mit Druck u. Kraft irgendwohin bringen, stoßen, pressen;* er quetschte seine Kleider in den Koffer; er hat ihn gegen, an die Mauer gequetscht; er quetschte seine Nase gegen, an die Fensterscheibe **4** ⟨530/R5⟩ jmdm. etwas ~ *durch Druck verletzen;* ich habe mir den Finger gequetscht; ihm wurde die Hand in der Tür gequetscht; hast du dich gequetscht?

'quie·ken ⟨V. 400⟩ **1** *Laut geben, rufen;* das Schwein, Ferkel quiekt **2** ⟨fig.; umg.⟩ *einen hohen, quietschenden Laut ausstoßen;* vor Schreck, Freude ~ **2.1** es ist zum Quieken! *sehr komisch*

'quiet·schen ⟨V. 400⟩ **1** *einen hohen, schrillen Ton von sich geben;* die Tür, der Wagen, das Rad quietscht; mit ~den Bremsen anhalten **2** vor Schreck, vor Vergnügen ~ ⟨umg.⟩ *schreien, quieken(2)*

Quirl ⟨m.; -(e)s, -e⟩ **1** *Küchengerät aus einem Holzstab (der zwischen den Handflächen gedreht wird) mit verdicktem Ende, von dem mehrere Zähne sternförmig abstehen, zum raschen Vermengen von Flüssigkeiten mit pulverigen Stoffen;* die Zutaten mit einem ~ verrühren **2** ⟨Bot.⟩ = *Wirtel(1)* **3** ⟨fig.; umg.; scherzh.⟩ *sehr unruhiger, sehr lebhafter Mensch;* das Kind ist ein richtiger ~

quitt ⟨Adj. 11/40⟩ *frei von allen Verbindlichkeiten, ausgeglichen, fertig, wett;* nun sind wir ~

quit'tie·ren ⟨V. 500⟩ **1** einen Betrag ~ *den Empfang eines Betrages bescheinigen* **2** den Dienst ~ *aufgeben, das Amt niederlegen* **3** eine Rechnung ~ *den Empfang des Betrages auf der R. bescheinigen* **4** ⟨550⟩ eine Bemerkung mit einem Lächeln ~ ⟨umg.⟩ *mit einem L. beantworten*

'Quit·tung ⟨f.; -, -en⟩ **1** *Empfangsbescheinigung* **2** die ~ für ein Verhalten ⟨fig.⟩ *unangenehme, unerwartete Folge, Rückwirkung*

Quiz ⟨[kwis]; n.; -, -⟩ *unterhaltsames Spiel mit Frage und Antwort*

R

Ra'batt ⟨m.; -(e)s, -e⟩ *prozentualer Nachlaß des Preises;* Sy *Prozente(3)*
Ra'bat·te ⟨f.; -, -n⟩ **1** *schmales Beet, bes. als Einfassung von Wegen u. Rasenflächen* **2** *Aufschlag an Ärmel od. Kragen, bes. von Uniformen*
'Ra·be ⟨m.; -n, -n⟩ **1** *großer Rabenvogel mit glänzend schwarzem Gefieder, wuchtigem Schnabel u. keilförmigem Schwanz: Corvus corax* 1.1 wie ein ~ stehlen ⟨fig.; umg.⟩ *viel stehlen* 1.2 → a. *weiß(1.5)* **2** ⟨Astr.⟩ *Sternbild des Südhimmels*
'Ra·che ⟨f.; -; unz.⟩ *Vergeltung für erlittenes Unrecht;* ~ brüten; (an jmdm.) ~ nehmen; jmdm. ~ schwören; ~ ist süß! (als Drohung); blutige ~ nehmen; auf ~ sinnen; etwas aus ~ tun
'rä·chen ⟨V. 500/R7⟩ **1** jmdn. od. etwas ~ *Rache für jmdn. od. etwas nehmen, Vergeltung für ein Unrecht üben;* → a. *revanchieren(1.1);* sich fürchterlich, empfindlich, grausam ~; er hat sich an ihm gerächt; er wird seinen Freund ~; ich rächte mich an ihm (für diese Beleidigung); jmds. Tod ~; er hat das Verbrechen, Unrecht gerächt **2** ⟨R3⟩ etwas rächt sich ⟨fig.⟩ *findet Vergeltung, zieht üble Folgen nach sich;* es wird sich (noch) ~, daß du so leichtsinnig bist; dein Leichtsinn rächte sich bitter
'Ra·chen ⟨m.; -s, -⟩ **1** *hinter dem Gaumensegel liegende Erweiterung des Schlundes: Pharynx;* ein entzündeter, geröteter ~; einem Kranken den ~ pinseln **2** ⟨i. w. S.⟩ *Maul, Schlund (von großen Raubtieren);* er hielt seinen Kopf in den ~ des Löwen 2.1 jmdm. etwas aus dem ~ reißen ⟨fig.⟩ *jmdm. etwas entreißen, was er schon gepackt hält* 2.2 er kann den ~ nicht voll genug kriegen ⟨fig.; umg.⟩ *er ist unersättlich, gefräßig, habgierig* 2.3 jmdm. etwas in den ~ werfen ⟨fig.; umg.⟩ *jmdm. etwas geben, überlassen, um ihn zu befriedigen, zum Schweigen zu bringen* 2.4 ⟨fig.; poet.⟩ *gähnender Abgrund, verderbenbringender Schlund;* Höllen~; der ~ des Todes
'Ra·chen·blüt·ler ⟨m.; -s, -⟩ *Angehöriger einer mit etwa 3000 Arten über die ganze Erde verbreiteten Familie meist krautiger Pflanzen, deren Blüten einem (aufgesperrten) Rachen gleichen: Scrophulariaceae*
Ra·chi·tis ⟨[-'xi-] f.; -; unz.; Med.⟩ *Stoffwechselkrankheit, die auf Vitamin-D-Mangel beruht u. zur Erweichung der Knochen führt*
Rad ⟨n.; -(e)s, ¨er⟩ **1** *runder, scheibenförmiger Körper, der sich um einen Mittelpunkt dreht;* das ~ dreht sich, läuft, rollt, surrt, schnurrt; das ~ quietscht 1.0.1 das ~ der Geschichte läßt sich nicht zurückdrehen ⟨fig.⟩ *die Entwicklung* 1.1 *Teil eines Fahrzeugs, der ermöglicht, daß es sich rollend fortbewegen kann;* die Felge des ~s ist beschädigt 1.1.1 das fünfte ~ am Wagen sein ⟨fig.; umg.⟩ *in der Gemeinschaft anderer sich als überflüssig empfinden, überflüssig sein* 1.1.2 unter die Räder kommen ⟨fig.; umg.⟩ *den moral. Halt verlieren, moral. sinken, in üble Gesellschaft geraten* 1.2 *Teil einer Maschine, der in drehender Bewegung Kräfte überträgt;* alle Räder drehen sich in großer Geschwindigkeit **2** *durch ein Rad(1) bes. auffällig gekennzeichneter Gegenstand* 2.1 *Fahrrad;* das ~ schieben (müssen); sich aufs ~ schwingen, setzen; mit dem ~ fahren; vom ~ springen, steigen, stürzen 2.2 *Lenk-, Steuerrad;* das ~ herumwerfen 2.3 ⟨MA⟩ *zur Hinrichtung dienendes Wagenrad, auf das der Verurteilte mit zerschmetterten Gliedern gebunden wurde u. auf dem er verendete;* jmdn. aufs ~ flechten, binden 2.4 *Mühlrad* 2.5 *Spinnrad* 2.6 *Treibrad (am Schiff)* **3** der Pfau schlägt ein ~ *stellt die gespreizten Schwanzfedern auf* **4** ⟨Turnen⟩ *ein- od. mehrmaliger seitl. Überschlag auf beiden Händen u. Füßen nacheinander;* ein ~ schlagen
Ra'dar ⟨m. od. n.; -s; unz.⟩ **1** *Funkmeßtechnik* **2** *Funkmeßgerät*
'Räd·chen ⟨n.; -s, -⟩ **1** *kleines Rad* 1.1 *kleines Gerät mit einem gezahnten Rad zum Durchdrücken von Schnittmustern auf Papier od. zum Ausschneiden von Teigstückchen für kleines Gebäck* **2** bei dir ist wohl ein ~ locker? ⟨fig.; umg.⟩ *du bist wohl nicht gescheit?, was denkst du dir eigentlich?*
'ra·de·bre·chen ⟨V. 500⟩ eine Sprache ~ *stümperhaft sprechen*
'rä·deln ⟨V. 500; umg.⟩ **1** ein Schnittmuster ~ *mit dem Rädchen (auf Papier) durchdrücken* **2** den Teig ~ *mit dem Rädchen ausschneiden*
'Rä·dels·füh·rer ⟨m.⟩ *Anführer bei gesetzwidrigen Handlungen einer Gruppe;* der ~ eines Tumults, einer Verschwörung
'rä·dern ⟨V. 500⟩ **1** jmdn. ~ *durch das Rad hinrichten, aufs Rad flechten* **2** ich bin wie gerädert ⟨fig.; umg.⟩ *todmüde, völlig erschöpft, alle Glieder tun mir weh*
'rad|fah·ren ⟨V. 130/400(s.)⟩ **1** *mit dem Fahrrad fahren;* er fährt Rad; sie ist radgefahren **2** ⟨410; fig.; abwertend⟩ *gegenüber Vorgesetzten unterwürfig sein, aber Untergeordnete schikanieren, unterdrücken;* er fährt ganz schön Rad
ra'die·ren ⟨V. 500⟩ **1** Geschriebenes, Gezeichnetes ~ *mit einem Radiergummi od. dem Radiermesser entfernen* **2** eine Zeichnung ~ *mit der Radiernadel in eine geätzte Kupferplatte ritzen*
Ra'die·rung ⟨f.; -, -en⟩ **1** *Art des Kupferstichs, bei der die Zeichnung mit der Radiernadel in eine mit einer säurefesten Masse überzogene Kupferplatte eingeritzt wird; die Platte wird dann mit einer Säure übergossen, die in die eingeritzten Stellen eindringt* **2** *der von dieser Platte hergestellte Abdruck*
Ra'dies·chen ⟨n.; -s, -⟩ **1** *Rettichsorte mit kleinen, runden, weißen od. roten Stengelknollen: Raphanus sativus var. radicula* **2** sich die ~ von unten ansehen, besehen ⟨fig.; umg.; scherzh.⟩ *gestorben sein, unter der Erde liegen*
ra·di'kal ⟨Adj.⟩ **1** *bis auf die Wurzel, bis zum äußersten (gehend)* **2** *vom Ursprung aus;* eine Sache ~ ändern **3** *gründlich;* sie haben alles ~ aufgegessen, aufgefressen **4** *rücksichtslos, scharf;* etwas ~ beseitigen **5** ⟨Pol.⟩ = *extrem(2.1)*

'Ra·dio ⟨n.; -s, -s; schweiz a. (bes. für das Gerät) m.; -s, -s⟩ **1** *Rundfunkgerät* **2** = *Rundfunk(1)*
ra·dio·ak'tiv ⟨Adj.⟩ **1** *unter Aussendung von Strahlen sich umwandelnd, Strahlen aussendend;* ~e chem. Elemente, Isotope 1.1 ~er Niederschlag *von Atombomben herrührende, auf die Erde fallende radioaktive(1) Stoffe* 1.2 ~e Verseuchung *Verbreitung von Produkten des Kernzerfalls, die für Lebewesen schädlich sind* 1.3 ~er Zerfall *spontane Kernspaltung*
Ra·dio·lo'gie ⟨f.; -; unz.⟩ *Lehre von den Strahlen, bes. den Röntgen- u. radioaktiven Strahlen u. ihrer Anwendung*
'raf·fen ⟨V.500⟩ **1** ⟨550⟩ etwas an sich ~ ⟨geh.⟩ *schnell, gierig an sich nehmen, reißen u. festhalten;* seine Sachen, Kleider an sich ~ **2** etwas ~ *geizig anhäufen;* er hat zeit seines Lebens nur Gold gerafft **3** Stoff ~ *in kleine Falten legen, bauschen;* geraffte Vorhänge; Vorhänge, Gardinen ~ **4** ein Kleid ~ *ein wenig hoch heben, an sich ziehen;* sie raffte ihr langes Kleid, ihre Schleppe **5** Segel ~ *einziehen u. zusammenrollen*
Raf·fi·ne'rie ⟨f.; -, -n⟩ *Fabrikanlage zur Reinigung von Zucker od. Erdöl;* Zucker~, Erdöl~
Raf·fi'nes·se ⟨f.; -, -n; umg.⟩ **1** *Durchtriebenheit, Schlauheit* **2** *Feinheit, fein ausgedachte Sache* 2.1 mit allen ~n *mit allem prakt. u. bequemen Zubehör, mit allen Feinheiten*
raf·fi'nie·ren ⟨V. 500⟩ Zucker, Erdöl ~ *reinigen, läutern*
raf·fi'niert 1 ⟨Part. Perf. von⟩ *raffinieren* **2** ⟨Adj.⟩ 2.1 *schlau, durchtrieben;* er ist ~ 2.2 *ausgeklügelt, fein ausgedacht;* ein ~er Plan; das hat er ~ gemacht
'Ra·ge ⟨[-ʒə] f.; -; unz.; umg.⟩ *Wut, Raserei;* jmdn. in ~ bringen; in ~ kommen
'ra·gen ⟨V. 410⟩ *emporstehen, länger, höher sein als etwas;* Felsklippen ~ aus dem Wasser; Türme, Berggipfel ~ in den Himmel
Rahm ⟨m.; -s; unz.⟩ **1** ⟨süddt.; österr.; schweiz.⟩ = *Sahne(1);* süßer, saurer ~ **2** den ~ abschöpfen ⟨fig.; umg.⟩ *sich das Beste nehmen*
'Rah·men ⟨m.; -s, -⟩ **1** *(stützendes) Gestell, das etwas umgibt od. in das etwas eingebaut ist* 1.1 *einfassende Leiste, Einfassung, Bilderrahmen;* ein Bild aus dem ~ nehmen 1.2 *Teil von Fenster od. Tür, der mit der Wand fest verbunden ist;* die Tür ist aus dem ~ gefallen 1.3 *Gestell der Kraftwagen (Chassis) u. Fahrräder;* nach dem Unfall war der ~ verzogen 1.4 *Gerät aus zwei genau ineinanderpassenden Reifen zum Spannen von Stoff;* Stick~; Stoff in einen ~ spannen 1.5 *schmaler Streifen aus Sohlenleder um den Rand des Schuhs, an dem Sohle, Brandsohle (u. Zwischensohle) u. Oberleder angenäht sind (zur besseren Haltbarkeit)* **2** ⟨fig.⟩ *Umwelt, Umgebung, Hintergrund;* der Schloßpark gab einen schönen ~ für die Vorführung ab 2.1 einer Sache einen bestimmten ~ geben *ein bestimmtes Aussehen, Gepräge verleihen;* einem Fest einen feierlichen, würdigen ~ geben 2.2 in einem bestimmten ~ *in bestimmter Art u. Weise, in bestimmtem Ausmaß;* die Sache spielt sich in größerem ~ ab; so etwas ist nur in größerem, kleinerem ~ möglich; eine Feier in bescheidenem ~ abhalten 2.3 *Gesamtzusammenhang, in den einzelnes sich einfügt;* nur der große ~ kann vorgegeben werden, die Einzelheiten müssen später geregelt werden 2.4 *Abgrenzung, Grenzen, durch die etwas definiert wird;* einen ~ für etwas bestimmen, (ab)stecken, festlegen; im ~ einer kurzen Gedenkstunde 2.4.1 aus dem ~ fallen *vom Üblichen, Gewohnten abweichen, stark auffallen* 2.5 *Einkleidung, Vor- u. Nachgeschichte einer Erzählung;* das Wiedersehen der beiden Freunde bildet den ~ für die Erzählung
Rain ⟨m.; -(e)s, -e⟩ *den Acker begrenzende kleine Bodenerhöhung;* Feld~; ein schmaler ~; wir gingen auf einem ~
'rai·nen ⟨V.⟩ **1** ⟨500⟩ einen Acker, Feld ~ *umgrenzen, abgrenzen* **2** ⟨411⟩ an jmdn. ~ ⟨oberdt.⟩ *jmds. Feldnachbar sein*
Ra'ke·te ⟨f.; -, -n⟩ **1** *durch Rückstoß angetriebener Flugkörper* **2** *durch Rückstoß angetriebener Feuerwerkskörper*
'Ram·me ⟨f.; -, -n⟩ *schwerer Holz- od. Eisenstempel, der maschinell od. von Hand hochgehoben u. fallengelassen wird, um Erdreich zu verdichten, Pflastersteine od. Pfähle in den Erdboden einzutreiben usw.;* die ~ bedienen; an der ~ arbeiten
'ram·meln ⟨V.⟩ **1** ⟨511⟩ etwas in etwas ~ *etwas wie mit einer Ramme zusammenpressen, stoßen, drängen* 1.1 der Saal war gerammelt voll ⟨mitteldt.⟩ *gepreßt voll, überfüllt* **2** ⟨411⟩ an etwas ~ ⟨umg.⟩ *heftig hin u. her rütteln;* an der Tür ~ **3** ⟨500/R3⟩ sich ~ *sich heftig stoßen, sich durch Stoßen wehtun, verletzen;* die Kinder ~ sich im Garten **4** ⟨400⟩ Kaninchen, Hasen ~ ⟨jägerspr.⟩ *decken, begatten*
'ram·men ⟨V.⟩ **1** ⟨511⟩ etwas in etwas ~ *tief u. fest in die Erde stoßen, bes. mit der Ramme;* einen Pfahl in die Erde ~; er hat Stangen in den Boden gerammt **2** ⟨500⟩ ein Fahrzeug ~ *einem F. in die Seite fahren u. es beschädigen;* einen Wagen, ein Schiff ~ **3** ⟨400⟩ *in flachen Schichten lagernde Kohle vollmechanisch gewinnen*
'Ram·pe ⟨f.; -, -n⟩ **1** *schiefe Ebene als Auffahrt für Wagen zum Verladen von Gütern;* Lade~ **2** *vorderer, etwas erhöhter Rand der Bühne, an dem innen die Lampen zum Beleuchten der Bühne von unten angebracht sind*
'Ram·pen·licht ⟨n.⟩ **1** *Licht der Lampen an der Rampe;* sich ins ~ stellen; der Schauspieler trat ins ~ **2** im ~ der Öffentlichkeit (stehen) ⟨fig.⟩ *im Mittelpunkt des öffentl. Interesses (stehen)*
Ramsch[1] ⟨m.; -(e)s, (selten) -e⟩ *Plunder, Ausschuß, billige, alte Ware*
Ramsch[2] ⟨m.; -(e)s, -e⟩ **1** *Spiel beim Skat, das gespielt wird, wenn niemand reizt* **2** ⟨studentenspr.⟩ *zu einer Forderung führender Streit*
'ran ⟨adv.; umg.⟩ = *heran*
Rand ⟨m.; -(e)s, ¨er⟩ **1** *äußere Begrenzung, Grenze;* Bach~; Stadt~; Ufer~; Wald~; Weg~; Wund~; oberer, unterer rechter, linker ~; am ~ der Stadt wohnen; ein Gefäß bis zum ~ füllen 1.1 *schmaler Streifen an einer Außenseite;* einen ~ zurücklassen (von Wasser-, Weinflecken, einem heißen Topf); dunkle, rote Ränder um die Augen haben; einen ~ lassen (auf der Seite beim Schreiben); breiter, schmaler ~; Briefbogen, Umschlag mit schwarzem ~; einen Fehler am ~ (der Seite) anstreichen, vermerken 1.2 *Kante;* Hut~;

Tisch~; die Tasse steht auf dem ~ des Tabletts 1.3 (bis) an den ~ einer Sache ⟨a. fig.⟩ *bis fast zu einer S., bis nahe an etwas heran;* er hat mich an den ~ der Verzweiflung gebracht, getrieben 1.3.1 die Lungenentzündung brachte ihn an den ~ des Grabes ⟨fig.⟩ *in Lebensgefahr* 1.4 am ~(e) einer Sache ⟨a. fig.⟩ *nahe an einer S.;* am ~ des Abgrunds, des Verderbens 1.4.1 am ~(e) des Grabes stehen ⟨a. fig.⟩ *dem Tod nahe sein (Alters od. einer Krankheit, Gefahr usw. wegen)* 1.5 am ~(e) einer Fähigkeit, eines Vermögens sein ⟨fig.⟩ *(fast) am Ende mit einer F., einem V. sein;* am ~e seiner Kraft sein **2** ⟨fig.; umg.; in festen Wendungen⟩ 2.1 mit etwas od. jmdm. zu ~e kommen *zurechtkommen, fertigwerden;* ich komme damit nicht zu ~e 2.2 etwas zu ~e bringen *fertigbringen, schaffen* 2.3 außer ~ und Band *ausgelassen, überschäumend, übermütig;* außer ~ und Band sein, geraten 2.4 (nur) am ~(e) *wenig, (nur) nebenbei;* das interessiert mich nur am ~e; etwas am ~e bemerken 2.4.1 ich habe das nur am ~e miterlebt *nur als Beobachter, nicht unmittelbar* 2.5 das versteht sich am ~e *von selbst* **3** ⟨umg.⟩ *Mund;* einen großen, frechen ~ haben 3.1 halt den ~! *halt den Mund!, sei still!*

ran·da'lie·ren ⟨V. 400⟩ *zügellos lärmenden Unfug treiben*

Rang[1] ⟨m.; -(e)s, ¨-e⟩ **1** *Stellung, Stufe innerhalb einer Ordnung von Werten;* ein Mann ohne ~ u. Namen; ein Mann von hohem ~ 1.1 ⟨Mil.⟩ *Gruppe von Dienstgraden;* Dienst~, Unteroffiziers~, Offiziers~; im ~ eines Stabsoffiziers 1.2 ⟨Toto; Lotto⟩ *Klasse von Gewinnen;* Gewinn im zweiten ~ 1.3 *Einstufung nach Leistung od. Qualität;* ein Lokal ersten (dritten) ~es; ein Dirigent ersten (minderen) ~es 1.4 den ersten ~ behaupten *führend bleiben* 1.5 jmdm. den ~ streitig machen *in Wettbewerb treten mit* **2** ⟨Theat.⟩ *Stockwerk im Zuschauerraum;* Loge im ersten ~; zweiter ~ Seite

Rang[2] ⟨m.; -(e)s, ¨-e; nur noch in der Wendung⟩ jmdm. den ~ ablaufen *jmdn. überflügeln, übertreffen*

'ran·geln ⟨V.; umg.⟩ **1** ⟨400⟩ *sich balgen, spielerisch raufen* **2** ⟨400⟩ *klettern* **3** ⟨500 od. 511/R7⟩ sich ~ *sich behaglich dehnen u. strecken, sich wälzen;* sich auf dem Boden, auf dem Sofa ~

ran·gie·ren ⟨[rã'ʒiː-]; V.⟩ **1** ⟨410⟩ *einen bestimmten Rang einnehmen, eine bestimmte Stellung innehaben;* an erster Stelle ~; er rangiert als erster 1.1 Sachen ~ unter einem Oberbegriff ⟨umg.⟩ *werden unter einem O. geordnet;* Bleistifte ~ unter Schreibwaren **2** ⟨500⟩ Eisenbahnwagen ~ *verschieben, umstellen*

rank ⟨Adj. 70; geh.⟩ *biegsam, schlank;* eine ~e Gestalt; ~ und schlank

Rank ⟨m.; -(e)s, ¨-e⟩ **1** ⟨oberdt.⟩ *Wegkrümmung* **2** ⟨nur Pl.⟩ Ränke ⟨fig.; geh.⟩ = *Intrige;* Ränke schmieden, spinnen **3** den ~ finden ⟨schweiz.⟩ *sich zu helfen wissen, sich aus der Schlinge ziehen*

'ran·ken ⟨V. 511/R3⟩ sich ~ *lang an etwas empor od. um etwas wachsen, sich winden;* Efeu rankt sich um den Baum, die Mauer; Rosen ~ sich um die Laube

'Ran·zen ⟨m.; -s, -⟩ **1** *auf dem Rücken zu tragende Tasche;* den ~ packen, tragen 1.1 *Schultasche, Tornister;* Schul~; sie steckte die Bücher in den ~ **2** ⟨fig.; umg.⟩ *Bauch* 2.1 sich den ~ vollschlagen ⟨derb⟩ *sehr viel essen*

'ran·zig ⟨Adj.⟩ *alt, nicht mehr frisch, schlecht;* ~e Butter; ~es Öl; ~ riechen, schmecken; die Butter ist ~

ra'pid ⟨Adj.⟩ *sehr schnell, blitzartig;* oV *rapide*

ra'pi·de ⟨Adj.⟩ = *rapid*

Rapp ⟨m.; -s, -e⟩ *abgebeerte Traube, Traubenkamm;* oV *Rappe*[1]

'Rap·pe[1] ⟨f.; -, -n; oberdt.⟩ = *Rapp*

'Rap·pe[2] ⟨m.; -n, -n⟩ **1** *schwarzes Pferd;* auf einem ~n reiten **2** → a. *Schuster(1.2)*

'Rap·pe[3] ⟨f.; -; unz.⟩ *Ausschlag am Knie von Pferden*

Rap'port ⟨m.; -(e)s, -e⟩ **1** ⟨bes. Mil.⟩ *Bericht, Meldung;* sich zum ~ melden 1.1 *regelmäßiger Bericht an eine übergeordnete Stelle od. Behörde* **2** *Verbindung, Zusammenhang, Wechselbeziehung;* der ~ zwischen Hypnotiseur u. Medium bei der Hypnose **3** ~ auf Tapeten, Geweben *sich regelmäßig wiederholendes Muster*

rar ⟨Adj.⟩ **1** *selten, knapp (u. daher) begehrt, kostbar;* ein ~er Artikel **1** ein ~er Vogel ⟨a. fig.⟩ *jmd., den man selten sieht* **2** sich ~ machen ⟨umg.⟩ *sich selten blicken lassen, selten zu Besuch kommen*

ra'sant ⟨Adj.⟩ **1** *flach verlaufend;* eine ~e Flugbahn eines Geschosses **2** ⟨fig.; umg.⟩ *rasend, schnell* **3** ⟨umg.⟩ *interessant, attraktiv;* eine ~e Frau

rasch ⟨Adj.⟩ **1** *schnell, geschwind;* eine ~e Bewegung; ein ~er Entschluß; in ~er Folge; mit ~en Schritten; ~ handeln; ~er gehen; ~ laufen; mach ~!; ein bißchen ~, bitte!; einen Auftrag ~ erledigen 1.1 ⟨50⟩ wer ~ gibt, gibt doppelt ⟨Sprichw.⟩ *wer sofort hilft, hilft am besten*

'ra·scheln ⟨V. 400⟩ *ein Geräusch verursachen wie bewegtes Laub, Stroh od. Papier;* dort in der Ecke raschelt etwas; die Blätter ~ im Wind; ein Igel raschelt im Laub; Mäuse ~ im Stroh; ich hörte Papier ~; mit den Füßen im trockenen Laub ~; im ~den Stroh schlafen

'ra·sen ⟨V.⟩ **1** ⟨405; a. fig.⟩ *sehr wütend sein, vor Wut außer sich sein u. dabei schreien u. sich wild gebärden, toben;* das Publikum raste vor Begeisterung; er raste vor Zorn, Schmerzen, Eifersucht; im Wahnsinn, Fieber ~; der Sturm, Krieg rast **2** ⟨400(s.); umg.⟩ *sehr schnell fahren od. laufen, sich mit größter Geschwindigkeit fortbewegen;* ich bin gerast, um möglichst schnell hier zu sein; durch die Stadt ~; mit dem Auto gegen einen Baum ~

'Ra·sen ⟨m.; -s, -⟩ **1** *gepflegte Grasfläche;* einen ~ anlegen; englischer ~; den ~ mähen, sprengen **2** jmdn. deckt der (grüne) ~ ⟨poet.⟩ *jmd. ist tot*

'ra·send **1** ⟨Part. Präs. von⟩ *rasen* **2** ⟨Adj.⟩ 2.1 *sehr schnell;* mit ~er Geschwindigkeit 2.2 *wild, sehr stark, heftig;* ~er Beifall; ich habe ~en Hunger, Durst; ~e Schmerzen 2.3 ⟨50; umg.⟩ *sehr;* das tu' ich ~ gern; das ist ~ teuer; er ist ~ verliebt 2.4 *toll, verrückt;* mach mich nicht ~!; dieser Lärm macht mich ~; ich könnte ~ werden (vor Ungeduld, Ärger); es ist zum Rasendwerden

ra'sie·ren ⟨V.⟩ **1** ⟨500/R7 od. R8⟩ jmdn. ~ *jmdm. mit dem Rasierapparat od. -messer un-*

mittelbar an der Haut die Barthaare abschneiden; sich ~ lassen; ein rasiertes Gesicht, Kinn; frisch, glatt, gut, schlecht rasiert sein **2** ⟨530/R5 od. R6⟩ jmdm. ein Körperteil ~ *die Haare an einem K. glatt abschneiden (lassen);* sich die Beine ~; jmdm. den Kopf ~

'Ras·pel[1] ⟨f.; -, -n⟩ **1** *Stahlwerkzeug, eine Art grober Feile zum Glätten von Holz, Horn, Kunststoff, Leder u. ä.;* Holz~; eine grobe ~ **2** *Küchengerät zum Raspeln von Obst, Gemüse usw.;* Äpfel, Mohrrüben mit der ~ zerkleinern

'Ras·pel[2] ⟨m.; -s; unz.⟩ *geraspelte Stückchen Späne, bes. von Schokolade u. Kokosnuß;* Kokos~, Schokoladen~

'Ras·se ⟨f.; -, -n⟩ **1** *Gesamtheit der Angehörigen einer Art, die sich durch bestimmte erbliche Merkmale voneinander unterscheiden, mit Angehörigen anderer Rassen dieser Art aber fruchtbare Nachkommen zeugen können;* Menschen~; natürliche ~ **1.1** *durch Züchtung ausgewählte Angehörige einer Art mit vom Menschen besonders geschätzten erblichen Eigenschaften;* Zucht~ **2** ⟨fig.⟩ *ausgeprägtes, feuriges Wesen;* er hat ~

'ras·seln ⟨V.; umg.⟩ **1** ⟨400⟩ *dumpf klirren, ein Geräusch wie bei der Bewegung von Ketten hervorbringen;* morgens um sieben Uhr hat bei mir der Wecker gerasselt; der Kranke atmete rasselnd **1.1** ⟨416⟩ mit etwas ~ *durch wiederholtes Aufeinanderschlagen metallisch klingende Töne verursachen;* der Portier rasselte mit dem Schlüsselbund; mit einer Sammelbüchse ~; mit den Ketten ~ **1.1.1** → a. *Säbel(1.2)* **1.2** ⟨411(s.)⟩ *sich fortbewegen u. dabei ein rasselndes Geräusch verursachen;* der Wagen rasselte über das Pflaster **2** ⟨800(s.)⟩ durchs Examen ~ ⟨fig.; umg.⟩ *durchfallen*

'ras·sig ⟨Adj.⟩ **1** jmd., ein Tier ist ~ **1.1** *von ausgeprägter, edler Rasse* **1.2** *mit ausgeprägten, edlen, schönen Zügen ausgestattet;* ein ~es Gesicht **2** ⟨fig.⟩ *feurig, schwungvoll, temperamentvoll;* ein ~es Mädchen; ~e Reitpferde; ~er Wein

Rast ⟨f.; -, -en⟩ **1** *Ruhepause, bes. während einer Wanderung od. Fahrt mit dem Auto;* ~ halten, machen; kurze, lange ~; ohne ~ und Ruh(e) **2** ⟨Met.⟩ *der mittlere kegelförmige Teil eines Hochofens*

'ra·sten ⟨V. 400⟩ *Rast machen, sich ausruhen, die Arbeit, den Marsch unterbrechen;* wir rasteten eine Stunde am Waldrand; er ruhte und rastete nicht, bis er sie gefunden hatte; wer rastet, der rostet ⟨Sprichw.⟩

Rat ⟨m.; -(e)s, ¨e⟩ **1** ⟨unz.⟩ *Empfehlung, Vorschlag, etwas zu tun;* ein guter, schlechter, wohlmeinender, weiser ~; ich habe seinen ~ befolgt; ich bin seinem ~ gefolgt; jmdm. einen ~ geben; auf jmds. ~ hören; ich habe es auf seinen ~ hin getan; sich bei jmdm. einen ~ holen; bei jmdm. ~ suchen; jmdm. mit ~ und Tat beistehen; (in einer Sache) um ~ fragen; ~ nach der Tat kommt zu spät **1.0.1** es ist bestimmt in Gottes ~ *es ist vorherbestimmt, daran ist nichts zu ändern* **2** ⟨unz.⟩ *Abhilfe, Ausweg;* wir werden schon ~ schaffen; ich weiß mir keinen ~ mehr; er weiß für alles ~; kommt Zeit, kommt ~ **3** ⟨unz.⟩ *(gemeinsame) Überlegung, Beratung;* ~ abhalten, halten **3.1** jmdn. od. etwas zu ~e ziehen *befragen, Hilfe, Beratung suchen bei jmdm. od. etwas;* Sy *konsultieren;* einen Arzt zu ~e ziehen **3.1.1** ein Lexikon, ein Wörterbuch zu ~e ziehen *im L., W. nachsehen, nachschlagen* **3.2** mit sich zu ~e gehen *sich etwas überlegen* **4** *Kollegium, Versammlung, Behörde zur Beratung u. Lenkung öffentl. Angelegenheiten;* Bundes~; Staats~; Stadt~; der ~ der Stadt, der Gemeinde; der ~ hat beschlossen, daß ...; den ~ einberufen **4.1** im ~e sitzen *Mitglied einer beratenden Körperschaft sein* **5** *(Amtstitel höherer Beamter);* Medizinal~; Ministerial~; Regierungs~; Studien~ **6** ⟨österr.; sonst früher⟩ *(Ehrentitel verdienter Personen);* Hof~

'Ra·te ⟨f.; -, -n⟩ *Betrag einer Teilzahlung;* Monats~; etwas auf ~n kaufen

'ra·ten ⟨V. 195⟩ **1** ⟨402⟩ (etwas) ~ *herausfinden, mutmaßen, vermuten;* richtig, falsch ~; wo bist du gewesen? — Rate mal!; ich weiß es nicht, ich kann nur ~ **1.1** ⟨500⟩ ein Rätsel ~ *zu lösen suchen;* jmdm. etwas, ein Rätsel zu ~ aufgeben **1.2** hin und her ~ *verschiedenes mutmaßen* **2** ⟨608⟩ jmdm. ~ *einen Rat geben, jmdn. beraten;* ich habe ihm geraten, er soll ...; sich (nicht) ~ lassen; laß das bleiben, ich rate dir gut!; ihm ist nicht zu ~ und zu helfen **2.1** laß dir ~ (und tu es od. tu es nicht)! *hör auf mich, (sonst geschieht etwas Schlimmes)!* **2.2** ich weiß mir nicht zu ~ noch zu helfen *ich weiß keine Abhilfe, ich weiß nicht, was ich tun soll* **3** ⟨530⟩ jmdm. etwas ~ *vorschlagen, empfehlen;* er riet mir Geduld in dieser Sache **3.1** das möchte ich dir auch geraten haben! ⟨leicht drohend⟩ *darum möchte ich sehr energisch bitten!* **4** ⟨650⟩ jmdm. zu einer Sache ~ *bei einer S. zuraten, eine S. empfehlen;* ich möchte dir zur Vorsicht ~; wozu rätst du mir?

'Rat·haus ⟨n.⟩ *Sitz der Stadtverwaltung*

ra·ti·fi'zie·ren ⟨V. 500⟩ einen Vertrag ~ *(durch ein Parlament) bestätigen*

Ra·ti'on ⟨f.; -, -en⟩ *zugeteiltes Maß, tägl. Bedarf*

ra·tio'nal ⟨Adj.⟩ Ggs *irrational* **1** *auf der Vernunft, auf vernünftigem Denken beruhend* **2** *vernünftig* **3** *begrifflich (faßbar);* ~es Denken

ra·tio·na·li'sie·ren ⟨V. 500⟩ Arbeitsabläufe ~ *wirtschaftlich, zweckmäßig gestalten*

ra·tio'nell ⟨Adj.⟩ **1** ein Arbeitsablauf ist ~ *zweckmäßig, wirtschaftlich* **2** ~ wirtschaften *sparsam, haushälterisch*

'rat·los ⟨Adj.⟩ *ohne Rat, keinen Rat wissend, bestürzt, hilflos, verwirrt;* „...", sagte er ~; ~ sein; ich bin völlig ~; er zuckte ~ die Achseln

'rat·sam ⟨Adj. 80⟩ etwas ist ~ *es ist zu empfehlen, daß man es tut;* es für ~ halten, etwas zu tun

'Rat·schlag ⟨m.⟩ *Rat, Empfehlung;* Ratschläge erteilen, geben; ein wertvoller, praktischer ~; jmds. ~ folgen

'Rat·schluß ⟨m.⟩ **1** ⟨veralt.⟩ *Beschluß, Urteil* **2** Gottes ~ *Gottes Wille;* nach Gottes unerforschlichem ~ (in Todesanzeigen)

'Rät·sel ⟨n.; -s, -⟩ **1** *spieler. Aufgabe, die gelöst werden soll;* Bilder~; Buchstaben~; Kreuzwort~; Silben~; ein ~ raten, lösen **2** ⟨fig.⟩ *Geheimnis, etwas Undurchschaubares;* jmdm. ein ~ aufgeben; das ist des ~s Lösung! **2.1** es ist mir ein ~, wie das zugegangen ist *es ist mir völlig unklar, ich verstehe es nicht* **2.2** er spricht in ~n *in unverständl. Andeutungen* 2.3 ich stehe vor einem ~ *ich begreife das nicht*

'Rat·te ⟨f.; -, -n⟩ **1** ⟨i. w. S.⟩ *Angehörige einer Gattung der Echten Mäuse, die in Deutschland durch zwei Arten vertreten ist: Rattus* 1.1 ⟨i. e. S.⟩ *ein Nagetier mit dunkelgrauem bis schwarzem Pelz u. großen, nackten Ohren: Rattus rattus* 1.2 die ~n verlassen das sinkende Schiff ⟨fig.⟩ *die Feigen, die falschen Freunde, die Unzuverlässigen ziehen sich bei einem drohenden Unglück von einem Unternehmen, einem Menschen zurück*

'rat·tern ⟨V. 400⟩ **1** *ein Geräusch wie von hart u. rasch aneinanderschlagenden hölzernen, steinernen od. metallenen Gegenständen von sich geben;* die Nähmaschine rattert 1.1 ⟨411(s.)⟩ *sich fortbewegen und dabei ein ratterndes(1) Geräusch von sich geben;* der Wagen ratterte über das holprige Pflaster; der Zug ratterte über die Weichen, die Brücke

Raub ⟨m.; -(e)s; unz.⟩ **1** *das Rauben, gewaltsames Wegnehmen, mit Gewaltanwendung gegen eine Person od. mit Gewaltandrohung verbundener Diebstahl;* einen ~ (an jmdm.) begehen; einen ~ verüben; auf ~ ausgehen (von Personen u. Tieren) **2** *gewaltsame Entführung;* Kindes~; der ~ der Helena, der Sabinerinnen **3** *geraubter Gegenstand, geraubte Gegenstände, Beute, Opfer;* jmdm. od. einem Tier seinen ~ wieder abjagen; der Fuchs, Wolf verschwand mit seinem ~ im Wald **3.0.1** das Haus ist ein ~ der Flammen geworden *ist verbrannt*

'Raub·bau ⟨m.; -(e)s; unz.⟩ **1** ⟨Bgb.; Landw.; Forstw.⟩ *Wirtschaftsweise, bei der ein möglichst hoher Ertrag erstrebt, aber die Grundlagen für die Produktion aufgebraucht werden;* ~ treiben; ~ am Wald **2** mit einer Sache ~ treiben ⟨fig.⟩ *etwas ohne Rücksicht auf die Folgen beanspruchen;* ~ mit seiner Gesundheit treiben; mit seinen Kräften ~ treiben

'rau·ben ⟨V.⟩ **1** ⟨503/R6⟩ (jmdm.) etwas ~ *gewaltsam wegnehmen, mit Gewaltanwendung gegen eine Person od. Gewaltandrohung stehlen;* Geld, Wertsachen ~; der Wolf hat ein Schaf, der Habicht hat ein Huhn geraubt; einem Mädchen einen Kuß ~ ⟨fig.⟩ **2** ⟨500⟩ jmdn. ~ *gewaltsam entführen;* ein Kind ~ **3** ⟨530/R6⟩ jmdm. eine Sache ~ ⟨fig.⟩ *nehmen, wegnehmen (unter tragischen Umständen);* diese Nachricht raubte ihm die letzte Hoffnung; die Sorge raubt ihr alle Ruhe, allen Schlaf 3.1 durch einen Unfall wurde ihm das Augenlicht geraubt *er wurde durch einen Unfall blind*

'Räu·ber ⟨m.; -s, -⟩ **1** *jmd., der vom Rauben lebt;* See~, Straßen~ **2** *jmd., der etwas raubt, geraubt hat;* Kinds~; einen ~ festnehmen, verfolgen, verurteilen 2.1 der ~ seiner Ehre ⟨fig.; poet.⟩ *derjenige, der ihn entehrt, verleumdet hat* 2.2 ⟨fig.⟩ *schlechte Gesellschaft;* unter die ~ fallen, geraten **3** *Tier, das andere Tiere tötet, um sich von ihnen zu ernähren;* Nest~

'Raub·zeug ⟨n.; -(e)s; unz.⟩ *alle nicht jagdbaren Tiere, die sich von Raub ernähren, z. B. wildernde Hunde u. Hauskatzen, Elstern, Krähen*

Rauch ⟨m.; -(e)s; unz.⟩ **1** *von Feuer aufsteigendes Gewölk, Qualm;* beißender, dichter, dikker, grauer, schwarzer ~; der ~ der Zigarre, Zigarette, Pfeife; der ~ beißt in den Augen; den ~ (der Zigarette) einatmen, ausblasen; (starken) ~ entwickeln; der ~ steigt (kerzengerade, sich kräuselnd) in die Höhe, aus dem Schornstein; es riecht nach ~ 1.1 in ~ und Flammen aufgehen *verbrennen* 1.2 in ~ aufgehen ⟨fig.⟩ *zunichte werden (Hoffnung)* 1.3 kein ~ ohne Flamme ⟨Sprichw.⟩ *alles hat seine Ursache* **1.4** → a. *Schall*

'rau·chen ⟨V.⟩ **1** ⟨400⟩ etwas raucht *läßt Rauch aufsteigen;* das Feuer, der Ofen, der Schornstein raucht; von dem Haus waren nur noch ~de Trümmer zu sehen; mir raucht der Kopf vom vielen Arbeiten, Lernen ⟨fig.; umg.; scherzh.⟩ 1.1 Säure raucht *verdunstet unter Entwicklung von sichtbaren Dämpfen* 1.2 *den Rauch glühenden Tabaks ein- u. ausatmend genießen;* er raucht viel, wenig, stark; sich das Rauchen an-, abgewöhnen; der Arzt hat mir das Rauchen verboten; ~ verboten! (Aufschrift auf Schildern); danke, ich rauche nicht (ablehnende Antwort, wenn man Zigarren od. Zigaretten angeboten bekommt) 1.2.1 → a. *Schlot(1.1)* 1.2.2 ⟨500⟩ eine Zigarre, Zigarette, Pfeife ~ *den Rauch einer glühenden Zigarre, Zigarette, des glühenden Tabaks in einer Pfeife ein- u. ausatmen;* er raucht täglich 20 Zigaretten **2** ⟨fig.⟩ 2.1 ⟨411; unpersönl.⟩ hier raucht's ⟨fig.; umg.⟩ *hier hat es Krach, Ärger gegeben* 2.2 ⟨unpersönl.⟩ paß auf, sonst raucht's! ⟨fig.; umg.⟩ *sonst gibt's Prügel, Schelte* 2.3 jmdm. raucht der Kopf *jmd. erledigt eine anstrengende geistige Arbeit;* mir raucht der Kopf vom vielen Arbeiten, Lernen

'räu·chern ⟨V.⟩ **1** ⟨500⟩ etwas ~ *in den Rauchfang od. in die Räucherkammer hängen u. dadurch haltbar machen;* Schinken, Wurst, Speck, Fisch, Käse ~; geräucherter Aal **2** ⟨402⟩ (etwas) ~ *Räuchermittel verbrennen;* (ein Zimmer) mit Schwefel ~

'Rauch·fah·ne ⟨f.⟩ *lange, dünne, etwa waagerechte Rauchwolke;* das brennende Flugzeug, die Lokomotive ließ eine lange ~ hinter sich

'Rauch·fang ⟨m.; -(e)s, ⸚e⟩ *trichterförmiges Zwischenstück zwischen dem offenen Herd u. dem Schornstein;* Schinken, Wurst, Speck in den ~ hängen (früher zum Räuchern)

'Rauch·säu·le ⟨f.⟩ *dicht u. senkrecht aufsteigender Rauch*

'Rauch·wa·re[1] ⟨f.; -, -n; nur Pl.⟩ ~n *Rauchtabak, Zigarren u. Zigaretten*

'Rauch·wa·re[2] ⟨f.; -, -n; meist Pl.⟩ ~n *Pelze u. Kleidungsstücke aus Pelz;* ~n veredeln

'Räu·de ⟨f.; -, -n⟩ **1** ⟨Vet.⟩ *durch Milben hervorgerufene, juckende Hautkrankheit von Tieren;* Sy *Krätze²(2)* **2** ⟨oberdt.⟩ *Schorf*

'räu·dig ⟨Adj. 70⟩ **1** *mit Räude behaftet;* eine ~e Katze; das Pferd ist ~ am Kopf **2** ⟨fig.; Schimpfwort⟩ *elend, widerwärtig so ein ~er Hund!* 2.1 ein ~es Schaf *ein die anderen schlecht beeinflussendes Mitglied einer Gruppe*

'rau·fen ⟨V.⟩ **1** ⟨500⟩ etwas ~ *abreißen, rupfen;* Flachs ~; die Kühe rauften den frischen Klee 1.1 ⟨530/R1⟩ sich die Haare, den Bart ~ ⟨fig.; umg.⟩ *sehr verzweifelt, verärgert od. verlegen sein;* ich könnte mir die Haare ~ **2** ⟨402/R4⟩ (sich mit jmdm.) ~ ⟨umg.⟩ *streiten u. einander prügeln, streitend ringen, sich balgen;* die Kinder ~ (sich) auf der Straße; du hast dich (mit ihm) (um das Geld) gerauft; er rauft gern 2.1 ⟨402/R7 od. R8⟩ (sich) ~ *sich balgen;* die Kinder ~ (sich) auf der Straße; er rauft gern 2.1.1 Tiere ~ (sich) *kämpfen mit anderen u. beißen dabei;* die Hunde ~ schon wieder; die Kater ~ sich

rauh ⟨Adj.⟩ **1** *voller kleiner Unebenheiten, nicht glatt, rissig, aufgesprungen;* Ggs *weich(3);* ~e Haut, Hände 1.1 *derb, grob, hart;* der Stoff ist ~, fühlt sich ~ an 1.2 ~e See ⟨seemannsspr.⟩ *bewegte S.* **2** *leicht heiser;* einen ~en Hals, eine ~e Kehle haben; eine ~e Stimme haben **3** *oft kalt, unfreundlich, windbewegt;* ~e Luft, ~es Klima; ein ~er Winter 3.1 ⟨60⟩ hinaus ins ~e Leben ⟨fig.⟩ *ins unwirtliche, harte L.* **4** ⟨fig.⟩ *barsch, grob, unfreundlich;* jmdn. ~ behandeln, anreden; es herrscht dort ein ~er Umgangston; er zeigt ein ~es Benehmen; bei uns ist der Ton ~, aber herzlich 4.0.1 „...!" sagte er ~ *barsch, um seine Rührung nicht zu zeigen* 4.1 ~e Schale ⟨fig.⟩ *äußerlich schroffes Wesen;* er hat eine ~e Schale; in einer ~en Schale steckt oft ein guter, weicher Kern ⟨Sprichw.⟩ **5** ⟨60⟩ in ~en Mengen ⟨fig.; umg.⟩ *in großen M.*

'**Rauh·fut·ter** ⟨n.; Landw.⟩ *an Rohfasern reiches Futter für Wiederkäuer (Heu, Stroh, Häcksel)*

'**Rauh·reif** ⟨m.⟩ *weiße, kristalline Ablagerung, die sich bei windstillem Frostwetter an der Windseite fester Gegenstände aus feinsten Nebeltröpfchen bildet;* Sy *Duft(3.1)* ⟨schweiz.⟩; glitzernder ~ liegt auf den Zweigen

Raum ⟨m.; -(e)s, ¨-e⟩ **1** *durch Wände begrenzter Teil eines Gebäudes, Zimmer;* Wohn~; Geschäfts~; Arbeits~; ein enger, hoher, kleiner, großer weiter ~; die Wohnung hat drei Räume; wir haben keinen ~, wo wir die Kinder unterbringen könnten; wir arbeiten zu zweit in einem ~; Wohnung, Büro mit hellen, luftigen Räumen **2** *Weite, Ausdehnung, durch Länge, Breite u. Höhe bestimmte Gegebenheit;* zwischen den Büchern sollte etwas freier ~ bleiben; luftleerer ~; ~ und Zeit 2.1 umbauter ~ ⟨Bauw.⟩ *Volumen eines Gebäudes* **3** ⟨unz.⟩ *Platz, Möglichkeit, etwas unterzubringen;* viel, wenig ~; auf engem ~ wohnen; diese Waschmaschine braucht, beansprucht wenig ~; der Schrank nimmt viel ~ ein; (keinen) ~ (für etwas) haben; im Text für Ergänzungen etwas ~ lassen; ~ (für etwas) schaffen, finden; hier ist noch etwas freier ~ 3.0.1 gebt ~! *macht Platz!* 3.1 ⟨fig.⟩ *Möglichkeit, Gelegenheit;* Spiel~; ihm blieb kein ~ für langes Überlegen 3.1.1 einer Sache ~ geben *eine S. ermöglichen, sich ausbreiten lassen, freies Spiel geben;* Gedanken, Launen, Zweifeln ~ geben **4** *geographisch zusammenhängendes Gebiet, Gegend;* im Mittelmeer~; Schnee u. Regen im Frankfurter ~ **5** *Weltall, Weltraum;* der unendliche ~; eine Rakete in den ~ schießen; Erforschung des ~s

'**räu·men** ⟨V. 500⟩ **1** (etwas) ~ *leer machen, frei machen;* zuerst sollten die Regale geräumt werden 1.0.1 seinen Platz ~ *verlassen, aufgeben* 1.0.2 den Saal ~ *die in einem S. befindl. Personen hinausweisen;* Ruhe, oder ich lasse (den Saal) ~! 1.0.3 eine Stadt ~ *die Bewohner einer S. woanders unterbringen, sie evakuieren* 1.0.4 das Lager ~ *alle gelagerten Waren verkaufen* 1.0.5 ⟨503⟩ (jmdm.) das Feld ~ ⟨fig.⟩ *weichen, sich zurückziehen* 1.1 *verlassen, aus etwas ausziehen;* eine Wohnung, ein Zimmer ~; wir müssen die Wohnung bis zum 1. 4. ~; die Truppen haben die Stadt geräumt 1.2 *säubern, entleeren, in Ordnung bringen;* die Latrine, den Brunnen ~; die Straße (von Schnee) ~; die Straße von Schutt ~ **2** ⟨511⟩ etwas ~ *fortschaffen, an einen anderen Ort bringen;* etwas an eine andere Stelle ~; das Geschirr vom Tisch (in die Küche) ~; Möbel in ein anderes Zimmer ~ 2.1 →a. *Weg(4.0.1)* **3** ⟨Tech.⟩ *mit einem zahnstangenförmigen Werkzeug spanend formen;* Werkstükke, Bohrungen ~

'**Raum·fahrt** ⟨f.⟩ *Durchquerung des Weltraums außerhalb der Erdatmosphäre;* zu einer neuen ~ starten

'**räum·lich** ⟨Adj. 24⟩ **1** *einen Raum, die Räume betreffend;* ~e Ausdehnung, Entfernung; die Wohnung ist ~ sehr schön 1.1 wir sind hier ~ sehr beengt *unsere Wohnung ist sehr klein* **2** ⟨50⟩ danke, ~ unmöglich! ⟨umg.; scherzh.⟩ *danke, ich bin satt, ich kann nichts mehr essen*

'**rau·nen** ⟨V.; geh.⟩ **1** ⟨402⟩ (etwas) ~ *sehr leise sprechen, murmeln;* jmdm. etwas ins Ohr ~ **2** ⟨400⟩ der Wind, Wald raunt *rauscht leise* **3** ⟨400⟩ das Wasser raunt *plätschert dumpf* **4** ⟨405⟩ (über etwas) ~ *heiml. klatschen, Gerüchte verbreiten;* über das Ereignis wurde viel geraunt

'**Rau·pe** ⟨f.; -, -n⟩ **1** ⟨Zool.⟩ *langgestreckte u. walzenförmige Larve des Schmetterlings;* Seiden~; die ~ verpuppt sich **2** *aus Metallfäden geflochtenes Achselstück;* Achsel~ **3** ⟨Tech.⟩ *endloses Band aus Kettengliedern, die durch Platten verstärkt u. um die Räder von Gleiskettenfahrzeugen gelegt sind;* die ~n eines Panzers, Traktors **4** ⟨bes. auf bayerischen Helmen aus der 1. Hälfte des 19. Jh.⟩ *von vorn nach hinten über den Scheitel verlaufende Verzierung aus Roßhaar* **5** ~n im Kopf haben ⟨fig.; umg.⟩ *ein bißchen verrückt sein* **6** jmdm. ~n in den Kopf setzen ⟨fig.; umg.⟩ *jmdn. auf seltsame Ideen bringen*

raus ⟨Adv.; umg.⟩ **1** = *hieraus* **2** = *hinaus*

Rausch ⟨m.; -(e)s, ¨-e⟩ **1** *Benebelung der Sinne als Folge von reichl. Alkoholgenuß od. nach Einnahme von Rauschgiften;* er hat einen leichten, schweren, ordentlichen ~; seinen ~ ausschlafen 1.1 sich einen ~ antrinken ⟨umg.⟩ *sich betrinken* **2** ⟨fig.⟩ *überwältigendes Glücksgefühl, überwältigende Begeisterung;* Freuden~, Glücks~; ~ der Leidenschaft

'**rau·schen** ⟨V. 400⟩ **1** etwas rauscht *gibt ein Geräusch wie von stark im Wind bewegten Blättern od. von stark fließendem Wasser von sich;* Bäume, Blätter ~ (im Wind); der Wind rauscht in den Bäumen; die Brandung rauscht; es rauscht mir im Ohr **2** Wasser rauscht *fließt rauschend, stark hörbar, bewegt sich rauschend vorwärts;* der Bach, Fluß rauscht; das Wasser rauscht in die Wanne; ein ~der Bach 2.1 ⟨411(s.)⟩ sie rauschte (beleidigt) aus dem Zimmer ⟨fig.; umg.⟩ *sie ging rasch, auffällig hinaus*

'**Rausch·gift** ⟨n.⟩ *Gift, das einen Rausch od. ähnl. Lustempfindung hervorruft, z. B. Alkohol, Opium, Haschisch;* Sy *Droge(2); Stoff(3)* ⟨Spr.

der Rauschgiftszene); sich mit ~ betäuben; mit ~ handeln

'räus·pern ⟨V. 500/R3⟩ sich ~ **1** *durch Hüsteln die Kehle reinigen, um die Stimme vor dem Reden, Singen klar zu machen;* er räusperte sich etliche Male und begann dann zu sprechen; sich kurz, stark, leise ~ **2** *sich durch leichtes Hüsteln bemerkbar machen od. dadurch seine Verlegenheit zu verbergen suchen;* sich auffällig, ungeduldig, nervös ~

'Rau·te ⟨f.; -, -n⟩ **1** ⟨Bot.⟩ *Angehörige einer Gattung der Rautengewächse: Ruta;* Wein~, Garten~, Silber~ **2** ⟨Geom.⟩ = *Rhombus* **3** ⟨Her.⟩ *auf der Spitze stehender Rhombus* **4** *Art des Schliffs von Diamanten, wobei eine Pyramide mit ebener Basis von 24 Facetten begrenzt ist* **5** ⟨Kart.⟩ *Spielkartenfarbe, Karo, Eckstein* **6** *Verzierung in Form einer Reihe von Rhomben, z. B. auf Harlekinskostümen*

rea'gie·ren ⟨V. 405⟩ **1** (auf etwas) ~ *eine Gegenwirkung zeigen;* auf einen Reiz ~; schnell, langsam, sofort ~; auf eine Frage ~; das Pferd reagiert auf die feinsten Hilfen **1.1** jmd. reagiert sauer ⟨fig.; umg.⟩ *wird böse, verhält sich sichtbar ablehnend* **2** Chemikalien ~ miteinander *erfahren beim Zusammentreffen eine chem. Umwandlung* **2.1** sauer, basisch ~ ⟨Chem.⟩ *die Eigenschaften einer Säure, Base zeigen*

Re·ak·ti'on ⟨f.; -, -en⟩ **1** *Gegenwirkung, Rückwirkung* **2** ⟨Phys.; Chem.⟩ *Vorgang, der eine stoffl. Umwandlung zur Folge hat;* chemische ~, Kern~ **3** *das Streben, alte, nicht mehr zeitgemäße Einrichtungen, bes. auf polit. Gebiet, zu erhalten*

re'al ⟨Adj.⟩ **1** *sachlich, dinglich, stofflich* **2** *der Realität entsprechend, tatsächlich, wirklich;* ~ denken

rea·li'sie·ren ⟨V. 500⟩ etwas ~ **1** *in die Tat umsetzen, verwirklichen* **2** *in Geld umwandeln, gegen bares Geld verkaufen, zu Geld machen*

Rea'lis·mus ⟨m.; -; unz.⟩ **1** *philosoph. Lehre, die die Wirklichkeit als außerhalb u. unabhängig vom Bewußtsein stehend betrachtet* **1.1** *Wirklichkeitssinn, Sachlichkeit* **2** ⟨Kunst⟩ *wirklichkeitsnahe Darstellung* **2.1** *Richtung der Kunst Mitte des 19. Jh.s, die bes. den Realismus(2) pflegte* **3** ⟨Scholastik⟩ *Lehre, die besagt, daß die allgemeinen Begriffe die eigentlichen realen Dinge sind*

rea'li·stisch ⟨Adj.⟩ **1** *auf dem Realismus beruhend, in der Art, im Sinne des R.* **2** *wirklichkeitsnah, naturgetreu;* ~e Darstellung **3** *nüchtern, sachlich (denkend);* eine Sache sehr ~ betrachten

Re'al·schu·le ⟨f.⟩ *Schule, die mit dem zehnten Schuljahr (zwischen Grundschule u. Gymnasium) abschließt*

'Re·be ⟨f.; -, -n⟩ **1** *Schößling, Zweig des Weinstocks* **2** ⟨geh.⟩ = *Weinrebe*

re·bel'lie·ren ⟨V. 400⟩ **1** jmd. rebelliert *empört sich* **2** jmds. Eingeweide ~ *jmd. hat das Gefühl des Erbrechens od. Durchfalls*

'Re·chen ⟨m.; -s, -⟩ **1** ⟨süd- u. mitteldt.⟩ = *Harke(1);* ein ~ aus Holz, Metall; das Heu mit dem ~ wenden **2** ⟨fig.⟩ *Gitter zum Zurückhalten von groben Verunreinigungen vor Mühlen, Einläufen von Wasserturbinen, Kläranlagen;* Mühl~, Schleusen~

'Re·chen·schaft ⟨f.; -; unz.⟩ **1** *Bericht, Auskunft über Tun u. Lassen, das Sichverantworten* **1.1** jmdm. (keine) ~ schulden, schuldig sein *(nicht) verpflichtet sein, jmdm. gegenüber seine Handlung zu begründen* **1.2** (jmdm.) über etwas ~ geben, ablegen *(jmdm. gegenüber) sein Handeln rechtfertigen* **1.4** (von jmdm.) ~ verlangen, fordern *verlangen, daß jmd. sich rechtfertigt* **2** jmdn. (für etwas) zur ~ ziehen *jmdn. zur Verantwortung ziehen*

'rech·nen ⟨V.⟩ **1** ⟨402⟩ (eine Aufgabe) ~ *(zu einer Zahlenaufgabe) das Ergebnis ermitteln;* falsch, richtig ~; gut, schlecht ~ können; mündlich, schriftlich ~; mit Zahlen, Brüchen, Buchstaben ~ **1.1** ⟨411 od. 511⟩ (eine Aufgabe) im Kopfe ~ *rechnen(1), ohne dabei die Zahlen aufzuschreiben* **2** ⟨410⟩ *zählen, berücksichtigen, kalkulieren;* vom 1. April an gerechnet **2.1** knapp gerechnet, zwei Stunden *mindestens zwei S.* **2.2** reichlich gerechnet, zwei Stunden *höchstens zwei S.* **3** ⟨505⟩ etwas (für etwas) ~ *veranschlagen, für nötig halten;* ich habe für jeden drei Stück Kuchen gerechnet; er rechnet dafür 100 DM **4** ⟨505⟩ jmdn. od. etwas (zu etwas) ~ *dazuzählen, (in etwas) einbeziehen;* jmdn. zu seinen Freunden ~; 20 Personen, die Kinder nicht gerechnet **5** ⟨800⟩ auf jmdn., mit jmdm. od. eine(r) Sache ~ **5.1** *jmdn. od. etwas zuversichtlich erwarten;* du mußt damit ~, daß er nicht kommt; ich rechne fest damit, daß er kommt **5.2** *sich auf jmdn. od. etwas verlassen;* ich kann doch auf dich ~?; er ist jmd., mit dem man ~ kann

'Rech·nung ⟨f.; -, -en⟩ **1** *(schriftl.) Aufstellung der Kosten, Kostenforderung, Summe, die für etwas bezahlt werden muß;* eine hohe ~; eine offene, offenstehende ~; unbezahlte ~en; eine ~ begleichen, bezahlen, quittieren, schreiben; schicken Sie die ~ an mich, an meinen Vater; auf ~ und Gefahr des Empfängers **1.1** jmdm. einen Betrag in ~ stellen *jmdm. einen B. berechnen, einen B. von jmdm. fordern* **1.2** über eine Sache ~ legen *die Kosten für eine S. nachweisen* **1.3** auf, für eigene ~ kaufen *auf eigene Kosten* **1.4** auf ~ kaufen *kaufen u. nicht sofort, sondern nach Zusendung der Rechnung(1) bezahlen* **1.5** auf jmds. ~ *zur Bezahlung durch jmdn.* **1.5.1** das geht auf meine ~ *das bezahle ich* **1.5.2** ich habe es auf ~ meines Vaters bestellt *bestellt u. meinem V. die Rechnung(1) zusenden lassen, auf Kosten meines V.* **1.6** auf seine ~ kommen ⟨fig.⟩ *auf seine Kosten kommen, zufrieden sein* **1.7** für fremde ~ *auf Kosten eines Dritten* **1.8** ich habe mit ihm noch eine alte ~ zu begleichen ⟨fig.⟩ *ich muß mit ihm noch wegen eines Vorfalls abrechnen, ihn zur Rechenschaft ziehen* **1.9** die ~ ohne den Wirt machen ⟨fig.⟩ *sich in einer Erwartung täuschen* **2** ⟨schweiz.⟩ = *Abrechnung(2);* Jahres~ **3** *Zahlenaufgabe;* die ~ geht auf, geht nicht auf **4** *Berechnung;* nach meiner ~ haben wir zwei Stunden gebraucht; das ist doch eine ganz einfache ~ **4.1** ⟨fig.⟩ *Erwartung, Planung, Plan* **4.1.1** meine ~ ist nicht aufgegangen *mein Plan ist nicht gelungen* **4.1.2** jmdm. einen Strich durch die ~ machen *jmds. Pläne vereiteln* **4.1.3** etwas in ~ ziehen, einer Sache ~ tragen ⟨fig.⟩ *eine S. berücksichtigen*

recht ⟨Adj.⟩ **1** ⟨60⟩ *auf der der Herzseite ge-*

genüberliegenden Seite befindlich; Ggs *linke(r, -s);* der ~e Arm, das ~e Bein; das ~e Ufer eines Flusses; auf der ~en Seite der Straße gehen **1.1** ⟨60⟩ das Haus liegt ~er Hand *rechts, auf der rechten Seite* **1.2** ⟨60⟩ jmds. ~e Hand sein ⟨fig.⟩ *jmds. wichtigster Helfer sein* **2** ⟨60⟩ die ~e Seite *Ober-, Vorder-, Außenseite;* Ggs *linke S.;* die ~e Seite einer Münze, eines Stoffes **3** ⟨60⟩ ~e Masche beim Stricken *glatte M., M., bei der der Faden hinter der Nadel liegt;* Ggs *linke Masche* **4** ⟨60⟩ ~er Winkel *Winkel von 90°* **5** *richtig* **5.1** *der Wirklichkeit entsprechend, nicht falsch;* wenn ich es ~ überlege; das Rechte treffen; alles, was ~ ist, aber das geht zu weit! (Ausdruck der Ablehnung) **5.1.1** ganz ~! *ganz richtig!, das stimmt!, jawohl!* **5.1.2** habe ich ~ gehört? *stimmt das, soll das wirklich so sein?* **5.1.3** ich weiß nicht ~, ob ich es tun soll *ich bin mir noch nicht klar, ich zögere noch, es zu tun* **5.1.4** nach dem Rechten sehen *nachsehen, ob alles in Ordnung ist, ob alles richtig getan wird, etwas überprüfen* **5.1.5** es geht hier nicht mit ~en Dingen zu *es ist hier nicht ganz geheuer, hier stimmt etwas nicht* **5.2** ⟨60⟩ *geeignet, passend;* er ist der ~e Mann am ~en Ort; wer nicht kommt zur ~en Zeit, der muß sehn, was übrigbleibt ⟨Sprichw.⟩ **5.2.1** da bist du bei mir an den Rechten gekommen ⟨umg.⟩ *ich bin dir gewachsen, mir kannst du nichts vormachen* **5.2.2** dazu bist du gerade der Rechte! ⟨iron.⟩ *dazu bist du ganz u. gar nicht der Richtige* **5.2.3** es geschieht ihm ganz ~ *er hat es nicht besser verdient* **5.3** *wie es sich gehört, angemessen;* es muß alles das ~e Maß haben; es steht alles am ~en Ort; es ist gerade die ~e Zeit (dazu); du kommst gerade ~ **5.3.1** jmdm. etwas ~ machen *etwas so machen, wie jmd. es will;* man kann es nicht allen ~ machen; man kann ihm nichts ~ machen **5.3.2** (es ist) ~ so! *es ist gut, es ist in Ordnung, es hat sich erledigt, (behalten Sie das restl. Geld für sich!)* **5.3.3** etwas od. sich ins ~e Licht setzen, stellen ⟨fig.⟩ *in seinen Vorzügen bewußt zur Geltung bringen* **5.3.4** → a. *Herz(2.4.3)* **5.4** ⟨60; abgeschwächt, häufig in verneinten Wendungen⟩ *wirklich, typisch;* ich habe keine ~e Lust; er gibt sich keine ~e Mühe; er ist ein ~er Hasenfuß, Narr; es ist ein ~er Jammer mit ihm ⟨umg.⟩ **5.5** → a. *erst(5)* **5.6** etwas Rechtes ⟨umg.⟩ *Vernünftiges, Ordentliches;* er hat nichts Rechtes gelernt; das ist doch nichts Rechtes! **5.6.1** das ist was Rechtes ⟨iron.⟩ *das ist nichts Besonderes, damit kannst du keinen Eindruck machen!* **6** ⟨90⟩ *dem Recht, den Gesetzen, einer sittl. Norm entsprechend, gut;* Ggs *unrecht;* das war nicht ~ (von dir, von ihm); er hat ~ getan; tue ~ und scheue niemand! ⟨Sprichw.⟩; allen Menschen ~ getan, ist eine Kunst, die niemand kann ⟨Sprichw.⟩ **6.0.1** jmdn. auf die ~e Bahn, auf den ~en Weg bringen ⟨fig.⟩ *zum rechten Tun hinlenken* **6.0.2** jmdn. vom ~en Wege abbringen ⟨fig.⟩ *zu etwas Unrechtem verleiten* **6.0.3** vom ~en Wege (ab)weichen ⟨fig.⟩ *etwas Unrechtes tun* **6.0.4** was dem einen ~ ist, ist dem andern billig *jeder muß zu seinem Recht kommen* **6.1** ~ und billig *völlig richtig* **6.1.1** das ist nur ~ und billig, daß du ihm jetzt auch hilfst, nachdem er dir geholfen hat *ganz richtig, das kann er von dir mit Recht erwarten* **6.1.2** es ist nicht mehr als ~ und billig, daß ich das tue *es steht mir zu, das muß ich tun, dazu bin ich verpflichtet* **6.2** ⟨50⟩ ich habe ~ behalten *es war richtig, was ich gesagt, vermutet habe;* er will immer ~ behalten **6.3** ⟨50⟩ ~ haben *das Richtige sagen, vermuten, richtig urteilen;* er hat ~ gehabt; du hast ganz ~! **6.4** ⟨50⟩ jmdm. ~ geben *zustimmen* **7** ⟨40⟩ etwas ist jmdm. ~ *angenehm, jmd. ist einverstanden, zufrieden mit etwas;* mir ist es ~; ist es dir ~, wenn ich um drei Uhr komme?; nichts ist ihm ~; ist es (Ihnen) so ~?; mir ist alles ~ **7.1** das ist ~! *das ist gut, schön, das freut mich!* **7.2** mir soll es ~ sein! ⟨umg.⟩ *meinetwegen!* **8** ⟨33 od. 50⟩ *sehr, ziemlich;* ich danke Ihnen ~ herzlich; sei ~ herzlich gegrüßt von Deiner ... (Briefschluß); ich bin ~ hungrig, müde; ist der Koffer ~ schwer?; er ist ein ~ tüchtiger Arzt; ~ vielen, ~ herzlichen Dank!; ~ gern! **8.1** *ganz, einigermaßen;* wie geht es Ihnen? Danke, ~ gut; ich werde nicht ~ klug daraus; du bist wohl nicht ~ gescheit! **8.1.1** das ist alles ~ schön und gut, aber ... *das mag ja alles stimmen, aber ...* **9** ⟨50⟩ ~ und schlecht *nicht gut u. nicht schlecht, leidlich;* er hat sich ~ und schlecht durchgeschlagen

Recht ⟨n.; -(e)s, -e⟩ **1** ⟨selten Pl.⟩ *Rechtsordnung, Gesamtheit der Gesetze (des Staates, der Kirche od. eines Lebensgebietes);* Handels~; Kirchen~; Staats~; Straf~; bürgerliches ~; römisches ~; das ~ beugen, brechen, verletzen; er hat das ~ auf seiner Seite; nach geltendem ~ **1.1** nach ~ und Billigkeit *nach geschriebenem Gesetz u. nach dem Gefühl für Gerechtigkeit* **1.2** ~ sprechen *ein Urteil fällen* **1.3** von ~s wegen *nach dem Gesetz* **1.3.1** ⟨umg.⟩ *eigentlich;* von ~s wegen solltest du schon zu Hause sein **1.4** → a. *Gnade(3.0.1)* **2** *Befugnis, Anspruch, Berechtigung;* Hoheits~; Nutzungs~; Verkaufs~; das ~ des Älteren, des Vaters; ~e und Pflichten; das ~ auf Selbstbestimmung; er hat ein ~ auf Belohnung; ein ~ ausüben, beanspruchen; ein ~ erwerben (etwas zu tun); sein ~ fordern; sein ~ geltend machen; sich od. jmdm. sein ~ verschaffen; sich ein ~ verscherzen; jmdm. das ~ streitig machen, etwas zu tun; wer gibt dir das ~, das zu behaupten, zu tun?; ich nehme mir das ~, meine eigene Meinung zu vertreten; er besitzt ältere ~e (als der andere) **2.1** das ~ des Stärkeren *der Anspruch dessen, der die Macht od. Kraft hat u. nicht nach Rechtmäßigkeit fragt* **2.2** zu seinem ~ kommen *seinen Anspruch durchsetzen* **2.3** alle ~e vorbehalten *(Vermerk in Druckwerken) die Berechtigung zum Nachdruck, zum Verfilmen u. a. wird vorbehalten* **3** ⟨unz.⟩ *Richtiges, Angemessenes, Zustehendes, das, was recht u. gut ist (nach persönl. Rechtsempfinden);* das ist mein gutes ~; ich kann mit Fug und ~ behaupten, daß ... ⟨verstärkend⟩ **3.1** mit, zu ~ *mit Berechtigung, mit Grund;* eine Sache mit gutem, vollem ~ vertreten; man kann mit vollem ~ behaupten, daß ...; mit welchem ~ maßt du dir an, ...?; er hat es verlangt, und das mit ~; sein Anspruch besteht zu ~ **3.2** im ~ sein *recht haben, die richtige Ansicht, das Richtige getan haben* **4** ⟨meist Pl.; veralt.⟩ *Rechtspflege,*

Rechtswissenschaft; Doktor, Student der ~e; die ~e studieren

'Rech·te ⟨f.; -, -n⟩ Ggs *Linke* **1** ⟨geh.⟩ *rechte Hand, rechte Seite;* sie saß an, zu seiner ~n **2** *Gesamtheit der konservativen Parteien;* die äußerste, gemäßigte ~ **2.1** Anhänger der ~n *Konservativer*

'rech·ten ⟨V. 417⟩ mit jmdm. ~ *sein Recht von jmdm. fordern, jmdn. tadeln, mit jmdm. streiten;* sie hat mit ihm um das Erbe gerechtet

'recht·fer·ti·gen ⟨V. 500/R7⟩ **1** jmdn. ~ *die Berechtigung seines Tuns nachweisen od. erklären, jmdn. von einem Verdacht befreien;* ich habe ihn gerechtfertigt; es wird mir diesmal nicht gelingen, mich zu ~; sich vor jmdm. ~ **2** etwas ~ *nachweisen od. erklären, daß etwas berechtigt war;* eine Handlung, ein Vorgehen ~; jmds. Verhalten ~ **2.1** etwas rechtfertigt etwas *begründet etwas, läßt etwas als berechtigt erscheinen;* unser Erfolg rechtfertigt das in uns gesetzte Vertrauen; unser Mißtrauen war nicht gerechtfertigt

'recht·ha·be·risch ⟨Adj.⟩ *immer recht behalten wollend, stets starr an seinem Standpunkt festhaltend;* ein ~er Mensch; ~ sein

'recht·lich ⟨Adj.⟩ **1** *das Recht betreffend, dem Recht nach, hinsichtl. des Rechtes, auf dem Recht beruhend, gesetzlich, juristisch;* ~er Anspruch; die ~e Seite einer Sache; das ist ~ nicht zulässig (aber menschlich verständlich) **2** ⟨veralt.⟩ *redlich, ehrlich, ordentlich, rechtschaffen;* sie ist eine ~e Person; er denkt, handelt ~

rechts ⟨Adv.⟩ **1** *die rechte Seite, auf der rechten Seite (befindlich), nach der rechten Seite (hin);* → a. *links(1);* ~ der Donau; ~ gehen, fahren; lassen Sie die Kirche ~ liegen; oben ~, unten ~ (in Bilderläuterungen) **2** ~ stehen ⟨fig.⟩ *ein Konservativer sein, auf der Seite der Rechten stehen*

'Rechts·an·walt ⟨m.⟩ *Jurist mit der Berechtigung, die Rechtsangelegenheiten anderer vor Gericht zu vertreten;* ~ und Notar; sich einen ~ nehmen; sich als ~ niederlassen

'recht·schaf·fen ⟨Adj.⟩ **1** *ehrlich, redlich, anständig, pflichtbewußt;* ein ~er Mensch; er handelt ~; jmdm. ~ dienen **2** ⟨90; umg.⟩ *gehörig, groß, stark;* ~en Hunger haben **3** ⟨50⟩ *sehr;* er hat sich ~ plagen müssen; ~ müde sein

'Recht·schrei·bung ⟨f.; Sprachw.⟩ *Lehre von der richtigen Schreibung der Wörter;* Sy *Orthographie*

'rechts·kräf·tig ⟨Adj.⟩ *nicht mehr anfechtbar, endgültig (von gerichtl. Entscheidungen);* eine ~e Entscheidung; das Urteil ist ~

'Recht·spre·chung ⟨f.; -, -en⟩ **1** *gerichtl. Entscheidung* **2** *Gerichtsbarkeit*

'Rechts·weg ⟨m.⟩ **1** *Inanspruchnehmen des Gerichts;* eine Sache auf dem ~ entscheiden **1.1** den ~ beschreiten, einschlagen, gehen *die Hilfe des Gerichts in Anspruch nehmen*

Reck ⟨n.; -(e)s, -e⟩ **1** *Turngerät, an zwei Pfeilern waagerecht befestigte, verstellbare Eisenstange;* Übungen am ~ **2** *an zwei freihängenden Seilen befestigte, kurze Holzstange;* Schwebe~

'recken ⟨-k·k-; V. 500⟩ **1** ⟨R7⟩ etwas od. sich ~ *strecken, hoch aufrichten, dehnen;* die Arme, die Glieder ~; den Hals ~ (um etwas zu sehen); er hat die Hand in die Höhe, nach dem Buch gereckt; ich reckte mich nach dem Ast **2** etwas ~ ⟨landschaftl.⟩ *durch Ziehen strecken, dehnen;* Wäsche vor dem Bügeln ~; Leder ~ **2.1** Eisen ~ ⟨Met.⟩ *schrittweise den Querschnitt eines Werkstückes vermindern durch Verdrängen des Werkstoffes in Längsrichtung*

Re·dak·ti'on ⟨f.; -, -en⟩ **1** *Bearbeitung des Manuskripts für ein Druckwerk* **2** *Gesamtheit der bei der Redaktion(1) mitwirkenden Arbeitskräfte* **3** *die für die Redaktion(1) zur Verfügung stehenden Räume*

'Re·de ⟨f.; -, -n⟩ **1** *das, was gesprochen wird od. wurde, das, was jmd. sagt od. gesagt hat, Äußerungen, (sinnvoll zusammenhängende) Worte;* große, großsprecherische, häßliche, prahlerische ~n führen; die ~ kam auf den Vorfall von gestern **1.1** keine ~! *das ist unmöglich, kommt nicht in Frage* **1.2** ~ und Gegenrede *das gesprächsweise erörterte Für und Wider* **1.3** diese Antwort verschlug ihm die ~ *machte ihn sprachlos, und verblüffte ihn so, daß er nichts mehr zu sagen wußte* **1.4** das ist doch schon lange meine ~ ⟨umg.⟩ *das habe ich doch schon immer, schon lange gesagt* **1.5** auf etwas od. jmdn. die ~ bringen *von etwas od. jmdm. zu sprechen beginnen, das Gespräch auf etwas od. jmdn. lenken, etwas od. jmdn. gesprächsweise erwähnen* **1.6** jmdm. in die ~ fallen *jmdn. unterbrechen, jmdm. ins Wort fallen* **1.7** von etwas die ~ sein *von etwas gesprochen werden;* wovon ist die ~? **1.7.1** davon ist nicht die ~ *das hat keiner gesagt od. gemeint* **1.7.2** davon kann keine ~ sein *das ist ausgeschlossen, unmöglich, das kommt nicht in Frage* **1.8** in ~ stehen *fraglich, noch nicht endgültig entschieden sein* **1.9** es ist nicht der ~ wert *nur eine Kleinigkeit, nicht erwähnenswert* **2** *Ansprache, Vortrag;* Kanzel~; Trauer~; eine gute, lange, glänzende, feierliche ~; eine ~ halten **3** ⟨Sprachw.⟩ *aktualisierte Sprache (im Unterschied zum potentiellen, nur im Bewußtsein der Sprecher existenten Sprachsystem)* **4** *Rechenschaft* **4.1** jmdn. zur ~ stellen (wegen) *jmdn. (wegen einer Handlung) energisch befragen, zur Rechenschaft ziehen* **4.2** jmdm. ~ und Antwort stehen *Antwort, Auskunft geben, auf Fragen hin etwas bekennen, zugeben* **5** *Gerücht, Gerede;* es geht die ~, daß ...; ich kümmere mich nicht um die ~n, gebe nichts auf die ~n der Leute **6** *Redeweise, sprachl. Gestaltung (von Gedanken, Empfindungen)* **6.1** → a. *binden(4.2), direkt(3.1), indirekt(2.3)*

're·den ⟨V.⟩ **1** ⟨400⟩ *sprechen, sich sinnvoll äußern;* laut, leise, deutlich, undeutlich ~; öffentlich ~; red nicht so viel!; mit jmdm. ~; mit sich selbst ~; von jmdm. od. etwas ~; über jmdn. od. etwas ~; wir haben über ihn geredet; darüber werden wir noch ~; Reden ist Silber, Schweigen ist Gold ⟨Sprichw.⟩ **1.01** darüber läßt sich ~ *das ist verständlich, einleuchtend* **1.02** ⟨650⟩ rede mir nicht davon! ⟨umg.⟩ *davon will ich nichts hören!, dieses Thema ist mir unangenehm!* **1.03** laß ihn doch ~! *laß ihn sagen, was er will, kümmere dich nicht um das, was er sagt!* **1.04** die Leute ~ viel! ⟨fig.; abwertend⟩ *laß doch, es wird so viel Unwahres gesprochen!, das glaube ich nicht, es wird ein Gerücht sein!* **1.05** du redest, wie du es verstehst ⟨umg.⟩ *sei still, du verstehst nichts davon* 1.06 du hast gut, leicht ~! *du hast es leicht, du bist nicht davon betroffen* 1.07 Reden und Tun ist zweierlei *von einer Tat zu sprechen ist leichter, als sie auszuführen* 1.08 mit Händen u. Füßen ~ ⟨umg.; scherzh.⟩ *beim Sprechen lebhafte Gebärden machen* 1.09 mit den Händen ~ *die Zeichensprache anwenden* 1.10 ⟨530⟩ jmdm. od. einer Sache das Wort ~ ⟨fig.⟩ *für jmdn. od. eine S. eintreten* 1.11 er läßt mit sich ~ ⟨fig.⟩ *er ist aufgeschlossen für die Meinung anderer, er ist nachgiebig, entgegenkommend, umgänglich* 1.12 ~de Künste *K. mit der Sprache als Ausdrucksmittel, Dichtung, Rhetorik* 1.13 von einer Sache viel Redens machen *einer S. viel Aufmerksamkeit schenken, viel Aufhebens von einer S. machen* 1.14 von sich ~ machen *allgemein bekannt werden* 1.15 → a. *Gewissen(1.4), Mund(3.18)* 2 ⟨500⟩ etwas ~ *aussprechen, äußern, sagen;* Gutes, Schlechtes, Böses über jmdn. ~; Unsinn ~; dummes Zeug ~; er hat die ganze Zeit kein Wort geredet 3 ⟨in festen Wendungen⟩ 3.1 ⟨511/R3⟩ sich in Wut, Zorn ~ *sich beim Sprechen in W., Z. hineinsteigern* 3.2 ⟨513/R3⟩ sich heiser ~ *so viel reden, daß man heiser davon wird* 3.3 ⟨531/R1 od. R2⟩ sich den Kummer, den Zorn, die Sorge vom Herzen, von der Seele ~ *seinen K., Z., seine S. lindern, indem man darüber spricht*

'Re·de·wen·dung ⟨f.⟩ *abwandelbare, nicht feststehende sprachl. Wendung, sprachl. Ausdruck, z. B. ich mache mir nichts daraus*

'red·lich ⟨Adj.⟩ 1 *ehrlich, zuverlässig, pflichtbewußt;* ein ~er Mann, Mensch; eine ~e Gesinnung; er meint es ~ mit ihm; ~ handeln 2 ⟨90; fig.⟩ *groß, viel;* ich habe mir ~e Mühe gegeben; er hat ~en Hunger 3 ⟨50; umg.⟩ *sehr, tüchtig;* sich ~ bemühen; ich habe mich ~ plagen müssen; ~ müde sein

'Red·ner ⟨m.; -s, -⟩ 1 *jmd., der eine Rede hält od. gehalten hat, Vortragender;* Haupt~, Parlaments~, Volks~, Wahl~; der ~ des heutigen Abends; der ~ betonte, wiederholte, erklärte 2 *jmd., der (gut) Reden halten kann;* ein guter, schlechter ~ sein; er ist kein ~ ⟨umg.⟩

'red·se·lig ⟨Adj.⟩ 1 *viel u. gern redend;* ihre Nachbarin ist sehr ~; eine ~e alte Frau 2 *wortreich, weitschweifig;* ein ~er Brief, Bericht; sich ~ über etwas verbreiten

Re·duk·ti'on ⟨f.; -, -en⟩ 1 *das Reduzieren, Herabsetzung;* Preis~ 1.1 *Einschränkung* 1.2 *Minderung* 2 *das Zurückführen;* ~ eines komplizierten Sachverhalts od. Begriffes auf einen einfachen 3 ⟨Chem.⟩ 3.1 ⟨i. w. S.⟩ *die Aufnahme von Elektronen u. damit Verminderung einer positiven Ladung* 3.2 ⟨i. e. S.⟩ 3.2.1 *Aufnahme von Wasserstoff in eine chem. Verbindung* 3.2.2 *Entzug von Sauerstoff aus einer Verbindung* 4 ⟨Biol.⟩ *die rückschreitende Umwandlung von Organen im Laufe der Stammesgeschichte od. der Entwicklung eines Individuums*

re·du'zie·ren ⟨V.⟩ 1 ⟨505⟩ Mengen, Werte ~ (auf) *verringern, vermindern (auf);* die tägl. Dosis eines Arzneimittels (auf zehn Tropfen, drei Tabletten) ~; die Preise auf die Hälfte ~; Preise, Forderungen ~; die Zahl der Mitglieder, Teilnehmer ~; den Arbeitsaufwand auf ein Mindestmaß ~ 2 ⟨Chem.⟩ Stoffe ~ (zu) *einer Reduktion (3-3.2.2) unterwerfen (u. dadurch in einen anderen Stoff umwandeln)*

'Ree·de ⟨f.; -, -n⟩ *Ankerplatz vor einer Küste, in einer Bucht od. auf einem Fluß, auf dem die Schiffe Schutz vor schlechtem Wetter finden u. die Ladung löschen od. laden können*

re'ell ⟨Adj.⟩ 1 *redlich, ehrlich, zuverlässig;* ein ~er Mensch; eine ~e Firma; er ist (sehr) ~ 1.1 ~es Geschäft *anständiges G. ohne Übervorteilung des Käufers;* in diesem Geschäft wird man ~ bedient 2 ~e Zahlen *rationale u. irrationale Zahlen*

Re·fe'rat ⟨n.; -(e)s, -e⟩ 1 *Bericht, Vortrag in der Art eines Gutachtens* 1.1 *Berichterstattung eines Fachkundigen* 1.2 *Vortrag zur Übung (in der Schule u. im Hochschulseminar)* 2 *Arbeitsgebiet;* Presse~

Re·fe'ren·dum ⟨n.; -s, -den od. -da⟩ *Volksentscheid*

Re·fe'renz ⟨f.; -, -en⟩ 1 *Empfehlung* 2 *Person od. Stelle, auf die man sich berufen kann, bei der Auskünfte eingeholt werden können*

re·flek'tie·ren ⟨V.⟩ 1 ⟨500⟩ ein Gegenstand reflektiert Strahlen *wirft sie zurück;* reflektierte Strahlen 2 ⟨800⟩ über (abstrakte) Gegenstände ~ *gründlich von verschiedenen Gesichtspunkten aus nachdenken* 2.1 auf etwas ~ *etwas haben wollen, Interesse für etwas haben, bes. für eine Ware;* ~ Sie noch auf das bestellte Buch? 2.2 auf einen Posten, eine Stelle ~ *sich um einen P., eine S. bewerben;* ich reflektiere nicht mehr darauf

Re'flek·tor ⟨m.; -s, -'to·ren⟩ 1 *Hohlspiegel hinter einer Lichtquelle* 1.1 *Spiegelfernrohr* 2 *Teil einer Richtantenne, der einfallende elektromagnet. Strahlen zur Sammlung nach einem Brennpunkt hin reflektiert*

Re'flex ⟨m.; -es, -e⟩ 1 *reflektiertes(1) Licht;* Licht~ 2 ⟨Physiol.⟩ *unbewußte, automatische Reaktion eines Lebewesens auf einen Reiz;* bedingter ~, unbedingter ~

Re'form ⟨f.; -, -en⟩ *verbessernde Umgestaltung, planmäßige Neugestaltung*

Re·for·ma·ti'on ⟨f.; -, -en⟩ 1 ⟨unz.; i. e. S.⟩ *die durch Luther, Zwingli u. Calvin ausgelöste Bewegung zur Erneuerung der Kirche, wodurch die abendländ. Kirche gespalten wurde u. neue, vom Papst unabhängige, evangel. Kirchen (protestant., reformierte Kirche) entstanden* 2 ⟨i. w. S.⟩ *Erneuerung, Neugestaltung*

Re'gal[1] ⟨n.; -s, -e⟩ 1 *Gestell mit Fächern (für Bücher od. Waren);* Bücher~ 2 ⟨Typ.⟩ *Gestell für Setzkästen*

Re'gal[2] ⟨n.; -s, -e⟩ *kleine, tragbare Orgel nur mit Zungenpfeifen u. leicht schnarrendem Ton*

Re'gal[3] ⟨n.; -s, -li·en⟩ *wirtschaftl. nutzbares Hoheitsrecht;* oV *Regale;* Münz~, Post~

Re'ga·le ⟨n.; -s, -li·en⟩ = *Regal*[3]

're·ge ⟨Adj.⟩ 1 *munter, lebhaft, beweglich, rüstig, betriebsam;* ~ Beteiligung; ~r Briefwechsel; einen ~n Geist haben; es herrschte ~r Verkehr; er ist für sein Alter noch sehr ~; geistig ~ 1.1 ⟨40⟩ ~ werden *munter werden, wach werden, erwachen;* der Wunsch wurde in mir ~, es auch einmal zu versuchen

'Re·gel ⟨f.; -, -n⟩ 1 *Richtlinie, Richtschnur, Vorschrift;* Ggs *Ausnahme(1);* die ~n der Rechtschreibung, der Zeichensetzung; die ~n eines Spiels; eine ~ aufstellen; das ist gegen die ~ (beim Spiel); eine ~ (nicht) befolgen, einhalten; keine ~ ohne Ausnahme; sich (streng) an eine ~ halten **1.1** nach allen ~n der Kunst *ganz richtig, sehr sorgfältig* **1.2** sich etwas zur ~ machen *sich etwas vornehmen u. immer durchführen* **2** *Vorschrift od. Gruppe von Vorschriften, die die Angehörigen eines Ordens einhalten müssen, Ordensregel;* Augustiner ~ ; nach einer ~ leben (im Kloster) **3** *das allgemein Übliche, Norm;* Ggs *Ausnahme(1)* 3.1 in der ~ ist es so *meist, fast ausnahmslos* 3.2 eine Ausnahme von der ~ machen *anders als üblich sein* **4** ⟨Physiol.⟩ = *Menstruation;* die ~ haben; die ~ ist ausgeblieben

're·gel·mä·ßig ⟨Adj.⟩ **1** *nach einer bestimmten Regel (geschehend, verlaufend, eintretend), in gleichen Abständen (sich wiederholend);* in ~en Abständen; ~er Puls, Herzschlag; ~e Mahlzeiten, Besuche; etwas ~ tun; ~ auftreten 1.1 ein ~es Gesicht *G. mit gleichmäßigen, ebenmäßigen Zügen* 1.2 ~e Körper ⟨Geom.⟩ = *platonische Körper* 1.3 die ~en Verben *die nach bestimmter Regel gebildeten V.* **2** ⟨50⟩ *immer;* er geht ~ um diese Zeit in die Schule; er kommt ~ zu spät; das Programm fängt ~ um 8 Uhr an

're·geln ⟨V. 500⟩ **1** etwas ~ *nach einer bestimmten Regel ordnen, festlegen, festsetzen, einrichten, in ordnungsgemäße Bahnen lenken;* das werde ich noch ~; seine persönlichen, geschäftlichen Angelegenheiten ~; den Verkehr ~; in geregelten Verhältnissen leben; geregelter Verkehr 1.1 ⟨R3⟩ etwas regelt sich *erledigt sich;* manches hat sich von selbst geregelt

're·gel·recht ⟨Adj. 24/90⟩ **1** *der Regel gemäß, in aller Form, wie es sich gehört;* ein ~es Verfahren **2** ⟨umg.⟩ *beinahe, sozusagen;* das ist ja schon ein ~er Diebstahl; es war ein ~er Schock, Zusammenbruch; er war ~ unverschämt **3** *völlig;* er hat ~ versagt; ein ~er Reinfall

're·gen ⟨V. 500⟩ **1** etwas ~ *bewegen;* ich kann vor Kälte kaum noch die Finger ~; die Glieder ~; der Verletzte regte kein Glied **2** ⟨R3⟩ sich ~ *sich bewegen, tätig sein, etwas tun, sich beschäftigen;* es war alles still, nichts regte sich; kein Blatt regte sich; er rührt und regt sich nicht ⟨verstärkend⟩ 2.1 komm, reg dich! *sei nicht so faul!* **3** ⟨R3⟩ sich ~ *erwachen, spürbar werden, sich bemerkbar machen;* ein leichter Wind regte sich; Mitleid regte sich in ihm; leise Zweifel regten sich in mir; sein Gewissen regte sich 3.1 hättest du dich doch eher geregt! *hättest du dich doch eher bemerkbar gemacht, eher etwas gesagt!*

'Re·gen ⟨m.; -s, -; meist unz.⟩ **1** *flüssiger atmosphär. Niederschlag;* der ~ fällt, rauscht, rinnt, strömt, trommelt; im strömenden ~; wir wollen uns beeilen, damit wir nicht noch in den ~ kommen; es sieht nach ~ aus 1.1 auf ~ folgt Sonnenschein ⟨Sprichw.⟩ *alles Unglück hat einmal ein Ende, auf schlechte Zeiten folgen gute* 1.2 vom ~ in die Traufe kommen ⟨fig.⟩ *von einer schlimmen Lage in eine noch schlimmere geraten* **2** ⟨fig.⟩ *große herabfallende Menge;* ein ~ von Blumen; ein ~ von Schimpfwörtern, Vorwürfen prasselte auf ihn herab

'Re·gen·bo·gen ⟨m.⟩ *eine atmosphärisch-optische Erscheinung, die aus einem in den sieben Spektralfarben leuchtenden Bogen besteht u. durch Brechung u. Reflexion der Sonnenstrahlen in den einzelnen Regentropfen entsteht;* ein ~ war zu sehen

Re·ge·ne·ra·ti'on ⟨f.; -, -en⟩ **1** *Wiederherstellung, Erneuerung* **2** ⟨Biol.⟩ *natürl. Ersetzen verlorengegangener organischer Teile* **3** ⟨Geol.⟩ *die Zurückführung erstarrter, konsolidierter Teile der Erdkruste in einen mobilen, faltbaren Zustand*

re·ge·ne'rie·ren ⟨V. 500/R7⟩ Organe ~ (sich) ⟨Biol.⟩ *bilden sich neu, ergänzen sich, erneuern sich;* Ggs *degenerieren*

Re'gent ⟨m.; -en, -en⟩ *regierender Fürst od. dessen Stellvertreter*

Re·gie ⟨[-'ʒi:] f.; -, -n⟩ **1** *Leitung, Verwaltung;* ein Geschäft in eigener ~ führen; ein Unternehmen in fremde ~ geben 1.1 *Verwaltung der Betriebe, die Eigentum einer Gemeinde od. des Staates sind, durch Gemeinde od. Staat selbst;* die Arbeiten werden in städtischer ~ ausgeführt **2** ⟨Theat., Film, Rundfunk⟩ *leitende Tätigkeit, die die Besetzung der Rollen, die Einrichtung u. Inszenierung eines Stückes umfaßt;* die ~ führen, haben 2.1 ⟨Theat.⟩ *künstler. Gestaltung eines Dramas für die Aufführung auf der Bühne u. Leitung der Schauspieler bei den Proben* 2.2 ⟨Film⟩ *künstler. Gestaltung des Drehbuches für einen Film u. Leitung der Schauspieler u. des Kameramannes bei den Aufnahmen* 2.3 ⟨Rundfunk; Fernsehen⟩ *künstler. Gestaltung einer Sendung* **3** ⟨österr.⟩ *staatl. Monopol;* Tabak ~

re'gie·ren ⟨V.⟩ **1** ⟨400⟩ *eine Regierung leiten, herrschen;* jmd. regiert (über etwas); er regierte zehn Jahre **2** ⟨800 od. 500⟩ (über) ein Land ~ *ein L. beherrschen;* jmd. regiert jmdn., eine Gemeinschaft, ein Land, ein Volk, einen Staat **3** ⟨500⟩ eine Maschine ~ ⟨veralt.⟩ *lenken, leiten;* diese Maschine läßt sich leicht, schwer ~ **4** ⟨500⟩ eine Wortart regiert einen Fall (Kasus) ⟨Gramm.⟩ *bewirkt, daß das folgende Wort in einem bestimmten F. steht;* die Präposition „mit" regiert den Dativ

Re'gie·rung ⟨f.; -, -en⟩ **1** *das Regieren;* die ~ Adenauer **2** *oberste staatl. Behörde, deren Mitglieder den Staat leiten*

Re·gime ⟨[-'ʒi:m] n.; - od. -s, - [-'ʒi:mə]⟩ *Form der Regierung(1) eines Staates;* ein totalitäres ~

Re·gi'ment ⟨n.; -(e)s, -e od. ~er⟩ **1** ⟨Mil.⟩ *Verband aus zwei bis vier Bataillonen unter einem Obersten od. Oberstleutnant* **2** ⟨unz.⟩ *Herrschaft, Leitung;* das ~ führen

Re·gi'on ⟨f.; -, -en⟩ **1** *Landstrich, Gebiet, Gegend* 1.1 *Bezirk* **2** ⟨nur Pl.⟩ in höheren ~en ⟨fig.; umg.⟩ *nicht auf dem Boden der Tatsachen*

Re'gi·ster ⟨n.; -s, -⟩ **1** *Verzeichnis;* ein ~ machen, anfertigen, zusammenstellen 1.1 *alphabet. Verzeichnis (der Namen od. Begriffe in einem Buch);* Namens ~, Sach ~ 1.2 *amtl. Verzeichnis wichtiger Vorgänge;* Handels ~, Standes ~; etwas ins ~ eintragen **2** *durch Ausstanzen sichtbar gemachte Titel od. Buchstaben am Rande von (Geschäfts-, Notiz-, Telephon-) Büchern zum schnellen Nachschlagen* **3** ⟨EDV⟩ *Anordnung zur vorübergehenden Speicherung kleiner Mengen von Informationen* **4** ⟨Typ.⟩ 4.1 *genaues Aufeinanderpassen der Druckseiten u. des Satzspiegels auf Vorder- u.*

Rückseite; ~ halten 4.2 *genaues Aufeinanderpassen der einzelnen Farben beim Mehrfarbendruck* **5** ⟨Mus.⟩ *Stimme, Stimmlage, Klangfarbe* 5.0.1 alle ~ ziehen, spielen lassen *alle Stimmlagen erklingen lassen* 5.1 *Bereich der mit gleicher Einstellung der Stimmbänder hervorgebrachten Töne, z. B. Brust-, Kopf-, Falsett-, gemischte Stimme* 5.2 ⟨Orgel⟩ *Gruppe von Tönen aus Pfeifen gleicher Klangfarbe u. Bauart, z. B. Stimmen der Lippen- od. Zungenpfeifen* **6** alle ~ ziehen ⟨a. fig.⟩ *alle Mittel anwenden (um etwas zu erreichen)*

re·gi'strie·ren ⟨V.⟩ **1** ⟨500⟩ Vorgänge, Daten ~ 1.1 *in ein Register eintragen* 1.2 ⟨fig.; umg.⟩ *zur Kenntnis nehmen (ohne sich zu äußern)* **2** ⟨400; Orgel⟩ *Register ziehen*

'reg·nen ⟨V.⟩ **1** ⟨401⟩ es regnet *es fällt Regen(1);* fein, stark ~; es regnet in Strömen; hier regnet es oft, wenig, ausgiebig 1.1 ⟨501⟩ es regnet Bindfäden, Schusterjungen ⟨fig.; umg.; scherzh.⟩ *es regnet heftig* **2** ⟨501⟩ es regnet etwas ⟨fig.; umg.⟩ *etwas kommt, trifft in großen Mengen ein;* es regnete Anfragen, Beschwerden, Glückwünsche, Vorwürfe **3** ⟨501⟩ es regnet etwas ⟨fig.; umg.⟩ *etwas fällt in großer Menge herab;* es regnet Steine, Dachziegel, Bomben; es hat Schläge, Ohrfeigen, Prügel geregnet

Re'greß ⟨m.; -s·ses, -s·se⟩ **1** ⟨Philos.⟩ *das Zurückgehen von der Wirkung zur Ursache* **2** ⟨Rechtsw.⟩ 2.1 *Ersatz, Entschädigung* 2.2 *Ersatzanspruch an den Hauptschuldner, Rückgriff (auf Bürgen od. an zweiter Stelle haftbar gemachte Personen)* 2.2.1 auf ~ nehmen *jmdn. zum Regreß(2.2) verpflichten*

re·gu'lär ⟨Adj.⟩ *der Regel entsprechend, üblich, gewöhnlich*

re·gu'lie·ren ⟨V. 500/R7 od. R8⟩ **1** Vorgänge ~ *regeln, in eine gewünschte Ordnung bringen;* die Lebensvorgänge im Körper regulieren sich 1.1 Maschinen ~ *so einstellen, daß eine gewünschte Leistung erreicht wird* 1.2 Flüsse ~ *in ein gewünschtes Flußbett leiten* **2** eine Forderung ~ ⟨kaufmannsspr.⟩ *bezahlen od. ausgleichen* 2.1 Schäden ~ *Ersatz für S. bezahlen* **3** regulierter Kleriker 3.1 ⟨i. w. S.⟩ *Ordensgeistlicher* 3.2 ⟨i. e. S.⟩ *Angehöriger eines Klosters ohne räuml. Bindung an das Kloster, in das er urspr. eingetreten ist*

'Re·gung ⟨f.; -, -en⟩ **1** ⟨geh.⟩ *Bewegung;* ohne jede ~ daliegen; eine leichte ~ der Luft **2** *leichte Gefühlsaufwallung;* Gefühls~, Gemüts~, Seelen~; ~ des Gewissens; eine leise, plötzliche ~ des Mitleids, Erbarmens usw.; innere, menschliche ~

Re·ha·bi·li·ta·ti'on ⟨f.; -, -en⟩ **1** *Wiedereinsetzung in frühere Rechte, in den früheren Stand* **2** *Wiederherstellung der verletzten Ehre* **3** *Wiederherstellung der Leistungsfähigkeit u. Gesundheit durch Leibesübungen*

re·ha·bi·li'tie·ren ⟨V. 500/R7 od. R8⟩ jmdn. od. sich ~ *in seine früheren Rechte, in seinen früheren Stand wiedereinsetzen u. seinen Ruf wiederherstellen*

'rei·ben ⟨V. 196⟩ **1** ⟨500⟩ etwas ~ *kräftig (auf etwas) hin u. her bewegen, scheuern;* heftig, kräftig, leicht ~; ein Fenster, einen Tisch mit einem Tuch blank ~; nicht ~! (in Gebrauchsanweisungen für das Waschen empfindlicher Stoffe) 1.1 ⟨511⟩ etwas aus, von etwas ~ *etwas durch Reiben(1) von etwas entfernen;* einen Fleck aus der Hose ~; sich den Schlaf aus den Augen ~ **2** ⟨530/R5 od. R6⟩ jmdm. etwas ~ *mit einer streichenden Bewegung über etwas (hin)fahren;* sich die Hände ~ (um sie zu erwärmen, vor Vergnügen od. aus Schadenfreude); sich die Augen ~ (um munter zu werden); sich den Kopf, eine schmerzende Stelle am Körper ~ **3** ⟨400⟩ etwas reibt *scheuert (unangenehm);* der Schuh reibt (an der Ferse) **4** ⟨500/R3⟩ sich ~ *sich scheuern (um einen Juckreiz zu vertreiben);* der Bär reibt sich am Baumstamm 4.1 ⟨550⟩ sich an jmdm. ~ ⟨fig.⟩ *in gereizter Stimmung gegenüber jmdm. sein, oft Streit mit jmdm. haben* **5** ⟨602/R1⟩ sich (etwas) ~ *durch Reiben verletzen;* sich die Hände wund ~; er hatte sich die Fersen wund gerieben **6** ⟨500⟩ etwas ~ *durch Reiben (auf dem Reibeisen) zerkleinern;* Kartoffeln, Käse, Möhren, Semmeln ~; etwas zu Staub, zu Pulver ~; geriebene Nüsse, Schokolade **7** ⟨500⟩ etwas ~ *mit der Reibahle durch Abheben feiner Späne innen glätten;* Bohrlöcher ~ **8** ⟨531⟩ jmdm. etwas unter die Nase ~ ⟨fig.; umg.⟩ *jmdm. etwas (eine Schwäche, einen Fehler) vorhalten, deutl. zu verstehen geben*

'Rei·bung ⟨f.; -, -en⟩ **1** *das Reiben* **2** ⟨Phys.⟩ *die Kraft, die die Bewegung eines Körpers relativ zu einem anderen berührten Körper od. die Bewegung von Teilen eines Stoffes gegeneinander zu hindern sucht;* durch die ~ entsteht Wärme; innere ~; trockene, flüssige ~ **3** ⟨fig.⟩ *Verstimmung, Unstimmigkeit, leichter Streit;* sie hatte mit ihm ständige ~en

'Rei·bungs·flä·che ⟨f.⟩ **1** *Fläche, an der eine Reibung entsteht* **2** ⟨fig.; umg.⟩ *Anlaß zu Unstimmigkeiten, Streit;* ich will keine ~n bieten

reich ⟨Adj.⟩ **1** ⟨70⟩ *viel Geld u. Sachwerte besitzend, sehr wohlhabend, sehr vermögend, begütert;* Ggs *arm;* die ~en Leute; er ist sehr ~; die Armen und die Reichen 1.1 ⟨40⟩ ~ an etwas sein ⟨fig.⟩ *von etwas viel haben;* an Ideen, Kenntnissen ~; das Land ist ~ an Bodenschätzen 1.2 → a. *arm(1)* **2** ⟨50⟩ *mit vielen wertvollen od. schönen Dingen ausgestattet, üppig, reichhaltig, kostbar, verschwenderisch, luxuriös;* ein ~ ausgestattetes Haus; ~ geschmückt, verziert 2.1 *reichhaltig, großzügig;* jmdn. ~ belohnen, beschenken; ~ illustriert **3** *ergiebig, gehaltvoll, umfangreich;* eine ~e Ernte; ein Land mit ~en Ölquellen; ~en Gewinn erzielen; eine reiche Erbschaft machen 3.1 ⟨60⟩ ~er Reim = *gleitender Reim* **4** *groß, umfassend, vielfältig;* eine ~e Auswahl bieten; ein ~ begabter Junge 4.1 ⟨60⟩ in ~em Maße *in hohem M.*

Reich ⟨n.; -(e)s, -e⟩ **1** *großer Staat, großes Imperium, in dem alle Gebiete einem Herrscher unterstehen;* Kaiser~, Welt~, Erb~; das ~ Karls des Großen; die mächtigen ~e des Altertums 1.1 das ~ der Mitte *China* 1.2 → a. *deutsch(1.1.3), dritte(1.1), heilig(3.5.1)* **2** ⟨fig.; geh.⟩ *(größeres) Gebiet, Bereich;* Pflanzen~, Tier~; das ~ der Kunst, der Musik 2.1 das ~ der Toten *Unterwelt, Jenseits*

'rei·chen ⟨V.⟩ **1** ⟨410⟩ *eine Reichweite haben, sich erstrecken;* unser Grundstück reicht bis an den Wald; kannst du bis zu mir, bis zum Fenster ~? 1.1 meine Stimme reicht nicht so weit *trägt* *nicht so weit* 1.2 so weit das Auge, der Blick reicht *so weit man sehen kann* 1.3 bis an, bis zu etwas ~ *etwas berühren, an etwas angrenzen;* die Zweige des Baumes ~ bis an mein Fenster; das Wasser reicht ihm bis an die Knie; die Schnur reicht (nicht) bis hierher; er reicht mir gerade bis zur Schulter **2** ⟨400⟩ *genügen, ausreichen;* das Brot reicht nicht; die Butter muß bis morgen ~; das Essen reicht auch für drei; reicht es Ihnen?; danke, es reicht! 2.1 mit etwas ~ *mit etwas auskommen, genug von etwas haben;* wir ~ mit dem Geld nicht bis zum Monatsende 2.2 es reicht hinten und vorne nicht ⟨fig.; umg.⟩ *es ist in keiner Weise ausreichend (bes. Geld)* 2.3 ⟨600; unpersönl.⟩ mir reicht's ⟨umg.⟩ *ich habe genug davon, ich habe es satt* **3** ⟨530/R6⟩ jmdm. etwas ~ *geben, hinhalten, entgegenhalten;* jmdm. die Hand ~; würden Sie mir bitte das Brot, das Salz ~? (bei Tisch) 3.1 ⟨503⟩ (jmdm.) etwas ~ ⟨geh.⟩ *anbieten;* jmdm. eine Erfrischung ~; jmdm. die Wange zum Kuß ~; der Kaffee, Tee wird im Nebenzimmer gereicht 3.2 → a. *Hand(2.2.9), Wasser(1.1)*

'reich·hal·tig ⟨Adj.⟩ **1** *vieles enthaltend;* eine ~e Auswahl, Bibliothek; ein ~es Mahl **2** *vieles darbietend;* ein ~es Programm

'reich·lich ⟨Adj.⟩ **1** *ziemlich groß, umfangreich, sehr viel;* ~ vorhanden; ein ~es Trinkgeld; ~e Verpflegung; ~ Salz, Zucker nehmen; jmdn. ~ belohnen, beschenken 1.1 mehr als ~ ⟨verstärkend⟩ *zu viel* **2** *etwas mehr, größer als notwendig;* es ist (noch) ~ Platz; ~ gerechnet, eine Stunde; der Stoff ist ~ 2.1 ⟨50⟩ ich habe den Anzug für den Jungen etwas ~ genommen ⟨umg.⟩ *etwas zu groß (damit er noch hineinwachsen kann)* 2.2 sein ~es Auskommen haben *etwas mehr Geld haben als notwendig* 2.3 ⟨bei Maß-, Mengen- u. Zeitangaben⟩ *etwas mehr als, etwas länger als;* ~ zwei Kilogramm; ~ 100 Mark; seit ~ einem Jahr; eine ~e Stunde; wir sind ~ eine Stunde gelaufen **3** ⟨50; umg.⟩ *ziemlich (etwas weniger als „sehr");* der Film war ~ langweilig, öde; er war ~ unverschämt; ~ viel

'Reichs·tag ⟨m.⟩ **1** ⟨im Dt. Reich bis 1806⟩ *Vertretung der Reichsstände zur Gesetzgebung* **2** ⟨1871—1918⟩ *Volksvertretung zur Gesetzgebung (gemeinsam mit dem Bundesrat) u. Gesetzesausübung u. Verwaltung* **3** ⟨1919—1933⟩ *Volksvertretung zur Gesetzgebung mit bes. Einfluß auf die Dauer der Reichsregierung* **4** ⟨1933—1945⟩ *das machtlose Parlament des Dt. Reiches unter Hitler*

'Reich·tum ⟨m.; -s, ¨er⟩ **1** *großer Besitz an Geld u. Sachwerten, Vermögen;* zu ~ kommen; privater, gesellschaftlicher ~; Reichtümer erwerben; ~ an Bodenschätzen 1.1 damit sind keine Reichtümer zu erwerben ⟨umg.⟩ *damit kann man nichts verdienen* **2** ⟨unz.⟩ *Menge, Fülle, Reichhaltigkeit;* Einfalls~, Farben~, Ausdrucks~; der ~ an Ideen, Formen

'Reich·wei·te ⟨f.⟩ **1** ⟨Mil.⟩ *Entfernung, bis zu der ein Geschoß fliegt;* das Schiff befand sich schon außerhalb der ~ des feindlichen Beschusses **2** ⟨Flugw.⟩ *Entfernung, die ein Flugzeug ohne Nachtanken auf direktem Flug erreichen kann;* das Überschallflugzeug hat eine ~ von 8000 km **3** *Entfernung, die jmd. (mit der Hand) erreicht;* als ich mich umsah, war er längst außer ~; er befand sich außerhalb; innerhalb meiner ~; das liegt außerhalb meiner ~; sich ein Werkzeug in ~ legen; sich einen Gegenstand in ~ stellen **4** ⟨Phys.⟩ *der Flugweg geladener Teilchen bis zur völligen Abbremsung in der Materie* 4.1 ~ eines (Rundfunk)senders *Gebiet, in dem eine (Rundfunk)sendung gehört werden kann* **5** ⟨fig.⟩ *Bereich, in dem man Wirkung, Einfluß ausüben kann;* das liegt außerhalb meiner ~

reif ⟨Adj.⟩ **1** ~e Frucht *F., die soweit entwikkelt ist, daß sie geerntet werden kann;* ~e Himbeeren, Pflaumen; das Obst ist ~ **2** das Geschwür ist ~ ⟨fig.; umg.⟩ *für einen Eingriff genügend gediehen* **3** jmd. ist ~ *seelisch u. geistig vollendet, erwachsen;* ein ~er Mensch 3.1 ⟨60⟩ in ~eren Jahren *in mittleren fortgeschrittenen J.* 3.2 ⟨60⟩ die ~ere Jugend ⟨scherzh.⟩ *diejenigen, die die J. bereits hinter sich haben, aber noch nicht alt sind* **4** ⟨40⟩ etwas ist ~ *ausgewogen, in sich vollendet;* ein ~es Werk; ein ~es Urteil haben **5** ⟨40⟩ ~ für od. zu etwas ⟨fig.⟩ *genügend vorbereitet für etwas;* die Zeit ist ~ für eine neue Entwicklung, Neuerung o. ä.; der Plan ist (noch nicht) ~ zur Ausführung; die Arbeit ist ~ zur Veröffentlichung

Reif[1] ⟨m.; -(e)s; unz.⟩ **1** *Eisablagerung von kristallinem Aussehen, die im Gegensatz zu Rauhreif durch Kondensation von Wasserdampf aus der umgebenden klaren Luft entsteht, gefrorener Tau;* heute nacht ist ~ gefallen; auf den Wiesen liegt ~; mit ~ bedeckt **2** auf seine Freude fiel ein ~ ⟨fig.; poet.⟩ *etwas Trauriges trübte seine F.*

Reif[2] ⟨m.; -(e)s, -e; geh.⟩ **1** *Stirnreif;* einen goldenen ~ um die Stirn tragen **2** *Fingerring, Verlobungs- od. Ehering;* einem Mädchen einen goldenen ~ an den Finger stecken; einen goldenen ~ am Finger tragen **3** = *Reifen(4);* Arm~

'Rei·fe ⟨f.; -; unz.⟩ **1** *das Reifsein, Vollendung der Entwicklung;* die ~ des Obstes, Getreides; zur ~ kommen, gelangen, bringen **2** *Vollendung der körperlichen, seelischen Entwicklung, Ausgeglichenheit;* biologische, geistige, sittliche, politische ~ eines Menschen **3** mittlere ~ *Abschluß der Realschule od. der zehnten Klasse einer höheren Schule*

'rei·fen[1] ⟨V. 401⟩ es reift *Reif fällt, entsteht;* heute nacht hat es gereift

'rei·fen[2] ⟨V.⟩ **1** ⟨400(s.)⟩ etwas reift *wird reif;* die Äpfel, Erdbeeren ~; in diesem Jahr ist das Getreide früh gereift 1.1 ⟨500⟩ etwas reift etwas od. jmdn. ⟨a. fig.⟩ *macht etwas od. jmdn. reif;* die Sonne reift den Wein **2** ⟨415(s.)⟩ *sich körperlich, seelisch u. geistig entwickeln, heranwachsen;* zur Frau, zum Manne ~ 2.1 ein gereifter Mensch *nicht mehr junger, sittlich gefestigter, an Erfahrungen reicher M.* **3** ⟨410⟩ etwas reift in jmdm. ⟨fig.⟩ *entwickelt sich in jmdm. u. nimmt seine endgültige Form an;* in ihm reifte ein Plan

'rei·fen[3] ⟨V. 500⟩ ein Faß ~ *mit Reifen(2) versehen*

'Rei·fen ⟨m.; -s, -⟩ **1** *luftgefüllter Gummischlauch mit darüberliegender Decke an den Rädern von Kraftfahrzeugen u. Fahrrädern;* Gummi~; Luft~; die ~ wechseln (am Auto) **2** *ringförmiges Eisenband, ringförmiger*

Eisenbeschlag um Fässer u. Räder; Faß~, Rad~ **3** *großer Ring (aus Holz);* einen Hund, Tiger durch einen ~ springen lassen (als Dressurübung) 3.1 *großer, schmaler Holzring, der mit einem Stock aufrecht gerollt wird (als Kinderspielzeug);* den ~ treiben (als Kinderspiel) 3.2 *ringförmiges Gestell aus Draht, Horn u. ä. für Reifröcke* **4** *Ring als Schmuck (für den Arm);* Arm~; mit einem ~ am Arm, im Haar

'reif·lich ⟨Adj. 90⟩ *eingehend, in aller Ruhe, gründlich;* nach ~er Überlegung; sich etwas ~ überlegen

'Rei·gen ⟨m.; -s, -⟩ **1** ⟨seit dem 10. Jh.⟩ *gesprungener bäuerl. Rundtanz* **2** ⟨allg.⟩ *Rundtanz, Tanz im Kreis;* Hochzeits~, Kinder~; ein junges Mädchen führte den ~ an 2.1 den ~ eröffnen ⟨fig.⟩ *den Anfang machen* 2.2 den ~ beschließen ⟨fig.⟩ *als letzter an die Reihe kommen*

'Rei·he ⟨f.; -, -n⟩ **1** *geregeltes Neben- od. Hintereinander (von Personen od. Sachen), Linie;* eine kurze, lange, lückenlose, unterbrochene ~; eine ~ Bäume, Häuser, Knöpfe; eine ~ Bücher im Regal; am Anfang, Ende, Schluß der ~; eine ~, ~n bilden; in der ersten ~; in ~n zu dreien, vieren gehen, marschieren; in einer ~ antreten!; in Reih und Glied antreten, stehen ⟨Mil.⟩; in geschlossenen ~n ⟨Mil.⟩ 1.1 *Einheit von Sitzplätzen nebeneinander;* ~3, Nr. 10 (im Kino, Theater) 1.2 man kann ihn nicht mit ihm in eine ~ stellen ⟨a. fig.⟩ *mit ihm vergleichen* 1.3 das Bild ging die ~ herum *das B. wurde von einem zum anderen Betrachter weitergereicht* 1.4 → a. *bunt (3.4)* **2** *regelmäßige, geordnete Folge;* gehen wir der ~ nach!; nur nicht drängeln, immer der ~ nach! 2.1 an der ~ sein ⟨fig.⟩ *nunmehr abgefertigt werden, dran sein;* die ~ ist an dir, ihm zu schreiben 2.2 an die ~ kommen ⟨fig.⟩ *als nächster abgefertigt werden, dran kommen* 2.3 außer der ~ ⟨fig.⟩ *zwischendurch, nicht in der vorgeschriebenen Ordnung* 2.4 immer hübsch in der ~ bleiben *sich nicht vordrängen* 2.5 die ~ der Ansprachen eröffnen ⟨fig.⟩ *als erster sprechen* 2.6 eine ~ schließen ⟨fig.⟩ *der letzte sein* 2.7 ⟨Zwölftonmusik⟩ *festgelegte Folge von 12 Tönen (11 Intervallen)* **3** *mehrere zusammengehörige Dinge, Satz, Serie;* Buch~; er hat schon eine ganze ~ Bilder gemalt 3.1 ⟨Biol.⟩ *der Familie übergeordnete Kategorie der biolog. Systematik, Ordnung* 3.2 ⟨Math.⟩ *durch gleichartige Rechenoperationen verbundene, durch einen bestimmten regelmäßigen Größenunterschied gekennzeichnete mathemat. Größen;* eine endliche, fallende, steigende, unendliche ~ **4** ⟨fig.; umg.; in festen Wendungen⟩ *gute geistige od. körperl. Verfassung;* Sy *Ordnung(8)* 4.1 aus der ~ fallen, tanzen *sich nicht an die vorgeschriebene Ordnung halten, eigene Wege gehen* 4.2 während die Mutter im Krankenhaus war, ist der ganze Haushalt aus der ~ gekommen *in Unordnung geraten* 4.3 das kommt schon wieder in die ~ *kommt schon wieder in Ordnung* 4.4 du hast wohl nicht alle in der ~! *du bist wohl nicht recht bei Verstande!, wie kannst du nur so etwas tun, sagen!* 4.5 sie ist noch nicht wieder in der ~ ⟨oberdt.⟩ *noch nicht wieder auf der Höhe, gesund* **5** *Gruppe (von Menschen);* in der ~ der Spitzenstars befinden sich ... 5.1 ⟨meist Pl.⟩ *Ansammlung, Gruppierung;* gegen Ende der Versammlung lichteten sich schon die ~n; Verräter in den eigenen ~n haben **6** *Menge, größere Anzahl;* eine ~ von Fenstern, Sälen, Sitzen, Zimmern; er ist schon eine ~ von Tagen nicht dagewesen 6.1 → a. *ganz(3.5), lang(4.1)*

'rei·hen[1] ⟨V. 510/R7⟩ **1** etwas auf, an, um etwas ~ *etwas in Reihen ordnen, aneinanderfügen;* Perlen auf eine Schnur ~; er hat Buch an Buch gereiht **2** ⟨R3⟩ etwas reiht sich an etwas *folgt (zeitlich) aufeinander, schließt sich an etwas an;* ein Unglück reihte sich ans andere; ein Haus reiht sich an das andere

'rei·hen[2] ⟨V. 197/500; Schneiderei; oberdt.⟩ etwas ~ *mit großen Stichen nähen u. den Stoff dann in Fältchen zusammenziehen;* der Rock ist in der Taille gereiht od. geriehen; das Oberteil ist stark, reich geriehen

'rei·hen[3] ⟨V. 400⟩ die Enten ~ ⟨jägerspr.⟩ *mehrere Erpel folgen einer Ente (in der Paarungszeit)*

'Rei·hen·fol·ge ⟨f.⟩ **1** *geregelte Aufeinanderfolge;* in bestimmter, umgekehrter ~; die ~ ändern, einhalten 1.1 in alphabetischer ~ geordnet *nach dem Alphabet* 1.2 die Ereignisse in chronologischer ~ aufzählen *nach dem Zeitpunkt ihres Geschehens geordnet*

reih'um ⟨Adv.⟩ *in der Runde, von einem zum andern;* ein Buch ~ gehen lassen; mit dem Hut ~ gehen und Geld einsammeln

Reim ⟨m.; -(e)s, -e⟩ **1** *Gleichklang einer od. mehrerer Silben bei verschiedenem Anlaut;* ~e bilden, drechseln, machen, schmieden; in ~e bringen; zwei Zeilen durch den ~ binden; auf dieses Wort kann ich keinen ~ finden; ich suche einen ~ auf „Buch" 1.1 darauf kann ich keinen ~ finden ⟨fig.; umg.⟩ *das verstehe ich nicht* 1.2 kannst du dir darauf einen ~ machen? ⟨fig.; umg.⟩ *verstehst du das?, kannst du dir das erklären?* 1.3 → a. *gleiten(1.2), klingen(4.2), männlich(1.2), reich(3.1), rein(1.2), stumpf(4), weiblich(1.1)*

'rei·men ⟨V.⟩ **1** ⟨400⟩ *Reime bilden;* er kann gut ~; rein, unrein ~ **2** ⟨500⟩ etwas ~ *in Reime bringen;* man kann heben und leben ~; das sind schlecht gereimte Verse **3** ⟨R3⟩ sich ~ *gleichklingen;* „Sang" reimt sich auf „Klang" 3.1 das reimt sich nicht ⟨a. fig.; umg.⟩ *paßt nicht zueinander, stimmt nicht miteinander überein* 3.2 reim dich, oder ich fress' dich ⟨scherzh.⟩ *(bei schlechten Reimen gesagt)*

rein[1] ⟨Adj.⟩ **1** *echt, lauter, unvermischt, keine andersartigen Bestandteile enthaltend, unverfälscht;* Sy *pur(1);* ~er Wein; ~er Alkohol; ~es Gold, Silber; ~er Orangen-, Tomaten-, Trauben-, Zitronensaft; Stoff aus ~er Seide, Wolle; einen Stoff chemisch ~ darstellen; ~ wie Gold; aus ~em Leinen, Leder, Perlmutt hergestellt; ~ Leinen ⟨bei Substantiven a. ungebeugt⟩ 1.1 ⟨60⟩ ein Idealist ~ster Prägung, vom ~sten Wasser ⟨fig.⟩ *ein vollkommener I.* 1.2 ~er Reim *R., dessen sich reimende Silben völlig gleich klingen* 1.3 ~er Ton *klarer, genauer, angenehmer T.;* sie hat eine ~e Stimme 1.4 *fehlerlos, akzent-, dialekt-, fremdwortfrei;* ein ~es Deutsch sprechen; im ~sten Sächsisch sprechen; eine ~e Aussprache haben 1.5 *reinrassig, nicht aus Vermischungen, Kreuzungen hervorgegangen;* er ist ~er Indianer;

der Pudel ist von ~er Rasse 1.6 ⟨60⟩ *ohne Abzüge;* der ~e Gewinn, Verlust, Überschuß beträgt ...; die ~e Flugzeit beträgt 3 Stunden **2** *sauber, klar, frisch gewaschen;* das darfst du nur mit ~en Händen anfassen; eine ~e Haut, einen ~en Teint haben; er hat sich in der ~en Luft der Nordsee gut erholt; ~e Wäsche anziehen; die Wohnung ~ halten, machen; sich ~ halten; ~ Deck machen ⟨seemannsspr.⟩ 2.1 etwas ins ~e schreiben *in endgültiger Fassung fehlerlos auf sauberes Papier abschreiben* 2.2 ⟨60⟩ jmdm. ~en Wein einschenken ⟨fig.; umg.⟩ *die volle Wahrheit sagen* 2.3 ~e Hände haben ⟨a. fig.⟩ *unschuldig, ehrenhaft sein* 2.4 eine (keine) ~e Weste haben ⟨a. fig.; umg.⟩ *(nicht) schuldlos sein* 2.5 ⟨40⟩ die Luft ist ~ ⟨a. fig.; umg.⟩ *es sind keine Polizisten, Wächter usw. da, es besteht keine Gefahr* 2.6 ⟨60⟩ ~en Mund halten ⟨fig.; umg.⟩ *vollkommen verschwiegen sein* **3** *geordnet* 3.1 ⟨60⟩ wir wollen ~en Tisch machen ⟨fig.; umg.⟩ *(rücksichtslos) Ordnung schaffen, alles Fehlerhafte beseitigen, eine Sache ganz klarstellen* 3.2 etwas ins ~e bringen *ordnen, klären* 3.3 mit jmdm. (nicht) ins ~e kommen *sich (nicht) mit jmdm. verständigen, einigen* 3.4 mit etwas (nicht) ins ~e kommen *etwas (nicht) verstehen, (nicht) zustande bringen* 3.5 mit sich (selbst) im ~en sein *sich klar (über etwas) sein* **4** ⟨60⟩ *theoretisch;* ~e Wissenschaft; ~e und angewandte Physik; Kants „Kritik der ~en Vernunft" **5** ⟨70⟩ *bloß, ausschließlich, ohne Berücksichtigung anderer Gesichtspunkte;* ~e Theorie; es war ~es Glück, daß ...; die ~e Wahrheit sagen; vom ~ juristischen Standpunkt aus; ~ menschlich betrachtet, sieht die Sache etwas anders aus; eine ~ innerpolitische Angelegenheit; er hat aus ~er Höflichkeit nicht widersprochen; es ist eine (keine) ~e Freude, zu sehen, wie ...; sie hat aus ~er Einfalt, Gutmütigkeit zugesagt 5.1 ⟨60; umg.; verstärkend⟩ *nur;* das ist ~e Gewinnsucht; das ist ~e Verleumdung; seine Worte waren der ~e Hohn; sie haben es aus ~em Übermut getan 5.1.1 das ist ~er Wahnsinn, was du da vorhast ⟨umg.⟩ *undurchführbar, unvorsichtig, gefährlich* 5.1.2 das ist ja der ~ste Roman *so unglaublich od. merkwürdig, daß es einen wie ein Roman anmutet* 5.1.3 es war ein ~es Wunder, daß sie wieder gesund wurde *es ist unfaßbar, keiner hat damit gerechnet* 5.2 ⟨umg.; verstärkend⟩ *ausschließlich, ganz, gänzlich, nichts anderes als, wirklich;* er ist ~ des Teufels; zur Faschingszeit sind viele ~ närrisch, toll; er ist ~ verrückt (geworden); es ist ~ zum Verrücktwerden!; ~ durch Zufall habe ich davon erfahren; du weißt auch ~ gar nichts; er denkt ~ nur ans Arbeiten 5.2.1 das hat er ~ aus der Luft gegriffen, sich ~ aus den Fingern gesogen *kein Wort ist daran wahr* 5.2.2 es ist ~ nichts dabei herausgekommen *gar nichts* 5.2.3 er ist ~ weg von ihr *begeistert, hingerissen von ihr* **6** *unberührt, keusch, unschuldig, ohne Falsch;* sie hat ein ~es Gesicht, ~e Gesichtszüge; ich habe ein ~es Gewissen; ein ~es Leben führen; eine ~e Seele haben; ein ~es Mädchen; ~en Herzens (od. älter) ~es Herzens sein; den Reinen ist alles ~ (NT, Titus 1,15) 6.1 ⟨60⟩ ~er Tor *Mensch, dem das Böse in der Welt fremd ist, weltfremder Mensch* **7** ⟨schweiz.⟩ *feingemahlen*

'rein[2] ⟨Adv.; umg.⟩ = *herein*

'rein|fal·len ⟨V. 131/400(s.); umg.⟩ = *hereinfallen*

'Rein·heit ⟨f.; -; unz.⟩ **1** *Sauberkeit, Klarheit;* ~ der Luft, des Wassers **2** *Echtheit, Lauterkeit;* ~ seiner Absichten, Zuneigung **3** *Unvermischtheit;* ~ einer Rasse **4** *Fehlerlosigkeit, Makellosigkeit;* ~ der Aussprache, des Reimes, des Tones **5** ⟨fig.⟩ *Unschuld, Keuschheit;* ~ des Charakters, des Herzens, der Seele, des Wesens

'rei·ni·gen ⟨V.; 500/R7⟩ **1** etwas ~ *saubermachen, säubern, von Schmutz, Zusätzen od. ä. befreien;* das Blut, eine Wunde ~; die Straße, die Treppe, das Zimmer ~; sich ~; (sich) die Hände ~; Kleidungsstücke chemisch ~; die (häusliche) Atmosphäre ~ (z. B. durch eine Aussprache) ⟨fig.⟩ 1.1 ein ~des Gewitter ⟨a. fig.⟩ *eine Auseinandersetzung, die Unstimmigkeiten beseitigt* 1.2 jmdn. (von etwas) ~ *befreien;* jmdn. von Schuld, von einem Verdacht ~; sich von seinen Sünden ~; der von jedem Verdacht gereinigte Angeklagte wurde freigesprochen

'Rei·ni·gung ⟨f.; -, -en⟩ **1** *Tätigkeit des Reinigens;* die ~ des Gesichtes, der Hände, des Körpers; die ~ der Straße, der Treppe, des Zimmers; die ~ der Seele ⟨fig.⟩ **2** *Betrieb, der gegen Entgelt Textilien, bes. Kleidungsstücke, chemisch reinigt*

'Rein·kul·tur ⟨f.⟩ **1** ⟨Bakteriologie⟩ *Züchtung nur einer bestimmten Art* **2** in ~ ⟨fig.; umg.⟩ *unverfälscht;* das ist Kitsch in ~

Reis[1] ⟨n.; -es, -er⟩ **1** ⟨geh.⟩ *junger Zweig, Schößling;* ein Bündel ~er; ~er sammeln; frische, grüne ~er **2** *zum Veredeln eines Baumes od. Strauches bestimmter Zweig* **3** ein neues ~ am alten Stamm ⟨a. fig.⟩ *frisches Blut für eine alte Familie* **4** viel ~er machen einen Besen ⟨Sprichw.⟩ *geeint gewinnt man an Kraft*

Reis[2] ⟨m.; -es, -e⟩ **1** ⟨i. w. S.⟩ *Angehöriger einer trop. Gattung der Süßgräser: Oryza* 1.1 ⟨i. e. S.⟩ *zu dieser Gattung gehörige Getreideart: O. sativa* **2** *zubereitete Früchte des Reises(1.1);* ~ mit Huhn

'Rei·se ⟨f.; -, -n⟩ **1** *längeres Entfernen vom Heimatort, größerer Ausflug, Fahrt;* eine angenehme, beschwerliche, kurze, lange, weite ~; eine ~ mit der Bahn, dem Bus, dem Flugzeug, dem Schiff, dem (Kraft)wagen; eine ~ zu Schiff; eine ~ abbrechen, antreten, beenden, unterbrechen, unternehmen; eine ~ planen, verschieben, vorhaben; auf ~n gehen; sich auf die ~ begeben; jmdm. glückliche ~ wünschen; Vorbereitungen zur ~ treffen; glückliche ~!, gute ~! (Abschiedsgruß); er ist (geschäftl.) viel auf ~n; wir haben eine weite ~ hinter uns; auf der ~ nach München trafen wir unterwegs ...; er ist soeben von der ~ zurück(gekommen); wie war die ~?; wohin geht die ~?; wenn einer, (eigtl.) jemand eine ~ tut, so kann er was erzählen ⟨Sprichw., nach Matthias Claudius⟩ 1.1 ⟨umg.; scherzh.⟩ *langer Weg;* bis zu ihm ist es jedesmal eine ganze ~ 1.2 letzte ~ ⟨fig.⟩ *Sterben, Tod* 1.2.1 die letzte ~ antreten, auf die große, letzte ~ gehen *sterben* **2** ⟨veralt.⟩ *Heerfahrt, Landsknechtsdienst*

'Rei·se·bü·ro ⟨n.⟩ *Unternehmen, das Gesell-*

schafts- u. Einzelreisen, Ausflugsfahrten usw. organisiert, zwischen Reisenden u. Verkehrsbetrieben, Hotels usw. vermittelt sowie die Reisenden berät u. unterstützt; im ~ Karten bestellen, eine Reise buchen

'rei·sen ⟨V. 400⟩ **1** *sich eines Verkehrsmittels bedienen, um an einen entfernten Ort zu kommen, fahren;* bequem, beschwerlich, langsam, schnell, umständlich ~; mit der Bahn, mit dem Flugzeug, dem Schiff, mit dem eigenen Wagen ~; allein ~; in Gesellschaft ~; erster, zweiter Klasse ~; Tag und Nacht ~; einen Tag und zwei Nächte ~; im Liegewagen ~; in die Schweiz ~; in ein Kurbad ~; nach Rom ~; von Hamburg über Frankfurt nach München ~ **2** ⟨411⟩ *sich auf eine Reise machen, abfahren;* in die Ferien, den Urlaub ~; aufs Land ~; ich reise heute, morgen, nächste Woche; zur Vervollkommnung seiner englischen Sprachkenntnisse reist er für einige Wochen nach London **3** *auf der Reise sein, in der Welt umherfahren, fremde Orte besuchen;* dienstlich, geschäftlich ~; inkognito ~; zum Vergnügen ~; als Diplomat ~; durch Italien ~; er ist schon viel gereist; Reisen bildet ⟨Sprichw.⟩ **3.1** auf Schusters Rappen ~ ⟨umg.; scherzh.⟩ *wandern* **4** ⟨405⟩ in Stoffen usw. ~ *als Reisender Stoffe verkaufen, Handlungsreisender mit Stoffen sein* **5** auf diese dumme Tour reist er immer ⟨fig.; umg.⟩ *auf diese (dummdreiste) Art versucht er immer, etwas zu erreichen*

'Rei·se·ver·kehr ⟨m.⟩ *Verkehr durch Reisende, Fremdenverkehr;* ein starker ~

'Rei·sig ⟨n.; -s; unz.⟩ *dürre Zweige;* Birken~, Tannen~; ~ sammeln, verbrennen

'Reiß·brett ⟨n.⟩ *viereckiges Holzbrett, auf dem mit Reißzwecken das Zeichenpapier befestigt wird;* am ~ arbeiten

'rei·ßen ⟨V. 198⟩ **1** ⟨500⟩ e t w a s ~ *durch Auseinanderziehen zertrennen, entzweimachen, zerreißen;* der Sturm riß die Fahne mittendurch **1.1** ⟨511⟩ e t w a s i n e t w a s ~ *in einzelne Teile zerreißen;* der Mantel wurde bei dem Unfall in Fetzen gerissen; Papier in Stücke ~; ich könnte ihn, würde ihn am liebsten in Stücke ~ (vor Zorn) **1.2** ⟨511⟩ e t w a s i n e t w a s ~ *etwas durch Zerreißen in etwas hervorrufen;* ein Loch in die Hose ~; sein Tod riß eine Lücke in die Gemeinschaft ⟨fig.⟩ **1.2.1** die Reise riß ein Loch in seine Ersparnisse ⟨fig.⟩ *kostete ihn viel* **2** ⟨511⟩ j m d n. od. e t w a s i r g e n d w o h i n ~ *mit Gewalt irgendwohin ziehen, zerren;* er riß ihn mit sich in den Abgrund; er wurde vom Strudel in die Tiefe gerissen; jmdn. zu Boden ~; er wird dich noch mit ins Verderben ~ ⟨fig.⟩ **2.1** jmdn. in seine Arme ~ *heftig umarmen* **2.2** ⟨510⟩ ich werde (innerlich) hin und her gerissen ⟨fig.⟩ *ich kann mich nicht entscheiden* **3** ⟨511/R5⟩ j m d n. od. e t w a s v o n i r g e n d w o h e r ~ *gewaltsam entfernen, wegnehmen, wegzerren;* jmdm. die brennenden Kleider vom Leib ~ **3.0.1** wie aus allen Wolken gerissen sah sie mich an ⟨fig.⟩ *völlig fassungslos* **3.0.2** jmdn. aus seinen Träumen ~ *jmdn. unsanft wecken, ihm schonungslos die Wirklichkeit vor Augen führen* **3.1** e t w a s v o n e t w a s ~ *abreißen;* die abgemessene Leinwand vom Ballen ~ (statt abzuschneiden); einen Zweig vom Strauch ~ **3.1.1** ⟨531/R5 od. R6⟩ jmdm. die Maske, den Schleier vom Gesicht ~ ⟨a. fig.⟩ *jmds. verborgene bösen Absichten aufdecken, ihn entlarven* **3.1.2** ⟨402⟩ (die L a t t e) ~ ⟨Leichtathletik⟩ *die L. (beim Hoch- u. Stabhochsprung) berühren, so daß sie herunterfällt;* sie hat (die Latte) bei 1,65 m gerissen **3.2** ⟨411⟩ e t w a s a u s e t w a s ~ *ausreißen, gewaltsam herausnehmen;* er reißt das Bäumchen aus dem Boden; sie riß ihm das Buch aus der Hand, aus den Händen; aus dem Zusammenhang gerissen, ist diese Stelle unverständlich ⟨fig.⟩ **4** ⟨400(s.)⟩ e t w a s reißt *geht durch Auseinandergezogenwerden entzwei, wird zertrennt, zerrissen;* die Funk-, Telephonverbindung riß plötzlich; das Seil ist gerissen; der Stoff reißt leicht **4.1** ⟨600⟩ jetzt reißt mir die Geduld, der Geduldsfaden ⟨fig.⟩ *jetzt verliere ich die G., ich werde ungeduldig* **5** ⟨411⟩ a n e t w a s ~ *mit Gewalt ziehen, zerren;* der Hund reißt am Vorhang **5.1** ⟨511/R3⟩ s i c h a m R i e m e n ~ ⟨fig.; umg.⟩ *anstrengen, zusammennehmen;* wenn du die Prüfung noch bestehen willst, mußt du dich sehr am Riemen ~ **5.2** ⟨611, unpersönl.⟩ es reißt mir in allen Gliedern ⟨umg.⟩ *ich habe Rheumatismus* **6** ⟨511/R3 od. R4⟩ s i c h v o n j m d m. od. e t w a s ~ *losreißen, befreien;* kaum konnte er sich von ihr ~ **7** ⟨511/R3⟩ s i c h ~ *durch Riß verletzen;* ich habe mich am Finger gerissen; ich habe mir am Stacheldraht die Finger blutig gerissen **8** ⟨511⟩ e t w a s a n s i c h ~ *gewaltsam in seinen Besitz bringen;* die Herrschaft, den Thron an sich ~ **8.1** er hat die Führung an sich gerissen *rücksichtslos übernommen* **8.2** er will immer das Gespräch an sich ~ ⟨fig.⟩ *das Thema eines Gesprächs bestimmen, im G. führend sein* **9** ⟨514/R3⟩ s i c h u m j m d n. od. e t w a s ~ ⟨fig.; umg.⟩ *jmdn. od. etwas unbedingt haben, besitzen wollen;* die Leute rissen sich um die Ware; man riß sich um die Eintrittskarten **9.1** die jungen Männer rissen sich um sie *bewarben sich heftig um sie, machten ihr den Hof* **10** ⟨500⟩ P o s s e n, W i t z e, Z o t e n ~ *machen* **11** ⟨500⟩ B ä r e n, W ö l f e, F ü c h s e, L u c h s e ~ H a u s t i e r e ⟨jägerspr.⟩ *fangen H. u. beißen sie tot;* der Wolf hat ein Schaf gerissen **12** ⟨500⟩ einen H e n g s t ~ ⟨Tierzucht⟩ *kastrieren* **13** ⟨500⟩ e t w a s ~ ⟨veralt.⟩ *zeichnen*

'rei·ßend 1 ⟨Part. Präs. von⟩ *reißen* **2** ⟨Adj.⟩ **2.1** *ungestüm, mit starkem Gefälle;* ein ~er Fluß; eine ~e Strömung **2.2** *heftig ziehend;* ~er Schmerz **2.3** *sehr schnell;* die Ware geht ~ ab; die Ware findet ~en Absatz **2.4** ~es T i e r *Raubtier*

'Rei·ßer ⟨m.; -s, -⟩ **1** *zugkräftige Ware, die sich leicht u. schnell verkaufen läßt* **2** *nicht bes. wertvolles, aber viel gelesenes, leicht verkäufliches Buch od. viel gespieltes, erfolgreiches Theaterstück;* Kriminal~, Bühnen~ **3** *bes. erfolgreicher Schlager* **4** ⟨Text.⟩ *Maschine zum Zerreißen von Textilien, aus denen wieder Spinnstoffe gewonnen werden sollen*

'Reiß·ver·schluß ⟨m.⟩ *Verschlußvorrichtung für Kleidungsstücke, Taschen u. ä., bei der die Zahnreihen der beiden Verschlußstücke durch einen Schieber ineinandergeschoben werden;* den ~ öffnen

'Reiß·zwecke ⟨-k·k-; f.⟩ *dünner, kurzer, spitzer Stift mit breitem, flachem Kopf zum Befe-*

stigen von Papier, Karton, Stoff o. ä. an Wänden, Brettern usw.; etwas mit ~n befestigen

'rei·ten ⟨V. 199⟩ **1** ⟨410(s.)⟩ *sich auf einem Tier, bes. Pferd fortbewegen;* (nicht) ~ können; ~ lernen; gut, schlecht ~; langsam, schnell, scharf, tollkühn, vorsichtig ~; ich bin, (selten) habe früher viel geritten; auf einem Esel, Kamel, Pferd ~; sie hat Unterricht im Reiten; (im) Galopp, Schritt, Trab ~; im Turnier ~; mit, ohne Sattel ~; im Märchen ~ Hexen auf einem Besen; das Kind reitet auf dem Schaukelpferd 1.1 ein ~der B o t e *berittener B., B. zu Pferde* 1.2 ~de A r t i l l e r i e *berittene od. fahrende A., Feldartillerie* **2** ⟨500⟩ ein T i e r ~ *zum Reiten benutzen, als Reittier haben;* einen Esel, ein Kamel, ein Pferd ~ 2.1 ein S t e c k e n p f e r d ~ ⟨fig.⟩ *eine Liebhaberei betreiben* 2.2 den P e g a s u s ~ ⟨scherzh.⟩ *dichten* 2.3 er reitet immer wieder seine P r i n z i p i e n ⟨fig.; umg.⟩ *versteift sich immer wieder auf seine P.* 2.4 jmdn. reitet der T e u f e l ⟨fig.; umg.⟩ *jmd. tut mutwillig Böses, stiftet Unfug* 2.4.1 dich reitet wohl der T e u f e l? ⟨fig.; umg.⟩ *du bist wohl nicht bei Sinnen, bei Trost?* **3** ⟨511⟩ ein T i e r i r g e n d w o h i n ~ *als Reiter irgendwohin führen;* ein Pferd in die Schwemme ~ **4** ⟨513⟩ ein T i e r m ü d e, z u s c h a n d e n, z u T o d e ~ *durch Reiten(1) bewirken, daß ein Reittier müde, zuschanden wird, zu Tode kommt* **5** ⟨513/R7⟩ s i c h od. (s i c h) e t w a s m ü d e, w u n d usw. ~ *durch Reiten müde, wund werden, od. etwas müde, wund machen;* er hat sich müde geritten; er hat (sich) das Gesäß wund geritten 5.1 ⟨530/R1⟩ s i c h e t w a s ~ *durch Reiten(1) zuziehen;* er hatte sich schnell Schwielen geritten **6** ⟨510⟩ jmdn. od. etwas ü b e r d e n H a u f e n, z u B o d e n ~ ⟨umg.⟩ *umreiten* **7** ⟨500⟩ einen W e g ~ *auf einem Reittier sitzend zurücklegen;* er ist einen langen Weg geritten; wir wollen heute 20 km ~ 7.1 er hat krumme Touren geritten ⟨fig.; umg.⟩ *sich unredlich verhalten* **8** ⟨500⟩ e t w a s ~ *im Ritt absolvieren;* Hohe Schule ~; ein Rennen ~; Patrouille ~; ein schnelles Tempo ~ **9** ⟨501/R3⟩ e s r e i t e t s i c h g u t, schlecht usw. *ein Ritt ist angenehm, unangenehm usw.;* es reitet sich gut auf dem leichten Boden **10** ⟨400⟩ ein S c h i f f reitet ⟨seemannsspr.⟩ *tanzt auf den Wellen* 10.1 ⟨410⟩ das Schiff reitet vor Anker *liegt vor A.* **11** ⟨500⟩ der Stier reitet die Kuh ⟨Zool.⟩ *bespringt, begattet die K.*

'Rei·ter ⟨m.; -s, -⟩ **1** *jmd., der reitet, jmd. zu Pferde;* ein kühner, tüchtiger, verwegener ~; Roß und ~; die Apokalyptischen ~ **2** *Soldat der Kavallerie* **3** *auf Karteikarten aufklemmbare Kennmarke aus Metall od. Plastik* **4** *verschiebbarer Maschinenteil, z. B. Laufgewicht an der Waage* **5** *Gestell, Bock, Trockengestell*

Reiz ⟨m.; -es, -e⟩ **1** *von außen kommende Einwirkung auf den Organismus, d. h. seine Organe, Gewebe u. Zellen;* ein chemischer, mechanischer, optischer, akustischer ~ **2** *angenehm anziehende Wirkung, Versuchung, Verlokkung, Antrieb, Anreiz;* ein schwacher, starker, unwiderstehlicher ~; der ~ der Neuheit, des Neuen; es ist nur der ~ des Verbotenen; einen starken ~ ausüben; ich kann dieser Sache keinen ~ abgewinnen; die Sache verliert immer mehr an ~; es hat keinen ~ für mich; der ~ liegt in ... **3** *Schönheit, Zauber;* weibliche ~e; eine Frau von eigenartigem, verführerischem ~; das ist der ~ dieser Frau; eine Landschaft von eigentümlichem ~; sie ist sich ihrer ~e bewußt; ihre ~e spielen lassen (von einer Frau); das erhöhte, verstärkte noch ihren ~

'reiz·bar ⟨Adj.⟩ **1** *fähig, einen Reiz zu beantworten* **2** *erregbar, empfindlich, aufbrausend;* sie ist heute launenhaft und ~; ein ~er Mensch 2.1 eine ~e S c h w ä c h e *krankhafte Reizbarkeit, Übererregbarkeit des vegetativen Nervensystems*

'rei·zen ⟨V.⟩ **1** ⟨500⟩ j m d n. ~ *zornig machen, seelisch peinigen, hetzen, aufhetzen, herausfordern;* du darfst ihn nicht so ~; du läßt dich zu sehr ~; er hat den Hund so lange gereizt, bis er zubiß; jmdn. bis zu Tränen, bis zur Weißglut, Wut, bis zum Zorn ~; er ist vorher von ihm gereizt worden; das reizt mich zum Widerspruch **2** ⟨500⟩ e t w a s reizt e t w a s *übt einen Reiz(1) auf etwas aus;* das Licht reizt meine Augen; Schnupftabak reizt die Schleimhäute **3** ⟨500⟩ j m d n. od. e t w a s ~ *einen Reiz(2) auf jmdn. od. etwas ausüben, bei jmdm. od. etwas hervorrufen, erwecken, erregen;* das kann mich nicht ~; es würde mich ~, es zu versuchen; das Abenteuer, die Gefahr reizt ihn; den Appetit ~; jmds. Begierde, Interesse, Neugierde ~; es reizt die Kinder, ihn zu ärgern; alles Neue reizt ihn zunächst; der Anblick dieser leckeren Dinge reizt meinen Gaumen, Magen **4** ⟨400; Kart.⟩ *Zahlenwerte nennen, um das höchste Spiel zu ermitteln (beim Skat);* er reizte bis 27 **5** ⟨400; jägerspr.⟩ *durch Töne anlocken*

'rei·zend **1** ⟨Part. Präs. von⟩ *reizen* **2** ⟨Adj.⟩ *Reiz(2) erregend, angenehm, anziehend;* sie ist eine ~e Person 2.1 ⟨umg.; iron.⟩ *unangenehm;* das ist ja ~!; das kann ja ~ werden!; das ist ja eine ~e Bescherung **3** *lieblich, anmutig, hübsch;* ein ~es Kind, Mädchen; ein kleiner Ort in ~er Lage; ein ~ gelegenes Landhaus **4** *anregend, angeregt;* es war ein ~er Abend; wir haben uns ~ unterhalten

re·ka·pi·tu'lie·ren ⟨V. 500⟩ A u s s a g e n, Lehrstoff ~ *zusammenfassend wiederholen*

Re'kla·me ⟨f.; -, -n⟩ *Werbung für Waren durch Plakate, Zeitung, Film, Funk;* eine geschickte, geschmacklose, kostspielige, marktschreierische, wirkungsvolle ~; für etwas ~ machen; ~ im Fernsehen, im Rundfunk; es geht nicht ohne ~

re·kla'mie·ren ⟨V.⟩ **1** ⟨500⟩ m a n g e l h a f t e W a r e n ~ *beanstanden* 1.1 etwas n i c h t G e l i e f e r t e s ~ *verlangen, daß es geliefert wird;* ein verlorengegangenes Paket bei der Post ~ **2** ⟨400⟩ *sich beschweren*

re·kon·stru'ie·ren ⟨V. 500⟩ **1** z e r s t ö r t e od. v e r f a l l e n e G e g e n s t ä n d e ~ *im ursprüngl. Zustand wiederherstellen* **2** L e b e w e s e n ~ *naturgetreu nachbilden* **3** einen V o r g a n g ~ *nach der Erinnerung berichten*

Re·kon·va·les'zenz ⟨[-v-] f.; -; unz.⟩ *Zeit der Genesung(1)*

Re'kord ⟨m.; -(e)s, -e⟩ **1** *(offiziell anerkannte) sportl. Höchstleistung;* einen ~ aufstellen, erringen, erzielen; einen ~ brechen, schlagen, überbieten, verbessern; einen ~ halten, innehaben 1.1 einen ~ e i n s t e l l e n *die gleiche bisherige Höchstleistung wie ein anderer erzie-*

len **2** ⟨allg.⟩ *Höchstleistung* **3** *Verzeichnis der Kämpfe eines Boxers*
Re'krut ⟨m.; -en, -en⟩ *Soldat in der ersten Ausbildung, eben ausgehobener Soldat*
Re·lais ⟨[rə'lɛ:] n.; -[-'lɛ:s], -[-'lɛ:s]⟩ **1** ⟨früher⟩ *Wechsel der Pferde* 1.1 *Stelle zum Auswechseln der Postpferde* **2** ⟨Mil.⟩ *Kette von Meldegängern* **3** *elektrisch gesteuerter Schalter*
Re·la·ti'on ⟨f.; -, -en; bes. Math., Logik⟩ *Beziehung, Verhältnis;* eine ~ zwischen zwei od. mehr Gliedern eines Ausdrucks herstellen
re·la'tiv ⟨Adj. 24⟩ **1** *in einem Verhältnis zu etwas stehend, im Verhältnis zu etwas anderem zu betrachten;* Sy *bedingt(2.3.2);* Ggs *absolut(1)* **1.1** ~e Bewegung *B. innerhalb eines Bezugssystems* **1.2** ~es Gehör *Fähigkeit, einen Ton durch Intervalle zu bestimmen* **1.3** ~e Feuchtigkeit *Feuchtigkeitsgehalt der Luft unter Berücksichtigung der Tatsache, daß warme Luft mehr Wasser aufnimmt als kalte* **1.4** ~e Helligkeit *H. eines Sternes, wie sie sich dem Betrachter bietet, ohne Rücksicht auf die Entfernung;* Sy *scheinbare Helligkeit* **1.5** ~e Mehrheit *Abstimmungsergebnis, bei dem der Wahlkandidat mehr Stimmen als die anderen erhalten hat, ohne aber die absolute Mehrheit erreicht zu haben* **1.6** ~e Zahl *mit einem negativen od. positiven Vorzeichen versehene Z.* 1.7 ~e Dichte ⟨Phys.⟩ *D. eines Körpers im Verhältnis zur D. des Wassers;* → a. *spezifisches Gewicht* **2** *von den Umständen od. wechselnder Beurteilung abhängig;* er ist ~ groß; es ist ~ gut gegangen; alles im Leben ist ~
re·le·vant ⟨[-'vant] Adj.⟩ *denjenigen Teil einer Information betreffend, der zur Aufhellung eines zu untersuchenden Sachverhalts beiträgt;* Ggs *irrelevant*
Re·li'ef ⟨n.; -s, -s od. -e⟩ **1** *aus einer Fläche mehr od. minder erhaben herausgearbeitetes Bild* 1.1 ⟨in der ägypt. Kunst a.⟩ *vertieft angebrachtes Bild* **2** *Form der Erdoberfläche* 2.1 *verkleinerte Nachbildung der Erdoberfläche*
Re·li·gi'on ⟨f.; -, -en⟩ **1** *Glaube an u. Auseinandersetzung mit einer überirdischen Macht sowie deren kultische Verehrung;* die buddhistische, christliche, mohammedanische ~ **2** *Gottesglaube, Gottesverehrung* **3** = *Glaubensbekenntnis(1)* 3.1 ⟨Schule⟩ *Unterricht im Glaubensbekenntnis;* wir haben eine Stunde ~ in der Woche 3.2 die Vaterlandsliebe ist seine ~ ⟨fig.; umg.⟩ *ist für ihn das Höchste* 3.3 er hat keine ~ *ist nicht fromm, nicht gläubig*
re·li·gi'ös ⟨Adj.⟩ **1** *zur Religion gehörend, auf ihr beruhend* **2** *gläubig, fromm*
Re'li·quie ⟨[-kviə] f.; -, -n⟩ **1** *körperl. Überrest eines Heiligen od. Gegenstand, der ihm einst gehörte* **2** *teures Andenken*
Ren·dez·vous ⟨[rãde'vu:] n.; -[-vu:s], -[-vu:s]⟩ **1** = *Stelldichein;* ein ~ einhalten, haben, verabreden, verfehlen, vorhaben; sich mit jmdm. ein ~ geben **2** *Begegnung künstl. Erdsatelliten im Weltraum*
'ren·nen ⟨V. 200⟩ **1** ⟨400(s.)⟩ *schnell laufen;* sie rannte rasch nach Hause; sie kann noch ~ wie ein Wiesel; du wirst noch ins Verderben ~ 1.1 ⟨Sp.⟩ *um die Wette laufen, fahren, reiten, am Rennen teilnehmen* 1.2 der Fuchs rennt ⟨jägerspr.⟩ *ist brünstig* **2** ⟨411(s.)⟩ (immer) irgendwohin ~ ⟨umg.; abwertend⟩ *sich begeben, gehen;* wegen jeder Kleinigkeit zum Arzt, zum Kadi ~; mußt du so oft ins Kino ~? 2.1 an, gegen jmdn. od. etwas ~ *prallen, heftig stoßen;* → a. *Kopf(6.3);* er rannte mit dem Roller gegen einen Baum; er rannte mit dem Kopf an, gegen die Wand **3** ⟨531/R1⟩ sich etwas in, an, auf etwas ~ *sich durch Anstoßen etwas (eine Verletzung) in, an, auf etwas zuziehen;* er hat sich ein Loch in den Kopf gerannt 3.1 ⟨531/R5 od. R6⟩ jmdm. eine Stichwaffe in den Körper, ein Körperteil ~ *(heftig) stoßen;* er rannte ihm den Degen durch, in den Leib **4** ⟨513/R8⟩ jmdn. über den Haufen, zu Boden ~ *im Laufen umstoßen, zu Fall bringen*
'Ren·nen ⟨n.; -s, -⟩ **1** *sportl. Schnelligkeitswettkampf im Laufen, Fahren (zu Lande u. zu Wasser), Reiten;* ein ~ abhalten, veranstalten; ein ~ fahren, laufen, reiten; das ~ gewinnen, verlieren; er hat sich an diesem ~ beteiligt; er wird an diesem ~ nicht teilnehmen 1.1 er liegt im Augenblick hervorragend im ~ ⟨a. fig.⟩ *in aussichtsreicher Position* 1.2 das ~ aufgeben 1.2.1 *vorzeitig aus dem Wettkampf ausscheiden* 1.2.2 ⟨fig.⟩ *die Hoffnung aufgeben, ein angestrebtes Ziel zu erreichen, darauf verzichten* 1.3 das ~ machen ⟨fig.⟩ *siegen, gewinnen, Erfolg haben* 1.4 → a. *tot(6.4)*
re·nom'miert ⟨Adj.⟩ *angesehen, anerkannt, gelobt, berühmt*
'Ren·te ⟨f.; -, -n⟩ *regelmäßiges Einkommen aus Versicherung od. Vermögen;* Alters~, Invaliden~; die ~n anheben, erhöhen, kürzen; die ~n der Preisentwicklung anpassen; eine ~ aussetzen, zahlen; ~ bekommen, beziehen
ren'tie·ren ⟨V. 500/R3⟩ etwas rentiert sich **1** *bringt Gewinn, wirft Ertrag ab;* diese Ausgabe, das Geschäft rentiert sich nicht **2** ⟨fig.⟩ *lohnt sich;* die Beschäftigung mit der Materie rentiert sich 2.1 Anstrengungen, Bemühungen ~ sich *haben Erfolg gebracht* 2.2 das rentiert sich nicht *ist zwecklos, sinnlos*
Re·pa·ra·ti'on ⟨f.; -, -en⟩ *dem Besiegten auferlegte Geld-, Sach- od. Arbeitsleistungen als Wiedergutmachung von Kriegsschäden im feindl. Staat*
Re·pa·ra'tur ⟨f.; -, -en⟩ *Instandsetzung, Wiederherstellung, Ausbesserung*
re·pa'rie·ren ⟨V. 500⟩ Gegenstände ~ *an Gegenständen eine Reparatur ausführen, G. instand setzen, wiederherstellen, ausbessern*
re·pe'tie·ren ⟨V. 500⟩ etwas Gelerntes ~ *wiederholen, durch Wiederholen einüben*
Re'port[1] ⟨m.; -(e)s, -e⟩ *Bericht, Mitteilung*
Re'port[2] ⟨m.; -(e)s, -e; Börse⟩ *Vergütung bei Prolongationsgeschäften*
Re·por'ta·ge ⟨[-ʒə] f.; -, -n⟩ *Tatsachenbericht, anschaul. Schilderung eines Augenzeugen über ein Geschehen in Presse, Film, Funk*
Re·prä·sen·ta·ti'on ⟨f.; -, -en⟩ **1** *Vertretung, Stellvertretung* **2** *würdiges Auftreten* **3** *(gesellschaftl.) Aufwand*
re·prä·sen'tie·ren ⟨V.⟩ **1** = *vertreten(7)* **2** ⟨500⟩ etwas repräsentiert einen Wert *hat einen W.;* das Grundstück repräsentiert einen Wert von 500 000 Mark **3** ⟨400⟩ *würdig auftreten, bes. gesellschaftlich, etwas darstellen*
Re·pres'sa·lie ⟨[-liə] f.; -, -n; meist Pl.⟩ **1** *Vergeltung, Gegenmaßnahme* **2** *Druckmittel*
Re'pri·se ⟨f.; -, -n⟩ **1** *Wiederholung eines bes.*

bezeichneten Teils eines Musikstückes **2** *Wiederaufnahme eines älteren (evtl. überarbeiteten) Bühnenstücks in den Spielplan* **3** *Wiederaufführung eines Films* **4** ⟨Mil.⟩ *Zurückeroberung einer Prise*

Re·pro·duk·ti'on ⟨f.; -, -en⟩ **1** *Nachbildung, Wiedergabe durch Photographie od. Druck* **2** *das durch Reproduktion(1) erzeugte Bild* **3** ⟨Biol.⟩ *das Fortpflanzen von Lebewesen* **4** ⟨Wirtsch.⟩ *Wiederbeschaffung von Sachgütern*

Rep'til ⟨n.; -s, -li·en od. (selten) ~e⟩ *Angehöriges einer Klasse durch Lungen atmender, wechselwarmer Wirbeltiere mit Schuppen od. Schilden u. meist vier Gliedmaßen, die den Körper bei der schlängelnd kriechenden Bewegung nur unvollkommen vom Boden abheben: Reptilia*

Re·pu'blik ⟨f.; -, -en⟩ Ggs *Monarchie* **1** *Staatsform ohne einen Monarchen als Staatsoberhaupt* **2** *Staat, der die Form einer Republik(1) hat*

Re·pu·ta·ti'on ⟨f.; -; unz.⟩ *Ruf, Ansehen*

Re·qui'sit ⟨n.; -(e)s, -en; meist Pl.⟩ **1** *Rüstzeug, Zubehör* **2** *bei einer Aufführung im Theater od. bei einer Filmaufnahme benötigter Gegenstand*

Re·qui·si·ti'on ⟨f.; -, -en⟩ **1** *Beschlagnahme (für Truppen), Herbeischaffung* **2** *Ersuchen um Rechtshilfe* **3** *Anforderung*

Re'ser·ve ⟨[-və] f.; -, -n⟩ **1** *für den Notfall bestimmte Rücklage, Vorrat;* etwas in ~ haben **1.1** *Lebens-, Geldmittel;* wir müssen unsere ~ angreifen; unsere ~n haben sich, sind erschöpft **1.2** ⟨kaufmannsspr.⟩ stille ~n *Rücklagen* **1.3** ⟨Mil.⟩ *Gesamtheit der Reservisten;* die ~ einziehen; Leutnant der ~ ⟨Abk.: d. R.⟩ **2** ⟨unz.; fig.⟩ *Zurückhaltung, kühles Wesen;* ich versuchte vergebens, ihn aus seiner ~ herauszulocken

re·ser·vie·ren ⟨[-'vi:-] V.⟩ **1** ⟨503⟩ (jmdm.) etwas ~ *vormerken, freihalten;* einen Platz ~ lassen; für jmdn. einen Platz ~; reservierte Plätze; dieser Tisch ist reserviert **2** ⟨550⟩ etwas für einen Zweck ~ *aufbewahren;* für den Notfall ~

re·ser·viert ⟨[-'vi:rt]⟩ **1** ⟨Part. Perf. von⟩ *reservieren* **2** ⟨Adj.⟩ *zurückhaltend, kühl;* sich ~ verhalten

Re·ser·voir ⟨[-'va:r]; n.; -s, -e⟩ **1** *Sammelbecken (bes. für Wasser), Speicher* **2** *Vorrat*

Re·si'denz ⟨f.; -, -en⟩ **1** *Sitz eines weltl. od. kirchl. Oberhauptes* **2** *Hauptstadt eines Fürstentums, Königreiches*

re·si'gnie·ren ⟨V. 400⟩ *verzichten, entsagen, sich in sein Schicksal ergeben, sich abfinden;* jmd. hat, ist resigniert

Re·si'stenz ⟨f.; -, -en⟩ **1** ⟨bes. Pol.⟩ *Widerstand* **2** ~ gegen Krankheiten, Gifte ⟨Biol.; Med.⟩ *Fähigkeit, der schädigenden Wirkung von K. od. Giften Widerstand zu bieten;* ~ gegen Malaria, DDT

re·so'lut ⟨Adj.⟩ *beherzt, tatkräftig, entschlossen*

Re·so·lu·ti'on ⟨f.; -, -en⟩ *Entschließung, Beschluß*

Re·so'nanz ⟨f.; -, -en⟩ **1** *Mitschwingen (durch Schallwellen angeregter Körper), Mittönen* **2** ⟨fig.⟩ *Widerhall, Anklang;* keine ~ finden (mit einem Bericht, Vorschlag usw.)

Re'spekt ⟨m.; -(e)s; unz.⟩ **1** *Achtung, Hochachtung, Ehrerbietung, Ehrfurcht, Scheu;* ~ einflößen; jmdm. ~ schulden; sich ~ verschaffen; vor jmdm. ~ haben **1.1** allen ~! *meine Anerkennung*

re·spek'tie·ren ⟨V. 500⟩ **1** jmdn. od. etwas ~ *vor jmdm. od. etwas Respekt haben, jmdn. od. etwas achten* **2** einen Wechsel ~ *anerkennen, bezahlen*

Res·sen·ti·ment ⟨[rɛsãti'mã] n.; -s, -s⟩ **1** *Vorurteil* **2** ⟨Pl.⟩ ~s *negative Gefühle wie Abneigung, Groll, Haß, Rache*

Res·sort ⟨[rɛ'so:r] n.; -s, -s⟩ **1** *Geschäftsbereich einer Behörde, bes. eines Ministers* **2** *Aufgabenkreis*

Rest ⟨m.; -(e)s, -e; kaufmannsspr., bes. von Schnittwaren Pl. a. -er, schweiz. -en⟩ **1** *Übrigbleibendes, Übriggebliebenes, Überbleibsel, Rückstand;* ein kleiner, schäbiger, trauriger, unansehnlicher ~; der ~ des Tages, unseres Urlaubs; für den ~ meines Lebens; die ~e vom Mittagessen müssen noch gegessen werden; verbilligte ~e (Stoffe beim Ausverkauf); das ist der ~ vom Schützenfest ⟨umg.; scherzh.⟩ **1.1** der ~ ist Schweigen ⟨Sprichw.; nach Shakespeare, Hamlet, 5,2⟩ *darüber spricht man besser nicht* **1.2** jmdm. den ~ geben ⟨fig.⟩ *den Gnadenstoß geben, jmdn. ruinieren, ans Ende seiner Nervenkraft bringen* **1.3** sich den ~ holen ⟨fig.; umg.⟩ *einen leichten Krankheitszustand so verschlimmern, daß die Krankheit voll zum Ausbruch kommt;* er war schon erkältet, und mit dem Bad im Freien hat er sich noch den ~ geholt **2** ⟨Math.⟩ *die Zahl, die übrigbleibt, wenn eine Rechenaufgabe nicht aufgeht;* 9 : 2 = 4 ~ 1

Re·stau·rant ⟨[rɛsto'rã] n.; -s, -s⟩ = *Gaststätte*

Re·stau·ra·ti'on[1] ⟨[-stau-] f.; -, -en⟩ **1** *Wiederherstellung eines früheren polit. od. wirtschaftl. Zustandes* **1.1** *Wiedereinsetzung eines gestürzten Herrscherhauses* **2** *Wiederherstellung des ursprüngl. Zustandes eines Kunstwerkes*

Re·stau·ra·ti'on[2] ⟨[-sto:-] f.; -, -en; veralt.; noch österr.⟩ = *Restaurant;* Bahnhofs~

re·stau'rie·ren ⟨[-stau-] V. 500⟩ **1** Kunstwerke ~ *wiederherstellen, erneuern, ausbessern* **2** ⟨R3⟩ sich ~ ⟨umg.⟩ *sich erholen, erfrischen*

Re·sul'tat ⟨n.; -(e)s, -e⟩ **1** *Ergebnis, z. B. einer Rechnung* **2** *Erfolg*

Re·sü'mee ⟨n.; -s, -s⟩ *Zusammenfassung, Übersicht*

Re'tor·te ⟨f.; -, -n⟩ **1** *birnenförmiges Gefäß aus Glas mit langem, abgebogenem Hals zum Destillieren* **2** *geschlossener, eiserner Kessel mit ableitendem Rohr zur trockenen Destillation von Kohle, Holz u. a. Stoffen*

'ret·ten ⟨V. 500/R7 od. R8⟩ **1** jmdn. od. etwas ~ *(aus Gefahr) befreien, in Sicherheit bringen, bewahren;* jmdn. aus dem Feuer, aus Not ~; jmdn. vor dem Ertrinken, vor drohender Schande ~; die Schiffbrüchigen, Verunglückten konnten gerettet werden; sich ~; rette sich, wer kann!; er konnte sich durch die Flucht ~; sich aufs Dach ~; sich unter ein schützendes Dach ~; Hab und Gut ~; jmdm. das Leben ~; eine ~de Tat; da kam ihm der ~de Gedanke; er erschien als ~der Engel ⟨fig.; umg.⟩ **1.1** bist du noch zu ~? ⟨fig.; umg.⟩ *bist du denn verrückt?, ist dir noch zu helfen?*

1.2 ⟨500/R3⟩ sich vor etwas nicht mehr zu ~ wissen, nicht mehr ~ können ⟨fig.⟩ *mit etwas überhäuft werden*

'Ret·tich ⟨m.; -s, -e⟩ **1** ⟨i. w. S.⟩ *Angehöriger einer Gattung der Kreuzblütler (Cruciferae), deren Früchte in einzelne gegliederte Schoten zerfallen: Raphanus* 1.1 ⟨i. e. S.⟩ *Gemüsepflanze mit verdickten, würzig schmeckenden schwarzen od. weißen Wurzeln: Raphanus sativus*

'Ret·tung ⟨f.; -, -en⟩ *Befreiung aus, Bewahrung vor Gefahr, Hilfe;* jmdm. ~ bringen; für ihn gibt es keine ~ mehr; hier ist keine ~ mehr möglich; seine letzte ~ war ...; an seine ~ denken; auf ~ hoffen; die Gesellschaft zur ~ Schiffbrüchiger

'Reue ⟨f.; -; unz.⟩ **1** *Bedauern, Schmerz, Zerknirschung über das eigene Tun, brennender Wunsch, eine Handlung rückgängig machen zu können;* keine ~ zeigen; bittere, tiefe ~ empfinden, fühlen, verspüren (über); keine ~ fühlen, verspüren, zeigen 1.1 *Bereitschaft zur Buße* **2** → a. *tätig(4)*

'reu·en ⟨V. 500⟩ **1** e t w a s reut j m d n. *tut jmdm. leid, jmd. bedauert etwas, wünscht etwas ungeschehen machen zu können;* der Verkauf des Hauses reute ihn; das Geld, die Zeit reut ihn 1.1 ⟨501/R7⟩ e s reut j m d n., daß ... *es erfüllt jmdn. mit Reue, daß ...;* es hat mich schon gereut, ihn ins Vertrauen gezogen zu haben; es reut mich, daß ich es getan habe

'Reu·se ⟨f.; -, -n⟩ *Fischereigerät aus Draht, Holz, Weidengeflecht oder Garn, meist ein faßartiger Behälter, der als Öffnung einen oder zwei sich nach innen verengende Trichter hat;* ~n auslegen, stellen

Re·van·che ⟨[re'vãʃə]; f.; -, -n⟩ **1** *Rache, Vergeltung* **2** ~ g e b e n ⟨Sp.⟩ *dem Gegner die Möglichkeit geben, seine Niederlage in einem neuen Kampf wettzumachen*

re·van·che·lu·stig ⟨[re'vãʃə-] Adj.⟩ *auf Revanche bedacht*

re·van·chie·ren ⟨[revã'ʃi:-] V. 550/R3⟩ s i c h f ü r e t w a s ~ **1** *etwas vergelten;* sich bei jmdm. für ein Geschenk, eine Einladung ~ **2** sich für eine B e l e i d i g u n g ~ *rächen*

Re·ve'renz ⟨[-v-] f.; -, -en⟩ **1** *Ehrerbietung* **2** *Ehrenbezeigung*

re·vi'die·ren ⟨[-v-] V. 500⟩ **1** e t w a s ~ *prüfen, überprüfen* **2** seine M e i n u n g ~ *nach besserem Wissen ändern*

Re·vier ⟨[-'vi:r] n.; -s, -e⟩ **1** *Bezirk, Gebiet* 1.1 *Gebiet, in dem Bodenschätze abgebaut werden;* Kohlen~ 1.2 *Teilgebiet eines Forstamtes* 1.3 *Jagdgebiet;* Jagd~ **2** *Polizeidienststelle, Meldestelle;* Polizei~ **3** *von einer Truppe (in Kaserne od. Lager) belegter Raum* 3.1 ⟨Mil.⟩ *Krankenstube (in der Kaserne)*

Re·vi·si'on ⟨[-v-] f.; -, -en⟩ **1** *(nochmalige) Durchsicht, Prüfung, Überprüfung* **2** *Fahndung nach zollpflichtigen Gütern beim Grenzübertritt;* Zoll~ **3** ⟨Buchw.⟩ *Überprüfung der Druckbogen auf die Ausführung der Korrekturen* **4** ⟨Rechtsw.⟩ *Anrufung einer höheren Instanz zur nochmaligen Entscheidung einer Rechtsfrage;* ~ beantragen, einlegen; die ~ ist verworfen worden

Re·vol·te ⟨[-'vɔl-] f.; -, -n⟩ *Aufruhr, Aufstand, Empörung*

re·vol'tie·ren ⟨[-v-] V. 400⟩ **1** *sich empören, auflehnen* **2** *Schwierigkeiten bereiten;* sein Magen revoltiert

Re·vo·lu·ti'on ⟨[-v-] f.; -, -en⟩ **1** *Umwälzung, grundlegende Änderung;* industrielle ~; in der Mode bahnt sich eine ~ an 1.1 *Sturz einer Gesellschaftsordnung;* eine ~ bricht aus, wird niedergeschlagen, niedergeworfen, unterdrückt; die ~ ist gescheitert, siegt; die Französische ~ **2** ⟨veralt.; Astr.⟩ *Umlauf eines Himmelskörpers um das zentrale Gestirn*

Re·vol·ver ⟨[-'vɔlvər]; m.; -s, -⟩ **1** *Pistole mit trommelförmigem Magazin;* Trommel~ **2** ⟨Tech.⟩ *an Drehbänken drehbare Vorrichtung zum Einsetzen mehrerer Werkzeuge, die nacheinander gebraucht werden*

Re·vue ⟨[rə'vy:] f.; -, -n; [-'vy:ən]⟩ **1** ⟨veralt.⟩ *Heeres-, Truppenschau, Parade* **2** ⟨Theat.⟩ *musikal. Bühnenstück mit großer Ausstattung u. Ballett* **3** *bebilderte Zeitschrift mit allgemeinen Überblicken* **4** ~ p a s s i e r e n *(in Gedanken) an jmdm. vorüberziehen*

re·zen'sie·ren ⟨V. 500⟩ Bücher, Filme, Theateraufführungen, Fernsehspiele ~ *in Zeitung od. Rundfunk kritisch besprechen*

Re'zept ⟨n.; -(e)s, -e⟩ **1** *Vorschrift zum Zubereiten einer Speise;* Back~; Koch~; ein neues ~ ausprobieren **2** *schriftl. Anweisung des Arztes an den Apotheker zur Abgabe eines Medikamentes;* ein ~ ausstellen, schreiben **3** ⟨fig.; umg.⟩ *Mittel;* das ist ein gutes ~ gegen deine Angst

Re·zep·ti'on ⟨f.; -, -en⟩ **1** die ~ einer P e r s o n *Empfang, Aufnahme;* die ~ eines Gastes im Hotel, eines Kranken im Krankenhaus, eines Studenten in einer Verbindung **2** *Stelle, an der die Rezeption(1) stattfindet* **3** die ~ einer S a c h e *Annahme, Übernahme;* die ~ des römischen Rechts in Deutschland

re·zi'tie·ren ⟨V. 500⟩ **1** D i c h t u n g ~ *künstlerisch vortragen* **2** ein Gedicht ~ *auswendig hersagen*

Rhe'to·rik ⟨f.; -; unz.⟩ **1** *Kunst der Beredsamkeit, Redekunst* **2** *Lehre von der Rhetorik(1)* **3** *Lehrbuch der Rhetorik(1);* die ~ des Cicero

Rheu·ma'tis·mus ⟨m.; -, -men⟩ *schmerzhafte Entzündung von Gelenken, Muskeln u. serösen Häuten*

Rho·do'den·dron ⟨n. od. m.; -s, -dren⟩ *einer immergrünen Gattung der Heidekrautgewächse angehörender Strauch od. kleiner Baum mit prächtigen Blüten*

'Rhom·bus ⟨m.; -, -ben⟩ *schiefwinkliges Parallelogramm mit gleichen Seitenpaaren;* Sy *Raute(2)*

'Rhyth·mik ⟨f.; -; unz.⟩ **1** *Lehre von Rhythmus u. rhythmischer Bewegung* **2** = *rhythmische Gymnastik*

'rhyth·misch ⟨Adj.⟩ **1** *den Rhythmus, die Rhythmik betreffend, auf ihnen beruhend, in gleichen zeitl. Abständen erfolgend* **2** ~e G y m n a s t i k *die Umsetzung von musikal. Rhythmen in schwingende, natürliche Bewegungen zur harmon. Durchbildung des Körpers*

'Rhyth·mus ⟨m.; -, -men⟩ **1** *absichtlich gestaltete, in gleichen zeitlichen Abständen wiederkehrende Gliederung von Elementen der Tonstärke, -höhe u. Bewegung in Tanz, Musik u. Sprache;* ~ eines Tangos, Verses 1.1 f r e i e Rhythmen *reimlose, durch kein bestimmtes*

Versmaß u. nicht an eine Strophenform gebundene, stark rhythmisch bewegte Verszeilen **2** ⟨bildende Kunst⟩ *Gliederung eines Kunstwerkes durch gleichmäßig wiederholte, gleiche od. ähnliche Formen* **3** *regelmäßige Wiederkehr von Vorgängen;* der ~ der Gezeiten, des Herzens

'Rich·te·fest ⟨n.⟩ = *Richtfest*

'rich·ten ⟨V.⟩ **1** ⟨510/R7⟩ j m d n. od. e t w a s ~ *(in eine bestimmte Lage, Stellung, Richtung) bringen, lenken;* das Fernrohr, die Waffe auf ein Ziel ~; seine Aufmerksamkeit, sein Augenmerk, sein Interesse, den Sinn, seine Wünsche auf etwas ~; sie sah, fühlte seine Blicke auf sich gerichtet; sein ganzes Streben ist darauf gerichtet, möglichst schnell Karriere zu machen; die Magnetnadel richtet sich nach dem magnetischen Pol der Erde; die Segel nach dem Wind ~; sie konnte sich vor Rükkenschmerzen kaum in die Höhe ~ **1.1** → a. *zugrunde(2.2)* **2** ⟨550⟩ e t w a s a n j m d n. od. e t w a s ~ *adressieren, jmdm. od. einer Sache gegenüber vorbringen, äußern;* eine Aufforderung, eine Bitte, eine Frage an jmdn. ~; an wen war der Brief gerichtet? **2.1** das Wort an jmdn. ~ *jmdn. anreden* **3** ⟨510/R3⟩ e t w a s richtet s i c h *wendet sich (in eine bestimmte Richtung);* ihr Blick richtete sich in die Ferne; der Aufruf richtet sich an alle; er sollte sich an die zuständige Stelle ~; gegen wen richtet sich dein Verdacht?; der Luftangriff richtete sich auf vorgeschobene feindl. Stellungen; die Waffe gegen etwas od. jmdn. ~ **4** ⟨500/R7⟩ e t w a s od. s i c h ~ *in gerade Richtung bringen;* die Menge schien wie zum Appell gerichtet **4.0.1** richt't euch! (militär. Kommando) *richtet euch nach dem Nebenmann, stellt euch in gerader Linie auf* **4.1** *gerade machen;* Bleche, Stangen ~; einen verbogenen Draht wieder gerade ~ **5** ⟨500⟩ e t w a s ~ *aufrichten, errichten;* eine Fahnenstange ~ **5.1** ⟨Bauw.⟩ *eine vorgefertigte Konstruktion aufstellen, montieren* **5.1.1** ein G e b ä u d e ~ *die Dachbalken eines Gebäudes aufsetzen* **6** ⟨500⟩ e t w a s ~ *instand setzen, in Ordnung bringen;* die Betten für die Gäste ~; er hat mir mein Fahrrad wieder gerichtet; ich muß noch meine Kleider für den Urlaub ~ **7** ⟨500⟩ e t w a s ~ *(richtig) einstellen;* ein Fernrohr, ein Geschütz ~; die Fernsehantenne ~; seine Uhr nach der Bahnhofsuhr ~ **8** ⟨500/R7⟩ e t w a s od. s i c h ~ *zurechtmachen, vorbereiten, zubereiten;* das Essen ~; alles war für seinen Empfang gerichtet; sie hatte eine prächtige Festtafel gerichtet; ich muß mich noch ein bißchen ~ **9** ⟨550/R3⟩ s i c h n a c h j m d m. od. e t w a s ~ *sich entsprechend jmdm. od. etwas verhalten, sich an jmdn. od. etwas anpassen, jmds. Anweisungen befolgen;* er richtet sich immer nach seinem Vater; du mußt dich nach den Wünschen deiner Eltern ~; er richtet sich nicht nach den Vorschriften; ~ Sie sich bitte danach!; ich muß mich nach meinen Anweisungen ~; die Endung des Verbums richtet sich immer nach dem Subjekt **9.1** e t w a s richtet s i c h n a c h j m d m. od. e i n e r S a c h e *hängt von jmdm. od. einer S. ab;* was wir weiter tun werden, richtet sich ganz danach, ob ... **10** ⟨410⟩ *zu Gericht sitzen (über), urteilen;* gerecht, milde, streng, unparteiisch in einer Sache ~; es ist leichter zu ~ als zu helfen; über jmdn. od. etwas ~; wer kann, darf, will darüber ~; richtet nicht, auf daß ihr nicht gerichtet werdet! (Matth. 7,1) **11** ⟨500/R7⟩ j m d n. ~ *hinrichten, mit dem Tod bestrafen;* Gott hat ihn gerichtet; er ist gerichtet **11.1** er hat sich selbst gerichtet *er hat sich der Verurteilung durch Selbstmord entzogen*

'Rich·ter ⟨m.; -s, -⟩ **1** *mit der Entscheidung von Rechtsstreitigkeiten vom Staat bevollmächtigter Beamter;* ein gerechter, milder, strenger, ungerechter, weiser ~; jmdn. zum ~ bestellen; jmdn. od. etwas vor den ~ bringen; er entzog sich dem irdischen ~ durch Selbstmord; wo kein Kläger ist, da ist auch kein ~ ⟨Sprichw.⟩ **1.1** ein ~ soll zwei gleiche Ohren haben ⟨Sprichw.⟩ *soll beide Parteien unparteiisch anhören, damit er ihnen gerecht werden kann* **2** *jmd., der über etwas od. jmdn. richtet;* man soll sich nicht zum ~ über seine Mitmenschen aufwerfen, machen **2.1** → a. *letzte(2.2.2), hoch(3.4)* **3** ⟨Pl.; nach bibl. Überlieferung⟩ *Stammeshelden u. zeitweise Regenten der Israeliten zwischen der Landnahme u. der Einsetzung des Königtums* **3.1** das Buch der ~ *über die Geschichte der Richter(3) berichtender Teil des AT*

'Richt·fest ⟨n.⟩ *Fest der Bauhandwerker, wenn der Dachstuhl eines Neubaus aufgesetzt ist;* oV *Richtefest;* ~ feiern

'Richt·funk ⟨m.⟩ *Funkverkehr mit durch Richtantennen in eine bestimmte Richtung ausgesendeten elektromagnet. Wellen, auch als Ersatz für Fernsprechkabel*

'rich·tig ⟨Adj.⟩ **1** *zutreffend, so geartet, wie es sein soll;* die Antwort war ~; etwas ~ beurteilen; du gehst von der ~en Annahme, Voraussetzung aus, daß ...; es ist sicher ~, daß ...; so viel ist ~, daß ...; wenn ich ihn ~ verstanden habe, will er ...; ist dies der ~e Weg nach ...?; auf dem ~en Wege sein ⟨a. fig.⟩; ~! ⟨bestätigend, ermunternd⟩ **1.1** sehr ~! *(Bestätigung einer zutreffenden Feststellung, Antwort)* **1.2** a u f d a s ~e P f e r d s e t z e n **1.2.1** *auf ein P. wetten, das gewinnt* **1.2.2** ⟨a. fig.; umg.⟩ *in einer Vermutung recht behalten* **1.3** ⟨60⟩ die Dinge i n s ~e L i c h t r ü c k e n ⟨fig.⟩ *klarmachen* **1.4** ⟨60⟩ nun ist sie i m ~en F a h r w a s s e r ⟨fig.; umg.⟩ *bei ihrem Lieblingsthema* **2** *regelrecht, fehlerfrei;* ~e Aussprache, Betonung; ein Fremdwort ~ aussprechen, betonen; ~ messen, wiegen; ~ rechnen; geht deine Uhr ~?; ein Wort ~ schreiben **3** *geeignet, passend, der gegebenen Situation angemessen, recht, günstig;* er ist der ~e Mann am ~en Platz, Posten; das ~e Verhältnis finden; er kam gerade im ~en Augenblick; er findet beim Strafen schwer das ~e Maß; es ist der ~e Zeitpunkt dafür; mit deinem Geschenk hast du das Richtige getroffen; diese Pflanze steht an einem Südfenster ~; ~ urteilen; es ist gerade ~ (so); sie tut stets das Richtige; man muß die Angelegenheit nur am ~en Ende anfassen ⟨fig.⟩; so ist's ~! ⟨ermunternd; a. iron.⟩ **3.1** er hat das ~e P a r t e i b u c h in der Tasche ⟨umg.⟩ *als Mitglied der einflußreichsten Partei wird seine Karriere gefördert* **3.2** ⟨50⟩ du kommst gerade ~ ⟨fig.; umg.⟩ *zu einem günstigen Zeitpunkt* **3.3** sie ist an den Richtigen geraten, gekommen *sie hat den passenden Mann gefunden* **3.4** du bist (mir) der Richtige! ⟨iron.⟩ *gerade dich* *kann ich dabei, dafür nicht gebrauchen* **3.5** da bist du aber an den Richtigen geraten, gekommen! ⟨iron.⟩ *an den Falschen* **4** *ordentlich, vernünftig, anständig;* das kann ich nicht für ~ halten; du wirst das schon ~ machen; das ist nicht ~ von dir, daß du ihm nicht hilfst; etwas ist da nicht ~; der ist ~! **4.1** er hat nichts Richtiges gelernt *er hat keine ordentliche Berufsausbildung* **4.2** es ist nicht ganz ~ mit ihm ⟨umg.⟩ *er ist nicht ganz bei Verstand* **4.3** er ist im Kopf nicht (ganz) ~ ⟨umg.⟩ *nicht ganz bei Verstand, nicht ganz normal* **4.4** hier ist es nicht (ganz) ~ ⟨umg.⟩ *nicht ganz geheuer, hier spukt es* **5** *den Tatsachen entsprechend, wirklich* **5.1** ⟨60⟩ *nicht vorgetäuscht, echt;* es war ein ~es Durcheinander; wir spielen um ~es Geld, nicht um Spielgeld; eine Puppe mit ~em Haar; er ist schon ein ~er Kavalier; sie ist nicht seine ~e Mutter; wir hatten in diesem Jahr keinen ~en Sommer; sein ~er Name ist ...; er ist noch ein ~es Kind **5.1.1** sie ist eine ~e Hexe ⟨fig.⟩ *so bösartig wie eine H.* **5.1.2** endlich einmal jmd., der die Dinge beim ~en (rechten) Namen nennt! ⟨fig.⟩ *der schonungslos offen ist* **5.2** ⟨50; umg.⟩ *sehr, völlig, ganz u. gar;* erst jetzt fühle ich mich ~ frei; du hast es nicht ~ gelernt; er wurde ~ ärgerlich, aufgebracht, zornig; es war ~ nett **5.3** ⟨50; umg.⟩ *in der Tat, wie zu vermuten war, wahrhaftig;* ja ~, jetzt erinnere ich mich; er hat es doch ~ wieder vergessen!; kaum hatte er etwas verdient, da fing er ~ schon wieder zu trinken an

'Rich·tig·keit ⟨f.; -; unz.⟩ *das Richtigsein, ordnungsgemäße Beschaffenheit;* die ~ einer Abschrift beglaubigen, bescheinigen, bestätigen; die ~ des Ausdrucks, der Aussprache, der Betonung; die ~ anzweifeln, bezweifeln; die ~ feststellen, prüfen; es wird schon seine ~ haben; damit hat es seine ~; an der ~ zweifeln

'rich·tig|stel·len ⟨V. 500⟩ **1** etwas ~ *berichtigen;* eine falsche Aussage ~; er hat den Irrtum richtiggestellt **2** ⟨aber getrennt⟩ 'richtig 'stellen → *richtig(3)*

'Richt·li·nie ⟨f.; meist Pl.⟩ *Grundsatz, Vorschrift, Anweisung;* die ~n beachten, einhalten, außer acht lassen; ~n empfangen, erlassen, geben; sich an die ~n halten

'Richt·preis ⟨m.⟩ **1** *behördlich festgesetzter Preis, dessen Einhaltung aber nicht erzwungen werden kann;* die unverbindlichen ~e ändern **1.1** *vom Hersteller einer Ware empfohlener Ladenpreis;* der empfohlene ~

'Richt·schnur ⟨f.⟩ **1** *Schnur für den Maurer, Gärtner usw. zum Bezeichnen gerader Linien auf od. über der Erde* **2** ⟨fig.⟩ *Richtlinie, Grundsatz, Leitsatz;* das soll mir als ~ dienen; sich etwas zur ~ seines Handelns, seines Lebens machen

'Rich·tung ⟨f.; -, -en⟩ **1** *das Gerichtetsein, Wendung auf ein Ziel zu, Verlauf;* Sy *Kurs(1);* die ~ anzeigen (beim Autofahren); in dem unwegsamen Gelände kann man leicht die ~ verlieren; das ist die verkehrte ~; aus welcher ~ ist das Auto gekommen?; in welche ~ gehst du?; in entgegengesetzter ~ gehen; die ~ der Autobahn, einer Bahnlinie, eines Flusses; die ~ ändern, beibehalten, wechseln; jmdm. die ~ zeigen; eine andere ~ einschlagen, nehmen; der Orkan bewegt sich in ~ auf Florida; nach allen ~en auseinanderfliegen, -laufen, stieben; in ~ auf die Berge; in ~ Hannover fahren; in nördlicher ~ fliegen **1.0.1** ~ halten *in gerader Linie bleiben* **1.0.2** ~ nehmen ⟨Mil.⟩ *zielen* **1.1** ⟨umg.⟩ *Hinsicht;* in dieser ~ habe ich noch nichts unternommen **1.2** ⟨fig.⟩ *Neigung, Streben;* das ist nicht meine ~ **2** *Strömung, Bewegung (innerhalb der Kunst, Politik usw.);* Kunst~; Stil~; die ~ einer Partei; einer bestimmten ~ angehören, sie vertreten; eine politische ~; eine bestimmte ~ in der Kunst, der Mode, in Politik, Wissenschaft; ich will mich nach keiner ~ hin binden, festlegen

'rie·chen ⟨V. 201⟩ **1** ⟨410⟩ *einen Geruch von sich geben, ausströmen;* angenehm, gut, scharf, schlecht, stark, streng, unangenehm, widerlich ~; es riecht angebrannt, brenzlig; ihr Parfüm riecht berauschend, dezent, frisch, herb, süßlich; es riecht nach Fisch, Käse, Knoblauch; es riecht nach Gas; er riecht nach Schweiß; sein Atem riecht; er riecht aus dem Mund **2** ⟨500/R8⟩ etwas ~ *durch den Geruchssinn wahrnehmen;* riechst du nichts?; du darfst mal (daran) ~ (wenn du schon nichts davon haben darfst) ⟨fig.; umg.⟩ **2.1** ⟨m. Modalverb⟩ er kann kein Pulver ~ ⟨fig.; umg.⟩ *er hat Angst* **2.2** ⟨m. Modalverb⟩ etwas od. jmdn. nicht ~ können ⟨fig.; umg.⟩ *nicht leiden, nicht ausstehen können;* dieses schwere Parfüm kann ich nicht ~ **2.3** ⟨fig.; umg.⟩ *ahnen, im voraus wissen;* das kann ich doch nicht ~; hast du es gerochen? **3** ⟨800⟩ an etwas ~ *einen Geruch an etwas wahrzunehmen suchen;* an einer Blume, einer Parfümflasche ~

Ried ⟨n.; -(e)s, -e⟩ **1** ⟨Bot.⟩ *landwirtschaftl. minderwertige grasähnliche Pflanzen aus der Familie der Riedgräser (Cyperaceae) mit festen, kaum knotig gegliederten Stengeln u. dreireihig angeordneten Blättern* **2** ⟨umg.⟩ *hohes Gras mit kräftigem Halm* **2.1** ⟨i. e. S.⟩ = *Schilf(1.1)* **3** *Moor, Sumpf;* in ein ~ geraten **4** *Dickicht aus Schilfrohr*

'Rie·gel ⟨m.; -s, -⟩ **1** *einseitige Verschlußvorrichtung an Türen, Fenstern;* einen ~ zurückschieben; den ~ vorlegen, vorschieben (an der Tür); ein eiserner, hölzerner ~ **1.1** einer Sache einen ~ vorlegen, vorschieben ⟨fig.⟩ *etwas, die Wiederholung od. Weiterführung von etwas verhindern;* er hat diesem Plan einen ~ vorgeschoben **1.2** → a. *Schloß(1.1-1.2)* **2** *Querbalken am Fachwerkbau* **3** *eingeteilter Streifen, z. B. bei Seife, Schokolade;* ein ~ Kernseife, Schokolade **4** *Stoffspange als Kleid-, Jackenverschluß* **5** ⟨jägerspr.⟩ *Berggrat als Wildwechsel*

'Rie·men[1] ⟨m.; -s, -⟩ **1** *schmales Stück Leder;* aus fremdem Leder ist gut ~ schneiden ⟨Sprichw.⟩ **1.1** *Lederstreifen mit Schnalle u. Löchern zum Verschließen (als Gürtel, am Schuh usw.)* **1.1.1** (sich) den ~ enger schnallen (weil man hungern muß) ⟨fig.; umg.⟩ *sich sehr einschränken* **1.1.2** sich am ~ reißen ⟨fig.; umg.⟩ *sich zusammennehmen, zusammenreißen, sich anstrengen* **1.2** *lederner Schnürsenkel* **2** ⟨Tech.⟩ *geschlossenes Band aus Leder, Gummi od. festem Gewebe (mit dessen Hilfe eine Drehbewegung von einer Welle auf eine andere übertragen wird);* Treib~

'Rie·men[2] ⟨m.; -s, -⟩ **1** ⟨seemannsspr.⟩ *Ruder* **1.1** sich (tüchtig) in die ~ legen **1.1.1** *kräftig*

rudern 1.1.2 ⟨fig.; umg.⟩ *sich anstrengen, sich für etwas einsetzen*
'Rie·se[1] ⟨m.; -n, -n⟩ **1** *Märchen- u. Sagengestalt, menschl., übernatürlich großes Wesen, entweder gutmütig u. tölpelhaft od. dem Menschen feindlich* **2** ⟨fig.⟩ *sehr großer Mensch;* Sy *Titan[1](2);* er ist kein ~ **3** ⟨fig.⟩ *Mensch mit hervorragenden geistigen u. seelischen Eigenschaften;* ein ~ an Geist, Gelehrsamkeit **4** ⟨fig.⟩ *durch Größe auffallendes Tier od. Ding;* Fabrik~, Ozean~, Baum~; die ~n der Alpen
'Rie·se[2] ⟨f.; -, -n; süddt.⟩ *im Gebirge angelegte Holzrinne zum Befördern des Holzes ins Tal*
'Rie·se[3] ⟨f.; -, -n⟩ *altdt. Frauenhaube*
'Rie·se[4] ⟨nur in der Wendung⟩ nach Adam ~ *genau gerechnet;* das macht nach Adam ~ 15,35 DM
'rie·seln ⟨V.(s.)⟩ **1** ⟨400⟩ eine Flüssigkeit rieselt *fließt, rinnt od. fällt kaum hörbar in kleinen Tropfen;* ein Bach, Blut, eine Quelle rieselt; das einschläfernde Rieseln des Regens **2** ⟨400⟩ etwas rieselt *fällt fast geräuschlos in kleinen einzelnen Teilchen herunter;* Körner, Sand durch die Finger ~ lassen; Schnee rieselt leise; der Kalk rieselte von den Wänden **3** ⟨610 od. 510⟩ Angst, ein Schauder rieselt jmdm. od. jmdn. über den Rücken *jmdm. od. jmdn. schaudert* 3.1 es rieselt einem dabei kalt über den Rücken ⟨fig.⟩ *es schaudert einem dabei*
'rie·sig ⟨Adj.⟩ **1** *groß wie ein Riese, sehr, übermäßig groß;* von ~en Ausmaßen, von ~er Größe sein; ein ~es Land, Gebäude **2** ⟨fig.⟩ *gewaltig, schrecklich;* eine ~e Hitze, Begeisterung; etwas macht ~en Spaß **3** ⟨50; umg.⟩ *sehr;* sich ~ freuen; es war ~ nett
Riff[1] ⟨n.; -(e)s, -e⟩ *Felsenbank, Klippe, Felsengrat im Meer;* das Schiff ist auf ein ~ aufgelaufen
Riff[2] ⟨m.; -; unz.; Jazz⟩ *Art des Drive, kurzes, mehrmals wiederholtes, rhythmisch betontes Motiv*
ri·go'ros ⟨Adj.⟩ **1** *streng, hart, unerbittlich* **2** *scharf, rücksichtslos*
'Ril·le ⟨f.; -, -n⟩ *Furche, Rinne, Kerbe;* eine Säule mit ~n; ~n in der Baumrinde, in dem Fußboden
Rind ⟨n.; -(e)s, -er⟩ **1** *als Zugtier, Milch- u. Fleischlieferant gehaltener (als Zuchtform wahrscheinlich vom Auerochsen abstammender) Wiederkäuer;* ~er züchten **2** ⟨i. w. S.⟩ *Angehöriges einer Familie der Wiederkäuer: Bovidae* **3** *Rindfleisch;* ~ ist teurer als Schwein
'Rin·de ⟨f.; -, -n⟩ **1** *äußerer Gewebemantel an Stamm, Ast, Wurzel höherer Pflanzen;* Baum~; die ~ des Baumes; die ~ ablösen, abschälen; eine glatte, rauhe, rissige ~; einen Namen in die ~ des Baumes ritzen **2** *bei Menschen u. Tieren das Mark mancher Organe umgebende Schicht;* Hirn~ **3** *Kruste, Schale;* Brot~, Käse~
'Rind·vieh ⟨n.; -(e)s, -vie·cher⟩ **1** ⟨unz.⟩ *Rind;* 15 Stück ~; ~ halten, züchten **2** ⟨fig.; Schimpfw.⟩ *dummer Kerl*
Ring ⟨m.; -(e)s, -e⟩ **1** *kreisförmiger Gegenstand* 1.1 *Reif als Schmuckstück (bes. am Finger od. am Ohr);* ein brillantenbesetzter, goldener, kostbarer ~; einen ~ (am Finger) tragen; den ~ vom Finger abstreifen, ziehen; ein Abt wird mit ~ und Stab belehnt; zur Verlobung seiner Braut den ~ anstecken (an den Finger) 1.1.1 die ~e wechseln (bei der Trauung) *heiraten* 1.2 *runder, reifenförmiger Gegenstand aus Eisen od. Leichtmetall zum Befestigen von Tauen, Schnüren usw., als Türklopfer, als Nasenring bei Stieren, aus Gummi als Wurfspielgerät, aus Kork als Rettungsring, Kettenglied* 1.2.1 ⟨Pl.⟩ ~e *an Seilen schwebendes Turngerät mit zwei reifenförmigen Griffen;* an den ~en turnen **2** ⟨fig.⟩ *einem Ring(1) äußerlich Ähnliches* 2.1 *Kreis (beim Kreisspiel od. als Absperrung);* einen ~ bilden; einen ~ um jmdn. schließen 2.2 *reifenförmiger Streifen zwischen den konzentrischen Kreislinien auf einer Zielscheibe (der durch einen Zahlenwert gekennzeichnet ist)* 2.2.1 ich habe fünf ~e geschossen *Ringe(2.2) mit dem Zahlenwert 5 getroffen* 2.3 *kreisförmige Straße um den Stadtkern;* wir wohnen am ~ 2.4 beim Rauchen ~e blasen *den Tabakrauch in der Form eines Ringes(1) ausblasen* 2.5 ~e um die Augen haben *Schatten um die Augen* 2.6 *kreisförmige Zeichnung im Holz, Jahresring* 2.7 *leuchtende Erscheinung in Form eines Ringes(1) um ein Gestirn (z. B. um den Mond)* 2.8 *reifenförmige Ansammlung von Meteoriten um Planeten;* Saturn~ **3** ⟨fig.⟩ *Kreislauf;* damit schließt sich der ~ der Beweise, Ermittlungen **4** *Gruppierung, Vereinigung von Menschen, die sich zu einem bestimmten Zweck zusammengeschlossen haben;* sich zu einem ~ zusammenschließen 4.1 *Vereinigung von Großhändlern od. Finanzgruppen* 4.2 *Vereinigung von Theaterbesuchern zum Abonnementsbesuch* **5** *abgegrenzter Platz für Wettkämpfe (bes. beim Boxen);* die Boxer traten in den ~; er verließ den ~ als Besiegter, als Sieger; der Ringrichter erschien als erster im ~; ~ frei! (zur ersten Runde) ⟨Boxsp.⟩
'rin·gen ⟨V. 202⟩ **1** ⟨400⟩ *mit Hilfe bestimmter Körpergriffe kämpfen;* sie erproben ihre Kräfte, indem sie miteinander ~; mit einem Gegner ~ **2** ⟨800⟩ (mit jmdm. od. etwas) nach, um etwas ~ ⟨fig.⟩ *schwer kämpfen, versuchen, einer Sache Herr zu werden;* ich habe lange mit mir gerungen (um einen Entschluß); mit einem Entschluß ~; es war ein schmerzliches Ringen mit dem Tode; um den Sieg ~; mit jmdm. um ein Problem ~ 2.0.1 der junge Dichter ringt noch mit der Sprache *hat noch Schwierigkeiten, sie zu meistern* 2.0.2 mit dem Tode ~ *todkrank sein* 2.1 nach etwas ~ *heftig nach etwas streben;* nach Atem, Luft ~; nach Fassung ~; nach Worten ~ **3** ⟨500⟩ die Hände ~ *(aus Verzweiflung) drehend zusammenpressen;* sie rang verzweifelt die Hände **4** ⟨531⟩ jmdm. etwas aus der Hand ~ *entwinden;* es gelang ihm, dem Angreifer das Messer aus der Hand zu ~
'Ring·kampf ⟨m.⟩ *Wettkampf im Ringen;* einen ~ austragen
rings ⟨Adv.⟩ *um herum, auf allen Seiten, überall (um einen Mittelpunkt herum);* der Zaun läuft ~ um den Garten; die Kinder sprangen ~ um ihn her; Blumen waren ~ um sie verstreut
'rings·her·um ⟨Adv.⟩ *im Kreis (um etwas od. jmdn.) herum, um herum;* sich ~ drehen; ein Garten mit einer Mauer ~
rings'um ⟨Adv.⟩ *um ... herum, im Umkreis;* ich konnte ~ nichts entdecken; ~ lief ein breiter Graben

rings·um'her ⟨Adv.⟩ *im Kreise (um etwas od. jmdn.);* ich sah nichts ~

'Rin·ne ⟨f.; -, -n⟩ **1** *lange, schmale, natürliche, z. B. vom Wasser ausgewaschene od. künstl. angelegte Vertiefung im Boden (zur Be- od. Entwässerung);* Wasser~; eine ~ aus Blech, Holz **2** *offenes Rohr zum Abfluß von Regen- od. Abwasser;* Dach~, Abfluß~ **3** *langer Riß im Eis* **4** *Rille* **5** ⟨jägerspr.⟩ *Netz zum Fangen von Habichten* **6** ⟨Meereskunde⟩ *schmale, langgestreckte Einsenkung des Meeresbodens;* Norwegische ~

'rin·nen ⟨V. 203⟩ **1** ⟨400(s.)⟩ eine Flüssigkeit rinnt *fließt langsam, sacht od. spärlich;* der Regen rinnt; Tränen ~ übers Gesicht; Blut rinnt aus der Wunde 1.1 die Zeit rinnt (dahin) ⟨geh.⟩ *vergeht* 1.2 ⟨611⟩ das Geld rinnt ihm durch die Finger ⟨fig.; umg.⟩ *er lebt verschwenderisch, kann sein G. nicht einteilen* **2** ⟨400⟩ etwas rinnt ⟨landschaftl.⟩ *ist undicht;* der Eimer, Topf, die Kanne rinnt

'Rinn·sal ⟨n.; -(e)s, -e⟩ *sacht fließendes, schmales Wasser, kleiner Bach, Quelle;* ein kleines, klares, dünnes ~; ein ~ fließt über den Weg

'Rinn·stein ⟨m.⟩ **1** *Abflußrinne am Gehsteig;* → a. *Gosse(1)* **2** *Ausgußbecken in der Küche* **3** ⟨fig.⟩ *Elend, verkommene Umgebung, Verkommenheit;* jmdn. aus dem ~ auflesen; im ~ enden

'Rip·pe ⟨f.; -, -n⟩ **1** *einer der länglichen, gebogenen Knochen, die, von der Wirbelsäule ausgehend, nach vorn den Leib des Menschen u. der Wirbeltiere beiderseits umfassen: Costa;* jmdm. eine ~ brechen; er hat sich eine ~ gebrochen; er stieß ihm den Degen, das Messer in, zwischen die ~n 1.1 jmdn. in die ~n stoßen *aufmunternd, derb, ermahnend stoßen, puffen* 1.2 ich kann es doch nicht aus den ~n schwitzen, mir's doch nicht aus den ~n schneiden ⟨umg.⟩ *ich weiß nicht, woher ich's nehmen soll* 1.3 du hast nichts, zu wenig auf den ~n ⟨umg.⟩ *du bist zu mager* 1.4 man kann ihm durch die ~ blasen, bei ihm die ~n im Leibe, unter der Haut zählen ⟨fig.; umg.⟩ *er ist sehr mager* **2** ⟨fig.⟩ *einer Rippe(1) äußerlich Ähnliches* 2.1 *lange, schmale Erhöhung zwischen zwei Rillen, Riefen* 2.2 *eingeteilter Streifen, Riegel(3) (bei Schokolade, Seife)* 2.3 *Teil des im Zimmer befindl. Heizkörpers (bei Dampf- od. Warmwasserheizung)* 2.4 *rippenähnl. Bauteil zum Verstärken der Außenhaut von Schiffs- u. Flugzeugrümpfen* 2.5 ⟨Kochk.⟩ *Fleischstück mit Rippenknochen* 2.6 ⟨Arch.⟩ *aus dem Gewölbe hervortretender, stützender Bogen* 2.7 ⟨Bot.⟩ *Ader im Blatt*

'Rip·pen·fell ⟨n.⟩ *Teil des Brustfells, der die Rippen überzieht: Pleura costalis*

'Ri·si·ko ⟨n.; -s, -s od. -ken od. (österr.) Risken⟩ *Gefahr (des Verlustes), Wagnis;* das ~ fürchten; auf eigenes ~; mit einem ~ verbunden sein; die Sache ist ohne ~; ein (kein) ~ eingehen, tragen; ein ~ übernehmen, auf sich nehmen

ris'kant ⟨Adj.⟩ *mit einem Risiko verbunden, gewagt, gefährlich*

ris'kie·ren ⟨V. 500⟩ **1** etwas ~ *ein Risiko für etwas eingehen, auf sich nehmen, etwas wagen;* bei einer Sache etwas ~ 1.1 den Kopf, den Kragen, sein Leben ~ *sich in große Gefahr begeben* **2** ein Auge ~ ⟨umg.; scherzh.⟩ *einen bewundernden Blick auf eine fremde Frau werfen, wenn die eigene Frau dabei ist* 2.1 ein Wort ~ *eine Meinung offen aussprechen, auch wenn es einem schaden kann;* eine Lippe ~ ⟨fig.; umg.⟩

'Ris·pe ⟨f.; -, -n; Bot.⟩ *Blütenstand, bei dem an der Hauptachse der Traube wieder Trauben hängen*

Riß ⟨m.; -s·ses, -s·se⟩ **1** *das Reißen;* der ~ des Fadens, Films, Tonbandes **2** *durch Reißen entstandener Spalt, feine Öffnung, Ritze;* ein ~ im Stoff, in der Mauer, in der Haut, im Eis, im Felsen, im Gestein, im Papier; einen ~ flicken, leimen, verschmieren; ein großer, kleiner, leichter, tiefer ~; der Junge hat schon wieder einen ~ in der Hose **3** ⟨Bauw.; Maschinenbau⟩ *technische Zeichnung, Abbildung eines Körpers auf einer Ebene;* Auf~; Grund~; einen ~ (von einem Haus) zeichnen **4** ⟨jägerspr.⟩ *Beute (des Raubwildes)* **5** ⟨fig.⟩ *Bruch, trennende Kluft;* ihre Freundschaft hat einen ~ bekommen; zwischen unseren Anschauungen klafft ein tiefer ~; der ~ in unserer Freundschaft hat sich vertieft, wurde wieder geflickt; ein kleiner ~ ist leichter zu flicken als ein großer ⟨Sprichw.⟩ **6** ⟨fig.⟩ *Schmerz, schmerzhaftes Zusammenzucken;* das gab mir einen ~; einen ~ spüren

Ritt ⟨m.; -(e)s, -e⟩ **1** *das Reiten, Ausreiten* **2** *Ausflug, Reise zu Pferde;* ein kurzer, langer, scharfer ~ **3** auf einen ~ ⟨fig.; umg.⟩ *ohne Unterbrechung, auf einmal*

'Rit·ter ⟨m.; -s, -⟩ **1** ⟨im MA⟩ *adliger Krieger, Edelmann;* ~, Tod und Teufel (Kupferstich von Dürer) 1.0.1 einen Knappen zum ~ schlagen *durch einen Schlag mit dem Schwert auf die Schulter feierlich in den Ritterstand aufnehmen* 1.1 ein ~ ohne Furcht und Tadel ⟨fig.⟩ *ein tapferer, unerschrockener Mann* 1.2 ~ von der Feder ⟨fig.⟩ *Schriftsteller* 1.3 ~ von der Nadel ⟨fig.⟩ *Schneider* 1.4 ~ von der traurigen Gestalt ⟨Beiname für⟩ *Don Quichote* 1.5 → a. *arm(1.3), fahren(6)* **2** *Angehöriger eines geistl. Ritterordens* **3** *Inhaber eines hohen Ordens, z. B. des Pour le mérite* **4** ⟨in Bayern u. Österreich bis 1918⟩ *niedere Adelsstufe, meist zusammen mit einem Orden verliehen* **5** ⟨im antiken Rom⟩ *berittener, vermögender Krieger* 5.1 *Angehöriger eines aus den Rittern(5) hervorgegangenen Standes* **6** ⟨fig.⟩ *Kavalier, Begleiter einer Dame* 6.1 sich zu jmds. ~ aufwerfen *Beschützer* **7** *Angehöriger einer formenreichen Familie von Tagschmetterlingen, deren Hinterflügel oft schwanzartige Anhänge tragen, Edelfalter: Papilionidae*

'rit·ter·lich ⟨Adj.⟩ **1** *den Ritter betreffend, zu ihm gehörig, ihm gemäß;* das ~e Leben; ~e Kampfspiele **2** ⟨fig.⟩ *edel gesinnt, anständig, schützend u. hilfreich, ehrerbietig u. aufmerksam, zuvorkommend;* sein ~es Benehmen, Verhalten ist wohltuend für eine Frau; ein ~er Mann; er half ihr ~ beim Aussteigen

'ritt·lings ⟨Adv.⟩ *im Reitersitz;* sich ~ auf einen Stuhl setzen

'Ri·tus ⟨m.; -, -ten⟩ **1** *religiöser Brauch, kult. Handlung* **2** *die Gesamtheit der Bräuche bei einem Gottesdienst*

'Rit·ze ⟨f.; -, -n⟩ *schmale Öffnung, Spalte;* eine ~ im Fußboden, in der Tür, in der Wand ausbessern, dichten; der Wind pfiff durch die ~n des alten Hauses

'rit·zen ⟨V. 500⟩ **1** etwas ~ *in etwas einen Ritz machen, mit hartem, spitzem Gegenstand eine schmale Vertiefung eingraben, kerben, spalten;* seinen Namen in einen Baum, in die Rinde ~; Glas kann man mit einem Diamanten ~ **2** ⟨500/R3⟩ sich ~ *sich die Haut oberflächlich verletzen;* ich habe mich an einem Dorn, Nagel, am Stacheldraht geritzt; sie hat sich mit der Nadel, dem Nagel geritzt **3** die Sache ist geritzt ⟨umg.⟩ *erledigt*

Ri·va·le ⟨[-'va:-] m.; -n, -n⟩ *Nebenbuhler, Mitbewerber*

'Rob·be ⟨f.; -, -n⟩ *Angehörige einer Unterordnung hochspezialisierter Raubtiere des Meeres mit torpedoförmigem Körper u. dicker Speckschicht: Pinnipedia*

'Ro·be ⟨f.; -, -n⟩ **1** *Amtstracht der Richter, Anwälte, Professoren, Geistlichen* **2** *Gesellschafts-, Abendkleid;* in feierlicher, großer ~ erscheinen **3** ⟨scherzh.⟩ *(neues) Kleid;* eine neue ~ vorführen; sich in einer neuen ~ zeigen

'Ro·bo·ter ⟨m.; -s, -⟩ **1** *künstlicher Mensch, Automat, der (ferngesteuert) bestimmte Tätigkeiten ausführt* **2** ⟨fig.; umg.⟩ *Schwerarbeiter*

'rö·cheln ⟨V. 400⟩ *schnarchend, rasselnd, stöhnend atmen;* der Sterbende röchelte

Rock ⟨m.; -(e)s, ¨e⟩ **1** *weibl., von der Taille od. Hüfte abwärts reichendes Oberbekleidungsstück;* ein anliegender, enger, glockiger, kurzer, langer, weiter, plissierter ~ **2** ⟨schweiz.⟩ *(das ganze) Frauenkleid (in einem Stück)* **3** *männl. Oberbekleidungsstück, Jacke;* ein heller, warmer, abgeschabter ~; das Hemd ist mir näher als der ~ ⟨Sprichw.⟩ **4** *Anzug;* der grüne ~ des Försters; der schwarze ~ des Geistlichen **5** ⟨früher⟩ *am Oberkörper getragenes Teil der Oberbekleidung;* Geh~; Schoß~

'Rock·schoß ⟨m.⟩ **1** *schwanzartige Verlängerung der Herrenjacke* **2** *in der Taille angesetzter Besatz von (mehrfach) gefaltetem Stoff über dem Frauenrock* 2.1 an jmds. Rockschößen, sich jmdm. an die Rockschöße hängen ⟨fig.; umg.⟩ *jmdm. nicht von der Seite weichen (bes. von Kindern), unselbständig sein*

'Rock·zip·fel ⟨m.⟩ **1** *Zipfel eines Frauenrockes* 1.1 an jmds. ~, jmdm. am ~ hängen ⟨fig.; umg.⟩ *unselbständig sein;* das Kind hängt der Mutter noch am ~, an Mutters ~ **2** *Zipfel einer Herrenjacke* 2.1 jmdn. am ~ halten, erwischen ⟨a. fig.⟩ *jmdn., der gerade weggehen will, aufhalten*

'ro·deln ⟨V. 400(s.) od. (h.)⟩ *mit dem Schlitten bergab gleiten;* ich bin, habe früher gern gerodelt; ~ gehen

'ro·den ⟨V. 500⟩ Land ~ *urbar machen, Waldland in Feld verwandeln, Wurzelstöcke herausreißen*

'Ro·ge·ner ⟨m.; -s, -; Zool.⟩ *weiblicher, Eier enthaltender Fisch;* oV *Rogner;* Ggs *Milchner(2)*

'Rog·ner ⟨m.; -s, -; Zool.⟩ = *Rogener*

roh ⟨Adj.⟩ **1** *nicht zubereitet, ungekocht, ungebraten;* ~es Fleisch, Gemüse, Obst; ~e Kartoffeln; ein ~es Ei mit Rotwein verquirlen; ~er Schinken; Obst, Gemüse lieber ~ essen 1.1 man muß ihn wie ein ~es Ei behandeln ⟨fig.; umg.⟩ *mit übertriebener Rücksicht* 1.2 ⟨60⟩ ~e Klöße *K. aus überwiegend rohen Kartoffeln* **2** *noch nicht verarbeitet, nicht behauen, nicht geschliffen;* ~es Erz 2.1 *grob, unfertig, noch nicht im Detail bearbeitet;* ein ~ gezimmerter Schemel; ~ behauene Steine **3** ⟨60⟩ ~es Fleisch *blutiges F. ohne Haut;* er hatte sich so den Arm zerschunden, daß das ~e Fleisch zu sehen war **4** ~e Pferde *nicht zugerittene, nicht eingefahrene P.* **5** *gefühllos, rücksichtslos, gewalttätig, grausam;* ein ~er Kerl; sich ~ benehmen; sein ~es Benehmen, Betragen stößt jeden ab; mit ~er Gewalt kann man da nichts erreichen; sei nicht so ~! **6** ⟨oberdt.⟩ *rauh* **7** *ungefähr;* ich kann das vorläufig nur ~ schätzen

'Roh·bau ⟨m.⟩ **1** ⟨Pl. -bau·ten⟩ *nur aus den rohen Mauern (nicht verputzt u. ohne techn. Installation) bestehender Bau;* das Haus ist erst im ~ fertig **2** ⟨unz.⟩ *Bauweise mit unverputzten Ziegeln*

'Ro·heit ⟨f.; -, -en⟩ **1** ⟨unz.⟩ *roher Zustand (z. B. des Fleisches)* **2** ⟨unz.; fig.⟩ *rohe Gesinnung, rohes Benehmen;* Gefühls~; ~ der Sitten **3** *rohe Handlung, Grausamkeit;* ~en begehen

Rohr ⟨n.; -(e)s, -e⟩ **1** *meist runder Hohlkörper zum Weiterleiten von Flüssigkeiten, Gasen, Rauch, Gegenständen, Schallwellen;* Wasser~, Gas~, Pfeifen~, Geschütz~, ~post, Sprach~; das ~ der Flöte; ein ~ der Gasleitung, des Ofens, der Wasserleitung; das ~ des Geschützes, der Kanone; ein dickes, dünnes, gebogenes, gerades ~; ~e legen, verlegen; das Schiff feuerte aus allen ~en **2** *Pflanze mit rohrförmigem Stiel, Stengel od. Stamm, z. B. Bambus, Peddigrohr, Rohrkolben, Schilf, Zuckerrohr;* aus ~ geflochtene Gartenstühle, Körbe; wer im ~ sitzt, hat gut Pfeifen schneiden ⟨Sprichw.⟩ 2.0.1 er ist wie ein schwankendes ~ im Winde *ein wankelmütiger, flatterhafter Mensch* 2.1 *Stock aus Bambus o. ä. (der zum Schlagen dient);* eins mit dem ~(stock) bekommen

'Röh·re ⟨f.; -, -n⟩ **1** *Rohr, rohrartiges Gebilde;* eine gerade, gebogene, metallene ~; kommunizierende ~n ⟨Phys.⟩ 1.1 in die ~ gucken ⟨fig.; umg.⟩ *leer ausgehen, benachteiligt werden* **2** *Hohlraum im Küchenherd zum Backen od. Warmhalten;* Back~, Wärme~; den Kuchen in die ~ schieben, in der ~ backen **3** ⟨Elektronik⟩ *von einem luftleeren Gefäß (meist aus Glas) umschlossenes Gerät zur Steuerung u. (od.) Verstärkung elektrischer Impulse od. Schwingungen;* Elektronen~; Fernsehempfangs~; ein Radio mit sechs ~n; eine ~ ist durchgebrannt 3.1 in die ~ gucken, glotzen ⟨umg.⟩ *fernsehen*

'Rohr·kol·ben ⟨m.⟩ *Angehöriger einer Gattung der Rohrkolbengewächse (Typhaceae), deren Blüten an einem Kolben sitzen: Typha;* Sy *Schilf(2)* ⟨umg.⟩

'Roh·stoff ⟨m.⟩ *Naturprodukt vor der Ver- u. Bearbeitung, z. B. Holz, Eisen*

'Rol·le ⟨f.; -, -n⟩ **1** *massiver Körper mit rundem Querschnitt* 1.1 *drehbare Walze, Kugel, kleines Rad;* Kinderbetten, Schiebewände, Teewagen auf ~n; einen Schrank zum Fortbewegen auf ~n laufen lassen 1.2 *drehbare Scheibe mit einer Rille am (senkrechten) Rand für das aufzuwickelnde od. entlanglaufende Seil, z. B. bei Flaschenzügen* 1.3 *Wäschemangel, Wäsche-*

rolle 1.3.1 Wäsche auf die ~ geben ⟨umg.⟩ *zum Mangeln, Rollen bringen* 1.4 ⟨früher⟩ *zusammengerollt aufbewahrte Urkunde, Liste;* Stamm~ 1.5 *Stab mit scheibenförmigen Verdickungen an jedem Ende zum Aufwickeln von Garn o. ä.* 1.6 *etwas Gewickeltes, Zusammengerolltes;* Papier~; Geld~; eine ~ Geldstücke, Markstücke; eine ~ Draht, Garn, Nähseide, Papier, Zwirn **2** *Turnübung, Überschlag, Purzelbaum auf dem Boden od. über den Kasten;* eine ~ am Barren; eine ~ über den Kasten **3** *Kunstflugfigur des Flugzeugs, bei der es sich um die Längsachse dreht* **4** ⟨Bgb.⟩ *senkrechter od. steil geneigter Grubenbau, in dem Fördergut zur nächstunteren Förderstrecke abgestürzt wird* **5** *darzustellende Gestalt in einem Bühnenwerk, Sprechtext eines Schauspielers;* eine kleine, umfangreiche, unbedeutende, wichtige ~; eine ~ spielen; ich muß noch meine ~ lernen; ein Stück mit verteilten ~n lesen; sie spielte die ~ der Julia; sie hat die ~ der jugendlichen Liebhaberin übernommen; eine ~ besetzen; die ~n (für ein Theaterstück) verteilen; die ~n tauschen, vertauschen (im Theater od. im Leben); diese ~ verlangt von der Darstellerin große Wandlungsfähigkeit; die tragende ~ in diesem Stück spielt ...; sie geht in dieser ~ völlig auf, verliert sich in ihr; die ~ ist der Schauspielerin wie auf den Leib geschrieben; das Schicksal hat dir eine schwere ~ zugedacht ⟨fig.⟩ 5.1 aus der ~ fallen 5.1.1 *steckenbleiben* 5.1.2 ⟨fig.⟩ *die Beherrschung verlieren, sich schlecht benehmen* 5.2 du hast deine ~ gut gespielt ⟨a. fig.⟩ *deine Sache gut gemacht* 5.3 nach anfänglichen Schwierigkeiten wird sie sich in ihre ~ finden ⟨fig.⟩ *wird sie ihrer Aufgabe gerecht, mit ihrer Situation fertig* 5.4 er hat seine ~ ausgespielt ⟨fig.⟩ *er hat nichts mehr zu sagen* 5.5 du mußt dich in meine ~ versetzen ⟨fig.⟩ *dir meine Situation deutlich vorstellen* 5.6 eine (große, wichtige usw.) ~ spielen ⟨a. fig.⟩ *von (großer, wichtiger usw.) Bedeutung sein;* der General spielte bei dem Putschversuch eine beherrschende, führende, entscheidende, erhebliche, verhängnisvolle ~ 5.6.1 sie will immer eine große ~ spielen *sie will immer die wichtigste Person sein* 5.6.2 sie spielt eine ~ in der Gesellschaft *sie bedeutet da etwas, sie gehört zur führenden Gesellschaftsschicht* 5.6.3 das spielt nur eine untergeordnete ~ *ist nicht wesentlich* 5.6.4 er spielte eine doppelte, zweideutige, zwielichtige ~ *er war nicht ehrlich, machte beiden Seiten Zusicherungen* 5.7 bei einer Sache eine ~ spielen ⟨fig.⟩ *an einer S. beteiligt sein;* er hat dabei keine ~ gespielt 5.7.1 er hat bei dieser Sache eine armselige, erbärmliche, klägliche ~ gespielt *er hat dabei versagt* 5.7.2 er hat bei der Sache keine rühmliche ~ gespielt ⟨fig.⟩ *sich nicht rühmlich benommen* 5.8 *Einteilung der Schiffsbesatzung zu verschiedenen Dienstarten* 5.9 ⟨Soziologie⟩ *Gesamtheit der Verhaltensweisen, die von einer Person innerhalb der Gesellschaft erwartet werden* **6** es spielt keine ~, ob ... *es ist nicht wichtig* 6.1 Geld spielt bei ihm keine ~ *er ist sehr reich*

'rol·len ⟨V.⟩ **1** ⟨400(s.)⟩ etwas rollt *bewegt sich (vorwärts), indem es sich um sich selber dreht;* die Kugel rollt (beim Roulette); Tränen rollten ihr über die Wangen; die Kugel rollt auf die Kegel zu (beim Kegeln) 1.1 etwas kommt ins Rollen ⟨a. fig.⟩ *kommt in Bewegung, Schwung, beginnt, entwickelt sich allmählich* 1.2 die Sache rollt schon ⟨fig.; umg.⟩ *ist schon in Bewegung, läuft schon, entwickelt sich* 1.3 Blut rollt in jmds. Adern ⟨fig.; geh.⟩ *fließt;* feuriges Blut rollt in ihren Adern 1.4 das Geld muß ~ ⟨fig.⟩ *muß unter die Leute kommen, muß stets in (raschem) Umlauf sein* 1.5 → a. *Stein(1.6)* **2** ⟨400⟩ Fahrzeuge ~ *bewegen sich auf Rädern* 2.1 ~des Material der Eisenbahn *Fahrzeugpark* 2.2 *(langsam) fahren;* das Flugzeug rollt in die Startposition **3** ⟨500/R7 od. R8⟩ jmdn. od. etwas ~ *drehend vorwärtsbewegen, schiebend wälzen;* einen Felsbrocken, einen Stein zur Seite ~; er rollte sich blitzschnell aus der Gefahrenzone **4** ⟨500⟩ flache Gegenstände ~ *zusammenrollen, zusammenwickeln;* den Teppich soll man ~, nicht knicken; er rollt das Papier, anstatt es zu falten **4.1** ⟨R3⟩ etwas rollt sich *wickelt sich zusammen, biegt sich ein;* das Blatt rollt sich um die verpuppte Raupe; ihr Haar rollt sich zu natürlichen Locken; der Regenwurm, die Schlange rollt sich **5** ⟨416 od. 500⟩ (mit) etwas ~ *etwas drehend bewegen, im Kreis bewegen;* den Kopf im Nacken ~ 5.1 die Augen, mit den Augen ~ *die Augäpfel heftig bewegen (vor Zorn)* **6** ⟨400⟩ die See rollt *ist heftig bewegt* **7** ⟨400⟩ das Schiff rollt *schlingert u. stampft zugleich* **8** ⟨400⟩ der Donner, das Echo rollt *donnert, grollt;* der Donner, das Echo rollt durch das Tal **9** ⟨500⟩ Wäsche ~ *mangeln* **10** ⟨500⟩ Teig ~ *glätten, in flache Form bringen, ausrollen;* den Kuchenteig ~ **11** ⟨500⟩ den Buchstaben r ~ *mit vibrierender Zungenspitze aussprechen* **12** ⟨500/R8⟩ jmdn. ~ ⟨umg.⟩ *verhauen, verprügeln*

'Rol·ler ⟨m.; -s, -⟩ **1** *niedriges Kinderfahrzeug aus zwei durch ein Brett verbundenen kleinen Rädern u. Lenkstange, auf dem man mit einem Fuß steht, Antrieb durch Abstoßen mit dem andern Fuß od. Zahnrad, das mittels Trittbretts angetreten wird;* Tret~ **2** *Kraftrad, das ohne Knieschluß gefahren wird, mit sesselartigem Sitz für den Fahrer* **3** ⟨veralt.⟩ *Kutscher eines Rollwagens* **4** ⟨seemannsspr.⟩ *große Brandungswelle*

'Roll·feld ⟨n.⟩ *sorgfältig geebnetes Gelände, Teil des Flugplatzes, auf dem Flugzeuge starten u. landen u. das in der Hauptrichtung eine meist betonierte od. mit Stahlplatten ausgelegte Start- u. Landebahn hat*

'Roll·kom·man·do ⟨n.⟩ *motorisierte Heeres-, Polizeistreife*

'Roll·mops ⟨m.⟩ *um ein Stück Gurke, Zwiebel u. Gewürz gerollter, entgräteter halber Hering in Marinade*

'Roll·schuh ⟨m.⟩ *dem Schlittschuh ähnliches Sportgerät mit vier auf Kugellagern laufenden Rädern an der am Fuß zu befestigenden Stahlsohle;* ~ laufen

Ro'man ⟨m.; -s, -e⟩ **1** *breit ausgeführte, in Prosa abgefaßte Erzählung, deren Held in seiner Auseinandersetzung mit der Umwelt gezeigt wird;* das gibt es nur in ~en!; ein historischer, politischer, satirischer, utopischer ~ **2** ⟨fig.⟩ *abenteuerliche od. ereignisreiche Begebenheit;* das ist ja ein ganzer ~; sein Leben war ein ~

2.1 erzähl doch keine (langen) ~e! ⟨fig.; umg.⟩ *fasse dich kürzer*

Ro'man·tik ⟨f.; -; unz.⟩ **1** *die geistigen Kräfte u. das Gefühl betonende künstlerisch u. philosoph. Bewegung in Europa, bes. in Deutschland zwischen 1794 u. etwa 1830;* die blaue Blume der ~ **2** ⟨fig.⟩ *Hang zum Träumerischen, Abenteuerlichen, Phantastischen;* die ~ eines Bildes, einer Landschaft, einer Schilderung **3** *das Träumerische, Abenteuerliche, Phantastische selbst;* er hat keinen Sinn für ~

ro'man·tisch ⟨Adj.⟩ **1** ⟨urspr.⟩ *romanhaft* **2** *zur Romantik gehörend, aus ihr stammend* 2.1 ~e Ironie *spielerische Einstellung zum eigenen Werk, über das sich der Künstler selbst ironisch äußert* **3** ⟨fig.⟩ 3.1 *träumerisch, schwärmerisch* 3.2 *phantastisch, unwirklich* 3.3 *malerisch, wild;* eine ~e Landschaft

Ro'man·ze ⟨f.; -, -n⟩ **1** *aus Spanien stammende (14. Jh.), volkstüml. episch-lyrische Dichtung in vierzeiligen Strophen mit acht- od. später vierhebigem trochäischem Versmaß* **2** *seit Ende des 18. Jh. zuerst in Frankreich aufkommendes strophisches Gesangstück (für ein od. zwei Singstimmen u. Klavier), später stimmungsvolles Instrumentalstück* **3** ⟨fig.; umg.⟩ *Liebesabenteuer*

'Rö·mer[1] ⟨m.; -s, -⟩ *(großes, meist aus Kristall geschliffenes) grünliches Weißweinglas mit kelchförmiger Kuppe u. einem konischen, durch Ringe od. Spiralen verzierten Fuß*

'Rö·mer[2] ⟨m.; -s, -⟩ **1** *Einwohner der Stadt Rom* **2** *Bürger des Röm. Reiches*

'Ron·de ⟨a. [rɔ̃de] f.; -, -n⟩ **1** *nächtl. Rundgang zur Überprüfung der Wachen;* ~ gehen **2** *der diesen Rundgang ausführende Offizier mit seiner Gruppe* **3** ⟨Tech.⟩ *runde Scheibe aus Blech, aus der ein Werkzeug gefertigt werden soll*

Ron'dell ⟨n.; -s, -e⟩ **1** *rundes mit Zierpflanzen besetztes Beet;* oV *Rundell* **2** *runder Turm (einer Festung)* **3** *kreisrunder Weg in einem Garten*

'rönt·gen ⟨V. 500⟩ **1** Körperteile, Gegenstände ~ *mit Röntgenstrahlen durchleuchten, untersuchen* **2** jmdn. od. etwas ~ ⟨umg.; scherzh.⟩ *scharf beobachten*

'Rönt·gen·strah·len ⟨m.; Pl.⟩ *elektromagnet. Strahlen mit hohem Durchdringungsvermögen*

'ro·sa ⟨Adj. 11/70⟩ *blaß-, zartrot;* Sy *rosenrot;* ein ~ Kleid; ~ Rosen; etwas ~ färben

rösch ⟨Adj.⟩ **1** ⟨Bgb.⟩ *grob, aus großen Stücken bestehend* **2** ⟨oberdt.⟩ *knusprig, scharf gebakken od. gebraten, z. B. Brot, Fleisch;* eine ~e Semmel; ein ~es Schnitzel **3** ⟨fig.⟩ *munter, lebhaft, flink, frisch;* ein ~es Mädchen

'Ro·se ⟨f.; -, -n⟩ **1** *Angehörige einer Gattung stacheliger Rosengewächse mit duftenden Blüten u. Steinfrüchten (Hagebutten): Rosa;* die ~n blühen, knospen, verblühen, welken 1.1 keine ~ ohne Dornen ⟨Sprichw.⟩ *alles Schöne hat auch seine Nachteile* **2** *Blüte der Rose(1);* gelbe, rote ~n; eine ~ brechen, schneiden, in die Vase stellen; einen Strauß ~n binden, verschenken 2.1 sie ist nicht auf ~n gebettet ⟨fig.; umg.⟩ *sie hat kein leichtes Leben* **3** *der Rose(2) äußerlich Ähnliches* 3.1 *Ornament in Form einer stilisierten Rose(2), als Fensteröffnung;* Fenster~ 3.2 *Blatt des Kompasses* 3.3 ⟨Med.⟩ *schwere infektiöse Entzündung des Zellgewebes der Haut u. der Unterhaut: Erysipel* 3.4 ⟨jägerspr.⟩ *Geweihansatz*

'Ro·sen·kranz ⟨m.⟩ **1** ⟨kath. Kirche⟩ *Kette mit Perlen, an denen sich die Zahl der gesprochenen Gebete überprüfen läßt;* einen ~ bei sich tragen **2** ⟨kath. Kirche⟩ *diese Gebete selbst (gewöhnl. 5mal je ein Vaterunser u. 10 Ave Maria);* den ~ beten **3** rachitischer ~ ⟨Med.⟩ *eine schwere rachit. Skelettveränderung des Brustkorbes, wobei die Stellen, an denen Knochen an Knorpel grenzen, sich verdicken*

Ro·sen'mon·tag ⟨a. ['----] m.⟩ *Montag vor Fastnacht*

'ro·sen·rot ⟨Adj.⟩ **1** = *rosa* **2** alles durch eine ~e Brille, in ~em Licht sehen ⟨fig.⟩ *Optimist sein, alles von der besten Seite sehen*

Ro'set·te ⟨f.; -, -n⟩ **1** *kreisrundes Ornament mit von einem Mittelpunkt strahlenförmig ausgehenden, blattförmigen Gebilden, ähnl. einer stilisierten Rose, häufig als Fensteröffnung* **2** *kleine, kreisrunde Schleife aus Stoff* **3** *Schliff von Edelsteinen, der eine runde od. ovale Grundfläche mit meist dreiseitigen Facetten ergibt*

'ro·sig ⟨Adj.⟩ **1** ⟨70⟩ *von zarter rosa Farbe;* ~e Haut, Fingernägel, Wangen; ein ~es Gesicht; ~ und gesund aussehen **2** ⟨fig.⟩ *gut, positiv, schön* 2.1 jmdm. etwas in ~en Farben schildern *von der besten Seite darstellen* 2.2 jmds. Lage ist nicht gerade ~ ⟨umg.⟩ *ist schlecht* 2.3 ~er Laune sein ⟨umg.⟩ *bester L.* 2.4 etwas in ~em Licht, alles durch eine ~e Brille sehen *allzu optimistisch, von der besten Seite* 2.5 eine ~e Zukunft vor Augen sehen *eine glückliche Z. mit besten Aussichten*

Ro'si·ne ⟨f.; -, -n⟩ **1** *getrocknete Weinbeere* **2** ⟨fig.; umg.⟩ *etwas Gutes, das Beste;* die ~n aus dem Kuchen picken **3** ~n im Kopf ⟨fig.⟩ *große, unerfüllbare Pläne*

Roß[1] ⟨[ro:s] n.; -es, -e⟩ *Wabe;* oV *Roße* ⟨mitteldt.⟩

Roß[2] ⟨[rɔs] n.; -s·ses, -s·se od. (umg. u. oberdt.) ¨s·ser⟩ **1** ⟨poet.⟩ *edles Pferd;* ~ und Reiter; ein feuriges, schwarzes, weißes ~; er sitzt hoch zu ~ 1.1 auf dem hohen ~ sitzen ⟨fig.; umg.⟩ *herablassend, überheblich sein* **2** ⟨oberdt.⟩ *Pferd;* ein ~ kaufen; die Rösser einspannen **3** ⟨fig.; umg.⟩ *Dummkopf;* so ein ~!

'Ro·ße ⟨f.; -, -n; mitteldt.⟩ = *Roß*[1]

'Rös·sel·sprung ⟨m.⟩ **1** ⟨Schach⟩ *Sprung des Rössels über ein Feld geradeaus ins nächste schräg dazu liegende od. umgekehrt* **2** *Rätselart, bei dem Wortteile über die Felder einer Figur verteilt sind, die nach Art des Sprungs vom Rössel im Schachspiel in ihrer richtigen Reihenfolge gesucht werden müssen*

Rost[1] ⟨m.; -(e)s, -e⟩ **1** *Gitter aus mehreren dünnen nebeneinanderliegenden Stäben (aus Stahl für festes Brennmaterial in Öfen);* Gitter~, Grill~, Latten~; der ~ ist durchgebrannt; auf dem ~ braten, rösten; die Asche fällt durch den ~ des Ofens **2** ⟨mundartl.⟩ *Matratze aus Stahl*

Rost[2] ⟨m.; -(e)s; unz.⟩ **1** *rötlichbrauner, bröckliger Belag auf Eisen u. Stahl aus Eisenoxid;* den ~ vom Eisen abkratzen, entfernen; ~ ansetzen; der ~ zerfrißt das Eisen; Eisen von ~ säubern, vor ~ schützen; ~ frißt Eisen, Sorge den Menschen ⟨Sprichw.⟩ **2** ⟨Bot.⟩ *durch einen Rostpilz hervorgerufene Pflanzenkrankheit*

'ro·sten ⟨V. 400⟩ **1** Eisen rostet *setzt Rost an, oxydiert* **2** rast' ich, so rost' ich ⟨Sprichw.⟩ *ohne Betätigung wird der Mensch träge u. geistig stumpf* **3** alte Liebe rostet nicht ⟨umg.⟩ *alte Liebe bleibt lange lebendig*

'rö·sten[1] ⟨V. 500⟩ etwas ~ **1** *ohne Zusatz von Fett od. Wasser durch Erhitzen bräunen;* Brot, Kaffee ~ **2** ⟨Kochk.⟩ *auf dem Rost, in der Pfanne braten;* Kartoffeln ~ **3** ⟨Met.⟩ *unter Luftzutritt erhitzen;* schwefelhaltige Erze ~

'rö·sten[2] ⟨V. 500⟩ Fasern ~ ⟨Text.⟩ **1** *mürbe werden lassen, in fließendem Wasser wässern, damit die Holzteile faulen u. entfernt werden;* Flachs, Hanf ~ **2** *durch Einfluß von Chemikalien innerhalb von 3 bis 4 Stunden aufschließen*

rot ⟨Adj. 23⟩ **1** *wie Blut, wie Feuer gefärbt;* ~ wie Blut; das Kind hat gesunde, ~e Backen; ihre ~en Lippen; ihr ~er Mund; Trinker haben oft eine ~e Nase; sie hat ~e Augen (vom vielen Lesen, vom Weinen, vor Übernächtigkeit); sie hat ~es Haar; sie wurde vor Aufregung, Scham, Verlegenheit ~ bis über beide Ohren; vor Zorn ~ anlaufend; ~e Grütze mit Vanilletunke; sie trug ein ~es Kleid; im Feld blüht ~er Mohn; Salat aus ~en Rüben; der Lehrer korrigierte mit ~er Tinte; er schenkte ihr einen Strauß ~er Rosen als Zeichen seiner Liebe; das ~e As ⟨Kart.⟩ 1.01 heute ~, morgen tot ⟨Sprichw.⟩ *das Leben geht oft rasch zu Ende* 1.02 diesen Tag werde ich mir im Kalender ~ anstreichen ⟨a. fig.⟩ *bes. merken, er wird sich mir einprägen* 1.03 wenn ich das höre, sehe ich ~ ⟨fig.; umg.⟩ *werde ich wütend* 1.04 viel ~e Tinte verbrauchen *viel (an der schriftl. Arbeit eines anderen) korrigieren* 1.05 sein Name wirkt wie ein ~es Tuch auf mich *wirkt aufreizend auf mich, reizt mich zur Wut* 1.06 er, sie ist für mich ein ~es Tuch ⟨fig.; umg.⟩ *ich kann ihn, sie nicht ausstehen* 1.07 ~es Gold *mit Kupfer legiertes G.* 1.08 jmdm. den ~en Hahn aufs Dach setzen ⟨fig.; umg.⟩ *jmds. Haus in Brand stecken* 1.09 ~er Faden *in das Tauwerk der engl. Marine eingewebter roter wollener Faden* 1.09.1 ⟨fig.; seit Goethes „Wahlverwandtschaften", 2. Teil, 2. Kap.⟩ *Leitmotiv, Leitgedanke, Verbindungslinie, Fortlauf der Entwicklung;* der ~e Faden eines Buches, Theaterstückes, Vortrages; das Motto zieht sich als ~er Faden durch die ganze Erzählung 1.10 ich habe keinen ~en Heller, Pfennig, mehr in der Tasche *keinen Pfennig, kein Geld* 1.11 die ~e Rasse *die Indianer* 1.12 ~er Wein *Rotwein* 1.13 ~e Welle ⟨scherzh.⟩ *zentrale Regelung des Verkehrs in Großstädten, die sich zeitweise so auswirkt, daß Autofahrer an jeder Straßenkreuzung rotes Licht vorfinden u. so stets halten müssen;* Ggs *grüne Welle* 1.14 ⟨60⟩ Rotes Kreuz ⟨Abk.: R. K.⟩ *in Genf 1863/64 gegründete internationale Organisation, die im Krieg das Los der Kriegsopfer zu mildern sucht u. den neutralen Vermittler in allen Fragen spielt, die die Verwundeten u. Gefangenen betreffen* 1.15 Rotes Kreuz *das internationale Schutzzeichen des Roten Kreuzes(1.14): rotes Kreuz auf weißem Feld* 1.16 ⟨60⟩ der Rote Davidstern ⟨in Israel für⟩ *Rotes Kreuz* 1.17 ⟨60⟩ Roter Halbmond ⟨in mohammedan. Ländern (Türkei, Teil der Sowjetunion) für⟩ *Rotes Kreuz* 1.18 ⟨60⟩ Roter Löwe, Rote Sonne ⟨im Iran für⟩ *Rotes Kreuz* 1.19 ⟨60⟩ Orden vom Roten Adler ⟨1792–1918⟩ *in vier Klassen verliehener Orden der ehemaligen preuß. Monarchie;* → a. *schwarz(1.3)* 1.20 Rote Johannisbeere ⟨Bot.⟩ *zu den Steinbrechgewächsen gehörender Strauch mit roten wohlschmeckenden Beerenfrüchten: Ribes spicatum* 1.21 ~es Eisenholz *Holz des aus dem Norden Irans stammenden Baumes: Parrotia persica* 1.22 ~es Blutkörperchen *B., das mit Hilfe des Blutfarbstoffes Sauerstoff u. Kohlendioxid befördert* **2** ⟨umg.⟩ *linksgerichtet, sozialistisch, kommunistisch;* die ~en Studentengruppen repräsentieren eine Minderheit an der Universität 2.1 ⟨60⟩ Rote Zelle *marxistisch orientierte Gruppe (bes. an Universitäten)* 2.2 ⟨60⟩ die Rote Armee ⟨Kurzform für⟩ *die Rote Arbeiter- u. Bauernarmee, von 1918 bis 1946 die offizielle Benennung für das Heer der Sowjetunion*

Rot ⟨n.; -s, - (umg. a.) -s⟩ **1** *rote Farbe, Farbe des Blutes, Feuers;* ein dunkles, helles, reines, sattes, tiefes ~; das ~ der Abend-, Morgensonne; ~ ist die Farbe der Liebe; sie war ganz in ~ gekleidet 1.1 die Vorhänge spielen ins ~e *haben einen rötlichen Farbton* **2** *rote Schminke;* ich muß noch etwas ~ auflegen **3** ⟨Kart.⟩ *Spielkartenfarbe, Herz u. Karo;* ~ anspielen, ausspielen

Ro·ta·ti'on ⟨f.; -, -en⟩ *Drehung, Umdrehung (eines Körpers od. einer Fläche) um eine Achse*

'Rö·te ⟨f.; -; unz.⟩ **1** *rote Farbe, das Rotsein;* die ~ des Abendhimmels, der Wolken; die frische ~ ihrer Backen, Wangen; die ~ stieg ihr ins Gesicht; sein Vorwurf trieb ihr die ~ ins Gesicht; vor Schüchternheit war ihr Gesicht von glühender ~ übergossen; die erste zarte ~ zeigte sich am Morgenhimmel 1.1 fliegende ~ (im Gesicht) *rasches, heftiges Erröten*

'rö·ten ⟨V. 500⟩ **1** etwas rötet etwas *färbt etwas rot;* die Bergspitzen, die Wolken sind von der Abendsonne gerötet; mit geröteten Augen nahm sie Abschied **2** ⟨R3⟩ etwas rötet sich *etwas wird rot, errötet;* ihr Gesicht rötete sich vor Verlegenheit; die Blätter ~ sich im Herbst 2.1 *reif werden;* die Kirschen, Erdbeeren begannen sich zu ~

'Rot·fuchs ⟨m.⟩ **1** *Pferd mit rotbraunem Deckhaar* **2** *das rote Sommerfell eines Fuchses*

ro'tie·ren ⟨V. 400⟩ Körper ~ *drehen sich gleichmäßig u. anhaltend um eine Achse*

'Rot·licht ⟨n.; -(e)s; unz.⟩ *durch Rotlichtlampen mit roten Glühbirnen od. rotem Filter erzeugtes langwelliges rotes Licht;* einen Film bei ~ entwickeln; sich bei Muskelschmerzen, Erkältung mit ~ bestrahlen lassen

'Rot·te ⟨f.; -, -n⟩ **1** *Abteilung, Schar* 1.1 ⟨Mil.⟩ *drei im Glied nebeneinander marschierende Soldaten* 1.2 ⟨Mil.⟩ *zwei zusammen fliegende Flugzeuge od. zwei zusammen fahrende Schiffe* 1.3 → a. *blind(5.1)* 1.4 ~ Korah ⟨AT⟩ *von Korah, dem Urenkel Levis, angeführte Gruppe, die sich gegen Moses empörte* 1.4.1 ⟨danach fig.; umg.⟩ *aufrührer. Horde* 1.5 ⟨verächtlich⟩ *Bande, Haufe, Gruppe von Kriminellen;* eine ~ Halbwüchsiger machte die Straßen unsicher **2** ⟨jägerspr.⟩ *Gruppe von Sauen* od. *Wölfen* **3** ⟨nddt.⟩ *Gerät zum Rösten des Flachses, Flachsröste*

Rotz ⟨m.; -es, -e; vulg.⟩ **1** *Nasenschleim;* den ~ von der Nase abwischen **1.1** ~ und Wasser heulen *heftig weinen (bes. von Kindern)* **2** ⟨Vet.⟩ *mit Knötchen u. Geschwüren in Haut u. Unterhaut verbundene Infektionskrankheit der Einhufer*

'rot·zig ⟨Adj.⟩ **1** *an Rotz(2) leidend* **2** ⟨umg.; derb⟩ *schmutzig* **3** *frech* **4** *schnodderig, zweideutig*

Rou'la·de ⟨[ru-] f.; -, -n⟩ **1** ⟨Kochk.⟩ *dünne Scheibe Fleisch, die mit Speck u. Zwiebeln gefüllt, zusammengerollt u. geschmort wird* **2** ⟨Mus.⟩ *schnell rollender, virtuoser Lauf*

Rou·let·te ⟨[ru'lət] f.; -, -n; [-tən]⟩ **1** *ein Glücksspiel, bei dem eine Kugel in einem Apparat mit einer drehbaren Scheibe mit schwarzen u. roten numerierten Feldern über den Gewinn entscheidet* **2** *zum Werkzeug der Kupferstecher gehörendes Rädchen*

'Rou·te ⟨['ru:tə] f.; -, -n⟩ *(vorgeschriebener od. geplanter) Reiseweg*

Rou'ti·ne ⟨[ru-] f.; -; unz.⟩ **1** *Übung, Geschicklichkeit, Erfahrung;* (keine) ~ in einer Sache haben **2** ⟨EDV⟩ *Programm(4), das häufig verwendet wird, nicht erst geschrieben zu werden braucht*

rou·ti'niert ⟨[ru-] Adj.⟩ *geschickt, gewandt, geübt, erfahren*

'Rü·be ⟨f.; -, -n⟩ **1** *ganz oder teilweise verdickte pflanzl. Pfahlwurzel, die als Nahrungs-, Futtermittel oder zur Zuckergewinnung dient;* rote, weiße ~n; ~n anbauen, füttern, hacken **1.1** ~n verziehen, ziehen *in den Reihen der gesäten Pflänzchen nur in bestimmten Abständen Pflanzen stehen lassen, die übrigen ausziehen* **1.2** → a. *gelb(1.5), Kraut(6.1)* **2** ⟨fig.; umg.⟩ *übermütiges Kind, spitzbübischer Kerl;* so eine freche ~! **3** ⟨fig.; umg.⟩ *Kopf;* er hat eine auf die ~ bekommen

Ru'bin ⟨m.; -s, -e⟩ *sehr wertvoller Edelstein von einem satten Rot*

Ru·brik ⟨[-'bri:k] f.; -, -en⟩ **1** *Titel, Überschrift* **2** ~ einer Zeitung *Spalte, Abschnitt* **3** ~ eines Ordnungssystems *Klasse, Abteilung*

'ruch·bar ⟨Adj. 24⟩ *durch Gerücht bekannt, ins Gespräch gekommen;* es wurde ~

'ruch·los ⟨Adj.; geh.⟩ *gewissenlos, niederträchtig, gemein, ehrfurchtslos, verrucht;* ein ~er Mensch; ein ~es Verbrechen; etwas ~ vernichten; jmdn. ~ umbringen

ruck ⟨Int.⟩ *(Ausruf zum Anfeuern, bes. beim Heben u. Transportieren schwerer Gegenstände);* hau ~!, ho ~!, ~ zuck!

Ruck ⟨m.; -(e)s, -e⟩ **1** *plötzl. Zug (am Zügel, Seil), Stoß, Erschütterung, kurzes, heftiges Anreißen od. Stemmen;* mit einem ~ anfahren; mit einem ~ raffte er sich auf **1.1** auf einen ~ *auf einmal, plötzlich* **1.2** du mußt dieser Sache einmal einen ~ geben ⟨fig.; umg.⟩ *einen Anstoß, sie vorantreiben* **1.3** sich einen ~ geben ⟨fig.; umg.⟩ *sich (zu etwas) überwinden* **1.4** die Wahl ergab einen ~ nach links, rechts *einen plötzl. Stimmengewinn einer links-, rechtsgerichteten polit. Partei*

'Rück·blick ⟨m.; fig.⟩ *(geistiger) Blick zurück, Erinnerung an Vergangenes;* ein kurzer, kritischer ~

'rucken ⟨-k·k-; V. 400⟩ **1** *sich mit einem Ruck bewegen, sich plötzl. abstoßen;* der Zug ruckte und blieb wieder stehen **2** ⟨411⟩ an etwas ~ *einen kurzen Stoß, Zug auf etwas ausüben;* er hat am Schrank geruckt; der Hund ruckte an der Leine **3** Tauben ~ *gurren*

'rücken ⟨-k·k-; V.⟩ **1** ⟨400⟩ *sich (mit einem Ruck) bewegen (in eine bestimmte Richtung), Platz machen;* der Zeiger der Bahnhofsuhr ist um eine Minute gerückt; kannst du ein Stückchen ~? **1.1** an jmds. Seite ~ *sich dicht zu jmdm. setzen* **1.2** nicht von der Stelle ~ *nicht weichen, sich nicht bewegen (lassen)* **1.3** an jmds. Stelle ~ ⟨a. fig.⟩ *jmds. S. einnehmen* **1.4** jmdm. auf den Pelz ~ ⟨fig.; umg.⟩ *sich jmdm. aufdrängen* **1.5** dieses Problem rückt zum erstenmal in unser Blickfeld ⟨fig.⟩ *wir werden zum erstenmal darauf aufmerksam* **1.6** ⟨611⟩ jmdm. auf die Bude ~ ⟨umg.⟩ *jmdn. (überraschend) in seiner Wohnung besuchen (um ihn zur Rede zu stellen)* **2** ⟨411⟩ Truppen ~ irgendwohin *ziehen, begeben sich irgendwohin;* die Truppen ~ ins Feld **3** ⟨500⟩ etwas ~ *an einen anderen Platz schieben, verschieben;* den Tisch an die Wand ~; den Schrank zur Seite ~ **3.0.1** den Hut ~ *an den H. greifen, ihn aber nicht abnehmen (als oberflächl. Gruß)* **3.1** ⟨411⟩ an etwas ~ *etwas durch Schieben bewegen;* er rückte nervös an seiner Krawatte **3.1.1** daran ist nicht zu ~ *es ist nicht zu ändern* **3.2** ⟨416⟩ mit den Stühlen ~ *schiebend (hin u. her) bewegen*

'Rücken ⟨-k·k-; m.; -s, -⟩ **1** *der Bereich von der Schulter- bis zur Lendengegend auf der Rückseite des menschl. Rumpfes;* ein breiter, krummer, schmaler, schwacher, starker ~; kaum hat man den ~ gewendet, wird auch schon Unsinn getrieben; jmdm. den ~ zudrehen; ~ an ~ stehen; auf dem ~ schlafen; auf dem ~ schwimmen; den Rucksack auf dem ~ tragen; eine Last auf den ~ nehmen; sich mit dem ~ anlehnen; ich stand mit dem ~ zur Tür **1.01** es lief mir kalt den ~ hinunter (vor Angst, Grauen, Kälte) *ich erschauerte* **1.02** jmdn. auf den ~ legen *jmdn. zu Fall bringen* **1.03** auf dem ~ liegen ⟨a. fig.; umg.⟩ *faulenzen* **1.04** man muß im Leben versuchen, mit dem ~ an die Wand zu kommen ⟨fig.⟩ *Rückendeckung suchen, Sicherung, Vorteil suchen* **1.05** jmdm. od. einer Sache den ~ kehren, zukehren, wenden, zuwenden ⟨a. fig.⟩ *sich von jmdm. od. einer S. abwenden, abkehren;* das Glück hat uns den ~ gewandt **1.06** jmdm. den ~ stärken, steifen ⟨fig.⟩ *beistehen, rechtgeben, jmdn. ermutigen, seines Beistandes versichern* **1.07** man hat ihm den ~ gebeugt, gebrochen ⟨fig.; umg.⟩ *ihn unterwürfig gemacht* **1.08** ihm juckt der ~ ⟨fig.; umg.⟩ *er braucht Prügel* **1.09** ich bin fast auf den ~ gefallen (vor Schreck, Überraschung) ⟨fig.; umg.⟩ *ich war sehr erschrocken, überrascht* **1.10** auf seinen ~ geht viel ⟨fig.; umg.⟩ *er hält seelisch viel aus* **1.11** etwas hinter jmds. ~ besprechen, tun ⟨fig.⟩ *heimlich, ohne jmds. Wissen* **1.12** → a. *hohl(2.0.1), krumm(1.1), verlängern(1.2)* **2** *Oberseite des tier. Rumpfes;* es gelang ihm nicht, sich auf dem ~ des Pferdes zu halten **3** *Rückseite* **3.1** im ~ *auf der Rückseite, (von) hinten;* im ~ des Feindes **3.1.1** beim Photographieren hatte ich die Sonne im ~ *kam das Sonnenlicht von hinten* **3.2** jmdn. od. etwas im ~ haben ⟨fig.⟩ *sich* *auf jmdn. od. etwas stützen können;* er hat seine einflußreiche Verwandtschaft im ~ **3.3** jmdm. den ~ decken ⟨fig.; umg.⟩ *jmdn. gegen Angriffe, Vorwürfe schützen, Angriffen od. Vorwürfen gegen jmdn. vorbeugen* **3.4** jmdm. in den ~ fallen ⟨fig.⟩ *jmdn. hinterrücks angreifen, gegen ihn sprechen, nicht in seinem Sinne handeln* **4** *dem Rücken(1,2) ähnlicher oberer oder hinterer Teil eines Gegenstandes* **4.1** *Oberseite;* Berg~; Fuß~; Hand~; Messer~; Nasen~ **4.2** *die Seite an eingebundenen Büchern, an der die Blätter befestigt sind* **4.3** *(hintere) Lehne;* Stuhl~

'Rücken·deckung ⟨-k·k-; f.; -; unz.⟩ **1** *Sicherung vor Angriffen aus dem Hinterhalt;* eine starke, sichere ~ haben **2** ⟨fig.⟩ *Sicherung gegen mögliche Vorwürfe;* Sy *Rückenstärkung;* bei jmdm. ~ finden; sich eine ~ verschaffen

'Rücken·stär·kung ⟨-k·k-; f.; unz.; fig.⟩ = *Rückendeckung(2);* sich bei jmdm. ~ holen

'Rück·fall ⟨m.⟩ **1** *Rückkehr in einen früheren (schlechteren) Zustand;* ein ~ in alte Gewohnheiten **2** ⟨Med.⟩ *Wiederauftreten einer scheinbar überwundenen Krankheit;* Sy *Rückschlag(4);* ein plötzlicher, heftiger ~; der Patient erlitt einen unerwarteten ~ **3** ⟨Rechtsw.⟩ *erneute Begehung der gleichen Straftat nach verbüßter Strafe;* Diebstahl im ~ **4** ⟨veralt.⟩ *Heim-, Anheimfall, Zurückkehren von Gütern an den ursprüngl. Besitzer*

'Rück·gang ⟨m.; fig.⟩ *Verringerung, Verschlechterung, Verfall;* ein ~ der Bevölkerung, eines Börsenpapiers, des Exports, des Geschäftsumsatzes, der Preise; in der Erzeugung ist ein ~ zu befürchten, eingetreten, zu verzeichnen

'Rück·grat ⟨n.; -(e)s, -e⟩ **1** ⟨Anat.⟩ = *Wirbelsäule;* ein verkrümmtes, gerades ~ **2** ⟨fig.⟩ *Stütze, Grundlage;* der Holzreichtum ist das ~ der finnischen Wirtschaft **2.1** das hat ihm wirtschaftlich das ~ gebrochen ⟨fig.; umg.⟩ *ihn wirtschaftl. vernichtet* **3** ⟨fig.⟩ *innere Festigkeit, Mut, zu seiner Überzeugung zu stehen;* ein Mensch ohne ~; ~ haben

'Rück·halt ⟨m.; -(e)s; unz.⟩ **1** *Halt, Stütze;* ich habe keinen, einen starken ~ an ihm; durch seine Eltern hat er finanziellen ~; ihm fehlt jeder moralische ~ **2** ⟨veralt.⟩ *Vorbehalt;* etwas ohne ~ anerkennen

'Rück·kehr ⟨f.; -; unz.⟩ *das Zurückkehren, Zurückkommen, Heimkehr, Fahrt zum Ausgangspunkt zurück, Heimreise;* Sy *Rückkunft* ⟨geh.⟩; wir erwarten heute seine ~; auf jmds. ~ warten; nach seiner ~

'Rück·kunft ⟨f.; -; unz.; geh.⟩ = *Rückkehr*

'rück·läu·fig ⟨Adj. 70⟩ **1** *sich rückwärtsbewegend, rückwärtsgewandt, zu dem Ausgangspunkt zurückgehend;* ~e Bewegung, Entwicklung; die Investitionen sind ~ **2** ~es Wörterbuch ⟨Sprachw.⟩ *W., in dem die Stichwörter vom Wortende her bis zum Wortanfang hin durchgehend alphabetisch geordnet sind*

'rück·lings ⟨Adv.⟩ **1** *rückwärts, nach hinten, mit dem Rücken nach vorn od. nach unten;* ~ ins Wasser stürzen; er saß ~ auf dem Stuhl **1.1** jmdn. ~ angreifen *aus dem Hinterhalt*

'Ruck·sack ⟨m.⟩ *von Wanderern auf dem Rücken getragener Sack aus Segeltuch für Mundvorrat, Kleidung, Ausrüstung;* ein schwerer ~; einen ~ packen, auf dem Rücken tragen

'Rück·schlag ⟨m.⟩ **1** *das Zurückschlagen, z. B. des Balles* **2** *Rückstoß, Rückprall;* der ~ eines Gewehres **3** ⟨fig.⟩ *ungünstige Wendung nach anfänglich günstiger Entwicklung;* er hat seinen geschäftlichen ~ überwunden **4** ⟨Med.⟩ = *Rückfall(2);* der Patient erlitt einen ~

'Rück·schritt ⟨m.; fig.⟩ *Verschlechterung, Rückfall in scheinbar Überwundenes;* Ggs *Fortschritt;* gegen den ~ kämpfen

'Rück·sicht ⟨f.; -, -en⟩ **1** *Achtsamkeit auf die Interessen, Gefühle usw. anderer;* ~ nehmen auf jmdn. od. etwas; ~ üben gegenüber jmdm.; er kennt keine ~; ich darf wohl etwas mehr ~ auf mein Alter verlangen; er hat es an der nötigen ~ fehlen lassen; aus finanziellen, geschäftlichen ~en; aus ~ auf seine kranke Mutter hat er abgesagt; mit ~ auf seine Gesundheit; er ging ohne jede ~ vor; ohne ~ auf mich zu nehmen, hat er ... **1.1** ohne ~ auf Verluste ⟨fig.; umg.⟩ *rücksichtslos, unter allen Umständen*

'Rück·spra·che ⟨f.; -; unz.⟩ **1** *erkundende Besprechung über eine bestimmte Frage* **2** *(als Vermerk auf Geschäftsvorgängen) Aufforderung an den Bearbeiter, sich zu rechtfertigen od. die Sache zu erläutern;* etwas durch eine ~ klären; laut, nach ~ mit Herrn X **2.1** mit jmdm. ~ nehmen *sich mit jmdm. besprechen*

'Rück·stand ⟨m.⟩ **1** *zurückbleibender Stoff beim Filtern, Auspressen usw., Bodensatz, Abfall;* Rückstände von chemischen Schutzmitteln in Pflanzen; im Glas blieb ein dunkler ~ **2** *unbezahlter Rest einer Rechnung;* alle Rückstände eintreiben, bezahlen **3** *Verzug;* er ist mit seiner Arbeit, seinen Zahlungen in ~ geraten; er ist mit den Raten im ~

'rück·stän·dig ⟨Adj.⟩ **1** ⟨90⟩ *restlich, übrigbleibend, noch unbeglichen;* ~e Zahlungen; mit 50 DM ~ sein **2** ⟨fig.⟩ *überholten Ansichten anhängend, nicht fortschrittlich;* ~e Ansichten **3** *auf niederer Entwicklungsstufe verharrend;* ein wirtschaftlich ~es Land

'Rück·tritt ⟨m.⟩ **1** *Verzicht auf ein staatsleitendes Amt;* Sy *Demission(1);* der ~ eines Ministers, Kabinetts; seinen ~ erklären, anbieten **2** ⟨Vertragsrecht⟩ *rückwirkende Vernichtung eines Vertrages durch einseitige Erklärung* **3** ~ vom Versuch ⟨Rechtsw.⟩ *ein Verhalten, das den Versuch als solchen straflos macht* **4** *Verzicht auf eine Vergünstigung*

'rück·wär·tig ⟨Adj. 24/60⟩ **1** *hinter jmdm. od. etwas befindlich, auf der Rückseite liegend;* die ~e Seite eines Hauses; ~e Zimmer; ~er Ausgang, Eingang **2** den Feind von ~en Verbindungen abschneiden *von den V. hinter der Front, im Hinterland*

'rück·wärts ⟨Adv.⟩ **1** *mit dem Rücken zuerst;* Ggs *vorwärts(1)* **1.1** ~ gehen *mit dem Rücken voran* **2** *nach hinten, zurück, der ursprüngl. Bewegung entgegengesetzt;* zwei Schritte ~!

'rück·wärts|ge·hen ⟨V. 145/400(s.)⟩ **1** ⟨fig.; umg.⟩ *sich verschlechtern, zurückgehen;* mit seinem Geschäft, seiner Laufbahn soll es ~ **2** ⟨aber getrennt⟩ 'rückwärts 'gehen → *rückwärts(1.1)*

'ruck·wei·se ⟨Adv.⟩ **1** *in Rucken, Stößen, stoßweise;* sich ~ vorwärtsbewegen; ein Tau ~

anziehen **2** bei dir kommt's wohl ~? ⟨fig.; umg.⟩ *du bist wohl nicht ganz gescheit?*

'Rück·wir·kung ⟨f.⟩ **1** *Wirkung auf den Wirkenden od. die wirkende Kraft zurück;* die wechselseitige, vorteilhafte ~ **2** *Wirkung eines Gesetzes, einer Willenserklärung usw. auf einen bestimmten Zeitraum vorher;* Gehaltserhöhung mit ~ bis zu drei Monaten

'Rück·zie·her ⟨m.; -s, -⟩ **1** ⟨fig.; umg.⟩ *Aufgabe zu hoch gespannter Ziele, Verkleinerung zu großer Pläne, halber Widerruf, Einlenkung;* einen ~ machen **2** ⟨Fußb.⟩ *das Schießen des Balls über den eigenen Kopf nach rückwärts*

'Rück·zug ⟨m.⟩ *Rückwärtsbewegung (bes. von Truppen), das Sichzurückziehen, Sichabsetzen vom Feind, geordnete Flucht;* dem Fliehenden den ~ abschneiden; den ~ antreten; den ~ decken, schützen, sichern; zum ~ blasen

'rü·de ⟨Adj.⟩ *rauh, ungeschliffen, roh;* ein ~s Benehmen; eine ~ Schlägerei; einen ~n Ton anschlagen

'Rü·de ⟨m.; -n, -n⟩ *Männchen (von Hund, Wolf, Fuchs u. der Marderfamilie)*

'Ru·del ⟨n.; -s, -⟩ **1** *zusammenlebende Gruppe (von Hirschen, Gemsen, Rehen, Wölfen)* **2** ⟨fig.; umg.⟩ *Schar, Ansammlung, große Gruppe;* ein ~ von Kindern

'Ru·der ⟨n.; -s, -⟩ **1** *Steuer, Vorrichtung zum Steuern (eines Schiffes od. Flugzeugs);* das ~ halten **1.1** das ~ der Regierung, des Staates führen, halten ⟨fig.⟩ *an der Spitze der R. stehen* **1.2** am ~ sein ⟨fig.; umg.⟩ *an der Macht* **1.3** am ~ sitzen ⟨fig.; umg.⟩ *die Macht ausüben, bestimmen* **1.4** ans ~ kommen ⟨fig.; umg.⟩ *an die Macht, in eine einflußreiche Stellung* **2** ⟨volkstüml.⟩ *an einem Ende flächig verbreiterte Stange zur Fortbewegung eines Ruderbootes;* Sy *Riemen;* die ~ auslegen, einziehen **2.1** sich kräftig in die ~ legen **2.1.1** *kräftig rudern* **2.1.2** ⟨fig.; umg.⟩ *die Arbeit kräftig anpacken* **3** ~ des S c h w a n s ⟨jägerspr.⟩ *Fuß*

'ru·dern ⟨V.⟩ **1** ⟨400(s.)⟩ *sich mit Rudern in einem Boot fortbewegen;* gegen die Strömung ~; wir sind gestern über den See gerudert; wir haben zu viert gerudert; um die Wette ~ **2** ⟨416⟩ m i t e t w a s ~ ⟨fig.⟩ *Bewegungen machen wie mit einem Ruder;* mit den Armen ~; die Enten, Schwäne ruderten mit ihren Füßen **3** ⟨500⟩ j m d n. od. e t w a s ~ *mit Rudern fortbewegen;* ich habe das Boot ans andere Ufer gerudert; der Fährmann hat die Passagiere ans Land gerudert; wir haben den Kahn durch einen Strudel gerudert

Ruf ⟨m.; -(e)s, -e⟩ **1** *laute, meist kurze Äußerung, laut gesprochenes Wort;* der ~ des Wachtpostens; ein ~ erschallt, ertönt; die anfeuernden ~e der Zuschauer; gellende ~e schreckten uns auf **1.1** *Aufforderung zum Kommen;* das Kind folgte dem ~ der Mutter; auf seinen ~ hin erschien ...; der ~ der Glocke zum Kirchgang ⟨fig.⟩; sie folgt dem ~ ihres Herzens ⟨fig.⟩ **2** *Äußerung von Tieren, bes. Vögeln;* Vogel~; der ~ der Eule; ich vernahm den ~ des Kukkucks **3** ⟨umg.⟩ *Aufruf, Appell;* der ~ zu den Waffen **3.1** ~ zur Ordnung *Aufforderung zur Ordnung* **4** ⟨unz.⟩ *(guter) Leumund, Ansehen;* einen guten ~ genießen; er erfreut sich keines guten ~es; sie hat einen guten ~; du hast einen guten ~ zu verlieren; er hat hier einen guten ~ als Chirurg; in gutem, üblem ~ stehen; er ist besser als sein ~; das wird deinem ~ abträglich sein; das wird deinem ~ schaden; sie ist in üblen ~ gekommen; er wird das Mädchen noch in schlechten ~ bringen; sein ~ ist zweifelhaft; dadurch, damit hat er seinen ~ aufs Spiel gesetzt; sie hält auf ihren ~; ihm geht der ~ eines erfahrenen Pädagogen voraus **4.1** er kam in den ~, ein Verräter zu sein *er wurde als V. angesehen* **4.2** er steht im ~e eines Schürzenjägers, ein Schürzenjäger zu sein *man sagt von ihm, daß er ein S. ist* **4.3** eine Firma v o n ~ *eine berühmte, bekannte F.* **5** ⟨veralt.⟩ *Gerücht;* der ~ der Ereignisse drang bis ins kleinste Dorf **6** *Angebot (eines Engagements), Berufung (an ein Amt, einen Posten, auf einen Lehrstuhl);* es erging der ~ an ihn, die Regie des neuen Stückes zu übernehmen; er erhielt einen ~ an die Universität München; er folgt dem ~ an die Universität Zürich **7** ⟨unz.⟩ *Telephonnummer;* er hat den ~ 23 27 25 **8** ⟨jägerspr.⟩ *Lockpfeife*

'ru·fen ⟨V. 204⟩ **1** ⟨400⟩ *die Stimme laut ertönen lassen;* anhaltend, aufgeregt, wiederholt, wütend, zornig ~; der Kuckuck ruft im Frühjahr; hat da nicht jmd. um Hilfe gerufen? **1.1** ⟨513/R3⟩ s i c h ... ~ *durch Rufen ... werden;* ich mußte mich heiser ~, bis er kam **2** ⟨800⟩ n a c h j m d m. od. e i n e r S a c h e ~ *jmdn. od. eine S. herbeirufen, rufend(1) nach jmdm. od. einer Sache verlangen;* ich habe lange nach dir gerufen; der Patient rief nach der Schwester; der Gast hat nach der Bedienung gerufen **3** ⟨500⟩ e t w a s ~ *laut, mit weittragender Stimme aussprechen, verkünden;* Alarm ~; „komm schnell!" rief er; mir ist als hörte ich „Hilfe!" ~ **4** ⟨402/R8⟩ (j m d n. od. e t w a s) ~ *kommen lassen (durch Anruf, Erinnerung), herbeiholen, herbeirufen;* den Arzt ~; einen Krankenwagen ~; ich habe laut und deutlich gerufen!; bitte ~ Sie ihn, lassen Sie ihn ~; ein dienstlicher Auftrag rief ihn nach Hamburg; jmdn. zu Hilfe ~; ich muß gehen, die Pflicht ruft; der Tod ruft ⟨poet.⟩ **4.1** ⟨511⟩ Gott hat ihn zu sich gerufen ⟨poet.⟩ *er ist gestorben* **4.2** ⟨511⟩ jmdn. zur Ordnung, zur Sache ~ *auffordern, sich ordentlich, sachlich zu benehmen* **4.3** ⟨511⟩ niemand hatte ihn auf den Plan gerufen *er mischte sich ungebeten ein* **4.4** (jmdm). w i e gerufen kommen ⟨umg.⟩ *(für jmdn.) gerade im rechten Augenblick kommen;* du kommst wie gerufen **4.5** ⟨800⟩ z u e t w a s ~ *zur Teilnahme an etwas auffordern;* jmdn. zum Essen ~; der Gong ruft zum Essen; die Glocke ruft zum Kirchgang; das Horn ruft zur Jagd **4.5.1** ⟨511⟩ einen Jahrgang z u d e n F a h n e n, z u d e n W a f f e n ~ ⟨geh.⟩ *zum Militär einziehen* **4.6** ⟨531/R4 od. R5⟩ j m d m. e t w a s i n s G e d ä c h t n i s ~ *vergegenwärtigen, jmdn. od. sich an etwas erinnern;* man muß sich diese ersten Jahre nach dem Krieg wieder einmal ins Gedächtnis ~ **4.7** ⟨600⟩ j m d m. ~ ⟨bes. oberdt.⟩ *zurufen (daß er kommen solle);* gehst du hin zu ihm, oder soll ich ihm ~? **5** ⟨513⟩ j m d n. (bei, mit e i n e m b e s t i m m t e n N a m e n) ~ *nennen, anreden;* wir ~ ihn Heini

'Rüf·fel ⟨m.; -s, -; umg.⟩ *Verweis, Rüge, Tadel;* er hat einen ~ bekommen; er mußte einen ~ einstecken; jmdm. einen ~ erteilen

'Rü·ge ⟨f.; -, -n⟩ *Tadel, Verweis, Zurechtweisung;* eine ~ bekommen, erhalten; jmdm. eine

~ erteilen; eine deutliche, empfindliche, scharfe, versteckte ~; eine ~ für ein Versäumnis; eine ~ wegen unentschuldigten Fehlens, wegen Zuspätkommens; eine ~ einstecken ⟨umg.⟩

'Ru·he ⟨f.; -; unz.⟩ **1** *Schweigen, Stille;* bitte einen Augenblick ~!; plötzlich trat ~ ein; ~ gebieten; der Redner mußte sich erst ~ verschaffen; die ~ wiederherstellen; die Schüler zur ~ ermahnen; ~ da! ⟨umg.⟩ **1.1** gebt ~, Kinder! *lärmt nicht mehr* **1.2** er hat endlich in dieser Sache ~ gegeben ⟨fig.⟩ *er besteht nicht mehr darauf* **1.3** die ~ vor dem Sturm ⟨a. fig.⟩ *Spannung vor einer Auseinandersetzung* **2** *ungestörter Zustand;* in ~ und Frieden leben **2.1** ~ geben, halten *nicht stören* **2.2** gib doch endlich ~! *sei ruhig, behellige mich nicht mehr damit* **2.3** ich möchte meine ~ haben! *ungestört bleiben* **2.4** jmdm. keine ~ lassen *jmdn. dauernd stören, bedrängen* **2.5** laß ihn jetzt in ~! *störe ihn nicht!* **2.6** das muß ich mir in ~ überlegen *so schnell kann ich mich nicht entscheiden* **2.7** man hat mich lange genug in ~ gewiegt *über Schwierigkeiten, Gefahren hinweggetäuscht* **2.8** nun hat die liebe Seele endlich Ruh'! ⟨fig.; umg.⟩ **2.8.1** *nun hat man endlich deinen Wunsch erfüllt (nachdem du mir lange genug damit in den Ohren gelegen hast)!* **2.8.2** ⟨auch iron.⟩ *durch Schaden ist er, sie endlich klug geworden* **3** *Zustand der Ordnung, der (öffentlichen) Sicherheit;* die nächtliche, öffentliche ~ stören **3.1** *Frieden;* Waffen~ **4** *Ausruhen, Schlaf, Erholung, Rast;* (keine) ~ finden; der Kranke bedarf dringend der ~; du solltest dir mehr ~ gönnen; im Urlaub ~ suchen; wir sehnen uns nach ~; ich habe ein großes Bedürfnis nach ~; nach dem Umzug bin ich noch nicht zur ~ gekommen; die ~ des Friedhofes, des Grabes; Herr, gib, schenke ihm die ewige ~; angenehme ~! (als Gute-Nacht-Gruß) **4.1** die Kinder müssen jetzt zur ~ gehen *schlafen gehen* **4.2** sich zur ~ begeben, legen *schlafen gehen* **4.3** der ~ pflegen ⟨geh.⟩ *sich ausruhen;* nach dem Essen pflegte er eine Stunde der ~ **4.4** er sollte sich endlich zur ~ setzen *in den Ruhestand treten, aufhören mit Arbeiten* **4.5** → a. *ewig(1.1.2), letzt(1.4.5)* **5** *Kaltblütigkeit, Gleichmut, innere Ausgeglichenheit;* ~ ausstrahlen; die ~ bewahren; diese Sorgen nehmen, rauben, stehlen mir die ~; er ist die ~ selbst; eine unerschütterliche ~ besitzen; er läßt sich nicht aus der ~ bringen; in aller ~ die Vorbereitungen treffen; ohne aus der ~ zu kommen; ~ ist die erste Bürgerpflicht ⟨Sprichw.⟩ **5.0.1** deine ~ und Rothschilds Geld! ⟨umg.; scherzh.⟩ *(dann wäre ich es zufrieden)* **5.1** immer mit der ~! ⟨umg.⟩ *nicht so hastig* **5.2** nur die ~ kann es bringen ⟨umg.⟩ *mit Hast kann nichts gelingen* **5.3** er hat die ~ weg ⟨umg.⟩ *er ist durch nichts zu erschüttern, nichts regt ihn auf* **6** *Stillstehen, -liegen, Unbeweglichkeit, Stillstand;* ein Körper, eine Maschine, ein Pendel in ~

'ru·hen ⟨V.⟩ **1** ⟨400⟩ *schlafen, ausruhen;* ich wünsche wohl zu ~! (Gute-Nacht-Gruß); nach dem Mittagessen eine Stunde ~; ~de Venus (Gemäldebezeichnung); nach dem Essen soll man ruhn oder tausend Schritte tun ⟨Sprichw.⟩ **1.1** ⟨513/R3; unpersönl.⟩ es ruht sich gut, schlecht (unter bestimmten Umständen) *man kann (unter bestimmten Umständen) gut, schlecht ausruhen, schlafen;* es ruht sich gut nach harter Arbeit, in diesem Bett **1.2** ⟨400⟩ *rasten, sich erholen, sich entspannen;* ihr Kopf ruhte an seiner Schulter; nach getaner Arbeit ist gut ruhn ⟨Sprichw.⟩ **1.2.1** im Urlaub will ich den Geist ~ lassen ⟨scherzh.⟩ *mich geistig nicht anstrengen, nur faulenzen* **1.2.2** nicht ~ und rasten bis ... *unermüdlich tätig sein, sich dafür einsetzen, daß ...* **1.3** ⟨400⟩ etwas ruht ⟨fig.⟩ *ist (vorübergehend) nicht in Funktion, geht (zeitweilig) nicht weiter* **1.3.1** der Acker ruht *liegt brach* **1.3.2** wir wollen diese Frage, dieses Problem ~ lassen *vorläufig nicht erörtern* **1.3.3** die Arbeit ruht während des Streiks *ist zum Stillstand gekommen* **1.3.4** die Verhandlungen ~ *sind unterbrochen* **1.3.5** die Sache ruht vorläufig *bleibt unentschieden, wird nicht vorangetrieben* **1.3.6** ⟨400⟩ der Vertrag ruht (bis zu einer gerichtlichen Klärung) *ist außer Kraft, außer Geltung* **1.3.7** die Waffen ~ (im Waffenstillstand, Frieden) *es wird nicht gekämpft* **1.3.8** ~der Verkehr *Straßenverkehr, bei dem sich Fahrzeuge in Ruhe befinden, das Parken u. Halten von Fahrzeugen auf öffentl. Straßen u. Plätzen;* Ggs *fließender Verkehr* **1.4** ⟨400⟩ jmd. ruht ⟨fig.⟩ *ist gestorben, tot;* ruhe sanft! (Grabinschrift); hier ruht (in Gott)... (Grabinschrift) **1.4.1** er ruht nun in Frieden *er ist tot* **1.4.2** die Toten soll man ~ lassen *über die Toten soll man nichts Böses sprechen* **1.4.3** *beerdigt sein (bes. in Grabüberschriften);* er ruht schon längst im Grabe **1.5** ⟨411⟩ etwas ruht in etwas ⟨fig.⟩ *liegt in etwas, ist in etwas aufbewahrt;* all sein Geld ruht im Tresor **1.6** ⟨400⟩ *still, bewegungslos, ruhig sein* **1.6.1** ~der Pol ⟨fig.⟩ *jmd., der eine beruhigende Wirkung kraft der eigenen Ruhe ausübt;* die Mutter ist der ~de Pol dieser unruhigen Familie **2** ⟨411⟩ etwas ruht auf jmdm. od. etwas *baut sich auf, liegt, lastet, beruht auf, wird getragen von;* die Brücke ruht auf mehreren Pfeilern; ein Fluch, ein Segen ruht darauf; die hierauf ~den Steuern; die ganze Last der Verantwortung ruht auf mir; der Verdacht ruht auf ihm **3** ⟨411⟩ Blicke, Augen ~ auf jmdm. od. etwas *sind auf jmdn. od. etwas gerichtet, geheftet;* seine Blicke ruhten mit Wohlgefallen auf ihr

'Ru·he·stand ⟨m.; -(e)s; unz.⟩ *Stellung eines im Alter aus dem Dienst ausgeschiedenen Beamten od. Offiziers;* Sy *Pension(2);* des ~(e)s ⟨Abk.: d. R.⟩; im ~ ⟨Abk.: i. R.⟩; in den ~ gehen, treten; in den ~ versetzen; der wohlverdiente ~

'ru·hig ⟨Adj.⟩ **1** *bewegungslos, unbeweglich, unbewegt;* jmdn. mit ~em Blick beobachten; ~e See; ~es Wetter **1.1** ⟨fig.⟩ *gedeckt, keine Kontraste aufweisend (in der Farbgebung)* **2** *keine Störung bewirkend, ungestört* **2.1** *nicht aufgeregt, sicher* **2.1.1** als Chirurg muß er eine ~e Hand haben *darf er nicht zittern* **2.1.2** nur ~ (Blut)! *keine Aufregung!* **2.2** *ohne Lärm, geräuschlos, still, schweigend;* sie sind ~e Mieter; wir müssen uns ~ verhalten **2.2.1** sei doch endlich einmal ~! *rede doch nicht unaufhörlich!* **2.2.2** sei ~! *sprich jetzt nicht, reg dich nicht auf* **2.3** *gleichmäßig, geordnet;* ~er Seegang; alles geht seinen ~en Gang **2.3.1** der Motor läuft ~ *leise u. gleichmäßig* **2.4** *lärmfrei, abgelegen, friedlich;* eine ~e Gegend; ich möchte ein ~es Zimmer haben (im Hotel) **3** *ohne Hast, in Muße;* bei ~er Überlegung muß man zugeben, daß ...; wir haben ~e Tage, Wochen dort verlebt; wir führen ein sehr ~es Leben; wir haben jetzt eine ~e Zeit im Geschäft 3.1 ⟨60⟩ er schiebt eine ~e Kugel ⟨fig.; umg.⟩ *führt ein geruhsames Leben* **4** *ausgeglichen;* er ist ein sehr ~er Mensch; sie muß ~er werden 4.1 ich habe ein ~es Gewissen *ein gutes G.* 4.2 du mußt ~ bleiben *kaltblütig, furchtlos* 4.3 er sah ihm ~ in die Augen *gelassen, gefaßt* **5** ⟨50⟩ *ohne weiteres, unbesorgt, ohne Bedenken, durchaus;* du kannst ~ mitkommen; du kannst es ihm ~ sagen; du kannst es dir ~ noch einmal überlegen

Ruhm ⟨m.; -(e)s; unz.⟩ *durch hervorragende Taten errungenes hohes Ansehen in der Öffentlichkeit;* eitler, falscher, kurzer, nichtiger, verblassender, vergänglicher ~; großer, unsterblicher, verdienter, wahrer ~; ~ davontragen, erlangen, ernten, erringen, erwerben; sich seines ~es erfreuen; zu ~ und Ehren gelangen; den Gipfel, die Höhe seines ~es erreichen; die Zeitungen sind seines ~es voll; dieses Gemälde hat seinen ~ begründet; dieses Werk wird ihm ~ einbringen; zu seinem ~e; sein ~ lebt weiter, verblaßt allmählich; er sonnt sich in seinem ~(e); so mancher Schauspieler überlebt seinen ~; er hat seinen ~ noch erlebt; da hast du dich ja nicht gerade mit ~ bedeckt, bekleckert!⟨fig.; umg.⟩

'rüh·men ⟨V. 500⟩ **1** ⟨R7 od. R8⟩ j m d n. od. eine S a c h e ~ *jmds. od. einer S. Ruhm verkünden, jmdn. od. etwas loben, preisen, lobend hervorheben;* man kann ihn deshalb nicht genug ~; jmdn. laut, außerordentlich ~; man rühmt ihre Schönheit, seine Unparteilichkeit, deinen Fleiß; er wurde als Vorbild gerühmt; er macht nicht viel Rühmens von seinen Leistungen; das muß besonders ~d hervorgehoben werden 1.1 ⟨550⟩ eine S a c h e a n j m d m. ~ *hochschätzen;* ich muß an ihm besonders seinen Fleiß ~; er hat an ihm die Zuverlässigkeit, Klugheit gerühmt **2** ⟨540/R3⟩ s i c h e i n e r S a c h e ~ *auf eine S. stolz sein, sie stolz verkünden, mit ihr prahlen;* ich rühme mich, sagen zu dürfen, daß ...; ohne mich ~ zu wollen, darf ich sagen ...; ich will mich meiner Tat nicht ~, aber ich muß doch sagen ...

'rühm·lich ⟨Adj.⟩ *lobenswert, löblich;* eine ~e Ausnahme bilden; sich ~ hervortun

'rüh·ren ⟨V.⟩ **1** ⟨500⟩ eine F l ü s s i g k e i t, M a s s e ~ *kreisend, drehend bewegen, vermischen, vermengen;* Gips, Teig ~ 1.1 ⟨511⟩ e t w a s i n e t w a s ~ *unter Rühren beifügen;* anschließend wird das Ei in den Teig gerührt **2** ⟨500/R7⟩ s i c h od. e t w a s ~ *bewegen;* er kann sich nicht ~ vor Schmerzen; ~ Sie sich nicht vom Fleck, von der Stelle!; noch verschlafen die Glieder ~; ~! rührt euch! (militär. Kommando); lassen Sie ~! (militär. Aufforderung) 2.1 ⟨R3⟩ es hat sich nichts gerührt *alles blieb ruhig* 2.2 die Wanderung hat mich angestrengt, ich kann kein Glied mehr ~ *jede Bewegung fällt mir schwer* 2.3 ⟨R3⟩ kein Blättchen, Hälmchen, Lüftchen rührt sich *es ist ganz windstill* 2.4 ⟨R3⟩ bei meinem Haushaltsgeld kann ich mich nicht ~ ⟨fig.; umg.⟩ *es ist so wenig, daß ich dadurch finanziell eingeengt bin* 2.5 keinen Finger ~ *nicht mitarbeiten, nicht helfen* 2.5.1 sie rührt zu Hause keinen Finger *sie tut im Haushalt nichts, hilft nicht* 2.6 ⟨510⟩ s i c h n i c h t m e h r ~ *tot sein;* er lag da und rührte sich nicht mehr 2.7 s i c h, a l l e K r ä f t e ~ ⟨fig.; umg.⟩ *tätig sein, sich anstrengen;* er muß sich schon ~, wenn er fertigwerden will 2.8 ⟨R3⟩ s i c h ~ ⟨fig.; umg.⟩ *sich bemerkbar machen, sich melden;* sein Gewissen rührte sich 2.8.1 rühr dich rechtzeitig! *mach dich bemerkbar, melde dich* 2.9 → a. *Donner(1.0.1)* **3** ⟨411⟩ a n e t w a s ~ *etwas anfassen, etwas berühren, betasten, etwas bewegen;* rühre nicht daran! 3.1 ⟨fig.⟩ *von etwas sprechen, etwas erwähnen;* an diese Begebenheit darf man bei ihm nicht ~ 3.1.1 wir wollen nicht daran ~ *wir wollen die Sache ruhen lassen, nicht davon sprechen* **4** ⟨414⟩ e t w a s rührt v o n j m d m. od. e t w a s ⟨geh.⟩ *kommt, stammt von jmdm. od. etwas;* diese Schwellung rührt von einem Schlag 4.1 sein Zustand rührt daher, daß ... *erklärt sich aus ..., ist bestimmt durch ...* **5** ⟨500⟩ j m d n. ~ *gefühlvolle Stimmung, Rührung, Mitleid bewirken bei jmdm., jmdn. innerlich berühren;* jmdn. zu Tränen ~; das alles konnte ihn nicht ~; ihr Anblick rührte mich; sein Leid rührte ihr (ans) Herz; jmds. Herz ~ ⟨poet.⟩ 5.1 ⟨m. Modalverb⟩ muß das nicht jeden ~? *kann das jmdn. gleichgültig lassen?* 5.2 ein menschliches Rühren verspüren ⟨a. scherzh.⟩ *Hunger od. den Drang, sich zu entleeren, verspüren* **6** ⟨500⟩ der S c h l a g rührt j m d n. ⟨umg.⟩ *jmd. erleidet einen Schlaganfall;* ihn hat der Schlag gerührt 6.1 mich hat fast der Schlag gerührt, ich glaubte, mich rührt(e) der Schlag *ich war ganz überrascht, fassungslos, sehr erschrocken* **7** ⟨500⟩ die H a r f e, T r o m m e l ~ ⟨Mus.⟩ *spielen, schlagen* 7.1 die Reklametrommel, Werbetrommel ~ ⟨fig.⟩ *kräftig werben, Reklame machen*

'rüh·rend **1** ⟨Part. Präs. von⟩ *rühren* **2** ⟨Adj.⟩ *das Gemüt bewegend, zu Herzen gehend, das Herz erwärmend;* ein ~er Anblick; eine ~e Begebenheit, Geschichte, Szene; seine ~en Worte taten mir gut; er hat einen ~den Beileidsbrief geschrieben; was für ein ~es Bild!; es ist ~, zu sehen, wie er ... 2.1 *liebevoll, aufopfernd, selbstlos;* auf ~e, in ~er Weise für jmdn. sorgen; das ist ~ von dir!; er ist ~ zu dem Kind

'rüh·rig ⟨Adj.⟩ *tätig, unternehmungslustig, flink, emsig;* ein ~er Mensch; immer ist sie ~

'rühr·se·lig ⟨Adj.⟩ **1** *zu Rührung neigend, (übertrieben) gefühlvoll, tränenreich;* sie ist sehr ~ **2** *mit starken Mitteln Rührung verursachend;* ein ~es Buch; der Film war ~

'Rüh·rung ⟨f.; -; unz.⟩ **1** *innere Bewegung, Bewegtsein, Ergriffenheit, weiche Stimmung, Mitgefühl;* ~ empfinden, erwecken, hervorrufen; mich überkam, übermannte die ~; etwas mit ~ anhören, betrachten, lesen; vor ~ kamen ihr die Tränen; sie konnte vor ~ kaum sprechen; sie weinte vor ~ 1.1 auf den Gesichtern las man die ~ *konnte man die R. erkennen*

Ru'in ⟨m.; -s; unz.⟩ **1** *Zusammenbruch, Untergang, Verfall;* geschäftlicher, moralischer, wirtschaftlicher ~; das Land, dieses Unternehmen geht dem, seinem ~ entgegen; das ist mein ~! 1.1 *Verlust des Vermögens;* der ~

war nicht aufzuhalten **2** du bist noch mein ~! ⟨umg.⟩ *mein Verderben*

Rui·ne ⟨[-'--] f.; -, -n⟩ **1** *Reste eines zerstörten Bauwerks;* die malerisch gelegene ~ der Burg ist ein beliebtes Ausflugsziel **2** jmd. ist nur noch eine ~ ⟨fig.; umg.⟩ *ein körperlich völlig verfallener Mensch*

rui'nie·ren ⟨V. 500/R7 od. R8⟩ **1** jmdn. od. etwas ~ *zerstören, (wirtschaftl.) zugrunde richten, (gesellschaftlich) vernichten;* du wirst noch deine Gesundheit ~; seine Spielleidenschaft hat ihn ruiniert; die Wirtschaftskrise hat ihn ruiniert **2** etwas ~ *(mutwillig) schwer beschädigen, verwüsten;* die Beete im Garten sind durch den Regen ruiniert

'rülp·sen ⟨V. 400⟩ *hörbar aufstoßen;* derb ~; laut ~

Rum ⟨m.; -s, -s⟩ *Branntwein aus Rohrzucker*

'Rum·mel ⟨m.; -s; unz.; umg.⟩ **1** *Lärm u. Getriebe, Menschengewühl u. Geschrei;* ich habe diesen ~ gründlich satt **1.1** den ~ kenne ich ⟨fig.; umg.⟩ *ich weiß, wie die Sache vonstatten geht* **2** *Jahrmarkt, Vergnügungspark;* auf den ~ gehen **3** *Gerümpel, Plunder, Trödelkram* **3.1** den ganzen ~ kaufen *alles in Bausch u. Bogen*

ru'mo·ren ⟨V. 410⟩ **1** *lärmen, poltern, dumpfe Geräusche von sich geben;* die Kinder rumorten im Keller; die Pferde ~ im Stall; es rumort im Schornstein **1.1** es rumort in seinem Magen ⟨fig.⟩ *rumpelt* **2** ⟨fig.⟩ *Unruhe hervorrufen;* Zorn, Unwille rumort in ihm

'rum·peln ⟨V.; umg.⟩ **1** ⟨400⟨h. od. s.⟩⟩ *dumpf polternd (über grobes Pflaster) fahren;* der Wagen hat den ganzen Weg über tüchtig gerumpelt; der Wagen ist von der Kreuzung bis zum Gutshof tüchtig gerumpelt; durch die Straße ~ **2** ⟨400⟩ *ein dumpfes, polterndes Geräusch verursachen, erzeugen;* er rumpelt mit den Koffern, Kisten; es rumpelt auf dem Dachboden; was rumpelt und pumpelt in meinem Bauch herum? (aus dem Märchen „Der Wolf und die sieben Geißlein") **2.1** es hat gerumpelt *leise gedonnert* **3** ⟨500/R7⟩ etwas od. jmdn. ~ *reibend waschen, scheuern;* die Wäsche auf dem Waschbrett ~; sich mit dem Handtuch ~

Rumpf[1] ⟨m.; -(e)s, ¨-e⟩ **1** *menschl. od. tierischer Körper ohne Kopf u. Glieder, Leib;* Kopf, ~ und Glieder; ~ beugt, ~ dreht, ~ streckt (turnerische Kommandos) **2** ⟨fig.⟩ *Körper des Schiffes od. Flugzeugs ohne Masten bzw. Tragflächen u. Fahrgestell;* Schiffs~, Flugzeug~

Rumpf[2] ⟨m.; nur in Wendungen; schweiz.⟩ an einem ~ **1** jmd. ist an einem ~ *zum Umfallen müde* **2** etwas ist an einem ~ *zertrümmert;* das Auto ist an einem ~

'rümp·fen ⟨V. 505⟩ (über jmdn. od. etwas) die Nase ~ **1** *die N. als Ausdruck der Verachtung od. Mißbilligung in Falten ziehen* **2** ⟨fig.⟩ *verächtlich über jmdn. od. etwas sprechen*

rund ⟨Adj.⟩ **1** *kugel-, kreis-, ringförmig, abgerundet, gewölbt;* ein ~er Tisch **1.1** ⟨70⟩ das Kind machte ~e Augen, als es den Geburtstagstisch sah ⟨a. fig.⟩ *es staunte (mit großen Augen)* **1.2** ⟨60⟩ Konferenz am ~en Tisch ⟨fig.⟩ *unter gleichberechtigten Teilnehmern* **1.2.1** am ~en Tisch verhandeln *in kollegialer, freundschaftl. Runde* **2** *dick, rundlich, pausbäkkig;* ~e Arme, Bäckchen, Backen, Schultern haben; sich dick und ~ essen; dick und ~ werden **3** ⟨fig.⟩ *vollendet (geformt), voll;* ein ~er Klang, Ton **3.1** ⟨60⟩ es war ein ~es Fest ⟨umg.⟩ *geglücktes, herrliches Fest* **4** ⟨60⟩ eine ~e Zahl *eine auf- od. abgerundete durch 10 od. 100 od. auch durch 5 teilbare Z.;* die ~e Summe von 1200 Mark **5** ⟨50⟩ *ungefähr, etwa;* ~ 200 Mark soll es kosten; ~ eine Stunde mußte ich warten **6** ⟨50⟩ *im Kreis;* in einer Weltraumkapsel ~ um die Erde fliegen; eine Plauderei ~ um das Problem der richtigen Ernährung ⟨fig.⟩ **6.1** heute ging's wieder einmal ~ ⟨fig.; umg.⟩ *es war viel los, viel zu tun*

'Rund·brief ⟨m.⟩ = *Rundschreiben*

'Run·de ⟨f.; -, -n⟩ **1** *Kreis, Umkreis, Umgebung;* 20 Schritt in der ~ **1.1** in der ~ singen *im Chor singen (von allen, die in einem Kreis sitzen)* **2** *Gesellschaft rund um den Tisch (Tafelrunde, Stammtischrunde), Kreis von Menschen;* in fröhlicher ~ beisammensitzen; er war in unserer ~ willkommen **2.1** eine ~ Bier, Schnaps (ausgeben), spendieren, stiften ⟨umg.⟩ *für alle Anwesenden je ein Glas (Bier, Schnaps) zahlen* **3** *kreisförmige Bewegung;* drei ~n auf dem Karussell fahren **3.1** die ~ machen *einen Bezirk prüfend abschreiten, von einem zum anderen weitergegeben werden, der Reihe nach jeden in einer Gesellschaft begrüßen* **3.2** ⟨veralt.; Mil.⟩ *Rundgang zur Überprüfung der Wachen* **3.2.1** *der diesen Rundgang ausführende Offizier mit seiner Gruppe* **4** ⟨Sp.⟩ *Kampfbahn* **4.1** *(einmal zurückgelegter) Weg rund um die Kampfbahn;* er lief 25 ~n (beim 10 000-m-Lauf); in der 3. ~ gab es einen Zusammenstoß **5** ⟨Sp.⟩ *(meist zeitl. begrenzter) Abschnitt eines Wettkampfes (z. B. beim Boxen);* er gewann durch K. o. in der vierten ~ **5.1** gerade noch über die ~n kommen ⟨fig.; umg.⟩ *es eben noch schaffen* **5.2** das hätten wir gut über die ~n gebracht ⟨fig.; umg.⟩ *erfolgreich beendet*

Run'dell ⟨n.; -s, -e⟩ = *Rondell(1)*

'run·den ⟨V. 500⟩ **1** etwas ~ *rund machen, rund formen, abrunden;* die Lippen ~; die Katze rundete den Rücken **2** ⟨R3⟩ sich ~ *rund werden;* der Mond rundet sich zur vollen Scheibe; eine gerundete Stirn **3** ⟨R3⟩ sich ~ *sich vervollständigen;* so rundet sich das Bild; die einzelnen Teile ~ sich zu einem geschlossenen Ganzen **3.1** ein Jahr rundet sich *geht zu Ende*

'Rund·funk ⟨m.⟩ **1** *Übertragung von Wort- u. Tonsendungen an ein Netz von Empfängern durch elektromagnet. Wellen;* Sy *Radio(2);* ich habe eben im ~ die Nachrichten gehört **2** *die Dienststelle, in der diese Sendungen gesammelt, verarbeitet bzw. vorbereitet u. übertragen werden, Sender;* beim ~ arbeiten; der ~ überträgt heute die zweite Halbzeit des Fußballänderspiels **3** = *Radio(1);* den ~ ausschalten, einschalten

'Rund·gang ⟨m.⟩ **1** *Gang in der Runde, im Kreis, durch ein Gebäude, einen Bezirk als Spazier-, Besichtigungsgang od. zur Prüfung, Bewachung;* der Wächter macht den planmäßigen ~; den ~ antreten **2** ⟨Mil.⟩ = *Ronde(1)* **3** ⟨Arch.⟩ *kreis- od. halbkreisförmiger Gang, Wandelgang*

'rund·her·aus ⟨Adv.⟩ *offen, ohne Umschweife;*

etwas ~ bekennen, erklären, fordern, verbieten, zugeben; ~ gesagt ...
'rund·her·um ⟨Adv.⟩ **1** *ringsum, ringsumher, im Umkreis;* der Ort ist ~ von Wald umgeben **2** *im Kreis um einen Mittelpunkt;* ~ dreht sich die Wetterfahne
'rund·lich ⟨Adj.⟩ **1** *annähernd rund;* ein ~er Kieselstein; die Steine sind ~ geschliffen **2** *dicklich, füllig;* eine kleine, ~e Frau; sie ist ein wenig ~ (geworden)
'Rund·schrei·ben ⟨n.⟩ *Brief, der entweder von einem Empfänger an den nächsten weitergeleitet wird usf. od. der in mehreren Exemplaren an mehrere Empfänger verschickt wird;* Sy *Rundbrief*
'rund·um ⟨a. [-'-] Adv.⟩ *rings, im Umkreis;* es gab ~ nur Wiesen und Felder
'rund·weg ⟨Adv.⟩ *unumwunden, klar, ohne Umschweife;* etwas ~ ablehnen, ableugnen, abschlagen, verneinen
'run·ter ⟨Adv.; umg.⟩ = *herunter*
'Run·zel ⟨f.; -, -n⟩ *Hautfalte, Falte auf der Oberfläche, Furche (z. B. auf der Gesichtshaut, Fruchtschale);* im Alter bekommt man ~n im Gesicht; regelmäßig Creme einmassieren, um die ~n zu glätten
'Rü·pel ⟨m.; -s, -; abwertend⟩ *Mensch, der sich rüpelhaft benimmt, Flegel, Grobian;* so ein ~!
'rup·fen ⟨V.⟩ **1** ⟨500⟩ Geflügel ~ *dem G. vor der Zubereitung die Federn herausziehen* 1.1 ⟨517⟩ ein Hühnchen mit jmdm. ~ ⟨fig.; umg.⟩ *jmdm. Vorwürfe machen* 1.2 man hat mich tüchtig gerupft, ich bin tüchtig gerupft worden ⟨fig.; umg.⟩ *man hat mir viel Geld abgenommen* **2** ⟨500⟩ etwas ~ *pflücken, jäten;* Unkraut ~ **3** ⟨411⟩ an etwas ~ *reißen, ziehen, zerren;* jmdn. am Haar ~
'rup·pig ⟨Adj.⟩ **1** *grob, derb, ungeschliffen, unhöflich;* ein ~er Mensch; er hat sich ~ benommen **2** ⟨norddt. a.⟩ *ärmlich, zerlumpt, struppig;* ein ~es Aussehen; ein ~er Hund
'Rü·sche ⟨f.; -, -n⟩ *gefältelter od. gekräuselter Besatz an Kleidern od. Wäsche;* weiße ~n am Kragen; Seiden~, Spitzen~, Plissee~
Ruß ⟨m.; -es; unz.⟩ **1** *tiefschwarzes Pulver aus Kohlenstoff, das sich bei unvollkommener Verbrennung organ. Substanzen ausscheidet;* mit ~ geschwärzt **2** ⟨Vet.⟩ *eine Hautkrankheit der Ferkel*
'Rüs·sel ⟨m.; -s, -⟩ **1** *spitze od. röhrenförmige Verlängerung des Kopfes mancher Tiere, z. B. der Nase beim Elefanten, Mundorgan bei Würmern u. Schnecken, Saug- u. Stechwerkzeug bei manchen Insekten* **2** ⟨vulg.⟩ *Nase*
'ru·ßen ⟨V.⟩ **1** ⟨400⟩ *(unvollständig verbrennen u. dabei) Ruß absondern;* Öl rußt; der Ofen rußt **2** ⟨500⟩ etwas ~ *mit Ruß färben*
'rü·sten ⟨V.⟩ **1** ⟨500/R7⟩ etwas od. sich ~ *(sich) vorbereiten, bereit-, fertigmachen;* ich rüstete (mich) zur Abreise; sich od. alles für die Reise ~; wir müssen uns zum Gehen ~; das Städtchen rüstet sich zum Weinfest; das Essen ~ ⟨veralt.; geh.⟩ 1.1 ein Haus ~ *ein Baugerüst anbringen* **2** ⟨400⟩ *Kriegsvorbereitungen treffen, sich od. das Land mit Waffen versehen;* die Staaten ~ um die Wette; der Krieg überraschte das nicht gerüstete Land
'rü·stig ⟨Adj.⟩ *kräftig, frisch, tätig, tatkräftig;* eine ~e alte Dame; ~ ausschreiten; er ist noch sehr ~ für sein Alter

ru·sti'kal ⟨Adj.⟩ *ländlich, bäuerlich*
'Rü·stung ⟨f.; -, -en⟩ **1** ⟨unz.⟩ *das Rüsten, Kriegsvorbereitung, Ausstattung mit Waffen, Bewaffnung;* die ~ durch ein internationales Abkommen beschränken; die enormen Kosten für die ~; die atomare, nukleare ~ **2** ⟨bes. im MA⟩ *Schutzbekleidung der Krieger aus Metallplatten od. -ringen;* im Museum sind ~en aus dem Mittelalter ausgestellt
'Rüst·zeug ⟨n.; -(e)s, -e⟩ *Werkzeug od. Kenntnisse, die man für eine Arbeit braucht;* er hat (nicht) das nötige ~ für diesen Posten; er muß sich noch das nötige ~ hierfür aneignen
'Ru·te ⟨f.; -, -n⟩ **1** *langer, dünner, gerader Zweig, Gerte;* Weiden~ 1.1 da hast du dir eine ~ aufgebunden ⟨fig.⟩ *bist du eine lästige Verpflichtung eingegangen* 1.2 mit der ~ eine Wasserader suchen *Wünschelrute* 1.3 *Gerte od. Gertenbündel zum Züchtigen;* mit der ~ hauen, schlagen, züchtigen; Knecht Ruprecht droht mit der ~ 1.3.1 etwas mit der ~ bekommen, die ~ zu spüren bekommen *gezüchtigt werden* 1.3.2 jmdm. die ~ zu kosten geben *jmdn. züchtigen* 1.3.3 sie regiert mit der eisernen ~ ⟨fig.⟩ *sie ist sehr streng* 1.3.4 sich unter jmds. ~ beugen ⟨fig.⟩ *sich jmds. Herrschaft unterwerfen* **2** *altes dt. Längenmaß, etwa 3,8 m* **3** ~ vom Raubwild, Hund u. Eichhörnchen ⟨jägerspr.⟩ *Schwanz* **4** ⟨Anat.⟩ *das männl. Glied*
Rutsch ⟨m.; -(e)s, -e⟩ **1** *gleitende Bewegung abwärts (bes. von Stein-, Erdmassen);* Berg~; Erd~ 1.1 einen ~ machen *ausrutschen, ausgleiten u. dabei hinfallen* **2** ⟨umg.⟩ *kleiner Ausflug, kurze Fahrt, Spritztour;* einen ~ machen; guten ~ ins neue Jahr! (Neujahrsglückwunsch) ⟨fig.⟩ 2.1 guten ~! *gute Reise!* 2.2 wir sind auf einen ~ nach Salzburg gefahren *für kurze Zeit, als kleinen Ausflug*
'rut·schen ⟨V. 400(s.)⟩ **1** *sich gleitend auf einer Fläche bewegen, gleiten, ausrutschen;* das Kind rutschte vom Stühlchen 1.1 etwas rutscht *sitzt nicht fest, gleitet herunter;* mein Träger rutscht (mir von der Schulter) 1.2 ins Rutschen kommen *den Halt verlieren;* Vorsicht! die Pakete kommen ins Rutschen 1.3 ⟨m. Modalverb⟩ das Essen will nicht ~ ⟨umg.⟩ *es schmeckt nicht* 1.4 und wenn er auf den Knien gerutscht käme ... ⟨fig.; umg.⟩ *u. wenn er mich noch so demütig darum bäte ...* **2** ⟨411⟩ irgendwohin ~ ⟨umg.⟩ *eine kleine Reise machen, fahren* **3** ⟨jägerspr.⟩ *sich mit Unterbrechungen, bes. während des Äsens, fortbewegen (von Hasen)*
'rüt·teln ⟨V.⟩ **1** ⟨411⟩ an etwas ~ *heftig schütteln, in schnellen Rucken hin u. her bewegen;* der Sturm rüttelt an den Fensterläden; an der Tür ~; jmdn. an den Schultern ~ 1.1 ⟨550⟩ jmdn. aus dem Schlaf ~ *unsanft durch Schütteln wecken* 1.2 daran ist nicht zu ~ ⟨fig.⟩ *daran kann nichts geändert werden, das steht unumstößlich fest* 1.3 ⟨500⟩ Getreide ~ *sieben* 1.4 ⟨500⟩ ein gerüttelt Maß (von Arbeit, Sorgen usw.) ⟨fig.⟩ *sehr viel* **2** ⟨400⟩ etwas rüttelt *wird schnell u. anhaltend gestoßen;* der Wagen rüttelt auf dem holprigen Weg **3** ⟨400⟩ ein Greifvogel rüttelt ⟨jägerspr.⟩ *flattert mit schnellen Flügelschlägen in der Luft, ohne sich vorwärtszubewegen;* der Falke rüttelt über der Beute

S

Saal ⟨m.; -(e)s, 'Sä·le⟩ *sehr großer Innenraum;* einen ~ betreten, verlassen; der Ball fand im festlich geschmückten ~ des Kurhauses statt

Saat ⟨f.; -, -en⟩ **1** *das Säen, Aussäen;* eine frühe, späte ~; es ist Zeit zur ~ **2** *Samen od. Knollen, die gesät od. gesteckt werden u. aus denen neue Pflanzen entstehen sollen;* Sy *Saatgut;* die ~ bestellen, in die Erde bringen; aus der ~ des Hasses kann nichts Gutes gedeihen, hervorgehen ⟨fig.⟩; wie die ~, so die Ernte ⟨Sprichw.⟩ 2.1 die ~ ist aufgegangen ⟨a. fig.⟩ *die Folgen zeigen sich* **3** *das noch grüne Getreide;* die ~ steht gut

'Saat·gut ⟨n.; -(e)s; unz.⟩ = *Saat(2)*

'Sä·bel ⟨m.; -s, -⟩ **1** *Hiebwaffe mit einschneidiger, spitzer, gekrümmter Klinge;* den ~ schwingen, wetzen, ziehen, zücken 1.1 jmdn. auf ~ fordern *zum Säbelduell* 1.2 mit dem ~ rasseln ⟨a. fig.⟩ *sich angriffslustig gebärden, mit kriegerischen Aktionen drohen*

Sa·bo'ta·ge ⟨[-ʒə] f.; -, -n⟩ *planmäßige Vereitelung eines Zieles anderer, bes. durch Zerstören od. Beschädigen von Maschinen, Waren usw., meist zu polit. Zwecken*

'sach·dien·lich ⟨Adj.⟩ *einer Sache dienlich, nützlich;* ~e Angaben machen; ~e Hinweise erbittet die Kriminalpolizei

'Sa·che ⟨f.; -, -n⟩ **1** *Gegenstand nicht näher bestimmter Art (des persönl. Besitzes);* die ~n, die hier herumliegen, sind unbrauchbar 1.0.1 alte ~n *Gerümpel, Antiquitäten* 1.1 ⟨meist Pl.⟩ ~n ⟨umg.⟩ *Besitz, Kleidungsstücke, Gebrauchsgegenstände, Toilettenartikel, Möbel, Gepäck;* seine ~n in Ordnung halten; deine ~n kannst du in dieses Fach legen, tun 1.1.1 jmdm. aus den ~n helfen *beim Ausziehen helfen* 1.1.2 auf die ~n gut achtgeben, aufpassen *auf das Gepäck u. ä.* 1.2 ⟨umg.⟩ *Eßwaren;* es gab gute ~n zu essen 1.2.1 ich esse gern scharfe ~n *pikante Speisen* 1.2.2 er trinkt gern scharfe ~n *Schnäpse* **2** *bestimmte, nicht näher bezeichnete Angelegenheit;* eine bedeutende, ehrliche, gerechte, große, gute, verheißungsvolle, wichtige ~; eine böse, ernste, gefährliche, hoffnungslose, langwierige, lästige, peinliche, schwierige, unangenehme, verlorene ~; erzähl doch einmal den Hergang der ~; er will sich meiner ~ annehmen; ich neige dazu, die ~ ganz anders anzusehen; die ~ verhielt sich so ...; das ist aber auch das beste an der ~; ich möchte wissen, was an der ~ wahr ist; in dieser ~ möchte ich nichts unternehmen; er ist in eine unangenehme ~ verwikkelt; die ~ ist für mich erledigt; ich habe mich lange nicht um diese ~ gekümmert; ich kann mir noch kein Bild von der ~ machen; ich weiß nichts von der ~; einer ~ auf den Grund gehen; in eigener ~ verhandeln; in eigener ~ kann niemand Richter sein ⟨Sprichw.⟩ 2.0.1 es muß etwas Wahres an der ~ sein *an dem Gerücht* 2.0.2 es ist keine große ~ ⟨umg.⟩ *es ist nur eine Kleinigkeit* 2.0.3 die ~ ist die, daß ... *es verhält sich so, daß ...* 2.0.4 die ~ liegt so: ... *ich will die Angelegenheit erklären: ...* 2.0.5 das ist so eine ~ ⟨umg.⟩ *das ist schwierig* 2.0.6 das ist eine ~ für sich *etwas anderes, das hat nichts mit der vorangegangenen Angelegenheit zu tun* 2.0.7 sie hat nichts mit dieser ~ zu tun *sie war nicht beteiligt, sie ist unschuldig* 2.0.8 das liegt in der Natur der ~ *das ist hierbei unvermeidlich* 2.1 *Unternehmen, Vorhaben;* eine ~ fallenlassen, verfolgen; eine große, tolle ~ vorhaben ⟨umg.⟩; die ~ ist schiefgegangen ⟨umg.⟩ 2.1.1 die ~ macht sich nicht bezahlt *es lohnt sich nicht* 2.1.2 die ~ schmeißen ⟨umg.⟩ *durchführen* 2.1.3 das ist eine abgekartete ~ ⟨umg.⟩ *das war vorher verabredet* 2.1.4 die ~ soll morgen steigen ⟨umg.⟩ *stattfinden, zustande kommen* 2.1.5 → a. *gemeinsam(1.1)* 2.2 *Thema, Wesentliches;* das gehört nicht zur ~; sie kann nicht bei der ~ bleiben; er soll endlich zur ~ kommen; zur ~! 2.2.1 zur ~ reden, sprechen, sich äußern *über das Thema, das Wesentliche sprechen, ohne abzuschweifen* 2.2.2 etwas tut nichts zur ~ *ist nicht wesentlich, macht in diesem Fall nichts aus;* der Name tut nichts zur ~ 2.2.3 du solltest nicht so lange um die ~ herumreden *sag doch gleich das Wesentliche* 2.3 *(umfassendes) Ziel;* im Dienst der (großen) ~ stehen; sich in den Dienst einer ~ stellen; die ~ der Freiheit vertreten; sie arbeitet aus Liebe zur ~ 2.3.1 etwas um der ~ willen tun *ohne Rücksicht auf die eigene Person od. auf eigene Vorteile* 2.4 *Umstand;* man muß dabei verschiedene ~n berücksichtigen 2.5 *Frage, Problem;* das ist eine ~ der Erziehung, des Taktes, des Vertrauens; über ~n des Geschmacks läßt sich nicht streiten 2.5.1 die ~ muß ich erst beschlafen ⟨umg.⟩ *ich kann mich erst morgen entscheiden* 2.5.2 das ist meine ~! *kümmere dich nicht um meine Angelegenheit, das geht dich nichts an!* 2.5.3 du mußt die Person von der ~ trennen *die Angelegenheit ganz sachlich, unpersönlich beurteilen* 2.6 *Aufgabe, Pflicht, Obliegenheit;* es ist ~ der Behörden, das zu entscheiden; einer ~ überdrüssig sein, werden 2.6.1 er versteht seine ~ *er ist tüchtig in seinem Beruf* 2.6.2 er versteht etwas von der ~ *er kennt sich damit aus* 2.6.3 er macht seine ~ *erledigt zuverlässig, was man ihm aufträgt* 2.6.4 du hast deine ~ gut gemacht *deine Aufgabe gut durchgeführt, ich bin mit dir zufrieden* 2.7 *Geschmack, Art und Weise;* das ist nicht jedermanns ~ 2.8 *Meinung, Handlung* 2.8.1 ich bin meiner ~ gewiß, sicher *ich bin von der Richtigkeit meiner Meinung, Handlung überzeugt* **3** ⟨unz.; umg.⟩ *gute Angelegenheit* 3.0.1 das ist ~! *das ist großartig!* **4** ⟨nur Pl.⟩ ~n ⟨umg.⟩ *nicht näher bezeichnete (meist negativ) auffallende Angelegenheit* 4.0.1 mach keine ~n! *(Ausruf des Erstaunens, der Zurechtweisung)* 4.1 das sind ja nette ~n! ⟨iron.⟩ *ich staune, ich bin überrascht über das, was ich hören muß* 4.2 ~n gibt's (die gibt's gar nicht)! *da kann man nur staunen* **5** ⟨nur Pl.⟩ mit 100 ~n die Straße entlangbrausen ⟨umg.⟩ *mit einer Geschwindigkeit von 100 Stundenkilometern fahren* **6** ⟨Rechtsw.⟩ 6.1 *jeder körperl. Gegenstand, im Unterschied zur Person;* Gewalt gegen ~n; bewegliche ~n 6.2 *Gegen-*

stand eines Rechtsstreits; eine ~ anhängig machen, aufschieben, entscheiden, führen, gewinnen, verlieren, verteidigen, vertreten (vor Gericht); er wurde vom Richter zur ~ vernommen 6.2.1 in ~n X gegen Y *im Prozeß des X gegen Y*

'sach·ge·mäß ⟨Adj.⟩ *dem Wesen einer Sache entsprechend, angemessen, passend, treffend*

'Sach·kennt·nis ⟨f.⟩ **1** *Wissen, Erfahrung auf einem Gebiet;* sein Urteil verrät ~ **2** *Kenntnis der Umstände, der Lage, des Sachverhalts*

'sach·kun·dig ⟨Adj.⟩ *Sachkenntnis besitzend, verratend, erfahren, fachmännisch;* Sy *sachverständig;* ein ~es Urteil

'sach·lich ⟨Adj.⟩ **1** *eine Sache betreffend, zur Sache gehörig;* ~ ist nichts auszusetzen, einzuwenden, aber formal; ~e Gründe **2** *nüchtern (denkend), vorurteilsfrei, objektiv;* ~e Angaben, Bemerkungen, Kritiken, Urteile; ein ~er Mensch; eine Angelegenheit ~ behandeln, betrachten, erörtern; er bleibt immer ~

'säch·lich ⟨Adj. 24; Gramm.⟩ **1** ⟨Gramm.⟩ = *neutral(3);* männliche, weibliche und ~e Substantive 1.1 das ~e Geschlecht *Neutrum*

sacht ⟨Adj.⟩ oV *sachte* **1** *kaum merklich* 1.1 ⟨90⟩ *leise;* sich mit ~en Schritten nähern 1.2 ⟨90⟩ *langsam, allmählich;* ein ~ ansteigender Weg 1.2.1 immer ~!, nur ~!, immer ~ voran! ⟨umg.⟩ *nicht so stürmisch!, langsam!* 1.3 *leicht, sanft;* mit ~er Hand etwas berühren, darüberstreichen **2** ⟨50⟩ *vorsichtig;* etwas ~ anfassen, berühren, streicheln; ~ näherkommen; sich ~ entfernen; wer ~ fährt, kommt auch an ⟨Sprichw.⟩

'sach·te ⟨Adj. 90⟩ **1** = *sacht* 1.1 ~, ~! ⟨umg.⟩ *vorsichtig!, langsam!*

'Sach·ver·halt ⟨m.; -(e)s, -e⟩ **1** *Lage, Stand der Dinge, Tatbestand;* den ~ durchschauen, erkennen, erfahren, untersuchen; jmdm. den ~ darlegen, erklären, mitteilen, verschweigen; jmdn. über den ~ aufklären 1.1 ⟨Rechtsw.⟩ *die in einem Rechtsfall zu beurteilenden tatsächl. Verhältnisse u. Vorgänge*

'sach·ver·stän·dig ⟨Adj.⟩ = *sachkundig*

'Sach·wal·ter ⟨m.; -s, -⟩ *jmd., der sich einer Sache annimmt, Verwalter einer Sache, Verteidiger, Fürsprecher;* sich für etwas zum ~ machen

Sack ⟨m. 7; -(e)s, ¨-e⟩ **1** *längl. Behälter aus grobem Stoff, Kunststoff od. Papier zum Aufbewahren od. zum Transport von körnigen od. kleinstückigen Gütern;* ein leichter, schwerer, voller ~; einen ~ aufbinden, zubinden; den ~ ausschütten, leeren; Getreide in Säcke füllen, schütten; Knüppel aus dem ~! (aus dem Märchen „Tischlein, deck dich" der Brüder Grimm); es ist leichter, einen ~ Flöhe zu hüten als euch ⟨umg.; scherzh.⟩; jmdm. einen ~ voller Lügen auftischen ⟨fig.⟩ 1.0.1 ich habe geschlafen wie ein ~ ⟨fig.; umg.⟩ *sehr fest* 1.0.2 er ist voll wie ein ~ ⟨fig.; umg.⟩ *schwer betrunken* 1.0.3 mit ~ und Pack ⟨umg.⟩ *mit allem Besitz, allen Habseligkeiten* 1.0.4 in den ~ hauen ⟨fig.; umg.⟩ *mit einer Sache aufhören, kündigen* 1.0.5 in ~ und Asche gehen ⟨fig.; veralt.⟩ *büßen* 1.1 jmdn. in den ~ stecken ⟨fig.; umg.⟩ 1.1.1 *jmdm. überlegen sein* 1.1.2 *jmdn. betrügen* 1.2 *(Maßeinheit, bes. für Schüttgut);* ein ~ Kartoffeln; drei ~ Kaffee, Mehl, Reis 1.3 ⟨süddt.⟩ *Tasche, Geldbeutel;* Hosen~, Geld~ 1.4 den ~ schlägt man, u. den Esel meint man ⟨fig.⟩ *der Unschuldige wird bestraft, der Falsche zur Verantwortung gezogen* **2** ⟨fig.⟩ *etwas mit einem Sack(1) Vergleichbares, entweder weil es nur einen Eingang u. keinen Ausgang hat od. weil es schlaff od. bauschend hängt;* ~gasse; Tränen~ 2.1 ⟨umg.⟩ *Hodensack* **3** ⟨umg.⟩ *(Schimpfwort);* ihr Säcke! 3.1 so ein fauler ~ ⟨fig.; umg.⟩ *fauler Mensch*

'Sack·gas·se ⟨f.⟩ **1** *Straße mit nur einem Zugang;* in eine ~ geraten **2** ⟨fig.⟩ *ausweglose Situation;* er steckt in einer ~; er sucht verzweifelt einen Ausweg aus der ~

'Sack·pfei·fe ⟨f.⟩ = *Dudelsack*

Sa'dis·mus ⟨m.; -; unz.⟩ **1** ⟨i. e. S.⟩ *Perversion, bei der durch Zufügen von Mißhandlungen geschlechtl. Befriedigung gefunden wird* **2** ⟨i. w. S.⟩ *Lust an Grausamkeiten*

'sä·en ⟨V.; du säst, er sät; du sätest; gesät; säe!⟩ **1** ⟨402⟩ (S a m e n) ~ *(Saatgut) in den Boden bringen, über das Feld ausstreuen;* Astern, Gerste, Karotten ~; nach dem Sturm lagen die Kastanien wie gesät auf dem Weg; was der Mensch säet, das wird er ernten ⟨Sprichw. nach NT, Galaterbrief 6,7⟩ 1.1 d ü n n gesät sein ⟨fig.⟩ *spärlich anzutreffen, selten* **2** ⟨500⟩ eine S a c h e ~ ⟨fig.⟩ *die Grundlage, den Keim zu einer S. legen, den Anstoß zu einer S. geben;* Haß, Liebe, Mißtrauen, Zwietracht ~; wer Wind sät, wird Sturm ernten ⟨Sprichw. nach AT, Hosea 8,7⟩

Saft ⟨m.; -(e)s, ¨-e⟩ **1** *der flüssige Bestandteil organ. Körper;* von den Birken ~ abzapfen 1.1 (roter) ~ ⟨umg.⟩ *Blut;* Blut ist ein ganz besondrer ~ (Goethe, Faust I, Studierzimmer) 1.1.1 schlechte Säfte haben ⟨umg.⟩ *schlechte Körperflüssigkeit, (bes.) schlechtes Blut (nach altem Aberglauben die Ursache von Krankheiten)* **2** *aus reifen Früchten od. Gemüsen durch Auspressen gewonnene Flüssigkeit (bes. als Getränk);* Obst~; der ~ von Äpfeln, Birnen, Karotten, Tomaten; den ~ der Früchte auspressen, einkochen, zu Gelee verarbeiten 2.1 der ~ der R e b e n *Wein* **3** *Flüssigkeit, die während des Kochens od. Bratens aus dem Fleisch austritt u. zum Bereiten von Saucen dient* 3.0.1 Fleisch im eigenen ~ schmoren *mit wenig Fett dünsten* 3.1 im eigenen ~ schmoren ⟨fig.; umg.⟩ *in Angst, im ungewissen sein* **4** ⟨fig.⟩ *Energie, Kraft, Leben* 4.1 ohne ~ und Kraft *kraftlos;* eine Rede, ein Roman, ein Theaterstück ohne ~ und Kraft

'saf·tig ⟨Adj.⟩ **1** *viel Saft enthaltend, reich an Saft;* ~e Früchte; ~es Obst **2** ⟨fig.⟩ *kräftig;* ein ~es Grün; er hat eine ~e Ohrfeige bekommen ⟨umg.⟩ **3** ⟨fig.; umg.⟩ *unanständig, derb;* ~e Geschichten, Witze erzählen

'saft·los ⟨Adj.⟩ **1** *keinen Saft besitzend, trokken* **2** ⟨fig.⟩ *kraftlos;* saft- und kraftlos ⟨verstärkend⟩

'Sa·ge ⟨f.; -, -n⟩ **1** *mündl. überlieferte Erzählung histor. od. mytholog. Inhalts;* ~n einer Landschaft, eines Volkes; ~n aufzeichnen, sammeln, veröffentlichen; wie die ~ berichtet, erzählt ... **2** *Überlieferung, Gerücht;* es geht die ~, daß ...

'Sä·ge ⟨f.; -, -n⟩ **1** *aus einem stählernen, mit scharfen Zacken versehenen Blatt u. Griff bestehendes Werkzeug zum Zerschneiden von Metall u. Holz* **2** ⟨kurz für⟩ *Sägewerk* **3** *der Säge ähnlicher Gegenstand*

'sa·gen ⟨V.⟩ **1** ⟨500⟩ etwas ~ *mit Worten mündlich ausdrücken;* er hat kein Wort gesagt; denken kannst du dir dein Teil, nur ~ darfst du es nicht; jmdm. Bosheiten, Grobheiten, Sticheleien ~; etwas brüsk, herablassend, herausfordernd, mürrisch, vorwurfsvoll, wütend, zornig ~; etwas bescheiden, besorgt, freundlich, liebevoll, vorsorglich ~; etwas im Flüsterton ~; ja, nein ~; ich weiß nicht, wie ich es ~ soll; guten Morgen, gute Nacht, guten Tag ~; ich habe ihn ~ hören, daß ...; jmdm. Komplimente, etwas Nettes, Schmeicheleien ~; jmdm. Dank ~; er sagt nie seine Meinung; jmdm. seine Meinung, jmdm. ordentlich die Meinung ~; seine Gründe ~; das mußte einmal gesagt werden; das ist leichter gesagt als getan; wie würdest du ~: ich bin gesessen oder ich habe gesessen?; das Stück hat - wie soll ich ~ - ... (wenn man nach Worten sucht) **1.0.1** was ich noch ~ wollte *übrigens* **1.0.2** es kostet sage und schreibe 20 Mark! *(Ausdruck der Entrüstung od. der Anerkennung)* **1.0.3** wer kann ~, was die Zukunft bringen wird *niemand weiß, was ...* **1.0.4** ich war, ~ wir, um 10 Uhr zu Hause *schätzungsweise* **1.0.5** wann treffen wir uns? ~ wir, um vier Uhr *nun, vielleicht um vier Uhr?* **1.0.6** das sagt man nicht! *es ist ungehörig, das auszusprechen* **1.1** *mitteilen;* mit wenig Worten viel ~; das Gesagte bleibt unter uns; was sagte er?; eins muß man ja ~, er ist immer großzügig gewesen; ~ Sie, wenn es genug ist (beim Einschenken, Aufgeben) **1.2** *erklären, äußern;* er sagt, er habe es vergessen; das habe ich doch nur im Scherz gesagt; um es klar, kurz, offen zu ~; das ist schnell gesagt; das hat er nur aus Bosheit gesagt; ~ Sie (ein)mal ...; wirst du bis morgen damit fertig? Das kann ich noch nicht ~; wie der Volksmund sagt ...; ich möchte fast ~, dieses Bild gefällt mir besser; Goethe sagt ... (vor einem Zitat); was würdest du ~, wenn ...; was Sie nicht ~! (Ausruf des Erstaunens) **1.2.1** ich müßte lügen, wenn ich anders sagte *ich stehe zu meiner Meinung* **1.2.2** was wollen Sie damit ~? *was meinen Sie, was beabsichtigen Sie mit Ihren Worten?* **1.2.3** das ~ Sie so, aber ... *Sie sprechen das so leichthin aus, aber ...* **1.2.4** ich sage, wie's ist *offen meine Meinung* **1.2.5** gesagt - getan *eine Absicht wird geäußert u. sogleich danach gehandelt* **1.3** *behaupten;* man sagt, daß ...; wie du nur so etwas ~ kannst!; man kann ohne Übertreibung ~ ...; da kann er ~, was er will, ich glaube ihm kein Wort; ich nehme von dem Gesagten kein Wort zurück; das ~ Sie, nicht ich! (indem man sich von jmds. Meinung distanziert); ich habe es ja schon immer gesagt, du sollst ...; das will ich mit meiner Bemerkung nicht ~ (Ausdruck der Einschränkung) **1.3.1** das möchte ich nicht ~ *ich glaube nicht, daß es so ist* **1.3.2** ach, sag das nicht! *ich würde das nicht für unmöglich halten!* **1.3.3** da soll noch einer ~, daß diese Geschichte nicht wahr sein kann *ich habe jetzt den Beweis, daß diese G. wahr ist* **1.3.4** was man auch ~ mag ... *auf jeden Fall, in jedem Fall ...* **1.3.5** dann will ich nichts gesagt haben *unter diesen Umständen nehme ich zurück, was ich gesagt habe* **1.3.6** wie man so schön sagt *wie die Redensart heißt* **1.3.7** wenn ich so ~ darf *wenn dieser Ausdruck berechtigt ist* **1.4** *gestehen, zugeben;* du sollst die Wahrheit ~ (und nicht lügen); ich habe nicht viel gegessen, um nicht zu ~: gar nichts; das muß man schon ~; sag doch, daß du es warst! **1.5** dies od. jenes sagt etwas *bedeutet etwas;* das will schon etwas ~! (Ausdruck der Anerkennung); sagt dir dieser Name etwas?; das Buch, dieses Gemälde sagt mir gar nichts; was will das ~? **1.5.1** damit ist nichts, viel, wenig gesagt *das bedeutet* **1.5.2** damit ist nicht gesagt, daß ... *das bedeutet nicht, daß ...* **1.6** ⟨530/R6⟩ (zu) jmdm. etwas ~ *jmdm. etwas (mündlich) mitteilen;* ich kann dir nur ~: nimm dich in acht!; es muß ihr endlich einmal jemand die Wahrheit ~; hast du (zu) ihm etwas gesagt?; er hat mir gesagt, er komme später; der Spiegel sagt ihr, daß sie nicht mehr jung ist; ich habe es (dir) ja gleich gesagt, aber du wolltest nicht (auf mich) hören; mein Gefühl sagt mir dieses und mein Verstand jenes; das muß dir doch dein Verstand ~, daß das nicht stimmen kann **1.6.1** wem sagst du das? ⟨iron.⟩ *das weiß ich doch schon längst!* **1.6.2** ich habe mir ~ lassen, daß ... *ich habe erfahren, daß ...* **1.6.3** ⟨531⟩ jmdm. etwas ins Ohr ~ *leise, damit es niemand sonst hört* **1.6.4** ⟨R1⟩ sich etwas ~, etwas bei sich ~ *denken, sich denken, sich überlegen* **1.7** ⟨500⟩ sich etwas ~ lassen *einer Aufforderung nachkommen* **1.7.1** sie will sich nichts ~ lassen *sie ist eigensinnig, nimmt keine Ratschläge an* **1.7.2** das ließ er sich nicht zweimal ~ *dieser Aufforderung kam er sofort nach, die angebotene günstige Gelegenheit ergriff er sofort* **1.8** ⟨413; Part. Perf.⟩ wie gesagt *wie (bereits) erwähnt* **1.8.1** richtiger gesagt ... *besser formuliert* **1.8.2** genug gesagt! *deutlich genug klargemacht* **1.8.3** beiläufig, nebenbei gesagt ... *übrigens* **1.8.4** kurz gesagt ... *in kurzen Worten ...* **1.8.5** unter uns gesagt *vertraulich mitgeteilt* **1.8.6** das wäre zu viel gesagt *so weit kann man nicht gehen mit seinen Schlußfolgerungen* **1.8.7** lassen Sie es sich gesagt sein *nehmen Sie es als Lehre, als Warnung an* **1.8.8** offen gesagt *wenn ich ehrlich sein soll* **2** ⟨550⟩ **2.1** über jmdn. od. eine Sache, von jmdm. od. einer Sache etwas ~ *bemerken, erwähnen, Auskunft geben;* darüber, davon hat er nichts gesagt; darüber wäre viel zu ~; wer kann mir etwas über ihn ~?; seine Schrift sagt viel über seinen Charakter **2.2** ich kann dasselbe von mir ~ *mir ist es ebenso ergangen, ich bin ganz Ihrer Meinung* **2.3** zu einer Sache etwas ~ *meinen;* was ~ Sie zu den neuesten Ereignissen?; was soll man dazu ~!; was werden die Leute dazu ~?; dazu kann ich nichts ~ **2.4** etwas gegen jmdn. od. eine Sache ~ *geltend machen, einwenden;* ich will nichts gegen ihn ~; haben Sie etwas dagegen zu ~? **2.4.1** dagegen ist nichts zu ~ *das stimmt schon* **2.5** auf eine Äußerung etwas ~ *antworten;* darauf sagte er, ... **2.6** Karl zu jmdm. ~ *jmdn. K. nennen* **2.6.1** du, Sie zu jmdm. ~ *jmdn. duzen, siezen;* sie ~ du zueinander **2.7** ⟨800⟩ von etwas (jmdm.) ~ ⟨veralt.⟩ *reden, erzählen, berichten;* von Abenteuern singen und ~ **2.7.1** von Glück ~, daß ... *G. gehabt haben* **3** ⟨Inf.⟩ **3.1** ein Ereignis hat etwas zu ~ *ist Anzeichen für etwas noch nicht Bekanntes* **3.1.1** das muß doch etwas zu

~ haben *zu bedeuten* 3.1.2 das hat nichts zu ~ *ist unwichtig, ändert nichts an einer Sache* 3.2 jmd. hat etwas zu ~ 3.2.1 *darf befehlen, bestimmen, anordnen;* er hat hier nichts zu ~; du hast mir nichts zu ~! 3.2.2 *etwas Neues, Interessantes mitteilen können;* der Redner hatte wirklich etwas zu ~ 3.3 etwas zu ~ wissen 3.3.1 *etwas Neues, Interessantes mitteilen können* 3.3.2 *eine passende Bemerkung, Antwort haben* 3.4 es ist nicht zu ~! *es ist nicht zu glauben, ist unerhört!*

'sä·gen ⟨V.⟩ **1** ⟨500⟩ etwas ~ *mit einer Säge zerschneiden* **2** ⟨400; umg.; scherzh.⟩ *schnarchen*

'sa·gen·haft ⟨Adj.⟩ **1** *nur in Sagen überliefert, nicht historisch belegt;* die ~e Gründung des Reiches **2** ⟨fig.; umg.⟩ *erstaunlich, fabelhaft, unglaublich;* das Modellkleid war ~ teuer

'Sa·go ⟨m. od. (österr. a.) n.; -s; unz.⟩ *gekörnte Stärke aus dem Mark der Sagopalmen od. aus Kartoffelstärke (für Pudding od. Suppen)*

'Sah·ne ⟨f.; -; unz.; mittel-, norddt.⟩ **1** *nach dem Entzug der Magermilch verbleibender, sehr fetthaltiger Teil der Milch;* Sy *Rahm(1)* ⟨süddt., österr., schweiz.⟩ 1.1 → a. *schlagen(3.1.1)*

Sai·son ⟨[sɛ'zɔ̃] f.; -, -s⟩ **1** *(die richtige) Jahreszeit* **2** *jahreszeitl. bedingte Hauptgeschäftszeit, z. B. in Kurorten* **3** *Spielzeit des Theaters*

'Sai·te ⟨f.; -, -n⟩ **1** *Faden aus gedrehten Därmen, aus Pflanzenfasern, aus Metall od. Kunststoff* 1.1 *Saite(1) als Tonträger von Saiteninstrumenten;* ein Instrument mit ~n bespannen; die Spielerin greift in die ~n der Harfe; die ~n erklingen, ertönen, platzen, reißen, zerreißen; eine neue ~ aufziehen, spannen, stimmen 1.1.1 ich werde bald andere ~n aufziehen! ⟨fig.⟩ *böse, energisch werden, streng durchgreifen* 1.1.2 gelindere, mildere ~n aufziehen ⟨fig.⟩ *nachsichtiger, weniger streng sein* 1.1.3 da hast du eine empfindliche ~ bei ihm berührt ⟨fig.⟩ *ihn dort getroffen, wo er empfindlich ist* 1.1.4 verwandte Seelen haben gleichgestimmte ~n ⟨fig.⟩ *empfinden gleich* 1.1.5 eine bestimmte ~ ihres Wesens zum Erklingen bringen *ein bestimmtes Gefühl, eine bestimmte Regung in ihr wecken* 1.2 *Saite(1) zur Bespannung von Tennis- od. Federballschlägern*

'Sak·ko ⟨m.; (fachsprachl. meist, österr. nur) n.; -s, -s⟩ *Jacke zum Straßenanzug des Mannes*

Sa·kra'ment ⟨n.; -(e)s, -e⟩ **1** *feierl. Handlung des christl. Gottesdienstes, bei der dem Gläubigen symbolische Gaben (Wasser, Brot, Wein, Öl) gereicht werden* **2** *das Gnadenmittel selbst*

sä·ku'lar ⟨Adj. 24⟩ **1** *alle hundert Jahre wiederkehrend* **2** = *weltlich(2)*

Sa·la'man·der ⟨m.; -s, -⟩ **1** *Angehöriger einer Unterordnung der Schwanzlurche: Salamandroidae* 1.1 ⟨i. e. S.⟩ *Angehöriger einer Familie der Molche, die als Larven durch Kiemen atmen: Salamandridae* **2** den ~ reiben ⟨veralt.; studentenspr.⟩ *zu Ehren einer Persönlichkeit die gefüllten Trinkgläser auf dem Tisch reiben*

Sa'lat ⟨m.; -(e)s, -e⟩ **1** *appetitanregendes, kaltes Gericht aus kleingeschnittenen, rohen od. gekochten Gemüsen, Obst, Fleisch, Fisch u. a., mit Essig, Öl, Salz u. Gewürzen od. Mayonnaise angerichtet;* den ~ abschmecken, anmachen; gemischter, italienischer, russischer ~ 1.1 Bockwurst mit ~ *Kartoffelsalat* 1.2 da haben wir den ~! ⟨fig.; umg.⟩ *die Bescherung (Ausruf des Unwillens)* **2** *Salatpflanze* 2.1 (grüner) ~ *Kopfsalat;* ein Kopf ~; (grünen) ~ anbauen, ernten, waschen 2.2 → a. *ewig(1.2.2)*

'Sal·be ⟨f.; -, -n⟩ **1** *schmierfähiges, fettiges Arzneimittel zur Behandlung von Hautkrankheiten, Wunden, zum Kühlen od. Erwärmen od. zu kosmet. Zwecken: Unguentum* 1.1 → a. *grau(1.5)*

'sal·ben ⟨V. 500⟩ **1** etwas ~ *mit Salbe einreiben, Salbe auftragen auf;* die Gesichtshaut, das Haar, die Hände ~; eine Wunde regelmäßig ~ 1.0.1 ⟨R3⟩ sich ~ *mit Salbe einreiben* **2** jmdn. ~ *durch Salbung(2) od. Ölung weihen;* jmdn. zum Priester, zum König ~ 2.1 er spricht so gesalbt ⟨fig.; umg.⟩ *so übertrieben feierlich*

'Sal·bung ⟨f.; -, -en⟩ **1** ⟨bei Naturvölkern u. im Orient⟩ *Einreiben des Körpers mit Salbe, Öl od. Fett zur Körperpflege, gegen Insekten od. zu Heilzwecken* **2** *Einreiben bestimmter Körperstellen (Stirn) mit Öl od. Salbe zu kult. Zwecken (Weihe, Reinigung, Abwehr)*

'sal·bungs·voll ⟨Adj.⟩ *übertrieben feierlich, sanft, süßlich-würdevoll;* ~ reden; sich ~ niederbeugen

'Sal·do ⟨m.; -s, -den od. -di⟩ *Betrag, um den sich die eine Seite eines Kontos von der anderen unterscheidet, Restbetrag der Soll- od. Habenseite beim Abschluß*

Sa'lon ⟨a. [za'lɔ̃] m.; -s, -s⟩ **1** *Empfangszimmer* **2** ⟨im 17. - 19. Jh.⟩ *regelmäßige Empfänge für einen kleinen literar. u. künstler. interessierten, geselligen Kreis* **3** *Modegeschäft od. Friseur;* Frisier~, Kosmetik~, Mode~ **4** *Kunstausstellung*

sa'lon·fä·hig ⟨Adj.⟩ *für feine Gesellschaft geeignet, manierlich, schicklich*

sa'lopp ⟨Adj.⟩ **1** = *ungezwungen* **2** *nachlässig, schlampig*

'Sal·to ⟨m.; -s, -s od. -ti⟩ *Sprung mit Überschlag in der Luft, Sprung mit Drehung um die waagerechte Achse*

Sa'lut ⟨m.; -(e)s, -e⟩ *militär. Ehrung durch eine Salve von Schüssen;* ~ schießen

sa·lu'tie·ren ⟨V. 400⟩ *militär. grüßen*

'Sal·ve ⟨[-və] f.; -, -n⟩ *das gleichzeitige Abfeuern mehrerer Schußwaffen*

Salz ⟨n.; -es, -e⟩ **1** *Kochsalz;* eine Prise ~; mit Pfeffer und ~ würzen; ~ und Brot zum Einzug schenken; ~ sieden 1.0.1 ~ und Brot macht Wangen rot ⟨Sprichw.⟩ *einfache Nahrung erhält die Gesundheit* 1.0.2 nicht das ~ zur Suppe, zum Brot haben ⟨fig.⟩ *Not leiden* 1.0.3 Fleisch, Fisch in ~ legen *einsalzen u. dadurch konservieren* 1.1 ⟨fig.⟩ *belebendes Element, Würze* 1.1.1 das ~ der Erde (NT, Matthäus 5,13) *die Menschen* 1.2 ⟨fig.⟩ *Geist, Witz, Kraft;* das ~ der Ironie 1.2.1 das ist ohne ~ ⟨fig.⟩ *fade* **2** *chemische Verbindung, die sich aus einem Säurerest (Anion) u. Metallkationen (od. anderen Kationen, aber nicht ausschließlich Wasserstoff) zusammensetzt*

'sal·zen ⟨V. 500; du salzt, gesalzen od. (selten) gesalzt⟩ **1** eine Speise ~ *mit Salz versehen, bestreuen, würzen;* leicht gesalzener Schinken **2** ⟨Part. Perf. nur gesalzen⟩ eine Rede ~ ⟨fig.⟩ *würzen, mit Anspielungen versehen*

'sal·zig ⟨Adj.⟩ *Salz enthaltend, gesalzen, nach Salz schmeckend;* es hat einen ~en Ge-

schmack; ~e Tränen; es schmeckt bitter und ~; das Fleisch, die Suppe, das Wasser ist ~
'Salz·säu·le ⟨f.⟩ **1** *Säule aus Salz* 1.1 zur ~ erstarren ⟨fig.; nach 1. Mose 19, 26⟩ *starr sein vor Schreck, vor Entsetzen*
'Salz·säu·re ⟨f.⟩ *stark ätzende Säure, chem. Formel HCl*
'Sa·men ⟨m.; -s, -⟩ **1** *der von der Pflanze abfallende, von einer Schutzhülle umgebene, mit Nahrungsstoffen versehene Keim;* der ~ geht auf, treibt 1.0.1 in ~ schießen *Samen bilden, wobei die Blüte verwelkt* 1.1 *die für die Aussaat ausgewählten Samenkörner, Saat;* ~ streuen, züchten 1.2 ⟨fig.; bes. poet.⟩ *Ursprung, Keim;* der ~ des Hasses, Neides, der Zwietracht; den ~ des Guten in ein Kinderherz senken 1.3 ⟨fig.; bes. poet.⟩ *Grundlage;* den ~ für eine zukünftige Entwicklung legen **2** *die von den Geschlechtsdrüsen bei Mensch u. Tier gebildete, die Samenzellen enthaltende Flüssigkeit, Sperma;* der ~ ergießt sich (bei der Begattung) **3** ⟨bibl.⟩ *die Nachkommen*
Sä·me'rei ⟨f.; -, -en; meist Pl.⟩ *Pflanzensamen, Saatgut*
'sä·mig ⟨Adj.⟩ *dickflüssig, gebunden, angedickt*
'Säm·ling ⟨m.; -s, -e⟩ *junge, aus Samen gezogene Pflanze*
'Sam·mel·becken ⟨-k·k-; n.⟩ **1** *Behälter zum Sammeln u. Aufspeichern von Flüssigkeiten, z. B. Regenwasser* **2** ⟨fig.⟩ *Ansammlung, Treffpunkt, Vereinigung;* diese Partei ist ein ~ aller liberalen Kräfte
'sam·meln ⟨V.⟩ **1** ⟨500⟩ etwas ~ *zusammentragen, zusammenbringen, zusammenlesen;* Beeren, Holz, Pilze, Regenwasser ~; Gutachten, Meinungen, Unterschriften ~; ich sammle noch Stoff für meine Abhandlung, meinen Bericht; Aphorismen ~ und herausgeben; die Stimmen ~ und zählen (bei einer Abstimmung, Wahl); du hast feurige Kohlen auf mein Haupt gesammelt (nach Römerbrief 12, 20); Kenntnisse ~ 1.0.1 es muß jeder seine Erfahrungen ~ *E. machen u. daraus lernen* 1.1 *eine Sammlung(2) anlegen von etwas;* Briefmarken, Gemälde, Münzen, Pflanzen, Schmetterlinge, Steine ~ 1.1.1 ⟨800⟩ an etwas ~ *bemüht sein, eine Sammlung (2) von etwas zu vervollständigen;* er sammelt schon lange an einer Galerie antiker Statuen 1.2 ⟨402⟩ (etwas) ~ *für einen wohltätigen Zweck von anderen erbitten, eine Sammlung(1) (von etwas) durchführen;* milde Gaben ~; wir sollten ~, um unser Vorhaben zu finanzieren 1.3 ⟨500⟩ *anhäufen;* Reichtümer, Schätze ~; seine Kräfte für eine große Aufgabe ~ **2** ⟨500⟩ etwas ~ *versammeln, vereinigen;* seine Herde, Schar um sich ~ 2.1 ⟨R3⟩ sich ~ *zusammenkommen, sich versammeln, sich vereinigen;* alle Teilnehmer am Faschingszug ~ sich auf dem Rheinplatz; eine erregte Volksmenge sammelte sich und zog vor das Parlamentsgebäude; die zerstreuten Truppen sammelten sich wieder; ~! (militär. Kommando); zum Sammeln blasen ⟨Mil.⟩ 2.1.1 *im Brennpunkt zusammentreffen;* die Lichtstrahlen ~ sich im Brennpunkt der Linse **3** ⟨500/R7⟩ sich od. etwas ~ ⟨fig.⟩ *konzentrieren;* er kann sich bei diesem Lärm nicht ~ 3.1 ich muß meine Gedanken ~ *auf einen Gegenstand lenken, mich konzentrieren*
'Samm·ler ⟨m.; -s, -⟩ **1** *jmd., der etwas sammelt;* Briefmarken ~ **2** *Gerät zum Speichern, bes. für elektr. Strom, Akkumulator* **3** ⟨Straßenbau⟩ *Hauptstrang der Kanalisation* **4** ⟨Typ.⟩ *Behälter, in den die Linotypematrizen fallen, bis die ganze Zeile gesetzt ist*
'Samm·lung ⟨f.; -, -en⟩ **1** *das Sammeln(1), die Tätigkeit des Zusammentragens;* ~ von Aussprüchen, Briefen, Gedichten, Gemälden, Münzen, Steinen usw.; eine ~ zu wohltätigen Zwecken **2** *das Gesammelte, gesammelter Besitz, Zusammenstellung, Kunstsammlung;* eine kostbare, wertvolle ~; eine öffentliche, private, staatliche ~ **3** *Ort, Gebäude, in dem eine Sammlung (2) aufbewahrt wird;* die ~ ist nur vormittags geöffnet **4** ⟨fig.⟩ *Konzentration der Gedanken auf einen bestimmten Gegenstand;* keine Zeit zur (inneren) ~ haben
'Sams·tag ⟨m.; süddt.; rhein.; österr.; schweiz.; Abk.: Sa⟩ = *Sonnabend*
samt ⟨Präp. mit Dativ⟩ **1** *mit, einbegriffen, einschließlich;* das Haus ~ allem Zubehör 1.1 ~ und sonders *alles zusammen, alle miteinander, ohne Ausnahme*
Samt ⟨m.; -(e)s, -e⟩ **1** *Gewebe, meist aus Baumwolle, mit kurzer, dichter, feiner, aufgeschnittener Flordecke* 1.1 Hände, eine Haut wie ~ *zarte, weiche, glatte H.* 1.2 sich in ~ und Seide kleiden ⟨fig.⟩ *vornehm, kostbar*
'sämt·lich ⟨Pronominaladj. 10⟩ *alle, ohne Ausnahme;* ich habe ~e Aufträge erledigt; ich habe deine Aufträge ~ erledigt; eine Aufstellung ~er Aufträge; die Adressen ~er alten, (od.) alter Kunden; ~e Angehörigen, (selten) ~e Angehörige kamen zusammen; ~es gesammelte Material; mit ~em gesammelten Material; ~e gesammelten Aufträge; ~e Freigelassenen; Thomas Manns ~e Werke in 13 Bänden
Sa·na'to·ri·um ⟨n.; -s, -ri·en⟩ *klimatisch günstig gelegene Heilstätte für Kranke, die der Pflege, aber keiner Behandlung im Krankenhaus bedürfen*
Sand ⟨m.; -es, -e⟩ **1** *feinkörniges, durch Wasser od. Wind transportiertes Sedimentgestein;* Dünen ~; Flug ~; See ~; feiner, grober, nasser, weißer, trockener ~; der ~ der Dünen, Wüsten; der ~ des Meeres, des Ufers; ~ zum Putzen, Reinigen, Scheuern; einen Topf mit ~ reiben, reinigen, scheuern; der Sandmann streut den Kindern abends ~ in die Augen (wenn sie müde sind, damit sie einschlafen) ⟨fig.⟩ 1.1 wie ~ am Meer *zahllos, in großer Menge, im Überfluß* 1.2 den Kopf in den ~ stecken (wie angeblich der Vogel Strauß) ⟨fig.⟩ *bestimmte Tatsachen nicht zur Kenntnis nehmen wollen, Gefahren nicht sehen wollen* 1.3 jmdm. ~ in die Augen streuen ⟨fig.; umg.⟩ *jmdn. täuschen, indem man eine Sache in günstigerem Licht darstellt, als sie wirklich ist* 1.4 ~ ins Getriebe streuen ⟨a. fig.; umg.⟩ *Sabotage treiben, Schwierigkeiten verursachen* 1.5 ~ über eine Sache streuen ⟨a. fig.; umg.⟩ *nicht mehr über eine S. sprechen, sie vergessen (sein lassen)* **2** *sandiges Gelände, sandiges Ufer, Strand, Dünengebiet, Sandbank;* der Fluß verläuft, verliert sich im ~; das Schiff läuft auf ~ 2.1 auf (den) ~ geraten ⟨a. fig.⟩ *nicht mehr weiter können (urspr. vom Schiff)* 2.2 im ~ graben, Burgen bauen, liegen *am Strand* 2.3 ~ ak-

kern, pflügen ⟨a. fig.; umg.⟩ *etwas Unnützes, Vergebliches tun* 2.4 auf ~ bauen ⟨a. fig.⟩ *auf unsicheren Grund (nach Matthäus 7,26);* seine Hoffnungen, seine Pläne sind auf ~ gebaut; wer Gott vertraut, hat nicht auf ~ gebaut ⟨Sprichw.⟩ 2.5 die Sache ist im ~e verlaufen ⟨fig.⟩ *es ist nichts aus der S. geworden* **3** ⟨veralt.⟩ *Turnierplatz, Kampfplatz* 3.1 jmdn. auf den ~ setzen ⟨fig.⟩ *jmd. besiegen (urspr. in der Kampfbahn)*

San'da·le ⟨f.; -, -n⟩ *leichter Schuh mit Oberteil aus Riemchen od. durchbrochenem Leder*

'Sand·bank ⟨f.⟩ **1** *Anhäufung von Sand in Flußbetten u. im Meer dicht unter der Oberfläche* 1.1 das Schiff gerät auf eine ~ *strandet*

'Sand·uhr ⟨f.⟩ *Gerät zum Messen der Zeit, wobei feiner Sand innerhalb einer bestimmten Zeit aus dem oberen Teil eines Glasgehäuses durch eine sehr enge Passage in den gleich großen unteren Teil fließt*

sanft ⟨Adj.⟩ **1** *friedfertig, zahm (Wesen, Gemüt);* ihr ~es Wesen; ~ wie ein Lamm **2** *mild, weich, freundlich;* eine ~e Beleuchtung, Farbe; das ~e Licht, Rot des Abendhimmels; sie hat eine ~e Stimme; einen ~en Vorwurf kann ich dir nicht ersparen; ein gutes Gewissen ist ein ~es Ruhekissen ⟨Sprichw.⟩ **3** *von geringer Intensität, zart, leicht;* einen ~en Druck, Zwang ausüben; ein ~er Regen; ein ~er Händedruck; ein Kätzchen ~ streicheln; mit ~er Hand herrschen, lenken, regieren; jmdn. mit ~er Gewalt zu etwas zwingen **4** *ruhig, friedlich;* ~ ruhen, schlafen; ruhe ~! (Grabinschrift) **4.1** etwas auf die ~e Tour erreichen ⟨umg.⟩ *durch gutes Zureden* **4.2** ~ entschlafen *friedlich sterben* **5** *leicht, gering, wenig ansteigend;* eine ~e Steigung, ein ~er Hügel

'Sanft·mut ⟨f.; -; unz.⟩ *sanfte, milde, geduldige Gesinnung;* ~ des Herzens; ihr Verhalten war von ~ und Milde diktiert

Sang ⟨m.; -(e)s, ¨-e⟩ **1** *Gesang, Singen* 1.1 mit ~ und Klang *mit Gesang u. Musikbegleitung, singend u. musizierend* 1.2 sang- und klanglos verschwinden ⟨umg.⟩ *unbemerkt, unfeierlich, ruhmlos*

'Sän·ger ⟨m.; -s, -⟩ **1** *jmd., der singt* 1.1 *Mitglied eines Gesangvereines od. eines Chores* 1.2 *jmd., der berufsmäßig singt, Gesangskünstler;* Konzert~, Opern~ 1.2.1 fahrender ~ *Spielmann* **2** ⟨poet.⟩ *jmd., der etwas verherrlicht, Dichter;* ein ~ der Freiheit, der Liebe 2.1 darüber schweigt des ~s Höflichkeit ⟨fig.; umg.⟩ *darüber spricht man besser nicht, das ist zu peinlich* **3** die gefiederten ~, die ~ des Waldes *die Vögel*

sa'nie·ren ⟨V. 500⟩ **1** ein Wohnviertel ~ *in einem W. gesunde Verhältnisse (zum Leben u. Wohnen) schaffen* **2** ⟨R7⟩ jmdn., ein Unternehmen ~ *wieder leistungsfähig machen* **3** ein Körperteil ~ ⟨Med.⟩ *den Herd einer Krankheit in einem K. beseitigen*

sa·ni'tär ⟨Adj. 24⟩ **1** *das Gesundheitswesen betreffend* **2** *der Gesundheit, Hygiene dienend* **3** *gesundheitlich, hygienisch*

Sa·ni'tä·ter ⟨m.; -s, -⟩ **1** *Sanitätssoldat* **2** *Krankenpfleger* **3** *jmd., der in der Ersten Hilfe ausgebildet ist*

Sank·ti'on ⟨f.; -, -en⟩ **1** *Bestätigung, Anerkennung* **2** *Erhebung zum verbindl. Gesetz* **3** ⟨nur Pl.⟩ ~en *Strafmaßnahmen, Zwangsmaßnahmen mehrerer Staaten gegen die Verletzung völkerrechtl. Pflichten seitens eines anderen Staates*

sank·tio'nie·ren ⟨V. 500⟩ **1** ein Vorgehen ~ *als richtig bestätigen, gutheißen, anerkennen* **2** einen Brauch ~ *zum verbindl. Gesetz erheben*

Sarg ⟨m.; -(e)s, ¨-e⟩ **1** *langer, meist hölzerner Kasten, in den der Leichnam gelegt wird, Totenschrein;* den Toten in den ~ legen 1.1 → a. *Nagel(1.2)*

sar'ka·stisch ⟨Adj.⟩ *beißend-spöttisch, bissig-höhnisch*

'Sa·tan ⟨m.; -s, -e⟩ **1** *Teufel, Widersacher Gottes;* oV *Satanas* **2** ⟨fig.⟩ *böser, teuflischer Mensch*

'Sa·ta·nas ⟨m.; -, -s·se⟩ = *Satan(1)*

Sa·tel'lit ⟨m.; -en, -en; Astr.⟩ **1** = *Mond* 1.1 *um einen Planeten kreisender künstl. Himmelskörper* **2** = *Trabant(2)*

Sa'ti·re ⟨f.; -, -n⟩ *literar. Gattung, die durch Ironie u. spöttische Übertreibung menschl. Schwächen, polit. Ereignisse u. ä. kritisiert*

satt ⟨Adj.⟩ **1** *ohne Verlangen nach Nahrungsaufnahme, nicht (mehr) hungrig;* sich ~ essen; möchtest du noch etwas essen, oder bist du ~? 1.0.1 jmdn. ~ kriegen ⟨umg.⟩ *dafür sorgen, daß jmd. nicht mehr hungrig ist;* ich kann das Kind kaum ~ kriegen 1.0.2 ~ machen *den Hunger stillen;* Süßigkeiten machen auch ~ 1.0.3 ich bin von diesem leichten Gericht nicht ~ geworden *ich habe noch Hunger* 1.1 ⟨50⟩ *genug;* nicht ~ zu essen haben 1.2 ⟨50⟩ sich nicht ~ an etwas sehen, hören können ⟨fig.⟩ *nicht aufhören können, etwas anzusehen, anzuhören;* das Auge konnte sich nicht ~ sehen an diesem herrlichen Anblick; er konnte sich an ihrem Bild nicht ~ sehen **2** ⟨fig.⟩ *selbstzufrieden;* ein ~es Lächeln umspielte seine Züge **3** ⟨60⟩ ~e Farbe ⟨fig.⟩ *kräftige, volle, tiefe F.;* ein ~es Grün, Rot **4** ⟨42 od. 50; fig.⟩ *überdrüssig* 4.1 etwas od. jmdn. ~ haben, sein *von jmdm. od. einer Sache genug haben, einer Sache od. jmds. überdrüssig sein;* etwas (gründlich) ~ haben (od.) sein; ich habe diese Ausreden ~; ich habe es, bin es ~, ihn immer wieder zu ermahnen 4.2 jmdn. od. etwas ~ bekommen ⟨umg.⟩ *die Lust an jmdm. oder einer Sache verlieren* 4.3 sich an etwas ~ sehen, hören ⟨fig.; umg.⟩ *genug von einer Sache haben, überdrüssig sein, etwas zu sehen, hören;* ich habe mich an dem Bild ~ gesehen **5** ⟨Chem.⟩ *gesättigt* **6** ⟨60; schülerspr.⟩ *eindrucksvoll, ansehnlich;* eine ~e Leistung

'Sat·tel ⟨m.; -s, ¨-⟩ **1** *Sitzvorrichtung für Reiter auf Reittieren (Reitsattel);* den ~ abschnallen, anbinden, auflegen, festbinden; mit, ohne ~ reiten; das Pferd warf den Reiter aus dem ~; der Reiter fiel vom ~; der Reiter hing im ~; sich in den ~ schwingen; ich könnte stundenlang im ~ sitzen (so gern reite ich); er ist mit dem ~ wie verwachsen (so gut reitet er) 1.1 er ist in allen Sätteln gerecht ⟨fig.⟩ *er kennt sich in allen Gebieten aus, ist überall zu gebrauchen* 1.2 er konnte sich im ~ halten ⟨a. fig.; umg.⟩ *er konnte sich gegen alle Angriffe behaupten* 1.3 jmdn. aus dem ~ heben ⟨a. fig.⟩ *jmdn. besiegen, übertreffen (urspr. im ritterl. Kampf durch Lanzenstoß)* 1.4 jmdn. in den ~ heben, jmdm. in den ~ helfen ⟨a. fig.; umg.⟩ *jmdn. unterstüt-*

zen, jmdm. eine Stellung verschaffen **1.5** fest im ~ sitzen ⟨a. fig.; umg.⟩ *in einer Stellung sicher sein* **2** *Tragvorrichtung für Lasten auf Lasttieren (Tragsattel)* **3** *Sitzvorrichtung auf dem Fahrrad u. Motorrad;* den ~ (des Fahrrads) höher, tiefer stellen **4** ⟨fig.⟩ *dem Sattel(1-3) äußerl. ähnliches Ding* **4.1** *Senke in einem Bergrücken, Paß* **4.2** *Mittelteil des Turnpferdes* **4.3** *Querbalken* **4.4** *angesetztes Stück über beide Schultern (an Kleidern od. Blusen), Passe* **4.5** ⟨bei Streich- u. Zupfinstrumenten⟩ *kleine Querleiste am Ende des Griffbretts, auf der die Saiten aufliegen* **4.6** ⟨Geol.⟩ → a. *Falte(4)*

'Sat·tel·dach ⟨n.⟩ *Dach mit zwei am First zusammenstoßenden Dachflächen*

'sat·tel·fest ⟨Adj.⟩ **1** ~ sein *fest im Sattel sitzen, ein guter Reiter sein;* ein ~er Reiter sein **2** ⟨fig.⟩ *auf einem Gebiet gut beschlagen, bewandert sein, gründliche Kenntnisse besitzend* **2.1** ein ~er Prüfling *jmd., der gut vorbereitet in eine Prüfung geht* **3** ⟨fig.⟩ *moralisch gefestigt, charakterstark*

'sat·teln ⟨V. 500⟩ **1** ein Reittier ~ *einem Reittier den Sattel auflegen;* ein Pferd ~ **2** ⟨R3⟩ sich ~ ⟨fig.; umg.⟩ *sich vorbereiten;* er hat sich für die Prüfung gesattelt

'Sat·tel·schlep·per ⟨m.⟩ *mit starkem Motor versehener Kraftwagen aus dem verkürzten Fahrgestell eines Lastwagens, auf das ein Anhänger ohne Vorderachse aufgesattelt wird*

'sät·ti·gen ⟨V.⟩ **1** ⟨400⟩ etwas sättigt *macht satt, stillt den Hunger;* das ist ein Essen, das sättigt **1.0.1** das Essen ist sehr ~d *macht schnell satt* **2** ⟨500/R7⟩ jmdn. od. sich ~ *jmdn. od. sich satt machen, jmds. od. seinen Hunger stillen;* erst die Nachspeise konnte uns ~; sich an, mit, von einer Speise ~ **2.1** ⟨fig.⟩ *jmds. Begierde stillen, befriedigen;* jmds. Ehrgeiz, Neugier, Wissensdrang ~ **3** ⟨500⟩ eine Lösung ~ ⟨Chem.⟩ *einer L. so viel von einer Substanz hinzufügen, wie sie maximal aufnehmen kann;* Sy *saturieren(1);* die Lösung ist gesättigt **3.1** Basen od. Säuren ~ *unwirksam machen* **3.2** der Markt ist mit Waren gesättigt ⟨fig.⟩ *kann keine W. mehr aufnehmen*

'Satt·ler ⟨m.; -s, -⟩ *Handwerker, der Sättel sowie alle gröberen Ledergegenstände (Koffer, Mappen, Wagenpolster) herstellt u. repariert*

'satt·sam ⟨Adv.⟩ *genug, genügend, mehr als genug;* das ist doch ~ bekannt, besprochen, erörtert

sa·tu'rie·ren ⟨V. 500⟩ **1** Lösungen, chem. Verbindungen ~ = *sättigen(3)* **2** jmdn. ~ ⟨fig.⟩ *jmds. Ansprüche befriedigen*

Satz ⟨m.; -es, ¨-e⟩ **1** *sprachlicher, nach bestimmten Regeln aufgebauter, sinnvoller Ausdruck eines in sich abgeschlossenen Gedankens;* ein klar gegliederter, treffender, übersichtlicher, unübersichtlicher, verschachtelter ~; der nachfolgende, voranstehende ~; mitten im ~ abbrechen, stocken; einen ~ bilden, konstruieren, prägen ⟨Gramm.⟩ **1.1** einen ~ analysieren, zergliedern, zerlegen ⟨Gramm.⟩ *die Satzteile bestimmen* **1.2** → a. *einfach(1.1), einschieben(2.1), erweitern(1.2) selbstständig(2.3)* **2** *Lehrsatz, Gesetz;* einen ~ aufstellen, begründen, verkünden; einem ~ widersprechen; einen ~ widerlegen; ~ 1 (eines Gesetzabschnitts usw.) **3** ⟨Typ.⟩ *das Setzen des Textes aus Lettern mit der Hand (Handsatz), maschinell (Maschinensatz) od. photomechan. (Photosatz)* **3.1** ein Manuskript in ~ geben *zum Setzen in die Setzerei geben* **4** ⟨Typ.⟩ *der vom Setzer maschinell od. photomechan. zusammengestellte (gesetzte) Text;* den ~ korrigieren **5** ⟨Mus.⟩ *in sich geschlossener Teil eines mehrteiligen Instrumentalstücks, z. B. der Sonate, Sinfonie, des Quartetts;* eine Sinfonie hat im allgemeinen vier Sätze; der langsame ~ des Klavierkonzerts enthält das bekannte Motiv **6** ⟨Mus.⟩ *die Stimmführung in einem mehrstimmigen Musikwerk;* ein schwieriger, fünfstimmiger, polyphoner ~ **7** *Rückstand, Niederschlag;* Boden~; Kaffee~; den ~ des Kaffees noch einmal aufbrühen **8** *einheitl. festgelegter Preis für Lieferungen u. Leistungen, Tarif, übliches Maß;* Fracht~; Zins~; der ~ beträgt etwa 5 Mark; der Preis ist höher als der übliche ~ **9** *eine Anzahl zusammengehöriger Gegenstände;* ein ~ Briefmarken, Gewichte, Schüsseln, Töpfe **9.1** ⟨jägerspr.⟩ *der Wurf der Häsin u. des Kaninchens* **9.2** *eingesetzte Fischbrut im Teich;* ein ~ Forellen, Karpfen **9.3** ein ~ Erz *die Menge, die auf einmal aus dem Hochofen kommt* **10** ⟨Sp.⟩ *Spielabschnitt (im Tennis, Tischtennis u. ä.);* er gewann in drei Sätzen **11** *Sprung;* mit einem großen ~ sprang er zur Seite; mit wenigen Sätzen hatte er ihn eingeholt; ein ~ über einen Graben **11.1** einen ~ machen *springen*

'Sat·zung ⟨f.; -, -en⟩ *schriftlich niedergelegtes Recht, Regel, Ordnung, Vorschrift;* Sy *Statut;* Vereins~; Ordens~

'Satz·zei·chen ⟨n.; Gramm.⟩ *Schriftzeichen zur Gliederung des Satzes od. Trennung von Sätzen bzw. Satzteilen od. zur Bez. des Satztons, Interpunktionszeichen, z. B. Punkt, Komma*

Sau ⟨f.; -, ¨-e⟩ **1** *das weibl. Hausschwein, Mutterschwein;* die ~ ferkelt, hat Ferkel geworfen **1.1** wie eine gestochene ~ bluten, schreien ⟨vulg.⟩ *heftig* **1.2** davonrennen wie eine gesengte ~ ⟨vulg.⟩ *sehr schnell* **1.3** jmdn. zur ~ machen ⟨fig.; vulg.⟩ *jmdn. grob anherrschen, schonungslos tadeln* **1.4** etwas zur ~ machen ⟨fig.; vulg.⟩ *durch unsachgemäße Behandlung zerstören* **1.5** das ist unter aller ~ ⟨fig.; vulg.⟩ *sehr schlecht, nicht zu gebrauchen* **2** ⟨fig.; vulg.⟩ *sehr schmutziger Mensch, unanständiger, moralisch minderwertiger Mensch* **2.1** keine ~ ⟨fig.; umg.⟩ *niemand* **3** ⟨Pl. Sauen; jägerspr.⟩ *Wildschwein* **3.1** → a. *grob(6)*

'sau·ber ⟨Adj.⟩ **1** *rein, reinlich, frisch gewaschen, fleckenlos, frei von Schmutz;* ~e Fensterscheiben; ~e Wäsche anziehen; die Wohnung war ~; sie ist ~ gekleidet **1.1** ~e Hände haben ⟨a. fig.⟩ *ehrenhaft, unschuldig sein* **2** *genau, ordentlich, sorgfältig;* eine ~e Arbeit, Handschrift; das ist ~ gearbeitet; ~! (Ausruf der Anerkennung, auch iron.) **3** ⟨fig.; umg.⟩ *anständig, lauter, sittlich einwandfrei;* ein ~er Charakter; ein ~es Mädel **4** ⟨iron.⟩ *nichtsnutzig, schlimm, böse;* ein ~es Bürschchen!; das ist mir ein ~er Freund!; das sind ja ~e Geschichten! **5** ⟨oberdt.⟩ *hübsch, schmuck;* ein ~er Bursche

'sau·ber|hal·ten ⟨V. 160/500/R7⟩ etwas ~ *rein(lich) halten, in Ordnung halten;* sie hält die

Wohnung sauber; die Wohnung ist schwer sauberzuhalten, ist stets saubergehalten

'Sau·ber·keit ⟨f.; -; unz.⟩ **1** *Zustand des Sauberseins, Reinheit, Reinlichkeit;* ~ der Arbeit, der Schrift; hier herrscht Ordnung und ~; ~ der Straße, der Wohnung; in ihrer Wohnung blinkt, glänzt alles vor ~ **2** ⟨fig.⟩ *Anständigkeit, Lauterkeit;* ~ des Charakters, des Denkens

'säu·ber·lich ⟨Adj. 50⟩ *sauber, ordentlich, sorgfältig;* das wirst du noch einmal fein ~ abschreiben; es war fein ~ verpackt

'säu·bern ⟨V. 500/R7⟩ **1** etwas od. sich ~ *saubermachen, Schmutz entfernen aus, reinigen;* den Boden, das Geschirr, den Tisch, das Zimmer ~; eine Wunde ~; er hat sich bereits gesäubert **2** etwas ~ ⟨fig.⟩ *von nicht zugehörigen, schädlichen Dingen befreien;* ein Beet von Unkraut ~ 2.1 der Saal wurde von randalierenden Jugendlichen gesäubert ⟨umg.⟩ *die J. wurden gewaltsam aus dem Saal hinausgebracht* **3** Stoffränder ~ ⟨Schneiderei⟩ *mit Garn einfassen, damit sie nicht ausfransen*

'Säu·be·rung ⟨f.; -, -en⟩ **1** *das Entfernen von Schmutz, Reinigung;* die gründliche ~ der Wohnung hat sich gelohnt **2** ⟨fig.; umg.⟩ *Entfernung von mißliebigen od. störenden Personen;* in der Partei, Regierung, Truppe wurde eine ~ vorgenommen

'sau·dumm ⟨Adj.; umg.⟩ **1** *sehr dumm* **2** ⟨fig.; umg.⟩ *sehr unangenehm, sehr peinlich;* das ist eine ~e Angelegenheit, Geschichte

'sau·er ⟨Adj.⟩ **1** *so schmeckend, daß sich der Mund zusammenzieht;* Ggs *süß(1);* saure Drops; Zitronen schmecken ~ **1.1** ⟨70⟩ da muß ich wohl oder übel in den sauren Apfel beißen ⟨fig.⟩ *das Unangenehme hinnehmen od. tun* **1.2** ⟨50⟩ das wird ihm noch ~ aufstoßen ⟨a. fig.; umg.⟩ *die unangenehmen Folgen wird er noch zu spüren bekommen* **1.3** gib ihm Saures! ⟨umg.⟩ *verprügle ihn tüchtig!* **1.4** saure Gurken *in Essigwasser konservierte G.* **1.5** saure Milch, Sahne *gestockte, geronnene, dick gewordene M., S.;* die Milch, die Sahne ist ~ geworden **1.6** saurer Wein *sehr herber W.* **1.7** ⟨70⟩ saure Trauben ⟨a. fig.⟩ *etwas, was man schlecht macht, weil man es nicht erhalten, erreichen kann (nach der Fabel „Der Fuchs u. die Trauben")* **2** ⟨fig.; umg.⟩ *mühselig, schwierig, hart, schwer* 2.1 das ist ein saures Brot *mühselige (Lebens)arbeit* 2.2 ⟨50⟩ die Arbeit wird mir ~ *fällt mir schwer* 2.3 ich habe es mir ~ werden lassen ⟨umg.⟩ *große Mühe darauf verwendet* 2.4 das kommt mich ~ an *fällt mir schwer* **2.5** das habe ich mir ~ erworben *mit großem Fleiß, großer Mühe* **3** ⟨fig.⟩ *ärgerlich, verdrießlich;* eine saure Miene machen, ziehen; er ist heute ~ ⟨umg.⟩ **4** ⟨fig.; umg.⟩ *kaputt, schlecht in Form* **4.0.1** die Kiste, der Motor ist ~ *der Wagen hat Motorschaden* **4.1** *kraftlos, stark erschöpft;* das Rennen war noch nicht halb vorbei, da wurde er ~ **5** ⟨60⟩ saurer Boden ⟨Landw.⟩ *B., der reich an säurehaltigen Stoffen ist;* die sauren Wiesen sind nicht als Weide benutzbar **6** ⟨Chem.⟩ *aus Säure bestehend, säurehaltig* 6.1 ~ reagieren 6.1.1 *die Eigenschaften von Säuren zeigen* 6.1.2 ⟨fig.⟩ *etwas ablehnen, nicht darauf eingehen* 6.2 saure Farbstoffe *organische F., die saure Gruppen im Molekül enthalten, Säurefarbstoffe* **7** ⟨60⟩ saures Holz ⟨oberdt.⟩ *grünes H.* **8** saurer Wind *W. bei bedecktem Himmel ohne Regen*

'Sau·er·brun·nen ⟨m.⟩ **1** *an Kohlendioxid reiche Heilquelle* **2** *das aus einem Sauerbrunnen(1) in Flaschen abgefüllte Wasser*

'säu·er·lich ⟨Adj.⟩ **1** *schwach sauer* **2** ⟨fig.⟩ *mißvergnügt, verdrießlich* **3** ⟨fig.⟩ *altjüngferlich*

'säu·ern ⟨V.⟩ **1** ⟨500⟩ etwas ~ *sauer machen, zur Gärung bringen* **2** ⟨400⟩ *sauer werden*

'Sau·er·stoff ⟨m.; -(e)s; unz.; chem. Zeichen: O⟩ **1** *chem. Element, farb-, geruch- u. geschmackloses Gas, das für alle Lebensprozesse unentbehrlich ist, Ordnungszahl 8* **1.1** (sich) mit ~ verbinden *oxydieren*

'sau·er·süß ⟨Adj.⟩ **1** *von säuerlichem u. süßem Geschmack zugleich* **2** ⟨fig.⟩ *freundlich u. verdrießlich zugleich;* ~ lächeln

'Sau·er·teig ⟨m.⟩ **1** *gegorener Hefeteig als Treibmittel beim Brotbacken* **2** *Rest des aufgegangenen Brotteiges, der bis zum nächsten Backen aufbewahrt wird u. inzwischen weitergärt*

'sau·fen ⟨V. 205/400⟩ **1** ⟨402⟩ ein Tier säuft (eine Flüssigkeit) *nimmt Flüssigkeit zu sich, trinkt;* die Katze säuft Milch; dem Vieh zu ~ geben **2** jmd. säuft ⟨vulg.⟩ *trinkt;* gibt es hier nichts als Wasser zu ~? 2.1 *unmäßig, gierig trinken;* er säuft den Schnaps wie Wasser 2.2 *in großen Mengen alkoholische Getränke zu sich nehmen;* er wird sich noch dumm, arm, krank ~; er wird sich noch zu Tode ~ 2.2.1 ⟨511⟩ er säuft alle unter den Tisch *er kann viel Alkohol vertragen* 2.2.2 ⟨413⟩ er säuft wie ein Bürstenbinder, wie ein Loch *er trinkt sehr viel (Alkohol)* 2.3 *dem Alkohol verfallen sein;* sie säuft schon seit Jahren

'sau·gen ⟨V. 206; im techn. Bereich schwache Beugung⟩ **1** ⟨500⟩ etwas ~ *(Flüssigkeit) mit Lippen u. Zunge, (bei Tieren) mit Saugrüssel, (bei Pflanzen) mit Wurzeln in sich ziehen;* Blut aus einer Wunde ~; die Bienen ~ Honig aus den Blüten; der Säugling saugt Milch aus der Brust, aus der Flasche 1.1 ⟨510⟩ etwas mit der Muttermilch in sich gesogen haben ⟨fig.⟩ *von Kindheit an gewohnt sein* 1.2 ⟨531/R1⟩ das hat er sich aus den Fingern gesogen ⟨fig.; umg.⟩ *das ist nicht wahr, das hat er erfunden* 1.3 ⟨513/R3⟩ etwas saugt sich voll *zieht (Flüssigkeit) in sich hinein;* der Schwamm hat sich voll Wasser gesogen, gesaugt **2** ⟨411⟩ an etwas ~ *lutschend ziehen;* das Kind saugt am Daumen 2.1 an der Pfeife, Zigarre ~ *aus P., Z. Rauch in den Mund ziehen* **3** ⟨402; nur schwache Beugung⟩ (etwas) ~ *mit Hilfe des Staubsaugers säubern;* ich habe den Teppich erst gestern gesaugt; hast du auch schon gesaugt? 3.1 sie soll noch Staub ~ *mit dem Staubsauger saubermachen* **4** ⟨550⟩ etwas aus etwas ~ ⟨a. fig.⟩ *gewinnen, schöpfen;* er sog neuen Mut aus dieser Begegnung

'säu·gen ⟨V. 500⟩ einen Säugling od. ein Jungtier ~ *einem S. an der Mutterbrust od. einem J. an Euter bzw. Zitzen zu trinken geben, ihn bzw. es stillen, nähren*

'Sau·ger ⟨m.; -s, -⟩ **1** *hohler, dünnwandiger Gummistöpsel von der Größe eines Fingergliedes mit breitem Rand, der Säuglingen zum Lutschen gegeben wird, um sie zu beruhigen* **2** *mit feinem Loch versehenes Gummihütchen auf der Milchflasche, an dem das Kind saugt* **3**

⟨Tech.⟩ *Gerät, das etwas an sich saugt;* Staub ~ **4** ⟨Zool.⟩ *Ernährungstyp (Lebensformtyp) von Tieren, die mit besonders ausgestalteten Mundwerkzeugen ihre Nahrung saugend aufnehmen;* Blut ~

'Säu·ge·tier ⟨n.⟩ *Angehöriger einer Klasse der Wirbeltiere, deren Junge durch ein Milchsekret ernährt (gesäugt) werden*

'Säug·ling ⟨m.; -s, -e⟩ *Kind, das noch an der Mutterbrust (od. mit der Flasche) genährt wird, bis etwa zum Ende des 1. Lebensjahres*

'Säug·lings·schwe·ster ⟨f.⟩ *in der Säuglingspflege ausgebildete Krankenschwester*

'Saug·napf ⟨m.⟩ *Vorrichtung an der Körperoberfläche verschiedener Tiere, die sich damit an einer Unterlage festsaugen*

'Säu·le ⟨f.; -, -n⟩ **1** *stützender od. die Fassade schmückender Bauteil von kreisrundem Querschnitt (im Unterschied zum rechteckigen Pfeiler), gegliedert in Fuß, Schaft und Kapitell;* eine dicke, dünne, hohe, marmorne, steinerne ~; dorische, ionische, korinthische ~n; eine ~ aufstellen, errichten; das Dach ruht auf ~n; das Dach wird von ~n gestützt, getragen; die ~n stützen, tragen das Dach, zieren den Eingang **1.1** wie eine ~ dastehen *fest u. unbeweglich* **1.2** die ~n des Herkules ⟨fig.; im Altertum Bez. für⟩ *die Meerenge von Gibraltar* **2** ⟨fig.⟩ *Stütze, wichtiger Helfer;* er ist eine ~ der Wissenschaft; die ~n der Gesellschaft, des modernen Lebens, der Technik **3** ⟨fig.⟩ *etwas gerade Emporsteigendes;* Rauch ~; Wasser ~; Quecksilber ~ **4** *in geschlossener Ordnung marschierende große Gruppe, Kolonne;* Heeres ~; Marsch ~ **5** ⟨Math.⟩ *Körper mit gleichlaufenden Kanten, Prisma*

'Säu·len·bau ⟨m.; -(e)s, -ten⟩ **1** ⟨unz.⟩ *Bau, Gliederung einer Säule* **2** *Bauwerk vorwiegend aus Säulen, Säulenhalle*

Saum[1] ⟨m.; -(e)s, ⸚e⟩ **1** *einfach od. (meist) doppelt umgebogener u. mit kleinen Nähstichen befestigter Stoffrand;* ich muß noch den ~ (des Kleides, am Kleid) abstecken, bügeln, heften, nähen; bei dir ist der ~ aufgegangen, gerissen **1.1** *Besatz, Einfassung* **1.2** → a. *falsch(3.4)* **2** *Rand (einer Fläche);* die Hütte steht am ~ des Waldes **2.1** *etwas begrenzender schmaler Streifen;* ein leuchtender, schmaler ~ am Horizont

Saum[2] ⟨m.; -(e)s, ⸚e; veralt.⟩ *Traglast eines Tieres*

'säu·men[1] ⟨V. 500⟩ **1** ein Stück Stoff ~ *mit einem Saum[1](1) versehen;* ein Kleid, einen Rock ~ **2** etwas ~ *mit einem Rand, einer Einfassung versehen;* Pappeln ~ die Allee **3** Bretter ~ *die Kanten roher Bretter beschneiden*

'säu·men[2] ⟨V. 400⟩ *zögern, zaudern, sich nicht entschließen können, sich aufhalten, sich verspäten, auf sich warten lassen, zurückbleiben;* o säume nicht länger! ⟨poet.⟩

'säu·mig ⟨Adj.⟩ **1** *säumend, langsam, zurückgeblieben, verspätet;* er ist ~ mit seiner Arbeit, der Rückzahlung **2** *nachlässig;* ein ~er Schuldner, Schüler, Zahler

'saum·se·lig ⟨Adj.⟩ *nachlässig, langsam;* ein ~es Mädchen; ~ arbeiten

'Säu·re ⟨f.; -, -n⟩ **1** *chemische Verbindung, die in wässriger Lösung Wasserstoffionen abspaltet, aber nicht immer sauer schmeckt;* die ~ des Magens; hierbei bildet sich, entsteht eine ~; ~n färben blaues Lackmuspapier rot; eine ätzende, schwache, starke ~ **2** *saurer Geschmack;* die ~ des Essigs, der Früchte, des Weins

'Sau·ri·er ⟨m.; -s, -; meist Pl.⟩ *ausgestorbenes, oft riesiges Reptil*

Saus ⟨m.; nur in der Wendung⟩ in ~ und Braus leben *herrlich u. in Freuden, sorglos, verschwenderisch, im Überfluß*

'säu·seln ⟨V. 400⟩ **1** der Wind säuselt *weht leicht, rauscht leise;* der Wind säuselt in den Blättern **2** ⟨402⟩ (etwas) ~ ⟨fig.⟩ *flüstern;* „Wie reizend von Ihnen", säuselte sie **2.1** ⟨iron.⟩ *voller angeblichem Mitempfinden leise freundlich reden*

'sau·sen ⟨V. 400 (s.)⟩ **1** etwas saust *tönt, braust, rauscht mit dunklem Zischen;* der Wind saust in den Bäumen, Blättern, Zweigen; der Pfeil sauste durch die Luft; es saust mir in den Ohren **1.1** Wein saust ⟨oberdt.⟩ *gärt, schäumt* **2** *sich sehr schnell fortbewegen, eilen;* das Auto sauste um die Ecke; die Kugel sauste mir am Kopf vorbei **2.1** ein Vorhaben ~ lassen ⟨fig.; umg.⟩ *auf ein V. verzichten* **2.2** er ist durchs Examen gesaust ⟨umg.; scherzh.⟩ *er hat das E. nicht bestanden*

'scha·ben ⟨V. ⟩ **1** ⟨511⟩ etwas, aus, von etwas ~ *durch Reiben, Kratzen entfernen;* sie schabt die Butter aus dem Topf **2** ⟨500⟩ etwas ~ *reiben, kratzen u. dabei von Schmutz, Unebenheiten o. ä. befreien;* Möhren, Leder ~ **2.1** ⟨530/R5⟩ jmdm. den Bart (eigtl. das Gesicht) ~ *jmdn. rasieren* **3** ⟨500⟩ Fleisch ~ *rasch in dünne Streifen od. kleine Stückchen zerschneiden*

'Scha·ber·nack ⟨m.; -(e)s, -e⟩ **1** *übermütiger Streich, Neckerei;* ~ machen, treiben; jmdm. einen ~ spielen **2** *übermütiges Kind, das gern Schabernack(1) treibt;* der Junge ist ein kleiner ~

'schä·big ⟨Adj.⟩ **1** *armselig, ärmlich, dürftig, abgetragen, ungepflegt, unansehnlich;* ein ~er Anzug; ~ angezogen sein **2** *geizig, kleinlich, nicht vornehm;* sich ~ benehmen; das war ~ von ihm (daß er nicht großzügiger war)

Scha'blo·ne ⟨f.; -, -n⟩ **1** *ausgeschnittene od. ausgestanzte Vorlage;* Zeichen ~ **2** ⟨a. fig.⟩ *Muster;* er hält sich stets an die ~ **3** ⟨fig.⟩ *übliche, herkömmliche, erstarrte Form;* nach der ~ arbeiten, handeln

Schach ⟨n.; -s; unz.⟩ **1** *sehr altes, ursprüngl. oriental. Brettspiel für zwei Spieler mit je 16 teils verschiedenen Steinen;* eine Partie ~ spielen **1.1** *Brett u. Figuren, mit denen man Schach(1) spielt* **2** ~! *Warnruf an den König beim Schach(1)* **2.1** ~ bieten, geben *den gegnerischen König angreifen* **2.2** das ~ decken *den Angriff auf den König abwehren* **2.3** der König steht im ~ *ist angegriffen* **2.4** aus dem ~ ziehen *durch Zug mit dem König den Angriff abwehren* **2.5** ~ und matt! *Ankündigung des Sieges im Schach(1)* **3** jmdn. in, im ~ halten ⟨fig.⟩ *jmdn. unter Druck od. in Furcht halten, ihn nicht gefährlich werden lassen*

'Scha·cher ⟨m.; -,s; unz.⟩ *Handel mit vielem Feilschen, gewinnsüchtiger, unsauberer Handel, Wucher;* mit einer Ware ~ treiben

schach'matt ⟨Adj. 24⟩ **1** ⟨40⟩ *mattgesetzt, be-*

siegt (beim Schachspiel); dein König ist ~ 1.1 jmdn. ~ setzen *im Schachspiel besiegen* 1.1.1 ⟨fig.⟩ *jmdn. der Möglichkeiten zum Handeln berauben, jmdn. ausschalten* **2** ⟨70; fig.⟩ *sehr müde, erschöpft;* abends war ich ~

Schacht ⟨m.; -(e)s, ¨-e⟩ **1** *hoher, schmaler, geschlossener Raum;* Brunnen~; Fahrstuhl~; Licht~ 1.1 ⟨Bgb.⟩ *senkrechter od. schräg abwärts führender Grubenbau* 1.1.1 → a. *blind(7)* 1.2 *Loch zum Einsteigen in Abwässer- od. Kabelkanäle*

'schach·teln ⟨V. 500⟩ etwas ~ **1** *einen Teil in den andern stecken, ineinanderfügen;* ineinander~ 1.1 ⟨fig.⟩ Sätze ~ *Satzgefüge mit einander mehrfach untergeordneten Nebensätzen bilden*

'Schach·zug ⟨m.⟩ **1** *Zug im Schachspiel, das Versetzen einer Figur* **2** ⟨fig.⟩ *geschickte Maßnahme;* ein diplomatischer, geschickter, kluger, wohlüberlegter ~

'scha·de ⟨Adj. 11/40⟩ **1** *bedauerlich;* es ist (sehr) ~, daß du nicht kommen kannst; das ist aber ~!; nur ~, daß ...; (o wie) ~!; (das ist aber) zu ~! 1.1 es ist ~ um ihn *ein Jammer um ihn, sein Verlust, sein Untergang o. ä. ist zu bedauern* 1.2 um den ist es nicht ~ *er hat es nicht besser verdient* 1.3 darum ist es nicht (weiter) ~ *das ist kein großer Verlust* **2** *wertvoll, gut* 2.1 dazu bin ich mir zu ~ *dazu gebe ich mich nicht her* 2.2 es ist zu ~ zum Wegwerfen *man kann es noch verwenden*

'Schä·del ⟨m.; -s, -⟩ **1** *das Knochengerüst des Kopfes;* Toten~; ein hohler ~ **2** ⟨umg.⟩ *Kopf* 2.1 ein kahler ~ *unbehaarter Kopf, Glatze* 2.2 mir brummt, dröhnt der ~ *ich habe Kopfschmerzen, bin ganz benommen, überarbeitet* 2.3 du wirst dir noch den ~ einrennen ⟨fig.⟩ *dein Eigensinn wird dir noch sehr schaden, sei doch nicht so hartnäckig;* → a. *Kopf (6.3)* 2.4 er will immer gleich mit dem ~ durch die Wand ⟨fig.⟩ *will Unmögliches erzwingen, um jeden Preis seinen Willen durchsetzen* 2.5 er hat sich das in den ~ gesetzt *er besteht darauf, will nicht davon abgehen* 2.6 er hat einen dicken, harten ~ ⟨a. fig.⟩ *er hat einen Dickkopf, er ist eigensinnig, unbelehrbar* 2.7 sich den ~ zermartern (über) *angestrengt überlegen* 2.8 eins auf, über den ~ bekommen, kriegen *einen Hieb auf den Kopf* 2.9 jmdm. den ~ einschlagen *jmdn. töten, umbringen* 2.10 jmdm. eins auf, über den ~ geben, hauen *jmdm. auf den Kopf schlagen* 2.11 er hat einen hohlen ~ ⟨fig.⟩ *er ist dumm*

'scha·den ⟨V.⟩ **1** ⟨600/R5 od. R6⟩ jmdm. od. einer Sache ~ *Nachteil bringen, nicht zuträglich sein, Schaden zufügen, bereiten, tun, schädigen;* das wird deiner Gesundheit ~; das kann seinem guten Ruf ~; zuviel Sonne schadet mir; du wirst dir damit selbst ~; geschäftlich, gesundheitlich ~ 1.1 ⟨530⟩ das schadet jmdm. gar nichts *geschieht jmdm. ganz recht* 1.2 ⟨500⟩ es schadet nichts *es ist belanglos, ungefährlich* 1.3 ⟨500⟩ es kann nichts ~, wenn wir ... ⟨umg.⟩ *es ist vielleicht besser ...* 1.4 ⟨500⟩ das schadet fast gar nichts ⟨umg.⟩ *so schlimm ist es nicht*

'Scha·den ⟨m.; -s, ¨-⟩ **1** *Verlust, Beeinträchtigung, Wertminderung (eines Gutes);* ein beträchtlicher, empfindlicher, geringer, großer, kleiner, unbedeutender ~; ~ anrichten, bringen, erleiden, leiden, stiften, verhüten, verursachen; einen ~ aufdecken, davontragen; jmdn. vor ~ bewahren; ~ entsteht, erwächst; der ~ beläuft, beziffert sich auf 3000 Mark; der ~ beträgt 3000 DM; den ~ ersetzen, tragen, wiedergutmachen; er muß für den ~ aufkommen, bürgen, haften; als ich mir den ~ genauer besah ... ⟨umg.⟩; durch ~ wird man klug ⟨Sprichw.⟩; wer den ~ hat, braucht für den Spott nicht zu sorgen ⟨Sprichw.⟩ 1.0.1 mit ~ verkaufen *mit Verlust* 1.0.2 ~ nehmen an Gesundheit, an seiner Seele *gesundheitl., seel. geschädigt werden* 1.1 weg mit ~! *weg mit dem Gerümpel, unbrauchbaren Zeug, weg damit!, selbst wenn ich dabei einen Verlust erleide* **2** *Verletzung, Gebrechen, Körperbehinderung;* jmdm. einen ~ zufügen; jmd. nimmt ~, kommt zu ~; einen ~ am Bein, Rücken haben; er hat einen lebenslänglichen ~ davongetragen (z. B. bei einem Unfall); du kannst dir dabei ~ tun (z. B. bei zu schwerem Heben) **3** *Nachteil;* es ist dein eigener ~, wenn du ...; ich habe mehr ~ als Nutzen, weder ~ noch Nutzen an, bei dieser Sache; zu seinem ~ 3.1 es soll dein ~ nicht sein *du wirst dafür von mir belohnt* 3.2 es wird dir (nicht) zum ~ gereichen ⟨geh.⟩ *(nicht) schaden*

'Scha·den·freu·de ⟨f.⟩ *boshafte Freude über den Schaden od. das Mißgeschick eines andern*

'schad·haft ⟨Adj. 70⟩ **1** *beschädigt, mangelhaft, fehlerhaft, abgenutzt, angeschlagen;* ~e Stellen ausbessern, flicken, stopfen 1.1 ~e Zähne *kranke Z.* 1.2 ein ~es Gebäude *morsches G.*

'schä·di·gen ⟨V. 500/R7 od. R8⟩ jmdn. od. eine Sache ~ **1** *Schaden zufügen, schaden;* jmds. Ansehen, Interessen, Gesundheit, seinen guten Ruf ~ 1.0.1 ~de Einflüsse *schädliche E.*

'schäd·lich ⟨Adj.⟩ Ggs *nützlich(1)* **1** *Schaden bringend, nachteilig, gefährlich;* ~e Folgen; ein ~es Tier 1.1 *nicht zuträglich, nicht bekömmlich;* dieser Stoff ist dem Menschen, für den Menschen ~; Nikotin ist ~ für die Blutgefäße

'Schäd·ling ⟨m.; -s, -e⟩ **1** *jmd. od. etwas, das Schaden bringt, zufügt (bes. Tier u. Pflanze)* 1.1 ein ~ der Gesellschaft *ein der G. schadender Mensch*

'schad·los ⟨Adj. 24/50⟩ **1** *ohne Schaden;* ~ ausgehen, davonkommen **2** sich an jmdm. od. etwas (für etwas) ~ halten *sich einen erlittenen Schaden od. entgangenen Vorteil eigenmächtig auf Kosten anderer ersetzen*

Schaf ⟨n.; -(e)s, -e⟩ **1** *Angehöriges einer Gruppe von Horntieren aus der Familie der Ziegenartigen: Ovis (ammon);* ~e halten, hüten, scheren, weiden; das ~ blökt; furchtsam, geduldig, sanft wie ein ~ 1.1 die gezählten ~e frißt der Wolf auch ⟨Sprichw.⟩ *man kann sich nicht gegen alles sichern, nicht gegen alles vorsorgen* 1.2 ein räudiges ~ steckt die ganze Herde an ⟨Sprichw.⟩ *ein schlechter Mensch verdirbt viele andere* 1.3 → a. *Bock (1.0.1)* 1.4 wer sich zum ~ macht, den fressen die Wölfe ⟨Sprichw.⟩ *wer allzu nachgiebig ist, wird immer mehr ausgenutzt* 1.5 → a. *schwarz(2.11), verlieren(3.0.2)* **2** ⟨fig.⟩ *(dummer) Mensch;* dummes ~ 2.1 sie ist ein gutmütiges ~ ⟨umg.⟩ *sie ist allzu gutmütig*

'Schäf·chen ⟨n.; -s, -⟩ **1** *kleines Schaf* 1.1 silberne ~ ziehen am Abendhimmel vorüber ⟨fig.⟩ *Wolken* 1.2 sein ~ ins trockene bringen ⟨fig.⟩ *seinen eigenen Gewinn in Sicherheit bringen, sich einen Vorteil verschaffen* 1.3 sein ~ zu scheren wissen ⟨fig.⟩ *sich auf seinen Vorteil verstehen* **2** ⟨umg.; a. als Kosewort⟩ *kleiner unwissender Mensch;* mein ~!

'Schä·fer ⟨m.; -s, -⟩ **1** *Schafhirt* **2** *jmd., der Schafe hütet, pflegt, schert u. züchtet*

'schaf·fen ⟨V. 207; in der Bedeutung „hervorbringen" stark konjugiert⟩ **1** ⟨500⟩ etwas ~ *hervorbringen, erzeugen, ins Leben rufen, errichten, gründen;* Werte ~; neue soziale Einrichtungen, einen Fonds für notleidende Künstler, ein Heim für Obdachlose, eine Zweigstelle in der Provinz ~; alles bisher Geschaffene wurde vernichtet; ein Teil von jener Kraft, die stets das Böse will und stets das Gute schafft (Goethe, Faust I, Studierzimmer); am Anfang schuf Gott Himmel und Erde (AT) 1.1 wie geschaffen sein *sehr geeignet sein;* er ist zum Erzieher wie geschaffen; dieser Posten ist für ihn wie geschaffen 1.2 von der Natur dazu geschaffen sein *von N. aus alle Voraussetzungen dafür mitbringen* 1.3 er stand da, wie Gott ihn geschaffen hatte *nackt* 1.4 ein Kunstwerk ~ *schöpfer. gestalten;* eine unsterbliche Dichtung, Komposition, ein unsterbliches Werk ~ **2** ⟨500⟩ etwas ~ *herstellen, bewirken, bereiten;* die Voraussetzungen ~ für etwas; das schafft mir, uns viel Ärger, große Not, Pein, Verdruß **3** ⟨500⟩ etwas ~ *bewältigen, bezwingen, fertigbringen, zuwege bringen, erreichen;* Abhilfe, Hilfe, Linderung, Ordnung, Rat, Ruhe, Wandel ~; ich kann die Arbeit nicht ~ 3.1 er schafft es noch, daß ... *er wird es noch dazu bringen, daß ...* 3.2 wir ~ es *wir werden es erreichen, wir kommen noch ans Ziel* 3.3 wir haben es geschafft *wir sind am Ziel* 3.4 ich schaffe meinen Teller nicht mehr ⟨umg.⟩ *kann nicht alles essen* **4** ⟨511⟩ jmdn. od. etwas an einen anderen Ort ~ *bringen, wegbringen, herbringen;* etwas auf den Boden ~; Briefe, ein Paket zur Post ~; bitte ~ Sie das ins Haus; damit wird die Tatsache nicht aus der Welt geschafft, daß ... 4.1 ⟨511⟩ jmdn. od. etwas vom Halse, Leib ~ ⟨umg.⟩ *loswerden, fernhalten, mit jmdm. od. etwas nichts zu tun haben wollen;* ich will ihn mir vom Halse ~; lästige Pflichten schafft er sich gern vom Halse, Leib 4.2 ⟨511⟩ etwas auf die Seite, beiseite ~ *heiml. wegbringen* 4.2.1 ⟨511⟩ er hat sich einen Notgroschen auf die Seite geschafft *erspart u. zurückgelegt* 4.3 schaff ihn mir sofort zur Stelle! *bring ihn her!* 4.4 ⟨511⟩ wir wollen die Sache doch endlich aus der Welt ~ *in Ordnung bringen u. in Vergessenheit geraten lassen, nicht mehr darüber sprechen* **5** ⟨400⟩ *wirken, rege tätig sein;* fleißig, sein Leben lang, tüchtig, unermüdlich ~; der ~de Mensch, der Schaffende; viele ~de Hände; die ~de Natur; alle ~den Kräfte, alle Schaffenden 5.1 jmdm. viel zu ~ machen *viel Arbeit, Mühe, Sorgen bereiten* 5.1.1 das Herz macht ihm viel zu ~ *er leidet an Herzbeschwerden* 5.2 sich zu ~ machen (an) *sich beschäftigen (mit), herumwirtschaften (an);* er machte sich im Nebenzimmer zu ~, um etwas von dem Gespräch zu erlauschen (als Vorwand) 5.2.1 ⟨411⟩ was machen Sie sich an meinen Sachen, in meinem Zimmer zu ~? *was suchen Sie da, was wollen Sie?* 5.3 ⟨400; west-, südwestdt.⟩ *arbeiten;* auf dem Felde ~; im Garten ~; sie schafft von morgens bis abends **6** ⟨417; Inf.⟩ mit jmdm. od. etwas (nichts) zu ~ haben *zu tun haben, an etwas (nicht) beteiligt sein;* er hat nichts damit zu ~; Weib, was habe ich mit dir zu ~? (Jesus zu Maria, NT, Joh. 2,4) **7** ⟨500⟩ jmdn. ~ ⟨umg.⟩ *stark erschöpfen, fertigmachen;* diese Nachricht hat mich geschafft **8** ⟨500⟩ etwas ~ ⟨bair.; österr.⟩ *befehlen, auftragen* **9** ⟨400; Mar.⟩ *essen*

'Schaf·fen ⟨n.; -s; unz.⟩ **1** *das Wirken* **2** *Arbeit, Werk;* das ~ dieses Dichters, Künstlers; dichterisches, geistiges, künstlerisches, musikalisches, wissenschaftliches ~; eine Probe aus seinem ~

'Schaff·ner ⟨m.; -s, -⟩ **1** *Angestellter bei der Eisen- u. Straßenbahn, der die Fahrkarten prüft u. auch verkauft* **2** ⟨veralt.⟩ *Gutsverwalter, Aufseher*

'Schaf·gar·be ⟨f.; -, -n⟩ *als Arznei- u. Wildgemüsepflanze verwendete Art der Korbblütler mit feinzerteilten Blättern: Achillea millefolium*

Scha'fott ⟨n.; -(e)s, -e⟩ *erhöhtes Gerüst für Hinrichtungen, Blutgerüst;* das ~ besteigen; jmdn. aufs ~ bringen; auf dem ~ enden

Schaft ⟨m.; -(e)s, ¨-e⟩ **1** *stangenartiger Griff;* Fahnen~; Lanzen~; Ruder~ **2** *langer, gerader Mittelteil (der Säule, des Schlüssels usw.);* Säulen~; Schlüssel~ **3** *das Bein umhüllender langer Oberteil des Stiefels;* Stiefel~ **4** *hölzerner Teil von Handfeuerwaffen, in dem Lauf u. Verschluß usw. befestigt sind* **5** *laubloser Teil des Zweiges* **6** *blattloser Blütenstiel, z. B. bei Zwiebelpflanzen* **7** *glatter Teil der Vogelfeder* **8** *Vorrichtung an Webstühlen, die das Heben u. Senken jeweils eines Teils der Kettfäden bewirkt*

'schä·kern ⟨V. 410⟩ *(kokett) scherzen, sich necken, neckischen Spaß treiben (bes. mit dem anderen Geschlecht);* er schäkert gern mit jungen Mädchen; er ist zum Schäkern aufgelegt

schal ⟨Adj.⟩ **1** *abgestanden, fade, ohne Geschmack, ohne Würze;* ~es Bier; das Bier schmeckt, ist ~ **2** ⟨fig.⟩ *witzlos, geistlos;* ein ~er Kopf; das war ein ~er Witz 2.1 das Leben dünkte sie, ihr ~ *leer, sinnlos*

Schal ⟨m.; -s, -s od. -e⟩ **1** *langes, rechteckiges Halstuch* **2** *der an der Seite des Fensters herabhängende Teil der Übergardine;* Vorhang~

'Scha·le ⟨f.; -, -n⟩ **1** *Hülle (bes. von Früchten, Keimen);* Eier~; Kartoffel~; Nuß~; Obst~; eine dicke, dünne, glatte, harte, rauhe, weiche ~; die ~ abschälen, abziehen, entfernen, mitessen; die ~ schützt den Keim; die ~ umhüllt, umschließt die Frucht; je bitterer die ~, um so süßer der Kern 1.1 → a. *rauh(4.1)* 1.2 *Rinde (z. B. vom Baum, Käse);* die ~ fällt ab, wird rissig, vertrocknet 1.3 *tierische feste Hülle;* die ~ der Krustentiere, Muscheln, Schildkröten, Schnecken 1.4 *Eierschale* 1.4.1 das Küken verläßt die ~ *schlüpft aus dem Ei* **2** ⟨fig.; umg.⟩ *(gute) Kleidung, Äußeres* 2.1 in ~ sein *festlich, vorschriftsmäßig gekleidet sein* 2.2 ich muß mich noch in ~ werfen *mich gut, festlich anziehen* **3** *flache Schüssel;* eine gläserne, kristallene, silberne ~; die ~ der Waage hebt, senkt sich; eine ~ für Butter, Marmelade, Obst, Zucker; eine ~ mit Konfekt herumreichen 3.1 ⟨bes. österr.⟩ *(flache) Tasse;* eine ~ Kaffee, Tee **4** *unten ausgehöhlter rundgeschliffener Edelstein (Cabochon)* **5** ⟨meist Pl.; jägerspr.⟩ *Huf von vielen Wildarten (z. B. Rehen, Gemsen u. Schwarzwild)* **6** ⟨Vet.⟩ *chronische Erkrankung des Gelenks zwischen dem ersten u. zweiten Zehenglied der Pferde*

'schä·len ⟨V. 500⟩ **1** etwas ~ *eine äußere Schicht von etwas entfernen* 1.1 *die Schale(1) entfernen von;* gekochte Eier, Gemüse, Kartoffeln, Obst ~; das Ei ~; mit dem Kartoffelschäler die Schale von den Kartoffeln ~; zum Backen schon geschälte Nüsse kaufen 1.2 einen Baumstamm ~ *die Rinde entfernen bzw. abnagen von einem B.* 1.3 ⟨550/R7⟩ jmdn. aus den Kleidern ~ ⟨umg.⟩ *entkleiden* 1.4 ⟨R 3⟩ die Haut schält sich *löst sich in Schuppen, kleinen Fetzen ab;* mein Gesicht, mein Rücken schält sich nach dem Sonnenbrand 1.4.1 jmd. schält sich *jmdm. löst sich die Haut in Schuppen, kleinen Fetzen ab* **2** *oberflächl., flach pflügen*

'Scha·len·wild ⟨n.⟩ *Wild, das Schalen (Hufe) hat, z. B. Elche, Hirsche, Rehe, Wildschweine*

Schalk ⟨m.; -(e)s, -e od. ¨-e; veralt.⟩ **1** *hinterlistiger Mensch* **2** *lustiger, spitzbübischer Kerl, Schelm* 2.1 er hat den ~ im Nacken ⟨fig.⟩ *er ist immer zu Spaß u. Neckerei aufgelegt* 2.2 der ~ sieht ihm aus den Augen *er sieht spitzbübisch aus*

Schall ⟨m.; -(e)s, (selten) -e od. ¨-e⟩ **1** *hörbare od. mit physikal. Geräten nachweisbare Schwingung;* der ~ wird von der Luft fortgetragen, pflanzt sich fort; ~ dämpfen, erzeugen 1.1 *nachhallendes Geräusch, Widerhall;* ein dumpfer, lauter ~; der ~ einer Glocke, einer Stimme, einer Trompete drang an mein Ohr; der ~ seiner Schritte war in den leeren Gassen weit zu hören 1.2 ~ und Rauch sein ⟨fig.⟩ *nichtssagend, unbedeutend;* Gefühl ist alles, Name ist ~ und Rauch (Goethe, Faust I, Marthens Garten) 1.3 → a. *leer(3.1.4)*

'schal·len ⟨V. 208/400⟩ **1** *Schall von sich geben, tönen, hallen, widerhallen;* das Geschrei der Kinder schallt mir noch in den Ohren; ~der Beifall; wir brachen in ~des Gelächter aus; jmdm. eine ~de Ohrfeige geben; ~d lachen 1.1 es schallt hier sehr *es ist ein starker Widerhall zu hören* **2** Wild schallt ⟨jägerspr.⟩ *meldet sich*

'Schall·mau·er ⟨f.; bildhafte Bez. für⟩ *die starke Zunahme des Luftwiderstandes, die ein Flugobjekt bei Geschwindigkeiten nahe der Schallgeschwindigkeit erfährt;* die ~ durchbrechen

'Schall·plat·te ⟨f.⟩ *kreisende Scheibe aus Kunststoff, in die in spiralenförmig verlaufenden Rillen Schallschwingungen eingraviert sind, die mit einem Plattenspieler wieder hörbar gemacht werden können;* eine ~ abspielen, auflegen, laufen lassen; etwas auf ~ aufnehmen

'schal·ten ⟨V.⟩ **1** ⟨400; bei Kraftfahrzeugen⟩ *den Gang wechseln;* auf, in den 2. Gang ~ 1.1 ⟨513/R 3⟩ etwas schaltet sich in bestimmter Weise *läßt sich in bestimmter W. betätigen;* der Wagen schaltet sich recht gut **2** ⟨400⟩ *einen Schalter betätigen, eine Schaltung herstellen, einen Stromkreis schließen od. unterbrechen;* hier muß man ~, um das Gerät in Betrieb zu setzen **2.1** ⟨500⟩ etwas ~ *mit einem Schalter in Betrieb setzen;* den Heizofen auf „warm" ~ **3** ⟨400⟩ *herrschen, wirtschaften, umgehen mit, hantieren, verfügen über;* die Hausfrau schaltet in der Küche; sie schaltet mit seinen Sachen, als wären es ihre eigenen 3.1 ~ und walten *verfügen;* jmdn. frei ~ und walten lassen; ich kann hier ~ und walten, wie ich will; frei über etwas ~ und walten können; Sie können hier nach Belieben ~ und walten **4** ⟨413; umg.⟩ *begreifen, verstehen;* schaltest du immer so langsam, schnell ? **4.1** er hat nicht schnell genug geschaltet *er hat nicht gleich reagiert* **4.2** da habe ich falsch, nicht richtig geschaltet *das habe ich mißverstanden*

'Schal·ter ⟨m.; -s, -⟩ **1** *Gerät zum Schließen u. Unterbrechen von Stromkreisen;* den ~ andrehen, anknipsen, drehen **2** *kleiner abgetrennter Raum, oft mit Schiebefenster, zur Bedienung von Kunden, z. B. bei Post, Bank, Bahn u. Ämtern;* der ~ der Bank, der Eisenbahn, der Post; der ~ war schon geschlossen; Pakete bitte am ~ 4 aufgeben; der ~ für Einschreibesendungen

'Schal·tung ⟨f.; -, -en⟩ **1** *das Schalten* **2** *Vorrichtung zum Wechseln der Gänge im Auto;* Gang~ **3** *Anordnung der elektr. Leitungen zw. Stromquellen u. elektr. Geräten aller Art*

Scham ⟨f.; -; unz.⟩ **1** *Gefühl des Bloßgestelltseins, starke Verlegenheit;* ~ empfinden, erkennen lassen, zeigen; vor ~ erröten, die Augen senken; das Gefühl der ~ abtun, abwerfen, unterdrücken 1.0.1 ich möchte vor ~ vergehen, versinken, in die Erde sinken, mich in ein Mauseloch verkriechen ⟨fig.⟩ *ich schäme mich sehr* 1.0.2 hast du denn gar keine ~ (im Leibe) ? ⟨umg.⟩ *schämst du dich gar nicht ?* 1.1 *Scheu, sich bloßzustellen od. andere zu verletzen;* das Gefühl jungfräulicher, mädchenhafter ~; bar aller, jeder ~ 1.2 → a. *falsch(1.3)* 1.2.1 nur keine falsche ~ ! ⟨umg.⟩ *zier dich nicht !* **2** ⟨veralt.⟩ *Schamröte;* die ~ stieg ihr ins Gesicht **3** ⟨verhüllend⟩ *die Gegend der Geschlechtsteile beim Menschen;* seine ~ bedekken, verhüllen ⟨poet.⟩

'Scham·bein ⟨n.⟩ *vorderer, unterer Teil des Hüftbeins*

'schä·men ⟨V. 500/R3⟩ sich ~ *Scham empfinden, sich aus Scham scheuen, etwas zu tun;* sich einer Handlung, einer Sache, eines Wortes, wegen einer Handlung ~; er schämt sich seines Betragens, seiner Feigheit, seines Neides, seiner Unbeherrschtheit; sich vor jmdm. ~; sich für einen andern ~; er schämt sich (wegen) dieser Sache; pfui, schäm dich!; du brauchst dich dessen nicht zu ~ ; ich schäme mich, das sagen zu müssen; hast du das Schämen verlernt?; du solltest dich was ~ ⟨umg.⟩; sich in Grund und Boden ~ ⟨umg.⟩; sich zu Tode ~ ⟨umg.⟩

'scham·haft ⟨Adj.⟩ *voller Scham, leicht Scham empfindend, sittsam, keusch, verschämt;* ~ etwas bekennen, gestehen, zugeben; ~ lächeln

'Scham·lip·pe ⟨f.; -, -n⟩ **1** *eine von zwei Paar lippenförmigen Hautfalten, die die weibl. Scheide bedecken* 1.1 große ~ *außen liegende Schamlippe(1): Labium maior* 1.2

kleine ~ *innen liegende Schamlippe(1): Labium minor;* Sy *Nymphe(3)*
'scham·los ⟨Adj.⟩ **1** *ohne Schamgefühl, unsittlich, unanständig;* ein ~es Buch, Theaterstück, ein ~er Film, Roman; ~e Gebärden, Worte; sein ~es Verhalten erregte Ärgernis; sich ~ betragen **2** *schändlich, ruchlos, unverschämt;* ein ~er Betrug; eine ~e Forderung; er war ~ dreist
'Schan·de ⟨f.; -, (selten) -n⟩ **1** *etwas, dessen man sich schämen muß, etwas Verachtenswertes;* die Aufführung war so schlecht, daß es eine ~ war; ich halte das für eine ~; es ist eine ~, wie du dich benimmst, wie du herumläufst; pfui ~! 1.1 *Unehre, Zustand des Verachtetseins, Schmach, Schimpf;* jmdm. ~ bringen; mit ~ beladen sein; der ~ entrinnen; in ~ geraten; der ~ preisgeben; jmdn. mit Schimpf und ~ davonjagen; Schmach und ~ über ihn; das macht ihm, seiner Familie, seinem Namen ~; ich will ihr diese ~ ersparen; sie muß die ~ auf sich nehmen; es gereicht ihm zur ~; es ist eine ~ für ihn; zu seiner ~ sei es gesagt; der Horcher an der Wand hört seine eigne Schand ⟨Sprichw.⟩ **2** zu meiner ~ muß ich gestehen, daß ... ⟨scherzh.⟩ *es ist mir peinlich, gestehen zu müssen* 2.1 ein Mädchen in ~ bringen *entehren* 2.1.1 mach mir keine ~! ⟨meist scherzh.⟩ *benimm dich so, daß ich mich deiner nicht zu schämen brauche, blamier mich nicht!*
'schän·den ⟨V.500⟩ **I** jmdn. od. eine Sache ~ *in Schande bringen, entehren;* jmds. Ehre, guten Namen ~; Armut schändet nicht ⟨Sprichw.⟩ 1.0.1 ein geschändeter Name *entehrter N.* 1.1 jmdn. ~ ⟨veralt.; bes. im MA⟩ *mit einem Schandmal versehen* 1.2 Heiliges ~ *beflecken, entweihen;* ein Grab, eine Kirche, eine Statue ~ **2** eine Frau, ein Mädchen ~ ⟨geh.⟩ *gewaltsam od. mit List geschlechtl. mißbrauchen* **3** etwas schändet jmdn. od. etwas *verstümmelt, verunstaltet;* eine häßliche Narbe schändet ihr Gesicht
'Schand·fleck ⟨m.⟩ **1** *verunstaltender, häßlicher Fleck (auf Möbeln usw.)* 1.1 einen ~ auf seiner Ehre haben ⟨fig.⟩ *eine entehrende Tat begangen haben* **2** ⟨fig.⟩ *ehrloser, nichtswürdiger Mensch, Taugenichts, Tunichtgut;* er ist der, ein ~ der Familie
'schänd·lich ⟨Adj.⟩ **1** *so geartet, daß es Schande bringt;* er nahm ein ~es Ende 1.1 *ehrlos, ehrvergessen, abscheulich, niederträchtig, gemein;* ~e Absichten, Betrügereien, Taten; er hat ~e Lügen über mich verbreitet; jmdn. ~ betrügen **2** ⟨umg.⟩ *sehr schlecht, scheußlich;* ein ~es Wetter 2.1 ⟨50⟩ *ungemein, ungeheuer;* sich ~ ärgern, das ist ~ teuer
'Schand·tat ⟨f.⟩ **1** *Tat, die dem Täter Schande bringt, abscheuliche, verabscheuungswürdige Tat* 1.1 wir sind zu jeder ~ bereit ⟨scherzh.⟩ *zu jedem Spaß, Unfug*
'Schan·ze[1] ⟨f.; -, -n⟩ **1** ⟨Mil.⟩ *Befestigung, Erdwall;* eine ~ aufführen, aufwerfen, bauen, graben, schleifen **2** ⟨Mar.⟩ *Achterdeck* **3** ⟨Schispringen⟩ *Anlage mit steil abfallender Anlaufbahn, Absprungtisch u. steiler Aufsprungbahn;* Sprung~
'Schan·ze[2] ⟨f.; -, -n; veralt.⟩ **1** *Glückswurf, Glücksumstand* 1.1 sein Leben in die ~ schlagen ⟨fig.⟩ *aufs Spiel setzen*

Schar[1] ⟨f.; -, -en od. (landschaftl.) n.; -(e)s, -e⟩ = *Pflugschar*
Schar[2] ⟨f.; -, -en⟩ **1** *Menge, Gruppe;* eine ~ Gänse, Hühner, Vögel; um 5 Uhr verlassen die Arbeiter in ~en die Fabrik; in ~en sich drängen, herbeiströmen, die Straßen umsäumen; die Zugvögel zogen in ~en gen Süden; eine ~ von Menschen, Schaulustigen **2** ⟨Mil. u. ä. Organisationen⟩ *Gruppe von 20–30 Personen unter einem Führer*
'scha·ren ⟨V. 550/R3⟩ sich um jmdn. od. etwas ~ *sich um jmdn. od. etwas sammeln, versammeln, drängen*
scharf ⟨Adj.22⟩ **1** *schneidend, geschliffen;* ein ~es Beil, Messer, Schwert; eine ~e Ecke, Feile, Kante, Schneide 1.0.1 Äxte, Klingen, Messer, Scheren ~ machen *schärfen* 1.0.2 er führt eine ~e Klinge ⟨fig.⟩ *er spricht treffend, formuliert klar bei Debatten* 1.1 *sehr schmal, spitz;* ~e Zähne 1.2 ~er Schnitt *sauber einschneidender S.* 1.2.1 das Messer, die Schere schneidet ~ *mit sauberem Schnitt* **2** *ätzend;* eine ~e Säure, Lauge **3** ⟨60⟩ ~e Biegung, Kante, Ecke *eng, spitzwinklig;* Ggs *weich(7);* in einer ~en Kurve wurde der Wagen aus der Bahn getragen **4** *die Sinnesorgane stark reizend, beißend* 4.1 *stark würzig;* ~er Essig, Geruch, Senf; ~ riechen, schmecken; du hast das Essen zu ~ gewürzt 4.2 *hochprozentig (alkohol. Getränk);* ~e Getränke, Schnäpse 4.3 *schrill, zischend, unangenehm laut;* in ~em Ton sprechen 4.4 *kalt, eisig;* es weht ein ~er Wind 4.5 ⟨fig.; umg.⟩ *aufreizend;* ~e Rhythmen 4.6 ⟨fig.; vulg.⟩ *sexuell aufreizend;* ein ~es Weib **5** ⟨fig.⟩ *genau* 5.1 *durchdringend, klar, genau sehend, hörend, denkend;* seinem ~en Blick entging nichts; ~e Augen, Ohren; ~er Verstand; jmdn. ~ beobachten 5.1.1 jmdn. ~ ins Auge fassen *genau beobachten* 5.1.2 da muß ich erst einmal ~ nachdenken *genau überlegen* 5.1.3 eine Aufgabe, einen Plan ~ umreißen *genau festlegen* 5.2 *deutlich, gut erkennbar, ausgeprägt;* die Photographie ist ~ bis in die Details 5.2.1 er hat ein ~ geschnittenes Gesicht *markante Gesichtszüge* 5.3 *genaues Sehen ermöglichend;* eine ~e Brille; ein ~es Fernglas; das Fernrohr, die Kamera, den Projektor ~ einstellen (so daß das Bild deutlich sichtbar wird) 5.4 *direkt, unmittelbar;* dann ging es ~ nach rechts; der Schlag ging ~ an seinem Kopf vorbei **6** *hart, streng, zurechtweisend;* eine ~e Aussprache, Bemerkung, Entgegnung, Rüge, Zurechtweisung; ~ durchgreifen, vorgehen; ich mußte einen ~en Tadel, Verweis einstecken; etwas schärfstens, aufs schärfste verurteilen; du darfst das Kind nicht so ~ anfassen; er übte ~e Kritik 6.1 sie hat eine ~e Zunge ⟨fig.⟩ *sie führt gern böse, spitze, angriffs-, spottlustige Reden* 6.2 das ist ein (ganz) Scharfer! ⟨umg.⟩ *ein unnachsichtiger Polizist, ein strenger Beamter u. ä.* **7** *heftig, hart, hitzig, energisch;* ~en Protest einlegen, erheben; schärfsten Widerstand leisten 7.1 *angriffslustig, bissig* 7.1.1 ein ~er Hund *ein bissiger, auf den Mann dressierter Wachhund* 7.2 *jäh, plötzlich;* ~ bremsen 7.3 *schnell;* ~ fahren, gehen, reiten; ~en Trab reiten 7.4 *stark, intensiv;* ein ~er Schmerz 7.4.1 ~ backen, braten *knusprig, sehr braun;* ~ gebackene Brötchen, gebratenes Fleisch **8** ~e Muni-

tion *M. für den Ernstfall (im Unterschied zur ungefährl. Übungsmunition)* 8.1 ~ schießen *aufs Ziel schießen (nicht in die Luft)* 8.1.1 ~er Schuß *S., der treffen soll* 8.2 die Waffe ist ~ geladen *mit scharfer Munition geladen* 8.3 hier wird ~ geschossen! (Warnung) *mit scharfer Munition geschossen* **9** ⟨46⟩ auf jmdn. od. etwas ~ sein ⟨umg.⟩ *begierig, lüstern;* er ist ganz ~ darauf, nicht mehr arbeiten zu müssen; er ist ~ auf sie **9.1** ⟨51⟩ jmdn. ~ machen auf jmdn. od. etwas ⟨fig.⟩ *jmdn. neugierig, begierig machen auf jmdn. od. etwas*

'Scharf·blick ⟨m.; -(e)s; unz.; fig.⟩ *Scharfsinn, durchdringender Verstand, Fähigkeit, die Dinge zu durchschauen;* seinem ~ entgeht kaum etwas, nichts

'Schär·fe ⟨f.; -; unz.⟩ **1** *das Scharfsein, Schneidfähigkeit;* die ~ einer Schneide prüfen **2** *Ätzkraft* **3** *stark reizende Wirkung auf die Sinnesorgane;* ein Geruch von beißender ~ 3.1 *Würze;* die Suppe hat eine besondere ~ 3.2 *Kälte, Eisigkeit;* die ~ der Luft, des Windes trieb mir die Tränen in die Augen **4** *Genauigkeit, Klarheit;* die ~ seines Gedächtnisses hat im Alter nachgelassen **4.1** *Fähigkeit, logisch zu denken;* Geistes ~ ; Verstandes ~ **4.2** *Fähigkeit, genau zu hören;* die ~ seiner Ohren **4.3** *Fähigkeit, genau zu sehen;* die ~ seiner Augen **4.4** *genaues Sehen ermöglichende Qualität;* die ~ der Brille **4.5** *Deutlichkeit, Erkennbarkeit;* die ~ des Bildes, der Linien **4.5.1** *scharfer Umriß;* die ~ seines Profils **5** *Härte, Strenge, Schonungslosigkeit;* ihn trifft die ganze ~ des Gesetzes **6** *Kraft, Heftigkeit;* die ~ der Auseinandersetzung; seine Kritiken haben an ~ verloren **7** *Bissigkeit;* ich habe das bewußt mit einer gewissen ~ gesagt; ich habe das ohne jede ~ lediglich festgestellt

'schär·fen ⟨V. 500⟩ **1** etwas ~ *scharf machen, schleifen;* Messer, Werkzeug ~ **2** etwas ~ ⟨fig.⟩ *stärken, üben, bilden, verbessern;* die Sinne ~; die Kräfte des Geistes ~ **2.1** ⟨R3⟩ etwas schärft sich *verfeinert sich, wird scharf(5);* sein Blick schärft sich allmählich für Feinheiten

'scharf|ma·chen ⟨V.⟩ **1** ⟨550⟩ jmdn. ~ gegen jmdn. ⟨umg.⟩ *jmdn. aufhetzen, aufbringen gegen jmdn.* **2** ⟨aber getrennt⟩ ein Messer 'scharf 'machen → *scharf(1)*

'scharf·sich·tig ⟨Adj.⟩ **1** *scharfe Augen habend* **2** ⟨fig.⟩ *mit Scharfblick begabt*

'Scharf·sinn ⟨m.; -(e)s; unz.⟩ *durchdringender Verstand, Fähigkeit, das Wesentliche zu erfassen, die Dinge zu durchschauen;* eine Aufgabe, ein Problem mit ~ lösen

'Schar·lach ⟨m.; -s, -e⟩ **1** *leuchtend rote Farbe* **2** ⟨unz.; Med.⟩ *meldepflichtige, fieberige Infektionskrankheit mit rotem fleckigem Ausschlag*

'Schar·la·tan ⟨a. [--'-] m.; -s, -e⟩ *Schwindler, der Kenntnisse u. Fähigkeiten auf einem Gebiet nur vortäuscht*

Scharm ⟨m.; -s; unz.⟩ *Zauber, Liebreiz, gewinnendes Wesen*

Schar'nier ⟨n.; -s, -e⟩ *Gelenk aus zwei Platten mit eingerollten Ösen, die mit einem Stift verbunden werden, zur bewegl. Befestigung von Türen, Fenstern, Klappen, Deckeln*

'Schär·pe ⟨f.; -, -n⟩ **1** *breites, um die Hüften od. schräg über Schulter u. Brust getragenes Band (als Teil einer Uniform od. Band bestimmter Orden)* 1.1 *breites um die Taille od. Hüften getragenes u. zur Schleife geschlungenes Band (als Kleiderschmuck)*

'schar·ren ⟨V. 410⟩ **1** *geräuschvoll reiben, kratzen, oberflächl. graben;* ein Loch ~; das Pferd scharrt ungeduldig mit dem Huf; der Hund scharrt an der Tür; die Hühner ~ auf dem Boden nach Würmern; etwas in die Erde ~ 1.1 mit den Füßen ~ *(student. Brauch zum Zeichen des Mißfallens)*

'Schar·te ⟨f.; -, -n⟩ **1** *Kratzer, Riß, durch Kratzen entstandene Kerbe (bes. an Messerklingen usw.);* der Hobel, die Klinge, das Messer hat ~n bekommen **2** *schmaler Bergsattel* **3** *Öffnung in Befestigungsanlagen;* Schieß ~ **4** *Lippenspalte;* Hasen ~ **5** ⟨fig.⟩ *Fehler, Mangel, Mißerfolg* **5.0.1** du mußt die ~ wieder auswetzen *den Fehler, Mißerfolg wiedergutmachen*

'Schat·ten ⟨m.; -s, -⟩ **1** *dunkle Fläche hinter einem Körper, der den direkten Lichteinfall verhindert, in dessen Umriß;* wenn die Sonne am Nachmittag tiefer sinkt, werden die ~ länger; der ~ des Todes lag auf ihm ⟨poet.⟩; ein ~ fiel auf ihr Glück ⟨fig.⟩; die Lüge warf einen ~ auf ihr sonst so gutes Verhältnis ⟨fig.⟩ 1.1 ein krummer Stecken wirft keinen geraden ~ ⟨Sprichw.⟩ *wenn der Mensch nichts taugt, taugt auch seine Leistung nichts* 1.2 er folgt ihm wie sein ~ *folgt ihm auf Schritt und Tritt* 1.3 man kann nicht über seinen eigenen ~ springen ⟨fig.⟩ *nicht anders handeln, als der eigene Charakter es erlaubt* 1.4 er möchte am liebsten vor seinem eigenen ~ ausreißen *er hat Angst, fürchtet sich häufig grundlos* 1.5 ~ nachjagen ⟨fig.⟩ *unerreichbare Ziele verfolgen* 1.6 große Ereignisse werfen ihre ~ voraus ⟨fig.⟩ *kündigen sich mehr od. minder geheimnisvoll an* 1.7 ein ~ flog, huschte, zog über sein Gesicht ⟨fig.⟩ *er sah einen Augenblick lang ernst, traurig aus* 1.8 die ~ der Nacht *Dunkelheit* 1.9 er ist nur noch ein ~ seiner selbst ⟨fig.⟩ *er ist vollkommen abgemagert* **2** *dunkle Stelle;* ~ unter den Augen; auf dem Röntgenbild ist ein ~ zu sehen **3** ⟨fig.⟩ *Spur, Anzeichen, Schein;* auch nicht der ~ eines Beweises war zu erbringen; auch nicht der ~ eines Verdachtes fiel auf ihn **4** *Bereich, in den kein direktes Licht fällt, Dunkel;* erfrischender, kühler, wohltuender ~; ~ des Hauses, des Waldes; im ~ eines Baumes, Hauses; ~ geben, spenden, werfen; im ~ liegen, sitzen; aus der Sonne in den ~ gehen; die Verteilung von Licht und ~ auf einem Gemälde; die ~ auf einem Bilde aufhellen; in der Sommerglut sucht man den ~; 30 Grad im ~ **4.1** wo viel Licht ist, ist viel ~ ⟨Sprichw.⟩ *alles hat seine Vorzüge und Nachteile* **4.2** im ~ leben ⟨fig.⟩ *im verborgenen leben, unbeachtet dahinleben* **4.3** etwas od. jmdn. in den ~ stellen ⟨fig.⟩ *weit übertreffen* **5** *undeutliche, schemenhafte Erscheinung;* ich konnte nur einen ~ durchs Zimmer huschen sehen; im Dunkel der Nacht glaubte er gespenstische ~ zu sehen 5.1 ⟨Myth.⟩ *körperloses Wesen, Geist eines Toten* 5.1.1 das Reich der ~ ⟨poet.⟩ *das Totenreich* 5.1.2 ins Reich der ~ hinabsteigen *sterben*

'Schat·ten·riß ⟨m.⟩ *dem Schatten nachgezeichneter, schwarz ausgefüllter Umriß des*

Profils (im 18. Jh. als billige Bildniszeichnung beliebt)

'Schat·ten·sei·te ⟨f.; fig.⟩ **1** *Kehrseite, Nachteil;* das sind die ~n dieser Angelegenheit; er stand von jeher auf der ~ des Lebens **1.1** alles hat seine Licht- und seine ~ *seine Vor- u. Nachteile*

'Schat·ten·spiel ⟨n.⟩ **1** ⟨bes. Ostasien⟩ *Spiel mit den auf eine lichtdurchlässige, beleuchtete Wand geworfenen Schatten flacher, beweglicher od. unbeweglicher, meist sehr kunstreich gearbeiteter Figuren* **2** ⟨Mal.⟩ *kunstreich verwendeter Kontrast zwischen Licht u. Schatten*

schat'tie·ren ⟨V. 500⟩ **1** Farben ~ *tönen, abtönen, mit Tonabstufungen versehen* **2** ein Bild ~ *Schatten einzeichnen in ein B., um die räuml. Bildwirkung zu erhöhen*

Schat'tie·rung ⟨f.; -, -en⟩ **1** *das Abtönen (von Farben)* **2** *(kleiner) Farbunterschied, Farbabstufung;* das Stoffmuster brachte alle ~en vom hellsten bis zum dunkelsten Blau **2.1** die Presse aller ~en war sich in der Beurteilung der Lage einig ⟨fig.⟩ *aller polit. Richtungen*

'schat·tig ⟨Adj.⟩ **1** *schattenreich, voll Schatten, beschattet;* ein ~er Balkon, Sitzplatz vorm Haus; sich ein ~es Plätzchen suchen **2** *schattenspendend;* ein ~er Baum; das ~e Laub

'Schatz ⟨m.; -es, ¨e⟩ **1** *Anhäufung (von kostbaren Dingen)* **1.1** *Anhäufung von Edelmetallen, Edelsteinen u. ä.;* ein kostbarer, reicher, sagenhafter, verborgener, vergrabener ~; Schätze anhäufen, ansammeln, besitzen, erwerben; einen ~ ausgraben, entdecken, finden, heben; nach Schätzen graben; für alle Schätze der Welt gebe ich das nicht her; der ~ der Nibelungen **1.2** *Anhäufung von seltenen und daher kostbaren Dingen;* das Museum besitzt einen reichen ~ an impressionistischen Gemälden **1.3** *Geldvorrat eines Staates für Notfälle;* Staats~ **1.4** ⟨fig.⟩ *Fülle, große Menge;* einen ~ von, (auch) an Erfahrungen, Erinnerungen, Kenntnissen, Wissen **2** ⟨nur Pl.⟩ Schätze *Bodenschätze, natürlicher Reichtum;* die Schätze eines Landes (Bodenschätze usw.); die Schätze des Bodens sind der Reichtum dieses Landes **3** *etwas Teures, Kostbares, sorgfältig Gehütetes, kostbarer Besitz;* sein kostbarster ~ in dieser Situation war ein Messer **4** *Geliebte(1), Geliebter(1) (a. als Kosewort);* das Mädchen hat schon einen, noch keinen ~; mein (lieber) ~!

'schät·zen ⟨V.⟩ **1** ⟨505/R7 od. R8⟩ etwas od. jmdn. ~ (auf) ... *ungefähr berechnen, bestimmen (in Größe, Maß, Wert);* eine Entfernung, einen Wert ~; der Schaden wird auf 10 000 Mark geschätzt; das auf 30 000 Mark geschätzte Vermögen; wie alt ~ Sie ihn ?; ich hätte ihn älter, jünger geschätzt; ich schätze sie auf 30 Jahre **2** ⟨505⟩ etwas ~ (auf) *Wert, Größe, Maß einer Sache möglichst genau ermitteln;* Sy *taxieren(1);* Grundstücke, einen Nachlaß, eine Sammlung, ein Vermögen ~ lassen; der Taxator wurde beauftragt, das Haus zu ~ **2.1** ⟨500⟩ Einwohner ~ ⟨bibl.⟩ *zählen, die Zahl feststellen von* **3** ⟨500⟩ etwas ~ *vermuten, annehmen;* ich schätze, er wird schon lange dort sein **4** ⟨513/R7 od. R8⟩ jmdn. od. etwas in einer bestimmten Weise ~ *hochachten, für wertvoll, achtbar halten, verehren;* etwas sehr, nicht zu ~ wissen; jmds. Fleiß (nicht) zu ~ wissen; er weiß ein gutes Glas Wein zu ~; ich würde mich glücklich ~, wenn ...; ich schätze ihn (nicht) besonders, (nicht) sehr; er ist ein geschätzter Gelehrter, Gesellschafter, Künstler, Mitarbeiter; jmdn. od. etwas hoch ~; Ihr geschätztes Schreiben ⟨förml.⟩

'Schät·zung ⟨f.; -, -en⟩ **1** *das Schätzen, ungefähre Berechnung;* nach meiner ~ müßten wir gleich da sein **2** ⟨fig.⟩ *Achtung, Verehrung;* sie erfreut sich allgemeiner ~ **3** *(amtl.) Ermittlung, Festsetzung des Preises einer Sache* **4** ⟨veralt.⟩ *Volkszählung*

Schau ⟨f; -, (selten) -en⟩ **1** *öffentliche, bes. auf optische Wirkung zielende Veranstaltung* **1.1** *Ausstellung, Darbietung, Vorführung;* Blumen~, Heeres~, Moden~, Muster~; etwas auf einer ~ ausstellen, vorführen, zeigen **1.1.1** Muster zur ~ stellen *ausstellen* **1.1.2** sie trägt ihr neues Kleid zur ~ *sie trägt es, um es zu zeigen, vorzuführen, damit viele sie darin sehen* **1.2** *revuehafte Vorstellung, Darbietung;* der Sänger tritt in einer großen ~ auf **1.3** ⟨fig.; umg.⟩ *eindrucksvolles Ereignis* **1.3.1** wir wollen heute abend eine große, tolle ~ abziehen *etwas Lärmendes, Tolles veranstalten* **1.4** ⟨fig.; abwertend⟩ *eine nur auf sensationelle Wirkung abzielende Darbietung;* die öffentliche Diskussion war eine bloße ~ **1.4.1** zieh nicht so 'ne ~ ab, mach nicht so 'ne ~! ⟨umg.⟩ *gib nicht so an!* **1.4.2** sie hat ihr die ~ gestohlen ⟨umg.⟩ *sie um die erwartete Wirkung, um die berechnete Beachtung durch die anderen gebracht, aus dem Vordergrund verdrängt* **2** zur ~ stellen, tragen ⟨fig.⟩ *zeigen, vorweisen, ausdrücken;* er hütete sich, sein Wissen zur ~ zu stellen; sie trägt stets eine freundliche Miene zur ~; Heiterkeit, Ruhe, Zuversicht zur ~ tragen **3** *Ansicht, Blickwinkel;* dieses aktuelle Problem in ganz neuer ~ **4** *Überblick, Betrachtung, (prüfendes) Ansehen;* eine umfassende ~ aller Probleme führt zu dem Ergebnis, daß ... **5** *bildhafte Erkenntnis durch tiefes Insichversenken;* dichterische, innere, mystische, religiöse ~

'Schau·der ⟨m.; -s, -⟩ **1** *Grauen, Abscheu u. Angst zugleich;* mich durchläuft, erfaßt, ergreift, überfällt, überläuft ein ~ **2** *Erzittern vor Kälte;* ein ~ fuhr, lief mir über den Rücken **3** *ehrfürchtiges Erbeben;* Sy *Schauer[2](4);* von einem frommen ~ erfaßt

'schau·dern ⟨V.⟩ **1** ⟨405⟩ *vom Schauder erfaßt, geschüttelt werden, Schauder, Abscheu, Grauen, Entsetzen empfinden;* es schaudert mich; mir, mich schaudert vor jmdm. od. etwas; es schaudert mich bei diesem Gedanken, vor ihm; mir, mich schaudert, wenn ich daran denke, wenn ich ihn sehe; er schauderte vor Kälte; sie schauderte bei dieser Vorstellung **1.1** ⟨501 od. 601⟩ jmdm., jmdn. schaudert es *jmd. ist mit Furcht, Entsetzen erfüllt*

'schau·en ⟨V.⟩ **1** ⟨400⟩ *sehen, blicken;* schau doch mal!; überall, wohin man schaut; aus dem Fenster ~; jmdm. ins Auge, in die Augen, ins Gesicht ~; über den Zaun ~; rückwärts, vorwärts, zur Seite ~; schau um dich und schau in dich!; schau, schau!, schau (einer) an! (Ausruf des Erstaunens) ⟨iron.⟩ **1.1** ⟨533/R1⟩ sich die Augen aus dem Kopf ~ ⟨fig.⟩ *angestrengt schauen, spähen* **1.2** ⟨611⟩ du kannst keinem ins

Herz ~ ⟨fig.⟩ *du weißt von keinem, was er denkt* 1.3 ⟨611⟩ ihm schaut der Neid aus den Augen ⟨fig.⟩ *man sieht ihm an, daß er neidisch ist* 1.4 ⟨611⟩ dem Tod ins Auge ~ ⟨fig.⟩ *in Lebensgefahr schweben, mit dem Tode rechnen* 1.5 ⟨410⟩ besorgt in die Zukunft ~ ⟨fig.⟩ *die Z. mit Bangen erwarten* 2 ⟨411⟩ nach jmdm. od. etwas ~ ⟨landschaftl.⟩ *sich um jmdn. od. etwas kümmern, für jmdn. od. etwas sorgen;* nach dem Kranken ~; nach dem Rechten ~ 2.1 schau, daß du weiterkommst! *mach, daß du fortkommst, pack dich!* 3 ⟨500⟩ etwas ~ ⟨geh.⟩ *anblicken, sehen, betrachten;* das Licht der Sonne ~; schau das Bild, die Blume, das Haus dort drüben! 4 ⟨500⟩ etwas ~ *durch tiefes Sichversenken bildhaft sehen, erkennen, begreifen;* die Zukunft ~ 4.1 Gott ~ ⟨fig.⟩ *geistig, innerl. erleben*

'Schau·er[1] ⟨m.; -s, -⟩ *jmd., der schaut, Schauender*

'Schau·er[2] ⟨m.; -s, -⟩ 1 *kurzer, heftiger Niederschlag;* Hagel~, Regen~; wir wollen warten, bis der ~ vorüber ist; der Wetterbericht hat gewittrige ~ vorhergesagt 2 *Frösteln, Zittern;* ein (kalter) ~ lief mir den Rücken hinunter 3 *ängstl. Erbeben, Erzittern, Gruseln, Schreck;* ein ~ durchfuhr ihn 4 = *Schauder(3)*

'Schau·er[3] ⟨m. od. n.; -s, -; mundartl.⟩ *Schuppen, Scheune*

'Schau·er[4] ⟨m.; -s, -⟩ = *Schauermann*

'schau·er·lich ⟨Adj.⟩ 1 *gräßlich, schrecklich, furchterregend;* er hörte ~e Klagelaute 2 ⟨umg.⟩ *sehr schlecht;* ~e Arbeit, Schrift

'Schau·er·mann ⟨m.; -(e)s, -leu·te⟩ *Hafen-, Schiffsarbeiter;* Sy *Schauer*[4]

'Schau·fel ⟨f.; -, -n⟩ 1 *Werkzeug aus einem leicht gewölbten Blatt, oft mit aufgebogenen Seitenrändern, u. einem Stiel zum Aufnehmen u. Forttragen von körnigem od. kleinstückigem Material;* Kohlen~; Sand~; nimm ~ und Besen und kehr das zusammen; eine ~ voll Erde, Kies, Sand 2 ~ der Wasserräder, Windräder, Turbinen *blattförmiger Teil;* das Wasser stürzt auf die ~n des Mühlrades 3 ~n des Elch- u. Damwildes *Geweihende* 4 ~ von Schaf, Rind *Schneidezahn* 5 ~ des Auerhahnes ⟨jägerspr.⟩ *Schwanz* 6 ⟨Kart.; schweiz.⟩ *Pik*

'schau·feln ⟨V.⟩ 1 ⟨400⟩ *mit der Schaufel arbeiten;* sie mußten lange ~, bis sie die Sandsäcke gefüllt hatten; die Kinder ~ im Sand 2 ⟨500⟩ etwas ~ *mit Hilfe der Schaufel befördern;* Getreide, Sand, Schnee ~; der Koks muß noch durchs Kellerfenster in den Kohlenkeller geschaufelt werden 2.1 ⟨511⟩ er schaufelte das Essen in sich hinein ⟨fig.; umg.⟩ *verschlang das E. gierig* 3 ⟨500⟩ etwas ~ *mit Hilfe einer Schaufel herstellen, ausheben;* einen Graben, eine Grube ~ 3.1 damit hat er sich sein eigenes Grab geschaufelt ⟨fig.⟩ *seine Karriere selbst zerstört*

'Schau·fen·ster ⟨n.⟩ *verglaste Auslage eines Geschäfts*

'Schau·kel ⟨f.; -, -n⟩ *an zwei Seilen od. Ketten aufgehängter Sitz, auf dem man sich hin u. her schwingt*

'schau·keln ⟨V.⟩ 1 ⟨400⟩ *auf der Schaukel hin u. her schwingen;* auf dem Spielplatz ~ die Kinder gern 1.1 *hin u. her pendeln, von einer Seite auf die andere wippen, sich wiegen, schwanken, pendeln;* mit einem Boot auf den Wellen ~ 2 ⟨500⟩ jmdn. od. etwas ~ *wiegen, in schaukelnder Bewegung halten;* ein Kind auf den Knien, in der Wiege ~; die Wiege ~; sich in der Hängematte ~ 2.1 wir werden das Kind, die Sache schon ~ 324 ⟨fig.; umg.⟩ *die Sache in Ordnung bringen, regeln*

Schaum ⟨m.;-(e)s,¨-e⟩ 1 *Gefüge aus Luftbläschen, die durch dünne Häutchen aus Flüssigkeit od. festem Stoff getrennt sind u. zugleich zusammengehalten werden;* den ~ vom Bier abtrinken, ehe er zergeht; Eiweiß zu ~ schlagen 1.1 *Geifer;* dem Pferd flog der ~ vom Maul; ~ vor dem Mund haben (vor Zorn od. im epilept. Anfall) 1.2 ~ schlagen ⟨a. fig.⟩ *große Reden führen, angeben, durch prahlerische Reden blenden* 2 ⟨fig.⟩ *Hohlheit, Nichtigkeit, trügerischer Schein* 2.1 Träume sind Schäume ⟨Sprichw.⟩ *gaukeln nur etwas vor, bedeuten nichts* 2.2 sein Glück, seine Hoffnung wurde zu ~ *löste sich auf, schwand, verging*

'schäu·men ⟨V. 400⟩ 1 etwas schäumt *bildet Schaum;* das Bier, der Sekt schäumt 1.1 die Wellen ~ *werfen Gischt auf* 1.2 der Wein schäumt *gärt* 2 jmd. schäumt ⟨fig.⟩ *ist wütend*

'Schaum·gum·mi ⟨m.⟩ *aus natürl. od. synthet. Latex hergestellter, schwammartiger, poröser Stoff (bes. für Polster)*

'Schaum·schlä·ger ⟨m.⟩ 1 = *Schneebesen* 2 ⟨fig.⟩ *jmd., der Schaum(1.2) schlägt, Angeber, Prahler*

'Schaum·stoff ⟨m.⟩ *poröser Kunststoff, der bes. leicht ist u. gut gegen Wärme u. Schall isoliert*

'Schau·pro·zeß ⟨m.⟩ *auf Massenwirkung berechneter, öffentl. ausgetragener Prozeß (bes. aus polit. Gründen)*

'schau·rig ⟨Adj.⟩ *schauererregend, schrecklich, gruselig*

'Schau·spiel ⟨n.⟩ 1 *jedes auf der Bühne darstellbare Werk, Trauerspiel, Lustspiel, Schwank usw.;* Sy *Drama; Spektakel*[1] ⟨veralt.⟩ 1.1 *ernstes Bühnenstück ohne trag. Ausgang* 2 ⟨fig.⟩ *Anblick eines Geschehens, Vorgangs, einer Handlung, Szene;* da bot sich ihren Blikken ein reizvolles ~

'Schau·spie·ler ⟨m.⟩ 1 *Bühnenkünstler* 2 *Darsteller, Gestalter einer Rolle in einem Schauspiel;* ein begabter, bekannter, routinierter, talentierter, wandlungsfähiger ~; er ist ein guter ~, im Leben wie auf der Bühne 3 ⟨fig.⟩ *jmd., der sich gut verstellen kann, Heuchler*

'Schau·stel·ler ⟨m.; -s, -⟩ *jmd., der etwas zur Schau stellt, ausstellt, zeigt (bes. auf dem Jahrmarkt)*

Scheck[1] ⟨m.; -en, -en⟩ *Hengst od. Stier mit hellen Flecken im Fell*

Scheck[2] ⟨m.; -s, -s od. (selten) -e⟩ *an eine bestimmte Form gebundene Zahlungsanweisung auf das Guthaben des Ausstellers;* → a. *Bargeld*

'scheckig ⟨-k·k-; Adj. 70⟩ 1 *gefleckt;* eine ~e Kuh, Stute; ein ~es Pferd, Rind 1.1 er ist hier bekannt wie ein ~er Hund ⟨umg.⟩ *sehr bekannt* 1.2 sich ~ lachen ⟨umg.⟩ *heftig lachen*

scheel ⟨Adj.⟩ 1 *schielend, schief* 2 ⟨fig.⟩ *neidisch;* jmdn. ~, mit ~en Augen, ~em Blick ansehen 3 ~es Grün *Kupferhydrogenarsenit, $CuHAsO_3$, enthaltender, heute nicht mehr ver-*

wendeter, giftiger, grüner Farbstoff, schwedisches Grün, Mineralgrün

'Schef·fel ⟨m.; -s, -; veralt.⟩ **1** *altes Hohlmaß landschaftlich sehr verschiedener Größe, 23 - 223 l* **2** *altes Flächenmaß, soviel Boden, wie man mit einem Scheffel(1) voll Körner besäen kann* **3** *offenes Holzgefäß, Bottich* **3.1** etwas in ~n einheimsen, erlangen, gewinnen ⟨fig.⟩ *in großen Mengen* **3.2** es regnet wie mit ~n vom Himmel ⟨fig.⟩ *sehr stark* **3.3** er stellt sein Licht nicht unter den ~ ⟨fig.⟩ *er bringt seine Fähigkeiten gern zur Geltung* **3.4** du brauchst dein Licht nicht unter den ~ zu stellen ⟨fig.⟩ *deine Fähigkeiten aus Bescheidenheit nicht zu verbergen*

'schef·feln ⟨V. 500⟩ **1** etwas ~ ⟨veralt.⟩ *mit dem Scheffel(3) aufhäufen* **2** Geld, Reichtümer ~ ⟨fig.⟩ *zusammenraffen, in großen Mengen erlangen, gewinnen* **3** ⟨400⟩ das Getreide scheffelt ⟨fig.⟩ *gibt viele Körner*

'Schei·be ⟨f.; -, -n⟩ **1** *runde od. ovale Platte, Fläche;* eine hölzerne, stählerne ~; die runde ~ des Mondes **1.1** *Töpferscheibe* **1.2** *dünn abgeschnittenes Stück, Schnitte;* Apfel~; Brot~; Wurst~; eine ~ Brot, Fleisch, Schinken, Wurst; in ~n schneiden **1.2.1** da kannst du dir eine ~ abschneiden ⟨fig.; umg.⟩ *daran kannst du dir ein Beispiel nehmen* **1.3** *Glas des Fensters (Fensterscheibe) od. Spiegels (Spiegelscheibe);* jmdm. die ~n einschlagen, einwerfen; eine ~ einsetzen (ins Fenster); die Detonation war so stark, daß die ~n klirrten **1.4** *Zielscheibe;* nach der ~ schießen, werfen **1.5** ⟨jägerspr.⟩ = *Spiegel(11,12)*

Scheich ⟨m.; -s, -e od. -s⟩ oV *Scheik* **1** *Häuptling eines arab. Nomadenstammes* **2** *islam. Prediger einer Moschee* **3** *Ehrentitel im Vorderen Orient* **4** ⟨fig.; umg.⟩ *weichlicher, unangenehmer Kerl* **5** ⟨scherzh.⟩ *Bräutigam, ständiger Freund (eines Mädchens)*

'Schei·de ⟨f.; -, -n⟩ **1** *Grenze;* Feld~, Wasser~ **2** *schmaler Behälter, Futteral für Schneidwerkzeuge, Hieb- u. Stichwaffen;* Degen~; den Degen, das Schwert aus der ~ ziehen, in die ~ stecken **3** *Teil des weibl. Geschlechtsorgans bei Mensch u. Tier, Verbindungsgang zwischen Gebärmutter u. äußerem Geschlechtsteil: Vagina* **4** *Werkstätte, in der Gold u. Silber legiert wird* **5** ⟨Bot.⟩ *röhrenförmiger Pflanzenteil*

'schei·den ⟨V.209⟩ **1** ⟨405(s.)⟩ *Abschied nehmen, sich trennen, auseinandergehen, weggehen;* im Guten ~; von jmdm., von einem Orte ~; wir wollen als Freunde ~ **1.1** er ist aus dem Amt geschieden *hat sein A. niedergelegt* **1.2** aus dem Leben ~ *sterben* **1.3** sich von jmdm. ~ ⟨veralt.⟩ *von jmdm. (für immer) Abschied nehmen* **2** ⟨500⟩ eine Ehe ~ *gesetzl. für ungültig erklären* **2.1** jmdn. ~ *jmds. Ehe gesetzl. trennen* **2.2** sich ~ lassen *seine Ehe gerichtlich lösen, trennen lassen;* das Ehepaar läßt sich ~ **3** ⟨500⟩ etwas ~ *trennen, zerlegen, teilen, lösen;* eine chemische Verbindung ~; eine Trennwand scheidet die beiden Wohnbereiche **3.1** ⟨550⟩ etwas von einer Sache od. jmdn. von jmdm. ~ *trennen, absondern;* die giftigen Pilze von den eßbaren ~ **3.1.1** ⟨500⟩ Erze ~ *vom tauben Gestein trennen* **3.1.2** → a. *Bock(1.0.1), Spreu(1.1)* **3.2** ⟨550⟩ etwas von einer Sache ~ *unterscheiden;* seine Ansichten sollten von den unseren scharf geschieden werden **3.3** ⟨550⟩ jmdn. od. etwas in etwas ~ *einteilen;* die gefundenen Pflanzen in zwei Gruppen ~ **3.4** ⟨R7⟩ sich ~ *voneinander abweichen, sich trennen;* ihre Auffassung scheidet sich deutlich von der meinen; beide sind durch gegensätzliche Ansichten, unterschiedliche Erziehung, unterschiedliches Herkommen geschieden **3.4.1** hier scheiden sich die Geister, die Meinungen *die M. gehen auseinander, stimmen nicht überein* **3.4.2** wir sind geschiedene Leute ⟨fig.⟩ *uns verbindet nichts mehr, wir sind fertig miteinander* **3.5** etwas scheidet jmdn. *unterscheidet;* seine Intelligenz scheidet ihn klar von seinen Mitbewerbern **4** ⟨400⟩ die Milch scheidet ⟨umg.; schweiz.⟩ *gerinnt*

'Schei·de·wand ⟨f.⟩ **1** *Wand, die etwas voneinander scheidet, Trennwand;* Nasen~ **1.1** die ~ zwischen uns niederreißen ⟨fig.⟩ *das, was uns trennt*

'Schei·de·weg ⟨m.⟩ **1** *Kreuzweg, sich gabelnder Weg* **1.1** am ~e stehen ⟨fig.⟩ *vor einer Entscheidung stehen*

'Schei·dung[1] ⟨m.; -s, -e; veralt.⟩ = *September*

'Schei·dung[2] ⟨f.; -, -en⟩ **1** *das Scheiden, Trennung* **2** *Ehescheidung;* die ~ ablehnen, beantragen, bewilligen, erlangen, verweigern; sie willigte nicht in die von ihm gewünschte ~ ein **2.1** in ~ leben *im Begriff sein, geschieden zu werden* **3** ⟨Chem.⟩ *Trennung von Gold u. Silber durch Scheidewasser*

Scheik ⟨m.; -s, -e od. -s⟩ = *Scheich*

'Schein ⟨m.; -(e)s, -e⟩ **1** ⟨unz.⟩ *Licht, Lichterscheinung, Glanz, Schimmer;* Lampen~; Licht~; Mond~; Sonnen~; heller, leuchtender, strahlender ~; matter, trüber ~; der ~ des Mondes, der Sonne, der Sterne; im ~ der Lampe, Laterne; der (helle) ~ eines Lächelns **2** ⟨unz.⟩ *äußeres Ansehen, Aussehen, äußeres Bild, das nicht sofort erkennen läßt, was wirklich dahintersteckt;* ~ und Sein; den (äußeren) ~ retten; der ~ spricht gegen ihn; der ~ trügt; den ~ wahren; sich durch den ~ täuschen lassen; dem ~e nach; etwas (nur) zum ~ sagen, tun **2.1** *Sinnestäuschung, Trugbild;* das ist alles nur schöner ~ **3** *Bescheinigung, schriftl. Bestätigung, Attest, Quittung;* Empfangs~; Entlassungs~; Gut~; Schuld~; der Beamte füllte den ~ aus **4** *einzelnes Stück Papiergeld, Banknote;* Geld~; Zehnmark~; falscher, unechter ~; geben Sie mir bitte keine Münzen, sondern ~e; jmdm. einen (größeren) ~ in die Hand drücken

'schein·bar ⟨Adj.⟩ **1** *nicht wirklich, nur so scheinend, vermeintlich;* → a. *anscheinend;* die Sonne dreht sich ~ um die Erde **1.0.1** ~e Helligkeit (eines Himmelskörpers) ⟨Astr.⟩ = *relative Helligkeit* **1.1** *vorgetäuscht, erheuchelt;* er gab nur ~ nach; er blieb ~ ruhig, aber innerlich war er wütend

'schei·nen ⟨V.210⟩ **1** ⟨400⟩ etwas scheint *verbreitet Helligkeit, leuchtet, glänzt, schimmert;* der Mond, die Sonne scheint; die Lampe scheint hell **1.0.1** ⟨413⟩ die Sonne scheint heiß *brennt* **1.1** ⟨411⟩ etwas scheint auf einen Ort *wirft Helligkeit auf einen O.;* die Sonne, der Mond scheint ins Zimmer; ein Licht schien durch die Bäume; die Sonne schien ihm auf den bloßen Rücken **2** ⟨380⟩ *den Anschein ha-*

ben, aussehen wie ..., wirken, als ob ..., so tun, als ob ...; es könnte ~, als ob wir nicht wollten; er scheint keine Lust zu haben; sie scheint ihn zu kennen; er scheint nicht zu wissen, daß ...; er scheint sehr fröhlich, ist es aber nicht; er schien sehr glücklich darüber zu sein; er scheint krank zu sein; er ist jünger, älter, klüger, als er scheint; es scheint, als käme er heute nicht mehr; es scheint so; wie es scheint, war er noch nicht da 2.0.1 es hat scheint's (eigtl.: so scheint es, wie es scheint) keinen Zweck, noch länger zu warten ⟨umg.⟩ *anscheinend, offenbar;* er hat es scheint's vergessen 2.1 ⟨330⟩ jmdm. ~ *für jmdn. den Anschein haben;* das scheint mir richtig, falsch, gut, nicht gut; mir scheint, als wolle er ...

'schein·hei·lig ⟨Adj.⟩ **1** *Aufrichtigkeit od. Freundlichkeit vortäuschend, heuchlerisch* **2** *Frömmigkeit vortäuschend*

'Schein·tod ⟨m.⟩ *Zustand, in dem alle Lebensäußerungen scheinbar erloschen sind, z. B. bei Sauerstoffmangel, Blutverlust usw. od. (absichtlich, bei Tieren) als Schutzmaßnahme bei Gefahr*

'Schein·wer·fer ⟨m.⟩ *Lichtquelle, die mit Hilfe von Reflektoren einen begrenzten Lichtstrahl aussendet;* die ~ abblenden, einschalten; mit ~n den Himmel, ein Gebäude absuchen

'Schei·ße ⟨f.; -; unz.; vulg.⟩ **1** *Kot* 1.1 in der ~ sitzen ⟨fig.⟩ *in großer Bedrängnis, in einer sehr unangenehmen Lage sein* **2** ⟨fig.⟩ *(Ausruf der Enttäuschung)* 2.1 *dummes Zeug, Unsinn;* so eine ~! 2.2 *zwecklose Sache;* das ist doch alles ~ 2.3 *schlechte Arbeit;* das ist ~, was er da gemacht hat

'schei·ßen ⟨V. 211; vulg.⟩ **1** ⟨400⟩ *den Darm entleeren* **2** ⟨800⟩ auf etwas ~ ⟨fig.⟩ *sich nicht um etwas kümmern, sich nichts daraus machen, nichts damit zu tun haben wollen;* ich scheiße auf seine Ratschläge 2.1 ach, scheiß drauf! *laß es doch sein!, weg damit!*

Scheit ⟨n.; -(e)s, -e⟩ **1** *durch Hacken, Spalten zugehauenes Stück Holz vom Stamm* **2** ⟨ostdt.⟩ *Spaten;* Grab~

'Schei·tel ⟨m.; -s, -⟩ **1** *mittlerer oberer Teil des Kopfes;* jmdm. die Hand auf den ~ legen 1.1 vom ~ bis zur Sohle *von Kopf bis Fuß, den ganzen Körper betreffend;* vom ~ bis zur Sohle neu eingekleidet sein **2** *Trennungslinie der Frisur;* Mittel~; Seiten~; den ~ links, rechts tragen 2.1 beim Kämmen einen ~ ziehen *das Haar nach zwei Seiten teilen* **3** ⟨geh.⟩ *Kopf;* kahler, lockiger, heller, dunkler ~ **4** *höchster od. äußerster Punkt, Spitze;* der Planet steht im ~ seiner Bahn; der ~ eines Bogens, einer Kurve, eines Kegels **4.1** ⟨Math.⟩ *Punkt, in dem sich die Schenkel eines Winkels treffen*

'schei·teln ⟨V. 500⟩ das Haar ~ *durch einen Scheitel teilen u. nach beiden Seiten kämmen*

'Schei·tel·punkt ⟨m.⟩ **1** *höchster Punkt (einer Flugbahn, Gestirnbahn, Kurve)* **2** ⟨fig.⟩ *Gipfelpunkt* **3** ⟨Astr.⟩ = *Zenit(1)*

'schei·ten ⟨V. 500; schweiz.⟩ Holz ~ *Scheite machen aus H., H. spalten*

'schei·tern ⟨V. 400(s.)⟩ **1** das Schiff scheitert *läuft auf Klippen auf, zerschellt* **2** jmd. scheitert ⟨fig.⟩ *gelangt nicht zum Ziel, erleidet Schiffbruch;* er ist im Beruf gescheitert **3** etwas scheitert ⟨fig.⟩ *wird zunichte, mißlingt;* der Plan, das Vorhaben ist gescheitert; das Unternehmen scheiterte am Widerstand einzelner; die Sache war von vornherein zum Scheitern verurteilt

'Schel·le[1] ⟨f.; -, -n⟩ **1** *Klingel, Glocke;* an der ~ ziehen **2** *geschlossenes Glöckchen* 2.1 → a. *Katze(3.1)* **3** ⟨mitteldt.⟩ = *Ohrfeige;* ~n austeilen; eine ~ bekommen **4** ⟨nur Pl.⟩ ~n *metallene Handfesseln;* Hand~n; einem Gefangenen ~n anlegen **5** *Farbe(4) im dt. Kartenspiel*

'Schel·le[2] ⟨f.; -, -n⟩ **1** *Halterung für Rohre* **2** *Klammer, Bügel*

'schel·len ⟨V. 400⟩ *an der Türglocke ziehen, klingeln, läuten*

Schelm ⟨m.; -(e)s, -e⟩ **1** ⟨früher⟩ *ehrloser, aus der Gesellschaft ausgestoßener Mensch, z. B. Henker* 1.1 (nur) ein ~ gibt mehr, als er hat ⟨Sprichw.⟩ *unehrenhaft ist der, der mehr verschenkt, als er dann bezahlen kann* **2** ⟨Lit.⟩ *Held des Schelmenromans, lustiger, durchtriebener, vom Mißgeschick verfolgter Bursche* **3** *Schalk, Spaßvogel* 3.1 der ~ sieht ihm aus den Augen, den ~ im Nacken haben ⟨fig.⟩ *gern lustige Streiche machen, Schabernack treiben* **4** *Schlingel (als Kosewort);* du kleiner ~!

'schel·misch ⟨Adj.⟩ *in der Art eines Schelms(3), schalkhaft, neckisch, fröhlich u. listig, stets zu Schabernack aufgelegt;* jmdm. ~ drohen; ~ lächeln

'schel·ten ⟨V. 212⟩ **1** ⟨500/R8⟩ jmdn. ~ *jmdm. Vorwürfe machen, jmdn. laut tadeln* 1.1 jmds. Verhalten ~ *tadeln;* sein Betragen wurde von mir gescholten **2** ⟨400⟩ *schimpfen;* die Mutter schalt, als er nicht gehorchte; er entfernte sich laut ~d 2.1 ⟨800⟩ auf jmdn. od. etwas ~ *über jmdn. od. etwas schimpfen;* er schilt auf ihn und seine Ratschläge **3** ⟨520/R7⟩ jmdn. ... ~ *herabsetzend bezeichnen, beschimpfen als;* er schilt sich Meister, kann aber nichts

'Sche·ma ⟨n.; -s, -s od. -ma·ta od. -men⟩ **1** *Plan;* sich nach einem ~ richten; wir sind mit unserer Arbeit an kein ~ gebunden 1.1 *Muster, Vorschrift;* sich an ein festes ~ halten 1.2 *Norm* 1.2.1 etwas in ein ~ pressen *gewaltsam, ohne Rücksicht auf seine Eigenart nach einer festgelegten übl. Vorstellung betrachten, behandeln* 1.2.2 etwas nach ~ F behandeln *(gedankenlos) auf stets dieselbe Weise, nach der übl. Ordnung* **2** *Rahmen, Übersicht, zeichner. Darstellung;* einen Sachverhalt durch ein ~ verdeutlichen

sche'ma·tisch ⟨Adj.⟩ **1** *nach einem bestimmten Schema(1), an ein S. gebunden;* etwas (rein) ~ behandeln, betrachten, tun; das ist eine ganz ~e Arbeit, Tätigkeit 1.1 *grundsätzlich regelnd* 1.2 *gleichmacherisch* **2** *in der Art eines Schemas(2), durch, mit Hilfe eines Schemas (verdeutlicht, dargestellt);* ~e Darstellung, Zeichnung; einen Vorgang ~ darstellen

'Sche·mel ⟨m.; -s, -⟩ *Hocker, niedriger Stuhl ohne Lehne, Fußbank;* Fuß~

'Sche·men ⟨n.; -s, -⟩ *Gespenst, Schatten, wesenloses Trugbild, Maske*

Schenk ⟨m.; -en, -en⟩ **1** *jmd., der (Wein) einschenkt;* oV *Schenke*[1] 1.1 ⟨MA⟩ *Mundschenk, Kellermeister* 1.2 *jmd., der Wein od. Bier ausschenkt, Schankwirt*

'Schen·ke[1] ⟨m.; -, -n⟩ = *Schenk(1)*

'Schen·ke² ⟨f.; -, -n⟩ *kleines Wirtshaus, Schankwirtschaft, Ausschank;* Wein~

'Schen·kel ⟨m.; -s, -⟩ **1** *Abschnitt des Beins vom Knie bis zur Hüfte (Oberschenkel) bzw. vom Knöchel bis zum Knie (Unterschenkel)* **2** *Oberschenkel;* sich (vor Vergnügen) auf die ~ schlagen **3** *von einer Knickung, einem gemeinsamen Ansatzpunkt ausgehender Teil eines Gerätes, Arm, z. B. an Schere, Zange, Zirkel* **4** *eine der beiden einen Winkel einschließenden Geraden*

'schen·ken ⟨V.⟩ **1** ⟨530/R5 od. R6⟩ jmdm. etwas ~ *zum Geschenk machen, freiwillig und gern geben;* jmdm. etwas als Andenken ~; jmdm. etwas zum Geburtstag, zu Weihnachten ~; jmdm. Blumen, ein Buch ~; etwas geschenkt bekommen; er schenkt gern **1.1** das ist wirklich geschenkt ⟨a. fig.; umg.⟩ *das ist sehr billig* **1.2** das möcht' ich nicht geschenkt! ⟨umg.⟩ *das würde ich nicht haben wollen, und wenn man es mir ohne Bezahlung gäbe* **1.3** ihm ist im Leben nichts geschenkt worden ⟨fig.⟩ *er hat sich alles selbst erarbeiten müssen* **1.4** einem Verurteilten das Leben ~ *einen V. begnadigen* **1.5** einem Kind das Leben ~ *ein K. gebären* **1.6** jmdm. sein Herz ~ ⟨fig.⟩ *jmdn. liebgewinnen, sich in jmdn. verlieben* **2** ⟨530/R6;Funktionsverb⟩ **2.1** jmdm. od. einer Sache Aufmerksamkeit ~ *widmen* **2.2** jmdm. keinen Blick ~ *jmdn. nicht beachten* **2.3** jmdm. Gehör ~ *jmdn. bereitwillig anhören* **2.4** jmdm. Glauben ~ *jmdm. glauben* **2.5** jmdm. Vertrauen ~ *jmdm. vertrauen* **3** ⟨530/R5⟩ jmdm. etwas ~ *erlassen, ersparen (weil es nicht nötig ist);* das Fensterputzen kann ich mir heute ~ (weil es ohnehin regnet); ihm wurde die Strafe geschenkt **3.1** das kann er sich ~! *darauf verzichte ich* **3.2** diesen Film kannst du dir ~ *brauchst du nicht anzusehen (weil er schlecht ist)* **4** ⟨511⟩ etwas in etwas ~ *eingießen, einschenken;* Bier, Wein ins Glas ~

'Scher·be ⟨f.; -, -n⟩ **1** *Bruchstück (eines Gefäßes);* Glas~, Porzellan~; sei vorsichtig, sonst gibt's ~n; die ~n zusammenkehren; sich an einer ~ schneiden **1.1** in ~n gehen *zerbrechen, entzweigehen* **1.2** bei der Auseinandersetzung hat's ~n gegeben ⟨fig.; umg.⟩ *großen Krach, Unfrieden* **2** ⟨fig.⟩ *(klägliche) Überreste;* von der Reform blieben nur ~n **3** ⟨oberdt.⟩ *Blumentopf*

'Sche·re ⟨f.; -, -n⟩ **1** *aus zwei gegeneinander bewegten Messern bestehendes Werkzeug zum Schneiden, Zertrennen;* mit der ~ den Stoff zerschneiden **1.1** die ~ zwischen Preisen und Löhnen öffnet sich immer weiter ⟨fig.⟩ *der Abstand zwischen P. und L. wird immer größer* **2** = *Stange(2)* **3** *Riemenspanner* **4** ⟨Zool.⟩ *Greifwerkzeuge der Krebse u. Hummern sowie mancher Spinnentiere (Skorpione)* **5** ⟨Sp.⟩ *Turnübung am Barren, Wendung im Stütz durch Kreuzen der Beine* **6** ⟨Ringen⟩ *Griff mit scherenförmig verschränkten Armen;* den Gegner in die ~ nehmen

'sche·ren¹ ⟨V.213/500⟩ **1** ⟨503⟩ (jmdm. od. einem Tier) etwas ~ *abschneiden, kurzschneiden;* jmdm. den Bart, das Haar ~; einem Schaf die Wolle ~ **1.1** *Bart, Haar od. Wolle abschneiden;* Schafe ~; einen Pudel ~; Tuch, Teppiche ~; er hat sich den Bart kurz geschoren **1.2** eine Hecke, Sträucher ~ *glattschneiden, beschneiden* **1.3** → a. *Kamm(14.1)* **2** Kettfäden ~ *auf den Scherbaum wickeln*

'sche·ren² ⟨V. 500⟩ **1** ⟨550⟩ sich um jmdn. od. etwas ~ *kümmern;* sich nicht um etwas ~ **1.1** ich schere mich nicht darum, was er will, tut *es ist mir völlig gleichgültig;* sich den Teufel um etwas ~ ⟨umg.⟩; ich schere mich einen Dreck darum ⟨vulg.⟩ **2** jmdn. ~ *kümmern, angehen, stören;* es schert mich nichts; was schert mich seine Meinung?; was schert euch das? **3** ⟨511/R3⟩ sich an einen bestimmten Ort ~ *gehen, begeben* **3.1** scher dich zum Kuckuck, zum Teufel! ⟨umg.⟩ *mach', daß du fortkommst!*

Sche·re'rei ⟨f.; -, -en; meist Pl.; fig.; umg.⟩ *Schwierigkeit, Unannehmlichkeit, lästige, zusätzl. Mühe;* ich will keine ~en haben; das, er, sie macht mir bloß ~en; unnötige ~en

'Scherz ⟨m.; -es, -e⟩ **1** *Spaß, Neckerei, schalkhafter Einfall;* alberner, derber, grober, netter, plumper ~; im ~ sagen; ~ und Ernst; halb im ~, halb im Ernst; es war doch nur ein ~!; ich hab' es doch nur aus ~, zum ~ gesagt; damit treibt man keinen ~; ~ beiseite! **1.1** keinen ~ verstehen *jede Neckerei gleich übelnehmen;* **1.2** es hat sich jmd. einen schlechten ~ mit ihm erlaubt *jmd. hat ihn mutwillig in eine sehr unangenehme Lage gebracht* **1.3** (seinen) ~ mit jmdm. treiben *jmdn. necken, jmdn. zum Narren halten* **1.4** übler ~ *Spaß mit üblen Folgen* **1.5** und ähnliche ~e ⟨umg.⟩ *u. ähnl. Dinge, u. ähnliches* **2** *Witz;* harmloser, unschuldiger ~; einen ~ machen

'Scherz·ar·ti·kel ⟨m.⟩ *spaßhafte Kleinigkeiten für Verkleidung u. Schabernack, z. B. Knallfrösche, Nasen, Larven usw.*

'scher·zen ⟨V. 400⟩ **1** *einen Scherz od. Scherze machen, Spaß treiben, lustig sein;* mit den Kindern (fröhlich sein und) ~; damit ist nicht zu ~!; nicht zum Scherzen aufgelegt sein **1.1** Sie (belieben zu) ~! *das kann nicht Ihr Ernst sein!* **2** *(etwas) im Scherz sagen;* „...!" scherzte er

'scherz·haft ⟨Adj.⟩ **1** *spaßig, lustig, witzig, spöttisch;* eine ~e Frage, Antwort **2** *nicht ernst gemeint* **2.1** etwas ~ aufnehmen *etwas mit Humor aufnehmen, als nicht ernst gemeint behandeln, betrachten*

scheu ⟨Adj.⟩ **1** *ängstlich, schüchtern, furchtsam, bange;* menschen~; wasser~; ein ~es Kind, Mädchen, Reh; ein ~er Blick, Kuß; mach mir das Kind, den Hund nicht ~!; ~ nähertreten **1.1** *bei jeder (menschl.) Annäherung fliehend;* die ~en Eingeborenen bekamen wir nicht zu Gesicht; ~e Tiere **2** *panikartig erregt, wild vor Schreck, Angst;* die Pferde wurden ~ **3** *ehrfürchtig;* in ~er Andacht kniete das Kind nieder

Scheu ⟨f.; -; unz.⟩ **1** *Angst, Furcht, Bangigkeit, ängstl. Zurückhaltung;* Menschen~, Wasser~; eine abergläubische, geheime, unerklärliche ~; voller ~ näherkommen; aus ~, ihn zu verletzen, ihn zu wecken; sie schwieg aus ~; ohne ~ sprechen **2** *Ehrfurcht;* mit heiliger ~ trat er näher

'scheu·chen ⟨V. 500⟩ ein Lebewesen ~ *jagen, treiben, wegjagen;* Hühner aus dem Garten ~; die Katze vom Tisch ~; Fliegen von der Suppe ~

'scheu·en ⟨V.⟩ **1** ⟨400⟩ *scheu (2) werden, wild*

werden, durchgehen; das Pferd scheut **2** ⟨500⟩ etwas ~ *zurückschrecken, Angst haben vor etwas, etwas fürchten;* die Arbeit ~; er scheute keine Opfer, Mühe, Kosten, ihr zu helfen; ich scheue jede Auseinandersetzung; er scheut kein Mittel, sich einen Vorteil zu verschaffen; tue recht und scheue niemand 2.1 ⟨R3⟩ sich ~ *Angst, Bedenken haben (etwas zu sagen od. zu tun);* ich scheue mich, es ihm zu sagen 2.2 ⟨550/R3⟩ sich vor etwas ~ *vor etwas zurückschrecken;* sie scheut sich vor keiner Arbeit, Aufgabe

'scheu·ern ⟨V.⟩ **1** ⟨500⟩ etwas ~ *durch kräftiges Reiben säubern, grob reinigen;* den Fußboden ~; ich komme, wenn ich gescheuert habe 1.1 ⟨550⟩ etwas von etwas ~ *durch kräftiges Reiben entfernen;* sie scheuerte das Etikett von der Packung **2** ⟨400⟩ etwas scheuert *reibt unangenehm, reibt die Haut auf;* der Riemen scheuert (an der Schulter) 2.1 ⟨500/R7⟩ etwas scheuert etwas od. jmdn. *reibt etwas od. jmdn. unangenehm;* der Riemen scheuert mich; der Schuh scheuert meine Ferse **3** ⟨500/R3 od. 530/R1⟩ sich (etwas) ~ *reiben;* das Pferd scheuert sich (die Flanke an der Mauer) **4** ⟨530⟩ jmdm. eine ~ ⟨umg.⟩ *eine Ohrfeige geben*

'Scheu·klap·pe ⟨f.; -, -n; meist Pl.⟩ **1** *zwei seitlich der Augen angebrachte, viereckige Lederstücke (für leicht scheuende Pferde)* **2** mit ~n durchs Leben gehen ⟨fig.⟩ *ohne Interesse für andere, nur an sich selbst denkend u. in den eigenen Meinungen befangen*

'Scheu·ne ⟨f.; -, -n⟩ *Gebäude zum Lagern (u. Dreschen) von Getreide, Stroh, Heu, Hülsenfrüchten u. a.*

'Scheu·sal ⟨n; -(e)s, -e od. (umg. a.) -sä·ler⟩ **1** *Ungeheuer, Schreckbild* **2** *verabscheuenswerter Verbrecher* **3** *abstoßend häßliches Geschöpf* **4** ⟨umg.; scherzh.⟩ *jmd., der einen oft ärgert od. neckt;* du (bist ein altes) ~!

'scheuß·lich ⟨Adj.⟩ **1** *abstoßend, häßlich, ekelhaft;* ein ~er Anblick; ~es Wetter; ein ~es Tier; das schmeckt (ja) ~ **1.1** *entstellend;* eine ~e Narbe, Wunde **2** *gemein, abscheulich, verabscheuenswert, widernatürlich grausam;* ein ~es Verbrechen **3** ⟨umg.⟩ *unangenehm, peinigend;* wir befinden uns in einer ~en Lage; ich habe eine ~e Erkältung; es ist ein ~es Gefühl; es ist ~ kalt

Schi ⟨[ʃi:] m.; -s, -er od. (selten) -; ['ʃi:ər] od. [ʃi:]⟩ *am Schuh befestigtes elastisches, vorn aufgebogenes Brett aus Holz, Metall od. Kunststoff zur Fortbewegung auf Schnee;* oV *Ski*

Schicht ⟨f.; -, -en⟩ **1** *einheitlicher Stoff in flächenhafter Ausdehnung, Lage;* dicke, dünne, feine ~; obere, untere, mittlere ~; eine ~ Holz, Sand, Steine, Stroh; abwechselnd eine ~ Kartoffeln und eine ~ Fleisch 1.1 *Überzug;* Farb~; Luft~; Staub~; Wolken~; Schutz~; lichtempfindliche ~ auf Filmen 1.2 ⟨Geol.⟩ *durch Sedimentation entstandene, tafel- od. plattenförmige Gesteinslage, deren waagerechte Ausdehnung beträchtlich ist* **2** *gesellschaftl. gleichgestellte Personengruppe;* Arbeiter~; Gesellschafts~; Ober~; die verschiedenen ~en der Bevölkerung **3** *Tagewerk, tägl. Arbeitszeit (der Industrie- u. Bergarbeiter);* Früh-, Spät-, Nacht~; der Betrieb arbeitet in drei ~en 3.1 eine ~ fahren ⟨bergmannsspr.⟩ *ein Tagewerk vollbringen, einen Tag arbeiten* **3.2** ~ machen *Feierabend, Feierschicht machen* **4** *alle Bergleute, die zur gleichen Arbeitszeit ins Bergwerk einfahren, Arbeitsgruppe, die gleichzeitig arbeitet;* die erste ~ wird bald abgelöst

'schich·ten ⟨V.⟩ **1** ⟨500⟩ etwas ~ *in Schichten übereinanderlegen;* Getreide, Holz, Kohlen ~ **2** ⟨400; Geol.⟩ *eine Schicht bilden* **3** ⟨500⟩ einen Hochofen ~ *beschicken* **4** ⟨400; nddt.⟩ *die Zähne wechseln;* der Junge schichtet

'Schicht·wech·sel ⟨m.⟩ *Ablösung nach Beendigung einer Schicht (in Betrieben)*

schick ⟨Adj.⟩ **1** *modisch, elegant, geschmackvoll;* ein ~es Kostüm; sich ~ anziehen; sie ist immer sehr ~ **2** ⟨umg.⟩ *fein, großartig, sehr erfreulich;* es ist ~, daß du da bist

Schick ⟨m.; -s; unz.⟩ *Eleganz, modische Feinheit*

'schicken ⟨-k·k-; V.⟩ **1** ⟨500⟩ jmdn. od. etwas ~ *senden, bringen lassen;* jmdm. einen Boten, Vertreter ~; jmdm. einen Brief, ein Paket, eine Einladung, Vorladung ~; jmdm. Blumen ~; sich die Waren ~ lassen **2** ⟨500⟩ jmdn. ~ *veranlassen zu gehen, sich an einen bestimmten Ort zu begeben;* die Kinder ins Bett ~; ein Kind in die Schule ~; jmdn. zur Kur, zur Erholung ~; wir schicken die Kinder in den Ferien zu den Großeltern; meine Mutter schickt mich, ich soll Ihnen sagen ...; ich schicke Ihnen den Jungen mit den Sachen; jmdn. nach Hause ~ 2.1 ⟨511⟩ jmdn. zum Teufel ~ *jmdn. verwünschen, wegwünschen* **3** ⟨411⟩ nach jmdm. ~ ⟨umg.⟩ *jmdn. bitten lassen zu kommen;* nach dem Arzt ~ **4** ⟨500/R3⟩ sich ~ *sich gehören, dem Anstand, der guten Sitte entsprechen;* es schickt sich nicht, in der Nase zu bohren **4.1** eines schickt sich nicht für alle *man kann nicht überall den gleichen Maßstab anwenden, was der eine darf, darf der andere nicht auch* **5** ⟨550/R3⟩ sich für etwas ~ ⟨selten⟩ *sich für etwas eignen;* er schickt sich nicht für dieses Amt **6** ⟨500/R3⟩ sich ~ *sich entwickeln, sich fügen, sich ergeben;* es wird sich schon alles noch ~; es hat sich alles noch gut, recht, wohl geschickt; es hat sich eben so geschickt, daß ... 6.1 ⟨550/R3⟩ sich in etwas ~ *sich anpassen, sich in etwas fügen, sich mit etwas abfinden;* sich in sein Los, in die Umstände ~ **7** ⟨500/R3⟩ sich ~ ⟨oberdt.⟩ *sich beeilen;* schickt euch!; jetzt muß ich mich aber ~; ich hab' mich ~ müssen, um rechtzeitig fertig zu werden

'schick·lich ⟨Adj.⟩ *so, wie es sich schickt, passend, geziemend, Brauch u. Sitte gemäß;* eine ~e Entschuldigung, einen ~en Grund haben, etwas (nicht) zu tun; das ist nicht ~

'Schick·sal ⟨n.;-s,-e⟩ **1** *alles, was dem Menschen widerfährt, Geschick, Los;* blindes, unerbittliches ~; böses, grausames, schweres, trauriges ~; menschliches ~; die Gunst, Ungunst des ~s; das gleiche ~ erleiden; es ist anscheinend mein ~, immer zu spät zu kommen ⟨umg.;scherzh.⟩ 1.1 jmdn. seinem ~ überlassen *sich nicht mehr um jmdn. kümmern, jmdn. allein lassen* **2** *Fügung, Lebensbestimmung, das menschl. Leben lenkende Macht;* das ~ wollte es, daß ...; ein günstiges ~ gab, daß ...; ein gütiges ~ hat ihn vor dem Tode bewahrt; was mir auch das ~ beschieden hat; es war ihm vom ~

bestimmt 2.1 das müssen wir dem ~ überlassen *dem Lauf der Dinge, hier können wir nichts tun*

'Schickung ⟨-k·k-; f.; -, -en; geh.⟩ *Schicksal, Fügung;* das ist eine ~ Gottes

'schie·ben ⟨V. 214⟩ **1** ⟨500⟩ jmdn. od. etwas ~ *durch Andrücken in Bewegung setzen, vorwärts, rückwärts od. seitwärts drücken;* eine schwere Kiste nach vorn, nach hinten, zur Seite ~; einen Kinderwagen, Schubkarren ~; das Fahrrad ~ (nicht darauf fahren); den Hut aus der Stirn ~; sich durch die Menge ~; Kuchen in den Ofen ~; die Bettdecke von sich ~; den Riegel vor die Tür ~; du glaubst zu ~, und du wirst geschoben (Goethe, Faust I, Walpurgisnacht) **1.1** er muß immer geschoben werden ⟨fig.⟩ *er macht nichts von selbst, von allein* **1.2** jmdn. ~ ⟨fig.; umg.⟩ *jmdn. in nicht ganz einwandfreier Weise fördern* **1.3** → a. *Kegel(2), lang(4.9), Bank[1](6), Schuh(1.3), Wache(3.0.2)* **2** ⟨550⟩ etwas auf jmdn. od. etwas ~ ⟨fig.⟩ *jmdn. od. etwas für etwas verantwortl. machen;* du schiebst immer alles auf andere, auf den Mangel an Zeit **2.1** ⟨510⟩ eine Arbeit von einem Tag auf den anderen ~ *hinauszögern* **2.2** die Schuld auf jmdn. ~ *abwälzen* **2.3** den Verdacht auf jmdn. ~ *lenken* **3** ⟨400(s.); umg.; scherzh.⟩ *plump u. vorgebeugt gehen;* durch die Gegend ~ **4** ⟨500⟩ Gehörn, Geweih ~ ⟨jägerspr.⟩ *ausbilden (Rehbock, Hirsch)* **5** ⟨405⟩ (mit etwas) ~ *unsaubere Geschäfte tätigen, auf dem schwarzen Markt handeln (mit etwas);* mit Butter, Kaffee, Teppichen ~; nach dem Krieg hat fast die ganze Stadt geschoben **5.0.1** ⟨500⟩ etwas ~ *Schwarzhandel treiben mit etwas;* Devisen ~

'Schie·ber ⟨m.; -s, -⟩ **1** *Teil eines Gerätes, der geschoben wird (bes. vor einer Öffnung), Riegel* **1.1** *Maschinenteil zum Öffnen u. Schließen von Leitungen für Gase od. Flüssigkeiten* **2** *Eßgerät für Kinder zum Nachschieben der Bissen auf den Löffel* **3** *flaches Gefäß zur Aufnahme der Notdurft, das bettlägerigen Kranken untergeschoben wird, Bettpfanne* **4** ⟨fig.⟩ *jmd., der unsaubere Geschäfte unter Umgehung von Wirtschaftsgesetzen macht, bes. in Notzeiten* **5** ⟨umg.⟩ *Gesellschaftstanz im ²/₄-Takt*

'Schie·bung ⟨f.; -, -en⟩ **1** *ungerechtfertigte Bevorzugung (im Amt)* **2** *Unredlichkeit (im Spiel)* **3** ⟨fig.; umg.⟩ *unsauberes Geschäft eines Schiebers(4);* eine ~ aufdecken

'Schieds·ge·richt ⟨n.⟩ *aus mehreren Personen bestehendes Gremium, das einen Streit entscheidet*

'Schieds·rich·ter ⟨m.⟩ **1** *Angehöriger eines Schiedsgerichts, Vermittler* **2** ⟨Sp.⟩ *Unparteiischer, der ein Wettspiel beaufsichtigt u. die Entscheidung fällt*

'Schieds·spruch ⟨m.⟩ *Urteilsspruch des Schiedsgerichts od. Schiedsrichters*

schief ⟨Adj.⟩ **1** *krumm, schräg, geneigt, weder senkrecht noch waagerecht;* ~e Absätze (an den Schuhen); ~ gehen; einen ~en Hals, Rücken, eine ~e Schulter haben; eine ~e Haltung haben; sich ~ halten; die Decke liegt ~; ~ (da)sitzen; der Hut, die Mütze sitzt ~; der Schrank steht ~; der Baum ist ~ gewachsen; seine Zeilen sind krumm und ~; den Hut ~ auf dem Kopf; der Schiefe Turm zu Pisa **1.1** ⟨60⟩ ~e Ebene ⟨Phys.⟩ *geneigte Fläche als einfache Maschine zum Heben von Lasten* **1.2** ⟨60⟩ auf die ~e Bahn, Ebene geraten ⟨fig.⟩ *den inneren, sittlichen Halt verlieren, unmoralisch od. unredlich werden* **1.3** ⟨60⟩ ein ~es Gesicht, einen ~en Mund machen, ziehen *das G., den M. verziehen u. so Übellaunigkeit od. Nichteinverstandensein zeigen* **1.4** ⟨50⟩ jmdn. ~ ansehen ⟨fig.⟩ *mißtrauisch, argwöhnisch* **2** ⟨fig.⟩ *nicht ganz korrekt, nicht ganz richtig;* ein ~er Ausdruck, Vergleich, Satz **2.1** ein ~es Bild von etwas haben *eine nicht ganz richtige Vorstellung* **3** ⟨fig.⟩ *verdächtig, zweideutig;* in eine ~e Lage geraten sein **3.1** ⟨60⟩ in ein ~es Licht geraten *(infolge falschen Verhaltens) falsch, ungünstig beurteilt werden*

'Schie·fer ⟨m.; -s, -⟩ **1** *Gestein, das sich in ebene, dünne Platten spalten läßt* **2** *Schiefer(1) zum Dachdecken;* ein Dach mit ~ decken **3** ⟨oberdt.⟩ *Splitter;* sich einen ~ eingezogen haben

'schief·ge·hen ⟨V. 145/400(s.); umg.⟩ **1** etwas geht schief *mißlingt;* die Sache ist schiefgegangen; keine Angst, das geht nicht schief **2** ⟨aber getrennt⟩ 'schief'gehen → *schief(1)*

'schie·len ⟨V.⟩ **1** ⟨400⟩ *eine fehlerhafte Augenstellung haben;* er schielt mit dem rechten Auge **2** ⟨411⟩ irgendwohin ~ ⟨fig.; umg.⟩ *von der Seite her, möglichst unbemerkt irgendwohin blicken;* in des Nachbars Buch ~; um die Ecke ~ **3** ⟨411⟩ nach etwas ~ ⟨fig.; umg.⟩ *etwas haben wollen;* er schielte nach dem Posten des Klassensprechers

'Schien·bein ⟨n.⟩ *einer der beiden Unterschenkelknochen der vierfüßigen Wirbeltiere, beim Menschen der größere, vordere: Tibia*

'Schie·ne ⟨f.; -, -n⟩ **1** *aus Stahl gewalzter Profilstab als Fahrbahn für Schienenfahrzeuge;* Eisenbahn~; Straßenbahn~; die Bahn läuft auf ~n **1.0.1** aus den ~n springen *entgleisen* **2** *Profilstab aus Holz, Eisen od. Stahl, der als Vorrichtung zur Führung beweglicher Teile dient;* Seiten~, Trag~, Gleit~; Gardinen~; die Schiebetür rollt auf einer in den Boden eingelassenen ~ **3** ⟨Med.⟩ *Gerät aus festem od. biegsamem Material zum Verstärken von Verbänden u. Bandagen mit dem Zweck der Ruhigstellung u. Feststellung von Knochenbrüchen u. Gelenken;* einen Arm in der ~ tragen **4** *Arm bzw. Bein bedeckender Teil der Rüstung;* Arm~; Bein~

schier[1] ⟨Adj.⟩ **1** ⟨70⟩ *rein, lauter* **1.1** ~es Fleisch *F. ohne Knochen*

schier[2] ⟨Adv.; altertümelnd; oberdt.⟩ *fast, beinahe;* man möcht' ~ meinen, er wäre ...; ~ dreißig Jahre bist du alt (Anfang eines Liedes von Holtei)

'schie·ßen ⟨V.215⟩ **1** ⟨500⟩ ein Tier, jmdn. od. etwas ~ *mit einem Geschoß treffen* **1.1** ein Jagdtier ~ *erlegen;* einen Hasen ~ **1.2** ⟨510⟩ jmdn. od. etwas ... ~ *mit einem Schuß, Schüssen treffen und damit ... bewirken* **1.2.1** eine Festung sturmreif ~ *durch Beschießen so zerstören, daß sie gestürmt werden kann* **1.2.2** einen Vogel vom Baum ~ *mit einem Geschoß treffen, so daß er vom Baum fällt* **1.2.3** jmdn. zum Krüppel ~ *jmdn. durch einen Schuß zum Krüppel machen* **1.2.4** jmdn. od. ein Tier über den Haufen ~ *rücksichtslos erschießen* **1.3** ⟨611/R5 od. R6, 511/R7 od. R8⟩ jmdm., jmdn. in den Körper ~ *jmdn. od. sich durch einen Schuß verletzen;* jmdm. od. einem Tier, jmdn. od. ein Tier ins Herz, in die Brust, zwischen die Augen ~ 1.4 ⟨531/R5⟩ jmdm. od. sich ein Geschoß irgendwohin ~ *jmdn. od. sich durch ein G. irgendwo verletzen;* jmdm. einen Ball, Stein an den Kopf ~ 1.4.1 sich eine Kugel durch den Kopf ~ *sich durch Kopfschuß töten* 1.5 ⟨511⟩ etwas in etwas ~ *durch einen Schuß, Schüsse verursachen;* ein Loch in die Scheibe ~ 1.6 etwas ~ *durch Schüsse erzielen, bekommen;* er schoß auf dem Jahrmarkt eine Papierblume; er schießt beim Fußball die meisten Tore 1.7 ein Bild, ein Foto ~ (mit der Kamera) ⟨fig.⟩ *ein B., einen Schnappschuß machen* 1.8 Erz, Gestein, Kohle ~ ⟨Bgb.⟩ *sprengen* 1.9 → a. *Bock(1.0.2)* **2** ⟨410⟩ *in schnelle Bewegung bringen;* (mit) Papierkugeln ~; zu hoch, zu kurz, zu tief, zu weit ~ 2.1 *einen Schuß, Schüsse abfeuern, von einer Schußwaffe Gebrauch machen;* scharf ~; mit dem Gewehr, der Pistole ~; mit Kanonen ~; mit Pfeil und Bogen ~; mit Kugeln, Schrot ~; in die Luft ~ (als Warnung); los, schieß doch!; Achtung, hier wird scharf geschossen (auf Warnungsschildern bei Manövern) 2.1.1 jmd. schießt gut, schlecht *ist ein guter, schlechter Schütze* 2.1.2 etwas schießt gut, schlecht *eignet sich gut, schlecht zum Schießen;* das Gewehr schießt ausgezeichnet 2.1.3 wir haben morgen Schießen *Schießübung* 2.1.4 hier wird scharf geschossen ⟨fig.⟩ *hier wird schonungslos gesprochen* 2.1.5 seine Antwort kam wie aus der Pistole geschossen *sofort, ohne Besinnen* 2.2 *(einen Ball) abstoßen, werfen;* der Ball war hart geschossen worden **3** ⟨411⟩ nach jmdm. od. einer Sache, auf jmdn. od. etwas ~ *jmdn. od. etwas mit einem Schuß, mit Schüssen zu treffen versuchen;* nach der, auf die Scheibe ~; er schoß zweimal nach mir, ohne zu treffen 3.1 ⟨517/R3⟩ sich mit jmdm. ~ *sich mit Pistolen duellieren* 3.2 ⟨500⟩ ein Gestirn ~ ⟨Navigation⟩ *die Höhe eines Gestirns messen* **4** ⟨511⟩ etwas in eine bestimmte Richtung ~ *schicken, schnell befördern;* sie ~ die Pfeile in die Luft; drei Satelliten wurden in die Umlaufbahn geschossen; den Ball ins Netz, ins Tor ~ 4.1 ⟨505⟩ Blicke (auf jmdn.) ~ ⟨fig.⟩ *wütende, empörte B. (auf jmdn.) werfen* 4.2 das Brot in den Ofen ~ ⟨bäckerspr.⟩ *schieben* **5** ⟨410(s.)⟩ *stürzen, sich rasch in einer Richtung bewegen, rasch laufen, fahren, fliegen;* das Wasser schießt aus dem Felsen, aus der Leitung; das Blut schoß aus der Wunde; der Vogel schießt durch die Luft; das Boot schießt durch, über das Wasser; Tränen schossen ihr in die Augen; er schoß mit einem Kopfsprung ins Wasser; er schoß um die Ecke 5.1 das Blut schoß ihm ins Gesicht *er wurde plötzlich rot* 5.2 ein Gedanke schoß ihm durch den Kopf ⟨fig.⟩ *plötzlich kam ihm, durchzuckte ihn ein G.* **6** ⟨400(s.)⟩ *schnell wachsen;* der Salat, der Spargel schießt; der Junge ist im letzten Jahr mächtig, ziemlich geschossen 6.1 in die Höhe ~ *rasch wachsen* 6.1.1 der Bau schoß in die Höhe *ging rasch voran* 6.2 in die Ähren ~ *schnell reifen (vom Getreide)* 6.3 ins Kraut ~ *(zu)viel Kraut treiben u. zuwenig Früchte entwickeln (Kartoffeln)* 6.4 etwas ~ lassen ⟨fig.; umg.⟩ *ungenutzt vorübergehen lassen, auf etwas verzichten* 6.5 es ist zum ~ ⟨fig.;umg.⟩ *es ist zum Lachen, sehr komisch*

Schiff ⟨n.;-(e)s,-e⟩ **1** *größeres Wasserfahrzeug;* Handels~; Kriegs~; Segel~; das ~ schaukelt, schlingert, stampft, rollt; mit dem ~ fahren; zu ~ unterwegs sein 1.1 → a. *Ratte(2)* **2** *Fahrzeug, Transportmittel;* Raum~ 2.1 das ~ der Wüste ⟨fig.⟩ *das Kamel* **3** *Raum der Kirche für die Gemeinde;* Mittel~; Seiten~; Lang~; Quer~ **4** *längl. Gefäß, z. B. Weihrauchfaß, Brotkorb, kleine Wanne (zum Bierkühlen)* 4.1 ⟨Typ.⟩ *Metallplatte mit an drei Seiten aufgebogenem Rand, auf der der Schriftsatz zusammengestellt wird*

'Schiffahrt ⟨-ff·f-; f.; unz.⟩ *der Verkehr zu Schiff;* Handels~; Kriegs~; Fracht~; Personen~

'Schiff·bruch ⟨m.⟩ **1** *schwerer Schiffsunfall;* nach den Überlebenden des ~s suchen **2** ⟨fig.⟩ *Mißerfolg* 2.1 ~ erleiden = *scheitern(2)*

'Schiff·chen ⟨n.; -s, -⟩ **1** *kleines Schiff, Schiff zum Spielen;* ~ (aus Papier) falten; ~ (im Rinnstein, im Bach) schwimmen lassen **2** *einem Schiff in der äußeren Gestalt ähnlicher Gegenstand* 2.1 *Weihrauchgefäß* 2.2 ⟨Bot.⟩ *kahnförmiger unterster Teil der Schmetterlingsblüte* 2.3 *der untere Spulenhalter der Nähmaschine, der die Schlingen fängt* 2.4 ⟨Web.⟩ *längl. Gegenstand, auf den der Schußfaden aufgewickelt ist u. mit dem dieser durch die Kettfäden geführt wird* 2.5 *kleines längl. Gerät, durch das der Faden läuft zum Arbeiten von Spitzen* 2.6 *schmale, längs gefaltete Militärmütze*

'schif·fen ⟨V. 400⟩ **1** ⟨411(s.); veraltet⟩ *mit dem Schiff fahren, zu Wasser fahren;* übers Meer ~ **2** ⟨vulg.⟩ *harnen* 2.1 ⟨401⟩ es schifft ⟨vulg.; scherzh.⟩ *es regnet*

Schi'ka·ne ⟨f.; -, -n⟩ **1** *böswillig bereitete Schwierigkeit (meist unter Ausnutzung einer Machtstellung)* **2** ⟨Sp.⟩ *bes. Schwierigkeiten in der Streckenführung einer Rennstrecke, z. B. eine enge Kurve* **3** mit allen ~n ⟨fig.; umg.⟩ *mit allen Annehmlichkeiten, Feinheiten (ausgestattet)*

Schild[1] ⟨m.; -(e)s, -e⟩ **1** *älteste, am Arm getragene Schutzwaffe, runde od. ovale leicht gekrümmte Platte aus Holz, Leder, Metall od. Flechtwerk;* sich mit dem ~ decken 1.1 jmdn. auf den ~ erheben ⟨fig.⟩ *jmdn. zum Führer machen nach der alten Sitte, den Gewählten auf einem Schild für alle sichtbar hochzuheben* 1.2 aus einer Sache mit blankem ~ hervorgehen ⟨fig.⟩ *ohne Tadel, schuldlos* **2** *Hauptteil des Wappens mit der für den Eigentümer kennzeichnenden Figur* 2.1 einen Adler, Löwen o. ä. im ~e führen *als Wappentier haben* 2.2 etwas im ~e führen ⟨fig.⟩ *insgeheim etwas beabsichtigen* **3** *Schirm an der Mütze* **4** *die Skelettkapsel der Schildkröten, die aus Knochenplatten, meist mit Hornschilden überzogen, besteht* **5** *Teile des Außenskeletts von Krebsen u. Insekten;* Brust~; Kopf~; Rücken~

Schild[2] ⟨n.; -(e)s, -er⟩ **1** *Abzeichen, Erkennungs-, Warnungszeichen, meist Platte aus Holz od. Metall bzw. Blatt Papier mit Aufschrift;* Blech~; Holz~; Flaschen~; Laden~; ~ mit Namen u. Anschrift, mit Preis, Größe; ein ~ anbringen, anschlagen, aufhängen, aufkleben, entfernen; ~er beschriften, malen; ein kleines ~ an der Mütze, am Rockaufschlag, Ärmel haben

'Schild·bür·ger ⟨m.; fig.⟩ *jmd., der eine törichte Handlung begeht*

'Schild·drü·se ⟨f.⟩ *Drüse innerer Sekretion bei Wirbeltieren u. Menschen, dicht unter dem Kehlkopf, die ein Hormon, welches den Grundumsatz steigert, an das Blut abgibt: Glandula thyreoidea*

'schil·dern ⟨V. 500 od. 513/R8⟩ etwas ~ *lebendig beschreiben, anschaulich erzählen;* seine Erlebnisse ~; eine Landschaft, einen Menschen ~; bitte ~ Sie mir den Vorgang in allen Einzelheiten; unser Entsetzen, als wir das sahen, ist kaum zu ~; etwas in leuchtenden Farben ~

Schilf ⟨n.; -(e)s, -e⟩ **1** *eine Gattung aus der Familie der Süßgräser (Gramineae): Phragmites* **1.1** *an Ufern vorkommendes, als Papierrohstoff u. für Matten verwendetes hohes Gras mit braunen Rispen: Phragmites communis;* → a. *Ried(2.1)* **2** ⟨umg.⟩ = *Rohrkolben*

'schil·lern ⟨V. 400⟩ **1** etwas schillert *glänzt in wechselnden Farben;* in allen Regenbogenfarben, in vielen Farben ~ **2** eine Sache schillert ⟨fig.⟩ *ist zwiespältig, undurchschaubar;* ein ~der Charakter

'Schim·mel ⟨m.; -s, -⟩ **1** ⟨unz.⟩ *Schimmelpilz* **1.1** *weißlicher Überzug aus Schimmelpilzen* **2** *weißes Pferd*

'Schim·mer ⟨m.; -s; unz.⟩ **1** *schwacher Glanz, schwacher Schein, leichtes Funkeln, zartes Leuchten;* der ~ eines Lichts **2** ⟨norddt.⟩ *Dämmerung* **3** ⟨fig.; umg.⟩ *Ahnung, Spur, Abglanz;* der ~ eines Lächelns; einen ~ von Hoffnung haben **3.1** keinen (blassen) ~ von etwas haben *nichts wissen, keine Ahnung von etwas haben*

Schimpf ⟨m.; -(e)s, -e⟩ *Beleidigung, Schmach, Demütigung;* jmdm. einen ~ antun; jmdn. mit ~ und Schande davonjagen

'schimp·fen ⟨V.⟩ **1** ⟨400⟩ *Zorn laut äußern, fluchen;* „Donnerwetter!" schimpfte er; laut, tüchtig, unflätig ~; auf jmdn. od. etwas ~; über jmdn. od. etwas ~ **1.1** ⟨417⟩ mit jmdm. ~ *jmdn. schelten;* der Vater schimpft mit seiner Tochter **2** ⟨520⟩ jmdn. etwas ~ *jmdn. (zu Unrecht) mit einem kränkenden Namen nennen;* jmdn. einen Betrüger, einen Feigling ~

'schimpf·lich ⟨Adj.⟩ *ehrverletzend, beleidigend, ehrlos, schmachvoll;* eine ~e Behandlung; einen ~en Frieden schließen müssen

'Schimpf·na·me ⟨m.⟩ *beleidigende Bezeichnung (für jmdn.);* jmdm. ~n geben

'Schimpf·wort ⟨n.⟩ *beleidigender Ausdruck, grobes, ordinäres Wort, Fluchwort;* Schimpfwörter gebrauchen; jmdn. mit Schimpfwörtern überhäufen

'schin·den ⟨V. 216/500⟩ **1** ein Lebewesen ~ *grausam quälen, ausbeuten;* jmdn. od. ein Tier zu Tode ~ **2** ⟨R3⟩ sich ~ *sich plagen, sich sehr anstrengen, sich hart mühen;* er hat sich sein Leben lang ~ müssen **3** ein Tier ~ *einem T. das Fell abziehen;* Vieh ~ **4** etwas ~ ⟨umg.⟩ *ohne Bezahlung zu bekommen suchen;* ein paar Zigaretten ~ **4.1** Eintrittsgeld, Fahrgeld ~ *nicht bezahlen* **4.2** Zeilen ~ *den Text möglichst verlängern, breit, mit Zwischenräumen schreiben, wenn nach Zeilen bezahlt wird* **4.3** Eindruck ~ *versuchen (einen günstigen) E. zu machen*

'Schin·der ⟨m.; -s, -⟩ **1** *jmd., der nicht zum Verzehr geeignete Tiere (tötet u.) beseitigt* **2** ⟨fig.; abwertend⟩ *jmd., der andere schindet;* Leute ~

'Schin·ken ⟨m.; -s, -⟩ **1** *Schenkel, Keule (bes. vom Schwein);* gekochter, geräucherter, roher ~; westfälischer ~; ~ im Brotteig (gebacken); mit ~ belegtes Brot **1.1** mit der Wurst nach dem ~ werfen ⟨fig.; umg.⟩ *durch ein kleines Geschenk ein größeres zu erhalten suchen* **2** ⟨umg.; scherzh.⟩ *großes, dickes (urspr. in Schweinsleder gebundenes) Buch* **3** ⟨umg.; scherzh.⟩ *riesiges (künstler. belangloses) Gemälde*

'Schip·pe ⟨f.; -, -n⟩ **1** *Schaufel* **1.1** jmdn. auf die ~ nehmen ⟨fig.; umg.⟩ *jmdn. zum Narren halten, veralbern* **2** ⟨umg.; scherzh.⟩ *Schmollmund, vorgeschobene Unterlippe;* eine ~ machen, ziehen

Schirm ⟨m.; -(e)s, -e⟩ **1** *zum Schutz dienender Gegenstand* **1.1** *Gerät aus einem aufspann- u. zusammenklappbaren runden Dach aus Stoff oder Folie mit langem Griff, zum Schutze gegen Regen u. Sonne;* Regen~; Sonnen~; den ~ aufspannen, zusammenklappen; ich will lieber vorsichtshalber einen ~ mitnehmen **2** *einem Schirm(1) ähnlicher Gegenstand zum Schutze gegen zu helles Licht;* Augen~; Lampen~; Mützen~ **3** *Metall- od. Stoffwand zum Schutz gegen strahlende Wärme;* Ofen~ **3.1** ⟨jägerspr.⟩ *Geflecht aus Zweigen od. Schilf, hinter dem sich der Jäger verbirgt* **4** *Projektionsleinwand, Bildschirm* **4.0.1** über den ~ gehen *im Fernsehfunk gesendet werden* **4.1** *Teil des Röntgenapparates, auf dem der zu untersuchende Körper sichtbar wird;* Röntgen~

'Schirm·bild ⟨n.⟩ *bei der Durchleuchtung auf dem Schirm(4) sichtbar werdendes Bild (des Körpers), Röntgenbild*

Schlacht ⟨f; -, -en⟩ **1** *heftige, umfangreiche Kampfhandlung, großes Gefecht;* blutige, heiße, wilde ~; eine ~ gewinnen, verlieren; dem Feind eine ~ liefern; die ~ bei, von Waterloo; die ~ um Stalingrad **1.1** *Prügelei zwischen vielen;* Saal~; eine ~ zwischen zwei Schulklassen, zwischen den Jungen zweier Dörfer **1.2** ⟨fig.⟩ *Kampf, Wettstreit;* Kissen~; Schneeball~

'Schlacht·bank ⟨f.⟩ **1** *Gestell zum Schlachten (im Schlachthaus)* **1.1** jmdn. zur ~ führen ⟨fig.; abwertend⟩ *zur Hinrichtung*

'schlach·ten ⟨V. 500⟩ ein Tier ~ *fachgerecht töten zur Herstellung von Fleisch- u. Wurstwaren;* ein Huhn, Kalb, Schwein ~

'Schlach·ten·bumm·ler ⟨m.⟩ **1** ⟨veralt.⟩ *Zuschauer bei militär. Ereignissen* **2** ⟨fig.; umg.⟩ *Anhänger einer Sportmannschaft, der diese zu auswärtigen Spielen begleitet*

'Schlach·ter ⟨m.; -s, -; norddt.⟩ = *Fleischer*

'Schläch·ter ⟨m.; -s, -⟩ **1** = *Fleischer* **2** ⟨fig.⟩ = *Massenmörder*

'Schlacht·feld ⟨n.⟩ *Gelände, auf dem eine Schlacht stattfindet od. stattgefunden hat*

'Schlacht·plan ⟨m.; fig.⟩ *Plan für eine Unternehmung, ein Vorhaben;* einen ~ entwerfen

'Schlacke ⟨-k·k-; f.; -, -n⟩ **1** *bei einer Verbrennung zusammengesinterte Aschenteile;* ~n bilden; einen Kessel, Ofen von ~ befreien, reinigen **2** ⟨Met.⟩ *Rückstand bei der Verhüttung*

von Erzen; Hochofen ~; Thomas ~, Bessemer ~; flüssige ~ **3** ⟨Geol.⟩ *rauhe u. blasige Lavabrocken od. stark poröse bis blasige Bildungen an der Unter- u. Oberseite von Lavaströmen* **4** ⟨Physiol.⟩ *Rückstände des Stoffwechsels im Gewebe u. im Verdauungskanal* **5** ⟨fig.⟩ *Unnützes, Unreines*

'schlackern ⟨-k·k-; V. 400⟩ **1** ⟨400⟩ *schlenkern, schlottern, wackeln;* seine Knie ~, mit den Knien ~ 1.1 → a. *Ohr(1.4.3)* **2** ⟨401; nddt.⟩ es schlackert *es regnet u. schneit gleichzeitig*

Schlaf ⟨m.; -(e)s; unz.⟩ **1** *Zustand der Ruhe und Untätigkeit bei herabgesetzter Nervenreizfähigkeit;* bleierner, fester, leichter, leiser, tiefer, traumloser, unruhiger ~; täglich acht Stunden ~; die Sorge um ihn raubt mir den ~; der ~ überfiel, übermannte, überwältigte mich; keinen ~ finden; jmdn. aus dem ~ reißen, rütteln; aus tiefstem ~ emporfahren; in (tiefen) ~ fallen, sinken; in tiefstem ~ liegen; jmdn. um den (wohlverdienten) ~ bringen; vom ~ erwachen 1.1 ~ haben ⟨oberdt.⟩ *müde, schläfrig sein* 1.2 im ~(e) *während des Schlafens;* im ~ reden; noch halb im ~e sagte er ... 1.2.1 das kann ich im ~ ⟨fig.; umg.⟩ *das beherrsche ich völlig, das kann ich auswendig* 1.2.2 nicht im ~e! ⟨fig.; umg.⟩ *keinesfalls!* 1.2.3 das fällt mir nicht im ~e ein! ⟨fig.; umg.⟩ *ich denke nicht daran (das zu tun)!* 1.3 ein Kind in den ~ singen *mit einem Wiegenlied zum Einschlafen bringen* 1.4 ein Kind in den ~ wiegen *wiegen, bis es eingeschlafen ist* 1.5 ein Auge voll ~ nehmen *ein wenig schlafen* 1.6 sich den ~ aus den Augen reiben *die letzte Müdigkeit, Benommenheit durch Augenreiben beseitigen* 1.7 der ~ des Gerechten *tiefer u. ruhiger Schlaf(1)* 1.8 den Seinen gibt's der Herr im ~ ⟨fig.; umg.⟩ *manche haben unwahrscheinlich großes (unverdientes) Glück* 1.9 → a. *ewig (1.1.3)*

'Schlä·fe ⟨f.; -, -n⟩ **1** *über den Wangen gelegene Gegend des Kopfes der Wirbeltiere u. des Menschen;* das Blut pochte, hämmerte in seinen ~n **2** ⟨nur Pl.⟩ ~n *der die Schläfen(1) bedeckende Teil des Kopfhaares;* graue ~n

'schla·fen ⟨V.217⟩ **1** ⟨400⟩ *im Schlaf liegen, sich im Zustand des Schlafes befinden;* fest, gut, ruhig, schlecht, tief, unruhig ~; nicht ~ können; laß ihn doch (noch) ~!; die Sorge läßt mich nicht ~; schlaf (recht) gut!; hast du gut geschlafen?; wünsche wohl zu ~!; bis weit in den Tag hinein ~; wie hast du geschlafen?; sich ~d stellen 1.1 ~ gehen *zu Bett gehen;* früh, spät, zeitig ~ gehen 1.2 sich od. ein Kind ~ legen *zu Bett gehen bzw. zu Bett bringen* 1.3 ⟨413⟩ mit offenen Augen ~ ⟨fig.⟩ *unaufmerksam sein, nicht aufpassen* 1.4 ⟨500⟩ den ewigen Schlaf ~ ⟨poet.⟩ *im Grabe ruhen, tot sein* **2** ⟨411⟩ an einem Ort od. bei jmdm. ~ *übernachten;* auf der Couch, auf der Luftmatratze ~; kann ich heute nacht bei euch ~? **3** ⟨417⟩ mit einem Mann, einer Frau ~ *Geschlechtsverkehr haben* **4** ⟨fig.;umg.⟩ *nicht aufpassen, unaufmerksam sein;* oh, Verzeihung, jetzt hab' ich geschlafen! 4.1 schlaf nicht! *paß auf!*

schlaff ⟨Adj.⟩ oV *schlapp* **1** *entspannt, locker, nicht straff;* die Schnur ist zu ~; die Segel hängen ~ herunter **2** *welk, erschlafft;* ~e Haut; ihr Gesicht war grau und ~ **3** *schwach, kraftlos;* mit ~ herabhängenden Armen; er saß ~ in seinem Sessel **4** ⟨fig.⟩ *matt, mutlos;* er fühlte sich abgespannt u. ~

Schla'fitt·chen ⟨n.; -s; unz.; meist in der Wendung⟩ jmdn. beim ~ kriegen, nehmen, packen ⟨umg.⟩ *jmdn. zu fassen bekommen, festhalten (um ihn zu züchtigen od. ihm die Meinung zu sagen)*

'schläf·rig ⟨Adj.⟩ **1** *schlafbedürftig, müde;* ~e Augen; ein ~er Blick; der Wein macht mich ~; ich bin (noch) ~ **2** ⟨fig.⟩ *langsam, träge;* mit ~en Bewegungen

'schlaf·trun·ken ⟨Adj.⟩ *noch vom Schlaf befangen, noch halb im Schlaf;* ~ die Augen öffnen; ~ durchs Zimmer stolpern

Schlag ⟨m.; -(e)s, ¨-e⟩ **1** *kurze, heftige Berührung, Hieb;* Faust ~; Hand ~; ein dumpfer, harter, klatschender, leichter, lauter, schwacher, tödlicher ~; ein ~ mit der Hand, mit der Faust, mit dem Knüppel, mit dem Hammer, Stock; ein ~ an, gegen die Tür; ein ~ auf den Kopf; ein (herzhafter) ~ auf die Schulter; einen ~ abwehren, auffangen; (nach allen Seiten) Schläge austeilen 1.1 mit einem ~ *plötzlich, auf einmal* 1.2 es ging ~ auf ~ *ohne Unterbrechung, schnell nacheinander* 1.3 zum entscheidenden ~ ansetzen, ausholen *die entscheidende Tat, Handlung beginnen* 1.4 es war ein ~ ins Wasser ⟨fig.⟩ *Mißerfolg* 1.5 ein ~ ins Gesicht ⟨a. fig.⟩ *grobe Beleidigung, verletzende Taktlosigkeit* 1.6 ein ~ ins Kontor ⟨fig.; umg.⟩ *sehr unangenehme Überraschung* 1.7 → a. *Fliege (1.5)* **2** ⟨nur Pl.⟩ Schläge *Prügel;* Schläge bekommen, beziehen; gleich wird's Schläge geben, setzen; jmdm. Schläge verabreichen **3** *Stromstoß, Durchlaufen des elektr. Stroms durch den Körper;* ein elektrischer ~; einen (elektrischen) ~ bekommen **4** *Einschlagen des Blitzes;* ein Gewitter mit schweren Schlägen 4.1 → a. *kalt(1.6.3)* **5** *Niederprasseln von kleinen Körpern;* Hagel ~; Stein ~; **6** *durch einen Schlag(1) hervorgerufener Ton;* Glocken ~; Hammer ~; Huf ~; Trommel ~; der ~ der Uhr 6.1 ~ 12 Uhr *als es 12 Uhr schlug, pünktlich um 12 Uhr* 6.2 mit dem ~e 12 Uhr *pünktlich um 12 Uhr, genau 12 Uhr* **7** *durch Berührung, Anstoß, Druck hervorgerufene Bewegung;* Herz ~; Pendel ~; Puls ~; Ruder ~; Wellen ~; der ~ seines Herzens **8** *Art des Singens, Lied, Ruf (bei Singvögeln);* Finken ~; der ~ der Nachtigall, der Wachtel **9** *Verschlag, Kasten mit Falltür;* Hühner ~; Tauben ~ **10** *Tür, Wagentür;* Wagen ~; jmdm. den ~ (des Wagens, der Kutsche) aufhalten, öffnen **11** ⟨unz.; umg.⟩ = *Schlaganfall;* Gehirn ~; Herz ~; Hitz ~ 11.1 vom ~e getroffen werden *einen Schlaganfall erleiden* 11.2 ich dachte, mich rührt der ~! *ich war sprachlos vor Erstaunen* 11.3 wie vom ~e gerührt *starr vor Staunen od. Entsetzen* **12** ⟨Forstw.⟩ *Fällen einer Anzahl von Bäumen auf einmal* 12.1 *von Bäumen befreite Fläche im Wald;* Kahl ~; Wald ~; einen ~ wieder aufforsten **13** ⟨Landw.⟩ *Feld, das zu einer bestimmten Fruchtfolge (bei der Wechselwirtschaft) gehört;* Gersten ~; Hafer ~; Weizen ~ **14** ⟨soldatenspr.⟩ *eine Kelle voll, ein Teller voll;* ein ~ Suppe; noch einen ~ (Suppe) nachfassen **15** ⟨Segeln⟩ *Strecke zwischen zwei Wendungen;* ein paar Schläge segeln **16** ⟨Weberei⟩ *Einschuß des Schußfadens* **17** ⟨fig.⟩ *Unglück,* *niederdrückendes Ereignis;* Schicksals ~; es war ein ~ für mich, als ich das hörte; ein harter, schwerer ~; sie hat sich von dem ~ noch immer nicht erholt **18** ⟨fig.⟩ *Art, Sorte;* Menschen ~; Volks ~; ein leichtblütiger, schwerfälliger ~ (von Menschen); sie sind alle vom gleichen ~ **18.1** Leute jeden ~es *L. jeder Art, die verschiedensten L.* **18.2** Leute unseres ~es *L. wie wir* **18.3** er ist noch ein Bauer, Beamter, Lehrer, Offizier alten ~es *wie sie früher waren*

'Schlag·an·fall ⟨m.⟩ *durch Zerreißen od. Verschluß eines Blutgefäßes im Hirn verursachtes plötzl. Aufhören bestimmter Gehirnfunktionen;* Sy *Schlag(11)*

'Schlag·baum ⟨m.⟩ *Sperrschranke (an Grenz-, Bahnübergängen)*

'schla·gen ⟨V. 218⟩ **1** ⟨500⟩ ein Lebewesen od. etwas ~ *einen Schlag gegen ein L. od. etwas führen, ein L. od. etwas hauen;* jmdn. ins Gesicht ~ **1.0.1** ⟨611⟩ das schlägt allen Regeln der Höflichkeit ins Gesicht ⟨fig.⟩ *das ist gegen alle Regeln der H., das ist sehr unhöflich* **1.0.2** ehe ich mich ~ lasse, will ich's tun ⟨umg.⟩ *(Antwort, wenn man mit einer Bitte bedrängt wird)* **1.1** ein Bär, Raubvogel schlägt Beute *ergreift, tötet B.* **1.2** einen Baum ~ *fällen* **1.3** Gold, Blech ~ *durch Schlagen formen, treiben* **1.4** jmdn. od. ein Tier ~ *züchtigen, prügeln* **1.5** ⟨R4⟩ sich ~ *prügeln, balgen, miteinander kämpfen;* warum müßt ihr euch immer ~? die Jungen schlugen sich um den Ball; die Leute haben sich um die Theaterkarten geschlagen **1.5.1** ⟨513/R3⟩ sich in bestimmter Weise ~ *in bestimmter W. kämpfen;* die gegnerische Mannschaft hat sich gut geschlagen **1.6** ⟨517/R3⟩ sich mit jmdm. ~ *sich prügeln, sich duellieren* **1.7** ⟨550/R3⟩ sich durchs Leben ~ ⟨fig.⟩ *sich im Leben redlich plagen müssen* **1.8** ⟨411⟩ nach jmdm. od. auf etwas ~ *eine Schlagbewegung auf jmdn. od. etwas hin ausführen* **1.9** ⟨411⟩ um sich ~ (aus Angst od. Zorn od. um sich zu befreien) *ungerichtete u. unkontrollierte Schlagbewegungen ausführen* **2** ⟨510⟩ jmdn. od. etwas ... ~ *durch Schläge bewirken, daß jmd. od. etwas ... ist od. wird;* jmdn. krumm und lahm ~; jmdn. zum Krüppel ~; sich blutig ~; etwas in Scherben, in Stücke ~ **2.1** jmdn. zu Boden ~ *jmdm. einen Schlag versetzen, daß er zu Boden geht* **2.2** etwas kurz und klein ~ *im Zorn zerstören, zerbrechen* **2.3** → a. *Ritter(1.0.1)* **3** ⟨500⟩ etwas ~ *durch einen Schlag(1), Schläge verursachen, erzeugen;* einen Trommelwirbel ~ **3.1** Schaum, Schnee ~ *Eiweiß, Sahne durch schnelle rührende Bewegungen zu Schaum machen* **3.1.1** geschlagene Sahne *Schlagsahne* **3.2** Brennholz ~ *schneiden, abhauen* **3.3** eine Brücke (über einen Fluß) ~ *errichten, bauen* **3.3.1** ⟨511⟩ eine Brücke zu jmdm. od. etwas ~ ⟨a. fig.⟩ *eine Verbindung herstellen* **3.4** ⟨530⟩ jmdm. eine Wunde ~ *zufügen* **3.5** Feuer ~ *aus einem Stein Funken herausschlagen* **3.6** *durch eine (schnelle) Bewegung bewirken, herstellen* **3.6.1** einen Kreis (um einen Punkt) ~ *ziehen* **3.6.2** ein Kreuz ~ *das Kreuzzeichen machen* **3.6.3** Münzen ~ *prägen* **3.6.4** den Takt ~ *durch bestimmte Bewegungen den T. angeben* **4** ⟨511⟩ etwas irgendwohin ~ *durch einen Schlag irgendwohin befördern;* den Ball ins Netz ~ **4.0.1** einen Nagel in die Wand ~ *durch Schläge hineintreiben* **4.1** Quark, Kartoffeln durch ein Sieb ~ *mit rührender Bewegung hindurchdrücken* **4.2** einen Pfahl in die Erde ~ *durch Schläge auf einen P. diesen in die Erde treiben* **4.3** Eier in die Suppe ~ *aufschlagen u. hineinrühren* **4.5** ⟨531⟩ jmdm. etwas aus der Hand ~ *jmdn. durch einen in Richtung auf die Hand geführten Schlag veranlassen, etwas fallen zu lassen* **4.6** ⟨531⟩ jmdm. ein Argument, ein Recht, einen Vorteil aus der Hand ~ ⟨fig.⟩ *gröblich, widerrechtlich nehmen* **5** ⟨411 (s.)⟩ auf, gegen etwas ~ *treffen, prallen, stoßen;* der Vogel schlug mit dem Kopf ans, gegen das Fenster **6** ⟨511⟩ jmdn. od. etwas an etwas ~ *befestigen* **6.1** jmdn. ans Kreuz ~ *kreuzigen* **7** ⟨411(s.)⟩ etwas schlägt irgendwohin *dringt, bewegt sich irgendwohin* **7.1** die Flammen schlugen aus den Fenstern *züngelten, loderten* **7.2** ein Ton schlug an mein Ohr *drang an mein Ohr, ich hörte plötzlich einen T.* **8** ⟨400⟩ etwas schlägt *erzeugt durch Schlag, Berührung eine Bewegung;* das Herz, der Puls schlägt **8.1** *sich lose hin u. her bewegen;* die offene Tür schlägt im Wind **8.2** ⟨416⟩ mit den Flügeln ~ *die F. rasch bewegen (ohne wegzufliegen)* **8.3** ein Motor, ein Rad schlägt *läuft ungleichmäßig* **9** ⟨400⟩ *Töne erzeugen* **9.1** etwas schlägt *erklingt, zeigt durch einen Ton etwas an;* die Uhr hat geschlagen; die Uhr schlägt sechs **9.1.1** die Abschiedsstunde schlägt ⟨fig.⟩ *bricht an* **9.1.2** ⟨530⟩ jedem schlägt seine Stunde ⟨fig.⟩ *jeder kommt einmal an die Reihe, jeder muß einmal sterben* **9.1.3** wissen, was es, was die Glocke geschlagen hat ⟨fig.; umg.⟩ *wissen, daß es ernst wird, daß keine Nachsicht mehr geübt wird* **9.2** ein Vogel schlägt *ruft, singt auf besondere Weise;* die Nachtigall, Wachtel, der Fink schlägt **10** ⟨500⟩ ein Instrument ~ *(in bestimmter Weise) spielen;* die Trommel ~; die Laute, Zither ~ (durch Anreißen der Saiten) **11** ⟨500⟩ eine Schlacht ~ *kämpfen* **12** ⟨500⟩ jmdn. ~ *besiegen;* das feindl. Heer wurde vernichtend geschlagen; wir haben sie 3:2 geschlagen ⟨Sp.⟩ **12.1** ⟨516⟩ jmdn. mit seinen eigenen Worten, Waffen ~ *jmds. eigene Worte als Gegenbeweis anführen* **12.2** einen Stein ~ ⟨Brettspiel⟩ *einen Stein des Gegners wegnehmen, ausschalten* **12.3** ⟨511⟩ jmdn. in die Flucht ~ *zum Fliehen bringen* **13** ⟨500⟩ Falten ~ *F. bilden;* die Gardine, das Kleid, die Hose schlägt Falten **14** ⟨550⟩ etwas über etwas ~ *decken;* er schlägt sich die Decke über die Beine **15** ⟨550⟩ etwas um etwas ~ *als Hülle um etwas legen* **15.0.1** den Mantel um sich ~ *sich in den M. hüllen* **15.0.2** einen Bogen Papier um etwas ~ *hüllen, legen* **16** ⟨800(s.)⟩ nach jmdm. ~ ⟨a. fig.⟩ *jmdm. nachgeraten, ähnlich werden;* nach der Mutter, dem Vater ~ **17** ⟨511/R3⟩ sich irgendwohin ~ ⟨a. fig.⟩ *begeben* **17.1** sich in die Büsche ~ *heimlich verschwinden* **17.2** sich auf jmds. Seite ~ *auf jmds. S. treten, jmdn. unterstützen, jmdm. zustimmen* **17.3** ⟨513/R3⟩ sich vor den Kopf ~ ⟨fig.⟩ *sich an den K. fassen vor Ärger über eine Dummheit* **18** ⟨550⟩ einen Betrag auf einen anderen ~ ⟨fig.⟩ *hinzufügen* **18.1** die Zinsen zum Kapital ~ *dazurechnen,* *dazulegen* **19** ⟨511/R3⟩ e t w a s schlägt s i c h a u f e t w a s ⟨a. fig.⟩ *wird übertragen* **19.1** die Erkältung hat sich auf die Nieren geschlagen *hat eine Nierenerkrankung verursacht* **20** ⟨511⟩ e t w a s schlägt i n e t w a s ⟨fig.⟩ *fällt in, gehört zu etwas* **20.1** das schlägt nicht in mein Fach *dafür bin ich nicht zuständig, darüber weiß ich nicht Bescheid*

'Schla·ger ⟨m.; -s, -⟩ **1** *in Mode befindl., international bekanntes, zündendes, oft sentimentales Tanzlied, auch aus Operette, Film od. Musical* **2** *Ware, die reißend abgesetzt wird, großen Erfolg hat* **3** *erfolgreiches Theaterstück, Erfolgsstück, Zugstück*

'Schlä·ger ⟨m.; -s, -⟩ **1** ⟨Sp.⟩ *Gerät, mit dem ein Ball od. eine Kugel in eine bestimmte Richtung geschlagen wird;* Golf~; Tennis~ **2** *Fechtwaffe mit gerader Klinge* **3** *Küchengerät zum Schlagen von Eiweiß od. Sahne;* Schnee~ **4** *leicht ausschlagendes Pferd* **5** ⟨umg.⟩ *Raufbold*

'schlag·fer·tig ⟨Adj.; fig.⟩ **1** *nie um eine Antwort verlegen, einfallsreich im Antworten;* er ist ein ~er Mensch; sie antwortete ~ **2** *rasch, treffend u. meist auch witzig;* Sy *prompt(2);* er gab ihr eine ~e Antwort

'Schlag·kraft ⟨f.; -; unz.⟩ **1** *Kraft, Wucht eines Schlages;* der Boxer hat eine erstaunl. ~ **2** *Durchschlagskraft* **3** ⟨fig.⟩ *durchgreifende Wirkung, Wirkungskraft;* die ~ seiner Rede **4** ⟨fig.⟩ *Überzeugungskraft;* seine Argumente hatten ~ **5** *Kampfstärke (einer Truppe);* die ~ der Armee war ungebrochen

'Schlag·sei·te ⟨f.; unz.⟩ **1** *Schräglage (eines Schiffes);* das Schiff hat ~ **2** ~ h a b e n ⟨umg.; scherzh.⟩ *einen Rausch haben (u. deshalb nicht mehr gerade gehen können)*

'Schlag·wort ⟨n.⟩ **1** *treffendes, vielgebrauchtes Wort zum Kennzeichnen einer Zeiterscheinung* **2** *Gemeinplatz* **3** ⟨Bibliothek⟩ *Stichwort, Kennwort, das den Inhalt eines Buches bezeichnet, meist dem Buchtitel entnommen;* Katalog nach Schlagwörtern

'Schlag·zei·le ⟨f.⟩ **1** *hervorgehobene Überschriftszeile (in der Zeitung)* **2** ~n m a c h e n ⟨fig.⟩ *auf sensationelle Weise bekannt werden*

'Schlag·zeug ⟨n.⟩ *Gruppe von Schlaginstrumenten im Orchester od. in der Jazzband, die von einem Spieler bedient werden*

Schlamm ⟨m.; -(e)s, (selten) ~e od. ¨e⟩ *aufgeweichte Erde, Schmutz, Ablagerung in schmutzigen Gewässern;* der ~ war knöcheltief; im ~ steckenbleiben, versinken; jmdn. od. etwas mit ~ bewerfen, vom ~ reinigen

'schläm·men ⟨V. 500⟩ **1** ein G e w ä s s e r ~ *von Schlamm reinigen* **2** P f l a n z e n ~ *gründlich begießen* **3** ein G e s t e i n g e m i s c h ~ ⟨Tech.⟩ *grobkörnige od. spezifisch schwerere Anteile aus einem feinzerteilten, mit Wasser angerührten (aufgeschlämmten) Gemisch abtrennen, sich absetzen lassen*

'schlam·pig ⟨Adj.; umg.⟩ *unordentlich, nachlässig, liederlich;* ~ angezogen sein; ~ herumlaufen; er, sie ist ~

'Schlan·ge ⟨f.; -, -en⟩ **1** *Angehörige einer Unterordnung der Schuppenkriechtiere, mit langem Körper, ohne Gliedmaßen: Serpentes, Ophidia;* giftige ~n **1.1** eine ~ am Busen nähren ⟨fig.; umg.⟩ *jmdm. Gutes erweisen u. dafür Undank ernten* **2** ⟨fig.⟩ *falsche, hinterhältige Frau;* sie ist eine gemeine ~ **3** ⟨fig.⟩ *etwas, das einer Schlange(1) der Gestalt nach ähnlich ist;* Heiz~; Papier~ **3.1** *lange Reihe wartender Menschen* **3.1.1** ~ s t e h e n ⟨umg.⟩ *sich in einer Reihe anstellen u. warten* **3.2** *lange Reihe dicht hintereinander fahrender od. wartender Fahrzeuge;* auf der Autobahn hatten sich lange ~n gebildet **3.3** ⟨15. - 17. Jh.⟩ *Geschütz mit kleinem Kaliber, aber langem Rohr, das die Treffsicherheit erhöhen sollte;* Feld~ **3.4** ⟨Astr.⟩ *Sternbild am Himmelsäquator, Serpens*

'schlän·geln ⟨V. 500⟩ **1** ⟨500/R3⟩ s i c h ~ *sich wie eine Schlange bewegen, sich geschmeidig (windend) bewegen;* die Kreuzotter, Ringelnatter schlängelt sich über die Steine; sich durch die Menschen, eine Menschenmenge ~ **2** ⟨R3⟩ e t w a s schlängelt s i c h (d u r c h e t w a s) *windet sich, verläuft in Windungen;* der Weg schlängelt sich durch die Felsen; der Bach schlängelt sich durch die Wiesen **3** eine L i n i e ~ *in gleichmäßigen Windungen zeichnen;* ein geschlängeltes Ornament

schlank ⟨Adj.⟩ **1** *dünn, schmal im Umfang u. in guten Proportionen lang;* ein (großer) ~er Mensch; ein ~er Baum; ~e Beine, Finger, Hände; eine ~e Gestalt, Taille; ~er Wuchs; ~ bleiben wollen; das Kleid macht dich ~, läßt dich ~ erscheinen; rank und ~ (gewachsen); ~ wie eine Tanne **1.1** die ~e L i n i e ⟨umg.⟩ *Schlankheit des Körpers* **2** *gewandt u. schnell;* im ~en Trab

schlapp ⟨Adj.⟩ = *schlaff*

'Schlap·pe ⟨f.; -, -n; umg.⟩ *Mißerfolg, Niederlage, Schaden;* eine ~ erleiden, einstecken müssen; jmdm. eine ~ beibringen

'schlap·pen ⟨V.; umg.⟩ **1** ⟨400⟩ e t w a s schlappt *hängt schlaff(1) herunter, schlottert;* die nassen Segel ~ im Wind **2** ⟨400⟩ e t w a s schlappt *schlenkert* **2.1** die Schuhe ~ *sind zu groß, rutschen bei jedem Schritt über die Ferse* **3** ⟨400(s.)⟩ *bewegt sich schleppend, schlurft;* durchs Zimmer ~ **4** ⟨500⟩ ein T i e r schlappt eine F l ü s s i g k e i t *trinkt schmatzend, schlürfend*

schlau ⟨Adj.⟩ **1** *klug, gewitzt, listig;* ein ~er Bursche; ein ~er Kopf; ein ~er Plan; etwas ~ anfangen, machen; das hat er sich sehr ~ ausgedacht; jetzt heißt es ~ sein; ein ~er Fuchs ⟨fig.⟩ **1.1** aus jmdm. od. einer Sache nicht ~ werden *jmdn. nicht durchschauen können, eine S. nicht verstehen* **1.2** (genau) so ~ wie vorher sein *nichts begreifen*

Schlauch ⟨m.; -(e)s, ¨e⟩ **1** *biegsame Röhre, meist aus Gummi, durch die Flüssigkeiten od. Gase geleitet werden;* Feuerwehr~; Garten~; Wasser~; Wein~ **1.1** *kreisförmiges, durch ein Ventil geschlossenes Gebilde aus Gummi, das im Reifen die Luft enthält;* Fahrrad~, Auto~; einen ~ flicken, aufpumpen **2** ⟨Bot.⟩ *schlauchförmiges Pflanzenteil* **3** ⟨umg.⟩ *große körperl. Anstrengung, Strapaze;* das war aber ein ~! **4** ⟨fig.; umg.; abwertend⟩ *langer, schmaler Raum*

'schlau·chen ⟨V. 500⟩ **1** eine F l ü s s i g k e i t ~ *durch einen Schlauch leiten* **2** e t w a s schlaucht j m d n. ⟨fig.; umg.⟩ *strengt jmdn. körperlich sehr an;* die lange Reise hat mich sehr geschlaucht

schlecht ⟨Adj.⟩ **1** *minderwertig, wertlos, ungenügend;* Ggs *gut(1);* ~e Zensuren; jmdm.

einen ~en Dienst erweisen; das macht einen ~en Eindruck 1.1 (das ist gar) nicht ~! *ganz gut* 1.2 ~e Luft *verbrauchte, stickige L.* 1.3 *nicht normal, nicht funktionsgerecht;* ~ hören, sehen 1.4 *faul, verdorben, ungenießbar;* das Fleisch ist ~ geworden 1.5 ⟨jägerspr.⟩ *kümmernd, kränkelnd* 1.5.1 ein ~er Hirsch *H. mit geringem, schwachen Geweih* 2 *ungünstig, nachteilig in den Folgen;* da hast du einen ~en Tausch gemacht; ein ~es Geschäft machen; das Essen ist mir ~ bekommen; eine ~e Angewohnheit; das ist ein ~es Zeichen 2.1 das wird dir ~ bekommen! ⟨fig.⟩ *davon wirst du noch unangenehme Folgen spüren, das wirst du noch bereuen* 2.2 ~e Zeiten *wirtschaftlich ungünstige Zeiten, Notzeiten* 3 *unerfreulich, unbefriedigend, unangenehm;* ~e Laune, Stimmung; das ist ein ~er Trost; einen ~en Geschmack im Mund haben 3.1 es ist ~es Wetter *kühles, kaltes u. regner. W.* 4 *unwohl, übel, krank;* mir wird ~; mir ist ~ 4.1 es geht ihm ~ *er ist sehr krank, er leidet Not* 5 *nicht der (moralischen) Norm entsprechend, böse;* Ggs *gut (5);* ~er Einfluß, Umgang; einen ~en Ruf haben 5.1 ⟨60⟩ ~e Gesellschaft *einen verderbl. Einfluß ausübende G.* 5.2 in ~e Hände geraten *an jmdn., der ungeeignet (zur Aufsicht, als Besitzer) ist od. nachteiligen Einfluß ausübt* 6 *unfein, unanständig;* Ggs *gut(4);* sich ~ benehmen; ein ~er Witz 7 ⟨50⟩ *feindselig, übel;* Ggs *gut(7);* von jmdm. ~ denken, reden 7.1 auf jmdn. ~ zu sprechen sein *böse auf jmdn. sein* 8 ⟨50⟩ *nur unter Schwierigkeiten, kaum;* Ggs *gut(8);* ich kann ~ nein sagen; ich kann es ~ vermeiden; das paßt ~ (zusammen); er kann sich Gesichter ~ merken 8.1 nein, heute geht es ~ ⟨umg.⟩ *heute paßt es mir nicht* 9 ⟨50⟩ nicht ~ *sehr;* sie wunderte sich nicht ~ 10 ⟨50; veralt.; noch in der Wendung⟩ recht u. ~ *schlicht, einfach;* sich recht u. ~ durchschlagen, recht u. ~ leben

schlech·ter'dings ⟨Adv.⟩ *durchaus, ganz u. gar;* noch mehr sparen (als jetzt) kann ich ~ nicht; das ist ~ unmöglich

schlecht'hin ⟨a. ['--]; Adv.⟩ *überhaupt, ganz u. gar, vollkommen, typisch, absolut, ohne Einschränkung;* er ist der romantische Dichter ~

'schlecht|ma·chen ⟨V. 500/R7 od. R8⟩ 1 jmdn. od. etwas ~ *auf üble Weise über jmdn. od. etwas reden, jmdn. od. etwas herabsetzen;* er hat sie in der Nachbarschaft schlechtgemacht 1.1 ⟨aber getrennt⟩ eine Arbeit 'schlecht 'machen → *schlecht(1)*

'schlecht·weg ⟨Adv.⟩ *einfach, ohne Umstände*

'schlecken ⟨-k·k-; V.⟩ 1 ⟨500⟩ ein Lebewesen od. etwas ~ *ablecken;* die Tiermutter schleckt ihre Jungen 2 ⟨500⟩ etwas Süßes ~ *genußvoll zu sich nehmen;* Eis u. Sahne ~; die Katze schleckt die Milch aus der Schüssel 2.1 ⟨411⟩ an etwas ~ *(genießerisch) lecken;* an einer Eiswaffel ~ 2.2 ⟨411⟩ von etwas ~ *kosten, naschen;* sie schleckte vom Kuchen 2.3 ⟨400⟩ (gern) ~ *gern Süßigkeiten naschen*

'Schle·gel ⟨m.; -s, -⟩ 1 *Werkzeug zum Schlagen;* Trommel~ 1.1 *Klöppel* 1.2 ⟨Bgb.⟩ *Hammer des Bergmanns* 2 ⟨süddt., österr. u. schweiz.⟩ *Schenkel (eines geschlachteten od. geschossenen Tieres), Keule;* Kalbs~; Reh~ 3 ⟨umg.; schweiz.⟩ *Bierflasche, Mostflasche*

'schlei·chen ⟨V. 219/400⟩ 1 ⟨(s.)⟩ (sich irgendwohin) ~ *vorsichtig, leise u. möglichst unbemerkt (irgendwohin) gehen;* auf leisen Sohlen ~; auf Zehenspitzen ~; sich ans Fenster, an die Tür ~; sich aus dem Haus ~; Argwohn, Mißtrauen hatte sich in ihr Herz geschlichen ⟨fig.⟩ 1.1 sich in jmds. Vertrauen ~ ⟨fig.⟩ *jmds. V. zu betrüger. Zwecken gewinnen* 1.2 ⟨(s.)⟩ *(quälend) langsam vergehen;* die Zeit schleicht

'Schleich·weg ⟨m.⟩ 1 *verborgener Weg, heiml. Pfad* 1.1 auf ~en ⟨fig.⟩ *auf ungesetzl. Wege, unrechtmäßig*

'Schlei·er ⟨m.;-s,-⟩ 1 *Gesicht od. Kopf verhüllendes, dichtes od. durchsichtiges Gewebe;* Braut~; den ~ zurückschlagen; Hut mit ~ 1.1 den ~ nehmen *Nonne werden* 2 ⟨fig.⟩ *Dunst, Dunstschicht, Trübung;* das Bild, Photo hat einen ~; alles wie durch einen ~ sehen; einen ~ vor den Augen haben 3 ⟨fig.⟩ *Hülle, etwas Verhüllendes;* etwas mit dem ~ der Nächstenliebe verhüllen; der ~ der Dämmerung, der Nacht ⟨poet.⟩ 3.1 den ~ eines Geheimnisses lüften *ein Geheimnis preisgeben* 4 *schleierähnlicher Federschmuck (von Eulen)* 5 *Blättchen um die Fruchthäutchen (von Farnen)*

'schlei·er·haft ⟨Adj.; umg.⟩ *unbegreiflich, rätselhaft, unklar;* es ist mir (völlig) ~, wie ...

'Schlei·fe[1] ⟨f.; -, -n⟩ 1 *leicht lösbare Verknüpfung aus Schnur oder Band, bes. an Paketen u. Päckchen, meist in der Form einer Acht;* → a. *Schlinge(1);* eine ~ binden 1.1 *dekorativ zur Schleife(1) geschlungenes Band;* Band~; Haar~; ein Kranz mit ~ 2 *mit den Enden aneinandergeklebter Filmstreifen, der die ununterbrochene Beobachtung eines Bewegungsablaufes gestattet, Ringfilm* 3 *fast kreisförmige Kurve, Windung, Kehre;* Fluß~ 4 *Figur in der Form einer Schleife(1);* die Straßenbahn fährt hier eine ~; das Flugzeug fliegt eine ~

'Schlei·fe[2] ⟨f.; -, -n⟩ *Schleifbahn, Rutschbahn, Rutsche*

'schlei·fen ⟨V.220⟩ 1 ⟨500⟩ etwas ~ *durch Abschleifen bearbeiten* 1.1 *(durch dauernde Bewegung am sich drehenden Schleifstein) schärfen;* Bohrer, Messer, Scheren ~; das Messer ist frisch, scharf geschliffen 1.2 *die Oberfläche zu bestimmten Formen bearbeiten, glätten;* Edelstein, Glas ~; geschliffenes Glas 2 ⟨500⟩ eine Festung ~ *niederreißen* 3 ⟨500⟩ jmdn. ~ ⟨fig.; umg.⟩ *jmdm. beibringen, wie er sich zu benehmen hat* 3.1 ⟨soldatenspr.⟩ *hart ausbilden, schwere körperl. Übungen machen lassen, scharf drillen* 4 ⟨500⟩ etwas ~ *schleppend nachziehen, über den Boden mitziehen;* den kranken Fuß (beim Laufen) ~ lassen; einen Sack über den Hof ~ 4.1 die Zügel ~ lassen ⟨fig.⟩ *nicht mehr so streng sein, keine Ordnung, Disziplin mehr halten* 4.2 einen Ton ~ ⟨Mus.⟩ *zum nachfolgenden Ton hinüberziehen* 5 ⟨511⟩ jmdn. an einen Ort od. zu jmdm. ~ ⟨fig.; umg.; scherzh.⟩ *gewaltsam, trotz Widerstand mitnehmen, an einen O. od. zu jmdm. bringen;* jmdn. mit ins Theater, zu Freunden ~ 6 ⟨411⟩ (an, auf od. über etwas) ~ *etwas in anhaltender Bewegung in derselben Richtung berühren;* mit dem Fuß beim Fahren auf dem Boden, auf dem Eis, Schnee ~; das Kleid schleift am, über den Boden; das Rad schleift am Schutzblech 6.1 die Kupplung ~ lassen *die K. eines Kraftfahrzeugs nur so weit greifen lassen, daß sie nur*

einen Teil der Motorkraft auf das Getriebe überträgt
'Schlei·fer ⟨m.; -s, -⟩ **1** *jmd., der Werkzeuge schleift;* Scheren ~ 1.1 *Facharbeiter, der Edelsteine schleift;* Edelstein ~ **2** *alter dt. Rundtanz (nach dem Schleifen des Fußes bei manchen Schritten)* **3** ⟨Mus.⟩ *dem Vorschlag(4) ähnl., aus zwei od. mehreren, meist von unten nach oben verlaufenden Tönen bestehende musikal. Verzierung* **4** ⟨soldatenspr.⟩ *Ausbilder, der seine Untergebenen schleift* **5** ⟨fig.; umg.; schweiz.⟩ *Spitzbube, Windbeutel*
Schleim ⟨m.; -(e)s, -e⟩ **1** *bei Menschen u. Tieren eine von Schleimdrüsen u. Becherzellen abgesonderte, zähe, schlüpfrige, leicht klebrige Flüssigkeit;* Nasen ~ ; Magen ~ ; der ~ von Schnecken **2** *alle quellbaren, nicht fadenziehenden Polysaccharide;* Pflanzen ~ ; ~ absondern **3** *Schleimsuppe;* Hafer ~, Reis ~ ; einem Kranken einen ~ kochen
'Schleim·haut ⟨f.; Med.⟩ *die bei den Menschen u. Wirbeltieren alle nach außen sich öffnenden Höhlen u. Kanäle auskleidende, stets feucht u. schlüpfrig gehaltene Membran: Tunica mucosa;* Magen ~ ; Nasen ~
'schlei·mig ⟨Adj.⟩ **1** *voller Schleim;* ~er Auswurf **2** *schlüpfrig, schmierig wie Schleim;* sich ~ anfühlen **3** ⟨fig.; abwertend⟩ *schmeichlerisch, kriecherisch, süßlich*
'schlei·ßen ⟨V. 221⟩ **1** ⟨500⟩ Holz ~ *spalten, auseinanderreißen* 1.1 Späne ~ *abschälen* 1.2 Federn ~ *den Flaum vom Kiel abreißen* **2** ⟨400; veralt.⟩ *(leicht) zerreißen, sich schnell abnutzen;* ein leicht ~der Stoff
'schlem·men ⟨V. 400⟩ *üppig, gut essen u. trinken*
'schlen·dern ⟨V. 400 (s.)⟩ *langsam u. behaglich gehen, bummeln;* auf und ab ~; durch die Straßen ~
'schlen·kern ⟨V.⟩ **1** ⟨500⟩ etwas ~ *nachlässig hin- u. herschwingen (lassen);* eine Tasche o. ä. (beim Gehen hin und her) ~ ; den Stock in der Hand ~ 1.1 ⟨416⟩ mit etwas ~ *etwas pendeln lassen;* mit den Armen, Beinen ~ **2** ⟨400(s.)⟩ *sich schwankend hin- u. herbewegen;* der Wagen begann in der Kurve zu ~; der Vorhang schlenkert im Wind
'Schlep·pe ⟨f.; -, -n⟩ **1** *langer, am Boden nachschleifender Teil des Kleides;* ein Brautkleid mit ~; die ~ über den Arm nehmen **2** ⟨jägerspr.⟩ *an einer Leine nachgeschlepptes Gescheide von Hasen o. ä., um Raubwild an eine bestimmte Stelle zu locken* **3** ⟨jägerspr.⟩ *Fährte der Wildente u. a. Wasservögel durchs Rohr od. Schilf*
'schlep·pen ⟨V.⟩ **1** ⟨500⟩ etwas ~ *mit großer Anstrengung tragen;* einen Koffer ~ 1.1 ⟨550/R3⟩ sich mit etwas ~ *etwas lange u. mühsam tragen, sich mit etwas (ab)plagen;* ich habe mich die ganze Zeit mit der schweren Tasche geschleppt; sich mit einer Erkältung, Grippe ~ 1.2 ein Kleidungsstück ~ ⟨umg.⟩ *sehr lange tragen, sehr oft anziehen u. abnutzen* **2** ⟨500/R3⟩ jmdn. od. etwas (in bestimmter Weise irgendwohin) ~ *mit Mühe fortbewegen;* er konnte sich noch langsam nach Hause ~ 2.1 etwas (irgendwohin) ~ *mit dem Schlepper ziehen, abschleppen;* Lastkähne (stromaufwärts) ~ 2.1.1 *hinter sich herziehen, nachschleifen lassen;* ein Fischernetz ~ 2.2 ⟨511⟩ jmdn. an einen Ort od. zu jmdm. ~ ⟨fig.; umg.⟩ *gewaltsam, trotz Widerstreben an einen O. od. zu jmdm. bringen;* der Gefangene wurde ins Lager geschleppt; jmdn. vor den Richter ~; jmdn. mit ins Kino, zu Freunden ~; er hat mich durchs Museum, durch die ganze Stadt geschleppt 2.2.1 Wähler ~ ⟨DDR⟩ *säumige Wähler an die Wahlurne bringen* 2.3 ⟨511/R3⟩ sich (irgendwohin) ~ *sich mühsam (irgendwohin) fortbewegen;* der Kranke schleppte sich zum Bett, zum Lehnstuhl; der Verwundete konnte sich gerade noch bis zum nächsten Haus ~ ; ich kann mich selbst kaum noch ~ (vor Erschöpfung) **3** ⟨400⟩ etwas schleppt *schleift nach, berührt den Boden;* der Rock, der Mantel schleppt
'Schlep·per ⟨m.; -s, -⟩ **1** *Fahrzeug zum Schleppen anderer Fahrzeuge, z. B. Schleppdampfer, Traktor;* Acker ~, Rad ~, Sattel ~ **2** *jmd., der (betrügerischen) Unternehmen Opfer zuführt* **3** ⟨DDR⟩ *jmd., der säumige Wähler zur Wahlurne bringt*
'Schlepp·tau ⟨n.⟩ **1** *Tau zum Befestigen eines Fahrzeugs am Schlepper(1);* der Dampfer nahm die Kähne ins ~ 1.1 jmdn. ins ~ nehmen ⟨a. fig.; umg.⟩ *jmdn. mit sich ziehen, mitschleppen;* sich (nicht) ins ~ nehmen lassen 1.1.1 in jmds. ~ geraten ⟨fig.; umg.⟩ *in Abhängigkeit von jmdm. geraten, jmdn. über sich verfügen lassen* **2** *am Freiballon hängendes Seil zur Erleichterung der Landung*
'Schleu·der ⟨f.; -, -n⟩ **1** *schnell rotierende Maschine zum Entfernen des Wassers aus nasser Wäsche;* Wäsche ~, Trocken ~ **2** *Vorrichtung zum Trennen von Flüssigkeiten, Zentrifuge;* Honig ~ **3** *Wurfgerät für Steine od. Bleikugeln aus zwei durch ein taschenartiges Lederstück verbundenen Riemen od. Stricken, deren einer nach dem Schwingen um den Kopf losgelassen wird, Bandschleuder;* der Junge schoß mit einer ~ auf die Ente 3.1 ⟨MA⟩ *an einem Stab befestigte Schleuder(3) als Wurfwaffe für Brandkugeln, Stabschleuder* **4** ⟨Ringen⟩ *Griff mit der rechten Hand unter den linken Oberarm des Gegners, um diesen mit sich zu Boden zu reißen*
'schleu·dern ⟨V.⟩ **1** ⟨500⟩ jmdn. od. etwas ~ *mit Schwung, Wucht werfen;* einen Ball, Stein ~; jmdn. zu Boden ~; einen Gegenstand an die Wand, aus dem Fenster ~ 1.1 ⟨531/R6⟩ jmdm. eine Antwort ins Gesicht ~ ⟨fig.⟩ *jmdm. heftig, zornig antworten* **2** ⟨500⟩ etwas ~ *in der Schleuder (1,2) bearbeiten;* Honig, Milch, Wäsche ~ **3** ⟨400⟩ *auf glatter Bahn schnell abwechselnd links u. rechts seitlich abgleiten;* in der Kurve ist, hat das Motorrad geschleudert; das Auto geriet ins Schleudern
'schleu·nig ⟨Adj. 90⟩ *eilig, baldig, unverzüglich, sofortig, schnell;* wir bitten um ~e Rückgabe des Buches; ~ weglaufen
'Schleu·se ⟨f.; -, -n⟩ **1** *Anlage in Flüssen u. Kanälen für Schiffe zur Überwindung von Höhenunterschieden* **2** *Klappe zum Stauen u. Freigeben eines Wasserlaufs* 2.1 die ~n des Himmels öffnen sich ⟨fig.⟩ *es beginnt heftig zu regnen* **3** *Vorrichtung zum Ableiten von Wasserläufen od. Abwässern in Kanäle od. Rohre* **4** *Kammer mit zwei Türen, in der der Luftdruck langsam erhöht od. gesenkt werden kann, zur Überwindung von Druckunterschie-*

den zwischen zwei Räumen; Luft~ **5** die ~n seiner Beredsamkeit öffnen ⟨fig.⟩ *schnell u. viel zu reden beginnen u. lange nicht mehr aufhören*

'schleu·sen ⟨V. 500⟩ **1** ein Schiff durch einen Kanal ~ *mittels Schleuse bringen* **2** ⟨511/R7 od. R8⟩ jmdn. od. etwas durch etwas ~ ⟨fig.⟩ *(durch Hindernisse) bringen, leiten;* Flüchtlinge durch ein Lager ~; jmdn. durch eine Reihe von Instanzen, Ämtern ~; eine Autokolonne durch den Großstadtverkehr ~ **2.1** jmdn. durch eine Kontrolle, über die Grenze ~ *heimlich bringen*

Schlich ⟨m.; -(e)s, -e⟩ **1** *Schleiferschlamm* **2** ⟨Met.⟩ *feinkörniges Erz* **3** ⟨Pl.⟩ ~e ⟨umg.⟩ *Ränke, Listen, heiml. Treiben, heiml. Umwege, Heimlichkeiten;* jmds. ~e kennen; jmdm. auf die ~e kommen; hinter jmds. ~e kommen

schlicht ⟨Adj.⟩ **1** *einfach, ungekünstelt, bescheiden;* ein ~er Mensch; „...", sagte er ~; ~ gekleidet sein; mit ~en Worten **1.1** das Haar ~ zurückgekämmt tragen *glatt*

'schlich·ten ⟨V. 500⟩ **1** etwas ~ *glätten;* Holz, Metall ~ **1.1** Leder ~ *geschmeidig machen* **1.2** Kettfäden ~ ⟨Web.⟩ *mit klebriger Flüssigkeit zum Glätten (Schlichte) behandeln* **2** eine Auseinandersetzung ~ ⟨fig.⟩ *beilegen, befrieden, begütigen;* Meinungsverschiedenheiten, Streit ~

'schlie·ßen ⟨V. 222⟩ **1** ⟨500⟩ etwas ~ *die Öffnung von etwas verdecken, etwas zumachen;* einen Kasten, Koffer, Schrank ~; eine Lücke ~ **1.1** einen Stromkreis ~ *den Stromfluß ermöglichen* **1.2** die Reihen ~ *zusammenrücken* **2** ⟨500⟩ etwas ~ *zuklappen;* die Tür, das Fenster, den Deckel ~; ein Buch, die Augen ~ **2.1** er hat seine Augen (für immer) geschlossen *er ist gestorben* **3** ⟨500/R3⟩ etwas schließt sich *geht zu;* die Wunde hat sich geschlossen; die Blüten ~ sich am Abend **4** ⟨400⟩ etwas schließt (in bestimmter Weise) *geht (in bestimmter Weise) zu;* die Tür schließt nicht, schließt schlecht; die Tür schließt (sich) von selbst **5** ⟨400⟩ *zuschließen, verschließen* **5.0.1** zweimal ~ *den Schlüssel zweimal im Schloß umdrehen* **5.1** der Schlüssel schließt *paßt, kann auf- und zuschließen;* die Schlüssel schließen (nicht); der Schlüssel schließt zu mehreren Türen **6** ⟨500⟩ etwas ~ *für Besucher unzugänglich machen, versperren;* die Kirche, den Laden, den Schalter, die Schule ~; wir ~ (den Laden) um 18 Uhr; wann werden die Läden geschlossen? **7** ⟨400⟩ etwas schließt *stellt den Betrieb ein, ist nicht mehr geöffnet;* die Schulen (wegen Grippe, Kohlenmangels) ~ **7.1** das Museum hat heute geschlossen *ist heute nicht geöffnet* **8** ⟨511⟩ jmdn. od. etwas an etwas ~ *(mit einem Schloß) befestigen;* einen Gefangenen mit Ketten an die Mauer, an einen Ring in der Mauer ~; den Hund an die Kette ~; das Fahrrad an einen Zaun ~ **9** ⟨511⟩ jmdn. od. etwas in etwas ~ *sicher verwahren, einsperren, einschließen;* einen Gefangenen in eine Zelle ~; einen Brief, Geld in ein Fach, in den Schreibtisch ~ **9.1** jmdn. in Ketten ~ *fesseln* **9.2** jmdn. in die Arme ~ *umarmen* **9.3** sie hat das Kind in ihr Herz geschlossen ⟨fig.⟩ *das K. liebgewonnen* **10** ⟨511⟩ etwas schließt etwas in sich *enthält, birgt etwas;* diese Behauptung schließt einen Widerspruch in sich; dieses Land schließt manche unbekannten Gefahren, Schönheiten in sich **11** ⟨505⟩ etwas (mit etwas) ~ *beenden;* eine Sitzung, Versammlung ~; er schloß seine Rede, seinen Vortrag mit den Worten ... **12** ⟨405⟩ (mit etwas) ~ *zu Ende kommen, aufhören;* laß mich für heute ~ (Schlußformel im Brief); und damit will ich ~ (Schlußformel im Brief, bei einem Vortrag) **13** ⟨850⟩ von jmdm. od. etwas auf jmdn. od. etwas ~ *folgern;* du sollst nicht immer von dir auf andere ~; von seiner Handlungsweise kann man auf seinen Charakter ~ **13.1** ⟨550⟩ etwas aus etwas ~ *folgern, eine Schlußfolgerung aus etwas ziehen;* aus seiner Bemerkung kann man ~, daß ... **14** ⟨550/R3⟩ etwas schließt sich an etwas *folgt auf etwas, knüpft an etwas an;* an den Vortrag schloß sich eine lebhafte Diskussion **15** ⟨500⟩ etwas ~ *vereinbaren* **15.1** Freundschaft ~ *jmds. Freund(in) werden* **15.2** einen Vertrag, ein Bündnis ~ *unterzeichnen, rechtskräftig machen* **15.3** ⟨505⟩ die Ehe (mit jmdm.) ~ *(jmdn.) heiraten* **15.4** Frieden ~ *sich versöhnen, einen Streit beenden* **15.4.1** *einen Krieg durch einen Friedensvertrag beenden*

'schließ·lich ⟨Adv.⟩ **1** *zum Schluß, endlich, am Ende;* er ist ~ doch noch gekommen **2** *nach einigem Zögern;* ~ fragte er ... **3** *wenn man es recht bedenkt, im Grunde;* ~ hat er doch recht

Schliff ⟨m.; -(e)s, -e⟩ **1** ⟨unz.⟩ *das Schleifen, Glätten;* der ~ eines Diamanten erfordert viel Mühe **2** *Art des Geschliffenseins;* der ~ des Glases; das Glas hat einen schönen ~; man unterscheidet verschiedene ~e **3** *durch Schleifen bearbeitete Stellen;* der schöne ~ des Glases **4** ⟨fig.⟩ *gutes Benehmen, gute Umgangsformen, gute Manieren;* jmdm. ~ beibringen; er hat keinen ~ **4.1** ⟨militär.⟩ *Drill* **5** *unausgebackene, glasige Stelle im Backwerk* **5.1** der Kuchen ist ~ geworden *schliffig* **5.2** ~ backen ⟨fig.⟩ *keinen Erfolg haben, scheitern*

'schlif·fig ⟨Adj.⟩ *ist nicht durchgebacken, nicht aufgegangen, nicht hochgegangen;* ein ~er Kuchen

schlimm ⟨Adj.⟩ **1** *nachteilig, ungünstig;* es war nicht so ~, wie ich dachte; (es ist) ~ genug, daß er sich verletzt hat (du brauchst ihn nicht auch noch zu schelten); es gibt Schlimmeres als das; ich bin auf das Schlimmste gefaßt; ist es ~, wenn ich nicht komme? ⟨umg.⟩; das ist halb so ~ (wie es aussieht) ⟨umg.⟩ **1.1** das ist nicht (so) ~ ⟨umg.⟩ *das hat nichts zu bedeuten, das macht nichts* **1.2** im ~sten Fall komme ich eben etwas später ⟨umg.⟩ *wenn es nicht anders geht* **1.3** das ist (noch lange) nicht das Schlimmste ⟨umg.⟩ *es hätte ärger kommen können, es hätte unglücklicher ausgehen können* **1.4** es steht ~ (mit ihm) *es geht ihm sehr schlecht* **1.5** eine Entwicklung wendet sich zum Schlimmen *nimmt eine böse Wendung* **2** ⟨umg.⟩ *unangenehm;* eine ~e Nachricht **3** *böse, übel, moral. schlecht;* es wird mit ihm noch ein ~es Ende nehmen **3.1** Sie Schlimmer! ⟨umg.; scherzh.⟩ *Sie Schwerenöter* **4** ⟨umg.⟩ *krank, wund;* einen ~en Finger haben

'Schlin·ge ⟨f.; -, -n⟩ **1** *einfache Schleife, lose verknüpftes Band;* → a. *Schleife(1);* den Arm in der ~ tragen **2** *Fanggerät aus lose verknüpftem Draht;* ~n legen; sich in einer ~ fangen

2.1 sich od. den Kopf aus der ~ ziehen ⟨fig.⟩ *sich (im letzten Moment) geschickt aus einer bedrängten Lage befreien* 2.2 den Kopf in die ~ stecken ⟨fig.⟩ *sich leichtfertig in Gefahr begeben*

'**Schlin·gel** ⟨m.; -s, -; umg.⟩ **1** *durchtriebener, frecher Kerl, Tunichtgut* **2** *freches Kerlchen, kleiner Schelm*

'**schlin·gen**[1] ⟨V. 223/550⟩ **1** etwas um etwas od. jmdn. ~ *kreisförmig od. in Windungen um etwas od. jmdn. legen;* ein Band um das Päckchen ~; sie hat sich den Schal lose um die Schultern geschlungen 1.1 ⟨R3⟩ sich um etwas ~ *legen, winden;* die Pflanzen ~ sich um den Baum, um die Laube; die Schlange schlingt sich um ihr Opfer 1.2 die Arme um jmdn., um jmds. Hals ~ *jmdn. umarmen* **2** etwas in, durch etwas ~ *(ver)flechten, lose (ver)knüpfen;* sich ein Band durchs Haar ~; Fäden ineinander ~

'**schlin·gen**[2] ⟨V. 223⟩ **1** ⟨500⟩ etwas ~ *schlukken* **2** ⟨402⟩ (etwas) ~ *gierig essen;* schling (dein Essen) nicht so!

'**schlin·gern** ⟨V. 400⟩ ein Schiff schlingert *pendelt infolge Seeganges um die Längsachse*

Schlips ⟨m.; -es, -e⟩ **1** *lange, selbst geknotete Krawatte* 1.1 sich auf den ~ getreten fühlen ⟨umg.; scherzh.⟩ *beleidigt sein* 1.2 jmdn. beim ~ erwischen ⟨fig.; umg.⟩ *jmdn. gerade noch zu fassen bekommen*

'**Schlit·ten** ⟨m.; -s, -⟩ **1** *auf Kufen gleitendes Fahrzeug zum Fahren auf Schnee u. Eis;* Pferde~, Rodel~; Eskimo~, Hunde~ 1.0.1 ~ fahren *rodeln* 1.1 unter den ~ kommen ⟨fig.; umg.⟩ *moral. sinken, verkommen* **2** *gleitender Maschinenteil, Gleitstück, Gleitschuh* **3** *die Holzvorrichtungen, auf denen das Schiff beim Stapellauf ins Wasser gleitet* **4** ⟨umg.; scherzh.⟩ *Motorfahrzeug, Flugzeug* **5** mit jmdm. ~ fahren ⟨fig.; umg.⟩ *jmdn. grob behandeln, jmdn. schikanieren*

'**schlit·tern** ⟨V. 400(h. od. s.)⟩ *auf dem Eise, auf glatter Fläche (Parkett) rutschen*

'**Schlitt·schuh** ⟨m.⟩ **1** *schmale Stahlkufe unter dem Schuh als Fortbewegungsmittel auf dem Eis* 1.1 ~ laufen *eislaufen*

Schlitz ⟨m.; -es, -e⟩ **1** *schmale Öffnung, Spalt;* Mauer~; Tür~ **2** *Einschnitt als Öffnung (im Kleid, in der Hose);* Hosen~

'**Schlitz·ohr** ⟨n.⟩ **1** *geschlitzte Ohrmuschel* **2** ⟨fig.⟩ *durchtriebener, pfiffiger Kerl, Betrüger*

Schloß ⟨n.; -s·ses, ¨s·ser⟩ **1** *Vorrichtung zum Verschließen;* Tür~; Vorhänge~; der Schlüssel steckt im ~; die Tür fiel (mit einem Krach) ins ~; man sollte ihm ein ~ vor den Mund legen (damit er endlich aufhört zu reden) 1.1 hinter ~ und Riegel *im Gefängnis;* hinter ~ und Riegel sitzen 1.1.1 jmdn. hinter ~ und Riegel setzen *gefangensetzen, ins Gefängnis einsperren* 1.2 unter ~ und Riegel halten *unter Verschluß halten, sicher verwahrt haben* 1.3 *Teil der Handfeuerwaffen, in den die Patronen eingelegt u. in dem sie zum Zünden gebracht werden* 1.4 ⟨jägerspr.⟩ *knorpelige Verbindung der Beckenknochen (beim Schalenwild)* **2** *großes, repräsentatives, künstlerisch ausgestaltetes Wohngebäude, bes. von Fürsten, Palast;* ein (altes) ~ besichtigen

'**Schlo·ße** ⟨f.; -, -n; landschaftl.⟩ *großes Hagelkorn*

'**Schlos·ser** ⟨m.; -s, -⟩ **1** *Handwerker der Eisen- u. Metallverarbeitung;* Auto~; Bau~; Maschinen~; Kunst~ **2** *Lehrberuf des Schlossers(1) mit dreijähriger Lehrzeit*

Schlot ⟨m.; -(e)s, -e⟩ **1** *Schornstein* 1.1 rauchen wie ein ~ *sehr viel rauchen (Zigaretten, Zigarren)* **2** ⟨fig.; umg.⟩ *leichtsinniger, oberflächl. Mensch* **3** ⟨fig.; umg.⟩ *unangenehmer Kerl*

'**schlot·tern** ⟨V. 410⟩ **1** *heftig zittern;* seine Knie schlotterten (vor Angst); vor Kälte (an allen Gliedern) ~; mit ~den Knien **2** ein Kleidungsstück schlottert (am, um den Körper) ⟨fig.; umg.⟩ *ist zu weit u. hängt schlaff um die Glieder*

Schlucht ⟨f.; -, -en⟩ *tiefes, enges Tal mit steilen Wänden, bes. zwischen Felsen*

'**schluch·zen** ⟨V. 402⟩ (etwas) ~ *heftig stoßweise weinen;* ~d etwas sagen; „Ja!" schluchzte sie

Schluck ⟨m.; -(e)s, -e od. (selten) ¨e⟩ **1** *Flüssigkeitsmenge, die man auf einmal schlucken kann* 1.1 hast du einen ~ Wasser, Milch für mich? *ein wenig W., M.* 1.2 einen ~ trinken *ein Getränk probieren, ein wenig trinken* **2** ein guter ~ *gutes alkohol. Getränk, guter Trunk*

'**Schluck·auf** ⟨m.; -s, -s⟩ *wiederholtes krampfartiges, kurzes Einatmen infolge schneller, heftiger Zusammenziehung des Zwerchfells u. anschließenden Verschlusses der Stimmritze*

'**schlucken** ⟨-k·k-; V.⟩ **1** ⟨500⟩ etwas ~ *(einen Bissen od. eine kleine Flüssigkeitsmenge) aus dem Mund in den Magen bringen;* eine Pille ~; Wasser ~ (beim Schwimmen, Ertrinken) 1.1 Staub ~ ⟨fig.⟩ *einatmen* 1.2 das neue Haus hat all unser Geld geschluckt ⟨fig.⟩ *wir haben alles G. für das neue H. ausgegeben* 1.3 der große Betrieb hat mehrere kleine geschluckt ⟨fig.⟩ *mit sich vereinigt* 1.4 ⟨fig.⟩ *schweigend hinnehmen;* eine Beleidigung, Zurechtweisung ~ 1.4.1 vieles ~ müssen *sich vieles gefallen lassen müssen* **2** ⟨400⟩ *die Schluckbewegung ausführen;* Schmerzen beim ~ haben 2.1 ich mußte erst dreimal ~ vor Überraschung, bevor ich antworten konnte ⟨fig.; umg.⟩ *ich mußte mich erst fassen*

'**Schlum·mer** ⟨m.; -s; unz.⟩ *leichter, sanfter, kurzer Schlaf*

'**schlum·mern** ⟨V. 400⟩ *in Schlummer liegen, sanft schlafen, leicht schlafend ruhen*

Schlund ⟨m.; -(e)s, ¨e⟩ **1** ⟨Anat.⟩ *trichterförmige Verbindung der Mund- u. Nasenhöhle mit der Speiseröhre: Fauces* **2** ⟨jägerspr.⟩ *Speiseröhre (beim Schalenwild)* **3** ⟨fig.; geh.⟩ *tiefe Öffnung, Abgrund;* der ~ eines Vulkans

Schlupf ⟨m.; -(e)s, -e od. ¨e⟩ **1** ⟨oberdt.⟩ *Loch, durch das man schlüpft, Durchschlupf* **2** ⟨Tech.⟩ *das Zurückbleiben des angetriebenen Teils gegenüber dem treibenden Teil bei einer Übertragung der Kraft durch Treibriemen od. Gleitkupplung* **3** ⟨El.⟩ *Maß für die Drehzahldifferenz zw. Ständer- u. Läuferdrehfeld bei Asynchronmotoren*

'**schlüp·fen** ⟨V. 405(s.)⟩ **1** *sich gleitend, behende od. unbemerkt (durch eine bes. enge Öffnung) bewegen;* der Fisch ist mir aus der Hand geschlüpft; durch eine Zaunlücke ~; in ein Haus, Zimmer ~; die Maus schlüpft ins Loch 1.1 in ein Kleidungsstück, in Schuhe ~ ⟨umg.⟩ *ein K., S. schnell anziehen* 1.2 aus einem Kleidungsstück, Schuh ~ ⟨umg.⟩ *ein K., S.*

schnell ausziehen **2** Vögel ~ (aus dem Ei) *kriechen aus*

'Schlupf·loch ⟨n.⟩ **1** *Loch als Versteck* **2** ⟨fig.⟩ *Schlupfwinkel, verborgener Zufluchtsort*

'schlüpf·rig ⟨Adj.⟩ **1** *glatt, feucht, rutschig;* ~e Straßen, Wege **2** ⟨fig.; abwertend⟩ *zweideutig, anstößig;* eine ~e Bemerkung, Lektüre; ein ~er Witz

'schlur·fen ⟨V. 400(s.); norddt.⟩ *mit schleifenden Füßen gehen, schleppend einhergehen;* oV *schlürfen(3)* ⟨mitteldt.⟩; (in Pantoffeln) durchs Zimmer ~

'schlür·fen ⟨V.⟩ **1** ⟨402⟩ (Getränke, Suppe) ~ **1.1** *geräuschvoll trinken;* schlürf nicht so!; beim Essen, Trinken ~ **1.2** *mit Genuß trinken;* heißen Kaffee ~ **2** ⟨400; mitteldt.⟩ = *schlurfen*

Schluß ⟨m.; -s·ses, ⸚s·se⟩ **1** ⟨unz.⟩ *Ende, Abschluß, Beendigung;* ~ des Schuljahres; wir müssen zum ~ kommen; ~ für heute!; am ~ des Briefes; nach ~ der Vorstellung **1.1** am ~ marschieren *zuletzt marschieren, die letzten, der letzte sein* **1.2** ~ jetzt! *jetzt wird aufgehört!* **1.3** ~ damit! *ich will nichts mehr davon hören!* **1.4** mit etwas ~ machen *etwas beenden* **1.4.1** ~ (mit sich, mit seinem Leben) machen *Selbstmord begehen* **1.5** mit jmdm. ~ machen *ein Liebesverhältnis mit jmdm. beenden* **1.6** zum ~ *zuletzt;* zum ~ sagte er; bis zum ~ bleiben **2** *abschließende Worte, abschließendes, letztes Kapitel;* plötzlicher, überraschender ~ (eines Buches, Theaterstückes); ~ folgt (bei Fortsetzungsromanen); 27. Fortsetzung und ~ (bei Fortsetzungsromanen in Zeitungen und Zeitschriften) **3** *Folgerung, aus einem Sachverhalt geschlossenes, abgeleitetes Urteil;* ein überzeugender, zwingender ~ **3.1** aus einer Bemerkung, Handlung einen ~ ziehen *etwas aus einer B., H. folgern, schließen* **3.2** der Weisheit letzter ~ ⟨meist iron.⟩ *höchste Weisheit* **3.3** ~ von n auf n + 1 ⟨Math., Logik⟩ = *vollständige Induktion* **4** ⟨unz.⟩ *Zusammenfügung, dichtes Schließen* **4.1** die Tür, das Fenster hat (keinen) guten ~ *schließt (nicht) gut* **4.2** der Reiter hat (keinen) guten ~ *hat das Pferd (nicht) fest zwischen den Schenkeln* **5** ⟨Börse⟩ *festgesetzte kleinste Menge, in der Waren od. Wertpapiere gehandelt werden*

'Schlüs·sel ⟨m.; -s, -⟩ **1** *Gerät zum Öffnen u. Schließen von Schlössern;* der ~ paßt (nicht); den ~ abziehen; den ~ (im Schloß) stecken lassen; dem Käufer des Hauses die ~ übergeben **1.1** ~ zu etwas od. jmdm. ⟨fig.⟩ *Mittel zu etwas, zum Verständnis von etwas;* der ~ zum Erfolg; der ~ zum Verständnis einer Sache, eines Vorgangs; der ~ zu ihrer Psyche ist ihre Kinderliebe **2** *Verfahren zum Entziffern von Geheimtexten;* Chiffren~ **3** ⟨fig.⟩ *Schema für die Verteilung, bestimmtes Verhältnis für die Aufteilung;* Verteilungs~; Verteiler~ **4** ⟨Mus.⟩ *Zeichen am Anfang der Notenlinien, das die Tonlage der Noten bestimmt, Notenschlüssel;* Baß~; Bratschen~; Violin~; F-~; C-~

'schlüs·sig ⟨Adj.⟩ **1** *einen Schluß zulassend, folgerichtig;* eine ~e Behauptung, ein ~er Gedankengang **2** *entschlossen* **2.1** sich (noch nicht) ~ sein *sich (noch nicht) entschlossen haben* **2.2** sich ~ werden *sich entschließen, sich klar werden*

'Schluß·licht ⟨n.⟩ **1** *rotes Licht an der hinteren Seite eines Fahrzeugs* **2** ⟨fig.; umg.; scherzh.⟩ *Schlechtester, Letzter (in der Schulklasse, bei Sportwettkämpfen u. ä.)* **2.1** das ~ machen *als letzter gehen, fahren*

'Schluß·strich ⟨m.⟩ **1** *Strich am Ende eines Schriftstückes* **1.1** einen ~ unter eine Angelegenheit ziehen ⟨fig.⟩ *eine A. endgültig beenden*

Schmach ⟨f.; -; unz.; geh.⟩ *Schande, Demütigung, Entehrung;* ~ und Schande über dich!; ~ erleiden

'schmach·ten ⟨V.; geh.⟩ **1** ⟨400⟩ *leiden, hungern u. dürsten;* im Kerker ~ **2** ⟨800⟩ nach etwas od. jmdm. ~ ⟨a. fig.⟩ *sich schmerzlich nach etwas od. jmdm. sehnen;* nach jmds. Liebe ~; nach einem Trunk Wasser ~; jmdm. ~de Blicke zuwerfen; jmdn. ~d ansehen

'schmäch·tig ⟨Adj.⟩ *mager, dünn u. klein, schwächlich;* eine ~e Person

'schmack·haft ⟨Adj.⟩ **1** *wohlschmeckend* **2** jmdm. etwas ~ machen ⟨fig.; umg.⟩ *etwas so darstellen, daß es jmd. für gut, reizvoll hält*

'schmä·hen ⟨V. 500/R8; geh.⟩ jmdn. od. etwas ~ *beleidigen, beschimpfen, schlechtmachen, geringschätzig über jmdn. od. etwas sprechen*

'schmäh·lich ⟨Adj.⟩ *schmachvoll, schändlich;* er hat ihn ~ betrogen; jmdn. ~ im Stich lassen

schmal ⟨Adj. 23⟩ **1** *von geringer Ausdehnung nach zwei Seiten;* Ggs *breit(2);* ein ~er Gegenstand; ein ~es Gesicht; eine ~e Hand **1.0.1** der Stoff liegt ~ *die Stoffbahn ist nicht breit* **1.0.2** ein ~er Band (Gedichte) *ein dünner B.* **1.1** *eng;* ein ~er Weg, Durchgang **1.2** *dünn, sehr schlank;* eine ~e Gestalt; sie ist von ~em Wuchs; ~e Hüften **1.2.1** *mager u. blaß;* er sieht ~ aus; er ist (in letzter Zeit recht) ~ geworden **2** *knapp, karg, gering;* ~e Kost; ein ~es Einkommen

'schmä·lern ⟨V. 500⟩ eine Sache ~ **1** *verringern, verkleinern;* jmds. Gewinn, Rechte ~ **1.1** ⟨fig.⟩ *herabsetzen;* jmds. Verdienste, Vergnügen ~

Schmalz[1] ⟨n.; -es, -e⟩ **1** *ausgelassenes, weiches, leicht streichbares tierisches Fett als Speisefett, im Unterschied zum Talg;* Schweine~ **2** ⟨oberdt.; schweiz.⟩ *Butterschmalz, ausgelassene Butter;* Pfannkuchen in ~ backen

Schmalz[2] ⟨m.; -es; unz.; fig.; umg.⟩ **1** *übertriebenes Gefühl, Sentimentalität;* mit viel ~ singen **2** *sentimentales Erzeugnis;* dieses Lied ist ein rechter ~

schma'rot·zen ⟨V. 400⟩ **1** *auf Kosten anderer leben;* ein Parasit schmarotzt in anderen, in fremden Körpern; ~de Milben **1.1** ⟨411⟩ bei jmdm. ~ ⟨umg.; abwertend⟩ *ungebeten an etwas teilhaben, was ein anderer hat*

Schma'rot·zer ⟨m.; -s, -⟩ Sy *Parasit(1)* **1** *Pflanze od. Tier, die bzw. das sich in od. auf einem anderen Lebewesen aufhält u. sich von ihm ernährt* **2** ⟨fig.⟩ *jmd., der schmarotzt, der auf fremde Kosten lebt;* Sy *Parasit(2)*

'Schmar·ren ⟨m.; -s, -⟩ oV *Schmarrn* **1** ⟨bair.-österr.⟩ *in der Pfanne gebackene (süße) Mehlspeise, die nach dem Backen in kleine Stückchen geschnitten od. zerrissen u. mit Zucker bestreut wird;* Kaiser~ **2** ⟨fig.; umg.⟩ *leichtes, heiteres, wenig geistreiches, etwas kitschiges Bühnenstück od. ebensolcher Film;* das Stück war ein ganz netter, ein rechter ~ **3** das geht

dich einen ~ an! ⟨fig.; umg.⟩ *gar nichts, überhaupt nichts*
Schmarrn ⟨m.; -, -⟩ = *Schmarren*
'schmat·zen ⟨V.⟩ **1** ⟨400⟩ *geräuschvoll essen* **2** ⟨500/R8⟩ jmdn. ~ ⟨umg.⟩ *laut küssen* **3** etwas mit geschmatzten Händen nehmen ⟨fig.; umg.⟩ *sehr gern*
'schmau·sen ⟨V. 400⟩ *mit Genuß essen, es sich gut schmecken lassen*
schmecken ⟨-k·k-; V.⟩ **1** ⟨413⟩ etwas schmeckt (in bestimmter Weise) *bewirkt einen bestimmten Geschmack;* angenehm, unangenehm, lecker, gut, schlecht ~; bitter, fad, herb, salzig, sauer, süß ~; angebrannt ~; nach Fisch, nach Vanille, nach nichts ~; das schmeckt (gut)! 1.1 das schmeckt nach mehr ⟨umg.;scherzh.⟩ *so gut, daß man mehr davon essen möchte* 1.2 das schmeckt nach Selbstlob ⟨fig.;umg.⟩ *es klingt nach S.* **2** ⟨613⟩ etwas schmeckt jmdm. (in bestimmter Weise) *bereitet jmdm. Genuß, mundet jmdm.;* es schmeckt ihm; wie schmeckt Ihnen der Wein?; lassen Sie sich's (gut) ~! 2.1 diese Arbeit schmeckt ihm nicht ⟨fig.; umg.⟩ *behagt ihm nicht, mißfällt ihm, bereitet ihm zuviel Mühe* **3** ⟨500⟩ etwas ~ *kosten, geschmacklich erproben, mit der Zunge prüfen, abschmecken;* schmeck mal den Salat, ob genug Salz daran ist 3.1 ⟨fig.⟩ *empfinden, spüren* 3.1.1 den Stock, die Peitsche zu ~ bekommen ⟨fig.; umg.⟩ *Prügel, einen Hieb mit dem S., mit der P. bekommen* **4** ⟨500; alemann. a.⟩ *riechen* 4.1 ich habe den Braten geschmeckt ⟨a. fig.⟩ *gerochen, die Sache geahnt*
'schmei·cheln ⟨V.⟩ **1** ⟨600⟩ jmdm. od. einer Sache ~ *jmdn. od. eine S. in ein günstiges Licht setzen* 1.1 jmdm. ~ *jmdm. Angenehmes sagen, jmdn. übertrieben loben;* versuche nicht, mir zu ~! 1.2 jmdm. od. einer Sache ~ *die positiven Seiten von jmdm. od. einer S. bes. hervorheben;* das Bild schmeichelt ihr 1.2.1 die Farbe, der Stoff schmeichelt *ist kleidsam, läßt das Gesicht frischer u. weicher erscheinen* 1.3 jmds. Eitelkeit ~ *jmdm. in übertriebener Weise entgegenkommen* 1.4 es schmeichelt mir, daß ... *es hebt mein Selbstbewußtsein, macht mich ein wenig eitel, es ehrt mich, daß* 1.4.1 sich geschmeichelt fühlen *auf angenehme Weise sein Selbstgefühl gestärkt fühlen* 1.5 ⟨540/R3⟩ sich einer Sache, einer Absicht, eines Tuns ~ *sich etwas zugute halten, einbilden auf eine S., eine A., ein T.;* er schmeichelte sich, ein guter Mathematiker zu sein 1.6 ⟨550/R3⟩ sich in jmds. Wohlwollen, Vertrauen ~ *sich jmds. W., V. durch Schmeichelei erschleichen* **2** ⟨417⟩ mit jmdm. ~ *zärtlich sein, jmdn. liebkosen;* etwas ~d sagen
'Schmeich·ler ⟨m.; -s, -⟩ **1** *jmd., der schmeichelt, Schmeicheleien sagt* **2** ⟨abwertend⟩ *jmd., der durch Schmeicheleien seine Ziele zu erreichen sucht*
schmei·ßen ⟨V. 224; umg.⟩ **1** ⟨500 od. 416⟩ einen Gegenstand od. mit einem G. ~ *werfen, schleudern;* mit einem Stein ~; einen Gegenstand auf den Boden, in eine Ecke ~ (aus Zorn) 1.1 ⟨531⟩ jmdm. Geld in den Rachen ~ ⟨fig.⟩ *nutzlos zukommen lassen, sinnlos an jmdn. vergeuden* 1.2 ⟨531⟩ jmdm. etwas vor die Füße ~ ⟨a. fig.⟩ *wütend zurückgeben;* ich hätte ihm sein Geld am liebsten vor die Füße geschmissen 1.3 ⟨531/R3⟩ sich einem Mann an den Hals ~ ⟨fig.⟩ *sich einem M. aufdrängen* 1.4 ⟨400⟩ ein Greifvogel schmeißt ⟨jägerspr.⟩ *scheidet Kot aus* **2** ⟨500⟩ etwas ~ *(erfolgreich) durchführen, bewältigen;* das werden wir schon ~! 2.1 wir werden den Laden schon ~ *wir werden die Sache schon in Ordnung bringen* **3** ⟨500⟩ eine Vorstellung, seine Rolle ~ ⟨theaterspr.⟩ *verderben, mißlingen lassen* **4** ⟨500⟩ etwas ~ *ausgeben, stiften, spendieren;* ein Bier ~; eine Runde, eine Lage ~
Schmelz ⟨m.; -es, -e⟩ **1** *harter, glänzender Überzug* 1.1 *Glasfluß, Email* 1.2 *Glasur (auf Tongefäßen)* 1.3 *oberste Schicht des Zahns* **2** ⟨unz.; poet.⟩ *weiches, harmonisches Erscheinungsbild* 2.1 *weicher Glanz (einer Farbe)* 2.2 *weicher Klang, Wohllaut (einer Stimme)*
'schmel·zen ⟨V. 225⟩ **1** ⟨500⟩ etwas ~ *durch Hitze flüssig machen;* Butter, Eis, Metall, Wachs ~; die Sonne schmilzt das Eis, den Schnee **2** ⟨400(s.)⟩ etwas schmilzt *wird durch Wärme flüssig, zerfließt;* der Schnee ist (in der Sonne) geschmolzen 2.1 ⟨fig.⟩ *weich werden;* sein Herz schmolz, als er sie sah, reden hörte 2.2 ⟨fig.⟩ *verschwinden;* das Vermögen war bis auf einen kleinen Rest geschmolzen; unsere Zweifel waren geschmolzen
Schmerz ⟨m.; -es, -en⟩ **1** *unangenehme, peinigende körperl. Empfindung;* bohrender, brennender, nagender, reißender, schneidender, stechender ~; großer, kleiner, rasender, unerträglicher ~; ~en aushalten (können); den ~ betäuben; ~en erdulden, erleiden, ertragen, haben, leiden; ~en lindern, stillen; wo haben Sie ~en?; sich den ~ verbeißen; vor ~ aufschreien, stöhnen 1.1 hast du sonst noch ~en? ⟨a. fig.; umg.⟩ *hast du sonst noch Wünsche?* 1.2 geteilter ~ ist halber ~ ⟨Sprichw.⟩ *ein Mitfühlender kann den Kummer erleichtern, ist tröstlich* **2** ⟨fig.⟩ *peinigende seel. Empfindung, große Trauer, Kummer, Leid;* tiefer ~; jmdm. ~ zufügen; dein Verhalten bereitet mir ~ 2.1 jmdn. mit ~en erwarten ⟨fig.⟩ *sehnsüchtig*
'schmer·zen ⟨V.⟩ **1** ⟨400⟩ etwas schmerzt *tut weh, bereitet Schmerz;* die Wunde schmerzt (nicht, stark, wenig); sich die ~den Füße, den ~den Kopf kühlen; den ~den Zahn herausziehen lassen 1.1 ⟨500 od. 600⟩ etwas schmerzt jmdm., jmdn. *bereitet jmdm. körperl. Schmerz;* die Wunde schmerzt mich (sehr); der Fuß schmerzt mir **2** ⟨402⟩ etwas schmerzt (jmdn.) ⟨fig.⟩ *bereitet (jmdm.) Kummer;* es schmerzt mich (sehr), daß ...; ein solcher Verlust schmerzt natürlich
'schmerz·lich ⟨Adj.⟩ **1** *seel. Schmerz, Kummer erregend, betrüblich;* eine ~e Erinnerung; ein ~er Verlust; von etwas ~ berührt sein; sich einer Sache, eines Verlustes ~ bewußt werden 1.1 ein ~es Verlangen (nach etwas) *sehnsüchtiges V.* 1.2 es ist mir sehr ~, Ihnen mitteilen zu müssen, daß ... *es tut mir sehr leid*
'schmerz·los ⟨Adj.⟩ **1** *ohne Schmerzen, keine Schmerzen verursachend;* ~e Behandlung 1.1 *ohne viel Umstände* 1.1.1 → a. *kurz(2.3.4)*
'Schmet·ter·ling ⟨m.; -s, -e⟩ **1** *Angehöriger einer Ordnung der Insekten mit gleichartig beschuppten Flügeln u. einem aus den Mundwerkzeugen gebildeten Saugrüssel, deren Lar-*

ven (Raupen) nach Verpuppung u. Ruhestadium das erwachsene Insekt liefern: Lepidoptera; Sy *Falter* 1.1 wie ein ~ hin und her flattern, von einer Blume zur andern gaukeln ⟨fig.⟩ *viele Liebschaften haben* 1.2 wie ein ~ aus der Puppe kriechen ⟨fig.⟩ *sich hübsch, anmutig entwickeln*

'Schmet·ter·lings·blüt·ler ⟨m.⟩ *Angehöriger einer Familie der Hülsenfruchtartigen, deren Blüten den Schmetterlingen ähneln: Papilionaceae*

'schmet·tern ⟨V.⟩ **1** ⟨511⟩ jmdn. od. etwas irgendwohin ~ *wuchtig irgendwohin schlagen, werfen;* jmdn. od. etwas zu Boden ~; einen Ball (übers Netz) ~; einen Gegenstand an die Wand ~; die (Spiel)karten auf den Tisch ~; die Tür ins Schloß ~; einen Gegenstand in Stücke ~ **2** ⟨402⟩ (ein Lied) ~ *laut tönen (lassen);* die Trompeten schmetterten (einen Marsch) 2.1 ⟨500⟩ etwas ~ *laut tönen lassen, laut und fröhlich singen;* der Sänger schmettert eine Arie; der Fink, Kanarienvogel schmettert sein Lied **3** ⟨500⟩ einen (Schnaps) ~ ⟨fig.; umg.⟩ *trinken*

Schmied ⟨m.; -(e)s, -e⟩ **1** *Handwerker der Eisenverarbeitung, der (glühendes) Eisen mit dem Hammer formt* 1.1 → a. *Glück(2.0.2)*

'schmie·den ⟨V. 500⟩ **1** Metall ~ *(glühend gemachtes) M. mit dem Hammer formen* 1.1 man muß das Eisen ~, solange es heiß ist ⟨Sprichw.⟩ *man muß einen Plan versuchen durchzusetzen, solange die Zeit dafür günstig ist* **2** ⟨511⟩ jmdn. od. etwas an etwas ~ *durch Schmiedearbeit an etwas befestigen, fesseln;* der Gefangene wurde an die Kerkermauer geschmiedet; eine Eisenleiter an den Felsen ~ 2.1 ⟨511⟩ jmdn. in Ketten ~ *in K. legen, mit K. fesseln* **3** etwas ~ *durch Schmieden(1) herstellen;* Nägel, eine Kette ~; „Hat nicht mich zum Manne geschmiedet die allmächtige Zeit und das ewige Schicksal ...?" (Goethe, Prometheus) 3.1 unsere Freundschaft ist fest geschmiedet ⟨fig.⟩ *durch Bewährung, Erprobung fest geworden* **4** ⟨fig.⟩ *ersinnen, sich ausdenken;* Pläne ~; Ränke ~; Verse ~

'schmie·gen ⟨V.510⟩ **1** ⟨R3⟩ sich an eine Form ~ *sich weich, geschmeidig einer F. anpassen;* das Kleid schmiegt sich eng um ihren Körper; die Einlage schmiegt sich leicht, weich in den Schuh 1.1 ⟨R7⟩ sich od. etwas an jmdn. od. etwas ~ *wohlig, behaglich anlehnen, behutsam herandrücken;* sich an jmdn. ~; sich an jmds. Brust, in jmds. Arme ~; sich in die Kissen ~; sich in die Sofaecke, in einen Sessel ~; das Kinn, die Wange in die Hand ~

'schmieg·sam ⟨Adj.⟩ **1** *sich leicht einer Form anpassend;* Stricksachen sind ~ und bequem; ~es Leder **2** ⟨fig.⟩ *anpassungsfähig*

'Schmie·re[1] ⟨f.; -, -n; umg.⟩ **1** *Fett zum Schmieren, Schmiermittel;* Schuh~; Wagen~ 1.1 ~ bekommen ⟨fig.⟩ *Prügel* **2** *fettige, klebrige Masse, Salbe* **3** *feuchter Schmutz* **4** *schlechtes kleines Theater, primitive Wanderbühne;* sie hat bei einer ~ angefangen

'Schmie·re[2] ⟨f.; nur in der Wendung⟩ ~ stehen ⟨umg.⟩ *Wache stehen (bei Verbrechen od. bösen Streichen)*

'schmie·ren ⟨V.⟩ **1** ⟨500⟩ etwas ~ *mit Schmiere einfetten, ölen;* ein Rad, Schloß, eine Türangel ~ 1.1 ⟨513⟩ wer gut schmiert, der gut fährt ⟨Sprichw.⟩ *gute Vorbereitung erleichtert jeden Plan* 1.2 es geht wie geschmiert *es geht reibungslos, es klappt ohne Zwischenfälle* **2** ⟨511⟩ etwas irgendwohin ~ *streichen;* Butter dick aufs Brot ~; Salbe auf eine Wunde ~; Lehm in Fugen, Ritzen ~ 2.1 ⟨531⟩ jmdm. etwas aufs (Butter)brot ~ ⟨a. fig.; umg.⟩ *etwas Unangenehmes (deutlich, als Vorwurf) sagen;* du brauchst mir das nicht immer wieder aufs Butterbrot zu ~; ich werde es ihm nicht gleich aufs Butterbrot ~ 2.2 ⟨531⟩ jmdm. etwas in den Mund ~ ⟨fig.;umg.⟩ *jmdm. deutlich sagen, was er (bei bestimmter Gelegenheit) sagen soll* 2.3 → a. *Honig(2.1)* **3** ⟨500⟩ ein Brot, Brötchen (mit Aufstrich) ~ *bestreichen;* ein Butterbrot ~ **4** ⟨402⟩ (etwas) ~ *schlecht, unsauber schreiben od. malen, klecksen;* die Feder, der Füllhalter schmiert; du schmierst fürchterlich; warum hast du deinen Aufsatz so geschmiert? **4.1** *einen Ton beim Singen, Blasen od. Streichen zum andern unsauber hinüberziehen* **5** ⟨500⟩ jmdn. ~ ⟨fig.;umg.⟩ *bestechen;* die Wärter sind alle (mit Geld) geschmiert worden **6** ⟨530⟩ jmdm. eine ~ ⟨fig.; umg.⟩ *eine Ohrfeige geben*

'schmie·rig ⟨Adj.⟩ **1** *voller Schmiere (1-3), fettig, feucht u. klebrig, feucht u. schmutzig, unsauber* 1.1 ein ~es Buch *ein abgegriffenes u. schmutziges B.* **2** ~e Geschäfte ⟨fig.⟩ *unsaubere, nicht korrekte G.* **3** eine ~e Person ⟨fig.⟩ *eine unangenehm freundliche, kriecherische Person;* ein ~er Kerl

'Schmin·ke ⟨f.; -, -n⟩ *kosmetisches Mittel zum Färben der Haut, Lippen, Augenbrauen u. Wimpern;* ~ auftragen

'schmin·ken ⟨V. 503/R5 od. R7⟩ jmdn. od. (jmdm.) etwas ~ *mit Schminke färben;* sich ~ und pudern; sich die Lippen, Augenbrauen ~; einen Schauspieler (vor dem Auftritt) ~; geschminkte Lippen; auffallend, leicht, stark geschminkt

Schmiß ⟨m.; -s·ses, -s·se; umg.⟩ **1** *Säbelhiebwunde u. deren Narbe;* Schmisse im Gesicht haben **2** ⟨unz.; fig.⟩ *Lebendigkeit u. Witz, Schwung;* ~ haben

'schmis·sig ⟨Adj.; umg.⟩ *voller Schmiß(2), schwungvoll, flott;* ein ~er Kerl, ~er Tanz; die Kapelle spielte ~

'schmol·len ⟨V. 400⟩ **1** *seinen Unwillen zeigen, trotzen;* ~d den Mund verziehen; das Kind schmollt und weint 1.1 ⟨417⟩ mit jmdm. ~ *mit jmdm. böse sein, jmdm. etwas übelnehmen*

'schmo·ren ⟨V.⟩ **1** ⟨500⟩ Fleisch ~ *in Fett anbraten u. dann mit wenig Wasser in zugedecktem Topf langsam garen lassen;* Kalb-, Rind-, Schweinefleisch ~ **2** ⟨400⟩ Fleisch schmort *wird nach dem Anbraten im zugedeckten Topf langsam unter Kochen gar;* der Braten schmort schon eine Stunde **3** ⟨400; fig.; umg.⟩ *sich in großer Hitze aufhalten;* unter glühender südlicher Sonne ~ **4** ⟨400; fig.; umg.⟩ *in (peinlicher) Ungewißheit bleiben;* er wußte nicht, wie ich es gemeint hatte, und ich ließ ihn erst eine Weile ~ **5** ⟨400⟩ etwas schmort ⟨fig.; umg.⟩ *bleibt unbearbeitet liegen;* ich werde seinen Antrag noch ein wenig ~ lassen **6** ⟨400⟩ eine elektr. Leitung, ein Kabel, ein Kontakt schmort *entwickelt infolge zu hohen Stromdurchflusses unerwünschte Hitze*

schmuck ⟨Adj.⟩ *hübsch, ansprechend, ge-*

pflegt; ein ~es Dorf, Haus, Mädchen, Paar; sie macht sich ~

Schmuck ⟨m.; -(e)s, -e⟩ **1** ⟨i. w. S.⟩ *Verzierung, Verschönerung, Zierde, Zierat;* Fenster~, Altar~, Blüten~, Tisch~; der Garten im ~ der Blumen, des Frühlings; die Straßen im ~ der Fahnen, Girlanden; zum ~ dienen, gereichen **2** ⟨i. e. S.⟩ *vom Menschen getragene schmückende Gegenstände, oft aus kostbarem Material, z. B. Ringe, Ketten, Broschen u. ä.;* Brillant~, Platin~; Familien~; Mode~; ~ ablegen, anlegen, tragen, umtun; echter, falscher, goldener, kostbarer, silberner, wertvoller, mit Edelsteinen besetzter ~; sie sollte sich nicht mit so viel ~ behängen

'schmücken ⟨-k·k-; V.500 od. 516/R7⟩ **1** jmdn. od. etwas ~ *verzieren, putzen, verschönern, dekorieren, festl. herrichten;* sie schmückt sich mit einer Brosche aus Gold; den Christbaum ~; die Häuser, Straßen ~ (mit Fahnen, Girlanden); die Tafel war festlich geschmückt; das mit kostbaren Edelsteinen reich geschmückte Diadem; der mit Blumen und Girlanden festlich geschmückte Saal; ~des Beiwerk; einen Aufsatz, eine Rede mit Bildern und Vergleichen ~ 1.1 er schmückt sich gern mit fremden Federn ⟨fig.⟩ *prahlt mit Verdiensten anderer*

'Schmug·gel ⟨m.; -s; unz.⟩ *gesetzwidrige Ein- od. Ausfuhr, Schleichhandel*

'schmug·geln ⟨V. 500⟩ Waren ~ *Schmuggel treiben mit W.*

'schmun·zeln ⟨V. 400⟩ *verstohlen lächeln*

'schmu·sen ⟨V.; umg.⟩ **1** ⟨400⟩ *jmdm. Komplimente machen, sich anbiedern, schöntun* **2** ⟨405⟩ (mit jmdm.) ~ *zärtlich sein*

Schmutz ⟨m.; -es; unz.⟩ **1** *Unreinlichkeit, Unrat;* den ~ auf-, weg-, zusammenkehren; den ~ aus dem Zimmer, von der Treppe fegen; jmdn., jmds. Ehre, jmds. guten Namen in den ~ treten, zerren, ziehen ⟨fig.⟩; innen ~, außen Putz 1.2 vor ~ starren *sehr schmutzig sein* 1.3 jmdn. mit ~ bewerfen ⟨a. fig.⟩ *jmdn. beschimpfen, verleumden* **2** ⟨fig.⟩ *Unflätigkeit;* der ~ aus ihrem Munde traf ihn nicht **3** ⟨alemann.⟩ *Fett*

'schmut·zig ⟨Adj.⟩ **1** *unsauber, mit Schmutz bedeckt, fleckig;* ~e Kleider, Strümpfe, Wäsche; die ~en Füße, Hände waschen; als Heizer muß er ~e Arbeit verrichten; mit deinen nassen Schuhen machst du den Teppich ~; du hast deine Jacke schon wieder ~ gemacht; auf der Bahnfahrt ~ werden; gib doch acht, daß du dich nicht gleich wieder ~ machst! 1.1 ⟨60⟩ diese Handtücher werde ich in die ~e Wäsche geben *in die zum Waschen bestimmte W.* 1.2 ~e Hände haben ⟨a. fig.⟩ *unehrenhaft gehandelt haben* 1.3 ⟨60⟩ man soll seine ~e Wäsche nicht vor anderen Leuten waschen ⟨fig.; umg.⟩ *anderen keinen Einblick in peinl. Privatangelegenheiten geben* 1.4 ⟨50⟩ du machst dich wohl nicht gern ~? ⟨a. fig.; umg.⟩ *du sollst mithelfen, mit zupacken!* **2** ⟨fig.⟩ *unanständig, gegen die Sitte verstoßend;* ~e Ausdrücke, Gedanken, Redensarten, Witze, Worte; das war ein ~es Lachen; er hat eine ~e Phantasie 2.1 ein ~es Geschäft, Gewerbe, Handwerk treiben *ein unredliches G.* **3** ~e Farbe *verwaschene, nicht klare, nicht reine F.;* ein ~es Rot, Braun, Gelb

'Schna·bel ⟨m.; -s, ¨-⟩ **1** ⟨Zool.⟩ *der verlängerte u. mit einer Scheide aus Horn überzogene meist spitz auslaufende Kiefer der Vögel: Rostrum;* den ~ weit aufreißen, -sperren; ein breiter, dicker, dünner, gekrümmter, kurzer, langer, spitzer ~; der Vogel trug einen Wurm im ~; mit dem ~ hacken, picken; der Storch klappert mit dem ~; der Vogel wetzt seinen ~ **2** *einem Schnabel(1) ähnlicher Rüssel mancher Insekten (der Schnabelkerfe), der zum Stechen u. Saugen dient* **3** ⟨umg.⟩ *Mund* 3.1 mach doch den ~ auf! *sprich doch endlich!* 3.2 halt endlich den ~! *schweig!* 3.3 (bei) ihr steht der ~ nicht eine Minute still *sie spricht unaufhörlich* 3.4 man sollte ihm endlich den ~ stopfen *dafür sorgen, daß er aufhört zu reden* 3.5 damit habe ich mir den ~ verbrannt *das hätte ich lieber nicht sagen sollen* 3.6 sie wetzt ihren ~ gern an anderen Leuten *sie spricht boshaft über andere* 3.7 sie geht ihm ganz schön um den ~ *sie schmeichelt ihm geschickt* 3.8 reden, sprechen, wie einem der ~ gewachsen ist *natürlich, ungeziert* **4** *etwas, was einem Schnabel(1) in der Form ähnelt* 4.1 *schnabelartiger Vorsprung, Spitze* 4.2 *Ausguß an Kannen* 4.3 ⟨Mus.⟩ *Mundstück an Klarinetten u. Schnabelflöten*

'Schnal·le ⟨f.; -, -n⟩ **1** *Vorrichtung zum Schließen, bes. an Riemen;* Gürtel~ **2** ⟨österr. a.⟩ *Türklinke* **3** ⟨jägerspr.⟩ *äußerer weibl. Geschlechtsteil (bei Hunden u. Haarraubwild)* **4** ⟨vulg.⟩ *Prostituierte*

'schnal·len[1] ⟨V. 503/R5 od. R6⟩ **1** (jmdm.) etwas ~ *mit einer Schnalle befestigen, schließen;* einen Gürtel, Riemen enger, weiter ~; die Koffer, die Schier auf den Gepäckträger ~; eine Decke auf den Koffer ~; den Patienten auf den Operationstisch ~; sich den Ranzen, den Rucksack auf den Rücken ~ 1.1 → a. *Riemen(1.1.1)*

'schnal·len[2] ⟨V.; oberdt.⟩ = *schnalzen*

'schnal·zen ⟨V. 400⟩ *ein schnappendes Geräusch erzeugen (durch schnelle Bewegung der Peitsche, der Zunge, der Finger);* oV *schnallen*[2] ⟨oberdt.⟩; er schnalzt mit der Peitsche

'schnap·pen ⟨V.⟩ **1** ⟨411⟩ nach jmdm. od. etwas ~ *mit dem Mund, den Zähnen zu greifen suchen, darauf zufahren, beißen;* der Hund schnappte nach der Beute, meiner Hand, meinem Hosenbein, der Wurst 1.1 nach Luft ~ ⟨umg.⟩ *mit offenem Mund keuchend atmen* **2** ⟨503/R1⟩ (sich) jmdn. od. etwas ~ ⟨umg.⟩ *(mit schneller Bewegung) greifen, fangen, erwischen;* ich schnappte mir meinen Mantel und ging; er schnappte ihm die besten Bissen, Happen vor der Nase weg; ein Insekt im Fluge ~; hat man den Dieb schon geschnappt?; er wurde beim Grenzübertritt geschnappt 2.1 ich muß noch ein wenig frische Luft ~ *ein wenig ins Freie gehen, einen kleinen Spaziergang machen* **3** ⟨411(s.)⟩ etwas schnappt in bestimmte Richtung *bewegt sich ruckartig in bestimmte R.;* der Deckel schnappte plötzlich in die Höhe; die Tür schnappte ins Schloß **4** ⟨401⟩ jetzt hat's geschnappt! ⟨fig.;umg.⟩ *jetzt ist es mit meiner Geduld zu Ende*

Schnaps ⟨m.; -es, ¨-e⟩ **1** *stark alkohol. Getränk, Branntwein* **2** ⟨veralt.⟩ *Schluck*

'schnar·chen ⟨V. 400⟩ jmd. od. ein Tier schnarcht *erzeugt beim Atmen mit offenem*

Mund (meist im Schlaf) durch das hin u. her schwingende, erschlaffte Gaumensegel ein sägendes Geräusch

'schnar·ren ⟨V. 400⟩ *knarrendes, schnarchendes, rasselndes Geräusch hervorbringen*

'schnat·tern ⟨V. 400⟩ **1** *klappernde Laute von sich geben;* Enten, Gänse ~ 1.1 ⟨414⟩ vor Angst, Kälte ~ ⟨fig.⟩ *zittern* **2** ⟨fig.; umg.⟩ *unaufhörl. reden, schwatzen, durcheinandersprechen*

'schnau·ben ⟨V. 226⟩ **1** ⟨400⟩ *heftig, hörbar durch die Nase atmen;* die Pferde ~ 1.1 *keuchen;* ~d zog die Dampflokomotive die Güterwagen bergauf 1.2 der Wind schnaubt *bläst hörbar* **2** ⟨414; fig.⟩ *äußerst erregt sein;* er schnaubte vor Empörung, Wut, Zorn **3** ⟨500⟩ die Nase ~ *schneuzen;* du mußt die Nase ~ 3.1 ⟨R3⟩ sich ~ ⟨bes. nord- u. mitteldt.⟩ *sich die Nase putzen*

'schnau·fen ⟨V. 400⟩ **1** *heftig atmen, außer Atem sein, keuchen, schnauben;* bergauf mußten sie vor Anstrengung ein wenig ~ **1.1** was ist los, du kannst ja kaum noch ~ ⟨umg.⟩ *du bist ja außer Atem*

'Schnau·ze ⟨f.; -, -n⟩ **1** *Gegend von Mund u. Nase mancher Tiere;* die ~ des Wolfes, Fuchses, Bären **2** ⟨vulg.⟩ *Mund* 2.1 halt die ~! *sei still!* 2.2 gib ihm eines auf die, auf seine große ~! ⟨fig.⟩ *bring ihn zum Schweigen!* 2.3 ich will mir nicht die ~ verbrennen ⟨fig.⟩ *ich sage lieber nichts, um Schwierigkeiten zu vermeiden* 2.4 der mit seiner großen ~! ⟨fig.⟩ *dieser großsprecherische Mensch!* 2.5 ich habe die ~ voll davon ⟨fig.⟩ *ich bin der Sache überdrüssig, will nichts mehr damit zu tun haben* 2.6 wie hast du das gemacht? Frei nach ~! ⟨fig.⟩ *ohne Plan, ganz ohne Vorbereitung* **3** = *Ausguß(2);* die ~ der Kaffeekanne ist ab-, angeschlagen 3.1 *Vorsprung an Dachrinnen;* Dach~

'Schnecke ⟨-k·k-; f.; -, -n⟩ **1** *Angehörige einer Klasse der Weichtiere mit od. ohne Gehäuse in Form einer Spirale: Gastropoda* 1.1 jmdn. zur ~ machen ⟨fig.; umg.⟩ *heftig ausschelten, mit Vorwürfen überschütten* **2** *gewundenes, spiralförmiges Gebilde* 2.1 *ein Gebäck aus Hefeteig, dessen Teig spiralförmig gewunden wird* 2.2 *Haartracht mit gewundenen Zöpfen über den Ohren* 2.3 *Kopfende des Geigenhalses* 2.4 *Spirale, Schraube ohne Ende* 2.5 *Welle mit Gewinde, in das ein Schneckenrad eingreift* 2.6 *Teil des inneren Ohrs: Cochlea*

Schnee ⟨m.; -s; unz.⟩ **1** *aus gefrorenem Wasser bestehender, fester, flockenförmiger Niederschlag;* dichter, festgetretener, lockerer, nasser, trockener, verharschter ~; es liegt viel ~; der Wald lag in tiefem ~; hoher ~ bedeckte die Felder; durch den ~ stapfen; der ~ knirschte bei jedem Schritt unter unseren Füßen (so kalt war es); die Bergsteiger erreichten das Gebiet des ewigen ~s; die Straße vom ~ säubern 1.0.1 es fällt ~ *es schneit* 1.0.2 ~ fegen, kehren, schippen *Wege vom Schnee(1) säubern* 1.1 unser Geld schmilzt wie ~ an der Sonne *wird schnell ausgegeben* 1.2 und wenn der ganze ~ verbrennt (die Asche bleibt uns doch) ⟨fig.; umg.; scherzh.⟩ *und wenn es noch so schlimm kommt, lassen wir uns nicht entmutigen* **2** *geschlagenes Eiweiß;* Ei~; mit der Hand, mit der Küchenmaschine, dem Schneebesen ~ schlagen; Eiweiß zu ~ schlagen **3** ⟨gaunerspr.⟩ *Rauschgift in Form von weißem Pulver*

'Schnee·be·sen ⟨m.⟩ *Küchengerät, mit dem Eiweiß zu Schnee, Sahne zu Schlagsahne geschlagen wird;* Sy *Schaumschläger(1)*

'schnee·ig ⟨Adj. 24⟩ **1** *mit Schnee bedeckt;* ~e Berge, Gipfel 1.1 ~e Luft *L., in der sich Schnee ankündigt* **2** ⟨poet.⟩ *weiß wie Schnee;* ~es Leinen

Schneid ⟨m.; -(e)s; unz.; landschaftl. f.; -; unz.; umg.⟩ *Mut, Tatkraft, forsches Wesen;* er hat (keinen) ~

'Schnei·de ⟨f.;-,-n⟩ **1** *die scharfe Seite der Klinge (im Unterschied zum Rücken);* die ~ einer Axt, eines Beiles, eines Degens, eines Messers, einer Schere, eines Schwertes, einer Sense, Sichel; Rücken und ~ der Klinge; eine blanke, soeben geschliffene, rostige, scharfe, schartige, stumpfe ~ 1.1 die Sache steht auf des Messers ~ ⟨fig.⟩ *die Entscheidung steht bevor, u. durch eine unbedeutende Kleinigkeit kann sie so od. entgegengesetzt ausfallen* **2** ⟨allg.⟩ *Klinge (des Messers, Degens usw.)* **3** ⟨oberdt.⟩ *Grat* **4** ⟨südostdt.⟩ *Schneid, Trieb zu etwas*

'schnei·den ⟨V.227⟩ **1** ⟨500⟩ etwas ~ *(mit dem Messer od. etwas ähnlich Scharfem) zerteilen, zerschneiden;* Brot, Fleisch, Tomaten, Wurst (in Scheiben) ~; Gurke, Käse, Zwiebel (in Würfel) ~; Stämme zu Brettern ~; Stoff zu Schrägstreifen ~ 1.1 in diesem Lokal ist die Luft zum Schneiden dick *verbraucht, verräuchert* **2** ⟨500⟩ etwas ~ *mit einem scharfen Werkzeug abtrennen;* Blech, Papier ~; Blumen ~; Zweige vom Baum ~ 2.1 ⟨503/R5⟩ (jmdm.) etwas ~ *beschneiden, stutzen;* Bäume, Hecken, Sträucher ~; ich muß mir vom Friseur das Haar ~ lassen; du mußt dir die Nägel ~ 2.1.1 Gras, Getreide ~ *mähen* **3** ⟨500⟩ etwas ~ *mit einem scharfen Werkzeug durch Zerteilen herstellen;* Bretter, Riemen ~; aus Rohr eine Pfeife ~ 3.1 *mit Hilfe eines Schneidewerkzeuges hervorbringen, schnitzen;* ein Bild in Holz ~; Figuren, Muster in Holz, Metall, Stein ~; Gemmen, Stempel ~ 3.2 einen Film, ein Tonband ~ *durch Zerschneiden u. Zusammenkleben so bearbeiten, daß die beabsichtigte Fassung entsteht;* die Fernsehaufzeichnung, der Film muß noch geschnitten werden 3.3 ⟨fig.⟩ *formen;* sie hat aparte mandelförmig geschnittene Augen; er hat ein markant geschnittenes Gesicht 3.3.1 sie ist ihrer Mutter wie aus dem Gesicht geschnitten *ähnelt ihrer M. sehr* 3.3.2 Fratzen, Grimassen ~ *mit dem Gesicht hervorbringen;* du sollst keine Fratzen, Grimassen ~ **4** ⟨500/R7⟩ jmdn. ~ *mit etwas Scharfem eine Schnittwunde zufügen, verletzen;* er hat mir mit der Sichel ins Bein geschnitten; eine Glasscherbe hat ihn geschnitten; ich habe mich an der Brotmaschine geschnitten; er hat sich beim Brotschneiden geschnitten; ich habe mich in den Finger geschnitten; sich mit dem Messer ~ 4.1 ⟨510/R3⟩ wenn du damit rechnest, schneidest du dich (aber) gewaltig (in den Finger) ⟨fig.;umg.⟩ *dann irrst du dich (gewaltig)* 4.2 ⟨511/R3⟩ da würde ich mich ja ins eigene Fleisch ~ ⟨fig.; umg.⟩ *mir selbst schaden* 4.3 *operieren;* bei Blinddarmentzündung muß fast immer geschnitten werden 4.4 ein Tier ~ *ka-*

strieren **5** ⟨411⟩ etwas schneidet ⟨a. fig.⟩ *berührt schmerzhaft (wie ein scharfer Gegenstand);* ein kalter Ostwind schnitt ihm ins Gesicht **5.1** es schneidet mir im Leib *ich habe Leibschmerzen* **5.2** ⟨611⟩ das schneidet einem ins Herz, in die Seele *es schmerzt jmdn., tut jmdm. leid* **6** ⟨413⟩ etwas schneidet auf bestimmte Weise *ist auf bestimmte Weise geeignet zu zertrennen;* das Messer, die Schere schneidet gut, schlecht **7** ⟨400; Sp.⟩ *einen Ball seitl. treffen u. so einen Drall geben;* geschnittene Bälle erscheinen oft unberechenbar **8** ⟨500/R8⟩ etwas od. sich ~ *kreuzen;* die Bundesstraße schneidet hier eine Bahnlinie; auf diesem Platz ~ sich die beiden Hauptstraßen; zwei Geraden ~ sich in einem Punkt **9** ⟨500⟩ eine Kurve ~ *dicht an der Innenseite fahren u. dabei die linke Fahrbahn benutzen;* Ggs *ausfahren(2.3)* **10** ⟨500/R8⟩ jmdn. ~ ⟨a. fig.; umg.⟩ *ignorieren, absichtlich unbeachtet lassen, absichtlich übersehen, nicht grüßen;* er hat mich heute auf der Straße zum zweiten Mal geschnitten **11** ⟨500⟩ eine Karte ~ ⟨Skat⟩ *eine bessere Karte für einen erhofften späteren besseren Stich aufsparen* **12** ⟨500⟩ Wein ~ *verfälschen*

'Schnei·der ⟨m.; -s, -⟩ **1** *Handwerker, der Oberbekleidung nach Maß herstellt sowie daran Änderungen u. Reparaturen vornimmt;* Damen~; Herren~; einen Anzug, ein Kostüm beim, vom ~ anfertigen, arbeiten, machen, nähen lassen; bei welchem ~ lassen Sie arbeiten? **1.1** ich friere heute wie ein ~ ⟨fig.; umg.⟩ *heftig* **2** *Lehrberuf mit dreijähriger Lehrzeit* **3** ⟨Kart.⟩ *die Punktzahl 30 als Spieler, 29 als Gegenspieler* **3.1** aus dem ~ (heraus) sein *mehr als 30 od. 29 Punkte haben* **3.1.1** ⟨fig.; umg.⟩ *aus allen Schwierigkeiten heraus sein* **3.1.2** ⟨fig.; umg.⟩ *älter als 30 Jahre sein* **3.1.3** ⟨iron.⟩ *nicht mehr der, die Jüngste sein* **4** ⟨jägerspr.⟩ *geringwertiger Edelhirsch* **5** ⟨jägerspr.⟩ *Jäger, der auf einer Treibjagd nichts geschossen hat* **6** ⟨Zool.⟩ *smaragdgrüne Libelle mit großen blauschillernden Flügelflecken, Seejungfer: Calopteryx virgo* **7** ⟨Zool.⟩ = *Weberknecht* **8** ⟨Spinnerei⟩ *ein Garnmaß*

'schnei·dern ⟨V.⟩ **1** ⟨400⟩ *das Schneiderhandwerk betreiben* **2** ⟨503/R5⟩ (jmdm. od. sich ein Kleidungsstück ~ *anfertigen, nähen;* das Kleid hat sie sich selbst geschneidert

'Schnei·de·zahn ⟨m.⟩ *am Ober- u. Unterkiefer einer der beiden mittleren Zähne auf jeder Hälfte eines Kiefers*

'schnei·dig ⟨Adj.; fig.⟩ *forsch, draufgängerisch, wagemutig, tatkräftig;* ein ~er Bursche, Kerl, Kavalier, Offizier

'schnei·en ⟨V.⟩ **1** ⟨401⟩ es schneit *es fällt Schnee;* es schneit in dichten Flocken, seit der vergangenen Nacht ununterbrochen **2** ⟨611⟩ jmdm. ins Haus ~ ⟨fig.; umg.⟩ *jmdn. überraschend besuchen*

'Schnei·se ⟨f.; -, -n⟩ **1** *von Bäumen frei gehaltener Streifen im Wald* **2** *Schlinge zum Vogelfang*

schnell ⟨Adj.⟩ **1** *rasch, geschwind, eilig, flink;* Ggs *langsam(1);* eine ~e Bedienung; ein ~es Pferd; ~e Schritte hören; noch ein ~er Blick, und dann ...; ~e Hilfe ist nötig; nicht so ~!; du mußt dich ~ entscheiden, entschließen; das muß ~stens erledigt werden; (zu) ~ fahren, gehen, lesen, sprechen, urteilen; ihr Puls ging ~; mit Geduld würdest du ~er zum Ziele kommen; der Arzt war ~ gekommen; die Nachricht verbreitete sich ~; für ~ entschlossene Käufer; wie ~ die Zeit vergeht!; die Sache ging ~er, als ich dachte ⟨umg.⟩; doppelt gibt, wer ~ gibt ⟨Sprichw.⟩ **1.1** ⟨80⟩ ~ wie der Blitz, wie ein Gedanke, wie ein Pfeil, wie der Wind ⟨fig.⟩ *sehr schnell* **1.2** allmählich ~er werden *das Tempo beschleunigen* **1.3** ⟨33⟩ sie ist immer ~ fertig mit allem *sie arbeitet rasch, aber auch nachlässig* **1.4** ⟨90⟩ mach ~! ⟨umg.⟩ *beeile dich* **1.5** ⟨60⟩ ~e Truppen ⟨Mil.⟩ *motorisierte T.* **1.6** auf dem ~sten Wege ⟨fig.; umg.⟩ *so schnell wie möglich* **1.7** ~er Brüter *Brutreaktor mit überwiegend von schnellen Neutronen ausgelöster Kernspaltung* **2** *plötzlich, jäh;* ein ~er Wechsel; eine ~e Bewegung, Drehung, Wendung

'Schnel·le ⟨f.; -, -n⟩ **1** ⟨unz.⟩ *Schnelligkeit* **1.1** jmdn. auf die ~ besuchen ⟨umg.⟩ *ganz kurz* **1.2** nur auf die ~ eine Kleinigkeit essen ⟨umg.⟩ *ganz rasch (im Stehen)* **2** = *Stromschnelle*

'schnel·len ⟨V.⟩ **1** ⟨500⟩ etwas ~ *federnd springen lassen, ruckartig in Schwung bringen;* eine Feder, einen Gummi ~ (lassen); einen Pfeil, einen Stein in die Höhe ~; er schnellte sich vom Sprungbrett **2** ⟨410(s.)⟩ *federnd (in die Höhe) springen, emporfahren;* er schnellte von seinem Sitz (in die Höhe); die Feder schnellte in die Höhe **2.1** ⟨416⟩ mit dem Finger ~ *Daumen u. Mittelfinger mit einem hörbaren Laut ruckartig aneinander reiben* **2.2** ⟨411⟩ die Preise schnellten in die Höhe ⟨fig.⟩ *stiegen plötzlich*

'Schnep·fe ⟨f.; -, -n⟩ *Angehörige einer Unterfamilie der regenpfeiferartigen Vögel mit langen Beinen zum Waten u. einem meist langen Schnabel, der mit einem gut ausgebildeten Tastsinn für die Nahrungssuche im Boden ausgerüstet ist: Scolopacidae*

'schneu·zen ⟨V. 500⟩ **1** ⟨R3⟩ sich ~ *sich die Nase putzen* **1.1** ⟨503/R5⟩ etwas ~ *putzen, säubern;* er schneuzt (sich) die Nase **2** ein Licht ~ ⟨veralt.⟩ *den Docht putzen, verschneiden*

'schnie·geln ⟨V. 500⟩ **1** jmdn. ~ *fein herrichten* **1.1** ein geschniegeltes Bürschchen *ein stutzerhafter junger Mann* **1.2** stets geschniegelt und gebügelt sein ⟨umg.⟩ *fein hergerichtet, übertrieben sorgfältig gekleidet u. frisiert* **1.3** ⟨R3⟩ sich ~ *sich herausputzen, mit übertriebener Sorgfalt kleiden u. kämmen*

'schnip·pisch ⟨Adj.⟩ **1** *naseweis, auf schelmische Art anmaßend, keck;* sie hat ein ~es Wesen; sie erwiderte ~ ... **1.1** ein ~es Ding ⟨umg.⟩ *ein keckes junges Mädchen*

Schnitt ⟨m.;-(e)s,-e⟩ **1** *das Schneiden, Zertrennen;* mit einem raschen ~ befreite er den Freund von seinen Fesseln **1.1** *Ernte;* der ~ des Getreides **1.1.1** *Heuernte;* der erste, zweite ~ des Heus **1.2** *das Verschneiden der Obstbäume, der Reben u. a. Holzgewächse* **2** *Ergebnis des Schneidens, Spur eines scharfen Gegenstandes, einer Klinge;* der ~ ging tief ins Fleisch; einen ~ ins Holz, Leder machen **2.1** *Schnittwunde;* der ~ am Bein war nicht verheilt **3** *abgeschnittenes Stück;* das Gewebe liegt in verschiedenen ~en für das Mikroskop bereit 3.1 *der vordere, glattgeschnittene Rand der Buchseiten* 4 *(durch Schneiden entstandene) Form, Zuschnitt;* der ~ des Anzugs ist nicht mehr modern; der ~ der Augen, des Gesichts, der Nase 5 *Bearbeitung eines Films durch Herausschneiden u. neu Zusammensetzen;* Regie: Hans Müller, ~: Ilse Schulz (im Vorspann eines Films); den ~ (des Films) besorgte Ilse Schulz 6 *Vorlage aus Papier zum Zuschneiden eines Kleidungsstückes;* ~e abzeichnen, ausrädeln, durchpausen (zum Schneidern); ich suche einen ~ für ein, zu einem Jakkenkleid 7 *Schneidwerkzeug zum Stanzen* 8 *kleines od. nur halb gefülltes Glas Bier od. Wein, Schnittchen* 9 ⟨Geom.⟩ *gemeinsame Punkte zweier Kurven (Schnittpunkte), zweier Flächen (Schnittlinie), einer Fläche mit einem Körper (Schnittfläche)* 9.1 *Zeichnung, die einen Körper darstellt, den man sich in irgendeiner Ebene geschnitten vorstellt;* Längs~, Quer~ 10 *Ergebnis eines Rechenvorgangs* 10.1 *Durchschnitt(swert)* 10.1.1 er fuhr einen ~ von 110 km/h heraus ⟨umg.⟩ *er erreichte im Durchschnitt eine Geschwindigkeit von 110 km/h* 10.2 einen großen, guten ~ bei einem Geschäft machen ⟨umg.⟩ *großen Gewinn, Vorteil erzielen* 10.3 → a. *golden(4.3.3)*

'Schnit·te ⟨f.; -, -n⟩ *abgeschnittene Scheibe, bes. vom Brot, belegtes Butterbrot;* schnell eine ~ essen

'schnit·tig ⟨Adj.⟩ 1 *rassig, elegant, (scharf) ausgeprägt;* ein ~er Sportwagen 2 *zum Abmähen reif, erntereif;* das Getreide, Gras ist ~

'Schnit·zel[1] ⟨n.; -s, -⟩ *dünne, gebratene Scheibe Fleisch von der Keule od. Schulter;* Kalbs~; ein ~ braten, klopfen, panieren

'Schnit·zel[2] ⟨n. od. (österr. nur so) m.; -s, -; umg.⟩ *kleines Stückchen Papier;* Papier~

'schnit·zen ⟨V.⟩ 1 ⟨402⟩ (etwas) ~ *in Holz ausschneiden;* eine Krippe, ein Kruzifix, Pfeile, einen Weihnachtsengel ~; geschnitzte Dosen, Kasperpuppenköpfe, Möbel; schon als Kind schnitzte er gern 1.1 er ist aus hartem Holz geschnitzt ⟨fig.⟩ *unbeugsam*

'schnod·de·rig ⟨Adj.; umg.⟩ *ohne die geringste Ehrerbietung sprechend, großsprecherisch, vorlaut;* eine ~e Bemerkung machen; ein ~er Bursche, Mensch; er sollte nicht so ~ daherreden, sein

'schnö·de ⟨Adj.⟩ *gemein, schändlich, verächtlich, geringschätzig;* ~r Geiz, Gewinn, Undank, Verrat; jmdn. ~ abweisen, behandeln, zurechtweisen

'Schnör·kel ⟨m.; -s, -⟩ 1 *gewundene Linie als Verzierung (an Schriftzügen)* 2 *linear gewundene Verzierung (an Möbeln)* 3 ⟨fig.⟩ *unnötige Verzierung (in der Rede)*

'schnüf·feln ⟨V. 400⟩ 1 *die Luft hörbar durch die Nase ziehen* 2 *den Atem einziehen, um zu wittern, schnuppern* 3 ⟨fig.⟩ *allem nachspüren, stöbern, heimlich beobachten, seine Nase in alles stecken;* sie schnüffelt gern in fremden Angelegenheiten; du hast hier gar nichts zu ~! 4 *Dämpfe von Rauschgift od. von organ. Lösungsmitteln in Klebstoffen, Farben, Lacken u. a. inhalieren, um sich in einen Rauschzustand zu versetzen*

'schnup·fen ⟨V. ⟩ 1 ⟨400⟩ *Schnupftabak nehmen* 2 ⟨400; oberdt. a.⟩ *schluchzen* 3 ⟨501⟩ es schnupft mich ⟨umg.⟩ *es ärgert mich, macht mich verdrießlich*

'Schnup·fen ⟨m.; -s, -⟩ *Entzündung der Nasenschleimhaut mit Absonderung schleimigen, flüssigen od. eitrigen Sekrets, Nasenkatarrh: Koryza;* einen ~ bekommen, haben; bei diesem naßkalten Wetter kann man sich leicht einen ~ holen

'schnup·pern ⟨V. 400⟩ *den Atem einziehen, um zu wittern, schnüffeln*

Schnur[1] ⟨f.; -, ¨e od. (selten) -en⟩ 1 *aus dünneren Fäden od. Fasern gedrehter dickerer Faden, Bindfaden, Kordel;* eine derbe, dicke, dünne, feste, leinene, seidene ~; Perlen auf eine ~ fädeln, ziehen; mit Schnüren besetzen, einfassen, verzieren; ein Paket mit einer ~ umwickeln, verschnüren; die Gardine, einen Vorhang mit einer ~ zuziehen 1.1 über die ~ hauen ⟨fig.; umg.⟩ *übermütig sein, des Guten zuviel tun*

Schnur[2] ⟨f.; -, -en; veralt.⟩ *Schwiegertochter*

'schnü·ren ⟨V.⟩ 1 ⟨500⟩ etwas ~ *mit einer Schnur umwickeln, zubinden, fest zusammenbinden;* die Schuhe ~; das Mieder, die Taille ~ 1.1 ⟨511⟩ etwas um etwas ~ *fest binden;* einen Bindfaden, Riemen, Strick um den Koffer ~ 1.2 → a. *Bündel(2.0.1)* 2 ⟨500/R3⟩ sich ~ ⟨veralt.⟩ *ein Mieder zum Schnüren(1) anlegen, tragen, sich damit schlank zu machen suchen;* sie hat sich zu fest geschnürt 3 ⟨400⟩ ein Tier schnürt *setzt die Tritte beim Traben in gerader Linie hintereinander;* der Wolf, Luchs, Fuchs u. die Wildkatze ~

'schnur·ge·ra·de ⟨Adj.⟩ 1 *so gerade wie eine gespannte Schnur, ganz gerade;* ein ~r Weg 2 ⟨fig.⟩ *ohne Umschweife, unverzüglich, sofort;* ~ auf ein Ziel zusteuern

'Schnur·re ⟨f.; -, -n⟩ *scherzhafte Erzählung, Posse, Schwank*

'schnur·ren ⟨V. 400⟩ 1 *ein leises, behaglich knurrendes Geräusch von sich geben;* die Katze schnurrt 2 *summen;* der Kreisel, das Spinnrad schnurrt

'schnur·rig ⟨Adj. 60⟩ *eigenartig, wunderlich, sonderbar, drollig;* eine ~e Alte; eine ~e Geschichte; ein ~er Kauz

'Schnür·sen·kel ⟨m.⟩ *Band zum Schnüren des Schnürschuhs*

'schnur·stracks ⟨Adv.⟩ *sofort, geradewegs, ohne Umschweife, unverzüglich*

'Scho·ber ⟨m.; -s, -⟩ 1 *überdachter Platz zum Aufbewahren von Heu u. ä.* 2 *aufgeschichtetes Heu, Getreide u. ä.*

Schock[1] ⟨n. 7; -(e)s, -e⟩ 1 *60 Stück;* ein, zwei ~ Eier; ein halbes ~ 2 ⟨selten fig.⟩ *große Menge*

Schock[2] ⟨m.; -(e)s, -s od. (selten) -e⟩ *plötzl. gewaltsame Erschütterung, die den Organismus trifft u. ihn an die äußerste Grenze seiner Anpassungsfähigkeit bringt;* sie hat bei dem Unfall einen ~ erlitten

'schocken ⟨-k·k-; V. 500⟩ 1 jmdn. ~ ⟨umg.⟩ *durch eine unerwartete Handlung erschrecken* 2 einen Ball, eine Kugel ~ ⟨Sp.⟩ *mit gestrecktem Arm aus dem Stand od. nach kurzem Anlauf mit u. ohne Drehung werfen* 3 jmdn. ~ ⟨Med.⟩ *mit einem künstl. (meist elektr.) Schock[2] behandeln*

schockie·ren ⟨-k·k-; V. 500⟩ jmdn. ~ *in sittl. Entrüstung versetzen*

'Schöf·fe ⟨m.; -n, -n⟩ 1 *ehrenamtl.Mitgl. (Laien-*

richter) eines Gerichtes; Sy *Geschworene(r)* ⟨bis 1972 amtl. Bez.⟩ **2** ⟨in der altpreuß. Magistratsverfassung⟩ *ländl. Gemeinderat* **3** ⟨im MA seit Karl d. Gr.⟩ *einer der Angehörigen des Volksgerichtes, das für das Thing das Urteil fand*

Scho·ko'la·de ⟨f.; -, -n⟩ *Nahrungs- u. Genußmittel aus Kakao, Milch od. Sahne, Gewürzen, meist Kakaobutter u. bis zu 60% Zucker, in Tafeln gewalzt od. in Figuren gegossen*

'Schol·le ⟨f.; -, -n⟩ **1** *flaches, in den Umrissen unregelmäßiges Stück* 1.1 *flacher Erdklumpen;* die frisch umgebrochenen ~n auf dem Feld; die beim Pflügen entstandenen ~n zerkleinern 1.2 *Bruchstück einer Eisdecke;* die ~n des Eises blockierten die Schiffahrt auf dem Fluß 1.3 ⟨Geol.⟩ *ein von Verwerfungen umsäumtes Bruchstück der Erdkruste* **2** ⟨unz.; fig.⟩ *Heimatboden, Heimat;* die eigene, ererbte, heimatliche, heimische ~; Liebe zur ~; sich nicht von der ~ trennen können 2.1 an die ~ gebunden, gefesselt sein *sich nicht von der Heimat trennen können* **3** *Plattfisch der europäischen Meere, Goldbutt: Pleuronectes platessa;* gebakkene ~ essen

schon ⟨Adv.⟩ **1** = *bereits(1.1)* 1.1 *sehr zeitig;* ich muß ~ um 6 Uhr aufstehen; du kannst ~ jetzt kommen; ~ am frühen Morgen ... 1.2 *früher als erwartet, erhofft, gewünscht;* er ist ~ zurückgekommen; ~ heute wird er die Arbeit abschließen; warum willst du ~ gehen? 1.3 *später, länger als erwartet;* er liegt ~ 3 Wochen im Krankenhaus; das habe ich ~ lange, längst gewußt; es ist ~ so spät 1.4 ~ (wieder) *wiederholt;* was will er denn ~ wieder?; ~ einmal haben wir dort unseren Urlaub verbracht; das ist ~ das zweite Mal, daß ... **2** *rechtzeitig, bestimmt;* es wird sich ~ wieder einrenken, geben; du wirst es ~ noch früh genug erfahren 2.1 ich komme ~! *ich bin bereits auf dem Wege* 2.2 *endlich;* wenn er doch ~ käme!; nun rede, schweig doch ~ **3** ⟨einräumend od. bedingend⟩ 3.1 *wohl, zwar, auch, an u. für sich;* es wird ~ gehen; das mag ~ so gewesen sein; das wird ~ stimmen, nur ... ; was kann er ~ wollen!; ~ möglich; wenn es ~ wahr ist, so hätte er doch ... ; das ist ~ möglich, doch ich kann es nicht glauben; (das ist) ~ gut, recht, richtig, wahr, aber ... 3.2 *ohnehin;* es ist so ~ teuer genug; ich habe deinen Wink ~ verstanden 3.2.1 man konnte es kaum Freundschaft nennen, Liebe ~ gar nicht *erst recht nicht* 3.3 (na,) wenn ~! ⟨umg.⟩ *macht nichts!* 3.3.1 wenn ~, denn ~ ⟨umg.⟩ *keine halben Sachen, wenn überhaupt, dann richtig;* wenn ~, dann gründlich, richtig 3.4 *allein;* ~ sie zu sehen, machte ihm Freude; ~ der Gedanke daran ist mir schrecklich; ~ der Name sagte mir genug

schön ⟨Adj.⟩ **1** *ästhet. angenehm berührend, wohlgefällig;* das Schöne und Gute; sie ist stets auf das Schönste bedacht 1.1 *optisch angenehm berührend;* eine ~e Frau; ein ~er Jüngling, Mann; ein ~es Kind, Mädchen; ~e Augen, Beine, Hände; ~e Bilder, Kleider, Möbel, Stoffe; ein ~er Garten, Park; ein ~es Haus; eine ~e Aussicht haben; ~ von Aussehen, Gestalt; die Schönste von allen; ~ wie ein Bild; sie ist (auffallend, blendend, ungewöhnlich) ~ 1.2 *akustisch angenehm berührend;* sie besitzt eine ~e Stimme 1.3 ⟨60⟩ jmdm. ~e Augen machen ⟨fig.⟩ *mit jmdm. kokettieren* 1.4 ⟨60⟩ das ~e Geschlecht *die Frauen* 1.5 ⟨60⟩ die ~en Künste *Dichtung, Musik, Malerei, Bildhauerei* 1.6 ⟨60⟩ die ~e Literatur *die nicht zweckgebundene, die dichterische u. unterhaltende Literatur, Belletristik* 1.7 ⟨60⟩ ~e Madonna *Sonderform der Madonnendarstellung in der dt. Kunst zu Beginn des 15. Jh.* 1.8 ⟨60⟩ eine ~e Seele *ein empfindsames Gemüt* 1.9 ~ ist anders ⟨iron.⟩ *es ist alles andere als schön, es ist ausgesprochen häßlich* **2** *angenehm;* du hast ~ geredet; am ~sten wäre es, wenn ...; in ~ster Harmonie beisammen sein; ein ~er Morgen; etwas Schönes erleben; wir wollen es ~ haben; das waren noch ~e Zeiten; es verlief alles auf das, aufs ~ste 2.1 ⟨60⟩ eines ~en Tages ⟨fig.⟩ *irgendwann einmal* 2.2 er hatte, starb einen ~en Tod *er starb leicht, ohne langen Todeskampf* 2.3 ~es Wetter *klares, trockenes W.* 2.4 ⟨60⟩ ~e Worte machen ⟨fig.⟩ *schmeicheln* 2.5 das ist ein ~er Zug von ihm *eine gute Eigenschaft* 2.6 ⟨60; fig.; iron.⟩ *unangenehm;* das sind ja ~e Aussichten 2.6.1 das ist ja eine ~e Bescherung! *eine unangenehme Überraschung* 2.6.2 das ist ja eine ~e Geschichte *eine unangenehme Angelegenheit* 2.6.3 von dir hört man ja ~e Sachen *nichts Gutes* 2.6.4 da hast du etwas Schönes angerichtet, angestellt *eine Dummheit gemacht* **3** *so, wie es sein soll, in Ordnung;* bleib, sei ~ brav! 3.0.1 das hast du aber ~ gemacht *gut, sauber, ordentlich* 3.1 ⟨40⟩ das wäre ja noch ~er! (Ausruf der Ablehnung) *das kommt gar nicht in Frage* 3.2 ⟨40⟩ das wird ja immer ~er (mit dir)! ⟨iron.⟩ *du treibst es allmählich zu bunt, das geht zu weit* 3.3 du bist mir ja ein ~er Freund ⟨iron.⟩ *du hast mich als F. enttäuscht* **4** *freundlich, höflich;* ~en, ~sten Dank!; danke, bitte ~! **5** ⟨60; umg.⟩ *beträchtlich, groß;* einen ~en Gewinn erzielen 5.0.1 das ist eine ~e Stange Geld *viel G.* 5.1 ⟨50⟩ (ganz) ~ *sehr, ziemlich;* er wird ganz ~ staunen, überrascht sein, wenn er davon erfährt; sie müßte ganz ~ arbeiten, um ...; er wird sich ~ wundern, wenn ...; ich habe mich ~ gewundert, als ... ; er wird sich dabei ~ langweilen; du bist ~ dumm, daß du ...; es ist ~ dumm von dir, wenn du ... **6** ⟨umg.⟩ *gut, einverstanden, ja (als Antwort);* ~, ich bin einverstanden; na ~

'scho·nen ⟨V.500⟩ **1** ⟨R8⟩ jmdn. od. etwas ~ *gut, behutsam, pflegl. behandeln, Rücksicht nehmen auf jmdn. od. etwas;* fremdes Eigentum ~; jmds. Gefühle, Schwäche ~; seine Gegner ~; du mußt deine Kleider, deine Sachen mehr ~; man sollte ihn nicht länger ~ (sondern endlich gegen ihn vorgehen); dieses Waschmittel schont die Wäsche; jmdm. auf ~de Weise etwas beibringen; jmdm. ~d die Wahrheit sagen; jmdn. ~d auf etwas vorbereiten; möglichst ~d gegen jmdn. vorgehen 1.0.1 ~de Behandlung *rücksichtsvolle, sorgsame, nachsichtige B.* 1.1 sie schont ihren Kopf ⟨fig.; umg.⟩ *denkt nicht nach* 1.2 er schont sein Geld ⟨fig.; umg.⟩ *ist äußerst sparsam* **2** ⟨R3⟩ sich ~ *sich nicht überanstrengen, seine Kräfte sorgsam einteilen, auf seine Gesundheit bedacht sein;* du solltest dich mehr ~!; sie muß ihre Augen, ihre Gesundheit, ihre Kräfte, ihren Magen, ihre Nerven ~; der Patient muß sich noch ~

'schön|fär·ben ⟨V. 500⟩ **1** etwas ~ *beschönigen, zu günstig, optimistisch darstellen;* ich weiß Bescheid, du brauchst nichts schönzufärben **2** ⟨aber getrennt⟩ 'schön 'färben → *schön(1.1)*

'schön·gei·stig ⟨Adj.⟩ *die schönen Künste betreffend, sie bevorzugend, liebend, auf ihnen beruhend*

'Schön·heit ⟨f.; -, -en⟩ **1** *das Schönsein, schönes Aussehen;* geistige, sinnliche ~; hinreißende, leuchtende, makellose, strahlende, überwältigende ~; landschaftliche ~en; die ~ der Natur; ein Kunstwerk von großer, klassischer, strenger ~; der ~ dienen, huldigen **2** *schöne Frau;* sie ist eine ~

'Schon·kost ⟨f.⟩ = *Diät*

'schön|ma·chen ⟨V.; umg.⟩ **1** ⟨500⟩ jmdn. od. etwas ~ *verschönen* 1.1 ⟨R3⟩ sich ~ *sich sorgfältig kleiden u. ein gepflegtes Aussehen geben* **2** ⟨400⟩ der Hund kann ~ *sich auf die Hinterpfoten setzen* **3** ⟨aber getrennt⟩ etwas 'schön 'machen → *schön(2, 3)*

'Scho·nung ⟨f.; -, -en⟩ **1** ⟨unz.⟩ *das Schonen, pflegl. Behandlung, Rücksichtnahme, Sorgfalt, Achtung, Schutz, Mäßigung, Nachsicht, Gnade;* jmdn. od. etwas mit ~ behandeln; ohne ~ verfahren, vorgehen; um ~ für jmdn. od. etwas bitten, ersuchen, flehen; die ~ deiner Gesundheit geht vor; ~ walten lassen; er kann auf keine ~ rechnen 1.0.1 einer Sache ~ angedeihen lassen *eine S. schonend behandeln* 1.1 er kennt keine ~ *er geht rücksichtslos vor* **2** ⟨unz.⟩ *Vermeiden von Überanstrengung, sorgsame Einteilung seiner Kräfte zur Erhaltung der Gesundheit;* der Arzt hat dem Patienten noch ~ auferlegt; der Zustand der Patientin verlangt äußerste ~ **3** *geschützter Forstbezirk mit jungen Pflanzungen;* der Förster wird eine ~ anlegen; die ~ nicht betreten

Schopf[1] ⟨m.; -(e)s, ¨-e⟩ **1** *Haarbüschel auf dem Kopf;* jmdn. beim ~ fassen, haben, halten, packen 1.1 eine Gelegenheit beim ~e ergreifen, fassen, nehmen, packen ⟨fig.⟩ *sofort nutzen* **2** *etwas, was dem Schopf(1) äußerlich ähnelt* 2.1 *Blätterbüschel* 2.2 ⟨jägerspr.⟩ *verlängerte Kopffedern (bei verschiedenen Vogelarten)*

Schopf[2] ⟨m.; -(e)s, ¨-e; oberdt.⟩ *Schuppen, Wetterdach*

'schöp·fen ⟨V.⟩ **1** ⟨500⟩ etwas ~ *mit einem Gefäß od. der hohlen Hand aufnehmen, heben;* Wasser mit dem Eimer, mit der hohlen Hand aus dem Bach, Brunnen, aus der Quelle ~ 1.1 ⟨511⟩ Wasser in ein Sieb ~ ⟨fig.⟩ *etwas Unmögliches, Unsinniges tun* 1.2 ⟨413⟩ aus dem vollen ~ ⟨fig.⟩ *ohne jede Einschränkung frei verfügen können, nicht eingeengt sein* **2** ⟨500⟩ Papier ~ *die Masse mit einem Sieb aufnehmen u. auf die Formplatte gießen* **3** ⟨500⟩ Atem, Luft ~ ⟨fig.⟩ *tief einatmen* 3.1 ich will noch ein wenig frische Luft ~ *an die frische Luft, ins Freie gehen* 3.2 ⟨512 m. Modalverb⟩ endlich kann ich wieder Luft ~ *aufatmen, die Gefahr ist vorüber* **4** ⟨500⟩ etwas ~ ⟨fig.⟩ *gewinnen, (von neuem) bekommen;* Hoffnung, Mut, Vertrauen ~; ich muß erst wieder Kraft ~ 4.1 er hat Verdacht geschöpft ⟨fig.⟩ *er ist mißtrauisch geworden, er ahnt etwas* **5** ⟨500⟩ etwas ~ ⟨fig.; veralt.⟩ *schaffen, erschaffen;* neue Worte ~ **6** ⟨400⟩ Wild, Hunde ~ ⟨jägerspr.⟩ *trinken*

'Schöp·fer[1] ⟨m.; -s, -⟩ *Gefäß zum Schöpfen, Schöpfkelle od. -eimer*

'Schöp·fer[2] ⟨m.; -s, -⟩ **1** *jmd., der schöpferisch tätig ist, etwas erschafft, Urheber (eines Kunstwerkes);* der ~ dieses Denkmals, Entwurfs, Gemäldes, Kunstwerks, Projektes **2** *Gott;* dem ~ sei Dank, gedankt; er kann seinem ~ danken, daß ...; sie dankten ihrem ~ für ihre Rettung; der allmächtige, ewige ~

'schöp·fe·risch ⟨Adj.⟩ **1** *(phantasievoll) etwas Neues, Bedeutendes schaffend, gestaltend;* ein ~er Akt; eine ~e Arbeit leisten; ~e Kräfte wirken lassen; eine ~e Phantasie entfalten; ~ tätig sein, wirken; ein ~ tätiger Mensch **2** *die Fähigkeit besitzend, (phantasievoll) etwas Neues, Bedeutendes zu schaffen, zu gestalten;* ein ~er Geist, Kopf, Mensch **3** *die Voraussetzung bietend, (phantasievoll) etwas Neues, Bedeutendes zu schaffen, zu gestalten;* eine ~e Anlage, Gabe, Natur besitzen; ein ~er Augenblick; eine ~e Pause einlegen; ein ~ veranlagter Mensch

'Schöp·fung ⟨f.; -, -en⟩ **1** *Erschaffung;* die ~ der Erde, eines Kunstwerks 1.1 *Erschaffung der Welt, des Weltalls* **2** *das Geschaffene, Werk eines schöpferischen Menschen* 2.1 *Kunstwerk;* eine bewundernswerte, unvergängliche ~ dieses Meisters 2.2 *Gesamtheit des von Gott Erschaffenen;* der Mensch als Krone der ~; die Wunder der ~ 2.2.1 → a. *Herr(2.0.2)*

'Schop·pen ⟨m.; -s, -⟩ **1** ⟨oberdt.⟩ *Flüssigkeitsmaß, etwa 1/2 l, 1/2 Flasche* **2** ⟨Gastronomie⟩ *1/4 l (Bier od. Wein)* **3** ⟨landschaftl.⟩ = *Schuppen* **4** ⟨alemann.⟩ *Saugflasche*

Schorf ⟨m.; -(e)s, -e⟩ *verkrusteter Belag über einer Wunde, bes. aus eingetrocknetem Wundsekret, Blut u. Gewebsflüssigkeit bestehend*

'Schorn·stein ⟨m.; -(e)s, -e⟩ **1** *bis über das Dach hochgeführter Kanal zum Abzug für die Rauchgase der Feuerstätten, Esse, Schlot, Kamin;* der ~ qualmt, raucht 1.1 die ~e rauchen wieder ⟨fig.⟩ *es wird wieder gearbeitet* 1.2 eine Schuld in den ~ schreiben ⟨fig.; umg.⟩ *die Hoffnung aufgeben, daß eine Schuld bezahlt wird, eine Schuld verloren geben* 1.3 er raucht, qualmt wie ein ~ ⟨fig.; umg.⟩ *sehr viel* 1.4 er hat sein Erbteil, Geld, Vermögen zum ~ hinausgejagt ⟨fig.; umg.⟩ *vergeudet*

Schoß[1] ⟨[ʃo:s]; m.; -es, ¨-e⟩ **1** *beim Sitzen durch Unterleib u. Oberschenkel gebildete Vertiefung;* weinend legte sie ihren Kopf in den ~ der Mutter; das Kind klettert der Mutter auf den ~, auf den ~ der Mutter; ein Kind auf den ~ nehmen; auf jmds. ~ sitzen; sie warf ihr den Ball in den ~ 1.1 die Hände in den ~ legen ⟨fig.⟩ *nichts tun, müßig sein* 1.2 das Glück ist ihr nur so in den ~ gefallen ⟨fig.⟩ *kam unerwartet, ohne daß sie sich darum bemüht hätte* 1.3 wie in Abrahams ~ sitzen ⟨fig.⟩ *wohl behütet* **2** *Mutterleib* 2.0.1 ein Kind im ~e tragen *schwanger sein* 2.1 es ruht im ~e der Vergessenheit ⟨fig.⟩ *ist vergessen* 2.2 das liegt, ruht noch im ~e der Zukunft *darüber kann man noch nichts sagen, die Zukunft wird es zeigen* **3** ⟨poet.⟩ *weibl. Geschlechtsteil, Scheide* **4** ⟨fig.⟩

Schutz, Geborgenheit 4.0.1 in den ~ der Familie zurückkehren *zur F. heimkehren* 4.0.2 in den ~ der Kirche zurückkehren *zum Glauben zurückfinden* 5 *Hüftteil (mancher Kleidungsstücke);* Frack~, Rock~; ein Frack mit langen Schößen; eine Jacke mit langem ~; m. fliegenden Schößen eilten die Kellner umher

Schoß² ⟨[ʃɔs] m.; -s·ses, -s·se⟩ *Ausläufer, junger Trieb (einer Pflanze);* Sy *Schößling, Trieb(2);* der Baum treibt einen neuen ~; Schosse treiben

Schoß³ ⟨m.; -s·ses, -s·se(n) od. ¨s·se(r); veralt.⟩ *Zoll, Steuer, Abgabe*

Schoß⁴ ⟨[ʃo:s]; f.; -, -en od. (österr.) ¨e⟩ **1** ⟨österr.⟩ *Damenrock* **2** ⟨schweiz.⟩ *Schürze, Arbeitsmantel;* Berufs~

'Schöß·ling ⟨[ʃøs-] m.; -s, -e⟩ = *Schoß²*

'Scho·te¹ ⟨f.; -, -n⟩ **1** *Fruchtform der Kreuzblütler* **2** ⟨volkstüml.⟩ = *Hülse(2)*

'Scho'te² ⟨f.; -, -n⟩ *Tau zum Segelspannen, Segelleine*

'Scho·te³ ⟨m.; -n, -n; mundartl.⟩ *Dummkopf, Einfaltspinsel*

'Schot·ter ⟨m.; -s, -⟩ **1** *grobes Geröll (z. B. in Flüssen)* **2** *feingeschlagene Steine (bes. zum Straßenbau);* Straßen~

schraf'fie·ren ⟨V. 500⟩ Flächen einer Zeichnung ~ *mit feinen parallelen Strichen bedecken;* die Landesteile mit mehr als 200 Einwohnern pro Quadratkilometer sind auf dieser Karte schraffiert dargestellt

schräg ⟨Adj.⟩ **1** *geneigt, weder senkrecht noch waagerecht;* etwas ~ legen, stellen **2** *von einer (gedachten) Geraden in gerader Richtung abweichend, ohne einen rechten Winkel zu bilden;* eine ~e Linie, Richtung, Schlachtordnung; etwas ~ schneiden; du sollst nicht ~ über die Straße gehen 2.1 den Stoff zum Rock ~ verarbeiten *nicht gerade, sondern in einem Winkel von 45° zum Verlauf der Fäden*

'Schram·me ⟨f.; -, -n⟩ **1** *Kratzwunde, oberflächl. Riß, längl. klaffende Hautwunde* **2** *Ritz, Kratzer (in Glas, auf Politur);* die vielen ~n im Glas der Tischplatte waren vor dem Transport noch nicht da

Schrank ⟨m.; -(e)s, ¨e⟩ **1** *aufrechtstehendes, meist verschließbares Möbel zum Aufbewahren von Kleidung, Geschirr, Büchern u. a.;* Kleider~, Geschirr~, Bücher~; einen ~ ausräumen, einräumen, öffnen, schließen 1.1 → a. *Tasse(2)* **2** ⟨jägerspr.⟩ *seitl. Abstand der Tritte einer Fährte von einer gedachten geraden Linie (beim Rothirsch)*

'Schran·ke ⟨f.; -, -n⟩ **1** *horizontal gelegte lange Stange als Absperrung (z. B. Schlagbaum, Bahnschranken u. ä.);* die ~n des Bahnüberganges, des Gerichtes, einer Rennbahn, eines Kampfplatzes; die ~n aufziehen, herunterlassen, hochziehen, schließen (am Bahnübergang) 1.1 auch die letzten ~n zwischen ihnen fielen ⟨fig.⟩ *das, was sie noch trennte* 1.2 ~n (des Gerichts) ⟨fig.⟩ *Gericht;* vor den ~n (des Gerichts) erscheinen, stehen, sich verantworten 1.2.1 jmdn. vor die ~n (des Gerichts) fordern, ziehen *eine gerichtliche Entscheidung fordern* 1.3 jmdn. in die ~n weisen ⟨fig.⟩ *zur Mäßigung ermahnen, zurückweisen* 1.3.1 jmdn. in ~n halten ⟨fig.⟩ *zur Mäßigung anhalten* 1.3.2 sich in ~n halten ⟨fig.⟩ *sich mäßigen, beherrschen* **2** ⟨nur Pl.⟩ ~n *umgrenzter Raum, Kampfplatz;* so fordr' ich mein Jahrhundert in die ~n (Schiller, Don Carlos) 2.1 jmdn. in die ~n fordern ⟨fig.⟩ *zum Kampf fordern* 2.2 mit jmdm. in die ~n treten ⟨fig.⟩ *sich zum Kampfe stellen* 2.3 er ist für dich in die ~n getreten ⟨fig.⟩ *er hat sich für dich eingesetzt* **3** ⟨nur Pl.⟩ ~n ⟨fig.⟩ *Grenze(n);* die ~n der Konvention, der Wirklichkeit; die ~n einstoßen, überspringen; deiner Hilfsbereitschaft sind keine ~n gesetzt; seinem Streben nach Selbständigkeit waren noch enge ~n gesetzt, gezogen; in der Erregung kennt er keine ~n 3.0.1 sich ~n auferlegen *sich Grenzen setzen* 3.1 ~n errichten ⟨a. fig.⟩ *einschränken* 3.2 die ~n niederreißen, überschreiten, übertreten ⟨a. fig.⟩ *gesetzte Bestimmungen, Grenzen übertreten*

'schran·ken·los ⟨Adj.⟩ **1** *ohne Schranke* **2** ⟨fig.⟩ *unbeherrscht, zügellos*

'Schrau·be ⟨f.; -, -n⟩ **1** *walzenförmiger Körper mit Gewinde, der in einen anderen Körper eingedreht werden kann, zur Herstellung lösbarer Verbindungen, zur Erzeugung von Druck od. zur Übertragung von Bewegung;* eine ~ anziehen, ausschrauben, einschrauben, lockern; eine ~ mit Mutter; etwas mit ~n befestigen 1.1 das ist ja eine ~ ohne Ende ⟨fig.⟩ *eine endlose Sache* 1.2 bei ihm ist eine ~ locker, los ⟨fig.; umg.; derb⟩ *er muß von Sinnen sein, er ist ein bißchen verrückt* 1.3 eine alte ~ ⟨fig.; umg.⟩ *ein altes, überspanntes Weib* **2** *Propeller als Antriebsmittel für Schiffe, Luftfahrzeuge u. a.;* Schiffs~, Luft~ **3** ⟨Sp.⟩ *spiralige Bewegung um die Längsachse des Körpers (z. B. beim Turmspringen)*

'schrau·ben ⟨V. 228/500⟩ **1** ⟨511 od. 513⟩ etwas irgendwie od. irgendwohin ~ *irgendwie od. irgendwo mit Schrauben befestigen;* etwas fester, loser ~; eine Platte auf das Gerät ~ **2** ⟨510⟩ etwas hoch, höher, in die Höhe ~ ⟨fig.⟩ *(immer wieder) erhöhen;* die Preise in die Höhe ~ **3** ⟨511/R3⟩ sich irgendwohin ~ *(drehend) bewegen* 3.0.1 das Flugzeug schraubte sich allmählich in die Höhe *stieg in Windungen in die Höhe*

'Schraub·stock ⟨m.⟩ *Werkzeug zum Festhalten von Arbeitsstücken, die mit der Hand oder einer Maschine bearbeitet werden sollen*

Schreck ⟨m.; -(e)s, -e(n)⟩ **1** = *Schrecken;* vor ~ aufschreien, beben, davonlaufen, fast vergehen, zittern; sie war vor ~ wie gelähmt; bleich, halb ohnmächtig, starr, steif, vor ~ 1.1 *(Ausruf der Bestürzung);* ach du mein ~!; ~, laß nach!

'schrecken ⟨-k·k-; V.⟩ **1** ⟨500/R8⟩ jmdn. ~ *in Schrecken versetzen, erschrecken, ängstigen* **2** ⟨229/400; jägerspr.⟩ *Schrecklaute ausstoßen (bes. beim Rotwild)*

'Schrecken ⟨-k·k-; m.; -s, -⟩ *heftige, plötzliche, mit Angst u. Entsetzen verbundene Gemütserschütterung;* oV *Schreck;* ein eisiger, großer, jäher, panischer, tiefer ~; die ~ des Krieges, Todes, des Unwetters; einen ~ bekommen, erleben, fühlen, kriegen; jmdm. einen ~ bereiten, einflößen, einjagen, versetzen; bei jmdm. ~ hervorrufen, verbreiten; jmdn. in ~ halten, setzen; ~ befiel, durchfuhr, erfaßte, erfüllte, überfiel die Menge; die ~ dieser Stunde werde ich nie vergessen; zu meinem ~ mußte ich feststellen, daß ...; der ~ fuhr mir durch, in die Glieder, Knochen; der ~ lag mir noch in den Gliedern, in den Knochen; ~ stieg in ihr hoch; auf den ~ hin muß ich erst einmal einen Schnaps trinken; da sind wir noch einmal mit dem (bloßen) ~ davongekommen; der Gedanke daran hat nichts von seinem ~ verloren; ich muß mich vom ersten ~ erholen; lieber ein Ende mit ~ als ein ~ ohne Ende (Major Ferdinand von Schill, 1809)

'Schreck·ge·spenst ⟨n.⟩ **1** *Schrecken verbreitendes Gespenst;* Sy *Popanz(1)* **2** ⟨fig.⟩ *drohende Gefahr, Vorstellung von etwas Schrecklichem;* das ~ des Krieges heraufbeschwören

'schreck·haft ⟨Adj.⟩ *leicht erschreckend;* sehr ~ sein

'schreck·lich ⟨Adj.⟩ **1** *furchtbar, entsetzlich, grauenvoll;* eine ~e Entdeckung, Mitteilung, Nachricht; ein ~es Ereignis, Erlebnis, Unglück; die Unfallstelle bot einen ~en Anblick; er stieß ~e Drohungen, Verwünschungen aus; das wird noch ein ~es Ende nehmen; gegen diese ~e Krankheit ist der Mensch machtlos; der Kranken steht ein ~er Tod bevor **2** ⟨70; umg.⟩ *(sehr) unangenehm;* ich habe ~e Stunden, Tage hinter mir; es ist mir ~, ihr diese Nachricht überbringen zu müssen; sie leidet unter der ~en Hitze; wie ~! (Ausruf des Erschreckens u. des Mitleids) **2.1** ein ~er Mensch! *ein unausstehlicher M.* **3** ⟨50; umg.⟩ *sehr;* ich freue mich ~ darauf; es hat ~ lange gedauert

Schrei ⟨m.; -(e)s, -e⟩ **1** *lauter Ausruf eines Lebewesens, bes. bei Angst ausgestoßen* **1.1** → a. *letzte(4.1)*

'schrei·ben ⟨V. 230⟩ **1** ⟨402⟩ (etwas) ~ *in Zeichen, Buchstaben od. Zahlen schriftl. niederlegen, zu Papier bringen;* Adressen ~; dieses Wort hast du falsch, richtig geschrieben (nach den Regeln der Rechtschreibung); das Wort wird groß, klein geschrieben; eine Arbeit ins Konzept, ins reine ~; der Lehrer hat das Aufsatzthema an die Tafel geschrieben; das gesprochene und das geschriebene Wort; das Kind kann schon, lernt in der Schule ~; diese Feder schreibt zu dick, gut, schlecht; wieviel Silben schreibt sie in der Minute? **1.1** seinen Namen unter etwas ~ *etwas unterschreiben* **1.2** schreib dir das hinter die Ohren, hinters Ohr! ⟨fig.;umg.⟩ *laß dir das zur Warnung dienen, merke dir das, richte dich künftig danach!* **1.3** das steht in den Sternen geschrieben ⟨fig.⟩ *ist völlig ungewiß* **1.4** es stand ihm auf der Stirn geschrieben, daß er log ⟨fig.⟩ *es war offensichtlich* **1.5** dieses Geld kannst du in den Schornstein ~ ⟨fig.; umg.⟩ *das wirst du nie zurückbekommen, darauf wirst du verzichten müssen* **1.6** etwas in bestimmter Weise ~ *in bestimmter Weise schriftl. niederlegen;* mit Bleistift, Farbstift, Füllfederhalter, Kreide, Kugelschreiber, Rotstift, Schreibmaschine ~; mit der Hand, der Schreibmaschine ~; etwas in Stenographie ~; nach Diktat ~; deutlich, eng, gut, liederlich, sauber, schön, unleserlich ~; langsam, schnell ~ **2** ⟨500⟩ etwas ~ *schriftl. niederlegen, verfassen;* in der Schule einen Aufsatz ~; er schreibt ein Buch, ein Drama, ein Fernsehstück, einen Roman; der Artikel ist flüssig, gewandt, leicht, verständlich geschrieben; ein lebenswahr geschriebenes Theaterstück; ein humorvoll geschriebener Roman; geschriebenes und ungeschriebenes Recht **2.1** diese Rolle ist ihr auf den Leib geschrieben ⟨fig.;umg.⟩ *wie für sie geschrieben, so gut eignet sie sich dafür* **2.2** ⟨800⟩ an etwas ~ *mit der Niederschrift von etwas beschäftigt sein;* er schreibt an seiner Dissertation, Examensarbeit **3** ⟨410⟩ *als Schriftsteller tätig sein;* er schreibt für den Rundfunk, für Zeitschriften, Zeitungen **4** ⟨500⟩ einen guten Stil, eine schlechte Handschrift ~ *in gutem S., in schlechter H. formulieren, zu Papier bringen;* einen guten, schlechten Stil ~; er schreibt eine gute Handschrift **4.1** eine gewandte Feder ~ *einen gewandten Stil verwenden* **4.2** er schreibt eine kräftige Handschrift ⟨fig.; umg.⟩ *teilt kräftige Ohrfeigen aus* **5** ⟨500⟩ etwas ~ *schriftl. mitteilen;* wir werden dir die Ergebnisse der Besprechung ~; er schreibt mir, daß ... **5.1** ⟨602 od. 802⟩ jmdm. od. an jmdn. (eine Nachricht, einen Brief) ~ *eine N., einen B. senden;* ich schreibe ihm einen Brief, einen Brief an ihn **5.2** ⟨500⟩ etwas ~ *berichten;* die Zeitung schreibt darüber folgendes ... **5.3** ⟨517/R3⟩ sich mit jmdm. ~ ⟨umg.⟩ *in Briefwechsel stehen mit jmdm.* **6** ⟨513/R3⟩ sich in bestimmter Weise ~ *in bestimmter Weise (orthographisch) buchstabiert werden;* wie schreibt er sich? Er schreibt sich Mueller mit ue; das Wort schreibt sich mit y **7** ⟨520/R3⟩ sich XY ~ *XY heißen* **8** ⟨513⟩ jmdn. gesund, krank ~ *jmdm. bescheinigen, daß er gesund, krank ist* **9** ⟨500⟩ etwas ~ *als Datum haben;* wir ~ heute den 1. Januar 1975 **9.0.1** man schrieb das Jahr 1914 *es war, geschah im Jahr 1914* **10** ⟨550⟩ etwas auf etwas ~ *verbuchen, eintragen;* einen Betrag auf ein Konto, eine Rechnung ~

'Schrei·ben ⟨n.; -s, -⟩ *Schriftstück, Brief;* ein ~ abfassen, absenden, diktieren, richten an; wir danken Ihnen für Ihr ~ vom ...; in unserem ~ vom ... baten wir Sie ..., fragten wir an, ob ...

'Schrei·ber ⟨m.; -s, -⟩ **1** *jmd., der etwas schreibt od. geschrieben hat* **2** *Schriftsteller, Verfasser eines literar. Werkes* **3** *Angestellter, Beamter, dessen Tätigkeit hauptsächlich im Schreiben (von Akten, Briefen) besteht* **4** ⟨schweiz.⟩ *Schriftführer, Sekretär;* Gemeinde~; Staats~ **5** *Empfangsgerät für Fernmeldungen;* Fern~

'schrei·en ⟨V. 231⟩ **1** ⟨400⟩ *Schreie ausstoßen, die Stimme laut erschallen lassen, laut sprechen, rufen, brüllen;* vor Angst, Furcht, Schmerz ~; um Hilfe ~; kläglich, mörderisch ~; wir hörten ein entsetzliches Schreien; wie ein Berserker, wie eine angestochene Sau, wie am Spieß ~; der Affe, der Hirsch, das Käuzchen, der Papagei schreit; das Vieh schreit nach Futter **1.0.1** schrei nicht so, ich bin nicht taub! *sprich leiser* **1.1** das Kind schreit *weint heftig;* laut ~d lief das Kind davon **1.2** *kreischen, gellen;* durchdringend, gellend, laut, markerschütternd, schrill ~; die Säge schreit **1.3** es war zum Schreien (komisch) *außerordentlich komisch* **1.4** er schrie vor Lachen ⟨umg.⟩ *er lachte sehr* **1.5** ⟨unpersönl.⟩ es schreit gen, zum Himmel ⟨fig.; umg.⟩ *ist unerhört, empörend, verlangt Abhilfe, Bestrafung* **1.6** ⟨513/R3⟩ sich heiser, müde ~ *so lange schreien, bis man heiser, müde ist* **2** ⟨500⟩ etwas ~ *in großer Lautstärke ausrufen;* Hilfe, Zetermordio, Zeter und Mord ~ ⟨umg.⟩ **2.1** Ach und Weh ~ *jammern, klagen* **2.2** ⟨531⟩

jmdm. etwas ins Gesicht ~ *jmdn. aus nächster Nähe mit etwas sehr lautstark ansprechen;* er schrie ihnen seine Verachtung ins Gesicht 2.3 ⟨800⟩ nach jmdm. od. etwas ~ ⟨fig.⟩ *heftig verlangen;* alles in ihr schrie nach ihren Kindern; nach Rache, Vergeltung ~

Schrein ⟨m.; -(e)s, -e⟩ *stehender Behälter mit Türen, Schrank, Kasten, Lade (bes. zum Aufbewahren von Reliquien);* Reliquien~; etwas im ~ des Herzens, der Seele bewahren ⟨fig.⟩

'Schrei·ner ⟨m.; -s, -; süddt. u. westdt.⟩ = *Tischler*

'schrei·ten ⟨V. 232(s.)⟩ **1** ⟨410⟩ *gemessenen Schrittes, feierlich gehen;* die Trauernden schritten hinter dem Sarge **2** ⟨411⟩ zu etwas ~ ⟨fig.⟩ *übergehen, mit etwas beginnen, sich an etwas machen;* zur Tat, Wahl ~

Schrift ⟨f.; -, -en⟩ **1** *System von Zeichen, mit denen die gesprochene Sprache festgehalten, lesbar gemacht wird;* deutsche, gotische, lateinische, griechische, kyrillische ~; die ~ der Ägypter, Azteken **2** *Handschrift;* eine gute, leserliche, liederliche, regelmäßige, schöne, schräge, steile, unleserliche ~; eine ~ begutachten, beurteilen, deuten, entziffern **3** *geschriebener od. gedruckter Text, Abhandlung, Aufsatz, Buch;* ~en philosophischen, politischen, religiösen Inhalts; Kopf oder ~? (auf Münzen zum Auslosen); geschriebene und gedruckte ~; ~en herausgeben, drucken, publizieren, veröffentlichen **4** ⟨nur Pl.; schweiz.⟩ ~en *persönliche Ausweispapiere* **3.1** eine ~ abfassen, aufsetzen, eingeben, weiterleiten *eine Eingabe* **3.2** die gesammelten, sämtlichen ~en eines Dichters *Werke* **3.3** →a. *heilig(3.3.2)*

'schrift·lich ⟨Adj. 24⟩ **1** *durch Schrift festgehalten, niedergeschrieben;* Ggs *mündlich;* ~e Arbeit, Überlieferung, Vereinbarung; eine ~e Prüfung ablegen; Fragen ~ beantworten; einen Vorgang ~ festhalten, niederlegen; ich habe noch etwas Schriftliches zu erledigen **1.0.1** gib mir die Sache ~ *eine schriftl. Vereinbarung* **1.0.2** ich habe nichts Schriftliches darüber in Händen *wir haben nur darüber gesprochen, nur mündlich etwas vereinbart* **1.1** ~es Verfahren *Prozeßverfahren, bei dem das Urteil allein nach dem Inhalt der Akten gebildet wird* **1.2** ⟨90⟩ das kann ich dir ~ geben! ⟨fig.; umg.⟩ *darauf kannst du dich verlassen, das ist sicher!*

'Schrift·stel·ler ⟨m.; -s, -⟩ *Verfasser von schöngeistigen, kritischen od. die verschiedensten Sachgebiete betreffenden Werken, die zur Veröffentlichung bestimmt sind*

schrill ⟨Adj.⟩ *durchdringend, grell tönend;* ein ~er Mißklang, Mißton, Schrei; der ~e Ton der Klingel, Pfeife; sie lachte ~ auf; das ~e Läuten des Telephons

Schritt ⟨m.7; -(e)s, -e⟩ **1** *Vorsetzen eines Fußes beim Gehen;* ein elastischer, federnder, forscher, schleppender, steifer, tappender, unsicherer, wankender, zaghafter, zögernder ~; ein fester, kräftiger, lauter, leichter, leiser, schwerer, unhörbarer ~; ein großer, kleiner, kurzer, langer, weit ausgreifender ~; nach meiner Krankheit habe ich noch keinen ~ aus dem Haus getan; seine ~e zum Wirtshaus lenken; die ersten ~e machen, tun; die Freude auf das Wiedersehen beflügelte seine ~e; den ~ beschleunigen, verlangsamen, zurückhalten; auf der Straße hörte man eilige ~e; jmdn. am ~ erkennen; im gleichen ~ und Tritt; jmds. Einfluß ~ um ~ eindämmen, zurückdrängen; vom Erhabenen zum Lächerlichen ist nur ein ~ (Napoleon I.); nach dem Essen soll man ruhn, oder tausend ~e tun ⟨Sprichw.⟩; ~ vor ~ kommt auch ans Ziel ⟨Sprichw.⟩ **1.1** sich ~ für ~ vorwärtstasten *langsam, vorsichtig* **1.2** der erste ~ zur Besserung ⟨fig.⟩ *der Anfang zur B.* **1.3** den zweiten ~ vor dem ersten tun ⟨fig.⟩ *nicht folgerichtig verfahren* **1.4** ein ~ vom Wege ⟨fig.; heute fast nur noch scherzh.⟩ *ein Fehltritt* **1.5** auf ~ und Tritt *dauernd, immer wieder;* er begegnet mir auf ~ und Tritt; jmdn. auf ~ und Tritt beobachten **1.5.1** jmdm. auf ~ und Tritt folgen *überallhin* **1.6** *Gleichschritt;* aus dem ~ kommen; im ~ bleiben **1.7** mit der Zeit ~ halten ⟨fig.⟩ *die Veränderungen, Anschauungen u. Fortschritte der Z. zu verstehen suchen* **1.8** heute haben wir deine Angelegenheit einen guten ~ weitergebracht ⟨fig.⟩ *ein gutes Stück* **2** ⟨unz.⟩ *Gehen, (langsame) Gangart;* den ~ wechseln; im ~ fahren, reiten; langsamen, schnellen ~es kam er auf mich zu; sein ~ stockte; die Pferde gingen im ~; die Pferde im ~ gehen lassen **2.1** du hast vielleicht einen ~ an dir, am Leib ⟨umg.⟩ *du gehst zu schnell* **2.2** ~ fahren *langsam fahren* **3** *70 bis 90 cm, kurze Strecke;* zwei ~ nähertreten, vorgehen, zurücktreten **3.1** er soll mir drei ~ vom Leibe bleiben! *nicht zu nahe an mich herankommen, ich will nichts mit ihm zu tun haben* **3.2** noch einen ~ weitergehen ⟨a. fig.⟩ *noch etwas mehr wagen* **3.3** wir sind in unseren Verhandlungen noch keinen ~ weitergekommen ⟨fig.⟩ *gar nicht* **4** *Entfernung vom Gürtel bis zum Ansatz der Beine (bei der Hose);* zu enger, kurzer, langer ~ (der Hose) **5** ⟨fig.⟩ *(einleitende) Maßnahme, Vorgehen;* ein bedeutsamer, gewagter, unüberlegter ~; diplomatische ~e einleiten; geeignete, die nötigen ~e tun, unternehmen, veranlassen; er hat sich weitere ~e vorbehalten; ~e gegen jmdn. unternehmen; beide Länder wollen gemeinsame ~e unternehmen **5.1** den entscheidenden ~ nicht wagen *unentschlossen sein*

'Schritt·ma·cher ⟨m.⟩ **1** *Motorradfahrer, der bei Radrennen für Steher vor dem Steher herfährt u. ihm Windschatten gibt* **2** ⟨früher⟩ *Helfer bei sportl. Wettbewerben, der durch Anschlagen eines bestimmten Tempos dem Wettkämpfer die Aufgabe erleichtern soll* **3** ⟨fig.⟩ *jmd., der anderen den (günstigen) Weg vorbereitet* **4** ⟨Med.⟩ *Gerät, das die Frequenz des Herzschlages steuert;* Herz~

schroff ⟨Adj.⟩ **1** *steil (aufragend), jäh (abfallend);* ~e Felsen, Klippen; eine ~ abfallende Felswand **2** ⟨fig.⟩ *hart u. unfreundlich, grob (abweisend);* eine ~e Ablehnung, Abweisung; sein ~es Benehmen, Wesen stieß alle ab **2.1** seine Aussage steht im ~en Gegensatz zu der deinen *lautet ganz anders* **3** ⟨fig.⟩ *plötzlich, abrupt;* ein ~er Übergang

'schröp·fen ⟨V. 500⟩ **1** jmdn. ~ *jmdm. mit einem saugenden Gerät Blut örtlich in die Haut ableiten od. gleichzeitig entziehen* **2** ⟨R8⟩ jmdn. ~ ⟨fig.⟩ *viel zahlen lassen, finanziell ausnützen, übervorteilen;* er wurde beim Kartenspiel gehörig geschröpft **3** Getreide ~ *die Spitzen davon abschneiden, um zu üppiges Wachstum zu verhindern* 3.1 Obstbäume ~ *bei schlechtem Ertrag die Rinde einschneiden*

Schrot ⟨m. od. n.; -(e)s, -e⟩ **1** *grob gemahlene Getreidekörner* **2** *gehärtete Bleikügelchen, die in größerer Anzahl mit einem Schuß aus Gewehren mit glatten Läufen geschossen werden;* dem Fasan eine Ladung ~ aufbrennen ⟨umg.⟩ **3** = *Schrott* **4** *Gesamtgewicht von Gold- u. Silbermünzen* 4.1 eine Münze von gutem ~ u. Korn *von echtem Feingehalt* 4.2 er ist ein Mann von echtem ~ u. Korn ⟨fig.⟩ *von guter alter Art, tüchtig, solide, zuverlässig* **5** *unförmiges Stück Holz, Klotz, Scheit* **6** ⟨oberdt.⟩ *Leinwandmaß, Bahn*

'schro·ten[1] ⟨V. 500⟩ etwas ~ *grob zerkleinern, zermahlen, zermalmen, zerschneiden;* Getreide, Alteisen ~

'schro·ten[2] ⟨V. 500⟩ schwere Lasten ~ *wälzend, rollend, ziehend fortbewegen;* eine Kiste in den Keller ~

Schrott ⟨m.; -(e)s, -e⟩ oV *Schrot(3)* **1** ⟨i. w. S.⟩ *nicht mehr zu verwendende metallische Gegenstände, Altmetall;* oV *Schrot(3);* Eisen~; Aluminium~; ~ abladen **2** ⟨i. e. S.⟩ *Schrott(1) aus Eisen*

'schrub·ben ⟨V. 500/R7⟩ **1** jmdn. od. etwas ~ *kräftig abreiben* 1.1 etwas ~ *mit der Scheuerbürste reinigen*

'Schrul·le ⟨f.; -, -n⟩ **1** *Laune, wunderl. Einfall;* er hat den Kopf voller ~n; du hast nichts als ~n im Kopf; was hat sie sich da wieder für eine ~ in den Kopf gesetzt **2** ⟨umg.; abwertend⟩ *wunderl. alte Frau, häßliche Frau*

'schrump·fen ⟨V. 400(s.)⟩ **1** *eingehen, kleiner werden;* die Äpfel ~, wenn man sie lange lagert; manche Stoffe ~ bei der Wäsche **2** ⟨fig.⟩ *sich vermindern;* das Kapital schrumpft

'Schrun·de ⟨f.; -, -n⟩ *Spalt, Riß (bes. in der Haut)*

Schub ⟨m.; -(e)s, ¨-e⟩ **1** *das Schieben, einzelner Stoß;* alle neune beim ersten ~ (beim Kegeln) **2** *auf einmal beförderte Menge;* einen ~ Steine abladen 2.1 der Andrang war so groß, daß die Schaulustigen nur in Schüben eingelassen werden konnten *in nacheinanderfolgenden Gruppen* 2.2 ein ~ Brötchen *die Anzahl B., die auf einmal in den Ofen geschoben wird* **3** ⟨Phys.⟩ *Kraft, mit der ein durch Rückstoß bewegter Körper bewegt wird (bei Raketen u. Strahltriebwerken)* **4** = *Schwerkraft* **5** ⟨umg.⟩ *Schubfach, Schubkasten, Schublade* **6** ⟨gaunerspr.⟩ *Zwangsbeförderung (bes. von Landstreichern);* sie wurden per ~ an die Grenze gebracht 6.1 Landstreicher auf den ~ bringen *zwangsweise entfernen*

'Schub·la·de ⟨f.⟩ *herausziehbarer Kasten unter (Schreib)tischen u. in Schränken*

'schüch·tern ⟨Adj.⟩ **1** *scheu, ängstlich, beklommen, zurückhaltend;* ein ~es Mädchen; ~ stand die Kleine da und sagte kein Wort 1.1 einen ~en Versuch machen ⟨fig.⟩ *vorsichtig etwas versuchen*

Schuft ⟨m.; -(e)s, -e⟩ *ehrloser, gemeiner Mensch, Schurke, Betrüger*

'schuf·ten ⟨V. 400; umg.⟩ *schwer arbeiten*

Schuh ⟨m. 7; -(e)s, -e⟩ **1** *Fußbekleidung des Menschen;* ein bequemer, derber, (zu) enger, (zu) großer ~; flache, hohe, orthopädische, spitze ~e; ~e anhaben; ~e an- u. ausziehen, schieftreten, tragen; ~e ausbessern, besohlen, flicken, machen; ~e eincremen, fetten, pflegen, putzen; ~e nach Maß arbeiten lassen; diese ~e drücken (mich), passen, sind bequem, sind zu eng 1.1 ich weiß, wo ihn der ~ drückt ⟨fig.⟩ *ich kenne seine Schwierigkeiten, wenn er es mir auch nicht gesagt hat* 1.2 umgekehrt wird ein ~ daraus! ⟨fig.; umg.⟩ *das Gegenteil ist richtig* 1.3 er versuchte, mir die Sache in die ~e zu schieben ⟨fig.; umg.⟩ *mir die Schuld daran zu geben, mich dafür verantwortlich zu machen* 1.4 du hast deine ~e noch nicht bezahlt ⟨umg.; scherzh.⟩ *deine Schuhsohlen knarren* **2** *dem Schuh (1) in Form od. Funktion ähnlicher Gegenstand* 2.1 *Hufeisen o. ä. Beschlag* 2.2 *Hülle aus Eisen um das untere Ende von Lanzen, Pfählen* 2.3 *Hemmschuh, Bremsschuh* **3** = *Fuß(6);* drei ~ hoch

'Schul·bank ⟨f.⟩ **1** *Pult mit Sitz für Schüler* 1.1 er drückt noch die ~ ⟨fig.; umg.⟩ *geht noch zur Schule* 1.2 wir haben miteinander die ~ gedrückt, haben (miteinander) auf einer ~ gesessen ⟨fig.; umg.⟩ *waren in der gleichen Schulklasse*

schuld ⟨Adj. 80⟩ *schuldig;* ~ haben, geben, sein; wer ist ~?; er allein hat ~; sie ist an allem ~; die Verhältnisse sind ~ daran

Schuld ⟨f.; -, -en⟩ **1** *Verpflichtung zu einer Gegenleistung* 1.0.1 ich bin, stehe tief in seiner ~ ⟨fig.⟩ *ich fühle mich ihm sehr verpflichtet, ich habe noch vieles gutzumachen, was er für mich getan hat* 1.1 *Verpflichtung zur Rückgabe von Geld od. zur Bezahlung von etwas;* eine ~ abtragen, anerkennen, begleichen, bezahlen, löschen, tilgen; ~en einklagen, eintreiben, einziehen; ~en haben, machen; sich seiner ~ entledigen; in ~en geraten; sich in ~en stürzen; das Haus ist frei von ~en; auf dem Grundstück liegt eine ~ von 20 000 DM; nach Bezahlung seiner ~en blieb ihm nur noch ein Bruchteil seines Vermögens 1.1.1 bis über die Ohren (tief) in ~en stecken ⟨fig.⟩ *stark verschuldet sein* 1.1.2 er hat mehr ~en als Haare auf dem Kopfe ⟨fig.⟩ *er ist stark verschuldet* **2** ⟨unz.⟩ *Verantwortung, (sittl.) Verschulden;* eine große, schwere, tiefe ~; eine moralische ~; von einer ~ (nicht) loskommen; vom Gefühl tiefster ~ durchdrungen, erfüllt sein; die ~ auf jmdn. abwälzen, schieben; eine ~ auf sich nehmen; jmdm. die ~ an etwas geben; mit ~ beladen sein; sich frei von ~ fühlen; ich bin mir keiner ~ bewußt; die ~ fällt auf ihn; die ~ liegt allein bei ihm; ihn trifft keine ~; er trägt die moralische ~ daran; du solltest die ~ nicht nur bei anderen, sondern auch bei dir selbst suchen; der Übel größtes aber ist die ~ (Schiller, Braut von Messina, 4,7); alle ~ rächt sich auf Erden (Goethe) 2.0.1 die ~ liegt nicht bei ihm *er kann nichts dafür* 2.1 ⟨Rechtsw.⟩ *die innere Beziehung des Täters zu einer Tat, strafbare Verfehlung, die Verantwortung hierfür;* seine ~ abstreiten, eingestehen, leugnen, zugeben; jmdm. die ~ beimessen, geben, zuschieben, zuschreiben; ~ tragen; man kann ihm seine ~ nicht beweisen; die ~ blieb ungesühnt 2.2 ⟨Rel.⟩ *die in der Übertretung des Gottesgebotes (Sünde) begründete u. im Gewissen erfahrbare Strafwürdigkeit des Menschen;* ~ und Buße; ~ und Sühne; eine ~ büßen, sühnen; ... und vergib uns unsere ~ (Vaterunser); eine schwere ~ auf sich laden

'schul·den ⟨V. 530/R6⟩ **1** j m d m. e t w a s ~ *jmdm. zu einer Leistung, bes. zur Rückzahlung eines Geldbetrages verpflichtet sein;* er schuldet mir nichts, noch 50 Mark, eine Gegenleistung **2** j m d m. e t w a s ~ *verdanken, schuldig sein* 2.1 ich schulde ihm mein Leben *er hat mein L. gerettet*

'schul·dig ⟨Adj.⟩ **1** *Schuld tragend, schuldbeladen, (für eine Tat) verantwortlich;* jmdn. einer Tat für ~ erklären; eines Verbrechens ~ sein; bei der Scheidungsklage wurde sie als der ~e Teil erklärt; sie ist ~ geschieden; er hat sich ~ bekannt; wir fühlen uns ~ an seinem Unglück; du hast dich damit einer strafbaren Handlung ~ gemacht; wer ist der Schuldige?; die Geschworenen erkannten auf ~; du brauchst den Schuldigen nicht weit zu suchen 1.1 ich werde den wahren Schuldigen herausfinden *den eigentl. Urheber* 1.2 jmdn. e i n e r T a t ~ sprechen *jmdm. die Schuld an einer Tat geben* 1.3 ⟨44⟩ d e s T o d e s ~ sein ⟨poet.⟩ *den T. verdienen* **2** ⟨42⟩ *zu geben verpflichtet;* jmdm. etwas ~ sein; jmdm. Rechenschaft ~ sein; dafür bin ich ihm Dank ~ 2.0.1 dieses Entgegenkommen ist er mir ~ *das kann ich von ihm erwarten, nach dem, was ich für ihn getan habe* 2.0.2 ~ (g e b l i e b e n) s e i n *noch nicht gegeben haben, noch schulden, (noch) geben müssen;* den Beweis hierfür bist du mir ~ (geblieben); er ist mir noch eine Antwort auf meine Frage ~ 2.1 *zu zahlen verpflichtet;* ich bin ihm noch Geld, 100 Mark, die Miete, eine Rechnung ~ 2.2 ⟨60⟩ *gebührend, geziemend;* er läßt es an der ~en Achtung, Rücksicht fehlen; den ~en Gehorsam außer acht lassen; jmdm. den ~en Respekt zollen

'Schul·dig·keit ⟨f.; -; unz.⟩ **1** *Pflicht, Verpflichtung* 1.1 ich habe nur meine ~ getan *meine Pflicht erfüllt* 1.2 der Mohr hat seine ~ getan, der Mohr kann gehn *nachdem jmd. das getan hat, was man von ihm wollte, entledigt man sich seiner (sprichwörtl. nach Schiller, Fiesco, 3,4)* 1.3 → a. *Pflicht(1.0.1)*

'Schu·le ⟨f.; -, -n⟩ **1** *Institution für die Erziehung u. Ausbildung von Kindern u. Jugendlichen;* höhere, mittlere ~n; öffentliche, private ~n; Schüler aus der ~ entlassen; Schüler in die ~ aufnehmen; von der ~ abgehen; sie geht noch in die, zur ~ **2** *Gebäude, in dem eine Schule(1) untergebracht ist;* eine ~ bauen; die ~ betreten 2.1 h i n t e r, n e b e n die ~ gehen ⟨fig.; umg.⟩ *absichtl. den vorgeschriebenen Unterricht versäumen* **3** ⟨unz.⟩ *Unterricht (der in einer Schule(2) erteilt wird);* morgen fällt die ~ aus; die ~ beginnt um 8 Uhr; die ~ besuchen; zur, in die ~ gehen; die harte ~ der Armut, langer Krankheit, des Lebens ⟨fig.⟩ 3.1 ~ h a l t e n *unterrichten* 3.2 die ~ ist aus ⟨umg.⟩ *beendet* 3.3 die ~ s c h w ä n z e n ⟨umg.⟩ *den Unterricht absichtl. versäumen* 3.4 eine h a r t e ~ durchmachen *Lehrzeit* 3.5 durch eine h a r t e ~ gehen *im Leben viel Schweres erleiden, bittere Erfahrungen machen* 3.6 er ist bei den Klassikern in die ~ gegangen ⟨fig.⟩ *hat von den K. gelernt* 3.7 a u s d e r ~ p l a u d e r n, schwatzen ⟨fig.; umg.⟩ *Geheimnisse ausplaudern* 3.8 → a. *hoch(6.1, 6.4)* **4** ⟨umg.⟩ *Lehrer u. Schüler in ihrer Gesamtheit;* die ganze ~; an dem Wettbewerb nehmen auch ~n teil **5** *künstler. od. wissenschaftl. Richtung, die von einem Meister ausging;* die ~ Dürers, Rembrandts; die florentinische ~ 5.1 das wird ~ m a c h e n ⟨fig.; umg.⟩ *nachgeahmt werden;* hoffentlich macht sein Beispiel nicht ~! 5.2 ein Kavalier der (guten) a l t e n ~ ⟨fig.; umg.⟩ *von vollendeter Höflichkeit* **6** *Baumschule*

'schu·len ⟨V. 500/R7 od. R8⟩ **1** j m d n. od. e t w a s ~ *unterrichten, heranbilden, unterweisen;* die Augen, das Gedächtnis, das Ohr, den Verstand ~; mit geschultem Blick sah er sofort den Fehler; uns fehlt geschultes Personal 1.1 eine geschulte S t i m m e *ausgebildete St.*

'Schü·ler ⟨m.; -s, -⟩ **1** *Angehöriger einer Schule, Schulkind;* ein aufmerksamer, begabter, fauler, fleißiger, gelehriger, guter, interessierter, strebsamer ~ 1.1 → a. *fahren(6)* **2** *Lernender (bei einem Meister);* ein ehemaliger ~ von ihm; ein ~ von Hindemith

'Schul·jahr ⟨n.⟩ **1** *Zeit vom Eintritt der Schüler in eine Klasse bis zu den letzten Ferien vor Beginn der neuen Klasse;* ein ~ beginnt zu Ostern od. im Herbst 1.1 er ist jetzt im zweiten ~ *in der zweiten Klasse*

'Schul·klas·se ⟨f.⟩ **1** *Gesamtheit der Schüler, die gemeinsam unterrichtet werden* **2** *der Raum für Schulunterricht, Klassenzimmer*

'Schul·mei·ster ⟨m.⟩ **1** ⟨veralt.⟩ = *Lehrer* **2** ⟨fig.⟩ *jmd., der andere pedantisch belehrt, bekrittelt*

'Schul·ter ⟨f.; -, -n⟩ **1** *die Verbindung der Arme mit dem Brustkorb;* die ~n beugen, einziehen, heben, schütteln; bedauernd die ~n hochziehen; die, mit den ~n zucken (zum Zeichen, daß man etwas nicht weiß); ihre ~n zuckten, während sie schluchzte; enttäuscht ließ sie die ~n hängen, sinken; breite, gerade, hängende, schmale ~n; vom Alter gebeugte ~n; sie stand mit hängenden ~n da (vor Enttäuschung); jmdn. an den ~n fassen, packen; das Kind hängte sich an seine ~; sie reichte ihm nur bis an die, bis zur ~; ein Kind auf die ~ heben, nehmen; das Kind kletterte ihm auf die ~; jmdm. auf die ~ klopfen; der Polizist legte ihm die Hand auf die ~ (zum Zeichen der Verhaftung); den Gegner beim Ringen auf die ~n legen, zwingen; er ist breit in den ~n; die Jacke über die ~n hängen; jmdn. um die ~ fassen 1.1 die ganze Verantwortung ruht auf seinen ~n ⟨fig.⟩ *er trägt die volle Verantwortung* 1.2 ~ a n ~ stehen *dicht aneinandergedrängt* 1.3 ~ a n ~ mit jmdm. arbeiten, kämpfen ⟨a. fig.⟩ *in kameradschaftl. Einvernehmen* 1.4 jmdn. ü b e r die ~ a n s e h e n ⟨fig.⟩ *verachten* 1.5 → a. *kalt(3.1.3), leicht(9.3)*

'schul·tern ⟨V. 500⟩ e t w a s ~ *auf die Schulter nehmen;* das Gewehr ~; mit geschultertem Gewehr

'Schu·lung ⟨f.; -, -en⟩ **1** *Belehrung, Unterricht, Heranbildung;* eine fachmännische, gründliche, langjährige, strenge ~ **2** *sicheres Können, Routine, Erfahrung;* die Arbeit verrät gute ~

Schund ⟨m.; -(e)s; unz.⟩ **1** *wertloses Zeug, Plunder, Abfall, Ausschußware* **2** *künstlerisch wertloses Erzeugnis (bes. der Literatur);* Schmutz und ~ bekämpfen; ~ kaufen, verkaufen; ~ lesen

'schun·keln ⟨V. 400⟩ *schaukeln, sich hin- u. herwiegen*

'Schup·pe ⟨f.; -, -n⟩ **1** *Plättchen der Haut bei Fischen, Schlangen, Eidechsen, Lurchen;* die ~n vom Fisch schaben **2** *Talgabsonderung der Haut (bes. der Kopfhaut)* 2.1 → a. *Auge(1.5)* **3** *flache, mehrzellige Haarbildung bei Pflanzen;* die ~n des Tannenzapfens **4** *Metallplättchen am Panzer einer Ritterrüstung*

'Schup·pen ⟨m.; -s, -⟩ *überdeckter Raum, meist aus Brettern (bes. zum Abstellen für Geräte od. Wagen), Speicher;* oV *Schoppen* ⟨landschaftl.⟩

Schur[1] ⟨f.; -, -en⟩ **1** *das Scheren (bes. der Schafe);* Schaf~ **2** *der Schnitt (bes. von Hecken, Wiesen)*

Schur[2] ⟨m.; -(e)s; unz.⟩ *Schererei, Plage, Verdruß;* jmdm. einen ~ tun; jmdm. etwas zum ~ tun

'schü·ren ⟨V. 500⟩ **1** Feuer, Glut ~ *anfachen, indem man im Feuer stochert, damit Luft zugeführt wird;* den Brand, das Feuer in der Heizung ~ **2** etwas ~ ⟨fig.⟩ *anfachen, vergrößern;* jmds. Argwohn, Eifersucht, Groll, Haß, Leidenschaften, Neid, Unzufriedenheit, Zorn ~

'schür·fen ⟨V.⟩ **1** ⟨400; Bgb.⟩ *Minerallagerstätten aufsuchen, (nach Bodenschätzen) in geringer Tiefe graben;* auf, nach Gold ~ 1.1 ⟨500⟩ Bodenschätze ~ *fördern, gewinnen, nach B. graben;* Erz ~ **2** ⟨415⟩ (nach etwas) ~ ⟨fig.⟩ *emsig forschen, gründlich suchen;* tief schürfen **3** ⟨602/R1⟩ sich (einen Körperteil) ~ *sich oberflächl. verletzen, aufschaben;* sie hat sich beim Sturz das Knie geschürft

'Schur·ke ⟨m.; -n, -n⟩ *gemeiner, ehrloser, niederträchtiger Mensch, Verräter;* ein abgefeimter ~

Schurz ⟨m.; -es, -e⟩ *um die Hüften gebundenes Kleidungsstück;* Lenden~

'Schür·ze ⟨f.; -, -n⟩ **1** *zum Schutz gegen Beschmutzung bei der Arbeit getragenes Kleidungsstück, bes. für Frauen;* die ~ abbinden, ablegen, ausziehen; eine ~ anziehen, umbinden, vorbinden; die Kinder klammerten sich ängstlich an die ~ der Mutter; die Kinder verkrochen sich schüchtern hinter der ~ der Mutter 1.1 er hängt noch der Mutter an der ~ ⟨fig.;umg.⟩ *er ist noch unselbständig* **2** ⟨fig.; umg.⟩ *weibl. Wesen* 2.0.1 er ist hinter jeder ~ her, läuft jeder ~ nach *er stellt den Frauen nach* **3** ⟨jägerspr.⟩ *der Haarpinsel am Geschlechtsteil des weibl. Rehs*

'schür·zen ⟨V. 500⟩ **1** ein Kleidungsstück ~ *heben, raffen;* sie schürzte ihre Röcke und watete durch den Bach 1.1 die Lippen, den Mund ~ ⟨fig.⟩ *kräuseln, in die Höhe ziehen;* sie schürzte hochmütig die Lippen **2** einen Knoten ~ ⟨veralt.⟩ *knüpfen, binden;* den Faden zu einem Knoten ~ 2.1 im Drama den Knoten ~ ⟨fig.⟩ *den Konflikt herbeiführen*

Schuß ⟨m. 7; -s·ses, -̈s·se⟩ **1** *das Fortschleudern eines Geschosses, Abdrücken einer Feuerwaffe;* auf den ersten ~ treffen; ein ~ nach der Scheibe, nach Tontauben 1.1 plötzlich fiel ein ~ *wurde einmal geschossen* 1.2 weit vom ~ sein ⟨fig.;umg.⟩ *weitab von jeder Gefahr, außerhalb der Gefahrenzone* 1.3 → a. *blind(3.1), scharf(8.1.1)* **2** *das beim Schießen entstehende Geräusch, Knall;* Schüsse knallten, krachten, peitschten durch die Nacht; der ~ war weithin zu hören **3** *Geschoß;* ein ~ durch die Brust; ein ~ ins Blaue; ein ~ ins Herz; einen ~ abbekommen; einen ~ abfeuern, abgeben; ein ~ geht los; einem Schiff einen ~ vor den Bug setzen (als warnendes Zeichen zum Stoppen) **3.0.1** ich habe noch drei ~ im Magazin *Patronen* **3.1** einen ~ in der Schulter *eine Schußverletzung* **3.2** ein ~ ins Schwarze (der Schießscheibe) ⟨a. fig.⟩ *ein Treffer* 3.3 das Wild in, vor den ~ bekommen *gut auf das W. zielen können* **3.4** er ist mir gerade richtig vor den ~ gekommen ⟨fig.; umg.⟩ *im richtigen Augenblick begegnet* 3.5 ~ Pulver *Ladung P.* **3.5.1** er ist keinen ~ Pulver wert ⟨fig.; umg.⟩ *er taugt gar nichts* **4** *das Fortschleudern, kräftiger Wurf des Balls;* sein ~ ist kräftig und zielsicher **5** *der geschossene Ball;* ein ~ trifft fehl, verfehlt sein Ziel; ein unhaltbarer ~ ins Tor **6** ⟨Bgb.⟩ *Sprengung, Sprengladung;* ein ~ im Steinbruch **7** ⟨Web.⟩ *Querfäden;* Ggs *Kette(6)* **8** *Portion, Menge, die man mit einemmal hinwirft od. eingießt;* Tee mit einem ~ Rum; seine Rede war mit einem kräftigen ~ Ironie gewürzt ⟨fig.⟩; einen ~ Leichtsinn im Blut haben ⟨fig.⟩ 8.1 Berliner Weiße mit ~ *ein Weißbier mit einer kleinen Menge Himbeersaft* **9** *rasche Bewegung, Schwung* 9.1 ~ fahren *in ungebremster Abfahrt (beim Schisport, Rodeln o. ä.)* 9.2 ⟨fig.⟩ *schnelles Wachstum* 9.2.1 der Junge hat einen kräftigen ~ getan, seit ich ihn das letzte Mal gesehen habe ⟨fig.; umg.⟩ *er ist tüchtig gewachsen* 9.2.2 im Schusse sein (Pflanzen) ⟨umg.⟩ *gerade rasch wachsen* **10** im, in ~ ⟨umg.⟩ *in Ordnung, funktionstüchtig, gesund;* sie hat den Haushalt gut im, in ~; seine Sachen in ~ halten 10.1 nach meiner Krankheit bin ich noch nicht wieder ganz in ~ *ich habe mich noch nicht völlig von meiner Krankheit erholt* 10.2 der neue Besitzer hat das Geschäft wieder in ~ bekommen (nachdem es schon abgewirtschaftet war) *wieder belebt*

'Schüs·sel ⟨f.; -, -n⟩ **1** *vertieftes Gefäß (bes. zum Anrichten u. Auftragen von Speisen);* ein Satz ~n; eine ~ voll Kartoffelbrei; eine ~ aus Glas, Kristall, Plastik, Porzellan, Silber, Steingut; die ~ auswaschen, füllen, leeren, zudekken; eine flache, runde, tiefe, verdeckte ~ 1.1 aus einer ~ essen ⟨fig.⟩ *gemeinsame Sache machen* 1.2 er hält es mit vollen ~n ⟨fig.⟩ *er ißt gern üppig* 1.3 vor leeren ~n sitzen ⟨a. fig.; umg.⟩ *hungern müssen* **2** ⟨fig.⟩ *Gericht, Speise;* eine ~ kannst du doch noch essen **3** ⟨jägerspr.⟩ *Ohr (beim Schwarzwild), Teller*

'Schu·ster ⟨m.; -s, -⟩ **1** *Handwerker, der Schuhe nach Maß herstellt u. Schuhe repariert* 1.1 ~, bleib bei deinen Leisten ⟨Sprichw.⟩ *tu nur das, wovon du etwas verstehst* 1.2 auf ~s Rappen reiten ⟨fig.; umg.⟩ *zu Fuß gehen* **2** ⟨Zool.⟩ = *Weberknecht* **3** ⟨abwertend⟩ *Pfuscher*

Schutt ⟨m.; -(e)s; unz.⟩ **1** *Trümmer, Gesteinstrümmer;* eine Grube mit ~ auffüllen *1.1* etwas in ~ und Asche legen ⟨a. fig.⟩ *verbrennen, zerstören;* Bomben legten die Stadt in ~ und Asche **2** *Abfall;* ~ abladen verboten!

'schüt·teln ⟨V. 500/R7⟩ **1** jmdn. od. etwas ~ *schnell hin u. her bewegen;* ich hätte ihn ~ können, mögen! (um ihn zur Vernunft zu bringen); die Betten ~ (um die Federn zu lokkern); jmdm. zur Begrüßung die Hand, die Hände, die Rechte ~; sie schüttelte verneinend den Kopf; vor Gebrauch (zu) ~! (Aufschrift auf Arzneiflaschen); ein unwiderstehlicher Lachreiz schüttelte sie; Bäumchen, rüttel dich und schüttel dich, wirf Gold und Silber über mich (Märchen „Aschenputtel") 1.0.1 von Angst, Ekel, Entsetzen, Grauen geschüttelt ⟨fig.⟩ *erfüllt* 1.0.2 vom Fieber geschüttelt sein *hohes Fieber haben* 1.0.3 von Lachen, Schluchzen geschüttelt sein *heftig, haltlos lachen, schluchzen* 1.1 ⟨R3⟩ sich ~ *die Glieder heftig hin u. her bewegen;* der Hund schüttelte sich (und damit die Nässe aus seinem Fell) 1.2 ⟨510⟩ etwas aus, durch, von etwas ~ *durch Schütteln(1) aus, durch, von etwas befördern;* sie schüttelte den Staub aus dem Lappen; Mehl, Puderzucker durch ein Sieb ~; Pflaumen ~ (vom Baum) 1.2.1 ⟨513⟩ ich habe ihn tüchtig aus dem Anzug, aus den Lumpen geschüttelt ⟨fig.; umg.⟩ *zurechtgewiesen* 1.2.2 das kann man doch nicht aus dem Ärmel, dem Handgelenk ~ ⟨fig.; umg.⟩ *schnell nebenher erledigen, so etwas will gründlich überlegt, vorbereitet sein* 1.2.3 ⟨550⟩ den Staub von den Füßen ~ ⟨fig.⟩ *fortgehen, alles hinter sich lassen u. neu beginnen*

'schüt·ten ⟨V.⟩ **1** ⟨511⟩ etwas ~ *gießen, strömen, fließen, fallen lassen;* Schutt auf einen Haufen ~; Getreide auf den Kornboden ~; das Schmutzwasser in den Ausguß ~ **2** ⟨400⟩ etwas schüttet (gut) *gibt guten Ertrag;* in diesem Jahr schüttet das Korn; die Quelle schüttet in diesem Frühjahr schlecht **3** ⟨401⟩ es schüttet ⟨umg.⟩ *es regnet in Strömen*

'schüt·ter ⟨Adj.⟩ *dünnstehend, spärlich, gelichtet;* er hat schon ~es Haar

Schutz ⟨m.; -es; unz.⟩ **1** *Unterstützung der Sicherheit, Abwehr (von etwas Unangenehmem), Hilfe (bei etwas Bedrohlichem);* den ~ des Gesetzes genießen; unter dem ~ des Gesetzes stehen; die Veranstaltung stand unter dem ~ von ...; ~ bieten, gewähren, finden, leihen, suchen, verleihen, zusichern; bei jmdm. ~ suchen; sich in jmds. ~ begeben; sich unter jmds. ~ befinden; ~ und Schirm gewähren ⟨verstärkend⟩ 1.1 *Obhut;* ich empfehle ihn deinem ~; jmdn. in seinen ~ nehmen; die Einbrecher entkamen im, unter dem ~ der Dunkelheit **2** *Bürgschaft, Fürsprache, Gönnerschaft;* sich Gottes ~ anvertrauen, befehlen, empfehlen; Gottes ~ vertrauen; jmdm. seinen ~ angedeihen lassen; Gott, laß mich deinem ~ befohlen sein; in, unter Gottes ~ stehen 2.1 das hat er nicht gesagt, da muß ich ihn in ~ nehmen *gegen unwahre Beschuldigung verteidigen* **3** *Sicherheit;* ein Patent gewährt ~ vor Nachahmungen **4** *Zuflucht, Bedeckung vor Unwetter;* das Dach über der Haltestelle bietet ~ gegen Regen; ~ vor Kälte, Regen, jmds. Nachstellungen, einem Unwetter, den Verfolgern suchen **5** *Vorbeugung, vorbeugende Maßnahme;* ~impfung; das Medikament bietet weitgehend ~ vor Ansteckung **6** *Abwehr, Verteidigung;* Militär~; die Infanterie rückte unter dem ~ des Artilleriefeuers vor; zu ~ und Trutz zusammenstehen ⟨verstärkend⟩ 6.1 Gesetz zum ~ der Republik *Gesetz gegen Landesverrat* **7** *Bewachung;* ~wache; Geleit~

Schütz[1] ⟨m.; -en, -en⟩ = *Schütze*[1]

Schütz[2] ⟨m. od. n.; -es, -e⟩ **1** ⟨Wasserbau⟩ *bewegl. Vorrichtung an Wehren u. Schleusen, um den Wasserdurchlauf zu regeln;* oV *Schütze*[2] **2** ⟨El.⟩ *automat. wirkender Schalter, der z. B. zum Schutze einer Maschine vor zu hohen Spannungen dient*

'Schutz·be·foh·le·ne(r) ⟨f. 2 (m. 1)⟩ *jmd., der dem Schutz eines anderen anbefohlen ist, Schützling*

'Schutz·blech ⟨n.⟩ *halbkreisförmiges, gewölbtes Blech über den Rädern von Fahrzeugen zum Auffangen des Schmutzes*

'Schüt·ze[1] ⟨m.; -n, -n⟩ **1** *jmd., der mit einer Schußwaffe schießt* **2** *der das Gewehr als Hauptwaffe tragende Infanterist* **3** ⟨Fußb.⟩ *den Ball schießender Spieler;* Tor~ **4** ⟨Astr.⟩ *ein Sternbild des Tierkreises am südl. Himmel* **5** ⟨Web.⟩ *mit Spule versehenes Gerät, mit dem der Schußfaden durch die Kettfäden gezogen wird, Weberschiffchen* **6** ⟨Zool.⟩ *Fisch, der in Ufernähe die an Pflanzen sitzenden Insekten mit Wasser bespritzt, so daß sie herabfallen u. von ihm gefressen werden können: Toxotes jaculator*

'Schüt·ze[2] ⟨m.; -es, -⟩ = *Schütz*[2]*(1)*

'schüt·zen ⟨V.505/R7 od. R8⟩ **1** jmdn. od. etwas (vor jmdm. od. etwas) ~ *bewahren, behüten, verteidigen;* sich ~ (vor); Gott schütze dich! (Abschiedsgruß); jmds. Eigentum, Interessen, Leben ~; jmdn., sich vor Ansteckung, Gefahr, Indiskretionen, Nachstellungen, Verleumdung ~; ich werde mich vor Einmischung Dritter ~; Unkenntnis schützt nicht vor Strafe; gesetzlich geschützt (als Warenzeichen); ein ~des Dach vor Ausbruch des Gewitters erreichen; Alter schützt vor Torheit nicht ⟨Sprichw.⟩ 1.1 das Wasser ~ *mit Hilfe eines Schützes stauen* 1.2 seine ~de Hand über jmdn. breiten, halten ⟨fig.⟩ *jmdn. beschützen*

'Schütz·ling ⟨m.; -s, -e⟩ *jmd., den man schützt, für den man sorgt*

'Schutz·mann ⟨m.; -(e)s, ¨er od. -leu·te⟩ *Polizeibeamter im Außendienst, Polizist*

schwach ⟨Adj.⟩ **1** *arm an Kraft, kraftlos, geschwächt;* ein ~es Kind 1.0.1 als Lehrer darf man keine ~en Nerven haben *darf man sich nicht leicht aus der Ruhe bringen lassen* 1.0.2 mir wird ~ *mir wird schwindlig, eine Ohnmacht droht* 1.1 *hinfällig, kränklich;* eine ~e Gesundheit, Konstitution haben; der Kranke ist sehr ~; krank und ~; alt und ~ 1.1.1 sie hat ein ~es Herz *sie ist herzkrank* 1.1.2 er hat einen ~en Magen *er verträgt viele Speisen nicht* 1.1.3 er ist alt und schon ~ auf den Beinen *er kann nicht mehr gut gehen und stehen* 1.1.4 ~ auf der Brust, auf der Lunge sein *eine angegriffene od. anfällige Lunge, Neigung zu Tuberkulose haben* 1.1.5 ~ auf der Brust sein ⟨fig.; umg.; scherzh.⟩ *kein Geld haben* **2** *charakterlich nicht gefestigt, willensschwach, machtlos;* wir sind alle nur ~e Menschen; er hat einen ~en Charakter; bei einem guten Wein wird er ~; in einem ~en Augenblick, in einer ~en Stunde gab sie nach; der Geist ist willig, aber das Fleisch ist ~ (Matth. 26,41) 2.1 ⟨60⟩ etwas ist jmds. ~e Seite ⟨umg.⟩ *jmd. hat für etwas eine Vorliebe, Leidenschaft;* Schallplatten sind seine ~e Seite 2.2 ⟨40⟩ nur nicht ~ werden! ⟨umg.⟩ *nicht schwankend werden, gib nicht nach!* **3** ⟨70⟩ *dünn, nicht hoch* *belastbar, nicht widerstandsfähig;* ein ~er Ast, Faden, Zweig; du kannst noch nicht schlittschuhlaufen, das Eis ist noch zu ~; ~e Mauern 3.1 auf ~en Füßen stehen ⟨fig.⟩ *keine feste Grundlage haben* 3.1.1 die Behauptung, der Beweis steht auf ~en Füßen *ist wenig überzeugend* 3.1.2 das Unternehmen steht auf ~en Füßen *ist nicht entwicklungsfähig, droht einzugehen* **4** *klein, gering in der Qualität;* die Nachfrage danach ist ~; das ist nur ein ~er Trost; eine ~e Dosis des Medikaments genügt; diese Arbeit vermittelt nur einen ~en Eindruck seines Könnens; alles, was in meinen ~en Kräften steht, will ich tun 4.1 es besteht nur noch eine ~e Hoffnung *wenig H.* **5** *gering an Zahl od. Menge, nicht zahlreich;* der Beifall war ~; der Saal war ~ besetzt; die Vorstellung war ~ besucht; der Gegner griff mit ~en Kräften an **6** *arm an Geist, unbedeutend;* seine Leistungen sind ~; dieser Roman ist eins seiner schwächsten Werke **7** ⟨70⟩ *nicht leistungsstark, -fähig;* ein ~er Schüler 7.1 er hat ~e Augen *er kann nicht gut sehen* 7.2 ein ~es Gedächtnis haben *vergeßlich sein* 7.3 mit ~er Stimme *leise* 7.4 etwas ist jmds. ~e Seite ⟨umg.⟩ *jmd. kommt mit etwas nicht gut zurecht, beherrscht etwas nicht;* Rechnen ist meine ~e Seite; Konsequenz in der Erziehung ist ihre ~e Seite 7.5 ⟨60⟩ das ~e Geschlecht *die Frauen* 7.6 eine ~e Glühbirne *eine G. mit geringer Wattstärke* **8** *wäßrig, dünn;* die Brühe, der Kaffee, Tee ist ~ **9** die Börse war ~ *es herrschte wenig Nachfrage* **10** ⟨Gramm.⟩ 10.1 ~e Deklination *der durch „-(e)n" gekennzeichnete Deklinationstyp;* Ggs *starke Deklination* 10.2 ~e Konjugation *der durch das Suffix „-t" für die Formen der Zeiten gekennzeichnete Typ der Stammfortbildung german. Verben;* Ggs *starke Konjugation;* das Verb wird gebeugt, konjugiert 10.3 ~e Verben *V. mit schwacher Konjugation;* Ggs *starke Verben*

'Schwä·che ⟨f.; -, -n⟩ **1** *Mangel an Kraft;* jmds. ~ ausnutzen; vor ~ umfallen, zusammenbrechen; von einer ~ befallen werden; es ist ein Zeichen von ~, daß du jetzt nachgibst 1.1 die ~ des Körpers *Hinfälligkeit* 1.2 du darfst keine ~ zeigen *nimm dich zusammen* **2** *Geringwertigkeit, nachteilige Eigenschaft;* darin zeigt sich die ~ seines Charakters; darin besteht die ~ dieser Arbeit, Leistung 2.1 *Fehler, charakterl. Mangel;* es ist eine verzeihliche menschliche ~; ein Beweis persönlicher ~; jeder Mensch hat seine ~n; jmds. ~n kennen; einer ~ nachgeben, widerstehen 2.2 etwas ist jmds. ~ *jmd. beherrscht etwas unvollkommen* 2.2.1 Rechnen ist meine ~ *ich kann schlecht rechnen* **3** eine ~ für jmdn. od. etwas *eine Vorliebe;* er hat eine unverständliche ~ für das Mädchen 3.1 ich habe eine ~ für Thomas Mann *ich lese die Bücher von Th. M. sehr gern*

'schwä·chen ⟨V. 500⟩ **1** jmdn. ~ *jmds. Kraft mindern, jmdn. ermüden, entnerven;* sein von Krankheit geschwächter Körper 1.1 ein Mädchen ~ ⟨veralt.⟩ *entehren* **2** etwas ~ *etwas vermindern, geringer machen* 2.1 jmds. Ansehen ~ *herabsetzen, vermindern* 2.2 der Feind wurde in diesem Kampf stark geschwächt *erlitt starke Verluste*

'schwäch·lich ⟨Adj. 70⟩ *körperl. schwach*

'Schwäch·ling ⟨m.; -s, -e⟩ **1** *körperlich kraftloser Mensch* **2** *charakterlich schwacher Mensch*

'Schwach·sinn ⟨m.; -(e)s; unz.⟩ *Mangel an Intelligenz durch angeborene Unterentwicklung od. erworbene Zerstörung u. Verminderung der Substanz der Hirnrinde;* Sy *Blödsinn*

'Schwa·de ⟨f.; -, -n⟩ = *Schwaden[1](1)*

'Schwa·den[1] ⟨m.; -s, -⟩ **1** *Reihe hingemähten Grases od. Getreides;* oV *Schwade* **2** *Angehöriger einer Gattung der Süßgräser an feuchten Standorten: Glyceria*

'Schwa·den[2] ⟨m.; -s, -⟩ **1** *mit Gasen od. Dämpfen durchsetzte Luftströmung, Dunstfetzen;* Nebel~ **2** ⟨Bgb.⟩ *Grubengasausströmung* **3** *(giftige) Bodenausdünstung*

'Schwa·ger ⟨m.; -s, ¨-⟩ **1** *Ehemann der Schwester* **2** *Bruder eines Ehepartners* **3** ⟨veralt.⟩ *Postkutscher*

'Schwä·ge·rin ⟨f.; -, -n·nen⟩ **1** *Ehefrau des Bruders* **2** *Schwester eines Ehepartners*

'Schwal·be ⟨f.; -, -n⟩ **1** *Angehörige einer Familie kleiner Singvögel mit kurzen, nicht zum Laufen geeigneten Beinen: Hirundinidae* 1.1 eine ~ macht noch keinen Sommer ⟨Sprichw.⟩ *aus einem Einzelfall kann man noch nicht auf das Allgemeine schließen*

'Schwal·ben·schwanz ⟨m.⟩ **1** *trapezförmiger Einschnitt in einen Maschinenteil, wobei die kürzere Seite offen ist, dient als leicht lösbare Verbindung von Maschinenteilen, auch in der Tischlerei verwendet* **2** *Tagfalter mit schwanzartigem Anhang an den Hinterflügeln: Papilio machaon* **3** ⟨umg.; scherzh.⟩ *Rockschoß am Frack*

Schwall ⟨m.; -(e)s, -e⟩ **1** *Gewoge, Welle, Guß;* Wasser~ 1.1 ein ~ von Worten ⟨fig.⟩ *Flut von Worten, Redefluß*

Schwamm ⟨m.; -(e)s, ¨-e⟩ **1** *weiches, poriges Material (künstl. hergestellt od. aus Schwamm(2)), das Wasser aufnimmt, zum Waschen u. Säubern;* ein feuchter, nasser, trockener ~; mit dem ~ abwaschen, abwischen, (Fenster) putzen; der ~ saugt sich voll 1.1 er hat einen ~ im Magen ⟨umg.; scherzh.⟩ *er kann viel trinken* 1.2 er kann sich mit dem ~ frisieren, kämmen ⟨umg.; scherzh.⟩ *er hat eine Glatze* 1.3 ~ drüber! ⟨fig.; umg.⟩ *wir wollen es vergessen* **2** *Angehöriger eines im Wasser lebenden Tierstammes mit sehr verschieden gestalteten, festsitzenden Arten, die aus lockeren Zellansammlungen bestehen: Porifera* **3** *Zunder von Baumpilzen* **4** ⟨umg.⟩ *Ständerpilz* **5** *Hausschwamm, Schädling des toten Holzes bei Feuchtigkeit* **6** *Wucherung an der Innenseite des Pferdeschenkels*

'schwam·mig ⟨Adj.⟩ *weich, aufgedunsen;* ein ~es Gesicht; ~ aussehen

Schwan ⟨m.; -(e)s, ¨-e⟩ *Angehöriger einer Gruppe mit den Gänsen nah verwandter Siebschnäbler, die sich durch bedeutende Größe u. langen Hals auszeichnen: Cygneae*

'Schwa·nen·ge·sang ⟨m.; fig.⟩ *letztes Werk eines Dichters vor seinem Tod*

Schwang ⟨m.; veralt.; nur noch in den Wendungen⟩ **1** in ~ kommen *üblich werden, in Gebrauch kommen* **2** im ~e sein *üblich sein*

'schwan·ger ⟨Adj.⟩ **1** *ein sich entwickelndes Kind im Leib tragend;* ~ sein, werden; mit einem Kind ~ gehen **2** ⟨fig.⟩ *erfüllt, vorbereitend, in sich tragend;* mit einem Plan ~ gehen

'schwän·gern ⟨V. 500⟩ **1** eine Frau ~ *schwanger(1) machen* **2** ⟨550⟩ die Luft mit einem Geruch ~ ⟨fig.⟩ *erfüllen, sättigen;* die Luft mit Wohlgeruch ~

'Schwan·ger·schaft ⟨f.; -, -en⟩ **1** *Zeitabschnitt von der Befruchtung der Frau bis zur Geburt des Kindes* **2** *Zustand der Frau während der Zeit der Schwangerschaft(1), das Schwangersein*

schwank ⟨Adj. 70⟩ **1** *dünn u. biegsam, federnd, schwankend;* ein ~es Rohr, Gras 1.1 er ist wie ein ~es Rohr im Winde *unsicher, unstet*

Schwank ⟨m.; -(e)s, ⸚e⟩ *derb-komische Erzählung, derb-komisches Bühnenstück;* einen ~ von Hans Sachs aufführen; einen ~ aus der Jugendzeit erzählen

'schwan·ken ⟨V.400⟩ **1** *sich hin u. her bewegen* 1.1 etwas schwankt *schwingt hin u. her;* die Gräser, Halme, Zweige ~ im Winde; der Boden schwankte plötzlich unter unseren Füßen 1.1.1 er ist wie ein ~des Rohr im Winde *ein unbeständiger Charakter* 1.1.2 das Schiff schwankt *schlingert* 1.2 *taumeln, torkeln;* unter einer Last ~ 1.2.1 ⟨411(s.)⟩ irgendwohin ~ *taumelnd irgendwohin gehen;* er schwankte in die Wirtschaft **2** eine Sache schwankt ⟨fig.⟩ *bewegt sich auf u. nieder, ist nicht fest, wechselt;* die Kurse, Preise ~; ihre ~de Gesundheit macht ihm große Sorge; die Meinungen über ihn ~ **3** ⟨410⟩ *zögern, zaudern, noch nicht entschlossen sein;* ich schwanke noch, ob ich es tun soll; mein Vertrauen in diese Angelegenheit ist ins Schwanken gekommen, geraten

Schwanz ⟨m.; -es, ⸚e⟩ **1** *bei fast allen Wirbeltieren beweglicher Fortsatz der Wirbelsäule über den Rumpf hinaus;* ein Tier beim ~ fassen, packen, ziehen; der Hund wedelt vor Freude mit dem ~e; der Hund klemmt den ~ zwischen die Beine; der Hund klemmt, zieht den ~ ein; der Vogel wippt mit dem ~; dem Hasen Salz auf den ~ streuen (um ihn zu fangen) ⟨scherzh.⟩ 1.1 das (Musikstück) klingt, als ob man einer Katze auf den ~ getreten hätte ⟨umg.⟩ *klingt unharmonisch, schrill, mißtönend* 1.2 den Gaul beim ~ aufzäumen ⟨fig.⟩ *eine Sache falsch anpacken* 1.3 den ~ einziehen ⟨a. fig.; umg.⟩ *sich kleinlaut fügen, nachgeben* 1.3.1 mit eingezogenem, hängendem ~ abziehen ⟨fig.; umg.⟩ *bedrückt, beschämt weggehen* 1.4 jmdm. auf den ~ treten ⟨fig.; umg.⟩ *jmdn. beleidigen* **2** *langer Anhang, Schlußteil, Endglied, Schleppe;* ein ~ am Drachen, Flugzeug, Kleid 2.1 *Ende;* am ~ des Zuges stiegen Leute ein 2.1.1 wir bildeten den ~ in der Reihe der Wartenden ⟨umg.⟩ *wir warteten ganz hinten* 2.2 *lange Reihe (wartender Menschen)* **3** ⟨fig.; umg.⟩ *Fortsetzung, Nachspiel, wiederholte od. zu wiederholende Prüfung* 3.1 einen ~ machen ⟨fig.; umg.⟩ *(Teil einer) Prüfung wiederholen* **4** kein ~ ⟨fig.; umg.⟩ *niemand, kein Mensch;* danach fragt kein ~; es war kein ~ mehr zu sehen **5** ⟨vulg.⟩ *das männl. Glied*

'schwän·zeln ⟨V. 400⟩ **1** *mit dem Schwanz wedeln;* der Hund schwänzelt **2** ⟨fig.; umg.⟩ *geziert, tänzelnd gehen;* oV *schwänzen(3)* ⟨veralt.⟩; da kommt er geschwänzelt 2.1 ⟨410⟩ um jmdn. ~ *eifrig bemüht sein (um jmdn.), liebedienern*

'schwän·zen ⟨V.⟩ **1** ⟨500⟩ Noten ~ *mit einem Schwanz versehen* **2** ⟨500⟩ eine Pflicht, Aufgabe ~ ⟨umg.⟩ *absichtlich versäumen, nicht hingehen;* Sy *klemmen(7)* ⟨schülerspr.; schweiz.⟩; die Schule, eine Unterrichtsstunde, eine Vorlesung ~ **3** ⟨400; veralt.⟩ = *schwänzeln(2)*

Schwär ⟨m.; -(e)s, -e⟩ = *Schwäre*

'Schwä·re ⟨f.; -, -n⟩ *offenes, eiterndes Geschwür;* oV *Schwär*

'schwä·ren ⟨V. 400⟩ *eine Schwäre bilden, eitern*

Schwarm ⟨m.; -(e)s, ⸚e⟩ **1** *lockere Menge, Gruppe;* Bienen~, Mücken~; ein ~ von Bienen, Fischen, Mücken, Vögeln **2** *Vielzahl, Haufe (von Menschen);* ein ~ von Bettlern; sie hatte einen ~ von Anbetern um sich **3** ⟨fig.; umg.⟩ *jmd. od. etwas, für den bzw. wofür man schwärmt;* er, sie ist mein ~; ihr ~ ist eine eigene kleine Wohnung

'schwär·men ⟨V.⟩ **1** ⟨400⟩ *sich im Durcheinander bewegen* 1.1 ⟨(s.)⟩ *durcheinanderlaufen, -springen;* die Jungen schwärmten im Spiel durch den Wald 1.2 ⟨(s.)⟩ *sich im Schwarm bewegen, durcheinanderfliegen* 1.2.1 Mücken ~ *tanzen* 1.2.2 Bienen ~ *fliegen zur Gründung eines neuen Staats aus* 1.3 ⟨(s.); Mil.⟩ *die geschlossene Formation verlassen u. eine lockere Schützenlinie bilden* 1.4 ⟨fig.⟩ *sich herumtreiben, tanzen u. zechen;* er hat die ganze Nacht bis zum Morgen geschwärmt **2** ⟨415⟩ für jmdn. od. etwas ~ ⟨fig.⟩ *begeistert sein, in jmdn. od. etwas verliebt sein;* er schwärmt für Blondinen, eine Schauspielerin; er schwärmt für Italien **3** ⟨405⟩ (von jmdm. od. etwas) ~ ⟨fig.⟩ *begeistert (von jmdm. od. etwas) reden, sich in Träumen (über jmdn. od. etwas) verlieren;* er schwärmt wieder von Italien; wenn ich daran denke, komme ich ins Schwärmen

'Schwär·mer ⟨m.; -s, -⟩ **1** *jmd., der sich leicht begeistert u. dabei nicht auf dem Boden der Tatsachen bleibt, Träumer;* er ist ein sentimentaler ~ **2** *religiöser Eiferer;* ein ~ für hohe Ideen **3** *ein Feuerwerkskörper;* beim Feuerwerk auch ~ abbrennen **4** *Angehöriger einer Familie der Nachtfalter mit langen u. schmalen Vorderflügeln: Sphingidae*

'schwär·me·risch ⟨Adj.⟩ *verzückt, übertrieben begeistert;* ein ~er Liebhaber; jmdn. ~ anblicken; ~ von jmdm. sprechen

'Schwar·te ⟨f.; -, -n⟩ **1** *dicke, zähe Haut* 1.1 *feste Hautschicht am Schweinefleisch;* Speck~ 1.2 ⟨jägerspr.⟩ *Außenhaut, Fell (vom Dachs u. Wildschwein)* 1.3 ⟨umg.⟩ *menschl. Haut* 1.3.1 jmdm. die ~ gerben, klopfen *jmdn. verprügeln* 1.3.2 arbeiten, daß, bis die ~ kracht *tüchtig, hart arbeiten* 1.4 *Schwiele* **2** ⟨Pelzhandel⟩ *Sommerfell* **3** ⟨früher⟩ *schweinsledernes Buch* **4** ⟨umg.⟩ *altes, meist wertloses Buch* **5** ⟨Schreinerei⟩ *die äußeren Teile des Baumstammes, die beim Zersägen übrigbleiben* **6** ⟨Med.⟩ *flächenhafte, narbige Verwachsung von Brust- u. Rippenfell nach Entzündungen*

schwarz ⟨Adj. 22⟩ **1** *ohne Farbe, Licht fast vollkommen absorbierend, nicht reflektierend;* ein Ring mit einer ~en Perle; sie hat ~e

Augen, ~es Haar; ~e Kleidung, einen ~en Schleier, Trauerflor tragen (zum Zeichen der Trauer); sich ~ kleiden (zum Zeichen der Trauer) **1.1** er will aus ~ weiß machen ⟨fig.⟩ *er stellt etwas offensichtl. Schlimmes als harmlos hin* **1.2** ⟨umg.⟩ *katholisch, polit. konservativ;* ~ sein, wählen **1.3** Orden vom Schwarzen Adler ⟨1701–1918⟩ *höchster Orden der ehemaligen preuß. Monarchie;* → a. *rot(1.19)* **1.4** ⟨60⟩ das Schwarze Brett *Anschlagtafel für Bekanntmachungen* **1.5** ⟨60⟩ ~e Diamanten ⟨fig.⟩ *Steinkohle* **1.6** ⟨60⟩ die ~e Kunst *die Buchdruckerkunst* **1.7** ⟨60⟩ der ~e Mann *Kinderschreck;* wer hat Angst vorm ~en Mann? ⟨Kinderspiel⟩ **1.7.1** einen ~n Arsch haben ⟨veralt.; vulg.⟩ *adlig sein* **1.8** ⟨60⟩ Schwarzer Peter ⟨Kartenspiel für Kinder⟩ *Spielkarte, die den als Verlierer bestimmt, der sie als letzter behalten muß* **1.8.1** jmdm. den Schwarzen Peter zuschieben ⟨fig.⟩ *die Verantwortung zuschieben, etwas Unangenehmes aufbürden* **1.9** ~ auf weiß *aufgeschrieben, schriftl.;* etwas ~ auf weiß besitzen; denn was man ~ auf weiß besitzt, kann man getrost nach Hause tragen (Goethe, Faust I, Studierzimmer); hier steht es ~ auf weiß **2** *von besonders dunkler Farbe, finster;* ~e Wolken am Himmel künden Regen an; ~ wie die Hölle; ~ wie die Nacht **2.01** *sehr schmutzig;* deine Hände sind ja ganz ~ **2.02** sich ~ ärgern *sich sehr ärgern* **2.03** da kannst du warten, bis du ~ wirst *vergeblich warten* **2.04** ⟨60⟩ ~er Bernstein ⟨fig.⟩ *als Schmuckstein verwendete feste, muschelige Braunkohle, Gagat* **2.05** ⟨60⟩ ~e Blattern ⟨Path.⟩ *Pocken* **2.06** ⟨60⟩ der Schwarze Erdteil ⟨fig.⟩ *Afrika* **2.07** ⟨60⟩ ~e Harnwinde ⟨Vet.⟩ *oft tödlich verlaufende Muskelerkrankung mit Lähmungserscheinungen, Lumbago* **2.08** ~er Kaffee *K. ohne Milch od. Sahne* **2.09** ~e Kirschen *dunkelrote K.* **2.10** ~er Pfeffer *getrocknete Früchte des Pfefferstrauchs* **2.11** ⟨60⟩ er ist das ~e Schaf in der Familie ⟨fig.⟩ *das ungeratene Familienmitglied* **2.12** ⟨60⟩ ~er Star ⟨Path.⟩ *totale Blindheit, bei der keinerlei Lichtempfindung mehr vorhanden ist* **2.13** ~er Tee *ind., russ. Tee* **2.14** ⟨60⟩ der Schwarze Tod = *Pest* **2.15** ⟨60⟩ Schwarze Witwe ⟨Zool.⟩ *zu den Kugelspinnen gehörende amerikan. Spinne, deren Biß sehr giftig u. für den Menschen gefährlich ist: Latrodectus mactans* **2.16** ⟨60⟩ ~e Zunge ⟨Path.⟩ *abnorme Verhornung, Verlängerung u. Verfärbung der fadenförmigen Papillen der hinteren Zungenpartie, die wie mit schwarzen Haaren besetzt erscheint, Haarzunge, Melanoglossie* **2.17** ⟨50⟩ ~ werden ⟨fig.; umg.; Kart.⟩ *keinen Stich bekommen* **2.18** Schwarzer Holunder ⟨Bot.⟩ *bis zu 6 m hoher Strauch mit eßbaren schwarzen Früchten: Sambucus nigra;* Sy *Flieder (3)* **2.19** Schwarze Johannisbeere ⟨Bot.⟩ *zu den Steinbrechgewächsen gehörender Strauch mit schwarzen Beerenfrüchten: Ribes nigrum* **3** ⟨fig.⟩ *böse, unheilvoll, düster;* ~e Gedanken haben; ein ~es Geschick, Schicksal; eine ~e Tat; eine ~e Seele **3.1** heute hatte ich meinen ~en Tag *Unglückstag, Pechtag* **3.2** ⟨70⟩ ~en Gedanken nachhängen *trüben, schwermütigen G.* **3.3** ⟨60⟩ ~e Magie (bei Naturvölkern) *von der Gesellschaft nicht anerkannte M.;* Ggs *weiße Magie* **3.4** ⟨60⟩ auf der ~en Liste stehen *auf der L. von Verdächtigen, Mißliebigen* **3.5** ~e Wolken am Ehehimmel ⟨fig.; umg.⟩ *häusl. Auseinandersetzungen* **3.6** du darfst dir nicht alles so ~ ausmalen, vorstellen *so pessimistisch sein* **3.6.1** alles durch eine ~e Brille sehen ⟨fig.⟩ *allzu pessimistisch, zuwenig zuversichtl. sein* **3.7** mir wird ~ vor (den) Augen *mir wird schlecht, ich werde ohnmächtig* **3.8** ⟨60⟩ etwas in ~en Farben schildern ⟨fig.⟩ *schlimmer schildern, als es ist* **3.9** der Bahnsteig war ~ von Menschen *voller Menschen* **4** *heimlich, verboten;* ein ~es Geschäft **4.1** ⟨50⟩ ~ fahren ⟨fig.⟩ *ohne Erlaubnis, ohne Fahrkarte (in der Eisen-, Straßenbahn) fahren, ohne Führerschein (Auto) fahren* **4.2** ⟨60⟩ ~ über die Grenze gehen *heimlich, ohne Genehmigung, an keiner amtl. Grenzstation* **4.3** ich habe den Stoff ~ gekauft *ohne Genehmigung, im Schleichhandel* **4.4** ~er Markt *geheimer, verbotener Markt, Schleichhandel;* oV *Schwarzmarkt*

Schwarz ⟨n.; -; unz.⟩ **1** *Farbe, die fast alles Licht absorbiert, kein Licht reflektiert;* für diese Wand kommt nur ~ in Frage **1.1** *schwarze Spielfigur, Spielkarte mit schwarzem Symbol;* ~ zieht nach a2 (in Schachaufgaben); auf ~ reizen (im Kartenspiel) **2** *schwarze Kleidung;* gern ~ tragen **2.1** in ~ gehen, gekleidet sein *schwarzgekleidet, in Trauerkleidung* **2.2** das kleine ~e anziehen ⟨umg.⟩ *kurzes schwarzes Kleid für kleinere Festlichkeiten* **2.3** ich ziehe mein ~es an ⟨umg.⟩ *mein schwarzes Kleid* **3** ins Schwarze treffen **3.1** *in den Mittelpunkt der Zielscheibe treffen* **3.2** ⟨fig.⟩ *das Wesentliche herausfinden, treffen* **4** etwas ~es *schwarzer Fleck, Schmutzfleck;* du hast etwas ~es auf der Stirn **5** nicht das ~e unter dem Nagel, unter den Nägeln ⟨fig.; umg.⟩ *gar nichts;* nicht das ~e unterm Nagel haben, hergeben; er gönnt mir nicht das ~e unter den Nägeln

'Schwarz·ar·beit ⟨f.⟩ *Lohnarbeit entgegen den gesetzl. Bestimmungen, z. B. ohne Abführung von Steuern od. bei gleichzeitigem Bezug von Arbeitslosenunterstützung*

'Schwarz·dros·sel ⟨f.⟩ = *Amsel*

'Schwar·ze(r) ⟨f. 2 (m. 1); umg.⟩ **1** *Neger, Negride;* ein Protest der ~n **2** *dunkelfarbiger, dunkelhaariger Mensch* **2.0.1** wer war eigentlich die kleine ~ vorhin? *die Kleine mit dem schwarzen Haar* **3** *Anhänger einer kath. Partei* **4** der ~ *der Teufel*

'Schwarz·han·del ⟨m.; -s; unz.⟩ *Handel zu Preisen, die (bei eingeschränktem Angebot an Waren u. gesetzlicher Regelung für Höchstpreise) höher liegen als die gesetzlich erlaubten Preise*

'Schwarz·markt ⟨m.⟩ = *schwarzer(4.4) Markt*

'schwarz|se·hen ⟨V. 239; fig.; umg.⟩ **1** ⟨400⟩ *alles, bes. die Zukunft in dunklen Farben sehen, pessimistisch sein;* da sehe ich schwarz **1.1** ⟨500⟩ etwas ~ *ungünstig beurteilen;* er sieht die Lage zu schwarz **1.2** ⟨415⟩ für jmdn. od. etwas ~ *sich um jmdn. od. etwas Sorgen machen* **1.2.1** für mein Examen sehe ich schwarz *ich fürchte, ich werde mein Examen nicht bestehen* **2** ⟨400⟩ *ohne Fernsehgenehmigung fernsehen*

'schwat·zen ⟨V.; du schwatzt od. schwatzest; süddt.⟩ = *schwätzen*

'schwät·zen ⟨V.; umg.⟩ oV *schwatzen* ⟨süddt.⟩ **1** ⟨400⟩ *sich gemütlich unterhalten;* laßt uns noch ein wenig ~! **2** ⟨400⟩ *viel u. oberflächlich reden;* du solltest nicht so viel ~ **2.1** ⟨500⟩ etwas ~ *erzählen, daherreden;* lauter dummes Zeug ~ **3** ⟨400⟩ *während des Unterrichts (heimlich) reden;* sie ist eine gute Schülerin, aber sie schwätzt zu viel **4** ⟨410⟩ *Geheimnisse, Vertrauliches ausplaudern* **4.1** → a. *Schule(3.7)*

'Schwe·be ⟨f.; -; unz.; nur in wenigen Wendungen⟩ **1** sich in der ~ halten *frei schweben;* die Waagschalen halten sich in der ~ **2** in der ~ bleiben, lassen, sein ⟨fig.⟩ *unentschieden;* vorläufig bleibt alles noch in der ~

'schwe·ben ⟨V.⟩ **1** ⟨400⟩ *frei hängen, sich in der Schwebe halten;* im Gleichgewicht ~ (Waagschalen); an einem Seil über dem Abgrund ~ **1.1** der Ton schwebte noch lange im Raum *klang lange nach* **1.2** in Illusionen ~ ⟨fig.⟩ *I. anhängen* **1.3** sie ~ beide im siebenten Himmel ⟨fig.; umg.⟩ *sie sind überglücklich* **1.4** er schwebt gern in höheren Regionen ⟨fig.; umg.⟩ *er ist verträumt, wirklichkeitsfremd* **2** ⟨411(s.)⟩ *sich langsam in der Luft bewegen, ohne festen Halt zu haben, sacht, langsam fliegen, gleiten;* das Blatt schwebt sanft zu Boden; Wolken ~ nach Süden; der Raubvogel schwebte hoch in den Lüften **2.1** ~den Schrittes daherkommen *mit wiegenden, leichten S.* **3** ⟨411; fig.⟩ *sich befinden, sein;* in großer Angst, Gefahr ~; Gottes Geist schwebte über den Wassern **3.1** *sich (zwischen zwei Möglichkeiten) befinden, schwanken;* der Verletzte schwebt noch in Lebensgefahr; zwischen Furcht und Hoffnung ~; der Patient schwebt zwischen Leben und Tod **3.2** ⟨411⟩ *sich andeutungsweise befinden;* mir schwebt sein Bild vor Augen; ein Lächeln schwebte auf ihren Lippen **4** ⟨400⟩ eine Angelegenheit schwebt *ist im Gang, noch nicht beendet, unentschieden;* der Prozeß, das Verfahren schwebt (noch); ~de Fragen, Geschäfte, Verhandlungen; in ein ~des Verfahren eingreifen ⟨Rechtsw.⟩ **4.1** ~de Schulden *kurzfristige Staatsschulden, die nach Präsentieren des Schuldscheins, spätestens aber innerhalb eines Jahres zurückzuzahlen sind*

'Schwe·fel ⟨m.; -s; unz.; Zeichen: S⟩ **1** *chem. Element, Nichtmetall, Ordnungszahl 16* **1.1** die beiden halten zusammen wie Pech und ~ ⟨fig.; umg.⟩ *ganz fest*

Schweif ⟨m.; -(e)s, -e⟩ **1** *langer, buschiger Schwanz* **2** *Schleppe;* Kometen~

'schwei·fen ⟨V.⟩ **1** ⟨411(s.)⟩ *ziellos gehen, umherwandern, durch die Gegend fahren;* durch Wald und Feld ~; über etwas den Blick ~ lassen; seine Blicke schweiften von einem zum anderen; in die Ferne ~; er ließ seine Gedanken in die Vergangenheit, Zukunft ~ **2** ⟨500⟩ etwas ~ *wölben, bogen-, kurvenförmig ausschneiden, -sägen* **2.1** Bretter ~ *bogenförmig abrunden* **3** ⟨500⟩ etwas ~ ⟨veralt.⟩ *spülen, in, mit Wasser reinigen;* Wäsche, das Geschirr ~

'Schwei·ge·geld ⟨n.⟩ *Bestechungsgeld, um einen andern zum Geheimhalten einer Sache zu veranlassen*

'schwei·gen ⟨V.233⟩ **1** ⟨400⟩ *nichts sagen, still sein;* ein beklemmendes, dumpfes, eisiges, niederdrückendes Schweigen; beschämt, erschreckt, verlegen, verwirrt, verwundert ~; auf eine Frage ~; Schweigen befehlen, bewahren, gebieten, fordern; jmdn. od. etwas zum Schweigen bringen; das tiefe Schweigen des Waldes; es herrschte tiefes Schweigen; der Rest ist Schweigen; in ~der Erwartung verharren; den Weg ~d zurücklegen; ~d nicken; die Stimme des Gewissens schweigt; schweig!; sie schwieg um des lieben Friedens willen; sie hüllte sich in Schweigen; er schweigt wie das Grab; sie schwieg zu all seinen Vorwürfen; wer schweigt, scheint zuzustimmen; Reden ist Silber, Schweigen ist Gold ⟨Sprichw.⟩; lieber ~ als das Maul verbrannt ⟨Sprichw.⟩ **1.1** ⟨800⟩ über, von etwas ~ *nicht sprechen* **1.2** endlich brach er das Schweigen *endlich sprach er (davon)* **1.3** ~ können ⟨fig.⟩ *ein Geheimnis bewahren können* **1.4** von ihm, davon ganz zu ~! *von ihm, davon gilt ganz bes., was ich vorhin sagte* **1.5** da(rüber) schweigt des Sängers Höflichkeit ⟨umg.⟩ *darüber wollen wir lieber nicht sprechen, es ist zu peinlich* **1.6** etwas schweigt *hört auf, kommt zur, befindet sich in Ruhe;* der Donner, der Gesang der Vögel, die Musik schweigt; die Maschine schweigt **1.6.1** der Wind schweigt *hat sich gelegt*

'schweig·sam ⟨Adj.⟩ *nicht gesprächig, wortkarg;* er ist ein ~er Mensch; er verhält sich heute abend recht ~

Schwein ⟨n.; -(e)s, -e⟩ **1** *Angehöriges einer Familie nicht wiederkauender, mit Borsten bedeckter Paarhufer, mit kurzer rüsselförmiger Schnauze, die meist zum Wühlen eingerichtet ist: Suidae* **2** *vom Eurasischen Wildschwein abstammendes Haustier: Sus scrofa;* Haus~; ~e füttern, halten, mästen, schlachten, züchten **2.1** da haben wir das falsche ~ geschlachtet ⟨fig.;umg.⟩ *einen Fehler gemacht, der nie wieder gutgemacht werden kann* **2.2** er blutet wie ein ~ ⟨vulg.⟩ *heftig* **2.3** haben wir etwa zusammen ~e gehütet? ⟨umg.; bei unerwünschter Vertraulichkeit, z. B. Anrede mit „du"⟩ *(Ausdruck für die Zurückweisung)* **3** ⟨Kochk.⟩ *Schweinefleisch;* 500 g Gehacktes, halb Rind, halb ~ **4** ⟨fig.⟩ *Mensch* **4.0.1** er ist ein armes ~ ⟨umg.⟩ *ein bedauernswerter Mensch* **4.0.2** kein ~ ⟨vulg.⟩ *kein Mensch, niemand;* das frißt, kapiert, versteht kein ~; daraus wird kein ~ gescheit, klug; davon hat kein ~ etwas gesagt; es kümmert sich kein ~ darum, ob ... **4.1** ⟨fig.⟩ *schmutziger, unreinlicher Mensch* **4.2** *unanständiger Mensch* **4.3** *Lump, gemeiner Mensch* **5** ⟨umg.⟩ *Glück, unverhofft guter Ausgang einer Sache;* da hast du aber ~ gehabt

Schwei·ne'rei ⟨f.; -, -en; derb⟩ **1** *schmutziger, sehr unordentlicher Zustand;* wer hat hier eine solche ~ angerichtet? **2** ⟨fig.⟩ *Schmutz, Unanständigkeit, Unflätigkeit;* was ist das für eine ~? **2.1** *unanständiger Witz*

'schwei·nisch ⟨Adj.; fig.; derb⟩ *unanständig;* ein ~er Witz

Schweiß ⟨m.; -es; unz.⟩ **1** *wasserklare Absonderung der Schweißdrüsen der Haut;* kalter ~ stand ihm vor Angst auf der Stirn; der ~ bricht ihm aus allen Poren; der ~ lief, rann, rieselte ihm (in Strömen) übers Gesicht; sich den ~ trocknen, von der Stirn wischen; im ~e seines Angesichts arbeiten, sein Geld verdienen; im

~e deines Angesichtes sollst du dein Brot essen (1. Mose, 3,19); der Boden ist mit dem ~ mehrerer Generationen gedüngt ⟨poet.⟩ 1.0.1 ich bin in ~ gebadet *habe sehr geschwitzt* **2** ⟨fig.⟩ *Mühe, schwere Arbeit;* das hat mich viel ~ gekostet; daran hängt viel ~ **2.0.1** er konnte die Früchte seines ~es nicht mehr ernten ⟨poet.⟩ *bevor er den Ertrag seiner Mühe genießen konnte, starb er* **3** ⟨jägerspr.⟩ *Blut des Wildes;* viel ~ verlieren (vom angeschossenen Wild)

'schwei·ßen ⟨V.⟩ **1** ⟨500⟩ etwas ~ *durch Druck (z. B. Schläge) oder Zufuhr von Wärme (Schmelzen) miteinander verbinden;* Ggs *löten;* Metall, Kunststoff ~ **2** ⟨400⟩ ein Tier schweißt ⟨jägerspr.⟩ *verliert Blut*

'schwe·len ⟨V.⟩ **1** ⟨400⟩ etwas schwelt *brennt langsam, ohne Flamme mit starker Rauchentwicklung;* das Holz schwelt; das Feuer schwelt noch unter der Asche **2** ⟨500⟩ etwas ~ *unter Luftabschluß erhitzen, langsam verbrennen;* Koks ~; Rasen ~ **3** ⟨410⟩ etwas schwelt ⟨fig.⟩ *lebt unter der Oberfläche, unmerklich (weiter);* Haß-, Rachegefühle ~; Feindschaft schwelt; jahrelang ~der Haß

'schwel·gen ⟨V.⟩ **1** ⟨400⟩ *üppig leben, gut essen u. trinken* **2** ⟨800⟩ in etwas ~ ⟨fig.⟩ *etwas in vollen Zügen genießen;* in Erinnerungen, in Musik, im Überfluß ~

'Schwel·le ⟨f.; -, -n⟩ **1** *waagerechter Balken od. Brett als untere Begrenzung u. zum Abdichten der Türöffnung;* Tür~; die ~ betreten, überschreiten; über die ~ treten 1.1 er darf meine ~ nie wieder betreten ⟨fig.⟩ *ich habe ihm mein Haus verboten* 1.2 an der ~ ⟨fig.⟩ *am Beginn, kurz vor;* an der ~ einer neuen Zeit; an der ~ des Grabes, zum Jenseits stehen **2** ⟨Eisenb.⟩ *Querbalken, auf dem die Eisenbahnschienen befestigt sind;* ~n erneuern, legen **3** ⟨Wasserbau⟩ *unterer Abschluß eines Wehres od. Schützes unterhalb der Wasserlinie* **4** ⟨Geol.⟩ *Bodenerhebung zwischen zwei Senken* **5** ⟨Psych.⟩ *Minimum eines Nervenreizes, das zum bewußten Empfinden des Reizes notwendig ist;* Reiz~; die ~ des Bewußtseins (nicht mehr) erreichen

'schwel·len ⟨V. 234⟩ **1** ⟨400(s.)⟩ etwas schwillt *wird dick, groß, weitet sich, bläht sich (auf), dehnt sich (aus);* geschwollene Augen vom Weinen; eine geschwollene Backe von einer entzündeten Zahnwurzel; geschwollene Beine haben; das Herz schwoll ihm vor Freude; der Finger schwillt; ~de Früchte, Knospen; ~de Brüste, Lippen ⟨poet.⟩ 1.1 ⟨600⟩ jmdm. schwillt der Kamm ⟨fig.; umg.⟩ *jmds. Selbstvertrauen wächst allzusehr* 1.2 *sich verstärken;* der Wind schwoll zum Sturm **2** ⟨500⟩ etwas ~ *zum Schwellen(1) bringen;* Freude schwellte ihm die Brust; der Wind schwellte das Segel

'Schwem·me ⟨f.; -, -n⟩ **1** *Teich als Bad für Tiere, bes. Wild u. Pferde;* die Pferde zur ~ führen, reiten **2** ⟨fig.; umg.⟩ *Wirtsstube, Kneipe*

'schwem·men ⟨V. 500⟩ **1** ⟨511⟩ jmdn. od. etwas irgendwohin ~ *durch die Strömung irgendwohin tragen;* der Ufersand ist allmählich in den Fluß geschwemmt worden; die Flut schwemmte ihn ans Ufer **2** etwas ~ *spülen, wässern;* Felle ~ **3** Tiere ~ *waschen, baden;* er wollte noch die Pferde (im Fluß) ~

'Schwen·gel ⟨m.; -s, -⟩ **1** = *Klöppel(1)* **2** *schwenkbarer Griff der Pumpe;* Brunnen~, Pumpen~

'schwen·ken ⟨V.⟩ **1** ⟨500⟩ jmdn. od. etwas ~ *hin u. her bewegen, hin u. her schwingen;* die Arme, Fahnen ~; den Hut, das Taschentuch ~; er schwenkte sein Mädchen im Kreise, im Tanz **2** ⟨411(s.)⟩ irgendwohin ~ *sich herumdrehen, die Richtung verändern, nach irgendwohin einbiegen;* die Marschkolonne schwenkt in die Kaserne; links schwenkt, marsch!; er schwenkte nach rechts, um die Ecke 2.1 ⟨402⟩ (etwas) ~ *in eine andere Richtung bringen;* die Kamera ~; einen Hebel nach links ~ **3** ⟨511⟩ etwas in etwas ~ **3.1** *umdrehen, wälzen;* Kartoffeln in Butter ~ **3.2** *hin u. her ziehen;* Wäsche im Wasser ~ **3.3** die Gläser (im Wasser) ~ *ausspülen*

'Schwen·kung ⟨f.; -, -en⟩ **1** *Drehung, Richtungsänderung;* halbe ~ links, rechts! 1.0.1 eine ~ machen, vollziehen, vornehmen *schwenken* **2** ⟨fig.⟩ *Standortwechsel;* eine grundsätzliche ~ in der Politik 2.1 er hat plötzlich eine ~ gemacht *seine Meinung geändert*

schwer ⟨Adj.⟩ **1** *von Gewicht, ein (bestimmtes) Gewicht habend;* der Sack ist 50 kg, einen Zentner ~ 1.1 wie ~ bist du? *wieviel wiegst du?* **2** *von großem Gewicht, lastend, drückend;* ein ~er Stein, ~es Gepäck; die ersten ~en Tropfen schlugen gegen die Fensterscheibe; die Kiste ist mir zu ~; meine Glieder sind ~ wie Blei; der Wagen ist ~ beladen; die Zweige, ~ von Früchten, wurden fast bis zum Boden gedrückt; die Kleider sind ~ von der Nässe, vom Regen; der Kopf ist mir ~ (z. B. nach Alkoholgenuß) ⟨fig.⟩ 2.1 diese Pflanze braucht ~en Boden *fette, nährstoffreiche Erde* 2.2 der ~e Boden behinderte die Fußballspieler *der regennasse B.* 2.3 ⟨60⟩ ein ~es Geschütz *G. mit großem Kaliber* 2.4 ⟨60⟩ ich mußte erst ~es Geschütz auffahren ⟨fig.; umg.⟩ *etwas deutlich zu verstehen geben, gewichtige Gründe vorbringen* 2.5 ⟨60⟩ die ~e Reiterei *mit schwerer Ausrüstung u. Bewaffnung ausgestattete R.* 2.6 eine ~e Seide *gute, kostbare S.* 2.7 ⟨60⟩ ~es Wasser ⟨Chem.⟩ *Verbindung aus Sauerstoff u. Deuterium* 2.8 ⟨60⟩ ~e Wetter ⟨Bgb.⟩ *vornehmlich Kohlendioxid u. eine ungenügende Menge Sauerstoff enthaltende Grubenluft* **3** *bedrückt, belastet, kummervoll;* das Herz ist ihm ~; ihm ist ~ ums Herz; ~en Herzens gab er nach, stimmte er zu; ein ~er Seufzer entrang sich seiner Brust 3.1 sich nur ~ von etwas trennen *sich nur ungern von etwas trennen* **4** *schwerfällig, unbeholfen, massig, massiv;* ein ~er Bau; ein ~es Pferd; er ging ~en Schrittes 4.1 er ist ~ von Begriff ⟨umg.⟩ *er ist geistig schwerfällig* 4.2 ⟨60⟩ er hat ~es Blut ⟨fig.⟩ *er ist schwermütig, melancholisch, bedächtig, schwerfällig* 4.3 er hat einen ~en Gang *er geht unbeholfen* 4.4 eine ~e Hand (bei etwas) haben *(bei etwas) ungeschickt sein;* er hat eine ~e Hand beim Schreiben **4.5** er hat eine ~e Zunge ⟨fig.⟩ *er spricht langsam u. schwerfällig, das Sprechen fällt ihm schwer* **5** *mühsam, anstrengend, hart, ermüdend;* er muß ~ arbeiten; aller Anfang ist ~ ⟨Sprichw.⟩ 5.0.1 sie hatte ein ~es Leben *ein L. voller Sorgen* 5.0.2 ich habe einen ~en Tag hinter mir *einen anstrengenden, arbeitsrei-*

chen, sorgenvollen T. **5.0.3** das Schwerste habe ich jetzt hinter mir *den anstrengendsten Teil* **5.1** ⟨60⟩ ihre ~e Stunde ⟨fig.⟩ *die S. ihrer Entbindung* **5.2** *schwierig, nicht leicht;* das ist leicht gesagt, doch ~ getan; das kann man nur ~ begreifen, nachfühlen, verstehen, sich vorstellen; sein Verhalten ist mir nur ~ verständlich; es war ein ~er Kampf, bis ich meinen Willen durchsetzen konnte **5.2.1** ich konnte ihn nur ~ davon überzeugen *nur mit Mühe* **5.2.2** ~ hören *schwerhörig sein* **5.2.3** ein ~es Amt übernehmen *ein verantwortungsvolles Amt* **5.3** *nicht leicht zu lösen, zu beantworten;* eine ~e Aufgabe, Frage **5.4** *nicht leicht verständlich;* ~e Musik; ein ~es Buch **6** *unheilvoll, unglücklich, kaum zu ertragen;* eine ~e Bürde, Last; jmdm. eine ~e Enttäuschung bereiten; ich habe einen ~en Gang vor mir (einen Bittgang, einen Kondolationsbesuch u. ä.); sein Tod war ein ~er Schlag für uns; ~e Schuld auf sich laden; ~e Sorgen lasteten auf ihm; wir gehen ~en Zeiten entgegen; die Kriegsjahre lasteten ~ auf dem Land **6.1** er hatte einen ~en Tod *einen qualvollen T.* **6.2** ich hatte einen ~en Traum *einen bedrückenden T.* **6.3** das liegt mir ~ auf der Seele *das bedrückt mich* **7** ~e Speisen, Getränke *schwer verdauliche, gehaltvolle S., G.;* ~e Speisen bekommen mir nicht; die Mayonnaise liegt mir ~ im Magen; das ist ein ~er Tropfen! (Wein) **8** ⟨90⟩ *in hohem Maß, Grad, von großer Stärke* **8.1** *sehr stark, heftig;* ein ~es Gewitter, Unwetter; ein ~er Sturm, Regen **8.1.1** sie ist ~ gefallen *gestürzt* **8.1.2** *rauh, stark bewegt;* es herrschte ~e See **8.1.3** ein ~er Schlaf *sehr tiefer S.;* er fiel in einen ~en Schlaf **8.1.4** ein ~er Winter *ein langer, kalter W.* **8.2** *ernst, schwerwiegend;* ein ~es Verbrechen, Vergehen; eine ~e Krankheit, Verletzung, Wunde; nach langem, ~em Leiden entschlief ... (in Todesanzeigen); das war eine ~e Belastungsprobe für uns alle; er wurde bei einem Unfall ~ verletzt **8.3** *hart, streng;* eine ~e Strafe; er wurde ~ bestraft; das hat sie ~ büßen müssen **9** ⟨90⟩ *beträchtlich (Menge), sehr stark, viel;* jmdm. ~en Schaden zufügen; dem Feind ~e Verluste beibringen; der Soldat war ~ bewaffnet **9.1** seine Worte haben mich ~ verletzt *tief beleidigt* **9.2** ~ an etwas tragen *sehr unter etwas leiden* **9.3** seine Meinung, sein Rat, sein Urteil wiegt ~ *bedeutet viel, ist wichtig* **9.4** das kostet ein ~es Geld ⟨umg.⟩ *viel G.* **9.5** Geld die ~e Menge haben ⟨umg.⟩ *viel G.* **9.6** ⟨umg.⟩ *sehr;* man muß ~ auf ihn aufpassen; er war ~ betrunken; ich werde mich ~ hüten!; da sind Sie ~ im Irrtum!; das macht mir ~ zu schaffen **10** ⟨60⟩ ein ~er Junge ⟨umg.⟩ *gefährlicher Verbrecher*

'Schwe·re ⟨f.; -; unz.⟩ **1** ⟨Phys.⟩ = *Schwerkraft;* das Gesetz der ~ **2** *Gewicht;* die ~ des Sackes war nicht zu bestimmen **3** *das Schwersein, großes Gewicht;* bei seiner ~ sollte er sich hüten, auf das Eis zu gehen; beim Erwachen spürte er die bleierne ~ der Glieder **4** *Schwierigkeit;* er machte sich keinen Begriff von der ~ des Problems **5** *Anstrengung, Mühseligkeit;* die ~ der Arbeit **6** *Stärke, Heftigkeit;* die ~ des Unwetters konnte man erst danach erkennen **7** *Härte;* er bekam die ganze, volle ~ des Gesetzes zu spüren **8** *Ernst, Gewichtigkeit;* die ~ einer Anklage, Beleidigung, Beschuldigung, der Beweise, eines Verdachts, eines Vergehens **9** *Last;* die ganze ~ der Verantwortung lastete auf ihr

'schwer|fal·len ⟨V. 131/403(s.)⟩ **1** etwas fällt schwer *verursacht Mühe;* diese Arbeit sollte ihm nicht so ~, ist ihm immer schwergefallen **2** ⟨aber getrennt⟩ er ist bei dem Glatteis 'schwer ge'fallen → *schwer(8.1.1)*

'schwer·fäl·lig ⟨Adj.⟩ *ungeschickt, unbeholfen, langsam, träge;* ~en Geistes sein; ein ~er Mensch; stell dich nicht so ~ an!; ~ antworten, gehen, sprechen

'schwer|hal·ten ⟨V. 160/401⟩ **1** es hält schwer *ist schwierig, mühsam;* es wird ~, alle zufriedenzustellen **2** ⟨aber getrennt⟩ er konnte den Hund nur 'schwer 'halten → *schwer(5.2)*

'schwer·hö·rig ⟨Adj.⟩ **1** *nicht gut, genau hörend, vermindert hörfähig;* eine ~e alte Frau; die alte Frau ist ~ **1.1** auf diesem Ohr bin ich ~! ⟨scherzh.; umg.⟩ *gerade das will ich nicht verstehen* **1.2** er stellte sich bei meinen Anspielungen ~ *er überhörte meine A. absichtlich*

'Schwer·kraft ⟨f.; -; unz.; Phys.⟩ *die Anziehungskraft der Erde;* Sy *Schwere(1), Schub(4)*

'schwer·lich ⟨Adv.⟩ *kaum;* das wirst du ~ fertigbringen

'Schwer·mut ⟨f.; -; unz.⟩ **1** *Gemütskrankheit, Melancholie* **2** *anhaltende tiefe Niedergeschlagenheit*

'schwer|neh·men ⟨V. 189/500⟩ etwas ~ *als bedrückend, schlimm empfinden;* nimm es nicht so schwer!; man soll im Leben nicht alles so ~

'Schwer·punkt ⟨m.⟩ **1** *derjenige Punkt in einem physikal. System mit mehreren Massen od. in einem starren Körper, in dem man sich die gesamte Masse vereinigt denken kann, wenn die Bewegung in einem äußeren homogenen Kraftfeld untersucht wird;* den ~ berechnen, verlagern **2** ⟨fig.⟩ *wichtigster Punkt (eines Problems, einer Frage, Tätigkeit);* der ~ seines Wirkens lag im politischen Bereich

Schwert ⟨n.; -(e)s, -er⟩ **1** *Hieb- u. Stichwaffe mit gerader, breiter, ein- od. zweischneidiger Klinge u. kurzem Querstück vor dem Griff;* ein blankes, rostiges, scharfes ~; mit ~ und Spieß; das ~ ergreifen, nehmen, ziehen, zücken; ein ~ führen, tragen; sich mit dem ~ gürten; mit dem ~e hinrichten; mit dem ~ auf jmdn. eindringen, gegen jmdn. kämpfen, vordringen, sich verteidigen; zum ~ greifen; jmdn. zum Tod durch das ~ verurteilen; denn wer das ~ nimmt, soll durch das ~ umkommen (Matth. 26,52); scharfe ~er schneiden sehr, scharfe Zungen noch viel mehr ⟨Sprichw.⟩ **1.1** das ~ in die Scheide stecken ⟨a. fig.⟩ *den Streit beenden* **1.2** das ~ des Damokles hing, schwebte über ihm ⟨fig.⟩ *jeden Augenblick konnte ihn das Unglück treffen (nach dem Schwert, das der Tyrann Dionys von Syrakus an einem Roßhaar über dem Haupt eines Höflings aufhängen ließ)* **1.3** sein ~ in die Waagschale werfen ⟨fig.⟩ *etwas gewaltsam entscheiden* **1.4** → a. *Feuer(1.3.5), zweischneidig(2)* **2** *schräge Verstrebung im Gerüstbau* **3** ⟨bei Segelbooten⟩ *senkbare Holz- od. Stahlplatte in einem Kasten unten in der Mitte des Rumpfes, um das Boot am Abtreiben zu hindern*

'schwer·wie·gend ⟨Adj.⟩ **1** *wichtig, gewichtig;*

~e Bedenken, Folgen, Gründe **2** ⟨aber getrennt⟩ 2.1 ⟨mit bes. Nachdruck⟩ (noch) viel 'schwerer 'wiegende Bedenken, Folgen, Gründe → a. *schwer(8.2)* 2.2 'schwer 'wiegende Fracht, Kisten, Koffer → a. *schwer(2)*

'Schwe·ster ⟨f.; -, -n⟩ **1** *von denselben Eltern abstammende weibl. Person;* ich habe zwei Brüder und eine ~ **2** ⟨Abk.: Schw.⟩ *in der Kranken-, Säuglings- od. Kinderpflege od. (zusätzl.) in der Operationshilfe ausgebildete weibl. Person;* Kinder~, Kranken~, Operations~, Säuglings~; bei der Visite wurde der Arzt von zwei ~n begleitet **3** *weibl. Mitglied einer kirchl. oder krankenpflegerischen Vereinigung;* Ordens~; ~ Chrysogona (Name einer Ordensschwester)

'Schwie·ger·el·tern ⟨nur Pl.⟩ *die Eltern des Ehepartners*

'Schwie·le ⟨f.; -, -n⟩ **1** *durch ständige Reibung entstandene Verdickung der Außenhaut;* ich habe von der Gartenarbeit ~n bekommen; ~n an den Händen haben **2** ⟨Zool.⟩ *Hautwulst;* Gesäß~

'schwie·rig ⟨Adj.⟩ **1** *mühsam, schwer (zu bewerkstelligen), verzwickt, verwickelt;* eine ~e Angelegenheit, Aufgabe, Lage, Sache; die Verhandlungen, Vorbereitungen waren ~; es ist ~, immer auf ihn einzugehen; Sy *subtil(2)* **2** *heikel;* ein ~es Unternehmen, Vorhaben, Werk; das ist ein besonders ~er Fall **3** *schwer zu behandeln, zu erziehen;* er wird im Alter immer ~er 3.1 ~es Gelände *unübersichtlich, schwer zu überwindendes G.*

'Schwie·rig·keit ⟨f.; -, -en⟩ **1** *etwas Schwieriges, das Schwierige, das Schwierigsein, schwierige Umstände;* die ~ liegt darin, daß ...; auf ~en stoßen; das ist doch keine ~!; ernste, große, offene, unnötige, unüberwindliche, verborgene, versteckte, wachsende ~en; ~en aus dem Wege gehen, räumen; das ist mit großen ~en verbunden **2** *Unannehmlichkeit, Hindernis;* wenn du das tust, bekommst du ~en; ~en bereiten, machen, verursachen; ~en beseitigen, überwinden, umgehen, vermeiden; von ihm sind keine ~en zu erwarten; ich fürchte ~en; mit dieser Firma hat es noch nie ~en gegeben; ich sehe (dabei, hierbei) keine ~en; berufliche, geschäftliche, private ~en; mit ~en kämpfen; mit ~en rechnen; er befindet sich in ~en; jmdn. in ~en bringen; ich möchte nicht, daß Sie dadurch in ~en geraten; jmdm. ~en in den Weg legen

'schwim·men ⟨V.235⟩ **1** ⟨400 (s.)⟩ *von einer Flüssigkeit getragen werden, nicht untergehen;* nicht jedes Holz schwimmt; Schiffchen ~ lassen (als Kinderspiel) 1.0.1 ⟨400⟩ das Schiff schwimmt wieder *ist wieder schwimmfähig* 1.1 ⟨411⟩ auf, in einer Flüssigkeit ~ *treiben;* Eisschollen ~ träge den Strom herab; in der Suppe schwimmt ein Haar **2** ⟨400(s.)⟩ *sich in einer Flüssigkeit fortbewegen;* (noch nicht) ~ können; ~ lernen; wir sind gestern ~ gewesen; ans Ufer ~; ich bin über den See geschwommen; auf der Brust, dem Rücken, der Seite ~; im Schmetterlingsstil ~; stromabwärts, stromaufwärts ~; über einen Fluß, einen See ~; unter Wasser ~; der neue Überseedampfer ist ein komfortables ~des Hotel; das Kind schwimmt wie ein Fisch ⟨umg.⟩; ich schwimme wie eine bleierne Ente ⟨umg.⟩ 2.1 ~de Waren *auf Seetransport befindl. W.* 2.2 mit dem Strom ~ ⟨a. fig.⟩ *sich der allgemein herrschenden Meinung anschließen* 2.3 gegen den Strom ~ ⟨a. fig.⟩ *sich der allgemein herrschenden Meinung entgegenstellen u. -handeln* 2.4 er schwimmt ganz im Kielwasser seines Vaters ⟨fig.⟩ *er ist unselbständig u. läßt sich ganz von seinem Vater leiten* 2.5 ⟨411⟩ im, in seinem Blute ~ ⟨fig.⟩ *stark blutend daliegen* 2.6 in Tränen ~ ⟨fig.⟩ *heftig weinen* 2.7 ⟨411⟩ in etwas ~ ⟨a. fig.⟩ *etwas im Überfluß besitzen;* er schwimmt im Geld; sie schwimmt im Glück, in einem Meer von Seligkeit 2.8 eine Sache, einen Vorteil ~ lassen ⟨fig.⟩ *auf eine S., einen V. verzichten* **3** ⟨500(s. od. h.)⟩ etwas ~ 3.1 eine Strecke ~ *sich im Wasser bewegend zurücklegen;* sie ist, hat die 100 m in neuer Bestzeit geschwommen 3.2 einen Rekord, gute Zeiten ~ *in sportl. Anstrengung erzielen;* die Staffel ist, hat Weltbestzeit geschwommen **4** ⟨400⟩ etwas schwimmt *ist sehr naß, überschwemmt, überströmt;* der Boden schwimmt; die Küche schwimmt vor, von vergossenem Spülwasser **5** ⟨400(s.); fig.⟩ *nicht Bescheid wissen, nicht genügend Kenntnisse haben u. deshalb unsicher sein;* in der Prüfung ~; am Anfang einer neuen Arbeit schwimmt man noch etwas 5.0.1 beim Aufsagen des Gedichts geriet er ins Schwimmen *wußte er den Text nicht mehr genau* 5.1 *seine Rolle nicht können;* die Schauspielerin ist bekannt dafür, daß sie schwimmt **6** ⟨611⟩ etwas schwimmt jmdm. vor den Augen ⟨fig.⟩ *ist jmdm. nur unklar, verschwommen sichtbar;* mir schwimmt alles vor (den) Augen

'Schwim·mer ⟨m.; -s, -⟩ **1** *jmd., der schwimmen kann, der das Schwimmen beherrscht;* er ist ein ausdauernder, erfahrener, geübter, gewandter, tüchtiger ~; die besten ~ ertrinken zuerst ⟨Sprichw.⟩ **2** *Schwimmkörper* 2.1 *auf einer Flüssigkeit schwimmender Hohlkörper, der ihren Stand anzeigt od. ein Ventil betätigt* 2.2 ⟨Pl.⟩ *bootähnliches Gestellpaar unten am Rumpf von Wasserflugzeugen zum Starten u. Landen auf dem Wasser* 2.3 *Teil der Angel, der auf dem Wasser schwimmt u. den Köder im Wasser schwebend hält*

'Schwin·del ⟨m.; -s; unz.⟩ **1** *Störung des Gleichgewichtssinnes: Vertigo;* ~ haben, bekommen; mich überfällt ein ~; dieses Medikament kann zunächst leichten ~ verursachen; von einem plötzlichen ~ gepackt; an ~ leiden **2** ⟨unz.⟩ *Vorspiegelung falscher Tatsachen, Lüge, Betrug, Aufschneiderei;* erzähl nicht solchen ~; das ist ~!; auf einen ~ hereinfallen; das ist ein aufgelegter, ausgemachter ~ ⟨umg.⟩ 2.1 ⟨umg.⟩ *Sache, Angelegenheit, von der man nichts hält, Trick;* ich will von dem ganzen ~ nichts wissen 2.1.1 den ~ kenne ich! *die Sache, den Trick kenne ich, darauf falle ich nicht herein* 2.1.2 das ist der ganze ~ *der ganze Trick, das ist alles* 2.2 ⟨umg.⟩ *wertloses Zeug, Sache, Kram* 2.2.1 was kostet der ganze ~? *alles zusammen*

'schwin·deln ⟨V.⟩ **1** ⟨400⟩ *nicht ganz die Wahrheit sagen, lügen (in kleinen Dingen), flunkern, ein wenig betrügen;* er schwindelt gelegentlich, manchmal, oft 1.1 ⟨500⟩ etwas ~ ⟨umg.⟩ *in etwas die Unwahrheit sagen;* das hat er geschwindelt **2** ⟨501 od. 601⟩ jmdm., jmdn. schwindelt es *jmd. wird von Schwindel befallen;* mich schwindelt; mir schwindelt der Kopf

'schwin·den ⟨V.236/400(s.)⟩ **1** etwas schwindet *nimmt ab, vermindert sich, wird kleiner, weniger, schrumpft zusammen, löst sich in nichts auf;* Holz schwindet (beim Trocknen); Metall schwindet beim Bearbeiten, beim Gießen; meine Angst, meine Hoffnung, mein Vertrauen schwindet; sein Einfluß schwindet mehr und mehr; ihm schwand der Mut; sein Ruhm ist im Schwinden begriffen 1.1 Farben ~ *verblassen* 1.2 Kräfte ~ *verfallen* 1.3 ⟨600⟩ die Sinne schwanden ihr *sie wurde bewußtlos* 1.4 Töne ~ *werden leiser* 1.5 Zeit schwindet *vergeht* **2** ⟨410⟩ aus etwas ~ *allmählich verschwinden* 2.1 aus den Augen ~ *nicht mehr zu sehen sein* 2.2 es ist mir aus der Erinnerung, aus dem Gedächtnis geschwunden *ich erinnere mich nicht mehr daran*

'schwind·lig ⟨Adj.; 70⟩ *von Schwindel befallen;* ich bin, mir ist ~; ich werde, mir wird leicht ~

'Schwind·sucht ⟨f.; -; unz.; veralt.⟩ **1** *zehrende Krankheit, bes. Lungentuberkulose* 1.1 sich die ~ an den Hals ärgern ⟨fig.; umg.⟩ *sich sehr ärgern* 1.2 die ~ im Geldbeutel haben ⟨fig.; umg.⟩ *kein Geld haben*

'Schwin·ge ⟨f.; -, -n⟩ **1** *Flügel (des Vogels), Fittich* **2** *zweiarmiger Hebel am Handwebstuhl, der die Verbindung zwischen Tritthebel u. Schaft herstellt* **3** *Gerät zum Schwingen des Flachses* **4** *Kornsieb, flacher Korb, Wanne*

'schwin·gen ⟨V.237⟩ **1** ⟨500⟩ etwas ~ *in großem Bogen hin und her bewegen, heftig schwenken, schleudernd bewegen;* den Becher, das Glas ~; ein Rauchfaß, den Weihrauchkessel ~; Fackeln, Fahnen, Keulen, Waffen ~; den Zauberstab zur Beschwörung ~ 1.1 Flachs ~ *die gebrochenen Holzteile durch Schlagen mit einem besonderen Messer vom Halm lösen, bis dieser, zum Faden geworden, glänzt* 1.2 Getreide ~ *mit der Schwinge reinigen* 1.3 Rahm ~ ⟨schweiz.⟩ *Sahne schlagen* 1.4 das Schwert, die Peitsche, die Gerte ~ *mit dem S., der P., der G. weit ausholen* 1.4.1 sie schwingt den Pantoffel ⟨fig.;umg.⟩ *beherrscht ihren Mann* 1.5 das Tanzbein ~ ⟨umg.⟩ *tanzen* 1.6 die große Klappe ~ ⟨fig.;umg.⟩ *angeben, große Reden führen* 1.7 eine Rede ~ ⟨fig.;umg.⟩ *eine R. halten* **2** ⟨511/R7⟩ jmdn. od. etwas irgendwohin ~ *schwungvoll im Bogen irgendwohin befördern;* er schwingt (sich) den Sack auf den Rücken 2.1 sich in den Sattel ~ *zum Reiten aufsitzen* **3** ⟨511/R3⟩ sich ~ *schleudernd, schnellend, mit Schwung bewegen, bes. aufwärts;* sie schwang sich auf der Schaukel hin und her; das Flugzeug, der Vogel schwang sich in die Luft **4** ⟨400⟩ *sich regelmäßig hin u. her bewegen;* das Pendel der Uhr schwingt nicht mehr (sie muß aufgezogen werden); eine langsam ~de Schaukel; am Barren, Reck, an den Ringen ~ 4.1 *(er)zittern, sich vibrierend bewegen, beben;* die Brücke schwingt unter der Kolonne marschierender Soldaten; die Berührung läßt die Saite ~ 4.2 *sich wellenförmig fortpflanzen;* das schrille Signal schwingt durch die Halle 4.3 *nachklingen;* die Töne des Schlußakkords schwangen noch im Raum; unüberhörbar schwang der Vorwurf in ihrer Stimme ⟨fig.⟩ **5** ⟨400⟩ *Bogen beschreiben, ausführen, sich in weiten Bogen vorwärtsbewegen* 5.1 *in großen Bogen abwärts schifahren* **6** ⟨400; schweiz.⟩ *ringen, indem man versucht, den Gegner hochzuheben u. auf den Boden zu legen* **7** ⟨500/R3⟩ etwas schwingt sich ⟨fig.⟩ *verläuft bogenförmig, erstreckt sich in Kurven;* in kühner Konstruktion schwingt sich die Brücke über das Tal; schön geschwungene Augenbrauen, Lippen; eine kühn, leicht geschwungene Linie

'Schwin·gung ⟨f.; -, -en⟩ **1** *die zeitlich sich wiederholende Zu- u. Abnahme einer physikal. Größe;* die ~en einer Feder od. Saite; die ~ von Licht- u. Materiewellen; die ~ einer Saite berechnen, messen **2** *bogenförmig schwingende Bewegung;* etwas in ~ versetzen **3** ⟨fig.⟩ *Regung;* ~en der Seele

'schwir·ren ⟨V.⟩ **1** ⟨411(s.)⟩ *mit leicht sausendem Geräusch schnell fliegen;* eine Kugel, ein Pfeil schwirrt durch die Luft; Insekten ~ um meinen Kopf **2** ⟨411(s.); fig.⟩ *sich schnell u. ungeordnet bewegen;* allerlei Gedanken ~ mir durch den Kopf; Gerüchte ~ durch die Stadt 2.1 ⟨605(h.)⟩ mir schwirrt der Kopf vor lauter Lernen *ich bin benommen*

'schwit·zen ⟨V.⟩ **1** ⟨400⟩ *Schweiß absondern, in Schweiß geraten;* Sy *transpirieren(1);* die Füße, Hände ~; am ganzen Körper ~; bei der Arbeit, beim Essen ~; im Bade, in der Sauna ~; ins Schwitzen kommen; unter den Armen ~; vor Angst, Anstrengung, Aufregung, Hitze ~; zum Schwitzen kommen 1.1 ⟨fig.;umg.⟩ *sich sehr anstrengen;* er soll ruhig ~, wenn er etwas zu essen haben will 1.2 ⟨500⟩ etwas ~ ⟨fig.⟩ *absondern;* Bäume ~ Harz 1.2.1 Blut (und Wasser) ~ ⟨fig.;umg.⟩ *sich sehr aufregen (vor Angst, Spannung usw.)* 1.2.2 (Geld) ~ müssen ⟨fig.;süddt.⟩ *zahlen müssen* 1.2.3 ⟨511⟩ ich kann es doch nicht durch die Rippen ~ ⟨umg.⟩ *ich kann mein natürl. Bedürfnis doch nicht zurückhalten* 1.3 ⟨513/R3⟩ sich ... ~ *sich durch Schwitzen in einen bestimmten Zustand bringen;* sie schwitzte sich ganz naß 1.3.1 ich schwitze mich halb tot ⟨umg.⟩ *gerate sehr, unerträglich in Schweiß* 1.4 ⟨400⟩ etwas schwitzt ⟨fig.⟩ *sondert Feuchtigkeit, Schwitzwasser ab;* die Wände ~ 1.4.1 das Fenster schwitzt *beschlägt sich* 1.4.2 ⟨500⟩ etwas ~ (lassen) ⟨Kochk.⟩ *in Butter dämpfen, bräunen;* Mehl ~ (lassen)

'schwö·ren ⟨V. 238⟩ **1** ⟨410⟩ *durch Eid versichern;* am, vor dem Altar ~; mit erhobener Hand ~; vor Gericht ~; falsch, feierlich, hoch und heilig, leichtsinnig, öffentlich ~ 1.1 ⟨800⟩ auf, bei etwas od. jmdm. ~ *etwas od. jmdn. zum Zeugen anrufen;* auf die Bibel, das Evangelium ~; auf Ehre und Gewissen ~; bei Gott, bei allen Heiligen, bei allem, was einem heilig ist, ~; beim Barte des Propheten ~ ⟨umg.; scherzh.⟩ 1.1.1 auf die Fahne ~ *auf die F. vereidigt werden* 1.2 ⟨500⟩ etwas ~ *(als Schwur) leisten;* einen Eid, den Fahneneid, einen Meineid ~; geschworene Eide sind heilig 1.2.1 ⟨m. Modalverb⟩ ich könnte, möchte ~, daß ich ihn gesehen habe *ich bin fast sicher* **2** ⟨500⟩ etwas ~ *geloben, feierl. versprechen;* jmdm. ewige Feindschaft, Rache, Tod und Verderben ~; einander ewige Freundschaft, Liebe, Treue ~; Stein und Bein ~ 2.1 ⟨503; umg.⟩ *nachdrücklich versichern, erklären;* ich schwöre dir, ich habe es mit eigenen Augen gesehen; bei meiner Ehre, Seele schwöre ich, daß ... 2.2 ⟨530/R1⟩ sich etwas ~ *fest vornehmen;* ich habe mir geschworen, daß ich nicht mehr rauche **3** ⟨800⟩ auf etwas od. jmdn. ~ ⟨umg.⟩ *fest an etwas od. jmdn. glauben, vom Wert einer Sache od. von jmds. Wert überzeugt sein;* sie schwört auf dieses Heilmittel; auf seine Freunde kann er ~ 3.1 ⟨405 m. Modalverb⟩ ich kann (darauf) ~, daß es sich so verhält *ich weiß es genau*

schwül ⟨Adj.⟩ **1** ⟨70⟩ *drückend heiß, feuchtwarm;* die Luft ist ~; ~e Düfte im Treibhaus **2** ⟨fig.⟩ *beängstigend, beklemmend;* keiner wagte, in dieser ~en Stimmung etwas zu sagen **3** *durch dumpfe Sinnlichkeit erregend;* ~e Phantasien, Träume, Vorstellungen

Schwulst ⟨m.; -(e)s, ¨-e⟩ **1** *überschwengliche, hochtrabende, aufgeblasene Redeweise* **2** *Überladenheit, überreicher Schmuck*

'schwul·stig ⟨Adj.⟩ **1** *aufgeschwollen, aufgeworfen, verdickt* **2** = *schwülstig*

'schwül·stig ⟨Adj.⟩ oV *schwulstig(2)* **1** *hochtönend, hochtrabend, überschwenglich;* ein ~er Ausdruck, Stil; eine ~e Redeweise, Sprache, Wendung; sich ~ ausdrücken; ~ reden, schreiben **2** *überladen, überreich verziert*

Schwund ⟨m.; -(e)s; unz.⟩ **1** *das Schwinden* 1.1 ⟨Path.⟩ *Abnahme, Verminderung, Schrumpfung;* Muskel~ 1.2 ⟨Radio⟩ *plötzl. Schwinden des Tons infolge Überlagerung von Boden- u. Raumwelle* **2** *geschwundene Menge* 2.1 *Gewichtsverlust (bei Waren);* der ~ beträgt mehrere Kilogramm je Ladung

Schwung ⟨m.; -(e)s, ¨-e⟩ **1** ⟨unz.⟩ *schnelle, treibende Bewegung, Stoßkraft, Triebkraft, Antrieb;* der Schaukel einen leichten ~ geben; zum Schaukeln mußt du kräftig ~ nehmen 1.0.1 ~ hinter die Arbeit setzen ⟨fig.;umg.⟩ *schneller arbeiten* 1.0.2 die Sache gerät allmählich in ~, bekommt allmählich ~ ⟨fig.; umg.⟩ *kommt voran* 1.0.3 jmdn. od. etwas in ~ bringen ⟨fig.; umg.⟩ *antreiben, mitreißen* 1.1 ⟨fig.⟩ *Begeisterung, inneres Feuer, mitreißende innere Kraft;* (keinen) ~ haben, etwas zu tun; seinem Stil ~ geben; ich bin erst jetzt so richtig in ~ gekommen; den ~ verlieren; dichterischer, rednerischer, schöpferischer ~ **2** ⟨unz.⟩ *schwingende Bewegung;* Pendel~; eine Schaukel, ein Uhrpendel in ~ setzen **3** *bogenförmige Bewegung;* die Schwünge der Schiläufer; die Schwünge des Turners am Pferd 3.1 *einmalige, bogenförmige zielgerichtete Bewegung;* mit einem kühnen ~ nahm der Reiter das Hindernis 3.2 *Richtungsänderung im Bogen;* mit einem ~ nach rechts **4** *geschwungene Form, geschwungene Linie, Bogen, Schnörkel (an Buchstaben);* der ~ seiner Augenbrauen **5** ⟨umg.⟩ *Menge, größere Anzahl;* ich habe heute einen ganzen ~ Briefe erledigt; ich muß noch einen ganzen ~ Wäsche bügeln, waschen

'schwung·haft ⟨Adj.; fig.⟩ **1** *mit Schwung durchgeführt, energisch;* er redete mit ~en Gebärden **2** *lebhaft, rege;* ~en Handel mit etwas treiben

'schwung·voll ⟨Adj.⟩ *voller Schwung, lebhaft, feurig;* ~e Arabesken, Linien, Schriftzüge; in ~en Worten etwas schildern; er setzte sich ~ dafür ein

Schwur ⟨m.; -(e)s, ¨-e⟩ *Eid;* einen ~ ablegen, leisten, tun; seinen ~ brechen, verletzen; seinen ~ halten; der ~ am, vor dem Altar; der ~ auf dem Rütli in Schillers „Wilhelm Tell“; eine Aussage mit einem ~ bekräftigen; die Hand zum ~ erheben

'Schwur·ge·richt ⟨n.⟩ *aus Berufsrichtern u. Geschworenen zusammengesetzter Gerichtshof für schwere Straftaten*

sechs ⟨Num. 11; Dat. ~ od. ~en; in Ziffern: 6⟩ *die Zahl 6;* → a. *vier;* wir waren ~, zu ~t; sie sind zu ~en ⟨umg.⟩; wo ~ essen, wird auch der siebente satt ⟨Sprichw.⟩

Sechs ⟨f.; -, -en⟩ **1** *die Ziffer 6* 1.1 *die Straßenbahn-, Buslinie Nr. 6;* in die ~ umsteigen **2** *sechs Punkte (beim Würfelspiel);* bei einer ~ darf man noch einmal würfeln **3** → *Note (2.6);* er hat leider eine ~ geschrieben

'Sech·ser ⟨m.; -s, -; umg.⟩ **1** *Fünfpfennigstück* 1.1 ⟨fig.⟩ er hat nicht für einen ~ Verstand *er ist ziemlich dumm* 1.2 ⟨Lotto⟩ *Gewinn mit sechs richtigen Zahlen, Hauptgewinn, Haupttreffer*

'sechs·fach ⟨Adj.⟩ *sechsmal so viel;* ein Schriftstück in ~er Ausfertigung

'sechs·mal ⟨Adv.⟩ *sechsfach, wiederholt, mit sechs multipliziert*

'Sech·stel ⟨n., (schweiz.) m.; -s, -⟩ *der sechste Teil*

'sech·zehn ⟨Num.; in Ziffern: 16⟩ **1** *die Zahl 16* 1.1 im Jahre ~ *1916* 1.2 um ~hundert *etwa 1600*

'sech·zig ⟨Num.; in Ziffern: 60⟩ *die Zahl 60*

Se·di'ment ⟨n.; -(e)s, -e⟩ **1** ⟨Geol.⟩ *Ablagerung von mechanisch im bewegten Wasser getragenen Teilen od. gelöst gewesenen Stoffen* **2** ⟨Med.⟩ *Bodensatz, z. B. in der Harnblase*

See[1] ⟨m.;-s,-n⟩ **1** *große, mit Wasser gefüllte Bodenvertiefung, stehendes Binnengewässer;* Binnen~; es lächelt der ~, er ladet zum Bade (Schiller); das Hotel liegt unmittelbar an einem ~; im ~ baden; über den ~ rudern; der große, spiegelglatte, tiefe, versteckt gelegene ~ 1.1 *künstlich angelegtes, großes Wasserbecken;* Stau~

See[2] ⟨f.; -, -n⟩ **1** ⟨unz.⟩ *Meer;* in die offene ~ hinausfahren; im Urlaub an die ~ fahren, reisen; auf hoher ~; bewegte, ruhige, stürmische, tosende ~ 1.1 faule ~ *Windstille* 1.2 auf ~ bleiben *auf dem Meer umgekommen sein* 1.3 in ~ gehen, stechen *ausfahren;* das Schiff geht, sticht in ~; der Reisende stach in ~ 1.4 zur ~ ⟨fig.⟩ *in der Seefahrt, bei der Marine;* Kapitän, Leutnant zur ~ (Dienstrang) 1.4.1 Handel zur ~ *Überseehandel* 1.4.2 zur ~ fahren *bei der Marine sein* 1.4.3 zur ~ gehen *zur Marine gehen* **2** *große, sich brechende Welle;* Sturz~; grobe, schwere ~n gingen über Bord 2.1 rauhe, schwere ~ *hoher Wellengang*

'See·bad ⟨n.⟩ *Kurort am Meer*

'See·fah·rer ⟨m.⟩ *jmd., der zur See fährt*

'See·fahrt ⟨f.⟩ **1** *Schiffahrt auf dem Meer* **2** *Fahrt übers Meer*

'See·gang ⟨m.; -(e)s; unz.⟩ *Bewegung der See in Wellen;* hoher, leichter, schwerer, starker ~

'See·hund ⟨m.⟩ **1** *Angehöriger einer Familie*

der Robben, die im Gegensatz zu den Ohrenrobben kein äußeres Ohr haben: Phocidae **2** *Fell des Seehunds(1)* **3** Gewöhnlicher ~ *in den nördl. Meeren verbreitete, bis zu 2 m lange Art der Seehunde(1): Phoca vitulina*

'See·krank·heit ⟨f.⟩ *durch Störung des Gleichgewichtsorgans infolge anhaltender schaukelnder Bewegung hervorgerufene Krankheit mit Übelkeit, Erbrechen, Schwindel*

'See·le ⟨f.; -, -n⟩ **1** *Lebensprinzip, Innenleben eines Lebewesens, das sich im Denken, Fühlen, Handeln od. Bewegen äußert, Lebenskraft;* an Leib und ~ gesund; in tiefster ~ ergriffen sein; bei meiner ~! (zur Bekräftigung, Beteuerung); meiner Seel! (Ausruf des Erstaunens, Erschreckens) ⟨umg.⟩ **1.01** zwei ~n wohnen in seiner Brust ⟨fig.⟩ *er ist von zwiespältigem Charakter, unentschlossen* **1.02** seine ~ aushauchen ⟨fig.⟩ *sterben* **1.03** eine gute ~ haben ⟨umg.⟩ *gutmütig, selbstlos sein* **1.04** eine schwarze ~ haben ⟨fig.; umg.; meist scherzh.⟩ *ein Bösewicht sein* **1.05** jmdm. auf der ~ knien ⟨fig.; umg.⟩ *jmdm. heftig zusetzen, ihn bedrängen* **1.06** es tut mir in der ~ leid, weh *sehr, unendlich leid* **1.07** es liegt mir schwer auf der ~, daß ... ⟨fig.⟩ *es bedrückt mich* **1.08** ich habe es ihm noch einmal auf die ~ gebunden ⟨fig.; umg.⟩ *bes. eingeschärft* **1.09** diese Last mußte ich mir einmal von der ~ reden ⟨fig.⟩ *bedrückte mich so sehr, daß ich einmal davon sprechen mußte* **1.10** sich die ~ aus dem Leib reden, rennen ⟨fig.; umg.⟩ *mit großer Anstrengung, Intensität, vollem Einsatz reden, rennen* **1.10.1** sich die ~ aus dem Leib husten *sehr stark husten* **1.11** du hast mir aus der ~ gesprochen *gesagt, was auch meine Überzeugung ist* **1.12** aus tiefster, voller, von ganzer ~ ⟨fig.⟩ *vorbehaltlos, aus einer starken Empfindung heraus;* jmdm. aus tiefster ~ danken; aus voller ~ jubeln, zustimmen **1.13** in tiefster ~ *zutiefst, sehr;* das ist mir in tiefster ~ verhaßt **1.14** → a. *Leib(5.7), Herz(2.0.12)* **2** *die Gemütskräfte des Menschen;* sie hat eine empfindliche, kindliche, zarte ~; das Land der Griechen mit der ~ suchend (Goethe, Iphigenie, I,1) **3** ⟨Rel.⟩ *unsterbl. Teil des Menschen;* um die ~n der Abtrünnigen ringen; die ~ bewahren, retten, verderben, verlieren; Schaden an seiner ~ nehmen; der Mensch besitzt eine unsterbliche ~; seine ~ dem Bösen, dem Teufel verschreiben **3.1** eine arme ~ ⟨kath. Kirche⟩ *die im Fegefeuer büßende Seele eines Verstorbenen;* für die armen ~n (im Fegefeuer) beten **3.1.1** hinter etwas od. jmdm. her sein wie der Teufel hinter der armen ~ *ganz bes. erpicht auf etwas od. jmdn. sein* **3.1.2** er ist auf den Pfennig aus wie der Teufel auf eine ~ *er ist sehr habgierig* **3.2** wie die ~n im Fegefeuer umherirren ⟨fig.⟩ *ruhelos sein* **4** er ist eine ~ von Mensch ⟨umg.⟩ *ein gutmütiger, selbstloser M.* **5** ⟨fig.⟩ *geistiger, lenkender Mittelpunkt, Triebkraft;* die Frau ist die ~ des Hauses **5.1** er ist die ~ der Firma ⟨umg.⟩ *an ihm hängt alles, er kümmert sich um alles* **6** ⟨fig.⟩ *Mensch, Einwohner;* eine gute ~ sein; eine edle, große, reine, schöne, stolze ~; er ist eine treue ~; die Bevölkerung des Dorfes beträgt etwa 1000 ~n; die Gemeinde, Pfarrei zählt 5000 ~n **6.1** die arme ~! *so ein bedauernswertes Geschöpf* **6.2** es ist keine ~ hier ⟨umg.⟩ *niemand* **6.3** nun hat die liebe ~ Ruh! ⟨umg.⟩ *nun hat er, sie endlich, was er, sie wollte* **6.4** zwei ~n und ein Gedanke *da haben wir beide jetzt dasselbe gedacht* **6.5** er ist eine durstige ~ ⟨umg.⟩ *er trinkt gern* **7** *das Innerste von etwas* **7.1** *Hohlraum des Gewehrlaufs od. Geschützes* **7.2** *der innere Strang eines Kabels, eines Taus* **7.3** ⟨bei Streichinstrumenten⟩ *Stimmstock*

'See·len·heil ⟨n.⟩ *das Heil, Glück, Unversehrtsein der Seele;* auf sein, jmds. ~ bedacht sein; für sein, jmds. ~ beten, sorgen; um sein, jmds. ~ besorgt sein

'See·len·ru·he ⟨f.⟩ *Gemütsruhe, unerschütterliche Ruhe, Ausgeglichenheit;* in aller ~ erwartete er den Ausgang der Verhandlungen

'See·leu·te ⟨Pl. von⟩ *Seemann*

'see·lisch ⟨Adj. 24⟩ *die Seele betreffend, auf ihr beruhend, ihr angehörend;* eine ~e Belastung, Erschütterung, Störung; sie befindet sich in großer ~er Erregung; aus dem ~en Gleichgewicht geraten, kommen; das ~e Gleichgewicht verlieren, wiederfinden; ein ~es Leiden; jmdn. ~ beeinflussen; ~ übereinstimmen, verwandt sein

'Seel·sor·ge ⟨f.; -; unz.; in der christl. Kirche⟩ *die seel. Hilfe für das Gemeindemitglied u. seine Hinführung zu Gott*

'See·mann ⟨m.; -(e)s, -leu·te⟩ **1** *jmd., der auf einem Hochseeschiff beschäftigt ist* **1.1** das kann doch einen ~ nicht erschüttern! ⟨umg.⟩ *das macht doch einem lebenserfahrenen Manne nichts aus*

'See·mei·le ⟨f.; Mar.⟩ *Längenmaß von 1852 bzw. 1853 m*

'See·not ⟨f.; -; unz.⟩ *schwere Gefahr des Untergangs von Schiffen u. auf See notgelandeten Flugzeugen;* Rettung aus ~; Schiff in ~

'See·räu·ber ⟨m.⟩ = *Freibeuter(1.1)*

'see·tüch·tig ⟨Adj.⟩ ein Schiff ist ~ *fähig, übers Meer zu fahren, tauglich für hohe See*

'see·wärts ⟨Adv.⟩ *zur See hin, nach der See zu;* ~ gelegen

'Se·gel ⟨n.; -s, -⟩ **1** *Tuch, das am Mast eines Schiffes befestigt und durch Taue ausgespannt werden kann, so daß sich der Wind darin fängt u. das Schiff fortbewegt;* die ~ aufziehen, klarmachen, heißen, hissen, setzen; die ~ reffen **1.1** unter ~ gehen *abfahren* **1.2** die ~ streichen *einziehen* **1.2.1** ⟨fig.;umg.⟩ *nachgeben, klein beigeben, sich zurückziehen* **1.3** mit vollen ~n fahren *bei gutem Wind segeln* **1.3.1** ⟨fig.;umg.⟩ *alle Mittel anwenden* **1.3.2** mit vollen ~n auf ein Ziel zugehen ⟨fig.;umg.⟩ *schnurstracks, geradenwegs* **1.4** → a. *Wind(1.1, 1.2)* **2** *als Sonnenschutz aufgespanntes Leinwandtuch;* Sonnen~

'Se·gel·flug ⟨m.⟩ *Flug mit motorlosem Flugzeug unter Ausnutzung aufsteigender Luftströmungen*

'se·geln ⟨V.⟩ **1** ⟨400 (s. od. h.)⟩ *mit einem Segelboot fahren, sich mittels Segel vorwärtsbewegen;* hart gegen den Wind ~; um ein Vorgebirge ~; übers Meer ~; er hat den ganzen Nachmittag gesegelt; er ist nach Schweden gesegelt **2** ⟨500⟩ ein Boot ~ *ein Segelboot führen, steuern;* dieses Boot läßt sich nur schwer ~; er hat das Boot über den Kanal gesegelt **3** ⟨500 (s. od. h.)⟩ eine Strecke ~ *im Segelboot zurücklegen;* diese Route bin, habe ich noch nicht gesegelt **4** ⟨500⟩ einen Wettbewerb ~ *im Segelboot an einem W. teilnehmen, einen W. absolvieren;* er will die Regatta nicht ~ **5** ⟨400(s.)⟩ *schweben, fliegen;* Möven ~ über das Wasser **6** ⟨411(s.); fig.;umg.⟩ *schnell, mit fliegenden Röcken, gewichtig gehen;* um die Ecke ~ **7** ⟨411(s.); fig.; umg.⟩ *fallen, stürzen;* er segelte in hohem Bogen aus der Hängematte **8** ⟨800(s.)⟩ durch eine Prüfung ~ ⟨fig.;umg.⟩ *eine P. nicht bestehen;* ich bin durchs Examen gesegelt

'Se·gen ⟨m.; -s, -⟩ **1** *Gunst, Gnade;* es ist ein ~ Gottes; es ist ein wahrer ~; göttlicher ~; gib mir deinen väterlichen ~; an Gottes ~ ist alles gelegen ⟨Sprichw.⟩ **1.1** ⟨Rel.⟩ *Verheißung, Übertragung göttl. Gnade (als liturg. Formel, durch Worte, Handauflegen, Kreuzzeichen o. ä.);* den ~ bekommen, erhalten; den ~ erteilen, geben, spenden, sprechen; päpstlicher ~; den ~ über jmdn. od. etwas sprechen **1.2** ⟨fig.; umg.⟩ *Einverständnis, Zustimmung;* seinen ~ zu etwas geben; meinen ~ hat er! **2** ⟨umg.⟩ *unerwarteter Reichtum, reiche Ernte, Ausbeute;* Geld~; es gab in diesem Jahr soviel Obst auf den Bäumen, daß niemand wußte wohin mit dem ~ **2.1** das ist der ganze ~? *das ist alles?* **3** *Heil, Glück;* ihm, dir zum ~; jmdm. Glück und ~ wünschen; seine Tat hat ihm (keinen) ~ gebracht; auf seiner Arbeit liegt kein ~ **3.1** sich regen bringt ~ ⟨Sprichw.⟩ *wer selbst viel arbeitet, bringt es auch zu etwas*

'se·gens·reich ⟨Adj.⟩ *voller Segen, segen-, glückbringend, fruchtbar;* eine ~e Einrichtung, Erfindung, Tätigkeit

Seg'ment ⟨n.; -(e)s, -e⟩ **1** *Abschnitt, Teilstück* **2** ⟨Math.⟩ *Kreisabschnitt, Kugelabschnitt* **3** ⟨Med.⟩ *einer der hintereinander gelegenen Abschnitte, aus denen (entwicklungsgeschichtlich) der Körper zusammengesetzt ist, bes. bei Wirbelsäule u. Rückenmark* **4** ⟨Biol.⟩ *Teil, aus dem der Körper von Lebewesen aufgebaut ist*

'seg·nen ⟨V.500/R8⟩ **1** jmdn. od. etwas ~ ⟨Rel.⟩ *den Segen(1) Gottes herabwünschen auf jmdn. od. etwas;* die Eltern ~ ihre Kinder; der Pfarrer segnet die Gemeinde; komm, Herr Jesus, sei unser Gast und segne, was du uns bescheret hast (Tischgebet) **1.1** ~d die Hände ausbreiten, heben *das Zeichen des Kreuzes machen* **1.2** → a. *zeitlich(1.2)* **2** Gott segnet jmdn. od. etwas *spendet jmdm. od. einer Sache Gnade, Glück, Schutz;* Gott segne dich!; Gott segne dieses Haus!

'Seg·nung ⟨f.; -, -en⟩ **1** *das Segnen* **2** *Wirkung des Segnens* **3** *segensreiche Wirkung;* die ~en des sozialen und technischen Fortschritts, des Friedens, der Kultur genießen, ihrer teilhaftig werden

'se·hen ⟨V.239⟩ **1** ⟨410⟩ *mit dem Auge wahrnehmen können;* gut, schlecht, scharf, deutlich, undeutlich, verschwommen ~; nur 3 m weit ~; nur auf einem Auge, auf beiden Augen nichts ~ **2** ⟨500/R7 od. R8 od. 411⟩ jmdn. od. etwas, nach jmdm. od. etwas ~ *mit dem Auge wahrnehmen;* wir ~, daß er kommt, ob er arbeitet, wie er nach Hause kommt, wo er arbeitet; er sieht ihn (es) deutlich, verschwommen, gut, schlecht; etwas von weitem, von nahem ~; aus der Nähe, von einem Ort aus ~; das Kind sieht der Mutter in den Kochtopf; jmd. sieht auf, nach jmdm. od. etwas, nach links, rechts, oben, unten; nach der Uhr, zur Tür hinaus ~; wir ~, wenn das Schiff anlegt, wie er nach Hause kommt, wo das Hochwasser gestiegen ist; etwas durch eine Brille, ein Mikroskop ~; mit eigenen Augen ~; wir ~ jmdn. kommen; sie ~ die Bauern das Heu ernten; er will ~, ob die Maschine läuft; Sie ~, das Pferd ist gesund, daß das Pferd gesund ist; er sieht sich im Spiegel; sie ~ sich auf der Straße **2.0.1** Gespenster, weiße Mäuse ~ *in der Einbildung wahrnehmen (weil man Angst hat)* **2.0.2** alles doppelt ~ *Schwindel spüren (weil man betrunken ist)* **2.0.3** die Hand nicht vor den Augen ~ *sich in äußerster Dunkelheit befinden* **2.0.4** jmdn. od. etwas noch vor sich ~ *in der Erinnerung deutlich wahrnehmen* **2.0.5** ⟨Part.Perf.⟩ gesehen ⟨Abk.: ges.⟩ *gelesen u. zur Kenntnis genommen* **2.0.6** → a. *rot(1.03)* **2.1** ⟨500⟩ Veranstaltungen, Sehenswürdigkeiten ~ *sich ansehen, betrachten;* eine Vorführung, einen Film, ein Theater-, Fernsehstück ~; ein Reitturnier, Fußballspiel ~; jmd. hat Frankreich, die Welt gesehen **2.2** ⟨553/R3⟩ sich an jmdm. od. etwas satt ~ **2.2.1** *jmdn. od. etwas gern u. häufig betrachten* **2.2.2** *jmdn. od. etwas nicht mehr ansehen wollen* **2.3** ⟨Imperativ⟩ siehe ...! *sieh nach, schlag nach!;* siehe oben ⟨Abk.: s. o.⟩; siehe unten ⟨Abk.: s. u.⟩; siehe Seite ⟨Abk.: s. S. ...⟩ **2.4** ⟨500⟩ jmdn. etwas ~ lassen *jmdm. etwas zeigen* **2.5** ⟨613⟩ jmdm. ähnlich ~ *gleichen, aussehen wie jmd.* **2.5.1** das sieht ihm (aber) ähnlich *das ist bezeichnend für ihn, man kann es von ihm nicht anders erwarten* **3** ⟨500⟩ jmdn. od. etwas, sich mit jmdm. od. etwas ~ lassen können *wegen jmdm. od. etwas Ansehen genießen, auf jmdn. od. etwas stolz sein können;* damit kannst du dich ~ lassen **4** ⟨411⟩ etwas sieht in eine Richtung *liegt in einer Richtung;* die Zimmer, Fenster ~ auf den, nach dem Garten **5** ⟨500⟩ bessere (schlechtere) Zeiten gesehen haben *erlebt haben* **6** ⟨500/R8⟩ jmdn. ~ *treffen, besuchen, jmdm. begegnen;* ich freue mich, Sie zu ~; wir ~ ihn gern bei uns (als Gast); er läßt sich nicht mehr ~; sie ~ sich jetzt häufiger **6.1** jmdn. vom Sehen kennen *nur flüchtig, nicht mit Namen* **7** ⟨513⟩ jmdn. ..., etwas tun ~ *wahrnehmen, wie jmd. ... ist, etwas tut;* jmdn. lachen, weinen, leiden ~; jmd. sieht jmdn. lustig, fröhlich, leidend **7.1** ⟨611⟩ eine Gefühlsregung sieht jmdm. aus den Augen *man nimmt wahr, daß ein anderer von einem Gefühl bewegt ist;* ihm sieht der Schelm, das Entsetzen aus den Augen **7.2** ⟨Frageform⟩ hast du nicht gesehen? *plötzlich* **7.3** da vergeht einem Hören und Sehen *das ist unerträglich* **7.4** ⟨550⟩ etwas mit, in etwas ~ *erkennen, feststellen;* jmd. sieht seine Aufgabe, eine Verlockung in etwas; etwas mit Bestürzung, Freude, Trauer, Schrecken, Staunen, Überraschung ~ **7.4.1** ⟨514⟩ er sieht den Wald vor lauter Bäumen nicht ⟨Sprichw.⟩ *er erkennt die Zusammenhänge nicht* **7.4.2** jmdn. ~(d) machen *die Wahrheit erkennen lassen* **7.5** ⟨610/R5 od. R6⟩ jmdm. ins Herz (usw.) ~ *jmds. Denken, Fühlen, Absichten, Pläne zu erforschen suchen;* jmdm. ins Herz, ins Auge, in die Karten, ins Gesicht ~ **7.5.1** ⟨511 m. Modalverb⟩ jmdm. nicht in die Augen ~ können *ein* *schlechtes Gewissen vor jmdm. haben* 8.1 ⟨500⟩ etwas ~ *wissen, was geschehen wird;* jmd. sieht seinen Weg vor sich, sieht in die Zukunft; er hat es kommen ~ 8.2 ⟨513⟩ etwas ... ~ *beurteilen;* etwas klar, deutlich, gut, gern, kaum, verschwommen, falsch, verzerrt, recht, schwarz, menschlich ~; er sieht es nur allzu deutlich; er sieht es, wie es ist; wie ~ Sie es?; menschlich gesehen, kann man es verstehen 8.2.1 ⟨Futur⟩ wir werden (es) schon ~ *man kann erst später darüber genauer urteilen* 8.2.2 das möchte ich ~! *ich habe hier Zweifel* 8.2.3 ⟨513⟩ etwas unter einem bestimmten Gesichtspunkt ~ *voreingenommen beurteilen;* etwas unter einem besonderen Aspekt, durch eine gefärbte Brille, in einem besonderen Licht ~; er sieht das Problem nur als Erzieher; sie ~ es als gegeben 8.2.4 ⟨513/R7⟩ jmdn. ... ~ *die Meinung haben, daß jmd. ... ist;* sich od. einen anderen betrogen, enttäuscht, übergangen, verletzt, veranlaßt, bemüßigt, bestätigt ~ 8.2.5 → a. *Finger(1.13)* 8.3 ⟨512; Frageform⟩ hat man so etwas schon gesehen? *das ist unwahrscheinlich!* 8.4 ⟨413⟩ siehst du wohl! *das ist bemerkenswert!* 8.5 ⟨Imperativ⟩ sieh, daß du es machen kannst! *versuche, es zu tun* **9** ⟨800⟩ auf jmdn. od. etwas ~ *achten, aufpassen, für jmdn. od. etwas sorgen;* auf Einzelheiten, auf den Preis, auf die Kinder, auf den Gauner, auf sich selbst ~ 9.1 nach dem Rechten ~ *für Ordnung sorgen*

'Se·her ⟨m.; -s, -⟩ **1** *jmd., der in die Zukunft schaut, Prophet* **2** ⟨Pl.; jägerspr.⟩ *Augen beim Hasen u. niederen Raubwild*

'Seh·kraft ⟨f.⟩ *Fähigkeit des Auges zu sehen;* Sy *Sehvermögen*

'Seh·ne ⟨f.; -, -n⟩ **1** *weiße, derbe, bindegewebige Endfaser des Muskels, Verbindung zwischen Muskel u. Knochen;* Sy *Nerv(5)* ⟨veralt.⟩; er hat sich eine ~ gezerrt **2** *Gerade, die zwei Punkte einer krummen Linie verbindet* **3** *Strang zum Spannen des Bogens;* Bogen~; die ~ spannen, straffen (am Bogen); der Pfeil schnellt von der ~

'seh·nen ⟨V. 550/R3⟩ **1** sich nach jmdm. od. einer Sache ~ *innig, schmerzlich verlangen nach jmdm. od. einer Sache;* er sehnte sich nach ihr; er sehnte sich nach Ruhe; ein heißes, inniges, stilles Sehnen; ~ des Verlangen 1.1 sich nach Hause ~ *Heimweh haben*

'sehn·lich ⟨Adj.⟩ *voller, mit Sehnsucht, sehnsüchtig, innig;* es ist mein ~er, ~ster Wunsch; jmdn. ~st erwarten; etwas ~st verlangen, wünschen

'Sehn·sucht ⟨f.⟩ *inniges, schmerzliches Verlangen;* das wird ihrer ~ neue Nahrung geben; ~ empfinden, erwecken, fühlen, wachrufen, wecken; brennende, ewige, glühende, heftige, quälende, unstillbare, verzehrende ~; diese Erinnerung erfüllte sie mit ~; du wirst schon mit ~ erwartet; ~ haben nach jmdm. od. etwas; von ~ ergriffen, gequält, verzehrt; vor ~ vergehen; sich vor ~ verzehren

'sehn·süch·tig ⟨Adj.⟩ *voller Sehnsucht, innig, schmerzlich verlangend;* ein ~es Verlangen; ~ nach jmdm. ausschauen; ~ auf jmdn. warten

sehr ⟨Adv.; Komparativ: mehr; Superlativ: am meisten⟩ **1** *in hohem Grade, Maße, besonders;* ~ arm, reich sein; das ist ~ bedauerlich; er ist gerade ~ beschäftigt; ~ betrübt, entmutigt, niedergeschlagen, traurig sein; ~ glücklich, zufrieden sein; du weißt ~ gut, was damit gemeint ist; sie ist ~ hübsch, charmant, schön; ein ~ nettes Mädchen; dieses System ist ~ veraltet; ~ viel (Geld usw.); ~ vieles hat mir nicht gefallen; du weißt, wie ~ wir ihn schätzen; das ist ~ freundlich, liebenswürdig von Ihnen; ~ feine Qualität ⟨Abk.: ff⟩ 1.0.1 bitte ~! *(Höflichkeitsformel der Aufforderung)* 1.0.2 danke ~! *(Höflichkeitsformel des Dankes)* 1.0.3 ~ liebenswürdig! *(Höflichkeitsformel des Dankes nach Hilfeleistung)* 1.0.4 ~ geehrte(r) Frau (Herr) *(Anrede im Brief)* 1.0.5 meine ~ geehrten Damen und Herren *(Anrede an ein Publikum)* 1.1 ich weiß (es) ~ wohl, daß ... *ganz genau* 1.2 ~ wohl! *jawohl, wie Sie wünschen (unterwürfige Antwort)* 1.3 (nicht) zu ~ *(nicht) übermäßig* 1.4 ~ gut → *Note(2.1)* **2** *viel, stark, heftig;* Ggs *wenig(2);* es regnet ~; sie hat ~ geweint; er hat mich so ~ gebeten, daß ich nachgegeben habe; ich wünsche es mir so ~

'Seh·schär·fe ⟨f.⟩ *Grad der Fähigkeit des Auges, Einzelheiten scharf zu erkennen*

'Seh·ver·mö·gen ⟨n.⟩ = *Sehkraft*

seicht ⟨Adj.⟩ **1** ⟨70⟩ *wenig tief, flach;* der Fluß, Bach, Teich ist ~; ~e Stellen im See **2** ⟨fig.⟩ *oberflächlich, nichtig, fade;* eine ~e Lektüre, Unterhaltung; ein ~er Mensch

'Sei·de ⟨f.; -, -n⟩ **1** *sehr feiner, dünner Faden vom Kokon der Seidenspinner od. aus Zellstoff künstl. hergestellt;* Natur~, Kunst~, sie hat Haar wie ~ 1.1 wilde ~ *vom nicht züchtbaren Tussahspinner, früher in Europa auch vom Eichenspinner gewonnene Seide von bräunl. Farbe* 1.2 damit kann ich keine ~ spinnen ⟨fig.; umg.⟩ *davon habe ich keinen Nutzen* 1.3 die beiden spinnen keine gute ~ miteinander ⟨fig.; umg.⟩ *vertragen sich nicht gut* **2** *glänzendes, feines Gewebe aus Seide(1);* eine Bluse, ein Halstuch, ein Kleid aus ~; bunte, buntbedruckte, einfarbige, künstliche, natürliche, reine ~; eine Haut weich wie ~ 2.1 → a. *Samt(1.2)* **3** *einer Gattung der Windengewächse angehörende Schmarotzerpflanze mit blattlosem, sich windendem Stengel ohne Blattgrün: Cuscuta*

'sei·den ⟨Adj. 24/60⟩ **1** *aus Seide bestehend;* ~e Blusen, Kissen, Kleider, Krawatten, Schals, Stoffe, Wäsche 1.1 es hängt an einem ~en Faden ⟨fig.; umg.⟩ *es ist ganz ungewiß, kann leicht ein böses Ende nehmen* **2** ~e Klöße *K. aus gekochten Kartoffeln*

'sei·dig ⟨Adj.⟩ **1** *aus Seide bestehend* **2** *weich, glänzend wie Seide;* ein Fell, Pelz, Stoff mit ~em Glanz; ihr Haar, ihre Haut hat einen ~en Glanz, Schimmer; dieser Stoff fühlt sich ~ an

'Sei·fe ⟨f.; -, -n⟩ **1** *zum Reinigen verwendete Natrium- od. Kaliumsalze von höheren Fettsäuren;* ~ kochen, sieden 1.1 *Waschmittel;* ein Stück ~; ~ reinigt, schäumt; duftende, parfümierte, wohlriechende ~; wasch dir die Hände mit ~! 1.1.1 grüne ~ *Schmierseife* **2** ⟨Geol.⟩ *Sand- u. Kieselablagerungen, in denen sich Metalle, Erze od. Diamanten abgelagert haben;* Diamant~, Gold~

'Sei·fen·bla·se ⟨f.⟩ **1** *Blase des Seifenschaums;* die Kinder lassen ~n aufsteigen 1.1 die Gerüchte, seine Hoffnungen zerplatzten wie ~n *zergingen in nichts* **2** ⟨fig.⟩ *das leicht Vergängliche, Trügerische, Nichtige;* seine Hoffnungen sind nur ~n

'sei·gern ⟨V.⟩ **1** ⟨400⟩ *sickern, sich ausscheiden* **1.1** ⟨Chemie⟩ *beim Erkalten Kristalle ausscheiden* **2** ⟨500⟩ etwas ~ *sickern lassen, ausscheiden* **2.1** Metalle ~ *M. aus ihren Erzen auf einer schräggestellten Unterlage ausscheiden* **2.2** ⟨Gießerei⟩ *(die Bestandteile von Metallschmelzen) beim Erstarren entmischen, wodurch ein uneinheitl. Gefüge entsteht*

'sei·hen ⟨V. 500⟩ etwas ~ *(durch einen Filter) sickern lassen, filtern*

Seil ⟨n.; -(e)s, -e⟩ **1** *aus Fasern od. Draht gedrehtes langes Gebilde, dicker Strick;* Hanf~; Draht~; ein ~ spannen; eine Last am ~ emporwinden, hochziehen; eine Ziege am ~ führen; einen Gletscher am ~ überqueren; auf dem ~ balancieren, tanzen; der Bergsteiger klettert mit ~, sichert sich mit einem ~; mit dem ~ springen (Kinderspiel) **1.1** das ist ein Tanz auf dem ~ ⟨fig.⟩ *ein schwieriges, gefährliches Unternehmen* **1.2** wir ziehen am gleichen ~, Strang ⟨fig.; umg.⟩ *wir halten zusammen* **1.3** jmdn. am ~ herunterlassen ⟨a. fig.; umg.; schweiz.⟩ *jmdm. unbegründete Hoffnungen machen und sie dann zerstören, jmdn. versetzen, verspotten, verulken*

'Seil·bahn ⟨f.⟩ *auf Schienen od. auf einem als Schiene dienenden Seil fahrendes, durch Seil gezogenes Transportmittel für Personen u. Lasten;* Draht~

Seim ⟨m.; -(e)s, -e⟩ *dicke, zähe Flüssigkeit, Sirup;* Honig~

sein[1] ⟨Possessivpron. 3. Person Sg. 4 m. u. n.⟩ → a. *mein (1.1 - 3.4)* **1** ~ Buch (usw.) *er hat ein B. (usw.)* **1.1** *ihm gehörend, aus seinem Eigentum od. Besitz stammend* **1.1.1** das Seine *sein Eigentum* **1.2** *mit ihm verwandt, bekannt, befreundet* **1.2.1** die Seinen *seine (engen) Verwandten* **1.3** *einen Teil von ihm bildend* **1.4** *von ihm ausgehend, bei ihm Ursprung habend* **1.5** *ihm zukommend* **2** *eine Eigenschaft von ihm darstellend* **2.1** *ihm zur Gewohnheit geworden* **3** *von ihm getan* **3.1** *von ihm verursacht* **3.2** *von ihm vertreten, gerechtfertigt* **3.3** *ihm erwünscht* **3.4** *von ihm benutzt* **4** alles zu ~er Zeit *zur passenden Z.* **5** ⟨betonend⟩ *(Maße und Mengen);* der Fluß hat gut ~e 100 m Breite; der Karpfen wog ~e 5 Pfund **6** Seine Durchlaucht, Exzellenz, Heiligkeit, Hoheit, Magnifizenz, Majestät ⟨Abk.: Se.⟩ *(Teil des Titels von männl. Adligen, Diplomaten u. a. Würdenträgern)*

sein[2] ⟨Gen. von⟩ **1** *er* **2** *es*[1]

sein[3] ⟨V. 240(s.)⟩ **1** ⟨300; Kopula⟩; alt, jung, krank, schlank, sportlich ~; angesehen, bekannt, berühmt, geachtet, geehrt, umworben ~; sei doch nicht so ängstlich, schüchtern!; er war ärgerlich, wütend, zornig; sei er auch noch so arm, reich; er war durstig, hungrig; sie ist geschieden, ledig, verheiratet; er ist blind; er ist zu allem fähig; sie ist acht Jahre alt; sei ruhig!; es ist besser so; das ist (nicht) wahr; das ist empörend, unerhört, unglaublich!; es wäre besser, wenn wir ...; das ist schade; heute ist schulfrei; wie ist dieser Salat? Er ist gut; was ist das?; wer ist es?; wir sind Freunde, Kollegen, Nachbarn; ein guter Mensch ~; er ist Schwede; ich bin (ein) Berliner; er ist Lehrer, Arzt, Geschäftsmann; sie ist eine Schlampe; ich bin ein ganz anderer Mensch, seit ...; Zeit ist Geld **1.1** du bist wohl verrückt? ⟨umg.⟩ *wie kannst du so etwas sagen, tun, planen!* **1.2** seien Sie so freundlich, gut, nett und helfen Sie mir bei ... *bitte helfen Sie mir bei ...* **1.3** *(Ausruf der Empörung);* das ist doch ...! (die Höhe!, nicht zu glauben! usw.); das wäre ja noch schöner!; das ist denn doch stark! ⟨umg.⟩ **1.4** es ist nichts *es hat nichts zu bedeuten, ist unerheblich* **1.4.1** er ist nichts *er hat es zu nichts gebracht* **1.5** ist es nicht so? *habe ich nicht recht mit dem, was ich sagte?* **1.6** es sei denn, daß ... *ausgenommen, es geschieht, daß ...* **1.7** die Sache ist die, ... *so verhält es sich;* das ist es ja gerade! **1.8** ⟨Rechnen⟩ *hat zum Ergebnis;* zwei und zwei ist vier (2 + 2 = 4); drei mal drei ist neun (3 x 3 = 9); das ist nur ein Bruchteil des Ganzen **1.9** ⟨mit Präp. od. Adv.; Zusammenschreibung nur der infiniten Formen⟩; die Tür ist auf; wenn der Knopf ab ist; die Zeit wird bald umsein; sie sind sich dieses Erlebnisses innegewesen ⟨geh.⟩; als es ihr inne ward, ... ⟨geh.⟩ **2** ⟨300; als selbständiges Prädikat⟩ *existieren, vorhanden sein, bestehen;* ich denke, also bin ich; ich bin es;es war einmal eine Königin, die hatte ... (Beginn eines Märchens); es ist schon lange her, daß ...; alles, was war, ist und noch ~ wird; es sei!; keiner will es gewesen ~; sei es nun, daß ... oder daß ...; etwas darf, kann, mag, muß, soll ~; was ~ muß, muß ~; wie wäre es, wenn ...?; Ordnung muß ~; es ist möglich, daß ...; das war gestern, heute erst, wird morgen ~; was ist (geschehen, los)?; mehr ~ als scheinen; was gewesen ist, soll man ruhen lassen **2.1** der gewesene Präsident *der frühere P.* **2.1.1** das Gewesene *das Vergangene, das, was vorbei ist;* Gewesenem soll man nicht nachtrauern; fürs Gewesene gebe ich nichts **2.2** das Seiende *das Sein* **2.3** so ist es! ⟨bestätigend⟩ *das ist richtig* **2.4** kann ~! ⟨umg.⟩ *vielleicht, es ist schon möglich* **2.5** ist nicht! ⟨umg.⟩ *(das) gibt's nicht* **3** ⟨311⟩ an einem Ort ~ *sich befinden, aufhalten;* da ist er!; um 8 Uhr bin ich bei Ihnen; wir waren noch bei Tisch, als er kam; hier ist es; sie sind in München; zu Hause ~; wer ist dort, bitte? (am Telephon); unterwegs ~ **3.1** er ist zu Tisch *zum Essen gegangen* **3.2** hier ist gut ~ *hier kann man sich wohlfühlen* **4** ⟨312⟩ etwas ist an, zu einem Zeitpunkt *findet statt;* das Essen ist um zwölf; wann ist es? (das Fest) **4.1** welche Zeit ist es? *wie spät;* es ist Abend, Morgen, Nacht, Vormittag; es war im Frühjahr, im Sommer; es ist 12 Uhr mittags; es ist schon spät; heute ist Mittwoch, der 1. Januar **4.2** es war ... *ist vergangen;* gestern war es ein Jahr **5** ⟨313⟩ **5.1** ⟨mit adverbialem Genitiv⟩ *haben;* voller Erwartung, Hoffnung, Spannung ~; reinen Herzens ~; guten Mutes ~; ich war des Glaubens, daß ... **5.1.1** es ist nicht meines Amtes *ich habe nicht die Aufgabe* **5.1.2** wir sind des Herrn ⟨bibl.⟩ *gehören Gott an* **5.1.3** er ist des Todes *dem T. geweiht* **5.2** ⟨mit Präpositionalgruppe⟩ **5.2.1** in einem Zustand ~ *einen Z. haben;* wir sind in der Minderheit; im Vorteil, Nachteil ~ **5.2.2** aus einer Gruppe, einem Land ~ *stammen, herkommen von;* er ist aus guter Familie, aus gutem Haus, aus Italien **5.2.3** aus einem Material ~ *hergestellt sein;* der Tisch ist aus Holz **5.2.4**

aus ... Teilen ~ *bestehen aus;* der Apparat ist aus 4 Teilen 5.2.5 außer sich ~ *Empörung fühlen, äußern* 6 ⟨315⟩ für, mit, (gegen) jmdn. ~ *jmdn. unterstützen (bekämpfen);* er ist für mich; ich bin dafür, dagegen, daß wir schon gehen; wer nicht mit mir ist, ist wider mich ⟨bibl.⟩ 7 ~ lassen 7.1 etwas ~ lassen *nicht tun, unterlassen;* laß das ~!; laß es lieber ~! 7.2 jmdn. ~ lassen *nicht behelligen, nicht beachten* 7.2.1 lassen Sie mich ~! ⟨umg.⟩ *in Ruhe* 8 ⟨330⟩ jmdm. ist ... *jmd. fühlt, meint wahrzunehmen, daß etwas ... ist;* ich bin ihm böse, böse mit ihm; mir ist kalt, warm; es ist mir warm; mir ist nicht gut, schlecht, übel; es ist mir nicht gut; mir ist schon wieder besser; wie ist Ihnen (zumute) ?; das kann dir doch ganz gleich ~!; was ist dir?; jmdm. gut ~; es ist mir (so), als ob ich einen Hilferuf gehört hätte; wäre es dir recht, wenn ...? 8.1 sei dem, wie ihm wolle *auf jeden Fall* 8.2 jmdm. ist es nach ... *jmd. möchte gern;* mir ist nicht danach (zumute); mir ist heute nicht nach Arbeiten ⟨umg.⟩ 8.3 jmdm. ist es um ... *interessiert ihn, geht ihm um;* ihr ist es nur um sein Geld zu tun 8.3.1 jeder ist sich selbst der Nächste *sorgt zuerst für sich selbst* 9 ⟨408⟩ 9.1 zu ... ~ *etwas ist zu tun, muß getan werden;* Hunde sind an der Leine zu führen 9.1.1 es braucht nicht gleich, sofort zu ~ *es eilt nicht* 9.1.2 es ist zu ... *man kann, (sollte);* es ist zu hoffen, daß ...; es ist nichts zu machen; es ist nicht zu glauben 10 ⟨800⟩ 10.1 jetzt ist es an dir, zu handeln *jetzt bist du an der Reihe* 10.2 was ist mit ihm? *wie geht es ihm, was ist mit ihm vorgefallen?* 11 ⟨330 od. mit Possessivpron.⟩ etwas ist jmdm. od. sein *gehören, zugehörig sein;* wem gehört das Buch? Es ist meins; ich bin auf ewig dein 12 ⟨Hilfsverb⟩ 12.1 ⟨zur Bildung des Perfekts von Verben der Bewegung (süddt. auch der Ruhe)⟩; bist du angekommen?; er war schon eingetroffen, als ich kam; ihr wart gegangen; wenn du das tust, dann sind wir Freunde gewesen! 12.2 ⟨Hilfsverb zur Bildung des Zustandspassivs⟩; der Tisch war schon gedeckt, als ...; die Briefe sind mit der Maschine geschrieben

Sein ⟨n.; -s; unz.⟩ das ~ *das Dasein, Vorhandensein, Existieren, die Existenz;* das vollkommene, wahre ~; mit allen Fasern seines ~s hängt er daran; die tiefsten Probleme des ~s; ~ und Schein unterscheiden können; das Urbild, der Ursprung des ~s; alles muß in nichts zerfallen, wenn es im ~ beharren will (Goethe, Westöstlicher Divan); ~ oder Nichtsein, das ist hier die Frage (Shakespeare, Hamlet III,1)

'sei·ner ⟨Gen. von⟩ 1 er 2 es

'sei·ner·seits ⟨Adv.⟩ *von seiner Seite, von seiner Person, von ihm;* ~ ist kein Einwand zu befürchten

'sei·nes·glei·chen ⟨Pron.⟩ 1 *Person(en) od. Sache(n) vom gleichen Wert, etwas od. jmd. Ebenbürtiges;* dieses Kunstwerk hat nicht ~ 1.1 *Leute wie er, seines Schlages;* er verkehrt nur mit ~; er soll unter ~ bleiben; jmdn. wie ~ behandeln; er und ~ ⟨abwertend⟩

'sei·net·we·gen ⟨Adv.⟩ *um seinetwillen, für ihn, ihm zuliebe*

'sei·net·wil·len ⟨Adv.⟩ um ~ *seinetwegen*

seit ⟨Präp. mit Dat.⟩ 1 *von einer bestimmten Zeit an (bis jetzt dauernd);* ~ Anfang dieses Jahrhunderts; ~ etwa einem Jahr; ~ der Zeit, da ...; ~ ich ihn kenne; ~ alters; ~ damals; ~ heute weiß ich erst, daß ...; ~ kurzem, ~ kurzer Zeit; ~ langem, ~ langer Zeit; ~ wann ist er hier? 1.1 ~ Adam und Eva ist das so gewesen ⟨umg.⟩ *schon immer* 2 ⟨unterordnende temporale Konj.; umg.⟩ *seitdem;* ~ wir umgezogen sind ...

seit'dem 1 ⟨unterordnende temporale Konj.⟩ *seit der Zeit, da;* ~ er pensioniert ist ... 2 ⟨Adv.⟩ *seit dieser Zeit;* Sy *seither;* ~ ist er pensioniert

'Sei·te ⟨f.; -, -n⟩ 1 *Grenzfläche (eines Körpers);* Vorder~; Rück~; die äußere, hintere, innere, obere, untere, vordere ~ 2 *rechte od. linke, zwischen vorn u. hinten gelegene Fläche, Flanke;* die linke, rechte ~; das Schiff legte sich auf die ~ 2.1 *der rechte od. linke Teil des menschl. Körpers, bes. von der Hüfte bis zur Achsel;* mit dem Degen an der ~; die Hände in die ~n stemmen; auf der ~ liegen, schlafen, schwimmen; er hat sich im Schlaf auf die andere ~ gedreht; er ging ihr nicht von der ~; er hielt sich die ~n vor Lachen (so heftig lachte er) ⟨umg.⟩ 2.1.1 komm, setz dich an meine grüne ~ ⟨umg.⟩ *zu meiner Linken* 2.1.2 an jmds. ~ gehen *neben jmdm.* 2.1.3 ~ an ~ gehen *nebeneinander* 2.1.4 jmdm. zur ~ stehen ⟨fig.⟩ *beistehen, helfen;* jmdm. mit Rat und Tat zur ~ stehen ⟨fig.⟩ 2.1.5 sich jmdm. an die ~ stellen ⟨a. fig.⟩ *sich mit jmdm. messen, vergleichen* 2.2 *der rechte od. linke Teil des Körpers eines Vierbeiners;* eine Schweine~; eine ~ Speck 3 ⟨bei sehr flachen Körpern⟩ *Vorder- bzw. Rückseite, z. B. bei Stoffen;* Duchesse hat eine glänzende und eine matte ~; beide ~n der Münze 4 ⟨Abk.: S. od. p., Pl. pp. (von lat. pagina, paginae)⟩ *Vorder- od. Rückfläche (eines Papierblattes);* Buch~; Heft~; Zeitungs~; das Buch hat 170 ~n; die falsche ~ aufschlagen (in einem Buch); die Nachricht steht auf der ersten ~ der Zeitung; Fortsetzung auf ~ 10 (in Zeitungen od. Zeitschriften) 5 *Grenzlinie (einer Fläche, z. B. eines Dreiecks);* die drei ~n des Dreiecks 6 *rechts od. links gelegener Abschnitt, Teil (eines Gegenstands, eines Raumes);* auf einer ~ gelähmt sein; auf die ~, zur ~ gehen, rücken, treten (um Platz zu machen); auf der falschen ~ (der Straße) fahren; die gegenüberliegende ~ des Flusses; von der ~ angreifen ⟨Mil.⟩; jmdn. auf die ~ nehmen (um ihm unter vier Augen etwas zu sagen) ⟨fig.⟩ 6.1 auf der einen ~ hast du recht, auf der anderen ~ darfst du aber nicht vergessen, daß ... ⟨fig.⟩ *einerseits - andererseits, hingegen* 6.2 etwas auf die ~ legen ⟨fig.⟩ *weglegen, sparen (bes. Geld)* 6.3 jmdn. von der ~ ansehen ⟨a. fig.⟩ *mißtrauisch, mißgünstig* 6.4 er betrachtet, nimmt alles, das Leben von der angenehmen, heiteren ~ *er hält sich nur an das Angenehme* 6.5 alles, jedes Ding hat seine zwei ~n *ist günstig u. ungünstig zugleich* 6.6 man muß einer Sache die beste ~ abgewinnen *das Gute an ihr sehen* 6.7 auf die große, kleine ~ müssen ⟨umg.; österr.⟩ *seine Notdurft verrichten müssen* 6.8 jmdn. auf die ~ bringen, schaffen ⟨fig.; umg.⟩ *jmdn. ermorden, beseitigen* 6.9 etwas auf die ~ bringen, schaffen ⟨fig.;umg.⟩ *heimlich wegnehmen* 7 *Richtung;* nach allen ~n auseinanderlaufen, -fliegen usw.; sich nach allen ~n umsehen; man sah die Menschenmenge von allen ~n herbeikommen, zusammenströmen 7.1 komm mir nur nicht von der ~! ⟨umg.⟩ *auf diese Weise erreichst du bei mir nichts* **8** *Linie (in der Abstammung), Familie;* meine Großmutter von der mütterlichen, väterlichen ~ **9** *Gruppe, Partei;* das kann von keiner ~ geleugnet, bestritten, bewiesen werden; zur stärkeren ~ übergehen 9.0.1 keine ~ kann das bestreiten *niemand, keine der beiden streitenden Parteien* 9.1 verschiedene ~n machten ihm Angebote *Personen, Firmen* 9.2 *Informationsquelle;* ich weiß von zuverlässiger ~, daß ...; von anderer, dritter, gut unterrichteter ~ erfahren wir, daß ... **10** *von jmdm. eingenommener Platz, Standpunkt* 10.1 auf jmds. ~ ⟨fig.⟩ *bei jmdm.;* ich sehe das Recht auf ihrer ~ 10.1.1 ich habe ihn auf meiner ~ *er hält zu mir* 10.1.2 auf jmds. ~ stehen *zu jmdm. halten, für ihn eintreten* 10.2 auf jmds. ~ ⟨fig.⟩ *zu jmdm.* 10.2.1 jmdn. auf seine ~ bringen, ziehen *für sich u. seine Interessen gewinnen;* es gelang mir nicht, ihn auf unsere ~ zu bringen 10.2.2 sich auf jmds. ~ schlagen *zu jmdm. übergehen, seine Meinung übernehmen* 10.2.3 auf jmds. ~ treten *jmds. Partei ergreifen* 10.3 von jmds. ~ ⟨fig.⟩ *von jmdm.;* von seiner ~ haben wir nichts zu fürchten **11** ⟨fig.⟩ *Charakterzug, Eigenschaft;* die angenehmen ~n des Lebens genießen; jeder hat seine guten und seine schlechten ~n; die juristische, menschliche, politische ~ dieser Angelegenheit; ich entdecke ganz neue ~n an ihm; von dieser ~ kenne ich dich gar nicht; er hat sich von seiner besten ~ gezeigt 11.1 Physik ist seine schwache, starke ~ ⟨fig.; umg.⟩ *das Gebiet, auf dem er nicht gut, gut Bescheid weiß* 11.2 *Aspekt;* die technische ~ dieses Plans, Zieles ist noch nicht gelöst **12** ⟨als Präp. mit Gen.⟩ 12.1 auf seiten *bei (der Partei);* auf seiten der Opposition, der Regierung, der Revolutionäre stehen 12.2 von seiten *von (der Partei);* von seiten des Klägers 12.3 zu seiten ⟨veralt.⟩ *neben;* er ging zu seiten seines Vaters

'Sei·ten·hieb ⟨m.⟩ **1** ⟨Fechtkunst⟩ *Hieb von der Seite* **2** ⟨fig.⟩ *bissige Anspielung, spöttische Bemerkung;* jmdm. einen ~ versetzen; mit einem ~ auf die Opposition stellte der Redner fest, daß ...

'sei·tens ⟨Präp. mit Gen.⟩ **1** *von seiten, von der Seite des, der, von;* ~ des Klägers wurde folgendes vorgebracht; ~ einiger Abgeordneter, Abgeordneten

'Sei·ten·sprung ⟨m.⟩ **1** *Sprung zur Seite* **2** ⟨fig.⟩ *dummer od. loser Streich* **3** ⟨verhüllend⟩ *Ehebruch*

'Sei·ten·stück ⟨n.⟩ **1** *seitl. Teil* **2** ⟨fig.⟩ *Gegenstück, Entsprechung, Pendant*

'sei·ten·ver·kehrt ⟨Adj. 24⟩ *dem Spiegelbild des Originals entsprechend;* ein Diapositiv ~ projizieren

seit'her ⟨Adv.⟩ **1** = *seitdem(2)* **2** = *bisher*

'seit·lich **1** ⟨Adj. 24⟩ *an, auf der Seite, rechts od. links gelegen;* eine ~e Begrenzung; es wird ~ begrenzt von ... 1.1 ⟨Präp. mit Gen.⟩; ~ des Hauses, der Straße **2** ⟨Adj.⟩ *nach der Seite;* mit einem ~en Blick aus den Augenwinkeln **3** ⟨Adj.⟩ *von der Seite;* der Wind kam ~ von links

...seits ⟨Adv.; in Zus.⟩ *von jmds. Seite her;* seinerseits; ärztlicherseits wurde verordnet ...

'seit·wärts **1** ⟨Adv.⟩ *nach der Seite;* sich ~ in die Büsche schlagen **2** ⟨Adv.⟩ *von einer Seite her;* er näherte sich ~ von rechts **3** ⟨Präp. mit Gen.⟩ *auf der Seite (des, der ...);* ~ der Straße

Se'kret[1] ⟨n.; -(e)s, -e⟩ **1** ⟨Biol.⟩ *Absonderung, abgesonderte Flüssigkeit, bes. einer Drüse mit Ausführungsgang* **2** ⟨Geol.⟩ *kristallisierte Bestandteile von Gesteinen, die einen Hohlraum ausfüllen*

Se'kret[2] ⟨f.; -, -e; kath. Kirche⟩ *stilles Gebet des Priesters während der Messe*

Se·kre·tär ⟨m.; -s, -e⟩ **1** ⟨veralt.⟩ *Titel für Kanzlei- u. höhere Staatsbeamte, Schreiber* **2** *Schriftführer, qualifizierter kaufmännischer Angestellter für Korrespondenz, Verhandlungen, Organisation bei einer leitenden Persönlichkeit* **3** *Dienstbezeichnung für Beamte;* Staats~ 3.1 *leitender Funktionär einer Partei od. Organisation;* ~ des Zentralkomitees **4** *Schrank, dessen Unterteil durch Türen u. dessen Oberteil durch eine Platte verschließbar ist, die heruntergeklappt als Unterlage zum Schreiben dient* **5** *afrikan. Greifvogel mit langen Läufen, langem Hals, Verlängerung des Gefieders am Hinterkopf zu einem Schopf: Sagittarius serpentarius*

Sekt ⟨m.; -(e)s, -e⟩ *Kohlensäure enthaltender Wein, der stärker schäumt als Schaumwein*

'Sek·te ⟨f.; -, -n⟩ *kleine relig. Gemeinschaft, die sich von einer großen Glaubensgemeinschaft losgelöst hat*

Sek·ti'on ⟨f.; -, -en⟩ **1** ⟨Med.⟩ = *Leichenöffnung* **2** *Abteilung, Unterabteilung, Gruppe*

'Sek·tor ⟨m.; -s, -'to·ren⟩ **1** *Sachgebiet, Teilgebiet, Abschnitt, Bezirk* **2** ⟨Math.⟩ *Kreisausschnitt, Kugelausschnitt* **3** ⟨nach 1945⟩ *eine der vier Besatzungszonen in Berlin u. (bis 1955) Wien*

se·kun'där ⟨Adj. 24⟩ Ggs *primär(3)* **1** *zur zweiten Ordnung gehörig, zweitrangig, in zweiter Linie in Betracht kommend, nachträglich hinzukommend* **2** ⟨El.⟩ *durch Induktion entstehend*

Se'kun·de[1] ⟨f.; -, -n; Abk.: Sek., s, sec⟩ **1** *der 60. Teil einer Minute* **2** ⟨Math.; Zeichen: "⟩ *der 60. Teil einer Winkelminute* **3** ⟨fig.; umg.⟩ *sehr kurze Zeitspanne, Augenblick*

Se'kun·de[2] ⟨f.; -, -n⟩ **1** ⟨Mus.⟩ *die 2. Tonstufe der diaton. Tonleiter* 1.1 *zweistufiges Intervall* **2** ⟨Typ.⟩ *Signatur auf der dritten Seite eines Druckbogens* **3** ⟨Fechten⟩ *von unten nach oben geschlagener Hieb*

se·kun'die·ren ⟨V. 600⟩ jmdm. ~ **1** ⟨Duell; Boxsp.⟩ *jmdn. begleiten, um ihm beizustehen* **2** *jmdm. helfen, jmdn. (mit Worten) unterstützen*

...'sel·be ⟨Demonstrativpron. 10 (schwach); immer mit dem bestimmten Artikel gebraucht, mit dessen Vollform zusammengeschrieben⟩ derselbe, dieselbe, dasselbe *der (die, das) in allen Merkmalen Übereinstimmende, Identische;* Sy *gleich(1);* der~ Hut; der~ Wagen; das~ Mädchen; im ~n Augenblick; zur ~n Zeit; von der ~n Art; von mir kann ich das~ berichten; wir sitzen alle im ~n Boot, ziehen am ~n Strang

'sel·ber ⟨Demonstrativpron.; undeklinierbar; umg.⟩ = *selbst*

selbst[1] ⟨Demonstrativpron.; undeklinierbar⟩ oV *selber* ⟨umg.⟩ **1** *in eigener Person, persönlich;* mir ist es ~ peinlich, nicht wohl bei der

Sache; ein Schreiben nur dem Direktor ~ aushändigen; er ist die Güte ~; der Komponist dirigiert die Oper ~; die Mutter ~ hat gesagt ...; ich ~ habe gehört, ..., ich habe ~ gehört, ...; schicken Sie einen Boten? Nein, ich komme ~; das muß ich erst ~ sehen; der brave Mann denkt an sich ~ zuletzt (Schiller, Wilhelm Tell) **1.1** *(zur Besinnung);* ich komme vor Arbeit kaum noch zu mir ~ **1.2** du bist nicht mehr du ~ *du bist verändert* **2** *als solche(r,-s);* das Haus ~ ist ganz schön, aber die Lage ... **3** *allein, ohne fremde Hilfe;* das Kind kann sich ~ ausziehen; jmdn. sich ~ überlassen; das mußt du ~ wissen; ein jeder zählt nur sicher auf sich ~ (Schiller, Wilhelm Tell); aus sich ~ etwas tun, schaffen; mit sich ~ sprechen; es geht von ~; die Tür schließt von ~; das versteht sich von ~; ~ ist der Mann ⟨Sprichw.⟩ **4** *niemand anderen;* er belügt sich damit ~; das sollst du um deiner ~ willen tun **5** *nur für diesen Zweck;* eine Sache um ihrer ~ willen tun

selbst² ⟨Adv.⟩ *sogar;* ~ seine Freunde haben ihn im Stich gelassen; ~ meine Warnung konnte ihn nicht umstimmen; ~ in den schlimmen Zeiten; ~ wenn es dazu kommen sollte ...

Selbst ⟨n.; -; unz.⟩ *die eigene Person, das Ich;* ein Stück meines ~; mein anderes, besseres, zweites ~; unser wahres ~

'selb·stän·dig ⟨Adj.⟩ **1** *ohne Hilfe, allein, ohne Anregung, Antrieb von außen, aus eigener Kraft u. Verantwortung handelnd;* sie ist ein sehr ~er Mensch; ~ arbeiten können; junge Menschen zu ~em Denken, Handeln erziehen **2** *unabhängig (von anderen);* ein ~er Staat; sie hat eine ~e Stellung **2.1** *Geschäft, Beruf auf eigene Rechnung betreibend;* er ist ~er Kaufmann **2.1.1** s i c h ~ m a c h e n *ein privates kaufmännisches od. gewerbl. Unternehmen gründen;* der Geschäftsmann, der Arzt macht sich ~ **2.2** s i c h ~ m a c h e n ⟨fig.; umg.⟩ *außer Kontrolle geraten* **2.2.1** der Ball hat sich ~ gemacht *ist davongerollt* **2.2.2** das Kind hat sich ~ gemacht *ist davongelaufen* **2.3** ein ~er S a t z ⟨Gramm.⟩ *ein S. mit Subjekt u. Prädikat*

'Selbst·be·herr·schung ⟨f.⟩ *Beherrschung der eigenen Gefühle u. Triebe, Zurückhaltung, Fassung;* seine ~ bewahren; ~ üben; die ~ verlieren

'Selbst·be·stim·mung ⟨f.⟩ **1** *Bestimmung des eigenen Handelns, eigene Entscheidung* **2** ⟨i. e. S.⟩ *von einer Gemeinschaft (z. B. einem Volk) vorgenommene Bestimmung seiner Gesellschaftsordnung, Staatsform od. Zugehörigkeit zu einem Staat*

'selbst·be·wußt ⟨Adj.⟩ **1** *vom eigenen Wert, Können überzeugt, stolz;* ein ~es Benehmen; eine ~e Haltung; ~ auftreten **1.1** ⟨Philos.⟩ *seiner selbst bewußt, seiner Fähigkeiten als denkendes fühlendes Wesen bewußt*

'Selbst·be·wußt·sein ⟨n.⟩ **1** *Überzeugung vom eigenen Wert u. Können, Stolz;* ein ausgeprägtes, starkes ~ haben; man muß sein mangelndes ~ kräftigen, stärken **2** ⟨Philos.⟩ *das Wissen von sich selbst als denkendem, fühlendem Wesen*

'Selbst·er·hal·tung ⟨f.; -; unz.⟩ *Erhaltung der eigenen Lebensfähigkeit, des eigenen Selbst*

'Selbst·er·kennt·nis ⟨f.⟩ *Erkenntnis der eigenen Fähigkeiten, Fehler usw.;* ~ ist der erste Schritt zur Besserung ⟨umg.; scherzh.⟩

'selbst·ge·fäl·lig ⟨Adj.⟩ *sich selbst gefallend, von sich selbst beglückt, eitel, dünkelhaft;* eine ~e Miene zur Schau tragen; sich ~ im Spiegel betrachten; er ist sehr ~

'selbst·herr·lich ⟨Adj.⟩ *rücksichtslos, tyrannisch;* ~ regieren

'Selbst·ko·sten ⟨Pl.⟩ *die Kosten für Herstellung u. Vertrieb der Erzeugnisse eines Unternehmens*

'selbst·los ⟨Adj.⟩ *ohne Rücksicht auf das eigene Wohl, uneigennützig;* ein ~er Verzicht; ~ handeln; sich ~ für jmdn. einsetzen

'Selbst·mord ⟨m.⟩ **1** *die gewaltsame Beendigung des eigenen Lebens;* Sy *Freitod;* ~ begehen; durch ~ enden **1.1** das ist ja der reinste ~! ⟨fig.; umg.⟩ **1.1.1** *das sind übertriebene Anforderungen, das kann man unmöglich leisten* **1.1.2** *durch solche Handlungsweise schadet man sich selbst am meisten*

'selbst·si·cher ⟨Adj.⟩ *seiner Wirkung sicher, nicht schüchtern, gewandt, bes. im Auftreten;* eine ~e Haltung, Miene; er ist sehr ~

'Selbst·sucht ⟨f.; -, (selten) ¨e⟩ *nur auf den eigenen Vorteil gerichtetes Denken u. Handeln;* Sy *Eigenliebe, Eigennutz, Egoismus*

'selbst·süch·tig ⟨Adj.⟩ *nur auf den eigenen Vorteil bedacht;* Sy *eigensüchtig, egoistisch*

'selbst·tä·tig ⟨Adj.⟩ *ohne äußeres Eingreifen wirksam;* die Maschine schaltet sich ~ an und aus

'Selbst·täu·schung ⟨f.⟩ *Täuschung der eigenen Person, falsche Vorstellung;* sich einer, keiner ~ hingeben; einer ~ erliegen, zum Opfer fallen

'selbst·ver·ständ·lich ⟨Adj.⟩ **1** *ohne Erklärung, Begründung verständlich, natürlich;* er nahm ihre Hilfe als ganz ~ an; ~e Tatsachen; das ist doch ~, daß wir dir helfen; ~! (zusagende Antwort); ~, gern! **1.0.1** ~ nicht! *auf keinen Fall!* **2** *ohne Bedenken, ohne Umschweife handelnd;* sie nahmen ihn ganz ~ bei sich auf **3** *ganz u. gar unbefangen, arglos;* jmdn. mit ~er Herzlichkeit begrüßen; er setzte sich ganz ~ zu ihnen an den Tisch

'Selbst·ver·trau·en ⟨n.⟩ *Vertrauen in die eigene Kraft, die eigenen Fähigkeiten;* (kein) ~ haben; an mangelndem ~ leiden

'Selbst·zweck ⟨m.; unz.⟩ **1** *Zweck ohne äußeres Ziel, sich in der Sache selbst erfüllender Zweck* **1.0.1** eine Tätigkeit, z. B. Autofahren, als ~ betreiben *nicht als Mittel, z. B. zur Fortbewegung, sondern um der Sache selbst willen*

'sel·chen ⟨V.; oberdt.⟩ **1** ⟨500⟩ F l e i s c h ~ *trocknen, dörren, räuchern* **2** ⟨400⟩ F l e i s c h selcht *wird trocken, dürr*

'se·lig ⟨Adj.; Abk.: sel.⟩ **1** ⟨Rel.⟩ *nach dem Tod der himmlischen Freude teilhaftig* **1.0.1** Gott hab' ihn ~ *gebe ihm die ewige Seligkeit* **1.1** ⟨kath. Kirche⟩ *seliggesprochen, eine begrenzte (lokale) Verehrung genießend* **1.2** ⟨60⟩ *verklärt;* bis an mein ~es Ende **1.2.1** ~en A n g e d e n k e n s *mit freundlicher, heiterer Erinnerung verbunden* **1.2.2** ~ e n t s c h l a f e n *sanft, in Frieden entschlafen* **2** ⟨fig.⟩ *überglücklich, wunschlos glücklich, beglückt, entzückt;* das Kind war ~ über das Geschenk **2.1** jeden nach seiner Fasson ~ werden lassen (nach Friedrich II.) *jeder soll seinen eigenen Vorstellungen* *entsprechend leben* 2.2 ⟨umg.⟩ *leicht betrunken;* nach zwei Gläsern ist er schon ~ **3** *verstorben;* mein ~er Vater; mein Vater ~ ⟨bes. süddt.⟩ 3.1 mein Seliger ⟨umg.⟩ *mein verstorbener Mann*

'Se·lig·keit ⟨f.; -, -en⟩ **1** ⟨unz.⟩ *die himmlische Freude, die vollkommene Einheit mit Gott nach dem Tode;* die ewige ~ erlangen, gewinnen, verlieren; in die ewige ~ eingehen **2** ⟨fig.⟩ *Zustand wunschlosen Glücks, strahlender Freude;* alle ~en dieses Lebens auskosten, genießen 2.1 in ~ schwimmen ⟨umg.⟩ *überglücklich, verliebt sein*

'Sel·le·rie ⟨m.; -s, - od. -s; od. (österr. nur so) f.; -, - od. (österr.) -'ri·en⟩ *Doldengewächs, dessen Knollen als Gewürz, Salat u. Gemüse verwendet werden: Apium graveolens*

'sel·ten ⟨Adj.⟩ **1** *sehr wenig, kaum;* wir sehen uns nur noch ~; das ist ganz ~ der Fall; es kommt nicht ~ vor, daß ... **2** *kaum vorkommend, rar, knapp;* er sammelt ~e Bücher; ~e Pflanzen, Tiere; diese Pflanzen sind sehr ~ geworden 2.1 ein ~er Gast *nicht häufig kommender G.* 2.2 ⟨60⟩ ~e Erden ⟨veralt.; Chem.⟩ *Oxide der Metalle der 3. Gruppe des Periodensystems der Elemente, Erdmetalle* 2.3 ⟨60⟩ ein ~er Vogel ⟨a. fig.;umg.⟩ *ein sonderbarer Mensch* **3** ⟨60; umg.⟩ *außergewöhnlich, besonders;* ein ~ schönes Exemplar; ein Mensch von einer ~en Begabung

'Sel·ten·heit ⟨f.; -, -en⟩ **1** ⟨unz.⟩ *seltenes Vorkommen, geringe Häufigkeit;* diese Unpünktlichkeit ist keine ~ bei ihm **2** ⟨fig.⟩ *seltenes Stück;* diese Marke gehört zu den ~en dieser Briefmarkenauktion; dieser Vogel ist heute eine ~

'Sel·ters·was·ser ⟨n.⟩ **1** *Wasser der Mineralquelle in Niederselters an der Ems* **2** *mit Kohlensäure versetztes Wasser*

'selt·sam ⟨Adj.⟩ **1** *eigenartig, ungewöhnlich, befremdlich, merkwürdig, sonderbar, wunderlich;* es war ein ~es Gefühl; das ist eine ~e Geschichte; ein ~er Mensch; das kommt mir ~ vor; ich habe etwas Seltsames erlebt; ihm war ~ zumute 1.1 er ist im Alter ~ geworden *ein Sonderling*

Se'me·ster ⟨n.; -s, -⟩ **1** *Hälfte eines Studien- od. Schuljahres;* Sommer~, Winter~; jmd. ist im 8. ~ **2** jmd. ist ein (altes, junges) ~ ⟨fig.; umg.⟩ *Student, Studentin in den (fortgeschrittenen od. Anfangs-)Semestern(1)*

Se·mi'nar ⟨n.; -s, -e⟩ **1** *Bildungsstätte für Geistliche;* evangelisches Prediger~; katholisches Priester~ **2** ⟨veralt.; noch schweiz.⟩ *Bildungsstätte für Volksschullehrer;* Lehrer~ **3** *Arbeitsgemeinschaft für Studierende innerhalb eines Fachgebietes unter Leitung eines Dozenten während eines Semesters* **4** *Institut einer Universität;* Englisches, Romanisches ~ **4.1** *die Räume (meist mit Handbibliothek) für ein Seminar(4)*

'Sem·mel ⟨f.; -, -n⟩ **1** = *Brötchen;* altbackene, frische, geriebene, knusprige, noch warme ~n 1.1 etwas geht weg wie warme ~n ⟨fig.; umg.⟩ *verkauft sich leicht, ist sehr begehrt*

Se'nat ⟨m.; -(e)s, -e⟩ **1** ⟨im alten Rom⟩ *oberste Regierungsbehörde* **2** ⟨in verschiedenen Staaten⟩ *eine Kammer des Parlaments* **3** *Verwaltungsbehörde an Hochschulen;* Universitäts~ **4** *Entscheidungsgremium höherer deutscher Gerichte;* Straf~ **5** *Regierungsbehörde der Stadtstaaten (Länder) Berlin, Bremen u. Hamburg*

'sen·den ⟨V.241/500⟩ etwas ~ **1** ⟨503/R8⟩ *schicken, übermitteln, zukommen lassen, mit Auftrag weggehen lassen;* jmdm. Glückwünsche, Grüße ~; er hat den Brief mit einem Boten, mit der Post gesandt, gesendet; er ist von Gott gesandt (nicht: gesendet) **2** *durch Radio od. Fernsehen verbreiten, übertragen;* der Rundfunk hat eben eine Durchsage gesendet (nicht: gesandt)

'Sen·der ⟨m.; -s, -⟩ *Anlage zum Senden von Schall-, Licht- od. elektromagnet. Wellen;* Rundfunk~; einen ~ gut, schlecht empfangen, hereinbekommen; die angeschlossenen ~ kommen wieder mit eigenem Programm; einen ~ auf Kurzwelle, Mittelwelle, Langwelle, UKW hören; auf einen anderen ~ umschalten

'Sen·dung ⟨f.; -, -en⟩ **1** *das Senden, Schicken;* die ~ der Bücher ist für morgen vorbereitet **2** *das Gesendete;* den Empfang einer ~ bestätigen; wir haben eure ~ mit Dank erhalten **3** *Fernsehsendung, Funkübertragung;* in der heutigen ~ sahen, hörten wir ...; der Schulfunk bringt eine ~ über **4** *hoher (göttlicher) Auftrag, geschichtl. wichtige, schicksalhafte Aufgabe, Berufung;* eine diplomatische, politische ~ erfüllen; er betrachtet es als seine ~, diesen Menschen zu helfen

Senf ⟨m.; -(e)s, -e⟩ **1** ⟨Bot.⟩ 1.1 Weißer ~ *Kreuzblütler mit gelblichweißen, in Schoten enthaltenen Samen: sinapis alba* 1.2 Schwarzer ~ *zur Gewinnung von Senföl angebaute Heilpflanze: Brassica nigra* 1.3 *gelbblühender Kreuzblütler in Sommergetreidefeldern, Ackersenf: Sinapis arvensis* **2** *aus den Samen des Weißen Senfes mit Essig u. Gewürzen zubereitete Gewürzpaste;* milder, scharfer, süßer ~; Bockwurst mit ~ **3** ⟨fig.; umg.⟩ *unnützes Gerede;* mach keinen langen ~! 3.0.1 mußt du immer deinen ~ dazugeben *ungefragt deine Meinung äußern*

'sen·gen ⟨V.⟩ **1** ⟨500⟩ etwas ~ *die Oberfläche verbrennen von etwas, etwas leicht anbrennen* 1.1 Geflügel ~ *Haare, Federkiele bei gerupftem G. abbrennen* 1.2 wie eine gesengte Sau ⟨umg.⟩ *wild u. rücksichtslos;* er fährt, schreit wie eine gesengte Sau **2** ⟨400⟩ etwas sengt *brennt;* unter der ~den Sonne 2.1 ~ und brennen *plündern u. zerstören (bes. von den Landsknechtsheeren)*

se'nil ⟨Adj.⟩ *greisenhaft, altersschwach*

'Se·ni·or ⟨m.; -s, -'oren⟩ **1** *der Ältere, Ältester;* Ggs *Junior* 1.1 ⟨Sp.⟩ *Angehöriger der Altersklasse von etwa 20 - 30 Jahren* 1.2 *älterer Herr, ältere Dame im Rentenalter* **2** *Vorsitzender, Sprecher, Alterspräsident*

'sen·ken ⟨V. 500⟩ **1** etwas ~ *sinken lassen, an einen tieferen Ort bringen;* die Angel, das Lot ins Wasser ~; die Arme, den Blick, das Haupt ~; den Degen, die Fahne (zum Gruß) ~; die Lanze, den Speer (zum Angriff) ~; den Sarg in die Erde ~; mit gesenktem Blick, Kopf stand er vor mir; er hielt den Kopf gesenkt 1.1 einen Schacht ~ ⟨Bgb.⟩ *in die Tiefe führen* 1.2 ⟨511⟩ *ein-, niederdrücken;* Samen in die Erde ~; den Keim der Liebe, Hoffnung usw. in jmds. Herz ~ ⟨fig.⟩ 1.3 ⟨R3⟩ etwas senkt sich *etwas neigt sich, verläuft nach unten, wird niedriger;* das

Haus hat sich gesenkt; jenseits des Flusses senkt sich die Straße; der Abend senkte sich über das Land ⟨poet.⟩; die Nacht senkte sich auf die Erde ⟨poet.⟩ **1.4** mit gesenktem Haupt, gesenkten Hauptes ⟨a. fig.⟩ *kleinlaut, schuldbewußt* **2** etwas ~ *herabsetzen, erniedrigen, verringern;* die Preise ~; Löhne, Steuern ~ 2.1 die Stimme ~ *leiser werden lassen*

'Sen·ker ⟨m.; -s, -⟩ **1** *spanabhebendes Werkzeug zum Erweitern od. Formgeben vorgebohrter Löcher* **2** *Stein od. Bleikugel zum Beschweren des Fischernetzes* **3** ⟨Bot.⟩ = *Ableger(1)*

'senk·recht ⟨Adj. 24⟩ **1** *im Winkel von 90° zu einer Ebene od. Geraden stehend;* beim rechten Winkel stehen die beiden Schenkel ~ aufeinander 1.1 *im Winkel von 90° zur Erdoberfläche (d. h., in Richtung des Lotes) stehend;* Sy *vertikal, lotrecht;* zu beiden Seiten des Pfades stürzten die Felsen fast ~ ab 1.1.1 bleib ~! ⟨umg.; scherzh.⟩ *fall nicht hin!* 1.1.2 das ~e Lot *am Faden aufgehängtes Gewicht, Lot zur Bestimmung der Senkrechten!* **2** immer schön ~ bleiben! ⟨fig.; umg.⟩ *Haltung, Fassung bewahren* **3** das ist das einzig Senkrechte ⟨fig.; umg.⟩ *das Richtige*

'Sen·kung ⟨f.; -, -en⟩ **1** *das Senken, Tieferlegen, Sinken;* Ggs *Hebung(1);* eine ~ des Erdreichs **2** *Gefälle, Neigung* **3** ⟨fig.⟩ *Verkleinerung, Verringerung, Herabsetzung;* die Regierung fordert eine ~ der Preise **4** ⟨fig.⟩ *unbetonte Silbe im Vers;* Ggs *Hebung(4)* **5** ⟨Med.⟩ *Blutsenkung*

Sen·sa·ti'on ⟨f.; -, -en⟩ **1** *Aufsehen* **2** *aufsehenerregendes Ereignis*

'Sen·se ⟨f.; -, -n⟩ **1** *armlanges, leicht gebogenes Messer an langem Stiel mit zwei Handgriffen zum Mähen von Getreide, Gras usw.;* mit der ~ mähen; wie die ~ so der Schnitt ⟨Sprichw.⟩ 1.1 von der ~ des Todes dahingemäht werden ⟨poet.⟩ *sterben* **2** ~! ⟨fig.; umg.⟩ *aus!, Schluß!, jetzt ist es genug!;* und damit, dann ist aber ~!

sen'si·bel ⟨Adj.⟩ **1** *empfänglich für Reize* 1.1 sensible Nerven ⟨Med.⟩ *die Reize aufnehmende u. weiterleitende N.* **2** *empfindsam, feinfühlig*

Sen'tenz ⟨f.; -, -en⟩ **1** *knapp formulierter Satz mit allgemeingültigem Sinn, Ausspruch, Denkspruch* **2** ⟨Rechtsw.⟩ = *Urteil(1)*

sen·ti·men'tal ⟨Adj.⟩ *voller empfindsamer Gefühle*

se·pa'rat ⟨Adj.⟩ **1** *getrennt, abgesondert* **2** *einzeln, privat;* Sy *eigen(1.3.1)*

Sep'tem·ber ⟨m.; - od. -s, -; Abk.: Sept.⟩ *der 9. Monat des Jahres, Herbstmonat;* Sy *Scheidung*[1] ⟨veralt.⟩

Se'quenz ⟨f.; -, -en⟩ **1** *Reihe, Folge* **2** ⟨mittelalterl. Liturgie⟩ *eingefügter, hymnusähnl. Gesang* **3** ⟨Mus.⟩ *auf anderer Tonstufe wiederholte kleine Tonfolge* **4** ⟨Film⟩ *Reihe von Einstellungen, die im Ablauf der Handlung unmittelbar aufeinanderfolgen* **5** ⟨Kart.⟩ *mindestens drei aufeinanderfolgende Karten mit gleichen Merkmalen*

'Se·rie ⟨[-riə] f.; -, -n⟩ *Reihe, Folge, zusammengehörige Gruppe von Gegenständen in einer Sammlung*

se·ri'ös ⟨Adj.⟩ **1** ein ~es Angebot *ernstes, ernstgemeintes A.* **2** eine ~e Handlung *feierliche H.* **3** ein ~er Geschäftsmann *anständiger G., kein Betrüger* **4** ein ~er (älterer) Herr *würdiger (ä.) H.*

Ser'mon ⟨m.; -s, -e⟩ **1** ⟨veralt.⟩ *Rede, Predigt* **2** *Strafpredigt, langweilige Rede*

Ser·pen'ti·ne ⟨f.; -, -n⟩ **1** *in Schlangenlinien ansteigender Weg an Berghängen* **2** *Kurve, Kehre, Windung*

'Se·rum ⟨n.; -s, -ren od. -ra; Med.⟩ **1** *der wäßrige, nicht gerinnende, von Blutkörperchen u. Fibrin freie Bestandteil von Körperflüssigkeiten, bes. des Blutes* **2** *als Impfstoff verwendetes, mit Immunkörpern angereichertes Serum(1) aus dem Blut von Tieren (a. von Rekonvaleszenten)*

Ser·vi·ce[1] ⟨[-'vi:s] n.; -s [-'vi:səs], - [-'vi:s] od. [-'vi:sə]⟩ *zusammengehöriges Geschirr;* Speise~, Kaffee~

Ser·vice[2] ⟨['sə:rvis] m. od. n.; -, -s; [-visiz]⟩ **1** *Kundendienst, z. B. an Tankstellen* **2** *Bedienung in Gaststätten*

ser·vie·ren ⟨[-'vi:-] V.⟩ **1** ⟨500⟩ Speisen ~ = *auftragen(2)* 1.1 ⟨400⟩ *bei Tisch bedienen* **2** ⟨503⟩ (jmdm.) etwas (Unangenehmes) ~ ⟨fig.; umg.⟩ *vortragen, erklären*

Ser·vi'et·te ⟨[-v-] f.; -, -n⟩ *zum Schutz der Kleider beim Essen benutztes Tuch*

'Ses·sel ⟨m.; -s, -⟩ **1** *bequemer, gepolsterter Stuhl mit (oft gepolsterten) Armlehnen;* Arm~; Lehn~; Klub~ 1.1 ⟨Theat.⟩ *erster Platz im Parkett;* Parkett~

'seß·haft ⟨Adj. 70⟩ **1** *einen festen Wohnsitz habend;* zur ~en Lebensweise übergehen; sich ~ machen **2** ⟨umg.; scherzh.⟩ *gern bei jmdm. sitzen bleibend;* ein ~er Gast

Set[1] ⟨[zɛt]; n.7; - od. -s, Seteinheiten; Typ.⟩ *Maßeinheit für die Dickten einer Setzmaschine für einzelne Lettern (Monotype)*

Set[2] ⟨n. od. m.; - od. -s, -s⟩ **1** *mehrere zusammengehörige Gebrauchsgegenstände, Kleidungsstücke, Teppiche usw.* **2** *eins von mehreren, farbl. aufeinander abgestimmten kleinen Unterlagen für ein Gedeck*

'set·zen ⟨V.⟩ **1** ⟨500/R3⟩ sich (an einen Ort, zu einem Zweck) ~ *niederlassen, in eine sitzende Stellung begeben, einen Sitzplatz einnehmen;* ~! (Aufforderung an die Schulklasse od. an den Hund; eigtl. setzt euch!, setz dich!); bitte ~ Sie sich!; sich ans Fenster, an den Tisch ~; das Kind setzte sich auf ihren Schoß; sich auf einen Stuhl, eine Bank, auf die Couch ~; der Vogel hat sich auf einen Zweig, aufs Fensterbrett gesetzt; sich neben jmdn. ~; sich zu jmdm. ~ 1.0.1 sich aufs Pferd ~ *aufs P. steigen* 1.0.2 sich an eine Arbeit ~ ⟨fig.⟩ *eine A. beginnen* 1.0.3 sich zu Tisch ~ *für das Essen Platz nehmen* 1.0.4 sich zur Ruhe ~ ⟨fig.⟩ *für immer aufhören zu arbeiten, sich pensionieren lassen, Rentner werden* 1.1 jmdn. an einen Ort ~ *an einem O. zum Sitzen bringen;* ein Kind auf einen Stuhl ~ **2** ⟨511/R7⟩ jmdn. od. etwas an einen bestimmten Ort, Platz ~ *tun, stellen;* einen Topf aufs Feuer, auf den Herd ~; eine Schüssel, Platte auf den Tisch ~; ein Kind auf ein Schaukelpferd ~ 2.1 sich die Krone aufs Haupt ~ *sich krönen* 2.2 in Anführungszeichen ~ *mit A. bezeichnen* 2.3 jmdn. über einen anderen ~ ⟨fig.⟩ *jmdn. zum Vorgesetzten eines anderen bestimmen* 2.4 einen Namen auf eine Liste ~ *schreiben* 2.5 seinen Namen unter ein Schriftstück ~ *ein S. unter-*

schreiben **2.6** ein Kind in die Welt ~ (meist mit dem Unterton des Vorwurfs mangelnder Verantwortung) *zeugen, gebären* **2.7** ich setze keinen Fuß mehr in sein Haus *ich gehe nicht mehr zu ihm, will mit ihm nichts mehr zu tun haben* **2.8** ⟨610/R1⟩ sich etwas in den Kopf ~ *etwas hartnäckig wollen, sich fest vornehmen* **3** ⟨511⟩ Personen an einen bestimmten Ort, Platz ~ *bringen, befördern;* Fahrgäste vom Schiff ans Land ~ **3.0.1** das Glas, die Trompete an den Mund ~ *heben* **3.0.2** jmdn. an die Luft ~ ⟨fig.;umg.⟩ *hinauswerfen* **3.0.3** einen Artikel, eine Anzeige in die Zeitung ~ ⟨fig.⟩ *veröffentlichen, drucken lassen* **3.1** etwas ~ *in eine bestimmte Position bringen* **3.1.1** ein Satzzeichen ~ *anbringen, schreiben;* einen Punkt, ein Komma ~ **3.1.2** die Segel ~ *aufziehen, ausspannen* **4** ⟨411⟩ über etwas ~ *etwas überwinden, überqueren;* bei Hochwasser kann man nicht über den Fluß ~ **4.1** ⟨411⟩ über ein Hindernis ~ *ein H. überspringen;* über einen Bach, eine Hecke ~ **4.2** ⟨550⟩ jmdn. über etwas ~ *befördern* **4.2.1** jmdn. über den Fluß ~ *mit dem Boot bringen* **5** ⟨500/R3⟩ etwas setzt sich *sinkt zu Boden, lagert sich ab;* der Kaffee hat sich gesetzt **5.1** *zusammensinken, Hohlräume verschwinden lassen;* das Erdreich setzt sich **5.2** etwas setzt sich in etwas *dringt in etwas ein;* der Staub hat sich in die Fugen, Ritzen gesetzt; der Geruch setzt sich in die Kleider **5.3** Beton, Mörtel, Zement setzt sich *wird hart, bindet ab* **6** ⟨500⟩ etwas ~ *herstellen, errichten, (an einem Ort) unterbringen* **6.1** ⟨530⟩ jmdm. ein Denkmal ~ *errichten* **6.2** einen Ofen ~ *aufstellen, errichten* **6.3** eine Pflanze ~ *einpflanzen;* einen Baum, Strauch ~ **6.4** ein Manuskript, einen Text ~ ⟨Typ.⟩ *mit der Hand od. Maschine seine Schriftzeichen mit metall. Lettern zu Zeilen u. Seiten zusammenfügen* **6.5** Junge ~ ⟨jägerspr.⟩ *zur Welt bringen (vom Haarwild außer Schwarzwild)* **7** ⟨511/R7⟩ jmdn. od. etwas in, auf, unter, außer etwas ~ *in etwas (eine Lage, Tätigkeit, einen Zustand) bringen, versetzen;* jmdn. in Erstaunen ~; einen Motor in Gang ~; jmdn. in Schrecken ~ **7.1** ⟨R3⟩ sich in den Besitz einer Sache ~ *sich eine S. aneignen, sie sich nehmen* **7.2** ⟨R3⟩ sich in Bewegung ~ *zu gehen, fahren beginnen* **7.3** jmdn. auf freien Fuß ~ *aus dem Gefängnis entlassen* **7.4** jmdn. od. ein Tier in Freiheit ~ *jmdm. od. einem T. die Freiheit geben, jmdn., ein T. freilassen* **7.5** ein Gesetz, einen Vertrag außer Kraft ~ *für ungültig erklären* **7.6** ein Gedicht, einen Text in Musik ~ *komponieren, vertonen* **7.7** ein Theaterstück in Szene ~ *aufführen, zur Aufführung vorbereiten* **7.8** neue Geldscheine in Umlauf ~ *in U. bringen* **7.9** eine Arbeit, ein Vorhaben ins Werk ~ *beginnen* **8** ⟨530/R1⟩ jmdm. od. einer Sache etwas ~ *bestimmen, festlegen;* ich habe mir ein Ziel gesetzt; dieser Sache müssen Schranken gesetzt werden; jmdm. eine Frist ~ **9** ⟨500⟩ etwas ~ *annehmen;* gesetzt, er kommt; ~ wir einmal den Fall, daß ... **10** ⟨550; Funktionsverb⟩ **10.1** Hoffnung auf jmdn. ~ *auf jmdn. hoffen, hoffen, daß jmd. etwas Bestimmtes erreichen wird* **10.2** Mißtrauen in jmdn. ~ *jmdm. mißtrauen* **10.3** Vertrauen in jmdn. ~ *jmdm. vertrauen* **10.4** ⟨550/R3⟩ sich zur Wehr ~ *sich verteidigen, wehren* **11** ⟨510⟩ *(als Einsatz, Pfand) einsetzen;* er hat eine hohe Summe auf Sieg gesetzt **11.1** hoch, niedrig ~ (im Spiel) *einen hohen, niedrigen Einsatz zahlen* **11.2** auf ein Pferd ~ *wetten, einen bestimmten Betrag einzahlen, um für den Fall, daß das P. siegt, einen Gewinn zu erhalten* **12** ⟨501⟩ es setzt Schläge, Prügel, Ohrfeigen ⟨umg.⟩ *es gibt S., P., O.;* sei brav, sonst setzt es Schläge

'Setz·ling ⟨m.; -s, -e⟩ **1** *junge Pflanze, die gesetzt (in die Erde gepflanzt) wird* **2** *junger Fisch, der in einem Teich (zur Zucht) gesetzt wird*

'Seu·che ⟨f.; -, -n⟩ **1** = *Epidemie* **2** ⟨fig.⟩ *weitverbreitete schlechte Gewohnheit;* Abkürzungs~

'seuf·zen ⟨V.⟩ **1** ⟨400⟩ *einmal tief aufatmen;* vor Kummer, Bangen, Sehnsucht ~ **2** ⟨500⟩ etwas ~ *seufzend sagen;* „Vielleicht!" seufzte er **3** ⟨800⟩ unter jmdm. od. etwas ~ ⟨fig.⟩ *leiden, jmdn. od. etwas stumm erdulden*

'Seuf·zer ⟨m.; -s, -⟩ **1** *einmaliges tiefes Atmen;* ein schwerer, tiefer ~; ein ~ der Erleichterung; einen ~ ausstoßen; einen ~ unterdrükken; heimlicher, stiller ~ **1.1** → a. *letzte(1.4.2)*

Sex ⟨m.; -es; unz.⟩ **1** *Geschlecht* **2** *Geschlechtlichkeit* **3** *geschlechtliche Anziehungskraft;* sie hat viel, wenig ~

se·xu'al ⟨Adj.⟩ = *sexuell*

se·xu'ell ⟨Adj. 24⟩ *geschlechtlich, das Geschlecht betreffend, auf ihm beruhend;* oV *sexual;* ~e Anziehungskraft; eine (rein) ~e Bindung; ~es Verhalten

se'zie·ren ⟨V. 500⟩ **1** eine Leiche ~ *anatom. zerlegen u. untersuchen* **2** Texte, Äußerungen ~ ⟨fig.⟩ *auseinandernehmen u. genau untersuchen*

sich ⟨Reflexivpron. 3. Person Sg. u. Pl.;Sg. 1. Person: mir, mich, Sg. 2. Person: dir, dich; Pl. 1. Person: uns, Pl. 2. Person: euch⟩ **1** ⟨(Ausdruck für die Identität des Objektes od. des nominalen Teiles einer präpositionalen Fügung mit dem Subjekt)⟩; ~ ereignen; wir wundern uns; ich wasche mich; ihr bedankt euch; du überzeugst dich; wir baten ihn zu uns (zu kommen); nur an ~ denken; hinter ~ schauen; er wäscht ~ die Hände; ich schreibe dir; du danktest mir; ihr gebt uns das Buch; wir ringen mit euch **1.1** für ~ *von anderen getrennt* **1.1.1** etwas für ~ behalten *es niemandem sagen* **1.1.2** jmd. ist für ~ *allein* **1.1.3** eine Sache für ~ *eine andere, besondere S.* **1.1.4** an (und für) ~ *eigentlich, wenn man die Sache selbst betrachtet* **1.1.5** → a. *Ding (1.0.4)* **1.2** hinter ~ ⟨a. fig.⟩ *erledigt* **1.2.1** etwas hinter ~ bringen *etwas vollenden, fertigmachen* **1.2.2** etwas hinter ~ haben *etwas (Unangenehmes) erlebt, beendet haben* **1.3** vor ~ ⟨a. fig.⟩ *noch zu erledigen, zu tun;* etwas (noch) vor ~ haben **1.4** bei ~ ⟨a. fig.⟩ *bei od. im Bewußtsein* **1.4.1** er ist nicht mehr ganz bei ~ *nicht bei Besinnung vor Zorn* **1.4.2** er dachte bei ~ ⟨verstärkend⟩ *er dachte es, ohne es zu äußern;* „...", sagte er bei ~, leise, in Gedanken **1.5** aus ~ herausgehen *zutraulich, aufgeschlossen werden* **1.5.1** jmd. ist außer ~ (vor) *in höchstem Grade erregt (wegen)* **1.6** jmd. kommt (wieder) zu ~ *erlangt das Bewußtsein (wieder)* **1.7** etwas an ~

haben *eine (bestimmte) Eigenschaft haben;* er hat etwas an ~, das alle anzieht **1.8** etwas von ~ aus tun *von selbst, freiwillig, aus eigenem Antrieb* **1.9** ⟨nur 3. Person⟩ **1.9.1** in ~ haben ⟨a. fig.⟩ *eine (unvermutete) Kraft, Wirkung, Intensität haben;* der Wein hat es in ~; diese Arbeit hat es in ~ **1.9.2** auf ~ haben ⟨a. fig.⟩ *bedeuten;* es hat nichts auf ~; was hat es damit auf ~? **2** ⟨im Pl. a.⟩ *einander, einer den (dem) anderen;* sie schlugen ~; wir berieten uns; ihr dürft euch nicht immer streiten

'Si·chel ⟨f.; -, -n⟩ *kleines Werkzeug zum Mähen mit halbkreisförmig nach innen gebogener Klinge*

'si·cher ⟨Adj.⟩ **1** *zweifelsfrei, bestimmt, gewiß, zuverlässig, verbürgt;* er ist ein ~er Fahrer, Schütze, Schwimmer; ein ~es Urteil haben; hat er das wirklich gesagt? Aber ~!; ich weiß es aus ~er Quelle; ist das wirklich so? Ganz ~!; kommst du heute? ~!; er kommt ~ noch; er hat es ~ vergessen **1.0.1** ~ wie das Amen in der Kirche sein ⟨umg.⟩ *voraussagbar, ganz bestimmt sein* **1.0.2** ich bin mir (nicht) ganz ~ *ich weiß es (nicht) ganz genau* **1.1** einer Sache ~ sein *keinen Zweifel an etwas haben;* seines Sieges ~ sein; du kannst seiner Freundschaft, Liebe, seines Schweigens ~ sein **1.1.1** dessen kannst du ~ sein *darauf kannst du dich verlassen* **1.1.2** ich bin mir meiner Sache ~ *ich weiß es genau* **1.2** ~es Geleit *gegen Gefahr schützendes G.* **2** *ungefährdet, geschützt, gesichert, geborgen;* sein ~es Auskommen haben; bei uns bist du ~; am ~sten wird es sein, wenn ...; in ~er Hut sein; einen Gegenstand ~ aufbewahren; ~ vor etwas od. jmdm. **2.0.1** hier ist man seines Lebens nicht ~ ⟨oft scherzh.⟩ *hier besteht Lebensgefahr* **2.0.2** ~ ist ~! ⟨umg.⟩ *lieber vorsichtig sein* **2.1** *gefahrlos;* wir gehen hier herum, das ist ~er **2.2** → a. *Nummer (5)* **3** *fest u. ruhig, geübt;* eine ~e Hand haben; ~ auftreten; er fährt, schwimmt (völlig) ~; seine Aufgaben, Vokabeln ~ können, beherrschen; der Kleine läuft schon ganz ~; er sitzt, steht (ganz) ~; mit ~em Schritt **4** *unfehlbar, untrüglich;* ein ~es Gefühl für etwas haben; das ist ein ~es Zeichen für ...; etwas mit ~em Blick erkennen; mit ~em Instinkt

'si·cher|ge·hen ⟨V. 145/400 od. 410(s.)⟩ **1** *kein Risiko eingehen* **2** ⟨aber getrennt⟩ 'sicher 'gehen → *sicher(3)*

'Si·cher·heit ⟨f.; -, -en⟩ **1** ⟨unz.⟩ *Geborgenheit, Geschütztsein, Schutz;* etwas, jmdn., sich in ~ bringen; in ~ sein; zu Ihrer ~; der ~ halber **1.1** öffentliche ~ *öffentl. Ruhe u. Ordnung* **1.2** *Ruhe, Sorglosigkeit* **1.2.1** jmdn., sich in ~ wiegen *jmdm., sich vormachen, vortäuschen, es bestehe keine Gefahr, kein Grund zu Besorgnis* **2** ⟨unz.⟩ *sichere Beschaffenheit, Festigkeit;* die ~ der Anlage ist gewährleistet **2.1** *Verläßlichkeit, Zuverlässigkit;* auf die ~ seines Urteils kann man sich verlassen **2.2** *(durch Übung erworbene) Vollkommenheit;* ihm fehlt die nötige ~ am Instrument **3** ⟨unz.⟩ *das Sichersein, Gewißheit;* ich kann es (nicht) mit ~ behaupten; ich weiß es (nicht) mit ~ **3.1** *Bestimmtheit;* ~ im Auftreten **4** *Bürgschaft, Pfand;* gewisse ~en fordern; ~ leisten; eine Summe als ~ geben; ohne die geringste ~

'si·cher·lich ⟨Adv.⟩ **1** *bestimmt, gewiß;* ~!; ich werde ihn ~ finden **2** *vermutlich, wahrscheinlich;* er kommt ~ nicht

'si·chern ⟨V.⟩ **1** ⟨500/R7 od. R8⟩ jmdn. od. etwas ~ *in Sicherheit bringen, vor Gefahr schützen;* sich beim Bergsteigen durch ein Seil ~; sich gegen, vor etwas ~; einen Wagen mit einem Stein gegen das Wegrollen ~ **1.1** *fest, zusätzlich (mit Hebel, Riegel) verschließen, festmachen;* ein offenes Fenster vor dem Zuschlagen ~ **1.2** eine Waffe ~ *den Abzugshebel feststellen* **2** ⟨500⟩ *gewährleisten, sicherstellen;* seine Zukunft ist gesichert; in gesicherten Verhältnissen leben **3** ⟨530/R5⟩ jmdm. od. sich etwas ~ *verschaffen;* sich einen guten Platz ~; sich das Vorkaufsrecht, ein Anspruchsrecht ~ **4** ⟨400⟩ das Wild sichert ⟨jägerspr.⟩ *blickt sich um, horcht, wittert, ob Gefahr droht*

'si·cher|stel·len ⟨V. 500⟩ **1** etwas ~ *sichern, in Sicherheit bringen* **1.1** *beschlagnahmen;* gestohlene Gegenstände ~ **2** jmdn. ~ *jmds. Zukunft, finanzielle Lage sichern*

'Si·che·rung ⟨f.; -, -en⟩ **1** ⟨unz.⟩ *das Sichern* **1.1** *Schutz;* zur ~ des Friedens **1.2** ⟨Mil.⟩ *Schutzmaßnahme gegen Überfall;* eine Abteilung übernahm die ~ der Gebäude **1.3** *Gewährleistung;* eine ~ der Versorgung mit Lebensmitteln gelang nicht **1.4** *polizeil. Ermittlung der Spuren am Tatort* **2** *Vorrichtung, die etwas unter Kontrolle hält (u. so vor Gefahr schützt)* **2.1** *Vorrichtung, die das selbsttätige Lösen eines Maschinenteils verhindert* **2.2** *Hebel an Schußwaffen, der das unbeabsichtigte Lösen eines Schusses verhindern soll* **2.3** *Vorrichtung, die den Strom bei Überlastung des Netzes abschaltet;* Schmelz~; die ~ ist durchgebrannt; eine neue ~ einsetzen

Sicht ⟨f.; -; unz.⟩ **1** *Möglichkeit des Sehens über größere Entfernung, Ausblick;* von hier oben hat man eine weite ~ **1.0.1** heute ist gute, klare ~ *die Luft ist klar, man kann weit sehen* **1.0.2** heute ist keine, schlechte ~ *heute ist dunstig, neblig, man kann nicht weit sehen* **1.1** auf kurze, lange ~ ⟨fig.⟩ *für kurze, längere Zeit* **2** in, außer ~ *Sichtweite* **2.0.1** der Dampfer, das Flugzeug ist in ~ *man kann den D., das F. schon sehen* **2.0.2** der Ballon geriet bald außer ~ *war bald nicht mehr zu sehen* **3** *Blickwinkel, Perspektive;* das ist aus meiner ~ überhaupt kein Problem **4** ⟨Bankw.⟩ *Zeitpunkt der Vorlage eines Wechsels zur Bezahlung;* mit drei Monaten ~

'sicht·bar ⟨Adj.⟩ **1** *so beschaffen, daß man es sehen kann;* etwas durch Röntgenstrahlen ~ machen; gut, deutlich, kaum ~; für alle ~ **1.1** die ~e Kirche *die Gemeinschaft der Gläubigen* **1.2** *deutlich erkennbar, sichtlich;* er ärgerte, freute sich ~

'sich·ten ⟨V. 500⟩ **1** etwas ~ *in größerer Entfernung erblicken;* ein Flugzeug, Schiff ~; Land, eine Insel ~ **2** etwas ~ ⟨fig.⟩ *prüfen u. ordnen;* jmds. Nachlaß ~; Papiere ~

'sicht·lich ⟨Adj.⟩ *offensichtlich, offenkundig;* er war ~ erleichtert; er ist ~ größer, hübscher geworden; es war ihm ~ peinlich

'sickern ⟨-k·k-; V. 400 od. 410(s.)⟩ etwas sickert *fließt langsam u. dünn;* Regenwasser sickert durchs Dach; aus der Wunde sickert Blut

sie[1] ⟨Personalpron., 3. Person Sg. f.; Gen. ihrer, Dat. ihr, Akk. sie; Pl. → sie[2]⟩ *(Ausdruck für eine*

Person od. Sache, die weder Sprecher noch Hörer ist); ~ geht; wir erinnern uns ihrer; er gibt ihr etwas; alle sehen ~
sie² ⟨Personalpron., 3. Pers. Pl.; Gen. ihrer, Dat. ihnen, Akk. sie⟩ *(Ausdruck für mehrere Personen od. Sachen, die weder Sprecher noch Hörer sind);* ~ gehen; wir gedenken ihrer; sie gibt es ihnen; viele beobachten ~
Sie¹ ⟨Personalpron., 3. Person Pl.; Gen. Ihrer, Dat. Ihnen, Akk. Sie⟩ **1** *(Anrede für eine od. mehrere nicht verwandte u. nicht befreundete erwachsene Personen);* ~ können mir leid tun; ich erinnere mich Ihrer; sie dankt Ihnen; wir grüßten ~; darf ich ~ miteinander bekannt machen? **2** ~ da!, he ~! ⟨umg.⟩ *(unhöfliche Anrede an Personen, deren Namen man nicht weiß)* **3** jmdn. mit ~ anreden *eine nicht vertrauliche Anrede verwenden*
Sie² ⟨f.; umg.⟩ → *Er*
Sieb ⟨n.; -(e)s, -e⟩ **1** *Gefäß mit mehr od. weniger feinen Löchern, Scheibe aus grobem od. feinem Drahtgeflecht, um körnige Stoffe nach ihrer Größe zu scheiden bzw. feste Stoffe von einer Flüssigkeit zu trennen, od. Flechtwerk zum Reinigen von Getreide u. a.;* Mehl ~, Sand ~; Tee ~; Getreide ~, Körner ~; feines, grobes ~; eine Flüssigkeit durch ein ~ gießen; Quark durch ein ~ rühren; seine Jacke ist wie ein ~ durchlöchert **1.1** Wasser mit einem ~ schöpfen ⟨fig.⟩ *nutzlose, nie endende Arbeit verrichten* **1.2** sein Gedächtnis ist wie ein ~ ⟨umg.⟩ *er vergißt alles*
sie·ben¹ ⟨V. 500⟩ **1** etwas ~ *durch ein Sieb schütten od. rühren, so daß größere Teile zurückbleiben;* Getreide, Korn, Mehl ~ **2** jmdn. od. etwas ~ ⟨fig.⟩ *die besseren Arbeitskräfte, Schüler o. ä. von den schlechteren trennen* **2.1** in der Klasse vor dem Abitur, vor der Zulassung zum Lehrgang wird noch einmal gründlich gesiebt *werden die Schüler bzw. Anwärter geprüft u. nur die besten behalten*
'sie·ben² ⟨Num. 11; in Ziffern: 7⟩ → a. *vier* **1** *sechs u. eins;* ~ Stück **1.1** die Sieben Freien Künste ⟨im MA⟩ *die eines freien Mannes würdigen Kenntnisse (Grammatik, Dialektik, Rhetorik, Arithmetik, Geometrie, Astronomie, Musik)* **1.2** im ~ten Himmel sein, schweben ⟨fig.⟩ *überglücklich sein, verliebt sein* **1.3** das ist mir ein Buch mit ~ Siegeln ⟨fig.⟩ *etwas, das ich nicht verstehe* **1.4** die Sieben Weltwunder *sieben außergewöhnl. Bau- u. Kunstwerke (im Altertum);* die Zeusstatue in Olympia, die hängenden Gärten der Semiramis, der Leuchtturm von Alexandria, das Mausoleum von Halikarnassos, die ägyptischen Pyramiden, der Koloß von Rhodos u. der Artemistempel in Ephesos werden meist als die Sieben Weltwunder bezeichnet
'Sie·ben ⟨f.; -, -⟩ **1** *Zahl zwischen Sechs u. Acht, die Ziffer 7* **1.1** *die Straßen-, Buslinie Nr. 7;* in die ~ einsteigen **2** *(nach altem Volksglauben glück- od. unheilbringende od. auch nur bedeutungsvolle Zahl);* die böse ~ **2.1** sie ist eine böse ~ ⟨fig.⟩ *ein böses Weib*
Sie·ben'sa·chen ⟨f.; nur Pl.⟩ *Eigentum od. Arbeitsmaterial, das man täglich braucht, Habe, Habseligkeiten;* hast du deine ~ beisammen?; seine ~ packen
siech ⟨Adj. 70⟩ *lange krank, kränklich, gebrechlich;* alt und ~
'Siech·tum ⟨n.; -s; unz.⟩ *Zustand des Dahinsiechens, langes Kranksein, bes. vor dem Tode*
'sie·deln ⟨V. 400⟩ *sich auf einem kleinen Stück Land niederlassen u. einen Bauernhof gründen*
'sie·den ⟨V. 242/400⟩ **1** eine Flüssigkeit siedet *kocht;* → a. *braten(1.0.1);* das Wasser siedet; ~des Wasser; ~d heiß **1.1** die Eier haben 5 Minuten gesiedet, gesotten *in kochendem Wasser gelegen* **1.2** es überlief ihn ~d heiß ⟨fig.⟩ *er erschrak sehr*
'Sie·de·punkt ⟨m.⟩ **1** *Temperatur, bei der eine Flüssigkeit siedet* **1.1** auf dem ~ angelangt sein ⟨fig.⟩ *sehr wütend sein, an dem Punkt angelangt sein, an dem man die Geduld, die Beherrschung verliert*
'Sied·lung ⟨f.; -, -en⟩ **1** ⟨unz.⟩ *das Siedeln* **2** *Niederlassung mit bebautem Land, Wohnhäusern u. Ställen* **2.1** ~ in Übersee *Kolonie* **3** *Siedlerstelle* **4** *Gruppe gleichartiger, kleiner Wohnhäuser mit Garten am Rand eines Dorfes od. einer Stadt*
Sieg ⟨m.; -(e)s, -e⟩ **1** *das Besiegen des Gegners;* das war ein leichter ~ **2** ⟨a. fig.⟩ *gewonnener Kampf;* ~ des Guten, der Wahrheit; den ~ erringen, davontragen; ein schwer erkämpfter, schwer errungener ~; dem Guten, der Wahrheit zum ~ verhelfen
'Sie·gel ⟨n.; -s, -⟩ **1** *Stempel zum Abdruck eines Zeichens in weiche Masse;* ein ~ auf etwas drücken **2** *der Abdruck eines Siegels(1) auf einem Schriftstück, Behältnis od. einer Tür als Verschluß od. Bestätigung angebracht;* ein ~ erbrechen, lösen **2.1** jmdm. etwas unter dem ~ der Verschwiegenheit erzählen *unter der Bedingung der V.* **2.2** → a. *Brief(2.0.1), Buch(2.0.6)*
'sie·geln ⟨V. 500⟩ ein Schriftstück ~ *mit einem Siegel verschließen od. bestätigen;* einen Brief, eine Urkunde ~
'sie·gen ⟨V. 400⟩ *einen Kampf gewinnen, einen Sieg erringen;* die Vernunft siegte; wir haben 3:2 gesiegt; im Kampf, Zweikampf, Wettkampf ~; nach Punkten ~; über jmdn. ~; sein Mitleid siegte über seinen Zorn
'sieg·reich ⟨Adj.⟩ *gesiegt habend;* das ~e Heer; die ~e Mannschaft; ~ (vom Kampf) zurückkehren
'sie·zen ⟨V. 500/R8⟩ jmdn. ~ *mit „Sie" anreden;* Ggs *duzen*
Si'gnal ⟨n.; -s, -e⟩ **1** *opt. od. akust. Zeichen mit festgelegter Bedeutung* **1.1** *verabredetes Zeichen zur Übermittlung einer Nachricht, eines Befehls;* Horn ~; Licht ~; Warnungs ~; das ~ zum Angriff
si·gna·li'sie·ren ⟨V. 503⟩ **1** (jmdm.) eine Nachricht ~ *durch Signal(e) übermitteln* **2** (jmdm.) ein Ereignis ~ ⟨fig.⟩ *anzeigen, ankündigen*
Si·gna'tur ⟨f.; -, -en⟩ **1** *Kennzeichen in einem Ordnungssystem, meist Buchstaben u. Zahlen* **2** *auf Karten verwendetes Zeichen für die Darstellung wichtiger Gegenstände* **3** *abgekürzte Unterschrift, Namenszeichen* **4** ⟨Typ.⟩ *laufende Nummer eines Druckbogens auf dessen erster Seite links unten* **4.1** *abgerundeter Einschnitt, Kerbe am Fuß einer Letter*
si'gnie·ren ⟨V. 500⟩ ein Schriftstück ~ **1** *mit der Signatur(3) versehen* **2** = *unterzeichnen*
'Sil·be ⟨f.; -, -n⟩ **1** *mit einem Gipfel an Stimmhaftigkeit versehenes Segment einer sprachli-*

chen Äußerung, die mindestens aus einem Dauerlaut (z. B. Vokal) u. zusätzlich aus mehreren Konsonanten besteht; betonte, unbetonte, kurze, lange ~ 1.1 → a. *offen(1.7.1)* 1.2 *Segment einer schriftlichen Äußerung, im Deutschen gebildet nach einer Mischung von Regeln für die Segmentierung von Silben(1), Besonderheiten des Drucksatzes u. Wortbildungskriterien* 2 keine ~ ⟨fig.⟩ *nichts, kein;* er hat mir keine ~ davon gesagt; ich verstehe keine ~ (davon); keine ~ Englisch verstehen; ich habe es mit keiner ~ angedeutet

'Sil·ber ⟨n.; -s; unz.; Zeichen: Ag⟩ **1** *chem. Element, weißes, glänzendes Edelmetall, Ordnungszahl 47;* Gold und ~ 1.1 ⟨fig.; poet.⟩ *silbriger Schimmer;* das ~ des Mondlichts, des nächtlichen Sees **2** ⟨umg.⟩ *Silbergerät, Tafelbesteck aus Silber;* ~ putzen **3** ⟨umg.; veralt.⟩ *Hartgeld, Münzen;* bitte geben Sie mir 10 DM in ~

'Sil·ber·hoch·zeit ⟨f.⟩ *25. Jahrestag der Hochzeit;* → a. *Hochzeit (1.5)*

'sil·bern ⟨Adj. 24/70⟩ **1** *aus Silber* 1.1 ⟨60⟩ → a. *Hochzeit (1.5)* 1.2 ~er Sonntag ⟨fig.⟩ *vorletzter S. vor Weihnachten* **2** ⟨poet.⟩ *silbrig, schimmernd, silberhell;* ~es Haar; das ~e Licht des Mondes **3** ⟨poet.⟩ *hell, hoch, rein tönend;* ihr ~es Lachen

Si·li'kat ⟨n.; -(e)s, -e⟩ *Salz der Kieselsäure, z. B. Quarz u. a. Mineralien*

'Si·lo ⟨n.; -s, -s⟩ **1** *Behälter für Futter, das durch Gären haltbar gemacht wurde* **2** *Getreidespeicher*

'sim·pel ⟨Adj.⟩ **1** *einfach;* eine simple Aufgabe, Frage; die Antwort klingt ~, trifft aber das Wesentliche **2** *einfältig;* ein simples Gemüt

si·mu'lie·ren ⟨V.⟩ **1** ⟨400⟩ *sich verstellen;* er ist nicht krank, er simuliert nur **2** ⟨500⟩ eine Krankheit ~ *vortäuschen* **3** ⟨500⟩ techn. Vorgänge ~ *wirklichkeitsgetreu nachahmen*

Sin·fo'nie ⟨f.; -, -n⟩ *großes Musikstück, meist aus vier bis fünf Sätzen für Orchester;* oV *Symphonie*

sin'fo·nisch ⟨Adj.⟩ **1** *in der Art einer Sinfonie* 1.1 ~e Dichtung *Instrumentalmusik für Orchester in einem Satz über eine Dichtung in der Art der Programmusik*

'sin·gen ⟨V. 243⟩ **1** ⟨400⟩ *die Stimme in einer Melodie ertönen lassen, (ein Lied) vortragen;* die Vögel ~; kannst du ~?; hoch, tief, laut, leise, gut, schlecht, richtig, falsch, schön ~; mit ~dem Tonfall sprechen; singe, wem Gesang gegeben (Uhland, Gedicht „Freie Kunst"); ~ lernen; zweistimmig, dreistimmig ~; im Kirchenchor, Schulchor ~ 1.0.1 die Geige singt ⟨fig.⟩ *klingt schmelzend, wird ausdrucksvoll gespielt* 1.0.2 ⟨512⟩ deine Ermahnungen kann ich schon ~ ⟨umg.⟩ *kann ich schon auswendig, kenne ich bis zum Überdruß* 1.0.3 → a. *Engel (1.2), Wiege (1.2)* 1.1 ⟨500⟩ etwas ~ *als Melodie hören lassen, vortragen;* eine Arie, ein Lied ~; ein Duett, Terzett ~; die erste, zweite dritte Stimme ~ 1.2 ⟨500⟩ etwas ~ *als Stimmlage haben;* Sopran, Alt, Tenor, Baß ~ **2** ⟨400; fig.⟩ *einen singenden, summenden Ton von sich geben;* der Dynamo singt; die Telegraphendrähte ~; der Wasserkessel singt **3** ⟨400; poet.;veralt.⟩ *in Versen erzählen, berichten von;* von alten Zeiten, alten Helden und ihren Taten ~ **4** ⟨400; umg.⟩ *gestehen, verraten;* einer der Bande hat bei der Polizei gesungen

'sin·ken ⟨V. 244/400(s.)⟩ **1** ⟨411⟩ *langsam fallen, abwärts gleiten, sich abwärts bewegen;* die Arme, den Kopf ~ lassen; auf den Grund (des Wassers) ~; vor jmdm. auf die Knie ~; auf einen Stuhl ~; jmdm. in die Arme ~; das Gebäude ist allmählich in die Erde gesunken; ich hätte in die Erde ~ mögen (vor Scham, Verlegenheit); zu Boden ~ 1.0.1 ⟨413⟩ jmd. ist tief gesunken ⟨a. fig.⟩ *jmd. hat den sittl. Halt verloren, ist moralisch od. gesellschaftl. heruntergekommen* 1.0.2 ⟨413⟩ in jmds. Achtung ~ *jmds. A. verlieren* 1.1 *untergehen, langsam versinken;* das Schiff ist gesunken; die Sonne sinkt; in die ~de Sonne schauen 1.2 bei Sinken der Nacht *bei Einbruch der N.* **2** etwas sinkt *wird niedriger, geringer, kleiner;* der Wasserstand sinkt von Tag zu Tag; die Preise ~; der Kurs sinkt 2.1 der Tag sank *es wurde Abend* 2.2 sein Ansehen sank *er verlor an A.* 2.3 den Mut ~ lassen *verlieren* 2.4 unsere Stimmung sank (immer mehr) *wir wurden bedrückt, traurig, mutlos* **3** ⟨800⟩ in etwas ~ *geraten, kommen* 3.1 in Ohnmacht ~ *ohnmächtig werden* 3.2 in Schlaf ~ *einschlafen*

Sinn ⟨m.; -(e)s, -e⟩ **1** *Fähigkeit der Organismen, verschiedene Arten von Reizen zu unterscheiden;* seine ~e waren geschärft; aus den Augen, aus dem ~ ⟨Sprichw.⟩ 1.1 → a. *fünf(1.1 u. 2.1)* 1.2 er ist nicht bei ~en *nicht bei Verstand, er ist außer sich (vor Erregung, Zorn)* 1.3 (wie) von ~en sein (vor Schmerz, Zorn) *außer sich sein, aufs höchste erregt sein* 1.4 bist du von ~en? ⟨umg.⟩ *bist du verrückt?* 1.5 einen sechsten ~ haben (für etwas) ⟨umg.; scherzh.⟩ *ein besonderes Ahnungsvermögen* 1.6 ⟨nur Pl.⟩ ~e *geschlechtl. Empfinden, geschlechtl. Begierde;* seine ~e erwachten **2** ⟨unz.⟩ *Denken, Gedanken, Bewußtsein* 2.0.1 etwas ohne ~ und Verstand tun *ohne Überlegung, ohne nachzudenken* 2.0.2 das hat weder ~ noch Verstand *das ist Unsinn* 2.0.3 sein ~ steht nach Höherem *er strebt nach H.* 2.0.4 seine Bemerkung geht, will mir nicht aus dem ~ *ich muß immer an seine B. denken* 2.0.5 ein Wort ging mir durch den ~ *fiel mir ein* 2.0.6 etwas im ~e haben *etwas beabsichtigen, planen* 2.0.7 was ist dir plötzlich in den ~ gekommen? *was hast du dir nur auf einmal gedacht?* 2.0.8 laß es dir ja nicht in den ~ kommen, allein zu gehen! *laß es dir nicht einfallen, tu es ja nicht!* **3** ⟨unz.⟩ *Gesinnung, Denkungsart, Gemüt;* einen geraden, aufrechten, ehrlichen, edlen ~ haben; einen frohen, fröhlichen, heiteren ~ haben 3.1 anderen ~es werden *seine Meinung ändern* 3.2 mit jmdm. eines ~es sein *mit jmdm. übereinstimmen* 3.3 in jmds. ~e handeln *so handeln, wie der andere es wünscht* 3.4 nach jmds. ~ sein *jmdm. gefallen, recht sein;* das ist nicht nach meinem ~; das ist so recht nach meinem ~ 3.5 → a. *leicht(6)* **4** ~ für etwas haben *Verständnis, Empfänglichkeit, Aufgeschlossenheit für etwas haben;* ~ für Humor, Kunst, Musik, Schönheit haben; dafür habe ich keinen ~ **5** ⟨unz.⟩ *Bedeutung, geistiger Gehalt;* der ~ einer Aufgabe, Frage, eines Wortes; der ~ einer Fabel, Erzählung; dieser Satz gibt keinen ~; dadurch bekommt die Sache, Maßnahme erst ihren (richtigen) ~; was ist der langen Rede kurzer ~? (Schiller, Piccolomini, I,2); das habe ich in einem ganz anderen ~e gemeint; in diesem ~e habe ich das nicht gemeint; im eigentlichen ~e; im engeren, weiteren ~e; im guten ~e des Wortes; ein Wort im schlechten ~ verstehen; im wahrsten ~e des Wortes; im schönsten, tiefsten ~ des Wortes; eine Anordnung dem ~e nach (nicht dem Buchstaben nach) erfüllen **5.1** langer Rede kurzer ~ ⟨umg.⟩ *um es kurz zu machen, kurz zusammenzufassen ...* **5.2** im ~e des Gesetzes *so, wie es das Gesetz vorschreibt* **5.3** ein Musikant im besten ~e (des Wortes) *ein guter, echter M.* **5.4** in diesem ~e habe ich auch an ihn geschrieben *so, wie wir es (eben) besprochen haben* **5.5** im strengsten ~e *genau genommen* **5.6** im übertragenen, bildlichen ~ *bildlich, nicht wörtlich gemeint* **5.7** einem Brauch, einer Gewohnheit einen neuen ~ geben *einen B., eine G. wieder sinnvoll machen* **6** ⟨unz.⟩ *Zweck, Ziel;* der ~ dieses Unternehmens ist es, ... **6.1** es hat keinen ~, länger zu warten *es ist unvernünftig, hat keinen Zweck* **6.2** das ist nicht der ~ der Sache ⟨umg.⟩ *so ist es nicht gemeint, man muß es anders machen*

'Sinn·bild ⟨n.⟩ *Bild od. Gegenstand, das od. der die Bedeutung, den Sinn eines Begriffs anschaulich ausdrückt;* → a. *Allegorie, Symbol(1);* das Kreuz ist ein ~ für das Leiden Christi bzw. für Leid, Bürde, Last

'sin·nen ⟨V.245⟩ **1** ⟨405⟩ (über etwas) ~ *nachdenken, grübeln;* (all) sein Sinnen und Trachten auf etwas richten; was sinnst du?; er sinnt darüber, wie er seine Aufgabe erfüllen kann; ~d vor sich hin blicken **1.1** „...", sagte er ~d *nachdenklich* **2** ⟨800⟩ auf etwas ~ *überlegen, wie man etwas tun, bewerkstelligen kann;* auf Abhilfe ~; auf Mittel und Wege ~, wie etwas getan werden kann; auf Rache ~ **3** ⟨500⟩ etwas ~ ⟨meist poet.⟩ *planen, vorhaben;* er sinnt Verrat

'Sin·nes·or·gan ⟨n.⟩ *Organ, das der Information eines Organismus über äußere u. innere Zustandsänderungen dient*

'sinn·ge·mäß ⟨Adj. 24⟩ *dem Sinn entsprechend, nicht wörtlich;* ich kann seine Äußerung nur ~ wiederholen

'sin·nig ⟨Adj.⟩ **1** *sinnvoll ausgedacht, zweckentsprechend;* eine ~e Vorrichtung; ein ~es Geschenk **1.1** ⟨iron.⟩ *überlegt, aber gerade das Falsche betreffend* **2** *tiefsinnig, tiefschürfend, überlegt, durchdacht;* eine ~e Äußerung; ein ~er Gedanke

'sinn·lich ⟨Adj.⟩ **1** *mit den Sinnen wahrnehmbar, körperlich, leiblich, fleischlich;* Ggs *geistig(1);* ~e Eindrücke; ~e Wahrnehmung; die ~e Welt **2** *mit dem Geschlechtsverkehr zusammenhängend;* → a. *erotisch(2);* ~e Freuden, Genüsse; (rein) ~e Liebe **3** *auf sinnliche Veranlagung hindeutend;* ein ~er Mund; ~e Lippen **4** *dem Sinnengenuß ergeben, dem Geschlechtlichen zugänglich;* er, sie ist sehr ~

'sinn·los ⟨Adj.⟩ **1** *ohne Sinn, ohne Zusammenhang;* ein ~er Satz; es ist doch ~, was du da sagst **2** *ohne Zweck, ohne Vernunft, unvernünftig, unüberlegt;* ~es Handeln, Tun; ~e Hoffnung; ~er Versuch; es ist ~, länger zu warten; in ~er Hast, Flucht; in ~er Wut auf jmdn. einschlagen **2.1** ~ betrunken *so betrunken, daß der Betreffende seiner Sinne nicht mehr mächtig ist, nicht weiß, was er tut*

'sinn·voll ⟨Adj.⟩ **1** *einen Sinn ergebend* **2** *zweckmäßig, vernünftig;* es ist nicht ~, das zu tun

'sin·tern ⟨V.⟩ **1** ⟨400(s.)⟩ etwas sintert *backt zusammen u. verfestigt sich beim Erhitzen auf hohe Temperaturen* **2** ⟨500⟩ etwas ~ *durch starkes Erhitzen zusammenbacken u. verfestigen;* ein Gemisch keramischer Stoffe ~ **3** ⟨400⟩ in Wasser gelöste Stoffe ~ *bilden Mineralien*

'Sint·flut ⟨f.; -; unz.; AT⟩ *von Gott herbeigeführte Überschwemmung der Erde infolge 40 Tage anhaltenden Regens als Strafe für die Menschheit, der nur Noah u. seine Familie entgingen*

'Sip·pe ⟨f.; -, -n⟩ **1** ⟨Völkerkunde⟩ *durch ausgeprägtes Zusammengehörigkeitsgefühl u. bestimmte Vorschriften u. Bräuche verbundene Gruppe von Blutsverwandten* **2** *Gesamtheit der Blutsverwandten* **3** ⟨fig.⟩ *Gruppe* 3.1 Wort~ *Gruppe wurzelverwandter Wörter*

'Sipp·schaft ⟨f.; -, -en; abschätzig⟩ **1** *Verwandtschaft;* er und seine ganze ~ **2** ⟨fig.⟩ *Klüngel, Bande*

Si're·ne ⟨f.; -, -n⟩ **1** ⟨griech. Myth.⟩ *eins von mehreren auf einer Insel lebenden Mädchen mit dem Körper eines Vogels, die die Vorbeifahrenden durch ihren Gesang anlockten u. dann töteten* **2** *Warnanlage, die einen rhythmisch unterbrochenen Ton erzeugt* 2.1 *Dampfpfeife* **3** ⟨Zool.⟩ *an Meeresküsten u. Flußmündungen lebende Angehörige einer Ordnung der Säugetiere von plumpem Körperbau: Sirenia*

'sir·ren ⟨V. 400⟩ *hell u. scharf klingen, hell schwirrend summen;* eine Libelle sirrt durch die Luft; Telegraphendrähte ~

'Si·rup ⟨m.; -s, -e⟩ **1** *konzentrierte, zähflüssige, bei der Gewinnung von Zucker entstehende Lösung, die überwiegend aus Rohr-, Rüben-, od. Stärkezucker besteht* **2** *eingedickter Fruchtsaft;* Himbeer~

'Sit·te ⟨f.; -, -n⟩ **1** *auf den allg. Moralgesetzen beruhende Verhaltensweise, Sittlichkeit;* Anstand und ~ (nicht) beachten **2** *allg. verbreitete Gewohnheit, Brauch;* ~n und Gebräuche; das ist bei uns (nicht) ~; alte, althergebrachte ~; feine, gute, schlechte ~n **2.1** gute ~n *gutes Benehmen, Anstand;* auf gute ~n achten; Verstoß gegen die guten ~n **2.2** → a. *Beispiel(1), Land(5)* **3** ⟨gaunerspr.⟩ *Sittenpolizei*

'sitt·lich ⟨Adj.⟩ **1** *den Forderungen der Sittlichkeit entsprechend, wie es den allgemeinverbindl. guten Sitten entspricht, anständig, gut, edel;* ~e Entrüstung; ~e Forderungen; ~es Verhalten **1.1** → a. *ländlich(3.1)*

'Sitt·lich·keit ⟨f.; -; unz.⟩ Sy *Moral(2)* **1** *Inbegriff dessen, was in einer Gesellschaft für gut, edel, anständig, richtig gehalten wird* **2** *anständige innere Haltung, anständiges Verhalten*

'sitt·sam ⟨Adj.⟩ *sehr zurückhaltend, sehr bescheiden u. still, keusch, tugendhaft;* ~ die Augen niederschlagen; ~ an der Seite der Mutter gehen

Si·tua·ti'on ⟨f.; -, -en⟩ **1** = *Lage(2)* **2** ⟨Kartographie⟩ *die durch Signaturen in Form von*

Punkten, Linien od. Flächen dargestellten Gegebenheiten der Erdoberfläche im Grundriß

si·tu'iert ⟨Adj. 24⟩ jmd. ist gut (schlecht) ~ **1** *hat eine gute (schlechte) berufliche Stellung* **2** *lebt in guten (schlechten) Verhältnissen*

Sitz ⟨m.; -es, -e⟩ **1** *Platz, auf den man sich setzen kann;* jmdm. einen ~ anbieten; erhöhter ~; ein luftiger ~ (auf einem Baum, auf dem Dach); sie erhoben sich von ihren ~en 1.1 *Stuhl, Sessel* 1.2 *Sitzfläche (des Stuhls);* den ~ hochklappen, herunterklappen, herausnehmen; harter, gepolsterter, gefederter, weicher ~ 1.3 *einzelner Platz im Zuschauerraum, im Fahrzeug;* Parkett~; Rück~; ~ im ersten Rang, im Parkett **2** *Platz, Stelle mit Stimmberechtigung (im Parlament, Vorstand);* in einer Versammlung ~ und Stimme haben; unsere Partei hat im Parlament 65 ~e **3** *Wohnort, ständiger Aufenthaltsort;* Regierungs~; Wohn~; ~ einer Firma; die Regierung hat ihren ~ in X **4** *Körperhaltung im Sitzen (z. B. auf dem Pferd);* der Reiter hat einen guten, schlechten ~ **5** *Schnitt, Paßform (von Kleidungsstücken);* das Kleid, der Anzug hat einen guten, schlechten, hat keinen rechten ~ **6** er hat auf einen ~ fünf Schnäpse getrunken ⟨fig.;umg.⟩ *auf einmal, hintereinander*

'**sit·zen** ⟨V. 246⟩ **1** ⟨400⟩ *auf Gesäß (u. unterer Seite der Oberschenkel) ruhen, sich auf einem Sitz niedergelassen haben;* aufrecht, gebückt, gerade, krumm ~; bitte bleiben Sie doch ~!; des langen Sitzens müde; das viele Sitzen (bei meiner Arbeit) bekommt mir nicht gut; am Schreibtisch, am Tisch ~; auf einem Stuhl, auf der Couch, auf dem Boden ~; hinter, neben, vor jmdm. ~; in ~der Stellung; unter, zwischen lauter Fremden ~; wie auf (glühenden) Kohlen ~ 1.0.1 jmdn. zum Sitzen nötigen *jmdn. auffordern, sich zu setzen* 1.0.2 eine alte Dame (in der Straßenbahn) ~ lassen *sich setzen lassen* 1.1 ~de Beschäftigung ⟨umg.⟩ *B., die man im Sitzen verrichten muß* 1.2 ~de Lebensweise ⟨umg.⟩ *L., bei der man sich nicht viel bewegt* 1.3 zu viel ~ *sich nicht genug bewegen* 1.4 ein Vogel sitzt *steht, hat sich niedergelassen;* der Vogel sitzt auf dem Baum, dem Dach 1.5 die Henne sitzt (auf den Eiern) *brütet* 1.6 ⟨600⟩ einem Künstler ~ *sich von einem K. abbilden lassen;* auch bekannte Politiker saßen dem Maler 1.7 ⟨411⟩ an etwas ~ ⟨fig.⟩ *mit etwas beschäftigt sein, an etwas arbeiten;* ich habe lange an der Arbeit gesessen; er sitzt schon seit drei Wochen an seinem Referat 1.8 ⟨411⟩ bei der, über einer Arbeit ~ ⟨fig.⟩ *mit einer A. (sitzend) beschäftigt sein* 1.8.1 ⟨411⟩ über den Büchern ~ *lesen, arbeiten, studieren* 1.9 → a. *Ohr(1.2.16), Pelle(2)* **2** ⟨411; fig.⟩ *sich aufhalten, befinden, (in einer Lage) sein;* beim Essen, beim Frühstück ~; beim Frisör, beim Arzt ~ 2.1 im Parlament, im Vorstand ~ *einen Sitz haben* 2.2 ⟨umg.; scherzh.⟩ *in einer Sitzung sein;* die Herren ~ immer noch 2.3 er sitzt immer noch in der zweiten Klasse *er ist noch nicht in die 3. Klasse versetzt worden* 2.4 einen ~ haben ⟨fig.; umg.⟩ *leicht betrunken sein* 2.5 in der Tinte, Patsche ~ ⟨fig.⟩ *sich in einer unangenehmen Lage befinden* 2.6 *leben, siedeln;* die Goten saßen ursprünglich an der Weichsel 2.7 ⟨umg.⟩ *im Gefängnis sein, eine Gefängnisstrafe verbüßen;* er hat jahrelang gesessen (im Gefängnis) 2.8 → a. *Gericht[2](4.0.2)* **3** ⟨400⟩ etwas sitzt ⟨fig.⟩ *befindet sich (in bestimmter Weise) an einem bestimmten Platz* 3.0.1 ⟨610⟩ der Hut sitzt ihm schief auf dem Kopf *er hat den Hut schief auf dem K.* 3.0.2 ⟨411⟩ da sitzt die Schwierigkeit *dort ist die S.* 3.1 *passen;* das Kleid sitzt gut, schlecht, wie angegossen 3.2 *sich in der richtigen Lage befinden;* die Schrauben ~ noch nicht 3.3 *treffen;* der Hieb, Schuß hat gesessen 3.3.1 das saß! ⟨umg.⟩ *das hat getroffen!, das war eine treffende Anspielung* 3.4 etwas (Gelerntes) sitzt *ist fest im Gedächtnis eingeprägt, wird beherrscht;* die Rolle sitzt endlich; die lateinischen Wörter ~ jetzt

'**sit·zen|blei·ben** ⟨V. 114(s.)⟩ **1** ⟨400⟩ *(in der Schule) nicht in die nächste Klasse versetzt werden* **2** ⟨411⟩ *(auf dem Ball, beim Tanz) keinen Tänzer finden* **3** ⟨400⟩ der Teig bleibt sitzen *geht nicht auf* **4** ⟨800⟩ auf etwas ~ ⟨fig.; umg.⟩ *für etwas keinen Abnehmer finden;* er blieb auf seiner Ware sitzen

'**sit·zen|las·sen** ⟨V. 175/500⟩ **1** jmdn. ~ *im Stich lassen, verlassen* 1.1 jmdn. ~ *vergeblich warten lassen, eine Verabredung mit jmdm. nicht einhalten* 1.2 ein Mädchen ~ *nicht heiraten* **2** einen Schüler ~ *nicht in die nächste Schulklasse versetzen* **3** ⟨511⟩ eine Beleidigung nicht auf sich ~ *sich gegen eine B. wehren*

'**Sit·zung** ⟨f.; -, -en⟩ **1** *Versammlung zur Beratung;* eine ~ einberufen; die ~ eröffnen, schließen; ~ haben **2** *Zusammenkunft mit einem Maler od. Bildhauer zum Porträtieren;* der Maler brauchte für das Bild vier ~en

'**Ska·la** ⟨f.; -, -len⟩ **1** *Einteilung in Maßeinheiten bei Anzeigegeräten* **2** *Angaben der zu einer Druck- od. einer photograph. Wiedergabe verwendeten Farben;* Farb~ **3** = *Tonleiter;* Ton~

Skan'dal ⟨m.; -s, -e⟩ **1** *aufsehenerregendes Ärgernis, unerhörtes Vorkommnis* **2** *etwas Unerhörtes, Empörendes*

skan·da'lös ⟨Adj.⟩ **1** *einen Skandal verursachend, bedeutend, erregend* **2** *unerhört, empörend;* ~e Verhältnisse

Ske'lett ⟨n.; -(e)s, -e⟩ **1** *Knochengerüst der Wirbeltiere;* Knochen~, Knorpel~ 1.1 zum ~ abmagern ⟨fig.⟩ *sehr mager werden* **2** ⟨i. w. S.⟩ *inneres u. äußeres Gerüst eines tierischen Körpers;* Chitin~ **3** ⟨fig.⟩ *tragende Elemente einer Konstruktion, Gerüst;* Stahl~

'**Skep·sis** ⟨f.; -; unz.⟩ *Zweifel, Ungläubigkeit;* etwas mit ~ betrachten; berechtigte ~

'**skep·tisch** ⟨Adj.⟩ **1** *mißtrauisch, ungläubig* **2** *zum Zweifel neigend*

Ski ⟨['ʃi:]; m.; -(s), -(er); ['ʃi:ər]⟩ = *Schi*

'**Skiz·ze** ⟨f.; -, -n⟩ **1** = *Entwurf(1.1)* **2** *kurze Aufzeichnung in Andeutungen, in Stichworten;* Arbeits~, Teil~ **3** *kurze, fragmentar. Erzählung;* Reise~; nach einer ~ von...

'**Skla·ve** ⟨m.; -n, -n⟩ **1** *unfreier, entrechteter Mensch im Besitz eines anderen Menschen;* Arbeits~, Galeeren~, Neger~ **2** ⟨fig.⟩ *jmd., der von einer anderen Person, einem Laster, einer Gewohnheit abhängig ist;* der ~ seiner Triebe

'**skla·visch** ⟨Adj.⟩ **1** *wie ein Sklave, unterwürfig, blind gehorchend, willenlos;* sich ~ an eine

Anordnung halten **2** ⟨fig.⟩ *ohne eigene Erfindungsgabe, unselbständig;* ~e Nachahmung
'Skru·pel ⟨m.; -s, -; meist Pl.⟩ *Zweifel, Bedenken, ob ein Vorhaben moralisch zu rechtfertigen ist*
'skru·pel·los ⟨Adj.⟩ *ohne Skrupel, ohne Bedenken, gewissenlos;* ein ~er Geschäftemacher; er ist ~; er setzt sich ~ über alles hinweg
skru·pu'lös ⟨Adj.; veralt.⟩ **1** *voller Skrupel, ängstlich* **2** *peinlich genau*
Skulp'tur ⟨f.; -, -en⟩ **1** ⟨unz.⟩ *Bildhauerkunst* **2** *Werk der Bildhauerkunst;* Holz~, Stein~
skur'ril ⟨Adj.⟩ *närrisch, possenhaft, drollig;* ~e Einfälle, Ideen, Phantasie, Geschichte
'Sla·lom ⟨m.; -s, -s; Sp.⟩ **1** *ein Wettbewerb des alpinen Schisports, bei dem eine durch Tore festgelegte Strecke zu durchfahren ist* **2** *ein Wettbewerb, bei dem ein Kanu auf einer wildwasserähnlichen Strecke mit künstl. od. natürl. Hindernissen mit höchstmöglicher Schnelligkeit mehrere Tore zu durchfahren hat*
Sma'ragd ⟨m.; -(e)s, -e⟩ *Mineral, grüner Edelstein*
'Smo·king ⟨m.; -s, -s⟩ *Gesellschaftsanzug für Herren mit tief ausgeschnittener Jacke, deren Revers mit Seide belegt sind*
Snob ⟨m.; -s, -s⟩ **1** *reicher, vornehm tuender Mensch, der nach gesellschaftl. Ansehen strebt u. auf andere hinabblickt* **2** *jmd., der seine (tatsächliche od. eingebildete) Überlegenheit anderen gegenüber zeigt*
so[1] ⟨Adv.⟩ **1** *auf diese Art u. Weise;* ~ geht es, wenn ...; ~ geht es nicht; bald ~, bald ~; (entweder) ~ oder ~; ~ wie es jetzt ist ...; ~ soll es sein!; die Sache verhält sich ~; gut ~!; recht ~! **1.1** wie du mir, ~ ich dir *was du mir (Böses) tust, das tue ich auch dir* **1.2** du kannst ~ nicht auf die Straße gehen *in diesem Anzug* **2** *in dieser Art u. Weise;* ~ habe ich es mir gedacht; ~ geht es in der Welt; handle ~, wie du es für richtig hältst; er ist dann ~ gekommen, daß ...; wenn ich das ~ sage **3** *von dieser Art;* also ~ ist das!; ~ ist er nun mal!; ~ ist's nun mal im Leben; ~ einfach ist das nicht!; ~ etwas; ~ etwas Schönes; ~ wie ich **4** *ebenso, genauso;* ~ sieht er aus!; wenn dem ~ wäre, ...; ~ und nicht anders ist es!; er ist ~ groß wie ich; er ist ~ groß, klein (wie ich es hier zeige); ~ stolz wie ein Löwe, ~ weiß wie Schnee; ~ mir nichts dir nichts **4.1** *in diesem Sinne;* ~ (böse, ernst) habe ich es nicht gemeint; der eine sagt ~, der andere ~ **4.2** es ist mir ~, als wäre ..., als ob ... *ich habe den Eindruck;* es kommt mir ~ vor **4.3** ich will mal nicht ~ sein *nicht kleinlich sein* **4.4** ~ gut wie *fast;* das ist ~ gut wie sicher, unmöglich, nichts **5** *in demselben Maße, Grade, gleichermaßen;* du stellst dir das ~ leicht vor; ich habe es dir schon ~ oft gesagt; er ist ~ reich, wie geizig; ich habe nicht gewußt, daß es ihm ~ schlecht geht; das eine ist ~ schön wie das andere; ist es schon ~ spät?; ich mach mir nicht ~ viel daraus; er hat ~ viel gegessen, daß ...; er hat ~ viele Freunde; ~ schlimm wird es nicht sein; es ist nicht ~ schwer; er ist ~ klug, ~ reich, daß ...; ~ gut es ging, ~ gut ich (es) kann; er liebt mich ~ sehr, daß ...; ~ wahr ich lebe; sei(en Sie) ~ gut bitte! **5.1** ~ bald wie möglich *in dem Maße, wie es möglich ist;* ~ früh wie möglich **5.2** *sehr;* ich bin ~ durstig, müde, froh; ich bin ~ froh, daß du da bist **5.3** ich kann mich noch ~ (sehr) anstrengen *in hohem Maße, aber ohne Erfolg* **5.4** es kam ~ weit, daß ... *die Sache entwickelte sich in einem Maße* ... **5.5** ~ weit sind wir (noch nicht) *wir haben es (noch nicht) erreicht;* du wirst es noch ~ weit treiben ... **6** *ohne etwas* **6.1** habt ihr eine Eintrittskarte? Nein, wir sind ~ hereingekommen *ohne zu zahlen, umsonst* **6.2** wir können ihn ~ nicht liegen lassen! *hilflos* **6.3** er muß ~ oder ~ kommen *unbedingt auf jeden Fall* **7** ⟨als Füllwort⟩; ~ mancher; das ist ~ eine Art Pfannkuchen; nicht ~ ganz; gar nicht ~ übel; ~ gegen Abend; ~ ohne weiteres **8.1** um ~ *desto* **8.2** und ~ weiter ⟨Abk.: usw.⟩ → *und* **8.3** nur ~ → *nur* **8.4** ach ~! → *ach(1.4)* **9** ⟨alleinstehend⟩ **9.1** ~! *endlich!;* ~, jetzt komm mit!; ~, das ist erledigt **9.2** ~? *wirklich, kann man das glauben?;* ~, und nun? **10** ~ daß ⟨Konj., konsekutiv⟩ *weil ich ..., deshalb habe ich;* oV *sodaß* ⟨österr.⟩
so[2] ⟨Pron., undeklinierbar⟩ **1** *solch;* in ~ einem Kleid; in ~ einem Falle; bei ~ einem Wetter; ~ ein Unsinn **1.1** ~ einer ist das also! *ein solcher Mensch* **2** ⟨intensivierend⟩ **2.1** ~ ein Glück *ein großes G.* **2.2** ~ ein Unglück *ein schreckliches U.* **2.3** ~ ein Mensch! *ein großer (fürchterlicher) M.* **3** ⟨relativierend⟩ ~ etwas wie *etwas Ähnliches wie* **3.1** nein, ~ etwas! *das ist kaum zu glauben!*
so[3] ⟨Konj.⟩ **1** ⟨konsekutiv⟩ *demnach;* ~ bist du also noch froh darüber?; ~ liebst du mich also? **2** ⟨verstärkend⟩ *also, nun;* ~ hör doch!; ~ komm doch endlich!; ~ laß mich doch in Ruhe! **3** ⟨einschränkend⟩ *wenn auch, obwohl;* ~ leid es mir tut; ~ arm er auch ist; ~ sehr er ihn schätzt **3.1** *wenn ich es richtig verstanden habe;* ~ bist du noch nicht dagewesen? **4** ⟨konditional;veralt.⟩ *wenn, falls;* ich helfe dir, ~ ich kann; ~ du nicht willst; ~ Gott will
so'bald ⟨Konj.⟩ *gleich wenn, sofort wenn;* komm, ~ du kannst; ~ er kommt; ~ der Zug eingefahren ist
'Socke ⟨-k·k-; f.; -, -n⟩ **1** *kurzer Strumpf;* Herren~; Schi~; Woll~ **1.1** sich auf die ~n machen ⟨fig.; umg.⟩ *weggehen, aufbrechen* **1.2** von den ~n sein ⟨fig.; umg.⟩ *überrascht, erstaunt sein*
'Sockel ⟨-k·k-; m.; -s, -⟩ **1** *etwas vorspringender Unterbau (von Gebäuden, Säulen, Pfeilern, Möbelstücken)* **2** *Bauteil zum Einsetzen von Elektronenröhrchen od. Glühlampen mittels Steckers od. Bajonettverschlusses;* Röhren~; Lampen~
so'dann ⟨Adv.; veralt.⟩ *dann, danach*
so'eben ⟨Adv.⟩ = *eben(2.1)*
so'daß ⟨Konj.; österr.⟩ → *so*[1]*(10)*
'So·fa ⟨n.; -s, -s⟩ *gepolstertes Sitzmöbel für mehrere Personen mit Rückenlehne u. Armlehnen;* auf dem ~ sitzen, liegen
so'fern ⟨Konj.⟩ *wenn, im Fall, daß ..., vorausgesetzt, daß ...;* ich bleibe hier, ~ ich nicht abberufen werde
so'fort ⟨Adv.⟩ *gleich, ohne Aufschub, unverzüglich;* komm bitte einmal her! ~!; ich komme ~!; es wird ~ geschehen; komm her, aber ~!; ~ nach Empfang; ich werde hingehen, und zwar ~
Sog ⟨m.; -(e)s, -e⟩ **1** *das Saugen* **2** *saugende Strömung, Wirbel hinter einem Fahrzeug od.*

um ein Feuer; von dem ~ des Strudels erfaßt werden **3** ⟨fig.⟩ *etwas anziehendes, starke, verführerische Anziehungskraft (von Sachen);* einen (starken) ~ ausüben; in den ~ der Großstadt geraten

so'gar ⟨Adv.⟩ *auch (obwohl man es nicht vermutet, nicht angenommen hat), dazu, obendrein;* ~ ich war dabei; man könnte ~ sagen, es sei Betrug; er hat mir ~ noch ein Buch geschenkt; er war ~ in Grönland

'so·ge·nannt ⟨Adj. 24/60; Abk.: sog.⟩ **1** *unter diesem Namen, dieser Bezeichnung bekannt;* das ist die ~e Seufzerbrücke **2** *den Namen habend, der nicht ganz zutrifft;* sein ~er Freund

so'gleich ⟨Adv.⟩ *sofort, gleich, ohne Aufschub*

'Soh·le ⟨f.; -, -n⟩ **1** *Lauffläche (des Fußes, Schuhs u. Strumpfes);* Fuß~; Schuh~; Stiefel~; Strumpf~; Gummi~; Krepp~; Leder~ **2** *Einlage aus festem Papier, Schaumgummi od. Fell von gleicher Form wie die Lauffläche zum Einlegen in den Schuh;* Einlege~ **3** *Boden (von Tälern, Flüssen, Kanälen, Gräben);* Tal~; Kanal~ **3.1** ⟨Bgb.⟩ *waagerecht zum Förderschacht verlaufender Grubenbau* **3.2** ⟨Bgb.⟩ *Höhenlage eines Streckensystems in einer Grube unter Tage;* die Kumpel arbeiten in der 700-Meter-~

Sohn ⟨m.; -(e)s, ¨-e⟩ **1** *unmittelbarer männl. Nachkomme, männl. Kind von Vater u. Mutter;* Firma Müller und ~; Söhne und Töchter; Vater und ~, Mutter und ~; wir haben einen ~ bekommen; einen ~ haben; er hat drei Söhne; ältester, jüngster, erstgeborener ~; er ist ein guter, liebevoller ~; jmdn. wie einen ~ lieben **1.1** er ist (ganz) der ~ seines Vaters *er ist seinem V. sehr ähnlich* **1.2** → a. *Gott (2)* **2** ⟨fig.⟩ *Angehöriger, Vertreter;* der größte ~ seiner Heimat(-stadt) **2.1** ein ~ der Berge, der Wüste ⟨poet.⟩ *ein Bewohner der B., der W.* **3** m e i n ~ *(vertrauliche, an einen Jüngeren gerichtete Anrede);* hör auf mich, mein ~

Soi'ree ⟨[swa-] f.; -, -'re·en⟩ **1** ⟨veralt.⟩ *vornehme Abendgesellschaft, an der nur ein bestimmter Kreis von Personen teilnimmt* **2** *aus besonderem Anlaß stattfindende festliche Abendvorstellung*

so'lan·ge ⟨Konj.⟩ **1** *während;* ~ du da bist, fürchte ich mich nicht **2** *währenddessen, die ganze Zeit (über);* ~ es regnet, bleiben wir hier **3** *wie lange auch immer;* schlaf, ~ du kannst, ~ du willst; ~ er lebt; ich warte ~! **4** warte so lange, bis ich komme → *so*[1]*(5)*

solch ⟨Demonstrativpron. 10; Deklination: nach „all ..." stark; im Gen. vor starkem Subst. heute meist schwach; vor Subst. Mask. od. Neutr. Nom. od. Akk. Sg. selten; vor unbestimmtem Artikel immer ohne Flexion⟩ **1** *von dieser Beschaffenheit, Qualität;* ein Buch für Eheleute und ~e, die es werden wollen; ~ ein Mensch, ein ~er Mensch; die Bücher eines ~en Schwachkopfes; ~ Ding; ~ Theaternarr; wegen aller ~er Sachen **2** *von diesem Grade, dieser Intensität;* ~ ein Pech; bei ~em Regen; ~ ein Scheusal!

'sol·cher·art ⟨Adv.⟩ *von derselben Art*

'sol·cher·lei ⟨Adj. 24/60⟩ *so ähnliche Sachen*

Sold ⟨m.; -(e)s, -e⟩ **1** *Lohn, Löhnung (des Soldaten)* **2** ⟨fig.⟩ *Dienst;* in jmds. ~ stehen

Sol'dat ⟨m.; -en, -en⟩ **1** *Angehöriger einer Streitkraft eines Staates* **2** ⟨Schach⟩ = *Bauer(2)* **3** ⟨Zool.⟩ *auf die Verteidigung spezialisiertes Individuum eines Insektenstaates* **4** ⟨Zool.⟩ = *Feuerwanze(1.1)*

'Söld·ner ⟨m.; -s, -; veralt.⟩ *Soldat, der gegen Sold Kriegsdienste nimmt, wo er gebraucht wird*

'So·le ⟨f.; -, -n⟩ *kochsalzhaltiges Wasser aus natürl. Quelle, Salzbrühe*

so'lid ⟨Adj.⟩ = *solide*

so·li'da·risch ⟨Adj.⟩ **1** *füreinander einstehend, fest verbunden* **2** *gemeinsam, geschlossen;* eine ~e Handlung **3** *einig, übereinstimmend;* mit seinen Kameraden ~ sein

so'li·de ⟨Adj.⟩ oV *solid* **1** *charakterfest, zuverlässig, maßvoll, sittlich einwandfrei;* einen ~n Eindruck machen; ein ~r Mensch; diese Firma ist sehr ~ **1.1** *nicht ausschweifend, häuslich;* ~ leben; jetzt ist er ganz ~ geworden **1.2** ~ V e r h ä l t n i s s e *anständige, ordentliche, geordnete V.* **2** *dauerhaft, haltbar, gut gebaut, fest;* ein ~s Paar Schuhe; ~ Arbeit leisten **2.1** ~s E s s e n *nahrhaftes, gut bürgerliches E.*

Soll ⟨n.; -(e)s; unz.⟩ **1** ⟨kaufmannsspr.⟩ *Schuld, linke Seite eines Kontos;* ins ~ eintragen **1.1** ~ und H a b e n *die beiden Seiten eines Kontos, in denen Ausgaben u. Einnahmen verzeichnet sind* **2** *in einer bestimmten Zeit zu bewältigende Arbeit od. Produktion (bes. bei Wirtschaftsplänen);* sein ~ nicht erfüllen **3** *Planaufgabe, Norm*

'sol·len ⟨Modalverb 247⟩ **1** (e t w a s t u n) ~ *die Pflicht, Verpflichtung, Aufgabe, den Auftrag haben (etwas zu tun);* der Kranke soll noch nicht aufstehen; ich soll Ihnen ausrichten, daß ...; ich hätte daran denken ~; das Grundstück soll 50 000 Mark kosten; das hättest du mir sagen ~; ihr sollt still sein!; du sollst nicht töten (fünftes der Zehn Gebote); ich weiß nicht, was ich hier (tun) soll; ich weiß nicht, an wen ich mich wenden soll; was soll ich ihm sagen? was soll ich tun? was hätte ich denn anderes tun ~? **1.0.1** das hättest du nicht tun ~ *es wäre besser gewesen, wenn du es nicht getan hättest* **1.1** j m d. soll etwas tun, lassen *jmd. ist aufgefordert, gehalten, wird veranlaßt, etwas zu tun, zu lassen;* was soll ich damit (anfangen)?; soll ich gehen, kommen?; man soll mich in Frieden lassen **1.2** jmd. od. etwas soll sein *möge sein, es ist wünschenswert, erwünscht, daß etwas ist!;* hoch soll er leben, dreimal hoch! (Trinkspruch); er soll leben! (bei Trinksprüchen); da soll doch (das Donnerwetter dreinschlagen)!; dich soll doch (der Teufel holen)! **1.2.1** du hättest ihn sehen ~, wie er ...! *du hättest gestaunt, wenn du gesehen hättest, wie er ...* **1.2.2** sie ~ nur kommen! ⟨leicht drohend⟩ *laß sie nur kommen* **1.3** jmd. od. etwas soll sein *es ist beabsichtigt, daß jmd. od. etwas ist;* wozu soll das gut sein?; das soll ich sein? (erg.: auf dem Bild) **1.3.1** was soll das heißen? *was bedeutet das?* **1.3.2** was soll es denn kosten? *wie teuer ist es?* **1.3.3** was soll es denn sein? *was möchten Sie haben? (Frage des Verkäufers)* **1.3.4** es hat nicht ~ sein *es war nicht so bestimmt* **1.3.5** an mir soll es nicht liegen ⟨umg.⟩ *was ich tun kann, werde ich tun* **1.4** *werden;* Sie ~ sehen, es wird noch alles gut; es soll nicht wieder vorkommen!; es sollte mich freuen, wenn es so wäre! **1.5** jmd. od. etwas sollte *müßte (eigentlich);* ich sollte dich eigentlich ausschelten; er sollte doch wissen, was er zu tun hat **1.5.1** man sollte glauben, daß ... *man könnte fast glauben ...* **1.5.2** das sollte ich meinen! *ganz gewiß!, aber sicher!* **1.6** *nützen, bezwecken;* was soll's?; was soll das alles?; was soll das Klagen? **2** jmd. od. etwas sollte ⟨geh.⟩ *jmdm. od. einer Sache war es bestimmt;* er sollte an diesem Tag noch eine Überraschung erleben **3** sollte jmd. od. etwas sein? *ist es (tatsächlich) so, daß etwas ist?;* sollte es möglich sein, daß ... ?; sollte ich das wirklich vergessen haben? **4** sollte jmd. od. etwas sein, wenn jmd. od. etwas sein sollte *wenn es der Fall ist, daß jmd. od. etwas ist;* wenn es morgen regnen sollte, ...; solltest du ihn sehen, dann sag ihm ... **5** jmd. od. etwas soll sein *ist angeblich, vermutlich;* bei dem Unfall soll es fünf Tote gegeben haben; er soll schon gestern gekommen sein; ich soll das nicht können?; er soll krank gewesen sein; er soll ein sehr guter Lehrer sein; er soll sehr klug sein; es soll morgen schneien **6** ⟨mit vorangestelltem Adv.; Zusammenschreibung nur der infiniten Formen⟩ soll ich mit? ⟨umg.⟩ *mitkommen;* mit ~ ; du sollst nicht mit

'Söl·ler ⟨m.; -s, -⟩ **1** *Balkon, offener Umgang, erhöhter, offener Saal* **2** *Dachboden, Speicher* **3** ⟨schweiz.⟩ *Fußboden*

'so·lo ⟨Adj. 11/50; Mus.⟩ *ohne Begleitung, allein, einzeln;* ~ singen, spielen; ich bin ganz ~ ⟨umg.; scherzh.⟩

'So·lo ⟨n.; -s, -s od. -li⟩ **1** ⟨Mus.⟩ *Vortrag eines einzelnen Sängers od. Instrumentalisten* **2** ⟨Kart.⟩ *Spiel eines einzelnen gegen mehrere Mitspieler* **3** ⟨Tennis usw.⟩ *Spiel einzelner Spieler gegeneinander*

'so·mit ⟨Konj.⟩ *und so, also, folglich;* er hat angerufen, (und) ~ brauche ich nicht hinzugehen

'Som·mer ⟨m.; -s, -⟩ **1** *die wärmste Jahreszeit, astronomisch die Zeit vom 21. Juni bis 23. September (auf der nördl. Halbkugel);* Ggs *Winter(1);* heißer, kühler, kurzer, langer, nasser, regenreicher, trockener ~; im ~ ins Gebirge fahren 1.1 der ~ des L e b e n s ⟨fig.⟩ *die Jahre der höchsten Leistungsfähigkeit im Leben* 1.2 ~ wie W i n t e r *bei jeder Temperatur, in jeder Jahreszeit, das ganze Jahr über* 1.3 → a. *Schwalbe(1.1)*

'Som·mer·fri·sche ⟨f.; -, -n; veralt.⟩ Ggs *Winterfrische* **1** ⟨unz.⟩ *Erholung, Aufenthalt im Sommer an einem anderen Ort als dem Wohnsitz (an der See, im Gebirge, auf dem Lande);* in die ~ gehen; zur ~ fahren **2** *Urlaubsort für die Erholung im Sommer;* eine viel besuchte ~ ist der Badeort ...

'Som·mer·spros·se ⟨f.; meist Pl.⟩ *kleiner, hellbrauner Hautfleck, bes. im Gesicht, infolge zu starker Pigmentbildung, der im Sommer deutlicher hervortritt als im Winter*

So'na·te ⟨f.; -, -n⟩ *Musikstück für ein od. mehrere Instrumente aus drei od. vier Sätzen;* Klavier ~, Violin ~

'Son·de ⟨f.; -, -n⟩ **1** ⟨Med.⟩ *stab- od. schlauchförmiges Instrument zur Untersuchung von Körperhöhlen u. -gängen od. zum Entnehmen bzw. Einbringen von Flüssigkeiten;* Blasen ~, Gebärmutter ~, Magen ~ **2** ⟨Bgb.⟩ *bis 10 m tiefe Bohrung zur Entnahme einer Probe*

'son·der ⟨Präp. m. Akk.; veralt.⟩ *ohne;* ~ Tadel

'son·der·bar ⟨Adj.⟩ **1** *eigenartig, merkwürdig, anders als das Gewohnte, Übliche, Erstaunen erregend, befremdend, befremdlich;* ~!; ~es Benehmen, Verhalten; ein ~es Erlebnis, Naturereignis; ein ~es Geräusch; warum siehst du mich so ~ an?; es klingt ~, aber es ist wirklich so; das ist doch ~ ? 1.1 ein ~er H e i l i g e r ⟨umg.⟩ *ein Sonderling*

'Son·der·fall ⟨m.⟩ **1** *Einzelfall, besonderer, selten vorkommender Fall* **2** *Fall, der besonders, für sich betrachtet u. beurteilt werden muß, Ausnahme*

son·der'glei·chen ⟨Adv.; nachgestellt⟩ *ohnegleichen, einzigartig;* das ist eine Freichheit, Nachlässigkeit ~

'son·der·lich ⟨Adj. 80⟩ **1** *sonderbar;* er ist etwas ~; er ist im Alter ~ geworden **2** ⟨50; meist in verneinenden Sätzen⟩ *besonders;* wie hat es dir gefallen? Nicht ~!; das finde ich nicht ~ schön

'Son·der·ling ⟨m.; -s, -e⟩ *sonderbarer, merkwürdiger Mensch, Einzelgänger, Mensch von starker Eigenart, mit besonderen, ausgeprägten Gewohnheiten;* Sy *Eigenbrötler, Original(3)*

'son·dern[1] ⟨V.550⟩ v o n j m d m. o d. v o n e t w a s ~ ⟨geh.⟩ *beiseite legen, trennen, auslesen;* die guten Beeren von den schlechten ~; die Spreu vom Weizen ~

'son·dern[2] ⟨Konj.⟩ **1** *vielmehr, richtiger gesagt;* nicht er, ~ sie ist schuld; ich habe ihr nicht geschrieben, ~ sie angerufen 1.1 n i c h t n u r ..., ~ a u c h *dazu, außerdem, und;* er ist nicht nur ein guter Wissenschaftler, ~ auch ein guter Lehrer; sie ist nicht nur hübsch, ~ auch klug

son'die·ren ⟨V. 500⟩ **1** e t w a s ~ *mit einer Sonde untersuchen* **2** e t w a s ~ ⟨fig.; umg.⟩ *vorsichtig erkunden, erforschen;* das Gelände, die Lage ~

Song ⟨m.; -s, -s⟩ **1** *Schlager, Lied* **2** ⟨seit B. Brecht u. K. Weill⟩ *scharf satirisches Lied im Stil des Bänkelsangs mit Elementen der Jazzmusik*

'Sonn·abend ⟨m.; bes. nord- u. mitteldt.; Ab.: Sa⟩ *der vorletzte Tag der Woche;* Sy *Samstag* ⟨bes. süddt.⟩ → a. *Dienstag*

'Son·ne ⟨f.; -, -n⟩ **1** ⟨i. e. S.⟩ *der zentrale Fixstern unseres Planetensystems;* ~ und Mond; ~, Mond und Sterne; die ~ geht auf, geht unter, sinkt, steigt; die ~ steht hoch, niedrig, tief; bei sinkender ~; die liebe ~ ⟨umg.⟩; Frau ~ ⟨poet.⟩ 1.1 ich bin der Glücklichste unter der ~ ⟨poet.⟩ *auf der Welt* **2** ⟨i. w. S.⟩ *selbstleuchtender Fixstern, um den Planeten kreisen* **3** *von der Sonne(1) ausgestrahltes Licht;* diese Pflanze braucht viel ~; die ~ brennt, wärmt; das Zimmer hat keine, wenig, viel ~; brennende, heiße, glühende, sengende ~; die goldene ~; gegen die ~ photographieren, schauen; in der ~ bleichen, trocknen; in der ~ sitzen, liegen; sich von der ~ bescheinen lassen; von der ~ gebräunt 3.1 sich die ~ auf den Pelz brennen lassen ⟨fig.; umg.⟩ *sich sonnen* 3.2 die ~ bringt es an den Tag *es kommt doch heraus, wird bekannt* 3.3 geh mir aus der ~! ⟨umg.⟩ *geh mir aus dem Licht, mach mir keinen Schatten! (nach der Antwort des Diogenes auf die Aufforderung Alexanders des Großen, sich eine Gnade zu erbitten)* 3.4 es ist nichts so fein gesponnen, es kommt doch an die ~n ⟨Sprichw.⟩ *jede Lüge kommt einmal heraus, wird einmal* *offenbar* **4** ⟨fig.;poet.⟩ *Licht, Wärme, etwas Strahlendes, Helles, Schönes;* die ~ des Glücks; die ~ seiner Liebe

'son·nen ⟨V. 500/R7⟩ **1** etwas od. sich ~ *von der Sonne bescheinen lassen, der Sonne aussetzen;* die Betten ~; er hat sich den ganzen Tag gesonnt **2** ⟨550⟩ sich in etwas ⟨fig.⟩ *etwas selbstzufrieden genießen;* er sonnt sich in seinem Ruhm; sich in jmds. Gunst ~

'Son·nen·bad ⟨n.⟩ *freie Bewegung od. Ruhen in der Sonne(3), wobei der Körper wenig od. nicht bekleidet ist;* ein ~ nehmen

'son·nen·klar ⟨Adj.⟩ **1** *klar u. hell wie die Sonne* **2** ⟨[--'-]; 40; fig.; umg.⟩ *ganz klar, völlig klar, eindeutig;* das ist doch ~!

'Son·nen·wen·de ⟨f.⟩ *Tag des Sommer- od. Winterbeginns mit dem Zeitpunkt, zu dem die Sonne während ihrer scheinbaren jährlichen Bewegung an der Himmelskugel ihre größte bzw. geringste Höhe über dem Horizont erreicht: Solstitium;* Sommer~; Winter~

'son·nig ⟨Adj. 70⟩ **1** *vom Sonnenlicht erleuchtet u. erwärmt;* ~er Morgen, Tag, Platz; der ~e Süden; ~es Wetter; hier ist es mir zu ~ **2** ⟨fig.⟩ *heiter, fröhlich;* ein ~er Mensch; sie hat ein ~es Gemüt, Wesen

'Sonn·tag ⟨m.⟩ **1** ⟨Abk.: So⟩ *der letzte Tag der Woche, Ruhetag;* Ggs *Werktag;* → a. *Feiertag;* → *Dienstag;* an Sonn- und Feiertagen ist das Museum geschlossen 1.1 es ist nicht alle Tage ~ ⟨fig.⟩ *man kann es nicht immer gut haben, man kann nicht immer feiern* 1.2 → a. *golden(4.13), silbern(1.2), weiß(1.6)*

sonst ⟨Adv.⟩ **1** *andernfalls;* komm sofort her, ~ gibt's Prügel!; ich muß mich beeilen, ~ komme ich zu spät; wer ~, wenn nicht er **2** *außerdem, bei anderer Gelegenheit;* will ~ noch jemand mitfahren?; war ~ noch jemand da?; so etwas tue ich ~ nicht; mehr als ~; ~ noch etwas? (Frage des Verkäufers); er und ~ keiner; ~ nichts; ~ niemand; ~ nirgends; ~ überall; wer kommt ~ noch? **3** *für gewöhnlich, im allgemeinen, immer;* was ist mit dir los, du bist doch ~ nicht so?; der ~ so schlagfertige X blieb ihr diesmal die Antwort schuldig; er ist ~ so verträglich, freundlich; genau wie ~ **4** *anderes;* was soll ich denn ~ tun?; ~ weiß ich nichts zu erzählen; willst du das wirklich tun? was denn ~?

'son·stig ⟨Adj. 24/60⟩ **1** *ander, übrig;* und ~e Kleinigkeiten 1.1 Sonstiges *Verschiedenes, alles, was nicht einzuordnen ist*

so'oft ⟨Konj.⟩ **1** *wie viele Male auch immer;* ~ du willst **2** *wann auch immer, jedesmal, wenn;* ~ er kommt, bringt er Blumen mit

So'phist ⟨m.; -en, -en⟩ **1** ⟨urspr.⟩ *Denker, Weiser* **2** ⟨dann⟩ *Lehrer der Redekunst u. Philosophie* **3** ⟨seit Sokrates⟩ *spitzfindiger Philosoph, der es für unmöglich hält, die Wahrheit zu finden* 3.1 *Wortklauber, Wortverdreher*

So'pran ⟨m.; -s, -e⟩ **1** *die höchste Stimmlage (von Frauen u. Knaben)* **2** *Frau, die (Knabe, der) Sopran(1) singt* **3** *Gesamtheit der Sopranstimmen im Chor*

'Sor·ge ⟨f.; -, -n⟩ **1** *Unruhe, Bangigkeit, etwas, was einen bedrückt;* ~n haben; jmdm. ~ machen; es macht mir ~, daß ...; dein schlechtes Aussehen macht mir ~n; mach dir (darum, darüber, deshalb) keine ~n; aller ~n ledig sein; berufliche, finanzielle ~n; drückende, große, quälende, schwere ~; das ist meine geringste ~; keine ~! (das erledige ich schon); du machst dir unnötige ~n; ich komme aus den ~n nicht heraus; ich bin in ~, weil er so lange ausbleibt; sei ohne ~!; ich mache mir ~n um ihn; kleine Kinder, kleine ~n, große Kinder, große ~n ⟨Sprichw.⟩; deine ~n möcht' ich haben! ⟨iron.⟩; wenn das deine einzige ~ ist (, dann ist es ja nicht so schlimm) ⟨leicht iron.⟩ 1.1 du hast ~n! ⟨iron.; erstaunt⟩ *wie kann dich so eine Kleinigkeit so bekümmern?* 1.2 lassen Sie das meine ~ sein *kümmern Sie sich nicht darum, überlassen Sie das nur mir* 1.2.1 ⟨abweisend⟩ *das geht Sie nichts an* 1.3 wer ~n hat, hat auch Likör *manch einer ertränkt seinen Kummer in Alkohol (nach W. Busch, Die fromme Helene)* **2** *Fürsorge, Pflege;* für Ruhe und Ordnung ~ tragen; liebevolle, mütterliche ~

'sor·gen ⟨V.⟩ **1** ⟨415⟩ für jmdn. od. etwas ~ *Sorge tragen, sich um jmdn. od. etwas kümmern;* für seine Familie ~; und wer sorgt inzwischen für die Kinder? 1.1 dafür laß mich ~ *überlaß das mir* 1.2 (dafür) ~, daß ... *aufpassen, daß ...;* sorge dafür, daß ihm nichts geschieht!; sorge dafür, daß die Kinder ihre Schularbeiten machen **2** ⟨415⟩ für etwas ~ *etwas herbeischaffen, sich um etwas bemühen;* für einen reibungslosen Ablauf (der Sache, des Verkehrs) ~; für jmds. Lebensunterhalt ~ 2.0.1 ~ Sie für ein Taxi *bringen, rufen Sie ein T.* 2.1 *etwas bewirken;* für Ruhe ~; dafür ist gesorgt **3** ⟨505/R3⟩ sich ~ *sich Sorgen machen, sich ängstigen;* sorg dich nicht, es wird schon alles noch gut; sich um jmdn. ~; sich um jmds. Gesundheit, Leben, Zukunft ~

'Sorg·falt ⟨f.; -; unz.⟩ *(peinl.) Genauigkeit, Gewissenhaftigkeit;* du hast es an der nötigen ~ fehlen lassen; ~ auf eine Arbeit verwenden; mit aller, mit größter ~; mit liebevoller ~; ohne ~ arbeiten

'sorg·fäl·tig ⟨Adj.⟩ *mit Sorgfalt, peinlich genau, gewissenhaft;* ~ arbeiten; ~ aufpassen; ein geliehenes Buch ~ behandeln; mach es ~!; die Serviette ~ zusammenlegen

'sorg·lich ⟨Adj.⟩ *fürsorglich, liebevoll sorgend;* jmdm. ~ das Essen bereitstellen; einen Kranken ~ zudecken

'sorg·los ⟨Adj.⟩ **1** *ohne Sorgen;* ein ~es Leben führen **2** *sich keine Gedanken, keine Sorgen machend;* er blickt ~ in die Zukunft **3** *leichtfertig, leichtsinnig;* du bist allzu ~ 3.1 *unachtsam;* er geht allzu ~ mit den Werkzeugen um 3.2 *vertrauensselig;* sie ist zu ~ im Umgang mit Fremden

'sorg·sam ⟨Adj.⟩ *auf liebevolle od. vorsichtige Art u. Weise, sorgfältig;* jmdn. ~ zudecken; etwas ~ in den Schrank stellen

'Sor·te ⟨f.; -, -n⟩ **1** *Art, Gattung, Güteklasse (bes. von Waren);* beste, feinste, gute, mittlere, schlechte ~; billigste, teuerste ~; in allen ~n und Preislagen; das gibt es in verschiedenen ~n; von derselben ~; ich gehöre nicht zu der ~ (Menschen), die ...; er ist eine merkwürdige ~ von Mensch ⟨umg.⟩ **2** ⟨nur Pl.⟩ ~n ⟨Bankw.⟩ *ausländ. Banknoten u. Münzen u. in fremder Währung ausgestellte Kupons ausländischer Effekten*

sor'tie·ren ⟨V. 500⟩ Gegenstände ~ *(nach Sorten) ordnen, auslesen;* Sachen in verschiedene Fächer, Kästen ~; Bausteine nach ihrer Farbe, Größe, Form ~

Sor·ti'ment ⟨n.; -(e)s, -e⟩ 1 *Gesamtheit der vorhandenen Sorten, Angebot an Waren;* Sy *Programm(2);* ein ~ von Wäsche 2 *Buchhandel in Ladengeschäften, die Bücher verschiedenster Arten u. Verlage vorrätig haben* 2.1 *Ladengeschäft für ein Sortiment(2)*

so'sehr ⟨Konj.⟩ 1 *wie sehr (auch immer);* ~ ich ihn auch schätze, billige ich in diesem Fall sein Verhalten nicht 2 ⟨aber getrennt⟩ ich habe es mir 'so 'sehr gewünscht → *sehr(2)*

so'so ⟨Adv.⟩ 1 ~! ⟨alleinstehend⟩ 1.1 *(ungläubig zustimmend, nicht ganz überzeugt beipflichtend) was du nicht sagst!, ich glaube es nicht recht, aber ich will nichts dazu sagen* 1.2 *(leicht triumphierend) also doch!, also hab' ich doch recht gehabt!* 1.3 *(erstaunt, aber verständnisvoll) aha!, sieh mal einer an!* 2 ~ (lala) *leidlich, mittelmäßig, nicht bes. gut;* es geht mir ~ (lala); seine Leistungen sind ~ (lala); es steht mit ihm ~ (lala)

Souf·fleur ⟨[su'flø:r] m.; -s, -e⟩ *jmd., der während des Spiels die Rollen flüsternd mitliest, um die Schauspieler vor dem Steckenbleiben zu bewahren*

souf'flie·ren ⟨[su-]; V.⟩ 1 ⟨600⟩ jmdm. ~ *einsagen, vorsagen* 2 ⟨400⟩ *als Souffleur bzw. Souffleuse tätig sein*

'so·und·so ⟨Adv.⟩ 1 *von gewisser Art, von gewissem Maß, das bzw. die im Augenblick nicht bestimmt werden kann od. soll, unbestimmt wie;* er hat mir erklärt, das Grundstück sei ~ groß und ...; ~ viel 1.1 am Soundsovielten *an einem gewissen Datum* 1.2 ~ oft *sehr oft* 2 dieser Herr Soundso *dessen Namen mir gerade nicht einfällt*

Sou·ve·nir ⟨[suvəˈni:r] n.; -s, -s⟩ = *Andenken(2)*

sou·ve'rän ⟨[suvə-] Adj.⟩ 1 *unumschränkt herrschend, die Herrschergewalt, Oberherrschaft ausübend;* ein ~er Staat, Herrscher 2 ⟨fig.⟩ *überlegen;* ~ beantwortete er alle Fragen

so'viel ⟨Konj.⟩ 1 *diejenige Menge, die ..., wieviel (auch immer);* iß, ~ du kannst; nimm, ~ du tragen kannst; und wenn er sich noch ~ Mühe gibt ... 1.1 ~ ist gewiß *eins, das ist gewiß* 2 *nach dem zu urteilen, was (ich sehe, weiß usw.);* ~ ich sehe, ist die Arbeit fertig 2.0.1 ~ ich weiß, kommt er heute nicht mehr *meinem Wissen nach* 3 ⟨Adv.⟩ *in gleicher Menge, in gleichem Umfang;* ~ und so lange du willst 3.1 noch einmal ~ *die doppelte Menge* 3.2 ~ als, ~ wie *von gleicher Bedeutung, Größe*

so'weit[1] ⟨Konj.⟩ 1 *in der, über die Entfernung, die ...;* ~ ich sehe, ist niemand mehr da 1.1 ⟨aber getrennt⟩ 'so 'weit das Auge reicht → *weit(3)* 2 *in dem Maße, wie;* ~ ich es beurteilen kann, ist die Sache in Ordnung 3 *insoweit, für den Fall, unter der Voraussetzung, daß;* ~ er geeignet ist, wird er auch eingestellt

so'weit[2] ⟨a. ['--] Adv.⟩ 1 *insgesamt gesehen (einschränkend) bis hierher;* ich bin ~ fertig 1.1 es geht ihm ~ gut *ziemlich g., ganz g.* 2 ~ sein *bis zu einem bestimmten Zeitpunkt, Grad fortgeschritten sein* 2.1 wir sind ~ *fertig, bereit* 2.2 ich melde mich, wenn es ~ ist *wenn der Zeitpunkt gekommen ist*

so'we·nig[1] ⟨Indefinitpron.⟩ 1 ~ wie *in so geringem Maß, ebensowenig wie;* er weiß ~ wie ich; beweg dich ~ wie möglich; iß, trink ~ wie möglich 2 ⟨aber getrennt⟩ er hat 'so 'wenig gegessen, daß ihm schlecht geworden ist → *wenig(1.1)*

so'we·nig[2] ⟨Konj.⟩ *in wie geringem Maß, Umfang auch immer;* ~ es auch nutzen wird, ich versuche es doch

so'wie ⟨Konj.⟩ 1 *wenn, im gleichen Augenblick, wie, ...;* ~ er uns sah, lief er weg; ~ ich fertig bin, komme ich 2 *wie auch, und auch, außerdem;* Äpfel, Birnen, Apfelsinen ~ Nüsse und Mandeln 3 ⟨aber getrennt⟩ so wie → *so[1](2)*

so·wie'so ⟨Adv.⟩ 1 *in jedem Fall, auf alle Fälle, ohnehin;* ich nehme dein Paket mit, denn ich muß ~ zur Post 1.1 ~ nicht *auf keinen Fall;* wir brauchen nicht zu warten, er wird ~ nicht kommen 1.2 das ~! ⟨umg.⟩ *das versteht sich von selbst!* 2 Herr Sowieso *(dessen Name mir gerade nicht einfällt)*

so'wohl ⟨Konj.⟩ ~ ... als auch ... *nicht nur ..., sondern auch;* ~ Männer und Frauen als auch Kinder; dieses Gerät ist ~ praktisch als auch äußerlich hübsch

so·zi'al ⟨Adj.⟩ 1 ⟨24⟩ *die Gemeinschaft, Gesellschaft betreffend, dazu gehörend;* ~e Entwicklung, ~e Lasten, ~e Verhältnisse 2 *die Normen einer Gesellschaft respektierend;* ~ denken, empfinden, sich ~ verhalten, ~es Verhalten 3 *der Gemeinschaft, Gesellschaft dienend;* ~e Fürsorge, in der ~en Arbeit stehen 3.1 ~e Berufe *B., die ihre Arbeit den hilfsbedürftigen Mitmenschen widmen, z. B. Gemeindeschwester, Sozialarbeiter(in)* 3.2 ~er Wohnungsbau *Bau von preiswerten Wohnungen (für Personen mit niedrigen Einkommen) mit staatl. Zuschüssen u. Steuerbegünstigungen* 4 ⟨24⟩ ~e Tiere *T., die die Gesellschaft von Artgenossen aus innerem Antrieb heraus suchen* 4.1 ~e Bienen *Stechimmen aus der Familie der Bienen, die in Staaten leben, in denen ein befruchtetes Weibchen, die Königin, Eier legt, während kleine Weibchen mit unentwickelten Geschlechtsorganen die Brut aufziehen* 5 ⟨24⟩ *die gesellschaftl. Stellung betreffend, auf ihr beruhend;* ~ aufsteigen, sinken; ~es Ansehen; ~e Unterschiede

So·zi'al·hil·fe ⟨f.⟩ *mit einem Rechtsanspruch verbundene öffentl. Fürsorge;* ~ bekommen, beziehen; von der ~ leben

So·zia'lis·mus ⟨m.; -; unz.⟩ *Bewegung gegen den wirtschaftl. u. politischen Liberalismus, die dem Arbeitnehmer mehr Einfluß auf die Verwendung der Produktionsmittel u. damit eine größere persönl. Unabhängigkeit u. soziale Sicherheit geben will*

So·zi'al·pro·dukt ⟨n.⟩ *volkswirtschaftl. Nettoprodukt, das sich aus der Summe aller produzierten Güter ergibt, Nationaleinkommen, Volkseinkommen*

So·zi'al·ver·si·che·rung ⟨f.⟩ *staatl. Kranken-, Unfall-, Arbeitslosen- u. Rentenversicherung*

So·zio·lo'gie ⟨f.; -; unz.⟩ 1 *Wissenschaft von den Formen des menschlichen Zusammenlebens u. den dadurch hervorgerufenen Verhaltensweisen, Gesellschaftslehre;* Wirtschafts~, Geschichts~, Literatur~ 2 ⟨i. w. S.⟩ *Lehre von den Formen u. Veränderungen im Zusammenleben von Lebewesen;* Pflanzen~, Tier~

so·zu'sa·gen ⟨Adv.⟩ *gewissermaßen, wenn man es so ausdrücken will, obwohl es nicht* *ganz richtig ist;* sie ernährt ~ die ganze Familie allein (denn er verdient nur sehr wenig)

'Spach·tel ⟨m.; -s, -; od. (österr. nur) f.; -, -n⟩ **1** *kleines Werkzeug mit trapezförmigem Blatt zum Aufstreichen u. Abkratzen von weichen bzw. fest gewordenen Stoffen* **2** ⟨unz.⟩ *Masse zum Ausfüllen von Unebenheiten in Werkstücken, die lackiert werden sollen*

'spä·hen ⟨V. 411⟩ **1** *genau schauen, vorsichtig, aber scharf schauen;* durch eine Mauerritze, Zaunlücke ~; um die Ecke, über den Zaun ~ 1.1 *Ausschau halten, ausschauen*

Spa'lier ⟨n.; -s, -e⟩ **1** *Gitter an einer Mauer, an dem junge Obstbäume, Reben od. Kletterpflanzen hochgezogen werden;* ~obst; wilde Rosen ranken am ~ **2** *doppelte Reihe von Personen, die sich zu jmds. ehrenvollem Empfang so aufgestellt haben, daß der Betreffende zwischen ihnen hindurchschreiten muß;* ein ~ bilden; ~ stehen

Spalt ⟨m.; -(e)s, -e⟩ *sehr schmale Öffnung, Ritze;* oV *Spalte(1);* Tür~; die Tür, das Fenster (nur) einen ~ weit öffnen; durch einen (schmalen) ~ drang ein Lichtschein heraus; ein ~ in der Wand

'spalt·bar ⟨Adj. 70⟩ **1** *so beschaffen, daß man es spalten kann* 1.1 ~es Material *Atomkerne, die im Kernreaktor durch Neutronen gespalten u. zur Energiegewinnung verwendet werden können*

'Spal·te ⟨f.; -, -n⟩ **1** = *Spalt;* Erd~; Fels~; Gletscher~ **2** ⟨Abk.: Sp.⟩ *Schriftsatz in Form eines senkrechten Streifens (in der Zeitung od. in einem, meist wissenschaftl., Buch);* der Artikel nahm zwei ~n ein; die ~n (der Zeitung) füllen; Seite 2, ~ 4 (der Zeitung); das Wörterbuch, Lexikon ist in zwei ~n gesetzt

'spal·ten ⟨V. 500; ich spaltete, habe gespalten⟩ etwas ~ **1** *senkrecht, in der Mitte zerteilen, zerschlagen;* jmdm. (mit dem Beil, Schwert) den Schädel ~ 1.1 ⟨Kernphysik⟩ *durch Kernspaltung in ein Element niederer Ordnung verwandeln, wobei Energie frei wird;* schwere Atomkerne, Radium, Uran ~ 1.2 ⟨R3⟩ etwas spaltet sich *reißt auf, zerteilt sich;* ihre Haare ~ sich in den Spitzen 1.3 ⟨513/R3⟩ etwas spaltet sich in bestimmter Weise *läßt sich in bestimmter W. zerteilen;* dieses trokkene Holz spaltet sich leicht **2** *(gewaltsam) in seine Bestandteile zerlegen;* der Blitz hat den Baum gespalten; Holz ~ **3** ⟨fig.⟩ *trennen, die Einheit von etwas zerstören;* das neue Programm hat die Partei gespalten 3.1 ⟨R3⟩ etwas spaltet sich *teilt, trennt sich;* die Partei hat sich in zwei Lager gespalten; die germanische Sprache hat sich in mehrere Zweige gespalten; gespaltenes Bewußtsein (bei Schizophrenie); die Schlange hat eine gespaltene Zunge 3.1.1 ein gespaltener Gaumen *Wolfsrachen* 3.1.2 eine gespaltene Oberlippe *Hasenscharte*

'Spalt·pilz ⟨m.; Biol.⟩ = *Bakterium*

'Spal·tung ⟨f.; -, -en⟩ **1** *das Spalten, Teilung, Trennung;* ~ der Atome; Fortpflanzung durch ~ **2** ⟨fig.⟩ *Entzweiung;* die religiöse ~; es kam zu einer ~ der Partei

Span ⟨m.; -(e)s, ¨-e⟩ **1** *abgespaltenes, abgehobeltes Blättchen, Streifchen;* Hobel~; Holz~; ein ~ zum Feueranzünden 1.1 arbeiten, daß die Späne fliegen ⟨fig.⟩ *heftig, schwungvoll arbeiten* 1.2 mach keine Späne! ⟨fig.; umg.⟩ *mach nicht so viel Aufhebens!; mach keine Schwierigkeiten, widersetz dich nicht!*

'Span·ge ⟨f.; -, -en⟩ **1** *schmales, leicht gebogenes Stück Metall, Kunststoff od. Horn mit Verschluß* 1.1 *Spange(1) zum Festhalten des Haars;* Haar~ 1.2 *Spange(1) am Schuh zum Schnallen od. Knöpfen* **3** = *Fibel[2];* Gewand~ **4** *Armreif ohne Verschluß;* Arm~

Spann ⟨m.; -(e)s, -e⟩ **1** *oberer Teil des Fußes vom Ansatz des Schienbeins bis zu den Zehen, Rist* **2** = *Spanne(1)* **3** *Gespann*

'Span·ne ⟨f.; -, -n⟩ **1** *altes Längenmaß, etwa 20 cm, so lang, wie man Daumen u. Mittelfinger auseinanderspannen kann;* oV *Spann(2);* zwei ~n lang **2** *Zwischenraum, Unterschied;* Verdienst~, Zeit~; die ~ zwischen Brutto- und Nettogehalt, zwischen Einkaufs- und Verkaufspreis 2.1 eine ~ Zeit *ein gewisser Zeitraum, Zeitabschnitt*

'span·nen ⟨V.⟩ **1** ⟨500⟩ etwas ~ *straff anziehen, straffziehen;* ein Seil ~; den Bogen ~; die Muskeln ~; die Saiten ~ 1.1 etwas ~ *straff befestigen;* die Mutter spannt die Wäscheleine 1.1.1 →a. *Folter (2-2.1)* 1.2 etwas ~ *zum Auslösen, Abziehen bereitmachen;* den Hahn, den Kameraverschluß ~ 1.3 ⟨511⟩ etwas in etwas ~ *einspannen;* einen Briefbogen in die Schreibmaschine ~ 1.3.1 ⟨511⟩ ein Werkstück in den Schraubstock ~ *im S. befestigen, in den S. klemmen* 1.4 ⟨R3⟩ etwas spannt sich *wird straff;* die Haut über seinen Wangenknochen spannte sich; seine Muskeln spannten sich **2** ⟨500⟩ eine bestimmte Ausdehnung ~ *eine Spannweite von bestimmter A. haben;* der Raubvogel spannt anderthalb Meter; das Flugzeug spannt 40 m 2.1 eine Oktave ~ können *greifen* **3** ⟨400⟩ etwas spannt *ist zu eng;* das Kleid, der Rock spannt **4** ⟨511⟩ ein Zugtier an, vor den Wagen ~ *anschirren, mit dem Geschirr am W. zum Ziehen befestigen* **5** ⟨511/R3⟩ etwas spannt sich über etwas ⟨geh.⟩ *wölbt sich über etwas;* ein strahlendblauer Himmel spannte sich über die Erde; ein Regenbogen spannte sich über den Himmel; über den Fluß spannt sich eine Brücke **6** ⟨513⟩ etwas ~ ⟨fig.⟩ *sehr reizen;* jmds. Erwartungen, Hoffnungen hoch ~ **7** ⟨800⟩ auf etwas od. jmdn. ~ ⟨fig.⟩ *etwas od. jmdn. neugierig, ungeduldig erwarten;* sie spannte auf jedes seiner Worte 7.1 auf etwas ~ ⟨fig.⟩ *auf etwas genau aufpassen, etwas genau beobachten;* sie spannte auf jede seiner Bewegungen

'Spann·kraft ⟨f.⟩ **1** ⟨Tech.⟩ ~ einer Feder, eines Gases *Kraft der Spannung* **2** ~ eines Menschen ⟨fig.⟩ *Leistungsfähigkeit, Energie;* keine ~ mehr haben

'Span·nung ⟨f.; -, -en⟩ **1** ⟨unz.⟩ *das Spannen (1);* durch ~ der Seile wurde das Zelt verankert **2** ⟨unz.⟩ *das Gespanntsein, Straffsein;* die nachlassende ~ des Seils gefährdete die Standsicherheit des Mastes 2.1 ⟨Tech.⟩ *in einem beanspruchten Körper durch Einwirkung äußerer Kräfte entstehende Kraft;* Gewölbe~ **3** ⟨El.⟩ *die den Fluß des elektr. Stromes in einem Stromkreis bewirkende Kraft;* Gleich~; Hoch~; Nieder~; Wechsel~; die ~ beträgt 220 Volt; elektrische ~; die Maßeinheit für die ~ ist das Volt **4** ⟨unz.; fig.⟩ *gespannte Aufmerksamkeit;* ein Buch mit (großer) ~ lesen;

einen Wettkampf mit ~ verfolgen; atemlose ~ **4.1** *gespannte, neugierige Erwartung, Ungeduld;* jmdn. od. etwas mit ~ erwarten **4.2** *starke, anhaltende innere Erregung, Überreizung;* die ~ wurde unerträglich **5** ⟨fig.⟩ *gespanntes Verhältnis, Feindseligkeit;* politische ~en; mit jmdm. in (dauernder) ~ leben **5.1** *Zustand der Feindseligkeit, Mißstimmung;* zwischen uns ergeben sich dauernd ~en

'Spann·wei·te ⟨f.⟩ **1** *die Entfernung zwischen beiden Spitzen der (ausgebreiteten) Flügel;* der Vogel hat eine ~ von 50 cm **2** *Weite (einer Brücke, eines Bogens);* das Flugzeug hat eine ~ von 40 m **3** geistige ~ ⟨fig.⟩ *Umfang der geistigen Begabung od. Interessen*

'spa·ren ⟨V.⟩ **1** ⟨500⟩ etwas ~ *zurücklegen, nicht ausgeben;* ich habe dabei eine Menge Geld gespart; ich habe mir 100 Mark gespart **1.1** *für andere Zwecke aufbewahren, nicht verwenden, nicht gebrauchen;* Kraft, Zeit ~ **1.1.1** den Weg hätte ich mir ~ können *hätte ich nicht zu machen brauchen* **1.1.2** spar dir deine Ratschläge! ⟨unfreundl. abweisend⟩ *ich brauche deine R. nicht* **1.1.3** das hättest du dir ~ können *das hättest du nicht zu tun brauchen* **1.1.4** die Mühe kannst du dir ~ *die M. brauchst du dir nicht zu machen* **1.1.5** alle weiteren Worte kannst du dir ~ *weiter brauchst du nichts zu sagen* **2** ⟨400⟩ *sich einschränken, wenig Geld ausgeben, sparsam sein;* wir müssen sehr ~; mit jedem Pfennig, mit jedem Gramm Butter, Fleisch ~ **2.0.1** wir ~ am Essen *wir geben wenig Geld für E. aus* **2.0.2** sie sparte nicht mit Lob *sie lobte freundlich, ausdrücklich* **2.0.3** spare in der Zeit, so hast du in der Not ⟨Sprichw.⟩ *sei sparsam, solange du es kannst ...* **2.1** *Geld zurücklegen;* ich spare auf, für ein Auto

'spär·lich ⟨Adj.⟩ **1** *knapp, dürftig, kümmerlich;* ein ~es Mahl **2** *wenig;* ~e Mittel; die Straße ist ~ beleuchtet **3** *vereinzelt;* ~er Pflanzenwuchs; diese Pflanzen kommen hier nur ~ vor; das Gras wächst hier nur ~; dieser Landstrich ist nur ~ besiedelt **3.1** ~es Haar *dünnes, schütteres H.*

'Spar·ren ⟨m.; -s, -⟩ **1** ~ des Daches ⟨Bauw.⟩ *schräger Balken;* Dach~ **2** ⟨unz.; fig.; umg.⟩ *kleine Verrücktheit, Klaps, Spleen;* er hat einen ~ **2.1** er hat einen ~ zuviel (im Kopf) *er ist ein bißchen verrückt*

'spar·sam ⟨Adj.⟩ **1** *immer sparend, Verschwendung vermeidend, mit wenig auskommend;* eine ~e Hausfrau; er ist sehr ~; ~ wirtschaften; mit seinem Geld, seinen Vorräten, Kräften ~ umgehen **1.1** ~ im Gebrauch, Verbrauch *ausgiebig, lange reichend;* dieses Wasch-, Putzmittel ist ~ im Gebrauch **2** ⟨fig.⟩ *zurückhaltend, mäßig;* rote Farbe ~ verwenden **2.1** von seiner Macht, Vollmacht ~(en) Gebrauch machen *wenig G.*

spar'ta·nisch ⟨Adj.⟩ **1** *Sparta betreffend, zu ihm gehörend, aus ihm stammend* **2** *in der Art der Spartaner* **3** ⟨fig.⟩ *streng, hart, genügsam u. einfach, anspruchslos;* ~e Erziehung, Lebensweise; ~ leben

'Spar·te ⟨f.; -, -n⟩ **1** *Abteilung, Fach, Gebiet;* in meiner ~ **2** *Geschäft -, Wissenszweig, Sportart;* das Rudern ist eine ~ des Wassersports **3** *Spalte in einer Zeitung*

Spaß ⟨m.; -es, ¨e⟩ **1** *Scherz, Witz;* die Späße des Clowns, des Hanswursts; ~ machen, treiben; Späße machen; ein alberner, derber, dummer, gelungener, grober, netter, roher, schlechter ~; etwas nur im ~ sagen; seinen ~ mit jmdm. treiben **1.0.1** ~ beiseite! *jetzt wieder ernst gesprochen!* **1.1** ~ verstehen, (keinen ~ verstehen) *(nicht) leicht beleidigt sein* **1.1.1** darin versteht er keinen ~ *so etwas nimmt er übel* **1.2** schlechter ~ *Streich, der jmdn. ärgert* **1.3** das hab' ich doch nur aus ~ gesagt, getan *das meinte ich nicht ernst* **1.4** das geht über den ~! *das geht zu weit!* **2** *Vergnügen, Belustigung;* er hat seinen ~ damit, daran; wir hatten viel ~ miteinander; das macht ~!; das Spiel, Theaterstück hat mir viel ~ gemacht; sich einen ~ daraus machen, die Vorübergehenden mit Papierkugeln zu beschießen; es war ein ~, zu sehen ...; er hat mir, uns den ~ verdorben; das macht mir großen, viel, keinen ~ **2.1** ich sag' das doch nicht zum ~! *ich meine es ernst;* etwas (nur) zum ~ tun

'spa·ßen ⟨V. 400⟩ **1** *Spaß machen, scherzen* **1.1** Sie ~! *Sie meinen das wohl nicht im Ernst?* **1.2** er läßt nicht mit sich ~ *er erlaubt nicht, daß man sich über ihn lustig macht* **1.3** damit ist nicht zu ~ *das muß man ernst nehmen, mit Vorsicht behandeln*

'spa·ßes·hal·ber ⟨Adv.⟩ **1** *zum Spaß;* wir wollen einmal ~ annehmen, daß... **2** *aus Neugierde, Interesse;* ich möchte es ~ einmal probieren

spät ⟨Adj.⟩ **1** *nicht rechtzeitig;* Ggs *früh(1);* ~e Reue; warum kommst du so ~?; ~ kommt Ihr - doch Ihr kommt! (Schiller, Die Piccolomini, I,1); besser ~ als nie; zu ~ kommen; es ist zu ~ **2** *am Ende (eines Zeitraumes), vorgerückt (Stunde, Jahreszeit);* ein ~es Glück erfahren, erleben; das ~e Mittelalter; ~ aufstehen, schlafen gehen; es ist schon ~; es wird heute abend ~; ~ abends; ~ am Morgen; es ist schon ~ am Tage; im ~en Frühjahr, Sommer; ~ im Jahr; ~ in der Nacht; bis in die ~e Nacht, bis ~ in die Nacht hinein **2.1** ~es Obst *spät im Jahr reifendes O.* **2.2** wie ~ ist es? *wieviel Uhr ist es?*

'Spa·ten ⟨m.; -s, -⟩ *Gerät zum Graben, bestehend aus viereckiger Metallscheibe (Blatt), langem Stiel u. quer dazu stehendem Griff*

'spä·ter ⟨Adj.⟩ **1** ⟨Komparativ von⟩ *spät, zu einem ferneren Zeitpunkt;* ~ denkst du vielleicht anders darüber; ein ~er Zeitpunkt wäre mir lieber; ich komme heute etwas ~; ich komme ~ wieder; es ist ~, als ich dachte; darüber sprechen wir ~; ich vertröstete ihn auf ~ **2** *(zu)künftig, kommend;* in ~en Jahren; in ~er Zeit **2.1** ~e Geschlechter *später lebende G., G. der Zukunft* **3** ⟨50⟩ *danach, nachher;* drei Stunden ~ **3.1** also dann - auf ~!, bis ~! (Abschiedsformel) *auf Wiedersehen bzw. bis zum Wiedersehen am gleichen Tag*

'spä·te·stens ⟨Adv.⟩ *nicht nach (einem bestimmten Zeitpunkt);* ~ um fünf Uhr; ~ morgen

'Spät·le·se ⟨f.⟩ **1** *Weinlese am Ende des Herbstes nach dem normalen Zeitpunkt der Lese* **2** *Wein aus Trauben, die zur Spätlese(1) geerntet worden sind*

Spatz ⟨m.; -en od. es, -en⟩ **1** = *Sperling(1)* **1.1** das pfeifen die ~en von den Dächern ⟨fig.⟩ *das ist allgemein bekannt* **1.2** er hat wohl ~en unter dem Hut[1]? ⟨fig.⟩ *er kann wohl den Hut nicht abnehmen? (im Zimmer od. zur Begrüßung)* 1.3 essen wie ein ~ *sehr wenig essen* 1.4 lieber den ~en in der Hand als die Taube auf dem Dach ⟨Sprichw.⟩ *lieber wenig besitzen, als viel in Aussicht haben* 1.5 → a. *Kanone(1.1)* **2** ⟨fig.⟩ *kleines, mageres, (auch) kränkl. Kind (oft als Kosename)* 2.1 kranker ~ ⟨umg.; kosend⟩ *krankes Kerlchen*

spa'zie·ren ⟨V. 411⟩ **1** *zur Erholung im Freien (umher)gehen;* durch die Stadt, den Park ~ **2** *fröhlich, behaglich (umher)gehen;* vor einem Haus auf und ab ~ **3** *dreist, unbekümmert (umher)gehen;* durch ein Museum ~; durch die feindlichen Reihen ~

spa'zie·ren|ge·hen ⟨V. 145/400(s.)⟩ *zur Erholung im Freien umhergehen;* ich gehe jeden Tag spazieren

Spa'zier·gang ⟨m.⟩ *Gang im Freien zur Erholung od. Unterhaltung;* Sy *Promenade(1);* einen ~ machen; ein kurzer, langer, weiter ~

Speck ⟨m.; -(e)s, -e⟩ **1** *unter der Haut sitzendes, von Fett erfülltes Zellgewebe bei Schwein, Robbe u. Wal;* gebratener, geräucherter ~; Erbsen mit ~ 1.1 ~ auf den Knochen, auf dem Leib, drauf haben ⟨umg.⟩ *dick, beleibt sein* 1.1.1 ~ ansetzen *dick werden, an Gewicht zunehmen* **2** 'ran an den ~! ⟨umg.; scherzh.⟩ *nun los!, angefangen!, an die Arbeit!* 2.1 mit ~ fängt man Mäuse ⟨fig.⟩ *durch Geschenke erreicht man etwas* 2.2 wie die Made im ~ sitzen ⟨fig.; umg.⟩ *ein sehr einträgl. Amt haben u. dadurch üppig leben können* **3** → a. *Dreck(1.1)*

'speckig ⟨-k·k-; Adj.⟩ **1** *fettig;* das Papier ist ~; er hat ~es Haar **2** ⟨fig.⟩ *schmutzig u. abgegriffen;* ein ~es Buch **3** *abgewetzt, abgetragen u. glänzend;* sein Anzug ist ~ **4** → a. *dreckig(1.1)*

spe'die·ren ⟨V. 500⟩ Waren, Güter ~ *(mit Lastkraftwagen) abschicken, versenden;* Möbel ~

Spe·di·teur ⟨[-'tø:r]; m.; -s, -e⟩ *jmd., der gewerblich Güter spediert*

Spe·di·ti'on ⟨f.; -, -en⟩ **1** *das Spedieren* **2** *Versandabteilung (eines Betriebes)* **3** *Firma eines Spediteurs*

Speer ⟨m.; -(e)s, -e⟩ *Wurfwaffe, mit Eisenspitze versehener langer Stab, Spieß, Lanze (auch als Sportgerät für Wurfübungen und -wettkämpfe)*

'Spei·che ⟨f.; -, -n⟩ **1** *Teil des Rades, Strebe zwischen Nabe u. Felge* 1.1 dem Schicksal in die ~n greifen ⟨fig.⟩ *das S. aufzuhalten, zu hemmen suchen* **2** ⟨Anat.⟩ *auf der Daumenseite liegender Unterarmknochen;* Elle und ~

'Spei·chel ⟨m.; -s; unz.⟩ *Absonderung der im Mund befindl. Speicheldrüsen: Saliva*

'Spei·cher ⟨m.; -s, -⟩ **1** *Raum für Vorräte* 1.1 *Lagerhaus;* Korn~ 1.2 *Bodenraum im Haus, Dachboden (als Abstellraum u. zum Wäschetrocknen);* Trocken~ 1.3 *Behälter für Vorräte;* Wasser~ **2** ⟨Datenverarbeitung⟩ *Teil von Datenverarbeitungsanlagen, in dem Informationen gespeichert werden*

'spei·chern ⟨V. 500⟩ **1** etwas ~ *in einem Speicher sammeln, aufbewahren, lagern;* Getreide, Vorräte ~ **2** etwas ~ ⟨a. fig.⟩ *als Vorrat anhäufen;* Haß, Liebe in sich gespeichert haben

'spei·en ⟨V. 248; geh.⟩ **1** ⟨400⟩ *Speichel auswerfen, spucken;* auf den Boden ~; jmdm. ins Gesicht ~ 1.1 es ist zum Speien unangenehm, langweilig ⟨fig.⟩ *sehr* **2** ⟨500⟩ etwas ~ *aus dem Mund auswerfen;* Blut ~; der Drache spie Feuer; ein Löwe als Brunnenfigur speit Wasser 2.1 Gift und Galle ~ ⟨fig.⟩ *seiner Wut in giftigen Worten Luft machen* 2.2 ⟨fig.⟩ *(in großen Mengen) auswerfen, von sich sprühen;* der Vulkan speit Feuer, Lava 2.3 ⟨fig.⟩ *verbreiten;* Geschütze ~ Tod und Verderben **3** ⟨400⟩ *sich erbrechen, übergeben;* alle Passagiere spieen, als das Schiff auf offene See kam

'Spei·se ⟨f.; -, -n⟩ **1** *feste Nahrung, Essen;* ~ und Trank; die ~n auftragen; Wurzeln und Beeren waren seine ~, dienten ihm zur ~ **2** *eßfertig zubereitetes Nahrungsmittel, Gericht;* Eier~; Fleisch~; Mehl~; Süß~; Vor~; Nach~; kalte, warme ~n **3** *Süßspeise, Nachtisch;* hinterher gab es noch eine ~ **4** ⟨unz.⟩ *Mörtel, Speis* **5** *das flüssige Metall zum Guß;* Glocken~

'Spei·se·kar·te ⟨f.⟩ *Verzeichnis der vorrätigen od. zubereitbaren Speisen (in Gaststätten);* nach der ~ essen; die ~ verlangen

'spei·sen ⟨V.; geh.⟩ **1** ⟨400⟩ *Speise zu sich nehmen, eine Mahlzeit einnehmen, essen;* wir haben ausgezeichnet, gut gespeist; (wünsche) wohl zu ~!; zu Abend, zu Mittag ~ 1.1 ⟨500⟩ etwas ~ *zu sich nehmen, essen;* was hast du heute gespeist? **2** ⟨500⟩ jmdn. ~ *jmdm. zu essen geben;* der Gastgeber speiste sie an langen Tafeln **3** ⟨500⟩ einen Apparat, eine Anlage ~ *mit Betriebsstoff versorgen;* einen Ofen mit Brennmaterial ~; eine elektrische Anlage mit Strom ~; einen Kessel mit Wasser ~; die Wasserwerke der Stadt werden aus dem, durch den, vom Fluß gespeist; der Springbrunnen wird durch eine unterirdische Wasserleitung gespeist

'Spei·se·röh·re ⟨f.; Anat.⟩ *aus Muskeln bestehender Schlauch zwischen Schlund u. Magen zur Beförderung der Speise in den Magen: Oesophagus*

Spek'ta·kel[1] ⟨n.; -s, -; veralt.⟩ = *Schauspiel(1)*

Spek'ta·kel[2] ⟨m.; -s, -; fig.; umg.⟩ **1** *Lärm, Krach;* wenn das herauskommt, gibt es einen ~! **2** *Aufregung, Aufsehen* **3** *lauter Auftritt, Szene;* mach keinen (solchen) ~!

'Spek·trum ⟨[sp-] n.; -s, -tren od. -tra⟩ **1** ⟨i. e. S.; Phys.⟩ *die Aufspaltung von weißem Licht in verschiedene Farben;* Sonnen~; Linien~ **2** ⟨i. w. S.; Phys.⟩ *die Gesamtheit der elektromagnet. Strahlung verschiedener Wellenlänge;* Frequenz~ **3** ⟨fig.⟩ *Vielfalt, Buntheit;* das ~ der modernen Literatur, Kunst usw.

Spe·ku·la·ti'on ⟨f.; -, -en⟩ **1** *Betrachtung* **2** *das Denken, das über die reine Erfahrung hinaus durch Überlegung Erkenntnis zu gewinnen sucht* **3** *die nur auf Überlegung beruhende Erkenntnis* **4** *Kauf (bzw. Verkauf) von Gütern in der Erwartung, sie zu einem späteren Zeitpunkt mit Gewinn verkaufen (bzw. kaufen) zu können;* ~ mit (in) Wertpapieren, Devisen **5** *(gewagtes) Geschäft, Unternehmen*

spe·ku'lie·ren ⟨V.⟩ **1** ⟨405⟩ (auf etwas) ~ *Handel auf Grund von Spekulation(4) treiben;* an der Börse ~; auf Hausse, auf Baisse ~ **2** ⟨800⟩ auf eine Stellung ~ ⟨umg.⟩ *nach einer S. streben* **3** ⟨400⟩ *grübeln, nachsinnen, überlegen;* er spekulierte lange, was ...

'Spel·ze ⟨f.; -, -n⟩ **1** *Hülse, Schale des Getreidekorns* **2** *trockenes Blatt der Grasblüten*
'Spen·de ⟨f.; -, -n⟩ *Gabe, Geschenk, Schenkung, freiwilliger Beitrag;* bitte eine kleine ~!; milde ~n
'spen·den ⟨V. 500⟩ **1** etwas ~ *reichlich geben, schenken;* Geld (für etwas) ~; die Kuh spendet Milch; der Brunnen spendet kein Wasser mehr; es wurde reichlich gespendet 1.1 Blut ~ *sich B. zur Konservierung für Notfälle abzapfen lassen* 1.2 die Sakramente ~ *austeilen* 1.3 ⟨fig.⟩ *(als Dank od. Wohltat) geben, erweisen;* Lob, Segen ~; einem Künstler, einem Vorschlag Beifall ~ 1.4 ⟨fig.⟩ *beitragen (zu);* ich habe auch etwas dazu gespendet
spen'die·ren ⟨V. 503; umg.⟩ (jmdm.) etwas ~ *spenden, geben, ausgeben;* er hat den Kindern fünf Mark für den Jahrmarkt spendiert; eine Runde ~
'Sper·ling ⟨m.; -s, -e⟩ **1** *Angehöriger einer Unterfamilie der Webervögel: Passerinae;* Sy *Spatz(1);* Feld~, Haus~ 1.0.1 der ~ in der Hand ist besser als die Taube auf dem Dach ⟨Sprichw.⟩ *eine kleine, aber sichere Sache ist besser als eine große, die nur in Aussicht ist* 1.0.2 der hat wohl ~e unter dem Hut? ⟨fig.; umg.⟩ *er grüßt nicht (als vorwurfsvolle Feststellung)*
'Sper·ma ⟨[sp-] n.; -s, -men od. -ma·ta; Biol.⟩ = *Samen(2)*
'Sper·re ⟨f.; -, -n⟩ **1** *Sperrvorrichtung, Riegel, Schranke, Schlagbaum;* eine ~ errichten; an, vor der ~ warten 1.1 *schmaler, bewachter Durchgang;* Bahnsteig~; die Fahrkarte, Eintrittskarte an der ~ vorzeigen **2** *Hindernis;* in den Straßen wurden ~n errichtet **3** *Maßnahme, die etwas verhindert, Verbot;* eine ~ verhängen 3.1 *das Verhindern von Vergünstigungen;* Urlaubs~ 3.2 *das Verhindern von Warenbezügen od. -lieferungen;* Kontinental~
'sper·ren ⟨V.⟩ **1** ⟨500⟩ etwas ~ *eine Sperre errichten in, an, den Zu- od. Durchgang verhindern zu, durch;* eine Straße für den Verkehr ~; bei den ersten Unruhen wurde die Grenze gesperrt; der Hafen ist für Kriegsschiffe gesperrt; der Weg, Platz ist gesperrt; gesperrt für Durchgangsverkehr (auf Verkehrsschildern) **2** ⟨500⟩ jmdn. od. etwas ~ *eine Sperre verhängen über jmdn. od. etwas, etwas verhindern, verbieten, untersagen;* die Einfuhr, Ausfuhr ~; den Urlaub ~ 2.1 jmdm. das Gas, Licht, den Strom, das Telephon ~ *den Gebrauch von G., L., S., T. durch Abschalten od. Abstellen der Leitung verhindern, unterbinden* 2.2 ein Konto ~ *unzugänglich machen, nichts mehr vom K. auszahlen* 2.3 jmdm. den Kredit ~ *jmdm. keinen K. mehr geben* 2.4 ein Rad ~ *durch Klotz o. ä. am Bewegen, Rollen hindern* 2.5 einen Scheck ~ *ungültig machen* 2.6 einen Spieler ~ ⟨Sp.⟩ 2.6.1 *einen gegner. S. bei der Abwehr behindern* 2.6.2 *einem S. für einen bestimmten Zeitraum das Mitspielen untersagen (Disziplinarstrafe)* **3** ⟨400⟩ etwas sperrt *klemmt, ist nicht od. schlecht beweglich;* schon seit Tagen sperrt die Tür **4** ⟨511⟩ jmdn. od. etwas in etwas ~ *einsperren, einschließen;* jmdn. ins Gefängnis ~; Tiere in den Stall ~ **5** ⟨505/R3⟩ sich ~ (gegen) *sich sträuben (gegen), sich (einer Sache) widersetzen* **6** ⟨500⟩ Wörter ~ ⟨Typ.⟩ *mit größeren Zwischenräumen zwischen den Buchstaben drucken*
'Sperr·gut ⟨n.⟩ *sperriges Gut (mit erhöhtem Beförderungstarif);* eine Ware, einen Gegenstand als ~ schicken
'Sperr·holz ⟨n.⟩ *Holz aus mehreren, in sich kreuzender Faserrichtung übereinandergeleimten Platten, wodurch verhindert wird, daß sie sich verziehen*
'sper·rig ⟨Adj.⟩ **1** *viel Platz einnehmend, unhandlich;* ein ~es Paket **2** ⟨fig.⟩ *schwer zu handhaben, widerspenstig;* ein ~es Problem
'Sperr·sitz ⟨m.⟩ **1** *(im Zirkus, Theater) die vorderen Plätze* **2** *(im Kino) die hinteren Plätze*
'Spe·sen ⟨nur Pl.⟩ *Nebenausgaben bei der Besorgung eines Geschäftes;* Fracht~, Transport~, Reise~; ~ machen, haben
spe·zia·li'sie·ren ⟨V.⟩ **1** ⟨500⟩ Posten, Arten ~ ⟨veralt.⟩ *gliedern, bestimmen, unterscheiden, sondern* **2** ⟨500/R3⟩ sich auf ein Fachgebiet ~ *beschränken und dieses besonders eingehend studieren*
Spe·zia'list ⟨m.; -en, -en⟩ *jmd., der sich auf ein Gebiet spezialisiert hat;* ~ für innere Krankheiten
Spe·zia·li'tät ⟨f.; -, -en⟩ **1** *Besonderheit, etwas, das für jmdn. od. etwas kennzeichnend ist;* Eierkuchen sind eine ~ des Hauses **2** *bes. eingehend studiertes Fachgebiet;* englische Literatur ist seine ~ **3** *das, wovon man bes. viel versteht, was man bes. gut beherrscht* **4** *Liebhaberei, das, was man bes. gern hat od. tut;* Schwimmen ist seine ~
spe·zi'ell ⟨Adj.⟩ **1** *einzeln, besonders;* Ggs *generell;* im ~en Falle; ~e Wünsche **2** ⟨50⟩ *besonders nur, hauptsächlich;* das Kleid wurde ~ für sie gefertigt; ~ an diesen Bildern war er interessiert **3** auf dein (Ihr) Spezielles! ⟨umg.⟩ *auf dein (Ihr) Wohl!*
'Spe·zi·es ⟨[sp-] f.; -, -⟩ **1** *Art, Gattung* **2** ⟨Biol.⟩ = *Art(1.1)* **3** *Gestalt, Erscheinung, Erscheinungsform* **4** ⟨Math.⟩ *Grundrechenart* **5** ⟨Pharmakol.⟩ *Mischung aus mehreren Sorten Tee*
spe'zi·fisch ⟨Adj.⟩ **1** *(art)eigen, eigentümlich;* ein ~es Merkmal, Mittel; ~e Interessen **2** ~es Gewicht ⟨Phys.⟩ *G. (Masse) im Verhältnis zum Volumen* **3** ~e Wärme ⟨Phys.⟩ *die W., die benötigt wird, um 1 g (od. 1 Mol) eines Stoffes um 1 °C zu erwärmen* **4** ~e Ladung ⟨Phys.⟩ *elektrische Ladung(6) eines Teilchens, dividiert durch seine Masse*
spe·zi·fi'zie·ren ⟨V. 500⟩ **1** etwas ~ *aufgliedern, unterscheiden;* einen Text ~; die verschiedenen Gesichtspunkte ~; einen Plan ~ **2** Posten ~ *einzeln anführen, im einzelnen darlegen;* eine Rechnung ~
'Sphä·re ⟨f.; -, -n⟩ **1** *Kugel, Kreis* 1.1 ⟨Astr.⟩ *Himmelskugel* **2** *Bereich;* private, berufliche ~ 2.1 *Machtbereich, Wirkungskreis;* Macht~
'spicken ⟨-k·k-; V.⟩ **1** ⟨500⟩ Fleisch ~ *vor dem Braten mit Speckstreifen durchziehen;* einen Hasen ~ **2** ⟨516⟩ etwas mit etwas ~ ⟨fig.; umg.⟩ *reichlich mit etwas versehen, ausstatten;* er spickte seinen Vortrag mit Anekdoten; eine mit Fehlern gespickte Arbeit; ein mit Dukaten gespickter Geldbeutel 2.1 ⟨530/R5⟩ sich od. jmdm. den Beutel ~ *reichlich mit Geld versehen* 2.2 ⟨500⟩ jmdn. ~ *bestechen;* einen Beamten ~ **3** ⟨400; schülerspr.⟩ *abgukken, vom Heft des Nachbarn abschreiben;* er

hat gespickt **4** ⟨400(s.); schweiz.⟩ *(durch eine Prüfung) durchfallen;* er ist gespickt

'Spie·gel ⟨m.; -s, -⟩ **1** *glatte Fläche, die den größten Teil der auftreffenden Lichtstrahlen zurückwirft u. dadurch ein Abbild des davor befindlichen Gegenstandes gibt, bes. Glas mit dünner Silberschicht;* sich im ~ betrachten; sein Bild im ~ sehen 1.1 jmdm. einen ~ vorhalten ⟨fig.⟩ *jmdn. über seine Fehler aufklären* 1.2 sich etwas hinter den ~ stecken ⟨fig.⟩ *zur täglichen Ansicht aufheben* 1.2.1 *sich merken, einprägen (bes. Unangenehmes)* 1.3 der Aufsatz zeigt das deutsche Theater, den deutschen Film im ~ der öffentlichen Meinung *so, wie sich das T., der F. in der öffentl. M. darbietet, wie die Öffentlichkeit sie sieht* **2** ⟨Med.⟩ *mit einem Spiegel(1) versehenes Instrument zur Besichtigung von Körperhöhlen;* Augen~; Kehlkopf~ 2.1 *röhrenförmiges Instrument zum Einführen in Körperhöhlen, so daß man diese durch das nun einfallende Licht sehen kann;* Mastdarm~ **3** *Oberfläche (einer Flüssigkeit, eines Gewässers);* Meeres~; Wasser~ **4** ⟨Arch.⟩ *flache Decke eines Kreuzgewölbes;* ~gewölbe **5** *Türfüllung* **6** *eingefaßtes Feld an der Decke od. zwischen Fenstern* **7** ⟨Physiol.⟩ *Gehalt einer Körperflüssigkeit an bestimmten Stoffen;* Vitamin~; Zucker~ **8** *seidener Aufschlag am Rock des Fracks u. Smoking* **9** *Tuchbesatz an den Kragenecken der Uniform, meist mit Kennzeichen der Einheit, Waffengattung, des Dienstgrades usw.* **10** *weißer Fleck auf der Stirn von Rind od. Pferd* **11** ⟨jägerspr.⟩ *schillernder Fleck am Flügel von Entenvögeln* **12** ⟨jägerspr.⟩ *weißer Fleck um den After des Reh-, Rot- u. Gamswildes;* Sy *Scheibe(1.5)* **13** *plattes Heck (eines Schiffes)* **14** *mittlerer Teil der Schießscheibe* **15** ⟨Geol.⟩ *blankpolierter Harnisch(3)* **16** ⟨Typ.⟩ *der bedruckte Teil einer Seite;* Satz~ **17** ⟨früher⟩ *Erziehungs-, Regelbuch;* Fürsten~; der jungen Knaben ~

'Spie·gel·fech·te'rei ⟨f.; -, -en⟩ **1** ⟨veralt.⟩ *Scheinkampf* **2** ⟨fig.; abwertend⟩ *bloßes Getue, Heuchelei, betrüger. Angeberei, Schwindel, Blendwerk*

spie·gel'glatt ⟨Adj. 24⟩ *glatt wie ein Spiegel, vollkommen glatt, eben;* das Meer lag ~ vor uns; die Straße war ~ gefroren

'spie·geln ⟨V.⟩ **1** ⟨400⟩ e t w a s spiegelt *wirft Lichtstrahlen zurück, glänzt (wie ein Spiegel), blendet;* der Fußboden spiegelt; man kann das Bild schlecht erkennen, weil das Glas darüber spiegelt; Metall spiegelt **2** ⟨500⟩ e t w a s spiegelt e t w a s *gibt ein Abbild von etwas, spiegelt etwas wider;* die blanke Scheibe spiegelte sein Bild **3** ⟨500/R3⟩ s i c h (i n e t w a s) ~ *als (seitenverkehrtes) Abbild erscheinen, sich widerspiegeln;* die Bäume ~ sich im Wasser 3.1 *sich im Spiegel betrachten* 3.2 ⟨fig.⟩ *wirklichkeitsgetreu in etwas zum Ausdruck kommen;* seine innere Entwicklung spiegelt sich in seinem Schaffen, seinem Werk

Spiel ⟨n.; -(e)s, -e⟩ **1** *zweckfreie Tätigkeit, Beschäftigung aus Freude an ihr selbst, Zeitvertreib, Kurzweil;* ~ mit Worten 1.0.1 ein ~ d e r N a t u r *eine seltsame Naturform* 1.0.2 ein ~ d e s S c h i c k s a l s *eigenartiges Zusammentreffen* 1.0.3 ein ~ d e s Z u f a l l s *ein seltsamer Zufall* 1.0.4 das ist für mich ein ~ ⟨fig.⟩ *ein leichtes* 1.1 *unregelmäßige, nicht zweckbestimmte Bewegung;* ~ der Augen, Hände, Muskeln 1.2 *lebhafte, harmonische Bewegung;* Farben~; Wellen~; ~ der Lichter, Scheinwerfer; das ~ der Wellen; das freie ~ der Kräfte 1.3 n u r ~ *Scherz, kein Ernst;* es ist doch alles nur ~; etwas nur als ~ auffassen **2** *unterhaltende Beschäftigung nach bestimmten Regeln;* Gedulds~; Geschicklichkeits~ 2.0.1 mit im ~ s e i n *an einem Spiel(2) teilnehmen* 2.0.2 mit i m ~ s e i n ⟨fig.⟩ *an etwas beteiligt sein* 2.0.3 das ~ v e r d e r b e n *nicht mitmachen u. dadurch die andern stören od. das Gelingen verhindern* 2.0.4 das ~ v e r d e r b e n ⟨fig.⟩ *ein Unternehmen vereiteln* 2.0.5 g e w o n n e n e s ~ h a b e n ⟨fig.⟩ *eine Sache durchgesetzt, erreicht haben* 2.0.6 jmdn. od. etwas a u s d e m ~ l a s s e n ⟨fig.⟩ *unbeteiligt, in Ruhe;* lassen Sie mich aus dem ~e! 2.0.7 die F i n g e r bei etwas im ~e h a b e n ⟨fig.⟩ *bei, an einem Unternehmen beteiligt sein;* → a. *Hand(2.6.07)* 2.0.8 bei, mit jmdm. l e i c h t e s ~ h a b e n ⟨fig.⟩ *bei jmdm. leicht etwas durchsetzen, erreichen* 2.1 *(unterhaltende) Beschäftigung nach bestimmten Regeln, um Geld mit Vermögenseinsatz u. vom Zufall abhängigem Gewinn od. Verlust;* Glücks~; dem ~ verfallen sein; er hat Glück im ~ gehabt; sein Glück im ~ versuchen; sein Geld im, beim ~ verlieren 2.1.1 machen Sie Ihr ~! ⟨Aufforderung des Croupiers⟩ *geben Sie Ihren Einsatz, setzen Sie!* 2.1.2 f a l s c h e s ~ *Spiel mit der Absicht zu betrügen* 2.1.3 f a l s c h e s ~ mit j m d m. t r e i b e n ⟨fig.⟩ *jmdn. betrügen, irreführen* 2.1.4 ein a b g e k a r t e t e s ~ ⟨fig.⟩ *heiml. Abmachung* 2.1.5 ein d o p p e l t e s ~ spielen ⟨fig.⟩ *unehrlich handeln, zwei gegeneinander ausspielen* 2.1.6 etwas a u f s ~ s e t z e n ⟨a. fig.⟩ *etwas wagen, etwas einsetzen, etwas einer Gefahr aussetzen* 2.1.7 a u f d e m ~ s t e h e n ⟨fig.⟩ *in Gefahr sein;* sein Leben, seine Zukunft steht auf dem ~ 2.2 *unterhaltender Wettbewerb;* Gesellschafts~; Ball~; Karten~; ein ~ gewinnen; ein ~ verlieren; ~ im Freien 2.2.1 das ~ m a c h e n *gewinnen* 2.3 *sportl. Wettkampf;* Fußball~; das ~ ist aus; das ~ beginnt um 10 Uhr; das ~ eröffnen; das ~ steht 2:1 für X; die Olympischen ~e; faires, unfaires, hartes, rücksichtsloses, rohes ~; hohes, flaches ~ ⟨Fußball⟩ **3** ⟨fig.⟩ *leichtsinniges, gefährliches Treiben;* genug des grausamen ~s!; ~ mit der Liebe 3.1 gute Miene zum bösen ~ machen *wider Willen mitmachen, sich lächelnd etwas Unangenehmes gefallen lassen* **4** ⟨fig.⟩ *absichtsvolles Treiben, Ränke;* jmds. ~ durchschauen 4.1 sein ~ mit jmdm. treiben *jmdn. zum besten haben, es nicht ernst mit ihm meinen* **5** *einzelner Abschnitt eines längeren Wettspiels, z. B. beim Billard, Kartenspiel, Tennis;* das erste ~ verloren geben **6** *künstler. Darbietung, Art des künstler. Vortrags* 6.1 *schauspieler. Vorführung, Darstellung* 6.1.1 s t u m m e s ~ *Darstellung ohne Worte, nur mit Bewegung u. Mimik* 6.1.2 *Gestik u. Mimik (des Schauspielers);* ausdrucksvolles ~ des Schauspielers 6.2 *musikal. Darbietung;* Lauten~, Klavier~ 6.2.1 mit k l i n g e n d e m ~ (einziehen usw.) *mit spielender Militärmusikkapelle* 6.2.2 *das Spielen (eines Instruments);* das Publikum feierte sein ~ 6.2.3 *Anschlag u. Ausdruck (des Spielenden);* seelenvolles ~ der Pianistin **7**

Theaterstück; Schau~; Mysterien~; Puppen~ 7.0.1 ~ im ~ *in ein Bühnenstück eingefügtes kleineres Bühnenstück* **8** *mehrere zusammengehörige Gegenstände;* ein ~ Karten, Stricknadeln **9** *Maßunterschied zweier zusammengehöriger Maschinenteile, Spielraum;* die Räder haben genügend ~ **10** ~ des Auerhahns, Birkhahns, Fasans ⟨jägerspr.⟩ *Schwanz*

'Spiel·art ⟨f.⟩ **1** *Abweichung innerhalb einer Art, Abart, Sonderform* **2** ⟨Biol.⟩ 2.1 *die innerhalb einer Art möglichen Abweichungen in bezug auf Farbe, Form usw. eines Lebewesens* 2.2 *Rasse, Subspezies, Unterabteilung einer Art*

'Spiel·ball ⟨m.⟩ **1** *Ball zum Spielen* **2** ⟨fig.⟩ *macht-, willenloses Werkzeug;* ein ~ in den Händen der Mächtigen; das Boot war nur noch ein ~ der Wellen

'Spiel·do·se ⟨f.⟩ *durch ein Uhrwerk od. eine Kurbel bewegtes, eine od. mehrere Melodien spielendes Musikgerät in Kasten- od. Dosenform mit Zungen, die von den Haken einer Walze angerissen werden*

'spie·len ⟨V.⟩ **1** ⟨400⟩ *sich ohne Zweck, zur Unterhaltung beschäftigen, ein Spiel machen, treiben;* komm, wir ~ ein bißchen!; mit Puppen, mit der Eisenbahn ~; mit jmdm. ~; mit dem Feuer ~ ⟨a. fig.⟩ 1.0.1 mit dem Federhalter, der Uhrkette ~ *den F., die U. nervös od. gedankenlos mit den Fingern bewegen* 1.0.2 mit dem Gedanken ~, etwas zu tun *überlegen, den G. erwägen* 1.0.3 mit Worten ~ *ein Wortspiel bilden, Wörter in ihren unterschiedl. od. ähnl. Bedeutungen geistreich verwenden* 1.1 ⟨500⟩ etwas ~ *als Spiel(2) ausführen;* Ball ~; Karten ~; was wollen wir (heute) ~?; eine Farbe ~ ⟨Kart.⟩ 1.2 ⟨530⟩ jmdm. einen Streich ~ ⟨fig.⟩ *einen S. an jmdm., auf jmds. Kosten verüben* 1.3 ⟨500⟩ Vorsehung ~ ⟨fig.⟩ *dem Geschehen heimlich nachhelfen* 1.4 ⟨513/R3⟩ sich müde ~ *so lange spielen, bis man müde ist* **2** ⟨410⟩ *ein Glücksspiel betreiben;* in der Lotterie ~; um Geld ~ 2.1 falsch ~ *im Spiel betrügen* 2.2 hoch ~ (beim Glücksspiel) *einen hohen Einsatz wagen* 2.3 sich um sein Vermögen ~ *so lange spielen, bis man sein V. verloren hat* **3** ⟨410⟩ *ein Wettspiel durchführen;* fair, unfair, hart, rücksichtslos ~; die Mannschaft spielt heute gegen ... **4** ⟨417⟩ mit jmdm. od. etwas ~ ⟨fig.⟩ *tändeln, leichtsinnig umgehen, jmdn. od. etwas nicht ernst nehmen;* er spielt ja nur mit ihr; man soll nicht mit der Liebe ~ **5** ⟨400⟩ etwas spielt *bewegt sich unregelmäßig, ohne einen bestimmten Zweck;* die Scheinwerfer spielten über den Himmel; das Pferd läßt seine Ohren ~ 5.0.1 seine Augen über etwas ~ lassen *schweifen, wandern lassen* 5.1 etwas spielt um etwas *ist in lebhafter, leichter, harmon. Bewegung;* Schmetterlinge ~ um die Blumen; das Wasser spielte ihm um die Füße 5.1.1 um seine Lippen spielte ein Lächeln *er lächelte (kaum erkennbar)* **6** ⟨413⟩ etwas spielt in allen Farben *schimmert, schillert;* der Diamant spielt in allen Farben 6.1 etwas spielt in eine Färbung *geht in eine F. über* 6.1.1 ins Gelbliche, Grünliche usw. ~ *einen gelbl., grünl. Farbton, Schimmer aufweisen* **7** ⟨430⟩ *künstlerisch darbieten, vortragen;* auswendig ~; aus dem Kopf ~ 7.1 ⟨402⟩ (jmdn. od. etwas) ~ *schauspielerisch darstellen;* den Don Carlos ~; sie spielt seit Jahren am Burgtheater; das Stück war inhaltlich gut, aber es war, es wurde schlecht gespielt; wer hat den Hamlet gespielt?; der Darsteller des Hamlet spielt ausgezeichnet, gut, schlecht; eine Rolle ~ ⟨a. fig.⟩ 7.2 ⟨511/R3⟩ sich an eine Kulisse ~ *während des Spiels(6.1) sich langsam der K. nähern* 7.3 ⟨511⟩ jmdn. an die Wand ~ ⟨fig.⟩ *(einen andern Schauspieler) weit übertreffen, jmdn. durch bessere Leistung od. sichereres Auftreten übertreffen od. verdrängen* 7.4 ⟨500⟩ ein Stück ~ *(im Theater) aufführen;* was wird heute (im Theater) gespielt?; Theater ~ ⟨a. fig.⟩ 7.4.1 was wird hier gespielt? ⟨a. fig.⟩ *was geht hier vor?, was ist hier los?* 7.5 ⟨500⟩ jmdn. od. eine Sache ~ ⟨fig.⟩ *vorgeben, vortäuschen, so tun, als ob;* den Beleidigten, Unschuldigen ~; den feinen Mann ~; seine Entrüstung war nur gespielt; mit gespieltem Erstaunen fragte er ... 7.6 ⟨500⟩ ein Musikstück ~ *musikalisch darbieten, vortragen;* ein Konzert, einen Schlager, eine Sonate ~ 7.6.1 Beethoven ~ *ein Stück von B. spielen* 7.7 ⟨400⟩ *ein Musikinstrument betätigen, musizieren;* es spielt das Rundfunk-Sinfonieorchester; falsch ~ (auf einem Instrument) 7.8 ⟨500⟩ ein Musikinstrument ~ *beherrschen, künstlerisch betätigen können;* Geige, Klavier ~ **8** ⟨410⟩ etwas spielt zu bestimmter Zeit, an einem bestimmten Ort *handelt, geht vor sich;* der Roman, das Stück spielt im Mittelalter; die Sache spielt schon lange **9** ⟨511/R7⟩ jmdn. od. etwas irgendwohin ~ ⟨fig.⟩ *unauffällig, heimlich irgendwohin befördern, bewegen* 9.1 jmdm. etwas in die Hände ~ *es ihm unauffällig zukommen lassen* 9.2 sich in den Vordergrund ~ *sich unauffällig in den V. drängen* **10** ⟨400⟩ etwas ~ lassen ⟨fig.⟩ *einsetzen, ins Spiel(2) bringen* 10.1 alle Beziehungen ~ lassen *einsetzen* 10.2 seine Reize ~ lassen *zur Geltung bringen*

'Spie·ler ⟨m.; -s, -⟩ **1** *jmd., der spielt, an einem Spiel teilnimmt;* Mit~; ein guter, schlechter (Karten-, Fußball-)~ sein; ein Gesellschaftsspiel für drei od. vier ~ **2** ⟨abwertend⟩ *jmd., der ein Glücksspiel betreibt* 2.1 ein ~ sein *dem Glücksspiel verfallen sein* 2.1.1 ⟨fig.⟩ *ein leichtsinniger, verantwortungsloser Mensch sein* **3** *jmd., der ein Musikinstrument spielt;* Klavier~ **4** *jmd., der als Schauspieler auftritt*

'spie·le·risch ⟨Adj.⟩ **1** *wie bei einem Spiel, als Spiel;* ~ leicht; mit ~er Leichtigkeit, Fertigkeit **2** ⟨fig.⟩ *ohne Ernst, ohne ernste Absicht* **3** *zierlich, leicht;* ~e Verzierungen **4** ⟨90⟩ *das (sportliche) Spiel betreffend;* ein ~ hervorragender, überlegener Gegner

'Spiel·kar·te ⟨f.⟩ *Karte, die zum Spielen dient, zu einem Kartenspiel gehört*

'Spiel·plan ⟨m.⟩ **1** *Plan der in einer Spielzeit zu spielenden Bühnenstücke (eines Theaters);* das Stück ist vom ~ abgesetzt worden **2** *(gedrucktes) Programm der in einer bestimmten Zeit in bestimmten Theatern od. Lichtspieltheatern gespielten Stücke bzw. Filme;* Wochen~; „Hamlet" steht (noch, nicht mehr) auf dem ~

'Spiel·platz ⟨m.⟩ *umgrenzter Platz im Freien zum Spielen, bes. für Kinder*

'Spiel·raum ⟨m.⟩ **1** *Hohlraum zwischen zwei ineinandergreifenden od. fast aneinanderstoßenden Maschinenteilen od. anderen Gegenständen* **2** ⟨fig.⟩ *Bewegungsfreiheit;* (keinen) ~ haben; genügend ~ lassen

'Spiel·ver·der·ber ⟨m.; -s, -⟩ **1** *jmd., der bei einem Spiel nicht mitmacht u. es dadurch verhindert od. stört* **2** ⟨fig.⟩ *jmd., der ein gemeinschaftl. Unternehmen vereitelt;* sei kein ~!

'Spiel·zeug ⟨n.; -(e)s, -e⟩ **1** *Gegenstand zum Spielen für Kinder, Spielsachen;* der Junge hat schon so viel, hat zuviel ~ 1.1 ⟨fig.⟩ *etwas, das nur als Zeitvertreib dient;* laß den Apparat stehen, er ist kein ~; sie ist für ihn nur ein ~

Spieß ⟨m.; -es, -e⟩ **1** *dünner, zugespitzter Eisenstab;* Brat~; am ~ gebratenes Huhn **2** *Stich- u. Wurfwaffe aus langem Stab mit Eisenspitze, Lanze, Speer;* Wurf~ 2.1 er schrie wie am ~, als ob er am ~ steckte ⟨fig.; umg.⟩ *heftig, sehr laut, verzweifelt* 2.2 den ~ umdrehen ⟨fig.⟩ *den Angriff durch einen Gegenangriff abwehren, einen Vorwurf zurückgeben* **3** ⟨Typ.⟩ *als schwarzer, längl. Fleck im Schriftbild erscheinendes, hinaufgerutschtes Ausschlußstück des Schriftsatzes* **4** ⟨jägerspr.⟩ *Geweihstange ohne Enden (beim jungen Elch, Hirsch, Rehbock)* **5** ⟨soldatenspr.⟩ *Feldwebel*

'Spieß·bür·ger ⟨m.; fig.; abwertend⟩ *engstirniger, kleinlich denkender Mensch;* Sy *Spießer*[2]

'spie·ßen ⟨V. 500⟩ **1** etwas ~ *mit dem Spieß durchstechen, durchbohren* **2** ⟨511⟩ etwas auf, an etwas ~ *auf eine Spitze stecken, mit spitzem Gegenstand feststecken;* Photos an die Wand ~; eine Kartoffel auf die Gabel ~; einen Schmetterling auf eine Nadel ~

'Spie·ßer[1] ⟨m.; -s, -⟩ ⟨jägerspr.⟩ *junger Elch, Hirsch od. Rehbock mit Schaufeln, Geweih od. Gehörn mit nur einem Ende*

'Spie·ßer[2] ⟨m.; -s, -; fig.⟩ = *Spießbürger*

'Spieß·ge·sel·le ⟨m.⟩ **1** ⟨veralt.⟩ *Kamerad, Waffenbruder* **2** ⟨abwertend⟩ *Mitschuldiger, Mittäter;* Sy *Helfershelfer* **3** ⟨abwertend⟩ *Kumpan, Genosse*

'spie·ßig ⟨Adj.; abwertend⟩ *wie ein Spießbürger, engstirnig, kleinlich*

'Spieß·ru·te ⟨f.⟩ **1** *dünner, spitzer Zweig, Spießgerte* **2** ~n laufen 2.1 ⟨früher als Strafe beim Militär⟩ *durch eine Gasse von 100 - 300 Soldaten laufen u. sich von jedem mit der Spießrute(1) auf den nackten Rücken schlagen lassen* 2.2 ⟨fig.⟩ *sich im Vorbeigehen von den Leuten spöttisch ansehen lassen müssen*

'Spin·del ⟨f.; -, -n⟩ **1** *Teil des Spinnrades od. der Spinnmaschine, der die Spule trägt* **2** ⟨Tech.⟩ *mit einem Gewinde versehene Welle mit der Funktion, einen Gegenstand zu bewegen od. Druck zu erzielen* **3** ⟨Bauw.⟩ *Mittelsäule (einer Wendeltreppe)* **4** *Achse, Stange*

'Spin·ne ⟨f.; -, -n⟩ **1** *Angehörige einer Ordnung der Spinnentiere, deren Kopf u. Brust zu einem Stück verschmolzen sind, an dem zwei Paar Mundwerkzeuge u. vier Paar Beine sitzen: Araneae;* ~ am Abend, erquickend und labend; ~ am Morgen bringt Kummer und Sorgen ⟨Sprichw., das sich eigtl. auf die Tätigkeit des Spinnens(1) bezieht⟩ **2** pfui ~! ⟨umg.⟩ *(Ausruf des Ekels, Abscheus)*

'spin·nen ⟨V. 249⟩ **1** ⟨402⟩ (etwas) ~ *zu Fäden verarbeiten;* Wolle, Flachs ~ 1.1 ⟨400⟩ *mit dem Spinnrad od. der Spinnmaschine Fasern zum Faden drehen* 1.2 Garn, einen Faden ~ *aus Fasern herstellen* 1.2.1 ein (Seemanns)garn ~ ⟨fig.⟩ *eine abenteuerl., nicht ganz glaubwürdige Seemannsgeschichte erzählen* 1.2.2 wir ~ einen guten Faden miteinander ⟨fig.; umg.⟩ *wir vertragen, verstehen uns gut* 1.3 *einen Faden aus einer Spinnlösung, Schmelze od. verformbaren Masse, die durch Spinndüsen gepreßt wird, herstellen* 1.4 die Spinne, die Raupe spinnt etwas *erzeugt aus einem Körpersekret, das an der Luft erstarrt, Fäden und stellt daraus etwas her;* zwischen den Zweigen spann eine Spinne ihr Netz; von Raupen gesponnene Kokons **2** ⟨500⟩ etwas ~ ⟨fig.⟩ *ersinnen, ausdenken;* Ränke ~ 2.1 ein Netz von Lügen ~ ⟨fig.⟩ *vielfältige L. ersinnen u. verbreiten* 2.2 er spinnt das alles ja bloß ⟨fig.; umg.⟩ *alles, was er erzählt, ist ja nicht wahr* **3** ⟨400; fig.; umg.⟩ *geisteskrank, verrückt sein;* der spinnt ja **4** ⟨400⟩ die Katze spinnt *schnurrt* **5** ⟨400; fig.; umg.⟩ *im Gefängnis sitzen;* sie hat noch zwei Jahre zu ~

'Spin·ner ⟨m.; -s, -⟩ **1** *Facharbeiter in einer Spinnerei* **2** ⟨Zool.⟩ *Angehöriger verschiedener Familien der Großschmetterlinge, deren Raupen vor der Verpuppung einen Kokon spinnen* **3** ⟨Zool.⟩ *Angehöriger einer Überfamilie der Schmetterlinge, zu der die Familien der Glukken u. Seidenspinner zählen: Bombycidea* **4** *zum Fang von Raubfischen benutzter künstl. Köder, der sich um die Längsachse dreht, wenn er durch das Wasser gezogen wird, und so einen kleinen Fisch vortäuscht* **5** ⟨fig.; umg.⟩ *jmd., der spinnt, der dummes Zeug od. nicht ernst zu nehmende Dinge redet*

'Spinn·we·be ⟨f.; -, -n⟩ *Netz od. Faden der Spinne aus erstarrtem Körpersekret*

Spi'on ⟨m.; -(e)s, -e⟩ **1** *jmd., der Spionage treibt* **2** ⟨fig.⟩ *außen am Fenster angebrachter Spiegel, in dem man vom Zimmer aus die Straße überblicken kann*

Spio'na·ge ⟨[-ʒə] f.; -; unz.⟩ *das heiml. Auskundschaften von militär., polit. od. wirtschaftl. Geheimnissen eines Staates im Auftrag eines anderen (strafbar)*

Spi'ra·le ⟨f.; -, -n⟩ **1** ⟨Math.⟩ *ebene, sich unendlich um einen Punkt windende Kurve, die sich immer weiter von diesem Punkt entfernt* **2** ⟨allg.⟩ *sich um eine Achse windende, räuml. Kurve*

spi·ri·tu'ell ⟨Adj.⟩ *geistig, übersinnlich;* Ggs *materiell(1)*

Spi·ri·tuo·se ⟨[---'--] f.; -, -n; meist Pl.⟩ ~n *alkoholische Getränke*

'Spi·ri·tus[1] ⟨[sp-] m.; -, -⟩ **1** *Atem, Hauch* **2** *Leben(shauch)* **3** *Zeichen für die Behauchung in der griech. Schrift* 3.1 ~ asper *Zeichen auf einem Vokal zur Aussprache mit anlautendem h* 3.2 ~ lenis *Zeichen zur Aussprache ohne h* **4** *Geist* 4.1 ~ rector *führender, belebender Geist, treibende Kraft (eines Unternehmens)* 4.2 ~ sanctus *der Heilige Geist*

'Spi·ri·tus[2] ⟨[ʃp-] m.; -, -s·se⟩ = *Äthylalkohol*

spitz ⟨Adj.⟩ **1** *immer schmaler, dünner werdend, in einem Punkt endend;* Ggs *stumpf;* ein gotisch ~er Bogen 1.0.1 ~er Winkel *W. unter 90°* 1.0.2 etwas mit ~en Fingern anfassen *mit Daumen u. Zeigefinger u. die übrigen abspreizend (vor Ekel od. aus Angst, sich zu beschmutzen)* 1.1 *mit einer Spitze versehen;*

ein ~er Bleistift **2** ⟨umg.⟩ *mager, dünn (im Gesicht);* du siehst ~ aus; er ist ~ geworden 2.0.1 ⟨fig.⟩ *leicht boshaft, anzüglich, stichelnd;* ~e Reden führen; „...!" sagte sie ~ 2.1 eine ~e Zunge haben *boshaft sein, gern sticheln* **3** eine Sache ~ kriegen ⟨fig.; umg.⟩ *eine S. bemerken, entdecken, herausbekommen*

Spitz ⟨m.; -es, -e⟩ **1** *kleine Hunderasse mit spitzer Schnauze, spitzen Ohren u. langhaarigem Fell* **2** ⟨fig.; umg.⟩ *leichter Rausch*

'Spitz·bu·be ⟨m.⟩ **1** *Dieb, Gauner, Betrüger* **2** *Frechdachs, Schelm*

'Spit·ze ⟨f.; -, -n⟩ **1** *in einen Punkt auslaufendes od. dünner, schmaler werdendes Ende (eines Gegenstandes);* Baum~; Fels~; Finger~; Nadel~; Schuh~; Turm~; vom Bleistift die ~ abbrechen 1.1 einer Sache die ~ abbrechen ⟨fig.⟩ *einer S. geschickt begegnen, einer S. das Verletzende nehmen* 1.2 jmdm. die ~ bieten ⟨fig.⟩ *Trotz bieten, sich jmdm. widersetzen* 1.3 eine Sache auf die ~ treiben ⟨fig.⟩ *bis zum Äußersten gehen, es zum Kampf kommen lassen* **2** *Punkt, an dem zwei od. mehrere Linien od. Kanten zusammenstoßen (z. B. eines Dreiecks, einer Pyramide)* **3** *spitz zulaufendes (Bernstein-, Metall- od. Papp)röhrchen zum Rauchen von Zigarren od. Zigaretten;* Zigaretten~ **4** *durchbrochenes Gewebe, Fadengeflecht (als Kleider-, Wäscheeinsatz);* ~n häkeln, klöppeln, weben, wirken; ein mit ~n besetztes Kleid **5** ⟨fig.⟩ *vorderste Gruppe;* die ~ des Zuges **6** ⟨fig.⟩ *vorderste Position;* im Rennen an der ~ liegen; an der ~ eines Unternehmens stehen; sich an die ~ eines Unternehmens, Zuges stellen; die ~ halten **7** ⟨fig.⟩ *oberste Schicht (einer Gesellschaft), die leitenden, führenden Personen;* die ~n der Gesellschaft, der Stadt **8** ⟨fig.⟩ *nach der Abrechnung übrigbleibender Betrag, Überschuß* **9** ⟨fig.⟩ *leicht boshafte Anspielung od. Bemerkung, Anzüglichkeit, Stichelei;* das ist eine ~ gegen dich 9.0.1 sie gab ihm die ~ zurück *sie antwortete schlagfertig u. ebenso boshaft*

'Spit·zel ⟨m.; -s, -⟩ *Späher, Aushorcher, heiml. Aufpasser, Spion;* Polizei~; Lock~; jmdn. als ~ einsetzen, entlarven

'spit·zen ⟨V.⟩ **1** ⟨500⟩ etwas ~ *mit einer Spitze versehen, spitz machen;* den Bleistift ~; die Lippen (zum Pfeifen) ~; den Mund (zum Kuß) ~ 1.1 die Ohren ~ ⟨fig.; umg.⟩ *aufmerksam lauschen, gut zuhören, aufpassen* 1.2 ⟨550/R3⟩ sich auf etwas ~ ⟨fig.⟩ *etwas erhoffen, sich auf etwas freuen;* ich spitze mich schon auf seinen Besuch **2** ⟨400; fig.; umg.⟩ *aufmerksam oder vorsichtig schauen, lugen, aufpassen;* ich muß (ein bißchen) ~, daß ich ihn nicht verpasse; um die Ecke ~ 2.1 da wirst du ~! ⟨oberdt.⟩ *da wirst du schauen, staunen* 2.2 die Schneeglöckchen ~ schon aus der Erde *zeigen schon ihre Spitzen*

'Spit·zen·klas·se ⟨f.⟩ **1** *erste Klasse, erste Güte;* dieser Wein, der Apparat ist ~ **2** *Klasse der Höchstleistungen;* dieser Sportler gehört zur ~

'Spit·zen·rei·ter ⟨m.⟩ **1** *ausgezeichneter Turnierreiter* 1.1 ⟨i. w. S.; Sp.⟩ *Sportler, der zur Spitzenklasse(2) gehört* **2** ⟨fig.; umg.⟩ *bes. zugkräftiger Artikel* 2.1 *bes. erfolgreiches Stück (bei Theater, Film od. Fernsehen);* der ~ der Saison

'spitz·fin·dig ⟨Adj.⟩ *überscharf unterscheidend, klügelnd, haarspalterisch, ausgeklügelt;* ~e Fragen

'Spitz·na·me ⟨m.⟩ *jmdm. von anderen gegebener zusätzl., neckender Name, Neckname;* jmdm. einen ~n geben

Spleen ⟨[spli:n] m.; -s, -e od. -s⟩ **1** *leichte Verrücktheit, eigenartige Vorliebe für etwas, Verschrobenheit;* er hat einen ~ **2** *überspannte, sonderbare Idee*

'splei·ßen ⟨V. 250/500⟩ **1** etwas ~ *zerreißen* 1.1 Holz ~ *spalten* **2** etwas ~ ⟨Techn.; seemannsspr.⟩ *miteinander verflechten;* zwei aufgedrehte Tauenden, Kabel ~

splen'did ⟨Adj.⟩ **1** *freigebig, großzügig;* einen ~en Freund haben **2** *prächtig* **3** ⟨Typ.⟩ *weitläufig, mit großen Zwischenräumen*

'Split·ter ⟨m.; -s, -⟩ **1** *spitzes, abgesprungenes Stück von hartem Material (z. B. Holz, Metall usw.), scharfer Span, kleines Bruchstück;* Eisen~; Glas~; Granat~; Holz~; Knochen~; sich einen ~ einziehen; einen ~ im Finger haben; das Glas zersprang in tausend ~; durch einen (Granat-, Bomben)~ verwundet werden 1.1 was siehst du aber den ~ in deines Bruders Auge und wirst nicht gewahr des Balkens in deinem Auge? (Matth. 7,3) *dir fehlt jede Fähigkeit, deine Handlungen kritisch zu beurteilen*

spon'tan ⟨Adj.⟩ **1** *von selbst, aus eigenem Antrieb, von innen heraus (kommend);* es geschah ganz ~ **2** *plötzlich, aus plötzl. Eingebung, plötzl. Entschluß (erfolgend);* eine ~e Äußerung; ein ~er Entschluß

spo'ra·disch ⟨Adj.⟩ **1** *vereinzelt, verstreut (vorkommend);* diese Pflanzen kommen hier nur ~ vor **2** *hin und wieder, nicht oft, unregelmäßig;* wir sehen uns nur ~

'Spo·re ⟨f.; -, -n; Biol.⟩ *ungeschlechtl. Zelle zur Fortpflanzung vieler Algen u. Pilze*

'Spo·ren ⟨Pl. von⟩ *Sporn*

Sporn ⟨m.; -s, Spo·ren⟩ **1** ⟨meist Pl.⟩ Sporen *zwei mit je einem Bügel an den Absätzen der Reitstiefel befestigte scharf gezähnte Rädchen zum Antreiben des Pferdes;* dem Pferd die Sporen geben 1.1 sich die Sporen verdienen ⟨fig.⟩ *sich (bei einer Aufgabe, einem Auftrag) bewähren* **2** ⟨Zool.⟩ *horniger Fortsatz hinten am Fuß vieler männlicher Vögel, bes. der Hühnervögel, der als Waffe dient* 2.1 ⟨Med.⟩ *schmerzhafter knöcherner Fortsatz des Fersenbeins, der sich durch länger andauernden Reiz bilden kann* **3** *unter Wasser befindlicher Vorsprung am Bug von Kriegsschiffen zum Rammen anderer Schiffe* **4** ⟨Bot.⟩ *hornartige, meist Nektar enthaltende Ausstülpung mancher Blütenblätter* **5** *mit Bügel unter dem Heck von Flugzeugen befestigte Kufe, Spornrad* **6** *Stachel od. spatenartiger Fortsatz an Geschützen, der das Zurückrollen verhindert* **7** *Nagel an der Sohle des Bergschuhs* **8** ⟨unz.; fig.⟩ *Antrieb, Ansporn*

'spor·nen ⟨V. 500⟩ **1** ein Pferd ~ *einem P. die Sporen geben* 1.1 jmdn. ~ ⟨fig.⟩ *antreiben, anspornen* **2** die Stiefel ~ *mit Sporen versehen* 2.1 gestiefelt und gespornt 2.1.1 *mit Sporenstiefeln angetan* 2.1.2 ⟨fig.⟩ *reisefertig, marschbereit (angezogen)*

'sporn·streichs ⟨Adv.⟩ *eilig, sofort, geradewegs;* ~ davonrennen; ~ auf etwas zulaufen

Sport ⟨m.; -(e)s, Sportarten od. (selten) -e⟩ **1** *körperl. Betätigung nach bestimmten Regeln zum Vergnügen od. zur Erhaltung der Gesundheit;* einen ~ betreiben; ~ treiben **2** *Gesamtheit der Leibesübungen* **3** *Leibesübung, im Unterschied zum Geräte- u. Bodenturnen u. zur Gymnastik;* Wasser~, Schi~ **4** ⟨fig.; umg.⟩ *Liebhaberei, Steckenpferd;* sich einen ~ aus etwas machen **5** *Neigung, Lust zu einer Tätigkeit;* etwas aus ~ betreiben

'sport·lich ⟨Adj.⟩ **1** *den Sport betreffend;* ~e Höchstleistungen; ~es Können **2** *vom Sport geprägt, durch Sport trainiert, kräftig u. schlank;* eine ~e Figur; er ist sehr ~ **3** *zum Sport gehörend, für den Sport geeignet;* eine ~e Kleidung 3.1 ~e Kleidung ⟨a. fig.⟩ *eine in Schnitt u. Material einfache, zweckmäßige u. jugendl. wirkende K.* **4** *fair, kameradschaftlich;* eine ~e Haltung; ein ~es Benehmen; ~en Geist zeigen

'Sport·platz ⟨m.⟩ *freier Rasenplatz, auf dem Sport (bes. Ballsport u. Leichtathletik) getrieben wird*

'Sport·wa·gen ⟨m.⟩ **1** *leichter Kinderwagen, in dem ein Kind auch sitzen kann* **2** *niedriger, schneller Personenkraftwagen*

Spott ⟨m.; -(e)s; unz.⟩ **1** *das Auslachen, boshaftes Veralbern, Lächerlichmachen, leichter Hohn;* nur ~ und Hohn ernten; seinen ~ über jmdn. ausgießen; jmdn. dem ~ der anderen preisgeben; seinen ~ mit jmdm. treiben; beißender, bitterer, feiner, gutmütiger, scharfer, versteckter ~ 1.0.1 das hat er nur mir zum ~ gesagt *um mich zu verspotten*

'Spott·bild ⟨n.⟩ = *Karikatur*

'spot·ten ⟨V.⟩ **1** ⟨400⟩ *etwas zum Spott sagen;* „...!" spottete er; spotte nicht!; etwas ~d sagen 1.1 das spottet jeder Beschreibung *das ist unbeschreiblich (schlimm, häßlich usw.)* 1.2 ⟨800⟩ über etwas od. jmdn. ~ *sich über etwas od. jmdn. lustig machen;* über ernste Dinge soll man nicht ~

'Spra·che ⟨f.; -, -n⟩ **1** *System von Verständigungsmitteln* 1.1 *System verbaler Zeichen einer menschl. Gemeinschaft, die der Verständigung dienen;* Landes~; Volks~; der Bau einer ~; die Regeln der ~; fünf ~n beherrschen; die deutsche, englische ~; fremde ~n lernen; jmdn. an seiner ~ (als Engländer, Franzosen) erkennen; einen Text, ein Buch aus einer ~ in die andere übersetzen, übertragen 1.1.1 *Redeweise der Angehörigen eines Berufs od. einer sozialen Gemeinschaft;* Bergmanns~; Kaufmanns~; Gauner~; Geheim~ 1.1.2 → a. *deutsch(4.7.2), leben(6.3), tot(6.5)* 1.2 *System von Gebärden, Zeichen, die der Verständigung dienen;* Gebärden~; Taubstummen~; Zeichen~ 1.3 *Laut- u. Signalsystem der Tiere;* Tier~; Hunde~; Vogel~ 1.4 ⟨fig.⟩ *lebendiger, stummer Ausdruck (z. B. der Augen, Hände);* sie sagte nichts, aber ihr glückliches Gesicht sprach eine beredte ~ **2** *Fähigkeit zu sprechen;* endlich fand er nach dem Schreck die ~ wieder; er hat vor Schreck die ~ verloren 2.0.1 hast du die ~ verloren? ⟨umg.⟩ *warum sagst du nichts?* 2.0.2 vor Schreck hat es mir die ~ verschlagen *ich war sprachlos vor S.* **3** *Tätigkeit des Sprechens, Besprechung* 3.1 die ~ auf einen Vorfall, ein Ereignis, ein Problem bringen *davon zu sprechen beginnen* 3.2 etwas zur ~ bringen *als Gesprächsthema vorbringen, erörtern wollen* 3.3 auch der Vorfall von gestern kam zur ~ *es wurde auch über den V. von gestern gesprochen* 3.4 er will nicht mit der ~ heraus(rücken) *er will nicht darüber sprechen* 3.5 eine deutliche, kühne ~ führen *sich unmißverständlich, energisch ausdrücken* 3.6 heraus mit der ~! *sprich!* **4** *die Art, sich schriftlich od. mündlich auszudrücken, Stil;* er ist ein Meister der ~; dieser Schriftsteller hat, schreibt eine schöne ~; einwandfreie, elegante, gehobene, gepflegte, reine ~

'Sprach·feh·ler ⟨m.⟩ *Unfähigkeit, bestimmte Laute richtig auszusprechen;* das Lispeln des s ist ein ~

...spra·chig ⟨Adj. 24; in Zus.⟩ **1** *eine bestimmte Zahl von Sprachen sprechend;* er ist zweisprachig aufgewachsen **2** *in einer bestimmten Sprache od. einer bestimmten Zahl von Sprachen abgefaßt;* dreisprachiges Wörterbuch 2.1 deutschsprachiger, fremdsprachiger Unterricht *in deutscher, in einer fremden Sprache gehaltener U.*

'sprach·lich ⟨Adj. 24⟩ *die Sprache, eine Sprache betreffend, zu ihr gehörig, einer Sprache eigentümlich;* ~er Fehler; der Aufsatz ist inhaltlich gut, aber ~ nicht einwandfrei; das ist ~ richtig, falsch

...sprach·lich ⟨Adj. 24; in Zus.⟩ **1** *eine bestimmte Sprache betreffend* 1.1 englischsprachlicher, fremdsprachlicher Unterricht *U. über die englische, über eine fremde Sprache, aber in der Muttersprache der Schüler gehalten*

'sprach·los ⟨Adj.⟩ **1** *ohne Sprache, nicht sprechen könnend;* die ~e Kreatur **2** ⟨fig.⟩ *so erstaunt od. erschrocken, daß man nicht sprechen kann, sehr erstaunt, verblüfft;* sie sah ihn in ~em Erstaunen an; ich war völlig ~, als ich das hörte, sah; jetzt bin ich aber wirklich ~!; ~ vor Erstaunen, vor Schreck

'Sprach·rohr ⟨n.⟩ **1** *der Lautverstärkung dienende trichterförmige Blechröhre, deren kleinere Öffnung beim Sprechen an den Mund gesetzt wird* 1.1 jmds. ~ sein ⟨fig.⟩ *kritiklos jmds. Meinung nachreden* **2** ⟨fig.⟩ *Sprecher* 2.1 sich zum ~ einer Sache machen *öffentlich für eine S. eintreten*

'Sprech·chor ⟨m.⟩ **1** *das gemeinsame Sprechen von Dichtwerken (im Theater), Losungen, Aufrufen (bei Veranstaltungen) durch mehrere Personen;* im ~ sprechen **2** *von einer Gruppe von Personen im Sprechchor(1) gesprochener Text;* einen ~ einstudieren **3** *Gruppe von Personen, die im Sprechchor(1) spricht;* die Sprechchöre fanden rasch Zulauf

'spre·chen ⟨V. 251⟩ **1** ⟨400⟩ *Laute, Wörter bilden;* das Kind konnte mit drei Jahren noch nicht ~; er konnte vor Erschöpfung kaum ~; ein Kind, einen Vogel das Sprechen lehren; das Kind lernt ~; mit hoher, tiefer, zitternder, lauter Stimme ~; laut, leise ~; ~ Sie noch? (Frage der Vermittlerin beim Ferngespräch); sprich doch deutlich!; durch die Nase ~; unter uns gesprochen ...; jmdn. zum Sprechen bringen 1.0.1 → a. *Rätsel(2.2)* 1.1 auf jmdn. schlecht, nicht gut zu ~ sein ⟨umg.⟩ *jmdn. nicht leiden können, jmdm. böse sein* 1.2 für jmdn. ~ ⟨a. fig.⟩ *Fürsprache einlegen, für jmdn.*

eintreten, sich für jmdn. einsetzen **1.3** für jmdn. ~ ⟨a. fig.⟩ *jmdn. vertreten, an seiner Stelle verhandeln* **1.4** mit jmdm. ~ *reden, sich mit jmdm. unterhalten;* hast du schon mit ihm darüber gesprochen?; mit sich selbst ~; wir haben lange miteinander gesprochen; wir ~ uns noch! (bei der Verabschiedung od. als Drohung) **1.4.1** wir ~ nicht miteinander *wir sind einander böse* **1.5** über jmdn. od. etwas ~ *sich über jmdn. od. etwas unterhalten;* ~ wir nicht (mehr) darüber! **1.6** von jmdm. od. etwas ~ *berichten, sich über jmdn. od. etwas unterhalten;* wir ~ gerade davon, daß ...; ~ wir von etwas anderem! **1.7** über jmdn. od. etwas, von jmdm. od. etwas in bestimmter Weise ~ *seine Meinung äußern, urteilen;* Gutes, Schlechtes von jmdm. ~ **2** ⟨400⟩ *eine Rede, einen Vortrag halten;* der Redner hat drei Stunden lang gesprochen; ich habe den Bundeskanzler gestern ~ hören; der Redner hat (nicht) gut gesprochen; er spricht heute im Rundfunk; er spricht heute über den jungen Goethe; vor einem großen Zuhörerkreis ~; sie verstand es, völlig frei zu ~ **3** ⟨500⟩ etwas ~ *äußern, sagen;* „...“ sprach er; die Wahrheit ~; er hat die ganze Zeit kein Wort gesprochen **3.0.1** den Segen ~ *jmdn. segnen* **3.1** *aufsagen, vortragen;* ein Gebet, Gedicht ~ **3.2** eine Sprache ~ *sich in einer S. äußern, eine S. beherrschen;* Englisch, Französisch ~; er spricht fließend Französisch; hier wird englisch und französisch gesprochen (in Geschäften); (einen) Dialekt ~; ich kann Italienisch verstehen, aber beim Sprechen habe ich noch Schwierigkeiten **3.2.1** → a. *Band*[2]*(1.2)* **3.3** jmdn. ~ *ein Gespräch mit jmdm. führen, mit jmdm. reden;* ich möchte Herrn X ~; kann ich dich einen Augenblick ~? **3.3.1** (nicht) zu ~ sein *(nicht) bereit sein, Besuch zu empfangen;* ich bin nicht zu ~!; für Herrn X bin ich nicht zu ~!; der Arzt ist täglich von 9 bis 12 Uhr zu ~ **3.4** *(s)eine Entscheidung kundtun* **3.4.1** das Gericht hat gesprochen *ein Urteil gefällt* **3.4.2** → a. *Recht(1.2)* **4** ⟨400⟩ etwas spricht ⟨fig.⟩ *äußert sich wortlos, tut sich kund* **4.1** die Waffen ~ *es wird gekämpft;* ab morgen ~ die Waffen **4.2** *zum Ausdruck kommen, deutlich werden;* aus all dem spricht seine tiefe Dankbarkeit; aus seinen Augen spricht Angst **4.2.1** jmdm. ~d ähnlich sehen *sehr ähnlich* **4.3** ⟨800⟩ etwas spricht für etwas *ist Beleg für, zeugt von etwas;* dies spricht doch für seine Gutmütigkeit **4.4** ⟨800⟩ etwas spricht für, gegen jmdn. od. etwas *vermittelt einen positiven, negativen Eindruck von jmdm. od. etwas, nimmt für, gegen jmdn. od. etwas ein;* gegen deinen Plan spricht vieles; es spricht für ihn, daß er die Anstrengungen nicht gescheut hat

'Spre·cher ⟨m.; -s, -⟩ **1** *jmd., der (gerade) spricht* **2** *Redner* **3** = *Ansager* **4** *Wortführer (einer Gruppe);* sich zum ~ einer Gruppe machen **5** *Staatsbeamter, der offiziell Mitteilungen an die Presse weitergibt;* Regierungs~; ein ~ des Außenministeriums teilte mit ... **6** *Sitzungsleiter* **7** ⟨Theat.⟩ *jmd., der eine kleine, einleitende Rolle zu sprechen hat;* erster, zweiter ~

'Sprech·stun·de ⟨f.⟩ *Zeit, in der jmd. zu sprechen ist;* die ~ des Arztes, Lehrers; die ~ der Behörde; wann haben Sie ~?; ~ halten; ~ ist täglich von 2 - 4 Uhr; kommen Sie bitte in meine ~

'sprei·zen ⟨V. 500⟩ **1** etwas ~ *auseinanderstellen* **1.1** Beine, Finger, Zehen ~ *vom Körper wegstrecken (nach verschiedenen Richtungen)* **1.2** die Flügel ~ *ausbreiten* **1.3** die Federn ~ *aufplustern, sträuben* **2** ⟨510/R3⟩ sich ~ ⟨fig.⟩ *geziert einherschreiten, sich wichtig tun (mit Gebärden);* sich ~ wie ein Pfau **2.1** ⟨550⟩ sich gegen etwas ~ ⟨fig.⟩ *sich sträuben, sich zieren, sich geziert wehren*

'Spren·gel ⟨m.; -s, -⟩ **1** *Kirchspiel, Pfarrbezirk, Diözese* **2** *Amtsbezirk (einer weltl. Behörde)*

'spren·gen ⟨V.⟩ **1** ⟨500⟩ etwas ~ *mit Sprengstoff zerstören;* ein Haus in die Luft ~ **1.1** → a. *Bank*[2]*(2.2)* **2** ⟨500⟩ etwas ~ *mit Gewalt öffnen, aufbrechen;* eine Tür, ein Schloß ~ **2.1** *durch Druck von innen her zertrümmern;* der Fluß hat die Eisdecke gesprengt; das Eis hat das Gefäß gesprengt **2.2** *auseinanderreißen;* Ketten, Fesseln ~; die Freude sprengte mir fast die Brust ⟨fig.⟩ **3** ⟨500⟩ eine Versammlung ~ ⟨fig.⟩ *auseinandertreiben, aufscheuchen, verjagen* **3.1** Wild ~ ⟨jägerspr.⟩ *aus dem Bau od. einem Kessel aufjagen* **4** ⟨500⟩ etwas ~ ⟨fig.⟩ *überschreiten;* das würde den Rahmen unseres Buches ~ **5** ⟨500⟩ etwas ~ *bespritzen, besprühen, beträufeln;* die Wäsche, den Rasen, die Straße ~ **6** ⟨411(s.)⟩ ein Reiter sprengt irgendwohin *galoppiert;* der Reiter sprengt in den Hof

'Spreng·stoff ⟨m.⟩ *Stoff, der nach einer Zündung plötzlich große Mengen heißer Gase bildet, die einen zerstörenden Druck auf ihre Umgebung ausüben*

Spreu ⟨f.; -; unz.⟩ **1** *Hülsen, Spelzen, Grannen (des gedroschenen Getreides)* **1.1** die ~ vom Weizen trennen, sondern, scheiden ⟨a. fig.⟩ *Schlechtes vom Guten trennen* **2** ⟨fig.⟩ *Wertloses*

'Sprich·wort ⟨n.; -(e)s, ¨er⟩ *kurze, in ausdrucksvoller, einprägsamer Form (häufig mit End- od. Stabreim) überlieferte Lebensweisheit;* „Frisch gewagt ist halb gewonnen“, wie das ~ sagt

'sprich·wört·lich ⟨Adj.⟩ **1** *als Sprichwort überliefert;* eine ~e Wendung **2** *zum Sprichwort geworden;* eine ~e Wahrheit **3** ⟨70⟩ *allg. bekannt wie ein Sprichwort;* seine Freigebigkeit ist ~

'sprie·ßen[1] ⟨V. 500⟩ etwas ~ *stützen*

'sprie·ßen[2] ⟨V. 252/400(s.)⟩ eine Pflanze sprießt *keimt, wächst hervor, empor;* die ersten Knospen ~; die Blumen ~ aus der Erde

'Spring·brun·nen ⟨m.⟩ *Brunnen, bei dem das Wasser durch Druck aus einer Düse nach oben schießt und in einem Becken gesammelt wird*

'sprin·gen ⟨V. 253(s.)⟩ **1** ⟨400⟩ *einen Sprung machen, sich vom Boden weg schnellen;* in die Höhe ~ (vor Freude); ins Wasser ~; aus dem Bett ~; aus dem Fenster ~; mit Anlauf ~; mit dem Seil ~ (Kinderspiel); über einen Graben ~; vom Pferd ~; vom Sprungturm ~; von der fahrenden Straßenbahn ~; zur Seite ~ **1.0.1** → a. *Klinge* **1.1** ⟨500⟩ etwas ~ ⟨Sp.⟩ *in einem Sprung erreichen;* 1,20 m (hoch) ~; er sprang die größte Weite in diesem Wettbewerb **2** ⟨410; umg.⟩ *rasch laufen;* durchs Zimmer ~; bitte spring rasch zum Bäcker! **2.1** *in Sprüngen* *laufen, hüpfen;* die Kinder kamen gesprungen 2.2 ⟨fig.⟩ *sich beeilen, eilen;* wer den ganzen Tag ~ muß, hat abends gern seine Ruhe 2.3 ⟨fig.⟩ *eilfertig zu Diensten sein;* wenn sie nur mir dem kleinen Finger winkt, dann springt er schon 2.3.1 jmdn. (nur für sich) ~ lassen ⟨fig.; umg.⟩ *seine Hilfsbereitschaft dauernd in Anspruch nehmen* **3** ⟨400⟩ etwas springt *wird plötzlich mit Kraft bewegt* 3.0.1 das springt ja in die Augen ⟨fig.⟩ *ist offensichtlich* 3.1 *in die Höhe geschnellt werden;* der Ball sprang bis an die Decke 3.2 etwas springt (aus etwas) *schießt, schnellt in die Höhe, spritzt heraus, hervor;* die Quelle springt aus der Erde, aus einem Felsen; er hieb auf den Stein, daß die Funken sprangen 3.3 ⟨411⟩ etwas springt von etwas *löst sich (mit einem Ruck);* der Lack springt vom Untergrund 3.4 ⟨411⟩ etwas springt aus etwas *löst sich plötzlich aus etwas heraus;* der Wagen ist aus dem Gleis gesprungen 3.5 der ~de Punkt dabei ist, daß ... ⟨fig.⟩ *das Entscheidende dabei* 3.6 etwas ~ lassen ⟨fig.; umg.⟩ *etwas ausgeben, spendieren* **4** ⟨400⟩ etwas springt *bekommt einen Sprung, Riß;* das Glas, die Schüssel sprang in tausend Stücke; das Glas, der Topf ist gesprungen **4**.1 eine Saite springt *reißt* **4**.2 eine Knospe springt *öffnet sich, platzt auf* **5** ⟨400; fig.⟩ *eine Stelle auslassen, unvermittelt zu etwas anderem übergehen;* der Solist sprang mehrfach in seinem Vortrag **5**.1 ⟨Brettspiel⟩ *ein Feld überschlagen*

'Sprin·ger ⟨m.; -s, -⟩ **1** *jmd., der springt* **2** *Typ von Tieren, die sich springend bewegen* **3** *Bespringer, männliches Zuchttier* **4** ⟨Schach⟩ *Pferd, Rössel*

Sprit ⟨m.; -(e)s, -e⟩ **1** *Äthylalkohol als Grundlage von Branntwein* **2** ⟨umg.⟩ *Benzin, Treibstoff*

'Sprit·ze ⟨f.; -, -n⟩ **1** *Einspritzung;* eine ~ bekommen; jmdm. eine ~ geben **2** *Gerät zum Spritzen, entweder als Gummiball mit Kanüle, als Schlauch mit verstellbarer Düse od. als zylinderförmiges Glasröhrchen, in dem ein mit Handdruck bewegter Kolben die Flüssigkeit durch eine feine Nadel auspreßt (für Einspritzungen zu Heilzwecken);* Hand~, Klistier~; Garten~, Feuer~ 2.1 der Mann an der ~ ⟨fig.⟩ *einflußreicher M.*

'sprit·zen ⟨V.⟩ **1** ⟨500⟩ Flüssigkeit irgendwohin ~ *F. in Tropfen od. Strahlen irgendwohin schleudern;* Wasser ins Feuer ~; Schlagsahne auf die Torte ~ 1.1 jmdn. od. etwas ~ *(mit Flüssigkeit) übersprühen;* Bäume, Pflanzen (mit einem Schädlingsbekämpfungsmittel) ~; die Blumen, den Rasen ~ 1.2 ⟨400⟩ *plantschen, Wasser versprühen;* mit Wasser ~; spritz nicht so! 1.3 ⟨500⟩ etwas ~ *mit der Spritzpistole Farben auf etwas auftragen, etwas mit Farbe, Lack versehen;* den Wagen ~ (lassen); der Wagen muß frisch gespritzt werden 1.4 ⟨401⟩ es spritzt ⟨umg.⟩ *es regnet leicht, in wenigen Tropfen;* regnet es? Nein, es spritzt nur ein bißchen **2** ⟨400⟩ etwas spritzt *schnellt in Tropfen od. Strahl heraus, quillt hervor;* das heiße Fett spritzt (aus der Pfanne); das Blut spritzte aus der Wunde **3** ⟨500/R7⟩ ein Medikament ~ *ein M. mittels Injektionsspritze in den Körper einführen;* der Arzt spritzt das Medikament unter die Haut 3.1 jmdn. ~ *jmdm. eine Einspritzung geben;* jmdn. gegen Typhus ~; jmdn. in die Vene, in den Muskel, unter die Haut ~; er hat Zucker u. muß sich seit einiger Zeit ~ **4** ⟨500⟩ Wein, Schnaps, Saft ~ *mit Sodawasser verdünnen;* möchtest du den Saft gespritzt oder pur? **5** ⟨410(s.); fig.; umg.⟩ *eilfertig, diensteifrig laufen, rennen;* er spritzt beim leisesten Wink; ich spritze schnell mal zum Bäcker

'sprit·zig ⟨Adj.⟩ **1** *prickelnd;* ein ~er Wein **2** ⟨fig.⟩ *sprühend witzig, geistreich;* ein ~es Lustspiel; in einem ~en Stil geschrieben

'sprö·de ⟨Adj.⟩ **1** *hart, fest, aber bei Druck od. Schlag zerspringend, zerbrechlich;* Glas, Porzellan ist ~ **2** *trocken, aufgesprungen, rissig;* sie leidet unter ~r Haut **3** *brüchig, heiser;* eine ~ Stimme **4** ⟨fig.⟩ *schwer formbar, widerspenstig;* der Stoff ist für einen Film zu ~ **5** *kühl, herb, abweisend, verschlossen;* sie war ihm gegenüber sehr ~; sie ist eine ~ Schönheit

Sproß ⟨m.; -s·ses, -s·se⟩ **1** *Teil der höheren Pflanzen, der aus Sproßachse, Blättern u. Blüten besteht;* Ggs *Wurzel(1)* **2** *Nachkomme*

'Spros·se ⟨f.; -, -n⟩ **1** *Querholz zum Darauftreten an der Leiter;* er stand auf der letzten ~ **2** ⟨jägerspr.⟩ = *Ende(10)*

Spruch ⟨m.; -(e)s, ¨e⟩ **1** *kurz u. einprägsam ausgesprochener Gedanke, kurzer Lehrsatz, Lebensregel, oft in Reimen;* Denk~; Sinn~; Wahl~; Goethes Sprüche in Prosa, in Reimen; ein weiser ~! ⟨iron.⟩ 1.1 *Beschwörungsformel;* Zauber~ 1.2 Sprüche machen ⟨fig.⟩ *leeres Gerede von sich geben, aufschneiden* **2** *Stelle aus einem Buch, Zitat, bes. aus der Bibel;* Bibel~; die Sprüche Salomonis **3** *Form der mittelhochdeutschen Lyrik, liedartiges, strophisches, sangbares Gedicht* **4** *kurzes Lehrgedicht in Reimpaaren ohne Einteilung in Strophen* **5** *Wortlaut einer Entscheidung;* Richter~; Schieds~; Urteils~

'Spru·del ⟨m.; -s, -⟩ **1** *Wasserwirbel, Strudel* **2** *Strahl des Springbrunnens* **3** *Quelle* **4** *Sauerbrunnen, Mineral-, Sodawasser;* ~ trinken, bestellen

'spru·deln ⟨V. 400⟩ **1** eine Flüssigkeit sprudelt *wallt, kocht, bildet Blasen;* das Wasser sprudelt im Topf 1.1 *wirbeln, sprühend od. schäumend bewegt sein;* ein ~der Wasserfall **2** ⟨411(s.)⟩ eine Flüssigkeit sprudelt aus etwas *quillt sprühend, schäumend aus etwas hervor;* Sekt sprudelt aus der Flasche 2.1 etwas sprudelt aus jmdm. ⟨fig.⟩ *jmd. spricht etwas schnell, überstürzt;* die Worte sprudelten nur so aus seinem Munde

'sprü·hen ⟨V.⟩ **1** ⟨400⟩ etwas sprüht *spritzt in kleinen Teilchen, fließt davon, auseinander;* die Gischt sprühte ins, übers Boot; sprühende Funken; die Funken sprühten nach allen Seiten 1.1 ⟨401⟩ es sprüht *es regnet fein* 1.2 ⟨fig.⟩ *lebhaft, ausgelassen sein;* ~ vor Freude, Lebenslust; ihre Augen sprühten vor Begeisterung; ~der Laune sein 1.2.1 sein ~der Geist bezauberte alle *sein schlagfertiger, witziger, lebhafter G.* 1.2.2 ~der Witz *Reichtum an lebendigen, geistvollen Einfällen* **2** ⟨500⟩ etwas ~ *als kleinste Teilchen (bes. von Flüssigkeit) aussenden;* Flüssigkeit über Pflanzen usw. ~; ihre Augen sprühten Blitze ⟨fig.⟩

Sprung ⟨m.; -(e)s, ¨e⟩ **1** *Bewegung, bei der man sich mit einem Bein od. beiden Beinen zugleich* *vom Boden abstößt, so daß man sekundenlang frei od. sich auf ein Gerät stützend in der Luft schwebt;* ein großer, hoher, kleiner, mächtiger, weiter ~; ~ auf, marsch marsch! (militär. Kommando); ein ~ aus dem Fenster, ins Wasser, über einen Graben; beim ~ von der Mauer brach er sich ein Bein; in großen Sprüngen davonlaufen; er überquerte den Graben mit einem ~; zum ~ ansetzen (bes. vom Raubtier); ein ~ übers Pferd, über den Bock, Kasten ⟨Turnen⟩ **1.1** *Wettkampfübung im Springen;* Hoch~, Weit~, Stabhoch~ **1.2** keine großen Sprünge machen können ⟨fig.; umg.⟩ *nicht viel Geld haben, sich nicht viel leisten können* **1.3** auf dem ~e sein, stehen *im Begriff sein (fortzugehen)* **1.4** jmdm. auf die Sprünge helfen ⟨fig.⟩ *jmdm. helfen, einen Hinweis, Wink geben, jmdn. fördern* **1.5** jmdm. auf die Sprünge kommen ⟨fig.; umg.⟩ *jmds. (heiml.) Handlungen entdecken* **1.6** ein ~ ins Ungewisse ⟨fig.⟩ *eine kühne Handlung, bei der man nicht weiß, was daraus wird* **2** ⟨fig.; umg.⟩ *kurze Zeitspanne;* ich komme auf einen ~ bei dir vorbei **3** ⟨fig.; umg.⟩ *kleine Entfernung, kurze Strecke;* es ist nur ein ~ bis dahin **4** *kleiner Spalt, Riß;* ein ~ im Glas, Porzellan; das Glas hat einen ~ **5** ⟨fig.⟩ *Weglassen von Zwischenstufen, plötzl. Übergang;* Gedanken~; ein ~ in der natürlichen Entwicklung, im Denken; die Natur macht keine Sprünge **5.1** *Weglassen einer Textstelle (im Buch, in der Rolle)* **5.2** der Schauspieler machte einen ~ *übersprang eine Stelle* **6** ⟨jägerspr.⟩ *Gruppe;* ein ~ Rehe **7** ⟨veralt.; Mar.⟩ *Erhöhung des Schiffsdecks, Heck und Bug* **8** ⟨Geol.⟩ *vertikale Verschiebung von Gesteinsschollen längs einer Spalte, Verwerfung, Bruch*

'Sprung·brett ⟨n.⟩ **1** *federndes, übers Wasser hinausragendes Brett (zum Absprung beim Kunstspringen)* **2** *schrägstehendes, nicht federndes Brett als Hilfsmittel beim Geräteturnen* **3** ⟨fig.⟩ *günstiger Ausgangspunkt;* eine Stellung als ~ für eine höhere benutzen

'sprung·haft ⟨Adj.⟩ **1** *in Sprüngen, ruckweise;* sich ~ steigern; die Preise sind ~ in die Höhe geschnellt **1.1** *rasch u. plötzlich;* der Fremdenverkehr ist ~ angestiegen; der ~e Wechsel, Umsatz **2** ⟨fig.⟩ *unfähig, bei der Sache zu bleiben, einen Gedanken zu verfolgen;* er ist sehr ~ (in seinen Gedanken, Stimmungen); einer ~en Unterhaltung nicht folgen können

'Spucke ⟨-k·k-; f.; -; unz.; umg.⟩ **1** *Speichel* **1.1** da bleibt einem die ~ weg! ⟨fig.⟩ *da ist man sprachlos, da fehlen einem die Worte* **1.2** → a. *Geduld(1.0.3)*

'spucken ⟨-k·k-; V.⟩ **1** ⟨400⟩ *Speichel, Auswurf von sich geben, speien;* bitte nicht auf den Boden ~! (Aufschrift auf Schildern in öffentl. Räumen); jmdm. ins Gesicht ~; in die Hände ~ (um dann kräftig zupacken zu können); jmdm. vor die Füße ~ **1.0.1** ich spucke darauf! ⟨fig.; umg.⟩ *es ist mir gleichgültig, ich verzichte darauf* **1.0.2** jmdm. in die Suppe ~ ⟨fig.; umg.⟩ *jmdm. ein Vorhaben, einen Plan verderben* **1.0.3** jmdm. auf den Kopf ~ können ⟨fig.; umg.; scherzh.⟩ *größer sein als jmd.* **1.0.4** dem kannst du doch auf den Kopf ~ ⟨fig.; umg.; scherzh.⟩ *dem bist du doch weit überlegen* **1.1** ⟨400⟩ *sich übergeben, erbrechen* **1.2** ⟨500⟩ etwas ~ *aus dem Mund von sich geben;* Blut ~ **1.3** ⟨500⟩ große Bogen, große Töne ~ ⟨fig.⟩ *angeben, prahlen*

Spuk ⟨m.; -(e)s, (selten) -e⟩ **1** *Gespenstererscheinung, gespenstische Erscheinung, gespenst. Treiben;* wie ein ~ zog die Schar vorüber **2** ⟨fig.; umg.⟩ *Lärm, Unfug;* mach keinen ~! **3** *Aufhebens, Umstände;* mach nicht so viel ~ darum!

'spu·ken ⟨V. 400⟩ **1** *als Geist umgehen;* der alte Graf spukt noch immer des Nachts im Schloß **1.0.1** ⟨411; unpersönl.⟩ hier spukt es *hier gehen Geister um;* in diesem Haus soll es ~ **2** ⟨fig.⟩ *leben, sich halten;* dieser Aberglaube spukt noch immer unter den Leuten

'Spu·le ⟨f.; -, -n⟩ **1** *(zylinderförmige) Rolle zum Aufwickeln;* Film~, Tonband~; die ~ der Nähmaschine ist leer **1.1** *zum Aufwickeln von Garn bestimmter Gegenstand;* Garn~ **2** ⟨El.⟩ *in mehreren Windungen um einen Zylinder gewickelter Draht*

'spü·len ⟨V.⟩ **1** ⟨500⟩ etwas ~ *mit Wasser reinigen;* den Mund, Gläser, Geschirr ~ **1.1** *im Wasser schwenken, um Seife zu entfernen;* Haar, Wäsche ~ **1.2** *mit Flüssigkeit benetzen, auswaschen (bes. zu Heilzwecken);* eine Verletzung, einen Zahn mit Kamillentee ~ **2** ⟨511⟩ etwas spült jmdn. od. etwas auf, an, von, über etwas *etwas treibt jmdn. od. etwas irgendwohin;* die Wellen ~ Muscheln ans Ufer; der Matrose wurde von Deck gespült; der Fluß spülte eine Leiche an Land **3** ⟨411⟩ etwas spült an etwas *ergießt sich, treibt an etwas;* Wellen ~ ans Ufer; Tang war auf den Steg gespült

'Spü·lung ⟨f.; -, -en⟩ **1** *das Spülen(1.2) (bes. zu Heilzwecken)* **2** ⟨Tech.⟩ *(Vorrichtung zur) Zufuhr von Wasser, das unerwünschtes Material wegschwemmen soll* **2.1** *Vorrichtung zum Spülen(1) (am Wasserklosett)*

Spund ⟨m.; -(e)s, ⸚e⟩ **1** *Holzpflock, Zapfen, Pfropfen zum Verschließen von Fässern und anderen Behältern* **2** *in die Nut eingreifender Zapfen* **3** ⟨Pl. -e; fig.; umg.⟩ *junger, unreifer Mann, Rekrut*

Spur ⟨f.; -, -en⟩ **1** *Abdruck von Füßen, Rädern, Schiern usw. im Boden od. Schnee;* Fuß~; Rad~; Schlitten~; Wagen~; (keine) ~en hinterlassen; seine ~en verwischen **1.1** *Fährte, Tritt;* eine ~ verfolgen; die ~ verlieren; die ~ führt in den Wald, ins Ausland ⟨a. fig.⟩; jmdn. von der ~ abbringen, ablenken ⟨a. fig.⟩ **1.1.1** eines Mädchens ~en folgen ⟨fig.⟩ *einem M. ständig folgen, ständig um es sein* **1.1.2** einem Dieb auf der ~ sein *einen D. verfolgen* **1.1.3** jmdn. auf die (richtige) ~ bringen ⟨fig.⟩ *jmdm. einen Hinweis geben* **1.1.4** (jmdm.) auf die ~ kommen ⟨fig.⟩ *jmds. (heiml.) Handlungen entdecken* **1.2** ~ halten *mit einem Fahrzeug innerhalb einer auf die Straße gezeichneten od. gedachten Fahrbahn fahren* **1.3** ⟨jägerspr.⟩ *Fußabdrücke (des Niederwildes);* eine alte, frische, neue ~ **1.4** *Furche, Kielwasser* **2** ⟨fig.⟩ *Anzeichen;* in ihrem Gesicht waren noch ~en einstiger Schönheit zu erkennen **2.0.1** wir haben keine ~ von ihm gefunden *kein Zeichen, daß er hier gewesen ist* **2.1** *Überrest;* die ~en einer versunkenen Kultur **2.2** *etwas, das mit einem (kriminellen) Geschehen in Verbindung steht u. zu dessen Aufklärung beitragen kann;* der Mörder hinterließ keine ~en **3** ⟨fig.⟩ *Klei-*

nigkeit, winzige Menge; es fehlt noch eine ~ Salz 3.1 keine, nicht die, nicht eine ~ von etwas ⟨umg.⟩ *gar nichts (von), keinerlei;* keine ~ davon ist wahr; keine ~ von Geist, von Talent besitzen 3.1.1 keine ~! *ganz und gar nicht!* 3.1.2 nicht die ~! ⟨fig.; umg.⟩ *ganz und gar nicht, nicht das geringste!* **4** *Eisenbahngleis hinsichtlich seines Schienenabstandes;* Schmal~ **5** *markierte Fahrbahn auf der Straße* **6** ⟨Techn.⟩ *Geradeauslauf (eines Wagens);* die ~ dieses Wagens ist nicht in Ordnung **7** *Streifen auf dem Tonband, der jeweils für eine Aufnahme genutzt wird;* ein Tonbandgerät mit vier ~en

'spu·ren ⟨V. 400⟩ **1** ⟨Schisport⟩ *die erste Spur hinterlassen (im Neuschnee)* **2** *genau in einer Spur fahren;* dieses Auto spurt einwandfrei **3** ⟨fig.; umg.⟩ *gehorchen, sich einfügen, einordnen;* er wird schon ~

'spü·ren ⟨V. 500⟩ **1** ⟨R8⟩ etwas od. jmdn. ~ *mit dem Tastsinn wahrnehmen, merken, empfinden, fühlen;* das Pferd bekam die Peitsche zu ~; er spürt jetzt sein Alter; bei ihm war nichts von Anstrengung zu ~; Schmerz, Wirkung ~; den Wind, die Kälte ~; den Wetterumschlag in den Knochen ~; du wirst die Folgen deines Leichtsinns noch zu ~ bekommen 1.1 etwas am eigenen Leibe ~ *selbst erleben, erfahren* **2** der Hund spürt das Wild *folgt einer Spur des Wildes, nimmt eine Spur auf*

Spurt ⟨m.; -(e)s, -s od. (selten) -e; Sp.⟩ *plötzl., kurzfristige Beschleunigung des Tempos während od. gegen Ende eines Rennens;* Zwischen~, End~

'spu·ten ⟨V. 500/R3⟩ sich ~ *sich eilen, beeilen;* spute dich!; wir müssen uns ~

Staat ⟨m.; -(e)s, -en⟩ **1** *größere Gemeinschaft von Menschen innerhalb festgelegter Grenzen unter einer hoheitl. Gewalt;* im Interesse des ~es; der französische, englische ~; unabhängiger, souveräner ~ 1.1 → a. *Vater(6.2)* **2** ⟨fig.⟩ *die Regierung eines Staates;* beim ~ angestellt sein **3** ⟨umg.⟩ *Land;* er hatte schon viele ~en bereist **4** *zweckvoll organisierte größere Gemeinschaft mancher Tiere;* Bienen~; Ameisen~ **5** ⟨unz.; umg.⟩ *schöne Kleidung;* Sonntags~; in ihrem besten ~ 5.1 ⟨fig.⟩ *Aufwand, Pracht, Prunk* 5.1.1 in vollem ~ erscheinen *prächtig angezogen u. geschmückt* 5.1.2 der Festzug war wirklich ein ~ *war prächtig* 5.2 ~ machen *Aufwand treiben* 5.2.1 mit diesem Kleid kannst du keinen ~ mehr machen *dich nicht mehr recht sehen lassen*

'staat·lich ⟨Adj. 24⟩ **1** *den Staat(1) betreffend, zu ihm gehörig, von ihm ausgehend;* ~e Souveränität; ~e Interessen **2** *die Staatsregierung betreffend, zu ihr gehörig, in ihrem Dienste stehend, sie vertretend, von ihr ernannt;* ~e Kontrolle, Planung; einen ~en Zuschuß gewähren; ~e Behörde, Institution 2.1 ~ geprüft *im Beisein einer von Organen der Staatsregierung bestellten Prüfungskommission geprüft*

'Staats·an·walt ⟨m.⟩ *juristisch ausgebildeter Untersuchungsbeamter u. Ankläger im Strafverfahren;* Sy *öffentlicher Ankläger;* → *öffentlich(3.4)*

'Staats·bür·ger ⟨m.⟩ **1** *Staatsangehöriger* **2** *Bürger eines Staates mit allen polit. Rechten u. Pflichten* 2.1 ~ in Uniform ⟨BRD⟩ *Soldat eines demokrat. Staates, der grundsätzlich alle Rechte und Pflichten des Staatsbürgers haben soll, soweit sie irgend mit den Besonderheiten des militärischen Auftrages vereinbar sind*

'Staats·dienst ⟨m.⟩ *der beruflich od. pflichtgemäß dem Staat geleistete Dienst, Dienst als Staatsbeamter;* in den ~ eintreten; im ~ stehen; in den ~ gehen ⟨umg.⟩

'Staats·mann ⟨m.⟩ *(bedeutender) Politiker eines Staates*

'Staats·streich ⟨m.⟩ *Regierungsumsturz durch die Regierung selbst od. hohe Militärpersonen*

Stab ⟨m.; -(e)s, ¨e⟩ **1** *(runder, glatter) Stock, dünne Stange, als Turngerät für Stabhochsprung, oft als Zeichen einer bes. Würde;* Wander~, Holz~, Gitter~, Bischofs~, Marschall~ 1.1 den ~ führen *die musikal. Leitung haben, dirigieren* 1.2 den ~ über jmdn. brechen ⟨fig.⟩ *jmdn. verurteilen* **2** *Gesamtheit der leitenden Angestellten eines Unternehmens;* Unternehmens~ 2.1 *Gruppe von Mitarbeitern um eine leitende Persönlichkeit;* Mitarbeiter~ 2.2 ⟨Mil.⟩ *das Hilfspersonal von Truppenführern (vom Bataillon an aufwärts);* General~, Regiments~

'Stab·füh·rung ⟨f.⟩ *musikal. Leitung*

sta'bil ⟨Adj.⟩ **1** ~e Lage *nicht zur Veränderung neigende, dauerhafte L.;* Ggs *labil(1-1.1);* eine ~e Wirtschaft, Währung; ~e Preise 1.1 ⟨24⟩ ~es Gleichgewicht ⟨Phys.⟩ *G., bei dem ein Körper bei einer kleinen Verschiebung seiner Lage von außen in seine alte Lage zurückstrebt* **2** jmd. ist ~ *widerstandsfähig, kräftig;* ~e Gesundheit, Nerven haben **3** ein ~er Gegenstand *fester, haltbarer G.;* das Haus ist sehr ~ gebaut

'Stabs·of·fi·zier ⟨m.⟩ **1** *Offizier im Rang eines Obersten, Oberstleutnants od. Majors* **2** *Offizier als Mitarbeiter eines militär. Stabes*

'Sta·chel ⟨m.; -s, -n⟩ **1** *stechend spitzer Gegenstand* 1.1 *Stock mit eiserner Spitze (zum Antreiben von Rindern, Stoßen des Schlittens)* 1.1.1 wider den ~ löcken ⟨fig.⟩ *sich auflehnen, sich widersetzen* 1.2 *metallene Spitze, schmaler, spitzer, metallener Gegenstand, Dorn (an Schnallen)* 1.3 *spitzes Anhangsgebilde der Pflanzen, an dessen Bildung außer der Oberhaut auch tieferliegende Gewebsschichten beteiligt sind* 1.4 ⟨Pl.⟩ ~n *kräftige, spitze, stark entwickelte Haare, Schuppen od. Anhänge des Hautskeletts* 1.5 *mit Giftdrüsen verbundener umgewandelter Teil des Legeapparates von Hautflüglern, Wehrstachel* 1.6 einer Sache den ~ nehmen ⟨fig.⟩ *einer S. das Verletzende nehmen* 1.7 ⟨fig.⟩ *stechender seel. Schmerz, leiser Groll;* der Vorwurf ließ einen ~ in ihr zurück 1.8 ⟨fig.⟩ *heftiger Antrieb;* der ~ des Ehrgeizes

'sta·cheln ⟨V.⟩ **1** ⟨400⟩ etwas stachelt *sticht mit Stacheln;* der Kaktus stachelt **2** ⟨500/R7 od. R8⟩ jmdn. od. etwas ~ ⟨fig.⟩ *(an)reizen, anstacheln;* etwas stachelt jmds. Argwohn, Haß; jmdn. zu neuen Taten ~

'Sta·di·on ⟨n.; -s, -di·en⟩ **1** *Kampfbahn* **2** *die gesamte Anlage der Sportplätze;* Sport~, Schwimm~

'Sta·di·um ⟨n.; -s, -di·en⟩ **1** *Stand, Zustand;* Ruhe~, Verfalls~; die Krankheit ist im entscheidenden ~ **2** *Entwicklungsstufe, Ab-*

schnitt; Anfangs ~, End ~; der Mensch bildet das letzte ~ in der Entwicklung des Lebens

Stadt ⟨f.; -, ¨-e⟩ **1** *größere, geschlossene, vom Dorf durch bestimmte Rechte unterschiedene Wohnsiedlung;* Ggs *Land(3);* die ~ Berlin; der Rat der ~; in ~ und Land; große, kleine ~; außerhalb der ~ wohnen; am Rand der ~ wohnen **1.1** bei der ~ angestellt sein ⟨fig.; umg.⟩ *bei einer städt. Behörde angestellt sein* **1.2** ⟨fig.; umg.⟩ *die Bewohner einer Stadt;* die ganze ~ spricht schon davon **1.3** → a. *ewig(1.2)* **2** *Innenstadt, Geschäftszentrum;* zum Einkaufen in die ~ gehen

'städ·tisch ⟨Adj.⟩ **1** *die Stadt betreffend, zu ihr gehörend;* Ggs *ländlich(1);* der ~e Nahverkehr **2** *in der Stadt wohnend, aus ihr stammend;* Ggs *ländlich(2);* die ~e Bevölkerung **3** *die Stadtverwaltung betreffend, zu ihr gehörend, ihr unterstellt, von ihr ausgehend;* ~er Angestellter; die ~en Behörden **4** *wie in der Stadt üblich, ihr gemäß;* Ggs *ländlich(3);* ~ gekleidet

'Staf·fel ⟨f.; -, -n⟩ **1** *Stufe, z. B. Leitersprosse, Gehaltsstufe* **1.1** ⟨süddt.⟩ = *Treppe(1)* **2** ⟨Mil.⟩ *Verband von neun Flugzeugen* **3** ⟨Mil.⟩ *der Kompanie entsprechende Einheit der Fliegertruppe* **4** ⟨Sp.⟩ *Mannschaft beim Staffellauf*

Staf·fe'lei ⟨f.; -, -en⟩ **1** *Gerüst, auf dem das Bild beim Malen steht* **2** ⟨süddt., österr.⟩ = *Leiter*[2]

'Staf·fel·lauf ⟨m.; Sp.⟩ *Wettlauf, bei dem die Mitglieder einer Mannschaft einander ablösen u. dabei jeweils einen Stab (der nicht zu Boden fallen darf) übergeben*

'staf·feln ⟨V. 500⟩ **1** etwas ~ *abstufen;* Löhne, Tarife ~ **1.1** ⟨R3⟩ etwas staffelt sich *ist stufenweise geordnet;* die Gewinne ~ sich nach den Einsätzen **2** etwas ~ *staffelweise aufstellen, stufenweise anordnen;* die Infanterie war in mehreren Reihen gestaffelt

sta'gnie·ren ⟨V. 400⟩ etwas stagniert *stockt, steht still, beharrt;* eine Entwicklung, die Wirtschaft stagniert; die Reallöhne der Arbeiter stagnierten

Stahl ⟨m.; -(e)s, ¨-e od. (selten) -e⟩ **1** *schmiedbares Eisen mit einem Kohlenstoffgehalt unter 1,7 %;* hart wie ~; Muskeln wie ~ **1.1** aus ~ ⟨a. fig.⟩ *bes. kräftig, widerstandsfähig;* offenbar hatte er Nerven aus ~ **2** ⟨poet.⟩ *blanke Waffe, Schwert, Säbel, Messer;* jmdm. den (blanken) ~ in den Leib stoßen

'stäh·len ⟨V. 500⟩ **1** Eisen ~ *in Stahl verwandeln* **2** jmdn. od. jmds. Körper ~ ⟨fig.⟩ *härten, kräftigen, abhärten;* seinen Körper ~; (kampf)gestählte Burschen

'Stahl·stich ⟨m.⟩ *dem Kupferstich entsprechende graph. Technik, bei der statt der Kupfer- eine Stahlplatte verwendet wird, was höhere Auflagen zuläßt*

Stall[1] ⟨m.; -(e)s, ¨-e⟩ **1** *Raum für Tiere;* Hühner ~; Kuh ~; Pferde ~; Schweine ~; den ~ ausmisten **1.1** → a. *Pferd(2.4)* **2** ⟨fig.; umg.⟩ *schmutziges, elendes Zimmer*

Stall[2] ⟨m.; -(e)s, -en⟩ *Einzelsitz des Chorgestühls*

'Stall[3] ⟨m.; -es; unz.; mundartl.⟩ *Harn (des Pferdes)*

Stamm ⟨m.; -(e)s, ¨-e⟩ **1** *der das Astwerk tragende Holzkörper des Baumes, Baumstamm;* der ~ des alten Baumes war völlig morsch **1.1** → a. *Apfel(1.2)* **2** *durch verwandtschaftl. Beziehungen organisierte Gruppe* **2.1** *Geschlecht, Familie;* aus dem ~e Davids; aus königlichem ~; der letzte seines ~es **2.2** *größere Gruppe von Familien, Sippen od. Clans, die sich durch sprachl. u. kulturelle Gemeinsamkeiten von anderen unterscheiden;* Volks ~; Indianer ~ **2.2.1** er ist vom ~e Nimm ⟨umg.; scherzh.⟩ *er ist habgierig* **2.3** ⟨Biol.⟩ *höchste der obligatorischen Kategorien oberhalb der Klasse* **2.4** ⟨Tierzucht⟩ *kleinste züchterisch bearbeitete Gruppe gleicher Rasse;* Bakterien ~ **3** *fester, unverändert bleibender Bestandteil* **3.1** *fester Bestand von Personen (im Unterschied zu neu hinzugetretenen u. wieder weggegangenen);* er gehört noch zum alten ~; einen festen ~ von Kunden, Gästen, Arbeitern haben **3.2** ⟨Mil.⟩ *altgediente Mannschaft (im Unterschied zu den neu eingezogenen Rekruten)* **3.3** *Grundstock;* ein Kapital als ~ eines Unternehmens **3.4** ⟨Gramm.⟩ *der sinntragende Teil eines Wortes ohne Vor- u. Nachsilben u. Flexionsendungen*

'Stamm·baum ⟨m.⟩ **1** *die Aufzeichnung aller Nachkommen eines Elternpaares, häufig in Baumform, Ahnentafel* **2** ⟨Biol.⟩ *Darstellung der Abstammung eines Lebewesens od. einer Gruppe verwandter Arten, Klassen usw.;* Hund mit erstklassigem ~

'stam·meln ⟨V. 402⟩ **1** (etwas) ~ *gehemmt, abgerissen sprechen, stottern;* eine Entschuldigung ~ **2** *bestimmte Laute u. Lautverbindungen unzureichend artikulieren;* vor Schreck konnte er nur noch ~

'stam·men ⟨V. 411⟩ aus etwas od. von jmdm. ~ **1** *seinen Ursprung haben (in), herkommen von;* die Äpfel ~ aus Italien; der Ausspruch stammt von Schopenhauer **2** *Nachkomme sein (von);* er stammt aus einer Arztfamilie **3** *zur Heimat haben, geboren sein (in);* er stammt von der Waterkant; er stammt aus München **4** *herrühren (von), sich ableiten (von);* das Wort stammt aus dem Griechischen; die Kette stammt von meiner Großmutter

'Stamm·hal·ter ⟨m.⟩ *männl. Nachkomme, der den Stamm, d. h. Familiennamen, erhält*

'stäm·mig ⟨Adj. 70⟩ *nicht groß, aber kräftig, untersetzt, gedrungen;* eine kleine ~e Fichte; ein kleiner, ~er Kerl

'Stamm·sitz ⟨m.⟩ **1** *ursprüngl. Wohnsitz eines Geschlechtes* **2** *Ort od. Gebäude, in dem eine Firma gegründet wurde* **3** *ständiger gemieteter Platz im Theater*

'stamp·fen ⟨V.⟩ **1** ⟨400⟩ (mit dem Fuß, den Hufen) ~ *kräftig auftreten;* er stampfte zornig mit dem Fuß auf den Boden; das Pferd stampft mit den Hufen **1.1** ⟨511⟩ ich kann es doch nicht aus dem Boden, aus der Erde ~ ⟨fig.⟩ *nicht hervorzaubern* **2** ⟨411(s.)⟩ irgendwo od. irgendwohin ~ *schwer, wuchtig gehen;* durchs Zimmer ~; übers Feld ~ **3** ⟨500⟩ etwas ~ *mit der Stampfe od. dem Stampfer zerkleinern;* Kartoffeln, Zucker ~; Gewürze im Mörser ~ **4** ⟨500⟩ etwas ~ *festtreten, -rammen, zusammenpressen;* Sand, Erde, Schnee ~; Pflastersteine ~; gemähtes Gras im Silo ~ **5** ⟨400⟩ etwas stampft *bewegt sich wuchtig regelmäßig* **5.1** die Maschine stampft *arbeitet mit regelmäßigen Stößen;* das Stampfen der Maschinen war weithin zu hören **5.2** das Schiff stampft *bewegt sich (bei* *hohem Seegang) in der Längsrichtung auf u. nieder*

Stand ⟨m.; -(e)s, ¨e⟩ **1** *stehende Stellung, Stillstehen, festes Stehen, Halt in sich;* keinen (festen) ~ haben; der Tisch hat hier keinen festen ~ **1.0.1** aus dem ~ springen *ohne Anlauf* **1.1** ⟨fig.⟩ **1.1.1** einen schweren ~ haben *sich schwer durchsetzen können* **1.1.2** er hat bei seinem Vorgesetzten keinen guten ~ *er ist nicht gut angeschrieben, nicht angesehen* **2** *Stellung, Standort;* an einem bestimmten Ort seinen ~ haben **2.0.1** seinen ~ verändern *den Standort wechseln* **2.1** ⟨jägerspr.⟩ *Lieblingsaufenthalt (des Wildes)* **3** *zu einem besonderen Zweck vorgesehener (u. eingerichteter) Ort* **3.1** *kleiner abgeteilter Raum (für Pferd, Auto) innerhalb eines größeren* **3.2** *kleiner, offener Ausstellungsraum;* Messe~; einen ~ einrichten; wo haben Sie zur Messe Ihren ~? **3.3** *offene Verkaufsbude (auf Straßen, Jahrmärkten)* **3.4** *Aufenthaltsort, Warteplatz;* Droschken~ **4** *Stufe, Stellung, Lage, Punkt (in einer Entwicklung, in einem Geschehen)* **4.1** *Höhe (von Wasser, Sonne, Wechselkurs);* seinen höchsten ~ erreichen **4.2** *zahlenmäßiges Ergebnis (bis zu einem bestimmten Zeitpunkt);* Spiel~ **4.3** *errechneter Betrag (zu einem bestimmten Zeitpunkt);* Kassen~; ~ vom 20.3.: DM 130,-- **5** *Beschaffenheit, Verfassung, Zustand* **5.0.1** ein Buch, Werk auf den neuesten ~ bringen *die neuesten Ergebnisse in einem B., W. berücksichtigen* **5.0.2** wie war der ~ der Dinge, als du ankamst? *wie war die Lage, die Situation bei deiner Ankunft?* **5.0.3** gut im ~ sein *in gutem Zustand* **5.0.4** jmdn. in den ~ versetzen, etwas zu tun *jmdm. ermöglichen, etwas zu tun* **5.1** *Lage, Status;* in den heiligen ~ der Ehe treten **5.1.1** seinen ~ verändern *sich verheiraten* **6** *gesellschaftl. Gruppe, Klasse;* die höheren, niederen Stände; der bürgerliche, der geistliche ~ **6.0.1** die drei (Reichs)stände ⟨MA⟩ *Adel, Geistlichkeit, Bürgertum* **6.0.2** → a. *vierte(1.1)* **6.1** *Beruf, Berufsgruppe;* Kaufmanns~ **6.2** *soziale, gesellschaftliche, berufliche Stellung, Rang, Würde;* Name und ~; ein Mann von hohem ~; über, unter seinem ~e heiraten **7** ⟨schweiz.⟩ *Kanton;* der Stand Aargau

'**Stan·dard** ⟨m.; -s, -s⟩ **1** *Richt-, Eichmaß* **2** *Norm, allgemeines Niveau;* Lebens~ **3** *Feingehalt (der Münzen)* **4** = *Norm(1.1)*

'**Stan·dard·werk** ⟨n.⟩ *mustergültiges, grundlegendes Werk;* ein ~ der Literatur

Stan'dar·te ⟨f.; -, -n⟩ **1** *kleine viereckige Fahne* **1.1** ⟨früher⟩ *Reiterfahne* **1.2** *Flagge, die von Fürsten od. Staatsoberhäuptern geführt wird* **2** ⟨jägerspr.⟩ *Schwanz (des Fuchses)*

'**Stand·bild** ⟨n.⟩ *plastische Nachbildung eines (meist stehenden) Menschen oder Tieres aus Stein, Bronze o. ä.;* Sy *Statue*

'**Stän·der** ⟨m.; -s, -⟩ **1** *Gestell;* Blumen~; Bücher~; Fahrrad~; Kleider~; Noten~; Schirm~ **2** *vertikaler Balken im Fachwerk* **3** *feststehender Teil einer elektr. Maschine;* Ggs *Läufer(11)* **4** ⟨jägerspr.⟩ *Fuß (des Federwildes außer dem Wasserwild)*

'**Stan·des·amt** ⟨n.⟩ *Behörde zur Beurkundung von Geburten, Eheschließungen u. Todesfällen*

'**stand·fest** ⟨Adj.⟩ **1** *fest stehend;* der Schrank, Tisch ist jetzt ~ **1.1** ⟨40⟩ nicht mehr ganz ~ sein *betrunken sein, infolge Trunkenheit leicht schwanken*

'**stand·haft** ⟨Adj.⟩ *fest, unerschütterlich, nicht nachgebend, beharrlich;* ~ bleiben; sich ~ wehren, weigern

'**stand|hal·ten** ⟨V. 160⟩ **1** ⟨400⟩ *sich behaupten, fest stehen bleiben;* die Verteidiger konnten ~ **1.1** ⟨600⟩ jmdm. od. einer Sache ~ *vor jmdm. od. einer S. nicht zurückweichen;* einem Angriff ~; jmds. forschendem Blick ~ **1.1.1** der Kritik ~ *der K. nicht ausweichen, sich ihr stellen* **1.1.2** einer Prüfung ~ *eine P. aushalten, eine P. bestehen* **2** ⟨403⟩ etwas hält (jmdm. od. einer Sache) stand *zerbricht nicht, geht (durch die Einwirkung von jmdm. od. einer S.) nicht entzwei;* einer Belastung, einem Schlag, Stoß ~

'**stän·dig** ⟨Adj. 24/90⟩ **1** *dauernd, immer (bestehend, vorhanden);* eine ~e Einrichtung, Institution; sein ~er Wohnsitz **2** *ununterbrochen, unaufhörlich;* trotz ~er Anwesenheit, Mitarbeit; er hat ~ etwas zu tadeln, auszusetzen; ~ zunehmen, wachsen; er steht ~ unter Alkohol, unter Druck **3** *häufig;* seine ~en Bitten, Klagen, Vorwürfe; ein ~er Gast

'**Stand·ort** ⟨m.⟩ **1** *augenblicklicher Aufenthaltsort;* Sy *Position(3.1);* der ~ des Schiffes, des Flugzeugs **2** *dauernder Unterkunfts-, Aufenthaltsort (von Truppen), Garnison* **3** *die Umwelt (einer Pflanze oder der Pflanzengesellschaft)*

'**Stand·punkt** ⟨m.⟩ **1** *Ort, an dem jemand steht, Standort, Stellung (eines Beobachters);* er konnte von seinem ~ aus nichts sehen **2** ⟨fig.⟩ *Ansicht, Auffassung, Einstellung, Meinung;* von seinem ~ aus hat er recht; das ist ein überwundener, überholter ~ **2.0.1** ich stehe auf dem ~, daß ... *ich bin der Meinung, daß ...* **2.0.2** jmdm. den ~, seinen ~ klarmachen *jmdm. energisch seine Auffassung erklären* **2.0.3** das ist doch kein ~! ⟨umg.⟩ *so darf man doch nicht denken, sich nicht verhalten!*

'**Stand·recht** ⟨n.⟩ *verschärftes Strafrecht u. vereinfachtes Strafverfahren während eines Ausnahmezustandes*

'**Stan·ge** ⟨f.; -, -n⟩ **1** *langer Stab, langer Stock (zum Stützen, Halten, Stoßen o. ä.);* Bohnen~; Hopfen~; Fahnen~; Kleider~; Kletter~; Pleuel~; Vorhang~; eine ~ Zimt **1.1** sie saßen da wie die Hühner auf der ~ *still u. stumm nebeneinander* **1.2** Anzug von der ~ ⟨umg.⟩ *Konfektionsanzug (von der langen Stange, an der die billigeren Anzüge im Geschäft aufgereiht hängen)* **1.3** eine ~ angeben ⟨fig.; umg.⟩ *prahlen, wichtigtuerisch reden* **1.4** jmdm. die ~ halten ⟨fig.; umg.⟩ *jmds. Partei ergreifen, jmds. Meinung unterstützen* **1.5** bei der ~ bleiben ⟨fig.; umg.⟩ *bei seiner Meinung bleiben, sich in seiner Ansicht nicht beirren lassen, in seinem Interesse an etwas nicht erlahmen* **1.6** jmdn. bei der ~ halten ⟨fig.; umg.⟩ *jmdn. so beeinflussen, daß er bei einem Unternehmen bleibt, weiter mitmacht* **1.7** das kostet eine ~ Geld ⟨fig.; umg.⟩ *das kostet viel Geld, das ist teuer* **1.8** eine ~ Zigaretten *mehrere nebeneinander zu einem langen Paket verpackte Schachteln Z.* **2** *der im Maul des Pferdes liegende Teil des Zaums, an dem Backen- u. Kinnriemen befestigt sind;* Sy *Schere(2)* **3** ⟨Forstw.⟩ *Nutzholz, das 1 m über* *dem stärkeren Ende höchstens 14 cm Durchmesser hat* **4** ⟨jägerspr.⟩ *Teil, Hälfte des Geweihs od. Gehörns*

'stän·kern ⟨V. 400; umg.⟩ *Unfrieden stiften, Streit schüren*

'stan·zen ⟨V. 500⟩ **1** etwas ~ *(maschinell) unter Druck in eine bestimmte Form pressen, schlagen;* Blech, Leder ~ 1.1 ⟨511⟩ etwas in etwas ~ *auf etwas einprägen;* ein Wappen auf das Blech ~ **2** ein zu formendes Stück ~ *(maschinell) ausschneiden, -stechen;* Scheiben aus Blechen ~ 2.1 Löcher ~ *hineindrücken*

'Sta·pel ⟨m.; -s, -⟩ **1** *aufgeschichteter Haufen;* ein ~ Bücher, Holz, Wäsche 1.1 *Warenniederlage, Platz, an dem Güter aufgestapelt werden* **2** *Unterlage, auf der ein Schiff während des Baues ruht* 2.1 ein Schiff vom ~ (laufen) lassen *nach vollendetem Bau zu Wasser lassen* 2.1.1 eine Rede vom ~ lassen ⟨fig.; umg.; leicht iron.⟩ *eine R. halten* **3** *einzelnes Wollbüschel in der Wolldecke des Schafes;* Woll~ **4** *Länge einer Textilfaser*

'Sta·pel·lauf ⟨m.⟩ *Hinabgleiten eines neugebauten Schiffes vom Stapel(2) ins Wasser*

'sta·peln ⟨V. 500/R7⟩ etwas ~ **1** *zu einem Stapel(1) schichten, aufhäufen* **2** ⟨fig.⟩ *anhäufen, in Mengen lagern*

'stap·fen ⟨V. 410(s.)⟩ *kräftig auftreten, mit schwerem Schritt gehen;* durch den Schnee ~

Star[1] ⟨m.; -s, -e⟩ *Angehöriger einer Familie der Singvögel mit kurzem Hals und langem, spitzem Schnabel: Sturnidae*

Star[2] ⟨m.; -s, -e⟩ **1** *Gruppe von Augenkrankheiten* 1.1 jmdm. den ~ stechen *den Star heilen* 1.1.1 ⟨fig.⟩ *jmdm. die Augen öffnen, ihn sehend machen, ihn warnen* 1.2 → a. *grau(1.7), grün(1.4), schwarz(2.12)*

Star[3] ⟨[st-] m.; -s, -s⟩ *gefeierte Persönlichkeit (von Film, Bühne od. Sport);* Film~, Fußball~, Opern~

stark ⟨Adj. 22⟩ **1** *viel Kraft besitzend, sehr kräftig;* ~e Arme; ein ~er Bursche, Kerl, Mann; der Kranke fühlt sich schon ~ genug, einmal auszugehen 1.1 ~es Haar haben *dichtes H.* 1.2 ⟨60⟩ den ~en Mann markieren ⟨umg.⟩ *mit seiner Kraft, Energie, seinem Können prahlen* 1.3 ⟨60⟩ Politik der ~en Hand *P., die sich auf überlegene Macht stützt* 1.4 ⟨60⟩ das ~e Geschlecht ⟨umg.; scherzh.⟩ *die Männer* 1.5 → a. *Recht(2.1)* 1.6 ⟨fig.⟩ *gefestigt, unerschütterlich;* einen ~en Glauben haben 1.7 ⟨jägerspr.⟩ *groß u. kräftig;* ein ~er Bock, Hirsch **2** ⟨70⟩ *dick, umfangreich;* ein ~er Baum, Nagel, Strick; sein schriftstellerisches Werk besteht aus sechs ~en Bänden 2.1 ⟨bei Maßangaben⟩ *Umfang, Dicke aufweisend;* das Brett ist 3 cm ~; ein 200 Seiten ~er Band 2.2 *dick, beleibt;* eine sehr ~e Dame; stärker werden **3** ⟨70⟩ *zahlreich, groß, mächtig;* ~e Streitkräfte besetzen die Stadt 3.1 ⟨bei Maßangaben⟩ *Anzahl aufweisend* 3.1.1 das Heer war 10 000 Mann ~ *das H. bestand aus 10 000 Mann* **4** *gut, bemerkenswert, bedeutend;* beide Mannschaften haben ~ gespielt 4.0.1 das ist ~! ⟨umg.⟩ *das ist allerhand, unerhört!* 4.0.2 das ist ein ~es Stück! ⟨fig.; umg.⟩ *das ist unerhört!* 4.0.3 das ist seine ~e Seite ⟨fig.; umg.⟩ *das kann er gut, das liegt ihm* 4.1 *beträchtlich, groß;* er hat keinen ~en Eindruck hinterlassen 4.1.1 er ist ein ~er Esser *er ißt viel* **5** *mächtig, heftig, intensiv;* ein ~er Wind, Frost; eine ~e Erkältung, ~es Fieber haben; ~er Regen 5.1 ⟨70⟩ ~er Verkehr *lebhafter V.* 5.2 ⟨70⟩ im stärksten Kampfgewühl *im dichtesten, heftigsten K.* **6** *gehaltvoll, kräftig;* ein ~er Kaffee, Tee; ein ~es Bier 6.1 ~es Mittel, ~e Arznei *kräftig, nachhaltig wirkendes M.* 6.2 eine ~e Brille brauchen *B. mit stark gekrümmten Gläsern* 6.3 ⟨70⟩ ~er Tabak (a. Tobak) ⟨a. fig.; umg.⟩ *eine schwierige Sache, ein derber Witz o. ä.* **7** ⟨50⟩ *reichlich, heftig, sehr;* ~ essen, rauchen, husten; die Wunde blutet ~; es regnet ~; ~ riechen; ~ befestigt, bewacht; ~ behaart; ich bin gerade ~ beschäftigt; der Saal, die Straßenbahn war ~ besetzt; ~ besucht; ~ betrunken; ~ erkältet sein; ~ gesüßt, gesalzen, verdünnt; das ist ~ übertrieben; ~ verschuldet sein 7.1 es geht ~ auf zehn Uhr ⟨umg.⟩ *es ist bald zehn Uhr* **8** ⟨Gramm.⟩ **8.1** ~e Deklination *der durch „-(e)s" im Genitiv des Singulars gekennzeichnete Deklinationstyp (z. B. der Mann, des Mannes);* Ggs *schwache Deklination(10)* **8.2** ~e Konjugation *der durch Ablaut charakterisierte Typ der Stammformbildung; german. Verben (z. B. springen, sprang, gesprungen; klingen, klang, geklungen);* Ggs *schwache Konjugation(11)*

'Stär·ke ⟨f.; -, -n⟩ **1** *große Kraft;* die ~ seiner Muskeln 1.1 ⟨fig.⟩ *Festigkeit, Unerschütterlichkeit;* die ~ seines Glaubens **2** *Umfang, Durchmesser, Dicke;* die ~ des Baumes, Brettes, der Mauer **3** *Anzahl, Bestand;* eine Truppe von 300 Mann ~ **4** *starke(4) Seite, besondere Fähigkeit;* seine ~ liegt im schnellen Auffassen, scharfen Denken; Französisch, Mathematik ist seine ~ **5** *Macht, Heftigkeit, Intensität;* die ~ des Sturmes **6** *Gehalt, Kraft;* an der ~ des Kaffees war nichts auszusetzen 6.1 *Konzentration, Gehalt an gelöstem Stoff;* die ~ einer Lösung **7** *im Blattgrün der Pflanzen gebildetes, quellfähiges Polysaccharid, das in Form kleiner Körnchen in Wurzeln, Knollen u. Samen gespeichert wird, auch zur Versteifung von Textilien verwendet;* Kartoffel~, Mais~, Wäsche~

'stär·ken ⟨V. 500⟩ **1** ⟨511/R8⟩ jmdn. im Glauben ~ *jmdn. in seinem G. stark machen, unterstützen, jmds. Glauben festigen* 1.1 jmdn. ~ *kräftigen, jmds. Kräftezustand verbessern;* das gute Essen hatte ihn gestärkt 1.1.1 ~des Mittel *Medikament, das die Gewebespannung erhöht, die Blutbildung u. den Stoffwechsel anregt, Appetitlosigkeit beseitigt, den Kreislauf fördert u. Ermüdung beseitigt, Tonikum* 1.2 ⟨R7⟩ sich od. jmdn. ~ *erfrischen, erquicken;* frisch gestärkt; sich od. jmdn. mit einem Imbiß ~; vom Schlaf gestärkt **2** *mit Stärke(7) steif machen;* Wäsche ~; Kragen und Manschetten ~

starr ⟨Adj.⟩ **1** *steif, unbeweglich;* die beiden Gegenstände, Teile sind ~ miteinander verbunden; ein ~er Körper; ~ und steif (daliegen, dasitzen); ~ vor, von der Kälte; ~ vor Entsetzen, Schrecken, Staunen ⟨a. fig.⟩ 1.1 *nicht elastisch;* ~es Papier 1.1.1 ~es Luftschiff *L. mit einem käfigartigen Gerippe, in dem sich die Tragkörper befinden* 1.2 da bin ich ~ ⟨fig.; umg.⟩ *da bin ich aber sehr erstaunt, sprachlos* **2** *regungs-, bewegungslos;* jmdn. od. etwas ~ ansehen **3** ⟨fig.⟩ *nicht abwandelbar;* ~e Regeln,

Prinzipien 3.1 *hartnäckig, unbeugsam;* ~ an einer Meinung, einem Gedanken festhalten

'star·ren ⟨V.⟩ **1** ⟨400⟩ *unbeweglich, starr blikken, schauen, unentwegt in eine Richtung blikken;* auf jmdn. od. etwas ~; jmdm. ins Gesicht ~; vor sich hin ~; Löcher in die Luft ~ ⟨fig.; umg.; scherzh.⟩ **2** ⟨800⟩ von, vor etwas ~ *ganz voll sein von;* das Zimmer starrte vor, von Schmutz; die Krieger, Soldaten starrten von Waffen

'Starr·sinn ⟨m.; -(e)s; unz.⟩ *unbeugsame Härte, Unnachgiebigkeit, Eigensinn*

Start ⟨m.; -(e)s, -s od. (selten) -e⟩ **1** *Beginn einer Fortbewegung von einem bestimmten Ausgangspunkt* 1.1 *Beginn eines Wettlaufs od. Rennens;* einen guten, schlechten ~ haben; fliegender ~; stehender ~ 1.1.1 den ~ freigeben *den Wettlauf, das Rennen beginnen lassen* 1.2 *Abflug (von Flugzeugen, Raketen, Raumschiffen)* 1.2.1 den ~ freigeben *einem Luftfahrzeug den Abflug genehmigen* **2** *Stelle, an der ein Start(1) stattfindet;* die Wettkämpfer gehen zum ~ **3** ⟨fig.⟩ *Anfang, Beginn;* einen guten, schlechten ~ haben (bei einer Arbeit)

'star·ten ⟨V.⟩ **1** ⟨400(s.)⟩ *eine Fortbewegung beginnen* 1.1 *bei einem Rennen, Wettkampf ablaufen, abfahren, abspringen, abschwimmen;* → a. *Start(1.1)* 1.2 ein Flugzeug startet *ein F. fliegt ab* 1.3 ⟨umg.⟩ = *abreisen (bes. mit dem Auto);* wir ~ heute **2** ⟨500(h.)⟩ etwas ~ *beginnen lassen* 2.1 ein Flugzeug, eine Rakete ~ *in Bewegung setzen* 2.2 eine Rede ~ ⟨fig.; umg.⟩ *mit einer R. beginnen* 2.3 eine Veranstaltung ~ ⟨fig.; umg.⟩ *stattfinden lassen*

'Start·schuß ⟨m.⟩ **1** *Schuß zum Zeichen des Starts* 1.1 den ~ geben (für etwas) ⟨a. fig.⟩ *(etwas) beginnen lassen*

'Sta·tik ⟨f.; -; unz.⟩ **1** ⟨Phys.⟩ *ein Teilgebiet der Mechanik, Lehre von den Kräften, die an ruhenden Körpern auftreten;* Ggs *Dynamik(1)* 1.1 ⟨Tech.⟩ *Statik(1) eines Bauwerks;* die ~ einer Brücke, eines Hauses; die ~ berechnen **2** ⟨Tech.⟩ *Stabilität eines Bauwerkes*

Sta·ti'on ⟨f.; -, -en⟩ **1** *Ort, an dem öffentl. Verkehrsmittel halten;* Sy *Bahnhof;* ich muß an der nächsten ~ aussteigen; bis zum Zoo sind es noch drei ~en; bis Berlin sind es noch zwei ~en **2** *Ort, an dem sich eine techn. Anlage befindet;* Funk~, Sende~, Wetter~ **3** *Abteilung eines Krankenhauses;* der Patient liegt auf ~ 4; Unfall~ **4** ⟨fig.⟩ *Aufenthalt, Halt, Rast* 4.1 an einem Ort, bei jmdm. ~ machen *haltmachen, einen kurzen Aufenthalt einschieben* **5** freie ~ *freie Kost u. Unterkunft*

sta·tio'när ⟨Adj.⟩ **1** *in Ruhe befindlich, ruhend* **2** *bleibend* **3** *ortsfest* **4** ~e Behandlung *B. im Krankenhaus;* Ggs *ambulant(2)*

sta·tio'nie·ren ⟨V. 500⟩ **1** etwas ~ *an einen Standort stellen, an einer Stelle aufstellen* **2** ⟨R7 od. R8⟩ jmdn. ~ *jmdm. einen Standort zuweisen;* Truppen im besetzten Gebiet ~

'sta·tisch ⟨Adj.⟩ **1** ⟨Phys.⟩ *die Statik betreffend, auf ihr beruhend;* Ggs *dynamisch(1)* 1.1 ~er Auftrieb *nach oben wirkende Kraft, die entsteht, wenn ein in einer Flüssigkeit od. einem Gas befindlicher Körper leichter ist als diese od. dieses* **2** *das Stehen od. Gleichgewicht betreffend* **3** *stillstehend, ruhend, unbewegt* **4** ~es Organ ⟨Med.⟩ *Gleichgewichtsorgan*

Sta'tist ⟨m.; -en, -en; Theat.; Film⟩ **1** *ungenannter Darsteller einer stummen Nebenrolle* **2** ⟨a. fig.⟩ *Nebenperson, unbedeutende, unwichtige Person*

Sta'ti·stik ⟨f.; -, -en⟩ **1** ⟨unz.⟩ *Wissenschaft, die aus dem massenhaften Auftreten bestimmter Erscheinungen auf empirische Gesetze schließt* **2** *Zusammenstellung der Ergebnisse von breit angelegten Untersuchungen;* Bevölkerungs~; eine genaue ~; etwas aus einer ~ ablesen

Sta'tiv ⟨n.; -s, -e⟩ *meist dreibeiniges Gestell zum Aufstellen u. Festhalten von Geräten, z. B. einer Kamera*

statt **1** ⟨Präp. mit Gen.⟩ *an Stelle von, an Stelle eines, einer ...;* er wollte heute kommen, hat aber ~ dessen angerufen; er wird ~ meiner zu dir kommen; ~ einer Antwort; ~ des „Wallenstein" wurde im Theater „Tasso" gegeben **2** ⟨Konj.⟩ ~ zu, ~ daß *als Alternative, an Stelle;* oV *anstatt;* ~ zu arbeiten, ging er ins Kino; ~ daß er arbeitete, ...

Statt ⟨f.; -; unz.⟩ **1** ⟨veralt.⟩ *Stätte, Platz (dauernden Aufenthalts);* ein gutes Wort findet eine gute ~ ⟨Sprichw.⟩ 1.1 ich habe hier keine bleibende ~ *Heimat, Wohnung* **2** ⟨nur noch in bestimmten Wendungen⟩ an jmds. od. einer Sache ~ *anstelle jmds. od. einer S.;* an seiner ~; an Eides ~; an Kindes ~; an Zahlungs ~

'Stät·te ⟨f.; -, -n⟩ **1** *Stelle, Platz;* Ruhe~, Wohn~; dieser Ort ist eine ~ des Friedens, des Grauens; eine gastliche, ungastliche ~ 1.1 keine bleibende ~ haben ⟨poet.⟩ *keinen festen Wohnsitz, keine Heimat haben* 1.2 die heiligen ~n *Orte, in denen Jesus einst war*

'statt|fin·den ⟨V. 134/400⟩ etwas findet statt *wird termingemäß durchgeführt;* heute findet keine Vorstellung statt; das Konzert findet im Kongreßsaal statt

'statt|ge·ben ⟨V. 143/600⟩ einer Sache ~ *eine S. bewilligen, gewähren, zulassen;* einer Bitte ~; einem Gesuch ~

'statt·haft ⟨Adj. 24/70⟩ *zulässig, gestattet, erlaubt;* es ist nicht ~, hier zu rauchen

'Statt·hal·ter ⟨m.⟩ *Beamter als Vertreter des Staatsoberhauptes od. der Staatsregierung in einer Provinz*

'statt·lich ⟨Adj.⟩ **1** *groß u. kräftig;* eine ~e Erscheinung, Figur **2** *ansehnlich, imponierend, eindrucksvoll;* ein ~es Gebäude **3** *ziemlich groß, beträchtlich;* ~e Einnahmen; eine ~e Familie

'Sta·tue ⟨[-tuə] f.; -, -n⟩ = *Standbild*

sta·tu'ie·ren ⟨V. 500⟩ **1** einen Sachverhalt ~ *feststellen, festsetzen, bestimmen* **2** ein Exempel ~ *ein warnendes Beispiel geben*

Sta'tur ⟨f.; -, -en⟩ *Gestalt, Wuchs;* von kräftiger ~

'Sta·tus ⟨m.; -, -⟩ **1** *Zustand, Stand (der Dinge), Lage* 1.1 sozialer ~ *soziale Stellung* 1.1 ~ quo *gegenwärtiger Zustand* 1.2 ~ quo ante *Zustand, in dem sich etwas vor einem bestimmten Ereignis od. bis zu einem bestimmten Zeitpunkt befunden hat* **2** *Rechtslage* **3** ~ nascendi ⟨Chem.⟩ *Zustand, Augenblick des Entstehens*

Sta'tut ⟨n.; -(e)s, -en⟩ = *Satzung;* Vereins~

Stau ⟨m.; -(e)s, -e od. -s⟩ **1** *Stillstand od. Hemmung in fließendem Wasser* 1.1 im ~ sein *zwischen Ebbe u. Flut* **2** *Aufwärtsströmen des Windes vor Hindernissen* **3** ⟨fig.⟩ *Stockung;*

Verkehrs~; der ~ auf der Autobahn München-Salzburg hat sich aufgelöst

Staub ⟨m.; -(e)s, (selten) -e od. ⸚e⟩ **1** *winzige, sich absondernde od. in der Luft schwebende feste Teilchen;* Blüten~; Straßen~; ~ saugen; mit ~ bedeckt **1.1** die Sache hat viel ~ aufgewirbelt ⟨fig.⟩ *hat großes Aufsehen erregt, viel Aufregung verursacht* **1.2** ~ schlucken ⟨umg.⟩ *einatmen* **1.3** ~ wischen *niedergeschlagenen Staub von den Möbeln u. ä. wegwischen* **1.4** in, zu ~ zerfallen *sich in Pulver auflösen* **1.5** sich aus dem ~e machen ⟨fig.; umg.⟩ *sich heimlich entfernen, schnell davonschleichen, entfliehen* **1.6** vor jmdm. im ~ kriechen ⟨fig.; poet.⟩ *sich vor jmdm. demütigen* **1.7** den ~ eines Ortes, einer Stadt von den Füßen schütteln ⟨fig.; poet.⟩ *einen O., eine S. verlassen* **1.8** etwas in den ~ ziehen ⟨fig.⟩ *häßlich darüber sprechen* **2** ⟨poet.⟩ *Erde;* es ist alles von ~ gemacht und wird wieder zu ~ (Prediger Salomo, 3,20) **2.1** zu ~ (und Asche) werden ⟨fig.; poet.⟩ *vergehen, verwesen, sterben*

'stau·ben ⟨V. 400⟩ etwas staubt *gibt Staub, sondert Staub ab, wirbelt Staub auf;* es staubt hier sehr; die Straße staubt

'stäu·ben ⟨V.⟩ **1** ⟨400⟩ etwas stäubt *zerstiebt in kleinste Teilchen* **2** ⟨550⟩ eine feinkörnige Masse über etwas ~ *schütten, verteilen;* Mehl über Gemüse, eine Soße ~; Puderzucker über einen Kuchen ~

'Staub·sau·ger ⟨m.⟩ *elektr. Gerät zum Absaugen des Staubes von Teppichen u. Polstermöbeln*

'stau·chen ⟨V. 500⟩ **1** etwas ~ *kräftig auf den Boden od. auf den Tisch stoßen, heftig zusammendrücken u. dadurch kürzer u. breiter machen* **1.1** einen Werkstoff ~ ⟨Tech.⟩ *mittels Drucks verkürzen;* → a. *dehnen(1)* **2** jmdn. ~ ⟨fig.; umg.⟩ *grob zurechtweisen*

'Stau·de ⟨f.; -, -n⟩ **1** *ausdauernde Pflanze, deren oberirdische krautige Teile im Winter absterben, während die unterirdischen Teile überwintern* **2** *Kopf des Salats*

'stau·en ⟨V. 500⟩ **1** etwas ~ *am Fließen hindern, hemmen, zurückhalten;* durch Abbinden der Vene Blut ~ (zur Entnahme); einen Fluß, Wasser ~ **2** Ladung ~ ⟨seemannsspr.⟩ *auf dem Schiff seefest unterbringen* **3** ⟨R3⟩ sich ~ *sich ansammeln, sich anhäufen, ins Stocken geraten;* das Wasser staut sich hier; der Verkehr staut sich in der engen Straße

'stau·nen ⟨V. 405⟩ **1** *sich sehr wundern, verwundert sein;* da staunst du, was?; ich staunte, wie schnell er das zuwege gebracht hatte; ich kam aus dem Staunen nicht heraus **1.0.1** jmdn. in Staunen setzen *Verwunderung bei jmdm. erwecken* **1.1** *bewundernd vor etwas stehen;* ich staune über deine Kunstfertigkeit; etwas ~d beobachten

Stea'rin ⟨n.; -s, -e⟩ *weiße Masse aus Stearin- u. Palmitinsäure, die für Kerzen, Lippenstifte u. kosmet. Salben verwendet wird*

'ste·chen ⟨V. 254⟩ **1** ⟨400⟩ *mit einem spitzen Gegenstand zustoßen* **1.1** ⟨500/R7 od. R8⟩ jmdn. ~ *durch einen Stich verletzen;* eine Biene, Mücke hat mich gestochen; sich od. jmdn. (mit der Nadel) in den Finger, Arm ~ **1.1.1** → a. *Hafer(2)* **1.2** ⟨411⟩ irgendwo od. irgendwohin ~ *einen spitzen Gegenstand eindringen lassen* **1.2.1** in der Bibel ~ *mit der Nadel hineinstechen u. die dadurch gefundene Stelle aufschlagen, die als Antwort auf eine bestimmte Frage dienen soll* **1.2.2** ⟨500⟩ Karten ~ *auf gut Glück K. aufschlagen, aus denen man die Antwort auf eine Frage herauslesen will* **1.2.3** ⟨411⟩ in die Augen ~ ⟨fig.⟩ *auffallen* **1.2.4** ⟨501 od. 601⟩ es sticht mir, mich in der Seite ⟨fig.⟩ *ich habe einen stechenden Schmerz in der Seite;* ein Stechen in der Brust, im Rücken fühlen, verspüren **1.3** ⟨411⟩ nach jmdm. od. etwas ~ *mit einem spitzen Gegenstand stoßen;* (mit dem Messer) nach jmdm. ~ **1.3.1** nach dem Ring ~ *mit der Lanze od. einem Stock vom Pferd aus einen Ring zu treffen versuchen (Reiterspiel)* **1.4** ⟨511⟩ jmdn. aus dem Sattel ~ *mit der Lanze aus dem Sattel heben (beim Turnier)* **1.5** → a. *hauen(2.3), See[2](1.3)* **2** ⟨400⟩ *spitz sein, mit dem Stachel od. Dorn verletzen können;* Rosen ~; Bienen, Mücken ~ **2.1** *rauh, kratzig sein;* der Stoff, die Wolle sticht **2.2** die Sonne sticht ⟨fig.⟩ *brennt, strahlt sehr heiß* **3** ⟨500⟩ ein Tier ~ *mit einem spitzen Gegenstand töten;* ein Schwein ~ **3.1** Aale ~ *mit einer bes. geformten Gabel (Stechgabel) fischen* **4** ⟨500⟩ etwas ~ *durch Stoßen mit einem scharfen Gegenstand herauslösen;* Spargel ~ **4.1** ⟨500⟩ Torf, Rasen ~ *mit dem Spaten in viereckigen Stükken ausgraben, herausheben* **5** ⟨511⟩ etwas in etwas ~ *etwas mit einem spitzen Gegenstand in etwas erzeugen;* Löcher in Papier ~ **5.1** *einritzen, eingravieren* **5.1.1** ⟨550⟩ ein Bild in Kupfer ~ *mit dem Stichel in eine Kupferplatte eingraben, von einem Bild einen Kupferstich herstellen* **5.1.2** wie gestochen schreiben *gleichmäßig u. sauber, wie gedruckt schreiben* **6** ⟨402; Kart.⟩ (eine Karte) ~ *mit Hilfe einer höherwertigen K. nehmen* **7** ⟨800⟩ etwas sticht in einen Farbton *geht in einen F. über;* ins Grüne, Gelbliche ~ **8** ⟨400; Sp.⟩ *(einen unentschiedenen Wettkampf) durch ein letztes Spiel entscheiden;* er blieb im Stechen Sieger

'Steck·brief ⟨m.⟩ *öffentlich bekanntgegebene Personenbeschreibung (flüchtiger Verbrecher usw.)*

'stecken ⟨-k·k-; V. 255⟩ **1** ⟨411⟩ irgendwo ~ *sich in etwas, an einem Ort, einer Stelle befinden, sein;* wo steckt er?; wo hast du die ganze Zeit gesteckt?; der Schlüssel steckt (im Schloß); die Zeitung, ein Brief steckt im Kasten; seine Füße ~ in derben Stiefeln **1.0.1** ⟨411⟩ es steckt viel Mühe, Arbeit darin ⟨umg.⟩ *es hat viel M., A. gemacht* **1.0.2** ⟨411⟩ da steckt etwas dahinter *da ist etwas verborgen, da stimmt irgend etwas nicht* **1.0.3** ⟨411⟩ da steckt mehr dahinter, als man glaubt *es ist wertvoller, mehr als es scheint* **1.0.4** ⟨411⟩ wir ~ mitten in der Arbeit ⟨umg.⟩ *wir haben gerade sehr viel Arbeit* **1.0.5** ⟨411⟩ immer zu Hause ~ ⟨umg.⟩ *immer zu Hause sein, nicht von Hause wegkommen* **1.0.6** ⟨410⟩ tief in Schulden ~ *tief verschuldet sein* **1.0.7** warm ~ ⟨umg.⟩ *warm angezogen od. zugedeckt sein* **1.0.8** → a. *Decke(1.1), Haut(8.1.2, 8.1.4)* **1.1** ⟨411⟩ *festgemacht sein, fest sitzen;* die Kugel steckt noch in der Wunde; der Ring steckt (fest) am Finger; die Krankheit steckt schon lange in ihm **1.1.1** ⟨411⟩ in ihm steckt etwas ⟨umg.⟩ *er hat Fähigkeiten, ist tüchtig, begabt* **1.1.2** ⟨411⟩ der Schreck steckt mir noch in allen Gliedern ⟨umg.⟩ *ich habe mich von dem Schrecken noch nicht erholt* **2** ⟨511/R5 od. R6⟩ jmdn. od. etwas irgendwohin ~ *tun, irgendwo durch Schieben befestigen, daran-, daraufschieben, anfügen, hineinschieben, einfügen, hineingeben;* jmdm. einen Ring an den Finger ~; eine Blume ans Kleid ~; eine Hülse auf einen Gegenstand ~; einen Brief in den Briefkasten ~; den Stöpsel in die Flasche ~; sich eine Rose ins Haar ~; einen Bissen, den Finger in den Mund ~; sich Watte in die Ohren ~; den Degen in die Scheide ~; den Schlüssel ins Schloß ~; etwas in die Tasche ~ **2.1** jmdn. ins Gefängnis ~ *gefangensetzen, einsperren* **2.2** ⟨550⟩ jmdn. in eine Uniform ~ *jmdn. zwangsweise zum Soldaten machen* **2.3** ⟨511⟩ Geld in etwas ~ ⟨fig.⟩ *Geld in etwas anlegen* **2.4** ⟨550/R7⟩ sich hinter jmdn. ~ ⟨fig.; umg.⟩ *sich einer Person bedienen, um etwas zu erreichen* **2.5** der Saal war gesteckt voll ⟨umg.⟩ *ganz voll, überfüllt* **2.6** → a. *Nase(1.0.3-1.0.4, 3.0.3), Tasche(3.5, 4.4)* **3** ⟨500⟩ etwas ~ *mit einer Nadel, Nadeln befestigen, zusammenhalten;* ich habe den Saum erst einmal (probeweise) gesteckt **3.1** ⟨513⟩ (sich) das Haar zum Knoten ~ *zum K. ordnen, frisieren* **3.2** Blumen ~ *in einer Vase od. Schale (kunstvoll) anordnen* **4** ⟨500⟩ etwas ~ *zum Keimen einsäen, einpflanzen;* Erbsen, Bohnen ~ **5** ⟨530⟩ jmdm. etwas ~ ⟨umg.⟩ *heimlich mitteilen, jmdm. einen Wink geben über etwas* **5.1** ihm werde ich es ~ *ihm werde ich energisch, deutlich die Meinung sagen* **6** ⟨Funktionsverb⟩ → a. *Brand(1.0.2), Ziel(3.0.1)*

'stecken|blei·ben ⟨-k·k-; V. 114(s.)⟩ **1** ⟨411⟩ *nicht vorwärtskommen, nicht weiterkönnen;* mir blieb vor Schrecken fast der Bissen im Halse stecken; im Schnee, Schlamm ~ **1.1** mir ist eine Gräte im Hals steckengeblieben *ich kann die G. nicht herunterschlucken* **2** ⟨400⟩ *nicht weiterwissen (in der Rede, im Vortrag);* er ist beim Aufsagen des Gedichts zweimal steckengeblieben

'Stecken·pferd ⟨-k·k-; n.⟩ **1** *an einem Stock befestigter hölzerner Pferdekopf (als Kinderspielzeug)* **2** ⟨fig.⟩ = *Hobby;* Photographieren ist sein ~

'Stecker ⟨-k·k-; m.; -s, -⟩ *Vorrichtung zum Anschluß eines Geräts an das Stromnetz*

'Steck·ling ⟨m.; -s, -e⟩ *Pflanzenteil, der zur vegetativen Vermehrung von der Mutterpflanze abgetrennt u. in die Erde gesteckt wird*

'Steck·na·del ⟨f.⟩ **1** *Nadel mit Kopf, mit Verdickung an einem Ende* **1.1** im Saal hätte keine ~ zu Boden fallen können ⟨fig.⟩ *der S. war überfüllt* **1.2** eine ~ im Heuschober suchen ⟨fig.⟩ *ein aussichtsloses Unternehmen beginnen* **1.3** etwas od. jmdn. wie eine ~ suchen ⟨fig.⟩ *lange u. vergeblich suchen*

Steg ⟨m.; -(e)s, -e⟩ **1** *sehr schmale, einfache Brücke, Brett als Brücke;* Bach ~; Landungs ~ **2** ⟨veralt.⟩ *schmaler Pfad;* es gab nicht Weg noch ~ **3** *Zwischenstück, Verbindungsteil;* Brillen ~ **4** *die Saitenschwingungen auf den Klangkörper übertragende Hartholzplättchen (bei Streichinstrumenten) od. Holzleiste (bei Klavier u. Zither);* Geigen ~ **5** ⟨Typ.⟩ *freier Raum an den Seiten der Druckform bis zum Rand der Seite;* Bund ~; Kopf ~ **6** ⟨Typ.⟩ *nicht mitdruckendes Material zum Ausfüllen größerer Zwischenräume* **7** *unter dem Fuß hindurchführendes Band zum Straffhalten der Hose;* Hosen ~

'Steg·reif ⟨m.; -(e)s, -e⟩ **1** ⟨veralt.⟩ *Steigbügel* **2** aus dem ~ ⟨fig.⟩ *unvorbereitet, improvisiert* **2.1** aus dem ~ dichten *rasch, aus einer augenblickl. Eingebung, ohne lange nachzudenken dichten* **2.2** aus dem ~ reden, sprechen *ohne Vorbereitung eine Rede halten* **2.3** aus dem ~ singen, spielen *singen, spielen, ohne vorher geprobt zu haben*

'ste·hen ⟨V. 256⟩ **1** ⟨400⟩ *sich in aufrechter Stellung befinden;* fest, sicher, unsicher, wackelig ~; oben, unten ~; rechts, links (von jmdm. od. etwas) ~; die Flasche soll ~, nicht liegen; der Kaffee ist so stark, daß der Löffel darin steht ⟨umg.; scherzh.⟩ **1.0.1** ~der Start *S. ohne Anlauf* **1.1** ~des Kreuz *K. mit sich rechtwinklig schneidenden Balken* **1.2** jmd. od. ein Tier steht *befindet sich in aufrechter Haltung auf den Füßen;* das Kind kann schon ~; ich kann nicht mehr, nicht länger ~; ich konnte kaum noch still ~; gerade, krumm, gebückt ~; am Fenster, an der Tür ~; auf der Leiter, Mauer ~; ich bin so müde, daß ich im Stehen schlafen könnte; plötzlich stand er vor mir; du kannst die alte Dame nicht ~ lassen **1.2.1** so wie er ging und stand *sofort, ohne den geringsten Aufenthalt, ohne sich an- od. umzuziehen* **1.2.2** ich kam neben ihn zu ~ ⟨umg.⟩ *ich geriet zufällig neben ihn* **1.2.3** ⟨800⟩ ich stehe für nichts ⟨fig.⟩ *ich bürge für nichts, ich leiste für nichts Gewähr* **1.2.4** hinter jmdm. ~ ⟨a. fig.⟩ *jmdn. unterstützen, jmdn. schützen* **1.3** ⟨800⟩ der Anzug steht vor Dreck ⟨umg.; scherzh.⟩ *ist durch D. steif geworden* **1.4** ⟨500⟩ etwas ~ *(stehend) in bestimmter Aufgabenstellung ausüben;* Wache ~; Schmiere ~ ⟨umg.⟩ **1.5** ⟨500⟩ einen Sprung ~ ⟨Sp.⟩ *stehend zum Abschluß bringen;* alle Schispringer standen ihre Sprünge **2** ⟨410; fig.⟩ *sich befinden* **2.0.1** im gleichen Alter ~ *gleichaltrig sein* **2.0.2** in hohem Ansehen (bei jmdm.) ~ *hohes Ansehen (bei jmdm.) genießen, sehr angesehen sein* **2.0.3** ⟨611⟩ es steht mir bis hier oben, bis zum Hals *ich habe es gründlich satt* **2.0.4** es steht nicht dafür ⟨süddt.⟩ *es lohnt sich nicht* **2.0.5** es steht noch dahin *es ist noch unentschieden* **2.0.6** ⟨unpersönl.⟩ es steht nicht in jmds. Macht, das zu tun *niemand vermag es* **2.0.7** unter jmds. Einfluß ~ *von jmdm. beeinflußt sein* **2.0.8** es steht mir immer vor Augen *ich sehe es immer vor mir* **2.0.9** die Wiese steht unter Wasser *ist überschwemmt* **2.1** *bestehen, existieren;* das Haus steht noch; solange die Welt steht **2.1.1** ⟨400⟩ das Werk steht und fällt mit ... *hängt davon ab, ob ...* **2.1.2** ⟨420⟩ das Haus steht seit 1930 *wurde 1930 gebaut* **2.2** ⟨411⟩ etwas steht an einer Stelle ⟨fig.⟩ *befindet sich, ist an einer S., ist an einer S. aufgestellt, erbaut, gewachsen;* das Denkmal steht auf dem Markt; auf dem Tisch ~ Blumen (in einer Vase); die Sonne steht am Himmel **2.3** ⟨411⟩ etwas steht in einem Text *ist in einem T. geschrieben, verzeichnet, zu lesen;* auf dem Schild steht ...; in der Zeitung, in dem Brief steht, daß ...; hier steht geschrieben, daß ...; auf der Liste, dem Spielplan ~ **2.3.1** der Konjunktiv steht in Wunschsätzen *wird in W. verwendet* **2.4** ⟨413⟩ etwas steht in bestimmter Weise *hat einen bestimmten Stand, befindet sich in bestimmter W.;* die Sache steht so, daß ...; das Spiel steht 2:3 **2.4.1** die Angelegenheit steht gut, schlecht *verspricht Erfolg, keinen Erfolg* **2.4.2** das Getreide steht gut, schlecht *ist gut, schlecht gediehen, verspricht eine gute, keine gute Ernte* **2.4.3** ⟨unpersönl.⟩ wie steht's mit deiner Gesundheit? *wie ist deine G.?* **2.4.4** wie steht die Sache? *wie ist die S. bisher verlaufen?* **2.4.5** ⟨unpersönl.⟩ wie geht's, wie steht's? ⟨umg.⟩ *wie geht es dir?, was gibt es Neues?* **2.4.6** ⟨411⟩ wo steht er politisch? *wie ist seine politische Einstellung?* **2.5** ⟨Funktionsverb⟩ **2.5.1** ⟨811⟩ bei jmdm. in Arbeit ~ *beschäftigt sein* **2.5.2** ⟨413⟩ die Obstbäume ~ in Blüte *blühen* **3** ⟨413⟩ etwas steht in einer Richtung ⟨fig.⟩ *ist irgendwohin gerichtet, zeigt auf, an;* das Thermometer steht auf 3 Grad unter 0; das Barometer steht auf Regen **3.1** ⟨800⟩ auf seinen Kopf steht eine Belohnung *auf seinen Kopf, für seine Ergreifung ist eine B. ausgesetzt* **3.2** ⟨800⟩ sein Sinn steht nach Höherem *er strebt nach H.* **4** ⟨605⟩ etwas steht jmdm. (zu Gesicht) ⟨fig.⟩ *paßt zu jmdm., sieht an jmdm. (hübsch, gut) aus;* der Hut steht ihr ausgezeichnet, gut, nicht gut; die Farbe steht dir gut **5** ⟨400⟩ etwas steht ⟨fig.⟩ *ist fertig, abgeschlossen;* das Haus steht; das Manuskript, Referat steht **6** ⟨400⟩ etwas steht ⟨fig.⟩ *ist nicht mehr in Betrieb, bewegt sich nicht mehr;* die Maschine, die Uhr steht **6.0.1** einen Zug, Wagen zum Stehen bringen *anhalten, bremsen* **6.1** *nicht weitergehen, stocken;* die Arbeit, der Verkehr steht **7** ⟨800⟩ etwas steht bei jmdm. ⟨fig.⟩ *ist in jmds. Entscheidung gestellt, hängt von jmdm. ab* **7.1** ⟨480; unpersönl.⟩ es steht zu ... *man muß, darf, kann ...;* es steht zu befürchten, zu hoffen **8** ⟨800⟩ jmd. steht auf jmdm. od. etwas ⟨fig.; umg.⟩ *schätzt, bevorzugt jmdn. od. etwas, hat ein besonderes Interesse an jmdm. od. etwas* **9** ⟨800⟩ auf ein Verbrechen steht Strafe ⟨fig.⟩ *für ein V. droht Strafe, ein V. wird bestraft;* auf dieses Verbrechen steht die Todesstrafe **10** ⟨800⟩ etwas steht bei jmdm. ⟨fig.⟩ *hängt von jmdm. ab, jmd. kann etwas bestimmen;* es steht ganz bei dir, ob du mitkommst **10.1** ~des Gut ⟨Mar.⟩ *alles Tauwerk, das beim Segeln nicht bewegt wird* **11** ⟨Inf.⟩ jmdm. (jmdn.) kommt etwas teuer zu ~ ⟨fig.⟩ *jmd. wird für etwas schwer büßen müssen* **12** ⟨800⟩ zu jmdm. ~ ⟨fig.⟩ *zu jmdm. halten, jmdm. beistehen, jmdn. unterstützen;* in jeder Schwierigkeit steht sie zu ihm **12.1** zu etwas ~ *etwas einhalten, verteidigen;* zu seinem Versprechen ~ **13** ⟨813⟩ in bestimmter Weise zu jmdm. od. etwas ~ ⟨fig.⟩ *ein bestimmtes Verhältnis zu jmdm. od. etwas haben;* wie stehst du zu ihm? **13.1** wie ~ Sie zu diesem Vorfall? *wie beurteilen Sie diesen V.?* **14** ⟨813⟩ jmd. steht (sich) in bestimmter Weise mit jmdm. od. einer Sache ⟨fig.⟩ *kommt mit jmdm. od. einer Sache in bestimmter Weise aus;* (sich) mit jmdm. gut, schlecht ~ **15** ⟨513/R3⟩ jmd. steht sich gut, schlecht *jmdm. geht es g., s.* **15.1** sich gut, schlecht ~ *viel, wenig Geld verdienen od. besitzen* **15.2** ⟨513/R1⟩ sich (bei einer Sache) gut, schlecht ~ *(an einer Sache) gut, schlecht verdienen*

'ste·hen|blei·ben ⟨V. 114/400(s.)⟩ **1** *nicht weitergehen, -fahren* **1.1** wo waren wir stehengeblieben? *wo haben wir aufgehört (zu lesen, zu besprechen)?* **2** etwas bleibt stehen *hört auf zu gehen;* die Uhr bleibt immer stehen **3** etwas bleibt stehen *wird vergessen;* es sind drei Schirme in der Garderobe stehengeblieben

'ste·hen|las·sen ⟨V. 175/500⟩ **1** jmdn. od. etwas ~ *dort lassen, wo jmd. od. etwas sich befindet;* alles liegen- u. ~ u. davonlaufen **1.0.1** ⟨530/R1⟩ sich einen Bart ~ *wachsen lassen* **1.0.2** den Einsatz ~ *den eingesetzten Anteil weiterhin im Spiel lassen* **1.0.3** einen Speiserest ~ *nicht aufessen* **1.0.4** für ein Wurstbrot lasse ich jedes Stück Torte stehen ⟨umg.⟩ *ein W. esse ich viel lieber als ein Stück T.* **1.1** jmdn. ~ *sich unhöflich von jmdm. abwenden u. weggehen;* wenn er dich ärgert, laß' ihn doch einfach stehen **1.2** etwas ~ *vergessen, ohne Absicht zurücklassen;* einen Regenschirm ~ **1.2.1** ein Wort, einen Satz ~ ⟨fig.⟩ *nicht auslöschen, nicht wegstreichen*

'Ste·her ⟨m.; -s, -⟩ **1** ⟨Radsp.⟩ *Radrennfahrer für längere Strecken, der hinter einem Schrittmacher herfährt;* Ggs *Flieger(5)* **2** *Rennpferd für längere Strecken;* Ggs *Flieger(6)* **3** ⟨umg.⟩ *jmd., der seine Meinung offen vertritt, für sein Handeln einsteht*

'steh·len ⟨V. 257/500⟩ **1** etwas ~ *widerrechtlich wegnehmen, entwenden;* Geld, Schmuck, Waren ~ **1.0.1** woher nehmen und nicht ~ ⟨umg.; scherzh.⟩ *woher soll ich's denn nehmen?* **1.1** ⟨530⟩ jmdm. die Zeit ~ ⟨fig.⟩ *jmdn. mit seinem Besuch belästigen u. ihn dadurch von der Arbeit abhalten* **1.1.1** dem lieben Gott die Zeit ~ *faulenzen* **1.2** er kann mir gestohlen bleiben! ⟨fig.; umg.⟩ *ich will nichts von ihm wissen* **2** ⟨511/R3⟩ sich irgendwohin ~ *heimlich irgendwohin gehen;* sich aus dem Hause ~; sich in ein Zimmer ~

steif ⟨Adj.⟩ **1** *starr, fest, unbeweglich, nicht biegsam* **1.0.1** ~ wie ein Brett ⟨umg.⟩ *sehr ungelenk* **1.1** ~er Hut *H. aus festem Material, Melone* **1.2** ~es Schiff ⟨seemannsspr.⟩ *sich nur wenig wiegendes Schiff* **1.3** *mit Wäschestärke gestärkt;* ein ~er Kragen **1.4** ⟨50⟩ etwas ~ und fest behaupten ⟨fig.⟩ *hartnäckig behaupten* **2** *sehr dickflüssig, fast ganz fest;* ein ~er Eischnee, Pudding; das Eiweiß ~ schlagen **3** etwas ist ~ *ungelenk, schwer zu bewegen;* ein ~es Bein, einen ~en Arm haben; seine Glieder sind im Alter, durch die Gicht ~ geworden; meine Finger sind ~ vor Kälte **3.0.1** einen ~en Hals haben *durch Schmerzen unbewegl. Genick, Halsstarre* **3.1** jmd. ist ~ *kann sich nur wenig bewegen;* ich bin vom langen Sitzen ganz ~ geworden **4** ⟨60; seemannsspr.⟩ *stark, kräftig;* ein ~er Grog **4.1** eine ~e Brise *starke u. ständig wehende B.* **4.2** ~e See *stark bewegte See* **5** ⟨fig.⟩ *förmlich, gezwungen;* ein ~es Benehmen; jmdn. ~ begrüßen; „Wie Sie wünschen!" sagte er ~; er verbeugte sich ~; bei ihnen geht es immer etwas ~ zu

'stei·fen ⟨V. 500⟩ **1** etwas ~ *steif machen;* Wäsche ~ **1.1** → a. *Nacken(1.1)*

'Steig·bü·gel ⟨m.⟩ **1** *Metallbügel als Fußstütze für den Reiter* **1.1** jmdm. den ~ halten ⟨fig.⟩ *jmdm. Hilfestellung leisten (bes. zum berufl.*

Aufstieg) **2** *ein wie ein Steigbügel(1) geformtes Gehörknöchelchen*

'stei·gen ⟨V. 258(s.)⟩ **1** ⟨400⟩ etwas steigt *bewegt sich aufwärts;* der Nebel, der Rauch steigt 1.1 *aufwärts fliegen;* Drachen ~ lassen 1.2 das Pferd steigt *bäumt sich* 1.3 ⟨jägerspr.⟩ *klettern (vom Gams- u. Steinwild)* **2** ⟨611⟩ die Tränen stiegen ihr in die Augen *sie begann zu weinen* 2.1 das Blut stieg ihr ins Gesicht *sie wurde rot, errötete* 2.2 der Wein ist ihm zu Kopf gestiegen *hat ihn etwas trunken, benommen gemacht* **3** ⟨500⟩ etwas ~ *(über) etwas hinaufgehen;* er mußte viele Treppen ~; das Steigen fällt mir schwer **4** ⟨411⟩ jmd. steigt irgendwohin *bewegt, begibt sich irgendwohin (hinauf, hinunter, hinaus, hinein);* auf einen Berg, auf eine Leiter, einen Stuhl ~; aufs Fahrrad, aufs Pferd ~; aus dem Auto, aus dem Wasser ~; aus dem Zug, der Straßenbahn ~; ins Auto, ins Wasser ~; ins Bad, in die Badewanne ~; in den Keller, in einen Schacht ~; in den Zug, in die Straßenbahn ~; über einen Zaun ~ 4.1 aus dem Bett ~ *aufstehen* 4.2 durchs Fenster ~ *hindurchklettern* 4.3 ins Bett ~ ⟨umg.⟩ *zu Bett gehen, schlafengehen* 4.4 ⟨411⟩ ins Examen ~ ⟨umg.⟩ *das E. beginnen* **5** ⟨400⟩ etwas steigt ⟨fig.⟩ *wird höher, nimmt zu;* Ggs *fallen(2);* die Temperatur steigt; das Barometer steigt; die Flut steigt; der Wert des Bildes, des Grundstücks ist gestiegen; das Steigen und Fallen, Steigen und Sinken der Kurse; das Fieber ist gestiegen 5.0.1 die Stimmung stieg *hob sich, man wurde lustiger* 5.1 ⟨800⟩ in etwas ~ *an etwas zunehmen* 5.1.1 das Bild, Grundstück ist im Wert gestiegen *ist wertvoller, teurer geworden* 5.1.2 das Brot ist im Preis gestiegen *ist teurer geworden* 5.1.3 er ist in meiner Achtung gestiegen *ich achte ihn jetzt mehr, höher* 5.1.4 im Rang ~ *einen höheren R. erhalten, befördert werden* **6** ⟨400⟩ eine Veranstaltung steigt ⟨fig.; umg.⟩ *findet statt*

'stei·gern ⟨V.⟩ **1** ⟨500⟩ etwas ~ *verstärken, vergrößern;* dieses Erlebnis steigerte sein Mitgefühl; die Geschwindigkeit ~; diese Maßnahme steigert das Übel ja nur noch; ihr Widerspruch steigerte seinen Zorn 1.1 Adjektive ~ *in die Steigerungsstufen (Komparativ, Superlativ) setzen* 1.2 *erhöhen;* Miete, Preise, Leistungen ~ 1.3 ⟨R3⟩ etwas steigert sich *wird mehr, größer, stärker;* sein Entzükken, sein Zorn steigerte sich noch, als er das hörte; der Wind steigerte sich zum Sturm 1.4 ⟨R3⟩ sich ~ *besser werden* **2** ⟨400⟩ *bieten, ein Angebot machen (bei Auktionen)*

'Stei·gung ⟨f.; -, -en⟩ **1** *Höhenzunahme* 1.1 ~ von 10% *10 m Höhenänderung auf 100 m* **2** *ansteigendes Stück Weg, Straße, Gelände;* die ~ im 3. Gang nehmen, eine ~ überwinden

steil ⟨Adj.⟩ **1** *mehr senkrecht als waagerecht;* ein ~er Berg, eine ~e Küste; ein ~er Abhang; ~ abfallen, ansteigen **2** ⟨60⟩ ein ~er Zahn ⟨umg.; veralt.⟩ *kesses Mädchen*

Stein ⟨m.; -(e)s, -e⟩ **1** *natürl. Gestein, Gesteinsstück;* Kiesel~; Sand~; den ~ behauen; der Weg ist voller ~e; beim Graben auf ~ stoßen; eine Bank, ein Denkmal aus ~; Funken aus einem ~ schlagen; eine Gestalt, Figur in ~ hauen; einen ~ im Schuh haben; einen Weg mit ~en pflastern; ~e und Erden 1.1 *Gegenstand großen Gewichts* 1.1.1 mir ist ein ~ vom Herzen gefallen ⟨fig.⟩ *ich bin jetzt sehr erleichtert, eine große Sorge ist von mir genommen* 1.2 *Gegenstand von störender, hinderlicher Qualität* 1.2.1 ein ~ des Anstoßes ⟨fig.⟩ *allgemeines Ärgernis* 1.2.2 jmdm. die ~e aus dem Weg räumen ⟨fig.⟩ *alle Schwierigkeiten bei seinem Tun, Vorhaben beseitigen* 1.2.3 jmdm. ~e in den Weg legen ⟨fig.⟩ *jmds. Tun, Vorhaben behindern, erschweren* 1.2.4 über Stock und ~ ⟨fig.⟩ *querfeldein, ohne Weg* 1.3 *Gegenstand großer Härte, mangelnder Reaktionsfähigkeit* 1.3.1 → a. *Tropfen(5.1)* 1.3.2 das könnte einen ~ erbarmen, erweichen ⟨fig.⟩ *das ist jammervoll, Mitleid erregend* 1.3.3 ein Herz von ~ haben ⟨fig.⟩ *hartherzig, mitleidlos sein* 1.3.4 zu ~ werden ⟨fig.; umg.⟩ *eine eisige Miene aufsetzen, erstarren* 1.4 *als ungenießbar vorgestellter Gegenstand* 1.4.1 jmdm. ~e statt Brot geben ⟨fig.⟩ *jmdm. etwas geben, was ihm nicht hilft, jmdm. gegenüber hartherzig sein* 1.5 einen ~ auf jmdn. werfen ⟨fig.⟩ *jmdn. verurteilen, verdammen* 1.5.1 den ersten ~ auf jmdn. werfen ⟨fig.⟩ *als erster jmdn. verurteilen* 1.6 den ~ ins Rollen bringen ⟨fig.⟩ *den Anstoß zu etwas geben, eine Sache, Entwicklung in Bewegung bringen* 1.7 der ~ der Weisen (nach dem Glauben der Alchimisten) *Wunderstein, der unedles Metall in Gold verwandelt* 1.7.1 und damit glaubt er den ~ der Weisen gefunden zu haben ⟨fig.⟩ *eine allgemeingültige Lösung* **2** *einem Stein in seiner Eigenschaft (der Härte) ähnlicher Gegenstand* 2.1 *künstl. Werkstoff mit Eigenschaften des Steins(1);* Ziegel~; Bau~; Mauer~; Zement ist noch da, aber die ~e sind aufgebraucht 2.1.1 keinen ~ auf dem anderen lassen *alles zerstören* 2.2 *Edelstein;* die Uhr hat 15 ~e, läuft auf 15 ~en; dein Ring hat einen sehr schönen ~; (schöne) ~e sammeln; echte, edle, künstliche, imitierte, schöne ~e; geschnittener, geschliffener ~ 2.2.1 dabei fällt dir kein ~ aus der Krone ⟨fig.; umg.⟩ *vergibst du dir nichts* 2.3 ⟨Brettspiel⟩ *Spielfigur, Spielstein;* ein schwarzer, weißer ~; einen ~ schlagen, überspringen 2.3.1 bei jmdm. einen ~ im Brett haben ⟨fig.⟩ *in bes. Gunst stehen* 2.4 ⟨Bot.⟩ *der innere, harte, den Samen umgebende Teil der Fruchtwand bei den Steinfrüchten* 2.5 *aus organ. Gerüsten u. gestaltlosen od. kristallisierten Salzen zusammengesetzte Bildungen in Ausscheidungshohlorganen;* Blasen~; Gallen~; Nieren~; Speichel~ 2.6 ~ und Bein schwören ⟨umg.⟩ *fest behaupten* 2.7 es friert ~ und Bein ⟨fig.; umg.⟩ *sehr*

'Stein·brech ⟨m.⟩ *Angehöriger einer Gattung der Steinbrechgewächse (Saxifragaceae) mit Blattrosetten u. rötlich-weißen Blüten: Saxifraga*

'Stein·bruch ⟨m.⟩ *Abbaustelle für nutzbares Gestein im Tagebau*

'Stein·druck ⟨m.⟩ *Lithographie, ältestes Flachdruckverfahren, bei dem die Zeichnung auf einen Stein (Kalkschiefer) übertragen u. von diesem abgedruckt wird (heute durch Druck von Zinkplatte ersetzt)*

'stei·nern ⟨Adj. 24⟩ **1** ⟨60⟩ *aus Stein* **2** ⟨fig.⟩ *hart, mitleidlos;* ein ~es Herz haben

'Stein·gut ⟨n.⟩ *Erzeugnis der Feinkeramik mit porösen Scherben, das weniger dicht ist als Porzellan*

'Stein·koh·le ⟨f.⟩ *dichte, erdgeschichtlich alte Kohle mit hohem Gehalt an Kohlenstoff*

'Stein·obst ⟨n.⟩ *Früchte (z. B. Pfirsich, Aprikose, Pflaume, Kirsche, Walnuß), bei denen die innere Schicht der Fruchtwand einen den Samen bergenden sehr harten Kern bildet*

'Stein·schlag ⟨m.⟩ **1** *Abstürzen von Steinen od. Felsstücken im Gebirge* **2** ⟨unz.⟩ *gebrochenes Gestein als Schotter*

'Stein·zeit ⟨f.⟩ *Abschnitt der Urgeschichte, während dessen die Menschen vorwiegend Steine als Werkzeug verwendeten;* ältere, jüngere, mittlere ~

Steiß ⟨m.; -es, -e⟩ **1** *unterer Teil des menschlichen Rumpfes* **2** *hinteres (unteres) Ende der Wirbelsäule*

'Stell·dich·ein ⟨n.; - od. -s, - od. -s⟩ **1** *Verabredung zwischen Mann u. Frau, Zusammenkunft;* Sy *Rendezvous(1)* 1.1 sich ein ~ geben ⟨fig.⟩ *zusammentreffen*

'Stel·le ⟨f.; -, -n⟩ **1** *Ort, Platz, Stätte, Gegend;* eine holperige, vereiste ~ (auf der Straße); eine kahle ~ auf dem Kopf, im Wald; eine rauhe, schadhafte ~; versetz dich einmal an meine ~!; als ich wiederkam, saß er noch an derselben ~; etwas an eine andere ~ setzen; an der falschen, richtigen ~ stehen 1.1 offene, wunde ~ *Wunde* 1.2 das ist eine schwache, empfindliche, verwundbare ~ von mir ⟨fig.⟩ *in dieser Beziehung bin ich schwach usw.* 1.3 an jmds. ~ ⟨fig.⟩ *in jmds. Rolle* 1.3.1 ich an deiner ~ würde das nicht tun *wenn ich du wäre* 1.3.2 ich möchte nicht an seiner ~ sein *ich möchte nicht mit ihm tauschen* 1.4 an ~ von ⟨fig.⟩ *in Vertretung von, anstatt* 1.5 auf der ~ treten ⟨fig.⟩ *nicht vorankommen, keinen Erfolg haben* 1.6 von der ~ *weg, fort* 1.6.1 ich bringe den Schrank nicht von der ~ *ich kann den S. nicht wegrücken, verrücken* 1.6.2 sich nicht von der ~ rühren *still sitzen- od. stehenbleiben* 1.6.3 nicht von der ~ kommen ⟨fig.⟩ *nicht vorankommen (mit einer Angelegenheit)* 1.7 etwas zur ~ schaffen ⟨fig.⟩ *herbeischaffen* 1.8 zur ~ sein ⟨fig.⟩ *da sein, bereit sein, wo man gebraucht wird* 1.9 → a. *Ort(1.2)* **2** *Textstelle (in einem Buch, einer Zeitung), Teilstück, Absatz, Abschnitt;* eine ~ (aus einem Buch, Brief) herausschreiben; eine ~ zitieren, noch einmal lesen; eine spannende ~ (im Buch); das ist an anderer ~ (im Buch) bereits erklärt worden; davon ist in dem Buch an mehreren ~n die Rede **3** ⟨fig.⟩ *Anstellung, Stellung, Posten, Dienst;* eine ~ suchen, finden, bekommen; die ~ wechseln; eine gute, gutbezahlte ~; eine freie, offene, unbesetzte ~; ohne ~ sein; sich um eine ~ bemühen, bewerben 3.1 *Position* 3.1.1 an erster ~ *als erste(r), als vorderste(r)* 3.1.2 an erster ~ stehen *die größte Bedeutung haben, am wichtigsten sein, Vorgesetzter sein* 3.1.3 ich werde mich an höherer ~ erkundigen, beschweren *beim Vorgesetzten* 3.2 *Amt, Behörde;* Beratungs~; Dienst~; sich an der zuständigen ~ erkundigen 3.2.1 die amtlichen ~n *die Behörden* **4** *Platz einer Zahl in einer Zahlenreihe;* Dezimal~; die ersten ~n hinter dem Komma; eine Zahl mit drei, vier ~n **5** auf der ~ ⟨fig.⟩ *sofort;* er war auf der ~ tot

'stel·len ⟨V. 500⟩ **1** ⟨500/R7⟩ jmdn. od. etwas ~ *in aufrechte Lage, stehende Haltung bringen;* du mußt die Flasche ~, nicht legen; jmdn. (der gestürzt ist) wieder auf die Füße ~; sich auf die Zehenspitzen ~ 1.1 ⟨511/R7 od. R8⟩ jmdn. od. etwas irgendwohin ~ *(in aufrechter Stellung) irgendwohin tun, bringen;* etwas beiseite ~; einen Kochtopf auf den Herd ~; Geschirr, Blumen auf den Tisch ~; das Fahrrad in den Keller ~; Geschirr, Bücher in den Schrank ~ 1.1.1 etwas in Aussicht ~ ⟨fig.⟩ *verheißen, ankündigen* 1.1.2 eine Sache über eine andere ~ ⟨fig.⟩ *eine S. mehr als eine andere schätzen* 1.1.3 jmdn. vor Gericht ~ ⟨fig.⟩ *anklagen* 1.1.4 ⟨531⟩ jmdm. einen Helfer zur Seite ~ *einen H. geben* 1.2 ⟨500/R3⟩ sich irgendwohin ~ *sich irgendwo aufrecht hinstellen;* sich ans Fenster ~; sich (schützend) vor jmdn. ~; stell dich dorthin 1.2.1 sich hinter jmdn. ~ ⟨a. fig.⟩ *jmdn. unterstützen, für jmdn. Partei ergreifen* 1.2.2 sich jmdm. in den Weg ~ ⟨a. fig.⟩ *jmdm. den Weg versperren, jmdn. am Weiterkommen hindern* 1.3 sich irgendwo ~ *versammeln, treffen (zum Marsch, zum Umzug, Aufmarsch);* wir ~ uns um 9 Uhr am Hauptbahnhof 1.4 ⟨500⟩ Einrichtungsgegenstände ~ *aufstellen, hinstellen;* wie sollen wir die Möbel ~?; das Zimmer ist so klein, daß man keinen Schrank ~ kann 1.5 ⟨800; Part. Perf.⟩ auf sich selbst gestellt sein ⟨fig.⟩ *für sich selbst sorgen müssen, sich seinen Lebensunterhalt selbst verdienen* 1.6 → a. *Kopf(1.6), Mann[1](2.2), Schatten(4.3)* **2** ⟨500⟩ Personen od. Material ~ *herbeischaffen, beschaffen;* einen Bürgen, Vertreter, Zeugen ~; für einen Bau Arbeitskräfte ~; das Material stellt er, die Löhne zahle ich 2.1 etwas zur Verfügung ~ *leihen, zum Gebrauch geben* **3** ⟨513⟩ etwas irgendwie ~ *einstellen;* das Radio lauter ~; ein elektr. Gerät auf Null ~ 3.1 etwas kalt, warm ~ *so behandeln, daß es kalt, warm bleibt od. wird;* Wein kalt ~; Speisen warm ~ 3.2 ⟨500⟩ eine Uhr, ein Meßgerät ~ *auf den gewünschten od. richtigen Wert einstellen;* den Wecker ~ **4** ⟨513/R3⟩ sich irgendwie ~ *irgendetwas vortäuschen, tun, als ob etwas der Fall wäre;* sich krank, taub, unwissend ~; sich tot ~ (Tier); er stellt sich nur so **5** ⟨553/R3⟩ sich irgendwie zu jmdm. od. einer Sache ~ *einstellen* 5.1 wie ~ Sie sich zu ...? *was halten Sie von ...?* 5.2 ⟨510⟩ sich mit jmdm. gut ~ *versuchen, gut mit jmdm. auszukommen* **6** Fallen ~ *aufstellen* 6.1 ⟨530/R5 od. R6⟩ jmdm. ein Bein ~ ⟨a. fig.⟩ *bewirken, daß jmd. im Weiterkommen behindert wird* 6.2 ⟨513/R7⟩ etwas zur Schau ~ ⟨fig.⟩ *öffentlich zeigen* **7** ⟨500⟩ eine Frist, eine Aufgabe ~ *nennen, geben;* jmdm. eine Frist ~; jmdm. ein Thema (zur Bearbeitung) ~; jmdm. ein Ultimatum ~ 7.1 *festlegen, bestimmen;* eine Rechnung ~; jmdm. ein Horoskop ~ **8** ⟨500⟩ jmdn. ~ 8.1 *zum Stehen bringen, an der Flucht hindern, fangen;* bald hatte die Polizei den Verbrecher gestellt 8.2 ⟨515⟩ jmdn. zur Rede ~ *von jmdm. Aufklärung, Rechenschaft fordern* 8.3 ein Stück Wild ~ ⟨jägerspr.⟩ *zum Stehenbleiben zwingen (vom Hund)* 8.4 ⟨R3⟩ sich ~ *sich freiwillig melden, sich freiwillig zu den Behörden (der Polizei) begeben;* der Täter hat sich (freiwillig) gestellt 8.5 ⟨505/R3⟩ sich (zur Rekrutierung) ~

antreten, einrücken; er muß sich am 10. Februar ~; sich zum Militärdienst ~ **8.5.1** sich (zum Kampf) ~ *zum Kampf, Wettkampf antreten;* die Mannschaft stellt sich diesem Gegner zum zweiten Mal **9** ⟨Funktionsverb⟩ 9.1 einen Antrag ~ *beantragen* 9.2 Ersatz ~ *ersetzen* 9.3 eine Forderung ~ *fordern* 9.4 eine Frage ~ *etwas fragen* 9.5 der Erfolg ist in Frage gestellt *der Erfolg ist fraglich, unsicher* 9.6 etwas in Abrede ~ *verneinen, leugnen* 9.7 jmdm. einen Betrag in Rechnung ~ *berechnen* 9.8 etwas unter Beweis ~ *beweisen* 9.9 jmdm. etwas zur Bedingung ~ *etwas als Voraussetzung fordern, ausbedingen*

'stel·len·los ⟨Adj. 24/70⟩ *stellungslos, ohne Anstellung*

'stel·len·wei·se ⟨Adv.⟩ **1** *an manchen Stellen, hier u. da;* ~ liegt auf den Feldern noch Schnee **2** *teilweise;* der Roman ist ~ sehr langweilig

'Stell·ma·cher ⟨m.⟩ **1** ⟨früher⟩ *Handwerker, der Fahrzeuge aller Art herstellt* **2** ⟨später⟩ *Handwerker, der kleine Fahrzeuge (meist aus Holz) u. Teile dafür sowie hölzerne Werkzeuge herstellt*

'Stel·lung ⟨f.; -, -en⟩ **1** *Lage, Stand, Haltung;* Körper~; Bein~; eine bequeme, gezierte, gezwungene, natürliche, zwanglose ~; gebückte, hockende, kniende, liegende, sitzende ~ **2** *Stand, Position;* gesellschaftliche, soziale ~; die ~ der Gestirne 2.1 *Einstellung, Regulierung;* die ~ aller Hebel muß gleich sein **3** *Amt, Anstellung, Posten;* Dienst~; eine ~ suchen, finden, annehmen, aufgeben, bekommen; eine einflußreiche, hohe ~; eine ~ als Buchhalter haben; ohne ~ sein 3.1 *Rang;* er in seiner ~ kann so etwas nicht tun **4** ⟨Mil.⟩ *Feldbefestigung, in der sich die Truppen zur Abwehr einrichten;* befestigte ~; feste ~en beziehen in, bei ... **5** (zu einer Sache) ~ nehmen ⟨fig.⟩ *seine Meinung (zu einer S.) äußern* **5.1** (für, gegen jmdn. od. etwas) ~ nehmen *Partei ergreifen, eintreten, sich (für, gegen jmdn. od. etwas) aussprechen;* bisher hat sie noch nicht ~ genommen; er hat ausdrücklich für diese Lösung ~ genommen

'Stel·lung·nah·me ⟨f.; -, -n⟩ *Äußerung einer Meinung zu einem Vorfall od. Problem*

'stel·lungs·los ⟨Adj. 24/60⟩ *ohne Anstellung*

'Stell·ver·tre·ter ⟨m.⟩ *jmd., der einen anderen vertritt, jmd., der im Namen eines anderen handelt*

'Stel·ze ⟨f.; -, -n⟩ **1** *Stange mit über dem Boden angebrachtem Klotz zur Verlängerung des Beins* 1.1 auf ~n gehen ⟨a. fig.⟩ *ein hochtrabendes Wesen zur Schau tragen* **2** ⟨Zool.⟩ *Angehörige einer Familie gut laufender Singvögel: Motacillidae*

'stem·men ⟨V.⟩ **1** ⟨500⟩ etwas Schweres ~ *über den Kopf in die Höhe heben;* Gewichte, Hanteln ~ **2** ⟨511 od. 550/R7⟩ sich od. etwas auf, gegen, in etwas ~ *fest, auf, gegen, in etwas drücken;* die Ellbogen auf den Tisch ~; sich gegen eine Tür, einen Schrank ~; die Füße gegen die Wand ~; die Hände in die Hüften, Seiten ~ (oft als Zeichen der Herausforderung) 2.1 ⟨550/R3⟩ sich gegen eine Sache ~ ⟨fig.⟩ *sich einer S. widersetzen, sie zu verhindern suchen* **3** ⟨511⟩ ein Loch in etwas ~ *mit einem an der schmalen Seite mit einer Schneide versehenen Werkzeug ein L. in etwas machen;* Löcher in eine Wand ~ **4** ⟨400; Schisport⟩ *Stemmbogen fahren*

'Stem·pel ⟨m.; -s, -⟩ **1** *Gerät mit Gummitypen od. -zahlen zum Drucken von Hand;* einen ~ auf eine Urkunde drücken 1.1 *Abdruck eines Stempels(1);* Datum~, Firmen~; den ~ unter einen Brief setzen **2** *Teil einer Prägevorrichtung* **3** *geprägtes Zeichen (auf Waren, Silber usw.)* **4** ⟨Bgb.⟩ *senkrecht od. schräg stehende Stütze in einer Strecke od. einem Abbau* **5** ⟨Bot.⟩ *Fruchtknoten der Bedecktsamer mit Griffel u. Narbe: Pistillum* **6** *Kolben einer Druckpumpe* **7** ⟨fig.⟩ *Zeichen, Prägung, Aussehen;* dieses Werk trägt den ~ eines genialen Geistes, eines hervorragenden Könners

'stem·peln ⟨V.⟩ **1** ⟨500⟩ etwas ~ *einen Stempel auf etwas drücken;* einen Ausweis, Brief, eine Urkunde ~ **2** ⟨500⟩ Gold, Silber ~ *mit einem Prägezeichen versehen* **3** ⟨400 od. Inf.⟩ ~ gehen ⟨umg.⟩ *Arbeitslosenunterstützung beziehen (wobei früher die Auszahlung der Unterstützung mit einem Stempel auf der Ausweiskarte vermerkt wurde);* er stempelt seit Monaten **4** ⟨550/R7 od. R8⟩ jmdn. zu etwas ~ *als etwas bezeichnen, kennzeichnen;* jmdn. zum Verräter ~

'Sten·gel ⟨m.; -s, -⟩ **1** *Stamm der Pflanzen, die nicht Bäume, Sträucher od. Gräser sind;* Sy *Stiel(1.2)* 1.1 ⟨Bot.⟩ *Sproßachse der höheren Pflanzen* **2** fall nicht vom ~! ⟨umg.⟩ *fall nicht herunter!*

Ste·no'gramm ⟨n.; -s, -e⟩ *Niederschrift in Kurzschrift*

Ste·no·gra'phie ⟨f.; -, -n⟩ = *Kurzschrift*

ste·no·gra'phie·ren ⟨V.⟩ **1** ⟨400⟩ *Kurzschrift schreiben;* können Sie ~? **2** ⟨500⟩ einen Text ~ *in Kurzschrift nachschreiben, mitschreiben;* eine Rede, eine Verhandlung ~

Ste·no·ty'pist ⟨m.; -en, -en⟩ *Angestellter, der Diktate in Kurzschrift aufnimmt u. in Maschinenschrift überträgt*

Step ⟨m.; -s, -s⟩ = *Steptanz*

'Step·pe ⟨f.; -, -n⟩ *baumlose Gegend, hauptsächlich mit Gräsern, die zusammen mit Stauden eine mehr od. minder geschlossene Pflanzendecke bilden, Grasland*

'step·pen[1] ⟨V. 500⟩ etwas ~ *mit Steppstichen nähen od. verzieren;* eine Naht, einen Saum ~

'step·pen[2] ⟨V. 400⟩ *Step tanzen*

'Step·tanz ⟨m.⟩ *Tanz, dessen Rhythmus in lokkeren, schnellen Fußbewegungen mit Hacke u. Spitze geschlagen wird u. zu dem, um die Wirkung zu verstärken, Schuhe mit besonderen Beschlägen getragen werden*

'ster·ben ⟨V. 259/405(s.)⟩ **1** ein Lebewesen stirbt *scheidet aus dem Leben, hört zu leben auf;* er ist gestern gestorben; eines natürlichen, unnatürlichen, gewaltsamen Todes ~; jung, alt, hochbetagt ~; plötzlich, unerwartet ~; am Herzschlag, an Altersschwäche ~; aus Gram ~; er ist für seine Überzeugung gestorben; über einem Werk, einer Arbeit ~; ... und wenn sie nicht gestorben sind, so leben sie noch heute (Märchenschlußformel); ich sterbe vor Neugierde, vor Langeweile ⟨fig.; umg.⟩ **1.1** Hungers ~ *verhungern* **1.2** du wirst nicht gleich dran ~! ⟨umg.⟩ *es wird dir nichts schaden* 1.3 im Sterben liegen *mit dem Tode ringen,* *kurz vorm Tode sein* 1.4 durch jmdn., durch jmds. Hand ~ *von jmdm. ermordet werden* 1.5 es ist zum Sterben langweilig ⟨umg.⟩ *sehr langweilig* 1.6 → a. *leben(1.5)* **2** etwas stirbt ⟨fig.⟩ *vergeht, schwindet, erlöscht;* seine Liebe ist gestorben; eine ~de Kultur

'sterb·lich ⟨Adj. 24⟩ **1** ⟨70⟩ Lebewesen sind ~ *so beschaffen, daß sie sterben müssen, dem Tode unterworfen, vergänglich;* alle Menschen sind ~ 1.1 die Sterblichen ⟨poet.⟩ *die Menschen* 1.2 die ~en Überreste ⟨geh.⟩ *die Leiche, die Gebeine* **2** ⟨50; fig.; umg.⟩ *sehr, über alle Maßen;* ~ verliebt sein

Ste·reo·pho'nie ⟨f.; -; unz.⟩ **1** ⟨Psych.⟩ *räuml. Hören* **2** *elektroakustische Technik der räumlich wirkenden Wiedergabe von Tönen*

ste·reo'typ ⟨Adj.⟩ **1** *mit feststehender Schrift (gedruckt)* **2** *feststehend, unveränderlich* **3** ⟨fig.⟩ *ständig wiederkehrend, immer wieder gleich, formelhaft;* eine ~e Antwort, Redewendung; ein ~es Lächeln

ste'ril ⟨Adj.⟩ **1** *keimfrei;* ~e Watte, Milch **2** *unfruchtbar, unfähig, Nachkommen zu zeugen od. zu gebären* **3** ⟨fig.⟩ *nicht schöpferisch, nicht produktiv, geistig unfruchtbar;* ~e Wissenschaft; ein ~er Schriftsteller

ste·ri·li'sie·ren ⟨V. 500⟩ **1** Gegenstände ~ *keimfrei machen, entkeimen durch Erhitzen auf 100-130°C;* Lebensmittel zur Konservierung ~ **2** jmdn., ein Lebewesen ~ *unfruchtbar, zeugungsunfähig machen bei Erhaltung der Keimdrüsen;* → a. *kastrieren(1)*

Stern[1] ⟨m.; -(e)s, -e⟩ **1** *Gestirn, Himmelskörper;* die ~e funkeln, strahlen, leuchten; mit ~en besäter Himmel; ~ erster, zweiter Größe; das Schicksal aus den ~en deuten ⟨Astrol.⟩; in den ~en lesen ⟨Astrol.⟩ 1.1 ~e tanzten mir vor den Augen ⟨fig.; umg.⟩ *es flimmerte mir vor den A.* 1.2 ein guter ~ hat mich davor bewahrt ⟨fig.⟩ *eine günstige Fügung* 1.3 nach den ~en greifen ⟨fig.⟩ *nach dem Höchsten streben, Unmögliches wollen* 1.4 unter einem günstigen, ungünstigen ~ geboren sein ⟨fig.⟩ *im Leben viel Glück, Unglück haben* 1.5 die Veranstaltung stand unter einem (keinem) günstigen ~ ⟨fig.⟩ *fand unter guten (schlechten) Voraussetzungen statt* 1.6 → a. *neu(2.2)* **2** *sternähnliches Gebilde* 2.1 *sternförmiges gedrucktes Zeichen* 2.2 *sternförmiger Gegenstand als Rangabzeichen u. a.;* Ordens~; zwei ~e auf den Schulterstücken haben 2.3 *Blesse (des Pferdes)* **3** ⟨fig.⟩ *Berühmtheit, Star;* Film~; ein neuer ~ am Film-, Theaterhimmel **4** ⟨poet.⟩ *strahlender, leuchtender Gegenstand, Körper;* Augen~ **5** ⟨fig.; umg.; schweiz.⟩ *Freund(in), Geliebte(r)*

Stern[2] ⟨m.; -(e)s, -e⟩ *Heck (des Schiffes)*

'Stern·bild ⟨n.⟩ *als Bild gedeutete Gruppe von Sternen;* ~ des Wassermanns

'Stern·chen ⟨n.⟩ **1** *kleiner Stern* **2** ⟨Zeichen: *⟩ *sternförmiges gedrucktes Zeichen (für Fußnoten, zur Kennzeichnung besonderer Qualitäten usw.)* 2.1 dieses Bauwerk ist im Reiseführer mit drei ~ versehen *ist bes. sehenswert* **3** ⟨fig.⟩ *angehende Berühmtheit beim Film;* Film~

'Stern·schnup·pe ⟨f.⟩ *kleiner punkt- od. sternförmiger Meteor*

'Stern·war·te ⟨f.⟩ *wissenschaftl. Observatorium, Institut, in dem die Gestirne beobachtet werden*

Sterz ⟨m.; -es, -e⟩ **1** *Schwanz (bes. von Vögeln)* **2** *Führungs- u. Haltevorrichtung am Pflug;* Pflug~ **3** ⟨bair.; österr.⟩ *dicker Brei (als Nahrungsmittel);* Mehl~, Kartoffel~

'ste·tig ⟨Adj.⟩ *beständig, andauernd, gleichmäßig, nicht unterbrochen;* ~e Arbeit; ~er Fleiß; ~er Wind

stets ⟨Adv.⟩ *immer, jederzeit, jedesmal;* ~ der, die Ihre (Briefschluß); ich bin ~ für ihn eingetreten, wenn es nötig war; er bringt ~ Blumen mit, wenn er kommt; er ist ~ hilfsbereit; du bist mir ~ willkommen; ~ zu (Ihren) Diensten

'Steu·er[1] ⟨n.; -s, -⟩ **1** *Vorrichtung zum Lenken* 1.0.1 am ~ sitzen *ein Auto steuern* 1.0.2 am ~ stehen *ein Schiff steuern* **2** ⟨fig.⟩ *Lenkung, Leitung, Führung;* das ~ (der Regierung o. ä.) fest in der Hand haben

'Steu·er[2] ⟨f.; -, -n⟩ *vom Staatsbürger zu leistende Abgabe;* Einkommens~; Lohn~; Tabak~; Vermögens~; ~n hinterziehen; das Auto kostet monatlich 38,-- DM ~n; der ~ unterliegen; ~n zahlen; hohe ~n; eine Sache mit einer ~ belegen

'Steu·er·mann ⟨m.⟩ *zum Steuern von Schiffen u. Booten ausgebildeter Seemann*

'steu·ern ⟨V.⟩ **1** ⟨500⟩ etwas ~ *lenken;* ein Schiff, Auto, Flugzeug, einen Kran ~ 1.1 den Ton ~ *Tonhöhe u. Lautstärke ausgleichen* 1.2 ⟨400⟩ *das Steuer handhaben* **2** ⟨411(s.)⟩ irgendwohin ~ *das Steuer in eine bestimmte Richtung drehen;* nach einer Insel, in den Hafen ~; wohin steuert er? **3** ⟨600⟩ einer Sache ~ *gegen eine S. kämpfen, sie zu beseitigen suchen;* einem Mißstand ~

'Steue·rung ⟨f.; -, -en⟩ **1** ⟨unz.⟩ *das Steuern* **2** ⟨unz.; fig.⟩ *Bekämpfung;* die ~ der Wohnungsnot **3** *Vorrichtung zum Lenken* **4** *Vorrichtung zur Regelung eines Arbeitsablaufes*

Stich ⟨m.; -(e)s, -e⟩ **1** *das Stechen, Einbohren eines spitzen Gegenstandes* 1.0.1 er erhielt drei ~e in die Brust *ihm wurde dreimal in die B. gestoßen* 1.1 die Sache stimmt auf Hieb und ~ ⟨fig.⟩ *die S. ist in Ordnung, daran gibt es nichts zu rütteln* **2** *die durch Stich(1) entstandene Wunde;* Dolch~; Messer~; Nadel~; Insekten~; tiefer, tödlicher ~ **3** ⟨fig.⟩ *stechender Schmerz;* ~e in der Seite, in der Brust verspüren 3.0.1 das gab mir einen ~ (ins Herz) *das schmerzte mich tief* **4** *Einstechen mit der Nadel u. Durchziehen des Fadens (beim Nähen, Sticken);* mit kleinen, großen ~en nähen 4.1 *die aus Stichen(4) entstehende Figur;* Kreuz~; Stepp~; Stiel~ **5** *Kupferstich, Stahlstich;* alte ~e sammeln; ein ~ von Dürer **6** *beginnende Säuerung, Fäulnis* 6.1 die Milch, das Fleisch hat einen ~ *schmeckt nicht mehr ganz frisch* **7** einen ~ haben ⟨fig.; umg.⟩ *verrückt, nicht recht bei Verstand sein* **8** einen ~ ins Grüne, Rötliche usw. haben *ins Grüne, Rötliche usw. übergehen* **9** (nicht) ~ halten *(nicht) überzeugen, einer Probe (nicht) standhalten;* der Beweis, die Behauptung hält nicht ~ **10** jmdn. od. etwas im ~ lassen *treulos verlassen, seinem Schicksal preisgeben* 10.1 sein Gedächtnis läßt ihn im ~ *er kann sich nicht erinnern, es fällt ihm nicht wieder ein* **11** ⟨Kart.⟩ *Wegnahme gegnerischer Karten durch höherwertige eigene* 11.0.1 einen ~ machen *die gegnerischen Karten wegnehmen* **12**

⟨Met.⟩ *Durchgang des Walzgutes beim Walzen* **13** ⟨Arch.⟩ *Höhe eines Bogens od. Gewölbes* **14** ⟨Mar.⟩ *eine Art Knoten* **15** ⟨jägerspr.⟩ *unterer Brustteil (des Hochwildes), aus dem sich der Hals heraushebt*

'Sti·chel ⟨m.; -s, -⟩ *spitzes Werkzeug für Holz-, Kupfer- od. Stahlstiche, mit dem die Zeichnung in die Platte eingegraben wird*

'sti·cheln ⟨V. 400⟩ **1** *mit kleinen Stichen nähen od. sticken* **2** *eifrig, emsig nähen od. sticken* **3** ⟨fig.⟩ *boshaft auf etwas anspielen, boshafte Bemerkungen machen;* gegen jmdn. ~

'stich·fest ⟨Adj.⟩ **1** *gegen Stiche gesichert* **2** ⟨fig.⟩ *unangreifbar, unantastbar;* hieb- und ~

'stich·hal·tig ⟨Adj.⟩ *überzeugend, wohlbegründet, nicht widerlegbar;* eine ~e Begründung, ein ~er Beweis

'Stich·pro·be ⟨f.⟩ *Prüfung od. Untersuchung eines einzelnen Teils, von dem man aufs Ganze schließen kann*

'Stich·tag ⟨m.⟩ *für bestimmte Handlungen, für das Inkrafttreten von Vorschriften u. ä. festgesetzter Tag, Termin;* der 1. September ist der ~ für das Alter schulpflichtig werdender Kinder

'Stich·wort ⟨n.; -(e)s, ¨er od. -e⟩ **1** ⟨Pl. ¨er; in Nachschlagewerken⟩ *Wort, das erklärt wird* **2** ⟨Pl. -e⟩ *Wort eines Schauspielers, auf das hin ein anderer einsetzen od. auftreten muß;* das ~ geben 2.1 ⟨fig.⟩ *Wort, Bemerkung, auf das bzw. die hin etwas geschieht od. etwas getan wird;* das war das ~, das alle zum Aufbruch mahnte; auf dieses ~ hin erhoben sich alle von ihren Sitzen **3** ⟨Pl. -e⟩ *Wort, in dem der Sinn eines längeren Textes zusammengefaßt ist;* sich etwas in ~en aufschreiben, notieren

'sticken ⟨-k·k-; V.⟩ **1** ⟨400⟩ *durch Stiche auf Stoff Verzierungen herstellen;* früher stickte man noch viel mit der Hand **2** ⟨500⟩ e t w a s ~ *mit Stichen verzieren;* eine Decke, ein Kissen ~

'stickig ⟨-k·k-; Adj.⟩ *schwer zum Atmen, dumpf, zum Ersticken, verbraucht;* ~e Luft; hier ist es so ~; ~ heiß

'Stick·stoff ⟨m.; Zeichen: N⟩ *chem. Element, Nichtmetall, Ordnungszahl 7, Hauptbestandteil der Luft*

'stie·ben ⟨V. 260/400(s.)⟩ e t w a s stiebt *fliegt in kleinen Teilchen auseinander;* das Pferd galoppierte davon, daß die Funken stoben

'Stief·bru·der ⟨m.⟩ *Bruder, mit dem man keinen Elternteil gemeinsam hat*

'Stie·fel ⟨m.; -s, -⟩ **1** *hoher, über die Knöchel reichender Schuh;* sie hat noch zwei Paar ~ im Schrank 1.1 das zieht einem ja die ~ aus! ⟨fig.; umg.⟩ *das ist unerträglich, überraschend u. unangenehm* **2** a l t e r ~ ⟨fig.; umg.⟩ *gewohnter Trott;* es geht immer so im alten ~, nach dem alten ~ weiter 2.0.1 immer seinen alten ~ arbeiten *im alten Trott* **3** ein o r d e n t l i c h e r, tüchtiger ~ ⟨fig.; umg.⟩ *viel* 3.1 einen ordentlichen ~ v e r t r a g e n *viel Alkohol* 3.2 einen tüchtigen ~ z u s a m m e n r e d e n *viel Unsinn* **4** *hohes Trinkgefäß in Form eines Stiefels*

'Stief·kind ⟨n.⟩ **1** *Sohn od. Tochter des Ehepartners* **2** ⟨fig.⟩ *jmd. od. eine Sache, dem bzw. der man ungerechterweise wenig Aufmerksamkeit widmet;* diese Abteilung ist das ~ des Betriebes 2.1 ein ~ des Glückes ⟨fig.⟩ *Mensch, der im Leben wenig Glück gehabt hat;* als ~ behandelt werden

'stief·müt·ter·lich ⟨Adj.⟩ **1** *wie eine schlechte Stiefmutter* 1.1 jmdn. ~ behandeln ⟨fig.⟩ *lieblos behandeln, vernachlässigen* 1.1.1 die Natur hat jmdn. ~ behandelt *die Natur hat ihn vernachlässigt, er ist nicht sehr schön*

'Stie·ge[1] ⟨f.; -, -n⟩ **1** *schmale, steile Treppe* **2** ⟨süddt.⟩ *Treppe* **3** ⟨bes. österr.⟩ *Verschlag, Lattenkiste*

'Stie·ge[2] ⟨f.; -, -n⟩ *altes Zählmaß, 20 Stück*

Stiel ⟨m.; -(e)s, -e⟩ **1** *langes, dünnes Verbindungsstück zwischen zwei größeren Teilen* 1.1 *stabförmiger Griff, Handgriff;* Axt~, Peitschen~, Pinsel~ 1.2 = *Stengel* 1.2.1 → a. *Stumpf(1.1)* 1.3 *Teil des Glases zwischen Fuß u. Kelch*

'Stiel·au·ge ⟨n.⟩ **1** *auf bewegl. Stiel sitzendes Auge mancher Krebstiere* **2** ~n machen, bekommen ⟨fig.; umg.⟩ *etwas od. jmdn. begierig od. neugierig anblicken, anstarren*

stier ⟨Adj.⟩ **1** *starr, unbeweglich;* ein ~er Blick; jmdn. ~ ansehen **2** ⟨40⟩ ~ sein ⟨umg.; österr.; schweiz.⟩ *ohne Geld sein*

Stier ⟨m.; -(e)s, -e⟩ **1** *Bulle, männl. Rind* 1.1 den ~ bei den Hörnern packen, fassen ⟨fig.⟩ *eine Angelegenheit mutig angreifen* **2** ⟨Astr.⟩ *Sternbild des nördl. Himmels u. zweites Sternbild des Tierkreises;* sie ist im Zeichen des ~es geboren

Stift[1] ⟨m.; -(e)s, -e⟩ **1** *stäbchenförmiges Gerät, kleiner Pflock, kleiner Nagel ohne Kopf* **2** ⟨kurz für⟩ *Bleistift, Zeichenstift, Buntstift* **3** ⟨fig.; umg.⟩ *kleiner Junge* 3.1 *Lehrling*

Stift[2] ⟨n.; -(e)s, -e od. (selten) ~er⟩ **1** *mit gestiftetem Grundbesitz u. Vermögen ausgestattete, einem geistl. Kollegium gehörende, kirchl. Zwecken dienende Anstalt, z. B. Kloster* **2** ⟨danach auch⟩ 2.1 *Erziehungsanstalt (für Mädchen)* 2.2 *Altersheim (bes. für adlige Damen)*

'stif·ten[1] ⟨V. 400; schweiz.⟩ *als Lehrling (Stift[1](3.1)) tätig sein;* ich stifte bei der Firma X.

'stif·ten[2] ⟨V.⟩ **1** ⟨500⟩ e t w a s ~ *schenken, spenden;* eine Summe für einen wohltätigen Zweck ~ 1.1 ⟨umg.⟩ *spendieren;* er hat eine Flasche Kognak gestiftet 1.1.1 → a. *Runde(2.1)* **2** ⟨500⟩ e t w a s ~ *gründen, ins Leben rufen u. die finanziellen Mittel dafür bereitstellen;* ein Kloster, eine Kirche ~; einen Orden, Preis ~ **3** ⟨500⟩ eine S a c h e ~ ⟨fig.⟩ *schaffen, herbeiführen;* Frieden ~; Gutes ~; Unfrieden ~ 3.1 einen B r a n d ~ *B. legen, etwas böswillig anzünden*

'Stif·tung ⟨f.; -, -en⟩ **1** ⟨Rechtsw.⟩ *jurist. Person, in der ein nach dem Willen eines Stifters eingebrachtes Vermögen einem bestimmten Zweck dienen soll;* Geld aus einer ~ bekommen; eine ~ errichten, verwalten **2** *Schenkung;* eine kirchliche, öffentliche ~; milde, fromme ~en machen **3** *Gründung;* die ~ des Klosters

Stig·ma ⟨['stɪg-] n.; -s, -men od. -ma·ta⟩ **1** *Zeichen, Mal* **2** ⟨kath. Kirche⟩ *Wundmal (Christi)* **3** ⟨Zool.⟩ *eine der seitl. am Körper liegenden Öffnungen der Atmungsorgane (Tracheen) von Insekten, Tausendfüßlern u. Spinnen* **4** ⟨Bot.⟩ = *Narbe(3)*

Stil ⟨m.; -(e)s, -e⟩ **1** *die Art u. Weise, sich schriftlich auszudrücken;* ~ eines Dichters; einen guten, schlechten ~ schreiben; flüssiger, knapper, gewandter, weitschweifiger ~ **2** *einheitl. Gepräge der künstler. Erzeugnisse einer Zeit, einer Persönlichkeit;* Bau~, Mal~; Barock~, Rembrandt~; gotischer, romanischer ~; der ~ Richard Wagners, Franz Marcs **3** *besonderes Gepräge einer menschl. Lebensweise;* Lebens~; der ~ einer Zeit, unserer Zeit; einen eigenen, persönlichen ~ entwickeln **3.1** jmd. hat ~ *jmds. Art zu leben hat ein vorbildliches Gepräge* **3.2** eine Veranstaltung großen ~s *eine in jeder Beziehung großzügige V.* **3.3** in großem ~ leben *in finanziell großzügiger Weise* **4** *Art, Technik der Ausübung einer Sportart;* Schwimm~

sti·li'sie·ren ⟨V. 500⟩ Formen der Natur ~ *künstlerisch vereinfacht wiedergeben;* stilisierte Blattornamente

Sti'li·stik ⟨f.; -, -en⟩ **1** ⟨unz.⟩ *Lehre von den Gesetzen des sprachl. Stils(1)* **2** *Lehrbuch der Stilistik(1)*

still ⟨Adj.⟩ **1** *ohne zu sprechen, schweigend, stumm;* du bist heute ja so ~; in ~em Gedenken (Schlußformel in Beileidsbriefen); in ~er Trauer, in ~em Schmerz (in Todesanzeigen); willst du wohl ~ sein? ⟨umg.⟩ **1.1** sei ~! *hör auf zu reden!* **1.2** sei doch endlich davon ~! *schweig endlich darüber, sprich nicht mehr davon* **2** *geräuschlos, lautlos;* ein ~er Seufzer; sich ~ verhalten; es wurde ~ im Saal **2.1** ~! *Ruhe!, ruhig!* **2.2** ~es Gebet *nicht in Worten ausgesprochenes G.* **2.3** ~e Messe *M., die nur zelebriert, nicht gesprochen oder gesungen wird* **3** *unbeweglich, regungslos;* ~ sitzen, liegen **3.1** ⟨60⟩ ~es Wasser *stehendes Gewässer* **3.1.1** ~e Wasser sind tief ⟨fig.⟩ *hinter der ruhigen, verschlossenen Außenseite eines Menschen verbirgt sich oft mehr, als es den Anschein hat* **4** *wenig belebt, ruhig, friedlich;* eine ~e Straße; ein ~er Ort; ein schönes Buch für eine ~e Stunde **4.0.1** ein ~er Tag *T. ohne besondere Vorkommnisse* **4.1** ⟨60⟩ ~er Freitag *Karfreitag* **4.2** ⟨60⟩ ~e Woche *Karwoche* **4.3** um diese Sache ist es ~ geworden *es wird nur noch wenig von dieser S. gesprochen* **5** *zurückhaltend, wenig sprechend, ruhig;* er ist ein ~er Mensch, ein ~es Kind; sie ging ~ neben ihm her **5.1** die Stillen im Lande *Menschen, die sich aus weltanschaulichen, religiösen u. a. Auseinandersetzungen heraushalten* **6** *nicht in Erscheinung tretend* **6.0.1** ein ~er Betrachter *jmd., der am Gespräch, am Trubel eines Festes u. ä. nicht teilnimmt, sondern nur zuhört, zusieht* **6.0.2** ~e Reserven *R., die nicht in der Bilanz ausgewiesen sind* **6.0.3** ~er Teilhaber, Gesellschafter *T., G., der nach außen hin nicht in Erscheinung tritt, aber gewisse Rechte hat* **6.1** *heimlich, verborgen;* sie ist seine ~e Liebe **6.1.1** sich dem ~en Suff ergeben ⟨umg.; scherzh.⟩ *für sich allein viel Alkohol trinken* **6.1.2** der ~e Ort, das ~e Örtchen ⟨umg.; verhüllend⟩ *die Toilette* **6.1.3** im ~en *heimlich, bei sich, im Inneren;* im ~en sagte er sich ...; sich im ~en wundern, freuen

'Stil·le ⟨f.; -; unz.⟩ **1** *Zustand des Stillseins, Ruhigseins* **1.1** *Ruhe, Schweigen;* andächtige, feierliche, tiefe, wohltuende ~ **1.2** *Friede;* die ~ der Nacht, des Waldes **1.3** in der ~ *ohne Aufsehen, in Ruhe, in ruhigem Nachdenken, Besinnen* **1.3.1** in aller ~ heiraten *ohne Aufsehen;* jmdn. in aller ~ beisetzen, begraben **2** *das Fehlen von Bewegung;* Geschäfts~; Wind~

'Stille·ben ⟨-ll·l-; n.⟩ *bildl. Wiedergabe lebloser od. unbewegter Gegenstände, bes. Blumen, Früchte, erlegtes Wild*

'stille·gen ⟨-ll/l-; V. 500; legte still, stillgelegt⟩ etwas ~ *schließen, vorübergehend od. dauernd einstellen;* einen Betrieb, den Verkehr ~

'stil·len ⟨V. 500⟩ **1** einen Säugling ~ *an der Mutterbrust trinken lassen, nähren* **2** etwas ~ *zum Stillstand bringen;* Blut ~ **2.1** ⟨fig.⟩ *zur Ruhe bringen, besänftigen;* Schmerzen ~ **3** ein Bedürfnis ~ *befriedigen;* seinen Durst, Hunger ~

'still|schwei·gen ⟨V. 233/400⟩ **1** *nicht reden* **1.1** ⟨Part. Präs.⟩ ~d *ohne zu sprechen, schweigend;* er nahm ihren Vorwurf ~d hin; in ~dem Einverständnis **1.1.1** eine ~de Übereinkunft *nicht ausgesprochene Ü.*

'Still·stand ⟨m.⟩ *das Stillstehen, Pause, Einstellung einer Bewegung;* ~ einer Entwicklung; eine Blutung, eine Maschine zum ~ bringen; der Motor, Verkehr kommt zum ~

'Stimm·band ⟨n.; -(e)s, ¨er; meist Pl.⟩ *bandartiges Organ im Kehlkopf, das an der Stimmbildung beteiligt ist*

'Stim·me ⟨f.; -, -n⟩ **1** *die von Menschen u. Tieren mittels Stimmbänder erzeugten Töne;* Sy *Organ(2.2);* eine dunkle, harte, heisere, helle, hohe, klare, knarrende, laute, leise, metallische, schrille, tiefe, weiche ~; jmdn. od. ein Tier an der ~ erkennen **1.1** *durch die Stimmbänder zum Zweck des Sprechens erzeugte Töne;* seine ~ brach; seine ~ gehorchte ihm nicht (mehr); seine ~ verstellen; seine ~ zitterte; mit gedämpfter, lauter, leiser ~ sprechen; die ~ erheben, senken; seine ~ ölen ⟨fig.; umg.⟩ **1.1.1** mit halber ~ sprechen *leise, gedämpft* **1.2** *Fähigkeit zu sprechen;* seine ~ versagte **1.3** *(Fähigkeit zur) Artikulation von Tönen zum Zwecke des Singens;* der Sänger hat eine gute, schöne, volle, tragende ~; seine ~ ausbilden (lassen) **1.3.1** (nicht) gut bei ~ sein *augenblicklich (nicht) gut singen können, (nicht) disponiert sein* **1.4** ⟨fig.⟩ *instrumentales Hervorbringen von Tönen;* die ~n der Geigen, Flöten, Trompeten **2** *von einem einzelnen Spieler od. Sänger (bzw. einer Spieler- od. Sängergruppe) auszuführender Teil eines Musikstückes;* Gesangs~; Instrumental~; erste, zweite, dritte, vierte ~ singen (in einem mehrstimmigen Satz) **3** *schriftl. vorliegende Noten für eine Stimme(2);* die ~n einsammeln, verteilen **4** ⟨fig.⟩ *Äußerung, Mahnung, Weisung;* eine innere ~ sagt mir, daß ...; die ~ der Wahrheit; der ~ des Gewissens, des Herzens, der Vernunft folgen **5** *Meinungsäußerung* **5.0.1** die ~n mehren sich, daß ... *man hört immer öfter davon sprechen, daß ...* **5.0.2** die ~ der Öffentlichkeit, des Volkes *die öffentl. Meinung* **5.1** *Recht zur Meinungsäußerung;* in einer Vereinigung, im Parlament Sitz und ~ haben **5.2** *Willensbekundung bei einer Abstimmung;* sich der ~ enthalten; die ~n zählen **5.2.1** seine ~ abgeben *sich an einer Abstimmung beteiligen, wählen* **5.2.2** der Kandidat hat alle ~n auf sich vereinigt *ist einstimmig gewählt worden* **5.2.3** in einer Versammlung, Vereinigung beratende

~ haben *beratendes Mitglied sein, eine (nur) beratende Funktion haben*
'stim·men ⟨V.⟩ **1** ⟨400⟩ etwas stimmt *ist richtig, wahr;* es stimmt, was er gesagt hat; stimmt es, daß ...?; das stimmt nicht!; die Nachricht stimmt (nicht); die Rechnung, der Kassenbetrag stimmt (nicht); das kann nicht, kann unmöglich ~ **1.1** ⟨400⟩ hier stimmt etwas nicht! *hier ist etwas nicht in Ordnung* **1.2** ⟨411⟩ bei dir stimmt's wohl nicht (ganz)? ⟨umg.⟩ *du bist wohl nicht recht bei Verstand?* **2** ⟨417⟩ etwas stimmt zu jmdm. od. einer Sache *paßt;* der Hut stimmt in der Farbe nicht zum Kleid; die Vorhänge ~ gut zur Tapete **3** ⟨513⟩ jmdn. irgendwie ~ *jmdn. in eine bestimmte Stimmung versetzen;* jmdn. froh, fröhlich, heiter, milde, nachdenklich, traurig, trübe, versöhnlich ~; wir waren alle froh gestimmt **3.0.1** er ist gut, schlecht gestimmt *guter, schlechter Laune* **4** ⟨800⟩ für, gegen jmdn. od. etwas ~ *eine Stimme(5.2) abgeben;* ich stimme gegen dieses Vorhaben **4.1** für jmdn. ~ *jmdn. in einer Abstimmung wählen* **5** ⟨500⟩ ein Instrument ~ *die Höhe der einzelnen Töne eines Instruments (richtig) einstellen;* eine Geige, Gitarre, ein Klavier ~; ein Instrument höher, tiefer ~; das Instrument ist zu hoch, zu tief gestimmt; das Instrument ist schlecht gestimmt
'Stimm·ga·bel ⟨f.⟩ *gabelförmiger, zweizinkiger Stahlstab, der durch Anschlagen in Schwingungen versetzt wird u. einen bestimmten Ton, meist den Kammerton, angibt*
'stimm·haft ⟨Adj. 24; Phon.⟩ *mit Hilfe der Stimmbänder gebildet;* Ggs *stimmlos;* ~e Laute sind alle Vokale sowie im Deutschen die Konsonanten (als Lautschrift) b, d, g, l, m, n, r, v, w, z
'Stimm·la·ge ⟨f.⟩ *Höhe der menschl. Stimme (Sopran, Alt, Tenor, Baß)*
'stimm·los ⟨Adj. 24; Phon.⟩ *ohne Hilfe der Stimmbänder gebildet;* Ggs *stimmhaft;* ~e Laute sind im Deutschen z. B. die Konsonanten (als Lautschrift) p, t, k, f, s
'Stimm·stock ⟨m.⟩ **1** *(in Streichinstrumenten) Stäbchen zwischen Decke u. Boden als Stütze* **2** *(beim Klavier) der starke hölzerne Querbalken dicht über u. hinter der Klaviatur*
'Stim·mung ⟨f.; -, -en⟩ **1** *das Stimmen, Gestimmtsein(5) (von Instrumenten);* die ~ der Geige ist nicht einwandfrei, nicht rein; zu hohe, zu tiefe ~ (eines Instruments) **2** *Gefühlslage, Gemütslage, Laune;* die (allgemeine) ~ heben, beeinträchtigen; frohe, gute, heitere, schlechte, traurige ~; günstige, ungünstige ~; ich bin nicht in der ~, aufmerksam zuzuhören; (in) guter, schlechter ~ sein; jmdn. in gute, schlechte ~ versetzen; ich bin nicht in der richtigen ~; sie ist sehr von ~en abhängig; es herrscht eine angeregte ~ **3** *fröhliche Laune, Fröhlichkeit, Ausgelassenheit;* jmdm. die ~ verderben; hier herrscht ~; in ~ geraten, kommen **3.1** ~ machen *allgemeine Fröhlichkeit hervorrufen* **4** *Eindruck, Wirkung (eines Raums, einer Landschaft);* Abend~, Gewitter~; die ~ des Sonnenuntergangs, des Gewitters im Bild wiedergeben; abendliche ~; das Mondlicht erzeugte eine geheimnisvolle, märchenhafte ~ **5** *Einstellung, Meinung;* er versuchte, die ~ der Belegschaft zu erforschen **5.1** für jmdn. od. etwas ~ machen *werben*
'Stimm·wech·sel ⟨m.⟩ *Übergang von der Knabenstimme zur Stimme des Erwachsenen;* Sy *Mutation(2);* im ~ sein
sti·mu'lie·ren ⟨V. 505⟩ etwas od. jmdn. (zu einer Tätigkeit) ~ *anregen, mit besonderen Mitteln veranlassen, etwas zu tun;* das Herz, den Kreislauf ~; ~de Mittel, Spritzen bekommen; ~d wirken
'stin·ken ⟨V. 261⟩ **1** ⟨400⟩ *übel riechen;* Geld stinkt nicht (nach der Antwort des Kaisers Vespasian: „(Pecunia) non olet", als man ihm zum Vorwurf machte, daß er öffentl. Bedürfnisanstalten mit einer Steuer belegte); nach Alkohol, Tabak ~; er stinkt wie die Pest; es stinkt nach Gas, Petroleum **1.1** nach Geld ~ ⟨fig.; umg.⟩ *sehr reich sein* **1.2** vor Faulheit, vor Geiz ~ ⟨fig.; umg.⟩ *sehr faul, sehr geizig sein* **1.3** es, etwas stinkt zum Himmel ⟨fig.⟩ *es, etwas ist eine Schande, es, etwas ist unerhört* **1.4** er ist ~d faul ⟨fig.; umg.⟩ *sehr faul* **2** ⟨400⟩ etwas stinkt ⟨fig.; umg.⟩ *ist nicht in Ordnung, ist verdächtig;* die ganze Sache stinkt **3** ⟨600⟩ jmdm. ~ ⟨umg.⟩ *lästig sein;* dieser Mensch, diese Sache stinkt mir schon lange
Sti'pen·di·um ⟨n.; -s, -di·en⟩ *finanzielle Unterstützung für Studierende;* Forschungs~, Auslands~; ein staatliches ~ erhalten
Stirn ⟨f.; -, -en⟩ **1** *oberer Teil des Gesichts zwischen Augen u. Haar;* die ~ runzeln (als Zeichen des Nachdenkens od. Unmuts); sich die ~ trocknen, kühlen; eine fliehende, gewölbte, glatte, hohe, niedrige, runzlige, steile ~; jmdm., sich das Haar aus der ~ streichen; eine Locke fiel ihm in die ~; sich den Schweiß von der ~ wischen; er schlug sich vor die ~ (weil er etwas vergessen hatte) **1.1** jmdm. die ~ bieten *trotzen, offen Widerstand leisten* **1.2** da kann man sich nur an die ~ greifen! *das ist ja ganz unglaublich, völlig unverständlich* **1.3** die ~ haben, zu behaupten, daß ... ⟨fig.⟩ *es wagen zu behaupten* **1.4** seine ~ umwölkte sich ⟨fig.⟩ *sein Gesicht nahm einen finsteren Ausdruck an* **1.5** es steht ihm auf der ~ geschrieben ⟨fig.⟩ *man sieht es ihm an* **1.6** niemand ahnte, was hinter seiner ~ vorging ⟨poet.⟩ *was er dachte* **2** *Vorderseite, Front (von Gebäuden)*
'stö·bern ⟨V.⟩ **1** ⟨400⟩ *umherfliegen (bes. Schneeflocken), vom Wind umhergetrieben werden* **1.1** ⟨401⟩ es stöbert *es herrscht Schneegestöber* **2** ⟨402; süddt.⟩ (Räume) ~ *gründlich saubermachen, gründlich reinigen;* wir wollen heute ~; die Wohnung, ein Zimmer ~ **3** ⟨800; fig.⟩ nach etwas ~ *nach etwas suchen, Sachen durcheinanderbringen, um etwas zu finden* 3.1 *(in fremden Sachen) herumsuchen, schnüffeln;* in jmds. Schreibtisch ~ 3.2 *Wild aufscheuchen (vom Jagdhund)*
'sto·chern ⟨V. 411⟩ **1** in etwas ~ *mit einem spitzen Gegenstand herumbohren, -suchen;* im Ausguß ~ (um ihn wieder durchlässig zu machen); im Feuer, in der Glut ~; (sich) in den Zähnen ~ **1.1** im Essen ~ *langsam u. lustlos essen*
Stock ⟨m.; -(e)s, ¨-e⟩ **1** *Stab, kurze Holzstange (als Stütze beim Gehen, zum Schlagen od. Zeichengeben);* Krück~; Spazier~; Takt~; Zeige~; sich einen ~ zurechtschneiden; sich

auf einen ~ stützen 1.1 über ~ und Stein *querfeldein, ohne Weg* 1.2 du wirst noch den ~ zu spüren bekommen *Prügel bekommen* 1.3 er geht, als wenn er einen ~ verschluckt hätte ⟨umg.⟩ *sehr steif* 1.4 am ~ gehen *zum Gehen einen Stock benötigen* 1.4.1 ⟨fig.; umg.; scherzh.⟩ *augenblicklich sehr wenig Geld haben, zuviel Geld ausgegeben haben* 2 *Baumstumpf u. -wurzel;* Wurzel~ 3 *Stamm u. Hauptwurzel holziger Pflanzen;* Blumen~, Reb~, Rosen~, Wein~ 4 *Stockwerk;* erster, zweiter ~; im fünften ~ wohnen 5 *feste Unterlage, Klotz;* Druck~, Opfer~ 6 *Bienenstock* 7 *große Masse, (bes.) Bergmassiv;* Gebirgs~; Granit~ 8 *Bestand, Vorrat, Warenlager* 8.1 *Vermögen als Grundlage, Stammkapital;* Grund~

'stocken ⟨-k·k-; 400⟩ 1 *nicht vorangehen, stillstehen, unterbrochen sein;* die Arbeit, der Verkehr stockt; Handel u. Geschäft ~; der Atem stockte mir vor Schreck; ins Stocken geraten, kommen; das Gespräch stockte 1.1 ⟨400⟩ *im Sprechen innehalten, nicht weitersprechen;* er stockte mitten im Satz; ohne Stocken lesen, sprechen 1.1.1 ~d reden *unsicher, mit vielen Pausen, zögernd* 2 *dick werden, gerinnen;* das Blut, die Milch stockt 3 *Stockflecke bekommen, stockig werden;* die Wäsche, das Papier hat gestockt

'Stock·fleck ⟨m.⟩ *durch Schimmel entstandener Fleck auf Textilien od. Papier*

'stock·steif ⟨Adj. 24⟩ 1 *ganz steif, unbeweglich;* nach dem stundenlangen Bücken war ich ~ 2 ⟨fig.; umg.⟩ *unbeholfen, gehemmt im gesellschaftl. Umgang;* er saß ~ da und sagte kein einziges Wort

'Stock·werk ⟨n.⟩ *Geschoß, alle Räume eines Gebäudes in gleicher Höhe;* erstes, zweites ~; das oberste ~; ein Haus mit fünf ~en

Stoff ⟨m.; -(e)s, -e⟩ 1 *noch nicht verarbeitetes Gewebe;* Seiden~; Woll~; Kleider~; Mantel~; der ~ liegt 90 cm breit; ~ zuschneiden; dicker, dünner, feiner, grober, rauher, weicher ~; gemusterter, geblümter, gestreifter ~; seidener, wollener ~; Rock und Jacke aus dem gleichen ~; ~ aus Leinen, Seide, Wolle; ~ für, zu einem Anzug, für ein Kleid 2 *Masse, Materie, Substanz;* pflanzlicher, tierischer, mineralischer, synthetischer ~; Glas ist ein spröder ~ 3 ⟨Spr. der Rauschgiftszene⟩ = *Rauschgift* 4 ⟨fig.⟩ *Grundlage, Möglichkeiten, Material, Gegenstand;* Gesprächs~; Lehr~; Lese~; der Vorfall hat viel ~ zum Gerede, zum Lachen gegeben; der Vortragende beherrscht den ~ nicht genügend; der ~ ist viel zu umfangreich für diesen kurzen Lehrgang; ~ sammeln (für eine wissenschaftl. Arbeit) 4.1 *künstler. noch nicht verarbeitete Grundlage (erdachtes od. überliefertes Geschehen) zu einem Literaturwerk;* ein ergiebiger, interessanter ~ (für ein Literaturwerk); einen (literar.) ~ bearbeiten, gestalten; ~ für, zu einem Roman, Film, Theaterstück; dieser Vorfall liefert mir ~ für eine Novelle

'stoff·lich ⟨Adj. 24⟩ 1 *aus Stoff, Materie bestehend, gegenständlich;* Sy *materiell(1)* 2 *den Stoff, Inhalt betreffend;* Sy *substantiell(2)*

'Stoff·wech·sel ⟨m.⟩ *Gesamtheit der chem. Umwandlungen, denen körpereigene Stoffe u. Nährstoffe unterworfen sind*

'stöh·nen ⟨V.⟩ 1 ⟨400⟩ *laut seufzen, ächzen, schmerzvoll klagen;* unter einer Last, Gewaltherrschaft ~; vor Schmerz ~; ächzend und ~d; der Kranke wälzte sich ~d im Bett 2 über etwas ~ *sich über etwas beklagen, über etwas klagen, leicht schelten;* über eine Arbeit, über jmds. Unpünktlichkeit ~

'sto·isch ⟨['ʃto:iʃ]; Adj.⟩ 1 ⟨a. ['sto:-]; 24⟩ *zur griech. Philosophie der Stoa gehörend, auf ihr beruhend* 2 ⟨fig.⟩ *gleichmütig, gelassen, unerschütterlich;* mit ~er Ruhe

Stoi'zis·mus ⟨[ʃto:i-] m.; unz.⟩ 1 *stoische(1) Lehre* 2 ⟨fig.⟩ *stoisches(2) Verhalten*

'Sto·la ⟨f.; -, -len⟩ 1 *altröm. langes, weißes, mit Borten verziertes Gewand mit Ärmeln für Frauen* 2 *lose umgehängter breiter Schal* 3 *langer, schmaler, über beide Schultern hängender Teil des Meßgewandes katholischer Priester*

'Stol·le ⟨f.; -, -n⟩ = *Stollen[1]*

'Stol·len[1] ⟨m.; -s, -⟩ *zu Weihnachten gebackener, langer, butterreicher Hefekuchen in Form eines länglichen Brotes aus Weizenmehl mit Rosinen, Mandeln u. Zitronat;* oV *Stolle;* Weihnachts~

'Stol·len[2] ⟨m.; -s, -⟩ 1 *unterird. Gang;* einen ~ vortreiben 2 *einer der beiden eisernen Bolzen am Ende des Hufeisens, der ein Ausgleiten vermeiden soll* 2.1 *quer unter der Stiefelsohle angebrachte Leisten als Schutz gegen Ausgleiten* 3 *eine der zwei gleichgebauten Strophen des Aufgesangs im Lied des Meistergesangs*

'stol·pern ⟨V.(s.)⟩ 1 ⟨400 od. 410⟩ *straucheln, fast über etwas fallen;* über eine Baumwurzel ~ 1.1 er stolpert über seine eigenen Füße *er geht ungeschickt* 1.2 er stolpert über einen Zwirnsfaden ⟨fig.⟩ *er ist leicht aus der Fassung zu bringen, scheitert an Kleinigkeiten* 1.3 ⟨800⟩ über einen Satz, ein Wort ~ ⟨fig.⟩ *einen S., ein W. nicht verstehen, an einem S., W. Anstoß nehmen* 2 ⟨411⟩ irgendwohin ~ *stolpernd(1) gehen;* der Betrunkene stolperte von Haus zu Haus

stolz ⟨Adj.⟩ 1 *voller Selbstbewußtsein, vom Wert der eigenen Person überzeugt;* er ist sehr ~ 1.1 auf jmdn. od. etwas ~ sein *hochbefriedigt über jmdn. od. etwas sein;* ~ auf seinen Erfolg, seine Leistung sein; er ist sehr ~ auf seinen Sohn 2 *hochmütig, eingebildet;* er ist zu ~, andere um Hilfe zu bitten; jmdn. durch zuviel Lob ~ machen 3 *stattlich (in der Erscheinung);* auf ~em Roß ⟨poet.⟩

Stolz ⟨m.; -es; unz.⟩ 1 *starkes Selbstbewußtsein, Selbstgefühl;* er setzte seinen ~ darein, als erster fertig zu werden; er hat keinen ~; den Freund um Geld zu bitten, läßt sein ~ nicht zu; berechtigter, unberechtigter ~; falscher ~; er blickte voller ~ auf sein Werk, seine Tochter 1.1 *Hochmut, Dünkel;* jmds. ~ brechen 1.1.1 → a. *Dummheit(1.2)* 2 *große Befriedigung;* seine Bibliothek ist sein ganzer ~

stol'zie·ren ⟨V. 411(s.)⟩ *stolz od. hochmütig u. steif einhergehen;* im neuen Kleid durchs Zimmer, durch die Stadt ~

'stop·fen ⟨V.⟩ 1 ⟨500⟩ etwas ~ *mit Nadel u. Faden ausbessern;* Strümpfe, ein Gewebe ~; eine Hose, Jacke, Tischdecke ~; ein Loch mit Wolle, Zwirn ~ 2 ⟨500⟩ etwas ~ *füllen, bis nichts mehr hineingeht, vollfüllen;* sich die Taschen voll Äpfel ~ 2.1 die Pfeife ~ *mit Tabak füllen* 2.2 ein Loch ~ ⟨fig.⟩ *einen Mangel beseitigen* 2.3 ⟨530⟩ jmdm. den Mund ~ ⟨fig.⟩ *jmdn. zum Schweigen bringen* 2.4 Wurst ~ *Fleischmasse in den Darm füllen* 2.5 der Saal war gestopft voll ⟨umg.⟩ *der Saal war sehr besetzt, überfüllt* 3 ⟨500⟩ eine Trompete ~ *dämpfen (indem die Faust od. ein Dämpfer in die Schallöffnung gesteckt wird)* 3.1 gestopfte Töne (bei Blechblasinstrumenten) *gedämpfte T.* 4 ⟨500⟩ Geflügel ~ *mästen* 5 ⟨511⟩ etwas in etwas ~ *(hastig u. unordentlich) hineintun, hineinpressen;* Sachen in den Koffer, Rucksack ~ 5.0.1 etwas in den Mund ~ *hastig, gierig u. in möglichst großer Menge in den M. stecken* 6 ⟨400⟩ *das Essen rasch hinunterschlingen;* stopf nicht so! 7 ⟨400⟩ eine Speise stopft ⟨umg.⟩ *sättigt stark;* die Vorspeise ist gut, aber sie stopft 8 ⟨400⟩ *Hartleibigkeit verursachen, den Stuhlgang verlangsamen;* Kakao, Schokolade stopft; bei Durchfall ein Mittel zum Stopfen verschreiben 8.1 ~de Arznei *den Durchfall hemmende A.*

'Stop·pel ⟨f.; -, -n⟩ 1 *nach dem Mähen stehengebliebener Halmrest* 2 *nach dem Rasieren nachgewachsenes Haar;* Bart~n

'stop·pen ⟨V.⟩ 1 ⟨500/R8⟩ jmdn. od. etwas ~ *aufhalten, anhalten, am Weiterfahren hindern;* ein Fahrzeug ~ 2 ⟨500⟩ die Zeit ~ *mit der Stoppuhr messen;* Laufzeit, Fahrzeit ~ 3 ⟨400⟩ *stehen bleiben, nicht weiter fahren*

'Stopp·uhr ⟨f.⟩ *Uhr, deren Sekundenzeiger durch Druck auf einen Knopf gestartet, angehalten werden kann (zum Stoppen von Zeiten bei Wettkämpfen u. a.)*

'Stöp·sel ⟨m.; -s, -⟩ 1 *Flaschenverschluß, Korken, Pfropfen;* Glas~ 2 *elektr. Steckkontakt* 3 ⟨fig.; umg.⟩ *kleiner Junge, Knirps*

Storch ⟨m.; -(e)s, ⸚e⟩ 1 *Angehöriger einer Familie der Stelzvögel mit kräftigem, langem, geradem Schnabel: Ciconiidae* 1.1 er geht wie ein ~ im Salat ⟨umg.; scherzh.⟩ *steif, unbeholfen* 1.2 nun brat' mir (aber) einer 'nen ~! ⟨umg.⟩ *(Ausruf der Verwunderung)* 2 ⟨früher⟩ *(Märchengestalt für Kinder, bevor sie aufgeklärt waren) Vogel, der die kleinen Kinder bringt* 2.1 bei Tante Maria ist der ~ gewesen *T. M. hat ein Kind bekommen* 2.2 der ~ hat Tante Maria ins Bein gebissen *hat T. M. ein kleines Kind gebracht*

'stö·ren ⟨V. 500/R8⟩ 1 jmdn. ~ *belästigen, von der Arbeit ablenken;* störe ich Sie?; hör auf mit Pfeifen, das stört mich; entschuldigen Sie, wenn ich (Sie) störe; Sitzung, bitte nicht ~! (Aufschrift auf kleinem, an die Tür gehängtem Schild); jmdn. bei der Arbeit ~; lassen Sie sich nicht ~!; etwas als ~d empfinden; der Lärm ist sehr ~d; er wird sicher schelten, aber das soll uns nicht ~ 2 etwas ~ *behindern, hemmen, beeinträchtigen;* jmds. Freude, Ruhe ~; den Frieden, die Eintracht, Gemütlichkeit ~; den Rundfunkempfang ~; ein ~der Umstand; die Leitung ist gestört; er stört fortgesetzt den Unterricht; jmds. Pläne ~ 2.1 ein gestörtes Gefühls-, Sexualleben haben *nicht ganz normales, ein geschädigtes G., S.* 2.2 er ist geistig, psychisch gestört *nicht ganz gesund*

stor'nie·ren ⟨[st-] V. 500⟩ 1 eine Buchung, einen Betrag ~ *berichtigen, ungültig machen, durch Gegenbuchung ausgleichen* 2 einen Auftrag ~ ⟨österr.⟩ *rückgängig machen*

'stör·risch ⟨Adj.⟩ *widerspenstig, nicht fügsam, schwer lenkbar, trotzig;* ~es Pferd; ~ sein; ~ wie ein Esel

'Stö·rung ⟨f.; -, -en⟩ 1 *das Stören, Gestörtwerden;* entschuldigen Sie die ~! 2 *das Gestörtsein, Beeinträchtigung des normalen Ablaufs;* Entwicklungs~, Stoffwechsel~, Verdauungs~; ~en im (Rundfunk)empfang

Stoß ⟨m.; -es, ⸚e⟩ 1 *heftiger, plötzlicher Anprall eines bewegten Körpers an einen anderen bewegten od. unbewegten;* Zusammen~; die Stöße der Räder, des Wagens auf holpriger Straße; einen ~ abwehren, auffangen; einen ~ erhalten; jmdm. od. einem Gegenstand einen ~ versetzen; ~ mit dem Ellenbogen, Fuß, Gewehrkolben, mit den Hörnern; einen ~ in den Rücken erhalten 1.1 ⟨fig.⟩ *Erschütterung;* sein Selbstvertrauen hat einen (gewaltigen) ~ erlitten, erhalten 1.1.1 das gab ihm den letzten ~ *das vernichtete ihn völlig (z. B. geschäftlich)* 1.2 ⟨fig.⟩ *Antrieb, Schwung* 1.2.1 sich einen ~ geben *sich überwinden, etwas zu tun, einen schweren Entschluß fassen* 1.2.2 seinem Herzen einen ~ geben *sich zu etwas durchringen* 2 *ruckartige gezielte Bewegung;* Schwimm~; mit kräftigen Stößen schwimmen; einen sicheren ~ haben ⟨Billard⟩ 2.1 *Schlag, Stich (mit einer Waffe);* Dolch~; der Gegner konnte seinen ~ nicht parieren; einen ~ (mit dem Dolch) führen 2.2 *heftige Bewegung in einer Richtung;* Atem~; Erdbeben~; Wind~ 2.3 ein ~ ins Horn *Atemstoß* 3 *Menge von geordnet aufeinanderliegenden Gegenständen, Stapel;* Akten~; Bücher~; Holz~; Wäsche~; ein ~ Briefe, Teller 4 *größere Menge einer Arznei o. ä. innerhalb eines kurzen Zeitraumes;* Vitamin~ 5 *untergelegtes u. ein wenig hervorschauendes Gewebestück an Kleidungsstücken* 6 ⟨Bgb.⟩ *Seitenwände eines Grubenbaus* 7 *Verbindung zweier aneinanderstoßender Konstruktionsteile;* auf ~ aneinanderfügen 7.1 ⟨Eisenb.⟩ *Stelle, an der zwei Schienen aneinandergeschraubt od. -geschweißt sind, Schienenstoß* 8 *die zur Ernährung einer Kuh notwendige Fläche der Alp* 9 ⟨jägerspr.⟩ *Schwanz (bei größerem Federwild)* 10 ⟨jägerspr.⟩ *Netz zum Fangen von Habichten u. Falken, Stoßgarn*

'Stö·ßel ⟨m.; -s, -⟩ *Werkzeug zum Stoßen, Zerkleinern, Zerreiben;* Mörser und ~

'sto·ßen ⟨V. 262⟩ 1 ⟨511/R8⟩ jmdn. od. etwas in eine bestimmte Richtung ~ *kurz u. heftig in eine bestimmte R. bewegen, befördern;* jmdn. ins Wasser ~; jmdn. ins Elend ~ ⟨fig.⟩ 1.0.1 ⟨513⟩ jmdn. od. etwas von sich ~ *in kurzer u. heftiger Bewegung wegdrängen* 1.1 jmdn. mit der Nase auf etwas ~ ⟨fig.⟩ *jmdn. nachdrücklich auf etwas hinweisen* 1.2 → a. *Bescheid(2.3)* 2 ⟨511/R8⟩ etwas irgendwohin ~ *mit kurzer u. heftiger Bewegung irgendwo eindringen lassen, (mit etwas) irgendwohin stechen;* in einen Ameisenhaufen ~; er stieß ihm den Degen durch den Leib 3 ⟨400⟩ *sich kurz und heftig in einer Richtung bewegen* 3.1 ein Tier stößt *stößt mit den Hörnern od. dem Kopf zu, greift an;* Vorsicht, der Ziegenbock stößt leicht, stößt gern 3.2 ⟨411(s.)⟩ auf etwas ~ *sich (schnell) auf etwas herab bewegen, her-*

abstoßen; der Bussard stieß auf den Hasen **4** ⟨500⟩ jmdn. ~ *mit kurzer u. heftiger Bewegung anstoßen;* jmdn. mit dem Ellenbogen, mit dem Fuß, mit den Hörnern ~ **4.0.1** ⟨511⟩ jmdn. in den Rücken, in die Seite ~ *kurz u. heftig am R., an der S. berühren* **4.0.2** → a. *Bock(1.0.3)* **4.1** ⟨530/R1⟩ sich etwas ~ *kurz u. heftig an etwas berührt werden;* ich habe mir bei der Kletterei den Kopf gestoßen **4.2** etwas ~ *durch wiederholte Stöße(2) (mit einem Instrument) zerkleinern;* Pfeffer, Zimt, Zucker ~ **4.2.1** gestoßener Zucker *Puderzucker* **4.3** ⟨411⟩ an, auf, gegen etwas od. jmdn. ~ *prallen, jmdn. od. etwas heftig berühren;* versuche, nicht an den Tisch zu ~; mit großem Schwung stieß er auf seinen Vordermann; sie ist mit ihrem Auto gegen eine Mauer gestoßen **4.4** ⟨411⟩ nach jmdm. ~ *jmdn. kurz u. kräftig zu berühren versuchen;* das Kind stieß mit den Füßen nach ihm **4.5** ⟨511⟩ jmdn. vor den Kopf ~ ⟨fig.⟩ *jmdn. kränken, jmdn. unfreundlich behandeln* **4.5.1** er ist wie vor den Kopf gestoßen *er ist ganz verstört, diese unangenehme Sache kam für ihn völlig überraschend* **5** ⟨500/R3⟩ sich ~ *eine kurze u. kräftige Berührung erleiden, hinnehmen;* er hat sich so gestoßen, daß es blutete; Vorsicht, stoß dich nicht! **5.1** ⟨550⟩ sich an etwas ~ *sich durch Stoß an etwas wehtun;* sich an den Kopf, ans Schienbein ~; sich an der Türklinke, an einer Ecke ~ **5.1.1** ⟨fig.⟩ *sich durch etwas stören lassen, an etwas Anstoß nehmen;* du darfst dich an der Unordnung bei uns, an seiner Schweigsamkeit nicht ~ **6** ⟨400⟩ etwas stößt *rüttelt, schüttelt;* der Wagen stößt auf dem schlechten Pflaster **7** ⟨511⟩ etwas in etwas ~ *etwas durch kurze u. heftige Bewegung verursachen;* mit dem Besen stieß sie ein Loch ins Fenster **8** ⟨411⟩ in etwas ~ *kurz u. kräftig blasen;* ins Horn ~ (bes. als Signal) **8.1** ⟨410⟩ mit jmdm. in dasselbe Horn ~ ⟨fig.⟩ *die gleiche Meinung wie jmd. vertreten, jmds. Meinung unterstützen* **8.2** einen Ton gestoßen spielen (auf der Flöte) *kurz u. mit der Zunge anblasen* **9** ⟨411(s.)⟩ auf jmdn. od. etwas ~ ⟨fig.⟩ *jmdn. od. etwas zufällig finden, jmdm. od. einer Sache unvermutet gegenüberstehen;* ich bin auf ihn gestoßen, als ich gerade nach Hause ging; auf Schwierigkeiten, Widerstand, Abneigung ~; ich bin beim Lesen auf einen interessanten Satz gestoßen **10** ⟨411(s.)⟩ zu jmdm. ~ ⟨fig.⟩ *zu jmdm. gelangen, sich mit jmdm. treffen;* unsere Gruppe stößt an der Weggabelung zu euch **11** ⟨411(s.)⟩ etwas stößt an etwas ⟨fig.⟩ *liegt neben, grenzt an etwas;* unser Garten stößt an ein Feld, an ein unbebautes Grundstück; mein Zimmer stößt an die Küche **12** ⟨411(s.)⟩ etwas stößt auf etwas ⟨trifft auf etwas⟩; die nächste Querstraße stößt auf den Luisenplatz

'Stoßgebet ⟨n.⟩ *kurzes, rasch hervorgestoßenes Gebet;* ein ~ zum Himmel schicken

'Stoß·seuf·zer ⟨m.⟩ *kurzer, starker Seufzer;* einen ~ ausstoßen

'Stoß·trupp ⟨m.; Mil.⟩ *kleine Kampfgruppe für besondere Aufgaben*

'stot·tern ⟨V.⟩ **1** ⟨405⟩ *stoßweise sprechen, indem die ersten Buchstaben od. Silben von Wörtern mehrmals rasch od. krampfartig wiederholt werden;* vor Verlegenheit ~ **2** ⟨500⟩ etwas ~ *stammelnd, stockend, gehemmt, in abgerissenen Sätzen sagen;* „...!" stotterte er **3** etwas auf Stottern kaufen ⟨fig.; umg.⟩ *auf Ratenzahlung kaufen*

stracks ⟨Adv.⟩ **1** *sofort, sogleich* **2** *geradewegs, ohne Umweg;* sich ~ nach Hause begeben **3** *unbedingt, genau;* Vorschriften ~ einhalten

'Straf·an·stalt ⟨f.⟩ *Anstalt, in der Freiheitsstrafen abgebüßt werden*

'straf·bar ⟨Adj.⟩ **1** *gesetzlich mit Strafe bedroht;* Sy *kriminell(2);* ~e Handlungen **2** sich ~ machen *etwas tun, wofür man gesetzlich bestraft werden kann;* er macht sich ~, wenn er das tut

'Stra·fe ⟨f.; -, -n⟩ **1** *Buße, Vergeltung für begangenes Unrecht;* Freiheits~; Geld~; Todes~; Zuchthaus~; seine ~ (im Gefängnis) abbrummen, absitzen, antreten, verbüßen; eine ~ androhen, auferlegen, verhängen, zuerkennen; eine ~ aufheben, aufschieben, aussetzen, erlassen, ermäßigen, mildern, verschärfen; die ~ bleibt nicht aus, folgt auf dem Fuße; jmdm. die ~ ganz oder teilweise erlassen; du mußt einer ~ gewärtig sein; er hat mir die ~ geschenkt; ~ muß sein!; es ist mir eine ~, eine ~ für mich, dorthin zu gehen; er hat ~ verdient; eine abschreckende, angemessene, empfindliche, entehrende, exemplarische, gelinde, geringe, grausame, harte, hohe, leichte, milde, niedrige, schwere ~; eine disziplinarische, gerechte, gerichtliche, ungerechte, unverdiente, verdiente ~; elterliche, väterliche ~; Betreten der Baustelle bei ~ verboten; darauf steht ~; ich habe dich gleich davor gewarnt, das ist nun die ~ dafür; jmdn. in ~ nehmen; eine ~ über jmdn. verhängen; etwas unter ~ stellen; zur ~ bleibst du zu Hause **1.0.1** eine ~ Gottes *ein von G. auferlegtes Übel* **1.0.2** jmdn. mit einer ~ belegen *bestrafen* **1.1** ⟨volkstümlich⟩ *Geldbetrag als Buße für eine verbotene Handlung;* wegen falschen Parkens mußte ich 5 Mark ~ zahlen **1.2** ihr Redefluß ist eine wahre ~ für alle Zuhörer ⟨fig.⟩ *schwer erträglich* **1.3** → a. *körperlich(1.2)*

'stra·fen ⟨V. 500/R7⟩ **1** jmdn. ~ *mit einer Strafe belegen, eine Strafe vollziehen an jmdm.;* Gott strafe mich, wenn ich nicht die Wahrheit spreche; jmdn. hart, leicht, nachdrücklich ~; jmdn. für ein Vergehen ~; das Kind mit der Rute ~; ein ~der Blick; die ~de Gerechtigkeit; ~de Worte **2** mit diesem Sohn ist er gestraft *der S. bereitet ihm viel Sorgen* **2.1** er ist gestraft genug (z. B. durch den Schrecken) *man braucht ihn nicht noch bes. zu strafen* **3** → a. *körperlich(1.2.1), Lüge(1.3), Wort(2.0.4)*

straff ⟨Adj.⟩ **1** *fest, gespannt;* ein ~es Seil; eine ~e Brust; die Zügel ~ anziehen; ~e Haltung annehmen; der Gürtel sitzt ~; die Schnur ~ spannen, ziehen; ~ aufgerichtet sitzen, stehen; ~ zurückgekämmtes Haar **2** ⟨fig.⟩ *streng, energisch;* er führt ein ~es Regiment; hier herrscht eine ~e Zucht; jmdn. ~ anfassen **3** ⟨fig.⟩ *knapp, bündig;* sein Stil ist ~

'straf·fäl·lig ⟨Adj. 70⟩ **1** *eine Straftat begangen habend* **1.1** (von neuem) ~ werden *(von neuem) eine Straftat begehen*

'straf·fen ⟨V. 500⟩ **1** etwas ~ *straff machen, fest anziehen, spannen;* eine Leine, Saite ~ **2** ⟨R3⟩ sich ~ *straff werden, sich aufrichten, sich recken;* seine Züge strafften sich

'Straf·ge·richt ⟨n.⟩ **1** *Teil des Gerichts, der nur über Straftaten entscheidet* **2** ⟨fig.⟩ *Strafe, Vergeltung;* das ~ des Himmels; ein ~ abhalten über ...; das göttliche ~ bricht herein

'sträf·lich ⟨Adj.⟩ *eine Strafe verdienend, tadelnswert, unverantwortlich, unverzeihlich;* das war ~er Leichtsinn von dir!; jmdn. od. etwas ~ lange vernachlässigen

'Straf·maß ⟨n.⟩ *Maß, Höhe der Strafe;* das ~ festsetzen

'Straf·tat ⟨f.⟩ *strafbare Handlung*

'Straf·voll·zug ⟨m.⟩ *derjenige Teil der Strafvollstreckung, der die unmittelbare Verwirklichung der Strafe betrifft, bes. die Freiheitsstrafen*

Strahl ⟨m.; -(e)s, -en⟩ **1** *etwas, das sich geradlinig ausbreitet;* Licht~; Sonnen~; Wasser~; die ~en des Mondes, der Sonne, der Sterne; unter den brennenden, glühenden, sengenden ~en der Sonne leiden; das Verlies wird von keinem ~ (des Tageslichts) erhellt; ein ~ der Hoffnung ⟨fig.⟩ **1.1** ⟨poet.⟩ *Blitz* **2** ⟨Pl.⟩ ~en ⟨Phys.⟩ **2.1** *die aus elektromagnet. Wellen bestehenden Licht-, Röntgen- u. Gammastrahlen* **2.2** *die aus Elementarteilchen bestehenden Strahlen, z. B. Alpha-, Beta-, Kathodenstrahlen;* Schutz gegen die schädlichen ~en bei einer Atomexplosion **3** ⟨Math.⟩ *von einem Punkt ausgehende Gerade* **4** ⟨Vet.⟩ *Räude am Pferdehuf*

'Strahl·an·trieb ⟨m.⟩ *Antriebsverfahren für Flugkörper mittels Luftstrahl od. Raketentriebwerk*

'strah·len ⟨V. 400⟩ **1** e t w a s strahlt *sendet Strahlen aus;* das radioaktiv verseuchte Material strahlt noch nach Monaten **1.1** *leuchten;* die Sonne strahlt am Himmel; der Tag war ~d schön **1.2** *glänzen, funkeln;* die Edelsteine ~ in ihrem Glanz **2** *glücklich aussehen;* was hat sie nur, sie strahlt ja förmlich!; sie strahlte übers ganze Gesicht; ihre Augen strahlten vor Begeisterung, Freude, Glück; mit ~den Augen, ~dem Blick, Gesicht; jmdn. ~d ansehen; vor Freude ~d, begrüßte sie ihn

'Strah·lung ⟨f.; -, -en⟩ **1** *das Strahlen* **2** ⟨Phys.⟩ *die in Form von Strahlen sich fortbewegende Energie;* Atom~, Sonnen~, Kern~; radioaktive, elektromagnetische, kosmische ~

'Sträh·ne ⟨f.; -, -n⟩ **1** *kleine Menge (von Fasern od.) Haaren, die in lockerem Zusammenhalt glatt nebeneinanderliegen;* Haar~; eine ~ im Haar bleichen, heller tönen; eine ~ fiel ihm ins Gesicht, in die Stirn **2** *zu einem Büschel zusammengebundener Garnfaden bestimmter Länge*

stramm ⟨Adj.⟩ **1** *straff, gespannt;* der Anzug, Gürtel sitzt zu ~ **2** *gerade aufgerichtet;* ~e Haltung annehmen **3** ⟨umg.⟩ *kräftig gebaut, gesund;* ein ~er Bursche, ein ~es Mädel **3.1** ⟨60⟩ ~er M a x ⟨Kochk.⟩ *scharf gewürztes, rohes Schweinegehacktes mit Eiern u. Zwiebeln* **4** ⟨umg.⟩ *anstrengend;* ein ~er Marsch; ~en Dienst verrichten

'stram·peln ⟨V.; ich strampele od. strample⟩ **1** ⟨400⟩ *die Beine rasch, hastig in unterschiedliche Richtungen bewegen;* das Baby ~ lassen; sie strampelte vergnügt im Wasser **2** einen W e g ~ ⟨umg.⟩ *auf dem Fahrrad zurücklegen;* heute bin ich 20 km gestrampelt

Strand ⟨m.; -(e)s, ¨-e⟩ **1** *flacher Küstenstreifen am Rand größerer Gewässer, bes. des Meeres;* Sand~; ein breiter, kurzer, flacher, sandiger, schmaler, steiniger ~ **1.1** *von Badenden genützter (sandiger) Strand(1);* wir wollen zum Baden an den ~ gehen (im Seebad); am ~ liegen **1.2** a u f ~ geraten, laufen, setzen ⟨seemannsspr.⟩ *mit dem Boden eines Schiffes auf dem Strand(1) aufsetzen u. nicht mehr weiterfahren können;* das lecke Schiff wurde auf ~ gesetzt; ein Schiff gerät, läuft auf ~

'Strand·gut ⟨n.⟩ *an den Strand gespültes Gut von gestrandeten Schiffen*

Strang ⟨m.; -(e)s, ¨-e⟩ **1** *Seil, Strick* **1.0.1** er wurde zum Tod durch den ~ verurteilt *zum Tod durch Erhängen* **1.1** wenn alle Stränge reißen, werde ich ... ⟨fig.; umg.⟩ *im Notfall werde ich ...* **1.2** wir ziehen alle an einem, an demselben, am gleichen ~ *wir haben das gleiche Ziel, wir erstreben das gleiche, wir gehen gemeinsam vor* **2** *Bündel, Büschel, Strähne;* Nerven~; Woll~ **3** *langes zusammenhängendes Stück;* Schienen~ **4** *Teil des Pferdegeschirrs, mit dem das Pferd am Wagen befestigt ist* **4.1** über die Stränge hauen, schlagen ⟨fig.⟩ *aus der gewohnten Ordnung ausbrechen, leichtsinnig, übermütig sein*

stran·gu'lie·ren ⟨V. 500/R7 od. R8⟩ j m d n. od. ein T i e r ~ *erhängen, erwürgen, erdrosseln*

Stra'pa·ze ⟨f.; -, -n⟩ *(große) Anstrengung, Beschwerlichkeit;* ~n aushalten, ertragen; den ~n (nicht) gewachsen sein, standhalten; ~n auf sich nehmen

stra·pa'zie·ren ⟨V. 500⟩ **1** ⟨R7⟩ j m d n. ~ *überanstrengen;* er sieht strapaziert aus; sich bei einer Arbeit ~; diese Arbeit strapaziert ihn **2** j m d n. ~ *stark in Anspruch nehmen, beanspruchen;* jmdn. mit einer Arbeit ~ **3** e t w a s ~ *abnutzen, viel benutzen;* Kleider, Schuhe ~; viel strapazierte Redensarten

'Stra·ße ⟨f.; -, -n; Abk.: Str.⟩ **1** *befestigter (planmäßig angelegter) Weg;* Bundes~; Fahr~; Land~; ~ erster, zweiter Ordnung; eine ~ anlegen, ausbessern, bauen, planen, sperren, verbreitern, verlegen; wohin führt diese ~?; diese ~ führt nach ...; die ~ kreuzen, überschreiten; die ~ ist gesperrt; in den Hauptverkehrszeiten sind die ~n verstopft (von Fahrzeugen); eine belebte, ruhige, verkehrsreiche ~; eine breite, enge, freie, gerade, kurze, lange, schmale, winkelige ~; Leipziger ~; wir fuhren auf derselben ~ zurück, auf der wir gekommen waren; bei solch einem Regen jagt man keinen Hund auf die ~ (so schlecht ist das Wetter); durch die ~n irren; wir schlenderten durch die ~ und besahen uns die Auslagen in den Schaufenstern; in eine ~ einbiegen; das Gold liegt auf der ~, man muß nur verstehen, es aufzuheben ⟨Sprichw.⟩ **1.01** ich habe die ganze ~ abgeklappert u. konnte das Haus nicht finden ⟨umg.⟩ *ich bin die ganze Straße(1) entlang von Haus zu Haus gegangen* **1.02** ich habe eine Wohnung, ein Zimmer nach der ~ *mit Fenster(n) auf der Straßenseite* **1.03** die Kinder vor den G e f a h r e n der ~ warnen ⟨fig.⟩ *vor dem Straßenverkehr* **1.04** seine (stille) ~ z i e h e n ⟨fig.; umg.; scherzh.⟩ *fort-, von dannen gehen* **1.05** er geht auch am liebsten die breite ~ des Herkömmlichen, Üblichen ⟨fig.⟩ *den bequemen und bekannten Weg* **1.06** die Herrschaft der ~ ⟨fig.⟩ *der Masse, des Pö-*

bels 1.07 die Aufständischen beherrschen die ~ ⟨fig.⟩ *das öffentliche Leben* 1.08 auf die ~ gehen 1.08.1 ⟨fig.⟩ *öffentlich demonstrieren* 1.08.2 ⟨fig.⟩ *eine Prostituierte werden* 1.09 auf der schmalen ~ des Rechts gehen ⟨fig.⟩ *nie das geringste Unrecht tun* 1.10 auf der ~ liegen ⟨fig.; umg.⟩ *stellungslos sein* 1.11 auf der ~ sitzen ⟨fig.⟩ *ohne Obdach, ohne Verdienst sein* 1.12 er wurde auf die ~ gesetzt 1.12.1 ⟨fig.⟩ *aus der Wohnung vertrieben* 1.12.2 *fristlos aus dem Dienst entlassen* 1.13 man findet das Geld ja nicht auf der ~ ⟨fig.⟩ *G. erwirbt man sich nicht leicht* 1.14 du solltest das Geld nicht so auf die ~ werfen ⟨fig.⟩ *so leichtsinnig ausgeben* 1.15 Ausschank, Verkauf über die ~ ⟨fig.⟩ *für den Verzehr außerhalb der Gaststätte;* Speisen und Getränke über die ~ verkaufen 1.16 ein Mädchen von der ~ ⟨fig.⟩ *eine Prostituierte* 1.17 der Mann von der ~ ⟨fig.⟩ *der Durchschnittsmensch, der einfache Bürger* 1.18 jmdn. von der ~ auflesen ⟨fig.⟩ *sich eines Obdachlosen hilfreich annehmen* 1.19 → a. *offen(4.3)* **2** *Verkehrslinie zur See, Meerenge;* Schiffahrts~; ~ von Gibraltar

'Stra·ßen·bahn ⟨f.⟩ *auf Schienen laufende, elektrisch betriebene Bahn für den Stadt- u. Vorortverkehr*

Stra·te'gie ⟨f.; -, -n⟩ **1** *Planung u. Führung in großem Rahmen* 1.1 *umfassende Planung zur Verwirklichung grundsätzlicher Vorstellungen* **2** *Kunst der militär. Kriegführung, Feldherrnkunst* **3** ⟨Kyb.⟩ *Plan, der aufgestellt wird, um mittels aufeinander einwirkender dynamischer Systeme ein Ziel zu erreichen*

Stra·to'sphä·re ⟨f.; -; unz.; Meteor.⟩ *Schicht der Lufthülle der Erde von etwa 10 km bis 80 km über der Erdoberfläche*

'sträu·ben ⟨V. 500⟩ **1** ⟨R3⟩ Fell, Haare, Federn ~ sich *richten sich auf, stehen ab;* mir sträubten sich die Haare (vor Schreck, Entsetzen) 1.1 ein Tier sträubt Haare, Fell, Gefieder *richtet sie auf, läßt sie nach allen Seiten hin abstehen, plustert sich auf;* mit gesträubtem Fell sprang die Katze auf ihn zu **2** ⟨R3⟩ sich ~ ⟨a. fig.⟩ *sich wehren (gegen), sich widersetzen, widerstreben;* nach langem Sträuben gab sie endlich nach; es half kein Sträuben; er sträubte sich mit Händen und Füßen dagegen; die Feder sträubt sich, es niederzuschreiben ⟨fig.⟩

Strauch ⟨m.; -(e)s, ¨er⟩ **1** *ausdauernde Holzpflanze mit mehreren, von der Wurzel an sich teilenden, dünn bleibenden Stämmen;* Flieder~, Hasel(nuß)~, Rosen~, Tee~; belaubter, blühender ~ **2** ⟨umg.⟩ *Busch*

'strau·cheln ⟨V. 400(s.); ich strauchele od. strauchle⟩ **1** *fehltreten u. dadurch taumeln, stolpern;* auf einem schlechten Weg ~ **2** ⟨fig.⟩ *sich etwas zuschulden kommen lassen, einen Fehltritt begehen, auf die schiefe Bahn geraten;* sein Leichtsinn ließ ihn im Leben ~; ein gestraucheltes Mädchen

Strauß[1] ⟨m.; -es, -e⟩ *der größte heute lebende Vogel, ein zu den Flachbrustvögeln gehörender Vertreter einer eigenen Familie (Struthionidae) in den Steppen Afrikas u. Vorderasiens: Struthio camelus camelus;* Vogel ~

Strauß[2] ⟨m.; -es, ¨e⟩ **1** *mehrere zusammengebundene Blumen;* Blumen~, Rosen~; Blumen zum ~ binden **2** ⟨poet.⟩ *Kampf, Gefecht, Streit;* einen ~ ausfechten; es war ein harter ~

Stre·be ⟨f.; -, -n⟩ *schräge Stütze (bes. am Dach)*

'stre·ben ⟨V.⟩ **1** ⟨411⟩ *sich in Richtung von etwas begeben, einen Ort zu erreichen suchen;* sie strebten auf die Höhe (des Berges); die Pflanze strebt zum Licht **2** ⟨411⟩ *(eilig) auf etwas, jmdn. zugehen;* er strebte nach Hause **3** ⟨800⟩ nach etwas ~ *sich um etwas bemühen, nach etwas, das schwer zu erreichen ist, verlangen, trachten;* nach Erkenntnis, Gewinn, Macht, Ruhm, Vollkommenheit ~; es irrt der Mensch, solang er strebt (Goethe, Faust I, Prolog im Himmel); sein ganzes Streben, des Menschen Streben ist darauf gerichtet ⟨geh.⟩

'Stre·ber ⟨m.; -s, -; abwertend⟩ *jmd. (bes. ein Schüler od. Beamter), der sich ehrgeizig u. egoistisch bemüht, rasch vorwärtszukommen*

'streb·sam ⟨Adj. 70⟩ *sehr fleißig u. zielbewußt*

'Strecke ⟨-k·k-; f.; -, -n⟩ **1** *Entfernung zwischen zwei mehr od. weniger genau definierten Punkten;* eine große, kleine, kurze, übersichtliche, weite ~; wir sind heute eine tüchtige ~ marschiert **2** *Teilstück, Abschnitt eines Weges;* Weg~; es ist noch eine gute ~ (Weges) bis dorthin; täglich eine ~ von 10 Kilometern zurücklegen **3** *Bahnlinie, Route;* die ~ Frankfurt - Hamburg; auf der ~ nach München; welche ~ bist du gefahren? **3.1** ⟨Eisenb.⟩ *Abschnitt einer Bahnlinie, bes. zwischen zwei Bahnhöfen, Gleisabschnitt;* die ~ ab-, begehen; die ~ ist frei 3.1.1 der Zug hielt auf freier ~ *außerhalb eines Bahnhofs* 3.2 auf der ~ (liegen)bleiben *unterwegs liegenbleiben, nicht mehr weiterkommen* **4** jmdn. zur ~ bringen *überwältigen, besiegen, (einen Verbrecher) verhaften;* im Wald gelang es ihnen, den Verbrecher zur ~ zu bringen **5** ⟨Math.⟩ *durch zwei Punkte begrenzter Teil einer Geraden* **6** ⟨Sp.⟩ *bei einem Rennen zurückzulegender Weg* **7** ⟨Bgb.⟩ *waagerechter Grubenbau, der von einem anderen Grubenbau ausgeht* **8** ⟨Jagdw.⟩ *Ort, an dem die Jagdbeute niedergelegt wird* 8.1 ⟨jägerspr.⟩ *die Jagdbeute selbst* 8.2 einen Hasen zur ~ bringen ⟨jägerspr.⟩ *erlegen* **9** ⟨Spinnerei⟩ *Maschine zum Strecken (Verziehen) der Faserbänder zum Spinnen von dünnen Garnen, Streckmaschine*

'strecken ⟨-k·k-; V. 500⟩ **1** ⟨R7⟩ etwas od. sich ~ ⟨a. fig.⟩ *ziehen, langziehen, dehnen;* als er erwachte, streckte er die Glieder, streckte er sich; das (verkrümmte) Bein muß gestreckt werden 1.1 eine Suppe, Sauce ~ *verdünnen, damit sie mehr wird* 1.2 Rationen ~ *verkleinern, damit sie länger reichen* 1.3 die Arbeit ~ ⟨fig.⟩ *absichtlich in die Länge ziehen, verzögern* 1.4 der Weg streckt sich ⟨fig.⟩ *ist länger als erwartet* 1.5 ⟨Tech.⟩ *länger, breiter, dünner machen;* Eisen durch Walzen, Hämmern ~ **2** Gliedmaßen ~ *in gerade Richtung bringen, ausstrecken;* Arme streckt! (Kommando bei Turnübungen) 2.1 ⟨510⟩ Gliedmaßen in eine bestimmte Richtung ~ *in eine bestimmte R. bringen;* die Zunge aus dem Munde ~; die Arme zur Seite ~; die Arme in die Höhe ~; die Arme nach vorn ~; der Schüler streckt den Finger, die Hand (in die Höhe), wenn er eine Antwort weiß; er streckte die Beine behaglich unter den Tisch; er streckt die Beine noch unter Vaters Tisch ⟨fig.⟩ 2.1.1 Gliedmaßen von sich ~ *es sich bequem machen;* behaglich die Beine von sich ~ 2.1.2 alle viere von sich ~ *sich bequem hinsetzen, ausruhen* 2.1.3 ein Tier streckt alle viere von sich *verendet;* der Hund streckte alle viere von sich **3** ⟨511/R3⟩ sich irgendwohin ~ *sich an einem Ort lang hinlegen;* sich ins Gras ~; er streckte sich aufs Bett **4** ⟨fig.⟩ 4.1 Tiere in gestrecktem Galopp (Lauf) *in raschem Galopp, mit weit ausgreifenden Beinen* 4.2 ⟨500⟩ die Waffen ~ *sich ergeben* 4.3 ⟨511⟩ jmdn. zu Boden ~ *niederschlagen, jmdn. so verletzen, daß er am Boden liegt;* mit wenigen Schlägen streckte er ihn zu Boden **5** ⟨Math.⟩ gestreckter Winkel *W. von 180°*

'strecken·wei·se ⟨-k·k-; Adv.⟩ **1** *über gewisse Strecken hin;* diese Autobahn ist ~ sehr schlecht; die Arbeit ist ~ gut, schlecht **2** *in einzelnen Abschnitten;* wir sind ~ gefahren

Streich ⟨m.; -(e)s, -e⟩ **1** ⟨geh.⟩ *Schlag mit der Hand, Rute od. Peitsche, Hieb, Backenhieb, Schwerthieb;* jmdm. einen heftigen, tödlichen ~ versetzen; zu einem ~ ausholen; sieben (Feinde) auf einen ~ (töten) (im Märchen vom „Tapferen Schneiderlein") 1.1 → a. *Eiche(1.1)* **2** *Unfug, Handlung, mit der man jmdn. necken od. ärgern will, Possen, Schabernack;* sich ~e ausdenken; böse, dumme, lose, leichtsinnige, lustige, mutwillige, schlimme, törichte ~e; dumme ~e machen, verüben, vollführen; er ist stets zu ~en aufgelegt; dieses war der erste ~, doch der zweite folgt sogleich (Wilhelm Busch, Max und Moritz); das ist mir ein schöner ~! ⟨iron.⟩ 2.1 jmdm. einen ~ spielen *jmdn. zum Opfer einen Streichs(2) machen*

'strei·cheln ⟨V. 500/R7 od. R8; ich streichele od. streichle⟩ jmdn., ein Tier od. etwas ~ *mit der Hand sacht, zärtlich berühren, darüber hinfahren, liebkosen;* jmds. Gesicht, Haar, Hand, Kopf, Wange zärtlich ~; ein Tier, das Fell eines Tieres ~

'strei·chen ⟨V. 263⟩ **1** ⟨500⟩ jmdn. od. ein Tier ~ ⟨veralt.⟩ *schlagen, geißeln;* ein Tier mit der Peitsche ~ **2** ⟨503/R5⟩ (jmdm.) etwas ~ *mit der Hand od. einem Gegenstand (jmdm.) über etwas fahren;* jmdm., sich mit den Fingern durchs Haar ~; jmdm., sich das Haar aus der Stirn ~; jmdm. übers Gesicht, Haar, über die Hand, den Kopf, die Wange ~; nachdenklich strich er sich den Bart 2.1 ⟨500⟩ ein Streichinstrument ~ ⟨geh.⟩ *spielen;* die Geige, das Cello ~ **3** ⟨411⟩ der Wind streicht (über, durch etwas) ⟨fig.⟩ *weht, bläst leicht (über, durch etwas);* der Wind streicht übers Feld; ein kühles Lüftchen strich durch die offenen Fenster **4** ⟨411⟩ *vorsichtig od. erwartungsvoll (um etwas herum)gehen;* durch die Felder, das Land, die Wälder ~; die Katze streicht ihm um die Beine; eine dunkle Gestalt strich ums Haus **5** ⟨503/R5⟩ (jmdm.) etwas ~ *etwas mit einer klebrigen Masse, dünnen Schicht versehen;* sich Butter, Honig, Marmelade, Wurst aufs Brot ~; sich ein Butterbrot ~; Kitt, Mörtel in die Fugen ~; Salbe auf eine Wunde ~; das Brot fingerdick mit Butter ~ 5.1 ⟨402⟩ (etwas) ~ *Farbe (auf etwas) auftragen;* eine Bank, einen Schrank, einen Zaun (blau, grün) ~; der Zaun ist frisch gestrichen; Vorsicht, frisch gestrichen! 5.2 ⟨500⟩ gestrichenes Papier *P. mit einem Überzug* **6** ⟨500⟩ etwas ~ *durchstreichen, weglassen, tilgen, ausmerzen;* diesen Abschnitt (im Text) können wir ~; einen Namen aus einem Verzeichnis ~; Nichtzutreffendes bitte ~!; ich habe seinen Namen aus meinem Gedächtnis gestrichen **7** ⟨500/R7⟩ etwas ~ *für nichtig, ungültig erklären;* einen Auftrag ~ 7.1 ich habe mich von der Liste ~ lassen *ich habe meinen Auftrag, meine Kandidatur zurückgezogen* **8** ⟨500⟩ das Segel, die Flagge ~ *herunterlassen, einholen, einziehen* 8.1 das Schiff hat die Flagge gestrichen *das S. hat sich ergeben* **9** ⟨500⟩ ein gestrichenes Maß, ein Maß gestrichen voll *genau bis an den Rand voll;* ein gestrichener Teelöffel voll Zucker 9.1 das Maß meiner Langmut, Geduld ist gestrichen voll ⟨fig.⟩ *meine Geduld ist zu Ende* **10** ⟨500; fig.⟩ 10.1 die Segel ~ *nachgeben, sich geschlagen geben* 10.2 die Ruder ~ *gegen die Fahrtrichtung stemmen, um zu bremsen* **11** ⟨400⟩ ein Schiff streicht durch die Wellen ⟨poet.⟩ *fährt* **12** gestrichenes Maß nehmen ⟨Waffenk.⟩ *so zielen, daß Kimme u. Korn genau eine Linie bilden*

'Streich·garn ⟨n.⟩ *Baumwoll-, Woll- od. Zellwollgarn, das aus nicht gekämmten Faserbändern gesponnen u. nicht so gleichmäßig wie Kammgarn ist*

'Streich·holz ⟨n.⟩ = *Zündholz*

'Streich·in·stru·ment ⟨n.⟩ *Musikinstrument, dessen Saiten durch Streichen mit einem schwach gekrümmten, mit Pferdehaaren bespannten Bogen zum Klingen gebracht werden, z. B. Violine, Cello*

'Strei·fe ⟨f.; -, -n⟩ **1** *Erkundungs- od. Kontrolltrupp* **2** *zwei od. mehrere Polizisten, die planmäßig Kontrollgänge durchführen* **3** = *Streifzug(1)* **4** *Treibjagd, bei der die Schützen in einer Linie mit den Treibern gehen*

'strei·fen[1] ⟨V.⟩ **1** ⟨500⟩ jmdn. od. etwas ~ *eine kurze Zeitlang leicht berühren;* jmdn. an der Schulter ~; das Auto hat den Radfahrer nur gestreift 1.1 ein Geschoß streift jmdn. *verletzt jmdn., ohne ein Körperteil zu durchdringen;* die Kugel hat ihn am Arm gestreift 1.2 eine Frage, ein Problem ~ ⟨fig.⟩ *nebenbei erwähnen, nur andeuten* 1.3 ⟨550; fig.⟩ 1.3.1 ⟨516⟩ jmdn. od. etwas mit einem Blick ~ *flüchtig ansehen* 1.3.2 ⟨800⟩ eine Sache streift an etwas *grenzt an etwas, erreicht etwas fast;* sein Vorhaben streift ans Verbrecherische **2** ⟨511⟩ etwas an eine Stelle ~ *durch ziehende u. (od.) schiebende Bewegungen bewirken, daß ein Gegenstand etwas umschließt, darüberziehen, an die gewünschte Stelle bringen;* das Armband über die Hand ~; den Ring über den Finger ~; einen Schlauch über ein Rohr ~; sich das Hemd über den Kopf ~; die Ärmel in die Höhe ~ 2.1 etwas von einer Stelle ~ *etwas durch Ziehen, Abstreifen von einer bestimmten Stelle entfernen;* den Ring vom Finger ~; die Beeren von einer Rispe ~ 2.2 ⟨500⟩ erlegtes Wild ~ ⟨jägerspr.⟩ *dem W. die Haut, das Fell abziehen* **3** ⟨411(s.)⟩ durch eine Gegend ~ *ziellos wandern, schweifen;* durch die Wälder, durchs Gebirge ~

'strei·fen[2] ⟨V. 500⟩ etwas ~ *mit Streifen versehen, mit Streifen bemalen;* eine Tapete

~; ein schwarzweiß gestreifter Stoff; die Hyäne hat ein gestreiftes Fell
'Strei·fen ⟨m.; -s, -⟩ **1** *langes, schmales Stück;* Pelz~, Papier~, Tuch~, Wald~, Wiesen~; ein ~ Land(es); Fleisch, Papier in ~ schneiden 1.1 ⟨umg.⟩ *Film;* wir haben neulich einen ausgezeichneten ~ gesehen **2** *langes, schmales Gebilde, das sich durch andere Beschaffenheit von seiner Umgebung abhebt;* Licht~, Dunst~, Nebel~, Farb~; die Farbe hat ~ gebildet; ein Stoff mit farbigen ~; der weiße ~ auf der Fahrbahn **3** das paßt mir nicht in den ~ ⟨fig.; umg.⟩ *nicht in meine Pläne*
'Streif·licht ⟨n.⟩ **1** *schnell über etwas hinhuschendes Licht* 1.1 ein ~ auf etwas werfen ⟨fig.⟩ *die Aufmerksamkeit kurzfristig auf etwas lenken*
'Streif·zug ⟨m.⟩ **1** *Erkundungszug, Wanderung;* Sy *Streife(3)* **2** ⟨fig.⟩ *kurzer Überblick über ein Sachgebiet;* Streifzüge durch die Geschichte unserer Stadt
Streik ⟨m.; -(e)s, -s⟩ *meist organisierte u. mit bestimmten Forderungen verknüpfte, vorübergehende Arbeitsniederlegung von Arbeitnehmern od. Angehörigen des Dienstleistungsgewerbes;* den ~ abbrechen, beilegen, mit Gewalt niederwerfen; einen ~ organisieren; in den ~ treten; zum ~ aufrufen; den ~ abblasen ⟨umg.⟩
'strei·ken ⟨V. 400⟩ **1** *in Streik treten, einen Streik durchführen, die Arbeit niederlegen* **2** ⟨umg.⟩ *nicht mitmachen, sich weigern* **3** eine Maschine, Organ streikt ⟨umg.; fig.⟩ *hört auf zu funktionieren, setzt plötzlich aus, versagt;* der Fernseher, mein Magen streikt
Streit ⟨m.; -(e)s, -e⟩ **1** *Zustand der Uneinigkeit, bei dem jeder Beteiligte versucht, seinen Willen durchzusetzen;* Ggs *Frieden(3.1)* 1.1 ⟨geh.⟩ *Streit(1), der mit Waffengewalt ausgetragen wird, Kampf;* zum ~e rüsten 1.2 *Streit(1), der handgreiflich ausgetragen wird, Händel;* jmdn. in einen ~ hineinziehen; einen ~ mit den Fäusten austragen; mit jmdm. in ~ geraten; den ~ beilegen, schlichten; einen ~ anfangen, anzetteln, beginnen, entfachen; bei ihnen gibt es immer Zank und ~; er sucht stets ~; miteinander im ~ liegen 1.3 *Streit(1), der mit Worten ausgetragen wird, heftiger Wortwechsel, hitzige Erörterung;* ein erbitterter, heftiger, kleinlicher, unversöhnlicher ~; ein heftiger ~ entbrannte zwischen ihnen um ...; ein ~ mit Worten; zwischen den beiden gibt es dauernd ~; ein ~ um nichts, um Worte; ein gelehrter ~ 1.3.1 das ist doch ein ~ um des Kaisers Bart ⟨umg.⟩ *ein völlig sinnloser S.* 1.4 einen ~ vom Zaun brechen ⟨fig.⟩ *anfangen* **2** *Rechtsstreit;* ~ zwischen zwei Parteien
'streit·bar ⟨Adj.⟩ **1** *zu Streit neigend, gern, oft streitend;* ein ~er Mensch; in ~er Stimmung sein **2** *einen Streit nicht scheuend, bereit, um etwas zu kämpfen;* eine ~e Gesinnung beweisen, haben, zeigen, an den Tag legen; ein ~er Held
'strei·ten ⟨V. 264⟩ **1** ⟨400; geh.⟩ *kämpfen;* der Soldat streitet für seinen König **2** ⟨415; geh.; fig.⟩ *sich für eine Sache mit allen Kräften einsetzen;* mit Fäusten, Waffen ~; für eine Idee ~ **3** ⟨402/R4⟩ (sich) ~ *sich im Zustand des Streits(1.2 od. 1.3) befinden, zanken;* miteinander ~; müßt ihr (euch) denn immer ~?; ich habe mich noch nie mit ihm gestritten; sich ~; wenn zwei sich ~, freut sich der dritte ⟨Sprichw.⟩ **4** ⟨410⟩ *einen Streit(1.3) führen, eine Sache heftig, hitzig erörtern;* wegen dieser Angelegenheit haben wir uns schon gestritten; über ein Problem, ein gelehrtes Thema ~; sie ~ sich oft um nichts **4**.1 darüber kann man, läßt sich ~ *darüber kann man verschiedener Meinung sein* **4**.2 sie ~ sich um des Kaisers Bart ⟨fig.; umg.⟩ *um etwas völlig Sinnloses* **5** ⟨411⟩ *prozessieren;* vor Gericht ~ 5.1 die ~den Parteien *die Gegner in einem Prozeß*
'strei·tig ⟨Adj.⟩ **1** = *strittig(1)* **2** ⟨24/52⟩ jmdm. etwas ~ machen *behaupten, daß jmd. kein Recht auf etwas hat* **3** ⟨Rechtsw.⟩ *einem Gericht zur Entscheidung vorgelegt* 3.1 ~e Gerichtsbarkeit *G., die mit der Klärung von Streitfällen beschäftigt ist;* Ggs *freiwillige Gerichtsbarkeit*
'Streit·kraft ⟨f.; -, ¨e; meist Pl.⟩ Streitkräfte *die für die Verteidigung u. (od.) Kriegführung bestimmten Angehörigen eines Staates;* die feindlichen Streitkräfte
streng ⟨Adj.⟩ **1** *ohne Mitleid, Rücksicht (seiend), schonungslos, unnachgiebig;* seine Eltern sind zu ~; ~ gegen sich selbst u. gegen andere sein; ein ~er Richter, Vater, Lehrer; jmdn. ~ bestrafen; ~ durchgreifen; das war ~ gehandelt, verfahren; eine ~e Erziehung; ~e Herren regieren nicht lange ⟨Sprichw.⟩ 1.0.1 jmdn. ~ halten *streng(1) behandeln* 1.1 ein ~es Gesetz, ein ~er Befehl *ein für den Betroffenen hartes G., ein harter B., ein G., B., unter dem der Betroffene zu leiden hat;* ~e Maßnahmen, Verordnungen, Vorschriften; ein ~es Urteil, Verbot; jmdn. zu ~em Arrest verurteilen 1.2 ~e Worte *barsche, schroffe W.* 1.3 ~es Aussehen *ernstes A.;* ein ~es Gesicht; ein ~er Blick; jmdn. ~ anblicken; ~ aussehen **2** *genau, der Regel entsprechend;* Vorschriften, Grundsätze, Diät ~ einhalten; ein Thema ~ sachlich, wissenschaftlich behandeln; eine ~ wissenschaftliche Arbeit; sich ~ an eine Anweisung halten, eine Anweisung auf das, aufs ~ste befolgen **3** ein ~er Geschmack *ein herber G.;* etwas riecht, schmeckt ~ 3.1 es ist ein ~er Winter zu erwarten *sehr kalter und lange dauernder W.* **4** ein ~er Geruch, eine ~e Kälte *durchdringend, scharf, beißend* **5** ⟨90⟩ *absolut, ganz, völlig;* Zutritt ~ verboten!; zu ~stem Stillschweigen verpflichten; etwas ~ untersagen, verbieten
'Stren·ge ⟨f.; -; unz.⟩ **1** *strenge Einstellung gegenüber sich selbst od. gegenüber seinen Mitmenschen;* die Eltern haben es an ~ fehlen lassen (in der Erziehung usw.); jmdn. zur ~ gegen sich selbst anhalten 1.1 *Härte bei der Durchführung einer Handlung;* ~ zeigen; hier hilft nur drakonische ~; mit eiserner, unerbittlicher ~ durchgreifen; mit ~ herrschen, regieren, seines Amtes walten 1.2 *keine Ausnahmen duldende Härte;* die ~ eines Gesetzes, einer Vorschrift **2** *große Kälte;* die ~ des Winters **3** *leichte Bitterkeit des Geruchs od. Geschmacks* **4** *schlichte Linienführung, Klarheit der äußeren Formen;* die ~ eines Raumes, Bauwerks; in der geometrischen ~ der Formen erkennt man seinen Stil
'streng·ge·nom·men **1** ⟨Part. Perf. von⟩

strengnehmen **2** ⟨Adj. 50⟩ *genaugenommen, eigentlich, im Grunde;* ~ ist das nicht ganz richtig

'streu·en ⟨V.⟩ **1** ⟨500⟩ etwas ~ *durch leichtes Werfen locker verteilen;* den Hühnern Körner ~; Samen auf den Acker ~; Sand ~ (auf vereister Straße); dem Vieh Stroh ~; Zucker auf den Kuchen ~; Blumen ~ (bei der Trauung vor dem Brautpaar) **2** ⟨400⟩ ein Gewehr, Geschütz streut *trifft ungenau;* die Gewehre der Schießbuden ~ meistens

'streu·nen ⟨V. 400; umg.⟩ *sich herumtreiben;* ein ~der Hund

Strich ⟨m.7; -(e)s, -e⟩ **1** *schmale, lange Markierung durch einen Zeichenstift od. ähnliches;* Sy *Linie(1);* Feder~, Pinsel~; einen ~ machen, zeichnen, ziehen; ein dicker, dünner, gerader, langer ~; etwas ~ für ~ ab-, nachzeichnen; eine Zeichnung mit wenigen ~en entwerfen **1.1** einen ~ durch etwas machen *etwas durchstreichen u. damit ungültig machen* **1.2** er ist bloß noch ein ~ ⟨fig.; umg.⟩ *er ist sehr abgemagert, dünn* **1.3** der Redner entwarf, zeichnete mit knappen ~en ein Bild der derzeitigen Schulpolitik ⟨fig.⟩ *der R. kennzeichnete in wenigen Sätzen ...* **2** *gestrichene Textstelle, Streichung;* ~e in einem Manuskript anbringen **3** *Streifen Landes, Gegend;* Land~, Küsten~; ein öder ~ lag vor uns **4** *das Streichen, Art der Bogenführung beim Spielen auf einem Streichinstrument;* Bogen~; der ~ des Bogens; einen harten, kräftigen, weichen ~ haben **5** ⟨jägerspr.⟩ *das Umherstreichen der Vögel (in geringer Höhe);* der ~ der Schwalben, Stare, Zugvögel **6** *Verlauf des Fadens beim Tuch;* Samt muß gegen den ~ verarbeitet werden **7** *Richtung, Lage des Haars beim Kopfhaar, Fell;* gegen den ~ bürsten, kämmen **8** ⟨umg.⟩ *das Herumstreichen der Prostituierten auf der Straße, das Gewerbe der Prostituierten* **8.1** auf den ~ gehen ⟨umg.⟩ *das Gewerbe der Prostitution ausüben, als Prostituierte Kunden suchen* **9** ⟨fig.⟩ **9.1** ich habe an der Arbeit noch keinen ~ getan ⟨umg.⟩ *noch nichts* **9.2** er hat uns einen ~ durch die Rechnung gemacht *unseren Plan vereitelt* **9.3** einen ~ unter etwas, das Vergangene machen, ziehen *neu beginnen u. das Alte vergessen sein lassen* **9.4** ein Artikel steht unterm ~ *im Unterhaltungsteil einer Zeitung (der urspr. vom polit. od. lokalen Teil durch einen Querstrich getrennt war)* **9.5** jmdn. auf dem ~ haben ⟨umg.⟩ *jmdn. nicht leiden können* **9.6** das geht mir gegen den ~ ⟨umg.⟩ *paßt mir nicht, ist mir zuwider* **9.7** das ist unterm ~ ⟨umg.⟩ *sehr schlecht* **9.8** nach ~ und Faden ⟨umg.⟩ *deutlich, kräftig, ordentlich, tüchtig;* jmdn. nach ~ und Faden verprügeln **10** ⟨Nautik⟩ *1/32 der Einteilung des Kreises auf einem Kompaß, 1/8 eines rechten Winkels* **11** ⟨Min.⟩ *die Farbe fein zerteilter od. pulverisierter Mineralien, die oft von der im kompakten Zustand abweicht*

'strich·wei·se ⟨Adv.⟩ *nur in manchen Gebietsstreifen;* es hagelt, regnet ~

Strick ⟨m.; -(e)s, -e⟩ **1** *dünnes Tau, dünnes Seil, dicke Schnur, Bindfaden;* ein Tier mit einem ~ an-, festbinden; einen ~ um ein Paket schnüren **1.1** *Galgenstrick;* der ~ des Henkers; dieser Schuft ist den ~ (zum Aufhängen) nicht wert **1.1.1** zum ~ greifen ⟨fig.⟩ *Selbstmord (durch Erhängen) begehen* **1.1.2** da kann ich gleich einen ~ nehmen (und mich aufhängen)! ⟨fig.⟩ *wenn das geschieht, ist die Lage für mich hoffnungslos* **2** ⟨umg.; Anrede für ein Kind⟩ *Schlingel, Schelm;* du bist ein (rechter) ~! **3** ⟨fig.⟩ **3.1** aus dieser unbedachten Äußerung, Bemerkung wollte er mir einen ~ drehen *er versuchte, mich damit zu belasten* **3.2** wenn alle ~e reißen ⟨umg.⟩ *im Notfall* **4** ⟨unz.; umg.⟩ *Strickwaren, Gestricktes, gestrickte Oberbekleidung;* noch nie war ~ so schick (Werbung für Strickwaren) **4.1** eine Bluse aus Flanell mit ~ *mit gestrickten Teilen*

'stricken ⟨-k·k-; V.⟩ **1** ⟨400⟩ *mit einer Rundnadel, zwei od. mehreren Nadeln einen Faden zu Maschen verschlingen u. so allmählich ein Maschengeflecht herstellen;* ich habe in der Schule ~ gelernt; gern, jeden Tag ~; an einer Jacke ~ **1.1** → a. *links(6)* **2** ⟨500⟩ etwas ~ *durch Stricken(1) herstellen;* Muster ~; einen Pullover, Strümpfe ~; gestrickte Handschuhe, Strümpfe; ein gestrickter Wollschal

'Strie·gel ⟨m.; -s, -⟩ *harte Bürste od. gezähntes Gerät mit Handgriff zum Reinigen des Fells der Haustiere;* Pferde~

'Strie·me ⟨f.; -, -n⟩ = *Striemen*

'Strie·men ⟨m.; -s, -⟩ *blutunterlaufener Streifen auf der Haut (meist durch einen Hieb);* oV *Strieme*

strikt ⟨Adj. 70⟩ *streng, genau;* oV *strikte;* sich ~ an die Vorschriften halten

'strik·te ⟨Adj. 70⟩ = *strikt*

'Strip·pe ⟨f.; -, -n; umg.⟩ **1** *Bindfaden, Strick, Schnur, Schnürsenkel* **1.1** jmdn. fest an der ~ haben, halten ⟨fig.; umg.⟩ *streng behandeln, erziehen* **2** ⟨scherzh.⟩ *Fernsprechleitung* **2.1** sie hängt dauernd an der ~ ⟨umg.⟩ *sie telephoniert viel*

'strit·tig ⟨Adj. 70⟩ *umstritten, fraglich, nicht geklärt;* oV *streitig(1);* eine ~e Angelegenheit; die Sache ist ~

Stroh ⟨n.; -(e)s; unz.⟩ **1** *Halme, Blätter, Hülsen ohne Früchte von Getreide u. Hülsenfrüchten;* ein Bund ~; dem Vieh frisches ~ aufschütten, schütten; auf, im ~ schlafen; ein Haus mit ~ decken; viel ~, wenig Korn ⟨Sprichw.⟩ **1.1** das brennt wie ~ *sehr gut* **1.2** das brennt wie nasses ~ *schlecht* **1.3** das schmeckt wie ~ ⟨umg.⟩ *nach nichts, ist nicht gehaltvoll* **2** leeres ~ dreschen ⟨fig.; umg.⟩ *gehaltlose, unwichtige Sachen erzählen* **3** ~ im Kopf haben ⟨fig.; umg.⟩ *dumm sein* **4** ~ und Lehm ⟨oberdt.⟩ *Sauerkraut mit Erbsenbrei*

'Stroh·feu·er ⟨n.⟩ **1** *mit Stroh genährtes, rasch brennendes, hoch auflodemdes Feuer* **2** ⟨fig.⟩ *rasch aufflammende, aber schnell verlöschende Begeisterung;* ihre angeblich große Liebe war nur ein ~

'Stroh·halm ⟨m.⟩ **1** *Getreidehalm ohne Körner (auch als Trinkhalm);* Limonade mit einem ~ trinken; bei dem Unwetter wurden Bäume wie ~e geknickt **1.1** sich an einen ~ klammern (wie ein Ertrinkender) ⟨fig.⟩ *an den letzten Hoffnungsschimmer* **1.2** nach dem rettenden ~ greifen ⟨fig.⟩ *nach dem letzten Hoffnungsschimmer* **1.3** er ist zuletzt noch über einen ~ gestolpert ⟨fig.; umg.⟩ *wegen einer Kleinigkeit hat er zuletzt sein Ziel doch nicht erreicht*

'stro·hig ⟨Adj.⟩ **1** *dürr, trocken wie Stroh* **1.1** Gemüse, Obst ist, schmeckt ~ ⟨fig.⟩ *ist hart* *u. trocken, schmeckt nach nichts* **2** ~e Haare **2.1** *strohgelbe H.* **2.2** *trockene H.*

'Stroh·mann ⟨m.⟩ **1** *aus Stroh grob zusammengebundene mannsgroße Puppe* **2** ⟨fig.⟩ *nur nach außen hin als Rechtsträger auftretende Person, die eine andere verdecken od. ersetzen soll;* den ~ abgeben, machen **3** ⟨Kart.⟩ *Ersatz für einen fehlenden Spieler*

Strolch ⟨m.; -(e)s, -e⟩ **1** *Landstreicher, Lump, Gauner* **2** ⟨umg.; scherzh.⟩ *Schlingel, Schelm*

'strol·chen ⟨V. 411(s.)⟩ *untätig u. ohne ein festes Ziel (durch die Gegend) streifen;* durch den Wald ~

Strom ⟨m.; -(e)s, ⸚e⟩ **1** *großer Fluß;* einen ~ befahren; mit dem Dampfer auf einem ~ fahren; ein breiter, langer, reißender ~ **1.1** gegen den ~ schwimmen *stromaufwärts schwimmen* **1.2** mit dem ~ schwimmen *stromabwärts schwimmen* **2** *fließende Bewegung, Strömung;* der ~ des Verkehrs ergoß sich morgens in die Innenstadt; in den ~ der Vergessenheit sinken ⟨poet.⟩; der ~ der Zeit ⟨fig.⟩ **3** *große Menge von etwas Flüssigem, Fließendem;* Ströme Blutes sind auf diesem Schlachtfeld geflossen; ein ~ von Tränen, Worten; Ströme von Schweiß vergießen **3.1** es regnet in Strömen *heftig* **3.2** der Wein floß in Strömen ⟨fig.⟩ *es gab viel zu trinken* **4** *fließende Elektrizität;* elektrischer ~; wir haben im letzten Monat viel ~ verbraucht; den ~ ausschalten, einschalten, unterbrechen **4.1** sich auf den ~ schwingen ⟨umg.; scherzh.⟩ *die Straßenbahn nehmen, besteigen* **5** ⟨fig.⟩ **5.1** *große Menschenmenge, die sich bewegt;* nach der Vorstellung ergoß sich ein ~ von Menschen auf die Straße **5.2** sich vom ~ der Menge tragen, treiben lassen *innerhalb einer Menschenmenge vorangeschoben werden* **5.3** gegen den ~ schwimmen *sich gegen die allgemein geltende Meinung stellen* **5.4** mit dem ~ schwimmen ⟨fig.⟩ *die allgemein geltende Meinung (kritiklos) vertreten*

'strö·men ⟨V. 400(h.) od. 411(s.)⟩ *sich ununterbrochen, stark, in großen Mengen in die gleiche Richtung bewegen;* die Menschen strömten aus dem Kino; das Gas strömte aus der Leitung; die Nachtluft strömt durchs offene Fenster ins Zimmer; das Blut strömt in den Adern; Wasser strömt ins Becken; bei ~dem Regen

'Strom·kreis ⟨m.; Phys.⟩ *aus Spannungsquelle, Leitern u. Widerständen bestehende kreisförmige Anordnung, in der ein elektr. Strom fließt*

'Strom·li·nien·form ⟨f.; Phys.⟩ *Form eines Körpers, die einer (einem) ihn umströmenden Flüssigkeit (Gas) den geringsten Widerstand entgegensetzt*

'Strom·schnel·le ⟨f.; -, -n⟩ *Flußstrecke mit starkem Gefälle u. bes. starker Strömung*

'Strö·mung ⟨f.; -, -en⟩ **1** *starke, fließende Bewegung von Wasser od. Luft;* eine kalte, warme ~, z. B. im Meer; der Fluß hat eine reißende, starke ~; das Boot wurde von der ~ fortgerissen; die ~ nimmt hier plötzlich zu; sich mit der ~ treiben lassen; gegen die ~ kämpfen **2** ⟨fig.⟩ *geistige Bewegung, Richtung;* verschiedene ~en trafen hier zusammen; eine revolutionäre ~; eine neue ~ in der deutschen Literatur des 18. Jahrhunderts **2.1** gegen die ~ ankämpfen *gegen die überwiegende Meinung*

'Stro·phe ⟨f.; -, -n⟩ **1** ⟨griech. Tragödie⟩ *Wendung des singenden u. tanzenden Chors zum Altar* **1.1** *der zur Strophe(1) gesungene Abschnitt des Chorgesangs* **2** *aus mehreren Versen bestehender, durch Länge der Zeilen, Rhythmus u. häufig Reim bestimmter, sich in gleicher Form wiederholender Abschnitt eines Liedes od. Gedichtes;* in ~n gegliedertes Gedicht; ein Lied mit vier ~n

'strot·zen ⟨V. 405⟩ ~ (an, von, vor etwas) *wegen etwas übervoll sein, fast bersten;* er strotzt von Energie, Gesundheit, Kraft, Lebensfreude; der Aufsatz, die Rechenarbeit strotzt von Fehlern; die Behausung strotzte von Schmutz; eine Kuh mit ~dem Euter

'Stru·del ⟨m.; -s, -⟩ **1** *heftige kreis- od. spiralförmige Drehbewegung im Wasser, oft mit Sog nach unten, Wirbel;* Wasser~; das Boot geriet in einen gefährlichen ~; er wurde in den ~ hinabgezogen; das Boot wurde vom ~ erfaßt und kenterte **2** ⟨fig.⟩ *tolles Treiben, Wirbel, Durcheinander;* er stürzte sich in den ~ der Vergnügen; das ging im ~ der Ereignisse unter **3** ⟨oberdt.⟩ *Mehlspeise aus Nudel- od. Hefeteig mit eingerolltem Obst od. Fleisch;* Apfel~, Kirsch~; ein ~ mit Äpfeln, Kirschen **4** ⟨oberdt.⟩ *Quirl;* mit einem ~ hantieren

Struk'tur ⟨f.; -, -en⟩ **1** *inneres Gefüge;* ~ eines Kristalls, Gewebes **2** *Bau, Aufbau;* ~ eines Gebäudes **3** *innere Gliederung, Anordnung der Teile;* ~ einer Abhandlung **4** ⟨Wissth.⟩ *Menge der Relationen, die die Elemente eines Systems miteinander verbinden*

Strumpf ⟨m.; -(e)s, ⸚e⟩ **1** *enganliegende, Fuß u. Bein umhüllende Bekleidung aus Wolle, Baumwolle od. Kunstfasern;* Knie~; Perlon~, Seiden~, Woll~; ein Paar Strümpfe; Strümpfe stopfen, stricken, waschen; gestrickte, lange, nahtlose Strümpfe; auf Strümpfen schlich er (sich) die Treppe hinunter; du hast eine Laufmasche, ein Loch im ~ **1.1** sie hat ihre Ersparnisse im ~ *zu Hause (nicht auf der Bank)* **2** sich auf die Strümpfe machen ⟨fig.; umg.⟩ *weggehen, aufbrechen, entfliehen* **3** *Glühkörper des Gaslichts;* Glüh~

Strunk ⟨m.; -(e)s, ⸚e⟩ **1** *Stammrest eines gefällten Baumes mit Wurzeln;* Baum~ **2** *dicker Pflanzenstengel ohne Blätter;* Kohl~, Kraut~

'strup·pig ⟨Adj. 70⟩ *unordentlich, verwirrt, ungepflegt;* ein ~er Bart; ein ~er Kerl; mit ~em Haar

'Stu·be ⟨f.; -, -n⟩ **1** *Zimmer, Kammer;* Wohn~, Schlaf~; Wohnung mit ~, Kammer, Küche **1.1** immer nur herein in die gute ~! ⟨scherzh.⟩ *(Aufforderung zum Eintreten)* **1.2** *Wohn- u. Schlafraum mehrerer Soldaten, Schüler in Kasernen, Internaten;* die Bewohner von ~ drei **1.3** ⟨schweiz.⟩ *Wohnstube, Wohnzimmer* **1.4** (immer) in der ~ hocken ⟨umg.⟩ *nicht ausgehen, spazierengehen*

Stuck ⟨m.; -(e)s; unz.⟩ *schnell härtende Masse aus Gips, Kalk, Sand, Leim u. Wasser zum halbplastischen Verzieren von Decken u. Wänden*

Stück ⟨n.7; -(e)s, -e⟩ **1** *Teil eines Ganzen, Bruchteil;* ein ~ Brot, Fleisch, Kuchen, Torte; ein halbes ~ (Kuchen, Fleisch); ein ~ Papier für eine Notiz; ein gutes ~ Weges; ein abgerissenes, abgeschnittenes, abgesprungenes ~; etwas in (kleine) ~e reißen, schneiden; ein ~ abbeißen, abreißen, abschneiden; er hat das größte ~ erwischt; ein breites, dickes, großes, kleines, kurzes, langes, schmales ~; in seiner Wut schlug er alles in ~e; in ~e teilen; die Vase zersprang in tausend ~e **1.0.1** das wird noch in ~e gehen *zerbrechen* **1.0.2** sich für jmdn. in ~e reißen lassen ⟨fig.; umg.⟩ *unbeirrbar zu jmdm. stehen, jmdn. mit aller Kraft verteidigen* **1.1** ~ eines Textes *Absatz, Abschnitt;* aus einem Buch ein ~ vorlesen; einen Text ~ für ~ durcharbeiten **2** *eine Einheit von etwas;* das ~ für eine Mark; fünf ~ davon gehören immer zusammen; es ist aus einem ~ geschnitten; die Herde, Menge usw. ~ für ~ abzählen; ein ~ Land; ein ~ Feld, Land, Wiese pachten **2.1** ein ~ spazierengehen *eine kleinere od. größere Strecke* **2.2** Käse, Wurst im, am ~ kaufen *nicht in Scheiben geschnitten* **3** ⟨zur Bez. der Anzahl⟩ *eine Einheit bildender Teil eines Ganzen, Einzelteil;* zwölf ~ Vieh; ein ~ Wild; ein ~ Seife; ich nehme zwei ~ Zucker in den Kaffee; ich möchte zehn ~ (Eier); möchten Sie drei, vier ~? **3.1** es waren ~er 20 ⟨umg.⟩ *ungefähr 20 Stück* **4** *Münze;* Geld~, Zehnpfennig~; ~e Goldes **5** ⟨Börse⟩ *Wertpapier;* ~e der Staatsanleihe **6** *Kunstwerk* **6.1** *Bühnenwerk;* Musik~, Theater~; hast du das ~ (im Theater) schon gesehen?; das ~ läuft Abend für Abend vor ausverkauftem Haus (Theaterstück); das ~ ist bei der Premiere durchgefallen; ein ~ vom Spielplan absetzen; ein ~ auf dem Klavier spielen, üben, vortragen **6.2** ⟨veralt.⟩ *Gemälde;* Blumen~, See~; das interessanteste ~ ist ein Picasso **7** *wertvoller Gegenstand;* Erb~, Meister~, Möbel~, Pracht~; er hat in seiner Sammlung ein paar herrliche ~e; das ist mein bestes, wertvollstes ~ (aus der Sammlung) **8** ⟨veralt.⟩ *Geschütz* **9** *besondere Tat, Sache;* Kunst~; das ist ein starkes ~! **9.1** *Übeltat, Streich;* Buben~ **10** ⟨umg.⟩ *Kerl, Weib;* Weib(s)~; so ein freches ~!; sie ist ein raffiniertes ~ **11** ⟨verstärkend⟩ *viel;* ein schweres ~ Arbeit; damit kannst du dir ein hübsches ~ Geld verdienen **12** in allen, vielen ~en *in vieler Hinsicht, in vielen, allen Einzelheiten;* jmdm. in allen ~en rechtgeben; sie gleicht ihrer Mutter in allen, vielen ~en **13** es ist ein ~ Heimat für mich ⟨fig.⟩ *etwas, was mich an die H. erinnert* **14** diese Aktie ist nur noch ein ~ Papier *nichts mehr wert* **15** sie, er ist mein bestes ~ ⟨umg.; scherzh.⟩ *er, sie ist für mich der beste Mensch, der Mensch, den ich am liebsten habe*

'Stück·gut ⟨n.⟩ **1** ⟨kaufmannsspr.⟩ *nach Stück verkaufte Ware* **2** ⟨Eisenb.⟩ *einzeln, gesondert befördertes Frachtgut;* etwas als ~ versenden

'Stück·werk ⟨n.; -(e)s; unz.; fig.⟩ *unvollkommene, unvollständige Arbeit*

Stu'dent ⟨m.; -en, -en⟩ **1** *jmd., der an einer Hochschule studiert;* Sy *Studio[2]* ⟨scherzh.⟩ **2** ⟨österr.; schweiz.⟩ *Schüler einer höheren Schule*

'Stu·die ⟨[-diə] f.; -, -n⟩ **1** *(wissenschaftl.) Arbeit, Übung, Untersuchung* **2** *Vorarbeit zu einem wissenschaftl. Werk* **3** *Entwurf zu einem Kunstwerk bes. der Malerei*

stu'die·ren ⟨V.⟩ **1** ⟨400⟩ *Gegenstände einer Wissenschaft aufnehmen u. geistig verarbeiten;* ein voller Bauch studiert nicht gern ⟨Sprichw.⟩; Probieren geht über Studieren ⟨Sprichw.⟩ **1.1** *eine Hochschule besuchen;* er studiert in München **2** ⟨500⟩ ein Fachgebiet ~ *sich durch geistige Arbeit Wissen, Kenntnisse eines Fachgebietes aneignen;* Biologie, Germanistik, Jura ~; er hat fünf Semester Medizin studiert **2.1** eine Rolle ~ *einüben* **2.2** jmdn. od. etwas ~ *eingehend beobachten u. sich gründlich beschäftigen mit jmdm. od. etwas;* jmds. Charakter, Gesichtsausdruck ~ **2.3** ein Problem ~ *eingehend erforschen u. sich damit wissenschaftlich auseinandersetzen;* die Entwicklung verkehrstechnischer Probleme in den USA an Ort u. Stelle ~; menschliche Verhaltensweisen ~ **2.4** etwas ~ ⟨umg.; scherzh.⟩ *eingehend betrachten, lesen;* die Speisekarte, die Zeitung ~

'Stu·dio[1] ⟨n.; -s, -s⟩ **1** *Werkstatt eines Künstlers, Arbeitszimmer* **2** ⟨Film, Funk, Fernsehen⟩ *Raum für Bild u. Tonaufnahmen* **3** *Experimentiertheater* **4** ⟨werbespr.⟩ *Einzimmerwohnung*

'Stu·dio[2] ⟨m.; -s, -s; scherzh.⟩ = *Student*

'Stu·di·um ⟨n.; -s, -di·en⟩ **1** *das Studieren(1);* Hochschul~; ~ der Mathematik, Musik; sein ~ abbrechen, abschließen, absolvieren, aufgeben, beenden, beginnen, unterbrechen; während meines ~s in Tübingen **2** *das Studieren(2)* **2.1** ~ generale *allgemeinbildende Vorlesungen für Hörer aller Fachbereiche od. Fakultäten*

'Stu·fe ⟨f.; -, -n⟩ **1** *einzelne Trittfläche in einer schiefen Ebene, bes. Treppe;* Vorsicht ~(n)! (Warnungsschild); die ~n des Altars, des Thrones; die ~n einer Leiter, einer Treppe; ausgetretene, breite, hohe, schmale ~n; von ~ zu ~ klettern, steigen; ein paar ~n führten zum Eingang empor, zum Wasser hinunter **2** *Absatz in einer fortlaufenden Folge, einzelner Absatz, Abschnitt;* Ober~ u. Unter~ der Schule; Rang~; auf der Leiter des Erfolges von ~ zu ~ steigen ⟨fig.⟩; die ~n zum Erfolg, zum Ruhm hinaufsteigen, emporklimmen ⟨fig.⟩ **2.1** *Abschnitt innerhalb einer Entwicklung;* → a. *Etappe(1);* Entwicklungs~, Zwischen~; die höchste ~ der Ehre, des Glückes, seiner Laufbahn, des Ruhmes, der Vollkommenheit, der Zufriedenheit erreichen **2.2** *Unterteilung in einer Rangfolge, Rang;* der Leutnant ist die unterste ~ des Offiziersrangs **2.2.1** er kann sich mit ihm auf die gleiche ~ stellen ⟨fig.⟩ *sich als gleichwertig betrachten, sich mit ihm vergleichen* **2.3** *Stand einer Entwicklung, Niveau;* ihre Kultur stand damals schon auf einer hohen ~; seine Bildung steht auf einer niedrigen ~; wir stehen beruflich und gesellschaftlich auf gleicher ~ **3** *waagerecht abgenähte Falte (im Kleid)* **4** ⟨Mus.⟩ *Tonabstand, Intervall;* Ton~ **5** ⟨Bgb.⟩ *erzhaltiges Gesteinsstück* **5.1** ⟨Geol.⟩ *kleinster Abschnitt der Erdgeschichte, Teil einer Abteilung*

'stu·fen ⟨V. 500⟩ etwas ~ **1** *in Stufen einteilen, nach Stufen ordnen, gliedern* **2** *mit Stufen versehen;* treppenartig, terrassenförmig gestuft

'Stu·fen·lei·ter ⟨f.⟩ **1** *Leiter mit Stufen (statt Sprossen)* **2** ⟨fig.⟩ *Gesamtheit von Entwicklungsstufen, Rangordnung;* auf der ~ des Erfolges emporklettern, -steigen; die ~ zum Erfolg

Stuhl ⟨m.; -(e)s, ¨-e⟩ **1** *Sitzmöbel mit Rückenlehne u. vier Beinen für eine Person;* Garten~, Korb~, Küchen~; ein bequemer, gepolsterter, harter, hölzerner ~; einen Mörder durch den elektrischen ~ hinrichten; sich auf einen ~ setzen; Stühle für den Balkon, das Eßzimmer, das Kinderzimmer, die Küche; die Stühle um den Eßtisch stellen; genügend Stühle bereitstellen; ich wäre beinahe vom ~ gefallen, als ich das hörte (so erschrak ich, so überrascht war ich) ⟨umg.⟩ **1.1** jmdm. einen ~ anbieten *jmdn. zum Sitzen auffordern* **2** *Sitzmöbel für eine Person zum Zusammenklappen od. -falten ohne Lehne;* Jagd~, Klapp~ **3** ⟨kurz für⟩ *tragbarer Zimmerabort für Kranke;* Nacht~ **4** ⟨kurz für⟩ *Stuhlgang;* blutiger, harter, weicher ~ **5** ⟨fig.⟩ *Amt;* Richter~, Lehr~ **5.1** → a. *heilig(2.2)* **6** ⟨fig.⟩ **6.1** sich zwischen zwei Stühle setzen, zwischen ~ und Bank fallen ⟨schweiz.⟩ *zwei Gelegenheiten zugleich verpassen* **6.2** jmdm. den ~ vor die Tür setzen *jmdn. hinauswerfen*

'Stuhl·gang ⟨m.; -(e)s; unz.⟩ *Ausscheidung von Kot;* keinen, regelmäßig ~ haben

'Stul·pe ⟨f.; -, -n⟩ **1** *umgeschlagenes, umgekrempeltes Stück, z. B. an Ärmel, Handschuh, Stiefel* **2** *verlängertes, über das Handgelenk reichendes Stück am Handschuh*

'stül·pen ⟨V. 511⟩ e t w a s ~ **1** *umkehren, umstürzen, umdrehen;* er hatte die Hutkrempe nach oben gestülpt **2** *(darauf) setzen;* er stülpte sich den Hut auf den Kopf; den Kasten über die Nähmaschine ~

stumm ⟨Adj.⟩ **1** *auf Grund einer körperlichen od. einer vorübergehenden psychischen Disposition unfähig (od. nicht gewillt), einen Laut hervorzubringen;* von Geburt an ~; ~ vor Freude, Schreck, Staunen sein; trotz unserer teilnehmenden Fragen blieb er ~ **2** ein ~es G e b a r e n *lautlos, wortlos, nicht von Worten begleitet;* er reichte mir ~ den Brief; eine ~e Gebärde, ein ~er Blick; ~er Schmerz, Zorn **2.1** ⟨60⟩ ~e P e r s o n ⟨Theat.⟩ *Darsteller einer Rolle, in der nicht gesprochen wird, Statist* **2.2** ⟨60⟩ ~es S p i e l ⟨Theat.⟩ *ausdrucksvolle Gestik u. Mimik, ohne zu sprechen* **2.3** ⟨60⟩ ~e R o l l e ⟨bei Theat. u. Film⟩ *eine R., bei der der Darsteller nichts zu sprechen hat* **3** *schweigend, nicht redend;* er blieb auf alle Fragen ~; ~ dabeisitzen, am Tische sitzen; ich werde ~ wie das Grab sein (u. das Geheimnis nicht ausplaudern); besser ~ als dumm ⟨Sprichw.⟩ **3.1** er war ~ wie ein Fisch, ein Stock *nicht gesprächig, wenig unterhaltsam* **3.2** ⟨50⟩ jmdn. ~ machen ⟨fig.⟩ *töten* **4** e t w a s ist ~ *nicht tönend* **4.1** das Telephon ist ~ *hat keinen Summton, funktioniert nicht* **4.2** ~er L a u t ⟨Sprachw.⟩ *L., der nur geschrieben, nicht gesprochen wird;* das ~e „e" im Französischen **5** ⟨60⟩ ~er D i e n e r **5.1** *Anrichtetisch od. drehbare Platte in der Mitte des Tisches zum Abstellen von Speisen* **5.2** *Kleiderständer*

'Stum·mel ⟨m.; -s, -; umg.⟩ *kleines Endstück eines langgestreckten (kleinen) Körpers Stückchen, Rest;* Zigarren~; Schwanz~

'Stüm·per ⟨m.; -s, -; abwertend⟩ *jmd., der von seinem Fach nicht viel versteht, Pfuscher, Nichtskönner;* wo kein Meister ist, da gelten die ~ ⟨Sprichw.⟩

stumpf ⟨Adj.⟩ **1** *keine spitzen, geschliffenen od. scharfen Kanten od. Spitzen aufweisend;* Ggs *spitz(1);* ~e Zähne; Messer, Schwerter od. Werkzeuge werden rasch ~ **1.1** ein ~er Bleistift *nicht gespitzter B.* **1.2** eine ~e N a d e l *nicht stechende N.* **2** *nicht glänzend, matt;* ~e Seide; ~es Haar, ~es Metall **3** *unempfindlich, ausdruckslos, verständnislos, teilnahmslos, abgestumpft, seelenlos;* die Gefangenen haben einen ~en Blick, Gesichtsausdruck; er blieb ~ gegen alles Schöne, ~ gegenüber allen Versuchen, ihn aufzumuntern; durch viele Schicksalsschläge ist sie ~ geworden; er ist nach seinem Schlaganfall völlig ~ geworden ⟨fig.⟩ **4** ⟨70⟩ ~er Reim ⟨Metrik⟩ = *männlicher R.* **5** ⟨70⟩ ~er Winkel ⟨Math.⟩ *W., der größer als 90° u. kleiner als 180° ist*

Stumpf ⟨m.; -(e)s, ¨-e⟩ **1** *übrigbleibendes Stück eines langgestreckten Körpers, Reststück, Ende;* Baum~, Bein~ **1.1** etwas mit ~ und Stiel ausrotten, ausreißen, vernichten ⟨umg.⟩ *ganz u. gar*

'Stumpf·sinn ⟨m.; -(e)s; unz.⟩ **1** *Verblödung, Blödigkeit, krankhafte anhaltende Geistesabwesenheit, Teilnahmslosigkeit, (erworbener) Schwachsinn;* in ~ verfallen **2** ⟨umg.⟩ *langweiliges, dummes Treiben;* das ist doch ~! **2.1** ~ brüten ⟨umg.⟩ *teilnahmslos vor sich hinstarren*

'Stun·de ⟨f.; -, -n⟩ **1** ⟨Abk.: St., Std., Stde., (Pl.) Stdn.; Zeichen: st, h (Astron.) ...[h]⟩ *der 24. Teil des Tages, Zeitraum von 60 Minuten;* ich komme in einer ~; ich mußte eine ~ warten; ich habe eine kleine, knappe ~ gebraucht; auf, für eine ~ bleiben, kommen; er kam nach einer ~ zurück; vor einer ~ hat er angerufen; die ~n bis zur Abreise zählen; er kann (ganze) ~n damit verbringen, zu ...; mit zwei ~n Wartezeit mußt du rechnen; alle zwei ~n eine Tablette nehmen; die Wirkung der Tablette hält 24 ~n an; eine viertel ~, Viertelstunde; der Zug hat eine halbe ~ Aufenthalt, Verspätung; anderthalb ~n; ~ um ~ verging, verrann, verstrich; des Jahres letzte ~ (zu Silvester); bis dorthin ist es eine gute, reichliche ~ (Weges); der Wagen fährt 140 km in der, pro ~, 140 km die ~ ⟨umg.⟩; besser eine ~ zu früh als eine Minute zu spät ⟨Sprichw.⟩ **1.1** in der zwölften ~ ⟨umg.⟩ *zwischen 11 und 12 Uhr* **2** *Unterricht von etwa einer Stunde(1) Dauer;* Deutsch~, Gesangs~, Schul~, Unterrichts~; die erste ~ fällt morgen aus (in der Schule); ~n geben, halten, nehmen; die morgigen ~n vorbereiten; ich gehe um 4 Uhr zur ~; der Schüler muß während der ~ gut aufpassen; was haben wir nächste ~? ⟨schülerspr.⟩ **2.1** *Arbeitszeit von einer Stunde(1) Dauer;* er bekommt 5 Mark für die ~ **3** ⟨veralt.⟩ *Längenmaß von 4 bis 5 km;* drei ~n weit im Umkreis **4** *längerer Zeitraum innerhalb eines Tages;* Muße~; keine ruhige ~ für sich haben; das waren böse ~n für mich; die ~n dehnten sich; eine gemütliche ~ verplaudern; in beschaulichen, einsamen, langen ~n darüber nachdenken; frohe, heitere, schöne ~n miteinander verbringen; bittere, trübe ~n erleben; leere, unausgefüllte, verlorene ~n; seine müßigen ~n mit Malen verbringen; in einer stillen ~ werde ich es dir erzählen; dem

Glücklichen schlägt keine ~ (nach Schiller, Piccolomini, III, 3) **4**.1 seine ~n sind gezählt ⟨fig.⟩ *er wird bald sterben;* seine letzte ~ (vor dem Tod) **4**.2 ihre schwere ~ steht bevor ⟨fig.⟩ *ihre Entbindung* **5** *Zeitpunkt, Augenblick;* die ~ der Entscheidung, der Gefahr; die ~ der Rache ist gekommen; die Gunst der ~ nutzen, verpassen, wahrnehmen; die richtige, rechte, geeignete ~ abwarten; zu beliebiger ~; zur gleichen, selben ~ geschah folgendes ...; in vorgerückter ~ war die Stimmung auf dem Höhepunkt; Zeit und ~ warten nicht ⟨Sprichw.⟩ **5**.1 zu später ~ *spät (am Abend, in der Nacht)* 5.1.1 zu früher ~ *früh (am Morgen)* 5.1.2 in letzter ~ *kurz bevor es zu spät ist* 5.2 zu gelegener ~ kommen *gelegen kommen, zur passenden Zeit* 5.2.1 seine ~ wahrnehmen *seine Chance nutzen* 5.2.2 dem Gebot, Gesetz der ~ gehorchen *das im Augenblick Wichtigste tun* 5.3 die ~ X *ein noch unbekannter Zeitpunkt* 5.4 bis zur ~ *bis zu diesem Augenblick* 5.4.1 von Stund an *von da an, von dieser Stunde an* 5.4.2 zur ~ war er gesund *noch zu diesem Zeitpunkt* 5.4.3 zu jeder ~ *jederzeit* 5.4.4 in einer schwachen ~ ⟨fig.⟩ *in einem Augenblick, da man schwach, nachgiebig ist* **6** *Zeitpunkt nach Ablauf einer Stunde(1);* von ~ zu ~ warten; die Uhr schlägt die halben und ganzen ~n (an) **6**.1 wissen, was die ~ schlägt ⟨fig.⟩ *die Bedeutung einer Sache erkennen u. entsprechend handeln* 6.2 seine ~ hat geschlagen ⟨fig.⟩ 6.2.1 *sein Tod steht kurz bevor* 6.2.2 *der Zeitpunkt der Abrechnung naht*

'stun·den ⟨V. 503⟩ (jmdm.) etwas ~ *für etwas Zahlungsaufschub, -frist geben, gewähren;* können Sie mir den Betrag drei Wochen ~?

'Stun·den·plan ⟨m.⟩ *Plan, Übersicht über die Verteilung der Unterrichts- od. Arbeitsstunden*

'Stun·den·zei·ger ⟨m.⟩ *den Ablauf der Stunden anzeigender Uhrzeiger;* Ggs *Minutenzeiger*

...stün·dig ⟨Adj. 24; in Zus.⟩ *eine bestimmte od. unbestimmte Anzahl von Stunden dauernd;* dreistündig, mehrstündig, vielstündig; ein dreistündiger Vortrag

'stünd·lich ⟨Adj. 24⟩ **1** *jede Stunde stattfindend, alle Stunden wiederkehrend;* die Lage, sein Zustand ändert sich ~; man muß ihn täglich und ~ daran erinnern; der Autobus verkehrt ~; ich warte ~ auf ihn 1.1 → a. *täglich(1.1)*

...stünd·lich ⟨Adj. 24; in Zus.⟩ *im Abstand von einer bestimmten Anzahl von Stunden (stattfindend, wiederkehrend);* der Bus verkehrt dreistündlich

stu'pid ⟨Adj.⟩ oV *stupide* **1** jmd. ist ~ *dumm, beschränkt* **2** eine Beschäftigung ist ~ *stumpfsinnig, eintönig, langweilig*

stu'pi·de ⟨Adj.⟩ = *stupid*

stur ⟨Adj.; umg.⟩ **1** *stier, starr;* ein ~er Blick **2** *sehr beharrlich, hartnäckig, verbissen, eigensinnig, uneinsichtig borniert;* er bleibt ~ bei seiner Meinung; ~ ein Ziel verfolgen 2.1 ~ wie ein Panzer, Brett *ganz unnachgiebig, in keiner Weise zu beeinflussen* 2.2 ⟨60⟩ ein ~er Bock! ⟨derb⟩ *ein Starrkopf*

Sturm[1] ⟨m.; -(e)s, ¨-e⟩ **1** *starker, heftiger Wind, Orkan;* der ~ legt sich; ein ~ wird losbrechen; der ~ tobt; ein furchtbarer, verheerender ~ wütet über dem Land; das Barometer steht auf ~; durch ~ und Regen laufen; wer Wind sät, wird ~ ernten (nach Hosea, 8,7); die Ruhe vor dem ~ 1.1 ⟨Meteor.⟩ *Wind von mindestens Stärke 9 (Beaufortskala)* **2** *heftiger, entscheidender Angriff, heftiger Kampf, Streit;* der ~ auf die Bastille; eine Festung usw. im ~ erobern, nehmen; zum ~ blasen ⟨Mil.⟩ 2.1 gegen eine Anordnung ~ laufen ⟨fig.⟩ *heftig dagegen kämpfen* 2.2 das od. jmds. Barometer steht heute auf ~ ⟨fig.; umg.⟩ *das Ausbrechen eines Streites, eines Wutanfalls steht kurz bevor* 2.2.1 jmd. hat ~ *jmd. ist wütend, hat schlechte Laune* 2.3 jmdn. od. jmds. Herz im ~ erobern *schnell jmds. Sympathie erringen* **3** ⟨fig.⟩ *Aufruhr, Tumult* 3.1 es war nur ein ~ im Wasserglas *Aufregung um Kleinigkeiten* **4** ⟨fig.⟩ *heftiger Andrang;* ein ~ auf die Banken setzte ein (um Geld abzuheben) **5** ⟨fig.⟩ *heftige Bewegung der Gemüter, heftige Erregung, Protest;* ~ der Leidenschaften; diese Verfügung entfesselte einen ~ der Empörung, Entrüstung 5.1 die Ruhe vor dem ~ *vor einem Zornausbruch* **6** ⟨Gen. -; unz.⟩ ~ und Drang *Richtung der dt. Literatur von 1767 - 1785, die sich gegen den Rationalismus der Aufklärung wandte u. durch Betonung des Gefühls u. Freiheitsdrang gekennzeichnet ist (nach dem Schauspiel „Der Wirrwarr" von M. Klinger, das von den Zeitgenossen Sturm u. Drang genannt wurde);* ~-und-Drang-Zeit; ein Werk aus der Zeit des ~ und Dranges **7** den Stürmen des Lebens ausgeliefert sein, trotzen ⟨fig.⟩ *den Anforderungen, Schwierigkeiten* **8** ~ läuten ⟨umg.⟩ *heftig, stark läuten* **9** ⟨Sp.⟩ *Gesamtheit der Spieler, die den Angriff vortragen (z. B. beim Fußball)*

Sturm[2] ⟨m.; -(e)s, ¨-e; österr.⟩ *in Gärung übergegangener Most*

'stür·men ⟨V.⟩ **1** ⟨400⟩ der Wind stürmt *weht stark, tobt* 1.1 ⟨401⟩ es stürmt *ein Sturm weht, es geht ein starker Wind;* es stürmt u. schneit **2** ⟨411(s.)⟩ jmd. stürmt irgendwo(hin) *rennt, jagt, stürzt;* ins Zimmer ~; durch den Wald ~ **3** ⟨500⟩ etwas ~ ⟨fig.⟩ *im Ansturm in Besitz nehmen;* die vorderste Reihe im Parkett ~ **4** ⟨400⟩ Most, Wein stürmt *gärt* **5** ⟨500⟩ etwas ~ ⟨Mil.⟩ *im Sturm nehmen, erobern;* die feindliche Stellung ~; die Vorratshäuser ~ **6** ⟨400; Sp.⟩ *als Stürmer spielen*

'Sturm·flut ⟨f.⟩ *durch Sturm hervorgerufene, sehr hohe Flut*

'sturm·frei ⟨Adj.⟩ **1** ⟨Mil.⟩ *gegen Erstürmung gesichert, unangreifbar, uneinnehmbar* **2** ⟨70⟩ eine ~e Bude ⟨studentenspr.⟩ *Zimmer, in dem man ohne Kontrolle durch die Wirtin jeden Besuch empfangen kann*

'stür·misch ⟨Adj.⟩ **1** *sturmerfüllt, sehr windig;* ~es Wetter, ein ~er Tag, eine ~e Nacht 1.1 *mit hohem Wellengang;* ~e See; eine ~e Überfahrt **2** *leidenschaftlich, wild, ungestüm, gewaltsam vorwärtsdrängend;* ein ~es Temperament haben; die Auseinandersetzung, Begrüßung, der Beifall war sehr ~; der Redner rief ~e Heiterkeit hervor; ein ~er Liebhaber; jmdn. ~ um etwas bitten; ~ gegen etwas protestieren

'Sturm·schritt ⟨m.⟩ **1** ⟨Mil.⟩ *beschleunigte*

Gangart beim Angriff **2** ⟨fig.⟩ *sehr schneller Schritt, stürmischer Lauf;* im ~ daherkommen
Sturz ⟨m.; -es, ¨-e⟩ **1** *heftiger, schwerer, plötzl. Fall;* Ab~, Ein~, Fels~; ein ~ auf dem Eis, aus dem Fenster, ins Wasser, vom Pferd **2** ⟨fig.⟩ *plötzliches Fallen, Sinken von etwas;* der ~ der Temperatur, der Preise 2.1 *plötzl. Umschlagen, plötzl. Verschlechterung;* Wetter~; Kurs~; Preis~ 2.1.1 der ~ des Barometers *plötzliches Sinken des Luftdrucks* **3** ⟨fig.⟩ *gewaltsame Amtsenthebung, plötzliche Absetzung (eines Politikers od. der ganzen Regierung);* ~ eines Ministers, der Regierung **4** ~ einer Flüssigkeit *plötzliches Hervorbrechen;* Blut~ **5** *Feststellen des Kassenbestandes, genaue Abrechnung (eigtl. durch Umstürzen);* Kassen~ **6** ⟨Pl. -e; Arch.⟩ *oberer Abschluß von Fenster u. Tür;* Fenster~, Tür~ **7** ⟨Bgb.⟩ *Ausladeplatz*
'Sturz·bach ⟨m.⟩ **1** *Bach mit starkem Gefälle* **2** ⟨fig.⟩ *Schwall, Flut;* ein ~ von Flüchen, Worten brach auf ihn nieder
'stür·zen ⟨V.⟩ **1** ⟨400(s.)⟩ *heftig zu Fall gebracht werden, hinfallen, herabfallen;* sie ist gestürzt und hat sich ein Bein gebrochen; sein Pferd stürzte; sie ist schwer, unglücklich gestürzt; auf dem Eis ~; sie ist auf der Treppe gestürzt; aus dem Fenster ~; beim Schilaufen ~; ins Wasser ~; mit dem Pferd ~; über einen Stein ~; vom Pferde, von der Leiter ~; zu Boden ~ **2** ⟨510/R7⟩ jmdn. ~ *hinunterwerfen, (mittels Kraftanwendung) zu Fall bringen;* jmdn. aus dem Fenster, ins Wasser ~; sie beging Selbstmord, indem sie sich aus dem Fenster stürzte; in seiner Verzweiflung wollte er sich von der Brücke aus ins Wasser ~; (sich) jmdm. flehend zu Füßen ~ 2.1 sich zu Tode ~ *durch Sturz(1) sterben* **3** ⟨411(s.)⟩ ein Berghang, Fels stürzt *bildet einen sehr steilen Hang;* der Fels stürzt hier steil in die Tiefe **4** ⟨411(s.)⟩ eine Flüssigkeit stürzt *bricht heftig, plötzlich hervor;* die Tränen stürzten ihr aus den Augen **5** ⟨411(s.)⟩ *eilen, rennen;* jmdm. in die Arme ~; er stürzte entsetzt ins Zimmer; er kam ins Zimmer gestürzt; er stürzte davon **6** ⟨500⟩ einen Behälter ~ *umdrehen, umkippen;* bitte nicht ~! (Aufschrift auf Kisten mit zerbrechlichem Inhalt); die ausgespülten Gläser zum Trocknen auf ein Tuch ~; den Pudding (eigentl. die Schüssel mit dem Pudding) ~ **7** ⟨500⟩ einen Acker ~ *umpflügen* **8** ⟨511⟩ etwas über etwas ~ *etwas mit etwas bedekken;* den Deckel über den Topf ~ **9** ⟨511/R3⟩ sich in, auf etwas ~ *sich schnell auf etwas zubewegen;* er stürzte sich auf sie, um sie zum Tanze aufzufordern 9.1 *sich mit Schwung, Heftigkeit in, auf etwas begeben;* sich in den Trubel, sich ins Vergnügen ~; sich auf die besten Plätze ~ 9.1.1 sich auf die Zeitung ~ *die Z. eilig nehmen* 9.1.2 er stürzte sich förmlich auf das Essen *er aß hastig* 9.1.3 er stürzte sich in sein Schwert *tötete sich mit dem S.* 9.2 sich auf jmdn. ~ 9.2.1 *jmdn. tätlich angreifen;* der Einbrecher wurde daran gehindert, sich auf die alte Frau zu ~ 9.2.2 ⟨fig.⟩ *jmdn. mit Beschlag belegen;* die Gäste stürzten sich auf den berühmten Arzt 9.3 *sich intensiv mit etwas beschäftigen, etwas intensiv betreiben;* sich in die Arbeit ~ 9.3.1 du sollst dich nicht in Unkosten ~ *du sollst dir keine (große) Ausgaben machen* 9.3.2 bei diesem Projekt hat er sich in Schulden gestürzt *hat er viel Schulden gemacht* **10** ⟨500⟩ jmdn. ~ *jmds. Sturz(3) bewirken, jmdn. gewaltsam absetzen, seines Amtes entheben, zum Rücktritt zwingen;* einen Minister, die Regierung ~; der König wurde gestürzt **11** ⟨511⟩ jmdn. ins Unglück, ins Verderben, in Verzweiflung ~ ⟨fig.⟩ *jmdn. unglücklich machen, jmds. U., V., V. verursachen*
'Stüt·ze ⟨f.; -, -n⟩ **1** *Gegenstand, Vorrichtung, die etwas stützt;* der Stock dient mir als ~; Bäume, ein Dach, Pflanzen, die Wäscheleine mit ~n versehen **2** ⟨fig.⟩ *Hilfe, Beistand, Unterstützung, Halt;* er ist die ~ meines Alters; die ~ der Hausfrau; ein Notizbuch als ~ für mein Gedächtnis; eine ~ an jmdm. haben 2.1 jmds. ~ *Hausangestellte;* meine ~ hat heute ihren freien Tag
'stut·zen[1] ⟨V. 400⟩ **1** *erstaunt, verwirrt innehalten, überrascht sein* **2** *plötzlich argwöhnisch werden, Verdacht fassen;* als sein Name erwähnt wurde, stutzte sie **3** ein Pferd, Wild stutzt *bleibt plötzlich stehen, wird scheu;* das Pferd stutzte vor der Hecke
'stut·zen[2] ⟨V. 500⟩ etwas ~ *kurzschneiden, beschneiden, verkürzen;* den Bart, Bäume, Flügel, Haare, Hecken ~; die Ohren des Hundes, den Schwanz des Hundes od. Pferdes ~
'stüt·zen ⟨V. 500⟩ **1** jmdn. od. etwas ~ *Halt geben, sichern, am Fallen, Zusammenbrechen hindern;* die mit Früchten schwer beladenen Äste des Baumes ~; ein baufälliges Haus ~; alte Mauern durch Pfeiler ~; Äste, Bäume mit einem Stock usw. ~; Gebrechliche, Kranke ~; er stützte den Kopf in die Hände 1.1 ⟨511/R7⟩ sich auf die Ellbogen ~, die Ellbogen auf den Tisch ~ *beim Sitzen mit den E. Halt am Tisch finden;* du sollst die Ellenbogen nicht auf den Tisch ~ **2** ⟨511/R3⟩ sich auf jmdn., etwas ~ *Halt bei jmdm., etwas finden, etwas, jmdn. als Stütze benutzen;* sich auf den Stock, den Tisch ~; ~ Sie sich auf meinen Arm! **3** etwas ~ ⟨fig.⟩ *am Zusammenbrechen hindern;* eine Währung ~ 3.1 eine Regierung ~ *einer R., die Schwierigkeiten hat, helfen, sie unterstützen* **4** ⟨511/R3⟩ sich auf etwas ~ ⟨fig.⟩ *sich stark an etwas anlehnen, als Grundlage benutzen;* sich auf ein wissenschaftl. Werk ~; sich auf Aussagen, Beweise ~; worauf wird sich die Verteidigung ~?
'Stut·zen ⟨m.; -s, -⟩ **1** *kurzes Jadggewehr mit gezogenem Lauf* **2** *Ansatzrohr, Rohrstück* **3** *fußloser Wadenstrumpf der Alpenbewohner*
'stut·zig ⟨Adj. 80⟩ *verwundert, argwöhnisch;* das machte mich ~; als ich das hörte, wurde ich ~
'Stütz·punkt ⟨m.⟩ **1** *Punkt, auf dem ein Teil einer Last ruht, an dem ein Hebel Halt findet* **2** ⟨fig.⟩ *Ort, der sich bes. gut zur Verteidigung innerhalb eines größeren Gebietes eignet* **3** *wichtiger, oft befestigter Ausgangspunkt von Unternehmungen;* Flotten~, Handels~; ~e anlegen, errichten, sich schaffen
sub·al'tern ⟨Adj.⟩ **1** ⟨24⟩ jmd., jmds. Stellung ist ~ *untergeordnet, unvollständig;* ein ~er Beamter **2** ein ~es Benehmen *unterwürfiges B.*
Sub'jekt ⟨n.; -(e)s, -e⟩ **1** *wahrnehmendes, denkendes, wollendes Wesen;* Ggs *Objekt(1)* **2** ⟨fig.; umg.; abwertend⟩ *Person;* ein verdächti-

ges, verkommenes, widerwärtiges ~ **3** ⟨Logik⟩ *Begriff, dem ein anderer beigelegt od. abgesprochen wird;* → a. *Prädikat(3)* **4** ⟨Gramm.⟩ *Satzteil, von dem etwas ausgesagt wird;* → a. *Prädikat(3.1), Objekt(3)* **5** ⟨veralt.; Mus.⟩ = *Thema(2.1);* ~ der Fuge

sub·jek'tiv ⟨a. ['---] Adj.⟩ **1** ⟨24⟩ *zum Subjekt(1) gehörig, auf ihm beruhend, von ihm ausgehend, ihm entsprechend, gemäß* **2** *persönlich, nicht sachlich, unsachlich;* Ggs *objektiv(2);* ein ~es Urteil; etwas ~ betrachten, beurteilen

sub·li'mie·ren ⟨V.⟩ **1** ⟨500⟩ Erlebnisse ~ *ins Erhabene steigern, läutern, verfeinern* **2** ⟨400⟩ Stoffe ~ ⟨Phys.⟩ *gehen aus dem festen in den gasförmigen Aggregatzustand über u. umgekehrt, ohne daß die Stufe des flüssigen Aggregatzustandes durchlaufen wird*

sub·or·di'nie·ren ⟨V. 500/R7⟩ **1** jmdn. od. etwas ~ *unterordnen* **2** ~de Konjunktion ⟨Gramm.⟩ *K., die einen Nebensatz mit einem Hauptsatz verbindet*

Sub·skrip·ti'on ⟨f.; -, -en⟩ **1** *Vorbestellung u. Verpflichtung zur Abnahme durch Unterschrift, z. B. bei größeren, in mehreren Bänden erscheinenden Werken der Literatur;* ~ auf ein Lexikon **2** *Zeichnung von Anleihen*

sub·stan·ti'ell ⟨Adj.⟩ **1** *wesentlich, wesenhaft* **2** ⟨24⟩ = *stofflich(2)*

'Sub·stan·tiv ⟨a. [--'-] n.; -s, -e; [-və] Gramm.; Abk.: Subst.⟩ *Wort, das einen Gegenstand od. Begriff bezeichnet;* Sy *Hauptwort*

Sub'stanz ⟨f.; -, -en⟩ **1** ⟨Philos.⟩ *das Ding* 1.1 *das allen Dingen innewohnende Wesen* 1.2 *der Urgrund alles Seins* **2** ⟨Phys.⟩ = *Materie(2);* eine neue ~ auf chemischem Gebiet entdekken **3** *Stoff, das Stoffliche* 3.1 *das Bleibende* **4** ⟨fig.⟩ *innerstes Wesen, Kern (einer Sache), das Wesentliche* **5** ⟨fig.; umg.⟩ *das Vorhandene, Besitz, Vorrat, Kapital, Vermögen;* die ~ angreifen, aufbrauchen; von der ~ leben, zehren

sub'til ⟨Adj.⟩ **1** eine Person ist ~ *zart, fein* **2** ein Problem ist ~ *schwierig* **3** eine Äußerung ist ~ *spitzfindig, scharfsinnig*

sub·tra'hie·ren ⟨V. 500⟩ eine Zahl ~ *eine Subtraktion mit einer Z. durchführen;* Sy *abziehen;* vier von sechs ~

Sub·ven·ti'on ⟨[-v-] f.; -, -en⟩ *(finanzielle) Hilfe, zweckgebundene Unterstützung, bes. aus öffentl. Mitteln*

sub·ver'siv ⟨Adj.⟩ *umstürzend, umstürzlerisch, zerstörerisch;* ~e Elemente, Meinungen

'Su·che ⟨f.; -, -n⟩ **1** ⟨unz.⟩ *das Suchen(1), Aufspüren, Nachforschung, Fahndung;* sich auf die ~ begeben, machen; auf die ~ gehen; jmdn. auf die ~ schicken; ich bin auf der ~ nach einem Hotel, einer Stellung, einer Wohnung; die polizeiliche ~ nach dem Verbrecher **2** ⟨Jagdw.⟩ *das Suchen, Aufspüren von Wild durch den Jäger u. die Hunde*

'su·chen ⟨V.⟩ **1** ⟨500/R8 od. 800⟩ jmdn., etwas, nach jmdm., nach etwas ~ *jmdn., etwas finden wollen, zu finden sich bemühen;* ich habe dich überall gesucht; im Walde Beeren, Pilze ~; ein Hotel, eine Unterkunft, eine Wohnung, ein Zimmer ~; eine Stelle in einem Buch ~; in allen Taschen nach etwas ~; das Gesuchte hat sich gefunden; sich ~d umschauen; ich habe lange nach einer Ausrede, einem Vorwand gesucht; ich mußte lange nach der Haltestelle ~; er sucht noch den Fehler (in der Maschine, der Rechnung); nach einem passenden Ausdruck, Wort ~; suchet, so werdet ihr finden (Matth. 7,7) 1.1 ⟨513⟩ etwas wie eine Stecknadel ~ ⟨fig.⟩ *lange u. gründlich, aber ergebnislos;* wo hast du meine Brille gefunden? ich habe sie wie eine Stecknadel gesucht! **1.2** ⟨500⟩ ein Betrieb sucht jmdn. *möchte jmdn. neu einstellen;* er sucht eine Hilfe für sein Büro; Verkäuferin, Kellner etc. gesucht (Anzeige eines Betriebes) **1.2.1** jmd. sucht eine Stellung *möchte von einem Betrieb neu eingestellt werden* **1.3** ⟨500⟩ Anschluß ~ *einen Bekanntenkreis finden wollen;* er wohnt erst seit kurzem hier und sucht noch Anschluß **1.4** ⟨513⟩ jmdn. polizeilich, steckbrieflich ~ (lassen) *nach jmdm. fahnden* **2** ⟨400⟩ ein Jagdhund sucht *spürt nach;* such!, such, (verloren!) (Aufforderung an den Hund) **3** ⟨500⟩ eine Sache ~ *eine S. erreichen wollen, sich die Realisierung, Erfüllung einer S. wünschen;* einen Ausweg, Hilfe, Rat, Schutz, Trost, Zuflucht ~; Entspannung, Erholung, Ruhe, Vergessen ~; ich suche nichts als mein Recht; Abenteuer, Bekanntschaften ~ **3.1** er sucht gern Händel, Streit *er ist streitsüchtig* **3.2** er sucht eine Frau *er möchte heiraten* **3.3** er sucht stets den eigenen Vorteil *ist stets auf den eigenen V. bedacht* **4** ⟨580⟩ eine Sache zu tun ~ *versuchen, trachten, sich bemühen;* einer sucht den anderen auszustechen, zu überbieten, zu übertrumpfen; etwas zu erreichen ~; sie suchte ihm zu gefallen; jmdm. zu helfen ~; jeder suchte sich zuerst zu retten; er suchte mir zu schaden; man muß ihn zu verstehen ~ **5** ⟨500⟩ etwas ist gesucht *geziert, gekünstelt;* gesuchter Stil, Vergleich **6** ⟨Part. Perf.⟩ jmd. od. etwas ist gesucht *rar, begehrt;* diese Ware ist sehr gesucht; er ist ein gesuchter Architekt, Arzt, Künstler **7** ⟨500; fig.⟩ **7.1** ⟨511; umg.; in bestimmten Wendungen⟩ *tun, treiben;* was suchst du hier?; was hast du hier zu ~? 7.1.1 hier haben wir nichts zu ~ ⟨umg.⟩ *hier gehören wir nicht her, laßt uns gehen* 7.2 jmd. hat bei jmdm. nichts zu ~ *ist bei jmdm., dort unerwünscht* 7.3 ⟨510⟩ in allem etwas ~ *sehr mißtrauisch sein* **7.4** man muß nicht hinter allem etwas Schlechtes ~ *vermuten*

Sucht ⟨f.; -, ¨e⟩ **1** *krankhaft gesteigertes Bedürfnis;* Trunk~, Rauschgift~; die Zunahme der Süchte nach Medikamenten; die ~ nach Rauschgift durch Entziehungskuren bekämpfen; das Rauchen ist bei ihm zur ~ geworden **2** ⟨fig.⟩ *hemmungsloses Verlangen, übersteigertes Streben;* Geltungs~, Ruhm~, Vergnügungs~; ~ nach Abwechslung, Vergnügen, Zerstreuung; die schnöde ~ nach dem Geld **3** ⟨veralt.⟩ *Krankheit, Leiden;* Gelb~

Sud ⟨m.; -(e)s, -e⟩ *Wasser, in dem Lebensmittel gekocht werden*

'su·deln ⟨V. 400⟩ **1** *Schmutz machen, etwas mit Schmutz beschmieren, im Schmutz wühlen* 1.1 *schlecht, flüchtig, nicht sorgfältig, nicht sauber arbeiten;* das ist nur so gesudelt

'Sü·den ⟨m.; -s, unz.; Abk.: S⟩ **1** *Himmelsrichtung, in der auf der nördl. Halbkugel der Erde die Sonne am höchsten steht, Richtung auf den Südpol;* die Sonne steht im ~; das Zimmer geht, liegt, schaut nach ~; die Zugvögel fliegen, ziehen schon nach ~; gen ~ ⟨poet.⟩ **2** *das im Süden(1) gelegene Gebiet;* im ~ von Berlin

2.1 *die Mittelmeerländer;* er verbringt den Winter im ~; im sonnigen ~; aus dem ~ (Europas) stammen; nach dem ~ reisen 2.2 *die südlichen Staaten der USA;* im ~ aufgewachsen sein und seine Probleme kennen

'süd·lich ⟨Adj.⟩ *im Süden gelegen, in Richtung nach Süden gelegen;* die ~e Erdhalbkugel; der ~e Sternenhimmel; ~ von Berlin; die Südlichen Kalkalpen; ~er Breite ⟨Abk.: s. Br. od. südl. Br.⟩

süf·fi'sant ⟨Adj.⟩ *spöttisch od. ironisch u. dabei selbstsicher, dünkelhaft;* ein ~es Lächeln

sug·ge'rie·ren ⟨V. 530⟩ jmdm. etwas ~ *durch seelische Beeinflussung glauben machen;* diesen Gedanken hat er ihm suggeriert

sug·ge'stiv ⟨Adj.⟩ *seel. beeinflussend;* eine ~e Macht besitzen; von ihm ging eine ~e Macht aus; eine ~e Wirkung auf jmdn. ausüben, haben

'Süh·ne ⟨f.; -, -n⟩ *Wiedergutmachung (für begangenes Unrecht);* jmdm. ~ anbieten, geben, leisten; jmdm. eine ~ auferlegen; von jmdm. ~ erhalten, fordern, verlangen; gerechte ~ finden; als ~ für begangenes Unrecht

'süh·nen ⟨V. 500⟩ ein Unrecht ~ *wiedergutmachen, dafür büßen, Genugtuung geben;* begangenes Unrecht, eine Verfehlung, ein Verbrechen mit dem Leben, dem Tode ~

Sui·te ⟨['svi:tə] f.; -, -n⟩ 1 *Folge von langsamen u. schnellen Sätzen gleicher Tonart;* Tanz~ 2 *militär. od. fürstl. Gefolge, Begleitung* 3 *Zimmerflucht (im Hotel)*

suk·zes'siv ⟨Adj. 24⟩ *allmählich (eintretend)*

'Sül·ze ⟨f.; -, -n⟩ 1 *Salzquelle* 2 *Sole* 2.1 *Salzlake, -brühe* 3 ⟨Kochk.⟩ *Fleisch-, Fischstücke in Gallert* 4 ⟨jägerspr.⟩ *Stelle, wo Salz für das Wild gestreut wird*

sum'ma·risch ⟨Adj.⟩ 1 *kurz zusammengefaßt, kurzgefaßt, bündig* 2 *oberflächlich;* ein Thema nur, sehr ~ behandeln

'Sum·me ⟨f.; -, -n⟩ 1 *Ergebnis einer Addition;* die ~ einer Rechnung 2 *bestimmter Betrag an Geld;* eine beträchtliche, große, hohe, stattliche ~; die runde ~ von 500 Mark; große ~n für etwas anlegen, aufwenden, ausgeben, verbrauchen; eine gewisse ~ für einen bestimmten Zweck bereitstellen; die ganze ~ bar bezahlen; dabei wurden große ~n einfach vergeudet, verschleudert, verschwendet 3 ⟨fig.⟩ *Gesamtheit, das Ganze;* ~ aller Erkenntnis, des Wissens

'sum·men ⟨V.⟩ 1 ⟨400⟩ Insekten, Flugzeuge ~ *brummen leise, anhaltend, fliegen hörbar;* Käfer summten über der Wiese; es summt und brummt; Bienen ~; ein eintöniges Summen war in der Luft 2 ⟨400⟩ etwas summt *gibt einen vibrierenden, anhaltenden Ton von sich (wie Insekten od. Flugzeuge);* die ~den Laute im Lautsprecher stören; es summt mir in den Ohren; ein Summen ertönte im Radio 3 ⟨402⟩ (eine Melodie) ~ *mit geschlossenen Lippen singen, leise, ohne Worte vor sich hin singen;* die zweite Strophe wird nur gesummt; ein Lied, eine Melodie ~

sum'mie·ren ⟨V. 500⟩ 1 Beträge ~ *zu einer Summe vereinigen* 2 ⟨R3⟩ sich ~ *anwachsen, sich häufen, immer mehr werden*

Sumpf ⟨m.; -(e)s, ⸚e⟩ 1 *mit Wasser durchtränkter Erdboden;* die charakteristischen Vegetationen der Sümpfe; in einen ~ geraten 1.1 *Gebiet, das mit Sumpf(1) bedeckt ist;* einen ~ entwässern, trockenlegen 2 ⟨fig.⟩ *Verkommenes, Schlechtes, moral. Niederung;* im ~ der Großstadt untergehen, versinken 2.1 in einen ~ geraten *unter schlechten Einfluß, in eine verkommene Umgebung;* im ~ steckenbleiben 3 ⟨Bgb.⟩ *unterster Teil eines Schachtes, meist mit Wasser gefüllt*

'Sün·de ⟨f.; -, -n⟩ 1 ⟨Rel.⟩ *Verfehlung gegen die Gottheit od. ihr Gebot;* die ~n des Fleisches; die ~ des Hochmuts, des Unglaubens; seine ~n beichten, bekennen, bereuen, einsehen, erkennen; deine ~n sind dir vergeben, verziehen; in ~ fallen, geraten; von einer ~ erlöst werden; eine ~ begehen, tun; in ~ verstrickt sein 1.1 du mußt die ~ fliehen *sie meiden, dich selbst nicht der Versuchung aussetzen* 2 ⟨veralt.⟩ *moralische Verfehlung* 2.1 ein Kind der ~ *uneheliches K.* 3 *Handlung, deren man sich schämt, Verstoß, Unrecht;* es ist eine ~ und Schande; es ist eine ~, das Brot wegzuwerfen; es ist eine (wahre) ~, daß du deine Gaben nicht besser nutzt; der ~ frönen, huldigen ⟨poet.⟩ 4 ⟨fig.⟩ 4.1 sie ist faul, häßlich wie die ~ ⟨umg.⟩ *sehr faul, sehr häßlich* 4.2 er haßt mich wie die ~ ⟨umg.⟩ *sehr*

'Sün·der ⟨m.; -s, -⟩ 1 *jmd., der eine Sünde begangen hat od. immer wieder sündigt;* wir sind alle ~; du alter ~!; so ein alter ~!; du stehst da wie ein ertappter ~; ein hartgesottener, verstockter ~; die reuigen ~ dürfen auf Vergebung hoffen 1.1 → a. *arm(1.5)*

'Sünd·flut ⟨f.; volksetymolog. Umdeutung von⟩ *Sintflut*

'sünd·haft ⟨Adj.⟩ 1 *mit Sünden beladen, sündig, gegen Gottes Gebot, gegen die Sitten verstoßend;* oV *sündig;* ~e Absichten, Gedanken, Wünsche, Taten; ich ~er Mensch; es ist ~, das zu tun 2 ⟨fig.; umg.⟩ *übertrieben (viel), sehr;* das kostet ein ~es Geld; das ist ~ teuer

'sün·dig ⟨Adj.⟩ 1 = *sündhaft(1)* 1.1 ~ werden *eine Sünde begehen, sündigen*

'sün·di·gen ⟨V. 800⟩ gegen etwas ~ *eine Sünde begehen, gegen etwas verstoßen, sich vergehen;* gegen Gottes Gebote ~; du sündigst gegen deine Gesundheit

'Su·per·la·tiv ⟨a. [---'-] m.; -s, -e; [-və]⟩ 1 ⟨Gramm.⟩ *Stufe des Vergleichs, die angibt, daß eine Eigenschaft einer Sache in größtem Maße zukommt, zweite Steigerungsstufe, Meiststufe* 2 *übertriebener Ausdruck, übermäßiges Lob;* in (lauter) ~en reden; eine Ware in ~en anpreisen

'Sup·pe ⟨f.; -, -n⟩ 1 *flüssige Speise;* ein Teller ~ als Vorspeise; eine dicke, klare, legierte, süße, versalzene ~; die ~ versalzen, würzen; ~ mit Einlage 2 ⟨fig.⟩ 2.1 die ~ hast du dir selbst eingebrockt ⟨fig.; umg.⟩ *diese Unannehmlichkeit hast du selbst verschuldet* 2.2 jmdm. eine schöne ~ einbrocken, einrühren ⟨umg.⟩ *eine unangenehme Sache aufhalsen* 2.3 die ~ auslöffeln, die man sich eingebrockt hat ⟨umg.⟩ *die unangenehmen Folgen seiner Handlungsweise tragen* 2.4 jmdm. in die ~ fallen ⟨umg.; scherzh.⟩ *jmdn. unerwartet während der Essenszeit besuchen* 2.5 jmdm. die ~ versalzen ⟨umg.⟩ *jmds. Pläne durchkreuzen, jmdm. die Freude verderben* 2.6 das macht die ~ auch nicht fett ⟨umg.⟩ *hat wenig Wert* 2.7 jmdm. in die ~ spucken ⟨umg.⟩ *jmdm. etwas verderben*

'sur·ren ⟨V. 400⟩ etwas surrt *erzeugt ein gleichmäßiges, klangloses, metallisches Geräusch;* ein Flugzeug surrt

su'spekt ⟨Adj.⟩ *verdächtig*

sus·pen'die·ren ⟨V. 500⟩ **1** jmdn. ~ *bis auf weiteres des Amtes entheben* **2** Anordnungen ~ *(zeitweilig) aufheben* **3** Entscheidungen ~ *aufschieben, in der Schwebe lassen* **4** Gliedmaßen ~ ⟨Med.⟩ *schwebend aufhängen* **5** Stoffe ~ ⟨Chem.⟩ *feste Teilchen eines Stoffes in einer Flüssigkeit fein verteilen, so daß sie schweben*

Sus·pen·si'on ⟨f.; -, -en⟩ **1** *(zeitweilige) Entlassung aus einem Amt* **2** ⟨Med.⟩ *schwebende Aufhängung* **3** ⟨Chem.⟩ *Aufschwemmung feinster Teilchen in einer Flüssigkeit*

süß ⟨Adj.⟩ **1** *von zucker- od. honigartigem Geschmack (seiend);* Ggs *sauer(1), bitter(1);* das schmeckt widerlich ~; ~er Kuchen schmeckt nicht allen; ~e Kirschen, Mandeln (im Unterschied zu sauren Kirschen u. bitteren Mandeln) 1.1 lieben sie den Kaffee ~? *gezuckert* 1.2 einen ~en Gruß senden *eine Süßigkeit* **2** ein Duft, Geschmack ist ~ *angenehm, wie Blüten, Backwerk riechend;* einen ~en Duft einatmen **3** eine weibliche Person, ein Kind ist ~ *entzückend, reizend, nett anzusehen;* ein ~es Kind; ist er, sie nicht ~?; du bist (einfach) ~! **3.1** mein Süßer!, meine Süße! ⟨fig.; umg.⟩ *(zärtliche od. spottende Anrede)* **4** eine Stimme, ein Klang ist ~ *lieblich;* den ~en Klängen lauschen ⟨geh.⟩ **5** *süßlich(2);* die Musik ist reichlich ~ **6** ⟨fig.; umg.⟩ *sehr hübsch;* ein ~es Kleid; sie hat ein ~es Gesicht **7** ⟨60⟩ das ~e Leben ⟨fig.; umg.⟩ *ausschweifendes L.* 7.1 ~es Nichtstun *das angenehme Leben des Nichtstuns* **8** eine ~e Last ⟨umg.; scherzh.⟩ *eine L., die man gern trägt*

'Süß·holz ⟨n.⟩ **1** *als Hustenmittel u. zur Herstellung von Lakritze verwendeter Wurzelstock des Schmetterlingsblütlers Glycyrrhiza glabra* 1.1 ~ raspeln ⟨fig.; umg.⟩ *(Frauen gegenüber) schmeichlerisch reden, schöntun*

'Sü·ßig·keit ⟨f.; -, -en⟩ **1** ⟨nur Pl.⟩ ~en *hauptsächlich aus Zucker hergestellte Nahrungsmittel, z. B. Schokolade, Pralinen, Bonbons;* ich habe mir mit ~en den Magen verdorben **2** ⟨fig.⟩ *angenehmes Wohlbefinden;* die ~ des Lebens genießen

'süß·lich ⟨Adj.⟩ **1** *leicht süß;* erfrorene Kartoffeln haben einen ~en Beigeschmack **2** ⟨fig.⟩ *kitschig, sentimental, unangenehm gefühlvoll;* ein ~es Bild, Gedicht; eine ~e Darstellung; ein ~er Mensch **3** *scheinheilig freundlich;* ein ~es Benehmen; ~e Worte; ein ~es Lächeln; eine ~e Miene machen

Sym·bio·se ⟨[--'--] f.; -, -n⟩ *dauerndes Zusammenleben mehrerer Lebewesen (Tiere, Pflanzen od. Tier u. Pflanze) zu beiderseitigem Nutzen;* Sy *Lebensgemeinschaft(2)*

Sym'bol ⟨n.; -s, -e⟩ **1** *einen tieferen Sinn andeutendes Zeichen;* → a. *Sinnbild, Allegorie* **2** *für ein chem. Element od. einen physikal. Begriff stehendes Zeichen* **3** ⟨Semiotik⟩ *ein Ding od. ein Bild als Zeichen, das für ein Ding, eine Vorstellung od. ein Gefühl usw. steht* **4** ⟨bildende Kunst; Dichtung⟩ *bildhaftes, visuell wirkungsvolles Zeichen für einen Begriff od. Vorgang, oft ohne erkennbaren Zusammenhang mit diesem;* → a. *Allegorie;* die blaue Blume als ~ für die Romantik

Sym·me'trie ⟨f.; -, -n⟩ *spiegelbildl. Gleichmaß, Spiegelgleichheit*

Sym·pa'thie ⟨f.; -, -n⟩ **1** = *Zuneigung* **2** *gefühlsmäßige Übereinstimmung, Seelenverwandtschaft*

Sym'pa·thi·kus ⟨m.; -; unz.; Med.⟩ *einer der Lebensnerven der Säugetiere u. des Menschen: Nervus sympathicus*

sym'pa·thisch ⟨Adj.⟩ **1** *auf Sympathie beruhend, von angenehmem, liebenswertem Wesen;* ein ~er Mensch; er ist mir nicht ~ **2** ⟨Med.⟩ *den Sympathikus betreffend, auf ihm beruhend, mit ihm verbunden* 2.1 ~e Augenentzündung *eine manchmal nach einer durchbohrenden Verletzung des einen Auges das andere, unverletzte Auge befallende, schwere entzündliche Erkrankung unbekannter Ursache*

Sym·pho'nie ⟨f.; -, -n⟩ = *Sinfonie*

Sym'ptom ⟨n.; -s, -e⟩ *Zeichen, Kennzeichen, Merkmal (bes. einer Krankheit, Entwicklung);* Sy *Anzeichen(1.1);* das ist ein ~ der Gesellschaft unserer Zeit; die ~e einer Krankheit beschreiben; die ~e von Schizophrenie mehrten sich bei ihr

sym·pto'ma·tisch ⟨Adj. 24⟩ *auf bestimmten Symptomen beruhend, kennzeichnend, typisch;* das ist ~ für unsere Zeit

Syn·chro·ni·sa·ti'on ⟨f.; -, -en⟩ **1** ⟨Tech.⟩ *Vorgang u. Ergebnis des Synchronisierens* **2** ⟨Film⟩ 2.1 *das zeitl. Zusammenbringen von getrennt aufgenommenen Bildern u. Tonbändern* 2.2 *Ersetzen eines fremdsprachigen Tonbandes durch ein in der Landessprache besprochenes u. zeitl. Abstimmung desselben mit den Bildern*

syn·chro·ni'sie·ren ⟨V. 500⟩ **1** mehrere Vorgänge ~ *bewirken, daß mehrere V. gleichzeitig ablaufen* **2** einen Film ~ *den (übersetzten u.) gesprochenen Text zu einem F. nachträglich so einspielen, daß die Bewegung der Lippen (ungefähr) mit den Worten des Textes übereinstimmt* **3** ⟨Tech.⟩ ein Getriebe ~ *die Drehzahlen des Getriebes aufeinander abstimmen*

Syn·ko·pe ⟨f.; -, -n⟩ **1** ⟨['zynkɔpe:]⟩ 1.1 ⟨Gramm.⟩ *Ausfall eines unbetonten Vokals im Innern des Wortes, z. B. „ew'ger" statt „ewiger"* 1.2 ⟨Metrik⟩ *Ausfall einer Senkung* **2** ⟨[-'ko:pə]; Mus.⟩ *Verlagerung des Akzentes von einem betonten auf einen unbetonten Teil des Taktes durch Zusammenziehung beider (gleicher) Noten zu einer*

Syn'ode ⟨f.; -, -n⟩ **1** *Kirchenversammlung, bes. die evang., als Trägerin der Gesetzgebung* **2** ⟨kath. Kirche⟩ = *Konzil* **3** *die Körperschaft der evang. kirchl. Selbstverwaltung*

syn·onym ⟨[--'-] Adj.⟩ *sinnverwandt, von gleicher Bedeutung;* ~e Wörter, Ausdrücke

Syn'the·se ⟨f.; -, -n⟩ Ggs *Analyse* **1** oV *Synthesis* 1.1 ~ eines Ganzen *Aufbau aus seinen Teilen* 1.2 ~ zweier gegensätzlicher Begriffe (These und Antithese) *Verbindung zu einem höheren, dritten Begriff* 1.3 ⟨Philos.⟩ *der durch Synthese(1.2) gebildete Begriff* **2** ~ einer chemischen Verbindung *Aufbau aus ihren Bestandteilen*

'Syn·the·sis ⟨f.; -, -'the·sen⟩ = *Synthese(1)*

syn'the·tisch ⟨Adj. 24⟩ Ggs *analytisch(1)* **1** *auf*

Synthese beruhend, mittels Synthese 1.1 ~es Urteil *U., in dem von einem Gegenstand etwas Neues ausgesagt wird, das nicht bereits in seinem Begriff enthalten ist* **2** *aus einfachsten Stoffen chem., künstl. hergestellt*

Sy'stem ⟨n.; -s, -e⟩ **1** *ein in sich geschlossenes, geordnetes u. gegliedertes Ganzes* **2** *Gesamtheit, Gefüge von Teilen, die voneinander abhängig sind, ineinandergreifen od. zusammenwirken, z. B. von Straßen, Flüssen, Lauten (einer Sprache);* ein ~ von Kanälen; das ~ einer Wissenschaft 2.1 ⟨Phys.⟩ *Gesamtheit von Körpern, Feldern usw., die voneinander abhängig sind u. als Ganzes betrachtet werden* **3** *Ordnung;* (etwas Ungeordnetes) in ein ~ bringen 3.1 *Gesellschaftsordnung, Staatsform;* ein korruptes, totalitäres, überaltertes ~; das herrschende ~ ablehnen, bekämpfen, unterstützen 3.2 ⟨Biol.⟩ *Einteilung von Tieren u. Pflanzen in Gruppen, meist danach, ob sie entwicklungsgeschichtlich verwandt sind* **4** *Methode, Prinzip;* in seinem Verhalten liegt ~; nach einem bestimmten ~ arbeiten, vorgehen

sy·ste'ma·tisch ⟨Adj.⟩ **1** *auf einem System beruhend, in ein System gebracht* **2** *nach einem bestimmten System geordnet, gegliedert* **3** *sinnvoll, folgerichtig*

'Sze·ne ⟨f.; -, -n⟩ **1** ⟨Theat.⟩ *durch das Auf- od. Abtreten eines Schauspielers gekennzeichneter Teil eines Aktes, Bild;* Sy *Auftritt;* eine ~ proben, vorführen, filmen; 1. Akt, 3. ~; die ~ spielt auf dem Lande 1.1 *Schauplatz, Bühne, auf der die Szene(1) aufgeführt wird;* Applaus auf, bei offener ~; hinter der ~ 1.2 ein Stück in ~ setzen *zur Aufführung vorbereiten* **2** ⟨geh.⟩ *einen besonderen Vorgang;* eine anmutige, rührende, hübsche ~; folgende ~ bot sich unseren Blicken 2.1 eine unangenehme ~ *Zank, heftiger Streit* 2.2 jmdm. eine ~ machen ⟨umg.⟩ *heftige, laute Vorwürfe* **3** jmdn. od. etwas in ~ setzen ⟨a. fig.⟩ *effektvoll ablaufen lassen, zur Geltung bringen*

T

'Ta·bak ⟨a. [-'-] m.; -s, -e⟩ **1** ⟨unz.⟩ *einer Gattung der Nachtschattengewächse angehörendes nikotinhaltiges Kraut: Nicotiana;* ~ bauen **2** *aus dem Tabak(1) hergestelltes Genußmittel;* Zigaretten ~, Pfeifen ~, Kau ~, Schnupf ~; ~ beizen, ernten, fermentieren; ~ kauen, rauchen, schnupfen; guter, leichter, schlechter, schwerer ~; in dem Lokal roch es stark nach ~ **2.1** das ist s t a r k e r ~ ⟨fig.; umg.⟩ *eine schwierige Sache, ein derber Witz u. ä.*

Ta'bel·le ⟨f.; -, -n⟩ *Übersicht von Zahlen, Begriffen o. ä. in der Form von Spalten od. Listen*

Ta'blett ⟨n.; -(e)s, -e od. -s⟩ *kleines Brett mit erhöhtem Rand zum Auftragen von Geschirr, Speisen usw.*

Ta'blet·te ⟨f.; -, -n⟩ *in eine kugelige, ovale od. flache Form gepreßtes Arzneimittel*

ta'bu ⟨Adj. 11/40⟩ **1** *unantastbar, heilig, geheiligt* **2** ⟨fig.⟩ *verboten*

'Ta·del ⟨m.; -s, -⟩ **1** *mißbilligende Äußerung, Rüge, Verweis;* einen ~ bekommen, empfangen, erhalten; ihn trifft kein ~; damit habe ich mir seinen ~ zugezogen; ein berechtigter, empfindlicher, harter, scharfer, schwerer, ungerechtfertigter, versteckter ~; einen ~ einstecken ⟨umg.⟩ **1.1** einen ~ aussprechen, erteilen *tadeln* **2** o h n e ~ *ohne Fehler, vollkommen;* ein Ritter ohne Furcht und ~; ein Leben ohne (sonder) ~

'ta·deln ⟨V. 500/R7 od. R8⟩ j m d n. od. e t w a s ~ *Unwillen, Mißfallen über jmdn. od. etwas äußern, abfällig beurteilen, bemängeln, rügen;* ich muß dein Verhalten ~; ich muß dich für dein Verhalten ~; ich muß dich wegen deines Verhaltens ~; er findet, hat an deinem Verhalten etwas zu ~; dein Verhalten ist zu ~; ~de Bemerkungen, Blicke

'Ta·fel ⟨f.; -, -n⟩ **1** *breites Brett, größere Platte;* eine hölzerne, metallene, steinerne ~ **1.1** ⟨kurz für⟩ *Schiefertafel, Wandtafel* **1.1.1** etwas an die ~ schreiben *Wandtafel* **1.1.2** etwas auf die ~ schreiben *Schiefertafel* **1.2** *Stein-, Metallplatte mit Inschrift;* Gedenk ~; eine ~ (am Haus usw.) anbringen; eine ~ errichten zum Gedenken an ... **1.3** *aufgehängtes Brett mit Anzeigen, Mitteilungen, großes Schild;* Anschlag ~, Aushänge ~; eine wichtige Mitteilung an der ~ anschlagen **1.4** *Brett od. brettförmiges Gerät mit Schaltern, Instrumenten usw.;* Schalt ~; plötzlich erschien ein Warnsignal auf der ~ **1.5** *plattenförmiges Stück;* eine ~ Schokolade, Palmin; zwei ~n Schokolade als Reiseproviant kaufen **2** *langer Tisch, Speisetisch, gedeckter Tisch;* die ~ decken, dekorieren; eine festliche, festlich gedeckte, geschmückte, reichbesetzte ~; er führte die Dame des Hauses zur ~ **3** ⟨geh.⟩ *festl. Mahlzeit an der Speisetafel;* vor der ~ einen Aperitif anbieten; nach der ~ zogen sich die Herren ins Rauchzimmer zurück; während der ~ eine kleine Rede halten **3.1** die ~ aufheben *das Zeichen zur Beendigung der Mahlzeit, zum Aufstehen geben* **3.2** zur ~ bitten *zur Mahlzeit* **4** *(Gesamtheit von) Tabelle(n);* Logarithmen ~; in der ~ nachschlagen **5** ⟨Typ.; Abk.: Taf.⟩ *ganzseitige Illustration (in Büchern);* vgl. ~ 6 auf S. 110, Abbildung 2 (Hinweis in Büchern)

'ta·feln ⟨V. 400⟩ *an der Tafel(2) sitzen u. gut essen u. trinken*

'tä·feln ⟨V. 500⟩ eine W a n d, D e c k e ~ *mit Holztafeln verkleiden;* ein getäfeltes Zimmer

Taft ⟨m.; -(e)s, -e⟩ *steifer glänzender Stoff aus reiner od. mit einem anderen Material gemischter Seide für Kleider u. als Futter;* ein Kleid ganz auf ~

Tag ⟨m.; -(e)s, -e⟩ **1** *die Zeit von 24 Stunden, von Mitternacht bis Mitternacht gerechnet;* jeder ~ kostet Geld; der ~ hat nur 24 Stunden; das Jahr hat 365 ~e; ein bedeutender, großer, historischer ~ in der Geschichte der Raumfahrt; erholsame, frohe, heitere, unbeschwerte ~e verbringen; festliche ~e stehen uns bevor; er blieb einige, etliche, ein paar, viele, wenige ~e; ich habe ganze ~e lang daran gearbeitet; er kommt auf, für ein paar ~e zu uns; in den nächsten ~en wird es sich entscheiden; vor einigen ~en; in ein paar ~en; heute in acht ~en; alle acht ~e; heute über acht ~e; jeder ~ bringt neue Sorgen ⟨Sprichw.⟩; die Arznei ist zweimal am ~e zu nehmen, zweimal pro ~ ⟨umg.⟩ **1.0.1** → a. *acht* **1.0.2** ~ f ü r ~ *jeden Tag* **1.0.3** ~ u m ~ verging *ein Tag nach dem anderen* **1.0.4** v o n ~ z u ~ *ständig* **1.1** er hat heute seinen g u t e n (s c h l e c h t e n) ~ *er ist heute gut, (schlecht) aufgelegt, gelaunt* **1.1.1** er hat k e i n e n g u t e n ~ b e i ihr *er wird von ihr schlecht behandelt* **2** *unbestimmter Zeitraum;* in guten und in bösen ~en zusammenhalten **2.1** sie hat b e s s e r e ~e gesehen *es ist ihr früher besser gegangen* **2.1.1** das waren g o l d e n e ~e (damals)! *eine schöne Zeit* **2.2** eines schönen ~es *einmal, nachdem man gewartet hat* **2.3** seine ~e sind g e z ä h l t *er wird nicht mehr lange leben* **2.4** i n den ~ hinein l e b e n *sorglos, ohne sich Gedanken um die Zukunft zu machen* **2.4.1** den g ä n g i g e n ~ l e b e n *sich keine Sorgen um die Zukunft machen* **2.4.2** s e i t J a h r u n d ~ *seit langem* **2.5** dieser ~e **2.5.1** *vor kurzem;* ich habe ihn dieser ~e (noch) gesehen **2.5.2** *innerhalb kurzer Zeit;* dieser ~e komme ich bei dir vorbei **2.5.3** er muß j e d e n ~ ankommen ⟨umg.⟩ *sehr bald* **2.5.4** ewig und drei ~e ⟨umg.⟩ *lange Zeit* **2.6** die ~e der J u g e n d *Zeit der Jugend* **2.6.1** a u f meine a l t e n ~e *in meinem hohen Alter;* in meinen alten ~en fange ich damit nicht mehr an **2.7** es ist noch nicht aller ~e Abend ⟨Sprichw.⟩ *noch ist die Entscheidung nicht gefallen* **2.8** die F o r d e r u n g des ~es *das in der Gegenwart, im Augenblick Nötige, Wichtigste;* den Anforderungen des ~es nicht gewachsen sein **2.9** dein ~ wird (schon noch) kommen **2.9.1** *dein Erfolg* **2.9.2** *deine Strafe* **2.9.3** seine großen ~e haben *den Höhepunkt seiner Laufbahn erreicht haben* **2.9.4** der Held, der Mann des ~es *der im Mittelpunkt Stehende, Gefeierte* **3** *ein bestimmter Tag(1) im Ablauf des Jahres od. der Jahre, Datum;* ~ und Stunde für ein Treffen bestimmen, verabreden, vereinbaren; im Laufe des (heutigen) ~es; ich habe den ganzen ~ auf dich gewartet; er kam noch am gleichen, selben ~; an welchem ~ bist du geboren?; am ~e vorher war er noch bei uns; dein Geburtstagspaket kam auf den ~ an; heute ist es auf den ~ (genau) ein Jahr her, seit ...; am folgenden, nächsten ~; einen ~ eher, früher, später; einen ~ um den anderen; ein schwarzer ~; alle ~e etwas Neues, nur nichts Gutes ⟨umg.⟩; kein ~ gleicht dem andern ⟨Sprichw.⟩ 3.1 sich einen guten ~ machen *es sich einen Tag lang wohlsein lassen, feiern* 3.2 einen ~ rot im Kalender anstreichen *sich merken* 3.3 der ~ des Herrn *Sonntag* 3.3.1 der letzte ~ des Jahres *Silvester* 3.3.2 der Jüngste ~ ⟨Rel.⟩ *der Tag des Gerichts* **4** *die helle Zeit des Tages(1);* Ggs *Nacht;* bei Anbruch des ~es; ~ und Nacht arbeiten; die ~e nehmen ab, zu, werden kürzer, länger; der ~ bricht an, beginnt; ein bewölkter, kalter, naßkalter, nebliger, regnerischer, trüber, windiger ~; ich bin den ganzen ~ unterwegs (auf den Beinen) gewesen; ein gewittriger, heißer, klarer, schöner, schwüler, sonniger, warmer ~; am hellichten ~e wurde sie überfallen; bis (weit) in den ~ hinein schlafen; früh, spät am ~e 4.0.1 ein Unterschied wie ~ und Nacht *ein krasser Unterschied* 4.0.2 man soll den ~ nicht vor dem Abend loben ⟨Sprichw.⟩ *erst wenn der Tag vorüber ist, weiß man, was er gebracht hat, vorher kann noch manches Unvorhergesehene geschehen* 4.0.3 sie ist schön wie der junge ~ ⟨poet.⟩ *sehr schön* 4.1 jetzt wird's ~! ⟨fig.; umg.⟩ *jetzt verstehe ich es!* 4.2 guten ~! *(Grußformel);* guten ~ sagen; jmdm. (einen) guten ~ wünschen; ~! ⟨umg.⟩ 4.3 den lieben langen ~ faulenzen *den ganzen Tag, immerzu* 4.3.1 er redet viel, wenn der ~ lang ist ⟨umg.⟩ *man kann nichts auf seine Worte geben* 4.4 ein Gesicht wie drei ~e Regenwetter ⟨umg.⟩ *ein griesgrämiges, mürrisches G.* 4.5 der kürzeste, längste ~ des Jahres *der 22. Dezember, 22. Juni* 4.6 der ~ neigt sich, sinkt, geht zur Neige, vergeht *es dämmert (abends)* 4.7 der ~ graut, erwacht, kommt herauf, zieht herauf *es dämmert (morgens)* 4.8 am, bei ~e *bei Tageslicht* 4.8.1 zwei Stunden vor ~ *vor Anbruch des Tages(4);* vor Tau und ~ aufstehen 4.8.2 unter ~s *tagsüber, während des Tages* **5** *Tagewerk, Arbeitszeit an einem Tag(4);* 8-Stunden-~, ein aufreibender, unruhiger, trostloser, verlorener ~; der Lärm des ~es; ich habe heute einen, meinen freien ~ 5.0.1 der ~ der offenen Tür *Tag, an dem Betriebe usw. besichtigt werden können* 5.1 morgen ist auch noch ein ~ ⟨fig.⟩ *was heute nicht getan wird, kann morgen getan werden* 5.1.1 Rom wurde auch nicht an einem ~ erbaut ⟨Sprichw.⟩ *(zurückweisende Antwort, wenn eine Arbeit in zu kurzer Zeit fertig sein soll)* 5.2 den ~ stehlen ⟨fig.⟩ *nicht arbeiten* 5.2.1 du stiehlst mir den ~ *hältst mich von der Arbeit ab* 5.2.2 dem lieben Gott die ~e stehlen *faulenzen* 5.2.3 den ~ totschlagen *ihn nutzlos verbringen* **6** ⟨Bgb.⟩ *Erdoberfläche, Licht, Tageslicht* 6.1 über ~e *auf der Erdoberfläche* 6.2 unter ~e *unter der Erdoberfläche, in der Grube* **7** an den ~ *offenbar* 7.1 ein Verbrechen an den ~ bringen *aufdecken, offenbar machen* 7.1.1 → a. *Sonne(3.2)* 7.2 an den ~ kommen *offenbar werden* 7.3 eine überraschende Sachkenntnis an den ~ legen *zeigen, offenbaren*

...tag ⟨m.; -(e)s, -e; in Zus.⟩ **1** = *Tag* **2** *Versammlung von Abgeordneten;* Reichstag; Bundestag; Landtag; Kirchentag; Kreistag

tag'aus ⟨Adv.⟩ ~, tagein *jeden Tag, immerzu*

'Ta·ge·bau ⟨m.; -(e)s, -e⟩ *Bergbau an der Erdoberfläche*

'Ta·ge·buch ⟨n.⟩ Sy *Journal* **1** *Buch, in dem man sich täglich (od. häufig) Aufzeichnungen, bes. über Erlebnisse, Gedanken, macht;* Roman in Form eines ~es **2** *Buch, in das die tägl. Geschäfte od. Vorkommnisse eingetragen werden;* Geschäfts~, Schiffs~

'Ta·ge·dieb ⟨m.⟩ *jmd., der „dem lieben Gott die Tage stiehlt", fauler Mensch*

tag'ein ⟨Adv.⟩ → *tagaus*

'Ta·ge·löh·ner ⟨m.; -s, -⟩ *Arbeiter, der tägl. bezahlt wird u. dessen Arbeitsverhältnis tägl. gelöst werden kann*

'ta·gen[1] ⟨V. 400⟩ **1** es, etwas tagt *wird Tag;* der Morgen tagt; es beginnt zu ~ **2** es, eine Sache tagt ⟨fig.; schweiz.⟩ *ein Ende, das Ende einer S. ist abzusehen;* es tagt mit der Arbeit

'ta·gen[2] ⟨V. 400 od. 411 od. 420⟩ **1** *eine Tagung, Sitzung abhalten;* das Kollegium tagt schon seit zwei Stunden; das Parlament tagt **2** ⟨fig.; umg.⟩ *in Gesellschaft trinken, zechen;* wir tagten bis zum frühen Morgen

'Ta·ges·licht ⟨n.; -(e)s; unz.⟩ **1** *Licht des Tages, natürl. Licht;* bei ~ arbeiten; der Stoff sieht bei ~ anders aus **2** ⟨fig.⟩ *Situation, in der etwas klar erkennbar wird;* dieses Gesindel scheut das ~; ans ~ kommen

'Ta·ges·ord·nung ⟨f.⟩ **1** *Reihenfolge der Themen, die bei einer Versammlung behandelt werden sollen;* ein Thema auf die ~ setzen; auf der ~ standen drei Punkte; ein Thema von der ~ absetzen, streichen; zur ~! (Zuruf, der einen Redner auf Sitzungen mahnt, nicht vom Thema abzuschweifen) 1.1 an der ~ sein ⟨fig.; umg.⟩ *nicht mehr selten sein, häufig auftreten;* Autodiebstähle sind jetzt an der ~ 1.2 zur ~ übergehen ⟨a. fig.; umg.⟩ *eine Sache nicht beachten, sich über etwas hinwegsetzen*

'Ta·ge·werk ⟨n.⟩ **1** *die Arbeit eines Tages* **2** ⟨früher⟩ *Feldmaß* **3** ⟨allg.⟩ *Tagesarbeit, Arbeit, Aufgabe;* seinem ~ nachgehen; sein ~ verrichten, vollbringen; ein schweres ~ haben

...tä·gig ⟨Adj. 24; in Zus.⟩ *eine bestimmte od. unbestimmte Zahl von Tagen dauernd;* dreitägig, ganztägig, halbtägig, mehrtägig

'täg·lich ⟨Adj. 24/90⟩ **1** *jeden Tag, an jedem Tag, für jeden Tag, einen Tag während, jeden Tag wiederkehrend;* meine ~e Arbeit; die Arznei ~ einnehmen; unser ~ Brot gib uns heute (Vaterunser); ~ wiederkehrende Anfälle; der ~e Bedarf an Lebensmitteln; die ~en Gebete ⟨kath. Kirche⟩ 1.1 ~ und stündlich *immer wieder;* man muß ihn ~ und stündlich daran erinnern **2** ⟨60⟩ ~es Geld 2.1 ⟨Börse⟩ *innerhalb eines Tages kündbare Darlehen* 2.2 ⟨Bankw.⟩ *jederzeit ohne Kündigung abhebbare Darlehen*

...täg·lich ⟨Adj. 24; in Zus.⟩ *im Abstand von einer bestimmten Anzahl von Tagen (wiederkehrend, stattfindend);* vierzehntäglich

'Ta·gung ⟨f.; -, -en⟩ *Versammlung, (längere) Beratung, Sitzung*

Tail·le ⟨['taljə] f.; -, -n⟩ **1** *schmalste Stelle des*

Rumpfes zwischen dem unteren Bogen der Rippen u. der Hüfte; sie hat eine schlanke ~; beim Volkstanz ein Mädchen um die ~ fassen **1.1** ein Anzug, Kleid ist auf ~ gearbeitet *in der Taille anliegend* **2** *versteiftes, trägerloses Oberteil eines Kleides* **3** ⟨Kart.⟩ *das Aufdecken der Blätter für Gewinn od. Verlust* **4** ⟨in Frankreich vom 15. Jh. bis zur Frz. Revolution⟩ *Einkommens- u. Vermögenssteuer der nichtprivilegierten Stände (Bürger, Bauern)*

Ta·ke·la·ge ⟨[-'la:ʒə]; f.; -, -n⟩ *die gesamte Segeleinrichtung einschließlich Masten (eines Segelschiffes);* Sy *Takelung(2), Takelwerk*

'Ta·ke·lung ⟨f.; -, -en⟩ **1** *das Takeln* **2** = *Takelage*

'Ta·kel·werk ⟨n.⟩ = *Takelage*

Takt ⟨m.; -(e)s, -e⟩ **1** *rhythm. Maßeinheit eines Musikstücks, am Anfang durch Bruchzahlen (3/4, 4/4, 6/8), innerhalb des Stückes durch senkrechte Taktstriche gekennzeichnet;* du mußt besser den ~ halten; den ~ schlagen; ich bin aus dem ~ gekommen; gegen den ~ spielen; im ~ spielen **1.1** den ~ angeben ⟨a. fig.⟩ *führen* **1.2** jmdn. aus dem ~ bringen ⟨a. fig.⟩ *verwirren* **2** *der zwischen den Taktstrichen eingeschlossene kleinste Teil eines aufgezeichneten Musikstücks;* er pfiff ein paar ~e des Liedes; hier ist ein (ganzer) ~, sind drei ~e Pause; die letzten ~e wiederholen; setzen Sie im vierten ~ ein! **3** *regelmäßiger Schlag, regelmäßige Bewegung;* der ~ von Maschinen; gegen den ~ marschieren; im ~ marschieren, turnen **3.1** *Abschnitt bei der Arbeit am Fließband* **3.2** ⟨EDV⟩ *in MHz od. kHz gemessene Zeit zwischen zwei Steuerungs- od. Arbeitsschritten einer EDV-Anlage* **4** ⟨unz.⟩ *Gefühl für richtiges Verhalten, Einfühlungsvermögen u. entsprechende Handlungsweise;* viel, wenig ~ haben; jmdm. Mangel an ~ vorwerfen; gegen den ~ verstoßen; eine Angelegenheit mit ~ behandeln; mit feinem ~ half er ihr aus der peinlichen Situation

'takt·fest ⟨Adj.⟩ **1** ⟨Mus.⟩ *den Takt gut (ein)halten könnend, nicht leicht aus dem Takt zu bringen;* er ist nicht ganz ~ **2** ⟨fig.⟩ *sicher (in der Arbeit, im Können)* **3** *widerstandsfähig, gesund*

'Takt·ge·fühl ⟨n.; -(e)s; unz.⟩ *Gefühl für Takt(1,4);* feines, kein, viel ~ haben; ich überlasse es Ihrem ~

tak'tie·ren[1] ⟨V. 400; Mus.⟩ *den Takt schlagen, durch Handbewegungen angeben*

tak'tie·ren[2] ⟨V. 400⟩ *taktisch vorgehen*

'Tak·tik ⟨f.; -, -en⟩ **1** ⟨Mil.⟩ *Theorie u. Praxis des Einsatzes von Einheiten, Truppenteilen u. Verbänden in Gefechten* **2** *geschicktes Vorgehen, planvolles Ausnützen der Gegebenheiten zur Erreichung eines bestimmten Zieles;* eine bestimmte, raffinierte ~ verfolgen

'takt·los ⟨Adj.⟩ *ohne Taktgefühl, verletzend;* sein ~es Benehmen, Verhalten erregte Anstoß; diese Frage war ~; ein ~er Mensch; es war ~ von dir, darauf anzuspielen

'takt·voll ⟨Adj.⟩ *Taktgefühl besitzend, voll Einfühlungsvermögen, zartfühlend;* er ist sehr ~; er ging ~ darüber hinweg; ~ schweigen

Tal ⟨n.; -(e)s, ⸚er⟩ *meist durch fließendes Gewässer od. durch Gletscher entstandener, langgestreckter Einschnitt in der Erdoberfläche;* Ggs *Berg(1);* Fluß~; über Berg und ~ wandern; auf dem Grund des ~es; an dieser Stelle verengt sich, weitet sich das ~; ein breites, enges, gewundenes, langgestrecktes, weites ~; ein dunkles, einsames, liebliches, stilles ~; der Fluß schlängelt sich das ~ entlang; tief im ~ gelegen; ins ~ hinabschauen, hinabsteigen; die Sennen treiben das Vieh im Herbst ins ~, zu ~; zu ~ fahren

Ta'lent ⟨n.; -(e)s, -e⟩ **1** *antikes Gewicht (in Attika 26,196 kg) u. ihm entsprechende Geldeinheit (= 60 Minen = 6000 Drachmen)* **2** = *Begabung(2);* sein ~ entfalten, entwickeln, verkümmern lassen; ein ~ fördern, schätzen, überschätzen; kein, viel, wenig ~ haben; an jmds. ~ glauben, zweifeln; von jmds. ~ überzeugt sein; ~ zum Klavierspielen; sie hat ein ~, immer gerade das Falsche zu sagen, zu tun ⟨umg.; scherzh.⟩ **2.1** *Mensch mit Talent(2);* er ist ein großes, starkes, ungewöhnliches, musikalisches ~

'Ta·ler ⟨m.; -s, -⟩ *bis ins 18. Jh. amtliche dt. Münze;* Reichs~; ~, ~, du mußt wandern (ein Kinderlied u. -spiel); blanke, harte, preußische ~; wer den Pfennig nicht ehrt, ist des ~s nicht wert ⟨Sprichw.⟩

Talg ⟨m.; -(e)s, (selten) -e⟩ *geschmolzenes u. gereinigtes Fett, bes. vom Rind u. Schaf (Hammel), zum Kochen sowie zur Kerzen- u. Seifenherstellung verwendet*

Talk[1] ⟨m.; -(e)s; unz.⟩ *sehr weiches, blättriges od. schuppiges Mineral, das sich fettig anfühlt, Bestandteil von Pudern u. Schminken,* $Mg_3(OH)_2Si_4O_{10}$

Talk[2] ⟨m.; -(e)s, -e; oberdt.⟩ *Teig*

'Tal·mi ⟨n.; -s; unz.⟩ **1** *goldfarbige Legierung aus Kupfer, Zink u. 1 % Gold für Schmuck* **2** ⟨fig.⟩ *Unechtes, Wertloses*

'Tal·sper·re ⟨f.⟩ *Bauwerk, das einen Fluß über die ganze Breite des Tals absperrt u. so einen Stausee entstehen läßt*

'Tam·bour ⟨[-bu:r] m.; -s, -e od. (schweiz.) -bou·ren; [-'bu:rən]⟩ **1** *Trommler* **2** ⟨Arch.⟩ *von Fenstern durchbrochener Sockel einer Kuppel*

'Tam·bu·rin ⟨a. [-'ri:n] n.; -s, -e⟩ **1** *aus dem Orient u. Südeuropa (bes. Spanien) stammende kleine, flache Handtrommel mit am Rand befestigten Schellen* **2** *kleines, flaches, trommelartiges, unten offenes Gerät zum Ballspiel u. zum Schlagen des Taktes bei der Gymnastik* **3** *Stickrahmen*

'Tam·pon ⟨a. [tã'pɔ̃] m.; -s, -s⟩ **1** *mit Gaze, Mull od. ä. überzogener Bausch aus Watte od. Zellstoff zum Aufsaugen von Flüssigkeiten, zur Stillung des Blutes usw.* **1.1** *während der Menstruation in die Scheide eingeführter Tampon(1)* **2** *Ballen zum Einschwärzen der Druckplatte*

Tam'tam ⟨n.; -s, -s⟩ **1** ⟨a. ['--]⟩ *ostasiat. Musikinstrument, mit Klöppel geschlagenes, flaches Metallbecken, Gong* **2** ⟨unz.; umg.⟩ *Lärm, Aufhebens, Aufwand, aufdringl. Reklame;* jmdn. mit großem ~ empfangen; man sollte nicht so viel ~ um diese Schauspielerin machen

Tand ⟨m.; -(e)s; unz.⟩ **1** *wertloses Zeug;* eitler, nichtiger ~ **2** *wertlose, hübsche Kleinigkeiten;* reizvoller ~

'tän·deln ⟨V. 400⟩ **1** *spielen, scherzen, flirten* **2** *mit Nichtigkeiten die Zeit totschlagen, trödeln* **3** ⟨bair.⟩ *mit Altwaren handeln*

Tan'gen·te ⟨f.; -, -n⟩ **1** ⟨Math.⟩ *Gerade, die eine Kurve in einem Punkt berührt* **1.1** ⟨Verkehrswesen) *Straße, Eisenbahnlinie, die eine Stadt od. Landschaft berührt, aber nicht durch sie hindurchführt;* Ost ~; Ruhr ~ der Autobahn **2** ⟨Mus.⟩ *Plättchen aus Messing am Ende einer Taste, das beim Klavichord die Saiten anschlägt u. sie so zum Klingen bringt*

tan'gie·ren ⟨V. 500⟩ **1** ein Gebilde tangiert ein anderes ⟨Geom.⟩ *berührt es, ohne es zu schneiden;* die Linie tangiert die Kurve **2** eine Sache tangiert jmdn. ⟨fig.⟩ 2.1 *berührt, beeindruckt jmdn.* 2.2 *betrifft jmdn., geht jmdn. an;* das tangiert mich nicht

Tank ⟨m.; -(e)s, -s od. -e⟩ **1** *großer Behälter für (bes. feuergefährliche) Flüssigkeiten* **2** ⟨veralt.; Mil.⟩ = *Panzer(3)*

'tan·ken ⟨V.⟩ **1** ⟨402⟩ (Treibstoff) ~ *den Tank eines Fahrzeugs mit Treibstoff füllen (lassen);* Benzin ~ **2** ⟨500⟩ Kräfte, Mut ~ ⟨fig.⟩ *wieder K. sammeln, M. schöpfen;* neue Kräfte, wieder Mut ~ **3** ⟨400; umg.⟩ *sich betrinken* 3.1 er hat heute zu viel getankt ⟨fig.; umg.⟩ *er ist betrunken*

'Tank·stel·le ⟨f.⟩ *Anlage zum Versorgen von Fahrzeugen mit Treibstoff u. Öl*

'Tan·ne ⟨f.; -, -n⟩ *einer immergrünen Gattung der Kieferngewächse angehörender Baum: Abies;* kerzengerade gewachsen, schlank wie eine ~

'Tan·te ⟨f.; -, -n⟩ **1** *Schwester des Vaters od. der Mutter;* ~ Erika; bei der ~ eingeladen sein; meine ~, deine ~ (Kartenspiel) **2** *(kindliche Anrede für Frauen);* ~ Müller; die ~ im Kinderfunk, Kindergarten, Kinderheim **3** ⟨umg.⟩ *nicht sehr sympathische Frau;* da kam so eine (alte, komische) ~ daher

Tanz ⟨m.; -es, ¨-e⟩ **1** *Folge rhythmischer, meist von Musik begleiteter Körperbewegungen u. Gebärden, ursprüngl. als Ausdruck von Empfindungen, Vorstellungen, Gedanken od. als Beschwörung;* kultischer ~; langsamer, schneller, feierlicher, schwungvoller ~; ein spanischer, russischer, deutscher ~; sich im ~e drehen, schwingen **2** *künstlerisch betriebener Tanz(1), Ballett;* sich in ~ ausbilden **3** *das zu Tanz(1) gespielte od. gesungene Musikstück;* einen polnischen ~ spielen **4** *Gesellschaftstanz;* darf ich um den nächsten ~ bitten?; eine Dame zum ~ auffordern; zum ~ aufspielen **5** *Veranstaltung, an der Tanz(4) betrieben wird;* zum ~ gehen **6** *Instrumentalstück in der Art eines Tanzes, Teil der Sonate, Suite u. a.;* einen ~ interpretieren **7** ⟨fig.⟩ 7.1 ⟨umg.⟩ *Zank, Streit, heftiger Wortwechsel, Auftritt;* einen ~ mit jmdm. haben 7.2 ein ~ auf dem Vulkan *leichtsinnige Ausgelassenheit in gefährl. Lage* 7.3 der ~ ums goldene Kalb *die übertriebene Wertschätzung des Geldes, die Jagd nach dem Geld*

'tän·zeln ⟨V. 400(h.) od. 411(s.)⟩ *in tänzer. Schritten, fast hüpfend gehen;* ein Pferd tänzelt

'tan·zen ⟨V.⟩ **1** ⟨402⟩ (etwas) ~ *Tanz(1) od. Tanz(4) ausführen;* Walzer ~; ~ können, lernen; mit jmdm. den ganzen Abend ~; sie tanzt sehr gut, sehr leicht 1.1 ⟨(s.)⟩ *sich mit Tanzschritten irgendwohin bewegen;* aus der Reihe ~ ⟨a. fig.⟩ **2** ⟨500⟩ etwas ~ *einen Tanz nach den Regeln d. Tanzkunst aufführen;* Figuren ~; ein Solo ~ **3** ⟨400; fig.⟩ *sich leicht und schnell (fort)bewegen* 3.1 die Mücken ~ (über dem Wasser) *fliegen im Schwarm durcheinander* 3.2 das Schiff tanzt (auf den Wellen) *bewegt sich auf und ab* 3.3 *sich leicht u. froh bewegen, hüpfen, springen;* das Kind tanzte vor Freude durchs Zimmer; durchs Leben ~ **4** ⟨611⟩ jmdm. tanzt etwas vor den Augen ⟨fig.⟩ *jmdm. wird es vom Hinsehen auf etwas schwindlig;* mir tanzt alles vor den Augen; mir ~ die Buchstaben vor den Augen

'Tän·zer ⟨m.; -s, -⟩ **1** *jmd., der tanzen kann, der tanzt;* ein guter, schlechter, leidenschaftlicher ~ sein 1.1 *jmd., der den künstler. Tanz berufl. ausübt u. öffentl. vorführt;* Solo ~ 1.2 *Partner beim Tanz;* einen (keinen) guten ~ haben; sie hat immer viele ~

Ta'pet ⟨n.; -(e)s, -e⟩ **1** ⟨veralt.⟩ *Bespannung von Konferenztischen* **2** etwas aufs ~ bringen ⟨fig.⟩ *zur Sprache bringen*

Ta'pe·te ⟨f.; -, -n⟩ *Wandverkleidung aus Gewebe, bes. Seide, Leder od. (meist) Papier, häufig künstlerisch gestaltet*

'Tap·fe ⟨f.; -, -n⟩ = *Tapfen*

'Tap·fen ⟨m.; -s, -⟩ *Abdruck des Fußes od. Schuhs (im Sand, Schnee), Fußspur;* oV *Tapfe;* Fuß ~

'tap·fer ⟨Adj.⟩ *mutig, furchtlos, kühn, unerschrocken, widerstandsfähig, nicht wehleidig;* du bist ein ~er Kerl; ~er Krieger, Streiter; bleib ~!; Schmerzen ~ ertragen, aushalten; ~ standhalten

'tap·pen ⟨V.⟩ **1** ⟨400(h.)⟩ *mit leise, dumpf klatschendem Geräusch gehen, bes. barfuß;* Füße, Schritte tappten über den Flur; man hörte ~de Schritte 1.1 *unbeholfen, unsicher gehen, bes. im Dunkeln od. blind* 1.2 im dunkeln, finstern ~ ⟨fig.; umg.⟩ *im ungewissen sein* **2** ⟨411(s.)⟩ irgendwohin ~ *tappend an einen anderen Ort gelangen;* → *tappen(1-1.1);* er ist in die Pfütze getappt

'täp·pisch ⟨Adj.⟩ *schwerfällig, unbeholfen, plump;* ~e Bewegungen; er ist richtig ~

'tap·sig ⟨Adj.; umg.⟩ *ungeschickt, unbeholfen, täppisch*

'Ta·ra ⟨f.; -, -ren; Abk.: T, Ta⟩ **1** *Gewicht der Verpackung* **2** *Verpackung (einer Ware)*

Ta'rif ⟨m.; -(e)s, -e⟩ **1** *vertraglich od. gesetzlich festgelegte Summe für Preise, Löhne, Gehälter, Steuern usw.* **2** *amtl. Verzeichnis von Preisen, Löhnen, Steuern usw.;* Zoll ~, Steuer ~, Fracht ~

'tar·nen ⟨V. 500⟩ **1** ⟨R7⟩ jmdn. od. etwas ~ *unsichtbar machen, gegen Sicht od. Entdeckung schützen, der Umgebung anpassen* **2** eine Sache ~ ⟨fig.⟩ *verdecken, verschleiern, bemänteln*

'Ta·sche ⟨f.; -, -n⟩ **1** *in ein Kleidungsstück eingenähter Beutel;* Rock ~, Hosen ~, Schürzen ~; jmdm. die ~n durchsuchen; aufgesetzte ~n am Anzug, Kleid; nimm die Hände aus den ~n!; sich die ~n mit Obst, Nüssen usw. füllen **2** *meist flaches Behältnis aus Stoff od. Leder, oft mit Henkel;* Brief ~, Akten ~, Hand ~, Schul ~; eine ~ aus festem Stoff anfertigen; in der ~ wühlen, um etwas zu finden **3** ⟨kurz für⟩ *Geldtasche, Portemonnaie;* etwas aus seiner eigenen ~ bezahlen 3.1 sich die ~n füllen ⟨fig.⟩ *sich unrechtmäßig bereichern* 3.2 jmdm. auf der ~ liegen ⟨fig.; umg.⟩ *sich von jmdm. ernähren, unterhalten lassen* 3.3 jmdm. das Geld aus der ~ locken, ziehen ⟨fig.⟩ *jmdn.*

immer wieder um Geld bitten, zahlen lassen 3.4 (tief) in die ~ greifen ⟨fig.; umg.⟩ *Geld ausgeben, etwas spendieren, bezahlen* 3.5 etwas in seine eigene ~ stecken, in die eigene ~ arbeiten *sich unrechtmäßig bereichern* **4** ⟨fig.⟩ 4.1 ich kenne die Branche wie meine eigene ~ ⟨umg.⟩ *bis in alle Einzelheiten* 4.2 jmdn. in der ~ haben ⟨umg.⟩ *gefügig wissen* 4.3 er hat den Auftrag, Vertrag in der ~ ⟨umg.⟩ *(so gut wie) abgeschlossen* 4.4 jmdn. in die ~ stecken ⟨umg.⟩ *übertreffen, jmdm. überlegen sein* 4.5 → a. *Faust(2.2)*

'Ta·schen·buch ⟨n.⟩ **1** *Merkbuch, Notizbuch* **2** *broschiertes Buch in Taschenformat;* dieser Roman erscheint jetzt auch als ~

'Ta·schen·dieb ⟨m.⟩ *Dieb, der Gegenstände aus Taschen entwendet, meist ein Gedränge ausnutzend;* vor ~en wird gewarnt (Aufschrift auf Schildern)

'Ta·schen·geld ⟨n.⟩ *regelmäßig gezahlte Geldsumme für kleine persönl. Ausgaben (bes. für Kinder, Schüler);* wöchentlich, monatlich ~ bekommen

'Ta·schen·spie·ler ⟨m.⟩ *Zauberkünstler, der durch Fingerfertigkeit kleine Kunststücke vollbringt*

'Ta·schen·tuch ⟨n.⟩ *kleines Tuch aus Baumwolle, Seide od. Zellstoff;* Papier~

'Tas·se ⟨f.; -, -n⟩ **1** *schalen- od. becherartiges Trinkgefäß mit Henkel u. dazugehöriger Untertasse;* eine ~ Kaffee, Tee 1.1 hoch die ~n! ⟨umg.; scherzh.⟩ *hoch die Gläser! (Aufforderung zum Trinken)* **2** du hast wohl nicht alle ~n im Schrank? ⟨fig.; umg.⟩ *du bist wohl verrückt?*

'Tas·sen·kopf ⟨m. 7; als Maßangabe⟩ *der hohle Teil der Tasse;* Sy *Obertasse;* ein ~ voll Mehl, Zucker

'Ta·ste ⟨f.; -, -n⟩ **1** *mit dem Finger herabzudrükkender Hebel, z. B. am Klavier, an der Schreibmaschine* 1.1 (mächtig, kräftig) in die ~n greifen, hauen *schwungvoll Klavier spielen*

'ta·sten ⟨V.⟩ **1** ⟨500 od. 800⟩ (nach) etwas ~ *mit den Fingerspitzen od. der ganzen Hand etwas fühlend, prüfend berühren, zu erkennen suchen;* eine Geschwulst ~ 1.1 *vorsichtig zu ergreifen suchen;* er tastete nach ihrer Hand **2** ⟨500/R3⟩ sich ~ *sich tastend(1) vorwärtsbewegen;* sich durch einen dunklen Gang ~ **3** ⟨500; fig.⟩ *durch vorsichtiges Fragen etwas zu ergründen suchen, behutsam fragen;* (vorsichtig) ~, ob der andere beleidigt ist **4** ⟨500⟩ einen Text ~ ⟨Typ.⟩ *vor dem Gießen in einer Setzmaschine in Lochstreifen umsetzen*

Tat ⟨f.; -, -en⟩ **1** *das Tun, Handeln;* seine Worte durch die ~ beweisen; sich zu keiner ~, sich nicht zur ~ aufraffen können; nehmen Sie die gute Absicht für die ~! 1.1 ein Mann der ~ *jmd., der handelt, ohne viele Worte zu machen* 1.2 jmdm. mit Rat und ~ zur Seite stehen *mit Rat u. Hilfe* **2** *(gewollte, bewußte) Handlung;* eine gute, böse, edle, mutige, tapfere, blutige, verbrecherische, verhängnisvolle ~; einen Gedanken, ein Vorhaben in die ~ umsetzen; sich zu einer (unbedachten usw.) ~ hinreißen lassen 2.1 zur ~ schreiten ⟨geh.⟩ *zu handeln beginnen* **3** *das, was getan worden ist, Leistung;* Helden~; Leben und ~en des ... (als Untertitel); das war wirklich eine ~!; eine (große) ~ vollbringen; wie die ~, so der Lohn ⟨Sprichw.⟩ **4** in der ~! *tatsächlich, wirklich!;* in der ~ ist es so, daß ...

'Tat·be·stand ⟨m.⟩ *Gesamtheit aller Merkmale einer strafbaren Handlung;* den ~ aufnehmen

'Ta·ten·drang ⟨m.⟩ *Bedürfnis zu Taten, Unternehmungslust*

'Ta·ten·durst ⟨m.⟩ *gesteigerter Tatendrang*

'ta·ten·los ⟨Adj. 24⟩ *untätig, ohne einzugreifen;* ~ zusehen

'Tä·ter ⟨m.; -s, -⟩ *jmd., der eine Tat begangen hat;* wer ist der ~?

'tä·tig ⟨Adj.⟩ **1** ⟨60⟩ *handelnd, wirksam, wirkend, tatkräftig;* ~e Mitarbeit, Hilfe **2** ⟨40⟩ ~ sein (als) *arbeiten, angestellt sein (als);* als Lehrer ~ sein; in einem Verlag ~ sein **3** ⟨40; umg.; scherzh.⟩ *fleißig;* ich war heute schon sehr, ungeheuer ~ **4** ⟨60⟩ ~e Reue ⟨Rechtsw.⟩ *freiweillige Verhinderung des Erfolgs einer strafbaren Handlung durch den Täter vor seiner Entdeckung*

'Tä·tig·keit ⟨f.; -, -en⟩ **1** *Handeln, Wirken, Schaffen, Wirksamkeit;* fieberhafte, rastlose, rege, segensreiche ~; in ~ treten 1.1 eine Maschine außer ~ setzen *außer Betrieb* 1.2 der Vulkan ist noch in ~ *arbeitet noch* **2** *Arbeit, Beruf;* eine ~ ausüben; eine angenehme, anstrengende ~; berufliche, häusliche, kaufmännische, praktische ~; an eine geregelte ~ gewöhnt sein; auf eine langjährige ~ (bei, in ...) zurückblicken

'tat·kräf·tig ⟨Adj.⟩ *voller Tatkraft, wirksam;* ~e Hilfe; ~ eingreifen, helfen, mitarbeiten

'tät·lich ⟨Adj. 24⟩ **1** *handelnd, handgreiflich* 1.1 ~ werden *jmdn. anpacken, angreifen, schlagen*

'Tät·lich·keit ⟨f.; -, -en⟩ *Angriff, Schlag, Gewalttätigkeit;* der Streit artete in ~en aus; sich zu ~en hinreißen lassen; es kam zu ~en

'Tat·sa·che ⟨f.⟩ **1** *das, was sich wirklich, tatsächlich ereignet hat, was geschehen ist;* Sy *Realität(3);* der Bericht, die Behauptung entspricht nicht den ~n **2** *wirkl. Sachverhalt;* die ~n verdrehen, verdrängen; Vorspiegelung falscher ~n; V. von ~n 2.1 auf dem Boden der ~n bleiben *sachlich bleiben* **3** *etwas Feststehendes, etwas, woran nicht zu zweifeln ist;* das sind die nackten ~n; eine unbestrittene, unwiderlegbare ~; sich mit einer ~, mit den ~n abfinden 3.1 ~! ⟨umg.⟩ *wirklich!*

tat'säch·lich ⟨a. ['---] Adj. 24⟩ **1** *den Tatsachen entsprechend, wirklich, wahrhaftig* **2** ⟨50⟩ *in Wirklichkeit;* ~ hat sich die Sache aber so zugetragen ... 2.1 ~? *ist das wirklich so?*

'tät·scheln ⟨V. 530/R5 od. R6⟩ jmdm. etwas ~ *leicht, liebkosend klopfen;* jmdm. den Rükken, die Wange, die Hand ~

'tat·schen ⟨V. 411 od. 511 od. 611/R5 od. R6⟩ jmdn. od. etwas od. an, auf, in etwas ~ *etwas od. jmdn. plump anfassen, zudringlich streicheln;* auf den Kuchen, die Wurst ~; jmdm. ins Gesicht ~

'Tat·ze ⟨f.; -, -n⟩ **1** *Pfote (von großen Tieren, bes. Raubtieren)* **2** ⟨umg.; scherzh.⟩ *plumpe Hand* **3** ⟨oberdt.⟩ *Schlag, bes. auf die Hand (als Schulstrafe)*

Tau¹ ⟨n.; -(e)s, -e⟩ *dickes Seil*

Tau² ⟨m.; -(e)s; unz.⟩ *wäßriger Niederschlag während der Nacht an der sich abkühlenden Erdoberfläche;* der ~ fällt; der ~ hängt (noch) an den Gräsern

taub ⟨Adj.⟩ **1** *infolge einer physischen Disposition unfähig zu hören, ohne Gehör;* ~ geboren sein; auf einem, auf dem rechten, linken Ohr ~ sein **1.1** ⟨umg.⟩ *schwerhörig;* schrei nicht so, ich bin doch nicht ~; bist du ~ (oder warum hörst du nicht?) **2** ⟨fig.⟩ *nicht willens zu hören;* gegen alle Bitten ~ bleiben **2.1** → a. *Ohr(1.2.05, 1.2.11)* **3** *leer, hohl, ohne nutzbaren Inhalt;* eine ~e Ähre, ~e Nuß **3.1** ~es Gestein *G. ohne nutzbare Metalle* **4** ~es Metall *mattes, glanzloses M.* **5** ~e Glieder *G. ohne Empfindung* **6** ~es Gewürz *nicht mehr scharfes G.* **7** ⟨40; schweiz.⟩ *verärgert, ungehalten;* ~ sein

'Tau·be ⟨f.; -, -n⟩ **1** *Angehörige einer Ordnung amsel- bis gänsegroßer Vögel mit an den Nasenlöchern blasenförmig aufgetriebenem Schnabel: Gyrantes* **1.1** ⟨i. e. S.⟩ *als friedliebendes Tier geltende, z. T. als Haustier gehaltene, in vielen Rassen verbreitete Art der Tauben(1): Columba livia;* die ~ girrt, gurrt, ruckt, ruckst **1.1.1** → a. *Spatz(1.4), braten(1.2)*

'Tau·ben·schlag ⟨m.⟩ **1** *auf einer Säule befestigter Holzverschlag mit Fluglöchern, Sitzstangen und Nistkästen für Haustauben* **1.1** heute ging es im Amt, Betrieb, Geschäft zu wie in einem ~ ⟨fig.; umg.⟩ *bes. turbulent* **2** ⟨fig.; umg.⟩ *Ort, an dem ein ständiges Kommen u. Gehen herrscht;* das ist hier der reinste ~

'taub·stumm ⟨Adj. 24/70⟩ *unfähig zu hören u. (daher auch) zu sprechen, gehörlos*

'tau·chen ⟨V.⟩ **1** ⟨400(s.)⟩ *sich völlig unter Wasser begeben, unter Wasser (für kürzere od. längere Zeit) verschwinden;* ich kann zwei Minuten ~; ein U-Boot taucht; den jungen Enten beim Tauchen zusehen **1.1** ⟨411⟩ nach einem Gegenstand ~ *einen G. unter Wasser suchen;* nach Muscheln, nach einem ins Wasser gefallenen Gegenstand ~ **1.2** ⟨411⟩ aus dem Wasser, aus der Flut ~ *wieder nach oben gehen* **2** ⟨511⟩ etwas in eine Flüssigkeit ~ *hineinstecken, hineinhalten;* Stoff in die Farbbrühe ~; die Hand ins Wasser ~; die Feder in die Tinte ~ **3** ⟨511⟩ jmdn. ins, unter Wasser ~ *jmds. Körper mittels Kraftanwendung teilweise od. ganz unter Wasser bringen* **4** in Licht getaucht ⟨fig.; geh.⟩ *von Licht überflutet, umgeben;* die Wiese war in Licht getaucht

'Tau·cher ⟨m.; -s, -⟩ **1** *jmd., der taucht (u. unter Wasser arbeitet)* **2** ⟨Zool.⟩ *zum Tauchen befähigter Vogel*

'Tauch·sie·der ⟨m.; -s, -⟩ *elektr. Gerät zum Erhitzen von Wasser, mit spiralförmigem Heizkörper, der eingetaucht wird*

'tau·en[1] ⟨V. 401⟩ es taut *es fällt Tau*[2]*, Tau*[2] *setzt sich an*

'tau·en[2] ⟨V. 400⟩ **1** ⟨(s.)⟩ Eis, Schnee taut *schmilzt;* der Schnee taut von den Dächern **2** ⟨401⟩ es taut *das Eis, der Schnee schmilzt;* es hat heute getaut

'tau·en[3] ⟨V. 500⟩ etwas ~ ⟨niederdt.⟩ *mit einem Tau vorwärts ziehen, schleppen*

'tau·fen ⟨V. 500⟩ **1** jmdn. ~ *jmdm. die Taufe geben, spenden;* ein Kind ~; sich ~ lassen; ein getaufter Jude **1.1** getauft werden ⟨fig.; umg.⟩ *im Regen naß werden;* wir sind heute tüchtig getauft worden **2** ⟨505⟩ jmdn., ein Tier od. etwas (auf einen Namen) ~ *(mit einem Namen) nennen, benennen, jmdm., einem T. od. etwas einen Namen geben;* wir haben den Hund Fips getauft; ein Schiff beim Stapellauf ~; ein Kind auf die Namen Hans Christian ~; er ist auf den Namen Martin getauft

'tau·frisch ⟨Adj.⟩ **1** *frisch u. kühl von der Feuchtigkeit des Taus*[2]*;* ein ~er Morgen; die Luft ist ~ **2** ⟨fig.⟩ *jung, frisch, unberührt;* ein ~es Mädchen

'tau·gen ⟨V.⟩ **1** ⟨415⟩ für jmdn. od. etwas, zu etwas ~ *brauchbar, geeignet sein;* die gleiche Arznei taugt nicht für jeden; er taugt nicht zum Lehrer **2** ⟨500⟩ etwas ~ *wert sein;* er hat nie viel getaugt; taugt der Bursche etwas?; das Werkzeug, das Buch, der Stoff taugt nichts; der Bursche taugt nichts; er ist ein guter Sportler, aber in der Schule taugt er nichts

'Tau·ge·nichts ⟨m.; - od. -es, -e⟩ *jmd., der nichts taugt, unbrauchbarer Mensch, Nichtsnutz*

'Tau·mel ⟨m.; -s; unz.⟩ **1** *Schwindel (bes. bei Ohnmachtsanfällen), Zustand des Schwankens;* von einem ~ erfaßt sein, werden **2** ⟨fig.⟩ *Rausch, Zustand der Verzückung, Überschwang;* Begeisterungs~; ~ des Entzückens; ~ der Leidenschaften

'tau·meln ⟨V. 400⟩ **1** *unsicher hin und her schwanken;* nach einem Schlag, Stoß ~; vor Müdigkeit, Schwäche ~; wie ein Betrunkener ~ **2** ⟨411(s.)⟩ *sich unsicher schwankend, ungleichmäßig fortbewegen;* durch die Straßen ~; der Schmetterling taumelt von Blüte zu Blüte

Tausch ⟨m.; -(e)s, -e⟩ *Hingabe eines Gutes u. dafür Annahme eines anderen;* einen ~ vornehmen; einen guten, schlechten ~ machen; etwas im ~ gegen etwas anderes erhalten; etwas in ~ geben; in ~ nehmen

'tau·schen ⟨V.⟩ **1** ⟨500⟩ jmdn. od. etwas ~ *hergeben, um dafür jmd. anderen od. etwas anderes zu erhalten;* Briefmarken, Zigarettenbilder ~; Blicke, Küsse ~; eine Briefmarke gegen eine andere ~; einen Spieler gegen einen anderen ~ **1.1** ⟨517⟩ mit jmdm. etwas ~ *auswechseln;* mit jmdm. die Rollen ~ **1.1.1** ⟨417⟩ mit jmdm. nicht ~ wollen *nicht an jmds. Stelle sein wollen;* ich möchte nicht mit ihm ~

'täu·schen ⟨V. 500⟩ **1** jmdn. ~ *absichtlich etwas Falsches glauben machen, irreführen, betrügen, jmdm. etwas vorspiegeln;* wenn meine Augen mich nicht ~ ...; wenn mich mein Gedächtnis nicht täuscht ...; meine Erwartungen, Hoffnungen haben (mich) getäuscht; du kannst ihn nicht ~; er läßt sich leicht, nicht ~; sich durch freundliches Wesen ~ lassen; jmdn. durch Freundlichkeit ~ **1.1** jmds. Vertrauen ~ *mißbrauchen* **2** ⟨R3⟩ sich ~ *sich irren, eine falsche Vorstellung von etwas haben;* es kann sich nicht um die richtige Straße handeln, du mußt dich getäuscht haben **3** ⟨550/R3⟩ sich in jmdm. od. etwas ~ *jmdn. od. etwas für jmd. anderen od. etwas anderes halten;* ich habe mich in ihm getäuscht; darin täuschst du dich **4** ~d ähnlich *zum Verwechseln ähnlich;* er sieht ihm ~d ähnlich **4.1** er hat eine ~de Ähnlichkeit mit seinem Vater *sehr große Ä.*

'Täu·schung ⟨f.; -, -en⟩ **1** *das Täuschen* **2** *das Getäuschtwerden, Irrtum;* Sinnes~ **2.1** → a. *optisch(2.1)* **3** *Irreführung, Betrug, Mißbrauch*

des Vertrauens; das Opfer einer ~ werden **4** ⟨fig.⟩ *Einbildung;* sich ~en hingeben
'tau·send ⟨Num. 11; in Ziffern: 1000; röm. Zahlzeichen: M⟩ **1** *zehnmal hundert;* ~ Menschen; ~ Stück; an die ~ Menschen; er ist nur einer unter ~; vor ~ Jahren **2** ⟨fig.⟩ *sehr viel, ungezählt;* ~ Ängste ausstehen; ~ Dank!; ich kann nicht an ~ Dinge zugleich denken; er hat die Geschichte mit ~ Einzelheiten ausgeschmückt; ~ Grüße; das Glas zersprang in ~ Stücke; er hat immer ~ Wünsche; ~ und aber ~ Menschen
'Tau·send[1] ⟨f.; -, -en⟩ *die Zahl 1000*
'Tau·send[2] ⟨n.; -s, -e⟩ *Gesamtheit von 1000 Stück od. Einzelwesen;* ~e begeisterte Menschen; das erste ~ der Auflage; einige ~; es waren einige ~e; ein halbes ~; mehrere ~; ein paar ~; viele ~; viele ~e; die Zahl der Verletzten geht in die ~e; unter ~en nicht einer; vier von ~; ~e von Menschen; sie kamen zu ~en; ~e und aber ~e; ~e und Abertausende ⟨österr.⟩
'Tau·send[3] ⟨m.; veralt.; nur in der Wendung⟩ ei der ~! *Teufel, potztausend!*
'Tau·wet·ter ⟨n.⟩ **1** *milde Witterung, bei der Schnee u. Eis tauen* **2** ⟨fig.⟩ *Zeit politischer Entspannung*
'Tau·zie·hen ⟨n.; -s; unz.⟩ **1** *sportl. Wettkampf, bei dem zwei Mannschaften an je einem Ende eines Taues ziehen, bis eine von ihnen eine Mittellinie übertritt* **2** ⟨fig.; umg.⟩ *zähes Ringen um Entscheidungen*
Ta·xa'me·ter ⟨m.⟩ **1** *Zählwerk im Taxi, Fahrpreisanzeiger* **2** ⟨veralt.⟩ = *Taxi*
'Ta·xe ⟨f.; -, -n⟩ **1** *Schätzung (eines Wertes)* **2** *festgesetzter Preis* **3** *Gebühr, Abgabe;* Kur~ **4** = *Taxi*
'ta·xen ⟨V. 500⟩ = *taxieren*
'Ta·xi ⟨n.; - od. -s, - od. -s⟩ *Personenkraftwagen, dessen Fahrer gegen Bezahlung Fahrgäste befördert;* Sy *Taxe(4), Taxameter(2)* ⟨veralt.⟩
ta'xie·ren ⟨V. 500⟩ oV *taxen* **1** den W e r t ~ = *schätzen(2)* **2** einen Gegenstand ~ *den Wert eines Gegenstandes ermitteln*
Team ⟨[ti:m] n.; -s, -s⟩ **1** ⟨Sp.⟩ = *Mannschaft(4)* **2** *Arbeitsgemeinschaft*
'Tech·nik ⟨f.; -, -en⟩ **1** ⟨i. w. S.⟩ *die Kunst, mit den zweckmäßigsten u. sparsamsten Mitteln ein bestimmtes Ziel od. die beste Leistung zu erreichen* **2** ⟨i. e. S.⟩ 2.1 *die Gesamtheit aller Mittel, die Natur auf Grund der Kenntnis u. Anwendung ihrer Gesetze dem Menschen nutzbar zu machen;* das Zeitalter der ~ 2.2 *Gesamtheit der Kunstgriffe, Regeln, maschinellen Verfahren auf einem Gebiet;* Dramen~, Bühnen~, Bau~ **3** *Art u. Weise der Herstellung, Verfahren* **4** *ausgebildete Fähigkeit, Kunstfertigkeit;* Fahr~, Schwimm~, Mal~; eine ~ beherrschen, anwenden; der Schiläufer hat eine ausgezeichnete ~ 4.1 ⟨Mus.⟩ *Fingerfertigkeit* **5** ⟨österr.⟩ = *Technische Hochschule*
'tech·nisch ⟨Adj.⟩ **1** *die Technik betreffend, auf ihr beruhend, mit ihrer Hilfe* 1.1 ~e I n t e l l i g e n z *in technischen Berufen ausgebildete Akademiker* 1.2 Technischer Überwachungs-Verein ⟨TÜV⟩ *Verein zur Überwachung der Sicherheit technischer Anlagen u. Fahrzeuge* **2** *in der Technik gebräuchlich* 2.1 ~e A t m o s p h ä r e ⟨Abk.: at⟩ *Maßeinheit für den Druck, 1 kg/cm²* **3** ~e L e h r a n s t a l t *Ausbildungsstätte für Ingenieure verschiedener Fachrichtungen* 3.1 ~e H o c h s c h u l e ⟨Abk.: TH⟩ *der Universität gleichgestellte Ausbildungs- u. Forschungsstätte der Technik;* Sy *Technik(5)* ⟨österr.⟩; die Technische Hochschule Darmstadt 3.2 ~e U n i v e r s i t ä t ⟨Abk.: TU⟩ *technische Hochschule mit auch nichttechn. Fakultäten;* die Technische Universität Berlin
tech·ni'sie·ren ⟨V. 500⟩ H e r s t e l l u n g s v e r f a h r e n ~ **1** *auf techn. Betrieb umstellen* **2** *für techn. Betrieb einrichten* **3** *techn. Mittel, Maschinenkraft einsetzen in, bei Herstellungsverfahren*
Tee ⟨m.; -s, -s⟩ **1** *die aufbereiteten jungen Blätter des Teestrauches;* ~ aufbrühen, aufgießen, kochen; chinesischer, indischer ~; grüner, schwarzer ~ **2** *Aufguß aus Tee(1) als Getränk;* eine Tasse ~; ~ trinken; der ~ muß fünf Minuten, muß noch etwas ziehen; starker, schwacher, dünner ~ 2.1 jmdn. z u m ~ e i n l a d e n *nachmittags zu einer leichten Mahlzeit mit Tee(2)* 2.2 abwarten und ~ trinken! ⟨fig.; umg.⟩ *nichts übereilen!* **3** *Aufguß von getrockneten Teilen einer Pflanze als Getränk;* Kamillen~, Pfefferminz~
Teen·ager ⟨['ti:ne:dʒər] m.; -s, -⟩ *Junge od. Mädchen zwischen 13 u. 19 Jahren*
Teer ⟨m.; -(e)s, -e⟩ *bei der trockenen Destillation von Stein- u. Braunkohle, Torf u. Holz entstehende, auch im Erdöl enthaltene braune bis schwarze, zähe Masse;* Holz~, Holzkohlen~, Braunkohlen~, Steinkohlen~
Teich ⟨m.; -(e)s, -e⟩ **1** *kleines, stehendes Gewässer, sehr kleiner See* 1.1 → a. *groß(1.0.5)*
Teig ⟨m.; -(e)s, -e⟩ *breiige od. festere, zähe Masse aus Mehl, Milch od. Wasser, Eiern, Zukker u. a. zum Herstellen von Teigwaren od. zum Backen von Brot, Kuchen, Kleingebäck;* den ~ kneten, rühren, ausrollen
'tei·gig ⟨Adj. 70⟩ **1** *aus (rohem) Teig bestehend;* der Kuchen ist noch ~ **2** *wie aus Teig bestehend;* die Farbe ist von ~er Beschaffenheit 2.1 eine ~e S c h r i f t *eine zerfließende S.* **3** *blaß u. gedunsen;* ein ~es Gesicht
Teil ⟨m. od. n.; -(e)s, -e⟩ **1** *Stück von einem Ganzen;* Ersatz~, Bestand~, Körper~, Landes~; ein ~ der Stadt ist niedergebrannt; der größte ~ des Waldes ist abgeholzt; der obere, untere, mittlere, kleinere, größere ~; der schönste ~ des Landes; einen Gegenstand in seine (einzelnen) ~e zerlegen 1.1 der 4. ~ von 20 ist 5 *ein Viertel von 20 ist 5* 1.2 z u m g r ö ß t e n ~ *das meiste* 1.3 ich habe die Arbeit zum ~ fertig *teilweise* 1.4 der Garten besteht zum ~ aus Blumenbeeten, zum ~ aus Rasen *teilweise aus Blumenbeeten, teilweise aus Rasen* **2** *Abschnitt;* der vordere ~ des Schrankes; im hinteren ~ des Lokals **3** *Einzelheit, einzelnes Stück, Glied;* ein ~ eines Gerätes ersetzen müssen **4** ~ einer S a c h e *Abschnitt, Einheit, in sich abgerundeter Teil(1);* der schwierigste ~ der Aufgabe; die einzelnen ~e eines Gegenstandes, eines Romans; der erste, zweite ~ des „Faust"; Roman in drei ~en; im ersten ~ der Veranstaltung ist klassische Musik zu hören **5** *Anteil;* sein(en) ~ beitragen zu etwas; etwas zu gleichen ~en vergeben; zu gleichen ~en erben 5.1 er hat sein ~ bekommen, weg ⟨umg.; a. fig.⟩ *seinen Anteil, seine Strafe* **6** sich

sein ~ denken *sich seine eigenen Gedanken über etwas machen, ohne sie auszusprechen* **6.1** ich für meinen ~ *was mich betrifft* **7** ⟨Rechtsw.⟩ *Partei;* man muß beide ~e hören (jurist. Grundsatz); der beklagte, der klagende ~

'tei·len ⟨V. 500⟩ **1** ⟨R7⟩ etwas ~ *in Teile (1 od. 2), Einzelteile zerlegen;* die Zelle teilt sich; einen Apfel in zwei Teile ~; ein Stück Land in zwei Hälften ~ **1.1** teile und herrsche! *säe Zwietracht unter deinen Feinden, um sie zu beherrschen (bereits den Römern zugeschriebener, aber erst Ludwig XI. nachgewiesener Grundsatz der Außenpolitik)* **1.2** ⟨R3⟩ die Straße teilt sich *gabelt sich* **2** etwas ~ *zerschneiden, zertrennen, zerstückeln;* einen Kuchen mit dem Messer ~; das Schiff teilt die Wellen ⟨fig.⟩ **3** etwas ~ *aufteilen;* etwas brüderlich ~; wir haben den Gewinn miteinander, untereinander geteilt **4** ⟨550⟩ eine Zahl durch eine Zahl ~ ⟨Math.⟩ = *dividieren;* zehn durch zwei ~; zwölf geteilt durch 3 ist 4 **5** ⟨517⟩ etwas mit jmdm. ~ **5.1** *jmdn. an etwas teilhaben lassen, jmdm. etwas abgeben, etwas mit jmdm. gemeinsam haben, benutzen;* ein Stück Brot mit jmdm. ~; mit jmdm. das Badezimmer ~ **5.1.1** mit jmdm. das Zimmer ~ *gemeinsam bewohnen* **5.2** *mit jmdm. an etwas teilnehmen, Anteil haben, nehmen an etwas;* den Schmerz mit jmdm. ~; geteilter Schmerz ist halber Schmerz, geteilte Freude ist doppelte Freude ⟨Sprichw.⟩ **6** ⟨550/R3⟩ sich (mit jmdm.) in etwas ~ *etwas gemeinsam erledigen;* sich mit jmdm. in eine Arbeit ~ **6.1** sich in die Kosten ~ *die K. gemeinsam tragen* **7** jmds. Ansicht (nicht) ~ *(nicht) der gleichen Ansicht sein wie jmd.;* ich teile deine Ansicht (nicht) **7.1** sie waren geteilter Meinung *verschiedener M.* **7.2** die Meinungen waren geteilt *unterschiedlich*

'teil|ha·ben ⟨V. 159/800⟩ an etwas ~ **1** *an etwas beteiligt sein;* jmdn. an seiner Arbeit, seiner Freude ~ lassen **2** ⟨poet.⟩ *teilnehmen;* die anderen lachten u. scherzten, aber er hatte nicht teil daran

'Teil·ha·ber ⟨m.; -s, -⟩ **1** *Mitberechtigter am Eigentum* **2** *Gesellschafter (eines Geschäftsunternehmens, bes. einer Personalgesellschaft)* **2.1** → a. *still(6.0.3)*

teil'haf·tig ⟨Adj. 24⟩ **1** *Anteil habend* **1.1** ⟨44⟩ einer Sache ~ werden *eine S. erfahren, erleben, gewinnen;* eines großen Glücks ~ werden

'Teil·nah·me ⟨f.; -; unz.⟩ *das Teilnehmen;* eine Sache mit aufrichtiger, brennender ~ verfolgen; meine herzlichste, innigste ~! (Beileidsformel); jmdm. seine herzliche ~ aussprechen; ~ am Verbrechen; ~ an einem Wettbewerb, einer Veranstaltung

'teil·neh·men ⟨V. 190/800⟩ **1** an etwas ~ *sich an etwas beteiligen, bei etwas mitmachen;* an einem Ausflug, einem Wettbewerb ~ **2** an einer Sache ~ *Anteil nehmen, etwas mitempfinden, mitfühlen;* an jmds. Freude, Kummer, Schmerz ~ **3** ⟨Part. Präs.⟩ ~d *teilnahmsvoll, mitfühlend, mitleidig;* sich ~d nach jmds. Befinden erkundigen

teils ⟨Adv.⟩ **1** *teilweise, zum Teil;* 100 Menschen, ~ Männer, ~ Frauen; auf den Feldern liegt ~ noch Schnee; der Schnee auf den Feldern ist ~ schon geschmolzen **2** ~, ~ *sowohl als auch, wechselnd* **2.1** waren nette Leute da? ~, ~! ⟨umg.⟩ *nette u. auch weniger nette Leute* **2.2** hast du viel Arbeit? ~, ~! ⟨umg.⟩ *manchmal ja, manchmal nein*

'Tei·lung ⟨f.; -, -en⟩ **1** *das Teilen;* Erbschafts~; die ~ eines Reiches **2** ⟨Biol.⟩ *Form der ungeschlechtl. Fortpflanzung;* Kern~ **3** ⟨Math.⟩ = *Division(1)* **4** ⟨Maschinenbau⟩ *der auf dem Teilkreis gemessene Abstand zweier entsprechender Punkte auf den Zähnen von Zahnrädern*

'teil·wei·se ⟨Adj. 50 od. (umg.) 90⟩ *in Teilen, zum Teil;* das Haus ist ~ fertig; sein ~s Nachgeben ⟨umg.⟩

'Teil·zah·lung ⟨f.⟩ **1** *Teil einer größeren zu leistenden Zahlung, Rate;* die ersten drei ~en **2** *Abzahlung, Zahlung in Raten;* monatliche ~; etwas auf ~, in ~ einkaufen

Teint ⟨[tɛ̃]; m.; -s, -s⟩ **1** *Gesichtsfarbe* **2** *Gesichtshaut*

Te·le'gramm ⟨n.; -s, -e⟩ *mittels Telegraphie weitergeleitete Mitteilung;* ein ~ aufgeben; ein ~ durch Fernsprecher zusprechen

Te·le·gra'phie ⟨f.; -; unz.⟩ *Übermittlung von Nachrichten durch akust., elektr. od. opt. Geräte in bestimmten Zeichen, z. B. Morsezeichen;* drahtlose ~

te·le·gra'phie·ren ⟨V. 402⟩ (eine Nachricht) ~ *telegraph. übermitteln, weiterleiten;* er hat mir telegraphiert, daß er morgen kommt

Te·le'phon ⟨a. ['---] n.; -s, -e⟩ = *Fernsprecher*

te·le·pho'nie·ren ⟨V. 400⟩ (mit jmdm.) ~ *durch das Telephon sprechen*

Te·le'skop ⟨n.; -s, -e⟩ = *Fernrohr*

'Tel·ler ⟨m.; -s, -⟩ **1** *rundes, scheibenförmiges Eßgerät mit Vertiefung und gewölbtem Rand;* Kuchen~, Suppen~; ein ~ (voll) Suppe; seinen ~ leeressen; ein flacher, tiefer ~ **2** *etwas, was die Form eines Tellers(1) hat;* Hand~ **2.1** *kreisrundes Gitter etwa 10 cm über dem unteren Ende des Schistocks;* den ~ erneuern müssen **2.2** ⟨jägerspr.⟩ *Ohr des Wildschweins*

'Tel·ler·ei·sen ⟨n.⟩ *tellerförmige Tierfalle*

'Tem·pel ⟨m.; -s, -⟩ **1** *als heilig geltende, kultischen Zwecken dienende Stätte* **2** *einer nichtchristl. Gottheit geweihter Bau;* jüdischer, heidnischer ~ **3** ⟨fig.⟩ *heiliger, verehrenswürdiger Ort;* die Natur ist ein ~ Gottes; ein ~ der Kunst **4** jmdn. zum ~ hinausjagen ⟨fig.; umg.⟩ *jmdn. hinauswerfen*

Tem·pe·ra'ment ⟨n.; -(e)s, -e⟩ **1** *Gemütsart, Wesensart;* ein feuriges, sprudelndes, sprühendes, ruhiges ~ haben **1.1** ⟨Psych.⟩ *die vorherrschende Art u. die individuelle Eigenart des Ablaufs seelischer Vorgänge;* cholerisches, melancholisches, phlegmatisches, sanguinisches ~ **2** ⟨fig.⟩ *Erregbarkeit, Lebhaftigkeit, Munterkeit;* (kein) ~ haben; sich von seinem ~ hinreißen lassen **2.1** sein ~ ist mit ihm durchgegangen *er hat die Beherrschung verloren* **2.2** seinem ~ die Zügel schießen lassen *sich nicht beherrschen, zurückhalten*

Tem·pe·ra'tur ⟨f.; -, -en⟩ **1** ~ eines Stoffes *Grad der Wärme;* das Gas hat eine ~ von 15° Celsius **2** ⟨Med.⟩ *Wärme des (menschl.) Körpers;* die ~ messen; die ~ ist gestiegen, gesunken, gefallen; erhöhte ~ haben **2.1** *leichtes Fieber;* ~ haben **3** ⟨Mus.⟩ = *temperierte Stimmung*

tem·pe'rie·ren ⟨V. 500⟩ **1** etwas ~ *gleichmäßige, gemäßigte Temperatur in einem R. her-*

beiführen; der Raum ist gut, angenehm temperiert **2** ⟨R7⟩ eine Sache ~ ⟨fig.⟩ *mäßigen, mildern;* jmds. Übermut ~ **3** ⟨Mus.⟩ temperierte Stimmung *S. auf Grund der in 12 gleiche Halbtöne eingeteilten Oktave;* Sy *Temperatur(3)*

'Tem·po ⟨n.; -s, -s od. -pi⟩ **1** ⟨unz.⟩ *Grad der Geschwindigkeit;* das ~ angeben; ein rasches ~ anschlagen; das ~ beschleunigen, verringern; das ~ einhalten, halten; schnelles, langsames, rasendes, gemütliches, mörderisches ~ **2** ⟨unz.; fig.⟩ *Schnelligkeit* 2.1 ~! *(Anfeuerung zu größerer Schnelligkeit)* 2.2 aber nun ein bißchen ~ ⟨umg.⟩ *ein bißchen schnell!* 2.3 mach ein bißchen ~ dahinter! ⟨umg.⟩ *beschleunige die Sache ein bißchen* 2.4 ~ vorlegen ⟨umg.⟩ *in schnellem Tempo zu laufen, zu fahren beginnen* **3** ⟨Mus.⟩ *Zeitmaß;* ~ di marcia, di valsa; die Tempi einhalten; Marschtempo, Walzertempo

Ten'denz ⟨f.; -, -en⟩ **1** *Neigung, Hang, Streben* **2** *erkennbare Absicht;* die ~ eines Buches, Theaterstücks **3** ⟨Börse⟩ *Entwicklung der Kurse u. Umsätze im Geschäft mit Wertpapieren*

ten·den·zi'ös ⟨Adj.⟩ **1** *eine Tendenz erkennen lassend* **2** *(partei)politisch gefärbt*

ten'die·ren ⟨V.⟩ **1** ⟨411⟩ nach einer Richtung ~ *eine R. einschlagen wollen, in eine R. streben;* nach rechts, links ~ **2** ⟨417⟩ zu einer Sache ~ *die Neigung, den Hang zu einer S. haben;* er tendiert dazu, die Dinge auf sich beruhen zu lassen

'Ten·ne ⟨f.; -, -n⟩ *festgestampfter od. gepflasterter Platz, meist in der Scheune zum Dreschen des Getreides*

'Te·nor[1] ⟨m.; -s; unz.⟩ **1** ~ eines Textes, einer Rede 1.1 *Inhalt, Wortlaut, Sinn* 1.2 *Haltung, Einstellung* **2** ⟨Rechtsw.⟩ *entscheidender Teil eines Urteils*

Te'nor[2] ⟨m.; -s, -'nö·re⟩ **1** *hohe Stimmlage der Männer* **2** *Sänger mit Tenor(1)* 2.1 *Gesamtheit der Tenöre(2) im Chor*

'Tep·pich ⟨m.; -s, -e⟩ **1** *geknüpfter od. gewebter Fußbodenbelag od. Wandbehang aus Wolle, Haargarn, Seide, Kunstfaser usw., oft reich gemustert;* Wand~; ~e klopfen, saugen; ~e maschinell herstellen; ein ~ von bunten Wiesen, von Moos ⟨fig.⟩ 1.1 etwas unter den ~ kehren ⟨fig.; umg.⟩ *etwas vertuschen* 1.2 bleib auf dem ~! ⟨umg.⟩ *bleib realistisch!*

Ter'min ⟨m.; -s, -e⟩ **1** *bestimmter Zeitpunkt;* Liefer~; Fälligkeits~; einen ~ anberaumen, festsetzen; einen anderen, neuen ~ vereinbaren; einen ~ versäumen, verpassen; an einen ~ gebunden sein; zu einem früheren, späteren ~ 1.1 ~ für eine Verhandlung ⟨Rechtsw.⟩ *vom Gericht festgesetzter Zeitpunkt* **2** *Verhandlung zum Termin(1.1);* am 20. ist ~; ~ haben

Ter·mi·no·lo'gie ⟨f.; -, -n⟩ *Gesamtheit der Fachausdrücke (eines Kunst- od. Wissensgebietes)*

'Ter·mi·nus ⟨m.; -, -ni⟩ **1** *Grenze, Stichtag* **2** ~ (technicus) *Fachausdruck*

Ter'mi·te ⟨f.; -, -n⟩ *Angehörige einer den Schaben nahestehenden Ordnung der Insekten, die in hochentwickelten Staaten leben: Isoptera*

Ter·pen'tin ⟨n.; -s; unz.⟩ *dickflüssiges Harz bestimmter Kiefern, das feste Anteile an Harz u. Terpentinöl enthält*

Ter·rain ⟨[-'rɛ̃]; n.; -s, -s⟩ **1** *Gebiet, Gelände* 1.1 *(Bau)grundstück* **2** das ~ erkunden, sondieren ⟨a. fig.⟩ *herausfinden wollen, ob die Lage für beabsichtigte Unternehmen günstig ist*

Ter'ra·ri·um ⟨n.; -s, -ri·en⟩ *(meist mit Drahtnetz verschlossener) Behälter zur Pflege und Zucht von Lurchen und Kriechtieren*

Ter'ras·se ⟨f.; -, -n⟩ **1** *waagerechte Stufe im Gelände, Absatz* **2** *nicht überdachter, gepflasterter, an das Erdgeschoß eines Hauses angebauter Platz* 2.1 *großer, offener Balkon*

Ter·ri'to·ri·um ⟨n.; -s, -ri·en⟩ **1** *Gebiet, Land* **2** *Hoheitsgebiet*

'Ter·ror ⟨m.; -s; unz.⟩ **1** *gewalttätiges, rücksichtsloses Vorgehen, das die Betroffenen in Angst u. Schrecken versetzen soll;* politischer ~ **2** ⟨fig.⟩ *durch Werbung ausgeübter Zwang;* Konsum~; Mode~

ter·ro·ri'sie·ren ⟨V. 500⟩ jmdn. ~ *durch Anwendung von Gewalt einschüchtern, in Schrekken u. Furcht versetzen*

Terz ⟨f.; -, -en⟩ **1** *der dritte Ton der diaton. Tonleiter* 1.1 *Intervall über zwei Schritte der diaton. Tonleiter;* kleine ~; große ~ **2** ⟨Fechten⟩ *Hieb od. Stich gegen eine vom rechten Ohr des Gegners zu dessen linker Hüfte gedachte Linie* **3** *Stunde des Gebets (9 Uhr), dritter Teil des Stundengebets*

Test ⟨m.; -(e)s, -e od. -s⟩ *experimentelle Untersuchung zur Feststellung bestimmter Eigenschaften, Leistungen u. ä.*

Te·sta'ment ⟨n.; -(e)s, -e⟩ **1** *schriftl. Erklärung, mit der jmd. für den Fall seines Todes die Verteilung seines Vermögens festlegt;* Sy *letzter Wille;* ein ~ anfechten; sein ~ machen; gemeinschaftliches ~ (zweier Ehegatten) 1.1 dann kannst du gleich dein ~ machen ⟨umg.; scherzh.⟩ *dann kommst du nicht lebend davon* **2** *Teil der Bibel;* das Alte, Neue ~

'te·sten ⟨V. 500⟩ jmdn. od. etwas ~ *mit Hilfe eines Tests prüfen*

'teu·er ⟨Adj.⟩ **1** ⟨40⟩ *eine bestimmte Summe, einen Kaufpreis von einer bestimmten Höhe kostend;* dieses Buch ist um fünf Mark teurer als das andere 1.1 wie ~ ist das? *wieviel kostet das?;* wie ~ ist der Stoff? **2** *viel kostend, von hohem Preis, hohe Ausgaben verursachend, kostspielig;* ein teurer Spaß, ein teures Vergnügen; etwas ~ kaufen, verkaufen; das ist mir (viel) zu ~; Fleisch und Wurst sind wieder teurer geworden 2.1 ⟨70⟩ ein teures Pflaster ⟨fig.; umg.⟩ *eine Stadt, in der das Leben viel Geld kostet* 2.2 ⟨70⟩ teure Zeiten *Z., in denen die Preise hoch sind* 2.3 ⟨70⟩ etwas für teures Geld kaufen, erstehen ⟨umg.⟩ *für viel G.* 2.4 etwas kommt jmdn. ~ zu stehen ⟨a. fig.⟩ *kostet jmdn. viel;* der Umbau des Hauses kam mich ~ zu stehen 2.5 sein Leichtsinn kam ihn ~ zu stehen *er mußte für seinen L. büßen* **3** ⟨70⟩ *kostbar, wert, lieb;* ich schwöre es bei allem, was mir ~ ist; er, sie, es ist mir lieb und ~; teurer Vater! (Anrede, bes. im Brief) ⟨veralt.⟩ **4** ⟨fig.⟩ 4.1 er war entschlossen, sein Leben ~ zu verkaufen *für sein L. zu kämpfen* 4.2 ⟨40⟩ da ist guter Rat ~ *ich bin ratlos, weiß nicht, was wir jetzt tun sollen*

'Teu·fel ⟨m.; -s, -⟩ **1** ⟨Rel.⟩ *Verkörperung des*

Bösen, böser Geist, Dämon 1.0.1 ⟨christl. Rel.⟩ *Widersacher Gottes, von Gott abgefallener Engel, Verführer des Menschen zum Bösen;* er sah aus wie der leibhaftige ~; sie sah aus wie (des) ~s Großmutter ⟨umg.; scherzh.⟩ 1.1 mit dem ~ im Bunde sein ⟨fig.⟩ *unheimlich sein, unheimliche Kräfte, Fähigkeiten haben* 1.2 vom ~ besessen ⟨fig.⟩ *bösartig* 1.3 den ~ mit dem Beelzebub austreiben ⟨fig.⟩ *ein Übel durch ein anderes bekämpfen* 1.4 den ~ an die Wand malen *von etwas reden, was man befürchtet* 1.5 in der Not frißt der ~ Fliegen ⟨fig.; umg.⟩ *in der Not kann man sich mit wenigem begnügen* **2** *böser Mensch, böses Tier;* der Bursche, das Pferd usw. ist ein wahrer ~; das Kind ist ein kleiner ~ 2.1 ein armer ~ *ein armer Mensch* 2.2 ⟨fig.⟩ *Widersacher, böser Feind* 2.2.1 weder Tod noch ~ fürchten *völlig furchtlos sein* 2.2.2 sich den ~ darum scheren *sich nicht darum kümmern* 2.2.3 in (des) ~s Küche *in einer unangenehmen Lage* 2.2.4 dort, hier ist der ~ los *dort herrscht großes Durcheinander, großer Zank, Streit, dort ist ein wilder Kampf im Gange* 2.2.5 bist du des ~s? *bist du verrückt?* 2.2.6 wenn man dem ~ einen Finger reicht, so nimmt er die ganze Hand *wenn man jmdm. einen Teil zugesteht, so verlangt er sofort alles* **3** ⟨fig.⟩ *Verkörperung der Wildheit, des Temperaments* 3.1 er fährt, reitet wie der ~ *waghalsig, sehr schnell* 3.2 ihn reitet der ~ *er ist übermütig, waghalsig, unbesonnen* 3.3 das Pferd hat den ~ im Leibe *ist sehr wild, sehr leicht erregbar* 3.4 arbeiten auf ~ komm 'raus ⟨umg.⟩ *aus Leibeskräften* **4** ⟨fig.; umg.⟩ *Verkörperung eines unbekannten Verursachers* 4.1 weiß der ~, wo das Geld geblieben ist *ich möchte nur wissen ...* 4.2 es müßte schon mit dem ~ zugehen, wenn es nicht klappte *es müßte schon etwas ganz Unerwartetes eintreten* 4.3 das soll der ~ verstehen! *ich verstehe es nicht!* 4.4 ich frage den ~ danach *ich kümmere mich nicht darum, das ist mir ganz gleich* 4.5 den ~ werde ich tun! *ich werde es ganz und gar nicht tun!, ich denke nicht daran!* **5** beim, zum ~ ⟨fig.; umg.⟩ *verloren, verschwunden;* das Geld ist beim, zum ~ 5.0.1 geh zum ~! ⟨vulg.⟩ *mach, daß du fortkommst!;* scher dich zum ~! 5.0.2 jmdn. zum ~ schicken *fortjagen* 5.1 der ~ soll ihn, es holen! ⟨fig.; umg.⟩ *ich möchte mit ihm, damit nichts mehr zu tun haben!;* hol dich der ~!; der ~ soll den ganzen Kram holen! **6** (zum) ~! ⟨Fluch⟩ *verflucht, verdammt;* wer zum ~ hat dich hergeschickt?; ~!, ~ auch!, ~ nochmal!; in (drei) ~s Namen!; Tod und ~! 6.1 pfui ~! *Ausruf des Ekels, Abscheus*

'teuf·lisch ⟨Adj.⟩ **1** *wie der Teufel, wie ein Teufel* **2** *unmenschlich, niederträchtig*

Text¹ ⟨m.; -es, -e⟩ **1** *eine Folge von Wörtern, die eine sprachl. Äußerung in einer aktuellen (geschichtl.) Situation darstellt* 1.1 weiter im ~! ⟨fig.; umg.⟩ *weiter!, fahr fort!, wir wollen weitermachen* **2** *genauer Wortlaut einer Aufzeichnung;* einen ~ (auswendig) lernen, lesen 2.1 *genauer Wortlaut eines Werkes als Grundlage der Literaturwissenschaft;* ein schwieriger ~ **3** *inhaltl. Hauptteil eines Buches im Unterschied zu Vor- u. Nachwort* **4** *zusammenhängendes Schriftbild einer bedruckten od. beschriebenen Seite im Unterschied zu Überschrift, Fußnote, Illustration* **5** *die begleitenden Worte zu einer musikal. Komposition;* Opern~, Lied~ **6** *(erklärende) Beschriftung von Abbildungen, Karten usw.* **7** *Bibelstelle als Thema einer Predigt;* über einen ~ predigen, sprechen

Text² ⟨f.; -; unz.; Typ.⟩ *Schriftgrad, 20 Punkt*

Tex'ti·li·en ⟨Pl.⟩ **1** *Stoffe, Tuche, Gewebe, Gewirke, Faserstoffe* **2** *Kleidung, Wäsche*

Tex'tur ⟨f.; -, -en⟩ **1** *Gewebe, Faserung* **2** *Zusammenfügung, Anordnung*

Thea·ter ⟨[-'--] n.; -s, -⟩ **1** *vor Zuschauern vorgeführte (künstler.) Darstellung äußerer od. innerer Vorgänge mit Hilfe von Figuren od. durch Menschen* 1.1 *Aufführung eines Bühnenstückes;* das ~ beginnt um 8 Uhr; wir treffen uns nach dem ~ 1.2 ⟨fig.⟩ *Schauspielerei, Getue, Aufregung;* das ist doch alles nur ~!; mach nicht so ein, so viel ~!; tu das nicht, sonst gibt es ein großes ~ ⟨umg.⟩ 1.2.1 ~ spielen ⟨a. fig.; umg.⟩ *heucheln, etwas vortäuschen* **2** *Gesamtheit aller Einrichtungen, die mit der Schauspielkunst zusammenhängen u. der Aufführung eines Bühnenstückes vor Zuschauern dienen* 2.1 *Institution für die Aufführung von Bühnenstücken;* beim ~ (angestellt) sein 2.1.1 zum ~ gehen *Schauspieler(in) werden* 2.2 *Gebäude, in dem Bühnenstücke aufgeführt werden;* was wird heute im ~ gegeben?; ins ~ gehen; das Stück habe ich kürzlich im ~ gesehen **3** *Gesamtheit der Zuschauer bei der Aufführung eines Bühnenstückes;* das ganze ~ lachte, tobte, schrie, brach in Beifallsstürme aus **4** *Gesamtheit der dramat. Werke eines Volkes od. einer Epoche;* Barock~; griechisches, römisches, deutsches, französisches ~

'The·ke ⟨f.; -, -n⟩ **1** *Schanktisch* **2** *Ladentisch*

'The·ma ⟨n.; -s, -men⟩ **1** *behandelter od. zu behandelnder Gegenstand, Stoff (bes. einer wissenschaftl. Arbeit, eines Vortrags usw.);* Aufsatz~, Gesprächs~; ein ~ behandeln, abhandeln; jmdm., sich ein ~ stellen; beim ~ bleiben; vom ~ abschweifen; das gehört nicht zum ~ **2** ⟨Mus.⟩ *aus mehreren Motiven bestehender wesentl. Inhalt eines Musikstücks od. eines Teils davon* 2.1 *bei Variationen die zugrunde liegende Melodie, die abgewandelt wird;* Sy *Subjekt(5)* ⟨veralt.⟩; musikalisches ~ **3** ⟨allg.⟩ *Leit-, Grundgedanke*

The'ma·tik ⟨f.; -; unz.⟩ **1** *Gruppe, Auswahl von Themen* **2** *Formulierung eines Themas* **3** *Kunst der Behandlung u. Ausführung eines musikal. Themas*

Theo·lo'gie ⟨f.; -; unz.⟩ *Lehre vom Glaubensinhalt einer Religion, bes. von der christlichen*

Theo're·ti·ker ⟨m.; -s, -⟩ **1** *jmd., bes. Wissenschaftler, der eine Sache od. ein Wissensgebiet gedanklich, betrachtend bearbeitet* **2** ⟨fig.⟩ *Mensch, der die Dinge nur gedanklich, begrifflich erfaßt u. dem die Einsicht in die Praxis, ins prakt. Leben fehlt*

theo're·tisch ⟨Adj.⟩ *nur auf dem Denken, auf der Theorie beruhend, (rein) gedanklich, begrifflich;* Ggs *praktisch*

Theo'rie ⟨f.; -, -n⟩ **1** *wissenschaftl., rein gedankl. Betrachtungsweise, wissenschaftl. Denken;* Ggs *Praxis(1);* grau, teurer Freund, ist alle ~ und grün des Lebens goldner Baum (Goethe, Faust I, Studierzimmer); in der ~ sieht manches anders aus als in der Praxis **2** *System von*

Hypothesen; eine ~ aufstellen 2.1 *Lehrmeinung* **3** ⟨Wissth.⟩ *Erkenntnis von gesetzl. Zusammenhängen, Erklärung von Tatsachen;* Relativitäts~

The·ra'pie ⟨f.; -, -n⟩ *heilende Behandlung von Kranken;* Radium~, Stoß~

ther'mal ⟨Adj. 24⟩ **1** *durch Wärme bewirkt* **2** *mit Hilfe warmer Quellen*

Ther·mo'me·ter ⟨n.⟩ *Gerät zum Messen der Temperatur;* Fieber~, Außen~, Zimmer~; das ~ fällt, steigt; das ~ zeigt 10 °C über, unter Null

'Ther·mos·fla·sche ⟨f.⟩ *Gefäß mit doppelten Wänden, in dem Speisen od. Getränke ihre Temperatur lange behalten*

Thing ⟨n.; -(e)s, -e; german. Recht⟩ = *Ding*[3]

Thron ⟨m.; -(e)s, -e⟩ **1** *prunkvoller Sessel eines regierenden Fürsten für feierl. Anlässe* **2** *Sinnbild der Herrscherwürde, des Herrschers, der monarch. Regierung;* die Stützen des ~s **2.1** den ~ besteigen *die Regierung beginnen* **2.2** dem ~ entsagen *auf die Regierung verzichten* **2.3** jmdn. auf den ~ erheben *jmdn. zum Herrscher erklären* **3** ⟨umg.; scherzh.⟩ *Nachtgeschirr, bes. für kleine Kinder*

'thro·nen ⟨V. 411⟩ *feierlich sitzen;* am obersten Ende der Tafel ~; auf einem Sessel ~; ~de Madonna ⟨Mal.⟩

Tick ⟨m.; -s, -s od. -e⟩ *wunderliche Angewohnheit*

'ticken ⟨-k·k-; V. 400⟩ etwas tickt *erzeugt ein knackendes u. klopfendes Geräusch;* die Uhr tickt

tief ⟨Adj.⟩ **1** *(verhältnismäßig) weit nach unten (reichend, sich erstreckend);* einen Pflock ~ in die Erde bohren; ein ~er Abgrund, ~es Wasser; ~ sinken; das Wasser ist hier drei Meter ~; ~ (im Schnee, Schlamm) einsinken **1.1** ~er Schnee *S., in dem man einsinkt* **2** *nahe dem Erdboden befindlich, weit unten, weit nach unten;* sich ~ hinunterbeugen; das Flugzeug, der Vogel fliegt ~; ~ unten; ein ~ ausgeschnittenes Kleid **3** ⟨a. fig.⟩ *weit nach innen reichend, im Innern von etwas (befindlich);* eine ~e Wunde; seine Augen liegen ~ in den Höhlen **3.1** ⟨60⟩ im ~en, ~sten Afrika *im Innern Afrikas* **3.2** ~ im Wald *weit drinnen im W.* **3.3** er ist mir in ~ster Seele verhaßt *gründlich verhaßt* **3.4** so etwas verabscheue ich aus ~ster Seele, aus ~stem Herzen *ganz und gar* **4** *weit nach hinten, in den Hintergrund reichend;* ein ~es Fach, ein ~er Schrank, eine ~e Bühne **5** *stark ausgehöhlt;* Ggs *flach(3);* ein ~er Teller, eine ~e Schüssel **6** ein ~es Blau, Rot *ein kräftiges, dunkles B., R.* **7** *stark, heftig, kräftig, intensiv, sehr;* ~e Ohnmacht, Bewußtlosigkeit; ich bedaure es ~, daß ...; das erschüttert, betrübt mich ~; der Vorwurf hat mich ~ getroffen; ich war ~ erschrocken, gekränkt, beleidigt; ich bin ~ gerührt; ~ atmen; ~ Luft holen; ~ seufzen; jmdm. ~ in die Augen schauen; der Glaube ist ~ in ihm verwurzelt; die Wege sind ~ verschneit; in ~es Sinnen, Nachdenken versunken ⟨fig.⟩; ~e Not, Verlassenheit, Einsamkeit ⟨fig.⟩ **7.1** aus ~stem Herzen *stark, herzlich, sehr;* jmdm. aus ~em Herzen danken; jmdn. aus ~stem Herzen bedauern, verabscheuen **7.2** ~er Schlaf *fester S.* **7.3** ⟨50⟩ ~ in Schulden stecken *große S. haben* **7.4** jmdn. im ~sten Frieden überfallen ⟨umg.⟩ *mitten im F., mitten in friedlicher Zeit* **7.5** ⟨90⟩ bis ~ in den Herbst, Winter, in die Nacht *bis weit in den H., W., die N.* **8** ⟨fig.⟩ *gründlich, intensiv* **8.1** ~ veranlagt sein, ein ~es Gemüt haben *tiefempfindend, nicht oberflächlich* **8.2** die Gefühle gehen (bei jmdm.) ~ *sind sehr intensiv u. wirken lange nach* **8.3** ~ nachdenken *scharf, angestrengt* **8.4** ein ~er Gedanke *tiefgründiger, tiefschürfender G.* **8.5** ein ~er Denker *tiefschürfender D.* **8.6** ⟨50⟩ das läßt ~ blicken *verrät mancherlei (Negatives)* **8.7** einen ~en Griff in den Beutel tun ⟨fig.⟩ *großzügig bezahlen* **8.8** ~ in den Beutel, die Tasche greifen müssen *viel bezahlen müssen* **9** ~er Ton ⟨Mus.⟩ *T. von geringer Schwingungszahl;* Ggs *hoch(14);* eine ~e Stimme haben

Tief ⟨n.; -s, -s⟩ **1** *Zone niedrigen Luftdrucks, Tiefdruckgebiet;* über Island liegt ein ausgedehntes ~ **2** *Senkung im Meeresboden* **3** = *Depression(1)* **4** = *Depression(2)*

'Tief·bau ⟨m.⟩ *Bau in u. unter der Erde sowie zu ebener Erde;* Ggs *Hochbau*

'Tief·druck ⟨m.⟩ *Druckverfahren, bei dem die druckenden Stellen (mit Druckfarbe gefüllt) vertieft in der Druckplatte liegen, z. B. beim Kupferstich;* Ggs *Hochdruck*

'Tie·fe ⟨f.; -, -n⟩ **1** *Abmessung, Ausdehnung nach unten;* Wasser~; die ~ des Meeres, des Schnees; die ~ des Wassers messen; der Fluß erreicht hier eine ~ von drei Metern **2** *Abmessung, Ausdehnung nach hinten;* die ~ des Schranks, der Fächer angeben **3** *Abgrund, etwas, was sich (weit) unten, im Verborgenen befindet;* in die ~ stürzen; ein Ruf aus der ~; in der ~ versinken **4** ⟨fig.⟩ *Verborgenheit* **4.1** in den ~n, in der ~ ihres Herzens lebte die Liebe noch heimlich fort *tief verborgen in ihrem Herzen* **4.2** die Höhen und ~n des Lebens ⟨fig.⟩ *die Freuden und Leiden des L.* **5** die ~ eines Gefühls *Stärke, Intensität* **5.1** die ~ eines Gedankens *tiefe(8.5) Beschaffenheit;* Gedanken~; Gedanken von großer ~

'tief·ge·hend ⟨Adj. 90⟩ **1** *stark eindringend, weit nach unten reichend;* eine ~e Wunde **2** ⟨fig.⟩ *stark fühlbar;* ein ~er Schmerz, eine ~e Kränkung

'tief·grün·dig ⟨Adj.; fig.⟩ *einer Sache auf den Grund gehend, die Dinge gründlich durchdenkend, philosophisch betrachtend;* ~e Gedanken; ein ~es Gespräch

'Tief·küh·lung ⟨f.⟩ **1** *Kühlung auf sehr niedrige Temperatur* **2** *Kühlung durch rasches Gefrieren (von Lebensmitteln)*

'Tief·punkt ⟨m.⟩ *tiefster Punkt (im Lauf einer Entwicklung);* Ggs *Höhepunkt;* auf dem ~ angekommen sein

'tief·schür·fend ⟨Adj.; fig.⟩ *gründlich, scharf durchdenkend od. durchdacht, nicht oberflächlich*

'tief·sin·nig ⟨Adj.⟩ **1** *gedankentief, tiefgründig* **2** *gründlich durchdacht;* eine ~e Abhandlung; ~e Betrachtungen anstellen **3** ⟨umg.⟩ *trübsinnig;* ~ vor sich hinstarren

'Tie·gel ⟨m.; -s, -⟩ **1** = *Pfanne(1)* **2** *Metallplatte (der Tiegeldruckpresse)*

Tier ⟨n.; -(e)s, -e⟩ *Lebewesen (außer dem Menschen), das sich von organischen Stoffen ernährt u. die Fähigkeit besitzt, sich zu bewegen u. auf Reize zu reagieren;* ~e dressieren; sich

~e halten; ein ~ schlachten; ein nützliches, schädliches, wildes, zahmes ~

'Tier·gar·ten ⟨m.⟩ *zoologischer Garten mit großen gärtnerischen Anlagen*

'tie·risch ⟨Adj.⟩ **1** ⟨60⟩ *von Tieren stammend;* ~e Fette **2** ⟨fig.⟩ *auf das Niveau eines Tieres herabgesunken;* ~e Roheit **3** ⟨60⟩ ~er Ernst ⟨fig.; umg.⟩ *tiefer, humorloser E.;* etwas mit ~em Ernst betreiben

'Ti·ger ⟨m.; -s, -⟩ *Großkatze mit gelblichem, quer gestreiftem Fell, die auch dem Menschen gefährlich werden kann: Panthera tigris*

'til·gen ⟨V. 500⟩ **1** eine Schuld ~ *durch Zurückzahlen (aus)löschen* **2** eine Sache ~ ⟨geh.⟩ *endgültig beseitigen;* eine Erinnerung aus dem Gedächtnis ~

'Tin·gel·tan·gel ⟨n. od. m.; -s, -⟩ *Varieté od. Tanzlokal niederen Ranges*

Tink'tur ⟨f.; -, -en⟩ **1** *Auszug aus pflanzl. od. tier. Stoffen* **2** *Färbemittel*

'Tin·te ⟨f.; -, -n⟩ **1** *Flüssigkeit zum Schreiben aus Lösungen od. Suspensionen von Farbstoffen in Wasser;* blaue, grüne, rote, schwarze ~ 1.1 → a. *klar(1.6), rot(1.0.4)* **2** in der ~ ⟨fig.; umg.⟩ *in einer unangenehmen Lage* 2.1 sich in die ~ setzen ⟨fig.; umg.⟩ *sich in eine unangenehme Lage bringen* 2.2 in der ~ sitzen ⟨fig.; umg.⟩ *in einer unangenehmen Lage sein*

Tip ⟨m.; -s, -s⟩ **1** ⟨allg.⟩ *Wink, Hinweis, Rat;* jmdm. einen ~ geben; das war ein guter ~ 1.1 ⟨Börse⟩ *Andeutung, Hinweis auf gute Wertpapiere* **2** ⟨Toto; Lotto⟩ *Wette auf den Sieger od. die zu ziehende Zahl*

'tip·pen ⟨V.⟩ **1** ⟨411⟩ an etwas ~ 1.1 *etwas mit dem Finger, Zeh, Fuß leicht berühren* 1.2 ⟨fig.⟩ *vorsichtig von etwas sprechen, etwas andeutungsweise erwähnen od. kritisieren* 1.3 daran ist nicht zu ~ ⟨fig.; umg.⟩ *das ist völlig richtig, nicht widerlegbar* 1.4 ⟨611/R5 od. R6 od. 511/R7 od. R8⟩ jmdm. od. jmdn. an (in, auf) etwas ~ *tippend(1.1) berühren;* jmdm. auf die Schulter ~; sich an die Stirn ~ (zum Zeichen, daß man etwas od. jmdn. dumm findet) **2** ⟨402⟩ (Texte) ~ *auf der Maschine schreiben;* ich habe drei Stunden getippt; eine Arbeit, einen Text ~ **3** ⟨800⟩ auf etwas ~ *etwas erraten, voraussagen;* auf was tippst du?; falsch, richtig ~ 3.1 ⟨400; Sp. Toto, Lotto⟩ *wetten;* sie tippt schon so lange und hat noch nichts gewonnen

Ti'ra·de ⟨f.; -, -n⟩ **1** ⟨Gesangskunst⟩ *Lauf schnell aufeinanderfolgender Töne* **2** *Wortschwall*

Tisch ⟨m.; -(e)s, -e⟩ **1** *Möbelstück aus einer waagerechten Platte, die auf einem oder mehreren Beinen ruht;* Schreib~; ein langer, niedriger, ovaler, rechteckiger, runder ~; den Kopf auf den ~ legen (vor Erschöpfung); die Arme auf den ~ stützen 1.1 *Tisch(1), auf dem gegessen wird;* Eß~; sich einen ~ (im Restaurant) reservieren lassen; den ~ decken, abdekken; es wird (das) gegessen, was auf den ~ kommt (energ. Mahnung an Kinder); vom ~ aufstehen 1.1.1 Trennung von ~ und Bett *eheliche Trennung, Scheidung* 1.2 ⟨m. Präp. u. ohne Art.⟩ *das Essen, die Mahlzeit;* jmdn. zu ~ bitten; vor ~; bei ~; nach ~ 1.2.1 bitte zu ~! *bitte zum Essen (kommen)* 1.2.2 eine Dame zu ~e führen *als Tischherr eine Dame zum Essen führen (bei Gesellschaften)* 1.3 der ~ des Herrn *der Altar* 1.3.1 zum ~ des Herrn gehen *das Abendmahl nehmen* 1.4 jmdn. unter den ~ trinken *so lange mit ihm trinken, bis er völlig betrunken ist, selbst mehr trinken können als der andere* **2** auf den ~ bringen ⟨a. fig.⟩ *offen, ohne Vorbehalte darlegen* 2.1 etwas auf den ~ des Hauses legen ⟨fig.⟩ *feierlich od. nachdrücklich niederlegen, jmdm. überreichen* 2.2 etwas unter den ~ fallen lassen ⟨a. fig.⟩ *absichtlich nicht mehr berücksichtigen, in Erinnerung rufen, darauf aufmerksam machen;* die Sache ist unter den ~ gefallen 2.4 → a. *Fuß(1.7)*

'Tisch·ler ⟨m.; -s, -⟩ *Handwerker, der Möbel herstellt;* Sy *Schreiner*

Ti'tan[1] ⟨m.; -en, -en⟩ **1** ⟨griech. Myth.⟩ *Angehöriger eines göttl. Geschlechts von Riesen, das sich gegen Zeus erhob u. von ihm in den Tartarus gestürzt wurde* **2** *Riese*

Ti'tan[2] ⟨n.; -s; unz.; Zeichen: Ti⟩ *chem. Element, weißes, hartes, glänzendes Metall, Ordnungszahl 22*

ti'ta·nisch ⟨Adj. 24⟩ **1** *zu den Titanen[1](1) gehörend, in der Art eines Titanen[1](1)* **2** *riesenhaft, von großer Stärke*

'Ti·tel ⟨m.; -s, -⟩ **1** *Bezeichnung des Ranges einer Person;* einen ~ führen; jmdn. mit seinem ~ anreden 1.1 *ehrenvoller, durch eine Prüfung erworbener od. für Verdienste verliehener Zusatz zum Namen;* Doktor~; akademischer ~ 1.2 *durch Geburt erworbene Bezeichnung des Ranges als Zusatz zum Namen;* Grafen~, Herzogs~ 1.3 *Amtsbezeichnung, z. B. Regierender Bürgermeister* 1.4 *in sportl. Wettkämpfen errungene Bezeichnung des Ranges;* den ~ des Weltmeisters im Boxen verteidigen **2** *kennzeichnender Name eines Buches od. Kunstwerkes;* Buch~, Film~, Opern~ **3** *Name od. Ziffer des Abschnitts eines Gesetzes, einer Verordnung od. einer Drucksache;* diese Mittel sind unter ~ 5 des Haushaltsplanes ausgewiesen

ti·tu'lie·ren ⟨V. 500⟩ **1** etwas ~ *mit einem Titel versehen, benennen;* ein Buch ~ **2** ⟨R7 od. R8⟩ jmdn. ~ *mit einem Titel anreden* 2.1 ⟨umg.; scherzh.⟩ *bezeichnen, nennen*

Toast ⟨[to:st] m.; -es, -e od. -s⟩ **1** *geröstete Scheibe Weißbrot* **2** = *Trinkspruch;* einen ~ auf jmdn. ausbringen

'to·ben ⟨V. 400⟩ **1** etwas tobt *ist in heftiger Bewegung, findet in sehr intensiver Weise statt;* ein Unwetter tobte gestern über der Stadt; der Kampf, die Schlacht tobte 1.1 der See tobt *schlägt wilde Wellen* 1.2 der Wasserfall, Wildbach tobt *braust wild* 1.3 der Sturm tobt (ums Haus) *weht wild, heult (ums H.);* ~der Sturm **2** *außer sich sein, wild, wütend sein, rasen;* vor Schmerz, Wut ~; ~d um sich schlagen **3** Kinder ~ *tollen, lärmen, laufen ausgelassen herum u. spielen;* hier im Wald können die Kinder ordentlich ~

'Tob·sucht ⟨f.; -; unz.⟩ *häufig wiederkehrender, bis zur Unerträglichkeit gesteigerter Reizzustand*

'Toch·ter ⟨f.; -, ⸚⟩ **1** *weibl. Kind in Beziehung auf die Eltern;* Ihr Fräulein ~, Ihre Frau ~; die ~ des Hauses; er hat zwei kleine, große, erwachsene Töchter **2** ⟨schweiz.⟩ *Mädchen, unverheiratete Person;* Lehr~, Saal~; eine ~ aus gutem Hause

Tod ⟨m.; -(e)s, (selten) -e⟩ **1** *Sterben, Aufhören aller Lebensvorgänge;* der ~ hat ihn ereilt;

den ~ (nicht) fürchten; den ~ herbeisehnen, herbeiwünschen; gegen den ~ ist kein Kraut gewachsen; dem ~e nahe sein; ein ruhiger, sanfter, schöner, schmerzloser ~; einen sanften ~ sterben; ein früher, plötzlicher, unerwarteter ~; jmdn. zum ~e verurteilen; den ~ am Galgen sterben; der ~ auf dem Scheiterhaufen; ~ durch Erschießen, durch das Beil, den Strang; Liebe, Treue über den ~ hinaus; bis daß der ~ euch scheide (Trauungsformel); für eine Überzeugung, für jmdn. in den ~ gehen; an jmds. ~ schuld sein; eine Tat mit dem ~e bezahlen; eine Schuld mit dem ~e büßen; jetzt, hier geht es um Leben und ~; jmdn. vom ~e erretten; kurz vor, nach seinem ~e **1.0.1** treu bis in den ~ *bis ans Lebensende treu sein* **1.1** den ~ in den Wellen finden *ertrinken* **1.2** jmdn. auf den ~ verwunden *so verwunden, daß er daran stirbt* **1.3** ein Tier zu ~e hetzen, schlagen, prügeln, quälen *ein Tier solange hetzen usw., bis es stirbt* **1.4** auf den ~ krank sein *todkrank* **1.5** (bei etwas) den ~ erleiden *durch Gewalteinwirkung sterben* **1.5.1** wenn das geschieht — das wäre mein ~ *das könnte ich nicht ertragen, nicht überleben* **1.6** er ist ein Kind des ~es *er wird sterben, er ist zum Sterben verurteilt* **1.7** eines natürlichen ~es sterben *durch Krankheit, Altersschwäche u. ä. sterben* **1.8** eines gewaltsamen, unnatürlichen ~es sterben *durch Unfall, Kriegseinwirkung, Mord, Hinrichtung u. ä. sterben* **1.9** (sich) zu ~e fallen, stürzen *so fallen, daß man an den Verletzungen stirbt* **1.11** j m d n. i n d e n ~ j a g e n, t r e i b e n *an jmds. Sterben schuld sein, jmds. Sterben verursachen* **2** ⟨fig.⟩ *der gedachte Verursacher des Todes(1);* es ist ein Schnitter, heißt der ~ (Anfang eines Volksliedes); der ~ als Schnitter, Sensenmann, Gerippe (dargestellt); im Wald lauert der ~; bleich wie der ~ aussehen; ~ und Teufel! (Fluch) **2.1** der ~ nahm ihm die Feder, den Pinsel aus der Hand *er starb während seiner Arbeit, über seinem Werk* **2.2** der ~ hielt furchtbare Ernte ⟨fig.⟩ *raffte die Menschen dahin* **3** ⟨fig.⟩ *Ende, Erlöschen (eines Vorgangs, einer Entwicklung, eines Zustandes);* das ist der ~ aller Gemeinsamkeit **4** z u ~e ⟨verstärkend⟩ *sehr;* zu ~e erschrecken; zu ~e betrübt; sich zu ~e langweilen ⟨umg.⟩; sich zu ~e ärgern ⟨umg.⟩ **4.1** das kann ich auf den ~ nicht leiden ⟨umg.⟩ *ganz und gar nicht, das ist mir äußerst unangenehm* **4.2** mit dem ~e kämpfen *dem Tode nahe sein, lebensgefährlich krank sein* **4.3** jmdn. zu ~e hetzen *bis zur Erschöpfung hetzen, verfolgen* **4.4** sich zu ~e schinden ⟨umg.⟩ *bis zur Erschöpfung arbeiten* **4.5** einen Witz, ein Beispiel zu ~e hetzen *zum Überdruß wiederholen, so oft wiederholen, daß er, es langweilig wird*

'To·des·fall ⟨m.⟩ *Tod einer Person, bes. innerhalb einer Familie od. anderen Gemeinschaft;* wegen ~s vorübergehend geschlossen

'To·des·stoß ⟨m.⟩ **1** *Stoß mit einer Stichwaffe, als dessen Folge der Tod eintritt* **1.1** jmdm. oder einem Tier den ~ geben *jmdn. od. ein Tier, der bzw. das schon dem Tode nahe ist, töten* **1.2** jmdm. den ~ geben ⟨fig.⟩ *jmdn., dem es finanziell sehr schlecht geht, vollends ruinieren*

'To·des·ver·ach·tung ⟨f.⟩ **1** *keine Furcht vor dem Tode* **2** ⟨fig.; umg.⟩ *sehr große Überwindung;* etwas mit ~ tun

'töd·lich ⟨Adj. 24⟩ **1** *todbringend, zum Tode führend, den Tod zur Folge habend;* Körperverletzung mit ~em Ausgang; ~es Gift; ein ~er Schlag, Sturz; ~e Verletzungen; ~ verunglücken; jmdn. ~ verwunden **2** ⟨verstärkend⟩ *in sehr hohem Maße, sehr groß, sehr stark;* sich ~ langweilen; ~ beleidigt sein ⟨umg.; scherzh.⟩ **2.1** ~er H a ß *unversöhnlicher H.* **2.2** mit ~er S i c h e r h e i t ⟨fig.⟩ *mit absoluter, völliger S.*

Toi'let·te ⟨[twa-] f.; -, -n⟩ **1** *(Waschraum mit) Abort[1];* auf die ~ gehen **2** ⟨unz.⟩ *Körperpflege, Ankleiden u. Frisieren (bes. für festl. Gelegenheiten);* noch, gerade bei der ~ sein **2.1** ~ m a c h e n *sich sorgfältig anziehen u. zurechtmachen* **3** *Möbelstück, das mit allen für die Körperpflege u. zum Frisieren benötigten Gegenständen versehen ist;* Frisier~ **4** *Damenkleidung samt Zubehör (bes. für festl. Gelegenheiten);* die Damen erschienen in großer ~

to·le'rant ⟨Adj.⟩ *duldsam, nachsichtig, weitherzig, großzügig*

toll ⟨Adj.⟩ **1** ⟨70⟩ *an Tollwut erkrankt, tollwütig;* der Hund ist ~ **2** *verrückt, geistesgestört, wahnsinnig;* bist du ~?; der Schmerz machte ihn (fast) ~; er schrie, schlug um sich, gebärdete sich wie ~; dabei kann man ja ~ werden **3** *ausgelassen, wild, zügellos, verwegen;* eine ~e Fahrt, ein ~er Ritt; ~es Treiben; er treibt es (denn doch) zu ~; da geht es ja ~ zu; ein ~er Bursche, Kerl; ein ~er Streich **3.1** *unglaublich, unerhört, schlimm;* das ist doch ~!; ein ~er Lärm **3.1.1** paß nur auf, es kommt noch ~er! *es wird noch schlimmer, aufregender* **4** ⟨umg.⟩ *überdurchschnittlich gut, schön, großartig, herrlich, begeisternd;* wie war es gestern auf dem Fest, im Theater? ~!; ~, wie du das kannst, machst!; ein ~es Buch, ~er Film; ein ~es Haus, Kleid; das sieht (einfach) ~ aus; eine ~e Frau **5** ⟨umg.; verstärkend⟩ *sehr (stark, heftig);* es hat heute ~ geschneit; ich habe mich ~ gefreut; ~ viel **5.1** da hast du aber ~es Glück gehabt *(unerwartet) viel G.*

'tol·len ⟨V. 411(h.) od. (s.)⟩ *wild u. fröhlich spielen, lärmend u. fröhlich herumlaufen;* im Garten, im Wald können die Kinder ordentlich ~

'toll·kühn ⟨Adj.⟩ *sehr kühn, die Gefahr, den Tod nicht scheuend;* ein ~er Mensch; eine ~e Tat; ein ~es Unternehmen

'Toll·wut ⟨f.⟩ *durch Biß übertragene, auch beim Menschen vorkommende Viruskrankheit warmblütiger Tiere, die sich u. a. in rasender Wut äußert: Lyssa, Rabies*

'Tol·patsch ⟨m.; -(e)s, -e⟩ *ungeschickter Mensch*

'Töl·pel ⟨m.; -s, -⟩ **1** *schwerfälliger, einfältiger Mensch;* oh, ich ~! **2** ⟨Zool.⟩ *Angehöriger einer Familie gänsegroßer, starkschnäbliger Ruderfüßer, die stoßtauchend Fische erbeuten: Sulidae*

To'ma·te ⟨f.; -, -n⟩ **1** *Nachtschattengewächs mit roten, auch gelben Früchten: Lycopersicum esculentum* **2** *die Frucht der Tomate(1);* rot wie eine ~ sein; jmdn. mit faulen ~n bewerfen **3** t r e u l o s e ~ ⟨fig.; umg.; scherzh.⟩ *unzuverlässiger Mensch*

Ton[1] ⟨m.; -s, -e⟩ **1** ⟨Geol.⟩ *Sedimentgestein mit Korngrößen unter 0,02 mm, das aus Verwitte-*

rungsresten (wie Quarz, Glimmer, Feldspat), Verwitterungsneubildungen, insbes. Tonmineralen, Organismenresten u. a. besteht **2** *hauptsächlich aus Ton(1) bestehender, in feuchtem Zustand weicher u. formbarer Rohstoff, der von Töpfern u. Bildhauern verwendet wird;* eine Figur in ~ bilden, aus ~ kneten; eine Vase aus ~

Ton² ⟨m.; -(e)s, ¨-e⟩ **1** *hörbare Schwingung der Luft* **1.1** *Klang;* ein blecherner, metallischer ~ **1.2** ⟨Phys.⟩ *mit dem Ohr wahrnehmbare, periodisch rasche Luftschwingung, Sinusschwingung* **1.3** *Laut;* ein klagender, schriller, wimmernder ~; keinen ~ von sich geben **1.4** ⟨Mus.⟩ *aus mehreren harmonischen Komponenten zusammengesetzte elementarste Einheit* **1.5** ⟨Mus.⟩ *Höhe des Tones;* ein falscher ~; den ~ nicht halten (beim Singen) **1.5.1** den ~ angeben *den Grundton anschlagen (als Hilfe für die Sänger)* **1.6** ⟨Mus.⟩ *Intervall zwischen den Einheiten;* ein halber, ganzer ~ **1.7** der ~ eines Instruments ⟨Mus.⟩ *Klangfarbe, Klangart;* das Klavier hat einen schönen ~ **2** ⟨fig.⟩ *Art des Sprechens, Umgangston, die Art, innerhalb einer Gemeinschaft miteinander zu sprechen;* etwas in vorwurfsvollem, wehleidigem ~ sagen; in freundlichem, barschem ~ sprechen; er redete im ~ eines Schulmeisters; diesen ~ verbitte ich mir!; etwas in barschem, befehlendem, freundlichem, scharfem ~ zu jmdm. sagen; in lautem, leisem ~ sprechen **2.1** was ist denn das für ein ~? *für eine unangemessene, unverschämte Sprechweise?* **2.2** *Art der Beziehung zwischen Personen, Atmosphäre;* der ~ hier bei uns ist rauh, aber herzlich; hier herrscht ein kameradschaftlicher, liebenswürdiger, herzlicher, rauher ~ **2.3** der ~ macht die Musik ⟨fig.⟩ *die Art u. Weise wie etwas gesagt wird, entscheidet darüber, ob eine Äußerung als freundlich od. unfreundlich zu beurteilen ist* **3** *Betonung, Nachdruck, Akzent;* der ~ liegt auf der ersten, zweiten, letzten Silbe **4** der ~ einer Farbe *Farbnuance, Schattierung, Spur;* die Farbe ist einen ~ zu hell, zu dunkel; die Vorhänge haben einen anderen ~ als die Tapeten **5** hast du, haste Töne? ⟨fig.; umg.; urspr. berlinisch⟩ *ist das möglich? (Ausruf des Erstaunens)* **5.1** den ~ angeben (in etwas) *Vorbild, Richtlinie sein, das Verhalten der andern bestimmen*

'ton·an·ge·bend ⟨Adj. 24/70⟩ *eine Gesellschaft bestimmend, sie beherrschend*

'Ton·art ⟨f.⟩ **1** ⟨i. w. S.⟩ *auf einem Grundton beruhendes System von Tönen als Grundlage von Musikstücken* **1.1** ⟨i. e. S.; seit dem 19. Jh.⟩ *Beziehung der Tongeschlechter (Dur u. Moll) auf einen Grundton;* Dur~, Moll~; ein Stück aus einer ~ in eine andere transponieren; in welcher ~ steht das Stück? **2** ⟨fig.⟩ **2.1** *Art des Sprechens, Ton(2)* **2.2** eine andere ~ anschlagen *sein Verhalten ändern, insbes. strenger, energischer sprechen, auftreten* **2.3** das kann ich in allen ~en singen ⟨umg.⟩ *das habe ich schon allzu oft gehört*

'Ton·band ⟨n.⟩ *magnetisierbare Eisenteilchen enthaltendes Kunststoffband zur Speicherung von Schallwellen*

'tö·nen ⟨V.⟩ **1** ⟨400⟩ etwas tönt *gibt Töne, Klänge von sich;* die Glocken tönten; von irgendwoher tönte ein Lautsprecher, ein Ruf, eine Stimme; dumpf, hell, laut, leise, schrill ~ **1.1** ~de Worte *leere, nichtssagende W.* **2** ⟨800⟩ von etwas ~ ⟨fig.; umg.⟩ *prahlend, wichtigtuerisch von etwas sprechen;* sie tönt ständig von ihrer Emanzipiertheit **3** ⟨500⟩ etwas ~ *abschattieren, eine Schattierung anbringen an od. in etwas, ein wenig farbig machen;* sich das Haar (kupferrot o. ä.) ~ lassen; ein Bild dunkler ~; die Wand ist (leicht) gelblich, grünlich getönt

'tö·nern ⟨Adj. 24⟩ **1** *aus Ton* **1.1** ⟨60⟩ die Sache, das Unternehmen steht auf ~en Füßen ⟨fig.⟩ *ist unsicher, hat keine feste Grundlage*

'Ton·fall ⟨m.; unz.⟩ *die Art der Betonung innerhalb des Satzes, Sprachmelodie;* bairischer, sächsischer ~; singender ~

'Ton·lei·ter ⟨f.⟩ *vom Grundton ausgehende Folge der durch Tonart und Tongeschlecht bestimmten Ganz- u. Halbtöne innerhalb einer Oktave;* Sy *Skala(3);* C-Dur-~, a-Moll-~; ~n üben

'Ton·ne ⟨f.; -, -n⟩ **1** *großes Faß* **2** *Maßeinheit für Gewicht, 1000 kg* **3** ⟨früher⟩ *Hohlmaß, bes. für Wein u. Bier, 100 bis 700 l* **4** *schwimmendes Seezeichen in Form einer Tonne(1), oft mit Signaleinrichtung;* Heul~ **5** ⟨fig.; umg.⟩ *sehr dicke Frau*

Topf ⟨m.; -(e)s, ¨-e⟩ **1** *tiefes, meist zylinderförmiges Gefäß* **1.1** *Gefäß zum Kochen, Kochtopf;* ein ~ voll Wasser, Suppe; den ~ aufs Feuer setzen, vom Feuer nehmen **1.1** *Blumentopf;* die Pflanze in einen größeren ~ umpflanzen **1.2** *Nachttopf;* den ~ leeren; ein Kind auf den ~ setzen **2** ⟨fig.⟩ **2.1** das ist noch nicht in dem ~, wo's kocht ⟨fig.; umg.⟩ *das ist noch nicht im Gange, noch nicht spruchreif* **2.2** alles in einen ~ werfen ⟨fig.; umg.⟩ *alles unterschiedslos behandeln* **2.3** → a. *ander(1.4), Nase(3.0.3)*

'Töpf·chen ⟨n.; -s, -⟩ **1** *kleiner Topf;* die guten ins ~, die schlechten ins Kröpfchen (nach der Formel in dem Märchen „Aschenbrödel", in dem die Tauben dem Mädchen helfen, Körner auszulesen) **2** *Nachttopf für Kinder;* ein Kind aufs ~ setzen

'Töp·fer ⟨m.; -s, -⟩ **1** *Handwerker, der Töpfe u. andere Gegenstände aus Ton herstellt* **2** *Lehrberuf mit dreijähriger Lehrzeit* **3** *Ofensetzer*

Tor¹ ⟨m.; -en, -en; geh.⟩ **1** *einfältiger Mensch;* da steh ich nun, ich armer ~, und bin so klug als wie zuvor (Goethe, Faust I, Nacht) **2** *töricht handelnder Mensch, Narr;* oh, ich ~!

Tor² ⟨n.; -(e)s, -e⟩ **1** *(meist aus zwei Flügeln bestehende, sich in einem Abstand vor einem Gebäude befindende) große Tür, Eingang;* Scheunen~, Stadt~; das ~ öffnen, schließen; ein vergoldetes ~ **1.1** vor den ~en der Stadt ⟨früher⟩ *außerhalb der Stadt* **1.2** ⟨Geogr.⟩ *schmaler, natürlicher Durchgang;* Felsen~ **1.3** → a. *Kuh(2), Tür(7.1)* **2** ⟨Sp.⟩ *durch zwei Pfosten bezeichnete Stelle, durch die bei bestimmten Wettfahrten (z. B. beim Schilauf) gefahren werden muß* **3** ⟨Fußb., Hockey u. a.⟩ *Vorrichtung aus zwei Längs- u. einer darüberliegenden Querstange mit Drahtnetz als Ziel, in das der Ball gebracht werden muß* **3.1** *mit dem Ball erzielter Treffer im Tor²(3);* ein ~ schießen **3.1.1** ~! *(Ausruf, wenn eine Mannschaft ein Tor²(3.1) erzielt)*

Torf ⟨m.; -(e)s; unz.⟩ *in trockenem Zustand brennbare Bodenart aus einem Gemenge von kohlenstoffreichen, im Wasser unvollständig zersetzten Pflanzenteilen;* ~ stechen

'tö·richt ⟨Adj.⟩ **1** *einfältig;* ein ~er Mensch **2** *unklug, unvernünftig;* es ist ~, zu glauben, daß ...

'tor·keln ⟨V. 400⟩ **1** *so stark schwanken, daß kaum die aufrechte Haltung beibehalten werden kann;* als sie aus der Kneipe kamen, torkelten sie **2** ⟨411(s.)⟩ *sich torkelnd(1) (fort)bewegen;* der Betrunkene torkelte über die Straße

Tor'ni·ster ⟨m.; -s, -⟩ **1** ⟨Mil.⟩ *Ranzen aus Segeltuch od. Fell* **2** *Schulranzen*

tor·pe'die·ren ⟨V. 500⟩ **1** Schiffe ~ *mit einem Torpedo beschießen* **2** Maßnahmen ~ ⟨fig.; umg.⟩ *verhindern, stören*

Tor'pe·do ⟨m.; -s, -s⟩ *durch eigene Kraft sich fortbewegendes unter Wasser eingesetztes Geschoß gegen Schiffe, das von Schiffen u. von U-Booten aus einem Rohr durch Preßluft ausgestoßen wird*

'Tor·so ⟨m.; -s, -s⟩ **1** *nicht vollendete od. nicht vollendet erhaltene Statue, die (meist) nur aus Rumpf u. Kopf besteht;* Sy *Fragment(3)* **2** ⟨fig.⟩ *unvollendetes Werk*

'Tor·te ⟨f.; -, -n⟩ *kreisrunder, gefüllter od. mit Obst belegter Kuchen;* Buttercreme~, Obst~

Tor'tur ⟨f.; -, -en⟩ **1** = *Folter* **2** ⟨fig.⟩ *Qual, Quälerei, Plage*

'Tor·weg ⟨m.⟩ *Durchlaß (für Wagen), der mit einem Tor*[2] *abgeschlossen werden kann*

'to·sen ⟨V. 400⟩ **1** *laut brausen, wild rauschen, lärmend fließen;* der Wasserfall, Wildbach tost **1.1** ~der Beifall ⟨fig.⟩ *rauschender, sehr lauter B.*

tot ⟨Adj. 24⟩ **1** *gestorben, des Lebens beraubt, leblos, entseelt;* der Verunglückte war sofort ~; das Kind wurde ~ geboren; seine Eltern sind ~; der Verschüttete konnte nur ~ geborgen werden; er lag da wie ~; ~ umfallen; einen Vermißten für ~ erklären lassen **1.1** ein ~er Hund beißt nicht mehr *vor Toten ist man sicher* **2** *ohne Leben* **2.1** ein ~er Ast, Baum *abgestorbener A., B.* **2.2** ~es Inventar *Möbel, Liegenschaften u. a. Vermögenswerte;* Ggs *lebendes Inventar* **3** ⟨70; fig.; umg.⟩ *erschöpft, sehr müde;* sie waren vor Schreck mehr ~ als lebendig ⟨scherzh.⟩ **4** eine Gegend ist ~ ⟨fig.⟩ *öde, unbelebt, ohne Bewegung;* X ist heute eine ~e Stadt **5** ⟨60⟩ *nicht weiterführend, nicht nutzbar, keinen Ertrag abwerfend* **5.1** ~er Arm eines Flusses *A., der nicht weiterführt* **5.2** ~es Gleis *nicht weiterführendes G., auf dem Eisenbahnwagen abgestellt werden;* ~er Strang **5.2.1** eine Sache aufs ~e Gleis schieben ⟨fig.⟩ *zurückstellen, nicht mehr beachten* **5.3** ~e Leitung *elektr. L., die keine Verbindung herstellt, keinen Strom führt* **5.4** ~er Punkt **5.4.1** ⟨Techn.⟩ *Stellung eines Getriebes, bei der keine Kraft übertragen werden kann* **5.4.2** ⟨fig.⟩ *Stadium, in dem es nicht weitergeht;* die Verhandlungen sind an einem ~en Punkt angelangt; bei meiner Arbeit habe ich den ~en Punkt überwinden können **5.5** ~e Energie ⟨Phys.⟩ *E. eines ruhenden Körpers;* Ggs *lebendige Energie* **5.6** ~er Mann ⟨Bgb.⟩ *Teil der Grube, in dem nichts mehr abgebaut wird* **5.7** ~e Last, ~er Ballast *ohne Nutzwert* **5.8** ~es Kapital *K., das keinen Ertrag abwirft* **5.9** ihre Liebe ist ~ *erloschen, erstorben* **6** ⟨70; fig.⟩ **6.1** ~e Farben *stumpfe, nicht frische, glanzlose F.* **6.2** den ~en Mann machen (beim Schwimmen) *bewegungslos rücklings auf dem Wasser liegen* **6.3** ~es Gewicht eines Fahrzeugs *sein Eigengewicht* **6.4** ~es Rennen ⟨Sp.⟩ *unentschiedenes R.* **6.5** ~e Sprache *S., die nicht mehr gesprochen wird;* Ggs *lebende(6.3) Sprache* **6.6** ~er Raum, Winkel ⟨Mil.⟩ *von Geschossen nicht erreichbares Gebiet* **6.7** ~er Gang ⟨Tech.⟩ = *Schlupf(2)* **6.8** Tote Hand *öffentlich-rechtliche Körperschaft oder Stiftung (früher nur Kirche), deren Eigentum früher unveräußerlich und unvererbbar war* **6.9** das Tote Meer *See im Nahen Osten, in dem wegen des hohen Salzgehalts keine Lebewesen leben können*

to'tal ⟨Adj. 24⟩ *ganz, gänzlich, vollständig*

to·ta·li'tär ⟨Adj.⟩ **1** *die Gesamtheit umfassend* **2** *sich alles unterwerfend;* ein ~er Staat, ~es Regime; ~ regieren

'tö·ten ⟨V. 500⟩ **1** ⟨R7⟩ ein Lebewesen ~ *totmachen, gewaltsam des Lebens berauben;* einen Menschen, ein Tier ~; du sollst nicht ~ (eines der 10 Gebote); wenn Blicke ~ könnten (erg.: dann wäre ich jetzt tot)! ⟨umg.⟩ **2** etwas ~ ⟨fig.⟩ *vernichten, zerstören* **2.1** einen Nerv ~ *unempfindlich machen, abtöten* **2.2** die Zigarette ~ ⟨fig.⟩ *ausdrücken*

'To·te(r) ⟨f. 2 (m. 1)⟩ **1** *Person, die gestorben ist, toter Mensch;* hier ist ja ein Lärm, um einen ~n, um ~ aufzuwecken; einen ~n begraben, bestatten, beisetzen, einäschern; der ~n gedenken; bei dem Unfall hat es fünf ~ gegeben ⟨umg.⟩ **1.1** das Reich der ~n ⟨Myth.; Rel.⟩ *Unterwelt, Jenseits* **1.2** die ~n soll man ruhen lassen *über Tote soll man nichts Nachteiliges mehr sagen*

'tot·ge·bo·ren ⟨Adj. 24/60⟩ **1** *tot zur Welt gekommen;* ein ~es Kind **1.1** das ist ein ~es Kind ⟨fig.⟩ *ein Unternehmen, das von vornherein keine Aussicht auf Erfolg hat*

'tot|sa·gen ⟨V. 500⟩ jmdn. ~ *das Gerücht verbreiten, daß jmd. gestorben sei*

'tot|schla·gen ⟨V. 218/500⟩ **1** ⟨R8⟩ jmdn. od. ein Tier ~ *durch Schlagen töten, erschlagen;* du kannst mich ~, ich weiß es wirklich nicht mehr, ich komme nicht darauf ⟨umg.; verstärkend⟩ **2** die Zeit ~ ⟨fig.⟩ *mit irgend etwas verbringen, weil man nichts Rechtes anfangen kann, sich die Langeweile vertreiben;* ich mußte zwei Stunden auf den nächsten Zug warten, und um die Zeit (bis dahin) totzuschlagen, ging ich ins Kino

'tot|stel·len ⟨V. 500/R3⟩ **1** sich ~ *bewegungslos liegen u. so den Tod vortäuschen* **1.0.1** ein Tier stellt sich tot *tut, als ob es tot sei*

Tour ⟨[tu:r] f.; -, -en⟩ **1** *kreisförmige Bewegung* **1.1** in einer ~ ⟨fig.; umg.⟩ *immer wieder;* das Kind bettelt in einer ~ **2** ⟨Tech.⟩ *Umdrehung einer Welle;* die Maschine macht 4500 ~en in der Minute **2.1** auf vollen ~en *mit voller Leistung* **2.2** auf ~en kommen *in Gang, Schwung kommen* **2.3** auf ~en sein *in guter Verfassung sein* **3** *Rundgang, Rundfahrt;* Auto~, Berg~; eine schöne, weite, anstrengende ~ machen **3.1** ~ de France ⟨[də'frãs]; f.;--, -s-- [tu:r]⟩ *jährl. stattfindendes Radrennen von Berufssportlern in mehre-*

ren Etappen durch Frankreich 3.2 ~ de Suisse ⟨[- də'syis]; f.; - - -, -s - -; [tu:r]⟩ *jährlich stattfindendes Radrennen von Berufssportlern in mehreren Etappen durch die Schweiz* **4** *Runde* **4**.1 *in sich geschlossener Abschnitt eines Tanzes;* eine ~ tanzen **4**.2 *Reihe (beim Stricken od. Häkeln);* zwei ~en links, zwei ~en rechts stricken **5** ⟨fig.; umg.⟩ *Art u. Weise (im sozialen Verhalten);* auf diese ~ darfst du mir nicht kommen; es auf die krumme ~ versuchen; komm mir nur nicht auf die schmeichlerische ~ **5**.1 *anfallweises auffälliges Benehmen;* er hat wieder mal seine ~

Tou'rist ⟨[tu-] m.; -en, -en⟩ *jmd., der eine Vergnügungsreise macht, bes. im Ausland*

Tour'nee ⟨f.; -, -s od. -n⟩ *Rundreise (von Künstlern), Gastspielreise*

Trab ⟨m.; -(e)s; unz.⟩ **1** *beschleunigte Gangart der Vierfüßer* 1.1 *beschleunigte Gangart des Pferdes, bei der die diagonalen Beinpaare gleichzeitig auf dem Boden aufsetzen;* kurzer, leichter, scharfer, schneller ~ 1.2 ⟨umg.⟩ *Laufschritt;* sich in ~ setzen **2** ⟨fig.⟩ 2.1 mach ein bißchen ~ dahinter! ⟨umg.⟩ *beschleunige die Sache etwas!* 2.2 nun aber (ein bißchen) ~! ⟨umg.⟩ *(ein bißchen) schnell!* 2.3 jmdn. auf (den) ~ bringen ⟨umg.⟩ *energisch zu einer Tätigkeit bringen, bewirken, daß jmd. intensiv arbeitet* 2.4 (immer) auf (dem) ~ sein ⟨umg.⟩ *(immer) in Bewegung sein, viel laufen müssen, viel zu tun haben* 2.5 jmdn. in ~ halten *fortwährend mit neuen Aufgaben versehen*

Tra'bant ⟨m.; -en, -en⟩ **1** ⟨früher⟩ *Leibwächter* **2** ⟨ heute⟩ *von jmdm. abhängiger, bevormundeter Begleiter;* Sy *Satellit(2)* **3** ⟨Astr.⟩ = *Mond(1)*

Tracht ⟨f.; -, -en⟩ **1** *nach Landschaften, Berufsgruppen, Ständen od. Zeiten unterschiedene Kleidung;* Bergmanns~, Schwestern~, Volks~; bäuerliche, höfische ~ **2** *die Art, sich zu frisieren od. den Bart zu tragen;* Haar~, Bart~ **3** *Traglast;* eine ~ Holz **4** *Anteil, Portion;* jmdm. eine ~ Prügel verabreichen

'trach·ten ⟨V.⟩ **1** ⟨480⟩ ~, etwas zu tun *versuchen, etwas zu tun, zu erreichen;* er trachtete, ihn zu töten; all sein (Sinnen und) Trachten war darauf gerichtet, berühmt zu werden **2** ⟨800⟩ nach etwas ~ *etwas begehren, erstreben* 2.1 ⟨650⟩ jmdm. nach dem Leben ~ *jmdn. töten wollen*

'träch·tig ⟨Adj. 70⟩ ein Tier ist ~ *trägt (ein Junges);* eine ~e Kuh

Tra·di·ti'on ⟨f.; -, -en⟩ *auf Herkommen, Gewohnheit, Brauch zurückzuführendes Verhalten;* eine ~ fortsetzen, bewahren; eine alte ~; an der ~ festhalten

'trag·bar ⟨Adj. 70⟩ **1** *so beschaffen, daß es getragen werden kann;* ein ~er Fernsehapparat, eine ~e Schreibmaschine **2** *so beschaffen, daß man es noch tragen, anziehen kann;* das Kleid wird lange ~ sein **3** ⟨fig.⟩ *so beschaffen, daß man es ertragen kann, erträglich;* dieser Zustand ist nicht mehr ~

'trä·ge ⟨Adj.⟩ **1** *sich widerstrebend bewegend, schwer zu bewegen, bestrebt, sich nicht aus der Ruhelage zu bewegen;* ~ Masse **2** *schwerfällig, langsam;* er erhob sich ~; der Fluß fließt ~ **3** *faul, sich nicht gern bewegend;* alt und ~ werden; geistig ~

'Tra·ge ⟨f.; -, -n⟩ **1** *Tragbahre* **2** *Tragkorb;* Rücken~

'tra·gen ⟨V. 265⟩ **1** ⟨500⟩ jmdn. od. etwas ~ *mit od. an (auf) einem Körperteil halten u. sich dabei fortbewegen;* ein müdes Kind ~; ein Kind auf den Armen, auf dem Arm ~; eine Last auf dem Kopf, auf den Schultern ~; etwas in der Hand ~; jmdm. den Koffer ~; ein Paket zur Post ~; Gepäck (zum Bahnhof) ~ (helfen); den Arm in der Schlinge ~; denn was man schwarz auf weiß besitzt, kann man getrost nach Hause ~ (Goethe, Faust I, Studierzimmer) **1**.1 jmdn. zu Grabe ~ *beerdigen* **1**.2 ein Kind unter dem Herzen, im Leib ~ *schwanger sein* **1**.3 ⟨nur Part. Präs.⟩ ein ~des Tier *trächtiges T.;* die Kuh, Sau usw. ist ~d **2** ⟨500⟩ Kleidung, Schmuck, eine Haartracht u. a. ~ *auf dem Körper haben, mit sich führen;* einen Bart, eine Brille, Kontaktlinsen ~; Einlagen (im Schuh) ~; das Haar lang, kurz ~; einen Ring am Finger ~; eine Blume im Haar ~; einen Gegenstand stets bei sich ~; sie trägt gern helle Kleider; einen Orden (auf der Brust) ~; (viel, wenig, keinen) Schmuck ~; eine Uniform, Tracht ~; wegen unerlaubten Tragens der Uniform bestraft werden; ich kann das Kleid dieses Jahr noch, nicht mehr ~ 2.1 getragene Kleider *gebrauchte K.* 2.2 Trauer ~ *Trauerkleidung anhaben, trauern* 2.3 ⟨510⟩ etwas zur Schau ~ *zeigen* 2.4 ⟨a. fig.⟩ 2.4.1 ⟨513⟩ den Kopf hoch ~ *stolz, selbstbewußt sein* 2.4.2 ⟨511⟩ das Herz auf der Zunge ~ *offen alles sagen, was man denkt u. empfindet* **3** ⟨500⟩ etwas trägt jmdn. od. etwas **3**.1 *stützt jmdn., hält ihn stützend;* die Brücke trägt ein Gewicht von 10 Tonnen; schlanke Säulen ~ das Dach, den Balkon **3**.1.1 ⟨400⟩ das Eis trägt *ist so fest, daß man darauf gehen kann* **3**.2 *befördert jmdn.;* der Fluß trägt Schiffe (zum Meer); der Wind trug den Duft, den Ruf bis zu uns; er lief, so schnell, so weit ihn seine Füße trugen **3**.3 Frucht ~ *hervorbringen, produzieren;* der Baum, das Feld, der Strauch trägt gut, reichlich, schlecht, wenig Frucht 3.3.1 die Sache trägt (reiche) Früchte ⟨fig.⟩ *hat (guten) Erfolg, (gute) Wirkung gehabt* **4** ⟨500; fig.⟩ die Wechselfälle des Schicksals ~ *ertragen, dulden, aushalten;* ein Unglück tapfer ~; ein Leiden mit Geduld ~; ich hab' es getragen sieben Jahr, und ich kann es nicht ~ mehr (Fontane, Archibald Douglas) **4**.1 die Kosten ~ *bezahlen, auf sich nehmen;* den Verlust, den Schaden ~ **4**.2 Zinsen ~ *abwerfen* **4**.3 Bedenken ~ *haben* **4**.4 einen Namen ~ *haben, führen;* den Namen des Vaters, der Mutter ~; das Buch, der Film trägt den Titel ... **4**.5 ⟨511⟩ eine Liebe im Herzen ~ *jmdn. lieben* **4**.6 ⟨550⟩ **4**.6.1 die Schuld an etwas ~ *schuld an etwas sein, die S. an etwas haben* **4**.6.2 Sorge für etwas ~ *für etwas sorgen (daß es geschieht)* **4**.6.3 Verlangen nach etwas ~ *etwas begehren, V. nach etwas haben* **4**.7 ⟨540⟩ einer Sache Rechnung ~ *eine S. berücksichtigen* **5** ⟨500/R3⟩ sich ~ **5**.1 ein Unternehmen trägt sich *wirft so viel Ertrag ab, daß kein Zuschuß notwendig ist* **5**.2 ⟨513⟩ Kleidungsstücke ~ sich (nicht) gut *sind (nicht) haltbar, angenehm im Gebrauch;* der Stoff, das Kleid hat sich (nicht) gut getragen **5**.3 ⟨516/R3⟩ sich mit dem

Gedanken ~, etwas zu tun *den G. erwägen, etwas planen, beabsichtigen* **6** ⟨400⟩ **6.1** Feuerwaffen ~ (weit) *haben eine (große) Reichweite;* das Geschütz trägt weit **6.2** eine Stimme trägt *wird gut gehört;* seine Stimme trägt gut, schlecht, weit; eine ~de Stimme haben **6.3** ⟨Part. Präs. ⟩ ~d *grundlegend, Haupt...;* die ~de Idee, das ~de Motiv; eine ~de Rolle ⟨Theat.⟩

'Trä·ger ⟨m.; -s, -⟩ **1** *jmd., der etwas trägt;* Brief~, Gepäck~, Lasten~, Preis~, Uniform~; die ~ einer Entwicklung; der ~ eines Namens; ~ der Staats-, Regierungsgewalt **2** *tragendes Teil* **2.1** *Band, das ein Kleidungsstück festhält;* Hosen~, Schürzen~; Rock, Hose mit ~n **3** *Flugzeugträger*

'trag·fä·hig ⟨Adj. 70⟩ *fähig, eine bestimmte Last zu tragen;* ein ~er Balken; die Brücke ist ausreichend ~

'Träg·heit ⟨f.; -; unz.⟩ **1** *träge Art, träges Wesen, Langsamkeit, Schwerfälligkeit, Faulheit* **2** *Beharrungsvermögen;* die ~ der Masse

'Tra·gik ⟨f.; -; unz.⟩ **1** *schweres, schicksalhaftes Leid* **2** *erschütterndes, Leid bringendes, unausweichl. Geschehen*

'tra·gisch ⟨Adj.⟩ **1** *auf Tragik beruhend* **2** *unabwendbaren, bes. unverschuldeten Untergang bringend* **3** *erschütternd, ergreifend*

Tra'gö·die ⟨[-diə] f.; -, -n⟩ **1** *ein tragisches Geschehen schilderndes Schauspiel, Schauspiel vom tragischen Untergang eines Menschen;* Sy *Trauerspiel;* Ggs *Komödie(1)* **2** ⟨fig.⟩ *herzzerreißendes Unglück*

'Trag·wei·te ⟨f.⟩ **1** *Schußweite (einer Feuerwaffe)* **2** ⟨fig.⟩ *Bedeutung, Wirkung;* ein Geschehen, eine Maßnahme von großer ~

Trai·ner ⟨['trɛ:-] m.; -s, -⟩ *jmd., der Sportler auf einen Wettkampf vorbereitet*

trai'nie·ren ⟨[trɛ:-] V.⟩ **1** ⟨400⟩ *sich auf einen Wettkampf vorbereiten, sich üben* **2** ⟨500⟩ jmdn. ~ *auf einen Wettkampf vorbereiten, mit jmdm. üben*

Trak'tat ⟨n.; -(e)s, -e⟩ **1** Sy *Abhandlung(1)* **2** *(religiöse) Flugschrift*

trak'tie·ren ⟨V. 500⟩ **1** jmdn. od. ein Tier ~ *schlecht behandeln, plagen, quälen* **1.1** ⟨514⟩ jmdn. mit Vorwürfen ~ ⟨umg.⟩ *ihm ständig bis zum Überdruß V. machen* **2** jmdn. ~ (mit) ⟨veralt.⟩ = *bewirten*

'Trak·tor ⟨m.; -s, -en⟩ *meist durch Dieselmotor angetriebenes Fahrzeug zum Schleppen*

'träl·lern ⟨V. 402⟩ (etwas) ~ *ohne Worte fröhlich singen;* ein Liedchen ~; vor sich hin ~

'tram·peln ⟨V.⟩ **1** ⟨400⟩ *derb auftreten, einen schwerfälligen Gang haben, schwerfällig u. achtlos gehen;* durch die Gartenbeete, Felder ~ **2** ⟨500⟩ etwas ~ *mit den Füßen festtreten, zertreten;* etwas platt ~; das Kind wurde zu Tode getrampelt; einen Weg durch den Schnee ~ **3** ⟨400⟩ *mehrmals mit den Füßen stampfen;* im Kolleg ~ (zur Begrüßung des Dozenten sowie als Zeichen des Beifalls); auf den Boden ~ (vor Wut, von Kindern)

'tram·pen ⟨[træm-] V. 400⟩ *reisen, indem man auf den Landstraßen Autos anhält u. sich von ihnen mitnehmen läßt*

Tran ⟨m.; -(e)s, (selten) ~e⟩ **1** *Öl, das aus dem Speck von Meeressäugetieren gewonnen wird* **1.1** *Öl, das aus Fischen gewonnen wird;* Leber~ **2** im ~ ⟨fig.; umg.⟩ *im Zustand herabgeminderten Bewußtseins, bes. betrunken od. schlaftrunken*

Trance ⟨[trãs(ə)]; f.; -, -n⟩ **1** *schlafähnl. Dämmerzustand* **2** *schlafähnl. Zustand der Entrückung (von Medien)*

tran·chie·ren ⟨[trã'ʃi:-] V. 500⟩ Fleisch ~ *in Scheiben schneiden, zerlegen;* gebratenes Geflügel ~

'Trä·ne ⟨f.; -, -n⟩ **1** ⟨meist Pl.⟩ *von den Tränendrüsen im Auge abgesonderte Flüssigkeit, hervortretend bei Schmerz od. innerer Bewegung;* Freuden~, Zornes~; jmdm., sich die ~n abwischen; die ~n rollen ihr über die Wangen; sich, jmdm. die ~n trocknen; dicke, große ~n; ihre Augen standen voller ~n; ihre Augen schwammen in ~n; die ~n stiegen ihr in die Augen; ihre Augen füllten sich mit ~n; etwas mit ~n in den Augen sagen; der Rauch trieb mir die ~n in die Augen; die ~n standen ihm in den Augen (vor Rührung); wir haben ~n gelacht; er war zu ~n gerührt; ~n der Freude, der Rührung, des Zornes; ihr Blick war von ~n verschleiert **2** ⟨fig.⟩ **2.1** *das Weinen;* die Sache ist keine ~ wert **2.1.1** die ~n hinunterschlucken *das Weinen überwinden, mit Anstrengung zu weinen aufhören* **2.1.2** in ~n aufgelöst *weinend u. stark erregt* **2.1.3** in ~n zerfließen ⟨leicht iron.⟩ *anhaltend, heftig weinen* **2.1.4** in ~n ausbrechen *zu weinen beginnen* **2.1.5** ~n vergießen *weinen* **2.1.6** unter ~n lachen *zwischen dem Weinen lachen (müssen)* **2.2** *Ausdruck des Leids* **2.2.1** ~n trocknen helfen *Leid lindern helfen* **2.2.2** wer nie sein Brot mit ~n aß ... (Goethe, Lied des Harfenspielers in „Wilhelm Meister") *wer Leid nicht kennt, kann tiefere Zusammenhänge nicht erfassen* **2.3** *Ausdruck des Bedauerns* **2.3.1** ich weine ihm keine ~ nach *ich bedaure sein Fortgehen, die Trennung von ihm nicht* **2.3.2** deswegen vergieße ich keine ~n *das bedaure ich nicht* **2.4** ⟨umg.⟩ *kleine Menge Flüssigkeit, Tropfen;* es war nur noch eine ~ in der Flasche

'Trä·nen·drü·se ⟨f.⟩ **1** *in den Augenwinkeln der Wirbeltiere u. des Menschen gelegene Drüse, die Tränen ausscheidet* **1.1** auf die ~n drücken ⟨fig.⟩ *auf Rührung berechnet, sentimental sein;* das Buch, der Film, das Theaterstück, der Vortrag drückt auf die ~n

'tra·nig ⟨Adj.⟩ **1** *voller Tran* **2** *wie Tran;* ~er Geschmack **3** ⟨umg.⟩ *im Tran, trödelig, langsam*

Trank ⟨m.; -(e)s, ¨-e; geh.; poet.⟩ **1** *Getränk;* Heil~, Liebes~, Zauber~; Speise und ~; einen ~ brauen **1.1** ein bitterer ~ ⟨fig.⟩ *etwas Schweres, Unangenehmes*

'Trän·ke ⟨f.; -, -n⟩ *Stelle, kleines Gewässer, wo Vieh trinken kann;* das Vieh zur ~ führen

'trän·ken ⟨V. 500⟩ **1** Tiere ~ *Tieren zu trinken geben, T. trinken lassen* **2** ⟨516⟩ etwas mit einer Flüssigkeit ~ *völlig naß machen, mit F. sättigen;* das Erdreich ist mit Regenwasser getränkt

Trans·ak·ti'on ⟨f.⟩ *großes Geld- od. Bankgeschäft;* Börsen~, Geld~, Wertpapier~

Trans·for'ma·tor ⟨m.; -s, -'to·ren⟩ *aus zwei Wicklungen mit Eisenkernen bestehender Apparat zum Erhöhen od. Herabsetzen der Spannung von Dreh- od. Wechselstrom*

trans·for'mie·ren ⟨V. 500⟩ **1** etwas ~ *um-*

wandeln, umgestalten, umformen **2** einen Ausdruck ~ ⟨Math.⟩ *in einen anderen A. umwandeln* **3** Strom ~ *in S. höherer od. niederer Spannung umwandeln* **4** sexuelle Triebe ~ ⟨Psych.⟩ *in seelische Regungen umwandeln* **5** einen Ausdruck ~ ⟨Sprachw.⟩ *nach bestimmten Regeln in einen anderen Ausdruck mit demselben Inhalt verwandeln, z. B. das schöne Buch → das Buch ist schön*

Trans·fu·si'on ⟨f.; -, -en; Med.⟩ *Übertragung (von Blut);* Blut~

Tran'sit ⟨m.; -s, -e⟩ **1** *Transport von Waren zwischen zwei Ländern durch ein drittes Land;* im ~ **2** *Durchfahrt von Personen*

Trans·pa'rent ⟨n.; -(e)s, -e⟩ **1** *Spruchband, das aufgespannt in Demonstrationen mitgeführt wird* **2** *Bild auf durchsichtigem Material (Glas, Pergament, Stoff), das von hinten beleuchtet wird*

tran·spi'rie·ren ⟨V. 400⟩ **1** ⟨geh.⟩ *schwitzen* **2** Pflanzen ~ ⟨Biol.⟩ *geben Wasserdampf ab*

Trans'port ⟨m.; -(e)s, -e⟩ **1** *Beförderung;* auf dem ~ **2** *die auf dem Transport(1) befindlichen Menschen, Tiere, Gegenstände*

trans·por'tie·ren ⟨V. 500⟩ jmdn. od. etwas ~ *befördern*

tran·szen'dent ⟨Adj.⟩ **1** *die Grenzen der Erfahrung u. des sinnlich Wahrnehmbaren überschreitend* **2** ~e Zahl *Z., die sich nicht als ganze Zahl, Wurzel od. Bruch ausdrücken läßt, z. B. p63*

Tra'pez ⟨n.; -es, -e⟩ **1** ⟨Geom.⟩ *Viereck mit zwei parallelen Seiten* **2** *im Turnen u. in der Artistik verwendete kurze, an Seilen hängende Stange aus Holz*

'Trap·pe ⟨f.; -, -n⟩ *Angehörige einer Familie der Kranichartigen mit z. T. sehr großen, kräftigen Arten: Lycopersicon*

'Tras·se ⟨f.; -, -n⟩ *durch Trassieren(1) festgelegte Linie für Straßen- u. Eisenbahnen*

tras'sie·ren ⟨V. 500⟩ **1** Verkehrswege ~ *die Linienführung der V. im Gelände vermessen, markieren u. in Lagepläne eintragen* **2** einen Wechsel ~ *auf jmdn. ziehen od. ausstellen*

'Trat·te ⟨f.; -, -n⟩ *auf eine andere Person gezogener Wechsel*

'Trau·be ⟨f.; -, -n⟩ **1** ⟨Biol.⟩ *Blütenstand mit gestielten Einzelblüten an der verlängerten Hauptachse* 1.1 *aus der Traube(1) hervorgegangenes Bündel von Früchten;* Johannisbeeren hängen in ~n am Strauch 1.1.1 *Traube(1.1) des Weinstocks;* Wein~; 1 kg ~n; italienische, spanische ~n **2** ⟨fig.⟩ *dichter Schwarm, geballte Menge;* an der Straßenbahntür, vor dem Schalter stand, hing eine ~ von Menschen 2.1 *Formation der Bienen nach Verlassen des Stocks mit der alten Königin;* die Bienen bilden eine ~ um einen Ast **3** die ~n hängen ihm zu hoch ⟨fig.⟩ *jmd. möchte etwas für ihn Unerreichbares gern haben, gibt es aber nicht zu, sondern tut, als wolle er es gar nicht* 3.1 → a. *sauer(1.7)*

'Trau·ben·zucker ⟨-k·k-; m.⟩ *Zucker, der weniger süß ist als Rübenzucker u. in grünen Pflanzen entsteht,* $C_6H_{12}O_6$

'trau·en ⟨V.⟩ **1** ⟨600/R6 od. R7⟩ jmdm. od. einer Sache ~ *Glauben, Vertrauen schenken;* jmdm. od. einer Sache nicht (recht) ~; ich traue dem Frieden nicht (recht); jmdm. nicht über den Weg ~ ⟨verstärkend⟩ 1.1 ich traute meinen Augen, Ohren kaum, als ich das sah, hörte *ich glaubte nicht richtig zu sehen, zu hören* 1.2 trau, schau, wem ⟨Sprichw.⟩ *bevor du jmdm. Vertrauen schenkst, erwäge erst, ob du ihm glauben kannst* **2** ⟨500/R3⟩ sich etwas ~ *wagen, etwas zu tun;* er traut sich nicht; du traust dich (umg. a.) dir nur nicht! (anstachelnde Aufforderung, etwas Unsinniges, Leichtsinniges zu tun); er traute sich nicht, sie zu fragen 2.1 ⟨511/R3⟩ sich an eine Stelle ~ *sich an eine S. wagen, keine Angst haben, sich an eine S. zu begeben;* ich trau mich nicht aus dem Haus, ins Haus **3** ⟨500⟩ jmdn. ~ *jmds. Eheschließung standesamtlich beurkunden od. kirchlich segnen;* sich kirchlich, standesamtlich ~ lassen; der Pfarrer, der Standesbeamte traut das Brautpaar 3.1 sich ~ lassen *getraut werden*

'Trau·er ⟨f.; -; unz.⟩ **1** *schmerzliche Gemütsstimmung nach Verlust eines Menschen;* ~ um einen Toten; sein Tod erfüllte alle mit tiefer ~; in tiefer ~ (in Todesanzeigen) 1.1 ~ tragen ⟨poet.⟩ *trauern (um jmdn.);* ~ muß Elektra tragen (Titel eines Stückes von O'Neill) **2** *Trauerzeit;* die ~ dauert noch ein halbes Jahr 2.1 ~ haben *sich in der Trauerzeit befinden* **3** *Trauerkleidung;* ~ anlegen; die ~ ablegen; eine Dame in ~ 3.1 ~ haben, tragen *Trauerkleider tragen*

'trau·ern ⟨V.⟩ **1** ⟨405⟩ (um jmdn.) ~ *Trauer fühlen, traurig sein über den Tod eines Menschen* **2** ⟨400⟩ *(während der Trauerzeit) Trauerkleidung tragen*

'Trau·er·spiel ⟨n.⟩ **1** = *Tragödie(1)* **2** ⟨fig.⟩ *trauriges od. bedauerl. Geschehen;* es ist einfach ein ~, wie sie ihre Talente vernachlässigt

'Trau·fe ⟨f.; -, -n⟩ **1** *aus der Dachrinne abfließendes Regenwasser* 1.1 → a. *Regen(1.2)* **2** *untere waagerechte Kante der Dachfläche*

'träu·feln ⟨V.⟩ oV *träufen* **1** ⟨500⟩ eine Flüssigkeit ~ *tropfenweise gießen;* Tropfen ins Ohr ~ **2** ⟨400(s.)⟩ eine Flüssigkeit träufelt *fließt tropfenweise;* aus der Wunde träufelte Blut

'träu·fen ⟨V.⟩ = *träufeln*

'trau·lich ⟨Adj.⟩ *gemütlich, anheimelnd;* ~er Kerzenschein; bei ~em Licht der Tischlampe; ~ beisammensitzen; hier ist es warm und ~, still und ~

Traum ⟨m.; -(e)s, ¨e⟩ **1** *Vorstellungen, die während des Schlafes auftreten, insbes. eine zusammenhängende Serie von Phantasiebildern;* einen ~ haben; Träume analysieren, deuten; ein böser, quälender, schöner, schwerer, wirrer ~; er ist mir im ~ erschienen; im ~ reden, lachen; im ~ habe ich ihn, sie gesehen 1.1 es war wie ein ~ *geradezu unwirklich (schön)* 1.2 es ist mir alles wie ein ~ *es kommt mir ganz unwirklich vor* **2** *Spiel der Einbildungskraft, Vorstellung, Produkt der Einbildungskraft;* Tag~, Wach~; die Träume eines Dichters, Idealisten **3** ⟨fig.⟩ *sehnlicher, kaum zu realisierender Wunsch, Sehnsucht;* Wunsch~; es war immer der ~ meiner Jugend, immer mein ~, einmal die Pyramiden zu sehen; das habe ich in meinen kühnsten Träumen nicht zu hoffen gewagt ⟨umg.⟩ 3.1 dieser ~ ist ausgeträumt ⟨fig.⟩ *die Hoffnung auf Erfüllung dieses Wunsches muß jetzt endgültig begraben wer-*

den 3.2 Träume sind Schäume ⟨Sprichw.⟩ *Träume gehen nicht in Erfüllung* **4** ⟨fig.⟩ **4.1** aus der ~!, der ~ ist aus! *es ist vorbei, vorüber (etwas Schönes)* **4.2** etwas nicht im ~ tun *nicht im geringsten die Absicht haben, etwas zu tun* **4.2.1** ich habe nicht im ~ daran gedacht, ihn kränken zu wollen ⟨umg.⟩ *ganz u. gar nicht, wirklich nicht* **4.2.2** das fällt mir nicht im ~ ein! ⟨umg.⟩ *ich denke nicht daran (das zu tun)!*

'Trau·ma ⟨n.; -s, -men od. -ma·ta⟩ **1** ⟨Med.⟩ *Wunde, Verletzung durch Einwirkung von Gewalt* **2** ⟨Psych.⟩ *Schock, seel. Erschütterung*

'träu·men ⟨V.⟩ **1** ⟨410⟩ *einen Traum(1) od. Träume haben;* ich träumte, (auch) mir träumte, daß ...; einen Traum ~; schlaf gut und träume süß!; von jmdm. od. etwas ~; träum was Schönes! (Wunsch beim Gutenachtsagen); ich habe schlecht geträumt ⟨umg.⟩ **2** ⟨400⟩ *sich Träumen(2) hingeben;* ~d zum Fenster hinausschauen **2.1** du träumst! *du bist wirklichkeitsfremd, phantasierst, bist verrückt* **3** ⟨400⟩ *in Gedanken verloren sein, nicht aufpassen* **3.1** du hast wieder mal geträumt ⟨fig.⟩ *nicht aufgepaßt* **3.2** → a. *offen(1.0.1)* **4** ⟨800⟩ von etwas ~ ⟨fig.⟩ *sich etwas sehnsüchtig vorstellen, einen Traum(3) haben;* er träumt davon, Schauspieler, Flieger usw. zu werden **5** sich etwas nicht od. nie ~ lassen *etwas ganz u. gar nicht vermuten, an etwas überhaupt nicht denken;* das hätte ich mir nicht ~ lassen!

'traum·haft ⟨Adj.⟩ **1** *wie im Traum, unwirklich;* es war ~ schön **2** ⟨fig.⟩ *wunderbar;* sie haben ein ~es Haus

'trau·rig ⟨Adj.⟩ **1** jmd. ist ~ *von Trauer erfüllt, bekümmert, betrübt;* ein ~es Gesicht machen; ~ aussehen; dein Verhalten hat mich sehr ~ gemacht; es ist ~, daß man dir das erst sagen muß!; er ist ~; (es ist) ~ genug, daß du das nicht einsiehst; etwas ~ sagen; das Gespräch hat mich ~ gestimmt; die Blumen ließen ~ die Köpfe hängen ⟨fig.⟩ **2** eine Sache, Handlung ist ~ *gibt zu Trauer Anlaß, ist schmerzlich, betrüblich, sehr bedauerlich;* ich habe die ~e Pflicht, Ihnen mitzuteilen ...; er hat ein ~es Schicksal gehabt; es ist ~, daß es so kommen mußte; (es ist) ~, aber wahr ⟨umg.⟩ **2.1** er hat eine ~e Jugend gehabt *schwere J., J. ohne Freude* **3** ⟨90⟩ jmd. od. etwas ist ~ *jämmerlich, sehr gering;* es ist nur noch ein ~er Rest vorhanden; er hat durch sein Verbrechen eine ~e Berühmtheit erlangt; ein ~er Held

traut ⟨Adj. 70; poet.⟩ **1** *lieb, vertraut;* ~er Freund **2** *traulich, gemütlich, behaglich;* hier ist es so heimelig und ~; ~es Heim, Glück allein ⟨Sprichw.⟩

'Trau·ung ⟨f.; -, -en⟩ *Eheschließung;* kirchliche, standesamtliche ~

Treck ⟨m.; -s, -s⟩ **1** *Zug;* Flüchtlings~ **2** *Auszug, Auswanderung;* auf dem ~ nach Westen

'tref·fen ⟨V. 266⟩ **1** ⟨500 od. 411⟩ ein Geschoß, Schlag, trifft etwas od. in etwas *erreicht etwas, erreicht das Ziel;* ein Ton traf mein Ohr; ins Schwarze (der Zielscheibe) ~; das Ziel ~; der Blitz hat den Baum getroffen **2** ⟨500⟩ jmdn. od. etwas ~ *jmdn. od. etwas berühren, verletzen;* die Kugel hat ihn (tödlich) getroffen; jmdn. in den Arm, in die Brust ~; sich getroffen fühlen; der größte Verlust trifft ihn; ein greller Lichtstrahl traf meine Augen; dein Vorwurf trifft mich tief **2.1** er stand da wie vom Blitz getroffen *unbeweglich, starr* **2.2** der Schlag hat ihn getroffen *er hat einen Schlaganfall erlitten* **3** ⟨500⟩ eine Sache ~ *findet sie richtig heraus, errät sie, bezeichnet sie richtig;* du hast's getroffen!; das Richtige ~ **3.1** den Ton ~ *den richtigen T. spielen od. singen* **4** ⟨500/R8⟩ jmdn. ~ *jmdm. (zufällig od. nach Vereinbarung) begegnen;* wir ~ uns heute nachmittag; sich ~, (eigtl.) einander ~; wann, wo kann ich dich ~?; jmdn. auf der Straße, zu Hause, bei Freunden ~ **5** ⟨500/R4⟩ sich ~ *mit jmdm., etwas zusammenkommen;* wir trafen uns um vier Uhr; die Linien ~ sich in einem Punkt **6** ⟨800⟩ auf jmdn., etwas ~ *auf jmdn., etwas zufällig stoßen, jmdm. zufällig begegnen* **6.1** ich bin in dem Buch auf folgende Stelle getroffen *habe folgende S. gefunden* **7** ⟨501/R3⟩ es trifft sich, daß ... *geschieht zufällig, daß ...;* es traf sich gerade, daß er auch dort war, als ich kam; wie es sich gerade trifft (so werden wir es machen) **8** ⟨501/R3⟩ es od. das trifft sich *paßt, fügt sich;* es trifft sich gut, schlecht, daß ... **9** ⟨500; Funktionsverb⟩ **9.1** Anordnungen ~ *etwas anordnen* **9.2** Anstalten, Vorbereitungen ~, etwas zu tun *etwas vorbereiten* **9.3** eine Auswahl, Wahl ~ (unter, zwischen) *etwas auswählen* **9.4** Maßnahmen ~ *M. ergreifen* **9.5** Vorsorge ~ (daß etwas geschieht od. nicht geschieht) *dafür sorgen, daß ...* **9.6** ein Abkommen, eine Vereinbarung ~ *ein A. schließen, etwas vereinbaren* **10** ⟨Part. Präs.⟩ ~d *genau (bezeichnend), richtig (kennzeichnend);* eine ~de Antwort geben; ~der Ausdruck; ~de Bezeichnung; ~des Urteil; eine Sache kurz und ~d bezeichnen; das ist ~d gesagt **11** ⟨500; fig.⟩ **11.1** das Los hat ihn getroffen *er wurde durch das L. bestimmt, gewählt* **11.2** jmdn. trifft keine Schuld *jmd. hat keine Sch.* **11.3** ich dachte, mich trifft der Schlag! ⟨umg.⟩ *ich war sehr überrascht, bestürzt* **11.4** ⟨513⟩ jmd. trifft es an einem Ort, in einer Situation gut, schlecht *es geht jmdm. gut, schlecht an einem O., in einer S.* **11.5** er ist (auf dem Bild) gut getroffen *gut, richtig dargestellt*

'Tref·fen ⟨n.; -s, -⟩ **1** ⟨in der altröm. Legion⟩ *Linie, Glied* **2** ⟨allg.⟩ *leichter Kampf, Wettkampf;* im ersten ~ **2.1** etwas ins ~ führen ⟨fig.⟩ *(als Begründung, Beweis) anführen* **3** *Versammlung, Zusammenkunft, Begegnung;* ein großes ~ aller Mitglieder, Sportler; bei unserem letzten ~

'Tref·fer ⟨m.; -s, -⟩ **1** *Schlag, Schuß, der richtig trifft;* einen ~ erzielen **2** ⟨fig.⟩ *etwas, das Glück u. Erfolg hat, Handlung, mit der man Glück hat* **3** *Los, das gewinnt*

'treff·lich ⟨Adj.⟩ *vortrefflich, ausgezeichnet, sehr gut*

'Treff·punkt ⟨m.⟩ *Ort der Begegnung, Ort, an dem zwei od. mehrere Personen einander treffen;* einen ~ vereinbaren

'treff·si·cher ⟨Adj.⟩ **1** *sicher im Treffen des Zieles, das Ziel immer erreichend* **2** ⟨fig.⟩ *immer das Richtige treffend;* ~e Ausdrucksweise; ein ~es Urteil haben

'trei·ben ⟨V. 267⟩ **1** ⟨500⟩ jmdn., ein Tier od. etwas ~ *(heftig drängend) in schnelle Bewegung bringen, vor sich her jagen;* Vieh auf die Weide ~; Vieh in den Stall ~; den Gegner in die Flucht ~; den Reifen, Kreisel ~ (Kinderspiel) 1.1 den Ball ~ *vor sich her stoßen* 1.2 ⟨Jagdw.⟩ Wild ~ *mit Treibern jagen, vor die Schützen jagen* 1.3 ⟨511⟩ Preise in die Höhe ~ ⟨fig.⟩ *zum Steigen bringen* 2 ⟨500⟩ jmdn. ~ *zur Eile veranlassen, drängen (etwas rasch zu tun);* jmdn. zur Arbeit, zur Eile ~; die Sehnsucht, Unruhe trieb mich nach Hause, zu ihm 3 ⟨402⟩ (jmdn.) ~ *anspornen, veranlassen (etwas zu tun);* er war bei dem Unternehmen die ~de Kraft 3.1 ⟨570; unpersönl.⟩ es treibt mich, dir zu sagen ... *ich fühle mich veranlaßt, ich habe das Bedürfnis* 3.2 die ~de Kraft ⟨fig.⟩ *jmd., von dem ein Antrieb ausgeht, der etwas veranlaßt, vorwärtstreibt* 4 ⟨402⟩ etwas treibt (etwas) *bringt etwas hervor, bewirkt etwas* 4.1 eine Pflanze treibt Knospen, Blätter, Blüten, Wurzeln *die K. einer Pflanze beginnen zu wachsen, sprießen* 4.2 Bier, Teig treibt *gärt, geht auf* 4.3 Bier, Hefe treibt (etwas) *bringt etwas zum Gären, Aufgehen* 4.4 ⟨500⟩ etwas treibt etwas (an eine bestimmte Stelle im Körper) *bewirkt an einer Stelle im Körper eine bestimmte Reaktion;* die Erinnerung daran trieb ihr die Schamröte ins Gesicht; der Rauch trieb mir die Tränen in die Augen 4.5 etwas treibt *wirkt harntreibend* 5 ⟨500⟩ Pflanzen ~ *im Treibhaus zum vorzeitigen Blühen bringen* 6 ⟨511⟩ jmdn. zu, in etwas ~ *in eine unangenehme, ausweglose Situation bringen;* jmdn. zur Verzweiflung ~ 6.1 jmdn. in den Tod ~ *jmds. Tod verursachen, jmdn. zum Selbstmord bringen* 6.2 → a. *Enge(3.1)* 7 ⟨500⟩ etwas ~ *etwas schlagend, bohrend in eine bestimmte Richtung bringen;* einen Nagel ins Holz, einen Pfahl in die Erde ~; einen Tunnel durch den Berg ~ 8 ⟨500⟩ Metall ~ ⟨Tech.⟩ *in kaltem Zustand durch Schlagen formen;* getriebenes Metall 8.1 einen metallenen Gegenstand ~ *in Treibarbeit anfertigen;* eine Schale (aus Silber) ~ 8.1.1 ⟨Part. Perf.⟩ getriebene Arbeit *durch Treiben(8.1) hergestellter Gegenstand* 9 ⟨400⟩ etwas treibt *bewegt sich ohne eigenen Antrieb fort;* das Boot trieb steuerlos auf dem Meer; Eisschollen ~ auf dem Fluß; das Schiff treibt vor dem Winde 9.1 ⟨411⟩ der Saft treibt ins Holz *steigt in die Höhe* 10 sich ~ lassen *nicht selbst handeln, sich dem Geschehen überlassen;* sich von der Stimmung ~ lassen 11 ⟨500⟩ eine Sache ~ *sich mit etwas aus Liebhaberei beschäftigen, etwas betreiben, längere Zeit intensiv tun, ausüben;* Mißbrauch (mit etwas) ~; Unsinn ~; was treibst du in deiner Freizeit?; Ehebruch, Unzucht ~ 11.1 Handel (mit etwas) ~ *(mit etwas) handeln* 11.2 seinen Spott mit jmdm. ~ *jmdn. verspotten* 11.3 ⟨513⟩ einen Spaß zu weit ~ *übertreiben, zu weit gehen* 11.4 → a. *Spitze(1.3)* 11.5 ⟨513⟩ es zu arg, zu wild ~ *zu übermütig, zu wild o. ä. sein* 12 ⟨517⟩ es mit jmdm. ~ ⟨umg.⟩ *mit jmdm. Geschlechtsverkehr haben;* sie haben es schon monatelang miteinander getrieben

'Trei·ben ⟨n.; -s, -⟩ 1 *bei der Treibjagd umstelltes Gebiet, in dem die Jagd stattfindet* 2 *Leben u. Bewegung, reger Verkehr, Durcheinanderlaufen vieler Menschen;* buntes, lustiges ~ (beim Fasching, auf Jahrmärkten); emsiges, geschäftiges ~

'Treib·haus ⟨n.⟩ *Gewächshaus mit einer Temperatur von 12 - 15°C zur Vermehrung einheim. Pflanzen od. mit einer Temperatur von 15 - 30°C zur Erhaltung trop. Pflanzen*

'Treib·mit·tel ⟨n.⟩ 1 *Mittel (Hefe, Backpulver, Sauerteig u. a.), das in den Teig gemengt wird, damit er aufgeht (treibt) u. locker wird* 2 ⟨Chem.⟩ *Stoff, der Kunststoffen zugesetzt wird, um sie porös zu machen* 3 = *Kraftstoff*

Trend ⟨m.; -s, -s⟩ 1 *Richtung einer statistisch erfaßbaren Entwicklung* 2 ⟨Biol.⟩ *Tendenz in der Entwicklung*

'tren·nen ⟨V.⟩ 1 ⟨500⟩ jmdn. od. etwas ~ *miteinander verbundene Gegenstände od. Personen voneinander lösen, auseinanderbringen;* Streitende, Kämpfende ~; eine telephonische Verbindung ~; Silben richtig ~ 1.2 eine Naht ~ *entfernen, aufschneiden, ohne den Stoff zu beschädigen;* als Schneiderin Übung im Trennen haben 2 ⟨500⟩ etwas trennt etwas *unterbricht die Verbindung (zwischen, von etwas);* ein Bach trennt die beiden Grundstücke 2.1 ⟨413⟩ das Rundfunkgerät trennt gut bzw. schlecht *die einzelnen Sender sind gut, klar zu hören bzw. stören einander* 3 ⟨550/R7⟩ jmdn. od. etwas von jmdm. od. etwas anderem ~ *entfernen, absondern, lösen von;* das Kind wurde im Gedränge von der Mutter getrennt; ein Blatt vom Block ~; die Ärmel, die Borte vom Kleid ~ 4 ⟨500/R3⟩ (zwei) Personen ~ sich *gehen (für kürzere od. längere Zeit) auseinander* 4.1 ⟨505⟩ sich (von jmdm.) ~ 4.1.1 *nimmt von jmdm. Abschied, schlägt eine andere Richtung ein* 4.1.2 *verläßt jmdn., will mit jmdm. nicht mehr zusammen sein* 5 ⟨500/R4⟩ unsere Wege ~ sich (hier) *wir müssen jetzt in verschiedenen Richtungen weitergehen* 6 ⟨550⟩ eine Sache, Angelegenheit von einer Sache, Angelegenheit ~ *eine S., A. gesondert, für sich behandeln, betrachten;* das Berufliche vom Privaten ~; die Person von der Sache ~ 6.1 Begriffe ~ *unterscheiden, auseinanderhalten* 7 jmd. od. etwas ist getrennt *ist gesondert, jeder, jedes ist für sich alleine;* getrennt berechnen 7.1 ⟨Part. Perf.⟩ getrennt (voneinander) sein, leben *nicht beieinander sein, nicht zusammen leben;* im Krieg waren viele Familien getrennt 7.2 getrennt schlafen *nicht im gleichen Zimmer* 7.3 wir machen, führen getrennte Kasse *jeder bezahlt für sich* 7.4 Gemische, Gemenge, Legierungen ~ ⟨Chem.; Phys.⟩ *in ihre Bestandteile zerlegen* 8 ⟨500⟩ Werkstoffe ~ ⟨Tech.⟩ *durch Erhitzen, Spannen, Schneiden zerlegen*

'Tren·nung ⟨f.; -, -en⟩ 1 *das Trennen* 1.1 ~ von Tisch und Bett *Ehescheidung, Beendung des gemeinsamen Lebens*

'Trep·pe ⟨f.; -, -n⟩ 1 *Stiege, aus Stufen bestehender Aufgang;* Sy *Staffel(1.1)* ⟨süddt.⟩; die ~ hinauf-, hinuntergehen, -steigen; breite, enge, gewundene, steile ~n 2 ⟨umg.⟩ *Stockwerk, Geschoß;* wir wohnen 3 ~n (hoch); Müllers wohnen eine ~ höher 3 ⟨fig.⟩ 3.1 der Frisör hat ihm ~n ins Haar geschnitten *hat ihm das H. in unschönen Stufen geschnitten* 3.2 die ~ hinauffallen ⟨umg.⟩ *durch eine an sich ungünstige Maßnahme Vorteile erhalten, bes. im Berufsleben*

Tre'sor ⟨m.; -s, -e⟩ 1 *gegen Feuer u. Diebstahl*

sichernder Schrank aus Stahl für Geld u. Wertgegenstände, Geldschrank, Safe **2** ⟨in Banken⟩ *gepanzerter unterirdischer Raum mit Schränken u. Fächern aus Stahl zum sicheren Aufbewahren von Geld u. Wertpapieren, Stahlkammer*

'Tres·se ⟨f.; -, -n⟩ **1** *Besatz, Borte an Kleidungsstücken, bes. Livreen u. (als Rangabzeichen) Uniformen* 1.1 die ~n bekommen *zum Unteroffizier befördert werden* 1.2 jmdm. die ~n herunterreißen ⟨fig.⟩ *jmdn. degradieren*

'tre·ten ⟨V. 268⟩ **1** ⟨411(s.)⟩ *einen od. mehrere Schritte gehen od. machen, den Fuß setzen (auf, aus, in);* ans Fenster ~; auf den Balkon ~; auf eine Blume, einen Käfer ~; bitte nicht auf den Rasen ~; einem Hund, einer Katze auf den Schwanz ~; jmdm. auf die Zehen, den Fuß ~; aus der Tür ~; in eine Pfütze ~; über die Schwelle ~; hier ist eine solche Unordnung, daß man nicht weiß, wohin man ~ soll; ihr Gesang klingt, als hätte man einer Katze auf den Schwanz getreten ⟨umg.; iron.⟩ 1.1 bitte, treten Sie näher! *kommen Sie herein, her!* 1.2 auf der Stelle ~ *gehen, ohne sich vorwärts zu bewegen* **2** ⟨411(s.)⟩ jmd. od. etwas tritt an eine Stelle *begibt sich, gelangt an eine bestimmte Stelle;* nach vorn ~; hinter, neben, vor jmdn. ~; vor den Spiegel ~; zu jmdm. ~; aus dem Haus, Zimmer ~; ins Haus, Zimmer, in den Garten ~; jmdm. ~ die Tränen in die Augen (aus Schmerz od. Rührung); in den Vordergrund, Hintergrund ~ ⟨a. fig.⟩ 2.1 zur Seite ~ *Platz machen* 2.2 der Fluß ist über die Ufer getreten *hat die U. überschwemmt* **3** ⟨500/R8⟩ jmdn. od. etwas ~ *mit dem Fuß stoßen od. drücken, den Fuß auf jmdn. od. etwas setzen* 3.1 *etwas durch Treten betätigen;* das Spinnrad ~; die Bälge ~ (an der Orgel) 3.1.1 Wasser ~ *sich durch Fußbewegungen in aufrechter Stellung im Wasser halten* 3.1.2 den Takt ~ *durch leichtes Klopfen mit dem Fuß auf den Boden den T. angeben* 3.2 *beim Treten etwas platt- od. festdrücken;* einen Weg (durch den Schnee) ~ **4** ⟨500/R8⟩ jmdn. (in, gegen einen Körperteil) ~ *jmds. Körperteil einen Stoß mit dem Fuß versetzen;* jmdn. in den Bauch treten; jmdn. gegen das Schienbein ~ **5** ⟨411⟩ nach jmdm. ~ *einen Stoß mit dem Fuß versetzen* **6** ⟨411⟩ gegen etwas ~ *im Zorn gegen etwas mit dem Fuß stoßen;* gegen die Tür ~ **7** ⟨500⟩ ein Tier tritt jmdn. *schlägt, trifft jmdn. mit dem Huf* **8** ⟨500⟩ der Hahn tritt die Henne *begattet die Henne* **9** ⟨800(s.)⟩ jmd., etwas tritt in etwas *jmd., etwas beginnt (etwas), ein neuer Zustand tritt ein;* wir treten jetzt in die Verhandlung 9.1 in den Stand der Ehe ~ *sich verheiraten* 9.2 in Kraft ~ *Gültigkeit erlangen* 9.3 ins Leben ~ 9.3.1 *geboren werden* 9.3.2 ⟨fig.⟩ *gegründet werden, entstehen* 9.4 ⟨817⟩ jmd. tritt mit jmdm. in Beziehungen *knüpft B. an* **10** ⟨fig.⟩ 10.1 ⟨516⟩ jmdn. mit Füßen ~ *jmdn. tief verletzen, sehr schlecht behandeln* 10.1.1 jmds. Gefühle mit Füßen ~ *sehr verletzen, mißachten* 10.2 ⟨500⟩ jmdn. ~ ⟨fig.⟩ *jmdn. dringend mahnen, drängen (etwas zu tun)* 10.3 ⟨411⟩ zutage ~ *sich zeigen* 10.4 → a. *Auge(9.7), Pflaster(1.2), Stelle(1.5)*

'Tret·müh·le ⟨f.⟩ **1** = *Tretrad* **2** ⟨fig.; umg.⟩ *immer gleiche, nicht aufhörende Arbeit;* die tägliche ~

'Tret·rad ⟨n.⟩ **1** *Maschine zur Aufnahme von Tier- od. Menschenkraft;* Sy *Tretmühle* 1.1 *senkrechtes Rad mit Querleisten, auf denen der Mensch od. ein Tier nach oben steigt u. durch sein Gewicht das Rad in drehende Bewegung versetzt* 1.2 *waagerechtes Rad, das ein Mensch betätigt, indem er Laufbewegungen nach vorn ausführt u. sich dabei mit den Händen gegen einen festen Halt stützt, Tretscheibe*

treu ⟨Adj.⟩ **1** *fest verbunden, anhänglich, beständig in Liebe u. Anhänglichkeit;* sie sind ~e Freunde; ~e Freundschaft; seinen Grundsätzen, seiner Überzeugung ~ bleiben; jmdm. in ~er Liebe verbunden sein; dein ~er XY (Unterschrift in Briefen); ein ~er Hund; jmdm. ~ ergeben sein **2** *unveränderlich fest (in der Gesinnung)* 2.1 sich selber ~ bleiben *seine Gesinnung, sein Verhalten nicht ändern* 2.2 jmdm. od. einer Sache ~ bleiben, sein *unveränderlich zu jmdm. stehen, an einer S. festhalten* 2.3 ~ seinem Schwur, Versprechen *sich an seinen S., sein V. haltend* **3** *gewissenhaft, redlich;* jmdn. für ~e Dienste belohnen; jmdm. od. einer Sache ~ dienen; ~ seine Pflicht erfüllen; ~ und bieder; ~ und brav 3.1 jmdm. etwas zu ~en Händen übergeben *in Verwahrung geben, im Vertrauen darauf, daß der Betreffende die Sache ordentlich und gewissenhaft behandelt, besorgt* **4** = *treuherzig;* er, sie ist eine ~e Seele ⟨umg.⟩ 4.1 der ist ja ~! ⟨umg.⟩ *der ist ja naiv, wie der sich das so vorstellt!*

'Treue ⟨f.; -; unz.⟩ **1** *treue Gesinnung, treues Verhalten, unverändert feste Verbundenheit, beständige Anhänglichkeit, unwandelbare Zuneigung, Liebe, Freundschaft, Kameradschaft;* die ~ brechen; jmdm. ~ geloben, schwören; eheliche ~; in alter ~ Dein XY ⟨Briefschluß⟩ 1.1 jmdm. die ~ halten *treu bleiben* **2** *Gewissenhaftigkeit;* Pflicht~; mit großer ~ dienen **3** *Genauigkeit, präzise Darstellung;* die ~ der Übersetzung ist bewundernswert **4** Treu u. Glaube ⟨Rechtsw.⟩ *Vertrauen in das redliche Verhalten, das vertragschließende Parteien voneinander erwarten dürfen* 4.1 Treu und Glauben brechen *das Vertrauen mißbrauchen* 4.2 jmdm. etwas auf Treu und Glauben überlassen *im Vertrauen auf sein redliches Verhalten* **5** meiner Treu! ⟨veralt.⟩ *wahrhaftig! (Ausruf des Erstaunens)*

'Treu·hän·der ⟨m.; -s, -⟩ *jmd., der fremdes Eigentum im eigenen Namen, aber zum Nutzen des Eigentümers verwaltet*

'treu·her·zig ⟨Adj.⟩ *ohne Falsch, arglos, kindlich offen, voll kindl. Vertrauens;* Sy *treu(4);* jmdn. ~ ansehen

'Tri·an·gel ⟨m.; -s, -⟩ **1** *Schlaginstrument aus einem zu einem Dreieck gebogenen Stab aus Stahl, der mit einem metallenen Stäbchen geschlagen wird* **2** ⟨umg.⟩ *Dreieck;* sich einen ~ in den Hosenboden reißen

Tri'bü·ne ⟨f.; -, -n⟩ **1** *erhöhter Platz für den Redner od. Vorstand einer Versammlung;* Redner~ **2** *Gerüst mit Sitzplätzen für Zuschauer;* Zuschauer~ **3** *die auf der Tribüne(2) sitzenden Zuschauer*

Tri'but ⟨m.; -(e)s, -e⟩ **1** ⟨im alten Rom⟩ *direkte Steuer* 1.1 *Steuer, Beitrag;* jmdm. einen ~

auferlegen; ~ zahlen **2** *Entschädigung an den Sieger* **3** ⟨fig.⟩ *Hochachtung, Ehrerbietung;* jmds. Leistung, Arbeit, Kunst den schuldigen ~ zollen

'Trich·ter ⟨m.; -s, -⟩ **1** *kegelförmiges Gerät mit Abflußrohr an der Spitze zum Eingießen von Flüssigkeiten in enge Öffnungen;* Öl durch einen ~ gießen **2** *das sich erweiternde Ende der Blechblasinstrumente, Schallbecher* **3** ⟨Med.⟩ *konischer Fortsatz des Zwischenhirns: Infundibilum* **4** *Loch (in der Erde) in Form eines Trichters(1), oft durch Geschoß entstehend;* Bomben~; in einen ~ fallen **5** *Flußmündung, die sich flußabwärts verbreitert;* der ~ der Rhone **6** ⟨fig.⟩ **6.1** jmdn. auf den ~ bringen ⟨umg.⟩ *jmdm. etwas klarmachen* **6.2** jetzt ist er endlich auf den ~ gekommen ⟨umg.⟩ *jetzt hat er es endlich begriffen, eingesehen*

Trick ⟨m.; -s, -s od. -e⟩ **1** *Kunstgriff* **2** ⟨Kart.⟩ **2.1** ⟨Whist⟩ *höherer Stich* **2.2** ⟨Bridge⟩ *Stich über sechs Augen*

Trieb ⟨m.; -(e)s, -e⟩ **1** *gerichteter (innerer) Antrieb, Drang zu einer Handlung, (innere) treibende Kraft;* Natur~, Nahrungs~; sinnlicher ~; seine ~e beherrschen; seinen ~en nachgeben; der Not gehorchend, nicht dem eigenen ~ (Schiller, Braut von Messina, I, 1) **1.1** ~ (zu etwas) *Hang, Neigung;* einen ~ zur Kriminalität haben **1.1.1** ich habe keinen, nicht den geringsten ~ dazu ⟨umg.⟩ *keine Energie, keine Lust* **1.2** *geschlechtl. Verlangen;* Geschlechts~, Fortpflanzungs~; seinen (geschlechtl.) ~ befriedigen **2** ⟨Bot.⟩ = *Schoß[2]*; junge ~e (an den Bäumen); die ~e der Kastanienbäume **3** ⟨veralt.⟩ *das Treiben der Herde* **4** *Viehweg* **5** *Weiderecht* **6** ⟨Phys.⟩ *Kraftübertragung von einer Welle auf eine andere;* Ketten~, Riemen~, Seil~, Zahnrad~ **7** ⟨Feinmechanik⟩ *meist im Uhrwerk vorkommendes kleines Zahnrad mit wenigen Zähnen*

'Trieb·fe·der ⟨f.⟩ **1** *Feder des Uhrwerkes* **2** ⟨fig.⟩ *Antrieb, (innere) treibende Kraft*

'trieb·haft ⟨Adj.⟩ **1** *durch inneren Trieb, durch den Geschlechtstrieb bewirkt;* ~es Handeln, eine ~e Handlung **2** *mehr den Trieben als dem Willen od. Verstand folgend;* ein ~er Mensch

'Trieb·kraft ⟨f.⟩ **1** *Kraft, die eine Maschine treibt* **2** *Fähigkeit von Saatgut, durch eine Erdschicht hindurchzuwachsen* **3** ⟨fig.⟩ *treibende Kraft, Kraft, etwas voranzutreiben*

'Trieb·wa·gen ⟨m.; Abk.: T⟩ *mit eigenem Motor ausgerüsteter, zur Aufnahme von Fahrgästen bestimmter Wagen der Eisen- od. Straßenbahn*

'Trieb·werk ⟨n.⟩ **1** ⟨Tech.⟩ *Antriebsvorrichtung* **1.1** ⟨Flugw.⟩ *Motor mit Luftschraube od. Vorrichtung zum Erzeugen eines nach rückwärts gerichteten Luft- od. Gasstrahls*

'trie·fen ⟨V. 269⟩ **1** ⟨400⟩ *so naß sein, daß es tropft, tropfen;* er triefte von Schweiß; seine Haare trieften von Wasser; vor Nässe ~; ein von Blut ~des Messer; ~d naß; jmdm. trieft die Nase ⟨umg.⟩ **1.1** ⟨800⟩ von Weisheit, Mildtätigkeit o. ä. ~ ⟨fig.; umg.⟩ *sich übertrieben weise, mildtätig usw. gebärden*

Trift ⟨f.; -, -en⟩ **1** ⟨urspr.⟩ *das Treiben des Viehs auf die Weide* **2** *der Weg, auf dem das Vieh zur Weide getrieben wird* **3** *Recht zum Treiben des Viehs durch fremde Grundstücke* **4** *Wiese, auf der Vieh weiden kann* **5** *Flößerei einzelner Stämme*

'trif·tig ⟨Adj.⟩ **1** *wohlbegründet;* ein ~er Einwand, eine ~e Entschuldigung **2** *zwingend, stichhaltig, nicht widerlegbar;* ein ~er Beweis, Grund

Tri·kot ⟨[-'ko:] n.; -s, -s⟩ **1** *Gewebe, das die Eigenschaften von Wirkwaren hat* **2** *dehnbare Wirkwaren zur Herstellung von Kleidungsstücken* **3** *festanliegendes, dehnbares Kleidungsstück;* Bade~

'Tril·ler ⟨m.; -s, -⟩ **1** ⟨Mus.; Zeichen: tr od. tr mit Wellenlinie⟩ *rascher, mehrmaliger Wechsel eines Tones mit dem nächsthöheren halben od. ganzen Ton* **2** *dem Triller(1) ähnl. Vogelruf*

'tril·lern ⟨V.; umg.⟩ **1** ⟨402⟩ (ein Lied) ~ *mit Tremolo singen* **2** ⟨400⟩ **2.1** Vögel ~ *singen* **2.2** *auf der Trillerpfeife pfeifen*

'trim·men ⟨V. 500⟩ **1** einen Hund ~ *einem H. das Fell scheren* **2** Kohlen ~ ⟨Mar.⟩ *K. aus den Bunkern zu den Kesseln bringen* **3** das Ruder ~ ⟨Flugw.⟩ *das R. so einstellen, daß eine günstige Lage entsteht* **4** ein Schiff, ein Flugzeug ~ *die Gewichte so verteilen, daß eine günstige Lage erreicht wird* **5** einen Schwingkreis ~ ⟨Elektronik⟩ *einen S. genau auf die gewünschte Frequenz einstellen* **6** ⟨R3⟩ sich ~ *sich körperlich fit halten*

'trin·ken ⟨V. 270⟩ **1** ⟨402⟩ (eine Flüssigkeit) ~ *(mittels Trinkgefäßes) Flüssigkeit zu sich nehmen;* Vögel ~; Milch, Wasser, Wein u. ä. ~; aus dem Glas, aus der Flasche ~; Suppe aus Tassen ~; Wasser vom Brunnen ~; Wasser aus der hohlen Hand ~ **1.1** einem Lebewesen zu ~ geben *ihm ein Trinkgefäß mit Flüssigkeit bereitstellen od. ihm direkt die Flüssigkeit einflößen* **2** ⟨400⟩ *Alkohol zu sich nehmen;* er trinkt gern; ~ wir noch etwas **2.1** *regelmäßig u. zuviel Alkohol trinken, ein Trinker sein, der Trunksucht verfallen sein;* er hat angefangen zu ~; sich das Trinken angewöhnen, abgewöhnen **2.3** ⟨800⟩ auf jmds. Wohl, Gesundheit o. ä. ~ *jmdm. W. od. G. o. ä. wünschen u. dabei etwas Alkohol trinken* **3** ⟨500⟩ etwas ~ ⟨fig.⟩ *(gierig) einsaugen, in sich aufnehmen;* in durstigen, langen, vollen Zügen ~; trinkt, o Augen, was die Wimper hält, von dem goldnen Überfluß der Welt! (G. Keller, Abendlied); die Erde trinkt den Regen ⟨fig.⟩; jmds. Küsse ~ ⟨poet.⟩

'Trin·ker ⟨m.; -s, -⟩ *jmd., der regelmäßig u. zuviel Alkohol trinkt, jmd., der der Trunksucht verfallen ist*

'Trink·geld ⟨n.⟩ **1** *kleines Geldgeschenk für erwiesene Dienste (bes. im Restaurant);* jmdm. ein ~ geben; ein kleines, ordentliches, reichliches ~ **2** ⟨fig.; abwertend⟩ *sehr geringer, zu geringer Lohn;* etwas für ein ~ tun

'Trink·spruch ⟨m.⟩ *bei festl. Anlaß ausgesprochene Huldigung für jmdn., nach der ein Schluck Alkohol getrunken wird;* Sy *Toast(2);* einen ~ (auf jmdn.) ausbringen

Trio ⟨['--] n.; -s, -s⟩ **1** *Musikstück für drei verschiedene Instrumente* **2** *Gruppe von drei Sängern od. Instrumentalisten* **3** *ruhiges Mittelstück eines musikal. Satzes* **4** ⟨umg.; oft abwertend⟩ *drei zusammengehörige Personen*

trist ⟨Adj.⟩ *traurig, öde, grau in grau*

Tritt ⟨m.; -(e)s, -e⟩ **1** *das Auftreten mit dem Fuß, Schritt;* man hörte ~e; beim nächsten ~ wäre er in den Abgrund gestürzt; einen festen, kräftigen, leichten, leisen, schweren ~ haben 1.1 *milit. Gleichschritt;* im gleichen ~ marschieren 1.1.1 ~ halten *denselben Takt beim Marschieren einhalten* 1.1.2 falschen ~ haben *beim Gleichschritt das falsche Bein voransetzen* 1.1.3 ohne ~ marsch! (militär. Kommando) *nicht im Gleichschritt, jeder für sich* 1.2 → a. *Schritt(1.5)* **2** *etwas (Erhöhtes), worauf man tritt* 2.1 *Stufe, Trittbrett, kleine Stehleiter;* auf einen ~ steigen 2.2 ⟨jägerspr.⟩ *Fußspur, Fährte;* ~e im Schnee 2.3 *Stoß mit dem Fuß;* Fuß ~; jmdm. einen ~ geben, versetzen

Tri'umph ⟨m.; -(e)s, -e⟩ **1** ⟨urspr.⟩ *festl. Einzug röm. Feldherren nach erfolgreicher Schlacht;* einen Sieger im ~ in die Stadt führen **2** ⟨allg.⟩ *Freude, Genugtuung über einen Sieg od. Erfolg;* sein Sieg war ein großer ~ für ihn **3** *mit Jubel gefeierter Sieg od. Erfolg;* der Sänger feierte ~e

tri·vi'al ⟨[-v-] Adj.⟩ **1** *gewöhnlich, ohne wertvollen Gehalt* **2** *platt, abgedroschen, bis zum Überdruß bekannt, seicht*

'trocken ⟨-k·k-; Adj.⟩ **1** *ohne Feuchtigkeit;* Ggs *naß(1);* die Wäsche ist schon, noch nicht ~; ~e Schuhe, Strümpfe anziehen; ~e Luft; einen ~en Hals haben **1.1** keinen ~en Faden (mehr) am Leibe haben ⟨umg.⟩ *durchnäßt sein* 1.2 sich ~ rasieren *mit dem elektr. Rasierapparat, ohne Seife* 1.3 ~ Brot macht Wangen rot ⟨Sprichw.⟩ *hartes Brot (weil man stärker kauen muß)* 1.4 ~e Destillation *Erhitzen fester Stoffe, die dann Zersetzungsprodukte abgeben, welche beim Abkühlen zu Flüssigkeiten kondensieren* **2** *ohne Niederschlag;* ~er Sommer, ~es Wetter 2.1 wir wollen sehen, daß wir noch ~ heimkommen *ehe es zu regnen anfängt* **3** eine organische Substanz ist ~ *dürr, welk, vertrocknet, ohne Feuchtigkeit;* ~e Erde, ein ~er Zweig **4** ~ sitzen ⟨umg.⟩ *nichts mehr im Glas haben, ausgetrunken haben* **5** die Kuh steht ~ *gibt keine Milch* **6** eine ~e Bemerkung, Antwort *nüchtern, ernsthaft vorgebrachte B., A.;* einen ~en Humor haben; „...!" sagte er ~ **7** ein Vortrag, eine Rede ist ~ *langweilig, ohne Schwung, nicht anschaulich;* das Buch ist ~ geschrieben **8** ⟨fig.⟩ 8.1 auf dem ~en sitzen ⟨umg.⟩ *nicht weiterkönnen, in einer unangenehmen Lage (bes. finanziell) sein* 8.2 er ist noch nicht ~ hinter den Ohren ⟨umg.⟩ *noch unreif, kindlich* 8.3 ~en Auges zusehen *ohne Rührung, ohne Mitleid* 8.4 das Brot ~ essen, ~es Brot essen *ohne Aufstrich* 8.5 Alkohol ist ~ *herb, nicht gesüßt*

'Trocken·heit ⟨-k·k-; f.; -, -en⟩ **1** *trockene Beschaffenheit* **2** *regenlose Zeit, Dürre*

'trock·nen ⟨V.⟩ **1** ⟨400⟩ *trocken werden;* ~ lassen; an der Sonne ~; zum Trocknen an die Luft od. Sonne legen **2** ⟨503/R5⟩ (jmdm.) etwas ~ *trocken machen;* sich das Haar ~; sich die (schweißnasse) Stirn ~; Wäsche ~ 2.1 → a. *Träne(2.2.1)* **3** ⟨500⟩ Pflanzen ~ *den P. die innere Feuchtigkeit entziehen, P. dörren;* getrocknete Pflanzen; getrocknetes Obst, Gemüse; Obst Gemüse ~ **4** ⟨400⟩ ~de Öle ⟨Chem.⟩ *fette Öle, die durch Aufnahme von Luftsauerstoff oxydieren u. dann auf der Unterlage einen fest haftenden Film bilden, z. B. Leinöl*

'Trod·del ⟨f.; -, -n⟩ **1** = *Quaste(1)* **2** ⟨Web.⟩ *Anfang od. Ende der Kettfäden*

'Trö·del ⟨m.; -s; unz.; abwertend⟩ **1** *wertloser (alter) Kram;* wirf doch den ganzen ~ weg! 1.1 *Altwaren, bes. Kleider, Möbel, Hausgerät* **2** etwas ist ein ~ ⟨fig.; umg.⟩ *sehr langwierig, umständlich, zeitraubend;* das ist immer ein ~, bis man alles beisammen hat, fertig hat

'trö·deln ⟨V. 400⟩ **1** ⟨urspr.⟩ *mit Trödel handeln* **2** ⟨fig.⟩ *langsam sein, langsam arbeiten, die Zeit verschwenden*

Trog ⟨m.; -(e)s, ¨-e⟩ *großes ovales od. rechteckiges Gefäß aus Holz od. Stein;* Back ~, Brunnen ~, Futter ~, Wasch ~

'trol·len ⟨V.⟩ **1** ⟨500/R3⟩ sich ~ *ein wenig beschämt od. unwillig weggehen* **2** ⟨400(s.)⟩ Schalenwild trollt ⟨jägerspr.⟩ *trabt*

'Trom·mel ⟨f.; -, -n⟩ **1** *Schlaginstrument mit zylindr., an beiden Seiten mit Kalbfell bespanntem Resonanzkörper;* die ~ rühren, schlagen; die kleine, große ~ 1.1 die ~ für etwas rühren ⟨fig.⟩ *für etwas werben, Propaganda machen* **2** *walzenförmiger Teil einer Maschine od. eines Gerätes;* Revolver ~, Sieb ~ **3** *walzenförmiger Behälter;* Brot ~, Botanisier ~

'trom·meln ⟨V.⟩ **1** ⟨400⟩ *die Trommel schlagen* 1.1 ⟨530⟩ dem Himmel sei's getrommelt und gepfiffen ⟨fig.; umg.⟩ *dem Himmel sei es gedankt* **2** ⟨411; fig.⟩ *(mit den Fingern od. Fäusten) rasch auf eine Fläche klopfen u. dadurch ein Geräusch hervorrufen;* mit den Fingern auf den Tisch, die Armlehne, gegen die Fensterscheiben ~; mit den Fäusten gegen die Tür ~ 2.1 ⟨550⟩ jmdn. aus dem Schlafe ~ ⟨fig.⟩ *unsanft wecken* **3** ⟨400⟩ Hasen, Kaninchen ~ ⟨jägerspr.⟩ *schlagen (bei Gefahr) schnell mit den Vorderläufen auf den Boden*

Trom'pe·te ⟨f.; -, -n⟩ *Blechblasinstrument mit oval gebogenem Rohr;* → a. *Pauke(4);* die ~, auf der ~ blasen; die ~ schmettert

trom'pe·ten ⟨V. 400⟩ **1** *auf der Trompete blasen* **2** Elefanten ~ ⟨fig.⟩ *geben Laut* **3** ⟨fig.; umg.⟩ *laut u. triumphierend od. fröhlich rufen* **4** ⟨fig.; umg.; scherzh.⟩ *sich laut die Nase schneuzen*

'Tro·pen ⟨Pl.⟩ *heiße Zone auf beiden Seiten des Äquators zwischen den Wendekreisen*

Tropf ⟨m.; -(e)s, ¨-e⟩ *(einfältiger) Kerl;* armer ~

'tröpf·chen·wei·se ⟨Adv.⟩ **1** *in einzelnen Tröpfchen* **2** ⟨fig.; umg.⟩ *in kleinen Teilen, kleinen Mengen;* er liefert seine Arbeit ~ ab; jmdm. eine schlechte Nachricht ~ beibringen

'tröp·feln ⟨V.⟩ **1** ⟨400(s.)⟩ etwas tröpfelt *fällt in einzelnen, wenigen Tropfen;* das Wasser tröpfelt nur spärlich 1.1 ⟨401⟩ es tröpfelt *es regnet in einzelnen, wenigen Tropfen* **2** ⟨531⟩ jmdm. etwas irgendwohin ~ *in kleinen Tropfen verabreichen;* sie hat dem Kind die Arznei in die Augen getröpfelt

'trop·fen ⟨V.⟩ **1** ⟨400(s.)⟩ eine Flüssigkeit tropft *fällt in Tropfen;* das Blut tropft auf den Boden; das Wasser tropfte ihm vom Hut **2** ⟨400⟩ etwas tropft *gibt Flüssigkeit tropfenweise ab;* ein Gefäß, der Wasserhahn tropft; ihm tropft die Nase **3** ⟨511⟩ eine Flüssigkeit in, auf etwas ~ *in Tropfen fallen lassen, gießen;* Medizin auf einen Löffel ~

'Trop·fen ⟨m.; -s, -⟩ **1** *kleine Menge Flüssigkeit in charakterist. Ei- od. Kugelform;* Schweiß ~,

Wasser ~; der Regen fiel in großen, dicken ~; der Schweiß stand ihm in dicken ~ auf der Stirn; an der Kanne, Flasche hängt ein ~ **1.1** *Regentropfen;* die ~ rannen an der Fensterscheibe herab **2** ⟨fig.⟩ *kleine Menge od. kleiner Rest Flüssigkeit (bes. von etwas Trinkbarem), Schluck;* es ist seit Wochen kein ~ Regen gefallen; wir haben keinen ~ Wein, Milch im Hause; es ist nur noch ein ~ in der Flasche; ich lechze nach einem ~ Wasser **3** ⟨zusammen mit Adjektiv⟩ *Alkohol, bes. Wein;* ein guter, ein edler, ein ganz besonderer ~ **4** ⟨nur Pl.⟩ *Medizin, die in Tropfen(1) genommen wird;* Husten~, Magen~; ~ einnehmen, verschreiben; dreimal täglich fünf ~ einnehmen **5** ⟨fig.⟩ **5.1** das ist nur ein ~ auf den heißen Stein *so wenig, daß es keine Wirkung hat* **5.2** → a. *bitter(2.1)*

'Tropf·stein ⟨m.⟩ *wie ein Eiszapfen od. eine Säule geformtes Gebilde aus der Kalkabsonderung von tropfendem Wasser*

Tro'phäe ⟨f.; -, -n⟩ **1** *Teil der Beute als Zeichen des Sieges, z. B. Waffe, Fahne o. ä.* **2** *Teil der Jagdbeute als Zeichen der erfolgreichen Jagd, z. B. Geweih, Fell;* Jagd~

Troß ⟨m.; -s·ses, -s·se⟩ **1** *die das Gepäck, Verpflegung u. Ausrüstung der Truppe mitführenden Fahrzeuge, Train* **2** ⟨fig.⟩ *Gefolge, Anhänger, Mitläufer*

'Tros·se ⟨f.; -, -n⟩ *starkes Tau aus Hanf od. Draht*

Trost ⟨m.; -(e)s; unz.⟩ **1** *etwas, das im Leid aufrichtet, das Leid vermindert, erleichtert, Aufmunterung, Aufheiterung, Erleichterung;* ein ~, daß er wenigstens Nachricht gegeben hat; nach dem Tod ihres Mannes ist das Kind ihr einziger, ganzer ~; das ist nur ein schwacher ~; das ist ein schöner ~! ⟨iron.⟩ **1.1** jmdm. ~ bringen, spenden, zusprechen *jmdn. trösten* **1.2** ~ bei jmdm., in etwas finden *von jmdm., durch etwas getröstet werden* **1.3** zu meinem, deinem ~, ... *um mich, dich zu trösten, zu meiner, deiner Erleichterung* **2** du bist wohl nicht (recht) bei ~(e)! ⟨fig.; umg.⟩ *ein bißchen verrückt, nicht recht bei Verstand*

'trö·sten ⟨V.⟩ **1** ⟨500/R7 od. R8⟩ jmdn. ~ *jmdm. Trost bringen, zusprechen, im Kummer gut zureden;* jmdn. in seinem Schmerz ~; jmdm. ~d zureden **1.1** das tröstet mich ⟨umg.⟩ *das beruhigt mich, richtet mich wieder auf* **2** ⟨500/R3⟩ sich ~ *Trost finden;* getröstet sprang das Kind davon **2.1** ⟨550/R7⟩ jmdn. über einen Verlust ~ *einen V. überwinden, verschmerzen* **2.2** ⟨550/R7⟩ jmdn. mit etwas ~ *Ersatz für Unerreichbares od. Verlorenes durch etwas (anderes) schaffen* **2.2.1** du mußt dich mit dem Gedanken ~, daß ... *dich zufriedengeben* **2.3** sich mit jmd. anderem ~ *nach dem Auseinandergehen einer Bindung schnell wieder eine neue knüpfen;* sich mit einem anderen Mann, einer anderen Frau ~ ⟨umg.⟩

'tröst·lich ⟨Adj.⟩ *tröstend, trostbringend;* es ist ~, zu wissen, daß ...

'trost·los ⟨Adj.⟩ **1** *keinem Trost zugänglich, verzweifelt;* er ist über seinen Verlust ganz ~ **2** *ohne Aussicht auf Besserung;* ein ~er Zustand; ~e Verhältnisse **3** ⟨fig.⟩ *öde, völlig reizlos, verlassen;* eine ~e Gegend

'Trost·preis ⟨m.⟩ *kleiner Preis für den Verlierer*

Trott ⟨m.; -(e)s, -e⟩ **1** *langsamer, schwerfälliger Trab (vom Pferd)* **2** *langsamer, schwerfälliger Gang* **3** ⟨fig.⟩ *altgewohnte, immer gleiche, etwas lässige Arbeits-, Lebensweise, Schlendrian;* der tägliche ~; es geht immer im gleichen ~

'Trot·tel ⟨m.; -s, -⟩ **1** *schwachsinniger, meist auch mißgestalteter Mensch* **2** ⟨fig.; umg.⟩ *Dummkopf, Schwachkopf* **2.1** gutmütiger ~ ⟨fig.; umg.⟩ *gutmütiger u. dabei willensschwacher u. etwas einfältiger Mensch*

'trot·teln ⟨V. 400(s.)⟩ *langsam u. gemächlich, aber unaufmerksam gehen*

'trot·ten ⟨V. 400⟩ **1** ein Pferd trottet *trabt langsam, schwerfällig* **2** ⟨400(s.)⟩ *langsam, lustlos, unaufmerksam gehen*

trotz ⟨Präp. mit Dat. od. (geh.) Gen.⟩ **1** *ungeachtet, entgegen;* ~ allem, ~ alledem war es doch schön; ~ seiner Erfolge ist er bescheiden geblieben; ~ des Regens machten wir eine Wanderung **1.1** ~ aller Vorsicht stürzte er *obwohl er vorsichtig war*

Trotz ⟨m.; -es; unz.⟩ **1** *Widersetzlichkeit, Unfügsamkeit, Dickköpfigkeit, Eigensinn;* kindlicher, kindischer ~; etwas aus ~ tun od. unterlassen **1.1** jmdm. od. einer Gefahr ~ bieten *Widerstand entgegensetzen* **1.2** jmdm. zum ~ *um jmdn. zu ärgern, gerade weil es jmd. anders will;* dir zum ~ bleibe ich hier **1.3** einer Sache zum ~ *trotz einer S.;* seiner Warnung zum ~ hat sie es doch getan

'trotz·dem ⟨a. [-'-]⟩ **1** ⟨Adv.⟩ *dennoch;* ~ darf man nicht glauben, daß ...; sie hatte es dem Jungen verboten, aber er tat es ~ **2** ⟨Konj.⟩ *obgleich;* ~ es heftig regnete, gingen wir spazieren

'trot·zen ⟨V.⟩ **1** ⟨600⟩ jmdm. od. einer Sache ~ *Trotz bieten, Widerstand entgegensetzen;* einer Gefahr ~; diese Pflanzen ~ jeder Witterung, auch der größten Kälte **2** ⟨400⟩ ein Kind trotzt *ist widersetzlich, dickköpfig*

'trot·zig ⟨Adj.⟩ **1** *kämpferisch, kriegerisch* **2** *aufbegehrend, zornig, eigensinnig;* etwas ~ sagen; ~ schweigen **3** *voller Trotz, widerspenstig, widersetzlich, dickköpfig;* ein ~es Kind; ~ sein

'trü·be ⟨Adj.⟩ **1** eine Flüssigkeit, ein Glas ist ~ *ist undurchsichtig, unklar, milchig, schmutzig;* der Spiegel hat ~ Stellen **2** etwas ist ~ *besitzt nicht die Eigenschaft zu leuchten, zu glänzen od. zu strahlen, ist nicht hell, ist glanzlos, matt;* ~ Augen; ~s Metall; ~s Licht **3** *mit wolkenbedecktem Himmel, regnerisch, dunstig;* ein ~r Abend, Tag; es herrscht ein ~s Wetter **3.1** ~ Tage ⟨Meteor.⟩ *T. mit einem durchschnittl. Bewölkungsgrad von mehr als 8/10* **3.2** ~ Zeiten ⟨fig.⟩ *bedenkliche, ungünstige Z.;* die Zukunft sieht ~ aus **4** jmd. ist in ~r Stimmung *ist bedrückt, niedergeschlagen, lust- u. schwunglos, unfroh;* ~ vor sich hin schauen; ~ in die Zukunft schauen **4.1** ~ Tasse ⟨fig.⟩ *langweilige Person* **5** etwas ist ~ *ist zweideutig, schlecht;* eine Sache erscheint in einem ~n Licht **5.1** im ~n fischen ⟨fig.; umg.⟩ *aus einer unklaren Lage Vorteil ziehen, bei dunklen Geschäften seinen Profit machen* **5.2** na, das ist aber weit hinein ~! ⟨fig.; umg.⟩ *das ist aber schon ziemlich schlimm!*

'Tru·bel ⟨m.; -s; unz.⟩ *lebhaftes, lärmendes Durcheinander, geschäftiges od. lustiges Treiben vieler Personen*

'trü·ben ⟨V. 500/R7⟩ **1** Flüssigkeit, Glas, Metall ~ *trübe, unklar, glanzlos machen;* von Tränen getrübte Augen **2** jmd. od. etwas trübt etwas *macht etwas trüb;* kein Wölkchen trübte den Himmel 2.1 ⟨R3⟩ der Himmel trübt sich *bedeckt sich mit Wolken* **3** ⟨R3⟩ eine Flüssigkeit trübt sich *verdunkelt sich, wird milchig, schmutzig* **4** ⟨R3⟩ jmds. Verstand trübt sich ⟨fig.⟩ *jmd. beginnt, geistig verwirrt zu werden, geisteskrank zu sein;* sein Bewußtsein, sein Erinnerungsvermögen ist getrübt **5** ⟨R3⟩ Beziehungen ~ sich ⟨fig.⟩ *sind nicht mehr so gut, herzlich;* unser gutes Einvernehmen hat sich getrübt **6** eine Sache trübt etwas ⟨fig.⟩ *beeinträchtigt, vermindert, dämpft etwas (bes. Freude, Fröhlichkeit);* kein Mißklang trübte den frohen Abend, das Wiedersehen; unsere Freude wurde durch eine traurige Nachricht getrübt

'Trüb·sal ⟨f.; -, -e⟩ **1** *Trauer, seel. Schmerz, Bedrückung, Elend* 1.1 ~ blasen ⟨fig.; umg.⟩ *trüben Gedanken nachhängen, lustlos, mißgestimmt sein*

'trüb·se·lig ⟨Adj.⟩ **1** *bedrückt, niedergeschlagen, hoffnungslos;* er geht ~ herum **2** *trostlos, öde;* eine ~e Gegend **3** *anhaltend schlecht, regnerisch;* ~es Wetter **4** ⟨fig.; umg.⟩ *armselig, kümmerlich;* ein ~er kleiner Rest

'Trüb·sinn ⟨m.; -(e)s; unz.⟩ *Schwermut, tiefe, anhaltende Niedergeschlagenheit;* in ~ verfallen

'Trü·bung ⟨f.; -, -en⟩ **1** *das Trüben;* ~ des Bewußtseins **2** *trübe Stelle;* das Glas weist eine leichte ~ auf

'tru·deln ⟨V. 400(s.)⟩ etwas trudelt *dreht sich um eine außerhalb der eigenen Längsachse liegende Achse steil nach unten;* das Flugzeug kam ins Trudeln

'Trüf·fel ⟨f.; -, -n od. (umg.) m.; -s, -⟩ **1** *unter der Erdoberfläche wachsender, fleischiger, knolliger Pilz: Tuberales* **2** *Praline, die mit einer festen, aber geschmeidigen Masse gefüllt ist*

Trug ⟨m.; -(e)s; unz.⟩ **1** *Betrug, Täuschung;* es ist alles Lug und ~ **2** *Sinnestäuschung*

'trü·gen ⟨V. 271/400⟩ eine Sache trügt *täuscht, führt irre;* wenn mich meine Erinnerung nicht trügt, war es so und so; der Schein trügt

'trü·ge·risch ⟨Adj.⟩ **1** *trügend, täuschend, irreführend, falsch;* ~er Glanz; sich ~en Hoffnungen hingeben; ~er äußerer Schein; das Gedächtnis ist ~; seine Versprechungen haben sich als ~ erwiesen 1.1 der Boden ist ~ *gibt nach, obwohl er fest scheint* 1.2 das Eis ist ~ *bricht ein, trägt nicht, obwohl es fest scheint*

'Trug·schluß ⟨m.⟩ **1** *unrichtiger Schluß, der von einer vieldeutigen, meist negativen Prämisse ausgeht* **2** ⟨allg.⟩ *falsche Schlußfolgerung, die auf einem Denkfehler beruht*

'Tru·he ⟨f.; -, -n⟩ *Kastenmöbel mit Klappdekkel;* Wäsche~

Trumm ⟨n.; -(e)s, ¨er⟩ **1** ⟨unz.; oberdt.⟩ *großes Stück, grober Klotz;* ein ~ Fleisch; ein ~ Holz **2** ⟨nur Pl.⟩ Trümmer *Bruchstücke, Teile, Stücke, Reste (eines zerschlagenen Gegenstandes);* von dem Haus, dem Schiff sind nur noch Trümmer vorhanden; etwas in Trümmer schlagen; in den Trümmern (des Hauses) nach noch brauchbaren Gegenständen suchen; unter den Trümmern des einstürzenden Hauses begraben werden; von herabfallenden Trümmern erschlagen werden 2.1 in Trümmer gehen *entzweigehen*

'Trüm·mer ⟨Pl. von⟩ *Trumm;* → *Trumm(2)*

Trumpf ⟨m.; -(e)s, ¨e⟩ **1** ⟨Kart.⟩ *Farbe, die die anderen sticht;* ~ bekennen, ~ erklären; Pik ist ~; was ist ~? **2** ⟨fig.⟩ *Vorteil;* einen ~ in der Hand haben 2.1 einen ~ ausspielen ⟨fig.⟩ *einen Vorteil geltend machen, etwas Entscheidendes zum Einsatz bringen*

Trunk ⟨m.; -(e)s, (selten) ¨e⟩ **1** *das Trinken* 1.0.1 einen ~ tun *etwas trinken* 1.1 *übermäßiges Trinken von Alkohol, Trunksucht;* sich dem ~ ergeben; dem ~ verfallen sein **2** *Trank, Getränk;* ein frischer, kühler ~

'trun·ken ⟨Adj. 70; geh.⟩ **1** ⟨poet.⟩ *betrunken;* ~ sein von Wein **2** ⟨fig.⟩ *ganz erfüllt (von einem Gefühl);* freude~, wonne~; ~ von dem herrlichen Anblick; ~ vor Begeisterung, Wonne

'Trun·ken·bold ⟨m.; -(e)s, -e⟩ *Trinker, Säufer*

Trupp ⟨m.; -s, -s⟩ **1** *zusammengehörige Gruppe, kleine Schar* **2** *kleinere militär. Einheit, die für besondere Aufgaben herangezogen wird;* Stoß~

'Trup·pe ⟨f.; -, -n⟩ **1** *Gesamtheit der Soldaten, die für die Durchführung von Kampfhandlungen vorgesehen sind* 1.1 ⟨Pl.⟩ ~n *militär. Einheiten* **2** *Gruppe von Schauspielern od. Artisten;* Wander~

Trust ⟨[trʌst] m.; -(e)s, -e od. -s⟩ *Zusammenschluß mehrerer Unternehmungen od. Firmen zu einem Großunternehmen unter Verlust ihrer Selbständigkeit*

'Trut·hahn ⟨m.⟩ *männl. Truthuhn*

'Trut·huhn ⟨n.⟩ *zu den eigtl. Hühnervögeln gehörendes Huhn, von dem mehrere Rassen als Geflügel zum Verzehr gezüchtet werden: Meleagris gallopavo;* → *a. Pute(1)*

'Tu·ba ⟨f.; -, -ben⟩ **1** ⟨Anat.⟩ oV *Tube(2)* 1.1 *gewundener Gang im Innern des Ohres* 1.2 *Eileiter* **2** *tiefstes Blechblasinstrument mit weitem, oval gewundenem Rohr, nach oben gerichtetem Trichter u. seitl. hervorragendem Mundstück*

'Tu·be ⟨f.; -, -n⟩ **1** *röhrenförmiger, biegsamer, an einem Ende flach auslaufender Behälter aus Aluminium, Zinn od. Kunststoff mit Schraubverschluß für teigige Stoffe, z. B. Farbe, Zahnpasta, Salbe* 1.1 auf die ~ drücken ⟨fig.; umg.⟩ *Gas geben, beschleunigen* **2** ⟨Anat.⟩ = *Tuba(1)*

Tu·ber·ku'lo·se ⟨f.; -, -n; Abk.: Tb, Tbc⟩ *mit Bildung von Knötchen verbundene, von Tuberkelbakterien hervorgerufene Krankheit*

Tuch[1] ⟨n.; -(e)s, -e⟩ **1** ⟨veralt.⟩ *Stoff, Gewebe (meist aus Wolle) mit filzartiger, glatter Oberfläche;* englisches, wollenes ~; ~ weben, verarbeiten 1.1 ⟨Text.⟩ *Streichgarngewebe in Leinwand-, Köper- od. Atlasbindung*

Tuch[2] ⟨n.; -(e)s, ¨er⟩ *gesäumtes, quadrat. rechteckiges od. dreieckiges Stück Stoff;* → a. *rot(1.05-1.06);* Hals~, Hand~, Kopf~, Taschen~, Umschlag~, Wisch~; sich ein ~ umnehmen; sich ein ~ um den Hals, den Kopf binden; jmdm. ein feuchtes ~ auf die Stirn legen

'Tuch·füh·lung ⟨f.⟩ **1** *das Berühren mit den*

Ärmeln der im Glied stehenden Soldaten **2** *leichte Berührung der Körper zweier Personen;* mit jmdm. ~ haben; in ~ sitzen, stehen; mit jmdm. in ~ kommen
'tüch·tig ⟨Adj.⟩ **1** jmd. ist ~ (im Beruf) *geschickt, fähig, fleißig u. erfolgreich;* ein ~er Arzt, Arbeiter, Buchhalter; eine ~e Hausfrau; er, sie ist sehr ~ **2** ⟨50⟩ *sehr, kräftig, ordentlich;* ~ arbeiten; jmdm. ~ die Meinung sagen; nun iß mal ~!; jmdn. ~ verhauen
'Tücke ⟨-k·k-; f.; -, -n⟩ **1** *Heimtücke, Hinterlist, Arglist, Treulosigkeit, böswilliger Vertrauensbruch* 1.1 → a. *List(1.1)* **2** *Verschlagenheit, Bosheit, Bösartigkeit* 2.1 die ~ des Objekts *der scheinbare Widerstand eines leblosen Dinges*
'tuckern ⟨-k·k-; V. 400⟩ ein Motor tuckert **1** *rattert, knattert;* der Motor des Motorbootes od. Traktors tuckert **2** *klopft, bringt ein regelwidriges Geräusch hervor;* der Motor des Autos tuckert
'tückisch ⟨-k·k-; Adj.⟩ *voller Tücke, hinterlistig, arglistig;* eine ~e Krankheit
'tüf·teln ⟨V. 400⟩ **1** *grübeln, etwas Schwieriges herauszubringen suchen* **2** *im Kleinen sorgfältig u. genau arbeiten;* er tüftelt gerne
'Tu·gend ⟨f.; -, -en⟩ **1** ⟨unz.⟩ *sittlich einwandfreie, vorbildl. Haltung;* ein Ausbund an ~ ⟨iron.⟩ 1.1 → a. *Pfad(2)* **2** *(sittlich) hervorragende Eigenschaft;* ein Mann mit vielen ~en 2.0.1 → a. *Not(1.0.1)* 2.1 ⟨veralt.⟩ *Jungfräulichkeit*
Tüll ⟨m.; -s, (selten) -e⟩ *feines, netzartiges Gewebe (für Gardinen, Kleider u. ä.)*
'Tül·le ⟨f.; -, -n⟩ *Schnauze, Ausguß (an Kannen u. Krügen)*
'Tul·pe ⟨f.; -, -n⟩ **1** *zu einer Gattung der Liliengewächse gehörende Zierpflanze der alten Welt mit aufrechten einzelnen Blüten: Tulipa* 1.1 ⟨i. e. S.⟩ *als Zierpflanze in Mitteleuropa angebaute Art der Tulpe(1): Tulipa gesneriana;* Garten~ **2** ⟨fig.⟩ *Bierglas mit Stiel;* Bier~
...tum ⟨n.; -s; unz.; in Zus.⟩ **1** *Würde, Amt;* Kaisertum **2** *Stand;* Rittertum **3** *Wesen;* Heldentum **4** *Gesamtheit;* Judentum
'tum·meln ⟨V. 500⟩ **1** ein Pferd ~ *reiten, um ihm Bewegung zu machen* **2** ⟨511/R3⟩ sich ~ *umherlaufen u. spielen, sich lebhaft bewegen;* sich auf der Wiese, im Wasser ~ **3** ⟨R3⟩ sich ~ ⟨landschaftl.⟩ *sich beeilen;* tummle dich!
'Tu·mor ⟨m.; -s, -'mo·ren; Med.⟩ = *Geschwulst*
'Tüm·pel ⟨m.; -s, -⟩ *kleiner, sumpfiger, meist von Wasserpflanzen bedeckter Teich*
Tu'mult ⟨m.; -(e)s, -e⟩ *Aufruhr, lärmendes Durcheinander erregter Menschen, Getümmel*
tun ⟨V. 272⟩ **1** ⟨500⟩ etwas ~ *machen, ausführen, bewirken, unternehmen, verrichten;* seine Arbeit, Pflicht ~; ich habe mein Bestes, mein möglichstes getan; Gutes ~; tu, was du nicht lassen kannst!; tu, was du willst!; ich habe getan, was ich konnte; des Guten zuviel ~; was soll man ~?; ich will sehen, was ich ~ kann; wir wollen sehen, was sich ~ läßt; das würde ich nie ~!; was ~?; er tut (den ganzen Tag) nichts anderes als zum Fenster hinausschauen; was tust du gerade?; etwas zu ~ pflegen 1.0.1 ich habe es nicht getan! *(Beteuerung)* 1.0.2 nichts ~ als arbeiten, schimpfen usw. *immer nur arbeiten usw.* 1.0.3 ich kann ~, was ich will, es gelingt mir nicht *ich kann mich noch so sehr anstrengen ...* 1.0.4 Wunder ~ *bewirken* 1.0.5 einen Schrei, Seufzer ~ *ausstoßen* 1.0.6 nach getaner Arbeit ist gut ruhn ⟨Sprichw.⟩ *wenn man fleißig gearbeitet hat, hat man ein Recht auf Ruhe* 1.1 etwas ~ *arbeiten;* ich muß noch etwas ~; so, das wäre getan! 1.1.1 nichts ~ *müßig sein* **2** ⟨511⟩ einen Gegenstand in (auf usw.) einen anderen ~ *setzen, stellen, legen;* den Koffer auf den Schrank ~; die Wäsche in den Koffer ~; etwas in ein Paket, in den Schrank ~; tu das Buch zu den anderen!; wohin soll ich das ~? 2.0.1 seinen Sohn in eine andere Schule ~ ⟨umg.; bes. süddt.⟩ *geben* 2.1 etwas in eine Flüssigkeit ~ *in die F. gießen, dazufügen;* tu die Milch in einen anderen Krug 2.1.1 Salz an die Suppe ~ *die Suppe salzen* 2.2 die Kleider von sich ~ *ausziehen* **3** ⟨413⟩ so ~, (als ob ...) *sich so benehmen (als ob ...);* er tat (so), als hätte er nichts gesehen; tu, als ob du zu Hause wärst!; tu doch nicht so, als ob du es nicht wüßtest! 3.1 tu nur nicht so! 3.1.1 *verstell dich nicht!* 3.1.2 *zier dich nicht so!;* er tut nur so 3.2 freundlich ~ *sich freundlich stellen* 3.3 ⟨813⟩ jmd. tut gut daran, ... *es wäre gut (für ihn), wenn jmd. ...;* du tätest gut, klug daran, sofort zu ihm zu gehen **4** ⟨530/R6 od. R7⟩ jmdm. etwas (...) ~ *(einen Schaden) zufügen;* sich od. jmdm. Schaden ~; er kann niemandem etwas Böses ~; der Hund tut dir nichts; ich habe ihm doch nichts getan! **4**.0.1 ich habe ihm unrecht getan *ihn zu Unrecht beschuldigt* 4.1 jmdm. etwas Liebes ~ *jmdm. einen guten Dienst erweisen* **5** ⟨550⟩ 5.1 für jmdn. etwas ~ *jmdm. in einer Angelegenheit behilflich sein* 5.2 für eine Sache etwas ~ *sich um eine S. bemühen, eine S. fördern wollen* 5.3 gegen jmdn. etwas ~ *jmdm. in einer Angelegenheit hinderlich sein* 5.4 gegen eine Sache etwas ~ *eine S. zu vertuschen suchen* **6** ⟨unpersönl.⟩ 6.1 ⟨500⟩ das od. es tut's *das reicht, es genügt;* ein Fußschemel tut's auch; das allein tut's nicht 6.1.1 was tut's? *was schadet es?* 6.1.2 es tut nichts *es schadet nicht, stört niemanden* 6.2 ⟨550⟩ das tut nichts zur Sache *das gehört nicht dazu* 6.3 ⟨530/R3⟩ es tut sich etwas *etwas Unbekanntes geschieht;* was tut sich da? 6.4 ⟨553/R3⟩ sich schwer (leicht) mit einer Sache ~ *die S. fällt jmdm. schwer (leicht), bereitet ihm (keine) Mühe;* er tut sich schwer mit dem Rechnen; du tust dich leichter, wenn du es anders machst **7** ⟨m. „zu" u. Inf.⟩ 7.1 eine Arbeit ist zu ~ *muß erledigt werden* 7.1.1 jmdm. etwas zu ~ geben *jmdm. eine Arbeit geben;* es gibt noch viel zu ~ 7.1.2 zu ~ haben *beschäftigt sein, noch arbeiten müssen* 7.1.3 nichts zu ~ haben *keine Arbeit od. Beschäftigung haben;* hast du noch etwas für mich zu ~? 7.1.4 ich habe noch in der Stadt zu ~ *etwas in der S. zu erledigen* 7.2 mit jmdm. zu ~ haben *verhandeln müssen;* ich habe auf dem Finanzamt immer mit Herrn X zu ~ 7.3 mit einer Angelegenheit zu ~ haben *sich um eine A. kümmern müssen* 7.4 damit habe ich nichts zu ~ 7.4.1 *das geht mich nichts an* 7.4.2 *das gehört nicht zu meiner Arbeit* 7.4.3 *daran bin ich nicht beteiligt* 7.5 damit will ich nichts zu ~ haben *ich will mich nicht hineinmischen* **8** ⟨unpersönl.⟩ 8.1 es mit jmdm. zu ~ bekommen *mit jmdm. verhandeln, jmds. Meinung be-*

rücksichtigen müssen 8.1.1 hör sofort auf, sonst bekommst du es mit mir zu ~! *sonst bekommst du von mir Schelte od. Prügel* 8.1.2 es mit einer Angelegenheit zu ~ bekommen *sich mit einer A. beschäftigen müssen* 8.1.3 es mit der Angst zu ~ bekommen *allmählich A. bekommen* 8.2 jmdm. ist es um jmdn. od. etwas zu ~ *jmd. macht sich Gedanken über jmdn. od. etwas, möchte jmdm. (bei etwas) helfen;* es ist mir nur darum zu ~, daß ihm sofort geholfen wird; es war ihm sehr darum zu ~, daß ... **9** ⟨im Part. Perf.⟩ gesagt - getan *nachdem (jmd.) einen Entschluß geäußert hat, setzt er ihn in die Tat um;* gesagt - getan, er machte sich also auf den Weg **10** ⟨550; Passiv⟩ 10.1 damit ist es noch nicht getan *das genügt nicht* 10.2 es ist um ihn getan 10.2.1 *es ist um ihn geschehen, er muß sterben* 10.2.2 *er ist ruiniert*

Tun ⟨n.; -s; unz.⟩ **1** *das Handeln, Wirken, Machen;* erzähl mir etwas von deinem ~ und Treiben; heimliches ~; löbliches, nützliches ~; verräterisches, verbrecherisches ~ 1.1 sein ~ und Lassen *seine Lebensweise*

'Tün·che ⟨f.; -, -n⟩ **1** *dünnflüssige Kalkbrühe od. Leimfarbe als Wandanstrich* **2** ⟨fig.⟩ *äußerer Schein, der etwas verbirgt*

'Tu·nicht·gut ⟨m.; - od. -(e)s, -e⟩ *junger Mensch, der öfters Übles anrichtet, häufig kleine Straftaten begeht*

'Tun·ke ⟨f.; -, -n; landschaftl.⟩ = *Soße(1)*

'tun·ken ⟨V. 511/R8⟩ jmdn. od. etwas ~ *eintauchen;* Brot in Kaffee ~; jmdn. ins Wasser ~

'tun·lich ⟨Adv.⟩ = *tunlichst*

'tun·lichst ⟨Adv.⟩ *möglichst, wenn möglich, lieber;* oV *tunlich;* das wirst du ~ bleiben lassen

'Tun·nel ⟨m.; -s, - od. -s⟩ *unterird. Bauwerk zur Führung von Straßen, Bahnen od. Kanälen*

'Tüp·fel ⟨m. od. n.; -s, -⟩ **1** *kleiner Tupfen, Pünktchen, Fleckchen* **2** *Aussparung in der Wandverdickung pflanzl. Zellen*

'tup·fen ⟨V. 500⟩ **1** etwas ~ *mit Tupfen versehen;* ein getupftes Kleid **2** ⟨500/R7 od. R8⟩ etwas ~ *mehrmals rasch u. leicht berühren;* sich mit dem Taschentuch das Gesicht ~ **3** ⟨511⟩ etwas auf etwas ~ *durch mehrmaliges rasches Berühren auf etwas auftragen;* ein Heilmittel auf eine Wunde ~

'Tup·fen ⟨m.; -s, -⟩ *Punkt, runder Fleck;* Farb~

Tür ⟨f.; -, -en⟩ **1** *Vorrichtung zum Verschließen eines Ein- od. Durchgangs für Menschen;* Garten~, Haus~, Ofen~, Schrank~, Wagen~, Zimmer~; die ~ anlehnen, öffnen, schließen, zuwerfen; jmdm. die ~ aufhalten, öffnen; die ~ quietscht, knarrt; an die ~ gehen (um zu öffnen); an die ~ klopfen; zur ~ hereinkommen, hinausgehen; den Kopf zur ~ hereinstecken **2** ~ an ~ mit jmdm. wohnen *neben jmdm. wohnen* **3** von ~ zu ~ gehen *von Haus zu Haus, Wohnung zu Wohnung;* von ~ zu ~ gehen, um etwas zu verkaufen **4** jmdm. die ~ weisen *jmdn. scharf auffordern zu gehen* **5** jmdn. vor die ~ setzen *jmdn. hinauswerfen* **6** mit der ~ ins Haus fallen ⟨fig.⟩ *ein Anliegen sofort, ohne Einleitung vorbringen;* er fällt immer gleich mit der ~ ins Haus **7** ⟨fig.⟩ 7.1 einer Sache ~ und Tor[2] öffnen ⟨fig.⟩ *eine Sache bereitwillig ermöglichen, geschehen lassen* 7.2 zwischen ~ und Angel ⟨fig.⟩ 7.2.1 *auf der Schwelle* 7.2.2 *in aller Eile;* zwischen ~ und Angel ein Anliegen hervorbringen 7.3 etwas steht vor der ~ *ist nahe, steht bevor;* Weihnachten steht vor der ~ 7.4 ihm stehen alle ~en offen ⟨fig.⟩ *er hat alle Möglichkeiten (etwas zu tun)* 7.5 jeder kehre vor seiner ~! ⟨fig.⟩ *jeder kümmre sich um seine eigenen Angelegenheiten* 7.6 jmdm. die ~ vor der Nase zuschlagen 7.6.1 *die Tür(1) unmittelbar vor einem Nachfolgenden zuschlagen* 7.6.2 ⟨fig.⟩ *jmdn. kurz u. unfreundlich abfertigen, nicht hereinbitten* 7.7 → a. *offen(1.1.1, 1.5.3)*

Tur'bi·ne ⟨f.; -, -n⟩ *Kraftmaschine mit einem in ständig drehender Bewegung befindlichen, mit gekrümmten Schaufeln besetzten Laufrad, angetrieben durch Dampf, durch Verbrennung erzeugtes Gas, Wasser od. Wind;* Dampf~, Gas~, Wasser~, Wind~

tur·bu'lent ⟨Adj.⟩ **1** ~e Bewegungen *wirbelnde B.* **2** ~e Ereignisse *stürmische, mit viel Unruhe verbundene E.*

Turm ⟨m.; -(e)s, ⸚e⟩ **1** *alleinstehendes od. mit einem Gebäude verbundenes hohes, schmales Bauwerk mit kleiner Grundfläche* 1.1 *Turm(1) an Kirchen, Rathäusern, Festungen, Burgen o. ä.;* Kirch~; in der Ferne kann man schon die Türme der Stadt sehen 1.2 *Aussichtsturm;* einen ~ besteigen 1.3 ⟨früher kurz für⟩ *Schuldturm, Schuldgefängnis;* jmdn. in den ~ werfen (lassen) **2** ⟨Schwimmsp.⟩ *Gerüst für das Kunstspringen;* vom ~ springen **3** *Figur des Schachspiels in Form eines Turmes;* den ~ verlieren

'tür·men[1] ⟨V. 500⟩ **1** ⟨511⟩ etwas auf etwas ~ *in hohen Haufen, Stößen auf etwas legen;* Bücher auf den Boden, den Tisch ~ **2** ⟨R3⟩ etwas türmt sich *häuft sich hoch, stapelt sich übereinander;* Wolken ~ sich am Himmel; im Keller ~ sich die Kisten

'tür·men[2] ⟨V. 400(s.); umg.⟩ *davonlaufen, ausreißen*

'tur·nen ⟨V. 400 od. 410⟩ *Übungen zur körperlichen Ertüchtigung ausführen;* am Barren, Reck usw. ~

'Tur·nen ⟨n.; -s; unz.⟩ *Leibesübungen als Unterrichtsfach od. als Sport;* Boden~, Geräte~; wir haben heute (eine Stunde) ~; im ~ eine Eins haben

Tur'nier ⟨n.; -s, -e⟩ **1** *mittelalterl. Kampfspiel der Ritter nach festen Regeln mit stumpfen (selten auch scharfen) Waffen zum Erproben der Kampffähigkeit* **2** *neuzeitl. sportl. Wettkampf mit einer großen Teilnehmerzahl;* Fahr- u. Reit~, Schach~, Tanz~, Tennis~

'Tur·nus ⟨m.; -, -nus·se⟩ **1** *festgelegte Wiederkehr, Reihenfolge* **2** *regelmäßiger Wechsel, regelmäßig sich wiederholender Ablauf einer Tätigkeit*

'tur·teln ⟨V. 400⟩ **1** Tauben ~ *sind zärtlich miteinander* **2** ⟨fig.; umg.; scherzh.⟩ *sich verliebt benehmen, miteinander verliebt reden*

Tusch ⟨m.; -es, -e⟩ **1** *kurzer, gebrochener Dreiklang einer Musikkapelle, oft zur Begleitung eines „Hoch";* einen ~ blasen, schmettern **2** ⟨veralt.; studentenspr.⟩ *Beschimpfung, Herausforderung*

'Tu·sche ⟨f.; -, -n⟩ *farbige, schwarze od. weiße Flüssigkeit mit Bindemitteln (z. B. Gummiarabikum) u. fein verteiltem Farbstoff*

'tu·scheln ⟨V. 400⟩ *heimlich (miteinander) flüstern*

'Tü·te ⟨f.; -, -n⟩ **1** *trichterförmiger od. rechteckiger Papierbeutel;* ~n kleben (früher als Arbeit Strafgefangener) **1.1** Suppe aus der ~ ⟨fig.; umg.⟩ *S., die aus einem mit Wasser angerührten, pulverförmigen Extrakt gekocht wurde* **1.2** das kommt nicht in die ~! ⟨fig.; umg.; scherzh.⟩ *das kommt nicht in Frage!* **2** *trichterförmiges Behältnis;* Eis ~; eine ~ Eis **3** ⟨umg.; scherzh.⟩ *etwas begriffsstutziger Mensch;* du bist vielleicht eine ~

'tu·ten ⟨V. 400⟩ **1** *in ein Signalhorn blasen* **1.1** von Tuten u. Blasen keine Ahnung haben ⟨fig.; umg.⟩ *von der Sache nichts verstehen* **2** etwas tutet *gibt ein Signal, pfeift dunkel;* der Dampfer, die Lokomotive tutet

Twen ⟨m.; - od. -s, -s⟩ *junger Mann od. junge Frau zwischen 20 u. 29 Jahren*

Typ ⟨m.; -s, -en⟩ **1** ⟨Philos.⟩ *Urbild, Grundform;* oV *Typus* **1.1** ⟨Psych.⟩ *Gepräge, das eine Person mit anderen gemeinsam hat;* fröhlicher, melancholischer ~ **1.2** ⟨Psych.⟩ *Person, die einen Typ(1.1) repräsentiert* **1.3** ⟨umg.⟩ *Mann, Bursche* **2** *Gattung, Schlag;* blonder, dunkler, brünnetter ~; norddeutscher, südländischer ~; kräftiger, zarter ~ **2.1** sie ist (nicht) mein ~ ⟨umg.⟩ *sie gefällt mir (nicht), paßt (nicht) zu mir* **3** *Muster, Modell, Bauart;* Opel vom ~ „Kapitän"

'Ty·pe ⟨f.; -, -n⟩ **1** *gegossener Druckbuchstabe;* Sy *Letter* **2** *Buchstabe od. Zeichen auf Büromaschinen* **3** ⟨Müllerei⟩ *Grad der Ausmahlung des Mehls* **4** ⟨umg.⟩ *komischer, ulkiger Mensch*

'ty·pisch ⟨Adj.⟩ **1** *einen Typ(1) darstellend* **2** *zu einem bestimmten Typ(1.1-2.1) gehörig, kennzeichnend, bezeichnend, eigentümlich* **3** *unverkennbar* **4** *mustergültig, vorbildlich*

Ty·pus ⟨m.; -, -pen⟩ = *Typ(1)*

Ty'rann ⟨m.; -en, -en⟩ **1** *Gewaltherrscher* **2** ⟨fig.⟩ *strenger, herrschbegieriger Mensch* **3** *Angehöriger einer amerikan. Familie vielgestaltiger Sperlingsvögel mit vielen Arten: Tyrannidae*

ty·ran·ni'sie·ren ⟨V. 500⟩ jmdn. ~ *jmdm. den eigenen Willen aufzwingen, jmdn. beherrschen, unterdrücken*

U

'übel ⟨Adj.⟩ **1** jmd. ist ~ *in charakterlicher od. moralischer Hinsicht schlecht;* ein übler Kerl, ein übles Subjekt **2** eine Sache, ein Zustand ist ~ *schlecht, mißlich, sehr unangenehm;* die Sache hat ein übles Ende genommen; in einem üblen, in üblem Ruf stehen, einen üblen Ruf haben; etwas ~ aufnehmen, vermerken; es steht ~ mit ihm; er war in übler Laune, Stimmung; der Überfallene war ~ zugerichtet; in eine üble Lage geraten **3** eine üble Tat, einen üblen Streich (tun) *(sich) böse, gemein (verhalten);* sie hat ihm seine Hilfe ~ gelohnt; man hat ihn in der ~sten Weise hintergangen; jmdm. ~ mitspielen **3.1** ein übler Geschmack, Geruch *widerlich, abscheulich* **4** jmds. Befinden ist ~ *jmd. fühlt sich unwohl, schlecht, hat Brechreiz;* mir wird, ist ~ **4.1** jmds. Befinden, Situation ist ~ ⟨a. fig.⟩ *es geht jmdm. schlecht* **5** nicht ~ *recht (gut);* seine Arbeit, sein Aufsatz ist gar nicht ~; wie geht's? Danke, nicht ~!; das klingt, schmeckt, riecht nicht ~ **5.1** nicht ~ Lust haben *große Lust;* ich hätte nicht ~ Lust, dir eine herunterzuhauen

'Übel ⟨n.; -s, -⟩ **1** *Mißstand, schlimmer Zustand;* man muß das ~ an der Wurzel packen; ein ~ durch ein anderes vertreiben; ein ~ mit der Wurzel ausreißen, ausrotten **2** *etwas Schlimmes, Böses, Schlechtes;* die Wurzel, der Grund alles, allen ~s ist, daß ... **2.1** das ist von ~ *das ist schädlich, nicht gut* **3** *Mißgeschick, Unglück;* von einem ~ betroffen, heimgesucht werden; zu allem ~ fing es auch noch zu regnen an; von zwei ~n das kleinere wählen; ein ~ kommt selten allein ⟨Sprichw.⟩ **4** ⟨geh.⟩ *Krankheit, Leiden;* ein altes, chronisches ~

'Übel·keit ⟨f.; -, -en⟩ **1** *Brechreiz;* dieser Geruch erregt in mir ~ **2** *mit Brechreiz, Schwindel od. Schwäche verbundenes Krankheitsgefühl;* gegen eine plötzliche ~ ankämpfen; von (plötzlicher) ~ befallen, überfallen werden **3** ⟨fig.⟩ *Ekel, Gefühl des Abgestoßenseins;* es erregt einem ~, wenn man das hört, sieht

'übel|neh·men ⟨V. 189⟩ **1** ⟨500⟩ etwas ~ *wegen etwas beleidigt sein* **1.1** ⟨400⟩ sie sitzt in ihrem Zimmer und nimmt übel ⟨umg.; scherzh.⟩ *ist beleidigt* **2** ⟨530⟩ jmdm. etwas ~ *sich durch jmds. Äußerung od. Verhalten beleidigt fühlen, jmdm. wegen etwas böse sein;* nehmen Sie es mir nicht übel, aber ich muß Ihnen sagen ...

'Übel·stand ⟨m.⟩ *Mißstand, Übel;* einem ~ abhelfen; einen ~ beheben

'Übel·tat ⟨f.⟩ **1** *böse Tat, Missetat* **2** *Vergehen, Verbrechen*

'übel|wol·len ⟨V. 600/R6⟩ jmdm. ~ *böse gesinnt sein*

'üben ⟨V. 500⟩ **1** ⟨505/R7⟩ (jmdn. in etwas) ~ *Übungen machen, etwas immer wieder versuchen, um es zu lernen, durch Übungen Geschicklichkeit zu erwerben suchen;* Handstand, Kopfstand ~; täglich eine halbe Stunde ~; am Barren, Reck ~; auf der Geige, auf dem Klavier ~; sich (in etwas) ~; sich im Lesen, Schreiben, Schwimmen usw. ~ **1.1** *Musikstücke od. Teile davon immer wieder spielen, Fingerübungen machen;* Klavier ~; ich muß heute noch ~ **1.2** die Muskeln ~ *bewegen, anstrengen, trainieren* **2** eine Sache ~ *(in bestimmter Weise) handeln, vorgehen, sich verhalten* **2.1** Barmherzigkeit ~ *barmherzig sein, barmherzige Werke vollbringen* **2.2** Geduld ~ *geduldig sein* **2.3** Gerechtigkeit ~ *gerecht sein* **2.4** Gewalt ~ *gewalttätig handeln* **2.5** Kritik (an jmdm. od. etwas) ~ *(jmdn. od. etwas) kritisieren* **2.6** Rache ~ (an jmdm.) *sich rächen* **2.7** Verrat ~ *begehen, etwas od. jmdn. verraten* **2.8** Nachsicht ~ (mit jmdm.) *nachsichtig sein* **3** ⟨Part. Perf.⟩ geübt *durch Übung geschickt;* ein geübter Reiter, Schwimmer, Turner

'über ⟨Präp. m. Dat. auf die Frage „wo?", m. Akk. auf die Frage „wohin?"⟩ **1** ⟨örtl.⟩ **1.1** ~ einen, einem Gegenstand *oberhalb von, höher als;* Ggs *unter;* der Mond steht ~ den Bäumen; sich einen Korb ~ den Arm hängen; ~ dem Bett, Tisch; einen Pullover ~ die Bluse, das Hemd ziehen; mit der Hand ~s Haar streichen; ~ etwas hinweg, hinüber, hin; ~ einen Zaun klettern; ~ einen Graben springen; ~ eine Straße, Brücke, einen Platz gehen **1.1.1** das Gewehr ~! ⟨militär. Kommando⟩ *auf die Schulter legen!* **1.2** ~ einen Ort *den O. berührend u. weiter;* ~ München nach Frankfurt fahren; eine Reise ~s Meer **1.2.1** Elmau ~ Klais bei Garmisch ⟨als postal. Angabe⟩ *durch das Postamt von K. zuzustellen* **1.2.2** ~ Land fahren *durch offenes Land, an einen von der Stadt entfernten Ort* **1.2.3** ~ Berg und Tal *durch eine abwechslungsreiche Landschaft* **2** ~ jmdm. stehen ⟨a. fig.⟩ *in einer höheren berufl. Stellung* **2.1** ~ ein Land herrschen *Herrscher eines Landes sein* **2.2** ~ einer Situation stehen ⟨fig.⟩ *eine S. beherrschen* **2.3** ~ einer Arbeit sitzen *gerade an etwas arbeiten* **2.3.1** ~ den Büchern hocken ⟨umg.⟩ *viel lesen und lernen* **3** ⟨zeitl.⟩ *während;* ~ dem Lesen ist er eingeschlafen; ~ dem Spielen vergißt er alles andere; ~ Nacht; ~ Ostern, Weihnachten; die ganze Zeit, den ganzen Tag, den Nachmittag ~ **3.0.1** ~ kurz oder lang werde ich es doch tun müssen *bald oder später* **3.0.2** ~ ein kleines, ~ ein Weilchen *nach kurzer Zeit* **3.0.3** ~ Mittag bleiben *(zum Mittagessen u.) bis nach Mittag* **3.1** ~ einen Zeitraum *nach Ablauf eines Zeitraums;* ~s Jahr; heute ~ acht, vierzehn Tage **3.1.1** fünf Minuten ~ zehn (Uhr) ⟨umg.⟩ *nach zehn U.* **3.1.2** ~ Jahr und Tag *einige Zeit später* **4** *mehr als;* es kostet ~ 100 Mark; er ist ~ 50 Jahre alt; Jugendlichen ~ 14 Jahre ist der Zutritt gestattet; ~ die, ~ alle Maßen schön **4.1** das geht ~ meine Kräfte *das kann ich nicht leisten* **4.1.1** etwas ~ sich bringen *tun, obwohl man eine Abneigung dagegen hat* **4.2** die Musik geht ihm ~ alles *er liebt die M. mehr als alles andere* **4.3** es geht nichts ~ die Gesundheit *die G. ist das wichtigste von allem* **4.4** das geht ~ den Spaß *das kann man nicht mehr als S. bezeichnen* **4.5** *länger als;* es dauerte ~ ein Jahr, bis ...; es ist schon ~ acht Tage her, daß ... **5** *wegen;* sich ~ etwas ärgern, freuen; ~ etwas klagen; ~ etwas od. jmdn. lachen; glücklich, unglücklich ~ etwas sein **5.1** pfui ~ dich! *pfui, daß du das getan hast!;* Fluch ~ ihn! **6** ~ ein Thema (sprechen, arbeiten) *ein T. zum Gegenstand (eines Vortrages, einer Untersuchung) machen;* ~ die Literatur der Romantik publizieren **7** ⟨verstärkend⟩ **7.1** ... ~ ... *sehr, sehr viel, viele;* in seiner Arbeit sind Fehler ~ Fehler; Wunder ~ Wunder! (Ausruf des Erstaunens) **7.2** ~ und ~ *völlig, ganz u. gar;* ~ und ~ mit Schmutz bespritzt; sie wurde ~ und ~ rot **7.3** einmal ~ das andere ⟨fig.⟩ **7.3.1** *jedes zweite Mal* **7.3.2** *immer wieder*

über'all ⟨a. ['---] Adv.⟩ **1** *an allen Orten, allenthalben;* ich habe dich ~ gesucht; es ist ~ so **1.1** er weiß ~ Bescheid ⟨a. fig.⟩ *auf allen Gebieten, in allen Bereichen* **1.2** von ~ *von allen Orten her*

über'al·tert ⟨Adj.⟩ **1** *zu alt* **2** *mit zu vielen alten od. älteren Menschen, Angestellten versehen;* eine ~e Bevölkerung; der Betrieb ist ~ **3** ⟨fig.⟩ *altmodisch, nicht mehr brauchbar, nicht mehr aktuell*

über'ant·wor·ten ⟨V. 530⟩ jmdm. etwas od. jmdn. ~ *ausliefern, jmds. Verantwortung übergeben;* ein Kind den Großeltern (zur Erziehung) ~; einen Verbrecher dem Gericht ~

über'ar·bei·ten ⟨V. 500⟩ **1** etwas ~ *ergänzend, verbessernd bearbeiten, neu fassen;* ein Manuskript, einen Roman ~ **2** ⟨R3⟩ sich ~ *zu viel arbeiten, bis zur Erschöpfung arbeiten;* überarbeite dich nicht! ⟨iron. od. scherzh.⟩

'über·aus ⟨Adv.⟩ *sehr, ganz besonders, äußerst;* er machte einen ~ frischen, lebendigen Eindruck; es hat mir ~ gut gefallen

'Über·bau ⟨m.⟩ **1** *die auf Pfeilern u. Fundamenten ruhenden Teile, z. B. einer Brücke* **2** *über die Außenmauer vorspringender Teil eines Gebäudes, z. B. Balkon* **3** ⟨Rechtsw.⟩ *Bau über die Grenze des Nachbargrundstücks (ohne Vorsatz od. Fahrlässigkeit)* **4** ⟨dialekt. Materialismus⟩ *die geistigen Strömungen in einer bestimmten wirtschaftlichen Epoche;* Ggs *Basis(5)*

'über|be·kom·men ⟨V. 170/500⟩ **1** eine Sache ~ *sattbekommen, einer S. überdrüssig werden* **2** eins (mit dem Stock) ~ ⟨umg.⟩ *einen Schlag (mit dem Stock) bekommen*

über'bie·ten ⟨V. 110/500⟩ **1** jmdn. (bei Auktionen) ~ *ein höheres Angebot machen, mehr bieten als jmd.;* die Händler überboten die privaten Käufer **2** jmdn. od. etwas ~ *übertreffen* **2.1** eine Leistung ~ *mehr leisten, als bisher von einem anderen geleistet wurde* **2.2** ⟨513⟩ jmdn. an Frechheit ~ *noch frecher sein als jmd.* **2.3** er ist an Hilfsbereitschaft kaum zu ~ *man kann kaum hilfsbereiter sein als er* **2.4** ⟨513⟩ einander in Höflichkeiten ~ *einander immer mehr H. sagen*

'über|blei·ben ⟨V. 114/400(s.); umg.⟩ = *übrigbleiben*

'Über·blick ⟨m.⟩ **1** ~ (auf, über etwas) *Blick, den man von einem erhöhten Punkt aus (auf, über etwas) hat, weite umfassende Aussicht;* einen ~ über die Landschaft, ein Gelände haben; von hier oben hat man einen guten ~ über die Landschaft, die Stadt **2** *geistige Fähigkeit, eine Sache, Entwicklung, ein Gebiet im Zusammenhang zu sehen, zu überblicken* **2.1** den ~ verlieren *die Zusammenhänge nicht mehr übersehen* **3** einen ~ haben *in großen Zügen Kenntnisse (von einer Sache, einem Gebiet) haben, über das Wesentliche einer Sache, eines Gebietes Bescheid wissen;* einen ~ gewinnen (über); er besitzt, hat einen guten, keinen ~ über dieses Gebiet; sich einen ~ verschaffen **4** ~ (über ein Wissensgebiet, eine Materie) *Abriß, übersichtl. Zusammenfassung;* ~ über die deutsche Literatur

über'blicken ⟨-k·k-; V. 500⟩ **1** etwas ~ *mit einem weiten Blick umfassen, weite Sicht haben über etwas;* so weit man die Gegend (von hier) ~ kann; eine Landschaft, ein Gelände ~; von hier kann man den Platz ~ **2** eine Sache ~ ⟨fig.⟩ *die verschiedenen Gegebenheiten einer S. u. deren Zusammenhänge erfassen u. die S. dadurch beherrschen;* die Lage ~

über'brin·gen ⟨V. 118/530/R6⟩ **1** jmdm. etwas ~ *etwas zu jmdm. bringen;* jmdm. einen Brief ~ **1.1** jmdm. Glückwünsche (von jmdm.) ~ *ausrichten*

über'brücken ⟨-k·k-; V. 500⟩ **1** etwas ~ *eine Brücke schlagen über etwas;* einen Fluß, eine Schlucht ~ **2** eine Sache ~ ⟨fig.⟩ *ausfüllen, ausgleichen, überwinden;* Gegensätze ~; einen augenblicklichen Geldmangel dadurch ~, daß man sich eine Summe leiht; eine Gesprächspause ~; eine Kluft ~; eine Zeitspanne ~

über'dau·ern ⟨V. 500⟩ etwas ~ *länger halten, leben als etwas;* der Bau hat mehrere Jahrhunderte, Kriege überdauert; sein Werk hat sein Leben überdauert

'über·dies ⟨a. [--'-] Adv.⟩ *außerdem, obendrein*

über'dre·hen ⟨V. 500⟩ **1** etwas ~ *zu stark, bis zum Zerspringen drehen;* eine Uhrfeder ~ **2** überdreht sein ⟨fig.⟩ *zu stark erregt sein, zu übermütig, zu ausgelassen sein*

'Über·druß ⟨m.; -s·ses; unz.⟩ *Abneigung, Unlust, Widerwille infolge Übersättigung;* etwas bis zum ~ hören, sehen

'über·drüs·sig ⟨Adj. 44⟩ **1** einer Sache ~ sein *eine S. satt haben, einer S. müde sein;* einer Speise ~ sein; des langen Wartens ~ sein **2** einer Sache ~ werden *einer S. müde werden, eine S. nicht mehr mögen*

über'eig·nen ⟨V. 530⟩ jmdm. etwas ~ *in das Eigentum eines anderen überführen, jmdm. etwas als Eigentum geben;* jmdm. Vermögenswerte, ein Grundstück, ein Geschäft ~

über'ei·len ⟨V.⟩ **1** ⟨500⟩ eine Sache ~ *zu schnell tun, unbedacht tun;* ein Vorhaben ~ **1.1** ⟨Part. Perf.⟩ übereilt *überstürzt, unbedacht, verfrüht;* eine übereilte Handlung; übereilt handeln **2** ⟨516/R3⟩ sich mit einer Sache ~ *etwas zu schnell, vorschnell tun;* übereil dich damit nicht **3** ⟨400⟩ ein junger Hirsch übereilt ⟨jägerspr.⟩ *setzt die Hinterläufe vor den Vorderläufen auf*

über·ein'an·der ⟨Adv.⟩ **1** *einer od. eines über(1) dem anderen;* zwei Betten ~ **2** *über(6) sich u. die anderen, voneinander (jeweils der eine über(6) den anderen);* ~ sprechen

über'ein|kom·men ⟨V. 170/480 od. 417(s.)⟩ mit jmdm. ~ *sich mit jmdm. einigen;* wir

sind übereingekommen, es so und so zu machen
Über'ein·kom·men ⟨n.; -s, -⟩ **1** *Vertrag, Verabredung, Vereinbarung;* Sy *Übereinkunft;* ein stillschweigendes ~ 1.1 ein ~ treffen *etwas vereinbaren*
Über'ein·kunft ⟨f.; -, ¨-e⟩ = *Übereinkommen*
über'ein|stim·men ⟨V. 410⟩ **1** mit jmdm. (in etwas) ~ *die gleiche Meinung über etwas haben, vertreten;* → a. *korrespondieren(1);* in dieser Beziehung stimmen wir nicht überein 1.1 alle stimmen darin überein, daß ... *alle sind der Ansicht, daß ...* **2** etwas stimmt in, mit etwas überein *etwas paßt zu etwas, ist gleich wie etwas, entspricht etwas;* die Farbe der Tapete stimmt mit der des Vorhangs überein; die Aussagen der beiden Zeugen stimmen überein **2.1** Wörter stimmen im Kasus, Numerus überein *stehen im selben K., N.*
'über·fah·ren[1] ⟨V. 130/500⟩ jmdn. ~ *über einen Fluß oder einen See fahren, jmdn. in Boot od. Fähre hinüberbringen;* der Fährmann hat uns übergefahren
über'fah·ren[2] ⟨V. 130/500⟩ **1** jmdn. od. ein Tier ~ *mit einem Fahrzeug über jmdn. od. ein T. hinwegfahren (u. ihn bzw. es dadurch verletzen od. töten);* das Kind ist ~ worden **2** etwas ~ *an etwas vorbeifahren, ohne es zu beachten, obwohl man es beachten müßte;* ein Signal, Warnungsschild ~ **3** jmdn. (in einer Sache) ~ ⟨fig.⟩ *in einer S. handeln, ohne jmdn. zu befragen, jmdn. übergehen, benachteiligen*
'Über·fall ⟨m.⟩ **1** *Angriff, bes. auf den unvorbereiteten Gegner;* ein heimtückischer ~; sich gegen einen ~ wappnen **2** ⟨Wasserbau⟩ *die Stelle, an der das Wasser über ein Wehr fließt*
über'fal·len ⟨V. 131/500⟩ **1** jmdn. od. etwas ~ *plötzlich, überraschend angreifen;* ein Land ~; jmdn. auf der Straße, im Dunkeln ~ **2** jmdn. ~ ⟨umg.⟩ *ohne Ankündigung besuchen;* Freunde ~ **3** ⟨516⟩ jmdn. mit einer Sache ~ *unvermittelt ohne Rücksicht auf die Situation mit einer S. belästigen;* jmdn. mit Fragen ~ **4** etwas überfällt jmdn. *überkommt jmdn.;* der Schlaf überfiel ihn; von Müdigkeit, einer plötzlichen Schwäche ~ werden
'über·fäl·lig ⟨Adj.⟩ **1** *zur fahrplanmäßigen od. vereinbarten Ankunftszeit noch nicht eingetroffen;* die Bergsteiger sind nun schon drei Tage ~; der Zug ist schon drei Stunden ~ **2** *zur Zeit der Fälligkeit noch nicht eingelöst, verfallen;* ein ~er Wechsel
über'flie·gen ⟨V. 136/500⟩ etwas ~ **1** *über etwas hinwegfliegen;* einen Ort ~ **2** ⟨fig.⟩ *flüchtig lesen;* einen Brief, ein Buch, eine schriftliche Arbeit ~
über'flü·geln ⟨V. 500/R8⟩ jmdn. ~ *übertreffen, mehr leisten als jmd., jmdn. in der Leistung überholen*
'Über·fluß ⟨m.; -s·ses; unz.⟩ **1** *zu reichl. Vorhandensein, weit größere Menge als notwendig, zu reichl. Besitz;* an etwas ~ haben; etwas im ~ haben, besitzen; im ~ leben 1.1 zum ~ *obendrein, unnötigerweise, zu allem Übel;* zum ~ war auch noch das Telephon kaputt
'über·flüs·sig ⟨Adj.⟩ *unnötig, nutzlos, entbehrlich;* das macht mir ~e Arbeit; ein ~er Gegenstand; (es ist) ~, zu sagen, daß ...; diese Bemerkung, Mahnung war (höchst) ~; jedes weitere Wort ist ~; ich komme mir hier ~ vor
'über|flu·ten[1] ⟨V. 400⟩ *über den Rand, die Ufer fließen*
über'flu·ten[2] ⟨V. 500⟩ **1** Wasser, ein Fluß überflutet einen Ort *überschwemmt einen O., setzt einen O. unter Wasser;* der Strom hat die Felder, das Land überflutet **2** ⟨Passiv⟩ von etwas überflutet werden, sein ⟨a. fig.⟩ 2.1 *von fließendem Wasser bedeckt werden od. sein;* die Straßen waren von Hochwasser überflutet 2.2 ⟨fig.⟩ *zu reichlich versehen werden od. sein mit, zu reichlich erhalten (haben)* **3** etwas ~ ⟨fig.⟩ *überreichlich mit etwas versehen, in sehr großer Anzahl auftreten und eine Bedrohung für das Vorhandene darstellen;* der einheimische Markt wurde von ausländischen Waren überflutet; die feindlichen Heere überfluteten das Land
über'for·dern ⟨V. 500/R7 od. R8⟩ jmdn. ~ *von jmdm. mehr fordern, als er leisten kann;* du darfst das Kind nicht ~; diese Aufgabe überfordert meine Kräfte; mit dieser Aufgabe bin ich überfordert
'über|füh·ren[1] ⟨V. 511⟩ etwas in einen anderen Zustand ~ *veranlassen, daß etwas in einen anderen Z. übergeht;* das Angestelltenverhältnis ist in ein Beamtenverhältnis übergeführt worden
über'füh·ren[2] ⟨V. 500⟩ **1** jmdn. od. etwas ~ *an einen anderen Ort bringen;* der Tote wurde in seine Heimatstadt überführt; er wurde in das Krankenhaus überführt; das Auto wird überführt **2** ⟨504⟩ jmdn. (einer Schuld, eines Verbrechens) ~ *jmdm. eine S., ein V. nachweisen* 2.1 ein überführter Verbrecher *jmd., dem sein Verbrechen nachgewiesen worden ist*
Über'füh·rung ⟨f.; -, -en⟩ **1** ⟨unz.⟩ *das Überführen*[2]; ~skosten; die ~ eines Autos, Patienten, einer Leiche, eines Verbrechers **2** *Brücke, Verkehrsweg über eine Eisen-, Straßenbahnlinie od. Straße*
über'fül·len ⟨V. 500⟩ **1** etwas ~ *zu viel hineinfüllen;* sich den Magen ~ **2** ⟨Part. Perf.⟩ etwas ist überfüllt *zu voll;* der Saal, die Straßenbahn war überfüllt
'Über·ga·be ⟨f.⟩ *das Übergeben(1);* Amts~, Geschäfts~; ~ einer Festung, einer eingeschlossenen Stadt
'Über·gang ⟨m.; -(e)s, ¨-e⟩ **1** *der Vorgang des Hinübergehens, Überschreitens (eines Passes, einer Grenze);* Grenz~ **2** *Weg, Brücke (über einen Fluß od. ein Bahngleis);* gibt es hier einen ~? (über den Bach, Fluß) **3** *durch Ampel, Schranke od. Zebrastreifen gesicherter Weg über eine Straße od. ein Bahngleis;* Bahn~, Fußgänger~; hier kein ~ für Fußgänger! (auf Verkehrsschildern) **4** *Vorgang des Übergehens*[1] *(5) (in etwas anderes);*~ des Tages in den Abend; wir stehen noch am, im ~ (von einer Entwicklungsstufe zur anderen) **5** *Zwischenstufe, Zwischenlösung, unfertiger Zustand;* alle diese Erscheinungen, Maßnahmen usw. sind ja nur ein ~ **6** *Wechsel, Wandlung;* ein schwieriger ~; der ~ vom Leben auf dem Lande zum Leben in der Stadt fiel ihm sehr schwer **7** *Überleitung;* Gedanken, Geschichten ohne ~ aneinanderreihen 7.1 ⟨Mus.; Lit.⟩ *verbindende Tonfolge, verbundener Satz, verbin-*

dende Worte; zwischen zwei Sätzen, Themen einen ~ schaffen; ein ~ aus, von einer Tonart in die andere **8** ⟨Mal.⟩ *Schattierung, Abstufung;* feine, zarte Übergänge **9** ⟨Eisenb.⟩ *zusätzl., nachträglich gelöste Fahrkarte für die 1. Klasse, wenn man nur 2. Klasse gelöst hat;* den ~ von der 2. in die 1. Klasse lösen

über'ge·ben ⟨V. 143/500⟩ **1** ⟨530/R6⟩ jmdm. etwas ~ *etwas in jmds. Hände geben, ihm etwas bringen;* jmdm. einen Brief, ein Geschenk, die Schlüssel ~ 1.1 ein Gebäude der Öffentlichkeit ~ *zugänglich machen* **2** ⟨530⟩ jmdm. etwas ~ *aushändigen, ausliefern;* dem Feind die Festung, Stadt ~ **3** ⟨530⟩ jmdm. etwas ~ *zur weiteren Bearbeitung geben, überlassen;* seinem Nachfolger das Amt (feierlich) ~; eine Rechtssache dem Gericht, Rechtsanwalt ~; jmdm. ein Geschäft ~ **4** ⟨R3⟩ sich ~ *sich erbrechen*

'über|ge·hen[1] ⟨V. 145(s.)⟩ **1** ⟨400⟩ eine Flüssigkeit geht über *fließt über* 1.1 ⟨600⟩ die Augen gehen jmdm. über *jmd. muß weinen* 1.2 → a. *Herz(2.04)* **2** ⟨411⟩ zu einer anderen Partei ~ *seine eigene Partei verlassen u. für eine andere Partei arbeiten, kämpfen, überlaufen;* zum Feinde ~ **3** ⟨800⟩ etwas geht in jmds. Besitz, in jmds. Hände über *wird in jmds. Besitz, Gewalt, Verfügung gegeben;* das Geschäft ist in andere Hände übergegangen; das Grundstück ist in den Besitz des Staates übergegangen **4** ⟨411⟩ etwas geht auf etwas über *etwas prägt etwas durch seine Art;* im Laufe der Jahre war etwas vom Wesen der alten Frau auf ihren Hund übergegangen **5** ⟨800⟩ etwas geht in etwas über *etwas verwandelt sich in etwas, nimmt die Form von etwas an;* das Gold der untergehenden Sonne ging langsam in Rot über; in Fäulnis ~; das Weinen des Kindes ging in Schreien über 5.1 → a. *Fleisch(1.0.7)* **6** ⟨800⟩ auf, in etwas (anderes) ~ *etwas wechseln;* von einer Tonart in eine andere ~; auf ein anderes Thema ~ **7** ⟨800⟩ zu etwas ~ 7.1 *von jetzt an etwas anderes tun;* man ist jetzt dazu übergegangen, Post automatisch zu sortieren; von der Weidewirtschaft zum Ackerbau ~ 7.1.1 zum Angriff ~ *angreifen* 7.2 ⟨fig.⟩ *von etwas anderem sprechen;* er ging nun zum Anliegen seines Besuches über 7.2.1 zur nächsten Frage der Tagesordnung ~ *sie von jetzt an besprechen*

über'ge·hen[2] ⟨V. 145/500/R8⟩ **1** jmdn. od. etwas ~ *unbeachtet lassen, nicht berücksichtigen, vernachlässigen;* den Hunger ~; jmdn. bei der Beförderung ~; er fühlte sich übergangen 1.1 einen peinlichen Vorfall mit Stillschweigen ~ *nicht davon sprechen* **2** etwas ~ *weglassen;* dieses Kapitel können wir bei der Lektüre ~

'über·ge·nug ⟨Adv.⟩ *mehr als genug;* ich habe davon genug und ~ ⟨verstärkend⟩

'Über·ge·wicht ⟨n.; -(e)s; unz.⟩ **1** *zu großes Gewicht;* der Brief hat ~ **2** *(durch Verlagerung des Schwerpunktes zustandegekommenes) größeres Gewicht des einen Teils gegenüber dem anderen* 2.0.1 ~ bekommen *kippen, umkippen, das Gleichgewicht verlieren* **3** ⟨fig.⟩ *Vorteil gegenüber einem anderen;* in der Diskussion das ~ über jmdn. bekommen

'über|grei·fen ⟨V. 158⟩ **1** ⟨400⟩ *mit einer Hand über die andere greifen;* beim Klavierspiel, Geräteturnen ~ **2** ⟨411⟩ etwas greift auf etwas über *breitet sich über etwas aus, erfaßt auch etwas;* das Feuer griff auf die anderen Häuser über; die Seuche hat auf das Nachbarland übergegriffen

'Über·griff ⟨m.⟩ *unberechtigter Eingriff in die Rechte eines anderen;* sich ~e erlauben

'über|ha·ben ⟨V. 159/500/R8⟩ etwas ~ ⟨umg.⟩ **1** *übrighaben;* bei diesem Rezept hat man zwei Eigelb über **2** *noch über anderen Kleidungsstücken anhaben;* er hatte nur einen dünnen Mantel, eine Jacke über **3** *etwas satt haben, einer Sache überdrüssig sein;* ich habe es über, immer wieder zu fragen; ich habe die Süßigkeiten (jetzt) über; ich habe das viele Warten über

über'hand|neh·men ⟨V. 189/400⟩ *in zu großer Zahl vorkommen;* die Raubüberfälle haben in den letzten Wochen überhandgenommen

'Über·hang ⟨m.⟩ **1** ⟨Arch.⟩ *Abweichung vom Lot* **2** *etwas, das über etwas hängt od. hinausragt* 2.1 *überhängendes Felsstück* 2.2 *auf das Nachbargrundstück hinüberragende Zweige (von Bäumen u. Sträuchern)* 2.3 *überhängende Gardine* **3** *überschüssiger Vorrat, Warenmenge, die man (im Augenblick) nicht verkaufen kann*

'über|hän·gen ⟨V. 161⟩ **1** ⟨400⟩ *über etwas hängen, über den Rand hängen* **2** ⟨400⟩ etwas hängt über *ist nicht lotrecht gebaut* **3** ⟨400⟩ etwas hängt über *ragt über etwas schräg nach unten hinaus;* der Felsbrocken hängt über 3.1 ein ~des Dach *vorstehendes D.* **4** ⟨530/R5⟩ jmdm. etwas ~ *über die Schulter hängen, umhängen;* sich das Gewehr ~; sich einen Mantel ~

über'häu·fen ⟨V. 550⟩ **1** etwas mit etwas anderem ~ *überschütten, zuviel darauflegen, zu dicht bedecken mit etwas;* den Schreibtisch mit Akten, Büchern ~ **2** jmdn. mit etwas ~ *jmdm. etwas in zu reichem Maße zukommen lassen;* jmdn. mit Arbeit, Aufträgen ~; jmdn. mit Ehren, Gunstbezeigungen, Wohltaten, Vorwürfen ~

über'haupt ⟨Adv.⟩ **1** *aufs Ganze gesehen, darüber (über das Gesagte) hinaus;* arbeitet er ~ etwas?; möchtest du lieber ein Glas Bier oder Wein haben? Danke, ~ nichts!; hast du heute ~ schon etwas gegessen? **2** *eigentlich;* gibt es das ~?; wie ist das denn ~ gekommen? **3** *im übrigen, außerdem, überdies;* und ~, warum kommt er nicht selbst zu mir, wenn er etwas will?; ich habe alle Filme mit XY gesehen - ich gehe ~ sehr gern ins Kino **4** wenn ~ ... *wenn das wirklich der Fall sein sollte* **5** ~ nicht *(ganz und) gar nicht;* daran habe ich ~ nicht gedacht; er kam ~ nicht; ich weiß ja ~ nicht, worum es sich handelt; das ist ~ nicht wahr!; er besucht mich ~ nicht 5.1 ~ nichts *gar nichts*

über'he·ben ⟨V. 163/500⟩ **1** ⟨540/R7⟩ jmdn. einer Sache ~ *jmdn. von einer S. frei machen, jmdm. eine S. ersparen;* wir sind dieser Arbeit überhoben **2** ⟨R3⟩ sich ~ *sich beim Heben Schaden tun, sich beim Heben einen Bruch zuziehen* **3** ⟨R3⟩ sich ~ ⟨fig.; geh.⟩ *stolz, dünkelhaft werden*

über'heb·lich ⟨Adj.⟩ *anmaßend, dünkelhaft, stolz*

'über|ho·len[1] ⟨V.⟩ **1** ⟨500⟩ jmdn. od. etwas ~

mit dem Boot vom anderen Ufer herüberholen 1.1 hol über! ⟨früher⟩ *(Ruf an den Fährmann)* **2** ⟨500⟩ die Segel ~ *aufziehen* **3** ⟨400⟩ das Schiff holt über *neigt sich*

über'ho·len² ⟨V. 500⟩ **1** jmdn. od. ein Fahrzeug ~ *einholen, ihm zuvorkommen, an jmdm. vorbeilaufen od. -fahren* **2** eine Maschine ~ ⟨Tech.⟩ *auf Fehler prüfen, erneuern, Mängel beseitigen*

über'hö·ren ⟨V. 500⟩ **1** Gelerntes ~ *abhören;* Vokabeln ~ **2** Hörbares ~ *nicht hören;* er hat das Klingeln überhört; davon weiß ich nichts, das muß ich überhört haben 2.1 *nicht hören wollen, hören, aber nicht darauf reagieren, antworten;* eine unpassende Bemerkung ~ 2.1.1 das möchte ich überhört haben! *das war sehr unangebracht, aber ich will nichts dazu sagen*

'über·ir·disch ⟨Adj.⟩ **1** *über der Erde befindlich* **2** *übernatürlich, nicht der Erde zugehörig, göttlich;* Ggs *irdisch;* ein ~es Wesen 2.1 ein Mädchen von ~er Schönheit *von engelhafter S.*

über'kom·men ⟨V. 170⟩ **1** ⟨400(s.); nur im Passiv od. als attributives Partizip⟩ etwas ist ~ *vererbt, überliefert;* der Brauch ist uns (seit alters her, von unseren Vorfahren) ~; ~e Bräuche, Sitten, Traditionen **2** ⟨500⟩ Empfindungen ~ jmdn. *überfallen, ergreifen, erfassen jmdn.;* ihn überkam die Furcht; ein Grausen überkam mich; die Rührung überkam ihn, als er das sah

über'la·den ⟨V. 174/500⟩ **1** etwas ~ *zu sehr, zu stark, zu schwer beladen;* der Wagen ist ~ 1.1 ⟨530/R1⟩ sich den Magen ~ *zu viel essen* **2** etwas ~ ⟨fig.⟩ *zu viel anhäufen in od. auf etwas, zu viel anbringen an etwas* 2.1 ~ sein *überreich verziert sein, versehen sein (mit);* das Zimmer ist mit Bildern ~; die Fassade des Hauses ist mit Verzierungen ~

über'la·gern ⟨V. 500⟩ etwas ~ *sich darüber lagern, verdecken, zudecken*

über'las·sen ⟨V. 175/530/R6⟩ **1** jmdm. etwas ~ *zugunsten eines anderen auf etwas verzichten, jmdm. freiwillig von seinem Besitz, seinen Rechten etwas abtreten;* er hat seinem Sohn schon früh die Hälfte seines Vermögens ~; jmdm. ein Grundstück zur Nutzung ~ 1.1 jmdm. eine Ware billig ~ *billig verkaufen* **2** jmdm. etwas ~ *jmdm. etwas anvertrauen, zu treuen Händen od. zum Gebrauch geben;* sie ist zu unzuverlässig, ich kann ihr das Kind nicht (längere Zeit) ~ 2.1 → a. *Schicksal(1.1)* **3** es jmdm. ~, etwas zu tun *es jmdm. freistellen, etwas zu tun, es jmdn. nach seinem Gutdünken tun lassen;* das zu beurteilen, mußt du schon mir ~!; ich möchte die Wahl, Entscheidung ihm ~ **4** ⟨R3⟩ sich seinen Empfindungen, Gefühlen ~ *sich seinen E., G. hingeben, ihnen nachgeben* **5** sich selbst ~ sein 5.1 *allein, einsam sein* 5.2 *etwas nach eigenem Gutdünken, ohne Rat od. Hilfe tun müssen*

'über|lau·fen¹ ⟨V. 176/400(s.)⟩ **1** eine Flüssigkeit läuft über *läuft über den Rand eines Gefäßes;* die Milch, Suppe ist übergelaufen **2** ein Gefäß läuft über *ist so voll, daß die Flüssigkeit herausläuft;* der Topf, die Badewanne ist übergelaufen **3** ⟨411⟩ zum Feind ~ = *desertieren(2)*

über'lau·fen² ⟨V. 176/500⟩ **1** jmdn. ~ *belästigen, zu stark in Anspruch nehmen* 1.1 der Arzt ist sehr ~ *hat zu viele Patienten* **2** ⟨500 od. 513; unpersönl.⟩ es, eine Empfindung überläuft jmdn. *jmd. wird von einer E. erfaßt;* es überläuft mich heiß und kalt, wenn ich daran denke; es überlief ihn ein kalter Schauer 2.1 es überlief mich (siedend) heiß *ich erschrak tief, ich war sehr peinlich berührt, schämte mich plötzlich sehr* 2.2 es überlief mich kalt, eiskalt *ich schauderte, erschrak tief, es graute mir* **3** ein Ort ist ~ *es fahren zu viele Menschen hin, es herrscht dort zu viel Betrieb, Verkehr*

'Über·läu·fer ⟨m.⟩ **1** *Soldat, der desertiert ist* **2** *jmd., der zur Gegenpartei übergewechselt ist* **3** ⟨jägerspr.⟩ *Wildschwein im zweiten Jahr*

über'le·ben ⟨V.⟩ **1** ⟨400⟩ *weiter leben (nach dem Tod eines anderen od. anderer)* 1.1 der überlebende Teil ⟨Rechtsw.⟩ *der nach dem Tod des Ehepartners noch lebende Partner* 1.2 jmdn. ~ *länger leben als jmd.;* er hat die ganze Familie überlebt **2** ⟨500⟩ etwas ~ *lebend aus einer Gefahr hervorgehen, lebend etwas überstehen;* er hat den Krieg überlebt; der Kranke wird die Nacht wohl nicht mehr ~; ein Unglück, eine Naturkatastrophe ~ 2.1 das überlebe ich nicht! ⟨fig.; umg.⟩ *das kann ich nicht ertragen* 2.2 du wirst's wohl ~! ⟨fig.; umg.⟩ *du wirst es wohl ertragen, aushalten können (denn so schlimm ist es nicht)!* **3** etwas überlebt sich *veraltet, kommt außer Gebrauch (weil nicht mehr zweckmäßig);* diese Anschauung, Mode, Sitte hat sich überlebt

über'le·gen¹ ⟨V.⟩ **1** ⟨500⟩ etwas ~ *durchdenken, erwägen, sich ein Urteil zu bilden suchen über;* etwas gründlich, reiflich ~ **2** ⟨400⟩ *nachdenken, nachsinnen;* er überlegte eine Weile, dann sagte er ...; ohne zu ~; überleg nicht so lange! **3** ⟨530/R1⟩ sich etwas ~ *sich über etwas Gedanken machen, über etwas nachdenken;* das hättest du dir vorher ~ müssen; überlege es dir gut, genau!; ich habe es mir (inzwischen) anders überlegt; ich habe es mir hin und her überlegt; ich werde es mir (noch) ~; ich werde mir ~, wie wir das machen können; ich habe mir folgendes überlegt 3.1 das muß ich mir erst (noch) ~ *ich kann mich noch nicht entscheiden* **4** eine Handlung ist überlegt *vorbedacht, geplant, beabsichtigt* 4.1 überlegt handeln *besonnen, nach reifl. Überlegung*

über'le·gen² ⟨Adj.⟩ **1** *jede Situation beherrschend, klug, gelassen, kaltblütig;* Sy *souverän(2)* **2** *etwas überheblich, herablassend;* er ist immer so ~; ein ~es Lächeln **3** ⟨43⟩ jmdm. ~ sein *mehr können, wissen als jmd.;* jmdm. an Ausdauer, Kraft, Geschicklichkeit ~ sein

Über'le·gung ⟨f.; -, -en⟩ **1** ⟨unz.⟩ *das Überlegen;* bei nüchterner, ruhiger, sachlicher ~ ergab sich, daß ...; nach reiflicher ~; etwas ohne ~ tun, sagen **2** ⟨Pl.⟩ ~en *eine Reihe von Gedanken* 2.1 ~en anstellen über etwas *über etwas nachdenken*

'über|lei·ten ⟨V. 411⟩ zu etwas ~ *zu etwas anderem führen, leiten, eine Verbindung zu etwas anderem herstellen;* zum nächsten Abschnitt, Thema ~

über'le·sen ⟨V. 179/500⟩ etwas ~ **1** *flüchtig lesen* **2** *(prüfend) durchlesen;* ein Schriftstück noch einmal ~ **3** *(bei flüchtigem Lesen) über-*

sehen, nicht beachten, über etwas hinweglesen; er hat viele Fehler ~

über'lie·fern ⟨V. 500⟩ **1** eine Sache ~ *erzählen, berichten (u. dadurch bewahren);* ein Werk der Nachwelt ~; diese Sage ist mündlich, schriftlich überliefert; dieser Text ist nur in Bruchstücken überliefert; dieser Brauch, diese Technik ist uns von unseren Vorfahren überliefert; überlieferte Sitten, Gebräuche, Formen **2** ⟨530⟩ jmdn. jmdm. od. einer Institution ~ ⟨veralt.⟩ *ausliefern, übergeben;* jmdn. der Justiz, dem Gericht ~

Über'lie·fe·rung ⟨f.⟩ **1** ⟨unz.⟩ *das Überliefern(1);* mündliche, schriftliche ~ **2** *etwas (mündlich od. schriftlich) Überliefertes, von früher her Erhaltenes, seit alters Bewahrtes;* die ~en aus dem 16. Jh. schildern das Kunstwerk anders

über'li·sten ⟨V. 500/R7 od. R8⟩ jmdn. ~ *durch List einen Vorteil über jmdn. gewinnen, jmdn. durch List täuschen*

überm ⟨Präp. u. Art.⟩ = *über dem*

'Über·macht ⟨f.; -; unz.⟩ **1** *Überlegenheit an Zahl, Stärke;* der ~ (des Gegners) erliegen; die ~ haben (über); der feindlichen ~ weichen; gegen eine vielfache ~ kämpfen **1.1** in der ~ sein *die größere Zahl, Stärke besitzen*

über'man·nen ⟨V. 500⟩ Empfindungen, Zustände ~ jmdn. *überkommen, überfallen, überwältigen jmdn.;* der Schlaf, Schmerz, die Rührung übermannte ihn; ich wurde von Müdigkeit übermannt

'über·mä·ßig ⟨Adj.⟩ **1** *ohne Maß, zu stark, zu viel, zu sehr usw., übertrieben;* ~e Anstrengungen; ~e Besorgnis **1.1** ~es Intervall *durch einen Halbton chromatisch erweitertes I., z. B. C-Gis;* Ggs *vermindertes Intervall;* ~e Quinte **2** ⟨50⟩ *im Übermaß, zu, allzu (viel, stark, sehr usw.);* sich ~ anstrengen; ~ breit, dick, groß, hoch, viel; die Ware ist ~ teuer; ~ viel essen, schlafen, arbeiten

'Über·mensch ⟨m.⟩ **1** *Gottmensch, Gottesmensch, vollkommener Mensch* **2** ⟨bei Goethe u. a., bes. bei Nietzsche⟩ *der zur Vollkommenheit angelegte u. sich (bewußt) dorthin entwickelnde Mensch* **3** ⟨umg.; oft iron.⟩ *Mensch ohne Fehler u. Schwächen*

'über·mensch·lich ⟨Adj.⟩ **1** *über des Menschen Grenzen hinausgehend, übernatürlich* **2** ⟨fig.⟩ *sehr stark, sehr groß, gewaltig;* mit ~er Anstrengung; eine (wahrhaft) ~e Leistung

über'mit·teln ⟨V. 503/R6⟩ (jmdm.) eine Nachricht ~ *mitteilen, ausrichten, überbringen, überreichen, schicken;* eine Botschaft, Grüße ~; ein Telegramm ~

'über·mor·gen ⟨Adv.⟩ **1** *am Tag nach morgen;* ich komme ~ **1.1** ~ abend *am Abend des übernächsten Tages*

'Über·mut ⟨m.⟩ **1** ⟨veralt.⟩ *Überheblichkeit, Anmaßung, Dünkel;* ~ tut selten gut ⟨Sprichw.⟩ **2** *Ausgelassenheit, große u. ein wenig kecke Fröhlichkeit;* das hat er nur aus ~ getan (und nicht böse gemeint); er weiß vor lauter ~ nicht, was er tun, anstellen soll

'über·mü·tig ⟨Adj.⟩ **1** *voller Übermut, ausgelassen, fröhlich und ein wenig keck;* „...!" rief er ~; die Kinder tollten ~ durch den Garten; in ~er Laune **2** *glücklich od. stolz (über bzw. auf eine Leistung) u. daher etwas leichtsinnig, fröhlich u. ein wenig eingebildet;* werd mir nur nicht ~!

über'nach·ten ⟨V. 411⟩ *die Nacht zubringen;* bei Freunden ~; im Hotel, Freien ~

'über·näch·tig ⟨Adj. 24/70⟩ *unausgeschlafen, müde, weil man in der Nacht nicht genügend geschlafen hat;* ~ aussehen, sein

'über·na·tür·lich ⟨Adj.⟩ *nicht mit dem Verstand faßbar, außerhalb der natürl. Gesetze stehend;* Ggs *natürlich(2);* eine ~e Erscheinung; jmdm. ~e Kräfte zuschreiben; ein ~es Wesen

'über|neh·men[1] ⟨V. 189/500⟩ etwas ~ ⟨umg.⟩ *sich mit etwas bedecken, sich etwas umhängen;* einen Mantel, einen Schal ~

über'neh·men[2] ⟨V. 189/500⟩ **1** etwas od. jmdn. ~ *annehmen, zu sich, an sich nehmen, in Empfang nehmen;* nach dem Tod eines Verwandten dessen Kinder ~; Güter, eine Sendung ~ **2** ein Geschäft, einen Betrieb ~ *in eigene Verwaltung, in Besitz nehmen;* ein Großkonzern wird ab Januar den Betrieb ~ **3** Angestellte (von einem anderen Betrieb) ~ *von nun an im eigenen Betrieb beschäftigen* **4** eine Pflicht, Verantwortung ~ *sich für eine Sache u. ihre Folgen einsetzen, engagieren, sie zur eigenen Sache machen;* diese Stiftung hat es übernommen, für die Behinderten zu sorgen **4.1** eine Arbeit, einen Auftrag ~ *annehmen, ausführen u. die Verantwortung dafür tragen;* ein Amt ~; es ~, etwas zu tun; würden Sie es ~, die Blumen, Eintrittskarten zu besorgen? **4.2** den Befehl, das Kommando ~ *von nun an den B., das K. haben, von nun an befehlen, kommandieren* **4.3** er hat nach dem Tod seines Vaters dessen Praxis übernommen *er führt sie seitdem* **4.4** → a. *Bürgschaft(1)* **5** die Kosten ~ *tragen* **6** eine Sache ~ *sich zu eigen machen, annehmen, von nun an selbst anwenden bzw. vertreten;* neue Lernmethoden ~ **7** eine Sache ~ *in derselben Form an anderer Stelle, zu einem anderen Zeitpunkt wiedergeben;* eine Textstelle wörtlich (in die eigene Arbeit) ~ **8** ein Sender übernimmt eine Sendung ⟨Funkw.⟩ *sendet dasselbe wie ein anderer S.* **9** ⟨R3⟩ sich ~ ⟨umg.⟩ *sich zu sehr anstrengen;* er hat sich beim Schwimmen, Wandern übernommen; übernimm dich nur nicht! ⟨fig.; iron.⟩ **10** Kohlen, Öl ~ ⟨Mar.⟩ *laden*

'über|ord·nen ⟨V. 530/R7⟩ etwas od. jmdn. einem anderen ~ *(in der Funktion) über etwas od. jmdn. stellen;* der Abteilungsleiter ist uns übergeordnet; die übergeordnete Stelle (im Amt, Betrieb)

über'prü·fen ⟨V. 500/R8⟩ jmdn. od. etwas ~ *(nochmals) prüfen, nachprüfen;* Sy *kontrollieren(2);* ein Ergebnis ~; eine Maschine ~

über'que·ren ⟨V. 500⟩ eine Straße, einen Fluß ~ *überschreiten, kreuzen*

über'ra·gen ⟨V. 505⟩ **1** jmdn. od. etwas ~ *größer sein als jmd. od. etwas;* jmdn. um Haupteslänge ~ **2** jmdn. od. eine Sache ~ ⟨fig.⟩ *übertreffen, besser, stärker sein als jmd. od. eine S.;* jmdn. an Verdiensten, Leistungen weit ~ **2.1** ⟨Part. Präs.⟩ ~d *hervorragend, bedeutend, ausgezeichnet;* eine ~de Begabung; ~de Fähigkeiten

über'ra·schen ⟨V. 500⟩ **1** jmdn. od. etwas (an, bei etwas) ~ *unerwartet (bei etwas)* *(an)treffen;* die Dunkelheit überraschte uns; jmdn. beim Naschen, Stehlen ~; von einem Gewitter überrascht werden **2** etwas überrascht jmdn. *setzt jmdn. in Erstaunen;* das (was du sagst) überrascht mich! 2.1 lassen wir uns ~! ⟨umg.⟩ *warten wir's ab!* 2.2 es überrascht, daß ... *es ist erstaunlich, daß* ... **3** ⟨R8⟩ jmdn. (mit etwas) ~ *jmdm. mit etwas unerwartet Freude bereiten;* er überraschte uns mit seinem Besuch, mit der (guten) Nachricht, daß ...; jmdn. mit einem Geschenk ~ **4** ⟨Part. Perf.⟩ überrascht *erstaunt, verwundert über etwas Unerwartetes;* ich bin angenehm, unangenehm überrascht; ich bin überrascht über sein gutes Aussehen; freudig überrascht sein; „...?" fragte er überrascht **5** ⟨Part. Präs.⟩ ~d *unerwartet, erstaunlich;* ein ~der Besuch, Erfolg; es ging ~d schnell

Über'ra·schung ⟨f.; -, -en⟩ **1** *plötzliches, unerwartetes Ereignis, etwas, was überrascht(1);* eine angenehme, unangenehme ~; eine böse, üble ~ **2** *unerwartete Freude, etwas Schönes, das man nicht erwartet hat;* das ist ja eine ~!, ist das eine ~! (Ausruf der Freude über etwas Unerwartetes); ich habe eine ~ für dich; bitte sprich noch nicht darüber, es soll eine ~ für ihn sein **3** ⟨unz.⟩ *das Überraschtsein, Erstaunen, Verwunderung (über Unerwartetes);* zu meiner größten ~

über're·den ⟨V. 505/R8⟩ jmdn. (zu etwas) ~ *durch Worte zu etwas veranlassen, jmdm. so lange zureden, bis er etwas tut;* ich habe mich ~ lassen; laß dich nicht ~!; ich habe ihn nicht ~ können, auf unseren Vorschlag einzugehen; jmdn. zum Mitkommen, Mitmachen ~

über'rei·chen ⟨V. 503⟩ (jmdm.) etwas ~ *höflich od. feierlich übergeben;* jmdm. Blumen, ein Geschenk, eine Urkunde ~; überreicht von ... (in Widmungen od. auf Geschäftskarten)

über'rei·zen ⟨V. 500/R7 od. R8⟩ jmdn. od. etwas ~ *durch zu große Belastung stark reizen;* er ist überreizt; meine Nerven sind überreizt

über'ren·nen ⟨V. 200/500⟩ **1** eine feindliche Stellung ~ *in einem Ansturm überwältigen* **2** ⟨516⟩ jmdn. mit einer Sache ~ ⟨fig.⟩ *jmdm. durch eine S. keine Gelegenheit zum Widerstand, zum Entgegnen geben;* er hat mich mit seinen Argumenten völlig überrannt; er überrennt mich mit seinem Temperament, seinen vielen Plänen

'Über·rest ⟨m.⟩ **1** *letzter Rest;* von dem Haus sind nur noch einige traurige ~e vorhanden 1.1 → a. *sterblich(1.2)*

über'rol·len ⟨V. 500⟩ jmdn. od. etwas ~ *gewaltsam, mit großer Übermacht überfahren, mit Kampffahrzeugen angreifen u. vernichten;* den überraschten Gegner, die feindlichen Stellungen ~

über'rum·peln ⟨V. 500/R8⟩ jmdn. ~ **1** *unerwartet angreifen;* den Gegner ~ **2** *jmdm. keine Zeit zur Besinnung geben;* jmdn. mit einer Frage ~

über'sät ⟨Adj. 24/74⟩ *in großer Zahl bedeckt;* die Wiese ist mit Himmelsschlüsseln ~; sein Körper ist mit Narben, Pusteln, Flecken ~; der Himmel ist mit Sternen ~

über'schat·ten ⟨V. 500⟩ **1** etwas überschattet etwas *wirft einen Schatten auf etwas;* seine dichten Augenbrauen ~ seine Augen; dichtbelaubte Bäume ~ den Garten **2** eine Sache überschattet eine Sache ⟨fig.⟩ *läßt eine S. nicht hervortreten;* der Ruhm des Vaters überschattet die Begabung, die Werke des Sohnes 2.1 überschattet sein ⟨fig.⟩ *getrübt sein;* unsere Freude war von der traurigen Nachricht überschattet

über'schät·zen ⟨V. 500/R7 od. R8⟩ jmdn. od. etwas ~ *zu hoch einschätzen;* jmdn. bei weitem ~; jmds. Bedeutung, Einfluß ~; ich habe die Entfernung überschätzt; seine Kräfte, Fähigkeiten ~

'Über·schau ⟨f.⟩ *Übersicht, Überblick;* eine kurze ~ (über etwas) geben

'über|schäu·men ⟨V. 400(s.)⟩ **1** eine Flüssigkeit schäumt über *tritt schäumend über den Rand eines Gefäßes;* die Milch, der Sekt schäumt über **2** eine Sache schäumt über ⟨fig.⟩ *verläßt das übliche Maß;* sein Temperament schäumte über 2.1 ⟨Part. Präs.⟩ ~d *wild, nicht zu zügeln;* ~de Fröhlichkeit, Kraft; ~des Temperament

über'schla·fen ⟨V. 217/500⟩ eine Sache ~ *nicht sofort entscheiden, sondern eine Nacht darüber hingehen lassen*

'über|schla·gen[1] ⟨V. 218⟩ **1** ⟨500⟩ die Beine ~ *übereinander legen;* mit übergeschlagenen Beinen im Sessel sitzen **2** ⟨400(s.)⟩ Funken, Wellen schlagen über *springen über, strömen über* **3** ⟨400(s.)⟩ eine Stimme schlägt über *schlägt unbeabsichtigt od. fehlerhaft in die Kopfstimme um;* seine Stimme überschlug sich vor Zorn

über'schla·gen[2] ⟨V. 218/500⟩ **1** eine Textstelle, Buchseite ~ *auslassen, weglassen, nicht (vor)lesen, nicht sprechen;* beim Lesen die Einführung ~ **2** Kosten ~ *ungefähr berechnen;* die Kosten ~, bevor man einen Auftrag erteilt **3** ⟨R3⟩ sich ~ *sich im Fallen um sich selbst drehen, bes. vor- od. rückwärts;* er überschlug sich mehrmals, als er die Treppe hinunterstürzte 3.1 ⟨514⟩ er überschlägt sich fast vor Diensteifer ⟨fig.; umg.⟩ *er ist übertrieben diensteifrig*

über'schla·gen[3] **1** ⟨Part. Perf. von⟩ *überschlagen[2]* **2** ⟨Adj. 24/70⟩ *lauwarm*

'über·schlä·gig ⟨Adj.⟩ *annähernd, ungefähr;* eine ~e Berechnung

'über|schnap·pen ⟨V. 400(s.)⟩ **1** jmds. Stimme schnappt über *überschlägt sich* **2** ⟨fig.; umg.⟩ *ein bißchen verrückt werden;* er ist übergeschnappt

über'schnei·den ⟨V. 227/500/R3⟩ etwas überschneidet sich **1** *schneidet sich (überkreuzt sich) in einem od. mehreren Punkten;* Linien, Flächen ~ sich **2** *fällt zeitl. zusammen;* die Unterrichtsstunden ~ sich **3** *trifft mit etwas zusammen;* Probleme, Arbeitsgebiete ~ sich

über'schrei·ben ⟨V. 230/500⟩ **1** etwas ~ *mit einem Titel, einer Überschrift versehen;* wie könnte man diesen Absatz, dieses Kapitel ~? **2** ⟨530/R5 od. R6⟩ jmdm. etwas ~ *schriftlich u. gesetzlich übergeben, zukommen lassen;* jmdm. ein Grundstück ~, ein Grundstück an jmdn. ~

über'schrei·en ⟨V. 231/500⟩ **1** jmdn. od. etwas ~ *so laut schreien, daß gleichzeitig Hörbares übertönt wird;* den Lärm ~ **2** ⟨R3⟩

sich ~ *so laut schreien, daß die Stimme versagt, sich heiser schreien*

über'schrei·ten ⟨V. 232/500⟩ **1** eine Straße, Grenze ~ *kreuzen, über eine S., G. hinübergehen;* die Schwelle des Hauses ~ **2** einen Fluß überschreiten *ü[illegible]men F. fahren;* Cäsar überschritt 49 v. Chr. den Rubikon **3** eine gewisse Altersgrenze überschritten haben *ein gewisses Alter erreicht haben* **3.1** er hat die 30, 40 usw. bereits überschritten *er ist älter als 30, 40 usw. Jahre* **4** etwas überschreitet jmds. Mittel, Kräfte *geht über jmds. M., K. hinaus;* dieser Urlaub überschreitet meine Mittel **5** ein Maß ~ *sich nicht an ein M. halten* **5.1** das Gesetz ~ *nicht einhalten, übertreten* **5.2** seine Befugnisse, Vollmachten ~ *etwas tun, wozu man keine B., V. hat* **5.3** das Maß ~ *über das M. hinausgehen, sich nicht in Schranken halten* **5.4** die (zulässige) Geschwindigkeit ~ *schneller fahren, als es gestattet ist* **5.5** den Kredit ~ *mehr schulden, als K. gegeben wird* **5.6** seinen Urlaub ~ *eigenmächtig verlängern*

'Über·schrift ⟨f.⟩ *Titel, Name (eines Kapitels, Aufsatzes, Gedichts)*

'Über·schuß ⟨m.⟩ **1** *Gewinn ohne Abzug;* einen ~ erzielen **2** *das, was über ein bestimmtes Maß hinausgeht;* Geburten~; einen ~ an Kraft besitzen

'über·schüs·sig ⟨Adj. 24/70⟩ *über ein bestimmtes Maß, den Bedarf hinausgehend;* ~e Energie; ~e Gelder; ~e Kraft

über'schüt·ten ⟨V. 516/R7 od. R8⟩ **1** jmdn. od. etwas mit etwas ~ *über jmdn. od. etwas etwas schütten;* die Steine, den Badenden mit Wasser ~ **2** jmdn. mit etwas ~ ⟨fig.⟩ *überhäufen, jmdm. etwas überreichlich geben;* jmdn. mit Geschenken, Gunstbeweisen, Vorwürfen ~

'Über·schwang ⟨m.; -(e)s; unz.⟩ *Übermaß (von Gefühlen);* ~ der Freude, Begeisterung; im ~ der Gefühle (etwas ausrufen, tun)

über'schwem·men ⟨V. 500⟩ **1** etwas überschwemmt etwas *überflutet etwas;* der Fluß trat über die Ufer und überschwemmte die Wiesen, Äcker **2** ⟨516⟩ jmdn. od. etwas mit etwas ~ ⟨fig.⟩ *überreichlich versehen;* das Land wurde mit ausländischen Waren überschwemmt

'über·schweng·lich ⟨Adj.⟩ *übertrieben gefühlvoll, übertrieben begeistert;* jmdm. ~ danken; jmdn. in ~en Ausdrücken, mit ~en Worten loben

'Über·see ⟨f.; -; unz.; stets ohne Artikel⟩ *die Länder jenseits des Weltmeeres, bes. Amerika;* Briefmarken aus ~ sammeln; wir haben Verwandte in ~; nach ~ auswandern, exportieren

'über|se·hen[1] ⟨V. 239/530/R1⟩ sich etwas ~ *etwas so oft sehen, daß man seiner überdrüssig wird;* ich habe mir diese Farben, dieses Muster übergesehen; du hast dir diese Theaterstücke schon übergesehen

über'se·hen[2] ⟨V. 239/500⟩ **1** ⟨R8⟩ jmdn. ~ *nicht beachten, (absichtlich) über jmdn. hinwegsehen;* jmdn. bei der Begrüßung ~; von jmdm. (absichtlich od. unabsichtlich) ~ werden **2** etwas ~ *nicht beachten, nicht sehen;* das haben Sie sicher ~; jmds. Taktlosigkeit (stillschweigend) ~ **2.1** einen Fehler ~ *aus Unaufmerksamkeit nicht sehen;* das habe ich beim Lesen ~ **3** etwas ~ ⟨a. fig.⟩ *die Übersicht, den Überblick haben über etwas* **3.1** ein Gelände ~ *überblicken, überschauen;* ich kann von hier aus die ganze Straße ~; ich kann den Platz von hier aus gut, leicht ~ **3.2** eine Lage, einen Schaden ~ *abschätzen, erkennen;* ich kann es noch nicht ~, ob wir alle Arbeitskräfte brauchen werden **3.3** eine Sache ~ *die Zusammenhänge einer S. erkennen;* soweit ich die Angelegenheit übersehe, wird Ihr Vorschlag zu verwirklichen sein; kein einzelner kann heute noch das gesamte Gebiet der Naturwissenschaft ~; ich kann die Sache noch nicht ~

'über|sein ⟨V. 240/605(s.); Zusammenschreibung nur in den indefiniten Formen: überzusein, übergewesen; sonst Getrenntschreibung: da er mir im Rechnen über war ...⟩ jmdm. ~ (in etwas) ⟨umg.⟩ *jmdn. übertreffen, etwas besser können als jmd.;* im Rechnen ist er mir über

'über|set·zen[1] ⟨V.⟩ **1** ⟨400⟩ *von einem Ufer zum andern fahren;* die Truppen haben endlich nach vielen vergeblichen Versuchen übergesetzt **2** ⟨500⟩ jmdn. ~ *mit dem Boot, der Fähre ans andere Ufer bringen;* sich vom Fährmann ~ lassen **3** ⟨400; Mus.⟩ **3.1** *auf Tasteninstrumenten einen Finger über den anderen setzen* **3.2** *auf Saiteninstrumenten mit dem 1. Finger anstatt mit dem 2. od. 3. Finger greifen*

über'set·zen[2] ⟨V. 500⟩ einen Text ~ *in eine andere Sprache übertragen;* etwas wörtlich, sinngemäß ~; ein Buch ins Deutsche, Englische ~; das Buch wurde in mehrere Sprachen übersetzt; ein Buch aus dem Englischen ~

Über'set·zung ⟨f.; -, -en⟩ **1** *Übertragung (eines Textes) von einer Sprache in eine andere;* eine gute, schlechte, flüssige, holprige ~; die ~ aus dem Englischen **2** ⟨Tech.⟩ **2.1** *Vorrichtung zum Umwandeln einer Drehbewegung in eine Drehbewegung mit anderer Drehzahl* **2.2** *Verhältnis zw. Eingangs- u. Ausgangsdrehzahl (eines Getriebes);* das Getriebe hat eine ~ von 1:4

'Über·sicht ⟨f.; -, -en⟩ **1** ⟨a. fig.⟩ *Fähigkeit, etwas in seiner Gesamtheit zu sehen, Überblick;* die ~ über einen Betrieb haben **1.1** *Überblick über eine Sache, Fähigkeit, Zusammenhänge zu erkennen;* ~ gewinnen; keine, nicht genügend ~ über etwas haben; die ~ verlieren; sich die nötige ~ verschaffen **2** *übersichtl. Auszug, Abriß, kurze, klare Darstellung;* eine ~ über die englische Literatur **2.1** *kurze Darstellung in Tabellenform;* eine ~ über den Spielplan des kommenden Sommers **3** *Verzeichnis;* Inhalts~; etwas in der ~ suchen

'über·sicht·lich ⟨Adj.⟩ *so beschaffen, daß man es leicht in den Zusammenhängen überblicken, erkennen kann;* ~es Gelände; eine ~e Kurve, Straße; eine ~e Darstellung; etwas ~ anordnen, darstellen, (schriftl.) zusammenstellen

über'span·nen ⟨V. 500⟩ **1** etwas ~ *zu sehr, zu stark spannen* **1.1** → a. *Bogen(4.0.1)* **2** ⟨516⟩ etwas mit etwas ~ *mit einem gespannten Stoff bedecken, einen Stoff darüberspannen;* den Balkon mit einem Segeltuchdach ~

über'spannt **1** ⟨Part. Perf. von⟩ *überspannen* **2** ⟨Adj.⟩ *übertrieben, extrem, vom Normalen abweichend, ein bißchen verrückt;* ~e Ansichten haben; sie ist eine ~e Person

über'spie·len ⟨V. 500⟩ **1** eine akustische Aufnahme ~ *durch Spielen übertragen;* eine Tonbandaufnahme auf eine Schallplatte ~ **2** eine Sache ~ ⟨fig.⟩ *geschickt über eine S. hinweggehen, durch gewandtes Verhalten verbergen, nicht merken lassen;* seine Befangenheit, Schüchternheit ~; jmds. Taktlosigkeit ~ **3** jmdn. ~ *durch spielerisches Können schlagen;* der Stürmer hat den Verteidiger überspielt

über'spit·zen ⟨V. 500⟩ **1** eine Sache ~ *zu spitzfindig behandeln, zu genau, zu streng sein mit einer S., eine S. zu weit treiben;* wir wollen die Angelegenheit nicht ~ 1.1 ⟨Part. Perf.⟩ überspitzt *übertrieben, zu scharf (ausgedrückt), spitzfindig;* einen Sachverhalt überspitzt formulieren

'über|sprin·gen[1] ⟨V. 253(s.)⟩ **1** ⟨400⟩ etwas springt über *springt von einem aufs andere;* ein Funke sprang über **2** ⟨400⟩ etwas springt über *ragt über etwas;* das Dach springt über **3** ⟨800⟩ auf eine Sache ~ ⟨fig.⟩ *ohne Übergang zu etwas anderem übergehen;* auf ein anderes Thema ~

über'sprin·gen[2] ⟨V. 253/500⟩ **1** ein Hindernis ~ *über ein H. hinwegspringen* **2** etwas ~ *auslassen, weglassen, überschlagen, übergehen;* ein paar Seiten (im Buch) ~; eine Textstelle (beim Lesen) ~ 2.1 eine Klasse (in der Schule) ~ *in die übernächste K. versetzt werden*

'über·stän·dig ⟨Adj.⟩ **1** *übriggeblieben* **2** *überaltert, nicht mehr wuchskräftig, nicht mehr wirtschaftlich*

'über|ste·hen[1] ⟨V. 256/400⟩ etwas steht über *steht hervor, steht heraus, ragt heraus, springt vor;* ein ~der Balken, ~des Dach

über'ste·hen[2] ⟨V. 256/500⟩ **1** eine Sache ~ *überleben, aushalten, überwinden;* eine Anstrengung, Gefahr, Krankheit ~; eine anstrengende Reise gut ~; etwas glücklich ~; der Kranke hat die Krise, die Nacht überstanden 1.1 ich hab's überstanden ⟨umg.⟩ *die Sache ist endlich vorüber* 1.2 du wirst's schon ~! ⟨umg.⟩ *es wird schon nicht so schlimm werden* 1.3 er hat es überstanden ⟨fig.⟩ *er ist von seinen Leiden erlöst, ist gestorben*

über'stei·gen ⟨V. 258/500⟩ **1** etwas ~ *über etwas hinübersteigen;* einen Berg ~ **2** etwas übersteigt etwas *ist größer, stärker, höher als etwas;* das übersteigt meine Kräfte; der Preis dieses Teppichs übersteigt den des anderen um die Hälfte

über'stim·men ⟨V. 500⟩ jmdn. ~ *durch Stimmenmehrheit zum Schweigen bringen, besiegen;* die andern haben mich überstimmt; er wurde überstimmt

'über|strö·men[1] ⟨V. 400(s.)⟩ **1** etwas strömt über *strömt über den Rand;* das Wasser aus der Talsperre strömte über **2** Gefühle strömen über *können wegen ihrer Stärke nicht zurückgehalten werden u. äußern sich heftig* 2.1 von Dankesbezeigungen ~ ⟨fig.⟩ *überschwenglich seinen Dank aussprechen* 2.2 ~de Freude *große, deutlich ausgedrückte F.*

über'strö·men[2] ⟨V. 500⟩ etwas überströmt jmdn. od. etwas *bedeckt jmdn. od. etwas in einem Strom;* Blut überströmte sein Gesicht

'Über·stun·de ⟨f.⟩ *über die festgesetzte Arbeitszeit geleistete Arbeitsstunde;* ~n machen; Bezahlung für ~n

über'stür·zen ⟨V. 500⟩ **1** etwas ~ *zu schnell, ohne Überlegung tun;* wir wollen nichts ~; eine überstürzte Abreise; überstürzt handeln, abreisen **2** ⟨R4⟩ Sachen ~ sich *folgen zu schnell aufeinander;* die Ereignisse überstürzten sich; seine Worte überstürzten sich, als er berichtete **3** ⟨R3⟩ sich ~ ⟨veralt.⟩ *zu hastig handeln;* er überstürzte sich beim Anspannen der Pferde

über'töl·peln ⟨V. 500⟩ jmdn. ~ *betrügen, plump überlisten*

'Über·trag ⟨m.; -(e)s, ¨e⟩ *von der vorhergehenden Seite auf die nächste Seite übertragene Summe (im Rechnungsbuch)*

über'tra·gen ⟨V. 265/500⟩ **1** etwas ~ *von einer Stelle zur andern bringen (ohne die äußere Form zu ändern)* 1.1 *von einer Stelle auf eine andere schreiben;* Korrekturen (in ein anderes Exemplar) ~; ein Stenogramm in Maschinenschrift ~ 1.2 ⟨510⟩ eine Summe Geldes auf ein anderes Konto ~ *transferieren* 1.3 der Rundfunk überträgt eine Veranstaltung *sendet eine V.;* ein Theaterstück im Rundfunk, Fernsehfunk ~ 1.4 Kraft ~ ⟨Phys.⟩ *von einer Maschine auf die andere führen* 1.5 ⟨550⟩ (durch etwas) eine Krankheit auf jmdn. ~ *jmdn. (durch etwas) mit einer K. anstecken* 1.6 eine Krankheit, Stimmung überträgt sich (auf jmdn.) *jmd. wird von einer K., S. angesteckt* **2** ⟨550⟩ einen Text in eine andere Sprache ~ *übersetzen* **3** ~e Bedeutung *figürl., bildl., nicht wörtl. B.;* ein Wort in ~er Bedeutung, in ~em Sinne gebrauchen **4** eine Sache ~ *in einem anderen Gebiet, an anderer Stelle anwenden;* ein Gesetz der Malerei auf die Photographie ~ **5** ⟨530⟩ jmdm. etwas ~ ⟨Rechtsw.⟩ *übereignen* **6** ⟨530/R5 od. R6⟩ jmdm. etwas ~ *übergeben, auftragen, jmdm. den Auftrag geben, etwas zu tun;* jmdm. ein Amt ~ **7** ein Kind ~ *über die normale Schwangerschaftszeit hinaus (im Leib) tragen*

Über'tra·gung ⟨f.; -, -en⟩ *das Übertragen;* ~ eines Konzertes

über'tref·fen ⟨V. 266/500/R7 od. R8⟩ **1** jmdn. od. etwas ~ *besser sein als jmd. od. etwas, mehr leisten als jmd. od. etwas;* jmdn. an Körperkraft, an Energie, an Fleiß ~ 1.1 du hast dich dabei selbst übertroffen *du hast dabei mehr geleistet als je zuvor* **2** jmdn. od. etwas ~ *überbieten;* hinsichtlich seiner Ausdauer ist er nicht zu ~; darin ist er nicht zu ~; diese Maschine übertrifft die andere an Genauigkeit 2.1 etwas übertrifft etwas *etwas geht über das Übliche (von etwas) hinaus;* das übertrifft alle meine Erwartungen

über'trei·ben ⟨V. 267⟩ **1** ⟨402⟩ (etwas) ~ *zu oft od. zu nachdrücklich tun;* du darfst das Schwimmen, Reiten usw. nicht ~ **2** ⟨402⟩ (etwas) ~ *besser od. schlechter darstellen, als es ist;* ich übertreibe nicht, wenn ich behaupte ...; du übertreibst seine Schwächen, Vorzüge; das ist (stark) übertrieben **3** ⟨400; Bgb.⟩ *bei der Schachtförderung mit dem Förderkorb über die Hängebank hinaus in den Förderturm hineinfahren*

'über|tre·ten[1] ⟨V. 268(s.)⟩ **1** ⟨400⟩ etwas tritt über *tritt über die Ufer* **2** ⟨400; Sp.⟩ *über die* *vorgeschriebene (Absprung-, Abwurf-) Stelle hinaustreten;* beim Wettspringen, Kugelstoßen ~ **3** ⟨800⟩ zu einer Sache ~ *übergehen, sich einer anderen S. anschließen;* zum Katholizismus ~

über'tre·ten² ⟨V. 268/500⟩ **1** eine Vorschrift ~ *verletzen, nicht einhalten;* ein Gesetz, Gebot ~ **2** ⟨530/R1⟩ sich den Fuß ~ *vertreten, verstauchen*

über'trie·ben 1 ⟨Part. Perf. von⟩ *übertreiben* **2** ⟨Adj.⟩ *zu (groß), zu (hoch), übermäßig;* ~e Sparsamkeit, Strenge; aus ~em Eifer etwas falsch machen; ~ genau; er ist ~ mißtrauisch, vorsichtig

über'trump·fen ⟨V. 500⟩ **1** eine Spielkarte ~ *mit einem höheren Trumpf nehmen* **2** jmdn. ~ ⟨fig.⟩ *jmdm. den Rang ablaufen, den Sieg über jmdn. davontragen, jmdn. überbieten*

über'vor·tei·len ⟨V. 500/R7 od. R8⟩ jmdn. ~ *sich auf jmds. Kosten bereichern, einen Vorteil verschaffen, jmdn. benachteiligen, betrügen*

über'wa·chen ⟨V. 500/R8⟩ jmdn. od. etwas ~ *beaufsichtigen, beobachten;* Sy *kontrollieren(1);* eine Arbeit ~; jmdn. durch Detektive, durch den Geheimdienst ~ lassen; jmdn. heimlich ~

über'wäl·ti·gen ⟨V. 500⟩ **1** jmdn. ~ *besiegen, bezwingen, wehrlos machen;* den Gegner, einen Einbrecher ~ **2** etwas überwältigt jmdn. *erfaßt jmdn. mit unwiderstehl. Kraft, beeindruckt jmdn. tief, macht ihn sprachlos;* ich bin von seiner Güte ganz, völlig überwältigt; von Rührung überwältigt, schloß er sie in seine Arme; die Schönheit der Landschaft überwältigte mich; von Müdigkeit überwältigt schlief er ein; von Schmerz überwältigt schrie er laut **3** ⟨Part. Präs.⟩ ~d *außerordentlich (schön, groß, stark), herrlich, großartig;* es war ein ~der Anblick, ein ~des Erlebnis; ein ~der Erfolg; er wurde mit ~der Mehrheit gewählt 3.1 deine Leistungen, Zensuren sind ja nicht gerade, nicht sehr ~d ⟨umg.⟩ *nicht bes. gut*

über'wei·sen ⟨V. 282/500⟩ **1** ⟨530/R5⟩ jmdm. Geld ~ *durch Bank od. Postscheck senden* **2** ⟨511⟩ einen Kranken an einen, zu einem anderen Arzt, an einen, zu einem Facharzt ~ *einen K. mit einer schriftl. Benachrichtigung einem anderen A., einem F. zur weiteren Behandlung übergeben;* ich bin von Dr. X zu Ihnen überwiesen worden

'über|wer·fen¹ ⟨V. 286/530/R5⟩ jmdm. etwas ~ *schnell anziehen, umhängen;* einen Mantel, Schal ~

über'wer·fen² ⟨V. 286/517/R3⟩ sich mit jmdm. ~ *sich mit jmdm. entzweien;* wir haben uns überworfen; ich habe mich mit ihm überworfen

'über|wie·gen¹ ⟨V. 287/400⟩ *zu viel Gewicht haben;* der Brief wiegt über

über'wie·gen² ⟨V. 287/402⟩ **1** eine Sache überwiegt (eine andere) *ist stärker, wertvoller (als eine andere);* die Neugier überwog meine Bedenken; der Vorteil der Sache überwiegt ihre Nachteile 1.1 ⟨Part. Präs.⟩ ~d *in erster Linie, in der Mehrzahl, in größerem Maße;* in diesem Stadtteil wohnen ~d Neger; das Wetter war ~d heiter, warm, trocken; diese Arbeit wird ~d von Frauen verrichtet

über'win·den ⟨V. 288/500⟩ **1** eine Sache ~ *bewältigen, meistern, mit einer S. fertigwerden, über eine S. hinwegkommen;* eine Schwierigkeit, ein Hindernis ~; seine Abneigung (gegen etwas od. jmdn.) ~; er überwand seine Bedenken; seine Faulheit, Trägheit ~; seine Furcht, Schüchternheit ~; eine Krise ~; seinen Schmerz, Zorn ~ **2** ⟨R3⟩ sich ~ (etwas zu tun) *etwas tun, obwohl es einem schwerfällt;* man muß sich auch einmal ~ können; ich kann mich nicht ~, das zu tun; ich muß mich immer erst ~, ehe ich das tue **3** jmdn. ~ ⟨veralt.⟩ *besiegen;* sich für überwunden erklären

Über'win·dung ⟨f.; -; unz.⟩ **1** *das Überwinden* **2** *Kraft zum Sichüberwinden;* es hat mich viel, einige ~ gekostet, das zu sagen, zu tun

über'win·tern ⟨V. 400⟩ **1** eine Pflanze überwintert *überdauert den Winter* **2** ⟨411⟩ an einem Ort ~ *den Winter an einem O. verbringen;* Caesars Truppen überwinterten in Südfrankreich; der Igel hat unter dem Komposthaufen überwintert

'Über·wurf ⟨m.⟩ **1** *loses Überkleid, loser Mantel, Umhang* **2** *Schließband am Vorhängeschloß* **3** ⟨Ringen⟩ *Griff, bei dem man den Gegner faßt u. über den Kopf hinter sich wirft*

'Über·zahl ⟨f.; -; unz.⟩ in der ~ *in größerer Zahl, in einer die Mehrheit, Überlegenheit sichernden Zahl;* die Männer waren in der ~; der Feind erschien in großer ~

über'zeu·gen ⟨V. 500⟩ **1** jmdn. ~ *(mit Hilfe von Beweisen, Argumenten) bewirken, daß jmd. an die Richtigkeit einer Meinung, Ansicht glaubt;* deine Einwände haben mich (nicht) überzeugt; ich habe ihn nicht ~ können; ich habe ihn von der Richtigkeit meiner Auffassung überzeugt **2** ⟨R3⟩ sich ~ *sich vergewissern, durch Nachsehen, Nachprüfen erkennen, daß sich etwas in einer bestimmten Weise verhält;* ich habe mich selbst (davon) überzeugt, daß alles in Ordnung ist; Sie können sich selbst (davon) ~, daß ...; sich von etwas ~ **3** ⟨Part. Perf.⟩ (von etwas od. jmdm.) überzeugt sein *an etwas od. jmdn. fest glauben, sicher sein, daß ...;* seien Sie überzeugt, daß wir alles tun werden, was möglich ist; ich bin überzeugt, daß du recht hast, aber ...; ich bin von seinen Fähigkeiten nicht (sehr) überzeugt; davon bin ich nicht (ganz) überzeugt 3.1 er ist überzeugter Marxist *er ist M. auf Grund seiner Überzeugung, glaubt an den Marxismus* 3.2 von sich (selbst) überzeugt sein *selbstbewußt, eingebildet sein* **4** ⟨Part. Präs.⟩ ~d *glaubhaft, einleuchtend;* ein ~des Argument, ein ~der Beweis; eine ~de Aussage machen

Über'zeu·gung ⟨f.; -, -en⟩ **1** *das Überzeugen* **2** *das Überzeugtsein, fester Glaube, feste Meinung;* ich habe die ~ gewonnen, daß ...; politische, religiöse ~ 2.1 etwas aus ~ tun *etwas deshalb tun, weil man es für richtig, wahr, gut hält* 2.2 gegen seine ~ handeln *etwas tun, was man für falsch hält*

'über|zie·hen¹ ⟨V. 293⟩ **1** ein Kleidungsstück ~ *anziehen;* zieh doch den Mantel, das Kleid einmal über, damit du siehst, ob er, es paßt **2** ⟨530⟩ jmdm. od. einem Tier eins, ein paar ~ *einen Schlag, ein paar Schläge geben;* jmdm. od. einem Tier eins mit dem Stock, mit der Peitsche ~

über'zie·hen² ⟨V. 293/500⟩ **1** ⟨516⟩ etwas mit etwas ~ *mit einem Überzug versehen;* ein Bett (frisch) ~; die Sessel müssen neu überzogen werden; einen Kasten mit Stoff, Papier ~ 1.1 ein Land mit Krieg ~ *durch K. verwüsten, zum Kriegsschauplatz machen* **2** ⟨516/R3⟩ etwas überzieht sich mit etwas *bedeckt sich mit etwas;* der Himmel hat sich mit Wolken überzogen; ein Gegenstand ist mit Rost, Schimmel, Grünspan überzogen **3** ⟨500⟩ ein Flugzeug ~ *den Ausfallwinkel eines F. so weit vergrößern, daß die Strömung an den Flügeln abreißt u. das F. durchsackt* **4** ⟨500⟩ ein Konto ~ *mehr abheben, als auf dem K. steht* **5** die (zur Verfügung stehende) Zeit ~ *überschreiten*

'üb·lich ⟨Adj. 70⟩ *gebräuchlich, gewohnt, hergebracht, herkömmlich;* er kam mit der ~en Verspätung; um die ~e Zeit; es ist bei uns ~, daß ...; das ist hier nicht ~, so ~; vom Üblichen abweichen; wie ~

'üb·rig|be·hal·ten ⟨V. 160/500⟩ etwas ~ *nicht mit weggeben, nicht mit verteilen, weil es zuviel ist*

'üb·rig|blei·ben ⟨V. 114(s.)⟩ **1** ⟨400⟩ etwas bleibt übrig *bleibt als Rest zurück, wird nicht verbraucht;* Sy *überbleiben* ⟨umg.⟩; von dem Geld ist nichts, sind 5 Mark übriggeblieben **2** ⟨600⟩ jmdm. bleibt etwas übrig *jmd. hat nur noch etwas als Möglichkeit* 2.1 was bleibt mir denn anderes, weiter übrig, als ...? *was soll ich denn anderes tun, als ...?* 2.2 es blieb mir nichts anderes übrig, als wieder nach Hause zu gehen *es blieb mir keine andere Wahl, als ...*

'üb·ri·gens ⟨Adv.⟩ *was ich noch sagen wollte, nebenbei bemerkt;* ~, weißt du schon, daß ...; ich bin ~ gestern bei ihm gewesen

'Übung ⟨f.; -, -en⟩ **1** ⟨unz.⟩ *das Üben, regelmäßige Wiederholung von etwas zum Zweck des Lernens u. zum Steigern der Leistung;* geistige, sprachliche ~; nach einiger ~ gelang es ihm; ~ macht den Meister ⟨Sprichw.⟩ **2** *Bewegung, Folge von Bewegungen od. Handlung, die man zum Erwerben von Geschicklichkeit in einer bestimmten Sache wiederholt;* Turn~, Finger~; Geh~, Schieß~; körperliche, militärische, sportliche ~en; ~en machen **3** ⟨unz.⟩ *erworbene Geschicklichkeit, Gewandtheit, Vertrautheit mit etwas, Erfahrung;* (keine) ~ haben (in etwas); es fehlt ihm an der nötigen ~; aus der ~ sein; in der ~ bleiben 3.1 aus der ~ kommen *die Gewandtheit, Geschicklichkeit verlieren* **4** *Übungsstück;* eine althochdeutsche, englische ~ **5** *militär. Kampfprobe, Manöver;* eine ~ kurzfristig ansetzen **6** *turner. Leistung, Turnfigur;* eine ~ vorführen, nachmachen; eine ~ am Barren, Pferd, Reck; eine leichte, schwere, schwierige ~ **7** *Unterrichtsstunde an der Hochschule, Seminar;* eine ~ ansetzen, abhalten **8** ⟨veralt.⟩ *Brauch* **9** das ist nicht der Zweck der ~ ⟨fig.; umg.⟩ *das ist nicht der Zweck, der Sinn der Sache*

'Ufer ⟨n.; -s, -⟩ **1** *Rand eines Gewässers, Gestade;* Fluß~, See~; am anderen ~; das rechte, linke ~ eines Flusses; ans andere ~ fahren, schwimmen; der Fluß trat über seine ~ **2** *Meeresküste, Meeresstrand;* Meeres~; das Schiff legt am ~ an

'ufer·los ⟨Adj. 70; fig.⟩ **1** *maßlos, ohne Ende, endlos, grenzenlos* 1.1 das geht ins Uferlose ⟨umg.⟩ *das führt zu weit, führt zu keinem Ergebnis*

Uhr ⟨f.; -, -en⟩ **1** *Gerät zum Messen von Zeit- u. Bewegungsabläufen;* Armband~, Küchen~, Taschen~; die ~ aufziehen, stellen; die ~ geht (nicht); die ~ schlägt, tickt; die ~ schlägt fünf; auf, nach meiner ~ ist es halb fünf; die ~ geht vor, nach 1.1 auf die, nach der ~ sehen *feststellen, wie spät es ist* **2** *Zeitangabe* (9^h *30);* 9 ~ (und) 30 (Minuten); um 3 ~ früh, nachmittags; um 12 ~ mittags, nachts 2.1 wieviel ~ ist es?, was ist die ~? *wie spät, welche Zeit ist es?* 2.2 seine ~ ist abgelaufen ⟨fig.⟩ *sein Leben geht zu Ende, er muß sterben* **3** *Wasser-, Gaszähler;* Gas~, Wasser~; die ~ einstellen

'Uhr·ma·cher ⟨m.; -s, -⟩ *Handwerker, der Uhren repariert*

'Uhr·werk ⟨n.⟩ *Vorrichtung zum Antrieb der Zeiger einer Uhr*

'Uhu ⟨m.; -s, -s⟩ *größte europ. Eule mit auffälligen Federohren, die in waldigen Vorgebirgen lebt und nistet: Bubo bubo*

Ulk ⟨m.; -(e)s, -e⟩ *Spaß, lustiger Unfug;* ~ machen; etwas (nur) aus ~ sagen, tun

'ul·kig ⟨Adj.⟩ **1** *komisch, spaßig, drollig* **2** ⟨umg.⟩ *seltsam*

'Ul·me ⟨f.; -, -n⟩ *Baum aus der Gruppe der Edellaubhölzer mit geflügelten, einsamigen Früchten: Ulmus*

Ul·ti'ma·tum ⟨n.; -s, -s od. -ten⟩ *mit der Androhung von repressiven Maßnahmen verbundene, befristete Forderung*

ul·tra..., Ul·tra... ⟨in Zus.⟩ *jenseits (von), über ... hinaus*

'Ul·tra·schall ⟨m.⟩ *Schwingungen des Schalls, die oberhalb der Grenze der Hörbarkeit liegen*

um[1] ⟨Präp. m. Akk.⟩ **1** ~ jmdn. od. etwas (herum) *im Kreise, etwas od. jmdn. umgebend;* er ging ~ die Wiese, den Teich (herum); sie saßen, standen (im Kreis, Halbkreis) ~ ihn (herum); viele Menschen, Freunde ~ sich haben; ~ die Ecke biegen, schauen; sich ein Tuch ~ den Kopf binden; die Falter fliegen ~s Licht, ~ die Lampe; ~ den Tisch sitzen; ängstlich, vorsichtig ~ sich schauen; mir ist leicht, schwer, froh, warm ~s Herz ⟨fig.⟩ 1.1 etwas ~ und ~ wenden *mehrmals herumdrehen* **2** ~ einen Preis, Gegenwert *(im Austausch) für;* es ist ~ 100 Mark zu haben; Auge ~ Auge, Zahn ~ Zahn (2. Buch Mose, 21, 24) 2.1 ~ nichts in der Welt, nicht ~ die Welt ⟨fig.⟩ *keinesfalls* 2.2 ~ die Wette *im Wettbewerb* **3** ~ einen Wert größer (kleiner) *so viel;* dies ist ~ die Hälfte teurer als jenes; er ist ~ ein Jahr älter als sie; dies ist ~ 2 cm größer, länger als jenes 3.1 ~ ein Haar ⟨fig.⟩ *fast, beinahe* **4** ⟨bei Zeit- od. Preisangaben⟩ ~ (herum) *etwa, ungefähr, gegen, annähernd;* es kostet ~ 50 Mark (herum); ~ Mittag, ~ Mitternacht; ~ die 6. Stunde; ~ Weihnachten, ~ Ostern (herum) 4.1 ~ ... Uhr *genau, pünktlich;* ~ 12 Uhr; ~ 12 Uhr 25 **5** einer ~ den anderen 5.1 *jeweils einen (in der Reihe) überspringend, jeder zweite* 5.2 ⟨umg.⟩ *eine(r, -s, eins) nach dem anderen;* Jahr ~ Jahr verging; er wartete Stunde ~ Stunde **6** *wegen;* schade ~ das Geld!; ich habe ihn ~ Bücher gebeten; es ist schade ~ ihn!; ~ Geld spielen; ~ Hilfe rufen; sich ~ etwas od. jmdn. bemühen; jmdn. ~ etwas beneiden; sich ~ etwas streiten **7** ⟨m. „zu" u. Inf.⟩ sie ging in die Stadt, ~ etwas einzukaufen *mit der Absicht* **8** ⟨in sonstigen Wendungen⟩ 8.1 es geht ~ alles *es steht alles auf* *dem Spiel* **8.2** es handelt sich ~ folgendes *folgendes ist od. soll geschehen, von folgendem ist die Rede* **8.3** ~ etwas kommen *etwas verlieren;* ich bin dabei ~ mein ganzes Geld gekommen **8.4** wie steht es ~ jmdn. od. etwas? *mit, betreffend;* es steht schlecht ~ ihn **8.5** ~ etwas wissen *etwas wissen, über etwas Bescheid wissen* **9** ⟨Präp. mit Gen.⟩ ~ ... willen *wegen;* ~ seiner Eltern willen; ~ des lieben Friedens willen; ~ Gottes willen! (Ausruf des Schreckens) **9.1** ~ meinetwillen (deinetwillen) *meinetwegen, mir zuliebe*

um² ⟨Adv.⟩ **1** ~ so *desto;* je schneller, ~ so besser **2** → a. *so*

um..., Um... ⟨in Zus.⟩ **1** *rund herum, im Kreise um einen Mittelpunkt, von allen Seiten;* umbinden, umgehen, umhängen **2** *nach einer Seite hin, durcheinander;* umstürzen, umwerfen, umwenden **3** *verändert;* umarbeiten, umstellen

um'ar·men ⟨V. 500⟩ **1** jmdn. ~ *die Arme um jmdn. legen* **2** ~der Reim *R., bei dem ein Paar Reime ein anderes einschließt, indem sich z. B. die 1. u. 4. sowie die 2. u. 3. Zeile reimen*

'Um·bau ⟨m.⟩ **1** *das Umbauen¹;* ~ auf der Bühne **2** *hölzerne Wand hinter Bett od. Couch, meist mit Bord zum Aufstellen von Gegenständen*

'um|bau·en¹ ⟨V. 500⟩ etwas ~ **1** *durch Bauen verändern;* ein Haus ~ **1.1** *durch Verrücken, Verstellen der Einzelteile verändern;* das Bühnenbild ~

um'bau·en² ⟨V. 500⟩ **1** etwas ~ *durch Bauen, durch Gebäude umgeben, einschließen;* der See, der freie Platz ist heute völlig umbaut **1.1** umbauter Raum *Raummaß, das nach bes. Richtlinien aus den äußeren Begrenzungen eines Gebäudes ermittelt wird und u. a. zur überschlägigen Baukostenberechnung dient*

'um|bet·ten ⟨V. 500⟩ **1** ⟨R7⟩ jmdn. ~ *in ein anderes Bett legen;* einen Kranken ~ **2** eine Leiche ~ *in ein anderes Grab legen*

'um|bre·chen¹ ⟨V. 116⟩ **1** ⟨500⟩ etwas ~ *nach einer Seite brechen;* einen Stock, Zaun ~ **1.1** Erde ~ *umgraben* **1.2** Papier ~ *umbiegen* **2** ⟨400(s.)⟩ etwas bricht um *bekommt einen Bruch;* ein Strohhalm, Pappe bricht um **2.1** *bricht u. stürzt um;* ein Baum, Zaun ist umgebrochen

um'bre·chen² ⟨V. 116/500⟩ Schriftsatz ~ *zu Seiten, im richtigen Seitenformat zusammenstellen;* der Satz ist (schon, noch nicht) umbrochen

'um·brin·gen ⟨V. 118/500⟩ **1** jmdn. ~ *töten, ermorden* **1.1** ⟨R3⟩ sich ~ *sich töten, Selbstmord begehen* **2** ⟨514/R3⟩ sich vor (lauter) Diensteifer, Hilfsbereitschaft ~ ⟨fig.; umg.⟩ *allzu diensteifrig, hilfsbereit sein*

'Um·bruch ⟨m.⟩ **1** *grundlegende Änderung, Umwandlung (bes. polit.)* **2** ⟨Typ.⟩ *das Umbrechen²;* den ~ machen **2.1** *umbrochener Satz* **3** ⟨Bgb.⟩ *eine um den Schacht herumführende Strecke für den Umlauf der Förderwagen von der einen Schachtseite zur anderen*

'um·dre·hen ⟨V.⟩ **1** ⟨500⟩ etwas ~ *drehend nach der anderen Seite, auf die andere Seite bewegen;* den Schlüssel (im Schloß) ~ **1.1** ⟨530⟩ einem Vogel, jmdm. den Hals ~ *einen V., jmdn. töten* **2** ⟨400⟩ (mit einem Fahrzeug) ~ *umkehren, (um)wenden, kehrt machen;* der Kutscher mußte ~, da der Weg aufhörte **3** ⟨500/R3⟩ sich ~ *eine halbe Wendung (um 180°) machen;* dreh dich bitte mal um!; er drehte sich wortlos um und ging; er drehte sich auf dem Absatz um und ging hinaus **4** ⟨511/R3⟩ sich nach jmdm. od. etwas ~ *den Kopf wenden, um jmdn. od. etwas hinter sich zu sehen* **5** ⟨500; fig.⟩ **5.1** er dreht jeden Pfennig (zweimal) um, ehe er ihn ausgibt **5.1.1** *er spart sehr* **5.1.2** *er ist geizig* **5.2** ⟨531⟩ jmdm. das Wort im Munde ~ *das, was jmd. sagt, absichtl. falsch deuten* **5.3** es ist ja gerade umgedreht! *gerade das Gegenteil ist richtig!* **5.4** ⟨R3⟩ jmds. Magen dreht sich (her)um *jmdm. wird übel, jmd. muß sich übergeben* **5.5** → a. *Spieß(2.2)*

'um|fal·len ⟨V. 131/400(s.)⟩ **1** etwas fällt um *kippt um, fällt auf die Seite;* ein Stuhl, Tisch fällt um; die Vase ist umgefallen **2** *aus dem Stehen od. Sitzen hinfallen;* tot ~ (bes. durch Herzschlag); vor Müdigkeit fast ~; ich bin zum Umfallen müde **2.1** ⟨umg.⟩ *ohnmächtig werden;* ich bin fast umgefallen vor Schreck **3** ⟨fig.; umg.⟩ *(sich beeinflussen lassen u.) die Gesinnung plötzlich wechseln*

'Um·fang ⟨m.; -(e)s, ¨e⟩ **1** *zum Ausgangspunkt zurücklaufende Begrenzungslinie;* Kreis~ **1.1** *Länge dieser Linie;* das Grundstück mißt 2 km im ~; den ~ (eines Kreises usw.) berechnen; der Baumstamm hat einen ~ von 2 m **1.1.1** jmd. hat einen beträchtlichen ~ *ist ziemlich dick* **2** ⟨fig.⟩ *Ausdehnung, Ausmaß;* das Buch hat einen ~ von 200 Seiten; der ~ der Verluste läßt sich noch nicht überblicken; die Sache, Arbeit nimmt allmählich größeren ~ an; ich habe die Bedeutung der Sache in ihrem ganzen ~ noch nicht, erst jetzt erkannt; eine Sache in größerem ~ betreiben **3** ~ einer Stimme *Fähigkeit, in sehr hoher u. (od.) sehr tiefer Tonlage zu singen*

um'fan·gen ⟨V. 132/500/R8⟩ **1** jmdn. ~ ⟨geh.⟩ *umfassen, umarmen* **1.1** er umfing sie mit seinen Blicken *er ließ seine B. liebevoll auf ihr ruhen*

'um·fang·reich ⟨Adj.⟩ **1** *großen Umfang besitzend, ausgedehnt, groß* **2** ⟨70; fig.; umg.⟩ *dick;* eine ~e Person

'um|fas·sen¹ ⟨V. 500⟩ einen Edelstein ~ *anders fassen als vorher, mit einer anderen Fassung versehen;* es lohnt sich, diesen Edelstein umzufassen

um'fas·sen² ⟨V. 500⟩ **1** ⟨R8⟩ jmdn. od. etwas ~ *mit den Armen, Händen fest umschließen* **1.1** jmdn. ~ *umarmen;* laß mich dich ~! **1.2** jmds. Körperteil(e) ~ *den Arm, die Arme darum legen;* jmds. Hände, Knie, Schultern ~ **1.3** etwas ~ *mit der Faust festhalten;* er umfaßte das Messer fester **2** eine Stellung, Truppen ~ ⟨Mil.⟩ *einschließen, umzingeln;* den Feind von zwei, von allen Seiten ~ **3** etwas umfaßt etwas *schließt etwas in sich, enthält etwas;* das Buch umfaßt 200 Seiten; das Buch umfaßt die deutsche Literatur vom Mittelalter bis zur Gegenwart **4** ⟨Part. Präs.⟩ ~d *vollständig, alles einschließend;* ~de Kenntnisse auf einem Gebiet besitzen; ein ~des Geständnis ablegen **4.1** eine ~de Bildung besitzen *vielseitige B.*

'Um·fra·ge ⟨f.⟩ **1** *Frage, die an viele Personen gerichtet wird* **1.1** ~ halten (bei) *viele Personen fragen*

um'frie·den ⟨V. 500⟩ etwas ~ *einfassen, umzäunen, mit Gitter, Mauer, Zaun od. Hecke umgeben*
'Um·gang ⟨m.; -(e)s, ¨-e⟩ **1** ⟨unz.⟩ *Verkehr, Geselligkeit, Zusammensein;* freundschaftlicher, vertraulicher ~; schlechten ~ haben; er, sie ist kein ~ für dich; (keinen) ~ mit jmdm. haben, pflegen **2** *kirchl. Umzug, Rundgang, Prozession um den Altar, ein Stück Land o. ä.;* Flur~ **3** *überdachter Gang um ein Gebäude;* Säulen~ **4** *Teil des Pferdegeschirrs um die Hinterhand*
'um·gäng·lich ⟨Adj. 70⟩ *verträglich, freundlich, entgegenkommend;* er ist ein ~er Mensch
'Um·gangs·spra·che ⟨f.⟩ *Sprache des tägl. Lebens*
um'ge·ben ⟨V. 143/500⟩ **1** jmdn. od. etwas ~ *einschließen, in die Mitte nehmen;* der Wald umgibt das Grundstück von allen Seiten; von Freunden, Feinden ~ sein; der Redner war von zahlreichen Zuhörern ~ **2** ⟨516/R8⟩ jmdn. mit Fürsorge, Liebe ~ ⟨fig.⟩ *jmdm. viel F., L. zukommen lassen*
Um'ge·bung ⟨f.; -; unz.⟩ **1** *Gebiet, das etwas umgibt, in unmittelbarer Nähe von etwas befindliche Gegend (mit ihrer Atmosphäre);* die ~ Berlins; die ~ einer Stadt; die nähere, weitere ~ (einer Stadt); einen Ausflug in die ~ Hamburgs machen; die Stadt hat eine schöne, freundliche, trostlose ~; in dieser ~ könnte ich mich (nicht) wohlfühlen **2** *Personen, die sich immer in der Nähe von jmdm. aufhalten, mit ihm arbeiten, Gefolge, Begleitung;* der Bundespräsident und seine ~; in seiner ~ tuschelt man darüber, daß er ...
'um|ge·hen[1] ⟨V. 145(s.)⟩ **1** ⟨400; umg.⟩ *versehentl. einen Umweg machen;* wir sind lange, fast zwei Stunden umgegangen **2** ⟨400⟩ Geister gehen um *erscheinen, spuken;* der alte Graf soll noch im Schlosse ~ **3** ⟨400⟩ ein Gerücht, eine Sage geht um *ist im Umlauf, verbreitet sich* **4** ⟨417⟩ mit jmdm. ~ ⟨veralt.⟩ *mit jmdm. Umgang haben, mit jmdm. verkehren;* sage mir, mit wem du umgehst, so sage ich dir, wer du bist (Goethe, Maximen u. Reflexionen) **5** ⟨417⟩ mit jmdm. od. einem Tier in bestimmter Weise ~ *jmdn. od. ein T. in bestimmter Weise behandeln;* gut, schlecht mit jmdm. ~; grob, liebevoll mit jmdm., einem Tier ~ **5.1** ⟨m. Modalverb⟩ mit jmdm. ~ können *den richtigen Ton mit jmdm. treffen;* er kann gut, schlecht mit Menschen ~ **6** ⟨410⟩ mit etwas in bestimmter Weise ~ *etwas (auf eine bestimmte Weise) behandeln, handhaben, gebrauchen, benutzen, anwenden;* ich kann damit nicht ~, verstehe damit nicht umzugehen; ordentlich, liederlich mit seinen Sachen ~; sparsam mit seinem Geld, seinem Vorrat ~; vorsichtig, unvorsichtig mit etwas ~ **7** ⟨416⟩ mit einer Sache ~ *etwas im Sinn haben, sich (geistig) mit etwas beschäftigen;* ich gehe mit dem Gedanken, Plan um, mir ein Auto zu kaufen
um'ge·hen[2] ⟨V. 145/500⟩ **1** etwas (bes. einen Ort) ~ *im (Halb)kreis um etwas herumgehen, herumfahren, einen Bogen, Umweg um etwas machen;* einen Sumpf, eine Stadt ~; den Feind an zwei Seiten, in der linken, rechten Flanke ~ **2** eine Sache ~ *vermeiden, daß man eine S. beachten, einer S. entsprechen muß* **2.1** er umging die Antwort auf ihre Frage, indem er eine Gegenfrage stellte *er vermied die A.* **2.2** ein Gesetz, eine Vorschrift ~ *nicht einhalten, ohne sich strafbar zu machen*
'um·ge·hend **1** ⟨Part. Präs. von⟩ *umgehen*[1] **2** ⟨Adj. 24/70⟩ *sofortig, unverzüglich, sogleich, sofort;* ~e Erledigung, Antwort; ~ antworten; eine Sache ~ erledigen, zurückschicken
'Um·hang ⟨m.; -(e)s, ¨-e⟩ *mantelartiges Kleidungsstück ohne Ärmel, das man sich nur umhängt;* Sy *Cape*
'um|hän·gen ⟨V. 500⟩ **1** etwas ~ *an einen anderen Platz hängen;* ein Bild ~ **2** ⟨530/R5⟩ jmdm. etwas ~ *über die Schultern hängen;* sich einen Mantel, eine Tasche ~
um'her ⟨Adv.⟩ *nach allen Seiten, hierhin u. dahin*
um'her... ⟨in Zus. mit Verben; umg.⟩ *herum...*
um'her|ir·ren ⟨V. 400(s.)⟩ *hierhin u. dahin gehen, ohne zu wissen, wo man ist, den Weg suchend umhergehen;* im Wald, in einem fremden Haus ~
um'her|zie·hen ⟨V. 293⟩ **1** ⟨400(s.)⟩ *hierhin u. dorthin ziehen, wandern;* der Zirkus zieht im Lande umher; ein ~der Händler, Hausierer; ~de Zigeuner **2** ⟨500⟩ etwas ~ *hin u. her ziehen, hierhin u. dahin (mit sich) ziehen;* das Kind zieht einen Wagen, seine Spielsachen im Zimmer umher
um'hin|kön·nen ⟨V. 171; nur in der Wendung⟩ nicht ~ *nicht anders können als, etwas (tun) müssen;* ich kann nicht umhin, es ihm mitzuteilen; willst du ihn mitnehmen? — Ich werde wohl nicht ~!
'um|hö·ren ⟨V. 500/R3⟩ sich ~ *durch Fragen vieler Leute etwas zu erfahren suchen;* ich werde mich einmal ~, ob es so etwas gibt, ob man so etwas bekommen kann; ich habe mich umgehört, aber leider nichts erfahren; ich werde mich nach einer Arbeitsstelle für ihn ~
'um|keh·ren ⟨V.⟩ **1** ⟨400(s.)⟩ *die entgegengesetzte Richtung einschlagen;* der Weg endet hier, so bleibt uns nichts anderes übrig als umzukehren **2** ⟨400(s.)⟩ *wieder zurückgehen, zurückfahren od. -fliegen;* auf halbem Wege ~; als ich das sah, bin ich sofort wieder umgekehrt; es fängt an zu regnen, wir müssen ~ **3** ⟨500⟩ etwas ~ *umdrehen, umwenden, auf die entgegengesetzte Seite kehren, in die entgegengesetzte Lage bringen, drehen, wenden;* einen Tisch, Stuhl ~; einen Strumpf, die Hosentasche ~ **4** ⟨500⟩ die Reihenfolge ~ *die entgegengesetzte R. vornehmen;* bei vielen Rennen wird die Reihenfolge im zweiten Durchgang umgekehrt **5** ⟨400(s.); fig.⟩ *sich von seinem bisherigen Leben abkehren u. ein besseres beginnen;* er bringt es nicht mehr fertig, umzukehren **6** ⟨Part. Perf.⟩ umgekehrt *anders herum, entgegengesetzt;* umgekehrt ist es richtig!; umgekehrt proportional; sein Verdienst steht im umgekehrten Verhältnis zu seinen Ansprüchen **6.1** es ist ja gerade umgekehrt! *anders herum richtig*
'um|kip·pen ⟨V.⟩ **1** ⟨400(s.)⟩ *aus der senkrechten Stellung geraten, Übergewicht bekommen u. umstürzen, umfallen, auf die Seite fallen;* der Wagen ist umgekippt **2** ⟨400(s.); fig.; umg.⟩ *ohnmächtig werden* **3** ⟨400(s.)⟩ *plötzlich die Gesinnung wechseln* **4** ⟨500⟩ etwas ~ *zum Kippen u. Stürzen bringen;* einen Stuhl, Schrank ~

um'klam·mern ⟨V. 500/R8⟩ jmdn. od. etwas ~ *von beiden Seiten, von allen Seiten packen u. festhalten, fest umarmen;* die Ringer umklammerten einander; den Feind ~; jmdn. mit beiden Armen ~; das Tier umklammerte den Ast mit allen vier Beinen; einen Gegenstand fest umklammert halten

'um|klei·den¹ ⟨V. 500/R7⟩ jmdn. ~ *jmds. Kleider wechseln;* sich ~; jmdm. beim Umkleiden helfen

um'klei·den² ⟨V. 516⟩ **1** etwas mit etwas ~ *ringsherum bedecken, bekleben, bespannen, umhüllen;* einen Kasten mit Stoff ~ 1.1 eine unangenehme Wahrheit mit schönen Worten ~ ⟨fig.⟩ *verhüllen*

'um|kom·men ⟨V. 170/400(s.)⟩ **1** *sterben, ums Leben kommen (bei einem Unfall od. Unglück);* bei dem Erdbeben sind viele Menschen umgekommen 1.1 ⟨414⟩ ich komme um vor Hitze ⟨umg.⟩ *mir ist schrecklich heiß* **2** Lebensmittel kommen um *verderben;* ich lasse nichts ~

'Um·kreis ⟨m.; -es; -e⟩ **1** ⟨unz.⟩ *Umgebung, Gebiet, das man von seinem Standpunkt aus überblicken kann;* 3 km im ~ sind nur Felder und Wiesen zu sehen; im ~ von 50 m waren durch die Explosion alle Fensterscheiben entzweigegangen **2** ⟨Math.⟩ *Kreis, der durch die Ecken einer Figur geht*

um'krei·sen ⟨V. 500/R8⟩ jmdn. od. etwas ~ *im Kreis um jmdn. od. etwas gehen, fahren, sich bewegen;* die künstl. Satelliten ~ die Erde; die Erde umkreist die Sonne; der Hund umkreist seinen Herrn in großen Sprüngen

'um|krem·peln ⟨V. 500⟩ **1** Teil(e) eines Kleidungsstücks ~ *mehrmals nach oben, in die Höhe schlagen, aufkrempeln;* Ärmel, Hosenbeine ~; beim Abwaschen die Ärmel ~ **2** jmdn. od. eine Sache ~ ⟨fig.⟩ *vollständig ändern;* wir haben die ganze Sache, unseren Plan völlig umgekrempelt 2.1 man kann einen Menschen nicht ~ ⟨umg.⟩ *nicht ändern, man muß ihn so nehmen, wie er (nun einmal) ist* 2.2 ich kann mich nicht ~ ⟨fig.; umg.⟩ *ich kann mich nicht ändern, ich muß (eben) so bleiben, wie ich bin* **3** eine Wohnung, ein Zimmer usw. ~ *etwas in einer W. usw. suchen u. dabei Unordnung erzeugen;* ich habe die ganze Wohnung umgekrempelt u. den Brief nicht gefunden

'um|la·den ⟨V. 174/500⟩ etwas ~ *von einem Behälter od. Wagen in einen anderen laden;* Güter, Waren ~

'um|la·gern¹ ⟨V. 500⟩ etwas ~ *die Lagerung von etwas ändern, anders lagern als vorher;* Obst, Getreide ~

um'la·gern² ⟨V. 500⟩ jmdn. od. etwas ~ *umringen, sich um jmdn. od. etwas drängen;* der Verkaufsstand war von Neugierigen, Kauflustigen umlagert

'Um·lauf ⟨m.⟩ **1** ⟨unz.⟩ *das Umlaufen¹(2-2.1);* Geld ~; Geld außer ~ setzen; Geld in ~ bringen, setzen; das Gerücht ist in ~, daß ... **2** *Kreislauf, Bewegung im Kreis um etwas herum;* Mond ~ **3** *Rundschreiben innerhalb eines Betriebes, das von jedem Angestellten abgezeichnet wird* **4** ⟨Med.⟩ *Fingerentzündung: Panaritium*

'um|lau·fen¹ ⟨V. 176⟩ **1** ⟨500⟩ jmdn. od. etwas ~ *im Laufen umstoßen;* er lief das Kind um **2** ⟨400(s.)⟩ etwas läuft um *bewegt sich im Kreis, läuft von einem zum anderen (wieder zum Ausgangspunkt zurück);* Banknoten, Gerüchte laufen um **2.1** ~des Geld *im Verkehr befindl. G.* **3** ⟨400(s.); selten⟩ *versehentlich einen Umweg machen;* ich bin leider ziemlich umgelaufen

um'lau·fen² ⟨V. 176/500⟩ **1** etwas ~ *um etwas herumlaufen;* der Schäferhund umläuft die Herde **2** etwas umläuft etwas *bewegt sich auf einer bestimmten Bahn um etwas;* der Planet umläuft die Sonne

'Um·laut ⟨m.; -(e)s, -e⟩ **1** ⟨unz.⟩ *Veränderung eines Vokals durch den urspr. Einfluß des folgenden, helleren Vokals, im Nhd. a zu ä, o zu ö, u zu ü, au zu äu* **2** *der so entstehende Laut selbst (ä, ö, ü, äu)*

'um|le·gen ⟨V. 500⟩ **1** etwas ~ *aus der vertikalen in die horizontale Lage bringen, hinlegen, was vorher gestanden hat;* den Schornstein eines Schiffes ~, bevor es unter der Brücke hindurchfährt 1.1 der Wind hat das Getreide umgelegt *niedergebeugt* 1.2 einen Baum ~ *fällen* **2** einen Kragen, Manschetten ~ *umschlagen, falten* **3** ⟨530/R5⟩ jmdm. etwas ~ *umbinden, umhängen;* jmdm. eine Decke, einen Schal, eine Halskette ~ **4** etwas ~ *anders legen, an eine andere Stelle legen, verlegen;* ein Kabel, eine Leitung ~ **5** Kranke (im Krankenhaus) ~ *in ein anderes Zimmer legen* **6** jmdn. ~ ⟨umg.⟩ 6.1 *zu Boden werfen (beim Ringen, Boxen)* 6.2 *töten, ermorden* **7** eine Frau ~ ⟨vulg.⟩ *mit einer Frau geschlechtlich verkehren* **8** Land, Kosten ~ *auf mehrere Personen verteilen* **9** einen Termin ~ *ändern*

'Um·lei·tung ⟨f.⟩ **1** *das Umleiten, Führung des Verkehrs auf einem anderen als dem direkten od. gewohnten Weg* **2** *der ungewohnte Weg selbst, über den der Verkehr vorübergehend geleitet wird*

um'nach·tet ⟨Adj. 70⟩ *verwirrt, nicht klar, (geistes)krank;* sein Geist ist ~; er ist (geistig) ~

um'rah·men ⟨V. 500⟩ etwas ~ *mit einem Rahmen versehen;* ein Bild ~; ihr Gesicht war von blonden Locken umrahmt; der Vortrag wurde von Musik umrahmt

'um|rech·nen ⟨V. 505⟩ einen Betrag (in etwas) ~ *rechnen, wieviel ein B. in einem anderen Kurs, in einer anderen Währung od. Rechnungseinheit ergibt;* Mark in Lire, Francs ~; Mark in Pfennige ~

'um|rei·ßen¹ ⟨V. 198/500⟩ **1** etwas ~ *niederreißen, zerstören;* eine Mauer, einen Zaun ~ **2** jmdn. od. etwas ~ *heftig umwerfen, zum Umfallen bringen;* Vorsicht, reiß mich nicht um!

um'rei·ßen² ⟨V. 198/500⟩ **1** etwas ~ *skizzieren, die Form von etwas mit wenigen Linien angeben;* Sy *konturieren* ⟨Mal.⟩ **2** eine Sache ~ *mit wenigen Worten, in großen Zügen schildern*

um'rin·gen ⟨V. 500/R8⟩ jmdn. od. etwas ~ *von allen Seiten umgeben;* die Kinder umringten den Vater

'Um·riß ⟨m.⟩ **1** *äußere Begrenzungslinie;* Sy *Kontur;* etwas in Umrissen zeichnen 1.1 etwas in Umrissen schildern *in großen Zügen, mit wenigen Worten*

'um|sat·teln ⟨V.⟩ **1** ⟨500⟩ ein Pferd ~ *mit einem anderen Sattel versehen* **2** ⟨400(s.); fig.⟩ *ein anderes Studium, einen anderen Beruf ergreifen;* von Jura zu (zur), auf Volkswirtschaft ~

'Um·satz ⟨m.⟩ **1** *die Gesamtheit dessen, was umgesetzt(5-6) wird* 1.1 *alle Verkäufe eines Betriebes in einer bestimmten Zeit;* Tages~, Jahres~; den ~ erhöhen

'um|schal·ten ⟨V.⟩ **1** ⟨400; fig.; umg.⟩ *sich auf etwas anderes einstellen, umstellen;* nach den Ferien wieder auf den Alltag ~ **2** ⟨500⟩ etwas ~ *durch Schalten verändern;* das Netz von Gleichstrom auf Wechselstrom ~

'Um·schau ⟨f.; -; unz.⟩ **1** *Rundschau, Rundblick;* ~ halten **2** *Überblick (oft als Zeitschriften- od. Zeitungsname)*

'um·schich·tig ⟨Adj.⟩ *abwechselnd;* etwas ~ tun; ~ arbeiten

um'schif·fen ⟨V. 500⟩ **1** etwas ~ *mit dem Schiff um etwas herumfahren;* ein Kap, ein Riff, eine Landzunge ~ 1.1 eine Klippe glücklich ~ ⟨fig.⟩ *ein Hindernis umgehen, eine Schwierigkeit vermeiden*

'Um·schlag ⟨m.⟩ **1** ⟨unz.⟩ *das Umschlagen(6), plötzl. Veränderung, Umschwung;* Stimmungs~, Witterungs~; ein politischer ~ **2** *Papierhülle um ein Buch od. Heft;* Schutz~; um ein kostbares Buch einen ~ machen **3** *Hülle für einen Brief zum Versenden;* Brief~; einen Brief in einen ~ stecken; den ~ adressieren, zukleben; ein gefütterter ~; 25 Briefbogen mit Umschlägen **4** *feuchtes (mit Heilmittel versehenes) Tuch, das um einen Körperteil gewickelt wird, um Schmerzen zu lindern, Entzündungen zu hemmen usw.;* Sy *Wikkel(2);* Brei~; jmdm. einen ~ machen; ein ~ mit essigsaurer Tonerde; ein kalter, warmer ~ **5** *umgeschlagenes Stoffstück;* einen ~ nähen 5.1 *umgeschlagenes Stoffstück an Hosenbeinen;* Umschläge sind wieder Mode **6** *(bes. vom Schiff auf Landfahrzeuge) vorgenommene Umladung;* ein Unternehmen, das auf ~ spezialisiert ist

'um·schla·gen ⟨V. 218⟩ **1** ⟨500⟩ etwas ~ *auf die andere Seite wenden, umwenden;* die Seite eines Buches ~; den Kragen ~; den Saum ~; ein Blatt ~ **2** ⟨500⟩ etwas ~ *durch Schlag umwerfen, zum Stürzen bringen, fällen;* einen Baum ~ **3** ⟨500⟩ Güter, Waren ~ *(bes. vom Schiff auf Landfahrzeuge) umladen* **4** ⟨400(s.)⟩ ein Boot schlägt um *kippt um, kentert;* bei diesem Wind ist es wahrscheinlich, daß das Boot umschlägt **5** ⟨400(s.)⟩ Wein, Bier schlägt um *wird sauer;* bei zu langer Lagerung unter ungünstigen Bedingungen kann Wein ~ **6** ⟨400(s.)⟩ etwas schlägt um *ändert sich plötzlich, verkehrt sich ins Gegenteil;* das Wetter, die Stimmung schlägt um; ins Gegenteil ~

um'schlie·ßen ⟨V. 222/500⟩ **1** jmdn. od. etwas ~ *einschließen, umzingeln, umfassen;* die feindl. Stellungen ~; er umschloß sie mit beiden Armen **2** etwas umschließt etwas *umgibt etwas;* der Fluß umschließt die Burg von drei Seiten

um'schlin·gen ⟨V. 223/500/R8⟩ jmdn. od. etwas ~ *sich od. seine Arme eng um jmdn. od. etwas schlingen;* die Kletterpflanze umschlingt den Baumstamm; das Kind umschlang den Hals der Mutter

'um|schrei·ben[1] ⟨V. 230/500⟩ **1** etwas ~ *in anderer Weise schreiben, durch Schreiben (Ergänzen, Streichen) umarbeiten, umgestalten, schriftlich ändern;* ein Manuskript, einen Text, Aufsatz ~ **2** ⟨550⟩ etwas auf jmdn. od. etwas ~ *übertragen;* eine Hypothek auf jmdn. ~; einen Geldbetrag auf ein anderes Konto ~ 2.1 ein Grundstück auf jmdn., jmds. Namen ~ (lassen) *den Namen des Inhabers eines Grundstücks im Grundbuch ändern lassen*

um'schrei·ben[2] ⟨V. 230/500⟩ etwas ~ **1** *in Umrissen beschreiben, bezeichnen, schildern;* jmds. Aufgaben, Pflichten genau, in kurzen Worten ~ **2** *mit anderen, verhüllenden Worten ausdrücken, durch einen anderen Ausdruck bezeichnen;* wenn dir das Wort, die richtige Bezeichnung nicht einfällt, mußt du es bzw. sie (durch andere Wörter) ~; ein unanständiges Wort, einen peinlichen Sachverhalt (durch andere Ausdrücke) ~ **3** *umgrenzen, auf einen Herd beschränken;* ein (genau) umschriebenes Ekzem; ein (genau) umschriebener Schmerz

um'schwär·men ⟨V. 500⟩ **1** etwas ~ *im Schwarm um etwas herumfliegen;* die Fliegen ~ den Komposthaufen **2** jmdn. ~ *in Scharen umgeben u. ihm dabei den Hof machen, bewundernd umgeben;* der Schauspieler wird von vielen jungen Mädchen umschwärmt; sie wurde in ihrer Jugend von vielen Verehrern, Bewunderern umschwärmt 2.1 das junge Mädchen wird sehr umschwärmt *viele junge Männer machen ihm den Hof*

'Um·schwei·fe ⟨nur Pl.⟩ **1** *Umwege, Umstände, einleitende Redensarten* 1.1 ~ machen *sich umständlich ausdrücken, nicht sofort sagen, was man will* 1.1.1 mach keine ~! *sag offen, was du willst!* 1.2 etwas ohne ~ sagen *geradeheraus sagen*

'um|schwen·ken ⟨V. 400(s.)⟩ **1** *in eine andere Richtung gehen, schwenken* **2** ⟨fig.⟩ *seine Ansicht, Gesinnung ändern*

'Um·schwung ⟨m.; -s, ¨e⟩ **1** *Drehung, Schwung um 360° am Reck* **2** *grundlegende Veränderung, Wendung (der polit. Lage, Einstellung einer Partei, Führung eines Staates od. der Stimmung)* **3** ⟨unz.; schweiz.⟩ *Umgebung des Hauses*

'um|se·hen ⟨V. 239/500/R3⟩ sich ~ **1** *nach rückwärts sehen, hinter sich schauen;* als er sich umsah, entdeckte er, daß er beobachtet wurde **2** ⟨511/R3⟩ sich nach jmdm. ~ *sich umwenden, um jmdn. zu sehen;* sie sah sich immer wieder um, um sich zu vergewissern, daß ihr niemand folgte **3** *im Kreis herumblikken, nach allen Seiten schauen, das in der Nähe Befindliche genau betrachten;* du darfst dich bei mir nicht ~, ich habe noch keine Ordnung gemacht 3.1 ⟨511/R3⟩ sich in der Stadt ~ *die S. durch Umhergehen od. -fahren kennenlernen* **4** ⟨511/R3⟩ sich nach jmdm. od. etwas ~ *auf der Suche sein nach jmdm. od. etwas* 4.1 ich werde mich ~, ob ich etwas Passendes finde ⟨fig.⟩ *ich werde hier u. dort nachsehen, fragen, ob ...* 4.2 ⟨550/R3⟩ sich nach Arbeit ~ *A. suchen* **5** ⟨fig.⟩ 5.1 im Umsehen war die Zeit vorbei *im Nu, sehr schnell* 5.2 ⟨511/R3⟩ sich in der Welt ~ *die W. kennenlernen* **6** du wirst dich noch ~! ⟨umg.⟩ *du wirst noch anders denken lernen,* *du wirst dich noch wundern (weil alles anders ist, als du denkst)!*

'um|sein ⟨V. 240/300(s.); umg.⟩ eine bestimmte Zeit ist um *ist abgelaufen, vorbei;* die Ferien sind um; wenn das Jahr um ist

'um·sei·tig ⟨Adj.⟩ *auf der Rückseite (des Blattes) stehend*

'um|set·zen ⟨V. 500⟩ **1** Gegenstände ~ *in geänderter Ordnung, Reihenfolge aufstellen, anbringen* **1.1** einen Ofen ~ (lassen) *anders setzen od. an einer anderen Stelle aufstellen, errichten (lassen)* **2** Pflanzen ~ *in anderes Erdreich pflanzen;* Bäume ~ **3** jmdn. ~ *jmdm. einen anderen Platz anweisen;* einen ständig schwatzenden Schüler ~ **3.1** ⟨R3⟩ sich ~ ⟨umg.⟩ *sich auf einen anderen Platz setzen* **4** eine Melodie, ein Musikstück ~ ⟨Mus.⟩ *in eine andere Tonart setzen, transponieren* **5** Ware ~ *verkaufen;* Waren im Wert von 10 DM ~ **6** etwas ~ *umwandeln;* Kohlehydrate in Fett ~ ⟨Biochem.⟩ **6.1** ⟨R3⟩ etwas setzt sich um *verwandelt sich;* Bewegung setzt sich in Energie um **7** ⟨511⟩ Geld in etwas ~ *für etwas ausgeben;* sein Geld in Bücher ~ **8** ⟨511⟩ einen Plan, ein Vorhaben in die Tat ~ ⟨fig.⟩ *ausführen, verwirklichen*

'Um·sicht ⟨f.; -; unz.⟩ *kluges, zielbewußtes Beachten aller Umstände;* mit ~ zu Werke gehen

'um·sich·tig ⟨Adj.⟩ *bedacht, überlegt, alle Umstände bedenkend;* ~ handeln, vorgehen

um'sonst ⟨Adv.⟩ **1** *unentgeltlich, ohne Vergütung;* ~ arbeiten; wenn du ihn bittest, macht er dir das ~ **2** *vergeblich, vergebens, erfolglos;* du hast dich ~ bemüht; es ist alles ~

'um|sprin·gen ⟨V. 253(s.)⟩ **1** ⟨410⟩ *aus dem Stand springend eine Viertel- od. halbe Drehung (auf der gleichen Stelle) machen;* (mit den Schiern) nach rechts, links ~ **2** ⟨400⟩ etwas springt um *wechselt plötzlich die Richtung;* der Wind springt um **3** ⟨813⟩ mit jmdm. ~ ⟨fig.⟩ *jmdn. (schlecht) behandeln;* so kannst du nicht mit ihm ~!; energisch, grob mit jmdm. ~

'Um·stand ⟨m.; -(e)s, ¨-e⟩ **1** *bes. Lage, bemerkenswerte, bes. Einzelheit, Tatsache, Sachverhalt;* allein der ~, daß er niemanden hier kennt, macht seine Aufgabe so schwierig; ein entscheidender, wesentlicher, wichtiger ~; ein glücklicher, mißlicher, ungünstiger ~ **1.1** unter diesen Umständen muß ich es leider ablehnen, das zu tun *bei diesem Sachverhalt muß ich es leider ablehnen, ...* **2** ⟨nur Pl.⟩ Umstände *Verhältnisse;* das ist je nach den Umständen verschieden; sich den veränderten Umständen anpassen; ich bin durch die äußeren Umstände gezwungen, es zu tun **3** unter Umständen *gegebenenfalls, vielleicht, wenn es möglich ist;* unter Umständen könnten wir die Ferien zusammen verbringen **3.1** unter allen Umständen *auf jeden Fall* **3.2** unter keinen Umständen *keinesfalls;* das kommt unter gar keinen Umständen in Frage **4** ⟨nur Pl.⟩ Umstände *Unannehmlichkeiten, zusätzliche Arbeit, umfangreiche Vorbereitungen zu etwas;* wenn es Ihnen keine Umstände macht, dann komme ich gern **4.1** mach keine Umstände! *mach dir nicht (so) viel Mühe!*

'um·ständ·lich ⟨Adj.⟩ **1** *viele Umstände verursachend, mit vielen Umständen (Mühen) verbunden;* eine ~e Arbeit, Reise; das ist mir viel zu ~! **2** *allzu genau od. nicht zweckmäßig u. daher langsam;* eine ~e Schilderung; das machst du aber ~!; er ordnete ~ seine Papiere u. begann vorzulesen; er ist bei allem, was er tut, ein wenig ~

'um·ste·hend ⟨Adj. 70⟩ **1** *auf der Rückseite befindlich;* der Paragraph wird ~ erläutert **1.1** auf der ~en Seite *auf der Rückseite des Blattes*

'um·stei·gen ⟨V. 258/400(s.)⟩ **1** *aus einem Fahrzeug in ein anderes steigen* **1.1** *den Zug, die Straßenbahn, das Schiff wechseln;* muß ich nach Berlin ~, oder gibt es einen durchgehenden Zug?; ich muß in Frankfurt ~ **2** ⟨fig.⟩ *einer anderen Beschäftigung als bisher nachgehen* **3** ⟨fig.⟩ *ein anderes Gerät als bisher benutzen;* wir sind auf einen anderen Wagentyp umgestiegen

'um|stel·len[1] ⟨V. 500⟩ **1** etwas ~ *an einen anderen Platz stellen, anders stellen als vorher, umräumen;* Bücher, Möbel, Wörter (im Satz) ~ **2** ⟨550⟩ etwas auf etwas ~ *auf eine neue Norm ausrichten, anders einstellen;* den Boiler von Tag- auf Nachtstrom ~; das Telephon vom Geschäft auf die Wohnung ~ **2.1** einen Betrieb auf eine andere Produktion ~ *in einem B. von nun an etwas anderes produzieren* **2.2** er hat seine Buchhandlung auf Antiquariat umgestellt *in ein A. umgewandelt* **3** ⟨R3⟩ sich ~ *eine andere Haltung einnehmen, sich den neuen Umständen, einer neuen Lage anpassen;* er ist zu alt, er kann sich nicht mehr (auf die heutige Zeit) ~ **4** ⟨550/R3⟩ sich auf etwas ~ *sich nach etwas richten, sich auf etwas einstellen, sich einer Sache anpassen, sich in einer veränderten Lage zurechtfinden;* die älteren Angestellten können sich oft nicht mehr auf die modernen Maschinen ~

um'stel·len[2] ⟨V. 500⟩ jmdn. od. etwas ~ *sich so um jmdn. od. etwas stellen, daß niemand, nichts entkommen kann;* das Wild ~; ein Haus mit Wachtposten ~; das Haus war von allen Seiten umstellt

'um|stim·men ⟨V. 500⟩ **1** ein Instrument ~ *die Stimmung eines Instrumentes ändern* **2** den Organismus ~ *Veränderung in der Funktion des O. bewirken* **3** jmdn. ~ *veranlassen, seine Meinung zu ändern;* er läßt sich nicht ~

'um|sto·ßen ⟨V. 262/500⟩ **1** jmdn. od. etwas ~ *durch einen Stoß umwerfen;* eine Kanne, Vase ~ **2** eine Sache ~ *für ungültig erklären, rückgängig machen;* das stößt alle unsere Berechnungen um; einen Plan, ein Vorhaben ~

um'strit·ten ⟨Adj. 70⟩ *nicht sicher, nicht einwandfrei geklärt, nicht verbürgt, nicht überliefert;* die Herkunft dieses Wortes ist ~; der Wert dieses Bildes ist ~

'Um·sturz ⟨m.; -es, ¨-e⟩ *grundlegende Veränderung, Umwälzung (bes. der Staatsform)*

'um|stür·zen ⟨V.⟩ **1** ⟨500⟩ etwas ~ *in eine verkehrte, schiefe Lage bringen, umwerfen;* einen Wagen, ein Gefäß, einen Tisch ~ **1.1** eine Mauer ~ *niederreißen* **2** ⟨400⟩ etwas stürzt um *fällt um, zur Seite;* ein umgestürzter Lastwagen, Tisch **3** ⟨500⟩ etwas ~ ⟨fig.⟩ *die Ordnung von etwas grundlegend verändern;* wir haben den ganzen Plan ~ müssen; wenn wir die Eltern bei uns aufnehmen, müssen wir die ganze Wohnung ~ **4** ⟨500⟩ die Regierung ~ *zu Fall bringen, beseitigen*

'um|tau·schen ⟨V. 500⟩ etwas ~ *zurückgeben u. dafür etwas anderes, Gleichwertiges bekommen, gegen etwas Gleichwertiges auswechseln*

'Um·trieb ⟨m.⟩ **1** ⟨meist Pl.⟩ ~e *Machenschaften, Ränke;* revolutionäre ~e; geheime ~e **2** ⟨nur Pl.⟩ ~e *(Zeit od. Geld verschlingende) lästige Nebenarbeiten, Umstände, Umständlichkeit;* etwas ohne viel ~e machen **3** ⟨Bgb.⟩ *Strekke, die um Schächte herum- od. an ihnen vorbeiführt* **4** ⟨Forstw.⟩ *Zeitraum, in dem jeder Bestand eines gleichaltrigen Hochwaldes oder Niederwaldes planmäßig einmal abgeholzt wird*

'Um·trunk ⟨m.; -(e)s, (selten) ¨e⟩ *Rundtrunk, Trinken reihum*

'um|tun ⟨V. 272; umg.⟩ **1** ⟨530/R5 od. R6⟩ jmdm. etwas ~ *umhängen, umlegen;* tu dir eine Dekke, einen Mantel um **2** ⟨500/R3⟩ sich ~ *Erkundigungen einziehen* **2.1** ⟨550/R3⟩ sich nach etwas ~ *sich nach etwas erkundigen, etwas zu erfahren suchen* **2.2** ⟨550/R3⟩ sich nach jmdm. ~ *jmdn. suchen (zur Arbeit);* sich nach einer Hausangestellten ~

'um|wäl·zen ⟨V. 500⟩ **1** jmdn. od. etwas ~ *auf die andere Seite wälzen* **2** ⟨meist im Part. Präs.⟩ eine Sache ~ ⟨fig.; selten⟩ *(gewaltsam) vollkommen ändern;* ~de Ereignisse; von ~der Wirkung **2.1** ⟨Part. Perf.⟩ ~d = *revolutionär*

'um|wan·deln[1] ⟨V. 500/R7⟩ **1** jmdn. od. etwas ~ *in eine andere Form bringen, umgestalten, verwandeln;* Todesstrafe in lebenslängliche Zuchthausstrafe ~; Gleichstrom in Wechselstrom ~ **1.1** jmd. ist wie umgewandelt *ist ein anderer Mensch geworden, hat sich sehr verändert*

um'wan·deln[2] ⟨V. 500⟩ etwas ~ ⟨poet.⟩ *um etwas herumwandeln*

'um|wech·seln ⟨V. 505⟩ etwas (in etwas) ~ *auswechseln, umtauschen;* Lire in Mark ~; Papiergeld in Münzen ~

'Um·weg ⟨m.⟩ *Weg, der länger ist als der gerade Weg;* einen ~ machen; einen Ort auf ~en erreichen; eine Sache auf ~en erreichen ⟨fig.⟩

'Um·welt ⟨f.; -; unz.⟩ *Gesamtheit der ein Lebewesen umgebenden anderen Lebewesen, Dinge u. Vorgänge, mit denen es in Wechselwirkung steht;* sich seiner ~ anpassen; fremde, gewohnte, ungewohnte ~; sich in einer neuen ~ eingewöhnen

'um|wen·den ⟨V. 283⟩ **1** ⟨500/R7⟩ jmdn. od. etwas ~ *auf die andere Seite wenden, umdrehen;* jmdm. die Notenblätter ~; eine Seite (im Buch) ~ **1.1** ⟨R3⟩ sich ~ *sich umdrehen, sich nach rückwärts wenden* **1.1.1** ⟨550/R3⟩ sich nach jmdm. ~ *den Kopf wenden, um nach jmdm. zu sehen* **2** ⟨400⟩ *mit dem Fahrzeug umkehren, die entgegengesetzte Richtung einschlagen;* die Straße ist zu schmal, wir können hier nicht ~

'um|wer·fen ⟨V. 286⟩ **1** ⟨500/R8⟩ jmdn. od. etwas ~ *zum Umfallen bringen, zu Boden werfen* **2** ⟨400; umg.⟩ *mit etwas (bes. einem Pferdewagen) umfallen;* paß auf, daß du nicht umwirfst **3** ⟨530/R1⟩ sich etwas ~ *sich rasch etwas umhängen;* einen Mantel, ein Tuch ~ **4** ⟨500⟩ eine Sache ~ *grundlegend ändern;* einen Plan ~ **5** ⟨500⟩ jmdn. ~ ⟨fig.⟩ *aus der Fassung bringen;* ein hartes Wort wirft mich nicht um **5.1** ~d komisch *ganz besonders komisch*

um'wit·tert ⟨Adj. 46⟩ von etwas ~ sein *in geheimnisvoller Weise von etwas umgeben sein;* seine Herkunft ist von Geheimnissen ~; der Ort ist von einem düsteren Hauch ~

um'wöl·ken ⟨V. 500/R3⟩ **1** der Himmel umwölkt sich *bedeckt sich mit Wolken* **2** jmds. Stirn umwölkt sich ⟨fig.⟩ *verdüstert sich, jmds. Gesicht wird finster*

'um|zie·hen[1] ⟨V. 293⟩ **1** ⟨400(s.)⟩ *die Wohnung, den Wohnsitz wechseln;* Sy *zügeln* ⟨schweiz.⟩ **2** ⟨500/R7⟩ jmdn. ~ *jmds. Kleidung wechseln;* ich mußte das Kind völlig ~; sie ist noch beim Umziehen; sich fürs Abendessen,fürs Theater ~

um'zie·hen[2] ⟨V. 293/500/R3⟩ sich ~ *sich mit Wolken bedecken;* der Himmel umzog sich

'Um·zug ⟨m.⟩ **1** *das Umziehen*[1]*(1);* der ~ nach Berlin muß noch organisiert werden **2** *Fahrt, Marsch eines Festzuges;* sich den ~ ansehen; einen ~ veranstalten; an einem ~ teilnehmen

un··· ⟨in Zus.⟩ *(zur Bez. der Verneinung od. des Gegenteils) nicht;* unerwünscht, unhöflich, unübersehbar

Un··· ⟨in Zus.⟩ **1** *(zur Bez. des großen Maßes) sehr groß;* Unmenge, Unzahl **2** *Miß...;* Unbehagen

un·ab'ding·bar ⟨a. ['----] Adj. 70⟩ **1** *unbedingt nötig;* die ~e Voraussetzung dafür ist, daß ... **2** *nicht abdingbar*

un·ab'läs·sig ⟨a. ['----] Adj. 24/90⟩ *ohne Unterlaß, ohne aufzuhören, immerfort, immerzu, dauernd*

'Un·art ⟨f.; -, -en⟩ **1** *ungezogenes, unartiges Benehmen* **2** *für andere lästige od. unangenehme Gewohnheit;* was ist denn das wieder für eine ~!

'un·ar·tig ⟨Adj.⟩ *nicht artig, unfolgsam, ungezogen;* ein ~es Kind

un·aus'bleib·lich ⟨a. ['----] Adj. 24/70⟩ *so beschaffen, daß es nicht ausbleiben kann, unbedingt kommend, sicher bevorstehend, gewiß;* die ~e Folge wird sein, daß ...

un·aus'sprech·lich ⟨a. ['----] Adj.; nur fig.⟩ **1** *unsäglich, unglaublich, unbeschreiblich;* ~e Freude, ~er seel. Schmerz; ~ glücklich, dankbar sein **1.1** meine, deine Unaussprechlichen ⟨fig.; umg.; scherzh.⟩ *Hosen*

un·aus'steh·lich ⟨a. ['----] Adj.⟩ *so geartet, daß man es, ihn, sie nicht ausstehen kann, unerträglich, sehr lästig;* ein ~er Kerl; du bist heute ~

'un·bän·dig ⟨a. [-'--] Adj.⟩ *sehr groß, riesig;* es herrschte ~e Freude, ~er Jubel (darüber); ein ~er Zorn, eine ~e Wut erfaßte ihn; ich habe mich ~ gefreut

'un·be·dingt ⟨a. [--'-] Adj.⟩ **1** *ohne Einschränkung, uneingeschränkt, bedingungslos;* ~en Gehorsam verlangen; ich habe zu ihm ~es Vertrauen; man kann sich auf ihn ~ verlassen **2** ⟨50⟩ *auf jeden Fall;* das müssen Sie sich ~ ansehen; man muß ihm ~ helfen; ~ nötig, ~ notwendig **2.1** ~! *ganz gewiß! (als Antwort)*

'un·be·hel·ligt ⟨a. [--'--] Adj.; meist 50⟩ *unbehindert, ohne Belästigung, ungestört;* hier bleiben Sie, sind Sie von lästigen Zuschauern ~; jmdn. ~ vorbeigehen lassen; ~ die Kontrolle passieren

'un·be·hol·fen ⟨Adj.⟩ *ungeschickt in den Bewegungen, im Benehmen ungewandt, schwerfällig*

'un·be·kannt ⟨Adj. 70⟩ **1** *nicht bekannt, fremd;* Grabmal des Unbekannten Soldaten; ein Mann seines Namens ist hier ~; verzogen, ~ wohin (Vermerk auf nicht zustellbaren Postsendungen) 1.1 eine ~e Größe ⟨a. fig.; umg.⟩ *jmd., der keinen bedeutenden Ruf hat* 1.1.1 er ist noch eine ~e Größe für uns ⟨umg.; scherzh.⟩ *wir kennen ihn nicht näher u. wissen deshalb noch nicht, was wir von ihm halten sollen* 1.2 ⟨41⟩ irgendwo ~ sein *nicht Bescheid wissen, sich nicht auskennen;* ich bin hier ~ 1.3 ⟨43⟩ jmdm. ist etwas ~ *jmd. kennt, weiß etwas nicht;* das ist mir ~; es ist mir nicht ~, daß

'un·be·küm·mert ⟨a. [--'--] Adj.⟩ **1** *ohne sich um etwas zu kümmern, sorglos, gleichgültig;* ~ um die Mahnungen, Vorwürfe der anderen **1.1** ~ darum, ob ... *ohne daran zu denken, daß vielleicht ...*

'un·be·nom·men ⟨a. [--'--] Adv.; nur in den Wendungen⟩ ~ bleiben, ~ sein *in jmds. Ermessen gestellt, freigestellt bleiben, sein;* es bleibt Ihnen ~, zu gehen oder zu bleiben; es ist mir ~, ob ich das Geld dafür verwende oder nicht

'un·be·quem ⟨Adj.⟩ **1** *nicht bequem;* die Schuhe sind mir ~; der Sessel ist ~; ich sitze hier ~ **2** ⟨fig.⟩ *lästig;* einen ~en Aufpasser, Mahner loswerden wollen 2.1 ~e Fragen *peinliche F.*

'un·be·re·chen·bar ⟨a. [--'---] Adj.⟩ **1** *so beschaffen, daß man es nicht berechnen kann;* die Schmerzanfälle sind ~ **2** *so geartet, daß man sein, ihr Verhalten nicht voraussehen kann, wankelmütig, launenhaft;* er ist ~

'un·be·ru·fen ⟨a. [--'--] Adj.⟩ **1** *nicht berufen, ohne Berechtigung, ohne Auftrag, unaufgefordert;* ~e Einmischung; sich ~ einmischen **2** eine Sache ~ lassen *von einer S. aus Aberglauben nicht sprechen (damit sie nicht schiefgeht);* ~, toi, toi, toi!

'un·be·rührt ⟨Adj.⟩ **1** *(noch) nicht berührt, ungebraucht, unbenutzt, unbeschädigt;* das Bett war am Morgen noch ~ 1.1 etwas ~ lassen *nicht nehmen, nichts damit machen* 1.1.1 das Essen ~ lassen *stehen lassen, nichts davon essen* **2** ~e Natur, Landschaft *N., L. im Naturzustand;* das ~e Weiß der Schneedecke **3** *jungfräulich, keusch* **4** *nicht von Rührung ergriffen, ohne Mitleid;* ~ von ihrem Weinen, Klagen wandte er sich ab **4.0.1** die Nachricht ließ mich ~ *berührte, bewegte, ergriff mich nicht*

'un·be·scha·det ⟨a. [--'--] Präp. m. Gen.⟩ ~ einer Sache *ohne eine S. zu gefährden, zu schmälern;* ~ seiner großen Verdienste um das Werk, müssen wir aber doch sagen, daß ...

'un·be·schol·ten ⟨Adj. 70⟩ *rechtschaffen, ehrenhaft, von einwandfreiem Ruf;* der Angeklagte, ein bisher ~er junger Mensch

'un·be·se·hen ⟨a. [--'--] Adj. 24; meist 50⟩ *ohne es anzusehen, ohne zu überlegen;* er nimmt es ~

'un·be·stimmt ⟨Adj.⟩ **1** *nicht bestimmt, nicht genau festgesetzt;* auf ~e Zeit verreisen; es ist noch ~, ob ich, wann ich kommen kann **2** *nicht deutlich, unklar, ungenau, vage, zweifelhaft;* ich habe davon nur einen ~en Eindruck zurückbehalten; sich (nur) ~ äußern; ich habe davon nur eine ~e Vorstellung; seine Haltung ist ~; er ist in seinen Äußerungen so ~ **2.1** ~es Fürwort *F., das anstelle einer nicht genannten Person steht, z. B. man, einem*

un'beug·sam ⟨a. ['---] Adj.⟩ **1** *nicht beeinflußbar in seiner Willensentscheidung;* ein ~er Mensch **2** *Beeinflussungen nicht zugänglich;* ein ~er Wille

'Un·bil·den ⟨Pl.; geh.⟩ *Unannehmlichkeiten, unangenehme Wirkungen;* die ~ der Witterung, des Winters

'Un·bill ⟨f.; -; unz.; geh.⟩ *Unrecht, Schimpf*

und ⟨Konj.; Abk.: u.; Zeichen: &⟩ **1** ⟨beiordnend, aufzählend⟩ *zusammen mit, zugleich, außerdem, dazu;* Ggs *wenig(3);* du ~ ich; Bruder ~ Schwester; Tag ~ Nacht; je zwei ~ zwei; 3 ~ 5 ist 8; ~ andere(s), andre(s) ⟨Abk.: u. a.⟩; ~ ähnliche(s) ⟨Abk.: u. ä.⟩; ~ viele(s) andere ⟨Abk.: u. v. a.⟩; ~ viele(s) andere mehr ⟨Abk.: u. v. a. m.⟩ **1.1** ⟨auf Folgendes, Kommendes weisend⟩ ~ so weiter ⟨Abk.: usw.⟩ *in diesem Sinne, in dieser Art so weiter* **2** ⟨verstärkend⟩ **2.1** durch ~ durch *vollständig durch* **2.2** größer ~ größer *immer größer* **2.3** nach ~ nach *allmählich* **3** ⟨entgegenstellend⟩ der ~ singen können? ⟨umg.⟩ *der kann doch überhaupt nicht singen!* **4** ⟨anknüpfend, einen zweiten Hauptsatz od. ein Satzgefüge einleitend⟩ *I;* ich warte hier, ~ du gehst rasch zum Briefkasten; er erzählte, ~ sie hörten aufmerksam zu; ich rief, ~ als keine Antwort kam, ging ich wieder hinaus **4.1** ⟨einleitend, als Füllwort⟩; ~ so kam es, daß ...; ~ was soll ich jetzt tun? **5** ⟨Int.⟩ **5.1** ~ ob!, ~ wie! ⟨umg.⟩ *ja, sehr!* **5.2** na ~? ⟨umg.⟩ *was noch?, ist das alles?, weiter nichts?*

'Un·dank ⟨m.⟩ *Mangel an Dank, Undankbarkeit, unfreundl. Gegenleistung;* er hat für alle seine Hilfe nur ~ geerntet; eine gute Tat mit ~ lohnen, vergelten; ~ ist der Welt Lohn ⟨Sprichw.⟩

'un·dank·bar ⟨Adj.⟩ **1** *nicht dankbar, gleichgültig gegen erwiesene Freundlichkeit od. Güte, Gutes mit Bösem vergeltend;* es wäre sehr ~ von uns, ihm jetzt nicht zu helfen **2** ⟨70; fig.⟩ *viel Mühe bereitend u. doch unerfreulich, nicht lohnend;* eine ~e Arbeit, Aufgabe

'Un·ding ⟨n.; -(e)s; unz.⟩ *etwas Widersinniges, Torheit;* es ist ein ~, von einem Kind zu verlangen, daß es ...

'un·durch·sich·tig ⟨Adj.⟩ **1** ⟨70⟩ *nicht durchsichtig;* ~es Papier **2** ⟨fig.⟩ *nicht leicht zu durchschauen;* eine ~e Angelegenheit; ein ~er Zeitgenosse

'un·eben ⟨Adj.⟩ **1** *nicht eben, holperig;* die Straße ist ~ **2** *hügelig, wellig;* ~es Gelände **3** nicht ~ ⟨fig.; umg.⟩ *ganz nett, ganz angenehm, nicht schlecht;* sie ist nicht ~; der Gedanke, Vorschlag ist nicht ~

'un·ehe·lich ⟨Adj. 24/70⟩ **1** *von einer unverheirateten Frau geboren, außerhalb der Ehe geboren;* ein ~es Kind **2** *unverheiratet;* eine ~e Mutter

'un·eins ⟨Adj. 24/46; in den Wendungen⟩ mit jmdm. ~ sein, werden *nicht einig sein, werden;* Ggs *eins²(1);* ich bin mit mir ~, ob ich bleiben od. gehen soll

un'end·lich ⟨Adj. 24⟩ **1** *nicht endlich, von nicht meßbarem Ausmaß seiend, unbegrenzt, grenzenlos, unermeßlich;* (eine) ~e Geduld haben;

eine Arbeit mit ~er Mühe vollbringen; die ~e Weite des Meeres ⟨fig.⟩ 1.1 zwei parallele Linien schneiden sich im Unendlichen *in der Unendlichkeit* 1.2 das Objektiv auf „~" einstellen ⟨Phot.⟩ *auf eine nicht begrenzte Entfernung* 1.3 bis ins Unendliche ⟨fig.⟩ *und so weiter ohne Ende, ohne Aufhören* **2** ⟨50; verstärkend⟩ *sehr, ungemein, außerordentlich;* ~ groß, hoch, weit; ~ müde, traurig; ~ viel, ~ viele Dinge 2.0.1 ~ klein *unvorstellbar klein*

'un·ent·schie·den ⟨Adj. 24⟩ **1** *nicht entschieden, zweifelhaft, nicht genau bestimmt;* es ist noch ~, ob ... **2** *unfähig, sich zu entscheiden;* er ist sehr ~ **3** ⟨Sp.⟩ *mit gleicher Punktzahl für beide Mannschaften bzw. Spieler, ohne Gewinner u. Verlierer;* das Spiel endete ~ **3.1** das Spiel steht ~ *für beide Mannschaften, Spieler gleich*

un·ent'wegt ⟨a. ['---]; Adj. 90⟩ *ohne sich ablenken zu lassen, unverdrossen, unermüdlich, unaufhörlich;* nur ~e Arbeit zeitigt dieses Ergebnis; Unentwegte standen noch im leeren Saal und klatschten; ~ arbeiten; das Kind schrie ~

un·er'bitt·lich ⟨a. ['----] Adj.⟩ *sich so verhaltend, daß man durch Bitten nicht gerührt, nicht umgestimmt werden kann, unnachgiebig, hart, unbeugsam;* sie baten und flehten, aber er blieb ~

un·er'find·lich ⟨a. ['----] Adj.⟩ *unverständlich, unerklärlich;* es ist mir ~, wieso ...; aus einem ~en Grunde

un·er'hört ⟨a. ['---]; Adj.⟩ **1** *nicht erhört;* ihre Bitten blieben ~ **2** *unglaublich, außerordentlich;* (das ist ja) ~!; das ist eine ~e Frechheit; er hat ~es Glück gehabt; der Pianist verfügt über eine ~e Technik, Präzision; ~ billig; die Preise sind ~ hoch

un·er'läß·lich ⟨a. ['----] Adj.⟩ *so beschaffen, daß man es nicht erlassen kann, unbedingt nötig;* eine ~e Bedingung, Voraussetzung; es ist ~, vorher zu prüfen, ob ...

un·er'meß·lich ⟨a. ['----] Adj.⟩ **1** *so beschaffen, daß man es nicht ermessen, nicht messen kann, ungeheuer in der Ausdehnung, im Ausmaß* **1.1** ⟨50⟩ *ungeheuer, außerordentlich;* er ist ~ reich

un·er'müd·lich ⟨a. ['----] Adj.⟩ *ohne zu ermüden, ausdauernd;* mit ~em Fleiß; ~ arbeiten; er ist ~ in seiner Hilfsbereitschaft, in seinem Eifer

un·er'sätt·lich ⟨a. ['----] Adj.⟩ **1** *nicht zu sättigen, nicht zu stillen;* ein ~es Verlangen; ~er Wissensdurst, Wissensdrang **2** *gierig, nicht zufriedenzustellen;* er ist ~ in seinem Bestreben, zu lernen, Neues zu sehen

'un·er·war·tet ⟨a. [--'--] Adj.⟩ **1** *nicht erwartet, plötzlich, unvorhergesehen;* eine ~e Nachricht; ein ~es Wiedersehen; es geschah (für uns alle) völlig ~; er verschied plötzlich und ~ (in Todesanzeigen) **1.1** die Nachricht kam nicht ~ *wir hatten die N. schon erwartet* **1.2** wir haben ~ Besuch bekommen *ohne Ankündigung* **1.3** es kam uns ~ *wir waren nicht darauf vorbereitet, wir hatten es nicht erwartet*

'un·fä·hig ⟨Adj.⟩ *nicht fähig, nicht imstande (etwas zu tun), ohne die Fähigkeit (etwas zu tun);* ~er Arbeiter, Mitarbeiter; der Verletzte war ~ aufzustehen; ich bin augenblicklich ~, zu entscheiden, ob ...; er ist ~, die Wahrheit zu ertragen; er ist ~, Rot und Grün zu unterscheiden; er ist ~ zu weiterer Arbeit, zur Arbeit

'Un·fall ⟨m.⟩ *Mißgeschick oder Unglück, das meistens Sach- od. körperl. Schaden zur Folge hat;* Arbeits~, Auto~, Verkehrs~; einen ~ erleiden, haben; leichter, schwerer, tödlicher ~; gegen ~ versichert sein

un'fehl·bar ⟨a. ['---] Adj.⟩ **1** *untrüglich;* etwas mit ~em Instinkt, mit ~er Sicherheit tun **2** *niemals irrend;* kein Mensch ist ~ **3** *unanfechtbar;* eine ~e Entscheidung, Erklärung **4** ⟨50⟩ *sicher, gewiß, unweigerlich;* wenn er dort weitergeht, wird er ~ abstürzen; die Katastrophe wird ~ kommen

'un·fern ⟨Präp. m. Gen.⟩ *nicht fern von, ziemlich nahe;* ~ der Brücke, des Dorfes

'un·fer·tig ⟨Adj. 70⟩ **1** *(noch) nicht fertig, unvollendet, nicht zu Ende geführt;* eine Arbeit ~ liegenlassen **2** ⟨fig.⟩ *unreif;* ein ~er Mensch

'Un·flat ⟨m.; -(e)s; unz.⟩ **1** *Schmutz, Unrat* **2** ⟨fig.⟩ *Beschimpfungen, Schimpfwörter, Schimpfreden*

'un·för·mig ⟨Adj.⟩ *sehr groß u. ohne richtige od. schöne Form;* eine ~e Gestalt; ein ~er Klumpen; das verletzte Bein war ~ angeschwollen

'un·frei ⟨Adj.⟩ **1** *nicht frei(1 - 2.4), abhängig, ohne Bewegungsfreiheit, behindert, befangen, bedrückt;* ich fühle mich in dem Kleid, dem Mantel ~; ich bin, fühle mich in seiner Gegenwart ~ **1.1** ⟨früher⟩ *leibeigen* **2** *nicht frankiert, nicht bezahlt;* ein Paket ~ schicken

'Un·frie·den ⟨m.⟩ *Streit, Zank, Zwist, dauernde Spannung;* ~ stiften; mit jmdm. in ~ leben

'Un·fug ⟨m.; -(e)s; unz.⟩ **1** ⟨Rechtsw.⟩ *öffentl. Ärgernis erregendes, die Allgemeinheit belästigendes Benehmen, bewußte Störung der öffentl. Ordnung;* grober ~ **2** ⟨umg.⟩ *Schabernack, Dummheiten, Allotria, Unsinn;* mach keinen ~!; das ist doch (alles) ~!; ~ treiben

'un·ge·ach·tet ⟨Präp. mit Gen.⟩ ~ einer Sache **1** *ohne eine S. zu berücksichtigen, zu beachten, trotz;* ~ seiner großen Fähigkeiten hat man ihn doch entlassen müssen **1.1** ~ dessen *ohne Rücksicht darauf*

'un·ge·ahnt ⟨a. [--'-] Adj. 60⟩ *so beschaffen, daß man es nicht ahnen kann, nicht hat ahnen können, nicht vorauszusehen, nicht vorher zu erkennen;* er entwickelt ~e Fähigkeiten, Talente; hier bieten sich ~e Möglichkeiten

'un·ge·bär·dig ⟨Adj.⟩ *widersetzlich, störrisch, wild, schwer zu zügeln;* ein ~es Kind, Tier

'un·ge·bühr·lich ⟨Adj.⟩ *ungehörig, sich nicht ziemend, über das geziemende, normale Maß hinaus (gehend);* ~e Antwort; ~es Benehmen; der Preis ist ~ hoch; jmdn. ~ lange warten lassen

'un·ge·bun·den ⟨Adj.⟩ **1** ⟨70⟩ *ohne ein zusammenhaltendes Band;* ~e Blumen; ein ~er Blumenstrauß **2** ⟨70⟩ ein Buch ist ~ *nicht gebunden, ohne Einband* **3** ⟨70⟩ ein Element ist ~ ⟨Chem.⟩ *nicht Teil einer chem. Verbindung* **4** in ~er Rede *in Prosa, nicht in Versen* **5** ⟨fig.⟩ *keinen Zwang kennend, ohne ständige Pflichten od. Verpflichtungen;* ein ~es Leben führen **5.1** *unverheiratet, ledig;* er ist noch ~ **5.2** ~ durch etwas *frei von etwas;* ~ durch häusliche Pflichten

'Un·ge·duld ⟨f.; -; unz.⟩ *Mangel an Geduld, Unfähigkeit zu warten*

'un·ge·fähr ⟨a. [--'-] Adj. 24⟩ **1** ⟨90⟩ *etwa, rund gerechnet, nicht genau gerechnet;* ~ das Doppelte; ~ um 3 Uhr; er ist ~ 30 Jahre alt; ~ 10 Stück; hast du denn alles allein bezahlen, allein machen müssen? so ~! **2** *ungenau, annähernd;* ~e Schätzung; ich habe davon nur eine ~e Vorstellung **3** ⟨50⟩ etwas kommt nicht von ~ *ist nicht zufällig;* das ist doch nicht von ~ so

'un·ge·fü·ge ⟨Adj.⟩ *sehr groß u. massig, schwer zu handhaben;* ein ~r Gegenstand, ein ~s Gerät

'un·ge·hal·ten ⟨Adj.⟩ ~ (über) etwas *unzufrieden mit etwas, unwillig, ärgerlich über, wegen etwas*

'un·ge·heu·er ⟨a. [--'--] Adj.⟩ **1** *ans Wunderbare grenzend, riesig, gewaltig, außerordentlich;* ungeheure Anstrengung, Leistung; von ungeheuren Ausmaßen; von ungeheurer Größe, Höhe, Weite; er besitzt ungeheure Kraft; ungeheure Mengen; dazu gehört ungeheurer Mut, ungeheure Energie, Selbstbeherrschung; die Verantwortung, die er trägt, ist ~ **2** *sehr, ungemein, riesig, außerordentlich;* ~ groß, stark, schwer

'Un·ge·heu·er ⟨n.; -s, -⟩ Sy *Monstrum(1)* **1** *riesenhaftes, häßliches Fabeltier* **2** *furchterregendes, großes Tier* **3** ⟨fig.⟩ *grausamer, roher, verbrecherischer Mensch*

'un·ge·hö·rig ⟨Adj.⟩ *nicht der guten Sitte entsprechend, vorlaut, frech, unehrerbietig;* eine ~e Antwort, ~es Benehmen

'un·ge·le·gen ⟨Adj.⟩ *unpassend, zu unpassender Zeit;* zu ~er Stunde kommen; jmdm. ~ kommen; komme ich ~?; Ihr Vorschlag kommt mir leider sehr ~

'un·ge·lenk ⟨Adj.⟩ *unbeholfen, ungeschickt in den Bewegungen*

'un·ge·lo·gen ⟨Adv. 24; umg.⟩ *ohne zu lügen, tatsächlich, wirklich, nicht übertrieben;* ich habe ~ drei Stunden dazu gebraucht; das Wasser stand ~ so hoch

'Un·ge·mach ⟨n.; -s; unz.; fast nur noch poet.⟩ **1** *Unglück, Übel;* großes ~ erleiden **2** *Beschwernis, große Mühe;* Ggs *Gemach*[1]; mancherlei ~ auf sich nehmen

'un·ge·müt·lich ⟨Adj.⟩ **1** *nicht gemütlich, nicht anheimelnd;* ein ~er Raum, eine ~e Wohnung; in seinem Zimmer war es kalt und ~ **2** ⟨fig.⟩ *unbehaglich, unangenehm;* ein ~es Gefühl; mir war etwas ~ zumute **3** *unfreundlich, grob;* wenn er die Geduld verliert, kann er sehr ~ werden

'un·ge·niert ⟨[-ʒɛ-] a. [--'-]; Adj.⟩ *ohne sich zu genieren, ungehemmt, frei, nicht ganz korrekt, nicht ganz den gesellschaftl. Formen entsprechend;* ein ~es Benehmen; sagen Sie es ~!; langen Sie bitte ~ zu!

'un·ge·nü·gend ⟨Adj.⟩ **1** *nicht genügend, nicht zufriedenstellend;* das ist eine ~e Erklärung; das ist ~ vorbereitet 1.1 → *Note(2.6)*

'un·ge·ra·de ⟨Adj. 60⟩ **1** *nicht durch 2 teilbar;* Sy *gerade*[2]; ~ Zahl, Hausnummer **2** ein ~s Geweih, Gehörn ⟨jägerspr.⟩ *Geweih, dessen Stangen eine ungleiche Zahl von Enden aufweisen* 2.1 ein ~r Zwölfender, Zwölfer *Hirsch mit elf Enden am Geweih, auf einer Seite sechs, auf der andern fünf*

'un·ge·recht ⟨Adj.⟩ *nicht gerecht, nicht dem Rechtsgefühl entsprechend;* ~es Urteil; jmdn. ~ behandeln; er, sie ist ~

'un·ge·reimt ⟨Adj.⟩ **1** *ohne Reime;* ein ~es Gedicht, ein ~er Vers **2** ⟨fig.⟩ *unvernünftig, unsinnig, töricht;* ~es Gerede; ~es Zeug (daher)reden

'un·gern ⟨Adv.⟩ **1** *nicht gern, mit innerem Widerstand;* er sieht, hat es ~, wenn man ...; das tue ich (sehr, höchst) ~; gern oder ~, ich muß es tun 1.1 nicht ~ *ganz gern;* ich tanze nicht ~

'un·ge·schickt ⟨Adj.⟩ **1** *nicht geschickt, schwerfällig;* sich ~ anstellen; etwas ~ machen; „Bitte sehr!" sagte er ~ und wurde rot; bist du aber ~!; seine kleinen Finger sind noch zu ~ **2** ⟨fig.⟩ *unklug;* es war ~, das jetzt zu sagen

'un·ge·schlacht ⟨Adj.⟩ *groß u. unförmig, von grobem Körperbau;* ein ~er Kerl

'un·ge·schminkt ⟨Adj.⟩ **1** *nicht geschminkt, ohne Schminke* **2** ⟨fig.⟩ *ohne Beschönigung, ohne Schönfärberei;* jmdm. die ~e Wahrheit sagen

'un·ge·scho·ren ⟨Adj.⟩ **1** *nicht geschoren;* Mantel aus ~em Lammfell, Schaffell **2** ⟨40⟩ jmdn. ~ lassen ⟨fig.⟩ *in Ruhe lassen, nicht belästigen, nicht angreifen*

'un·ge·stört ⟨a. [--'-]; Adj.⟩ *nicht gestört, ohne Störung, in Ruhe;* für einen ~en Ablauf (der Sache, Veranstaltung) sorgen; ~e Entwicklung; in ~er Ruhe; hier kann ich nicht ~ arbeiten; ich möchte bis 3 Uhr ~ bleiben; hier sind Sie ganz ~

'un·ge·stüm ⟨Adj.⟩ *heftig u. schnell, ungeduldig vorwärtsdrängend;* er sprang ~ auf; jmdm. ~ um den Hals fallen; „...!" rief er ~

'Un·ge·stüm ⟨n.; -s; unz.⟩ *ungestümes Wesen, leidenschaftl. Ungeduld;* mit jugendlichem ~

'un·ge·sund ⟨Adj.⟩ **1** *der Gesundheit abträglich;* ~es Klima; ~e Speisen 1.0.1 → a. *allzuviel(1.1)* **2** *von schlechter Gesundheit zeugend;* ~es Aussehen

'Un·ge·tüm ⟨n.; -(e)s, -e⟩ **1** *riesiges Tier* **2** *riesiger, schwerer Gegenstand;* der Omnibus, ein blaues ~, brauste heran; wohin soll dieses ~ von Schrank?

'un·ge·wiß ⟨Adj.⟩ **1** *nicht gewiß, unsicher, unbestimmt, zweifelhaft;* es ist ~, ob er heute noch kommt; der Ausgang, Erfolg der Sache ist ~; unser Versuch, unser Vorgehen ist ein Sprung ins Ungewisse 1.1 jmdn. über etwas im ungewissen lassen *jmdm. nichts Genaues mitteilen*

'un·ge·wöhn·lich ⟨Adj.⟩ **1** *vom Üblichen abweichend;* eine ~e Kälte, Hitze; er behandelte ihn mit ~er Strenge, Freundlichkeit 1.1 *ungebräuchlich;* ein ~er Ausdruck, eine ~e Redewendung 1.2 *erstaunlich;* er ist ein ~er Mensch **2** ⟨50⟩ *ganz besonders, wie man es selten sieht, hört, liest, erlebt;* das Bild ist ~ gut erhalten; es dauerte heute ~ lange; sie hat eine ~ schöne Stimme

'un·ge·wohnt ⟨Adj.⟩ **1** *nicht gewohnt, nicht üblich;* mit ~er Schärfe sagte er ... 1.1 jmdm. ist etwas ~ *jmd. ist etwas nicht gewohnt, ist in etwas ungeübt;* es ist mir ~, solch einen Wagen zu fahren

'Un·ge·zie·fer ⟨n.; -s; unz.⟩ *tier. Schädlinge u. Schmarotzer (bes. Insekten, auch Ratten u. a.),* *die Menschen, Tiere, Pflanzen, Stoffe, Vorräte angreifen*

'un·ge·zo·gen ⟨Adj.⟩ *unartig, ungehorsam, frech, widersetzlich;* eine ~e Antwort geben; ~es Kind; ~ antworten; ~ sein

'un·ge·zü·gelt ⟨Adj.⟩ *nicht gezügelt, unbeherrscht*

'un·ge·zwun·gen ⟨Adj.; fig.⟩ *natürlich, nicht steif, nicht förmlich;* Sy *salopp(1);* in ~er Haltung; sie bewegt sich hier ganz frei und ~; sich ~ unterhalten

'un·glaub·haft ⟨Adj.⟩ *so beschaffen, daß man es nicht glauben kann;* eine ~e Geschichte, Darstellung; seine Schilderung ist ~

'un·gläu·big ⟨Adj.⟩ **1** *nicht gläubig, nicht an Gott glaubend* 1.1 ⟨Islam⟩ *nicht an Allah glaubend* 1.1.1 die Ungläubigen ⟨im Sprachgebrauch der Mohammedaner⟩ *die Nichtmohammedaner* **2** *etwas nicht glauben könnend, etwas bezweifelnd;* jmdn. ~ anschauen; ~ den Kopf schütteln, lächeln

un'glaub·lich ⟨a. ['---] Adj.⟩ **1** *so beschaffen, daß man es kaum glauben kann, nicht zu glauben, unwahrscheinlich;* eine ~e Geschichte; es ist ~, wie schnell er das fertiggebracht hat **2** ⟨fig.⟩ *unerhört;* (das ist) ~!; eine ~e Frechheit

'un·gleich ⟨Adj.⟩ **1** *nicht gleich im Aussehen, in den Maßen, Ausmaßen, in der Art unterschiedlich, verschieden, nicht übereinstimmend;* ~e Augen, Hände, Füße haben; ~e Größe, Tiefe, Breite; die beiden sind zu ~ und vertragen sich deshalb nicht gut; ~ verteilt 1.1 ⟨43⟩ einander ~ sein *sich unterscheiden* **2** ⟨50; umg.⟩ *sehr viel;* ~ besser, schöner

'Un·glück ⟨n.⟩ **1** *Geschehnis, Ereignis, das Schaden u. Trauer hervorruft, Katastrophe, schweres Mißgeschick, schwerer Unfall;* Lawinen~, Verkehrs~; es ist ein ~ geschehen; paß auf, sei vorsichtig, sonst passiert noch ein ~; von einem ~ betroffen werden; ein ~ kommt selten allein ⟨Sprichw.⟩ 1.0.1 das ist kein (großes) ~ *das ist nicht so schlimm* **2** ⟨fig.⟩ *Pech;* Ggs *Glück;* ~ in der Liebe, im Spiel haben; zu allem ~ hat er auch noch seine Brieftasche verloren; von ~ verfolgt werden; er saß da wie ein Häufchen ~; dabei hat er noch Glück im ~ gehabt

'un·glück·lich ⟨Adj.⟩ **1** *traurig, niedergeschlagen;* sich ~ fühlen; ich bin ~ darüber! **2** *Unglück bringend;* durch einen ~en Zufall, durch ein ~es Zusammentreffen; er ist so ~ gestürzt, daß er sich den Arm gebrochen hat **3** *nicht vom Glück begünstigt;* ~er Ausgang einer Sache; die Sache endete, verlief ~ 3.0.1 der Unglückliche! *der Arme!, er kann einem leid tun!* 3.0.2 ~e L i e b e *L. ohne Gegenliebe* **4** *ungeschickt;* durch eine ~e Bewegung fielen die Tassen vom Tablett 4.0.1 eine ~e Figur machen *sich unbeholfen, gehemmt bewegen u. dadurch keinen guten Eindruck machen*

'Un·gna·de ⟨f.; -; unz.⟩ **1** *Übelwollen, Ungunst, Unwillen (einem Untergebenen gegenüber);* sich jmds. ~ zuziehen 1.1 in ~ fallen *sich jmds. Unwillen zuziehen, jmds. Gunst verlieren* 1.2 jmdn. in ~ fallen lassen *jmdm. die Gunst, das Wohlwollen entziehen, ihm nicht mehr wohlgesinnt sein*

'un·gül·tig ⟨Adj. 70⟩ **1** *nicht (mehr) gültig, keine Geltung (mehr) habend;* ein ~er Fahrschein, Paß; ein Gesetz, Banknoten für ~ erklären 1.1 ~ werden *seine Gültigkeit verlieren, nicht mehr gelten;* der Paß wird am 20. Mai ~

'Un·gunst ⟨f.; -; unz.⟩ **1** *Mangel an Gunst, das Ungünstigsein;* die ~ der Verhältnisse; die ~ der Witterung brachte es mit sich **2** zu jmds. ~en *zu jmds. Nachteil;* das Urteil ist zu seinen ~en ausgefallen; ich habe mich zu Ihren ~en verrechnet

'un·gün·stig ⟨Adj.⟩ *nicht günstig, nachteilig, schlecht;* ~es Wetter (für einen Ausflug); bei ~er Witterung findet das Fest im Saal statt; das Urteil ist für ihn ~ ausgefallen; jmdn. ~ beurteilen; der Augenblick, die Gelegenheit ist ~; die Aussichten sind ~; dieses Bild von dir ist ~

'un·gut ⟨Adj. 24⟩ **1** *nicht gut, böse, unangenehm;* ich habe ein ~es Gefühl bei dieser Sache gehabt; zwischen den beiden herrscht ein ~es Verhältnis; ~e Worte **2** nichts für ~ *nehmen Sie es mir nicht übel*

un'halt·bar ⟨a. ['---] Adj. 70⟩ **1** *so beschaffen, daß man es nicht länger halten, verteidigen kann;* eine ~e (militär.) Stellung **2** *so beschaffen, daß man es nicht aufrechterhalten kann;* eine ~e Behauptung **3** *so beschaffen, daß es nicht fortdauern kann;* ein ~er Zustand

'Un·heil ⟨n.; -(e)s; unz.⟩ *schlimmes Geschehen, Schlimmes, Böses, Unglück;* ~ anrichten, stiften; ich habe das ~ kommen sehen

'un·heim·lich ⟨a. [-'--] Adj.⟩ **1** *leichte Furcht, leichtes Grauen erregend, sehr unbehaglich;* eine ~e Gestalt; er sah ~ aus 1.0.1 mir ist ~ zumute *ich empfinde eine unbestimmte Angst* **2** ⟨fig.; umg.⟩ *sehr groß, sehr viel;* es herrschte ein ~es Durcheinander; ich habe ~en Hunger **3** ⟨50; umg.⟩ *sehr;* das ist ~ schnell gegangen; ~ viel

'Un·hold ⟨m.; -(e)s, -e⟩ **1** *böser Geist, Teufel, Ungeheuer, Menschenfresser (im Märchen)* **2** *bösartiger, grausamer Mensch* 2.1 *Sittlichkeitsverbrecher*

Uni'form ⟨a. ['---] f.; -, -en⟩ *einheitl. Dienstkleidung, z. B. der Soldaten, Polizisten, bestimmter Beamter usw.;* Ggs *Zivil*

Uni'on ⟨f.; -, -en⟩ *Vereinigung, Verbindung, Zusammenschluß;* ~ der lutherischen u. der reformierten Kirche in Preußen

uni·ver'sal ⟨[-v-] Adj.⟩ *gesamt, umfassend, allgemein, universell*

Uni·ver·si'tät ⟨[-v-] f.; -, -en⟩ **1** *Hochschule für alle Wissensgebiete* **2** *Gesamtheit der Lehrer, Angestellten u. Studenten einer Universität(1)*

'Un·ke ⟨f.; -, -n⟩ **1** *Angehörige einer zu den Scheibenzünglern gehörigen Gattung der Froschlurche, die als Schreckreaktion eine bewegungslose „Kahnstellung" einnehmen, wobei die grell gefärbte Unterseite der Gliedmaßen gezeigt wird: Discoglossidae* **2** ⟨umg.; scherzh.⟩ *Schwarzseher*

'un·ken ⟨V. 400; umg.⟩ *Unglück prophezeien, schwarzsehen*

'un·klar ⟨Adj.⟩ **1** *nicht verständlich;* ein ~er Text; ein ~er Bericht, Vortrag; sich ~ ausdrücken; das ist mir noch ~; es ist mir völlig ~, wie ich das schaffen soll 1.1 *ungewiß;* ich bin mir darüber noch ~; du solltest ihn nicht länger darüber im ~en lassen **2** *dunkel, verwickelt;* eine ~e Angelegenheit **3** *undeutlich, ver-*

schwommen; ein ~es Bild **4** *trübe, unrein;* eine ~e Flüssigkeit
'un·klug ⟨Adj.⟩ *psychologisch nicht geschickt, unvorsichtig, unbesonnen;* eine ~e Maßnahme; ein ~es Verhalten, Vorgehen; das war ~ (gehandelt); es wäre ~, zu ...
'Un·kraut ⟨n.⟩ **1** *Pflanze, die zwischen Nutz- od. Zierpflanzen wächst u. deren Fortkommen hindert;* Acker~, Wiesen~; ~ ausreißen, jäten, vertilgen, ziehen, zupfen; das ~ sprießt üppig, wuchert 1.1 ~ vergeht nicht ⟨Sprichw.⟩ *zähe, kräftige Menschen gehen nicht unter* 1.2 das ~ mit der Wurzel ausreißen, ausrotten ⟨a. fig.⟩ *ein Übel gründlich beseitigen*
'un·kul·ti·viert ⟨Adj.⟩ **1** *nicht kultiviert, nicht bebaut;* ~er Boden **2** ⟨fig.⟩ *roh, ungeschliffen;* ~es Benehmen
'un·längst ⟨Adv.⟩ *kürzlich, vor kurzem, neulich;* er ist ~ angekommen, zurückgekehrt
'un·leid·lich ⟨Adj.⟩ *schlecht gelaunt, sehr unfreundlich, unverträglich, mißgestimmt u. daher ungezogen;* ein ~es Kind; ein ~er Mensch; er ist heute ~
'un·lieb ⟨Adj. 24/46⟩ **1** *nicht lieb, nicht angenehm, ungelegen, unwillkommen* 1.1 jmdm. ist etwas nicht ~ *ganz lieb, kommt etwas ganz gelegen;* es ist mir nicht ~, daß ...
'un·lieb·sam ⟨Adj.⟩ *unangenehm, lästig;* ~es Aufsehen erregen; eine ~e Erörterung, Meinungsverschiedenheit, Störung
'Un·lust ⟨f.; -; unz.⟩ *Mangel an Lust, Unbehagen, Abneigung;* Ggs *Lust;* seine ~ überwinden; etwas mit ~ essen; mit ~ an eine Arbeit usw. herangehen
'Un·men·ge ⟨f.; -, -n⟩ *sehr große, nicht zählbare Menge;* eine ~ von Menschen, Büchern
'Un·mensch ⟨m.⟩ **1** *grausamer Mensch, Rohling* 1.1 ich bin ja kein ~ ⟨umg.⟩ *ich lasse mit mir reden, gebe nach*
'un·mensch·lich ⟨a. [-'--]; Adj.⟩ **1** *nicht menschlich (denkend, handelnd), grausam, roh, vertiert;* mit ~er Grausamkeit, Härte; jmdn. ~ quälen **2** ⟨50; fig.; umg.⟩ *sehr (groß), ungeheuer;* es ist ~ schwül heute
'un·miß·ver·ständ·lich ⟨a. [-'----] Adj.⟩ *so geartet, daß es nicht mißzuverstehen ist, sehr deutlich u. energisch;* eine ~e Ablehnung, Absage; sich ~ ausdrücken; jmdm. etwas ~ klarmachen, sagen, zu verstehen geben
'un·mit·tel·bar ⟨Adj.⟩ **1** ⟨50⟩ *ohne Umweg, gerade(n)wegs;* seine Worte berührten mich ganz ~ 1.1 ~er Zwang ⟨Rechtsw.⟩ *von der Obrigkeit angewendete phys. Gewalt, einschließl. des Waffengebrauchs gegen Personen od. rechtswidrig eingerichtete Gegenstände* **2** ⟨90⟩ *ohne Zwischenstufe, ohne Zwischenraum;* in ~er Nähe, Verbindung bleiben; ~ hinter dem Haus; das Grundstück liegt ~ neben dem unseren; ~ vor der Tür, vor mir 2.1 ~er Besitz ⟨Rechtsw.⟩ *tatsächliche Verfügungsgewalt über eine Sache* 2.1.1 ~er Besitzer *jmd., der augenblicklich über eine Sache verfügt, z. B. Pächter, Mieter* **3** ⟨50⟩ *sofort, gleich;* ~ danach hörte ich, wie ...
'un·mög·lich ⟨a. [-'--] Adj.⟩ **1** *nicht möglich, nicht durchführbar, nicht denkbar;* bei Gott ist kein Ding ~ (NT, Lukas 1,37); du solltest nichts Unmögliches erhoffen, erwarten, versuchen, wollen; (scheinbar) Unmögliches leisten; das Unmögliche möglich machen; du verlangst Unmögliches von mir; es ist mir ~, zu ...; das ist räumlich, technisch, zeitlich ~ 1.1 *ausgeschlossen;* ~!; das ist ganz, völlig ~; ich halte es für ~ **2** ⟨50⟩ etwas ~ tun können *nicht, keinesfalls, unter keinen Umständen;* das kann ich ~ schaffen; das kann ~ richtig sein **3** ⟨umg.⟩ *nicht angängig, völlig aus dem Rahmen fallend;* sie hatte ein ~es Kleid an; ein ~er Mensch; du siehst (in dem Hut, dem Kleid) ~ aus!; du bist (einfach) ~! 3.0.1 jmdn. ~ machen *bloßstellen, blamieren;* er hat sich ~ gemacht
'Un·mut ⟨m.; -(e)s; unz.⟩ *Mißmut, Mißgestimmtsein, Ärger, Verdruß;* seinen ~ an jmdm. auslassen; seinen ~ zügeln, sich nicht anmerken lassen
un'nah·bar ⟨a. ['---] Adj.⟩ *sehr zurückhaltend, verschlossen, unzugänglich;* ~e Haltung, Würde; sie hat ein ~es Wesen; sie wirkt so ~
'un·nütz ⟨Adj.⟩ **1** *nutzlos, unnötig, umsonst;* sein Geld ~ ausgeben; das ist alles ~es Gerede, Zeug; seine Zeit ~ vertun; kauf doch nichts Unnützes **2** *unartig, nichtsnutzig, stets zu Dummheiten aufgelegt;* ein ~es Kind
'un·pas·send ⟨Adj.⟩ **1** ~es Verhalten *nicht passendes, nicht der Situation entsprechendes Verhalten;* eine ~e Äußerung **2** ~er Zeitpunkt *nicht genehmer, nicht gelegener Z.*
'un·päß·lich ⟨Adj. 40⟩ *unwohl, (vorübergehend) nicht ganz gesund, leicht erkrankt;* ~ sein, sich ~ fühlen
'un·per·sön·lich ⟨Adj.⟩ **1** *nicht auf eine bestimmte Person zu beziehen* 1.1 ein Verb, eine Verbform ist ~ ⟨Gramm.⟩ *nicht mit einer persönl. Form zu bilden, z. B. es schneit* **2** *sachlich, kühl, zurückhaltend, persönliche Dinge nicht berührend;* ein ~er Mensch; ~es Gespräch; die ~e Atmosphäre in diesem Betrieb behagt ihr nicht **3** *ohne persönl. Eigenart;* ein ~ eingerichtetes Zimmer
'Un·rast[1] ⟨f.; -; unz.⟩ *Unruhe, Ruhelosigkeit*
'Un·rast[2] ⟨m.; -(e)s, -e; umg.⟩ *ruheloses Kind*
'Un·rat ⟨m.; -(e)s; unz.⟩ **1** *Schmutz, Abfall, Kehricht* **2** ⟨fig.⟩ *Schlechtes* 2.1 ~ wittern ⟨fig.; umg.⟩ *Verdacht schöpfen*
'un·recht ⟨Adj. 24⟩ **1** *dem Recht, den Gesetzen, einer sittl. Norm nicht entsprechend;* Ggs *recht(6);* auf ~e Gedanken kommen; es ist ~, das zu sagen, zu tun; etwas Unrechtes tun; er hat ~ an ihr gehandelt; ~ Gut gedeihet nicht ⟨Sprichw.⟩ **2** *nicht richtig, falsch;* sie fühlt sich dort am ~en Platz; das ist der ~e Weg zum Erfolg; er hat ~ bekommen; ich mußte ihm ~ geben; er war der Unrechte dafür; du hast ~; da hast du nicht ganz ~; es ist ~ von ihm zu ... 2.0.1 damit ist er bei mir an den Unrechten gekommen *ich bin nicht darauf eingegangen, ich habe ihn zurückgewiesen* 2.0.2 der Brief ist in ~e Hände gefallen, gekommen, gelangt *an jmdn., für den er nicht bestimmt war* 2.0.3 etwas in die ~e Kehle bekommen ⟨a. fig.⟩ *etwas mißverstehen u. sich darüber ärgern* 2.1 *ungelegen;* zur ~en Zeit kommen; komme ich ~?
'Un·recht ⟨n.; unz.⟩ **1** *Ungerechtigkeit, Unrichtigkeit im Handeln;* ~ bekämpfen, meiden, scheuen, tun; ~ erdulden, erleiden, leiden; es geschieht ihm ~; du tust ihm ~; ich versuchte ihm sein ~ klarzumachen; das ist ein bitteres, großes, himmelschreiendes ~; besser ~ leiden als ~ tun ⟨Sprichw.⟩ **2** *unrechte Tat;* jmdm.

(ein) ~ antun, zufügen; ein ~ begehen; ein ~ trifft mich, widerfährt mir **3** *Unrichtigkeit im Urteil, in der Beobachtung;* er befindet sich, ist im ~; jmdn. ins ~ setzen; man hat ihn zu ~ verdächtigt; sich zu ~ beklagen; die Vorschrift besteht zu ~

'Un·ruh ⟨f.; -, -en⟩ *Schwungrädchen mit Spiralfeder, Gangregler der Uhr;* oV *Unruhe(4)* ⟨nicht fachsprachl.⟩

'Un·ru·he ⟨f.⟩ **1** *anhaltende, leichte innere Erregung, Besorgnis, Ruhelosigkeit;* ~ bemächtigte sich ihrer; jmdm. ~ bereiten, bringen, verursachen; ~ erfaßte, erfüllte, ergriff, überfiel, überkam mich; eine innere ~ läßt mich heute nicht los; krankhafte, nervöse, quälende ~; in ~ geraten, sein; jmdn. in ~ versetzen; von ~ erfaßt werden **2** *störende Bewegung, Störung, Aufregung;* in der Klasse herrscht ~; ~ stiften **3** *(unblutiger) Aufruhr, laute Unzufriedenheit, Murren;* ~n beilegen, (im Keime) ersticken, niederschlagen, schlichten, unterdrücken; unter der Menge entstand eine ~; politische, religiöse ~n; es kam zu ~n unter der Bevölkerung **4** ⟨nicht fachsprachl.⟩ = *Unruh*

uns ⟨Dat. u. Akk. von⟩ *wir;* → a. *sich*

'un·schäd·lich ⟨Adj.⟩ **1** *nicht schädlich, harmlos, nicht gefährlich;* ~e Insekten; ~e Mittel anwenden **1.1** jmdn. ~ machen ⟨fig.⟩ *jmdm. die Möglichkeit nehmen zu schaden*

'un·schätz·bar ⟨a. [-'--] Adj.⟩ **1** *nicht schätzbar, bes. kostbar;* die Kronjuwelen sind ~; das Bild hat für mich (einen) ~en Wert **2** ⟨fig.⟩ *unermeßlich, außerordentlich groß;* er hat uns ~e Dienste erwiesen

'un·schein·bar ⟨Adj.⟩ **1** *so beschaffen, daß man es leicht übersehen kann, nicht auffallend, unbedeutend;* diese Pflanze hat nur ganz ~e Blüten **2** *einfach, bescheiden;* ein ~er Mensch

'un·schlüs·sig ⟨Adj.⟩ *nicht entschlossen, schwankend, ratlos;* ich bin (mir noch) ~, was ich tun soll

'Un·schuld ⟨f.; unz.⟩ **1** *Schuldlosigkeit, Freiheit von Schuld;* seine ~ beteuern, beweisen; meine ~ wird sich herausstellen; an jmds. ~ glauben **1.0.1** in aller ~ etwas sagen, tun *ohne etwas Böses dabei zu denken* **1.0.2** seine Hände in ~ waschen ⟨fig.; umg.⟩ *sich für nicht schuldig, nicht verantwortlich erklären* **2** *sittliche Reinheit, innere Sauberkeit, Keuschheit;* einem Mädchen die ~ rauben; seine ~ verlieren **3** ⟨fig.⟩ *naiver, einfältiger Mensch, bes. Mädchen;* sie spielt gern die gekränkte ~ **3.1** eine ~ vom Lande ⟨fig.⟩ *einfältiges Bauernmädchen*

'un·se·lig ⟨Adj.⟩ *unglücklich, verhängnisvoll;* eine ~e Tat; ~en Angedenkens; ein ~es Erbe antreten

'un·ser[1] ⟨Possessivpron. 4; 1. Person Pl.⟩ → a. *mein(1.1 - 3.4)* **1** ~ Buch (usw.) *wir haben ein B. (usw.)* **1.1** *uns gehörend, aus unserem Eigentum od. Besitz stammend* **1.1.1** das Unsere *unser Eigentum* **1.2** *mit uns verwandt, bekannt, befreundet* **1.2.1** die Unseren *(enge) Verwandte* **1.3** *einen Teil von uns bildend* **1.4** *von uns ausgehend* **1.5** *uns zukommend* **2** *eine Eigenschaft von uns darstellend* **2.1** *uns zur Gewohnheit geworden* **3** *von uns getan* **3.1** *von uns verursacht* **3.2** *von uns vertreten, gerechtfertigt* **3.3** *uns erwünscht* **3.4** *von uns benutzt* **4** ⟨Großschreibung⟩ Unsere Frau *Maria, Mutter Jesu;* Unsrer Lieben Frau(en) (Kirche) **5** ~ lieber ...! *(vertrauliche Anrede)*

'un·ser[2] ⟨Gen. von⟩ *wir*

'un·se·rer·seits ⟨Adv.⟩ *von uns aus, von unserer Seite aus;* oV *unserseits, unsrerseits;* ~ ist nichts dagegen einzuwenden

'un·ser·seits ⟨Adv.⟩ = *unsererseits*

'un·sert·hal·ben ⟨Adv.⟩ = *unsertwegen*

'un·sert·we·gen ⟨Adv.⟩ *mit Rücksicht auf uns, uns zuliebe;* Sy *unserthalben, unsertwillen*

'un·sert·wil·len ⟨Adv.⟩ = *unsertwegen*

'un·si·cher ⟨Adj.⟩ **1** *nicht sicher, nicht gefestigt, nicht fest, schwankend;* er hat eine ~e Hand; ~ gehen; die Kranke ist noch ~ auf den Füßen **1.1** *ohne Zutrauen zu der eigenen Meinung, ohne Selbstbewußtsein;* er ist im Rechnen, in der Rechtschreibung noch ~; er benahm sich ~ **1.1.1** du kannst mich nicht ~ machen *beirren* **2** *zweifelhaft;* eine ~e Angelegenheit, Sache; es ist noch ~, ob ... **2.1** ⟨60⟩ ein ~er K a n t o n i s t ⟨umg.⟩ *jmd., auf den man sich nicht verlassen kann* **3** *gefährlich;* dieser Gebirgspfad, Steg ist ~ **3.1** die Gegend ~ machen (Räuber usw.) ⟨umg.⟩ *sein Unwesen in einer G. treiben*

'Un·sinn ⟨m.; -s, unz.⟩ **1** *etwas Unlogisches, Torheit, törichtes Geschwätz od. Tun, dummes Zeug;* es wäre ja (reiner) ~, so etwas zu tun; ~! (zurückweisende Bemerkung); (blühenden) ~ reden, schwatzen **2** *Dummheiten, Unfug, Faxen;* ~ machen; ~ treiben; er hat nichts als ~ im Kopf

'un·sin·nig ⟨Adj.⟩ **1** *keinen Sinn habend, voller Unsinn, töricht, albern;* ~es Gerede, Geschwätz; das Urteil ist ~ **2** ⟨umg.⟩ *ungeheuer, sehr, allzu;* ~e Preise verlangen; es ist ~ teuer

'Un·sit·te ⟨f.⟩ *schlechte Angewohnheit, übler Brauch, Untugend*

'uns·re ⟨Possessivpron.⟩ → *unser*[1]

'uns·rer·seits ⟨Adv.⟩ = *unsererseits*

'uns·ri·ge ⟨Possessivpron.⟩ = *unser*[1]

'Un·stern ⟨m.; -(e)s; unz.⟩ *böses Geschick, Mißgeschick, Unglück;* ein ~ waltet über ihm, über dem Unternehmen; er scheint unter einem ~ geboren zu sein

'un·stet ⟨Adj.⟩ *unruhig, rastlos, ruhelos;* ein ~er Charakter, ein ~es Leben, ein ~er Mensch; er hat einen ~en Blick

'Un·stim·mig·keit ⟨f.; -, -en; meist Pl.⟩ **1** *Unterschied, Verschiedenheit, Fehler (z. B. in einer Rechnung)* **1.1** *Widerspruch (zwischen Gesetzen, Zahlen);* ~en bereinigen, beseitigen **2** *Meinungsverschiedenheit;* es gab häufig ~en zwischen ihnen

'Un·tat ⟨f.⟩ *böse Tat, Missetat, Verbrechen;* eine ~ begehen; seine ~en büßen

'un·ten ⟨Adv.⟩ **1** *tief, tiefer gelegen, am unteren Ende, an der unteren Seite;* ~ ankommen (mit dem Fahrstuhl); ~ bleiben, sein; siehe ~! (Verweis auf später Gesagtes in Büchern); ich warte ~ auf dich (vorm Haus); ~ an der Tafel; ~ auf der Seite; dort, hier ~ (z. B. im Tal); Sie müssen dort ~ durch die Unterführung; von hier ~ (aus) kann ich es nicht sehen; links, rechts ~ im Bild; im Fahrstuhl nach ~ fahren; nach ~ (zu) wird der Baumstamm dicker; man wußte kaum noch, was ~ und (was) oben war (solch ein Durcheinander herrschte, so fröhlich ging es zu); die Herde kam gemächlich von ~

herauf auf die Alm; im Fahrstuhl von ~ nach oben fahren; weiter ~ (im Tal, im Text eines Buches) 1.1 es liegt ganz ~ auf der Landkarte ⟨umg.⟩ *im Süden* 1.2 wir wohnen ~ *im Parterre* 1.3 sich ~ herum warm anziehen ⟨umg.⟩ *an den unteren Körperteilen* 1.4 von ~ auf dienen *seine militär. Karriere als einfacher Soldat beginnen* 1.5 bei jmdm. ~ durch sein ⟨fig.; umg.⟩ *jmds. Achtung verloren haben*

'un·ter ⟨Präp. mit Dativ auf die Frage „wo?", mit Akkusativ auf die Frage „wohin?"⟩ **1** ~ jmdn. (jmdm.) od. einen (einem) Gegenstand *unterhalb von, niedriger, tiefer als;* Ggs *auf(1.1.1, 2.2.1);* das Tal ~ sich liegen sehen; ~ der (die) Erdoberfläche; 15 m ~ dem (den) Meeresspiegel; er kroch ~ der Schranke hindurch; der Hund saß ~ dem Tisch, kroch ~ den Tisch, kam ~ dem Tisch hervor; das Eis brach ~ ihm, ~ seinem Gewicht ein; ~ Wasser schwimmen; ~ eine(r) Decke kriechen (liegen) 1.0.1 ~ Wasser stehen *überschwemmt sein* 1.1 unter der (die) Erde ⟨a. fig.⟩ 1.1.1 jmd. liegt ~ der Erde *ist tot und begraben* 1.1.2 jmd. kommt ~ die Erde *ist gestorben und wird begraben;* er wird mich noch ~ die Erde bringen (so viel Kummer macht er mir) 1.1.3 ~ Tage arbeiten ⟨Bgb.⟩ *in einer Grube(2)* 1.1.4 jmdm. den Boden ~ den Füßen wegziehen ⟨fig.⟩ *jmdn. seiner Existenzgrundlage berauben* 1.1.5 ~ freiem Himmel nächtigen *im Freien* 1.2 mit jmdm. ~ einer Decke stecken ⟨a. fig.⟩ *mit jmdm. gemeinsame Sache machen* 1.2.1 ~ dem Deckmantel ... ⟨fig.⟩ *dem Vorwand;* jmdn. ~ dem Deckmantel der Freundschaft betrügen 1.2.2 ~ einen Hut bringen ⟨a. fig.⟩ *einer gemeinsamen Ansicht annähern* 1.2.3 ~ einem Hut sein ⟨a. fig.⟩ *eine gemeinsame Ansicht haben* 1.2.4 die Tochter ~ die Haube bringen ⟨fig.; veralt.⟩ *verheiraten* 1.2.5 die Tochter kommt ~ die Haube ⟨fig.; veralt.⟩ *heiratet* 1.2.6 sie ist schon ~ der Haube *verheiratet* 1.3 etwas gerade ~ der Hand, ~ den Händen haben *gerade an etwas arbeiten* 1.3.1 jmdm. ~ die Arme greifen ⟨a. fig.⟩ *jmdm. helfen* 1.3.2 jmdm. etwas ~ die Nase halten, reiben ⟨a. fig.⟩ *vorhalten, Vorhaltungen machen* 1.3.3 etwas ~ vier Augen ⟨fig.⟩ *zu zweit* 1.3.4 jmdm. ~ die Augen treten, kommen ⟨fig.⟩ *sich jmdm. nähern* 1.3.5 sie trägt ein Kind ~ dem Herzen ⟨geh.; fig.⟩ *sie ist schwanger, erwartet ein Kind* 1.4 das Schiff geht ~ Segel *fährt ab* 1.4.1 ~ fremder Flagge fahren, segeln ⟨a. fig.⟩ *die Ziele eines anderen vertreten* 1.5 es stand ~ dem Strich *im Unterhaltungsteil der Zeitung (der früher durch einen Strich vom übrigen abgetrennt war)* 1.5.1 ~ den Hammer kommen ⟨fig.⟩ *versteigert werden* 1.6 ~ einem Längen- (Breiten-)Grad ⟨Geogr.⟩ *an einer Stelle der Erdoberfläche, auf der ein L.-(B.-)G. verläuft;* ~ 15° nördlicher Breite (östlicher Länge) **2** ~ einer Anzahl od. Menge von Personen od. Sachen *zwischen, inmitten, bei;* ~ die Milch war Wasser gemischt; ~ den Büchern gab es einige Raritäten; ~ der Rubrik ...; ~ anderm sah ich ...; ist einer ~ euch, der ...; der Unbegabteste ~ ihnen; er war auch ~ den Gästen, Zuschauern; mitten ~ den Kindern; sich ~ die Menge mischen; ~ ander(e)m, ~ ander(e)n ⟨Abk.: u. a.⟩ 2.1 wir sind ganz ~ uns *im vertraulichsten Kreise, sprechen ganz im Vertrauen darauf, daß es anderen nicht erzählt wird;* ~ uns gesagt ...; ~ uns Pfarrerstöchtern können wir das sagen ⟨umg.; scherzh.⟩ 2.2 Geld ~ die Leute bringen ⟨scherzh.⟩ *in Umlauf setzen, ausgeben* 2.2.1 eine Mitteilung ~ die Leute bringen ⟨fig.⟩ *bekanntmachen* 2.3 es ist ~ Brüdern 50 Mark wert *der freundschaftl. niedrig angesetzte Preis beträgt ...* 2.4 ~ die Räuber fallen ⟨umg.; scherzh.⟩ *ausgebeutet werden* 2.5 ~ die Soldaten gehen ⟨umg.⟩ *Soldat werden* 2.6 er ist gern ~ Menschen *in Gesellschaft* **3** ~ einem Sachverhalt, ~ begleitenden Umständen *mit, bei (bestimmten) Voraussetzungen, Gründen;* ~ jmdm., ~ etwas (Kälte, Strenge usw.) leiden; ~ der Bedingung, Voraussetzung, daß ...; ~ dem Vorwand; ~ Berücksichtigung von ...; noch ganz ~ dem Eindruck des Geschehenen, Gehörten stehen; er hat es ~ großer Anstrengung gerade noch geschafft; ~ großen Entbehrungen, Opfern; ~ Verzicht auf ...; ~ (ärztlicher) Aufsicht, Kontrolle, Quarantäne stehen; ~ einem Zwang handeln, stehen; ~ dem Schutze der Nacht; ~ seinem Schutz; er hat es mir ~ dem Siegel der Verschwiegenheit anvertraut; ~ falschem Namen leben; ~ dem Namen X bekannt sein; ~ Glockengeläut zog das Brautpaar in die Kirche ein; ~ Trommelwirbel präsentierten die Soldaten das Gewehr; ~ (lautem) Protest den Saal verlassen; die kostbaren Funde werden ~ Verschluß gehalten; Herzkranke leiden ~ schwülem Wetter; die Verhandlung fand ~ Ausschluß der Öffentlichkeit statt ⟨Rechtsw.⟩; ~ üblichem Vorbehalt (bei Gutschrift von Schecks) ⟨Abk.: u. ü. V.⟩; ~ Rückerbittung ⟨veralt.; Abk.: u. R.⟩ 3.1 das Schiff liegt, die Lokomotive steht ~ Dampf *ist abfahrtbereit* 3.2 etwas ~ Tränen gestehen, sagen, tun *weinend* 3.3 ~ Umständen ⟨Abk.: u. U.⟩ *möglicherweise, vielleicht* 3.3.1 ~ allen Umständen *auf jeden Fall, bestimmt* 3.3.2 ~ diesen Umständen *weil die Voraussetzungen so sind;* ~ diesen Umständen verzichte ich **4** ~ einem Maß, Wert *weniger als;* Ggs *über[1](1.1);* Kinder ~ 12 Jahren haben keinen Zutritt; nicht ~ 20 Mark; ~ dem Durchschnitt liegen, sein; 10 Grad ~ Null; etwas ~ (dem) Preis kaufen, verkaufen; ~ einer Stunde kann ich nicht zurück sein 4.1 ~ aller Kritik *so schlecht, daß man es gar nicht mehr kritisieren, beurteilen kann* 4.2 ~ jmds. Würde *die W., Selbstachtung einer Person verletzend* **5** ~ der Anordnung, dem Befehl (einer Person) *niedrigeren Ranges, untergeben, unterstellt, untergeordnet, im Dienste von;* eine Abteilung, ein Sachgebiet ~ sich haben (als Leiter); sich ~ das Gesetz stellen; sich ~ ein Joch beugen; ~ jmdm. dienen ⟨Mil.⟩; ~ dem Oberbefehl von ... ⟨Mil.⟩ **6** ~ einem Zeitraum *während eines Zeitraumes;* ~ Mittag; ~ der Regierung Wilhelms I.; ~ der Arbeit kann ich mich nicht unterhalten; er schreibt mir ~ dem 1. April (der als Datum oben am Briefkopf steht); ~ Tags 6.1 ~ einem ⟨österr.⟩ *zugleich*

'Un·ter ⟨m.; -s, -; Kart.⟩ *Blatt mit einem Wert zwischen Zehn u. Dame;* Sy *Junge, Wenzel, Bube*

un·ter..., Un·ter... ⟨in Zus.⟩ **1** ⟨mit Verben⟩

1.1 ⟨mit der Betonung auf dem ersten Teil des Wortes⟩ *etwas darunter, tiefer legen, stellen usw.;* 'unterlegen, 'unterschieben 1.2 ⟨mit der Betonung auf dem Stammwort⟩ 1.2.1 *Bewegung nach unten od. von unten her;* unter'drücken, unter'graben, unter'malen 1.2.2 *nicht mehr tun od. geschehen;* unter'bleiben, unter'brechen, unter'lassen **2** ⟨mit Adjektiven⟩ *darunter od. unten befindlich;* 'unterirdisch, 'unterentwickelt **3** ⟨mit Substantiven⟩ *etwas unten, darunter, tiefer Befindliches, z. B. in geograph. Bezeichnungen, in Titeln od. Rangbezeichnungen;* Unteritalien, Unteroffizier, Unterstaatssekretär

'Un·ter·be·wußt·sein ⟨n.⟩ *die seelisch-geistigen Vorgänge unter der Schwelle des Bewußtseins*

un·ter'bie·ten ⟨V. 110/500/R8⟩ jmdn. od. etwas ~ *weniger fordern als der andere od. als etwas anderes kostet;* einen Mitbewerber ~; dieser Preis ist nicht mehr zu ~

'un·ter|bin·den[1] ⟨V. 111/500⟩ etwas ~ *unter etwas binden;* sie hat noch ein Tuch untergebunden

un·ter'bin·den[2] ⟨V. 111/500⟩ **1** ein Blutgefäß ~ *abschnüren (u. dadurch die Blutung stillen)* **2** den Straßenverkehr ~ *unterbrechen, aufhalten* **3** Handlungen, Vorgänge ~ *verhindern, verbieten*

un·ter'blei·ben ⟨V. 114/400(s.)⟩ etwas unterbleibt *geschieht nicht;* es hat zu ~; es ist leider unterblieben

un·ter'bre·chen ⟨V. 116/500⟩ **1** etwas ~ *trennen u. dadurch (teilweise) aufhören lassen, aufhalten, stören;* einen Kontakt ~; der Verkehr war wegen des Unfalls auf dieser Strecke unterbrochen; nichts unterbrach die Stille; das Grün der Wiesen wird durch dunklere Waldstücke unterbrochen **2** etwas ~ *vorübergehend aufhören mit etwas;* seine Arbeit, ein Gespräch ~; wir ~ die Fahrt, Reise in München **3** ⟨R8⟩ jmdn. ~ *daran hindern weiterzusprechen;* unterbrich mich doch nicht fortwährend!; wir waren unterbrochen worden (am Telephon)

'un·ter|brei·ten[1] ⟨V. 500⟩ etwas ~ *unter etwas ausbreiten;* wir haben eine Decke untergebreitet

un·ter'brei·ten[2] ⟨V. 500⟩ eine Sache ~ *(als Vorschlag) darlegen, vorlegen;* einen Vorschlag, ein Gesuch ~; einen Entwurf ~; dem Parlament die Gesetzesvorlage ~

'un·ter|brin·gen ⟨V. 118/500⟩ **1** etwas ~ *verstauen;* in diesem Koffer kann ich nicht alles ~; Gepäck im Gepäcknetz ~; Waren im Lagerraum ~ 1.1 *unter Dach abstellen;* wo kann ich den Wagen ~? **2** jmdn. ~ *jmdm. eine Unterkunft beschaffen;* jmdn. im Hotel, in einem Krankenhaus, in einer Wohnung usw. ~; ein Kind für die Ferien bei Verwandten ~ **3** jmdn. ~ *jmdm. eine Stellung verschaffen;* er hat seinen Sohn bei der Bank untergebracht; jmdn. auf einem Posten ~ **4** etwas ~ *erreichen, daß etwas angenommen wird, einen Käufer, Abnehmer finden für etwas;* er konnte seinen Artikel bei der Zeitung, sein Hörspiel bei einem Sender ~

un·ter·der'hand ⟨Adv.⟩ **1** *im stillen, heimlich;* etwas ~ besorgen, erfahren, kaufen, tun, verbreiten, weitersagen **2** ⟨aber getrennt⟩ unter der Hand → a. *Hand(2.6.08)*

un·ter'des ⟨Adv.⟩ = *unterdessen*

un·ter'des·sen ⟨Adv.⟩ *inzwischen, seitdem, mittlerweile;* oV *unterdes*

un·ter'drücken ⟨-k·k-; V. 500/R8⟩ **1** etwas ~ *nicht aufkommen lassen, zurückhalten, bezwingen;* seine Gefühle ~; seine Angst, ein Lächeln, seine Neugier, seinen Zorn ~; ein unterdrücktes Gähnen 1.1 gewisse Nachrichten ~ *nicht bekannt werden lassen* **2** jmdn. od. etwas ~ *mit Gewalt beherrschen, niederhalten, nicht aktiv werden lassen;* ein Volk, seine Untertanen ~; eine Revolte ~; bestimmte politische Bestrebungen ~

un·ter·ein'an·der ⟨Adv.⟩ **1** *unter uns, unter euch, unter sich;* das können wir ~ ausmachen; etwas ~ regeln **2** *miteinander, gegenseitig;* Leitungen ~ verbinden

'un·te·re(r, -s) ⟨Adj. 60⟩ **1** *unten gelegen, sich unten befindend;* der ~, unterste Teil; der ~ Rand der Seite; unterstes Stockwerk 1.1 das Unterste zuoberst kehren ⟨a. fig.⟩ *alles durcheinanderwerfen* **2** *weniger Wert, Ansehen habend, wenig fortgeschritten;* die ~ Beamtenlaufbahn; die ~n Klassen der Schule, der Gesellschaft; die unterste Stufe eines Ordens 2.1 auf einer der ~n Sprossen der Leiter stehen ⟨a. fig.⟩ *am Beginn einer Karriere*

Un·ter'fan·gen ⟨n.; -s, -⟩ *Wagnis, kühnes Unternehmen*

Un·ter'füh·rung ⟨f.; -, -en⟩ *Verkehrsweg, der unter einem anderen Verkehrsweg liegt;* Straßen~, Eisenbahn~

'Un·ter·gang ⟨m.⟩ **1** *das Untergehen;* der ~ eines Schiffes; der ~ eines Gestirns; nach dem ~ der Sonne; der ~ eines Volkes, einer Truppe, einer Stadt; der ~ des Abendlandes 1.1 jmds. ~ *Verderben;* der Alkohol ist noch dein ~! 1.2 *Tod;* seinem ~ entgegengehen; dem ~ geweiht, preisgegeben, verfallen sein

un·ter'ge·ben ⟨Adj. 72⟩ jmdm. ~ *in jmds. Dienst stehend, jmdm. unterstellt*

'un·ter|ge·hen ⟨V. 145/400(s.)⟩ **1** *sinken u. verschwinden;* ein Schiff, ein Ertrinkender geht unter; die Sonne, ein Gestirn geht unter 1.0.1 ihr Stern ist im Untergehen begriffen ⟨fig.⟩ *ihr Ruhm nimmt ab* 1.0.2 sein Rufen ging in dem Lärm unter ⟨fig.⟩ *wurde nicht gehört* **2** *zugrunde gehen, vernichtet werden;* ein Volk, Heer ist untergegangen; eine untergegangene Stadt; er braucht mich, sonst geht er unter; gib acht, daß du nicht in der Großstadt untergehst

'un·ter|gra·ben[1] ⟨V. 157/500⟩ etwas ~ *beim Graben darunterbringen, vermengen;* Dung, Torfmull im Beet ~; er gräbt Dung, Torfmull unter

un·ter'gra·ben[2] ⟨V. 157/500⟩ **1** etwas ~ *das Erdreich unter etwas wegnehmen;* der Bach hat die Uferböschung untergraben **2** eine Sache ~ ⟨fig.⟩ *langsam, unmerklich zerstören;* jmds. Ansehen, Stellung ~; er untergräbt mein Ansehen, meine Stellung; er untergräbt durch Ausschweifungen seine Gesundheit

'un·ter·halb ⟨Präp. m. Gen.⟩ *unter etwas gelegen, tiefer befindlich (als);* ~ des Hauses am Berg

'Un·ter·halt ⟨m.; -(e)s; unz.⟩ **1** *alle Aufwendungen für die Lebensführung: Ernährung, Wohnung, Kleidung, Ausbildung;* jmdm. ~ geben, gewähren; für jmds. ~ aufkommen, sorgen; zu jmds. ~ beitragen; seinen ~ bestreiten, fristen von etwas; jmdm. den ~ verweigern; kärglicher, notdürftiger, standesgemäßer ~ **2** *das Unterhalten²(2.1 - 2.2);* der ~ von Anlagen, Gebäuden, Institutionen

'un·ter|hal·ten¹ ⟨V. 160/500⟩ etwas ~ *unter etwas halten;* die Hand, einen Teller, ein Tuch ~; halte bitte etwas unter, weil es tropfen könnte

un·ter'hal·ten² ⟨V. 160/500⟩ **1** jmdn. ~ *für jmds. Lebensunterhalt sorgen* **2** etwas ~ *für etwas sorgen* 2.1 ein Gebäude ~ *instand halten* 2.2 eine Einrichtung ~ *auf seine Kosten halten, betreiben;* gut unterhaltene Krankenhäuser, Schulen 2.3 ein Feuer ~ *in Gang halten* 2.4 Beziehungen ~ *aufrechterhalten, pflegen* **3** ⟨R7 od. R8⟩ jmdn. ~ *jmdm. die Zeit vertreiben, Vergnügen bereiten, jmdn. belustigen, zerstreuen;* bitte unterhalte unseren Gast, bis ich komme!; wir haben uns mit Gesellschaftsspielen ~; es war recht ~d; ~de Lektüre, Spiele **4** ⟨R3⟩ sich (mit jmdm.) ~ *(mit jmdm.) ein Gespräch führen, plaudern;* wir haben uns angeregt, gut, heiter, prächtig ~; ich unterhalte mich gern mit ihm; mit ihm kann man sich gut ~; wir haben uns über das neue Theaterstück unterhalten

Un·ter'hal·tung ⟨f.⟩ **1** ⟨unz.⟩ *das Unterhalten;* es müßte mehr für die ~ der Straßen getan werden; ich wünsche gute, angenehme ~!; die Kapelle X sorgte für die ~ der Gäste **2** *Gespräch;* die ~ wieder aufnehmen, zu Ende führen; die ~ floß munter, schleppend dahin; die ~ allein führen; es war eine anregende, geistreiche, interessante, lebhafte ~

un·ter'han·deln ⟨V. 410⟩ *verhandeln, sich besprechen;* über den Abschluß eines Friedensvertrages ~

'Un·ter·holz ⟨n.; -es; unz.⟩ *niedriges Gehölz, Gebüsch im Wald, Buschwerk, Niederholz*

un·ter'jo·chen ⟨V. 500⟩ jmdn. od. etwas ~ *unterdrücken, gewaltsam beherrschen, abhängig machen u. erhalten, knechten;* eine Minderheit ~

'un·ter|kom·men ⟨V. 170(s.)⟩ **1** ⟨411⟩ *Aufnahme, Zuflucht, Obdach, Anstellung finden;* er hofft, bei unserer Firma unterzukommen; für die Nacht (irgendwo) ~ **2** ⟨600⟩ etwas kommt jmdm. unter ⟨umg.⟩ *wird von jmdm. gesehen, begegnet jmdm.;* so etwas ist mir bisher noch nicht untergekommen

'Un·ter·kom·men ⟨n.; -s, (selten) -⟩ **1** *Zuflucht, Obdach, Wohnung;* ein ~ (für die Nacht) suchen **2** *Stelle, Anstellung;* jmdm. ein ~ bieten, geben, gewähren

'Un·ter·kunft ⟨f.; -, ¨-e⟩ *Obdach, (vorübergehende) Wohnung;* Sy *Quartier(1);* ~ und Verpflegung (im Urlaubsort)

'Un·ter·la·ge ⟨f.⟩ **1** *etwas, das untergelegt wird, z. B. Tuch, Decke, Platte, Polster, Blatt;* eine harte, warme, wasserdichte, weiche ~; eine ~ aus Bast, Gummi, Holz, Kork, Pappe, Plastik, Stroh; eine ~ zum Schreiben **1.1** *der untere Teil einer durch Pfropfen veredelten Pflanze* **2** ⟨Pl.⟩ ~n *schriftl. Beweisstücke, Nachweise, Belege, Akten;* ~n beschaffen, prüfen, verlangen, vernichten; alle erforderlichen ~n einreichen, vorlegen; jmdm. Einblick in die ~n gewähren; Angebote mit den üblichen ~n an ... (in Stellenanzeigen)

un·ter'las·sen ⟨V. 175/500⟩ eine Sache ~ *sein lassen, bleiben lassen, nicht tun, versäumen zu tun, sich einer S. enthalten;* er hat es ~, rechtzeitig Bescheid zu geben; wir wollen keine Anstrengungen ~, damit ...; eine spöttische Bemerkung ~; unterlaß bitte diese Witze!; Zwischenrufe sind zu ~!; warum haben Sie es ~, zu ...?; weshalb wurde es ~?

'un·ter|lau·fen¹ ⟨V. 176/600(s.); veralt.⟩ = *unterlaufen²(2);* ihm ist ein Fehler untergelaufen

un·ter'lau·fen² ⟨V. 176⟩ **1** ⟨500⟩ jmdn. ~ *geduckt unterhalb der Waffe, der Deckung des Gegners angreifen;* den Gegner (beim Ringen od. allg. Zweikampf) ~ **2** ⟨600(s.)⟩ etwas unterläuft jmdm. *geschieht bei jmds. Tätigkeit ohne dessen Wissen;* oV *unterlaufen¹* ⟨veralt.⟩; mir ist (dabei, in meiner Arbeit) ein Fehler ~ **3** ⟨416⟩ etwas unterläuft mit Blut *füllt sich unter der Haut mit aus dem Gewebe getretenem Blut;* das Auge, der Striemen ist mit Blut ~; mit Blut ~e Stelle

'un·ter|le·gen¹ ⟨V. 500⟩ etwas ~ *unter etwas legen;* er will böse Absichten ~; wir haben der Henne Eier untergelegt; einem Text einen anderen Sinn ~; er legt einen Stein, ein Tuch unter

un·ter'le·gen² ⟨V. 500⟩ etwas ~ *mit einer Unterlage versehen, damit verstärken;* die Platte war mit Kork unterlegt; mit Duchesse unterlegte Spitze

un·ter'le·gen³ **1** ⟨Part. Perf. von⟩ *unterliegen* **2** ⟨Adj. 70⟩ *nicht ebenbürtig, nicht gleichkommend;* er ist ihr (geistig) weit ~; dem Gegner an Kraft, an Zahl ~ sein

'un·ter|lie·gen¹ ⟨V. 180/400⟩ etwas liegt unter *liegt unter etwas;* die Decke, das Tuch liegt unter

un·ter'lie·gen² ⟨V. 180(s.)⟩ **1** ⟨400(s.)⟩ *besiegt, bezwungen werden;* vermutlich wird unsere Mannschaft ~; sie sind nach hartem Kampf unterlegen; die bei der Wahl unterlegene Partei **2** ⟨600⟩ einer Sache ~ *von einer S. betroffen sein, werden;* die Grenzgänger ~ einer scharfen Kontrolle 2.1 es unterliegt keinem Zweifel, daß ... *darüber herrscht, besteht kein Zweifel, daß ..., zweifellos*

un·ter'ma·len ⟨V. 500⟩ **1** ein Bild ~ *die erste Farbschicht für ein B. auftragen, grundieren* **2** etwas ~ ⟨fig.⟩ *begleiten;* ein Gespräch, einen Vortrag mit Musik ~

un·ter'mau·ern ⟨V. 500⟩ **1** ein Gebäude ~ *mit Mauern von unten her stützen, mit Grundmauern anlegen, versehen* **2** eine Sache ~ ⟨fig.⟩ *mit fester Grundlage versehen, mit stichhaltigen Argumenten stützen*

'Un·ter·mie·te ⟨f.⟩ **1** *Weitervermietung einer gemieteten Sache (Wohnung, Zimmer) an einen Dritten;* ein Zimmer in ~ abgeben; jmdn. in, zur ~ nehmen **2** *das Mieten einer bereits von einem andern gemieteten Sache;* in, zur ~ wohnen (bei)

un·ter·mi'nie·ren ⟨V. 500⟩ **1** etwas ~ *zur Sprengung vorbereiten;* feindl. Stellungen ~ **2** eine Sache ~ ⟨fig.⟩ *langsam, unmerklich zerstören;* jmds. Ansehen, Stellung ~

un·ter'neh·men ⟨V. 189/500⟩ etwas ~ *beginnen, machen, tun, in die Wege leiten, Maß-*

nahmen ergreifen; man muß doch etwas (dagegen) ~!; was wollen wir heute ~?; hast du schon etwas unternommen?; eine Reise, einen Spaziergang ~; er will Schritte ~, um die Angelegenheit aufzuklären

Un·ter'neh·men ⟨n.; -s, -⟩ **1** *Vorhaben;* das ist ein sehr gewagtes, kühnes ~! **2** *ein od. mehrere Betriebe, eine od. mehrere Fabriken als wirtschaftl. (nicht räuml.) Einheit;* ein ~ finanzieren, gründen, liquidieren; ein aussichtsreiches, ertragreiches, gutfundiertes, rentables, unrentables, stabiles ~; diese Aktiengesellschaft ist das größte ~ seiner Art in Deutschland **2.1** ein gewerbliches, kaufmännisches ~ *Geschäft*

'Un·ter·of·fi·zier ⟨m.; Abk.: Uffz., (schweiz.) Uof.⟩ **1** *militär. Dienstgrad zw. Mannschaften u. Offizieren* **1.1** ~ mit Portepee ⟨bis 1945⟩ *Angehöriger der Dienstgradgruppe der Feldwebel* **1.2** ~ ohne Portepee ⟨bis 1945⟩ *Angehöriger der zw. den Mannschaften u. den Unteroffizieren mit Portepee stehenden Dienstgradgruppe* **2** ⟨i. e. S.⟩ *Unteroffizier aus der Gruppe der Unteroffiziere(1)* **2.1** ~ vom Dienst ⟨Abk.: UvD⟩ *für den organisator. Ablauf des tägl. Dienstes einer Kompanie verantwortl. Unteroffizier*

'un·ter|ord·nen ⟨V. 500⟩ **1** ⟨530/R7⟩ etwas einer Sache ~ *zugunsten einer Sache zurückstellen, von einer Sache abhängig machen;* die eigene Lebensführung der Familientradition ~; ein (einem Oberbegriff) untergeordneter Begriff **1.1** das ist von untergeordneter Bedeutung, spielt nur eine untergeordnete Rolle *von zweitrangiger, geringerer Bedeutung* **1.2** ein untergeordneter Satz *Nebensatz* **1.3** ~des Bindewort ⟨Gramm.⟩ → a. *subordinieren(1)* = *subordinierende Konjunktion* **2** ⟨503/R3⟩ sich (jmdm.) ~ *sich (jmdm.) fügen, sich einfügen;* er kann sich nicht ~ **3** jmdm. untergeordnet sein *untergeben, unterstellt sein;* eine untergeordnete Stellung innehaben

Un·ter're·dung ⟨f.; -, -en⟩ *Besprechung, Verhandlung;* eine ~ unter vier Augen; mit jmdm. eine ~ haben

'Un·ter·richt ⟨m.; -(e)s, (selten) -e⟩ *planmäßige, regelmäßige Unterweisung eines Lernenden durch einen Lehrenden;* ~ erteilen, geben, haben, halten, nehmen; der ~ beginnt um 8 Uhr und dauert bis 12 Uhr; den ~ schwänzen, versäumen; englischen, französischen ~ geben, nehmen; am ~ teilnehmen; ~ in Gesang, im Zeichnen, in einer Fremdsprache; während des ~s

un·ter'rich·ten ⟨V. 500⟩ **1** jmdn. ~ *lehren, unterweisen, jmdm. Unterricht geben, erteilen;* der Lehrer unterrichtet die Schüler; jmdn. im Gesang, in Französisch ~ **2** ⟨510/R7 od. R8⟩ jmdn. über ein, von einem Ereignis ~ *benachrichtigen, Mitteilung machen, in Kenntnis setzen, informieren;* gut, schlecht, nicht unterrichtet sein über etwas; in unterrichteten Kreisen wird angenommen, daß ...; von gut unterrichteter Seite hörten wir, daß ... **3** ⟨510/R3⟩ sich über etwas ~ *Auskunft über etwas einziehen, sich Kenntnis von etwas verschaffen;* darüber muß ich mich erst noch ~

Un·ter'rich·tung ⟨f.; -, -en⟩ *das Unterrichten(2 - 3)*

un·ter'sa·gen ⟨V. 503/R5 od. R6⟩ (jmdm.) etwas ~ *nicht erlauben, verbieten;* der Arzt hat mir das Rauchen untersagt; das Betreten des Grundstücks ist untersagt

'Un·ter·satz ⟨m.⟩ *Gestell, Platte, Teller, Sockel, worauf man etwas stellt, Stütze;* wir brauchen einen ~ für den heißen Topf

un·ter'schät·zen ⟨V. 500/R7 od. R8⟩ jmdn. od. etwas ~ *zu gering schätzen, für geringer halten, als er bzw. es ist;* du hast ihn unterschätzt; eine Entfernung ~; jmds. Klugheit, Kräfte, Leistungen ~

un·ter'schei·den ⟨V. 209⟩ **1** ⟨500⟩ etwas ~ *genau, in allen Einzelheiten erkennen, die Verschiedenheit von anderem, den Unterschied zu anderem erkennen;* ich kann die Buchstaben, die Gegenstände nicht mehr ~ (weil es zu dunkel od. die Entfernung zu groß ist); er kann das Wesentliche nicht vom Unwesentlichen ~ **2** ⟨800⟩ zwischen jmdm. od. etwas ~ *trennende Merkmale hervorheben, den Unterschied hervorheben;* man muß (dabei) ~ zwischen ... und ... **3** ⟨505⟩ jmdn. od. etwas (von jmdm. od. etwas) ~ *auseinanderhalten, eine Trennung, Einteilung machen von jmdm. od. etwas;* kannst du die beiden Schwestern voneinander ~?; diese Pflanzen sind leicht, schwer zu ~; sie werden nach ihrer Größe, Farbe unterschieden **4** ⟨550/R3⟩ sich von jmdm. od. etwas ~ *sich abheben, anders sein als jmd. od. etwas;* die beiden Schwestern ~ sich sehr stark voneinander **5** ⟨550⟩ etwas unterscheidet jmdn. od. etwas von jmdm. od. etwas *hebt jmdn. od. etwas von jmdm. od. etwas ab;* seine Hautfarbe unterscheidet ihn von den andern; das ~de Merkmal ist ...

'un·ter|schie·ben[1] ⟨V. 214/503⟩ etwas ~ *unter etwas schieben;* jmdm. ein Kissen, einen Stuhl ~; ich habe ihr ein Kissen untergeschoben

un·ter'schie·ben[2] ⟨V. 214/530/R6⟩ **1** jmdm. etwas ~ *heimlich zuschieben, an die falsche Stelle bringen, vertauschen;* ein Kind ~; mir unterschobene Briefe **2** jmdm. eine Sache ~ ⟨fig.⟩ *(meist böswillig) behaupten, zuschreiben;* jmdm. eigennützige Beweggründe ~; man hat mir diese Bemerkung unterschoben

'Un·ter·schied ⟨m.; -(e)s, -e⟩ **1** *Anderssein, Verschiedenheit, Ungleichheit, Gegensatz;* einen ~ ausgleichen, feststellen, übersehen; zwischen beidem besteht ein feiner ~; der ~ fällt sofort ins Auge, kaum ins Gewicht; die ~e verwischen sich allmählich; ein beträchtlicher, feiner, geringer, großer, himmelweiter, ins Auge fallender ~; ~e im Preis, in der Qualität; im ~ zu ihm hat sie ...; ein ~ wie Tag und Nacht; der ~ zwischen ihnen ist, daß ..., ist der: ... **2** *Unterscheidung, Trennung, Einteilung;* ich kenne da keine ~e; einen ~ machen zwischen ...; ~ muß sein; mit ~! (als Einwand); alle ohne ~ behandeln; zum ~ von

'un·ter|schla·gen[1] ⟨V. 218/500⟩ etwas ~ *kreuzen, eins unter das andere legen;* die Beine beim Sitzen ~; mit untergeschlagenen Armen dastehen

un·ter'schla·gen[2] ⟨V. 218/500⟩ **1** etwas ~ *unrechtmäßig zurückbehalten, veruntreuen;* Geld, einen Brief ~; der ~e Betrag konnte sichergestellt werden **2** eine Sache ~ *un-*

rechtmäßiger Weise nicht mitteilen; eine Nachricht, eine Neuigkeit ~

'Un·ter·schlupf ⟨m.; -(e)s, -e od. ¨-e⟩ *etwas, wo man unterschlüpfen kann, Zuflucht, Obdach, Schutz;* ~ finden, suchen (für die Nacht, vor dem Gewitter); bei jmdm. ~ finden

un·ter'schrei·ben ⟨V. 230/500⟩ **1** etwas ~ *seinen Namen unter etwas schreiben;* einen Brief, eine Urkunde, ein Urteil ~; das unterschreibe ich nicht; der Brief ist unterschrieben mit ..., von ... **2** eine Sache ~ ⟨fig.⟩ *gutheißen, einer Sache uneingeschränkt zustimmen;* diese Meinung kann ich nicht ~; das kann ich (nur) ~!

'Un·ter·schrift ⟨f.⟩ **1** *Namenszug unter einem Schriftstück (Brief, Urkunde), unter einer Zeichnung usw.;* ich mußte meine ~ von der Polizei, von einem Notar beglaubigen lassen; er hat seine ~ daruntergesetzt, gegeben; die ~ ist nicht zu entziffern, zu lesen; ~en sammeln (für eine Resolution, einen Aufruf); die Mitteilung trägt seine ~; die ~ verweigern; jmdm. einen Brief zur ~ vorlegen **1.0.1** seine ~ geben (für etwas) *(einer Sache) schriftlich zustimmen*

'Un·ter·set·zer ⟨m.⟩ *Teller, Platte, Bastdeckchen usw., worauf man einen Gegenstand stellt;* Blumen~

un·ter'setzt ⟨Adj. 24/60⟩ *klein, aber kräftig, stämmig, gedrungen*

'Un·ter·stand ⟨m.⟩ **1** *meist unterirdischer, schuß- u. splittersicherer Raum im Stellungskrieg* **2** *Schutzraum gegen Unwetter*

'un·ter|ste·hen[1] ⟨V. 256/400(h.) od. (s.)⟩ *sich unter etwas stellen;* hier können wir während des Regens ~; ich habe untergestanden; ich bin untergestanden ⟨österr., schweiz.⟩

un·ter'ste·hen[2] ⟨V. 256⟩ **1** ⟨600⟩ jmdm. ~ *unter einem Vorgesetzten stehen, arbeiten, ihm untergeordnet sein;* er untersteht dem Abteilungsleiter; er hat dieser Behörde unterstanden **2** ⟨580/R3⟩ sich ~ *sich erdreisten, wagen;* untersteh dich, wegzulaufen **2.1** untersteh dich! *(Warnung) wehe dir!, wehe, wenn du es wagst!* **2.2** was ~ Sie sich! *was erdreisten Sie sich!*

'un·ter|stel·len[1] ⟨V. 500/R7⟩ jmdn. od. etwas ~ *unter etwas stellen, unter ein schützendes Dach stellen, unterbringen;* ich stelle den Handwagen im Schuppen unter; der Wagen ist in der Garage untergestellt; ich konnte mich während des Regens ~

un·ter'stel·len[2] ⟨V. 500⟩ **1** ⟨530⟩ jmdm. od. einer Institution jmdn. od. etwas ~ *zur Leitung, Beaufsichtigung übergeben;* jmdm. eine Abteilung, ein Sachgebiet ~; ich bin ihm unterstellt; er wurde meiner Aufsicht unterstellt **2** ⟨530⟩ jmdm. etwas ~ ⟨fig.⟩ *etwas Unrichtiges als von jmdm. getan, gesagt, gedacht usw. hinstellen, jmdm. etwas fälschlich zur Last legen;* jmdm. böse Absichten ~; du hast mir ganz falsche Beweggründe unterstellt; wie kannst du mir ~, daß ich so etwas getan haben könnte! **3** etwas ~ *als wahr annehmen;* wir wollen einmal ~, daß ...

un·ter'strei·chen ⟨V. 263/500⟩ **1** etwas ~ *einen Strich unter etwas ziehen (um es hervorzuheben);* das Ergebnis der Rechenaufgabe wird zweimal unterstrichen; Wörter in einem Text durch Unterstreichen hervorheben **2** eine Sache ~ ⟨fig.⟩ *betonen (durch Ausdruck, Worte, Gesten);* das kann ich nur ~!; das möchte ich mit allem Nachdruck ~!; der Redner unterstrich besonders die Tatsache, daß ...; seine Worte durch eine Handbewegung ~

un·ter'stüt·zen ⟨V. 505⟩ **1** ⟨R8⟩ jmdn. ~ *jmdm. beistehen, zur Seite stehen, helfen, jmdn. fördern;* jmdn. bei seiner Arbeit, Forschung ~; junge Künstler mit Geld ~; jmdn. mit Rat und Tat ~ **2** etwas ~ *fördern, befürworten;* ein Gesuch ~

Un·ter'stüt·zung ⟨f.; -, -en⟩ **1** ⟨unz.⟩ *das Unterstützen;* ~ der Armen, Bedürftigen, Hinterbliebenen, Kranken, Kriegsbeschädigten, Vertriebenen; du kannst auf meine ~ rechnen **2** *geldliche Hilfe, Zuschuß, Rente;* eine ~ annehmen, beantragen, beziehen, empfangen, erbitten, erhalten, fordern; bekommt er irgendeine ~?; jmdm. die ~ entziehen; jmds. ~ herabsetzen; jmdm. eine ~ gewähren; gesetzliche, finanzielle, öffentliche, private ~; auf ~ angewiesen sein; um eine ~ bitten, nachsuchen

un·ter'su·chen ⟨V. 500⟩ **1** jmdn. od. etwas ~ *genau prüfend betrachten, durch Tasten, Horchen, Vergleichen, chem. Mittel, Fragen usw. festzustellen suchen;* eine Maschine, einen Tatbestand ~; Milch auf ihren Fettgehalt (hin) ~; einen Kranken ~; etwas chemisch ~; etwas eingehend, genau, gründlich oberflächlich ~; jmdn. auf seinen Geisteszustand (hin) ~; wir haben ihn vom Arzt ~ lassen **1.1** eine Sache ~ (als Richter) ⟨Rechtsw.⟩ *einen Sachverhalt prüfen u. rechtlich würdigen;* einen Fall ~; etwas gerichtlich ~ **1.2** eine Sache ~ *erforschen, erörtern, abhandeln;* die Frage der zukünftigen Entwicklung der westlichen Kultur ~

Un·ter'su·chung ⟨f.; -, -en⟩ *das Untersuchen;* die ~ eines Streitfalles; die ~ des Patienten ergab keinen Befund; die ~ des Falles ist abgeschlossen, läuft noch; eine strenge ~ anordnen; eine ~ einleiten, durchführen, führen, vornehmen; die ~ wurde eingestellt, niedergeschlagen; die ~ hat ergeben, daß ...; die ~ verlief ergebnislos; die ärztliche, chemische, gerichtliche, gerichtsmedizinische ~; eingehende, gründliche, sorgfältige ~; er ist mit der ~ des Falles beauftragt; vom Arzt zur ~ bestellt sein; zum Arzt zur ~ kommen

'un·ter·tan ⟨Adj. 70⟩ **1** *als Untertan zugehörig, untergeben;* einem König ~ sein **2** *dienstbar, hörig, gefügig;* dem Willen eines andern ~ sein; sich jmdn. ~ machen

'un·ter|tau·chen ⟨V.⟩ **1** ⟨500/R8⟩ jmdn. od. etwas ~ *unter die Oberfläche drücken;* einen Stoff in der Farbbrühe ~ **2** ⟨400(s.)⟩ *unter die Oberfläche tauchen;* der Schwimmer, Taucher taucht unter; Schwimmvögel tauchen unter **3** ⟨400 od. 411(s.); fig.⟩ *verschwinden, nicht mehr gesehen werden;* in der Menge ~

'Un·ter·ton ⟨m.⟩ **1** *jeweils zu einem Ton gehöriger, nicht hörbarer, spiegelbildl. dem Oberton entsprechender, mitschwingender Ton* **2** ⟨fig.⟩ *leiser, versteckter Ton, Tonfall;* in seiner Stimme schwang ein drohender ~; mit einem ~ von Spott

un·ter'wan·dern ⟨V. 500⟩ ein Volk, einen Kreis von Personen ~ *durch langsames Eindringen (von fremder Bevölkerung) aufspal-*

ten, schwächen, zersetzen; ein Land ~; eine Partei ~

un·ter'wegs 〈Adv.〉 **1** *auf dem Wege, auf der Reise;* ich war schon ~, als er kam; wir waren drei Tage ~; der Bote ist (schon) ~; die ganze Stadt war ~, um ihn zu sehen; die Waren sind (bereits) ~; ich habe ~ viel Neues kennengelernt, gesehen; wir haben ~ Blumen gepflückt; der Gedanke kam mir erst ~; er ist ~ nach Berlin; von ~ eine Postkarte schreiben **1.0.1** bei ihr ist ein Kind ~ 〈fig.; umg.〉 *sie erwartet ein Kind, ist in anderen Umständen*

un·ter'wei·sen 〈V. 282/500/R8〉 jmdn. ~ *lehren, unterrichten, jmdm. Kenntnisse vermitteln;* Schüler ~; jmdn. im Rechnen, Zeichnen ~

'Un·ter·welt 〈f.〉 **1** 〈Myth.〉 *Totenreich, Aufenthaltsort der Gestorbenen* **2** 〈fig.〉 *Verbrecherwelt*

un·ter'wer·fen 〈V. 286/500〉 **1** 〈R8〉 jmdn. od. etwas ~ *besiegen, bezwingen, erobern u. unterjochen, untertan machen;* fremder Herrschaft unterworfen sein; die unterworfenen Länder, Völker **2** 〈R3〉 sich ~ *sich ergeben, sich fügen;* sich jmds. Anordnungen, Willen ~; ich unterwerfe mich dem Richterspruch **3** 〈530/R7 od. R8〉 jmdn. od. etwas einer Sache ~ *unterziehen;* jmdn. einer Prüfung, einem Verhör ~

'un·ter·wür·fig 〈Adj.〉 *würdelos demütig, übertrieben gehorsam, übertrieben ehrerbietig, sehr ergeben, kriecherisch;* Sy *subaltern(2);* eine ~e Haltung

un·ter'zeich·nen 〈V. 500〉 etwas ~ *unterschreiben, durch Unterschrift bestätigen;* Sy *signieren(2);* einen Brief, ein Protokoll, einen Vertrag, ein gerichtliches Urteil, ein Zeugnis ~

'un·ter|zie·hen[1] 〈V. 293/500〉 **1** ein Wäschestück ~ *unter etwas anziehen;* ich ziehe noch ein Hemd unter; hast du noch eine Jacke untergezogen? **2** eine Masse ~ 〈Kochk.〉 *vorsichtig unter etwas mischen;* Eischnee ~

un·ter'zie·hen[2] 〈V. 293/530/R7〉 jmdn. od. etwas einer Sache ~ *aussetzen, eine S. mit jmdm. od. etwas geschehen lassen;* jmdn. einer Prüfung, einem Verhör ~; er hat sich einer Operation unterzogen; er unterzieht sich dieser Arbeit, Aufgabe; sich der Mühe einer Reise ~

'Un·tie·fe 〈f.; -, -n〉 **1** *Mangel an nötiger Tiefe, seichte Stelle (im Meer, See, Fluß), Sandbank* **2** 〈volkstüml.〉 *sehr große Tiefe*

un·um'gäng·lich 〈a. ['----] Adj.〉 *nicht zu umgehen, nicht zu vermeiden, unbedingt notwendig, erforderlich;* es ist ~ (notwendig)

'un·ver·blümt 〈a. [--'-] Adj.〉 *geradeheraus, offen;* Ggs *verblümt;* jmdm. ~ die Meinung, die Wahrheit sagen; das ist die ~e Wahrheit; ~ mit jmdm. reden

un·ver'brüch·lich 〈a. ['----] Adj.〉 *ganz fest;* ~es Schweigen bewahren; jmdm. ~ die Treue halten; an seinem Versprechen ~ festhalten

'un·ver·fro·ren 〈a. [--'--] Adj.〉 *dreist, frech, ziemlich unverschämt*

un·ver'gleich·lich 〈a. ['----]; Adj.〉 *so vorzüglich, daß man es nicht mit anderem vergleichen kann, unübertrefflich, einzigartig;* eine ~e Tat; eine Stimme von ~em Wohlklang

'un·ver·hofft 〈[--'-] Adj.〉 *unerwartet, unvorhergesehen, plötzlich;* ein ~es Wiedersehen; sein Sieg bei den Wettkämpfen kam allen ~; ~ kommt oft 〈Sprichw.〉

'un·ver·hoh·len 〈a. [--'--] Adj.〉 *nicht verborgen, unverhüllt;* mit ~er Schadenfreude; seinen Ärger ~ zeigen

'un·ver·mit·telt 〈Adj.〉 *ohne Übergang erfolgend, plötzlich;* ~ fragte er mich ...

'Un·ver·mö·gen 〈n.; -s; unz.〉 *Unfähigkeit, Mangel an Fähigkeit, Können, Kraft;* Sy *Vermögen(1);* in seinem ~, ein Glied zu bewegen ...

'un·ver·rich·tet 〈Adj. 24/60〉 **1** *nicht verrichtet, nicht getan, nicht erledigt* **1.1** ~er Dinge, ~er Sache abziehen, zurückkommen *ohne etwas erreicht, ohne das Vorgenommene erledigt zu haben*

'un·ver·schämt 〈Adj.〉 *schamlos, frech, dreist;* eine ~e Antwort; ~es Benehmen; ein ~er Kerl; er lügt ~; er ist ~

'un·ver·se·hens 〈a. [--'--] Adv.〉 *plötzlich, überraschend;* ~ war der Winter da

un·ver'wüst·lich 〈a. ['----] Adj.〉 **1** *nicht zu verwüsten, nicht zerstörbar, sehr haltbar, strapazierfähig;* dieses Gewebe, dieser Stoff ist ~ **2** 〈fig.〉 *nicht zu besiegen, durch nichts aus dem Gleichgewicht zu bringen;* sein ~er Frohsinn; er hat eine ~e Gesundheit; er ist ~

'un·weg·sam 〈Adj.〉 *schwer zu begehen, schwer gangbar;* ~es Gelände

un'wei·ger·lich 〈a. ['----] Adj.〉 *unbedingt, auf jeden Fall, ganz bestimmt;* die ~e Folge dieser Sache wird sein, daß ...; es wird, es mußte ~ so kommen

'un·weit 〈Präp. mit Gen. od. mit „von"〉 *nicht weit, nahe;* ~ des Ortes, der Stadt; ~ von dem, vom Orte, von der Stadt

'Un·we·sen 〈n.; -s; unz.〉 *schlimmes Treiben;* Banden~; ein Schwindler trieb in dem Ort sein ~; dem ~ steuern

'Un·wet·ter 〈n.〉 *Sturm u. Regen, Gewitter;* ein ~ brach los, ging nieder; vor dem ~ Schutz suchen

un·wi·der'ruf·lich 〈a. ['-----] Adj.〉 *nicht zu widerrufen, endgültig;* heute ~ letzter Tag, letzte Vorstellung (Anschlag am Theater, am Kino); ein ~es Urteil; es steht ~ fest, daß ...

un·wi·der'steh·lich 〈a. ['-----] Adj.〉 **1** *so geartet, daß man nicht widerstehen kann;* ein ~er Drang, Trieb; von ~er Komik; ein ~es Verlangen nach etwas haben; ~ angezogen werden von jmdm. od. etwas **2** 〈fig.〉 *bezwingend, bestrickend, sehr anziehend;* von ~em Reiz; er, sie ist (einfach) ~; er hält sich für ~

'Un·wil·le 〈m.〉 **1** *Ärger, Verdruß, leichter Zorn;* oV *Unwillen;* jmds. ~n erregen, hervorrufen; sein ~ richtet sich bes. gegen mich; ich konnte meinen ~n nicht länger zurückhalten; etwas mit ~n bemerken, feststellen, wahrnehmen **1.1** seinem ~n Luft machen 〈fig.; umg.〉 *deutlich sagen, worüber man sich ärgert*

'Un·wil·len 〈m.〉 = *Unwille*

'un·wirsch 〈Adj.〉 *unliebenswürdig, barsch, kurz angebunden;* ~ antworten

'un·wirt·lich 〈Adj.〉 **1** *ungastlich, unfreundlich;* ein ~es Haus **2** *einsam, unfruchtbar;* eine ~e Gegend **3** *regnerisch u. kalt;* ~es Wetter

'un·wohl 〈Adj. 40 od. 43〉 **1** *nicht wohl, nicht ganz gesund, unpäßlich;* ich bin etwas ~, mir

ist ~; sich ~ fühlen 1.1 ~ sein (von Frauen) *Menstruation haben*
'Un·zahl ⟨f.; -; unz.⟩ *sehr große Zahl, unzählbare Menge;* eine ~ von Geschenken, von Menschen
'Un·zeit ⟨f.; -; unz.; meist in der Wendung⟩ zur ~ *zu unpassender Zeit, zu einem schlecht gewählten Zeitpunkt;* zur ~ kommen
'Un·zucht ⟨f.; -; unz.⟩ *geschlechtl. Unsittlichkeit, unsittl. Handlung;* ~ treiben; widernatürliche ~; ~ mit Abhängigen; jmdn. zur ~ verführen
'un·zu·läng·lich ⟨Adj.⟩ *nicht zulänglich, nicht ausreichend, mangelhaft, ungenügend;* ~e Ausbildung, Ausrüstung, Entlohnung, Leistung, Versorgung, Vorbereitung; die sanitären Einrichtungen sind ~
'üp·pig ⟨Adj.⟩ **1** *in Fülle vorhanden, reichlich, überreich;* ~er Haarwuchs, Pflanzenwuchs; ein ~es Mahl; dort gedeiht eine ~e Vegetation; ~ wuchernde Pflanzen 1.1 *wollüstig, schwelgerisch, genießerisch, verschwenderisch;* zu ~ leben 1.2 *reich, lebendig, blühend;* eine ~e Phantasie **2** *rundlich, von vollen Formen;* sie hat eine ~e Figur; eine ~e Frau; Frau mit ~en Körperformen **3** ⟨40; umg.; scherzh.⟩ *übermütig, dreist;* werde nicht zu ~!
ur..., Ur... ⟨in Zus.⟩ **1** *den Anfang, das erste bezeichnend;* urgermanisch, Urmensch, Urtext, Urzustand **2** *einen hohen Grad bezeichnend, sehr;* uralt, urkomisch **3** *Echtheit, Unverbrauchtheit bezeichnend;* Urkraft **4** *die vorhergehende od. nachfolgende Generation bezeichnend;* Urgroßvater, Urenkel
'ur·bar ⟨Adj. 24⟩ *anbaufähig, nutzbar, pflügbar;* Boden, Land, Wald ~ machen
'Ur·bild ⟨n.⟩ **1** *Vorbild eines Abbildes* **2** ⟨fig.⟩ *Vorbild, Inbegriff, Idee;* Sy *Original(1)*
'Ur·en·kel ⟨m.⟩ *Sohn des Enkels od. der Enkelin*
'Ur·he·ber ⟨m.; -s, -⟩ **1** *Veranlasser, für eine Tat Verantwortlicher* **2** *Schöpfer, Verfasser (eines Schrift-, Musikstückes od. sonstigen Kunstwerkes);* geistiger ~
Urin ⟨[-'-] m.; -s, -e⟩ = *Harn*
'Ur·kun·de ⟨f.; -, -n⟩ **1** ⟨i. w. S.⟩ *jeder Gegenstand, der einen menschl. Gedanken verkörpert, z. B. Grenzstein, Fahrzeugnummer* 1.1 ⟨i. e. S.⟩ *Schriftstück, auf dem ein Gedanke, Wille usw. festgehalten ist, Beweisstück, Zeugnis;* eine ~ ausstellen, fälschen, unterschreiben; eine historische, mittelalterliche ~; von einer Privatperson verfaßte ~ 1.1.1 → a. *öffentlich(3.3)*
'Ur·laub ⟨m.; -(e)s, -e⟩ **1** *Erlaubnis, vom Dienst fernzubleiben;* ~ beantragen, einreichen; ~ bewilligen, genehmigen; um ~ bitten, einkommen, nachsuchen **2** *die Zeit des Fernbleibens von berufl. Arbeit (bei fortlaufenden Bezügen);* drei Tage, zwei Wochen ~; seinen ~ antreten, abbrechen; wann hast du ~?; er hat ~ vom 15. Juli bis zum 10. August; hast du schon ~ gehabt?; ~ nehmen; ein erholsamer, langer, regenreicher, ruhiger, sonniger ~; seinen ~ an der See, im Gebirge verbringen; auf, in ~ fahren; auf, in ~ gehen; auf, in ~ sein; eine Karte aus dem ~ schreiben; auf ~ kommen (Soldaten); jmdn. aus dem ~ zurückrufen
'Ur·mensch ⟨m.⟩ *der erste Mensch, älteste Erscheinungsform des Menschen*
'Ur·ne ⟨f.; -, -n⟩ **1** *Gefäß mit Deckel, zur Aufnahme der Asche nach der Verbrennung des Toten* **2** = *Wahlurne*
'Ur·sa·che ⟨f.; -, -en⟩ **1** *Grund für ein Geschehen, Ursprung, Veranlassung;* die ~ einer Krankheit, eines Streites, Unfalls, jmds. Todes; ~ und Wirkung; eine ~ erkennen, feststellen, finden, kennen, klären, vermuten; jmdm. ~ geben, etwas zu tun, zu denken; ich habe (alle) ~, anzunehmen, daß ...; wo liegt die ~ für, des ...?; einer ~ nachforschen, nachgehen, auf den Grund gehen; seine Absage war die ~ für ihre Niedergeschlagenheit; sein Verhalten hat keine ersichtliche ~; du hast keine ~, dich zu beschweren; die ~ hierfür ist unbekannt; ein Unfall aus bisher ungeklärter ~; kleine ~n, große Wirkungen ⟨Sprichw.⟩ 1.0.1 keine ~! ⟨umg.⟩ *bitte, gern geschehen (Höflichkeitsformel auf den Dank eines andern hin)*
'ur·säch·lich ⟨Adj.⟩ *die Ursache betreffend, auf ihr beruhend, durch gemeinsame Ursache od. Ursache u. Wirkung verbunden;* das steht in ~em Zusammenhang mit ...
'Ur·schrift ⟨f.⟩ *ursprüngl., erste Niederschrift*
'Ur·sprung ⟨m.⟩ **1** *Beginn, Anfang, Ausgangspunkt* 1.0.1 seinen ~ haben in etwas *mit etwas beginnen* **2** *Entstehung;* der Kindergarten verdankt seinen ~ zwei alten Leuten **3** *Herkunft;* ein Wort lateinischen ~s
ur'sprüng·lich ⟨a. ['---] Adj.; Abk.: urspr.⟩ **1** ⟨24⟩ *am Anfang, zu Beginn befindlich, zuerst vorhanden;* der ~e Text lautete ganz anders; der ~e Plan wurde geändert **2** ⟨24/50⟩ *anfangs, zuerst;* ~ hatte ich die Absicht, zu ...; der Text war ~ viel länger **3** *einfach, naturhaft, natürlich;* Wasser von ~er Reinheit **4** *urwüchsig, unverbildet, echt;* sie hat einen ~en Sinn für alles Schöne
'Ur·stoff ⟨m.⟩ **1** *Grundstoff, Element* **2** *der unbelebten u. belebten Welt zu Grunde liegender Stoff;* Sy *Materie(1)*
'Ur·teil ⟨n.; -s, -e⟩ **1** ⟨Rechtsw.⟩ *Entscheidung des Richters im Prozeß, Richterspruch;* Sy *Sentenz(2);* ein Todes~ aussprechen, begründen, fällen; das ~ anfechten, anerkennen, aufheben, bestätigen, sprechen, vollstrecken, vollziehen; das ~ ergeht morgen, liegt bereits vor; ein ~ revidieren; ein gerechtes, hartes, mildes, ungerechtes ~; gegen ein ~ Berufung einlegen; das ~ in diesem Prozeß; jmdm. od. sich selbst sein ~ sprechen ⟨fig.⟩; das ~ über diese Angelegenheit ist noch nicht gesprochen ⟨fig.⟩ **2** *prüfende Beurteilung;* Sachverständigen~; ein ~ abgeben, äußern; ein fachmännisches, nüchternes, objektives, parteiisches, sachliches, unparteiisches, unsachliches ~; ein allgemeines, klares, maßgebendes, salomonisches, unmaßgebliches, vorschnelles, weises, wohlüberlegtes ~; ein abfälliges, abschätziges, vernichtendes ~; mit einem ~ ins Schwarze treffen; das ~ des Paris ⟨Myth.⟩ **3** *sich auf bestimmte Gründe stützende feste Meinung;* Wert~; das ~ der Fachwelt, der Nachwelt, der öffentlichen Meinung; sich ein ~ bilden über jmdn. od. etwas; es ist das einmütige ~ aller; etwas, nichts auf jmds. ~ geben; er hat mich in meinem ~ bestärkt; ich bin in meinem ~ unsicher geworden; sie hielt mit ihrem ~ zurück; wie kommst du zu diesem ~?; ich bin schließlich zu dem ~ gekommen,

daß ...; wir sind zu verschiedenen ~en gekommen **4** *Fähigkeit, etwas richtig zu beurteilen;* sein ~ ist unfehlbar; sie hat ein gutes ~; kein ~ haben; ich habe darüber kein ~; auf sein ~ kann man sich verlassen

'ur·tei·len ⟨V. 400⟩ **1** ⟨400⟩ *ein Urteil(2) abgeben, fällen;* abfällig, gerecht, hart, milde, parteiisch, unsachlich, vorschnell ~; ohne Ansehen der Person ~; über etwas od. jmdn. ~; wie ~ Sie über ...? **2** ⟨405⟩ ~ nach *sich ein Urteil(3) bilden;* man darf nicht nach dem äußeren Schein ~; dem Erfolg nach zu ~, hat er ...; wenn man nach dem Erfolg ~ darf, dann ...

'ur·tüm·lich ⟨Adj.⟩ **1** *ursprünglich, urwüchsig* **2** *unverbildet, unberührt, natürlich-einfach*

'Ur·wald ⟨m.⟩ *unberührter, nicht bewirtschafteter, nicht kultivierter Wald, bes. in den Tropen*

'ur·wüch·sig ⟨Adj.⟩ **1** *auf natürliche Weise einfach, naturhaft* **1.1** *unverbildet, auf natürliche Weise grob* **2** *wild* **3** *bodenständig*

'Ur·zeit ⟨f.⟩ **1** *älteste Zeit der Erdgeschichte* **1.1** seit ~en *seit langem, solange man denken kann*

Uten'si·li·en ⟨nur Pl.⟩ *(kleine, notwendige) Geräte, Gegenstände, Werkzeuge;* Schreib~; Mal~

Uto'pie ⟨f.; -, -n⟩ **1** *Schilderung eines künftigen gesellschaftl. Zustandes* **2** *Wunschtraum, Hirngespinst, Schwärmerei*

V

vag ⟨[va:g] Adj.⟩ = *vage*

Va·ga'bund ⟨[va-] m.; -en, -en⟩ **1** = *Landstreicher* **2** ⟨fig.⟩ *rastloser, ruheloser, umhergetriebener Mensch*

va·ge ⟨['va:gə]; Adj.⟩ eine Vorstellung, Idee ist ~ *unbestimmt, ungenau, verschwommen;* oV *vag;* etwas nur ~ beschreiben

va'kant ⟨[va-] Adj. 24⟩ ~e Stelle *offene, unbesetzte S.*

Va·ku·um ⟨['va:-] n.; -s, -kua od. -ku·en; Phys.⟩ *Raum, der (nahezu) luftleer ist*

Va'lu·ta ⟨[va-] f.; -, -ten⟩ **1** *Wert einer Währung, Ware (an einem bestimmten Tag)* **2** *(ausländ.) Währung* **3** *Termin, an dem eine Verzinsung od. Frist einer Zahlung beginnt*

Vamp ⟨[væmp] m.; -s, -s⟩ *erotisch stark anziehende, kalt berechnende Frau*

Vam·pir ⟨['vam-] österr. [-'-]; m.; -s, -e⟩ **1** *Angehöriger einer Familie der Fledermäuse, die kein Blut saugen, sondern es nur auflecken: Desmodontidae;* Sy *Blutsauger(1.3)* **2** ⟨Volksglaube⟩ *blutsaugendes Nachtgespenst;* Sy *Blutsauger(2)* **3** = *Blutsauger(3)*

Va'nil·le ⟨a. [-'niljə] f.; -; unz.⟩ **1** *Angehörige einer Gattung der Orchideen: Vanilla* 1.1 echte ~ *Pflanze mit zylindrischen Früchten, die nach Fermentieren ein charakterist. Aroma erhalten, das für Süßspeisen beliebt ist: Vanilla planifolia* **2** *Frucht der Vanille(1.1) als Gewürz*

va·ria·bel ⟨[va-'--] Adj.⟩ *wandelbar, veränderlich;* Ggs *konstant*

Va·ri'an·te ⟨[va-] f.; -, -n⟩ *veränderte Form, Abart, Spielart*

Va·rie·té ⟨[variə'te:] n.; -s, -s⟩ *Bühne für akrobat., tänzer., musikal. u. a. Vorführungen;* oV *Variété* ⟨schweiz.⟩

Va·rié·té ⟨[varie'te:] n.; -s, -s; schweiz.⟩ = *Varieté*

va·ri'ieren ⟨[v-]; V.⟩ **1** ⟨400⟩ etwas variiert *ist verschieden, anders, weicht ab* **2** ⟨500⟩ etwas ~ *etwas verändern, abwandeln* 2.1 ein Thema ~ ⟨Mus.⟩ *melodisch, harmonisch od. rhythmisch abwandeln*

Va'sall ⟨[va-] m.; -en, -en⟩ **1** *Gefolgsmann* **2** = *Lehnsmann*

Va·se ⟨['va-]; f.; -, -n⟩ *kunstvoll gearbeitetes Gefäß aus Ton, Porzellan od. Glas für Schnittblumen;* Blumen~

'Va·ter ⟨m.; -s, ¨-⟩ **1** *Erzeuger eines Kindes;* er hat seinen ~ nie gekannt; ~ sein, werden; den ~ verlieren; er ist glücklicher ~ (geworden); mein leiblicher ~; ~ von drei Kindern; du bist deinem ~ wie aus dem Gesicht geschnitten (, so ähnlich siehst du ihm); wer ist der ~ dieses Kindes?; wo ist der ~?; wo ist mein, dein, unser, euer ~?; ~ werden ist nicht schwer, ~ sein dagegen sehr ⟨Sprichw. nach Wilhelm Busch⟩ 1.0.1 sich zu seinen Vätern versammeln ⟨fig.⟩ *sterben* **2** *Familienoberhaupt, Ernährer;* Familien~, Haus~; die Familie ist des ~s beraubt worden; du sollst deinen ~ und deine Mutter ehren (4. Gebot); ein guter, liebevoller, nachsichtiger, strenger, treusorgender ~; er hat wie ein ~ an mir gehandelt **3** *Beschützer;* ein ~ der Obdachlosen, der Waisen **4** *Leiter, Vorsteher, Schöpfer;* Turn~ Jahn; der ~ einer Idee; die Väter der Stadt berieten darüber; Holberg als ~ des dänischen Theaters; ~ unser, der du bist im Himmel (Gebetsanfang) **4.0.1** hier ist der Wunsch der ~ des Gedankens *dieser Gedanke entspringt nur dem Wunsch u. ist kaum zu verwirklichen* **4.0.2** → a. *himmlisch(2.4)* **5** *Ordenspriester, Pater* **5.0.1** → a. *geistlich(2.4)* **6** *(Anrede für ältere Männer, bes. Geistliche)* **6.1** ~ Rhein ⟨poet.⟩ *der Rhein* **6.2** ~ Staat ⟨scherzh.⟩ *der Staat, bes. als Steuereinnehmer* **6.3** → a. *heilig(2.1)* **7** ⟨Bgb.⟩ *Fundort* **8** ⟨bei Prägewerkzeugen⟩ *der obere Stempel*

'Va·ter·land ⟨n.⟩ *Land, in dem man geboren od. aufgewachsen ist, Heimat(land);* ein einiges, geeintes, geteiltes, wiedervereinigtes ~; der Prophet gilt nichts in seinem ~ ⟨Sprichw.⟩

'vä·ter·lich ⟨Adj.⟩ **1** ⟨60⟩ *den Vater betreffend, dem Vater zugehörend, vom Vater stammend;* das ~e Erbe; er wird später das ~e Geschäft übernehmen; das ~e Handwerk erlernen; von ~er Linie, Seite her; hör auf meinen ~en Rat; er gab seinen ~en Segen **1.1** ~e Gewalt ⟨Rechtsw.⟩ *Bestimmungsrecht über Person u. Vermögen des Kindes* **2** *einem Vater gemäß, wie ein Vater handelnd;* jmdm. ein ~er Freund sein; ~e Liebe; ~es Wohlwollen; jmdn. ~ beraten, betreuen, unterstützen; jmdm. ~ helfen, zureden; ~ an jmdm. handeln; ~ auf jmdn. einreden

'Va·ter·schaft ⟨f.; -, -en⟩ *das Vatersein, Rechtsverhältnis des Vaters zum Kind;* Bestimmung, Feststellung der ~; eheliche, uneheliche ~; die ~ anerkennen, annehmen, feststellen; die ~ ablehnen, bestreiten, leugnen

Ve·ge'ta·ri·er ⟨[v-] m.; -s, -⟩ *jmd., der sich nur von pflanzl. Kost ernährt*

Ve·ge·ta·ti'on ⟨[v-] f.; -, -en⟩ **1** *Leben, Wachstum der Pflanzen* **2** *Gesamtheit der in einem Gebiet vorkommenden Pflanzen*

ve·ge·ta'tiv ⟨[v-] Adj.⟩ **1** *pflanzlich* **2** ~es Nervensystem ⟨Med.⟩ *unbewußtes, nicht dem Willen unterliegendes N.;* Sy *autonomes Nervensystem*

ve·ge'tie·ren ⟨[v-] V.⟩ *(kümmerlich) dahinleben*

ve·he'ment ⟨[v-] Adj.⟩ ~e Bewegung *heftige, ungestüme B.*

Ve'hi·kel ⟨[v-] n.; -s, -⟩ **1** *(bes. altes, altmodisches, schlechtes) Fahrzeug* **2** ⟨fig.⟩ *Mittel zum Zweck*

'Veil·chen ⟨n.; -s, -⟩ **1** *zu einer über die ganze Erde verbreiteten Gattung der Veilchengewächse gehörende frühblühende, meist kleine Blume;* Sy *Viola*[1] **2** er ist blau wie ein ~ ⟨fig.; umg.⟩ *sehr betrunken*

Ve·ne ⟨['ve:-] f.; -, -n; Med.⟩ *zum Herzen führendes Blutgefäß;* Ggs *Arterie*

Ven'til ⟨[vɛn-] n.; -s, -e⟩ **1** *Vorrichtung zum Absperren von Flüssigkeiten u. Gasen, als Kugel, Kegel, Nadel usw.;* ein ~ öffnen, schließen; das ~ ist verstopft **2** ⟨bei Blechblasinstrumenten⟩ *Mechanismus, der die urspr. Stim-*

mung verändert **3** ⟨bei der Orgel⟩ *die Luftzufuhr regelnde Klappe* **4** ⟨El.⟩ *Gleichrichter* **5** er braucht, sucht ein ~ für seinen Zorn ⟨fig.⟩ *er muß seinem Z. Ausdruck verleihen*

Ven·ti'la·tor ⟨[vɛn-] m.; -s, -'to·ren⟩ *Vorrichtung zur Lüftung von Räumen, Bewetterung von Bergwerken, zur Kühlung von Motoren usw.*

ver... ⟨in Zus. mit Verben⟩ **1** *das Abweichen von der Richtung, das Falsche, Mißgestalten, Verkehren ins Gegenteil bezeichnend;* Gebäude verbauen, Stoff verschneiden, Charakter verbilden; sich verrechnen, sich verhören, verbieten, sich etwas verbitten **2** *das Vollenden einer Handlung bezeichnend;* verbrauchen, verdursten, verklingen, verwelken **3** *das Steigern, Verstärken bezeichnend;* verdichten, veredeln, vergrößern, verschließen **4** *das Verwandeln bezeichnend;* verfinstern, verflüssigen, verkohlen **5** *das Zusammenbringen bezeichnend;* verflechten, verknüpfen, vermischen **6** *das Auseinanderbringen, Weggehen bezeichnend;* verjagen, verlieren, verschütten **7** ⟨mundartl.⟩ *(in verschiedenen Bedeutungen)* 7.1 sich verkühlen *erkälten* 7.2 verzählen *erzählen*

ver'ab·re·den ⟨V. 500⟩ **1** etwas ~ *vereinbaren;* eine Besprechung, ein Stelldichein, Zeit u. Ort für eine Zusammenkunft ~; wir haben verabredet, daß ...; zur verabredeten Zeit; wir treffen uns wie bereits verabredet **2** ⟨500/R3⟩ sich (mit jmdm.) ~ *ein Treffen (mit jmdm.) vereinbaren, festlegen;* ich habe mich mit ihm um 4 Uhr vor dem Kino verabredet **2.0.1** ich bin leider schon verabredet *ich habe leider schon ein Treffen vereinbart*

ver'ab·schie·den ⟨V. 500⟩ **1** jmdn. ~ *zum Weggehen veranlassen;* er verabschiedete ihn mit ein paar freundlichen Worten **2** jmdn. ~ *aus dem Dienst entlassen;* einen Beamten, einen Offizier ~ **3** ein Gesetz ~ *beschließen* **4** ⟨R3⟩ sich ~ *Abschied nehmen;* gestern hat er sich von uns verabschiedet

ver'ach·ten ⟨V. 500⟩ **1** ⟨500⟩ jmdn. od. etwas ~ *für schlecht, nichts wert halten;* Ggs *achten(1);* er verachtet jede übertriebene Höflichkeit; jmdn. wegen seiner Feigheit ~ **2** etwas ~ *verschmähen, nicht nehmen, unbeachtet lassen* 2.1 dieser Wein ist nicht zu ~ ⟨umg.⟩ *recht gut* **3** eine Sache ~ *für gering, nicht für wichtig ansehen;* eine Gefahr, den Tod ~

ver'ächt·lich ⟨Adj.⟩ **1** ⟨70⟩ *Verachtung verdienend;* eine ~e Haltung, Handlungsweise; eine ~e Gesinnung erkennen lassen; ein ~er Kerl 1.1 jmdn. ~ machen *in den Augen der anderen herabsetzen;* damit hat er sich selbst ~ gemacht **2** *von Verachtung zeugend, mit, voller Verachtung;* ~e Blicke, Worte; jmdn. ~ ansehen, behandeln; ~ von jmdm. sprechen

ver'al·ten ⟨V. 400(s.)⟩ etwas veraltet *bleibt nicht zeitgemäß, wird unmodern, hält mit der Entwicklung nicht Schritt, kommt außer Gebrauch;* Anschauungen, Ansichten ~; Kleidermoden ~; Maschinen ~; Wörter ~

Ve'ran·da ⟨[v-]; f.; -, -den⟩ *vor- od. eingebauter, überdachter, meist mit Glaswänden versehener Raum an einem Haus;* ein Haus mit ~

ver'än·dern ⟨V. 500⟩ **1** jmdn. od. etwas ~ *anders machen, umgestalten, verwandeln, umarbeiten;* im jugendlichen Überschwang will er am liebsten die ganze Welt ~; an einer Sache etwas ~; mit veränderter Stimme sprechen; seitdem ist er ganz verändert **2** ⟨R3⟩ sich ~ *anders werden;* du hast dich sehr verändert, seit ...; du hast dich in den letzten Jahren gar nicht verändert; er hat sich zu seinen Gunsten, seinem Nachteil, seinen Ungunsten, seinem Vorteil verändert 2.1 ⟨umg.⟩ *Stellung, Beruf od. Wohnung wechseln;* er hat sich verändert

ver'an·kern ⟨V. 500⟩ **1** ein Schiff ~ *durch Anker befestigen;* ein verankertes Schiff **2** eine Sache ~ ⟨fig.⟩ *festlegen;* das Recht der Freizügigkeit ist in der Verfassung verankert; ein im Gesetz verankertes Recht

ver'an·la·gen ⟨V. 500⟩ jmdn. od. etwas ~ *einschätzen, die Höhe der Steuern für jmdn. od. etwas festsetzen;* er wurde vom Finanzamt mit diesem Betrag veranlagt

ver'an·lagt **1** ⟨Part. Perf. von⟩ *veranlagen* **2** ⟨Adj. 24/70⟩ *in bestimmter Weise begabt, befähigt, mit bestimmten Eigenschaften versehen, bestimmte Charakteranlagen aufweisend;* sie ist künstlerisch ~; ein musikalisch ~er Mensch

Ver'an·la·gung ⟨f.; -, -en⟩ **1** *Festsetzung (der Steuern)* **2** *Charakteranlage, angeborene Fähigkeit od. Unfähigkeit, Begabung;* das ist ~; eine einseitige, künstlerische, krankhafte ~; er hat eine glückliche ~

ver'an·las·sen ⟨V. 500⟩ **1** etwas ~ *dafür sorgen, daß etwas geschieht, etwas bewirken, hervorrufen, anordnen;* wollen Sie bitte ~, daß ...; Maßnahmen ~; ich werde das Nötige, alles weitere ~; wer hat das veranlaßt? **2** ⟨550⟩ jmdn. zu etwas ~ *jmdn. dazu bringen, etwas zu tun, jmdn. zu etwas bewegen, anregen;* ich fühlte mich veranlaßt, schnellstens einzugreifen; was mag ihn zu diesem Entschluß veranlaßt haben?

ver'an·schla·gen ⟨V. 500⟩ **1** etwas ~ *schätzen, im voraus berechnen;* die Kosten ~; man hat die Kosten zu niedrig veranschlagt; die veranschlagten Kosten für den Hausbau wurden weit überschritten; wie hoch ~ Sie den Bau des Theaters? **2** eine Sache ~ *bewerten;* sein Einfluß kann nicht hoch genug veranschlagt werden

ver'an·stal·ten ⟨V. 500⟩ eine Sache ~ *ins Werk setzen, stattfinden lassen, abhalten, durchführen;* eine Ausstellung, Tagung, Volkszählung ~; ein Fest ~; das demoskopische Institut veranstaltete eine neue Meinungsumfrage über ...

ver'ant·wor·ten ⟨V. 500⟩ **1** etwas ~ *die Verantwortung übernehmen, die Folgen für etwas tragen;* ich werde es ~; eine Anordnung, einen Befehl, eine Maßnahme, Tat ~ 1.1 *rechtfertigen;* ich kann es nicht ~, daß ...; es ist nicht zu ~, daß ... wie soll ich, willst du das ~? **2** ⟨514/R3⟩ sich ~ *sich rechtfertigen, sich verteidigen;* er muß sich für seine Tat ~; du wirst dich deswegen, dafür ~ müssen, zu ~ haben; er muß sich vor Gericht ~; er wird sich wegen dieses Vorfalls ~ müssen

ver'ant·wort·lich ⟨Adj. 24⟩ **1** *die Verantwortung tragend;* Klage gegen den ~en Schriftleiter; die Verantwortlichen bestrafen, zur Rechenschaft ziehen; ~ bleiben für eine Maßnahme, Handlung usw; dafür bist du ~; er ist voll ~ für seine Tat 1.1 jmdn. für etwas ~ machen *jmdm. die Schuld an einer Sache geben;* für den Unfall kann man ihn nicht ~ machen 1.2 ~ zeichnen *durch Unterschrift eine Verantwortung übernehmen* 2 ⟨60⟩ *Verantwortung erfordernd;* es ist ein ~es Amt; er hat einen ~en Posten

Ver'ant·wor·tung ⟨f.; -; unz.⟩ 1 *das Verantworten(1);* es ist auf meine ~ (hin) geschehen; das kannst du nur auf deine eigene ~ (hin) tun 2 *Verpflichtung, für (seine) Handlungen einzustehen, ihre Folgen zu tragen;* die ~ ablehnen, haben, tragen, übernehmen; die ~ kann dir niemand abnehmen; die ~ kannst du nicht einfach abschütteln; er versuchte, die ~ von sich abzuwälzen; er wollte mir die ~ aufbürden, auferlegen, zuschieben; jmdn. der ~ entheben; sich der ~ (durch die Flucht) entziehen; die ~ lastet schwer auf ihr; die ~ ist mir zu groß; ich übernehme keine ~ dafür; eine schwere ~ auf sich laden, nehmen; die ~ für diese Maßnahme hat ...; ihm fehlt der Mut zur ~ 3 *Rechenschaft;* jmdn. zur ~ ziehen

ver'ar·bei·ten ⟨V. 500⟩ 1 etwas ~ *als Material für die Herstellung von etwas verwenden;* Stoffe zu Kleidung ~; die ~de Industrie; verarbeitetes Silber 1.1 Speisen im Magen ~ *verdauen* 2 eine Sache ~ *auf sich wirken lassen, eine S. durchdenken, geistig bewältigen, sich eine eigene Meinung über etwas bilden;* Erlebtes, Gehörtes, Gelesenes, Gesehenes ~; Erlebnisse, Eindrücke ~; ein Buch, neue Eindrücke geistig ~

ver'ar·gen ⟨V. 530/R6⟩ jmdm. etwas ~ *übelnehmen, jmdm. deswegen böse sein*

ver'aus·ga·ben ⟨V. 500⟩ 1 Geld ~ *ausgeben* 2 ⟨R3⟩ sich ~ *sein Geld völlig ausgeben* 3 ⟨R3⟩ sich ~ ⟨fig.⟩ *sich bis zur Erschöpfung anstrengen, sein Bestes, alles hergeben, so daß man nichts Neues mehr schaffen kann;* er hat sich mit diesem einen Werk völlig verausgabt

ver'äu·ßern ⟨V. 500⟩ 1 etwas ~ *verkaufen* 2 Rechte ~ *übertragen*

Verb ⟨[vɛrp] n.; -s, -ben⟩ *flektierbares Wort, das Tätigkeiten, Vorgänge u. Zustände bezeichnet, z. B. gehen, er geht;* oV *Verbum*

Ver'band ⟨m.; -(e)s, ⸗e⟩ 1 *Gewebe, das zum Schutz über einer Wunde od. erkrankten Körperstelle befestigt wird;* einen ~ anlegen, abnehmen, erneuern, wechseln 2 *Bund, Zusammenschluß (von Vereinen, Körperschaften, Angehörigen eines Berufes usw.);* Schriftsteller~, Ärzte~; einem ~ beitreten; einen ~ gründen; ~ Deutscher Elektrotechniker ⟨Abk.: VDE⟩; ~ der Kriegsbeschädigten, Kriegshinterbliebenen u. Sozialrentner ⟨Abk.: VdK⟩ 3 *organisatorische od. zeitlich begrenzte Zusammenfassung mehrerer militär. Einheiten;* Truppen~; im ~ fahren (von Kriegsschiffen); im ~ fliegen (von Flugzeugen) 4 *regelmäßige, gruppenweise Anpflanzung (von Pflanzen, Obstbäumen usw.)* 5 *die Verbindung, das Ineinandergreifen von Hölzern od. Mauersteinen*

ver'ban·nen ⟨V. 500⟩ 1 jmdn. ~ *aus einem bestimmten Gebiet, meist dem Land, weisen, jmdm. strafweise einen bestimmten Aufenthaltsort zuweisen;* jmdn. auf eine Insel ~ 2 jmdn. od. etwas ~ *ausschließen, jmdm. od. etwas den Zugang verwehren;* sie verbannte ihn, alle Gedanken an ihn aus ihrem Herzen, Sinn

Ver'ban·nung ⟨f.; -, -en⟩ Sy *Acht*[3] ⟨veralt.⟩ 1 *das Verbannen;* die ~ Napoleons 2 *das Verbanntsein;* lebenslängliche ~; ~ auf Lebenszeit; aus der ~ zurückkehren; in die ~ gehen; in der ~ leben; jmdn. in die ~ schicken; nach, vor, während seiner ~ 3 *Ort, an den jmd. verbannt ist od. wird*

ver'bau·en ⟨V. 500⟩ 1 ⟨530/R5⟩ jmdm. etwas ~ *durch Bauen versperren;* jmdm. durch einen Neubau die Aussicht, den Blick auf die Berge, in das Tal ~ 2 ⟨530/R5 od. R6⟩ jmdm. die Aussichten ~ ⟨fig.⟩ *jmds. A. zunichte machen;* jmdm. alle Möglichkeiten (zum Weiterkommen) ~; er hat sich seine Zukunft gründlich verbaut 3 etwas ~ *beim Bauen verbrauchen;* Holz ~ 3.1 Geld ~ *beim Bauen ausgeben* 4 etwas ~ *falsch, unzweckmäßig bauen;* das Haus ist völlig verbaut 4.1 ⟨R3⟩ sich ~ ⟨umg.⟩ *beim Bauen einen Fehler machen;* die Maurer haben sich verbaut

ver'bei·ßen ⟨V. 105/500⟩ 1 ⟨550/R3⟩ ein Tier verbeißt sich in etwas *beißt sich in etwas fest;* der Hund verbeißt sich im Wild; die Hunde haben sich ineinander verbissen 2 ⟨550/R3⟩ sich in etwas ~ ⟨fig.⟩ *hartnäckig an etwas festhalten, nicht los-, nicht lockerlassen;* er hat sich regelrecht in die Arbeit, in dieses Problem verbissen 3 ⟨530/R1⟩ sich eine Gefühlsäußerung ~ *eine G. zurückhalten, nicht zeigen, unterdrücken;* ich mußte mir das Lachen ~; seinen Zorn ~

ver'ber·gen ⟨V. 106/500⟩ 1 ⟨R7⟩ jmdn. od. etwas ~ *den Blicken od. dem Zugriff anderer entziehen, verstecken;* das Gesicht in den Händen, an jmds. Schulter ~; sich hinter einem Busch ~; sich vor der Polizei, vor Verfolgern ~; eine verborgene Gefahr; Gott sieht auch das Verborgene, ins Verborgene; sich verborgen halten; ich vermutete eine verborgene Falle ⟨fig.⟩ 1.1 im Verborgenen bleiben *unbemerkt* 1.2 sie blüht wie ein Veilchen im Verborgenen *sie lebt bescheiden u. zurückgezogen, so daß man ihre Vorzüge nicht so schnell entdeckt* 2 etwas ~ ⟨fig.⟩ *verheimlichen, nicht sagen;* du verbirgst mir doch etwas!; sie konnte ihre Erregung nicht ~; seine Gedanken, seine Meinung ~; Liebe läßt sich nicht ~ ⟨Sprichw.⟩

ver'bes·sern ⟨V. 500⟩ 1 etwas ~ *besser machen, vervollkommnen;* eine Erfindung ~; er will damit seine finanzielle Lage ~; zweite, verbesserte Auflage (auf Buchtiteln) 1.1 (s)eine Leistung, einen Rekord ~ *steigern, überbieten* 2 ⟨R3⟩ sich ~ *bessere Lebensbedingungen für sich schaffen;* mit der neuen Wohnung haben wir uns sehr verbessert 2.1 er konnte sich ~ *mehr Gehalt, eine bessere Stellung bekommen* 3 etwas ~ *richtig machen, richtigstellen;* eine Aussage, einen Fehler ~; einen Aufsatz, jmds. Aussprache, Fehler, Rechtschreibung ~ 4 ⟨R8⟩ jmdn. ~ *jmds. Aussage, Aussprache usw. berichtigen* 4.1 ich muß mich ~ *ich muß berichtigen, was ich eben gesagt habe*

ver'bie·gen ⟨V. 109/500⟩ 1 ⟨R7⟩ etwas ~ *in die falsche Richtung biegen, durch falsches Biegen entstellen, gebrauchsunfähig machen;* ein verbogenes Rückgrat haben 2 einen Charakter ~ ⟨fig.⟩ *durch schlechten Einfluß, falsche Erziehung verbilden, schlecht machen*

ver'bie·ten ⟨V. 110/500⟩ **1** ⟨530⟩ jmdm. etwas ~ *nicht erlauben, untersagen;* eine solche Handlungsweise verbietet mir mein Ehrgefühl; der Arzt hat mir das Rauchen verboten; Betreten, Eintritt, Zutritt verboten; Rauchen verboten!; es ist (bei Strafe) verboten, zu ...; das sollte, müßte verboten werden **1.0.1** eine solche Reise verbietet mir mein Geldbeutel *meine finanziellen Verhältnisse erlauben mir eine solche R. nicht, ich kann sie mir nicht leisten* **1.0.2** die Zeitung ist verboten worden *die weitere Herausgabe der Zeitung* **1.0.3** die Verbotene Stadt *der Kaiserpalast in Peking* **1.0.4** verbotener Weg *W., dessen Benutzung nicht erlaubt ist* **1.0.5** → a. *Haus(1.1), Mund(3.04)* **1.1** verboten aussehen ⟨fig.; umg.⟩ *in seiner Erscheinung völlig aus dem Rahmen fallen* **1.1.1** bei ihm sieht es verboten aus *unvorstellbar liederlich* **1.1.2** in dem Kleid sieht sie verboten aus *häßlich, komisch* **2** ⟨513/R3⟩ etwas verbietet sich von selbst *es ist ganz selbstverständlich, daß das nicht geschehen darf*

ver'bin·den ⟨V. 111/500⟩ **1** ⟨R7 od. R8⟩ jmdn. od. etwas ~ *mit einem Verband versehen;* ein verletztes Bein, eine Wunde ~; einen Verletzten ~; er hat den Arm verbunden **2** ⟨530/R5⟩ jmdm. die Augen ~ *mit einer Binde verdecken;* mit verbundenen Augen **3** ⟨517⟩ etwas mit etwas ~ *zusammenbringen, eine Verbindung mit etwas herstellen;* zwei Enden, Fäden ~; zwei Holzteile, Maschinenteile, Wagen ~; Zahlen, Sätze, Gedanken ~; die Straßenbahnlinie verbindet den Vorort mit der Stadt; das Zimmer ist mit dem Bad durch eine Tür verbunden; die ~den Worte (zwischen einzelnen Vorführungen) **4** ⟨517/R3⟩ etwas verbindet sich mit etwas *vereinigt, vermischt sich mit etwas;* Mehl, Zucker usw. ~ sich mit Flüssigkeit zum Teig **5** ⟨517; fig.⟩ etwas mit etwas ~ *an etwas anschließen, zugleich haben;* das Angenehme mit dem Nützlichen ~ **5.1** etwas ist mit etwas verbunden *ist mit etwas verknüpft, geht mit etwas einher;* die Sache ist mit Schwierigkeiten verbunden; die damit verbundene Mühe, die damit verbundenen Kosten **6** etwas verbindet jmdn. mit jmdm. *etwas erhält eine Beziehung zwischen jmdm. u. einem anderen aufrecht;* uns ~ viele gemeinsame Interessen; wir fühlen uns (innerlich) sehr verbunden **7** ⟨517⟩ jmdn. mit jmdm. od. etwas ~ *eine Fernsprechverbindung zwischen jmdm. u. einem anderen herstellen;* mit wem darf ich Sie ~?; bitte ~ Sie mich mit München 57 42 38, mit dem Abteilungsleiter; falsch verbunden! **8** ⟨517/R3⟩ sich mit jmdm. ~ ⟨fig.⟩ *verbünden, zusammentun;* sie haben sich fürs Leben verbunden **9** ⟨530/R3⟩ sich jmdm. ~ ⟨geh.⟩ *zu Dank verpflichten;* Sie würden mich Ihnen sehr ~, wenn Sie ...; ich bin Ihnen für Ihre Anteilnahme, Hilfe usw. sehr verbunden **10** ⟨550/R3⟩ sich zu etwas ~ ⟨veralt.⟩ *sich zu etwas verpflichten;* das verbindet mich zu strengstem Stillschweigen

ver'bind·lich ⟨Adj.⟩ **1** *höflich, liebenswürdig, gefällig, zuvorkommend;* ein ~es Benehmen; ~e Worte; ~en, ~sten Dank!; ein sehr ~er Mensch; ~e Redensarten miteinander austauschen, wechseln; ~e Umgangsformen; ~, ~st danken; ich danke ~, ~st; ~ lächeln **2** *verpflichtend;* eine ~e Zusage; ein ~es Abkommen; ~e Verpflichtungen eingehen

Ver'bind·lich·keit ⟨f.; -, -en⟩ **1** *Verpflichtung, Schulden;* (keine) ~en eingehen, haben; seine ~en erfüllen **1.1** *Schulden;* gegen jmdn. ~en haben in Höhe von ... **2** *Höflichkeit, Liebenswürdigkeit, verbindl. Wesen*

Ver'bin·dung ⟨f.⟩ **1** *das Verbinden;* die ~ von Holz-, Maschinenteilen **2** *das, was verbindet;* eine ~ herstellen zwischen zwei Punkten **3** *Zustand des Verbundenseins, Zusammenhang, Beziehung;* ich habe die ~ zu ihm schon lange abgebrochen; die ~ mit jmdm. aufnehmen; eine ~ herstellen zwischen zwei Vorkommnissen; briefliche, mündliche, schriftliche ~; eine eheliche, freundschaftliche, gesellschaftliche, harmonische, innere ~; eine enge, feste, innige, lockere, unlösbare ~; viel Bewegung in ~ mit vernünftiger Ernährung; die verbilligte Fahrkarte gilt nur in ~ mit dem Ausweis; mit jmdm. in ~ bleiben; jmdn. mit einem Ereignis in ~ bringen; sich mit jmdm. in ~ setzen; das eine Ereignis steht in ~ mit dem andern; ich stehe noch, nicht mehr in ~ mit ihm; in ~ treten mit jmdm. **3.0.1** mit einem Mädchen eine ~ eingehen *ein M. heiraten* **3.1** *Beziehung zu, Bekanntschaft mit einflußreichen od. unterrichteten Menschen, Geschäftsunternehmen usw.;* neue ~en anknüpfen, knüpfen, suchen; gute, keine ~en haben (zu einflußreichen Persönlichkeiten) **4** *Eisenbahn-, Straßenbahn-, Autobuslinie, Möglichkeit zur Beförderung;* Verkehrs~; ~ durch Bahn, Brücken, Bus, Fähre, Flugzeuge; Sie haben direkte ~ nach Frankfurt; gute, schlechte ~ zum Arbeitsplatz haben **5** *Fernsprechanschluß mit einem andern Teilnehmer;* (keine) ~ bekommen; haben Sie (telephon.) ~ (mit München)?; eine ~ herstellen zwischen zwei Fernsprechteilnehmern; die ~ unterbrechen; die (telephon.) ~ ist nicht zustande gekommen **6** *Studentenverbindung, Korps;* einer farbentragenden, nichtschlagenden, schlagenden ~ angehören **7** = *chemische Verbindung;* eine ~ eingehen

ver'bis·sen 1 ⟨Part. Perf. von⟩ *verbeißen* **2** ⟨Adj.⟩ **2.1** ⟨fig.⟩ *hartnäckig u. zäh;* mit ~em Fleiß arbeiten; mit ~er Hartnäckigkeit hielt er an seinem Plan fest; ~ arbeiten **2.2** *verhalten zornig, grimmig;* ~ dreinschauen

ver'bit·ten ⟨V. 112/530/R1⟩ sich etwas ~ *verlangen, daß etwas unterbleibt;* das verbitte ich mir!; ich verbitte mir jede Einmischung in meine Angelegenheiten!; ich verbitte mir diesen Ton!; das möchte ich mir verbeten haben!

ver'bit·tern ⟨V. 500⟩ **1** etwas verbittert jmdn. *macht jmdn. unzufrieden, griesgrämig, bringt jmdn. zu einer menschenfeindl. Haltung;* die schweren Schicksalsschläge haben ihn verbittert **1.1** ⟨Part. Perf.⟩ verbittert *unzufrieden, griesgrämig, menschenfeindlich*

ver'blas·sen ⟨V. 400(s.)⟩ **1** etwas verblaßt *wird blaß, verbleicht;* die Farbe ist schon etwas verblaßt **2** ein Eindruck verblaßt ⟨fig.⟩ *läßt nach, verschwindet allmählich;* meine Erinnerungen an diese Zeit ~

Ver'bleib ⟨m.; -(e)s; unz.⟩ *Aufenthaltsort (einer*

vermißten Person od. Sache); wissen Sie etwas über seinen ~?

ver'blei·ben ⟨V. 114(s.)⟩ **1** ⟨411⟩ *verharren, an einem Ort, in einer Stellung bleiben;* ein weiteres Verbleiben im Amt war für ihn nach diesem Vorfall nicht mehr möglich; die kleineren Kinder wurden evakuiert, die größeren sind im Heim verblieben; er wird noch so lange in seiner Stellung ~, bis die Sache entschieden ist **2** ⟨300; am Briefschluß⟩ *bleiben;* ich verbleibe Ihr sehr ergebener ... **3** ⟨600⟩ jmdm. ~ *übrig bleiben;* es sind mir noch fünf Mark verblieben; die ~de Summe **4** ⟨413⟩ *etwas vereinbaren, wie vereinbart belassen;* wir sind so verblieben, daß er mich anruft, wenn er etwas Neues erfährt; und wie seid ihr verblieben?

ver'blei·chen ⟨V. 126/400(s.)⟩ **1** etwas verbleicht *wird farblos, blaß;* die Farbe, der Stoff ist verblichen **2** ⟨fig.; poet.⟩ *sterben;* sein verblichener Vater **2.1** der Verblichene *der Tote, Verstorbene*

ver'blen·den ⟨V. 500⟩ **1** Mauerwerk ~ *mit anderem, besserem Baustoff (Blendsteinen) verkleiden* **2** jmdn. ~ ⟨fig.⟩ *der Einsicht, vernünftigen Überlegung berauben;* er ist (von seinen Erfolgen, seiner Leidenschaft, seinem Ehrgeiz) völlig verblendet

ver'blüf·fen ⟨V. 500/R7 od. R8⟩ jmdn. ~ *in sprachloses Erstaunen setzen, sehr überraschen;* jmdn. durch eine schlagfertige Antwort ~; laß dich nicht ~!; mit ~der Sicherheit, Offenheit; es ist ~d, wie schnell er das gelernt hat; sie sehen einander ~d ähnlich; ich war so verblüfft, daß ich nichts zu sagen wußte; ich war völlig verblüfft, als ich das sah, hörte

ver'blü·hen ⟨V. 400(s.)⟩ **1** Blumen ~ *hören auf zu blühen, verwelken* **2** ⟨fig.⟩ *altern;* sie sieht verblüht aus **2.1** eine verblühte Schönheit ⟨fig.⟩ *eine gealterte Frau, der man jedoch ihre einstige Schönheit noch ansieht* **3** ⟨fig.; umg.⟩ *weggehen, verschwinden;* verblühe!; ich verblühe jetzt

ver'blümt ⟨Adj.⟩ *höflich umschrieben, schonend verhüllt, angedeutet;* Ggs *unverblümt;* ein ~er Ausdruck, Vorwurf; etwas ~ ausdrücken

ver'bor·gen[1] ⟨V. 500⟩ etwas ~ *verleihen*

ver'bor·gen[2] **1** ⟨Part. Perf. von⟩ *verbergen* **2** ⟨Adj.⟩ *versteckt, unbemerkt, heimlich;* etwas od. sich ~ halten; etwas im Verborgenen tun; im Verborgenen leben **2.1** im Verborgenen bleiben *unbemerkt bleiben, unaufgeklärt bleiben* **2.2** *nicht wahrnehmbar, aber dennoch vorhanden u. wirksam;* Sy *latent(1)*

Ver'bot ⟨n.; -(e)s, -e⟩ *Untersagung, Befehl, etwas nicht zu tun;* Ausgeh~, Park~; ein ~ erlassen, übertreten; ärztliches, ausdrückliches, strenges ~; gegen ein ~ handeln; trotz meines ~s hat er ...

ver'brä·men ⟨V. 500⟩ **1** ein Kleidungsstück ~ *am Rand verzieren, bes. mit Pelz;* ein mit Pelz verbrämter Mantel **2** eine Sache ~ ⟨fig.⟩ *verhüllend, verblümt sagen, umschreiben;* einen Vorwurf, eine Ablehnung mit schönen Worten ~

ver'brau·chen ⟨V. 500⟩ **1** etwas ~ *immer wieder von einem Vorrat wegnehmen u. verwenden;* Gas, Strom ~; Geld, Kohlen, Lebensmittel, Papier, Seife, Stoff ~ **2** etwas ~ *völlig für einen Zweck verwenden;* wir haben den ganzen Vorrat verbraucht **3** ⟨R7⟩ jmdn. od. etwas ~ *abnutzen, verschleißen* **3.1** verbrauchte Luft *schlechte L.* **3.2** er, sie ist (alt und) verbraucht ⟨fig.⟩ *nicht mehr leistungsfähig*

Ver'bre·chen ⟨n.; -s, -⟩ **1** ⟨Rechtsw.⟩ *schwere Rechtsverletzung, Straftat, die mit einer Freiheitsstrafe von mindestens einem Jahr bestraft wird;* ein ~ begehen **2** ⟨fig.⟩ *verantwortungslose Handlung;* es ist ein ~, das Kind dauernd zum Lügen anzuhalten; ~ gegen die Gesundheit, gegen die Menschlichkeit

ver'brei·ten ⟨V. 500⟩ **1** etwas ~ *veranlassen, daß etwas in weiten Kreisen bekannt wird;* ein Gerücht, eine Nachricht ~ **2** ⟨R3⟩ etwas verbreitet sich *wird bekannt;* die Nachricht verbreitete sich rasch **3** Entsetzen, Schrecken ~ *überall erregen* **4** ⟨R3⟩ etwas verbreitet sich *tritt in immer weiterem Umkreis auf;* ein Geruch verbreitet sich; eine Krankheit verbreitet sich **4.1** ⟨Part. Perf.⟩ verbreitet *in weiten Kreisen anzutreffen;* der Glaube, daß ..., ist sehr verbreitet; eine verbreitete Ansicht **4.1.1** eine verbreitete Zeitung *Z., die an vielen Orten, von vielen Personen gelesen wird* **5** ⟨550/R3⟩ sich über ein Thema ~ ⟨fig.; geh.⟩ *sich ausführlich zu einem T. äußern*

ver'bren·nen ⟨V. 117⟩ **1** ⟨400⟩ *durch Feuer zerstört werden;* unsere Bücher, Möbel sind beim Bombenangriff verbrannt; zu Asche ~ **2** ⟨400(s.)⟩ etwas verbrennt *wird durch zu große Hitze verdorben;* den Braten ~ lassen; verbrannt riechen, schmecken **2.1** verbrannte Wiesen *durch Sonne u. lange Trockenheit ausgedörrte, braun gewordene W.* **2.2** sein Gesicht ist von der Sonne verbrannt ⟨fig.⟩ *stark gebräunt* **3** ⟨500⟩ jmdn. od. etwas ~ *durch Feuer zerstören, ins Feuer werfen;* Briefe, Holz, Papier ~; Leichen ~; jmdn. als Ketzer ~ ⟨MA⟩ **4** ⟨500/R3⟩ sich ~ *sich eine Brandwunde zuziehen* **5** ⟨530/R1⟩ sich etwas ~ *durch zu große Hitze verletzen;* ich habe mir die Finger am Ofen verbrannt; er hat sich den Mund mit heißer Suppe verbrannt

Ver'bren·nungs·kraft·ma·schi·ne ⟨f.⟩ *Kraftmaschine, bei der Energie durch Verbrennung eines Kraftstoff-Luft-Gemisches in einem Zylinder erzeugt wird;* Sy *Verbrennungsmotor*

Ver'bren·nungs·mo·tor ⟨m.⟩ = *Verbrennungskraftmaschine*

ver'brin·gen ⟨V. 118/500⟩ **1** Zeit ~ *verleben, zubringen;* die Zeit mit Lesen ~; den Urlaub an der See, im Gebirge ~ **2** ⟨511⟩ jmdn. od. etwas an einen Ort ~ *an einen Ort bringen;* er wurde in eine Heilanstalt verbracht

Ver·bum ⟨['vɛr-]; n.; -s, -ba⟩ = *Verb*

ver'bün·den ⟨V. 500/R3⟩ sich (mit jmdm.) ~ *ein Bündnis mit jmdm. schließen, sich zusammenschließen;* verbündete Staaten

ver'bür·gen ⟨V. 500⟩ **1** etwas verbürgt etwas *leistet Gewähr, gibt Sicherheit für etwas;* guter Wille allein verbürgt noch nicht das Gelingen der Sache **1.1** eine verbürgte Nachricht *von amtl. od. maßgebender Stelle bestätigte N., beweisbare, authentische N.* **2** ⟨550/R3⟩ sich für etwas od. jmdn. ~ *für etwas od. jmdn. Bürgschaft leisten, einstehen;* ich verbürge mich für die Richtigkeit der Sache, für die Wahrheit dieser Behauptung; ich verbürge mich für seine Zuverlässigkeit, Ehrlichkeit

Ver'dacht ⟨m.; -(e)s; unz.⟩ **1** *Argwohn, Vermutung von etwas Schlechtem;* einen ~ auf jmd. anderen abwälzen; einen ~ äußern; sich dem ~ aussetzen, gestohlen zu haben; ~ erregen; der ~ ist auf ihn gefallen; ~ schöpfen; begründeter, unbegründeter ~; jmdn. in ~ bringen; in ~ geraten, kommen; im ~ des Diebstahls stehen; er ist über jeden ~ erhaben **1.0.1** ich habe den ~, daß ... *ich vermute, daß ...* **1.0.2** jmdn. in ~ haben, daß er ... *vermuten, daß er ...* **2** etwas auf ~ tun ⟨umg.⟩ *etwas aufs Geratewohl tun, ohne genau zu wissen, ob es richtig ist, etwas probieren*

ver'däch·tig ⟨Adj.⟩ **1** *in einem Verdacht stehend, mutmaßlich schuldig;* der Unterschlagung ~ sein **1.1** sich ~ machen *Verdacht erregen* **2** *zweifelhaft, nicht glaubwürdig, bedenklich;* der Mann, die Sache kommt mir ~ vor

ver'däch·ti·gen ⟨V. 500/R8⟩ jmdn. ~ *eines Unrechts bezichtigen, für mutmaßlich schuldig halten, beschuldigen;* jmdn. des Diebstahls ~; ich will niemanden ~, aber ...; er wird verdächtigt, daß er ...

ver'dam·men ⟨V. 500/R7 od. R8⟩ **1** jmdn. ~ *verurteilen, verwerfen, verfluchen* **1.1** die Verdammten ⟨Rel.⟩ *alle, die zur Höllenstrafe verdammt worden sind*

ver'dan·ken ⟨V. 530/R6⟩ jmdm. etwas ~ **1** *jmdm. für etwas Dank schuldig sein;* ich verdanke ihm meine Rettung; ich habe ihm sehr viel zu ~ **2** ⟨schweiz.; mundartl.⟩ *für etwas danken;* hast du dein Weihnachtsgeschenk schon verdankt?

ver'dau·en ⟨V. 500⟩ **1** (Nahrung) ~ *im Körper verarbeiten;* diese Speise ist gut, leicht, schlecht, schwer zu ~ **2** eine Sache ~ ⟨fig.⟩ *geistig verarbeiten;* ich muß die vielen Eindrücke, Erlebnisse erst ~

Ver'deck ⟨n.⟩ **1** *oberstes Schiffsdeck* **2** *Wagendach;* das ~ herunterklappen

ver'decken ⟨-k·k-; V. 500⟩ **1** jmdn. od. etwas ~ *zudecken, der Sicht entziehen;* die Bäume ~ die Aussicht auf die Straße; das Bild verdeckt einen Flecken auf der Wand; eine Locke verdeckt seine Stirn **2** eine Sache ~ *verbergen;* er suchte seine Enttäuschung durch ein Lachen zu ~

ver'den·ken ⟨V. 119/530/R5 od. R6⟩ jmdm. etwas ~ *verargen, verübeln, übelnehmen*

ver'der·ben ⟨V. 273⟩ **1** ⟨400(s.)⟩ etwas verdirbt *wird schlecht, unbrauchbar od. ungenießbar;* Speisen, Nahrungsmittel ~ lassen; das Fleisch, Obst ist verdorben **1.1** verdorbene Luft *verbrauchte, stickige L.* **2** ⟨500⟩ etwas ~ *schädigen* **2.1** ⟨530/R5⟩ sich die Augen ~ *sich die Sehkraft schädigen* **2.2** ⟨530/R5⟩ sich den Magen ~ *durch ungeeignete od. zuviel Speise eine Magenstörung, Übelkeit hervorrufen;* einen verdorbenen Magen haben **2.3** die Preise ~ *durch Unterbieten herunterdrücken* **3** ⟨503/R5⟩ (sich) etwas ~ *unbrauchbar machen, zerstören, vernichten;* sich mit Schokolade den Appetit ~; solch ein Anblick verdirbt einem ja den Appetit; sie hat den Kuchen, Braten verdorben **3.0.1** jmdm. die Freude, den Geschmack, die Lust an etwas ~ *jmdm. die Freude usw. an etwas nehmen, zerstören* **3.0.2** jmdm. das Spiel ~ *jmdm. die Freude am Spiel nehmen, ihm das S. stören* **3.1** ⟨517⟩ es mit jmdm. ~ *sich jmds. anhaltenden Unwillen zuziehen, jmds. Gunst verlieren* **4** ⟨500/R8⟩ jmdn. ~ *zugrunde richten, moralisch schlecht beeinflussen* **4.1** ⟨Part. Perf.⟩ verdorben, verderbt ⟨fig.⟩ *moralisch verkommen;* er ist durch und durch verdorben

Ver'der·ben ⟨n.; -s; unz.⟩ **1** *Untergang, Zerstörung, Vernichtung;* in sein ~ rennen; jmdn. ins ~ stürzen **2** ⟨fig.⟩ *moral. Verfall;* der Alkohol war sein ~

ver'dich·ten ⟨V. 500⟩ **1** etwas ~ *zusammendrängen, -drücken;* Gase ~ **2** ⟨R3⟩ etwas verdichtet sich *wird dichter;* der Nebel verdichtet sich immer mehr **2.1** ⟨553⟩ etwas verdichtet sich zu einem Verdacht ⟨fig.⟩ *läßt einen V. aufkommen;* die einzelnen Momente ~ sich zu einem dringenden Tatverdacht

ver'die·nen ⟨V. 500⟩ etwas ~ **1** *durch Arbeit, Leistung erwerben, erhalten;* Geld ~; er verdient 4 Mark in der Stunde; sich ein Taschengeld mit Stundengeben ~; sich seinen Unterhalt mit Gelegenheitsarbeiten ~; er hat sich sein Studium selbst verdient **2** *ein Anrecht erwerben, Anspruch haben auf etwas;* seine Leistungen ~ Beachtung, Lob; er verdient Vertrauen **2.1** eine verdiente Persönlichkeit *jmd., der Bedeutendes geleistet hat, der Anerkennung beanspruchen darf* **2.2** sich um etwas od. jmdn. verdient machen *viel für etwas od. jmdn. leisten* **3** *(als Ausgleich einer Schuld) gerechterweise erleiden müssen;* er hat Strafe verdient; ich habe es nicht um dich verdient, daß du mich so behandelst; seine verdiente Strafe bekommen **3.1** er hat es verdient, er verdient es nicht besser, nicht anders *es geschieht ihm recht*

Ver'dienst[1] ⟨m.; -(e)s, -e⟩ *durch Arbeit erworbenes Geld;* einen auskömmlichen, guten, geringen ~ haben

Ver'dienst[2] ⟨n.; -(e)s, -e⟩ **1** *verdienstliche Tat, Tat zum Wohle anderer;* wenn es seiner Mutter heute wieder gut geht, so ist das sein ~; seine ~e um die Entwicklung des Schulwesens **1.0.1** → a. *Krone(1.3)* **2** *Anspruch auf Ansehen, Anerkennung, auf Dank;* er hat sich um unsere Stadt große ~e erworben; jmdn. nach ~ belohnen **2.1** sich etwas zum ~ anrechnen *eine eigene Leistung für anerkennenswert halten*

ver'din·gen ⟨V. 500; veralt.⟩ **1** eine Arbeit ~ *ausgeben, vergeben, einen Vertrag mit jmdm. über eine A. schließen* **2** ⟨500/R3⟩ sich ~ *eine Arbeit annehmen, Dienst nehmen;* sich als Knecht bei einem Bauern ~

ver'dop·peln ⟨V. 500/R7⟩ **1** etwas ~ *doppelt machen, um die gleiche Größe, Zahl, das gleiche Maß vermehren;* einen Konsonanten ~ **2** eine Sache ~ ⟨fig.⟩ *sehr beschleunigen, verstärken;* seinen Eifer, seine Anstrengungen ~

ver'dor·ren ⟨V. 400(s.)⟩ Pflanzen ~ *trocknen, werden dürr, trocknen aus*

ver'drän·gen ⟨V. 500⟩ **1** jmdn. od. etwas ~ *beiseite drängen, zur Seite schieben;* eine Vorstellung verdrängte die andere; das Schiff verdrängt 1500 t (Wasser); jmdn. aus jmds. Vertrauen ~; jmdn. aus seiner Stellung ~; jmdn. von seinem Platz ~ **2** eine Sache ~ ⟨Psych.⟩ *unterbewußt unterdrücken* **2.1** verdrängte Komplexe *unterdrückte, aus dem Bewußtsein ausgeschiedene, im Unterbewußtsein*

aber weiterwirkende u. in sog. Ersatzhandlungen sich ausdrückende K.
ver'dre·hen ⟨V. 500⟩ **1** etwas ~ *falsch drehen, zu weit drehen;* die Augen ~; den Schlüssel im Schloß ~ (so daß er sich nicht mehr bewegen läßt); jmdm. das Handgelenk ~ **1.0.1** den Hals ~ (vor Neugierde) *weit drehen u. recken, um etwas sehen zu können* **2** ⟨fig.⟩ *(bewußt) falsch deuten, unrichtig darstellen od. wiedergeben;* das Recht ~; er hat den Sinn meiner Worte (völlig) verdreht; Tatsachen ~
ver'drie·ßen ⟨V. 274/500⟩ **1** etwas verdrießt jmdn. *bereitet jmdm. Verdruß, Ärger, macht jmdn. mißmutig;* es verdrießt mich, daß ...; seine Antwort verdroß mich **1.1** sich etwas nicht ~ lassen *nicht verleiden lassen, sich die Freude an etwas nicht nehmen lassen;* laß es dich nicht ~!
ver'drieß·lich ⟨Adj.⟩ **1** *schlechtgelaunt, mißmutig, ärgerlich, mürrisch;* ein ~es Gesicht machen; du bist heute so ~ **2** *zu Verdruß Anlaß gebend;* eine ~e Sache, eine ~e Arbeit
ver'dros·sen 1 ⟨Part. Perf. von⟩ *verdrießen* **2** ⟨Adj.⟩ *mürrisch, unlustig;* ~ seine Arbeit tun; ein ~es Gesicht machen
ver'drücken ⟨-k·k-; V. 500⟩ **1** etwas ~ *zerdrücken, zerknittern;* Stoff, ein Kleid ~; die Kleider, Anzüge sind im Koffer verdrückt worden **2** etwas ~ ⟨umg.⟩ *essen;* er hat fünf Stück Kuchen verdrückt **3** ⟨R3⟩ sich ~ ⟨umg.⟩ *sich heimlich, unauffällig entfernen*
Ver'druß ⟨m.; -s·ses; unz.⟩ *Ärger;* jmdm. ~ bereiten; wir wollen es sein lassen, es bringt, gibt nur ~; ich habe mit der Sache noch großen, viel ~ gehabt
ver'dun·keln ⟨V. 500⟩ **1** etwas ~ *dunkel, dunkler machen;* einen Raum ~ **1.1** ein Fenster ~ *verhängen, so daß kein Licht nach außen dringen kann* **1.2** Tränen verdunkelten ihren Blick *trübten, verschleierten ihren B.* **1.3** den Glanz ~ *beeinträchtigen, matter machen* **2** Tatbestände ~ ⟨Rechtsw.⟩ *verschleiern* **3** ⟨R3⟩ etwas verdunkelt sich *wird dunkel;* der Himmel verdunkelt sich; die Sonne verdunkelt sich (bei Sonnenfinsternis)
ver'dun·sten ⟨V. 400(s.)⟩ Flüssigkeiten ~ *gehen (langsam) in Gasform über*
ver'dutzt ⟨Adj.⟩ *überrascht, verblüfft, verwirrt;* ein ~es Gesicht machen; „...?" fragte er ~
ver'eb·ben ⟨V. 400(s.)⟩ eine Sache verebbt ⟨fig.⟩ *klingt langsam ab, verklingt, läßt nach, wird allmählich still;* der Beifall, der Lärm, das Stimmengewirr verebbte (allmählich)
ver'eh·ren ⟨V. 500⟩ **1** ⟨R8⟩ jmdn. ~ *sehr hoch schätzen, bewundernd, ehrfurchtsvoll lieben;* einen Lehrer, Schauspieler ~; ein Mädchen ~; Verehrteste!, Verehrtester! (leicht iron. Anrede); verehrte Anwesende!; verehrte Gäste! (Anrede vor einer Ansprache); sehr verehrte gnädige Frau! (Anrede im Brief); unser verehrter Herr Präsident **2** Götter, Heilige ~ *Göttern, Heiligen kult. Ehren erweisen;* die Germanen verehrten ihre Götter in heiligen Hainen **3** ⟨530⟩ jmdm. etwas ~ *schenken, als Geschenk überreichen;* er hat mir das Buch zum Geburtstag verehrt
ver'ei·di·gen ⟨V. 500/R8⟩ jmdn. ~ *durch Eid verpflichten;* Beamte, Rekruten ~
Ver'ein ⟨m.; -(e)s, -e⟩ **1** *Verbindung von Personen zu gemeinsamer Beschäftigung auf geselligem, sportl., künstler., wirtschaftl. o. ä. Gebiet;* → a. *Klub;* Gesang ~, Sport ~; einem ~ beitreten, einen ~ gründen; aus einem ~ austreten; in einen ~ eintreten; ~ Deutscher Ingenieure ⟨Abk.: VDI⟩ **1.1** → a. *eintragen(1.1)* **2** im ~ mit *zusammen mit, gemeinsam mit*
ver'ein·bar ⟨Adj.⟩ *so beschaffen, daß man es mit etwas anderem vereinigen, zusammenbringen kann;* die beiden Ansichten, Pläne sind nicht, sind ohne weiteres miteinander ~
ver'ein·ba·ren ⟨V. 500⟩ eine Sache ~ *verabreden, abmachen, miteinander festlegen;* wir haben vereinbart, daß ...; einen Preis ~; einen Treffpunkt, Zeitpunkt ~
ver'ei·nen ⟨V. 500/R8; geh.⟩ **1** jmdn. od. etwas ~ *zusammenbringen, vereinigen* **1.1** (wieder) vereint sein *(wieder) zusammen, beisammen sein* **1.2** mit vereinten Kräften *gemeinsam, durch gemeinsame Anstrengung*
ver'ei·ni·gen ⟨V. 500/R8 od. 517/R8⟩ **1** jmdn. od. etwas ~ *verbinden, zusammenschließen, zusammenbringen, in Einklang, in Übereinstimmung bringen;* mehrere Ämter, Funktionen, Unternehmen in einer Hand ~; sich mit etwas od. jmdm. zu gemeinsamem Tun ~; unsere Ansichten, Absichten lassen sich nicht miteinander ~ **1.1** ⟨R4⟩ hier vereinigt sich die Isar mit der Donau, hier ~ sich I. und D. *fließen zusammen*
ver'ein·zelt ⟨Adj. 24⟩ *nur einzeln (vorhanden), hier u. da, nur selten (vorhanden), gelegentlich;* solche Fälle treten nur ~ auf; man findet diese Pflanzen noch ~ an hochgelegenen Orten
ver'ei·teln ⟨V. 500⟩ eine Sache ~ *zum Scheitern bringen, zunichte machen, verhindern;* Pläne, Hoffnungen, Unternehmungen ~
ver'en·den ⟨V. 400(s.)⟩ ein Tier verendet *stirbt*
ver'er·ben ⟨V. 500⟩ **1** ⟨530⟩ jmdm. etwas ~ *als Erbe hinterlassen;* jmdm. ein Grundstück, Vermögen ~ **1.1** ⟨fig.; umg.; scherzh.⟩ *schenken, überlassen;* kannst du mir nicht deinen Wintermantel ~? **2** ⟨530⟩ jmdm. etwas ~ *etwas als Erbanlage auf jmdn. übertragen;* die zarte Konstitution hat ihm sein Vater vererbt; eine Eigenschaft, Krankheit auf ein Kind ~ **3** ⟨R3⟩ sich ~ *als Erbanlage übertragen werden;* erworbene Eigenschaften ~ sich nicht
ver'ewi·gen ⟨V. 500⟩ **1** ⟨R7⟩ sich od. etwas ~ *unvergeßlich, unsterblich machen;* durch große Werke seinen Namen ~ **1.1** ⟨R3⟩ sich ~ ⟨umg.⟩ *lange Zeit sichtbare Spuren seiner Anwesenheit hinterlassen;* auf dem Teppich hat sich ein Hund verewigt **2** etwas ~ ⟨fig.⟩ *langdauernd machen;* wir wollen diesen Zustand nicht ~
ver'fah·ren ⟨V. 130⟩ **1** ⟨413(s.)⟩ *handeln, vorgehen, eine Sache auf bestimmte Weise erledigen;* wir könnten vielleicht so ~; wir ~ am besten so, daß wir zuerst ...; eigenmächtig, grausam, rücksichtsvoll, rücksichtslos, schonend ~ **1.1** ⟨417(s.)⟩ mit jmdm. ~ *jmdn. behandeln;* so kannst du nicht mit ihm ~!; schlecht, übel mit jmdm. ~ **2** ⟨500⟩ Geld, Zeit ~ ⟨umg.⟩ *durch Fahren verbrauchen* **3** ⟨500⟩ eine Sache ~ ⟨fig.⟩ *falsch anpacken, falsch durchführen, in eine falsche Richtung lenken;* die Sache ist völlig ~ **3.1** eine ~e Geschichte *bisher falsch behandelte Angelegenheit* **4** ⟨500/R3⟩ sich ~ *in*

die Irre fahren, beim Fahren auf einen falschen Weg geraten; wir haben uns ~

Ver'fah·ren ⟨n.; -s, -⟩ **1** *Art u. Weise einer Ausführung, Handlungsweise, eines Vorgehens;* ein ~ anwenden; geschicktes, ungeschicktes, grausames, rücksichtsloses ~; planmäßiges ~; mit diesem ~ kommen wir nicht weiter; nach dem modernsten, neuesten ~ arbeiten; vereinfachtes ~ ⟨oft scherzh.⟩ **2** ⟨Rechtsw.⟩ *Reihenfolge notwendiger Rechtshandlungen zur Erledigung einer Rechtssache;* ein ~ gegen jmdn. einleiten; das ~ einstellen; das ~ eröffnen; gerichtliches ~

Ver'fall ⟨m.; -(e)s; unz.⟩ **1** *das Verfallen(1);* ein Gebäude dem ~ preisgeben; der ~ läßt sich nicht aufhalten; gesundheitlicher, geistiger, körperlicher ~; moralischer, sittlicher ~; der ~ einer alten Kultur, Kunst; der ~ des Römischen Reiches; in ~ geraten **2** *Ende der Geltungsdauer;* Gutscheine vor dem ~ einlösen **2.1** *das Fälligwerden (von Wechseln)* **3** *Verbindung von zwei Dachfirsten ungleicher Höhe*

ver'fal·len ⟨V. 131(s.)⟩ **1** ⟨400⟩ *allmählich, stückweise zerfallen, sich auflösen* **1.1** ein Gebäude verfällt *wird baufällig;* eine ~e Burg **1.2** jmd. verfällt *verliert die körperliche u. geistige Kraft, Frische;* der Kranke verfiel in den nächsten Tagen zusehends; er sieht ganz ~ aus **1.3** eine Sache verfällt *verliert allmählich die Lebenskraft u. Wirksamkeit;* seine Autorität verfiel im letzten halben Jahr **2** ⟨400⟩ etwas verfällt *verliert seine Gültigkeit, wird ungültig;* die Gutscheine ~ nach vier Wochen; der Wechsel verfällt am 1.4.; ihre Einreiseerlaubnis ist bereits ~ **3** ⟨800⟩ in ein Verhalten, einen Zustand ~ *unversehens ein Verhalten annehmen, in einen Zustand geraten;* in einen Fehler ~; in Melancholie, Trübsinn ~; in tiefes Nachdenken ~ **4** ⟨800⟩ auf etwas ~ *plötzlich auf etwas kommen, einen (den anderen meist etwas wunderlich erscheinenden) Einfall zu etwas haben;* auf einen Gedanken ~; darauf ~, etwas zu tun; wie ist er denn bloß darauf ~? **5** ⟨600⟩ jmdm. od. einer Sache ~ *sich nicht mehr von jmdm. od. einer Sache lösen können;* er ist ihr mit Haut und Haar ~; dem Alkohol, dem Trunk ~; einem Laster ~

ver'fan·gen ⟨V. 132⟩ **1** ⟨650/R3⟩ sich in einer Sache ~ *verwickeln, verwirren;* das Tier hat sich im Netz, in einem Strick ~ **1.1** ⟨550/R3⟩ sich in Widersprüche ~ *sich in W. verwickeln, durch W. die eigenen Lügen aufdecken* **2** ⟨410⟩ etwas verfängt *wirkt, hilft, nützt;* hier verfängt nichts mehr; alle Bitten, Mahnungen verfingen bei ihm nicht; vielleicht verfängt ein Geldangebot bei ihm; schöne Worte ~ bei mir nicht

ver'fäng·lich ⟨Adj.⟩ **1** *verdächtig;* sich in einer ~en Situation befinden; in eine ~e Situation geraten **2** *peinlich, bloßstellend* **2.1** ~e Frage *F., deren Beantwortung Nachteile für den Antwortenden mit sich bringen kann*

ver'fär·ben ⟨V.⟩ **1** ⟨500⟩ etwas ~ *falsch färben, durch Färben unansehnlich machen* **2** ⟨500/R3⟩ sich ~ *die Farbe wechseln;* der Stoff hat sich verfärbt **2.1** *blaß werden;* bei der Erwähnung dieser unangenehmen Geschichte verfärbte sie sich **3** ⟨400⟩ Schalenwild verfärbt ⟨jägerspr.⟩ *wechselt das Haarkleid (im Frühjahr u. Herbst)*

ver'fas·sen ⟨V. 500⟩ etwas ~ *schreiben, schriftlich herstellen;* eine Abhandlung, Beschwerde, Eingabe, Rede ~; einen Artikel, Brief ~; ein Buch ~

Ver'fas·sung ⟨f.; -, -en⟩ **1** *die schriftl. fixierten Grundsätze über Form u. Aufbau eines Staates sowie seine Rechte u. Pflichten gegenüber seinen Bürgern u. umgekehrt;* die ~ ändern; die ~ brechen; auf Grund der ~ haben wir das Recht dazu; gegen die ~ handeln, verstoßen **2** *körperl. od. seel. Zustand;* in ausgezeichneter, guter, schlechter ~ sein; ich bin nicht in der ~ mitzugehen; geistige, körperliche, seelische ~; er ist in keiner guten ~; in solcher ~ kann er die Reise unmöglich durchhalten; ich fand ihn, die Kinder, das Haus in einer unbeschreiblichen ~ vor

ver'fech·ten ⟨V. 133/500⟩ eine Sache ~ *für eine S. eintreten, eine S. verteidigen;* eine Meinung, einen Standpunkt ~

ver'feh·len ⟨V. 500⟩ **1** jmdn. od. etwas ~ *nicht erreichen, nicht treffen, nicht finden;* ich habe den Zug verfehlt **1.1** ⟨R4⟩ sich ~ *einander trotz Verabredung nicht treffen* **2** etwas ~ *am eigentlichen Ziel vorbeigehen;* wir haben den Weg, die richtige Abzweigung verfehlt; der Pfeil, Schuß verfehlte sein Ziel; diese Maßnahme wird ihren Zweck nicht ~; diese Maßnahme hat ihren Zweck völlig verfehlt **2.0.1** seine Worte verfehlten ihre Wirkung (nicht) *hatten (nicht) die beabsichtigte Wirkung* **2.1** er hat seinen Beruf verfehlt *er hat den falschen B. gewählt, hätte einen anderen B. ergreifen sollen (als scherzh. Lob für jmdn., der eine bes. Leistung außerhalb seines Berufs vollbracht hat)* **2.2** er hat das Thema verfehlt *das T. nicht begriffen, nicht genau über das gegebene T. geschrieben od. gesprochen* **2.3** ⟨Part. Perf.⟩ verfehlt *verkehrt, falsch, unangebracht, fehl am Platze;* ich halte es für völlig verfehlt, das jetzt zu tun **3** etwas ~ ⟨geh.⟩ *versäumen;* ich werde nicht ~, Sie aufzusuchen

ver'fla·chen ⟨V.⟩ **1** ⟨500⟩ etwas ~ *flach machen* **2** ⟨400(s.)⟩ etwas verflacht *wird flach;* das Gelände verflacht **2.1** Wasser verflacht *wird seicht* **3** ⟨400(s.)⟩ eine Sache verflacht *wird oberflächlich;* ein Gespräch verflacht; die Kunst dieser Zeit ist verflacht

ver'flech·ten ⟨V. 135⟩ **1** ⟨510⟩ etwas in, mit etwas ~ *in etwas einflechten, durch Flechten mit etwas innig verbinden;* Bänder, Zweige miteinander ~ **2** ⟨510⟩ jmdn. od. eine Sache in, mit einer Sache ~ ⟨fig.⟩ *in einen engen Zusammenhang bringen;* zwei Angelegenheiten, Unternehmen miteinander ~; in eine Angelegenheit verflochten werden

ver'flie·gen ⟨V. 136⟩ **1** ⟨400(s.)⟩ ein Geruch verfliegt *verschwindet;* der Duft verfliegt schnell; den Kaffee verschlossen aufbewahren, damit das Aroma nicht verfliegt **2** ⟨400(s.)⟩ eine Gefühlsbewegung, die Zeit verfliegt *vergeht schnell;* seine Begeisterung ist verflogen; sein Ärger war rasch wieder verflogen; die Stunden verflogen im Nu **3** ⟨500/R3⟩ sich ~ *falsch fliegen, sich beim Fliegen verirren*

ver'flie·ßen ⟨V. 138/400(s.)⟩ **1** Zeit verfließt *geht dahin, vergeht, läuft ab;* es sind schon drei Monate, Wochen verflossen; all die verflossene

Herrlichkeit, Pracht; im verflossenen Jahr 1.1 seine Verflossene ⟨fig.; umg.⟩ *seine ehemalige Braut od. Freundin* 2 Sachen ~ *gehen ineinander über, werden undeutlich;* Begriffe, Grenzen ~

ver'flixt ⟨Adj.⟩ 1 ⟨umg.; verhüllend⟩ *verflucht, verdammt, ärgerlich, unangenehm, lästig, schwierig;* ~!, ~ nochmal! (Ausruf der Ungeduld, des Ärgers); das ist eine ~e Geschichte, Sache; diese ~en Wespen! 1.0.1 ~ und zugenäht! *(Ausruf der Ungeduld)* 1.1 ⟨50⟩ *sehr;* das ist ja ~ schnell gegangen; das ist mir ~ unangenehm

ver'flu·chen ⟨V. 500⟩ 1 ⟨R7 od. R8⟩ jmdn. ~ *verdammen, verwünschen, durch Fluch verstoßen, Gottes Strafe auf jmdn. herabwünschen;* seinen Sohn ~ 2 etwas ~ ⟨fig.⟩ *heftig über etwas schimpfen, etwas sehr bereuen, wünschen, daß etwas nicht so sei;* ich habe es schon oft verflucht, daß ich damit angefangen, daß ich mich darauf eingelassen habe; eine Arbeit ~

ver'flucht 1 ⟨Part. Perf. von⟩ *verfluchen* 2 ⟨Adj.; umg.⟩ *sehr (unangenehm), sehr peinlich;* ~! (Fluch, Ausruf des Ärgers); eine ~e Geschichte, Sache; das ist mir ~ peinlich, unangenehm; es geht mir ~ schlecht; es ist ~ schwierig 2.1 ~es Schwein haben ⟨fig.; umg.⟩ *großes Glück haben;* da hat er aber ~es Schwein gehabt

ver'flüch·ti·gen ⟨V. 500⟩ 1 eine Flüssigkeit ~ *in gasförmigen Zustand überführen* 2 ⟨R3⟩ etwas verflüchtigt sich *geht in einen gasförmigen Zustand über* 3 ⟨R3⟩ sich ~ ⟨fig.; umg.; scherzh.⟩ *heimlich, unauffällig weggehen, auf unerklärliche Weise verschwinden;* mein Schlüssel hat sich (wohl) verflüchtigt

ver'fol·gen ⟨V. 500⟩ 1 ⟨R8⟩ jmdn., ein Tier od. deren Spuren ~ *jmds. od. eines Tieres Spur folgen, nacheilen, jmdn. od. ein Tier einzufangen suchen;* einen Flüchtling, einen fliehenden Verbrecher ~; der Hund verfolgt die Spur des Wildes; jmdn. mit den Blicken ~; Verfolgte(r) des Naziregimes ⟨DDR; Abk.: VdN⟩ 1.1 jmdn. mit Anträgen, Bitten usw. ~ ⟨fig.⟩ *bedrängen, plagen, belästigen* 1.2 jmdn. mit seinem Haß ~ ⟨fig.⟩ *jmdn. überall seinen H. spüren lassen* 1.3 der Gedanke verfolgt mich seit Tagen ⟨fig.⟩ *begleitet mich, peinigt od. ängstigt mich* 1.4 vom Unglück verfolgt *oft von U. betroffen* 2 einen Vorgang, eine Handlung ~ *beobachten;* eine Entwicklung aufmerksam, interessiert, gespannt ~ 3 ein Ziel, einen Zweck ~ *zu erreichen, zu verwirklichen suchen;* eine Absicht ~; was für einen Zweck verfolgst du damit?

ver'frach·ten ⟨V. 500⟩ 1 Waren ~ *als Fracht auf den Weg bringen, verladen* 2 ⟨511/R7⟩ jmdn. in etwas ~ ⟨fig.; umg.⟩ *bringen;* ein Kind, einen Kranken ins Bett ~; jmdn. in den Zug ~

ver'fro·ren ⟨Adj.⟩ 1 *leicht frierend;* sie ist sehr ~ 2 *sehr frierend, durchkältet;* ich bin ganz ~ nach Hause gekommen

ver'fü·gen ⟨V.⟩ 1 ⟨500⟩ etwas ~ *anordnen, bestimmen;* den Bau einer neuen Schule ~ 2 ⟨800⟩ über etwas ~ *zur Verfügung haben, jederzeit beliebig verwenden können, etwas besitzen;* er verfügt über genügend Beziehungen, so daß er ...; er verfügt über großen Einfluß; über eine größere Summe ~; er verfügt über ein großes Wissen; er kann über sein Taschengeld frei ~ 3 ⟨800⟩ über jmdn. ~ *jmds. Dienste jederzeit in Anspruch nehmen können;* bitte ~ Sie über mich! 4 ⟨511/R3⟩ sich an einen Ort ~ *sich an einen O. begeben;* sich nach Hause ~

Ver'fü·gung ⟨f.; -, -en⟩ 1 ⟨unz.⟩ *Erlaubnis, Möglichkeit, über etwas bestimmen, etwas benutzen zu können;* wir haben nicht genügend Arbeitskräfte zur ~ 1.1 sich zu jmds. ~ halten *sich bereit halten, jmdm. behilflich zu sein;* ich halte mich zu Ihrer ~ 1.2 jmdm. zur ~ stehen *bereit sein, jmdm. behilflich zu sein;* ich stehe Ihnen jederzeit gern zur ~ 1.3 sich jmdm. zur ~ stellen *sich jmdm. zur Hilfe anbieten* 1.4 jmdm. etwas zur ~ stellen *jmdm. etwas zum (beliebigen) Verwenden überlassen;* die Bilder wurden freundlicherweise von Herrn X zur ~ gestellt (Vermerk in Büchern, auf Ausstellungen u. ä.) 2 *Anordnung, Bestimmung, Vorschrift;* weitere ~en abwarten; es besteht eine ~, daß ...; eine ~ erlassen; letztwillige ~ ⟨Rechtsw.⟩ 2.0.1 weitere ~en treffen *Weiteres anordnen*

ver'füh·ren ⟨V. 505/R8⟩ 1 jmdn. (zu etwas) ~ *so beeinflussen, daß er etwas tut, was nicht seiner Moral entspricht, verleiten, verlocken;* der niedrige Preis hat mich verführt, den Mantel zu kaufen; jmdn. zum Spielen, Trinken ~; jmdn. zu unrechtem Tun ~; darf ich Sie zu einem Eis, einer Tasse Kaffee ~? ⟨umg.; scherzh.⟩ 2 jmdn. ~ *zum Geschlechtsverkehr verleiten;* ein Mädchen ~

ver'gäl·len ⟨V. 500⟩ 1 Branntwein ~ *ungenießbar machen, denaturieren;* vergällter Spiritus 2 ⟨530/R5⟩ jmdm. eine Sache ~ ⟨fig.⟩ *zerstören, verbittern;* jmdm. die Freude ~; jmdm. das Leben mit dauernder Unzufriedenheit ~

Ver'gan·gen·heit ⟨f.; -; -en⟩ 1 ⟨unz.⟩ *gewesene, frühere Zeit;* diese Erscheinung gehört der ~ an; die jüngste ~ 1.0.1 lassen wir die ~ ruhen *sprechen wir nicht mehr davon, was einmal war* 1.1 *das Leben (eines Menschen) bis zum gegenwärtigen Zeitpunkt;* sie hat eine bewegte, dunkle ~; die Stadt hat eine ruhmreiche, stolze ~ 2 ⟨Gramm.⟩ *Zeitform des Verbs, die ein Geschehen in der Vergangenheit(1) bezeichnet;* ein Verb in die ~ setzen 2.1 die drei ~en des Verbs *Imperfekt, Perfekt, Plusquamperfekt*

ver'gäng·lich ⟨Adj. 70⟩ *nicht von Bestand, nicht ewig während, sterblich*

Ver'ga·ser ⟨m.; -s, -⟩ *Teil eines Verbrennungsmotors, in dem flüssiger Kraftstoff in Gas umgewandelt wird*

ver'ge·ben ⟨V. 143⟩ 1 ⟨500⟩ etwas ~ *weggeben, übertragen, verteilen;* ich habe noch einige Eintrittskarten zu ~; eine Stelle ist noch zu ~ 1.1 die Stelle ist schon ~ *schon besetzt* 1.2 die Stelle ist noch nicht ~ *noch frei* 1.3 ich habe den nächsten Tanz bereits ~ *jmdm. versprochen* 1.4 heute abend bin ich schon ~ *habe ich schon etwas vor* 2 ⟨530/R1⟩ sich etwas ~ *seiner Würde, seinem Ansehen schaden;* du vergibst dir nichts, wenn du das tust 3 ⟨602⟩ jmdm. (etwas) ~ *verzeihen;* vergib (mir)!; dem Beichtenden seine Sünden ~; jmdm. ein Unrecht ~ **4** ⟨500/R3⟩ sich ~ *sich (beim Kartenausgeben) irren*

ver'ge·bens ⟨Adv.⟩ *vergeblich, erfolglos, umsonst, nutzlos;* sich ~ bemühen; es ist alles ~; ich bin dreimal ~ dort gewesen

ver'geb·lich ⟨Adj.⟩ *erfolglos, nutzlos;* ~e Anstrengungen, Bemühungen, Versuche; sich ~ bemühen

ver·ge·gen'wär·ti·gen ⟨V. 530/R1⟩ sich etwas ~ *sich etwas in Erinnerung rufen, deutlich vorstellen*

ver'ge·hen ⟨V. 145⟩ **1** ⟨400(s.)⟩ Zeit vergeht *geht vorbei, vorüber, läuft ab, verstreicht;* der Winter ist vergangen; die Zeit verging im Fluge; das Jahr ist schnell vergangen; am vergangenen Montag; längst vergangene Zeiten **2** ⟨400(s.)⟩ etwas vergeht *schwindet, läßt nach, hört auf;* ein Duft vergeht; die Schmerzen ~ nicht; das Werden und Vergehen (in der Natur); der Appetit, die Lust ist mir vergangen; dir wird das Lachen, Spotten schon noch ~!; sie fuhren so schnell, daß ihm Hören und Sehen verging; da vergeht einem ja der Appetit, wenn man das sieht! ⟨fig.; umg.⟩ **3** ⟨414(s.)⟩ vor etwas ~ *umkommen, an etwas sehr leiden;* ich vergehe vor Durst, Hitze; ich bin vor Heimweh, vor Schmerz fast vergangen; ich vergehe vor Langeweile ⟨umg.⟩ **4** ⟨550/R3⟩ sich an jmdm. ~ *eine böse Tat, bes. ein Sittlichkeitsverbrechen an jmdm. verüben* **5** ⟨550/R3⟩ sich gegen eine Vorschrift, ein Gesetz ~ *eine V., ein G. übertreten*

Ver'ge·hen ⟨n.; -s, -⟩ *Gesetzesübertretung, kleinere Straftat;* sich eines ~s schuldig machen

ver'gel·ten ⟨V. 147/530/R6⟩ **1** jmdm. etwas ~ *durch eine entsprechende Gegenleistung, Handlung ausgleichen;* →a. *revanchieren(1);* Böses mit Gutem ~; jmdm. seine Dienste, Hilfe böse, übel, schlecht ~; jmdm. seine Freundlichkeit mit Undank ~ **1.1** *vergüten, entgelten, lohnen, einen Gegendienst für etwas erweisen, etwas wieder gutmachen;* wie kann ich Ihnen das jemals ~?; ich werde es Ihnen reichlich ~ 1.1.1 vergelt's Gott ⟨eigtl.⟩ *Gott vergelte es Ihnen, vielen Dank* 1.1.2 etwas für ein „Vergelt's Gott" tun *umsonst, ohne Bezahlung* 1.2 ⟨516⟩ etwas mit etwas ~ *sich für etwas an jmdm. rächen, jmdm. etwas heimzahlen;* Böses mit Bösem ~; Gleiches mit Gleichem ~

ver'ges·sen ⟨V. 275/500⟩ **1** jmdn. od. etwas ~ *aus dem Gedächtnis verlieren, sich nicht mehr an jmdn. od. etwas erinnern, nichts mehr von jmdm. od. etwas wissen;* ich habe vergessen, was ich sagen wollte; ich habe seinen Namen, seine Adresse ~; ich vergesse leicht, schnell; diesen Vorfall hatte ich schon völlig ~; ich habe das Gelernte schon wieder ~; du mußt versuchen, das zu ~; vergiß uns nicht! 1.0.1 dem Vergessen anheimfallen *mit der Zeit in Vergessenheit geraten* 1.0.2 manche Werke dieses Schriftstellers sind heute ~ *kennt man heute nicht mehr* 1.0.3 ⟨530⟩ das werde ich dir nie ~! *ich werde immer daran denken, daß du das getan hast* **2** etwas ~ *an etwas (was man sich vorgenommen hat) nicht denken u. es (deshalb) nicht ausführen;* ich habe ~, Geld mitzunehmen; oh, das hab' ich ganz ~!; vergiß über dem Erzählen die Arbeit nicht!; nicht zu ~ ... (bei Aufzählungen); mir gefällt an ihm seine Kameradschaftlichkeit, seine Offenheit und, nicht zu ~, seine Liebe zu Kindern **2.1** ⟨800⟩ auf etwas ~ ⟨oberdt.⟩ *etwas (zu tun) versäumen* **3** etwas ~ *versehentlich liegen-, stehenlassen;* ich habe meinen Schirm bei euch ~; ich habe meine Uhr ~; er vergißt noch mal seinen Kopf! ⟨umg.; scherzh.⟩ **4** ⟨R3⟩ sich ~ *unüberlegt sein, einer Gefühlsaufwallung nachgeben;* wie konnte er sich so weit ~, so etwas zu tun!

ver'geß·lich ⟨Adj.⟩ *oft etwas vergessend, leicht vergessend, ein schlechtes Gedächtnis habend;* ~ sein

ver'geu·den ⟨V. 500⟩ **1** Geld ~ *verschwenden, leichtsinnig weggeben* **2** Kräfte, Zeit ~ *vertun, nutzlos, sinnlos verwenden*

ver·ge'wal·ti·gen ⟨V. 500⟩ **1** eine Frau, ein Mädchen ~ ⟨i. e. S.⟩ *zum Geschlechtsverkehr zwingen, notzüchtigen* **2** jmdn. ~ ⟨i. w. S.⟩ *unterdrücken, unter seine Gewalt zwingen*

ver·ge'wis·sern ⟨V. 504/R3⟩ sich ~, daß ... od. sich (einer Sache) ~ *sich durch Augenschein Gewißheit darüber verschaffen, daß ..., sich überzeugen, daß ..., nachprüfen, ob ..., (eine S.) überprüfen;* hast du dich vergewissert, daß die Tür abgeschlossen ist?

ver'gie·ßen ⟨V. 152/500⟩ eine Flüssigkeit ~ **1** *verschütten, danebengießen;* ich habe hier etwas Milch, Wasser vergossen; paß auf, daß du nichts vergießt **2** *fließen lassen* 2.1 Blut ~ *(jmdn.) töten;* das vergossene Blut reute, dauerte ihn 2.2 Tränen ~ *weinen;* deswegen vergieße ich keine Tränen!

ver'gif·ten ⟨V. 500⟩ **1** etwas ~ *giftig machen;* die Limonade ist vergiftet; vergiftete Pfeile **2** ⟨R7⟩ jmdn. ~ *durch Gift schädigen od. töten;* sich durch verdorbenes Fleisch, Pilze ~ **3** eine Sache ~ ⟨fig.⟩ *(durch schlechten Einfluß) schädigen, (moralisch) zerstören;* die Atmosphäre in einer Gemeinschaft durch Mißtrauen, Lügen ~; er hat durch seine Ausschweifungen sein Leben, seine Gesundheit vergiftet; die Phantasie Jugendlicher durch Schundliteratur, schlechte Filme ~

ver'gil·ben ⟨V. 400(s.)⟩ etwas vergilbt *wird vor Alter gelb;* vergilbte Blätter (eines Buches); vergilbte Photographien

ver'gla·sen ⟨V.⟩ **1** ⟨500⟩ etwas ~ *mit Glasscheiben, Glasfenstern versehen* **2** ⟨400⟩ etwas verglast *wird glasig* **2.1** ein verglaster Blick ⟨fig.⟩ *starrer, nicht klarer B.*

Ver'gleich ⟨m.; -(e)s, -e⟩ **1** *Betrachtung mehrerer Gegenstände od. Personen, indem man ihre Vorzüge u. Nachteile nebeneinanderhält;* einen ~ anstellen, ziehen; der ~ zwischen den zwei Handschriftproben, der ~ der zwei Handschriftproben hat ergeben, daß ... 1.0.1 er hält den ~ mit seinem Bruder hinsichtlich Klugheit nicht aus *er ist weniger klug als sein B.* 1.0.2 er hält den ~ mit jedem anderen Schüler aus *er ist genauso begabt, gescheit wie alle anderen S.* 1.0.3 kein ~ mit ...! *nicht zu vergleichen mit ...!, längst nicht so gut wie ...!* 1.0.4 das ist ja gar kein ~! ⟨umg.⟩ *das ist ja viel besser (od. schlechter) als das andere!* **1.0.5** die Temperatur heute ist gar kein ~ mit der Hitze von gestern ⟨umg.⟩ *die T. ist bei weitem nicht so hoch wie gestern* 1.0.6 im ~ zu seiner Frau ist Herr X sehr ruhig *verglichen mit seiner F.* **2**

bildhafte, das Verständnis erleichternde Redewendung, z. B. schwarz wie die Nacht; ein guter, schlechter, treffender ~; etwas durch, mit einem ~ anschaulich, verständlich machen 2.0.1 jeder ~ hinkt *man kann mit einem Vergleich eine Sache nie ganz genau verdeutlichen* 3 ⟨Rechtsw.⟩ *durch beiderseitiges Nachgeben gütl. Beilegung eines Streits;* einen ~ schließen; sich durch einen ~ einigen; zwischen beiden Parteien kam es zum ~

ver'glei·chen ⟨V. 153⟩ 1 ⟨516/R7 od. R8⟩ jmdn. od. etwas mit jmdm. od. etwas ~ *jmdm. od. etwas betrachtend gegenüberstellen, prüfend nebeneinanderstellen, prüfend gegeneinander abwägen;* Gegenstände, Personen, Schriftstücke ~; das Original mit der Abschrift ~; ~de Sprachwissenschaft 1.1 vergleiche Seite 12 ⟨Abk.: vgl.⟩ *schlage hierzu auf Seite 12 nach* 1.2 es ist nicht zu ~ mit ... *es ist viel weniger gut, schön usw. als ...* 1.3 ~de Werbung *W., bei der ein Produzent sein eigenes Produkt mit einem gleichartigen Produkt der Konkurrenz vergleicht (in Dtschld. nicht zulässig)* 2 ⟨516⟩ jmdn. mit einem anderen, mit einem Tier, einer Pflanze ~ *Ähnlichkeit zwischen jmdm. u. einem anderen usw. feststellen u. sie in einem Vergleich(2) ausdrükken;* in dem Gedicht wird die Angeredete mit einer Rose verglichen 3 ⟨517/R3⟩ sich mit jmdm. ~ 3.1 *messen;* mit ihm kannst du dich nicht ~ 3.2 ⟨Rechtsw.⟩ *sich mit jmdm. gütlich einigen, einen Vergleich(3) mit jmdm. schließen*

ver'gleichs·wei·se ⟨Adv.⟩ 1 *im Vergleich zu anderen;* das ist ~ wenig, viel 2 *um es mit einem Vergleich deutlicher zu machen;* nehmen wir ~ an, er hätte ...

ver'gnü·gen ⟨V. 500/R7⟩ jmdn. ~ *heiter unterhalten, jmdm. die Zeit kurzweilig vertreiben;* sich mit Ballspielen ~; die Kinder vergnügten sich damit, Schiffchen schwimmen zu lassen

Ver'gnü·gen ⟨n.; -s, -⟩ 1 *Beschäftigung, der man zur eigenen Unterhaltung, aus Freude an der Sache selbst nachgeht;* er denkt nur an sein ~; ich gönne ihm das ~; es war ein sehr zweifelhaftes ~ 1.1 *unterhaltsame Veranstaltung;* Tanz~; zu einem ~ gehen 2 *Freude, Spaß, Unterhaltung;* es bereitet, macht ihm ~, dem Jungen Unterricht zu geben; in der Abwechslung liegt das ~; das Schwimmen macht mir (kein) ~; die Kinder machten sich ein ~ daraus, die Affen zu necken; es ist (mir) ein ~, zu sehen, wie es den Kindern schmeckt; es bereitet mir ein diebisches ~; ein kindliches ~ an etwas haben; viel ~! (Wunsch für jmdn., der etwas Schönes vorhat); an etwas ~ finden; etwas (nur) aus ~ tun; Jagd, Sucht nach ~; etwas zum ~ tun 2.1 mit (dem größten) ~! *sehr gern!* 2.2 mit wem habe ich das ~? ⟨förml.; veralt.⟩ *mit wem spreche ich?, wie ist bitte Ihr Name?*

ver'gol·den ⟨V. 500⟩ etwas ~ 1 *mit Gold überziehen;* Holz, Metall ~; vergoldete Ketten, Schüsseln 2 *in einen goldenen Schein tauchen;* die Abendsonne vergoldete die Dächer der Häuser u. Türme 3 ⟨fig.⟩ *schön, glücklich, strahlend, froh machen;* die Freude vergoldete ihr Antlitz; das Kind vergoldet ihr mit seiner Fröhlichkeit den Lebensabend; die Erinnerung vergoldet manches, was in Wirklichkeit nicht so schön war

ver'gön·nen ⟨V. 530/R5⟩ jmdm. etwas ~ ⟨geh.⟩ *erlauben, zugestehen;* es war ihm nicht vergönnt, die Geburt seines Urenkels zu erleben

ver'gra·ben ⟨V. 157/500⟩ 1 etwas ~ *eingraben, unter der Erde verstecken;* das Eichhörnchen hat die Nuß ~ 2 ⟨511/R3⟩ sich in etwas ~ ⟨fig.⟩ *sich so stark mit etwas beschäftigen, daß man für nichts anderes zu sprechen ist;* sich in seinen Büchern ~

ver'grä·men ⟨V. 500⟩ 1 jmdn. ~ *verärgern, kränken* 2 Wild ~ *stören, verscheuchen*

ver'grei·fen ⟨V. 158/500/R3⟩ 1 sich ~ *falsch greifen, danebengreifen* 1.1 ⟨Mus.⟩ *falsch spielen* 2 ⟨550/R3⟩ 2.1 sich in etwas ~ *das Falsche wählen;* sich im Ausdruck ~ 2.2 sich an etwas ~ *sich etwas widerrechtlich aneignen;* sich an fremdem Eigentum ~ 2.3 sich an jmdm. ~ *jmdn. mißhandeln, gegen jmdn. tätlich werden*

ver'grif·fen ⟨Adj. 24/70⟩ *nicht mehr lieferbar;* eine Ware ist ~; das Buch ist leider ~

ver'grö·ßern ⟨V. 500⟩ 1 etwas ~ *größer machen;* einen Betrieb, ein Haus, einen Garten ~; eine Photographie ~; achtfach vergrößert (Vermerk unter Abbildungen) 1.0.1 du vergrößerst damit das Übel nur (wenn du das tust) *verschlimmerst das Ü.* 1.1 *erweitern;* seinen Gesichtskreis, seine Vollmachten, sein Wissen ~; ein (leicht) vergrößertes Herz haben 1.2 *vermehren;* sein Kapital ~ 2 ⟨R3⟩ etwas vergrößert sich *wird größer;* der Punkt in der Ferne vergrößerte sich zusehends 3 ⟨R3⟩ sich ~ ⟨umg.⟩ *eine größere Wohnung, ein größeres Geschäft u. ä. nehmen;* wir haben uns vergrößert

ver'gün·sti·gen ⟨V. 500⟩ eine Sache ~ *günstiger gestalten;* die Preise zu dieser Veranstaltung sind etwas vergünstigt

ver'gü·ten ⟨V. 500⟩ 1 ⟨530/R5 od. R6⟩ jmdm. etwas ~ *jmdn. für etwas entschädigen;* jmdm. seine Auslagen, Unkosten ~; jmdm. einen Schaden ~ 2 eine Leistung ~ *bezahlen, belohnen* 3 etwas ~ *in seiner Beschaffenheit verbessern* 3.1 Stahl ~ *durch Härten verbessern* 3.2 Linsen ~ ⟨Optik⟩ *durch bestimmte Oberflächenbehandlung verbessern*

ver'haf·ten ⟨V. 500⟩ 1 jmdn. ~ *in Haft, in polizeil. Gewahrsam nehmen, festnehmen;* Sy *arretieren(1)* 2 (mit) einer Sache verhaftet sein ⟨geh.⟩ *mit einer S. eng zusammenhängen, verbunden sein*

ver'hal·len ⟨V. 400(s.)⟩ etwas verhallt *wird allmählich unhörbar;* ein Ton, Musik verhallt; sein Ruf verhallte ungehört

ver'hal·ten ⟨V. 160/500⟩ 1 etwas ~ ⟨geh.⟩ *zurückhalten;* er verhielt den Schritt und lauschte; mit ~em Atem; mit ~er Stimme sprechen; mit ~em Zorn sagte er ... 2 ⟨513/R3⟩ sich ... ~ *sich ... benehmen, handeln;* sich abwartend, passiv, vorsichtig ~; sich anständig, ehrenhaft, gemein, unanständig, unehrenhaft ~; sich falsch, richtig ~; sich ruhig, still ~; ich weiß nicht, wie ich mich ~ soll 3 ⟨513/R3⟩ eine Sache verhält sich ... *befindet sich in einem bestimmten Zustand, hat einen bestimmten Sachverhalt;* die Sache verhält sich anders, gerade umgekehrt; die Sache verhält sich folgendermaßen

3.1 es verhält sich (mit etwas) ... *es steht (mit etwas) ...;* mit den anderen Kindern verhält es sich ganz genau so; wie verhält es sich eigentlich mit seiner Ordnungsliebe, Pünktlichkeit?; wenn es sich so verhält ... 3.2 ⟨550/R3⟩ etwas verhält sich zu etwas *steht zu etwas in einem bestimmten Verhältnis* 3.2.1 3 verhält sich zu 5 wie 6 zu 10 *3 u. 5 stehen im gleichen Verhältnis zueinander wie 6 u. 10*

Ver'hal·ten ⟨n.; -s, (fachsprachl.) -s·wei·sen⟩ *Benehmen, Vorgehen, Handeln;* sein ~ gibt (keinen) Anlaß zum Tadel; anständiges, einwandfreies, mustergültiges, unverschämtes, vorbildliches ~; sein bisheriges ~

Ver'hält·nis ⟨n.; -s·ses, -s·se⟩ **1** *meßbare od. vergleichbare Beziehung, Proportion;* Größen~; die beiden Gruppen stehen im ~ 5:3 **1.0.1** seine Ausgaben stehen in keinem ~ zu seinen Einnahmen *seine A. sind bei weitem höher als seine E.* 1.0.2 der Aufwand steht im umgekehrten ~ zum Erfolg *der A. ist viel zu groß für den erzielten E.* **2** *Art der Beziehungen zweier od. mehrerer Menschen od. Staaten zueinander;* ein freundschaftliches, gutes, herzliches, kameradschaftliches ~; in freundschaftlichem ~ zu jmdm. stehen; das ~ zwischen Deutschland u. Frankreich, zwischen Bruder und Schwester; in welchem (verwandtschaftlichen) ~ stehen Herr u. Fräulein X zueinander? 2.1 ⟨umg.⟩ *über längere Zeit aufrechterhaltene sexuelle Beziehung, Liebschaft;* mit jmdm. ein ~ haben; die beiden haben ein ~ miteinander; er hat ein festes ~ 2.1.1 ⟨umg.⟩ *Geliebte;* sie ist sein ~ **3** ⟨Pl.⟩ die ~se *die Lebensumstände, Umstände, allgemeine Lage;* sich den (gegebenen, augenblicklichen) ~sen anpassen; bei ihnen herrschen geordnete ~se; ärmliche, dürftige, gute, schlechte ~se; seine familiären, finanziellen ~se; in geordneten, guten usw. ~sen leben; unter normalen ~sen ist das anders; die örtlichen, politischen ~se **3.1** über jmds. ~se *finanzielle Möglichkeiten;* das geht über meine ~se; über seine ~se leben

ver'hält·nis·mä·ßig ⟨Adj. 50⟩ **1** *in einem angemessenen Verhältnis stehend;* der Kranke war ~ ruhig **2** = *ziemlich(2);* ~ viel, wenig, dumm

ver'han·deln ⟨V.⟩ **1** ⟨405⟩ (mit jmdm. über etwas) ~ *zwecks Klärung od. Einigung sprechen, unterhandeln;* über den Friedensvertrag ~; über ein Geschäft ~; ich verhandle jedesmal mit Herrn X **2** ⟨500⟩ etwas (mit jmdm.) ~ *im Gespräch zu klären, sich über etwas zu einigen suchen;* eine Frage ~ 2.1 etwas ~ ⟨Rechtsw.⟩ *in einem Gerichtsverfahren erörtern;* sein Fall wird morgen verhandelt **3** ⟨500⟩ Waren ~ ⟨veralt.⟩ *(minderwertige) W. verkaufen, verschachern*

Ver'hand·lung ⟨f.; -, -en⟩ **1** *das Verhandeln;* die ~ eröffnen, abbrechen, schließen 1.0.1 mit jmdm. in ~(en) stehen *verhandeln*

ver'hän·gen ⟨V. 500⟩ **1** etwas ~ *zuhängen, durch einen Vorhang verdecken;* ein Fenster ~ **2** eine Sache ~ ⟨fig.⟩ *veranlassen, verfügen, bestimmen;* den Ausnahme-, Belagerungszustand ~; eine Strafe ~; die Todesstrafe über jmdn. ~

Ver'häng·nis ⟨n.; -s·ses, -s·se⟩ *schlimmer Schicksalsschlag, unglückl. Fügung;* es ist ein ~, daß es uns nicht gelingen will ...; da brach das ~ über uns herein; das wurde ihm zum ~

ver'här·ten ⟨V. 500⟩ **1** etwas ~ *hart, gefühllos machen;* sein Herz ~ **2** ⟨R3⟩ sich ~ *hart werden;* das Gewebe, Geschwür hat sich verhärtet 2.1 ⟨fig.⟩ *verbittert werden, hartherzig werden*

ver'haßt ⟨Adj. 70⟩ **1** *gehaßt, verabscheut;* eine ~e Arbeit; ein ~er Mensch 1.0.1 ~ sein *gehaßt werden* 1.0.2 er ist überall ~ *jeder haßt ihn* 1.1 ⟨43⟩ jmdm. ist etwas ~ *jmd. haßt, verabscheut etwas;* es ist mir ~, lügen zu müssen 1.2 sich bei anderen ~ machen *sich den Haß anderer zuziehen*

Ver'hau ⟨m. od. n.; -(e)s; -e⟩ **1** *künstl., aus vielen Teilen zusammengefügtes od. geflochtenes Hindernis;* Draht~ **2** ⟨fig.; umg.⟩ *heillose Unordnung, dichtes Durcheinander*

ver'hau·en ⟨V. 500⟩ **1** ⟨R8⟩ jmdn. ~ *prügeln, verprügeln* **2** etwas ~ ⟨fig.; umg.; bes. schülerspr.⟩ *völlig falsch machen, sehr schlecht machen;* den Aufsatz, die Rechenarbeit habe ich ~ **3** ⟨R3⟩ sich ~ *sich sehr irren, eine falsche Entscheidung treffen;* mit deiner Schätzung hast du dich ganz schön ~

ver'hee·ren ⟨V. 500⟩ **1** etwas ~ *verwüsten, stark zerstören;* der Krieg, der Hagel, der Sturm hat das Land verheert 1.1 ⟨Part. Präs.⟩ ~d *furchtbar, vernichtend, katastrophal;* eine ~de Epidemie, Feuersbrunst; die Sache hat ~de Folgen gehabt 1.1.1 ⟨fig.; umg.⟩ *scheußlich, geschmacklos, unerfreulich;* es ist ~d!; sie sieht mit dem neuen Hut, der neuen Frisur ~d aus

ver'heh·len ⟨V. 503⟩ (jmdm.) eine Sache ~ *verbergen, verheimlichen;* ich kann es (ihm, dir) nicht ~, daß ...

ver'heim·li·chen ⟨V. 503/R6⟩ (jmdm.) eine Sache ~ *verbergen, verschweigen, nicht merken lassen;* du verheimlichst mir doch etwas; ich kann es nicht länger ~, daß ...; jmdm. eine schlechte Nachricht, eine Entdeckung ~; ich habe nichts zu ~

ver'hei·ra·tet 1 ⟨Part. Perf. von⟩ *verheiraten* **2** ⟨Adj. 24; Abk.: verh.; Zeichen: ∞⟩ *ehelich gebunden;* glücklich, unglücklich ~ sein 2.0.1 du bist doch mit ihnen nicht ~ ⟨fig.; umg.⟩ *du kannst dich doch jederzeit von ihnen trennen, zurückziehen*

ver'hei·ßen ⟨V. 164/530/R6⟩ jmdm. etwas ~ *versprechen, voraussagen, an-, verkündigen, prophezeien;* jmdm. Glück, Gutes ~

ver'hel·fen ⟨V. 165/616⟩ jmdm. zu etwas ~ *jmdm. etwas verschaffen, bei etwas behilflich sein;* jmdm. zu seinem Glück ~; jmdm. zu einer guten Stellung ~

ver'hin·dern ⟨V. 500⟩ **1** eine Sache ~ *unmöglich machen, unterbinden, abwehren, abwenden, vermeiden;* einen Plan, ein Vorhaben ~; ich konnte das Unglück noch rechtzeitig ~; es ließ sich leider nicht ~, daß ... **2** verhindert sein *nicht kommen können* 2.1 ich bin dienstlich verhindert (zu kommen) *ich kann aus dienstl. Gründen nicht kommen* 2.2 er war am Erscheinen verhindert *er konnte nicht kommen*

Ver'hör ⟨n.; -s, -e⟩ **1** *polizeil. od. richterl. Befragung, Vernehmung;* jmdn. ins ~ nehmen **2** ⟨fig.⟩ *strenge u. genaue Befragung;* ein ~ mit jmdm. anstellen; jmdn. einem ~ unterziehen

ver'hö·ren ⟨V. 500⟩ **1** jmdn. ~ *polizeilich od. richterlich vernehmen, befragen;* er wurde stundenlang verhört 1.1 ⟨fig.⟩ *streng u. genau befragen* **2** ⟨R3⟩ sich ~ *etwas falsch hören;* da habe ich mich wohl verhört; ich glaubte mich verhört zu haben (aber er hatte es tatsächlich gesagt)

ver'hül·len ⟨V. 500⟩ **1** ⟨R5⟩ jmdn. od. etwas ~ *(unter einer Hülle) verbergen, (mit einer Hülle) bedecken;* sich das Gesicht mit einem Schleier ~; sich den Kopf mit einem Tuch ~; die Berge sind von Wolken verhüllt; sein Haupt ~ (früher zum Zeichen der Trauer) 1.1 ⟨R3⟩ sich ~ *sich (das Gesicht) bedecken* **2** eine Sache ~ ⟨fig.⟩ *freundlicher, höflicher darstellen, als sie in Wirklichkeit ist, beschönigen;* mit kaum verhülltem Haß 2.1 ~der Ausdruck *Euphemismus, sprachl. Beschönigung*

ver'hü·ten ⟨V. 500⟩ eine Sache ~ *verhindern, vermeiden;* Gefahr, Krankheit, Schaden ~; das verhüte Gott!; ein Unheil (rechtzeitig) ~

ver'ir·ren ⟨V. 500/R3⟩ **1** sich ~ *in die Irre gehen, vom richtigen, rechten Weg abkommen;* sich im Wald ~; wohin hast du dich verirrt? ⟨fig.⟩ 1.1 eine verirrte Kugel *von der richtigen Schußlinie abgekommene K.* 1.2 ein verirrtes Schaf ⟨fig.⟩ *sündiger, vom rechten Weg abgekommener Mensch*

ver'jäh·ren ⟨V. 400(s.)⟩ ein Anspruch, eine Schuld verjährt *kann nach einer gesetzl. Frist rechtlich nicht mehr eingefordert werden*

ver'jün·gen ⟨V. 500⟩ **1** jmdn. od. etwas ~ *jünger machen* 1.1 der Urlaub, die Vitaminkur hat sie verjüngt *hat ihr ein jüngeres Aussehen verliehen* 1.2 den Baumbestand ~ *aufforsten* 1.3 den Personalbestand ~ *mit jungen Kräften auffüllen* **2** etwas ~ *in kleinerem Maßstab darstellen* **3** ⟨R3⟩ etwas verjüngt sich *wird (nach oben) schmaler, dünner, enger;* die Säule verjüngt sich im oberen Teil

ver'kal·ken ⟨V. 400(s.)⟩ **1** etwas verkalkt *büßt allmählich seine Funktionstüchtigkeit ein durch Einlagern, Anhäufen von Kalk;* Wasserleitungen ~ **2** ⟨umg.⟩ *an zunehmender Arterienverkalkung leiden* 2.1 ⟨fig.; umg.⟩ *alt werden u. geistige Kraft, Fähigkeiten einbüßen;* er ist schon recht, völlig, ziemlich verkalkt

Ver'kauf ⟨m.⟩ **1** *das Verkaufen, das Verkauftwerden;* vorteilhafter, unvorteilhafter ~; einen ~ rückgängig machen; ~ mit Gewinn, Verlust; der ~ von Theaterkarten, Waren; etwas zum ~ anbieten; Waren zum ~ feilhalten 1.0.1 Waren, Grundstücke kommen zum ~ *werden verkauft, sollen verkauft werden, werden zum Kauf angeboten* **2** ⟨unz.⟩ *Verkaufsabteilung (eines Unternehmens);* Einkauf und ~

ver'kau·fen ⟨V. 500⟩ **1** ⟨500⟩ jmdn. od. etwas ~ *gegen einen Gegenwert, bes. für Geld als Eigentum weggeben;* Waren, Dienstleistungen, Liegenschaften, Rechte ~; Sklaven ~; jmdm. etwas ~; die Ware ist verkauft; etwas billig, teuer, preiswert ~; an jmdn. etwas ~; etwas für 100 Franken ~; etwas um 30 Schillinge ~; etwas über, unter dem Wert ~; Verkaufen ist keine Kunst, aber dabei verdienen ⟨Sprichw.⟩ 1.1 ⟨513⟩ sein Leben (im Kampf) so teuer wie möglich ~ *vor dem eigenen Tode noch möglichst viele Gegner umbringen* 1.2 ⟨550⟩ jmdn. für dumm ~ *für dumm halten, als dumm hinstellen;* du willst mich wohl für dumm ~? 1.3 → a. *verraten(1.1)* **2** ⟨513/R3⟩ etwas verkauft sich gut, schlecht *kann gut, schlecht abgesetzt werden* **3** ⟨550/R3⟩ sich an den Gegner ~ *vom Gegner bestechen lassen (und Verrat üben), vom Gegner gewinnen lassen* **4** ⟨R7⟩ das Mädchen verkauft sich, ihren Körper *geht der Prostitution nach*

Ver'kehr ⟨m.; -(e)s; unz.⟩ **1** *Beförderung von Personen, Gütern, Zahlungsmitteln, Nachrichten;* Eisenbahn~, Fremden~, Handels~, Post~, Reise~, Zahlungs~ **2** *Bewegung von Personen u. Fahrzeugen;* Auto~, Personen~, Straßen~; der ~ flutet, stockt; eine Straße für den ~ freigeben; es herrscht viel, wenig ~; den ~ regeln; lebhafter, reger, schwacher, starker ~ (auf den Straßen, in den Geschäften) 2.1 → a. *fließen(1.2), ruhen(1.3.8)* **3** *Umlauf;* Zahlungsmittel in ~ bringen 3.0.1 etwas aus dem ~ ziehen *nicht mehr zum Gebrauch zulassen;* Banknoten aus dem ~ ziehen; einen Wagen, ein Schiff aus dem ~ ziehen **4** *Umgang (mit jmdm.), menschl. Beziehungen (mit anderen);* Brief~; den ~ mit jmdm. abbrechen; wir haben an unserem neuen Wohnort sehr netten ~; wir haben keinen ~ mehr mit ihnen; (keinen) ~ mit jmdm. pflegen; er, sie ist kein ~, nicht der geeignete ~ für dich; brieflicher, schriftlicher ~; freundschaftlicher, geschäftlicher, gesellschaftlicher, geselliger ~ 4.1 ⟨kurz für⟩ *Geschlechtsverkehr;* mit jmdm. ~ haben

ver'keh·ren ⟨V.⟩ **1** ⟨410⟩ etwas verkehrt *fährt regelmäßig (als öffentliches Verkehrsmittel);* der Omnibus verkehrt montags bis freitags jede halbe Stunde; zwischen München und Starnberg ~ Vorortzüge **2** ⟨411⟩ bei jmdm. ~ *häufig bei jmdm. zu Gast sein* **3** ⟨417⟩ mit jmdm. ~ *häufig mit jmdm. zusammenkommen, zusammensein, Umgang haben;* mit jmdm. freundschaftlich ~ 3.0.1 mit niemandem ~ *ein einsiedlerisches Leben führen, keine Besuche machen u. keine empfangen* 3.0.2 mit jmdm. brieflich ~ *Briefe wechseln* 3.0.3 mit jmdm. geschlechtlich ~ *Geschlechtsverkehr mit jmdm. haben* **4** ⟨513⟩ etwas ins Gegenteil ~ *verdrehen, wenden, gegenteilig, falsch darstellen od. wiedergeben;* Tatsachen, Worte, einen Sachverhalt, den Sinn einer Sache ins Gegenteil ~; Recht in Unrecht ~ **5** ⟨513/R3⟩ etwas verkehrt sich in sein Gegenteil *verwandelt sich in sein G.;* ihre Zuneigung hat sich in Abneigung verkehrt

Ver'kehrs·mit·tel ⟨n.⟩ **1** *Fahrzeug zur Beförderung von Personen, z. B. Eisen-, Straßenbahn, Auto, Schiff* 1.1 → a. *öffentlich(2.5)*

ver'kehrt 1 ⟨Part. Perf. von⟩ *verkehren* **2** ⟨Adj.⟩ *falsch, nicht richtig;* du hast die ~e Seite aufgeschlagen; der Schrank steht auf der ~en Seite; ~ antworten; das Bild hängt, liegt ~; etwas ~ machen; der Schrank, Stuhl steht ~ 2.0.1 mit etwas an die ~e Adresse geraten ⟨fig.; umg.⟩ *an den Unrechten geraten, abgewiesen werden* 2.0.2 mit dem ~en Bein (zuerst) aufgestanden sein ⟨fig.; umg.⟩ *schlechter Laune sein* 2.1 der Vorschlag ist gar nicht ~! ⟨fig.; umg.⟩ *gar nicht übel, gar nicht schlecht* 2.2 Kaffee ~ *wenig K. mit viel Milch* 2.3 ~e Masche *linke M.* 2.3.1 zwei glatt, zwei ~ stricken *zwei rechts, zwei links, zwei rechte u. zwei linke Maschen im Wechsel stricken*

ver'ken·nen ⟨V. 500/R8⟩ **1** jmdn. od. etwas ~ *nicht richtig erkennen, falsch beurteilen, mißdeuten;* den Ernst der Sache ~; man darf die Schwierigkeiten nicht ~; Sie ~ die Tatsachen **1.1** ein verkanntes Genie **1.1.1** *nicht zur Geltung kommender begabter Mensch* **1.1.2** ⟨umg.; iron.⟩ *jmd., der sich für sehr begabt hält, ohne daß ihn andere dafür halten* **2** du wirst das Haus auf jeden Fall finden, es ist (durch seinen Bau o. ä.) nicht zu ~ *einfach zu erkennen* **2.1** es ist nicht zu ~, daß ... *man muß erkennen, zugeben, sagen, daß ...*

ver'ket·ten ⟨V. 500⟩ **1** etwas ~ *mit einer Kette zusammenbinden, befestigen* **2** ⟨R4⟩ sich ~ *sich fest zusammenbinden, zusammenfügen, verbinden;* es haben sich mehrere unglückliche Zufälle verkettet, so daß ...

ver'kla·gen ⟨V. 500/R8⟩ jmdn. ~ *Klage gegen jmdn. erheben, jmdn. vor Gericht bringen*

ver'klä·ren ⟨V. 500/R7⟩ **1** jmdn. ~ *ins Überirdische erhöhen* **2** etwas verklärt jmdn. od. etwas *macht jmdn. od. etwas schöner, strahlender;* das Glück verklärte ihre Gesichter **2.1** ⟨Part. Perf.⟩ verklärt *beseligt, glückselig;* die Kinder betrachteten verklärt den Weihnachtsbaum **3** eine Sache verklärt jmdn. od. etwas *läßt jmdn. od. etwas besser, schöner, leuchtender erscheinen;* die Erinnerung verklärt das Vergangene

ver'klei·den ⟨V. 500⟩ **1** ⟨516⟩ etwas (mit etwas) ~ *mit einer Hülle, einer Schicht, einem Überzug verdecken, verhüllen;* Heizkörper mit einem Gitter ~; die Wände mit Holz, mit Seide ~ **1.1** einen Schacht ~ ⟨Bgb.⟩ *abstützen* **2** ⟨500/R3⟩ sich ~ *sein Äußeres durch andere Kleidung, durch Schminke (u. Perücke) verändern, so daß man scheinbar ein anderer, etwas anderes ist, sich kostümieren;* sich (im Fasching) als Harlekin ~; sich als Mann, als Frau ~

ver'klei·nern ⟨V. 500⟩ **1** etwas ~ *kleiner machen;* den Parkplatz ~ **1.1** *in einem kleineren Maßstab darstellen* **2** eine Sache ~ ⟨fig.⟩ *geringer erscheinen lassen, schmälern;* jmds. Leistungen, Verdienste ~; seine Schuld zu ~ suchen **3** ⟨R3⟩ etwas verkleinert sich *wird kleiner;* durch den zusätzlichen Schreibtisch hat sich der Raum sehr verkleinert **4** ⟨R3⟩ sich ~ ⟨fig.⟩ *eine kleinere Wohnung, ein kleineres Geschäft nehmen, den Umfang des Betriebes, Geschäftes verringern*

ver'knö·chern ⟨V. 400(s.)⟩ **1** Gewebe verknöchert *wird zu Knochen* **2** ⟨fig.⟩ *durch Alter od. Mangel an Bewegung steif, unbeweglich werden;* Glieder ~ **2.1** ⟨Part. Perf.⟩ verknöchert *alt u. in den Ansichten u. Gewohnheiten starr geworden, nicht mehr anpassungsfähig;* ein verknöcherter Junggeselle

ver'knüp·fen ⟨V. 500⟩ **1** etwas ~ *durch Knoten verbinden, festmachen, verknoten* **2** ⟨517⟩ eine Sache mit einer anderen ~ ⟨fig.⟩ *verbinden, in Zusammenhang bringen;* einen Gedanken mit einem anderen (logisch) ~; die Sache ist mit großen Ausgaben, Veränderungen verknüpft **2.1** = *assoziieren(1)*

ver'kom·men ⟨V. 170/400(s.)⟩ **1** *den inneren Halt verlieren u. meist auch sein Äußeres vernachlässigen, verwahrlosen, moral. sinken, zum Verbrecher werden* **2** Lebensmittel ~ *werden schlecht, verderben* **3** Gebäude, Grundstücke ~ *werden nicht mehr gepflegt, werden baufällig, verwahrlosen*

ver'kraf·ten ⟨V. 500/R8⟩ etwas ~ *bewältigen, mit etwas fertig werden;* ich kann die viele Arbeit nicht, gerade noch, gut ~; noch einen Kloß kann ich nicht mehr ~

ver'kramp·fen ⟨V. 500/R3⟩ sich ~ **1** *sich im Krampf zusammenziehen;* seine Hände hatten sich in die Decke verkrampft **2** ⟨fig.⟩ *starke innere Hemmungen bekommen, sehr befangen, im Benehmen unfrei werden;* er ist völlig verkrampft **2.1** ein verkrampftes Lachen *gezwungenes, unnatürl. L.*

ver'krie·chen ⟨V. 173⟩ **1** ⟨500/R3⟩ jmd., ein Tier od. etwas verkriecht sich *kriecht irgendwo hinein, so daß er bzw. es nicht gesehen wird;* der Hund hat sich unters Bett verkrochen; ich hätte mich vor Verlegenheit am liebsten irgendwo verkrochen **1.1** ⟨511/R3⟩ sich ins Bett ~ ⟨umg.; scherzh.⟩ *zu B. gehen* **1.2** ⟨511/R3⟩ wohin hat sich nur mein Schlüssel verkrochen? ⟨umg.; scherzh.⟩ *wo habe ich nur meinen S. hingetan?* **1.3** ⟨500/R3⟩ neben ihm kannst du dich ~! ⟨fig.; umg.⟩ *mit ihm kannst du dich nicht messen, ihm kommst du nicht gleich!*

ver'krüp·peln ⟨V. 400(s.); meist im Part. Perf. gebraucht⟩ **1** *zum Krüppel werden;* das Kind, der Mann ist verkrüppelt **2** *mißgestaltig wachsen, sich verbiegen;* ein Baum verkrüppelt **2.1** ⟨Part. Perf.⟩ verkrüppelt *mißgestaltet, verbogen, schief gewachsen;* ein verkrüppelter Arm, Fuß, Baum

ver'küm·mern ⟨V. 400(s.)⟩ **1** eine Pflanze verkümmert *verliert allmählich die Lebensfähigkeit, geht allmählich ein* **2** ein Organ verkümmert *bildet sich zurück, schrumpft* **3** ⟨fig.; umg.⟩ *die Lebensfreude, Arbeitslust, Energie verlieren*

ver'kün·den ⟨V. 500⟩ etwas ~ **1** *bekanntgeben, öffentl. kundtun;* ein Gesetz, eine Nachricht ~; das Urteil ~ **2** ⟨fig.; umg.⟩ *ausdrücklich sagen, erklären, ausrufen;* „...!" verkündete er triumphierend

ver'kup·peln ⟨V. 500⟩ **1** etwas ~ *bewegl. od. lösbar verbinden* **2** ⟨550⟩ jmdn. an jmdn. ~ *mit einem Mann bzw. einem Mädchen gegen Bezahlung od. sonstigen Vorteil zwecks Geschlechtsverkehrs zusammenbringen* **2.1** seine Tochter ~ *um bestimmter Vorteile willen mit einem Mann verheiraten*

ver'kür·zen ⟨V. 500⟩ **1** etwas ~ *kürzer machen;* ein Brett, einen Strick, eine Zeitspanne ~; die Arbeitszeit ~ **1.1** ⟨530/R1⟩ sich die Zeit ~ *vertreiben, sich mit etwas beschäftigen, um die Zeit kürzer erscheinen zu lassen;* sich die Zeit mit Lesen, Briefeschreiben ~ **1.2** etwas perspektivisch ~ ⟨Mal.⟩ *der Perspektive entsprechend kürzer darstellen, als etwas in Wirklichkeit ist* **1.2.1** ⟨Part. Perf.⟩ verkürzt *perspektivisch verkleinert;* der Körper des Liegenden erscheint auf dem Bild stark verkürzt **2** ⟨R3⟩ etwas verkürzt sich *wird kürzer;* das verletzte Glied droht sich zu ~

ver'la·den ⟨V. 174/500⟩ etwas ~ *zur Beförderung in ein Fahrzeug bringen;* Güter, Truppen ~; Güter auf Lastwagen, Schiffe, in Güterwagen ~

Ver'lag ⟨m.; -(e)s, -e⟩ **1** *Unternehmen zur Ver-*

vielfältigung u. Verbreitung von Werken der Literatur, Kunst, Musik u. Wissenschaft; Buch~, Kunst~, Musik~, Zeitschriften~, Zeitungs~; einen ~ gründen; einen ~ für ein Buch, Manuskript suchen; belletristischer, medizinischer, populärwissenschaftlicher ~; für einen ~ arbeiten; ich arbeite im ~; das Buch ist im ~ XY erschienen **2** *Unternehmen des Zwischenhandels;* Bier~

ver'la·gern ⟨V. 500⟩ **1** etwas ~ *anders lagern;* das Gewicht (von einem Bein aufs andere) ~; den Schwerpunkt (der Arbeit) auf ein anderes Gebiet ~ **2** ⟨R3⟩ etwas verlagert sich *ändert seine Lage;* der Schwerpunkt hat sich verlagert

ver'lan·gen ⟨V.⟩ **1** ⟨500⟩ etwas ~ *fordern, beanspruchen, energisch, streng wünschen;* ich verlange, daß meine Anweisungen sofort befolgt werden; ich verlange unbedingte Pünktlichkeit; etwas Rücksicht kann ich doch wohl ~!; ich verlange von dir, daß du ...; das kannst du nicht von mir, von dem Kind ~!; das ist zuviel verlangt! 1.1 *als Bezahlung haben wollen;* einen zu hohen Preis ~; er hat 100 Mark (dafür) verlangt; was verlangt er dafür? **2** ⟨500⟩ etwas verlangt etwas *bei etwas ist etwas nötig;* diese Arbeit verlangt starke Konzentration, viel Fingerspitzengefühl **3** ⟨500⟩ jmdn. ~ *mit jmdm. sprechen wollen;* Herr X, Sie werden am Telephon verlangt **4** ⟨800⟩ nach jmdm. ~ *jmdn. zu sehen wünschen, sich nach jmdm. sehnen;* er verlangt nach dir **5** ⟨800⟩ nach etwas ~ *wünschen, etwas zu bekommen, bes. zu essen od. zu trinken wünschen;* der Kranke verlangt nach Wasser **6** ⟨550⟩ jmdn. verlangt (es) nach etwas ⟨geh.⟩ *jmd. sehnt sich nach etwas;* es verlangt ihn, ihn verlangt nach Betätigung, nach Beschäftigung 6.1 ⟨580⟩ es verlangt mich, mehr davon zu hören *ich möchte gern mehr davon hören* **7** ⟨Part. Präs.⟩ ~d *sehnsüchtig, begehrlich;* ~de Blicke auf etwas werfen; seine Hände ~d nach etwas od. jmdm. ausstrecken

Ver'lan·gen ⟨n.; -s, (selten) -⟩ **1** *Wunsch, Forderung;* jmds. ~ nachkommen; das ist ein unbilliges ~; auf mein ~ wurde mir die Liste gebracht; auf allgemeines ~ hin; auf ~ von Herrn X, auf ~ des Chefs **2** *Sehnsucht, Bedürfnis;* ich habe kein ~ danach; ein dringendes, schmerzliches, sehnsüchtiges ~; er streckte voller ~ die Hand danach aus; das ~ nach Speise, Nahrung

ver'län·gern ⟨V. 500⟩ **1** etwas ~ *länger machen, ausdehnen;* einen Rock, die Ärmel eines Pullovers ~ 1.1 eine Soße ~ ⟨fig.⟩ *durch Hinzufügen von Flüssigkeit verdünnen, ergiebiger machen* 1.2 der verlängerte Rücken ⟨scherzh.⟩ *das Gesäß* **2** eine Sache ~ *die Dauer der Gültigkeit einer S. ausdehnen;* ein Abkommen, einen Vertrag ~; seinen Paß ~ lassen

ver'las·sen ⟨V. 175/500⟩ **1** ⟨R8⟩ jmdn. od. etwas ~ *von jmdm. od. etwas fortgehen;* einen Platz, eine Wohnung, ein Land ~; er hat die Konferenz schon ~ 1.1 ⟨Part. Perf.⟩ *unbewohnt, einsam, leer;* eine ~e Gegend, ein ~er Platz; eine ~e Wohnung; ~ daliegen **2** jmdn. ~ *allein, im Stich lassen;* er hat seine Frau ~; von Gott ~ 2.0.1 aller Mut, alle Zuversicht verließ ihn *er verlor allen M., alle Z.* 2.0.2 und da verließen sie ihn ⟨fig.; umg.⟩ *da fiel ihm plötzlich nichts mehr ein, da blieb er stecken, da wußte er nicht mehr weiter* 2.1 ⟨Part. Perf.⟩ *allein u. hilflos;* ~ dasitzen **3** ⟨550/R3⟩ sich auf jmdn. od. etwas ~ *auf jmdn. od. etwas vertrauen, zählen, mit jmdm. od. etwas rechnen;* sie verläßt sich ganz auf ihn; auf ihn kann man sich (nicht) ~; sich auf sein Glück ~ **3.0.1** das geht bestimmt schief, verlaß dich drauf! ⟨umg.; verstärkend⟩ *da kannst du sicher sein!*

ver'läß·lich ⟨Adj.⟩ *zuverlässig;* er ist sehr ~; ich suche eine ~e Putzfrau

Ver'lauf ⟨m.; -(e)s, ¨e⟩ *Ablauf, Entwicklung;* der ~ des Kampfes, der Krankheit; den ~ einer Reise erzählen; die Krankheit nimmt ihren normalen ~; im ~(e) von drei Stunden; im weiteren ~ der Diskussion; nach ~ von fünf Tagen

ver'lau·fen ⟨V. 176⟩ **1** ⟨413(s.)⟩ etwas verläuft in einer bestimmten Weise *läuft in einer bestimmten W. ab;* der Urlaub, die Reise ist gut ~; es ist alles gut, glücklich ~; wie ist das Fest ~? **2** ⟨410(s.)⟩ etwas verläuft *erstreckt sich, nimmt seinen Lauf;* die Linien ~ parallel; der Fluß, Weg verläuft hier in vielen Windungen, durch eine Wiese **3** ⟨500/R3⟩ sich ~ *sich verirren;* sich im Wald, in einer Stadt ~ **4** ⟨500/R3⟩ sich ~ *sich allmählich entfernen, auseinandergehen;* die Menschenmenge verlief sich **4.1** Wasser verläuft sich *läuft auseinander u. versickert;* das Hochwasser hat sich (wieder) ~ **4.1.1** → a. *Sand(2.5)*

ver'laut·ba·ren ⟨V. 500⟩ etwas ~ *bekanntmachen;* amtlich wird verlautbart, daß ...

ver'lau·ten ⟨V. 400⟩ **1** etwas verlautet *wird bekannt;* wie aus Berlin verlautet, hat das Unwetter dort keinen Schaden angerichtet **2** etwas ~ lassen *etwas sagen, bekannt werden lassen* 2.1 er hat nichts davon ~ lassen *nichts davon gesagt, nichts verraten*

ver'le·ben ⟨V. 500⟩ etwas ~ *verbringen, zubringen;* den Urlaub im Gebirge~; eine schöne Zeit bei Freunden ~; wo hast du deine Ferien verlebt?

ver'lebt **1** ⟨Part. Perf. von⟩ *verleben* **2** ⟨Adj.⟩ *durch ausschweifendes Leben verbraucht, elend;* ein ~es Gesicht; ~ aussehen

ver'le·gen[1] ⟨V. 500⟩ **1** etwas ~ *an einem bestimmten Platz, über eine bestimmte Strecke fest anbringen;* Leitungen, Kabel, Rohre ~ 1.1 ⟨516⟩ den Fußboden mit Mosaik, Parkett ~ *belegen, mit einem Belag von M., P. versehen* **2** etwas ~ *weglegen, ohne sich danach an die Stelle erinnern zu können, an die man es gelegt hat;* ich habe meine Brille verlegt **3** jmdn. od. etwas ~ *an einem anderen Ort unterbringen;* ein Geschäft ~; seinen Wohnsitz nach Berlin ~; Truppen ~ **4** etwas ~ *zeitlich verschieben;* einen Termin ~; eine Unterrichtsstunde, eine Verabredung ~ **5** etwas ~ *im Verlag herausbringen, veröffentlichen;* Bücher, Zeitschriften ~; in diesem Verlag werden Kinderbücher verlegt **6** ⟨530⟩ jmdm. etwas ~ *versperren, abschneiden;* jmdm. den Weg, den Zugang ~ **7** ⟨550/R3⟩ sich auf etwas ~ *etwas neuerdings mit bes. Interesse betreiben, sich einer Sache von nun an widmen;* als Drohungen nichts nützten, verlegte er sich aufs Bitten; sich auf den Handel mit Stoffen ~

ver'le·gen[2] ⟨Adj.⟩ **1** *befangen, peinlich berührt, beschämt, verwirrt, unsicher;* ~ lächeln; jmdn.

~ machen 1.1 ⟨46⟩ um etwas (nicht) ~ sein *über etwas (nicht) verfügen, etwas (nicht) bereit haben;* um Geld ~ sein; er ist nie um eine Antwort, Ausrede ~

Ver'le·gen·heit ⟨f.; -, -en⟩ **1** *Befangenheit, Verwirrung, Unsicherheit, Beschämung;* jmdn. in ~ bringen, setzen **2** *unangenehme Lage, Geldnot;* jmdm. aus der ~ helfen **2.1** in die ~ kommen, etwas tun zu müssen *in die Lage kommen, etwas Unangenehmes tun zu müssen, zu einer peinl. Handlung verpflichtet zu sein* **2.2** ich bin augenblicklich etwas in ~ *in Geldnot*

Ver'le·ger ⟨m.; -s, -⟩ **1** *(angestellter od. selbständiger) Leiter eines Verlages(1)* **2** *(angestellter od. selbständiger) Leiter eines Verlages(2)*

ver'lei·den ⟨V. 530/R5 od. R6⟩ jmdm. etwas ~ *jmdm. die Freude an etwas nehmen;* die ganze Reise ist mir durch diesen peinlichen Vorfall verleidet

ver'lei·hen ⟨V. 178/503⟩ **1** (jmdm.) etwas ~ *(bes. gegen Entgelt) ausleihen, borgen;* Autos, Fahrräder, Kostüme ~; er verleiht seine Bücher nicht gern **2** (jmdm.) eine Auszeichnung, einen Titel ~ *(feierlich) zusprechen, übertragen;* jmdm. einen Preis, Orden, Titel, Rechte ~; jmdm. den „Dr. h. c." ~

ver'lei·ten ⟨V. 550/R8⟩ jmdn. zu etwas ~ *(zum Bösen) verführen;* jmdn. zum Ungehorsam ~

ver'ler·nen ⟨V. 500⟩ **1** etwas ~ *wieder vergessen;* das Schwimmen verlernt man nicht **1.1** etwas verlernt haben *etwas, das man gelernt hat, nicht mehr können;* er hat sein Englisch verlernt

ver'le·sen ⟨V. 179/500⟩ **1** etwas ~ *vorlesen, lesend vortragen;* eine Bekanntmachung, Namen ~; ein Protokoll ~ **2** etwas ~ *auslesen, Schlechtes aussondern;* Salat, Gemüse, Körner ~ **3** ⟨R3⟩ sich ~ *falsch lesen*

ver'let·zen ⟨V. 500⟩ **1** ⟨R7 od. 503/R5⟩ jmdn. od. etwas ~ *verwunden, beschädigen;* sich den Kopf, die Hand ~ **2** ⟨R8⟩ jmdn. ~ ⟨fig.⟩ *kränken;* ich möchte Sie nicht ~, aber ich muß Ihnen sagen, daß ...; in ~dem Ton; ~de Worte; er schwieg verletzt **3** eine Sache ~ *nicht achten, gegen eine S. verstoßen;* jmds. Gefühle ~; jmds. Rechte ~; seine Pflicht ~

ver'leug·nen ⟨V. 500⟩ **1** etwas ~ *leugnen, in Abrede stellen, nicht zugeben;* er kann seinen Geiz nicht ~; seinen Glauben ~ **2** ⟨R7⟩ sein Wesen, sich selbst ~ *anders handeln, als es dem eigenen Wesen entspricht* **3** ⟨R8⟩ jmdn. ~ *behaupten, jmdn. nicht zu kennen;* Petrus hat Christus drei Mal verleugnet **4** ⟨R3⟩ sich ~ *so tun, als ob man nicht zu Hause sei, die Tür (auf Klingeln od. Klopfen hin) nicht öffnen* **4.1** sich ~ lassen *Besuchern sagen lassen, daß man nicht zu Hause sei*

ver'leum·den ⟨V. 500/R8⟩ jmdn. ~ *in schlechten Ruf bringen, böswillig, falsch verdächtigen;* jmdn. als Betrüger ~

ver'lie·ben ⟨V.505/R3⟩ **1** sich (in jmdn.) ~ *Liebe zu jmdm. fassen, jmdn. liebgewinnen* **1.1** ⟨Part. Perf.⟩ verliebt *von Liebe erfüllt* **1.1.1** jmdm. verliebte Augen machen *jmdm. durch Blicke mitteilen, daß man in ihn verliebt ist* **2** ich bin in dieses Haus ganz verliebt ⟨fig.; umg.⟩ *ich finde es reizend*

ver'lie·ren ⟨V. 276⟩ **1** ⟨500/R7⟩ jmdn. od. etwas ~ *unbeabsichtigt fallen-, liegen-, stehenlassen u. nicht wiederfinden;* seine Geldbörse, seinen Schirm ~; gib mir die Hand, damit wir uns nicht ~! **1.1** irgendwo nichts verloren haben ⟨fig.; umg.⟩ *keine Berechtigung, keinen Anlaß haben, sich irgendwo aufzuhalten;* dort habe ich nichts verloren **1.1.1** was hast du hier verloren? *was willst du hier?* **1.2** verloren suchen ⟨jägerspr.⟩ *ein erlegtes Stück Wild frei, d. h. ohne Fährte , suchen;* such verloren! (Aufforderung an den Hund, das erlegte Wild zu suchen) **2** ⟨500⟩ etwas ~ *einbüßen;* im Herbst ~ die Bäume ihre Blätter; der Kaffee hat durch langes Aufheben das Aroma verloren; (durch einen Unfall) das Augenlicht ~; die Farbe, den Geschmack ~; Haare, Zähne ~; seine Stellung ~; er hat im Spiel all sein Geld verloren **2.0.1** ⟨550⟩ sein Herz an jmdn. ~ *sich in jmdn. verlieben* **2.0.2** verlorene Form *beim Gießen von Metallen nur einmal benutzte F.* **2.0.3** verlorenes Profil ⟨Mal.⟩ *zur Bildtiefe hin gewendetes P.* **2.1** eine Sache ~ *nicht länger bewahren können;* die Fassung, die Geduld ~; den Mut ~; den Überblick ~ **2.2** ⟨800⟩ an etwas ~ *etwas teilweise einbüßen;* sie hat an Schönheit, Anmut verloren **2.2.1** ⟨400; fig.; umg.⟩ *sich zu seinem Nachteil verändern;* das Kleid verliert, wenn du diese Schleife entfernst; sie hat sehr verloren **3** ⟨500⟩ jmdn. ~ *jmdn. (durch dessen Tod od. durch Verfeindung) nicht mehr haben, mit jmdm. nicht mehr verkehren;* ich habe in ihm einen guten Freund verloren; er hat zwei Söhne im Krieg verloren; sie hat mit zehn Jahren ihren Vater verloren **3.0.1** der verlorene Sohn *der arm u. reuig heimgekehrte S.* **3.0.2** ein verlorenes Schaf ⟨a. fig.⟩ *Abtrünniger (bes. im christl. Sprachgebrauch)* **3.1** ⟨R3⟩ sich selbst ~ ⟨fig.⟩ *keinen inneren Halt mehr haben* **4** ⟨500⟩ etwas ~ *bei etwas besiegt werden, nicht gewinnen;* die Schlacht ~; eine Wette ~; im Spiel ~ **4.0.1** noch ist nicht alles verloren ⟨fig.⟩ *noch besteht eine geringe Hoffnung, daß die Sache doch gut endet* **5** ⟨500/R3⟩ etwas verliert sich *verschwindet, vergeht;* seine Befangenheit, Schüchternheit verlor sich allmählich **6** ⟨511/R3⟩ sich in etwas ~ *unauffindbar werden;* die Spur verlor sich im Wald **6.1** in Gedanken verloren *in G. versunken, vertieft*

Ver'lies ⟨n.; -es, -e⟩ *unterird. Gefängnis, Kerker;* Burg~

ver'lo·ben ⟨V. 500⟩ **1** ⟨500/R3⟩ sich ~ *jmdm. (offiziell) versprechen, ihn zu heiraten;* er hat sich gestern mit ihr verlobt; sie ist seit einem halben Jahr verlobt; sie ist mit XY verlobt **2** ⟨517 od. 530⟩ jmdn. (mit) jmdm. ~ *jmdn. jmdm. zur Ehe versprechen;* man verlobt die österreichische Prinzessin (mit) einem italienischen Prinzen

ver'locken ⟨-k·k-; V. 550/R8 od. 800⟩ **1** (jmdn.) zu etwas ~ *jmdn. zu etwas anreizen, jmdn. locken, etwas zu tun, jmdn. zu etwas verführen;* der Berg verlockt mich hinaufzusteigen; das klare Wasser verlockt zum Schwimmen **1.1** ⟨Part. Präs.⟩ ~d *verführerisch, anreizend;* ein ~des Angebot; der Kuchen sieht ~d aus

ver'lo·gen ⟨Adj.⟩ **1** *lügenhaft, oft lügend;* eine

~e Person **2** *lügnerisch; unwahr;* ~e Moral; ~e Reden, Versprechungen

ver'lo·ren 1 ⟨Part. Perf. von⟩ *verlieren* **2** ⟨Adj. 60⟩ 2.1 *vergeblich, nutzlos;* das ist ~e Liebesmüh, ~e Mühe 2.2 ~e Eier *roh in fast noch kochendes Essigwasser geschlagene E., die darin gezogen haben, bis sie gar sind* 2.3 ~er Posten ⟨Mil.⟩ *Stellung, die nicht gehalten werden kann, die im Kampf aufgegeben werden muß* 2.3.1 auf ~em Posten stehen ⟨a. fig.⟩ *mit einer Sache befaßt sein, die keine Aussicht auf Erfolg hat*

Ver'lust ⟨m.; -(e)s, -e⟩ **1** *das Verlieren;* den ~ des Vaters beklagen 1.0.1 in ~ geraten *verlorengehen, abhanden kommen* **2** *durch Verlieren erlittener Schaden;* der ~ geht in die Millionen; geschäftliche, finanzielle ~e; die Truppe hatte geringe, hohe, starke ~e; ein schwerer ~ hat ihn betroffen; einen großen ~ erleiden (durch den Tod eines Angehörigen); ein schmerzlicher, schwerer, unersetzlicher ~

ver'ma·chen ⟨V. 500⟩ **1** ⟨530/R6⟩ jmdm. etwas ~ *testamentarisch zuwenden, als Erbe hinterlassen;* jmdm. ein Haus, ein Vermögen, Wertgegenstände ~ **2** Holz ~ ⟨schweiz.⟩ *zerkleinern* **3** Fugen ~ *verstopfen*

Ver'mächt·nis ⟨n.; -s·ses, -s·se⟩ **1** *Zuwendung durch Testament* **2** *etwas, das jmdm. vermacht wird;* jmdm. ein Haus als ~ hinterlassen **3** ⟨fig.⟩ *letzter Wille, Auftrag (des Verstorbenen) an die Zurückgebliebenen;* er hat mir die Sorge für das Kind als ~ hinterlassen

ver'mäh·len ⟨V. 500/R7 od. R8⟩ jmdn. ~ *verheiraten;* sich ~; seine Tochter mit jmdm. ~

ver'meh·ren ⟨V. 500⟩ **1** etwas ~ *mehr machen aus, die Anzahl erhöhen von, vergrößern, verstärken;* seinen Besitz, sein Vermögen ~; Pflanzen, Tiere durch Zucht ~; vermehrte Ausscheidung, Absonderung von Körperflüssigkeit **2** ⟨R3⟩ sich ~ *(an Menge, Zahl) zunehmen;* die Zahl der Unfälle hat sich nicht vermehrt 2.1 *sich fortpflanzen, Nachwuchs bekommen;* die Meerschweinchen haben sich vermehrt

ver'mei·den ⟨V. 183/500⟩ etwas ~ *vor etwas ausweichen, einer Sache aus dem Weg gehen, es nicht dazu kommen lassen;* er vermied es, sie anzusehen; einen Fehler ~; es läßt sich nicht ~, daß ...; ich möchte es ~, ihm zu begegnen

ver'meint·lich ⟨Adj. 70⟩ *irrtümlich vermutet, fälschlich angenommen;* die ~e Gestalt erwies sich beim Näherkommen als ein Baumstumpf

ver'men·gen ⟨V. 500⟩ etwas ~ *vermischen, durcheinanderbringen*

ver'mer·ken ⟨V. 500⟩ **1** etwas ~ *kurz aufzeichnen, notieren;* etwas am Rande (eines Schriftstückes) ~ **2** eine Sache ~ *zur Kenntnis nehmen* 2.1 eine Sache übel ~ ⟨513⟩ *mit Mißfallen bemerken, übelnehmen*

ver'mes·sen[1] ⟨V. 185/500⟩ **1** Land ~ *genau ausmessen* **2** ⟨580/R3⟩ sich ~ ⟨geh.⟩ *sich erkühnen, erdreisten;* wie kannst du dich ~, zu sagen, daß ...

ver'mes·sen[2] 1 ⟨Part. Perf. von⟩ *vermessen[1]* **2** ⟨Adj.; geh.⟩ *anmaßend, überheblich;* es ist ~, zu behaupten, man könne ...

ver'mie·ten ⟨V. 500⟩ etwas ~ *gegen Entgelt zeitweilig zur Benutzung geben;* jmdm. od. an jmdn. eine Wohnung ~; zu ~ (Aufschrift an freien Zimmern bzw. Wohnungen)

ver'min·dern ⟨V. 500⟩ **1** etwas ~ *geringer machen, verringern;* die Geschwindigkeit ~ 1.1 vermindertes Intervall *um einen Halbton chromatisch verringertes I., z. B. c - ges;* Ggs *übermäßiges Intervall;* verminderte Quinte 1.2 Preise ~ *ermäßigen, herabsetzen* **2** ⟨R3⟩ etwas vermindert sich *nimmt ab, wird schwächer;* die Schmerzen haben sich vermindert

ver'mi·schen ⟨V. 505⟩ **1** etwas (mit etwas) ~ *untereinandermischen, durcheinanderbringen, vermengen;* Saft, Wein mit Wasser ~ 1.1 Vermischtes *Anzeigen (in Zeitungen) unterschiedl. Inhalts* **2** ⟨R4⟩ sich ~ *sich vermengen, ineinander aufgehen, sich verbinden, vereinigen;* die beiden Rassen haben sich vermischt

ver'mis·sen ⟨V. 500⟩ **1** etwas ~ *das Fehlen von etwas bemerken;* ich vermisse meinen Füllfederhalter **2** ⟨R8⟩ jmdn. ~ *jmds. Abwesenheit bemerken od. schmerzlich spüren;* wir haben dich sehr vermißt 2.1 ⟨Part. Perf.⟩ jmd. ist vermißt *über jmds. Verbleib an der Front ist nichts bekannt;* ihr Sohn ist vermißt; einen Soldaten als vermißt melden

ver'mit·teln ⟨V.⟩ **1** ⟨400⟩ *eine Einigung (zwischen Streitenden) zustande bringen* 1.1 zwischen zwei Gegnern ~ *den Streit zwischen zwei Gegnern schlichten* 1.2 einige ~de Worte sprechen *begütigende, versöhnliche W.* 1.3 ~d eingreifen *eingreifen, um Streitende zu beruhigen, zu versöhnen* **2** ⟨530/R6⟩ jmdm. etwas od. jmdn. ~ *jmdm. zu etwas od. jmdm. verhelfen;* jmdm. eine Arbeit, Anstellung ~; jmdm. einen Briefpartner im Ausland ~; neue Arbeitskräfte, Mitarbeiter ~

ver'mit·tels ⟨Präp. mit Gen.⟩ *mittels, durch, mit (Hilfe von);* ~ eines Dietrichs die Tür öffnen

Ver'mitt·ler ⟨m.; -s, -⟩ **1** *jmd., der bei einem Streit vermittelt;* den ~ machen, spielen **2** *jmd., der einem anderen etwas vermittelt* 2.1 ~ verbeten! *(Vermerk in Kaufgesuchen und Verkaufsanzeigen), An- bzw. Verkauf nur direkt an Interessenten, nicht über Zwischenhändler, Makler usw.*

ver'mö·ge ⟨Präp. m. Gen.⟩ *dank, durch, auf Grund (von);* ~ seiner Geschicklichkeit

ver'mö·gen ⟨V. 187/500 od. 580⟩ etwas ~ *können, zu etwas imstande sein;* ich vermag es nicht; er vermochte vor Schmerzen nicht zu laufen; ich will tun, was ich vermag

Ver'mö·gen ⟨n.; -s, -⟩ **1** ⟨unz.⟩ *Leistungsfähigkeit, Können;* Ggs *Unvermögen;* das geht über sein ~ **2** *Geld und in Geld schätzbarer Besitz;* er hat sich damit ein ~ erworben; sie hat (großes, viel) ~ 2.1 das kostet mich ein ~ ⟨umg.⟩ *sehr viel Geld*

ver'mu·ten ⟨V. 500⟩ **1** etwas ~ *annehmen, für möglich halten, mutmaßen;* ich vermute, er kommt heute noch; ich weiß es nicht, ich vermute es nur **2** ⟨511⟩ jmdn. an einem bestimmten Ort ~ *annehmen, daß jmd. an einem bestimmten Ort ist;* ich habe dich in Berlin vermutet

ver'nach·läs·si·gen ⟨V. 500/R7 od. R8⟩ **1** etwas od. jmdn. ~ *sich weniger um etwas od. jmdn. kümmern, als es nötig wäre, nicht* *genügend berücksichtigen od. beachten;* seine Kleidung ~; seine Pflichten ~; das Kind sah vernachlässigt aus; sie fühlt sich von ihm vernachlässigt 1.1 von der Natur vernachlässigt *von der N. mit äußerer Schönheit nicht reich bedacht*

ver'neh·men ⟨V. 189/500⟩ **1** etwas ~ ⟨geh.⟩ *hören, durch das Gehör bemerken;* ich habe vernommen, daß ...; ein leises Geräusch ~ 1.1 dem Vernehmen nach ist er augenblicklich in Amerika *wie man hört, wie gesagt wird* **2** jmdn. ~ *ausfragen, verhören;* der Täter, der Zeuge wurde vernommen

ver'nei·nen ⟨V. 500⟩ **1** eine Sache ~ *eine negative Aussage machen über eine S.;* ein ~der Satz ⟨Gramm.⟩ 1.1 eine Frage ~ *mit Nein beantworten;* ~d den Kopf schütteln **2** etwas ~ ⟨fig.⟩ *ablehnen;* eine Staatsform, das Leben ~; einer Angelegenheit ~d gegenüberstehen 2.1 *bestreiten, leugnen;* den Sinn des Lebens ~

ver'nich·ten ⟨V. 500⟩ **1** jmdn. od. etwas ~ *völlig zerstören;* Briefe, Papiere ~; der Hagel hat die Ernte vernichtet 1.1 Schädlinge ~ *ausrotten, töten* 1.2 ⟨Part. Präs.⟩ ~d ⟨fig.⟩ *voller Verachtung, Ablehnung;* ein ~der Blick; ein ~des Urteil, eine ~de Kritik

Ver'nunft ⟨f.; -; unz.⟩ **1** *Fähigkeit, Zusammenhänge zu erkennen u. sich innerhalb dieser Zusammenhänge zweckvoll zu betätigen, Einsicht, Besonnenheit;* das ist doch gegen alle ~! 1.0.1 er ist aller ~ beraubt *er ist verblendet, unbesonnen, ihm fehlt die Einsicht* 1.0.2 jmdn. zur ~ bringen *zur Einsicht bringen, seine Erregung beschwichtigen* 1.0.3 er ist endlich wieder zur ~ gekommen *ruhig, einsichtig geworden* 1.0.4 nimm doch ~ an! *beruhige dich doch u. denk nach!*

ver'nünf·tig ⟨Adj.⟩ **1** *voller Vernunft, überlegt, einsichtig, besonnen;* das muß doch jeder ~e Mensch einsehen; der Junge ist mit seinen zehn Jahren schon sehr ~; sei doch ~! 1.0.1 er wird schon noch ~ werden *zur Einsicht kommen, besonnen werden* **2** *auf Vernunft begründet, einleuchtend;* Sy *rational(2);* ~e Argumente, Gründe 2.1 ~ mit jmdm. reden ⟨umg.⟩ *sich offen mit jmdm. aussprechen*

ver'ord·nen ⟨V. 500⟩ **1** ⟨530/R5 od. R6⟩ jmdm. etwas ~ *bestimmen, daß jmd. etwas einnimmt od. tut;* jmdm. ein Heilmittel ~; jmdm. eine Kur in einem Bad ~; jmdm. Pillen, Tropfen, Umschläge ~; der Arzt hat mir einen täglichen Spaziergang von zwei Stunden verordnet; wenn vom Arzt nicht anders verordnet, täglich drei Tabletten (Aufschrift auf Arzneimittelpackungen) **2** eine Sache ~ ⟨veralt.⟩ *verfügen, anordnen, behördlich festsetzen;* das Bürgermeisteramt verordnete, daß ...

ver'pas·sen ⟨V. 500⟩ **1** ⟨R8⟩ jmdn. od. etwas ~ *verfehlen, nicht treffen, versäumen;* den Zug ~; den richtigen Zeitpunkt ~; eine verpaßte Gelegenheit **2** ⟨530⟩ jmdm. eins ~ ⟨umg.⟩ *jmdn. verprügeln, jmdm. Schläge geben*

ver'pfän·den ⟨V. 500⟩ **1** etwas ~ *etwas als Pfand geben;* er hat seinen Besitz verpfändet **2** sein Wort ~ *durch Ehrenwort erklären, daß ...;* jmdm. sein Ehrenwort ~, daß eine Sache wahr ist

ver'pfle·gen ⟨V. 500 od. 510/R7 od. R8⟩ jmdn. ~ *regelmäßig mit Nahrung, mit Speise versorgen, verköstigen;* wir wohnten in einem Fischerhaus, wurden aber im Hotel verpflegt

ver'pflich·ten ⟨V.⟩ **1** ⟨500/R7 od. R8⟩ jmdn. ~ *jmdm. eine Pflicht auferlegen, jmdn. durch ein Versprechen binden* 1.0.1 ~de Zusage *bindende Z.* 1.1 Beamte auf die Verfassung ~ *B. darauf vereidigen, ihre Pflicht der V. gemäß zu erfüllen* **2** ⟨516/R7 od. R8⟩ jmdn. für, zu etwas ~ *jmdm. die Pflicht auferlegen, etwas zu tun, jmdn. für eine Arbeit, Leistung in Dienst nehmen;* einen Schauspieler für eine Rolle, für die nächste Spielzeit ~ **3** ⟨402⟩ etwas verpflichtet (jmdn.) zu etwas *erlegt jmdm. eine entsprechende Pflicht auf;* die Annahme des Paketes verpflichtet zur Bezahlung der Gebühren 3.1 verpflichtet sein, etwas zu tun *die Pflicht haben, etwas zu tun, etwas tun müssen;* ich bin vertraglich verpflichtet, das zu tun; ich bin zum Schweigen, zum Sprechen verpflichtet 3.2 jmdm. (zu Dank) verpflichtet sein *Dank schulden* 3.3 sich jmdm. verpflichtet fühlen *das Gefühl haben, jmdm. Dank, eine Gegenleistung zu schulden* 3.4 sich zu etwas verpflichtet fühlen *das Gefühl haben, etwas tun zu müssen;* ich fühle mich verpflichtet, ihm das zu sagen **4** ⟨550/R3⟩ sich zu etwas ~ *etwas fest versprechen;* er hat sich verpflichtet, die Kinder jeden Tag zur Schule zu fahren

ver'puf·fen ⟨V. 400(s.)⟩ **1** etwas verpufft *entweicht plötzlich;* das Gas ist verpufft **2** eine Sache verpufft *geht ohne den eigentl. Zweck erfüllt zu haben vorüber, geht verloren;* die Nummern des Unterhaltungsprogramms verpufften im allgemeinen Lärm

ver'put·zen ⟨V. 500⟩ **1** etwas ~ *mit Putz versehen;* eine Mauer, Wand ~ **2** etwas Eßbares ~ ⟨umg.⟩ *schnell u. restlos aufessen;* er hat fünf Stück Kuchen verputzt **3** jmdn. od. etwas nicht ~ können ⟨fig.; umg.⟩ *nicht ertragen können* **4** Geld ~ ⟨umg.⟩ *schnell u. restlos ausgeben*

ver'quicken ⟨-k·k-; V. 550/R7⟩ eine Sache mit einer anderen ~ ⟨geh.⟩ *verbinden;* die beiden Angelegenheiten sind eng miteinander verquickt

Ver'rat ⟨m.; -(e)s; unz.⟩ **1** *Preisgabe, unberechtigte od. böswillige Mitteilung (eines Geheimnisses)* **2** *Treuebruch;* an jmdm., an einer Sache ~ begehen, üben

ver'ra·ten ⟨V. 195/500⟩ **1** ⟨R8⟩ jmdn. ~ *jmdm. die Treue brechen;* einen Freund ~ 1.1 ~ und verkauft sein ⟨fig.⟩ *keinen Ausweg mehr wissen, verloren sein* **2** etwas ~ *preisgeben, unberechtigt mitteilen;* ein Geheimnis, Versteck ~; bitte nichts ~, es soll eine Überraschung werden! 2.1 ich will es Ihnen ~, wo es so etwas zu kaufen gibt *vertraulich mitteilen* **3** ⟨R3⟩ sich ~ *seine eigentl. Absicht unbeabsichtigt erkennen lassen;* er hat sich durch ein unbedachtes Wort ~ **4** etwas verrät etwas *läßt erkennen;* seine Erklärungen verrieten hervorragende Kenntnisse; sein Gesicht verriet seinen Schrecken

ver'rech·nen ⟨V. 500⟩ **1** Geldforderungen ~ *G., die auf zwei Seiten bestehen, rechnerisch miteinander ausgleichen;* diesen Betrag ~ wir später mit der anderen Summe 1.1 einen Scheck ~ *den Betrag eines Sch. einem anderen Konto gutschreiben, nicht bar auszahlen* **2** ⟨R3⟩ sich ~ *falsch rechnen;* ich habe mich bei

der Addition verrechnet **3** ⟨R3⟩ sich ~ ⟨fig.⟩ *Erwartungen hegen, die sich nicht erfüllen werden;* wenn du glaubst, daß ich das tun werde, dann hast du dich verrechnet
ver'recken ⟨-k·k-; V. 400(s.)⟩ **1** Vieh verreckt *stirbt* **2** ⟨vulg.⟩ *elend zugrunde gehen, umkommen;* verrecke!
ver'rei·sen ⟨V. 400(s.)⟩ *auf Reisen gehen, für einige Zeit wegfahren;* er ist verreist; ich muß morgen ~
ver'ren·ken ⟨V. 500⟩ **1** ⟨530/R5⟩ jmdm. ein Glied ~ *jmdm. ein G. aus dem Gelenk drehen;* sich den Arm ~ **1.1** ⟨R1⟩ sich den Hals (nach jmdm. od. etwas) ~ ⟨fig.; umg.⟩ *sich auffällig nach jmdm. od. etwas umschauen* **1.2** ⟨R1⟩ dabei muß man sich die Zunge ~ ⟨fig.; umg.⟩ *das ist sehr schwierig auszusprechen* **2** ⟨R3⟩ sich ~ *eine unnatürliche Körperhaltung einnehmen*
ver'rich·ten ⟨V. 500⟩ **1** eine Sache ~ *ordnungsgemäß ausführen, erledigen;* eine Arbeit ~ **1.1** sein Gebet ~ *beten* **1.2** seine Notdurft ~ *Darm od. Harnblase entleeren*
ver'rin·gern ⟨V. 500⟩ **1** etwas ~ *geringer machen;* die Kosten ~; die Geschwindigkeit, den Abstand ~ **2** ⟨R3⟩ etwas verringert sich *wird geringer;* die Anzahl der Kursteilnehmer hat sich verringert
ver'rin·nen ⟨V. 203/400(s.)⟩ **1** etwas verrinnt *verteilt sich rinnend bis es verschwunden ist;* die Quelle verrinnt zwischen den Steinen **2** Zeit verrinnt *vergeht;* Stunde um Stunde verrann
ver'ro·sten ⟨V. 400(s.)⟩ **1** etwas verrostet *setzt Rost an, überzieht sich mit Rost;* das Schloß ist verrostet **1.1** eine verrostete Stimme haben ⟨fig.⟩ *eine tiefe u. heisere S.*
ver'rot·ten ⟨V. 400(s.)⟩ **1** etwas verrottet *verfault, vermodert;* Pflanzenreste ~ **2** etwas verrottet *zerbröckelt;* Mauerwerk verrottet **3** etwas verrottet ⟨fig.; umg.⟩ *verkommt äußerlich u. moralisch;* eine verrottete Gesellschaft
ver'rucht ⟨Adj.; geh.; veralt.⟩ *ruchlos, schändlich, verworfen;* ein ~er Mensch; eine ~e Tat
ver'rückt **1** ⟨Part. Perf. von⟩ *verrücken* **2** ⟨Adj. 70; umg.⟩ 2.1 *geisteskrank;* er ist dann später ~ geworden; er schrie, gebärdete sich wie ~; er schrie wie ein Verrückter 2.2 *überspannt, nicht recht bei Verstand, von Sinnen;* er ist ein ~er Kerl!; du bist ~!; du bist wohl ~?; ich bin vor Angst, Ungeduld fast ~ geworden; er war halb ~ vor Schmerz 2.2.1 es ist zum ~ werden! *es ist zum Verzweifeln!* 2.2.2 jmdn. ~ machen *ihn aufregen, nervös machen;* der Lärm macht mich ganz ~; mach mich nicht ~ mit deiner Quengelei! 2.2.3 ~ auf etwas sein *etwas unbedingt haben wollen, eine heftige Vorliebe für etwas haben* 2.2.4 nach jmdm. ~ sein *heftig verliebt in jmdn. sein, jmdn. leidenschaftlich begehren* 2.3 *unsinnig, sehr merkwürdig, vom Normalen stark abweichend;* ein ~er Einfall, Gedanke; es schmerzt wie ~
Ver'ruf ⟨m.; -(e)s; unz.⟩ *schlechter Ruf;* jmdn. in ~ bringen; in ~ geraten, kommen
Vers ⟨m.; -es, -e⟩ **1** *durch das Metrum gegliederte, oft mit einem Reim versehene Einheit einer Dichtung in gebundener Rede, Zeile einer Strophe;* Roman, Epos in ~en; einen Gedanken, Text in ~e bringen **2** ⟨nicht fachsprachlich⟩ *Strophe, Gedicht* 2.1 ~e machen, ~e schmieden *Gedichte machen, dichten* **3** darauf kann ich mir keinen ~ machen ⟨fig.; umg.⟩ *das begreife ich nicht, das kann ich mir nicht erklären* **4** ⟨Abk.: V.⟩ *Abschnitt in der Bibel*
ver'sa·gen ⟨V.⟩ **1** ⟨530⟩ jmdm. etwas ~ *verweigern, abschlagen, nicht gewähren;* sein Vater versagte ihm den Segen; die Beine versagten ihm den Dienst **1.1** ⟨R1⟩ sich etwas ~ *auf etwas verzichten;* sich ein Vergnügen ~ **2** ⟨400⟩ *nicht das Erwartete leisten od. bewirken;* sein Gedächtnis versagte; das Gewehr hat versagt; der Motor versagt; die Stimme versagte ihm; er hat bei der Prüfung versagt **3** ⟨400⟩ versagt sein *eine Verabredung haben;* ich bin heute abend schon versagt
ver'sam·meln ⟨V. 500⟩ **1** jmdn. ~ *an einen Ort zusammenbringen, zusammenkommen lassen, zusammenrufen;* er versammelte seine Kinder, seine Schüler um sich **2** ⟨R4⟩ mehrere, viele Personen ~ sich *kommen zusammen, treffen sich;* wir ~ uns um 10 Uhr vor der Schule **3** ein Pferd ~ *durch Hilfen in gute, korrekte Haltung (im Stehen) bringen;* das Pferd ist gut, schlecht versammelt
Ver'samm·lung ⟨f.; -, -en⟩ **1** ⟨unz.⟩ *das Versammeln* **2** *mehrere zu einem bestimmten Zweck zusammengekommene Personen;* Partei~, Volks~ **3** *Besprechung, Beratung mehrerer Personen;* eine ~ einberufen; die ~ eröffnen, leiten, schließen; auf einer ~ sprechen; zu einer ~ gehen
Ver'sand ⟨m.; -(e)s; unz.⟩ *das Versenden (von Waren)*
ver'säu·men ⟨V. 500⟩ **1** etwas ~ *ungenutzt vorübergehen lassen;* eine Gelegenheit ~; wir haben schon zuviel Zeit versäumt 1.0.1 Sie haben etwas versäumt (weil Sie nicht dabei waren) *Sie hätten dabei sein sollen, denn es war sehr schön* 1.0.2 Sie haben nichts versäumt, wenn Sie den Film nicht gesehen haben *der F. war nicht bes. schön, nicht bes. gut* **2** etwas ~ *entgegen der eigentl. Absicht außer acht lassen, nicht tun, nicht erreichen, verpassen, bei etwas nicht dabeisein;* ein Geschäft ~; eine Pflicht ~; die Schule, den Unterricht ~; den Zug ~; ich habe den Anfang der Aufführung leider versäumt; das Versäumte nachholen 2.0.1 ⟨580⟩ ich werde nicht ~, es zu tun *ich werde es ganz bestimmt tun* **3** jmdn. ~ ⟨schweiz.⟩ *aufhalten;* Frau X hat mich versäumt; ich bin versäumt worden
ver'schaf·fen ⟨V. 530/R5 od. R6⟩ **1** jmdm. etwas ~ *besorgen, jmdm. zu etwas verhelfen;* jmdm. eine Arbeit, Stellung, Wohnung ~; sich einen Einblick in, einen Überblick über eine Sache ~; er hat sich das Geld auf unrechtmäßige Weise verschafft; ich muß mir irgendwie das nötige Geld dazu ~; sich eine Genehmigung für etwas ~; ich werde mir Genugtuung ~; sich das Recht ~, etwas zu tun 1.0.1 was verschafft mir das Vergnügen, die Ehre? (Frage an einen unerwarteten Besucher) *was ist der Grund Ihres Besuches?*
ver'schan·zen ⟨V. 500⟩ **1** etwas ~ ⟨veralt.⟩ *durch Schanze(n) befestigen;* ein Lager ~ **2** ⟨R3⟩ sich ~ *ein Hindernis als Deckung vor sich aufbauen* **3** ⟨511/R3⟩ sich hinter einer Sache ~ ⟨fig.⟩ *eine S. als Vorwand benutzen;* sich hinter einer Ausrede, Ausflucht ~

ver'schär·fen ⟨V. 500⟩ **1** eine Sache ~ *schärfer machen, vergrößern, vermehren, verschlimmern;* das Tempo ~; die Strafe ist verschärft worden; wir wollen die Spannung nicht noch ~; drei Tage verschärften Arrest bekommen; mit verschärfter Aufmerksamkeit; mit verschärftem Tempo **2** ⟨R3⟩ eine Sache verschärft sich *wird schärfer, verstärkt, verschlimmert sich;* die Lage verschärfte sich; es herrschte eine sich noch ~de Spannung; die Gegensätze zwischen ihnen haben sich verschärft

ver'scher·zen ⟨V. 530/R1⟩ sich etwas ~ *etwas durch Leichtsinn, durch Rücksichtslosigkeit verlieren;* sich jmds. Gunst, Wohlwollen ~

ver'scheu·chen ⟨V. 500⟩ **1** ⟨R8⟩ jmdn. od. ein Tier ~ *verjagen, wegjagen;* Fliegen, Vögel, Wild ~ **2** eine Sache ~ *zum Verschwinden bringen;* jmds. Bedenken, trübe Gedanken ~

ver'schicken ⟨-k·k-; V. 500⟩ **1** etwas ~ *fortschicken, versenden;* Anzeigen, Prospekte, Waren ~ **2** jmdn. ~ *veranlassen, daß jmd., der darin keine Entscheidungsfreiheit hat, eine Reise unternimmt* **2.1** Kinder aufs Land ~ *zur Erholung aufs Land bringen lassen* **2.2** Sträflinge ~ *verbannen, deportieren*

ver'schie·ben ⟨V. 214/500⟩ **1** etwas ~ *an einen anderen Platz, an eine andere Stelle schieben, verrücken;* Eisenbahnwagen ~; der Schrank läßt sich nicht ~ **1.1** ⟨R3⟩ etwas verschiebt sich *kommt an eine andere Stelle, in eine andere Lage;* der Teppich hat sich verschoben; die Besitzverhältnisse haben sich verschoben **2** etwas ~ *zeitlich verlegen, aufschieben, auf einen späteren Zeitpunkt festsetzen;* einen Termin, eine Verabredung ~; die Abreise, den Urlaub ~; eine Arbeit auf den nächsten Tag ~ **3** Waren ~ ⟨fig.; umg.⟩ *Waren auf unsaubere Weise kaufen u. (zu Wucherpreisen) verkaufen*

ver'schie·den ⟨Adj.⟩ **1** *unterschiedlich, andersartig, ungleich;* er hat zwei ~e Augen; ~er Meinung sein; die beiden Brüder sind sehr ~; ~ groß, lang, tief; in der Farbe, Größe ~ **1.0.1** das ist ~ *das ist in jedem Fall anders, das wird unterschiedlich gehandhabt* **2** ⟨60⟩ *mehrere;* ~e Bilder, Bücher; an ~en Orten **3** ~es *mancherlei* **3.1** Verschiedenes *Beiträge aus mancherlei Gebieten (als Zeitungsrubrik)* **4** ⟨Part. Perf. von verscheiden; geh.⟩ *gestorben*

ver'schie·ßen ⟨V. 215⟩ **1** ⟨500⟩ etwas ~ *durch Schießen verbrauchen;* seine Munition ~ **1.1** → a. *Pulver(1.1.5)* **2** ⟨500⟩ etwas ~ ⟨Fußb.⟩ *neben das Tor schießen;* er hat einen Elfmeter verschossen **3** ⟨511/R3⟩ sich in jmdn. ~ ⟨fig.; umg.⟩ *sich in jmdn. verlieben;* er hat sich in sie verschossen **4** ⟨400(s.)⟩ Stoffe ~ *verbleichen, verlieren an Farbe;* das Kleid ist verschossen

ver'schla·fen[1] ⟨V. 217⟩ **1** ⟨400⟩ *zu lange schlafen, über einen bestimmten Zeitpunkt hinaus schlafen;* ich habe heute morgen ~; stell dir den Wecker, damit du nicht verschläfst **2** ⟨500⟩ Zeit ~ *durch Schlaf versäumen, mit Schlaf verbringen;* ich habe den ganzen Nachmittag ~ **3** ⟨500⟩ etwas Unangenehmes ~ *durch Schlaf überwinden;* Sorgen, Kummer ~

ver'schla·fen[2] **1** ⟨Part. Perf. von⟩ *verschlafen*[1] **2** ⟨Adj.⟩ *schlaftrunken, schläfrig;* ich bin noch ganz ~ **2.1** ⟨fig.⟩ *langweilig, temperamentlos;* eine ~e Kleinstadt

Ver'schlag ⟨m.; -(e)s, ¨-e⟩ *einfacher Schuppen, mit Brettern abgetrennter Raum;* Latten~

ver'schla·gen[1] ⟨V. 218/500⟩ **1** etwas ~ *mit Brettern abteilen od. schließen, mit Brettern zunageln;* eine Kiste, ein Faß ~ **2** den Ball ~ ⟨Tennis⟩ *falsch angeben, den Ball falsch ins Spiel bringen* **3** eine Seite im Buch ~ *verblättern, versehentlich umschlagen* **4** ⟨530⟩ etwas verschlägt jmdm. etwas *nimmt jmdm. für kurze Zeit eine natürl. Fähigkeit* **4.0.1** die Kälte des Wassers verschlug mir fast den Atem *nahm mir fast den A., ich konnte kaum atmen vor Kälte* **4.0.2** ⟨unpersönl.⟩ es verschlug ihm die Rede *er konnte (vor Verblüffung) nicht weitersprechen, er war sprachlos* **5** ⟨511; unpersönl.⟩ jmdn. verschlägt es an einen Ort *jmd. kommt durch Zufall, ungewollt an einen Ort;* das Schiff wurde an eine einsame Insel, eine fremde Küste ~; das Schicksal hat uns hierher ~ **6** etwas verschlägt etwas ⟨umg.⟩ *hilft, nutzt etwas;* die Arznei verschlägt nicht; das verschlägt nichts

ver'schla·gen[2] **1** ⟨Part. Perf. von⟩ *verschlagen*[1] **2** ⟨Adj.⟩ **2.1** *unaufrichtig u. schlau;* er hat einen ~en Blick; ein ~er Bursche **2.2** *überschlagen, lauwarm;* das Getränk, Wasser ist ~ **2.3** *durch vieles Prügeln scheu, ängstlich;* der Hund ist ~

ver'schlam·pen ⟨V.; umg.⟩ **1** ⟨500⟩ etwas ~ *durch Unachtsamkeit verlieren od. verlegen;* ich habe seinen Brief verschlampt **2** ⟨400 (s.)⟩ *verkommen, liederlich, unordentlich werden;* sie haben den Garten ~ lassen; die Wohnung sieht verschlampt aus; sie ist völlig verschlampt

ver'schlech·tern ⟨V. 500⟩ **1** eine Sache ~ *schlechter machen;* die Arbeitslosigkeit hat seine wirtschaftliche Lage erheblich verschlechtert **2** ⟨R3⟩ eine Sache verschlechtert sich *wird schlechter;* sein Gesundheitszustand hat sich verschlechtert

ver'schlei·ern ⟨V. 500⟩ **1** ⟨R7⟩ den Kopf, das Gesicht, sich ~ *mit einem Schleier bedekken;* sich (das Gesicht) ~ **1.1** der Himmel verschleiert sich *bedeckt sich mit Dunst, mit dünnen Wolken* **1.2** ⟨Part. Perf.⟩ verschleiert *unklar, verschwommen;* seine Stimme war verschleiert; ihre Augen waren von Tränen verschleiert; ein verschleierter Blick **2** eine Sache ~ ⟨fig.⟩ *der genauen Feststellung entziehen;* Tatsachen, Bilanzen ~

ver'schlei·ßen ⟨V. 221⟩ **1** ⟨500/R3⟩ etwas ~ *durch häufigen Gebrauch stark abnutzen;* Kleidung, Schuhe ~ **2** ⟨400⟩ etwas verschleißt *wird durch häufigen Gebrauch stark abgenutzt;* das Hemd war schnell verschlissen **3** ⟨500⟩ etwas ~ ⟨österr.⟩ *im kleinen verkaufen*

ver'schlep·pen ⟨V. 500⟩ **1** jmdn. od. etwas ~ *widerrechtlich od. mit Gewalt an einen unbekannten Ort bringen;* im Kriege Einwohner, Kunstwerke ~ **1.1** Gegenstände ~ ⟨umg.⟩ *an einen Platz bringen, an dem man sie nicht findet;* der Hund hat die Pantoffeln verschleppt **2** eine Sache ~ *verzögern, hinauszögern, in die Länge ziehen;* einen Prozeß ~; die Verhandlungen wurden verschleppt **2.1** eine Krankheit ~ *nicht beachten, nicht behandeln u. dadurch längere Zeit nicht loswerden;* eine verschleppte Grippe

ver'schleu·dern ⟨V. 500⟩ **1** etwas ~ *vergeuden, leichtsinnig ausgeben;* sein Vermögen ~ **2** Waren ~ *zu billig verkaufen*

ver'schlie·ßen ⟨V. 222/500⟩ **1** etwas ~ *mit einem Schloß absperren, zuschließen;* ein Schubfach, die Tür ~ 1.1 vor verschlossener Tür stehen *zu dem Ort, den man betreten will, keinen Einlaß finden* 1.2 bei, hinter verschlossenen Türen *unter Ausschluß der Öffentlichkeit;* Verhandlungen hinter verschlossenen Türen führen **2** etwas ~ *einschließen, unter Verschluß aufbewahren;* Geld, Papier, Vorräte ~ **3** ⟨530/R3⟩ sich einer Sache ~ *nichts von einer S. wissen wollen, sich abweisend gegenüber einer S. verhalten* 3.0.1 ich kann mich der Tatsache nicht ~, daß ... *ich muß die T. notwendigerweise anerkennen*

ver'schlin·gen ⟨V. 223/500⟩ **1** etwas ~ *ineinander-, umeinanderschlingen;* die Fäden ~; die Finger ~ **2** etwas ~ *gierig hinunterschlucken;* er verschlang das Brot im Handumdrehen 2.1 ein Buch ~ *ohne Unterbrechung u. mit Spannung lesen* 2.2 ⟨516⟩ jmdn. mit den Blicken ~ *jmdn. aufdringlich, voll Begierde ansehen* **3** eine Sache verschlingt etwas *verbraucht, kostet etwas;* der Bau wird Millionen ~

ver'schlucken ⟨-k·k-; V. 500⟩ **1** etwas ~ *hinunterschlucken;* das Kind hat das Bonbon verschluckt 1.1 Wörter, Silben ~ ⟨fig.⟩ *unvollständig aussprechen od. weglassen* **2** etwas verschluckt jmdn. ⟨fig.⟩ *jmd. verschwindet in etwas;* die Dunkelheit hatte ihn verschluckt **3** etwas verschluckt etwas *verbraucht, kostet etwas;* der Bau hat viel Geld verschluckt **4** ⟨R3⟩ sich ~ *ein Krümchen, einen Tropfen in die falsche Kehle (Luftröhre) bekommen*

Ver'schluß ⟨m.; -s·ses, ¨-s·se⟩ **1** *Vorrichtung zum Zumachen, zum Verschließen, z. B. Schloß, Deckel, Pfropfen, Klappe, Knopf, Haken usw.* 1.1 etwas unter ~ halten *etwas sicher verwahren, nicht herausgeben* **2** ⟨Med.⟩ *das Zuwachsen, zugewachsene od. auf andere Weise verschlossene Stelle;* Darm~

ver'schlüs·seln ⟨V. 500⟩ etwas ~ *in Geheimschrift übertragen, chiffrieren;* ein verschlüsseltes Telegramm

ver'schmer·zen ⟨V. 500⟩ etwas ~ *überwinden, über etwas hinwegkommen, sich über etwas trösten;* einen Verlust ~; ich kann es ~; das kann ich nie ~

ver'schmitzt ⟨Adj.⟩ *lustig, schlau, pfiffig, schelmisch;* ein ~es Augenzwinkern; ~ lächeln

ver'schnei·den ⟨V. 227/500/R7⟩ **1** etwas ~ *beschneiden, stutzen;* eine Hecke, Bäume ~; sich die Finger, Fußnägel ~ **2** Stoff ~ *falsch zuschneiden* **3** einen Mann, ein männliches Tier ~ = *kastrieren* 3.1 ein Verschnittener = *Eunuch* **2** Weinbrand, Rum ~ *mit anderem, billigeren mischen*

ver'schol·len ⟨Adj. 24⟩ *seit längerer Zeit abwesend u. deshalb für verloren od. tot gehalten;* er ist seit dem Krieg ~; das Schiff ist in der Arktis ~

ver'scho·nen ⟨V. 500/R8⟩ **1** jmdn. od. etwas ~ *schonen, jmdm. od. etwas nichts antun;* sie sind von der Epidemie verschont geblieben **2** ⟨516⟩ jmdn. mit etwas ~ *nicht mit etwas behelligen;* verschone mich mit deinen Ratschlägen!

ver'schrän·ken ⟨V. 500⟩ **1** etwas ~ *kreuzweise legen od. stellen;* die Arme vor der Brust ~ **1.0.1** mit verschränkten Armen dabeistehen ⟨fig.⟩ *zusehen, ohne zu helfen* 1.1 Hölzer ~ *kreuzweise miteinander verbinden* 1.2 verschränkter Reim R. in der Stellung abc — cab od abc — bac

ver'schrei·ben ⟨V. 230/500⟩ **1** eine Arznei ~ *ein Rezept ausstellen über eine A.;* einem Kranken ein schmerzlinderndes Mittel ~ **2** ⟨530/R6⟩ jmdm. etwas ~ ⟨veralt.⟩ *urkundlich übereignen;* er hat ihm das Haus verschrieben **3** ⟨530/R3⟩ sich einer Sache ~ *sich von nun an einer S. eingehend widmen;* er hat sich der Musik, der Medizin verschrieben **4** Papier ~ *beim Schreiben verbrauchen* **5** ⟨R3⟩ sich ~ *etwas falsch schreiben, einen Schreibfehler machen*

ver'schrien ⟨Adj.⟩ **1** *in üblem Ruf stehend;* diese Gasse ist wegen eines Mordes ~ 1.1 er ist als Raufbold verschrien *er steht in dem Ruf, ein R. zu sein*

ver'schro·ben ⟨Adj.⟩ *wunderlich, seltsam, überspannt;* ~e Ansichten haben; die alte Frau ist ~

ver'schul·den ⟨V.⟩ **1** ⟨400(s.)⟩ *in Schulden geraten* 1.1 verschuldet sein *mit Schulden belastet sein* **2** ⟨500⟩ etwas ~ *schuldhaft verursachen;* das hat er selbst verschuldet; einen Unfall, ein Unglück ~ 2.1 es geschah ohne mein Verschulden *daran habe ich keine Schuld*

ver'schüt·ten ⟨V. 500⟩ **1** eine Flüssigkeit ~ *versehentlich ausschütten* 1.1 ⟨511; unpersönl.⟩ es bei jmdm. ~ ⟨fig.; umg.⟩ *bei jmdm. in Ungnade fallen, jmds. Gunst, Wohlwollen verlieren* **2** jmdn. od. etwas ~ *zuschütten, mit Erde bedecken;* einen Brunnen, Graben, Teich ~ 2.1 verschüttet werden *durch einstürzende Gebäude, Erdmassen usw. von der Außenwelt abgeschnitten werden*

ver'schwei·gen ⟨V. 233/500⟩ eine Sache ~ *verheimlichen, nichts von einer S. sagen;* er hat (es) verschwiegen, daß er dabei war; eine Nachricht, die Wahrheit ~; ich habe nichts zu ~

ver'schwen·den ⟨V. 500⟩ etwas ~ *unnötig verbrauchen, leichtsinnig ausgeben, vertun, vergeuden;* viel Geld, Zeit für etwas ~; er hat viel Arbeit, Mühe daran, darauf verschwendet; darauf brauchen wir keine Mühe zu ~

ver'schwie·gen **1** ⟨Part. Perf. von⟩ *verschweigen* **2** ⟨Adj.⟩ 2.1 *schweigen könnend, ein Geheimnis für sich behalten könnend;* Ggs *geschwätzig;* klug und ~ sein 2.1.1 jmd. ist ~ wie das Grab *kann unbedingt schweigen, ein Geheimnis sicher bewahren* 2.2 *verborgen, ruhig, nicht leicht zu finden;* ein ~es Plätzchen 2.2.1 einen ~en Ort aufsuchen ⟨umg.; verhüllend⟩ *die Toilette aufsuchen*

ver'schwim·men ⟨V. 235/400(s.)⟩ **1** etwas verschwimmt *wird undeutlich, verwischt sich in den Umrissen;* der Horizont verschwamm im Dunst; es verschwamm mir alles vor den Augen **2** ⟨Part. Perf.⟩ verschwommen *unklar, undeutlich, unscharf;* ich habe nur noch eine verschwommene Erinnerung daran; ich kann die Buchstaben, das Bild nur noch verschwommen sehen

ver'schwin·den ⟨V. 236/400(s.)⟩ **1** *(sich entfernen u.) unsichtbar werden, weggehen, -fahren, -fliegen usw., vergehen, dahinschwinden;* der Fleck ist mit der Zeit verschwunden; der Taschenspieler ließ Handschuhe, Hüte usw. ~; langsam, schnell, rasch ~; die Sonne verschwand hinter den Bergen; der Hirsch verschwand im Wald; das Flugzeug verschwand in den Wolken, in der Ferne; der Hund verschwand unter dem Tisch 1.1 ⟨umg.⟩ *sich unauffällig entfernen;* er verschwand auf Nimmerwiedersehen 1.1.1 verschwinde! ⟨umg.⟩ *mach, daß du wegkommst!, ich will dich hier nicht mehr sehen* 1.1.2 ich muß mal ~ ⟨umg.; verhüllend⟩ *die Toilette aufsuchen* 1.2 ⟨411⟩ sie verschwindet neben ihm ⟨fig.; umg.⟩ *sie ist viel kleiner u. schmaler als er* 1.2.1 eine ~d kleine Zahl *sehr kleine Z.* 1.2.2 ~d wenig *sehr wenig* **2** *wegkommen, abhanden kommen, nicht mehr auffindbar sein;* das Kind ist seit gestern (spurlos) verschwunden; mein Schlüssel ist verschwunden; sein Verschwinden wurde erst nach einigen Stunden bemerkt

ver'schwö·ren ⟨V. 238/500⟩ **1** eine Sache ~ *einer S. abschwören, etwas bestimmt nie wieder tun wollen* 1.1 man soll nie etwas ~ *man soll nie zuviel versprechen* **2** ⟨R3⟩ sich (mit jmdm. gegen jmdn.) ~ *sich heimlich mit jmdm. (gegen jmdn.) verbünden, ein Komplott mit jmdm. (gegen jmdn.) schmieden;* Sy *konspirieren* 2.1 es hat sich alles gegen mich verschworen ⟨fig.⟩ *nichts will mir gelingen*

Ver'schwö·rung ⟨f.; -, -en⟩ *geheimer Plan, geheime Verbindung, Anschlag;* eine ~ anzetteln, aufdecken, verraten

ver'se·hen ⟨V. 500⟩ **1** etwas ~ *ausüben, eine bestimmte Aufgabe erfüllen;* er versieht das Amt eines Hausmeisters; seinen Dienst gewissenhaft, getreu, treulich ~ 1.1 *sich um etwas kümmern, für etwas sorgen;* er versieht während unserer Abwesenheit das Haus und den Garten **2** ⟨516/R7 od. R8⟩ jmdn. od. etwas mit etwas ~ *versorgen, ausstatten, ausrüsten;* ist alles mit Fahrscheinen ~? (Frage des Straßenbahnschaffners); jmdn. mit Kleidung, mit Geld, Lebensmitteln ~; ein Schriftstück mit einem Stempel ~; jmdn. mit den Sterbesakramenten ~; ein Zimmer mit Tapeten, Vorhängen ~ 2.0.1 danke, ich bin mit allem reichlich ~ *ich habe alles reichlich, was ich brauche* **3** ⟨R7⟩ sich od. etwas ~ *sich bei etwas irren, einen Fehler machen;* oh, das habe ich ~!; ich habe mich beim Zählen ~ **4** ⟨520 od. 540/R3⟩ sich etwas od. einer Sache ~ *eine S. erwarten;* ehe man sich's versieht, ehe man sich dessen versieht ...; und ehe du dich's versiehst, ist die Zeit vorbei

Ver'se·hen ⟨n.; -s, -⟩ *Irrtum, auf Unachtsamkeit, Fehlbeurteilung beruhender Fehler;* entschuldigen Sie, es war ein ~ von mir; etwas nur aus ~ tun

Ver'sehr·ter ⟨m. 1⟩ *Körperbeschädigter;* Kriegs~

ver'sen·ken ⟨V. 500⟩ **1** etwas ~ *zum Sinken (unter Wasser) bringen, untergehen lassen;* ein Schiff ~ **2** etwas ~ *in die Tiefe senken, unter einer Oberfläche verschwinden lassen;* einen Toten im Meer ~ 2.1 ⟨511⟩ etwas in der Erde ~ *vergraben* 2.2 eine Bühnendekoration ~ *(unter der Bühne) verschwinden lassen* 2.3 versenkte Schraube *S., die nicht über die Oberfläche des Werkstücks herausragt, sondern mit dieser in einer Ebene liegt* **3** ⟨511/R3⟩ sich in eine Sache ~ *seine Gedanken eingehend auf eine S. richten, sich in eine S. vertiefen;* sich in ein Buch, eine Arbeit, ein Wissensgebiet ~

Ver'sen·kung ⟨f.⟩ **1** *das Versenken (von Schiffen)* **2** ⟨Theat.⟩ *versenk- u. hebbarer Teil des Bühnenbodens* 2.1 in der ~ verschwinden ⟨fig.; umg.⟩ *in Vergessenheit geraten* **3** *geistige Sammlung, Konzentration*

ver'ses·sen ⟨Adj.⟩ auf etwas ~ sein *hartnäkkig auf etwas bedacht sein, etwas unbedingt (immer wieder) haben wollen;* er ist ganz ~ auf Kriminalfilme

ver'set·zen ⟨V. 500⟩ **1** etwas ~ *an eine andere Stelle setzen, umstellen;* einen Ofen, eine Wand ~ 1.1 Pflanzen ~ *verpflanzen* 1.2 einen Ton ~ ⟨Mus.⟩ *chromatisch um einen Halbton erhöhen od. erniedrigen* 1.3 die Steine sind schachbrettartig gegeneinander versetzt *verschoben* **2** jmdn. ~ *in eine andere berufl. Stellung beordern;* er ist nach Hannover versetzt worden; in einen höheren Rang versetzt werden **3** ein Schulkind ~ *in die nächsthöhere Klasse überführen;* der Junge ist in die 5. Klasse versetzt worden; der Junge ist nicht versetzt worden **4** ⟨511/R8⟩ jmdn. od. etwas in etwas ~ *in einen bestimmten Zustand bringen;* jmdn. in Aufregung, Erstaunen, Schrecken, Trauer, Zorn ~; jmdn. in die Lage ~, etwas zu tun; jmdn. in den Ruhestand ~; in diesem Schloß, dieser Stadt fühlt man sich in vergangene Zeiten versetzt **5** ⟨530/R6⟩ jmdm. einen Schlag, Tritt, Stoß ~ *geben* 5.1 ⟨511/R7⟩ sich in jmdn., in jmds. Lage ~ *sich in jmds. Lage einfühlen, seine Gefühle nachempfinden;* versetz dich bitte einmal in meine Lage! **6** ⟨517⟩ etwas mit etwas ~ *vermischen;* Wein mit Kohlensäure ~ **7** etwas ~ *ins Leihhaus bringen, verpfänden;* seine Uhr (im Leihhaus) ~ **8** jmdn. ~ ⟨umg.⟩ *vergeblich warten lassen, eine Verabredung mit jmdm. nicht einhalten* **9** etwas ~ *erwidern, antworten;* „ich weiß es nicht", versetzte er

ver'si·chern ⟨V. 500⟩ **1** etwas ~ *als wahr beteuern;* etwas ehrenwörtlich ~; ich versichere an Eides Statt, daß ... **2** ⟨530⟩ jmdm. etwas ~ *jmdm. beteuern, als wahr erklären, daß ...;* ich versichere Ihnen, daß keine Gefahr besteht **3** ⟨540⟩ jmdn. einer Sache ~ ⟨geh.⟩ *jmdm. Gewißheit über eine S. geben;* jmdn. seiner Hochachtung ~ 3.0.1 Sie können versichert sein, daß alles auftragsgemäß ausgeführt wird *Sie können sicher sein, daß ...* 3.0.2 seien Sie versichert, daß ... *bitte glauben Sie, daß ..., seien Sie überzeugt, daß ...* 3.1 sich ~, daß ... *sich überzeugen, ...* **4** ⟨R7⟩ jmdn. od. etwas ~ *für jmdn. od. etwas bei einer Versicherungsgesellschaft eine Versicherung abschließen;* sich (bei einer Versicherungsgesellschaft) ~; ein Haus, Grundstück ~; seinen Hausrat gegen Feuer ~; das Haus ist hoch versichert **5** jmdn. ~ *mit jmdm. eine Versicherung gegen regelmäßig zu zahlenden Beitrag für den Fall eines Schadens abschließen u. sich dabei verpflichten, den Schaden zu tragen*

Ver'si·che·rung ⟨f.; -, -en⟩ **1** *das Versichern;*

die ~ der Schi im Urlaub kostet 2 DM pro Tag **2** *Unternehmen, das Personen u. Sachen gegen Schäden usw. versichert;* die ~ kommt für den Schaden auf **3** *Vertrag mit einer Versicherung(2);* Feuer~, Lebens~; eine ~ abschließen, kündigen, erhöhen **4** *feste Zusage, Versprechen, Beteuerung;* eine eidesstattliche, feierliche ~ abgeben; er gab mir die ~, daß ...

ver'sickern ⟨-k·k-; V. 400(s.)⟩ etwas versikkert *fließt langsam ab, wird allmählich von der Erde aufgesaugt;* die Quelle, das Wasser versickert im Sand

ver'sie·gen ⟨V. 400(s.); geh.⟩ **1** etwas versiegt *hört auf zu fließen;* die Quelle ist versiegt **1.1** seine Schaffenskraft ist versiegt ⟨fig.⟩ *er hat keine S. mehr*

ver'siert ⟨[v-]; Adj.⟩ *in einer Sache bewandert, erfahren, gut unterrichtet;* ein ~er Fachmann

ver'sil·bern ⟨V. 500⟩ **1** Metall ~ *mit einer Silberschicht überziehen* **2** etwas ~ ⟨fig.; umg.; scherzh.⟩ *veräußern, verkaufen, zu Geld machen* **3** ⟨poet.⟩ *mit Silberschein überfluten;* der Mond versilbert den See

ver'sin·ken ⟨V. 244(s.)⟩ **1** ⟨400⟩ *unter die Oberfläche von etwas sinken u. darin (völlig od. zum Teil) verschwinden;* das Schiff versank mit Mann u. Maus; ich hätte (vor Verlegenheit) im Boden, in der Erde ~ mögen; die Ruine ist in der Erde versunken; bis zu den Knien im Schnee, im Sumpf ~; versunkene Erinnerungen, Bilder stiegen vor mir auf ⟨fig.⟩ **1.0.1** wenn er Musik hört, versinkt alles um ihn her ⟨fig.⟩ *hört u. sieht er nichts anderes mehr* **2** ⟨411⟩ in etwas ~ ⟨fig.⟩ *ganz aufgehen, sich an etwas völlig hingeben;* in Gedanken ~; in den Anblick eines Bildes, einer Landschaft versunken sein **2.0.1** in Schlaf ~ *einschlafen*

Ver·si'on ⟨[v-] f.; -, -en⟩ *Fassung, Lesart*

ver'skla·ven ⟨V. 500⟩ jmdn. ~ **1** *zu einem Sklaven machen* **2** ⟨fig.⟩ *willfährig machen*

ver'söh·nen ⟨V. 500⟩ **1** ⟨505⟩ jmdn. (mit jmdm.) ~ *Frieden zwischen jmdm. u. einem anderen stiften, einen Streit zwischen jmdm. u. einem anderen beilegen;* Feinde, Streitende ~ **1.1** ⟨R3⟩ sich (mit jmdm.) ~ *(mit jmdm.) Frieden schließen, einen Streit (mit jmdm.) beilegen;* wir haben uns (wieder) versöhnt **2** jmdn. ~ *jmds. Zorn, Unwillen besänftigen;* die Götter ~; er ist schnell versöhnt

ver'son·nen ⟨Adj.⟩ *träumerisch, nachdenklich;* ein ~er Blick; ~ lächeln; sie war ganz ~

ver'sor·gen ⟨V. 500⟩ **1** jmdn. ~ *jmdn. mit allem Notwendigen versehen, für jmds. Essen u. Kleidung sorgen;* seine Kinder ~; er hat fünf Kinder zu ~; Kranke ~ **1.1** ⟨R3⟩ sich selbst ~ *für sich selbst sorgen, bes. sich seine Mahlzeiten selbst bereiten* **2** ⟨550/R7 od. R8⟩ jmdn. mit etwas ~ *versehen, jmdm. etwas beschaffen, verschaffen;* jmdn. mit Geld, Kleidung, Lebensmitteln ~; sich mit allem Notwendigen ~

ver'spä·ten ⟨V. 500/R3⟩ sich ~ *später als erwartet, als vorgesehen kommen, zu spät kommen;* ich habe mich leider etwas, um eine halbe Stunde verspätet; der Zug hat sich verspätet; eine verspätete Blüte, ein verspäteter Schmetterling; der Zug ist verspätet angekommen

ver'sper·ren ⟨V. 500⟩ etwas ~ **1** *zuschließen, verschließen;* den Kasten, die Tür ~ **2** ⟨530/R5 od. R6⟩ *durch Hindernisse sperren, unzugänglich machen;* die Straße ist durch Erdrutsch versperrt **2.1** jmdm. die Aussicht ~ *so stehen, daß jmd. nichts sehen kann;* ein Gebäude versperrt die Aussicht **2.2** jmdm. den Weg ~ *so stehen, sich so stellen, daß jmd. seinen Weg nicht fortsetzen kann*

ver'spie·len ⟨V.⟩ **1** ⟨500⟩ etwas ~ *beim Spiel verlieren;* Geld ~ **2** ⟨400⟩ bei jmdm. verspielt haben *jmds. Gunst, Wohlwollen verloren haben;* er hat bei mir verspielt

ver'spin·nen ⟨V. 249/500⟩ **1** etwas ~ *durch Spinnen zum Faden machen;* Baumwolle, Flachs ~ **2** ⟨511⟩ sich in Gedanken, Vorstellungen ~ ⟨fig.⟩ *sich ständig mit G., V. beschäftigen (u. sich dadurch von der Umwelt abschließen)*

ver'spre·chen ⟨V. 251⟩ **1** ⟨503⟩ (jmdm.) etwas ~ *geloben, zusichern, ausdrücklich erklären, etwas bestimmt zu tun;* jmdm. eine Belohnung, Geld ~; einem Mädchen die Ehe ~; er hat es mir fest versprochen; hier bringe ich dir das versprochene Buch; wie versprochen, schicke ich Dir anbei das Buch; er verspricht viel und hält nichts; was man verspricht, muß man auch halten **1.0.1** Versprechen und Halten ist zweierlei *nicht alles, was versprochen wird, wird auch gehalten, so manche Zusicherung wird nicht erfüllt* **1.1** miteinander versprochen sein ⟨veralt.⟩ *verlobt sein* **2** ⟨500⟩ etwas ~ *verheißen, hoffen lassen, erwarten lassen;* die Ernte verspricht gut zu werden; das Wetter verspricht schön zu werden; sein Gesicht versprach nichts Gutes **3** ⟨534/R3⟩ sich etwas von jmdm. od. etwas ~ *etwas erwarten;* ich verspreche mir von dieser Kur einen guten Erfolg; ich habe mir von dem Buch, Film mehr versprochen; ich verspreche mir viel, nichts davon **4** ⟨500/R3⟩ sich ~ *etwas versehentlich anders sagen, ein Wort anders aussprechen, als man beabsichtigt hat;* ich habe mich versprochen; der Schauspieler verspricht sich oft

ver'spren·gen ⟨V. 500⟩ **1** Soldaten, Truppen ~ *von ihrer Einheit abschneiden, trennen u. in die Flucht schlagen, zerstreuen* **2** Wasser ~ *verspritzen*

Ver'stand ⟨m.; -(e)s; unz.⟩ **1** *zum Auffassen, Erkennen u. Beurteilen notwendige Fähigkeit, Denkkraft;* ~ haben; einen klaren, scharfen ~ haben; da hat er mehr Glück als ~ gehabt! ⟨umg.⟩ **1.0.1** der ~ kommt mit den Jahren *im Alter handelt man überlegter, besonnener* **1.0.2** er mußte seinen ganzen ~ zusammennehmen, um richtig zu handeln *er mußte sich alles sehr genau überlegen* **1.0.3** man muß doch an seinem ~ zweifeln ⟨umg.⟩ *es ist unverständlich, wie er so etwas hat tun, sagen können!* **1.0.4** etwas mit ~ tun *mit Überlegung* **1.0.5** das geht über meinen ~ ⟨umg.⟩ *das verstehe ich nicht* **1.0.6** du bringst mich noch um den ~! ⟨umg.⟩ *du machst mich noch verrückt!* **1.1** da steht einem der ~ still! ⟨fig.; umg.⟩ *es ist nicht zu fassen, daß so etwas möglich ist!, da ist man sprachlos* **1.2** den ~ verlieren ⟨umg.⟩ *geisteskrank werden* **1.2.1** hat er den ~ verloren? ⟨fig.; umg.⟩ *was denkt er sich eigentlich?* **1.3** nicht ganz bei ~ sein *nicht ganz normal sein;* du bist wohl nicht recht bei ~? **1.4** etwas mit ~ essen, trinken ⟨fig.; umg.⟩ *bewußt genießen*

ver'stän·dig ⟨Adj.⟩ *besonnen, einsichtig;* ein ~es Kind; ~ handeln
ver'stän·di·gen ⟨V. 500⟩ **1** jmdn. ~ *benachrichtigen;* die Polizei ~ 1.1 ⟨550⟩ jmdn. von etwas ~ *jmdm. etwas mitteilen, was er unbedingt wissen muß* **2** ⟨517/R3⟩ sich mit jmdm. ~ *mit jmdm. so sprechen, daß jeder den anderen versteht;* es war schwierig, sich mit dem alten, schwerhörigen Mann zu ~; er konnte etwas Deutsch und ich etwas Französisch, so haben wir uns ganz gut miteinander ~ können; wir haben uns am Telephon kaum miteinander ~ können
Ver'stän·di·gung ⟨f.; -; unz.⟩ *das Verständigen, das Sichverständigen;* die ~ am Telephon war sehr schlecht
ver'ständ·lich ⟨Adj.⟩ **1** *so beschaffen, daß man es mit den Sinnen, bes. dem Gehör gut wahrnehmen kann;* der Lärm war so groß, daß ich mich kaum ~ machen konnte **2** *begreiflich, dem Sinn nach erfaßbar, klar;* ich kann so viel Italienisch, daß ich mich in Italien (gut) ~ machen kann; sein Vortrag war leicht, schwer ~ 2.1 jmdm. etwas ~ machen *erklären* **3** *begreiflich, so beschaffen, daß man die Gründe u. Ursachen einsieht;* ihr Verhalten ist durchaus ~; es ist ~, daß sie diesen Wunsch hat
Ver'ständ·nis ⟨n.; -s·ses; unz.⟩ **1** *das Verstehenkönnen, Einfühlungsvermögen* 1.1 für jmdn. od. etwas ~ haben *sich gut in jmdn. od. etwas einfühlen können;* ich habe für Musik, Malerei kein ~; er hat viel ~ für sie, ihre Sorgen 1.1.1 für Unzuverlässigkeit habe ich kein ~ *U. lehne ich ab, U. mißfällt mir*
ver'stär·ken ⟨V. 500⟩ **1** etwas ~ *stärker machen;* eine Befestigung, Mauer ~ **2** etwas ~ *vermehren, vergrößern;* die Truppen sind verstärkt worden **3** etwas ~ *die Intensität von etwas erhöhen;* seine Anstrengungen ~; die Farbe ~; elektromagnet. Wellen ~; die Stimme, den Ton ~; seinen Widerstand ~ 3.0.1 eine chem. Lösung ~ *konzentrieren* 3.0.2 ein Negativ ~ ⟨Phot.⟩ *mit Verstärker behandeln* 3.1 ⟨R3⟩ sich ~ *stärker werden, kräftiger werden, zunehmen, wachsen;* der Sturm hat sich verstärkt; die Spannung hat sich verstärkt; meine Zweifel an dieser Angelegenheit haben sich noch verstärkt
ver'stau·chen ⟨V. 530/R1⟩ sich ein Glied ~ *sich eine Verzerrung am Gelenk eines Gliedes zuziehen;* sich die Hand, den Fuß ~
ver'stau·en ⟨V. 500⟩ etwas irgendwo ~ *gut verteilt unterbringen;* Koffer, Gepäck im Auto ~; Ladung, Güter im Schiff, im Wagen ~
ver'stecken ⟨-k·k-; V. 500⟩ **1** jmdn. od. etwas ~ *verbergen, wegbringen, so daß ihn, bzw. es niemand findet od. sieht;* jmdm. die Brille, Schuhe ~; die Hand hinter dem Rücken ~; einen Gegenstand vor jmdm. ~ 1.1 ⟨R3⟩ sich ~ *sich verbergen, verschwinden;* sich hinter einem Busch ~; die Maus hat sich in ihrem Loch versteckt; der Brief hatte sich unter, zwischen anderen Papieren versteckt ⟨fig.⟩ 1.1.1 mit jmdm. Verstecken spielen ⟨fig.⟩ *jmdn. irreführen, ihm nicht die ganze Wahrheit sagen, ihn im ungewissen lassen* 1.1.2 sich hinter jmdm. od. etwas ~ ⟨fig.⟩ *jmdn. od. etwas vorschieben, als Vorwand benutzen* 1.1.3 ⟨Inf. m. Modalverb⟩ sich neben, vor jmdm. ~ können ⟨fig.; umg.⟩ *mit ihm kannst du dich nicht messen;* neben, vor ihm kannst du dich ~ **2** ⟨Part. Perf.⟩ versteckt *verborgen, ungesehen, schwer erkennbar;* ein versteckter Platz; das Haus liegt ganz versteckt im Wald; sich versteckt halten 2.1 ⟨fig.⟩ *heimlich, nicht offen ausgesprochen, angedeutet;* eine versteckte Anspielung; versteckter Spott; eine versteckte Bosheit; sie hörte aus seinen Worten den versteckten Vorwurf heraus
ver'ste·hen[1] ⟨V. 256/500⟩ **1** ⟨R8⟩ jmdn. od. etwas ~ *deutlich hören;* ich habe ihn am Telephon nur schwer, schlecht, kaum ~ können; bei dem Lärm kann man sein eigenes Wort nicht ~; sprich lauter, deutlicher, ich verstehe kein Wort! **2** etwas ~ *begreifen, den Sinn erfassen von etwas;* einen Begriff, ein Wort ~; jetzt verstehe ich (es)! ich habe es gehört, aber nicht verstanden; das wirst du erst ~, wenn du älter bist; dieses Wort, diesen Satz verstehe ich nicht; das Buch ist leicht, schwer zu ~; Englisch, Französisch ~; ich verstehe etwas Englisch, kann es aber selbst nicht sprechen; er nickte ~d; ein ~der Blick 2.0.1 verstanden? *(hast du es) begriffen?, merk dir das, ich sage es nicht noch einmal! (als Zurechtweisung)* 2.1 jmdm. etwas zu ~ geben *jmdm. etwas andeutend sagen* **3** ⟨R8⟩ jmdn. od. etwas ~ *auslegen, deuten;* etwas falsch, richtig ~; wenn ich dich richtig verstanden habe, so meinst du, daß ...; das muß man bildlich (nicht wörtlich) ~; wie verstehst du diesen Ausdruck? 3.0.1 wie soll ich das ~? *wie ist das gemeint?, was ist damit gemeint?* 3.0.2 ⟨513⟩ etwas falsch ~ ⟨fig.⟩ *etwas falsch auslegen, falsch deuten (u. sich dann verletzt fühlen od. es übelnehmen);* bitte ~ Sie mich nicht falsch, wenn ich Ihnen das sage 3.1 ⟨550⟩ etwas unter einer Sache ~ *mit etwas eine S. meinen;* wir ~ unter „Freiheit" folgendes; unter „Esprit" versteht man nicht nur „Geist", sondern auch „Witz" 3.2 ⟨R3⟩ etwas versteht sich *ist in bestimmter Weise gemeint, aufzufassen;* der Preis versteht sich mit Bedienung, Lieferung frei Haus; das versteht sich von selbst 3.2.1 versteht sich! *natürlich!;* ich möchte mir ein Zimmer mieten, möbliert, versteht sich! **4** ⟨R8⟩ jmdn. ~ *sich in jmdn. hineinversetzen (können);* ich verstehe dich nicht!; ich kann Sie gut ~ **5** ⟨R4⟩ sich, einander ~ *gut miteinander auskommen, selten miteinander Streit haben, geistig verwandt sein, die gleichen Interessen, Ansichten, Ziele haben;* die beiden ~ sich; einander gut, schlecht, nicht ~; wir ~ uns, einander 5.1 ⟨517/R3⟩ sich mit jmdm. ~ *mit jmdm. (gut) auskommen;* ich verstehe mich sehr gut mit ihm; ich verstehe mich (nicht) mit ihr **6** etwas ~ *können, beherrschen, gelernt haben;* er versteht (es gut), mit Kindern umzugehen; er erledigte es, so gut er es verstand 6.0.1 Spaß ~ *einen S. nicht gleich übelnehmen* 6.0.2 keinen Spaß ~ *einen S. gleich übelnehmen* 6.1 ⟨550⟩ etwas von einer Sache ~ *Kenntnisse in einer S. haben, eine S. beherrschen;* davon verstehst du nichts! (als ablehnende Antwort, wenn man Fragen zurückweisen will); er versteht etwas, viel von alter Malerei; von Musik, von Technik verstehe ich nichts; er versteht etwas von seinem Handwerk 6.2 ⟨550/R3⟩ sich auf etwas ~ *etwas ausüben können,*

gelernt haben, mit etwas umgehen können; er versteht sich auf die Behandlung schwieriger Kunden; er versteht sich aufs Photographieren, Tapezieren; er versteht sich auf Pferde; ich verstehe mich (nicht) darauf **7** ⟨550/R3⟩ sich zu etwas ~ ⟨geh.⟩ *sich (eigentl. wider Willen) zu etwas bereitfinden;* er konnte sich nicht dazu ~, uns das Radio heute abend noch zu reparieren; ich kann mich nur schwer dazu ~, das so zu machen

ver'ste·hen² ⟨V. 256/500⟩ Zeit ~ ⟨umg.⟩ *stehend verbringen, vertrödeln;* ich kann meine Zeit hier nicht unnütz ~; ich habe keine Lust, meine Zeit mit stundenlangem Warten zu ~

ver'stei·fen ⟨V. 500⟩ **1** etwas ~ *steif machen, verstärken, stützen, abstützen;* einen Kragen mit Steifleinen ~; eine Brücke, Decke, Mauer mit Hölzern ~ **2** ⟨R3⟩ etwas versteift sich *wird steif;* ein Glied, Gelenk versteift sich **2.1** die Fronten haben sich versteift ⟨fig.⟩ *die beiden sich gegenüberstehenden Parteien sind unnachgiebiger geworden* **3** ⟨550/R3⟩ sich auf etwas ~ *unbedingt etwas wollen, hartnäckig bei etwas bleiben, auf einer Sache beharren;* er hat sich darauf versteift, schon eher abzureisen

ver'stei·gen ⟨V. 258/500/R3⟩ **1** sich ~ *sich im Hochgebirge, beim Bergsteigen verirren* **2** ⟨550⟩ sich zu etwas ~ ⟨geh.⟩ *sich etwas anmaßen, sich zu etwas erkühnen;* sich dazu ~, etwas zu behaupten, zu wollen; er hat sich zu der Behauptung verstiegen, daß ...

ver'stei·gern ⟨V. 500⟩ etwas ~ *durch Ausbieten zum bestmöglichen Preis verkaufen;* Bilder, Möbel, Teppiche (meistbietend) ~

ver'stel·len ⟨V. 500⟩ **1** etwas ~ *anders stellen, umstellen;* einen Gegenstand, ein Maschinenteil, einen Zeiger ~ **1.1** *die Reihenfolge von etwas ändern;* Bücher, Zahlen ~ **1.2** *in eine andere Stellung bringen;* ein Signal, eine Weiche ~ **1.3** *die Einstellung von etwas verändern;* ein Fernglas, eine Uhr ~ **2** etwas ~ *versperren, unzugänglich machen;* jmdm. den Weg ~; die Tür mit Möbeln ~ **3** etwas ~ ⟨fig.⟩ *so verändern, daß es ein anderer nicht erkennt;* seine Handschrift ~; mit verstellter Stimme sprechen **3.1** ⟨R3⟩ sich ~ *sich anders geben, als man ist, heucheln, etwas vortäuschen;* → a. *simulieren(1);* er kann sich gut, schlecht, nicht ~

ver'ster·ben ⟨V. 259/400(s.); nicht im Präs. üblich⟩ *sterben;* gestern verstarb ... (in Todesanzeigen); unser Vater ist vor einem Jahr verstorben; der Verstorbene; meine verstorbene Mutter

ver'steu·ern ⟨V. 500⟩ etwas ~ *von etwas Steuern zahlen;* sein Einkommen, sein Vermögen ~

ver'stie·gen ⟨Adj.; fig.⟩ *überspannt;* ~e Ideen

ver'stim·men ⟨V. 500⟩ **1** ein Instrument ~ *einem I. einen falschen Klang geben* **1.1** ⟨Part. Perf.⟩ verstimmt *keinen reinen Klang mehr habend;* das Klavier ist verstimmt **2** jmdn. ~ *jmdm. die gute Stimmung verderben, jmdn. verärgern, in schlechte Laune versetzen* **2.1** ⟨Part. Perf.⟩ verstimmt ⟨fig.⟩ *schlechtgelaunt, ärgerlich*

ver'stockt ⟨Adj.⟩ **1** *halsstarrig, uneinsichtig, trotzig* **1.1** ein ~er Sünder *nicht zur Reue bereiter S.*

ver'stoh·len ⟨Adj.⟩ *heimlich, unauffällig;* sich ~ umschauen; etwas ~ in die Tasche stecken

Ver'stoß ⟨m.; -es, ¨e⟩ *Verletzung (einer Regel, eines Gesetzes), Verfehlung, Zuwiderhandlung;* ein ~ gegen die guten Sitten

ver'sto·ßen ⟨V. 262⟩ **1** ⟨500⟩ ein Kind ~ *aus der Familie ausstoßen;* seinen Sohn ~ **2** ⟨800⟩ gegen eine Vorschrift ~ *eine V. verletzen, einer V. zuwiderhandeln*

ver'strei·chen ⟨V. 263⟩ **1** ⟨500⟩ etwas ~ *durch Streichen gut verteilen;* Farbe, Salbe ~ **2** ⟨500⟩ ein Loch ~ *mit einem Füllmittel ausfüllen u. die Oberfläche glattstreichen;* einen Mauerriß ~ **3** ⟨500⟩ etwas ~ *beim Streichen verbrauchen;* viel Butter ~ **4** ⟨400(s.)⟩ Zeit, ein Zeitpunkt verstreicht ⟨geh.⟩ *läuft ab, geht vorüber;* es sind bereits zwei Monate, Jahre verstrichen, seit ...; eine Gelegenheit ungenutzt ~ lassen

ver'stricken ⟨-k·k-; V. 500⟩ **1** Garn, Wolle ~ *beim Stricken verbrauchen* **2** ⟨511/R7⟩ jmdn. in eine Angelegenheit ~ ⟨fig.⟩ *in eine A. verwickeln, hineinziehen* **2.1** sich in Widersprüche ~ *einander widersprechende Aussagen machen, sich in Widersprüche verwickeln*

ver'stüm·meln ⟨V. 500⟩ **1** jmdn. ~ *durch Abtrennung eines od. mehrerer Glieder schwer verletzen;* man fand die verstümmelte Leiche im Fluß **1.1** ⟨R3⟩ sich selbst ~ *sich selbst ein Glied (meist Zehe od. Finger) abtrennen (um vom Kriegsdienst befreit zu werden)* **2** einen Text ~ *durch Unachtsamkeit od. Mißverständnis unvollständig wiedergeben;* ein Telegramm ~

Ver'such ⟨m.; -(e)s, -e⟩ *Handlung, durch die man etwas erkunden, prüfen od. erreichen will;* → a. *Probe, Experiment;* Flucht~, Kernwaffen~, Überredungs~; einen ~ machen (in der Chemie, Physik); ich will einen ~ machen; den ~ machen, über eine Mauer zu klettern; der erste ~ schlug fehl, mißlang; es gelang erst beim dritten ~, die Tür aufzubrechen; aussichtsloser, vergeblicher, geglückter, mißglückter ~; chemischer, physikalischer, psychologischer ~; das soll mein letzter ~ sein; er machte einen verzweifelten ~, sich zu befreien; es kommt auf den ~ an

ver'su·chen ⟨V. 500⟩ **1** etwas ~ *tun, um etwas zu erproben, zu prüfen, zu erreichen;* Sy *probieren(1);* ich habe alles (mögliche) versucht, aber es war vergeblich; ich habe es mit Güte und mit Strenge versucht; jmdn. wegen versuchten Diebstahls anzeigen **1.1** sein Heil, sein Glück ~ *etwas wagen, einen Vorstoß machen* **1.2** *etwas tun, um zu sehen, ob man es kann;* laß mich es einmal ~! **1.3** *sich bemühen (etwas zu tun);* er versuchte, es ihr zu erklären; ich will ~ zu kommen; versuche nicht, mich zu überreden, mich umzustimmen **1.4** ⟨511/R3⟩ sich an, in etwas ~ *sich bemühen, mit, in etwas etwas zustande zu bringen;* sich an einem Thema ~; ich habe mich schon einmal an Bachs Flötensonaten versucht, aber sie sind mir zu schwer; sich in einem Handwerk ~ **1.5** ⟨550⟩ es mit etwas od. jmdm. ~ *prüfen, wie etwas od. jmd. sich bewährt* **2** etwas ~ *kosten, schmeckend prüfen, eine Kostprobe von etwas nehmen;* Sy *probieren(2);* Speisen ~; bitte versuch einmal die Suppe, ob genügend Salz darin ist **3** jmdn. ~ *auf die Probe stellen, in Versuchung führen, zum Bösen verlocken* 3.1 versucht sein, sich versucht fühlen, etwas zu tun *sich verlockt fühlen zu etwas, gerne etwas tun wollen, aber noch zögern;* ich fühlte mich versucht, in den Streit einzugreifen

Ver'su·chung ⟨f.; -, -en⟩ **1** *das Versuchen(3), das Versuchtwerden, Verlockung zum Bösen, zur Sünde;* ~en ausgesetzt sein; einer ~ erliegen, widerstehen; jmdn. in ~ führen; und führe uns nicht in ~ (Bitte im Vaterunser) 1.1 in ~ geraten, kommen, etwas zu tun, zu sagen *etwas sehr gern tun wollen (aber dagegen ankämpfen)* 1.1.1 ich komme gar nicht in ~, das zu tun *ich will es von vornherein nicht tun*

ver'sün·di·gen ⟨V. 505/R3⟩ sich (an jmdm. od. etwas) ~ *schuldig werden, eine Sünde begehen;* versündige dich nicht!; er hat sich an seinen Kindern versündigt

ver'ta·gen ⟨V. 500⟩ eine Sache ~ **1** *auf einen späteren Zeitpunkt verschieben;* eine Sitzung ~ **2** ⟨550; schweiz.⟩ *auf einen bestimmten Zeitpunkt festlegen;* die Feier wird auf den Ostermontag vertagt

ver'tän·deln ⟨V. 500⟩ **1** seine Zeit ~ *mit oberflächlicher Beschäftigung vertun* **2** sein Geld ~ *für unnütze Dinge ausgeben*

ver'tau·schen ⟨V. 500⟩ etwas ~ **1** *versehentlich tauschen, verwechseln;* wir haben unsere Hüte, Mäntel vertauscht **2** ⟨geh.⟩ *austauschen, auswechseln;* er vertauschte das Schwert gegen die Feder

ver'tei·di·gen ⟨V. 500/R7 od. R8⟩ **1** jmdn. od. etwas ~ *gegen Angriffe schützen, Angriffe von jmdm. od. etwas abwehren;* sein Leben ~; eine Stadt, eine militär. Stellung ~; sich hartnäckig, standhaft, tapfer, bis zum äußersten ~ **2** einen Rekord ~ *sich einen R. im sportl. Wettkampf zu erhalten suchen* **3** jmdn. od. etwas ~ *rechtfertigen, sich zum Fürsprecher von jmdm. od. etwas machen;* seinen Standpunkt ~; jmdn. od. sich gegen einen Vorwurf ~ **4** *vor Gericht vertreten;* der Angeklagte wird von Rechtsanwalt X verteidigt

ver'tei·len ⟨V. 500⟩ **1** etwas ~ *austeilen, jedem einen Teil geben von etwas;* Notenbücher, Programme ~; Preise ~; Geld unter die Armen ~ 1.0.1 ein Theaterstück mit verteilten Rollen lesen *ein Th. gemeinsam laut lesen, wobei jeder eine bestimmte Rolle liest* 1.1 die Rollen ~ ⟨a. fig.⟩ *jedem seine Aufgabe zuweisen* **2** etwas ~ *hierhin u. dorthin stellen od. legen;* Blumen auf den Tischen ~; Zucker gleichmäßig auf dem, über den Kuchen ~ **3** ⟨R3⟩ sich ~ *sich (in einem Raum, über eine Fläche) ausbreiten;* die Gäste verteilten sich über die verschiedenen Räume, im Garten

ver'tie·fen ⟨V. 500⟩ **1** etwas ~ *tiefer machen;* einen Graben, ein Loch ~ 1.0.1 ein vertieft gearbeitetes Bild *eingemeißeltes, graviertes B.* 1.1 ⟨R3⟩ etwas vertieft sich *wird tiefer;* die Falten um seinen Mund haben sich vertieft **2** eine Sache ~ *verstärken, tiefgründiger gestalten, (gedankl.) tiefer ausschöpfen;* ihr Auftreten vertiefte noch den guten Eindruck; ein Gespräch, ein Problem, einen Gedanken ~ 2.0.1 sein Wissen über eine Sache ~ *tiefer in eine S. eindringen u. dadurch sein W. vergrößern* **3** ⟨550/R3⟩ sich in etwas ~ *sich in etwas versenken, sich eingehend mit etwas zu beschäftigen beginnen;* sich in seine Arbeit ~; er war ganz vertieft in sein Spiel

ver·ti'kal ⟨[v-] Adj. 24⟩ = *senkrecht(1.1)*

ver'til·gen ⟨V. 500⟩ etwas ~ **1** *vernichten, ausrotten;* Ungeziefer, Unkraut ~ **2** ⟨fig.; umg.⟩ *verzehren, (auf)essen;* er hat alle belegten Brote vertilgt

ver'to·nen ⟨V. 500⟩ einen Text ~ *zu einem T. die Musik schreiben;* ein Libretto, ein Theaterstück ~

Ver'trag ⟨m.; -(e)s, ¨e⟩ *auf Angebot u. Annahme beruhende rechtsgültige Vereinbarung zweier od. mehrerer Partner zur Regelung gegenseitiger Rechte u. Pflichten;* Sy *Kontrakt;* Friedens~, Kauf~, Staats~, Werk~; einen ~ (mit jmdm.) abschließen, schließen; einen ~ brechen; einen ~ kündigen; einen ~ unterzeichnen; langfristiger, kurzfristiger ~; das steht mir laut ~ zu; er hat einen ~ mit dem Theater in X ⟨umg.⟩

ver'tra·gen ⟨V. 265/500⟩ **1** etwas ~ *ertragen, aushalten, sich zumuten können, tun od. essen können, ohne daß es einem schadet;* er verträgt keinen Alkohol; ich kann Hitze, Kälte (nicht gut) ~; diese Pflanzen ~ viel, keine Sonne; sie verträgt langes Stehen nicht; diesen ironischen Ton vertrage ich nicht; bestimmte Speisen gut, schlecht, nicht ~ (können) 1.0.1 er verträgt (keinen) Spaß *er versteht (keinen) Spaß, er macht bei einem Scherz (nicht) gern mit* 1.0.2 er kann viel ~ *er kann viel essen od. trinken (bes. Alkohol)* 1.0.3 er kann einen Puff ~ ⟨umg.⟩ *er ist nicht empfindlich* **2** ⟨R3 od R4⟩ sich (mit jmdm.) ~ *sich (mit jmdm.) gut verstehen, mit jmdm. gut auskommen;* wir wollen uns wieder ~!; die beiden Kinder ~ sich gut, schlecht, nicht (miteinander) 2.0.1 sich mit jmdm. wieder ~ *sich mit jmdm. versöhnt haben* 2.1 ⟨R3 od. R4⟩ etwas verträgt sich (mit etwas) *paßt gut zu etwas, ist mit etwas vereinbar;* die beiden Rottöne ~ sich nicht; dieses Rot der Handtasche verträgt sich nicht mit dem Grün des Kleides; diese Behauptung verträgt sich nicht mit seinen sonstigen Ansichten **3** etwas ~ ⟨schweiz. ⟩ *austragen;* er verträgt Zeitungen

ver'trag·lich ⟨Adj. 24/90⟩ *durch einen Vertrag (festgelegt);* ~e Verpflichtung; ich bin ~ gebunden; etwas ~ festlegen, vereinbaren

ver'träg·lich ⟨Adj.⟩ **1** *sich mit andern Menschen stets gut vertragend, friedlich, umgänglich, entgegenkommend, nachgiebig;* er ist sehr ~ **2** *so beschaffen, daß man es gut, leicht vertragen kann, verdaulich, bekömmlich;* dieser Kuchen, Wein ist (leicht, schwer) ~

ver'trau·en ⟨V.⟩ **1** ⟨600/R6 od. 800⟩ jmdm., auf jmdn. od. etwas ~ *von jmdm. od. etwas glauben, daß man sich auf ihn bzw. es verlassen kann, daß er bzw. es sich in bestimmter Weise verhält;* jmdm. blind ~; du kannst ihm unbedingt ~; auf Gott ~; ich vertraue auf seine Ehrlichkeit; ich vertraue auf mein Glück; ich vertraue darauf, daß er es tut 1.1 ⟨600/R5⟩ sich selbst ~ *sicher sein, fest glauben, daß man etwas kann* **2** ⟨530⟩ jmdm. etwas ~ ⟨veralt.⟩ *anvertrauen;* jmdm. ein Geheimnis ~

Ver'trau·en ⟨n.; -s; unz.⟩ **1** *Zuversicht, fester Glaube an jmds. Zuverlässigkeit, fester Glaube daran, daß jmd. sich in bestimmter Weise ver-*

hält; er hat dein ~, das in ihn gesetzte ~ enttäuscht; zu jmdm. ~ haben; jmds. ~ mißbrauchen; jmdn. seines ~s würdigen; sich jmds. ~ würdig erweisen; blindes, unbedingtes ~; im ~ darauf, daß er ehrlich ist, habe ich ihm den Auftrag gegeben **1.0.1** jmds. ~ genießen *von jmdm. für zuverlässig gehalten werden* **1.0.2** jmdn. ins ~ ziehen *jmdn. in ein Geheimnis einweihen* **1.1** im ~ (gesagt) *unter uns, unter dem Siegel der Verschwiegenheit*

ver'trau·lich ⟨Adj.⟩ **1** *unter dem Siegel der Verschwiegenheit, nicht für die Allgemeinheit bestimmt, diskret;* ~e Mitteilung; jmdm. etwas ~ mitteilen; was ich Ihnen jetzt sage, ist streng ~! **1.1** eine Sache ~ behandeln *für sich behalten, nicht weitererzählen;* Anfragen werden auf Wunsch ~ behandelt (Anfragen z. B. bei Zeitschriften) **2** *(allzu) freundschaftlich, vertraut;* er nahm ihn ~ beim Arm; wenn man freundlich zu ihm ist, wird er sofort ~ **2.1** plump ~ *zudringlich, aufdringlich*

ver'träu·men ⟨V. 500⟩ die Zeit ~ *mit Träumen verbringen*

ver'traut 1 ⟨Part. Perf. von⟩ *vertrauen* **2** ⟨Adj.⟩ **2.1** *freundschaftlich miteinander verbunden;* → a. *innig;* ein ~er Freund; wir sind sehr ~ miteinander; auf ~em Fuß mit jmdm. stehen **2.1.1** mit jmdm. ~ werden *sich mit jmdm. befreunden* **2.2** *gut bekannt* **2.2.1** sich mit einer Sache ~ machen *eine S. kennenlernen, eine S. lernen, sich mit einer S. bekannt machen, sich Fertigkeit in einer S. aneignen* **2.2.2** ~ mit etwas sein *etwas gut kennen od. können, wohlbekannt mit etwas, erfahren in etwas sein;* mit den Spielregeln, den Vorschriften (nicht) ~ sein

ver'trei·ben ⟨V. 267/500⟩ **1** ⟨R8⟩ jmdn. od. etwas ~ *zwingen, einen Ort zu verlassen;* Insekten, Vögel ~; jmdn. aus dem Land, von seinem Besitz ~; der Wind hat die Wolken vertrieben; bitte lassen Sie sich nicht ~! (Höflichkeitsformel eines Besuchers gegenüber einem anderen, der schon da ist) **1.0.1** habe ich Sie von Ihrem Platz vertrieben? *habe ich versehentlich Ihren Platz eingenommen?* **1.1** ⟨530/R5 od. R6⟩ jmdm. etwas (Lästiges) ~ *jmdn. von etwas befreien;* jmdm. die Langeweile, die Sorgen ~ **1.1.1** sich die Zeit (mit einer Beschäftigung, mit Spielen) ~ *verkürzen, kurzweilig gestalten* **2** Waren ~ *feilbieten, verkaufen*

ver'tre·ten ⟨V. 268/500⟩ **1** ⟨530/R3⟩ sich den Fuß ~ *sich den F. verstauchen* **2** ⟨530/R3⟩ sich die Beine, Füße ~ ⟨umg.⟩ *sich durch Umhergehen Bewegung verschaffen (nach langem Sitzen)* **3** ⟨530⟩ jmdm. den Weg ~ *durch Dazwischentreten versperren* **4** ⟨R8⟩ jmdn. ~ *vorübergehend jmds. Stelle einnehmen;* er vertritt den Abteilungsleiter während dessen Urlaubs; jmdn. dienstlich ~ **5** jmdn. od. jmds. Sache ~ *für jmdn. od. jmds. Sache eintreten, dessen Rechte wahren;* er läßt sich von einem sehr tüchtigen Anwalt ~; jmds. Interessen ~ **6** eine Sache ~ *verteidigen, rechtfertigen, für eine S. eintreten;* eine Behauptung ~; er vertritt die Meinung, daß ...; wie willst du eine solche Handlungsweise vor deinen Eltern, deinen Vorgesetzten ~? **7** eine Firma ~ *als Vertreter den Verkauf von Waren für eine F. vermitteln;* Sy *repräsentieren(1)* **8** ⟨Part. Perf.⟩ ~ sein *(als Vertreter) anwesend, vorhanden sein;* bei der Besprechung war die Geschäftsleitung nicht ~; in diesem Sammelband sind von jüngeren Schriftstellern nur X, Y und Z ~

Ver'tre·ter ⟨m.; -s, -⟩ *jmd., der einen anderen od. eine Sache vertritt(4-8);* Stell~, Handels~; sein ~ vor Gericht ist Rechtsanwalt

Ver'tre·tung ⟨f.; -, -en⟩ **1** *das Vertreten(4-8);* Stell~, Handels~; er hat die ~ der Firma X; Herr X hat die ~ des erkrankten Y übernommen **1.1** in ~ (von ..., des ...) *an Stelle, im Namen, im Auftrag (von ..., des ...);* in ~ des Herrn Direktors, Präsidenten

Ver'trieb ⟨m.; -(e)s, -e⟩ **1** *das Vertreiben(2) (von Waren)* **2** *Abteilung einer Firma, die die Bestellung u. Auslieferung der Waren bucht u. ausführt*

ver'trö·sten ⟨V. 500/R7 od. R8⟩ jmdn. ~ *auf später hoffen lassen;* ich vertröstete ihn auf morgen, auf später

ver'tun ⟨V. 272/500; umg.⟩ **1** Geld ~ *mit nichtigen Dingen verschwenden* **2** Zeit ~ *mit oberflächl. od. nutzlosen Dingen, Beschäftigungen verbringen, zubringen;* die Zeit mit Reden ~ **3** ⟨R3⟩ sich ~ *sich irren;* da habe ich mich vertan

ver'tu·schen ⟨V. 500; umg.⟩ eine Sache ~ *verheimlichen, unterdrücken, das Bekanntwerden verhindern;* eine peinliche Angelegenheit, einen unangenehmen Vorfall ~

ver'üben ⟨V. 500⟩ eine Sache ~ *ausführen, begehen;* ein Attentat, Verbrechen ~

ver'un·glimp·fen ⟨V. 500/R8; geh.⟩ jmdn. od. eine Sache ~ *schmähen, beleidigen*

ver'un·glücken ⟨-k·k-; V. 400(s.)⟩ **1** *einen Unfall erleiden;* tödlich ~; mit dem Auto ~ **2** etwas verunglückt ⟨umg.⟩ *mißlingt, mißrät;* Ggs *glücken;* der Kuchen ist völlig verunglückt

ver'un·stal·ten ⟨V. 500/R7⟩ jmdn. od. etwas ~ *entstellen, häßlich, unansehnlich machen;* eine Landschaft durch Industriebauten ~; ein durch eine Narbe verunstaltetes Gesicht

ver'un·treu·en ⟨V. 500⟩ Geld ~ *unterschlagen*

ver'ur·sa·chen ⟨V. 500⟩ etwas ~ *die Ursache für etwas sein;* das verursacht viel Arbeit, Kosten; Schaden ~; einen Skandal ~

ver'ur·tei·len ⟨V. 500⟩ **1** ⟨550⟩ jmdn. zu einer Strafe ~ *durch Gerichtsbeschluß eine Strafe über jmdn. verhängen;* jmdn. zu einer Geldstrafe, zu fünf Jahren Freiheitsstrafe, zum Tode ~ **2** zu etwas verurteilt sein ⟨fig.⟩ *zu etwas bestimmt, verdammt sein;* die Sache war von vornherein zum Scheitern verurteilt **3** ⟨R8⟩ jmdn. od. etwas ~ *ablehnend beurteilen, ablehnen;* jmds. Benehmen, Verhalten, Handlungsweise ~

ver'viel·fäl·ti·gen ⟨V. 500⟩ etwas ~ *auf mechan. Wege mehrfach herstellen;* einen Text ~

ver'voll·komm·nen ⟨V. 500⟩ **1** etwas ~ *vollkommen machen, verbessern, verschönern, vervollständigen;* seine Kenntnisse, sein Wissen ~ **2** ⟨511/R3⟩ sich in einer Sache ~ *verbessern, in einer S. sehr gut werden;* sich in einer Fremdsprache ~

ver'voll·stän·di·gen ⟨V. 500/R7⟩ etwas ~

vollständig machen, ergänzen; seine Kenntnisse ~; einen Text durch Nachträge ~

ver'wach·sen[1] ⟨V. 277⟩ **1** ⟨500⟩ ein Kleidungsstück ~ *aus einem K. herauswachsen, zu groß für ein K. werden* **2** ⟨400(s.)⟩ etwas verwächst *verschwindet durch das Wachsen von etwas anderem, wächst zu;* die Narbe, der Riß, die Wunde ist gut ~; der Weg ist (durch Unkraut, Gesträuch o. ä.) ~ **3** ⟨417(s.)⟩ *zusammenwachsen;* die beiden Blätter sind miteinander ~ **3.1** mit etwas ~ ⟨fig.⟩ *sich eng mit etwas verbinden;* er ist mit seinem Grund u. Boden fest ~; er ist mit seiner Arbeit fest ~ **3.2** zu einer Einheit ~ ⟨fig.⟩ *allmählich zu einer E. werden;* die Kinder sind zu einer festen Gemeinschaft ~

ver'wach·sen[2] **1** ⟨Part. Perf. von⟩ *verwachsen*[1] **2** ⟨Adj.⟩ *schief, verkrümmt gewachsen;* er ist ~; er hat einen ~en Arm, ein ~es Bein

ver'wach·sen[3] ⟨V. 500⟩ Schier ~ *mit dem falschen Wachs einreiben*

ver'wah·ren ⟨V. 500⟩ **1** etwas ~ ⟨geh.⟩ *in sichere Obhut nehmen, sicher aufbewahren;* Sy *aufheben(2);* Geld, Papiere im Tresor ~ **2** etwas ~ ⟨umg.; bes. norddt.⟩ *für später aufheben, nicht sofort verbrauchen;* Süßigkeiten ~ **3** ⟨550/R3⟩ sich gegen etwas ~ *gegen etwas protestieren, Widerspruch erheben;* sich gegen einen Vorwurf ~

ver'wahr·lo·sen ⟨V. 400(s.)⟩ *schmutzig, ungepflegt werden, verkommen;* einen Garten, ein Gebäude, die Wohnung ~ lassen; verwahrloste Kinder, Jugendliche; das Zimmer sah verwahrlost aus; das Kind war völlig verwahrlost

ver'wal·ten ⟨V. 500⟩ eine Sache ~ *alle mit einer S. zusammenhängenden Angelegenheiten erledigen;* ein Amt ~; Gelder ~; ein Gut ~; das Hauswesen ~

Ver'wal·ter ⟨m.; -s, -⟩ *jmd., der etwas verwaltet;* Guts~, Haus~, Vermögens~

ver'wan·deln ⟨V. 500/R7⟩ **1** jmdn. od. etwas ~ *völlig ändern, umgestalten, umformen;* die Szene, den Schauplatz ~; Flüssigkeit in Dampf ~; das Haus wurde durch den Bombenangriff in einen Trümmerhaufen verwandelt; sie war durch die Freude ganz verwandelt; er ist seit seiner Kur wie verwandelt **1.1** ⟨550/R7⟩ jmdn. in etwas ~ *die Gestalt von etwas annehmen (lassen);* Zeus verwandelte sich in einen Schwan; die Hexe verwandelte die Prinzessin in ein Kätzchen

ver'wandt ⟨Adj. 24⟩ **1** *von gleicher Abstammung, zur selben Familie gehörend;* wir sind nahe, entfernt, weitläufig ~ **1.0.1** mit jmdm. ~ sein *die gleiche Abstammung haben, zur selben Familie gehören;* wir sind miteinander ~ **1.1** *auf den gleichen Ursprung zurückgehend;* die deutsche Sprache ist mit der englischen ~ **2** ⟨70; fig.⟩ *sehr ähnlich;* Mut und Tapferkeit sind ~e Eigenschaften **2.1** *in der Art, Denkart, Empfindungsart ähnlich;* wir sind uns sehr ~; geistig ~ sein

Ver'wandt·schaft ⟨f.; -, -en⟩ **1** *das Verwandtsein* **2** ⟨i. w. S.⟩ *Gesamtheit der Verwandten* **2.1** ⟨i. e. S.⟩ *die Familienangehörigen außerhalb der engsten Familie;* die ~ zu Besuch haben **3** ⟨fig.⟩ *Ähnlichkeit in der Art, verbindende Ähnlichkeit auf geistigem od. seel. Gebiet;* Geistes~, Seelen~; zwischen beiden Sprachen, Eigenschaften besteht eine gewisse ~

ver'wa·schen ⟨Adj.⟩ **1** *durch vieles Waschen verblichen;* ein ~es Kleidungsstück **2** *blaß, nicht leuchtend;* eine ~e Farbe; ein ~es Rot, Blau **3** ⟨fig.⟩ *unbestimmt, unklar, ungenau, verschwommen;* ein ~er Ausdruck; eine ~e Formulierung

ver'wäs·sern ⟨V. 500⟩ **1** etwas ~ *zu sehr mit Wasser verdünnen;* eine Suppe, Wein ~ **2** eine Sache ~ *des Gehaltes, der Durchschlagskraft berauben, unanschaul., nicht überzeugend gestalten;* die verwässerte Darstellung einer Sache

ver'we·ben ⟨V. 280/500⟩ **1** etwas ~ *zum Weben verbrauchen;* Garn ~ **2** ⟨510⟩ etwas in, mit etwas ~ *in etwas hineinweben, mit etwas zusammenweben;* Goldfäden in einen Stoff ~ **3** ⟨510⟩ eine Sache in eine Sache, mit einer Sache ~ ⟨fig.⟩ *eng verbinden, ineinander aufgehen lassen, verflechten;* er hat alte Legenden u. Märchen in seinen Roman verwoben; die Angelegenheiten sind miteinander verwoben

ver'wech·seln ⟨V. 500⟩ **1** etwas ~ *irrtümlich vertauschen;* zwei Begriffe, Wörter (miteinander) ~; wir haben unsere Handschuhe verwechselt; sie sehen einander, sich zum Verwechseln ähnlich **1.0.1** er verwechselt manchmal mein und dein ⟨fig.; umg.⟩ *er ist nicht ehrlich, er stiehlt ab und zu* **1.0.2** er verwechselt mir und mich ⟨fig.; umg.⟩ *er spricht nicht korrekt Deutsch* **2** ⟨516⟩ etwas mit etwas anderem, jmdn. mit jmdm. ~ *irrtümlich für etwas anderes, für jmd. anderen halten;* ich habe ihn mit seinem Bruder, seinem Freund verwechselt; du hast Thomas mit Heinrich Mann verwechselt

ver'we·gen ⟨Adj.⟩ **1** *kühn, draufgängerisch;* ein ~er Bursche; eine ~e Tat; er sah ~ aus **2** *forsch, keck;* die Mütze saß ihm ~ auf einem Ohr

ver'weich·li·chen ⟨V. 500/R7⟩ jmdn. ~ *weichlich machen, verwöhnen, verzärteln*

ver'wei·gern ⟨V.⟩ **1** ⟨500⟩ etwas ~ *ablehnen, abschlagen;* die Annahme eines Briefes ~; die Aussage ~ (vor Gericht); den Gehorsam ~; den Kriegsdienst, Wehrdienst ~ **2** ⟨530⟩ jmdm. etwas ~ *nicht geben;* Sy *weigern(2)* ⟨veralt.⟩; jmdm. eine Auskunft ~; jmdm. eine Genehmigung ~; jmdm. Hilfe ~ **3** ⟨400⟩ das Pferd hat dreimal (das Hindernis) verweigert *das P. ist dreimal nicht über das H. gesprungen*

ver'wei·len ⟨V.; geh.⟩ **1** ⟨400⟩ *bleiben;* zum Augenblicke dürft' ich sagen: verweile doch, du bist so schön! (Goethe, Faust II, 5); laß uns hier noch ein wenig ~; die Bank, der weiche Moosboden lud zum Verweilen ein **1.1** bei einer Sache ~ *sich länger mit einer S. beschäftigen* **2** ⟨500/R3⟩ sich ~ *sich aufhalten;* ich habe mich schon zu lange verweilt

Ver'weis[1] ⟨m.; -es, -e⟩ *Verwarnung, Rüge, Tadel (auch als Dienststrafe);* einen ~ bekommen; jmdm. einen ~ erteilen; milder, scharfer, strenger ~

Ver'weis[2] ⟨m.; -es, -e⟩ *Hinweis (auf eine bestimmte Stelle od. ein Bild eines Textes);* in einem Text einen ~ anbringen

ver'wei·sen[1] ⟨V. 282/500⟩ **1** jmdn. ~ *rügen,*

tadeln, jmdm. einen Verweis erteilen **2** ⟨530⟩ jmdm. etwas ~ *tadelnd verbieten;* einem Kind sein vorlautes Reden ~

ver'wei·sen² ⟨V. 282⟩ **1** ⟨411⟩ auf etwas ~ *auf etwas hinweisen;* auf ein Bild, eine Seite ~ (in einem Text); auf seinen Protest hin verwies man ihn auf die amtl. Vorschriften **2** ⟨511⟩ jmdn. an jmd. anderen ~ *jmdn. bitten, sich an jmd. anderen zu wenden;* ich bin von Herrn X an Sie verwiesen worden **3** ⟨540 od. 511⟩ jmdn. einer Sache od. von, aus etwas ~ *zum Verlassen einer S., von etwas zwingen;* jmdn. des Landes ~; einen Schüler von der Schule ~

ver'wen·den ⟨V. 283/500⟩ **1** etwas ~ *benutzen, gebrauchen, anwenden;* meine Kenntnisse kann ich hier gut, kaum ~; den Stoff können wir für ein Kinderkleid ~ **1.1** ⟨550⟩ viel Arbeit, Fleiß, Mühe auf etwas ~ *für etwas aufbringen, sich etwas viel A., F. M. kosten lassen;* er hat viel Arbeit, Mühe darauf verwendet **2** ⟨550/R3⟩ sich für jmdn. ~ *sich zu jmds. Fürsprecher machen, sich für jmdn. einsetzen*

ver'wer·fen ⟨V. 286⟩ **1** ⟨500⟩ etwas ~ *so werfen, so aufheben od. weglegen, daß man es nicht wiederfindet;* einen Ball ~ **2** ⟨500⟩ eine Sache ~ *zurückweisen, ablehnen, für nicht gut, für unbrauchbar erklären;* eine Methode ~; einen Plan, Vorschlag ~ **2.1** ein Urteil ~ *für unannehmbar erklären* **2.2** eine Handlungsweise ~ *für unsittlich erklären* **3** ⟨500/R3⟩ etwas verwirft sich *zieht sich krumm, verbiegt sich;* das Holz hat sich verworfen; die Bretter ~ sich **4** ⟨400⟩ ein Tier verwirft *hat eine Fehlgeburt;* die Kuh hat verworfen

ver'werf·lich ⟨Adj.⟩ *verdammenswert, verächtlich, unsittlich;* eine ~e Handlungsweise, Tat; es ist ~, so etwas zu tun

ver'wer·ten ⟨V. 500⟩ etwas ~ *(noch für etwas) verwenden, ausnützen, benutzen, gebrauchen;* Altmetall, Papierabfälle (noch zu etwas) ~; Metallgegenstände als Schrott ~; einen Stoffrest noch für ein Kopftuch ~; Eindrücke, Erlebnisse in einem Roman ~

ver'we·sen¹ ⟨V. 500⟩ etwas ~ ⟨veralt.⟩ *verwalten*

ver'we·sen² ⟨V. 400(s.)⟩ *sich zersetzen, verfaulen*

ver'wickeln ⟨-k·k-; V. 500⟩ **1** etwas ~ *verwirren, ineinanderschlingen;* du hast das Garn, die Fäden verwickelt **2** ⟨511/R3⟩ sich in etwas ~ *etwas versehentlich um sich wickeln;* das Kind hatte sich in die Gardinenschnur verwickelt **3** ⟨511/R7⟩ jmdn. in etwas ~ ⟨fig.⟩ *jmdn. in eine Angelegenheit hineinziehen;* laß dich nicht in diesen Streit ~ **3.1** sich in etwas ~ *in eine Angelegenheit hineingeraten, hineingezogen werden* **3.1.1** sich in Widersprüche ~ *einander widersprechende Aussagen machen* **3.2** in eine Angelegenheit verwickelt sein *an einer A. beteiligt sein*

ver'wil·dern ⟨V. 400(s.)⟩ **1** etwas verwildert *wird zur Wildnis, bleibt ungepflegt, wird von Unkraut, Gras, Gebüsch überwuchert;* der Park verwildert; einen Garten ~ lassen **2** *ein unordentliches, nachlässiges, nicht ordnungsgemäßes Aussehen, Verhalten annehmen;* die Kinder sind in den Ferien völlig verwildert; verwildert aussehen

ver'win·den ⟨V. 288/500⟩ eine Sache ~ *überwinden, verschmerzen, über eine S. hinwegkommen;* einen Verlust, Schicksalsschlag ~; sie kann den Tod ihres Mannes nicht ~

ver'wir·ken ⟨V. 503/R5⟩ **1** eine Sache ~ ⟨geh.⟩ *das Anrecht auf eine S. (durch eigene Schuld) einbüßen, verlieren;* sich jmds. Gunst, Wohlwollen ~ **1.1** sein Leben verwirkt haben *eine Schuld mit dem Leben bezahlen müssen, zum Tode verurteilt werden*

ver'wirk·li·chen ⟨V. 500⟩ **1** etwas ~ *in die Tat umsetzen;* Sy *realisieren;* eine Idee, einen Plan ~ **2** ⟨R3⟩ etwas verwirklicht sich *wird Wirklichkeit;* meine Hoffnung, mein Wunsch hat sich verwirklicht

ver'wir·ren ⟨V. 500⟩ **1** etwas ~ *in Unordnung bringen, durcheinanderbringen;* sein Haar war verwirrt **1.1** ⟨R3⟩ etwas verwirrt sich *gerät in Unordnung;* sein Geist hat sich verwirrt **2** ⟨R8⟩ jmdn. ~ *aus der Fassung bringen, jmds. Gedanken in Unordnung bringen;* → a. *Konzept(3);* jmdn. durch eine Frage ~; verwirrt aussehen; du machst mich ganz verwirrt; „Ich weiß nicht -", sagte er verwirrt; ich bin durch die vielen neuen Eindrücke ganz verwirrt; eine ~de Fülle von Dingen

ver'wi·schen ⟨V. 500⟩ **1** etwas ~ *durch Wischen auf eine größere Fläche verteilen (u. dadurch undeutl. machen);* Tinte ~; du hast die Schrift verwischt **2** etwas ~ ⟨fig.⟩ *unkenntl. machen, undeutl. werden lassen;* Spuren ~ **2.1** ⟨Part. Perf.⟩ verwischt *undeutlich, unklar, verschwommen;* ich habe nur noch eine verwischte Erinnerung daran; verwischte Inschrift; die Berge waren nur in verwischten Umrissen zu erkennen **3** ⟨R3⟩ etwas verwischt sich *wird undeutlich;* im Laufe der Zeit ~ sich die Eindrücke **3.1** Gegensätze, Unterschiede ~ sich *gleichen sich aus;* die Farbkontraste haben sich mit der Zeit verwischt

ver'wit·tern ⟨V. 400(s.)⟩ **1** etwas verwittert *zerfällt unter den Witterungseinflüssen;* das Gestein, die Mauer verwittert **1.1** ein verwittertes Gesicht ⟨fig.⟩ *zerfurchtes G. mit ledern wirkender Haut*

ver'wöh·nen ⟨V. 500⟩ **1** ⟨R7⟩ jmdn. od. jmds. Körper ~ *durch zu vorsichtige, zu wenig strenge Behandlung verziehen, verweichlichen;* der Vater verwöhnt den Jungen zu sehr; der Junge ist in den Ferien von den Großeltern sehr verwöhnt worden; das Kind ist sehr verwöhnt; zieh dich nicht so warm an, du verwöhnst dich ja zu sehr **2** ⟨R8⟩ jmdn. ~ *sehr entgegenkommend behandeln, jmdm. jeden Wunsch erfüllen;* laß dich nur einmal etwas ~!; er hat sie mit Geschenken verwöhnt **2.1** ⟨Part. Perf.⟩ verwöhnt *verfeinert, anspruchsvoll;* dieses Hotel wird auch verwöhnten Ansprüchen gerecht; einen verwöhnten Geschmack haben

ver'wor·fen **1** ⟨Part. Perf. von⟩ *verwerfen* **2** ⟨Adj. 70⟩ *moralisch verkommen, lasterhaft, unsittlich;* ~es Gesindel, Pack; ein ~er Mensch

ver'wor·ren ⟨Adj.⟩ *unklar, verwickelt;* eine ~e Angelegenheit; ~e Reden; seine Erklärungen waren sehr ~; die Lage ist ziemlich ~

ver'wun·den ⟨V. 500/R7 od. R8⟩ jmdn. ~ **1** *jmdm. eine Wunde zufügen;* Sy *lädieren(2);* leicht, schwer, tödlich verwundet; die Verwundeten versorgen **2** ⟨fig.⟩ *kränken;* er hat mich tief verwundet

ver'wun·dern ⟨V. 500⟩ **1** etwas verwundert jmdn. *wundert, erstaunt jmdn.;* es hat mich verwundert, daß ...; ihre Bemerkung hat ihn sehr verwundert **1.1** es ist (nicht) zu ~, daß ... *es ist (nicht) erstaunlich, daß ...*

ver'wun·schen ⟨Adj.⟩ *verzaubert;* ein ~es Schloß; eine ~e Prinzessin

ver'wün·schen ⟨V. 500/R8⟩ jmdn. od. etwas ~ **1** *verfluchen;* ich könnte diesen Apparat ~! (weil er nicht richtig funktioniert); verwünscht!; das ist eine verwünschte Geschichte; dieser verwünschte Kerl ist wieder nicht gekommen **2** ⟨im Märchen⟩ *verzaubern*

ver'wur·zeln ⟨V. (s.)⟩ **1** ⟨400⟩ eine Pflanze verwurzelt *schlägt Wurzeln;* die Pflanze verwurzelt gut; der Baum ist tief im Boden verwurzelt **2** ⟨411⟩ jmd. ist in etwas verwurzelt ⟨fig.⟩ *fest mit etwas verwachsen, verbunden;* er ist tief in seiner Heimat, seinem Grund u. Boden verwurzelt

ver'wü·sten ⟨V. 500⟩ **1** etwas ~ *zur Wüste machen, in Wüste verwandeln, vernichten, verheeren, zerstören;* ein Land im Krieg ~ **1.1** sein Gesicht ist durch sein ausschweifendes Leben verwüstet ⟨fig.⟩ *sieht elend, eingefallen, krank aus*

ver'za·gen ⟨V. 400(s.)⟩ **1** *mutlos werden, die Zuversicht verlieren* **1.1** ⟨Part. Perf.⟩ verzagt *kleinmütig, mutlos;* verzagt sein

ver'zap·fen ⟨V. 500⟩ **1** Getränke ~ ⟨selten⟩ *vom Faß ausschenken* **2** Holzteile ~ *durch Zapfen verbinden* **3** Unsinn ~ ⟨fig.; umg.⟩ *erzählen, reden, von sich geben*

ver'zau·bern ⟨V. 500⟩ **1** jmdn. od. etwas ~ *durch Zauber verwandeln;* die Hexe verzauberte die Königssöhne in Schwäne; ein verzauberter Prinz **2** ⟨R8⟩ jmdn. ~ ⟨fig.⟩ *stark, tief beeindrucken u. beglücken;* ihre Schönheit hat ihn verzaubert; ich war von dem Anblick ganz verzaubert

Ver'zehr ⟨m.; -s; unz.⟩ *Verbrauch (an Essen und Trinken);* zum baldigen ~ bestimmt

ver'zeh·ren ⟨V. 500⟩ **1** etwas ~ *essen u. (od.) trinken;* wenn wir uns in einem Restaurant treffen wollen, müssen wir auch etwas ~; er verzehrte in aller Ruhe, gemächlich sein Brot und sagte dann ...; den mitgebrachten Proviant ~ **2** etwas ~ *verbrauchen;* Friede ernährt, Unfriede verzehrt ⟨Sprichw.⟩ **2.1** *für den Lebensunterhalt verbrauchen, von etwas leben;* sein Vermögen ~; er hat im Monat 800 Mark zu ~ **2.2** etwas verzehrt etwas *verbraucht etwas völlig;* die Arbeit, Krankheit hat alle seine Kräfte verzehrt; ein ~des Fieber **2.2.1** ~de Leidenschaft ⟨fig.⟩ *heftige, fast zur Krankheit führende L.* **3** ⟨500/R3⟩ sich ~ ⟨geh.⟩ *an etwas leiden* **3.1** sich in Gram ~ *fast krank sein, fast vergehen vor G.* **3.2** sich nach etwas od. jmdm. ~ *nach etwas od. jmdm. heftiges Verlangen, große Sehnsucht haben* **3.2.1** jmdn. mit ~den Blicken ansehen *mit verlangenden, begehrenden B.*

ver'zeich·nen ⟨V. 500⟩ **1** etwas ~ *falsch zeichnen;* die Nase auf dem Porträt ist etwas verzeichnet **1.1** ⟨fig.⟩ *falsch od. übertrieben darstellen;* die Gestalten des Films, des Romans sind (völlig) verzeichnet **2** etwas ~ *vermerken, feststellen (u. schriftl. festhalten);* er ist in der Liste (nicht) verzeichnet; die Seiten mit Abbildungen sind im Register verzeichnet; man muß es eben als Tatsache ~ **2.0.1** ich habe einen Erfolg zu ~ ⟨fig.; verstärkend⟩ *einen E. gehabt*

Ver'zeich·nis ⟨n.; -s·ses, -s·se⟩ *unter einem bestimmten Gesichtspunkt zusammengestellte Sammlung von Daten;* → a. *Register(1), Katalog;* Abbildungs~, Bücher~, Inhalts~, Namens~, Waren~; namentliches ~

ver'zei·hen ⟨V. 292/503/R5 od. R6⟩ **1** (jmdm.) etwas ~ ⟨geh.⟩ *nicht übelnehmen, vergeben, entschuldigen;* das wird er dir nie ~!; so etwas kann ich nicht ~; ich kann es mir nicht ~, daß ich das getan habe; ich habe ihm (längst) verziehen; ~ Sie, können Sie mir sagen ... (Höflichkeitsformel); ~ Sie bitte die Störung **1.0.1** ~ Sie! *ich bitte um Entschuldigung*

Ver'zei·hung ⟨f.; -; unz.⟩ **1** *das Verzeihen;* jmdn. um ~ bitten; ich bitte Sie tausendmal um ~ (Höflichkeitsformel zur Entschuldigung) **1.1** ~! *entschuldigen Sie!, das wollte ich nicht!*

ver'zer·ren ⟨V. 500⟩ **1** ⟨530/R1⟩ sich etwas ~ *zerren, zu sehr dehnen;* er hat sich eine Sehne verzerrt **2** etwas ~ *aus der Form geraten lassen;* das Gesicht durch Grimassen ~; vor Schmerz verzerrter Mund; der Spiegel verzerrt das Bild **3** etwas ~ ⟨fig.⟩ *falsch wiedergeben, entstellen;* die Lautsprecheranlage verzerrt den Ton; der Spiegel verzerrt die Proportionen; der Gesang auf der Schallplatte klingt verzerrt **3.0.1** einen Vorfall verzerrt darstellen, wiedergeben ⟨fig.⟩ *verfälscht*

ver'zet·teln ⟨V. 500⟩ **1** etwas ~ *auf einzelne Zettel schreiben;* Titel von Büchern, bestimmte Begriffe eines Textes; Namen einer Liste ~ und dann alphabetisch ordnen **2** etwas ~ *ohne wirklichen Nutzen für viele kleine Dinge verbrauchen;* du solltest dir für die 100 Mark etwas Schönes kaufen und sie nicht in Kleinigkeiten ~; seine Kraft mit nutzlosen Anstrengungen ~ **3** ⟨R3⟩ sich ~ *zu vieles beginnen, ohne sich auf eine Sache zu konzentrieren*

Ver'zicht ⟨m.; -(e)s, -e⟩ *das Verzichten;* schmerzlicher, schwerer ~; unter ~ auf eine Gegenleistung

ver'zich·ten ⟨V. 800⟩ **1** auf eine Sache ~ *einer S. entsagen, nicht länger auf einer S. bestehen, sie nicht mehr beanspruchen;* danke, ich verzichte (darauf)!; ich verzichte zu deinen Gunsten; auf einen Anspruch, eine Forderung, ein Recht ~; auf den Thron ~; auf ein Vergnügen, ein Vorhaben ~ **1.1** auf eine Sache ~ können *eine S. nicht brauchen, auf eine S. keinen Wert legen;* auf deine Hilfe kann ich ~

ver'zie·hen ⟨V. 293⟩ **1** ⟨500⟩ etwas ~ *aus seiner normalen Form bringen, in eine andere Form ziehen;* er verzog keine Miene; ohne eine Miene zu ~, holte er aus und schlug zu; er verzog den Mund zu einer Grimasse, zu einem Grinsen **1.1** ⟨R3⟩ etwas verzieht sich *zieht sich in eine falsche Form;* das Brett, das Fenster, der Stoff hat sich verzogen **2** ⟨500⟩ jmdn. ~ *falsch, schlecht erziehen;* das Kind ist verzogen **3** ⟨400⟩ *umziehen, wegziehen, die Wohnung, den Wohnort verlegen (nach);* verzogen, unbekannt, wohin (Vermerk auf unzustellbaren Briefen); falls verzogen, bitte zurück an Absender (Vermerk auf Briefen); sie sind nach Hamburg verzogen **4** ⟨500/R3⟩ etwas verzieht sich *verschwindet allmählich;* das Gewitter verzieht sich; die Wolken haben sich verzogen; der Schmerz verzog sich **5** ⟨500/R3⟩ sich ~ ⟨umg.⟩ *(unauffällig) weggehen, verschwinden;* gegen zehn Uhr hab' ich mich (ins Bett) verzogen **6** ⟨500⟩ Rüben ~ *die schwachen u. zu dicht stehenden Pflanzen unter den R. herausziehen*

ver'zie·ren ⟨V. 500⟩ **1** etwas ~ *mit Zierat versehen, schmücken, ausschmücken;* ein Kleid mit Stickerei ~; eine Torte mit Schlagsahne ~; mit Intarsien, Schnitzerei verzierte Möbel **1.1** einen Ton, ein Motiv, eine Melodie ~ *umspielen, durch Triller, Wiederholung, kleine Melodien u. ä. reicher gestalten*

ver'zin·sen ⟨V. 503⟩ **1** (jmdm.) etwas ~ *Zinsen für etwas zahlen;* jmdm. ein Kapital, eine Spareinlage mit 3 % ~ **2** ⟨R3⟩ etwas verzinst sich *bringt Zinsen ein;* die Pfandbriefe verzinsen sich mit 5 %

ver'zö·gern ⟨V. 500⟩ **1** eine Sache ~ *verlangsamen, hinausziehen;* den Ablauf einer Sache ~; der Materialmangel hat den Bau verzögert **2** ⟨R3⟩ eine Sache verzögert sich *zieht sich hinaus, tritt später als vorgesehen ein;* seine Ankunft, Abreise hat sich verzögert

ver'zol·len ⟨V. 500⟩ Waren ~ *für W. Zoll bezahlen;* haben Sie etwas zu ~?

ver'zücken ⟨-k·k-; V. 500⟩ **1** jmdn. ~ *in Begeisterung, in Ekstase versetzen, hinreißen* **1.1** ⟨Part. Perf.⟩ verzückt *wie gebannt vor Begeisterung, ekstatisch, (z. B. bei rituellen Tänzen);* die Kinder sahen verzückt dem Feuerwerk zu

Ver'zug ⟨m.; -(e)s; unz.⟩ **1** *Verzögerung, Rückstand;* ich bin mit der Arbeit, Zahlung in ~ geraten; mit der Zahlung im ~ sein; ohne ~ **2** Gefahr ist im ~ **2.1** *droht, nähert sich* **2.2** *es ist gefährlich zu zögern* **3** ⟨Bgb.⟩ *Verkleidung* **4** ⟨fig.⟩ *bevorzugtes Kind, Liebling;* das Kind ist der ~ der ganzen Familie

ver'zwei·feln ⟨V. 400(s.)⟩ **1** *die Hoffnung völlig aufgeben, verzagen;* am Leben, an den Menschen ~ **1.1** er machte verzweifelte Anstrengungen, sich zu befreien *große, angstvolle A.* **1.2** ein verzweifelter Kampf *ein K. ums Letzte, um Leben u. Tod* **1.3** ich bin ganz verzweifelt *ich weiß nicht mehr, was ich tun soll* **2** ⟨umg.⟩ *die Geduld verlieren;* es ist zum Verzweifeln! **2.1** das ist verzweifelt wenig ⟨umg.⟩ *außerordentlich wenig*

ver'zwei·gen ⟨V. 500/R3⟩ etwas verzweigt sich *gabelt sich, spaltet sich in Zweige, in Teile auf;* der Baum, Weg verzweigt sich; eine verzweigte Familie, Verwandtschaft; ein verzweigtes Unternehmen

Ves·per ⟨['fɛs-] f.; -, -n⟩ **1** ⟨urspr.⟩ *die vorletzte der kath. Gebetsstunden am späten Nachmittag od. frühen Abend* **2** ⟨danach⟩ *Gottesdienst am frühen Abend;* Christ~ **3** *Vesperbrot, Nachmittagsmahlzeit* **4** *nachmittägl. Arbeitspause, Feierabend*

Ve·sti'bül ⟨[v-]; n.; -s, -e⟩ **1** *Vorhalle* **2** *Halle, durch die man ein Theater betritt (u. in der sich die Kasse befindet)*

Ve·te'ran ⟨[v-] m.; -en, -en⟩ *altgedienter Soldat, Teilnehmer an einem früheren Feldzug*

Ve·to ⟨[ve:-] n.; -s, -s⟩ **1** *Recht, etwas durch Einspruch zu verhindern* **2** *Einspruch(1)* **2.1** sein ~ einlegen *Einspruch erheben*

'Vet·ter ⟨m.; -s, -n⟩ **1** *Sohn des Onkels od. der Tante;* Sy *Cousin* **2** ⟨veralt.⟩ *entfernter Verwandter, Gevatter*

via ⟨['via] Präp. m. Akk.⟩ *(auf dem Wege) über;* nach Hamburg ~ Hannover fahren

Via'dukt ⟨[v-] m.; -(e)s, -e⟩ **1** *Brücke, die über ein Tal führt* **2** *Überführung*

vi'brie·ren ⟨[v-] V. 400⟩ *beben, schwingen*

Vieh ⟨n.; -(e)s, (umg.) 'Vie·cher⟩ **1** ⟨unz.⟩ *Nutztiere der Hauswirtschaft, Rinder, Schweine, Schafe, Ziegen, Federvieh, auch Pferde u. Esel;* das ~ füttern; ~ halten, züchten; das ~ hüten (auf der Wiese) **2** ⟨umg.⟩ *Tier;* das arme ~; dummes ~! **2.1** zum ~ werden ⟨fig.⟩ *zum Rohling werden*

viel ⟨Indefinitpron.; Komparativ: mehr; Superlativ: meist⟩ **1** Ggs *wenig;* recht ~; unendlich ~; nicht ~; sehr ~; ziemlich ~; gleich ~; er arbeitet, liest so ~, daß er ...; furchtbar, unheimlich ~ ⟨umg.⟩ **1.1** *eine große Menge (von);* ~ Obst essen; ~ Geld; schade um das ~e Geld; ~ Gutes, Böses, Schönes; dazu gehört ~ Übung; ~ Arbeit, Mühe; durch ~es Arbeiten; ~ arbeiten, essen, lesen, schlafen; ich habe dir ~ zu erzählen **1.2** *eine große Anzahl (von), zahlreich(e);* ~e von diesen Büchern, ~e von ihnen; ~e Dinge; ~e Freunde, Kinder; ~e Leute; ~e hundert Menschen **1.2.1** ~e *eine große Zahl von Leuten;* ~e können das nicht verstehen; und ~e andere; es waren ~e unter ihnen, die ich kannte **1.3** *ein hoher Grad, große Intensität;* er ist ~ älter, um ~es älter; davon weiß er ~ **2** ⟨24; vor Komparativ u. vor „zu", das ein Übermaß bezeichnet; verstärkend⟩ *in großem Maße;* ~ größer, kleiner, schlimmer, schöner; ich würde ~ lieber hierbleiben; ~ mehr, ~ weniger; ~ zu groß, zu klein; das ist ~ zu ~; ~ zu wenig; das ist ein bißchen (zu) ~ ⟨umg.⟩

'Viel·eck ⟨n.⟩ *geometr. Figur mit mehr als drei Ecken*

vie·ler'lei ⟨Adj. 11/60⟩ **1** *mannigfaltig, viele verschiedene Dinge umfassend;* auf ~ Arten **2** *viel(es), eine große Menge, viel Verschiedenes;* ich habe noch ~ zu tun

'viel·fach ⟨Adj.⟩ **1** *viele Male auf-, nebeneinanderliegend;* einen Faden ~ nehmen; ~ zusammengelegt, -gefaltet **2** *viele Male (auftretend)* **2.1** ~er Millionär *jmd., der viele Millionen besitzt* **2.2** kleinstes gemeinsames Vielfaches ⟨Math.; Abk.: k. g. V.⟩ *die kleinste natürliche Zahl, durch die mehrere vorgegebene natürliche Zahlen ein- od. mehrmals ohne Rest teilbar sind* **3** ⟨umg.⟩ *häufig, oft;* ich habe schon ~ gehört, daß ...

'Viel·falt ⟨f.; -; unz.⟩ *Vorhandensein in vielen verschiedenen Arten, Mannigfaltigkeit;* die ~ der Blumen, Farben

viel'leicht ⟨Adv.⟩ **1** *unter Umständen, möglicherweise, wenn es geht;* kommst du heute abend? ~!; ~ kann ich dir helfen; ich komme ~ auch mit; es wird ~ besser sein, wenn ...; ~ benimmst du dich jetzt anständig! ⟨umg. zurechtweisend⟩ **2** ⟨bei Zahlenangaben; umg.⟩ *etwa, ungefähr;* es waren ~ 20 Leute da **3** ⟨umg. verstärkend⟩ *sehr, sehr viel;* ich war ~ aufgeregt!; in der Stadt waren ~ Leute!

'viel·mals ⟨Adv.; fast nur noch in festen Wendungen⟩ **1** *viele Male, oft, häufig;* ich bitte ~ um Entschuldigung; er läßt dich ~ grüßen! **1.0.1** danke ~! *vielen Dank!*

'viel·mehr ⟨Konj.; korrigierend⟩ *richtiger, besser, eher;* ich glaube nicht, daß er das kann, ich bin ~ der Meinung, daß man ihm sogar helfen sollte

'viel·sei·tig ⟨Adj.⟩ **1** *in vielen Dingen bewandert, an vielen Dingen interessiert;* Ggs *einseitig(3);* → a. *allseitig;* er ist sehr ~ **2** *viele Gebiete einschließend, umfassend;* Ggs *einseitig(3);* ~e Interessen; eine ~e Bildung haben; ~ interessiert sein **3** *von vielen Seiten geäußert;* auf ~en Wunsch **4** ⟨Math.⟩ *viele Seiten aufweisend*

'viel·ver·spre·chend ⟨Adj.⟩ **1** *vieles versprechend, vieles erhoffen lassend;* ein ~er Blick, ein ~es Lächeln; ein ~er Anfang; ein ~er junger Mann; ein ~er Schriftsteller **2** *so beschaffen, daß man mit einem Erfolg rechnen kann;* ein ~es Unternehmen

vier ⟨Num. 11⟩ **1** ⟨Ziffernschreibung in Zus.: 4fach, 4jährig, 4malig, 4mal 6 ist 24; 4–8mal, 4-Stunden-Dienst⟩ *drei plus eins;* zwei und ~ ist (macht) sechs (2 + 4 = 6); innerhalb (binnen) ~ Stunden; um ~ Tage weiter; das ist so klar, wie zweimal zwei ~ ist **1.1** wir sind ~ *4 Personen;* sie kamen zu ~t; mit allen ~en essen gehen **1.2** jmd. ist ~ *4 Jahre alt;* wann wird er ~? **1.3** es ist ~ *vier Uhr;* die Uhr schlägt ~ **1.3.1** ein Viertel vor (auf) ~ *3.45 Uhr* **1.3.2** (ein) Viertel ~ *3.15 Uhr* **1.3.3** drei Viertel ~ *3.45 Uhr;* fünf Minuten vor drei Viertel ~ **1.3.4** ein Viertel auf ~ *3.45 Uhr* **1.3.5** ein Viertel nach ~ *4.15 Uhr* **1.3.6** halb ~ *3.30 Uhr* **1.3.7** gegen ~ *etwa 4 Uhr* **1.3.8** Punkt, Schlag ~ *genau 4 Uhr* **1.4** sechs zu ~ *(mit) 6 gegen 4 Punkte(n), Tore(n) usw.;* die Mannschaft gewann 10:4 **2** ⟨fig.⟩ **2.1** alle ~e ⟨umg.⟩ *Arme u. Beine* **2.1.1** alle ~e von sich strecken *sich bequem lang ausstrecken* **2.1.2** auf allen ~en gehen, kriechen *auf Händen u. Füßen* **2.2** seine ~ Buchstaben ⟨umg.; verhüllend für⟩ *Gesäß;* sich auf seine ~ Buchstaben setzen **2.3** unter ~ Augen *ohne Zeugen, vertraulich;* mit jmdm. unter ~ Augen sprechen **2.4** die ~ Elemente *Feuer, Wasser, Luft, Erde* **2.5** in seinen ~ Wänden bleiben *zu Hause bleiben* **2.6** die ~ Jahreszeiten *Frühling, Sommer, Herbst u. Winter* **2.7** die ~ Farben ⟨Kart.⟩ *Kreuz, Pik, Herz, Karo (Eicheln, Schippen, Herzen, Schellen)*

Vier ⟨f.; -, -en⟩ **1** *die Ziffer 4;* eine ~ drucken, malen, schreiben **1.1** ⟨umg.⟩ *die Straßenbahn-, Buslinie Nr. 4;* mit der ~ fahren; in die ~ umsteigen **2** → *Note(2.4);* eine ~ schreiben; eine Prüfung mit (einer) „~" bestehen

'Vier·ling ⟨m.; -s, -e⟩ **1** *vierläufiges Jagdgewehr* **2** *eines von vier gleichzeitig im Mutterleib entwickelten u. kurz nacheinander geborenen Kindern*

'vier·schrö·tig ⟨Adj. 70⟩ *breitgebaut u. kräftig, untersetzt u. derb;* eine ~e Person, ein ~er Mann

'vier·tel ⟨Num. 11; Bruchzahl zu⟩ *vier;* ein ~ Zentner (od. Viertelzentner) Kartoffeln; eine ~ Torte

'Vier·tel ⟨n.; (schweiz.) m.; -s, -⟩ **1** *der vierte Teil;* ein ~ vom Kuchen; das erste, letzte ~ des Mondes **1.1** ein ~ von etwas *Viertelpfund (125 Gramm);* ein ~ Kaffee, Wurst **1.2** ein ~ Wein *Viertelliter* **1.3** *Viertelstunde;* die Uhr hat drei ~ geschlagen **1.3.1** es ist (ein) ~ drei ⟨bes. mitteldeutsch⟩ *2.15 bzw. 14.15 Uhr* **1.3.2** drei ~ drei *2.45 bzw. 14.45 Uhr* **1.3.3** es ist (ein) ~ nach drei *3.15 bzw. 15.15 Uhr* **1.3.4** es ist (ein) ~ vor drei *2.45 bzw. 14.45 Uhr* **2** ⟨Mus.⟩ *Viertelnote;* die Geige setzt zwei ~ später ein als die Flöte; im Dreivierteltakt ⟨in Ziffern: 3/4-Takt⟩ **3** *Stadtteil;* Geschäfts~, Stadt~; wir wohnen in einem ruhigen ~

'vier·te(r, -s) ⟨Num. 24; Zeichen: 4.⟩ **1** ⟨Ordinalzahl von⟩ *vier;* der ~ in der Reihenfolge; das ~ Mal; der ~ Januar; er ist der Vierte der Leistung nach (in seiner Klasse); am Vierten des Monats; Heinrich der Vierte **1.1** der ~ Stand ⟨im 19. Jh.⟩ *die (besitzlosen) Arbeiter*

'vier·zehn ⟨Num. 11; in Ziffern: 14⟩ *zehn plus vier;* um (das Jahr) ~hundert (1400); im Jahre (neunzehnhundert)~ (1914)

'vier·zig ⟨Num. 11; in Ziffern: 40⟩ *viermal zehn;* er ist ~ (Jahre alt); über ~, unter ~

'Vier·zig ⟨f.; -, -en⟩ **1** *die Zahl 40* **2** *ein Alter von 40 Jahren;* jmd. ist Mitte, Ende (der) ~, über die ~

'vier·zi·ger ⟨Adj. 11⟩ **1** die ~ Jahre **1.1** *die J. von ...40 bis ...49 (eines Jahrhunderts)* **1.2** ⟨i. e. S.⟩ *die Jahre von 1940 bis 1949* **2** die Vierzigerjahre *das Lebensalter zwischen 40 u. 49*

'Vier·zi·ger ⟨m.; -s, -⟩ **1** jmd. ist ein ~ **1.1** ⟨i. e. S.⟩ *Mann von 40 Jahren* **1.2** ⟨i. w. S.⟩ *Mann zwischen 40 u. 49 Jahren;* in den ~n sein **1.2.1** Mitte (Ende) der ~ sein *etwa 45 (48 - 49) Jahre alt sein* **2** ⟨nur Pl.⟩ die ~ *vierziger Jahre;* es geschah in den ~n, Mitte der ~

'Vier·zi·ge·rin ⟨f.; -, -nen⟩ **1** sie ist eine ~ **1.1** ⟨i. e. S.⟩ *Frau von 40 Jahren* **1.2** ⟨i. w. S.⟩ *Frau zwischen 40 u. 49 Jahren*

Vi'kar ⟨[v-] m.; -s, -e⟩ **1** *Stellvertreter im weltl. od. kirchl. Amt, bes. junger Geistlicher als Gehilfe des Pfarrers;* Pfarr~ **2** ⟨schweiz.⟩ *stellvertretender Lehrer*

Vil·la ⟨['v-]; f.; -, -len⟩ **1** *Landhaus* **2** *größeres, freistehendes Ein- od. Mehrfamilienhaus*

Vio·la[1] ⟨['vio-] f., -, -len; [-'--]⟩ = *Veilchen*

Vio·la[2] ⟨[vi'o:-] f.; -, -s od. -len⟩ **1** ⟨i. e. S.⟩ = *Bratsche* **2** ⟨i. w. S.⟩ *aus der Fidel entwickelte Art von Streichinstrumenten* **2.1** ~ d'amore *Geige mit 6 - 7 Darmsaiten, die gestrichen werden, u. je einer Saite aus Messing, die nur mitklingt* **2.2** ~ da braccio ⟨['bratʃo]⟩ = *Bratsche* **2.3** ~ da gamba *Kniegeige des 16. bis 18. Jh.s, Vorläufer des Cellos;* Sy *Gambe*

vio'lett ⟨[v-] Adj.⟩ *(dunkel)blaurot, veilchenblau*

Vio'li·ne ⟨[v-]; f.; -, -n⟩ = *Geige*

Vio·lon·cel·lo ⟨[violɔn'tʃɛlo]; n.; -s, -s od. -li⟩ = *Cello*

vir·tu'os ⟨[v-] Adj.⟩ *meisterhaft, kunstfertig*

Vi·rus ⟨['vi:-] n. od. (umg.) m.; -, -ren⟩ *kleinster Organismus, häufig Erreger einer übertragbaren Krankheit*

Vi'sier ⟨[v-]; n.; -s, -e⟩ **1** *Teil des mittelalterl. Helms zum Schutz des Gesichtes* **2** *Vorrichtung bei Feuerwaffen zum Zielen* **3** mit offenem ~ kämpfen ⟨a. fig.⟩ *seine Absichten ehrlich bekennen*

Vi·si'on ⟨[v-]; f.; -, -en⟩ *Traumgesicht, Erscheinung, Trugbild*

Vi'si·te ⟨[v-]; f.; -, -n⟩ *Besuch zwecks Untersuchung, bes. von Kranken;* Kranken~

vi·su'ell ⟨[v-] Adj. 24⟩ **1** *das Sehen od. den Ge-*

sichtssinn betreffend, durch Sehen hervorgerufen; Sy *optisch(2);* ~er Eindruck **2** ~er Typ *jmd., der Gesehenes leichter im Gedächtnis behält als Gehörtes*
Vi·sum ⟨[ˈviː-] n.; -s, -sa od. -sen⟩ **1** *Erlaubnis zur Ein- u. Ausreise in einen bzw. aus einem fremden Staat* **2** *Sichtvermerk (im Paß für den Aufenthalt in einem fremden Staat)*
viˈtal ⟨[v-] Adj.⟩ **1** *zum Leben gehörend* **2** *lebenswichtig* **3** *lebenskräftig*
Vit·amin ⟨[vi-ˈ-] n.; -s, -e⟩ *Wirkstoff, der für Tiere u. Menschen zur Steuerung bestimmter organ. Prozesse benötigt wird, ohne selbst Nährstoff zu sein*
Viˈtri·ne ⟨[v-]; f.; -, -n⟩ **1** *Glasschrank* **2** *Schaukasten*
ˈVo·gel ⟨m.; -s, ¨-⟩ **1** *Angehöriger einer Klasse der Wirbeltiere mit Flügeln, die aus den Vordergliedmaßen gebildet sind: Aves;* Raub~, Greif~, Sing~; Vögel füttern, halten; die Vögel singen, zwitschern, jubilieren **1.0.1** einen ~ haben ⟨fig. umg.⟩ *nicht ganz bei Verstand sein;* du hast ja einen ~! **1.0.2** jmdm. den ~ zeigen ⟨fig. umg.⟩ *sich an die Stirn tippen, um auszudrücken, daß man den andern für verrückt hält* **1.0.3** den ~ abschießen ⟨fig.⟩ *als Bester abschneiden, die beste Leistung erreichen (urspr. beim Schützenfest)* **1.0.4** friß ~, oder stirb! ⟨fig. umg.⟩ *es gibt keine Wahl* **1.0.5** der ~ ist ausgeflogen ⟨fig.⟩ *der, die Gesuchte ist nicht zu Hause, geflohen* **1.0.6** der ~ ist ins Garn, auf den Leim gegangen ⟨fig.⟩ *jmd. hat sich überlisten lassen* **2** ⟨fig.; umg.⟩ *Mensch;* ein lockerer, loser ~; er ist ein seltener ~
ˈvo·gel·frei ⟨Adj. 24/70; im alten dt. Recht⟩ *ohne Rechtsschutz, geächtet;* jmdn. für ~ erklären
ˈVogel·scheu·che ⟨f.; -, -n⟩ **1** *auf Feldern, in Gärten aufgestellte Gestalt aus einem mit alten Kleidern behängten Holzkreuz zum Verscheuchen der Vögel* **2** ⟨fig.; umg.⟩ *lange, dürre, häßliche od. geschmacklos gekleidete Person*
Vogt ⟨m.; -(e)s, ¨-e; früher⟩ **1** *Verwaltungsbeamter;* Land~ **1.1** *Schirmherr;* Kirchen~ **1.2** *Richter;* Gerichts~ **1.3** *Burg-, Schloßverwalter;* Burg~, Schloß~
Voˈka·bel ⟨[v-] f.; -, -n⟩ *einzelnes Wort (bes. aus einer fremden Sprache);* ~n lernen; jmdn. ~n abfragen
voˈkal ⟨[v-] Adj. 24⟩ *für Singstimme(n) (geschrieben)*
Voˈkal ⟨[v-] m.; -s, -e; Phon.⟩ *Selbstlaut, Laut, bei dem der Atemstrom ungehindert aus dem Mund entweicht;* Ggs *Konsonant*
Volk ⟨n.; -(e)s, ¨-er⟩ **1** ⟨urspr.⟩ *Kriegsschar;* Kriegs~ **2** *durch gemeinsame Sprache u. Kultur verbundene größere Gemeinschaft von Menschen;* → a. *Nation;* die Völker Asiens, Europas; das deutsche, englische ~ **3** *zusammengehörige Gruppe gleichartiger Tiere, Schwarm;* Bienen~; drei Völker Bienen; ein ~ Rebhühner **4** ⟨unz.⟩ *Gesamtheit der Angehörigen eines Staates;* die Vertreter des ~es im Parlament **5** ⟨unz.⟩ *untere Schicht der Bevölkerung;* der Mann aus dem ~ **6** ⟨unz.⟩ *größere Menge von Menschen, Leute;* auf dem Platz vor dem Schloß drängte sich das ~; lustiges ~; viel ~ hatte sich eingefunden **6.0.1** etwas unters ~ bringen *etwas verbreiten, bekannt machen* **6.0.2** → a. *jung(1.1.4), klein(1.4.3)*
ˈVöl·ker·schaft ⟨f.; -, -en⟩ *kleines Volk, Volksgruppe, Stamm*
ˈVöl·ker·wan·de·rung ⟨f.⟩ **1** *seit dem 2. Jh. n. Chr. u. bes. seit dem Einbruch der Hunnen in Europa Ende des 4. Jh.s bis ins 8. Jh. Wanderung german., später auch slaw. Völker nach Süd- u. Westeuropa* **2** ⟨danach a. allg.⟩ *Auszug, Umsiedlung eines ganzen Volkes* **3** ⟨fig.; umg.; scherzh.⟩ *Menschenstrom, Bewegung vieler Menschen in einer Richtung*
ˈVolks·kam·mer ⟨f.⟩ *Erste Kammer des Parlaments der DDR*
ˈVolks·lied ⟨n.⟩ *im Volk entstandenes u. überliefertes, schlichtes, weit verbreitetes Lied in Strophenform*
ˈVolks·mund ⟨m.; -(e)s; unz.⟩ **1** *im Volk verbreitete sprachl. Überlieferung* **2** *im Volk übl. Gebrauch von Wörtern u. Redensarten* **2.1** im ~ *im Sprachgebrauch des Volkes;* das Siegel des Gerichtsvollziehers heißt im ~ „Kuckuck"
ˈVolks·schu·le ⟨f.; früher⟩ *allgemeinbildende öffentl. Pflichtschule für Kinder vom 1.–8. bzw. (bei anschließendem Besuch der Oberschule) 1.–4. Schuljahr;* → a. *Grundschule*
ˈVolks·tanz ⟨m.⟩ *eine der von der bäuerl. Bevölkerung u. den Handwerkern hervorgebrachten u. entwickelten, nach Landschaften u. Berufsgruppen unterschiedl. Tanzformen, z. B. Bauern-, Schäfflertanz*
ˈvolks·tüm·lich ⟨Adj.⟩ **1** *dem Volk eigen, dem Volk, der Art des Volkes entsprechend* **2** *den Wünschen der breiten Masse des Volkes entgegenkommend, allgemein verständlich, bekannt od. beliebt*
ˈVolks·ver·tre·ter ⟨m.⟩ *vom Volk gewählter Abgeordneter*
ˈVolks·wirt·schaft ⟨f.⟩ *Gesamtheit der Wirtschaft eines Staates od. Landes*
voll ⟨Adj.⟩ **1** *ganz gefüllt (mit);* Ggs *leer;* ein ~es Glas; ein Becher ~ Milch; mit ~em Mund spricht man nicht; er hat von der Suppe drei Teller ~ gegessen; der Topf ist ~ Wasser; er hat den Mund ~; der Koffer, der Sack ist gestopft ~, halb ~, dreiviertel ~ **1.0.1** der Saal war zum Bersten, Brechen ~, war gerammelt, gerappelt ~ ⟨umg.⟩ *überfüllt* **1.0.2** mit ~en Backen kauen *kräftig, gierig, genußreich kauen* **1.0.3** mit ~en Händen schenken, Geld ausgeben *verschwenderisch* **1.0.4** den Kopf ~ haben ⟨umg.⟩ *viel zu bedenken haben, sich mit vielen Sorgen, mit vielen Problemen beschäftigen müssen* **1.0.5** das Maß ist ~! ⟨fig.⟩ *es ist genug!, nun reicht es mir!* **1.0.6** aus dem ~en schöpfen ⟨fig.⟩ *ein Leben ohne Einschränkungen führen, aus dem Überfluß wählen können* **1.0.7** ein ~er Bauch studiert nicht gern ⟨Sprichw.⟩ *zu viel essen macht träge* **1.1** ⟨40⟩ ~ sein ⟨umg.⟩ *(von Essen od. Alkohol) (über)genug haben;* bis obenhin ~ sein; des süßen Weines ~, ~ des süßen Weines ⟨geh.⟩ **1.2** *besetzt;* die Straßenbahn, der Wagen ist ~; sie spielten vor ~em Haus **1.2.1** ich kann dir nicht helfen, ich habe die Hände ~ ⟨umg.⟩ *ich habe gerade etwas in den Händen, das ich nicht absetzen kann* **1.2.2** alle Hände ~ zu tun haben ⟨fig.⟩ *sehr viel zu tun haben* **1.3** ⟨70⟩ *bedeckt, dicht besetzt mit;* der Tisch stand ~ mit Geschirr; die Jacke, Straße ist ~(er) Löcher; der Garten liegt, ist ~(er) Schnee; das Tuch ist ~er Blut **1.4** ⟨70; fig.⟩ *erfüllt (von);* ~(er)

Angst, Begeisterung, Freude, Haß; er ist ganz ~ davon **2** ⟨90⟩ *ganz, vollständig, ungeteilt, unvermindert, uneingeschränkt;* er ist (nicht) bei ~em Bewußtsein; ein ~es Dutzend, Hundert; das ist mein ~er Ernst!; der Zug war in ~er Fahrt, als ...; in ~em Galopp, Lauf; die Sache ist in ~em Gange; das Bild zeigt ihn in ~er Größe; mit ~er Kraft schreien; in ~em Maße; zum ~en Preis; mit ~em Recht; bei ~em Tageslicht; die Uhr schlägt zur ~en Stunde; er hat es mit ~er Überlegung getan; das ist die ~e Wahrheit; drei ~e Wochen, Monate, Stunden; ich erkenne es ~ an; der Junge muß jetzt in der Straßenbahn ~ bezahlen; er hat seine Rechnung, Schuld ~ bezahlt **2.0.1** die Bäume stehen in ~er Blüte *ganz in Blüte* **2.0.2** aus ~em Herzen danken *sehr herzlich* **2.0.3** aus ~em Halse, aus ~er Kehle, Brust lachen, schreien, singen *laut, kräftig* **2.0.4** in ~en Zügen trinken, genießen *reichlich, gründlich* **2.0.5** jmdn. ~ ansehen *jmdm. gerade ins Gesicht sehen* **2.0.6** ~ und ganz ⟨verstärkend⟩ *völlig* **2.1** jmdn. nicht für ~ ansehen, nehmen *geringschätzen, nicht ernst nehmen* **2.2** in die ~en gehen ⟨umg.⟩ *mit ganzer Kraft und Energie vorgehen* **3** ⟨70⟩ *rundlich, etwas dick, dicklich;* eine ~e Fünfzigerin; ein ~es Gesicht, ~e Arme; er ist etwas ~er geworden

'voll·auf ⟨Adv.⟩ *völlig, reich;* ich habe damit ~ zu tun (und kann nichts anderes außerdem tun); das ist ~ genug

voll'en·den ⟨V. 500⟩ **1** etwas ~ *zu Ende bringen, fertig machen;* eine Arbeit, ein Werk ~; einen Satz ~ **1.0.1** er hat (sein Leben) vollendet ⟨geh.⟩ *er ist gestorben* **1.1** jmdn. vor vollendete Tatsachen stellen *jmdn. von einer Sache vorher nicht benachrichtigen*

'voll·ends ⟨Adv.⟩ **1** *völlig, gänzlich, ganz;* inzwischen war es ~ Tag geworden; ein zu Tode verwundetes Tier ~ töten; das wird ihn ~ zugrunde richten **2** ⟨umg.⟩ *nun auch noch, zu allem Überfluß;* und wenn ich ~ bedenke, daß ...

'vol·ler ⟨Adj. 11/60; Subst. ohne Artikel; Nebenform von⟩ *voll(1.3-1.3.1)*

Völ·le'rei ⟨f.; -; unz.⟩ *Unmäßigkeit im Essen u. Trinken;* sich der ~ ergeben

voll'füh·ren ⟨V. 500⟩ etwas ~ *vollbringen, ausführen;* ein Kunststück ~; er vollführte einen Luftsprung vor Freude

'Voll·gas ⟨n.; unz.⟩ **1** *volle Geschwindigkeit;* mit ~ über die Kreuzung fahren **1.1** ~ geben *den Gashebel ganz niedertreten, die Geschwindigkeit bis zum äußersten beschleunigen*

'Voll·ge·fühl ⟨n.⟩ *jmds. Gefühl, daß er uneingeschränkt über seine Fähigkeiten u. Möglichkeiten verfügen kann;* im ~ seiner Überlegenheit, seiner Würde

'völ·lig ⟨Adj. 24/90⟩ *vollständig, gänzlich, ganz;* er arbeitete bis zur ~en Erschöpfung; jmdm. ~e Freiheit lassen; das genügt ~; er hat mich ~ mißverstanden; jmdn. ~ zufriedenstellen; das ist ~ unmöglich; er ist mit seinen Kräften ~ am Ende; du hast ~ recht; ich war ~ sprachlos ⟨umg.; verstärkend⟩

'voll·jäh·rig ⟨Adj. 24⟩ = *mündig*

voll'kom·men ⟨a. ['---] Adj.⟩ **1** *mustergültig, unübertrefflich, meisterhaft, ohne Makel;* ein ~es Kunstwerk **1.1** ~e Zahl *natürliche Z., die gleich der Summe ihrer echten Teiler ist* **2** ⟨90; umg.⟩ *völlig;* das genügt ~; ich verstehe ~!; ich bin ~ sprachlos; du bist ja ~ verrückt

'Voll·macht ⟨f.; -, -en⟩ **1** *die jmdm. von jmdm. erteilte Ermächtigung, ihn zu vertreten, für ihn zu verhandeln u. Geschäfte abzuschließen;* jmdm. die ~ erteilen, ein Geschäft abzuschließen; ich habe die ~, die Sache zu entscheiden; jmdn. mit allen ~en ausstatten **1.1** in ~ ⟨in Briefunterschriften vor dem Namen dessen, der für einen anderen unterzeichnet; Abk.: i. V., I. V.⟩ *mit Handlungsvollmacht ausgestattet* **2** *Urkunde, mit der eine Vollmacht(1) erteilt wird;* eine ~ unterschreiben

'Voll·milch ⟨f.⟩ *nicht entrahmte Milch, die mindestens 3 % Fett enthält*

'Voll·mond ⟨m.⟩ **1** *voll beleuchteter Mond, eine der Mondphasen;* wir haben heute ~; es ist ~ **1.1** er strahlte wie ein ~ ⟨umg.; scherzh.⟩ *er strahlte, lächelte glücklich* **2** ⟨fig.; umg.⟩ *ein völlig kahler Kopf*

'voll·mun·dig ⟨Adj.⟩ *kräftig, voll im Geschmack;* ein ~er Wein

'voll·schlank ⟨Adj. 70⟩ *nicht ganz schlank, aber auch nicht dick;* eine ~e Fünfzigerin

'voll·stän·dig ⟨Adj.⟩ **1** *aus allen dazugehörenden Teilen bestehend;* ein ~er Satz Briefmarken; die Sammlung ist noch nicht ~ **2** *bis zu Ende (durchgeführt);* eine ~e Arbeit abliefern; eine Sache ~ (fertig)machen **3** ⟨50; umg.⟩ *ganz, völlig;* du hast ~ recht; er ist ~ verrückt; er hat es ~ allein gemacht

voll'strecken ⟨-k·k-; V. 500⟩ ein Urteil ~ *ausführen, vollziehen;* ein Todesurteil an jmdm. ~; das Urteil wurde bereits vollstreckt

'Voll·tref·fer ⟨m.⟩ **1** *Treffer mitten ins Ziel* **2** ⟨fig.⟩ *Sache von großer Wirkung*

'voll·zäh·lig ⟨Adj.⟩ **1** *die vorgeschriebene od. gewünschte od. übl. Anzahl aufweisend;* ~e Liste der Mitglieder **2** *ausnahmslos alle;* ich habe die Briefmarken dieses Satzes (nicht) ~; sind wir ~?; sie waren ~ versammelt

voll'zie·hen ⟨V. 293/500⟩ **1** eine Sache ~ *vollstrecken, durchführen, leisten, in die Tat umsetzen;* eine Strafe, ein Urteil ~; mit der Trauung auf dem Standesamt ist die Ehe rechtlich vollzogen **1.1** ~de Gewalt = *Exekutive*

Voll'zug ⟨m.; -(e)s; unz.⟩ *das Vollziehen*

Volt ⟨[vɔlt] n.; - od. -(e)s, -; Zeichen: V⟩ *Einheit der elektr. Spannung*

Vo'lu·men ⟨[v-] n.; -s, - od. -mi·na⟩ **1** ⟨Zeichen: V⟩ *Rauminhalt* **2** ⟨Abk.: vol.⟩ = *Band[2](1)*

vom ⟨Präp. + Art.⟩ **1** *von dem;* ~ Baum (herab); ~ 1. Januar an; ~ 10. bis (zum) 15. Juni; mir ist schwindelig ~ Karussellfahren **1.1** ~ Hundert ⟨Abk.: v. H., vH; Zeichen: %⟩ *Prozent;* 20 ~ Hundert **1.2** ~ Tausend ⟨Abk.: v. T., vT; Zeichen: ‰⟩ *Promille;* 0,5 ~ Tausend

von ⟨Präp. mit Dat.⟩ **1** ~ einem Ort *aus einer Richtung herkommend;* Ggs *nach;* ~ Berlin; ~ da, dort; ~ ferne, ~ weitem; ~ oben, unten, hinten, vorn, rechts, links **1.0.1** ⟨vor Namen, zur Bez. des Adelstitels, früher auch der Herkunft; Abk.: v.⟩; Wolfram ~ Eschenbach; Walther ~ der Vogelweide; Baron, Freiherr, Graf ~ X; Herr, Frau, Fräulein ~ Y **1.1** ~ jmdm. *aus der Richtung einer Person herkommend;* Ggs *zu[1](2);* er kommt ~ seiner Mutter; ich komme gerade vom Arzt; ich habe einen Brief ~ ihm bekommen; ich bekam das Buch ~ meinem Freund 1.2 ~ ... bis *beginnend ... endend* 1.2.1 ⟨örtl.⟩; ~ hier bis dort; ~ Hamburg bis Berlin 1.2.2 ⟨zeitl.⟩; ~ drei bis vier Uhr; ~ morgens bis abends 1.2.3 ⟨Menge⟩; ~ 10 bis 40 DM 1.3 ⟨örtl.⟩ ~ ... zu *beginnend ... endend;* ~ einem Ufer zum andern 1.4 ~ an *beginnend mit einem bestimmten Punkt* 1.4.1 ~ einem Ort an *ausgehend von einem O.;* ~ Hamburg an 1.4.2 ~ einem Zeitpunkt an *beginnend mit dem Z.;* ~ nun an; ~ heute an; ~ Kind(heit) an, auf 1.4.3 ~ einem Alter an *so alt u. älter;* Kinder ~ 10 Jahren an (aufwärts) 1.4.4 ~ einer Menge an *soviel u. mehr;* hier gibt es Stoffe ~ zehn Mark an 1.5 ~ ... nach *aus einer Richtung in eine andere;* ~ Osten nach Westen 1.6 ~ ... aus *ausgehend von, beginnend bei;* ~ diesem Fenster aus; ~ meinem Standpunkt aus betrachtet 1.6.1 ~ mir aus ⟨umg.⟩ *meinetwegen* 1.7 ~ Zeit zu Zeit *ab u. zu, manchmal* 1.7.1 ~ Jahr zu Jahr *immer wieder ein J. vergehen lassend;* sie haben ~ Jahr zu Jahr gewartet **2** *zu jmdm. od. einer Gemeinschaft gehörig, stammend aus;* die Königin ~ Großbritannien 2.1 *geschaffen durch;* die „Iphigenie" ~ Goethe, ~ G. Hauptmann; der „Faust" ist ~ Goethe; dieses Bild stammt ~ Rubens; eine Oper ~ Mozart 2.2 *verursacht durch;* grüßen Sie ihn ~ mir; ich bin müde ~ dem langen Marsch; er wurde ~ seinen Eltern gerufen; das ist sehr liebenswürdig ~ Ihnen; was will er ~ mir? 2.2.1 ~ seiten *verursacht durch;* ~ seiten der Gegenpartei erhob sich kein Widerspruch 2.2.2 ~ Hand ⟨umg.⟩ *mit der H., nicht automatisch* 2.2.3 etwas ~ sich aus tun *selbständig, aus eigenem Antrieb* 2.2.4 ~ mir aus *ich habe dagegen keine Einwände;* ~ mir aus darfst du es tun **3** *bestehend aus;* eine Stadt ~ 100 000 Einwohnern; ein Ring ~ Gold **4** *eine Eigenschaft habend;* ein Tisch ~ dieser Länge; ein Grundstück ~ fünfhundert Quadratmetern; schön ~ Gestalt, ~ schöner Gestalt; ein Mädchen ~ 20 Jahren; dieser Esel ~ Sachbearbeiter ⟨umg.⟩ **5** ~ jmdm. od. etwas sprechen *über jmdn. od. etwas ;* ~ wem ist die Rede?; wir sprachen ~ der letzten Premiere **6** das ist nicht ~ ungefähr geschehen *nicht zufällig* **7** ⟨anstelle des partitiven Genitivs⟩ ein Freund ~ mir *einer meiner Freunde;* einige ~ ihnen; einer ~ vielen; Tausende ~ Menschen; ~ meinen Bekannten habe ich nur wenige gesehen ⟨umg.⟩

von·ein'an·der ⟨Adv.⟩ *einer vom anderen;* wir haben lange nichts ~ gehört; sie können sich nicht ~ trennen

von'nö·ten ⟨Adv.⟩ *nötig, erforderlich;* das ist nicht ~

von'stat·ten ⟨Adv.; nur in der Wendung⟩ etwas geht ~ *rollt ab, wie es vorgesehen (u. organisiert) ist;* wann soll das Fest ~ gehen?; die Sache ging gut ~

vor[1] ⟨Präp. m. Dat. auf die Frage „wo?" u. Akk. auf die Frage „wohin?"⟩ **1** ⟨örtl.⟩ *an od. gegenüber der Vorder- od. Außenseite;* Ggs *hinter;* ~ jmdm. hergehen, stehen, sitzen; er stand, saß ~ mir; ~ dem Fenster; ~ dem Haus, der Tür; ich warte ~ dem Kino auf dich 1.1 etwas ~ sich hin brummen, murmeln *leise und unverständlich sagen* 1.2 wir haben unseren Urlaub noch ~ uns *noch nicht gehabt* 1.3 einen Schlag ~ die Stirn bekommen *an, gegen die Stirn* 1.4 etwas ~ Zeugen erklären *versichern in Gegenwart von Z.* **2** ⟨fig.⟩ *gegenüber* 2.1 den Hut ~ jmdm. abnehmen 2.1.1 *jmdn. durch Abnehmen des Hutes grüßen* 2.1.2 *vor jmdm. große Achtung haben* **3** ⟨zeitl.⟩ *früher als, eher als;* Ggs *nach*[1]; er wird nicht ~ Abend kommen; ~ seiner Abreise; einen Tag ~ seiner Prüfung wurde er krank; kurz ~ Weihnachten; ~ vier Wochen, Jahren; 200 Jahre ~ Christi Geburt ⟨Abk.: v. Chr. G.⟩; ~ Christo, ~ Christus ⟨Abk.: v. Chr.⟩ 3.1 ~ der Zeit *früher als vorgesehen* 3.2 ~ allem, ~ allen Dingen *in erster Linie, besonders* **4** ⟨kausal zur Bez. des Beweggrundes, der Ursache⟩ *aus, wegen;* er weiß ~ lauter Arbeit, Sorgen nicht mehr aus noch ein; er zitterte ~ Angst, Kälte; er machte ~ Freude einen Luftsprung; er weinte ~ Wut, Zorn 4.1 er log aus Furcht ~ Strafe *weil er die S. fürchtete* 4.2 Achtung, Furcht ~ jmdm. haben *jmdm. gegenüber empfinden* **5** ~ sich gehen *sich ereignen, geschehen* **6** ⟨veralt.⟩ *für;* Gnade ~ Recht ergehen lassen

vor[2] ⟨Adv.⟩ nach wie ~ *jetzt ebenso wie vorher, wie bisher*

vor'ab ⟨Adv.⟩ *zuvor, zuerst, im voraus, zunächst;* ich schicke Ihnen ~ einen Teil der Unterlagen, die weiteren folgen nächste Woche

vor'an ⟨Adv.⟩ **1** *voraus, vorn, als erster;* der Lehrer ~, die Kinder hinterdrein **2** ⟨umg.⟩ *vorwärts;* immer langsam ~!

vor'an|ge·hen ⟨V. 145/400(s.)⟩ **1** *vorn gehen, als erster gehen* 1.1 ⟨600⟩ jmdm. ~ *vor jmdm. hergehen* 1.2 jmdn. ~ lassen *jmdm. den Vortritt lassen, jmdn. zuerst hinein-, hinausgehen lassen* 1.3 mit gutem Beispiel ~ ⟨fig.⟩ *ein nachahmenswertes B. geben* **2** etwas geht voran *geht voraus, ereignet sich vorher;* dem Drama geht ein Vorspiel voran; vorangegangene Ereignisse; am vorangegangenen Tag hatte er bereits ... **3** eine Sache geht voran *macht Fortschritte;* die Arbeit geht gut voran; geht es (mit der Arbeit) voran?

vor'an|kom·men ⟨V. 170/400(s.)⟩ **1** *sich (gut) vorwärtsbewegen (können);* in dem starken Reiseverkehr kamen wir nicht voran **2** ⟨fig.⟩ *Fortschritte machen;* mit einer Arbeit gut ~

'vor|ar·bei·ten ⟨V.⟩ **1** ⟨400⟩ *die Arbeitszeit vorverlegen;* wir haben vorgearbeitet **2** ⟨500⟩ einen Tag ~ *die Arbeitszeit für einen T. vorher ableisten;* Ggs *nacharbeiten(3)*

vor'aus ⟨Adv.⟩ **1** *räuml. vor jmdm. od. etwas, noch vor den Folgenden;* er war immer ein paar Schritte ~; Land ~ **2** jmdm. od. einer Sache ~ sein ⟨fig.⟩ *schneller, weiter, besser sein als jmd. od. eine S.;* im Sport ist er seinen Klassenkameraden weit ~ 2.0.1 er ist seiner Zeit (weit) ~ *er ist (in der Gestaltung seiner Werke, in seinen Anschauungen) weiter als seine Zeitgenossen, er läßt schon die zukünftige Entwicklung erkennen* **3** im ~ ⟨['--]⟩ *schon vorher;* vielen Dank im ~!; Miete im ~ zahlen (für einen Monat, für zwei Monate)

vor'aus|ge·hen ⟨V. 145(s.)⟩ **1** ⟨400⟩ *vorangehen, vor jmdm. od. etwas her gehen, schon vor jmdm. (an einen bestimmten Ort) gehen;* ich gehe einstweilen, schon voraus **2** ⟨600⟩ eine

Sache geht einer Sache voraus *ereignet sich vor einer S.;* dem Streit war ein Vorfall vorausgegangen, der ...
vor'aus|ha·ben ⟨V. 159/530⟩ jmdm. etwas ~ *gegenüber jmdm. einen Vorteil haben, jmdm. gegenüber im Vorteil sein;* er hat seinem Bruder die leichtere Auffassungsgabe voraus
Vor'aus·sa·ge ⟨f.⟩ *das Voraussagen*
vor'aus·sa·gen ⟨V. 500⟩ etwas ~ *sagen, wie etwas kommendes verlaufen wird;* → a. *prophezeien;* das Wetter ~; niemand kann die Zukunft ~
vor'aus|schicken ⟨-k·k-; V. 500⟩ **1** jmdn. od. etwas ~ *veranlassen, daß jmd. od. etwas schon vor jmdm. od. etwas an einen bestimmten Ort geht;* die Leute mit den Picknickkörben wurden vorausgeschickt **2** eine Sache ~ *vorher sagen, vorher mitteilen, als erstes mitteilen;* ich muß ~, daß ...; ich muß meinem Vortrag folgendes ~
vor'aus|se·hen ⟨V. 239/500⟩ eine Sache ~ *als sicher erwarten;* niemand hat ~ können, daß das geschehen würde; das war vorauszusehen
vor'aus|set·zen ⟨V. 500⟩ **1** eine Sache ~ *als gegeben annehmen;* wir müssen dabei ~, daß der Zug auch pünktlich ankommt; diese Tat setzt großen Mut voraus; ich darf wohl als bekannt ~, daß ... 1.1 vorausgesetzt, (daß) ... *wenn man voraussetzen darf, als sicher angenommen, daß ..., wenn ...;* vorausgesetzt, der Zug kommt pünktlich an, dann können wir ...
Vor'aus·set·zung ⟨f.; -, -en⟩ **1** *Annahme, auf die man sich bei einer Handlung stützt;* du bist von einer falschen ~ ausgegangen **2** *das, was gegeben, festgesetzt sein muß;* die notwendige ~ dafür ist, daß ...; nur unter dieser ~ ist es möglich, daß ...
Vor'aus·sicht ⟨f.⟩ **1** *Vermutung, Ahnung, sichere Erwartung (daß etwas Bestimmtes eintrifft);* in der ~, daß dies eintreten würde, habe ich das und das getan; in weiser ~ habe ich warme Sachen mitgenommen ⟨umg.; scherzh.⟩ 1.0.1 menschlicher ~ nach, aller menschlichen ~ nach muß das und das geschehen *soweit man es (als Mensch) voraussehen kann* 1.1 aller ~ nach *wahrscheinlich*
'Vor·bau ⟨m.; -(e)s; -ten⟩ **1** *vorspringender Gebäudeteil, Anbau, z. B. Balkon, Portikus* **2** ⟨umg.; scherzh.⟩ *großer, dicker Busen* **3** ⟨Bgb.⟩ *Verfahren, den Abbau vom Schacht aus in Richtung auf die Grenzen des Grubenfeldes vorzutreiben*
'vor·bau·en ⟨V.⟩ **1** ⟨500⟩ etwas ~ *vorn anbauen* **2** ⟨403⟩ (einer Sache) ~ ⟨fig.⟩ *vorbeugend (gegen eine S.) etwas tun;* wir müssen rechtzeitig ~, daß dies nicht geschieht
'Vor·be·dacht ⟨m.⟩ *vorherige Überlegung;* etwas mit ~ tun
'Vor·be·halt ⟨m.; -(e)s, -e⟩ **1** *Bedingung, Einschränkung, die unter Umständen geltend gemacht werden muß;* → a. *Reservation(1);* ich bin damit einverstanden, doch mit dem ~, unter dem ~, daß ...; ich stimme dem ohne ~ zu; unter üblichem ~ (Erklärung auf quittierten Rechnungen, daß Schecks, Wechsel usw. unter der Voraussetzung angenommen worden sind, daß sie eingelöst werden) ⟨Abk.: u. ü. V.⟩ 1.1 → a. *geheim(1.1.1)*
'vor|be·hal·ten ⟨V. 160/530/R1⟩ **1** sich etwas ~ *für sich die Möglichkeit beanspruchen, gegebenenfalls etwas anders entscheiden zu dürfen;* ich behalte mir das Recht vor, Änderungen vorzunehmen 1.1 Widerruf ~ *unter Umständen kann das Gesagte, Erlaubte widerrufen werden* **2** etwas bleibt, ist jmdm. ~ *jmdm. allein bleibt, ist etwas überlassen;* die endgültige Entscheidung bleibt, ist ihm vorbehalten
vor'bei ⟨Adv.⟩ Sy *vorüber* **1** an, neben jmdm. od. einer Sache ~ *unmittelbar in die Nähe von jmdm. od. einer S. gelangend u. sich weiter fortbewegend* 1.1 ~ müssen ⟨Zusammenschreibung wie „vorbei können"⟩ *vorbeigehen bzw. -fahren müssen* **2** *(zeitl.) vergangen;* der Schmerz, die Übelkeit ist ~ **2.0.1** es ist 2 Uhr ~ ⟨umg.⟩ *es ist schon nach 2 Uhr* **2.0.2** es ist ~ mit ihm *es ist nichts mehr für ihn zu hoffen*
vor'bei··· ⟨abtrennbare Vors. bei Verben⟩ **1** *kurze Zeit, einen Augenblick neben jmdm. od. etwas u. dann weiter vorwärts;* vorbeifahren **2** *vorüber, zu Ende;* vorbeigehen
vor'bei|ge·hen ⟨V. 145/400(s.)⟩ **1** ⟨405⟩ (an jmdm. od. etwas) ~ *einen Augenblick neben jmdm. od. etwas her- u. dann weitergehen, entlanggehen, vorübergehen;* an jmdm., an einem Gebäude ~; er geht achtlos an allen Schönheiten der Natur vorbei; Blumen im Vorbeigehen abpflücken; im Vorbeigehen flüsterte er mir zu ...; jmdn. mit dem Blick im Vorbeigehen streifen 1.0.1 im Vorbeigehen ⟨a. fig.⟩ *flüchtig;* ich habe es nur im Vorbeigehen gesehen, bemerkt **2** ⟨411⟩ bei jmdm. ~ ⟨umg.⟩ *jmdn. kurz besuchen, jmdn. kurz aufsuchen, zu jmdm. gehen;* bitte geh doch bei ihm vorbei und bring ihm das Buch zurück **3** etwas geht vorbei ⟨fig.; umg.⟩ *vergeht, geht vorüber;* der Schmerz wird bald ~; eine Gelegenheit (ungenutzt) ~ lassen **4** ein Schlag, Schuß geht vorbei *trifft nicht, verfehlt das Ziel*
'vor·be·la·stet ⟨Adj. 70⟩ *bereits durch etwas belastet (durch Strafe, Erbanlage o. ä.)*
'vor|be·rei·ten ⟨V. 500⟩ **1** etwas ~ *im voraus bestimmte Arbeiten für etwas erledigen;* eine Arbeit, ein Fest ~; eine Unterrichtsstunde ~ **2** ⟨550/R7⟩ jmdn. od. etwas für etwas ~ *vorher zurechtmachen;* alles für die Abreise ~; einen Kranken für die Operation ~ **3** ⟨550/R7⟩ jmdn. auf eine Sache ~ *alles tun, was vorher möglich ist, daß jmd. einer S. gewachsen ist;* jmdn. auf eine Prüfung ~; jmdn. (schonend) auf eine schlimme Botschaft ~ **3.1** sich auf eine Sache ~ *alles tun, was vorher möglich ist, um einer S. gewachsen zu sein;* sich auf eine Prüfung, auf den Unterricht ~ **3.2** er ist gut, schlecht, nicht vorbereitet *hat gut, wenig, nicht (für etwas) gearbeitet* **3.3** darauf war ich nicht vorbereitet *das hatte ich nicht erwartet*
'vor·be·straft ⟨Adj. 70⟩ *bereits früher gerichtl. bestraft;* der Angeklagte ist zweimal ~
'vor|beu·gen ⟨V.⟩ **1** ⟨500/R3⟩ sich ~ *sich nach vorn beugen* **2** ⟨600⟩ einer Sache ~ *eine S. vorsorglich verhüten;* einer Krankheit ~ **2.1** ⟨Part. Präs.⟩ ~d *prophylaktisch, präventiv;* ~de Maßnahme
'Vor·bild ⟨n.⟩ *Muster, mustergültiges Beispiel, Beispiel, dem man nachstreben sollte;* er hat

diese Gestalt nach dem ~ seiner Mutter geschaffen; er ist mein ~; leuchtendes ~; sich jmdn. zum ~ nehmen

'Vor·bo·te ⟨m.⟩ **1** *erster Bote* **2** *Vorläufer* **3** ⟨fig.⟩ *Vorzeichen, Anzeichen (für);* Schneeglöckchen als ~n des Frühlings; ein Schnupfen als ~ einer Grippe

'vor|brin·gen ⟨V. 118/500⟩ **1** eine Sache ~ *sagen, zur Sprache bringen, zum Ausdruck bringen;* Protest, Klagen, Wünsche ~; eine Beschwerde ~; hat noch jemand etwas vorzubringen? **2** etwas ~ ⟨umg.⟩ *nach vorn bringen;* bring das Buch dem Lehrer ans Pult vor

'vor·dem ⟨Adv.; veralt.⟩ **1** *einst, in alter Zeit, früher* 1.1 von ~ *aus alter Zeit, von früher*

'vor·de·re(r, -s) ⟨Adj. 24/60⟩ **1** *vorn befindlich;* Ggs *hinter;* die ~n Räume des Hauses; die ~n Reihen 1.1 der vorderste Platz *der am weitesten vorn befindl. P.*

'Vor·der·grund ⟨m.⟩ **1** *dem Betrachter zunächst liegender Teil des Raumes* 1.0.1 sich in den ~ drängen ⟨fig.⟩ *die allgemeine Aufmerksamkeit (mehr od. minder rücksichtslos) auf sich ziehen* 1.0.2 diese Frage rückt jetzt mehr in den ~ ⟨fig.⟩ *gewinnt jetzt an Wichtigkeit, Bedeutung* 1.0.3 im ~ stehen ⟨fig.⟩ *allgemein beachtet werden, wichtiger als anderes sein;* folgende Überlegung stand im ~ 1.0.4 jmdn. od. etwas in den ~ stellen ⟨fig.⟩ *hervorheben, die Aufmerksamkeit auf jmdn. od. etwas lenken* 1.0.5 in den ~ treten ⟨fig.⟩ *allgemeine Beachtung erringen* 1.1 *(bei einem perspektivisch gemalten Bild) der vordere Teil des Bildraumes*

'vor·der·hand ⟨Adv.⟩ *vorläufig, einstweilen, zunächst;* ich werde ~ nichts unternehmen

'Vor·der·mann ⟨m.⟩ **1** *in einer Reihe vor jmdm. Stehender od. Sitzender;* Ggs *Hintermann(1);* mein ~ 1.1 ~ halten *sich nach dem vor einem Stehenden genau ausrichten* 1.2 jmdn. auf ~ bringen ⟨fig.; umg.⟩ *jmdn. energisch zurechtweisen*

'Vor·der·sei·te ⟨f.⟩ *nach vorn bzw. oben gelegene Seite;* die ~ eines Buches, Hauses, einer Münze

'vor|drin·gen ⟨V. 122/411(s.)⟩ *nach vorn, vorwärtsdringen, eindringen in, vorstoßen;* in unbekanntes, unerforschtes Gebiet ~; er drang mit seiner Beschwerde bis zum Chef vor; die Truppen drangen bis über den Fluß vor; in ein Wissensgebiet ~ ⟨fig.⟩

'vor·dring·lich ⟨Adj.⟩ *bes. dringlich, bes. wichtig, vor anderen (zu berücksichtigen);* eine ~e Angelegenheit; die Sache muß ~ behandelt werden

vor·ein'an·der ⟨Adv.⟩ *einer vor dem anderen;* sie haben keine Geheimnisse ~

'vor·ein·ge·nom·men ⟨Adj.⟩ *voller Vorurteile, von vornherein für, gegen etwas od. jmdn. eingenommen*

'vor|ent·hal·ten ⟨V. 160/530/R5 od. R6⟩ jmdm. etwas ~ *(widerrechtlich) nicht geben;* jmdm. sein Erbe ~

'vor·erst ⟨Adv.⟩ *vorläufig, zunächst, fürs erste, vorderhand;* bitte erzähle ~ nichts davon

'vor|er·zäh·len ⟨V. 530/R6⟩ jmdm. etwas ~ ⟨fig.⟩ *jmdm. eine unwahre Geschichte erzählen;* du kannst mir doch nichts ~!

'Vor·fahr ⟨m.; -en, -en⟩ *Verwandter in aufsteigender Linie, z. B. Vater, Großmutter;* Sy *Ahne(1)* ⟨geh. od. veralt.⟩ Ggs *Nachkomme*

'Vor·fahrt ⟨f.⟩ **1** *Vorrang einer Fahrtrichtung (bei Straßenkreuzungen);* die ~ beachten, verletzen **2** *das Recht, mit dem Fahrzeug vor den anderen, rechts od. links kommenden Fahrzeugen über die Kreuzung zu fahren;* sich die ~ erzwingen; ich habe ~; wer hat hier ~?

'Vor·fall ⟨m.⟩ **1** *Ereignis, Begebenheit, Geschehnis, Vorkommnis;* dieser ~ veranlaßte uns ...; ein heiterer, peinlicher, unangenehmer ~ **2** ⟨Med.⟩ *Hervortreten eines im Körperinneren gelegenen Organs;* Gebärmutter~

'vor|fal·len ⟨V. 131/400(s.)⟩ **1** etwas fällt vor *geschieht, ereignet sich;* was ist vorgefallen?; er tat, als ob nichts vorgefallen wäre **2** ⟨umg.⟩ *nach vorn fallen* 2.1 innere Organe fallen vor *treten hervor*

'vor|fin·den ⟨V. 134/500 od. 510⟩ jmdn. od. etwas ~ *(an einem Ort) finden (wenn man hinkommt), antreffen;* als ich kam, fand ich ihn schon vor; ich fand eine große Unordnung vor; ich fand die Kinder in einem unbeschreiblichen Zustand vor

'vor·füh·ren ⟨V. 503⟩ **1** jmdn. (jmdm.) ~ *vor jmdn. führen;* jmdn. dem Arzt, dem Richter ~ **2** jmdn. od. etwas ~ *zeigen, vorstellen;* ich werde dir mein neues Kleid ~ **2.1** etwas ~ **2.1.1** *öffentlich zeigen;* er führte seine dressierten Hunde vor; ein Kunststück ~; ein Theaterstück ~ **2.1.2** = *projizieren(2);* einen Film, Lichtbilder ~

'Vor·gang ⟨m.⟩ **1** *Geschehen, Ablauf, Hergang;* Natur~; jmdm. einen ~ schildern; ein biologischer, technischer ~ **2** *Akte, in der ein Fall festgehalten ist;* bitte geben Sie mir den ~ XY

'Vor·gän·ger ⟨m.; -s, -⟩ *jmd., der jmdm. in etwas (z. B. im Amt) vorangegangen ist, der früher dasselbe getan hat*

'vor|ge·ben ⟨V. 143⟩ **1** ⟨500⟩ etwas ~ *nach vorn geben;* die Klassenarbeiten ~ **2** ⟨530⟩ jmdm. etwas ~ *geben, daß er eine günstigere Ausgangsposition hat;* jmdm. fünf Meter, fünf Punkte ~ 2.1 jmdm. eine Zeit (für einen Auftrag) ~ *eine Z. bestimmen, in der ein A. erledigt sein muß* **3** ⟨480⟩ *bewußt fälschlich behaupten;* er gab vor, krank gewesen zu sein

'vor|ge·hen ⟨V. 145/400(s.)⟩ **1** *nach vorn gehen;* die Schüler mußten der Reihe nach ~ (an die Tafel) 1.1 ⟨Mil.⟩ *vorrücken, vorstoßen, angreifen;* die Infanterie ging (im Sturm) vor **2** *als erster gehen, (mit einem Vorsprung) vor jmdm. gehen;* bitte geh schon vor, ich komme gleich nach 2.1 jmdn. ~ lassen *jmdm. den Vortritt lassen, ihn vorangehen lassen* **3** die Uhr geht vor *geht zu schnell, zeigt die Zeit zu früh an;* meine Uhr geht fünf Minuten vor **4** etwas geht vor *geschieht* 4.0.1 hier geht irgend etwas vor *hier stimmt etwas nicht, hier ist etwas anders als sonst* **5** ⟨413⟩ *(in einem bestimmten Fall) handeln (gegen jmdn. od. etwas) angehen;* energisch, rücksichtslos ~; gegen jmdn. gerichtlich ~; wie sollen wir hier ~?; ich kann sein Vorgehen nicht billigen **6** *den Vorrang haben, wichtiger sein;* die Gesundheit, Arbeit geht vor

'Vor·ge·schmack ⟨m.; fig.⟩ *Probe von etwas Kommendem;* der Nikolaustag gibt den Kindern einen ~ des Weihnachtsfestes

'Vor·ge·setz·te(r) ⟨f. 2 (m. 1)⟩ *im Amt, im Dienst Höhergestellte(r), jmd., dessen dienstl. Anordnungen man befolgen muß*

'vor·ge·stern ⟨Adv.⟩ **1** *am Tage vor gestern;* ~ abend **2** von ~ ⟨fig.; umg.⟩ *veraltet, altmodisch;* Anschauungen von ~

'vor|grei·fen ⟨V. 158/600⟩ **1** einer Sache ~ *zuvorkommen, die Wirkung einer S. nicht abwarten;* ich möchte Ihrer Entscheidung nicht ~, aber darf ich schon sagen, daß ...? **2** jmdm. ~ *jmds. Handlung, Entscheidung vorwegnehmen, sie nicht abwarten*

'vor|ha·ben ⟨V. 159/500⟩ **1** eine Sache ~ *planen, beabsichtigen, tun wollen;* ich habe vor, ihn morgen aufzusuchen; wenn du morgen nichts Besseres vorhast, könnten wir ins Kino gehen; eine Reise ~; ich habe heute abend etwas, nichts vor **2** etwas ~ ⟨umg.⟩ *vorgebunden haben, als Schutz vor sich haben;* sie hat eine Schürze vor

'Vor·ha·ben ⟨n.; -s, -⟩ *Plan, Unternehmen, Absicht;* sein ~ ändern; sein ~ durchführen

'vor|hal·ten ⟨V. 160⟩ **1** ⟨503/R5⟩ (jmdm.) etwas ~ *etwas vor jmdn. halten;* einem Tier Futter ~; ich hielt mir vor dem Spiegel den Stoff vor, um die Wirkung zu prüfen; mit vorgehaltenem Gewehr in ein Haus eindringen; hinter der vorgehaltenen Hand lachen, gähnen **2** ⟨530/R6⟩ jmdm. etwas ~ ⟨fig.⟩ *zum Vorwurf machen, vorwerfen;* jmdm. seine Unpünktlichkeit, seine Fehler ~ **3** ⟨400⟩ etwas hält vor ⟨umg.⟩ *reicht (aus);* dieser Vorrat wird lange ~ **3.0.1** die Erholung wird lange ~ *wird lange wirken* **4** ⟨400; Mil.⟩ *den Lauf, das Rohr der Feuerwaffe vor das bewegte Ziel richten*

vor'han·den ⟨Adj. 24/70⟩ *da, verfügbar, vorrätig;* ~ sein; von den Waren, Vorräten ist nichts mehr ~; hier sind reiche Bodenschätze ~

'Vor·hang ⟨m.; -(e)s, ⸚e⟩ **1** *Stück Stoff, das vor etwas, bes. vor Fenster, gehängt wird;* die Vorhänge auf-, zuziehen, zurückziehen, auf-, zumachen **2** *große Stoffbahnen, mit denen im Theater die Bühne gegen den Zuschauerraum hin verschlossen werden kann;* → a. *eisern(1.0.4);* der ~ geht auf, fällt, schließt sich, öffnet sich; vor den ~ treten **2.1** es gab viele Vorhänge ⟨umg.⟩ *die Künstler mußten sich am Schluß der Vorstellung oft dem beifallspendenden Publikum zeigen* **3** → a. *eisern(1.4)*

'vor·her ⟨Adv.⟩ **1** *früher, davor, zuvor, bevor etwas geschieht od. geschehen ist;* das hättest du mir doch ~ sagen können; lang, kurz ~; am Tage ~ **1.1** *im voraus;* einen Urlaubsplatz drei Monate ~ bestellen

'Vor·herr·schaft ⟨f.⟩ *Vorrangstellung, Übergewicht, politisch führende Rolle;* Preußen u. Österreich kämpften lange um die ~ in Europa

'vor|herr·schen ⟨V. 400 od. 410⟩ *die Vorherrschaft innehaben, überwiegen;* in dieser Landschaft herrscht Laubwald, Nadelwald vor; die ~de Meinung ist die, daß ...; die damals ~de Mode

'vor·hin ⟨Adv.⟩ *kürzlich, eben erst;* ich habe ihn ~ gesehen

'vor·hin·ein ⟨Adv.⟩ im ~ *von vornherein, im voraus;* sie hat die Festtafel schon im ~ gedeckt

'Vor·hut ⟨f.; -, -en; Mil.⟩ *vorausgeschickte Sicherungstruppe*

'vo·rig ⟨Adj.⟩ **1** ⟨60⟩ *vorhergehend, früher, vergangen;* ~es Jahr; im ~en Jahrhundert; das ~e Mal; ~e Woche **1.0.1** ~en Jahres ⟨Abk.: v. J.⟩ *des letzten Jahres* **1.0.2** ~en Monats ⟨Abk.: v. M.⟩ *des letzten Monats* **1.0.3** im ~en wurde gesagt, daß ... ⟨veralt.⟩ *weiter vorher* **1.1** die Vorigen ⟨in Regieanweisungen⟩ *die Personen des vorhergehenden Auftritts* **2** ⟨umg.; schweiz.⟩ *übrig;* er hat es ~ gelassen; das Geld ist ~ **2.1** ⟨40⟩ jmd. ist ~ *überflüssig;* ich bin ~

'Vor·kämp·fer ⟨m.⟩ *jmd., der für etwas Zukünftiges kämpft*

'Vor·keh·rung ⟨f.; -, -en⟩ *vorsorgl. Anordnung, Maßnahme;* ~en treffen

'vor|kom·men ⟨V. 170(s.)⟩ **1** ⟨400⟩ *nach vorn kommen;* komm vor und schreib es an die Tafel! **2** ⟨400⟩ *zum Vorschein kommen, (aus einem Versteck) hervorkommen;* du kannst jetzt ~ **3** ⟨400⟩ etwas kommt vor *geschieht, ereignet sich;* es kommt immer wieder vor, daß ...; es kann durchaus ~, daß ...; das soll nicht wieder ~!; das kommt häufig, selten vor **3.0.1** so etwas kann ~ *so etwas erlebt man öfter* **3.0.2** so etwas ist mir noch nicht vorgekommen *so etwas habe ich noch nie erlebt* **3.0.3** das kommt in den besten Familien vor ⟨umg.; scherzh.⟩ *das ist nicht so schlimm, das kann jedem einmal passieren* **4** ⟨400⟩ etwas kommt vor *findet sich, ist vorhanden;* diese Tiere, Pflanzen kommen nur in den Tropen vor; wo kommen diese Mineralien sonst noch vor?; in diesem Satz kommen mehrere Adjektive vor; dieser Ausdruck kommt im Englischen oft vor **5** ⟨613/R5⟩ jmdm. ~ *scheinen, erscheinen, einen bestimmten Eindruck bei jmdm. hervorrufen;* es kommt mir vor, als hätte ich das schon einmal gesehen, gehört; diese Frau, dieses Bild, diese Melodie kommt mir bekannt vor; das kommt mir komisch, seltsam, merkwürdig, verdächtig vor **5.0.1** das kommt dir nur so vor *das scheint dir nur so (in Wirklichkeit ist es nicht so)* **5.0.2** er kommt sich sehr klug, sehr schlau vor *er hält sich für sehr klug, schlau* **5.0.3** ich komme mir vor wie ein ... *ich fühle mich wie ein ...* **5.0.4** wie kommst du mir denn vor? ⟨umg.⟩ *was fällt dir ein?, was denkst du dir eigentlich?*

'Vor·kom·men ⟨n.; -s, -⟩ *Vorhandensein, bes. von Mineralien;* Erz ~; reiches, schwaches ~ von Kohle, Silber

'vor|la·den ⟨V. 174/500⟩ jmdn. ~ *zum Erscheinen vor Gericht auffordern*

'Vor·la·ge ⟨f.⟩ **1** *Entwurf;* Gesetzes ~ **2** *Muster zur Vervielfältigung;* Zeichen ~ **3** *Gefäß zur Aufnahme eines destillierten Stoffes* **4** ⟨Fußb.⟩ *nach vorn genau zum Torschuß gespielter Ball* **5** ⟨Schisp.⟩ *vorgebeugte Haltung, Vorbeugen des Oberkörpers* **6** ⟨schweiz.⟩ *Matte od. kleiner Teppich, den man vor einen Raum od. ein Möbelstück legt;* Bett ~, Tür ~

'vor|las·sen ⟨V. 175/500⟩ **1** jmdn. ~ *jmdm. Zutritt gewähren, jmdn. empfangen* **2** jmdn. od. etwas ~ *vorangehen, voranfahren lassen;* würden Sie mich bitte ~, ich versäume sonst meinen Zug (Frage am Fahrkartenschalter) **2.1** einen Wagen ~ *überholen lassen*

'vor·läu·fig ⟨Adj. 24⟩ **1** *einstweilig, vorübergehend, provisorisch;* eine ~e Anordnung, Entscheidung, Verfügung **2** *einstweilen, zunächst, fürs erste, bis auf weiteres;* das können wir ~ so lassen, so machen

'vor·laut ⟨Adj.⟩ **1** ⟨urspr. nur jägerspr.⟩ *zu früh*

anschlagend, zu früh Laut gebend; der Hund ist ~ **2** ⟨danach fig.⟩ *dreist redend, ohne gefragt zu sein, sich überall einmischend, naseweis;* ein ~es Kind; sei nicht so ~!

'Vor·le·ben ⟨n.⟩ *früheres Leben, bisheriges Leben;* das ~ des Angeklagten; Erkundigungen über jmds. ~ einziehen; ich kenne sein ~ genau

'vor|le·gen ⟨V. 500⟩ **1** etwas ~ *vor etwas legen;* einen Stein, einen Klotz ~ (vor das Wagenrad, die Tür) **1.0.1** ein Schloß ~ *vorhängen, vor die Tür hängen* **2** ⟨530⟩ jmdm. etwas ~ *zum Essen auf den Teller legen;* jmdm. Fleisch, Gemüse ~ **3** ⟨530⟩ jmdm. etwas ~ *etwas vor jmdn. zum Ansehen, Auswählen, Unterschreiben u. a. hinlegen;* einem Kunden Waren ~; jmdm. eine Arbeit zur Prüfung ~; jmdm. einen Brief zur Unterschrift ~ **3.0.1** jmdm. eine Frage ~ *jmdm. eine Frage stellen, jmdn. etwas förmlich fragen* **4** etwas ~ *vorzeigen, zeigen, vorweisen;* seinen Paß, Ausweis ~; er konnte gute Zeugnisse ~ **4.0.1** er legte ein scharfes Tempo vor ⟨fig.; umg.⟩ *er begann in scharfem T., sehr schnell zu laufen, fahren*

'vor|le·sen ⟨V. 179/530/R6⟩ jmdm. etwas ~ *etwas für jmdn. laut lesen;* jmdm. einen Brief ~; Kindern Märchen, Geschichten ~; jmdm. aus der Bibel ~; vorgelesen, genehmigt, unterschrieben (Formel unter gerichtl. Protokollen) ⟨Abk.: v., g., u.⟩

'Vor·le·sung ⟨f.⟩ *wissenschaftl. Vortrag, Form des Unterrichts an Hochschulen u. Universitäten ohne Unterrichtsgespräch u. Diskussion;* Sy *Kolleg;* eine ~ belegen; ~en halten; ~en hören

'vor·letz·te(r, -s) ⟨Adj.⟩ *vor dem letzten befindlich*

'Vor·lie·be ⟨f.⟩ **1** *bes. Neigung (für);* er hat eine ~ für alte Musik, für gutes Essen **1.1** etwas mit ~ tun *bes. gern tun*

vor'lieb|neh·men ⟨V. 189/417⟩ mit etwas od. jmdm. ~ *sich mit etwas od. jmdm. begnügen, zufriedengeben*

'vor|lie·gen ⟨V. 180⟩ **1** ⟨600⟩ etwas liegt jmdm. vor *liegt vor jmdm. zur Bearbeitung, jmd. hat etwas vor sich liegen;* mir liegt ein Brief vom Schulamt, eine Beschwerde, Anfrage vor **1.1** im ~den Falle *in diesem F., in dem F., den wir jetzt behandeln* **2** ⟨400⟩ etwas liegt vor *besteht, ist vorhanden;* liegt irgend etwas Besonderes vor?; es liegt kein Grund zur Besorgnis vor **2.0.1** es liegt nichts Neues vor *es ist nichts Neues dazugekommen* **2.0.2** was liegt gegen ihn vor? *was wirft man ihm vor?*

vorm ⟨Präp. u. Art.⟩ = *vor dem*

'vor|ma·chen ⟨V. 530/R5 od. R6⟩ jmdm. etwas ~ **1** *jmdm. zeigen, wie etwas gemacht wird;* mach es bitte den andern, mach es mir einmal vor! **2** *vorspiegeln, vortäuschen;* du kannst mir doch nichts ~!; er läßt sich nichts ~, von niemandem etwas ~

'Vor·macht ⟨f.; -; unz.⟩ *Vorherrschaft, führende polit. Stellung*

'vor·mals ⟨Adv.; Abk.: vorm.⟩ *ehemals, früher;* Schulze vorm. Krause (auf Firmenschildern)

'vor|mer·ken ⟨V. 500/R7⟩ jmdn. od. etwas ~ *für eine spätere Berücksichtigung aufschreiben;* Sy *notieren(2);* sich für einen Lehrgang, einen Ausflug ~ lassen

'Vor·mit·tag ⟨m.⟩ *Zeitraum vom Morgen bis zum Mittag;* morgen vormittag, im Laufe des ~s

'Vor·mund ⟨m.⟩ *amtlich bestellter Vertreter, Fürsorger von Minderjährigen (bes. Waisen), Entmündigten, Geisteskranken usw.*

'Vor·mund·schaft ⟨f.; -, -en⟩ *gesetzl. Vertretung von, Fürsorge für Minderjährige, entmündigte Erwachsene usw.;* die ~ für, über jmdn. übernehmen; jmdm. die ~ für, über jmdn. übertragen; unter ~ stehen; jmdn. unter ~ stellen

vorn ⟨Adv.⟩ **1** *an vorderer Stelle, an der Spitze, obenan;* die Mütze liegt gleich ~ (links, rechts) im Schrank; ~ marschieren, sitzen, stehen **1.1** von ~ *von Anfang an;* etwas (noch einmal) von ~ anfangen **2** *an, nach, von der Vorderseite;* er bekam einen Schlag, Schuß von ~ **2.0.1** das Zimmer liegt nach ~ hinaus *mit den Fenstern zur Straßenseite* **2.0.2** es reicht, langt nicht ~ und nicht hinten ⟨fig.; umg.⟩ *es fehlt überall, es reicht überhaupt nicht* **2.0.3** von ~ bis hinten ⟨fig.; umg.⟩ *ganz gründlich*

'Vor·na·me ⟨m.⟩ *persönl. Name, Taufname;* bitte alle ~n angeben (auf Formularen); jmdn. beim ~n nennen

'vor·nehm ⟨Adj.⟩ **1** *von edler Abstammung, von höherem Stand* **1.1** die ~e Welt ⟨fig.; umg.⟩ *die höheren Gesellschaftsschichten* **2** *edel, anständig, großzügig, hochherzig;* eine ~e Gesinnung; ein ~er Mensch; ein ~es Wesen **3** *elegant u. geschmackvoll, kostbar u. geschmackvoll;* er ist sehr ~; eine ~ eingerichtete Wohnung; ~ gekleidet **4** ⟨60; nur Superlativ⟩ *hauptsächlich, wichtig, maßgebend;* meine ~ste Aufgabe, Pflicht

'vor|neh·men ⟨V. 189/500⟩ **1** etwas ~ *vorbinden, umbinden;* eine Schürze, Serviette ~ **2** jmdn. ~ ⟨umg.⟩ *bevorzugt abfertigen;* einen Kunden im Laden ~; einen Patienten beim Arzt ~ **3** ⟨503/R5⟩ (sich) etwas ~ *sich mit etwas (zu) beschäftigen (beginnen);* (sich) ein Buch ~; (sich) eine Arbeit ~ **4** ⟨530/R1⟩ sich jmdn. ~ ⟨fig.; umg.⟩ *jmdn. zu sich rufen u. ihn ermahnen* **5** ⟨530/R1⟩ sich etwas ~ *den Entschluß zu etwas fassen, etwas tun wollen, die Absicht haben, etwas zu tun;* ich habe mir vorgenommen, mit dem Rauchen aufzuhören; ich habe mir zuviel vorgenommen (und kann nicht alles erledigen) **5.0.1** hast du dir für morgen schon etwas vorgenommen? *hast du morgen etwas vor, hast du schon einen Plan, was du morgen tun willst?* **5.0.2** ich möchte mir für heute abend nichts ~ *ich möchte heute abend nicht ausgehen u. keinen Besuch haben* **6** etwas ~ *etwas ausführen, tun;* eine Änderung ~

'vor·nehm·lich ⟨Adv.⟩ *besonders, vor allem;* alle Kinder, ~ die kleineren

vorn·her'ein ⟨Adv.⟩ von ~ *von Anfang an, sofort*

vorn'über ⟨Adv.⟩ *nach vorn;* ~ fallen, kippen

vorn'weg ⟨Adv.⟩ *vorn, als erste(r), als erstes, zuerst, voran;* ~ laufen; mit dem Kopf ~ ins Wasser springen

'Vor·ort ⟨m.⟩ **1** *äußerer Stadtteil* **2** *leitender, geschäftsführender Ort in einem Verband, z. B. Lübeck in der Hanse*

'Vor·rang ⟨m.⟩ **1** *die höhere, wichtigere Stellung;* einer Sache den ~ geben; ihm gebührt der ~; jmdm. den ~ streitig machen **2** *Vortritt;* jmdm. den ~ lassen

'Vor·rat ⟨m.; -(e)s, -̈e⟩ **1** *für späteren Bedarf Aufgespeichertes, Aufgehobenes;* → a. *Reservoir(2);* Geld ~, Waren ~; der ~ ist erschöpft; solange der ~ reicht; einen großen, kleinen, reichlichen ~ von etwas haben; ~ an Lebensmitteln, Kohlen **1.0.1** etwas auf ~ kaufen *etwas kaufen, um es für späteren Bedarf aufzuheben*

'Vor·recht ⟨n.⟩ *Sonderrecht, Vergünstigung, Privileg*

'vor|rich·ten ⟨V. 500⟩ etwas ~ *vorbereitend zurichten, herrichten;* ein Zimmer ~ lassen; alles fürs Mittagessen ~

'Vor·rich·tung ⟨f.; -, -en⟩ **1** *Zusammenstellung von einzelnen Teilen, die so angeordnet sind, daß sie zusammenwirkend einen bestimmten Zweck erfüllen* **2** *ein dem zu bearbeitenden Werkstück angepaßtes Hilfsmittel der Fertigungstechnik* **3** ⟨Bgb.⟩ *das Auffahren von Grubenbauen innerhalb einer Lagerstätte zur unmittelbaren Vorbereitung eines Abbaues*

'vor|rücken ⟨-k·k-; V.⟩ **1** ⟨500⟩ etwas ~ *nach vorn rücken, nach vorn schieben;* einen Schrank, Tisch ~ **1.1** einen Stein (im Brettspiel) ~ *in Richtung zum Spielgegner setzen* **2** ⟨400(s.)⟩ *sich nach vorne bewegen;* bitte rücken Sie ein wenig vor, daß ich hier durchkomme! **2.1** die Zeiger der Uhr rücken vor *bewegen sich in Uhrzeigerrichtung* **2.2** Truppen rükken vor *sind auf dem Vormarsch* **3** ⟨400(s.)⟩ die Zeit rückt vor *es wird später* **3.1** zu vorgerückter Stunde *zu später S., um od. kurz vor Mitternacht* **3.2** in vorgerücktem Alter *in vorgeschrittenem A., in höherem A.*

'Vor·satz ⟨m.⟩ **1** *feste Absicht;* den ~ fassen, etwas zu tun; ich habe den (festen) ~, es zu tun; gute Vorsätze fassen; bei seinem ~ bleiben; jmdn. in seinem ~ bestärken **1.0.1** → a. *Weg(9.0.2)* **2** ⟨Rechtsw.⟩ *bewußtes Wollen einer Straftat;* etwas mit ~ tun **3** ⟨Buchw.⟩ *Doppelblatt, dessen eine Hälfte auf die Innenseite des Buchdeckels geklebt wird u. dessen andere Hälfte beweglich bleibt*

'vor·sätz·lich ⟨Adj. 24⟩ *mit Vorsatz(2), absichtlich;* jmdn. ~ töten

'Vor·schau ⟨f.⟩ **1** *vorausschauender Überblick* **1.1** ⟨Film, Fernsehen⟩ *zusammenfassender Überblick über kommende Sendungen od. Programme*

'Vor·schein ⟨m.; nur in den Wendungen⟩ **1** zum ~ bringen *erscheinen lassen, sichtbar machen, hervorholen u. zeigen;* er griff in die Tasche u. brachte einen Apfel zum ~ **2** zum ~ kommen *sichtbar werden, erscheinen, deutlich werden, erkennbar werden;* als er das Paket öffnete, kam ein bunter Ball zum ~; dabei kam seine ganze Habgier zum ~

'vor|schie·ben ⟨V. 214/500⟩ **1** etwas ~ *nach vorn, vorwärts schieben;* einen Spielstein um ein Feld ~ **1.1** Truppen ~ *langsam vorrükken lassen* **1.2** ein vorgeschobener Posten ⟨Mil.⟩ *vor der Front befindl. P.* **2** etwas ~ *vor etwas schieben;* den Riegel ~ **3** eine Sache ~ *vorschützen, als angebl. Grund nennen;* eine Krankheit, Verabredung ~ (um etwas nicht tun zu müssen) **4** ⟨R8⟩ jmdn. ~ *für sich handeln lassen, um selbst im Hintergrund zu bleiben*

'Vor·schlag ⟨m.⟩ **1** *Äußerung, in der eine Möglichkeit aufgezeigt wird, wie etwas gehandhabt werden kann, Anregung, Rat, Anerbieten, Angebot;* einen ~ annehmen, ablehnen, zurückweisen; jmdm. einen ~ machen; hast du einen besseren ~?; kannst du einen besseren ~ machen?; ein guter, praktischer, vernünftiger ~; auf ~ von Herrn X; ein ~ zur Güte ⟨umg.⟩ **1.0.1** etwas in ~ bringen *vorschlagen* **1.0.2** ist das ein ~? ⟨umg.⟩ *bist du damit einverstanden?* **2** *erster Schlag (beim Hämmern, Schmieden usw.)* **3** *leerer Raum oben auf der ersten Seite eines Buches od. eines Kapitels* **4** ⟨Mus.⟩ *einem Melodieton zur Verzierung vorausgeschickter kurzer Nebenton, Appoggiatura* **5** ⟨schweiz.⟩ *(rechner.) Gewinn;* die Staatsrechnung schließt mit einem ~ von 100.000 Franken ab

'vor·schnell ⟨Adj.⟩ *voreilig, übereilt, unüberlegt;* eine ~e Antwort; ein ~es Urteil; ~ antworten, handeln, urteilen

'vor|schrei·ben ⟨V. 230/503⟩ (jmdm.) etwas ~ **1** *als Muster für jmdn. schreiben;* Kindern einen Buchstaben ~ **2** ⟨fig.⟩ *befehlen, fordern, sagen, daß od. wie es getan werden muß, angeben, bestimmen;* die Gesetze schreiben folgendes vor ...; jmdm. Bedingungen ~; ich lasse mir von dir nichts ~; sich bei einem Medikament an die vorgeschriebene Dosis, Menge halten; den vorgeschriebenen Weg einhalten; es ist vorgeschrieben, es so zu machen **2.1** Preise ~ ⟨fig.⟩ *amtlich festsetzen*

'vor|schrei·ten ⟨V. 232/400(s.)⟩ **1** eine Sache schreitet vor *entwickelt sich weiter;* die Arbeit schreitet zügig vor **1.1** die Zeit, Stunde war schon vorgeschritten, als ... *es war schon spät, als ...* **1.2** im vorgeschrittenen Alter *in nicht mehr jungen Jahren* **1.3** zu vorgeschrittener Stunde *zu später S.*

'Vor·schrift ⟨f.⟩ *Anordnung, Bestimmung;* die ~(en) beachten, befolgen, einhalten, übertreten, verletzen; ich lasse mir von Ihnen keine ~en machen; es ist ~, nach 18 Uhr niemanden mehr einzulassen; ärztliche, gesetzliche, polizeiliche ~; sich an die ~en halten; ein Medikament nach ~ einnehmen; ich muß mich nach meinen ~en richten

'Vor·schub ⟨m.⟩ **1** *Maß der Vorwärtsbewegung eines Werkzeugs* **2** ⟨nur in der Wendung⟩ einer Sache ~ leisten *eine S. begünstigen*

'Vor·schuß ⟨m.⟩ *im voraus geleisteter Teil einer Zahlung, bes. des Gehalts, Lohns;* einen ~ erhalten; um ~ bitten

'vor|schüt·zen ⟨V. 500⟩ eine Sache ~ *vorgeben, zum Vorwand nehmen;* dringende Arbeiten ~; eine Erkältung ~

'vor|schwe·ben ⟨V. 600⟩ jmdm. schwebt etwas vor *jmd. hat etwas im Sinn, stellt sich etwas vor;* mir schwebt dabei etwas Bestimmtes vor

'vor|se·hen ⟨V. 239/500⟩ **1** jmdn. od. etwas ~ *in Aussicht nehmen;* jmdn. für einen Posten, zu einem Amt ~; die Feier ist für den 21. 12. vorgesehen **2** ⟨R3⟩ sich ~ *sich in acht nehmen;* bitte sieh dich vor, damit du nicht fällst, dich nicht erkältest; sich vor jmdm. ~; sich vor einem Loch im Boden ~

'Vor·se·hung ⟨f.; -; unz.⟩ *göttl. Leitung der Geschicke, Schicksal;* die ~ hat es mir so bestimmt

'vor|set·zen ⟨V. 500⟩ **1** etwas ~ *vor etwas setzen;* einem Wort eine Silbe ~; einer Note ein Kreuz, ein b ~ **2** etwas ~ *nach vorn setzen, vorwärtssetzen, vorrücken;* einen Stein (im Brettspiel) ~; den rechten, linken Fuß ~ **3** ⟨530⟩ jmdm. etwas (zu essen, zu trinken) ~ *etwas vor jmdn. hinstellen, jmdm. etwas anbieten;* wir müssen unserem Gast etwas ~; wir bekamen nichts weiter als ein belegtes Brot vorgesetzt; ich habe gar nichts da, was ich Ihnen ~ könnte

'Vor·sicht ⟨f.; -; unz.⟩ **1** *Klugheit gegenüber einer Gefahr, Besonnenheit;* ~ walten lassen; etwas mit ~ tun **1.0.1** ~ ist die Mutter der Weisheit(1.0.1) ⟨Sprichw.⟩ *um weise zu sein, muß man auch vorsichtig sein* **1.0.2** ~ ist die Mutter der Porzellankiste ⟨umg.; scherzh.⟩ *man muß immer vorsichtig sein, damit man nichts zerstört* **1.0.3** ~ ist besser als Nachsicht ⟨Sprichw.; umg.; scherzh.⟩ *man muß Gefahren beizeiten bedenken, nicht erst, wenn es zu spät ist* **2** *das Achtgeben, Achtsamkeit, Bedacht, Bedachtsamkeit, Behutsamkeit;* hier ist (äußerste, größte) ~ geboten; ich kann das nur mit aller ~ sagen; dieser Schnaps ist mit ~ zu genießen (weil er sehr scharf ist) ⟨umg.⟩ **2.0.1** er ist mit ~ zu genießen ⟨umg.; scherzh.⟩ *bei ihm muß man sehr vorsichtig sein, er wird leicht zornig* **2.0.2** ~ üben *vorsichtig sein, achtgeben* **2.1** ~! (Warnruf) *Achtung!, Obacht geben!;* ~, Glas! (Aufschrift auf Kisten); ~, Stufe! (Aufschrift vor Treppenstufe); ~, zerbrechlich! (Aufschrift auf Kisten)

'Vor·sitz ⟨m.⟩ *Leitung (eines Vereins, einer Sitzung);* den ~ haben

'Vor·sit·zen·de(r) ⟨f. 2 (m. 1)⟩ *jmd., der den Vorsitz hat;* Sy *Präsident(1-2)*

'Vor·sor·ge ⟨f.; -; unz.⟩ **1** *vorausschauende Fürsorge, vorsorgl. Maßnahme;* ~ tragen, treffen; ~ fürs Alter treffen **1.1** zur ~ *vorsichtshalber, vorsorglich*

'Vor·spann ⟨m.; -(e)s, -e⟩ **1** *Zugtiere vor dem eigtl. Gespann* **2** ⟨Film, Fernsehen⟩ *einem Film bzw. einer Sendung vorangestellte Angaben über Titel, Hersteller, Darsteller u. ä.* **3** *Einleitung eines Presseartikels, Aufhänger*

'vor|spie·geln ⟨V. 530/R5 od. R6⟩ jmdm. etwas ~ *vortäuschen, jmdn. etwas glauben machen wollen;* jmdm. eine Krankheit ~

'Vor·spiel ⟨n.⟩ **1** *musikal. Einleitung;* Sy *Ouvertüre(1)* **2** *einleitende Szenen vor dem eigentl. Schauspiel* **3** ⟨fig.⟩ *der Anfang;* das war erst das ~!

'vor|spie·len ⟨V.⟩ **1** ⟨602⟩ jmdm. (etwas) ~ *vor jmdm. auf einem Instrument spielen, vor Zuhörern musizieren od. Theater spielen;* jmdm. ~ (um sich prüfen zu lassen) **2** ⟨530/R6⟩ jmdm. etwas ~ *auf einem Instrument spielend od. theaterspielend vorführen;* etwas auf dem Klavier ~ **2.1** ⟨fig.⟩ *jmdm. durch Reden od. Handlungen etwas Unwahres glauben machen;* sie hat ihm eine Ohnmacht vorgespielt

'Vor·sprung ⟨m.⟩ **1** *vorspringender, herausragender Teil, z. B. eines Bauwerkes, einer Küste;* Fels~; einen ~ bilden **2** *Abstand vor dem Verfolger, vor dem Gegner od. Mitbewerber;* den ~ eines anderen aufholen, einholen; jmdm. fünf Schritte ~ geben (beim Wettlauf); einen ~ vor jmdm. gewinnen; einen ~ haben

'Vor·stand ⟨m.⟩ *geschäftsführendes Organ einer Stiftung, eines Vereins od. einer Aktiengesellschaft*

'vor|ste·hen ⟨V. 256⟩ **1** ⟨400⟩ etwas steht vor *ragt hervor, springt vor;* ein Bauteil steht vor; das Haus steht etwas vor; ~de Zähne, Backenknochen **2** ⟨600⟩ jmdm. od. einer Sache ~ *die Führung von jmdm. od. einer S. haben, jmdn. od. eine S. leiten;* einer Anstalt, Gemeinde, Schule, Organisation ~; dem Haushalt ~ **3** ⟨400⟩ ein Jagdhund steht vor ⟨jägerspr.⟩ *wittert das Wild u. bleibt in gespannter Haltung stehen*

'vor|stel·len ⟨V. 500⟩ **1** ⟨R7⟩ etwas ~ *vor etwas stellen;* sie hatte eine spanische Wand vorgestellt **2** etwas ~ *nach vorn stellen, vorrücken;* du kannst den Tisch noch etwas ~ **2.1** die Uhr ~ *den Zeiger nach vorn verrücken* **3** ⟨530/R7 od. R8⟩ jmdn. einem anderen ~ *jmdn. mit einem anderen bekannt machen;* darf ich Ihnen Herrn X ~? **3.1** sich (jmdm.) ~ *sich (mit jmdm.) bekannt machen, (jmdm.) seinen Namen nennen;* gestatten Sie, daß ich mich vorstelle: Hans X; darf ich mich ~: Hans X; sich bei jmdm., in einem Betrieb ~ (um sich wegen einer Anstellung zu erkundigen) **4** ⟨530/R1⟩ sich etwas ~ ⟨fig.⟩ *etwas in seiner Vorstellung sehen, sich etwas denken, ausdenken;* stellen Sie sich meine Überraschung vor!; kannst du dir das ~?; kannst du dir so eine Frechheit ~?; das kann ich mir gut, lebhaft ~ **4.0.1** das kann ich mir nicht ~ ⟨fig.⟩ *das glaube ich nicht recht* **5** etwas ~ ⟨fig.⟩ *bedeuten, sein;* was soll das Bild ~?; der „Puck" im „Sommernachtstraum" stellt einen Waldgeist vor **5.0.1** er stellt etwas vor ⟨fig.⟩ *er hat eine bedeutende Stellung inne, er ist eine Persönlichkeit* **5.0.2** er will etwas ~, was er nicht ist ⟨fig.⟩ *er tut so, als sei er etwas Besonderes* **6** ⟨530/R7⟩ jmdm. etwas ~ ⟨fig.⟩ *zu bedenken geben*

'vor·stel·lig ⟨Adj. 46; nur in der Wendung⟩ ~ werden *Einspruch erheben, sich beschweren;* bei einer Behörde, bei jmdm. ~ werden

'Vor·stel·lung ⟨f.⟩ **1** *das Vorstellen(3), das Sichvorstellen;* bei der allgemeinen ~ habe ich den Namen nicht verstanden **2** ⟨Theat., Film⟩ *Aufführung, Darbietung;* die ~ beginnt, endet um 20 Uhr; die erste, zweite, letzte ~; eine geschlossene, öffentliche ~; die ~ am Nachmittag, am Abend; eine ~ geben ⟨Theat.⟩ **3** *Begriff, Gedanke, Bild im Bewußtsein;* ich habe davon keine ~; du machst dir keine ~, wie schwer das für mich ist; eine klare, unklare, deutliche, undeutliche, verschwommene ~ von etwas haben; sich eine ~ von etwas machen; in meiner ~ sieht das anders aus **3.0.1** du machst dir keine ~ von seinem Reichtum *du ahnst nicht, wie reich er ist* **4** ⟨Pl.⟩ ~en ⟨fig.⟩ *Einwände, Vorhaltungen;* jmdm. ~en machen

'Vor·stoß ⟨m.⟩ **1** *das Vorstoßen, Vordringen, Angriff;* einen ~ in den Weltraum, in unerforschtes, unbewohntes Gebiet machen **1.1** einen ~ machen ⟨a. fig.⟩ *ein Anliegen vorzubringen suchen* **2** *vorspringender Rand an Rädern* **3** *Tuchstreifen als Besatz von Kanten an Kleidungsstücken*

'Vor·stu·fe ⟨f.⟩ *vorbereitender Zustand, Zeit vor dem eigentl. Beginn;* die ~ einer Entwicklung

'Vor·teil ⟨m.⟩ **1** *gute Eigenschaft;* Ggs *Nach-*

teil(1); die Sache hat den ~, daß ...; die Vor- und Nachteile einer Sache gegeneinander abwägen **2** *Gewinn, Nutzen;* Ggs *Nachteil(2);* sich einen (unerlaubten) ~ verschaffen; er ist sehr auf seinen ~ bedacht; einen ~ aus etwas ziehen; das ist für dich von (großem) ~; die Lage zu seinem ~ ausnützen; seinen ~ wahrnehmen 2.0.1 sich zu seinem ~ verändern *hübscher, ansehnlicher werden, angenehmer im Wesen werden* **3** im ~ *in günstiger Lage;* Ggs *Nachteil(3);* jmdm. gegenüber im ~ sein **4** ⟨Tennis⟩ *erster Punkt nach dem Einstand*

'vor·teil·haft ⟨Adj.⟩ **1** *Vorteil(e) bringend, günstig;* ein ~es Angebot, Geschäft; ein ~er Kauf; etwas ~ einkaufen, verkaufen; das ist ~ für ihn **2** *alle Vorzüge od. einen bestimmten Vorzug zur Geltung bringend, günstig;* ~e Kleidung, eine ~e Farbe; sie kleidet sich sehr ~; die helle Tapete wirkt in dem dunklen Zimmer sehr ~

'Vor·trag ⟨m.; -(e)s, ¨-e⟩ **1** ⟨unz.⟩ *Art des Vortragens;* ausdrucksvoller, beseelter ~ **2** *sprachl. od. musikal. Darbietung;* ein öffentlicher ~; in einen, zu einem ~ gehen **3** *ausführl. Rede, bes. über ein wissenschaftl. Thema;* einen ~ (über Goethe) halten **3.1** *mündl. Berichterstattung* 3.1.1 ~ halten *Bericht erstatten* **4** ⟨kaufmannsspr.⟩ *Restbetrag eines Kontos, der bei Abschluß eines Rechnungsabschnittes in den neuen Abschnitt eingetragen wird;* ~ auf neue Rechnung

'vor|tra·gen ⟨V. 265/500⟩ **1** etwas ~ *nach vorn tragen;* die Hefte einsammeln und (zum Lehrer) ~; einen Stuhl, Tisch, einen Kranken ~ **2** etwas ~ *künstlerisch darbieten, vorsprechen, vorsingen, vorspielen;* ein Gedicht, Lied, Musikstück ~ **3** ⟨503⟩ (jmdm.) etwas ~ *darlegen, förmlich mitteilen;* jmdm. eine Angelegenheit, einen Beschluß ~; er hatte gestern Gelegenheit, sein Anliegen vorzutragen **4** ⟨550⟩ etwas auf etwas ~ ⟨kaufmannsspr.⟩ *übertragen;* einen Betrag auf neue Rechnung ~

vor'treff·lich ⟨Adj.⟩ *ausgezeichnet, vollkommen, hervorragend, glänzend;* ~!; ein ~es Mahl; er ist ein ~er Reiter, Schwimmer; das Werk ist ihm ~ gelungen; es hat mir ~ geschmeckt; er hat den „Romeo" ~ gespielt

vor'über ⟨Adv.⟩ = *vorbei*

vor'über|ge·hen ⟨V. 145(s.)⟩ **1** ⟨800⟩ an jmdm. od. etwas ~ *vorbeigehen;* an etwas achtlos ~ 1.1 daran kann man nicht ~ ⟨fig.⟩ *das muß man beachten, das fällt auf* **2** ⟨400⟩ etwas geht vorüber *geht vorbei;* das Gewitter ging schnell vorüber, der Schmerz geht bald vorüber

'Vor·ur·teil ⟨n.⟩ *vorgefaßte Meinung ohne Prüfung der Tatsachen;* ein ~ gegen jmdn. od. etwas haben

'Vor·wand ⟨m.; -(e)s, ¨-e⟩ *vorgeschobener Grund, Ausrede, Ausflucht;* ich habe keinen ~, um heute zu Hause zu bleiben; eine dringende Arbeit als ~ benutzen; dein Besuch kann mir als ~ dienen, heute abend nicht zu dem Vortrag zu gehen; eine Einladung unter einem ~ absagen; eine Erkältung zum ~ nehmen

'vor·wärts ⟨Adv.⟩ **1** *nach vorn;* Ggs *rückwärts;* einen Schritt ~ machen, tun; ~ gehen, fahren; ~ treiben; weiter ~ 1.0.1 ein großer Schritt ~ ⟨fig.⟩ *ein großer Fortschritt* 1.0.2 das kann ich ~ und rückwärts ⟨fig.; umg.⟩ *das kann ich auswendig, fließend, gut*

'vor·wärts|ge·hen ⟨V. 145/400(s.)⟩ eine Sache geht vorwärts ⟨fig.⟩ *wird besser, entwickelt sich günstig;* → a. *vorwärts(1);* die Arbeit geht vorwärts; mit seiner Gesundheit, Genesung geht es jetzt vorwärts

'vor·wärts|kom·men ⟨V. 170/400(s.); fig.⟩ *Erfolg haben;* er wird im Leben ~

vor'weg ⟨Adv.⟩ *im voraus, vorher;* ~ sei gesagt ...; ~ noch eine Frage; wir müssen das ~ erledigen

vor'weg|neh·men ⟨V. 189/500⟩ eine Sache ~ **1** *vor dem dafür vorgesehenen Zeitpunkt erledigen* **2** *vorher sagen, gleich sagen;* um gleich das Wichtigste vorwegzunehmen, möchte ich Ihnen mitteilen, daß ...

'vor|wei·sen ⟨V. 282/500⟩ etwas ~ *hervorholen u. zeigen, zur Prüfung zeigen;* den Ausweis, Paß ~; ausreichende Kenntnisse ~ können

'vor|wer·fen ⟨V. 286/500⟩ **1** etwas ~ *nach vorn werfen;* den Kopf ~ **2** ⟨530⟩ Tieren jmdn. od. etwas ~ *vor Tiere jmdn. od. etwas zum Fressen hinwerfen;* Tieren Fleisch ~; einen Gefangenen den wilden Tieren ~ (früher als Strafe) **3** ⟨530/R5 od. R6⟩ jmdm. eine Sache ~ ⟨fig.⟩ *zum Vorwurf machen, tadelnd vorhalten;* er wirft mir Unpünktlichkeit, Unhöflichkeit vor; sie haben einander nichts vorzuwerfen

'vor|wie·gen ⟨V. 287/400⟩ **1** *vorherrschen, überwiegen* 1.1 ⟨Part. Präs.⟩ ~d *überwiegend, in erster Linie, besonders;* bei der Veranstaltung waren ~d Kinder da; in diesem Wald stehen ~d Buchen

'Vor·witz ⟨m.; -es; unz.⟩ *vorlautes Wesen, dreistes Besserwissen*

'Vor·wurf ⟨m.⟩ **1** *Tadel, Rüge, Vorhaltung, Beschuldigung;* Vorwürfe gegen jmdn. erheben; jmdm. einen ~, jmdm. Vorwürfe machen; ich werde es doch tun, dann brauche ich mir später nicht den ~ zu machen, etwas versäumt zu haben; ich habe mir bittere Vorwürfe gemacht; jmdn. mit Vorwürfen überhäufen **2** *Gegenstand wissenschaftl. od. künstler. Bearbeitung, Vorlage;* sich ein Werk, Thema zum ~ nehmen

'Vor·zei·chen ⟨n.⟩ **1** ⟨Math.; Zeichen: + bzw. —⟩ *plus bzw. minus, Zeichen, daß eine Zahl hinzugezählt od. abgezogen werden soll* **2** ⟨Mus.⟩ *Zeichen für die chromat. Erhöhung od. Erniedrigung eines Tones* **3** ⟨allg.⟩ *Anzeichen künftigen Geschehens;* Sy *Omen(1);* ein günstiges, ungünstiges, untrügliches ~

'vor·zei·tig ⟨Adj.⟩ *verfrüht, früher als vorgesehen, als erwartet, zu früh (eintretend, geschehend);* ~e Abreise, Rückkehr; den Urlaub ~ abbrechen; das Kind ist ~ geboren

'vor|zie·hen ⟨V. 293/500⟩ **1** etwas ~ *nach vorn ziehen, hervorziehen;* etwas unter dem Schrank ~ **2** etwas ~ *vor etwas ziehen, zuziehen;* die Gardinen ~ **3** jmdn. od. etwas ~ *sich früher als urspr. vorgesehen mit jmdm. od. etwas befassen;* eine Arbeit ~ **4** jmdn. od. etwas ~ ⟨fig.⟩ *bevorzugen, lieber mögen;* ein Kind, einen Schüler ~; ich ziehe Rotwein (dem Weißwein) vor; ich ziehe es vor, zu Fuß zu gehen; ich zog es vor, schleunigst zu verschwinden 4.0.1 es ist vorzuziehen, es so zu machen *es ist besser*

'Vor·zug ⟨m.⟩ **1** *gute Eigenschaft;* die Vorzüge und Nachteile einer Sache od. Person gegeneinander abwägen; das hat den ~, daß ...; er, sie hat viele Vorzüge; einer ihrer Vorzüge ist ihre Zuverlässigkeit **2** *Vergünstigung, Vorrang;* dies hat den ~ erhalten; einer Sache den ~ geben; wenn ich die Wahl habe zwischen diesem und jenem, gebe ich diesem den ~ **3** ⟨Eisenb.⟩ *vor dem fahrplanmäßigen Zug eingesetzter Entlastungszug*

vor'züg·lich ⟨Adj.⟩ *ausgezeichnet, ganz bes. gut;* er ist ein ~er Redner, Schwimmer

Vo·tum ⟨['vo:-] n.; -s, -ten od. -ta⟩ **1** = *Gelübde* **2** *Abgabe der Stimme* **3** *Äußerung einer Meinung* 3.1 *Gutachten, Urteil;* sein ~ abgeben

vul'gär ⟨[v-] Adj.⟩ **1** *gemein, gewöhnlich, ordinär;* ein ~es Benehmen; ~e Sprache 1.1 ~er Ausdruck *meist aus dem fäkalen od. geschlechtlichen Bereich stammender A., dessen öffentliche Verwendung vom überwiegenden Teil einer Sprachgemeinschaft abgelehnt wird*

Vul'kan ⟨[v-]; m.; -s, -e⟩ **1** *Berg, durch den heiße Dämpfe, u. glühende Lava an die Oberfläche dringen* 1.1 tätiger ~ *feuerspeiender Berg* **2** *durch Vulkanismus entstandener Berg;* erloschener ~ **3** auf einem ~ tanzen ⟨fig.⟩ *mutwillig Gefahren trotzen, ein gefährl. Spiel treiben*

vul·ka·ni'sie·ren ⟨[v-] V. 500⟩ Naturkautschuk ~ *zur Herstellung elastischen Kautschuks mit Schwefel- o. ä. chem. Verbindungen behandeln*

W

'Waa·ge ⟨f.; -, -n⟩ **1** *Meßgerät zur Ermittlung der Masse eines Körpers* **2** ⟨fig.⟩ *Gleichgewicht* **2.0.1** beides hält sich die ~ ⟨fig.⟩ *beides gleicht sich aus, beides ist gleich oft vorhanden, ist gleich viel wert* **3** *Gerät zur Bestimmung der Waagerechten;* Wasser~ **4** *ein Sternbild am südl. Himmel, siebtes Tierkreiszeichen*
'waa·ge·recht ⟨Adj. 24⟩ *so wie die beiden in gleicher Höhe schwebenden Waagschalen ausgerichtet, eben, rechtwinklig zur Senkrechten;* Sy *horizontal*
'Waag·scha·le ⟨f.⟩ **1** *Schale an der Waage zum Auflegen der zu wiegenden Last bzw. der Gewichte* **1.1** das fällt schwer in die ~ ⟨fig.⟩ *das ist wichtig, schwerwiegend, bedeutungsvoll* **1.2** etwas in die ~ werfen ⟨fig.⟩ *bei einer Besprechung, Entscheidung geltend machen*
'wab·beln ⟨V. 400⟩ e t w a s wabbelt *bewegt sich gallertartig hin u. her*
'Wa·be ⟨f.; -, -n⟩ *aus Wachszellen bestehende Wand des Bienenstocks*
'wa·bern ⟨V. 400⟩ e t w a s wabert *flackert, zuckt*
wach ⟨Adj.⟩ **1** *nicht schlafend, munter;* die Nacht über ~ bleiben; die ganze Nacht ~ liegen; Kaffee hält ~ **1.0.1** sich ~ halten *am Einschlafen hindern* **1.0.2** jmdn. ~ rufen, rütteln *durch Rufen, Rütteln aufwecken* **1.0.3** ~ werden *aufwachen* **2** ⟨fig.⟩ *aufgeweckt, geistig rege;* ein ~er Geist
'Wa·che ⟨f.; -, -n⟩ **1** *Person(engruppe), die jmdn. od. etwas bewacht, Wächter, Posten;* Schild~; die ~ zieht auf; die ~ ablösen **2** *Raum, Gebäude, in dem die Wache(1) stationiert ist* **2.1** ⟨kurz für⟩ *Polizeiwache;* jmdn. mit auf die ~ nehmen **3** *Wachdienst;* ~ haben, stehen; jmdm. die ~ übergeben; die ~ übernehmen **3.0.1** bei einem Kranken, Gefangenen, vor einem Gebäude ~ halten *wachen(2)* **3.0.2** ~ schieben ⟨soldatenspr.⟩ *Wachdienst haben* **4** *Stelle, an der sich der Posten während des Wachdienstes aufhält;* (die) ~ beziehen; auf ~ ziehen
'wa·chen ⟨V.⟩ **1** ⟨400⟩ *wach sein, nicht schlafen;* die (ganze) Nacht (hindurch) ~; im Wachen und im Schlafen; halb ~d, halb träumend **2** ⟨800⟩ *auf jmdn. od. etwas achten, aufpassen;* bei einem Kranken ~ **2.1** ü b e r e t w a s od. j m d n. (jmdm.) ~ *auf etwas od. jmdn. aufpassen, etwas od. jmdn. beschützen;* (streng) darüber ~, daß die Vorschriften befolgt werden
'wach|hal·ten ⟨V. 160/500⟩ **1** ⟨R7 od. R8⟩ j m d n. ~ *dafür sorgen, daß jmd. nicht einschläft;* sie hielten sich die ganze Nacht wach, indem sie Geschichten erzählten **2** eine S a c h e ~ ⟨fig.⟩ *lebendig, rege erhalten;* jmds. Andenken ~; eine Erinnerung ~; seinen Haß, Rachedurst ~; jmds. Interesse an etwas ~
'wach|ru·fen ⟨V. 204/500⟩ eine S a c h e ~ ⟨fig.⟩ *(wieder) hervorrufen, ins Bewußtsein, in Erinnerung bringen;* Erinnerungen ~; seine Bemerkung hat ein Erlebnis (in mir, in meiner Erinnerung) wachgerufen; den alten Schmerz wieder ~
'wach|rüt·teln ⟨V. 500⟩ j m d n. ~ **1** *durch Rütteln wecken* **2** ⟨fig.⟩ *aufrütteln, aus einer seel., geistigen Erstarrung herausreißen*
Wachs ⟨[vaks] n.; -es, -e⟩ **1** *Bienenwachs o. ä. chem. Stoff mit dessen Eigenschaften;* ~ formen, gießen, kneten; mit ~ bestreichen, verkleben; er wurde bleich, weiß wie ~ **1.0.1** er ist in ihren Händen (so weich wie) ~ ⟨fig.⟩ *er tut alles, was sie will, sie hat starken Einfluß auf ihn* **1.0.2** als er ihr drohte, sie anzuzeigen, wurde sie weich wie ~ ⟨fig.⟩ *wurde sie gefügig, gab sie nach* **1.0.3** → a. *echt(1.0.2)*
'wach·sam ⟨Adj. 70⟩ **1** *auf Gefahren od. Feinde achtend, aufmerksam, scharf beobachtend, vorsichtig prüfend;* ~ sein **1.1** ein ~es Auge auf jmdn. od. etwas haben ⟨umg.⟩ *auf jmdn. od. etwas gut achtgeben, jmdn. od. etwas scharf beobachten*
'wach·sen[1] ⟨[-ks-] V. 500⟩ e t w a s ~ *mit Wachs einreiben;* den Fußboden ~; die Schier ~
'wach·sen[2] ⟨[-ks-] V. 277/400(s.)⟩ **1** *an Größe zunehmen;* der Junge ist im letzten Jahr ein großes Stück, tüchtig gewachsen; sich einen Bart, das Haar ~ lassen; in die Höhe, in die Breite ~ (von Pflanzen) **1.1** *sich in bestimmter Weise wachsend(1) entwickeln;* der Baum ist gerade, krumm, schief gewachsen **1.1.1** gut gewachsen sein *einen schlanken, gut gebauten Körper haben* **2** e t w a s wächst *gedeiht, entwickelt sich;* hier wächst viel Mais, Raps **3** etwas wächst *vermehrt sich, wird größer;* die Anforderungen sind (stark) gewachsen; die Einwohnerzahl, der Viehbestand ist gewachsen **4** etwas wächst *wird stärker, intensiver;* seine Energie wächst mit seinen Aufgaben; mit ~der Erregung, ~dem Interesse zuhören **5** j m d m. od. einer S a c h e (nicht) gewachsen sein *mit jmdm. od. einer S. (nicht) fertig werden (können)*
'wäch·sern ⟨[-ks-] Adj.⟩ **1** *aus Wachs bestehend;* ~e Kerzen **2** *aus Wachs beschaffen;* das ~e Gesicht des Toten
'Wachs·stock ⟨m.⟩ *biegsames, schraubenförmiges Wachslicht*
'Wachs·tum ⟨n.; -s; unz.⟩ **1** *das Wachsen;* das ~ beschleunigen, fördern, hindern; üppiges ~ der Pflanzen; im ~ begriffen sein **1.1** *Entwicklung;* im ~ zurückgeblieben sein **2** *von einem bestimmten Weingut stammender Wein;* der Winzer bot uns eigenes ~ an
'Wäch·te ⟨f.; -, -n⟩ *überhängende Schnee- od. Firnmasse*
'Wäch·ter ⟨m.; -s, -⟩ *jmd. (od. ein Tier), der (bzw. das) jmdn. od. etwas bewacht;* Museums~, Nacht~, Park~; der Hund ist ein guter, treuer ~ des Hauses
'Wacht·mei·ster ⟨m.⟩ **1** *unterer Dienstgrad der Polizei* **2** *Polizeibeamter in diesem Dienstrang*
'Wacht·po·sten ⟨m.⟩ *Wache stehender Soldat*
'wacke·lig ⟨-k·k-; Adj.⟩ **1** *bei Berührung wakkelnd, nicht fest(stehend), zitterig;* ein ~er Stuhl; ein ~er Zahn; die Tür ist ~; der Tisch steht ~; der alte Mann ist schon etwas, recht

~; ich bin nach der langen Krankheit noch etwas ~ (auf den Beinen, in den Knien) **2** ⟨fig.⟩ *unsicher, gefährdet* 2.1 er steht ~ ⟨fig.; umg.⟩ *seine berufl., geschäftl., polit. Stellung ist unsicher, gefährdet* 2.1.1 der Schüler steht ~ ⟨fig.; umg.⟩ *der S. wird vielleicht nicht versetzt* 2.2 ein ~es Unternehmen ⟨fig.⟩ *vom Bankrott bedrohtes U.*

'**wackeln** ⟨-k·k-; V. 400⟩ **1** etwas wackelt *schwankt (bei Berührung) hin u. her, steht, sitzt nicht fest;* der Tisch, Schrank wackelt; der Zahn wackelt; wenn ein Bus an unserem Haus vorbeifährt, wackelt alles; das Haus wackelte, als in der Nähe die Bombe einschlug; er lachte (so laut), daß die Wände wackelten ⟨umg.; scherzh.⟩ **2** ⟨416⟩ mit etwas ~ *etwas hin- u. her bewegen;* mit dem Kopf ~; mit den Ohren ~ können **3** ⟨400(s.); fig.; umg.⟩ *sich von einer Seite auf die andere schwankend fortbewegen;* die Enten wackelten zum Teich; das Kind kam ans Gartentor gewackelt

'**wacker** ⟨-k·k-; Adj.⟩ **1** ⟨veralt.⟩ *bieder, rechtschaffen, ehrlich;* ein ~er Handwerker **2** *tapfer, tüchtig;* ~! (als Lob); ein ~er Kämpfer, Krieger, Streiter; er hat ~ ausgehalten, standgehalten; der Kleine ist ~ mitgelaufen; er hat sich ~ verteidigt 2.1 ⟨fig.⟩ *kräftig, tüchtig, sehr;* jmdn. ~ verprügeln

'**Wa·de** ⟨f.; -, -n⟩ *der hintere Teil des Unterschenkels, der durch den dreiköpfigen Wadenmuskel gewölbt wird: Sura*

'**Waf·fe** ⟨f.; -, -n⟩ **1** *Gerät zum Kämpfen;* Hieb~, Stich~, Stoß~; Feuer~; (keine) ~n bei sich führen, haben; mit der ~ in der Hand kämpfen; jmdn. nach ~n untersuchen; zur ~ greifen 1.0.1 die ~n strecken *sich ergeben, kapitulieren* 1.0.2 in ~n stehen *zum Kampf, zum Krieg gerüstet sein* 1.0.3 unter den ~n stehen *im Militärdienst stehen* 1.0.4 zu den ~n rufen *zum Militärdienst einziehen* **2** *Waffengattung, Truppengattung;* bei welcher ~ haben Sie gedient? **3** ⟨fig.⟩ *Kampfmittel im Wortkampf, Argument, Beweis;* seine Schlagfertigkeit, sein Geist ist seine beste ~; jmds. eigene Worte als ~ gegen ihn benutzen 3.0.1 die ~n aus der Hand geben ⟨fig.⟩ *seine Absichten, Gedanken offen bekennen* 3.0.2 die ~n strecken ⟨a. fig.⟩ *aufgeben, nachgeben, nicht mehr können* **4** ⟨Pl.⟩ ~n ⟨jägerspr.⟩ 4.1 *die hervorstehenden Eckzähne im Ober- u. Unterkiefer (des Keilers)* 4.2 *Klauen (des Luchses u. der Wildkatze)* 4.3 *Krallen (der Greifvögel)*

'**Waf·fel** ⟨f.; -, -n⟩ *feines, süßes, flaches Gebäck mit wabenförmiger Musterung*

'**Waf·fen·gang** ⟨m.⟩ *Kampf, Kampfabschnitt*

'**Waf·fen·gat·tung** ⟨f.⟩ *eine Anzahl von Truppenteilen (Bataillone, Regimenter) des Heeres mit gleichartiger Aufgabe u. Ausstattung*

'**Waf·fen·still·stand** ⟨m.⟩ *von den Regierungen od. Oberbefehlshabern vertraglich vereinbarte Einstellung der Feindseligkeiten, meist bis zum Abschluß des Friedensvertrages*

'**waff·nen** ⟨V. 500/R7⟩ jmdn. ~ *wappnen, mit der Rüstung bekleiden u. mit Waffen versehen*

'**wa·ge·hal·sig** ⟨Adj.⟩ oV *waghalsig* **1** *wagemutig, sehr mutig, tollkühn;* er ist ~ **2** *äußerst gefährlich;* ein ~es Unternehmen

'**wa·ge·mu·tig** ⟨Adj.⟩ *kühn, mutig*

'**wa·gen** ⟨V. 500⟩ **1** etwas ~ *einsetzen, aufs Spiel setzen, riskieren;* alles ~, um alles zu gewinnen; sein Leben ~ **2** etwas ~ *mutig, das Risiko in Kauf nehmend unternehmen;* soll ich's ~, ihn darum zu bitten?; ich wage es nicht zu tun; keinen Widerspruch ~; das Kind wagte ihn nicht anzublicken; er wagte kein Wort zu sagen; wer wagt, gewinnt ⟨Sprichw.⟩; erst wägen, dann ~ ⟨Sprichw.⟩; frisch gewagt ist halb gewonnen ⟨Sprichw.⟩ 2.1 ⟨Part. Perf.⟩ gewagt *gefährlich, riskant;* eine gewagte Sache, ein gewagtes Unternehmen; es scheint mir (zu) gewagt, das zu tun; ich halte es für zu gewagt, das zu tun 2.1.1 ein gewagter Witz *nicht salonfähiger W.* **3** ⟨408 od. 508/R3⟩ (sich) ~, etwas zu tun *sich getrauen, den Mut haben, etwas Bestimmtes zu tun;* ich wage mich nicht aus dem Haus

'**wä·gen** ⟨V. 278/500⟩ **1** etwas ~ ⟨veralt.⟩ *wiegen[1](1)* **2** eine Sache ~ ⟨fig.⟩ *(ein)schätzen, erwägen, bedenken;* jmds. Worte, Handlungen, Gesinnung ~ 2.1 erst ~, dann wagen ⟨Sprichw.⟩ *erst überlegen, dann handeln*

'**Wa·gen** ⟨m.; -s, -⟩ **1** *zwei-, auch dreispuriges Fahrzeug mit Rädern;* Eisenbahn~, Kraft~, Pferde~; geschlossener, offener ~; zweirädriger, drei-, vierrädriger ~; Pferde vor den ~ spannen 1.0.1 jmdm. an den ~ fahren ⟨fig.; umg.⟩ *jmdn. grob anreden, beleidigen, jmdm. zu schaden versuchen* 1.1 ein ~ der Linie 8 *Straßenbahnwagen* 1.2 *Kraftwagen, Auto;* er fährt den ~ der Firma; den ~ überholen, waschen lassen; einen eigenen ~ fahren; aus dem, in den ~ steigen; wir sind mit dem ~ gekommen **2** *Maschinenteil zum Führen eines Gegenstandes, z.B. an Drehmaschinen, Schreibmaschinen* **3** Kleiner, Großer ~ *die Sternbilder Kleiner, Großer Bär*

'**Wa·gen·schlag** ⟨m.⟩ *Tür eines Wagens*

Wag·gon ⟨[va'gɔ̃] m.; -s, -s⟩ **1** *Eisenbahnwagen* 1.1 *Güterwagen*

'**wag·hal·sig** ⟨Adj.⟩ = *wagehalsig*

'**Wag·nis** ⟨n.; -s·ses, -s·se⟩ *kühnes Unternehmen, Tat, die Mut erfordert;* → a. *Risiko*

Wahl ⟨f.; -, -en⟩ **1** *das Wählen(1);* Sy *Kur[2]* ⟨veralt.⟩; die ~ fiel für ihn günstig, ungünstig aus; ~ durch Handaufheben, durch Abgabe von Stimmzetteln; zur ~ gehen 1.0.1 → a. *direkt(3.3), indirekt(2.5), geheim(3)* 1.1 *Berufung zu einem Amt durch Abstimmung;* seine ~ zum Präsidenten, Kanzler **2** *Auswahl, Entscheidung zwischen mehreren Möglichkeiten;* die ~ steht dir frei; zwischen zwei Dingen die ~ haben; jmdm. die ~ lassen; eine ~ treffen; die Preisträger erhalten ein Buch nach (freier) ~; ich stehe vor der ~, dies oder das zu nehmen, zu tun; jmdn. vor die ~ stellen, dies oder das zu tun; Sie haben drei Stücke zur ~ 2.0.1 wer die ~ hat, hat die Qual *die Schwierigkeit einer freien Entscheidung nimmt einem niemand ab* 2.0.2 ich habe keine andere ~ *mir bleibt nichts anderes übrig* 2.0.3 er ist geschickt in der ~ seiner Mittel *er weiß seine M. geschickt einzusetzen, er wählt seine M. geschickt aus* 2.0.4 er ist sehr unbekümmert in der ~ seiner Mittel *er macht sich nicht viele Gedanken darüber, ob seine Mittel, seine Handlungen immer ganz einwandfrei sind* **3** *Wertklasse, Güte, Güteklasse;* Strümpfe erster, zweiter, dritter ~

'**wäh·len** ⟨V.⟩ **1** ⟨402⟩ (jmdn.) ~ *seine Stimme (für jmdn.) abgeben;* es muß ein neuer Präsident gewählt werden 1.0.1 ~ gehen ⟨umg.⟩ *zur Stimmabgabe zum Wahllokal gehen* 1.1 ⟨500⟩ jmdn. ~ *durch Abstimmung berufen;* jmdn. ins Parlament ~; jmdn. zum Präsidenten, zum König, Kaiser ~; ins Parlament, zum König gewählt werden **2** ⟨500⟩ jmdn. od. etwas ~ *sich für jmdn. od. etwas entscheiden, auswählen, aussuchen;* den richtigen Augenblick, Zeitpunkt ~; einen Beruf ~; eine Farbe, einen Stoff für ein Kleid ~; ein Gericht (auf der Speisekarte) ~ 2.0.1 haben Sie (schon) gewählt? *haben Sie sich (schon) etwas ausgesucht?* 2.1 eine Nummer ~ ⟨Tel.⟩ *die gewünschte N. auf der Nummernscheibe drehen* 2.2 seine Worte (mit Bedacht) ~ *seine W. genau überlegen (ehe man sie ausspricht)*

'wäh·le·risch ⟨Adj.⟩ *lange auswählend, anspruchsvoll, schwer zufriedenzustellen*

'wahl·frei ⟨Adj. 24/70⟩ *freigestellt, nicht Pflicht, nach eigener Entscheidung zu wählen;* ein ~es Fach; ~er Unterricht; Latein ist an unserer Schule ~

'Wahl·hei·mat ⟨f.⟩ *Gegend, die man sich als Wohnsitz erwählt hat*

'Wahl·kampf ⟨m.⟩ *Kampf der einzelnen Parteien, in dem sie sich durch Wahlpropaganda durchzusetzen suchen*

'wahl·los ⟨Adj. 24/90⟩ *ohne zu wählen, willkürlich, auf gut Glück;* ~ ein Stück herausgreifen

'Wahl·spruch ⟨m.⟩ *Leitspruch, als Richtlinie dienender Sinnspruch;* Sy *Devise(1)*

'Wahl·ur·ne ⟨f.⟩ *Behälter für die Stimmzettel bei der Wahl*

Wahn ⟨m.; -(e)s; unz.⟩ *hartnäckig beibehaltene irrige Vorstellung, grundlose Hoffnung, Selbsttäuschung, Einbildung, Irrglaube, Verblendung;* ein eitler, leerer ~; und die Treue, sie ist doch kein leerer ~ (Schiller, Die Bürgschaft); sie handelte, lebte in dem ~e, daß ...; er ist in dem ~ befangen, daß ...

'wäh·nen ⟨V. 500/R8⟩ **1** jmdn. od. etwas ~ ⟨geh.⟩ *vermuten, fälschlich annehmen, sich einbilden, glauben;* ich wähnte, er habe ... 1.1 ich wähnte dich noch in Berlin *ich glaubte, du seist noch in B.*

'Wahn·sinn ⟨m.; -(e)s; unz.⟩ **1** *Geisteskrankheit, geistige Umnachtung;* dem ~ verfallen sein; in ~ verfallen **2** ⟨fig.; umg.⟩ *Torheit, Unsinn, abwegiger u. meist auch gefährl. Einfall;* Sy *Wahnwitz;* das ist doch (heller) ~!

'wahn·sin·nig ⟨Adj.⟩ **1** *geistesgestört, geisteskrank;* ~ werden **2** ⟨fig.; umg.⟩ *unvernünftig, verrückt;* das macht mich ~; bist du ~?; ich könnte ~ werden (vor Ungeduld usw.) **3** ⟨fig.; umg.⟩ *sehr, außerordentlich;* ich habe ~e Schmerzen; ich habe mich ~ gefreut, geärgert; ~ teuer; ~ verliebt; es tut ~ weh

'Wahn·witz ⟨m.; -es; unz.⟩ = *Wahnsinn(2)*

wahr ⟨Adj.⟩ **1** *der Wahrheit, der Wirklichkeit, den Tatsachen entsprechend, wirklich, tatsächlich (geschehen);* eine ~e Begebenheit, Geschichte; das ist zu schön, um ~ zu sein; ist das ~?; das ist (ja gar) nicht ~!; so ~ mir Gott helfe! (Schwurformel); so ~ ich lebe!, so ~ ich hier stehe! (Beteuerungsformel) 1.0.1 jetzt zeigt er sein ~es Gesicht ⟨fig.⟩ *jetzt zeigt er, wie er wirklich ist, denkt* 1.0.2 seine Absicht, Behauptung, Drohung ~ machen *in die Tat umsetzen, realisieren* 1.0.3 das ist schon gar nicht mehr ~ ⟨fig.; umg.⟩ *das ist schon so lange her, daß man kaum noch daran denkt* 1.0.4 ~ werden *Tatsache werden, wirklich geschehen* **2** *nicht gelogen, richtig, irrtumsfrei, zutreffend;* es ist kein ~es Wort daran; das einzige Wahre an der Geschichte ist, daß ...; etwas für ~ halten; er hat ~ gesprochen ⟨geh.⟩ 2.0.1 das ist ein ~es Wort *damit hast du wirklich recht* 2.0.2 das ist nicht das Wahre ⟨umg.⟩ *das ist nicht ganz das Richtige, das gefällt mir nicht recht* 2.0.3 es ist etwas Wahres daran *es ist zum Teil richtig, es ist nicht ganz falsch* 2.0.4 nicht ~? *ist es nicht so?, verstehst du?* 2.0.5 etwas nicht ~ haben wollen *bestreiten* **3** ⟨geh.⟩ *aufrichtig, echt;* er ist ein ~er Freund **4** ⟨60; verstärkend⟩ *wirklich, geradezu;* es ist ein ~es Glück, eine ~e Schande; die Kunstsprünge, Übungen an den Geräten usw. waren eine ~e Pracht; es war eine ~e Pracht, wie er ihm die Meinung sagte; es ist ein ~er Segen, daß ...; darauf brach ein ~er Sturm der Begeisterung, Entrüstung, Empörung los; es war mir eine ~e Wonne, ein ~es Vergnügen

'wah·ren ⟨V. 500⟩ eine Sache ~ **1** *schützen, verteidigen;* Rechte, Interessen ~ **2** *erhalten, aufrechterhalten;* den Schein ~

'wäh·ren ⟨V.410⟩ etwas währt ⟨geh.⟩ **1** *dauern, Zeit in Anspruch nehmen;* das Fest währte drei Tage; es währte nicht lange; was lange währt, wird endlich gut ⟨Sprichw.⟩ **2** *bestehen (bleiben);* ewig ~d

'wäh·rend ⟨Präp. m. Gen., umg. a. m. Dat.⟩ **1** *zur Zeit (als..., des ..., der ...), im Verlauf (von);* ~ des Essens; ~ zweier Tage; ~ dieser Zeit; ~ wir davon sprachen **2** ⟨umg.⟩ *wohingegen;* der eine spart, ~ der andere sein Geld verschwendet

wäh·rend'des·sen ⟨Konj.⟩ *während dieser Zeit, während dieses geschah;* ich war zwei Stunden in der Stadt, und ~ hatte er mehrmals angerufen; ich habe noch zu arbeiten, du kannst ~ etwas lesen

'wahr·haft ⟨Adj.⟩ **1** *wirklich, echt;* ein ~er Mensch **2** ⟨50⟩ *wirklich, tatsächlich;* ein ~ fürstliches Mahl; eine ~ große Tat

wahr'haf·tig ⟨Adj. 70⟩ **1** *wahrheitsliebend, aufrichtig;* ~er Gott! (Ausruf der Überraschung); ich habe es ~en Gottes nicht getan (eigtl.: beim Namen des ~en Gottes; Beteuerung) **2** ⟨50⟩ *wirklich, tatsächlich, fürwahr, wahrlich;* das geht ihn doch ~ nichts an; er ist ~ kein Dummkopf; ich weiß es ~ nicht; wirklich und ~ ⟨verstärkend⟩ 2.1 ~! *wirklich!, es ist wahr!* 2.2 ~? *wirklich?, stimmt das?, tatsächlich?*

'Wahr·heit ⟨f.; -, -en⟩ **1** ⟨unz.⟩ *das Wahre, wahrer, richtiger Sachverhalt, Übereinstimmung mit den Tatsachen;* die ~, die ganze ~ und nichts als die ~ (alte Schwur-, Beteuerungsformel); Dichtung und ~ (Titel der Autobiographie Goethes); die ~ einer Behauptung anzweifeln; das entspricht (nicht) der ~; um die ~ zu gestehen, es war so: ...; die ~ sagen; der ~ gemäß, getreu antworten, berichten; die lautere, nackte, reine, volle ~; ich zweifle an der ~ seiner Worte; seine Behauptung beruht auf ~ 1.0.1 Kinder und Narren sagen die ~ ⟨Sprichw.⟩ *Kinder sind zu unschuldig u. Narren zu dumm, als daß sie lügen könnten* 1.0.2 jmdm. die ~ sagen ⟨fig.; umg.⟩ *jmdm. deutlich* *seine Meinung sagen, ihm sagen, was einem an ihm mißfällt* 1.0.3 etwas schlägt der ~ ins Gesicht ⟨fig.; umg.⟩ *widerspricht offenkundig dem wahren Sachverhalt;* diese Behauptung schlägt der ~ ins Gesicht 1.0.4 bei der ~ bleiben *nicht lügen* 1.0.5 in ~ verhält es sich so *in Wirklichkeit* 2 *Tatsache;* es ist eine alte ~, daß ...; eine bittere, traurige ~; ich habe ihm ein paar unangenehme ~en sagen müssen

'wahr·lich ⟨Adv.⟩ *wirklich, tatsächlich, fürwahr;* das ist ~ eine gute Tat; das ist ~ kein Vergnügen; ~, ich sage euch ... ⟨bibl.⟩

'wahr|neh·men ⟨V. 189/500⟩ **1** etwas ~ *durch die Sinnesorgane aufnehmen, bemerken;* ein Geräusch ~; in der Ferne einen Lichtschein ~ **2** eine Sache ~ *nutzen, ausnutzen;* die Gelegenheit ~, etwas zu tun 2.1 eine Frist ~ *benutzen, einhalten* 2.2 jmds. Interessen ~ ⟨fig.⟩ *vertreten, so handeln, wie es in jmds. Interesse liegt* 2.3 ein Recht ~ *behaupten*

'wahr|sa·gen ⟨V. 402⟩ eine (Sache) ~ ⟨im Volksglauben⟩ *Zukünftiges vorhersagen, voraussagen;* sich ~ lassen; aus dem Flug der Vögel, aus der Hand, aus den Karten ~

wahr'schein·lich ⟨Adj.⟩ *vermutlich, es ist anzunehmen, daß ...;* der ~e Täter; ~ kommt er heute noch; er ist ~ schon fort; das ist möglich, aber nicht ~; es ist ~, daß ...

'Wäh·rung ⟨f.; -, -en⟩ → a. *Valuta(2)* **1** *gesetzl. Geldordnung eines Landes* **2** *die der Währung(1) zugrunde liegende Geldeinheit;* Dollar~; in deutscher, ausländischer ~ **3** *die Art u. Weise, wie das umlaufende Geld gedeckt ist;* Gold~, Silber~, Papier~

'Wahr·zei·chen ⟨n.⟩ *charakterist. Merkmal, symbol. Denkmal;* ~ einer Stadt; der Petersdom ist das ~ Roms

'Wai·se ⟨f.; -, -n⟩ **1** *elternloses Kind* **2** *reimlose Zeile in gereimtem Gedicht*

Wal ⟨m.; -(e)s, -e⟩ *Angehöriger einer Ordnung völlig an das Wasserleben angepaßter Säugetiere: Cetacea*

Wald ⟨m.; -(e)s, ¨er⟩ **1** *größere Fläche mit dichtem Baumwuchs;* durch ~ und Feld streifen; die Tiere des ~es; Wiesen und Wälder; dichter, dunkler, finsterer, herbstlicher, verschneiter, winterlicher ~; tief im ~ 1.0.1 er sieht den ~ vor lauter Bäumen nicht ⟨fig.; umg.⟩ *er bemerkt nicht, was doch vor ihm steht, was offensichtlich ist* 1.0.2 wie man in den ~ hineinruft, so schallt es wieder heraus ⟨Sprichw.⟩ *so, wie man einen anderen behandelt, wird man selbst auch von ihm behandelt* **2** ⟨fig.⟩ *große, dichte Menge (bes. von aufrechtstehenden Gegenständen);* ein ~ von Fahnen, Masten, Antennen

'wal·ken ⟨V. 500⟩ **1** Felle ~ *schlagen, kneten, stoßen, um sie geschmeidig zu machen* **2** Haare, Fasern ~ *miteinander verfilzen (bei der Tuchherstellung)* **3** Blech ~ *durch hintereinanderliegende, versetzt angeordnete Walzenpaare führen u. dabei hin u. her biegen* **4** jmdn. ~ ⟨fig.; umg.⟩ *prügeln*

Wall[1] ⟨m.; -(e)s, ¨e⟩ **1** *langgestreckte Aufschüttung von Erde zur Befestigung u. Einfriedigung* 1.1 ~ und Graben *Burganlage* **2** ⟨fig.⟩ = *Bollwerk*

Wall[2] ⟨m. 7; -(e)s, -e⟩ *Zählmaß, 80 Stück (bes. bei Fischen);* 1 ~ Heringe

'Wal·lach ⟨m.; -s, -e⟩ *verschnittener Hengst*

'wal·len[1] ⟨V. 400(h.) od. (s.)⟩ etwas wallt **1** *siedet, kocht, sprudelt* **2** ⟨geh.⟩ *fällt in langen Wellen, Locken, weichen Falten;* die Locken wallten ihr über Schultern u. Rücken; ein ~des Gewand; ~des Haar

'wal·len[2] ⟨V. 411(s.); veralt.⟩ **1** eine Wallfahrt machen **2** ⟨poet.⟩ *dahinziehen, pilgern*

'Wall·fahrt ⟨f.⟩ *Fahrt od. Fußreise zu einem religiös bedeutsamen Ort*

'Wal·lung ⟨f.; -, -en⟩ **1** *das Wallen[1](1)* 1.1 sein Blut geriet in ~ ⟨fig.⟩ *er wurde erregt, zornig* **2** ⟨Med.⟩ *Blutandrang* **3** ⟨fig.⟩ *Aufregung, Erregung;* jmdn. in ~ bringen; in ~ geraten

'Walm·dach ⟨n.⟩ *Satteldach mit Abschrägung über dem Giebel*

'Wal·roß ⟨n.⟩ *Robbe mit zu Hauern umgebildeten oberen Eckzähnen: Odobenus rosmarus*

'wal·ten ⟨V.; geh.⟩ **1** ⟨400⟩ etwas waltet *wirkt, herrscht, ist da;* hier ~ gute, hilfreiche, rohe Kräfte; das Walten der Natur, der Naturgesetze 1.0.1 Gnade ~ lassen *Nachsicht üben* 1.0.2 Vorsicht ~ lassen *vorsichtig sein* **2** ⟨410⟩ *nach Belieben handeln, über etwas gebieten;* im Hause ~ 2.0.1 → a. *schalten(3.1)* 2.1 ⟨700⟩ seines Amtes ~ *sein Amt versehen, tun, was seines Amtes ist* **3** ⟨500; veralt.; nur noch in der Wendung⟩ das walte Gott! *das möge Gott geben!*

'Wal·ze ⟨f.; -, -n⟩ **1** *zylindrischer Körper mit kreisförmigem Querschnitt* **2** *aus Stahl, Holz u. a. Werkstoffen gefertigtes Maschinenteil in dieser Form;* Acker~, Dampf~, Druck~, Kalander~; Schreibmaschinen~, Straßen~ 2.1 immer wieder dieselbe ~! ⟨fig.; umg.⟩ *immer wieder dasselbe Thema!* **3** ⟨früher⟩ *Wanderschaft der Handwerksburschen;* auf der ~ sein

'wal·zen ⟨V.⟩ **1** ⟨500⟩ etwas ~ *mit einer Walze bearbeiten, pressen, glätten* **2** ⟨400; früher scherzh.⟩ *(Walzer) tanzen*

'wäl·zen ⟨V. 500⟩ **1** jmdn. od. etwas ~ *rollend bewegen;* sich auf dem Boden ~; Klößchen in Mehl, Semmelbröseln ~; sich im Schnee, Gras ~; sich (im Bett, im Schlaf) von einer Seite auf die andere ~; einen Stein vor eine Öffnung ~ 1.0.1 ⟨514/R3⟩ sich vor Lachen ~ ⟨fig.; umg.⟩ *heftig lachen* 1.0.2 das ist ja zum Wälzen ⟨fig.; umg.⟩ *sehr komisch* 1.1 Bücher ~ ⟨fig.; umg.⟩ *in Büchern nachschlagen* 1.2 Probleme ~ ⟨fig.; umg.⟩ *von allen möglichen Seiten betrachten, erörtern* 1.3 ⟨511⟩ die Schuld auf einen anderen ~ ⟨fig.⟩ *die S. jmd. anderem zuschieben*

'Wal·zer ⟨m.; -s, -⟩ *Gesellschaftstanz im 3/4-Takt, urspr. Rundtanz*

'Walz·werk ⟨n.⟩ *Anlage zum Umformen von Metallen, die durch Walzen geführt werden;* Kalt~, Pilgerschritt~, Warm~

'Wam·me ⟨f.; -, -n⟩ **1** *Hängefalte zwischen Kehle u. Brust (z. B. bei Rindern u. Hunden)* **2** ⟨Kürschnerei⟩ *Bauchteil von Fellen;* Bisam~ **3** ⟨mitteldt., oberdt.⟩ *Bauch, Bauchfleisch* **4** *fetter Bauch*

Wams ⟨n.; -es, ¨er⟩ **1** ⟨13./14. Jh.⟩ *unter der Rüstung getragener Männerrock* **2** ⟨15./17. Jh.⟩ *enganliegende Jacke mit Schoß für Männer*

Wand ⟨f.; -, ¨e⟩ **1** *seitl. Begrenzung eines Raumes;* Gefäß~, Zimmer~; Holz~; die Wände tünchen, tapezieren, weißen; ich hätte vor

Schmerzen an den Wänden hinaufklettern, hochgehen können ⟨fig.; umg.⟩; ich könnte vor Schmerzen mit dem Kopf gegen die ~ rennen ⟨umg.⟩ 1.0.1 hier haben die Wände Ohren ⟨fig.⟩ *hier wird man belauscht* 1.0.2 in seinen vier Wänden ⟨fig.⟩ *daheim, zu Hause* 1.0.3 jmdn. an die ~ drücken ⟨fig.⟩ *jmdn. in den Hintergrund drängen, in seinem Wirken behindern, nicht zu Wort kommen lassen* 1.0.4 die anderen Schauspieler an die ~ spielen ⟨fig.⟩ *so viel besser spielen, daß die anderen S. kaum zur Geltung kommen* 1.0.5 zusehen, daß man mit dem Rükken an die ~ kommt ⟨fig.; umg.⟩ *seinen Vorteil wahren* 1.0.6 jmdn. an die ~ stellen ⟨fig.⟩ *erschießen* 1.0.7 das ist, um an den Wänden hochzugehen ⟨fig.; umg.⟩ *das ist empörend, zum Verzweifeln* 1.0.8 → a. *Kopf(6.3)* 1.0.9 sie wurde weiß wie eine ~, wie die ~ *sehr blaß, ganz weiß* 1.1 *Trennungsfläche zwischen Räumen;* Zwischen~ 1.1.1 ~ an ~ wohnen *unmittelbar nebeneinander, benachbart* 1.1.2 bei ihm redet man wie gegen eine ~ ⟨umg.⟩ *er ist nicht einsichtig, nicht zu überzeugen* 1.1.3 zwischen uns steht eine ~ ⟨fig.⟩ *wir verstehen einander nicht, sind einander fremd* **2** *steiler Bergabhang;* Berg~, Fels~; eine ~ bezwingen, erklettern (beim Bergsteigen) **3** ⟨Bgb.⟩ *größeres Gesteinsstück* **4** ⟨fig.⟩ *steil aufragende, große Fläche;* Wolken~

'Wan·del ⟨m.; -s; unz.⟩ **1** *Wandlung, Wechsel;* Bedeutungs~, Gesinnungs~, Gestalt~, Laut~; es ist ein grundlegender ~ eingetreten; es hat sich ein tiefgreifender ~ vollzogen **2** ⟨veralt.; nur noch in der Wendung⟩ Handel und ~ *Handel und Verkehr*

'wan·deln ⟨V.⟩ **1** ⟨500/R7⟩ j m d n. od. e t w a s ~ *einem Wandel unterwerfen, verwandeln, verändern;* seine Ansichten haben sich (grundlegend) gewandelt 1.0.1 ⟨R3⟩ alles wandelt sich *nichts ist beständig* **2** ⟨410(s.)⟩ *langsam, geruhsam gehen, schreiten, lustwandeln;* auf und ab ~; im Park, unter Bäumen ~ 2.1 ~des Blatt *Gespenstheuschrecke Ostindiens, die mit grünem, abgeflachtem Körper u. verbreiterten Beinen einem Eichenblatt ähnlich sieht: Phyllium siccifolium* 2.2 er ist die ~de Güte ⟨fig.⟩ *er ist sehr, außerordentlich gütig* 2.3 er sieht aus wie eine ~de Leiche ⟨umg.⟩ *er sieht erschreckend blaß aus* 2.4 er ist ein ~des Lexikon ⟨fig.⟩ *er hat ein umfangreiches Wissen*

'Wan·der·lust ⟨f.⟩ *Freude am Wandern*

'wan·dern ⟨V. 400(s.)⟩ **1** *von einem Ort zum anderen ziehend größere Strecken zurücklegen;* ein ~der Händler, ~de Völker 1.0.1 ~der H a n d w e r k s b u r s c h e ⟨früher⟩ *Handwerksgeselle während der vorgeschriebenen Wanderzeit* 1.1 *zu Fuß reisen, zu Fuß weit umhergehen, weit marschieren;* wir sind heute fünf Stunden gewandert; durch den Wald ~; das Wandern ist des Müllers Lust (Anfang eines Liedes von W. Müller) 1.2 manche T i e r e ~ *suchen sich regelmäßig einen anderen Wohnplatz, Laichplatz;* Lachse ~ zum Laichen die Flüsse hinauf 1.3 e t w a s wandert *wechselt seinen Standort;* Wolken ~ am Himmel; ~de Dünen 1.4 B l i c k e, G e d a n k e n ~ *schweifen;* sie ließ ihre Blicke über die Möbel, die Bilder ~ 1.5 K u l t u r g ü t e r ~ *gelangen in andere Gegenden, werden verbreitet;* Märchenmotive ~ von einem Volk zum andern **2** *gebracht werden, (weiter)gegeben werden;* der Brief ist gleich ins Feuer, in den Papierkorb gewandert; seine Uhr ist schon längst ins Leihhaus gewandert; ins Gefängnis ~

'Wan·der·schaft ⟨f.; -; unz.⟩ *das Wandern, Zeit des Wanderns (früher bei Handwerksburschen);* auf die ~ gehen, ziehen; auf (der) ~ sein

'Wan·de·rung ⟨f.; -, -en⟩ **1** *Ausflug zu Fuß;* eine weite ~ machen, unternehmen **2** *Wechsel des Wohnsitzes (von Völkern u. Tieren)*

'Wand·lung ⟨f.; -, -en⟩ **1** *Wandel, Wechsel, Änderung, Veränderung;* Sinnes~; mit ihm ist eine ~ vor sich gegangen; äußere, innere ~ **2** *zweiter Hauptteil der kath. Messe, in dem Brot u. Wein in Leib u. Blut Christi verwandelt werden* **3** ⟨Rechtsw.⟩ *Rückgängigmachung eines Kauf- od. Werkvertrages bei Mängeln in der Ware od. in der Dienstleistung;* auf ~ klagen

'Wan·ge ⟨f.; -, -n⟩ **1** ⟨geh.⟩ = *Backe(1);* bleiche, dicke, eingefallene, frische, rote, runde ~n; jmdn. auf die ~ küssen; die ~ in die Hand stützen 1.0.1 das Blut, die Röte stieg ihm in die ~n ⟨poet.⟩ *er wurde rot* **2** *die seitliche Region des Kopfes (bei Trilobiten u. Insekten): Gena* **3** *Seitenwand, Seitenteil, z. B. von Maschinen* 3.1 *Seitenwand eines Sitzes des Chorgestühls* 3.2 *die Setz- u. Trittstufen tragender Teil einer Treppe* 3.3 ⟨Bgb.⟩ *seitl. Begrenzungsfläche einer Strecke*

'wan·kel·mü·tig ⟨Adj.⟩ *wechselnd in der Gesinnung, in den Ansichten, unbeständig*

'wan·ken ⟨V. 400⟩ **1** ⟨403/R5⟩ *sich unsicher, heftig hin- u. herbewegen, sich neigen u. umzufallen, einzustürzen drohen;* die Knie wankten mir; der Boden wankte ihm unter den Füßen; die Brücke, der Schrank geriet ins Wanken 1.1 ⟨(s.)⟩ *sich stark von einer Seite auf die andere schwankend fortbewegen;* er konnte nur noch zu einem Stuhl ~ **2** *unsicher, unbeständigen Sinnes sein, in seiner Meinung unsicher werden, schwanken* 2.0.1 jmds. Entschluß ins Wanken bringen *jmdn. in seinem E. unsicher machen* 2.0.2 jmdn. in (seinem Entschluß) ~d machen *jmdn. an der Richtigkeit seines Entschlusses zweifeln lassen* 2.0.3 in seinem Entschluß ~d werden *unsicher werden, an der Richtigkeit seines Entschlusses zweifeln* **3** nicht ~ und nicht weichen *standhaft bleiben, seine Stellung behaupten* 3.0.1 ich werde nicht ~ und nicht weichen, bis du mir versprichst ... *so lange warten, hierbleiben* 3.0.2 er wankte und wich nicht *er ging nicht fort, blieb hartnäkkig sitzen, stehen* 3.0.3 der Schrank wankt und weicht nicht *ist nicht von der Stelle zu bringen*

wann ⟨Adv.⟩ **1** *zu welcher Zeit, um welche Zeit;* ~ ist Goethe geboren?; ich weiß noch nicht, ~ ich komme; ~ kommst du?; ~ treffen wir uns?; bis ~ kannst du bleiben?; seit ~ bist du schon da?; von ~ bis ~ hast du Unterricht? 1.1 ~ (auch) immer *gleichgültig, zu welcher Zeit* 1.2 → a. *dann(4.1)*

'Wan·ne ⟨f.; -, -n⟩ **1** *größeres, ovales Gefäß aus Metall, Holz od. Kunststoff;* Bade~, Wasch~ 1.1 *Wanne(1) zum Baden;* Wasser in die ~ laufen lassen 1.1.1 in die ~ steigen ⟨umg.⟩ *ein Bad nehmen*

Wanst[1] ⟨m.; -es, ¨-e⟩ *dicker Bauch*

Wanst[2] ⟨n.; -es, ⸚e; abwertend od. grob scherzh.⟩ *kleines Kind*

'Wan·ze ⟨f.; -, -n⟩ **1** *Angehörige einer Unterordnung der Schnabelkerfe mit unvollkommener Verwandlung: Heteroptera* 1.1 ⟨i. e. S.⟩ *Angehörige einer Gruppe auf dem Land lebender Wanzen(1), die als säugend-stechende Parasiten leben: Geocorisae* 1.1.1 ⟨i. e. S.⟩ *Angehörige einer Familie der Wanzen(1.1), die parasitär auf Warmblütern leben: Cimicidae* **2** ⟨umg.⟩ *versteckt angebrachtes Mikrophon, mit dessen Hilfe heimlich Gespräche überwacht werden können*

'Wap·pen ⟨n.; -s, -⟩ **1** ⟨urspr.⟩ *Abzeichen eines Ritters an Helm u. Schild als Erkennungszeichen* **2** ⟨später⟩ *nach herald. Regeln bildlich gestaltetes Abzeichen von Personen od. Gemeinwesen;* Amts~, Familien~; er führt einen Löwen im ~

'wapp·nen ⟨V. 500; geh.⟩ **1** jmdn. ~ *bewaffnen* **2** ⟨516/R3⟩ sich gegen etwas ~ ⟨fig.⟩ *sich auf etwas gefaßt machen;* gegen einen solchen Angriff war ich nicht gewappnet **3** ⟨510/R3⟩ sich mit Geduld ~ ⟨fig.⟩ *sich vornehmen, G. zu üben*

'Wa·re ⟨f.; -, -n⟩ **1** *Handelsgut, käufl. od. verkäufl. Sache od. Menge von Sachen;* seine ~n auslegen, feilbieten; die ~n (mit dem Preisschild) auszeichnen; das Betasten der ~ ist verboten; diese ~ führen wir nicht; gute, schlechte, erstklassige, hochwertige ~; wir bekommen heute wieder neue ~ herein; eine ~ auf den Markt bringen; den Markt mit ~n überschwemmen 1.0.1 → a. *gut(1.0.2 - 1.0.3)*

'Wa·ren·haus ⟨n.⟩ *Kaufhaus für Waren aller Art im Einzelhandel*

'Wa·ren·pro·be ⟨f.⟩ **1** *Probe, Muster einer Ware zur Ansicht* **2** ⟨Post⟩ *Mustersendung zu ermäßigter Gebühr, Muster ohne Wert*

warm ⟨Adj.⟩ **1** *eine angenehme Temperatur zwischen kalt u. heiß aufweisend;* ~es Essen; ~e Getränke; ~e Quellen; ~er Regen, Wind; ~es Wetter; ~e Würstchen; ein ~es Zimmer haben; jmdm. das Essen noch einmal ~ machen; es ist ~ draußen; hier ist es ~; mir ist ~; die Heizung auf Warm stellen; ich habe seit drei Tagen nichts Warmes gegessen; hier ist es schön, herrlich, mollig ~ ⟨umg.⟩ 1.0.1 ein ~er Herbst, Winter *milder H., W.* 1.0.2 ~ baden *in warmem Wasser baden* 1.0.3 ~ essen *eine gekochte u. warme Mahlzeit zu sich nehmen* 1.0.4 Alkohol, Kaffee macht ~ ⟨umg.⟩ *wärmt* 1.0.5 sich ~ waschen *mit warmem Wasser* 1.0.6 das Essen ~ halten, stellen *auf den Herd od. ins Ofenrohr stellen, um es nicht kalt werden zu lassen* 1.0.7 sich ~ laufen *sich durch Laufen erwärmen* 1.0.8 ~ sitzen *an einem Platz sitzen, an dem man nicht friert* 1.1 ~e Miete ⟨umg.⟩ *M. einschließlich Heizungskosten* 1.2 etwas geht weg wie ~e Semmeln ⟨fig.; umg.⟩ *wird schnell u. leicht verkauft* **2** *Wärme speichernd, wärmend, vor Kälte schützend;* ~e Kleidung 2.0.1 sich ~ anziehen *wärmende Kleidung anziehen* 2.0.2 sich ~ halten *sich wärmend bekleiden, sich vor Kälte schützen* 2.0.3 jmdn. ~ zudecken *mit wärmenden Decken* 2.0.4 in einem ~en Nest sitzen ⟨fig.⟩ *geborgen sein, sorgenfrei leben können* **3** ⟨fig.⟩ *herzlich, freundlich, gefühlsbetont;* ~e Anteilnahme, Begrüßung; ein ~es Gefühl der Dankbarkeit, Zuneigung; ~e Worte des Dankes, der Freude; jmdm. ~ die Hand drücken; „...!" sagte er ~ **3.0.1** ein ~es Herz haben ⟨fig.⟩ *mitfühlend sein* **3.0.2** jmdm. wird es ~ ums Herz *jmd. empfindet ein positives Gefühl;* es wird einem ~ ums Herz, wenn ...; es wurde ihr ~ ums Herz, als sie das sah, hörte, las **3.1** ⟨40⟩ ~ werden ⟨fig.⟩ *allmählich Anteil nehmen, Interesse zeigen, vertraut werden* 3.1.1 in einer Stadt ~ werden *heimisch werden* 3.1.2 ich kann mit ihm, ihr nicht ~ werden ⟨fig.⟩ *ich bekomme keinen inneren, herzlichen Kontakt mit ihm, ihr* 3.2 jmdm. etwas ~, wärmstens empfehlen ⟨fig.⟩ *sehr, dringend, aufrichtig empfehlen* **4** ~e Farben *F. mit Rot od. Gelb als vorherrschendem Bestandteil;* ein ~es Braun, Rot **5** ⟨60⟩ ~er Bruder ⟨umg.⟩ *Homosexueller* **6** ~e Fährte ⟨jägerspr.⟩ *frische F.* **7** ⟨Tech.⟩ *heiß, glühend;* Ggs *kalt* 7.1 ~ abreißen ⟨umg.; scherzh.⟩ *ein Gebäude, das jmd. abreißen will, rechtswidrig durch Feuer vernichten (lassen)*

'Wär·me ⟨f.; -; unz.⟩ **1** *warmer Zustand, angenehme Temperatur zwischen kalt u. heiß, Temperatur über 10 °C;* Ggs *Kälte* 1.0.1 zehn Grad ~ *eine Temperatur von + 10 °C* 1.0.2 ist das eine ~! *hier ist es sehr warm!* 1.0.3 komm herein in die ~ ⟨umg.⟩ *ins warme Zimmer* **2** ⟨fig.⟩ *Herzlichkeit, aufrichtige Freundlichkeit;* jmdn. mit ~ begrüßen, empfangen, willkommen heißen **3** ⟨Phys.⟩ *durch die Eigenbewegung von Molekülen verursachte Form der Energie*

'wär·men ⟨V.⟩ **1** ⟨500/R7 od. R8⟩ jmdn. od. etwas ~ *warm machen, erwärmen;* komm herein und wärme dich; jmdm. od. sich das Essen ~; sich die Hände, Füße am Ofen ~ **2** ⟨400⟩ etwas wärmt *gibt Wärme, hält warm;* Kaffee, Alkohol wärmt; Wolle wärmt

'warm|hal·ten ⟨V. 160/530/R1⟩ sich jmdn. ~ ⟨fig.; umg.⟩ *sich jmds. Wohlwollen erhalten*

'warm·her·zig ⟨Adj.⟩ *ein warmes Herz für andere habend, mitfühlend, hilfsbereit u. herzlich*

'Warm·zeit ⟨f.⟩ *der zwischen den quartären Eiszeiten liegende warme Zeitabschnitt;* Ggs *Eiszeit*

'war·nen ⟨V. 500/R8⟩ **1** ⟨550⟩ jmdn. vor etwas od. jmdm. ~ *von drohendem Unheil benachrichtigen, auf eine Gefahr hinweisen;* vor Taschendieben wird gewarnt (Aufschrift auf Warnschildern in Kaufhäusern usw.) **2** jmdn. ~ *drohend auffordern, von etwas abzulassen, etwas zu tun od. nicht zu tun;* ich warne dich, Sie!; er erhob ~d den Finger; „...!" sagte er ~d

'War·nung ⟨f.; -, -en⟩ **1** *Hinweis auf drohendes Unheil, auf Gefahr;* ohne ~ schießen **2** *Lehre für die Zukunft;* das soll dir eine ~ sein; laß es dir als, zur ~ dienen!

'War·te ⟨f.; -, -n⟩ **1** *Beobachtungs-, Wachtturm;* Wetter~ **2** ⟨fig.⟩ *überlegener Standpunkt;* etwas von der hohen ~ aus betrachten

'war·ten[1] ⟨V. 405⟩ **1** (auf jmdn. od. etwas) ~ *sich gedulden u. verweilen, bis jmd. kommt od. etwas eintritt, verweilen u. Kommendes od. jmdn., der kommen soll, herbeiwünschen, für Kommendes od. einen Kommenden bereit sein;* na, warte! (wenn ich dich erwische!; leichte Drohung); warte einen Augenblick!; hinter der nächsten Ecke wartet vielleicht schon der Tod; komm schnell, der Zug wartet nicht; kann ich gleich darauf (auf Erledigung, auf Antwort usw.) ~?; wie lange soll ich noch ~?; schmerzlich, sehnsüchtig, ungeduldig ~; stundenlang, tagelang ~; warte auf mich!; daheim wartete eine Überraschung auf ihn; auf den Tod ~; auf ein Zeichen ~; ich habe lange (auf dich) gewartet; da kannst du lange ~!; ich kann nicht länger ~; wir wollen mit dem Essen noch etwas ~; nach langem Warten war es endlich so weit; ich habe so (auf dich) gewartet!; beeil dich, ich warte so lange! 1.0.1 das kann ~ *das hat Zeit* 1.0.2 er läßt lange auf sich ~ *es dauert lange, bis er kommt* 1.0.3 die Wirkung ließ nicht auf sich ~ *die W. erfolgte sofort* 1.0.4 auf den habe ich gerade noch gewartet! ⟨umg.; iron.⟩ *der kommt mir wirklich ungelegen* 1.0.5 → a. *schwarz(2.03)*

'war·ten² ⟨V. 500⟩ jmdn. od. etwas ~ *pflegen, betreuen, für jmdn. od. etwas sorgen;* Blumen, Kinder, Kranke ~; eine Maschine ~

'Wär·ter ⟨m.; -s, -⟩ *jmd., der jmdn. od. etwas wartet, Hüter, Pfleger, Betreuer;* Bahn~, Kranken~, Leuchtturm~, Tier~

...wärts ⟨Nachs. in Zus.⟩ *in Richtung auf (... hin);* himmelwärts, seewärts, abwärts, aufwärts, seitwärts, rückwärts, vorwärts

war'um ⟨Adv.⟩ *aus welchem Grund, weshalb;* ~ hast du das getan?; sag mir, ~ du das getan hast; ich weiß nicht, ~ (das so ist usw.); nach dem Warum und Woher, nach dem Warum und Weshalb fragen; ~ nicht?; ~ nicht gar! (Ausruf der Ablehnung); ~ nicht gleich?; ~ (bist du) so ernst?

'War·ze ⟨f.; -, -n⟩ *hornige Wucherung der Haut, bes. an Gesicht und Händen: Verruca*

was ⟨Pron.⟩ **1** ⟨Interrogativpron.⟩ 1.1 ⟨Gen. wessen, veralt. wes⟩ *(Ausdruck, der nach einer Sache, einem Vorgang fragt);* ~ findest du daran so schön?; ~ führt dich zu mir?; ~ gibt es Neues?; ~ hast du, ~ fehlt dir?; ~ kostet das Buch?; ~ machst du da?; ~ meinst du dazu?; ~ doch alles passieren kann!; ~ hast du gesagt?; ~ ist?; ~ ist denn (geschehen)?; ~ ist ihr Vater von Beruf?; ~ ist aus ihm geworden?; ~ ist schon dabei, wenn ...; ~ es auch (immer) sei; ~ soll das bedeuten?; ~ soll ich (nur) tun?; ~ weißt du denn davon!; ~ wissen Sie über ...?; ~ ich aber auch alles wissen soll!; ~ willst du?; ~ denn?; ~ auch immer geschehen mag 1.1.1 an ~ denkst du? ⟨umg.⟩ *woran* 1.1.2 auf ~ wartest du noch? ⟨umg.⟩ *worauf;* es kommt hier nicht nur auf das Was, sondern auch auf das Warum an 1.1.3 für ~ hältst du das? ⟨umg.⟩ *wofür* 1.1.4 mit ~ beschäftigst du dich gerade? ⟨umg.⟩ *womit* 1.1.5 um ~ handelt es sich? ⟨umg.⟩ *worum* 1.2 ~ für (ein) = *welche(r, -s)(1.1);* ~ sind das für Blumen?; ~ für ein Buch möchten Sie?; ~ für ein Tier ist das? 1.2.1 ~ für (ein) ...! *Ausruf des Staunens, der Bewunderung, des Entsetzens;* ~ für ein Lärm!; ~ für ein schönes Kind!; ~ sind das für Sachen, Geschichten! 1.3 *wie;* ~ ist das doch schwierig ⟨umg.⟩; ~ hast du dich verändert! 1.3.1 ~? ⟨unhöflich⟩ *wie bitte, ich habe nicht verstanden* 1.3.2 ~ ist die Uhr? ⟨süddt.⟩ *wie spät ist es?* 1.4 *wieviel;* ~ bekommen Sie dafür (an Geld)? 1.5 ~ rennst du so schnell ⟨umg.⟩ *warum* 1.6 ~ Wunder, daß ...! *ist es ein W., daß ...?* 1.7 ~! *(Ausruf der Überraschung);* ~, das weißt du nicht?; ~ du nicht sagst! 1.7.1 ~ weiß ich! *ich habe keine Ahnung, ich weiß es nicht* 1.7.2 er hat ~ weiß ich alles getan *alles mögliche, vieles* **2** ⟨Relativpron.⟩ 2.1 ⟨Gen. wessen, veralt. wes⟩ *(Ausdruck für eine unbestimmte Sache, einzelne Dinge od. einen ganzen Satz);* ~ mich betrifft (erg.: das, ~ ...); erzähle, ~ du erlebt hast!; das ist doch das Schönste, ~ es gibt; zeig, ~ du kannst!; ich weiß nicht, ~ ich sagen soll; ~ ich noch sagen, fragen wollte: ... (als Einleitung); das Beste, ~ du tun kannst, ist ...; sag mir, ~ du (eigentlich) willst; du kannst machen, sagen ~ du willst, er tut es doch nicht; komme, ~ da wolle; alles, manches, vieles, ~ ich hier gesehen, gehört habe; das, ~ du sagst, stimmt nicht; das ist etwas, ~ ich tief bedauere, ~ mir viel Freude macht, ~ ich nicht verstehe; früh krümmt sich, ~ ein Häkchen werden will ⟨Sprichw.⟩ 2.2 lauf, ~ du kannst! *so sehr, so schnell wie möglich* 2.3 es koste, ~ es wolle *so viel wie verlangt wird* **3** ⟨Indefinitpron.; umg.; unbetont⟩ = *etwas;* das ist doch ~ (ganz) anderes!; er hat ~ Böses getan; das wird ~ Gescheites, ~ Rechtes sein!; ich habe ~ Schönes für dich; ich hab' ~ für dich; ich sehe ~, was du nicht siehst; ich weiß ~ 3.1 kann ich dir ~ helfen? ⟨umg.⟩ *bei, mit etwas* 3.2 ach, hat sich ~! *Unsinn!, das wird nicht geschehen!* 3.3 schäm dich ~! *schäm dich, du hast allen Grund dazu!* 3.4 na, das ist doch wenigstens ~! *etwas Ordentliches, eine ziemlich gute Leistung* 3.4.1 das Was und das Wie *die Substanz (der Stoff) und die Art und Weise* 3.5 inzwischen kann wer weiß ~ geschehen *alles mögliche, alles mögliche Schlimme* 3.6 er hielt ihn für wer weiß ~ *für etwas Besonderes*

'Wä·sche ⟨f.; -, -n⟩ **1** *das Waschen;* Körper~; die Farbe ist bei, in der ~ ausgegangen; das Kleid ist bei, in der ~ eingegangen, eingelaufen 1.0.1 Handtücher in die ~ geben *zum Waschen weglegen od. weggeben* 1.0.2 das Hemd ist in der ~ *wird gerade gewaschen, ist in der Wäscherei* 1.1 große ~ *das Waschen der Bett-, Tisch-, Küchenwäsche u. der Handtücher* 1.2 kleine ~ *das Waschen von Unterwäsche, Hemden, Blusen* 1.3 *der Tag, an dem Wäsche gewaschen wird, Waschtag;* heute habe ich ~ **2** *das, was gewaschen wird;* Leib~, Unter~, Bett~, Küchen~, Tisch~; Bunt~, Fein~, Grob~, Weiß~; die ~ abnehmen, aufhängen, auswringen, einweichen, kochen, schleudern, spülen, trocknen; ~ ausbessern, bügeln, einsprengen, flicken, legen; die ~ wechseln; bunte, weiße ~; frische, neue, reine, saubere ~ anziehen; seidene, wollene ~; warme ~ 2.0.1 → a. *schmutzig(1.3)*

'wasch·echt ⟨Adj.⟩ **1** *beim Waschen sich nicht verändernd;* der Stoff, die Farbe ist ~ **2** ⟨fig.⟩ *ganz echt, unverfälscht;* er ist ein ~er Berliner; ~es Sächsisch sprechen

'wa·schen ⟨V. 279⟩ **1** ⟨500/R7⟩ jmdn. od. etwas ~ *mit Wasser (u. Seife) reinigen, säubern;* sich das Haar, den Kopf ~ (lassen); sich die Hände ~; ein Kleid, einen Pullover ~; Wäsche ~; sich gründlich ~; sich kalt, warm ~; sich von Kopf bis Fuß, von oben bis unten ~; die Farbe ist beim Waschen ausgegangen, ausgelaufen; der Stoff ist beim Waschen eingegangen, eingelaufen; Wäsche zum Waschen geben 1.0.1 jmdn. mit Schnee ~ ⟨scherzh.⟩ *jmdm. das Gesicht mit Schnee einreiben* 1.1 Gas ~ *G. durch Flüssigkeiten führen u. dadurch reinigen* 1.2 Gold ~ *G. aus dem Flußsand aussondern, ausschwemmen* 2 ⟨400; umg.⟩ *Wäsche(1.3) haben;* ich wasche einmal in der Woche, jeden Montag; wir ~ heute 3 ⟨500/R3⟩ etwas hat sich gewaschen ⟨fig.; umg.⟩ *hat es in sich;* eine Ohrfeige, Tracht Prügel, die sich gewaschen hat; die Prüfung hatte sich gewaschen

'Wasch·mit·tel ⟨n.⟩ *Seife, Seifenpulver zum Wäschewaschen*

'Was·ser ⟨n.; -s, - od. (bei Mineralwasser u. ä. auch) ̈-⟩ 1 *farblose, bei 0 °C gefrierende Flüssigkeit, chem. Formel H_2O;* ein Becher, Glas, Topf (voll) ~; um ein Glas ~ bitten; ~ brodelt, kocht, siedet; ~ holen, kochen, schöpfen, trinken; hartes, weiches ~; kaltes, warmes, heißes, kochendes ~; klares, trübes, frisches, reines ~; Zimmer mit fließendem ~ 1.0.1 ~ fassen, nehmen ⟨Mar.; Eisenb.⟩ *Wasservorrat aufnehmen* 1.0.2 auf ~ und Brot gesetzt sein, bei ~ und Brot sitzen *eingesperrt sein (u. nur die allernötigste Nahrung bekommen)* 1.0.3 der Vorwurf, die Rüge läuft an ihm ab wie ~ ⟨umg.⟩ *macht ihm keinen Eindruck* 1.1 jmdm. das ~ nicht reichen können ⟨fig.⟩ *tief unter jmdm. stehen, jmdm. sehr unterlegen sein* 1.2 ~ mit einem Sieb schöpfen ⟨fig.⟩ *sich vergebl. Mühe machen* 1.3 jmdm. ~ in den Wein gießen ⟨fig.⟩ *jmds. Begeisterung dämpfen* 1.4 mit allen ~n gewaschen sein ⟨fig.⟩ *gerissen, raffiniert sein* 1.5 es wird überall nur mit ~ gekocht ⟨fig.⟩ *es wird überall genauso gearbeitet, es wird woanders nichts anders, besser gemacht* 2 *Inhalt von Meer, See, Fluß;* Fluß~, Meer~, Quell~, Leitungs~, Regen~, See~, Trink~; das ~ fließt, rauscht, schwillt, spritzt, strömt; ~ schlucken (beim Schwimmen, Tauchen); die trägen ~ des Flusses; munter wie ein Fisch im ~ sein; ins ~ fallen, gleiten, springen, stürzen, werfen; sich über ~ halten (von Schiffbrüchigen); unter ~ schwimmen; ein Boot zu ~ bringen, lassen; sich zu ~ und zu Lande fortbewegen können 2.0.1 einen Ort zu Lande und zu ~ erreichen können *auf dem Land- u. auf dem Wasserweg* 2.0.2 zu ~ gehen *sich auf dem Wasser niederlassen (vom Wasserflugzeug)* 2.0.3 unter ~ stehen *überschwemmt sein* 2.0.4 ~ treten *sich durch tretende Beinbewegungen senkrecht an einer Stelle im Wasser halten* 2.0.5 wie aus dem ~ gezogen ⟨umg.⟩ *völlig durchnäßt* 2.0.6 ~ hat keine Balken ⟨Sprichw.⟩ *im Wasser muß man schwimmen können* 2.1 jmdm. das ~ abgraben ⟨fig.⟩ *jmds. Wirksamkeit einschränken, seine Existenz gefährden* 2.2 das ist ~ auf seine Mühle ⟨fig.⟩ *das kommt ihm gelegen* 2.3 ins ~ gehen ⟨fig.⟩ *sich ertränken* 2.4 ins ~ fallen ⟨fig.⟩ *mißlingen, nicht verwirklicht werden;* mein Plan ist ins ~ gefallen; das Fest, Unternehmen ist ins ~ gefallen 2.5 das ~ geht, reicht, steht jmdm. bis zum Halse, an die Kehle ⟨fig.⟩ *jmd. befindet sich in bedrängter (finanzieller) Lage* 2.6 sich über ~ halten ⟨fig.⟩ *(mühsam) sein Leben fristen, seine Existenz erhalten* 2.7 ~ in die Elbe, den Rhein, ins Meer tragen ⟨fig.⟩ *etwas Überflüssiges tun* 2.8 bis dahin läuft noch viel ~ den Berg hinunter ⟨fig.⟩ *bis dahin geschieht noch manches* 3 *Gewässer;* flaches, seichtes, tiefes ~; fließendes, stehendes ~ 3.1 nahe ans ~ gebaut haben ⟨fig.; umg.⟩ *leicht weinen* 3.2 übers große ~ fahren ⟨fig.⟩ *nach Übersee, bes. nach Amerika* 3.3 → a. *still(3.1)* 4 *Flüssigkeit zu Heil- od. kosmet. Zwecken;* Gesichts~, Haar~, Mineral~; wohlriechende Wässer 4.1 → a. *brennen(10.1)* 5 *mehr od. minder klare vom Körper gebildete Flüssigkeit* 5.1 *Tränen;* ihre Augen standen voll ~; das ~ schoß ihm in die Augen; das ~ stürzte ihr aus den Augen 5.2 *Schweiß;* ihm floß das ~ von der Stirn 5.3 *Speichel;* das ~ läuft einem im Munde zusammen 5.4 *Harn;* sein ~ abschlagen; das ~, sein ~ nicht halten können; ~ lassen 5.5 *Lymphe* 5.5.1 ~ in den Beinen, im Leib haben *krankhafte Wasseransammlung in den Geweben der B., des L.* 6 ⟨fig.⟩ *Glanz, Durchsichtigkeit, Reinheit der Edelsteine;* ein Edelstein reinsten ~s 6.1 ein Berliner reinsten ~s ⟨fig.⟩ *ein ganz echter, unverfälschter B.*

'Was·ser·bad ⟨n.⟩ 1 *Bad im Wasser, Dusche* 2 *Becken mit fließendem Wasser zum Wässern von photograph. Abzügen od. Vergrößerungen;* Abzüge ins ~ legen 3 *Topf mit kochend heißem Wasser, in das ein kleiner Topf zum Erhitzen von Speisen, die bei der Zubereitung nicht bis zum Kochen gebracht werden sollen, gestellt wird;* Speisen im ~ erwärmen

'Was·ser·fall ⟨m.⟩ 1 *Wasserlauf mit (fast) senkrechtem Gefälle, oft in mehreren Stufen* 1.1 reden wie ein ~ ⟨umg.⟩ *ununterbrochen reden*

'Was·ser·far·be ⟨f.⟩ *mit leimartigen Bindemitteln versetzte, mit Wasser angeriebene, wasserlösl. u. durchscheinende Farbe;* Gemälde in ~n; mit ~n malen

'Was·ser·glas ⟨n.⟩ 1 *gläsernes Trinkgefäß ohne Fuß für Wasser* 1.1 → a. *Sturm[1](3.1)* 2 *wäßrige, zähe, farblose Flüssigkeit, kolloidale Lösung von Natrium- u. Kaliumsilikat*

'Was·ser·hahn ⟨m.⟩ *regulierbares Ventil an der Wasserleitung*

'wäs·se·rig ⟨Adj.⟩ 1 *viel Wasser enthaltend;* eine ~e Brühe, Flüssigkeit, Suppe 1.0.1 jmdm. den Mund ~ machen ⟨fig.⟩ *jmdm. Appetit auf etwas machen* 2 *wasserähnlich, wie Wasser;* eine ~e Flüssigkeit 2.1 ⟨fig.⟩ *fade, nicht schmackhaft, nicht gehaltvoll;* das schmeckt etwas ~

'Was·ser·kraft ⟨f.⟩ *die durch den Druck strömenden Wassers erzeugte Kraft*

'was·sern ⟨V. 400⟩ ein Flugzeug wassert *geht auf dem Wasser nieder*

'wäs·sern ⟨V.⟩ 1 ⟨500⟩ Nahrungsmittel ~ ⟨Kochk.⟩ *in Wasser legen (um dadurch Salz herauszulösen od. um es weich zu machen);* Salzfleisch, Heringe ~; getrocknete Erbsen ~ 2 ⟨500; Phot.⟩ *nach dem Entwickeln u. Fixieren eine Zeitlang in fließendes Wasser legen;* Abzüge, Filme ~ 3 ⟨500⟩ Pflanzen ~ *stark begießen* 4 ⟨400⟩ *sich mit Wasser (Speichel, Tränenflüssigkeit) füllen, Wasser abgeben;* seine Augen ~ 4.1 ⟨605⟩ mir wässert der Mund nach etwas *ich habe großen Appetit auf etwas*

'Was·ser·schloß ⟨n.⟩ 1 *in einem See od. Teich liegendes Schloß* 2 *am Anfang einer Druckleitung für Wasserkraftanlagen liegender offe-*

ner Behälter, der Druckunterschiede ausgleicht

'Was·ser·spie·gel ⟨m.⟩ *die Oberfläche des Wassers*

'Was·ser·stand ⟨m.⟩ *Höhe, Stand des Wasserspiegels;* hoher, niedriger ~

'Was·ser·stoff ⟨m.; Zeichen: H⟩ *chem. Grundstoff, ein geruch- u. geschmackloses Gas, Ordnungszahl 1*

'Was·ser·stra·ße ⟨f.⟩ *schiffbarer Wasserlauf als Verkehrsweg*

'Was·ser·weg ⟨m.⟩ *Weg zu Wasser, mit dem Schiff;* einen Ort auf dem ~ erreichen; etwas auf dem ~ schicken

'Was·ser·zei·chen ⟨n.⟩ *Muster im Papier, das erscheint, wenn man den Bogen gegen das Licht hält, als Kennzeichen der Herkunft u. Qualität sowie zur Verhinderung von Fälschungen, z. B. bei Banknoten*

'wa·ten ⟨V. 400(s.)⟩ *einsinkend gehen;* durch einen Bach, durchs Wasser ~; im Sand, Schmutz, Wasser ~

'wat·scheln ⟨V. 410(s.)⟩ *mit schleppenden Füßen u. leicht hin u. her schwankend gehen;* wie eine Ente ~

Watt[1] ⟨n.; -s, -; Zeichen: W⟩ *Maßeinheit der elektr. Leistung, 1 W = 1 V x 1 A*

Watt[2] ⟨n.; -(e)s, -en; bes. an der Nordsee⟩ *flacher Streifen des Meeresbodens, der bei Niedrigwasser ganz od. teilweise trocken liegt*

'Wat·te ⟨f.; -, -n⟩ **1** *lockere Schicht von Fasern (zum Füttern u. Auspolstern, z. B. von Kleidungsstücken);* sich ~ in die Ohren stopfen 1.0.1 jmdn. in ~ packen ⟨fig.; umg.⟩ *jmdn. mit übertriebener Vorsicht vor Krankheiten usw. schützen* 1.1 *gereinigte u. durch Entfettung saugfähig gemachte Baumwolle für Verbände*

'we·ben ⟨V. 280⟩ **1** ⟨500⟩ e t w a s ~ *durch Kreuzen u. Verflechten von Fäden herstellen;* Gewebe, Stoff ~; Leinen, Tuch, Teppiche ~; die Spinne webt ihr Netz **1.1** e t w a s webt e t w a s ⟨fig.; poet.⟩ *erzeugt etwas;* das Mondlicht wob einen silbernen Schleier zwischen den Bäumen **2** ⟨400⟩ ein P f e r d webt *schwingt den Kopf hin u. her u. tritt dabei von einem Vorderfuß auf den andern* **3** ⟨400; fig.; poet.⟩ *sich bewegen, in Bewegung sein;* auf den Wiesen und im Wald lebt und webt es

'We·ber·knecht ⟨m.; -(e)s, -e⟩ *Spinnentier mit langen Beinen, die bei Gefahr abgeworfen werden: Opiliones;* Sy *Schneider(7), Schuster(2)*

'Web·stuhl ⟨m.⟩ *Maschine zum Weben, urspr. von Hand u. Fuß angetrieben;* Hand~, Maschinen~

'Wech·sel[1] ⟨m.; -s, -⟩ **1** *das Wechseln;* Geld~, Personal~, Pferde~, Wohnungs~; Mond~, Stellungs~, Stimm~; Jahres~, Posten~; ~ der Jahreszeiten; in buntem ~; ~ (in) der Regierung; einen ~ herbeiführen, vornehmen **2** ⟨Finanzw.⟩ *schriftl. Verpflichtung zur Zahlung einer Summe an den Inhaber der Urkunde;* Ggs *Bargeld;* einen ~ akzeptieren, ausstellen, diskontieren, girieren; einen ~ einlösen, fälschen; einen ~ auf jmdn. ausstellen, ziehen **3** *monatl. Anweisung des Unterhaltsgeldes (bes. an Studenten von den Eltern)* **4** ⟨jägerspr.⟩ *regelmäßig begangener Pfad (des Hochwildes);* Wild~; hier hat der Bär, Hirsch seinen ~

'Wech·sel[2] ⟨n.; -s; unz.; umg.⟩ *Kleidungs-, Wäschestück zum Wechseln;* mehrere Paar Strümpfe einpacken, damit man das ~ hat

'Wech·sel·geld ⟨n.⟩ **1** *Betrag, der auf die zuviel bezahlte Summe beim Kauf einer Ware herausgegeben wird* **2** *Kleingeld zum Herausgeben*

'Wech·sel·jahr ⟨n.; -(e)s, -e; nur Pl.⟩ ~e *bei Frauen der Zeitraum, in dem die Tätigkeit der Keimdrüsen u. die Menstruation allmählich erlischt, meist zwischen dem 45. und 50. Jahr*

'Wech·sel·kurs ⟨m.⟩ *Kurs, zu dem inländ. in ausländ. Geld u. umgekehrt gewechselt wird*

'wech·seln ⟨V.⟩ **1** ⟨500⟩ e t w a s ~ *an die Stelle von etwas anderem setzen, tauschen, vertauschen, umtauschen* **1.1** *durch etwas Neues, Frisches ersetzen;* die Kleider, Schuhe, Wäsche ~; das Hemd ~; Reifen, Öl ~ (beim Auto); Schuhe, Strümpfe, Wäsche zum Wechseln **1.2** e t w a s (m i t j m d m.) ~ *austauschen;* die Ringe ~ (bei der Trauung); Briefe mit jmdm. ~; ein paar Worte mit jmdm. ~ **1.3** G e l d ~ *eine größere Münze in kleinere od. eine bestimmte Geldsorte in eine andere umtauschen;* kannst du mir 10 Mark ~?; ich möchte Deutsche Mark in, gegen Lire ~ **2** ⟨500⟩ eine S a c h e ~ *ändern, verändern;* den Beruf, den Platz, die Stellung, die Wohnung ~ 2.0.1 die Farbe ~ ⟨fig.⟩ *bleich bzw. rot werden* 2.0.2 das Thema ~ *von etwas anderem zu sprechen beginnen* **2.1** ⟨400(s.)⟩ *den Ausbildungsort od. die Ausbildungsart zu ändern;* ich bin auf eine andere Schule gewechselt **3** ⟨400⟩ eine S a c h e wechselt *ändert sich;* seine Stimmungen ~ rasch; das Wetter wechselt häufig, rasch **3.1** ⟨Part. Präs.⟩ ~d *sich verändernd;* in ~den Farben; ~d bewölkt **3.1.1** *einmal gut, einmal weniger gut;* wie geht es dir? ~d!; bei ~der Gesundheit **3.1.2** *einmal mehr, einmal weniger;* mit ~dem Erfolg, Glück **4** ⟨400⟩ *den Platz tauschen;* wollen wir ~? (z. B. beim Tragen, Spielen) **5** ⟨400⟩ W i l d wechselt ⟨jägerspr.⟩ *bewegt sich langsam vorwärts;* hier wechselt Wild über die Straße; hier hat ein Hirsch gewechselt

'wech·sel·sei·tig ⟨Adj.⟩ *gegenseitig;* die beiden geben sich ~ Anregungen

'Wech·sel·strom ⟨m.⟩ *elektrischer Strom, dessen Stärke u. Richtung sich periodisch ändern;* Ggs *Gleichstrom*

'wech·sel·voll ⟨Adj.⟩ *abwechslungsreich, häufig wechselnd;* eine ~e Landschaft, ein ~es Leben, ~es Wetter

'wecken ⟨-k·k-; V. 500⟩ **1** ⟨R8⟩ j m d n. ~ *aus dem Schlaf reißen, wach machen;* bitte weck mich um acht Uhr; um 7 Uhr ist Wecken; warum hast du mich so spät, so früh geweckt?; nach dem Wecken wird ein Waldlauf gemacht; wann möchten Sie geweckt werden? **2** e t w a s ~ ⟨fig.⟩ *hervorrufen, wachrufen;* das weckt schöne Erinnerungen in mir; jmds. Neugier, Mißtrauen ~; Gefühle in jmdm. ~

'Wecken ⟨-k·k-; m.; -s, -; oberdt.⟩ *Weißbrot, Brötchen*

'Wecker ⟨-k·k-; m.; -s, -⟩ *Uhr, die zu einer bestimmten Zeit, die man vorher einstellt, klingelt od. rasselt*

'We·del ⟨m.; -s, -⟩ **1** *Bündel, Büschel von Federn, Haaren, Stroh, Laub o. ä. zum Fächeln od. Staubwischen;* Fliegen~, Staub~ **2** *großes,* *gefiedertes Blatt* **3** ⟨jägerspr.⟩ *Schwanz (beim Schalenwild, außer Schwarzwild)*

'we·deln ⟨V. 400⟩ **1** ⟨416⟩ mit etwas ~ *etwas rasch hin u. her bewegen;* mit einem Blatt Papier, Tuch, Zweig, Wedel ~; mit dem Taschentuch ~; der Hund wedelte mit dem Schwanz **2** ein Hund wedelt *bewegt den Schwanz rasch hin u. her;* der Hund wedelte freudig **3** ⟨Schisp.⟩ *(beim Abwärtsfahren) die Schier locker aus der Hüfte heraus parallel nach links u. rechts schwingen*

'we·der ⟨Konj.⟩ **1** ~ ... noch ... *nicht ... und auch nicht ..., nicht das eine u. auch nicht das andere, nicht so u. auch nicht anders;* ~ er noch sie gab nach; ~ Schnaps noch Wein noch Bier; er hat ~ geschrieben noch angerufen; er ist ~ klug noch schön; sie wußte ~ aus noch ein **2** ~ ... ~ ... ⟨poet.⟩ *weder ... noch ...;* bin ~ Fräulein ~ schön (Goethe, Urfaust, Straße)

weg ⟨Adv.; umg.⟩ **1** *fort, aus dem Gesichtskreis, an einen andern Ort;* Kopf ~!; ~ da!; ~ damit!; Hände ~ (von ...)! 1.0.1 ~!, laß das! ⟨kurz für⟩ *geh fort! tue die Hände weg!* 1.0.2 ich möchte die Blumen hier ~ haben *ich möchte, daß die B. weggenommen werden, beseitigt, entfernt werden* 1.0.3 meine Uhr ist ~ *ich habe meine U. verloren, ich vermisse sie* 1.0.4 ich bin darüber ~ ⟨fig.; umg.⟩ *ich habe es verschmerzt, überwunden* **2** *entfernt, abseits;* er war schon ~, als ich kam; das Schiff ist noch weit ~

Weg ⟨m.; -(e)s, -e⟩ **1** *festgetretene od. leicht befestigte Bahn, die angelegt wurde, um von einem Ort zu anderen zu gelangen;* Feld~, Garten~, Wald~, Spazier~; da kam ein Wanderer des ~(e)s (daher); einen ~ (zwischen den Blumenbeeten, im Schnee) treten; ein abschüssiger, breiter, ebener, holpriger, schattiger, schmaler, sonniger, steiler, steiniger, stiller ~; Blumen am ~e; ein paar Schritte vom ~ blühten viele Blumen; es gab nicht ~ noch Steg ⟨poet.⟩ **2** *Zugang, Durchgang, Ausweg (den man sich verschafft);* sich einen ~ durchs Gestrüpp bahnen; jmdm. den ~ freigeben; jmdm. den ~ versperren; es gibt keinen anderen ~, um in das Gebäude zu gelangen; verbotener ~! (Aufschrift auf Schildern) **3** *Richtung, Reiseroute, die man normalerweise einschlagen muß, um an einen bestimmten Ort zu gelangen;* Land~, Reise~, See~; jmdm. den ~ (zum Museum usw.) beschreiben; den ~ verfehlen, verlieren; jmdn. auf den ~ bringen; jmdm. den ~ zeigen; wir haben denselben ~; jmdn. nach dem ~ fragen; vom ~e abkommen; vom ~e abweichen; den ~ zum Dorf, zur Stadt, zum Wald einschlagen 3.0.1 es liegt mir am ~e *ich komme daran vorbei* 3.0.2 woher des ~es? *woher kommst du?* 3.0.3 wohin des ~es? *wohin gehst du?* **4** *Raum, den jmd. zum Durchgehen beansprucht;* Hindernisse aus dem ~ räumen, schaffen 4.0.1 jmdn. aus dem ~ räumen, schaffen ⟨fig.⟩ *jmdn. beseitigen, töten* 4.0.2 → a. *Stein(1.2.2, 1.2.3)* 4.0.3 jmdm. in den ~ laufen *jmdm. unvermutet begegnen* 4.1 jmdm. aus dem ~e gehen 4.1.1 *jmdm. Platz machen, jmdn. vorbeilassen* 4.1.2 ⟨fig.⟩ *jmdn. meiden, jmdm. nicht begegnen wollen* 4.2 einer Sache aus dem ~e gehen ⟨fig.⟩ *eine S. nicht tun* 4.3 jmdm. im ~e stehen 4.3.1 *jmdn. am Weitergehen hindern, jmds. Bewegungsfreiheit beeinträchtigen* 4.3.2 er steht mir bei meinem Vorhaben im ~e ⟨fig.⟩ *er stört mich durch sein bloßes Dasein* 4.4 dem steht nichts im ~e ⟨fig.⟩ *das kann ohne weiteres geschehen, getan werden* 4.5 sich jmdm. in den ~ stellen 4.5.1 *jmdm. entgegentreten* 4.5.2 ⟨fig.⟩ *jmdn. behindern* 4.6 jmdm. in den ~ treten ⟨fig.⟩ *jmdn. bei seinem Vorhaben behindern, ihn an seinem V. hindern* 4.7 jmdm. nicht über den ~ trauen ⟨fig.⟩ *jmdm. nicht trauen* **5** *Strecke, auf der man geht, zurückzulegende od. zurückgelegte Strecke;* Heim~, Rück~; hier können wir ein Stück ~ abschneiden; jmdn. ein Stück ~(es) begleiten; wir können den ~ abkürzen; auf halbem ~e stehenbleiben, steckenbleiben, umkehren; gibt es einen kürzeren ~ nach ...? 5.0.1 → a. *halb(1.5)* **6** *Entfernung;* bis dorthin ist es ein ~ von einer halben Stunde 6.0.1 das hat noch gute ~e ⟨fig.⟩ *das hat noch Zeit, bis dahin vergeht noch viel Zeit* **7** *Reise od. Lauf, den jmd. od. ein Gegenstand vollzieht;* Glück auf den ~!; auf dem ~ nach Berlin; er ist schon auf dem ~ zu Ihnen 7.0.1 ein Paket, Waren auf den ~ bringen *ab-, fortschicken* 7.0.2 sich auf den ~ machen *aufbrechen, fortgehen* **8** ⟨umg.⟩ *Gang, um etwas zu erledigen, Besorgungsgang, Besorgung;* kannst du mir einen ~ abnehmen, erledigen?; mein erster ~ nach meiner Rückkehr war zu dir 8.0.1 ~e gehen *Besorgungen, Einkäufe machen* 8.0.2 ich muß rasch noch einen ~ gehen *etwas besorgen, erledigen* 8.0.3 seiner ~e gehen *gleichgültig, ärgerlich weggehen* 8.0.4 geh deiner ~e! *mach, daß du fortkommst!* 8.0.5 jmdn. seiner ~e schicken ⟨fig.⟩ *jmdn. fortschicken* 8.0.6 → a. *letzte(r, -s) (1.4.3, 1.4.6)* **9** ⟨fig.⟩ *Laufbahn, Bahn zum Ziel;* Instanzen~, Lebens~; des Menschen ~e sind nicht Gottes ~e; der ~ der Pflicht; er ist auf dem besten ~e, ein Hochstapler zu werden; neue ~e weisen; auf dem rechten ~e sein; der ~ zum Ruhm ist nicht mit Rosen gepflastert; der ~ zum Ziel ist dornig, steinig; wo ein Wille ist, da ist auch ein ~ ⟨Sprichw.⟩ 9.0.1 da führt kein ~ dran vorbei ⟨fig.; umg.⟩ *das muß geschehen, das ist unumgänglich* 9.0.2 der ~ zur Hölle ist mit guten Vorsätzen gepflastert ⟨Sprichw.⟩ *man nimmt sich vieles vor u. bleibt dann doch bei seinen alten Fehlern* 9.0.3 → a. *austreten(4.4.1), eigen(1.2.7), krumm(2.1.3), recht(6.0.1, 6.0.2)* **10** ⟨fig.⟩ *durchlaufene od. zu durchlaufende Strecke, um ein Ziel zu erreichen;* einer Entwicklung, Neuerung, jmdm. den ~ bereiten; jmdm. den ~, die ~e, alle ~e ebnen; einen (anderen) ~ einschlagen; einen anderen ~ gehen; unbeirrt seinen ~ gehen; sich nicht vom ~e, von seinem ~ abbringen lassen; er ist, befindet sich auf dem ~e der Besserung; jmdm. ein Wort, einen Ratschlag mit auf den ~ geben; hier trennen sich unsere ~e 10.1 den ~ alles Irdischen gehen *vergänglich sein* 10.2 den ~ allen Fleisches gehen *sterblich sein* 10.3 den ~ gehen, den alle gehen müssen *sterben* 10.4 der Junge wird seinen ~ (schon) machen *sein Ziel erreichen, im Leben vorwärtskommen* 10.5 unsere ~e haben sich mehrmals gekreuzt *wir sind uns im Leben mehrmals begegnet* 10.6 etwas in die ~e leiten *etwas vorbereiten, veranlassen* 10.7 der Prozeß nimmt seinen ~ *seinen Verlauf* **11** *Mit-*

tel, Verfahren, Möglichkeit; wir müssen Mittel und ~e finden, um das zu ändern; wir müssen einen ~ finden, ihm zu helfen; es muß doch einen ~ geben, wie man das erreichen kann **11.1** es bleibt (mir) kein anderer ~ (offen) ⟨fig.⟩ *es bleibt mir nichts anderes übrig, ich habe keine andere Möglichkeit* **12** auf einem bestimmten ~e *auf eine bestimmte Art u. Weise;* auf diesem ~e kann man ...; auf chemischem ~e; auf gesetzlichem, ungesetzlichem ~e; auf gütlichem ~e; auf schriftlichem ~e **12.1** → a. *kurz(2.3.2), schnell(1.6)*

weg... ⟨Vors. zu Verben⟩ *weg von, an einen anderen Ort*

'weg|blei·ben ⟨V. 114/400(s.)⟩ **1** *nicht erscheinen, obwohl erwartet, nicht (mehr) kommen;* er kam noch einige Male und blieb dann weg; du kannst nicht einfach ~, ohne abzusagen, ohne dich zu entschuldigen! **1.1** von der Schule ~ *(vorübergehend) nicht in die Sch. gehen* **2** etwas bleibt weg *versagt plötzlich;* der Motor bleibt weg; mir bleibt die Sprache weg **2.1** → a. *Spucke(1.1)* **3** etwas bleibt weg *wird nicht verwendet, ist unnötig;* dieser Satz, diese Girlande kann ~

'We·ge·la·ge·rer ⟨m.; -s, -⟩ *jmd., der anderen am Wege auflauert, um sie zu berauben, Straßenräuber*

'we·gen ⟨Präp. mit Dat. od. (geh.) Gen.⟩ **1** *auf Grund (von);* ~ der Krankheit des Vaters blieb er zu Hause; ~ schlechten Wetters muß die Vorstellung ausfallen **1.0.1** → a. *Amt(1.2), Recht(1.3)* **2** *um ... willen;* des Vaters, der Mutter ~ **3** von ~! ⟨umg.⟩ *keineswegs!, keine Rede (davon), das denkst du dir so!*

'weg|fah·ren ⟨V. 130⟩ **1** ⟨400(s.)⟩ *an einen anderen Ort fahren, abfahren, fortfahren, abreisen;* wann fahrt ihr morgen weg? **2** ⟨500⟩ etwas ~ *mittels Fahrzeug an einen anderen Ort bringen*

'weg|fal·len ⟨V. 131/400(s.)⟩ etwas fällt weg *entfällt;* die beiden letzten Sätze können ~; etwas ~ lassen

'weg|ge·hen ⟨V. 145/400(s.)⟩ **1** *an einen anderen Ort gehen, sich entfernen;* er ist vor fünf Minuten weggegangen; sie ging schnell, leise, heimlich, ohne Gruß, Abschied weg **1.1** gehe weg (von mir)! ⟨umg.⟩ *berühre mich nicht!* **1.2** ⟨umg.⟩ *ausgehen;* gehst du heute abend noch weg? **1.3** geh mir (bloß) weg damit, mit ihm ⟨fig.; umg.⟩ *laß mich in Ruhe!* **2** etwas geht weg ⟨fig.; umg.⟩ *etwas läßt sich entfernen;* der Fleck, Schmutz geht nicht (mehr) weg **3** etwas geht weg ⟨umg.⟩ *etwas verkauft sich;* die Karten gingen schnell weg; auch die letzten Weihnachtsbäume sind weggegangen **3.1** → a. *warm(1.2)*

'weg|ha·ben ⟨V. 159/500; umg.⟩ **1** etwas ~ *bekommen haben;* seine Strafe ~; seinen Teil ~ **1.1** einen ~ ⟨fig.⟩ *einen Schwips haben* **2** eine Sache ~ ⟨fig.⟩ *beherrschen, gut können, verstehen, begreifen;* er hat es noch nicht weg, wie man es machen muß; er hat die Arbeit (fein) weg

'weg|kom·men ⟨V. 170(s.); umg.⟩ **1** ⟨400⟩ etwas kommt weg *kommt abhanden, geht verloren;* meine Uhr ist (mir) weggekommen **2** ⟨400⟩ *sich entfernen (wollen);* mach, daß du wegkommst!; sehen wir zu, daß wir hier (rasch) ~!; sie kommt wieder nicht vom Spielen weg **2.0.1** ich komme wenig weg *ich gehe wenig aus* **3** ⟨800⟩ über etwas ~ *etwas verwinden, verschmerzen können;* ich komme nicht darüber weg, daß ... **4** ⟨430⟩ gut, schlecht (bei etwas) ~ ⟨fig.⟩ *viel, wenig (von etwas) erhalten, gut, schlecht bei etwas abschneiden*

'weg|krie·gen ⟨V. 500; umg.⟩ **1** etwas ~ *beseitigen (können);* die Flecken ~; ich weiß nicht, wie ich die Warze ~ soll **1.1** jmdn. (von einem Ort) ~ *zum Weggehen veranlassen;* die Kinder sind nicht von dem Schaufenster wegzukriegen **1.2** schwere Gegenstände ~ *(heben u.) fortbringen (können);* ich kriege den Sack allein nicht weg **2** eine Sache ~ ⟨fig.; umg.⟩ *begreifen, verstehen;* ich habe es nicht weggekriegt, wie das Zauberkunststück vor sich geht, gemacht wird

'weg|las·sen ⟨V. 175/500⟩ **1** etwas ~ *nicht verwenden, streichen;* die letzte Szene lassen wir weg **2** jmdn. ~ *weggehen lassen;* die Kinder wollten ihn nicht ~

'weg|lau·fen ⟨V. 176/400(s.)⟩ **1** ⟨410⟩ *sich rasch entfernen, davonlaufen, fortlaufen;* von der Arbeit, vom Spiel ~; vor dem Hund ~ **1.1** *ausreißen;* ihm ist seine Frau weggelaufen; das Kind, der Hund ist weggelaufen **1.2** das läuft mir nicht weg ⟨fig.; umg.⟩ *das kann ich später noch erledigen* **2** eine Flüssigkeit läuft weg *fließt weg;* mir ist das Spülwasser weggelaufen

'weg|neh·men ⟨V. 189/500⟩ **1** etwas od. jmdn. ~ *von einer Stelle nehmen;* kannst du eben mal die Vase ~?; nimm doch bitte deine Sachen hier weg; das Tischtuch ~; wenn du von sieben Äpfeln drei wegnimmst, wieviel bleiben dann übrig? **1.0.1** heimlich Geld ~ *stehlen* **1.0.2** ein Kind von der Schule ~ *aus der Sch. nehmen, von der Sch. abmelden* **2** ⟨530⟩ jmdm. etwas ~ *(etwas, was einem anderen gehört,) an sich nehmen;* jmdm. sein Eigentum ~; die kleinen Kinder nehmen einander oft die Spielsachen weg; die Polizei hat ihm alles gestohlene Gut wieder ~ können; laß es dir doch nicht ~! **2.0.1** dem Feind eine Festung, einen Stützpunkt ~ *eine F., einen S. erobern* **2.0.2** dem Gegner einen Stein beim Brettspiel ~ *einen S. des Gegners aus dem Spiel nehmen*

'weg|schaf·fen ⟨V. 500⟩ etwas ~ *an einen anderen Ort bringen;* morgen wird der Sperrmüll weggeschafft

'weg·schicken ⟨-k·k-; V. 500⟩ **1** etwas ~ *an einen anderen Ort schicken, ab-, fortschicken;* einen Brief, ein Paket, Waren ~ **2** jmdn. ~ *zum Gehen veranlassen;* du kannst mich doch nicht ~, ohne mich anzuhören!; sie hat das Kind mit einem Auftrag weggeschickt

'weg|schlei·chen ⟨V. 219/400(s.) od. 500/R3(h.)⟩ (sich) ~ *sich leise, heimlich entfernen*

'weg|schnap·pen ⟨V. 530/R6⟩ jmdm. od. einem Tier jmdn. od. etwas ~ *schnell wegnehmen, ehe jmd. od. ein T. zugreifen kann;* der Hund hat dem anderen den Bissen, Knochen weggeschnappt; einem andern Mann ein Mädchen ~ ⟨fig.; umg.; scherzh.⟩; jmdm. eine gute Stellung ~ ⟨fig.; umg.⟩

'weg|stecken ⟨-k·k-; V. 500⟩ etwas ~ **1** *an eine andere Stelle tun u. dadurch verbergen;* als die Mutter eintrat, steckten die Kinder die Weihnachtsarbeiten schnell weg **2** *in die*

Tasche stecken, einstecken; steck den Brief, das Geld weg

'weg|steh·len ⟨V. 257/500/R3⟩ sich ~ *sich heimlich entfernen*

'weg|tre·ten ⟨V. 268/400(s.)⟩ **1** *an eine andere Stelle treten, zurücktreten* **2** ⟨Mil.⟩ *abtreten, sich entfernen;* weggetreten! (militär. Kommando); lassen Sie ~!

'weg|tun ⟨V. 272/500⟩ etwas ~ **1** *an eine andere, die richtige Stelle tun;* Geschirr, Kleider ~; bitte tu deine Sachen weg **2** *zu den Abfällen tun;* Speisereste, alte Schuhe ~ **3** *verstekken, verbergen;* etwas rasch ~ **4** *wegschließen, zurücklegen;* ich habe jeden Monat etwas Geld weggetan

'Weg·wei·ser ⟨m.; -s, -⟩ **1** *den Weg zu einem Ort weisendes Schild* **2** ⟨fig.⟩ *Buch mit kurzen Angaben über ein Wissensgebiet, Leitfaden* **3** *Reiseführer;* ~ durch die Stadt Wien

'weg|wer·fen ⟨V. 286/500⟩ **1** etwas ~ *von sich werfen;* wirf den Stein, den du da aufgehoben hast, wieder weg! 1.1 *zu den Abfällen werfen;* alte Briefe ~; ich habe die Kartoffeln ~ müssen **2** Geld ~ ⟨fig.⟩ *unnütz ausgeben;* ich will mein Geld nicht dafür ~; das ist weggeworfenes Geld **3** ⟨505/R3⟩ sich ~ ⟨fig.⟩ *sich entwürdigen, sich verächtlich machen* 3.1 sich an jmdn. ~ *seine Neigung, Liebe einem Unwürdigen schenken*

'Weg·zeh·rung ⟨f.; geh.⟩ **1** *kleiner Essensvorrat für den Weg, Mundvorrat* 1.1 jmdm. die letzte ~ geben ⟨fig.; kath. Kirche⟩ *jmdm. die Sterbesakramente reichen*

'weg|zie·hen ⟨V. 293⟩ **1** ⟨500⟩ etwas ~ *durch Ziehen aus dem Weg räumen, entfernen, beiseite ziehen;* einen Vorhang ~; jmdm. den Stuhl ~ (so daß er stürzt) **2** ⟨400(s.)⟩ *den Wohnsitz an einen andern Ort verlegen;* wir sind von München weggezogen **3** ⟨400(s.)⟩ Zugvögel ziehen weg *fliegen nach dem Süden*

weh[1] ⟨Adj.⟩ oV *wehe[1]* **1** *wund, verletzt, schmerzhaft, schmerzend;* einen ~en Finger haben **2** ⟨50; in der Wendung⟩ ~ tun *schmerzen* 2.1 jmdm. ~ tun *einen körperl. Schmerz zufügen;* ich wollte dir nicht ~ tun 2.1.1 sich ~ tun *sich verletzen, sich stoßen, schneiden, klemmen usw.;* hast du dir ~ getan? 2.2 etwas tut jmdm. ~ *schmerzt jmdn., bereitet jmdm. Schmerzen;* tut dir der Bauch, der Kopf ~?; mein Hals tut mir ~; wo tut es (dir) denn ~? **3** ⟨fig.⟩ *traurig, wehmütig;* ihr war ganz ~ ums Herz **4** ⟨60⟩ (jmdm.) ~ tun *jmdm. seel. Schmerz zufügen;* Worte können ~ tun **4**.1 es tut mir in der Seele ~, daß ... *es tut mir sehr, sehr leid*

weh[2] ⟨Int.⟩ oV *wehe[2]* **1** ~! *wie schlimm!, wie schrecklich!, wie entsetzlich! (Ausruf der Klage);* ach und ~ schreien (vor Schmerzen) 1.0.1 ach und ~ über jmdn. rufen, schreien ⟨fig.⟩ *jmdn. laut beklagen* 1.1 ~ mir! *wie schrecklich für mich!, ich arme(r)!* 1.2 o ~! *das ist aber schrecklich, schlimm!* **2** ~! *einem Zuwiderhandelnden soll es schlimm ergehen (Ausruf der Drohung)* 2.1 ~ dem, der das tut! *dem, der das tut, wird es schlecht, schlimm ergehen!*

Weh ⟨n.; -(e)s, -e; geh.⟩ **1** *Leid, Kummer;* ein bitteres, tiefes ~ im Herzen tragen; sie konnte sich nicht fassen vor (lauter) ~ **2** mit ~ und Ach ⟨fig.⟩ *mit vielem Klagen, Stöhnen*

'we·he[1] ⟨Adj.⟩ = *weh[1]*

'we·he[2] ⟨Int.⟩ = *weh[2];* ~ den Besiegten!; das Wohl und Wehe des Volkes hängt davon ab

'We·he[1] ⟨f.; -, -n⟩ *vom Wind zusammengewehter kleiner Berg von Schnee;* Schnee ~

'We·he[2] ⟨f.; -, -n⟩ *schmerzhafte Zusammenziehung der Gebärmutter zur Ausstoßung der Leibesfrucht;* die Frau hat ~n

'we·hen ⟨V.⟩ **1** ⟨400⟩ Wind weht *bläst;* das Wehen des Windes; der Wind weht vom Meer her; es weht ein starker Wind; der Wind weht eisig, frisch, kalt, lau, scharf; draußen weht es tüchtig **2** ⟨411⟩ ein Duft, Ton weht irgendwohin *wird von der Luft, vom Wind irgendwohin getragen;* ein Duft von Rosen wehte ins Zimmer; ein Ruf wehte übers Wasser zu uns; die Töne wehten durch den Raum **3** ⟨400⟩ etwas weht *bewegt sich im Wind, flattert;* ihr Haar weht im Wind; die Fahne im Wind ~ lassen; ein Taschentuch ~ lassen; mit ~den Fahnen, Haaren, Rockschößen **4** ⟨511⟩ der Wind weht etwas (von irgendwo) irgendwohin *treibt, trägt etwas (von irgendwo) irgendwohin;* der Wind wehte uns feinen Sand an die Beine; der Wind hat die Blätter von den Bäumen geweht

'weh·kla·gen ⟨V. 400⟩ *laut klagen, jammern;* in lautes Wehklagen ausbrechen; „...!" rief er ~d

'weh·lei·dig ⟨Adj.⟩ *oft, gern klagend, schnell jammernd, übertrieben schmerzempfindlich*

'Weh·mut ⟨f.; -; unz.⟩ *leichte Trauer, leichter Schmerz um Vergangenes, Verlorenes, Sehnsucht nach Vergangenem;* mich erfaßt ~, wenn ich daran zurückdenke

Wehr[1] ⟨n.; -(e)s, -e⟩ *quer durch ein fließendes Gewässer gebaute Anlage zur Erhöhung des Wasserstandes, Verringerung der Wassergeschwindigkeit usw.;* Stau ~

Wehr[2] ⟨f.; -, -en⟩ **1** ⟨unz.⟩ *Widerstand, Verteidigung;* Ab ~, Not ~ 1.0.1 sich zur ~ setzen *sich wehren, Widerstand leisten* **2** ⟨veralt.⟩ *das, womit man sich wehrt, Instrument, Vorrichtung, Anlage, Menschengruppe zum Schutz od. zur Verteidigung;* Brust ~; Schnee ~; Feuer ~; Land ~; ~ und Waffen ⟨veralt.; poet.⟩ **3** ⟨jägerspr.⟩ *die bei einer Treibjagd in gerader Linie vorgehenden Treiber od. (u.) Schützen*

'weh·ren ⟨V.⟩ **1** ⟨500/R3⟩ sich ~ *sich schützen, verteidigen, Widerstand leisten;* sich gegen eine Krankheit ~; sich mit Händen und Füßen ~; sich seiner Haut ~ ⟨verstärkend⟩ **2** ⟨600⟩ einer Sache ~ ⟨geh.⟩ *Einhalt gebieten;* einem Übel ~; den Anfängen ~ **3** ⟨530/R6⟩ jmdm. etwas ~ ⟨geh.; veralt.⟩ *verbieten, jmdn. von etwas zurückhalten*

'wehr·los ⟨Adj.⟩ *unfähig, sich zu wehren, sich zu verteidigen;* sie stand seinen Drohungen, Angriffen ~ gegenüber

'Wehr·macht ⟨f.; -; unz.; 1935 - 1945⟩ *die Gesamtheit der deutschen Streitkräfte*

'Wehr·pflicht ⟨f.⟩ *Verpflichtung aller männl. Staatsangehörigen zum Wehrdienst;* allgemeine ~

Weib ⟨n.; -(e)s, -er; veralt.; nur noch poet. u. umg.⟩ **1** *Frau;* zwei alte Weiber standen an der Ecke; ein tolles ~ 1.1 → a. *alt(1.1.6)* **2** *Ehefrau;* mein ~ 2.1 ~ und Kind haben *eine eigene Familie* 2.2 Mann und ~ *Eheleute* 2.3 ein ~

nehmen *heiraten* 2.4 ein Mädchen zum ~ nehmen *ein M. heiraten*

'Weib·chen ⟨n.; -s, -⟩ **1** ⟨Koseform für⟩ *Weib* **2** *weibl. Tier;* Vogel~ **3** ⟨fig.; abwertend⟩ *geistig anspruchslose, nur aufs Geschlechtliche gerichtete Frau*

'weib·lich ⟨Adj.⟩ **1** *die (Geschlechts-)Merkmale des Weibes, der Weiblichkeit aufweisend;* das ~e Geschlecht; ein ~es Tier; ~es Substantiv; ~er Artikel 1.1 ~er Reim Sy *klingender Reim;* Ggs *männlicher Reim* **2** *das Weib betreffend, ihm zugehörig, ihm entsprechend;* ~e Arbeiten, Handarbeiten verrichten; ~e (Körper)formen

weich ⟨Adj.⟩ **1** *Druck kaum Widerstand entgegensetzend;* Ggs *hart(1);* ein ~es Bett, Kissen; ein ~er Sessel; sich ins ~e Moos setzen 1.0.1 ~ sitzen, liegen *auf bequemer Unterlage* 1.0.2 ein ~es Ei *weichgekochtes, 4 - 5 Minuten gekochtes E.* 1.0.3 ⟨60⟩ ~er Gaumen *hinterer, mit dem Zäpfchen endender, weicher Teil des Gaumens* 1.0.4 Hemd mit ~em Kragen *mit nicht gestärktem K.* 1.1 *so beschaffen, daß etwas anderes leicht eindringen kann* 1.2 *formbar, knetbar;* ~er Ton, ~es Wachs, ~e Butter **2** *wenig (Zusammen)halt aufweisend;* für eine Hose ist dieser Kleiderstoff zu ~ 2.0.1 die Knie wurden ihm ~ ⟨a. fig.⟩ *er bekam Angst, drohte, umzusinken* 2.1 *gargekocht, -gebraten;* das Gemüse, Fleisch ist noch nicht ~ 2.2 *dickflüssig, breiig;* eine ~e Masse; ~er Teig **3** *glatt, geschmeidig, seidig, wollig;* Ggs *rauh;* eine ~e Haut, ein ~es Fell; sich ~ anfühlen 3.1 ~es Wasser *wenig Kalk enthaltendes W.* **4** ⟨fig.⟩ *für Gefühlsregungen, Mitleid u. a. leicht ansprechbar;* ein ~es Gemüt; ein ~er Mensch; ein ~es Herz haben; die Erinnerung stimmte ihn ~; ~ werden; nur nicht ~ werden! 4.1 *empfindlich, gutartig;* ein ~er Jagd-, Blindenhund **5** ⟨fig.⟩ *von Gefühlen bestimmt, bes. Rücksichtnahme ausdrückend;* „...", sagte sie ~ 5.1 ~es Spiel ⟨Sp.; bes. Fußb.⟩ *zurückhaltend geführtes S.* **6** ⟨fig.⟩ *klingend, mild, sanft, zart;* eine ~e Stimme; ein ~er Wind; ein ~er Klang, Ton (von Instrumenten) **7** ⟨fig.⟩ *fließend in den Konturen ineinander übergehend;* Ggs *scharf* 7.1 ~es Negativ ⟨Phot.⟩ *N. ohne scharfe Kontraste* 7.2 ~er Stil *Stilrichtung der deutschen Plastik u. Malerei von etwa 1400 bis 1430, durch fließenden Faltenwurf, liebliche, zierliche Gestalten gekennzeichnet* **8** ~e Droge *Rauschgift, das physisch keine Sucht verursacht, z. B. Haschisch*

'Weich·bild ⟨n.⟩ **1** *Stadtgebiet* **2** *Stadtgerichtsbezirk* **3** *Stadtrecht*

'Wei·che[1] ⟨f.; -, -n⟩ **1** ⟨unz.⟩ *weiche Beschaffenheit* **2** *Seite, Flanke, knochenfreie Körpergegend zwischen unterster Rippe u. Hüftknochen;* dem Pferd die Sporen in die ~n drükken; jmdm. einen Stoß in die ~ geben

'Wei·che[2] ⟨f.; -, -n⟩ **1** *Vorrichtung an Eisen - u. Straßenbahngleisen zum Abzweigen eines Schienenstrangs* 1.1 die ~ (richtig, falsch) stellen ⟨a. fig.⟩ *den richtigen, falschen Lebensweg einschlagen*

'wei·chen[1] ⟨V.⟩ **1** ⟨400(s.)⟩ etwas weicht *wird weich;* die Semmeln müssen (in der Milch, im Wasser) noch etwas ~ **2** ⟨500⟩ etwas ~ *weich machen, einweichen, aufweichen*

'wei·chen[2] ⟨V. 281/400(s.)⟩ **1** ⟨403⟩ (jmdm. od. einer Sache) ~ *nachgeben, sich (vor jmdm. od. einer S.) zurückziehen, sich (von jmdm. od. etwas) besiegt, geschlagen geben;* wir mußten der Übermacht ~ 1.0.1 → a. *wanken(3)* **2** ⟨411⟩ aus, von, unter etwas od. jmdm. ~ *zurückweichen, jmdn. od. etwas verlassen;* alles Blut war aus ihrem Gesicht gewichen; jmdm. nicht von der Seite ~; der Boden wich unter meinen Füßen; nicht von der Stelle ~; weiche von mir! ⟨poet.⟩

'weich·lich ⟨Adj.⟩ **1** *etwas weich* **2** ⟨fig.⟩ *verweichlicht, verhätschelt, zimperlich* **3** *weibisch, unmännlich*

'Weich·tier ⟨n.; -(e)s, -e; Zool.⟩ *Angehöriges eines formenreichen Stammes von Tieren mit weicher, ungeschützter Haut, die sich kriechend fortbewegen: Mollusca*

'Wei·de[1] ⟨f.; -, -n; Bot.⟩ *einer Gattung der Weidengewächse angehörende Holzpflanze mit zweihäusigen, in Kätzchen zusammenstehenden Blüten: Salix;* Korb~, Sal~, Trauer~

'Wei·de[2] ⟨f.; -, -n⟩ **1** *grasbewachsene Fläche, Wiese, auf der Vieh weiden kann;* Vieh~; eine fette, gute, saftige ~; Vieh auf die ~ führen, treiben **2** *Ort, wo Tiere Nahrung finden;* Fisch~, Vogel~

'wei·den ⟨V.⟩ **1** ⟨400⟩ Vieh weidet *sucht auf der Weide Nahrung, frißt Gras;* ~des Vieh **2** ⟨500⟩ Vieh ~ *auf die Weide führen* **3** ⟨550/R3⟩ sich an etwas ~ ⟨fig.⟩ *sich an etwas freuen, erfreuen, etwas genießen;* sich an einem Anblick ~; sich an jmds. Erstaunen, Überraschung, Verlegenheit ~

'weid·lich ⟨Adv.; fig.⟩ *ordentlich, kräftig, tüchtig;* jmdn. ~ auslachen; ~ schimpfen

'Weid·mann ⟨m.⟩ *Jäger, der zugleich auch Heger ist*

'Weid·werk ⟨n.⟩ *die Jagd u. alles, was mit ihr zusammenhängt;* das edle ~

'wei·gern ⟨V. 500⟩ **1** ⟨508/R3⟩ sich ~ (etwas zu tun) *zum Ausdruck bringen od. erklären, etwas nicht tun zu wollen;* er hat sich geweigert, das Geld anzunehmen; er weigerte sich mitzukommen; ich weigere mich, dies zu unterschreiben; sich hartnäckig, standhaft ~; du wirst dich vergeblich ~ **2** ⟨530⟩ jmdm. etwas ~ ⟨veralt.⟩ = *verweigern*

'Wei·he[1] ⟨f.; -, -n⟩ **1** *Segen, Einsegnung, gottesdienstl. Handlung, mit der eine Person od. Sache für den Kult bestimmt wird, wobei erstere bestimmte Rechte übertragen werden;* Priester~, Altar~, Glocken~; die ~n empfangen; die ~n erteilen; die höheren, niederen ~n **2** ⟨allg.⟩ *Einweihung, feierl. Ingebrauchnehmen (z. B. von Brücken)* **3** ⟨fig.⟩ *Feierlichkeit, feierl. Stimmung;* einer Sache durch musikalische Darbietungen die rechte ~ geben; die ~ des Augenblicks, der Stunde empfinden; eine erhabene ~ lag über der Versammlung

'Wei·he[2] ⟨f.; -, -n⟩ *mittelgroßer Greifvogel*

'wei·hen ⟨V. 500⟩ **1** jmdn. ~ *jmdm. die Weihen erteilen, geben;* einen Priester ~ 1.1 ⟨550⟩ jmdn. zu etwas ~ *jmdm. durch gottesdienstl. Handlungen ein geistl. Amt übertragen;* jmdn. zum Bischof ~ **2** etwas ~ *durch gottesdienstl. Handlungen segnen;* die Hostie, das Wasser ~ 2.1 *feierlich in kirchl. Gebrauch nehmen;* einen Altar, eine Glocke ~ 2.2 ⟨allg.⟩ *einweihen;* ein Festspielhaus ~ **3** ⟨530⟩ jmdn. od. etwas jmdm. od. einer Sache ~ ⟨geh.⟩

widmen, verschreiben; sein erstes Werk jmdm. ~; sein Leben einem Werk, einer Idee ~ 3.1 ⟨R3⟩ sich einer Sache ~ *sich einer S. widmen, verschreiben, sich für eine S. opfern* **4** ⟨530⟩ jmdn. od. etwas einer Sache ~ ⟨geh.⟩ *preisgeben* **4.0.1** er ist dem Tod geweiht *er muß sterben, fallen* **4.0.2** die Stadt war dem Untergang geweiht *der U. der S. stand dicht bevor, war sicher, die S. war dem U. preisgegeben*

'Wei·her ⟨m.; -s, -⟩ **1** *kleiner Teich, Tümpel* **2** *kleiner künstl. Teich für einen bestimmten Zweck;* Fisch~

'Weih·nacht ⟨f.; -; unz.⟩ = *Weihnachten;* jmdm. etwas zur ~ schenken

'Weih·nach·ten ⟨n.; -s, -; als Pl. a. umg. f.; meist ohne Artikel⟩ **1** *Fest der Geburt Jesu, urspr. am 6. Jan., im 4. Jh. auf den 25. Dez. verlegt, Christfest;* ein fröhliches ~!; ~ feiern; jmdm. etwas zu ~ schenken; was hast du zu ~ (geschenkt) bekommen? **2** *Weihnachtsfeiertage;* diese, nächste, vorige ~; (ich wünsche dir) fröhliche ~!; komm doch (an) ~ zu uns; an den drei letzten ~ waren wir im Gebirge ⟨umg.⟩ 2.0.1 über ~ *während der Weihnachtsfeiertage;* wir fahren über ~ ins Gebirge 2.0.2 → a. *grün(1.7), weiß(2.9)* **3** ⟨umg.⟩ *Weihnachtsgeschenk(e);* mein ~ ist sehr reichlich ausgefallen

'Weih·rauch ⟨m.; -s; unz.⟩ **1** *als Räuchermittel verwendeter Milchsaft aus den Rinden des Weihrauchbaumes (Boswellia carteri);* ~ abbrennen 1.1 jmdm. ~ streuen ⟨fig.⟩ *jmdn. übertrieben loben* **2** *durch Verbrennung wohlriechender Stoffe erzeugter Rauch, in verschiedenen Religionen zu kult. Zwecken verwendet*

weil ⟨kausale Konj.; im Unterschied zu „da" wird „weil" häufig dann verwendet, wenn das Geschehen im kausalen Gliedsatz neu ist. Der Gliedsatz, auf dem besonderes Gewicht liegt, ist dann meist Nachsatz⟩ *da, aus dem Grunde, daß ...;* → a. *denn;* ich konnte nicht kommen, ~ ich krank war; warum bist du nicht gekommen? ~ ich keine Zeit hatte

'Wei·le ⟨f.; -; unz.⟩ **1** *kurze Zeit, kleine Zeitspanne;* kannst du eine ~ warten?; es ist schon eine ganze ~ her ⟨umg.⟩; eine kleine, kurze, lange ~; nach einer ~ (des Wartens) sah ich ihn kommen; über eine ~; ich bin erst vor einer ~ gekommen 1.1 damit hat es gute ~ *das wird noch nicht so bald geschehen* 1.2 → a. *eilen(1.2)*

'wei·len ⟨V. 411; veralt.; noch poet.⟩ *sich aufhalten, (an einem Ort) sein;* in Gedanken weilte er schon daheim; wo hast du so lange geweilt?; er weilt nicht mehr unter uns, unter den Lebenden

'Wei·ler ⟨m.; -s, -⟩ *keine eigene Gemeinde bildendes, nur aus einigen Gehöften bestehendes Dorf*

Wein ⟨m.; -(e)s, -e⟩ **1** *Weinrebe, Rebe, Rebstock, Weinstock;* ~ anbauen 1.1 → a. *wild(1.2.3)* **2** ⟨unz.⟩ *Weintrauben;* ein halbes Pfund ~; ~ keltern; ~ lesen **3** *gegorener Saft aus Weintrauben;* eine Flasche, ein Glas ~; ein Schoppen ~; ~ kaltstellen; ~ panschen; der ~ steigt mir leicht in den Kopf; alter, junger, leichter, schwerer, saurer, herber, süßer ~; feuriger, vollmundiger, würziger ~; roter, weißer ~ **3.0.1** jmdm. reinen ~ einschenken ⟨fig.⟩ *jmdm. die Wahrheit über etwas Unangenehmes sagen* **3.0.2** im ~ ist Wahrheit ⟨fig.⟩ *wer ein wenig berauscht ist, plaudert manches aus* **3.0.3** → a. *offen(1.2.3), Wasser(1.3)* **4** *gegorener Saft aus anderem Obst, z. B. Äpfeln, Beeren;* Obst~, Apfel~, Johannisbeer~

'Wein·berg·schnecke ⟨-k·k-; f.⟩ *eßbare Landlungenschnecke, die an der Weinrebe schädlich wird: Helix pomatia*

'wei·nen ⟨V.⟩ **1** ⟨400⟩ *Tränen vergießen;* Ggs *lachen(1);* bittere Tränen ~; ich weiß (vor Schreck, vor Verblüffung) nicht, ob ich lachen oder ~ soll; bitterlich, herzzerreißend, jämmerlich, laut ~; mir ist das Weinen näher als das Lachen!; sein Kopfkissen naß ~; in lautes Weinen ausbrechen; um etwas, um jmdn. ~; leise vor sich hin ~; vor Freude, vor Schmerz, vor Zorn ~; jmdn. zum Weinen bringen; es ist zum Weinen! (Ausruf des Ärgers, der Enttäuschung); jmdm. ~d in die Arme sinken 1.0.1 → a. *Auge(9.8), lachen(1.3), leise(3.2)* **2** ⟨511/R3⟩ sich in etwas ~ *sich durch Weinen in einen bestimmten Zustand bringen;* sich in den Schlaf ~

'wei·ner·lich ⟨Adj.⟩ **1** *leicht weinend;* das Kind ist heute so ~ **2** *im nächsten Augenblick weinen wollend;* „Nein!" sagte das Kind ~ **3** *tränenerstickt;* mit ~er Stimme

'Wein·geist ⟨m.; -(e)s; unz.; Pharm.⟩ = *Äthylalkohol*

'Wein·re·be ⟨f.⟩ **1** *Angehörige einer Gattung der Weinrebengewächse: Vitis* 1.1 ⟨i. e. S.⟩ *Weinrebe(1), die zur Gewinnung von Weintrauben gezüchtet wird: Vitis vinifera*

'Wein·stock ⟨m.⟩ *die einzelne Pflanze der Weinrebe(1.1)*

'wei·se ⟨Adj.⟩ **1** *klug u. einsichtig, lebenserfahren, gereift, abgeklärt;* jmd. ~ Lehren geben; ein ~r Mensch; ein ~r Ratschlag; das war ein ~s Wort; er dünkt sich sehr ~; ~ handeln, urteilen 1.1 ⟨60⟩ ~ Frau ⟨früher⟩ 1.1.1 *Hebamme* 1.1.2 *Wahrsagerin*

'Wei·se ⟨f.; -, -n⟩ **1** *(bestimmte) Art, Verfahren, Vorgehen (bei einem Tun);* auf besondere ~; jeder sucht sein Glück auf seine (eigene) ~; ich kann auf keine ~ erreichen, daß ...; man kann seinen Zweck auf verschiedene ~ erreichen; auf welche, in welcher ~ auch immer es geschehen mag ...; in besonderer ~; jeder handelt nach seiner ~ 1.0.1 auf diese ~ *so* 1.0.2 wir wollen in der ~ vorgehen, daß ... *so vorgehen, daß ...* 1.0.3 in einfacher, schlichter ~ *einfach, schlicht* 1.0.4 in gewohnter ~ *wie gewohnt* 1.0.5 in keiner ~ *überhaupt nicht, gar nicht, nicht im geringsten;* er hat mir in keiner ~ geholfen; du störst mich in keiner ~ 1.0.6 → a. *Art(3.2)* **2** ⟨Mus.⟩ *Tonfolge, Melodie, Lied;* Sy *Modus(4);* Volks~; eine einfache, schlichte, ans Herz greifende, volkstümliche ~

...wei·se ⟨Adv.; in Zus.⟩ **1** *in einer bestimmten Art, mit einem bestimmten Umstand verbunden;* probeweise, zwangsweise, glücklicherweise, zufälligerweise **2** *(zur Bezeichnung des Maßes) jeweils eine bestimmte Mengeneinheit;* dutzendweise, tropfenweise, löffelweise

'Wei·sel ⟨m.; -s, -⟩ *Bienenkönigin*

'wei·sen ⟨V. 282⟩ **1** ⟨530⟩ jmdm. etwas ~ *zeigen;* jmdm. den Weg, die Richtung ~ 1.0.1 jmdm. die Tür ~ ⟨fig.⟩ *jmdn. hinauswerfen* 1.1

jmdn. etwas lehren; einem Schüler die Anfangsgründe im Rechnen ~ **2** ⟨510⟩ jmdn. ~ *schicken;* ein anderer Beamter wies mich an diese Stelle; einen Schüler von der Schule ~ 2.0.1 jmdn. aus dem Hause ~ *hinauswerfen* **3** ⟨510⟩ etwas von sich, von der Hand ~ *etwas ablehnen;* einen Verdacht, einen Gedanken (weit) von sich ~ 3.0.1 diese Vermutung ist nicht von der Hand zu ~ *ist nicht unwahrscheinlich, nicht abzulehnen* **4** ⟨410⟩ *zeigen, deuten, Richtung angeben;* auf einen Stern, eine Zahl ~; der Zeiger weist auf 10; mit dem Daumen (über die Schulter) hinter sich ~; mit dem Finger in eine Richtung ~; die Kompaßnadel weist nach Norden; nach oben, unten ~; zum Himmel ~

'Wei·ser ⟨m. 1⟩ **1** *jmd., der weise ist, gereifter, erfahrener, abgeklärter Mensch* **2** ⟨früher⟩ *Denker, Philosoph;* die drei Weisen aus dem Morgenlande 2.1 → a. *Stein(1.7)*

'Weis·heit ⟨f.; -, -en⟩ **1** ⟨unz.⟩ *einsichtige Klugheit, Lebenserfahrung, geistige, innere Reife, Abgeklärtheit;* die ~ des Alters 1.0.1 → a. *Vorsicht(1.0.1)* **2** ⟨unz.⟩ *überlegenes Wissen, Gelehrsamkeit* 2.0.1 mit seiner ~ am, zu Ende sein ⟨fig.; umg.⟩ *nicht mehr weiter wissen, ratlos sein* 2.0.2 er hat die ~ nicht mit Löffeln gegessen (gefressen) ⟨fig.; umg.⟩ *er ist nicht sehr klug* **3** *weiser Spruch, weise Aussage, kluge Lehre;* Volks~; deine ~(en) kannst du für dich behalten; das ist eine alte ~; das Buch steckt voller (feiner) ~en

'weis|ma·chen ⟨V. 530/R5 od. R6⟩ jmdm. etwas ~ *vormachen, vorspiegeln, vortäuschen;* mach mir doch nichts weis!; mach mir doch nicht weis, daß ...; das kannst du mir doch nicht ~!; das kannst du anderen ~ (aber nicht mir)!; laß dir (von ihm, ihr) nichts ~!

weiß[1] ⟨Adj.⟩ **1** *alle sichtbaren Farben reflektierend, ohne Farbe;* ~es Feld (auf dem Spielbrett); ~er Stein (beim Brettspiel); etwas ~ anstreichen; ein Zimmer, eine Wand ~ tünchen; blendend ~; gelblich ~; schmutzig ~; ~ gekleidet; das Weiße im Auge; das Weiß im Ei 1.0.1 → a. *schwarz(1.9)* 1.1 ⟨60⟩ die ~e Fahne *Zeichen für erbetene Waffenruhe, Zeichen für unkrieger. Absicht* 1.2 ⟨60⟩ ein ~er Fleck auf der Landkarte *unerforschtes Gebiet* 1.3 ⟨60⟩ das Weiße Haus *Regierungsgebäude u. Wohnsitz des Präsidenten der USA in Washington* 1.4 ⟨60⟩ ~e Kohle ⟨fig.⟩ *Wasserkraft* 1.5 ⟨60⟩ ein ~er Rabe ⟨fig.⟩ *seltene Erscheinung, Ausnahmeerscheinung (von Menschen)* 1.6 ⟨60⟩ Weißer Sonntag *erster S. nach Ostern* 1.7 ⟨60⟩ Weiße Woche *W., während der in Warenhäusern Weißwaren bes. günstig angeboten werden* 1.8 ⟨60⟩ ~er Käse = *Quark(1)* **2** *von der hellsten Farbe;* ~e Bohnen; ~es Fell; ~es Fleisch (vom Geflügel); ~es Haar; die ~e Rasse 2.0.1 Sie haben sich ~ gemacht ⟨umg.⟩ *Sie sind mit dem Kleid über etwas Helles gestreift, das hängengeblieben ist* 2.0.2 ~ werden *weißes Haar bekommen* 2.0.3 Achtung vor jmds. ~em Haar haben *Achtung vor seinem Alter u. seiner Reife* 2.1 ⟨60⟩ Weiße Ameisen ⟨fälschlich für⟩ *Termiten* 2.2 ⟨60⟩ ~e Blutkörperchen *zur Eigenbewegung befähigte, im Zustand der Ruhe abgerundete B., deren Hauptaufgabe die Abwehr von Krankheitserregern ist;* Ggs *rote Blutkörperchen* 2.3 ⟨60⟩ ~es Gold *mit Silber und Kupfer im Verhältnis 3:2 legiertes G.* 2.4 ⟨60⟩ ~e Magie ⟨bei Naturvölkern⟩ *von der Gesellschaft anerkannte M.;* Ggs *schwarze Magie* 2.5 ⟨60⟩ ~es Mehl *Weizenmehl* 2.6 ⟨60⟩ ~er Pfeffer *geschälte Samen des Pfefferstrauchs* 2.7 ⟨60⟩ ~e Substanz *die wegen ihres Reichtums an markhaltigen Nervenfasern weißen Teile des Gehirns u. des Rükkenmarks;* Ggs *graue Substanz* 2.8 ⟨60⟩ der ~e Tod ⟨fig.⟩ *der T. im Schnee* 2.9 ⟨60⟩ ~e Weihnachten, Ostern *W., O. mit Schnee;* Ggs *grüne Weihnachten, Ostern* **3** *bleich, blaß;* ein ~es Gesicht; ~e Haut(farbe); ~ gepudert, geschminkt 3.0.1 ~ werden *blaß werden* 3.1 ⟨60⟩ die ~e Frau ⟨im Volksglauben⟩ *Gespenstererscheinung* **4** ⟨60⟩ eine ~e Weste haben ⟨fig.⟩ *unbescholten sein, ein reines Gewissen haben* 4.1 einen Fleck auf seiner ~en Weste haben *nicht ganz unbescholten sein, einmal etwas Unrechtes getan haben*

weiß[2] ⟨1. u. 3. Pers. Sing. Präs. von⟩ *wissen*

Weiß ⟨n.; -es; unz.⟩ **1** *weiße Farbe;* in ~ gekleidet sein 1.0.1 sie erschien ganz in ~ *weiß gekleidet* 1.0.2 das Zimmer ist in ~ gehalten *mit weißen Möbeln, Vorhängen usw. eingerichtet*

'weis·sa·gen ⟨V. 530/R8⟩ jmdm. etwas ~ *voraussagen;* Sy *prophezeien(1);* einem Menschen Künftiges ~

'Weiß·bier ⟨n.⟩ *obergäriges, kohlensäurereiches Bier, zu dessen Herstellung auch Weizen verwendet wird*

'wei·ßen ⟨V. 500⟩ etwas ~ *weiß anstreichen, weiß tünchen, kalken*

'Weiß·glut ⟨f.; -; unz.⟩ **1** *beim Weißglühen entstehende Glut* 1.1 jmdn. (bis) zur ~ bringen, erzürnen ⟨fig.; umg.⟩ *jmdn. in äußerste Wut, äußersten Zorn bringen*

'Weiß·nä·he·rin ⟨f.⟩ *Näherin, die Bett-, Küchen- u. Tischwäsche, Oberhemden u. einfache Blusen näht u. ausbessert*

'weiß|wa·schen ⟨V. 279/500/R7 od. R8⟩ jmdn. ~ ⟨fig.⟩ *von einem Verdacht reinigen*

weit ⟨Adj.⟩ **1** *(verhältnismäßig) geräumig, sich über einen größeren Raum, ein großes Gebiet ausdehnend, erstreckend;* Ggs *eng(1);* in die ~e Welt ziehen; in ~en Zwischenräumen; den Mund ~ aufmachen; die Tür ~ öffnen; mit ~ aufgerissenen Augen; das Fenster, die Tür stand ~ offen 1.0.1 das ist ein ~es Feld ⟨fig.⟩ *darüber kann, müßte man lange sprechen* 1.0.2 ein ~es Gewissen haben ⟨fig.⟩ *es in moral. od. rechtl. Dingen nicht sehr genau nehmen* 1.0.3 ein ~es Herz für andere haben ⟨fig.⟩ *großzügig, hilfreich, mildtätig sein* 1.0.4 das Herz wurde mir ~ (vor Freude, Glück usw.) *ich empfand große Freude, großes Glück* 1.0.5 einen ~en Horizont haben ⟨fig.⟩ *Kenntnisse auf den verschiedensten Gebieten* 1.0.6 der Vorfall zog ~e Kreise ⟨fig.⟩ *hatte einige Folgen* 1.0.7 ~e Kreise *viele Menschen(gruppen);* ~e Kreise der Bevölkerung; etwas ~en Kreisen zugänglich machen 1.1 ⟨60; fig.⟩ *umfassend;* im ~eren Sinne ⟨Abk.: i. w. S.⟩; im ~esten Sinne des Wortes 1.2 ⟨50⟩ *in großem Umkreis;* er ist ~ (in der Welt) herumgekommen; er ist ~ gereist; diese Religion ist ~ verbreitet 1.2.1 ~ und breit *in dem Umkreis, den man überblicken kann;* es war ~ und breit niemand zu sehen **2** *lose sitzend, groß;* ~e Ärmel; ich muß mir das Kleid etwas ~er machen; das Kleid ist mir zu ~ **3** *sich über große Entfernung erstreckend, lang, räumlich (od. zeitlich) ausgedehnt, entfernt;* Sy *eng(3);* aus ~er Entfernung; der Weg ist mir zu ~; der Weg war doch ~er, als ich dachte; wie ~ ist es von hier bis ...?; so ~ kann ich nicht gehen, sehen, werfen **3.0.1** ist es noch ~? *muß ich noch lange bis dorthin gehen, fahren?, ist die Entfernung noch groß?, ist der Weg noch lang?* **3.0.2** von hier hat man einen ~en Blick übers Land *einen in die Ferne reichenden B.* **3.0.3** auf ~e Strecken (hin) *ziemlich lange* **3.0.4** das Weite suchen ⟨fig.⟩ *ausreißen, davonlaufen, fliehen* **3.1** *(über) eine große Strecke;* ich mußte ~ gehen, fahren; ich bin heute ~er gegangen als gestern; ich bin ~ gelaufen **3.2** ~ (weg) *in großer Entfernung;* das Haus liegt ~ von hier; das ist nicht ~ von hier; ~er hinten, vorn, rechts, links, oben, unten; er wohnt so ~ weg, daß wir uns nur selten sehen **3.3** ~ entfernt *in einem verhältnismäßig großen Abstand;* unsere Verwandten wohnen ~ entfernt **3.3.1** *in einem bestimmten Abstand;* das Dorf liegt 5 km ~ entfernt von hier; ein paar Häuser ~er wohnt unser Großvater (erg.: entfernt) **3.3.2** ich bin ~ entfernt (davon), das zu tun, zu glauben ⟨fig.⟩ *ich denke nicht daran* **3.4** (von) ~ her *aus großer Entfernung;* ein Hund, der von ~ her heimfindet; von ~ her kommen **3.4.1** mit etwas ist es nicht ~ her ⟨fig.; umg.⟩ *etwas ist nicht besonders gut;* mit deinen Leistungen ist es nicht ~ her **3.5** von ~em *aus großer Entfernung, von ferne;* ich habe ihn schon von ~em erkannt **4** ⟨fig.⟩ *in Richtung auf ein Ziel um ein (verhältnismäßig) großes Stück voran(gekommen);* wie ~ bist du mit deiner Arbeit?; wir sind schon ~er (im Lehrplan) als die andere Klasse (erg.: fortgeschritten); die Krankheit ist schon ~ fortgeschritten; damit wirst du nicht ~ kommen; mit Höflichkeit kommt man am ~esten **4.0.1** es ~ bringen *(im Leben) viel erreichen, Erfolg haben;* er hat es im Leben, in seinem Beruf ~ gebracht **4.0.2** wir wollen es nicht (erst) so ~ kommen lassen *eine Veränderung zum Schlechten schon in den Anfängen aufhalten* **4.0.3** so ~ ist es schon (mit dir, mit uns) gekommen *so schlimm ist es schon geworden* **4.1** zu ~ ⟨fig.⟩ *über ein bestimmtes Maß hinaus* **4.1.1** es würde zu ~ führen, wenn ich es genau erklären wollte *zu viel Zeit erfordern* **4.1.2** das geht zu ~! ⟨fig.⟩ *das ist zu viel, zu unverschämt* **4.1.3** wir wollen es nicht zu ~ treiben ⟨fig.⟩ *nicht übertreiben* **5** ⟨50; bei Vergleichen⟩ *viel, um vieles;* jmdn. ~ übertreffen; dieses Bild gefällt mir ~ besser als das andere; er ist ~ größer als du; der erste Rennfahrer war den andern bald ~ voraus **5.1** bei ~em *sehr viel, mit großem Abstand;* dies gefällt mir bei ~em besser als jenes **5.1.1** er ist bei ~em der Beste *mit großem Abstand von den andern der Beste* **5.1.2** dies gefällt mir bei ~em nicht so gut wie jenes *längst nicht so gut, viel weniger*

weit'ab ⟨Adv.⟩ *weit entfernt;* ~ vom Dorf

'weit·aus ⟨Adv.⟩ *bei weitem;* ~ besser, schlechter

'Wei·te ⟨f.; -, -n⟩ **1** *das Weitsein, weite Beschaffenheit;* die ~ einer Landschaft; das Meer lag in unendlicher ~ vor uns **2** *Ferne;* in die ~ schweifen, wandern; mit den Augen, den Gedanken in die ~ schweifen; in die ~ schauen **3** *Durchmesser, Öffnung (eines Gefäßes), Ausdehnung, Umfang;* Kopf~, Kragen~ **3.1** → a. *licht(3)* **4** *Entfernung, Abstand;* Schuß~, Sicht~, Spann~; er erzielte beim Hammerwerfen die besten ~n

'wei·ten ⟨V. 500⟩ **1** etwas ~ *weiter machen, dehnen;* Schuhe, eine Öffnung ~ **2** ⟨R3⟩ etwas weitet sich *wird weiter;* das Herz weitete sich bei diesem schönen Anblick

'wei·ter ⟨Adj.⟩ **1** ⟨Komparativ von⟩ *weit* **2** ⟨60⟩ *andere(r, -s) hinzukommend, hinzutretend, zusätzlich;* eine ~e Arbeit, Sorge; hast du noch ~e Aufträge für mich?; zu ~en Auskünften bin ich gern bereit; nach einer ~en Stunde; das Weitere werde ich dir noch erklären; alles Weitere ist klar **2.1** des ~en (waren noch zu sehen ...) *außerdem* **2.2** bis auf ~es *vorläufig, bis auf Widerruf, bis etwas anderes bekanntgegeben wird;* das Theater ist, bleibt bis auf ~es geschlossen **2.3** ohne ~es *ohne Umstände, ohne Bedenken;* das kann man ohne ~es tun **3** ⟨50⟩ *außerdem, weiterhin, sonst noch, darüber hinaus(gehend);* und was geschah ~?; ich werde mich auch ~ um ihn kümmern; ~ sage ich nichts; ~ möchte ich noch sagen, daß ...; was ist da ~ (dabei)?; ~ wollte ich nichts; kein Wort ~ (darüber)!; bis hierher und nicht ~; ~ nichts?; wenn es ~ nichts ist; und was ~? **3.1** *in gleicher Weise fort(fahrend), ohne Unterbrechung;* und so ~ ⟨Abk.: usw.⟩ **3.2** ~! ⟨kurz für⟩ *weitergehen!, sprich weiter!;* bitte, ~! (beim Vorführen von Lichtbildern); (halt), nicht ~! **3.2.1** ~ im Text! ⟨umg.⟩ *fahren wir fort!* **3.3** ⟨mit Negation⟩ ~ niemand, nichts *niemand, nichts von Bedeutung;* es war ~ niemand da; das hat ~ nichts zu sagen

'wei·ter... ⟨in Zus. mit Verben⟩ **1** *fortfahren zu, nicht aufhören zu ...;* weiterarbeiten, weiterklingen **2** *an einen Dritten, an andere, einem anderen, anderen;* weitergeben, weiterverkaufen; weitersagen, weitererzählen

'wei·ter|bil·den ⟨V. 500/R7⟩ jmdn. ~ *fortbilden, noch mehr bilden, weiter, besser ausbilden*

'wei·ter|den·ken ⟨V. 119⟩ **1** ⟨402⟩ (eine Sache) ~ *einen Gedanken fortsetzen, zu Ende führen* **2** ⟨400⟩ *nicht nur an das Nächstliegende, sondern auch an Kommendes denken*

'wei·ter|ge·hen ⟨V. 145/400(s.)⟩ **1** *ohne Aufenthalt vorübergehen, an einen anderen Ort gehen, seinen Weg fortsetzen, nicht stehenbleiben;* bitte ~! **1.1** ich werde meine Beschwerde ~ lassen *ich werde mich an die nächsthöhere Stelle wenden* **2** etwas geht weiter *dauert an;* → a. *fortgehen;* so kann es nicht ~; soll das immer so ~?; meinetwegen könnte es noch lange so ~ **2.1** plötzlich ging es nicht weiter *der Weg war versperrt, hörte auf* **2.2** ⟨413⟩ so kann es nicht ~ *das muß geändert werden* **2.3** ⟨413⟩ und wie ging es weiter? *was geschah dann?*

'wei·ter·hin ⟨Adv.⟩ **1** *in Zukunft, künftig;* ich werde dich auch ~ besuchen; laß es dir auch ~ gutgehen **2** *außerdem;* ~ ist zu bedenken, daß ...

'wei·ter|kom·men ⟨V. 170/400(s.)⟩ **1** *voran-, vorwärtskommen;* mit einer Arbeit, im Leben

~ 2 schau, daß du weiterkommst! ⟨bair.-österr.⟩ *geh sofort weg!*

'weit·ge·hend ⟨Adj.⟩ **1** *umfangreich, großzügig;* ~e Unterstützung finden; man brachte ihm ~es Verständnis entgegen; ~e Vollmachten besitzen **2** ⟨50⟩ *in hohem Maße;* wir werden Ihre Wünsche ~ berücksichtigen; jmdn. ~ unterstützen

'weit·her ⟨Adv.⟩ von ~ *aus weiter Ferne, aus großer Entfernung;* ein Ruf von ~

'weit·her·zig ⟨Adj.⟩ *großzügig*

'weit·hin ⟨Adv.⟩ *bis in weite Ferne, bis in große Entfernung;* sein Geschrei war ~ zu hören

'weit·läu·fig ⟨Adj.⟩ **1** *großräumig, großzügig angelegt;* ein ~er Garten, ein ~es Gebäude **2** ⟨90⟩ *entfernt (verwandt);* wir sind ~ verwandt miteinander; ein ~er Verwandter **3** *ausführlich;* eine ~e Erzählung; etwas ~ erzählen

'weit·schwei·fig ⟨Adj.⟩ *sehr ausführlich, umständlich, wortreich;* eine ~e Erzählung; etwas ~ erzählen, berichten; der Roman ist sehr ~ geschrieben

'Weit·sicht ⟨f.⟩ **1** = *Fernsicht* **2** ⟨fig.⟩ *Fähigkeit, die Zukunft beurteilen zu können*

'weit·sich·tig ⟨Adj.⟩ Ggs *kurzsichtig* **1** ⟨70⟩ *an Weitsichtigkeit leidend* **2** ⟨fig.⟩ *die Zukunft sehr weise beurteilend, vorausschauend*

'Weit·sich·tig·keit ⟨f.⟩ *Störung des Sehvermögens, die verhindert, nahegelegene Gegenstände (bes. Geschriebenes) scharf zu erkennen, meist im Alter auftretend;* Ggs *Kurzsichtigkeit*

'weit·tra·gend ⟨Adj. 70⟩ **1** *von großer Schußweite, Reichweite;* ein ~es Geschütz, eine ~e Rakete **2** ⟨fig.⟩ *umfangreich, sehr wirksam;* von ~er Bedeutung; die Sache hatte ~e Folgen

'Wei·zen ⟨m.; -s; unz.⟩ **1** ⟨Bot.⟩ *Gattung der Süßgräser mit wichtigen Getreidearten: Triticum* **2** *helles Mehl lieferndes Getreide: Triticum aestivum;* Weich~ **2.0.1** sein ~ blüht ⟨fig.; umg.⟩ *er hat Erfolg* **2.0.2** → a. *Spreu(1.1)*

welch ⟨Interrogativpron.; kurz für ⟩ *welcher, welche, welches, welch ein, eine, was für ein, eine (meist in Ausrufen);* ~ schönes Bild!; ~e Wohltat!; ~ große Mühe hat das gekostet; mit ~ einer Begeisterung schreibt er von seiner Reise!

'wel·che(r, -s) ⟨Pron. 10 stark⟩ **1** ⟨Interrogativpron.⟩ 1.1 ⟨attributiv⟩ 1.1.1 *(in direkten Fragen, mehrere Möglichkeiten unterscheidend);* Sy *was(1.2) für ein, eine;* die Arbeit ~s Schülers ist die beste? ~ Stadt gefällt dir besser?; an ~m Tag bist du geboren?; aus ~m Grunde hast du das getan?; in ~ Schule gehst du?; mit ~m Zug bist du gekommen?; von ~m Dichter stammt der Roman ...? 1.1.2 *(in indirekten Fragen);* man sieht, ~n Eindruck seine Rede hinterlassen hat; ~n Entschluß er auch fassen mag; frag mich nicht, in ~m Zustand ich ihn angetroffen habe; es ist anerkennenswert, mit ~m Eifer er arbeitet 1.2 ⟨substantivisch⟩ *wer aus einer Gruppe, was aus einer Menge;* er hat eine der drei Schwestern X geheiratet. Welche?; hier sind mehrere Bücher, ~s willst du haben?; ~r auch (immer) der Schuldige ist ...; ~ von beiden ist schuld?; ~n von deinen Freunden schätzt du am höchsten? **2** ⟨Relativpron.; veraltend, heute fast nur noch, um Häufung gleichlautender Pronomen zu vermeiden⟩ *der, die, das;* derjenige, ~r; das Kind, ~s das schönste Bild gemalt hat; alle Schüler, ~ die Vorstellung besuchen wollen; der, ~r Sieger werden wird; alle die, ~ noch nicht geimpft worden sind; das Buch, in ~s er mir die Widmung geschrieben hat; der Zug, mit ~m du kommen wolltest, ist verunglückt **3** ⟨Indefinitpron.; umg.⟩ 3.1 *einige, manche;* da gibt es ~, die nicht einsehen können, daß ...; es sollen viele Ausländer hier sein, hast du schon ~ gesehen?; hier sind ~, die noch keine Eintrittskarte haben 3.2 *einige(s), manche(s);* diese Blumen gefallen mir, ich werde mir auch ~ kaufen; ich habe kein Geld eingesteckt. Das macht nichts, ich habe ~s

wel·cher'lei ⟨a. ['---]; Adv.⟩ *was für ein, eine auch immer, welcher, welche, welches auch immer;* in ~ Form es auch sei

welk ⟨Adj.⟩ **1** *verblüht, vertrocknet, dürr;* ~e Blumen, ~es Laub **2** *nicht mehr straff, schlaff, erschlafft, geschrumpft;* ein ~es Gesicht, ~e Haut

'wel·ken ⟨V. 400⟩ **1** Pflanzen ~ *werden welk;* die Blumen ~ **2** Haut welkt *wird schlaff*

'Well·blech ⟨n.⟩ *verzinktes Eisenblech, das wellenförmig gebogen u. dadurch sehr tragfähig ist (bes. für Dächer, Autogaragen, Baracken usw.)*

'Wel·le ⟨f.; -, -n⟩ **1** *berg-und-talförmige Bewegung der Wasseroberfläche;* Meeres~; das Wasser schlägt ~n; hohe, schäumende ~n; das Boot trieb hilflos, steuerlos auf den ~n; sich von den ~n tragen lassen; den Tod in den ~n finden ⟨poet.⟩; die ~n der Begeisterung, Empörung schlugen immer höher ⟨fig.⟩ 1.0.1 die Stimmung, der Jubel schlug hohe ~n ⟨fig.⟩ *war groß, stürmisch* 1.0.2 die Sache hat ~n geschlagen ⟨fig.⟩ *hat Aufsehen erregt* 1.0.3 mach keine ~n! ⟨fig.; umg.⟩ *reg dich nicht so auf!, zier dich nicht so!* **2** ⟨fig.⟩ *plötzl. Ansturm;* Angriffs~, Kälte~, Hitze~ **3** ⟨fig.⟩ *Bewegung, Strömung;* Filme der neuen ~ **4** *etwas, das in seiner Form einer Welle(1) ähnlich sieht* 4.1 *wellenartige Form des Kopfhaars, auch künstlich erzeugt;* Dauer~, Natur~, Wasser~; sich das Haar in ~n legen lassen 4.2 *kleine Erhebung, flacher Hügel;* Boden~ **5** ⟨Phys.⟩ *schwingende, sich von einem Punkt fortpflanzende Bewegung;* Licht~, Radio~, Schall~; kurze, lange, ultrakurze ~n; auf welcher ~ liegt der Münchener Sender? **6** *zylinderförmige Stahlstange zur Übertragung von Drehbewegungen* **7** ⟨alemann., fränk.⟩ *Bündel (aus Holz, Reisig)* **8** ⟨Sp.⟩ *Turnübung, Umschwung, Schwung des ganzen Körpers um die Querachse, z. B. am Reck;* Knie~, Riesen~

'Wel·len·berg ⟨m.⟩ *oberer Teil einer Welle;* Ggs *Wellental*

'Wel·len·bre·cher ⟨m.⟩ *ins Meer gebauter Damm, der einen Hafen od. Teil einer Küste vor der vollen Kraft der Wellen schützt*

'Wel·len·län·ge ⟨f.⟩ *Länge elektromagnet. Wellen*

'Wel·len·tal ⟨n.⟩ *tiefster Teil einer Welle;* Ggs *Wellenberg*

Welp ⟨m.; -en, -en⟩ = *Welpe*

'Wel·pe ⟨m.; -n, -n⟩ *Junges (vom Wolf, Fuchs od. Hund);* oV *Welp*

Welt ⟨f.; -, -en⟩ **1** *die Gesamtheit alles Seienden, aller Erscheinungen u. Erlebnisse, Empfindun-*

gen, Gedanken; Außen ~; Innen~ **1.1** *die Gesamtheit der Himmelskörper, Weltall;* die Entstehung der ~ **2** ⟨unz.⟩ *die Erde als Lebensraum der Menschen;* das ist das Schönste auf der ~; die ~ kennen; er ist viel in der ~ herumgekommen; in die weite ~ wandern, ziehen ⟨poet.⟩ **2.0.1** das kostet nicht die ~ ⟨fig.; umg.⟩ *das ist nicht teuer* **2.0.2** um nichts in der ~ würde ich das tun ⟨fig.⟩ *auf keinen Fall, um keinen Preis* **2.0.3** dort ist die ~ mit Brettern vernagelt ⟨fig.; umg.⟩ *dort ist es sehr einsam u. langweilig* **2.0.4** das ist nicht aus der ~ ⟨fig.; umg.⟩ *nicht weit entfernt* **2.0.5** → a. *Ende(8.0.2 - 8.0.3)* **2.1** in aller ~ ⟨formelhaft als Steigerung, Betonung des Fragewortes⟩ *nur, eigentlich;* warum in aller ~ hast du nichts davon gesagt?; was in aller ~ hast du dir denn dabei gedacht?; wo in aller ~ bist du gewesen? **3** ⟨unz.⟩ *Dasein, Leben auf der Welt(2);* Kinder in die ~ setzen **3.0.1** ein Kind zur ~ bringen *gebären* **3.0.2** eine Veranlagung mit auf die ~ bringen *mit einer V. geboren werden* **3.0.3** auf die ~ kommen *geboren werden* **3.0.4** aus der ~ gehen, scheiden *sterben, bes. Selbstmord begehen* **3.0.5** Streitigkeiten, Schwierigkeiten aus der ~ schaffen ⟨fig.⟩ *bereinigen, beseitigen* **3.0.6** die ~ kennen *Lebenserfahrung haben* **3.0.7** → a. *Lauf(6.4), Licht(3.4)* **4** ⟨unz.⟩ alle ~, die ganze ~ ⟨umg.⟩ *die Gesamtheit der Menschen;* alle ~ spricht davon, alle ~ weiß es; ich könnte die ganze ~ umarmen (vor Glück) ⟨fig.⟩ **4.0.1** vor aller ~ ⟨fig.; umg.⟩ *vor allen, öffentlich* **5** ⟨fig.⟩ *Lebenskreis, Lebensbereich, Bereich;* Kinder~, Pflanzen~; die ~ des Films, des Theaters; die ~ des Kindes, die ~ der Technik; die ~ der Träume; die Bücher sind meine ~ **5.0.1** zwischen uns liegen, uns trennen ~en *wir verstehen uns nicht, haben grundverschiedene Anschauungen* **5.0.2** die ~ aus den Angeln heben (wollen) *alles anders u. besser machen (wollen)* **5.0.3** → a. *alt(4.7.5), neu(1.4.1), vornehm(1.1)* **6** von ~ ⟨fig.⟩ *von vornehmer Lebensart;* ein Mann von ~ **7** ⟨unz.; geh.⟩ *Gesamtheit des Irdischen in seiner (menschlichen) Unvollkommenheit;* der ~ entsagen; sich von der ~ zurückziehen; mein Reich ist nicht von dieser ~ (Johannes 18,36)

'Welt·all ⟨n.⟩ *die Gesamtheit der Himmelskörper;* Sy *Kosmos(1);* → a. *Weltraum*

'Welt·an·schau·ung ⟨f.⟩ *die Art, wie der Mensch die Welt u. ihren Sinn sowie sein Dasein in ihr betrachtet u. beurteilt*

'Welt·bild ⟨n.⟩ *die Gesamtheit des menschl. Wissens von der Welt u. das menschl. Urteil darüber in einer bestimmten Epoche;* das ~ der Antike; das mittelalterliche ~; unser heutiges ~

'welt·fremd ⟨Adj.⟩ *das Getriebe der Welt nicht kennend, nicht durchschauend, unbeholfen;* ein ~er Träumer, Gelehrter

'Welt·ge·schich·te ⟨f.⟩ **1** *Darstellung der Geschichte sowie Entwicklung der Menschheit u. der Beziehungen der Völker untereinander* **2** ⟨fig.; umg.; scherzh.⟩ *Welt, fremde Länder;* in der ~ umherfahren

'welt·ge·wandt ⟨Adj.⟩ *gewandt, überlegen im Umgang mit Menschen*

'Welt·krieg ⟨m.⟩ **1** *Krieg, an dem viele Länder beteiligt sind, bes. einschließlich der USA* **1.1** ⟨i. e. S.⟩ *einer der Kriege von 1914 bis 1918 u. von 1939 bis 1945;* Erster, Zweiter ~

'Welt·ku·gel ⟨f.⟩ *kugelförmige Darstellung der Erde mit allen Ländern u. Meeren*

'welt·lich ⟨Adj.⟩ **1** *die Welt betreffend, zu ihr gehörend, irdisch* **2** *nicht kirchlich, nicht geistlich, nicht zum geistl. Stand od. Besitz gehörend, nicht zur Kirche gehörend;* Sy *säkular;* ~e und geistliche Fürsten **3** *aufs Diesseits gerichtet, dem Diesseits verbunden;* ~er Sinn; ~ gesinnt

'Welt·macht ⟨f.⟩ *Großmacht, Staat mit bedeutender Macht in der Welt*

'Welt·mann ⟨m.⟩ **1** *gewandter Mann mit überlegenen Umgangsformen* **2** *weltlich gesinnter bzw. nicht dem geistl. Stande angehöriger Mann*

'Welt·meer ⟨n.⟩ *zusammenhängende, einen großen Teil der Erdoberfläche bedeckende Wassermasse;* Sy *Ozean*

'Welt·raum ⟨m.⟩ *der unendl. Raum, in dem sich alle Himmelskörper befinden;* → a. *Weltall*

'Welt·schmerz ⟨m.⟩ *Schmerz, Trauer über die Unzulänglichkeit der Welt gegenüber dem eigenen Wollen u. den eigenen Ansprüchen*

'Welt·stadt ⟨f.⟩ *Stadt mit mehr als 1 Mill. Einwohnern*

'welt·weit ⟨Adj.⟩ *die ganze Welt umfassend, sie betreffend, in der ganzen Welt bekannt*

'Welt·wun·der ⟨n.⟩ *eines der Sieben Weltwunder;* → *sieben(1.4)*

wem 1 ⟨Interrogativpron.; Dat. von ⟩ *wer(1);* ~ hast du das Buch gegeben?; ~ gehört dieses Haus?; bei ~ bist du gewesen?; mit ~ hast du gesprochen?; von ~ stammt das Gedicht? **2** ⟨Relativpron.; Dat. von⟩ *wer(2);* ich habe vergessen, ~ ich das Buch gegeben habe; ich weiß nicht, ~ das Haus gehört

wen 1 ⟨Interrogativpron.; Akk. von⟩ *wer(1);* ~ hast du getroffen?; an ~ schreibst du?; für ~ machst du das? **2** ⟨Relativpron.; Akk. von⟩ *wer(2);* ich weiß nicht, ~ du meinst; erzähl mir, ~ du gesehen hast

'Wen·de[1] ⟨m.; -n, -n⟩ *Angehöriger eines westslaw. Volksstammes in einem Teil der Lausitz an der oberen Spree*

'Wen·de[2] ⟨f.; -, -n⟩ **1** *Wendung, Umkehr;* Sonnen~ **2** *Drehung um 180° (beim Schwimmen, Segeln)* **3** *Drehung des ganzen Körpers um die Längsachse (bes. als Absprung vom Turngerät)* **4** *Anfang, Beginn (von etwas Neuem);* Jahrhundert~, Jahres~; an der, um die ~ des 18. Jahrhunderts **5** *Umschwung (in einer Entwicklung);* es ist eine ~ eingetreten

'Wen·de·kreis ⟨m.⟩ **1** *Kreis, der beim größten Lenkeinschlag durch die äußeren Fahrzeugteile beschrieben wird* **2** ⟨Geogr.⟩ *Breitenkreis zwischen trop. u. gemäßigter Zone der Erde, auf dem die Sonne zur Zeit der Sommer- bzw. Wintersonnenwende im Zenit steht* **2.1** ~ des Krebses *nördl. W.* **2.2** ~ des Steinbocks *südl. W.*

'Wen·del·trep·pe ⟨f.⟩ *Treppe, die schraubenförmig um eine Achse angelegt ist*

'wen·den ⟨V. 283⟩ **1** ⟨500⟩ etwas ~ *auf die andere Seite drehen;* den Braten (in der Pfanne) ~; Heu ~ (zum schnelleren Trocknen); bitte ~! (Aufforderung zum Umblättern, Umdrehen eines Formulars usw.) ⟨Abk.: b. w.⟩ **1.1** ein Kleidungsstück ~ *zertrennen, die In-*

nenseite nach außen kehren u. wieder zusammennähen **2** ⟨500⟩ etwas ~ *in die entgegengesetzte Richtung stellen;* ich kann das Auto hier nicht ~ **3** ⟨400⟩ *umkehren, kehrtmachen, die entgegengesetzte Richtung einschlagen, z. B. beim Wettlaufen, Schwimmen;* ich kann in der engen Straße (mit dem Wagen) nicht ~; der Schwimmer stößt sich beim Wenden mit den Beinen ab **4** ⟨500/R7⟩ sich od. etwas ~ *drehen, umdrehen;* der Wind hat sich gewendet; den Kopf nach jmdm., etwas ~; sich zu jmdm. ~ **4.0.1** ⟨530⟩ jmdm. den Rücken ~ *jmdm. den Rücken zukehren, sich von jmdm. abkehren* **4.0.2** das Wetter hat sich gewendet ⟨fig.⟩ *ist anders geworden* **4.0.3** → a. *Blatt(2.0.1), drehen(6.2)* **5** ⟨511/R3⟩ sich in eine Richtung ~ *eine R. einschlagen, in eine bestimmte R. gehen;* sich nach links, rechts ~; sich nach Süden, Norden ~; sich zum Ausgang, zur Tür ~ **6** ⟨550/R3⟩ sich zu etwas ~ *anschicken;* sich zur Flucht ~; sich zum Gehen ~ **7** ⟨511/R8⟩ etwas wendet sich in, zu etwas *etwas wandelt, verkehrt sich in, zu etwas;* es hat sich alles noch zum Guten gewendet **8** ⟨511⟩ etwas irgendwohin ~ *richten, lenken;* seine Aufmerksamkeit auf etwas ~; seine Schritte nach der Stadt, dem Walde ~ **8.0.1** ⟨550⟩ kein Auge von jmdm. ~ *jmdn. fortwährend ansehen* **9** ⟨550/R3⟩ sich an jmdn. ~ *sich (mit einer Frage od. Bitte) an jmdn. richten;* ich wandte mich an meinen Bruder um Rat; darf ich mich mit einer Bitte an Sie ~?; die Zeitschrift wendet sich vor allem an Hausfrauen **10** ⟨550/R3⟩ sich gegen jmdn. od. etwas ~ *jmdn. od. etwas angreifen;* er wandte sich gegen den Parteivorsitzenden; mehrere Abgeordnete wandten sich gegen den Beschluß des Krisenstabes **11** ⟨550/R7⟩ sich od. etwas von jmdm. ~ ⟨geh.⟩ *abwenden;* er wandte sich von der Treulosen **11.1** die Hand von jmdm. ~ *nicht mehr für jmdn. sorgen, ihn nicht mehr unterstützen* **12** ⟨550⟩ etwas an etwas ~ *etwas für etwas aufbringen, ausgeben;* ich habe viel Fleiß, Mühe daran gewendet; ich habe viel Geld daran gewendet

'Wen·de·punkt ⟨m.⟩ **1** *Punkt, an dem sich etwas wendet;* der ~ der Sonne, einer Entwicklung usw. **2** ⟨Math.⟩ *Punkt einer Kurve, in dem diese die Richtung wechselt* **3** ⟨fig.⟩ *Zeitpunkt, an dem ein Umschwung, eine Änderung eintritt;* der ~ im Drama, in der Geschichte; in seinem Leben an einem ~ angelangt sein

'wen·dig ⟨Adj.⟩ **1** *beweglich, leicht lenkbar;* ein ~es Fahrzeug **2** *geschmeidig, flink, Situationen schnell erkennend u. ausnutzend;* ein ~er Geschäftsmann

'Wen·dung ⟨f.; -, -en⟩ **1** *das Wenden, Richtungsänderung, Drehung, Umkehr;* Kehrt~; eine ~ machen; durch eine schnelle, geschickte ~ ausweichen **2** *Veränderung, Umschwung;* eine glückliche, günstige ~; eine ~ zum Besseren, Schlechteren 2.0.1 dem Gespräch eine andere ~ geben *von etwas anderem zu sprechen beginnen* 2.0.2 die Sache nahm eine andere, eine unerwartete ~ *verlief anders als gedacht, als geplant* **3** ⟨fig.⟩ *sprachl. Formel, Redensart;* Rede~

'we·nig ⟨Indefinitpron.; als Attribut dekliniert 10⟩ Ggs *viel* **1** *nicht viel;* das ist (recht, sehr) ~; dafür habe ich ~ übrig; je ~er, um so besser; das ist mir zu ~; er hat während des ganzen Abends nur ~ gesprochen, ~ gesagt; recht ~, unendlich ~; ziemlich ~; gleich ~; furchtbar, unheimlich ~ ⟨umg.⟩ **1.1** *eine kleine, geringe Menge (von);* ~ Geld; er hat von allen das ~ste Geld; ein ~ Zucker; es gibt hier ~ Wald; ich kann nur ~ Englisch; ich habe bei ihm ~ Entgegenkommen gefunden; er hat ~ Zeit; dazu habe ich ~ Lust; hast du so ~ Vertrauen zu mir?; das hat ~ Zweck; das Stück wird oft gespielt, mit mehr oder ~er Erfolg; mit ein ~ Geduld wird es schon gehen; ich habe (nur noch) ~ Hoffnung; die Arbeit ist nicht ~er geworden; ~ arbeiten, lesen, schreiben **1.1.1** ein (klein) ~ *ein bißchen;* das ~e, was ich dir sagen kann **1.1.2** ~es *in kleiner Menge Vorhandenes;* mit ~em (~ Essen, Geld) auskommen; ~ essen, trinken **1.1.3** jmd. wird immer ~er ⟨umg.⟩ *immer magerer* **1.1.4** ich kann Ihnen die Ware nicht für ~er geben *zu einem niedrigeren Preis* **1.2** *eine kleine Zahl (von);* es ist einer, eins zu ~; ~ Leute, ~e Leute; dort, wo die ~sten Menschen sind; ~er als 100 Personen; einige ~e Kinder; in ~en Tagen wird er kommen; etwas mit ~en Worten erklären; es sind nur ~e Schritte bis dorthin; es ist nur in den ~sten Fällen gut gegangen; wir haben uns nur ~e Male getroffen **1.2.1** es waren nicht ~e *eine ziemlich große Zahl* **1.2.2** nicht ~er als 100 Personen ⟨betonend⟩ *unerwarteter Weise so viele* **1.2.3** hier wäre ~er mehr gewesen *geringere Mengen hätten eine bessere Wirkung hervorgebracht* **1.2.4** ~e *eine kleine Zahl (von Menschen);* die ~en, die dabei waren, ...; es sind nur ~e mitgekommen; das wissen die ~sten **1.3** *ein geringer Grad, eine geringe Intensität von;* ich kann sein Verhalten um so ~er gutheißen, als ...; es gehört ~ (Verstand) dazu, zu begreifen, daß ...; er ist nur ~ älter, größer als ich; er ist um (ein) ~es älter als ich; daran siehst du, wie ~ er davon weiß **1.3.1** er ist nichts ~er als klug *gar nicht klug* **1.3.2** das ist das ~ste! ⟨umg.⟩ *das ist nicht von Bedeutung!* **1.3.3** mehr oder ~er schön ⟨umg.⟩ *(wohl) nicht bes. schön* **1.3.4** ich kenne ihn ~ ⟨fig.⟩ *nicht sehr gut* **1.3.5** das ist das ~ste, was man tun sollte *so viel kann man wohl verlangen* **1.3.6** *selten;* danach frage ich ~; das Stück wird ~ gespielt; wir sehen uns jetzt nur noch ~ **1.3.7** das hätte ich am ~sten erwartet *mit geringer Wahrscheinlichkeit* **2** ⟨vermindernd⟩ *nicht besonders;* Ggs *sehr;* das stört mich ~; es kümmert mich ~, ob ...; das interessiert mich ~; er hat mir (nur) ~ geholfen; er ist ~er klug als schön; es gefällt mir immer ~er; es kommt ~er auf die Menge als auf die Güte an; das ist ~ angenehm, ~ erfreulich ⟨umg.⟩; er ist ~ beliebt ⟨umg.⟩; das ist ~ nett, ~ schön von dir ⟨umg.⟩ 2.1 nicht ~ erstaunt *sehr erstaunt* **3** ⟨nur komparativ⟩ ~er ⟨beim Rechnen⟩ *vermindert um;* Sy *minus;* Ggs *und;* sechs ~er zwei ist vier

'we·nig·stens ⟨Adv.⟩ **1** *mindestens, als wenigstes;* ich habe ~ viermal gerufen; ~ vier (Mark, Personen usw.) **2** *zumindest;* komm doch ~ einen Tag; wenn du ~ geschrieben hättest; du bist ~ ehrlich (wenn auch nicht höflich)

wenn ⟨Konj.⟩ **1** *zu dem Zeitpunkt, wo ...;* ~ es Frühling wird, kommen die Zugvögel wieder

1.1 *sooft;* jedesmal, ~ ich an eurem alten Haus vorbeigehe, denke ich an frühere Zeiten; immer, ~ er kommt, wird es lustig 1.2 *sobald;* ~ ich Nachricht von ihm habe, lasse ich es dich sofort wissen 2 *unter der Bedingung, Voraussetzung, daß ..., für den Fall, daß ..., im Falle, daß ..., falls;* ~ man auf den Knopf drückt, öffnet sich die Tür von selbst; wehe (dir), ~ ich dich erwische!; es würde, sollte mich freuen, ~ du kämst; ~ du rechtzeitig gekommen wärst, hättest du ihn noch getroffen; ~ er noch kommen sollte, dann sag ihm bitte ...; ~ ich die Wahrheit sagen soll; ~ dem so ist, dann ...; ~ du brav bist, darfst du mitkommen; ~ sich sein Zustand verschlechtert, komme ich sofort zurück; ich komme sicher heute nachmittag zu dir, ~ nicht, rufe ich dich an; ~ du nicht bald kommst, bekommst du nichts mehr zu essen; ~ er nicht gestohlen hätte, säße er heute nicht im Gefängnis; ~ nicht heute, so doch morgen; ~ ich nichts mehr von mir hören lasse, komme ich am Montag; ~ du nur ein klein wenig aufpassen wolltest, dann ...; selbst ~ ich es wüßte, ich würde es dir nicht sagen; und ~ du mich auch noch so bittest, ich kann es nicht tun; ~ es schon sein muß, dann lieber gleich ⟨umg.⟩ 3 ~ auch *obwohl, obschon, obgleich;* ~ er auch mein Freund ist, kann ich doch sein Verhalten nicht billigen; sie ist schön, ~ auch nicht mehr ganz jung 4 ⟨in Wunschsätzen⟩ ~ doch ..., ~ nur ... *ich wollte, daß ...;* ~ er doch schon da wäre!; ach, ~ er doch käme!; ~ er nur nicht gerade heute käme! 4.1 ~ ich das wüßte! ⟨umg.⟩ *ich weiß es leider nicht* 5 als, wie ~ ⟨umg.⟩ *als ob;* er tut immer, als ~ er ...; es war, wie ~ jemand gerufen hätte

wenn'gleich ⟨Adv.⟩ *obgleich;* ~ mir das Bild nicht gefällt, muß ich doch sagen, daß es gut gemalt ist

'wenn·schon ⟨Adv.; umg.⟩ 1 na ~! *das macht doch nichts!* 2 ~, dennschon! *wenn (es) überhaupt (getan wird), dann auch ordentlich*

'Wen·zel ⟨m.; -s, -; im deutschen Kartenspiel⟩ = *Unter*

wer ⟨Pron.; Gen. wessen, veralt. wes, Dat. wem, Akk. wen⟩ 1 ⟨Interrogativpron.⟩ *(Ausdruck, der nach einer od. mehreren Personen fragt);* wessen Buch ist das?; wem gibst du es?; wen siehst du da?; ~ ist das?; ~ ist dieser Junge?; ~ will noch etwas? 1.1 ~ da? *(Ruf des Postens, wenn sich jmd. nähert)* 1.2 ~ anders als er kann es gewesen sein? *welcher andere Mensch ...?* 1.3 ~ weiß? *wer kann es wissen?;* er kann dir ~ weiß was erzählen; er treibt sich ~ weiß wo herum 2 ⟨Relativpron.⟩ *(Ausdruck für eine od. mehrere Personen);* ich weiß nicht, ~ gekommen ist; er sagte, wessen Buch es sei; wir möchten wissen, mit wem wir es zu tun haben; er beschrieb, wen er gesehen habe 3 ⟨Indefinitpron.⟩ *(Ausdruck für eine od. mehrere Personen);* ~ vieles bringt, wird manchem etwas bringen (Goethe, Faust, Vorspiel auf dem Theater); ~ etwas weiß, soll die Hand heben 3.1 ⟨umg.⟩ *jemand;* ist schon ~ gekommen; ist da ~? 3.2 ~ auch (immer) *jeder;* ~ es auch sei; ~ auch kommt, er sei willkommen

'wer·ben ⟨V. 284⟩ 1 ⟨416⟩ für etwas ~ *Interesse für etwas zu wecken suchen, für etwas Werbung betreiben, Käufer, Anhänger suchen;* für einen Handelsartikel ~; für eine Partei ~ 2 um jmdn. od. etwas ~ *sich um jmdn. od. etwas bemühen, jmdn. od. etwas für sich zu gewinnen suchen;* um jmds. Gunst ~ 2.1 um ein Mädchen ~ *es zur Ehefrau zu gewinnen suchen* 3 ⟨500/R8⟩ jmdn. ~ *durch Werbung zu gewinnen suchen;* Anhänger, Käufer, Mitglieder, Rekruten, Soldaten ~

'Wer·bung ⟨f.; -, -en⟩ 1 *planmäßiges Vorgehen, um bestimmte Personengruppen für etwas zu gewinnen;* auf dem Gebiet der ~ Erfahrungen haben; in der ~ tätig sein 2 *das Werben;* ~ um ein Mädchen

'Wer·de·gang ⟨m.; -(e)s, ¨-e⟩ 1 *Vorgang des Werdens, Reifens, Lauf der Entwicklung* 2 *Berufsausbildung, Laufbahn;* können Sie mir kurz Ihren ~ schildern? 3 *Ablauf der Herstellung (z. B. eines Industrieerzeugnisses)*

'wer·den ⟨V. 285(s.)⟩ 1 ⟨Kopula; 300⟩ *in Zukunft sein;* arm, reich ~; größer ~; blind, taub ~; ohnmächtig ~; böse, zornig ~; gesund, krank ~; müde ~; alt ~; es wird dunkel, hell; es wird kalt; es wird schon alles noch gut ~; es ist bekannt geworden, daß ...; wir können uns nicht einig ~; es ist spät geworden; das muß anders ~; was nicht ist, kann noch ~; es werde Licht! (1. Buch Mose 1,3); es wird Nacht, Tag; jeder Tag, den Gott ~ läßt; er ist Erster, Letzter geworden; er ist ein guter Lehrer geworden 1.1 bist du verrückt geworden? ⟨umg.⟩ *das kannst du doch nicht sagen, tun!* 1.2 ⟨mit Präp.; Zusammenschreibung nur der infiniten Formen⟩ er ist sich der Sache innegeworden; wenn er sich darüber klar wird; als er es los wurde → a. *innewerden, loswerden* 2 ⟨300; als selbständiges Prädikat⟩ 2.1 jmd. wird Lehrer (usw.) *ergreift den Beruf eines L.;* er will Arzt ~; der ~de Arzt, Mathematiker; was willst du ~, wenn du erwachsen bist? 2.1.1 eine ~de Mutter *eine Frau, die ein Kind erwartet* 2.2 jmd. ist wieder geworden ⟨umg.⟩ *ist wieder gesund geworden, hat sich von einer Krankheit, einem Unfall erholt* 2.3 was wird? *was geschieht?;* was soll nun ~?; und was wurde dann? 2.3.1 es will nicht ~ *nicht klappen, gehen;* und wie ist es dann noch geworden? 2.4 es wird Zeit *es muß jetzt geschehen, muß begonnen werden;* jetzt wird es aber (höchste) Zeit!; es wird Zeit (zu gehen usw.) 2.4.1 nun, wird's bald?, wird's endlich? *drohende Aufforderung* 2.5 das ewige Stirb und Werde ⟨fig.⟩ *der ewige Kreislauf der Natur* 3 ⟨330⟩ jmdm. wird ... *jmd. gerät in einen Zustand ...;* mir wird angst, schlecht, übel, kalt, ängstlich zumute; seine Besuche ~ mir allmählich zur Last; mir ist ein großes Glück (zuteil) geworden 3.1 die Zeit wird mir lang *es ist mir langweilig* 3.2 dein Recht soll dir ~ *du sollst dein R. bekommen* 3.3 sein Lohn soll ihm ~ *er soll belohnt werden, er soll seinen L. bekommen* 3.4 ihm wurde Befehl zu ... ⟨veralt.⟩ *er erhielt den Befehl zu ...* 4 ⟨unpersönl.⟩ jmd. wird es müde zu ... *will nicht mehr;* er wurde es müde, es immer wieder zu erklären 5 ⟨340; mit bestimmten Adj.⟩; einer Sache ansichtig, überdrüssig ~ 6 ⟨310; mit Präpositionalgruppe⟩ 6.1 ⟨317⟩ ~ aus 6.1.1 aus jmdm. wird etwas *jmd. entwickelt sich zu ...;* es wird schon noch ein anständiger Mensch aus ihm ~; was soll aus dem Jungen noch ~?; was ist aus ihnen geworden? 6.1.2 aus einer Sache wird etwas *die S. geht,* *läßt sich verwirklichen;* aus dem Geschäft ist nichts geworden; aus nichts wird nichts ⟨umg.⟩ **6.1.3** daraus kann ich nicht klug ~ *das verstehe ich nicht* **6.1.4** daraus wird nichts! ⟨umg.⟩ *das kommt nicht in Frage!* **6.2** ⟨314⟩ mit jmdm. wird etwas *jmd. erhält eine Aufgabe, Arbeit;* und was wird mit dir? **6.3** ⟨315⟩ zu etwas ~ *seinen Zustand ändern;* die saure Milch ist zu Quark geworden; er ist zum Dieb geworden; zu Stein, zu Eis ~; mein Plan ist zunichte geworden **7** ⟨Hilfsverb zur Bildung der Formen des Passivs, des Futurs, Konjunktivs, von Wunschsätzen u. Sätzen der Ungewißheit⟩ **7.1** ⟨Passiv⟩; er ist befördert worden; er wurde zum Direktor ernannt; der Baum wird gefällt; ich bin am Arm verwundet worden **7.2** ⟨Futur⟩; ich werde kommen; du wirst ihn heute abend sehen; es wird gleich regnen **7.2.1** ich werd' dir helfen! (scherzhafte Drohung) *wehe, wenn du das tust!* **7.3** ⟨Konjunktiv⟩; ich würde gern kommen, wenn ich Zeit hätte **7.4** ⟨höfl. Aufforderung⟩ *bitte;* würdest du es ihm wohl sagen?; würden Sie bitte so freundlich sein, mir zu helfen? **7.5** ⟨in Sätzen der Ungewißheit⟩; kommen wird er wohl, aber ...; es wird schon richtig sein; jetzt ~ wohl alle da sein; es wird schon so sein, wie du sagst **7.6** ⟨in Wunschsätzen⟩; es wird ihm doch nichts passiert sein?; er wird es wohl nicht gelesen haben? **7.7** es wird schon ~ ⟨umg.⟩ *es wird schon gehen, klappen, es wird schon alles gut gehen*

'Wer·der ⟨m.; -s, -⟩ **1** *Flußinsel* **2** *Landstriche zwischen Fluß u. stehendem Gewässer* **3** *trokkengelegtes Land*

'wer·fen ⟨V. 286⟩ **1** ⟨500⟩ jmdn. od. etwas ~ *jmdm. od. etwas einen Schwung, Stoß geben, daß er bzw. es wegfliegt, schleudern;* das Handtuch ~ (als Zeichen zum Aufgeben des Kampfes) ⟨Boxsp.⟩ **1.0.1** Anker ~ *ankern* **1.0.2** wer ohne Schuld ist, der werfe den ersten Stein *der richte* **1.1** ⟨413⟩ *einen Ball (od. Stein) von sich schleudern (bes. als sportl. Übung);* wie weit kannst du ~?; ich werfe 42 m weit; sich im Werfen üben **1.2** ⟨416⟩ mit etwas ~ *etwas als Wurfgeschoß benutzen;* die Kinder warfen mit Sand und Steinen **1.2.1** mit Geld um sich ~ ⟨fig.; umg.⟩ *prahlerisch od. leichtsinnig G. ausgeben* **1.2.2** mit seinen Kenntnissen um sich ~ ⟨fig.; umg.⟩ *mit seinen K. prahlen* **1.3** ⟨500⟩ etwas ~ *durch das Werfen(1) eines Gegenstandes verursachen;* er hat ihm ein Loch in den Kopf geworfen **1.4** ⟨500⟩ etwas ~ *durch Werfen (eines Würfels) erzielen;* sechs Augen ~ (beim Würfeln) **2** ⟨511⟩ jmdn. od. etwas irgendwohin ~ *mit Schwung irgendwohin befördern;* etwas auf den Boden ~; etwas oder jmdn. aus dem Fenster ~; den Ball in die Höhe ~; die Tür ins Schloß ~; jmdn. od. etwas ins Wasser ~; er warf sich einen Mantel um die Schultern; jmdn. zu Boden ~; den Kopf stolz in den Nacken ~ ⟨fig.⟩; ein wichtiges Argument in die Waagschale ~ ⟨fig.⟩; eine Frage ins Gespräch, in die Diskussion ~ ⟨fig.⟩ **2.0.1** jmdn. aus dem Haus ~ ⟨fig.⟩ *jmdn. fortjagen* **2.0.2** jmdm. eine Grobheit an den Kopf ~ ⟨fig.⟩ *eine G. sagen* **2.0.3** einen Blick auf etwas oder jmdn. ~ ⟨fig.⟩ *etwas od. jmdn. kurz anblicken* **2.0.4** ein Auge auf jmdn. ~ ⟨fig.⟩ *sich für jmdn. interessieren* **2.0.5** Ware auf den Markt ~ ⟨fig.⟩ *in großen Mengen zum Verkauf anbieten* **2.0.6** eine Skizze aufs Papier ~ ⟨fig.⟩ *rasch zeichnen* **2.1** ⟨R3⟩ sich irgendwohin ~ *sich irgendwohin stürzen, sich irgendwohin fallen lassen;* sich jmdm. (weinend) an die Brust ~; sich (wütend) auf den Boden ~ (bes. von Kindern); sich vor jmdm. auf die Knie ~; sich im Schlaf unruhig hin und her ~; sich jmdm. (weinend, glücklich) in die Arme ~; sich vor den Zug ~ (in selbstmörder. Absicht); sich jmdm. zu Füßen ~ **2.1.1** sich auf jmdn. ~ *sich auf jmdn. stürzen, jmdn. angreifen* **2.1.2** er warf sich aufs Bett *er ließ sich heftig, achtlos aufs Bett fallen* **2.1.3** ⟨511/R3⟩ sich auf eine Tätigkeit ~ ⟨fig.⟩ *etwas mit Nachdruck beginnen, von nun an betreiben;* er hat sich jetzt aufs Malen geworfen **2.1.4** sich in seine Kleider ~ ⟨fig.⟩ *sich rasch anziehen* **3** ⟨500⟩ etwas wirft etwas *bildet etwas, bringt etwas hervor;* das Wasser wirft beim Kochen Blasen; das Gewand wirft schwere, reiche Falten; die Bäume warfen lange Schatten; der See wirft hohe Wellen **4** ⟨500/R3⟩ etwas wirft sich *krümmt sich, verzieht sich;* das Holz hat sich geworfen **5** ⟨402⟩ ein Tier wirft (Junge) *bekommt Junge;* die Kuh hat ein Kalb geworfen; die Hündin, die Kuh hat geworfen

Werft[1] ⟨f.; -, -en⟩ *Anlage am Wasser zum Bau u. Ausbessern von Schiffen*

Werft[2] ⟨m.; -(e)s, -e⟩ *Kette eines Gewebes*

Werg ⟨n.; -(e)s; unz.⟩ *Abfallfasern bei der Flachs- u. Hanfspinnerei*

Werk ⟨n.; -(e)s, -e⟩ **1** *etwas Geschaffenes, Hervorgebrachtes, Schöpfung, Erzeugnis;* Kunst~, Literatur~, Blend~; Goethes ausgewählte, gesammelte ~e; Goethes sämtliche ~e in 20 Bänden; ein unvollendetes ~ **1.0.1** das ~ meiner Hände *das, was ich selbst geschaffen, gemacht habe* **1.1** *Schrift, Buch;* Nachschlage~; ein geschichtliches ~ **2** *Tätigkeit, Arbeit, Aufgabe;* ein ~ beginnen, fördern **2.0.1** (frisch) ans ~ gehen, sich ans ~ machen, eine Sache ins ~ setzen *beginnen* **2.0.2** behutsam, vorsichtig zu ~e gehen *behutsam, vorsichtig sein od. beginnen* **3** *Handlung, Tat;* es war das ~ eines Augenblicks; ein gutes ~ tun, gute ~e tun **3.0.1** das ist dein, mein ~ *das hast du, das habe ich getan* **4** *große, komplizierte techn. Anlage;* Elektrizitäts~, Kraft~, Wasser~ **5** *Fabrik, Betrieb;* der Leiter eines ~es; ein ~ besichtigen **6** *künstl. Gefüge, ineinandergreifendes Getriebe;* Räder~, Uhr~

'Werk·bank ⟨f.⟩ *Arbeitstisch in einer Fabrik*

'wer·ken ⟨V. 410⟩ *(praktisch) tätig sein, schaffen, arbeiten;* er werkt von früh bis spät; in der Küche ~

'Werk·statt ⟨f.; -, -stät·ten⟩ **1** *Arbeitsstätte für die gewerbl. Herstellung von Waren, in der im allg. sämtl. Arbeitsgänge durchgeführt werden (im Unterschied zur Fabrik);* oV *Werkstätte* **2** *Arbeitsraum eines Künstlers*

'Werk·stät·te ⟨f.⟩ = *Werkstatt*

'Werk·stoff ⟨m.⟩ *fester Rohstoff, z. B. Holz, Metall, Leder, Stein*

'Werk·stück ⟨n.⟩ *Gegenstand, der sich noch in der Herstellung od. Montage befindet*

'Werk·tag ⟨m.⟩ *Tag, an dem gearbeitet wird, Wochentag;* Ggs *Sonntag, Feiertag*

'werk·tä·tig ⟨Adj. 24⟩ *für Lohn od. Gehalt arbeitend, in einem Arbeitsverhältnis stehend;* die ~e Bevölkerung

'**Werk·zeug** ⟨n.⟩ **1** *Gerät zur Bearbeitung von Werkstoffen, Arbeitsgerät* **2** *(bei Tieren) bestimmte Gliedmaßen;* Kau ~; Freß ~ **3** ⟨fig.⟩ *jmd., der von einem andern als Mittel zum Zweck benutzt wird;* ein willenloses ~ in der Hand eines anderen sein

wert ⟨Adj. 24⟩ **1** ⟨43 od. 60; veraltend; geh.⟩ *lieb, teuer;* er ist mir lieb und ~ ⟨verstärkend⟩ 1.1 *geehrt (Höflichkeitsformel, bes. in Briefen);* ~er Herr X.!; wie ist Ihr ~er Name?; wir haben Ihr ~es Schreiben erhalten **2** ⟨40⟩ *bedeutungsvoll, wichtig;* Ihre Auskunft, Ihre Hilfe ist mir sehr viel ~ 2.0.1 etwas (nicht) für ~ erachten, finden, halten *(nicht) wichtig finden, (nicht) für wichtig erachten, halten* 2.0.2 jmdm. etwas ~ sein *jmdm. sehr wichtig sein* **3** ⟨42 od. 44⟩ *würdig, verdient habend;* er ist es ~, daß man ihn unterstützt 3.0.1 diese Tat ist aller Achtung ~ *verdient Achtung* 3.0.2 diese Frau ist aller Ehren ~ *ist ehrbar* 3.0.3 er ist unseres Vertrauens ~ *er verdient unser V.* 3.0.4 das ist nicht der Mühe ~ *das lohnt sich nicht* 3.0.5 es ist nicht der Rede ~ *es ist bedeutungslos* 3.0.6 das Wiedersehen mit dir war mir die Reise ~ *ich habe die R. gern auf mich genommen, um dich wiederzusehen* **4** ⟨40⟩ *einen bestimmten Preis kostend, einen bestimmten Wert habend;* der Ring ist 1000 Mark ~; was, wieviel ist der Schmuck ~?; der Ring ist (nicht) viel ~ 4.0.1 das ist ja Gold ~! *das ist (für einen bestimmten Zweck) sehr wertvoll* 4.0.2 keinen Heller ~ sein *gar nichts wert sein* 4.0.3 ich bin heute gar nichts ~ ⟨umg.; scherzh.⟩ *ich bin heute nicht in Stimmung, bin sehr müde*

Wert ⟨m.; -(e)s, -e⟩ **1** *Geltung, Bedeutung, Wichtigkeit;* einer Sache, einem Ereignis großen, keinen ~ beilegen, beimessen; sich seines (eigenen) ~es bewußt sein; der geistige, ideelle ~ einer Sache; deine Auskünfte haben für mich keinen ~; der künstlerische ~ eines Werkes 1.0.1 ~ auf etwas legen *etwas für sehr wichtig halten;* ~ auf Äußeres, auf Genauigkeit, Pünktlichkeit, Kleidung legen; ich lege ~ darauf, zu wissen ... 1.0.2 das hat keinen ~ ⟨umg.⟩ *das hat keinen Zweck, das ist nutzlos* 1.1 ⟨Philos.⟩ *die positive Bedeutung eines Subjekts od. Objekts im Verhältnis zu anderen;* ethischer, moralischer ~ 1.2 *einen Wert(1) repräsentierende Eigenschaft;* innere ~e **2** *Preis, Kauf-, Marktpreis, Preis, den man beim Verkauf bekommen würde;* den ~ eines Gegenstandes schätzen, festsetzen; die Sammlung hat großen ~; materieller ~; an ~ gewinnen, verlieren; im ~ sinken, steigen (Papiere, Gold); er besitzt Bilder im ~e von vielen 1000 Mark; ein Bild über, unter seinem (wirklichen) ~ verkaufen; Bilder von einigem ~ 2.0.1 → a. *Muster(2.1)* 2.1 *einen Wert(2) repräsentierender Gegenstand;* die kleinen, größeren ~e (der Briefmarken, Spielkarten); im Krieg sind viele (unersetzliche) ~e vernichtet worden

'**wer·ten** ⟨V. 518/R8⟩ jmdn. als jmdn. od. etwas (als etwas) ~ *jmdn. od. etwas schätzen, beurteilen, jmdm. od. etwas einen bestimmten Wert beimessen;* ich werte ihn als guten Freund; ihre sportliche Leistung wurde zu niedrig gewertet; etwas gering ~; etwas höher ~ als etwas anderes; etwas als gute, schlechte Leistung ~

'**wert|hal·ten** ⟨V. 160/500/R8⟩ jmdn. od. etwas ~ *hochschätzen, hochhalten, in guter, treuer Erinnerung bewahren, in Ehren halten;* einen Gegenstand, ein Andenken ~; sie hielt ihren alten Vater wert

...**wer·tig** ⟨Adj.; in Zus.⟩ **1** *einen bestimmten Wert habend;* geringwertig, hochwertig, neuwertig **2** ⟨Chem.⟩ *eine bestimmte Wertigkeit habend;* einwertig, zweiwertig

'**Wert·pa·pier** ⟨n.⟩ **1** *einen Wert verkörperndes Papier (z. B. Banknote)* **2** ⟨i. e. S.⟩ *Urkunde über Rechte an einem Vermögen, wobei die Ausübung der Rechte an die Urkunde gebunden ist*

'**wert|schät·zen** ⟨V. 500/R8⟩ jmdn. od. etwas ~ *für wertvoll halten, hochschätzen, Achtung haben (vor);* er sah, daß alle ihn wertschätzten; seine Zeitgenossen wußten seine Werke nicht wertzuschätzen

'**wert·voll** ⟨Adj.⟩ **1** *von hohem Wert, kostbar;* deine Hilfe, Nachricht usw. ist mir sehr ~; es ist mir ~ zu wissen, daß ... **2** *mit moralisch guten Charakteranlagen ausgestattet;* ein ~er Mensch **3** *von großem Nutzen;* wir verloren in ihm einen ~en Mitarbeiter

'**Wert·zei·chen** ⟨n.⟩ *einen bestimmten Geldwert verkörperndes Zeichen (z. B. Banknote, Wertpapier, Scheck, Briefmarke)*

wes ⟨Interrogativpron.; veralt.⟩ **1** = *wessen;* ~ das Herz voll ist, des gehet der Mund über ⟨Sprichw.⟩ 1.0.1 ich erkannte sofort, ~ Geistes Kind er ist *wie man ihn einschätzen muß*

'**We·sen** ⟨n.; -s, -⟩ **1** ⟨unz.; Philos.⟩ *Sosein der Dinge, im Unterschied zum bloßen Dasein* 1.1 ⟨allg.⟩ *Grundeigenschaft, der innere Kern, das Wesentliche;* es liegt im ~ dieser Sache, der Dinge, daß ...; es liegt im ~ der Pflanze, stets nach dem Licht zu drängen; es gehört zum ~ des Menschen, daß ... 1.2 *Art u. Weise eines Menschen, sich zu äußern, zu benehmen, Eigenart, Wesensart, Natur, Charakter;* dieses Verhalten entspricht eigentlich nicht seinem ~; anmaßendes, freundliches, gekünsteltes, gesetztes, heiteres, kindliches, ungezwungenes ~; seinem (innersten) ~ nach ist er gutmütig; von liebenswürdigem ~ sein 1.3 *Tun u. Treiben;* die Kinder haben im Garten ihr ~ getrieben 1.3.1 viel ~(s) von, um jmdn. od. etwas machen *viel Aufhebens, Umstände* **2** *etwas Lebendes, Lebewesen, Geschöpf;* ein hilfloses ~; alle lebenden ~; so ein kleines ~ 2.1 ⟨umg.⟩ *Mensch;* sie ist ein hilfsbereites, liebes ~; ein männliches, weibliches ~

...**we·sen** ⟨n.; -s; unz.; in Zus.⟩ *alle Dinge u. Vorgänge, die zu einer Sache gehören;* Bankwesen, Buchwesen, Gesundheitswesen, Schulwesen

'**We·sens·zug** ⟨m.⟩ *Charaktereigenschaft, Charakterzug*

'**we·sent·lich** ⟨Adj.⟩ **1** ⟨70⟩ *bedeutsam, wichtig, den Kern der Sache betreffend, grundlegend;* keine ~en Änderungen; ein ~er Bestandteil; zwischen beiden besteht ein ~er Unterschied; das ist sehr ~; das Wesentliche erkennen; das Wesentliche vom Unwesentlichen unterscheiden können; es ist nichts Wesentliches vorgefallen 1.1 im ~en *im Kern, im Grunde, in der Hauptsache;* der Inhalt des Buches ist im ~en der ... **2** ⟨50⟩ *sehr merklich, sehr spürbar, bedeutend;* ~ größer, kleiner; es geht mir heute

~ besser; er hat ~ dazu beigetragen, daß die Arbeit noch rechtzeitig fertig wurde

wes'halb ⟨Adv.⟩ **1** ⟨Interrogativadv.⟩ *warum, aus welchem Grunde;* ~ lachst du?; sag mir, ~ du gelacht hast; ich weiß nicht, ~ er eigentlich gekommen ist **2** ⟨konjunktional in Nebensätzen⟩ *darum, aus diesem Grunde;* ich war plötzlich krank geworden, ~ ich gestern nicht kommen konnte

'Wes·pe ⟨f.; -, -n⟩ *Angehörige einer Überfamilie der Stechimmen mit Vorderflügeln, die der Länge nach zusammengefaltet werden können: Vespidae*

'wes·sen ⟨Genitiv von⟩ **1** *wer* **2** *was(1.1 u. 2.1)*

'We·ste ⟨f.; -, -n⟩ **1** *ärmelloses, bis zur Taille reichendes Kleidungsstück, das bei Männern unter der Jacke, bei Frauen über einer Bluse getragen wird* **2** → a. *weiß(4)*

'We·sten ⟨m.; -s; unz.⟩ **1** ⟨Abk.: W⟩ *Himmelsrichtung, in der die Sonne untergeht* **2** *westlich gelegenes Gebiet;* im ~ der Stadt 2.1 ⟨umg.⟩ *Westdeutschland (einschließl. Süddeutschlands)* 2.1.1 nach dem, in den ~ gehen ⟨umg.⟩ *aus der DDR in die Bundesrepublik Deutschland* 2.2 *Westeuropa;* im ~ nichts Neues

'west·lich ⟨Adj.⟩ *nach Westen zu gelegen, in westl. Richtung gelegen;* ~ von Hannover

'west·wärts ⟨Adv.⟩ *nach Westen zu, in westl. Richtung;* die Straße verlief ~

wett ⟨Adv.⟩ **1** *quitt, ausgeglichen* 1.1 ~ sein *seine Schuld mit einem anderen ausgeglichen haben*

'Wett·be·werb ⟨m.; -(e)s, -e⟩ **1** *Kampf um die beste Arbeit, um die beste Leistung;* Sy *Konkurrenz(1);* mit jmdm. im ~ stehen **2** ⟨Sp.⟩ = *Wettkampf;* einen ~ ausschreiben, veranstalten 2.1 das Pferd läuft außer ~ *läuft im Rennen, aber ohne an der Bewertung teilzunehmen*

'Wet·te ⟨f.; -, -n⟩ **1** *Abmachung zwischen zweien, daß der, dessen Behauptung sich als unrichtig erweist, etwas zahlen od. leisten muß;* eine ~ abschließen, eingehen; ich gehe jede ~ ein, daß es stimmt, was ich sage; eine ~ gewinnen, verlieren; ich mache jede ~ mit, daß ... 1.0.1 was gilt die ~? *was zahlst du, wenn ich recht habe?* **2** etwas um die ~ tun *mit anderen od. einem anderen etwas tun, um zu sehen, wer es besser kann;* um die ~ fahren, laufen

'wett·ei·fern ⟨V. 417⟩ mit jmdm. ~ *etwas um die Wette tun, versuchen, etwas vor jmdm. zu erreichen;* sie wetteiferten miteinander um den besten, ersten Platz

'wet·ten ⟨V.⟩ **1** ⟨400⟩ *eine Wette eingehen, abschließen, sich verpflichten, etwas zu zahlen, wenn man nicht recht behält;* Sy *tippen(3)* ⟨Toto; Lotto⟩; ich wette, daß er nicht mehr kommt 1.0.1 ~, daß ⟨kurz für⟩ *wollen wir wetten, daß es so ist, wie ich sage?* 1.0.2 so haben wir nicht gewettet! ⟨fig.; umg.⟩ *das ist gegen die Abmachung, das kommt nicht in Frage!* 1.0.3 um fünf Mark, um eine Flasche Wein ~ *vereinbaren, daß der, dessen Behauptung sich als falsch erweist, dem anderen fünf M. zahlen, eine F. W. geben muß* 1.1 auf etwas ~ *sich verpflichten, etwas zu zahlen, wenn etwas nicht stimmt od. eintritt, was man behauptet hat;* ich wette darauf, daß es so ist! 1.1.1 auf ein Pferd ~ *die Abmachung (mit einer Annahmestelle für Wetten) treffen, daß man einen Gewinn bekommt, wenn ein bestimmtes Pferd im Rennen siegt, bzw. seinen Einsatz verlorengibt, wenn es nicht siegt* **2** ⟨500⟩ etwas ~ *beim Wetten(1) einsetzen;* ich habe zehn Mark gewettet 2.0.1 ich wette zehn gegen eins, daß es so ist *ich bin fest davon überzeugt, ich gehe jede Wette ein, daß es so ist*

'Wet·ter ⟨n.; -s, -⟩ **1** *Zustand der Lufthülle der Erde, Ablauf der meteorolog. Erscheinungen (in einem begrenzten Gebiet);* es ist schönes, schlechtes ~; was ist für ~?; wie ist das ~?; frühlingshaftes, herbstliches, sommerliches, winterliches ~; gutes, herrliches, kühles, regnerisches, schlechtes, schönes, stürmisches, warmes ~; bei günstigem ~ machen wir einen Ausflug; wir gehen bei jedem ~ aus 1.0.1 bei dem ~ jagt man keinen Hund hinaus, vor die Tür *das Wetter ist so schlecht, daß man nicht ausgehen kann* **2** gutes, schlechtes ~ ⟨fig.⟩ *friedliche, zornige Stimmung eines Menschen* 2.0.1 um gutes ~ bitten ⟨fig.⟩ *sich um wohlwollende Behandlung, günstige Stimmung bei einem anderen, von dem man abhängig ist, bemühen* **3** ⟨geh.⟩ *Gewitter, starker Regen, Unwetter;* es kommt ein ~; ein ~ zieht sich zusammen 3.0.1 → a. *Wind(1.0.1-1.0.2)* 3.1 alle ~! *Ausruf des Staunens* **4** ⟨nur Pl.; Bgb.⟩ *Luft u. a. Gasgemische in einem Grubenbau;* schlagende ~

'Wet·ter·fah·ne ⟨f.⟩ **1** *metallene Fahne auf dem Dach zum Anzeigen der Windrichtung* **2** ⟨fig.⟩ *launischer Mensch, Mensch, der seine Meinung rasch ändert*

'Wet·ter·hahn ⟨m.⟩ *Wetterfahne in Form eines Hahnes*

'Wet·ter·leuch·ten ⟨n.; -s; unz.⟩ *Aufleuchten entfernter Blitze, ohne daß man den Donner hört*

'wet·tern ⟨V.⟩ **1** ⟨401⟩ es wettert *es ist ein Gewitter* **2** ⟨405⟩ (gegen etwas od. jmdn.) ~ ⟨fig.; umg.⟩ *auf etwas od. jmdn. schimpfen*

'Wet·ter·schei·de ⟨f.⟩ *Gebirgskette od. Gewässer, die bzw. das eine Scheide zwischen verschiedenartigem Wetter bildet, indem sie bzw. es das Wetter beeinflußt, z. B. den Wolkenzug hemmt o. ä.*

'wet·ter·wen·disch ⟨Adj.; fig.⟩ *unbeständig, launenhaft, leicht seine Meinung od. Stimmung ändernd;* sie ist ein sehr ~er Mensch

'Wett·kampf ⟨m.⟩ *friedl. Kampf um die beste sportl. Leistung, Kampf um die Meisterschaft;* Sy *Wettbewerb(2)*

'Wett·lauf ⟨m.⟩ *Lauf um die Wette, Lauf, um zu prüfen, wer der schnellste Läufer ist*

'wett|ma·chen ⟨V. 500⟩ etwas ~ *wiedergutmachen, ausgleichen;* einen Fehler, Verlust (wieder) ~

'wett|ren·nen ⟨V. 200; nur im Infinitiv übl.⟩ *um die Wette rennen;* wollen wir ~?

'Wett·streit ⟨m.⟩ *Bemühung, einen anderen od. andere zu übertreffen;* zwischen beiden entspann sich ein edler ~, wer dem andern den Vortritt lassen sollte

'wet·zen ⟨V.⟩ **1** ⟨500⟩ etwas ~ *schleifen, schärfen;* ein Messer, eine Sense ~; der Vogel wetzt seinen Schnabel (an einem Ast, am Gitter usw.) **2** ⟨400(s.); umg.⟩ *rasch laufen, rennen*

'Wich·se ⟨[-ks-] f.; -, -n⟩ **1** *Putzmittel (bes. für*

Schuhe); Schuh~ **2** ⟨unz.; fig.; umg.⟩ *Prügel;* er hat heute schon seine ~ bekommen

Wicht ⟨m.; -(e)s, -e⟩ **1** *Kobold, Zwerg* **2** *kleiner Kerl, Kerlchen* **3** *Schurke, Schuft;* Böse~; elender ~

'wich·tig ⟨Adj.⟩ **1** *wesentlich, bedeutend, schwerwiegend, Aufmerksamkeit erfordernd, einflußreich;* eine ~e Arbeit, Aufgabe, Nachricht, Neuigkeit; ich muß noch einen ~en Brief schreiben; ein ~er Mann, eine ~e Persönlichkeit; etwas ~ nehmen; das ist nicht (so) ~; es ist mir sehr ~, zu wissen, ob ...; etwas für ~ halten; sich ~ vorkommen **1.0.1** sich ~ machen, tun *sich aufspielen* **1.0.2** sich mit etwas ~ machen, ~ tun *sich einer Sache übertrieben rühmen* **1.1** *in übertriebenem Maße von der Bedeutsamkeit der eigenen Äußerungen überzeugt;* mit ~er Miene sagte sie ...; „ich weiß es genau!" sagte er ~

'Wickel ⟨-k·k-; m.; -s, -⟩ **1** *Zusammengerolltes, Bündel, Knäuel* **2** = *Umschlag(4);* Hals~, Waden~; ein feuchter, heißer, kalter ~ **3** *kleiner (zylinderförmiger) Gegenstand, um den etwas gewickelt werden kann;* Garn~, Locken~ **4** jmdn. beim ~ kriegen ⟨fig.; umg.⟩ *jmdn. am Kragen fassen, tadeln, ausschelten, zur Rechenschaft ziehen*

'wickeln ⟨-k·k-; V. 500⟩ **1** etwas ~ *durch eine drehende Bewegung (der Hand) in neben- u. übereinanderliegenden Windungen zusammenfassen;* Garn, Wolle ~; das Haar zu Locken ~ **2** ⟨511⟩ etwas um, auf etwas ~ *um etwas od. umeinanderschlingen, -legen;* einen Faden, ein Band auf, um eine Rolle ~; sich einen Schal um den Hals, den Kopf ~; sich eine Mullbinde, ein Tuch um die Hand ~; einen Bindfaden um ein Paket ~ **2.0.1** → a. *Finger(1.1.4)* **3** ⟨511/R7⟩ jmdn. od. etwas in etwas ~ *dadurch, daß man etwas in Windungen um jmdn. od. etwas legt, einhüllen;* sich in eine Decke ~; sich fest in seinen Mantel ~; etwas in Papier ~ **3.1** ⟨500⟩ ein Kind ~ *einem K. Windeln umlegen;* das Kind ist gerade frisch gewickelt

'Wid·der ⟨m.; -s, -⟩ **1** ⟨Zool.⟩ *männl. Schaf, Schafbock* **2** ⟨Astr.⟩ *Sternbild des nördl. Himmels* **3** ⟨jägerspr.⟩ *männl. Muffelwild* **4** → a. *hydraulisch(1.5)*

'wi·der ⟨Präp. m. Akk.; veralt., noch poet. u. in bestimmten Wendungen⟩ **1** *gegen;* ~ alles Kriegsrecht ⟨veralt.⟩ **1.1** ~ Willen *gegen den eigenen Willen, ungern* **1.2** → a. *für(2.3)*

'wi·der..., 'Wi·der... ⟨Vors.; in Zus.⟩ *gegen..., Gegen..., zurück..., Zurück...*

wi·der'fah·ren ⟨V. 130/600(s.)⟩ **1** jmdm. widerfährt etwas *geschieht etwas, stößt etwas zu;* es widerfährt mir oft, daß ...; ihm ist ein Unglück ~ **1.1** jmdm. Gerechtigkeit ~ lassen *jmdn. gerecht beurteilen u. behandeln*

'Wi·der·ha·ken ⟨m.⟩ *Haken, bei dem die zurückgebogene Spitze eingestoßen wird, so daß ein Zurückziehen od. -drehen nicht möglich ist*

'Wi·der·hall ⟨m.⟩ **1** = *Echo(1)* **2** (keinen) ~ finden ⟨fig.⟩ *(k)eine Reaktion hervorrufen;* sein Vorschlag, seine Rede fand großen ~

wi·der'le·gen ⟨V. 500/R7 od. R8⟩ jmdn. od. etwas ~ *den Beweis erbringen, daß jmd. etwas Unrichtiges behauptet, daß etwas nicht stimmt;* einen Einwand, jmds. Ansicht ~; es war einfach, den Zeugen zu ~

'wi·der·lich ⟨Adj.⟩ **1** *Widerwillen, Abscheu erregend, abstoßend, ekelhaft;* ein ~er Geruch, Geschmack, Anblick **2** ⟨fig.⟩ *häßlich, gemein, sehr unangenehm;* er ist ein ~er Kriecher; ich finde seine Handlungsweise ~

'wi·der·na·tür·lich ⟨Adj.⟩ *gegen die Natur verstoßend, gegen das natürl. Empfinden verstoßend*

'Wi·der·part ⟨m.; -(e)s, -e⟩ **1** *Widersacher, Gegner* **2** jmdm. ~ geben, bieten *sich jmdm. widersetzen, Widerstand leisten*

'wi·der·recht·lich ⟨Adj.⟩ *zu Unrecht, ungesetzlich;* ~er Gebrauch wird bestraft; sich etwas ~ aneignen

'Wi·der·re·de ⟨f.⟩ *Widerspruch, Gegenrede;* keine ~!; er duldet keine ~; etwas ohne ~ annehmen, hinnehmen

'Wi·der·ruf ⟨m.⟩ *das Zurücknehmen (einer Anordnung), Ungültigkeitserklärung;* das Betreten des Geländes ist (bis) auf ~ gestattet, verboten

wi·der'ru·fen ⟨V. 204/500⟩ etwas ~ *zurücknehmen, für ungültig, falsch erklären;* eine Anordnung, einen Befehl ~; die Erlaubnis zum Baden ~; er widerrief seine Aussage vor Gericht

'Wi·der·sa·cher ⟨m.; -s, -⟩ *Gegner, Feind*

wi·der'set·zen ⟨V. 503/R3⟩ sich (jmdm. od. einer Sache) ~ *Widerstand leisten, etwas nicht tun wollen;* sich einer Anordnung ~; er widersetzte sich hartnäckig; sie hat sich ihm ständig widersetzt

'wi·der·sin·nig ⟨Adj.⟩ *unsinnig, unlogisch, widersprechend*

'wi·der·spen·stig ⟨Adj.⟩ **1** jmd. ist ~ *widersetzt sich der Handlungsabsicht eines anderen;* ein ~es Kind; der Esel war sehr ~ **2** etwas ist ~ *läßt sich nicht in gewünschter Weise handhaben;* meine Haare sind heute morgen sehr ~

'wi·der|spie·geln ⟨V. 500⟩ **1** etwas spiegelt jmdn. od. etwas wider *zeigt das Spiegelbild von jmdm. od. etwas;* das Wasser spiegelt die Bäume, den Himmel wider **1.1** ⟨511/R3⟩ etwas spiegelt sich in etwas wider *ruft ein Spiegelbild in etwas hervor;* das Boot spiegelt sich im Teich wider **2** eine Sache spiegelt eine Sache wider *bringt bei einer Darstellung eine S. mit zum Ausdruck;* der Roman spiegelt die Sitten der Vergangenheit wider **2.1** ⟨511/R3⟩ eine Sache spiegelt sich in einer Sache wider *kommt bei der Darstellung einer S. mit zum Ausdruck;* dieses Erlebnis, diese Liebe spiegelt sich in seinen Werken wider

wi·der'spre·chen ⟨V. 251/600/R5 od. R6⟩ **1** jmdm. od. einer Sache ~ *eine entgegengesetzte Ansicht äußern;* einer Behauptung, Meinung, einem Tadel, Vorwurf ~; einem Vorgesetzten ständig ~; widersprich mir nicht! **1.1** ⟨R1⟩ sich ~ *eine einer früheren Aussage entgegengesetzte Äußerung tun;* sie widersprach sich bei ihrer Aussage mehrmals **2** ⟨R2⟩ Aussagen ~ sich *eine Aussage beinhaltet etwas, was einer früheren Aussage entgegengesetzt ist;* die Aussagen der Zeugen ~ sich, einander; die Zeitungen brachten sich ~de Nachrichten

'Wi·der·spruch ⟨m.⟩ **1** *Behauptung des Gegenteils, das Gegenteil aussagende Entgegnung, Einwand, Einspruch;* keinen ~ dulden;

(jeden) ~ zurückweisen; empörter, entrüsteter, heftiger, schwacher ~; erhebt sich dagegen ~?; etwas ohne ~ anhören, hinnehmen; jmdn. zum ~ reizen **2** *gegenteilige Behauptung, Tatsache, Bestrebung, die mit einer anderen Behauptung, Tatsache, Bestrebung unvereinbar ist;* auf einen ~ stoßen; diese Darstellung enthält einen ~ in sich selbst; ich bin kein ausgeklügelt Buch, ich bin ein Mensch mit seinem ~ (Ulrich von Hutten) **2.0.1** sich in Widersprüche verwickeln *einander widersprechende Aussagen machen* **3** *Unvereinbarkeit, unvereinbares Verhältnis (zweier Gegebenheiten);* im ~ zu etwas stehen; seine Handlungsweise steht im ~ zu seinen Worten, Versprechungen; in ~ zu etwas geraten

'wi·der·sprüch·lich ⟨Adj.⟩ **1** eine Sache ist ~ *schließt einen Widerspruch in sich ein;* ~es Verhalten **2** Sachen sind ~ *widersprechen einander;* ~e Aussagen, Nachrichten

'Wi·der·spruchs·geist ⟨m.; -(e)s, -er⟩ **1** ⟨unz.⟩ *die Eigenschaft, gern zu widersprechen* **2** ⟨fig.; umg.⟩ *gern, oft widersprechende Person*

'Wi·der·stand ⟨m.⟩ **1** *Verhalten, das darin besteht, eine od. mehrere Forderungen nicht zu erfüllen, sich ihnen zu widersetzen;* den ~ aufgeben; jmds. ~ brechen, überwinden; (jmdm.) ~ leisten; den ~ organisieren; bewaffneter ~; erbitterter, heftiger, tapferer, verbissener, vergeblicher ~; auf ~ stoßen; er ließ sich ohne ~ festnehmen; zum ~ aufrufen **1.1** ~ gegen die Staatsgewalt *Widerstand(1) gegen einen Vollstreckungsbeamten durch Drohung od. Gewalt; Sy Resistenz(1)* **1.2** → a. *aktiv(1.3), passiv(1.2)* **2** *Kraft, die einer Bewegung entgegenwirkt;* Luft~, Wasser~; elektrischer ~ **3** ⟨El.⟩ *Bauelement aus schlecht leitendem Material, das den Fluß von elektrischem Strom vermindert*

wi·der'ste·hen ⟨V. 256/600⟩ **1** einer Sache ~ *eine S. nicht tun, obwohl man es gern möchte, einer S. standhalten, nicht nachgeben;* einer Versuchung ~; einer Sache nicht ~ können; ich konnte der Verlockung, Versuchung nicht ~, es zu tun **1.0.1** ich kann dieser Torte nicht ~ ⟨umg.⟩ *ich muß ein Stück dieser T. essen, sie verlockt mich zu sehr* **2** etwas widersteht jmdm. *ist jmdm. zuwider;* diese Wurst widersteht mir

wi·der'stre·ben ⟨V. 600; geh.⟩ **1** jmdm. od. einer Sache ~ *sich jmdm. od. einer S. widersetzen, etwas nicht tun wollen, einer S. nicht nachgeben wollen;* jmds. Willen ~; sie ging nur ~d mit **2** etwas widerstrebt jmdm. od. einer Sache *ist jmdm. od. einer S. zuwider, unangenehm;* es widerstrebt mir, ohne sein Einverständnis zu handeln; es widerstrebt seinem Taktgefühl, so etwas zu sagen

'Wi·der·streit ⟨m.; -(e)s; unz.⟩ *Konflikt (zweier) unterschiedlicher Bestrebungen;* im ~ der Gefühle

'wi·der·wär·tig ⟨Adj.⟩ **1** *abstoßend, ekelhaft;* es ist ~; eine ~e Arbeit, Angelegenheit **2** *sehr unangenehm, unsympathisch;* ein ~er Kerl; ihr Benehmen war ~

'Wi·der·wil·le ⟨m.⟩ *Ekel, Abscheu, starke Abneigung;* seine schmeichlerische Art erregt meinen ~n; dieser Geruch weckt ~n (in mir); einen ~n gegen eine Speise haben; etwas nur mit ~n essen, tun; mit ~n an eine Arbeit, Sache herangehen

'wi·der·wil·lig ⟨Adj.⟩ **1** *Widerwillen spüren lassen;* eine ~e Antwort; seine ~e Art zu reden **2** ⟨50⟩ *mit Widerwillen, höchst ungern;* ~ antworten; etwas ~ essen, tun; ~ gehorchen; sie ging ~ mit; er schüttelte ~ den Kopf

'wid·men ⟨V. 530⟩ **1** jmdm. etwas ~ *als Zeichen der Freundschaft od. Verehrung zueignen;* jmdm. ein Buch ~; Herrn X gewidmet von Y (in Büchern) **2** etwas einer Sache ~ ⟨geh.⟩ *zueignen, darbringen, schenken, etwas für eine S. verwenden;* sein Leben der Kunst, der Wissenschaft ~ **2.1** seine Zeit einer Sache ~ *seine Zeit mit einer S. verbringen* **3** ⟨R3⟩ sich jmdm. od. einer Sache ~ *sich eingehend mit jmdm. od. einer S. beschäftigen;* sie widmet sich ganz ihren Kindern; sie widmet sich ganz der Pflege des Kranken

'Wid·mung ⟨f.; -, -en⟩ *Zueignung, Inschrift in einem Buch (handschriftl. od. gedruckt), mit der dieses jmdm. gewidmet wird;* jmdm. eine ~ in ein Buch schreiben

'wid·rig ⟨Adj.⟩ **1** *entgegenstehend, sich entgegenstellend, hemmend, behindernd;* ein ~es Geschick; ~e Umstände **1.1** ~e Winde *die Fahrt, den Flug hemmende, hindernde W.*

wie[1] ⟨Interrogativadv.⟩ **1** ⟨in direkten u. indirekten Fragen⟩ **1.1** ⟨alleinstehend⟩ ~ (bitte)? *was hast du, was haben Sie gesagt?* **1.1.1** das war doch sehr schön, ~? ⟨umg.⟩ *nicht wahr?* **1.2** ⟨vor Verben⟩ *auf welche Weise?;* ~ macht man das?; ~ gefällt Ihnen das Buch?; ~ geht's, ~ geht es dir?; er erzählte, ~ er es gemacht hatte; ~ meinen Sie das? **1.2.1** ~ kommt es, daß ...? *was ist die Ursache davon, daß ...?* **1.2.2** ~ wäre es, wenn wir ins Kino gingen? *was halten Sie von dem Vorschlag, dem Gedanken, daß ...?* **1.3** ⟨vor Adj. u. Adv.⟩ *in welchem Maße, in welchem Grade?;* ~ hoch ist dieser Berg?; kannst du mir sagen, ~ tief das Wasser hier ist?; ~ oft bist du dort gewesen?; ich weiß nicht, ~ oft ich ihm das schon verboten habe **1.3.1** ~ weit ist es bis zum Museum? *welches ist die Entfernung?* **1.3.2** ~ spät ist es? *wieviel Uhr ist es?* **1.3.3** ~ lange willst du noch bleiben?, ~ lange dauert es noch? *wieviel Zeit?* **1.3.4** ~ alt ist er? *welches ist sein Alter?* **1.4** ⟨mit Partikeln⟩ das mußt du anders machen! ~ denn? *auf welche Weise?* **2** ⟨in Ausrufen⟩ **2.1** ⟨alleinstehend⟩ ~! *wirklich? (Ausruf des Erstaunens, der Überraschung);* ~, hat er das wirklich gesagt? **2.1.1** und ~! *(als Antwort) ja, sehr!, ja, außerordentlich!* **2.2** ⟨vor Verben⟩ *sehr, so* **2.2.1** ~ habe ich mich gefreut, als ...! *ich habe mich so gefreut, sehr gefreut* **2.2.2** ~ haben wir gelacht, als ... *wir haben sehr gelacht* **2.3** ⟨vor Adj. u. Adv.⟩ ~ dumm! *das ist sehr dumm!* **2.3.1** ~ merkwürdig! *das ist sehr merkwürdig!* **2.3.2** ~ schade! *das ist sehr schade!* **2.3.3** ~ hübsch! *(ach), ist das hübsch!* **2.3.4** ~ froh waren sie, als ... *sie waren so froh, als ...* **2.3.5** ~ schrecklich! *das ist ja schrecklich!* **2.3.6** ~ sehr würde ich mich freuen, wenn ...! *ich würde mich sehr freuen* **2.3.7** ~ oft habe ich dir das schon gesagt! *ich habe es dir schon so oft gesagt!*

wie[2] ⟨Konj.⟩ **1** ⟨vergleichend⟩ *im gleichen Maße, in der Art eines, einer ..., gleich einem, einer ...;* das kannst du so gut ~ ich; ein Mann

~ er; in einem Falle ~ diesem muß man ...; es ist einer ~ der andere; stark ~ ein Bär; ein großer Dichter ~ Goethe; der Junge sah aus ~ ein Schornsteinfeger; sie ist (ebenso) hübsch ~ ihre Schwester; s ~ Siegfried (beim Buchstabieren, bes. am Telephon); ~ man sieht, ist alles noch beim alten; ~ dem auch sei, wir wollen es (trotzdem) versuchen; so ~ er nun einmal ist; alles bleibt, ~ es war; der Schrank ist so breit ~ hoch; es war so schön ~ noch nie; und es war, ~ schon so oft, ...; mittags ging ich, ~ ich es immer tue, spazieren; der Schrank sieht wieder aus ~ neu; ~ die Tat, so der Lohn ⟨Sprichw.⟩ **1.01** einer ~ der andere ⟨umg.⟩ *alle miteinander* **1.02** ~ du mir, so ich dir ⟨Sprichw.⟩ *was du mir antust, vergelte ich dir* **1.03** ich weiß, ~ es ist, wenn ... *ich kann es verstehen, nachfühlen* **1.04** schlau, ~ er ist, hat er sofort ... *da er schlau ist* ... **1.05** ~ reich er auch sein mochte, er konnte doch nicht helfen *obwohl er so reich war* **1.06** er ist so gut ~ taub *er ist fast ganz taub* **1.07** ~ es zu gehen pflegt *so pflegt es zu gehen* **1.08** ~ sich's gehört *in der Art guter Manieren* **1.09** ~ gehabt ⟨umg.⟩ *ähnlich, gleich den früheren Vorgängen, Malen* **1.10** so ~ die Dinge jetzt liegen *nach dem jetzigen Stand der Dinge* **1.11** ~ man sagt, hat er ... *dem Gerücht nach, die Leute sagen, er habe* ... **1.12** ~ (schon) gesagt, habe ich ... *um es noch einmal zu wiederholen* **2** ~ wenn ⟨umg.⟩ *als ob;* es war, ~ wenn Schritte über den Flur tappten **3** ⟨temporal nur im Präsens⟩ *zur gleichen Zeit;* und ~ ich aus dem Fenster schaue, sehe ich ... **3.1** als ~ = *als[1](2-2.1.4)*

Wie ⟨n.; -, (selten) -s⟩ **1** das ~ *die Art u. Weise, die Form;* es kommt nicht nur auf das Was, sondern auch auf das ~ an; das ~ ist mir klar, aber das Warum verstehe ich nicht **1.1** das ~, Wann und Wo ist noch völlig unklar *die Form, die Zeit u. der Ort (einer Sache)*

'wie·der ⟨Adv.⟩ **1** *aufs neue, nochmals, abermals, wiederum, noch einmal;* er hat ~ Fieber; werde bald ~ gesund!; immer und immer ~; das darfst du nie ~ tun; einmal und nie ~! **1.1** ~ da sein ⟨umg.⟩ *zurück(gekommen) sein;* da bin ich ~!; ich bin gleich ~ da **1.2** hin und ~ *ab und zu, manchmal, zuweilen* **1.3** ich möchte es und möchte es auch ~ nicht *doch auch nicht* **1.4** er versuchte es ~ und ~ *immer aufs neue*

wie·der|'auf|neh·men ⟨V. 189/500⟩ eine Sache ~ *mit einer S. von neuem beginnen;* abgebrochene Beziehungen ~; ein unterbrochenes Gespräch, den Faden des Gesprächs ~; ein (gerichtl.) Verfahren ~; er nahm die Arbeit heute wieder auf

'wie·der|be·le·ben ⟨V. 500/R7⟩ **1** jmdn. ~ *aus einer Bewußtlosigkeit, einem leblosen Zustand wieder zum Leben erwecken;* einen Ertrunkenen, Gasvergifteten ~ **2** etwas ~ *etwas Vergessenes wieder einführen;* die alten Sitten, Bräuche ~

wie·der|'ein|brin·gen ⟨V. 118/500⟩ etwas ~ *etwas Versäumtes nachholen, Verlorenes wettmachen;* die verlorene Zeit ~; einen Schaden, Verlust ~

'wie·der|er·wa·chen ⟨V. 400(s.)⟩ **1** *von neuem erwachen* **2** ⟨fig.⟩ *neu entstehen;* ihr Interesse, ihre Liebe erwachte wieder

'Wie·der·ga·be ⟨f.⟩ *das Wiedergeben;* die ~ eines Musikstücks, einer Geschichte, eines Bildes, Textes; falsche, genaue, richtige, wörtliche ~; der Lautsprecher hat eine gute, schlechte ~; er besitzt Bilder moderner Maler in sehr guten ~n

'wie·der|ge·ben ⟨V. 143/500⟩ **1** ⟨530⟩ jmdm. etwas ~ *zurückgeben, erstatten;* einem Gefangenen seine Freiheit ~; können Sie mir 2 Mark (Wechselgeld) ~?; bitte leg die 10 Mark aus, ich gebe sie dir später wieder **2** etwas ~ *nachbilden, darstellen, darbieten, berichten, erzählen, schildern;* einen Vorgang, Anblick ~; ich kann die Ausdrücke, die er gebrauchte, nicht ~; ich kann meine Gedanken, Gefühle, als ich das sah, nicht ~; einen Vorgang, falsch, richtig, entstellt, verzerrt ~; er hat die Stimmung des Abends in seinem Bericht gut wiedergegeben; einen Text sinngemäß ~; ein Gespräch wörtlich ~; bitte geben Sie den Inhalt des Textes in Ihren eigenen Worten wieder!

'Wie·der·ge·burt ⟨f.⟩ **1** ⟨in manchen Religionen⟩ *das Wiedergeborenwerden zu einer neuen ird. Existenz* **2** ⟨fig.⟩ *(geistige) Erneuerung, Neuaufleben*

wie·der|'her|stel·len ⟨V. 500/R7⟩ **1** etwas ~ *aufs neue herstellen, im alten Zustand herstellen;* Sy *restaurieren* **2** jmdn. ~ ⟨fig.⟩ *wieder in den früheren Zustand bringen;* der Kranke ist (völlig) wiederhergestellt; nach dem langen Fußmarsch mußte ich mich erst einmal ~

'wie·der|ho·len[1] ⟨V. 503/R1⟩ (sich) etwas ~ *zurückholen;* mein Ball ist in den anderen Garten gefallen, aber ich hole ihn mir wieder

wie·der'ho·len[2] ⟨V. 500⟩ **1** etwas ~ *noch einmal sagen od. tun;* jmds. Befehl, Anweisung, Worte ~ **1.1** eine Klasse ~ *nochmals durchlaufen* **1.2** eine Lektion ~ *noch einmal lernen* **1.3** eine Vorführung ~ *noch einmal darbieten;* auf vielfachen Wunsch wird die Sendung am Dienstag wiederholt

'wie·der|käu·en ⟨V.⟩ **1** ⟨402⟩ (Futter) ~ *(Futter) aus dem Magen ins Maul zurückbringen u. noch einmal kauen;* die Kühe liegen im Gras und käuen wieder; das Futter, Gras ~ **2** ⟨500⟩ schon einmal Gesagtes, Gehörtes ~ ⟨fig.; umg.⟩ *noch einmal (in langweiliger Form) wiederholen;* eine Lektion, den Lehrstoff ~

'wie·der|keh·ren ⟨V. 400(s.)⟩ **1** *zum Ausgangspunkt zurückkommen;* von einer Reise ~; er ist aus dem Krieg nicht wiedergekehrt **2** etwas kehrt wieder *wiederholt sich, tritt wieder ein;* ein Gedenktag, Festtag kehrt wieder; diese Gelegenheit kehrt nie wieder; diese Melodie, dieses Motiv kehrt im ersten Satz dreimal wieder; dieser Vorgang kehrt regelmäßig wieder; ein jährlich ~es Fest

'wie·der|se·hen ⟨V. 239/500/R8⟩ jmdn. ~ *nochmals mit jmdm. zusammentreffen, jmdm. nochmals begegnen;* ich habe ihn nach 15 Jahren wiedergesehen; wann sehen wir uns wieder?

'Wie·der·se·hen ⟨n.; -s, (selten) -⟩ **1** *nochmaliges Zusammentreffen (zweier od. mehrerer Personen);* ein ~ vereinbaren; es war ein fröhliches, trauriges, überraschendes ~; bei unserem letzten ~; auf ~! (Abschiedsgruß); auf baldiges ~! (Abschiedsgruß) **1.1** jmdm. auf ~ sagen *sich von jmdm. verabschieden* **1.2** ~ macht Freude! ⟨umg.; scherzh.⟩ *(beim Verlei-*

hen eines Gegenstandes) bitte vergiß nicht, ihn mir wiederzugeben
'wie·der·um ⟨Adv.⟩ **1** *nochmals;* und als ich ihn ~ ermahnte, antwortete er ... **2** *andererseits;* ich habe ihm geraten, es zu tun, er ~ ist der Meinung, es sei besser, es nicht zu tun; er ist im allgemeinen sehr zurückhaltend, doch muß ich ~ sagen, daß er sofort hilft, wenn es wirklich nötig ist
'Wie·ge ⟨f.; -, -n⟩ **1** *Kinderbett auf gerundeten Brettern, so daß es seitwärts geschaukelt werden kann;* das Kind in der ~ schaukeln 1.1 seine ~ stand in Berlin ⟨poet.⟩ *er ist in Berlin geboren* 1.2 das ist ihm nicht an der ~ gesungen worden, daß er einmal Professor werden würde ⟨fig.⟩ *das hätte früher niemand vermutet* 1.3 von der ~ an ⟨fig.⟩ *von Geburt an, von klein auf*
'wie·gen[1] ⟨V. 287⟩ **1** ⟨500/R7⟩ jmdn. od. etwas ~ *(auf der Waage) das Gewicht feststellen von jmdm. od. etwas;* einen Koffer, ein Paket ~; sie hat die Wurst knapp, reichlich, gut, schlecht gewogen 1.0.1 das Pfund Kaffee ist knapp, reichlich gewogen *es ist ein knappes, reichl. Pfund K.* 1.1 sich ~ *sich auf die Waage stellen u. sein Gewicht prüfen* 1.2 ⟨511⟩ etwas in der Hand ~ *das Gewicht von etwas, das man in der H. hat, schätzen* **2** ⟨413⟩ *schwer sein, Gewicht haben;* der Schrank wiegt mindestens zwei Zentner; wieviel wiegst du? **2.0.1** der Koffer wiegt schwer *hat viel Gewicht, ist schwer* **2.1** seine Argumente ~ schwer ⟨fig.⟩ *sind ernst zu nehmen, wichtig*
'wie·gen[2] ⟨V. 500⟩ **1** jmdn. od. etwas ~ *in eine hin- u. herschwingende Bewegung versetzen;* nachdenklich, bedenklich den Kopf ~; mit ~den Schritten gehen **1.0.1** einen ~den Gang haben *einen federnden, leicht schaukelnden G.* 1.1 ein Kind ~ *in der Wiege od. in den Armen schaukeln;* das Kind in den Schlaf ~ **2** ⟨R3⟩ sich ~ *hin- u. herschwingen, sanft, leicht schaukeln;* das Boot wiegt sich auf den Wellen; sich in den Hüften ~ (beim Gehen); sich im Tanz ~ ⟨poet.⟩ 2.0.1 ⟨550⟩ sich auf etwas ~ *sich auf etwas leicht schaukeln, sich von etwas schaukelnd tragen lassen* 2.1 ⟨513⟩ sich in Sicherheit, in Hoffnungen ~ ⟨fig.⟩ *sich dem Gefühl der S., (trüger.) H. hingeben* **3** etwas ~ *mit dem Wiegemesser zerkleinern;* Petersilie ~
'wie·hern ⟨V. 400⟩ **1** das Pferd wiehert *gibt Laut* **2** ⟨fig.; umg.⟩ *laut u. hemmungslos lachen;* er wieherte vor Lachen; er lachte ~d; ein ~des Gelächter
'Wie·se ⟨f.; -, -n⟩ *mit Gras bewachsenes Land, das hauptsächlich dazu genutzt wird, Heu zu gewinnen*
'Wie·sel ⟨n.; -s, -⟩ **1** *Angehöriges einer Gattung kleiner, flinker Marder: Mustela* 1.1 flink wie ein ~ *schnell u. gewandt;* er kann laufen wie ein ~
wie'so ⟨Interrogativadv.; umg.⟩ *warum?; wie kommt das?, wie kommt es, daß ...?;* ~ kommst du erst jetzt?
wie'viel ⟨Interrogativpron. 10⟩ **1** *welche Anzahl?, welche Menge?;* ~(e) Einwohner hat Hamburg?; ich muß erst nachsehen, ~ Geld ich noch habe; ~(e) Personen waren anwesend? 1.0.1 ~ Mal = *wievielmal* 1.1 ~ ist, macht (drei mal vier?) *welches Ergebnis ist das Produkt aus (drei und vier)* 1.2 den ~ten haben wir heute? *welchen Tag des Monats haben wir heute?;* zum ~ten Mal habe ich dir das eigentlich schon verboten? **2** ⟨in Ausrufen⟩ *sehr viel, so viel;* ~ Geld das gekostet hat!; ~ Schönes habe ich auf dieser Reise gesehen!; ~ besser geht es mir jetzt, seit ich das neue Mittel nehme!
wie'weit ⟨Konj.⟩ **1** *inwieweit, bis zu welchem Grade;* ich weiß nicht, ~ er damit recht hat **2** ⟨aber getrennt⟩ 'wie 'weit? → *wie(1.3.1)*
wie'wohl ⟨Konj.⟩ *obwohl*
'Wig·wam ⟨m.; -s, -s⟩ *(kuppelförmiges) Hauszelt nordamerikan. Indianer*
wild ⟨Adj.⟩ **1** *im Naturzustand belassen, nicht kultiviert* 1.1 ~e Tiere *ungezähmte T.;* Ggs *zahme(1) Tiere;* ~e Enten, Schwäne, Tauben 1.2 ~e Pflanzen *nicht angebaute P.;* ~e Blumen 1.2.1 ~er Apfel = *Holzapfel* 1.2.2 ~e Birne = *Holzbirne* 1.2.3 ~er Wein *als Zierpflanze beliebtes Weinrebengewächs, Jungfernrebe: Parthenocissus* 1.3 ~es Land *unerschlossenes, unbearbeitetes L.* 1.3.1 eine ~e Gegend, Landschaft ⟨fig.⟩ *einsame G. mit schroffen Felsen, knorrigen Bäumen, reißendem Bach usw.* 1.4 ein ~es Volk *ein unzivilisiertes, auf niedriger Kulturstufe stehendes V.;* das ~e Volk der Ubier leistete den Römern Widerstand 1.5 ~er Mann ⟨in den Volkssagen der Alpenländer⟩ *behaarter, oft mit Keule bewaffneter Waldmensch (in der Volkskunst häufig auf Wirtshausschildern, an Häuserfassaden u. ä.)* 1.6 ⟨fig.⟩ *ungepflegt, unordentlich;* ein ~er Bart; die Haare hingen ihm ~ in die Stirn, standen ihm ~ um den Kopf; die Sachen lagen ~ durcheinander 1.7 ~es Gestein ⟨Bgb.⟩ *taubes G.* **2** *unkontrolliert, außerhalb der dafür geltenden Gesetze bestehend;* ~er Handel; ~es Parken 2.1 ⟨60⟩ ~e Ehe ⟨fig.⟩ *weder vor dem Gesetz noch in der Kirche geschlossene E.;* in ~er Ehe leben 2.2 ⟨60⟩ ~er Streik ⟨fig.⟩ *nicht organisierter, von der Gewerkschaft nicht genehmigter S.* 2.3 ⟨60⟩ ~es Fleisch *an Wunden wucherndes F.* 2.4 ⟨60⟩ ~e Gerüchte, Geschichten ⟨fig.; umg.⟩ *phantast., übertriebene G.;* die ~esten Gerüchte schwirren durch die Stadt; er erzählte ~e Geschichten **3** ⟨fig.⟩ *ungezügelt, unbeherrscht, unbändig, ungestüm, heftig;* ~e Blicke; ~e Drohungen; ~es Geschrei; er schlug ~ um sich; es entbrannte ein ~er Kampf; ein ~er Zorn ergriff ihn; er ist ganz ~ vor Begeisterung ⟨fig.; umg.⟩ 3.0.1 in ~er Flucht davonrennen, davonjagen ⟨fig.⟩ *in ungestümer, ungeordneter F.* 3.0.2 ~e See ⟨fig.⟩ *vom Sturm aufgewühltes Meer* 3.0.3 mach mir die Pferde nicht ~ *nicht scheu* 3.0.4 das Pferd ist ~ geworden *ist scheu geworden, scheut* 3.1 ein ~es Kind *ein sehr lebhaftes u. furchtloses K.* 3.2 ⟨60⟩ das Wilde Heer, die Wilde Jagd ⟨german. Myth.⟩ *Heer von Geistern (Toten), das nachts (bes. in den Zwölf Nächten) mit Jagdrufen u. Hundegebell durch die Luft jagt* 3.2.1 Wilder Jäger ⟨german. Myth.⟩ *Anführer des Wilden Heeres (Wotan)* 3.3 ⟨46⟩ ~ auf etwas sein ⟨fig.; umg.⟩ *versessen auf etwas sein, etwas leidenschaftlich gern haben, sehen wollen od. essen;* er ist ganz ~ auf Fisch, auf Schokolade; er ist ganz ~ auf Kriminalfilme **4** *sehr zornig, wütend;* jmdn. ~ machen; er schaute ~ um sich; „ich denke

nicht daran!" schrie er ~; als er das hörte, wurde er ~ 4.0.1 den ~en Mann spielen ⟨fig.; umg.⟩ *sich sehr zornig u. unberechenbar gebärden* 5 ⟨40⟩ das ist halb so ~ ⟨fig.; umg.⟩ *halb so schlimm, nicht so schlimm*

Wild ⟨n.; -es; unz.⟩ 1 ⟨Sammelbez. für⟩ *jagdbare Tiere;* Hoch~, Nieder~, Reh~, Rot~, Schwarz~ 1.1 ein Stück ~ *ein einzelnes jagdbares Tier* 2 = *Wildbret*

'Wild·bahn ⟨f.⟩ 1 *Jagdgebiet, Jagdrevier* 1.1 freie ~ *nicht umzäuntes Jagdgebiet*

'Wild·bret ⟨n.; -(e)s; unz.⟩ *Fleisch vom Wild(1);* Sy *Wild(2)*

'wil·dern ⟨V. 400⟩ *unzulässigerweise jagen;* in diesem Gebiet wird noch viel gewildert; ein ~der Hund, eine ~de Katze

'Wild·fang ⟨m.⟩ 1 *aus der Freiheit eingefangener Beizvogel* 2 *Fangvorrichtung für Rotwild* 3 ⟨fig.⟩ *wildes, ausgelassenes Kind;* Sy *Wildling(2)*

'wild·fremd ⟨Adj.⟩ *völlig fremd, völlig unbekannt;* ich kann doch nicht einen ~en Menschen fragen, ob ...

'Wild·ling ⟨m.; -s, -e⟩ 1 *Schoß eines Baumes, der veredelt worden ist* 2 ⟨fig.⟩ = *Wildfang(3)* 3 ⟨fig.⟩ *ungestümer junger Mensch*

'Wild·nis ⟨f.; -, -s·se⟩ *wilde Gegend, Land im Naturzustand*

'Wil·le ⟨m.; -ns, (selten) -n⟩ oV *Willen* 1 *Fähigkeit (des Menschen), sich für bestimmte Handlungen auf Grund bewußter Motive zu entscheiden;* wo ein ~ ist, ist auch ein Weg; schwacher, starker ~; einen eisernen ~n haben ⟨fig.⟩ 1.0.1 jmds. ~n brechen *jmdn. unterdrücken, ihn zwingen, sich unterzuordnen* 1.0.2 einen eigenen ~n haben *wissen, was man will* 1.0.3 keinen eigenen ~n haben *nicht wissen, was man will, sich anderen zu sehr unterordnen* 2 *Entscheidung für eine bestimmte Handlung auf Grund bewußter Motive;* seinen ~n durchsetzen (wollen); es ist mein fester ~, es zu tun; auf seinem ~n bestehen; gegen jmds. ~n handeln; es ist gegen meinen ~n geschehen; nach dem ~n des Künstlers, Baumeisters 2.0.1 jeder nach seinem ~n *jeder, wie er will* 2.1 freier ~ ⟨Philos.⟩ *die Entscheidungsfreiheit des Menschen* 2.1.1 es ist doch mein freier ~, das zu tun oder nicht zu tun *ich kann es doch selbst entscheiden* 2.1.2 etwas aus freiem ~n tun *ohne Zwang, freiwillig* 2.2 Letzter ~ *Bestimmung für den Todesfall, Testament* 3 *feste Absicht, Vorsatz;* den ~n haben, etwas zu tun; er hat den redlichen ~n, es gut zu machen; es war nicht böser ~; ich tue das doch nicht aus bösem ~n (sondern weil ich nicht anders kann); ich konnte es beim besten ~n nicht tun (obwohl ich es sehr gerne getan hätte) 4 *bewußtes Anstreben eines Handlungszieles;* etwas mit ~n tun; es geschah ohne Wissen und ~n des Betreffenden; ein bißchen guter ~ gehört natürlich dazu; mit ein wenig gutem ~n geht es schon 4.1 er ist guten ~ns *er gibt sich Mühe* 4.2 wider ~n *unabsichtlich, ohne es zu wollen;* ich mußte wider ~n lachen 5 *Vollzug des Willens(2), das, was jmd. anstrebt* 5.0.1 er soll seinen ~n haben *wir wollen tun, was er will (wenn auch nicht gern)* 5.0.2 laß ihm doch seinen ~n! *tu doch, was er will* 5.0.3 des Menschen ~ ist sein Himmelreich ⟨fig.⟩ *wenn jmd. unbedingt etwas tun od. haben möchte, soll man ihm nachgeben, auch wenn man es selbst nicht versteht* 5.1 jmdm. zu ~n sein *tun, was jmd. will* 5.1.1 *sich (als Frau, Mädchen) einem Mann hingeben*

'wil·len ⟨Präp. m. Gen.⟩ um jmds. od. einer Sache ~ *jmds. od. einer S. wegen, weil es für jmdn. od. eine S. gut ist, um jmdm. einen Gefallen zu tun*

'Wil·len ⟨m.; -s, (selten) -⟩ = *Wille*

'wil·len·los ⟨Adj.⟩ *ohne (eigenen) Willen, schwach, energielos;* ein ~er Mensch; jmdm. ~ die Führung überlassen; er ist ein ~es Werkzeug in den Händen eines anderen ⟨fig.⟩

'wil·lens ⟨Adv.⟩ ~ sein *gewillt sein, bereit sein, etwas zu tun;* ich bin nicht ~ nachzugeben

'wil·lent·lich ⟨Adj. 24/70⟩ *absichtlich, mit Willen*

will'fah·ren ⟨V. 600⟩ jmdm. ~ *seinen Willen tun, tun, was jmd. möchte, jmdm. seinen Wunsch erfüllen*

'wil·lig ⟨Adj.⟩ *stets bereit, etwas zu tun, bereitwillig, fügsam, guten Willens, dienstfertig;* ein ~er Arbeiter; ein ~es Kind, Pferd; er, sie ist sehr ~; etwas ~ tun

'wil·li·gen ⟨V. 800⟩ in eine Sache *einer S. zustimmen, etwas erlauben, sich mit etwas einverstanden erklären*

will'kom·men ⟨Adj. 70⟩ 1 *gern gesehen, gern angenommen, erwünscht, angenehm, gelegen;* eine ~e Nachricht 1.0.1 ein ~er Anlaß, eine ~e Gelegenheit *ein A., eine G., den bzw. die man gern benutzt (um etwas zu tun, zu sagen)* 1.0.2 ein ~er Gast *ein G., den man gern empfängt, gern bei sich sieht* 1.1 jmdn. (herzlich) ~ heißen *jmdn. freundlich (u. herzlich) begrüßen* 1.2 ⟨43⟩ jmd. ist jmdm. ~ *wird von jmdm. freundlich empfangen, jmd. freut sich über jmds. Kommen;* du bist mir (jederzeit, stets) ~ 1.2.1 sei ~! *ich freue mich, daß du kommst;* ~! (als Gruß); (sei) herzlich ~!; ~ in der Heimat! (Empfangsgruß für jmdn., der in die H. zurückgekehrt ist) 1.3 ⟨43⟩ eine Sache ist jmdm. ~ *wird von jmdm. gern angenommen, ist jmdm. recht, paßt jmdm.;* dein Angebot ist mir (sehr) ~; sein Angebot, seine Anwesenheit ist mir nicht ~

Will'kom·men ⟨n.; auch m.; -s, -⟩ *freundl. Begrüßung, Empfang;* jmdm. ein ~ bieten

'Will·kür ⟨f.; -; unz.⟩ *eigenes Gutdünken ohne Rücksicht auf Gesetze, Moral od. die Interessen anderer Menschen;* → a. *Laune;* jmds. ~ preisgegeben sein; jmdn. der ~ seiner Feinde preisgeben

'wim·meln ⟨V.⟩ 1 ⟨400⟩ Lebewesen ~ *bewegen sich in großer Anzahl durcheinander;* die Menschen wimmelten über den Platz; die Ameisen wimmelten im Wald 2 ⟨800⟩ etwas wimmelt von Lebewesen od. etwas *etwas enthält eine große Anzahl von L. od. etwas;* der Käse wimmelte von Maden; das Buch wimmelte von Fehlern; hier wimmelt es von Ameisen

'wim·mern ⟨V. 400⟩ *klagende Laute von sich geben, leise jammern, winseln*

'Wim·pel ⟨m.; -s, -⟩ 1 *kleine, schmale dreieckige Fahne* 2 ⟨Mar.⟩ *Signalflagge*

'Wim·per ⟨f.; -, -n⟩ 1 *kurzes Haar am Rand des Augenlids* 2 ohne mit der ~ zu zucken ⟨fig.⟩

ohne sein Erschrecken, Erstaunen od. seine Empörung zu zeigen, ohne Zögern

Wind ⟨m.; -(e)s, -e⟩ **1** *durch unterschiedl. Druckverhältnisse verursachte stärkere Luftbewegung, Luftzug;* das Spiel von Wasser und ~, Wolken und ~; ein leichter ~ ist aufgekommen, hat sich aufgemacht; der ~ bläst, braust, heult, pfeift, weht; der ~ dreht sich, nimmt zu, läßt nach, nimmt ab, springt um; eisiger, frischer, kalter, kühler, lauer, scharfer, schmeichelnder, warmer ~; auf günstigen ~ warten (beim Segeln); heftiger, leichter, sanfter, starker ~; gegen den ~ fahren, gehen, laufen, fliegen; der ~ raunt, säuselt ⟨poet.⟩ **1.0.1** ~ und Wetter ausgesetzt *den Unbilden des Wetters ausgesetzt* **1.0.2** bei ~ und Wetter *bei jedem Wetter, bes. bei schlechtem Wetter* **1.0.3** wer ~ sät, wird Sturm ernten ⟨Sprichw.⟩ *wer eine kleine Schlechtigkeit begeht, wird durch ein größeres Übel bestraft* **1.0.4** wie der ~ *sehr schnell;* er kann laufen wie der ~; und wie der ~ war er fort **1.0.5** in alle ~e *in alle Himmelsrichtungen;* die Familie ist in alle ~e zerstreut **1.1** jmdm. den ~ aus den Segeln nehmen ⟨fig.⟩ *jmds. Absicht vereiteln* **1.2** das ist ~ in seine Segel ⟨fig.; umg.⟩ *das unterstützt seine Absicht, ist ihm von Vorteil* **1.3** sich den ~ um die Nase, Ohren wehen lassen ⟨fig.; umg.⟩ *Lebenserfahrung gewinnen, etwas erleben* **1.4** wissen, woher der ~ weht ⟨fig.⟩ *Bescheid wissen, sich auskennen* **1.4.1** merken, woher der ~ weht ⟨fig.; umg.⟩ *merken, was zu geschehen droht* **1.4.2** daher weht der ~! ⟨fig.; umg.⟩ *so war es also gemeint!* **1.5** etwas in den ~ schlagen ⟨fig.⟩ *unbeachtet lassen;* Bedenken, eine Warnung, einen guten Rat in den ~ schlagen **1.6** in den ~ reden ⟨fig.⟩ *vergebens reden* **1.7** ~ machen, jmdm. ~ vormachen ⟨fig.; umg.⟩ *jmdm. etwas vorreden, was nicht stimmt* **1.7.1** mach nicht so viel ~! ⟨fig.; umg.⟩ *mach dich nicht so wichtig, gib nicht so an* **1.8** ⟨fig.⟩ *Stimmung, Schwung, Ton* **1.8.1** hier weht ein neuer, frischer ~ ⟨fig.⟩ *hier ist neuer Schwung, ein frischer, neuer Geist zu spüren* **1.8.2** frischen ~ in eine Abteilung, Gesellschaft bringen ⟨fig.⟩ *neuen Schwung* **1.8.3** hier weht ein scharfer ~ ⟨fig.⟩ *der Umgangston ist scharf, streng, hier herrscht strenge Disziplin* **1.9** → a. *Fahne(2.5), Mantel(1.1.1)* **2** ⟨jägerspr.⟩ *der von einem Luftzug getragene Geruch, Witterung;* das Wild hat ~ bekommen **2.0.1** der Jäger hat guten, schlechten ~ *der J. steht so, daß das Wild ihn nicht wittern bzw. ihn wittern kann* **2.1** er hat ~ davon bekommen ⟨fig.; umg.⟩ *er hat etwas darüber gehört, davon erfahren* **3** ⟨bei der Orgel⟩ *die durch den Blasebalg den Pfeifen zugeführte Luft* **4** *im Darm gebildetes Gas;* Darm~; ~e abgehen lassen **4.0.1** einen ~ streichen lassen ⟨vulg.⟩ *eine Blähung entweichen lassen*

'Wind·beu·tel ⟨m.⟩ **1** *leichtes Gebäck in Form zweier aufeinandergestülpter Schalen, das mit Schlagrahm gefüllt ist* **2** ⟨fig.; umg.⟩ *Mensch mit lockerem Lebenswandel*

'Win·de ⟨f.; -, -n⟩ **1** *von einer Kurbel angetriebenes Gerät zum Heben von Lasten mittels eines Seiles, das auf eine Trommel auf- u. abgewickelt wird, mittels einer Zahnstange od. einer Schraubenspindel;* Seil~, Zahnstangen~, Schrauben~ **2** ⟨Bot.⟩ *einer Gattung der Windengewächse angehörendes sich windendes Kraut: Convolvulus*

'Win·del ⟨f.; -, -n⟩ **1** *Tuch, das um den Unterkörper des Säuglings gewickelt wird, um die Ausscheidungen aufzunehmen* **1.1** er lag damals noch in den ~n *er war damals noch ein Säugling*

'win·del·weich ⟨Adj. 80; fig.; umg.; nur in der Wendung⟩ jmdn. ~ schlagen *fürchterlich prügeln*

'win·den[1] ⟨V. 288/500⟩ **1** e t w a s ~ *drehend zusammenfügen, flechten;* Girlanden, einen Kranz ~; Blumen zum Kranz ~ **2** ⟨550⟩ e t w a s u m e t w a s ~ *drehen, drehend bewegen, wickeln, schlingen;* ein Band um etwas ~; Draht, Garn um eine Spule ~; sich ein Tuch um den Kopf ~ **3** ⟨531⟩ j m d m. e t w a s a u s e t w a s ~ *jmdm. etwas durch Drehen aus etwas wegnehmen;* jmdm. die Waffe aus den Händen ~ **4** etwas ~ ⟨veralt.⟩ *mit einer Winde auf- od. abwärts bewegen;* einen Eimer (Wasser) aus dem Brunnen, in die Höhe ~ **5** ⟨550/R3⟩ s i c h u m e t w a s ~ *sich in Windungen an etwas halten;* eine Schlange wand sich um seinen Arm, sein Bein; der Efeu windet sich um den Baumstamm **6** ⟨R3⟩ s i c h ~ *sich krümmen;* die Schlange, der Wurm windet sich; sich vor Schmerz ~ **6.1** ⟨fig.; umg.⟩ *Ausflüchte machen, nicht die Wahrheit sagen wollen, nicht offen reden wollen;* er windet sich (vor Verlegenheit, Scham) **6.2** sich gewunden ausdrücken ⟨fig.⟩ *nicht geradeheraus, nicht offen, nicht genau* **6.2.1** *geziert* **7** ⟨511/R3⟩ s i c h i r g e n d w o h i n ~ *in Windungen irgendwohin (ver)laufen, sich irgendwo(hin) schlängeln;* der Pfad, Bach windet sich durch die Wiesen; sich durch eine Menschenmenge, eine Lücke im Zaun ~ **7.1** ein vielfach gewundener Bachlauf, Weg *in Windungen verlaufender B., W.*

'win·den[2] ⟨V. 400⟩ **1** ⟨401⟩ e s windet *es weht ein Wind;* draußen windet es tüchtig **2** W i l d, der H u n d windet ⟨jägerspr.⟩ *nimmt Witterung auf, prüft den Wind*

'Wind·fang ⟨m.⟩ **1** *Schutzvorrichtung am Schornstein gegen den Wind* **2** *kleiner Raum zwischen Haustür u. einer dicht dahinter liegenden Tür* **3** ⟨jägerspr.⟩ *Nase (beim Schalenwild außer Schwarzwild)*

'win·dig ⟨Adj. 70⟩ **1** *voller Luftbewegung;* eine ~e Stelle, Ecke; ein ~er Tag **1.0.1** draußen, hier oben ist es ~ *herrscht starke Luftbewegung, geht der Wind* **2** ⟨fig.; umg.⟩ *unsicher, nicht glaubhaft, nicht überzeugend;* eine ~e Ausrede **2.0.1** eine ~e Sache ⟨fig.; umg.⟩ *eine S., hinter der nichts steckt*

'Wind·ro·se ⟨f.⟩ *Scheibe (am Kompaß), auf der die Himmelsrichtungen eingezeichnet sind*

'Wind·sack ⟨m.⟩ *(auf Flugplätzen u. an Autobahnbrücken) an einem Mast befestigte, längl., kegelstumpfförmige, an beiden Enden offene, rot-weiße Stoffröhre, die die Richtung des Bodenwindes anzeigt*

'Wind·schat·ten ⟨m.⟩ **1** *windgeschützte Seite* **2** ⟨seemannsspr.⟩ *die dem Wind abgekehrte Seite (des Schiffes, eines Gebirges)*

'wind·schief ⟨Adj.⟩ **1** *nicht im richtigen Winkel befindlich;* ein ~es Dach, Haus **2** ⟨umg.⟩ *nicht richtig gerade stehend* **3** ~e G e r a d e n ⟨Math.⟩ *nicht in einer Ebene liegende G. (die sich nicht schneiden)*

'**Win·dung** ⟨f.; -, -en⟩ *Abweichung von der Geraden, Krümmung, Biegung;* Darm~, Fluß~, Schrauben~; sich in ~en fortbewegen; der Fluß, Weg verläuft in vielen ~en

Wink ⟨m.; -(e)s, -e⟩ **1** *Zeichen mit der Hand, dem Kopf od. mit den Augen;* er gehorcht auf den leisesten ~ (hin); jmdm. einen ~ geben **2** ⟨fig.⟩ *Andeutung, was der andere tun soll, Hinweis;* jmdm. einen ~ geben; er verstand den ~ sofort **3** → a. *Zaunpfahl(2.1)*

'**Win·kel** ⟨m.; -s, -⟩ **1** *Richtungsunterschied zweier sich schneidender Geraden, zwischen zwei sich schneidenden Geraden liegende Ebene;* der Weg biegt dort im rechten, spitzen ~ nach links, rechts ab; ein ~ von 45°; einen ~ messen ⟨Math.⟩ 1.1 → a. *recht(4), spitz(1.0.1), stumpf(5), tot(6.6)* **2** *Gerät, in der Form eines rechtwinkligen Dreiecks* **3** *von zwei Wänden gebildete Ecke (eines Raumes);* in einem vergessenen ~ habe ich dies heute gefunden; sich in einen ~ verkriechen **4** ⟨fig.⟩ *heiml. Plätzchen, stille, abgelegene Stelle;* ein dunkler, heimlicher, lauschiger, malerischer, stiller, versteckter ~

'**Win·kel·zug** ⟨m.⟩ *unlauteres Vorgehen, nicht einwandfreier Umweg, um etwas zu erreichen;* Winkelzüge machen

'**win·ken** ⟨V.⟩ **1** ⟨403/R6⟩ (jmdm.) ~ *ein Zeichen geben;* jmdm. mit den Augen ~; mit Fähnchen ~; mit dem Taschentuch ~; er winkte mir mit der zusammengefalteten Zeitung 1.1 *die Hand od. ein Tuch als Abschiedsgruß od. Zeichen des Erkennens schwenken;* wir standen noch lange auf dem Bahnsteig, am Fenster und winkten 1.2 *durch Signalflaggen Nachrichten übermitteln* **2** ⟨511⟩ jmdn. od. etwas irgendwohin ~ *durch ein Zeichen herbeirufen;* jmdn. zu sich ~; den Kellner an den Tisch ~ **3** ⟨600⟩ jmdm. winkt etwas ⟨fig.; geh.⟩ *steht etwas in Aussicht;* ihm winkt eine Belohnung, eine Tracht Prügel; ihm winkt das Glück

'**win·seln** ⟨V. 400⟩ **1** ein Hund winselt *gibt leise klagend Laut* **2** ⟨fig.⟩ *unwürdig flehen, jammernd bitten;* um Gnade ~

'**Win·ter** ⟨m.; -s, -⟩ **1** *die kalte Jahreszeit;* Ggs *Sommer(1);* wir verleben schon den zweiten ~ hier; ein harter, kalter, milder, strenger ~; im ~; gut über den ~ kommen **2** ⟨fig.; veralt.⟩ *Jahr;* fünf ~ lang

'**Win·ter·fri·sche** ⟨f.; veralt.⟩ Ggs *Sommerfrische* **1** *Erholung, Aufenthalt im Winter an einem anderen Ort als dem Wohnsitz, bes. im Gebirge;* in die ~ gehen; zur ~ fahren **2** *Urlaubsort für den Winterurlaub*

'**Win·ter·gar·ten** ⟨m.⟩ *Teil eines Zimmers mit sehr großen, breiten Fenstern od. verglaste Veranda, wo man Topfpflanzen hält*

'**Win·zer** ⟨m.; -s, -⟩ **1** *Bewirtschafter eines Weingutes* **2** *Arbeiter, der Trauben liest, Weinleser*

'**win·zig** ⟨Adj.⟩ **1** *sehr klein, zwergenhaft;* ein ~er Bruchteil; ein ~es Häuschen, Hündchen, Kerlchen; er ist ~ (klein) 1.1 ⟨60⟩ ein ~es bißchen ⟨umg.⟩ *ein ganz kleines bißchen, sehr, sehr wenig*

'**Wip·fel** ⟨m.; -s, -⟩ *Oberteil, Gipfel des Baumes mit den Zweigen u. Blättern;* in den ~n der Bäume rauscht der Wind

'**Wip·pe** ⟨f.; -, -n⟩ **1** *zweiarmiger Hebel* **2** *Brett, das in der Mitte beweglich auf einem Pfosten befestigt ist, mit je einem Sitz an beiden Enden zum Schaukeln für zwei, auch vier Personen*

'**wip·pen** ⟨V. 400(h.) od. (s.)⟩ **1** *auf der Wippe schaukeln* **2** *auf u. nieder federn, schnellen;* auf einem Fuß, auf den Zehenspitzen ~; er saß auf der Armlehne des Sessels u. wippte mit der Fußspitze **3** → a. *kippen(6)*

wir ⟨Personalpron., 1. Person Pl.; Gen. unser, Dat. u. Akk. uns⟩ **1** *(unsere Personen, die Sprecher selbst);* ~ Brüder, Kinder; ~ kommen; sie erinnern sich unser; Gott erbarme sich unser!; man empfing uns freundlich; das Haus gehört uns; kennst du uns nicht mehr?; warum hast du uns nicht geschrieben?; es liegt (nicht) an uns, wenn ..., daß ...; es liegt bei uns, die Hand zur Versöhnung zu reichen; hier sind wir ganz für uns allein; er saß hinter, neben, vor uns; fahr, geh, komm mit uns!; er war mitten unter uns; ein Freund von uns; von uns aus ist nichts dagegen einzuwenden; vor uns brauchst du keine Angst zu haben; komm doch morgen zu uns **1.1** die Zeit ist uns schnell vergangen *nach unserer Meinung, unserem Gefühl* **2** ⟨Pluralis majestatis; (mit Großschreibung); veralt.⟩ *(Form, in der ein Fürst von sich sprach, heute noch in Büchern üblich, wenn der Autor von sich selbst spricht) ich;* Wir, Friedrich von Gottes Gnaden; ~ sind bei unserer Untersuchung davon ausgegangen **3** ⟨gelegentlich⟩ *du, ihr, Sie;* ~ haben wohl nicht aufgepaßt

'**Wir·bel** ⟨m.; -s, -⟩ **1** *schnelle, drehende, kreisende Bewegung um eine Achse;* ein ~ im Fluß, im Wasser; einen ~ um sich selbst vollführen **2** ⟨fig.⟩ *rasches, heftiges Durcheinander, rasche Aufeinanderfolge;* im ~ der Ereignisse habe ich das vergessen **2.1** *Aufruhr;* sich in den ~ des Faschings stürzen; ich verlor ihn im ~ des Festes, des Tanzes aus den Augen **2.2** ⟨fig.; umg.⟩ *Aufregung, Aufsehen;* es gab einen großen ~, als bekannt wurde, daß ... **3** *Stelle, an der etwas spiralenförmig zusammenläuft* **3.1** *Stelle auf dem Kopf, an der die Haare strahlenförmig um einen Mittelpunkt angeordnet sind;* Haar~; sein Haar bildet auf dem Scheitel einen ~; einen ~ über der Stirn, am Scheitel haben **3.1.1** vom ~ bis zur Zehe *von Kopf bis Fuß, vom Scheitel bis zur Sohle, ganz u. gar* **3.2** *Stelle auf der Fingerkuppe, an der die Hautrillen spiralenförmig verlaufen* **4** ⟨an Saiteninstrumenten⟩ *mit drehbarem Griff versehener Zapfen, um den jeweils eine Saite oberhalb des Griffbretts befestigt ist* **5** *drehbarer Griff am Fenster zum Schließen u. Öffnen;* Fenster~ **6** ⟨Anat.⟩ *Glied des Achsenskeletts der Wirbeltiere u. des Menschen;* sich einen ~ brechen, verletzen **7** *sehr schnelle, gleichmäßige Schläge mit beiden Schlegeln (auf Schlaginstrumenten);* Pauken~, Trommel~; einen ~ schlagen (auf der Trommel)

'**wir·be·lig** ⟨Adj.; fig.⟩ **1** *schwindlig, drehend;* mir wurde ganz ~ (im Kopf) **2** *wild, sehr lebhaft, nicht stillsitzen könnend, ständig in Bewegung;* ein ~es Kind

'**Wir·bel·lo·ses** ⟨n. 3⟩ *Tier ohne Wirbelsäule: Invertebrat;* Ggs *Wirbeltier*

'**wir·beln** ⟨V.⟩ **1** ⟨410(s.)⟩ *sich wie ein Wirbel, sich drehend schnell bewegen;* Schneeflocken ~ durch die Luft; sie wirbelte durchs Zimmer, aus dem Zimmer **2** ⟨511⟩ etwas irgendwohin ~ *in eine wirbelnde(1) Bewegung versetzen u. dadurch irgendwohin bringen;* der Wind wirbelt Blätter, Staub in die Luft **3** ⟨600⟩ jmdm. wirbelt der Kopf ⟨fig.; umg.⟩ *jmd. ist ganz verwirrt*

'Wir·bel·säu·le ⟨f.; Anat.⟩ *gegliedertes Achsenskelett der Wirbeltiere u. des Menschen;* Sy *Rückgrat(1)*

'Wir·bel·tier ⟨n.; -(e)s, -e⟩ *Angehöriges eines Unterstammes der Chordatiere, zu denen u. a. die Säugetiere u. der Mensch gehören: Vertebrata;* Ggs *Wirbelloses*

'Wir·bel·wind ⟨m.⟩ **1** *wirbelnder Windstoß* **2** ⟨fig.⟩ *sehr lebhafte, stürmische Person, bes. Kind, junger Mensch;* sie ist ein ~

'wir·ken ⟨V.⟩ **1** ⟨410⟩ *arbeiten, schaffen, tätig sein, wirksam sein, erfolgreich schaffen;* er hat lange Zeit in Afrika als Missionar gewirkt; für eine Sache ~; gegen jmdn., gegen jmds. Einfluß ~; sein Wirken war segensreich; während seines Wirkens als Leiter der Schule **2** ⟨500⟩ etwas ~ ⟨geh.⟩ *hervorbringen, tun;* Gutes ~; Wunder ~ 2.0.1 diese Medizin wirkt Wunder ⟨fig.⟩ *hilft sofort, sehr gut* **3** ⟨400⟩ etwas wirkt *übt eine Wirkung aus;* die Arznei beginnt zu ~; diese Tabletten ~ abführend, anregend, beruhigend; Kaffee, Tee wirkt anregend; Alkohol wirkt berauschend; schädlich ~; das Mittel wirkt gut gegen Kreislaufstörungen; ein rasch, schnell, stark ~des Medikament 3.1 auf etwas ~ *bei etwas Wirkung hervorbringen, auf etwas Einfluß ausüben;* dieses Medikament wirkt auf die Nerven, Verdauung 3.2 auf jmdn. ~ *bei jmdm. eine Wirkung hervorbringen, auf jmdn. Eindruck machen, Einfluß ausüben;* das Theaterstück hat auf mich sehr stark gewirkt; dieser Raum wirkt auf mich bedrückend 3.3 einen Anblick, Musik auf sich ~ lassen *sich dem Eindruck eines A., der M. hingeben* **4** ⟨413⟩ *einen bestimmten Eindruck erwecken;* er wirkt gehemmt, unbeholfen; das Bild wirkt an dieser Stelle (nicht) günstig, (nicht) gut; sein Auftreten hat sehr gut gewirkt; er, sie wirkt noch immer jugendlich, jung; ein solches Verhalten wirkt lächerlich, peinlich, unangenehm **5** ⟨411⟩ etwas wirkt irgendwo *kommt irgendwo zur Geltung;* das Bild wirkt aus einiger Entfernung besser **6** ⟨500⟩ Textilien ~ *durch maschenartiges Verschlingen der Fäden herstellen;* Strümpfe ~; ein gewirkter Pullover; gewirkte Wäsche **7** ⟨500⟩ Teig ~ *kräftig durcharbeiten*

'wirk·lich ⟨Adj.⟩ **1** *der Wirklichkeit, den Tatsachen entsprechend, tatsächlich vorhanden, bestehend, wahr;* das ~e Leben ist ganz anders, als es in diesen Romanen, Filmen geschildert wird; er hat es so dargestellt, aber der ~e Sachverhalt ist anders; wir müssen die Dinge so sehen, erkennen, wie sie ~ sind; er ist ein ~er Künstler 1.0.1 ~! *ganz bestimmt!, du kannst es glauben!* 1.0.2 ~? *ist das wahr?* **2** ⟨24/50⟩ *tatsächlich, wahrhaftig, in der Tat;* er ist ~ ein anständiger Kerl; du bist ~ ein Künstler; es ist ~ kaum zu glauben; bist du ~ dort gewesen?; ~ (sehr) hübsch! (erg.: das ist ...); das ist ~ reizend von dir **3** Wirklicher Geheimer Rat ⟨früher Ehrentitel für⟩ *höchster Beamter*

'Wirk·lich·keit ⟨f.; -, -en⟩ **1** ⟨Philos.⟩ *Sein, Dasein, das, was wirkt, was wirksam ist, das, was nicht nur Schein od. Möglichkeit ist, Realität* **2** ⟨allg.⟩ *das Wirklichsein, die Tatsachen, das Leben in allen seinen Erscheinungsformen;* in der Kunst die ~ darstellen; in ~ war es ganz anders **3** der ~ ins Auge sehen ⟨fig.⟩ *sich keine Illusionen machen, das Leben, eine Sache so betrachten, wie es, bzw. sie wirklich ist*

'wirk·sam ⟨Adj.⟩ *(starke) Wirkung ausübend, erfolgreich wirkend;* ~ sein; eine ~e Maßnahme, Strafe; ein ~es Mittel (gegen, für etwas)

'Wirk·stoff ⟨m.; Sammelbez. für⟩ *Hormone, Vitamine u. Enzyme*

'Wir·kung ⟨f.; -, -en⟩ **1** *das Wirken(3 - 4), Folge, Einfluß, Eindruck, Effekt, Reaktion;* die ~ einer Explosion; die ~ einer Rede, einer Maßnahme; du verwechselst Ursache und ~; (starke) ~ ausüben; gute ~ haben; seine Bitten haben keinerlei ~ gehabt; ~ hervorrufen, auslösen; es hat sich noch keine ~ gezeigt; die ~ zeigte sich schon bald; die erwartete, eine unerwartete ~ zeitigen; die einzige ~ dieser Maßnahme war ...; gute, schlechte, günstige, ungünstige ~; nachhaltige, rasche, schnelle ~; überraschende, unerwartete, wohltuende ~; kleine Ursache(n), große ~(en) ⟨Sprichw.⟩ 1.0.1 seine ~ tun *den beabsichtigten Erfolg haben* 1.1 mit ~ vom 1. Oktober *vom 1. O. an geltend, wirkend*

'Wirk·wa·re ⟨f.; -, -n; meist Pl.⟩ ~n *Stoffe, die nach dem Prinzip des Strickens auf Maschinen hergestellt worden sind*

wirr ⟨Adj.⟩ **1** *ungeordnet, kreuz u. quer (liegend), durcheinander;* ein ~es Durcheinander; ~es Haar; das Haar hing ihm ~ ins Gesicht **2** *unklar, verwirrt;* jmdn. mit ~en Blicken ansehen; mir ist von all dem Lärm ganz ~ im Kopf

'Wir·ren ⟨nur Pl.⟩ *ungeordnete Verhältnisse, Unruhen, Kämpfe, Verwicklungen;* politische ~; die ~ des Krieges

'Wirr·heit ⟨f.; -; unz.⟩ *das Wirrsein, Verwirrtheit*

'Wirr·warr ⟨m.; -s; unz.⟩ *großes Durcheinander*

Wirt ⟨m.; -(e)s, -e⟩ **1** *Inhaber od. Pächter einer Gaststätte, Gastwirt, Gastgeber* 1.1 die Rechnung ohne den ~ machen ⟨fig.⟩ *etwas ohne Rücksicht auf einen anderen tun, der sich dann zur Wehr setzt, seine Einwilligung nicht gibt* **2** *Zimmervermieter* **3** ⟨ Biol.⟩ *der von Parasiten befallene Organismus*

'Wir·tel ⟨m.; -s, -⟩ **1** ⟨Bot.⟩ *Verbindung mehrerer Blätter mit demselben Stengelknoten;* Sy *Quirl(2)* **2** *Scheibe od. Kugel als Schwungrad einer Handspindel*

'wirt·lich ⟨Adj.⟩ **1** *gastlich* **2** *angenehm, schön*

'Wirtschaft ⟨f.; -, -en⟩ **1** *planmäßige Tätigkeit sowie alle damit verbundenen Einrichtungen zur Erzeugung, Verteilung u. Verwendung von Gütern;* Sy *Ökonomie(1);* freie ~ (im Unterschied zur Planwirtschaft) **2** *Hauswirtschaft, Haushalt;* (jmdm.) die ~ besorgen, führen; getrennte ~ führen 2.1 ⟨fig.; umg.⟩ *unordentl. Arbeiten, Durcheinander;* das ist ja eine saubere, schöne ~!; was ist denn das für eine ~! 2.2 ⟨fig.; umg.⟩ *Umstände, Mühe;* das ist mir zuviel ~! **3** *kleiner Landwirtschaftsbetrieb;* er hat eine eigene ~ **4** *Gastwirtschaft, Gaststätte;* Bier~, Schank~; in einer ~ einkehren

'wirt·schaf·ten ⟨V. 400 od. 410⟩ **1** *eine Wirt-*

schaft führen, haushalten (kochen, putzen usw.) **2** *die Einnahmen u. Ausgaben aufeinander abstimmen, das Haushaltsgeld einteilen;* sie versteht zu ~; wir haben diesen Monat gut, schlecht gewirtschaftet **3** ⟨umg.⟩ *sich zu schaffen machen, beschäftigt sein;* sie wirtschaftet noch in der Küche

'Wirt·schaf·te·rin ⟨f.; -, -n·nen⟩ *Frau, die jmdm. die Wirtschaft, den Haushalt führt, Haushälterin*

'wirt·schaft·lich ⟨Adj.⟩ **1** *die Wirtschaft betreffend, zu ihr gehörend, geldlich;* ~e Blüte (eines Landes, Staates); ~er Zusammenbruch; es geht ihm ~ nicht gut, sehr gut **2** *sparsam, gut wirtschaften könnend, häuslich gesinnt;* sie ist sehr ~ **3** *finanziell günstig;* wir fahren einen ~en Wagen

'Wirts·haus ⟨n.⟩ *Haus, in dem gegen Entgelt Speisen u. Getränke verabreicht werden, Schenke;* ständig im ~ sitzen

Wisch ⟨m.; -(e)s, -e⟩ **1** *wertloses Stück Papier* **2** *schlecht, unordentlich geschriebenes od. wertloses Schriftstück* **3** *Bündel;* Stroh~

'wi·schen ⟨V.⟩ **1** ⟨410⟩ mit etwas über etwas ~ *hinfahren, streichen (u. dabei etwas entfernen);* mit der Hand, dem Ärmel (versehentlich) über Geschriebenes ~ **2** ⟨500/R7⟩ etwas (an, von etwas) ~ *durch Darüberfahren od. leichtes Reiben entfernen;* Schmutz, Nässe an ein Tuch ~; sich den Schweiß von der Stirn ~ 2.1 Staub ~ *mit einem Lappen entfernen* **3** ⟨530/R5 od. R6⟩ jmdm. etwas ~ *durch Darüberfahren od. leichtes Reiben reinigen;* sich den Mund ~ (mit der Serviette); sich die Augen ~ **3.1** ⟨500⟩ den Boden ~ *mit einem Lappen reinigen;* den Boden (feucht) ~

'Wi·scher ⟨m.; -s, -⟩ **1** *Läppchen zum Abwischen, zum Reinigen;* Tinten~ **2** *(automat.) Gerät zum Abwischen;* Scheiben~ **3** *an einem Stab befestigtes Stoff-, Wergbündel zum Wischen, Reinigen* **4** *kleines Werkzeug des Malers, an beiden Enden zugespitzter Stift aus gepreßtem Zellstoff, mit dem man aufgetragene Farbe von Kreide od. Pastellstiften verwischt*

'Wi·sent ⟨m.; -s, -e⟩ *wild lebende Art der Rinder: Bison bonasus*

'wis·pern ⟨V. 402⟩ (etwas) ~ *leise, ohne Ton sprechen, flüstern;* untereinander ~; jmdm. etwas ins Ohr ~

'wis·sen ⟨V. 289⟩ **1** ⟨402⟩ (etwas) ~ *im Bewußtsein haben, erfahren haben, Kenntnis haben von etwas;* ich weiß, daß ich nichts weiß (Grundsatz des Sokrates); ich weiß nicht, wo er ist; ich weiß es nicht; das weiß jedes Kind; ich weiß ein Lied, das geht so ...; ich kenne ihn, aber ich weiß seinen Namen nicht; weißt du schon das Neueste?; den Weg (nicht) ~; wie soll ich, woher soll ich das ~?; zwar weiß ich viel, doch möcht' ich alles ~ (Goethe, Faust I, „Nacht"); ich weiß nur, daß er aus Hannover stammt; woher weißt du das?; ich weiß nichts davon; ich will nichts davon ~! 1.0.1 soviel ich weiß, war er gestern da *soweit ich unterrichtet bin* 1.0.2 ja, wenn ich das wüßte! (erg.: dann wäre ich froh) *ich weiß es leider nicht* 1.0.3 was weiß ich! ⟨umg.⟩ *(unwillige Ablehnung) ich weiß es nicht, und es interessiert mich auch nicht* 1.0.4 was weißt du denn davon! *du hast keine Ahnung davon, also sei still!* 1.0.5 einen ~den Blick haben *einen B., aus dem Erfahrung spricht* 1.1 jmdn. etwas ~ lassen *jmdm. etwas mitteilen, jmdm. über etwas Bescheid sagen;* bitte lassen Sie mich ~, ob ... 1.2 ⟨530/R1⟩ jmdm. etwas ~ *für jmdn. etwas (im Bewußtsein) haben;* ich weiß mir keinen Rat, keine Hilfe 1.2.1 jmdm. Dank ~ *jmdm. dankbar sein;* er weiß mir keinen Dank dafür 1.3 ⟨400⟩ weiß Gott, weiß der Himmel *wirklich, tatsächlich;* ich habe weiß Gott, weiß der Himmel anderes zu tun, als ... 1.4 ⟨402⟩ wer weiß *niemand kann es wissen(1)* 1.4.1 wer weiß, ob ... *man kann nicht wissen, nicht sagen, ob ...* 1.4.2 wer weiß, was alles noch kommt *niemand kann sagen ...* 1.4.3 ⟨410⟩ er denkt, er sei wer weiß wie klug *sehr, ungemein klug* 1.4.4 ⟨411⟩ er steckt wieder wer weiß wo *niemand weiß, wo er steckt* 1.5 → a. *Bescheid(3)* **2** ⟨402⟩ (etwas) ~ *im Gedächtnis haben, sich (an etwas) erinnern;* was, das weißt du nicht (mehr)?; weißt du noch, wie wir ...?; ein Gedicht, Worte auswendig ~ **3** ⟨402⟩ (etwas) ~ *sich über etwas im klaren sein;* das mußt du ganz vorsichtig machen, weißt du?; um das zu verstehen, muß man ~, daß ...; ja, ich weiß! (erg.: es); daß du es nur weißt! (verstärkende Formel, nachdem man jmdm. die Meinung gesagt hat) 3.1 nicht, daß ich wüßte ⟨umg.⟩ *davon weiß ich nichts* 3.2 weißt du was, wir gehen ins Kino *ich schlage vor* **4** ⟨402⟩ (etwas) ~ *sich einer Sache sicher sein, sich schlüssig sein;* ich weiß auch nicht (erg.: es); ich möchte ~, ob ich recht habe; ich weiß nicht, was ich tun soll; er weiß, was er will **5** ⟨800⟩ von, um etwas ~ *über etwas unterrichtet sein, im Bilde sein, von etwas Kenntnis haben;* er tut, als wüßte er von nichts; sie weiß um die Schwierigkeiten ihrer Verwandten **6** ⟨580/R1⟩ etwas zu tun ~ *etwas zu tun verstehen, etwas können;* er weiß sich immer zu helfen; ich wußte mir nicht anders zu helfen; er weiß zu schweigen, wenn es sein muß; sie weiß mit Kindern umzugehen 6.0.1 sie wußte sich vor Freude nicht zu lassen ⟨poet.⟩ *ihre Freude war übergroß*

'Wis·sen ⟨n.; -s; unz.⟩ **1** *Kenntnis, Bewußtsein (von etwas);* mit jmds. ~ und Willen 1.0.1 meines ~s, unseres ~s ⟨Abk.: m. W., u. W.⟩ *soviel mir, uns bekannt ist;* meines ~s ist er schon abgereist 1.0.2 es ist ohne mein ~ geschehen *ohne meine Kenntnis, ohne daß ich etwas davon wußte* 1.0.3 ich habe es wider besseres ~ getan *ich habe es getan, obwohl ich wußte, daß es falsch war* 1.1 nach bestem ~ u. Gewissen *wahrheitsgemäß u. ohne etwas zu verschweigen;* eine Aussage nach bestem ~ und Gewissen machen; nach bestem ~ und Gewissen antworten **2** *Kenntnisse, Gelehrsamkeit;* er besitzt, hat ein umfangreiches ~

'Wis·sen·schaft ⟨f.; -, -en⟩ **1** *geordnetes, folgerichtig aufgebautes, zusammenhängendes Gebiet von Erkenntnissen;* Kunst und ~; sich einer ~ verschreiben, widmen; die medizinische, theologische ~; diese Ansicht ist von der ~ widerlegt worden 1.1 das ist eine ~ für sich ⟨umg.⟩ *das kann man nicht so schnell erlernen, erklären, dazu gehören einige Kenntnisse*

'wit·tern ⟨V.⟩ **1** ⟨400⟩ *mit Hilfe des Geruchssinns wahrnehmen;* der Hirsch stand am Waldrand und witterte **2** ⟨500/R8⟩ jmdn. od. ein

Tier ~ *riechen, von jmdm. od. einem T. Witterung bekommen;* der Hund witterte einen Hasen, einen fremden Menschen; das Wild hat den Jäger sofort gewittert **3** ⟨500⟩ eine Sache ~ ⟨fig.⟩ *merken, ahnen, (argwöhnisch vermuten);* Gefahr, Verrat, einen Hinterhalt ~

'Wit·te·rung ⟨f.; -, -en⟩ **1** *Ablauf des Wetters innerhalb eines größeren Zeitraums;* milde, rauhe ~; bei dieser ~ können wir nicht ausgehen; bei günstiger, ungünstiger ~ **2** *Geruch der Ausdünstung von Tieren u. Menschen, den Wild u. Hund wahrnehmen (wittern) können;* ~ bekommen, haben **3** *Geruchssinn von Wild u. Hund;* der Hund hat eine gute, scharfe ~ **4** *stark riechender Köder für Haarraubwild;* Fuchs~

'Wit·we ⟨f.; -, -n⟩ *Frau, deren Ehemann gestorben ist*

'Wit·wer ⟨m.; -s, -⟩ *Mann, dessen Ehefrau gestorben ist*

Witz ⟨m.; -es; -e⟩ **1** ⟨unz.; veralt.⟩ *Gescheitheit, Findigkeit, Schlauheit;* um sich aus dieser Zwangslage zu befreien, reichte sein ~ nicht aus **2** ⟨unz.⟩ *Gabe, Lustiges treffend zu erzählen, schlagfertig u. lustig zu entgegnen, Reichtum an lustigen Einfällen;* er hat (viel) ~; seine Rede sprühte von Geist und ~; etwas mit feinem ~ darstellen, erzählen; etwas mit beißendem, sarkastischem, scharfem ~ darstellen **3** *lustige Begebenheit (die erzählt wird), schlagfertige, lustige Entgegnung od. Bemerkung, Witzwort;* einen ~, ~e erzählen; einen ~, ~e machen; ich wollte doch nur einen ~ machen (und habe es nicht ernst gemeint); über etwas od. jmdn. ~e machen; soll das ein ~ sein?; das ist ein alter ~; ein anzüglicher, gepfefferter, schmutziger, unanständiger ~; ein dummer, fauler, schlechter ~; ein geistreicher, guter ~; ein politischer ~; ~e reißen ⟨umg.⟩ 3.0.1 mach keine ~e! ⟨fig.⟩ *das ist doch wohl nicht dein Ernst?* 3.0.2 ist das nicht ein ~? ⟨fig.⟩ *ist das nicht komisch, verrückt, absurd?* **4** ⟨unz.; fig.; umg.⟩ *das Interessante, Entscheidende (bei einer Sache);* der ~ der Sache ist der, daß ...; das ist der ganze ~; und was ist der ~ dabei?, wo steckt der ~?

'wit·zig ⟨Adj.⟩ **1** jmd. ist ~ *begabt, treffende Witze zu machen;* er, sie ist sehr ~ **2** etwas ist ~ *enthält Witz, ist lustig u. geistreich;* eine ~e Formulierung; ein ~er Einfall, Ausspruch; eine Sache ~ darstellen, erzählen; sehr ~ ⟨iron.⟩

wo **1** ⟨Interrogativadv.⟩ *an welchem Ort, an welcher Stelle?;* ~ hat der Bleistift gelegen?; ~ bist du gewesen?; ich weiß nicht, ~ er gewesen ist; ~ wohnst du? 1.1 von ~ *woher;* von ~ kommst du? **2** ⟨Relativadv.⟩ *der Ort, in dem, an dem ..., an dem Ort, an dem ..., in den Ort, in dem ...;* in Hamburg, ~ ich geboren wurde; das war in Hamburg, ~ ich mehrere Jahre gelebt habe; dort, ~ es am stillsten ist; ~ (auch) immer ich bin, denke ich an dich **3** ⟨Konj.; veralt.⟩ *wenn;* ~ nicht, werde ich ..., wenn nicht ... **4** ⟨in umg. Wendungen⟩ ach ~!, i ~! *durchaus nicht!, keineswegs!, Unsinn!, das ist ja nicht wahr!* 4.1 ih, ~ werd' ich denn! *das werde ich ganz bestimmt nicht tun!*

wo'an·ders ⟨Adv.⟩ *an einem anderen Ort, in einer anderen Gegend*

wo'an·ders·hin ⟨Adv.⟩ *an einen anderen Ort, nach einem anderen Ort;* ~ fahren, gehen; etwas ~ legen

wo'bei **1** ⟨Interrogativadv.⟩ *bei welcher Sache?, bei welcher Arbeit?;* ~ bist du gerade?; ~ hast du ihn überrascht? **2** ⟨Relativadv.⟩ *bei welcher Sache;* ~ es notwendig ist, daß ...; der Termin steht fest, ~ noch zu beachten ist ...

'Wo·che ⟨f.; -, -n⟩ **1** *Zeitraum von sieben Tagen;* es vergingen ~n und Monate; alle drei, vier ~n; jede ~ einmal, zweimal; kommende, nächste ~; vorige, letzte ~; in vier ~n werde ich ...; sein Befinden bessert, verschlechtert sich von ~ zu ~; vor einigen ~n 1.0.1 heute in vier ~n *vier Wochen später, von heute ab gerechnet* 1.1 *Folge der Tage von Montag bis zum Sonntag;* im Lauf der ~ hat sich das Wetter gebessert; dreimal in der ~ 1.2 *sieben Tage dauernde Veranstaltung;* die Kieler ~ 1.2.1 → a. *grün(1.9), weiß(1.7)* **2** *Gesamtheit der Wochentage, Arbeitswoche;* während der ~, unter der ~ habe ich dazu keine Zeit (sondern nur sonntags) **3** ⟨Pl.⟩ die ~n = *Kindbett* 3.0.1 in die ~n kommen *bald ein Kind gebären, der Niederkunft entgegengehen*

'Wo·chen·bett ⟨n.⟩ = *Kindbett(1)*

'Wo·chen·en·de ⟨n.⟩ *Samstag u. Sonntag*

'Wo·chen·tag ⟨m.⟩ *einer der 6 Tage der Woche außerhalb des Sonntags, Arbeitstag*

'wö·chent·lich ⟨Adj.⟩ *jede Woche (stattfindend);* zwei Stunden ~; zweimal ~

'Wöch·ne·rin ⟨f.; -, -n·nen⟩ *Frau während der Zeit nach der Entbindung, solange sie das Bett hütet bzw. während der 8 Wochen, die der Entbindung folgen*

wo'durch **1** ⟨Interrogativadv.⟩ *durch welche Sache?;* ~ ist er eigentlich so scheu geworden? **2** ⟨Relativadv.⟩ *durch das (Vorhergehende, eben Erwähnte);* er ist trotz des Verbotes aufgestanden, ~ sich seine Krankheit natürlich wieder verschlimmert hat

wo'für **1** ⟨Interrogativadv.⟩ 1.1 *für welche Sache, zu welchem Zweck?;* ~ willst du das haben?; ~ ist das gut? 1.2 *für welchen Menschen, für was für eine Art von Mensch?;* ~ halten Sie mich? **2** ⟨Relativadv.⟩ *für das (Vorhergehende, eben Erwähnte);* er hat mir viel geholfen, ~ ich ihm sehr dankbar bin; er ist nicht das, ~ er sich ausgibt

'Wo·ge ⟨f.; -, -n⟩ **1** *große Welle(1);* die ~n gingen mannshoch; die ~n schlugen über das Boot **2** ⟨fig.⟩ *stürmische Bewegung;* die ~n der Begeisterung, Empörung

wo'ge·gen **1** ⟨Interrogativadv.⟩ *gegen welche Sache?;* ~ hilft dieses Mittel? **2** ⟨Relativadv.⟩ *gegen das (Vorhergehende, eben Erwähnte);* er schlug vor, mit dem Wagen zu fahren, ~ ich nichts einzuwenden hätte, wenn nicht ...

'wo·gen ⟨V. 400⟩ etwas wogt **1** *schlägt große Wellen;* das ~de Meer; die ~de See **2** ⟨fig.⟩ *bewegt sich (wellenartig) hin u. her, auf u. nieder;* die Ähren ~ im Wind; ein wilder Kampf wogte; mit ~der Brust; eine ~de Menschenmenge

wo'her ⟨Interrogativadv.⟩ **1** *von wo?, von welchem Ort?;* ~ kommst du?; ich weiß genau, ~ er kommt; jmdn. nach dem Woher u. Wohin fragen **2** *aus welcher Quelle?;* ~ weißt du das? **3** ach ~, i ~ (denn)! ⟨umg.⟩ *keinesfalls!, bestimmt nicht!, keine Rede!*

wo'hin ⟨Interrogativadv.⟩ **1** *nach welchem Ort?, an welchen Ort?;* ~ des Wegs?; ~ gehst du?; ich weiß nicht, ~ er geht; ~ willst du? **2** *an welche Stelle, an welchen Platz?;* ~ hast du den Schlüssel gelegt? **2.1** ich weiß nicht, ~ damit *wo ich es hintun soll*

'wo·hin·aus ⟨Interrogativadv.⟩ *wohin?;* ~ geht der Weg?

wo·hin'ge·gen ⟨Konj.⟩ *im Gegensatz dazu, dagegen, andererseits;* er ist sehr hilfsbereit, ~ seine Frau sich oft recht abweisend verhält; ich bin deiner Meinung, ~ mein Freund der Ansicht ist, daß ...

wohl 1 ⟨Adv.⟩ *(gesundheitlich) nicht übel, recht gut, angenehm;* ~ aussehen; sich ~ fühlen (gesundheitlich od. allg.); ich fühle mich heute nicht ganz ~; ist dir nicht ~?; leben Sie ~! (Abschiedsgruß; eigentl.: lassen Sie es sich gut gehen!) **1.0.1** ~ bekomm's! (beim Zutrinken) *laß es dir gut bekommen!* **1.0.2** sich's ~ sein lassen *Essen u. Trinken genießen, sein Leben genießen* **1.0.3** mir ist bei dem Gedanken nicht recht ~, daß er ... *ich fühle mich unbehaglich, bin besorgt bei dem G.* **1.1** ~ oder übel muß er es tun *ob er will od. nicht, gern od. ungern, er muß es tun* **1.2** nun ~, wir wollen es versuchen *nun gut, also gut* **1.3** ~ jmdm. ⟨geh.⟩ *ein Glück für jmdn., gut für jmdn.;* ~ ihm!; ~ dem, der die Heimat wiedersieht **2** ⟨Adv.; verstärkend⟩ *durchaus, völlig, sicher, gewiß, ohne weiteres;* ich habe ~ bemerkt, daß er ...; das kann man ~ sagen!; ich weiß ~, daß ... **2.0.1** siehst du ~, wie gut das geht! *du siehst jetzt sicher, ...* **2.0.2** willst du ~ dort weggehen?! ⟨umg.⟩ *geh schnell dort weg!* **2.1** *gewiß, ja* **2.1.1** ~! ⟨oberdt.⟩ *gewiß!, ja!* **2.1.2** sehr ~! ⟨veralt.⟩ *zu Befehl (Antwort des Dieners auf eine Anordnung)* **3** ⟨Adv.; einschränkend, füllend⟩ *anscheinend, vielleicht, vermutlich, wahrscheinlich, möglicherweise;* er wird ~ schon abgereist sein; es ist ~ anzunehmen; dazu wirst du ~ keine Lust haben, oder doch?; ob er ~ kommt?; das kann ~ sein, das ist ~ (nicht) möglich; es ist ~ wahr, daß ...; ich werde ihn ~ am Mittwoch besuchen; er wird ~ noch in München sein **3.0.1** ich habe ~ nicht recht gehört? ⟨fig.; umg.⟩ *das ist doch sicher nicht dein Ernst?* **3.1** *etwa, ungefähr;* es wird ~ eine Woche sein, daß er verreist ist **4** ⟨Konj.⟩ *zwar, freilich, allerdings;* die Botschaft hör' ich ~, allein mir fehlt der Glaube (Goethe, Faust I, „Nacht", Vers. 765); ~ habe ich ihm versprochen, mit ihm ins Kino zu gehen, aber ich habe nicht gesagt, wann; kommen wird er ~, aber ...

Wohl ⟨n.; -(e)s; unz.⟩ **1** *Zustand des Wohlergehens, Heil, Glück, Förderung, Gedeihen, Nutzen;* das ~ meiner Familie, meiner Kinder; das ~ des Volkes, Staates; das allgemeine, öffentliche ~; für jmds. ~ sorgen; zum ~e der Menschheit **1.0.1** → a. *Weh(1)* **1.1** *Gesundheit;* (auf) Ihr ~! (beim Trinken); auf jmds. ~ trinken; zum ~! (beim Trinken u. Zutrinken)

wohl'auf ⟨Adv.⟩ **1** *nun denn, also;* ~! noch getrunken den funkelnden Wein (Anfang eines Liedes von J. Kerner) **2** *gesund;* (wieder) ~ sein

'wohl·be·hal·ten ⟨Adj. 50⟩ *gesund, unverletzt, in gutem Zustand;* wir sind ~ zu Hause angekommen, eingetroffen; das Paket ist ~ angekommen

'Wohl·er·ge·hen ⟨n.; -s; unz.⟩ *Gesundheit u. Wohlbefinden;* um jmds. ~ besorgt sein

'Wohl·fahrt ⟨f.; -; unz.⟩ **1** *Wohlergehen (eines Volkes)* **2** *öffentl. Fürsorge*

'wohl·feil ⟨Adj.⟩ *billig, preiswert;* ~e Ausgabe eines Buches; eine Ware ~ erhalten

'Wohl·ge·fal·len ⟨n.; -s; unz.⟩ **1** *Gefallen, Freude u. Befriedigung;* sein ~ an etwas haben; etwas mit ~ betrachten; Friede auf Erden und den Menschen ein ~ (Lukas 2,14) **2** sich in ~ auflösen ⟨fig.; umg.; scherzh.⟩ *zu nichts werden;* seine Pläne, Hoffnungen haben sich in ~ aufgelöst **2.0.1** die Gemeinschaft, der Verein hat sich in ~ aufgelöst *ist auseinandergegangen* **2.0.2** meine Schuhe lösen sich in ~ auf *gehen allmählich entzwei*

'wohl·ge·merkt ⟨Adv.⟩ *das merke man sich, das sei betont;* ich hatte ihn, ~, vorher ausdrücklich gewarnt

'wohl·ge·mut ⟨Adj.⟩ *fröhlich u. zuversichtlich, guter Stimmung*

'wohl·ha·bend ⟨Adj.⟩ *in guten Vermögensverhältnissen (lebend);* ~e Familien; er ist sehr ~

'woh·lig ⟨Adj.⟩ *behaglich, angenehm;* ein ~es Gefühl von Wärme; sich ~ dehnen, strecken

'Wohl·sein ⟨n.⟩ **1** *das Sichwohlfühlen, gutes Befinden, Gesundheit* **1.1** (zum) ~! ⟨umg.⟩ *Gesundheit! (Wunsch für jmdn., wenn er niest)*

'Wohl·stand ⟨m.; -(e)s; unz.⟩ *Begütertsein, gute Vermögenslage, hoher Lebensstandard;* im ~ leben

'Wohl·tat ⟨f.⟩ **1** *freiwillige, unentgeltl. Hilfe, gute Tat;* jmdm. eine ~ erweisen; ~en annehmen **2** *Erleichterung, Annehmlichkeit;* die Kühle des Waldes ist eine ~; der heiße Kaffee ist eine wahre ~

'wohl|tun ⟨V. 272/400 od. 410⟩ **1** *gut handeln;* wohlzutun und mitzuteilen vergesset nicht (Brief des Johannes an die Hebräer 13,16) **1.1** ⟨800⟩ du würdest wohl daran tun, wenn du ... ⟨geh.⟩ *du würdest richtig, klug handeln* **2** etwas tut wohl *ist angenehm, hat eine angenehme, gute Wirkung, bringt Linderung;* die Kühle tut wohl; deine guten Worte haben mir wohlgetan

'wohl·weis·lich ⟨Adv.⟩ *nach sorgfältiger Überlegung, aus guten Gründen;* ich habe ihm ~ nichts davon gesagt

'Wohl·wol·len ⟨n.; -s; unz.⟩ *freundl. Gesinnung, Geneigtheit, Gunst, freundl. Zuneigung;* sich jmds. ~ erwerben, erhalten, verscherzen; jmdn. mit ~ behandeln, betrachten

'Wohn·bau ⟨m.⟩ *Bau, Gebäude mit Wohnungen (im Unterschied z. B. zum Fabrikbau)*

'woh·nen ⟨V. 400⟩ **1** ⟨410⟩ *sein Heim, seine Wohnung, seinen ständigen Aufenthalt haben;* auf dem Lande, in der Stadt ~; zur Miete, Untermiete bei jmdm. ~; ich habe lange Zeit in Berlin gewohnt; im dritten Stock ~; wo wohnst du? **2** ⟨411⟩ *Unterkunft haben;* ich kann während dieser Zeit bei Freunden ~; in welchem Hotel ~ Sie? **3** etwas wohnt irgendwo ⟨poet.⟩ *lebt;* hinter seiner Stirn wohnt ein starker Wille; eine starke Liebe, große Hoffnung wohnt in seinem Herzen

'wohn·lich ⟨Adj.⟩ *so beschaffen, daß man gern darin wohnt, sich gern darin länger aufhält, behaglich;* ein ~er Raum; ein Zimmer ~ einrichten

'Wohn·sitz ⟨m.⟩ **1** *Ort, an dem man ständig wohnt;* Sy *Domizil(1);* seinen ~ in Berlin haben **1.1** *Gemeinde, in der eine Person polizeilich gemeldet ist;* Personen ohne festen ~; einen zweiten ~ haben **2** *ständige Wohnung;* seinen ~ in Berlin aufschlagen; seinen ~ auf dem Lande haben

'Woh·nung ⟨f.; -, -en⟩ **1** *Räume (auch einzelner Raum), in denen man wohnt, Räume für ständigen Aufenthalt, Heim;* Etagen~, Miet~, Zweizimmer~; eine ~ beziehen; jmdm. od. sich eine ~ einrichten; eine ~ kaufen, mieten; sich eine (neue, andere) ~ suchen; eine behagliche, gemütliche, hübsche ~; eine billige, teure ~; eine feuchte, helle, luftige, warme ~; eine große, kleine, moderne ~; ~ mit drei Zimmern, Bad, Küche, Diele und Balkon **1.0.1** die ~ wechseln *umziehen* **2** *Unterkunft;* in einem Hotel ~ nehmen; freie ~ (und Verpflegung) bei jmdm. haben

'Wohn·wa·gen ⟨m.⟩ **1** *Autoanhänger, der zum vorübergehenden Wohnen bzw. Schlafen (während des Urlaubs) eingerichtet ist* **2** *von Pferden od. Kraftwagen gezogener Wagen mit Wohn-, Schlaf-, Kücheneinrichtung, in dem die Zirkusleute wohnen*

'wöl·ben ⟨V. 500⟩ **1** etwas ~ *in der Art eines Gewölbes, in einem Bogen spannen;* die Decke des Durchgangs soll leicht gewölbt werden **1.1** ⟨Part. Perf.⟩ gewölbt *mit einem Gewölbe versehen;* ein gewölbter Raum **2** ⟨R3⟩ sich ~ *sich in einem Bogen spannen, sich gerundet (über etwas) erheben, sich krümmen;* sich nach vorn, nach oben ~; eine Brücke wölbt sich über einen Fluß; ein strahlend blauer Himmel wölbte sich über dem Land **2.1** ⟨Part. Perf.⟩ gewölbt *sich wölbend, erhaben gerundet;* eine gewölbte Stirn, Brust haben

Wolf ⟨m.; -(e)s, ¨e⟩ **1** *hundeartiges Raubtier: Canis lupus;* im Mittelalter kamen die Wölfe in harten Wintern bis in die Städte **1.0.1** hungrig wie ein ~ sein *sehr hungrig sein* **1.0.2** mit den Wölfen heulen ⟨fig.⟩ *mitmachen, was die Umwelt tut, die Meinung der anderen unterstützen um des eigenen Vorteils willen* **1.1** der ~ in der Fabel *jmd., der kommt, wenn man gerade von ihm spricht* **1.2** ein ~ im Schafpelz *ein scheinheiliger Mensch, ein sich freundlich u. harmlos stellender Bösewicht* **2** ⟨Astr.⟩ *Sternbild des südl. Himmels* **3** ⟨Text.⟩ *mit Zähnen versehene Maschine, die Faserbündel auflockert;* Krempel~, Reiß~ **4** = *Fleischwolf;* Fleisch durch den ~ drehen **4.0.1** ich bin wie durch den ~ gedreht ⟨umg.; scherzh.⟩ *völlig zerschlagen, alle Knochen tun mir weh* **5** ⟨Med.⟩ = *Hautwolf;* sich einen ~ laufen, reiten

'Wol·ke ⟨f.; -, -n⟩ **1** *Gebilde aus verdichtetem Wasserdampf;* Gewitter~, Regen~; ~n ballen sich, türmen sich am Himmel auf; die ~n ziehen, jagen über den Himmel; der Berggipfel ist in dicke ~n gehüllt; der Himmel bedeckte sich, überzog sich mit ~n; die Gefahr schwebte wie eine drohende ~ über ihnen **1.0.1** aus allen ~n fallen ⟨fig.; umg.⟩ *außerordentlich erstaunt, ernüchtert, ein wenig unangenehm überrascht sein;* ich war wie aus allen ~n gefallen **1.0.2** in den ~n schweben, sein ⟨fig.⟩ *geistesabwesend sein, in phantast. Vorstellungen leben;* er schwebt immer in den ~n **2** *geballte Masse winziger Teilchen;* Dampf~, Nebel~, Rauch~, Staub~; der Rauch lag in einer dichten ~ über der Stadt; er blies, stieß den Rauch (seiner Pfeife) in dichten ~n von sich; eine ~ von Mücken, Heuschrecken; eine ~ von Staub wirbelte auf **2.1** eine ~ des Unmuts lag auf seiner Stirn ⟨fig.; poet.⟩ *ein Ausdruck des U. lag auf seiner (gerunzelten) Stirn* **3** *Fleck in Edelsteinen* **4** das ist 'ne ~! ⟨fig.; umg.⟩ *das ist eine tolle, eine großartige Sache!*

'Wol·ken·bruch ⟨m.⟩ *kurzer, aber sehr starker u. oft zerstörender Regen*

'Wol·ken·krat·zer ⟨m.; fig.; umg.⟩ *sehr hohes Wohn- od. Geschäftshaus*

'Wol·ken·zug ⟨m.⟩ *Bewegung der Wolken am Himmel*

'Wol·le ⟨f.; -, -n⟩ **1** *Tierhaare, die zum Spinnen geeignet sind;* Schaf~, Ziegen~; gebleichte, ungebleichte, gefärbte, ungefärbte, gekräuselte, rauhe, weiche ~; eine Jacke aus reiner ~; ein Kleid aus ~ **1.0.1** jmdn. in die ~ bringen ⟨fig.; umg.⟩ *zornig machen, in Wut versetzen* **1.0.2** in die ~ geraten, kommen ⟨fig.; umg.⟩ *zornig werden* **1.0.3** → a. *Geschrei(2.0.2)* **1.1** in der ~ färben *unversponnen, nicht erst als fertiges Produkt sondern schon im Rohstoff, also nachhaltiger färben* **1.1.1** in der ~ gefärbt ⟨fig.; umg.⟩ *ganz echt, durch und durch;* er ist ein in der ~ gefärbter Schwabe **2** ⟨fig.; umg.⟩ *menschl. Kopfhaar* **2.0.1** sich mit jmdm. in der ~ haben, sich in die ~ geraten, kriegen *zu streiten beginnen, aufeinander zornig werden, handgreiflich werden;* wir sind uns in die ~ geraten **3** ⟨jägerspr.⟩ **3.1** *Behaarung (des Hasen u. Kaninchens)* **3.2** *das zwischen den langen dikkeren Haaren unmittelbar auf der Haut sitzende weiche, wollige Haar (vom Schwarz- u. Haarraubwild)*

'wol·len[1] ⟨Adj.⟩ *aus Wolle bestehend*

'wol·len[2] ⟨V. 290⟩ **1** ⟨500⟩ etwas ~ *haben mögen, wünschen, begehren, fordern, verlangen, erstreben;* er will, daß ich mitgehe; ich will doch nur dein Bestes; er will bis morgen Antwort haben; er will Geld von mir haben; ich will meine Ruhe haben!; was willst du noch mehr?; er weiß, was er will; (ganz) wie du willst!; ich wollte, er wäre schon da **1.0.1** was ~ Sie, es ist doch ganz gut gegangen? *warum regen Sie sich auf?* **1.0.2** hier ist nichts zu ~ *hier nützt alles nichts, hier kann man nichts machen* **1.1** ⟨mit Passiv⟩ etwas will getan werden, sein *muß getan werden, sein;* die Pflanze will täglich gegossen werden; das will gelernt sein; das will genau überlegt sein **1.2** ⟨mit Adv.; Zusammenschreibung nur der infiniten Formen⟩ ich will hier durch **2** ⟨Modalverb⟩ *den (festen, guten) Willen, die feste Absicht, den Plan haben (etwas zu tun), (etwas gern tun) mögen;* ich will nicht!, ich will es nicht tun; ich will morgen abreisen; ich will lieber hierbleiben; er mag ~ oder nicht, er muß es tun; man muß nur ~, dann geht es auch; sagen will ich es ihm schon, aber ...; was ich noch sagen wollte ...; man will Sie sprechen; ich will es tun; ich will mich rasch noch umziehen; er will Arzt werden; ich will doch (einmal) sehen, ob ...; ich will (endlich) wissen, was geschehen ist; ohne es zu ~; wenn du willst, kannst du mitkommen; was willst du damit sagen?; was man will, das kann man auch; mach, was du willst!; ich tue, was ich will; zwischen Wollen und Können ist bei ihm ein großer Unterschied; wir ~ heute abend ins Theater (erg.: gehen); er will nach Amerika (erg.: reisen); ich will zu einem Freund (erg.: gehen) **2.0.1** zu wem ~ Sie? ⟨umg.⟩ *wen möchten Sie sprechen? (bei Behörden o. ä.)* **2.0.2** das will ich nicht gehört haben! ⟨zurechtweisend⟩ *das hättest du nicht sagen dürfen!* **2.0.3** das will ich meinen! ⟨bekräftigend⟩ *ganz bestimmt ist es so!* **2.0.4** ich will nichts gesagt haben *kümmere dich nicht darum, was ich gesagt habe, ich möchte keinen Einfluß ausüben* **2.0.5** wollte Gott, es wäre so! *wenn es doch so wäre!* **2.0.6** wenn man alles glauben wollte ... *würde, könnte* **2.0.7** meine Augen ~ nicht mehr ⟨umg.⟩ *meine A. versagen den Dienst, ich kann nicht mehr gut sehen* **2.1** ⟨unpersönl.⟩ **2.1.1** es will mir nicht aus dem Kopf ⟨umg.⟩ *ich muß immer daran denken* **2.1.2** das will mir nicht in den Kopf ⟨umg.⟩ *das kann ich mir nicht denken, das verstehe ich nicht* **2.1.3** das will etwas heißen! *das bedeutet viel!* **2.1.4** das will nichts sagen, besagen ⟨umg.⟩ *das bedeutet nichts* **2.2** ⟨mit Relativpron.⟩ **2.2.1** komme, was da wolle *was auch immer kommt* **2.2.2** er sei, wer er wolle *wer er auch sei* **2.2.3** dem sei, wie ihm wolle *wie es auch sei* **2.3** ⟨höfl. Aufforderung⟩ ~ Sie, man wolle bitte etwas tun (sein) *seien Sie, man sei bitte geneigt, etwas zu tun (sein);* ~ Sie bitte einmal herschauen; ~ Sie bitte so freundlich sein; ~ Sie bitte einen Augenblick warten; man wolle bitte darauf achten, daß ... **2.4** ⟨Part. Perf.⟩ gewollt *gezwungen, unnatürlich;* mit etwas gewollter Heiterkeit **3** ⟨Modalverb⟩ *im Begriff sein, sich anschicken, etwas zu tun, die Tendenz zu etwas haben;* wir ~ gehen!; ich will Ihnen eins sagen; es will nicht vorwärtsgehen; mir will scheinen, als hätte er ... **3.0.1** wir ~ sehen! *wir werden sehen, warten wir ab* **3.0.2** wir ~ doch sehen, wer hier zu bestimmen hat! ⟨leicht drohend od. warnend⟩ *hier bestimme ich, du wirst dich fügen müssen* **3.0.3** willst du wohl still sein? ⟨befehlend, leicht drohend⟩ *sei sofort still!* **4** ⟨Modalverb⟩ getan haben, gewesen sein ~ *behaupten, etwas getan zu haben, etwas gewesen zu sein, angeblich getan haben, gewesen sein;* er will dich gestern gesehen haben; er will schon vor vier Uhr dagewesen sein **4.0.1** und dann will es niemand gewesen sein ⟨umg.⟩ *und dann behauptet jeder, er sei es nicht gewesen*

'wol·lig ⟨Adj.⟩ **1** ⟨70⟩ *Wolle tragend;* ein ~es Schaf **2** *so aussehend, sich anfühlend wie Wolle;* ~es Haar

'Wol·lust ⟨f.; -; unz.⟩ **1** *Lustgefühl bei der Befriedigung des Geschlechtstriebes* **2** ⟨fig.⟩ *Wonne, triebhafte Freude;* etwas mit wahrer ~ tun

wo'mit 1 ⟨Interrogativadv.⟩ *mit was?, mit welcher Sache?;* ~ hast du den Flecken entfernt?; ich möchte gern wissen, ~ ich ihm eine Freude machen kann **2** ⟨Relativadv.⟩ *mit dem (Vorangegangenen, eben Erwähnten);* er hat mir erklärt, er wolle Flieger werden, ~ ich keineswegs einverstanden bin; er hat ihm gründlich die Meinung gesagt, ~ er völlig recht hatte

wo'mög·lich ⟨Adv.⟩ **1** *falls möglich, wenn möglich;* komm ~ schon etwas eher **2** ⟨umg.⟩ *wahrscheinlich noch, am Ende, vielleicht sogar;* wir wollen schnell laufen, sonst holt er uns ~ wieder zurück; er ist durchgebrannt, und ~ noch mit fremdem Geld

wo'nach 1 ⟨Interrogativadv.⟩ *nach welcher Sache?;* ~ hat er dich gefragt?; ~ soll man sich richten? **2** ⟨Relativadv.⟩ *nach dem (Vorangegangenen, eben Erwähnten);* es ist eine neue Verordnung herausgekommen, ~ alle, die ...

'Won·ne ⟨f.; -, -n⟩ **1** ⟨geh.⟩ *beglückender Genuß, tiefe Freude, Glück, Beglückung, inniges Vergnügen;* die ~n der Liebe; das Kind ist ihre ganze ~; das kalte Bad im See war mir eine ~; es ist eine wahre ~, ihm zuzuschauen, wenn er seine Kür läuft; die Kinder stürzten sich mit ~ auf Kakao und Kuchen **2** ⟨umg.⟩ *Schadenfreude;* er pflegt mit (wahrer) ~ andere zu necken u. zu ärgern

wor'an ⟨a.['--]⟩ **1** ⟨Interrogativadv.⟩ *an was?, an welche Sache?;* ~ denkst du?; wenn ich nur wüßte, ~ sie wirklich Freude hat; ~ liegt es? **1.0.1** er weiß nicht, ~ er ist ..., *was er denken soll, was er davon halten soll* **2** ⟨Relativadv.⟩ *an dem (Vorangegangenen, eben Erwähnten);* er hat mich zum Abendessen eingeladen, ~ mir gar nichts liegt

wor'auf ⟨a. ['--]⟩ **1** ⟨Interrogativadv.⟩ *auf was?, auf welche Sache?;* ~ freust du dich am meisten?; ~ wartest du noch? **2** ⟨Relativadv.⟩ *auf das (Vorangegangene, eben Erwähnte), auf das (Vorhergehende) hin, als Folge des (Vorhergehenden);* er fragte mich in der Prüfung etwas, ~ ich gefaßt war; er wurde unverschämt, ~ ich ihm die Tür vor der Nase zuschlug

wor'aus ⟨a. ['--]⟩ **1** ⟨Interrogativadv.⟩ *aus was?, aus welchem Material?, aus welcher Sache?;* ~ besteht Wasser, Milch?; ~ schließt du das? **2** ⟨Relativadv.⟩ *aus dem (Vorangegangenen, eben Erwähnten);* er unterstützt seine Eltern großzügig, ~ man entnehmen kann, daß er gut verdient; er sagte, er könne nicht kommen, ~ ich schloß, daß er ...

wor'in ⟨a. ['--]⟩ **1** ⟨Interrogativadv.⟩ *in was?, in welcher Sache?;* ~ besteht der Unterschied zwischen ... **2** ⟨Relativadv.⟩ *in dem (Vorhergegangenen, eben Erwähnten);* er vertritt die Auffassung, daß ..., ~ ich jedoch nicht mit ihm übereinstimme, ~ ich ihm nicht rechtgeben kann

Wort ⟨n.⟩ **1** ⟨-(e)s, ¨er od. (selten) -e⟩ *sprachl. Äußerung des Menschen mit bestimmtem Bedeutungsgehalt, kleinster selbständiger Redeteil, Vokabel;* die Bedeutung eines ~es; die Betonung eines ~es; der Klang eines ~es; den Sinn eines ~es (nicht) verstehen; im wahrsten, im eigentlichen Sinn des ~es; Wörter auslassen, vergessen (beim Sprechen od. Schreiben); ein ~ richtig, falsch aussprechen, betonen; ein ~ buchstabieren; hier fehlt ein ~; Wörter lernen, wiederholen; ein (neues) ~ prägen; ein ~ (auf einen Zettel, an die Wandtafel) schreiben; dieses ~ ist unübersetzbar; zwei Wörter (in einem Satz) streichen; ein ~ aus einer anderen Sprache, in eine andere Sprache übersetzen; der Satz besteht aus fünf Wörtern; abgegriffenes, anschauliches, treffendes, veraltetes ~; sag mir ein anderes ~ für „Hochmut"; ein deutsches, englisches ~; einfaches, einsilbiges, mehrsilbiges, zusammengesetztes ~; häßliches, unanständiges ~; kurzes, langes, schwieriges ~; ein ~ mit fünf Buchstaben; ich habe den Brief ~ für ~ gelesen; einen Satz ~ für ~ wiederholen; 200,-- DM, in ~en: zweihundert (auf Quittungen, Zahlungsanweisungen) **2** ⟨~(e)s, -e⟩ *zusammenhängende Wortgruppe, Äußerung;* ohne ein ~ zu sagen; das ist das erste ~, das ich davon höre; darüber ist (noch) kein ~ gefallen; er brachte vor Scham, Schreck, Verlegenheit kein ~ hervor; kein ~ miteinander sprechen; kein ~ zu sprechen wagen; an dem, was er gesagt hat, ist kein ~ wahr; kein ~ weiter (davon)!; das sind leere ~e!; jmdn. mit leeren ~en hinhalten, abspeisen; das waren seine letzten ~e, ehe er starb; ein paar ~e mit jmdm. sprechen, wechseln; in ~ und Bild über, von etwas berichten; ich kann meinen Eindruck schwer, kaum in ~e fassen; seine Gedanken, Gefühle in ~e kleiden; schnell fertig ist die Jugend mit dem ~, das schwer sich handhabt wie des Messers Schneide (Schiller, Wallensteins Tod, 2,2); er hat die Sache mit keinem ~ erwähnt; einen Sachverhalt mit wenigen ~en klären; nach ~en ringen (nach einer Überraschung, einem Schrecken); nach diesen ~en erhob er sich und ging; ohne viele ~e **2.0.1** mir fehlen die ~e *ich bin so überrascht, erstaunt, entsetzt, daß ich nichts dazu sagen kann* **2.0.2** hast du ~e?, hat der Mensch ~e? ⟨umg.⟩ *(Ausdruck des Staunens) kann man so etwas für möglich halten?* **2.0.3** ~e machen *reden, ohne dabei etwas Wesentliches zu sagen od. das Nötige zu tun;* schöne, viele ~e machen; wir wollen nicht viele ~e machen **2.0.4** jmdn. mit ~en strafen *ausschelten* **2.0.5** kein ~ über etwas verlieren *nichts sagen über etwas, nicht über etwas sprechen;* darüber braucht man kein ~ zu verlieren (da es klar, selbstverständlich ist) **2.0.6** auf ein ~! *ich möchte Sie einen Augenblick sprechen* **2.1** *das, was gesprochen, gesagt wurde od. werden soll;* im Anfang war das ~ (Johannes 1,1); hier versteht man ja sein eigenes ~ nicht mehr (vor lauter Lärm); ich verstehe kein ~; ein ~ gab das andere, und schließlich kamen sie in Streit **2.1.1** jmdm. das ~ reden *jmdm. schmeicheln, das sagen, was jmd. gern hören möchte* **2.1.2** einer Sache das ~ reden *eine S. verteidigen, unterstützen* **2.1.3** du nimmst mir das ~ aus dem Mund *du sagst, was ich gerade sagen wollte* **2.1.4** jmdm. das ~ im Munde (her)umdrehen *behaupten, daß jmd. das Gegenteil von dem gesagt habe, was er wirklich gesagt hat, das Gesagte verdrehen* **2.2** *Äußerung, die eine Entscheidung od. Anweisung beinhaltet;* das ~ Gottes **2.2.1** aufs ~ gehorchen *sofort gehorchen* **2.2.2** jmdm. etwas aufs ~ glauben *alles glauben, was jmd. sagt* **2.2.3** → a. *letzte(1.4.7-1.4.8)* **2.3** *Ausdruck, Ausspruch, Bemerkung;* dieses ~ stammt von Goethe; Ihre freundlichen ~e haben mir sehr wohlgetan; du sprichst ein großes ~ gelassen aus (Goethe, Iphigenie, 1,3); das ist das rechte ~ zur rechten Zeit; jmdm. mit warmen ~en danken **2.3.1** hier kann man ein offenes ~ reden, sagen *offen reden, offen sprechen* **2.3.2** das ist ein wahres ~ *das ist wirklich wahr* **2.3.3** → a. *böse(2.5), dürr(4), geflügelt(4), gut(7.4)* **2.4** *Rede* **2.4.1** jmdm. das ~ abschneiden *jmdn. nicht weitersprechen lassen, jmdn. unhöflich unterbrechen* **2.4.2** das ~ führen *der Hauptsprecher sein (in einer Diskussion)* **2.4.3** das große ~ führen *die Diskussion, das Gespräch beherrschen* **2.4.4** das ~ an jmdn. richten *jmdn. anreden* **2.4.5** jmdm. ins ~ fallen *jmdn. unterbrechen* **2.4.6** sich zum ~ melden *sich melden, um etwas zu sagen, vorzubringen* **2.4.7** → a. *letzte(6.1-6.2)* **2.5** *Möglichkeit, Erlaubnis, sich an einem Gespräch, einer Diskussion zu beteiligen* **2.5.1** jmdm. das ~ entziehen *jmdn. nicht weitersprechen lassen (in einer Diskussion, Versammlung* **2.5.2** das ~ ergreifen *anfangen zu sprechen (in einer Versammlung, Gesellschaft)* **2.5.3** jmdm. das ~ erteilen *jmdm. die Erlaubnis geben zu sprechen (in einer Versammlung)* **2.5.4** ich bitte ums ~ *ich möchte etwas sagen (in einer Diskussion)* **2.5.5** nicht zu ~e kommen *nichts sagen können (weil der andere dauernd spricht)* **2.5.6** andere nicht zu ~e kommen lassen *ohne Pause (weiter)reden* **3** ⟨-(e)s; unz.⟩ *Versprechen, Ehrenwort;* jmdm. das ~ abnehmen zu schweigen; sein ~ brechen; jmdm. sein ~ geben, etwas zu tun od. nicht zu tun; ich habe sein ~; sein ~ (nicht) halten; sein ~ zurücknehmen **3.0.1** jmdm. od. bei jmdm im ~ sein *jmdm. etwas versprochen haben* **3.0.2** auf mein ~! *ich versichere es!, es ist wirklich wahr!* **3.0.3** jmdn. beim ~ nehmen *von jmdm. fordern, das auszuführen, was er versprochen hat*

'Wort·bruch ⟨m.⟩ *Bruch des Ehrenwortes, des Versprechens*

'Wort·füh·rer ⟨m.⟩ *Sprecher;* sich zum ~ einer Sache machen

'Wort·ge·fecht ⟨n.⟩ = *Disput*

'wort·karg ⟨Adj.⟩ *schweigsam, wenig redend, wenig Worte machend;* Ggs *geschwätzig*

Wort·klau·be'rei ⟨f.⟩ *zu genaues, engstirniges Festhalten am Wort, an der wörtl. Bedeutung*

'Wort·laut ⟨m.; -(e)s; unz.⟩ *wörtlicher Inhalt einer Aussage, eines Textes;* der genaue ~ eines Briefes; die Verordnung hat folgenden ~ ...; sich an den ~ halten

'wört·lich ⟨Adj.⟩ **1** *wortgetreu, dem Text genau entsprechend, Wort für Wort;* ~e Übersetzung; er hat (es) aus dem Buch ~ abgeschrieben; du darfst das, was er sagt, nicht ~ nehmen, verstehen; er hat mir ~ das gleiche gesagt wie sein Freund; ich kann es nicht ~ wiederholen, sondern nur dem Sinne nach; ich zitiere ~: ... **1.1** ~e Rede *direkte R.*

'Wort·mel·dung ⟨f.⟩ *Meldung zum Wort, zum Sprechen (in Diskussionen, Versammlungen);* es liegen keine weiteren ~en vor

'Wort·schatz ⟨m.⟩ **1** *Gesamtheit der Wörter (einer Sprache)* **2** *die jmdm. zur Verfügung stehenden Wörter, Gesamtheit der Wörter, die jmd. anwenden kann;* dieser Schriftsteller hat einen bescheidenen, kleinen, großen, reichen ~; das Kind hat jetzt einen ~ von etwa 50 Wörtern

'Wort·wech·sel ⟨m.⟩ *Streit mit Worten;* heftiger, lauter ~; in einen ~ geraten; es kam zu einem (heftigen) ~

wor'über ⟨a. ['---]⟩ **1** ⟨Interrogativadv.⟩ *über was?, über welche Sache?;* ~ habt ihr gesprochen? **2** ⟨Relativadv.⟩ *über das (Vorangegangene, eben Erwähnte);* er ist einfach weggeblieben, ohne sich zu entschuldigen, ~ ich recht erstaunt war

wor'um ⟨a. ['--]⟩ **1** ⟨Interrogativadv.⟩ *um was?,*

um welche Sache?; ~ handelt es sich? **2** ⟨Relativadv.⟩ *um das (Vorangegangene, eben Erwähnte bzw. Folgende);* da ist noch etwas, ~ ich dich sehr bitten möchte; das, ~ es hier geht, ist folgendes
wor'un·ter ⟨a. ['---]⟩ **1** ⟨Interrogativadv.⟩ *unter welcher Sache?;* ~ hast du im Kriege am meisten gelitten? **2** ⟨Relativadv.⟩ *unter dem (Vorangegangenen, eben Erwähnten);* er redete viel von Viertakt und Zweitakt, ~ ich mir aber nicht viel vorstellen kann
wo'von ⟨a. ['--]⟩ **1** ⟨Interrogativadv.⟩ *von was?, von welcher Sache?;* ~ redet ihr?; ~ ist die Rede? **2** ⟨Relativadv.⟩ *von dem (Vorhergegangenen, eben Erwähnten);* er fragte mich nach etwas, ~ ich keine Ahnung hatte; rede nicht so viel von etwas, ~ du nichts verstehst
wo'vor ⟨a. ['--]⟩ **1** ⟨Interrogativadv.⟩ *vor was?, vor welcher Sache?;* ~ fürchtest du dich? **2** ⟨Relativadv.⟩ *vor dem (Vorangegangenen, eben Erwähnten);* Dunkelheit ist das, ~ sich das Kind am meisten fürchtet
wo'zu ⟨a. ['--]⟩ **1** ⟨Interrogativadv.⟩ *zu welchem Zweck?, zu welcher Sache?;* ~ brauchst du das Geld?; ~ willst du die Schere haben?; ~ hast du dich nun entschlossen? **2** ⟨Relativadv.⟩ *zu dem (Vorangegangenen, eben Erwähnten);* er hat mich aufgefordert, mit ihm nach Berlin zu fahren, ~ ich aber gar keine Lust habe; wir wollten erst noch einen Umweg über die Alm machen, ~ es aber zu spät war
Wrack ⟨n.; -s, -s⟩ **1** *durch Beschädigung unbrauchbar gewordenes, zerschelltes Schiff* **2** ⟨fig.; umg.⟩ *körperlich verbrauchter Mensch, Mensch mit zerrütteter Gesundheit;* er ist (nur noch) ein ~
'wrin·gen ⟨V. 291/500⟩ e t w a s ~ *so zusammendrehen, daß die Flüssigkeit herausgepreßt wird;* Wäsche ~
'Wu·cher ⟨m.; -s; unz.⟩ **1** *Erzielung eines im Verhältnis zur Leistung zu hohen Gewinns, indem die Notlage, Unerfahrenheit od. der Leichtsinn des anderen ausgenützt wird* 1.0.1 das ist ja ~! ⟨umg.⟩ *das ist ja ein unverschämt hoher Preis* 1.0.2 ~ treiben *zu hohen Gewinn erzielen*
'wu·chern ⟨V. 400⟩ **1** ⟨(s.)⟩ P f l a n z e n ~ *wachsen üppig;* das Unkraut wuchert (über den Weg, den Zaun) **2** ⟨(s.)⟩ K ö r p e r g e w e b e wuchert *wächst zu stark;* wildes Fleisch wuchert **3** ⟨416⟩ m i t e t w a s ~ *Wucher treiben* 3.1 m i t s e i n e m P f u n d e ~ ⟨fig.⟩ *seine Begabung, Fähigkeit voll einsetzen, zur Geltung bringen*
Wuchs ⟨[vu:ks]; m.; -es; unz.⟩ **1** *Wachstum;* Pflanzen~ **2** *Gestalt, Körperbau;* von kleinem, hohem, schlankem ~ **3** *Nachwuchs, Anzucht (von Pflanzen);* ein ~ junger Tannen
Wucht ⟨f.; -; unz.⟩ **1** *Gewicht, Kraft, Druck, Schwung;* er schlug mit aller ~ zu; er fiel mit voller ~ auf den Rücken; der Schlag, Stein traf mich mit voller ~ **2** ⟨veralt.; Tech.⟩ *lebendige Energie* **3** das ist 'ne ~! ⟨fig.; umg.⟩ *das ist eine großartige, phantast. Sache!*
'wuch·ten ⟨V.⟩ **1** ⟨400⟩ *mit Anstrengung, mit aller Kraft arbeiten;* bei unserem Umzug haben wir schwer gewuchtet **2** ⟨500⟩ e t w a s ~ *mit Kraft, Anstrengung heben;* einen Schrank auf den Speicher, einen Wagen ~
'wuch·tig ⟨Adj.⟩ **1** *massig u. schwer;* ein ~er Gegenstand; ein ~es Gebäude; der Schrank ist für dieses Zimmer zu ~ **2** *heftig, kraftvoll;* ein ~er Schlag, Hieb
'wüh·len ⟨V.⟩ **1** ⟨411⟩ ein T i e r wühlt i n d e r E r d e *gräbt mit den Vorderpfoten od. der Schnauze in der Erde u. reißt sie (auf der Suche nach etwas) auf;* das Schwein wühlt in der Erde nach Morcheln **2** ⟨411 od. 611/R1 od. R2⟩ *mit beiden Händen od. auch einem Werkzeug in etwas eindringen u. es (suchend) durcheinanderbringen;* die Kinder wühlten im Sand; sich in den Haaren ~; er wühlte in, unter seinen Papieren 2.1 im Schmutz ~ ⟨fig.⟩ *mit Freude über schmutzige Angelegenheiten sprechen* 2.2 ⟨fig.; umg.⟩ *heftig, angestrengt arbeiten;* er ist jetzt fertig, dafür hat er aber auch den ganzen Tag gewühlt 2.3 gegen j m d n. od. e t w a s ~ ⟨fig.; abwertend⟩ *andere aufwiegeln, im geheimen hetzen;* er hat gegen die Parteispitze gewühlt **3** der H u n g e r, S c h m e r z wühlt (i n jmds. L e i b) ⟨fig.⟩ *schwillt an u. ab, wird einmal hier, einmal dort quälend spürbar;* der Schmerz wühlte in seinen Eingeweiden; der Hunger wühlte ihm im Leib; ~de Schmerzen
Wulst ⟨m.; -es, ¨e od. f.; -, ¨e⟩ **1** *längl. Verdikkung, längl. Auswuchs* **2** ⟨Geom.⟩ *Rotationsfläche, die durch Drehung eines Kreises um eine außerhalb von ihm, mit ihm in einer Ebene liegende Achse entsteht;* Kreis~ 2.1 *von einer Wulst(2) umschlossener geometrischer Körper* **3** ⟨Arch.⟩ *meist am oberen od. unteren Ende von Säulen befindliches Bauglied in der Form einer viertel Wulst(2.1);* Säulen~
wund ⟨Adj. 70⟩ **1** *mit einer verletzten Hautoberfläche, durch Aufreiben, Aufscheuern der Haut entzündet;* eine ~e Stelle am Finger haben; einen Säugling pudern und einreiben, damit er nicht ~ wird 1.1 sich die Fersen ~ laufen *durch Reiben beim Gehen die Haut an den F. verletzen* 1.2 sich ~ reiben, reiten *durch anhaltendes Reiben, Reiten sich die Haut verletzen* 1.3 sich die Finger ~ schreiben ⟨fig.⟩ *immer wieder etwas schreiben (z. B. Gesuche, Ermahnungen), ohne daß es Erfolg hat* **2** ⟨poet.⟩ *verwundet;* ein ~er Krieger; seine Worte waren Balsam für ihr ~es Herz ⟨poet.; umg. a. scherzh.⟩ **3** ⟨60⟩ ~er P u n k t ⟨fig.⟩ *Sache, von der man lieber nicht spricht, Stelle, an der jmd. empfindlich u. verletzbar ist*
'Wun·de ⟨f.; -, -n⟩ **1** *Verletzung durch gewaltsame Zerstörung, Durchtrennung von Haut (u. darunterliegendem Gewebe);* Biß~, Brand~, Hieb~, Quetsch~, Platz~, Riß~, Schnitt~, Stich~; eine ~ auswaschen, reinigen, verbinden; die ~ blutet, eitert, näßt; die ~ heilt, schließt sich; die ~ muß geklammert, genäht werden; sich eine ~ zuziehen; gefährliche, tödliche ~; klaffende, leichte, offene, schwere, tiefe, vernarbte ~; er blutete aus vielen ~n **2** ⟨fig.⟩ *schwerer (seelischer) Schaden, Leid, Schmerz, Kummer, Übel* 2.0.1 der Krieg hat tiefe ~n geschlagen *hat vieles zerstört, viel Schaden, Unheil, Schmerz verursacht* 2.0.2 eine alte ~ wieder aufreißen *einen alten Schmerz wieder neu wecken* 2.0.3 → a. *Finger(1.2.1)*
'Wun·der ⟨n.; -s, -⟩ **1** *Vorgang, der den gewöhnl. Erfahrungen u. den Naturgesetzen widerspricht;* ~ tun, vollbringen, wirken; das grenzt an ein ~; er ist wie durch ein ~ dem

Tod entgangen, gerettet worden 1.0.1 → a. *Zeichen(2.1.1)* **2** ⟨fig.⟩ *Ereignis od. Erzeugnis, welches das übl. Maß weit übertrifft, ungewöhnl. Erscheinung;* ein ~ der Technik; diese Maschine ist ein ~ an Genauigkeit, Präzision; er hat das ~ vollbracht, aus dieser wilden Bande eine disziplinierte Gemeinschaft zu machen **2.0.1** diese Arznei wirkt bei mir ~ *wirkt erstaunlich gut, hilft sofort* **2.0.2** das ist kein ~ *das ist ganz natürlich, nicht erstaunlich* **2.0.3** kein ~, daß ..., wenn ... *nicht erstaunlich* **2.0.4** was ~, daß ... *es ist nur natürlich, folgerichtig, nicht erstaunlich, daß ...* **2.0.5** sich wunder was einbilden *sich einbilden, etwas Besonderes zu sein od. zu können* **2.0.6** er glaubt wunder was vollbracht zu haben *etwas ganz Besonderes* **2.0.7** er denkt, er sei wunder wer *eine bedeutende Persönlichkeit* **2.0.8** er glaubt wunder wie gescheit zu sein *ganz bes. gescheit* **2.0.9** → a. *blau(6.2)*

'wun·der·bar ⟨Adj.⟩ **1** *erstaunlich, wie ein Wunder (erscheinend), übernatürlich;* durch eine ~e Fügung wurde das Schiff gerettet; von einem ~en Licht umstrahlt; das grenzt ans Wunderbare **2** *herrlich, sehr schön, großartig, köstlich;* wie war es im Theater? ~!; eine ~e Künstlerin; ein ~es Land, eine ~e Stadt; eine ~e Reise; ein ~es Werk; das ist ~!; das hast du ~ gemacht; es muß ~ sein, das selbst zu erleben

'wun·der·lich ⟨Adj.⟩ **1** *zur Verwunderung Anlaß gebend;* der Alte wird jetzt etwas ~; damit ist es ~ zugegangen **1.1** ein ~er Heiliger, Kauz ⟨fig.; umg.⟩ *sonderbarer, schrulliger Mensch*

'wun·dern ⟨V. 500⟩ **1** etwas wundert jmdn. *überrascht jmdn., setzt jmdn. in Erstaunen;* das wundert mich; es wundert mich, daß ...; seine Unpünktlichkeit wundert mich **1.1** es sollte mich ~, wenn er noch käme *ich glaube nicht, daß er noch kommt* **2** ⟨R3⟩ sich ~ *erstaunt sein, staunen;* sich über jmdn. od. etwas ~ **2.1** da wirst du dich aber ~!, du wirst dich ~! ⟨umg.⟩ *du wirst erstaunt sein (denn es wird ganz anders kommen, als du denkst)* **2.2** ich muß mich doch sehr ~! ⟨umg.; scherzh.⟩ *das hätte ich von dir nicht gedacht*

'wun·der|neh·men ⟨V. 189/500⟩ etwas nimmt jmdn. wunder *erstaunt, wundert jmdn.;* es nimmt mich wunder, daß ...

'wun·der·sam ⟨Adj.; poet.⟩ **1** *überirdisch, übernatürlich;* er hörte plötzlich eine ~e Musik **2** *seltsam, merkwürdig;* es wurde ihm so ~ zumute

'Wund·mal ⟨n.⟩ *offene Wunde, unvernarbte Wunde;* die ~e Christi

Wunsch ⟨m.; -(e)s, ¨-e⟩ **1** *etwas, das man gern haben, verwirklicht sehen möchte, Begehren, Verlangen;* jmdm. jeden ~ von den Augen ablesen; jmdm. seinen ~ erfüllen; hast du noch einen ~?; haben Sie sonst noch Wünsche? (Frage der Verkäuferin); ich hege den (stillen) ~; ein eigenes Haus war schon immer mein ~; sich od. jmdm. einen ~ versagen; ich habe nur den einen ~, möglichst schnell von hier wegzukommen; es ist sein größter ~, einmal nach Amerika zu reisen; ein heimlicher, stiller ~; ein heißer, sehnlicher ~; Prospekte werden auf ~ zugesandt; auf allgemeinen, vielfachen ~ wird die Sendung morgen wiederholt; auf meinen besonderen ~ hin hat er ...; Herr X scheidet auf seinen eigenen ~ aus unserem Betrieb aus; auf ~ von Herrn X; Nachtisch, Wein nach ~; sich (ganz) nach jmds. Wünschen richten; er ist seit langem von dem ~e beseelt, Maler zu werden; mein ~ ist in Erfüllung gegangen **1.0.1** dein ~ ist mir Befehl ⟨nur noch scherzh.⟩ *ich tue, was du willst* **1.0.2** es geht alles nach ~ *wie man es sich gewünscht, gedacht hat* **1.0.3** → a. *Vater(4.0.1)* **2** *Glückwunsch;* jmdm. seine Wünsche darbringen; mit den besten Wünschen für baldige Genesung; mit allen guten Wünschen für das neue Jahr; beste Wünsche zum Geburtstag, zum neuen Jahr

'wün·schen ⟨V.⟩ **1** ⟨503/R5 od. R6⟩ (jmdm.) etwas ~ *den Wunsch haben, etwas zu haben, etwas verwirklicht sehen wollen, mögen, verlangen, fordern;* ich wünschte, ich könnte bei euch sein; sie wünscht sich (zu Weihnachten) eine Puppe; der Junge wünscht sich ein Schwesterchen; du darfst dir (von mir) etwas ~; etwas brennend, sehnlich(st) ~; was ~ Sie? (Frage des Verkäufers); was wünschst du dir zum Geburtstag, zu Weihnachten?; ich wünsche, daß meine Anordnungen sofort befolgt werden; es geht mir sehr gut, ich könnte mir nichts Besseres ~; ganz wie Sie ~; es wird gewünscht, daß die Angestellten ...; bitte die gewünschte Nummer hier einsetzen (auf Bestellformularen); anbei senden wir Ihnen den gewünschten Prospekt; das Medikament hatte (nicht) die gewünschte Wirkung **1.1** ⟨Inf.⟩ es ist (sehr) zu ~, daß ... *es ist wünschenswert* **1.1.1** etwas läßt zu ~ übrig *ist nicht so, wie es sein sollte* **1.1.2** sein Betragen läßt noch viel zu ~ übrig *ist durchaus nicht gut* **1.1.3** sein Betragen läßt nichts zu ~ übrig *ist sehr gut, tadellos* **2** ⟨503/R5 od. R6⟩ (jmdm.) etwas ~ *für jmdn. anders etwas erhoffen, erbitten;* ich wünsche Ihnen gute Besserung; jmdm. Glück ~; ich wünsche dir alles Gute (zum Geburtstag)!; ich wünsche Ihnen gute Reise!; jmdm. ein frohes Weihnachten, ein gutes neues Jahr ~; wünsche wohl zu ruhen, zu speisen; ich wünsche dir herzlich baldige Genesung; die Schmerzen, die ich in diesen Wochen gehabt habe, wünsche ich niemandem, wünsche ich meinem ärgsten Feind nicht ⟨umg.⟩ **2.1** (einen) guten Morgen ~ *jmdm. guten M. sagen* **3** ⟨510⟩ jmdn. od. etwas irgendwohin od. irgendwie ~ *den Wunsch haben, daß jmd. od. etwas irgendwo od. irgendwie ist;* jmdn. dahin ~, wo der Pfeffer wächst; jmdn. zum Teufel ~; ich hätte mir den Wein etwas herber gewünscht

'Wür·de ⟨f.; -, -n⟩ **1** ⟨unz.⟩ *Achtung gebietendes Verhalten, Wesen eines Menschen auf Grund seiner starken Persönlichkeit, seiner geistig-seelischen Kraft;* die ~ des Alters ehren; die ~ des Menschen; er verbeugte sich mit ~ **1.0.1** etwas mit ~ ertragen ⟨umg.; scherzh.⟩ *sich in etwas Unvermeidliches fügen, ohne zu klagen od. zu schelten* **1.1** etwas ist unter aller ~ *sehr schlecht, unzumutbar* **1.2** etwas ist unter jmds. ~ *ist jmds. nicht würdig* **1.2.1** ich halte es für unter meiner ~, das zu tun *ich halte es für zu niedrig, für unehrenhaft* **2** *mit Titel u. äußeren Ehren verbundene Stellung, verbundenes Amt;* Doktor~, Königs~, Präsidenten~; jmdm. die ~ eines Doktors, Kardinals verleihen; akademische ~n; die kaiserliche, königliche ~; in die ~ eines Bischofs eingesetzt werden 2.0.1 ~ bringt Bürde ⟨Sprichw.⟩ *ein hohes Amt bringt Verantwortung u. viel Arbeit, Mühe mit sich* 2.0.2 → a. *Amt(1.5)*

'Wür·den·trä·ger ⟨m.⟩ *Inhaber eines hohen Amts od. hoher Auszeichnungen;* geistlicher ~

'wür·dig ⟨Adj.⟩ **1** *achtung-, ehrfurchtgebietend, ehrwürdig;* ein ~er alter Herr **2** *Ehre od. eine Auszeichnung verdienend, wert;* er ist ein ~er Nachfolger des Direktors; sich einer Ehre ~ erweisen; er ist es (nicht) ~, so bevorzugt zu werden; er hat sich des Vertrauens, das wir in ihn gesetzt haben, (nicht) ~ gezeigt, erwiesen; jmdn. für ~ befinden, erachten, eine Auszeichnung, ein Amt zu erhalten

'wür·di·gen ⟨V. 500/R8⟩ **1** jmdn. od. etwas ~ *hoch einschätzen, anerkennen;* ich weiß seine Güte zu ~; jmds. Verdienste gebührend ~; man wußte ihn zu ~ **2** ⟨540⟩ jmdn. einer Sache ~ *für würdig, wert halten;* er hat mich keiner Antwort gewürdigt; er würdigte ihn keines Blickes; jmdn. seiner Freundschaft ~

Wurf ⟨m.; -(e)s, ¨e⟩ **1** *das Werfen(1), Schleudern;* Speer~; ein ~ mit dem Ball, Speer, Stein; zum ~ ausholen **2** *Ergebnis des Werfens(1);* ein guter, schlechter ~ (beim Würfeln od. Werfen); einen Gegenstand mit zwei Würfen treffen, umwerfen 2.0.1 auf einen ~ *auf einmal* 2.0.2 alles auf einen ~ setzen *mit einer Tat alles riskieren, aufs Spiel setzen* 2.1 ⟨fig.⟩ *Erfolg, erfolgreiche Tat;* der Roman war sein großer ~ 2.1.1 → a. *glücklich(1.0.2)* **3** *die jungen Tiere, die unmittelbar nacheinander von einem Tierweibchen geworfen (geboren) worden sind;* ein ~ junger Hunde, Katzen, Wölfe

'Wür·fel ⟨m.; -s, -⟩ **1** *Körper mit sechs gleichen quadratischen Seiten;* Sy *Kubus(1)* **2** *Spielstein in Form eines Würfels(1), dessen Seiten 1–6 Punkte (Augen) tragen* 2.0.1 ~ spielen *würfeln* 2.0.2 der ~ ist gefallen (Zitat Cäsars nach Sueton, als er 49 v. Chr. den Rubikon überschritt), die ~ sind gefallen ⟨fig.⟩ *die Sache ist entschieden* **3** ⟨Kochk.⟩ *Stück in Form eines Würfels(1);* Käse~, Schinken~, Speck~; Speck in ~ schneiden **4** ⟨umg.⟩ *gleichseitiges Viereck als Stoffmuster;* → a. *Karo(2)*

'wür·feln ⟨V.⟩ **1** ⟨400⟩ *einen Würfel(2) werfen, mit einem Würfel(2) spielen;* du bist mit Würfeln an der Reihe 1.1 um etwas ~ *würfeln(1), wobei der Spieler, bei dem der Würfel(2) die meisten Augen nach oben zeigt, etwas gewinnt, das vorher vereinbart wurde;* um den ersten Einsatz (bei Gesellschaftsspielen) ~; um Geld ~ **2** ⟨500⟩ etwas ~ *etwas die Form eines Würfels(3-4) geben;* Zwiebeln ~; den gewürfelten Speck ausbraten 2.1 gewürfelter Stoff ⟨umg.⟩ *karierter S.*

'wür·gen ⟨V.⟩ **1** ⟨500/R8⟩ jmdn. ~ *am Hals drücken, so daß er keine Luft mehr bekommt;* der Kragen würgt mich (am Hals) 1.1 *an der Kehle fassen, jmdm. die Kehle zudrücken* 1.2 ⟨früher bes. in Spanien⟩ *mittels eines um den Hals gelegten, zusammenschraubbaren Eisens foltern* 1.2.1 → a. *hängen[1](4.5)* **2** ⟨400⟩ *einen Bissen (an dem man sich verschluckt hat) wieder herauszubringen suchen* **3** ⟨800⟩ an etwas ~ *etwas mit Anstrengung zu schlucken suchen;* an einem Bissen ~ **4** ⟨410; fig.; umg.⟩ *sich sehr anstrengen müssen, sich abmühen;* ich habe lange, sehr gewürgt, bis ich es zustande gebracht habe

Wurm[1] ⟨m.; -(e)s, ¨er⟩ **1** *Angehöriger einer Gruppe wirbelloser Tiere verschiedener Gestalt, meist gestreckt, ohne Glieder: Vermes, Helminthes* 1.0.1 Würmer haben *an einer Wurmkrankheit leiden* 1.0.2 er kroch vor ihm wie ein ~ im Staube ⟨poet.⟩ *er erniedrigte, demütigte sich vor ihm* 1.0.3 er wand sich wie ein getretener ~ ⟨fig.; umg.⟩ *er war sehr verlegen* 1.0.4 jmdm. die Würmer aus der Nase ziehen ⟨fig.; umg.⟩ *jmdm. ein Geheimnis entlocken* 1.1 ⟨umg.⟩ *Made;* von Würmern zerfressenes Holz; in dem Apfel ist ein ~; der Apfel hat einen ~ ⟨umg.⟩ 1.1.1 da ist der ~ drin! ⟨fig.; umg.⟩ *da stimmt etwas nicht* **2** ⟨Myth.⟩ *Drache, Lindwurm* **3** ⟨fig.⟩ *verborgenes, zehrendes Übel* 3.1 der nagende ~ des Gewissens *das schlechte G.*

Wurm[2] ⟨n.; -(e)s, ¨er; fig.; umg.⟩ *Geschöpf, kleines Kind;* armes ~!; das arme ~ kann einem leid tun; die Frau schlägt sich nur mühsam mit ihren drei (kleinen) Würmern durch

'Wurm·fort·satz ⟨m.⟩ *wurmartiger Fortsatz des Blinddarms*

'Wurm·stich ⟨m.⟩ **1** *Befall von Würmern (in Früchten, auch im Holz)* **2** *Bohrgänge von Bohrwürmern*

Wurst ⟨f.; -, ¨e⟩ **1** *walzenförmiges Nahrungsmittel aus zerhacktem Fleisch in Darm-, Magen-, Pergament- od. Kunststoffschläuchen;* Blut~, Brat~, Leber~, Mett~; Dauer~, Hart~, Streich~; eine ~ braten, räuchern; eine ~ füllen, stopfen; frische, gebratene, geräucherte, hausschlachtene ~; ~ machen; ein Brot mit ~ belegen, bestreichen 1.1 mit der ~ nach der Speckseite werfen ⟨fig.; umg.⟩ *durch das Gewähren eines Vorteils einen größeren Vorteil für sich zu erhalten suchen* **2** es geht um die ~ ⟨fig.; umg.⟩ *es geht um die Entscheidung* 2.1 ~ wider ~ ⟨fig.⟩ *wie du mir, so ich dir* **3** das ist mir wurst ⟨fig.; umg.⟩ *gleich, einerlei*

'wur·steln ⟨V. 400⟩ *langsam u. ungeschickt od. unordentlich arbeiten*

...wurz ⟨f.; -, -en; in Zus.; veralt.⟩ *Pflanze, Kraut;* Nies~

'Wür·ze ⟨f.; -, -n⟩ **1** *den Geschmack einer Speise od. eines Getränkes, verfeinerndes Mittel, Gewürz;* Speise~; die Suppe braucht noch etwas ~; Pfeffer, Paprika, Majoran als ~ verwenden **2** *Zustand des Biers, bevor Wasser aufgefüllt wird* **3** ⟨fig.⟩ *Reiz, das Besondere (einer Sache);* in der Kürze liegt die ~

'Wur·zel ⟨f.; -, -n⟩ **1** *der Befestigung u. der Ernährung dienendes Pflanzenorgan;* Ggs *Sproß(1);* Pflanzen treiben ~n 1.0.1 ~n schlagen ⟨fig.⟩ *heimisch werden* **2** ⟨fig.⟩ *Ursache;* die ~ allen Übels ist ... 2.0.1 ein Übel an der ~ packen *ein Ü. mitsamt der Ursache, von Grund aus zu beseitigen suchen* 2.0.2 ein Übel mit der ~ ausreißen *einem Ü. gründlich abhelfen, es mit der Ursache beseitigen* **3** *Ansatzstelle (bes. eines Zahnes, aber auch der Hand od. der Zunge);* Hand~, Zahn~, Zungen~; bei dem Zahn muß die ~ behandelt werden **4** ⟨Sprachw.⟩ *nicht mehr zerlegbarer, die Bedeu-*

tung tragender Kern eines Wortes **5** die n-te ~ aus einer Zahl a ⟨Math.; Zeichen: $\sqrt{\,}$⟩ *diejenige Zahl, deren n-te Potenz die Zahl a ist;* *die* ~ aus einer Zahl ziehen

'wur·zeln ⟨V. 400⟩ **1** etwas wurzelt *schlägt Wurzeln* **2** ⟨411⟩ etwas wurzelt in etwas *ist in etwas mit Wurzeln festgewachsen;* die Pflanze wurzelt tief, nicht sehr tief im Boden **3** ⟨411⟩ eine Sache wurzelt in etwas ⟨fig.⟩ *ist mit etwas fest verbunden;* der Abscheu, das Mißtrauen dagegen wurzelt fest in ihm; seine Musik wurzelt noch stark in der klassischen Musik

'Wur·zel·werk ⟨n.⟩ **1** *die Gesamtheit der Wurzeln einer Pflanze* **2** ⟨Kochk.⟩ *etwas Sellerie, gelbe Rübe, Lauch u. ä. zum Würzen von Suppenfleisch*

'wür·zen ⟨V. 500⟩ **1** eine Speise ~ *einer S. durch Hinzufügen von Gewürzen einen feineren od. stärkeren Geschmack verleihen;* einen Braten mit Paprika, Pfeffer ~; die Suppe ist zu wenig gewürzt **2** eine Sache ~ ⟨fig.⟩ *interessant, witzig, kurzweilig machen;* er würzte seine Rede mit humorvollen Anspielungen

'wür·zig ⟨Adj.⟩ *kräftig im Geschmack od. Geruch;* eine ~e Speise; ein ~es Getränk; die Luft riecht nach dem Regen sehr ~

wüst ⟨Adj.⟩ **1** ⟨70⟩ *öde, unbebaut;* eine ~e Gegend **2** *verwahrlost, unordentlich;* eine ~e Szene; hier sieht es ja ~ aus; du siehst ~ aus **2.1** *zerzaust;* das Haar hing, stand ihm ~ um den Kopf **3** *widerwärtig, roh;* ein ~es Benehmen; ein ~er Kerl **4** *das normale, vernünftige Maß nicht einhaltend* **4.0.1** im Zimmer herrschte ein ~es Durcheinander, eine ~e Unordnung *ein schlimmes, großes D.* **4.0.2** ein ~es Leben führen *ein ausschweifendes L.* **5** ⟨oberdt.⟩ *häßlich, unschön*

Wust ⟨m.; -es; unz.⟩ *wüstes Durcheinander, ungeordneter Haufen, Gewirr;* ich fand den Brief in einem ~ von anderen Papieren; ein ~ von Kleidern, Papieren u. Büchern

'Wü·ste ⟨f.; -, -n⟩ **1** *vegetationslose Zone der Erde* **1.1** *trockenes, pflanzenloses Sandgebiet;* die Nomaden durchqueren die ~ mit ihren Kamelen **1.1.1** → a. *Schiff(2.1)* **2** ⟨fig.⟩ *Einöde, unbebautes Land* **2.0.1** ein Land zur ~ machen *verwüsten* **2.0.2** jmdn. in die ~ schicken ⟨umg.⟩ *aus einer einflußreichen Stellung entfernen*

'wü·sten ⟨V. 410⟩ **1** *ausschweifend leben;* er hat einige Jahre sehr gewüstet **2** mit etwas ~ *verschwenderisch, leichtsinnig umgehen;* mit dem Gelde ~; mit seiner Gesundheit ~

Wut ⟨f.; -; unz.⟩ **1** *heftiger Zorn, Raserei;* jmdn. in ~ bringen; er ballte die Fäuste in ohnmächtiger ~; er schlug vor ~ mit der Faust auf den Tisch; er war rot vor ~; ~ auf jmdn. haben ⟨umg.⟩ **1.0.1** ihn packte die ~ *er wurde wütend* **1.0.2** in ~ geraten *wütend werden* **1.0.3** er kochte, schäumte vor ~ *er war äußerst wütend* **2** *übertriebene Neigung für etwas, übersteigerte Begeisterung;* Lese ~, Tanz ~

'wü·ten ⟨V. 400⟩ **1** *toben, rasen (vor Wut);* die Soldateska wütete im Schloß **2** etwas wütet ⟨fig.⟩ *ist heftig, wild wirksam (u. richtet Verwüstungen an);* der Sturm, das Feuer hat (schrecklich) gewütet **2.1** die Seuche wütete in der Stadt *forderte viele Todesopfer*

'wü·tend 1 ⟨Part. Präs. von⟩ *wüten* **2** ⟨Adj.⟩ **2.1** *voller Wut, äußerst zornig, von Wut bestimmt, äußerst erregt;* der Hund sprang mit ~em Gebell auf ihn zu; jmdn. ~ angreifen; jmdn. ~ machen; „...!" schrie er ~; er ist ~ auf mich; über etwas ~ sein, werden **2.2** ⟨90⟩ *heftig;* ~e Schmerzen

'wut·ent·brannt ⟨Adj. 24⟩ *sehr wütend*

'wut·schäu·mend ⟨Adj. 24⟩ *sehr wütend*

'wut·schnau·bend ⟨Adj. 24⟩ *sehr wütend*

Xy·lo'phon ⟨n.; -(e)s, -e⟩ *Musikinstrument, bei dem kleine, nach Tonleitern angeordnete, auf einer weichen Unterlage ruhende Holzstäbe mit hölzernen Klöppeln angeschlagen werden*

Z

'Zacke ⟨-k·k-; f.; -, -n⟩ **1** *hervorragende, in der Form oft auffallende Spitze;* Berg~ **2** *Zinke, Zahn (einer Reihe, z. B. an der Egge, der Gabel, am Kamm);* eine Krone mit fünf ~n im Wappen haben **3** = *Zinne*

'zackig ⟨-k·k-; Adj.⟩ **1** *mit Zacken versehen, gezackt* **2** ⟨fig.; umg.⟩ *militärisch straff, schneidig, forsch;* ~ grüßen

'za·gen ⟨V. 400⟩ **1** *ängstlich, schüchtern zögern* 1.1 → a. *zittern(2.1)*

zäh ⟨Adj.⟩ **1** *einen starken Zusammenhalt aufweisend* 1.1 *weich, aber so beschaffen, daß es nicht zerreißt;* ~es Leder 1.2 *dickflüssig u. fest, schwer zu gießen od. zu schöpfen;* eine ~e Masse, ein ~er Teig 1.3 *schwer zu zerkleinern;* ~es Fleisch; der Braten ist ~ wie Leder **2** ⟨fig.⟩ *widerstandsfähig, ausdauernd, beharrlich, hartnäckig, nicht nachlassend, nicht erlahmend;* er ist schlank und klein, aber sehr ~; sich etwas mit ~em Fleiß erarbeiten; ein ~es Leben haben ⟨umg.⟩

Zahl ⟨f.; -, -en⟩ **1** *der Mengenbestimmung dienende, durch Zählen gewonnene Größe;* die ~ Neun; eine ~ abrunden, aufrunden; ~en addieren, subtrahieren; große, kleine, hohe, niedrige ~; durch eine ~ teilen, dividieren; mit einer ~ malnehmen, multiplizieren 1.0.1 → a. *ganz(2.3), gemischt(2.0.2), gerade²(1), rund(4), ungerade(1)* 1.1 arabische, römische ~en *Ziffern* **2** *Menge, Gruppe, Anzahl;* die ~ der Mitglieder, Zuschauer; eine große ~ (von) Menschen; sie kamen, strömten in großer ~ herbei 2.1 100 an der ~ ⟨verstärkend⟩ *100* 2.2 Leute, Tiere, Gegenstände ohne ~ *zahllose, unsagbar viele;* Vögel, Blumen ohne ~ **3** ⟨Gramm.⟩ *Zahlform, Numerus*

'zäh·le·big ⟨Adj.⟩ *widerstandsfähig, nicht empfindlich gegen Verletzungen, Krankheiten*

'zah·len ⟨V.⟩ **1** ⟨400⟩ *etwas bezahlen, einer finanziellen Forderung nachkommen, eine Schuld tilgen;* Kellner, ~!, ich möchte ~!; nicht ~ können; der Kunde zahlt immer gut, pünktlich, schlecht, unpünktlich **2** ⟨500⟩ etwas ~ *Geld als Gegenleistung für etwas geben, mit Geld finanzielle Forderungen ausgleichen, etwas bezahlen, vergüten;* jmds. Schulden ~; ich zahle dir ein Taxi 2.0.1 was habe ich zu ~? *was bin ich schuldig?, was kostet es?*

'zäh·len ⟨V.⟩ **1** ⟨410⟩ *Zahlen der Reihe nach durchgehen, aufsagen;* der Junge hat im Kindergarten ~ gelernt 1.0.1 → a. *drei(2.2)* **2** ⟨500⟩ etwas ~ *die Anzahl von etwas feststellen;* die Anwesenden, Gegenstände ~; sein Geld ~ 2.0.1 seine Tage sind gezählt ⟨fig.⟩ *er hat nicht mehr lange zu leben* 2.0.2 → a. *Bissen(1.0.2)* 2.1 die Tage, Stunden bis zu einem Ereignis ~ *ein E. kaum erwarten können;* ich zähle die Stunden bis zu seiner Ankunft; die Kinder ~ die Tage bis Weihnachten **3** ⟨500⟩ etwas ~ ⟨geh.⟩ *haben, aufweisen;* der Ort zählt 200 Einwohner; er zählt 30 Jahre **4** ⟨410⟩ nach etwas ~ *etwas betragen, ausmachen;* sein Vermögen zählt nach Millionen **5** ⟨550/R7 od. R8⟩ jmdn. od. etwas zu jmdm. od. etwas ~ *zu jmdm. od. etwas rechnen;* jmdn. zu seinen Kunden ~; ich zähle mich zu seinen Freunden **6** ⟨417⟩ zu jmdm. od. etwas ~ *gehören;* auch ich zähle zu seinen Freunden, Kunden **7** ⟨800⟩ auf jmdn. ~ *mit jmdm. rechnen, sich auf jmdn. verlassen* **8** ⟨400⟩ etwas zählt *etwas gibt, ist von Bedeutung;* das zählt nicht

'Zäh·ler ⟨m.; -s, -⟩ **1** ⟨Math.⟩ *Zahl über dem Bruchstrich;* Ggs *Nenner* **2** *Gerät mit Zählwerk;* Elektrizitäts~, Gas~

'zahl·los ⟨Adj. 24⟩ *ungezählt, unendlich viele;* ~e Blumen, Sterne, Vögel

'zahl·reich ⟨Adj.⟩ *in großer Zahl (vorhanden, auftretend), viel;* ~e Fabriken, Mitglieder, Personen, Teilnehmer, Zuschauer; eine ~e Familie; die Gäste, Zuschauer waren ~ erschienen

'Zah·lung ⟨f.; -, -en⟩ **1** *das Zahlen;* jmdm. die ~ (durch Gewähren von Raten o. ä.) erleichtern; ~ in Monatsraten 1.0.1 die ~en einstellen *nicht mehr zahlen* 1.0.2 eine ~ leisten *etwas bezahlen* 1.0.3 einen Gegenstand in ~ nehmen *annehmen u. mit der Rechnung an Zahlungs Statt verrechnen*

'Zah·lungs·bi·lanz ⟨f.⟩ *Gegenüberstellung sämtlicher Zahlungsforderungen u. -verpflichtungen zw. In- u. Ausland*

'zah·lungs·fä·hig ⟨Adj.⟩ *imstande, fällige Zahlungen zu leisten*

'Zähl·werk ⟨n.⟩ *Vorrichtung zum Zählen von Personen, Gegenständen od. Vorgängen*

zahm ⟨Adj.⟩ **1** *an Menschen gewöhnt, gezähmt;* Ggs *wild(1.1);* ein ~es Reh; ein ~er Vogel **2** ⟨fig.⟩ *fügsam, friedlich;* sich ~ verhalten; sie war schon als Kind so ~ **3** ⟨fig.⟩ *milde, zurückhaltend;* die Kritik war sehr ~

'zäh·men ⟨V. 500⟩ **1** ein Tier ~ *zahm machen, an den Menschen gewöhnen, bändigen, abrichten;* Löwen, Vögel ~ **2** ⟨R7⟩ jmdn. od. eine Sache ~ ⟨fig.⟩ *zügeln, beherrschen, gefügig, gehorsam machen;* sie wird diesen wilden Kerl schon ~; er konnte sich kaum noch ~ ⟨geh.⟩; du mußt deine Ungeduld ~ ⟨geh.⟩

Zahn ⟨m.; -(e)s, ¨-e⟩ **1** *Teil des Gebisses des Menschen u. der Wirbeltiere: Dens;* Backen~, Eck~, Schneide~, Weisheits~; sich einen ~ (an einem harten Bissen) ausbeißen; das Kind bekommt Zähne; jmdm. ein paar Zähne ein-, ausschlagen; der Hund fletscht die Zähne; einen ~ füllen, plombieren; sich die Zähne putzen; bei mir wackelt ein ~; falsche, künstliche Zähne; gute, gesunde, kranke, schlechte Zähne haben; ein lockerer ~; ein oberer, unterer ~; mit den Zähnen klappern (vor Kälte od. Angst); mit den Zähnen knirschen (vor Wut); sei ruhig, oder ich schlag' dir die Zähne ein! ⟨vulg.⟩ 1.0.1 die Zähne heben (beim Essen) ⟨umg.⟩ *lustlos, mit Widerwillen essen* 1.0.2 sich die Zähne an einer Sache ausbeißen ⟨fig.; umg.⟩ *viel (geistige) Mühe haben, sich sehr anstrengen müssen, um eine S. zu bewältigen* 1.0.3 die Zähne zusammenbeißen ⟨fig.⟩ *tapfer sein* 1.0.4 jmdm. die Zähne zeigen ⟨fig.⟩ *sich gegen jmdn. zur Wehr setzen, zeigen, daß man böse werden kann* 1.0.5 bis an die Zähne bewaffnet ⟨fig.⟩ *stark bewaffnet* 1.0.6 jmdm. auf den ~ fühlen

⟨fig.; umg.⟩ *jmds. Fähigkeiten od. Gesinnung zu ergründen suchen* 1.0.7 jmdm. einen ~ ziehen ⟨fig.; umg.⟩ *jmdn. von einer falschen Vorstellung befreien, jmdm. eine Illusion nehmen* 1.0.8 → a. *Auge(11.4), Haar(4), dritte(1.8), hohl(3)* **2** der ~ der Zeit ⟨fig.⟩ *die zerstörende Kraft der Z.* **3** *Zacke, Spitze (in einer Reihe, z. B. von Kamm, Säge, Zahnrad)* 3.0.1 einen (tollen) ~ drauf haben ⟨fig.; umg.⟩ *sich mit hoher Geschwindigkeit fortbewegen*

'Zahn·rad ⟨n.⟩ *Maschinenelement zur Übertragung von Drehbewegungen mit Hilfe von am Rande eingekerbten Rädern*

'Zahn·stan·ge ⟨f.⟩ *eingekerbte Stange, in die ein Zahnrad eingreift*

'Zahn·stein ⟨m.⟩ *Ablagerung von Kalk-, Kalium- u. Natriumsalzen u. a. Stoffen an den Zahnhälsen*

'Zan·ge ⟨f.; -, -n⟩ **1** *Werkzeug zum Greifen u. Kneifen;* Kneif~, Kohlen~, Zucker~ **2** *Greifwerkzeug von Tieren* **3** ⟨kurz für⟩ *Geburtszange;* das Kind mußte mit der ~ geholt werden **4** ⟨umg.⟩ *böses, zänkisches Weib* **5** jmdn. in die ~ nehmen ⟨fig.⟩ *jmdn. heftig bedrängen, jmdm. keine Möglichkeit zu Ausflüchten lassen*

Zank ⟨m.; -(e)s; unz.⟩ *heftiger Wortwechsel, Streit;* tu das nicht, sonst gibt es nur ~ und Streit; ~ um den besten Platz

'Zank·ap·fel ⟨m.⟩ *Gegenstand, Ursache eines Streites;* der Ball ist ein ewiger, ständiger ~ zwischen den beiden Kindern

'zan·ken ⟨V.⟩ **1** ⟨402⟩ (jmdn.) ~ *(jmdn.) schelten, heftig tadeln;* ich muß schon wieder ~ (weil ihr nicht gehorcht) **2** ⟨417⟩ mit jmdm. ~ *jmdn. heftig tadeln, schelten;* ich muß mit dir ~, weil ... **3** ⟨500/R3 od. R4⟩ sich ~ *streiten;* die Kinder ~ sich schon wieder; ich habe mich mit ihm gezankt; sich um ein Spielzeug ~

'zän·kisch ⟨Adj.⟩ *leicht, oft, wegen Kleinigkeiten (sich mit jmdm.) zankend, streitsüchtig*

'Zäpf·chen ⟨n.; -s, -⟩ **1** *kleiner Zapfen* **2** ⟨Anat.⟩ *zäpfchenförmiger Ausläufer des weichen Gaumens* **3** *Heilmittel in Form eines kleinen Zapfens, das in die Scheide od. durch den After in den Darm eingeführt wird;* Stuhl~, Vaginal~

'zap·fen ⟨V. 500⟩ eine Flüssigkeit ~ *durch ein Spundloch ausfließen lassen, einem Faß entnehmen;* Bier, Wein ~

'Zap·fen ⟨m.; -s, -⟩ **1** *kleines Gerät in Form eines Kegelstumpfes zum Verschließen von Fässern, Flaschen od. Rohren od. als Sperre, Spund, Pfropfen* **2** ⟨Arch.⟩ *Ende eines Kantholzes, das in ein anderes Kantholz eingreift* **3** ⟨Techn.⟩ *abgesetztes Ende von Wellen u. Achsen* **4** ⟨Anat.⟩ *lichtempfindl. Element der Netzhaut des Auges* **5** ⟨Bot.⟩ *an einer langen Achse angeordnete Staub- od. Fruchtblätter der nacktsamigen Pflanzen;* Tannen~

'Zap·fen·streich ⟨m.⟩ **1** *Signal am Abend, bei dem die Soldaten in den Unterkünften, bes. in der Kaserne, sein müssen;* den ~ blasen 1.1 um 12 ist ~ ⟨umg.⟩ *um 12 ist Schluß*

'zap·peln ⟨V. 400⟩ **1** *sich rasch u. unruhig hin u. her bewegen;* mit Armen und Beinen ~; das Kind zappelte vor Ungeduld 1.0.1 in der Schlinge ~ ⟨fig.⟩ *keine Gelegenheit zu Ausflüchten haben* **2** ⟨fig.⟩ *unruhig, im ungewissen sein;* wie ein Fisch an der Angel ~ 2.1 jmdn. ~ lassen ⟨umg.⟩ *jmdn. im ungewissen lassen, jmdn. absichtlich warten lassen*

'Zar·ge ⟨f.; -, -n⟩ **1** *Einfassung (einer Tür, eines Fensters)* **2** *Seitenwand (einer Schachtel, eines Saiteninstruments mit flachem Schallkörper)*

zart ⟨Adj.⟩ **1** ⟨70⟩ *zerbrechlich, fein, dünn, weich;* die ~en Linien ihrer Gestalt, ihres Gesichts; ~e junge Triebe, Knospen; ~e Haut; ~es Fleisch, Gemüse 1.1 von ~er Hand etwas angeboten bekommen *von einem Mädchen, einer Dame* **2** ⟨70⟩ *körperlich empfindlich, dünn u. klein, schwach, zu Krankheiten neigend;* sie war als Kind sehr ~; im ~en Alter von 5 Jahren ⟨fig.⟩ **3** ⟨70⟩ *unaufdringlich, hell, leise u. angenehm;* ~e Farben; ein ~es Rot, Blau; ~e Musik; eine ~e Berührung, Liebkosung **4** *empfindungsfähig, einfühlend, rücksichtsvoll, liebevoll;* jmdm. etwas auf ~e Weise mitteilen; mit jmdm. ~ umgehen; „...?" fragte er ~

'Zart·ge·fühl ⟨n.⟩ *einfühlende Rücksichtnahme, Takt*

'zärt·lich ⟨Adj.⟩ *liebevoll, lieb u. anschmiegsam, Liebkosungen suchend u. gern gebend;* ~er Blick; er ist seinen Kindern ein ~er Vater; jmdn. ~ ansehen; jmdn. ~ lieben; das Kind ist sehr ~; jmdm. ~ übers Haar streichen

'Zau·ber ⟨m.; -s, -⟩ **1** ⟨im Volksglauben u. in den Religionen der Naturvölker⟩ *übernatürl., mag. Mittel od. Reihe mag. Handlungen zur Beeinflussung eines Geschehens;* Fruchtbarkeits~; Jagd~; einen ~ anwenden; den ~ (durch ein Wort od. eine Tat) lösen (im Märchen) **2** ⟨fig.; umg.⟩ *(Angelegenheit, von der) übertrieben erscheinendes Aufhebens (gemacht wird);* was kostet der ganze ~?; den ~ kenne ich!; mach keinen (faulen) ~! 2.1 → a. *faul(3.1.1)* **3** ⟨fig.⟩ *unwidersteh1. Reiz, fesselnder Liebreiz, anziehendes Wesen;* alle waren von dem ~ ihrer Persönlichkeit gefangen, entzückt

'zau·ber·haft ⟨Adj.⟩ **1** *unerklärlich, magisch* **2** ⟨fig.⟩ *bezaubernd, wunderschön, entzückend;* diese Landschaft ist ~

'zau·bern ⟨V.⟩ **1** ⟨402⟩ (etwas) ~ ⟨im Volksglauben u. in den Religionen der Naturvölker⟩ *einen Zauber anwenden, etwas durch Zauber bewirken* 1.1 du denkst wohl, ich kann ~ ⟨fig.; umg.⟩ *etwas Unmögliches tun* 1.2 ⟨511/R7⟩ jmdn. od. etwas irgendwohin ~ *durch einen Zauber an einen anderen Ort versetzen* **2** ⟨500⟩ etwas ~ *durch ein Zauberkunststück erscheinen od. verschwinden lassen;* Kaninchen aus dem Zylinder ~

'zau·dern ⟨V. 400⟩ *unschlüssig sein u. zögern;* nach langem Zaudern entschloß er sich ...

Zaum ⟨m.; -(e)s, ¨-e⟩ **1** *Riemenzeug am Kopf u. im Maul von Zug- u. Reitpferden zum Führen u. Lenken;* einem Pferd den ~ anlegen **2** jmdn. od. etwas im ~ halten ⟨fig.⟩ *beherrschen, bändigen;* sich, seinen Zorn, Unmut im ~e halten 2.1 die Zunge im ~ halten *sich hüten, etwas auszuplaudern, nichts verraten, nicht vorlaut sein*

'Zaum·zeug ⟨n.⟩ *Zaum*

Zaun ⟨m.; -(e)s, ¨-e⟩ **1** *Einfriedigung aus Holz od. Draht;* Draht~, Latten~ 1.1 lebender ~ *Hecke* **2** einen Streit vom ~e brechen ⟨fig.⟩ *vorsätzlich einen S. herbeiführen*

'Zaun·gast ⟨m.⟩ **1** *außerhalb des Zauns stehender u. somit nichts zahlender Zuschauer* 1.1

ich war bei der Veranstaltung nur ~ *ich war nicht offiziell zur V. eingeladen u. habe nur von ferne, vom Rande aus zugesehen*

'Zaun·pfahl ⟨m.⟩ **1** *Pfahl für einen Zaun* **2** ⟨fig.⟩ **2.1** Wink mit dem ~ *verblümter, aber deutlicher Hinweis;* jmdm. einen Wink mit dem ~ geben **2.2** mit dem ~ winken *jmdm. etwas verblümt, aber deutlich zu verstehen geben*

'zau·sen ⟨V. 500⟩ **1** jmdn. od. etwas ~ *zupfen, leicht an etwas ziehen, so daß es in Unordnung gerät (u. auch teilweise abgeht);* der Sturm zaust die (Zweige der) Bäume; jmdm. das Haar ~; jmdn. bei den Haaren ~ **1.1** einen Geflügelknochen ~ *einen G. mit den Fingern festhalten u. mit den Zähnen das Fleisch abknabbern*

'Ze·bra ⟨n.; -s, -s⟩ *Angehöriges einer Gruppe schwarz-weiß od. braun-weiß gestreifter, in Steppen od. Bergen Afrikas heimischer Wildpferde;* gestreift wie ein ~

'Ze·bra·strei·fen ⟨m.⟩ *durch breite weiße od. gelbe Streifen auf der Fahrbahn markierter Weg über die Straße, auf dem die Fußgänger den Vortritt vor Fahrzeugen haben*

'Ze·che ⟨f.; -, -n⟩ **1** *(Rechnung über) genossene Speisen u. Getränke im Gasthaus;* er kann seine ~ nicht bezahlen; jeder zahlt seine ~ **1.0.1** eine große ~ machen *im Gasthaus viel verzehren* **1.0.2** die ~ prellen, den Wirt um die ~ prellen *nicht bezahlen* **1.1** die ~ bezahlen müssen ⟨fig.; umg.⟩ *für den von anderen verursachten Schaden aufkommen müssen* **2** ⟨Bgb.⟩ *Bergwerk;* eine ~ stillegen

'ze·chen ⟨V. 400⟩ *viel Alkohol trinken, ein Gelage halten;* bis spät in die Nacht, bis in den Morgen hinein ~

Zehe ⟨f.; -, -n⟩ **1** *Endglied des Fußes;* die große, kleine ~; auf den ~n gehen, schleichen (um nicht gehört zu werden); sich auf die ~n stellen (um mehr zu sehen) **1.0.1** jmdm. auf die ~n treten ⟨fig.; umg.⟩ *jmdn. (unbeabsichtigt) kränken* **1.0.2** → a. *Wirbel(3.1.1)* **2** eine ~ Knoblauch *Teilzwiebel des K.*

zehn ⟨Num. 11; in Ziffern: 10; röm. Zahlzeichen: X⟩ → a. *vier* **1** *die Zahl 10;* Zeitraum von ~ Jahren, Tagen, Wochen; ~ Stück; es ist halb ~ (Uhr); ich wette ~ gegen eins, daß ...; die Zehn Gebote ⟨Bibel⟩ **1.1** keine ~ Pferde bringen mich dahin ⟨fig.; umg.⟩ *dazu kann mich nichts veranlassen* **2** *Grundzahl des Dezimalsystems*

'Zeh·ner ⟨m.; -s, -⟩ **1** *vorletzte Ziffer einer mehrstelligen Zahl* **2** *vorletzte Zahl vor dem Komma (bei Dezimalbrüchen)* **3** ⟨umg.⟩ *Zehnpfennigstück*

'zehn·tau·send ⟨a. [-'--] Num. 11; in Ziffern: 10 000⟩ **1** *zehnmal tausend* **1.1** die oberen Zehntausend *die oberste Gesellschaftsschicht*

'Zehn·tel ⟨n.; (schweiz.) m.; -s, -⟩ *der zehnte Teil*

'zehn·te(r, -s) ⟨Num. 24; in Ziffern: 10.⟩ → a. *vierte* **1** ⟨Ordinalzahl von⟩ *zehn* **2** *etwas, jmd., das bzw. der an 10. Stelle steht* **2.1** die ~ Muse ⟨umg.; scherzh.⟩ *die M. der Kleinkunst* **2.2** der Zehnte ⟨MA⟩ *Abgabe (urspr. der 10. Teil) von den Erträgen aus der Bewirtschaftung von Grundbesitz*

'zeh·ren ⟨V.; geh.⟩ **1** ⟨414⟩ von etwas ~ *von etwas leben, sich von etwas ernähren;* wir zehrten von unseren Vorräten **1.1** ⟨fig.⟩ *sich nachträglich noch über etwas freuen u. sich dadurch seelisch aufrichten;* von seinen Erinnerungen ~; von seinem Ruhme ~ **2** ⟨400⟩ etwas zehrt *macht mager;* Essig, Meeresluft zehrt **2.1** ⟨411⟩ etwas zehrt an etwas ⟨fig.⟩ *schwächt, zerstört etwas;* der Kummer zehrt an ihrem Herzen, an ihrer Kraft

'Zeh·rung ⟨f.; -; unz.⟩ *das, was man verzehrt od. zum Unterhalt braucht*

'Zei·chen ⟨n.; -s, -⟩ **1** *sinnl. wahrnehmbarer Hinweis, Signal;* Verkehrs~; wenn man mit dem Fahrzeug links oder rechts abbiegt, muß man ~ geben; geben Sie doch ~!; jmdm. ein ~ geben; ein deutliches, heimliches, klares, verabredetes ~; sich durch ~ miteinander verständigen; zum ~ der Ablehnung, der Zustimmung den Kopf schütteln, mit dem Kopf nicken; das ~ zur Abfahrt, zum Halten, zum Start **1.0.1** das ~ zum Aufbruch geben ⟨umg.⟩ *aufstehen, um anzuzeigen, daß man gehen will u. die anderen Gäste auch gehen sollten* **2** *wahrnehmbare Erscheinung, die erfahrungsgemäß einer anderen Erscheinung voraus- od. mit ihr einhergeht;* An~; drohende Vor~; Krankheits~; das ist ein ~ der Zeit; Wetterleuchten ist ein ~ für ein fernes Gewitter; wenn nicht alle ~ trügen, dann gibt es heute noch ein Gewitter; Fieber, Schmerzen als ~ einer Krankheit; das ist ein (untrügliches) ~ für ...; schwüle, drückende Hitze ist meist ein ~ für ein kommendes Gewitter; das ist ein böses, gutes, schlechtes ~ **2.1** ⟨verwalt.⟩ *Wunder* **2.1.1** es geschehen noch ~ und Wunder ⟨fig.; umg.⟩ *das ist ja erstaunlich, großartig, überraschend* **3** *Beweis, Probe;* ein Geschenk als ~ der Freundschaft, Liebe, Verehrung; als ~ seines Könnens, seiner Geschicklichkeit zeigte er uns ...; sein Verschulden ist ein ~ von Großzügigkeit, Schwäche, Unsicherheit **4** *etwas sichtbar, hörbar, bes. schriftlich Dargestelltes, das von etwas Kunde gibt od. für etwas anderes steht;* Sy *Sinnbild, Symbol(1);* Frage~, Kreuzes~, Merk~, Schrift~, Tierkreis~; das ~ des Kreuzes machen, schlagen; sich an einer Stelle im Buch ein ~ machen; an der Tür ein ~ machen; ein Kreuz, ein Strich als ~, daß an dieser Stelle etwas falsch geschrieben ist; ein Lorbeerzweig als ~ des Sieges, des Ruhmes **4.0.1** → a. *musikalisch(1.1)* **4.1** die Sonne steht im ~ des Krebses *im Sternbild des Krebses (innerhalb des Tierkreises)* **4.1.1** etwas steht im ~ einer Sache ⟨fig.⟩ *wird von einer S. geprägt, beeinflußt;* der Abend stand im ~ der frohen Nachricht **4.2** ⟨kurz für⟩ *Satzzeichen;* ~ setzen **4.3** unser ~: xy *unser Aktenzeichen (in Geschäftsbriefen)* **4.4** ⟨Pl.⟩ *Zeichenerklärung, z. B. auf Landkarten* **4.5** ⟨Naturw., Math.⟩ *Buchstabe od. stilisiertes Bild zur Bezeichnung von (international vereinbarten) Begriffen, Maßen, Gewichten u. ä.;* Sy *Symbol(2);* mathematisches ~, z. B. +, — **5** *bildl. Darstellung od. Figur, Merkmal, körperl. Bildung o. ä., die bzw. das etwas aus anderen heraushebt, etwas kennzeichnet, Kennzeichen, Abzeichen;* Handwerks~, Waren~ **5.1** er ist seines ~s Uhrmacher *er ist von Beruf U. (nach der früheren Sitte der Handwerker, ihr Berufszeichen über der Tür anzubringen)*

'zeich·nen ⟨V.⟩ **1** ⟨402/R7 od. R8⟩ (jmdn. od. etwas) ~ *in Strichen, Linien darstellen;* einen

Grundriß, Plan ~; kannst du (gut) ~?; ~ lernen; ich zeichne gern; etwas in Umrissen ~; mit Bleistift, Farbstiften, Kohle, Rötel, Tusche ~; eine Person nach dem Leben, nach einer Photographie ~; eine Landschaft nach der Natur ~ **2** ⟨500⟩ jmdn. od. etwas ~ ⟨fig.⟩ *darstellen (im Roman, Film, Theater usw.);* er hat mit seinem Helden eine Gestalt von wirklicher Größe gezeichnet; die Figuren des Romans sind realistisch, übertrieben, gut, klar gezeichnet **3** ⟨500⟩ jmdn. od. etwas ~ *mit einem Zeichen versehen, kennzeichnen, kenntlich machen;* Wäsche, Kisten ~; Wäsche mit dem Monogramm ~; die Wäsche ist gezeichnet **3.1** ⟨Part. Perf.⟩ gezeichnet ⟨geh.⟩ *mit einem Zeichen, einem Mal versehen, durch ein scheinbar unnatürl. Ereignis herausgehoben;* er ist gezeichnet; ein Gezeichneter **3.1.1** vom Tode gezeichnet *die Zeichen des nahen Todes tragen, dem Tode sichtlich nahe sein* **4** ⟨402⟩ (den Namen) ~ ⟨veralt.⟩ *unterzeichnen, unterschreiben;* mit den besten Empfehlungen ~ wir hochachtungsvoll (unter Geschäftsbriefen) **4.0.1** ⟨418⟩ als Verfasser der Kritik zeichnet Dr. X *verantwortl. Verfasser der Kritik ist Dr. X* **4.1** ⟨Part. Perf.; Abk.: gez.⟩ gezeichnet XY *(Vermerk am Schluß von vervielfältigten Schriftstücken, Briefabschriften usw. vor der nichthandschriftl. Unterschrift) das Original ist unterschrieben von XY* **5** ⟨500⟩ etwas ~ ⟨kaufmannsspr.⟩ *(durch Unterschrift) als Verpflichtung übernehmen;* eine Aktie ~ **5.0.1** 20 Mark ~ *beisteuern, sich mit einem Beitrag von 20 M. in eine Sammelliste einschreiben* **6** ⟨400⟩ Schalenwild zeichnet ⟨jägerspr.⟩ *läßt erkennen, ob u. an welcher Körperstelle es vom Schuß getroffen ist, z. B. an der Art der Fährte od. Blutspur*

'Zeich·nung ⟨f.; -, -en⟩ **1** *bildl. Darstellung in Linien;* Bleistift~, Feder~, Kohle~, Rötel~, Tusch~; einen Sachverhalt durch eine ~ veranschaulichen; ein Klischee nach einer ~ herstellen **2** *natürl. Musterung (z. B. eines Tierfells);* die Flügel des Schmetterlings haben eine schöne, feine ~ **3** *unterschriftl. Verpflichtung zur Abnahme od. Beisteuerung;* Anleihe~, Beitrags~ **4** ⟨fig.⟩ *Darstellung, Schilderung (im Roman, Drama usw.);* gute, lebendige, lebensechte, übertriebene ~ der Charaktere

'zei·gen ⟨V.⟩ **1** ⟨411⟩ *weisen, deuten, (auf etwas) hinweisen;* (mit dem Finger, mit der Hand, dem Kopf) auf jmdn. ~; er zeigte auf ein Bild und erklärte ...; in eine Richtung ~; die Magnetnadel zeigt nach Norden **1.0.1** → a. *Finger(1.2.2)* **2** ⟨530/R6⟩ jmdm. etwas ~ *vorführen, jmdn. etwas sehen, kennenlernen lassen;* zeig mir den Brief; jmdm. sein Haus, seine Bildersammlung ~; jmdm. die Stadt ~; bitte ~ Sie mir mein Zimmer (im Hotel) **2.1** *jmdn. etwas wissen lassen, etwas deutlich, verständlich machen, weisen;* jmdm. den Weg ~; jmdm. seine Liebe, Verachtung ~; ich zeige (es) dir, wie man es macht **2.1.1** dir werd' ich's ~! ⟨umg.⟩ *(Drohung)* **3** ⟨500/R3⟩ sich ~ *sich sehen lassen;* sich öffentlich ~; sich am Fenster ~; am Horizont zeigte sich zuerst ein roter Schein; am Himmel zeigten sich die ersten Sterne **3.0.1** bekannte Persönlichkeiten ~ sich auf einem Fest *besuchen ein F.* **3.0.2** das Kind will sich ~ ⟨umg.⟩ *die Aufmerksamkeit auf sich lenken, sich ein wenig wichtig tun* **3.1** ⟨530/R3⟩ sich jmdm. ~ *sich vor jmdm. sehen lassen;* so kann ich mich niemandem ~ **4** ⟨500⟩ etwas ~ *zur Schau stellen, erkennen, spüren, merken lassen;* die Bäume ~ schon Knospen, grüne Spitzen; nun zeig, was du kannst!; hier kann er ~, was er gelernt hat; sein Können ~; seinen Ärger, seine Freude, Ungeduld, Unruhe ~; er hat bei seiner Arbeit viel Ausdauer, Fleiß gezeigt; er zeigte kein Bedauern, keine Reue; sie zeigte nicht viel Lust, Neigung; er zeigte kein Interesse dafür; er kann seine Gefühle nicht ~ **4.1** etwas zeigt etwas *bezeugt etwas, spricht für etwas, läßt auf etwas schließen, beweist etwas;* der Versuch zeigt, daß ...; deine Antwort zeigt, daß du nichts weißt, nichts davon verstehst; seine Fragen zeigten sein Interesse, sein Verständnis; sein Verhalten zeigt einen Mangel an Erziehung, an Einfühlungsvermögen; sein Schreck zeigte deutlich, daß er ein schlechtes Gewissen hatte **4.2** ein Meßgerät zeigt einen Wert *gibt einen W. an;* das Thermometer zeigt zehn Grad über Null; die Uhr zeigt halb zehn **5** ⟨500/R3⟩ etwas zeigt sich *kommt zum Vorschein, wird sichtbar, stellt sich heraus, offenbart sich, wird offenkundig;* das wird sich ~!; es zeigte sich, daß er alles falsch gemacht hatte, daß er uns getäuscht hatte; es wird sich ja ~, ob ich recht habe **6** ⟨513/R3⟩ sich ... ~ *sich (auf bestimmte Weise) verhalten;* sich anständig, feige, tapfer ~; wie kann ich mich Ihnen erkenntlich ~?; er zeigte sich (nicht) erfreut, erstaunt, gekränkt; er hat sich mir gegenüber sehr freundlich gezeigt; er zeigte sich (nicht) geneigt mitzumachen

'Zei·ger ⟨m.; -s, -⟩ **1** *Teil von Meßgeräten, der etwas (meist auf einer Skala) anzeigt, auf etwas hinweist;* der ~ gibt einen Ausschlag; der ~ der Waage stand auf 60 kg **1.1** *Teil der Uhr, der die Stunden, bzw. Minuten bzw. Sekunden anzeigt;* Stunden~, Minuten~, Sekunden~, Uhr~; den ~ vor-, zurückstellen; der große, kleine ~

'zei·hen ⟨V. 292/540/R7 od. R8⟩ jmdn. einer Sache ~ *beschuldigen, bezichtigen;* jmdn. des Betruges ~

'Zei·le ⟨f.; -, -n⟩ **1** *Reihe, mehrere aneinandergereihte Gegenstände;* Häuser~ **1.1** eine ~ Semmeln *mehrere zusammenhängende S.* **2** *Reihe von nebeneinanderstehenden Wörtern;* Druck~; ich bin überzeugt, er hat von dem Buch, dem Manuskript noch nicht eine (einzige) ~ gelesen; fünf ~n Zwischenraum; fünfte ~ von oben!; neue ~! (Angabe beim Diktieren) **2.0.1** ein paar ~n an jmdn. schreiben ⟨fig.⟩ *einen kurzen Brief, eine Karte an jmdn. schreiben* **2.0.2** etwas zwischen den ~n lesen ⟨fig.⟩ *aus den Andeutungen in einem Brief, Artikel o. ä. erraten*

'Zei·sig ⟨m.; -s, -e⟩ **1** *Finkenvogel der Gattung Carduelis* **2** → a. *locker(3.2)*

Zeit ⟨f.; -, -en⟩ **1** *Ablauf des Geschehens, Nacheinander des Erlebens;* ~ und Raum; die ~ heilt (vieles); die ~ vergeht, verfliegt, verstreicht **1.0.1** im Laufe der ~, mit der ~ *allmählich, nach u. nach* **1.0.2** du liebe ~! *(Ausruf des Schreckens od. der Überraschung)* **2** *Zeitraum;* es verging geraume ~; es verging einige ~; kurze, lange ~; seit einiger, kurzer ~; auf einige ~; für einige ~; für einige ~ verreisen; und in dieser ~ hatte er ...; in (ganz) kurzer ~ hatte er ...; nach einiger, kurzer, längerer ~; vor einiger, kurzer, langer ~; während dieser ~; wieviel ~ ist seitdem vergangen?; in letzter ~ habe ich ihn nur selten gesehen; zur gleichen, selben ~ als ...; in einer ~ von 5 Minuten 2.1 *zur Verfügung stehender Zeitraum;* das braucht viel ~; ich habe noch keine ~, noch nicht die ~ gefunden, dir auf deinen Brief zu antworten; dazu fehlt mir leider die ~; ~ haben; ich habe noch fünf Minuten, eine Stunde, eine Woche ~; ich habe keine, viel ~; das kostet mich zuviel ~; die ~ nutzen, ausnützen; es ist noch ~ genug; die ~ mit Lesen verbringen, zubringen; sich die ~ mit Lesen vertreiben; wir haben reichlich, wenig, viel ~; die ~ vertrödeln; er weiß nicht, was er mit seiner ~ anfangen soll; die ~ wird ihm lang 2.1.1 wir wollen keine ~ verlieren *wir wollen uns beeilen* 2.1.2 jmdm. (die) ~ rauben, stehlen *jmdn. über Gebühr beanspruchen* 2.1.3 ~ ist Geld ⟨Sprichw.⟩ *jeder muß die ihm zur Verfügung stehende Z. als Verdienstmöglichkeit nutzen* 2.2 *zeitlicher Spielraum, Aufschub;* geben Sie mir noch etwas, noch eine Woche ~; ~ gewinnen; ~ gewonnen, alles gewonnen 2.2.1 jmdm. ~ lassen *jmdn. nicht drängen* 2.2.2 sich ~ lassen *sich nicht beeilen* 2.2.3 nehmen Sie sich ~! *beeilen Sie sich nicht!* 2.2.4 das hat ~ *das eilt nicht* 2.2.5 das hat ~ bis morgen *verträgt Aufschub* 2.3 *die für etwas erforderliche od. gegebene Zeitspanne;* er gönnt sich kaum (die) ~ zum Essen; die ~ ist um 2.3.1 die (gelaufene, gefahrene) ~ abnehmen ⟨Sp.⟩ *stoppen* 2.3.2 auf ~ ⟨Abk.: a. Z.⟩ *für eine bestimmte Dauer, bis auf Widerruf* 3 *durch bestimmte Umstände gekennzeichneter Zeitabschnitt, Zeitalter, Epoche;* Jahres~, Tages~, Mittags~, Sommers~, Winters~, Weihnachts~; Barock~, Goethe~, Neu~; es war eine schöne ~; die ~ Karls des Großen; böse, gute, schlechte, schwere ~en; frühere, vergangene ~en; die heutige ~; kommende, künftige, spätere ~en; auf bessere ~en warten; in der ~ vor, nach dem Krieg; in früheren, vergangenen ~en; in neuerer ~; in nächster ~; zur ~ der Minnesänger, des Sturm und Drang, Goethes; in, zu dieser, jener ~; zu dieser, jener ~ gab es das noch nicht; für alle ~en; zu allen ~en 3.0.1 die ~en ändern sich *in jedem Zeitalter ist alles ein wenig anders u. wird auch anders beurteilt* 3.0.2 vor ~en lebte einmal ... (formelhafter Märchenbeginn) *vor vielen Jahren* 3.0.3 seine ~ ist noch nicht gekommen *die für ihn günstige Gelegenheit* 3.0.4 das ist vor seiner ~ geschehen ⟨umg.⟩ *bevor er hier war, hier arbeitete, wohnte usw.* 3.0.5 zu seiner ~ *zu seinen Lebzeiten* 3.0.6 zu keiner ~ *niemals* 3.0.7 zu meiner ~ *als ich noch jung war* 3.1 *gegenwärtiger Zeitabschnitt, Gegenwart;* der Geist der ~; das ist ein Zeichen, ein Zug der ~; die ~ ist dafür noch nicht reif; unsere ~ 3.1.1 mit der ~ (mit)gehen *modern sein, sich der Gegenwart gegenüber aufgeschlossen zeigen* 3.1.2 in diesen teuren ~en ⟨umg.⟩ *gegenwärtig, da alles sehr teuer ist* 3.1.3 spare in der ~, so hast du in der Not ⟨Sprichw.⟩ *spare, wenn du es gerade kannst, wenn du genügend Geld o. ä. hast* 3.1.4 zur ~ ⟨Abk.: z. Z.⟩ *jetzt, augenblicklich, gegenwärtig;* zur ~ geht es ihm etwas besser; Herr X ist zur ~ verreist 4 *bestimmter Augenblick, Zeitpunkt;* Essens~, Schlafens~; eine ~ angeben; er kann die ~ nicht erwarten; ~ und Ort der Zusammenkunft werden noch bekanntgegeben; es ist ~ (zu beginnen, zu gehen usw.); ich bin an keine bestimmte ~ gebunden; um diese ~ ist das Kind sonst schon im Bett; morgen um diese ~; um diese, jene ~ gab es das noch nicht; um welche ~ wollen wir uns treffen?; von dieser ~ an; zur festgesetzten ~ kommen; Sie können zu jeder ~ zu mir kommen 4.0.1 das ist nur eine Frage der ~ *es geschieht auf jeden Fall, es ist nur nicht klar, wann* 4.0.2 es wird (allmählich) ~! *der Zeitpunkt rückt heran!, wir müssen jetzt gehen!* 4.0.3 es ist an der ~ (zu gehen) *es ist so weit, der Zeitpunkt ist gekommen* 4.0.4 außer der ~ *zu einem unpassenden Zeitpunkt, außerhalb der Dienst- od. Essenszeit* 4.0.5 vor der ~ *vor dem festgesetzten Zeitpunkt, verfrüht* 4.0.6 alles zu seiner ~! *nichts überhasten!* 4.0.7 von ~ zu ~ *ab u. zu, gelegentlich* 4.0.8 → a. *hoch(7.1.2), recht(5.2)* 4.1 *Zeitpunkt, an dem eine Frist verläuft;* die ~ überschreiten 5 ⟨kurz für⟩ *Uhrzeit;* bitte vergleichen Sie die ~, es ist beim Gongschlag 22 Uhr (bei Rundfunkansagen); hast du genaue ~?; welche ~ ist es?; mitteleuropäische, osteuropäische, westeuropäische ~ 6 ⟨kurz für⟩ *Zeitrechnung;* das Jahr 500 nach, vor unserer Zeit 7 ⟨Gramm.⟩ *Zeitform, Tempus*

'Zeit·al·ter ⟨n.⟩ 1 *größerer histor. Zeitraum, Epoche, Ära;* das ~ Friedrichs des Großen, Goethes 1.1 in unserem ~ *in der Gegenwart* 2 → a. *golden(4.2.1)*

'Zeit·ein·heit ⟨f.⟩ *Einheit des Zeitablaufs (Sekunde, Minute, Stunde, Woche, Monat, Jahr, Jahrhundert usw.)*

'Zei·ten·wen·de ⟨f.⟩ *Beginn der christl. Zeitrechnung, das Jahr von Christi Geburt;* nach, vor der ~

'zeit·ge·mäß ⟨Adj.⟩ *dem Zeitgeist entsprechend, der Gegenwart angepaßt, modern;* das ist nicht (mehr) ~

'Zeit·ge·nos·se ⟨m.⟩ 1 *Mitmensch, gleichzeitig Lebender;* er war ein ~ Goethes 2 ein seltsamer ~ ⟨umg.; iron.⟩ *ein seltsamer Mensch*

'zei·tig ⟨Adj.⟩ 1 *frühzeitig, früh, beizeiten;* morgens ~ aufstehen; ~ genug am Bahnhof sein 2 ⟨veralt.⟩ *reif;* ~e Früchte

'zei·ti·gen ⟨V.⟩ 1 ⟨400⟩ Früchte ~ ⟨veralt.⟩ *reifen* 2 ⟨500⟩ etwas zeitigt etwas *bringt etwas hervor, zieht etwas nach sich;* Wirkung, Erfolg ~

'Zeit·lang ⟨f.; -; unz.⟩ 1 *eine Weile;* eine ~ müssen wir warten; einige Zeit lang 2 ⟨bair.⟩ *Sehnsucht;* ein bißchen ~ nach jmdm. haben

'Zeit·lauf ⟨m.; -s, -läuf·te⟩ 1 *Ablauf der Zeit, Folge der Ereignisse* 1.1 die heutigen Zeitläufte *die Gegenwart*

zeit'le·bens ⟨Adv.⟩ *zeit meines (seines, ihres) Lebens, während meines (seines, ihres) Lebens;* er hat ~ viele Sorgen gehabt

'zeit·lich ⟨Adj. 24⟩ 1 *die Zeit betreffend, in ihr geschehend;* ich weiß nicht, wie ich unsere Verabredung ~ einrichten soll 2 ⟨70⟩ *vergäng-*

lich, irdisch; ~e Werte, Güter 2.1 das Zeitliche segnen ⟨fig.; verhüllend⟩ *sterben*

'Zeit·lu·pe ⟨f.⟩ *Verfahren, durch das die auf dem Filmstreifen aufgenommenen Vorgänge bei der Wiedergabe langsamer ablaufen;* Ggs *Zeitraffer;* einen Wettkampf in ~ zeigen

'Zeit·punkt ⟨m.⟩ *bestimmter Augenblick;* den günstigen ~ verpassen; du bist zum richtigen ~ gekommen

'Zeit·raf·fer ⟨m.⟩ *Verfahren, durch das die auf dem Filmstreifen aufgenommenen Vorgänge bei der Wiedergabe schneller ablaufen;* Ggs *Zeitlupe;* das Aufblühen einer Blume in ~ zeigen

'zeit·rau·bend ⟨Adj.⟩ *langwierig, lästig viel Zeit verbrauchend*

'Zeit·raum ⟨m.⟩ *Zeitabschnitt, Zeitspanne;* in einem ~ von mehreren Monaten

'Zeit·rech·nung ⟨f.⟩ *Art der Einteilung der Jahre;* Sy *Kalender(2);* christliche ~; nach, vor unserer ~

'Zeit·schrift ⟨f.⟩ *regelmäßig (wöchentlich, monatlich) erscheinende, meist bebilderte Druckschrift;* Sy *Journal(3)*

'Zeit·span·ne ⟨f.⟩ *Zeitabschnitt, Zeitraum*

'Zei·tung ⟨f.; -, -en⟩ **1** *regelmäßig (täglich, wöchentlich) erscheinende Druckschrift mit Nachrichten über die Tagesereignisse;* Tages~, Wochen~; eine ~ abonnieren; eine ~ halten, abonniert haben; ~en austragen; eine ~ drucken, verlegen; die ~ hat ihr Erscheinen eingestellt; eine ~ gründen, herausgeben; die ~ lesen; er arbeitet, ist bei der ~; in den letzten Tagen ging die Nachricht durch die ~en, daß ...; einen Gegenstand in eine (alte) ~ einwickeln; in der ~ steht, daß ...; eine Anzeige, einen Aufsatz in einer ~ veröffentlichen **2** ⟨veralt.⟩ *Nachricht, Botschaft*

'Zeit·ver·treib ⟨m.⟩ *Tätigkeit, mit der man sich die Zeit vertreibt, mit der man Zeit kurzweilig verbringt, Kurzweil;* das tu' ich nur zum ~

'zeit·wei·lig ⟨Adj.⟩ **1** ⟨24/70⟩ *eine Zeitlang dauernd* **2** ⟨50⟩ *zeitweise, eine Zeitlang;* sein Puls setzt ~ aus

'zeit·wei·se ⟨Adj. 24⟩ *nur eine Zeitlang, zuweilen*

'Zeit·zei·chen ⟨n.⟩ *Zeitangabe durch Morsezeichen;* beim letzten Ton des ~s war es genau 12 Uhr

'Zeit·zün·der ⟨m.⟩ *Zünder, der eine Sprengladung nach einer bestimmten Zeit zur Detonation bringt*

ze·le'brie·ren ⟨V. 500⟩ **1** einen Ritus ~ *feierlich vornehmen* **2** die Messe ~ *lesen*

'Zel·le ⟨f.; -, -n⟩ **1** *kleiner Raum, dessen Einrichtung auf das Notwendigste beschränkt ist;* Gefängnis~, Mönchs~; Telephon~ **2** *einer der sechseckigen Hohlräume, aus denen eine Bienenwabe besteht* **3** ⟨El.⟩ *Element einer Akkumulatorenbatterie* **4** ⟨Flugw.⟩ *Rumpf eines Flugzeuges* **5** ⟨Biol.⟩ *kleinste lebendige Einheit u. Grundbaustein aller Lebewesen* **6** ⟨Soziol.⟩ *Gruppe von Mitgliedern als kleinste Einheit von polit. Organisationen*

'Zell·stoff ⟨m.⟩ *feinfaserige, aus Zellulose bestehende, weiße, weiche Masse*

Zel·lu'lo·se ⟨f.; -, -n⟩ *Hauptbestandteil der Wände pflanzl. Zellen, chem. ein aus Glukose aufgebautes Polysaccharid*

'Zell·wol·le ⟨f.⟩ *aus Zellulose hergestellte Spinnfaser*

Zelt ⟨m.; -(e)s, -e⟩ **1** *aus Stoffbahnen od. Fellen u. Stangen leicht gebaute u. schnell wieder abreißbare Bedachung, Unterkunft;* Indianer~; Bier~; ein ~ aufschlagen 1.0.1 seine ~e abbrechen ⟨fig.⟩ *von seinem Wohnort wegziehen* **2** ⟨fig.; poet.⟩ *hohes, weites Gewölbe;* Himmels~, Sternen~

Ze'ment ⟨m.; -(e)s, -e⟩ **1** *an der Luft od. im Wasser erhärtendes, nach dem Erhärten wasserfestes Bindemittel aus Mörtel u. Beton* **2** *die Zahnwurzel umgebende harte Substanz* **3** *Masse für Zahnfüllungen*

Ze'nit ⟨m.; -(e)s; unz.⟩ **1** ⟨Astr.⟩ *Schnittpunkt einer über dem Beobachtungspunkt gedachten senkrechten Linie mit der Himmelskugel;* Sy *Scheitelpunkt* **2** ⟨fig.⟩ *Höhepunkt;* im ~ des Lebens stehen

zen'sie·ren ⟨V. 500⟩ **1** Leistungen ~ *mit einer Zensur(3) versehen;* einen Aufsatz ~; die Arbeit mit „Gut", mit einer Zwei ~ **2** etwas ~ *der Zensur(2) unterwerfen;* ein Kinostück, Briefe ~

Zen'sur ⟨f.; -, -en⟩ **1** ⟨unz.; im alten Rom⟩ *Amt des Zensors, der die Bürger nach ihrem Vermögen schätzt* **2** ⟨unz.⟩ *staatl. Kontrolle von Kunstwerken u. Schriftstücken;* die Briefe gehen durch die ~; der Film, das Buch, Theaterstück ist von der ~ verboten worden **3** = *Note(2);* vor den Ferien gibt's ~en; gute, schlechte ~en

zen·ti..., **Zen·ti...** ⟨in Zus. vor Maßeinheiten⟩ *hundertstel...;* Zentimeter, Zentiliter

'Zent·ner ⟨m. 7; -s, -; Abk.: Ztr.⟩ **1** *Gewichtseinheit, 50 kg, 100 Pfund* 1.1 ⟨österr.; schweiz.; Zeichen: q⟩ *100 kg;* Meter ~

zen'tral ⟨Adj.⟩ **1** ⟨24⟩ *im Mittelpunkt (gelegen)* 1.1 das Haus ist ~ gelegen, liegt ~ *in der Mitte der Stadt* **2** *hauptsächlich, wesentlich* 2.1 ⟨fig.⟩ *im Mittelpunkt stehend, äußerst wichtig;* das ~e Problem ist ...

Zen'tra·le ⟨f.; -, -n⟩ **1** *Mittelpunkt, Ausgangspunkt* **2** *Hauptgeschäftsstelle* **3** *Teil eines Unternehmens, in dem bestimmte Arbeitsgänge zusammenlaufen* **4** *Fernsprechvermittlung;* Telephon~

zen·tra·li'sie·ren ⟨V. 500⟩ **1** etwas ~ *zusammenziehen, in einem Punkt (bes. im Mittelpunkt) vereinigen* **2** eine Sache ~ *planmäßig zusammenfassen u. von einer Stelle aus leiten lassen;* die Verwaltung ~

Zen·tra'lis·mus ⟨m.; -; unz.⟩ *Streben nach Einheitlichkeit, nach zentraler Lenkung des Staates, der Verwaltung usw.*

'Zen·trum ⟨n.; -s, -tren⟩ **1** *Mitte, Mittelpunkt;* im ~ der Stadt wohnen **2** *politische katholische Partei* **3** ⟨postalisch; früher; Abk.: C⟩ *Innenstadt*

'Ze·phir ⟨m.; -s, -e⟩ **1** ⟨unz.; in der Antike⟩ *warmer Westwind* 1.1 ⟨allg.⟩ *milder Wind* **2** *leichter feiner Baumwollstoff*

'Zep·ter ⟨n.; -s, -⟩ **1** *verzierter Stab als Sinnbild der kaiserl. od. königl. Macht u. Würde* **2** ⟨fig.⟩ *höchste Gewalt, Herrschaft* 2.1 das ~ führen, schwingen ⟨fig.⟩ *bestimmen, zu bestimmen haben*

zer... ⟨Vorsilbe zur Bez. der Zerstörung, Auflösung, Trennung⟩ *auseinander...;* zerfließen, zerreißen, zertrennen, zerteilen

zer'bre·chen ⟨V. 116⟩ **1** ⟨500⟩ etwas ~ *entzweibrechen;* ich habe das Glas zerbrochen 1.1 seine Ketten ~ ⟨poet.⟩ *zerreißen* 1.2 → a. *Kopf(4.2)* **2** ⟨405⟩ (an etwas) ~ ⟨fig.⟩ *scheitern, infolge eines Kummers zugrunde gehen*

zer'drücken ⟨-k·k-; V. 500⟩ **1** jmdn. od. ein Tier ~ *durch Drücken töten;* der Arbeiter wurde von den herabstürzenden Erdmassen zerdrückt; die Maus ist unter dem Rad des Autos zerdrückt worden **2** etwas ~ *entzweidrücken, durch Drücken zerkleinern od. zerstören;* Kartoffeln ~; ein Ei in der Hand, in der Tasche ~ **3** etwas ~ *durch langes Drükken mit Fältchen verunstalten, zerknittern;* ein Kleid, eine Bluse ~; sie hat ihren Rock beim Sitzen ganz zerdrückt

Ze·re·mo'nie ⟨a. [--'mo:niə]; f.; -, -n⟩ *feierl., an bestimmte Regeln od. Vorschriften gebundene Handlung;* Begrüßungs~; die ~ des Teebereitens u. -trinkens im alten Japan

zer'fah·ren ⟨Adj.⟩ *sehr zerstreut, gedankenlos, ständig etwas vergessend, unkonzentriert;* ein ~er Mensch; du bist heute wieder völlig ~

Zer'fall ⟨m.; -s; unz.⟩ **1** *das Zerfallen, Zersetzung, Auflösung;* ~ des Römischen Reiches **2** → a. *radioaktiv(1.3)*

zer'fal·len ⟨V. 131/400(s.)⟩ **1** ⟨400⟩ etwas zerfällt *fällt auseinander, löst sich in viele kleine Teilchen auf;* eine Tablette in Wasser ~ lassen 1.1 ⟨800⟩ in Teile ~ *sich in T. gliedern lassen;* der Roman zerfällt in folgende Teile ... **2** ⟨417⟩ mit jmdm. ~ sein ⟨fig.⟩ *entzweit, uneins sein* 2.1 mit sich selbst ~ sein ⟨fig.⟩ *mit sich selbst uneins sein, sich Selbstvorwürfe machen* 2.2 mit sich und der Welt ~ sein ⟨fig.⟩ *Weltschmerz haben, niedergeschlagen, traurig, bedrückt sein*

zer'fet·zen ⟨V. 500/R8⟩ jmdn. od. etwas ~ *auseinanderreißen, in Fetzen reißen;* der Hund hat die Zeitung völlig zerfetzt; sein Arm wurde von einer Granate zerfetzt

zer'flei·schen ⟨V. 500/R8⟩ **1** jmdn. od. ein Tier ~ *mit den Zähnen auseinanderreißen, zerfetzen;* der Tiger hat seinen Dompteur völlig zerfleischt; die Wölfe zerfleischten ein Schaf **2** ⟨R3 od. R8⟩ sich ~ ⟨fig.⟩ *sich, einander quälen;* sich in Selbstvorwürfen ~; die Eheleute ~ sich in Eifersucht

zer'flie·ßen ⟨V. 138(s.)⟩ **1** ⟨400⟩ etwas zerfließt 1.1 *fließt auseinander;* die Tusche zerfließt auf der Zeichnung 1.2 *wird flüssig;* die Schokolade, Butter wird in der Hitze ~ **2** ⟨413⟩ in Tränen ~ ⟨fig.⟩ *untröstlich weinen*

zer'fres·sen ⟨V. 139/500⟩ **1** etwas ~ *durch Fressen stark beschädigen od. zerstören;* die Motten haben den Pelz, den Stoff ~ **2** etwas ~ *durch chem. Vorgänge beschädigen od. zerstören;* die Säure hat das Tuch ~; von Rost ~es Eisen

zer'ge·hen ⟨V. 145/400(s.)⟩ **1** etwas zergeht *löst sich auf, schmilzt, zerfließt;* eine Tablette in etwas Flüssigkeit ~ lassen; das Bonbon zergeht im Mund; Salz, Zucker zergeht in Wasser 1.1 das Fleisch ist so zart, es zergeht auf der Zunge ⟨fig.⟩ *man braucht es kaum zu kauen*

zer'glie·dern ⟨V. 500⟩ **1** etwas ~ *in seine Bestandteile zerlegen (u. erklären);* einen Satz ~ **2** eine Sache ~ *allzu genau in allen Einzelheiten untersuchen u. zu verstehen suchen;* jmds. Verhaltensweise, menschl. Vorgänge ~

zer'klei·nern ⟨V. 500⟩ etwas ~ *in kleine Stücke teilen;* Fleisch, Gemüse, Holz ~

zer'klüf·tet ⟨Adj.⟩ *vielmals gespalten, mit Rissen u. Spalten durchzogen;* ~e Felsen; ~es Gebirge; ~e Mandeln

zer'knal·len ⟨V.⟩ **1** ⟨400(s.)⟩ *mit einem Knall zerplatzen, zerspringen;* plötzlich zerknallte die Glühbirne **2** ⟨500⟩ etwas ~ *mit einem Knall zerplatzen, zerspringen lassen;* eine Tüte, einen Luftballon aufblasen und ~ 2.1 ⟨umg.⟩ *zerbrechen, zerschlagen;* eine Vase, Geschirr ~

zer'knirscht ⟨Adj.⟩ *reuig, schuldbewußt;* ~er Sünder; über eine Verfehlung ~ sein

zer'knit·tern ⟨V. 500⟩ etwas ~ *zerdrücken, in ungleichmäßige Falten drücken;* Papier, ein Kleid ~

zer'las·sen ⟨V. 175/500⟩ etwas ~ *schmelzen lassen;* Butter, Fett ~

zer'lau·fen ⟨V. 176/400(s.)⟩ etwas zerläuft *schmilzt, zerfließt;* Fett in der Pfanne ~ lassen; Butter, Schokolade zerläuft leicht

zer'lö·chern ⟨V. 500⟩ etwas ~ *durchlöchern, mit vielen Löchern versehen;* die Wand ist schon ganz zerlöchert; zerlöcherte Schuhe, Socken

zer'mal·men ⟨V. 500⟩ jmdn. od. etwas ~ **1** *heftig zerdrücken, zerquetschen, in kleinste Teile drücken od. zerbrechen;* die Maschine hat ihm die Hand zermalmt; Knochen mit den Zähnen ~ (von großen Raubtieren); die Häuser wurden von der Lawine, von den herabstürzenden Steinen zermalmt **2** ⟨fig.⟩ *völlig vernichten;* sein Zorn wird sie alle ~

zer'mür·ben ⟨V. 500/R7 od. R8⟩ jmdn. ~ ⟨fig.⟩ *mürbe machen, jmds. Widerstandskraft brechen;* die Sorgen haben ihn allmählich zermürbt; den Feind durch Aushungern, durch eine lange Belagerung ~; das lange Warten ist ~d

zer'pflücken ⟨-k·k-; V. 500⟩ etwas ~ **1** *auseinanderrupfen, durch Zupfen in einzelne Teile teilen;* Papier, Salat, eine Blume ~ **2** ⟨fig.⟩ *kleinlich in allen Einzelheiten untersuchen u. kritisieren (u. Punkt für Punkt widerlegen);* das Stück wurde von der Kritik zerpflückt

'Zerr·bild ⟨n.⟩ = *Karikatur*

zer'rei·ßen ⟨V. 198⟩ **1** ⟨500⟩ jmdn. od. etwas ~ *auseinanderreißen, durch Reißen gewaltsam trennen;* Papier in Stücke ~; einen Brief ~; etwas mit den Krallen, den Zähnen ~; er wurde von einem Tiger, Wölfen zerrissen; ich könnte ihn (vor Wut) in der Luft ~! ⟨fig.; umg.; scherzh.⟩ 1.0.1 ein Schuß, ein Donnerschlag zerriß die Stille ⟨fig.⟩ *dröhnte plötzlich durch die S.* 1.0.2 ein Blitz zerriß die Dunkelheit ⟨fig.⟩ *erhellte plötzlich die D.* 1.0.3 ⟨530⟩ etwas zerreißt jmdm. das Herz ⟨fig.⟩ *bereitet jmdm. großen Kummer;* der Anblick zerriß mir das Herz 1.0.4 sie tat einen Blick in sein von Kummer zerrissenes Herz ⟨fig.⟩ *von Kummer gequältes H.* 1.0.5 ich habe so viel zu tun, daß ich mich ~ könnte ⟨fig.; umg.⟩ *daß ich nicht weiß, wo ich anfangen soll* 1.0.6 ⟨550⟩ sich für jmdn. ~ ⟨fig.; umg.⟩ *für jmdn. so viel tun, daß es fast die eigenen Kräfte übersteigt* 1.1 ⟨530/R5 od. R6⟩ jmdm. etwas ~ *durch Hängenbleiben an einem spitzen Gegenstand ein Loch in etwas* *reißen;* er hat sich die Hose, die Strümpfe zerrissen 1.1.1 → a. *Maul(2.1.12)* **2** ⟨400⟩ etwas zerreißt *reißt auseinander, geht entzwei;* Vorsicht, das Seil zerreißt; der Stoff zerreißt leicht; mein Kleid, Rock ist zerrissen; zerrissene Hosen, Strümpfe, Schuhe; das letzte Band, das uns noch aneinanderknüpfte ist nun zerrissen ⟨fig.⟩ 2.1 (innerlich) zerrissen ⟨fig.⟩ *zwiespältig, uneins mit sich selbst;* das politisch zerrissene Deutschland im 19. Jahrhundert

Zer'reiß·pro·be ⟨f.⟩ **1** *Versuch, etwas (Werkstoff) zu zerreißen;* die ~ (nicht) aushalten **2** ⟨fig.⟩ *starke Beanspruchung;* diese Wochen waren eine ~ für meine Nerven, meine Geduld, unsere Freundschaft

'zer·ren ⟨V.⟩ **1** ⟨511/R8⟩ jmdn. od. etwas irgendwohin ~ *gewaltsam irgendwohin ziehen;* jmdn. aus dem Bett ~; jmdn. in den Wagen, aus dem Wagen ~ 1.1 jmdn. in den Schmutz ~ ⟨fig.⟩ *jmdm. Übles nachreden* **2** ⟨530/R1⟩ sich etwas ~ *heftig dehnen, zu stark dehnen;* sich eine Sehne ~ **3** ⟨411⟩ an jmdm. od. etwas ~ *heftig u. ruckweise ziehen;* an seinen Fesseln ~; der Hund zerrt an der Leine, Kette

zer'rin·nen ⟨V. 203/400(s.); bes. poet.⟩ **1** *auseinanderrinnen, langsam zerfließen, schmelzen, zergehen;* der Schnee zerrinnt **2** ⟨410; fig.⟩ *sich in nichts auflösen;* das Geld zerrinnt ihm in, unter den Händen; wie gewonnen, so zerronnen ⟨Sprichw.⟩

'Zer·rung ⟨f.; -, -en⟩ **1** *durch auseinanderstrebende Kräfte bewirkte Formänderung* **2** ⟨Med.⟩ *Sehnenzerrung*

zer'rüt·ten ⟨V. 500/R8⟩ jmdn. od. etwas ~ *in Unordnung bringen, schädigen;* zerrüttete Nerven, Gesundheit; eine zerrüttete Ehe; sie ist durch die Aufregungen völlig zerrüttet

zer'schel·len ⟨V. 400(s.)⟩ *durch einen Aufprall in Stücke brechen;* das Schiff ist an den Klippen zerschellt

zer'schla·gen ⟨V. 218/500⟩ **1** etwas ~ *entzweischlagen, durch Schlag zerbrechen, zerstören;* eine Fensterscheibe, einen Teller, eine Vase ~ 1.1 ich bin wie ~, ganz ~ ⟨fig.⟩ *sehr müde, abgearbeitet, erschöpft* **2** eine Sache ~ *aufteilen, in Teile teilen;* ein Gut, einen Staat ~ **3** ⟨R3⟩ etwas zerschlägt sich *erfüllt, verwirklicht sich nicht;* meine Hoffnung hat sich ~; das Projekt, Unternehmen zerschlug sich; die Verabredung hat sich ~

zer'schmet·tern ⟨V. 500⟩ **1** jmdn. od. etwas ~ *heftig, mit Wucht zerschlagen;* der stürzende Baum hat ihn zerschmettert; der Stein hat eine Fensterscheibe zerschmettert; der Baum ist vom Blitz zerschmettert worden; er blieb mit zerschmetterten Gliedern unten liegen **2** jmdn. ~ ⟨fig.⟩ *tief treffen, vernichten;* seinen Gegner ~; die Nachricht hat ihn zerschmettert

zer'set·zen ⟨V. 500⟩ **1** eine Flüssigkeit, ein Gas zersetzt einen Stoff *löst einen S. auf, wandelt ihn in unerwünschter Weise um;* Säure zersetzt das Metall 1.1 ⟨R3⟩ ein Stoff zersetzt sich *löst sich in seine Bestandteile auf, wandelt sich in unerwünschter Weise um;* organische Verbindungen ~ sich **2** eine Gemeinschaft, Ordnung ~ *die Ordnung, den Bestand einer S. zerstören;* eine Partei (moralisch) ~; die Moral ~; die polit. Ordnung ~

zer'split·tern ⟨V.⟩ **1** ⟨500⟩ etwas ~ *in Splitter spalten;* der Blitz hat den Baum zersplittert **2** ⟨400(s.)⟩ etwas zersplittert *zerbricht in Splitter, wird zerbrochen, spaltet sich in Splitter;* die Fensterscheibe, der Knochen zersplittert **3** ⟨500⟩ eine Sache ~ ⟨fig.⟩ *in zu viele einzelne kleine Teile aufteilen* 3.1 zersplitterte Stimmen *sich auf viele kleine Parteien verteilende S.* **4** ⟨500/R7⟩ sich od. seine Kraft ~ ⟨fig.⟩ *sich mit zu vielen Dingen beschäftigen, so daß man im einzelnen zu wenig leistet*

zer'spren·gen ⟨V. 500⟩ **1** etwas ~ *durch Sprengen zerstören, auseinandersprengen;* das Küken zersprengte die Eierschale; die Bierflaschen wurden durch den Frost zersprengt **2** eine Gruppe von Personen, eine Sammlung von Dingen ~ *(gewaltsam) so auseinanderbringen, daß jedes Teil an einem anderen Ort ist;* eine Truppe, eine militärische Einheit ~; die wertvolle Bildersammlung wurde nach dem Krieg völlig zersprengt

zer'sprin·gen ⟨V. 253(s.)⟩ **1** ⟨400⟩ etwas zerspringt *zerteilt sich springend in kleine Teilchen;* ein Glas, eine Tasse zerspringt; in Stücke ~ **2** ⟨400; poet.⟩ *zerreißen, auseinanderspringen;* er spielte bis die Saiten zersprangen **3** ⟨600⟩ jmdm. zerspringt das Herz ⟨fig.; poet.⟩ *jmds. Herz reagiert heftig auf Gefühlsregungen;* sie glaubte, ihr Herz müßte (vor Freude, vor Schmerz) ~

zer'stäu·ben ⟨V. 500⟩ eine Flüssigkeit ~ *in winzigen Tröpfchen verteilen, versprühen;* Parfüm ~; ein Mittel gegen Motten im Zimmer ~

zer'stie·ben ⟨V. 260/400(s.)⟩ **1** etwas zerstiebt *fliegt in sehr feinen Teilen nach allen Seiten auseinander;* das Wasser zerstiebt nach allen Seiten **2** eine Gruppe von Personen zerstiebt *eilt nach allen Seiten auseinander;* seine Anhänger waren in alle Winde zerstoben

zer'stö·ren ⟨V. 500⟩ **1** etwas ~ *so stark beschädigen, daß es seinen Zweck nicht mehr erfüllen kann;* das Haus, die Stadt ist durch Feuer, durch Bomben im Kriege zerstört worden; Säure zerstört Gewebe; der Junge zerstört ständig das Spielzeug der anderen Kinder **2** eine Sache ~ *zugrunde richten;* jmds. Freude, Glück ~; jmds. Leben, Ehe ~

zer'streu·en ⟨V. 500⟩ **1** jmdn. od. etwas ~ *weit auseinander umherstreuen, willkürlich verteilen, auseinandertreiben* 1.0.1 das Licht wird durch Staubteilchen zerstreut *in verschiedene Richtungen abgelenkt* 1.1 ⟨R3⟩ sich ~ *auseinandergehen, sich verlaufen;* die Menge zerstreut sich 1.1.1 seine Kinder haben sich in alle Winde zerstreut ⟨fig.⟩ *seine K. sind alle fortgezogen* **2** ⟨R7 od. R8⟩ jmdn. ~ ⟨fig.⟩ *erheitern, unterhalten, jmdm. die Zeit vertreiben;* man sollte den Kranken ein bißchen ~; wir waren im Kino, um uns zu ~ **3** jmds. schlimme Vermutungen ~ *beseitigen;* jmds. Argwohn, Verdacht ~

zer'streut ⟨Adj.; fig.⟩ **1** *unaufmerksam, abgelenkt, in Gedanken stets mit anderen Dingen als den im Augenblick notwendigen beschäftigt, häufig irgend etwas vergessend;* er ist sehr ~ 1.1 ⟨60⟩ ein ~er Professor ⟨umg.; scherzh.⟩ *jmd., der ständig irgend etwas vergißt*

Zer'streu·ung ⟨f.; -, -en⟩ **1** *Kurzweil, Unterhaltung;* seinen Gästen allerlei ~en bieten **2** ⟨unz.⟩ *die Eigenschaft, zerstreut(1) zu sein;* in seiner ~ hat er wieder seinen Hut vergessen **3** ⟨unz.⟩ *das Zerstreutwerden;* die ~ des Lichts

zer'stückeln ⟨-k·k-; V. 500⟩ **1** jmdn. od. etwas ~ *in kleine Stücke zerteilen;* Fleisch, Wurst ~; der Acker wurde bei der Aufteilung des Besitzes zerstückelt; die Polizei fand eine zerstückelte Leiche **2** ⟨R3⟩ ich kann mich doch nicht ~ ⟨fig.⟩ *verschiedene Dinge gleichzeitig tun*

zer'tei·len ⟨V. 500⟩ **1** etwas ~ *in Teile zerlegen, in Stücke teilen;* der Wind zerteilt die Wolken; ich habe so viel zu tun - ich könnte mich ~! ⟨umg.⟩ **2** ⟨R3⟩ etwas zerteilt sich *fällt in Teile auseinander, löst sich in Teile auf, teilt sich auf;* die Wolken ~ sich; der Baumstamm zerteilt sich in viele Äste

zer'tre·ten ⟨V. 268/500⟩ etwas od. ein Tier ~ *mit den Füßen breittreten, zerdrücken, niederdrücken u. zerstören od. beschädigen;* Blumen ~; eine Ameise, einen Wurm ~; das Gras ist ganz ~

zer'trüm·mern ⟨V. 500⟩ etwas ~ *in Trümmer schlagen, heftig zerschlagen;* bei einer Schlägerei Bierflaschen, Stühle ~; eine Fensterscheibe (mit einem Stein) ~; einen Spiegel ~

Zer'würf·nis ⟨n.; -s·ses, -s·se⟩ *Entzweiung, Verfeindung*

zer'zau·sen ⟨V. 500/R7 od. R8⟩ etwas ~ *in Unordnung bringen;* Haar, Federn ~; du bist ja ganz zerzaust; du hast ja ganz zerzaustes Haar

'ze·tern ⟨V. 400⟩ *laut jammern, schreien, zanken*

'Zet·tel[1] ⟨m.; -s, -⟩ *kleineres, loses zum Beschreiben gedachtes od. beschriebenes Blatt Papier;* Merk~; Bestell~; ~ ankleben verboten! (Aufschriften an Mauern, Hauswänden); die ~ einer Kartei sortieren; beschriebener, leerer, zerknitterter ~; sich Notizen auf einen ~ schreiben

'Zet·tel[2] ⟨m.; -s, -⟩ *Längsfäden eines Gewebes, Reihenfolge der Kettfäden*

Zeug ⟨n.; -(e)s, -e⟩ **1** ⟨veralt.⟩ *(einfaches, grobes) Gewebe* 1.1 ⟨unz.⟩ *Textilien, Wäsche;* Lein~, Bett~ **2** ⟨unz.⟩ *Ausrüstung* 2.1 *Kleidung;* Öl~; sein ~ in Ordnung halten 2.1.1 jmdm. etwas am ~e flicken ⟨fig.⟩ *jmdn. ungerechtfertigterweise od. aus sehr geringfügigem Anlaß tadeln* 2.2 *Arbeitsgeräte;* Handwerks~ 2.2.1 das ~ zu etwas haben ⟨fig.⟩ *zu etwas befähigt, begabt sein;* er hat das ~ zu einem guten Reiter; er hat nicht das ~ dazu 2.3 ⟨veralt.⟩ *Geschirr (der Zugtiere)* 2.3.1 sich (für jmdn. od. etwas) ins ~ legen ⟨fig.⟩ *sich anstrengen, sich kräftig bemühen (um jmdn. od. etwas zu fördern)* 2.3.2 was das ~ hält ⟨fig.⟩ *mit äußerster Anspannung, aus Leibeskräften;* arbeiten, was das ~ hält **3** ⟨unz.; umg.⟩ *schlechte, minderwertige, wertlose Dinge (aller Art);* du könntest endlich dein ~ aufräumen; ist das dein ~ hier?; altes ~; unnützes ~; was soll ich mit all dem ~?; das ist ja ein fürchterliches, ungenießbares ~! 3.1 dummes ~ *Unsinn;* dummes ~ reden; das ist (doch) dummes ~! **4** ⟨Brauerei⟩ *Bierhefe* **5** ⟨jägerspr.⟩ *Tücher, Netze, Lappen, mit denen bei Treibjagden ein Waldstück abgegrenzt wird* **6** ⟨veralt.; Mil.⟩ *Artilleriegeräte*

'Zeu·ge ⟨m.; -, -n⟩ **1** *jmd., der einem Vorgang beiwohnt od. beigewohnt hat u. später gegebenenfalls darüber berichten kann;* Augen~, Ohren~; ich habe leider keinen ~n für den Vorfall; ich war ~, wie das geschah; ~ eines Unfalls, eines Gesprächs sein; etwas in Gegenwart von ~n sagen, tun **2** *jmd., der über einen beobachteten Vorgang vor Gericht aussagen soll;* einen ~n verhören, vernehmen; als ~ aussagen; als ~ vorgeladen werden **2.0.1** Gott ist mein ~, daß ... *ich kann beschwören, daß ...* **3** ~n Jehovas ⟨1874–1931⟩ *von Ch. T. Russel gegründete christl. Sekte, die ein Gottesreich erwartet;* Sy *Ernste Bibelforscher* ⟨Name seit 1931⟩ **4** ~ der Vergangenheit ⟨fig.⟩ *etwas, das aus der V. stammt u. von ihr Kunde gibt, z. B. ein Bauwerk*

'zeu·gen[1] ⟨V.⟩ **1** ⟨400⟩ *als Zeuge aussagen* **2** ⟨800⟩ von etwas ~ ⟨fig.⟩ *auf etwas schließen lassen;* sein Verhalten zeugt von Ehrlichkeit, Großzügigkeit

'zeu·gen[2] ⟨V. 500⟩ **1** ein Kind ~ *durch einen Geschlechtsakt die Entstehung eines K.s einleiten* **2** ⟨fig.⟩ etwas ~ *geistig hervorbringen;* kühne Gedanken ~

'Zeug·haus ⟨n.; früher⟩ *Gebäude zum Aufbewahren von Vorräten u. Kriegsmaterial*

'Zeug·nis ⟨n.; -s·ses, -s·se⟩ **1** *urkundl. Bescheinigung, amtl. Bestätigung, Beglaubigung;* ein ärztliches ~ 1.1 *Urkunde mit Bewertung einer Leistung;* Schul~, Examens~, Reife~; jmdm. ein ~ ausstellen, schreiben; morgen gibt es ~se (in der Schule); ~se vorweisen, vorlegen; ausgezeichnete, hervorragende ~se haben (bes. von Hausangestellten); ein gutes, schlechtes ~ 1.1.1 ich kann ihm nur das beste ~ ausstellen ⟨fig.⟩ *ich kann nur Gutes über ihn sagen, kann ihn nur loben* **2** ⟨geh.⟩ *(Zeugen)aussage zum Beweis einer Behauptung od. Tatsache* 2.0.1 von etwas ~ ablegen *von etwas berichten, etwas bekunden* 2.0.2 falsches ~ ablegen *eine falsche Aussage machen* **3** ⟨fig.⟩ *Gegenstand aus vergangener Zeit, der Aufschluß über diese Zeit gibt;* die Pyramiden sind ein ~ der altägyptischen Baukunst

'Zick·zack ⟨m.; -(e)s, -e⟩ *in mehreren Zacken verlaufende Linie;* der ~ eines Blitzes; im ~ laufen, fliegen

'Zie·gel ⟨m.; -s, -⟩ *Backstein, gebrannter Baustein aus Lehm, Ton u. ä.;* Dach~; ~ brennen, ein Dach mit ~n decken

'Zieh·el·tern ⟨Pl.⟩ *Eltern, die ein Pflegekind aufziehen, Pflegeeltern*

'zie·hen ⟨V. 293⟩ **1** ⟨500⟩ jmdn. od. etwas ~ *mit stetig angewandter Kraft hinter sich her bewegen;* das Pferd zieht den Wagen, den Pflug; laß dich doch nicht so ~! (Aufforderung an das Kind, das man an der Hand führt); sich auf dem Schlitten ~ lassen **2** ⟨500/R8⟩ jmdn. od. etwas ~ *mit stetig angewandter Kraft zu sich her bewegen;* jmdn. (zärtlich) an sich ~; er zog sie neben sich aufs Sofa; etwas in die Höhe ~; den Mantel enger um sich ~; das Boot an Land ~ 2.0.1 ~! *(Aufschrift an Türen)* 2.0.2 ⟨511⟩ der König zog Gelehrte, Musiker an seinen Hof *rief sie an seinen H., beschäftigte sie an seinem H.* 2.0.3 ⟨511⟩ jmdn. auf seine Seite ~ *jmdn. für sich gewinnen, ihn günstig für sich beeinflussen* 2.1 ⟨500⟩ etwas ~ *durch Zie-*

hen(2) betätigen; die Notbremse ~ 2.2 ⟨411⟩ an etwas ~ *versuchen, etwas von der Stelle, an der es befestigt ist, durch stetig angewandte Kraft wegzubewegen (u. zu sich heranzubringen);* an der Glocke ~; an einem Strick ~; der Hund zieht (erg.: an der Leine); jmdn. am Ohr, an den Haaren ~ **3** ⟨510⟩ jmdn. od. etwas mit sich ~ *gegen Widerstand in der eigenen Bewegungsrichtung bewegen, in Bewegung setzen* 3.1 *durch Ziehen(3) an eine bestimmte Stelle bringen;* Perlen auf einen Faden ~; Wein auf Flaschen ~; Saiten auf ein Instrument ~; ein Bild auf Pappe ~; einen Brief aus der Tasche ~; den Faden durchs Nadelöhr, durch den Stoff ~; die Gardine vors Fenster ~; eine Jacke übers Kleid ~ 3.1.1 etwas in Erwägung ~ *etwas erwägen, bedenken, überlegen* 3.1.2 jmdn. ins Gespräch ~ *am G. beteiligen, etwas fragen, zum Sprechen ermuntern* 3.1.3 etwas ins Lächerliche ~ *etwas lächerlich machen* 3.1.4 jmdn. ins Vertrauen ~ *jmdm. etwas anvertrauen* 3.1.5 jmds. Worte in Zweifel ~ *anzweifeln, nicht glauben* **4** ⟨503⟩ (jmdm.) etwas ~ *durch Ziehen(2-3) entfernen;* jmdm. einen Zahn ~; den Korken aus der Flasche ~; einen Ring vom Finger ~; nach der Operation müssen die Fäden gezogen werden 4.0.1 ⟨511⟩ Banknoten aus dem Verkehr, Umlauf ~ ⟨fig.⟩ *aus dem V., U. nehmen* 4.1 ⟨505⟩ den Hut (vor jmdm.) ~ *den H. zum Gruß abnehmen* **5** ⟨500⟩ etwas ~ *zu einem bestimmten Zweck hervorholen;* die Uhr ~; den Degen ~; er zog das Messer, den Revolver **6** ⟨550⟩ etwas auf sich ~ *lenken;* die Aufmerksamkeit auf sich ~; die Blicke auf sich ~; jmds. Unwillen, Haß auf sich ~ **7** ⟨550⟩ etwas aus etwas ~ *herausziehen, gewinnen;* ich werde mir eine Lehre daraus ~; Nutzen aus etwas ~; Folgerungen (aus einer Beobachtung) ~; daraus kann man den Schluß ~, daß ... 7.1 ⟨500⟩ etwas ~ *auswählen;* eine Karte (aus dem Talon) ~; ein Los ~ **8** ⟨500⟩ etwas ~ *durch Ziehen(3), Dehnen herstellen* 8.1 ⟨Tech.⟩ *durch einen sich konisch verengernden Ring hindurchführen u. so strecken od. verfestigen;* Metallstangen ~, Draht, Röhren ~ 8.1.1 gezogener Draht *durch Ziehen geformter D.* 8.2 Kerzen ~ *durch Ziehen des Wachses mit der Hand K. herstellen, formen;* gezogene (nicht gegossene) Kerzen) 8.3 etwas zieht etwas *bildet etwas;* Blasen ~; der Sirup, Honig zieht Fäden **9** ⟨500⟩ etwas ~ *von einem Punkt ausgehend gleichförmig in die Länge ausdehnend herstellen;* eine Linie ~; einen Graben ~; sich den Scheitel ~ **10** ⟨500⟩ ein Gesicht ~ *seinem G. einen unwilligen Ausdruck geben;* ein schiefes Gesicht ~ **11** ⟨500⟩ Pflanzen, Tiere ~ *züchten, aufziehen;* Blumen, Obstbäume ~ **12** ⟨510⟩ etwas zieht etwas nach sich *hat etwas zur Folge;* diese Maßnahme wird noch weitere nach sich ~; das wird noch üble Folgen nach sich ~ **13** ⟨500⟩ etwas ~ *dehnen, strecken;* Stoff, Garn ~; die Wäsche zum Trocknen in die Länge ~; Gummi läßt sich ~ 13.0.1 die Töne ~ (beim Singen) *die T. unschön dehnend miteinander verbinden* 13.1 ⟨R3⟩ etwas zieht sich *ist dehnbar, läßt sich dehnen, strecken;* die Strümpfe ~ sich nach dem Fuß 13.1.1 ⟨513⟩ etwas zieht sich in die Länge ⟨fig.⟩ *dauert länger als erwartet* **14** ⟨511/R7 unpersönl.⟩ es zieht jmdn. irgendwohin *jmd. möchte gerne irgendwohin gehen;* es zieht mich immer wieder dorthin; es zieht mich heimwärts **15** ⟨400(s.)⟩ *sich stetig fortbewegen, sich (in gleichförmiger, ruhiger Bewegung) an einen anderen Ort begeben;* die Wolken ~ am Himmel; der Hirsch zieht über die Lichtung; die Zugvögel ~ nach dem Süden; durch die Welt ~; in die Fremde ~; in den Krieg, ins Feld ~; der König zog mit seinem Heer nach Italien 15.1 ⟨411⟩ auf Wache ~ *die W. übernehmen* 15.2 jmdn. (ungern) ~ lassen *weggehen lassen (für lange Zeit)* 15.3 Jahr um Jahr zog ins Land ⟨poet.⟩ *verging* **16** ⟨400; Brettspiel⟩ *einen Stein auf ein anderes Feld rücken* **17** ⟨411(s.)⟩ irgendwohin ~ *seinen Wohnsitz irgendwohin verlegen;* aufs Land ~; in einen Ort, nach einem Ort ~; in eine andere Wohnung ~; nach Berlin, nach England ~ 17.1 zu jmdm. ~ *seinen Wohnsitz mit jmdm. zusammenlegen* **18** ⟨400⟩ etwas zieht *hat Luftzug;* der Ofen, die Zigarre zieht **19** ⟨411⟩ an einer Pfeife, Zigarre ~ *den Rauch der P., Z. einziehen* **20** ⟨400⟩ es zieht *es herrscht Zugluft;* hier zieht es; Tür zu, es zieht! **21** ⟨400⟩ etwas zieht *gibt Aroma u. Farbe an das heiße Wasser ab;* der Tee muß fünf Minuten ~ **22** ⟨400⟩ etwas zieht ⟨fig.; umg.⟩ *hat die gewünschte Wirkung;* er drohte ihm eine Tracht Prügel an, und das zog endlich; das zieht bei mir nicht mehr; das Theaterstück, der Film zieht (nicht)

'Zie·hung ⟨f.; -, -en⟩ *Bestimmung der Gewinner in einer Lotterie durch Herausziehen von einzelnen Losen aus der Gesamtmenge der Lose;* morgen ist ~

Ziel ⟨n.; -(e)s, -e⟩ **1** *Ort, Punkt, den man erreichen will;* ~ einer Wanderung; sein ~ erreichen; sich seinem ~ nähern; das ~ treffen, verfehlen (beim Werfen, Schießen); ans ~ gelangen, kommen; wir sind am ~; am ~ seiner Reise angelangt sein 1.1 *Endpunkt eines Wettlaufs od. einer Wettfahrt;* als erster durchs ~ gehen; er mußte kurz vor dem ~ aufgeben **2** *festgesetzter zeitl. Endpunkt;* gegen drei Monate, mit drei Monaten ~ **3** ⟨fig.⟩ *etwas, das man erreichen will, worauf das menschl. Handeln gerichtet ist u. woran es sich orientiert;* ohne Maß und ~; ein Leben ohne Zweck und ~; sich ein ~ setzen, stecken; ein (bestimmtes) ~ verfolgen; ein hohes, lohnendes ~; damit bin ich am ~ meiner Wünsche; er studiert Sprachen mit dem ~ des Staatsexamens, mit dem ~, Lehrer zu werden; ein ~ vor Augen haben; dieser Weg führt nicht zum ~; sein Streben, seine Mühe hat glücklich zum ~e geführt 3.0.1 sich etwas zum ~ setzen, stecken *sich etwas vornehmen* 3.0.2 sein ~ verfehlen *das Erstrebte nicht erreichen, scheitern* 3.0.3 übers ~ (hinaus)schießen *ein vernünftiges od. erwünschtes Maß überschreiten*

'ziel·be·wußt ⟨Adj.⟩ *entschlossen, ein gesetztes Ziel zu erreichen, unbeirrbar im Verfolgen seines Zieles;* ein ~er Mensch; ~ arbeiten; er ist sehr ~; ~ handeln, vorgehen

'zie·len ⟨V. 411⟩ (auf etwas od. jmdn.) ~ **1** *etwas, womit man schießt od. wirft genau auf jmdn. od. etwas richten, um ihn bzw. es treffen zu können;* gut, genau, sorgfältig ~; ein gut gezielter Schuß, Wurf **2** ⟨fig.⟩ *sich auf jmdn. od. etwas als Ziel richten;* die Bemerkung zielt auf dich 2.1 ~ des Zeitwort *Z., das ein Akkusativobjekt verlang* 2.2 eine gezielte Bemerkung, Anspielung *B., A., die deutlich etwas zum Ausdruck bringt, offensichtlich eine bestimmte Person od. Sache meint* 2.3 eine gezielte Erziehung *eine E. mit einem genau festgelegten u. sorgfältig verfolgten Ziel*

'Ziel·schei·be ⟨f.⟩ **1** *Scheibe (meist mit konzentr. schwarzen u. weißen Ringen) als Ziel für Schießübungen, Schießscheibe* **2** ⟨fig.⟩ *Ziel, Angriffspunkt;* er dient ihnen nur als ~ des, ihres Spottes

'ziel·stre·big ⟨Adj.⟩ *eifrig nach einem Ziel strebend*

'zie·men ⟨V.; veralt.⟩ **1** ⟨600; geh.⟩ jmdm. ~ *richtig, passend für jmdn. sein, jmdm. zukommen;* ihm ziemt ein höflicheres Verhalten **2** ⟨500/R3⟩ sich ~ *sich geziemen, sich schicken;* das ziemt sich nicht für mich, nicht für alle; willst du genau erfahren, was sich ziemt, so frage nur bei edlen Frauen an (Goethe, Tasso, 2,1)

'ziem·lich ⟨Adj.⟩ **1** ⟨veralt.⟩ *geziemend* **2** ⟨70; umg.⟩ *beträchtlich, beachtlich;* Sy *verhältnismäßig;* es war eine ~e Anstrengung, Arbeit; es ist eine ~e Frechheit; es ist eine ~e Strecke bis dorthin; es dauerte eine ~e Weile 2.1 ⟨50⟩ *in nicht geringem, aber auch nicht zu hohem Maße, recht, einigermaßen;* ~ breit, groß, gut, hoch, klein, schlecht; ~ früh, spät; ~ kalt, warm; ~ oft, viel 2.2 ⟨50⟩ so ~ ⟨umg.⟩ *beinahe, fast;* hast du das alles allein gemacht? so ~!

'Zie·rat ⟨m.; -(e)s, -e⟩ *Ausschmückung, schmükkendes Beiwerk, Zierde, Schmuck;* der Vorhang erfüllt keinen praktischen Zweck, sondern ist nur ~; ein Türmchen als ~ auf dem Dach

'Zier·de ⟨f.; -, -n⟩ **1** *Zierat, Ausschmückung, Verschönerung, Schmuck;* als ~ dienen; Blumen zur ~ auf den Tisch stellen **2** ⟨fig.⟩ *jmd. od. etwas, der bzw. das einer Sache zur Ehre gereicht, das Ansehen einer Sache hebt;* sie ist eine ~ ihres Geschlechts

'zie·ren ⟨V. 500⟩ **1** ⟨R7⟩ jmdn. od. etwas ~ *verschönern, (aus)schmücken;* eine Feder zierte seinen Hut; einen Tisch mit Blumen ~; die Torte war mit einem großen Schokoladenherz geziert **2** ⟨R3⟩ sich ~ *zimperlich tun, sich bescheiden stellen, bescheiden abwehren, Umstände machen;* ich kann wirklich nichts mehr essen, ich ziere mich nicht!; wenn man sie auffordert, etwas vorzusingen, ziert sie sich erst lange, ziert sie sich nicht lange; zier dich doch nicht so! 2.1 ⟨Part. Perf.⟩ geziert *unnatürlich, affektiert;* geziertes Benehmen; gezierter Stil; geziert sprechen, gehen

'zier·lich ⟨Adj.⟩ *zart u. anmutig, klein u. fein;* eine ~e Figur haben; ~e Hände, Füße; ein ~es Mädchen; eine ~e Schrift; eine ~e Vase; sie ist sehr ~

'Zif·fer ⟨f.; -, -n⟩ **1** *schriftl. Zahlzeichen;* arabische ~, römische ~ **2** ⟨Abk.: Ziff.⟩ *mit einer Ziffer(1) versehener Teil eines Paragraphen od. Absatzes*

Zi·ga'ret·te ⟨f.; -, -n⟩ *Papierhülse mit fein geschnittenem, leicht gepreßtem Tabak;* jmdm. eine ~ anbieten; sich eine ~ anzünden, anbrennen, anstecken; die ~ (im Aschenbecher) ausdrücken; sich eine ~ drehen; eine ~ rauchen; ~ gefällig?; leichte, schwere ~n; ~n mit, ohne Filter, Mundstück

Zi'gar·re ⟨f.; -, -n⟩ **1** *stabförmig gewickelte Tabakblätter* **2** ⟨fig.; umg.⟩ *Verweis, Rüge, Anpfiff;* eine ~ bekommen, einstecken müssen

Zi'geu·ner ⟨m.; -s, -⟩ **1** *Angehöriger eines weitverbreiteten, urspr. ind. Wandervolkes* 1.1 ⟨Selbstbenennung⟩ *Rom, Dom* **2** ⟨fig.; umg.⟩ *unruhig lebender Mensch*

'Zim·mer ⟨n.; -s, -⟩ **1** *(abschließbarer) Raum eines Hauses, der zum Wohnen, Arbeiten od. Schlafen bestimmt ist;* Arbeits~, Hotel~, Konferenz~, Schlaf~, Wohn~; ein ~ aufräumen, heizen, lüften, putzen; haben Sie ein ~ (frei)? (im Hotel); ein ~ malen, streichen, tapezieren, tünchen lassen; ein ~ mieten, vermieten; (sich) ein ~ (in einem Hotel) nehmen; sich ein ~ suchen (zur Miete); ~ zu vermieten; das Kind hat ein eigenes ~; ein großes, hohes, kleines, luftiges, schmales, sonniges ~; ein möbliertes ~; er ist noch in seinem, (bei Hotelzimmern) auf seinem ~; ~ mit Balkon, mit fließendem Wasser 1.0.1 das ~ hüten *wegen Krankheit nicht ausgehen*

'Zim·mer·flucht ⟨f.⟩ *Reihe nebeneinanderliegender u. miteinander verbundener Zimmer*

'Zim·mer·mäd·chen ⟨n.⟩ *Angestellte, die die Zimmer aufräumt u. sauberhält (in Hotels u. sehr großen Haushalten)*

'Zim·mer·mann ⟨m.; -(e)s, -leu·te⟩ **1** *Handwerker zur Herstellung von Holzbauteilen für den Bau von Gebäuden* **2** jmdm. zeigen, wo der ~ das Loch gelassen hat ⟨fig.; umg.⟩ *jmdm. die Tür weisen, jmdn. hinauswerfen*

'zim·mern ⟨V. 402⟩ **1** (etwas) ~ *aus Holz herstellen;* ein Bauteil ~; er zimmert schon den ganzen Tag **2** ⟨fig.⟩ *bauen, aufbauen;* sich sein Leben ~

'zim·per·lich ⟨Adj.⟩ *übertrieben empfindlich;* ein ~er Mensch; sei nicht so ~

Zimt ⟨m.; -(e)s, -e⟩ **1** ⟨Bot.⟩ *einer Gattung der Lorbeergewächse angehörende Kulturpflanze: Cinnamomum* 1.1 *auf Ceylon heim. Baum, aus dessen Rinde ein Gewürz gewonnen wird: Cinnamomum zeylanicum* **2** *Gewürz aus der Rinde von Zimt(1.1);* Grießbrei mit Zucker und ~ **3** ⟨fig.; umg.⟩ *Kram, wertloses Zeug, lästige Angelegenheit* 3.0.1 der ganze ~ kann mir gestohlen bleiben ⟨fig.; umg.⟩ *ich will von alledem nichts wissen*

Zink[1] ⟨n.; -(e)s; unz.; Zeichen: Zn⟩ *bläulich weißes Metall, chem. Element mit der Ordnungszahl 30*

Zink[2] ⟨m.; -(e)s, -en⟩ *trompetenähnl. Holzblasinstrument der Renaissance- u. Barockzeit*

'Zin·ke ⟨f.; -, -n⟩ **1** *Zacke, Spitze (der Gabel, des Kamms, des Rechens)* **2** *schwalbenschwanzartiger Zapfen am Ende eines Brettes, der in eine entsprechende Ausarbeitung paßt*

'zin·ken[1] ⟨V. 500⟩ etwas ~ *mit Zinken*[1] *versehen (bes. Spielkarten);* mit gezinkten Karten spielen (in betrüger. Absicht)

'zin·ken[2] ⟨V. 500⟩ etwas ~ *mit Zinke(n) versehen;* Holz ~

'Zin·ken[1] ⟨m.; -s, -⟩ *Zeichen, bildl. Schriftzeichen;* Gauner~

'Zin·ken[2] ⟨m.; -s, -; umg.; scherzh.⟩ *große, dicke Nase*

Zinn ⟨n.; -(e)s; unz.⟩ **1** ⟨Zeichen Sn⟩ *silberweißes,*

glänzendes, weiches Metall, chem. Element, Ordnungszahl 50 **2** *Zinngeschirr*
'Zin·ne ⟨f.; -, -n⟩ **1** *rechteckiges, zahnförmiges Bauglied (auf einer Mauer, meist in einer Reihe);* Sy *Zacke(3)* **2** ⟨schweiz.⟩ *umfriedetes Flachland*
Zin'no·ber ⟨m.; -s, -⟩ **1** *diamanten glänzendes Erz, chem. Quecksilbersulfid* **2** *gelbliches Rot* **3** ⟨fig.; umg.⟩ 3.1 *Kram, Zeug* 3.2 *Umstände, Redensarten, Getue*
'Zinn·sol·dat ⟨m.⟩ **1** *kleine Figur eines Soldaten aus Zinn, Kinderspielzeug* 1.1 wie ein ~, ~en *stramm, sehr gerade, wohl ausgerichtet;* sie marschierten wie die ~en; er sitzt, steht so stramm wie ein ~
Zins ⟨m.; -es, -en⟩ **1** ⟨veralt.⟩ *Abgabe, Steuer* **2** ⟨veralt.⟩ *Miete, Pacht;* Miet~ **3** ⟨Pl.⟩ ~en *prozentual berechnetes Entgelt für die leihweise Überlassung von Kapital;* das Kapital bringt, trägt ~en; ~en zahlen; hohe, geringe ~en; jmdm. etwas auf ~en leihen; von seinen ~en leben (ohne das Kapital anzugreifen); Darlehen zu 4% ~en; ein Kapital auf ~en legen 3.1 jmdm. etwas mit ~en heimzahlen ⟨fig.; umg.; verstärkend⟩ *jmdm. etwas heimzahlen, schlimmere Vergeltung, Rache üben, als das begangene Unrecht eigentlich fordert*
'Zip·fel ⟨m.; -s, -⟩ **1** *Ecke, Ende, Eckstück (von Stoffen, Kleidungsstücken);* Rock~, Schürzen~; ich bekam gerade noch einen ~ seiner Jacke zu fassen **2** eine Sache an allen vier ~n haben ⟨fig.⟩ *eine S. fest, sicher haben*
'zir·ka ⟨Adv.; Abk.: ca.⟩ *ungefähr, etwa;* oV *circa*
'Zir·kel ⟨m.; -s, -⟩ **1** *Gerät aus zwei an einem Ende beweglich verbundenen Schenkeln, deren einer in eine scharfe Spitze (zum Einstechen ins Papier) ausläuft u. deren anderer eine Mine trägt, zum Zeichnen von Kreisen* 1.1 *ähnliches Gerät mit zwei Spitzen zum genauen Messen von Entfernungen (in geometr. Figuren, auf Landkarten usw.)* **2** ⟨fig.⟩ *Kreisform, Bewegung;* der ~ schließt sich **3** = *Kreis(8);* literarischer ~ **4** ⟨Reitsp.⟩ *kreisförmige Figur;* auf dem ~ reiten **5** *monogrammartig verschlungener Schriftzug (als Abzeichen einer student. Verbindung)*
'zir·keln ⟨V. 500⟩ etwas ~ **1** *genau (ab)messen* **2** ⟨fig.⟩ *tüfteln, austüfteln*
zir·ku'lie·ren ⟨V. 400⟩ *sich ständig im Kreis bewegen, umlaufen*
'Zir·kus ⟨m.; -, -kus·se⟩ **1** ⟨im alten Rom⟩ *Rennbahn in Form eines Ovals (für Wagen- u. Pferderennen)* **2** *Unternehmen, das Dressuren von Tieren, Artistik u. a. gegen Entgelt darbietet;* Wander~ **3** *Zelt od. Halle für einen Zirkus(2)* **4** ⟨fig.; umg.⟩ 4.1 *quirlendes, lärmendes Durcheinander;* so ein ~! 4.2 *Aufregung, Aufhebens, große Umstände;* mach doch keinen solchen ~!
'zir·pen ⟨V. 400⟩ Zikaden, Grillen ~ *geben feine, schrille Töne von sich*
'zi·scheln ⟨V. 400⟩ *ärgerlich od. böse zischend flüstern*
'zi·schen ⟨V.⟩ **1** ⟨400⟩ *einen scharfen Ton von sich geben, wie wenn Feuer od. etwas Heißes u. Wasser zusammentreffen;* das Bügeleisen zischt auf dem feuchten Stoff; das Wasser, Fett zischt in der Pfanne **2** ⟨400⟩ Gänse, Schlangen ~ *geben Laut* **3** ⟨400⟩ *den S-Laut bilden* 3.1 (im Theater, bei Reden) ~ *sein Mißfallen durch lautes Sss! od. Sch! äußern;* bei der Premiere wurde heftig gezischt **4** ⟨500⟩ einen ~ ⟨fig.; umg.⟩ *ein Glas Schnaps od. Bier trinken*
zi·se'lie·ren ⟨V. 500⟩ Metall ~ *mit Meißel, Stichel, Punze verzieren, Ornamente in M. stechen*
Zi'ster·ne ⟨f.; -, -n⟩ *unterird., gemauerter Behälter zum Speichern von Regenwasser*
Zi·ta'del·le ⟨f.; -, -n⟩ *(Kern einer) Festung od. befestigten Stadt*
Zi'tat ⟨n.; -(e)s, -e⟩ **1** *wörtlich angeführte Stelle aus einem Buch* **2** *oft zitierter Ausspruch*
'Zi·ther ⟨f.; -, -n⟩ *Zupfinstrument mit einem flachen Resonanzkörper u. fünf Saiten, auf denen die Melodie gespielt wird, sowie 24 - 42 Saiten zur Begleitung*
zi'tie·ren ⟨V. 500⟩ **1** einen Text ~ = *anführen(2.2.1);* einen Ausspruch, eine Stelle aus einem Buch ~ **2** jmdn. ~ *herbeirufen, vorladen, zum Erscheinen auffordern;* jmdn. vor Gericht ~
Zi'tro·ne ⟨f.; -, -n⟩ **1** *zu den Zitrusgewächsen gehörender mittelgroßer Baum mit weißen Blüten: Citrus limonum* **2** *gelbe, eiförmige saure Frucht der Zitrone(1)*
'Zi·trus·ge·wächs ⟨n.; -es, -e; meist Pl.⟩ *Angehöriges einer Pflanzengattung, zu der Zitrone, Apfelsine, Mandarine, Pampelmuse u. a. gehören: Citrus*
'zit·te·rig ⟨Adj.⟩ **1** *zum Zittern neigend (vor Alter, Schwäche, Nervosität), zitternd;* ein ~er alter Mann; meine Hand ist ~; er ist schon etwas ~ **2** ~e Schrift *ungleichmäßige, mit zitternder Hand geschriebene S.*
'zit·tern ⟨V. 400⟩ **1** *durch anhaltende leichte u. rasche Bewegungen erschüttert werden;* die Blätter ~ im leichten Wind; seine Hand zitterte (nicht), als er schoß, als er den Wein einschenkte; er zitterte an allen Gliedern, am ganzen Körper; mir ~ die Knie (vor Schreck); vor Angst, Furcht, Kälte ~; er zitterte wie Espenlaub; er schrie, daß die Wände zitterten ⟨umg.⟩ 1.0.1 Sonnenstrahlen ~ auf dem Wasserspiegel *flimmern, tanzen* 1.1 ein Ton, eine Stimme zittert *klingt ungleichmäßig hoch u. laut;* seine Stimme zitterte, als er antwortete; mit ~der Stimme sprechen **2** ⟨fig.⟩ *Angst haben;* für jmdn. ~; vor jmdm., vor jmds. Zorn ~ 2.1 mit Zittern und Zagen *sehr furchtsam*
'Zit·ze ⟨f.; -, -n⟩ *zum Säugen der Jungen dienender Fortsatz an der Brust weiblicher Säugetiere*
zi·vil ⟨[-'vi:l] Adj.⟩ **1** *bürgerlich(2.3);* Ggs *militärisch* **2** ⟨fig.⟩ *angemessen, mäßig;* ~e Preise
Zi·vil ⟨[-'vi:l] n.; -s; unz.⟩ *bürgerl. Kleidung;* Ggs *Uniform*
Zi·vil·cou·ra·ge ⟨[-'vi:lkura:ʒə] f.⟩ *Mut, die eigene Überzeugung zu vertreten*
Zi·vi·li·sa·ti'on ⟨[-v-] f.; -, -en⟩ *die technisch fortgeschrittenen, verfeinerten äußeren Formen des Lebens u. der Lebensweise eines Volkes, im Unterschied zur Kultur*
zi·vi·li'sie·ren ⟨[-v-] V. 500⟩ Menschen ~ *der Zivilisation zuführen;* ein Volk ~
Zi'vil·recht ⟨n.⟩ = *bürgerliches Recht*
'Zo·fe ⟨f.; -, -n⟩ *Kammerzofe, Dienerin bei einer Angehörigen des höheren Adels*
'zö·gern ⟨V. 400⟩ *sich nicht entschließen können, abwarten, zaudern;* zu lange ~; ohne Zö-

gern antworten, aufbrechen, handeln; etwas nur ~d tun; ~d gehorchen

'Zög·ling ⟨m.; -s, -e⟩ *jmdm. od. einem Institut zur Erziehung anvertraute(r) Jugendliche(r), Pflegebefohlene(r);* ~ eines Internats

Zoll[1] ⟨m. 7; -(e)s, -; Zeichen: "⟩ **1** *früheres dt. Längenmaß, 1/10 od. 1/12 Fuß* **1.0.1** jeder ~ ein König ⟨fig.⟩ *von Kopf bis Fuß königlich* **2** *engl. Längenmaß, Inch, 2,54 cm;* 3 ~ breit **3** ⟨Astr.⟩ *zwölfter Teil des Sonnen- od. Monddurchmessers*

Zoll[2] ⟨m.; -(e)s, ¨e⟩ **1** ⟨Altertum u. MA⟩ *Abgabe an bestimmten Plätzen im Innern des Landes, z. B. Wegezoll, Brückengeld* **2** *Abgabe für Waren, die in einen anderen Staat befördert werden, an diesen Staat;* die Zölle erhöhen, senken; auf dieser Ware liegt kein ~; für eine Ware ~ bezahlen **3** ⟨umg.⟩ *Zollabfertigungsstelle;* die Sendung liegt noch beim ~

'zol·len ⟨V. 530/R6⟩ jmdm. eine Sache ~ *nach Verdienst u. Schuldigkeit erweisen;* jmdm. Achtung, Anerkennung, Bewunderung ~; jmdm. Beifall ~

'Zöll·ner ⟨m.; -s, -⟩ **1** ⟨im Röm. Reich⟩ *Einnehmer von Zoll* **2** ⟨umg.⟩ *Zollbeamter*

'Zoll·stock ⟨m.⟩ *(zusammenklappbarer) Meßstab mit Zoll- u. (od.) Zentimetereinteilung*

'Zo·ne ⟨f.; -, -n⟩ **1** *nach bestimmten Gesichtspunkten eingeteiltes Gebiet;* Gefahren~ **1.1** *Teilgebiet eines nicht souveränen Staates;* Besatzungs~; amerikanische, englische, französische, sowjetische ~ **1.2** *Stufe der Entfernung, nach der die Preise für die Beförderung von Gütern u. die Fernsprechgebühren berechnet werden;* der Fahrpreis für die erste ~ beträgt 60, für die zweite ~ 80 Pfennig **1.3** →a. *blau(1.6)* **1.4** ~ des Schweigens *Gebiet, in dem eine Detonation nicht hörbar ist* **2** ⟨Geogr.⟩ *von zwei parallelen Kreisen begrenzter Streifen der Erdoberfläche* **2.1** gemäßigte ~ *Gebiet zwischen Wendekreis u. Polarkreis* **2.2** heiße ~ *Gebiet zwischen beiden Wendekreisen* **2.3** kalte ~ *Gebiet zwischen Polarkreis u. Pol* **3** ⟨Geol.⟩ *kleinste Unterabteilung einer Formation*

Zoo·lo'gie ⟨f.; -, -n; meist unz.⟩ *wissenschaftl. Kunde, Lehre von den Tieren*

zoo'lo·gisch ⟨Adj.⟩ **1** *die Zoologie betreffend, zu ihr gehörend, auf ihr beruhend* **2** ~er Garten *Einrichtung zur Haltung u. Schaustellung von einheim. u. exot. Tieren zu belehrenden u. wissenschaftl. Zwecken*

Zopf ⟨m.; -(e)s, ¨e⟩ **1** *aus drei Strängen geflochtenes, langes Haupthaar;* einen ~, Zöpfe tragen; das Haar in Zöpfe flechten **2** ⟨fig.⟩ *überholte Einrichtung od. Anordnung, rückständige Ansicht;* das ist ein alter ~ **3** *aus drei Teigstreifen geflochtenes Gebäck* **4** ⟨Forstw.⟩ *Wipfel eines Baumes*

Zorn ⟨m.; -(e)s; unz.⟩ *heftiger Unwille, aufwallender Ärger (über Unrecht od. eine Kränkung);* jmds. ~ fürchten; der ~ packte ihn; sein ~ war verraucht; einen ~ auf jmdn. haben; jmdn. in ~ bringen; in ~ geraten; sich in ~ reden; er war rot vor ~; mich packte ein heiliger ~ ⟨scherzh.⟩

'zor·nig ⟨Adj.⟩ *im Zorn befindlich, voller Zorn;* ~ werden

'Zo·te ⟨f.; -, -n⟩ *grob unanständiger Witz, unanständige Redensart*

'Zot·te[1] ⟨f.; -, -n; südwestdt.; mitteldt.⟩ *Schnauze, Ausgießer (der Kanne)*

'Zot·te[2] ⟨f.; -, -n⟩ **1** ⟨Anat.⟩ *kleine Ausbuchtung an Geweben nach innen;* Darm~ **2** *Haarbüschel (bes. bei Tieren)*

'zot·teln ⟨V. 411(s.); umg.⟩ *langsam u. achtlos od. in Gedanken versunken einhergehen;* durch die Stadt, die Straßen ~

zu[1] ⟨Präp. mit Dativ⟩ **1** ~ einem Ort *in Richtung auf, auf ... hin ...;* jmdn. ~r Bahn bringen; ~ Boden stürzen; der Weg ~r Stadt; ~r Tür (hinaus) gehen; stell das Glas ~ den anderen; ~ Anfang, ~ Ende **1.0.1** ⟨nachgestellt⟩; nach Osten ~; dem Meer, der Straße ~ gelegen **1.0.2** von Ort ~ Ort *von einem O. zum anderen* **1.1** bitte ~ Tisch! *das Essen ist fertig* **1.2** ~ Bett gehen *schlafen gehen* **2** ~ jmdm. *in Richtung auf, neben jmdn., in jmds. Haus, Wohnung;* Sy *von(1.1);* ~ jmdm. gehen, kommen; setz dich ~ mir; ~m Arzt, ~m Bäcker gehen **2.1** Geld ~ sich stecken *G. einstecken* **2.2** sich ~ jmdm. verhalten ⟨fig.⟩ *gegenüber, in Bezug auf jmdn.;* er ist sehr nett ~ mir; aus Liebe ~ ihm **2.3** *an einem Ort;* jmdm. ~ Füßen sitzen; ~ Hause sein; der Dom ~ Köln; Fürst ~ Monaco; jmdm. ~r Seite sitzen; ~ Lande und ~ Wasser; ~m Fenster hinaussehen; ~ seiner Rechten, Linken **2.3.1** ⟨vor Namen, urspr. Ortsbez.⟩ *(Adelsprädikat);* Freiherrr von u. ~m Stein **2.3.2** ein Herr von und ~ ⟨scherzh.⟩ *ein sehr vornehmer od. vornehm tuender H.* **2.3.3** jmdm. ~r Seite stehen ⟨fig.⟩ *jmdm. helfen* **3** ~ einer Arbeitsstelle gehen *dort (zu) arbeiten (beginnen)* **3.1** ~r Bühne gehen *Schauspieler(in) werden* **3.2** ~m Militär gehen *Soldat werden* **3.3** ~r See fahren *Matrose, Seeoffizier sein* **3.4** ~r Schule, Hochschule gehen *eine S., H. regelmäßig besuchen* **4** ~ einer Zeit, einem Zeitpunkt *gleichzeitig mit, an einem Z.;* ~ jener Zeit; ~ Mittag, Abend essen; ~r Zeit des Bauernkrieges; ~ Goethes Zeiten **4.1** von Zeit ~ Zeit *ab u. zu, gelegentlich* **4.2** es wird von Tag ~ Tag schlechter, besser *jeden T.* **4.3** ~ einem Anlaß *anläßlich;* ~ Weihnachten; ~ seinem Geburtstag, Jubiläum **5** ~ einer Form, einem Stoff werden *eine andere Gestalt annehmen, sich verwandeln in;* ~ Asche verbrennen; ~ Pulver zermahlen; ~ Brei, ~ Mus quetschen; ~ Butter, Quark werden; ~ Eis werden **5.1** *eine andere gesellschaftliche Funktion erhalten;* jmdn. ~m Direktor ernennen; jmdn. ~m König wählen; er ist ~m Mann herangewachsen; er ist ~m Dieb geworden; er ist ~m reichen Mann geworden **6** ~ etwas **6.1** Material ~ etwas *als Bestandteil, notwendige Voraussetzung dienend;* Stoff ~ einem Kleid; Steine ~ einem Haus; Papier ~m Schreiben; etwas ~m Essen, Trinken; ein Platz ~m Spielen; etwas Warmes ~m Anziehen **6.2** ~ etwas Abstraktem *seinem Ziel, Zweck dienend;* ~ meiner Freude kann ich sagen ...; dir ~ Ehren; ~ seinen Gunsten; jmdm. ~m (zu jmds.) Nutzen; er hat es ~ meiner vollen Zufriedenheit erledigt; ~ meiner Unterhaltung; das tue ich nur ~m Zeitvertreib; sich jmdn. ~m Vorbild nehmen; ~m Wohl!; es geht ihm nicht ~m besten; ~m Beispiel ⟨Abk.: z. B.⟩ **6.3** *(Mittel der Fortbewegung);* ~ Fuß gehen; ~ Pferde; hoch ~ Roß;

~ Schiff **6.4** ~ Befehl! ⟨Mil.⟩ *wie befohlen, wird ausgeführt* **6.5** ~m Glück *glücklicherweise* **7** ⟨mit Zahlen- od. Mengenangabe⟩ **7.1** *im Verhältnis;* 2 verhält sich ~ 4 wie 3 ~ 6 (2:4 = 3:6); der Verein hat 2 ~ 1 gewonnen (2:1); im Vergleich ~ seiner Schwester ist er klein **7.2** ~ zweit, dritt (zweien, dreien) usw. *zwei, drei usw. zusammen;* sie kamen ~ hunderten **7.3** ~m ersten, zweiten, dritten *erstens, zweitens, drittens* **7.4** ~m achten Male *wiederkehrend* **7.5** etwas ~ einem Preis von 10,-- DM kaufen *10,-- DM dafür bezahlen;* das Stück ~ 7,50 DM **7.6** etwas ~m Teil tun *nicht ganz;* etwas ~r Hälfte aufessen; ~m halben Preis kaufen **8** ⟨ohne Kasusrektion vor Infinitiv; bei Verben mit abtrennbaren Vors. zusammengeschrieben zwischen Vors. u. Stamm⟩ ich wünsche ihn ~ sprechen; wir versuchten ihn abzulösen **8.1** er droht, das Zimmer ~ verlassen *er droht (damit), daß er das Z. verläßt* **8.1.1** jmd. tut etwas, ohne es ~ wissen *ohne daß er es weiß* **8.1.2** statt ~ gehorchen *statt daß er gehorcht* **8.2** es ist kaum ~ glauben; es ist nichts ~ machen; es ist zwischen X. und Y. ~ unterscheiden; der Wein ist nicht ~ trinken **8.3** etwas ist ~ tun *muß, soll getan werden;* Zimmer ~ vermieten; die Aufgabe ist ~ lösen; die ~ vermietenden Zimmer; noch ~ lösende Aufgaben **8.4** etwas ~ tun haben *tun müssen, dürfen;* etwas ~ bestimmen haben; er hat nichts ~ arbeiten; er hat ~ gehorchen; nur noch kurze Zeit ~ leben haben **8.5** um ~ *mit dem Ziel, zu ...;* ich komme, um dir ~ helfen **9** etwas ~ einem anderen *darüber hinaus, außerdem noch;* Brot ~m Fleisch essen; nimmst du Milch, Zukker ~m Kaffee?; ~ allem Übel, Unglück; ~ alledem kam noch seine Krankheit **9.1** Lieder ~ einem Instrument *mit Begleitung eines Instruments;* Lieder ~r Laute singen

zu² ⟨Adv.⟩ **1** *im Übermaß vorhanden;* ~ sehr, ~ viel, ~ wenig; ~ groß, ~ hoch, ~ klein, ~ tief; er ist ~ klug, als daß er so etwas täte; es ist ~ schön, um wahr ~ sein; das ist ~ dumm, ~ schade; er weiß zwar schon viel, aber nicht ~ viel von dieser Sache; er weiß aber auch ~ wenig! **2** *geschlossen;* Tür ~!; Tür ~, es zieht!; die Läden haben sonntags ~; Mund ~! **3** ab und ~ *gelegentlich, manchmal* **4** mach ~! ⟨umg.⟩ *mach schnell!, beeile dich* **4.1** nur ~! *nur weiter (so)!, frisch ans Werk, nur Mut!*

zu... ⟨Vors.⟩ **1** *(zur Bez. des Verschließens, Bedeckens);* zuschließen, zumachen, zuschütten **2** *(zur Bez. der Richtung auf ein Ziel hin);* auf jmdn. zugehen, zukommen **3** *(zur Bez. des Hinzufügens, der zusätzl. Gabe);* zugeben, zusetzen, zuzahlen

zu·al·ler'erst ⟨Adv.; verstärkend⟩ *zuerst*

zu·al·ler'letzt ⟨Adv.; verstärkend⟩ *zuletzt*

'Zu·be·hör ⟨n. od. (selten) m.; -(e)s, -e (schweiz. a.) -den⟩ **1** *bewegl. Sachen, die zu etwas (Haus, Betrieb, Gerät u. a.) dazugehören;* eine Wohnung mit allem ~ **2** ⟨Tech.⟩ *ein Gerät ergänzende Teile;* eine Kamera mit ~

'zu|bei·ßen ⟨V. 105/400⟩ *schnell u. kräftig beißen, mit den Zähnen nach etwas schnappen;* Vorsicht, der Hund beißt rasch zu!

'Zu·ber ⟨m.; -s, -⟩ *großer hölzerner Behälter mit zwei Handgriffen, Wanne;* Wasch~

'zu|be·rei·ten ⟨V. 500⟩ **1** Speisen ~ *kochen, zum Essen vorbereiten, fertigmachen;* das Essen ist gut zubereitet **2** Arznei ~ *mit der Hand herstellen* **3** Stoff ~ *einem bestimmten chem. Prozeß unterwerfen, appretieren*

'zu|bil·li·gen ⟨V. 530/R5 od. R6⟩ jmdm. etwas ~ *gestatten, zugestehen, einräumen;* wir können unseren alten Kunden einen Preisnachlaß ~; dieses Recht kann keinem zugebilligt werden!; dem Angeklagten wurden mildernde Umstände zugebilligt

'zu|brin·gen ⟨V. 118/500⟩ **1** einen Verschluß ~ ⟨umg.⟩ *schließen können;* ich bringe das Fenster nicht zu **2** ⟨530⟩ jmdm. etwas ~ *zu jmdm. etwas hinbringen, hinschaffen;* den Arbeitern Material automatisch ~ lassen **2.1** jmdm. eine Nachricht ~ ⟨fig.⟩ *zutragen, hinterbringen* **2.2** ⟨511⟩ etwas in die Ehe ~ *einbringen;* in die Ehe zugebrachtes Vermögen **3** ⟨511⟩ eine Zeit an einem Ort ~ *(bes. zwangsweise od. ungern) verbringen, verleben;* das Alter in völliger Einsamkeit ~; er hat sechs Wochen im Krankenhaus, im Gefängnis zugebracht

'Zu·brin·ger ⟨m.; -s, -⟩ **1** *jmd., der jmdm. etwas zubringt* **2** *Maschinenteil, der zur Arbeit benötigtes Material dorthin befördert, wo es gebraucht wird, z. B. Förderband* **3** *Verkehrsmittel (Kraftfahrzeug, Flugzeug) zur Beförderung an einen wichtigen Verkehrspunkt, vor allem Flugplatz* **4** *Straße, die die Verbindung zu einer Hauptstraße od. Autobahn herstellt;* Autobahn~

Zucht ⟨f.; -, -en⟩ **1** ⟨unz.⟩ *Erziehung zum Gehorsam;* jmdn. in die ~, in strenge ~ nehmen **1.1** *Straffheit, Disziplin;* Manns~, Schul~; ~ halten; jmdn. an ~ gewöhnen; hier herrscht (keine) ~ und Ordnung; hier herrscht ja eine schöne ~! ⟨umg.; iron.⟩ **1.2** ⟨veralt.⟩ *Anstand, Sittlichkeit* **2** *das Aufziehen, Züchten, Züchtung;* Pflanzen~, Tier~ **3** *Ergebnis der Zucht(2);* beide Tiere stammen aus einer ~, aus verschiedenen ~en; die ~en dieses Jahres waren enttäuschend

'züch·ten ⟨V. 500⟩ **1** Pflanzen, Tiere ~ *aufziehen u. durch Kreuzen möglichst die Rasse od. Art verbessern* **1.1** Bakterien ~ *nach bes. Verfahren heranziehen* **2** ⟨fig.⟩ *wachrufen u. zur Entfaltung bringen;* hier wird Arroganz geradezu gezüchtet

'Zucht·haus ⟨n.; bis 1969⟩ *Strafanstalt für die zu einer schweren Freiheitsstrafe verurteilten Verbrecher;* im ~ sitzen

'züch·tig ⟨Adj.; veralt.⟩ *tugendhaft, sittsam, verschämt;* ein ~es Mädchen; ~ die Augen niederschlagen

'züch·ti·gen ⟨V. 500/R7 od. R8⟩ jmdn. ~ *durch Schlagen bestrafen;* wer sein Kind lieb hat, der züchtigt es ⟨Sprichw.⟩

'zucken ⟨-k·k-; V.⟩ **1** ⟨400⟩ ein Licht zuckt *flackert, leuchtet plötzlich, unregelmäßig;* ein Blitz zuckte (am, über den Himmel) **1.1** die Flammen ~ *flackern, lodern* **2** ⟨400⟩ *unwillkürlich eine plötzl. Bewegung machen;* seine Hand zuckte, als die Flamme sie berührte; sie leidet an einem nervösen Zucken des Gesichts, der Augenlider; der Schmerz zuckte ihm durch den ganzen Körper **3** ⟨610⟩ **3.1** es zuckt mir in den Gliedern, der Schmerz zuckt mir in den G. *ich leide an Rheumatismus* **3.2** es zuckte mir in den Fingern, ihm eine Ohrfeige zu geben ⟨fig.⟩ *ich hätte ihm sehr gern eine O. gegeben* **4** ⟨414⟩ **4.1** ohne mit der Wimper zu ~ ⟨fig.⟩ *unbewegten Gesichtes, ohne ein Gefühl zu zeigen* **4.2** mit ~den Mundwinkeln, mit ~den Lippen ⟨a. fig.⟩ *dem Weinen nahe* **4.3** ⟨416 od. 500⟩ die Achseln, mit den Achseln ~ *die A., die Schultern rasch heben u. fallen lassen (um zu zeigen, daß man etwas nicht weiß od. daß einem etwas gleichgültig ist)*

'zücken ⟨-k·k-; V. 500⟩ etwas ~ **1** *plötzlich hervorziehen;* den Degen, das Schwert ~ **2** ⟨umg.; scherzh.⟩ *nehmen, ergreifen;* den Bleistift ~; das Portemonnaie ~

'Zucker ⟨-k·k-; m.; -s; unz.⟩ **1** ⟨i. e. S.⟩ *aus bestimmten Pflanzen (Zuckerrohr, Zuckerrübe) u. Früchten gewonnenes Kohlenhydrat von süßem Geschmack;* das ist süß wie ~; die Ostereier waren aus ~; gebrannter, brauner ~; gestoßener, klarer ~; nehmen Sie ~ zum Kaffee?; den Tee mit ~ süßen; Kaffee mit ~ und Milch od. Sahne; ein Löffel (voll), ein Stück ~ **2** ~ haben ⟨umg.⟩ *zuviel Zucker(1) im Blut haben, zuckerkrank sein* **3** ⟨i. w. S.⟩ *Kohlenhydrat, das sich aus verhältnismäßig kleinen Molekülen zusammensetzt* **4** das ist ~! ⟨fig.; umg.⟩ *das ist gut, fein, nett*

'zuckern ⟨-k·k-; V. 500⟩ Speisen ~ *Zucker hinzufügen, süßen;* den Kuchen, den Pudding ~

'Zucker·werk ⟨-k·k-; n.; -(e)s; unz.⟩ *überwiegend aus Zucker bestehende Süßigkeiten*

'zu|decken ⟨-k·k-; V. 500⟩ **1** etwas ~ *bedekken, schließen, indem man einen Gegenstand darüberlegt;* ein Loch, eine Grube, einen Topf ~; die Pflanzen vor dem ersten Frost mit Stroh, Reisig ~ **2** ⟨R7⟩ jmdn. ~ *mit einer Decke bedecken;* das Kind gut, warm ~; sich mit seinem Mantel ~ **2.1** ⟨516⟩ jmdn. mit Reden ~ ⟨fig.⟩ *überhäufen, nicht zu Worte kommen lassen;* sie haben ihn mit Fragen, Vorwürfen zugedeckt **2.1.1** ⟨516⟩ die feindl. Linien mit Artilleriefeuer ~ *so heftig beschießen, daß der Gegner in Deckung bleiben muß*

zu'dem ⟨Adv.⟩ *überdies, außerdem*

'zu|den·ken ⟨V. 119/530/R5 od. R6⟩ jmdm. etwas ~ *jmdm. etwas geben, schenken wollen, etwas für jmdn. bestimmen;* dieses Buch habe ich ihr zugedacht; ich habe das ihm zugedachte Geschenk leider vergessen

'zu·dring·lich ⟨Adj.⟩ *aufdringlich, lästig, einen anderen belästigend (bes. mit Vertraulichkeiten);* ein ~er Mensch; ~ werden

'zu|drücken ⟨-k·k-; V. 500⟩ **1** etwas ~ *durch Drücken schließen;* einen Deckel, eine Tür ~ **2** ⟨530⟩ jmdm. die Augen ~ *einem soeben Gestorbenen die Augen schließen* **3** ein Auge, beide Augen ~ ⟨fig.; umg.⟩ *etwas absichtlich nicht beachten, über etwas Unzulässiges hinwegsehen*

'zu·ein·an·der ⟨a. [--'--] Adv.⟩ *eines, einer zum anderen, einer mit dem anderen;* sie passen gut, schlecht ~; sie sind sehr nett, lieb, böse ~

'zu|er·ken·nen ⟨V. 166/530/R5 od. R6⟩ jmdm. etwas od. jmdn. ~ *(gerichtlich) zusprechen;* etwas dem Meistbietenden ~ (bei Versteigerungen); jmdm. den ersten Preis ~; jmdm. ein Recht ~; das Kind wurde nach der Scheidung der Mutter zuerkannt

zu'erst ⟨Adv.⟩ **1** *als erster, als erste, als erstes;* mit der ~ genannten Bedingung bin ich einverstanden, mit der zuletzt genannten nicht; ~ läuft der Schnellzug ein, danach der Eilzug; ich gehe ~; ~ an die Reihe kommen; wer ~ kommt, mahlt ~ ⟨Sprichw.⟩ **2** *zu Anfang, anfänglich, in der ersten Zeit;* ~ bemerkte ich noch gar nichts; ~ fand ich ihn unsympathisch, aber später lernte ich seine Vorzüge schätzen; ~ verstand ich gar nicht, was er damit meinte

'Zu·fahrt ⟨f.⟩ *Möglichkeit des Fahrens bis zu etwas hin;* gibt es zu dem Grundstück keine andere ~?

'Zu·fall ⟨m.⟩ *das Eintreten od. Zusammentreffen von Ereignissen, das nach menschl. Voraussicht nicht zu erwarten war;* das kann doch nicht bloß ~ sein!; eine Kette, Reihe von Zufällen brachte es mit sich, daß ...; was für ein, welch ein ~ (daß ich dich gerade hier treffe)!; durch ~ erfuhr ich davon; es war reiner, purer ~, daß wir uns hier trafen; es war ein glücklicher, unglücklicher ~, daß ...; ein Spiel des ~s; und wie es der ~ manchmal mit sich bringt ...; das wollen wir dem ~ überlassen; seine Rettung ist nur dem ~ zu verdanken; der ~ wollte (es), daß ...

'zu|fal·len ⟨V. 131(s.)⟩ **1** ⟨400⟩ etwas fällt zu *schließt sich von selbst;* das Fenster, die Tür, der Deckel fällt zu; die Augen fielen ihm vor Müdigkeit fast zu; die Tür ist von selbst zugefallen **2** ⟨600⟩ jmdm. fällt etwas zu *jmd. erhält etwas als Anteil, z. B. infolge Erbschaft;* das gesamte Erbe fiel einem Neffen zu; der erste Preis ist Frau X zugefallen **2.1** jmdm. fällt eine Aufgabe zu *jmd. hat eine A. zu erledigen;* ihm fiel die Rolle des Beraters zu

'zu·fäl·lig ⟨Adj.⟩ *durch Zufall (geschehend), ohne, daß es vorauszusehen war, unerwartet;* eine ~e Beobachtung; es war nur ein ~es Zusammentreffen; es geschah ganz ~; das habe ich (ganz) ~ gesehen; ich traf ihn ~ in der Stadt; er ging ~ vorüber; der kleine Kreis hat sich mehr oder minder ~ zusammengefunden

'zu|fas·sen ⟨V. 400⟩ **1** *greifen, anfassen;* er konnte gerade noch rechtzeitig ~ **2** ⟨fig.⟩ *helfend einspringen;* du könntest beim Tischdekken ein wenig mit ~!

'zu|flie·gen ⟨V. 136(s.)⟩ **1** ⟨530⟩ ein Vogel fliegt jmdm. zu *ein V. fliegt zu jmdm. u. bleibt im Haus;* der Kanarienvogel ist uns zugeflogen **1.1** Gedanken fliegen jmdm. zu ⟨fig.⟩ *jmd. kommt ohne Mühe auf neue G.* **1.1.1** jmdm. ist in der Schule alles zugeflogen ⟨fig.⟩ *jmdm. ist das Lernen sehr leicht gefallen, jmd. hat sehr leicht gelernt* **1.2** alle Herzen fliegen jmdm. zu ⟨fig.⟩ *alle haben jmdn. sofort gern* **2** ⟨411⟩ auf etwas od. jmdn. ~ *in Richtung auf etwas od. jmdn. fliegen;* auf einen Wald, eine Stadt, ein Ziel ~; sie flog auf ihre Mutter zu **3** ⟨400⟩ Fenster, Türen fliegen zu ⟨umg.⟩ *fallen heftig (krachend) zu*

'zu|flie·ßen ⟨V. 138/600(s.)⟩ etwas fließt etwas zu **1** *in eine bestimmte Richtung fließen, hinfließen zu;* der Fluß fließt dem Meer zu **2** *fließend zu etwas hinzukommen;* dem Bassin fließt ständig frisches Wasser zu **3** ⟨fig.⟩ *zuteil werden;* der Reinerlös der Veranstaltung fließt dem Müttergenesungswerk zu

'Zu·flucht ⟨f.⟩ **1** *Hilfe, Rettung, Schutz;* jmdm. ~ vor dem Unwetter bieten; bei jmdm. ~ suchen; du bist meine letzte ~! **2** ⟨fig.⟩ *Ausweg;*

seine ~ zu einem nicht ganz einwandfreien, nicht ganz korrekten Mittel nehmen

'Zu·fluß ⟨m.⟩ **1** *das Zu-, Hinzufließen;* der ~ war durch das Unwetter unterbrochen **2** *hinzufließendes Wasser, Gewässer;* der See erhält ~ von zwei Bächen **3** ⟨fig.⟩ *(ständiges) Hinzukommen;* ~ von Geldern, Spenden

zu'fol·ge ⟨Präp. m. Dat. u. Gen.⟩ *als Folge des ..., der ..., gemäß, nach, folgend;* dem Befehl ~ hat er ...; ~ dieses Befehls hat er ...

zu'frie·den ⟨Adj.⟩ **1** *befriedigt, mit seinen Lebensumständen einverstanden, keine großen Wünsche habend;* ein ~es Gesicht machen; ein ~er Mensch; er ist nie ~; bist du nun ~? 1.1 ⟨45⟩ mit jmdm. od. etwas ~ sein *einverstanden sein, von jmds. Leistungen od. etwas befriedigt sein;* ich bin mit deinen Leistungen (nicht, sehr, recht) ~; er ist mit seiner neuen Sekretärin (gar nicht, sehr) ~ 1.2 ⟨42⟩ es ~ sein *mit etwas einverstanden sein, es recht finden;* ich bin es ~

zu'frie·den|ge·ben ⟨V. 143/500/R3⟩ **1** sich ~ *von nun an zufrieden sein, sich beruhigen, sich einverstanden erklären, nichts mehr wünschen od. fordern* 1.1 nun gib dich endlich zufrieden! *hör auf mit dem Nörgeln!* **2** ⟨516/R3⟩ sich mit etwas ~ *abfinden, von nun an mit etwas zufrieden sein;* nachdem er sich lange gegen sein Schicksal aufgebäumt hatte, gab er sich endlich damit zufrieden; damit werde ich mich nie und nimmer ~!

zu'frie·den|las·sen ⟨V. 175/500/R8⟩ jmdn. ~ *in Ruhe lassen;* nun laß mich endlich zufrieden!; warum läßt du ihn nicht damit zufrieden?

zu'frie·den|stel·len ⟨V. 500/R8⟩ jmdn. ~ *jmds. Zufriedenheit erreichen, jmdn., jmds. Wünsche befriedigen;* er ist leicht, schwer zufriedenzustellen; man kann ihn mit nichts ~!

'zu|fü·gen ⟨V. 500⟩ **1** ⟨500⟩ etwas ~ *hinzufügen, hinzutun;* der Soße noch ein wenig Wasser ~ **2** ⟨530⟩ jmdm. etwas ~ *jmdm. etwas (Böses) antun;* jmdm. eine Niederlage, Schaden, Schmerz, Kummer ~

'Zu·fuhr ⟨f.; -, -en⟩ **1** *Möglichkeit, etwas zuzuführen;* die Eingeschlossenen waren von jeder ~ abgeschnitten; mit Hilfe der Luftbrücke war die ~ von allen Bedarfsgütern gesichert; die ungünstige Witterung ließ die ~ von Lebensmitteln stocken **2** *das Zuführen;* die ~ von Warmluft bringt Tauwetter

'zu|führen ⟨V. 500⟩ **1** ⟨530⟩ jmdm. od. einer Sache jmdn. od. etwas ~ *hinführen zu, heranführen an, zuleiten, hineinführen in;* dem Gerät Elektrizität ~; dem Magen Nahrung ~; einem Geschäft neue Kunden ~; dem Stier die Kuh ~; einen Verbrecher seiner verdienten Strafe ~; dem Bräutigam (nach altem Brauch) die Braut ~ **2** ⟨511⟩ etwas führt auf etwas ~ *etwas verläuft in Richtung auf etwas;* die Straße führt (genau, gerade) auf das Dorf zu

Zug ⟨m.; -(e)s, ¨-e⟩ **1** *das Ziehen;* Wolken~, Vogel~; in diesem Jahr setzt der ~ der Vögel nach dem Süden schon früh ein 1.1 ⟨Brettspiel⟩ *das Ziehen, Rücken einer Figur, eines Steins;* den ersten ~ tun; kann ich den ~ noch zurücknehmen?; einen ~ tun; ein falscher, unüberlegter ~; am ~e sein; er gewann das Spiel in fünf Zügen 1.1.1 am ~e sein ⟨a. fig.⟩ *an der Reihe sein zu handeln* 1.2 *das Hinunterschlucken von Getränken;* einen kräftigen, tüchtigen ~ tun; in langen, gierigen Zügen trinken; einen ~ aus dem Glas tun 1.2.1 in einem, auf einen, mit einem ~ *ohne abzusetzen;* er leerte das Glas in einem ~ 1.2.2 einen guten ~ haben ⟨umg.⟩ *ohne das Glas abzusetzen viel trinken können* 1.3 *das Einatmen (von Luft od. Tabaksrauch);* die reine Waldluft in kräftigen Zügen genießen; einen ~ aus der Pfeife tun; ein ~ an der Zigarre, Zigarette 1.4 ⟨fig.⟩ 1.4.1 er genoß sein Leben in vollen Zügen *nach Kräften* 1.4.2 er liegt in den letzten Zügen *er liegt im Sterben* **2** *Reise, Fahrt mehrerer Personen;* der ~ der Karawane; der ~ der Kinder Israel durch die Wüste 2.1 *Forschungsreise;* Sven Hedin auf dem ~ nach Tibet 2.2 *krieger. od. räuber. Unternehmung;* Kriegs~; Raub~; der ~ Napoleons nach Rußland **3** *Schnur, Seil zum Ziehen;* Klingel~, Seil~ 3.1 *Vorrichtung zum Spannen, Zusammenhalten;* Gummi~ **4** *Kanal zum Abziehen der Rauchgase (bei Feuerungsanlagen)* **4.1** *im Lauf von Feuerwaffen angebrachte schraubenförmige Rillen, die das Geschoß in Drehung versetzen* **5** *zusammengekoppelte Reihe von Fahrzeugen* 5.1 *Lokomotive mit angehängten Wagen;* Eisenbahn~; der ~ war leer, überfüllt; der ~ führt nur Wagen erster Klasse; wann geht der nächste ~ nach Hamburg?; unser ~ hat 15 Minuten Verspätung; den ~ verpassen, versäumen; einen anderen ~ nehmen; der Lokomotivführer brachte den ~ noch rechtzeitig zum Halten, zum Stehen; der ~ ist entgleist; in den falschen ~ steigen; der ~ hält nicht überall, nicht auf allen Stationen; früh mit dem ersten ~ fahren; ich werde dich zum ~ bringen; ich hole dich vom ~ ab 5.2 *Lastwagen mit Anhänger;* Last~ 5.3 *Gespann (von Pferden vor einem Wagen);* Sechser~ **6** *hintereinander hergehende od. fahrende Gruppe von Menschen od. Fahrzeugen;* Demonstrations~, Fest~, Geleit~, Trauer~, Wagen~; der ~ der Leidtragenden folgte dem Sarg 6.1 ⟨Mil.⟩ *Einheit von etwa 30 Soldaten* **7** ⟨fig.⟩ *kennzeichnende Linie;* Gesichts~; Schrift~; milde, scharfe, strenge Züge; sie hat einen bitteren, scharfen ~ um den Mund 7.1 etwas in großen Zügen erklären, schildern *zusammenfassend, ohne Einzelheiten* 7.2 *Schwerpunkt der Bildung in der Schule;* das Gymnasium hat einen humanistischen und einen naturwissenschaftlichen ~ 7.3 *Bestandteil, Eigenart;* ~ des Charakters, des Wesens; Charakter~, Wesens~; daran kannst du nichts ändern, das ist der ~ der Zeit; das ist ein anständiger, schöner ~ von ihm; ein ~ von Größe ist ihm eigen 7.4 einen ~ ins ... haben *eine Richtung ins ... einschlagen* 7.4.1 die ganze Sache hat einen ~ ins Lächerliche *ist etwas lächerlich* 7.4.2 er hat einen ~ ins Maßlose *er wird leicht maßlos, kann manchmal nicht Maß halten* **8** ⟨unz.⟩ 8.1 *Luftbewegung in Räumen;* Sy *Zugluft;* Durch~; ich habe ~ abbekommen und mich dabei erkältet; ich vertrage keinen ~; diese Pflanze muß vor ~ geschützt werden; sich dem ~ aussetzen 8.1.1 *Luftbewegung in Feuerungsanlagen;* der Ofen hat nicht genug ~ 8.2 ⟨Mechanik⟩ *Belastung, die auftritt, wenn auf einen Werkstoff zwei in Richtung der Achse angreifende, einander entgegengesetzte Kräfte wirken;* diese Bewegungen üben einen starken ~ auf die Welle aus; eine Schraube auf ~ beanspruchen **8.3** ⟨fig.⟩ *Spannung, Bewegung, Schwung;* ~ in etwas bringen **8.3.1** zum ~e kommen *tatkräftig handeln, so handeln od. sprechen, wie man es will* **8.3.2** die Sache muß ~ um ~ geschehen, erledigt werden *ohne Unterbrechung, eine Maßnahme od. Handlung muß der anderen dabei sofort folgen* **8.3.3** im ~e sein *dabei sein, ohne Unterbrechung etwas zu tun;* der Redner war im besten ~e, als ... **8.4** im ~e ⟨fig.⟩ *zusammen mit, gleichzeitig;* im ~e der Reformen in der Sozialgesetzgebung

'Zu·gang ⟨m.⟩ **1** ~ zu einem Raum, Gebiet *Tor, Tür od. Weg als Eingang;* gibt es zu diesem Raum nur einen ~?; alle Zugänge (zur Stadt, zur Grenze) waren gesperrt; das Land forderte freien ~ zum Meer **2** ~ zu Gruppen der Gesellschaft *Möglichkeit, in eine G. aufgenommen zu werden;* zu diesen Gesellschaftskreisen habe ich keinen ~ **3** ~ zu Künsten, Wissenschaften ⟨fig.⟩ *Verständnis, Fähigkeit zur Beurteilung von K., W.;* zur modernen Kunst kann ich keinen ~ finden **4** *Neuerwerb, Zuwachs;* ~ an Büchern, Waren; die Bibliothek hatte in der letzten Zeit nur wenig Zugänge

'zu·gäng·lich ⟨Adj.⟩ **1** ein Ort, Platz ist ~ *so beschaffen, daß man zu ihm hingehen kann;* die Bibliothek, das Schloß ist (nicht) allgemein ~; die Hütte ist im Winter schwer ~ **2** ⟨70⟩ Gegenstände sind ~ *verfügbar, benutzbar;* das Buch ist z. Z. nicht ~ **3** ⟨70⟩ ein Werk der Kunst od. Wissenschaft ist ~ ⟨fig.⟩ *verständlich;* jmdm. ein schwieriges Werk ~ machen; ein leicht, schwer ~es Werk **4** jmd. ist ~ ⟨fig.⟩ *gegenüber anderen Menschen aufgeschlossen, umgänglich;* er ist für einen guten Rat stets ~

'zu|ge·ben ⟨V. 143/500⟩ **1** Waren ~ *dazugeben, (als Geschenk) zusätzlich geben;* der Fleischer gibt beim Abwiegen der Wurst meist ein paar Gramm zu **1.1** *hinzufügen;* Gewürze (an die Suppe) ~ **1.2** ein Musikstück ~ *zusätzlich zum Programm singen od. spielen;* der Sänger gab mehrere Lieder zu **2** etwas vorher Bestrittenes, Abgelehntes ~ *einräumen, für richtig erklären;* ich gebe zu, daß er recht hat, aber anständig ist es nicht, wie er sich verhält; nun gib doch endlich zu, daß du dabei warst!; der Angeklagte hat die Tat zugegeben **2.1** zugegeben, er hat ..., aber ... *richtig, es stimmt zwar, daß er ..., aber ...* **2.2** *dulden, erlauben, gestatten;* ich kann keinesfalls ~, daß du dich daran beteiligst

zu'ge·gen ⟨Adj. 24/40⟩ *anwesend;* ich war zufällig ~, als ...; bei etwas ~ sein

'zu|ge·hen ⟨V. 145(s.)⟩ **1** ⟨400⟩ ein Verschluß geht zu *läßt sich schließen;* die Türen, Fenster gehen zu; der Koffer ist so voll, daß der Deckel nicht zugeht **2** ⟨600⟩ etwas geht jmdm. zu *wird geschickt;* die Antwort wird Ihnen morgen ~; mir ist eine Anzeige, Reklameschrift der Firma X zugegangen; ich lasse Ihnen in den nächsten Tagen die Unterlagen ~ **3** ⟨600 od. 800⟩ einem Zeitpunkt od. auf einen Z. ~ *sich nähern;* das Konzert, Fest ging bereits dem Ende zu, als ...; es geht dem Frühling zu; wir gehen auf den Frühling zu; er geht nun schon auf die Siebzig zu **4** ⟨411⟩ auf jmdn. od. einen Ort ~ *an jmdn. od. einen O. näher herangehen, sich nähern;* er ging einige Schritte auf ihn zu; er ging rasch auf den Ausgang zu; auf das Dorf, den Wald ~ **5** ⟨413⟩ spitz ~ *in einer Spitze enden;* der Aussichtsturm geht spitz zu **6** ⟨Imp.; oberdt.⟩ geh zu! **6.1** *geh weiter!* **6.2** ⟨fig.; zuredend⟩ *komm!, sei doch nicht so!, tu es doch!* **7** ⟨413; unpersönl.⟩ es geht ... zu *es geschieht auf eine bestimmte Weise;* ich weiß auch nicht mehr, wie es eigentlich zugegangen ist; so geht es nun einmal in der Welt zu!; das kann doch nicht mit rechten Dingen ~!; es geht manchmal merkwürdig zu **7.1** gestern abend ging es recht lebhaft bei euch zu ⟨umg.⟩ *war lebhafte Stimmung, war viel Leben* **7.2** es müßte mit dem Teufel ~, wenn dir das nicht gelänge! ⟨umg.⟩ *es gelingt dir gewiß*

'zu·ge·hö·rig ⟨Adj. 72⟩ jmdm. od. einer Sache ~ sein ⟨geh.⟩ *jmdm. od. zu einer S. gehören;* dem Kloster ~e Grundstücke

'Zu·ge·hö·rig·keit ⟨f.; -; unz.⟩ *das Dazugehören (zu etwas od. jmdm.);* Partei~; ~ zu einem relig. Bekenntnis, zu einer Partei; seine ~ zum Katholizismus usw.

'zu·ge·knöpft 1 ⟨Part. Perf. von⟩ *zuknöpfen* **2** ⟨Adj.; fig.⟩ **2.1** *abweisend, unzugänglich, verschlossen, wortkarg;* er ist in Gesellschaft immer so ~ **2.2** mit ~en Taschen *geizig*

'Zü·gel ⟨m.; -s, -⟩ **1** *am Gebiß befestigter Riemen zum Lenken u. Führen von Reit- u. Zugtieren;* dem Pferd die ~ anlegen; ein Pferd am ~ führen; die ~ anziehen **1.1** einem durchgehenden Pferd in die ~ fallen *ein P. vorn am Z. packen u. es dadurch energisch zum Stehen bringen* **2** ⟨a. fig.⟩ *Gewalt, Herrschaft, strenge Aufsicht über jmdn. od. eine Gemeinschaft;* er versuchte vergeblich, die ~ an sich zu reißen; die ~ aus der Hand geben **2.1** die ~ anziehen *jmdn. streng beaufsichtigen, kontrollieren* **2.2** die ~ fest in der Hand haben *strenge Ordnung halten, strenge Aufsicht führen* **2.3** bei jmdm. die ~ kurz halten *jmdn. streng beaufsichtigen* **2.4** die ~ lockern ⟨fig.⟩ *jmdn. nicht mehr so streng beaufsichtigen, jmdm. mehr Freiheit geben* **2.5** die ~ verlieren *die Führung verlieren, eine Situation nicht mehr beherrschen* **2.6** seinem Zorn die ~ schießen lassen *seinem Z. freien Lauf lassen, ihn nicht beherrschen* **2.7** jmdm., einer Leidenschaft, Begierde ~ anlegen *jmdm. nur beschränkten Spielraum geben, eine L., B. beherrschen, bezähmen* **3** ~ eines Vogels *Kopfpartie zwischen Auge u. oberem Teil des Schnabels*

'zü·gel·los ⟨Adj.⟩ **1** *ohne Zügel;* ein Pferd ~ reiten **2** ⟨fig.⟩ *unbeherrscht, kein Maß u. keine Zucht einhaltend, ungebändigt;* ~e Leidenschaften; ein ~er Mensch; er ist ~

'zü·geln[1] ⟨V. 500⟩ **1** ein Pferd ~ *die Zügel des P. anziehen, annehmen* **2** ⟨R7⟩ jmdn. od. etwas ~ ⟨fig.⟩ *in Zucht halten, beherrschen;* sie ist heute nicht zu ~; seine Leidenschaft, seinen Zorn ~

'zü·geln[2] ⟨V. 400; schweiz.⟩ *umziehen[1](1)*

'zu|ge·sel·len ⟨V. 530/R3⟩ **1** sich jmdm. ~ *zu jmdm. kommen u. (eine Zeitlang) bei ihm bleiben, jmdm. Gesellschaft leisten;* wir gesellten uns einer Gruppe von Ausflüglern zu **2** sich einer Sache ~ *zu einer S. hinzukom-*

men; meinem Schnupfen hat sich nun noch eine Bronchitis zugesellt

'Zu·ge·ständ·nis ⟨n.⟩ *Verzicht auf einen Teil des eigenen Vorteils od. Rechtes, um eine Einigung zu erzielen;* Sy *Konzession(1);* → a. *Kompromiß(2);* jmdm. ein ~, ~se machen; ich muß ihm das ~ machen, daß er viel Organisationstalent hat, aber ...

'zu|ge·ste·hen ⟨V. 256/530/R5 od. R6⟩ jmdm. etwas ~ *einräumen, zubilligen;* diesen Rabatt können wir nur unseren alten Kunden ~; jmdm. ein Recht, Vorrecht ~

'zu·ge·tan 1 ⟨Part. Perf. von⟩ *zutun* 2 ⟨Adj. 24/70⟩ jmdm. od. einer Sache ~ sein *jmdm. od. einer S. freundlich gesinnt, geneigt sein;* ich bin ihm sehr ~; er ist den schönen Künsten ~

'Zu·ge·winn ⟨m.⟩ *der Wert, um den während der Dauer der Zugewinngemeinschaft das Vermögen eines Ehegatten steigt*

'Zug·füh·rer ⟨m.⟩ **1** ⟨Eisenb.⟩ *Beamter, der die Aufsicht im Zug führt* **2** ⟨Mil.⟩ *Führer eines Zuges*

'zu·gig ⟨Adj.⟩ *dem Zug, der Zugluft ausgesetzt;* ein ~er Platz; es ist ~ hier

'zü·gig ⟨Adj.⟩ **1** *schwungvoll, flott u. ohne Unterbrechung;* eine ~e Schrift haben; ~ arbeiten; die Arbeit geht ~ vorwärts **2** ⟨schweiz.⟩ *zugkräftig*

'Zug·kraft ⟨f.⟩ **1** ⟨Tech.⟩ *die Kraft, mit der ein Zug ausgeübt wird* **2** ⟨fig.⟩ *Anziehungskraft, Reiz;* das Theaterstück, der Titel des Buches hat nicht genügend ~

zu'gleich ⟨Adv.⟩ **1** *im gleichen Augenblick, gleichzeitig;* ich habe ihm ~ erklärt, daß ... **2** *(alle) auf einmal, miteinander, zusammen;* alle ~; ~ mit mir

'Zug·luft ⟨f.⟩ = *Zug(8.1)*

'Zug·ma·schi·ne ⟨f.⟩ *Kraftfahrzeug zum Ziehen von Anhängern, Schlepper*

'zu|grei·fen ⟨V. 158/400⟩ **1** *greifen u. nehmen, packen, anfassen;* er griff rasch zu und konnte die Vase gerade noch auffangen 1.1 bei Tisch ~ *nehmen u. essen;* bitte greifen Sie zu! **2** *kaufen, bevor etwas vergriffen ist;* das Angebot war so verlockend, daß ich sofort zugegriffen habe; ich hatte keine Zeit zum Überlegen, zum Wählen, ich mußte sofort ~ **3** die Polizei hat zugegriffen *ist eingeschritten* 3.1 *rasch entschlossen helfen;* er greift überall zu, wo es nötig ist

'Zu·griff ⟨m.; -(e)s, -e⟩ *das Zugreifen (1 u. 3);* sich etwas durch raschen ~ sichern; sich dem ~ der Polizei entziehen

zu'grun·de ⟨Adv.⟩ **1** *als Grundlage;* → a. *Grund(5)* 1.1 einer Sache etwas ~ legen *etwas für etwas als Grundlage benutzen;* er legte seinem Vortrag ein Wort von Goethe ~ 1.2 etwas liegt einer Sache ~ *etwas ist der Grund, die Grundlage für etwas;* diesem Übelstand liegt etwas ganz anderes ~; seiner Arbeit liegt die Auffassung ~, daß ... **2** *zum, ins Verderben* 2.1 ~ gehen *vernichtet werden, ins Verderben geraten u. sterben;* er ist an dieser Krankheit, in der Fremde elend ~ gegangen 2.2 jmdn od. etwas ~ richten *vernichten, ins Verderben bringen;* das viele Rauchen, Trinken wird ihn noch ~ richten, hat ihn ~ gerichtet; er hat das Unternehmen ~ gerichtet

'Zug·tier ⟨n.⟩ *Tier zum Ziehen von Lasten, Wagen, z. B. Pferd, Rind, Esel*

zu'gun·sten ⟨ Präp. m. Gen.⟩ *für jmdn. od. etwas, zu seinen, ihren Gunsten;* er hat sich ~ des Kunden verrechnet; eine Wohltätigkeitsveranstaltung ~ des Müttergenesungswerkes

zu'gu·te ⟨Adj. 53⟩ **1** jmdm. ~ kommen *jmdm. helfen, nützen;* sein Aufenthalt im Ausland ist seiner Arbeit sehr ~ gekommen; das Geld kommt dem Kinderheim ~; jmdm. etwas ~ kommen lassen **2** jmdm. od. sich etwas ~ tun *jmdm. od. sich etwas Gutes gönnen, etwas Gutes tun;* du kannst nicht immer nur arbeiten, du mußt dir auch einmal etwas ~ tun **3** jmdm. etwas ~ halten *jmdm. etwas anrechnen, als Milderungsgrund, als Entschuldigung gelten lassen* 3.1 ⟨R1⟩ sich etwas ~ halten auf *stolz sein auf etwas;* er hält sich etwas auf seine Leistung, sein Aussehen ~

'Zug·vo·gel ⟨m.⟩ **1** *Vogel, der regelmäßig bei Herrannahen der kalten Jahreszeit wärmere Gegenden aufsucht (im Unterschied zum Stand- u. Strichvogel)* **2** ⟨fig.⟩ *jmd., der seine Lebensumstände ständig wechselt*

'zu|hal·ten ⟨V. 160⟩ **1** ⟨503/R5 od. R6⟩ (jmdm.) etwas ~ *(mit der Hand) bedecken, verschließen, geschlossen halten;* die Tür (von außen, von innen) ~; jmdm. den Mund ~ (damit er nichts mehr sagt, nicht mehr schreit); sich die Nase ~ (damit man nichts riecht); sich die Ohren ~ (um nichts zu hören) **2** ⟨411⟩ auf einen Ort ~ *auf einen O. zusteuern, sich einem O. geradewegs nähern;* das Boot hielt auf die Insel zu

'Zu·häl·ter ⟨m.; -s, -⟩ *jmd., der seinen Lebensunterhalt aus den Einkünften einer Prostituierten bestreitet*

'Zu·häl·te'rei ⟨f.; -; unz.⟩ *gewerbeähnliche Tätigkeit eines Zuhälters*

Zu'hau·se ⟨n.; -s; unz.⟩ *Heim, Häuslichkeit;* er hat kein ~ mehr; ein schönes ~ haben

'zu|hö·ren ⟨V. 403 od. 405⟩ **1** jmdm. od. (bei) einem Gespräch ~ *auf jmdn. od. ein G. hören, jmdm. od. einem G. lauschen;* er hat fast nicht gesprochen, sondern nur zugehört; (bei) einem Gespräch, einer Radiosendung ~ 1.1 es gibt wenige Menschen, die (gut) ~ können *die sich aufmerksam u. teilnehmend die Sorgen anderer anhören* **2** ⟨Imperativ⟩ hör mal zu! ⟨umg.⟩ *paß auf, sei aufmerksam (denn ich will dir etwas sagen)*

'Zu·hö·rer ⟨m.⟩ **1** *jmd., der zuhört, jmd., der etwas mithört, bes. beim Gespräch* **2** *Besucher einer Veranstaltung, bei der es hauptsächl. etwas zu hören gibt, z. B. in Oper u. Konzert (im Unterschied zum Zuschauer)*

'zu|knöp·fen ⟨V. 500⟩ etwas ~ *mit Knöpfen schließen;* ein Kleid, einen Mantel ~

'zu|kom·men ⟨V. 170⟩ **1** ⟨411⟩ auf jmdn. od. etwas ~ *an jmdn. od. etwas herankommen, jmdm. od. einer Sache näherkommen;* die Kinder kamen mit ausgebreiteten Armen auf mich zu; er sah den Wagen auf sich ~; das Gewitter kommt gerade auf uns zu; sie kam mit schnellen Schritten auf unseren Wagen zu 1.1 auf jmdn. ~ ⟨fig.; umg.⟩ *bevorstehen* 1.1.1 die Arbeit, die nun auf uns zukommt ⟨fig.; umg.⟩ *die A., die uns bevorsteht* 1.2 etwas auf sich ~ lassen *die Entwicklung einer Sache abwarten* **2** ⟨600⟩ jmdm. kommt ein Verhalten zu *ein V. ist für jmdn. passend, steht ihm infolge seiner sozialen Stellung zu;* ein solches Verhalten kommt einem Kind, einem Untergebenen nicht zu; eine solche Frage kommt dir nicht zu **3** ⟨500; Inf.⟩ jmdm. etwas ~ lassen *zustellen, zusenden, zuschicken;* jmdm. einen Brief, eine Nachricht ~ lassen **3.1** jmdm. Geld, Werte ~ lassen *schenken* **3.2** jmdm. eine Vergünstigung ~ lassen *gewähren*

'Zu·kunft ⟨f.; -; unz.⟩ **1** *die noch bevorstehende Zeit;* → *Gegenwart, Vergangenheit;* wir müssen geduldig abwarten, was die ~ bringt; der ~ zuversichtlich entgegengehen, entgegensehen; die ~ wird es lehren; das gilt für alle ~!; er arbeitet, sorgt nur für die ~; Pläne für die ~ haben; in ~ werde ich vorsichtiger sein; in ferner ~ wird es möglich sein; in nächster ~ ist noch nichts zu befürchten **2** *in der Zukunft(1) liegendes Geschehen, Schicksal;* du mußt auch an die ~ denken!; sie kann beruhigt in die ~ blicken; jmdm. eine glänzende ~ voraussagen; wie stellst du dir deine ~ vor?; einer ungewissen ~ entgegengehen; er erwartet noch viel von der ~ **2.1** (eine) ~ haben *in der Zukunft(1) begehrt, erfolgreich sein;* der junge Künstler hat eine große ~ (vor sich); diese Kunstrichtung hat keine ~ **3** ⟨Gramm.⟩ *Form u. Funktion grammat. Mittel, die die Zukunft(1) ausdrücken;* von einem Verbum die ~ bilden

'zu·künf·tig ⟨Adj.⟩ **1** ⟨60⟩ *die Zukunft(1-2) betreffend, in der Z. stattfindend erscheinend, bevorstehend, später;* die ~e Weltlage kann noch niemand überblicken; mein ~er Schwiegersohn **2** der (die) Zukünftige ⟨umg.⟩ **2.1** meine Zukünftige (erg.: Frau) *meine Verlobte* **2.2** mein Zukünftiger (erg.: Mann) *mein Verlobter* **3** ⟨80⟩ *von heute an;* ~ werden wir anders verfahren

'Zu·la·ge ⟨f.⟩ **1** *Gewährung von etwas Zusätzlichem, Zugabe;* Nacht~; eine ~ von monatlich DM 50,-- bekommen, erhalten, gewähren **2** *erhöhte Zahlung, Gehalts-, Lohn-, Besoldungserhöhung;* Gehalts~

'zu|lan·gen ⟨V. 400; umg.⟩ **1** *nach etwas greifen, um es zu besitzen;* auf dem Markt gab es billiges Obst, ich habe schnell zugelangt **2** *sich etwas zu essen nehmen (bei Tisch);* bitte, langen Sie zu!; kräftig, tüchtig ~ **3** *genügen, ausreichen;* hast du viel Arbeit? es langt zu!; das Geld langt diesen Monat wieder nicht zu

'zu·läng·lich ⟨Adj. 24; veralt.⟩ *ausreichend, genügend, hinreichend;* einigermaßen ~e Verpflegung

'zu|las·sen ⟨V. 175/500⟩ **1** jmdn. ~ *(zu, als) hereinlassen, aufnehmen, Zutritt gewähren;* er ist als Mitglied zugelassen **2** einen Sachverhalt ~ *dulden, erlauben, gestatten, nicht verhindern;* ich kann leider keine Ausnahmen ~; du willst doch nicht etwa diesen Unfug ~?; der Sachverhalt ist eindeutig, er läßt keinen Zweifel zu **3** ⟨505⟩ jmdn. od. etwas (zu etwas) ~ *nach Prüfung der Eignung eine Genehmigung erteilen;* ein Kraftfahrzeug (zur Teilnahme am Straßenverkehr) ~; Wertpapiere zum Börsenhandel ~; ein Tier zur Zucht ~; der Arzt wurde zur Kassenpraxis zugelassen; der Abiturient wurde zum Studium zugelassen; alle für das Wintersemester zugelassenen Studenten **4** ⟨500⟩ etwas ~ ⟨umg.⟩ *geschlossen lassen, nicht öffnen;* sie ließ die Tür zu

'zu·läs·sig ⟨Adj. 70⟩ *erlaubt, gestattet;* wir dürfen keine anderen als die ~en Hilfsmittel benutzen; ~e Höchstgeschwindigkeit; es ist nicht ~, bei der Prüfung Hilfsmittel zu benutzen; ~e Beanspruchung ⟨Tech.⟩

'Zu·lauf ⟨m.; -(e)s; unz.⟩ **1** *das Herbeikommen vieler Menschen;* durch den großen ~ wurde die Spielzeit des Films verlängert **2** ~ haben *beliebt, viel besucht, gesucht sein;* der Arzt, Anwalt hat großen ~

'zu|lau·fen ⟨V. 176(s.)⟩ **1** ⟨400⟩ eine Flüssigkeit läuft zu *läuft, fließt zusätzlich in etwas hinein;* heißes (kaltes) Wasser ~ lassen **2** ⟨600⟩ jmdm. ~ *gelaufen kommen* **2.1** der Hund ist uns zugelaufen *der H. ist uns eines Tages nachgelaufen u. mit uns gekommen (u. wir haben ihn behalten, weil wir nicht wissen, wem er gehört)* **3** ⟨411⟩ auf jmdn. od. etwas ~ *zu jmdm. od. etwas hinlaufen, sich jmdm. od. einem Ort, einer Sache im Laufen nähern;* die Kinder liefen auf den Vater zu; er lief rasch auf den Wald zu; er kam geradewegs auf uns zugelaufen **4** ⟨413⟩ ein Gegenstand läuft ... zu *wird zu einem Ende hin dünner;* die Türme laufen spitz zu **5** ⟨400; umg.⟩ *weiterlaufen, zu laufen beginnen* **5.1** lauf zu! *beeile dich!*

'zu|le·gen ⟨V. 500⟩ **1** etwas ~ *zu etwas dazulegen, hinzutun;* ich habe noch 20 Mark zugelegt und mir die bessere Ausführung gekauft; jmdm. ein paar Mark (Lohn, Gehalt) ~ **1.1** noch einen Schritt ~ *schneller gehen* **1.2** du hast ganz schön zugelegt *bist dicker geworden* **2** ⟨530/R1⟩ sich etwas ~ ⟨umg.⟩ *sich etwas kaufen, erwerben, anschaffen;* ich habe mir ein neues Kleid, einen Mantel zugelegt; ich werde mir ein neues Auto ~ **2.1** er hat sich eine Freundin, Braut zugelegt ⟨scherzh.⟩ *hat jetzt eine F., B.* **3** etwas ~ *so bedecken, daß es verschlossen ist;* einen Graben mit Brettern ~

zu'lei·de ⟨Adv.; nur in den Wendungen⟩ **1** jmdm. etwas ~ tun *jmdm. eine Verletzung zufügen, Schaden zufügen, jmdn. kränken;* hat er dir etwas ~ getan? **2** niemandem zuliebe und niemandem ~ *zu niemandes Vorteil u. zu niemandes Schaden* **3** → a. *Fliege(1.3)*

'zu|lei·ten ⟨V. 530/R5 od. R6⟩ jmdm. etwas ~ *etwas zu jmdm. od. etwas anderem hinleiten, -führen;* einem Fischteich Wasser ~; die Post leitet unzustellbare Sendungen dem Absender wieder zu

zu'letzt ⟨Adv.⟩ **1** *als letzte(r, -s), an letzter Stelle;* er kam ~, ging ~; ich möchte nicht immer ~ an die Reihe kommen **2** *schließlich, endlich, am Ende;* ~ verlor ich die Geduld **3** *zum letztenmal;* ich habe ihn ~ im Konzert getroffen **4** nicht ~ *nicht am geringsten (dem Wert nach);* die gute Verpflegung trug nicht ~ zu unserem Wohlbefinden bei

zu'lie·be ⟨Adv.⟩ **1** jmdm. ~ *jmdm. zu Gefallen, weil es jmd. gern möchte;* tu es mir ~!; ich bin nur meiner Mutter ~ hingegangen **2** → a. *zuleide(2)*

zum ⟨Präp. m. Art.⟩ *zu dem;* Gasthaus, Hotel „Zum Löwen"; ~ ersten, letzten Male; etwas ~ besten geben

'zu|ma·chen ⟨V. 500; umg.⟩ etwas ~ *schließen;* ein Fenster, einen Koffer, eine Tür ~; kannst du mir bitte den Kragen, das Kleid ~?

zu'mal[1] ⟨Konj.⟩ *vor allem da, besonders weil, um so mehr als;* er hat immer eine etwas belegte Stimme, ~ wenn er lange geredet hat; ich muß jetzt lernen, ~ ich in letzter Zeit viel versäumt habe

zu'mal² ⟨Adv.⟩ **1** ⟨veralt.⟩ *zugleich, gleichzeitig, auf einmal;* da kamen sie alle ~ herbeigelaufen **2** *vor allem, besonders;* die Konzerte dieser Saison, ~ das letzte Kammerkonzert, waren sehr interessant; unsere ganze Familie ist sehr musikalisch, ~ die Kinder meiner Schwester

zu'meist ⟨Adv.⟩ **1** *meistens, meist* **2** ⟨umg.⟩ *zum größten Teil;* die Teilnehmer waren ~ Jugendliche

zu'min·dest ⟨Adv.⟩ *mindestens, wenigstens;* er hätte ~ grüßen müssen, wenn er schon nicht an unseren Tisch kam

zu'mu·te ⟨Adv. m. Dat.; nur in der Wendung⟩ ~ sein, werden **1** *sich fühlen, in einer (bestimmten) Stimmung sein;* mir ist (nicht) wohl ~; mir wird ganz unheimlich ~; wie ist dir ~? 1.1 mir ist bei dieser Sache nicht wohl ~ ⟨fig.⟩ *ich habe Bedenken, ich fürchte Schwierigkeiten, ich ahne Böses*

'zu|mu·ten ⟨V. 530/R5 od. R6⟩ jmdm. etwas ~ *unbilligerweise von jmdm. etwas fordern, verlangen;* du kannst niemandem ~, Tag und Nacht für dich da zu sein; er hat sich, seinen Kräften zuviel zugemutet

'Zu·mu·tung ⟨f.; -, -en⟩ **1** *ungebührl. Ansinnen, unbillige Forderung, unbescheidenes Verlangen;* gegen eine solche ~ verwahre ich mich auf das energischste!; das ist eine ~! **2** *rücksichtsloses Benehmen;* es ist eine ~, so spät abends noch anzurufen

zu'nächst 1 ⟨Adv.⟩ *zuerst, fürs erste, vorerst;* das beabsichtige ich ~ noch nicht; ~ werde ich einmal gar nichts unternehmen; das ist ~ noch nicht vorgesehen **2** ⟨Präp. m. Dat.; geh.⟩ *in der Nähe des, der, von, ganz nahe von, bei;* dem Ort ~, (od.) ~ dem Ort; das Haus, das dem Wald ~ liegt

'Zu·nah·me ⟨f.; -, -n⟩ *das Zunehmen;* Ggs *Abnahme(2);* eine starke, beträchtliche ~ des Umfangs, Gewichts, der Produktion

'Zu·na·me ⟨m.⟩ *Name der Familie, Nachname*

'zün·den ⟨V.⟩ **1** ⟨400⟩ etwas Brennbares zündet *fängt an zu brennen;* diese Streichhölzer ~ nicht 1.1 Pulver zündet *brennt schnell ab, explodiert* 1.2 der Blitz hat gezündet *eingeschlagen u. einen Brand verursacht* 1.3 ⟨500⟩ Feuer ~ ⟨schweiz.⟩ *anmachen* **2** ⟨400⟩ etwas zündet ⟨fig.⟩ *ruft Begeisterung, Zustimmung hervor;* der Aufruf hat allgemein gezündet; er hielt eine ~de Rede **3** ⟨411⟩ bei jmdm. zündet es ⟨fig.; scherzh.⟩ *jmd. beginnt, etwas zu verstehen;* hat es (bei dir) endlich gezündet?

'Zun·der ⟨m.; -s, -⟩ **1** *zum Anmachen von Feuer verwendeter, an Buchen u. Birken vorkommender Pilz;* trocken wie ~ 1.1 das brennt wie ~ *das brennt sehr gut, brennt sehr schnell an* **2** ⟨unz.; soldatenspr.⟩ *Beschuß;* die Artillerie gab mächtigen ~ **3** ⟨unz.; fig.; umg.⟩ *Prügel;* gleich gibt es ~! **4** ⟨unz.⟩ *Oxidschicht, die beim Glühen von Eisen entsteht u. beim Schmieden od. Walzen abspringt*

'Zün·der ⟨m.; -s, -⟩ **1** *Vorrichtung zum Entzünden von Sprengstoffen* **2** ⟨nur Pl.; umg.; österr.⟩ *Zündhölzer*

'Zünd·holz ⟨n.⟩ *Holzstäbchen mit Kuppe aus leicht entzündl. Masse, die beim Reiben Feuer gibt;* Sy *Streichholz*

'Zünd·ker·ze ⟨f.⟩ *Vorrichtung an Verbrennungsmotoren zum Entzünden des im Verbrennungsraum befindlichen Kraftstoff-Luft-Gemischs mittels eines elektr. Funkens*

'Zünd·schlüs·sel ⟨m.⟩ *Sicherheitsschlüssel zum Einschalten der Zündung an Kraftfahrzeugen*

'Zünd·schnur ⟨f.⟩ *mit einem Explosivstoff gefüllter Gewebeschlauch, der nach dem Anzünden langsam weiterbrennt u. eine Sprengladung zündet*

'Zünd·stoff ⟨m.⟩ **1** *Stoff zum Zünden explosiver Stoffe* **2** ⟨fig.⟩ *etwas, das Anlaß zu Streitigkeiten geben kann;* seine Rede enthielt einigen ~; die Zeitungen boten erneut ~ in dieser Angelegenheit

'Zün·dung ⟨f.; -, -en⟩ **1** *das Zünden, Entzünden, Sichentzünden* **2** *Vorrichtung zum Entzünden von Spreng- u. Treibladungen* **3** *Zündkerze u. Vorrichtung zum Steuern ihrer elektr. Entladung;* die ~ ausschalten, einschalten

'zu|neh·men ⟨V. 189/400⟩ **1** ⟨400⟩ etwas nimmt zu *wird größer, stärker, wächst, vermehrt, vergrößert sich;* die Dunkelheit, Helligkeit nimmt zu; wenn er wieder ganz gesund ist, werden auch seine Kräfte wieder ~; wir haben ~den Mond; in ~dem Maße 1.1 mit ~den Jahren *wenn man älter wird* 1.2 die Tage, Nächte nehmen zu *werden länger* 1.3 es wird ~d kälter *immer kälter* 1.4 an etwas ~ *etwas in erhöhtem Maße werden;* er nimmt an Jahren, aber auch an Weisheit zu; der Wind nimmt an Stärke zu **2** jmd. nimmt zu *wird dikker, wiegt mehr;* ich habe wieder ein Kilo zugenommen; der Arzt hat gesagt, ich darf jetzt nicht mehr ~ **3** ⟨402⟩ (Maschen) ~ ⟨beim Stricken, Häkeln⟩ *die Zahl der M. bei einem Arbeitsgang vergrößern*

'zu|nei·gen ⟨V.⟩ **1** ⟨530/R3⟩ sich jmdm. od. etwas ~ *sich in Richtung auf jmdn. od. etwas neigen, sich jmdm. od. etwas nähern;* ich neigte mich meiner Nachbarin zu; die Sonne neigt sich dem Westen zu 1.1 ⟨fig.; geh.⟩ *sich langsam dem Ende nähern;* der Tag, das Jahr neigt sich dem Ende zu **2** ⟨602/R3⟩ (sich) einer Sache ~ *an einer S. Gefallen finden u. sich mit ihr beschäftigen* 2.1 der Ansicht ~ *die A. für richtiger halten;* er dagegen neigt mehr der Ansicht zu, daß ... 2.2 ⟨Part. Perf.⟩ jmdm. zugeneigt sein *für jmdn. freundschaftliche Empfindungen haben;* er ist ihr herzlich, sehr zugeneigt

'Zu·nei·gung ⟨f.; -, -en⟩ *freundschaftl. Empfinden;* Sy *Sympathie(1);* → a. *Abneigung(1);* für jmdn. ~ empfinden; jmds. ~ erwidern; aufrichtige, herzliche, innige ~

Zunft ⟨f.; -, ¨e; 11. - 19. Jh.⟩ *berufl. Vereinigung der Handwerker zur gegenseitigen Hilfe, zur Regelung der Ausbildung, Arbeitszeit u. a.*

'zünf·tig ⟨Adj.⟩ **1** *fachmännisch, fachgemäß, sachgemäß;* eine ~e Arbeit; eine ~e Schiausrüstung bekommen; ~ reiten, schifahren **2** ⟨umg.⟩ *tüchtig, ordentlich;* ein ~er Schluck; ~ feiern

'Zun·ge ⟨f.; -, -n⟩ **1** *aus quergestreifter Muskulatur bestehendes bewegl. Organ der Mundhöhle, Organ zum Schmecken u. Sprechen;* mit der ~ schnalzen; die ~ zeigen (beim Arzt); eine belegte ~ haben (als Krankheitszeichen); jmdm. die ~ herausstrecken (um ihn zu ärgern) 1.1 mir hängt die ~ zum Hals heraus ⟨fig.; umg.⟩ 1.1.1 *ich habe großen Durst* 1.1.2 *ich habe mich sehr angestrengt* **2** *Gericht aus der Zunge(1) von Rindern od. Schweinen;* bei uns gibt es heute ~ **3** ⟨fig.⟩ *Organ des Geschmackes* 3.1 eine feine, gute, verwöhnte ~ haben *ein Feinschmecker sein* **4** ⟨fig.⟩ *Organ des Sprechens* 4.0.1 sich eher die ~ abbeißen, als etwas sagen ⟨fig.; umg.⟩ *nichts verraten, sich keine Aussage entlocken lassen* 4.1 mit der ~ anstoßen *lispeln* 4.2 sich an einem Wort die ~ abbrechen *ein W. schwer aussprechen können* 4.3 sich auf die ~ beißen ⟨a. fig.⟩ *sich mühsam beherrschen, seine wahre Meinung zu sagen* 4.3.1 sich die ~ verbrennen ⟨a. fig.⟩ *etwas sagen, was einem schadet od. was man hinterher bereut* 4.3.2 seine ~ hüten *nicht vorlaut sein, sondern sich überlegen, welche Wirkung eine Äußerung hat* 4.3.3 seine ~ im Zaum halten *nicht alles ausplaudern, verschwiegener sein* 4.4 jmdm. die ~ lösen *jmdn. gesprächig, redefreudig machen* 4.5 eine schwere ~ haben *schwerfällig reden* 4.6 ein Wort auf der ~ haben *ein W. sagen wollen, das einem im Augenblick nicht einfällt* 4.7 das Herz auf der ~ tragen *sehr offenherzig, vertrauensselig sein* **5** ⟨fig.⟩ *Art zu sprechen* 5.1 eine böse, lose, scharfe od. spitze ~ haben *gern böse, freche, spitze Bemerkungen machen* 5.2 mit gespaltener ~ reden *lügnerisch, verlogen sein, beim einen das eine, beim anderen etwas anderes behaupten* 5.3 mit tausend ~n reden *etwas eindringlich sagen od. predigen* **6** ⟨poet.⟩ *Sprache;* so weit die deutsche ~ klingt; die Völker spanischer ~ **7** ⟨fig.⟩ *Mensch als sprechendes Lebewesen* 7.1 böse ~n behaupten, daß ... *boshafte Menschen* **8** *länglicher Gegenstand, der an einer seiner schmalen Seiten befestigt ist* 8.1 *längliches Stück Leder im Ausschnitt von Schnürschuhen* 8.2 *länglicher Zeiger von Waagen* 8.3 ⟨Mus.⟩ *von strömender Luft in Schwingung versetztes u. infolgedessen tönendes längliches Plättchen aus Metall, z. B. an Harmonikas* **9** → a. *zergehen(1.1)*

'zün·geln ⟨V. 400⟩ **1** *die Zunge rasch herausstrecken, mehrmals blitzschnell hin u. her bewegen u. wieder zurückziehen (von Schlangen)* **2** ⟨fig.⟩ *sich rasch u. zuckend hin u. her bewegen;* die Flamme züngelte im Kamin

'zun·gen·fer·tig ⟨Adj.⟩ *gewandt im Sprechen*

'Zun·gen·pfei·fe ⟨f.⟩ *Art der Orgelpfeifen, bei denen der Ton durch ein in Schwingungen versetztes Metallplättchen entsteht*

'Zun·gen·schlag ⟨m.⟩ **1** *leichte Sprachstörung auf Grund mangelnder Beherrschung der Zungenbewegung* **2** → a. *falsch(1.2.4)*

zu'nich·te ⟨Adv.; nur in den Wendungen⟩ **1** ~ machen *zerstören, vereiteln;* Hoffnungen, Pläne ~ machen; das ungünstige Wetter hat meine Urlaubspläne ~ gemacht **2** ~ werden, sein *zerstört, vereitelt werden, sein;* Hoffnungen, Pläne werden, sind ~

zu'nut·ze ⟨Adv.; nur in der Wendung⟩ sich etwas ~ machen *etwas ausnutzen, nutzbringend anwenden, für sich verwerten;* er machte sich die Gelegenheit ~

zu'oberst ⟨Adv.⟩ **1** *ganz oben* 1.1 das Unterste ~ kehren *alles durcheinanderbringen, große Unordnung anrichten*

'zu|packen ⟨-k·k-; V. 400; umg.⟩ **1** *kräftig zugreifen, derb anfassen* **2** *tatkräftig helfen, energisch (körperlich) arbeiten*

'zup·fen ⟨V. 500⟩ **1** etwas ~ *kurz u. vorsichtig mit Daumen u. Zeigefinger ziehen, lockern u. auseinanderziehen;* Fasern ~, Wolle ~ 1.1 Saiten der Zupfinstrumente ~ *mit den Fingern od. einem Plättchen anreißen;* die Gitarre, Zither wird gezupft (nicht gestrichen); die Saiten der Geige beim Pizzikatospiel ~ 1.2 ⟨511⟩ jmdn. an einem Körperteil ~ *mit Daumen u. Zeigefinger kurz ein wenig greifend berühren;* jmdn. am Ärmel ~ (um ihn geräuschlos auf sich aufmerksam zu machen) **2** ⟨511⟩ zupf dich an deiner eigenen Nase! ⟨fig.; umg.⟩ *kümmere dich um deine eigenen Angelegenheiten*

zur ⟨Präp. m. Art.⟩ *zu der;* Gasthaus, Hotel „Zur Krone"; jmdm. ~ Linken, Rechten sitzen; ~ Schule gehen

'zu|ra·ten ⟨V. 195/600/R5 od. R6⟩ jmdm. ~ *jmdm. zu etwas raten;* ich kann dir weder zunoch abraten; nur auf sein Zuraten hin habe ich es getan

'zu|rech·nen ⟨V. 530/R5⟩ **1** jmdm. etwas ~ *jmdm. etwas zutrauen u. das offen aussprechen* **2** *jmdn. als Schöpfer eines Werkes ansehen, jmdm. etwas zuschreiben*

'zu·rech·nungs·fä·hig ⟨Adj. 70⟩ *fähig, seine Handlungen zu erkennen, bewußt auszuführen und zu verantworten*

zu'recht··· ⟨in Zus.⟩ **1** *richtig, in Ordnung* **2** *wie es gewünscht, gebraucht wird* **3** *zur rechten Zeit* **4** ⟨aber getrennt⟩ 'zu' Recht → *Recht(3.1)*

zu'recht|brin·gen ⟨V. 118/500⟩ etwas ~ *in Ordnung bringen, zuwege bringen, erreichen;* ich bringe heute nichts zurecht

zu'recht|fin·den ⟨V. 134/510/R3⟩ **1** sich an einem Ort od. in einer Lage ~ *wissen, wie man zu einem Ziel gelangt, wie man etwas findet;* danke, ich finde mich schon allein zurecht! (Antwort auf das Angebot, den Weg zu zeigen); sich in einer Stadt ~; ich kann mich bei Dunkelheit hier nicht ~ **2** sich in einer Angelegenheit, Arbeit ~ *beim Betrachten, Prüfen einer A. erkennen, worum es sich handelt u. was getan werden muß*

zu'recht|kom·men ⟨V. 170/400⟩ **1** *zur rechten Zeit, rechtzeitig kommen;* ich kam gerade noch zurecht **2** ⟨417⟩ mit jmdm. od. etwas ~ *fertig werden, keine Schwierigkeiten haben;* wir kommen mit unserem neuen Mitarbeiter gut zurecht; ich komme damit einfach nicht zurecht

zu'recht|le·gen ⟨V. 500⟩ **1** etwas ~ *so hinlegen, wie es gebraucht wird, bereitlegen;* für die Reise schon alles ~ **2** ⟨530/R1⟩ sich etwas ~ ⟨fig.⟩ *ausdenken, im Geist vorher formulieren;* sich eine Ausrede ~

zu'recht|ma·chen ⟨V. 500; umg.⟩ **1** etwas ~ *zum Gebrauch fertig machen, vorbereiten;* wir erwarten Besuch, ich muß das Gästezimmer noch ~ **2** ⟨R7 od. R8⟩ jmdn. od. sich ~ *gut anziehen, kämmen, schminken usw.;* ich muß mich noch fürs Konzert heute abend ~; sie ist immer sehr gut (zu sehr) zurechtgemacht

zu'recht|rücken ⟨-k·k-; V. 500⟩ **1** etwas ~ *an die rechte Stelle rücken;* einen Gegenstand ~; die Bücher im Regal ~ **2** ⟨530⟩ jmdm. den Kopf ~ ⟨fig.⟩ *jmdm. energisch die Meinung sagen*

zu'recht|set·zen ⟨V. 500⟩ **1** etwas ~ *an die richtige Stelle setzen;* die Vasen auf den Tischen ~ **2** ⟨R7⟩ jmdn. od. sich ~ *jmdn. od. sich so hinsetzen, wie es für eine Tätigkeit zweckvoll ist;* sich auf der Schaukel, auf dem Soziussitz des Motorrads ~ **3** ⟨530/R6⟩ jmdm. den Kopf ~ ⟨fig.⟩ *jmdm. energisch die Meinung sagen*

zu'recht|wei·sen ⟨V. 282/500/R8⟩ jmdn. ~ *tadeln, rügen;* jmdn. scharf ~

'zu|re·den ⟨V. 600⟩ **1** jmdm. ~ *jmdn. durch Reden zu einem gewünschten Verhalten veranlassen;* jmdm. gut ~; auf langes Zureden hin erklärte er sich endlich bereit dazu; trotz allen Zuredens (trotz allem Zureden) war er nicht zu bewegen mitzukommen 1.1 → a. *krank(1.4)*

'zu|rich·ten ⟨V. 500⟩ **1** Gegenstände (zur Verarbeitung) ~ *herrichten, vorbereiten* 1.1 Druckformen ~ *D. zum Druck bereitmachen u. dabei Höhenunterschiede im Satz od. Unebenheiten von Druckstöcken ausgleichen* 1.2 Gewebe ~ *G. bearbeiten, um ihnen Festigkeit, Glanz u. a. gewünschte Eigenschaften zu verleihen* 1.3 Leder ~ *L. gerben* **1.4** Rauchwaren ~ *R. veredeln* **1.5** ein Stück Holz, einen Stein ~ *H., S. verarbeiten* **2** ⟨500; fig.; umg.⟩ 2.1 etwas ~ *in einen schlechten Zustand bringen, beschädigen, abnutzen;* du hast deine Schuhe aber zugerichtet!; er hat den Wagen durch mangelnde Pflege schön zugerichtet ⟨iron.⟩ 2.2 jmdn. ~ *jmdm. schmerzhafte Verletzungen zufügen;* man hat ihn bei der Schlägerei übel zugerichtet

'zür·nen ⟨V. 600/R5 od. R6; geh.⟩ jmdm. ~ *zornig, sehr ärgerlich auf jmdn. sein, jmdm. grollen*

zu'rück... ⟨in Zus.⟩ **1** *(wieder) zum Ausgangspunkt hin;* zurückgehen, zurückstellen, zu- Stichwörter⟩ *wieder hier am od. an den Ausgangspunkt;* die Fahrt hin und ~ kostet ...; ich bin in fünf Minuten (wieder) ~ 1.1 es gibt kein Zurück mehr ⟨fig.⟩ *keine Umkehr, es ist unabänderlich* **2** *nach hinten;* halt, ~!; gehen Sie ~! **3** ⟨fig.⟩ *nicht so weit fortgeschritten, wie es zu erwarten ist;* er ist in seiner Entwicklung etwas ~; in Deutsch und Mathematik ist er sehr ~; die Natur ist in diesem Jahr noch sehr, weit ~ 3.1 ~ zur Natur! *(auf Rousseau zurückgehendes Schlagwort für natürl. Lebensweise)* **4** *wiederum (als Vergeltung);* jmdn., der getreten hat, ~ treten

zu'rück... ⟨in Zus.⟩ **1** *(wieder) zum Ausgangspunkt hin;* zurückgehen, zurückstellen, zurückwinken **2** *(wieder) zum Ursprünglichen;* zurückbilden, zurückgeben **3** *am Ausgangspunkt, hinter sich;* zurückbleiben, zurücklassen

zu'rück|bil·den ⟨V. 500/R3⟩ sich ~ **1** *in der Entwicklung allmählich wieder zu einem früheren Stadium zurückkehren* **2** *schrumpfen, kleiner werden, allmählich vergehen;* die Geschwulst hat sich zurückgebildet

zu'rück|blei·ben ⟨V. 114(s.)⟩ **1** *nicht weitergehen, -fahren, warten;* bleib zurück! **2** ⟨411⟩ an einem Ort ~ *dableiben, verweilen;* als die anderen aufbrachen, blieben wir noch zurück; bei dem Patienten muß jmd. als Nachtwache ~; in der Heimat ~ **3** *nicht Schritt halten, nicht mit-, nicht hinterherkommen;* der Läufer ist weiter hinter den anderen zurückgeblieben 3.1 die Uhr bleibt zurück *geht nach, geht zu langsam* **4** ⟨410; fig.⟩ 4.1 in der Entwicklung ~ *ein Ziel der E. nicht erreichen;* er ist in diesem Schuljahr so zurückgeblieben, daß er das Klassenziel nicht erreichen wird; ein geistig zurückgebliebenes Kind; der Mensch macht einen zurückgebliebenen Eindruck **4.2** mit der Arbeit ~ *die A. nicht zum vorgesehenen Termin erledigen;* durch die Krankheit bin ich mit meiner Arbeit zurückgeblieben **4.3** etwas bleibt zurück *geht nicht mehr weg, bleibt als Folge;* von seinem Schädelbruch werden immer Schmerzen ~ **4.4** hinter den Erwartungen ~ *die E. nicht ganz erfüllen;* der Eindruck von der Stadt blieb weit hinter meinen Erwartungen zurück

zu'rück|blicken ⟨-k·k-; V. 400⟩ **1** *nach hinten blicken, sich umsehen;* als der Zug abfuhr, blickte er sehnsüchtig, traurig zurück **2** ⟨fig.⟩ *sich erinnern, Vergangenes vom augenblickl. Standpunkt aus überschauen;* auf sein Leben, auf die Vergangenheit ~

zu'rück|brin·gen ⟨V. 118/500⟩ **1** jmdn. od. etwas ~ *wieder an den Ausgangsort od. zum ursprüngl. Besitzer bringen;* reumütig brachte er das entwendete Buch zurück; die Helfer brachten den Kranken zurück ins Krankenhaus **2** ⟨513; fig.⟩ 2.1 jmdn. ins Leben ~ *jmdm. durch Wiederbelebungsversuche das Leben retten* 2.2 jmdn. in seinen Leistungen ~ *jmdm. in seinen L. schaden, sein Leistungsvermögen herabsetzen* 2.3 etwas bringt jmdn. zurück *etwas läßt jmdn. viel versäumen;* die lange Krankheit hat den Jungen in der Schule sehr zurückgebracht

zu'rück|drän·gen ⟨V. 500⟩ **1** jmdn. ~ *durch Drängen an den Ausgangspunkt, nach hinten treiben;* die Schaulustigen wurden von der Polizei zurückgedrängt **2** etwas ~ ⟨fig.⟩ *allmählich unterdrücken, einschränken;* einen Aufstand, eine Bewegung ~ **3** etwas ~ ⟨fig.⟩ *zurückhalten, nicht zeigen;* Gefühle ~; seinen Haß, Neid ~

zu'rück|fah·ren ⟨V. 130⟩ **1** ⟨400(s.)⟩ *wieder zum Ausgangspunkt fahren, mit einem Fahrzeug zurückkommen;* wir können den gleichen Weg ~; ich werde mit dem Bus, der Bahn ~; der Zug ist am selben Tage zurückgefahren 1.1 jmd. fährt zurück ⟨fig.⟩ *prallt zurück;* vor Schreck ~ **2** ⟨500⟩ jmdn. od. etwas ~ *wieder zum Ausgangspunkt fahren, mit einem Fahrzeug zurückbringen;* wir werden euch heute abend nach Hause ~; der Fahrer hat die Sachen wieder zurückgefahren

zu'rück|fal·len ⟨V. 131(s.)⟩ **1** ⟨400⟩ *nach hinten (um)fallen;* erschöpft ließ sie sich (in den Sessel) ~ 1.1 ⟨fig.⟩ *schlechter werden;* in der letzten Runde fiel er auf den dritten Platz zurück; im letzten Halbjahr ist dieser Schüler in Englisch sehr zurückgefallen **2** ⟨411⟩ 2.1 etwas fällt an jmdn. zurück *etwas geht wieder in jmds. Besitz über;* nach dem Tode des Inhabers fällt das Geschäft an den früheren Eigentümer zurück; die großen Ländereien sind an den Staat zurückgefallen 2.2 in einen Zustand ~ *wieder in den Z. übergehen;* er ist in seinen alten Fehler zurückgefallen; in eine Krankheit ~ 2.3 etwas fällt auf jmdn. zurück *etwas bringt jmdn. in einen schlechten Ruf, etwas schadet jmdm.;* seine Tat wird auf dich ~

zu'rück|fin·den ⟨V. 134⟩ **1** ⟨402/R3⟩ (sich) ~

(zu jmdm. od. einem Ort) *wieder zum Ausgangspunkt finden;* allein finde ich mich nicht zurück; er fand erst nach längerer Zeit zum Dorf zurück; ich finde schon allein zurück; wie wirst du dich ~? 1.1 zu sich selbst ~ ⟨fig.⟩ *eine innere Krise überwinden* 1.2 ⟨fig.; geh.⟩ *zurückkehren;* der verlorene Sohn hat ins Elternhaus zurückgefunden; er hat zu seiner Jugendliebe zurückgefunden 2 ⟨500⟩ den Weg ~ *wiederfinden;* er fand den Weg nicht mehr zurück

zu'rück|füh·ren ⟨V.⟩ 1 ⟨500⟩ jmdn. ~ (zu einem Ort) *wieder zum Ausgangspunkt führen, wieder hinführen nach od. zu;* ich möchte den gleichen Weg zurückgeführt werden, den ich gekommen bin; nach der Pause führte ich sie zu ihrem Platz zurück 1.1 jmdn. ~ ⟨fig.⟩ *veranlassen, sich wieder zu verhalten wie früher;* wir müssen versuchen, ihn auf den rechten Weg zurückzuführen 2 ⟨550⟩ 2.1 etwas auf etwas ~ ⟨fig.⟩ *etwas durch etwas erklären, die Ursache von etwas in etwas sehen;* man kann es auf ein Versehen, auf seinen Leichtsinn ~; die Mißstände sind allein darauf zurückzuführen, daß ...; daß er das erreichte, ist auf seine Beredsamkeit zurückzuführen 2.1.1 komplizierte auf einfache Sachverhalte ~ *mit Hilfe logischer Schlüsse erklären;* Sy *reduzieren(2)* 2.2 das führt mich auf mein Anliegen zurück *veranlaßt mich, (wieder) mein A. vorzubringen*

zu'rück|ge·ben ⟨V. 143/500⟩ 1 ⟨503/R6⟩ (jmdm.) etwas ~ *etwas geben, was jmd. schon gehabt hat;* kannst du mir das Buch bis nächste Woche ~?; er hat anscheinend vergessen, mir das entliehene Geld zurückzugeben; unser Lehrer will uns morgen die Aufsätze ~ 1.1 jmdm. sein Versprechen ~ *jmdn. von seinem V. entbinden;* sie geben sich ihr Wort zurück 1.2 Wechselgeld ~ ⟨umg.⟩ *herausgeben* 2 ⟨400; geh.⟩ *antworten, erwidern, entgegnen;* „Und was soll aus mir werden?" gab sie zurück

zu'rück|ge·hen ⟨V. 145(s.)⟩ 1 ⟨400⟩ *wieder an den Ausgangspunkt gehen, nach hinten gehen;* ich habe meinen Schirm vergessen, ich muß noch einmal ~; wir wollen denselben Weg, auf demselben Weg ~; bitte einen Schritt zurück! 1.1 der Feind geht zurück *weicht zurück* 1.2 ~ lassen *zurückschicken, nicht annehmen;* wenn du die Ware nicht bestellt hast, so laß sie doch ~ 2 ⟨400⟩ etwas geht zurück ⟨fig.⟩ *wird geringer, läßt nach, sinkt;* das Fieber, die Entzündung geht nur langsam zurück; Lederwaren sind (im Preis) zurückgegangen; der Umsatz geht ständig zurück; das Hochwasser geht zurück 2.1 die Börsenkurse gehen zurück *sinken* 2.2 das Geschäft geht zurück *macht Rückschritte, entwickelt sich rückläufig* 3 ⟨411⟩ auf etwas od. jmdn. ~ *seinen Ursprung in ... haben, zugrunde liegen;* dieser Brauch geht noch auf die Germanen zurück 3.1 (bei einer wissenschaftl. Arbeit) auf die Quellen ~ *die Q. zugrunde legen*

Zu'rück·ge·zo·gen·heit ⟨f.; -; unz.⟩ 1 *Einsamkeit, Abgeschiedenheit* 1.1 sie lebt in großer ~ *sie meidet jeden Umgang*

zu'rück|grei·fen ⟨V. 158⟩ 1 ⟨800⟩ auf jmdn. ~ *jmdn. in Anspruch nehmen;* ich werde in dieser Angelegenheit auf Sie ~ 2 ⟨800⟩ auf etwas ~ *etwas Gesammeltes, Vorhandenes wieder hervorholen;* ich muß auf meine Vorräte ~ 3 ⟨410; fig.⟩ *etwas früher Geschehenes in Erinnerung bringen;* da müßte ich weit in die Vergangenheit ~

zu'rück|hal·ten ⟨V. 160⟩ 1 ⟨500/R8⟩ jmdn. ~ *festhalten, aufhalten;* wenn Sie in Eile sind, so will ich Sie nicht länger ~; ich konnte das Kind noch am Ärmel ~, sonst wäre es vor den Wagen gelaufen 1.1 ⟨510⟩ jmdn. vor (von) etwas ~ ⟨fig.⟩ *bewahren vor etwas, daran hindern, etwas zu tun;* jmd. von uns sollte sie von, vor diesem unüberlegten Schritt ~; ich konnte ihn gerade noch davon, davor ~, eine Dummheit zu begehen 2 ⟨500⟩ Besitz, Eigentum ~ *nicht herausgeben, behalten* 3 ⟨500/R7⟩ seine Gefühle od. sich ~ ⟨fig.⟩ *sich beherrschen, sein Gefühl od. seine Meinung verbergen;* länger konnte sie sich nicht ~, sie sagte ihm deutlich ihre Meinung; es gelang ihr nicht, die Tränen, ihren Zorn zurückzuhalten 3.1 ⟨417⟩ mit etwas ~ *etwas noch nicht sagen, es verbergen, sich in dieser Beziehung beherrschen;* mit seinen Kenntnissen, seiner Meinung, seinem Urteil ~; mit seinen Gefühlen, seinem Unwillen, seinen Vorwürfen ~ 3.2 ⟨Part. Präs.⟩ ~d *unaufdringlich, nicht zu gesprächig, sich abwartend verhaltend, seine Gefühle verbergend;* du solltest ihm gegenüber ~der sein!; sie hat ein angenehm ~des Wesen; ~d argumentieren 3.2.1 das Publikum verhielt sich ~d *das P. spendete keinen Beifall, tat aber auch kein Mißfallen kund*

Zu'rück·hal·tung ⟨f.; unz.⟩ 1 *das Zurückhalten(1-2)* 1.1 beim Kaufen ~ üben *zögernd kaufen;* auf dem Viehmarkt, bei den Lederwaren, im Verlagswesen herrscht z. Z. größte ~ 2 *zurückhaltendes Wesen;* → *zurückhalten(3);* er müßte sich größere ~ auferlegen; die Meldung wurde mit größter ~ aufgenommen; du solltest mehr ~ üben! 2.0.1 sich größerer ~ befleißigen *sich mehr zurückhalten*

zu'rück|keh·ren ⟨V. 400(s.)⟩ 1 *zurückkommen, heimkehren;* er kehrte erst nach fünfjähriger Gefangenschaft zurück; er verließ das Elternhaus schon in jungen Jahren u. kehrte nie wieder zurück; der verlorene Sohn ist in den Schoß der Familie zurückgekehrt; nachdem er sie verlassen hatte, hoffte sie lange Zeit vergeblich, daß er zu ihr ~ würde; wir sind erst heute von einer längeren Reise zurückgekehrt 2 ⟨fig.⟩ *sich wieder hinwenden (zu);* für einen Sträfling ist es schwer, ins bürgerliche Leben zurückzukehren 3 Gedanken kehren zurück ⟨fig.⟩ *kommen wieder, stellen sich wieder ein;* langsam kehrte das Bewußtsein, die Erinnerung zurück (nach einer Ohnmacht)

zu'rück|kom·men ⟨V. 170(s.)⟩ 1 ⟨400⟩ *wieder zum Ausgangsort kommen, heimkehren;* er wird bald ~; er kam unverrichteter Dinge zurück 2 ⟨800⟩ auf eine Angelegenheit ~ *eine A. wieder aufgreifen, erneut behandeln, besprechen, erwähnen usw.;* auf einen Gedanken, einen Plan, ein Thema, einen Vorschlag ~; um noch einmal darauf zurückzukommen ...; ich komme immer wieder darauf zurück

zu'rück|las·sen ⟨V. 175/500⟩ 1 einen Gegenstand ~ *liegen lassen, nicht mitnehmen;* den Koffer in der Gepäckaufbewahrung ~ 2 ⟨503⟩ (jmdm.) eine Nachricht ~ *die N. übergeben lassen, nachdem man sich entfernt hat* 3 Spuren ~ *S. sichtbar, wahrnehmbar hinter* *sich lassen* **4** jmdn. ~ *nicht mitnehmen, sondern an einem Ort bleiben lassen;* die Kinder bei den Großeltern ~ **4.1** Angehörige ~ ⟨fig.⟩ *nach dem Tode unversorgt lassen;* der Verunglückte ließ drei kleine Kinder zurück **4.2** ⟨500⟩ jmdn. (im Wettkampf) ~ *(weit) übertreffen, wesentlich besser sein als jmd.*

zu'rück|le·gen ⟨V. 500⟩ **1** einen Gegenstand (wieder) ~ *an den Ort legen, wo er vorher gelegen hat;* ein Buch ins Regal ~ **1.1** (noch nicht gekaufte) Ware ~ *solange aufbewahren, bis sie bezahlt (u. abgeholt) wird;* könnten Sie mir die Konzertkarte bis morgen abend ~? **1.2** Geld ~ *sparen;* du solltest dir ein paar Mark, einen Notgroschen ~ **2** ⟨R7⟩ den Körper, ein Körperteil ~ *nach hinten legen;* den Kopf ~; sich wieder in die Kissen ~ **3** einen Weg ~ *hinter sich bringen;* 50 km in der Stunde ~; 100 m in 11 sek ~; die vorgeschriebene Entfernung, Strecke nur langsam ~

zu'rück|lie·gen ⟨V. 180/400⟩ **1** *hinten liegen;* die ~den Räume werden als Lager benutzt **2** etwas liegt zurück ⟨fig.⟩ *etwas liegt in der Vergangenheit;* es liegt jetzt fünf Jahre zurück, daß ...

zu'rück|neh·men ⟨V. 189/500⟩ **1** etwas Gegebenes ~ *wieder annehmen, wieder in Empfang nehmen* **1.1** Ware ~ *den Kauf einer W. rückgängig machen;* die Ware kann nicht zurückgenommen werden **2** eine Äußerung ~ ⟨fig.⟩ *widerrufen, rückgängig machen;* eine Klage, ein Angebot, sein Wort, Versprechen ~; eine Anschuldigung, Behauptung, Beschwerde, Beleidigung, seinen Verdacht ~ **2.1** einen Zug ~ ⟨Spiel⟩ *ungeschehen, rückgängig machen* **3** Truppen ~ ⟨Mil.⟩ *nach hinten verlegen;* die Front ~

zu'rück|pral·len ⟨V. 400(s.)⟩ **1** *beim Aufschlag abprallen;* die Bälle, Steine prallten zurück; die Kugel prallte von der Bande zurück **2** ⟨fig.⟩ *erschrecken u. Abstand nehmen, zurückschrekken;* beim Anblick der Unglücksstätte prallte er entsetzt zurück

zu'rück|ru·fen ⟨V. 204⟩ **1** ⟨500⟩ jmdn. ~ *zur Rückkehr, zum Umkehren rufen, zurückberufen;* den Boten, den Händler ~; jmdn. aus dem Urlaub ~ **1.1** ⟨511⟩ jmdn. aus der Bewußtlosigkeit ins Leben ~ ⟨fig.⟩ *veranlassen, daß jmd. aus der B. erwacht* **2** ⟨531/R5 od. R6⟩ jmdm. od. sich etwas ins Gedächtnis ~ *jmdn. od. sich an etwas erinnern;* sich die Not der Kriegszeit ins Bewußtsein ~ **3** ⟨400; umg.⟩ *jmdn., der telephonisch angerufen hat, wieder anrufen;* ich rufe in zehn Minuten zurück

zu'rück|schal·ten ⟨V. 500⟩ etwas ~ *auf eine niedrigere Stufe schalten;* den Gang beim Kraftwagen, den Schalter einer Maschine ~

zu'rück|schau·dern ⟨V. 405⟩ (vor etwas) ~ *schaudernd zurückweichen;* vor dem grauenvollen Anblick, vor der entsetzlichen Tat ~

zu'rück|schla·gen ⟨V. 218⟩ **1** ⟨500⟩ einen Ball ~ *in die entgegengesetzte Richtung schlagen* **2** ⟨500⟩ etwas ~ *nach hinten schlagen, um- od. aufklappen, aufdecken;* einen Deckel, eine Decke ~ **2.1** Gardinen, Vorhänge ~ *zur Seite bewegen, beiseite schieben* **2.2** jmdn. od. etwas ~ ⟨fig.⟩ *abwehren;* mehrere Angriffe konnten kurz vorm Tor zurückgeschlagen werden; den Feind, das feindliche Heer ~ **3** ⟨400(s.)⟩ ein Pendel schlägt zurück *bewegt sich heftig in die entgegengesetzte Richtung* **4** ⟨400⟩ jmd. schlägt zurück *schlägt denjenigen, der ihn zuerst geschlagen hat;* als Vergeltungsmaßnahme ~

zu'rück|schrau·ben ⟨V. 500⟩ **1** etwas ~ *nach hinten schrauben* **2** etwas ~ ⟨fig.; umg.⟩ *einschränken;* seine Erwartungen, Forderungen ~

zu'rück|schrecken ⟨-k·k-; V.⟩ **1** ⟨500/R8⟩ jmdn. od. etwas ~ *in Schrecken versetzen, einschüchtern;* dieser Gedanke, die Furcht vor Entdeckung hat ihn zurückgeschreckt; jmdn. durch Drohungen ~ **2** ⟨400(s.)⟩ *vor Schrecken Abstand nehmen, erschrecken u. zurückprallen;* er schreckte zurück, als er das Messer sah **3** ⟨800(s.)⟩ vor etwas ~ *den Mut zu etwas nicht aufbringen;* ich bin davor zurückgeschreckt; der Gedanke an die Kosten ließ ihn davor ~; vor nichts, niemandem ~

zu'rück|sein ⟨V. 240/300(s.); umg.⟩ → a. *sein(1.9)* **1** *zurückgekommen sein, wieder da sein;* er wird erst Ende des Monats von seiner Reise ~; ich werde um 8 Uhr ~ **2** ⟨fig.⟩ *zurückgeblieben sein, noch ein Anfänger sein;* er ist noch sehr zurück in seinen Studien

zu'rück|set·zen ⟨V.⟩ **1** ⟨500⟩ etwas ~ *wieder an den alten Platz setzen;* nachdem sie den Blumen frisches Wasser gegeben hatte, setzte sie die Vase auf den Tisch zurück **2** ⟨500/R7⟩ jmdn. od. etwas ~ *nach hinten setzen;* setzen Sie doch bitte den Wagen ein Stück zurück; du solltest dich beim Fernsehen etwas weiter ~ **3** ⟨500⟩ Waren ~ ⟨landschaftl.⟩ *den Preis der W. herabsetzen;* die Schuhe waren um 5 DM zurückgesetzt; zurückgesetzte Ware **4** ⟨500/R7⟩ jmdn. ~ ⟨fig.⟩ *benachteiligen;* du darfst ihn gegenüber den anderen nicht so sehr ~; bei dieser Behandlung muß er sich zurückgesetzt fühlen **5** ⟨400⟩ Geweih- u. Gehörnträger setzen zurück ⟨jägerspr.⟩ *bilden geringeren Kopfschmuck als im Vorjahr aus;* der Hirsch setzt zurück

zu'rück|sin·ken ⟨V. 244/400(s.)⟩ **1** *nach hinten sinken;* sie sank auf das Bett, in die Kissen zurück **2** ⟨fig.⟩ *nachlassen, sich wieder dem ursprünglichen Stand nähern;* du bist nahe daran, wieder in deinen alten Schlendrian zurückzusinken

zu'rück|sprin·gen ⟨V. 253/400(s.)⟩ **1** *nach hinten springen, beiseite springen;* er konnte vor dem herankommenden Wagen gerade noch ~ **2** ein Gebäude springt zurück ⟨fig.⟩ *weicht innerhalb einer Reihe nach hinten ab;* das Haus springt etwas zurück

zu'rück|stecken ⟨-k·k-; V.⟩ **1** ⟨500⟩ etwas ~ *weiter nach hinten stecken;* wir müssen diesen Pflock noch mehr ~ **2** ⟨500⟩ etwas ~ *wieder an die alte Stelle stecken;* ich habe den Brief in den Umschlag zurückgesteckt **3** ⟨410; fig.⟩ *seine Ansprüche, Forderungen mäßigen;* bei den Verhandlungen haben beide Seiten sehr zurückgesteckt

zu'rück|ste·hen ⟨V. 256⟩ **1** ⟨400⟩ *weiter hinten stehen;* die beiden letzten Häuser stehen etwas zurück **2** ⟨800⟩ hinter jmdm. od. etwas ~ *an Wert u. Leistungen Geringeres als jmd. od. etwas aufweisen;* du stehst in deinen Leistungen hinter denen des Vorjahres zurück **3** ⟨400⟩ etwas muß ~ ⟨fig.⟩ *muß zeitlich nach hinten geschoben werden;* die Renovierung des

Treppenhauses muß noch ~ **4** ⟨400; m. Modalverb⟩ ~ müssen *hintangesetzt, benachteiligt werden;* er muß immer hinter seiner Schwester ~

zu'rück|stel·len ⟨V. 500⟩ **1** etwas ~ *wieder an den alten Platz stellen;* stell bitte den Stuhl wieder an seinen Platz zurück **2** Waren ~ *vorläufig nicht an einen anderen Kunden verkaufen, eine Zeitlang für einen Kunden reservieren;* eine Ware bis zum Abend ~ lassen (um sie abzuholen od. noch einmal anzusehen) **3** etwas ~ *nach hinten stellen;* stelle bitte den Sessel ein wenig weiter zurück **4** eine Uhr, den Zeiger eines Instrumentes ~ *auf einen zurückliegenden Punkt einstellen;* die Zeiger der Uhr fünf Minuten ~ **4.1** man kann die Zeiger der Uhr nicht ~ ⟨fig.⟩ *Vergangenes bleibt vergangen* **5** etwas ~ *zeitlich verschieben;* wir müssen das Streichen der Türen leider noch ~ **6** eine Sache ~ ⟨fig.⟩ *hintansetzen;* Bedenken, persönliche Interessen ~; ich mußte meine eigenen Pläne vorläufig ~ **7** Rekruten ~ ⟨Mil.⟩ *vorläufig nicht einziehen;* aus gesundheitlichen Gründen wurde er vom Militärdienst zurückgestellt

zu'rück|sto·ßen ⟨V. 262/500⟩ **1** jmdn. od. etwas ~ *wegstoßen, nach hinten stoßen;* einen Stuhl vom Tisch ~; den Gegner beim Boxkampf ~ **2** jmdn. ~ ⟨fig.⟩ *jmdn. heftig abweisen;* sich zurückgestoßen fühlen; sie hat ihn zurückgestoßen

zu'rück|tre·ten ⟨V. 268⟩ **1** ⟨400(s.)⟩ *nach hinten treten;* in den Schatten des Baumes ~; von der Bahnsteigkante ~! Zug fährt ab! **2** ⟨405(s.)⟩ *einen Posten aufgeben, sich davon zurückziehen;* von einem Amt ~ **2.1** die Regierung tritt zurück *erklärt den Rücktritt;* die Regierung ist gestern zurückgetreten **3** ⟨800(s.)⟩ von etwas ~ *etwas rückgängig machen;* leider muß ich von der gestrigen Vereinbarung ~ **4** ⟨400(s.)⟩ ein Wasserlauf tritt zurück *tritt nach einem Hochwasser wieder in das alte Bett;* der Fluß ist bald nach der Überschwemmung wieder in sein altes Bett zurückgetreten **5** ⟨400(s.); fig.⟩ *geringer, unbedeutender erscheinen, in den Hintergrund treten, im Schatten stehen;* den großen Vorteilen gegenüber, die damit geboten werden, treten die kleinen Nachteile völlig zurück; jetzt müssen alle anderen Pläne hinter dieser großen Aufgabe ~; er trat ganz hinter seinem berühmten Bruder zurück **6** ⟨aber getrennt⟩ zu'rück 'treten → *zurück(4)*

zu'rück|ver·set·zen ⟨V. 500⟩ **1** jmdn. ~ *wieder auf seinen früheren (niedrigeren) Posten versetzen;* man hat ihn nach K. zurückversetzt **2** etwas ~ *nach hinten, an die frühere Stelle versetzen;* den Zaun, das Gitter ~ **3** ⟨550/R3⟩ sich ~ *sich in Gedanken in die Vergangenheit versetzen;* wenn ich mich so in die alte Zeit zurückversetze ...

zu'rück|wei·chen ⟨V. 281/405(s.)⟩ **1** *(nach hinten) weichen, sich zurückziehen;* die Menge wich ehrfürchtig zurück, um dem Bischof Platz zu machen; vor dem Feind ~ **2** ⟨fig.⟩ *zurückschrecken(2-3);* sie weicht vor jeder noch so kleinen Anstrengung zurück; vor Drohungen weicht er nicht zurück **3** Hochwasser weicht zurück *wird weniger*

zu'rück|wei·sen ⟨V. 282/500⟩ **1** etwas ~ *abweisen, ablehnen;* ich kann sein Angebot nicht ~; er wies dieses Ansinnen, die Einmischung, Forderung, Zumutung empört, energisch zurück; sie wies jeden Gedanken an einen Kompromiß zurück **2** jmdn. ~ *an den alten Platz verweisen;* jmdn. an seinen Platz ~ **2.1** ⟨511⟩ jmdn. in seine Grenzen ~ *jmdm. klarmachen, daß er seine G. nicht überschreiten darf*

zu'rück|wer·fen ⟨V. 286/500⟩ **1** ⟨R7⟩ sich od. etwas ~ *nach hinten werfen;* er warf sich in das Polster zurück; sie warf den Kopf zurück **2** jmdn. od. etwas ~ *in die Gegenrichtung werfen;* wirf doch den Ball zu mir zurück! **2.1** den Feind ~ *im Kampf zurückdrängen* **2.2** Strahlen ~ *widerspiegeln, reflektieren* **3** etwas wirft jmdn. od. etwas zurück ⟨fig.⟩ *verursacht bei jmdm. od. etwas einen Rückschritt;* der letzte Herzanfall hat den Patienten wieder zurückgeworfen; das unerwartete Ergebnis dieser Untersuchung wirft meine Arbeit um Wochen zurück

zu'rück|zie·hen ⟨V. 293⟩ **1** ⟨400(s.)⟩ *wieder zum Ausgangsort ziehen;* die Prozession zieht von dort wieder zurück **2** ⟨500⟩ etwas ~ *nach hinten ziehen, beiseite ziehen;* den Vorhang ~; den Fuß ~; den Wagen in die Einfahrt ~ **3** ⟨500⟩ eine Sache ~ ⟨fig.⟩ *widerrufen;* einen Auftrag, ein Versprechen ~; ein Angebot, einen Antrag, eine Bewerbung, eine Klage ~ **4** ⟨500/R3⟩ sich ~ *sich auf rückwärtige Stellungen begeben;* der Feind hat sich zurückgezogen **5** ⟨500/R3⟩ sich ~ *sich absondern, sich aus der Öffentlichkeit entfernen, sich dem Kontakt mit den Mitmenschen entziehen;* sie wollte sich in ein Kloster ~; er hat sich ins Privatleben zurückgezogen; sich von der Welt ~; die Abgeordneten zogen sich zur Beratung zurück; ein zurückgezogenes Leben führen; das alte Ehepaar lebt sehr zurückgezogen **5.0.1** ⟨550/R3⟩ sich von jmdm. ~ *nicht mehr mit jmdm. verkehren* **6** ⟨550/R3⟩ sich von einer Tätigkeit, Stellung ~ *eine T., S. aufgeben;* im Alter von 65 Jahren zog er sich von seinen Geschäften zurück

'Zu·ruf ⟨m.⟩ **1** *das Zurufen;* anfeuernde, aufmunternde, höhnische, ironische ~e; durch ~ abstimmen, wählen **2** *das Zugerufene;* die Fußballmannschaft wurde durch die ~e ihrer Landsleute angefeuert

'zu|sa·gen ⟨V.⟩ **1** ⟨500⟩ eine Sache ~ *versprechen;* er hat sein Kommen, seine Mitwirkung, seine Teilnahme fest zugesagt **1.1** ich habe eine ~de Antwort, einen ~den Bescheid erhalten *eine Zusage* **2** ⟨400⟩ *eine Einladung annehmen;* mein Bruder hat uns zum Abendessen eingeladen, ich habe bereits zugesagt **3** ⟨600⟩ etwas sagt jmdm. zu ⟨fig.⟩ *gefällt jmdm., ist jmdm. angenehm;* seine neue Tätigkeit sagt ihm gar nicht zu **3.1** das ist ein mir sehr ~der Vorschlag *ein passender, mir genehmer V., ein V., der mir gefällt, mir willkommen ist* **4** ⟨531/R6⟩ jmdm. etwas auf den Kopf ~ ⟨fig.; umg.⟩ *jmdm. offen sagen, daß man ihn für schuldig an etwas hält;* ich habe ihm den Betrug auf den Kopf zugesagt

zu'sam·men ⟨Adv.⟩ **1** *gemeinsam, miteinander;* Eltern und Kinder ~; England und Frankreich ~; wir haben an diesem Buch, in dieser Firma zwei Jahre lang ~ gearbeitet; ~ fahren, lesen, musizieren, reisen, spielen, tanzen; beim Stolpern versuchte ich, mich an ihr festzuhalten, infolgedessen sind wir ~ gefallen; wir werden möglichst ~ kommen; im Wettkampf ~ laufen; sie haben mich (beide) ~ geschlagen; beide wollen ~ ein Buch schreiben; diesen Reisebericht hat das Ehepaar ~ geschrieben; wir haben unsere Instrumente ~ gestimmt; die beiden haben mich ~ (von der Treppe) gestoßen; wir haben ~ überlegt, was da zu tun sei; die Brüder verfügen ~ über die Aktienmehrheit; ~ mit unseren Verbündeten **2** *gleichzeitig;* wir sind ~ angekommen, eingetroffen **3** *insgesamt, im ganzen;* unsere Ausgaben betrugen ~ nicht mehr als 200 Mark; zwei Frankfurter Würstchen, zwei Bier - macht ~ 5,20 Mark (Abrechnung des Kellners); ihr Schmuck hat einen Wert von ~ 100.000 Mark

zu'sam·men... ⟨in Zus.⟩ **1** *beieinander;* zusammenbleiben, zusammensitzen **2** *zueinander;* zusammenfegen, zusammenkommen **3** *aneinander;* zusammenbinden **4** *vereinigen;* zusammenschweißen **5** *übereinstimmend;* zusammenklingen, zusammenpassen **6** ⟨umg.⟩ *entzwei, kaputt;* zusammenschlagen **7** ⟨fig.; umg.; verstärkend⟩; sich etwas zusammenlügen

Zu'sam·men·ar·beit ⟨f.⟩ *gemeinsame Arbeit;* die enge wirtschaftliche ~ der europäischen Staaten; wir setzen uns für internationale ~ ein; die ~ mit den französischen Kollegen war sehr gut; die ~ von Bund und Ländern

zu'sam·men|bal·len ⟨V. 500⟩ **1** etwas ~ *zu einem Knäuel, Klumpen zusammendrücken;* Papier, Schnee ~ **2** ⟨R3⟩ sich ~ *in gedrängter Fülle auftreten, sich dicht zusammendrängen;* Gewitterwolken ballten sich am Horizont zusammen; die in Industriezentren zusammengeballten Menschenmassen; die zusammengeballte Macht des Kapitals; das Verhängnis hatte sich bereits über den Dächern dieser Stadt zusammengeballt ⟨fig.⟩

zu'sam·men|bei·ßen ⟨V. 105/500⟩ **1** die Zähne ~ *aufeinanderbeißen, durch Beißen zusammenpressen;* ich mußte die Zähne ~, um nicht vor Schmerzen aufzuschreien; den Schmerz mit zusammengebissenen Zähnen ertragen **2** ⟨R4⟩ sich ~ ⟨fig.; umg.⟩ *einander anpassen;* in den ersten Ehejahren mußten wir uns erst ~

zu'sam·men|bre·chen ⟨V. 116/400(s.)⟩ **1** etwas bricht zusammen *verliert den Zusammenhalt u. stürzt (in Trümmern) zu Boden;* die Brücke brach infolge zu starker Belastung zusammen 1.1 bei diesem entsetzlichen Anblick brachen die Knie unter ihr zusammen *konnten die K. sie nicht länger tragen* **2** eine Sache bricht zusammen *erleidet schweren Schaden, wird unwirksam, kommt zum Stillstand;* der Angriff ist im feindlichen Artilleriefeuer zusammengebrochen 2.1 eine Firma bricht zusammen *kann den geordneten Ablauf der Geschäfte nicht länger aufrechterhalten* **3** *vor Entkräftung hinfallen, ohnmächtig werden, erkranken;* er ist infolge Überanstrengung, vor Erschöpfung völlig zusammengebrochen; er arbeitete bis zum Zusammenbrechen **4** *die innere Widerstandskraft verlieren;* sie brach nach seinem Tode zusammen; unter der drükkenden Last der Beweise brach der Angeklagte zusammen und gestand die Tat

zu'sam·men|brin·gen ⟨V. 118/500⟩ **1** etwas ~ *ansammeln, anhäufen;* im Laufe seines Lebens hat er ein Vermögen zusammengebracht **2** etwas ~ ⟨fig.; umg.⟩ *im Geiste etwas Zusammenhängendes zustande bringen;* vor Aufregung brachte ich keine drei Sätze zusammen; ich kann die Verse, den Wortlaut nicht mehr ~ **3** jmdn. ~ *die Bekanntschaft, das Zusammensein von jmdm. herbeiführen;* kannst du mich gelegentlich mit ihm ~? 3.1 zwei Leute wieder ~ *versöhnen;* ich möchte die beiden feindlichen Brüder gern wieder ~

Zu'sam·men·bruch ⟨m.⟩ **1** *Vernichtung, Ende;* der ~ war nicht aufzuhalten, war unvermeidlich; ein politischer, wirtschaftlicher ~ 1.1 *geschäftl. Ruin;* das führte zum ~ der Firma **2** *schwere gesundheitl. Schädigung;* Nerven ~; Überarbeitung und familiäre Sorgen trugen zu seinem ~ bei

zu'sam·men|fal·len ⟨V. 131/400(s.)⟩ **1** etwas fällt zusammen *stürzt ein;* das altersschwache Gebäude ist zusammengefallen 1.1 ⟨400⟩ ihre Hoffnungen und Pläne fielen wie ein Kartenhaus zusammen *wurden jäh zerstört* 1.2 seine Lügen sind in sich zusammengefallen *wurden aufgedeckt, waren nicht länger aufrechtzuerhalten* **2** etwas fällt zusammen *sinkt zusammen, verliert sein lockeres od. pralles Aussehen;* der Hefeteig ist wieder zusammengefallen; am Boden angekommen fällt der Fallschirm zusammen **3** *hager u. faltig werden;* der Großvater ist in der letzten Zeit zusammengefallen **4** ⟨405⟩ etwas fällt (mit etwas) zusammen *stimmt zeitlich überein, findet gleichzeitig statt;* mein Geburtstag und sein Jubiläum werden ~ **5** ⟨405⟩ etwas fällt (mit etwas) zusammen ⟨Math.⟩ *deckt sich;* das Zusammenfallen zweier Flächen **6** ⟨aber getrennt⟩ zu'sammen 'fallen → *zusammen(1)*

zu'sam·men|fas·sen ⟨V. 500⟩ etwas ~ **1** *raffen, straffen, kurz das Wichtigste angeben;* wir wollen zum Schluß ~: ...; er hat den Verlauf der Besprechungen in einem Bericht zusammengefaßt; ~d läßt sich sagen, daß ... **2** *miteinander verbinden;* diese kleineren Organisationen sind zusammengefaßt in ...

zu'sam·men|hal·ten ⟨V. 160⟩ **1** ⟨500⟩ etwas ~ *vergleichend nebeneinander betrachten;* nur wenn man die Farben zusammenhält, kann man den feinen Unterschied erkennen **2** ⟨400⟩ etwas hält zusammen *bleibt aneinander haften, löst sich nicht los;* ich habe es geleimt, hoffentlich wird es jetzt ~ **3** ⟨500⟩ jmdn. od. etwas ~ *(geordnet) beieinander halten;* der Lehrer konnte bei dem Ausflug die Klasse nur schwer ~; der alte Mann kann seine Gedanken nicht mehr ~ 3.1 sein Geld ~ ⟨umg.⟩ *sparen, nicht ausgeben;* du mußt dein Geld immer gut ~ **4** ⟨400; fig.⟩ *einander beistehen, in Treue u. gegenseitiger Hilfsbereitschaft verbunden sein;* Freunde müssen auch in Notzeiten ~; brüderlich, eng, fest, treulich ~ **4.1** →a. *Pech(1.1)*

Zu'sam·men·hang ⟨m.; -(e)s, ¨e⟩ *Verbindung einzelner Teile, sinngemäße Beziehung, bes. in der Rede;* einen ~ ahnen, erkennen, feststellen, vermuten; er hat die Zusammenhänge nicht durchschaut; die historischen Zusammenhänge; ein innerer, ursächlicher ~; es besteht nur ein loser ~ zwischen beiden Ereignissen; bei dieser Inhaltsangabe ist einiges aus dem ~ geraten; einen Satz aus dem ~ herauslösen, reißen; sein Name wurde im ~ mit dem Unfall genannt; im, in ~ stehen mit; zwei Ereignisse miteinander in ~ bringen; das muß in diesem ~ einmal gesagt werden; ein ~ mit dem Einbruch am Vortage konnte nicht festgestellt werden; ohne ~ kann man das Zitat nicht verstehen; ich finde, sehe keinen ~ zwischen beiden Vorfällen

zu'sam·men|hän·gen ⟨V. 161⟩ **1** ⟨417⟩ etwas hängt mit etwas zusammen *ist mit etwas verbunden;* die Insel hing einmal mit dem Festland zusammen **1.1** → a. *Klette(3-3.1)* **2** ⟨405⟩ eine Sache hängt (mit einer Sache) zusammen *steht mit einer S. in Beziehung;* mit allem, was damit zusammenhängt; es wird wohl damit ~; das kann nicht damit ~; meine Migräne hängt mit dem schwülen Wetter zusammen; wie hängt das zusammen? **2.0.1** dem Schüler fällt es noch schwer, ~d zu reden, zu schreiben ⟨fig.⟩ *er ist noch zu sprunghaft* **3** ⟨500⟩ etwas ~ *durch Hängen vereinen, in eins hängen;* die Wintersachen habe ich alle in diesen Schrank zusammengehängt

zu'sam·men|klap·pen ⟨V.⟩ **1** ⟨500⟩ etwas ~ *mit einem kleinen harten Geräusch zumachen, zusammenlegen;* ein Buch, Taschenmesser ~; den Balkontisch, den Liegestuhl, den Schirm ~ **2** ⟨500⟩ die Hacken ~ *mit einem kleinen harten Geräusch gegeneinander schlagen* **3** ⟨400(s.); fig.; umg.⟩ *am Ende seiner Kräfte sein, gesundheitl. zusammenbrechen;* er ist uns plötzlich zusammengeklappt; wenn du dich nicht mehr schonst, wirst du bald wie ein Taschenmesser ~ ⟨scherzh.⟩

zu'sam·men|kom·men ⟨V. 170/400(s.)⟩ **1** *von verschiedenen Seiten kommend sich an einem Ort treffen, sich versammeln;* wir werden morgen beim Tennisspiel ~; regelmäßig, selten ~; einmal im Jahr kommen die Mitglieder zusammen **1.1** ⟨aber getrennt⟩ zu'sammen 'kommen → *zusammen(1)* **2** Sachen kommen zusammen *stellen sich gleichzeitig ein;* verschiedene unglückliche Umstände kamen zusammen **3** Geld kommt zusammen *sammelt sich an;* bei der letzten Sammlung ist nicht viel Geld zusammengekommen

Zu'sam·men·kunft ⟨f.; -, ⸚e⟩ *Treffen, Versammlung, Sitzung, Tagung;* wir haben heute abend eine ~ der Vorstandsmitglieder; jmdm. eine ~ gewähren; wir verabredeten für nächsten Mittwoch eine ~; unsere monatliche ~

zu'sam·men|lau·fen ⟨V. 176/400(s.)⟩ **1** *von verschiedenen Seiten kommend an eine Stelle laufen u. sich da sammeln;* eine Menge Schaulustiger war zusammengelaufen **1.1** ⟨aber getrennt⟩ zu'sammen 'laufen → *zusammen(1)* **2** ⟨411⟩ etwas läuft in einem Punkt, an einer Stelle zusammen *etwas trifft sich von verschiedenen Seiten kommend in einem Punkt, an einer Stelle;* das Wasser läuft in der Senke zusammen; die Linien laufen in diesem Punkt zusammen **2.1** → a. *Faden(4.1)* **3** Farben laufen zusammen *laufen auf einer Fläche, wo sie nebeneinander aufgetragen wurden, ineinander u. vermischen sich* **4** Milch läuft zusammen ⟨landschaftl.⟩ *gerinnt* **5** Stoff läuft zusammen ⟨landschaftl.⟩ *geht ein;* der Stoff ist beim Waschen zusammengelaufen

Zu'sam·men·le·ben ⟨n.; -s; unz.⟩ *gemeinsame Lebensführung, Lebensgemeinschaft;* eheliches ~

zu'sam·men|le·gen ⟨V.⟩ **1** ⟨500⟩ etwas ~ *durch Übereinanderlegen von Teilflächen auf ein kleineres Format bringen, einer Sache eine ordentlichere Form geben;* du sollst abends deine Sachen (Kleidungsstücke) ordentlich ~; die Servietten, das Tischtuch, die Wäsche ~ **2** ⟨500⟩ etwas ~ *verschiedene Gegenstände an eine Stelle legen;* ich habe alles, was ich mit auf die Reise nehmen möchte, bereits zusammengelegt **3** ⟨500⟩ Sachen ~ *verschiedene S. der Leitung einer Stelle od. Person unterstellen;* wegen geringer Beteiligung wurden beide Kurse für Stenographie zusammengelegt **4** ⟨402⟩ (Geld) ~ *aus vielen kleinen Beträgen eine (größere) Summe bilden;* die Hausbewohner legten für einen Kranz zusammen

zu'sam·men|neh·men ⟨V. 189/500⟩ **1** (innere) Kräfte ~ *alle verfügbaren K. für die Bewältigung einer Sache aufbieten;* seine Gedanken, seine Kräfte ~; ich mußte allen Mut ~, um ... **2** ⟨R3⟩ sich ~ *sich beherrschen, achtgeben, aufpassen;* nimm dich zusammen! **2.0.1** der Verletzte hat sich sehr zusammengenommen *nichts von seinen Schmerzen gezeigt* **3** Sachen ~ *verschiedene S. im Ganzen betrachten;* nimmt man alle Hinweise zusammen, entsteht ein recht deutliches Bild **3.1** alles zusammengenommen *im ganzen (gesehen)* **3.1.1** alles zusammengenommen macht fünfzig Mark *insgesamt* **3.1.2** alles zusammengenommen kann man sagen ... *alles in allem, abschließend*

zu'sam·men|raf·fen ⟨V. 500⟩ **1** etwas ~ *hastig u. ungeordnet an sich nehmen;* seine Sachen, Kleider ~ **2** etwas ~ *gierig an sich reißen, sich aneignen;* er kann nicht genug Geld, Besitz ~ **3** ⟨R3⟩ sich ~ ⟨fig.; umg.⟩ *wieder energisch werden u. handeln, aus der Gleichgültigkeit, Tatenlosigkeit erwachen;* nun raff dich aber mal zusammen!

zu'sam·men|rot·ten ⟨V. 500/R7⟩ sich ~ *in Mengen herbeiströmen, Gruppen bilden (Menschen, bes. in aufrührerischer Stimmung)*

zu'sam·men|schie·ßen ⟨V. 215⟩ **1** ⟨500⟩ etwas ~ *durch Beschuß zerstören;* ein Gebäude, ein Dorf ~ **2** ⟨500/R8⟩ jmdn. ~ *töten* **3** ⟨500⟩ Geld ~ ⟨fig.⟩ *finanziell mit beisteuern, zusammenbringen;* wir haben die nötige Summe zusammengeschossen **4** ⟨400⟩ Kristalle schießen zusammen *vereinigen sich*

zu'sam·men|schla·gen ⟨V. 218⟩ **1** ⟨500⟩ etwas ~ *heftig aneinander-, gegeneinanderschlagen;* die Becken ~ ⟨Mus.⟩; die Hände über dem Kopf ~ (vor Erstaunen, Überraschung) ⟨umg.⟩ **1.1** die Hacken ~ *strammstehen* **2** ⟨500⟩ etwas ~ ⟨umg.⟩ *zerschlagen, zertrümmern;* er hat im Zorn die halbe Einrichtung zusammengeschlagen **3** ⟨500/R8⟩ jmdn. ~ ⟨umg.⟩ *so schlagen, daß er sich nicht (mehr) wehren kann;* sie haben mich zusammengeschlagen **3.1** ⟨aber getrennt⟩ zu'sammen 'schlagen → *zusammen(1)* **4** ⟨500⟩ etwas ~ *durch Übereinanderschlagen von Teilflächen auf ein kleineres Format bringen;* eine Zeitung ~, um sie in die Tasche zu stecken **5** ⟨411(s.)⟩ etwas schlägt über etwas od. jmdm. zusammen *schließt sich über jmdm. od. etwas, begräbt jmdn. od.*

etwas unter sich; die Wellen schlugen über ihm zusammen; das Unglück, Verhängnis schlägt über ihm zusammen ⟨fig.⟩

zu'sam·men|schlie·ßen ⟨V. 222/500⟩ **1** etwas od. jmdn. (mit etwas od. jmdm.) ~ *schließend vereinigen;* die beiden Enden einer Kette ~; die Sträflinge waren mit Handschellen zusammengeschlossen **2** ⟨R3 od. R4⟩ sich (mit jmdm.) ~ ⟨fig.⟩ *sich vereinigen, gemeinsame Sache machen;* ich schließe mich mit ihm zusammen, um ...; die beiden Firmen, Gemeinden, Interessengemeinschaften haben sich zusammengeschlossen; sie wollen sich zu einem Verein ~

zu'sam·men|schmel·zen ⟨V. 225⟩ **1** ⟨500⟩ etwas ~ *durch Schmelzen vereinigen, in eins schmelzen;* Metalle ~ **2** ⟨400(s.)⟩ etwas schmilzt zusammen *verkleinert sich durch Schmelzen;* die Schneedecke ist in der Sonne zusammengeschmolzen **3** ⟨400(s.)⟩ etwas schmilzt zusammen ⟨fig.⟩ *wird weniger;* unser erspartes Geld, das Kapital, unsere Vorräte sind bis aus einen kleinen Rest zusammengeschmolzen

zu'sam·men|schrei·ben ⟨230/500⟩ etwas ~ **1** *in einem Wort schreiben;* werden diese beiden Wörter zusammengeschrieben? 1.1 ⟨aber getrennt⟩ zu'sammen 'schreiben → *zusammen(1)* **2** *aus anderen Büchern herausnehmen u. neu schreiben;* bei dieser Arbeit ist das meiste aus ungenannten Quellen zusammengeschrieben **3** ⟨umg.⟩ *flüchtig niederschreiben, verfassen;* wie kann man nur so viel Unsinn ~!; ein schnell zusammengeschriebener Bericht **4** ⟨fig.; umg.⟩ *sich durch Schreiben erwerben;* er hat sich mit Kriminalromanen ein Vermögen zusammengeschrieben

zu'sam·men|schrump·fen ⟨V. 400(s.)⟩ **1** Gegenstände schrumpfen zusammen *verkleinern sich durch Schrumpfen;* die Äpfel, Kartoffeln sind schon ganz zusammengeschrumpft **2** die Haut schrumpft zusammen *wird faltig, runzlig;* eine ganz zusammengeschrumpfte Haut **3** etwas schrumpft zusammen ⟨fig.⟩ *vermindert sich, wird weniger, geringer;* unsere Vorräte schrumpfen allmählich zusammen

Zu'sam·men·sein ⟨n.⟩ **1** *Beisammensein* **2** *Zusammenleben*

zu'sam·men|set·zen ⟨V. 500⟩ **1** ⟨R4⟩ sich ~ *sich an einem gemeinsamen Platz zueinander setzen;* wir müssen uns bald einmal ~ und alles besprechen; wir haben im Konzert zufällig zusammengesessen; beide Freundinnen wollen sich in der Schule ~ **2** etwas ~ *in eins fügen;* Maschinenteile ~; auf dem Feld werden die Garben zu Puppen zusammengesetzt 2.1 *durch Zusammensetzen(2) herstellen;* eine Maschine, ein Mosaik ~; ein zusammengesetztes Wort **3** ⟨550/R3⟩ etwas setzt sich aus etwas od. jmdm. zusammen *besteht aus etwas od. jmdm.;* der Vorstand setzt sich aus folgenden Mitgliedern zusammen

zu'sam·men|stecken ⟨-k·k-; V.⟩ **1** ⟨500⟩ etwas ~ *mit Nadeln, Klammern u. ä. lose miteinander verbinden;* die zugeschnittenen Stoffteile mit Stecknadeln ~ **2** ⟨500⟩ die Köpfe ~ ⟨fig.; umg.⟩ *miteinander tuscheln* **3** ⟨410; fig.; umg.⟩ *oft, bes. heimlich, zusammensein;* die beiden stecken dauernd zusammen

zu'sam·men|stel·len ⟨V. 500⟩ **1** jmdn. od. etwas ~ *nebeneinanderstellen, an einen gemeinsamen Platz stellen;* etwas zum Vergleich ~ **2** etwas ~ *Teile auswählen u. zu etwas vereinigen, zusammensetzen;* die Farben in diesem Raum sind gut zusammengestellt; eine Liste, ein Menü, eine Mustersendung, eine Stadtrundfahrt, eine Übersicht ~; er hat das Programm für den heutigen Abend zusammengestellt

zu'sam·men|stim·men ⟨V. 400⟩ **1** etwas stimmt zusammen *ist gut aufeinander abgestimmt;* die beiden Flöten haben nicht zusammengestimmt 1.1 ⟨aber getrennt⟩ zu'sammen 'stimmen → *zusammen(1)* **2** Sachen stimmen zusammen *eine Sache ergänzt eine andere ohne Widersprüche;* die Aussagen der beiden Zeugen stimmen nicht zusammen

Zu'sam·men·stoß ⟨m.⟩ **1** *das Zusammenstoßen, Gegeneinanderprallen (bes. von Fahrzeugen);* ~ zweier Flugzeuge, Kraftwagen, Personenzüge **2** ⟨fig.⟩ *Auseinandersetzung, Streit, Zank;* ich hatte mit ihm einen ~

zu'sam·men|sto·ßen ⟨V. 262/400(s.)⟩ **1** (mit jmdm. od. einem Gegenstand) ~ *aufeinander-, gegeneinanderprallen;* die beiden Wagen sind in voller Fahrt zusammengestoßen; der Schifahrer stieß mit einem Fußgänger zusammen 1.1 ⟨aber getrennt⟩ zu'sammen 'stoßen → *zusammen(1)* **2** ⟨417⟩ mit jmdm. ~ ⟨fig.⟩ *eine Auseinandersetzung, einen Wortwechsel haben, sich streiten, zanken;* er ist wiederholt mit seinem Hauswirt zusammengestoßen **3** etwas stößt zusammen *berührt sich, hat eine gemeinsame Grenze;* die Linien, Grundstücke stoßen zusammen; ~de Grundstücke

zu'sam·men|tref·fen ⟨V. 266/400(s.)⟩ **1** (mit jmdm.) ~ *jmdn. treffen, jmdm. begegnen;* ich bin lange nicht mit ihm zusammengetroffen; wir sind in S. zufällig zusammengetroffen **2** etwas trifft zusammen ⟨fig.⟩ *stimmt zeitlich überein, geschieht gleichzeitig;* mein Geburtstag und das Osterfest treffen in diesem Jahr zusammen **3** ⟨aber getrennt⟩ 'zusammen 'treffen → *zusammen(1)*

zu'sam·men|tre·ten ⟨V. 268⟩ **1** ⟨500⟩ jmdn. od. etwas ~ *durch Treten verletzen, zerstören;* ein Beet, eine Kiste ~; er ist bei dem Fußballspiel zusammengetreten worden **2** ⟨400(s.)⟩ eine Vereinigung tritt zusammen *versammelt sich, kommt zusammen;* der Verein, Vorstand tritt morgen zu einer Sitzung zusammen

zu'sam·men|tun ⟨V. 272/500⟩ **1** etwas ~ *in eins tun, miteinander verbinden, vereinigen;* bitte in die Waschtrommel nicht Weiß- und Buntwäsche ~! **2** ⟨R4⟩ sich ~ *gemeinsame Sache machen;* die beiden haben sich zusammengetan, um ein Geschäft zu eröffnen **3** ⟨aber getrennt⟩ zusammen 'tun → *zusammen(1)*

zu'sam·men|wach·sen ⟨V. 277/400(s.)⟩ **1** *in eins wachsen, sich durch Wachstum (wieder) vereinigen;* die Zwillinge waren an den Hüften zusammengewachsen; über der Nase zusammengewachsene Augenbrauen **2** ⟨fig.⟩ *sich seelisch eng verbinden, sich eng befreunden;* ein langes gemeinsames Leben hatte die einst so ungleichen Eheleute ~ lassen

zu'sam·men|zie·hen ⟨V. 293⟩ **1** ⟨500⟩ etwas ~ 1.1 *durch Ziehen verengen, verkürzen;* ein Loch nur schnell mit einem Faden ~ 1.1.1

⟨Part. Präs.⟩ ~des Mittel *entzündungshemmendes, blutstillendes M.* 1.2 *miteinander verbinden, vereinigen;* die Augenbrauen ~ 1.3 Personen ~ ⟨fig.⟩ *sammeln;* Polizei ~; im Grenzgebiet Truppen ~ 1.4 Zahlen ~ *addieren;* ich muß die einzelnen Posten noch ~ 2 ⟨400(s.)⟩ (mit jmdm.) ~ *in eine gemeinsame Wohnung ziehen;* sie werden in Kürze ~; sie ist mit ihm zusammengezogen 3 ⟨aber getrennt⟩ zu'sammen 'ziehen → *zusammen(1)* 4 ⟨500/R3⟩ sich ~ *sich verkleinern, verengern, schließen;* die Wundränder ziehen sich schon zusammen 5 ⟨500/R3⟩ etwas zieht sich zusammen *entsteht, bildet sich;* im Westen zieht sich ein Gewitter, Unwetter zusammen; das Unheil zog sich über seinem Kopf zusammen ⟨fig.⟩

'Zu·satz ⟨m.⟩ 1 *etwas, das zusätzlich angefügt, hinzugefügt wird;* ein ~ zu einem Brief, einer chemischen Lösung, einem Testament usw. 2 ⟨unz.⟩ *das Zusetzen, Hinzufügen;* einen Salat unter ~ von Essig, Öl usw. anrichten

'zu·sätz·lich ⟨Adj.⟩ *ergänzend hinzukommend, noch hinzugefügt*

zu'schan·den ⟨Adv.; geh.⟩ 1 ~ machen *vernichten, zerstören, zugrunde richten, zunichte machen, vereiteln;* das hat all unsere Erwartungen, Hoffnungen, Pläne ~ gemacht 1.1 er wird sich noch ~ arbeiten ⟨umg.⟩ *seine Gesundheit durch zu vieles Arbeiten untergraben* 1.2 ein Pferd ~ reiten *so rücksichtslos reiten, daß es Schaden erleidet* 2 ~ werden *vernichtet werden*

'zu|schau·en ⟨V. 400⟩ *zusehen, ein Ereignis mit den Augen verfolgen*

'Zu·schau·er ⟨m.; -s, -⟩ *jmd., der bei einer Darbietung zusieht*

'zu|schie·ben ⟨V. 214/500⟩ 1 etwas ~ *durch Schieben schließen;* eine Schublade, Schiebetür ~; den Riegel, die Tür des Güterwagens ~ 2 ⟨530/R6⟩ jmdm. etwas ~ *etwas zu jmdm. hinschieben;* sie schob ihm stillschweigend die Rechnung zu 2.1 ⟨fig.⟩ *veranlassen, daß jmd. etwas Unangenehmes übernimmt;* er wollte mir alle Schuld, Verantwortung ~ 2.1.1 → a. *schwarz(1.8.1)*

'zu|schie·ßen ⟨V. 215; umg.⟩ 1 ⟨500⟩ Geld ~ *mit beisteuern, dazugeben;* er hat 20.000 Mark zu dem Geschäft zugeschossen; meine Eltern haben zu meinem Studium allerhand (Geld) zugeschossen 2 ⟨411(s.)⟩ auf jmdn. ~ *plötzlich rasch zu jmdm. hingehen, sich auf jmdn. stürzen;* auf der Straße schoß er auf mich zu

'Zu·schlag ⟨m.⟩ 1 *zusätzl. zu zahlender Betrag, zusätzl. Gebühr, Aufschlag, Nachzahlung, Erhöhung;* Schnellzug~ 2 ⟨kaufmannsspr.⟩ *Erteilung des Auftrags* 3 *Erklärung des Versteigerers, daß er das letzte Gebot annimmt;* der ~ erfolgte an ... (bei Auktionen); sie bot am meisten und erhielt den ~; den ~ an den Meistbietenden erteilen (auf Auktionen) 4 *Zusatz* 4.1 ⟨Bauwesen⟩ *Füllstoffe, z. B. Sand od. Kies, die zusammen mit einem Bindemittel zu Mörtel od. Beton verarbeitet werden* 4.2 ⟨Met.⟩ *Zusatz bei der Verhüttung von Erzen, Beischlag*

'zu|schla·gen ⟨V. 218⟩ 1 ⟨500⟩ etwas ~ *mit einer heftigen Bewegung geräuschvoll schließen;* man hörte ihn die Wagentür ~ 1.1 ⟨400(s.)⟩ etwas schlägt zu *schließt sich mit einem heftigen Schlag;* die Tür ist zugeschlagen 2 ⟨500⟩ etwas ~ *mit Nägeln, Nieten u. ä. schließen;* Fässer, Kisten ~ 3 ⟨530/R6⟩ jmdm. etwas ~ *etwas mit einem Schläger in jmds. Richtung schlagen;* jmdm. den Ball ~ 4 ⟨505⟩ etwas (zu etwas) ~ *hinzufügen u. dadurch dessen Wert, Preis erhöhen;* Zinsen zum Kapital ~; 10 % werden auf den Preis noch zugeschlagen 5 ⟨530/R5⟩ jmdm. etwas ~ *als Eigentum durch Zuschlag(3) zuerkennen* 6 ⟨400⟩ *einen kräftigen Schlag geben, heftige Schläge erteilen;* schlag zu!; er holte aus und schlug zu

'zu|schlie·ßen ⟨V. 222/500⟩ etwas ~ *mit dem Schlüssel abschließen, fest verschließen;* den Koffer ~; sie hat die Tür zugeschlossen

'zu|schnap·pen ⟨V. 400⟩ 1 *mit dem Maul rasch nach etwas greifen, plötzlich beißen;* plötzlich schnappte der Hund zu 2 ⟨(s.)⟩ etwas schnappt zu *fällt mit einem klappenden Geräusch ins Schloß, schließt sich;* das Türschloß, Taschenmesser schnappt zu

'zu|schnei·den ⟨V. 227/500⟩ 1 etwas ~ *nach bestimmten Maßen in bestimmte Form(en) schneiden;* ein Kleid, den Stoff ~ 2 ⟨550⟩ etwas auf jmdn. od. etwas ~ ⟨fig.⟩ *auf jmdn. od. etwas ausrichten;* das Stück ist ganz auf die Hauptdarstellerin zugeschnitten; der Lehrgang war ganz auf das Examen (hin) zugeschnitten

'zu|schnü·ren ⟨V. 500⟩ 1 etwas ~ *mit einer Schnur fest zusammenhalten;* ein Paket ~ 1.1 Schuhe ~ *mit einem Schnürsenkel fest zubinden* 2 ⟨530/R5 od. R6⟩ jmdm. etwas ~ *zusammenziehen, zusammendrücken;* er hat ihm die Kehle zugeschnürt 2.1 die Angst schnürte ihr die Kehle zu ⟨fig.⟩ *sie konnte vor Angst nicht schreien*

'zu|schrei·ben ⟨V. 230/500⟩ 1 etwas ~ ⟨kurz für⟩ *hinzuschreiben, dazuschreiben;* willst du noch einen Gruß ~? 2 ⟨530/R5 od. R6⟩ jmdm. od. einer Sache etwas ~ *jmdm. etwas durch etwas Schriftliches als Eigentum übertragen;* er hat das Grundstück seiner Tochter ~ lassen; 10 % des Reingewinns werden seinem Konto zugeschrieben 3 ⟨530/R5 od. R6⟩ jmdm. od. einer Sache etwas ~ ⟨fig.⟩ *etwas auf jmdn. od. etwas zurückführen, jmdn. od. etwas für den Urheber bzw. die Ursache ansehen;* das hast du dir selbst zuzuschreiben; das kann man nur deiner Dummheit, deiner Einfalt ~; das Bild wird Leonardo zugeschrieben; es ist dem Umstande zuzuschreiben, daß ... 4 ⟨530/R5 od. R6⟩ jmdm. od. etwas eine Sache ~ ⟨fig.⟩ *glauben, daß jmd. od. etwas eine Sache hat;* ich kann dieser Angelegenheit keine Bedeutung ~; dieser Quelle wird eine wundertätige Wirkung zugeschrieben; die Schuld an diesem Zwischenfall kann man keinem von uns ~; er will alle Schuld den Verhältnissen ~

'Zu·schrift ⟨f.; -, -en⟩ *Brief, schriftl. Mitteilung zu einem bestimmten Thema, Angebot o. ä.;* ich habe auf meine Anzeige viele ~en bekommen; eine ~ aus dem Leserkreis

'Zu·schuß ⟨m.⟩ 1 *finanzieller Beitrag, zusätzl. Zahlung;* Unterhalts~; einen ~ beantragen, bewilligen, gewähren, leisten; die Krankenkasse gibt einen ~ zu meiner Kur 2 ⟨Typ.⟩ *vom Drucker über die Auflage hinaus vorbereitete Papierbogen, um Ausschuß auszugleichen*

'zu|se·hen ⟨V. 239⟩ **1** ⟨400⟩ *auf jmdn. od. etwas sehen (u. beobachten, was jmd. tut bzw. was vorgeht), hinblicken, betrachten;* ich sah ihm bei der Arbeit zu; ich habe beim Sportfest nur zugesehen (mich nicht beteiligt); bei näherem Zusehen stellte es sich als etwas anderes heraus; schon vom Zusehen wird mir schwindlig **1.0.1** ⟨412⟩ da sehe ich nicht mehr lange zu! ⟨fig.⟩ *da warte ich nicht mehr lange ab, da greife ich bald ein* **1.0.2** kannst du dabei ruhig ~ ? ⟨fig.⟩ *kannst du das dulden?* **2** ~, daß ... ⟨fig.⟩ *sich bemühen, trachten, auf etwas achten, für etwas sorgen;* wir müssen ~, daß wir so schnell wie möglich zum Bahnhof kommen; sehen Sie doch zu, daß Sie morgen mitkommen können; soll er selbst ~, wie er damit fertig wird!

'zu·se·hends ⟨Adv.⟩ **1** ⟨eigtl.⟩ *beim Zusehen wahrnehmbar* **2** *merklich, rasch, sichtlich schnell, offenkundig;* dem Kranken geht es ~ besser; er wächst ~

'zu|sein ⟨V. 240/300(s.)⟩ *geschlossen sein;* etwas ist zu; die Tür ist zu; sieh nach, ob mein Kleid hinten zu ist

'zu|set·zen ⟨V.⟩ **1** ⟨530⟩ einer Sache etwas ~ *hinzufügen, dazutun;* man könnte der Bowle noch einen Schuß Rum ~; der Wirt hat dem Wein Wasser zugesetzt **1.1** ⟨500⟩ ich habe (bei diesem Geschäft) viel zugesetzt ⟨umg.⟩ *es war ein finanzieller Verlust für mich* **1.2** nichts zuzusetzen haben ⟨umg.⟩ *keine Reserven an Gesundheit, Kraft, Körpergewicht mehr haben;* er hat nichts zuzusetzen **2** ⟨600/R6⟩ jmdm. ~ *jmdn. bedrängen, jmdn. drängen (damit er etwas Bestimmtes tut);* ihm wurde so lange hart zugesetzt, bis er nachgab; jmdm. mit Bitten, Worten ~ **2.1** ⟨600⟩ etwas setzt jmdm. zu *geht jmdm. nahe, nimmt jmdn. mit;* der Tod seines Vaters hat ihm sehr zugesetzt

'zu|si·chern ⟨V. 530/R6⟩ jmdm. etwas ~ *jmdm. etwas versprechen, verbürgen;* der Arzt hat mir zugesichert, daß er noch heute kommt

'zu|spie·len ⟨V. 530/R6⟩ **1** jmdm. den Ball ~ *den B. zu jmdm. werfen, stoßen* **2** jmdm. etwas ~ ⟨fig.⟩ *dafür sorgen, daß jmd. etwas wie zufällig bekommt*

'zu|spit·zen ⟨V. 500⟩ **1** etwas ~ *mit einer scharfen Spitze versehen, spitz machen;* einen Stock ~ **2** ⟨R3⟩ eine Sache spitzt sich zu ⟨fig.⟩ *verschärft sich, wird bedrohlich, nimmt an Konfliktstoffen zu;* die politische Lage hat sich in den letzten Wochen gefährlich zugespitzt; das Verhältnis spitzte sich mehr und mehr zu

'zu|spre·chen ⟨V. 251⟩ **1** ⟨530/R5 od. R6⟩ jmdm. etwas ~ *durch Worte vermitteln;* er sprach mir Mut, Trost zu **2** ⟨613⟩ jmdm. ... ~ *auf besondere Weise zu jmdm. sprechen;* jmdm. besänftigend, freundlich, gut, tröstend ~ **2.1** ein zugesprochenes Telegramm *telephon. mitgeteiltes T.* **3** ⟨530/R5 od. R6⟩ jmdm. etwas od. jmdn. ~ *(durch Urteil) zuerkennen;* das Gericht sprach ihm das Erbe zu; das Kind wurde bei der Scheidung der Mutter zugesprochen **4** ⟨600⟩ Speisen, Getränken ~ *Speisen, Getränke (mit Appetit) zu sich nehmen;* dem Essen ~; dem Bier, der Flasche, dem Wein fleißig ~; er spricht dem Essen eifrig, kräftig, tüchtig, wacker zu; einer Speise nur mäßig ~

'Zu·spruch ⟨m.; -(e)s; unz.⟩ **1** *guter Rat, Trost, freundl. Zureden;* ärztlicher, geistlicher ~; freundlichen ~s bedürfen; auf jmds. ~ hören; sie hat aus seinem ~ wieder Mut, Kraft geschöpft **2** *Anklang, Beliebtheit, Besuch, Zulauf, Andrang;* das neue Musical erfreut sich allgemeinen ~s; der Selbstbedienungsladen findet großen ~; die kalte Platte fand regen ~; dieser Arzt hat viel ~

'Zu·stand ⟨m.; -(e)s, ¨e⟩ **1** ⟨Phys.⟩ *Beschaffenheit (eines Stoffes od. eines physikal. Systems);* den ~ eines Stoffes durch äußere Einflüsse verändern **2** ⟨allg.⟩ *Beschaffenheit, augenblickliche Lage (einer Sache, Verfassung);* der ~ des Patienten hat sich gebessert, nicht verändert, verschlechtert; der augenblickliche, derzeitige, heutige, jetzige ~; körperlicher, krankhafter, moralischer, nervöser, seelischer ~; sein ~ ist bedenklich, beklagenswert, hoffnungslos, mitleiderregend; das Grundstück befindet sich in bestem, gutem ~; die politischen, wirtschaftlichen Zustände im Lande; den schlechten ~ einer Ware beanstanden; der Garten ist in einem unbeschreiblichen, verwahrlosten ~; es herrschen dort unhaltbare, unerträgliche Zustände; in diesem ~ kann ich dich nicht allein lassen; über die Zustände im Überschwemmungsgebiet berichtet ... **2.1** das sind doch keine Zustände! ⟨umg.⟩ *das kann doch nicht so bleiben, hier muß sich einiges ändern!* **2.2** Zustände bekommen, haben *Anfälle*

zu'stan·de ⟨Adv.; nur in den Wendungen⟩ **1** etwas ~ bringen *leisten, schaffen, fertig machen;* das wirst du auch nicht ~ bringen! **2** ~ kommen *verwirklicht werden, gelingen;* eine Einigung ist nicht ~ gekommen

'zu·stän·dig ⟨Adj. 70⟩ **1** *zur Bearbeitung, Entscheidung einer Sache berechtigt bzw. verpflichtet;* die ~e Behörde; der für diesen Fall ~e Richter; an ~er Stelle wußte man bereits davon; niemand will dafür ~ sein; wer ist für ...? **2** ~ nach einer Stadt ⟨österr.⟩ *heimatberechtigt in einer S., Bürger einer S.;* ~ nach Wien

zu'stat·ten ⟨Adv.; nur in der Wendung⟩ ~ kommen *nützen;* was du jetzt lernst, wird dir später im Beruf ~ kommen

'zu|stecken ⟨-k·k-; V. 500⟩ **1** etwas ~ *mit Nadeln schließen;* einen Riß, Vorhänge ~ **2** ⟨530/R6⟩ jmdm. etwas ~ *heimlich, verstohlen geben;* sie hat ihm 100 DM zugesteckt

'zu|ste·hen ⟨V. 256/600⟩ jmdm. steht etwas zu *jmdm. gebührt etwas als sein Recht, sein Anteil;* 21 Urlaubstage im Jahr stehen uns zu

'zu|stel·len ⟨V.⟩ **1** ⟨500⟩ Öffnungen ~ *verdecken, schließen, indem man etwas davorstellt;* wir haben die Verbindungstür mit einem Schrank zugestellt **2** ⟨503⟩ (jmdm.) eine Sendung ~ *ins Haus bringen;* Briefe werden durch die Post zugestellt; der Gerichtsvollzieher hat mir die Klage zugestellt ⟨Rechtsw.⟩

'zu|steu·ern ⟨V.⟩ **1** ⟨600(s.)⟩ einem Ziel ~ *sich in Richtung auf ein Z. in Bewegung setzen* **1.1** ⟨Mar.⟩ *Kurs nehmen auf ein Z.;* dem Hafen, der offenen See ~ **1.2** ⟨fig.⟩ *auf ein bestimmtes Ziel hin arbeiten;* außenpolitisch einer Verständigung mit den Nachbarvölkern ~ **2** ⟨411(s.)⟩ auf jmdn. od. eine Sache ~ *auf jmdn. od. eine S. zielstrebig zugehen;* er steuerte geradewegs auf mich zu; auf eine Inflation, eine Krise ~ ⟨fig.⟩ **3** ⟨500(s.)⟩ etwas ~ *beisteuern,* *dazugeben;* meine Eltern wollen zu unserer Reise 200 Mark ~

'zu|stim·men ⟨V. 600/R6⟩ **1** jmdm. ~ *recht geben, mit seiner Ansicht übereinstimmen;* er nickte mir ~d zu **2** einer Sache ~ *eine S. billigen, mit ihr einverstanden sein;* wer schweigt, scheint zuzustimmen

'Zu·stim·mung ⟨f.⟩ **1** *Übereinstimmung mit einer Ansicht, Billigung, Einwilligung, Erlaubnis;* als Zeichen der ~ nicken; seine ~ geben, verweigern; darf ich Ihr Schweigen als ~ nehmen? **2** *Beifall;* unter allgemeiner ~ erklärte der Redner, daß ...; die Forderungen des Wahlredners fanden bei den Zuhörern lebhafte ~

'zu|sto·ßen ⟨V. 262⟩ **1** ⟨500⟩ etwas ~ *durch einen Stoß schließen;* die Tür mit dem Fuß ~ **2** ⟨400⟩ *einen Stoß führen;* mit einem Messer ~; stoß zu! **3** ⟨600(s.)⟩ etwas stößt jmdm. zu ⟨fig.⟩ *etwas passiert, geschieht jmdm.;* ihm muß etwas zugestoßen sein, sonst wäre er längst da; ihm ist ein Mißgeschick, ein Unglück zugestoßen

'zu|stre·ben ⟨V. 600 od. 411⟩ **1** einem Ziel ~ *zu einem Z. eilen, nach einem Z. streben;* einem Treffpunkt ~ 1.1 auf jmdn. od. etwas ~ *auf jmdn. od. etwas zueilen*

'Zu·strom ⟨m.; -(e)s; unz.⟩ *Andrang, Herbeikommen in Scharen;* es herrschte reger ~ von Besuchern, Käufern, Schaulustigen

'zu|strö·men ⟨V. 600(s.) od. 800⟩ einem bestimmten Punkt, auf einen bestimmten Punkt ~ *in großer Anzahl, Menge an einen bestimmten P. kommen;* dem Meer ~ (Flüsse); die Menge strömte dem Sportplatz zu

zu'ta·ge ⟨Adv.; nur in den Wendungen⟩ **1** ~ fördern, bringen *offenkundig machen, aufspüren;* ein Geheimnis ~ fördern **2** Erze ~ fördern ⟨Bgb.⟩ *abbauen* **3** ~ liegen *leicht zu erkennen sein;* seine Absichten liegen offen ~ **4** ~ kommen, treten *offenkundig werden, erkannt werden;* auch seine Schuld wird noch ~ kommen

'Zu·tat ⟨f.; -, -en; meist Pl.⟩ *Kleinigkeit, die zu einer Sache nötig od. wünschenswert ist, Beiwerk;* zu diesem Gericht, diesem Kuchen brauchen Sie folgende ~en ...; ~en zum Nähen (z. B. Knöpfe, Schnallen, Garn, Futterstoff u. ä.)

zu'teil ⟨Adv.; nur in den Wendungen⟩ **1** ~ werden *bekommen, erhalten;* es wird mir (nicht) ~ **2** ~ werden lassen *gewähren;* jmdm. eine Vergünstigung ~ werden lassen

'zu|tei·len ⟨V. 530⟩ **1** jmdm. etwas ~ *in Teilen abgeben, an jmdn. austeilen;* im Krieg wurden der Bevölkerung die Lebensmittel zugeteilt **2** jmdm. eine Sache ~ ⟨fig.⟩ *als Anteil übergeben, anweisen, bewilligen, zusprechen;* sie bekamen vom Wohnungsamt eine Wohnung zugeteilt; wir bekamen folgende Arbeit, Aufgabe zugeteilt; die mir zugeteilte Rolle in diesem Intrigenspiel paßt mir nicht

'Zu·tei·lung ⟨f.⟩ **1** *Anweisung, Bewilligung, Übergabe;* die ~ der Unterkünfte an die Teilnehmer der Reisegesellschaft erfolgt am Urlaubsort; Wurst gibt es nur auf ~ (im Krieg) **2** *zugesprochener Teil, Anteil;* die ~ an Zucker reicht keine Woche **3** *aufzuteilende Menge;* eine neue ~ von Butter, Fleisch aufrufen (im Krieg)

zu'tiefst ⟨Adv.⟩ *aufs tiefste, völlig, sehr;* er war ~ beleidigt, gekränkt, verletzt

'zu|tra·gen ⟨V. 265/500⟩ **1** ⟨530/R6⟩ jmdm. etwas ~ 1.1 *zu jmdm. etwas hintragen;* jmdm. Holz ~ 1.2 ⟨fig.⟩ *(heimlich) erzählen;* Klatsch, ein Gerücht ~; das ist mir von jmdm. zugetragen worden **2** ⟨R3⟩ etwas trägt sich zu *etwas ereignet sich, geschieht;* der Vorfall hat sich heute morgen zugetragen

'zu·träg·lich ⟨Adj. 70⟩ *vorteilhaft, günstig, nützlich, förderlich, bekömmlich;* das Klima hier ist ihm nicht ~

'zu|trau·en ⟨V. 530/R5 od. R6⟩ **1** jmdm. etwas ~ *es von jmdm. glauben od. fürchten;* ich traue ihm nichts Böses, nur Gutes zu; diese Tat kann ich ihm nicht ~ **2** jmdm. od. einer Sache etwas ~ *annehmen, daß jmd. od. eine S. zu etwas fähig, imstande, geeignet ist;* er traut sich nichts zu; er traut sich zuviel zu; das ist ihm zuzutrauen!; du hast deinen Kräften zuviel zugetraut

'Zu·trau·en ⟨n.; -s; unz.⟩ *Vertrauen, Glaube an jmds. Redlichkeit;* sein Verhalten erweckt ~; ich habe (kein) ~ zu ihm; jmdm. sein ~ schenken; das ~ zu jmdm. verlieren

'zu|tref·fen ⟨V. 266⟩ **1** ⟨400⟩ etwas trifft zu *ist richtig, in einer bestimmten Situation wirksam, angemessen (für jmdn. od. etwas);* diese Darstellung dürfte wohl nicht ganz ~; ihr Urteil in dieser Sache trifft durchaus zu; eine ~de Bemerkung, Meinung, Vermutung **2** ⟨800⟩ etwas trifft für, auf jmdn. od. etwas zu *etwas bezieht sich auf jmdn. od. etwas;* auf wen könnte diese Beschreibung ~? das trifft für alle Studenten zu; Zutreffendes bitte ankreuzen

'zu|trin·ken ⟨V. 270/600/R6⟩ jmdm. ~ *jmdn. mit dem gefüllten Glas grüßen u. dann auf sein Wohl trinken*

'Zu·tritt ⟨m.; -(e)s; unz.⟩ **1** *das Hereinkommen, Eintreten u. das Recht hierzu;* ~ bekommen, erhalten, erlangen; jmdm. ~ gewähren; kein ~! (Aufschrift an Türen); ~ unentgeltlich; ~ verboten (Aufschrift an Türen); ~ nur mit Ausweis; er hat ~ bei Hofe; sich den ~ zu etwas erzwingen 1.0.1 → a. *frei(6)* **2** *das Eindringen, Hinzukommen (von Flüssigkeiten, Luft);* eine chemische Verbindung vor ~ von Luft schützen

'zu|tun ⟨V. 272/500⟩ **1** ⟨503⟩ (einer Sache) etwas ~ ⟨umg.⟩ *hinzutun, hinzufügen, zusetzen, hinzulegen;* (dem Gericht) noch etwas Butter ~; ich habe (der Suppe) noch Wasser zugetan **2** etwas ~ *schließen* 2.0.1 ich konnte die ganze Nacht kein Auge ~ ⟨umg.⟩ *ich konnte nicht schlafen* 2.0.2 er wird bald die Augen für immer ~ *sterben* **3** ⟨530/R1⟩ sich etwas ~ ⟨mundartl.⟩ *sich etwas zulegen, anschaffen*

'Zu·tun ⟨n.; -s; unz.⟩ **1** *Hilfe, Unterstützung* 1.1 ⟨meist in der Wendung⟩ ohne mein ~ *ohne meine Mitwirkung, ohne daß ich das geringste dazu tat*

zu'un·gun·sten 1 ⟨Präp. mit Dat., wenn das Subst. voransteht, mit Gen., wenn das Subst. folgt⟩ *zum Nachteil;* ~ des Kaufmanns; dem Konto des Kaufmanns ~ **2** ⟨aber getrennt⟩ zu jmds. Ungunsten → *Ungunst(2)*

zu'un·terst ⟨Adv.⟩ *ganz unten, ganz unten hin;* das Oberste ~ kehren

'zu·ver·läs·sig ⟨Adj.⟩ *so beschaffen, daß man sich darauf verlassen kann, vertrauenswürdig, verläßlich;* ein ~er Freund, Mensch, Mitarbeiter; wie wir aus ~er Quelle erfahren ...; die Wettervorhersage ist nicht ~; er ist (nicht) ~; wie ich ~ weiß ...

'Zu·ver·sicht ⟨f.; -; unz.⟩ *Vertrauen in die Zukunft, feste Hoffnung;* Jesus, meine ~; ich habe die feste ~, daß ...; ich bin der festen ~, daß ...; seine ~ auf Gott setzen; ich habe meine ganze ~ auf dich gesetzt; in unerschütterlicher ~ an etwas festhalten

zu'viel ⟨unbestimmtes Pron.⟩ **1** *mehr als angemessen, als zuträglich;* das ist ~ des Guten, (od.) des Guten ~!; es ist ~ Milch, Zucker im Kaffee; es ist ~ Salz in der Suppe; er hat mir ~ berechnet; du hast schon ~ gesagt; das kann dir doch nicht schon ~ sein!; das wäre ~ verlangt; er weiß ~; er weiß viel ~; besser ~ als zuwenig; viel ~ **1.0.1** heute ist mir alles ~ ⟨umg.⟩ *strengt mich alles an* **1.0.2** was ~ ist, ist ~! ⟨umg.⟩ *jetzt habe ich genug davon, meine Geduld ist zu Ende!* **1.0.3** er hat einen ~ getrunken ⟨umg.⟩ *er ist beschwipst* **1.0.4** diese Besuche werden mir ~ ⟨umg.⟩ *lästig* **2** ⟨aber getrennt⟩ 'zu viel → *zu²(1)*

zu'vor ⟨Adv.⟩ *vorher, als erstes;* ~ meinen besten Dank, meine herzlichsten Glückwünsche; ich habe ihn nie ~ gesehen; wir haben es wieder wie ~ gemacht; es war im Jahr ~, als ...; du solltest dich ~ vergewissern, ob ...; er soll ~ kommen

zu'vor·derst ⟨Adv.⟩ *ganz vorn;* er steht ~

zu'vor|kom·men ⟨V. 170/600(s.)⟩ **1** jmdm. od. einer Sache ~ *handeln, bevor jmd. anders tätig werden, bzw. eine S. auftreten kann;* er darf mir nicht ~; wir mußten uns rasch entschließen, sonst wären uns andere Interessenten zuvorgekommen; Sie sind meiner Frage zuvorgekommen; einer Gefahr ~; man kam meinen Wünschen zuvor **2** ⟨aber getrennt⟩ zu'vor 'kommen → *zuvor*

zu'vor·kom·mend ⟨Adj.⟩ *freundlich, liebenswürdig, höflich, hilfsbereit;* ein ~es Wesen haben; ich wurde überall ~ behandelt; gegen jedermann ~ sein

'Zu·wachs ⟨m.; -es; unz.⟩ **1** *Vergrößerung, Wachstum (bes. des Baumbestandes), Vermehrung;* Familien ~; ~ an Besitz, Einnahmen, Vermögen; ein ~ an Mitgliedern, Teilnehmern, Besuchern 1.0.1 einem Kind ein Kleidungsstück auf ~ kaufen ⟨umg.⟩ *noch zu groß, damit es dieses möglichst lange tragen kann* 1.1 wir haben ~ bekommen ⟨umg.⟩ *ein Baby*

zu'we·ge ⟨Adv.; nur in den Wendungen⟩ **1** etwas ~ bringen *etwas fertigbringen* **2** mit etwas ~ kommen *mit etwas fertig werden* **3** nicht mehr, noch gut ~ sein ⟨umg.⟩ *nicht mehr, noch sehr rüstig sein*

zu'wei·len ⟨Adv.⟩ *gelegentlich, ab u. zu, manchmal;* Sy *zuzeiten;* ~ packt mich die Wanderlust; er sieht ~ bei uns herein

'zu|wei·sen ⟨V. 282/530/R5 od. R6⟩ etwas od. jmdm. etwas ~ *zuteilen, als Anteil geben, als Arbeit anweisen;* jmdm. Arbeit, eine Aufgabe ~; uns wurde vom Wohnungsamt eine Wohnung zugewiesen; den Forschungsinstituten werden jährlich große Summen zugewiesen

'zu|wen·den ⟨V. 283/530⟩ **1** ⟨R5⟩ sich od. etwas jmdm. od. etwas ~ *zu jmdm. od. etwas hinwenden;* sie wandten sich dem Neuankömmling zu; jmdm. das Gesicht, den Rücken ~; das Gesicht der Sonne ~; die der Straße zugewandten Zimmer **2** jmdm. od. etwas eine Sache ~ *zukommen lassen;* seine ganze Aufmerksamkeit einem chem. Versuch ~; sie hat ihre ganze Liebe dem Kind zugewandt, (od.) zugewendet **3** ⟨R3⟩ sich einer Sache ~ *sich damit beschäftigen, Interesse dafür zeigen, damit beginnen;* er will sich als nächstes dem Studium der spanischen Sprache ~; wir wollen uns einem neuen Thema ~

zu'we·nig ⟨unbestimmtes Pron.⟩ **1** *weniger als angemessen, als zuträglich;* es ist ~ Salz in der Suppe; ich habe ihm versehentlich ~ berechnet; er hat die Sache ~ erklärt; er weiß ~; er weiß viel ~; besser zuviel als ~; das ist viel ~! **2** ⟨aber getrennt⟩ 'zu wenig → *zu²(1)*

'zu|wer·fen ⟨V. 286/500⟩ **1** etwas ~ *durch Werfen schließen, zuschlagen;* die Tür des Wagens von außen ~ **2** etwas ~ *mit Erde bedecken, füllen;* einen Graben, eine Grube ~ **3** ⟨530/R6⟩ jmdm. etwas ~ *etwas in Richtung auf jmdn. werfen (so daß er es auffangen kann);* wirf mir den Ball zu!; jmdm. Blicke, eine Kußhand, ein strahlendes Lächeln ~ ⟨fig.⟩

zu'wi·der ⟨Präp. mit vorangestelltem Dativ⟩ **1** *widerwärtig, unangenehm;* dieses Essen ist mir ~; diese Art Musik ist meinem Ohr ~; diese Person ist mir ~; das kann einem schnell ~ werden **2** *entgegen, widersprechend, widerstreitend, widerstrebend;* dem Gesetz ~ sein; beim Sportwettkampf ist sie dem Verbot des Arztes ~ gelaufen

zu'wi·der|han·deln ⟨V. 600⟩ **1** einer Sache ~ *gegen eine S. handeln;* einem Gebot, dem Gesetz, einem Verbot, einem Vertrag ~; ~de Personen werden bestraft; er hat damit seinem Grundsatz zuwidergehandelt **2** ⟨aber getrennt⟩ dem Verbot zu'wider 'handeln → *zuwider(2)*

zu'wi·der|lau·fen ⟨V. 176/600(s.)⟩ **1** einer Sache ~ *entgegenwirken, entgegenstehen;* das dürfte seinen Absichten ~ **2** ⟨aber getrennt⟩ zu'wider 'laufen → *zuwider(2)*

zu'zei·ten ⟨Adv.⟩ = *zuweilen*

'zu|zie·hen ⟨V. 293⟩ **1** ⟨500⟩ etwas ~ *durch Ziehen schließen;* die Gardinen, Vorhänge ~ **2** ⟨500⟩ etwas ~ *zusammenziehen, festziehen;* einen Knoten, eine Schleife ~ **3** ⟨500⟩ jmdn. ~ ⟨fig.⟩ *hinzuziehen, um eine sachkundige Auskunft, einen Rat, Behandlung bitten;* einen Arzt ~ **4** ⟨530/R1⟩ **4.1** sich eine Krankheit ~ ⟨fig.⟩ *eine K. bekommen;* sich eine Erkältung ~; bei diesem naßkalten Wetter kann man sich leicht einen Schnupfen ~ **4.2** sich jmds. Haß od. einen Tadel ~ *(durch eigenes Verhalten verursacht) auf sich lenken;* ich weiß nicht, womit ich mir seinen Haß zugezogen habe; ich habe mir einen Tadel, Verweis, Vorwurf zugezogen **4.3** sein Verhalten zog ihm Unannehmlichkeiten zu *bewirkte, daß er U. bekam* **5** ⟨400(s.)⟩ *seine Wohnung am Ort nehmen, den Wohnsitz von außerhalb hierher verlegen;* die Familie ist erst vor kurzem zugezogen; hier wohnen viele, die nach dem Kriege zugezogen sind

'zu·züg·lich ⟨Präp. mit Gen.⟩ *mit Hinzurechnung;* ~ der Kosten, (der) Zinsen

Zwang ⟨m.; -(e)s, (selten) ⸚e⟩ **1** *gebieterische Notwendigkeit, die jmdn. veranlaßt, so zu handeln od. sich zu verhalten, wie er es nicht aus freier Entscheidung täte;* Frack~, Getränke~; der ~ der Ereignisse, Verhältnisse brachte das so mit sich; der ~ der Gesellschaft, des Gesetzes, der Konvention; ein äußerer, eiserner, lastender, lästiger ~; ein innerer, moralischer, sanfter ~; es besteht ~ zum Besuch dieser Vorlesung; unter dem ~ der Termine stöhnen **1.0.1** er tut es nur aus ~ *gezwungenermaßen, nicht freiwillig* **1.1** *sich selbst auferlegte Beschränkung im Handeln u. Verhalten, Hemmung;* allen ~ ablegen; sie tut ihren Empfindungen, Gefühlen keinen ~ an; sich keinen ~ antun, od. auferlegen; man kann ohne ~ kommen und gehen **2** *(Anwendung) körperl. od. seel. Gewalt, Druck;* jmdm. ~ antun; ich fürchte jeden ~; auf jmdn. ~ ausüben **2.1** → a. *unmittelbar(1.1)* **3** ⟨jägerspr.⟩ *Fährtenzeichen (des Rothirsches)*

'zwän·gen ⟨V.⟩ **1** ⟨500/R7⟩ jmdn. od. etwas ~ *pressen, drücken, quetschen, klemmen;* wir konnten uns nur mühsam durch die Menge ~; die Wäsche noch in den Koffer ~ **2** der Hirsch zwängt ⟨jägerspr.⟩ *tritt die Erde ein*

'zwang·los ⟨Adj.⟩ **1** *ungezwungen, ohne Förmlichkeit, frei, unverbindlich;* ein ~es Beisammensein; es ging ziemlich ~ zu; wir kommen einmal im Monat ~ zusammen **1.1** die Lieferungen des Werkes erscheinen in ~er Folge *ihr Erscheinen ist an keinen Termin gebunden*

'Zwangs·ar·beit ⟨f.; in verschiedenen Ländern⟩ *unter Zwang zu leistende Arbeit (als schwere Freiheitsstrafe;* er wurde zu 10 Jahren ~ verurteilt

'Zwangs·jacke ⟨-k·k-; f.⟩ *Jacke aus Segeltuch mit bes. langen Ärmeln ohne Öffnung, deren Enden auf dem Rücken zusammengebunden werden (bei Tobsüchtigen verwendet)*

'Zwangs·la·ge ⟨f.⟩ *Bedrängnis, Notlage, die jmdm. bestimmtes Handeln aufzwingt;* → a. *Dilemma;* ich befinde mich, bin in einer ~ (und deshalb kann ich nicht anders handeln)

'zwangs·läu·fig ⟨Adj.⟩ *unabsichtlich, unabwendbar, aus einer Zwangslage heraus entstanden;* eine ~e wirtschaftliche Entwicklung; es mußte ~ dahin kommen

'zwan·zig ⟨Num. 11; in Ziffern: 20⟩ *zweimal zehn;* es kostet ~ Mark; wir waren ~ Personen

'Zwan·zig·stel ⟨n. (schweiz.) m.; -s, -⟩ *der zwanzigste Teil*

'zwan·zig·ste(r, -s) ⟨Num. 24; Zeichen: 20.⟩ → a. *vierte* **1** ⟨Ordinalzahl von⟩ *zwanzig* **2** *etwas, jmd., das bzw. der an 20. Stelle steht;* der ~ Juli 1944

zwar ⟨Konj.⟩ **1** ⟨nebenordnend, konzessiv⟩ ~, ... aber (doch, jedoch, allein) *wohl ... aber, freilich ... dennoch;* diese Möbel sind ~ schön, aber auch sehr teuer; es schmeckt ~ nicht gut, soll aber sehr gesund sein **2** ⟨nebenordnend, erläuternd; in der Wendung⟩ und ~ *um es genauer zu sagen;* ich habe mir den Arm gebrochen, und ~ den rechten

Zweck ⟨m.; -(e)s, -e⟩ *Sinn, Ziel einer Handlung;* was ist der ~ Ihrer Reise?; der ~ der Sache ist folgender ...; welchem ~ soll das dienen?; dem ~ entsprechende Kleidung; dieses kleine Gerät erfüllt völlig seinen ~; seinen ~ (nicht) erreichen; das hat keinen ~!; es hat keinen ~, länger zu warten; was soll das für einen ~ haben?; die Maßnahme hat ihren ~ (völlig) verfehlt; er verfolgt damit einen bestimmten ~; er dient ihr nur als Mittel zum ~; zu diesem ~e; zu welchem ~ willst du das haben?; Geld für einen guten ~ spenden; diese Pflanze wird für medizinische ~e gebraucht; das brauche ich für private ~e; ich brauche das Buch für einen bestimmten ~

'zweck·mäßig ⟨Adj.⟩ *für einen Zweck gut geeignet, einen Zweck erfüllend, passend;* eine ~e Anordnung; es ist nicht ~, das so zu machen

zwecks ⟨Präp. m. Gen.⟩ *zum Zwecke der, des ..., zu;* ~ besserer Verteilung, Ausnutzung

zwei ⟨Num. 11; Gen. ~er, Dat. ~en, wenn kein vorangehendes Wort den Kasus kennzeichnet; in Ziffern: 2⟩ → a. *vier* **1** *die Zahl 2;* ~ und vier ist (macht) sechs (2 + 4 = 6) **2** *eine(r) u. noch eine(r), eins u. noch eins;* er ist Vater ~er Kinder; sie gingen ~ und ~ neben-, hintereinander; zu ~en, zu ~ **2.1** wenn ~ sich streiten, freut sich der dritte ⟨Sprichw.⟩ *von einem Streit haben eher Unbeteiligte als die Streitenden selbst einen Vorteil* **2.2** da haben sich ~ gefunden *zwei Gleichgesinnte, Lausbuben, Gauner* **2.3** er hat ~ Gesichter ⟨fig.⟩ *er ist nicht aufrichtig, er verstellt sich oft* **2.4** jedes Ding hat seine ~ Seiten *seinen Vor- u. seinen Nachteil* **2.5** ~ Seelen, ein Gedanke ⟨Sprichw.⟩ *jetzt haben wir beide zu gleicher Zeit dasselbe gedacht* **3** ⟨umg.⟩ *beide;* wir ~; einer von euch ~en muß mitkommen; alle ~ **3.1** dazu gehören ~! *das ist nur möglich, wenn beide (nicht nur einer) mitmachen, einverstanden sind*

Zwei ⟨f.; -, -en⟩ **1** *die Ziffer 2;* er malte eine schwungvolle ~ an die Tafel **2** → *Note(2.2);* eine ~ bekommen, schreiben; einem Prüfling, Schüler eine ~ geben; er hat in Deutsch eine ~; gestern hat er drei ~en geschrieben

'zwei·deu·tig ⟨Adj.⟩ **1** *zwei Deutungen zulassend, unklar;* eine ~e Antwort, ein ~er Ausdruck, Begriff **2** *schlüpfrig, etwas unanständig;* eine ~e Bemerkung; ~e Witze erzählen

'zwei·er·lei ⟨Adj. 11/70⟩ **1** *zwei, zwei verschiedene Arten (von);* ~ Schuhe, Strümpfe; das Kleid ist aus ~ Stoff; auf ~ Weise **1.0.1** zwei Dinge mit ~ Maß messen ⟨fig.⟩ *ungerecht beurteilen* **2** *zwei verschiedene Dinge, Handlungen;* sie muß immer ~ machen; Versprechen und Halten ist ~

'zwei·fach ⟨Adj. 24/90⟩ *zweimal geschehend, zweimal vorhanden, doppelt;* ~es Verbrechen (z. B. Mord u. Raub); ein Tuch ~ legen; ein Brief mit ~em Durchschlag

'Zwei·fel ⟨m.; -s, -⟩ **1** *Unsicherheit, nicht festes Wissen, nicht fester Glaube, inneres Schwanken;* jmds. ~ beheben, beseitigen; es besteht kein ~, daß ...; ich hege einige ~, daß es wirklich stimmt; darüber besteht, herrscht kein ~; es sind mir einige ~ gekommen, ob es richtig war, was ich getan habe; es unterliegt keinem ~, daß ...; es steht außer ~, daß er recht hat; ich habe ihn nicht darüber im ~ gelassen, daß es mir ernst ist; eine Behauptung, Aussage in ~ stellen, ziehen; seine Bemerkung hat mich wieder in neue ~ gestürzt; es ist ohne ~ richtig, das zu tun; ich bin mir im ~, ob das richtig ist 1.1 das ist außer ~ *das ist ganz sicher, ganz gewiß* 1.2 ohne ~! *ganz richtig!, ganz sicher*

'zwei·fel·haft ⟨Adj.⟩ 1 *fragwürdig, verdächtig;* ~e Firma, ~es Unternehmen; er ist von ~em Ruf 2 *fraglich, unsicher;* es ist ~, ob ...; der Erfolg ist (noch) ~ 2.1 ⟨60⟩ das ist ein ~es Vergnügen ⟨umg.; iron.⟩ *kein reines V.*

'zwei·feln ⟨V. 405⟩ ⟨an jmdm. od. etwas⟩ ~ *Zweifel haben, an jmdn. od. etwas nicht fest glauben;* ich zweifle, ob das wirklich richtig ist; man muß doch an seinem Verstand ~!; ich zweifle nicht an seinem guten Willen, aber er wird es sicher nicht schaffen; ich zweifle an seiner Zuverlässigkeit; daran ist nicht zu ~; er schüttelte ~d den Kopf; ich habe lange an mir gezweifelt

Zweig ⟨m.; -(e)s, -e⟩ 1 *nicht unmittelbar vom Stamm ausgehender oberirdischer Teil eines Baumes od. Strauches;* Ggs *Ast(1);* einen ~ (vom Baum) abbrechen; ~e bilden; abgestorbener, belaubter, dürrer, kahler ~; von Früchten schwere ~e; sich in ~e teilen; der Vogel hüpft von ~ zu ~ 1.0.1 → a. *grün(1.0.8)* 2 ⟨fig.⟩ *abzweigende Linie, Teil einer Gabelung, Neben-, Seitenlinie;* der ~ einer Eisenbahnlinie; ~ einer Familie 3 *Gebiet innerhalb eines größeren, Untergruppe, Unterabteilung;* Wissens~, Wissenschafts~; die Satzlehre ist ein ~ der Grammatik

'zwei·mal ⟨Adv.⟩ 1 *mit zwei malgenommen, einmal u. noch einmal;* das ist so sicher wie ~ zwei vier ist; ~ täglich, jährlich, wöchentlich, monatlich 1.1 er ließ es sich nicht ~ sagen *er tat es sofort*

'zwei·schnei·dig ⟨Adj. 24⟩ 1 *auf beiden Seiten schneidend, auf beiden Seiten geschliffen;* ein ~es Messer, Schwert 2 ⟨70⟩ das ist ein ~es Schwert ⟨fig.⟩ *Mittel, das auch dem schaden kann, der einem anderen schaden will*

'zwei·tens ⟨Adv.⟩ *an zweiter Stelle*

'zwei·te(r, -s) ⟨Num. 24; Zeichen: 2.⟩ 1 ⟨Ordinalzahl von ⟩ *zwei, nach dem ersten (stehend);* zum ~n Male; die ~ Stimme singen; jeden ~n Tag 1.1 er kann arbeiten wie kein ~r ⟨fig.⟩ *wie niemand sonst, sehr viel* 1.2 der ~ Bildungsweg *Schulausbildung zum Erlangen von Mittelschulreife u. Abitur ohne den übl. Schulbesuch* 1.3 er ist ein ~r Caruso ⟨fig.; umg.⟩ *er singt fast so gut wie Caruso* 1.4 er spielt nur die ~ Geige, Rolle ⟨fig.⟩ *nur eine untergeordnete Rolle* 1.5 das ~ Gesicht haben ⟨fig.⟩ *die angebl. Fähigkeit, kommende Geschehnisse vorauszusehen* 1.6 etwas aus ~r Hand kaufen *durch einen Zwischenhändler, gebraucht* 1.7 ich kenne die Sache nur aus ~r Hand ⟨fig.⟩ *ich habe die S. nicht selbst gesehen od. erlebt, ich kenne sie nur vom Hören, vom Erzählen* 1.8 Zweites Deutsches Fernsehen ⟨Abk.: ZDF⟩ *Fernsehanstalt, deren Sendungen immer gleichzeitig im gesamten Gebiet der Bundesrepublik Deutschland u. Berlin (West) ausgestrahlt werden*

'Zweit·schrift ⟨f.⟩ = *Abschrift(1);* nur eine ~ ist erhalten

'Zwerch·fell ⟨n.; Anat.⟩ *Scheidewand zw. Brust- u. Bauchhöhle der Säugetiere u. des Menschen: Diaphragma*

Zwerg ⟨m.; -(e)s, -e⟩ 1 ⟨Myth.⟩ *sehr kleines menschl. Wesen, meist als altes Männchen mit Bart vorgestellt;* Schneewittchen und die sieben ~e 2 *sehr kleiner Mensch*

'Zwet·sche ⟨f.; -, -n⟩ = *Pflaume(2)*

'Zwetsch·ge ⟨f.; -, -n; süddt.; schweiz.⟩ = *Pflaume(2)*

'Zwickel ⟨-k·k-; m.; -s, -⟩ 1 *dreieckiger Einsatz in Kleidungsstücken;* Fersen~, Hosen~; einen ~ einsetzen 2 *dreieckiges Flächenstück, z. B. zwischen einem Bogen u. seiner viereckigen Umrahmung;* Bogen~ 3 ⟨fig.; umg.⟩ *schrulliger Mensch, Sonderling;* er ist ein eigenartiger, komischer ~

'zwicken ⟨-k·k-; V.⟩ 1 ⟨500/R7 od. R8⟩ jmdn. ~ *mit zwei Fingern od. den zwei bewegl. Teilen eines Werkzeugs kurz drücken, kneifen;* jmdn. in den Arm, in die Wange ~; mit glühenden Eisen, Zangen ~ (früher bei der Folter); ~ und zwacken ⟨verstärkend⟩ 2 ⟨500⟩ etwas ~ ⟨österr.⟩ *lochen;* einen Fahrschein ~ 3 ⟨402⟩ etwas zwickt (jmdn.) ⟨fig.; umg.⟩ *drückt an einer Körperstelle ganz besonders (weil es zu eng ist);* es zwickt mich hier; ein zu enges Kleidungsstück zwickt

'Zwick·müh·le ⟨f.⟩ 1 *Stellung im Mühlespiel, doppelte Mühle, bei der man den Gegner, wie er auch zieht, in einer Mühle fangen kann;* sich in einer ~ befinden 2 ⟨fig.⟩ *ausweglose Situation, Lage, in der man, wie man sich auch verhält, Unannehmlichkeiten bekommt;* in eine ~ geraten

'Zwie·back ⟨m.; -(e)s, ¨e od. -e⟩ *auf beiden Seiten geröstetes Weizengebäck*

'Zwie·bel ⟨f.; -, -n⟩ 1 *meist unterirdischer, stark verdickter pflanzl. Sproß, an dem fleischig verdickte Schuppenblätter sitzen, die der Speicherung dienen;* Küchen~, Tulpen~, Schneeglöckchen~; die ~n werden im Frühjahr gepflanzt 1.1 ⟨i. e. S.⟩ *zweijährige Kulturpflanze (Liliengewächs) mit röhrenförmigen Blättern u. Zwiebeln(1) als Überwinterungsorganen, die als Gewürz od. Gemüse dienen: Allium cepa;* die ~n würfeln und in der Pfanne glasig werden lassen 1.2 weinen, bevor man die ~ geschält hat *sich über etwas aufregen, was noch nicht geschehen ist* 2 ⟨fig.; umg.; scherzh.⟩ *Uhr;* die ~ habe ich von meinem Großvater geerbt 3 *kleiner, sehr fest gedrehter Haarknoten;* diese ~ steht dir nicht

'zwie·fach ⟨Adj. 90; veralt.⟩ *zweifach*

'Zwie·spalt ⟨m.; -(e)s, (selten) -e od. ¨e⟩ *innere Zerrissenheit, starkes inneres Schwanken, schmerzl. Unfähigkeit, sich zwischen zwei Dingen zu entscheiden od. zwei Dinge zu vereinigen;* jmdn. in einen ~ bringen, stürzen; der ~ zwischen Wollen u. Können

'Zwie·spra·che ⟨f.⟩ 1 *Zwiegespräch, Aussprache zu zweien;* mit jmdm. ~ halten 2 ~ mit sich selbst halten *sich selbst, die eigene Gesinnung erforschen*

'Zwie·tracht ⟨f.; -; unz.⟩ *Uneinigkeit, Streit, böse Gesinnung gegen einen anderen od. andere;* ~ säen, stiften

'Zwil·ling ⟨m.; -s, -e⟩ 1 *eines von zwei zur gleichen Zeit im Mutterleib entwickelten u. kurz nacheinander geborenen Kindern od. Tieren;* ~e bekommen; die beiden sind ~e 2 *Doppelkristall* 3 *Gewehr mit doppeltem Lauf* 4 ⟨Pl.; Astr.⟩ ~e *Sternbild des nördl. Himmels: Gemini*

'Zwin·ge ⟨f.; -, -n⟩ **1** *Werkzeug, das mittels zweier durch Schrauben verstellbarer Backen das Ein- od. Zusammenspannen von Werkzeugen ermöglicht;* Schraub~ **2** *Metall- od. Gummiring am Werkzeuggriff od. Gummizylinder am Ende des Krückstockes*

'zwin·gen ⟨V. 294⟩ **1** ⟨505/R7 od. R8⟩ jmdn. (zu etwas) ~ *jmdn. mit Gewalt od. Drohung dazu bringen, etwas zu tun;* ich muß mich ~, freundlich zu ihr zu sein; jmdn. auf die Knie, in die Knie ~; sein Mut zwingt (mich) zur Bewunderung; jmdn. zum Nachgeben, zum Gehorsam, zum Sprechen ~; er zwang sich zur Ruhe; ich kann ihn nicht dazu ~; **1.0.1** ich sehe mich leider gezwungen, ihn einzuladen *ich muß ihn einladen* **1.0.2** ich bin gezwungen, ihn einzuladen *ich muß ihn einladen* **1.0.3** etwas nur gezwungen tun *nicht freiwillig* **1.0.4** → a. *Glück(2.0.1)* **2** ⟨500⟩ etwas ~ ⟨umg.⟩ *leisten können, fertigbringen, bewältigen;* er wird es schon ~ **2.1** *essen können;* ich zwinge den Kloß nicht mehr **3** ⟨802⟩ etwas zwingt (jmdn.) zu etwas *etwas fordert (von jmdm.) etwas;* besondere Umstände zwingen mich dazu, das Haus zu verkaufen; die Situation zwang zu raschem Handeln

'zwin·gend **1** ⟨Part. Präs. von⟩ *zwingen* **2** ⟨Adj. 70⟩ *unumgänglich, unausweichlich, überzeugend, schlüssig;* es bestehen ~e Gründe zu dieser Maßnahme; eine ~e Notwendigkeit; diese Begründung ist nicht ~

'Zwin·ger ⟨m.; -s, -⟩ **1** ⟨urspr.⟩ *Gang zwischen innerer u. äußerer Burgmauer od. freier Platz in der Vorburg für Kampfspiele od. als Gehege für wilde Tiere;* Bären~, Löwen~ **2** ⟨dann⟩ *Käfig, eingezäunter Platz für Tiere, bes. Wach- od. Jagdhunde;* Hunde~

'zwin·kern ⟨V. 410⟩ *die Augen zusammenkneifen u. die Lider schnell abwechselnd öffnen u. schließen;* mit den Augen ~

Zwirn ⟨m.; -(e)s, -e⟩ **1** *aus mehreren Fäden zusammengedrehtes, bes. reißfestes Garn;* Baumwoll-, Seiden~ **2** ⟨umg.; Mil.; österr.⟩ *Drill, Strammheit*

'Zwirns·fa·den ⟨m.⟩ **1** *Faden aus Zwirn;* er ist dünn wie ein ~ **2** ⟨fig.⟩ *etwas (Dünnes), was nicht unbegrenzt belastbar ist, etwas Geringfügiges, eine Kleinigkeit* **2.0.1** sein Leben hing an einem ~ ⟨fig.; umg.⟩ *sein L. war in großer Gefahr* **2.0.2** die Sache hing an einem ~ ⟨fig.; umg.⟩ *die S. wäre fast mißlungen, schiefgegangen* **2.0.3** über einen ~ stolpern ⟨fig.; umg.⟩ *sich durch eine Kleinigkeit aus der Fassung bringen lassen*

'zwi·schen ⟨Präp.⟩ **1** ⟨mit Dat.⟩ **1.1** ~ mehreren Gegenständen od. Personen *etwa in der Mitte von, mitten unter;* ~ den Bäumen hindurchgehen; ~ beiden Häusern ist ein schmaler Durchgang; er saß ~ den Kindern; ich saß ~ ihm und seiner Frau **1.2** ~ mehreren Personen *die P. betreffend, ihre Angelegenheiten berührend;* es hat Streit ~ ihnen gegeben; Verhandlungen ~ Frankreich und Deutschland **1.2.1** er muß sich ~ dir und mir entscheiden *entweder für dich od. für mich* **1.3** ~ zwei Zeitpunkten *beginnend und endend;* ~ Weihnachten und Neujahr; ich komme ~ zwei und drei Uhr **1.4** ~ beiden Begriffen ist ein Unterschied *sie unterscheiden sich* **1.5** ~ zwei Extremen *sowohl dem einen als auch dem anderen E. zuneigend;* er schwankte ~ Zorn und Lachen **2** ⟨mit Akk.⟩ ~ mehrere Gegenstände od. Personen *mitten hinein, mitten in;* ich habe die Blumen ~ die beiden Bilder gestellt; ~ zwei Streitende treten; ich setzte mich ~ die beiden Kinder

'Zwi·schen·ding ⟨n.⟩ = *Mittelding*

zwi·schen'drin ⟨Adv.⟩ *mitten darin, in der Mitte dazwischen*

zwi·schen'durch ⟨Adv.⟩ *zwischen der einen u. der nächsten Handlung, während einer Handlung;* er hat den ganzen Abend gearbeitet u. hatte nur ~ ein wenig gegessen; wir nehmen am Tag drei Mahlzeiten ein u. essen ~ etwas Obst

'Zwi·schen·fall ⟨m.⟩ *unerwarteter Vorfall, unbeabsichtigter Vorgang, den Ablauf einer Sache hemmendes Ereignis;* ärgerlicher, lustiger, peinlicher ~; die Reise verlief ohne ~

'Zwi·schen·raum ⟨m.⟩ *freier Raum zwischen zwei Dingen, Abstand;* 2 m ~; eine Zeile ~; einen ~ ausfüllen; etwas ~ lassen; ~ zwischen zwei Abschnitten, Buchstaben, Häusern, Möbelstücken

'Zwi·schen·ruf ⟨m.⟩ *Ruf in ein Gespräch, eine Rede, einen Vortrag hinein;* ablehnende, empörte, zustimmende ~e; der Redner wurde durch häufige ~e unterbrochen

'Zwi·schen·spiel ⟨n.⟩ **1** *kleines, meist heiteres, in ein Theaterstück od. zwischen zwei größere Stücke eingeschobenes Theaterstück* **2** *zwischen zwei Akte od. Szenen einer Oper eingeschobenes Musikstück* **3** *Instrumentalspiel zwischen den Strophen eines Gesangsstücks* **4** ⟨fig.⟩ *in eine Handlung eingeschobener od. zwischen zwei Handlungen ablaufender Vorgang*

Zwist ⟨m.; -(e)s, -e⟩ *Streit, Hader, Uneinigkeit, Feindschaft;* wir wollen den alten ~ begraben; mit jmdm. in ~ leben

'zwit·schern ⟨V.⟩ **1** ⟨400⟩ *Laut geben (von Vögeln)* **2** ⟨400⟩ wie die Alten sungen, so ~ die Jungen ⟨fig.⟩ *Kinder reden oft das nach, was die Eltern sagen* **3** ⟨500⟩ einen ~ ⟨fig.; umg.⟩ *Alkohol trinken*

'Zwit·ter ⟨m.; -s, -⟩ *zur Fortpflanzung fähiges Lebewesen mit männlichen u. weiblichen Geschlechtsmerkmalen*

zwo ⟨Num.; umg.; oft zur besseren Verständigung, bes. am Telephon, um eine Verwechslung mit drei auszuschließen⟩ *zwei;* die Telephonnummer ist: acht, vier, ~, sieben, ~

zwölf ⟨Num. 11; in Ziffern: 12⟩ **1** *zehn und zwei;* die ~ Apostel; die ~ Monate **1.1** die Zwölf Nächte *die Nächte zwischen dem ersten Weihnachtstag u. Dreikönige* **1.2** ~ Stück *ein Dutzend* **1.3** (um) ~ Uhr mittags *Mittag* **1.4** (um) ~ Uhr nachts *Mitternacht*

'zy·klisch ⟨Adj. 24⟩ **1** *in der Art eines Zyklus, im Kreislauf regelmäßig wiederkehrend* **2** ~e Verbindung *chem. V. mit ringförmiger Anordnung der Atome im Molekül;* Sy *Ring(2.9)*

'Zy·klus ⟨m.; -, -klen⟩ **1** *sich regelmäßig wiederholender Ablauf* **2** *Folge inhaltl. zusammenhängender Schrift- od. Musikwerke*

Zy'lin·der ⟨m.; -s, -⟩ **1** *walzenförmiger Körper mit kreisförmigem Querschnitt* **2** *in Dampfmaschinen u. Verbrennungskraftmaschinen der Raum, in dem Dampf od. verbrannte Gase einen Kolben hin- u. her- bewegen* **3** *beiderseits offener walzenförmiger Körper aus Glas,* *der über eine brennende Flamme gestülpt wird* **4** *hoher, röhrenförmiger, meist schwarzer Hut für Herren*

'**Zy·ni·ker** ⟨m.; -s, -⟩ *zynischer Mensch*

'**zy·nisch** ⟨Adj.⟩ *spöttisch ohne Ehrfurcht od. Scham*